Beck'sches
Handbuch der AG

Beck'sches Handbuch der AG

Gesellschaftsrecht – Steuerrecht – Börsengang

Herausgegeben von

Dr. Welf Müller
Rechtsanwalt, Wirtschaftsprüfer
und Steuerberater in Frankfurt a. M.

Prof. Dr. Thomas Rödder
Wirtschaftsprüfer und Steuerberater
in Bonn

Bearbeitet von

Dr. *Klaus Beckmann*, Wirtschaftsprüfer und Steuerberater in Hamburg; Dr. *Jens Berberich*, Rechtsanwalt und Steuerberater in Frankfurt a. M.; Dr. *Xaver Ditz*, Steuerberater in Bonn; Dr. *Bernd Oliver Erle*, Rechtsanwalt, Wirtschaftsprüfer und Steuerberater in Berlin; Dr. *Jan Christian Giedinghagen*, Rechtsanwalt in Bonn; Dr. *Stephan Göckeler*, Rechtsanwalt und Steuerberater in Bonn; Dr. *Jens Eric Gotthardt*, Rechtsanwalt und Steuerberater in Bonn; Dr. *Herbert Harrer*, Rechtsanwalt in Frankfurt a. M.; Dr. *Thorsten Helm*, Rechtsanwalt und Steuerberater in Mannheim; *Ulli Janssen*, Rechtsanwalt in Frankfurt a. M.; Dr. *Thorsten Kohl*, Wirtschaftsprüfer und Steuerberater in Bonn; Dr. *Franz-Josef Kolb*, Rechtsanwalt in Frankfurt a. M.; Dr. *Thomas Liebscher*, Rechtsanwalt in Mannheim; Dr. *Silja Maul*, Rechtsanwältin in Stuttgart; Dr. *Welf Müller*, Rechtsanwalt, Wirtschaftsprüfer und Steuerberater in Frankfurt a. M.; *Stephan Oppenhoff*, Rechtsanwalt in Frankfurt a. M.; Prof. Dr. *Jochem Reichert*, Rechtsanwalt in Mannheim; Prof. Dr. *Thomas Rödder*, Wirtschaftsprüfer und Steuerberater in Bonn; Prof. Dr. *Manfred Schiedermair*, Rechtsanwalt und Notar in Frankfurt a. M.; Dr. *Karsten Schmidt-Hern*, Rechtsanwalt in Frankfurt a. M.; Dr. *Florian Schultz*, Wirtschaftsprüfer und Steuerberater in Frankfurt a. M.; Prof. Dr. *Andreas Schumacher*, Steuerberater in Bonn; Dr. *Elisabeth Strobl-Haarmann*, Wirtschaftsprüferin und Steuerberaterin in Frankfurt a. M.; *Roger Zätzsch*, Notar a. D., Rechtsanwalt und Steuerberater in Frankfurt a. M.; *Julia Zehnpfennig*, Wirtschaftsprüferin und Steuerberaterin in Bonn

2. vollständig überarbeitete und ergänzte Auflage

Verlag C. H. Beck München 2009

Zitierweise: Beck AG-HB/*Autor* § 1 Rz. 1

Verlag C. H. Beck im Internet:
beck.de

ISBN 978 3 406 57792 5

© 2009 Verlag C. H. Beck oHG
Wilhelmstraße 9, 80801 München
Druck: Druckerei C. H. Beck Nördlingen
(Adresse wie Verlag)
Satz: ottomedien
Marburger Straße 11, 64289 Darmstadt

Gedruckt auf säurefreiem, alterungsbeständigem Papier
(hergestellt aus chlorfrei gebleichtem Zellstoff)

Vorwort

Die erste Auflage des Beck'schen Handbuchs der AG hat, wofür wir dankbar sind, am Markt eine sehr wohlwollende Aufnahme gefunden. Seit ihrem Erscheinen sind knapp sechs Jahre vergangen. Die wesentlichen gesellschafts- und steuerrechtlichen Rahmenbedingungen für die Aktiengesellschaft haben sich in dieser Zeit dramatisch geändert. Große gesetzgeberische Projekte wie z.B. das UMAG, das MoMiG, das SEStEG sowie die Unternehmensteuerreform 2008 stehen genauso stellvertretend dafür wie aktuell das ARUG, das VorStAG, das BilMoG, das JStG 2009 und das ErbStRefG. Deshalb war eine umfassende Überarbeitung überfällig. Die 2. Auflage hat den Rechtsstand Juni 2009.

Die dabei wegen der Rechtsmaterie als solcher wie eben auch wegen der enormen Änderungsgeschwindigkeit zu bewältigende Komplexität hat die Autoren dieses Handbuchs, deren Kreis ganz überwiegend unverändert geblieben ist, in der Entstehung der zweiten Auflage vor immense Probleme gestellt. In vielen Fällen reichte eine redaktionelle Überarbeitung der Beiträge nicht aus, sondern waren weitgehende Neukonzeptionen einzelner Kapitel erforderlich. Wir sind deshalb den Autoren für ihren großen Einsatz und ihren Langmut zu außerordentlichem Dank verpflichtet.

Frau *Dr. Stephanie Reinhart* und Herrn *Albert Buchholz* danken wir für die umsichtige Betreuung bei der Erarbeitung dieser zweiten Auflage.

Kritik und Anregungen für die nächste Auflage nehmen wir jederzeit gerne entgegen.

Frankfurt/Bonn, im August 2009
Welf Müller
Thomas Rödder

Vorwort zur 1. Auflage

Die Aktiengesellschaft hat als Rechtsform in den letzten Jahren in der deutschen Wirtschaft zunehmend Bedeutung erlangt. Der zwischenzeitliche Börsen-Boom, das Standing der AG, aber auch die Einführung formaler Erleichterungen für mittelständische Unternehmen haben dazu beigetragen. Was lag also näher, als die Reihe der im C.H. Beck Verlag bereits erschienenen Werke *Beck'sches Handbuch der GmbH* (3. Aufl.) und *Beck'sches Handbuch der Personengesellschaften* (2. Aufl.) durch ein *Beck'sches Handbuch der AG* zu komplettieren? Diese schon länger gehegte Überlegung ist mit dem vorliegenden Band verwirklicht worden.

Das Beck'sche Handbuch der AG enthält eine praxisorientierte, konzentrierte und integrierte Darstellung der wesentlichen gesellschafts- *und* steuerrechtlichen Fragestellungen der Aktiengesellschaft unter Einbeziehung der Kommanditgesellschaft auf Aktien. Von der Gründung bis zur Liquidation werden alle praxisrelevanten Themen eingehend erläutert. Zusätzlich und ausführlich werden im Beck'schen Handbuch der AG alle Fragen des Börsengangs (Going Public) und des Going Private behandelt.

Die Autoren dieses Handbuches, durchgängig praxiserfahrene Rechtsanwälte, Steuerberater und Wirtschaftsprüfer, sind im Zuge der ohnehin mühevollen Erstellung der Manuskripte vor besondere Herausforderungen gestellt worden. Nicht nur die Aktienmärkte, auch die Gesetzgebung ist im höchsten Maße volatil geworden. Dafür, dass sie die daraus resultierenden Probleme „geschultert" haben, aber auch für ihren unermüdlichen und geduldigen Einsatz schulden wir den (Mit-)Autoren einen ganz besonderen Dank.

Das Handbuch ist auf aktuellem Rechtsstand. WpÜG, TransPubG, 4. FinanzmarktfördG und StVergAbG sind berücksichtigt. Die Regierungsentwürfe des Gesetzes zur Umsetzung der Protokollerklärung der Bundesregierung zum Steuervergünstigungsabbaugesetz („Korb II") und der beabsichtigten Gewerbesteuerreform findet der geneigte Leser in einer losen Anlage erläutert, die dem Buch beigefügt ist. Den Beziehern des Handbuchs wird – falls erforderlich – nach In-Kraft-Treten der entsprechenden Gesetze eine aktualisierte Kommentierung der Gesetzesänderungen zum kostenlosen Bezug angeboten. Auch im Handelsrecht sind Reformvorhaben, die noch in der Diskussion sind, bereits mit dem jeweiligen Diskussionsstand eingearbeitet.

Wir danken dem Verlag, insbesondere in der Person von Herrn *Albert Buchholz*, der dieses Projekt angestoßen hat, sowie Frau *Stephanie Nöbauer* für ihre unermüdliche Energie, dieses Werk ans Licht der Welt zu bringen.

Die Herausgeber sind für jedwede Kritik und für jegliche Anregungen für die nächste Auflage dankbar.

Frankfurt/Bonn, im Oktober 2003 *Welf Müller*
Thomas Rödder

Inhaltsübersicht

Inhaltsverzeichnis XI
Abkürzungsverzeichnis LXXI

1. Abschnitt: Rechtsform

§ 1 Erscheinungsformen und Rechtsformwahl *(Müller)* 1

2. Abschnitt: Die AG und die KGaA

§ 2 Die Gründung und die Entstehung durch Umwandlung *(Zätzsch/Maul/Strobl-Haarmann)* 41
§ 3 Die Aktie *(Maul)* 215
§ 4 Der Aktionär *(Maul/Strobl-Haarmann)* 275
§ 5 Die Hauptversammlung *(Reichert)* 365
§ 6 Vorstand *(Liebscher)* 485
§ 7 Der Aufsichtsrat *(Schiedermair/Kolb)* 561
§ 8 Kapitalerhaltung und Gesellschafterfremdfinanzierung *(Müller)* . 621
§ 9 Kapitalmaßnahmen *(Gotthardt)* 671
§ 10 Rechnungslegung *(Erle/Helm/Berberich)* 723
§ 11 Ergebnisermittlung und Ergebnisverwendung *(Rödder)* 785
§ 12 Laufende Besteuerung *(Rödder)* 843
§ 13 Besonderheiten der Besteuerung *(Rödder)* 921
§ 14 Umwandlung der AG *(Beckmann/Schumacher)* 1117
§ 15 Konzernrecht *(Liebscher)* 1225
§ 16 Auslandsaktivitäten inländischer und Inlandsaktivitäten ausländischer AG/KGaA *(Zehnpfennig/Ditz)* 1331
§ 17 Die AG/KGaA in der Krise *(Schmidt-Hern)* 1415
§ 18 Auflösung und Abwicklung der AG/KGaA *(Schmidt-Hern)* 1457
§ 19 Die europäische Aktiengesellschaft (SE) *(Giedinghagen)* 1499

3. Abschnitt: Die börsennotierte AG

§ 20 Vor- und Nachteile eines Börsengangs *(Harrer)* 1557
§ 21 Maßnahmen im Vorfeld des Börsengangs *(Göckeler)* 1573
§ 22 Vorbereitung des eigentlichen Börsengangs *(Harrer)* 1643
§ 23 Mitarbeiterbeteiligungen *(Janssen)* 1691
§ 24 Bewertung und Kursbildung, Due Diligence *(Kohl/Göckeler)* ... 1729
§ 25 Der Börsengang *(Harrer)* 1771
§ 26 Besondere Anforderungen an die börsennotierte AG *(Göckeler)* .. 1855
§ 27 Übernahmerecht *(Oppenhoff)* 1899
§ 28 Delisting und Going Private *(Göckeler)* 1969
§ 29 German Real Estate Investmaenttrust (G-REIT) 1987

Stichwortverzeichnis 2013

Inhaltsverzeichnis

1. Abschnitt: Rechtsform

§ 1 Erscheinungsformen und Rechtsformwahl

- **A. Strukturtypus der AG und der KGaA** 2
- **B. Erscheinungsformen nach dem Mitgliederkreis** 3
  - I. Publikums-AG/KGaA 3
  - II. Börsennotierte AG/KGaA 4
  - III. Die AG/KGaA auf dem Weg zur Börseneinführung 7
  - IV. Die Familien-AG/KGaA 8
  - V. Kleine AG 11
    1. Einpersonen-AG 11
    2. Erweiterte Satzungsautonomie 12
    3. Vereinfachung der Hauptversammlung 12
  - VI. AG im Besitz der öffentlichen Hand 13
  - VII. Die AG/KGaA mit Auslandsbezug 14
    1. Ausländische AG/KGaA mit Geschäftsleitung im Ausland 14
    2. Ausländische AG/KGaA mit Geschäftsleitung im Inland 14
    3. Ausländische Gesellschaft mit Tochter-AG in Deutschland 16
    4. Inländische Gesellschaft mit Tochter-AG im Ausland 17
  - VIII. Europäische Aktiengesellschaft – Societas Europaea 17
    1. Geregelter Rahmen 18
    2. Gründung der SE 18
    3. Innere Organisation 19
       a) Dualistisches System 19
       b) Monistisches System 19
    4. Arbeitnehmerbeteiligung 20
       a) Verhandlungsvorrang 20
       b) Auffangregelung 20
- **C. Erscheinungsformen nach der rechtlichen Ausstattung** 21
  - I. Fungibilität der Aktien 21
  - II. Nebenleistungs-AG 21
  - III. Art der Vermögensbeteiligung 21
  - IV. AG/KGaA im Unternehmensverbund 22
  - V. Mitbestimmung 23
- **D. Rechtsformwahl** 24
  - I. AG versus Personengesellschaft 24
    1. Personengesellschaft 24
    2. Haftungsbeschränkung versus unbeschränkte Haftung 24
    3. Fremdorganschaft versus Selbstorganschaft 25
    4. Formstrenge versus Formfreiheit 26
    5. Finanzierungsflexibilität versus Finanzierungsstrenge 27
    6. Kapitalschutz versus Entnahmefreiheit 27
    7. Mitbestimmung versus Mitbestimmungsfreiheit 28
    8. Bilanzstrenge versus Bilanzierungsfreiheit 28
    9. Steuerliche Entscheidungskriterien 30
       a) Ertragsteuern 30
       b) Erbschaftsteuer 33

Inhaltsverzeichnis

    II. AG versus GmbH 34
        1. Allgemeine Entscheidungskriterien 34
        2. Steuerliche Entscheidungskriterien 36
   III. AG versus KGaA 36
        1. Allgemeine Entscheidungskriterien 36
        2. Steuerbelastungsunterschiede 37
   IV. AG versus Europäische Gesellschaft 38
        1. Allgemeine Entscheidungskriterien 38
        2. Steuerliche Entscheidungskriterien 39

2. Abschnitt: Die AG und die KGaA

§ 2 Die Gründung und die Entstehung durch Umwandlung

A. Die Wege zur Aktiengesellschaft und zur Kommanditgesellschaft auf Aktien 50
    I. Übersicht 50
   II. Aufbau dieses Kapitels 52

B. Gründung der AG nach AktG 52
    I. Übersicht 52
   II. Gründungsverfahren 52
       1. Phasen der Gründung 52
       2. Die Errichtung der Gesellschaft 53
           a) Feststellung der Satzung 53
           b) Übernahme der Aktien 53
           c) Folgen der Errichtung 54
       3. Die Vorbereitung der Handelsregisteranmeldung 54
           a) Bestellung des ersten Aufsichtsrats 54
           b) Bestellung des Abschlussprüfers 54
           c) Bestellung des ersten Vorstands 55
           d) Gründungsbericht 55
               aa) Erstattung 55
               bb) Inhalt 55
               cc) Hergang der Gründung 55
               dd) Sonderbeziehungen zu Vorstands- und Aufsichtsratsmitgliedern (§ 32 Abs. 3 AktG) 56
               ee) Sacheinlagen, Sachübernahmen 56
           e) Prüfung durch Mitglieder des Vorstands und des Aufsichtsrats ... 57
               aa) Generelle Prüfungspflicht 57
               bb) Gegenstand der Prüfung 57
           f) Gerichtlich bestellte Gründungsprüfer 58
               aa) Bestellungsgründe 58
               bb) Bestellung 60
               cc) Umfang der Gründungsprüfung 60
               dd) Prüfungsbericht 60
           g) Notar als Prüfungsbeauftragter 60
           h) Vorbereitung der Kapitaleinlagen 61
           i) Einforderung der Kapitaleinlagen 61
               aa) Geldeinlagen 61
               bb) Sacheinlagen 62
           j) Kapitalaufbringung 62
           k) Staatliche Genehmigung 62
       4. Anmeldung zum Handelsregister 63
           a) Voraussetzungen 63

	b) Anmeldepflichtige Personen	64
	c) Anmeldepflicht	64
	d) Vertretung bei der Anmeldung	64
	e) Form der Anmeldung	65
	f) Inhalt der Anmeldung	65
	aa) Übersicht	65
	bb) Antrag auf Eintragung	65
	cc) Kapitalaufbringung	66
	dd) Erklärungen bei Bareinlagen	66
	ee) Erklärungen bei Sacheinlagen	66
	ff) Versicherung der Vorstandsmitglieder	67
	gg) Inländische Geschäftsanschrift	68
	hh) Vertretungsbefugnisse	69
	ii) Zeichnung der Vorstandsmitglieder	69
	jj) Anlagen	69
	kk) Lage der Geschäftsräume	70
5.	Prüfung durch das Gericht	70
	a) Übersicht	70
	b) Ordnungsgemäße Errichtung und Anmeldung	71
	aa) Prüfung der Errichtung	71
	bb) Prüfung der Anmeldung	71
	c) Mangelhafte Berichte	71
	d) Unzureichender Wert von Sacheinlagen und Sachübernahmen	72
	e) Satzungsmängel	72
6.	Entscheidung des Gerichts	72
	a) Eintragungsverfügung	72
	b) Zwischenverfügung	73
	c) Ablehnung der Eintragung	73
	d) Rechtsmittel	73
7.	Inhalt der Eintragung	73
8.	Bekanntmachung der Eintragung	74
9.	Folgen der Eintragung	74
10.	Folgen des Scheiterns der Eintragung	75
III. Beteiligte der Gründung		75
1.	Übersicht	75
2.	Immer notwendige Gründungsbeteiligte	76
	a) Gründer	76
	aa) Funktion und Aufgaben	76
	bb) Gründerfähigkeit	76
	cc) Natürliche Personen	77
	dd) Juristische Personen	77
	ee) Rechtsfähige Personengesellschaften	78
	ff) Gesellschaft bürgerlichen Rechts	78
	gg) Nicht rechtsfähiger Verein	79
	hh) Erbengemeinschaft	79
	ii) Alleinerbe	79
	jj) Eheleute	79
	kk) Ausländische Personengemeinschaften	80
	ll) Treuhänder	80
	mm) Qualifizierte Gründerfähigkeit	80
	b) Erster Aufsichtsrat	81
	aa) Gründungshaftung	81
	bb) Zusammensetzung	81
	cc) Amtszeit	82
	dd) Bestellung	83

XIII

Inhaltsverzeichnis 2. Abschnitt: Die AG und die KGaA

    ee) Abberufung, Ausscheiden, Ersatzbestellung 84
    ff) Vergütung 85
    gg) Mitbestimmungsrecht 86
  c) Erster Vorstand 87
    aa) Bestellung, Zusammensetzung 87
    bb) Aufgaben des ersten Vorstandes 88
    cc) Überschreitung der notwendigen Gründungsaufgaben 88
    dd) Vergütung 89
  d) Notar 89
    aa) Übersicht 89
    bb) Beurkundung mit Unterschrift der Beteiligten 89
    cc) Beurkundung ohne Unterschrift der Beteiligten 89
    dd) Zeichnung vor dem Notar 90
    ee) Anerkenntnis der Unterschrift 90
    ff) Beurkundung in Sonderfällen 90
    gg) Belehrung über unbeschränkte Auskunftspflicht 90
    hh) Notargebühren 90
    ii) Ausländischer Notar 91
  e) Registergericht 92
    aa) Zuständigkeit 92
    bb) Aufgaben 92
    cc) Eintragungsverfahren 92
    dd) Rechtsbehelfe 93
    ee) Gerichtskosten 93
 3. Regelmäßig notwendige Gründungsbeteiligte 94
  a) Kontoführendes Institut 94
  b) Gründungsprüfer oder Notar als Prüfungsbeauftragter 94
  c) Gericht in Angelegenheiten der Gründungsprüfer 95
 4. Im Sonderfall notwendige Gründungsbeteiligte 96
  a) Vertreter von Gründern 96
    aa) Bevollmächtigte von Gründern 96
    bb) Gesetzliche Vertreter von Gründern 97
  b) Vormundschaftsgericht 98
  c) Genehmigungsbehörde 98
  d) Industrie- und Handelskammer 99
 5. Mittelbar von der Gründung Betroffene 99
  a) Bundesanzeiger und andere Bekanntmachungsmedien 99
  b) Erster Abschlussprüfer 100
  c) Finanzamt 100
  d) Für die Gründung verantwortliche Dritte 100
    aa) Treugeber von Gründern 101
    bb) Empfänger einer Vergütung für nicht satzungsgemäßen
      Gründungsaufwand 101
    cc) Mitwirkende bei der Verheimlichung von Gründungsauf-
      wand 101
    dd) Mitwirkende bei der Schädigung der Gesellschaft durch
      Einlagen oder Sachübernahmen 101
    ee) Emittenten 101
IV. Das Grundkapital und seine Aufbringung 101
 1. Das Grundkapital und seine Zerlegung in Aktien 101
  a) Das Grundkapital 101
  b) Zerlegung in Aktien 102
  c) Ausgabebetrag 102
 2. Aufbringung des Grundkapitals (Übersicht) 103
 3. Bareinlagen 105

§ 2 Entstehung durch Umwandlung **Inhaltsverzeichnis**

- a) Begriff ... 105
- b) Zeitpunkt der Leistung ... 105
  - aa) Gesetzliche Mindesteinzahlung ... 105
  - bb) Fälligkeitsregelung im Gründungsprotokoll ... 105
  - cc) Freiwillige Überzahlung ... 106
- c) Formen der Einzahlung ... 106
  - aa) Übersicht ... 106
  - bb) Gesetzliche Zahlungsmittel ... 106
  - cc) Gutschrift bei kontoführendem Institut ... 106
  - dd) Währung ... 107
- d) Zahlung zur freien Verfügung des Vorstands ... 107
  - aa) Voraussetzungen ... 107
  - bb) Endgültigkeit ... 107
- e) Nachweis der Kapitalaufbringung gegenüber dem Gericht ... 108
  - aa) Erklärungen in der Handelsregisteranmeldung ... 108
  - bb) Bestätigung des kontoführenden Instituts ... 108
- f) Prüfung durch das Gericht ... 109
- g) Verjährung der Einzahlungspflicht ... 109
4. Sacheinlagen ... 110
   - a) Übersicht ... 110
   - b) Einlagefähige Vermögensgegenstände ... 110
   - c) Bedeutung der Aktivierungsfähigkeit ... 111
   - d) Forderungen als Sacheinlagen ... 111
     - aa) Übersicht ... 111
     - bb) Geldforderungen gegen den Gründer selbst ... 111
     - cc) Geldforderungen gegen andere Gründer ... 112
     - dd) Forderungen auf sonstige Vermögensgegenstände ... 112
     - ee) Forderungen auf Dienstleistungen ... 112
   - e) Unternehmen als Sacheinlage ... 113
   - f) Festsetzung der Sacheinlage in der Satzung ... 113
     - aa) Übersicht ... 113
     - bb) Festsetzung des Gegenstandes ... 113
     - cc) Regelung der Differenzhaftung ... 114
     - dd) Folgen fehlender Satzungsfestsetzung ... 114
     - ee) Eintragung trotz fehlender Satzungsfestsetzung ... 114
     - ff) Heilung fehlender Satzungsfestsetzung ... 114
   - g) Zeitpunkt der Einlage ... 115
   - h) Sacheinlagevertrag ... 115
     - aa) Begriff ... 115
     - bb) Inhalt ... 115
   - i) Bewertung der Sacheinlage ... 116
     - aa) Bedeutung ... 116
     - bb) Wertangaben in der Handelsregisteranmeldung ... 116
     - cc) Bedeutung des Ausgabebetrags ... 116
     - dd) Bewertungsmethoden ... 117
   - j) Folgen einer Überbewertung ... 117
     - aa) Zeitpunkt der Feststellung ... 117
     - bb) Prüfung durch Gericht ... 118
     - cc) Maßgeblicher Ausgabebetrag ... 118
     - dd) Differenzhaftung ... 119
5. Sachübernahme ... 119
   - a) Begriff ... 119
   - b) Gewährung einer Vergütung ... 119
   - c) Abgrenzung der Sachübernahmen ... 120
   - d) Gesetzliche Regeln ... 120

Inhaltsverzeichnis

2. Abschnitt: Die AG und die KGaA

- 6. Fingierte Sacheinlage ... 120
- 7. Gemischte Sacheinlage ... 121
- 8. Mischeinlage ... 121
  - a) Begriff ... 121
  - b) Festsetzung in der Satzung ... 122
    - aa) Anforderungen ... 122
    - bb) Rechtsverbindlichkeit ... 122
    - cc) Schwierigkeiten in der Praxis ... 122
- 9. Trenneinlage ... 123
- 10. Verdeckte Sacheinlage ... 123
  - a) Bisherige Rechtslage ... 123
    - aa) Begriff ... 123
    - bb) Rechtsfolgen ... 123
    - cc) Heilung ... 124
  - b) Rechtsfolgen ... 124
  - c) Heilung ... 126
- 11. Haftung für die Kapitalaufbringung ... 126
  - a) Übersicht ... 126
  - b) Gründungsphasen ... 127
    - aa) Vorgründungszeit ... 127
    - bb) Vorgesellschaft ... 128
    - cc) Nachgründungszeit ... 129
  - c) Haftung der Gründer ... 130
    - aa) Verpflichtung zu Einlagen auf die übernommenen Aktien ... 130
    - bb) Nebenverpflichtungen nach Satzung ... 131
    - cc) Haftung für Einlagen anderer Gründer ... 131
    - dd) Haftung für die Verletzung sonstiger Gründerpflichten ... 131
    - ee) Haftung für Verbindlichkeiten der Vorgründungsgesellschaft ... 132
    - ff) Haftung für Verbindlichkeiten der Vorgesellschaft ... 132
  - d) Haftung der Treugeber von Gründern ... 133
  - e) Haftung von für die Gründung verantwortlichen Dritten ... 133
    - aa) Haftung für nicht satzungsgemäßen Gründungsaufwand ... 134
    - bb) Haftung bei der Verheimlichung von Gründungsaufwand ... 134
    - cc) Haftung bei Schädigung der Gesellschaft durch Einlagen oder Sachübernahmen ... 134
    - dd) Haftung der Emittenten ... 135
  - f) Haftung des Vorstands ... 135
    - aa) Haftung für Kapitalaufbringung ... 135
    - bb) Handelndenhaftung ... 135
    - cc) Allgemeine Vorstandshaftung ... 137
  - g) Haftung des Aufsichtsrats ... 137
  - h) Haftung der Gründungsprüfer ... 137
  - i) Außenhaftung, Innenhaftung ... 137
  - j) Verzicht und Vergleich auf Ansprüche und Ersatzansprüche ... 138
  - k) Verjährung von Ansprüchen und Ersatzansprüchen ... 138
  - l) Strafrechtliche Verantwortlichkeit ... 139
- 12. Einpersonengründung ... 140
  - a) Zulässigkeit ... 140
  - b) Bareinlage ... 140
  - c) Sacheinlage ... 141
  - d) Haftungsfragen ... 141
- 13. Nachgründung ... 142
  - a) Begriff und Bedeutung der Nachgründung ... 142
  - b) Vertragspartner ... 142
  - c) Vertragsgegenstand ... 143

			d) Vergütung	144
			e) Verfahren	144
			f) Rechtsfolgen bei Verstoß	145
			g) Schadensersatz bei Nachgründung	146
			h) Strafrechtliche Verantwortung für Nachgründung	146
			i) „Heilung" unwirksamer Sachgründung durch Nachgründung	146
V.	Die Satzung			148
	1.	Übersicht		148
	2.	Mindestinhalt der Satzung		149
		a) Firma		149
			aa) Rechtsformzusatz	149
			bb) Allgemeines Firmenrecht	149
		b) Sitz		150
			aa) Bestimmung des Sitzes	150
			bb) Bedeutung des Sitzes	151
			cc) Steuerliche Bedeutung des Sitzes	151
		c) Gegenstand des Unternehmens		151
			aa) Bestimmung des Unternehmensgegenstandes	151
			bb) Abgrenzung vom Gesellschaftszweck	152
			cc) Bedeutung des Unternehmensgegenstandes	152
			dd) Steuerliche Bedeutung des Unternehmensgegenstandes	152
		d) Grundkapital und Aktien		152
		e) Zahl der Vorstandsmitglieder		153
		f) Bekanntmachungen		153
		g) Notwendiger Inhalt nach anderen Gesetzen		153
	3.	Gründungsbezogene Satzungsbestimmungen		154
		a) Übersicht		154
		b) Sondervorteile		154
		c) Gründungsaufwand		155
		d) Prüfung von Sondervorteilen und Gründungsaufwand		155
		e) Folgen der Verletzung von § 26 AktG		155
		f) Änderung und Beseitigung der Satzungsbestimmungen nach § 26 AktG		156
		g) Besteuerung von Sondervorteilen und Gründungsaufwand		156
	4.	Vom AktG abweichende Bestimmungen		156
		a) Übersicht		156
		b) Verzeichnis der Ermächtigungen zur Abweichung der Satzung von Vorschriften des AktG (§ 23 Abs. 5 Satz 1 AktG)		157
	5.	Das AktG ergänzende Bestimmungen		158
		a) Übersicht		158
		b) Beispiele zulässiger Ergänzung		159
		c) Beispiele unzulässiger Ergänzung		160
		d) Unechte (formelle) Satzungsbestimmungen		160
	6.	Auslegung der Satzung		161
	7.	Mängel der Satzung		162
		a) Übersicht		162
		b) Phase bis Vollzugsbeginn		162
		c) Phase nach Vollzugsbeginn		163
		d) Gerichtliche Prüfung der Satzung		163
			aa) Übersicht	163
			bb) Inhaltliche Satzungsmängel	163
			cc) Formelle Satzungsmängel	165
		e) Eintragung mit Satzungsmängeln		165
			aa) Übersicht	165
			bb) Heilung durch Eintragung	166

Inhaltsverzeichnis

2. Abschnitt: Die AG und die KGaA

           cc) Heilung nach Eintragung 166
           dd) Heilung durch Satzungsänderung 167
           ee) Heilung durch Zeitablauf nach Eintragung 167
           ff) Klage auf Nichtigerklärung von Satzungsbestimmungen . . . 167
           gg) Klage auf Nichtigerklärung der Gesellschaft 168
           hh) Geltendmachung von Satzungsmängeln „auf andere Weise" . . 169
           ii) Löschung der Gesellschaft wegen Satzungsmängeln 169
           jj) Auflösung wegen Satzungsmängeln 169
       f) Löschung unzulässiger Eintragungen 169
    8. Satzungsergänzende Nebenabreden 170
       a) Begriff 170
       b) Zulässigkeitsgrenzen 170
       c) Rechtsfolgen 171
 VI. Die Publizität der Gründung 172
    1. Publizität des Handelsregisters 172
       a) Information der Öffentlichkeit 172
       b) Rechtliche Publizitätswirkungen 172
    2. Publizitätspflichten betr. Beteiligungsverhältnisse 172
       a) Konzernbildung 172
       b) Einpersonengründung 173
 VII. Gründungskosten 173
VIII. Die Rechnungslegung der Gründung 173
    1. Eröffnungsbilanz 173
       a) Stichtag 174
       b) Ausweis des Eigenkapitals 174
       c) Bewertung von Sacheinlagen 176
       d) Gründungsaufwand, Ingangsetzungsaufwand 176
    2. Vermögensbilanzen wegen Unterbilanz- oder Differenzhaftung . . . 176
       a) Unterbilanzhaftung 177
       b) Differenzhaftung 177
 IX. Die Gründung im Steuerrecht 177
    1. Entstehung der AG als Steuersubjekt 177
       a) Ertragssteuern 177
           aa) Körperschaftsteuer 177
           bb) Gewerbesteuer 178
       b) Verkehrssteuern 178
           aa) Umsatzsteuer 178
           bb) Grunderwerbsteuer 178
    2. Sacheinlagen im Steuerrecht 179
       a) Wertansatz bei der Gesellschaft 179
           aa) Teilwert 179
           bb) Anschaffungs- oder Herstellungskosten, Entnahmewert . . . 179
           cc) Gemeiner Wert, Buchwert, Zwischenwert 179
       b) Besteuerung des einlegenden Gründers 181
           aa) Besteuerung eines Gewinns anlässlich der Sacheinlage 182
           bb) Besteuerung bei der späteren Veräußerung der erhaltenen
              bzw. eingebrachten Anteile 183
       c) Grunderwerbsteuer auf Sacheinlagen 186

C. Die Entstehung der AG durch Umwandlung 186
  I. Übersicht 186
    1. Umwandlungsformen 186
    2. Umwandlungsfähige Rechtsträger 187
    3. Besondere Voraussetzungen für die Umwandlungsfähigkeit von
       Rechtsträgern 189

§ 2 Entstehung durch Umwandlung

4. Anzahl der beteiligten Rechtsträger	190
II. Anwendung der Gründungsvorschriften des AktG	190
1. Gründer nach UmwG	190
2. Gründungsverfahren nach UmwG	191
a) Feststellung der Satzung	191
b) Umwandlungsbedingter Satzungsinhalt	191
aa) Sacheinlagen	191
bb) Sondervorteile	192
cc) Übernahme von Satzungsbestimmungen	192
c) Zuteilung der Aktien	192
d) Gründungsbericht	192
e) Prüfung durch Vorstand und Aufsichtsrat	193
f) Gründungsprüfung	193
g) Registeranmeldungen	193
h) Anmeldepflichtige Personen	193
aa) Verschmelzung durch Neugründung	194
bb) Spaltung zur Neugründung	194
cc) Formwechselnde Umwandlung	194
i) Entstehung der AG	195
aa) Verschmelzung durch Neugründung	195
bb) Spaltung durch Neugründung	195
cc) Formwechselnde Umwandlung	195
III. Nachhaftung für Verbindlichkeiten	196
IV. Rechnungslegung der Entstehung durch Umwandlung	196
1. Verschmelzung und Spaltung durch Neugründung	196
a) Schlussbilanz	196
b) Eröffnungsbilanz	197
2. Formwechselnde Umwandlung	198
3. Vermögensbilanzen wegen Unterbilanz- oder Differenzhaftung	199
V. Umwandlungssteuerrecht	199
1. Übersicht	199
2. Formwechsel von OHG, KG, PartG und KGaA in AG	199
3. Verschmelzung von OHG, KG, PartG und KGaA auf neue AG	200
4. Spaltung von nicht der KSt unterliegenden Rechtsträgern auf neue AG	200
VI. Von der GmbH & Co. KG zur AG	201
1. Wege nach UmwG	201
2. Anwachsung	201
D. Mantelverwendung statt Gründung und Umwandlung	**202**
I. Übersicht	202
II. Vorratsgesellschaft	203
1. Zulässigkeit der Gründung	203
2. Wirtschaftliche Neugründung	203
3. Folgen der Vorratsgründung	204
a) Aufbringung des Mindestgrundkapitals	204
b) Gründungsbericht und Gründungsprüfung	204
c) Anmeldung der Vorratsgründung, Prüfung durch das Gericht	205
d) Auswirkung der BGH-Rechtsprechung auf Altfälle?	205
e) Wirtschaftliche Neugründung ohne Änderung des Unternehmensgegenstandes	205
4. Haftung für wirtschaftliche Neugründung	206
III. Verwendung „gebrauchter" Gesellschaftsmäntel	206
1. Zulässigkeit	206
2. Abgrenzung zur Umorganisation und Sanierung	207
3. Folgen der Mantelgründung	207
4. Steuerlicher Verlustvortrag	207

Inhaltsverzeichnis
2. Abschnitt: Die AG und die KGaA

E. Die Gründung der KGaA und ihre Entstehung durch Umwandlung . . 208
   I. Gründung nach AktG 208
      1. Übersicht 208
      2. Die Gründer 208
         a) Persönlich haftende Gesellschafter 208
         b) Kommanditaktionäre 208
         c) Zahl der Gründer, Einpersonen-KGaA 209
      3. Gründungsverfahren 209
      4. Die Satzung der KGaA 209
      5. Die Gründung der KGaA in der Rechnungslegung 210
      6. Die Gründung der KGaA im Steuerrecht 210
         a) Sacheinlagen aus Privatvermögen des phG 210
         b) Sacheinlagen aus Betriebsvermögen des phG 211
   II. Die Entstehung der KGaA durch Umwandlung 212
      1. Formwechsel und Neugründung durch Verschmelzung und Spaltung 212
         a) Formwechsel in KGaA 212
         b) Verschmelzung und Spaltung durch Neugründung 212
      2. Umwandlungssteuerrecht 212

§ 3 Die Aktie

A. Aktienformen 217
   I. Nennbetrags- und Stückaktien 218
      1. Gründe zur Wahl von Nennbetrags- bzw. Stückaktien 218
      2. Nennbetragsaktien 218
         a) Höhe des Nennbetrags 218
         b) Rechtsfolgen bei Unterschreitung des Mindestnennbetrags 220
         c) Festlegung von Zwischenbeträgen 220
         d) Änderung der Nennbeträge 221
      3. Stückaktien 222
         a) Höhe des rechnerischen Betrags 222
         b) Zwischenbeträge 222
      4. Umstellung von Nennbetrags- auf Stückaktien 222
   II. Inhaber- und Namensaktien 223
      1. Gründe zur Wahl von Inhaber- bzw. Namensaktien 223
      2. Inhaberaktie 224
         a) Allgemeines 224
         b) Verbriefung 224
      3. Namensaktie 224
         a) Allgemeines 224
         b) Verbriefung 225
         c) Zwang zur Namensaktie vor vollständiger Einlageleistung 225
         d) Aktienregister 226
            aa) Erhalt der Daten 226
            bb) Spätere Übertragungen 227
            cc) Inhalt der Eintragung 228
            dd) Wirkung der Eintragung 229
            ee) Kosten 230
            ff) Auskunftsrecht 230
            gg) Löschung von Daten 231
            hh) Berichtigung von Daten 232
      4. Umstellung von Inhaber- auf Namensaktien 232
         a) Umstellung aufgrund von Satzungsänderung 232
         b) Umstellung auf Antrag des Aktionärs 233
      5. Vinkulierte Namensaktien 233

§ 3 Die Aktie

- a) Anlass zur Wahl vinkulierter Namensaktien 234
- b) Einführung der Vinkulierung 234
- c) Erfasste Rechtsgeschäfte 234
- d) Zustimmung 235
- e) Sonderfall: Umstellung von Inhaberaktien auf vinkulierte Namensaktien 236
- f) Aufhebung der Vinkulierung 236
- III. Stamm- und Vorzugsaktien 237
  - 1. Stimmrechtslose Vorzugsaktien 237
    - a) Zweck 237
    - b) Vorzug auf den Bilanzgewinn 238
    - c) Nachzahlungsrecht 239
    - d) Höchstgrenze 239
    - e) Rechtsfolgen bei Verstoß 239
  - 2. Vorzugsaktien mit Stimmrecht 240
  - 3. Umstellung von Vorzugsaktien auf Stammaktien 240
- IV. Mehrstimmrechtsaktien 240

B. Aktiengattungen 241

C. Aktienurkunde 242
- I. Einzelurkunde 243
  - 1. Anspruch auf Einzelverbriefung 243
  - 2. Voraussetzungen der Verbriefung 244
  - 3. Inhalt der Aktienurkunde 244
  - 4. Fehlen von zwingenden Voraussetzungen 245
  - 5. Zeitpunkt der Ausgabe der Urkunde 245
- II. Globalurkunde 245
  - 1. Rechtsnatur 245
  - 2. Rechtswirkungen 246
- III. Entmaterialisierung der Aktien durch Girosammelverwahrung 246
  - 1. Allgemeines 246
  - 2. Girosammel- und Sonderverwahrung 247
  - 3. Herausgabeanspruch 248

D. Euro-Umstellung 248
- I. Umstellung auf Stückaktien 248
- II. Umstellung mittels Kapitalerhöhung aus Gesellschaftsmitteln unter Beibehaltung von Nennbetragsaktien 249
- III. Kapitaländerung mit Nennbetragsglättung 251

E. Teilung von Aktien 251

F. Übertragung von Aktien 251
- I. Übertragung durch Rechtsgeschäft 252
  - 1. Inhaberaktien 252
  - 2. Namensaktien 252
  - 3. Vinkulierte Namensaktien 253
  - 4. Übertragung nach dem DepotG 254
- II. Übertragung durch Tod 255

G. Kraftloserklärung und Umtausch von Urkunden 255
- I. Kraftloserklärung von Aktien im Aufgebotsverfahren 255
- II. Kraftloserklärung von Aktien durch die Gesellschaft 255

H. Andere aktienrechtliche Wertpapiere und Nebenpapiere 256
- I. Zwischenscheine 256
- II. Gewinnanteilscheine und Erneuerungsscheine 257

XXI

Inhaltsverzeichnis

2. Abschnitt: Die AG und die KGaA

    1. Gewinnanteilscheine 257
    2. Erneuerungsscheine 258
    3. Jungscheine 259
J. **Eigene Aktien** 259
    I. Erwerbsverbot 260
   II. Ausnahmen vom Erwerbsverbot 260
      1. Erwerb zur Schadensabwehr 260
      2. Belegschaftsaktien 262
      3. Abfindung von Aktionären 262
      4. Unentgeltlicher Erwerb/Einkaufskommission 263
      5. Gesamtrechtsnachfolge 263
      6. Einziehung zur Kapitalherabsetzung 264
      7. Wertpapierhandel 264
      8. Ermächtigung zum Eigenerwerb 264
      9. Einziehungsermächtigung 269
     10. Erwerb eigener Aktien und Übernahmerecht 270
     11. Erwerb eigener Aktien und Kapitalmarktrecht ... 270
  III. Bilanz- und steuerrechtliche Behandlung 270
  IV. Rechtsfolgen von Verstößen gegen das Erwerbsverbot .. 271
   V. Rechte und Pflichten aus eigenen Aktien 272
 VI. Umgehungsgeschäfte 272
VII. Inpfandnahme eigener Aktien 273

§ 4 Der Aktionär

A. **Rechte und Pflichten der Aktionäre** 279
    I. Die Mitgliedschaft 279
   II. Erwerb und Verlust der Mitgliedschaft 279
  III. Mitgliedschaftsrechte und -pflichten 279
      1. Mitgliedschaftsrechte 279
         a) Verwaltungsrechte 279
         b) Vermögensrechte 280
      2. Mitgliedschaftspflichten 280
  IV. Einzelne Rechte und Pflichten 280
      1. Pflicht zur Einlage 281
         a) Inhalt 281
         b) Schuldner der Einlageleistung 281
         c) Leistungszeitpunkt 282
         d) Mängel der Einbringung 282
            aa) Verspätete Leistung der Einlage 283
            bb) Mangelhafte Festsetzung der Sacheinlage .. 283
            cc) Untaugliche Sacheinlage 284
            dd) Überbewertung der Sacheinlage 284
            ee) Verdeckte Sacheinlage 284
            ff) Unmöglichkeit 285
            gg) Sach- und Rechtsmängel 286
      2. Pflicht zur Erbringung von Nebenleistungen 288
      3. Einsichtsrecht 288
         a) Unterlagen der ordentlichen Hauptversammlung .. 289
         b) Verträge 289
         c) Teilnehmerverzeichnis 290
      4. Recht auf Abschriften 290
      5. Recht auf Mitteilungen 291
      6. Recht zur Teilnahme an der Hauptversammlung . 291
      7. Stimmrecht 292

a) Stimmkraft 292
b) Unvollständige Einlageleistung 293
c) Übertragbarkeit 294
d) Zustimmungspflicht 294
e) Verletzung 294
8. Gegenanträge/Antragsrecht zu Beschlussvorlagen 294
9. Aktionärsforum 295
10. Auskunftsanspruch 296
    a) Schuldner der Auskunft 296
    b) Auskunftsverlangen 297
    c) Gegenstand der Auskunft 298
        aa) Angelegenheiten der Gesellschaft 298
        bb) Verbundene Unternehmen 300
    d) Inhalt der Auskunft 300
    e) Auskunftsverweigerungsgründe 301
    f) Niederschrift zu Protokoll 303
    g) Verstoß 303
    h) Auskunftserzwingungsverfahren 304
        aa) Antrag 304
        bb) Verfahren 304
11. Anspruch auf Aushändigung von Tonbandprotokollen 305
12. Recht auf Dividende 305
    a) Anspruch auf Fassung eines Gewinnverwendungsbeschlusses .. 305
    b) Zahlungsanspruch/Anspruch auf Sachausschüttung 306
    c) Höhe des konkreten Anspruchs 307
13. Bezugsrecht junger Aktien bei Kapitalerhöhung 309
14. Treupflicht 310
    a) Treupflicht zwischen der Gesellschaft und ihren Gesellschaftern . 311
    b) Treupflicht zwischen den Gesellschaftern 311
    c) Rechtsfolgen 312
15. Gleichbehandlungsgrundsatz 313
    a) Gleichbehandlungsmaßstab 313
    b) Verstoß gegen den Gleichbehandlungsgrundsatz 313
    c) Folgen eines Verstoßes 314
16. Klagerechte 314
    a) Individual- und Minderheitenrechte 314
    b) Inhalt der Aktionärsklagen 316
        aa) Individuelle Mitgliedschaftsklage gegenüber der AG 316
        bb) Abwehrklage gegenüber der AG 317
        cc) Klagezulassungsverfahren 318
        dd) Actio pro socio 320
        ee) Klage gegenüber Mitgesellschaftern 321
        ff) Klage gegenüber Dritten 321
17. Recht auf den Liquidationsüberschuss 321
    a) Anspruchsinhalt 322
    b) Geltendmachung 322
18. Einsicht in die Unterlagen der aufgelösten AG 322
V. Besteuerung der Dividendeneinkünfte und der Gewinne aus
Veräußerungsgeschäften............................... 323
1. Einleitung 323
    a) Teileinkünfteverfahren 323
        aa) Systematik 323
        bb) Anwendungsbereich 323
        cc) Übergangsregelung vom Halbeinkünfte- zum Teilein-
            künfteverfahren 324

Inhaltsverzeichnis
2. Abschnitt: Die AG und die KGaA

- b) Abgeltungssteuer 324
  - aa) Ziele 324
  - bb) Konzeption 324
  - cc) Ausnahmen 324
    - (1) Dividenden 324
    - (2) Veräußerungsgewinne 324
    - (3) Veranlagungswahlrechte 325
  - dd) Nachteile 325
  - ee) Übergangsregelung vom Halbeinkünfteverfahren zur Abgeltungsteuer 325
- 2. Natürliche Person als Aktionär 326
  - a) Dividenden 326
    - aa) Aktien im Privatvermögen 326
    - bb) Aktien im Betriebsvermögen 328
    - cc) Wesentlich beteiligter Gesellschafter 328
    - dd) Verdeckte Gewinnausschüttung aus Sicht des Aktionärs 329
    - ee) Sachdividende 330
    - ff) Gewerbesteuer 330
    - gg) Abgrenzung von Dividende und Kapitalrückzahlung 331
    - hh) Belastungsvergleich zwischen Dividende und Leistungsvergütung 331
    - ii) Sachverhalt mit Auslandsbezug 331
      - (1) Ausländische natürliche Person als Anteilseigner mit Depot im Inland 331
      - (2) Auslandsdividende unbeschränkt Steuerpflichtiger 332
  - b) Veräußerungsgeschäfte 333
    - aa) Aktien im Privatvermögen 333
      - (1) Unwesentliche Beteiligung 333
      - (2) Wesentliche Beteiligung 334
    - bb) Aktien im Betriebsvermögen 334
    - cc) Bemessungsgrundlage, § 20 Abs. 4 EStG 335
    - dd) Verlustverrechnung, § 20 Abs. 6 EStG 336
    - ee) Depotübertragung 337
      - (1) Ohne Gläubigerwechsel 337
      - (2) Mit Gläubigerwechsel 338
    - ff) Gewerbesteuer 338
    - gg) Sachverhalte mit Auslandsbezug 339
      - (1) Veräußerung von Anteilen an einer inländischen Körperschaft durch eine ausländische Person 339
      - (2) Veräußerung von Anteilen an einer ausländischen Körperschaft durch eine inländische natürliche Person 339
- 3. Personengesellschaft als Aktionär 340
  - a) Laufende Erträge der Personengesellschaft 340
  - b) Veräußerungsgeschäfte durch die personengesellschaft 336
  - c) Gewerbesteuer 340
  - d) Thesaurierungsbegünstigung nach § 34a EStG 340
  - e) Veräußerung von Anteilen an einer Personengesellschaft 341
  - f) Besonderheiten bei Fondsstrukturen 341
    - aa) Investmentfonds 341
    - bb) Dachfonds 343
  - g) Sachverhalte mit Auslandsbezug 344
    - aa) Ausländische natürliche Person als Gesellschafter einer inländischen Personengesellschaft 344
    - bb) Ausländische Personengesellschaft, insbesondere ausländische Spezialfonds 344

   cc) Auslandserträge durch einen inländischen Investementfonds . 345
 4. Kapitalgesellschaft als Aktionär 345
  a) Laufende Erträge der Kapitalgesellschaft 345
  b) Veräußerungsgeschäfte durch die Kapitalgesellschaft 347
  c) Gewerbesteuer 348
  d) Investmentsfonds in der Rechtsform einer Kapitalgesellschaft . . 348
  e) Besonderheiten der KGaA 348
  f) Sachverhalt mit Auslandsbezug 350
   aa) Ausländische Kapitalgesellschaft als Anteilseigner einer
    inländischen Körperschaft 350
   bb) Auslandsertäge einer inländischen Kapitalgesellschaft 351
B. **Rechte und Pflichten der Gesellschafter einer KGaA** 352
 I. Komplementär 353
  1. Erwerb und Verlust der Mitgliedschaft 353
  2. Mitgliedschaftsrechte und -pflichten 354
   a) Einlagen 354
   b) Haftung 354
   c) Geschäftsführung 355
   d) Teilnahme- und Stimmrecht 355
    aa) Gesellschafterversammlungen der Komplementäre 355
    bb) Hauptversammlung 356
   e) Informationsrechte 356
   f) Recht auf anteiligen Jahresgewinn 356
   g) Pflicht zur Verlusttragung 357
   h) Entnahmerecht 357
    aa) § 122 HGB als Grundlage des Entnahmerechts 357
    bb) Beschränkungen 358
   i) Recht auf Aufwendungsersatz und Pflicht zur Herausgabe
    des Erlangten 358
   j) Kündigungs- und Ausschließungsrecht 358
   k) Anspruch auf Auseinandersetzungs- und Abfindungsguthaben . 359
   l) Treupflicht/Wettbewerbsverbot 359
  3. Besteuerung 360
 II. Kommanditaktionär 360
  1. Begründung und Beendigung der Mitgliedschaft 361
  2. Mitgliedschaftsrechte und -pflichten 361
   a) Einlage 361
   b) Nebenverpflichtungen 361
   c) Stimm- und Teilnahmerecht 361
   d) Auskunfts- und Informationsrechte 362
   e) Widerspruchsrecht 362
   f) Feststellungskompetenz des Jahresabschlusses 362
   g) Gewinnanspruch 362
   h) Auseinandersetzungsguthaben 363
   i) Minderheitenrechte 363
   j) Klagerechte 363
   k) Treupflicht 363
   l) Gleichbehandlung 364
  3. Besteuerung 364

§ 5 Die Hauptversammlung

A. Einleitung 370
B. Die Aktiengesellschaft 371
 I. Die Zuständigkeit der Hauptversammlung 371

Inhaltsverzeichnis

2. Abschnitt: Die AG und die KGaA

1. Überblick 371
2. Gesetzliche Zuständigkeiten der Hauptversammlung 372
   a) Regelmäßig wiederkehrende Befassungen und Entscheidungen ... 372
      aa) Entgegennahme des von Vorstand und Aufsichtsrat
          aufgestellten Jahresabschlusses 372
      bb) Verwendung des Bilanzgewinns 373
      cc) Entlastung 374
      dd) Wahl der Aufsichtsratsmitglieder 375
      ee) Bestellung des Abschlussprüfers 376
   b) Grundlagenentscheidungen 376
      aa) Satzungsänderungen 376
      bb) Maßnahmen der Kapitalbeschaffung und Kapitalherabsetzung 377
      cc) Auflösung 378
      dd) Weitere gesetzlich geregelte Grundlagenentscheidungen ... 378
   c) Sonderfälle 379
3. Satzungsgemäße Zuständigkeiten 380
4. Ungeschriebene Zuständigkeiten 381
   a) Die Holzmüller-Entscheidung 381
   b) Rechtsgrundlage ungeschriebener Hauptversammlungs-
      zuständigkeiten 382
   c) Übersicht über hauptversammlungspflichtige Maßnahmen in
      der Muttergesellschaft/Konzernbildungskontrolle 382
      aa) Ausgliederung auf Tochtergesellschaften 382
      bb) Beteiligungserwerb 383
      cc) Abgabe eines Übernahmeangebots 384
      dd) Beteiligungsveräußerung 384
      ee) Going Public, IPO 387
      ff) Delisting 387
      gg) Zustimmungserfordernisse in der Zielgesellschaft bei
          Unternehmensübernahmen 388
      hh) Übertragung vinkulierter Aktien 389
      ii) Fremdkapitalaufnahme 390
   d) Konzernleitungskontrolle 390
   e) Maßgebliche Schwellenwerte der Konzernbildungs- und
      Konzernleitungskontrolle 390
   f) Mehrheitserfordernis 391
   g) Möglichkeit eines „Konzeptbeschlusses" 391
   h) Informationspflichten und Rechtsfolgen/Rechtsschutz ... 393
5. Gesonderte Zuständigkeiten 393
II. Die Vorbereitung der Hauptversammlung 395
   1. Technische Vorbereitungen 395
      a) Langfristige Planung 395
         aa) Termin der Hauptversammlung 395
         bb) Besucherzahlen 395
         cc) EDV-Unterstützung 395
      b) Kurzfristige Planung 396
         aa) Bekanntmachung 396
         bb) Detaillierte Vorbereitung des Ablaufs 396
         cc) Mitteilungen 397
         dd) Hinzuziehung des Notars 398
   2. Einberufung der Hauptversammlung 399
      a) Gründe für die Einberufung 399
         aa) Gesetzliche Einberufungsgründe 399
         bb) Statutarische Einberufungsgründe 400
         cc) Wohl der Gesellschaft 400

§ 5 Die Hauptversammlung

Inhaltsverzeichnis

        dd) Fakultative Einberufung 401
    b) Einberufungsberechtigung 401
        aa) Vorstand 401
        bb) Aufsichtsrat 402
        cc) Minderheitsverlangen 402
    c) Art und Weise der Einberufung 404
        aa) Einberufungsfrist 404
        bb) Verlängerung der Einberufungsfrist 405
        cc) Mindestangaben der Einberufung 406
        dd) Bekanntmachung 408
        ee) Veröffentlichung im Internet 410
    d) Tagesordnung 410
        aa) Zweck und Inhalt 410
        bb) Bekanntmachungsfreie Gegenstände 412
        cc) Rechtsfolgen bei Verstoß 412
    e) Mitteilungspflichten 412
    f) Gegenanträge der Aktionäre 414
        aa) Zulässige Gegenanträge 414
        bb) Formalien und Frist 415
        cc) Unzulässige Gegenanträge 415
    g) Wahlvorschläge der Aktionäre 416
    h) Rechtsfolgen der unterbliebenen Einberufung 416
  3. Berichtspflichten 417
    a) Gesetzliche Berichtspflichten des Vorstands 417
        aa) Bezugsrechtsausschluss 418
        bb) Bezugsrechtsausschluss bei genehmigtem Kapital ... 419
        cc) Bezugsrechtsausschluss bei Veräußerung eigener Aktien ... 420
        dd) Verschmelzung 421
        ee) Spaltung 421
        ff) Formwechselnde Umwandlung 422
        gg) Unternehmensverträge 423
        hh) Eingliederung 423
    b) Berichtspflicht des Aufsichtsrats 423
    c) Berichtspflicht bei Squeeze Out 424
    d) Prüfungsberichte Dritter 425
    e) Ungeschriebene Berichtspflichten 425
    f) Rechtsfolgen bei Verstoß 425
        aa) Anfechtung 425
        bb) Sonderfall der Informationspflichtverletzung bei
            Bewertungsfragen 426
        cc) Heilung 426
        dd) Eintragung; Registersperre; Freigabeverfahren 427
        ee) Strategie der Risikoverminderung 428
III. Die Teilnahme an der Hauptversammlung 428
  1. Aktionäre 428
    a) Teilnahmeberechtigte Personen 428
    b) Inhalt 429
    c) Beschränkung 431
  2. Aktionärsvertreter 432
  3. Vorstands- und Aufsichtsratsmitglieder 433
  4. Sonstige Teilnehmer 433
  5. Teilnehmerverzeichnis 433
    a) Zuständigkeit 434
    b) Inhalt 434
    c) Zugänglichmachung 435

XXVII

Inhaltsverzeichnis

2. Abschnitt: Die AG und die KGaA

    d) Änderung 435
    e) Rechtsfolgen bei Verstoß 436
  IV. Die Durchführung der Hauptversammlung 436
    1. Leitung der Hauptversammlung 436
        a) Eröffnung der Hauptversammlung 437
        b) Verfahrensleitung 437
            aa) Erledigung der Tagesordnung 437
            bb) Behandlung von Anträgen 438
            cc) Wortmeldungen 439
            dd) Beschränkung des Rederechts 439
            ee) Beschränkung des Auskunfts- und Fragerechts 441
            ff) Ordnungsmaßnahmen 443
        c) Abstimmungsleitung 443
            aa) Abstimmungsverfahren 444
            bb) Auszählung 444
            cc) Verkündung des Ergebnisses 446
            dd) Rechtsfolgen bei Verstoß 446
        d) Beendigung der Hauptversammlung 446
    2. Die Pflichten des Vorstands in der Hauptversammlung 447
        a) Vorlage und Erläuterung der Abschlussunterlagen 447
        b) Auskunftspflichten 448
        c) Nachgelagerte Pflichten 450
  V. Die Beschlussfassung in der Hauptversammlung 450
    1. Stimmrechte 450
        a) Stimmberechtigung 451
        b) Umfang des Stimmrechts 451
        c) Stimmbindungsverträge 452
        d) Bevollmächtigte 453
        e) Stimmrechtsverbote 455
            aa) Gesetzliche Stimmrechtsverbote 455
            bb) Satzungsgemäße Stimmrechtsverbote 456
            cc) Rechtsfolge bei Verstoß 457
    2. Mehrheitserfordernisse 457
        a) Einfache Stimmenmehrheit 457
        b) Kapitalmehrheit 458
        c) Qualifizierte Stimmenmehrheit; weiterer Schutz der Minderheit . 459
        d) Satzungsgemäße Mehrheitserfordernisse 459
    3. Wahlen von Aufsichtsratsmitgliedern 460
  VI. Die Dokumentation der Hauptversammlung 462
    1. Niederschrift 462
        a) Form der Niederschrift 462
        b) Inhalt der Niederschrift 463
        c) Erstellung und Einreichung der Niederschrift 464
        d) Veröffentlichung im Internet 464
        e) Mängel der Niederschrift 464
    2. Sonstige Dokumentation 465
  VII. Anfechtungsklagen 466
    1. Anfechtungsbefugnis 466
        a) Aktionäre 466
        b) Vorstand 468
        c) Mitglieder des Vorstands und des Aufsichtsrats 468
    2. Voraussetzungen der Anfechtung 468
        a) Verfahrensfehler 469
        b) Kausalität/Relevanz 470
        c) Inhaltsfehler 471

§ 6 Vorstand

    3. Bestätigungsbeschluss 473
    4. Verfahren 473
    5. Rechtsfolge 474
  VIII. Nichtigkeitsklage 475
  IX. Freigabeverfahren 476
  X. Spruchverfahren 482

§ 6 Vorstand

A. Rechtsstellung der Vorstandsmitglieder 488
  I. Grundlagen 488
  II. Geschäftsführungsorgan 489
    1. Geschäftsführung und Geschäftsführungsbefugnis 489
    2. Besonderheiten im mehrgliedrigen Vorstand 491
  III. Vertretungsorgan 492
  IV. Eigenverantwortlichkeit des Vorstandes 493
  V. Besondere Vorstandsmitglieder 495
    1. Vorstandsvorsitzender 495
    2. Arbeitsdirektor und stellvertretendes Vorstandsmitglied 496

B. Bestellung und Anstellung 496
  I. Bestellung 496
    1. Persönliche Anforderungen an das Vorstandsmitglied 497
    2. Verfahren und Dauer der Bestellung 498
    3. Fehlerhafte Bestellung 499
    4. Erlöschen der Bestellung 500
    5. Anmeldung zum Handelsregister 500
  II. Anstellung 501
    1. Vertragsschluss sowie Dauer und Form des Vertrages 501
    2. Wesentlicher Inhalt des Anstellungsvertrages 502
    3. Fehlerhafter Anstellungsvertrag 504
    4. Beendigung der Anstellung 504
  III. Abberufung und Kündigung des Anstellungsvertrages 505
    1. Widerruf der Bestellung 505
      a) Zuständigkeit zur und Verfahren der Abberufung 505
      b) Voraussetzungen der Abberufung: Vorliegen eines wichtigen Grundes 506
      c) Suspendierung 508
      d) Rechtsschutz des abberufenen Vorstandsmitglieds 509
    2. Kündigung des Anstellungsvertrages 511
      a) Zuständigkeit zur Kündigung 511
      b) Voraussetzungen der Kündigung aus wichtigem Grund .. 512
      c) Rechtsschutz des gekündigten Vorstandsmitgliedes 514

C. Rechte der Vorstandsmitglieder 514
  I. Vergütungsanspruch 514
    1. Postulat der Angemessenheit der Vorstandsvergütung 514
    2. Herabsetzung der Vorstandsvergütung in der Krise 516
    3. Sonstige gesetzlich determinierte Vergütungselemente 517
    4. Stock Options 518
    5. Abfindungen 520
    6. Steuerliche Behandlung der Vergütung 520
    7. Exkurs: Kreditbeziehungen zwischen Vorstand und AG 521
  II. Sonstige Leistungen 523
  III. Entlastung 523

Inhaltsverzeichnis

2. Abschnitt: Die AG und die KGaA

D. Pflichten der Vorstandsmitglieder 525
    I. Gesellschafts- und kapitalmarktrechtliche Pflichten 525
        1. Berichterstattung gegenüber dem Aufsichtsrat 525
        2. Vorbereitung und Ausführung von Hauptversammlungsbeschlüssen 528
        3. Berichterstattung gegenüber der Hauptversammlung 529
        4. Entsprechenserklärung 530
        5. Sonstige Mitteilungs-, Bekanntmachungs- und Berichtspflichten .. 532
    II. Unternehmerische Pflichten insbesondere im mehrgliedrigen Vorstand.. 533
        1. Kollegiale Zusammenarbeit und Informations- und Kontrollpflichten 533
        2. Zwingende Zuständigkeiten des Gesamtkollegiums 534
        3. Verantwortungsbereiche 535
        4. Risikomanagement und interne Revision 536
        5. Vorstandspflichten in Konzernsituationen 538
    III. Allgemeine gesetzliche Pflichten 539
    IV. Treuepflicht 541
        1. Verschwiegenheitspflicht 541
        2. Wettbewerbsverbot und Geschäftschancenbindung 542

E. Zivilrechtliche Haftung der Vorstandsmitglieder 544
    I. Haftung gegenüber der Gesellschaft 544
        1. Haftungsgrundsätze 544
        2. Geschäftsverteilung und Aufgabendelegation 547
        3. Hauptversammlungsbeschlüsse und Weisungen im Vertragskonzern . 548
        4. Darlegungs- und Beweislast 548
        5. Verjährung, Verzicht und Vergleich 549
        6. Geltendmachung des Ersatzanspruchs 550
    II. Haftung gegenüber Aktionären 551
    III. Haftung gegenüber Dritten 552
        1. Insbesondere deliktische Haftung 552
        2. Haftung im Falle einer Verletzung der Insolvenzantragspflicht 553
        3. Haftung wegen Verschuldens bei Vertragsschluss 554
        4. Haftung für Steuerschulden und für Sozialversicherungsbeiträge ... 554

F. Straf- und ordnungsrechtliche Verantwortlichkeit der Vorstandsmitglieder 555
    I. Verantwortlichkeit der Vorstände 556
        1. Straftaten zum Schutz der körperlichen Unversehrtheit 556
        2. Straftaten gegen die Umwelt 557
    II. Aufgabendelegation 557

G. Klagemöglichkeiten des Vorstandes bzw. der Vorstandsmitglieder 558

§ 7 Der Aufsichtsrat

A. Stellung des Aufsichtsrats 564
    I. Verhältnis zu den anderen Organen 564
        1. Repräsentativorgan der Aktionäre 564
        2. Einbindung in dualistische Organisation der Verwaltung 564
    II. Abgrenzung zu anderen Gremien 564

B. Zusammensetzung des Aufsichtsrats 564
    I. Aufsichtsrat ohne Arbeitnehmervertreter nach dem AktG 564
    II. Mitbestimmungspflichtige Aufsichtsräte 565
        1. Gesetzliche Modelle 565
            a) Aufsichtsrat mit einem Drittel Arbeitnehmervertreter nach DrittelbG 566

             b) Paritätisch zusammengesetzter Aufsichtsrat nach MitbestG 567
          2. Fortgeltung der Mitbestimmungspflicht außerhalb der Mit-
             bestimmungsmodelle 568
             a) Umwandlungsgesetz 568
             b) Mitbestimmungs-Beibehaltungsgesetz 568
          3. Regelungsumfang privatautonomer Mitbestimmungsvereinbarungen 569
      III. Feststellung des Aufsichtsratssystems im Statusverfahren 569
          1. Anwendungsbereich 569
          2. Bekanntmachung des Vorstands 570
          3. Gerichtliche Entscheidung 570
          4. Vollzug des Statuswechsels 570

C. Aufgaben und Kompetenzen des Aufsichtsrats 571
   I. Bestellung, Anstellung und Überwachung des Vorstands 571
      1. Bestellung und Widerruf der Bestellung 571
      2. Abschluss und Kündigung des Anstellungsvertrags 573
      3. Überwachung von Geschäftsführung und Konzernleitung 574
         a) Vertretung der AG gegenüber dem Vorstand insb. bei
            Kreditgewährung 575
         b) Regelung von Geschäftsordnung und Geschäftsverteilung des
            Vorstands 576
         c) Zustimmungsvorbehalte nach § 111 Abs. 4 Satz 2 AktG 576
         d) Zustimmungsvorbehalt nach § 33 Abs. 1 Satz 2 WpÜG 578
         e) Zustimmungsvorbehalt für Verträge mit Aufsichtsratsmitgliedern 578
         f) Einsichts- und Prüfungsrecht 578
         g) Einflussnahme auf die Feststellung des Jahresabschlusses 579
            aa) Prüfungsauftrag für Jahres- und Konzernabschluss 579
            bb) Prüfung und Mitentscheidung über Jahresabschluss und
                Ergebnisverwendung 579
         h) Geltendmachung von Ersatzansprüchen und Kündigungs-
            schutzklagen gegen Vorstandsmitglieder 580
   II. Aufgaben und Kompetenzen in Bezug auf die Hauptversammlung ... 581
      1. Einberufung der Hauptversammlung 581
      2. Beschlussvorschläge 581
      3. Berichte an die Hauptversammlung 582
      4. Teilnahme an der Hauptversammlung 582
      5. Anfechtungs- oder Nichtigkeitsklagen gegen Hauptversammlungs-
         beschlüsse 582
   III. Sonstige Mitwirkungs- und Mitentscheidungsrechte 582
      1. Gesetzliche Antragsrechte 583
      2. Änderung der Satzungsfassung 583
      3. Mitentscheidung über Ausnutzung von genehmigtem Kapital 583
      4. Abschlagszahlung auf Bilanzgewinn 584
      5. Wiederholung einer Weisung an eine abhängige AG 584
      6. Ausübung von Beteiligungsrechten nach § 32 MitbestG 584

D. Innere Ordnung des Aufsichtsrats 585
   I. Geschäftsordnung 585
   II. Vorsitz 586
      1. Vorsitzender und Stellvertreter nach AktG 586
         a) Bestellung 586
         b) Aufgaben und Befugnisse 586
      2. Vorsitzender und Stellvertreter nach MitbestG 587
   III. Sitzungen und Beschlüsse 588
      1. Zahl der Sitzungen 588
      2. Einberufung, Tagesordnung und Beschlussvorlagen 588

Inhaltsverzeichnis
2. Abschnitt: Die AG und die KGaA

      3. Sitzungsleitung 589
      4. Beschlüsse 589
         a) Beschlussfähigkeit 589
         b) Vertagung 590
         c) Gesetzliche Modelle der Beschlussfassung 590
         d) Schriftliche Stimmabgabe innerhalb von Sitzungen 592
         e) Beschlussfassung außerhalb von Sitzungen 592
         f) Niederschrift 593
         g) Ausführung von Beschlüssen 593
      5. Fehlerhafte Beschlüsse 594
   IV. Ausschüsse 594
      1. Fakultative Ausschüsse 594
         a) Effizienzsteigerung durch Arbeitsteilung 595
         b) Grenzen der Entscheidungsdelegation 595
      2. Vermittlungsausschuss nach § 27 Abs. 3 MitbestG 596
      3. Bildung, Besetzung und Überwachung 596
      4. Innere Ordnung 597

E. Begründung und Beendigung des Aufsichtsratsmandats 597
    I. Bestellung 597
      1. Persönliche Voraussetzungen 597
      2. Wahl durch die Hauptversammlung 600
      3. Entsendung kraft Sonderrechts 601
      4. Bestellung von Ersatzmitgliedern 602
      5. Gerichtliche Bestellung 602
   II. Amtszeit 603
      1. Beginn 603
      2. Höchstdauer 604
      3. Einzelfälle 604
         a) Wiederbestellung 604
         b) Arbeitnehmervertreter 604
         c) Entsandte Mitglieder 604
         d) Ersatzmitglieder 604
   III. Vorzeitiges Ausscheiden 605
      1. Wegfall persönlicher Voraussetzungen 605
      2. Amtsniederlegung 605
      3. Abberufung 605
   IV. Bekanntmachung des Wechsels von Aufsichtsratsmitgliedern 606

F. Rechte und Pflichten der Aufsichtsratsmitglieder 606
    I. Rechtsstellung 606
      1. Gleichheit und Gleichbehandlung aller Aufsichtsratsmitglieder 606
      2. Höchstpersönliche Amtsausübung 607
      3. Unabhängigkeit und Weisungsfreiheit 607
      4. Unternehmensinteresse als Handlungsmaxime; Konfliktlagen 608
   II. Vergütung 608
      1. Gesetzliches Schuldverhältnis 608
      2. Festvergütung, Tantieme, Auslagenersatz 608
      3. Festsetzung und Bewilligung 609
      4. Steuerliche Behandlung 610
         a) Ebene der AG 610
         b) Ebene der Aufsichtsratsmitglieder 610
   III. Verträge mit Aufsichtsratsmitgliedern 611
      1. Dienst- und Werkverträge nach § 114 AktG 611
         a) Regelungszweck 611
         b) Reichweite 612

Inhaltsverzeichnis

§ 8 Kapitalerhaltung

- 2. Kreditgewährung nach § 115 AktG 613
- IV. Verwertung von Informationen 613
  - 1. Verschwiegenheitspflicht 613
    - a) Umfang 613
    - b) Vorgaben in Satzung und Geschäftsordnung 614
  - 2. Verbot von Insidergeschäften 615
  - 3. Meldepflichten nach § 15a WpHG 615
- V. Haftung 616
  - 1. Haftungstatbestände 616
    - a) Anknüpfung der Haftung, insb. Verletzung der Sorgfaltspflicht . 616
    - b) Differenzierung nach Funktion 617
  - 2. Versicherbarkeit des Haftungsrisikos 618
- VI. Individualklagerechte 618
  - 1. Klagen kraft persönlicher Rechtsstellung 618
  - 2. Klagen kraft organschaftlicher Rechtsstellung 619

§ 8 Kapitalerhaltung und Gesellschafterfremdfinanzierung

- A. Die Vermögensbindung in der AG und der KGaA 623
  - I. Haftungsfunktion der Vermögensbindung 623
    - 1. Regelungszweck 623
    - 2. Finanzierungsverantwortung 624
  - II. Zu erhaltendes Vermögen 625
  - III. Besonderheiten bei der KGaA 626
    - 1. Kapitalanteil des Komplementärs und der Kommanditaktionäre ... 626
    - 2. Entnahmesperre des § 288 Abs. 1 AktG 627
- B. Verbot der Einlagerückgewähr 628
  - I. Begriff und Anwendungsbereich 628
    - 1. Leistung aus dem Vermögen an die Aktionäre 628
    - 2. Ausnahmen 628
      - a) Zulässiger Erwerb eigener Aktien 628
      - b) Erwerb wechselseitiger Beteiligungen 629
      - c) Konzernprivileg 630
      - d) Vollwertiger Leistungsaustausch 630
      - e) Kapitalherbasetzung 632
      - f) Abschlagszahlung auf die Dividende 632
      - g) Sachdividende 632
      - h) Vergütung von Nebenleistungen 634
      - i) Faktischer Konzern 634
      - j) Eingliederung 634
    - 3. Kapitalmarktrechtliche Prospekthaftung 635
  - II. Verdeckte Einlagerückgewähr 636
    - 1. Drittgeschäfte 636
    - 2. Abgrenzung 636
      - a) Objektive Kriterien 636
      - b) Subjektive Kriterien 637
    - 3. Typisierung 637
      - a) Steuerliche verdeckte Gewinnausschüttung 637
      - b) Darlehensgewährung und Bestellung von Sicherheiten 637
      - c) Aktienplatzierung 639
      - d) Rückkaufsverpflichtung, Kursgarantie 639
      - e) Abkauf von Klagerechten 640
    - 4. Leistungen durch, an oder unter Dritten 640
      - a) Leistungen durch Dritte 640
      - b) Leistungen an Dritte 640

XXXIII

Inhaltsverzeichnis

2. Abschnitt: Die AG und die KGaA

III. Rechtsfolgen 641
  1. Nichtigkeit der Rechtsgeschäfte 641
    a) Offene Einlagenrückgewähr 641
    b) Verdeckte Einlagerückgewähr 642
  2. Leistungen durch Dritte und an Dritte 643
    a) Leistungen durch Dritte 643
    b) Leistungen durch Tochterunternehmen 643
    c) Leistungen an Dritte 643
    d) Sicherheitenbestellung 644
  3. Rückgewähranspruch nach § 62 AktG 644
    a) Anspruch auf Rückgewähr 644
    b) Gutgläubiger Dividendenbezug 646
    c) Geltendmachung durch Gesellschaftsgläubiger 647
    d) Bilanzielle Behandlung der Rückgewähransprüche 647
  4. Herausgabeanspruch nach § 985 BGB 648
  5. Sonstige Ansprüche der AG 648

C. Verdeckte Gewinnausschüttung (verdeckte Einlagerückgewähr) im Steuerrecht 649
  I. Begriff und Abgrenzung 649
    1. Sphärenabgrenzung 649
    2. Unterschiedliche Rechtsfolgen im Steuer- und im Aktienrecht 650
    3. Rückgewähr der vGA im Steuerrecht 650
      a) Meinungsstand 650
      b) Einlagetheorie 651
  II. Abgrenzung zwischen betrieblicher und gesellschaftsrechtlicher Veranlassung 652
  III. Bedeutung und Wirksamkeit zivilrechtlicher Vereinbarungen 653
  IV. Erscheinungsformen der vGA 654
    1. Einkommensminderung 654
    2. Ausschüttung 655
  V. Verdeckte Gewinnausschüttungen an nahe stehende Nichtgesellschafter . 656
    1. Nahestehende 656
    2. Konzerngesellschaften 656
    3. Noch-nicht- oder Nicht-mehr-Aktionäre 657
  VI. Wert der vGA 657
  VII. Steuerliche Behandlung der vGA 658
  VIII. Mehrsteuer als verdeckte Einlagerückgewähr 658

D. Gesellschafterfremdfinanzierung 659
  I. Funktionelles Eigenkapital 659
    1. Eigenkapitalersetzende Aktionärsleistungen 659
      a) Handelsrecht 659
      b) Steuerrecht 661
    2. Rangrücktritt 661
    3. Finanzplankredit 662
    4. Gesellschafter-Fremdfinanzierung im Steuerrecht 663
  II. Gesellschafterleistungen in der Krise 664
    1. Wirtschaftliche Krise der AG (Kreditunwürdigkeit) 664
    2. Rechtsfolgen 665
  III. Betroffener Personenkreis 666
    1. Kleinbeteiligungsprivileg 666
    2. Sanierungsprivileg 667
    3. Kreditvergabe durch Komplementäre bei der KGaA 668
  IV. Bilanzierungsfragen 668

§ 9 Kapitalmaßnahmen

§ 9 Kapitalmaßnahmen

- A. Einleitung 672
- B. Kapitalerhöhungen gegen Einlagen (Grundfall) 673
  - I. Allgemeines 673
  - II. Kapitalerhöhungsbeschluss 674
  - III. Durchführung der Kapitalerhöhung 676
  - IV. Sacheinlagen 678
  - V. Bezugsrecht 682
  - VI. Ausschluss des Bezugsrechts 684
- C. Bedingte Kapitalerhöhung 686
  - I. Voraussetzungen 686
  - II. Erhöhungsbeschluss 688
  - III. Durchführung der bedingten Kapitalerhöhung 689
  - IV. Sacheinlagen 690
  - V. Bezugsrechte 691
- D. Genehmigtes Kapital 691
  - I. Ermächtigung des Vorstands, Voraussetzungen 691
  - II. Durchführung 693
  - III. Sacheinlage 694
  - IV. Bezugsrecht und Bezugsrechtsausschluss 694
- E. Kapitalerhöhung aus Gesellschaftsmitteln 696
  - I. Voraussetzungen 696
  - II. Kapitalerhöhungsbeschluss 698
  - III. Durchführung der Kapitalerhöhung 699
  - IV. Aus der Kapitalerhöhung Berechtigte, Wahrung der Rechte der Aktionäre und Dritter 700
  - V. Steuerliche Behandlung 701
- F. Ordentliche Kapitalherabsetzung 702
  - I. Allgemeines 702
  - II. Kapitalherabsetzungsbeschluss 703
  - III. Durchführung 704
  - IV. Gläubigerschutz 705
  - V. Steuerliche Behandlung 706
- G. Vereinfachte Kapitalherabsetzung 707
  - I. Voraussetzungen 707
  - II. Durchführung und Folgen 708
  - III. Rückbeziehung 710
- H. Kapitalherabsetzung durch Einziehung von Aktien 711
  - I. Arten der Einziehung 711
  - II. Ordentliches und vereinfachtes Einziehungsverfahren 712
  - III. Durchführung 713
- J. Sonderformen der Kapitalbeschaffung 714
  - I. Wandelschuldverschreibungen 714
  - II. Gewinnschuldverschreibungen 716
  - III. Genussrechte 717
  - IV. Stille Gesellschaft 718
- K. Besonderheiten bei der KGaA 719
  - I. Allgemeines 719
  - II. Die Vermögenseinlage der Komplementäre 720
  - III. Umwandlung von Komplementäranteilen in Aktien und umgekehrt .. 720

Inhaltsverzeichnis

2. Abschnitt: Die AG und die KGaA

§ 10 Rechnungslegung

A. Rechnungslegung für die verschiedenen Ausprägungen der AG 726
  I. Kapitalmarktorientierte und nich-kapitalmarktorientierte Aktiengesellschaft 726
  II. Die „kleine" AG 726
  III. Leitbild der nachfolgenden Darstellung 727

B. Die Aufstellung des Jahresabschlusses 727
  I. Adressatenkreis 727
  II. Einzel- und Konzernabschluss 728
    1. Wesentliche Aufstellungsgrundsätze 728
       a) Die GoB 728
       b) Aufstellung des Einzelabschlusses und Lageberichts 731
       c) Aufstellung des Konzernabschlusses 732
    2. Wesentliche Bestandteile 733
       a) Die Bilanz 733
       b) Die GuV 734
       c) Der Anhang 735
       d) Der Lagebericht 735
       e) Bestandteile des Konzernabschlusses 736
  III. Maßgebliche Rechnungslegungsvorschriften 737
    1. Relevanz nationaler Rechnungslegungsvorschriften 737
       a) Das derzeitige HGB 737
       b) Änderungen durch das Bilanzrechtsmodernisierungsgesetz 738
    2. Relevanz internationaler Rechnungslegungsvorschriften 740
       a) IFRS 740
       b) US-GAAP 741
  IV. Aktienrechtliche Sonderregelungen im Überblick 742
    1. Dotierung von Rücklagen 742
       a) Rücklagen nach HGB 742
       b) Rücklagen nach Aktiengesetz 743
    2. Spezielle Ausweisregelungen 745
       a) Ausweisregeln für die Bilanz 745
       b) Ausweisregeln für die GuV 746
    3. Der Anhang 747
       a) Pflichtangaben nach HGB 747
       b) Zusatzangaben nach AktG 748
    4. Der Abhängigkeitsbericht bei verbundenen Unternehmen 749
    5. Regelungen und Empfehlungen im Corporate Governance Kodex 749

C. Die Prüfung des Jahresabschlusses 751
  I. Die Jahresabschlussprüfung gem. §§ 316 ff. 751
    1. Gegenstand der Abschlussprüfung 753
    2. Umfang der Abschlussprüfung 753
  II. Die Jahresabschlussprüfung durch den Aufsichtsrat 757
    1. Vorlage an den Aufsichtsrat 757
    2. Prüfung durch den Aufsichtsrat 757

D. Die Feststellung des Jahresabschlusses 758
  I. Die Feststellung des Jahresabschlusses durch die Gremien der AG 758
    1. Feststellung durch Vorstand und Aufsichtsrat 758
    2. Feststellung durch die Hauptversammlung 760
  II. Die Bedeutung des festgestellten Jahresabschlusses im Gesellschafts- und Bilanzrecht 761
  III. Die Bedeutung des festgestellten Jahresabschlusse im Steuerrecht 762

Inhaltsverzeichnis

§ 11 Ergebnisermittlung

1. Maßgeblichkeit der Handelsbilanz für die Steuerbilanz 762
2. Änderungen durch das Bilanzrechtsmodernisierungsgesetz 764
IV. Die Änderung des festgestellten Jahresabschlusses 764
V. Offenlegung 767

E. Der Beschluss über die Verwendung des Bilanzgewinns 768
   I. Zuständigkeit der Hauptversammlung 769
  II. Gewinnverteilungsmaßstab 771
     1. Die gesetzliche Regelung 771
     2. Abweichende Gewinnverteilungsabreden 772
 III. Rechtsfolgen eines unwirksamen Gewinnverwendungsbeschlusses . . . 773

F. Besonderheiten bei der kapitalmarktorientierten AG 773
   I. Konzernabschluss nach IFRS 773
  II. Ergänzende Anhangsangaben 774
 III. Ergänzende Lageberichtsangaben 774
 IV. Die Entsprechungserklärung zum Corporate Governance Kodex 775
  V. Besonderheiten bei der Prüfung börsennotierter Aktiengesellschaften . . 777
 VI. Aufgaben des Audit Committee (Prüfungsauschuss) 779
     1. Bisherige Rechtslage 779
     2. Gesetzliche Festschreibung durch das BilMoG 781
     3. Zusammensetzung des Prüfungsausschusses 782
 VII. Besonderheiten bei der Offenlegung 783

§ 11 Ergebnisermittlung und Ergebnisverwendung

A. Handelsbilanzielle Varianten der Ergebnisermittlung der AG und
Zusammenhänge mit der Steuerbilanz 787
   I. Handelsbilanzielle Varianten der Ergebnisermittlung der AG 787
  II. Zusammenhänge mit der Steuerbilanz 787
     1. De lege lata 787
     2. BilMoG 789
 III. Ergebnisermittlung nach IFRS 790
 IV. Perspektive der steuerlichen Gewinnermittlung 791

B. Ansatz und Bewertung von Aktiva 792
   I. Ansatz 792
     1. Vermögensgegenstand/Wirtschaftsgut und persönliche
       Zurechnung 792
       a) HGB und Steuerbilanz de lege lata 792
       b) BilMoG 794
       c) IFRS 794
     2. Aktivierungsverbote und -wahlrechte 795
       a) HGB und Steuerbilanz de lege lata 795
       b) BilMoG 796
       c) IFRS 798
  II. Bewertung 799
     1. Allgemeine Bewertungsgrundsätze 799
       a) HGB und Steuerbilanz de lege lata 799
       b) BilMoG 800
       c) IFRS 800
     2. Anschaffungs- bzw. Herstellungskosten 800
       a) HGB und Steuerbilanz de lege lata 800
       b) BilMoG 802
       c) IFRS 803
     3. Abschreibungen und Zuschreibungen 805
       a) HGB und Steuerbilanz de lege lata 805

XXXVII

Inhaltsverzeichnis
2. Abschnitt: Die AG und die KGaA

      b) BilMoG 810
      c) IFRS 811
   4. Bewertungsvereinfachungen 812
      a) HGB und Steuerbilanz de lege lata 812
      b) BilMoG 813
      c) IFRS 813
 III. Sicherungsgeschäfte 813
   1. HGB und Steuerbilanz de lege lata 813
   2. BilMoG 814
   3. IFRS 814
 IV. Latente Steuern 815
   1. HGB de lege lata 815
   2. BilMoG 816
   3. IFRS 817

C. **Ansatz und Bewertung von Passiva** 818
 I. Ansatz 818
   1. Passiva-Kategorien 818
      a) HGB und Steuerbilanz 818
      b) IFRS 819
   2. Rückstellungen 819
      a) HGB und Steuerbilanz de lege lata 819
      b) BilMoG 822
      c) IFRS 823
 II. Bewertung 823
   1. HGB und Steuerbilanz de lege lata 823
   2. BilMoG 825
   3. IFRS 825
 III. Sicherungsgeschäfte 826
 IV. Latente Steuern 826

D. **Besondere steuerbilanzielle Regelungen zu Entnahmen und Einlagen sowie Bilanzänderungen** 826
 I. Entnahmen und Einlagen 826
 II. Bilanzänderungen 828

E. **Ergebnisverwendung und Ausweis des Eigenkapitals der AG** 829
 I. Ergebnisverwendung 829
 II. Ausweis des Eigenkapitals 831

F. **Konzernrechnungslegung der AG** 834
 I. Aufstellungspflicht und Konsolidierungskreis 834
   1. HGB 834
   2. IFRS 835
 II. Konzernsummenbilanz 836
   1. HGB 836
   2. IFRS 837
 III. Kapitalkonsolidierung 837
   1. Vollkonsolidierung 837
      a) HGB 837
      b) IFRS 839
   2. Quotenkonsolidierung 840
      a) HGB 840
      b) IFRS 840
   3. Equity-Methode 840
      a) HGB 840
      b) IFRS 841

§ 12 Laufende Besteuerung

IV. Schuldenkonsolidierung und Zwischenergebniseliminierung mit Aufwands- und Ertragskonsolidierung 841
   1. Schuldenkonsolidierung 841
      a) HGB 841
      b) IFRS 841
   2. Zwischenergebniseliminierung mit Aufwands- und Ertragskonsolidierung 842
      a) HGB 842
      b) IFRS 842

§ 12 Laufende Besteuerung

A. **Körperschaftsteuerrecht** 845
   I. Persönliche Steuerpflicht 845
   II. Verhältnis der Körperschaft zur Einkommensteuer 845
   III. Ermittlung des zu versteuernden Einkommens 847
      1. Ausgangsgröße und Übersicht 847
      2. Steuerfreie Einnahmen und damit zusammenhängende Betriebsausgaben/Verluste 848
         a) Gewinnausschüttungen und damit zusammenhängende Betriebsausgaben/ Verluste 848
         b) Anteilsveräußerungsgewinne und Wertverluste in Anteilen ... 851
         c) Einkünfte aus ausländischen Betriebsstätten 854
         d) Investitionszulagen 854
      3. Aufgrund der Zinsschranke nicht abzugsfähige Zinsaufwendungen . 854
      4. Andere nichtabziehbare Betriebsausgaben/Spenden 856
      5. Verdeckte Gewinnausschüttungen und verdeckte Einlagen 857
         a) Verdeckte Gewinnausschüttungen 857
            aa) Übersicht 857
            bb) Veranlassung im Geschäftsverhältnis 859
            cc) Wert der verdeckten Gewinnausschüttung 862
            dd) Korrespondenzprinzip 862
         b) Verdeckte Einlagen 863
         c) Fallgruppen 864
      6. Verlustverrechnung 866
         a) Verlustabzug 866
         b) Voller oder teilweiser Ausschluss der Verlustverrechnung im Fall des § 8 c KStG 867
   IV. Steuerliches Eigenkapital und Verwendungsreihenfolge bei Ausschüttungen 868
   V. Folgen der Abschaffung des Anrechnungsverfahrens 871
   VI. Körperschaftsteuer-Tarifbelastung 872

B. **Einkommensteuerrecht (relevante Ausschnitte)** 873
   I. Persönliche Steuerpflicht 873
   II. Ermittlung des zu versteuernden Einkommens 873
      1. Übersicht 873
      2. Einkünfte 874
         a) Grundsätze 874
         b) Einkünfteermittlung für die Gewinneinkunftsarten 875
         c) Einkünfteermittlung für die Überschusseinkunftsarten 878
      3. Einkunftsarten 878
         a) Grundsätze 878
         b) Einkünfte aus Gewerbebetrieb 879
         c) Einkünfte aus Kapitalvermögen 880
         d) Einkünfte aus Veräußerung von Privatvermögen 882

Inhaltsverzeichnis

2. Abschnitt: Die AG und die KGaA

    4. Verlustverrechnung 883
    5. Besonderheiten bei Mitunternehmerschaften 884
       a) Grundsätze 884
       b) Einkunftsartenbestimmung 884
       c) Einkünfteermittlung 886
       d) § 15a EStG 889
       e) Stille Gesellschaft 890
       f) Erbengemeinschaft 891
    6. Betriebsaufspaltung 892
  III. Einkommensteuertarif, besondere Steuersätze und Steuerermäßigungen . 893
    1. Einkommensteuertarif 893
    2. Besonderer Steuersatz für außerordentliche Einkünfte 894
    3. Besonderer Thesaurierungssteuersatz 894
    4. Steuerermäßigung bei Gewerbesteuerpflicht 896
  IV. Abgeltungsteuer 897
    1. Grundsätze 897
    2. Erfasste Kapitaleinkünfte 898
    3. Werbungskostenabzug und Verlustberücksichtigung 898
    4. Ausnahmen 899

C. Gewerbesteuerrecht 900
  I. Grundlagen 900
  II. Steuerpflicht 900
  III. Ermittlung des Gewerbeertrags 901
    1. Ausgangsgröße und Übersicht 901
    2. Hinzurechnungen und Kürzungen 902
       a) Finanzierungsaufwendungen 902
       b) Streubesitzdividenden/Schachtelerträge/ausschüttungsbedingte
          Teilwertabschreibungen 905
       c) Verlustanteile/Gewinnanteile aus Mitunternehmerschaften 907
       d) Spenden 907
       e) Grundbesitz-Abzüge 907
       f) Gewerbeertrag nicht im Inland belegener Betriebsstätten/
          ausländische Steuern 908
       g) Bezüge des KGaA-Komplementärs 908
    3. Verlustverrechnung 908
  IV. Gewerbesteuer-Ermittlung 909

D. Doppelbesteuerungsrecht 910
  I. Methoden zur Vermeidung der Doppelbesteuerung 910
  II. Unilaterale Doppelbesteuerungsregeln 911
  III. Doppelbesteuerungsabkommen 913
    1. Anwendungsbereich 914
    2. Normenkonkurrenz 914
    3. Einkünfte aus unbeweglichem Vermögen 915
    4. Unternehmensgewinne 915
    5. Gewinnberichtigungen 917
    6. Dividenden 917
    7. Zinsen 918
    8. Lizenzgebühren 918
    9. Veräußerungsgewinne 918
    10. Verständigungsverfahren 919

Inhaltsverzeichnis

§ 13 Besonderheiten der Besteuerung

A. Besteuerung der AG im Vergleich mit anderen Rechtsformen 926
- I. AG versus Personengesellschaft 926
  - 1. Laufende Ertragsbesteuerung 926
    - a) Überblick 926
    - b) Besteuerung von AGs (Kapitalgesellschaften) 928
      - aa) Inlandsgewinne der AG (Kapitalgesellschaft) 928
        - (1) Natürliche Personen als Anteilseigner 928
        - (2) Kapitalgesellschaften als Anteilseigner 934
      - bb) Auslandsgewinne der AG 937
        - (1) Besteuerungsfolgen im Normalfall 937
        - (2) Hinzurechnungsbesteuerung 938
      - cc) Laufende Verluste und Ergebnisverrechnung (Organschaft) . 938
        - (1) Laufende Verluste 938
        - (2) Ergebnisverrechnug (Organschaft) 939
    - c) Besteuerung von Personengesellschaften 940
      - aa) Inlandsgewinne der Personengesellschaft 940
        - (1) ESt-Spitzensätze und pauschalierte GewSt-Anrechnung . 940
        - (2) Vergleich mit der Besteuerung von AGs 944
        - (3) Kapitalgesellschaften als Mitunternehmer und Kapitalgesellschaftsbeteiligungen in der Mitunternehmerschaft . 946
      - bb) Auslandsgewinne der Personengesellschaft 947
      - cc) Laufende Verluste und Ergebnisverrechnung 947
    - d) Besteuerung von Rechtsformkombinationen 947
  - 2. Ertragsbesteuerung von Unternehmensverkauf und Unternehmenskauf 950
    - a) Aktien (Kapitalgesellschaftsanteile) 950
      - aa) Natürliche Personen als Anteilsverkäufer 950
      - bb) Kapitalgesellschaft als Anteilsverkäufer 951
      - cc) Personengesellschaft als Anteilsverkäufer 952
      - dd) Behandlung des Anteilskäufers 952
    - b) Personengesellschaftsanteile 952
    - c) Betriebe und Teilbetriebe 953
    - d) GrESt 953
- II. AG versus GmbH 953
- III. AG versus KGaA 953

B. Organschaft und Unternehmensverträge 954
- I. Organschaftsvoraussetzungen im Normalfall 955
  - 1. Körperschaftsteuerliche Organschaft 955
  - 2. Gewerbesteuerliche Organschaft 957
- II. Rechtsfolgen der Organschaft im Normalfall 957
  - 1. Körperschaftsteuerliche Organschaft 957
  - 2. Gewerbesteuerliche Organschaft 959
- III. Sonderprobleme der Organschaft 960
  - 1. Mehr-/Minderabführungen 960
  - 2. § 8b KStG-Potenziale bei der Organgesellschaft 964
  - 3. Organschaft und § 8c KStG 965
  - 4. Zinsschranke bei Organschaft 965
  - 5. Verkauf von Organbeteiligungen 966
  - 6. Mehrmütterorganschaft 966
  - 7. Berücksichtigun eine negativen Organträger-Einkommens im Ausland 966
  - 8. Lebens- und Krankenversicherer 968
- IV. Unternehmensverträge 968

Inhaltsverzeichnis

2. Abschnitt: Die AG und die KGaA

1. Gewinnabführungsverträge 968
2. Beherrschungsverträge 968
3. Gewinngemeinschaftsverträge 969
4. Betriebspachtverträge 969
5. Betriebsüberlassungsverträge 970
6. Betriebsführungsverträge 970

C. Verlustabzug nach § 8c KStG 971
   I. Überblick 971
  II. Schädlicher Beteiligungserwerb 972
 III. Ein Erwerber, nahe stehende Personen oder eine Erwerbergruppe 974
 IV. Fünf-Jahres-Frist/quotaler oder vollständiger Verlustuntergang 975
  V. Betroffene Verluste 977
 VI. Erstmalige Anwendung des § 8c KStG und Weitergeltung des
     § 8b Abs. 4 KStG 978
 VII. Der neue § 8c Abs. 2 KStG 979

D. Zinsschranke 980
   I. Ausgangspunkt und Überblick 980
  II. Zinsschranken –Grundregel 980
 III. Rechtsfolge und Wirkungen de Zinsschranke 984
 IV. Zinsvortrag 985
  V. Ausnahmen von der Zinsschranke 986
    1. Freigrenze 986
    2. Keine Konzernzugehörigkeit/Nichtvorliegen schädlicher Gesell-
       schafterfremdfinanzierung 986
    3. Konzernzugehörigkeit/Eigenkapitalvergleich und Nichtvorliegen
       schädlicher Gesellschafterfremdfinanzierung 988
       a) Eigenkapitalvergleich 988
       b) Nichtvorliegen schädlicher Gesellschafterfremdfinanzierung ... 990

E. Verrechnungspreise/Funktionsverlagerung 991
   I. Grundsätze zur Ermittlung angemessener Verrechnungspreise 991
  II. Verrechnungspreismethoden und Anwendungsbeispiele 992
 III. Die Korrekturnorm des § 1 AStG 993
 IV. Funktionsverlagerung 999
    1. Allgemeine Grundsätze und Anwendungsbeispiele 999
    2. § 1 Abs. 3 S. 9 AStG 1001
  V. Dokumentationspflichten 1004

F. Hinzurechnungsbesteuerung 1005
   I. Beteiligungsvoraussetzung, Einkünfte aus passivem Erwerb,
     Niedrigbesteuerung 1006
    1. Beteiligungsvoraussetzungen 1006
    2. Einkünfte aus passivem Erwerb 1007
    3. Niedrigbesteuerung 1010
  II. Cadbury-Schweppes-Schutz 1011
 III. Rechtsfolgen 1012
 IV. Besonderheiten bei nachgeschalteten Zwischengesellschaften 1013

G. Umwandlungen und Reorganisationen 1014
   I. Grundprinzipien des UmwStG 1014
  II. Umwandlung von Kapitalgesellschaften 1015
    1. Umwandlung von Kapital- in bzw. auf Personengesellschaften ... 1015
       a) Steuerfolgen bei der übertragenden Kapitalgesellschaft 1016
       b) Steuerfolgen bei der übernehmenden Personengesellschaft ... 1016
       c) Steuerfolgen bei den Gesellschaftern der umgewandelten
          Kapitalgesellschaft 1016

   d) Europäische Umwandlungen 1018
  2. Umwandlung von Kapital- in bzw. auf Kapitalgesellschaften 1021
   a) Verschmelzung 1021
    aa) Steuerfolgen bei der übertragenden und der übernehmenden
     Kapitalgesellschaft 1021
    bb) Steuerfolgen bei den Gesellschaftern der umgewandelten
     Kapitalgesellschaft 1022
   b) Ab- und Aufspaltung 1023
   c) Europäische Umwandlungen 1024
 III. Einbringungen 1027
  1. Einbringungen in Kapitalgesellschaften 1027
   a) Sacheinlagen 1027
    aa) Steuerfolgen beim Einbringenden 1027
    bb) Steuerfolgen bei der übernehmenden Kapitalgesellschaft . . . 1028
    cc) Sperrfristkonzeption 1028
   b) Anteilstausch 1030
   c) Europäische Einbringungen 1031
  2. Einbringungen in Personengesellschaften 1035
 IV. Regelungen außerhalb des UmwStG 1037
  1. Möglichkeiten steuerneutralen Reserventransfers 1037
  2. Möglichkeiten steuerfreier Reservenrealisierung 1038
 V. Nicht vom Anwendungsbereich des UmwStG erfasste europäische
  Umwandlungen sowie grenzüberschreitende und ausländische
  Umwandlungen mit Drittstaatenbezug 1040
  1. Umwandlungen von Kapitalgesellschaften 1040
   a) Umwandlung in bzw. auf Personengesellschaften 1040
   b) Umwandlung in bzw. auf Kapitalgesellschaften 1041
  2. Einbringungen 1042
   a) Einbringung in Kapitalgesellschaften 1042
   b) Einbringung in Personengesellschaften 1042
 VI. Umwandlungen in der Hinzurechnungsbesteuerung 1043
 VII. Umwandlungen und Wegzug 1044
  1. „Richtige" Umwandlungsreihenfolge bei geplantem Wegzug von
   Gesellschaftern deutscher Familienunternehmen 1044
  2. „Richtige" Vorgehensweise bei geplanter grenzüberschreitender
   Sitzverlegung deutscher Konzernobergesellschaften 1047

H. Unternehmensverkauf/Unternehmenskauf 1049
 I. Steuerrecht des Unternehmensverkaufs 1049
  1. Steuerliche Ziele des Unternehmensverkäufers 1049
  2. Der Steuerstatus des Unternehmensverkäufers – Differenzierungen
   im deutschen Steuerrecht 1049
   a) Überblick und laufende Besteuerung 1049
   b) Verkauf von Wirtschaftsgütern bzw. Personengesellschafts-
    anteilen 1050
   c) Verkauf von Anteilen an Kapitalgesellschaften 1052
   d) Zusammenfassende Übersicht 1056
  3. Gestaltungsbeispiele für die Verbesserung des Steuerstatus 1058
   a) Vorbereitende Einbringung in Kapitalgesellschaften 1058
   b) Kapitalerhöhungs- und Spaltungsgestaltungen 1061
   c) Vorbereitende „Umwandlung" in Beteiligungen ohne deutsches
    Besteuerungsrecht 1062
   d) Vorbereitende Einbringung in Personengesellschaften 1062
   e) Vorbereitende Umwandlung einer Kapital- in eine Personen-
    gesellschaft 1063
   f) Vorbereitende Ausschüttungen 1064

Inhaltsverzeichnis

2. Abschnitt: Die AG und die KGaA

   g) Personelle Verlagerung von stillen Reserven 1064
   h) Terminverkäufe und Optionsgestaltungen 1064
  4. Wahlrecht zwischen Sofort- und Zuflussversteuerung 1067
  5. Nachträgliche Kaufpreisänderungen 1067
 II. Steuerrecht des Unternehmenskaufs 1067
  1. Steuerliche Ziele des Unternehmenskäufers 1067
  2. Kaufpreisaufteilung beim Kauf von Wirtschaftsgütern bzw.
   Personengesellschaftsanteilen 1068
   a) Stufentheorie und modifizierte Stufentheorie 1068
   b) Selbständig aktivierbare originäre immaterielle Wirtschaftsgüter . 1068
   c) Bilanzierung eines Firmenwerts und sofort abzugsfähige
    Betriebsausgaben 1070
   d) Problematik des negativen Firmenwertes 1071
  3. Gewinnung von Abschreibungssubstrat nach dem Kauf von
   Anteilen an Kapitalgesellschaften 1072
  4. Verwertung miterworbener Verlustvorträge 1073
   a) § 10a GewStG 1073
   b) § 8c KStG 1073
  5. Steuerorientierte Kaufpreisfinanzierung 1074
  6. Wertverluste nach Unternehmenskauf 1075
   a) Voraussetzungen einer Teilwertabschreibung 1075
   b) Steuer(un)wirksamkeit von Teilwertabschreibungen 1076
  7. Verkauf von Anteilen an Organgesellschaften 1076
  8. Verkehrsteuern 1077
 III. Grenzüberschreitender Unternehmensverkauf/Unternehmenskauf 1078
  1. Asset Deal 1078
  2. Share Deal 1079

I. **Kapitalmaßnahmen und Kapitalmarkttransaktionen** 1080
 I. Kapitalerhöhung, Kapitalherabsetzung, Erwerb eigener Aktien und
  Liquidation 1080
  1. Kapitalerhöhung durch Einlage 1080
  2. Kapitalerhöhung aus Gesellschaftsmitteln 1081
  3. Kapitalherabsetzung 1082
  4. Erwerb eigener Aktien 1082
  5. Liquidation 1083
 II. Besondere Anleiheformen mit Aktienbezug 1084
  1. Wandelanleihen 1084
  2. Optionsanleihen 1084
  3. Umtauschanleihen 1084
  4. Aktienanleihen 1086
 III. Besondere Aktientransaktionen 1086
  1. Normaler Aktientausch 1086
  2. Umwandlung von Vorzugsaktien in Stammaktien und andere
   Änderungen der Ausstattung von Aktien 1086
  3. Aktiensplit 1087
  4. Verschmelzung von Kapitalgesellschaften 1087
  5. Spaltung von Kapitalgesellschaften 1087
  6. Anteilsübertragung auf Aktionäre (Sachdividende) 1088
  7. Abfindung von Minderheits-Aktionären bei Übernahmevorgängen . 1088
  8. Bezug von Bonus-Aktien 1088
  9. Kauf von Wertpapieren nach vorherigem Verkauf von Wertpapieren
   derselben Art 1089
  10. Girosammelverwahrung/ADRs 1089
  11. Wertpapierleihe 1089
  12. Wertpapierpensionsgeschäfte 1090

§ 14 Umwandlung der AG — Inhaltsverzeichnis

    IV. Going Public und Going Private 1091
       1. Going Public 1091
          a) IPO im Konzern 1092
             aa) Einbringung in Tochter-AG mit anschließender Kapitalerhöhung sowie Sukzessivveräußerung der Anteile 1092
             bb) Verhältniswahrende Abspaltung auf Schwester-AG 1093
             cc) Ausgabe von Genussrechten bzw. Vorzugsaktien betr. Ergebnisse aus „IPO-Sparte" 1094
          b) Going Public von Familienunternehmen 1095
          c) Going Public und Mitarbeiterbeteiligungen 1095
       2. Going Private 1097
          a) Delisting auf Antrag 1097
          b) Verschmelzung/Aufspaltung/Formwechsel 1098
          c) Eingliederung 1099

J. KGaA 1099
    I. Besonderheiten bei der laufenden Besteuerung 1099
    II. Unternehmensverkauf/Unternehmenskauf und Umwandlung 1101

K. Grunderwerbsteuer 1103
    I. Anwendungsfragen nach §§ 5 und 6 GrEStG 1103
    II. Anwendungsfragen des § 1 Abs. 3 GrEStG 1105
    III. Anwendungsfragen des § 1 Abs. 2a GrEStG 1107

L. Unternehmenserbschaftsteuer 1108
    I. Eckpunkte des neuen Unternehmenserbschaftsteuerrechts 1108
    II. Begünstigtes Vermögen 1109
    III. Verwaltungsvermögenstest 1110
    IV. Lohnsummenfrist 1111
    V. Behaltefrist 1112
    VI. Ermittlung des erbschaftsteuerlich relevanten Verkehrswerts und des Steuersatzes 1113

§ 14 Umwandlung der AG

A. Verschmelzung einer AG auf eine andere AG 1120
    I. Überblick 1120
    II. Voraussetzungen und Durchführung 1121
       1. Verschmelzungsvertrag (§ 4 UmwG) 1121
       2. Verschmelzungsbericht (§ 8 UmwG) 1124
       3. Verschmelzungsprüfung (§§ 9 bis 12, 60 UmwG) 1125
       4. Kapitalerhöhung (§§ 68, 69 UmwG) 1125
       5. Verschmelzungsbeschlüsse (§§ 13, 69, 76 UmwG) 1127
          a) Einberufung der Hauptversammlungen 1127
          b) Beschlussfassung der Hauptversammlungen 1127
       6. Anmeldung und Eintragung der Verschmelzung in das Handelsregister (§§ 16–20, 66 UmwG) 1128
          a) Anmeldung 1128
          b) Eintragung 1130
          c) Bekanntmachung 1130
       7. Anwendung der Nachgründungsvorschriften (§ 67 UmwG) 1131
       8. Besonderheiten in Neugründungsfällen 1131
       9. Besonderheiten grenzüberschreitender Verschmelzungen 1132
    III. Handelsrechtliche Folgen 1132
       1. Rechtsfolgen der Verschmelzung 1132
       2. Minderheitenrechte der Aktionäre 1133

Inhaltsverzeichnis

2. Abschnitt: Die AG und die KGaA

    3. Handelsbilanzielle Abwicklung 1135
        a) Bilanzierung bei der Überträgerin 1135
        b) Bilanzierung bei der Übernehmerin 1136
        c) Bilanzierung beim Aktionär der Überträgerin 1139
  IV. Ertragsteuerliche Folgen 1139
    1. Ertragsteuerliche Folgen bei der Überträgerin 1139
    2. Ertragsteuerliche Folgen bei der Übernehmerin 1146
    3. Ertragsteuerliche Folgen bei den Aktionären der Überträgerin 1149
    4. Ertragsteuerliche Folgen der Verschmelzung auf bestehende
       Organschaftsverhältnisse 1151
    5. Grunderwerbsteuerliche Folgen der Verschmelzung 1152

B. Verschmelzung einer AG auf eine GmbH 1156
  I. Überblick 1156
  II. Voraussetzungen und Durchführung 1156
    1. Inhalt des Verschmelzungsvertrags (§ 46 UmwG) 1156
    2. Unterrichtung der Gesellschafter (§ 47 UmwG) 1157
    3. Beschluss der Gesellschafterversammlung (§ 50 UmwG) 1157
    4. Zusätzliche Zustimmungserfordernisse bei der übertragenden AG
       in Sonderfällen (§ 51 UmwG) 1157
    5. Anmeldung und Eintragung der Verschmelzung in das Handels-
       register (§§ 16–20, 53 UmwG) 1158
  III. Handelsbilanzielle Abwicklung 1158
  IV. Steuerliche Folgen 1158

C. Verschmelzung einer AG unter Beteiligung einer KGaA 1158

D. Verschmelzung einer AG auf eine Personengesellschaft 1159
  I. Überblick 1159
  II. Voraussetzungen und Durchführung 1160
    1. Inhalt des Verschmelzungsvertrags (§ 40 UmwG) 1160
    2. Verschmelzungsbericht (§ 41 UmwG) 1161
    3. Unterrichtung der Gesellschafter (§ 42 UmwG) 1161
    4. Beschluss der Gesellschafterversammlung (§ 43 UmwG) 1162
    5. Prüfung der Verschmelzung (§ 44 UmwG) 1162
  III. Handelsbilanzielle Abwicklung 1162
  IV. Steuerliche Folgen 1162
    1. Bewertungswahlrecht bei der übertragenden AG 1162
    2. Steuerliche Rückwirkung 1169
    3. Wertfortführung durch die übernehmende Personenhandels-
       gesellschaft 1170
    4. Ermittlung des Übernahmeergebnisses 1171
    5. Übernahmegewinnfolgen 1172
    6. Gewerbesteuerliche Auswirkungen 1173
    7. Behandlung der nicht wesentlich Beteiligten 1174
    8. Grunderwerbsteuer 1174

E. Formwechsel einer AG in eine GmbH 1174
  I. Überblick 1174
  II. Voraussetzungen und Durchführung 1175
    1. Inhalt des Umwandlungsbeschlusses (§§ 194, 243 iVm. 218 UmwG) . 1175
    2. Umwandlungsbericht (§ 192 UmwG) 1175
    3. Umwandlungsbeschluss (§§ 193, 238–240, 242, 244 UmwG) 1176
    4. Anmeldung und Eintragung des Formwechsels in das Handels-
       register (§§ 198, 246, 201 UmwG) 1177
  III. Handelsrechtliche Folgen 1178
    1. Rechtsfolgen des Formwechsels 1178

§14 Umwandlung der AG **Inhaltsverzeichnis**

    2. Minderheitenrechte der Aktionäre 1178
    3. Handelsbilanzielle Abwicklung des Formwechsels 1179
  IV. Steuerliche Folgen 1179

F. Formwechsel einer AG in eine Personengesellschaft 1179
  I. Überblick 1179
  II. Voraussetzungen und Durchführung 1180
    1. Inhalt des Umwandlungsbeschlusses (§§ 193, 194, 232, 234 UmwG) . 1180
    2. Umwandlungsbericht (§ 192 UmwG) 1181
    3. Umwandlungsbeschluss (§§ 193, 230–233 UmwG) 1181
    4. Anmeldung und Eintragung des Formwechsels in das Handelsregister (§§ 198, 235 UmwG) 1182
  III. Handelsrechtliche Folgen 1183
    1. Rechtsfolgen des Formwechsels 1183
    2. Minderheitenrechte der Aktionäre 1183
    3. Handelsbilanzielle Folgen 1184
  IV. Steuerliche Folgen 1184

G. Verschmelzung einer AG auf eine natürliche Person 1185

H. Die Übertragung von Teilen des Vermögens einer AG durch Spaltung oder Einzelrechtsnachfolge 1185
  I. Überblick über die Arten der Spaltung und Alternativgestaltungen ... 1185
  II. Auf- oder Abspaltung auf Kapitalgesellschaften 1188
    1. Gesellschaftsrechtliche Voraussetzungen und Rechtsfolgen 1188
      a) Spaltungsvertrag oder -plan 1188
      b) Spaltungsbericht und Spaltungsprüfung 1191
      c) Spaltungsbeschlüsse 1192
      d) Kapitalmaßnahmen 1192
      e) Eintragung der Spaltung in das Handelsregister 1193
      f) Wirkung der Spaltung 1194
    2. Handelsbilanzielle Darstellung 1195
      a) Übertragende Aktiengesellschaft 1195
      b) Übernehmende Kapitalgesellschaft 1196
      c) Bilanzierende Aktionäre 1197
    3. Steuerrechtliche Behandlung 1197
      a) Überblick 1197
      b) Übertragende Aktiengesellschaft 1198
        aa) Teilbetriebe als Voraussetzung für eine ertragsteuerneutrale Spaltung 1198
        bb) Missbrauchsvorschriften 1204
      c) Übernehmende Kapitalgesellschaft 1207
      d) Aktionäre 1208
  III. Auf- oder Abspaltung auf Personenhandelsgesellschaften 1208
    1. Gesellschaftsrechtliche Voraussetzungen und Rechtsfolgen 1208
    2. Handelsbilanzielle Darstellung 1208
    3. Steuerrechtliche Behandlung 1209
      a) Überblick 1209
      b) Übertragende Aktiengesellschaft 1209
      c) Übernehmende Personenhandelsgesellschaft und Aktionäre ... 1209
  IV. Ausgliederung auf Kapitalgesellschaften 1210
    1. Gesellschaftsrechtliche Voraussetzungen und Rechtsfolgen 1210
    2. Handelsbilanzielle Darstellung 1210
      a) Übertragende Aktiengesellschaft 1210
      b) Übernehmende Kapitalgesellschaft 1211
      c) Bilanzierende Aktionäre 1211

Inhaltsverzeichnis

2. Abschnitt: Die AG und die KGaA

- 3. Steuerrechtliche Behandlung 1211
  - a) Übertragende Aktiengesellschaft 1211
    - aa) Überblick 1211
    - bb) Tatbestandsvoraussetzungen 1212
  - b) Übernehmende Kapitalgesellschaft 1213
    - aa) Bewertung des Einbringungsgegenstands und Auswirkungen für die übertragende AG 1213
    - bb) Gewährung anderer Wirtschaftsgüter 1214
    - cc) Rückbeziehungsmöglichkeit 1214
    - dd) Sonstige Auswirkungen 1215
  - c) Anteilsveräußerung nach Ausgliederung 1215
  - d) Aktionäre 1217
- V. Ausgliederung auf Personenhandelsgesellschaften 1217
  - 1. Gesellschaftsrechtliche Voraussetzungen und Rechtsfolgen 1217
  - 2. Handelsbilanzielle Darstellung 1217
  - 3. Steuerrechtliche Behandlung 1217
    - a) Überblick 1217
    - b) Einbringung nach § 24 UmwStG 1218
    - c) Einbringung nach § 6 Abs. 5 Satz 3 EStG 1219
    - d) Einbringung in eine Personenhandelsgesellschaft, die keine Mitunternehmerschaft ist 1220
- VI. Übertragung von Teilen des Vermögens der AG auf ausländische Rechtsträger 1221
  - 1. Überblick 1221
  - 2. Einbringung in ausländische Personengesellschaften 1222
  - 3. Einbringung in ausländische Kapitalgesellschaften 1222
    - a) Einbringung in Kapitalgesellschaften mit Sitz außerhalb der EU/EWR 1222
    - b) Einbringung in EU/EWR-Kapitalgesellschaften 1222
- VII. Besonderheiten bei der KGaA 1223
  - 1. KGaA als übertragender Rechtsträger 1223
  - 2. KGaA als übernehmender Rechtsträger 1224

§ 15 Konzernrecht

- A. Grundlagen 1228
  - I. Rechtstatsächliche Bedeutung der AG als Konzernbaustein 1228
  - II. Konzernrechtliche Grundprobleme 1229
    - 1. Abhängiges Unternehmen 1229
    - 2. Herrschendes Unternehmen 1230
  - III. Konzernrechtliche Grundbegriffe 1231
    - 1. Unternehmensbegriff 1231
      - a) Charakterisierung der „anderweitigen Interessenbindung" 1232
      - b) Maßgebliche Beteiligung an einer anderen Gesellschaft 1234
    - 2. Mehrheitsbeteiligung 1234
    - 3. Abhängigkeit iSd. § 17 AktG 1235
      - a) Abhängigkeitsbegriff und -vermutung 1235
      - b) Mehrmütterherrschaft 1237
    - 4. Konzern iSd. § 18 AktG 1238
    - 5. Wechselseitige Beteiligungen 1239
- B. Konzernbildungskontrolle 1241
  - I. Abhängiges Unternehmen 1241
    - 1. Schutz vor der Entstehung einer Abhängigkeitslage 1242
    - 2. Mitteilungspflichten 1243

3. Schutz durch das neue Übernahmerecht ... 1244
4. Exkurs: Vermeidung von Konzernkonflikten durch Squeeze out .. 1245
II. Herrschendes Unternehmen ... 1246
  1. Geschriebene Hauptversammlungszuständigkeiten ... 1246
  2. Ungeschriebene Hauptversammlungszuständigkeiten ... 1248
    a) „Holzmüller"-Entscheidung ... 1248
    b) Dogmatische Herleitung ... 1249
    c) Fallgruppen und allgemeine Anforderungen ... 1249
    d) Wesentlichkeit der Maßnahme ... 1251
    e) Im Rahmen der Maßnahme zu beachtende Förmlichkeiten 1252
      aa) Zustimmungsbeschluss ... 1252
      bb) Informationspflichten im Hinblick auf die Maßnahme 1254
    f) Rechtsfolgen und Rechtsschutz ... 1255
      aa) Vertretungsmacht des Vorstandes und denkbare Sanktionen . 1255
      bb) Denkbare Rechtsbehelfe zugunsten opponierender Aktionäre ... 1256
      cc) Nachholbarkeit des „Holzmüller"-Beschlusses ... 1257
  3. Informationsrechte ... 1257

C. Faktische Konzerne ... 1258
  I. Nachteilsausgleich ... 1259
    1. Veranlassung von Rechtsgeschäften und Maßnahmen ... 1259
    2. Nachteilsermittlung ... 1260
    3. Pflichten des Vorstandes des abhängigen Unternehmens ... 1263
    4. Kompensation von Nachteilen ... 1264
  II. Abhängigkeitsbericht ... 1265
    1. Berichtspflicht und Sanktionen im Falle der Nichterfüllung ... 1265
    2. Inhalt des Berichts ... 1267
    3. Prüfung des Berichts ... 1268
  III. Verantwortlichkeit der Beteiligten ... 1269
  IV. Existenzvernichtungshaftung ... 1270
    1. Entwicklung der Rechtsprechung ... 1270
    2. Grundsätze der höchstrichterlichen Rechtsprechung ... 1272
      a) Haftungsvoraussetzungen ... 1272
      b) Anspruchsberechtigte und Anspruchsgegner ... 1274
      c) Beweislast ... 1275
      d) Verjährung ... 1275

D. Vertragskonzern ... 1275
  I. Unternehmensverträge ... 1276
    1. Rechtsnatur ... 1276
    2. Inhalt ... 1277
      a) Beherrschungsvertrag ... 1277
      b) Gewinnabführungsvertrag ... 1279
      c) Sonstige Unternehmensverträge ... 1280
    3. Fehlerhafte Unternehmensverträge ... 1282
    4. Die steuerliche Organschaft ... 1284
      a) Körperschaft- und Gewerbesteuer ... 1284
      b) Umsatz- und Grunderwerbsteuer ... 1286
  II. Abschluss von Unternehmensverträgen ... 1287
    1. Form und Mindestinhalt des Vertrages ... 1287
    2. Zustimmung der Hauptversammlung ... 1287
    3. Informationsrechte ... 1288
    4. Wirksamwerden des Unternehmensvertrages ... 1290
  III. Leitungsmacht des herrschenden Unternehmens ... 1291
    1. Beherrschungsvertragliches Weisungsrecht ... 1291

XLIX

Inhaltsverzeichnis
2. Abschnitt: Die AG und die KGaA

        a) Ausübung des Weisungsrechts 1291
        b) Schranken des Weisungsrechts 1292
    2. Gewinnabführungspflicht 1294
    3. Verantwortlichkeit 1294
  IV. Sicherung des abhängigen Unternehmens und seiner Gläubiger 1295
    1. Gesetzliche Rücklage 1295
    2. Verlustübernahmepflicht 1295
    3. Sicherheitsleistung 1297
  V. Sicherung der außenstehenden Aktionäre 1298
    1. Angemessener Ausgleich 1288
        a) Anspruchsvoraussetzung 1299
        b) Anspruchsinhalt 1299
        c) Mehrstufige Unternehmensverbindungen 1302
    2. Angemessene Abfindung 1303
        a) Anspruchsvoraussetzungen 1303
        b) Art und Höhe der Abfindung 1304
    3. Berechnung des Unternehmenswertes 1305
    4. Gerichtliche Überprüfung der Angemessenheit 1308
  VI. Änderung von Unternehmensverträgen 1310
    1. Änderungsvereinbarung 1310
    2. Zustimmungserfordernis und Wirksamwerden der Vertragsänderung 1311
  VII. Beendigung von Unternehmensverträgen 1312
    1. Beendigungsgründe 1312
        a) Aufhebungsvertrag 1313
        b) Ordentliche Kündigung 1313
        c) Außerordentliche Kündigung 1315
        d) Weitere Beendigungsgründe 1316
    2. Wirksamwerden und Rechtsfolgen der Vertragsbeendigung 1317
E. Eingliederung 1318
  I. Eingliederung nach § 319 AktG 1318
    1. Voraussetzungen und Verfahren 1319
    2. Wirksamwerden 1321
  II. Mehrheitseingliederung nach § 320 AktG 1322
    1. Voraussetzungen und Verfahren 1322
    2. Abfindungsangebot 1324
    3. Wirksamwerden der Eingliederung 1326
  III. Gläubigerschutz 1326
  IV. Wirkung der Eingliederung 1327
    1. Weisungsrecht 1327
    2. Vermögenszugriff und Verlustausgleichspflicht 1328
  V. Beendigung 1329

§ 16 Auslandsaktivitäten inländischer und Inlandsaktivitäten ausländischer AG/KGaA

A. Auslandsaktivitäten inländischer Gesellschaften
   (Outbound-Geschäfte) 1333
  I. Grenzüberschreitende Direktgeschäfte 1334
  II. Ausländische Betriebsstätte 1335
    1. Gründung einer Betriebsstätte 1335
        a) Begriff der Betriebsstätte 1336
        b) Kapitalausstattung, Zuordnung und Überführung von Wirtschaftsgütern in die Betriebsstätte 1338
        c) Vorbereitungs- und Gründungskosten 1341

Inhaltsverzeichnis

  2. Laufende Geschäftstätigkeit 1342
   a) Besteuerung im Ausland 1342
   b) Besteuerung im Inland 1342
    aa) Ermittlung des Betriebsstättenergebnisses 1342
    bb) Besteuerung des Betriebsstättenergebnisses 1346
  3. Beendigung der Betriebsstätte 1349
   a) Auflösung der Betriebsstätte 1349
   b) Umstrukturierung 1350
 III. Beteiligung an einer ausländischen Personengesellschaft 1351
  1. Qualifikationsprobleme 1351
  2. Erwerb der Beteiligung bzw. Gründung der ausländischen
   Personengesellschaft 1353
  3. Laufende Geschäftstätigkeit 1354
   a) Besteuerung der ausländischen Personengesellschaft 1354
   b) Besteuerung des inländischen Gesellschafters 1355
    aa) Besteuerung des Ergebnisanteils 1355
    bb) Sonstige Bezüge 1359
  4. Beendigung der Beteiligung 1359
   a) Anteilsverkauf bzw. Auflösung der ausländischen Personen-
    gesellschaft 1360
   b) Umstrukturierung 1360
 IV. Beteiligung an einer ausländischen Kapitalgesellschaft 1360
  1. Qualifikationsprobleme 1360
  2. Erwerb der Beteiligung bzw. Gründung einer ausländischen
   Kapitalgesellschaft 1360
  3. Laufende Geschäftstätigkeit 1362
   a) Besteuerung der ausländischen Kapitalgesellschaft 1362
   b) Besteuerung des inländischen Gesellschafters 1364
    aa) Dividendenbezüge 1364
    bb) Hinzurechnungsbesteuerung 1365
     (1) Voraussetzungen der Hinzurechnungsbesteuerung 1366
     (2) Hinzurechnungsbetrag und −steuersatz 1368
     (3) Besteuerungsfolgen der Gewinnausschüttung durch
      die ausländische Zwischengesellschaft 1369
     (4) Besteuerungsfolgen der Veräußerung der Anteile an der
      ausländischen Zwischengesellschaft 1369
    cc) Sonstige Bezüge 1369
  4. Beendigung der Beteiligung 1370
   a) Anteilsverkauf bzw. Auflösung der ausländischen Kapital-
    gesellschaft 1370
   b) Umstrukturierung 1370
 V. Wegzug einer inländischen Gesellschaft 1371
  1. Auswirkung auf Gesellschaftsebene 1371
   a) Zivilrechtliche Auswirkungen 1371
   b) Steuerrechtliche Auswirkungen 1372
  2. Auswirkungen auf Gesellschafterebene 1373
 VI. Besonderheiten bei einer inländischen KGaA 1373
B. Inlandsaktivitäten ausländischer Gesellschaften (Inbound-Geschäfte) . 1375
 I. Grenzüberschreitende Direktgeschäfte 1375
 II. Inländische Betriebsstätte 1377
  1. Gründung einer Betriebsstätte 1377
  2. Laufende Besteuerung 1378
  3. Beendigung der Betriebsstätte 1379
   a) Auflösung der Betriebsstätte 1379
   b) Umstrukturierung 1380

Inhaltsverzeichnis

2. Abschnitt: Die AG und die KGaA

   III. Beteiligung an einer inländischen Personengesellschaft 1380
      1. Qualifikationsprobleme 1380
      2. Erwerb der Beteiligung bzw. Gründung der inländischen
         Personengesellschaft 1381
      3. Laufende Geschäftstätigkeit 1381
         a) Besteuerung der inländischen Personengesellschaft 1381
         b) Besteuerung des ausländischen Gesellschafters 1381
      4. Beendigung der Beteiligung 1382
   IV. Beteiligung an einer inländischen Aktiengesellschaft 1382
      1. Laufende Geschäftstätigkeit 1382
         a) Besteuerung der inländischen Kapitalgesellschaft 1382
         b) Besteuerung des ausländischen Gesellschafters 1382
      2. Beendigung der Beteiligung 1384
   V. Zuzug einer ausländischen Gesellschaft 1384
      1. Auswirkung auf Gesellschaftsebene 1384
         a) Zivilrechtliche Auswirkungen 1384
         b) Steuerrechtliche Auswirkungen 1385
      2. Auswirkungen auf Gesellschafterebene 1386
   VI. Beteiligung an einer inländischen KGaA 1386

C. **Grenzüberschreitender Liefer- und Leistungsverkehr** 1387
   I. Begriff und Bedeutung des Verrechnungspreises 1387
   II. Ermittlung von Verrechnungspreisen nach dem Fremdvergleichs-
      grundsatz 1388
      1. Rechtsgrundlagen des Fremdvergleichs im deutschen Steuerrecht . . . 1388
         a) Überblick 1388
         b) Verdeckte Gewinnausschüttung 1388
         c) Verdeckte Einlage 1391
         d) Einkünftekorrektur nach § 1 AStG 1392
         e) Einkünftekorrektur auf Basis des Abkommensrechts
            (Art. 9 OECD-MA) 1394
      2. Definition des Fremdvergleichsgrundsatzes 1395
         a) Funktions- und Risikoanalyse als Ausgangspunkt 1395
         b) Bandbreitenbetrachtung 1396
         c) Arten des Fremdvergleichs 1396
            aa) Tatsächlicher Fremdvergleich 1396
            bb) Hypothetischer Fremdvergleich 1397
   III. Methoden der Verrechnungspreisermittlung 1398
      1. Standardmethoden 1398
         a) Rangfolge der Standardmethoden 1398
         b) Preisvergleichsmethode 1399
         c) Wiederverkaufspreismethode 1399
         d) Kostenaufschlagsmethode 1400
      2. Gewinnorientierte Methoden 1402
         a) Anerkennung gewinnorientierter Methoden durch die Finanz-
            verwaltung 1402
         b) Geschäftsvorfallbezogene Nettomargenmethode (TNMM) 1402
         c) Gewinnaufteilungsmethode (PSM) 1403
         d) Gewinnvergleichsmethode (CPM) 1404
      3. Konzernumlagen 1404
   IV. Verrechnungspreisbestimmung für ausgewählte Liefer- und Leistungs-
      beziehungen 1405
      1. Produktlieferungen 1405
         a) Lieferungen von Produktionsgesellschaften 1405
         b) Lieferungen an Vertriebsgesellschaften 1407
      2. Ermittlung von Zinssätzen für Finanzierungsleistungen 1408

§ 17 Die AG/KGaA in der Krise

    3. Lizenzierung immaterielle Wirtschaftsgüter 1409
    4. Verrechnung von Dienstleistungen 1410
       a) Verrechnung dem Grunde nach 1410
       b) Verrechnung der Höhe nach 1411
  V. Dokumentationspflichten 1411

§ 17 Die AG/KGaA in der Krise

A. **Einführung** 1417
  I. Der Begriff der Krise 1417
  II. Rechtliche Bedeutung der Krise 1417
    1. Verhaltenspflichten 1417
    2. Sanierung 1418

B. **Pflichten des Vorstands im Rahmen der Krise** 1418
  I. Früherkennung der Krise 1418
  II. Anzeige bei Verlust in Höhe der Hälfte des Grundkapitals 1420
    1. Normzweck 1420
    2. Voraussetzung der Pflicht zur Einberufung 1420
       a) Begriff des Verlusts nach herrschender Meinung 1420
       b) Gegenansicht und Stellungnahme 1421
    3. Einberufung und Verlustanzeige 1422
    4. Rechtsfolgen der Pflichtverletzung 1423
    5. Ad-hoc-Publizität 1423
  III. Pflichten bei Zahlungsunfähigkeit und Überschuldung 1423
    1. Zahlungsunfähigkeit 1424
       a) Tatbestandsvoraussetzungen 1424
       b) Zahlungseinstellung 1425
    2. Überschuldung 1425
       a) Fortbestehensprognose 1426
         aa) Anforderungen an die Fortführungsprognose 1426
         bb) Anwendungsprobleme 1427
       b) Überschuldungsbilanz 1428
         aa) Ansatz von Vermögensgegenständen 1429
         bb) Ansatz von Passivposten 1430
         cc) Bewertung bei positiver Fortführungsprognose 1431
         dd) Bewertung bei negativer Fortführungsprognose 1432
    3. Die Pflicht zur Stellung des Insolvenzantrags 1433
       a) Entstehung und Dauer der Pflicht 1433
       b) Erfüllung der Antragspflicht 1434
    4. Rechtsfolgen des Verstoßes gegen die Antragspflicht 1436
       a) Haftung gegenüber den Gläubigern 1436
       b) Sonstige zivil- und strafrechtliche Haftung 1437
    5. Zahlungsverbot 1438
    6. Ad-hoc-Publizität 1440
    7. Besonderheiten bei Versicherungsunternehmen und Kreditinstituten 1441

C. **Auswirkungen der Krise auf die übrigen Beteiligten** 1441
  I. Aufsichtsrat 1441
    1. Überwachung der Geschäftsführung 1441
       a) Risikofrüherkennung 1441
       b) „Verdichtung" der Überwachung in der Krise 1442
       c) Verlust in Höhe der Hälfte des Grundkapitals 1442
       d) Pflicht zur Stellung des Insolvenzantrags 1443
    2. Haftung des Aufsichtsrats 1443
  II. Aktionär 1444

Inhaltsverzeichnis

2. Abschnitt: Die AG und die KGaA

    1. Anspruch auf Auszahlung der Dividende bei Unterbilanz 1444
    2. Haftung für Eingriffe in die Abwicklung der Krise 1444
    3. Recht zur Stellung eines Insolvenzantrags (nach MoMiG) 1445

D. Sanierung 1445
    I. Allgemeines 1445
    II. Pflichten im Rahmen der Sanierung 1446
        1. Vorstand 1446
        2. Aufsichtsrat 1447
        3. Aktionär 1447
            a) Allgemeines 1447
            b) Treupflicht in der Sanierung 1447
            c) Kritik 1448
    III. Sanierung durch Kapitalmaßnahmen 1449
        1. Kapitalerhöhung 1449
            a) Allgemeines 1449
            b) Bezugsrechtsausschluss 1449
            c) Vorleistung auf künftige Einlagepflicht 1451
            d) Wertmäßiges Vorhandensein der Einlageleistung im Zeitpunkt
               der Anmeldung der Durchführung der Kapitalerhöhung 1452
            e) Forderungen gegen die AG als Einlageleistung 1453
        2. Kapitalherabsetzung 1453
        3. Auswirkung von Sanierungsmaßnahmen auf die Nutzung von
           Verlustvorträgen 1455
            a) Allgemeines 1455
            b) Die Neuregelung des § 8c KStG 1455
            c) Würdigung 1456

E. Die Krise der KGaA 1456

§ 18 Auflösung und Abwicklung der AG/KGaA

A. Auflösung der AG 1459
    I. Allgemeines 1459
    II. Auflösungsgründe des § 262 Abs. 1 AktG 1459
        1. Zeitablauf (§ 262 Abs. 1 Nr. 1 AktG) 1459
        2. Auflösungsbeschluss der Hauptversammlung (Nr. 2) 1460
        3. Eröffnung des Insolvenzverfahrens (Nr. 3) 1461
        4. Ablehnung der Eröffnung des Insolvenzverfahrens mangels
           Masse (Nr. 4) 1461
        5. Feststellung eines Satzungsmangels (Nr. 5) 1462
        6. Löschung der Gesellschaft wegen Vermögenslosigkeit (Nr. 6) 1463
    III. Sonstige Auflösungsgründe 1465
        1. Spezialgesetzliche Auflösungsgründe 1465
        2. Satzungsmäßige Auflösungsgründe, insbesondere Kündigungsklauseln 1465
        3. Verlegung des Sitzes ins Ausland 1466
        4. Nichtigkeitsklage (§ 275 AktG) und Amtslöschung (§ 144 FGG) . . . 1467
    IV. Anmeldung, Eintragung und Bekanntmachung der Auflösung
       (§ 263 AktG) 1468

B. Die Abwicklung 1468
    I. Begriff und Bedeutung 1468
    II. Die Abwickler 1469
        1. Bestellung und Abberufung 1469
            a) Bestellung 1469
            b) Abberufung 1470
            c) Sonstige Beendigungsgründe 1471

Inhaltsverzeichnis

- d) Anmeldung und Eintragung (§ 266 AktG) 1471
- 2. Aufgaben der Abwickler 1472
  - a) Abwicklung durch Zerschlagung als gesetzliches Leitbild 1472
  - b) Einstweilige Fortführung des Unternehmens und Abwicklung durch dessen (Teil-)Veräußerung 1472
  - c) Befriedigung der Gesellschaftsgläubiger 1473
- 3. Die Rechtsstellung der Abwickler 1473
  - a) Vertretung der Gesellschaft 1473
  - b) Die Rechtsstellung innerhalb der AG 1475
  - c) Verhältnis zu anderen Organen 1475
- III. Rechnungslegung, insbesondere § 270 AktG 1476
  - 1. Abschließende Rechnungslegung der werbenden Gesellschaft 1476
  - 2. Rechnungslegung der Abwicklungsgesellschaft 1477
    - a) Eröffnungsbilanz und Erläuterungsbericht 1477
    - b) Jahresabschluss und Lagebericht 1479
    - c) Abwicklungs-Schlussbilanz und Schlussrechnung 1479
- IV. Befriedigung und Sicherung der Gläubiger 1481
  - 1. Gläubigeraufruf (§ 267 AktG) 1481
  - 2. Durchführung der Gläubigerbefriedigung 1481
  - 3. Verteilungsverbot zugunsten der Gläubiger 1483
    - a) Inhalt 1483
    - b) Rechtsfolgen von Verstößen gegen das Verteilungsverbot 1483
- V. Die Verteilung des Abwicklungsüberschusses 1484
  - 1. Rechtsnatur, Entstehung und Ausschluss 1484
  - 2. Anspruchsinhalt 1485
  - 3. Verteilungsmaßstab 1485
  - 4. Das Verteilungsverfahren 1486
- VI. Schluss der Abwicklung und Nachtragsabwicklung 1488
  - 1. Schluss der Abwicklung 1488
  - 2. Nachtragsabwicklung (§ 273 Abs. 4 AktG) 1489
    - a) Funktion und Voraussetzungen 1489
    - b) Rechtsnatur der Nachtrags-Abwicklungsgesellschaft 1489
    - c) Rechtsstellung der Nachtragsabwickler 1490
    - d) Registerrechtliche Behandlung der Abwicklungsgesellschaft ... 1490

C. Die Auflösung und Abwicklung der KGaA 1491
- I. Auflösung 1491
  - 1. Auflösungsgründe gem. Verweisung auf HGB 1491
    - a) Zeitablauf (§ 131 Abs. 1 Nr. 1 HGB) 1491
    - b) Auflösung durch Beschluss der Gesellschafter
       (§ 131 Abs. 1 Nr. 2 HGB) 1491
    - c) Eröffnung des Insolvenzverfahrens über das Vermögen der KGaA
       (§ 131 Abs. 1 Nr. 3 HGB) 1491
    - d) Gerichtliche Entscheidung (§ 131 Abs. 1 Nr. 4 HGB) 1491
  - 2. Auflösungsgründe gemäß Aktienrecht 1492
  - 3. Tatbestände, die nicht zur Auflösung führen 1492
  - 4. Ausscheiden des einzigen Komplementärs 1493
  - 5. Eintragung der Auflösung 1494
- II. Abwicklung 1494

D. Steuerliche Behandlung der Abwicklung 1494
- I. Ertragsteuern 1494
  - 1. Besteuerungszeitraum 1494
  - 2. Ermittlung des Abwicklungsgewinns (§ 11 KStG) 1495
    - a) Abwicklungs-Anfangsvermögen 1495
    - b) Abwicklungs-Endvermögen 1495

Inhaltsverzeichnis

2. Abschnitt: Die AG und die KGaA

  3. Gewerbesteuer 1496
 II. Umsatzsteuer 1496
 III. Besteuerung der Aktionäre 1496
  1. Natürliche Personen 1496
  2. Kapitalgesellschaften 1497

§ 19 Die europäische Aktiengesellschaft (SE)

A. Einleitung 1503

B. Übergeordnete Ziele der SE 1504

C. Historische Entwicklung 1505

D. Vor- und Nachteile der SE 1507
 I. Vorteile der SE 1508
 II. Nachteile der SE 1509

E. Ermächtigungsgrundlage und Rechtsgrundlagen der SE 1509
 I. Ermächtigungsgrundlage der SE-VO und SE-RL 1509
 II. Die zentralen Rechtsgrundlagen der SE 1510
  1. SE-VO und SEAG 1510
   a) SE-VO 1510
    aa) Zeitraum bis zur wirksamen SE-Gründung 1511
    bb) Zeitraum nach wirksamer SE-Gründung 1511
   b) SEAG 1512
  2. SE-RL und SEBG 1513
   a) SE-RL 1513
   b) SEBG 1514

F. Gründung der SE 1514
 I. Allgemeines 1514
  1. Anwendbare Vorschriften 1514
  2. Gründungsberechtigung 1515
   a) Grundlegende Voraussetzungen 1515
   b) Sinn und Zweck 1515
 II. Gründungsformen und Gründungsverfahren 1516
  1. SE-Gründung durch Verschmelzung 1516
   a) Gründungsform gem. Art. 2 Abs. 1 SE-VO 1516
   b) Gründungsverfahren gem. Art. 17ff. SE-VO 1517
    aa) Anwendbare Vorschriften 1517
    bb) Ablauf des Verfahrens 1518
    cc) Schutz der Gläubiger und Minderheitsaktionäre 1519
  2. Gründung einer Holding-SE 1520
   a) Gründungsform gem. Art. 2 Abs. 2 SE-VO 1520
   b) Gründungsverfahren gem. Art. 32ff. SE-VO 1520
    aa) Anwendbare Vorschriften 1520
    bb) Ablauf des Verfahrens 1521
    cc) Schutz der Gläubiger und Minderheitengesellschafter 1522
  3. Gründung einer Tochter-SE 1523
   a) Gründungsform gem. Art. 2 Abs. 3 SE-VO 1523
   b) Gründungsverfahren 1524
    aa) Anwendbare Vorschriften 1524
    bb) Ablauf des Verfahrens 1524
  4. Gründung einer SE im Wege eines Formwechsels 1525
   a) Gründungsform gem. Art. 2 Abs. 4 SE-VO 1525
   b) Gründungsverfahren gem. Art. 37 SE-VO 1525
    aa) Anwendbare Vorschriften 1525

§ 19 Die europäische Aktiengesellschaft (SE) Inhaltsverzeichnis

        bb) Ablauf des Verfahrens 1526
    5. Gründung einer Tochter-SE durch bestehende SE 1527
        a) Gründungsform gem. Art. 3 Abs. 2 SE-VO 1527
        b) Gründungsverfahren 1527
  III. Abweichende Gestaltungsmöglichkeiten 1528
  IV. Sonstige Gründungs- und Eintragungsvoraussetzungen 1529
    1. Mindestkapital sowie Kapital und Aktien (Art. 4 und 5 SE-VO) ... 1529
    2. Gründungsurkunde (Art. 6 SE-VO) 1530
    3. Sitz (Art. 7 und 8 SE-VO) 1530
        a) Sitz und Hauptverwaltung, Art. 7 SE-VO 1530
        b) Grenzüberschreitende Sitzverlegung (Art. 8 SE-VO) 1531
    4. Firma (Art. 11 SE-VO) 1532
    5. Eintragung (Art. 12 SE-VO) 1532

G. Aufbau der SE (innere Organisation und Verfassung) 1533
  I. Management/Verwaltungsorgan 1533
    1. Dualistisches System 1533
        a) Leitungsorgan 1533
            aa) Zahl der Mitglieder 1533
            bb) Dauer 1534
            cc) Grundsatz der Inkompatibilität 1534
            dd) Abberufung 1534
            ee) Geschäftsführung 1535
            ff) Verschwiegenheitspflicht 1535
        b) Aufsichtsorgan 1535
            aa) Zahl der Mitglieder 1535
            bb) Bestellung 1536
            cc) Abberufung 1537
            dd) Aufgaben des Aufsichtsorgans 1537
            ee) Zustimmungsbedürftige Geschäfte 1537
            ff) Vorsitzender 1538
    2. Monistisches System 1538
        a) Verwaltungsrat 1538
            aa) Zahl der Mitglieder 1538
            bb) Bestellung 1539
            cc) Abberufung 1540
            dd) Aufgabenbereich 1540
            ee) Vorsitzender 1541
            ff) Verschwiegenheitspflicht 1542
            gg) Vorschriften des AktG für den Aufsichtsrat 1542
        b) Geschäftsführende Direktoren 1542
            aa) Bestellung 1542
            bb) Abberufung 1543
            cc) Aufgaben 1543
            dd) Weisungen 1544
  II. Hauptversammlung 1544

H. Arbeitnehmerbeteiligung in der SE 1545
  I. Ziele der SE-RL und des SEBG 1545
  II. Geltungsbereich des SEBG 1546
  III. Regelungssystem des SEBG 1547
    1. Beteiligung der Arbeitnehmer kraft autonomer Vereinbarung,
       § 21 SEBG 1549
        a) Mindestanforderungen an den Inhalt der Vereinbarung zur
           Sicherung der Rechte der Arbeitnehmer auf Unterrichtung
           und Anhörung, § 21 Abs. 1 SEBG 1549

Inhaltsverzeichnis 3. Abschnitt: Die börsennotierte AG

      b) Mindestanforderungen an den Inhalt der Vereinbarung zur Sicherung der Rechte der Arbeitnehmer auf Mitbestimmung, § 21 Abs. 3 SEBG 1550
      c) Sonstige Regelungsmöglichkeiten 1550
  2. Beteiligung der Arbeitnehmer kraft Gesetzes, §§ 22 bis 38 SEBG ... 1551
      a) SE-Betriebsrat kraft Gesetzes, §§ 22 bis 33 SEBG 1551
      b) Mitbestimmung kraft Gesetzes, §§ 34 bis 38 SEBG 1553
        aa) Besondere Voraussetzungen des § 34 SEBG 1553
        bb) Umfang der Mitbestimmung gem. § 35 SEBG 1554
        cc) Rechtsstellung und innere Ordnung gem. § 38 SEBG 1554
  3. Grundsätze der Zusammenarbeit und Schutzvorschriften, §§ 40ff. SEBG 1555

3. Abschnitt: Die börsennotierte AG

§ 20 Vor- und Nachteile eines Börsengangs

A. Allgemeines 1557

B. Vorteile 1560
  I. Verbreiterung der Eigenkapital- und Liquiditätsbasis 1560
  II. Einfache Übertragbarkeit der Aktien und Fungibilität 1561
  III. Mitarbeitergewinnung 1561
  IV. (Teil-)Exit eines Altgesellschafters 1562
  V. Sonstiges 1562

C. Nachteile 1564
  I. Publizität 1564
  II. Einflussverlust der Altgesellschafter 1565
  III. Steuern 1565
    1. Allgemeine Unterscheidung zwischen Personengesellschaft und Kapitalgesellschaft 1566
    2. Besteuerung entgeltlicher und unentgeltlicher Übertragungsvorgänge 1567
    3. Eigenkapitalaufnahme durch Aktiengesellschaft und Aktionäre 1568
  IV. Kosten 1568
  V. Folgepflichten 1569
  VI. Sonstiges 1571

§ 21 Maßnahmen im Vorfeld des Börsengangs

A. Einleitung 1576

B. Rechtsformwahl – AG oder KGaA 1576
  I. Vorbemerkungen 1576
  II. Die börsennotierte AG im Überblick 1577
    1. Einführung 1577
    2. Organe und Kompetenzverteilung 1577
      a) Vorstand 1577
      b) Aufsichtsrat 1578
      c) Hauptversammlung 1579
  III. Die börsennotierte KGaA im Überblick 1579
    1. Einführung 1579
    2. Organe und Kompetenzverteilung 1580
      a) Komplementär 1581
      b) Hauptversammlung der Kommanditaktionäre 1581

§ 21 Maßnahmen im Vorfeld des Börsengangs

       c) Aufsichtsrat 1582
       d) Gestaltungsoptionen 1582
    3. Finanzverfassung und Steuern 1583
    4. Mitbestimmung 1583
    5. Die börsennotierte kapitalistische KGaA 1584
       a) Einführung 1584
       b) Bedeutung für die Gestaltungspraxis 1585
         aa) Meinungsstand 1585
         bb) Stellungnahme 1586
       c) Rechtsschutzfragen 1586
       d) Folgerungen für personalistische KGaA 1587
  IV. Kriterien für die Rechtsformwahl 1588

C. Der Weg in die AG/KGaA 1589
  I. Neugründung 1589
  II. Umwandlung in eine AG 1589
    1. Formwechsel 1589
    2. Verschmelzung 1589
  III. Einzelrechtsnachfolge 1590

D. Kapitalausstattung vor Börsengang 1590
  I. Einleitung und Überblick 1590
  II. Eigenkapital 1591
    1. Altgesellschafter 1591
       a) Gründung 1591
       b) Eigenmittelzufuhr nach Gründung 1592
    2. Venture Capital/Private Equity 1594
       a) Begriff und Bedeutung 1594
       b) Typischer Ablauf einer Beteiligung 1595
       c) Besonderheiten der Vertragsgestaltung 1596
    3. Strategischer Partner 1597
    4. Haftung und Pflicht zur Prospekterstellung 1598
       a) Prospektpflicht und Haftung nach Wertpapierprospektgesetz .. 1598
       b) Zivilrechtliche Haftung und (indirekte) Prospektpflicht 1599
         aa) Überblick 1599
         bb) Vertragsähnliche Ansprüche 1600
         cc) Allgemein-zivilrechtliche Prospekthaftung 1600
       c) Platzierungen im Ausland 1602
       d) Platzierung über das Internet 1603
  III. Fremdkapital 1603
    1. Gesellschafterdarlehen 1603
    2. Stille Gesellschaften 1604
       a) Begriff und Bedeutung 1604
       b) Handelsbilanzielle und steuerliche Behandlung 1605
       c) Ablauf und typische Vertragsbestandteile 1606
       d) Aktienrechtliche Besonderheiten 1606
         aa) Stille Beteiligung als Teilgewinnabführungsvertrag 1606
         bb) Fehlerhafte Verträge 1607
         cc) Anwendbare Vorschriften 1607
         dd) Schicksal bei Umwandlung einer GmbH 1608
         ee) Aktienrechtliche Grenzen der Einflussnahme des stillen
             Gesellschafters 1608
    3. Fremddarlehen 1609
  IV. Hybride Finanzierungsformen 1609
    1. Wandelschuldverschreibungen 1609
    2. Nachrangkapital 1610

Inhaltsverzeichnis

3. Abschnitt: Die börsennotierte AG

- V. Herstellen des geeigneten Grundkapitals 1610
  1. Einleitung 1610
  2. Kapitalerhöhung gegen Bar- oder Sacheinlagen 1611
  3. Kapitalerhöhung aus Gesellschaftsmitteln 1611
  4. Aufdeckung stiller Reserven 1612
     a) Verschmelzung 1612
     b) Veräußerung von Kapitalgesellschaftsanteilen 1613
- VI. Beschaffung der zu platzierenden Aktien 1613

E. **Sonstige Vorbereitungen im Unternehmen** 1614
  - I. Umstrukturierungen 1614
    1. Überblick 1614
    2. Errichtung einer Holding 1615
    3. Bereinigung der Holdingstruktur; Umstrukturierung der Holding . 1615
    4. Börseneinführung einzelner Geschäftsbereiche oder von Tochter-
       gesellschaften 1615
    5. IPO Roll-ups 1616
  - II. Kapitalmarktfähige Satzung und sonstige Maßnahmen 1617
    1. Einleitung 1617
    2. Aktienarten und Aktiengattungen 1618
       a) Nennbetragsaktien oder Stückaktien 1618
       b) Inhaberaktien oder Namensaktien 1618
       c) Stammaktien oder Vorzugsaktien 1620
    3. Ausschluss des Verbriefungsanspruchs 1621
    4. AG und neue Medien 1621
       a) Aufsichtsratssitzungen 1622
       b) Mitteilungen an die Aktionäre 1622
       c) Teilnehmerverzeichnis 1622
       d) Stimmrechtsvollmacht und Stimmrechtsvertreter 1622
       e) Hauptversammlung 1623
       f) Geplante Änderungen nach ARUG 1623
    5. Sonstige Maßnahmen 1624
       a) Bedingtes Kapital/Wandelschuldverschreibungen 1624
       b) Genehmigtes Kapital 1624
       c) Ermächtigung zum Erwerb eigener Aktien 1625
       d) Gewinnverwendung 1626
       e) Ort der Hauptversammlung 1626
       f) Opt-out-Entscheidungen 1626
       g) D&O-Versicherung 1627
  - III. Mitarbeiterbeteiligung 1627
  - IV. Geschäftsordnung für Vorstand, Aufsichtsrat und Hauptversammlung . . 1627
    1. Geschäftsordnung für den Vorstand 1627
    2. Geschäftsordnung für den Aufsichtsrat 1628
    3. Geschäftsordnung für die Hauptversammlung 1628
  - V. Risikomanagement 1628
  - VI. Besetzung von Vorstand und Aufsichtsrat 1629
  - VII. Börsengang und Arbeitsrecht 1630
  - VIII. Sonstige Maßnahmen 1630

F. **Vorbereitungsmaßnahmen der Altgesellschafter** 1630
  - I. Maßnahmen zur Absicherung des Börsenganges 1630
  - II. Maßnahmen zur Absicherung des Unternehmereinflusses 1631
    1. Einleitung 1631
    2. Rechtsformwahl 1631
    3. Erhalt der Stimmmehrheit 1631
    4. Satzungsgestaltungen zum Stimmrecht 1632

Inhaltsverzeichnis

   5. Stimmrechtslose Vorzugsaktien ... 1632
   6. Vinkulierte Namensaktien ... 1633
   7. Entsenderechte ... 1633
   8. Stärkung des Aufsichtsrats ... 1633
   9. Poolverträge ... 1633
- III. Nachfolgeplanung und vorweggenommene Erbfolge ... 1634
   1. Einführung ... 1634
      a) Rechtszustand vor 1.1.2009 ... 1634
      b) Erbschaftsteuerreform (ab dem 1.1.2009) ... 1635
   2. Gestaltungsmöglichkeiten ... 1636
- IV. Steuerliche Qualifizierung des Aktienbesitzes und dessen Aufteilung ... 1638
- V. Güterstandsregelungen ... 1638
- VI. Steuerliche Sondersituation einer Betriebsaufspaltung ... 1639
   1. Einführung ... 1639
   2. Zivilrechtliche Überlegungen ... 1639
   3. Steuerliche Besonderheiten ... 1639

§ 22 Vorbereitung des eigentlichen Börsengangs

- A. Auswahl des Börsenplatzes und des Marktsegments ... 1644
  - I. Deutschland ... 1645
    1. Regulierter Markt ... 1646
       a) Zulassungsvoraussetzungen ... 1647
       b) Folgepflichten ... 1654
       c) Wertpapierprospekt ... 1659
    2. Freiverkehr ... 1660
       a) Teilbereich Open Market der Frankfurter Wertpapierbörse ... 1661
       b) Qualitätssegment Entry Standard der Frankfurter Wertpapierbörse ... 1663
          aa) Einbeziehungsvoraussetzungen ... 1663
          bb) Folgepflichten ... 1664
  - II. Ausländische Börsen- und Handelsplätze ... 1664
    1. NASDAQ ... 1665
    2. NYSE Euronext ... 1667
    3. London Stock Exchange ... 1668
  - III. Sog. Dual Listing oder Multiple Listing ... 1669
  - IV. American Depositary Receipts ... 1670
    1. Allgemeines ... 1670
    2. Definition ... 1670
    3. Typen der ADR-Programme ... 1671
    4. Aspekte von ADR-Programmen nach deutschem Recht ... 1672
  - V. Privatplatzierung ... 1673
    1. Allgemeines ... 1673
    2. Deutschland ... 1673
    3. Vereinigte Staaten von Amerika ... 1675

- B. Beteiligte Parteien ... 1677
  - I. Allgemeines ... 1677
  - II. Bundesanstalt für Finanzdienstleistungsaufsicht und Wertpapierbörse ... 1677
  - III. Emittent ... 1678
  - IV. Konsortialführer ... 1678
  - V. Rechtsanwälte ... 1679
  - VI. Wirtschaftsprüfer ... 1679
  - VII. Public Relations-Berater ... 1680
  - VIII. Emissions-Berater ... 1680
  - IX. Sonstiges ... 1680

Inhaltsverzeichnis

3. Abschnitt: Die börsennotierte AG

C. Emissionskonzept 1681

D. Sicherung der Rechte der Altaktionäre 1684
   I. Wahl der Rechtsform der Kommanditgesellschaft auf Aktien 1684
   II. Vinkulierte Namensaktien 1686
   III. Stimmrechtslose Vorzugsaktien 1686
   IV. Stimmbindungsverträge und Holdinggesellschaften 1688
   V. Entsendungsrechte in den Aufsichtsrat 1688
   VI. Stärkung der Rolle des Aufsichtsrats 1689
   VII. Höchststimmrecht und Mehrstimmrecht 1690

§ 23 Mitarbeiterbeteiligungen

A. Einleitung 1692

B. Vorüberlegungen 1692
   I. Grundzüge der Gestaltungsmöglichkeiten 1693
   II. Wesentliche Unterschiede zwischen Mitarbeiterbeteiligung und erfolgsabhängiger Vergütung 1694
   III. Wesentliche Parameter für Aktienoptionen und Phantom Stocks 1695

C. Überblick über die rechtlichen Gestaltungsmöglichkeiten 1696
   I. „Nackte" Bezugsrechte auf Aktien der Gesellschaft 1696
      1. Bezugsrechte auf neue Aktien aus bedingtem Kapital 1697
      2. Bezugsrechte auf eigene Aktien der Gesellschaft 1702
      3. Bezugsrechte auf neue Aktien aus genehmigtem Kapital 1703
   II. Wandel-/Optionsanleihen und Genussrechte 1705
   III. Direkte Beteiligung durch Belegschaftsaktien/Friends & Family Programme 1707
   IV. Überblick über die rechtlichen Gestaltungsmöglichkeiten von unternehmenswertabhängigen Vergütungssystemen 1708
   V. Kombinationsformen 1710

D. Gewährung und arbeitsrechtliche Gesichtspunkte 1711
   I. Gewährung der Mitarbeiterbeteiligung und Mitbestimmung 1711
   II. Mitbestimmungsrecht des Betriebsrats/Sprecherausschusses 1712
   III. Arbeitsrechtlicher Gleichbehandlungsgrundsatz und Allgemeines Gleichbehandlungsgesetz (AGG) 1714
   IV. Betriebliche Übung und Pensionsberechtigung 1715
   V. Bindungs- und Verfallsklauseln 1715
   VI. Betriebsübergang, § 613a BGB 1717

E. Kapitalmarktrechtliche Erwägungen 1718
   I. Wertpapierprospektgesetz/Verkaufsprospektgesetz 1718
      1. Öffentliches Angebot von Wertpapieren 1718
         a) Wertpapierqualität von Mitarbeiterbeteiligungen 1719
         b) Ausnahmen von Prospektpflicht 1720
            aa) Angebote an Arbeitnehmer 1720
            bb) Begrenzter Personenkreis 1721
            cc) Geringer Umfang 1721
            dd) Bereits zugelassene Aktien 1722
      2. Angebote von sonstigen, unverbrieften Beteiligungen 1722
         a) Anwendungsbereich des VerkaufsprospektG 1722
         b) Ausnahmen von der Prospektpflicht 1723
   II. Meldepflichten bei Directors' Dealings, § 15a WpHG 1724
   III. Verbot von Insidergeschäften, §§ 12ff. WpHG 1725

Inhaltsverzeichnis

§ 24 Bewertung und Kursbildung, Due Diligence

- **A. Bewertung und Kursbildung** 1731
  - I. Grundlagen der Unternehmensbewertung 1732
    1. Wert und Preis von Unternehmen und Unternehmensanteilen 1732
    2. Funktionen des Bewerters und Bewertungsanlässe 1733
    3. Methoden der Wertermittlung 1734
       - a) Ertragswertverfahren 1734
       - b) Discounted-Cashflow-Methode 1735
       - c) Multiplikator-Verfahren 1736
  - II. Durchführung der Wertermittlung 1738
    1. Ertragswertverfahren 1738
       - a) Ermittlung der Zukunftserfolge 1738
         - aa) Vergangenheitsbereinigung 1738
         - bb) Planung und Prognose 1739
         - cc) Verbundeffekte 1740
       - b) Einbeziehung von persönlichen Steuern 1741
       - c) Kapitalisierungszinssatz 1742
         - aa) Basiszinssatz 1743
         - bb) Risikozuschlag 1744
         - cc) Fungibilität 1746
       - d) Berechnung des Ertragswertes 1747
       - e) Nicht betriebsnotwendiges Vermögen 1748
       - f) Besonderheiten bei Auslandsunternehmen 1748
         - aa) Währungsumrechnung 1748
         - bb) Kapitalisierungszinssatz 1749
         - cc) Steuerbelastung 1749
    2. Discounted-Cashflow-Methode 1750
       - a) Grundlagen 1750
       - b) Ermittlung der zukünftigen Cash-Flows 1751
       - c) Gewichteter Kapitalkostensatz 1751
       - d) Ableitung Unternehmenswert 1752
    3. Zwischenergebnis 1752
  - III. Besonderheiten bei der Emissionspreisfindung im Rahmen eines Börsengangs 1752
    1. Rechnungslegungsgrundsätze 1752
    2. Ergebnisprognose bei Wachstumsunternehmen 1753
       - a) Plausibilität der Planzahlen 1753
       - b) Einbeziehung des Mittelzuflusses aus dem Börsengang 1754
       - c) Prognosehorizont 1754
    3. Verwendung verschiedener Methoden 1755
    4. Ableitung des Emissionspreises aus dem Unternehmenswert 1755

- **B. Due Diligence** 1756
  - I. Begriff, Ziele und rechtliche Aspekte 1756
    1. Begriff 1756
    2. Ziele 1756
    3. Auftraggeber 1757
    4. Rechtliche Bedeutung 1757
       - a) Prospekthaftung 1757
       - b) Verhältnis Emissionsbanken zu Emittent/Hauptaktionären ... 1759
    5. Vertraulichkeit 1761
    6. Aktienrechtliche Zulässigkeit 1761
  - II. Gegenstand der Due Diligence 1763
    1. Überblick 1763
    2. Wirtschaftliche Due Diligence 1763

LXIII

Inhaltsverzeichnis

3. Abschnitt: Die börsennotierte AG

    3. Technische Due Diligence 1764
    4. Rechtliche und steuerliche Due Diligence 1764
        a) Rechtliche Due Diligence 1764
        b) Steuerliche Due Diligence 1766
            aa) Umstrukturierungen 1766
            bb) Rechtsgeschäfte zwischen Gesellschaft und Gesellschaftern .. 1766
            cc) Rechtsgeschäfte zwischen Konzernunternehmen 1766
            dd) Substanzielle Veränderungen in der Anteilseignerstruktur ... 1766
            ee) Mitarbeiterbeteiligungen 1766
    5. Umwelt-Due-Diligence 1767
    6. Organisatorische Due Diligence 1767
    7. Weiche Faktoren 1767
  III. Durchführung 1768
    1. Vorbereitung 1768
    2. Ausführung 1769
    3. Auswertung 1769

§ 25 Der Börsengang

A. Billigungs- und Zulassungsverfahren 1773
  I. Regulierter Markt 1773
  II. Freiverkehr 1777

B. Projekt- und Zeitplan 1779

C. Dokumentation 1788
  I. Mandatsvereinbarung 1788
  II. Übernahmevertrag 1791
    1. Allgemeines 1791
    2. Zeichnungs- und Übernahmeverpflichtung 1793
        a) Typische Ausgestaltung 1793
        b) Zeichnung zum (rechnerischen) Nennbetrag 1794
    3. Verpflichtungen und Gewährleistungen 1795
        a) Allgemeines 1795
        b) Verpflichtungen 1796
        c) Gewährleistungen 1796
    4. Haftungsfreistellung 1798
        a) Allgemeines 1798
        b) Kapitalerhöhung 1798
        c) Umplatzierung von Altaktien 1799
    5. Aufschiebende Bedingungen 1800
    6. Rücktrittsrecht 1801
        a) Allgemeines 1801
        b) Probleme bei Rückabwicklung 1802
            aa) Kapitalherabsetzung 1802
            bb) Rückerwerb eigener Aktien 1803
            cc) Verwertungsrecht des Konsortialführers 1803
  III. Börseneinführungsvertrag 1803
  IV. Prospekt 1804
  V. Legal Opinion und Disclosure Letter 1807
    1. Legal Opinion 1807
    2. Disclosure Letter 1809
    3. Funktion der Legal Opinion und Disclosure Letter 1810
    4. Haftung für Legal Opinion und Disclosure Letter 1810
  VI. Comfort Letter 1811
    1. Inhalt des Comfort Letters 1812

§ 26 Anforderungen an die börsennotierte AG

a) Deutschland 1812
b) Vereinigte Staaten von Amerika 1813
2. Funktion des Comfort Letters 1814
3. Haftung für Testat und für Comfort Letter 1815
VII. Konsortialvertrag 1818
VIII. Marktschutzvereinbarung 1820
IX. Sonstiges 1821
 1. Gesellschaftsrechtliche Dokumente und Maßnahmen 1821
 2. Research-Richtlinien 1827
    a) Deutschland 1828
    b) Vereinigte Staaten von Amerika 1829
 3. Publizitätsrichtlinien 1830
    a) Deutschland 1830
    b) Vereinigte Staaten von Amerika 1831
 4. Besonderheiten für Emittenten mit Herkunftsland außerhalb
    Deutschlands 1832
D. Prospekthaftung 1834
 I. Deutschland 1834
  1. Allgemeines 1834
  2. Gesetzliche Regelung 1835
  3. Prospekte oder prospektbefreiende schriftliche Darstellung 1836
  4. Ersatzverpflichtete 1836
  5. Unrichtigkeit und Unvollständigkeit von für die Beurteilung der
     Wertpapiere wesentlichen Angaben 1838
  6. Kausalität 1842
  7. Verschulden 1843
  8. Umfang des Schadensersatzes 1845
  9. Haftungsausschluss und Haftungsbegrenzung 1845
 10. Verhältnis zu anderen Anspruchsgrundlagen 1846
 11. Verjährung und gerichtliche Zuständigkeit 1847
 II. Vereinigte Staaten von Amerika 1847
Exkurs: Kapitalanleger-Musterverfahrensgesetz 1852

§ 26 Besondere Anforderungen an die börsennotierte AG

A. Einführung und Begriff der börsennotierten AG 1857
B. Aktienrechtliche Besonderheiten und Anforderungen 1859
C. Rechnungslegung einer börsennotierten AG 1862
 I. Besonderheiten nach deutschem Handelsrecht 1862
  1. Anwendbare Rechnungslegungsgrundsätze 1862
     a) Einordnung als große Kapitalgesellschaft 1862
     b) Besondere inhaltliche Anforderungen 1863
     c) Prüfung 1863
  2. Publizität nach HGB 1863
     a) Offenlegungspflicht und -umfang 1863
     b) Jahresabschluss 1864
     c) Konzernabschluss 1864
     d) Art und Weise der Offenlegung 1864
     e) Sanktionen bei Verletzung der Offenlegungspflichten 1865
     f) Bilanzpolitik 1865
 II. Internationale Rechnungslegung 1865
 III. Enforcement-Verfahren 1866

LXV

Inhaltsverzeichnis

3. Abschnitt: Die börsennotierte AG

D. Börsenrechtliche Regelpublizität und sonstige Zulassungsfolgepflichten 1867
   I. Regulierter Markt 1867
      1. Regelpublizität nach Wertpapierhandelsgesetz 1867
      2. Weitere Informationspflichten 1869
      3. Sonstige Zulassungsfolgepflichten 1869
      4. Sanktionen 1869
   II. Prime Standard 1870

E. Mitteilung des Stimmrechts- und Anteilsbesitzes 1871
   I. Wertpapierrechtliche Mitteilungspflichten 1871
      1. Mitteilung des Stimmrechtsbesitzes 1871
          a) Übersicht und Anwendungsbereich 1871
          b) Mitteilungspflicht des Aktionärs 1872
          c) Zurechnung von Stimmrechten 1874
          d) Sanktionen 1875
          e) Veröffentlichungspflicht der Gesellschaft 1876
          f) Erwerb eigener Aktien 1876
      2. Aktiengeschäfte von Vorstand, Aufsichtsrat 1877
   II. Aktienrechtliche Mitteilungspflichten 1877
      1. Mitteilungspflichten für Aktienbesitz eines Unternehmens 1877
      2. Mitteilungspflichten für Kapitalgesellschaftsanteile einer AG/KGaA . 1878

F. Insiderüberwachung 1879
   I. Überblick 1879
   II. Begriffsbestimmungen 1880
      1. Die Aktie als Insiderpapier 1880
      2. Insiderinformationen 1880
          a) Grundsätze 1880
          b) Konkrete Information über Umstände 1881
          c) Nicht öffentlich bekannt 1881
          d) Bezug zum Emittenten oder zum Insiderpaper 1881
          e) Eignung zur erheblichen Preisbeeinflussung 1882
      3. Insider 1882
   III. Verbotene Insidergeschäfte 1883
      1. Grundsätze 1883
      2. Einzelfragen 1883
          a) Verwenden 1883
          b) Rückkaufprogramme und Stabilisierungsmaßnahmen 1884
      3. Rechtsfolgen bei Verstoß 1884
   IV. Ad-hoc-Publizität 1884
      1. Gesetzliche Grundlage 1884
      2. Tatbestandsmerkmale 1885
          a) Insiderinformationen 1885
          b) Unmittelbare Betroffenheit des Emittenten 1885
      3. Inhalt und Art der Veröffentlichung 1885
      4. Befreiung von der Ad-hoc-Publizitätspflicht 1886
      5. Irrelevante Ad-hoc-Mitteilungen 1887
      6. Sanktionen 1887
      7. Einzelfragen der Ad-hoc-Publizitätspflicht 1889
          a) Potenziell publizitätspflichtige Vorgänge 1889
          b) Mehrstufige Entscheidungsprozesse 1890
          c) Jahresergebnisse und Abweichungen von Prognosen 1890
          d) Planungen, Strategien und Berücksichtigung möglicher Gegenmaßnahmen 1891
          e) M&A-Transaktionen 1891
          f) Erwerb eigener Aktien 1891

Inhaltsverzeichnis

§ 27 Übernahmerecht

V. Insiderverzeichnis 1892
  1. Hintergrund 1892
  2. Verpflichtete Adressaten und Ausnahmen 1892
  3. Aufzunehmende Personen und Aufklärungspflichten 1893
  4. Inhalt und Aktualisierung des Verzeichnisses 1893
  5. Sanktionen 1893
VI. Verbot der Marktmanipulation 1894
  1. Grundlage und Adressatenkreis 1894
  2. Manipulationstatbestand 1894
  3. Sanktionen 1895

G. Tabellarische Übersicht 1895

§ 27 Übernahmerecht

A. Einführung 1901
  I. Entwicklung des Übernahmerechts in Deutschland. 1901
  II. Zielsetzungen des WpÜG 1902
  III. Anwendungsbereich des WpÜG 1902
    1. Sachlicher Anwendungsbereich 1903
    2. Räumlicher Anwendungsbereich 1905

B. Angebotsverfahren und Aufsicht durch die BaFin 1906
  I. Angebotsarten 1906
  II. Zeitlicher Ablauf des öffentlichen Angebots 1907
    1. Veröffentlichung der Entscheidung zur Abgabe eines Angebots ... 1907
    2. Einreichung der Angebotsunterlage bei der BaFin 1908
    3. Prüfung der Angebotsunterlage durch die BaFin 1909
    4. Veröffentlichung der Angebotsunterlage 1910
    5. Annahmefrist und Stellungnahme der Zielgesellschaft 1910
    6. „Wasserstandsmeldungen" 1911
    7. Ergebnisbekanntmachung und Vollzug des öffentlichen Angebots .. 1912
    8. Weitere Annahmefrist 1913
    9. Mitwirkung der Arbeitnehmer 1914

C. Öffentliche Angebote 1915
  I. Angebotsunterlage 1915
    1. Inhalt der Angebotsunterlage 1915
    2. Haftung für die Angebotsunterlage 1917
  II. Finanzierung/Sicherstellung der Aktienausgabe 1918
  III. Angebotsbedingungen 1920
    1. Zulässige Bedingungen 1922
    2. Unzulässige Bedingungen 1923
  IV. Änderung des Angebots 1924
  V. Konkurrierende Angebote 1925
  VI. Grenzüberschreitende Angebote 1927
  VII. Begründete Stellungnahme der Zielgesellschaft 1928

D. Übernahmeangebote 1929
  I. Vorbereitung eines Übernahmeangebots 1929
    1. Due Diligence 1930
    2. Verhandlungen mit Großaktionären 1932
    3. Stakebuilding 1933
    4. Verhandlungen mit der Zielgesellschaft 1936
  II. Gegenleistung 1938
    1. Art 1939
    2. Höhe 1940

Inhaltsverzeichnis

3. Abschnitt: Die börsennotierte AG

  a) Durchschnittlicher Börsenkurs 1941
  b) Vorerwerbe 1941
  c) Parallel-/Nacherwerbe 1942
  d) Veränderliche Preise 1943
 III. Unzulässigkeit von Teilangeboten 1944
 IV. Verhaltenspflichten der Zielgesellschaft. 1945
  1. Nationales Verhinderungsverbot 1945
  2. Europäisches Verhinderungsverbot/Durchbrechungsregel 1947
   a) Europäisches Verhinderungsverbot 1947
   b) Europäische Durchbrechungsregel 1947
  3. Verbot der Gewährung ungerechtfertigter Leistungen 1948

E. Pflichtangebote 1948
 I. Angebotspflicht 1948
 II. Ausnahmen von der Angebotspflicht; Befreiungen 1951
  1. Kontrollerlangung auf Grund eines Übernahmeangebots 1951
  2. Nichtberücksichtigung von Stimmrechten 1952
  3. Befreiung von der Pflicht zur Veröffentlichung und Abgabe
   eines Pflichtangebots 1953

F. Squeeze-out 1954
 I. Aktienrechtlicher Squeeze-out. 1955
  1. Ausschlussvoraussetzungen 1955
  2. Abfindung der ausscheidenden Aktionäre 1955
  3. Ausschlussverfahren 1956
 II. Übernahmerechtlicher Squeeze-out 1958
  1. Ausschlussvoraussetzungen 1958
  2. Abfindung der ausscheidenden Aktionäre 1959
  3. Ausschlussverfahren 1961

G. Sell-out 1962

H. Allgemeine Handlungs- und Ermittlungsbefugnisse der BaFin,
 Rechtsschutz und Sanktionen 1963
 I. Allgemeine Handlungs- und Ermittlungsbefugnisse der BaFin 1963
 II. Rechtsschutz 1963
  1. Die Rechtsschutzmöglichkeiten von Adressaten eines Verwaltungsakts der BaFin, insbesondere Bieter oder Zielgesellschaft 1963
  2. Die Rechtsschutzmöglichkeiten von Nichtadressaten eines
   Verwaltungsakts der BaFin 1964
 III. Sanktionen 1965
  1. Untersagung des Angebots 1965
  2. Rechtsverlust 1965
  3. Bußgeld 1967
  4. Zinszahlungspflicht 1967

§ 28 Delisting und Going Private

A. Einleitung 1970

B. Das kapitalmarktrechtliche Delisting auf Antrag 1971
 I. Kapitalmarktrechtliche Regelungen 1971
  1. Gesetzliche Grundlage 1971
  2. Schutz der Anleger durch Börsenordnungen 1971
  3. Verfahren 1973
   a) Antrag 1973
   b) Prüfungsumfang 1973
   c) Wirksamwerden des Widerrufs 1973

§ 29 German Real Estate Investmenttrust — Inhaltsverzeichnis

  d) Rechtsschutzfragen 1973
 II. Gesellschaftsrechtliche Voraussetzungen 1974
  1. Kompetenzzuordnung 1975
   a) Zuständigkeit der Hauptversammlung 1975
   b) Mehrheitserfordernis 1977
   c) Berichts- und Prüfungspflicht 1977
   d) Inhaltskontrolle 1978
  2. Barabfindungsangebot und Spruchverfahren 1979
  3. Rechtsschutzfragen und Anwendungsbereich 1981

C. **Gesellschaftsrechtliche Gestaltungsmöglichkeiten für ein Delisting** .. 1982
 I. Möglichkeiten des gesellschaftsrechtlichen Going Private 1982
  1. Verschmelzung 1982
  2. Formwechsel 1983
  3. Aufspaltung 1983
  4. Eingliederung 1984
  5. Übertragung des Vermögens 1984
 II. Barabfindungsangebot 1984
  1. Pflicht zur Abgabe 1984
  2. Höhe der Barabfindung 1985
 III. Inhaltskontrolle 1986
 IV. Zusammenfassung 1986

§ 29 German Real Estate Investmenttrust (G-REIT)

A. **Einleitung** 1988

B. **Grundstrukturen der REIT AG und Anlagegegenstände** 1989

C. **Steuerliche Aspekte** 1991
 I. Steuerrechtliche Einordnung der REIT Aktiengesellschaft 1991
 II. „Vor-REITs" 1993
 III. Exit Tax 1993
 IV. (Straf-)Zahlungen und Wegfall der Steuerbefreiung 1995
 V. Besteuerung auf Ebene der REIT Aktionäre 1997

D. **Bilanzielle Aspekte** 1999

E. **Kapitalmarktrechtliche Aspekte** 2000
 I. Verpflichtung zur Börseneinführung 2000
 II. Prüfungsumfang des Handelsregisters 2001
 III. Beteiligungshöchstgrenze 2001
 IV. Mindeststreubestiz 2002
 V. Besonderheiten des Wertpapierprospekts 2003
 VI. Anforderungen des Regulierten Markts der Frankfurter Wertpapierbörse 2004
 VII. REIT Index 2005

F. **Gesellschaftsrechtliche Aspekte** 2005
 I. Allgemeines 2005
 II. Gestaltungsmöglichkeiten zur Schaffung von REITs 2006
 III. Mögliche Maßnahmen zur Aufrechterhaltung des Mindeststreubesitzes
  und der Beteiligungshöchstgrenze 2007
 IV. Entschädigungsregelung nach § 18 Abs. 3 REITG 2010

G. **Ausblick** 2011

Stichwortverzeichnis 2013

Abkürzungsverzeichnis

Verzeichnis der Abkürzungen und der abgekürzt zitierten Literatur

aA	anderer Ansicht
aaO	am angegebenen Ort
ABl.EG	Amtsblatt der Europäischen Gemeinschaften
Abs.	Absatz
Abschn.	Abschnitt
ADHGB	Allgemeines Deutsches Handelsgesetzbuch vom 24. 6. 1861, Gesetz-Sammlung für die Preußischen Staaten, 1891, S. 528 ff.
Adolff	Adolff, Die zivilrechtliche Verantwortlichkeit deutscher Anwälte bei Abgabe von Third Party Legal Opinions, 1997
ADR	American Depository Receipt
ADS	Adler/Düring/Schmaltz u. a., Rechnungslegung und Prüfung der Unternehmen in 9 Bänden, 6. Aufl. Stuttgart ab 1994
aE	am Ende
aF	alte Fassung
AfA	Absetzung für Abnutzung
AfaA	Absetzung für außergewöhnliche Abnutzung
AG	Aktiengesellschaft; auch Zeitschrift „Die Aktiengesellschaft"; mit Ortsbezeichnung Amtsgericht
AGB FrV FWB	Allgemeine Geschäftsbedingungen für den Freiverkehr an der Frankfurter Wertpapierbörse
AIG	Auslandsinvestitionsgesetz
AK/HK	Anschaffungskosten/Herstellungskosten
AK *Schmalenbach*	Arbeitskreis „Externe Unternehmensrechnung" der Schmalenbach-Gesellschaft – Deutsche Gesellschaft für Betriebswirtschaft e.V., Aufstellung von Konzernabschlüssen, ZfbF Sonderheft 21/1987
AktG	Aktiengesetz
aM	anderer Meinung
AnfG	Anfechtungsgesetz
Anh.	Anhang
Anm.	Anmerkung
AntBewVO	Verordnung zur gesonderten Feststellung des gemeinen Wertes nicht notierter Anteile an Kapitalgesellschaften (Anteilsbewertungsverordnung) vom 19. 7. 1977 (BGBl. I 1977, 171)
AO	Abgabenordnung
ApothG	Apothekengesetz
AR	Aufsichtsrat
arg.	argumentum
Art.	Artikel
ARUG	Gesetz zur Umsetzung der Aktionärsrechterichtlinie vom 30. 7. 2009, BGBl. I 2009, 2479
Assmann/Pötzsch/ Schneider	Assmann/Pötzsch/Schneider, Wertpapiererwerbs- und Übernahmegesetz, Köln 2005

Abkürzungsverzeichnis

Assmann/Schneider	Assmann/Schneider, Wertpapierhandelsgesetz, 5. Aufl. Köln 2009
Assmann/Schütze	Assmann/Schütze, Handbuch des Kapitalanlagerechts, 3. Aufl. München 2007
AStG	Gesetz über die Besteuerung bei Auslandsbeziehungen (Außensteuergesetz)
Aufl.	Auflage
AuslInvestmG	Gesetz über den Vertrieb ausländischer Investmentanteile und über die Besteuerung der Erträge aus ausländischen Investmentanteilen (Auslandsinvestmentgesetz)
AuslInvG	Gesetz über steuerliche Maßnahmen bei Auslandsinvestitionen der deutschen Wirtschaft (Auslandsinvestitionsgesetz)
AWV	Arbeitsgemeinschaft für Wirtschaftliche Verwaltung
Az.	Aktenzeichen
BAFin	Bundesanstalt für Finanzdienstleistungsaufsicht
BAG	Bundesarbeitsgericht
BAGE	Entscheidungen des Bundesarbeitsgerichts
BAK	Bundesaufsichtsamt für das Kreditwesen
Balser	Balser/Bokelmann/Piorreck/Dostmann/Kaufmann, Umwandlung, Verschmelzung, Vermögensübertragung, Freiburg 1990
Balser/Bokelmann/Ott/Piorreck/Bearbeiter	Balser/Bokelmann/Ott/Piorreck, Die Aktiengesellschaft. Umfassende Erläuterungen, Beispiele und Musterformulare für die Rechtspraxis, 5. Aufl. Berlin 2007
Bank-BiRiLiG	Gesetz zur Durchführung der Richtlinie des Rates der Europäischen Gemeinschaften über den Jahresabschluss und den konsolidierten Abschluss von Banken und anderen Finanzinstituten (Bankbilanzrichtlinie-Gesetz)
BAnz	Bundesanzeiger
Baranowski	Baranowski, Besteuerung von Auslandsbeziehungen, 2. Aufl. Herne/Berlin 1996
Baumbach/Hopt HGB	Baumbach/Hopt, Handelsgesetzbuch, 33. Aufl. München 2008
Baumbach/Hefermehl Wechsel- u. ScheckG	Baumbach/Hefermehl, Wechselgesetz und Scheckgesetz, 23. Aufl. München 2008
Baumbach/Hueck/Bearbeiter	Baumbach/Hueck, GmbH-Gesetz, 18. Aufl. München 2006
Baums/Thoma	Baums/Thoma WpÜG Kommentar (Loseblatt), Köln
BAWe	Bundesaufsichtsamt für den Wertpapierhandel
BayOLG	Bayerisches Oberstes Landesgericht
BB	Betriebs-Berater (Zeitschrift)
BBankG	Gesetz über die Deutsche Bundesbank
BBK	Buchhaltungsbriefe, Zeitschrift für Buchführung, Bilanz und Kostenrechnung
Bd.	Band
BdF	Bundesminister der Finanzen
BDI	Bundesverband der Deutschen Industrie
BdJ	Bundesminister der Justiz
BeckBil-Komm./*Bearbeiter*	Beck'scher Bilanzkommentar, 6. Aufl. München 2006
BeckHdb. GmbH/*Bearbeiter*	Beck'sches Handbuch der GmbH, 3. Aufl. München 2002

Abkürzungsverzeichnis

BeckHdb. PersG/*Bearbeiter*	Beck'sches Handbuch der Personengesellschaften, 2. Aufl. München 2002
Beck HdR/*Bearbeiter*	Castan/Heymann/Müller/Ordelheide/Scheffler (Hrsg.), Beck'sches Handbuch der Rechnungslegung (Loseblatt)
Beck StB-Handbuch/*Bearbeiter*	Beck'sches Steuerberater-Handbuch 2008/2009
BeglG	Begleitgesetz zum Gesetz zur Umsetzung von EG-Richtlinien zur Harmonisierung bank- und wertpapieraufsichtsrechtlicher Vorschriften vom 22. 12. 1997 (BGBl. I 1997, 2567)
Begr.	Begründung
Begr. Kropff	Textausgabe des Aktiengesetzes 1965 mit Begründungen und Berichten, Düsseldorf 1965
Bem.	Bemerkungen
Ber.	Bericht
Ber. *Helmrich*	Bericht der Abg. Helmrich u. a. zum Entwurf des Rechtsausschusses zum Bilanzrichtlinien-Gesetz
BerlinFG	Berlinförderungsgesetz
Betr., betr.	Betreff, betrifft
BetrAV	Betriebliche Altersversorgung; auch Mitteilungsblatt der Arbeitsgemeinschaft für betriebliche Altersversorgung
BetrAVG	Gesetz zur Verbesserung der betrieblichen Altersversorgung (= Betriebsrentengesetz)
BetrVG	Betriebsverfassungsgesetz
BewDV	Durchführungsverordnung zum Bewertungsgesetz
BewG	Bewertungsgesetz
BezG	Bezirksgericht
BFH	Bundesfinanzhof
BFHE	Sammlung der Entscheidungen des Bundesfinanzhofs, hrsg. von den Mitgliedern des Bundesfinanzhofs
BFH/NV	Sammlung amtlich nicht veröffentlichter Entscheidungen des Bundesfinanzhofs
BFinBl.	Amtsblatt des Bundesfinanzministeriums
BFuP	Betriebswirtschaftliche Forschung und Praxis (Zeitschrift)
BGB	Bürgerliches Gesetzbuch
BGBl.	Bundesgesetzblatt
BGH	Bundesgerichtshof
BGHZ	Amtliche Sammlung von Entscheidungen des Bundesgerichtshofs in Zivilsachen
BHO	Bundeshaushaltsordnung
Biener/Bernecke	Biener/Bernecke, Bilanzrichtlinien-Gesetz (Textausgabe mit Materialien), Düsseldorf 1986
BilMoG	Gesetz zur Modernisierung des Bilanzrechts v. 25. 5. 2009, BGBl. I 2009, 1102
Binz	Binz/Sorg, Die GmbH & Co. KG, 10. Aufl. München 2005
BiRiLiG	Bilanzrichtlinien-Gesetz
Blümich/*Bearbeiter*	Blümich, Kommentar zu EStG, KStG, GewStG und Nebengesetze (Loseblatt)
BMF	Bundesminister(ium) der Finanzen
BMJ	Bundesminister(ium) der Justiz
BMWi	Bundesminister(ium) für Wirtschaft

Abkürzungsverzeichnis

BöGa	Börsengeschäftsabwicklung
BoHdR	Hofbauer/Kupsch, Bonner Handbuch der Rechnungslegung (Loseblatt)
BörsG	Börsengesetz
BörsO	Börsenordnung
BörsOFWB	Börsenordnung der Frankfurter Wertpapierbörse
BörsZulV	Börsenzulassungsverordnung
Boruttau	Boruttau, Grunderwerbsteuergesetz, 16. Aufl. München 2007
Bosch/Groß	Bosch/Groß, Das Emissionsgeschäft, 13. Aufl. Köln 2006
BPg	siehe StBp
BPO	Betriebsprüferordnung
BR	Bundesrat
BR-Drs.	Bundesrats-Drucksache
BReg.	Bundesregierung
BSG	Bundessozialgericht
bspw.	beispielsweise
BStBl..	Bundessteuerblatt
BT	Bundestag
BT-Drs.	Bundestags-Drucksache
Buchst.	Buchstabe
Budde/Förschle	Budde/Förschle/Winkeljohann, Sonderbilanzen, 4. Aufl. München 2008
Bürgers/Körber/Bearbeiter	Bürgers/Körber Heidelberger Kommentar zum Aktiengesetz, Heidelberg 2008
BVerfG	Bundesverfassungsgericht
BVerfGE	Amtliche Sammlung von Entscheidungen des BVerfG
BVerwG	Bundesverwaltungsgericht
BVerwGE	Entscheidungen des Bundesverwaltungsgerichts
BZRG	Gesetz über das Zentralregister und das Erziehungsregister (Bundeszentralregistergesetz) vom 21. 9. 1984 (BGBl. I 1984, 1229)
bzgl.	bezüglich
bzw.	beziehungsweise
CGK	Corporate Governance-Kodex
Claussen	Claussen, Bank- und Börsenrecht, 4. Aufl. München 2008
DB	Der Betrieb (Zeitschrift)
DBA	Doppelbesteuerungsabkommen
DCGK	Deutscher Corporate Governance Kodex
DDR-IG	DDR-Investitionsgesetz
ders.	derselbe
Deutsche Börse AG/Bearbeiter	Deutsche Börse AG (Hrsg.) Praxishandbuch Börsengang, Wiesbaden 2006
dh.	das heißt
Diss.	Dissertation
DJZ	Deutsche Juristenzeitung
DM	Deutsche Mark
DMBilG	D-Markbilanzgesetz 1990 (Gesetz über die Eröffnungsbilanz in Deutscher Mark und die Kapitalneufestsetzung)

Abkürzungsverzeichnis

DNotZ	Deutsche Notarzeitung
Dötsch/Jost/Pung/Witt/ Bearbeiter	Dötsch/Eversberg/Jost/Witt, Die Körperschaftsteuer (Loseblatt)
Dötsch/Patt/Pung/ Möhlenbrock/Bearbeiter	Dötsch/Patt/Pung/Möhlenbrock, Umwandlungssteuerrecht, 6. Aufl. Stuttgart 2007
DR	Deutsches Recht
Drs.	Drucksache
DRS	Deutscher Rechnungslegungs Standard
Drukarczyk/Schüler	Drukarczyk/Schüler, Unternehmensbewertung, 4. Aufl. München 2008
DStBl.	Deutsches Steuerblatt
DStJG, Bd.	Deutsche Steuerjuristische Gesellschaft, Band
DStPr.	Deutsche Steuerpraxis (Zeitschrift)
DStR	Deutsches Steuerrecht (Zeitschrift)
DStZ	Deutsche Steuerzeitung
DSWR	Datenverarbeitung in Steuer, Wirtschaft und Recht (Zeitschrift)
DV, DVO	Durchführungsverordnung
DVFA	Deutsche Vereinigung für Finanzanalyse und Anlageberatung e.V.
DVR	Deutsche Verkehrsteuer-Rundschau (Zeitschrift)
DZWir	Deutsche Zeitschrift für Wirtschafts- und Insolvenzrecht
EAV	Ergebnisabführungsvertrag
Ebenroth/Boujong/ Joost/Strohn/Bearbeiter	Ebenroth/Boujong/Joost/Strohn Handelsgesetzbuch, Band 1, München 2001, Band 2, 2. Aufl. München 2008
EFG	Entscheidungen der Finanzgerichte
eG	Genossenschaft
EG	Europäische Gemeinschaft
EG AktG	Einführungsgesetz zum Aktiengesetz
EGBGB	Einführungsgesetz zum Bürgerlichen Gesetzbuch
EGHGB	Einführungsgesetz zum Handelsgesetzbuch
EG-Richtl.	Richtlinie der Europäischen Gemeinschaft
EHUG	Gesetz über elektronische Handelsregister und Genossenschaftsregister sowie das Unternehmensregister
einschl.	einschließlich
EK	Eigenkapital
Emmerich/Habersack	Volker Emmerich/Mathias Habersack, Aktien- und GmbH-Konzernrecht, 5. Aufl. München 2008
Emmerich/Habersack Konzernrecht	V. Emmerich/M. Habersack, Konzernrecht, 9. Aufl. München 2008
entspr.	entsprechend
ErbSt	Erbschaftsteuer
ErbStG	Erbschaftsteuer- und Schenkungsteuergesetz
ErbStRG	Erbschaftsteuer-Reformgesetz
ErfVO	Erfinderverordnung
Erle/Sauter	Erle/Sauter, Heidelberger Kommentar zum Körperschaftssteuergesetz, 3. Aufl. Heidelberg 2008
Erman/Bearbeiter	Westermann (Hrsg.), BGB, 11. Aufl. Köln 2004

Abkürzungsverzeichnis

Ernst & Young/ Bearbeiter	Ernst & Young Körperschaftsteuergesetz (Loseblatt)
ESt	Einkommensteuer
EStDV	Einkommensteuer-Durchführungsverordnung
EStG	Einkommensteuergesetz
EStR	Einkommensteuer-Richtlinien
EuroBilG	Euro-Bilanzgesetz vom 10. 12. 2001 (BGBl. I 2001, 3414)
etc.	et cetera
EU	Europäische Union
EuGH	Europäischer Gerichtshof
EuroEG	Gesetz zur Einführung des Euro vom 9. 6. 1998 (BGBl. I 1998, 1242)
evtl.	eventuell
EWG	Europäische Wirtschaftsgemeinschaft
EWIR	Entscheidungen zum Wirtschaftsrecht (Entscheidungssammlung)
EWS	Europäisches Wirtschafts- und Steuerrecht (Zeitschrift)
f., ff.	folgend, folgende
FA, FÄ	Finanzamt, Finanzämter
FamFG	Gesetz über das Verfahren in Familiensachen und in den Angelegenheiten der freiwilligen Gerichtsbarkeit v. 17. 12. 2008, BGBl. I 2008, 2586
Ffm.	Frankfurt am Main
FG	Finanzgericht
FGG	Gesetz über die freiwillige Gerichtsbarkeit
FG/IDW	Fachgutachten des Instituts der Wirtschaftsprüfer in Deutschland e. V.
FGO	Finanzgerichtsordnung
FG Prax	Praxis der freiwilligen Gerichtsbarkeit. Vereinigt mit OLGZ (Zeitschrift)
FinAussch.	Finanzausschuss
FinMFöG	Drittes Finanzmarktförderungsgesetz vom 24. 3. 1998 (BGBl. I 1998, 529) Viertes Finanzmarktförderungsgesetz vom 26. 6. 2002 (BGBl. I 2002, 2010)
FinMin/FM	Finanzminister(ium)
FinMin-NW	Finanzminister(ium) Nordrhein-Westfalen
FinVerw.	Finanzverwaltung
FKHE	Fitting/Kaiser/Heither/Engels, Betriebsverfassungsgesetz, 21. Aufl. München 2002
FKPG	Gesetz zur Umsetzung des Föderalen Konsolidierungsprogramms vom 23. 6. 1993
Fleischer/Bearbeiter	Fleischer (Hrsg.), Handbuch des Vorstandsrecht, München 2006
Flick/Wassermeyer/Baumhoff/ Bearbeiter	Flick/Wassermeyer/Baumhoff (Hrsg.), Außensteuerrecht (Loseblatt)
Fn.	Fußnote
FN/IDW	Fachnachrichten des Instituts der Wirtschaftsprüfer in Deutschland e. V. (internes Mitteilungsblatt)
FördergebietsG	Fördergebietsgesetz
FR	Finanz-Rundschau (Zeitschrift)
Frotscher/Maas	Frotscher/Maas, Kommentar zum Körperschaftsteuergesetz (Loseblatt)

Abkürzungsverzeichnis

FS	Festschrift
FS Ballerstedt	Beiträge zum Zivil- und Wirtschaftsrecht, Festschrift für Kurt Ballerstedt zum 70. Geburtstag, hrsg. von W. Flume u. a., Berlin 1975
FS Barz	Unternehmerische Verantwortlichkeit und formale Unternehmensverfassung – Eine rechtsvergleichende und rechtspolitische Studie, Festschrift für Carl Hans Barz, Berlin 1974
FS Beusch	Eigenkapital und Fremdkapital. Eine gesellschaftsrechtliche Zwischenbilanz, Festschrift für Karl Beusch zum 68. Geburtstag, hrsg. von Heinrich Beisse, Marcus Lutter und Heribald Närger, Berlin/New York 1993
FS Bezzenberger	Festschrift für Gerold Bezzenberger zum 70. Geburtstag, hrsg. von H. P. Westermann und K. Mock, Berlin/New York 2000
FS Boujong	Verantwortung und Gestaltung, Festschrift für Karlheinz Boujong zum 65. Geburtstag, hrsg. von C. T. Ebenroth u. a., München 1996
FS Döllerer	Handels- und Steuerrecht, Festschrift für Georg Döllerer, hrsg. von B. Knobbe-Keuk u. a., Düsseldorf 1988
FS Drobnig	Festschrift für Ulrich Drobnig zum 70. Geburtstag, hrsg. von J. Basedow u. a., Tübingen 1998
FS Fikentscher	Festschrift für Wolfgang Fikentscher zum 70. Geburtstag, hrsg. von B. Großfeld, Tübingen 1998
FS Fischer	Die Zukunft des Gesellschaftsrechts, Festschrift für Robert Fischer, hrsg. von M. Lutter, W. Stimpel, H. Wiedemann, Berlin/New York 1979
FS Fleck	Arbeitsrechtliche Probleme der Betriebsaufspaltung, Festschrift für Hans-Joachim Fleck zum 70. Geburtstag, hrsg. von R. Goerdeler, Berlin/New York 1988
FS Flick	Unternehmensteuern, Festschrift für Hans Flick zum 70. Geburtstag, hrsg. von F. Klein, H. P. Stihl, F. Wassermeyer, Köln 1997
FS Geßler	Festschrift für Ernst Geßler zum 65. Geburtstag, hrsg. von K. Ballerstedt u. E. Hefermehl, München 1971
FS Goerdeler	Bilanz- und Konzernrecht, Festschrift für Reinhard Goerdeler, hrsg. von H. Hauermann, Düsseldorf 1987
FS Heinsius	Zu den Treuepflichten im Gesellschaftsrecht, Festschrift für Theodor Heinsius zum 65. Geburtstag, hrsg. von F. Kübler u. a., Berlin/New York 1991
FS Imhoff	Recht und Vernunft, Festschrift für Hans-Diether Imhoff, Westfalen 1998
FS Kropff	Aktien- und Bilanzrecht, Festschrift für Bruno Kropff zum 72. Geburtstag, hrsg. von K.-H. Forster, Düsseldorf 1997
FS Lieberknecht	Festschrift für Otfried Lieberknecht zum 70. Geburtstag, hrsg. von E. Niederleithinger u. a., München 1997
FS Lutter	Festschrift für Marcus Lutter zum 70. Geburtstag, hrsg. von U. Schneider u. a., Köln 2000
FS W. Müller	Gesellschaftsrecht, Rechnungslegung, Steuerrecht, Festschrift für Welf Müller zum 65. Geburtstag, hrsg. von P. Hommelhoff u. a., München 2001
FS Quack	Festschrift für Karlheinz Quack zum 65. Geburtstag, hrsg. von H. P. Westermann u. a., Berlin/New York 1991

Abkürzungsverzeichnis

FS Raisch	Unternehmen, Recht und Wirtschaftsordnung, Festschrift für Peter Raisch zum 70. Geburtstag, hrsg. von K. Schmidt und E. Schwark, Köln/München 1995
FS Rowedder	Festschrift für Heinz Rowedder zum 75. Geburtstag, hrsg. von G. Pfeiffer u. a., München 1994
FS Schilling	Verbandssouveränität und Außeneinfluss, Gedanken zur Errichtung eines Beirats in einer Personengesellschaft, Festschrift für Wolfgang Schilling, Berlin/New York 1973
FS Ludwig Schmidt	Ertragsbesteuerung. Zurechnung – Ermittlung – Gestaltung. Festschrift für Ludwig Schmidt zum 65. Geburtstag, hrsg. von A. Raupach und A. Uelner, München 1993
FS Stimpel	Festschrift für Walter Stimpel zum 68. Geburtstag, hrsg. von M. Lutter u. a., Berlin/New York 1985
FS Ulmer	Festschrift für Peter Ulmer zum 70. Geburtstag, hrsg. von M. Habersack u. a., Berlin/New York 2003
FS Wassermeyer	Körperschaftsteuer, Internationales Steuerrecht, Doppelbesteuerung, Festschrift für Franz Wassermeyer zum 65. Geburtstag, hrsg. Von R. Gocke, D. Gosch u. M. Lang, München 2005
FS Widmann	Umwandlungen im Zivil- und Steuerrecht, Festschrift für Siegfried Widmann zum 65. Geburtstag, hrsg. von F. Wassermeyer u. a., Bonn/Berlin 2000
FS Werner	Begründung von Rechten für Dritte in der Satzung einer GmbH, Festschrift für Winfried Werner zum 65. Geburtstag, hrsg. von W. Hadding, Berlin/New York 1984
FS Westermann	Die Legitimationswirkung von Willenserklärungen im Recht der Personengesellschaft, Festschrift für Harry Westermann zum 65. Geburtstag, hrsg. von W. Hefermehl, R. Gmür u. Brox, Karlsruhe 1974
FS v. Wysocki	Der Wirtschaftsprüfer im Schnittpunkt nationaler und internationaler Entwicklungen, Festschrift für Klaus v. Wysocki, zum 60. Geburtstag, hrsg. von G. Gross, Düsseldorf 1985
FS Zöllner	Festschrift für Wolfgang Zöllner zum 70. Geburtstag, hrsg. von M. Lieb u. a., Köln/München 1999
FSMA	Financial Services and Markets Act 2000
FVerlV	Funktionsverlagerungsverordnung vom 12. 8. 2008, BGBl. I 2008, 1680
FVG	Finanzverwaltungsgesetz
FWB	Frankfurter Wertpapierbörse
Gail/Goutier/Grützner	Gail/Goutier/Grützner u. a., Körperschaftsteuergesetz (Loseblatt), Herne ab 1979
GAV	Gewinnabführungsvertrag
GBl.	Gesetzblatt
GBO	Grundbuchordnung
GbR	Gesellschaft bürgerlichen Rechts
gem.	gem.
GenG	Gesetz betreffend die Erwerbs- und Wirtschaftsgenossenschaften (Genossenschaftsgesetz)
GesVollstO	VO über die Gesamtvollstreckung (jetzt Gesamtvollstreckungsordnung) vom 6. Juni 1990 (GBl. I 1990, 285)

Abkürzungsverzeichnis

	in der Fassung des Einigungsvertrages (BGBl. II 1990, 885, 1153)
GewSt	Gewerbesteuer
GewStDV	Gewerbesteuer-Durchführungsverordnung
GewStG	Gewerbesteuergesetz
GewStR	Gewerbesteuer-Richtlinien
GG	Grundgesetz
ggf.	ggf.
ggü.	gegenüber
Gj.	Geschäftsjahr
GKG	Gerichtskostengesetz
Glade/Steinfeld	Glade/Steinfeld, Umwandlungssteuergesetz, 4. Aufl. 1996
Glanegger/Güroff	Glanegger/Güroff, Gewerbesteuergesetz, 6. Aufl. München 2006
GmbH	Gesellschaft mit beschränkter Haftung
GmbHÄndG	GmbH-Änderungsgesetz
GmbHG	Gesetz betreffend die GmbH
GmbH-Handbuch/*Bearbeiter*	Centrale für GmbH Dr. Otto Schmidt (Hrsg.), GmbH-Handbuch (Loseblatt)
GmbHR	GmbH-Rundschau (Zeitschrift)
GO	Gemeindeordnung
GoB	Grundsätze ordnungsmäßiger Buchführung
Gottwald/Bearbeiter	Gottwald (Hrsg.), Insolvenzrechts-Handbuch, 3. Aufl. München 2006
grds.	grundsätzlich
GrESt	Grunderwerbsteuer
GrEStG	Grunderwerbsteuergesetz
Groß	Groß, Kapitalmarktrecht, 4. Aufl. München 2009
Großkomm. AktG/*Bearbeiter*	Hopt/Wiedemann (Hrsg.), Großkommentar zum Aktiengesetz, 4. Aufl. Berlin/New York ab 1992
Großkomm. HGB/*Bearbeiter*	Canaris/Schilling/Ulmer (Hrsg.), Großkommentar zum Handelsgesetzbuch, 4. Aufl. Berlin/New York ab 1983
Grotherr/Bearbeiter	Grotherr (Hrsg.), Handbuch der internationalen Steuerplanung, 2. Aufl. Herne/Berlin 2003
GrS	Großer Senat
Grundmann EuGesR	Grundmann Europäisches Gesellschaftsrecht, Heidelberg 2004
GS Knobbe-Keuk	Gedächtnisschrift für Brigitte Knobbe-Keuk, hrsg. von W. Schön u. W. Flume, Köln 1997
GüKG	Güterkraftverkehrsgesetz vom 3. 11. 1993 (BGBl. I 1993, 1839)
GuV	Gewinn- und Verlustrechnung
GVBl., GVOBl.	Gesetz- und Verordnungsblatt
GVG	Gerichtsverfassungsgesetz
GWB	Gesetz gegen Wettbewerbsbeschränkungen
Habersack/Mülbert/Schlitt/*Bearbeiter*	Habersack/Mülbert/Schlitt Unternehmensfinanzierung am Kapitalmarkt, 2. Aufl. Köln 2008
Hachenburg/*Bearbeiter*	Ulmer (Hrsg.), Gesetz betreffend die Gesellschaften mit beschränkter Haftung (Kommentar in 3 Bänden), 8. Aufl. Berlin/New York ab 1990
Happ	Happ (Hrsg.), Aktienrecht. Handbuch – Mustertexte – Kommentar, 3. Aufl. Köln 2007

Abkürzungsverzeichnis

Haritz/Benkert/Bearbeiter	Haritz/Benkert, Umwandlungssteuergesetz (Kommentar), 2. Aufl. München 2000
HdJ/Bearbeiter	Wysocki/Schulze-Osterloh (Hrsg.), Handbuch des Jahresabschlusses (Loseblatt)
HdR	Handbuch der Rechnungslegung (siehe Küting/Weber)
HdU	Handbuch der Unternehmensbesteuerung in zwei Bänden (Loseblatt), hrsg. vom IDW, 3. Aufl. 2001
Häuselmann	Häuselmann/Rümker/Westermann, Die Finanzierung der GmbH durch ihre Gesellschafter, Frankfurt 1992
Heinsius/Horn/Than DepotG	Heinsius/Horn/Than, Depotgesetz. Kommentar zum Gesetz über die Verwahrung und Anschaffung von Wertpapieren vom 4. Februar 1937, Berlin/New York 1975
Helios/Wewel/Wiesbrock	Helios/Wewel/Wiesbrock, REIT-G, München 2008
Helmrich BiRiLiG	Helmrich, Bilanzrichtlinien-Gesetz, München 1986
Henn	Henn/Frodermann/Janott, Handbuch des Aktienrechts, 8. Aufl. Heidelberg 2009
Heymann	Heymann, Handelsgesetzbuch, Band 3, 2. Aufl. Berlin/New York ab 1995
HFA	Hauptfachausschuss
HFR	Höchstrichterliche Finanzrechtsprechung
HGB	Handelsgesetzbuch
HGBE	Entwurf eines Dritten Buchs des Handelsgesetzbuchs
HGrG	Gesetz über die Grundsätze des Haushaltsrechts des Bundes und der Länder (Haushaltsgrundsätzegesetz)
HHR/Bearbeiter	Herrmann/Heuer/Raupach, Einkommensteuer- und Körperschaftsteuergesetz mit Nebengesetzen (Loseblatt)
HHS/Bearbeiter	Hübschmann/Hepp/Spitaler, Kommentar zur Abgabenordnung und Finanzgerichtsordnung (Loseblatt)
hL	herrschende Lehre
hM	herrschende Meinung
Hofbauer/Kupsch	Hofbauer/Kupsch, Bonner Handbuch der Rechnungslegung (Loseblatt)
HR	Handelsregister
HRefG	Gesetz zur Neuregelung des Kaufmanns- und Firmenrechts vom 22.6.1998, BGBl. I 1998, 1474
HRR	Die Rechtsprechung (= Band 2 der Juristischen Rundschau), dann: Höchstrichterliche Rechtsprechung (Band 4, 1928 bis Band 18, 1942)
hrsg., Hrsg.	herausgegeben, Herausgeber
HRV	Verordnung über die Einrichtung und Führung des Handelsregisters (Handelsregisterverordnung) vom 12.8.1937 (Deutsche Justiz, 1251)
Hs.	Halbsatz
Hueck/Canaris WPR	Hueck/Canaris, Recht der Wertpapiere, 12. Aufl. München 1986
Hüffer AktG	Hüffer, Aktiengesetz, 8. Aufl. München 2008
van Hulle/Maul/Drinhausen/Bearbeiter	van Hulle/Maul/Drinhausen, Handbuch zur Europäischen Gesellschaft (SE), München 2007
HURB	Leffson/Rückle/Großfeld (Hrsg.), Handwörterbuch unbestimmter Rechtsbegriffe im Bilanzrecht des HGB, Köln 1986

Abkürzungsverzeichnis

HV	Hauptversammlung
HWB	Handwörterbuch der Betriebswirtschaft
HWR	Kosiol/Chemilewicz/Schweitzer (Hrsg.), Handwörterbuch des Rechnungswesens, 2. Aufl. Stuttgart 1981
HWRev	Coenenberg/von Wysocki (Hrsg.), Handwörterbuch der Revision, 2. Aufl. Stuttgart 1992
HypBG	Hypothekenbankgesetz
idF	in der Fassung
idR	in der Regel
idS	in diesem Sinne
IDW	Institut der Wirtschaftsprüfer
IDW-EPS	Entwurf IDW Prüfungsstandard
IDW-ERS	Entwurf IDW Stellungnahme zur Rechnungslegung
IDW-FAMA	Stellungnahmen des Fachausschusses für moderne Abrechnungssysteme des IDW
IDW-FAR	Stellungnahmen des Fachausschusses Recht des IDW
IDW-HFA	Stellungnahmen des Hauptfachausschusses des IDW
IDW-PS	IDW Prüfungsstandard
IDW-RS	IDW Stellungnahme zur Rechnungslegung
IDW-SABI	Stellungnahmen des Sonderausschusses des IDW; Bilanzrichtlinien-Gesetz des IDW
ie. (iE)	im Einzelnen
iHv./iHd.	in Höhe von/in Höhe des
i. L.	in Liquidation
incl.	inklusive
INF	Die Information über Steuer und Wirtschaft (Zeitschrift)
insb.	insbesondere
InsO	Insolvenzordnung
InstFSt	Institut Finanzen und Steuern
Intertax	Europäische Steuer-Zeitung
InvG	Investmentgesetz
InvStG	Investmentsteuergesetz
InvZulG 1991	Investitionszulagengesetz 1991
IPR	Internationales Privatrecht (Zeitschrift)
iRd.	im Rahmen des
iSd. (e.)	in Sinne des (eines, einer)
IStR	Internationales Steuerrecht (Zeitschrift)
iSv.	im Sinne von
iVm.	in Verbindung mit
IWB	Internationale Wirtschaftsbriefe
iwS	im weiteren Sinne
Jacobs	O. H. Jacobs u. a., Internationale Unternehmensbesteuerung, 6. Aufl. München 2007
Jauernig	Jauernig u. a., Bürgerliches Gesetzbuch, 13. Aufl. München 2009
JbFfSt	Jahrbuch der Fachanwälte für Steuerrecht
JbDStJG	Jahrbuch der Deutschen Steuerjuristischen Gesellschaft e. V.
Jg.	Jahrgang
JR	Juristische Rundschau (Zeitschrift)
JW	Juristische Wochenschrift (Zeitschrift)
JZ	Juristenzeitung

Abkürzungsverzeichnis

KAGG	Gesetz über Kapitalanlagegesellschaften
Kallmeyer/Bearbeiter	Kommentar zum Umwandlungsgesetz, 3. Aufl. Köln 2006
KapCoRiLiG	Kapitalgesellschaften- und Co-Richtlinie-Gesetz vom 24. 2. 2000 (BGBl. I 2000, 154)
KapErhG	Gesetz über die Kapitalerhöhung aus Gesellschaftsmitteln und über die Verschmelzung von Gesellschaften mit beschränkter Haftung (Kapitalerhöhungsgesetz)
KapErhStG	Gesetz über steuerrechtliche Maßnahmen bei Erhöhung des Nennkapitals aus Gesellschaftsmitteln (Kapitalerhöhungs-Steuergesetz)
KapESt	Kapitalertragsteuer
KapMuG	Gesetz zur Einführung von Kapitalanleger-Musterverfahren
Keidel/Kuntze/Winkler	Keidel/Kuntze/Winkler, Freiwillige Gerichtsbarkeit, 15. Aufl. München 2003
KG	Kammergericht; Kommanditgesellschaft
KGaA	Kommanditgesellschaft auf Aktien
Kirchhof/Söhn/Mellinghoff	Kirchhof/Söhn/Mellinghof (Hrsg.), Einkommensteuergesetz. Kommentar in 12 Ordnern (Loseblatt)
KiSt	Kirchensteuer
Kj.	Kalenderjahr
Klein/Flockermann/Kühr	Klein/Flockermann/Kühr, Handbuch des Einkommensteuerrechts (Loseblatt)
Knobbe-Keuk	Knobbe-Keuk, Bilanz und Unternehmenssteuerrecht, 9. Aufl. Köln 1993
Knopf/Tulloch/Söffing/ Bearbeiter	Knopf/Tulloch/Söffing, Kommentar zum Umwandlungsrecht, Köln 1996
Kölner Komm./*Bearbeiter*	Zöllner (Hrsg.), Kölner Kommentar zum Aktiengesetz, 2. Aufl. Köln/Berlin/Bonn/München ab 1987
Kölner Komm. WpÜG/ *Bearbeiter*	Hirte/von Bülow (Hrsg.), Kölner Kommentar zum WpÜG, Köln/Berlin/Bonn/München 2003
2. KoordG	Gesetz zur Durchführung der Zweiten Richtlinie des Rates der Europäischen Gemeinschaften zur Koordinierung des Gesellschaftsrechts vom 13. 12. 1978 (BGBl. I 1978, 1959)
KÖSDI	Kölner Steuerdialog (Zeitschrift)
KO	Konkursordnung
KonTraG	Gesetz zur Kontrolle und Transparenz im Unternehmensbereich vom 27. 4. 1998 (BGBl. I 1998, 786)
KoStO	Kostenordnung
Kropff	Kropff, Aktiengesetz vom 6. 9. 1965, Düsseldorf 1965
KSt	Körperschaftsteuer
KStDV	Körperschaftsteuer-Durchführungsverordnung
KStG	Körperschaftsteuergesetz
KStR	Körperschaftsteuer-Richtlinien
KStZ	Kommunale Steuer-Zeitschrift
KTS	Zeitschrift für Konkurs-, Treuhand- und Schiedsgerichtswesen
Kümpel	Kümpel, Bank- und Kapitalmarktrecht, 3. Aufl. Köln 2004
Küting/Weber	Küting/Weber, Handbuch der Rechnungslegung (Loseblatt), 5. Aufl. Stuttgart 2002

Abkürzungsverzeichnis

Küting/Weber Konzern	Küting/Weber (Hrsg.), Handbuch der Konzernrechnungslegung, 2. Aufl. Stuttgart 1998
Küttner	Küttner, Personalbuch 2009, 16. Aufl. München 2009
KVSt	Kapitalverkehrsteuer
KVStG	Kapitalverkehrsteuergesetz
KWG	Kreditwesengesetz
Lademann/Bearbeiter	Lademann, Kommentar zum Körperschaftsteuergesetz (Loseblatt)
Lademann/Söffing/ Brockhoff	Lademann/Söffing/Brockhoff, Kommentar zum Einkommensteuergesetz (Loseblatt)
LB	Lehrbuch
Lenski/Steinberg	Lenski/Steinberg, Kommentar zum Gewerbesteuergesetz (Loseblatt)
lfd.	laufende
LG	Landgericht
LHO	Landeshaushaltsordnung
Littmann/Bearbeiter	Littmann/Bitz/Hellwig, Kommentar zum Einkommensteuergesetz (Loseblatt)
LöschG	Löschungsgesetz
LSt	Lohnsteuer
LStDV	Lohnsteuer-Durchführungsverordnung
LStR	Lohnsteuer-Richtlinien
LSW	Lexikon des Steuer- und Wirtschaftsrechts
lt.	laut
Lutter/Bearbeiter	Lutter (Hrsg.), Holding-Handbuch, 4. Aufl. Köln 2004
Lutter/Bearbeiter UmwG	Lutter, Kommentar zum Umwandlungsgesetz, 3. Aufl. Köln 2004
Lutter/Hommelhoff	Lutter/Hommelhoff, GmbH-Gesetz, Kommentar, 16. Aufl. Köln 2004
Lutter/Krieger	Lutter/Krieger, Rechte und Pflichten des Aufsichtsrats, 4. Aufl. Köln 2002
Lutter/Scheffler/Schneider/ Bearbeiter	Lutter/Scheffler/Schneider (Hrsg.), Handbuch der Konzernfinanzierung, 1. Aufl. Köln 1998
LZB	Landeszentralbank
Marsch-Barner/ Schäfer/Bearbeiter	Marsch-Barner/Schäfer, Handbuch börsennotierte AG, Köln 2005
maW	mit anderen Worten
MDR	Monatsschrift für Deutsches Recht
mE	meines Erachtens
Meincke	Meincke, Erbschaftsteuer- und Schenkungsteuergesetz, 15. Aufl. München 2009
Meyer-Landrut	Meyer-Landrut/Miller/Niehus, Kommentar zum GmbH-Gesetz, Berlin/New York 1987
MiFID	Markets in Financial Instruments Directive (Finanzmarktrichtlinie)
MinBl.	Ministerialblatt
Mio.	Million/en
MitbestErgG	Mitbestimmungsergänzungsgesetz
MitbestG	Gesetz über die Mitbestimmung der Arbeitnehmer (Mitbestimmungsgesetz)

Abkürzungsverzeichnis

Moench	Moench/Kien-Hümbert/Weinmann, Erbschaft- und Schenkungsteuer (Loseblatt-Kommentar)
MoMiG	Gesetz zur Modernisierung des GmbH rechts und zur Bekämpfung von Missbräuchen vom 28.10.2008, BGBl. I S. 2026
MontanMitbestG	Montan-Mitbestimmungsgesetz
MünchHdb. GesR/Bd./ Bearbeiter	Münchener Handbuch des Gesellschaftsrechts in 4 Bänden: Band 1 BGB-Gesellschaft/OHG/Partnerschaftsgesellschaft/Partenreederei/EWIV, 1995; Band 2 Kommanditgesellschaft/Stille Gesellschaft, 1991; Band 3 Gesellschaft mit beschränkter Haftung, 2. Aufl. 2003; Band 4 Aktiengesellschaft, 3. Aufl. ab 2007
MünchKomm. AktG/Bd./ Bearbeiter	Münchener Kommentar zum Aktiengesetz (9 Bände), München ab 2000
MünchKomm. BGB/Bd./ Bearbeiter	Münchener Kommentar zum Bürgerlichen Gesetzbuch in 11 Bänden, 4. Aufl. München ab 2000, 3. Aufl. München ab 1992
MünchKomm. HGB/Bd./ Bearbeiter	Münchener Kommentar zum Handelsgesetzbuch (7 Bände plus Ergänzungsband), 2. Aufl. München ab 2005
MünchVertragshdb./Bd./ Bearbeiter	Münchener Vertragshandbuch in 4 Bänden: Band 1 Gesellschaftsrecht, 6. Aufl. 2005; Band 2 Wirtschaftsrecht I, 6. Aufl. 2009; Band 3 Wirtschaftsrecht II, 6. Aufl. 2009; Band 4 Wirtschaftsrecht III, 6. Aufl. 2007; Band 5 Bürgerliches Recht I, 6. Aufl. 2008; Band 6 Bürgerliches Recht II, 6. Aufl. 2009
mwN	mit weiteren Nachweisen
NaStraG	Gesetz zur Namensaktie und zur Erleichterung der Stimmrechtsausübung (Namensaktiengesetz) vom 18.1.2001 (BGBl. I 2001, 123)
nF	neue Fassung
NJW	Neue Juristische Wochenschrift (Zeitschrift)
Nr., Nrn.	Nummer, Nummern
nrkr.	nicht rechtskräftig
NRW	Nordrhein-Westfalen
NWB/F	Neue Wirtschaftsbriefe/Fach
NZG	Neue Zeitschrift für Gesellschaftsrecht
oÄ.	oder Ähnliches
OECD-MA	OECD-Musterabkommen
OFD	Oberfinanzdirektion
og.	oben genannt(e)
OHG	Offene Handelsgesellschaft
OLG	Oberlandesgericht
OLGE	Die Rechtsprechung des Oberlandesgerichts in Zivilsachen
OWiG	Ordnungswidrigkeitengesetz

Abkürzungsverzeichnis

Pahlke/Franz	Pahlke/Franz Grunderwerbsteuergesetz, 3. Aufl. München 2005
Palandt/Bearbeiter	Palandt, Bürgerliches Gesetzbuch, 68. Aufl. München 2009
PartGG	Gesetz betr. die Partnerschaftsgesellschaften
Peemöller	Peemöller (Hrsg.), Praxishandbuch der Unternehmensbewertung, 4. Aufl. Köln 2008
Pellens/Bearbeiter	Pellens (Hrsg.), Unternehmenswertorientierte Entlohnungssysteme, Stuttgart 1998
phG	persönlich haftende(r) Gesellschafter
Piltz/Schaumburg/Bearbeiter	Piltz/Schaumburg (Hrsg.), Internationale Betriebsstättenbesteuerung, Köln 2001
PIStB	Praxis Internationale Steuerberatung (= Zeitschrift)
Praxishdb. Börsengang/Bearbeiter	Deutsche Börse AG (Hrsg.), Praxishandbuch Börsengang, Wiesbaden 2006
PublG	Gesetz über die Rechnungslegung von bestimmten Unternehmen und Konzernen (Publizitätsgesetz)
RA	Rechtsanwalt
Raiser/Veil	Raiser/Veil, Recht der Kapitalgesellschaften, 4. Aufl. München 2006
Raiser MitbestG	Raiser, Mitbestimmungsgesetz, 4. Aufl. Berlin/New York 2002
RAO	Reichsabgabenordnung
RAP	Rechnungsabgrenzungsposten
RAussch.	Rechtsausschuss
rd.	rund
Rdvfg.	Rundverfügung
RefE	Referentenentwurf
RefE InsO	Referentenentwurf zum Gesetz zur Reform des Insolvenzrechts
RegE	Regierungsentwurf
resp.	respektive
Rev.	Revision
RFH	Reichsfinanzhof
RFHE	Entscheidungen des Reichsfinanzhofs
RG	Reichsgericht
RGBl.	Reichsgesetzblatt
RGZ	Amtliche Sammlung von Entscheidungen des Reichsgerichts in Zivilsachen
RiW	Recht der internationalen Wirtschaftspraxis (Zeitschrift)
rkr.	rechtskräftig
Rödder/Herlinghaus/van Lishaut/Bearbeiter	Rödder/Herlinghaus/van Lishaut, Umwandlungssteuergesetz, Köln 2007
Rödder/Hötzel/Mueller/Thuns	Rödder/Hötzel/Mueller/Thuns, Unternehmenskauf, Unternehmensverkauf, München 2003
Roth/Bearbeiter	Roth/Altmeppen, Gesetz betreffend die Gesellschaften mit beschränkter Haftung (GmbHG). Kommentar, 5. Aufl. München 2005
Rowedder/Bearbeiter	Rowedder/Schmidt-Leithoff, Gesetz betreffend die Gesellschaften mit beschränkter Haftung (GmbHG). Kommentar, 4. Aufl. München 2002

Abkürzungsverzeichnis

RPflG	Rechtspflegergesetz vom 5. 11. 1969 (BGBl. I 1969, 2065)
Rspr.	Rechtsprechung
RStBl.	Reichssteuerblatt
RwNM	Regelwerk Neuer Markt
RWP	Rechts- und Wirtschaftspraxis, Blattei-Handbuch (Zeitschrift)
Rz.	Randziffer (Zitierweise innerhalb des Werkes)
s.	siehe
S.	Seite
s. a.	siehe auch
Sagasser/Bula/Brünger	Sagasser/Bula/Brünger, Umwandlungen, 3. Aufl. München 2002
SBV	Sonderbetriebsvermögen
Schäfer/Bearbeiter REITs	Schäfer, REITs Real Estate Investment Trusts, München 2007
Schäfer/Hamann	Schäfer/Hamann, Kapitalmarktgesetze (Loseblatt)
Schanz	Schanz, Börseneinführung, 3. Aufl. München 2007
Schaumburg/Rödder	Schaumburg/Rödder, Unternehmenssteuerreform 2008, München 2007
Schlegelberger/Bearbeiter	Schlegelberger, Handelsgesetzbuch. Kommentar in 6 Bänden, bearb. von Geßler/Hefermehl/Hildebrandt/Schröder/Martens/Schmidt, 5. Aufl. München ab 1973
Schlegelberger/Quassowski AktG 1937	Schlegelberger/Quassowski, Aktiengesetz vom 30. Januar 1937, 3. Aufl. Köln 1939
Schmidt/Bearbeiter	L. Schmidt, Kommentar zum Einkommensteuergesetz, 28. Aufl. München 2009
Schmidt GesR	K. Schmidt, Gesellschaftsrecht, Köln 4. Aufl. 2002
Schmidt/Lutter/Bearbeiter	K. Schmidt/Lutter, Aktiengesetz Kommentar in 2 Bänden, Köln 2008
Schmitt/Hörtnagl/Stratz/Bearbeiter	Schmitt/Hörtnagl/Stratz, Umwandlungsgesetz, Umwandlungssteuergesetz, 4. Aufl. München 2006
Schönke/Schröder/Bearbeiter	Schönke/Schröder, Strafgesetzbuch, 27. Aufl. München 2006
Scholz/Bearbeiter	F. Scholz, Kommentar zum GmbH-Gesetz, 9. Aufl. Köln 2000
Schürmann/Körfgen	Schürmann/Körfgen, Familienunternehmen auf dem Weg zur Börse, 3. Aufl. München 1997
Schwark	Schwark, Kapitalmarktrechts-Kommentar, 3. Aufl. München 2004
SchwbG	Schwerbehindertengesetz
Schwintowski/Schäfer BankR	Schwintowski/Schäfer, Bankrecht, 2. Aufl. Köln 2004
SE	Societas Europea
SEEG	Gesetz zur Einführung der Europäischen Gesellschaft vom 22.12.2004 (BGBl. 2004 I, S. 3675)
Semler/Stengel/Bearbeiter	Semler/Stengel, Umwandlungsgesetz, 2. Aufl. München 2007
Semler/Volhard/Bearbeiter	Semler/Volhard, Arbeitshandbuch für die Hauptversammlung, 2. Aufl. München 2003

Abkürzungsverzeichnis

Semler/Volhard/Bearbeiter, Unternehmensübernahmen Bd.	Semler/Volhard, Arbeitshandbuch für Unternehmensübernahmen, Band 1: Unternehmensübernahme, Vorbereitung, Durchführung, Folgen. Ausgewählte Drittländer; Band 2: Das neue Übernahmerecht, München 2001
SERL	Richtlinie 2001/86 EG des Rates vom 8. 10. 2001 zur Ergänzung des Statuts der Europäischen Gesellschaft hinsichtlich der Beteiligung der Arbeitnehmer (ABl. L 294, S. 22)
SEVO	Verordnung über das Statut der Europäischen Aktiengesellschaft vom 8.10.2001 (ABl. L 294, Nr. 2157/2001, S.1)
Simon/Bearbeiter	Simon (Hrsg) Spruchverfahrensgesetz, München 2007
s. o.	siehe oben
Soergel/Bearbeiter	Soergel/Siebert, Bürgerliches Gesetzbuch mit Einführungsgesetz und Nebengesetzen (Kommentar in 10 Bänden), 13. Aufl. Stuttgart ab 1999, 12. Aufl. Stuttgart ab 1987
sog.	so genannte(r/s)
SolZ	Solidaritätszuschlag
SolZG	Solidaritätszuschlaggesetz
Sp.	Spalte
Spindler/Stilz/Bearbeiter	Spindler/Stilz, Kommentar zum Aktiengesetz in 2 Bänden, München 2007
SpTrUG	Gesetz über die Spaltung der von der Treuhandanstalt verwalteten Unternehmen (Spaltungsgesetz)
StÄndG	Steueränderungsgesetz
StandOG	Standortsicherungsgesetz
StAnpG	Steueranpassungsgesetz
Staub/Bearbeiter HGB	Staub, Kommentar zum Handelsgesetzbuch, 4. Aufl. Berlin ab 1982
Staudinger/Bearbeiter	J. v. Staudinger's Kommentar zum Bürgerlichen Gesetzbuch in ca. 41 Bänden, 13. Aufl. Berlin/New York ab 1993
StB	Der Steuerberater (Zeitschrift)
StBereinG 1999	Steuerbereinigungsgesetz 1999 vom 22. 12. 1999 (BGBl. I 1999, 2601)
StBerG	Steuerberatungsgesetz
Stbg.	Die Steuerberatung (Zeitschrift)
StbJb	Steuerberater-Jahrbuch
StBp	Steuerliche Betriebsprüfung (Zeitschrift)
StEK	Steuererlasse in Karteiform, hrsg. von Felix
StEntlG 1999/2000/2002	Steuerentlastungsgesetz 1999/2000/2002 vom 24. 3. 1999 (BGBl. I 1999, 402)
StGB	Strafgesetzbuch
StKongRep	Steuerberater-Kongress-Report
StMBG	Gesetz zur Bekämpfung des Missbrauchs und zur Bereinigung des Steuerrechts (Missbrauchsbekämpfungs- und Steuerbereinigungsgesetz) vom 21. 12. 1993 (BGBl. I 1993, 2310)
SpruchG	Spruchverfahrensgesetz
StQ	Die Quintessenz des steuerlichen Schrifttums (Zeitschrift)
str.	strittig

Abkürzungsverzeichnis

Streck	Streck, Körperschaftsteuergesetz (KStG), 7. Aufl. München 2008
StRefG	Steuerreformgesetz
StSenkG	Steuersenkungsgesetz vom 23. 10. 2000 (BGBl. I 2000, 1790)
StuW	Steuer und Wirtschaft (Zeitschrift)
StVergAbG	Gesetz zum Abbau von Steuervergünstigungen und Ausnahmeregelungen (Steuervergünstigungsabbaugesetz) vom 16. 5. 2003 (BGBl. I 2003, 660)
s. u.	siehe unten
Sudhoff	Sudhoff, Der Gesellschaftsvertrag der GmbH, 8. Aufl. München 1992
Sudhoff/Bearbeiter GmbH & Co. KG	Sudhoff, GmbH & Co. KG, 6. Aufl. München 2005
Tipke/Kruse	Tipke/Kruse, Abgabenordnung/Finanzgerichtsordnung (Loseblatt-Kommentar)
Tipke/Lang	Tipke/Lang, Steuerrecht, 19. Aufl. Köln 2008
TransPubG	Gesetz zur weiteren Reform des Aktien- und Bilanzrechts, zu Transparenz und Publizität (Transparenz- und Publizitätsgesetz) vom 19. 7. 2002 (BGBl. I 2002, 2681)
TransPubG-Entwurf	Entwurf Transparenz- und Publizitätsgesetz vom 26. 11. 2001 (BT-Drs. 14/8769, 22)
Troll	Troll/Gebel/Jülicher, Erbschaftsteuer- und Schenkungsteuergesetz (Loseblatt-Kommentar)
ua.	unter anderem; und andere
uÄ	und Ähnliches
uÄm.	und Ähnliches mehr
uam.	und anderes mehr
Ubg	Die Unternehmensbesteuerung (Zeitschrift)
UBGG	Gesetz über Unternehmensbeteiligungsgesellschaften (Unternehmensbeteiligungsgesellschaften-Gesetz) vom 9. 9. 1998 (BGBl. I 1998, 2765)
uE	unseres Erachtens
Ulmer/Habersack/Winter	Ulmer/Habersack/Winter (Hrsg.), GMbHG Großkommentar in 3 Bänden, Tübingen ab 2008
üM	überwiegende Meinung
UMAG	Gesetz zur Unternehmensintegrität und Modernisierung des Anfechtungsrechts vom 22.9.2005 (BGBl. I S. 2802)
UmwBerGE	Entwurf eines Gesetzes zur Bereinigung des Umwandlungsrechts (UmBerG)
UmwG	Umwandlungsgesetz
UmwStErl./UmwSt-Erlass	Schreiben betr. UmwStG vom 25. 3. 1998 (BStBl. I 1998, 268)
UmwStG	Umwandlungssteuergesetz
UntStFG	Gesetz zur Fortentwicklung des Unternehmenssteuerrechts (Unternehmenssteuerfortentwicklungsgesetz) vom 20. 12. 2001 (BGBl. I 2001, 3858)
UR	Umsatzsteuer-Rundschau (Zeitschrift)
UrhWG	Gesetz über die Wahrnehmung von Urheberrechten und verwandten Schutzrechten (Urheberrechtswahrnehmungsgesetz) vom 9. 9. 1965 (BGBl. I 1965, 1294)
USt	Umsatzsteuer

Abkürzungsverzeichnis

UStDV	Umsatzsteuer-Durchführungsverordnung
UStG	Umsatzsteuergesetz
UStR	Umsatzsteuer-Richtlinien
usw.	und so weiter
uU	unter Umständen
UVR	Umsatz- und Verkehrsteuer-Recht (Zeitschrift)
v.	vom (von)
vEK	verwendbares Eigenkapital
vBP	vereidigte(r) Buchprüfer
VerkProspG	Wertpapier-Verkaufsprospektgesetz
VerkProspV	Wertpapier-Verkaufsprospekt-Verordnung
VermBG	Vermögensbildungsgesetz
Vfg.	Verfügung
vGA	verdeckte Gewinnausschüttung(en)
VGR	Gesellschaftsrechtliche Vereinigung (e.V.)
vgl.	vergleiche
vH	vom Hundert
VO	Verordnung
Vogel/Lehner	Vogel/Lehner, DBA, 5. Aufl. München 2008
VorstAG	Gesetz zur Angemessenheit der Vorstandsvergütung vom 31. 7. 2009, BGBl. I S. 2509
VRG	Vorruhestandsgesetz
VSt	Vermögensteuer
VStG	Vermögensteuergesetz
VStR	Vermögensteuer-Richtlinien
VwGO	Verwaltungsgerichtsordnung
VwVfG	Verwaltungsverfahrensgesetz
VwVG	Verwaltungsvollstreckungsgesetz
vT	von Tausend
VZ	Veranlagungszeitraum
Wassermeyer/Andresen/Ditz	Wassermeyer/Andresen/Ditz Betriebstätten Handbuch, Köln 2006
WIB	Wirtschaftliche Beratung (Zeitschrift)
Widmann/Mayer	Widmann/Mayer, Umwandlungsrecht (Loseblatt-Kommentar)
WiPO	Wirtschaftsprüferordnung
Wj.	Wirtschaftsjahr
WM	Zeitschrift für Wirtschaft und Bankrecht – Wertpapiermitteilungen
WP	Wirtschaftsprüfer
WpAIV	Wertpapierhandelsanzeige- und Insiderverzeichnisverordnung
WPg.	Die Wirtschaftsprüfung (Zeitschrift)
WPH/Bd.	Wirtschaftsprüfer-Handbuch, Düsseldorf, Band I 13. Aufl. 2006, Band II 13. Aufl. 2007
WpHG	Wertpapierhandelsgesetz
WPK-Mitt	Mitteilungsblatt der Wirtschaftsprüferkammer Düsseldorf
WpÜG	Wertpapier-Übernahmegesetz vom 20. 12. 2001 (BGBl. I 2001, 3822)
Zacharias	Zacharias, Börseneinführung mittelständischer Unternehmen, 2. Aufl. Bielefeld 2000

Abkürzungsverzeichnis

zB	zum Beispiel
ZBB	Zeitschrift für Bankrecht und Bankbetriebswirtschaft
ZfB	Zeitschrift für Betriebswirtschaft
ZfbF	Zeitschrift für betriebswirtschaftliche Forschung
ZG	Zollgesetz
ZGR	Zeitschrift für Unternehmens- und Gesellschaftsrecht
ZHR	Zeitschrift für das gesamte Handels- und Wirtschaftsrecht
Ziff.	Ziffer
ZIP	Zeitschrift für Wirtschaftsrecht und Insolvenzpraxis
ZKW	Zeitschrift für das gesamte Kreditwesen
ZPO	Zivilprozessordnung
ZRFG	Zonenrandförderungsgesetz
zT	zum Teil
zZ	zur Zeit
zzgl.	zuzüglich

# 1. Abschnitt: Rechtsform

§ 1 Erscheinungsformen und Rechtsformwahl

Bearbeiter: Dr. Welf Müller

Übersicht

	Rz.
A. Strukturtypus der AG und der KGaA	1–5
B. Erscheinungsformen nach dem Mitgliederkreis	6–61
I. Publikums-AG/KGaA	6–10
II. Börsennotierte AG/KGaA	11–19
III. Die AG/KGaA auf dem Weg zur Börseneinführung	20
IV. Die Familien-AG/KGaA	21–29
V. Kleine AG	30–35
1. Einpersonen-AG	32
2. Erweiterte Satzungsautonomie	33, 34
3. Vereinfachung der Hauptversammlung	35
VI. AG im Besitz der öffentlichen Hand	36–40
VII. Die AG/KGaA mit Auslandsbezug	41–47
1. Ausländische AG/KGaA mit Geschäftsleitung im Ausland	41
2. Ausländische AG/KGaA mit Geschäftsleitung im Inland	42–44
3. Ausländische Gesellschaft mit Tochter-AG in Deutschland	45, 46
4. Inländische Gesellschaft mit Tochter-AG im Ausland	47
VIII. Europäische Aktiengesellschaft – Societas Europaea	48–61
1. Geregelter Rahmen	50
2. Gründung der SE	51
3. Innere Organisation	52–54
a) Dualistisches System	53
b) Monistisches System	54
4. Arbeitnehmerbeteiligung	55–61
a) Verhandlungsvorrang	56
b) Auffangregelung	57–61
C. Erscheinungsformen nach der rechtlichen Ausstattung	62–75
I. Fungibilität der Aktien	62–64
II. Nebenleistungs-AG	65
III. Art der Vermögensbeteiligung	66, 67
IV. AG/KGaA im Unternehmensverbund	68–73
V. Mitbestimmung	74, 75
D. Rechtsformwahl	76–136
I. AG versus Personengesellschaft	76–102
1. Personengesellschaft	76
2. Haftungsbeschränkung versus unbeschränkte Haftung	77, 78
3. Fremdorganschaft versus Selbstorganschaft	79–81
4. Formstrenge versus Formfreiheit	82–84
5. Finanzierungsflexibilität versus Finanzierungsstrenge	85, 86

6. Kapitalschutz versus Entnahmefreiheit 87, 88
7. Mitbestimmung versus Mitbestimmungsfreiheit .. 89, 90
8. Bilanzstrenge versus Bilanzierungsfreiheit 91, 92
9. Steuerliche Entscheidungskriterien 93–102
   a) Ertragsteuern 94–101
   b) Erbschaftsteuer 102
II. AG versus GmbH 103–115
  1. Allgemeine Entscheidungskriterien 103–114
  2. Steuerliche Entscheidungskriterien 115
III. AG versus KGaA....................... 116–128
  1. Allgemeine Entscheidungskriterien 116–123
  2. Steuerbelastungsunterschiede 124–128
IV. AG versus Europäische Gesellschaft 129–136
  1. Allgemeine Entscheidungskriterien 129–134
  2. Steuerliche Entscheidungskriterien 133, 136

A. Strukturtypus der AG und der KGaA

1 Die AG ist nach dem gesetzlichen Leitbild eine Körperschaft, die inhaltlich in großem Umfange abschließend gesetzlich geregelt ist. Ganz im Gegensatz zur Personengesellschaft und auch zur GmbH bleibt der Vertragsfreiheit und der Satzungsautonomie der Aktionäre nur ein sehr eingeschränkter Raum (zum Vergleich mit anderen Rechtsformen, insbesondere der Personengesellschaft vgl. Rz. 76 ff.). Nach dem **Prinzip der formellen Satzungsstrenge** darf die Satzung von den Vorschriften des AktG nur abweichen, wenn dies im Gesetz ausdrücklich zugelassen ist (§ 23 Abs. 5 AktG). Auch die gesetzliche Regelung ergänzende Bestimmungen sind nur zulässig, soweit nicht das AktG eine abschließende Regelung enthält. Damit zeichnen sich Aktiengesellschaften durch eine weitgehend homogene Struktur aus. Insbesondere dies macht sie kapitalmarktfähig; jeder Marktteilnehmer kann sich auf eine grds. identische Organisationsstruktur verlassen. Die Merkmale dieser einheitlichen Struktur sind: Eine auf der Satzung beruhende innere – gesetzlich weitgehend festgelegte – Ordnung (§§ 2, 23 AktG), Vorstand (§§ 76 ff. AktG), Aufsichtsrat (§§ 95 ff. AktG) und Hauptversammlung (§§ 118 ff. AktG) als Organe mit festgelegten Kompetenzen und schließlich die Mitgliedschaft (§§ 53 a ff. AktG) mit grds. einheitlichem Rechte- und Pflichtenstandard.[1]

2 Zur Struktur der AG gehört auch die Arbeitnehmervertretung im Aufsichtsrat, es sei denn die Gesellschaft beschäftigt weniger als 500 Arbeitnehmer und ist nach dem 9. August 1994 in das Handelsregister eingetragen[2] (§ 1 Abs. 1 Nr. 1 DrittelbG, MitbestG 1976, Montan MitbestG 1951).

3 Anders ist es bei der **Kommanditgesellschaft auf Aktien (KGaA)**. Die KGaA hat ein doppeltes Gesicht: Für die Kommanditaktionäre untereinander und in ihrer Gesamtheit gegenüber Dritten gilt die Formenstrenge der AG (§ 278 Abs. 3 AktG). Für das Verhältnis der Komplementäre untereinander und zur Gesamtheit der Kommanditaktionäre gilt jedoch das Prinzip der Satzungsstrenge nicht. Die Organisationsverfassung der KGaA unterliegt der Gestal-

---
[1] *Hüffer* AktG § 1 Rz. 2.
[2] Für AGs, die vor dem 10. August 1994 eingetragen waren, und die weniger als 500 Arbeitnehmer beschäftigen, gilt die Mitbestimmungsfreiheit nur, wenn sie Familiengesellschaften iSd. § 1 Abs. 1 Nr. 1 Satz 3 DrittelbG sind.

B. Erscheinungsformen nach dem Mitgliederkreis   4–7   § 1

tungsfreiheit der Beteiligten im Rahmen der für die Kommanditgesellschaft geltenden Regelungen (§§ 161 Abs. 2 iVm. 109 ff. HGB). Auch Grundlagengeschäfte können in gewissem Umfang durch die Satzung in die Zuständigkeit der Komplementäre gelegt werden.[3] Damit kann die KGaA ein – insb. für mittelständische Unternehmen – interessantes Instrument sein, das die Möglichkeit, den Kapitalmarkt zu nutzen, mit einer flexiblen am Personengesellschaftsrecht orientierten Organisationsverfassung verbindet und damit ggf. auf lange Sicht die Dominanz des oder der persönlich haftenden Gesellschafter sicherstellt.[4] Die Stellung des Komplementärs kann wiederum von einer Kapitalgesellschaft (idR GmbH; aber auch AG oder SE) wahrgenommen werden, so dass eine unmittelbare persönliche Haftung vermieden werden kann.[5] Hinzu kommen ggf. schenkungs- und erbschaftsteuerliche Vorteile für den Komplementär.[6]

Eine Sonderform der AG ist die **Europäische Aktiengesellschaft** (Societas 4
Europea: SE). Hat sie ihren Sitz in Deutschland, kommen die Bestimmungen des AktG zur Anwendung, soweit nicht die SE-Verordnung (und die durch sie zugelassenen Satzungsbestimmungen) oder das SE AG vorrangige Regelungen getroffen haben (vgl. Art. 9 Abs. 1 SE-Verordnung). Von der Struktur her ist die SE also eine Aktiengesellschaft; ihre Aktien sind an den Kapitalmärkten handelbar (§ 2 Abs. 1 Nr. 1 WpHG). Zum Anwendungsbereich und zur Struktur des SE vgl. Rz. 48 ff. und § 19.

Trotz der grundsätzlichen Formenstrenge und der daraus resultierenden Or- 5
ganisationshomogenität der AG lässt sich in der Wirtschaftswirklichkeit eine beachtliche Vielfalt von Erscheinungsformen feststellen.

B. Erscheinungsformen nach dem Mitgliederkreis

I. Publikums-AG/KGaA

Die Publikums-AG mit einem breiten Anlegerkreis (Streubesitz) entspricht 6
dem Leitbild der AG am besten.

Die AG stellt traditionell die Rechtsform für große Unternehmen und da- 7
bei ein Sammelbecken für Kapitalbeiträge einer Vielzahl von Anlegern dar (Publikumsgesellschaft). Diese **Kapitalsammelfunktion** ermöglicht es, die Finanzkraft vieler Einzelner konzentriert für einen wirtschaftlichen Zweck einzusetzen, der wegen der Höhe des erforderlichen Kapitals ansonsten nicht realisierbar wäre. Die Aktien der Publikums AG sind typischerweise zum Börsenhandel zugelassen (vgl. unten Rz. 11 ff.). Damit die AG ihrer Kapitalsammelfunktion nachkommen kann, sind die an ihr begründeten Anteilsrechte grds. frei übertragbar (§§ 68, 41 Abs. 4 AktG) und vererblich. Insbesondere dieser Umstand sowie die kleine Stückelung der Aktiennennbeträge (mindestens 1 €: § 8 Abs. 2 und 3 AktG) und die formalisierten Regeln für die Wil-

---

[3] MünchKomm AktG/Semmler/Perlitt § 285 Rz. 43.
[4] Lorz in VGR, Gesellschaftsrecht in der Diskussion, VGR Bd. 1 (1999) S. 57, 63 ff.
[5] BGH II ZB 11/96 v. 24. 2. 1997, NJW 1997, 1923, DB 1997, 1219; aus den Ausführungen des BGH lässt sich schließen, dass nicht nur eine Kapitalgesellschaft, sondern jede Handelsgesellschaft, also auch eine GmbH & Co. KG, die Stellung des Komplementärs einnehmen kann. Die SE ist definitionsgemäß Kapitalgesellschaft: Art. 1 Abs. 2 und Abs. 3 SE-VO.
[6] Vgl. Rz. 102.

8 lensbildung ermöglichen es, dass die AG problemlos über einen wechselnden Mitgliederbestand verfügen kann.

Auf der anderen Seite führt die strikte Leitungskompetenz des Vorstands, verbunden mit einer breiten Publikumsstreuung des Aktienbesitzes zu einer außerordentlich starken Stellung des Vorstands, eingeschränkt lediglich durch die Kontrollfunktion des Aufsichtsrats.

9 Die KGaA ist grds. ebenfalls als Publikumsgesellschaft geeignet, wenn auch ihre praktische Verbreitung nach wie vor verhältnismäßig gering ist. Eine gewisse Renaissance der KGaA hat man nach dem bahnbrechenden Beschluss des BGH vom 24. 2. 1997 erwartet,[7] wonach alleiniger Komplementär nicht etwa nur eine natürliche Person (so die bis dahin hM), sondern auch eine juristische Person (AG oder GmbH) oder eine Personengesellschaft in der Rechtsform einer GmbH & Co. KG sein kann. Nach Änderung der Rechtsprechung kann die KGaA für eine kapitalmarktwillige Familiengesellschaft, die Haftungsbeschränkung, Aufnahme von Eigenkapital über die Börse, steuerliche Vorteile der Personengesellschaft und eingeschränkte Arbeitnehmermitbestimmung kombinieren will, eine durchaus interessante Rechtsformalternative sein.[8]

10 Der geringe Zuspruch in der Praxis mag in der Stellung der Kommanditaktionäre begründet sein: Die KGaA ist ein relativ kompliziertes Gebilde; die Komplementärstellung ist noch stärker ausgestaltet als die des AG-Vorstands (so bedürfen bestimmte wichtige Hauptversammlungsbeschlüsse der Zustimmung der Komplementäre: § 285 Abs. 2 Satz 1 AktG); dem Aufsichtsrat steht keine Personalkompetenz gegenüber dem Komplementär zu.[9] Der Komplementär wird durch die Satzung eingesetzt (§ 281 AktG). Aufnahme oder Ausscheiden der Komplementäre erfolgt durch Satzungsänderung oder – ohne Satzungsänderung – durch ein in der Satzung geregeltes Verfahren. Damit ist die Bestellung und Anstellung der Komplementäre auch der Mitwirkung der Arbeitnehmervertreter im Aufsichtsrat entzogen. Eine Besonderheit der KGaA besteht darin, dass durch die Satzung neben dem Aufsichtsrat ein weiteres Organ geschaffen werden kann (Aktionärs-/Kommanditaktionärsausschuss, Verwaltungsausschuss), der seine Zulässigkeit nicht aus dem Aktienrecht, sondern aus dem Recht der Kommanditgesellschaft ableitet und die Rechte der Gesamtheit der Kommanditaktionäre gegenüber den Komplementären umsetzt und wahrnimmt, ohne allerdings in die Aufsichtsfunktion des Aufsichtsrats eingreifen zu dürfen.[10]

II. Börsennotierte AG/KGaA

11 Die börsennotierte AG/KGaA ist der typische Anwendungsfall der Publikumskapitalgesellschaft. Die Börsennotierung im engeren Sinne definiert § 3 Abs. 2 AktG. Danach unterfallen diesem Begriff nur Gesellschaften, deren Aktien im amtlichen Handel oder geregelten Markt, nicht hingegen Gesellschaften, deren Aktien im Freiverkehr an einer deutschen oder – vergleichbaren –

---

[7] BGH II ZB 11/96 v. 24. 2. 1997, BGHZ 134, 392, DB 1997, 1219; Zipo 1997, 1027.
[8] Vgl. zu den steuerlichen Besonderheiten Rz. 128 ff.; *Lorz* in VGR, Gesellschaftsrecht in der Diskussion, Jahrestagung 1998, VGR Bd. 1 (1999) S. 57 ff.
[9] Vgl. *Kallmeyer* ZGR 1983, 57, 66; ders. DStR 1994, 977.
[10] Vgl. MünchKomm AktG/Bd. 8/*Semler/Perlitt* § 278 Rz. 239 ff.; einschränkend Kölner Komm. AktG/*Mertens* § 278 Rz. 96.

B. Erscheinungsformen nach dem Mitgliederkreis   12, 13   § 1

ausländischen Börse gehandelt werden. Da sich mit der Börseneinführung der Charakter der AG verändert – an die Stelle des vor der Börseneinführung idR überschaubaren Gesellschafterkreises tritt eine unbekannte Vielzahl von Aktionären –, unterliegt sie mit der Börseneinführung einem Paradigmenwechsel. Die Aktie wird mit einer anonymen Verkehrsfreiheit ausgestattet. Das hat ua. Auswirkungen auf den Verkehrswert der Aktie. Der Markwert der Aktie einschließlich Verkehrsfähigkeit am Kapitalmarkt ist ein anderer als der Marktwert ohne diese spezifische Verkehrsfreiheit. Dieser Bewertungsparameter genießt auch den besonderen Schutz der Eigentumsgarantie nach Art. 14 GG. Das wird weniger beim Gang an die Börse als vielmehr bei Aufgabe der Börsenzulassung eines Papiers deutlich (sog. Delisting). Dazu hat der BGH in seiner Grundsatzentscheidung vom 25. 11. 2002 (Macrotom)[11] ausgeführt, dass dies nicht ohne einen Beschluss der Hauptversammlung (mit einfacher Mehrheit) und nicht ohne ein Pflichtangebot des Großaktionärs oder der Paketbesitzer an die Minderheitsaktionäre des Inhalts, deren Aktien zum vollen Wert zu übernehmen, aktienrechtlich zulässig ist. Die Verkehrsfähigkeit ist also ein besonders – i. d. R. werterhöhendes – Element für die Wertbestimmung der Aktie. Allerdings ist dieser Zusatznutzen für Gesellschaft und Aktionäre mit einer Fülle von Bedingungen verbunden, die die kapitalmarktorientierte AG/KGaA zusätzlich zur Normal-AG erfüllen muss; Bedingungen, die einen durchaus nicht unerheblichen Mehraufwand auf Seiten der AG nach sich ziehen. Es geht um die Voraussetzungen und Mehraufwendungen, die sich zum einen aus der Börsenzulassung und zum anderen aus den Zulassungsfolgepflichten ergeben. Stichwortartig seien nur die Folgenden genannt (im Einzelnen vgl. §§ 20 ff.):

Zulassungsvoraussetzungen: 12
- Prospekterstellung (§§ 1 ff. WpPG)
- Erweiterung des Rechnungswesens zusätzlich auf internationale Rechnungslegungsstandards (IFRS)
- Due Diligence (i. d. R. Analyse der wirtschaftlichen, finanziellen, rechtlichen und steuerlichen Verhältnisse), mit Comfort Letter (i. d. R. eines Wirtschaftsprüfers) an die Prospektverantwortlichen[12]
- Dokumentenerstellung für die Vertragsverhältnisse zwischen den an der Emission beteiligten Parteien; Antragsdokumentation[13]
- Börsenzulassung
- Vermarktung (inbes. Roadshow und Platzierung).

Zulassungsfolgepflichten: 13
- im Aktienrecht:
  - der Aufsichtsrat muss zwingend zweimal im Kalenderhalbjahr zusammentreten (§ 110 Abs. 3 AktG)
  - den Vorschlägen zur Wahl von Aufsichtsratsmitgliedern sind Angaben zu deren Mitgliedschaft in anderen gesetzlich zu bildenden Aufsichtsräten und Angaben zu ihrer Mitgliedschaft in vergleichbaren in- und ausländischen Kontrollgremien von Wirtschaftsunternehmen beizufügen (§ 125 Abs. 1 Satz 3 AktG)
  - Beschlüsse der Hauptversammlung sind zwingend durch einen notarielle Niederschrift zu beurkunden (§ 130 Abs. 1 AktG)

---

[11] BGH Urt. v. 25. 11. 2002, ZIP 2003, 387 ff.
[12] Vgl. Lobe/Essler/Röder WPg 2007, 468 ff.
[13] Vgl. Praxishdb. Börsengang/Harrer/Vaupel S. 147 ff. und Hutter/Kaulomo S. 191 ff.

- es kann kein Höchststimmrecht vereinbart werden (§ 134 Abs. 1 Satz 2 AktG)
- Vorstand und Aufsichtsrat müssen jährlich in einer den Aktionären dauerhaft zugänglichen Form (Website) erklären, dass den Empfehlungen des Deutschen Corporate Governance Kodex (DCGK) entsprochen wurde und wird oder welche Empfehlungen nicht angewendet wurden oder werden (§ 161 AktG)
- der Aufsichtsrat hat anzugeben, welche Ausschüsse gebildet worden sind und wie viele Sitzungen des Aufsichtsrats und der Ausschüsse stattgefunden haben (§ 171 Abs. 2 AktG)
- wechselseitig beteiligte Unternehmen dürfen in der Hauptversammlung ihr Stimmrecht zur Wahl von Mitgliedern des Aufsichtsrats nicht ausüben (§ 328 Abs. 3 AktG).

- **Publizitätsanforderungen:**
- Jahresabschluss nach HGB und Konzernabschluss nach IFRS (§ 315 a HGB; Art. 4 VO EG Nr. 1606/2002) mit Pflichtprüfung
- Halbjahresfinanzbericht ggf. mit prüferischer Durchsicht (§ 37 w WpHG)
- Quartalsberichte je nach Börsenordnung.
- sog. Ad Hoc-Publizität von Insiderinformationen (§§ 13, 15 WpHG)
- Mitteilung von sog. Directors Dealing (§ 15 a WpHG)
- Mitteilung von Veränderungen von Stimmrechtsanteilen (§ 21 WpHG)
- jährliches zusammenfassendes Dokument über alle während des Jahres vorgenommenen Pflichtveröffentlichungen (§ 10 WpPG)
- ggf. besondere Veröffentlichungspflichten nach §§ 39 Abs. 1 Nr. 3, 41 Abs. 2 BörsG.

14 Als weitere Pflicht ist das Verbot des Insiderhandels zu nennen (§ 14 WpHG). Als Zusatzkosten ist – neben der Erstzulassungsgebühr der Börse – auch die jährliche Börsennotierungsgebühr zu erwähnen. Darüber hinaus unterliegen börsengehandelte Unternehmen – neben der obligatorischen Abschlussprüfung – einer besonderen Rechnungslegungsaufsicht durch die Deutsche Prüfstelle für Rechnungslegung (§§ 37n ff. WpHG; §§ 342 b ff. HGB), die anlassbezogen und stichprobengesteuert tätig wird. Auch diese Kosten werden auf die Kapitalmarktteilnehmer umgelegt.

15 Die Zulassungsvoraussetzungen und die Zulassungsfolgepflichten unterscheiden sich im amtlichen und im geregelten Markt (Prime Standard und General Standard) nicht mehr wesentlich. Zwar kennt das BörsG für den geregelten Markt keine spezifischen Zulassungsfolgepflichten; diese werden aber i. d. R. durch die entsprechenden Börsenordnungen übernommen.[14] Lediglich der Freiverkehr (Entry Standard) ist kein organisierter Markt (§ 2 Abs. 5 WpHG). Hier gelten die Freiverkehrsrichtlinien mit wesentlich geringeren formalen Pflichten. Er ist insbesondere auf kleinere und mittlere Unternehmen ausgerichtet, um diese schnell, unkompliziert und kostengünstig in den Handel einzuführen.

16 Die Börsennotierung – vielleicht mit Nuancen im Prime-, General- und im Entry Standard – führt zu einer betonten Ausrichtung der Unternehmensführung und der Unternehmensziele auf den Anleger, sei er nun privater oder institutioneller Natur, und auf die Börsenkapitalisierung (**shareholder value**). Die ggf. auch kurzfristige Wertsteigerung des Anteils steht im Vordergrund.

---

[14] Vgl. Praxishandbuch Börsengang/*Rosen* S. 350.

B. Erscheinungsformen nach dem Mitgliederkreis

Als Führungsinstrument wird verbreitet die „wertorientierte Unternehmensführung" propagiert, die vom „free cash flow" ausgeht.[15] Dessen ungeachtet muss die Unternehmensführung zusammen mit dem Aufsichtsrat auch bei börsennotierten Unternehmen die schwierige Abwägung von Aktionärsinteressen und Interessen der anderen Unternehmensbeteiligten (Stakeholder: Arbeitnehmer, Gläubiger etc.) vornehmen und von Fall zu Fall neu lösen. Langfristig kann der Shareholder Value nur maximiert werden, wenn auch die Interessen der anderen Stakeholder angemessen berücksichtigt werden.[16]

Nach der Konzeption des AktG werden Ausrichtung, Führung und Strategie der AG durch den Vorstand unter begleitender und beaufsichtigender Mitwirkung des Aufsichtsrats verwirklicht. Die Einflussnahme der Aktionäre als Kapitalgeber auf die Organe ist bzw. war insbesondere bei einer breit gestreuten anonymen Aktionärszusammensetzung eher bescheiden. Dass die breite Streuung der Idealvorstellung des Gesetzgebers entspricht, ergibt sich insbesondere aus den Meldepflichten des WpHG und der Verpflichtung zur Abgabe eines Übernahmeangebots bei einem Beteiligungsbesitz von 30 % der Stimmrechte oder mehr. Zu beachten ist aber, dass neuerdings Aktionäre (insbesondere Hedge Fonds) mit Beteiligungen deutlich unter 30 % Techniken zur Einflussnahme auf die Organe der AG entwickelt haben, um ihre – häufig auf kurzfristige Steigerung des shareholder value ausgerichtete – Strategie durchzusetzen. Neben der geschickten Nutzung aller durch das AktG eingeräumten Minderheitsrechte kann die Verwaltung auch durch medienwirksame Aktionen erheblich unter Druck gesetzt und ihr de facto die Führung aus der Hand genommen werden. Hinzu kommt die tatsächliche Nutzung von Aktionärsnetzwerken, die i. d. R. unter der Schwelle des acting in concert bleiben.[17] Der Erfolg solcher Strategien kann durchaus zur Auflösung verkrusteter Strukturen und zu einem Mehrwert für alle Beteiligten führen, kann aber auch sinnvolle Langfriststrategien zum Scheitern bringen.

Wenn Equity Fonds in den Aktionärskreis einsteigen, erwerben sie i. d. R. größere Aktienpakete ggf. sogar mit dem Ziel einer 100 %igen Beteiligung und eines Delisting der AG. Probleme können sich aus der regelmäßig angestrebten Überwälzung der Kaufpreisverbindlichkeit des Erwerbers (i. d. R. einer speziell gegründeten Zweckgesellschaft) auf das Zielunternehmen (die AG) z. B. im Wege der Verschmelzung ergeben.

Für die KGaA gelten für die Kapitalmarktfähigkeit keine Besonderheiten.

Wegen der steuerlichen Besonderheiten der börsennotierten AG/KGaA vgl. § 13.

III. Die AG/KGaA auf dem Weg zur Börseneinführung

Die AG/KGaA, die eine Platzierung von Aktien am Kapitalmarkt beabsichtigt (Initial Private Offering, IPO), befindet sich in einer Sondersituation auf dem Wege von einem idR geschlossenen zu einem marktoffenen Gesellschafterkreis. Die Vorbereitung der Kapitalmarktreife führt zu organisatorischen Veränderungen, insb. einer klaren Trennung von Unternehmens- und Gesell-

---

[15] *Allbach* Allgemeine Betriebswirtschaftslehre 2. Aufl. S. 299 ff.
[16] *Allbach* a.a.O. (Fn. 9) S. 303.
[17] Der BGH legt einen relativ weiten Maßstab an, vgl. BGH II ZR 137/05 v. 18. 9. 06, OHR 2006, 2042; *Borges* ZIP 2007, 357 ff.

schaftersphäre. Je nachdem welcher Markt in Anspruch genommen werden soll, sind Umstellungen des Rechnungswesens auf IAS oder US-GAAP erforderlich. Entscheidend ist die Herausarbeitung eines überzeugenden Emissionskonzepts bezüglich der Produkt- oder Dienstleistungspalette. Gegebenenfalls sind personelle Weichenstellungen vorzunehmen, die Vertrauen in ein überzeugendes Zukunftskonzept sicherstellen. Die AG/KGaA auf dem Wege zur Börseneinführung wird sich idR eines unternehmensfremden Projektmanagements bedienen (Emissionsbank, Rechtsanwälte, Wirtschaftsprüfer, Steuerberater). Die Verantwortung und Leitung muss aber beim Vorstand verbleiben.

Wegen der steuerlichen Vorbereitungsmaßnahmen auf einen Börsengang vgl. § 21.

IV. Die Familien-AG/KGaA

21 Die **Familiengesellschaft** ist ein unbestimmter und dehnbarer Begriff. Eine Definition findet sich nur in § 1 Abs. 1 Nr. 1 Satz 3 DrittelbG iVm. § 15 AO, nämlich die Einmanngesellschaft oder Gesellschaften, deren Aktionäre untereinander verwandt oder verschwägert sind. Dies ist aber eine viel zu enge Umschreibung, die nur den Spezialfall der Begünstigung über den Wegfall der Arbeitnehmervertretung im Aufsichtsrat betrifft.

22 Als Familiengesellschaft nach allgemeinem Verständnis und in weiterem Sinne kann man deshalb Gesellschaften bezeichnen, die sich in der Hand von einer oder mehreren Familien (durchaus im Verständnis von § 15 AO) befinden; häufig abgeleitet von einer oder mehreren Gründerfamilien. Dabei schadet eine Beteiligung Dritter nicht, jedenfalls soweit sie keinen maßgeblichen Einfluss auf die Gesellschaft vermittelt.[18] Solche Unternehmen können in der Rechtsform einer AG oder KGaA geführt werden, wenn auch die AG nicht die typische Rechtsform der Familiengesellschaft ist; da stehen KG, GmbH & Co. KG oder GmbH im Vordergrund (vgl. Rz. 76 ff.).

23 Es können aber durchaus gute Gründe für die Familien-AG oder -KGaA sprechen, ua. die Folgenden:
– Übergang vom Familienmanagement zum gesellschafterunabhängigen Drittmanagement. Fähige Unternehmensführer sind in das Beziehungsgeflecht einer Familiengesellschaft eher zu gewinnen, wenn ihnen die Stellung eines im laufenden Geschäft unabhängigen Aktien-Vorstandes eingeräumt ist und die Familie sich in den Aufsichtsrat zurückzieht.
– Leichtere Kooperationsfähigkeit mit Drittunternehmen (Aktientausch etc.)
– Einfachere Fungibilität und Verwertbarkeit der Anteile (zB im Erbfalle)
– Klare Kompetenzabgrenzungen
– Gegebenenfalls Steuervorteile in der laufenden Besteuerung (niedriger Tarif für Thesaurierung: § 23 Abs. 1 KStG; Steuerfreiheit von Dividendeneinkünften bei AG: § 8 b KStG). Dies gilt allerdings auch für die GmbH.[19]

24 Regelmäßig wird eine Familiengesellschaft – das zeigen auch die beispielhaft aufgezeigten Vorteile – erst dann in die Rechtsform der AG schlüpfen, wenn sie sich in einer Übergangsphase befindet: Sei es zum Fremdmanagement, zur Inanspruchnahme des Kapitalmarkts, zur Kooperation in der einen oder anderen Form mit Drittunternehmen oder in vergleichbaren Fällen.

---

[18] *Schmidt* GesR 2. Aufl. § 26 III 2.
[19] Zum steuerlichen Rechtsformvergleich auch mit Personengesellschaften vgl. Rz. 95.

B. Erscheinungsformen nach dem Mitgliederkreis 25, 26 § 1

Eine ausdrückliche Begünstigungsvorschrift für die Familien-AG im engeren Sinne enthält § 1 Abs. 1 Nr. 1 DrittelbG: Bei einer Familien-AG mit weniger als 500 Arbeitnehmern kann der Aufsichtsrat auch dann ausschließlich mit Vertretern der Aktionäre besetzt werden, wenn die AG schon vor dem 10. 8. 1994 bestand. Diese Privilegierung setzt jedoch voraus, dass alle Aktionäre miteinander verwandt oder verschwägert sind (vgl. Rz. 21). Das gilt entsprechend für die KGaA. Wenn auch das AktG keine ausdrücklichen (Begünstigungs-) Vorschriften für die Familien-AG kennt, so gibt es doch eine Reihe von Instrumenten, um die AG entsprechend den Bedürfnissen einer Familiengesellschaft auszugestalten: 25

- Begründung von vinkulierten Namensaktien, die nur mit Zustimmung der Gesellschaft übertragen werden können (vgl. § 4 Rz. 39 ff.). Zusätzlich zur Vinkulierung der Aktien kann eine Zwangseinziehung (§ 237 AktG) vorgesehen werden. Sie greift in Fällen der nicht rechtsgeschäftlichen Übertragungen, die nicht von der Vinkulierungsklausel erfasst werden. So kann die Satzung beispielsweise vorsehen, dass die Aktien von Aktionären eingezogen werden können, die nicht zu einem bestimmten Familienstamm gehören.
- Satzungsmäßige Stimmrechtsbegrenzung: Sie wird erreicht, indem anstelle von Stammaktien Aktien mit Höchststimmrechten ausgegeben werden (vgl. hierzu ie. § 4 Rz. 224).
- Ausgabe von Vorzugsaktien ohne Stimmrecht oder von Genussrechten zur Erhaltung des Familieneinflusses.

Als schuldrechtliche Instrumente zur Erhaltung des Charakters der Familiengesellschaft kommen Vorkaufs- und Rückkaufsrechte sowie Andienungspflichten in Betracht. Will ein Aktionär ausscheiden und seine Aktien veräußern, kann, um eine unerwünschte Ausweitung des Aktionärskreises zu verhindern, aufgrund individualrechtlicher Vereinbarung ein **Vorkaufsrecht** nach §§ 463 ff. BGB an den Aktien zugunsten eines oder mehrerer Aktionäre vereinbart werden.[20] Auch an vinkulierten Namensaktien kann einVorkaufsrecht begründet werden.[21] Eine solche Vereinbarung kann beispielsweise bestimmen, dass bestimmte oder alle Mitaktionäre eines Familienstamms ein Vorkaufsrecht an den Aktien haben. Zusätzlich zu dem Vorkaufsrecht, aber auch unabhängig hiervon, können so genannte **Anbietungspflichten** vereinbart werden. Mit diesen wird eine Pflicht für veräußerungswillige Aktionäre begründet, soweit sie die Aktien verkaufen wollen, diese bestimmten Personen (insb. Mitgesellschaftern) anzubieten. Individualvertraglich ist die Vereinbarung von Anbietungspflichten in den Grenzen der §§ 138, 242 BGB ohne weiteres zulässig.[22] Allerdings können solche Anbietungspflichten nicht in der Satzung festgelegt werden, da sie eine unzulässige Nebenpflicht der Aktionäre enthalten würden.[23] Möglich ist auch die Vereinbarung von **Rückkaufsrechten** (§§ 456 ff. BGB). Sie eröffnen dem Aktionär, der Aktien veräußert hat, unter den vertraglich festgelegten Umständen die Möglichkeit, die Aktien zurückzuerwerben. Auch insoweit ist eine schuldrechtliche Begründung von Rückkaufsrechten möglich; eine satzungsmäßige Ausgestaltung jedoch ausgeschlossen. 26

---

[20] BGH II ZR 272/85 v. 25. 9. 1986, NJW 1987, 890 ff., WM 1987, 10 ff.; LG Offenburg 2 O 220/88 v. 8. 11. 1988, AG 1989, 134 ff.
[21] LG Offenburg 2 O 220/88 v. 8. 11. 1988, AG 1989, 137.
[22] *Friedwald* Die personalistische Aktiengesellschaft 1991 S. 77.
[23] Vgl. BayObLG BReg 3 Z 111/88 v. 24. 11. 1988, DB 1989, 215.

27 Eine weitere schuldrechtliche Gestaltungsmöglichkeit, von der in zahlreichen Familiengesellschaften Gebrauch gemacht wird, ist die Vereinbarung von Stimmbindungs- und Schutzgemeinschaftsverträgen. Bei dem **Stimmbindungsvertrag** handelt es sich um eine Gesellschaft bürgerlichen Rechts, deren Gesellschafter sich verpflichtet haben, ihre Stimmrechte gemeinschaftlich auszuüben. Hierdurch wird versucht, ein gleichgerichtetes Abstimmungsverhalten in der Hauptversammlung zu erreichen, mit anderen Worten eine Zersplitterung der Stimmrechte in der Familie zu verhindern. Durch den Stimmbindungsvertrag kann sich der Aktionär gegenüber anderen Aktionären oder Dritten verpflichten, das Stimmrecht in der Hauptversammlung in Bezug auf alle oder sachlich begrenzte Geschäfte in bestimmter, bereits inhaltlich festgelegter Weise abzugeben oder von einer Stimmabgabe abzusehen.[24] Das Stimmverhalten kann entweder von vornherein im Stimmbindungsvertrag konkretisiert oder vor Beschlussfassung in der Hauptversammlung unter den Vertragsparteien abgestimmt werden. Insoweit besteht weitgehende Gestaltungsfreiheit.[25] Die grundsätzliche Zulässigkeit auch Nichtaktionäre in einen Stimmbindungsvertrag einzubeziehen[26] eröffnet die Möglichkeit z. B. als Aktionäre schon ausgeschiedene (vorweggenommene Erbfolge) Familienmitglieder oder nahe Stehende an der Meinungsbildung zu beteiligen. Ein **Verstoß** gegen die Stimmbindung hat lediglich schuldrechtliche Auswirkungen. Er führt nicht zur Unwirksamkeit der Stimmabgabe, sondern lediglich zu Schadensersatzansprüchen. Da es jedoch schwierig ist, den Schaden zu bemessen, ist es in der Praxis üblich, für den Fall eines Verstoßes gegen den Stimmbindungsvertrag Vertragsstrafen vorzusehen. Diese sind in der Regel in dem schuldrechtlichen GbR-Vertrag enthalten. Bei dem **Schutzgemeinschaftsvertrag** handelt es sich um einen Unterfall des Stimmbindungsvertrages. Für diesen ist charakteristisch, dass die Aktien aller betreffenden Aktionäre auf eine Gesellschaft übertragen werden. Häufig wird eine BGB-Gesellschaft gegründet, in deren Vermögen die Aktien eingebracht und ggf. in einem besonderen Depot gehalten und von einem gewählten Konsortialführer verwaltet werden. Gegenstand der BGB-Gesellschaft ist die Verwaltung der Aktien und die Wahrnehmung der Mitverwaltungsrechte. Hierdurch wird den Aktionären die Möglichkeit entzogen, selbständig und ohne Zustimmung der übrigen Gesellschafter der so genannten Schutzgesellschaft die Stimmrechte auszuüben sowie über die Aktien zu verfügen. Ist die AG allerdings schon an der Börse gehandelt, ist bei Abschluss von Stimmbindungs- oder Schutzgemeinschaftsverträgen zu beachten, dass dies zu einem „acting in concert" i. S. v. §§ 30, 35 WpÜG mit der Verpflichtung zur Abgabe eines Übernahmeangebots führen kann.

28 Als besonders geeignet für die Familiengesellschaft, die Zugang zum Kapitalmarkt sucht, den Familieneinfluss aber so lange wie möglich erhalten will, scheint an sich die KGaA zu sein. Der Familieneinfluss kann über den Komplementär, sei er nun natürliche Person, Personengesellschaft oder Kapitalgesellschaft, abgesichert und erhalten werden. Nach der Konzeption der KGaA ist der Komplementär der „geborene" Geschäftsführer und der Aufsichtsrat ist zum reinen Überwachungsorgan ohne Personalkompetenz reduziert. Die Geschäftspolitik des Unternehmens wird durch den Komplementär bestimmt, der

---

[24] Geßler/Hefermehl/Eckardt/Kropf-Eckardt § 136 Rz. 51, 53.
[25] Vgl. zB Schröder ZGR 1978, 578, 580.
[26] MünchKomm. AktG/Bd. 4 Schröer § 136 Rz. 67 ff.

B. Erscheinungsformen nach dem Mitgliederkreis

Aufsichtsrat kann sich informieren und beraten, aber nicht korrigierend eingreifen.
De facto wird allerdings die KGaA nach wie vor als Rechtsform nur zurückhaltend genutzt. Dies mag mit einer gewissen Scheu bei der Aufnahme und Wertschätzung dieser Rechtsform durch die Anleger am Kapitalmarkt zusammenhängen (alle Vorteile für den Komplementär stellen sich als Nachteile für den Anleger dar).

V. Kleine AG

Mit dem Gesetz für kleine Aktiengesellschaften und zur Deregulierung des Aktienrechts vom 2. August 1994[27] („kleine-AG"-Reform) sind Gesetzesänderungen verabschiedet worden, die die Rechtsform der AG auch für mittelständische Unternehmen öffnen und ihr den Zugang zur Börse bzw. dem geregelten Markt, dem Freiverkehr oder dem Neuen Markt ermöglichen wollen. Damit sollte vor allem der Verwaltungsaufwand, den die normale AG verursacht, durch gewisse Erleichterungen dem der GmbH angepasst werden.

Anders als das Gesetz für kleine Aktiengesellschaften zunächst annehmen lässt, ist durch dieses keine weitere Rechtsform geschaffen worden. Vielmehr begnügt sich das Gesetz damit – unabhängig von der Größe der AG –, die Satzungsautonomie zu erweitern, die Abhaltung/Einberufung der Hauptversammlung zu vereinfachen und die Einpersonen-AG einzuführen. Zudem unterliegen Aktiengesellschaften, die nach dem 10.8.1994 eingetragen worden sind und weniger als 500 Arbeitnehmer beschäftigen, nicht mehr der Mitbestimmung § 1 Abs. 1 Nr. 1 DrittelbG; zu beachten ist aber die Zurechnung von Arbeitnehmern von beherrschungsvertraglich unterworfenen oder eingegliederten Gesellschaften nach § 2 Abs. 2 DrittelbG).

1. Einpersonen-AG

Die Einpersonen-Aktiengesellschaft ist juristische Person. Bei ihr handelt es sich nicht, wie teilweise angenommen worden ist, um ein Sondervermögen ihres alleinigen Aktionärs. Zuordnungssubjekt des Vermögens ist ausschließlich die Einpersonen-AG. Die Gründung der Einpersonen-AG vollzieht sich ebenso wie diejenige der mehrgliedrigen AG durch Feststellung der Satzung (vgl. § 2). Als Gründer kommen neben natürlichen Personen auch juristische Personen oder Personengesellschaften in Betracht.[28] Mit ihrer Errichtung entsteht eine Einpersonen-Vor-AG, die vom sonstigen Vermögen des einzigen Aktionärs zu trennen und an die die Einlage zu leisten ist. Die AG entsteht dann mit der konstitutiven Eintragung im Handelsregister. Besonderheiten im Hinblick auf die Gründung bestehen allein bei der Kapitalaufbringung. Gemäß § 36 Abs. 2 Satz 2 AktG hat der Gründer zusätzlich für den Teil der Geldeinlage, der den eingeforderten Betrag übersteigt, eine Sicherheit zu bestellen. Der eingeforderte Betrag muss bei Bareinlagen mindestens ein Viertel des Nennbetrages und bei Agio auch diesen Mehrbetrag umfassen. Als Sicherheiten kommen zunächst die Sicherheiten des § 232 BGB in Betracht. Zudem können andere wirtschaftlich gleichwertige Sicherungsmittel wie Bankbürgschaften, Grund-

---

[27] BGBl. 1994, 1061.
[28] *Lutter* AG 1994, 429.

schulden und Garantien zugelassen werden.[29] Ob darüber hinaus auch Sicherungen bei Sacheinlagen zu bestellen sind, ist umstritten. Teilweise wird insoweit davon ausgegangen, dass aufgrund des Umstandes, dass die Sacheinlagen stets vollständig vor Anmeldung zu leisten sind, kein Bedürfnis für eine Sicherungsleistung besteht.[30] Teilweise wird jedoch auch angenommen, dass eine Sicherheitsleistung zu erbringen ist, wenn die Sacheinlage nicht in einer Gebrauchs- oder Nutzungsüberlassung, sondern in einer erst in fünf Jahren nach Eintragung zu bewirkenden Leistung besteht.[31] Diese oben genannte Verpflichtung zur Sicherheitsleistung gilt auch in den Fällen von offenen Einlageverpflichtungen aus Kapitalerhöhungen durch den einzigen Aktionär (§ 188 Abs. 2 iVm. § 36 Abs. 2 AktG).

2. Erweiterte Satzungsautonomie

33 Durch das Gesetz für Kleine Aktiengesellschaften und zur Deregulierung des Aktienrechts vom 2. 8. 1994 (BGBl. I S. 1961) ist die Satzungsautonomie erweitert worden. Nach dem Gesetz (§ 58 Abs. 2 AktG) können Vorstand und Aufsichtsrat bis zur Hälfte des Jahresüberschusses in andere Gewinnrücklagen einstellen. Da die Aktionäre in einer personalistisch strukturierten Aktiengesellschaft meistens unternehmerisch stärker in die Belange der Gesellschaft eingreifen und auch eine größere Verantwortung für die Rückstellungs- und Ausschüttungspolitik übernehmen, sind die Möglichkeiten erweitert: Die Satzung kann Vorstand und Aufsichtsrat zur Einstellung eines größeren, aber auch nur eines kleineren Teils des Jahresüberschusses in die Rücklage ermächtigen (§ 58 Abs. 2 Satz 2 AktG).

34 Daneben hat das Gesetz zur Kleinen Aktiengesellschaft mit § 10 Abs. 5 AktG die Möglichkeit eingeführt, den Anspruch des einzelnen Aktionärs auf Verbriefung seines Anteils auszuschließen oder einzuschränken (vgl. § 3 Rz. 19, 21). Dies ermöglicht es dem Unternehmen, der kostenträchtigen Herstellung und auch Ausgabe von Einzelurkunden zu entgehen.

3. Vereinfachung der Hauptversammlung

35 Wesentliche Erleichterungen hat das Gesetz für Kleine Aktiengesellschaften im Hinblick auf die Einberufung und Abhaltung der Hauptversammlung gebracht: Gemäß § 121 Abs. 4 Satz 1 AktG kann bei Gesellschaften, deren Aktionäre der Verwaltung namentlich bekannt sind, die Hauptversammlung mittels eingeschriebenen Briefs einberufen werden (vgl. § 4 Rz. 118). Auch die Mitteilungen (§ 124 AktG) und die Informationen für Aktionäre und Aufsichtsratsmitglieder (§ 125 AktG), die Bekanntmachung der Tagesordnung und das Minderheitsverlangen auf Ergänzung der Tagesordnung können mittels eingeschriebenen Briefes mitgeteilt werden. Zudem ist nunmehr eine Vollversammlung möglich: Wenn alle Aktionäre erschienen oder vertreten sind, kann die Hauptversammlung Beschlüsse ohne Einhaltung der gesetzlichen Einberufungsbestimmungen fassen (§ 121 Abs. 6 AktG). Unberührt bleiben allerdings die Vorschriften über die Teilnahme des Vorstands und des Aufsichtsrats. Auch bei Vollversammlungen ist ein Teilnehmerverzeichnis und ein Hauptversamm-

---

[29] *Lutter* AG 1994, 429.
[30] *Lutter* AG 1994, 429, 433.
[31] *Hüffer* AktG § 36 Rz. 15.

lungsprotokoll zu erstellen. Bei nichtbörsennotierten Gesellschaften bedarf die Niederschrift jedoch keiner notariellen Beurkundung, sondern nur der Unterschrift des Aufsichtsratsvorsitzenden, es sei denn, es werden Beschlüsse gefasst, für die das Gesetz eine Drei viertel- oder größere Mehrheit bestimmt (§ 130 Abs. 1 Satz 3 AktG), also bei Beschlüssen über Satzungsänderungen, Kapitalerhöhung und -herabsetzung uÄ.

VI. AG im Besitz der öffentlichen Hand

Die öffentliche Hand – Bund, Länder, Gemeinden – bedient sich ua. der AG als Rechtsform für ihre wirtschaftlichen Unternehmungen. Dabei gelten eine Reihe von Sondervorschriften, wenn es sich dabei um einen „Wirtschaftsbetrieb der öffentlichen Hand" handelt. Das sind Unternehmen, deren Eigenkapital sich mehrheitlich unmittelbar oder mittelbar im Eigentum von Gebietskörperschaften (Bund, Länder, Gemeinden, Gemeindeverbände) befindet.

Die Inanspruchnahme der privatrechtlichen Organisationsform der AG ist jedenfalls für Kommunen an bestimmte Voraussetzungen gebunden, die idR kumulativ erfüllt sein müssen (vgl. zB § 104 Gemeindeordnung Baden-Württemberg).[32] Der öffentliche Zweck muss das Unternehmen rechtfertigen, an dem sich die Kommune beteiligen will. Es reicht nicht aus, dass die Kommune den Ertrag, zB Dividende aus der Beteiligung, als allgemeines Deckungsmittel zur Aufgabenerfüllung einsetzen will. Das Beteiligungsunternehmen muss also eine öffentliche Aufgabe erfüllen, die unmittelbar im Wirkungskreis der Kommune liegt. Darüber hinaus muss das Beteiligungsunternehmen nach Art und Umfang in einem angemessenen Verhältnis zur Leistungsfähigkeit der Kommune und zum voraussichtlichen Bedarf stehen. Außerdem muss die Kommune diese Beteiligung finanziell verkraften können, sie darf sich also nicht unvertretbar verschulden oder andere wichtige Kommunalaufgaben vernachlässigen. Zudem darf der öffentliche Zweck nicht ebenso gut durch einen Eigenbetrieb erfüllt werden können. Schließlich muss die Einzahlungsverpflichtung und die Haftung der Kommune auf einen ihrer Leistungsfähigkeit angemessenen Betrag begrenzt werden. Dies ist in der Regel bei der AG kein Problem, da dort die Haftung auf die Einlage beschränkt ist.

Besonderheiten gelten für Rechnungslegung und Rechenschaftslegung für die AG, deren Mehrheit unmittelbar oder mittelbar Gebietskörperschaften gehört:
– Jahresabschluss und Lagebericht sind ohne Rücksicht auf die Größenklasse der AG (§ 276 HGB) stets nach den Vorschriften des HGB für große Kapitalgesellschaften aufzustellen (§ 65 Abs. 1 Nr. 4 BHO und entsprechende Vorschriften in den jeweiligen LHO und GO).
– Neben dem Jahresabschluss ist idR ein Wirtschaftsplan sowie ein mehrjähriger Finanzplan zu erstellen.[33]
– Der Jahresabschluss und der Lagebericht sind nach den Vorschriften des HGB für große Kapitalgesellschaften zu prüfen.

---

[32] Eine Zusammenstellung der einschlägigen Bundes-, Länder- und Kommunalvorschriften findet sich in WPH/Bd. I 2006 Rz. 3 ff. S. 1106 ff.
[33] Vgl. zB § 99 Abs. 1 Nr. 1 Sächs. GO.

Müller

– Gebietskörperschaften, denen die Mehrheit der Anteile oder mindestens 25 % der Anteile und zusammen mit anderen Gebietskörperschaften wiederum die Mehrheit der Anteile gehören, können gem. § 53 HGrG verlangen, dass im Rahmen der Abschlussprüfung auch die Ordnungsmäßigkeit der Geschäftsführung überprüft wird. Darüber hinaus kann der Abschlussprüfer mit einer erweiterten Berichterstattung beauftragt werden (§ 53 Abs. 1 Nr. 2 HGrG).

– Während bei der Normal-AG der Prüfungsbericht des Abschlussprüfers nur dem Aufsichtsrat, nicht aber den Aktionären auszuliefern ist (§ 321 Abs. 5 HGB), kann eine Gebietskörperschaft als Aktionär Auslieferung des Prüfungsberichts verlangen (§ 53 Abs. 1 Nr. 3 HGrG).

– Unter den Voraussetzungen des § 54 HGrG hat die AG öffentlichen Prüfungseinrichtungen (Bundesrechnungshof, Landesrechnungshöfe, kommunale Prüfungsämter) unmittelbar Einsichtnahme in den Betrieb, die Bücher und die Schriften des Unternehmens zu gewähren.

39 Eine weitere privilegierende Besonderheit gilt für die Vertreter von Gebietskörperschaften im Aufsichtsrat und für Personen, die mit der Verwaltung des Beteiligungsbesitzes einer Gebietskörperschaft betraut sind. Die strikte **Verschwiegenheitspflicht**, die sonst für Aufsichtsratsmitglieder gilt (§§ 116, 93 AktG), wird für diesen Personenkreis durch die §§ 394, 395 AktG wesentlich modifiziert und gelockert.

40 Sind an einer AG mehrheitlich Gebietskörperschaften und andere Aktionäre beteiligt, führen die genannten Sonderrechte zu einer formalen Ungleichbehandlung der Aktionäre; sie dürfte aber aufgrund der Sonderstellung der öffentlichen Hand gerechtfertigt sein (§ 53 a AktG).

VII. Die AG/KGaA mit Auslandsbezug[34]

1. Ausländische AG/KGaA mit Geschäftsleitung im Ausland

41 Eine ausländische AG, die ihren effektiven Sitz (Geschäftsleitung) im Ausland hat und nach ihrem Heimatrecht rechtsfähig ist, wird auch in Deutschland als Rechtsperson (AG) anerkannt. Das ist unstreitig und unabhängig von den Auseinandersetzungen um Sitz- oder Gründungstheorie.[35] Sie kann im Inland Zweigniederlassungen errichten und sich nach näherer Maßgabe der §§ 13 d bis f HGB in das Handelsregister eintragen lassen. Die Zweigniederlassung ist dann wie eine inländische Hauptniederlassung zu behandeln.[36]

2. Ausländische AG/KGaA mit Geschäftsleitung im Inland

42 Ist der effektive Sitz (Ort der Hauptverwaltung) einer im Ausland gegründeten AG im Inland, ist die rechtliche Behandlung derzeit umstritten, je nachdem, ob die Sitz- oder die Gründungstheorie zur Anwendung gebracht wird.

---

[34] Die steuerlichen Fragen des Auslandsbezugs werden in [?] behandelt.

[35] Nach der Gründungstheorie richtet sich das Gesellschaftsstatut (Personalstatut) nach dem Recht des Gründungsstaats; nach der Sitztheorie richtet sich das Gesellschaftsstatut (Personalstatut) nach dem Recht des effektiven Sitzes (Ort der Hauptverwaltung).

[36] *Baumbach/Hopt* HGB; § 13 d Rz. 5

B. Erscheinungsformen nach dem Mitgliederkreis

Die in Deutschland bislang hM folgte der **Sitztheorie**.[37] Nach dieser richtet sich das auf eine Gesellschaft anwendbare Recht – also das Gesellschaftsstatut – nach dem Recht des Ortes, an dem die Gesellschaft ihren tatsächlichen Verwaltungssitz (Geschäftsleitung) hat. Dies gilt auch dann, wenn eine Gesellschaft nicht nach dem Recht des tatsächlichen Verwaltungssitzes gegründet wurde, also tatsächlicher Verwaltungs- und Gründungssitz auseinander fallen. Befindet sich in einem solchen Fall der tatsächliche Verwaltungssitz in Deutschland, so kann die Gesellschaft nur als rechtsfähig angesehen werden, wenn die deutschen Gründungsvorschriften erfüllt und die Gesellschaft (in Deutschland) in das Handelsregister eingetragen ist. Fehlt es hieran, so ist die Gesellschaft fehlerhaft gegründet; die Gesellschaft hat keine Rechtsfähigkeit erlangt. So weit ein solches Gebilde im Rechtsverkehr auftritt, wird nach der derzeitigen Rechtsprechung des BGH[38] zumindest das Bestehen einer BGB-Außengesellschaft und beim Betreiben eines Handelsgewerbes einer oHG – angenommen. Damit ist zwar die Rechts- und Parteifähigkeit eines solchen Gebildes sichergestellt, aber um den Preis einer Reihe anderer ungelöster und vielleicht sogar unlösbarer Probleme.[39]

Die **Gründungstheorie** (Herkunftslandprinzip) knüpft demgegenüber das Personalstatut der Gesellschaft an das Recht des Staates an, in dem die Gesellschaft gegründet wurde und ihren Satzungssitz hat.[40] Diese Theorie ermöglicht es, Gesellschaften nach dem Recht des Gründungsstaates zu inkorporieren und sie gleichzeitig am Ort der tatsächlichen Geschäftstätigkeit der dortigen Rechtsordnung zu unterstellen. Die Rechtssubjektivität nach dem Recht des Gründungsstaates wird also auch im Staat des effektiven Verwaltungssitzes anerkannt. Die Frage nach dem Geltungsbereich dieser gegensätzlichen Theorien und danach, ob die bislang in Deutschland herrschende Sitztheorie überhaupt noch aufrechterhalten werden kann, ist durch die Rechtsprechung des EuGH zur Niederlassungsfreiheit (Art. 43 EGV) veranlasst: In der sog. „Centros"-Entscheidung des EuGH[41] ist, jedenfalls für den EU-Bereich, die Frage aufgeworfen worden, ob an der Sitztheorie noch festgehalten werden kann. In vorgenannter Entscheidung hat der EuGH die Pflicht zur Eintragung einer Zweigniederlassung einer in England und Wales eingetragenen, von zwei dänischen Staatsbürgern gegründeten Private Limited Company in Dänemark unter Hinweis auf Artikel 43, 48 EGV bejaht, obwohl diese Gesellschaft in England und Wales keine eigene Geschäftstätigkeit entfaltete und ihre Tätigkeit ausschließlich in Dänemark ausüben sollte.

. Auf „Centros" folgte die sog. „Überseering"-Entscheidung des EuGH.[42] In diesem Verfahren entschied das Gericht, dass einer nach niederländischem Recht wirksam gegründeten BV, die ihren tatsächlichen Sitz nach Deutschland – dem Wohnort ihrer beiden Gesellschafter – verlegt hatte, die Rechts-

---

[37] Vgl. *Hüffer* AktG § 1 Rz. 25 ff. mwN.
[38] BGH II ZR 380/00 v. 1. 7. 2002 NJW 2002, 3539, OLG München 19 U 1844/02 v. 12. 9. 2002, ZIP 2002, 2132; OLG Hamburg 11 U 231/04 v. 30. 3. 2007, BB 2007, 1519.
[39] *Ebke* JZ 2003, 927 ff.; *Binz/Mayer* BB 2005, 2361 ff. und BB 2007, 1522.
[40] MüKommBGB/Bd. 11/*Kindler* IntGesR 3. Auflage 1999 Rz. 7.
[41] NJW 1999, 2027 = NZG 1999, 298 mit Anm. Leible = DB 1999, 624. *Meilicke* = EWiR 1999, 259 (Neihe); s. hierzu auch *Ebke* JZ 1999, 656 ff; *Kindler* NJW 1999, 1993 ff.; *Lange* DNotZ 1999, 599, 604 ff.
[42] EuGH Rs. C-208/00 v. 5. 11. 2002, NZG 2002, 1164; DB 2002, 2425; BB 2002, 2402; ZIP 2002, 2037.

fähigkeit und damit die Partei- und Prozessfähigkeit in Deutschland nicht versagt werden darf. Beide Entscheidungen waren noch nicht zwangsläufig mit der Sitztheorie unvereinbar;[43] sie haben aber den Anhängern der Gründungstheorie erheblichen Auftrieb gegeben.[44]

Der Durchbruch zugunsten der Gründungstheorie innerhalb der Europäischen Gemeinschaft ist durch das EuGH-Urteil vom 30. 9. 2003 (**Inspire Art**) erfolgt: Danach ist die in einem Mitgliedstaat gegründete Kapitalgesellschaft in einem anderen Mitgliedstaat anzuerkennen, auch wenn sie ihre Tätigkeit ausschließlich oder nahezu ausschließlich in dem anderen Mitgliedstaat ausübt. Eine Ausnahme besteht allenfalls dann, wenn im konkreten Fall ein Missbrauch nachgewiesen werden kann.[45]

44 Im Ergebnis ist festzuhalten, dass innerhalb der Europäischen Union die Sitztheorie ihre Existenzberechtigung zugunsten des Herkunftslandsprinzip (Gründungstheorie) verloren hat. Das gilt auch für die Staaten des Europäischen Wirtschaftsraums[46] (Island, Liechtenstein und Norwegen) und für durch bilaterale Verträge gleichgestellte Staaten (z. B. USA).[47] Für wesentliche Handelspartner Deutschlands kommt damit die Gründungstheorie zur Anwendung. Ob es für Drittstaaten bei der Sitztheorie bleibt wird der BGH zu entscheiden haben. Das OLG Hamburg neigt zwar zur Gründungstheorie, hat aber in einem Drittstaatenfall noch nach der Sitztheorie entschieden, um dem BGH Gelegenheit zu einer Grundsatzentscheidung zu geben.[48] Inzwischen gibt es Bestrebungen der Bundesregierung generell für Gesellschaften, Vereine und juristische Personen, die Gründungstheorie zu kodifizieren (Art. 10 EGBGB i. d. F. des Entwurfs eines Gesetzes zum internationalen Privatrecht der Gesellschaften, Vereine und juristischen Personen). Danach soll auch im Verhältnis zu Drittstaaten außerhalb EU und EWR das Recht zur Anwendung kommen, nach dem die betreffende juristische Person gegründet bzw. in ein öffentliches Register eingetragen worden ist und nicht mehr das Recht am tatsächlichen Verwaltungssitz. Ob der RefE in dieser Fassung Gesetz wird, bleibt abzuwarten.

3. Ausländische Gesellschaft mit Tochter-AG in Deutschland

45 Handelt es sich um eine Konzernverbindung, in der die Tochtergesellschaft ihren Sitz in Deutschland und die Muttergesellschaft ihren Sitz im Ausland hat, so stellt sich die Frage, welches Recht die Beziehung zwischen Mutter und Tochter regiert. Diese Frage ist nach den jeweils anwendbaren IPR-Regeln zu beurteilen. Die hM in der deutschen Rechtsprechung und Literatur geht inso-

---

[43] BGH VII ZR 370/98 v. 13. 3. 2003, ZIP 2003, 718.

[44] *Ahrens* DNotZ 2003, 32; *Binz/Mayer* GmbHR 2003, 249; *Deininger* IStR 2003, 214; *Eidenmüller* ZIP 2003, 2233; *Forsthoff* DB 2002, 2471; *Großerichter* DStR 2003, 159; *von Halen* WM 2003, 571; *Heidenhain* NZG 2002, 1141; *Kallmeyer* DB 2002, 2521; *Kersting* NZG 2003, 9; *Kindler* NJW 2003, 1073; *Knapp* DNotZ 2003, 85; *Seible/Hoffmann* RiW 2002, 925; *dieselben* ZGR 2003, 925; *Lutter* BB 2003, 7; *Paefgen* DB 2003, 30; *Schulze/Sester* EWS 2002, 545; *Zimmer* BB 2003, 1.

[45] EuGH Rs. C-167/01 v. 30. 9. 2003; vgl. ZIP Nr. 40/2003 A 77.

[46] BGHZ II ZR 372/03 v. 19. 9. 2005, ZIP 2005, 1869.

[47] BGH II ZR 389/02 v. 5. 7. 2004, NZG 2004, 1001; Deutschamerikanischer Handels-, Schiffahrts- und Freundschaftsvertrag vom 29. 10. 1954 BGBl. II 1956, 487.

[48] OLG Hamburg 11 U 231/04 v. 30. 3. 2007, BB 2007, 1519.

B. Erscheinungsformen nach dem Mitgliederkreis 46–48 § 1

weit davon aus, dass das Statut der Gesellschaft, bei der der **Gefahrenschwerpunkt des Konzernverhältnisses** liegt, die Beziehung zwischen Mutter und Tochter regiert. Der Gefahrenschwerpunkt liegt dieser Ansicht nach bei dem Tochterunternehmen. Begründet wird dies damit, dass für die abhängige Gesellschaft aus der Konzernrechtsbeziehung die Besorgnis nachteiliger Einflussnahmen seitens des herrschenden Unternehmens resultiert, so dass bei ihr der Gefahrenschwerpunkt liegt.[49] Dementsprechend richtet sich das anwendbare Recht nach dem auf die abhängige Gesellschaft anwendbaren Recht. Ist Sitz der abhängigen Gesellschaft Deutschland, so findet das deutsche Recht Anwendung. Ansprüche auf Schadensersatz der Tochtergesellschaft, ihrer Aktionäre oder Gläubiger gegenüber der ausländischen Muttergesellschaft sind daher im faktischen Konzern auf der Grundlage des § 317 AktG und ggf. nach den Grundsätzen der unerlaubten Handlung (BGH II ZR 3/04 vom 16.7.2007) oder des existenzvernichtenden Eingriffs.[50]

Ebenso wie bei den faktischen Unternehmensverbindungen geht die hM in 46 der deutschen Rechtsprechung und Literatur davon aus, dass sich die **Rechtsfolgen** internationaler Beherrschungsverträge, die als zulässig angesehen werden,[51] nach dem **Recht der abhängigen Gesellschaft** richten, da diese im Hinblick auf das zwischen Mutter und Tochter bestehende Rechtsverhältnis die hauptbetroffene Gesellschaft ist. Sie hat gem. § 308 AktG die Weisung der Muttergesellschaft auszuführen und ihre Interessen hinter diejenigen des Konzerns zu stellen, während die Muttergesellschaft zum Verlustausgleich bzw. zur Zahlung von Abfindungs- und Ausgleichsansprüchen, also nur zur Erfüllung von Ansprüchen, die allesamt in Geldzahlungen bestehen können, verpflichtet ist.

4. Inländische Gesellschaft mit Tochter-AG im Ausland

Befindet sich demgegenüber die Tochtergesellschaft im Ausland und die 47 Muttergesellschaft im Inland, so richtet sich die Frage, welches Recht die Beziehungen zwischen Mutter und Tochter regiert, nach ausländischem Recht. Nach den allgemeinen IPR-rechtlichen Grundsätzen ist davon auszugehen, dass jeweils das auf die Tochtergesellschaft anwendbare Recht die konzernrechtlichen Beziehungen regiert. Also beurteilt sich die Frage, ob beispielsweise eine französische Tochtergesellschaft Ausgleichsansprüche gegenüber ihrer Muttergesellschaft wegen nachteiliger Veranlassung hat, nach französischem Recht.

VIII. Europäische Aktiengesellschaft – Societas Europaea

Nach fast einem halben Jahrhundert der Beratung ist am 8. Oktober 2001 die 48 Europäische Aktiengesellschaft (SE) einschließlich der für sie geltenden Mitbestimmung in zwei Rechtsakten – einer Verordnung über das Statut der Europäischen Gesellschaft[52] und einer Richtlinie über die Beteiligung der Arbeit-

---

[49] OLG Ffm. 9 U 80/84 v. 23.3.1988, AG 1988, 267, 272; *von Bahr* Internationales Privatrecht, Band II 1991 Rz. 646 ff.; *Maul* AG 1998, 404, 405.
[50] Vgl. BGH II ZR 300/00 v. 24.6.2002, NJW 2002, 3024; BGH Urt. v. 13.12.2004, ZIP 2004, 117 ff.; 250 ff.
[51] Stillschweigend vorausgesetzt in BGH II ZR 18/91 v. 15.6.1992, AG 1992, 450, II ZR 18/91 v. 15.7.1992, BGHZ 119, 1 ff.
[52] ABl.EG L 294 v. 10.11.2001 S. 1 ff.; im Folgenden auch SEVO.

§ 1 49–51

nehmer[53] – formell verabschiedet worden. In Deutschland ist die Verordnung wie in den anderen Mitgliedstaaten nach Ablauf der Umsetzungsfrist von drei Jahren, also am 8. Oktober 2004, in Kraft getreten.[54] Zur SE im Einzelnen vgl. § 19. Nachfolgend nur ein Überblick:[55]

49 Die SE bietet vor allem für europaweit tätige Unternehmen (einschließlich EWR-Raum) Vorteile, da sie als supranationale Rechtsform Instrumente zur Verfügung stellt, um einen grenzüberschreitenden Unternehmens- und Konzernaufbau zu erleichtern. Abgesehen davon, dass die SE-Verordnung für alle Mitgliedstaaten eine gemeinsame Rahmenregelung trifft, die durch Verweise auf nationales Recht aufgefüllt wird, erleichtert sie die Gründung von gemeinsamen Tochter- und Holdinggesellschaften. Zudem ermöglicht sie grenzüberschreitende Verschmelzungen und lässt grenzüberschreitende Sitzverlegungen zu, ohne dass damit eine Auflösung und Neugründung verbunden wäre. Die steuerlichen Fragen der Verschmelzung und Sitzverlegung (insb. die Versteuerung stiller Reserven) sowie der Besteuerung der SE sind durch das „Gesetz über steuerliche Begleitmaßnahmen zur Einführung der Europäischen Gesellschaft und zur Änderung weiterer steuerlicher Vorschriften vom 13. 12. 2006 (SEStEG) geregelt worden: Das Umwandlungssteuerrecht ist auf EU und EWR Fälle erweitert worden. Die Fälle der sog. steuerlichen „Entstrickung" und „Verstrickung" sind gesetzlich geregelt worden (vgl. § 13). Ein weiterer Vorteil ist die Wahlmöglichkeit zwischen dem dualistischen System (Aufteilung in Vorstand und Aufsichtsrat) und dem monistischen System (Verwaltungsrat als einheitliches Organ; Rz. 54) sowie die Möglichkeit, die Wahlperiode der Organmitglieder auf sechs Jahre zu verlängern. Im Hinblick auf die Beteiligung der Arbeitnehmer bietet die SE ein hohes Maß an Flexibilität, da deren Beteiligungsform in einem ersten Schritt im Verhandlungswege festgelegt werden kann und erst nach dem Scheitern der Verhandlungen eine Auffangregelung zum Tragen kommt (Rz. 57).

1. Geregelter Rahmen

50 Die SE-Verordnung enthält nur zu gewissen Kernbereichen detaillierte Regelungen. Neben der rechtlichen Ausgestaltung der SE-Aktiengesellschaft mit einem Mindest-Grundkapital von € 120 000, ihrer Firmierung, Gründung und Eintragung regelt sie insb. die Frage der Sitzverlegung und der inneren Verfassung. Im Übrigen verweist sie auf das Recht des Sitzstaates der SE, so dass in den verschiedenen EU-Mitgliedstaaten SE in unterschiedlichster Ausprägung existieren werden.

2. Gründung der SE

51 Die SE-Verordnung enthält in ihren Art. 2 und 3 insgesamt fünf verschiedene Gründungsformen. Hiernach kann eine SE durch
– Verschmelzung von Aktiengesellschaften mit Sitz in verschiedenen Mitgliedstaaten (Art. 2 Abs. 1 SEVO),

---

[53] ABl.EG L 294 v. 10. 11. 2001 S. 22 ff.; im Folgenden auch SERL.
[54] *Hommelhoff* AG 2001, 279.
[55] Zur SE ferner: *Van Hulle/Maul/Drinhausen* Handbuch zur Europäischen Gesellschaft (2007); *Kalss/Hügel* Europäische Aktiengesellschaft (2004); *Theissen/Wenz* Die Europäische Aktiengesellschaft (2005).

B. Erscheinungsformen nach dem Mitgliederkreis   52–54 § 1

- Gründung einer Holding-SE durch AG's oder GmbH's mit Sitz in verschiedenen Mitgliedstaaten (Art. 2 Abs. 2 SEVO),
- Gründung einer gemeinsamen Tochtergesellschaft durch zwei oder mehrere Unternehmen, die entweder selbst oder über Tochtergesellschaften dem Recht verschiedener Mitgliedstaaten unterliegen (Art. 2 Abs. 3 SEVO),
- formwechselnde Umwandlung einer AG mit einer Tochtergesellschaft in einem anderen Mitgliedstaat in eine SE (Art. 2 Abs. 4 SEVO) und
- Ausgliederung einer Tochter-SE aus einer Mutter-SE (Art. 3 Abs. 2 SEVO) gegründet werden.

3. Innere Organisation

Für die Ausgestaltung der inneren Verfassung stellt die SE-Verordnung zwei 52
verschiedene Verfassungen zur Verfügung: das dualistische und das monistische System. Zwischen ihnen entscheiden die Gründer, die in der Satzung festzulegen haben, über welches Verwaltungssystem die SE verfügt (Art. 38 lit. b SEVO).

a) Dualistisches System

Das dualistische System, das auf Vorbilder in Deutschland und Frankreich 53
zurückgeht, ist durch eine dreigliedrige Organisation gekennzeichnet: **Leitungsorgan, Aufsichtsorgan** und **Hauptversammlung**. Das Leitungsorgan führt die Geschäfte der SE und vertritt sie nach außen. Es unterliegt der Kontrolle des Aufsichtsorgans, das die Mitglieder des Leitungsorgans bestellt und abberuft. Allerdings kann von den Mitgliedstaaten vorgeschrieben werden, dass die Bestellung und Abberufung der Mitglieder des Leitungsorgans durch die Hauptversammlung erfolgen soll (Art. 39 Abs. 2 SEVO). Die Hauptversammlung, das dritte Organ im dualistischen System, hat in den in der Verordnung ausdrücklich genannten Fällen zu entscheiden (zB Sitzverlegung; Bestellung, Abberufung von Mitgliedern des Aufsichtsorgans); im Übrigen richtet sich ihre Zuständigkeit nach dem Sitzstaatrecht.

b) Monistisches System

Das in den Ländern des Common Law sowie in Frankreich anzutreffende 54
monistische System ist durch eine zweigliedrige Organisation in **Verwaltungsrat** und **Hauptversammlung** gekennzeichnet. Es weist eine einheitliche Verwaltungsspitze auf, der sowohl Führungs- als auch Überwachungsaufgaben übertragen sind. Allerdings soll der Verwaltungsrat aus seiner Mitte Geschäftsführer bestellen können, wenn im Aktienrecht eines Mitgliedstaats eine solche Leitungsautonomie vorgesehen ist und der Mitgliedstaat diese Autonomie auf die SE-Geschäftsführer erstreckt (Art. 43 S. 2 SEVO). Darüber hinaus erteilt das SE-Statut dem Satzungsgeber den Auftrag, die Geschäftsarten festzulegen, für die ein Beschluss des gesamten Verwaltungsrates erforderlich ist. Den Mitgliedstaaten steht es frei, die Gegenstände dieser zustimmungspflichtigen Beschlüsse zu konkretisieren (Art. 48 Abs. 2 SEVO). Für die Hauptversammlung bestehen keine Sonderregelungen gegenüber dem dualistischen System.

4. Arbeitnehmerbeteiligung

55 Im Hinblick auf die äußerst umstrittene Frage der Beteiligung der Arbeitnehmer ist ein Kompromiss gefunden worden, der vorrangig auf **Verhandlungen** zwischen Unternehmensleitung und Arbeitnehmern abstellt und, falls die Verhandlungen scheitern, eine Auffangregelung zum Zuge kommen lässt. Für diese ist kennzeichnend, dass sie für bisher mitbestimmungsfreie Gesellschaften im Wesentlichen nur Anhörungs- und Unterrichtungsrechte einräumt, während sie bei mitbestimmten Unternehmen, die in eine SE-Gründung einbezogen werden, unter gewissen Umständen die Mitbestimmung fortsetzt, wenn sich das Verhandlungsgremium nicht mit qualifizierter Mehrheit entscheidet, keine Verhandlungen aufzunehmen oder die Verhandlungen abzubrechen. In diesem Fall gelangen die nationalen Vorschriften über die Unterrichtung und Anhörung der Arbeitnehmer zur Anwendung, sodass es im Ergebnis zum Ausschluss der Mitbestimmung kommt (Art. 3 Abs. 6 SERL).

a) Verhandlungsvorrang

56 Konkretisiert sich die Gründung einer SE, haben die Leitungs- bzw. Verwaltungsorgane der zukünftigen SE Schritte einzuleiten, um mit den Arbeitnehmern über deren Beteiligung in der SE zu verhandeln. Es wird ein besonderes Verhandlungsgremium als Vertretung der Arbeitnehmer eingesetzt, dessen Bestellungsmodalitäten noch durch die Mitgliedstaaten festgesetzt werden müssen. Das Verhandlungsgremium hat die Aufgabe, gemeinsam mit dem Leitungs- bzw. Verwaltungsorgan eine schriftliche Vereinbarung abzufassen, die die Beteiligung der Arbeitnehmer sichert. Die Verhandlungsdauer ist auf sechs Monate begrenzt, kann jedoch durch Übereinkunft der Parteien auf insgesamt ein Jahr verlängert werden. Kann bis zum Ende des Verhandlungszeitraums keine Einigung erzielt werden, wird aber an dem Ziel der Gründung festgehalten, findet die sog. Auffangregelung Anwendung.

b) Auffangregelung

57 Je nachdem, ob in den an der SE-Gründung beteiligten Gesellschaften bereits Mitbestimmungsregelungen auf Unternehmensebene bestehen oder nicht, hat die Auffangregelung folgende Konsequenzen:

58 Waren die an der SE-Gründung beteiligten Gesellschaften schon **bislang mitbestimmungsfrei**, muss ein **Vertretungsorgan** eingesetzt werden, das sich aus Arbeitnehmern der SE, ihrer Tochtergesellschaften und Betriebe zusammensetzt. Dem Vertretungsorgan sind Anhörungs- und Unterrichtungsrechte einzuräumen. Es kann auch verlangen, von den zuständigen Organen auf der Grundlage regelmäßig erstellter Berichte über die Entwicklung und die Perspektiven der SE unterrichtet und gehört zu werden und in diesem Zusammenhang einmal jährlich mit den anderen Organen zusammenzutreten. Treten außergewöhnliche Umstände ein (zB Unternehmensschließungen), hat das Vertretungsorgan das Recht, darüber unterrichtet und gehört zu werden (vgl. Art. 7 SERL iVm. dem Anhang).

59 Im Hinblick auf den **Fortbestand der Mitbestimmung** unterscheidet die Auffangregelung drei Fälle:

60 Im ersten Fall, einer durch Umwandlung gegründeten SE, gilt grds. das bisherige Mitbestimmungsregime fort. Im zweiten und voraussichtlich wichtigs-

ten Fall, der Gründung einer SE durch Verschmelzung, wird die Mitbestimmung auf die SE erstreckt, wenn
- vor der Eintragung in einem Gründungsunternehmen bereits Mitbestimmung bestand und sich auf mindestens 25 % der Arbeitnehmer der künftigen SE erstreckt oder
- vor der Eintragung zwar Mitbestimmung bestand, sich diese aber auf weniger als 25 % der Arbeitnehmer der zukünftigen SE erstreckt, und ein besonderes Verhandlungsgremium den Beschluss fasst, dass die Auffangregelung Anwendung finden soll.

Im dritten Fall, der Gründung einer Holding- oder Tochter-SE, finden die gleichen Grundsätze wie bei der Verschmelzung Anwendung. Allerdings kommt es nur dann zur Mitbestimmung, wenn sich das Mitbestimmungsregime auf 50 % der Arbeitnehmer der zukünftigen SE erstreckt.

C. Erscheinungsformen nach der rechtlichen Ausstattung

I. Fungibilität der Aktien

Aktien können als Inhaber- oder als Namensaktien ausgegeben werden (§ 10 Abs. 1 AktG). Inhaberaktien sind Inhaberpapiere, die analog §§ 793 ff. BGB zu behandeln sind; die Namensaktien sind Orderpapiere. Auch wenn die Namensaktie die Führung eines Aktienregisters voraussetzt (§ 67 AktG), bestehen von der Fungibilität her kaum Unterschiede. Die Namensaktie hat für die AG den Vorteil, dass sie stets über die Zusammensetzung ihres Gesellschafterkreises Bescheid weiß.

Die Übertragung der Namensaktie kann an die Zustimmung der Gesellschaft (Vorstand, Aufsichtsrat oder Hauptversammlung) gebunden werden. Damit wird die Verkehrsfähigkeit eingeschränkt und es kann einer Überfremdung vorgebeugt werden (Familien-Gesellschaft, Joint Venture u.Ä.).

Schuldrechtliche Verträge zwischen Aktionären und zwischen Aktionären und Dritten über Anbietungs-, Ankauf- und Verkaufsrechte und Pflichten sind möglich. Es handelt sich dabei nicht um gesellschaftsrechtlich-organisationsrechtliche Bindungen mit Außenwirkung, sondern um rein schuldrechtliche Absprachen unter den Vertragsparteien.

II. Nebenleistungs-AG

Den Aktionären kann durch Satzung neben der Einlageverpflichtung die Verpflichtung auferlegt werden, wiederkehrende nicht in Geld bestehende Leistungen zu erbringen (§ 55 AktG). Voraussetzung ist, dass vinkulierte Namensaktien ausgegeben sind. Damit können den Aktionären Lieferpflichten auferlegt und sie damit an die Gesellschaft gebunden werden. Diese Gestaltung war für die Rübenzuckerindustrie von Bedeutung; sie hat darüber hinaus kaum einen Anwendungsbereich gefunden.

III. Art der Vermögensbeteiligung

Die Vermögensbeteiligung des Aktionärs wird in der Aktie ausgedrückt. Das Grundkapital kann durch entsprechende Stückelung auf Aktien aufgeteilt werden. Daraus entsteht die **Nennbetragsaktie**, die auf einen bestimmten Geldbetrag (mindestens einen Euro) lautet. Die Aktiennennbeträge können auch unterschiedliche Höhe haben. In der Summe müssen die Aktiennennbeträge wiederum das Grundkapital ergeben.

67 Die Vermögensbeteiligung des Aktionärs kann aber auch durch notwendigerweise stets gleiche Anteile (Stücke) am Grundkapital ausgedrückt werden. Daraus entsteht die **Stückaktie**, die auf einen Geldbetrag ganz verzichtet. Der anteilig auf eine Stückaktie entfallende Betrag des Grundkapitals darf allerdings als Minimum einen Euro nicht unterschreiten. Während die Nennbetragsaktie stets auf volle Euro lauten muss (§ 8 Abs. 2 Satz 4 AktG), gibt es für Stückaktien keine Betragsstufen. Darin liegt ein wesentlicher Vorteil der Stückaktie.

IV. AG/KGaA im Unternehmensverbund

68 Der aktienrechtliche Normaltypus der AG/KGaA ist als unabhängige Gesellschaft konzipiert, die vom Vorstand ohne Drittbeeinflussung geleitet, vom Aufsichtsrat überwacht und von den Aktionären mit Eigenkapital ausgestattet wird. Dies trifft für eine Reihe von Gesellschaften, insb. auf die Konzernobergesellschaften zu. Es gilt vor allem für die KGaA, die aufgrund ihrer Ausgestaltung idR nur als unabhängige Gesellschaft oder als Ober-Gesellschaft im Konzern in Frage kommt.

69 Die Aktiengesellschaft steht oder gerät häufig in Mehrheitsbesitz, steht – unbeschadet der rechtlich strikten Kompetenzzuordnung an die Organe – unter dem beherrschenden Einfluss eines anderen Unternehmens oder ist schließlich mit anderen Unternehmen unter einheitlicher Leitung in einem Konzern zusammengefasst, wobei die Zusammenfassung nur tatsächlicher (faktischer Konzern) oder vertraglicher Natur (Vertragskonzern) sein kann. Solche Umstände verändern nicht nur den tatsächlichen, sondern auch den rechtlichen Status der beteiligten Gesellschaften. Um solche Veränderungen transparent zu machen, ordnet das AktG **Melde- und Mitteilungspflichten** an, sobald einem Unternehmen mehr als ein Viertel und mehr als die Hälfte der Aktien gehört oder nicht mehr gehört (§§ 20, 21 AktG). Bei börsennotierten AGs wird die Mitteilungs- und Veröffentlichungspflicht durch §§ 21 ff. WpHG wesentlich ausgedehnt auf die Über- oder Unterschreitung von Beteiligungsgrenzen von 3%, 5%, 10%, 15%, 20%, 25%, 30%, 50% oder 75%.

70 Die faktische Abhängigkeit führt zu einem besonderen Regime mit Berichtspflichten, Ausgleichspflichten und Verantwortlichkeiten der beteiligten Gesellschaften (§§ 311 ff. AktG, § 15 Rz. 70 ff.). Ebenfalls einem besonderen Regime unterliegt der Vertragskonzern, der auf Basis von Unternehmensverträgen arbeitet, die substanzielle Statusveränderungen bei den beteiligten Gesellschaften nach sich ziehen (§§ 291 ff. AktG; § 15 Rz. 98 ff.).

71 Der Konzern in der Definition des § 290 HGB (einheitliche Leitung oder Kontrolle) hat eine selbständige Rechnungslegungspflicht (Konzernabschluss und Konzernlagebericht §§ 290 ff. HGB) zur Folge. Der Konzernabschluss wird als Informationsinstrument heute zunehmend wichtiger als der Einzelabschluss der AG, der allerdings für die Ausschüttungsbemessung (Dividende) nach derzeitiger Rechtslage unabdingbar ist.

72 Zu beachten ist, dass durch das Wertpapiererwerbs- und Übernahmegesetz (WpÜG) vom 20. Dezmber 2001 der stille Aufbau von Konzernstrukturen und

C. Erscheinungsformen nach der rechtlichen Ausstattung

Beteiligungen durch ein formalisiertes Verfahren ersetzt worden ist. Hat ein Aktionär eine Kontrollschwelle von 30 % an der sog. Zielgesellschaft, das ist idR eine börsennotierte AG, erreicht, so hat er dies unverzüglich zu veröffentlichen (§ 35 Abs. 1 WpÜG) und in einer weiteren Frist allen übrigen Aktionären ein sog. **Pflichtangebot** zur Übernahme ihrer Aktien gegen eine angemessene Gegenleistung (Geld oder liquide Aktien, idR die des Übernehmers) zu machen. Dieses Angebot kann, muss aber nicht angenommen werden. Zum Übernahmeverfahren im Einzelnen vgl. § 27. Wichtig ist, dass durch das Pflichtangebot eine Konzerneingangskontrolle stattfindet, die sich zugunsten der Minderheitsaktionäre auswirkt. Für die Veräußerer größerer Pakete wird die Realisierung eines Paketzuschlags (für die Verschaffung einfacher oder qualifizierter Stimmrechtsmehrheiten) schwieriger, da nach Veröffentlichung des Pflichtangebots und drei Monate davor bezüglich der Preisfindung alle Aktionäre, also auch die Minderheitsaktionäre, gleich behandelt werden müssen (vgl. § 31 WpÜG).

Ist eine Kapitalschwelle von 95 % durch den Hauptaktionär erreicht, wird die Konzernbildung erleichtert: Der Hauptaktionär kann die Anteile der Minderheitsaktionäre gegen angemessene Barabfindung im Wege des sog. „**Squeeze Out**" übernehmen (§§ 327a ff. AktG; bzw. nach einem Übernahme- oder Pflichtangebot nach § 39a ff. WpÜG; vgl. dazu § 27) und sich damit nach seinem Ermessen von den restlichen Minderheitsgesellschaftern trennen. Bei anderen Kapitalgesellschaften (GmbH) kann er dies nur nach einer formwechselnden Umwandlung in eine AG.

Auch das Steuerrecht kennt unter bestimmten Voraussetzungen die einheitliche Besteuerung eines Unternehmensverbunds im Rechtsinstitut der Organschaft. Dies wird in § 2 Rz. 131 ff.. dargelegt. Darüber hinaus gibt es allerdings kein Konzernsteuerrecht im eigentlichen Sinne.

V. Mitbestimmung

Die AG und KGaA unterliegt grds. immer der Arbeitnehmer-Mitbestimmung im Aufsichtsrat, wenn sie mehr als 500 Arbeitnehmer beschäftigt, und zwar der Drittel-Mitbestimmung nach § 1 Abs. 1 Nr. 1 DrittelbG oder – bei Beschäftigung von in der Regel mehr als 2000 Arbeitnehmern – der paritätischen Mitbestimmung nach dem MitBestG. Beschäftigt sie weniger als 500 Arbeitnehmer und ist sie vor dem 10. August 1994 eingetragen worden, so unterliegt sie auch der Drittel-Mitbestimmung, es sei denn, es handelt sich um eine Familiengesellschaft iSd. § 1 Abs. 1 Nr. 1 Satz 3 DrittelbG.

Auf die Vorteile der KGaA in diesem Zusammenhang ist bereits hingewiesen worden (Rz.25): Bei der KGaA hat der Aufsichtsrat keine Personalkompetenz; er hat auf die Bestellung des Komplementärs keinen Einfluss. Die Funktion des mitbestimmten Aufsichtsrats beschränkt sich auf die Überwachungsaufgabe.

D. Rechtsformwahl

I. AG versus Personengesellschaft

1. Personengesellschaft

76 Personengesellschaften, die als Alternative zur Kapitalgesellschaft in der besonderen Ausprägung der AG in Frage kommen, sind, als Grundform aller Personengesellschaften, die Gesellschaft bürgerlichen Rechts (GbR) in der Ausprägung einer rechtsfähigen Außengesellschaft und die Handelsgesellschaften oHG und KG. Die GbR in der Form einer Außengesellschaft besitzt Rechtsfähigkeit, ist aber keine juristische Person (wie etwa die AG).[56] Sie kann im Rechtsverkehr grundsätzlich alle Rechte und Pflichten einnehmen und eigene Rechte und Pflichten begründen; im Prozess ist sie parteifähig. Sie ist damit in ihrer rechtlichen Ausgestaltung der oHG angenähert; sie ist oHG, wenn sie ein Handelsgewerbe betreibt oder wenn sie als Firma in das Handelsregister eingetragen ist (§ 105 Abs. 1, Abs. 2 i.V.m § 2 Satz 2 und 3 HGB). Die oHG ist die Grundform der Handelsgesellschaften, ebenfalls rechtsfähig (teilrechtsfähig), aber kein von den Gesellschaftern losgelöstes Rechtssubjekt. Während die GbR im BGB geregelt ist (§§ 705 ff.), findet sich das Sonderrecht oHG im HGB (§§ 105 ff.). Bei der Kommanditgesellschaft schließlich ist die Haftung der Kommanditisten auf ihre Vermögenseinlage beschränkt (§§ 164 ff. HGB), während im Übrigen weitgehend oHG-Recht zur Anwendung kommt. Eine Sonderform der Personengesellschaft ist die Partnerschaftsgesellschaft für den Zusammenschluss von Angehörigen Freier Berufe (§§ 1 ff. PartGG); auch sie kann für diesen qualifizierten Personenkreis eine Alternative zur Kapitalgesellschaft darstellen. Mitglieder einer Personengesellschaft können neben natürlichen Personen, Personengesellschaften (Außengesellschaften) auch juristische Personen (Körperschaften wie AG und GmbH) sein. Über die letzte Konstruktion kann eine vollständige Haftungsbeschränkung erreicht werden.

2. Haftungsbeschränkung versus unbeschränkte Haftung

77 Bei der AG haften Aktionäre den Gläubigern der Gesellschaft nicht; diese können sich nur an das Gesellschaftsvermögen halten. Wenn überhaupt Verpflichtungen der Aktionäre bestehen (Einlageverpflichtung; Haftung beim Empfang verbotener Leistungen: § 62 AktG; unzulässige Einflussnahme auf die Organe; § 117 AktG; extstenzgefährdender Eingriff: § 826 BGB; Nebenleistungs-AG: § 55 AktG), so bestehen diese gegenüber der AG, nicht aber gegenüber den Gläubigern. Die AG folgt damit strikt dem **Trennungsprinzip**. Der Aktionär kann nicht für die Gesellschaft handeln und trägt damit auch keine finanzielle Verantwortung im Außenverhältnis. Die AG ist damit typisch für die Trennung von Eigenkapitalfinanzierung und Unternehmensführung und für die Verfügbarkeit über die Anteile ohne Rücksicht und ohne Auswirkungen auf die Fremdfinanzierung der Gesellschaft.

78 Bei den Personengesellschaften gilt als Grundsatz – wenn auch vielfach durchbrochen – die Gesamtschuldnerschaft als Pendant zur gesamthände-

---

[56] BGH II ZR 331/01 v. 29.1. 2001, NJW 2001, 1056; II ZR 331/00 v. 18.2. 2002, NJW 2002, 1207.

D. Rechtsformwahl

rischen Vermögensbindung (akzessorische Gesellschafterhaftung in direkter oder in analoger Anwendung von § 128 HGB), also eine Haftung gegenüber Dritten (Gläubigern der Personengesellschaft). Dieser Grundsatz wird durchbrochen bei der KG, wo nur die Komplementäre, nicht aber die Kommanditisten einer Dritthaftung ausgesetzt sind, soweit sie ihre Einlage geleistet haben (§ 164 Abs. 1 HGB); er wird weiterhin durchbrochen, wenn bei der KG die Stellung des Komplementärs von einer juristischen Person (AG oder GmbH) eingenommen wird (GmbH/AG & Co. KG). Wegen der Existenz der KG und den Konstruktionen von GmbH/AG & Co. KG ist das Haftungskriterium als Abgrenzungsmerkmal etwas verwässert. Immerhin wird man anmerken müssen, dass der Personengesellschafter den Gläubigern i. d. R. näher steht als der Aktionär. Wegen der weniger ausgebildeten Kapitalerhaltungskonzeption bei Personengesellschaften und der Entnahmemöglichkeiten (§ 122 HGB) auch unabhängig von einem erwirtschafteten Gewinn, rücken die Gesellschafter ins Blickfeld der Gläubiger als Bürgen oder sonstige Sicherheitsgeber. Die Nutzung der Personengesellschaft mit gleichzeitiger Haftungstrennung lässt sich auch durch die Teilung des Unternehmens in eine Besitzpersonengesellschaft und in eine Betriebskapitalgesellschaft erreichen (Betriebsaufspaltung). Umgekehrt ist die KGaA konstruiert, bei der persönliche Haftung und Unternehmensführung dem Komplementär und Finanzierung ohne Haftung dem Kommanditaktionär zugeordnet sind.

3. Fremdorganschaft versus Selbstorganschaft

Die AG wird – wie alle Kapitalgesellschaften – vom Prinzip der sog. Fremdorganschaft beherrscht. D. h. die Funktion des Organmitglieds (Vorstand, Aufsichtsrat) ist nicht an die Gesellschaftereigenschaft geknüpft. Organmitglieder können, müssen aber nicht Aktionäre sein. Dies hat zur Folge, dass auch die Laufzeit der Organstellung schlechthin nichts mit einer ggf. vorliegenden gleichzeitigen Aktionärseigenschaft zu tun hat (§§ 84 Abs. 1, 102 Abs. 1 AkG). Das mag dazu führen, dass das Fremdmanagement zwar professionell, aber weniger unternehmensgebunden und traditionsverantwortlich im Interesse aller Unternehmensbeteiligten geführt wird.

Personengesellschaften werden vom Prinzip der Selbstorganschaft bestimmt. D. h. Geschäftsführungsbefugnis und Vertretungsmacht sind grundsätzlich an die Gesellschafterstellung und an die unbegrenzte Haftung gebunden (§§ 709, 714 BGB; §§ 114, 125, 170 HGB). Herrschaft und Haftung sollen grundsätzlich in einer Hand vereint sein. Mit der Bindung an die Gesellschafterstellung entfällt – wenn in der Satzung keine abweichende Regelung enthalten ist – die Beschränkung auf feste Amtszeiten wie bei Vorstand und Aufsichtsrat. Die Organstellung hat damit ein anderes und festeres Fundament als bei der Fremdorganschaft, was von Vorteil (Langfristigkeit) aber auch von Nachteil (Zementierung unfähiger Geschäftsführung) sein kann. Die Selbstorganschaft ist auch der Grund, dass eine unternehmerische Mitbestimmung entfällt, i. d.R schon mangels eines mitbestimmungsfähigen Aufsichtsrats. Allerdings kann auch bei der Personengesellschaft, jedenfalls soweit es um eine Handelsgesellschaft geht, eine Drittorganschaftsorganisation hergestellt werden, wenn als Komplementär eine Körperschaft (AG oder GmbH) eintritt, die dann ihrerseits den Regeln über die Fremdorganschaft folgt; damit wird das System der Selbstorganschaft ausgehöhlt.

Müller

81 Dennoch bleibt festzuhalten, dass die Bindung des Managements an die Gesellschafterstellung, die damit verbundene Langfristigkeit und die Mitbestimmungsfreiheit unternehmerischen Wirkens signifikante Unterscheidungsmerkmale zur kurzfristiger angelegten Managementorganisation bei der AG sind. Managerwechsel bei der Personengesellschaft halten sich erfahrungsgemäß in viel engerem Rahmen als bei der AG.

4. Formstrenge versus Formfreiheit

82 Die AG wird von der Gründung bis zur Liquidation vom Prinzip der Formstrenge beherrscht. Nicht Vertrag oder Satzung, sondern gesetzliche Regelungen beherrschen das Leben der AG. Das beginnt bei der Satzung, die – neben ihrem gesetzlich vorgeschriebenen Inhalt – vom AktG nur abweichen darf, wenn dies ausdrücklich zugelassen ist (§ 23 Abs. 5 AktG) und geht über die Organisation der Organe, die Abwicklung der Hauptversammlung, die Gewinnverwendung, die Kapitalmaßnahmen bis hin zur Auflösung. Ausfluss des Formzwangs sind auch die zahlreichen notariellen Beurkundungserfordernisse (z. B. für die Satzung, die Hauptversammlung, die Kapitalmaßnahmen usw.). Für individuelle Gestaltungen ist damit das Rechtskleid der AG weniger bis kaum geeignet; zumal ein Trend festzustellen ist, die Satzungsfreiheit bei der AG eher zu beschneiden (z. B. Abschaffung der Mehrstimmrechte; § 12 Abs. 2 AktG). Die Vorschriften über die sog. „Kleine AG" haben zwar gewisse Erleichterungen gebracht (Rz. 30 ff.), die aber für die Gesamtbeurteilung eher marginal bleiben.

83 Dagegen gilt im Bereich der Personengesellschaften grundsätzlich das Prinzip der Formfreiheit. Gesellschaftsverträge sind inhaltlich nicht beschränkt und grundsätzlich formfrei (sogar mündlich) wirksam. Dazu gibt es Ausnahmen, wenn einzelne Klauseln beurkundungspflichtig sind (z. B. die Einbringung von Grundstücken – § 311b BGB – oder von GmbH-Anteilen – § 15 Abs. 4 GmbHG – oder eine Schenkung oder die Übernahme einer Bürgschaft – §§ 518, 766 BGB). Nach dem beurkundungsrechtlichen Vollständigkeitsgebot kann dann der gesamte Vertrag beurkundungspflichtig werden. Das alles ändert aber am Grundsatz der Form- und Regelungsfreiheit nichts. Gleiches gilt für Vertragsänderungen: sie erfordern zwar an sich Einstimmigkeit (§ 119 Abs. 1 HGB), der Gesellschaftsvertrag kann aber unter Beachtung des Minderheitenschutzes und des Bestimmtheitsgrundsatzes sogar bis zur einfachen Mehrheit heruntergehen, wenn es sich nicht um Beschlussgegenstände im Kernbereich des Mitgliedschaftsrechts handelt.

84 Im Ergebnis ist die Personengesellschaft was gesellschaftsvertragliche Regelungen, deren Änderung und Formbedürftigkeit anbelangt, weitaus flexibler als die AG. Eine Kombination zwischen Formfreiheit der Personengesellschaft und Formstrenge der AG stellt die KGaA dar. Das Verhältnis der Komplementäre untereinander und zu den Kommanditaktionären richtet sich nach Personengesellschaftsrecht: es gilt Gestaltungsfreiheit und Satzungsautonomie. Das Verhältnis der Kommanditaktionäre untereinander dagegen richtet sich nach Aktienrecht. Damit verbindet die KGaA die rechtlich flexible Struktur einer Personengesellschaft mit den Möglichkeiten der Kapitalaufbringung einer AG und der relativen starren aktienrechtlichen Struktur der Kommanditaktionäre untereinander.

D. Rechtsformwahl 85–88 § 1

5. Finanzierungsflexibilität versus Finanzierungsstrenge

Nur die AG ist in der Lage, sich Eigenkapital über die Börse zu verschaffen 85
und damit über ein relativ flexibles, wenn auch aufwendiges (vgl. Rz. 11 ff.),
Kapitalversorgungsreservoir zu verfügen. Zwar kann auch die Personengesellschaft bei entsprechender Größe und Ausstattung den Kapitalmarkt in Anspruch nehmen, aber nur über Fremdkapitalinstrumente (Schuldverschreibungen, Genussscheine, Optionsscheine, Zertifikate). Das ist aber wegen der damit verbundenen börsenspezifischen Voraussetzungen (Prospektpflicht, Veröffentlichungspflichten, Bilanzierung nach internationalen Rechnungslegungsgrundsätzen) eher ungewöhnlich. Die klassische Finanzierungsform der Personengesellschaft ist der Bankkredit, für den je nach Lage und Bonität der Gesellschaft auch persönliche Sicherheiten der Gesellschafter eingesetzt werden müssen. Der Gesellschafter steht den Finanzierungsanforderungen damit näher als bei der AG.

Das entscheidende Kriterium bleibt aber die flexible Eigenkapitalfinanzie- 86
rung bei der AG. Dabei spielt nicht nur die mögliche Inanspruchnahme des Kapitalmarkts eine Rolle, sondern auch die Eigenkapitalbildung durch Innenfinanzierung, insbesondere die zwingende oder optionale Rücklagenbildung und der starke Schutz gegen den Zugriff der Aktionäre in einmal aufgebautes Eigenkapital (z. B. Ausschüttungssperre des § 57 AktG). Dies und eine ausgeprägte Corporate Governance kann die Kreditwürdigkeit der AG gegenüber der Personengesellschaft (praktisch ohne Ausschüttungssperre) stärken.

6. Kapitalschutz versus Entnahmefreiheit

In der AG ist die Kapitalaufbringung und die Kapitalerhaltung streng regu- 87
liert. Es gibt ein Mindestkapital von € 50 000 (§ 7 AktG), das bei Sacheinlagen voll, bei Geldeinlagen zu mindestens einem Viertel vor Anmeldung zur Eintragung eingezahlt sein und zur freien Verfügung des Vorstands stehen muss (§§ 36 ff. AktG). Diese Voraussetzungen sind mehrfach sanktioniert (vgl. § 37 Abs. 1 Satz 3; § 399 Abs. 1 Nr. 1 AktG). Ausgeschüttet werden darf an die Aktionäre ausschließlich der Bilanzgewinn (§ 57 Abs. 3 AktG). Vorab ist aber aus Jahresüberschuss und ggf. festgesetztem Agio eine gesetzliche Rücklage bis zu 10 % des Grundkapitals zu bilden. Diese und gewisse Kapitalrücklagen (Agiorücklagen § 272 Abs. 2 Nr. 1–3 HGB) stehen für Ausschüttungen nicht zur Verfügung. Vorstand und Aufsichtsrat haben die Befugnis in nicht unerheblichem Maße Gewinne im Unternehmen zurückzuhalten (§ 58 AktG). Der Kapitalschutz gilt mit Modifikationen auch im Vertragskonzern (§§ 301, 302, 303 AktG), im faktischen Konzern (§§ 311 Abs. 2, 317, 318 AktG) und bei der Eingliederung (§§ 322, 324 AktG). Diese Sicherungsmaßnahmen bewirken, dass bei der AG praktisch kein **Kapitalabzugsrisiko** besteht. Ein Umstand, der für die Aufnahme von Fremdkapital durchaus bedeutsam ist.

Bei der Personengesellschaft gibt es im Grundsatz keinen Kapitalschutz. Für 88
den erwirtschafteten Gewinn gilt – mangels anderer Bestimmungen im Gesellschaftsvertrag – der Grundsatz der Vollausschüttung (§§ 121, 122 Abs. 1 HGB), darüber hinaus kann auch das Kapital teilweise (jährlich bis zu 4 %: § 122 Abs. 1 HGB), im Einvernehmen aller Gesellschafter sogar ganz entnommen werden (§ 122 Abs. 2 HGB). Lediglich der Kommanditist kann grundsätzlich sein Kapital nicht wieder entnehmen (§ 169 Abs. 1 HGB); tut er es trotz-

Müller 27

dem, lebt seine Haftung gegenüber den Gläubigern der Gesellschaft wieder auf (§ 171 Abs. 2 HGB). Bei der Personengesellschaft besteht also aus Sicht der Gläubiger ein **Kapitalabzugsrisiko**, was durch die von vorneherein bestehende oder wiederauflebende (Kommanditist) persönliche Haftung strukturimmanent kompensiert wird. Eine solche persönliche Haftung ist bei der AG gerade ausgeschlossen. Von der Mittelverfügbarkeit gesehen, ist die Personengesellschaft für die Gesellschafter weitaus flexibler, aus Haftungsgesichtspunkten aber auch weitaus anfälliger.

7. Mitbestimmung versus Mitbestimmungsfreiheit

89 Die AG unterliegt kraft Rechtsform der sog. Drittelbeteiligung der Arbeitnehmern im Aufsichtsrat, sofern sie in der Regel mehr als 500 Arbeitnehmer beschäftigt (§ 1 Abs. 1 Nr. 1 DrittelbG).[57] Beschäftigt die AG in der Regel mehr als 2000 Arbeitnehmer, so unterliegt sie der paritätischen (hälftigen) Mitbestimmung durch Arbeitnehmer im Aufsichtsrat (§ 1 Abs. 1 Nr. 1 und 2 MitbestG), wobei die Anzahl der Arbeitnehmer im Aufsichtsrat je nach Beschäftigungszahl von sechs bis zu zehn Arbeitnehmermitgliedern – immer paritätisch mit den Anteilseignervertretern – gehen kann (§ 7 MitbestG). Handelt es sich um eine AG im Bereich der Montanindustrie (Bergbau, Eisen und Stahl), so ist der Aufsichtsrat paritätisch mit Mitgliedern der Anteilseigner und der Arbeitnehmer zusätzlich eines weiteren neutralen Mitgliedes besetzt (15 oder 21 Mitglieder: §§ 1, 5 Montan-MitbestG ErgG). Einer unternehmerischen Mitbestimmung im Aufsichtsrat – wie auch immer ausgestaltet – kann also nur eine AG mit in der Regel weniger oder bis zu 500 Arbeitnehmern entgehen.

90 Die Personengesellschaft ist grundsätzlich mitbestimmungsfrei. Das folgt schon daraus, dass sie institutionell keinen Aufsichtsrat hat und nicht gezwungen ist, durch Satzungsbestimmung ein solches Gremium zu bilden. Eine Ausnahme bildet nur die AG (GmbH) & Co. KG. Beim Komplementär (AG oder GmbH) ist ein paritätisch zu besetzender Aufsichtsrat zu bilden, wenn die Mehrheit der Kommanditisten dieser KG auch die Mehrheit der Stimmen oder Anteile am Komplementär halten und der Komplementär (AG oder GmbH) mit den zuzurechnenden Arbeitnehmern der KG in der Regel mehr als 2000 Beschäftigte hat (§§ 4, 1, Abs. 1 Nr. 1 MitbestG). Es gilt also der Grundsatz, dass die unbeschränkte Haftung zur Mitbestimmungsfreiheit, die beschränkte Haftung (wie sie bei der AG (GmbH) & Co. KG erreicht wird) zur Mitbestimmung führt, allerdings erst bei einer regelmäßigen Arbeitnehmerzahl von mehr als 2000. Die Mitbestimmung ist also durchaus ein valides Unterscheidungskriterium zugunsten der Personengesellschaft

8. Bilanzstrenge versus Bilanzierungsfreiheit

91 Die AG hat – wie alle Kapitalgesellschaften – den Jahresabschluss (bestehend aus Bilanz und GuV) um einen Anhang zu erweitern und, sofern es sich nicht um eine kleine AG i. S. v. § 267 Abs. 1 HGB handelt, einen Lagebericht aufzustellen. Damit werden Rechnungslegung und Berichterstattung

---

[57] Eine Drittelmitbestimmung besteht auch für AGs mit in der Regel weniger als 500 Arbeitnehmern, sofern sie vor dem 10. August 1994 eingetragen wurden und keine Familiengesellschaft i. S. v. § 1 Abs. 1 Nr. 1 Satz 3 DrittelbG, § 15 Abs. 1 Nr. 2 bis 8, Abs. 2 AO sind.

D. Rechtsformwahl

über den gegenwärtigen und zukünftigen Geschäftsverlauf weitaus transparenter als dies bei Nichtkapitalgesellschaften der Fall ist. Ist eine AG Konzernmuttergesellschaft, hat sie überdies einen Konzernabschluss aufzustellen (§§ 290ff. HGB), sofern nicht die größenabhängige Befreiung nach § 293 HGB zum Zuge kommt. Hinzu kommt, dass Jahresabschluss und Lagebericht, Konzernabschluss und Konzernlagebericht einer Pflichtprüfung durch Abschlussprüfer unterworfen sind, sofern es sich nicht wiederum um eine kleine AG handelt (§§ 316ff. HGB). Die börsennotierte AG gilt stets als große Kapitalgesellschaft; für sie kommen keine Befreiungsmöglichkeiten in Betracht (§§ 267 Abs. 3 Satz 2; 293 Abs. 5 HGB). Sie hat darüber hinaus ihren Konzernabschluss nicht nach HGB, sondern nach den internationalen Rechnungslegungsvorschriften (IFRS) aufzustellen (§ 315a HGB; Art. 4 VO EG Nr. 1606/2002). Der Einzelabschluss der AG ist nach den Vorschriften des HGB aufzustellen, dem Handelsregister einzureichen und im Bundesanzeiger zu veröffentlichen. Für Veröffentlichungszwecke kann die AG auch einen Abschluss nach internationalen Standards (IFRS) benutzen, der dann aber auch zusätzlich geprüft sein muss (§ 325 Abs. 2a und 2b HGB).[58]

Für Personengesellschaften gelten die stringenten Bilanzierungsregeln für Kapitalgesellschaften (§§ 264ff. HGB) nur, wenn kein unmittelbar oder mittelbar persönlich haftender Gesellschafter eine natürliche Person ist (§ 264a HGB), wenn also auch die Personengesellschaft im Ergebnis nur beschränkt auf ihr Vermögen haftet (insbes. GmbH & Co. KG). Im Übrigen gelten für Personengesellschaften, sofern sie bilanzierungspflichtig sind (also insbesondere bei Personenhandelsgesellschaften), nur die allgemeinen, von allen Kaufleuten zu beachtenden Rechnungslegungsvorschriften (§§ 238–263 HGB); insbesondere brauchen sie weder einen Anhang noch einen Lagebericht zu erstellen oder den Abschluss einer Prüfung zu unterziehen, es sei denn im Gesellschaftsvertrag wird anderes vereinbart. Allerdings gibt es dazu wieder eine Rückausnahme, wenn die Größenkriterien des PublG überschritten werden (Bilanzsumme > 65 Mio. Euro; Umsatzerlöse > 130 Mio. Euro; Arbeitnehmer > 5000). Dann ist eine Abschlussprüfung erforderlich und es sind die wesentlichen Vorschriften für Kapitalgesellschaften anwendbar. Anhang und Lagebericht müssen jedoch nicht aufgestellt werden und auch eine GuV braucht nicht veröffentlich zu werden (§ 5 Abs. 4, § 9 Abs. 2 PublG). Festzuhalten ist jedenfalls, dass der Personengesellschaft grundsätzlich eine geringere Rechnungslegungstransparenz zukommt wie der Kapitalgesellschaft, insbesondere der AG (Ausnahme: die vollständig haftungsbeschränkte Personenhandelsgesellschaft). Entsprechend geringer ist der Rechnungslegungsaufwand. Dies gilt insbesondere im Vergleich zur börsennotierten AG, die neben der Rechnungslegung nach HGB und ggf. IFRS noch die Veröffentlichungen nach dem WpHG (§§ 37v ff.), insbesondere einen Halbjahresfinanzbericht fertigen muss; hinzu kommen die für die Zulassung zum Börsenhandel erforderlichen Emissionsprospekte.

---

[58] Der RegE BilMoG sah noch einen IFRS-Einzelabschluss optional als Wahlrecht für die Gesellschaft vor. Trotzdem hätte auch dann noch für die gesellschaftsrechtlichen (Kapitalschutz, Ausschüttung), steuerrechtlichen und aufsichtsrechtlichen Zusammenhänge ein – weiterer – Einzelabschluss nach HGB erstellt werden müssen, der dann allerdings in den Anhang verbannt werden sollte (§ 264e HGB-E). Dies ist jedoch nicht Gesetz geworden.

9. Steuerliche Entscheidungskriterien

93 Im Rahmen der Erörterung der Rechtsformwahl kann nur ein sehr allgemeiner Überblick über den Steuervergleich zwischen AG (Kapitalgesellschaft) und Personengesellschaft gegeben werden. Wegen der Einzelheiten und Besonderheiten wird auf die einzelnen Paragraphen, insbesondere auf § 12 (Laufende Besteuerung der AG) verwiesen.

a) Ertragsteuern

94 Ertragsteuerlich sind in einen Vergleich auf der Ebene der AG die Körperschaftsteuer und die Gewerbesteuer, auf der Ebene des Anteilseigners die Einkommensteuer einzubeziehen. Bei der Personengesellschaft, die einkommensteuerlich transparent ist (steuerpflichtig ist nur der Gesellschafter: § 15 Abs. 1 Nr. 2 EStG), sind die Einkommensteuer und – auf Ebene der Personengesellschaft – die Gewerbesteuer einzubeziehen. Zu unterscheiden ist bei beiden Rechtsformen, ob Gewinne an die Gesellschafter ausgeschüttet (entnommen) oder in der Gesellschaft thesauriert werden. Im Gegensatz zum bisherigen Recht ist ab Veranlagungszeitraum 2008 die Gewerbesteuer bei der Körperschaftsteuer/Einkommensteuer nicht mehr als abzugsfähige Betriebsausgabe zugelassen (§ 4 Abs. 5 EStG). Gewinne unterliegen bei der Körperschaft (AG) einem linearen Körperschaftsteuersatz von 15 % (§ 23 Abs. 1 KStG) zuzüglich Solidaritätszuschlag von 5,5 % auf die festgesetzte Einkommen-/Körperschaftsteuer plus Gewerbesteuer. Bei der Personengesellschaft kann der nicht entnommene (thesaurierte) Gewinn auf Antrag statt mit dem individuellen Tarif (Höchstsatz 45 %) mit einem begünstigten Satz von 28,25 % zuzüglich Solidaritätszuschlag besteuert werden (§ 34a Abs. 1 EStG); wird der Gewinn später entnommen findet eine Nachversteuerung beim Gesellschafter mit 25 % (§ 34a Abs. 4 EStG) plus Solidaritätszuschlag statt. Die nicht mehr abzugsfähige Gewerbesteuer gilt dabei stets als Vollentnahme. Die Einkommensteuer wird nach näherer Maßgabe des § 35 EStG durch Gewerbesteueranrechnung ermäßigt. Bei der Kapitalgesellschaft (AG) unterliegen an die Gesellschafter ausgeschüttete Gewinne ab 2009 der sog. Abzugsteuer (§ 43 Abs. 1 EStG) in Höhe von 25 % plus Solidaritätszuschlag in Höhe von 5,5 % (insgesamt also 26,38 %).

95 Vergleicht man nunmehr die Ertragsteuerbelastung zwischen AG und Personengesellschaft bei einem unterstellten Gewerbeteuersatz von 400 % und einem individuellen Einkommensteuerhöchstsatz von 45 %, so ergibt sich für Vollausschüttung und Thesaurierung folgendes Bild:

D. Rechtsformwahl

Kapitalgesellschaft (AG):[59]

Ebene Kapitalgesellschaft	ab 2009
Ergebnis vor Steuern	100,00
Gewerbesteuer	-14,00
Bemessungsgrundlage für KSt	100,00
Körperschaftsteuer (15%)	-15,00
Solidaritätszuschlag	-0,83
Ergebnis nach Steuern	**70,18**
Ebene Gesellschafter-Vollausschüttung	
Dividende	70,18
Abgeltungssteuer (25%)	-17,54
Solidaritätszuschlag	-0,96
Gesamtsteuerbelastung	**-48,33**
Zufluss nach Steuern	**51,67**

Personenhandelsgesellschaft:

	Entnahmefall	Thesaurierungsfall
Ergebnis vor Steuern	100	100
Gewerbesteuer	-14	-14
Thesaurierung		
Begünstigungsbetrag (§ 34a Abs. 1 EStG n.F.)		86
darauf Thesaurierungsbelastung (28,25%)		-24,3
Steuerbelastung Ebene Gesellschafter auf entnommenen Gewinn (= GewSt)		
- Einkommensteuer (45%)		-6,3
Gewerbesteueranrechnung (§ 35 EStG)		13,3
Solidaritätszuschlag auf feszusetzende ESt (5,5%)		-0,95
Gesamtsteuerbelastung - Thesaurierung		**-32,25**
Vollentnahme		
Nachversteuerungspflichtiger Betrag (§ 34a Abs. 3 EStG n.F.)		60,37
darauf Einkommensteuer (25%)		-15,09
Solidaritätszuschlag		-0,83
Einkommensteuer Gesellschafter (2007: 42%; ab 2008: 45%)	-45,0	
Gewerbesteueranrechnung (§ 35 EStG)	13,3	
Solidaritätszuschlag	1,74	
Gesamtsteuerbelastung - Vollentnahme	**-47,44**	**-48,17**

---

[59] Die Tabellen sind entnommen von *Schaflitzl/Götz* in: Blumenberg/Benz Die Unternehmensteuerreform 2008, S. 4 ff.

Unter den genannten Prämissen ergibt ein Steuerbelastungsvergleich Folgendes:

	Kapitalgesellschaften (AG)	Personengesellschaften
Thesaurierung	29,83%	32,25%
Ausschüttung	48,33%	47,44% (Entnahmefall) 48,17% (Thesaurirungsfall mit Nachversteuerung)

Im Ergebnis erweist sich die AG als Kapitalgesellschaft für den Thesaurierungsfall nicht unerheblich günstiger, während für den Ausschüttungsfall nur marginale Unterschiede bestehen. Das gilt für den Personengesellschafter allerdings nur, solange er sich im höchsten Einkommensteuerprogressionssatz befindet. Sobald er darunter liegt, verschiebt sich die Grenze zugunsten der Personengesellschaft. Liegt der Einkommensteuersatz unter 28,25 % wird der Gesellschafter auch keinen Antrag auf Besteuerung des nicht entnommenen Gewinns nach § 24a EStG mit 28,25 % stellen, sondern es bei der Normalversteuerung belassen. Da das Wahlrecht für den Begünstigungssatz jedem einzelnen Mitunternehmer individuell zusteht, und auch nur für Teile des thesaurierten Gewinns geltend gemacht werden kann, lässt sich eine generelle Aussage zur Günstigkeit der Rechtsformwahl in Bezug auf die Personengesellschaft praktisch nur im Einzelfall machen.[60]

96 In die Vorteilhaftigkeitsüberlegungen ist jedoch auch die Gewerbesteuer einzubeziehen. Liegt der Gewerbesteuersatz unter 400 % so verbessert sich die relative Position der Kapitalgesellschaft. Sie wird durch die geringere Gewerbesteuer effektiv entlastet. Dagegen verändert sich die Gewerbesteuerbelastung des Personenunternehmens kaum, da sich das Anrechnungsvolumen nach § 35 EStG bei der Einkommensteuer entsprechend vermindert und die Gewerbesteuerersparnis durch eine erhöhte Einkommensteuerbelastung kompensiert wird. Für den mittel- bis langfristigen Thesaurierungsfall stellt sich deshalb und vor allem wegen des niedrigeren Thesaurierungssatzes bei der Körperschaftsteuer (15,83 % einschließlich Solidaritätszuschlag gegen 29,8 % einschließlich Solidaritätszuschlag bei der Personengesellschaft) die Kapitalgesellschaft (AG) wesentlich attraktiver als die Personengesellschaft dar. Dabei ist auch zu berücksichtigen, dass die thesaurierten Beträge wiederum Zusatzerträge erwirtschaften können und zwar zu einem niedrigeren Steuersatz als bei der Anlage durch den Gesellschafter.

97 Nachteile hat die Kapitalgesellschaft (AG) allerdings beim Abzug von Refinanzierungskosten beim Gesellschafter für den Erwerb der Anteile. Sind diese bei Personengesellschaften als Sonderbetriebsausgaben (allerdings im Rahmen der Zinsschranke: § 4h EStG) voll abzugsfähig, sind die Refinanzierungskosten für Kapitalgesellschaftsanteile bei Anwendung der Abgeltungssteuer (§ 32d EStG) mit Ausnahme der Pauschbeträge gar nicht (§ 20 Abs. 9 EStG), bei der ggf. möglichen Option zum Teilanrechnungsverfahren (§ 32d Abs. 2 Nr. 3 und Abs. 6 EStG) nur zu 60 % abzugsfähig (§ 3c Abs. 2 EStG).

98 Nachteile hat die Kapitalgesellschaft (AG) auch bei der steuerlichen Verlustverwertung. Während laufende Verluste bei der Personengesellschaft einkom-

---

[60] Vgl. auch *Radewald/Pohl* DStR 2008, 724 ff.

D. Rechtsformwahl

mensteuerlich innerhalb der Grenzen von §§ 10d und 15a EStG unmittelbar auf die Gesellschafter durchschlagen und mit Einkünften aus anderen Quellen ausgeglichen werden können, sind sie bei der Kapitalgesellschaft in der Gesellschaft gefangen und können vom Gesellschafter nicht genutzt werden, es sei denn die Strukturierung einer steuerlichen Organschaft ist möglich. Bei einer Beteiligungsveränderung von mehr als 25 % (schädlicher Beteiligungserwerb) gehen Verlustvorträge (und Zinsschrankenvorträge) bei der Kapitalgesellschaft teilweise oder ganz verloren (§ 8c KStG; § 10a Satz 8 GewStG). Die Veräußerung eines Mitunternehmeranteils führt zwar zum teilweise oder vollständigen Untergang eines gewerbesteuerlichen (anteiligen) Verlustvortrags, nicht aber zum Untergang der einkommensteuerlichen Verlustvorträge.

Die häufig angeführten Vorteile der Kapitalgesellschaft (AG) in Bezug auf die steuerliche Abzugsfähigkeit von Leistungsvergütungen (Geschäftsführerbezüge, Darlehenszinsen) zur Gewerbesteuerersparnis muss man relativieren. Die Gewerbesteuerbelastung wird i. d. R. durch die Anrechnung der Gewerbesteuer auf die Einkommensteuer nach § 35 EStG kompensiert. In Verlustsituationen der Kapitalgesellschaft kann es sogar durch die Besteuerung der Leistungsvergütung beim Gesellschafter zu einer – im Vergleich zur Personengesellschaft – nachteiligen steuerlichen Situation kommen.

Erwähnenswert ist noch, dass die Personengesellschaft bei Umstrukturierungen ggf. eine größere Flexibilität als die Kapitalgesellschaft (AG) aufweist. Realteilungen oder Überführungen von Wirtschaftsgütern von einem Betriebsvermögen in ein anderes können nach näherer Maßgabe der §§ 16 Abs. 3; 6 Abs. 5 EStG ohne Gewinnrealisierungen durchgeführt werden. Im Übrigen wird auf die Ausführungen zur Umwandlung verwiesen (§ 14).

Zusammenfassend kann zum Rechtsformenvergleich im Ertragssteuerbereich festgehalten werden, dass im Thesaurierungsfall die Kapitalgesellschaft (AG) erhebliche Vorteile und im Ausschüttungsfall keine Nachteile gegenüber der Personengesellschaft aufweist. Das gilt aber nur sehr allgemein. Im Einzelnen kommt es auf die individuelle Steuersituation der Gesellschafter, auf die Gewerbesteuerhebesätze und auf die Ertragssituation der Gesellschaft (Verlustsituation) an.[61]

b) Erbschaftsteuer

Erbschaftsteuerlich kann sich ein Vorteil für die Personengesellschaft daraus ergeben, dass der sog. „Verschonungsabschlag" § 13 Abs. 1 ErbStG) auf 85 % des Betriebsvermögens (begünstigtes Vermögen i. S. v. § 13b Abs. 1 Nr. 2, Abs. 4 ErbStG) für jeden Mitunternehmer ohne Rücksicht auf die Höhe seiner Beteiligung zum Zuge kommt. Bei der Kapitalgesellschaft (AG) setzt der „Verschonungsabschlag" eine Beteiligung von mehr als 25 % voraus (§ 13b Abs. 1 Nr. 3 ErbStG). Allerdings ergibt sich für Minderheitsgesellschafter sowohl von Personen- wie von Kapitalgesellschaften das Problem, ob und wie sie überhaupt auf die Einhaltung der Verschonungsvoraussetzungen (Aufrechterhaltung von 650 % der kumulierten Lohnsumme innerhalb von 7 Jahren bzw. von 1000 % inerhalb von 10 Jahren nach Erwerb; keine Betriebsaufgabe, keine Veräußerung von wesentlichen Betriebsgrundlagen innerhalb von 15 Jahren nach Erwerb etc. – Behaltefrist; vgl. § 13a Abs. 1; Abs. 5 ErbStG-E) Einfluss nehmen können.

---

[61] Einen sehr guten Überblick über die Rechtsformoptimierung nach der Unternehmensteuerreform gibt *Förster*, Ubg 2008, 185 ff. und *Lüdicke/Fürwentsches*, DB 2009, 12 ff.

Auch bei der Bewertung können sich Unterschiede ergeben: Börsennotierte Wertpapiere (Aktien) sind ausnahmslos mit dem Stichtags-Börsenkurs anzusetzen (§ 11 Abs. 1 BewG). Im Übrigen sind Anteile an Kapital- wie Personengesellschaften entweder aus Parallelwerten aus Verkäufen an Dritte, die aber weniger als ein Jahr zurückliegen müssen, andernfalls mit dem gemeinen Wert zu bewerten. Der gemeine Wert ist i. d. R. nach Maßgabe einer Ertragswertmethode zu ermitteln, die im Einzelnen in einer Rechtsverordnung festgelegt ist (§§ 11 Abs. 2; 109 Abs. 2 BewG). Mit Ausnahme der börsennotierten Aktie besteht Methodengleichheit bei der Bewertung von Aktien und Personengesellschaftanteilen.

II. AG versus GmbH

1. Allgemeine Entscheidungskriterien

103 Die GmbH ist (in Abgrenzung zur AG) die **juristische Person mit personalistischer Prägung**: Sie ist keine anonyme Gesellschaft; im Falle einer Veränderung im Gesellschafterbestand ist eine Liste der Gesellschafter zum Handelsregister einzureichen; als Gesellschafter gilt nur, wer als solcher in der im Handelsregister aufgenommenen Gesellschafterliste eingetragen ist; die Anteile sind nur erschwert handelbar, da die Übertragung notariell zu beurkunden ist; die Gesellschafterversammlung ist weisungsbefugt gegenüber der Geschäftsführung; jeder Gesellschafter hat ein uneingeschränktes Informationsrecht über die Angelegenheiten der Gesellschaft und ein entsprechendes Recht zur Einsicht der Bücher und Schriften. Bezeichnend für die starke Bindung der Gesellschafter untereinander ist auch die in bestimmten Fällen gegebene solidarische Haftung für die Kapitalaufbringung und -erhaltung. Der Gesellschaftsvertrag der GmbH kann in hohem Maße an die besonderen Verhältnisse der Gesellschafter und des Unternehmens angepasst werden. Die Mindestorganisation der GmbH ist einfach; so sind nur zwei Organe zwingend vorgeschrieben (Gesellschafter und Geschäftsführer), wenn die GmbH nicht mitbestimmungspflichtig ist.

104 Die **Gesellschafter** einer GmbH haften – wie auch die Aktionäre einer AG – den Gläubigern der Gesellschaft nicht für die Verbindlichkeiten der Gesellschaft (§ 13 Abs. 2 GmbHG). Zu Nachschüssen sind sie allenfalls verpflichtet, wenn der Gesellschaftsvertrag dies vorsieht (§§ 26 bis 28 GmbHG;[62] bei einer unbeschränkten Nachschusspflicht hat jeder Gesellschafter das Abandonrecht [unentgeltliches Zurverfügungstellung des Geschäftsanteils]). Wenn die Stammeinlage eines (anderen) Gesellschafters nicht eintreibbar ist und auch nicht durch den Verkauf dessen Geschäftsanteils gedeckt werden kann, ist § 24 GmbHG zu beachten; auch für die Werthaltigkeit von Sacheinlagen haften die anderen GmbH-Gesellschafter (§§ 9, 24 GmbHG). Bei der AG gibt es dagegen keine solidarische Haftung der Aktionäre für die Grundkapitalaufbringung. §§ 30, 31 GmbHG schützen das Stammkapital vor einer Rückzahlung an die Gesellschafter (im Fall des § 31 Abs. 3 GmbHG solidarisch), § 57 AktG dagegen das gesamte Gesellschaftsvermögen (nicht solidarisch).

---

[62] Bei der AG gibt es die sog. Nebenleistungs-AG, wenn gemäß § 55 AktG den Aktionären mit vinkulierten Namensaktien die Verpflichtung auferlegt ist, wiederkehrende Leistungen, die nicht in Geld bestehen, zu erbringen.

D. Rechtsformwahl

Ein **Haftungsdurchgriff** auf die GmbH-Gesellschafter ist nur in extremen von der Rechtsprechung entwickelten Ausnahmetatbeständen denkbar (insbesondere Vermögensmischung, Sphärenvermischung und beim sog. existenzvernichtenden Eingriff als sittenwidrige Schädigung i. S. v. § 826 BGB). Bei der AG kommen vergleichbare Tatbestände zum Zuge.

Das **Nennkapital** (Stammkapital) einer GmbH muss mindestens € 25.000 betragen. Ehe die Anmeldung zum Handelsregister erfolgen kann, ist mindestens ein Viertel des Nennbetrags jedes Geschäftsanteils einschl. etwa vereinbarter Sacheinlagen (die stets voll zu leisten sind), mindestens aber die Hälfte des Mindeststammkapitals von den Gesellschaftern einzuzahlen. Darüber hinausgehende Pflichten, etwa durch Zurückbehaltung von Gewinnen in Form von Gewinnrücklagen zusätzliches Eigenkapital zu bilden, bestehen bei der GmbH gesetzlich nicht. Auch können – anders als bei der AG – Agiorücklagen zugunsten des Bilanzgewinns aufgelöst und ausgeschüttet werden.

Mit dem MoMiG hat der Gesetzgeber als Sonderform der GmbH die sog. **Unternehmergesellschaft** geschaffen (§ 5a GmbHG) für die ein Mindeststammkapital nicht erforderlich ist (Minimum 1 €). Diese muss eine gesetzliche Rücklage bilden, der jährlich $^1/_4$ des um einen Verlustvortrag verminderten Jahresüberschusses zuzuführen ist. Diese darf nur zur Kapitalerhöhung aus Gesellschaftsmitteln verwendet werden. Die Verpflichtung zur Rücklagenbildung entfällt, wenn das Mindeststammkapital erreicht ist.

Die **Geschäftsanteile** der GmbH-Gesellschafter sind grundsätzlich frei veräußerlich; sowohl das entsprechende Verpflichtungsgeschäft über die Abtretung von Geschäftsanteilen als auch die Abtretung selbst bedarf eines in notarieller Form geschlossenen Vertrages. Demgegenüber sind Aktien im Normalfall formfrei veräußerbar.

Nach § 29 GmbHG entsteht grundsätzlich ein unmittelbarer Anspruch auf den in der GmbH-Bilanz ausgewiesenen Jahresüberschuss (wenn keine abweichenden gesellschaftsvertraglichen Regelungen existieren). Bei AGs gelten die für die Aktionäre restriktiveren Regeln des § 58 AktG (bis zu einer bestimmten Grenze 50 %-Thesaurierung ohne Aktionärszustimmung möglich). Bei einer GmbH sind unterjährig Vorabausschüttungen möglich, bei einer AG nicht.

Die Leitung der GmbH erfolgt durch ihre **Geschäftsführer**, die im Normalfall durch die Gesellschafterversammlung bestellt werden. Der Gesellschaftsvertrag sieht regelmäßig vor, dass für wichtige oder außergewöhnliche Geschäfte die Genehmigung der Gesellschafterversammlung eingeholt werden muss. Der Geschäftsführer ist im Grundsatz weisungsabhängig, anders als der eigenverantwortlich leitende AG-Vorstand.

Eine **Kontrolle der Geschäftsführung** der GmbH geschieht durch die Gesellschafterversammlung und/oder die von ihr freiwillig bzw. zwangsweise (Mitbestimmungsrecht) eingesetzten Aufsichtsorgane. Ferner hat jeder einzelne Gesellschafter nach § 51a GmbHG ein Auskunftsrecht gegenüber der Geschäftsführung und ein Recht auf Einsicht in die Bücher und Schriften der Gesellschaft. Dieses Informationsrecht geht deutlich weiter als das des Aktionärs (§ 131 AktG).

Eine GmbH mit mehr als 500 Arbeitnehmern unterliegt der **unternehmerischen Mitbestimmung** ($^1/_3$-Mitbestimmung nach DrittelbG). In einer AG ist dies bei vor dem 10.8.1994 eingetragenen Gesellschaften regelmäßig auch bei weniger als 500 Arbeitnehmern der Fall, sofern es sich nicht um eine Familienaktiengesellschaft handelt. Bei mehr als 2000 Arbeitnehmern greift sowohl

§ 1 113–119   Erscheinungsformen und Rechtsformwahl

bei GmbH als auch bei AG die im Grundsatz paritätische Mitbestimmung nach MitbestG ein. Der GmbH-Aufsichtsrat bestellt nur im Fall des MitbestG, nicht aber im Fall des DrittelbG die GmbH-Geschäftsführer (anders als im Fall des Vorstands der AG, der stets vom Aufsichtsrat bestellt wird).

113 Hinsichtlich Rechnungslegung, Prüfung und Publizität unterscheiden sich AG und GmbH im Grundsatz nicht (Ausnahmen sind aber bei Börsennotierung der AG denkbar).

114 Die **passive Beherrschungsfähigkeit** einer GmbH kann durch Stimmrechtsbeschränkungen oder Einschränkungen in den Geschäftsanteils-Übertragungsmöglichkeiten im Gesellschaftsvertrag ausgeschlossen bzw. beschränkt werden. Dies unterscheidet sich zwar im Detail, nicht aber grundlegend von der AG. Börsenfähig ist die GmbH nicht.

2. Steuerliche Entscheidungskriterien

115 Die AG und die GmbH werden ertragsteuerlich und erbschaftsteuerlich im Grundsatz identisch besteuert.

Besteuerungsunterschiede im Detail können allerdings aus steuerlichen Folgewirkungen unterschiedlicher gesellschaftsrechtlicher Gegebenheiten resultieren (zB: Annahme verbotener Einlagerückgewähr mit vGA-Konsequenzen; Trennbarkeit sperrfristbehafteter von nicht sperrfristbehafteten Anteilen; Anforderungen an einen wirksamen EAV zur Herstellung einer Organschaft; Zulässigkeit bzw. Unzulässigkeit von Vorabausschüttungen uam.).

Auch kann naturgemäß die erbschaftsteuerliche Bemessungsgrundlage Kurswert nur für Aktien, nicht aber für GmbH-Anteile einschlägig sein.

III. AG versus KGaA

1. Allgemeine Entscheidungskriterien

116 Die KGaA ist eine juristische Person mit zwei Arten von Gesellschaftern, dem **Komplementär** und den **Kommanditaktionären**. Der Komplementär haftet persönlich unbeschränkt (kann aber selbst auch eine Kapitalgesellschaft sein), der Kommanditaktionär nicht. Die unbeschränkt haftenden Komplementäre sind den Komplementären einer KG weitgehend gleichgestellt, die Kommanditaktionäre den Aktionären einer AG. Ein Komplementär kann zugleich auch (neben anderen) Kommanditaktionär sein.

117 Die KGaA hat also ein doppeltes Gesicht: Für die Kommanditaktionäre untereinander und in ihrer Gesamtheit gegenüber Dritten gilt die Formenstrenge der AG. Für das Verhältnis der Komplementäre untereinander und zur Gesamtheit der Kommanditaktionäre gilt jedoch das Prinzip der Satzungsstrenge nicht. Die Organisationsverfassung der KGaA unterliegt mithin zum Teil der Gestaltungsfreiheit der Beteiligten im Rahmen der für die Kommanditgesellschaft geltenden Regelungen.

118 Die Komplementäre der KGaA müssen wegen ihrer unbeschränkten persönlichen Haftung nicht notwendig eine **Einlage** erbringen. Das **Grundkapital** ist von den Kommanditaktionären aufzubringen.

119 Der Komplementär ist als Ausfluss der persönlichen Haftung bei der KGaA das geborene Geschäftsführungs- und Vertretungsorgan (§ 278 Abs. 2 AktG); eine Bestellung durch den Aufsichtsrat erfolgt nicht. Der Komplementär reprä-

D. Rechtsformwahl

sentiert die Leitung der KGaA, ist also Geschäftsführer und gesetzliche Vertreter. Bestimmte Geschäftsführungsmaßnahmen können (im Wesentlichen aufgrund der Satzung) allerdings auch bei der KGaA zustimmungsbedürftig sein; Zustimmungsorgan ist dann entweder die Hauptversammlung oder der Aufsichtsrat.

In der Hauptversammlung haben nur die Kommanditaktionäre ein **Stimmrecht** (§ 285 AktG). Dies gilt auch für Kommanditaktionäre, die gleichzeitig Komplementäre sind (untersagt ist ihnen die Stimmrechtsausübung aus ihren Aktien nur bei bestimmten Beschlussfassungen, die ihre Position als Organe tangieren). Allerdings bedürfen Beschlüsse der Hauptversammlung, „für die bei einer Kommanditgesellschaft das Einverständnis der persönlich haftenden Gesellschafter und der Kommanditisten erforderlich ist" (§ 285 Abs. 2 AktG), der Zustimmung der Komplementäre (betr. vor allem strukturändernde Beschlüsse). Dem durch die Hauptversammlung zu bestimmenden Aufsichtsrat der KGaA dürfen nach § 287 Abs. 3 AktG keine persönlich haftenden Gesellschafter angehören. 120

Auch hinsichtlich der **unternehmerischen Mitbestimmung** gibt es – wegen der persönlichen Haftung der Komplementäre – eine wesentliche Abweichung gegenüber der AG: Der mitbestimmte Aufsichtsrat hat keinen Einfluss auf die „Bestellung" des Leitungsorgans, und es gibt auch keinen Arbeitsdirektor. 121

Hinsichtlich der Pflichten zur Aufstellung, Prüfung und Offenlegung des Jahresabschlusses ist die KGaA einer AG vergleichbar. 122

Die **passive Beherrschungsfähigkeit** einer KGaA ist nur dann gegeben, wenn auch der Komplementär als juristische Person beherrscht werden kann. Auch die KGaA ist börsenfähig. 123

2. Steuerbelastungsunterschiede

Steuerlich gesehen ist die KGaA ein Zwitter. Sie ist zwar als solche eine im Grundsatz normal KSt- und GewSt-pflichtige Kapitalgesellschaft (und insoweit einer AG vergleichbar), weshalb auch die Kommanditaktionäre steuerlich im Grundsatz wie normale Aktionäre behandelt werden (jedenfalls aus Sicht des deutschen Steuerrechts; aus Sicht ausländischer Steuerrechte mag das anders aussehen). Besonders ist allerdings der steuerliche Status des Komplementärs, woraus sich auch Besonderheiten für die Besteuerung der KGaA ergeben.[63] 124

Der **Komplementär** wird im Grundsatz „wie ein Mitunternehmer" (also ein Gesellschafter einer Personengesellschaft) besteuert (allerdings ohne dass eine wirkliche Mitunternehmerschaft mit einem zweiten Mitunternehmer besteht). Er erzielt mit seinem Gewinnanteil nebst Sondervergütungen Einkünfte gem. § 15 Abs. 1 Satz 1 Nr. 3 EStG (es hat wohl auch eine echte Sonderbilanzierung zu erfolgen). Damit korrespondiert, dass dieser Betrag nicht mehr bei der KGaA körperschaftsteuerpflichtig sein kann. Deshalb wird bei dieser das KSt-Einkommen gem. § 9 Abs. 1 Nr. 1 KStG um den Gewinnanteil des Komplementärs gekürzt. Die Sondervergütungen des Komplementärs sind bei der KGaA Betriebsausgabe, so dass es einer Kürzung insoweit nicht mehr bedarf – allerdings ist die genaue Abstimmung von § 15 Abs. 1 Satz 1 Nr. 3 EStG und § 9 Abs. 1 Nr. 1 KStG umstritten (die Vergütung für die Geschäftsführung 125

---

[63] Dazu näher § 12 Rz. 127.

des Komplementärs wird wie der Gewinnanteil des Komplementärs behandelt).

126 **Gewerbesteuerlich** wird dagegen der Gewinnanteil (nicht: die Sondervergütungen außerhalb der Geschäftsführungsvergütung) des Komplementärs gem. § 8 Nr. 4 GewStG dem Gewerbeertrag der KGaA wieder hinzugerechnet; die Besteuerung des Komplementärs „wie ein Mitunternehmer" gilt insoweit nicht (womit eine Kürzung des Gewinnanteils aus dem Gewerbeertrag des Komplementärs gem. § 9 Nr. 2 b GewStG korrespondiert).

127 Auch **erbschaftsteuerlich** wird der Komplementär wie ein Mitunternehmer einer Personengesellschaft besteuert.

128 Soweit der Komplementär auch über Kommanditaktien verfügt, erfolgt die steuerliche Behandlung getrennt; die Kommanditaktien sind auch kein Sonderbetriebsvermögen des Komplementärs.

Im Detail sind allerdings viele wesentliche Fragen der Besteuerung einer KGaA noch ungeklärt.[64] Insbesondere in den Fällen, in denen der Komplementär über eine nennenswerte vermögensmäßige Beteiligung an der KGaA verfügt, bestehen gravierende steuerliche Unsicherheiten. Es existiert kaum Rechtsprechung zur KGaA, auch gibt es kaum Verwaltungsanweisungen. Auch das steuerliche Schrifttum ist eher rudimentär.

IV. AG versus Europäische Gesellschaft

1. Allgemeine Entscheidungskriterien

129 Die Europäische Gesellschaft (Societas Europea: SE) ist eine Handelsgesellschaft, die auf einer in allen EU- und EWR-Mitgliedsstaaten gültigen Rechtsgrundlage (Verordnung (EG) Nr. 2157/2001 sowie Rl 2001/186/EG über die Beteiligung der Arbeitnehmer) beruht. Sie gilt als AG und unterliegt, sofern sie ihren Sitz im Inland hat (1) den Bestimmungen der EGVO 2157/2001, (2) den Bestimmungen ihrer Satzung, (3) dem inländischen Ausführungsgesetz (SEAG), (4) den Vorschriften des AktG, soweit nicht die vorgenannten Sonderregelungen eingreifen (vgl. Art. 9 EGVO 2157/86).

130 Die Wahl der Rechtsform der SE setzt voraus, dass im Inland bereits eine AG (für einige Gründungsformen auch eine GmbH) besteht. Die Alternative SE stellt sich deshalb nur in einer zweiten Stufe. Weitere Voraussetzung ist, dass eine oder mehrere im EU- oder EWR-Ausland ansässige gründungsgeeignete Handelsgesellschaften beteiligt sind mit denen oder auf die eine Verschmelzung, eine gemeinsame Holdinggründung, Gründung einer gemeinsamen Tochter SE durchgeführt werden kann. Bei Vorhandensein einer Tochtergesellschaft in einem anderen EU-Mitgliedsstaat kommt auch der Formwechsel einer inländischen AG in eine SE in Betracht (Art. 2 EGVO 2157/2001).

131 Der wesentliche Unterschied zur AG liegt in der Organisationsstruktur: Die SE kann sich eine monistische (einheitliches Verwaltungsorgan: Verwaltungsrat-/Board-System) oder eine dualistische (Vorstand – Aufsichtsrat) Verwaltungsstruktur geben. Das vor allem im angelsächsischen Bereich, aber auch in Frankreich und in der Schweiz verbreitete monistische System vereint Geschäftsführungs- und Überwachungsaufgaben in einem Organ und gibt relativ große Gestaltungsfreiheit. Dies wird insbesondere für den Informationsfluss als

---

[64] Näher dazu § 12 Rz. 243 f.

D. Rechtsformwahl 132–136 § 1

Vorteil gewertet. Für die Überwachungsfunktion kann das monistische System dagegen zu institutionellen Defiziten führen (keine klare Funktionstrennung, Interessenkollision).

Ein wichtiges Entscheidungskriterium für die SE kann in der Arbeitneh- 132 mermitbestimmung liegen. Die unternehmerische Mitbestimmung wird im Grundsatz durch die RL 2001/86/EG und das SE-Beteiligungsgesetz (SEBG) sichergestellt. Im Vordergrund steht die Sicherung durch eine Verhandlungslösung (verhandelte Arbeitnehmerbeteiligung). Kommt eine Verhandlungslösung nicht zustande, kommt eine Auffangregelung zum Zuge, die sich nach dem höchsten Anteil an Arbeitnehmervertretern in den Organen der beteiligten Gesellschaften vor Eintragung der SE ausrichtet. Da es aber nur auf den prozentualen Anteil, nicht auf die absolute Zahl der Arbeitnehmervertreter ankommt, ist eine satzungsmäßige Verkleinerung des Aufsichts- oder Verwaltungsrats der SE möglich. Das ist insbesondere bei den zahlenmäßig überbordenden Aufsichtsräten nach dem MitbestG ein nicht unerheblicher Gesichtspunkt. Da auch alle Arbeitnehmer europaweit einbezogen werden, verändert (vermindert) sich gleichermaßen der Einfluss der Arbeitnehmer der einzelnen beteiligten Unternehmen.

Die Anwendbarkeit der Mitbestimmung auf betrieblicher Ebene (BetrVG) 133 bleibt für die in Deutschland befindlichen Betriebe durch die Rechtsform der SE unberührt.

Die SE kann ihren Sitz identitätswahrend in einen anderen Mitgliedsstaat 134 der EU verlegen. Sie bietet daher die rechtlich gesicherte Möglichkeit einer grenzüberschreitenden Sitzverlegung unter Beibehaltung der Rechtspersönlichkeit. Bei der AG führt eine Sitzverlagerung ins Ausland grundsätzlich zur Auflösung.[65]

2. Steuerliche Entscheidungskriterien

Bei der Gründung der SE sind die Steuerfolgen für übertragende und 135 aufnehmende Gesellschaft sorgfältig zu analysieren. Es kann zu erheblichen Steuerfolgen führen, wenn Steuergut endgültig der deutschen Besteuerung entzogen wird (Entstrickung). Dies soll hier nicht weiter erörtert werden (vgl. § 13).

In der laufenden Besteuerung weist die SE keine Besonderheiten gegenüber 136 der AG oder anderen inländischen Kapitalgesellschaften aus. Wie bei anderen Gesellschaften mit internationalem Bezug stellen sich Verrechnungspreisprobleme oder Themen des grenzübergreifenden Verlustausgleichs. Da es aber kein gesondertes EU-Besteuerungsregime für die SE gibt, ist die SE auch insoweit anderen inländischen Kapitalgesellschaften gleichgestellt.

---

[65] Ob sich aus dem geplanten Gesetz zum internationalen Privatrecht der Gesellschaften, Vereine und juristischen Personen (Novellierung der entsprechenden Artikel des EGBGB) etwas anderes ergeben wird, bleibt abzuwarten.

2. Abschnitt: Die AG und die KGaA

§ 2 Die Gründung und die Entstehung durch Umwandlung

Bearbeiter: Roger Zätzsch/Dr. Silja Maul/Dr. Elisabeth Strobl-Haarmann

Übersicht

	Rz.
A. Die Wege zur Aktiengesellschaft und zur Kommanditgesellschaft auf Aktien	1–4
I. Übersicht	1, 2
II. Aufbau dieses Kapitels	4
B. Gründung der AG nach AktG	8–427
I. Übersicht	8
II. Gründungsverfahren	9–67
1. Phasen der Gründung	9
2. Die Errichtung der Gesellschaft	10–14
a) Feststellung der Satzung	11, 12
b) Übernahme der Aktien	13
c) Folgen der Errichtung	14
3. Die Vorbereitung der Handelsregisteranmeldung	15–34
a) Bestellung des ersten Aufsichtsrats	15
b) Bestellung des ersten Abschlussprüfers	16
c) Bestellung des ersten Vorstands	17
d) Gründungsbericht	18–22
aa) Erstattung	18
bb) Inhalt	19
cc) Hergang der Gründung	20
dd) Sonderbeziehungen zu Vorstands- und Aufsichtsratsmitgliedern	21
ee) Sacheinlagen, Sachübernahmen	22
e) Prüfung durch Mitglieder des Vorstands und des Aufsichtsrats	23, 24
aa) Generelle Prüfungspflicht	23
bb) Gegenstand der Prüfung	24
f) Gerichtlich bestellte Gründungsprüfer	25–28
aa) Bestellungsgründe	25
bb) Bestellung	26
cc) Umfang der Gründungsprüfung	27
dd) Prüfungsbericht	28
g) Notar als Prüfungsbeauftragter	29
h) Vorbereitung der Kapitaleinlagen	30
i) Einforderung der Kapitaleinlagen	31, 32
aa) Geldeinlagen	31
bb) Sacheinlagen	32
j) Kapitalaufbringung	33
k) Staatliche Genehmigung	34
4. Anmeldung zum Handelsregister	35–50
a) Voraussetzungen	35
b) Anmeldepflichtige Personen	36

	c) Anmeldepflicht	37
	d) Vertretung bei der Anmeldung	38
	e) Form der Anmeldung	39
	f) Inhalt der Anmeldung	40–50
	aa) Übersicht	40
	bb) Antrag auf Eintragung	41
	cc) Kapitalaufbringung	42
	dd) Erklärungen bei Bareinlagen	43
	ee) Erklärungen bei Sacheinlagen	44
	ff) Versicherung der Vorstandsmitglieder	45
	gg) Inländische Geschäftsanschrift	46
	hh) Vertretungsbefugnisse	47
	ii) Zeichnung der Vorstandsmitglieder	48
	jj) Anlagen	49
	kk) Lage der Geschäftsräume	50
5.	Prüfung durch das Gericht	52–58
	a) Übersicht	52
	b) Ordnungsgemäße Errichtung und Anmeldung	53–55
	aa) Prüfung der Errichtung	54
	bb) Prüfung der Anmeldung	55
	c) Mangelhafte Berichte	56
	d) Unzureichender Wert von Sacheinlagen und Sachübernahmen	57
	e) Satzungsmängel	58
6.	Entscheidung des Gerichts	60–63
	a) Eintragungsverfügung	60
	b) Zwischenverfügung	61
	c) Ablehnung der Eintragung	62
	d) Rechtsmittel	63
7.	Inhalt der Eintragung	64
8.	Bekanntmachung der Eintragung	65
9.	Folgen der Eintragung	66
10.	Folgen des Scheiterns der Eintragung	67
III.	Beteiligte der Gründung	70–156
1.	Übersicht	70, 71
2.	Immer notwendige Gründungsbeteiligte	72–129
	a) Gründer	72–86
	aa) Funktion und Aufgaben	72
	bb) Gründerfähigkeit	73
	cc) Natürliche Personen	74
	dd) Juristische Personen	75, 76
	ee) Rechtsfähige Personengesellschaften	77
	ff) Gesellschaft bürgerlichen Rechts	78
	gg) Nicht rechtsfähiger Verein	79
	hh) Erbengemeinschaft	80
	ii) Alleinerbe	81
	jj) Eheleute	82
	kk) Ausländische Personengemeinschaften	83
	ll) Treuhänder	84
	mm) Qualifizierte Gründerfähigkeit	85, 86
	b) Erster Aufsichtsrat	90–106
	aa) Gründungshaftung	91
	bb) Zusammensetzung	92, 93
	cc) Amtszeit	94–97
	dd) Bestellung	98, 99

Übersicht

§ 2

- ee) Abberufung, Ausscheiden, Ersatzbestellung ... 100, 101
- ff) Vergütung ... 102
- gg) Mitbestimmungsrecht ... 103–106
- c) Erster Vorstand ... 107–112
  - aa) Bestellung, Zusammensetzung ... 108
  - bb) Aufgaben des ersten Vorstandes ... 109, 110
  - cc) Überschreitung der notwendigen Gründungsaufgaben ... 111
  - dd) Vergütung ... 112
- d) Notar ... 113–124
  - aa) Übersicht ... 113
  - bb) Beurkundung mit Unterschrift der Beteiligten ... 114
  - cc) Beurkundung ohne Unterschrift der Beteiligten ... 115
  - dd) Zeichnung vor dem Notar ... 116
  - ee) Anerkenntnis der Unterschrift ... 117
  - ff) Beurkundung in Sonderfällen ... 118
  - gg) Belehrung über unbeschränkte Auskunftspflicht ... 119
  - hh) Notargebühren ... 120–123
  - ii) Ausländischer Notar ... 124
- e) Registergericht ... 125–129
  - aa) Zuständigkeit ... 125
  - bb) Aufgaben ... 126
  - cc) Eintragungsverfahren ... 127
  - dd) Rechtsbehelfe ... 128
  - ee) Gerichtskosten ... 129
3. Regelmäßig notwendige Gründungsbeteiligte ... 130–137
   - a) Kontoführendes Institut ... 130
   - b) Gründungsprüfer oder Notar als Prüfungsbeauftragter ... 131–133
   - c) Gericht in Angelegenheiten der Gründungsprüfer ... 134–137
4. Im Sonderfall notwendige Gründungsbeteiligte ... 140–147
   - a) Vertreter von Gründern ... 140–143
     - aa) Bevollmächtigte von Gründern ... 141, 142
     - bb) Gesetzliche Vertreter von Gründern ... 143
   - b) Vormundschaftsgericht ... 144
   - c) Genehmigungsbehörde ... 145, 146
   - d) Industrie- und Handelskammer ... 147
5. Mittelbar von der Gründung Betroffene ... 148–156
   - a) Bundesanzeiger und andere Bekanntmachungsmedien ... 148
   - b) Erster Abschlussprüfer ... 149
   - c) Finanzamt ... 150
   - d) Für die Gründung verantwortliche Dritte ... 151–156
     - aa) Treugeber von Gründern ... 152
     - bb) Empfänger einer Vergütung für nicht satzungsgemäßen Gründungsaufwand ... 153
     - cc) Mitwirkende bei der Verheimlichung von Gründungsaufwand ... 154
     - dd) Mitwirkende bei der Schädigung der Gesellschaft durch Einlagen oder Sachübernahmen ... 155
     - ee) Emittenten ... 156

IV. Das Grundkapital und seine Aufbringung 159–326
1. Das Grundkapital und seine Zerlegung in Aktien . 159–163
   a) Das Grundkapital 159
   b) Zerlegung in Aktien 160, 161
   c) Ausgabebetrag 162, 163
2. Aufbringung des Grundkapitals (Übersicht) 164, 165
3. Bareinlagen 171–184
   a) Begriff 171
   b) Zeitpunkt der Leistung 172–174
      aa) Gesetzliche Mindesteinzahlung 172
      bb) Fälligkeitsregelung im Gründungsprotokoll 173
      cc) Freiwillige Überzahlung 174
   c) Formen der Einzahlung 175–178
      aa) Übersicht 175
      bb) Gesetzliche Zahlungsmittel 176
      cc) Gutschrift bei kontoführendem Institut . . . 177
      dd) Währung 178
   d) Zahlung zur freien Verfügung des Vorstands . . . 179, 180
      aa) Voraussetzungen 179
      bb) Endgültigkeit 180
   e) Nachweis der Kapitalaufbringung gegenüber
      dem Gericht 181, 182
      aa) Erklärungen in der Handelsregisteranmel-
          dung 181
      bb) Bestätigung des kontoführenden Instituts . . 182
   f) Prüfung durch das Gericht 183
   g) Verjährung der Einzahlungspflicht 184
4. Sacheinlagen 190–225
   a) Übersicht 190, 191
   b) Einlagefähige Vermögensgegenstände 192
   c) Bedeutung der Aktivierungsfähigkeit 193
   d) Forderungen als Sacheinlagen 194–198
      aa) Übersicht 194
      bb) Geldforderungen gegen den Gründer selbst 195
      cc) Geldforderungen gegen andere Gründer . . 196
      dd) Forderungen auf sonstige Vermögensgegen-
          stände 197
      ee) Forderungen auf Dienstleistungen 198
   e) Unternehmen als Sacheinlage 199
   f) Festsetzung der Sacheinlage in der Satzung . . . 200–205
      aa) Übersicht 200
      bb) Festsetzung des Gegenstandes 201
      cc) Regelung der Differenzhaftung 202
      dd) Folgen fehlender Satzungsfestsetzung 203
      ee) Eintragung trotz fehlender Satzungs-
          festsetzung 204
      ff) Heilung fehlender Satzungsfestsetzung . . . 205
   g) Zeitpunkt der Einlage 206
   h) Sacheinlagevertrag 207, 208
      aa) Begriff 207
      bb) Inhalt 208
   i) Bewertung der Sacheinlage 209–212
      aa) Bedeutung 209
      bb) Wertangaben in der Handelsregister-
          anmeldung 210

Übersicht

cc) Bedeutung des Ausgabebetrags	211
dd) Bewertungsmethoden	212
j) Folgen einer Überbewertung	222–225
aa) Zeitpunkt der Feststellung	222
bb) Prüfung durch Gericht	223
cc) Maßgeblicher Ausgabebetrag	224
dd) Differenzhaftung	225
5. Sachübernahme	226–229
a) Begriff	226
b) Gewährung einer Vergütung	227
c) Abgrenzung der Sachübernahmen	228
d) Gesetzliche Regeln	229
6. Fingierte Sacheinlage	230
7. Gemischte Sacheinlage	231
8. Mischeinlage	232–235
a) Begriff	232
b) Festsetzung in der Satzung	233–235
aa) Anforderungen	233
bb) Rechtsverbindlichkeit	234
cc) Schwierigkeiten in der Praxis	235
9. Trenneinlage	236
10. Verdeckte Sacheinlage	240–242
a) Bisherige Rechtslage	240–242
aa) Begriff	240
bb) Rechtsfolgen	241
cc) Heilung	242
b) Rechtslage nach Inkrafttreten des AktG	243
c) Übergangsrecht	244
11. Haftung für die Kapitalaufbringung	247–293
a) Übersicht	247
b) Gründungsphasen	248–257
aa) Vorgründungszeit	248–250
bb) Vorgesellschaft	251–256
cc) Nachgründungszeit	257
c) Haftung der Gründer	258–272
aa) Verpflichtung zu Einlagen auf die übernommenen Aktien	259–263
bb) Nebenverpflichtungen nach Satzung	264
cc) Haftung für Einlagen anderer Gründer	265
dd) Haftung für die Verletzung sonstiger Gründerpflichten	266, 267
ee) Haftung für Verbindlichkeiten der Vorgründungsgesellschaft	268
ff) Haftung für Verbindlichkeiten der Vorgesellschaft	269–272
d) Haftung der Treugeber von Gründern	273
e) Haftung von für die Gründung verantwortlichen Dritten	274–279
aa) Haftung für nicht satzungsgemäßen Gründungsaufwand	275, 276
bb) Haftung bei der Verheimlichung von Gründungsaufwand	277
cc) Haftung bei Schädigung der Gesellschaft durch Einlagen oder Sachübernahmen	278
dd) Haftung der Emittenten	279

f) Haftung des Vorstands 280–285
   aa) Haftung für Kapitalaufbringung 281
   bb) Handelndenhaftung 282–284
   cc) Allgemeine Vorstandshaftung 285
g) Haftung des Aufsichtsrats 286
h) Haftung der Gründungsprüfer 287
i) Außenhaftung, Innenhaftung 288
j) Verzicht und Vergleich auf Ansprüche und Ersatzansprüche 289, 290
k) Verjährung von Ansprüchen und Ersatzansprüchen 291, 292
l) Strafrechtliche Verantwortlichkeit 293
12. Einpersonengründung 300–304
   a) Zulässigkeit 300
   b) Bareinlage 301, 302
   c) Sacheinlage 303
   d) Haftungsfragen 304
13. Nachgründung 310–326
   a) Begriff und Bedeutung der Nachgründung ... 310
   b) Vertragspartner 311, 312
   c) Vertragsgegenstand 313
   d) Vergütung 314, 315
   e) Verfahren 316–319
   f) Rechtsfolgen bei Verstoß 320
   g) Schadensersatz bei Nachgründung 321
   h) Strafrechtliche Verantwortung für Nachgründung 322
   i) „Heilung" unwirksamer Sachgründung durch Nachgründung 323–326
V. Die Satzung 329–394
1. Übersicht 329, 330
2. Mindestinhalt der Satzung 331–344
   a) Firma 332, 333
      aa) Rechtsformzusatz 332
      bb) Allgemeines Firmenrecht 333
   b) Sitz 334–336
      aa) Bestimmung des Sitzes 334
      bb) Bedeutung des Sitzes 335
      cc) Steuerliche Bedeutung des Sitzes 336
   c) Gegenstand des Unternehmens 337–340
      aa) Bestimmung des Unternehmensgegenstandes 337
      bb) Abgrenzung vom Gesellschaftszweck 338
      cc) Bedeutung des Unternehmensgegenstandes 339
      dd) Steuerliche Bedeutung des Unternehmensgegenstandes 340
   d) Grundkapital und Aktien 341
   e) Zahl der Vorstandsmitglieder 342
   f) Bekanntmachungen 343
   g) Notwendiger Inhalt nach anderen Gesetzen ... 344
3. Gründungsbezogene Satzungsbestimmungen 345–351
   a) Übersicht 345
   b) Sondervorteile 346
   c) Gründungsaufwand 347

d) Prüfung von Sonvervorteilen und Gründungsaufwand ... 348
e) Folgen der Verletzung von § 26 AktG ... 349
f) Änderung und Beseitigung der Satzungsbestimmungen nach § 26 AktG ... 350
g) Besteuerung von Sondervorteilen und Gründungsaufwand ... 351
4. Vom AktG abweichende Bestimmungen ... 352, 353
   a) Übersicht ... 352
   b) Verzeichnis der Ermächtigungen zur Abweichung der Satzung von Vorschriften des AktG (§ 23 Abs. 5 Satz 1 AktG) ... 353
5. Das AktG ergänzende Bestimmungen ... 354–360
   a) Übersicht ... 354
   b) Beispiele zulässiger Ergänzung ... 355, 356
   c) Beispiele unzulässiger Ergänzung ... 357
   d) Unechte (formelle) Satzungsbestimmungen ... 358–360
6. Auslegung der Satzung ... 361–363
7. Mängel der Satzung ... 364–387
   a) Übersicht ... 364
   b) Phase bis Vollzugsbeginn ... 365
   c) Phase nach Vollzugsbeginn ... 366
   d) Gerichtliche Prüfung der Satzung ... 367–373
      aa) Übersicht ... 367
      bb) Inhaltliche Satzungsmängel ... 368–371
      cc) Formelle Satzungsmängel ... 372, 373
   e) Eintragung mit Satzungsmängeln ... 374–386
      aa) Übersicht ... 374
      bb) Heilung durch Eintragung ... 375, 376
      cc) Heilung nach Eintragung ... 377
      dd) Heilung durch Satzungsänderung ... 378
      ee) Heilung durch Zeitablauf nach Eintragung . 379
      ff) Klage auf Nichtigerklärung von Satzungsbestimmungen ... 380
      gg) Klage auf Nichtigerklärung der Gesellschaft ... 381–383
      hh) Geltendmachung von Satzungsmängeln „auf andere Weise" ... 384
      ii) Löschung der Gesellschaft wegen Satzungsmängeln ... 385
      jj) Auflösung wegen Satzungsmängeln ... 386
   f) Löschung unzulässiger Eintragungen ... 387
8. Satzungsergänzende Nebenabreden ... 390–394
   a) Begriff ... 390
   b) Zulässigkeitsgrenzen ... 391–393
   c) Rechtsfolgen ... 394
VI. Die Publizität der Gründung ... 400–403
   1. Publizität des Handelsregisters ... 400, 401
      a) Information der Öffentlichkeit ... 400
      b) Rechtliche Publizitätswirkungen ... 401
   2. Publizitätspflichten betr. Beteiligungsverhältnisse ... 402, 403
      a) Konzernbildung ... 402
      b) Einpersonengründung ... 403
VII. Gründungskosten ... 404

§ 2 Die Gründung und die Entstehung durch Umwandlung

VIII. Die Rechnungslegung der Gründung 408–416
    1. Eröffnungsbilanz 408–413
        a) Stichtag 409
        b) Ausweis des Eigenkapitals 410, 411
        c) Bewertung von Sacheinlagen 412
        d) Gründungsaufwand, Ingangsetzungsaufwand . 413
    2. Vermögensbilanzen wegen Unterbilanz- oder Differenzhaftung 414–416
        a) Unterbilanzhaftung 415
        b) Differenzhaftung 416
IX. Die Gründung im Steuerrecht 417–427
    1. Entstehung der AG als Steuersubjekt 417–420
        a) Ertragssteuern 417, 418
            aa) Körperschaftsteuer 417
            bb) Gewerbesteuer 418
        b) Verkehrssteuern 419, 420
            aa) Umsatzsteuer 419
            bb) Grunderwerbsteuer 420
    2. Sacheinlagen im Steuerrecht 421–427
        a) Wertansatz bei der Gesellschaft 421–423
            aa) Teilwert 421
            bb) Anschaffungs- oder Herstellungskosten, Entnahmewert 422
            cc) Gemeiner Wert, Buchwert, Zwischenwert . 423
        b) Besteuerung des einlegenden Gründers 424–426
            aa) Besteuerung eines Gewinns anlässlich der Sacheinlage 425
            bb) Besteuerung bei der späteren Veräußerung der erhaltenen bzw. eingebrachten Anteile . . . 426
        c) Grunderwerbsteuer auf Sacheinlagen 427

C. Die Entstehung der AG durch Umwandlung 430–468
    I. Übersicht 430–436
        1. Umwandlungsformen 430, 431
        2. Umwandlungsfähige Rechtsträger 432–434
        3. Besondere Voraussetzungen für die Umwandlungsfähigkeit von Rechtsträgern 435
        4. Anzahl der beteiligten Rechtsträger 436
    II. Anwendung der Gründungsvorschriften des AktG . . . 437–457
        1. Gründer nach UmwG 438
        2. Gründungsverfahren nach UmwG 439–457
            a) Feststellung der Satzung 440
            b) Umwandlungsbedingter Satzungsinhalt 441–444
                aa) Sacheinlagen 442
                bb) Sondervorteile 443
                cc) Übernahme von Satzungsbestimmungen . . 444
            c) Zuteilung der Aktien 445
            d) Gründungsbericht 446
            e) Prüfung durch Vorstand und Aufsichtsrat 447
            f) Gründungsprüfung 448
            g) Registeranmeldungen 449
            h) Anmeldepflichtige Personen 450–453
                aa) Verschmelzung durch Neugründung 451
                bb) Spaltung zur Neugründung 452
                cc) Formwechselnde Umwandlung 453

Übersicht §2

      i) Entstehung der AG 454–457
         aa) Verschmelzung durch Neugründung. 455
         bb) Spaltung durch Neugründung 456
         cc) Formwechselnde Umwandlung 457
  III. Nachhaftung für Verbindlichkeiten 458
  IV. Rechnungslegung der Entstehung durch Umwandlung 459–462
    1. Verschmelzung und Spaltung durch Neugründung 459, 460
      a) Schlussbilanz 459
      b) Eröffnungsbilanz 460
    2. Formwechselnde Umwandlung 461
    3. Vermögensbilanzen wegen Unterbilanz- oder Differenzhaftung 462
  V. Umwandlungssteuerrecht 463–466
    1. Übersicht 463
    2. Formwechsel von OHG, KG, PartG und KGaA in AG 464
    3. Verschmelzung von OHG, KG, PartG und KGaA auf neue AG 465
    4. Spaltung von nicht der KSt unterliegenden Rechtsträgern auf neue AG 466
  VI. Von der GmbH & Co. KG zur AG 467, 468
    1. Wege nach UmwG 467
    2. Anwachsung 468

D. Mantelverwendung statt Gründung und Umwandlung 469–483
  I. Übersicht 469
  II. Vorratsgesellschaft 470–478
    1. Zulässigkeit der Gründung 470
    2. Wirtschaftliche Neugründung 471
    3. Folgen der Vorratsgründung 472–477
      a) Aufbringung des Mindestgrundkapitals 473
      b) Gründungsbericht und Gründungsprüfung ... 474
      c) Anmeldung der Vorratsgründung, Prüfung durch das Gericht 475
      d) Auswirkung der BGH-Rechtsprechung auf Altfälle? 476
      e) Wirtschaftliche Neugründung ohne Änderung des Unternehmensgegenstandes 477
    4. Haftung für wirtschaftliche Neugründung 478
  III. Verwendung „gebrauchter" Gesellschaftsmäntel 479–483
    1. Zulässigkeit 480
    2. Abgrenzung zu Umorganisation und Sanierung .. 481
    3. Folgen der Mantelgründung 482
    4. Steuerlicher Verlustvortrag 483

E. Die Gründung der KGaA und ihre Entstehung durch Umwandlung 490–513
  I. Gründung nach AktG 490–501
    1. Übersicht 490
    2. Die Gründer 491–494
      a) Persönlich haftende Gesellschafter 492
      b) Kommanditaktionäre 493
      c) Zahl der Gründer, Einpersonen-KGaA 494
    3. Gründungsverfahren 495
    4. Die Satzung der KGaA 496

§ 2   1   Die Gründung und die Entstehung durch Umwandlung

  5. Die Gründung der KGaA in der Rechnungslegung   497
  6. Die Gründung der KGaA im Steuerrecht 498–501
   a) Sacheinlagen aus Privatvermögen des phG   499
   b) Sacheinlagen aus Betriebsvermögen des phG . . 500, 501
 II. Die Entstehung der KGaA durch Umwandlung 510–513
  1. Formwechsel und Neugründung durch Verschmelzung und Spaltung 510–512
   a) Formwechsel in KGaA   511
   b) Verschmelzung und Spaltung durch Neugrün-
    dung   512
  2. Umwandlungssteuerrecht   513

A. Die Wege zur Aktiengesellschaft und zur Kommanditgesellschaft auf Aktien

I. Übersicht

1 Viele Wege führen zur AG bzw. KGaA. Für die Praxis sind davon die wenigsten im AktG angelegt. Das Leitbild des AktG geht von einer Gesellschaftsgründung mit einzuzahlendem Geld aus und von der Geduld, damit bis zur Handelsregistereintragung nichts zu unternehmen, will man das Privileg der auf die Kapitaleinlage beschränkten Haftung uneingeschränkt genießen. In der Praxis ist die AG bzw. KGaA aber in erster Linie die Rechtsform zur Fortführung eines bereits etablierten Unternehmens, sei es um einen Börsengang durchzuführen oder um das mit der Rechtsform verbundene Ansehen am Markt zu nutzen. Zwar sieht auch das AktG die Gründung durch Einbringung eines Unternehmens vor, doch bestimmt oft das Steuerrecht den Weg zur AG bzw. KGaA über das Umwandlungsgesetz (UmwG). Um schneller zu einer AG bzw. KGaA zu gelangen, wird auch zunehmend der Weg über die Verwendung eines sog. Gesellschaftsmantels beschritten. Wie immer man zu einer AG bzw. KGaA gelangt: Es bleibt unerlässlich, sich mit den Gründungsvorschriften des AktG und ihren Haftungsfolgen zu befassen, die zumeist auch für das Umwandlungsrecht gelten und durchaus auch für den Weg der Mantelverwendung zu beachten sind. Nachfolgend ein Wegweiser für die Hauptwege zur AG bzw. KGaA, zu denen es teilweise noch Nebenwege gibt.

A. Wege zur AG und zur KGaA

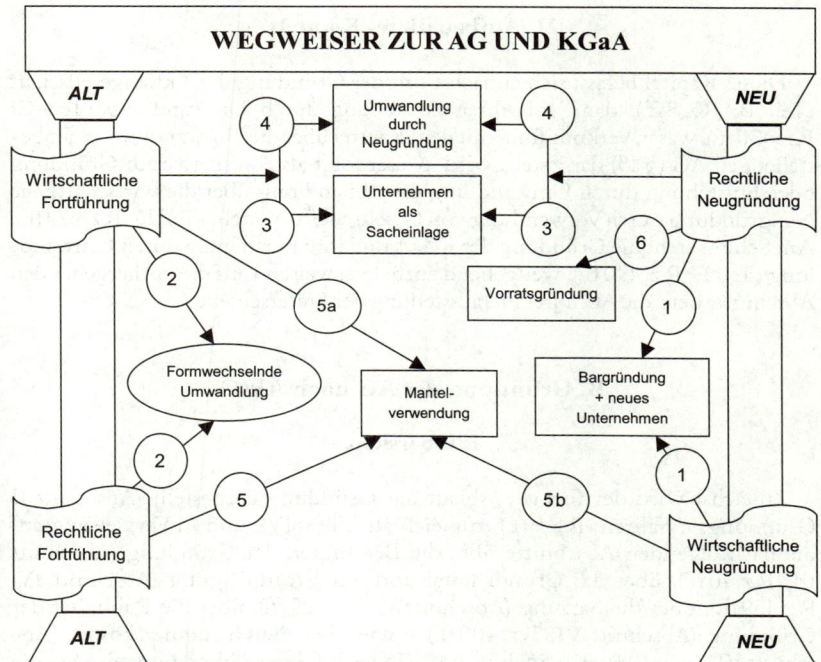

Legende:
(1) **Bargründung** zur Gründung eines neuen Unternehmens: Gesetzlicher Regelfall; dazu Rz. 171 ff.
(2) **Formwechselnde Umwandlung** aus einer anderen Rechtsform in AG bzw. KGaA unter Wahrung der rechtlichen, wirtschaftlichen und teilweise der steuerlichen Identität; §§ 190 ff. UmwG; dazu Rz. 430 ff. § 13 Rz. 196 ff.
(3) **Sachgründung** durch Einbringung eines Unternehmens; §§ 27, 31 AktG; dazu Rz. 190 ff., 199.
(4) **Umwandlung durch Neugründung** einer AG bzw. KGaA nach UmwG in zwei Grundtypen:
a) **Verschmelzung durch Neugründung** unter Übertragung der Vermögen zweier oder mehrerer Rechtsträger jeweils als Ganzes auf die neue AG bzw. KGaA gegen Gewährung von deren Aktien an die Anteilsinhaber der dadurch ohne Abwicklung aufgelösten übertragenden Rechtsträger (Jointventure-Fusion); §§ 2 Nr. 2, 56 ff., 73 ff. UmwG; dazu Rz. 430 ff., § 13 Rz. 2 f.
b) **Spaltung durch Neugründung** in drei Untertypen:
aa) **Aufspaltung** des Vermögens eines Rechtsträgers zur Neugründung einer oder mehrerer anderer Rechtsträger durch gleichzeitige Übertragung der Vermögensteile jeweils als Gesamtheit auf die neuen Rechtsträger gegen Gewährung von Anteilen oder Mitgliedschaften dieser Rechtsträger (also Aktien bei einer hierbei neugegründeten AG) an die Anteilsinhaber des dadurch aufgelösten übertragenden Rechtsträgers; §§ 123 Abs. 1, 135 ff., 141 ff. UmwG; dazu Rz. 430 ff., § 13 Rz. 251 ff.
bb) **Abspaltung** eines oder mehrerer Teile des Vermögens eines fortbestehenden Rechtsträgers durch Übertragung jeweils als Gesamtheit auf einen oder mehrere von ihm neugegründete(n) Rechtsträger gegen Gewährung von Anteilen oder Mitgliedschaften des/der neuen Rechtsträger(s) (also Aktien bei einer hierbei neugegründeten AG) an die Anteilseigner des übertragenden Rechtsträgers; §§ 123 Abs. 2, 135 ff., 141 ff. UmwG; dazu Rz. 430 ff., § 13 Rz. 251 ff.
cc) **Ausgliederung** eines oder mehrerer Teile des Vermögens eines fortbestehenden Rechtsträgers durch Übertragung jeweils als Gesamtheit auf einen oder mehrere von ihm neugegründete(n) Rechtsträger gegen Gewährung von Anteilen oder Mitgliedschaften des/der neuen Rechtsträger(s) (also Aktien bei einer hierbei neugegründeten AG) an den übertragenden Rechtsträger; §§ 123 Abs. 3, 135 ff., 141 ff. UmwG; dazu Rz. 430 ff., § 13 Rz. 311 ff.
(5) **Mantelverwendung**: Anstatt einer Neugründung wird eine wirtschaftlich inaktive AG bzw. KGaA verwendet, sei es eine eigens hierzu auf Vorrat gegründete bisher wirtschaftlich inaktive sog. Vorratsgesellschaft (dazu Nr. 6), sei es eine AG bzw. KGaA, die ihren früheren Wirtschaftsbetrieb eingestellt hat. Die Mantelverwendung kann sowohl (5 a) für eine Unternehmensgründung erfolgen als auch (5 b) für die Einbringung eines bestehenden Unternehmens; zu beiden Rz. 480 ff.
(6) **Vorratsgründung**: Gründung für noch unbestimmten Zweck (s. a. Nr. 5); dazu Rz. 471 ff.

§ 2   4–9   Die Gründung und die Entstehung durch Umwandlung

II. Aufbau dieses Kapitels

4 Dieses Kapitel befasst sich zunächst mit der Gründung der Aktiengesellschaft (Teil B; Rz. 8 ff.), dann mit ihrer Entstehung durch Umwandlung (Teil C; Rz. 430 ff.), was in Verknüpfung mit dem Kapitel über die Umwandlung einer bestehenden AG (§ 13) dargestellt wird. Weiter folgt als Alternative zur Gründung oder Entstehung durch Umwandlung die Abhandlung über die wirtschaftliche Neugründung durch Verwendung von Gesellschaftsmänteln (Teil D; Rz. 470 ff.). Am Schluss steht die Gründung der KGaA und ihre Entstehung durch Umwandlung (Teil E; Rz. 490 ff.), weitgehend zurückverweisend auf die vorhergehenden Abschnitte betr. die AG unter Herausstellung der Unterschiede.

B. Gründung der AG nach AktG

I. Übersicht

8 Zunächst wird der formale Ablauf der Gründung dargestellt (Abschnitt II Gründungsverfahren; Rz. 9 ff.), zugleich als Überblick und in Verweisung auf die nachfolgenden Abschnitte über die Beteiligten der Gründung (Abschnitt III; Rz. 70 ff.), über das Grundkapital und seine Aufbringung (Abschnitt IV; Rz. 159 ff.), über die Satzung (Abschnitt V; Rz. 329 ff.), über die Publizität der Gründung (Abschnitt VI; Rz. 400 ff.) sowie über die Gründungskosten (Abschnitt VII; Rz. 404). Am Schluss dieses Teiles B folgen Abhandlungen über die Rechnungslegung der Gründung (Abschnitt VIII; Rz. 408 ff.) und über die Gründung im Steuerrecht (Abschnitt IX; Rz. 417 ff.).

II. Gründungsverfahren

1. Phasen der Gründung

9 Die Gründung verläuft regelmäßig in drei Phasen, dem Vorgründungsstadium, dem sich hieran anschließenden Gründungsstadium und dem Stadium der eingetragenen Aktiengesellschaft. Das **Vorgründungsstadium** beginnt mit der Vorbereitung der notwendigen Gründungshandlungen (dazu Rz. 10). Dieses Stadium ist vom AktG weder organisations- noch haftungsrechtlich geregelt (dazu Rz. 248), bereits in diesem Zeitpunkt kann es aber zu einer zwischen den späteren Gründern bestehenden Gesellschaft, der Vorgründungsgesellschaft kommen (dazu Rz. 248 ff.). Die Phase der Vorgründungszeit endet mit der Errichtung der Gesellschaft durch Unterzeichnung des notariellen Gründungsprotokolls und der Übernahme der Aktien (§§ 23, 29 AktG; dazu Rz. 10). Mit der Errichtung beginnt die **Gründungsphase** (dazu Rz. 15 ff.), in der bereits eine Vorgesellschaft (Vor-AG) als eigenständiges und von den Gründern klar zu unterscheidendes Zuordnungssubjekt besteht (dazu Rz. 251 ff.). Das Gründungsstadium und die Vor-AG enden mit der **Entstehung** der AG durch Eintragung im Handelsregister (§ 41 Abs. 1 Satz 1 AktG; dazu Rz. 64). Obwohl an sich die Gründung mit der Eintragung der Gesellschaft erfolgreich beendet ist, umfassen die Gründungsbestimmungen (§§ 23 bis 53 AktG) auch die Phase der **Nachgründung**, die zwei Jahre ab Eintragung dauert und wäh-

B. Gründung der AG nach AktG 10–13 § 2

rend der bestimmte Anschaffungsverträge der Gesellschaft den Gründungsvorschriften unterliegen (§§ 52 f. AktG; dazu Rz. 310 ff.).

2. Die Errichtung der Gesellschaft

Die Gesellschaft wird durch einen oder mehrere Gründer (§§ 2, 28 AktG; **10** dazu Rz. 72 ff.) errichtet, indem durch notarielle Beurkundung (§ 23 Abs. 1 Satz 1 AktG; dazu Rz. 114), bei Bevollmächtigten aufgrund notariell beglaubigter Vollmacht (§ 23 Abs. 1 Satz 2 AktG; dazu Rz. 117, 141 f.) die Satzung festgestellt wird (dazu Rz. 11) und alle Aktien durch die Gründer übernommen werden (§ 23 Abs. 2 AktG; dazu Rz. 13). Beides soll notwendig in einer Urkunde erfolgen müssen,[1] was nicht überzeugt,[2] zumal getrennte Beurkundungen für die einzelnen Gründer allgemein für zulässig gehalten werden.[3] **Änderungen** der Satzung und der Übernahmeerklärungen bedürfen bis zur Eintragung der Gesellschaft erneuter Beurkundung durch sämtliche Gründer (bei Ausscheiden eines Gründers auch durch ihn), wobei sich völlige Wiederholung der den Änderungen angepassten Wortlaute empfiehlt, zumindest eine notarielle Bescheinigung über den für die Eintragung maßgebenden Wortlaut von Satzung und Übernahmeerklärungen analog § 181 Abs. 1 Satz 2 AktG.[4]

a) Feststellung der Satzung

Der Satzung ist ein besonderer Abschnitt gewidmet (Abschnitt V; Rz. 329 ff.). **11** Der Mindestinhalt der Satzung ergibt sich aus § 23 Abs. 3 f. AktG (dazu Rz. 331 ff.), aber auch aus anderen Gesetzen (dazu Rz. 344). Zusätzliche Bestimmungen der Satzung dürfen vom AktG nur abweichen, wenn es ausdrücklich gesetzlich zugelassen ist (§ 23 Abs. 5 Satz 1 AktG; dazu Rz. 352 ff.). Ergänzende Bestimmungen sind zulässig, es sei denn, das AktG enthält eine abschließende Regelung (§ 23 Abs. 1 Satz 2 AktG; dazu Rz. 354 ff.). Zulässig sind auch unechte (formelle) Satzungsbestimmungen (dazu Rz. 358 ff.).

Gründungsbezogene Satzungsbestimmungen muss die Satzung in fol- **12** genden Fällen enthalten (dazu auch Rz. 345 ff.):
– Sacheinlagen und Sachübernahmen (§ 27 Abs. 1 Satz 1 AktG; dazu Rz. 200 ff., 226 ff.);
– Sondervorteile (§ 26 Abs. 1 AktG; dazu Rz. 346);
– Gründungsaufwand (§ 26 Abs. 2 AktG; dazu Rz. 347).

b) Übernahme der Aktien

In der notariellen Urkunde sind neben der Satzungsfeststellung folgende **13** Angaben zu machen (§ 23 Abs. 2 AktG):
Nr. 1: die **Gründer** (§§ 2, 28 AktG; zur Gründerfähigkeit Rz. 73 ff.);
Nr. 2: bei **Nennbetragsaktien** (§ 8 Abs. 2 AktG; dazu Rz. 160 f., 341, § 3 Rz. 6 ff.) der Nennbetrag, bei **Stückaktien** (§ 8 Abs. 3 AktG; dazu Rz. 160 f., 341, § 4 Rz. 12 ff.) die Zahl, der Ausgabebetrag (§ 9 AktG; dazu Rz. 162 f.) und, wenn mehrere **Gattungen** bestehen (§ 11 AktG; dazu § 3 Rz. 66 ff.) die Gattung der Aktien, die jeder Gründer übernimmt (§ 29 AktG; dazu § 3 Rz. 66 ff.);

---

[1] MünchKomm. AktG/Bd. 1/*Pentz* § 23 Rz. 28 mwN.
[2] Differenzierend Großkomm. AktG/*Röhricht* § 23 Rz. 36 ff., 40, 70.
[3] MünchKomm. AktG/Bd. 1/*Pentz* § 23 Rz. 29; *Hüffer* AktG § 23 Rz. 9 mwN; Großkomm. AktG/*Röhricht* § 23 Rz. 39.
[4] Großkomm. AktG/*Röhricht* § 23 Rz. 42.

Nr. 3: der **eingezahlte Betrag des Grundkapitals,** womit die vom Gesetz nicht geforderte, also freiwillige Einzahlung bis zur Beurkundung gemeint ist, nicht der bis zur Handelsregisteranmeldung einzufordernde und zu leistende Betrag[5] (§§ 36 Abs. 2 Satz 1, 36 a Abs. 1 AktG; dazu Rz. 172 ff.).

c) Folgen der Errichtung

14 Mit der Feststellung der Satzung (dazu Rz. 12) und der Übernahme aller Aktien durch die Gründer (dazu Rz. 13) ist die Gesellschaft errichtet (§§ 28 f. AktG). Als Folge der Errichtung entsteht nach der Rechtsprechung die **Vorgesellschaft** (dazu Rz. 251 ff.), die die Gründer zur **Kapitalaufbringung** (§§ 36 Abs. 2 Satz 1, 36 a AktG; dazu Rz. 33, 164 ff.) und zur Förderung der Eintragung verpflichtet und für deren Kapitalbestand im Zeitpunkt der Eintragung der AG im Handelsregister bei vorheriger Geschäftsaufnahme sie haften (dazu Rz. 269 ff.), bei Scheitern der Eintragung auch unbeschränkt (dazu Rz. 271 f.). Zur **Bewirkung der Eintragung** haben die Gründer bestimmte gesetzliche Aufgaben (§§ 30 bis 32, 35 bis 37 AktG; dazu Rz. 15 ff.), deren Verletzung zu Schadensersatz verpflichtet (§ 46 AktG; dazu Rz. 265 ff.). Gleiches gilt für die ersten Mitglieder von Aufsichtsrat (§§ 30 Abs. 4, 33 f., 36 ff., AktG; dazu Rz. 17 ff., 90 ff.) und von Vorstand (§§ 33 f., 36 ff., AktG; dazu Rz. 23 ff.) sowie für die Gründungsprüfer (§§ 33 ff. AktG; dazu Rz. 27 f.), bei allen bestehen Schadensersatzrisiken (§§ 48 f. AktG; dazu Rz. 280 ff., 286 f.). Alle diese Beteiligten der Gründung können auch bei Pflichtverletzungen im Gründungsverfahren besonderen strafrechtlichen Sanktionen unterliegen (§ 399 AktG; dazu Rz. 293).

3. Die Vorbereitung der Handelsregisteranmeldung

a) Bestellung des ersten Aufsichtsrats

15 Die Gründer haben den ersten Aufsichtsrat (dazu Rz. 90 ff.) in notarieller Urkunde zu bestellen (§ 30 Abs. 1 AktG; Rz. 98 ff.), was üblicherweise aber nicht zwingend in einer Urkunde mit der Satzungsfeststellung (§ 23 AktG; dazu Rz. 10 ff.) erfolgt. Die vollständige Besetzung des ersten Aufsichtsrats (dazu Rz. 92 f.) ist zwingende Voraussetzung für die Eintragung der Gesellschaft im Handelsregister (dazu Rz. 53; zu den Pflichten des ersten Aufsichtsrats im Gründungsverfahren Rz. 17, 23 f., 36 f.). Sind sich die Gründer nicht einig über die Besetzung des ersten Aufsichtsrats, ist dieser zu wählen (§ 101 Abs. 1 AktG analog; dazu Rz. 98 f.). Sieht die Satzung ein **Entsendungsrecht** vor (§ 101 Abs. 2 AktG, dazu § 7 Rz. 211 f.), gilt dies auch schon für den ersten Aufsichtsrat (dazu Rz. 93).

b) Bestellung des ersten Abschlussprüfers

16 Falls unabhängig von einer gesetzlichen Prüfungspflicht die Satzung die Abschlussprüfung vorschreibt oder atypischerweise bereits für den ersten Abschlussstichtag mit einer gesetzlichen Prüfungspflicht zu rechnen ist (§ 316 Abs. 1 HGB; dazu Rz. 149), haben die Gründer zu notarieller Urkunde den Abschlussprüfer für das erste Voll- oder Rumpfgeschäftsjahr zu bestellen (§ 30 Abs. 1 AktG). Für das Bestellungsverfahren gelten im Übrigen die Grundsätze

---

[5] *Hüffer* AktG § 23 Rz. 19 mwN.

B. Gründung der AG nach AktG   17–20   § 2

für die Bestellung des ersten Aufsichtsrates (dazu Rz. 15, 53 ff.), jedoch mit dem Unterschied, dass bei Unterlassen der Bestellung das Gericht die Gesellschaft gleichwohl eintragen muss (dazu Rz. 149).

c) Bestellung des ersten Vorstands

Der von den Gründern bestellte erste Aufsichtsrat (dazu Rz. 15) hat den ersten Vorstand (dazu Rz. 17 ff.) als zwingende Voraussetzung für die Eintragung der Gesellschaft zu bestellen (§ 30 Abs. 4 AktG; dazu Rz. 53 ff.). Die Besetzung und Vertretungsbefugnis des ersten Vorstandes bestimmt sich nach den allgemeinen Regelungen von Gesetz und Satzung für die Zeit nach Eintragung der Gesellschaft, wenn die Satzung nichts Abweichendes für die Gründungsgesellschaft regelt (dazu Rz. 107 ff.). **17**

d) Gründungsbericht

aa) Erstattung. Die Gründer haben persönlich (keine Vertretung möglich)[6] über den Hergang der Gründung einen Gründungsbericht schriftlich zu erstatten (§ 32 Abs. 1 AktG), der Gegenstand der Gründungsprüfung ist (§§ 33 ff. AktG; dazu Rz. 27) und der Handelsregisteranmeldung als Eintragungsvoraussetzung beizufügen ist (§§ 37 Abs. 4 Nr. 4, 38 Abs. 1 AktG). Die offensichtliche Unrichtigkeit oder Unvollständigkeit des Berichtes oder ein Verstoß gegen gesetzliche Vorschriften (zB fehlende Unterschriften der Gründer; § 126 BGB) führen ebenfalls zur Ablehnung der Eintragung (§ 38 Abs. 2 Satz 1 AktG; dazu Rz. 53), wenn die Mängel nicht behoben werden (§ 26 Satz 2 HRV, dazu Rz. 61). Für die Richtigkeit und Vollständigkeit des Gründungsberichts haften die Gründer der Gesellschaft auf Schadensersatz (§ 46 AktG; dazu Rz. 266 f.) und sind hierfür auch strafrechtlich verantwortlich (§ 399 Abs. 1 Nr. 2 AktG; dazu Rz. 293). Der **Zeitpunkt** für die Erstattung des Gründungsberichtes bestimmt sich nach seinem Inhalt (dazu Rz. 19 ff.), dh. es müssen alle Tatsachen vorliegen, über die zu berichten ist. Ein **Nachtrag** zum Gründungsbericht ist zu erstatten, wenn sich vor Eintragung der Gesellschaft Änderungen ergeben, die den ursprünglichen Gründungsbericht unrichtig oder unvollständig machen.[7] **18**

bb) Inhalt. Zum Inhalt des Gründungsberichts[8] gehören immer die allgemeinen Angaben über den Hergang der Gründung (§ 32 Abs. 1 AktG; dazu Rz. 20) und Angaben, ob und welche Sonderbeziehungen der Gesellschaft zu Vorstands- und Aufsichtsratsmitgliedern iSv. § 32 Abs. 3 AktG bestehen (dazu Rz. 21). Spezielle Angaben sind im Falle von Sacheinlagen oder Sachübernahmen erforderlich (§ 32 Abs. 2 AktG; dazu Rz. 22). **19**

cc) Hergang der Gründung (§ 32 Abs. 1 AktG). Hierzu sind folgende Angaben zu machen, auch wenn sie sich bereits aus der Feststellungsurkunde (dazu Rz. 10), insb. aus der Satzung ergeben:[9] **20**

– Tag der Errichtung der Gesellschaft und Hinweis auf die Errichtungsurkunde (§§ 23, 29 AktG; dazu Rz. 10 ff.);

---

[6] Einhellige Meinung, vgl. *Hüffer* AktG § 32 Rz. 2; MünchKomm. AktG/Bd. 1/*Pentz* § 32 Rz. 6 mwN.
[7] *Hüffer* AktG § 32 Rz. 7 mwN; MünchKomm. AktG/Bd. 1/*Pentz* § 32 Rz. 37 mwN.
[8] Siehe auch die Muster in den Formularbüchern: *Balser/Bokelmann/Ott/Piorreck; Happ; Henn;* MünchVertragshdb./Bd. 1.
[9] *Hüffer* AktG § 32 Rz. 3; MünchKomm. AktG/Bd. 1/*Pentz* § 32 Rz. 12.

§ 2 21, 22   Die Gründung und die Entstehung durch Umwandlung

– Angaben über die Satzungsbestimmungen zu Firma und Sitz (§ 23 Abs. 3 Nr. 1 AktG; dazu Rz. 332 ff.) und Höhe und Zerlegung des Grundkapitals (§ 23 Abs. 3 Nr. 3 f. AktG; dazu Rz. 341);
– Angaben nach § 23 Abs. 2 AktG (dazu Rz. 13);[10] s. a. § 34 Abs. 1 Nr. 1 AktG (dazu Rz. 24);
– Angaben über Einlagen auf das Grundkapital (§ 34 Abs. 1 Nr. 1 AktG; dazu Rz. 24), soweit diese bereits geleistet sind;[11]
– Angaben über die Bestellung einer Sicherung bei Einpersonengründung (§ 36 Abs. 2 Satz 2 AktG; dazu Rz. 302);
– Angaben über die Festsetzungen in der Satzung betr. Sondervorteile (§ 26 Abs. 1 AktG; dazu Rz. 346) und Gründungsaufwand (§ 26 Abs. 2 AktG; dazu Rz. 347); Negativerklärung ist nicht zwingend erforderlich (anders in den Fällen von § 32 Abs. 3 AktG; dazu Rz. 21), aber im Hinblick auf § 34 Abs. 1 Nr. 1 AktG (dazu Rz. 24) zu empfehlen;
– Angaben über Mitglieder des ersten Aufsichtsrats und des ersten Vorstands und den Tag[12] und das Verfahren ihrer Bestellung (§§ 30 f. AktG; dazu Rz. 15, 17, 90 ff., 107 ff.).

21   **dd) Sonderbeziehungen zu Vorstands- und Aufsichtsratsmitgliedern (§ 32 Abs. 3 AktG).** Hierüber ist immer zu berichten und zwar auch durch Negativerklärung, falls solche nicht vorliegen. Der Gründungsbericht muss daher Angaben betreffend diese Organmitglieder enthalten,

– ob und in welchem Umfang bei der Gründung Aktien für Rechnung der Organmitglieder übernommen worden sind (wegen Gründungsprüfungspflicht nach § 33 Abs. 2 Nr. 2 AktG; dazu Rz. 25; s. a. § 46 Abs. 5 AktG; dazu Rz. 273);
– ob und in welcher Weise die Organmitglieder sich einen Sondervorteil (§ 26 Abs. 1 AktG; dazu Rz. 346) oder sich für die Gründung oder ihre Vorbereitung eine Entschädigung oder Belohnung ausbedungen haben (als Gründungsaufwand iSv. § 26 Abs. 2 AktG; dazu Rz. 347; im Unterschied zur Satzungsfestsetzung genügt hier nicht die Angabe des Gesamtaufwandes, vielmehr ist die Art der Gründungsleistung und die ausbedungene Gegenleistung für jedes betroffene Organmitglied aufzuschlüsseln).

22   **ee) Sacheinlagen, Sachübernahmen.** Sind diese in der Satzung festgesetzt (§ 27 Abs. 1 Satz 1 AktG; dazu Rz. 200 ff., 226 ff., 345), hat der Gründungsbericht die wesentlichen Umstände darzulegen, von denen die Angemessenheit der Leistungen abhängt (§ 32 Abs. 2 Satz 1 AktG); gemeint sind damit vor allem Angaben als Grundlage für die Überprüfung der Werthaltigkeit der Leistungen durch die Gründungsprüfung (§ 34 Abs. 3 Nr. 2 AktG; dazu Rz. 24) und durch das Registergericht (§ 38 Abs. 2 Satz 2 AktG; dazu Rz. 55).[13] Dabei sind anzugeben (§ 32 Abs. 2 Satz 2 Nr. 1 bis 3 AktG),

Nr. 1: die **vorausgegangenen Rechtsgeschäfte** zum Erwerb der Leistungsgegenstände, falls diese bereits mit dem Ziel[14] der nachfolgenden Übertragung auf die Gesellschaft erworben worden sind;
Nr. 2: die **Anschaffungs- und Herstellungskosten** (§ 255 HGB; dazu § 11 Rz. 501 ff.) der Leistungsgegenstände, falls diese in den letzten beiden Jahren erworben worden sind;

---

[10] Ebenso Großkomm. AktG/*Röhricht* § 32 Rz. 7; *Hüffer* AktG § 32 Rz. 3; MünchKomm. AktG/Bd. 1/*Pentz* § 32 Rz. 13; aA Mustertexte: *Balser/Bokelmann/Ott/Piorreck* S. 433 f.; *Happ* Nr. 101.
[11] Großkomm. AktG/*Röhricht* § 34 Rz. 5; MünchKomm. AktG/Bd. 1/*Pentz* § 34 Rz. 12.
[12] *Hüffer* AktG § 32 Rz. 3; Großkomm. AktG/*Röhricht* § 32 Rz. 7; MünchKomm. AktG/Bd. 1/*Pentz* § 32 Rz. 13.
[13] MünchKomm. AktG/Bd. 1/*Pentz* § 32 Rz. 15.
[14] *Hüffer* AktG § 32 Rz. 5.

B. Gründung der AG nach AktG 23, 24 § 2

Nr. 3: beim **Übergang eines Unternehmens** auf die Gesellschaft die Betriebserträge aus den letzten beiden Geschäftsjahren; anzugeben ist unabhängig von der Rechtsform des Unternehmens das Jahresergebnis[15] (Jahresüberschuss/Jahresfehlbetrag iSv. §§ 266 Abs. 3 V, 275 Abs. Nr. 20 HGB) und die Angabe des außerordentlichen Ergebnisses[16] (§ 275 Abs. Nr. 17 HGB).

Zu Nr. 1 und 2 sind ggf. Negativerklärungen abzugeben.[17] Die Frist nach Nr. 2 bezieht sich auf den Tag der Satzungsfeststellung (§ 23 Abs. 1, § 27 Abs. 1 Satz 1 AktG; dazu Rz. 200 ff., 226 ff.),[18] bei Nr. 3 ist auf die beiden letzten abgeschlossenen Geschäftsjahre abzustellen.[19] Wichtig ist die Frage, an welchem Ausgabebetrag (§ 9 AktG; dazu Rz. 162 f.) der dafür gewährten Aktien sich der Bericht über die Werthaltigkeit der Sacheinlagen auszurichten hat, ob wie früher am geringsten Ausgabebetrag (§ 9 Abs. 1 AktG, so noch §§ 34 Abs. 1 Nr. 2, 38 Abs. 2 Satz 2 AktG) oder nunmehr am höheren Ausgabebetrag (§ 9 Abs. 2 AktG; so der später in das Gesetz eingefügte § 36 a Abs. 2 Satz 3 AktG; dazu Rz. 24, 55, 209 ff.).

e) Prüfung durch Mitglieder des Vorstands und des Aufsichtsrats

aa) Generelle Prüfungspflicht. Die Vorstands- und Aufsichtsratsmitglieder haben den Hergang der Gründung zu prüfen (§ 33 Abs. 1 AktG). Diese Prüfungspflicht besteht uneingeschränkt auch, wenn außerdem eine Prüfung durch den Gründungsnotar im Auftrag der Gründer in den Fällen des § 33 Abs. 2 Nr. 1 f. AktG (dazu Rz. 29) oder durch gerichtlich bestellte(n) Gründungsprüfer in den Fällen des § 33 Abs. 2 AktG (dazu Rz. 25 ff.) stattzufinden hat (§ 33 Abs. 3 idF TransPubG[20]). Der Prüfungsbericht muss schriftlich ergehen (§ 34 Abs. 2 Satz 1 AktG) und ist von allen Vorstands- und Aufsichtsratsmitgliedern zu unterzeichnen (§ 126 BGB). Er muss der Handelsregisteranmeldung als Anlage beigefügt werden (§ 37 Abs. 4 Nr. 4 AktG) und unterliegt seinerseits der gerichtlichen Überprüfung auf offensichtliche Mängel (§ 38 Abs. 2 Satz 1 AktG; dazu Rz. 53).

bb) Gegenstand der Prüfung. Da die Prüfung den Hergang der Gründung umfasst (§ 34 Abs. 1 AktG), ist sie im Gegenstand gleich mit dem Gründungsbericht der Gründer (§ 32 Abs. 1), so dass die Prüfung des Gründungsberichts der eigentliche Prüfungszweck ist.[21] Die Prüfung hat sich namentlich darauf zu erstrecken (§ 34 Abs. 1),

Nr. 1: ob die **Angaben der Gründer** über die Übernahme der Aktien (§ 32 iVm. § 23 Abs. 2 AktG; dazu Rz. 20), über die (bereits geleisteten[22]) Einlagen auf das

---

[15] MünchKomm. AktG/Bd. 1/*Pentz* § 32 Rz. 25; Großkomm. AktG/*Röhricht* § 32 Rz. 16.
[16] Großkomm. AktG/*Röhricht* § 32 Rz. 16; abweichend MünchKomm. AktG/Bd. 1/*Pentz* § 32 Rz. 25: um außerordentliches Ergebnis bereinigtes Jahresergebnis.
[17] Allgemeine Meinung; *Hüffer* AktG § 32 Rz. 5; Großkomm. AktG/*Röhricht* § 32 Rz. 9.
[18] Herrschende Meinung; *Hüffer* AktG § 32 Rz. 5; MünchKomm. AktG/Bd. 1/*Pentz* § 32 Rz. 15, 23 mwN.
[19] MünchKomm. AktG/Bd. 1/*Pentz* § 32 Rz. 26 mwN.
[20] Gesetz zur weiteren Reform des Aktien- und Bilanzrechts, zu Transparenz und Publizität (Transparenz- und Publizitätsgesetz) v. 25. 7. 2002, BGBl. I, 2681.
[21] *Hüffer* AktG § 34 Rz. 1.
[22] Großkomm. AktG/*Röhricht* § 34 Rz. 5; MünchKomm. AktG/Bd. 1/*Pentz* § 34 Rz. 12.

§ 2   25   Die Gründung und die Entstehung durch Umwandlung

Grundkapital (dazu Rz. 20) und über die Festsetzungen nach §§ 26 f. AktG (dazu Rz. 21 f.) richtig und vollständig sind;

Nr. 2: ob der **Wert der Sacheinlagen** oder Sachübernahmen den maßgeblichen Ausgabebetrag der dafür zu gewährenden Aktien bzw. den Wert der Gegenleistungen erreicht; soweit § 34 Abs. 1 Nr. 2 auf den geringsten Ausgabebetrag der Aktien als Prüfungsmaßstab abstellt, dürfte dies bei Festsetzung eines höheren Ausgabebetrags durch den jüngeren § 36 a Abs. 2 Satz 3 AktG überholt sein (dazu Rz. 22, 55, 209 ff.).

In dem Bericht ist der Gegenstand jeder Sacheinlage oder Sachübernahme zu beschreiben sowie anzugeben, welche Bewertungsmethoden bei der Ermittlung des Wertes angewandt worden sind (§ 34 Abs. 2 Satz 2 AktG; dazu Rz. 212). Davon kann, ebenso wie von Anführungen zu Abs. 1 Nr. 2 abgesehen werden, soweit nach dem Inkrafttreten des AktG v. 30. 7. 2009 (BGBl. I 2009, 2479) gemäß § 33 a AktG von einer externen Gründungsprüfung abgesehen wird (s. dazu Rz. 25).

f) Gerichtlich bestellte Gründungsprüfer

25   **aa) Bestellungsgründe.** Zusätzlich zur Prüfung des Gründungshergangs durch die Vorstands- und Aufsichtsratsmitglieder (§ 33 Abs. 1 AktG; dazu Rz. 23 f.) hat eine Prüfung durch einen oder mehrere gerichtlich zu bestellende (§ 33 Abs. 3; dazu Rz. 26) Gründungsprüfer oder, soweit Nr. 1 und Nr. 2 betroffen sind, auch durch einen Gründungsnotar (§ 33 Abs. 3 AktG; s. dazu Rz. 29), stattzufinden (§ 33 Abs. 2 AktG), wenn

Nr. 1: ein Mitglied des Vorstands oder des Aufsichtsrats zu den Gründern gehört oder

Nr. 2: bei der Gründung für Rechnung eines Vorstands- oder Aufsichtsratsmitglieds Aktien übernommen worden sind (s. a. § 32 Abs. 3 AktG; dazu Rz. 21) oder

Nr. 3: ein Vorstands- oder Aufsichtsratsmitglied sich einen Sondervorteil (§ 26 Abs. 1 AktG; dazu Rz. 346) oder für die Gründung oder ihre Vorbereitung eine Entschädigung oder Belohnung ausbedungen hat (als Gründungsaufwand iSv. § 26 Abs. 2 AktG; dazu Rz. 347; s. a. § 32 Abs. 3; dazu Rz. 21) oder

Nr. 4: eine Gründung mit Sacheinlagen oder Sachübernahmen vorliegt (§ 27 Abs. 1 AktG; dazu Rz. 22, 200, 226 ff.).

Nach Inkrafttreten des ARUG (BGBl. I 2009, 2479) zum 1. 9. 2009 kann aufgrund des neu eingefügten § 33 a AktG in zwei Fällen von einer solchen Prüfung durch einen Gründungsprüfer nach § 33 Abs. 2 Nr. 4 AktG abgesehen werden. Dies ist zunächst nach § 33 a Abs. 1 Nr. 1 AktG dann möglich, wenn Wertpapiere oder Geldmarktinstrumente im Sinne des § 2 Abs. 1 Satz 1 und Abs. 1 a WpHG eingebracht werden, soweit diese mit dem gewichteten Durchschnittspreis bewertet werden, zu dem sie während der letzten drei Monate vor dem Tag ihrer tatsächlichen Einbringung auf einem oder mehreren organisierten Märkten im Sinne von § 2 Abs. 5 WpHG gehandelt worden sind. Erfasst von dieser neuen Einbringungsregelung sind – wie sich aus § 2 Abs. 1 Satz 1 und Abs. 1a WpHG ergibt – u.a. Aktien, Schuld- und Wandelschuldverschreibungen, Umtauschanleihen und Geldmarktpapiere. Der erforderliche 3-Monatszeitraum zu dem die Papiere gehandelt werden müssen, beginnt mit der tatsächlichen Einbringung. Was unter diesem Begriff genau zu verstehen ist, wird durch § 33 a Abs. 1 Nr. 1 AktG nicht näher definiert. Es ist aber davon auszugehen, dass hiermit der Zeitpunkt gemeint ist, zu dem der Nutzen und die Wirkungen auf die Gesellschaft übergehen.[23] Die dreimonatige Frist ist nach

---

[23] Siehe C. *Schäfer* Der Konzern, 2009, S. 407, 409.

B. Gründung der AG nach AktG §2

§§ 187 Abs. 1 und 188 Abs. 2 und 3 BGB zu berechnen. Der Regelung des § 33a Abs 1 Nr. 1 AktG ist in Zusammenschau mit § 37a AktG zu entnehmen, dass die Wertpapiere, wenn auf die Prüfung durch den Gründungsprüfer verzichtet wird, auch zu dem gewichteten Durchschnittswert, der sich innerhalb der 3 Monate ergibt, einzubringen sind. Von Bedeutung ist insoweit, dass nach der DAT/Altana-Rechtsprechung des BVerfG[24] und des BGH[25] der anteilige Wert, den die Aktie widerspiegelt, nicht allein durch eine Unternehmensbewertung bestimmt wird, bei der der Börsenkurs lediglich als Untergrenze zu berücksichtigen ist, so dass der Wert für die Einbringung solcher Wertpapiere durchaus höher liegen kann. Sollen die Wertpapiere zu einem über dem durchschnittlichen drei-Monatsbörsenkurs liegenden Wert eingelegt werden, muss eine Prüfung durch einen Gründungsprüfer nach § 33 AktG erfolgen. Die Regelung des § 33a Abs. 1 Nr. 1 AktG kann indessen nicht angewendet werden, wenn der gewichtete Durchschnittspreis der Wertpapiere oder Geldmarktinstrumente durch außergewöhnliche Umstände erheblich beeinflusst worden ist (§ 33a Abs. 2 AktG). Dies ist insbesondere der Fall bei einer Marktenge oder einem geringen Handelsvolumen.[26]

Der zweite Fall, in dem nach Inkrafttreten des ARUG (BGBl. I 2009, 2479) zum 1. 9. 2009 aufgrund der Neuregelung des § 33 a AktG auf eine Prüfung durch einen Gründungsprüfer nach § 33 Abs. 2 Nr. 4 AktG abgesehen werden, liegt vor, wenn andere als die in § 33 a Abs. 1 Nr. 1 AktG genannten Vermögensgegenstände eingebracht werden und ein früheres Sachverständigengutachten vorliegt und der Bewertungsstichtag nicht mehr als sechs Monate vor dem Tag der tatsächlichen Einbringung liegt. Im Hinblick auf das Sachverständigengutachten ist erforderlich, dass ihm eine Bewertung zugrunde liegt, die den Wert nach den allgemein anerkannten Bewertungsgrundsätzen mit dem beizulegenden Zeitwert ermittelt. Außerdem muss es sich bei dem Prüfer um einen unabhängigen, ausreichend vorgebildeten und erfahrenen Sachverständigen handeln; er muss also die gleiche fachliche Qualifikation aufweisen wie der Gründungsprüfer nach § 33 Abs. 4 – 5 AktG (s. Rz. 132). Eine gerichtliche Bestellung ist nicht erforderlich. Im Hinblick auf den längst möglichen Zeitpunkt, zu dem das Sachverständigengutachten erstellt worden sein kann, stellt die neue Regelung auf einen solchen von sechs Monaten vor dem Tag der tatsächlichen Einbringung ab. Auch insoweit wird der Zeitpunkt der tatsächlichen Einbringung nicht weiter definiert. Hier ist ebenfalls davon auszugehen, dass der Zeitpunkt gemeint ist, zu dem der Nutzen und die Wirkungen auf die Gesellschaft übergehen.[27] Die sechsmonatige Frist ist nach §§ 187 Abs. 2 und 188 Abs. 2 und 3 BGB zu berechnen. Die Regelung des § 33a Abs. 1 Nr. 2 AktG kann indessen nicht angewendet werden, wenn anzunehmen ist, dass der beizulegende Zeitwert am Tag ihrer tatsächlichen Einbringung aufgrund neuer oder neu bekannt gewordener Umstände erheblich niedriger ist als der von dem Sachverständigen angenommene Wert. In diesem Fall muss der Vorstand, soll der Gegenstand gleichwohl eingebracht werden, eine Neubewertung und Prüfung durch den Gründungsprüfer veranlassen.

---

[24] BVerfGE 100, 289, 305 ff= NJW 1999, 3769.
[25] BGHZ 147, 108, 115 = NJW 2001, 2080.
[26] *Maul* BB Special 9, 2005, S. 2, 12; Stellungnahme der Arbeitsgruppe Europäisches Gesellschaftsrecht, ZIP 2003, 863, 872; *C. Schäfer* Der Konzern 2007, 407, 408.
[27] *Seibert* ZIP 2008, 906 ff.

26 bb) Bestellung. Das Gericht (zur Zuständigkeit Rz. 134) bestellt Gründungsprüfer nur auf Antrag (zur Antragsberechtigung Rz. 136), der wegen der Bestellungskriterien unter Einreichung der Errichtungsurkunde gestellt werden sollte (dazu Rz. 135). Die fachlichen Voraussetzungen für die Bestellung regelt § 33 Abs. 4 AktG (dazu Rz. 132), die persönlichen **Ausschließungsgründe** § 33 Abs. 5 AktG (dazu und zur Problematik der Bestellung des ersten Abschlussprüfers auch zum Gründungsprüfer Rz. 133). Das Gericht setzt auch die Vergütung des Gründungsprüfers fest (§ 35 Abs. 3 AktG). Gegen die Entscheidungen des Gerichts über die Bestellung sowie über die Vergütung ist die **sofortige Beschwerde** zulässig (§§ 33 Abs. 3 Satz 3, 35 Abs. 3 Satz 2 AktG; dazu Rz. 137).

27 cc) Umfang der Gründungsprüfung. Der Gegenstand der Prüfung durch die Gründungsprüfer ist mit dem Umfang der Prüfung durch die Vorstands- und Aufsichtsratsmitglieder identisch (§ 34 Abs. 1 und 2 Satz 2 AktG; dazu Rz. 24);[28] er ist also nicht auf die Prüfung der Tatsachen beschränkt, die den Bestellungsgrund ergeben (§ 33 Abs. 2 AktG; dazu Rz. 25). Dabei haben die Gründungsprüfer auch den Prüfungsbericht der Vorstands- und Aufsichtsratsmitglieder auf seine formelle und inhaltliche Ordnungsmäßigkeit zu überprüfen, wie sich aus § 38 Abs. 2 Satz 1 AktG (dazu Rz. 54) ergibt. Die Gründungsprüfer können von den Gründern alle **Aufklärungen und Nachweise** verlangen, die für eine sorgfältige Prüfung notwendig sind (§ 35 Abs. 1 AktG), was dann auch eine Ergänzung des Gründungsberichtes (§ 32 AktG; dazu Rz. 18 ff.) zur Folge haben kann (§ 38 Abs. 2 Satz 1 AktG). Kommt es hierbei zu Meinungsverschiedenheiten zwischen Gründern und Gründungsprüfern, entscheidet hierüber das Gericht unanfechtbar mit Sperrwirkung für die Erteilung des Prüfungsberichtes, falls die Gründer der Entscheidung nicht nachkommen (§ 35 Abs. 2 AktG; dazu Rz. 134 ff.).

28 dd) Prüfungsbericht. Je ein Exemplar des Berichts der Gründungsprüfer ist dem Gericht und dem Vorstand einzureichen; bei Gericht kann ihn jedermann einsehen (§ 34 Abs. 3 AktG). Um eine doppelte Einreichung bei Gericht zu vermeiden, entfällt dann die Pflicht zur Einreichung als Anlage der Handelsregisteranmeldung (§ 37 Abs. 4 Nr. 4 AktG), in der Praxis wird dies auch vermieden, indem die Gründungsprüfer den Notar mit der Einreichung als Anlage der Handelsregisteranmeldung beauftragen.

g) Notar als Prüfungsbeauftragter

29 In den Fällen der rechtlichen oder wirtschaftlichen Personenidentität von Gründern und Gründungsorganen (§ 33 Abs. 2 Nr. 1 und 2 AktG; dazu Rz. 25) kann seit In-Kraft-Treten des TransPubG die zusätzliche Gründungsprüfung in erster Linie durch den von den Gründern beauftragten Gründungsnotar (§ 23 Abs. 1 Satz 1 AktG; dazu Rz. 10) erfolgen, wofür die Bestimmungen über die Gründungsprüfung (§§ 33 ff. AktG; dazu Rz. 27 f.) sinngemäße Anwendung finden (§ 33 Abs. 3 Satz 1 AktG). Gemeint sind damit nur die Fälle, in denen nicht zusätzlich die Bestellungsgründe für Gründungsprüfer nach § 33 Abs. 2 Nr. 3 oder 4 AktG vorliegen (dazu Rz. 25).[29] Die Prüfung des Notars beschränkt sich nicht nur auf die Gründe für seine Bestellung (§ 33 Abs. 2 Nr. 1 und 2 AktG), sondern umfasst den gesamten **Prüfungsbereich** der Prüfung

---

[28] Großkomm. AktG/*Röhricht* § 34 Rz. 3; MünchKomm. AktG/Bd. 1/*Pentz* § 34 Rz. 7.
[29] MünchKomm. AktG/Bd. 1/*Pentz* § 33 Rz. 27a.

B. Gründung der AG nach AktG   30, 31   § 2

durch Vorstand und Aufsichtsrat (§§ 33 Abs. 1, 34 Abs. 1 Nr. 1 Fälle 1 und 2 AktG) einschließlich der formellen und inhaltlichen Prüfung des Gründungsberichts (§ 32 AktG; dazu Rz. 18 ff.) und des Prüfungsberichts von Vorstand und Aufsichtsrat (§ 33 Abs. 1 AktG; dazu Rz. 23 f.), wie aus § 33 Abs. 3 Satz 1 Hs. 2 iVm. § 38 Abs. 2 Satz 1 AktG zu schließen ist. Wie sich aus dem Gesetzeswortlaut („kann") ergibt, besteht **keine Amtspflicht** des Gründungsnotars zur Übernahme des Prüfungsauftrags.[30] Weigert sich der Notar, einen Auftrag anzunehmen, hat eine Prüfung durch die gerichtlich zu bestellenden Gründungsprüfer stattzufinden. Weiter ist auch die **Rücknahme des Prüfungsauftrags** durch die Gründer mit Antrag auf gerichtliche Bestellung von Gründungsprüfern zulässig. Kommt es nicht zur Rücknahme des Prüfungsauftrags, findet das gerichtliche Verfahren bei Meinungsverschiedenheiten zwischen Gründern und dem Notar als Prüfungsbeauftragtem sinngemäß Anwendung (§ 33 Abs. 3 Satz 1 Halbsatz 2 iVm. § 35 Abs. 2 AktG; dazu Rz. 27). Kostenschuldner sind die Gründer als Auftraggeber des Notars; die Kosten können jedoch nach § 26 Abs. 2 AktG auf die Gesellschaft abgewälzt werden.[31] Der Geschäftswert ist gem. §§ 30 Abs. 1, 141 KostO zu schätzen, wobei eine Orientierung am Grundkapital zuzüglich Agio zulässig ist; ebenso ist die Berücksichtigung der Betragsgrenze des § 39 Abs. 4 KostO geboten.[32] Die Höhe der Gebühr bestimmt sich nach §§ 141, 147 Abs. 2 KostO und beträgt danach eine halbe Gebühr.[33] Eine Gebührenhäufung ist zulässig, da es sich bei der Gründungsprüfung nicht nur um ein Nebengeschäft handelt.[34]

h) Vorbereitung der Kapitaleinlagen

Um den Gründern die Kapitalaufbringung (dazu Rz. 33, 164 ff.) zu ermöglichen, muss der Vorstand die rechtlichen und sachlichen Voraussetzungen hierfür vorbereiten. Für **Geldeinlagen** hat er ein Konto bei einem hierfür zugelassenen kontoführenden Institut einzurichten (§§ 37 Abs. 2 Satz 2, 54 Abs. 3 AktG; dazu Rz. 130, 177). Sind **Sacheinlagen** in der Satzung festgesetzt (§ 27 Abs. 1 AktG; dazu Rz. 200 ff.), hat der Vorstand für die Vorbereitung der hierüber nötigen Verträge und die Rechtshandlungen zu ihrer Ausführung zu sorgen (§ 27 Abs. 3 Satz 1 AktG; dazu Rz. 207 f.) sowie tatsächliche Vorkehrungen zum sachgerechten Übergang der Gegenstände auf und deren Unterhalt durch die Gesellschaft zu treffen. 30

i) Einforderung der Kapitaleinlagen

aa) Geldeinlagen. Falls nicht bereits in der Gründungsurkunde eine Fälligkeitsregelung für die Einlagen getroffen ist (dazu Rz. 172 f.), hat der Vorstand Geldeinlagen durch Einforderung fällig zu stellen, was formlos geschehen kann (§ 63 Abs. 1 Satz 2 AktG gilt vor Eintragung erst bei Zahlungssäumnis; dazu Rz. 173). Der eingeforderte Betrag muss mindestens ein **Viertel des ge-** 31

---

[30] *Papmehl* MittBayNot 2003, 187, 190; MünchKomm. AktG/Bd. 1/*Pentz* § 33 Rz. 27b.
[31] *Hüffer* AktG § 33 Rz. 6.
[32] MünchKomm. AktG/Bd. 1/*Pentz* § 33 Rz. 27c; s.a. mit Unterschieden: *Hermanns* ZIP 2002, 1785, 1788; *Hüffer* AktG § 33 Rz. 6; für 50% des Grundkapitals als Ansatz *Papmehl* MittBayNot 2003, 187, 191.
[33] MünchKomm. AktG/Bd. 1/*Pentz* § 33 Rz. 27c; *Hermanns* ZIP 2002 1785, 1788; krit. *Grage* RNotZ. 2002, 326, 331.
[34] MünchKomm. AktG/Bd. 1/*Pentz* § 33 Rz. 27c.

ringsten Ausgabebetrags (§ 9 Abs. 1 AktG; dazu Rz. 162; zur Frage der Befugnis des Vorstandes, mehr als diesen Mindestbetrag bereits vor Eintragung einzufordern, Rz. 173) und bei Ausgabe der Aktien für einen höheren Ausgabebetrag (§ 9 Abs. 2 AktG; dazu Rz. 162) auch den Mehrbetrag (Agio) umfassen (§§ 36 Abs. 2, 36 a Abs. 1 AktG; dazu Rz. 172 f.).

32   **bb) Sacheinlagen.** Die Einforderung von Sacheinlagen liegt regelmäßig im Angebot des Vorstandes an den einlageverpflichteten Gründer, die hierzu vorbereiteten Verträge abzuschließen und durchzuführen (§ 27 Abs. 3 Satz 1 AktG; dazu Rz. 22, 207 f.). Zu welchem Zeitpunkt sie zu leisten sind, ist aufgrund der unverständlichen Regelung des § 36a Abs. 2 AktG streitig. Nach zT vertretener Auffassung sind Sacheinlagen vor Handelsregisteranmeldung vollständig einzufordern und zu leisten; wobei dies auch gelte, wenn die Sacheinlage in einem schuldrechtlichen Anspruch auf Übertragung des Vermögensgegenstandes bestehe; dieser sei vorher zu begründen und die dingliche Übertragung sei innerhalb von fünf Jahren nach der Eintragung der Gesellschaft in das Handelsregister zu bewirken.[35] Nach zutreffender Ansicht, für die insbesondere die Entstehungsgeschichte des § 36a AktG spricht, ist wie folgt zu unterscheiden: Ist die Sacheinlage durch ein dingliches Geschäft zu bewirken, muss dies innerhalb eines Zeitraums von fünf Jahren ab der Eintragung der Gesellschaft in das Handelsregister erfolgen; eine Leistung vor der Eintragung der Gesellschaft in das Handelsregister ist zulässig, aber nicht erforderlich.[36] Soweit die Satzung einen früheren Zeitpunkt vorsieht, ist dieser maßgeblich. Ist hingegen zur Bewirkung der Sacheinlageverpflichtung keine dingliche Übertragung eines Vermögensgegenstandes erforderlich (zB bei der Gebrauchsgewährung von Betriebsanlagen oder Nutzung von Grundstücken), muss die Gesellschaft schon vor der Anmeldung in die Lage versetzt sein, das Objekt tatsächlich zu gebrauchen oder zu nutzen, was regelmäßig eine Besitzeinräumung erfordert (s. dazu auch Rz. 197, 206).[37]

j) Kapitalaufbringung

33   Sobald der erste Vorstand bestellt ist (§ 30 Abs. 4 AktG; dazu Rz. 17) und soweit die Einlagen auf die übernommenen Aktien fällig sind (dazu Rz. 31 f.), werden die Einlagen als Hauptverpflichtung der Gründer (Überschrift § 54 AktG) der Vorgesellschaft geschuldet. Die Leistung der Einlagen ist Voraussetzung für die Handelsregisteranmeldung (§ 37 AktG; dazu 35) und damit auch Eintragungsvoraussetzung (§ 38 Abs. 1 AktG; dazu Rz. 53).

k) Staatliche Genehmigung

34   Bislang war es erforderlich, eine Genehmigungsurkunde der Handelsregisteranmeldung beizufügen, wenn der Gegenstand des Unternehmens oder eine andere Satzungsbestimmung[38] einer staatlichen Genehmigung bedurft hatte

---

[35] Kölner Komm./*Kraft* § 36a Rz. 10 ff.; *Mayer* ZHR 154 (1990), 535, 542 ff.
[36] MünchKomm. AktG/Bd. 1/*Pentz* § 36a Rz. 19; *Hüffer* AktG § 361 Rz. 4; Groß-Komm. AktG/*Röhricht* § 36a Rz. 6 ff.
[37] MünchKomm. AktG/Bd. 1/*Pentz* § 36a Rz. 21; *Hüffer* NJW 1979, 1065, 1068; Groß-Komm. AktG/*Röhricht* § 36a Rz. 11.
[38] Ein Fall der Genehmigungspflicht „anderer Satzungsbestimmungen" als des Unternehmensgegenstandes ist durch das ausnahmslose Verbot der Mehrstimmrechtsaktien mit Streichung von § 12 Abs. 2 Satz 2 AktG durch das KonTraG weggefallen.

B. Gründung der AG nach AktG 35 § 2

(wegen der damit verbundenen qualifizierten Gründerfähigkeit s. Rz. 85 f.). Ohne die Genehmigungsurkunde durfte nicht eingetragen werden. Diese Erfordernis ist durch das MoMiG aufgegeben worden, um die Handelregisteranmeldung zu beschleunigen. Soweit der Unternehmensgegenstand einer Genehmigung bedarf, was außerhalb des AktG in Spezialgesetzen geregelt ist (Aufzählung der wichtigsten Fälle in Rz. 146), muss eine solche für die Betätigung der Gesellschaft eingeholt werden, aber nicht mehr der Handelsregisteranmeldung beigefügt werden. Die Rechtsfolgen einer fehlenden Genehmigung richten sich nur noch nach dem einschlägigen (öffentlichen) Recht.

4. Anmeldung zum Handelsregister

a) Voraussetzungen

Die ordnungsgemäße Anmeldung der Gesellschaft ist neben ihrer ordnungsgemäßen Errichtung (§ 29 AktG; dazu Rz. 10 ff.) die Voraussetzung für die Eintragung der Gesellschaft (§ 38 Abs. 1 AktG; dazu Rz. 53). Die Handelsregisteranmeldung selbst setzt neben der Errichtung der Gesellschaft voraus: 35
- Bestellung sämtlicher von Gesetz oder Satzung geforderter **Mitglieder des ersten Aufsichtsrats** (§ 30 Abs. 1 AktG; dazu Rz. 15, 98 ff.) und des ersten **Vorstands** (§ 30 Abs. 4 AktG; dazu Rz. 17, 107 ff.);
- Erstattung des **Gründungsberichts** (§ 32 AktG; dazu Rz. 18 ff.), der **Prüfungsberichte** der Vorstands- und Aufsichtsratsmitglieder (§§ 33 Abs. 1, 34 AktG; dazu Rz. 23 f.) und falls vom Gesetz gefordert des oder der Gründungsprüfer (§§ 33 Abs. 2 ff., 34 AktG; dazu Rz. 28) oder des anstelle eines Gründungsprüfers mit der Prüfung beauftragten Gründungsnotars (§§ 33 Abs. 3, 34 AktG; dazu Rz. 29);
- bei **Geldeinlagen** die ordnungsgemäße Einzahlung (§ 54 Abs. 3 AktG; dazu Rz. 30, 175 ff.) des auf jede Aktie eingeforderten Betrags, wobei die Einforderung nicht niedriger als die gesetzliche Mindesthöhe sein darf (§§ 36 Abs. 2, 36 a Abs. 1 AktG; dazu Rz. 31, 172 f.);
- bei **Sacheinlagen** ist erstens zu erklären, dass der Wert der Sacheinlage dem geringsten Ausgabebetrag und, bei einer Ausgabe der Aktien zu einem höheren Betrag, auch dem Mehrbetrag entspricht. Zweitens ist eine Erklärung über die Leistung des Sacheinlagegegenstands erforderlich. Insoweit ist zu unterscheiden: Ist die Sacheinlage gemäß § 36a Abs. 2 S. 1 AktG bereits vor der Anmeldung zu bewirken (s. Rz. 32), ist zu versichern, dass die Sacheinlage endgültig zur freien Verfügung des Vorstands steht; handelt es sich um eine Gebrauchs- oder Nutzungsüberlassung, ist außerdem zu versichern, dass der betreffende Gegenstand von der Gesellschaft genutzt werden kann.[39] Entsprechendes gilt, wenn die Sacheinlage bereits bewirkt worden ist. Ist die Sacheinlage nach § 36a Abs. 2 S. 2 AktG erst innerhalb von fünf Jahren nach der Eintragung der Gesellschaft zu bewirken (Rz. 32), kommt es darauf an, ob sich der Gründer verpflichtet hat, die Sacheinlage zu einem bestimmten Zeitpunkt zu bewirken. Ist dies der Fall, muss in der Erklärung hierauf hingewiesen werden. Sonst genügt die Erklärung, dass sich der Gründer verpflichtet hat, die Sacheinlageverpflichtung spätestens in fünf Jahren nach der Eintragung der Gesellschaft zu erfüllen.[40]

---

[39] MünchKomm. AktG/Bd. 1/*Pentz* § 37 Rz. 41.
[40] MünchKomm. AktG/Bd. 1/*Pentz* § 37 Rz. 41.

– die Vorlage der Genehmigungsurkunde bei Erfordernis staatlicher Genehmigung ist durch das MoMiG entfallen (dazu Rz. 34, 146).

b) Anmeldepflichtige Personen

36 Die Gesellschaft muss von allen Gründern und allen Mitgliedern von Vorstand und Aufsichtsrat zum Handelsregister angemeldet werden (§ 36 Abs. 1 AktG). Melden nicht alle erforderlichen Personen die Gesellschaft an oder sind nicht alle von Gesetz oder Satzung geforderten Mitglieder von Vorstand und Aufsichtsrat (Ausnahme: § 31 AktG; dazu Rz. 104 f.) bestellt, ist die Anmeldung nicht ordnungsgemäß und die Gesellschaft nicht eintragungsfähig (§ 38 Abs. 1 AktG; dazu Rz. 53).[41] Diese allgemeine Mitwirkungspflicht ist im Zusammenhang der haftungs- und strafrechtlichen Verantwortung[42] aller dieser Personen zu sehen (§§ 46 ff., 399 AktG; dazu Rz. 265 ff., 281, 286, 293). Anmeldepflichtig sind auch **stellvertretende Vorstandsmitglieder** (§ 94 AktG; dazu § 6 Rz. 20), nicht aber noch nicht nachgerückte Ersatzmitglieder des Aufsichtsrats (§ 101 Abs. 3 AktG; dazu Rz. 93, § 7 Rz. 213 ff.).[43]

c) Anmeldepflicht

37 Die Verpflichtung zur Anmeldung ergibt sich für die Gründer aus der Errichtung der Gesellschaft (§ 29 AktG; dazu Rz. 14) und für Vorstands- und Aufsichtsratsmitglieder aus ihrer Organstellung.[44] Sie kann im Klagewege durchgesetzt werden,[45] wobei sowohl jeder Gründer einzeln[46] als auch die Vorgesellschaft[47] Kläger sein können. Es besteht aber **keine öffentlich-rechtliche Verpflichtung** zur Anmeldung, dh. das Registergericht kann die Anmeldung weder erzwingen (§ 407 Abs. 2 AktG) noch die Rücknahme der Anmeldung übergehen.[48]

d) Vertretung bei der Anmeldung

38 Die Anmeldung ist wegen der aus ihr folgenden haftungs- und strafrechtlichen Verantwortung (dazu Rz. 36) persönlich vorzunehmen, so dass entgegen § 12 Abs. 2 HGB eine Anmeldung durch Bevollmächtigte unzulässig ist (dazu Rz. 141 f.). Dies ist zu unterscheiden von der Anmeldung durch gesetzliche Vertreter von Gründern, die mangels eigener Handlungsfähigkeit geboten ist (dazu Rz. 143).

---

[41] *Hüffer* AktG § 36 Rz. 3 a mwN.
[42] BGH II ZB 17/91 v. 16. 3. 1992, BGHZ 117, 323, NJW 1992, 1824.
[43] *Hüffer* AktG § 36 Rz. 3 a mwN.
[44] MünchKomm. AktG/Bd. 1/*Pentz* § 36 Rz. 14 f. mwN.
[45] *Hüffer* AktG § 36 Rz. 5 mwN.
[46] So Großkomm. AktG/*Röhricht* § 36 Rz. 12, jedoch nach Rz. 13 mit Ausnahme der Klage gegen Vorstandsmitglieder, die nur die Vorgesellschaft (vertreten durch den Aufsichtsrat) erheben können soll; aA MünchKomm. AktG/Bd. 1/*Pentz* § 36 Rz. 17, 19: nur gegen Gründer, sonst Vorgesellschaft.
[47] MünchKomm. AktG/Bd. 1/*Pentz* § 36 Rz. 17, 19; Großkomm. AktG/*Röhricht* § 36 Rz. 12, jedoch nach Rz. 13 mit Ausnahme der Klage gegen Aufsichtsratsmitglieder, die nur Gründer erheben können sollen.
[48] *Hüffer* AktG § 36 Rz. 5 mwN.

B. Gründung der AG nach AktG   39–41   § 2

e) Form der Anmeldung

Nach dem durch das EHUG[49] abgeänderten § 12 Abs. 2 HGB ist die Anmeldung elektronisch[50] in öffentlich beglaubigter Form vorzunehmen (§ 129 Abs. 1 BGB, §§ 39, 39a 40 BeurkG). Das heisst, es ist eine elektronische Übermittlung der Erklärung der Anmeldung unter elektronischer Beglaubigung der Unterschriften[51] durch einen Notar[52] vorzunehmen (§ 40 Abs. 1 BeurkG; dazu Rz. 117). Nach § 39a BeurkG muss das Dokument mit einer qualifizierten elektronischen Signatur nach dem Signaturgesetz versehen werden. Die in einigen Ländern bestehenden Übergangsregelungen der Landesregierungen, wonach Anmeldungen auch in Papierform zum Handelsregister eingereicht werden können, sind ausgelaufen.[53] Die nach bisherigem Recht erforderlichen Zeichnungen (Unterschriftsproben) sind entfallen (Rz. 48).[54]   39

f) Inhalt der Anmeldung

aa) Übersicht. § 37 AktG befasst sich entsprechend seiner Überschrift mit dem Inhalt der Anmeldung, der nach dem wechselnden Gesetzeswortlaut „zu erklären" (§ 37 Abs. 1 Satz 1 erster Hs. AktG), „zu versichern" (§ 37 Abs. 2 AktG), „anzugeben" (§ 37 Abs. 1 Satz 1 zweiter Hs., Abs. 3 AktG) oder „nachzuweisen" (§ 37 Abs. 1 Sätze 2 und 5 AktG) ist. Zwischen den geforderten Erklärungen, Versicherungen und Angaben besteht kein sachlicher Unterschied; alle drei Begriffe betreffen keine Willenserklärungen, sondern die Mitteilung von Tatsachen (Wissenserklärung) an das Gericht,[55] für deren Richtigkeit im Zeitpunkt der Anmeldung (Eingang bei Gericht)[56] die Anmeldenden die haftungs- und strafrechtliche Verantwortung[57] tragen (§§ 46 ff., 399 AktG; dazu Rz. 266 f., 271, 286, 293). Bei den geforderten Nachweisen handelt es sich dagegen um Beweisurkunden, die zusätzlich zu den in § 37 Abs. 4 AktG genannten Anlagen der Anmeldung (dazu Rz. 49) beizufügen sind. Inhaltlich ist die Anmeldung in drei sachliche Bereiche aufgeteilt: Die Anmeldung als Antrag auf Eintragung (§ 36 Abs. 1 AktG, § 11 FGG; dazu Rz. 41); die Mitteilungen und Nachweise über die Kapitalaufbringung (§ 37 Abs. 1 AktG; dazu Rz. 42 ff.), über die Vorstandsmitglieder (§ 37 Abs. 1 f. AktG; dazu Rz. 42 f.) und die Aufsichtsratsmitglieder (Rz. § 37 Abs. 1 f. AktG; dazu Rz. 49).   40

bb) Antrag auf Eintragung. Die Gesellschaft ist von allen Gründern und Mitgliedern des Vorstands und Aufsichtsrats zur Eintragung in das Handelsregister anzumelden (§ 36 Abs. 1 AktG). Die Anmeldung stellt einen Verfah-   41

---

[49] Gesetz über elektronische Handelsregister und Genossenschaftsregister sowie das Unternehmensregister vom 10. 11. 2006, BGBl. I, 2553.
[50] *Ebenroth/Boujong/Joost/Stern/Schaub* § 12 Rz. 1.
[51] *Ebenroth/Boujong/Joost/Stern/Schaub* § 12 Rz. 59.
[52] Im Hinblick auf die virtuellen Poststellen der Länder s. www.justiz.de; zur Anmeldung über das elektronische Gerichts- und Verwaltungspostfach und den angeschlossenen Registergerichten s. www.egvp.de.
[53] Übergangsregelungen bestanden in Niedersachsen (bis zum 31. 12. 2007), in Rheinland-Pfalz (bis zum 30. 6. 2007) und in Sachsen-Anhalt (bis zum 31. 3. 2007).
[54] *Ebenroth/Boujong/Joost/Stern/Schaub* § 12 Rz. 61.
[55] Ähnlich *Hüffer* AktG § 37 Rz. 2: „Tatsachenbehauptung".
[56] MünchKomm. AktG/Bd. 1/*Pentz* § 37 Rz. 14 mwN.
[57] BGH II ZB 17/91 v. 16. 3. 1992, BGHZ 117, 323, NJW 1992, 1824.

rensantrag[58] an das Gericht auf Eintragung der Gesellschaft dar, ohne den das Gericht nicht tätig wird (s. a. § 11 FGG). Einen bestimmten Wortlaut für diesen Antrag schreibt das Gesetz nicht vor; es reicht, wenn das Begehren der Eintragung erkennbar ist, was am besten durch die Erklärung gemäß Gesetzeswortlaut zum Ausdruck kommt: „Wir melden die Gesellschaft zur Eintragung in das Handelsregister an."

42 cc) **Kapitalaufbringung.** In der Anmeldung ist zu erklären, dass die Voraussetzungen der §§ 36 Abs. 2, 36 a AktG erfüllt sind; dabei sind der Betrag, zu dem Aktien ausgegeben werden, und (im Falle von Bareinlagen) der darauf eingezahlte Betrag anzugeben (§ 37 Abs. 1 Satz 1 AktG). Die Erklärungen unterscheiden sich im Einzelnen danach, ob Bareinlagen vereinbart sind (dazu Rz. 43) oder Sacheinlagen (dazu Rz. 44); bei Bareinlagen gibt es außerdem besondere **Nachweispflichten** (dazu Rz. 43).

43 dd) **Erklärungen bei Bareinlagen.** Im Einzelnen ist Folgendes zu erklären:
– **Ausgabebetrag** der Aktien (§§ 37 Abs. 1 Satz 1, 9 AktG; dazu Rz. 31, 162 f.);
– der auf jede Aktie **eingeforderte Betrag** (§§ 36 Abs. 2 Satz 1; dazu Rz. 31) und ergänzend, dass der eingeforderte Betrag mindestens ein Viertel des geringsten Ausgabebetrags und bei höherem Ausgabebetrag auch den Mehrbetrag umfasst (§ 36 a Abs. 1 AktG; dazu Rz. 31, 162 f.);
– der auf jede Aktie ordnungsgemäß eingezahlte Betrag (§§ 37 Abs. 1 Satz 1 zweiter Hs., 36 Abs. 2 Satz 1, 54 Abs. 3 AktG; dazu Rz. 31, 35, 175 ff.);
– **endgültige freie Verfügung** des Vorstands über die eingezahlten Beträge (§§ 36 Abs. 2 Satz 1, 54 Abs. 3 AktG; dazu Rz. 179 ff.), soweit sie nicht bereits zur Bezahlung der bei der Gründung angefallenen (und in der Satzung festgesetzten; § 26 Abs. 2 AktG; dazu Rz. 12, 347) Steuern und Gebühren verwandt wurden (dazu Rz. 179); Letztere sind dann nach Art und Höhe der Beträge durch Belege nachzuweisen (§ 37 Abs. 1 Satz 5 AktG). Eine Nachweispflicht besteht auch für die endgültige freie Verfügbarkeit über den eingezahlten Betrag seitens des Vorstands (§ 37 Abs. 1 Satz 2 AktG), die im Regelfall der Einzahlung durch Gutschrift auf ein Konto gemäß § 54 Abs. 3 AktG (dazu Rz. 177 ff.) durch eine Bestätigung des kontoführenden Instituts zu erfüllen ist, für deren Richtigkeit das Institut der Gesellschaft verantwortlich ist (§ 37 Abs. 1 Sätze 3 f.; dazu Rz. 130, 182);
– die Pflicht, bei Einpersonengründung die Art und Höhe der für den nicht eingeforderten Teil des Ausgabebetrags bestellten **Sicherung** anzugeben (§ 36 Abs. 2 Satz 2 AktG; dazu Rz. 202), ist durch das MoMiG entfallen; § 36 Abs. 2 S. 2 AktG ist gestrichen worden.[59]

44 ee) **Erklärungen bei Sacheinlagen.** Im Einzelnen ist Folgendes zu erklären:
– **Ausgabebetrag** der Aktien (§§ 37 Abs. 1 Satz 1, 36 a Abs. 2 Satz 3, 9 AktG; dazu Rz. 31, 162 f.);
– zu der vom Sacheinlagegegenstand und dem Leistungszeitpunkt abhängigen Erklärung über die **Leistung** der Sacheinlagen (§ 36 a Abs. 2 Satz 1 und 2 AktG) s. Rz. 32, 35, 166, 169 ff. Soweit von der Sachgründung ohne externe Gründungsprüfung Gebrauch gemacht wird, die nach Inkrafttreten des ARUG möglich ist (dazu Rz. 25), muss in der Anmeldung erklärt werden, dass nach § 33 a AktG von einer externen Gründungsprüfung abgese-

---

[58] *Baumbach/Hopt* HGB § 12 Rz. 1.
[59] *Hüffer* AktG § 37 Rz. 3 mwN.

B. Gründung der AG nach AktG

hen wird (§ 37a Abs. 1 AktG). Der Gegenstand der Sacheinlage oder Sachübernahme ist zu beschreiben. Zudem muss die Anmeldung die Erklärung enthalten, dass der Wert der Sacheinlagen oder Sachübernahmen den geringsten Ausgabebetrag der dafür zu gewährenden Aktien oder den Wert der dafür zu gewährenden Leistungen erreicht (§ 37a Abs. 1 Satz 3 AktG).[60] Insoweit ist darauf hinzuweisen, dass die dem ARUG zugrunde liegende Richtlinie in ihrem Art. 10b Angaben nicht nur dazu verlangt, dass der Wert mindestens der Anzahl und dem Nennbetrag bzw. dem rechnerischen Wert der ausgegebenen Aktien entspricht sondern auch dem ggf. vorhandenen Mehrbetrag (Agio). Anders als im AktG vorgesehen ist nach der Richtlinie daher auch der Mehrbetrag (Agio) anzugeben; insoweit ist die Richtlinie nicht korrekt umgesetzt worden.[61] Weiter sind anzugeben der Wert, die Quelle der Bewertung sowie die angewandte Bewertungsmethode (§ 37a Abs. 1 Satz 4 AktG). Zu der insoweit erforderlichen Versicherung s. unter Rz. 45 und den erforderlichen Anlagen s. unter Rz. 49.

ff) Versicherung der Vorstandsmitglieder. In der Anmeldung haben die Vorstandsmitglieder (nur diese und jedes für sich[62]) einschließlich der Stellvertreter (§ 94 AktG) zu versichern (dazu Rz. 40), dass

– keine Umstände vorliegen, die ihrer Bestellung nach § 76 Abs. 3 Satz 2 Nr. 2 und 3 sowie Satz 3 AktG (dazu § 6 Rz. 23) entgegenstehen, wobei die Gerichte zumeist ein pauschales Zitat dieser Bestimmung nicht genügen lassen, sondern eine an ihrem Wortlaut im Einzelnen ausgerichtete Versicherung verlangen,[63] also

- keine Verurteilung wegen des Unterlassens des Antrags auf Eröffnung des Insolvenzverfahrens, einer Insolvenzstraftat nach §§ 283 bis 283 d StGB, falscher Angaben nach § 399 AktG oder § 83 GmbHG, der unrichtigen Darstellung nach § 400 AktG, § 331 HGB, § 313 UmwG oder § 17 Publizitätsgesetz, §§ 265, 266, 266a StGB zu einer Freiheitsstrafe von mindestens einem Jahr, wobei die Strafe innerhalb von fünf Jahren – ohne Berücksichtigung der Zeit, in der der Täter auf behördliche Anordnung in einer Haftanstalt verwahrt worden ist – vor Anmeldung rechtskräftig geworden sein muss (§ 76 Abs. 3 Satz 2 Nr 3 AktG);
- keine Verurteilung im Ausland wegen einer Tat, die mit den in § 76 Abs. 3 Satz 2 Nr. 3 genannten Taten vergleichbar ist, zu einer Freiheitsstrafe von mindestens einem Jahr, wobei die Strafe innerhalb von fünf Jahren – ohne Berücksichtigung der Zeit, in der der Täter auf behördliche Anordnung in einer Haftanstalt verwahrt worden ist – vor Anmeldung rechtskräftig geworden sein muss (§ 76 Abs. 3 Satz 3 AktG);
- und keine Untersagung der Ausübung eines mit dem Unternehmensgegenstand der Gesellschaft (§ 23 Abs. 3 Nr. 2 AktG; dazu Rz. 337 ff.) ganz oder teilweise übereinstimmenden Berufs, Gewerbes oder Zweiges

---

[60] Richtlinie 2006/68/EG v. 6.9.2006 zur Änderung der RiLi 77/91/EWG, ABl. L 264/32 v. 25.9.2006.
[61] Vgl. zu dem Problem auch die Diskussion um die korrekte Umsetzung von Art. 10 Abs. 2 RiLi; *Bayer* in FS Ulmer, 2001, 33 ff.; *Grundmann* EuGesR § 10 Rn. 337; *Habersack* EuGesR § 6 Rn. 26; *Hirte* DB 1995, 1113, 1114; *Baldwin* Reform der Kapitalrichtlinie, 2002, 95 f.
[62] *Hüffer* AktG § 37 Rz. 6.
[63] So zur GmbH (§ 8 Abs. 3 GmbHG) BayObLG 1 Z 184/81 v. 10.12.1981, BayObLGZ 1981, 396, WM 1982, 168; *Hüffer* AktG § 37 Rz. 6 mwN.

eines von beiden durch vollziehbare(s) und zeitlich noch bei Anmeldung wirksame(s) Gerichtsurteil oder Behördenentscheidung besteht (§ 76 Abs. 3 Satz 2 Nr. 2 AktG); und
- kein Vorliegen eines Einwilligungsvorbehalts als Betreuer bei der Besorgung von Vermögensangelegenheiten (§ 76 Abs. 3 Satz 2 Nr. 1 AktG);
- sie durch das Gericht, einen Notar, einen im Ausland bestellten Notar, den Vertreter eines vergleichbaren rechtsberatenden Berufs oder einen Konsularbeamten (§ 37 Abs. 2 Satz 2 AktG; dazu Rz. 119) über ihre diesbezügliche unbeschränkte Auskunftspflicht gegenüber dem Gericht belehrt worden sind (§ 37 Abs. 2 AktG iVm. § 53 Abs. 2 BZRG[64]). Sind Sacheinlagen oder Sachübernahmen nach Inkrafttreten des ARUG (BGBl. I 2009, 2479) ohne externe Gründungsprüfung nach § 33a AktG eingebracht worden, haben die Vorstandsmitglieder zudem zu versichern, dass ihnen außergewöhnliche Umstände, die den gewichteten Durchschnittspreis der einzubringenden Wertpapiere oder Geldmarktinstrumente iSv § 33 a Abs. 1 Nr. 1 AktG während der letzten drei Monate vor dem Tag ihrer tatsächlichen Einbringung erheblich beeinflusst haben könnten, oder Umstände, die darauf hindeuten, dass der beizulegende Zeitwert der Vermögensgegenstände iSv § 33a Abs. 1 Nr. 2 AktG am Tag ihrer tatsächlichen Einbringung aufgrund neuer oder neu bekanntgewordener Umstände erheblich niedriger ist als der von dem Sachverständigen angenommene Wert, nicht bekannt geworden sind (§ 37a Abs. 2 AktG).

Das Unterlassen dieser Versicherungen führt (nach erfolgloser Fristsetzung durch Zwischenverfügung; § 26 Satz 2 HRV; dazu Rz. 61) zur Ablehnung der Eintragung (§ 38 Abs. 1 AktG; dazu Rz. 62). Falsche oder erhebliche Umstände verschweigende Angaben sind strafbar (§ 399 Abs. 1 Nr. 6 AktG; dazu Rz. 40, 293).

46 **gg) Inländische Geschäftsanschrift.** In der Anmeldung ist anzugeben, wie die inländische Geschäftsanschrift der Gesellschaft lautet (§ 37 Abs. 3 Nr. 1 AktG), was als Grundlage der entsprechenden Handelsregistereintragung dient (§ 39 Abs. 1 Satz 2 AktG; dazu Rz. 62). Diese Pflicht zur Angabe der inländischen Geschäftsanschrift ist neu durch das MoMiG eingefügt worden. Hierdurch soll – ähnlich wie für natürliche Personen – sichergestellt werden, dass eine im öffentlichen Register einsehbare Anschrift existiert. Regelmäßig wird die inländische Geschäftsanschrift mit der Anschrift des Geschäftslokals übereinstimmen. Besteht ein solches nicht, ist eine andere Anschrift anzugeben. Dies kann bspw. der Fall sein, wenn die Gesellschaft ihren Verwaltungssitz über eine Zweigniederlassung im Ausland hat. In Betracht kommen der inländische Wohnsitz des Geschäftsführers oder eines oder des alleinigen Gesellschafters, sofern er sich hierzu bereit erklärt, oder die inländische Anschrift eines als Zustellungsbevollmächtigten eingesetzten Vertreters (z. B. Steuerberater, Rechtsberater). Nach der Übergangsvorschrift des § 18 EGAktG besteht die Pflicht zur Benennung einer inländischen Geschäftsanschrift auch für bereits bestehende Gesellschaften, wenn die inländische Geschäftsanschrift dem Gericht nicht bereits nach § 24 Abs. 2 der HRV mitgeteilt worden ist (Rz. 49) oder sich geändert hat. In diesen Fällen ist die inländische Geschäftsanschrift mit der ersten die Gesellschaft betreffenden Anmeldung zum Handelsregister ab dem 1. November 2008 (Inkrafttreten des MoMiG), spätestens aber ab dem 31. März 2009 anzumelden.

---

[64] *Hüffer* AktG § 37 Rz. 7.

B. Gründung der AG nach AktG   47–49 § 2

hh) Vertretungsbefugnisse. In der Anmeldung ist anzugeben, welche Vertretungsbefugnis die Vorstandsmitglieder haben (§ 37 Abs. 3 AktG), was als Grundlage der entsprechenden Handelsregistereintragung dient (§ 39 Abs. 1 Satz 2 AktG; dazu Rz. 53). Die Neuformulierung hinsichtlich der Angaben zu der Vertretungsbefugnis (nun: Art und Umfang der Vertretungsbefugnis; bisher: Angabe, welche Vertretungsbefugnis die Mitglieder haben) führt zu keinen inhaltlichen Änderungen hinsichtlich des Anzugebenden.[65] Die Vertretungsbefugnis wird in der Regel, aber nicht zwingend, in der Satzung geregelt, sonst ergibt sie sich vollständig oder ergänzend aus dem Gesetz (§ 78 Abs. 2 f. AktG; dazu § 6 Rz. 11). Anzumelden und einzutragen ist die **abstrakte** Vertretungsbefugnis,[66] die generell für alle Vorstandsmitglieder gilt; nur wenn davon abweichend einzelnen Vorstandsmitgliedern eine besondere Vertretungsbefugnis zusteht (zB Einzelvertretung bei sonst genereller Gesamtvertretung oder Befreiung vom Verbot des § 181 BGB in den Schranken des § 112 AktG[67]), ist diese **konkrete** Vertretungsbefugnis unter namentlicher Zuordnung anzugeben. Die abweichende konkrete Vertretungsbefugnis kann unmittelbar in der Satzung einer bestimmten Person erteilt werden (§ 78 Abs. 3 Satz 1 AktG), wird aber in der Regel durch Aufsichtsratsbeschluss bestimmt, wenn die Satzung dies vorsieht (§ 78 Abs. 3 Satz 2 AktG). Eine solche Ermächtigung durch die Satzung zählt dann ebenfalls zu den anzumeldenden und einzutragenden Angaben über die abstrakte Vertretungsbefugnis.[68]

ii) Zeichnung der Vorstandsmitglieder. Die bisher erforderliche Zeichnung der Namensunterschrift durch die Vorstandsmitglieder (§ 37 Abs. 5 AktGaF) ist entfallen. Die Unterschriftsprobe und deren Aufbewahrung sind durch das EHUG abgeschafft worden, da sie nicht zur elektronischen Registerführung passen.

jj) Anlagen. Der Anmeldung sind folgende Anlagen zur Prüfung durch das Gericht (§ 38 AktG; dazu Rz. 52 ff.) und zur öffentlichen Einsichtnahme bei Gericht (§ 9 HGB) in Urschrift, Ausfertigung oder öffentlich beglaubigter Abschrift beizufügen (§ 37 Abs. 4 und 6 AktG):

Nr. 1: die Satzung und die Urkunden über die Feststellung der Satzung (§ 23 Abs. 1 AktG; dazu Rz. 11 f.) und über die Übernahme der Aktien (§ 23 Abs. 2 AktG; dazu Rz. 13);

Nr. 2: bei Festsetzungen in der Satzung von Sondervorteilen und Gründungsaufwand (§ 26 AktG; dazu Rz. 346, 347) sowie von Sacheinlagen und Sachübernahmen (§ 27 AktG; dazu Rz. 22, 200 ff., 226 ff., 345) die zugrunde liegenden oder zur Ausführung geschlossenen Verträge; gesondert beizufügen ist eine Berechnung des Gründungsaufwands zu Lasten der Gesellschaft, in der die Vergütungen einzeln nach Art, Höhe und Empfängern aufzugliedern sind;

Nr. 3: die Urkunden über die Bestellung des Aufsichtsrats und Vorstands (§ 30 Abs. 1 und 4; dazu Rz. 15, 17);

Nr. 3a: eine Liste der Mitglieder des Aufsichtsrats, aus welcher Name, Vorname, ausgeübter Beruf und Wohnort der Mitglieder ersichtlich ist;

Nr. 4: der Gründungsbericht (§ 32 AktG; dazu Rz. 18 ff.) und die Prüfungsberichte von Vorstand und Aufsichtsrat (§ 33 Abs. 1 AktG; dazu Rz. 23 f.) und der Gründungsprüfer (§§ 33 Abs. 2 f., 34 AktG; dazu Rz. 25 ff.) oder des Notars als Gründungsbeauftragter (§ 33 Abs. 3 Satz 1 AktG idF v. Art. 1 Nr. 2 TransPubG; dazu Rz. 29),

---

[65] Begründung zum MoMiG (BT-Drs. 16/6140), S. 125.
[66] *Hüffer* AktG § 37 Rz. 8.
[67] *Hüffer* AktG § 78 Rz. 6 f.
[68] *Hüffer* AktG § 37 Rz. 8.

jeweils „nebst ihren urkundlichen Unterlagen" (gemeint sind damit Anlagen der Berichte oder darin in Bezug genommene Unterlagen, die nicht ohnehin zu den Anlagen der Anmeldung gehören;[69] zur Vermeidung von Doppeleinreichung des Gründungsprüfungsberichts wegen § 34 Abs. 3 AktG Rz. 28);

Nr. 5: die Pflicht zur Einreichung der Genehmigungsurkunde, wenn der Gegenstand des Unternehmens oder eine andere Satzungsbestimmung der staatlichen Genehmigung bedarf, ist weggefallen (dazu Rz. 34, 146).

Zudem sind der Anmeldung, soweit eine Sachgründung ohne externe Gründungsprüfung nach § 33 a AktG (dazu Rz. 25) durchgeführt worden ist, beizulegen:

– Unterlagen über die Ermittlung des gewichteten Durchschnittspreises, zu dem die einzubringenden Wertpapiere oder Geldmarktinstrumente während der letzten drei Monate vor dem Tag ihrer tatsächlichen Einbringung auf einem organisierten Markt gehandelt worden sind,
– jedes Sachverständigengutachten, auf das sich die Bewertung in den Fällen des § 33a Abs. 1 Nr. 2 AktG stützt.

50 **kk) Lage der Geschäftsräume.** Nach § 24 Abs. 2 Satz 1 HRV[70] ist in der Anmeldung die Lage der Geschäftsräume, dh. die Adresse anzugeben; unterbleibt dies, kann die Mitteilung auch ohne notarielle Beglaubigung (§ 12 HGB) nachgeholt werden.[71] Hat die Vorgesellschaft noch keine Geschäftsräume (an sich der gesetzliche Idealfall iSd. unbelasteten Kapitalaufbringung), ist dies mitzuteilen, verbunden mit der Erklärung der Absicht, diese nach Eintragung am Sitz der Gesellschaft einzurichten (wegen der gerichtlichen Überprüfung des realen Sitzes; §§ 14, 23 Abs. 3 Nr. 1 AktG; dazu Rz. 334). Praktikabel ist auch die Mitteilung der **vorläufigen Adresse** bei einem Gründer oder Organmitglied. S. zur Pflicht der Angabe einer inländischen Geschäftsanschrift Rz. 46.

5. Prüfung durch das Gericht

a) Übersicht

52 Das Gericht hat die Anmeldung (§§ 36 ff. AktG; dazu Rz. 35 ff.) auf die Eintragungsfähigkeit der Gesellschaft zu prüfen (§ 38 AktG). Die Prüfung hat unter vier Blickpunkten zu erfolgen: (1) Ob die Gesellschaft ordnungsgemäß errichtet und angemeldet ist (§ 38 Abs. 1 Satz 1 AktG; dazu Rz. 53 ff.); (2) ob die Berichte der Gründer und der Organmitglieder ordnungsgemäß sind (§ 38 Abs. 2 Satz 1 AktG; dazu Rz. 56); (3) ob sich dem Gericht eine Überbewertung von Sacheinlagen oder Sachübernahmen aufdrängt (§ 38 Abs. 2 Satz 2 AktG; dazu Rz. 57); (4) ob die Satzung eintragungsfähig ist (§ 38 Abs. 3 AktG; dazu Rz. 58). Dabei sind die zu (2) bis (4) aufgeführten Prüfungspunkte Ergänzungen und teilweise Einschränkung (4) der allgemeinen Prüfung zu (1). Die Prüfung muss zu einer Entscheidung des Gerichts führen (dazu Rz. 60 ff.).

---

[69] Kölner Komm./*Kraft* § 37 Rz. 26; aA MünchKomm. AktG/Bd. 1/*Pentz* § 37 Rz. 74: Doppelte Einreichung von Unterlagen, um dem Gericht die Prüfung ihrer Identität zu ermöglichen.
[70] § 24 Abs. 2 Satz 1 HRV (Handelsregisterverordnung; früher Handelsregisterverfügung) idF des HRefG v. 22. 6. 1998, BGBl. I, 1474, und Verordnung zur Erleichterung der Registerautomation v. 11. 12. 2001, BGBl. I, 3688; HRV in bereinigter Fassung: BGBl. III Gliederungs-Nr. 315-20.
[71] MünchKomm. AktG/Bd. 1/*Pentz* § 37 Rz. 12.

B. Gründung der AG nach AktG   53–56 § 2

b) Ordnungsgemäße Errichtung und Anmeldung

Das Gericht hat zu prüfen, ob die Gesellschaft ordnungsgemäß errichtet **53**
(§§ 23, 29 AktG; dazu Rz. 10 ff.) und angemeldet (§§ 36 ff. AktG; dazu Rz. 35 ff.)
ist (§ 38 Abs. 1 Satz 1 AktG). Die Prüfung hat sich dabei auf alle formellen und
materiellen Eintragungsvoraussetzungen zu erstrecken.[72]

aa) Prüfung der Errichtung. Für die Prüfung der Errichtung der Gesell- **54**
schaft bedeutet dies **formell** die Kontrolle der Beachtung der notariellen
Formvorschriften für die Erklärungen und Vollmachten dazu (§ 23 Abs. 1
AktG; dazu Rz. 10) und **materiell** die Überprüfung der Vollständigkeit und
inhaltlichen Eignung der vom Gesetz geforderten Erklärungen (§ 23 Abs. 2 ff.
AktG; dazu Rz. 11 ff.) und Festsetzungen (§§ 26 f. AktG; dazu Rz. 12); hierzu
gehört insbesondere auch die Überprüfung der Gründerfähigkeit (dazu
Rz. 73 ff.) und der gesetzlichen Vertretung von Gründern (dazu Rz. 143).

bb) Prüfung der Anmeldung. Im Vergleich mit der Prüfung der Errich- **55**
tung (dazu Rz. 54) ist die Prüfung der Anmeldung der Gesellschaft komplexer:
Formell umfasst sie neben der Beglaubigungsform der Anmeldung (§ 12
HGB; dazu Rz. 39) die Kontrolle der Vollständigkeit der Anmelder (§ 36 Abs. 1
AktG; dazu Rz. 36) und ihrer formgerechten Bestellung (§ 30 Abs. 1 und 4
AktG; dazu Rz. 15, 17) sowie die Vollständigkeit der Anlagen (§ 37 Abs. 4
AktG; dazu Rz. 49). Eher **materiell** orientiert ist die Prüfung der inhaltlichen
Vollständigkeit und des am Gesetzestext auszurichtenden Wortlauts der Erklärungen der Anmelder über die Kapitalaufbringung und der dazu einzureichenden Nachweise (§ 37 Abs. 1 AktG; dazu Rz. 42 ff.) sowie der Versicherungen der
Vorstandsmitglieder über das Fehlen von Bestellungshindernissen und der Belehrung über die unbeschränkte Auskunftspflicht hierüber (§ 37 Abs. 2 AktG;
dazu Rz. 45). Eine Überprüfung der Richtigkeit dieser Erklärungen und Versicherungen findet nur bei begründeten Zweifeln des Gerichts statt,[73] da falsche Angaben unter Strafe gestellt sind (§ 399 Abs. 1 Nr. 1 und 6 AktG; dazu
Rz. 293).

c) Mangelhafte Berichte

Wird im Bericht der Gründungsprüfer (§ 34 Abs. 2 AktG; dazu Rz. 28) er- **56**
klärt oder ist es offensichtlich (dh. zweifelsfrei, evtl. nach Ermittlungen des
Gerichts, § 12 FGG[74]), dass der Gründungsbericht (§ 32 AktG; dazu Rz. 18 ff.)
oder der Prüfungsbericht der Vorstands- und Aufsichtsratsmitglieder (§ 33
Abs. 1 AktG; dazu Rz. 23 ff.) unrichtig oder unvollständig ist oder den gesetzlichen Vorschriften nicht entspricht, kann (dies bedeutet kein Ermessen[75]) das
Gericht die Eintragung ablehnen (§ 38 Abs. 2 Satz 1 AktG), wenn nicht der
Mangel aufgrund einer Zwischenverfügung behoben wird (§ 26 Satz 2 HRV;[76]
dazu Rz. 61). Dies muss entsprechend auch bei Mängeln des Berichts der Grün-

---

[72] BGH II ZR 277/95 v. 18.12. 1995, BGHZ 131, 325, NJW 1996, 850; MünchKomm.
AktG/Bd. 1/*Pentz* § 38 Rz. 17.
[73] *Hüffer* AktG § 38 Rz. 2 mwN.
[74] MünchKomm. AktG/Bd. 1/*Pentz* § 38 Rz. 57 mwN.
[75] *Hüffer* AktG § 38 Rz. 16 mwN.
[76] HRV (Handelsregisterverordnung; früher Handelsregisterverfügung) idF der Verordnung zur Erleichterung der Registerautomation v. 11.12. 2001, BGBl. I, 3688; HRV
in bereinigter Fassung: BGBl. III Gliederungs-Nr. 315-20.

dungsprüfer gelten. Enthält die Anmeldung die Erklärung nach § 37 a Abs. 1 AktG, dass von einer externen Gründungsprüfung abgesehen worden ist (s. Rz. 44, 25), hat das Gericht hinsichtlich der Werthaltigkeit der Sacheinlagen oder Sachübernahmen ausschließlich zu prüfen, ob die Voraussetzungen des § 37a AktG erfüllt sind. Lediglich bei einer offenkundigen und erheblichen Überbewertung kann das Gericht die Eintragung ablehnen (§ 38 Abs. 3 AktG).

d) Unzureichender Wert von Sacheinlagen und Sachübernahmen

57 Wird im Bericht der Gründungsprüfer (§ 34 Abs. 2 AktG; dazu Rz. 28) erklärt oder ist das Gericht selbst der Auffassung, dass der Wert der Sacheinlagen oder Sachübernahmen (§ 27 Abs. 1 Satz 1 AktG; dazu Rz. 200 ff., 226 ff., 345) nicht unwesentlich (dazu Rz. 224) hinter dem geringsten Ausgabebetrag (§ 9 Abs. 1 AktG; dazu Rz. 162 f.) der dafür zu gewährenden Aktien oder Gegenleistung zurückbleibt, ist die Eintragung abzulehnen (§ 38 Abs. 2 Satz 2 AktG). Ist für die Sacheinlage ein höherer Ausgabebetrag (§ 9 Abs. 2 AktG) festgesetzt, ist streitig, ob dann nicht entgegen dem Wortlaut von § 38 Abs. 2 Satz 2 AktG die Eintragung von der Deckung auch des Mehrwerts abhängt, wie dies der durch das Zweite KoordG eingefügte § 36 a Abs. 2 Satz 3 AktG[77] als Voraussetzung der Anmeldung verlangt (dazu Rz. 209 ff.).

e) Satzungsmängel

58 Seit dem Jahre 1998 darf das Registergericht materielle Satzungsmängel nur noch eingeschränkt als Eintragungshindernis behandeln (§ 38 Abs. 3 AktG idF Art. 8 Nr. 2 HRefG[78]). Hierüber wird in Abschnitt V dieses Kapitels (Die Satzung) gesondert berichtet (Rz. 367 ff.).

6. Entscheidung des Gerichts

a) Eintragungsverfügung

60 Ergibt die gerichtliche Prüfung, dass die Gesellschaft ordnungsgemäß errichtet und angemeldet ist (dazu Rz. 53 ff.), besteht ein Anspruch auf Eintragung (§ 38 Abs. 1),[79] den der Richter durch Eintragungsverfügung erfüllt (§ 25 HRV[80]) und den der Urkundsbeamte der Geschäftsstelle durch Eintragung (§ 39 AktG; dazu Rz. 64) und deren Bekanntmachung (§ 10 HGB; dazu Rz. 65) vollzieht (§ 27 HRV). Der Inhalt der Eintragungsverfügung muss den Eintragungswortlaut und den zusätzlichen Wortlaut der Bekanntmachung vorgeben (§ 27 HRV). Ein Rechtsmittel gegen die Eintragungsverfügung und ihren Vollzug besteht nicht.[81]

---

[77] Eingefügt mit Wirkung zum 1. 7. 1979 durch das Zweite KoordG, BGBl. I, 1978, 1959.
[78] HRefG v. 22. 6. 1998, BGBl. I, 1474.
[79] *Hüffer* AktG § 38 Rz. 16 mwN.
[80] HRV (Handelsregisterverordnung; früher Handelsregisterverfügung) idF der Verordnung zur Erleichterung der Registerautomation v. 11. 12. 2001, BGBl. I, 3688; HRV in bereinigter Fassung: BGBl. III Gliederungs-Nr. 315-20.
[81] BGH II ZR 69/87 v. 21. 3. 1988, BGHZ 104, 61, NJW 1988, 1840.

B. Gründung der AG nach AktG

b) Zwischenverfügung

Ergibt die gerichtliche Prüfung **behebbare Eintragungshindernisse**, so hat das Gericht zur Behebung eine Frist zu setzen (Zwischenverfügung; § 26 Satz 2 HRV;[82] das Wort „kann" dort bedeutet nur für die Fristdauer ein Ermessen; dazu Rz. 127). Regelmäßig wird das Gericht hierbei auch den richtigen Weg zur Beseitigung des Mangels aufzeigen, was auch zu seinen Amtspflichten zählt.[83] Gegen die Zwischenverfügung besteht ein Rechtsmittel (dazu Rz. 63). Nach Behebung des Mangels hat dann die Eintragungsverfügung (dazu Rz. 60) zu erfolgen, sonst erfolgt nach Fristablauf die Ablehnung der Eintragung (§ 38 Abs. 1 Satz 2 AktG; dazu Rz. 62).

61

c) Ablehnung der Eintragung

Sind die **Eintragungsmängel nicht behebbar** oder verläuft die durch Zwischenverfügung gesetzte Behebungsfrist (§ 26 Satz 2 HRV; dazu Rz. 61) fruchtlos, ergeht die Verfügung über die Ablehnung der Eintragung (§ 38 Abs. 1 Satz 2 AktG). Die Entscheidung ist zu begründen und unterliegt dem Rechtsmittel der Beschwerde (§ 19 FGG; dazu Rz. 63).

62

d) Rechtsmittel

Gegen die Ablehnung der Eintragung (§ 38 Abs. 1 Satz 2 AktG; dazu Rz. 62) oder eine Zwischenverfügung (§ 26 Satz 2 HRV; dazu Rz. 61) ist Beschwerde zum Oberlandesgericht zulässig (§ 58 FamFG, 119 I Nr. 1 b) GVG), das wie das Registergericht dem Amtsermittlungsprinzip verpflichtet ist (§ 26 FamFG; dazu Rz. 127) und daher auch neue Tatsachen berücksichtigen muss. Die gegen die Entscheidung des Oberlandesgerichtes zulässige weitere Beschwerde zum Bundesgerichtshof (§ 70 II FamFG, § 133 GVG) setzt voraus, dass sie durch das Beschwerdegericht zugelassen wurde, was nur dann zu erfolgen hat, wenn die Rechtssache grundsätzliche Bedeutung hat oder die Zulassung zur Fortbildung des Rechts oder zur Sicherung einer einheitlichen Rechtsprechung erforderlich ist (§ 70 II FamFG).[84] Aus Zeitgründen hat das Rechtsmittelverfahren in der Praxis keine große Bedeutung (dazu Rz. 128). Ein Rechtsmittel gegen die Eintragungsverfügung und ihren Vollzug besteht nicht (dazu Rz. 60).

63

7. Inhalt der Eintragung

Die Eintragung der Gesellschaft erfolgt entsprechend dem Wortlaut der richterlichen Eintragungsverfügung (§ 25 HRV;[85] dazu Rz. 60) in Abteilung B des Handelsregisters (§ 43 HRV) unter einer mit dem Buchstaben B eingeleiteten Registernummer (§ 80 Abs. 1 Satz 1 AktG) sowie Angabe des Eintragungsda-

64

---

[82] HRV (Handelsregisterverordnung; früher Handelsregisterverfügung) idF der Verordnung zur Erleichterung der Registerautomation v. 11. 12. 2001, BGBl. I, 3688; HRV in bereinigter Fassung: BGBl. III Gliederungs-Nr. 315-20.
[83] *Zätzsch* Zur Heilung von Verschmelzungsmängeln in FS Bezzenberger S. 473 (478 f.).
[84] *Krafka* WZG 2009, 650, 654; s. die Neuregelung durch das Gesetz zur Reform des Verfahrens in Familiensachen und in Angelegenheiten der freiwilligen Gerichtsbarkeit (FGG-Reformgesetz) v. 17. 12. 2008, BGBl. I 2008, 2586.
[85] HRV (Handelsregisterverordnung; früher Handelsregisterverfügung) idF der Verordnung zur Erleichterung der Registerautomation v. 11. 12. 2001, BGBl. I, 3688; HRV in bereinigter Fassung: BGBl. III Gliederungs-Nr. 315-20.

§ 2   65, 66   Die Gründung und die Entstehung durch Umwandlung

tums (Rechtsfolgen: zB § 51 AktG; dazu Rz. 291 f.; § 52 AktG; dazu Rz. 310 ff.), versehen mit der Unterschrift des Urkundsbeamten der Geschäftsstelle und ist der Gesellschaft und dem Notar bekannt zu geben (§ 130 FGG, §§ 14 f. HRV). Der Inhalt bestimmt sich nach § 39 AktG, der folgende Angaben vorschreibt:

- Für **jede Gesellschaft** (§ 39 Abs. 1 AktG):
Firma und Sitz (§ 23 Abs. 3 Nr. 1; dazu Rz. 332 f., 334 ff.); inländische Geschäftsanschrift (§§ 39 Abs. 1 S. 1, 37 Abs. 3 Nr. 1 AktG; dazu Rz. 46); soweit angemeldet, inländische Anschrift einer Person, die für Zustellungen empfangsbedürftig ist (§ 39 Abs. 1 S. 2 AktG; dazu Rz. 46); Unternehmensgegenstand (§ 23 Abs. 3 Nr. 2 AktG; dazu Rz. 337 ff.); die Höhe des Grundkapitals (§ 23 Abs. 3 Nr. 3 AktG; dazu Rz. 159, 341); Tag der Feststellung der Satzung (§ 23 Abs. 1 AktG; dazu Rz. 11 f.); Vorstandsmitglieder (§§ 30 Abs. 4; 76 ff. AktG; dazu Rz. 17, 107 ff.) einschließlich von stellvertretenden (§ 94); einzutragen sind Vor- und Familiennamen, Geburtsdatum und Wohnort (§ 43 Nr. 4 HRV[86]), die sich zumeist aus dem Beglaubigungsvermerk der Anmeldung ergeben; Vertretungsbefugnis der Vorstandsmitglieder sowohl abstrakt als auch konkret, wenn sich Abweichungen für bestimmte Vorstandsmitglieder von der abstrakten Vertretungsbefugnis ergeben (so wie in der Anmeldung, § 37 Abs. 3 AktG; dazu Rz. 46).
- In **Sonderfällen** (§ 39 Abs. 2 AktG):
Satzungsbestimmungen über die Dauer der Gesellschaft (§ 262 Abs. 1 Nr. 1 AktG; dazu § 18 Rz. 2) und über ein genehmigtes Kapital (§ 202 Abs. 1 AktG; dazu § 9 Rz. 76 ff.).

8. Bekanntmachung der Eintragung

65   Die Eintragung ist durch das jeweilige Gericht elektronisch über www.handelsregister.de bekanntzumachen (§ 10 Abs. 1 S. 1 HGB). Bis Ende 2008 hatten Bekanntmachungen zudem noch in Papierform zu erfolgen, wobei dies in einer Tageszeitung oder einem sonstigen Blatt zu geschehen hatte (Art. 61 Abs. 4 EGHGB; dazu Rz. 148). Der Inhalt bestimmt sich nach der Eintragungsverfügung (§ 28 HRV;[87] dazu Rz. 60). Er umfasst den gesamten Inhalt der Eintragung, die nach altem Recht notwendige Bekanntmachung zusätzlicher Angaben ist mit der Aufhebung des § 40 AktG weggefallen, nachdem sich der Rechtsverkehr nunmehr online unterrichten kann.

Die Bekanntmachung hat keine Rechtswirkung für die Entstehung der Gesellschaft, für welche allein die Eintragung maßgebend ist (§ 41 Abs. 1 Satz 1 AktG; dazu Rz. 66). Sie begründet nur die Publizitätswirkung des Handelsregisters, jedoch nur für die eingetragenen Angaben, nicht für die ergänzend zur Eintragung bekannt gemachten Tatsachen (§ 15 HGB; dazu Rz. 401).[88]

9. Folgen der Eintragung

66   Mit der Eintragung in das Handelsregister entsteht die Aktiengesellschaft als solche (Umkehrschluss aus § 41 Abs. 1 Satz 1 AktG).[89] Dadurch wird die Vorgesellschaft (dazu Rz. 251 ff.) ohne Liquidation beendet, indem ihre Rechte und

---

[86] § 43 Nr. 4 HRV (Handelsregisterverordnung; früher Handelsregisterverfügung) idF des Handelsrechtsreformgesetzes v. 22. 6. 1998, BGBl. I, 1474, und Verordnung zur Erleichterung der Registerautomation v. 11. 12. 2001, BGBl. I, 3688; HRV in bereinigter Fassung: BGBl. III Gliederungs-Nr. 315-20.

[87] HRV (Handelsregisterverordnung; früher Handelsregisterverfügung) idF der Verordnung zur Erleichterung der Registerautomation v. 11. 12. 2001, BGBl. I, 3688; HRV in bereinigter Fassung: BGBl. III Gliederungs-Nr. 315-20.

[88] *Hüffer* AktG § 40 Rz. 5 mwN.

[89] Ähnlich *Hüffer* AktG § 41 Rz. 1.

B. Gründung der AG nach AktG 67–70 § 2

Pflichten, insbesondere ihr aktives und passives Vermögen, auf die Aktiengesellschaft im Wege der **Gesamtrechtsnachfolge** übergehen (dazu Rz. 255). Nach der Rechtsprechung wird damit auch die Handelndenhaftung des Vorstandes (§ 41 Abs. 1 Satz 2 AktG; dazu Rz. 282 ff.) für im Rahmen seiner Vertretungsmacht begründete Verbindlichkeiten der Vorgesellschaft beendet (dazu Rz. 282). Stattdessen entsteht die Unterbilanzhaftung der Gründer für die Gewährleistung des Grundkapitals am Stichtag der Eintragung (dazu Rz. 269 ff.). Ansonsten ist die Haftung der Gründer (nunmehr vom Gesetz Aktionäre genannt; §§ 53 a ff. AktG) nach Eintragung auf ihre noch ausstehenden Einlagen beschränkt (§§ 1 Abs. 1 Satz 2, 63 ff. AktG; dazu § 4 Rz. 9 ff.), abgesehen von Schadensersatzpflichten wegen Pflichtverletzungen bei der Gründung (§ 46 AktG; dazu Rz. 265 ff.). Mit der Eintragung beginnen folgende gesetzliche **Fristen** zu laufen:

Für Satzungsänderungen betr. die Festsetzungen nach §§ 26 f. AktG (§ 26 Abs. 4 f. AktG; dazu Rz. 346 f.; § 27 Abs. 5 AktG; dazu Rz. 201); für besondere Bekanntmachungen bei Sitzverlegung (§ 45 Abs. 3 AktG), für Verzicht, Vergleich, Verjährung betr. Ersatzansprüche (§§ 50 f. AktG; dazu Rz. 289 ff.); für die Nachgründung (§§ 52 f. AktG; dazu Rz. 310 ff.), für Klagen wegen Nichtigkeit von Satzungsbestimmungen (§§ 242 Abs. 2 analog, 275 ff. AktG; dazu Rz. 379 ff.).

Die Eintragung kann ferner Bedeutung haben für die Rechnungslegung (dazu Rz. 408 ff.) und Besteuerung der Gesellschaft (dazu Rz. 417 ff.). So wie die Eintragung das Entstehen der Gesellschaft bewirkt, kann die Beendigung ihres Bestehens nur wieder durch Eintragung im Handelsregister bewirkt werden. Abgesehen von den gesetzlichen Auflösungsgründen (§ 262 AktG; dazu § 18 Rz. 2 ff.) kann dies durch Klage auf Nichtigerklärung (§ 275 AktG; dazu Rz. 381 ff.) oder bei gravierenden Mängeln der Errichtung oder Anmeldung, insbesondere bei Satzungsmängeln, durch das Gericht von Amts wegen (§§ 142, 144 f. FGG; dazu Rz. 385 ff.) erreicht werden.

10. Folgen des Scheiterns der Eintragung

Scheitert die Eintragung der Gesellschaft, weil die gerichtliche Ablehnungsverfügung rechtskräftig wird (dazu Rz. 62 f.) oder weil die Anmeldung auch von nur einem der Anmeldeverpflichteten (§ 36 Abs. 1 AktG; dazu Rz. 36) zurückgenommen wird,[90] ist der Zweck der Vorgesellschaft (dazu Rz. 252) entfallen. Die Haftungsstruktur für die Beteiligten der Gründung hängt davon ab, ob die Vorgesellschaft unverzüglich liquidiert wird – so der Normalfall (dazu Rz. 271) – oder zu anderem Zweck, also nicht mehr als Vorgesellschaft einer AG, fortgeführt wird (dazu Rz. 272). 67

III. Beteiligte der Gründung

1. Übersicht

An jeder Gründung einer Aktiengesellschaft müssen mehrere Personen und Institutionen unmittelbar mitwirken, teils als immer notwendige Gründungsbeteiligte, teils als regelmäßig oder im Sonderfall notwendig an der Gründung Beteiligte. Hinzu kommen mittelbar von der Gründung betroffene Personen und Institutionen. Diese an der Gründung Beteiligten oder von ihr Betroffenen werden hier zunächst in der Übersicht vorgestellt: 70

---

[90] *Hüffer* AktG § 36 Rz. 5 mwN.

§ 2 71–73 Die Gründung und die Entstehung durch Umwandlung

1. Immer notwendige Gründungsbeteiligte
   a) Gründer (§§ 2, 23 Abs. 2, 28 AktG), Rz. 72 ff.;
   b) Erster Aufsichtsrat (§§ 30 Abs. 1, 31 AktG), Rz. 90 ff.;
   c) Erster Vorstand (§ 30 Abs. 4 AktG), Rz. 107 ff.;
   d) Notar (§§ 23 Abs. 1, 30 Abs. 1 Satz 2 AktG, § 36 AktG iVm. § 12 HGB), Rz. 113 ff.;
   e) Registergericht (§§ 14, 36 Abs. 1, 38 AktG; § 8 HGB; § 125 FGG), Rz. 125 ff.;
2. Regelmäßig notwendige Gründungsbeteiligte
   a) Kontoführendes Institut (§§ 54 Abs. 3, 37 Abs. 1 Satz 3 ff. AktG), Rz. 130;
   b) Gründungsprüfer oder Notar als Prüfungsbeauftragter (§ 33 Abs. 2 ff. AktG), Rz. 131 ff.;
   c) Gericht in Angelegenheiten der Gründungsprüfer (§§ 14, 33 Abs. 2, 35 Abs. 2 f. AktG; § 145 FGG); Rz. 134 ff.;
3. Im Sonderfall notwendige Gründungsbeteiligte
   a) Vertreter von Gründern, Rz. 140 ff.: Bevollmächtigte (§ 23 Abs. 1 Satz 2 AktG), Rz. 141 ff.; gesetzliche Vertreter, Rz. 143;
   b) Vormundschaftsgericht (§§ 1822 Nr. 3, 1643 Abs. 1 BGB), Rz. 144;
   c) Genehmigungsbehörde (§ 37 Abs. 4 Nr. 5 AktG), Rz. 145 f.;
   d) Industrie- und Handelskammer, Rz. 147;
4. Mittelbar von der Gründung Betroffene
   a) Bundesanzeiger und andere Bekanntmachungsmedien (§§ 10 f. HGB; §§ 23 Abs. 4, 25, 40 AktG); Rz. 148;
   b) Erster Abschlussprüfer (§ 30 Abs. 1 AktG), Rz. 149;
   c) Finanzamt (§ 54 EStDV; § 18 GrEStG), Rz. 150;
   d) Für die Gründung verantwortliche Dritte (§§ 46 f. AktG), Rz. 151 ff.

71 Die vorstehenden Beteiligten und Betroffenen des Gründungsverfahrens finden nachfolgend eine jeweils auf sie bezogene Abhandlung ihrer Funktion bei der Gründung mit entsprechenden Verweisen auf die allgemeine Darstellung der Gründung, wo entsprechend durch Verweise Rückbezug genommen wird.

2. Immer notwendige Gründungsbeteiligte

a) Gründer

72 **aa) Funktion und Aufgaben.** Als Gründer der Gesellschaft bezeichnet das AktG deren erste Aktionäre, was sowohl die Mitwirkung bei der Feststellung der Satzung voraussetzt als auch die Übernahme von Aktien (§§ 2, 23 Abs. 2, 28 AktG; dazu Rz. 11 ff.). Daraus ergeben sich im Vergleich zu späteren Aktionären besondere **Gründerpflichten** (§§ 23 ff., 30 f., 36 ff.; dazu Rz. 14 ff.), für deren Verletzung sie die Gründerhaftung tragen (§ 46 AktG; dazu Rz. 258 ff.) und auch der strafrechtlichen Ahndung unterliegen können (§ 399 Abs. 1 AktG; dazu Rz. 293). Das AktG geht als Regelfall von mehreren Gründern aus, lässt aber auch die Einpersonengründung zu (§ 2 AktG; s. Rz. 300).

73 **bb) Gründerfähigkeit.** Gründer können natürliche und juristische Personen (dazu Rz. 74 ff.) sowie rechtsfähige Personengesellschaften (dazu Rz. 77) sein, während die Gründerfähigkeit sonstiger Personengemeinschaften (dazu Rz. 78 ff.) von ihrer Eignung für das Aktienrecht abhängt. Für bestimmte Aktiengesellschaften, deren Unternehmensgegenstand im besonderen öffentlichen Aufsichtsinteresse steht (zB Kreditinstitute), ist eine qualifizierte Gründerfähigkeit geboten (dazu Rz. 85 f.). Ausgeschlossen ist die Übernahme eigener Aktien durch die zu gründende AG selbst (§ 56 Abs. 1 AktG). Ebenso verboten ist die Aktienübernahme durch ein bei der Gründung auf die Gesellschaft übergehendes Unternehmen (zB im Falle von § 31 AktG; dazu Rz. 104 ff.), falls dieses dadurch von der Gründungsgesellschaft abhängig wird oder in deren

B. Gründung der AG nach AktG	74, 75 § 2

Mehrheitsbesitz gelangt (§ 56 Abs. 2 AktG). Soweit § 56 Abs. 2 Satz 2 AktG die Übernahme trotz Verstoßes dinglich für wirksam erklärt, ändert dies nichts daran, dass das Gericht diesen Fall nicht dulden darf und deshalb die Eintragung ablehnen muss (§ 38 Abs. 1 AktG).[91] Anders ist dies im Falle der ebenfalls verbotenen **Aktienübernahme durch Dritte** für Rechnung der Gründungsgesellschaft (§ 56 Abs. 3 AktG); hier ist nur die verbotene Treuhandvereinbarung unwirksam, während der vermeintliche Treuhänder entgegen der Vereinbarung nicht nur rechtlich, sondern auch wirtschaftlich voll in die Gründerpflichten einbezogen ist.[92] Im Einzelnen gilt zur Gründerfähigkeit:

cc) Natürliche Personen (§§ 1 ff. BGB). Für ihre Gründerfähigkeit kommt 74 es weder auf die Geschäftsfähigkeit noch auf die Staatsangehörigkeit oder einen inländischen Wohnsitz an. Geschäftsunfähige (§ 104 BGB) und beschränkt Geschäftsfähige (§ 106 BGB) können die Gründungshandlungen aber nur durch ihre **gesetzlichen Vertreter** (§ 107 BGB) vornehmen, die hierzu der Genehmigung des Vormundschaftsgerichtes bedürfen (§§ 1822 Nr. 3, 1643 Abs. 1 BGB).[93] Bonität ist für die Gründerfähigkeit keine rechtliche Voraussetzung;[94] allerdings kann die Gründung an der fehlenden Bonität scheitern (§§ 36 f. AktG; dazu Rz. 172 ff.) oder sich eine Ausfallhaftung von bösgläubigen Mitgründern ergeben (§ 46 Abs. 4 AktG; dazu Rz. 265). Gerichtliches oder behördliches Berufs- oder Gewerbeverbot hindert die Teilnahme an der Gründung nicht (anders als die Bestellung zum Vorstand, § 76 Abs. 3 AktG). **Ausländer** können auch ohne Wohnsitz im Inland Gründer sein,[95] abgesehen von Beschränkungen durch ihr Heimatrecht. Weiter gilt nach dem seit dem 30. 7. 2004 geltenden Zuwanderungsgesetz, dass ein ausländischer Staatsangehöriger für die Beteiligung an einer inländischen Aktiengesellschaft keines Aufenthaltstitels bedarf. Enthält der Aufenthaltstitel keine Erlaubnis zur Ausübung einer Beschäftigung oder selbständigen Tätigkeit, kann der ausländische Staatsangehörige sich an der Gründung der AG mit Kapital beteiligen, für diese aber nicht als Vorstand oder Angestellter tätig sein.[96]

dd) Juristische Personen (§ 21 ff. BGB) können Gründer sein. Neben den 75 Kapitalgesellschaften (AG, KGaA, GmbH und SE), Genossenschaften und dem eingetragenen Verein (§ 21 BGB)[97] im Allgemeinen und Versicherungsverein auf Gegenseitigkeit (§ 15 VAG) im Besonderen gilt dies auch für juristische Personen des öffentlichen Rechts (§ 89 BGB; zB Gebietskörperschaften, Anstalten, Stiftungen). Ein wichtiges Indiz für die Gründerfähigkeit als juristische Person ist im Zweifelsfall die Körperschaftsteuerpflicht (§ 1 KStG). Im eigenen Gründungsstadium können zukünftige Kapitalgesellschaften selbst Gründer einer anderen AG sein, wenn sie den Status der Vorgesellschaft erreicht haben

---

[91] HM; *Hüffer* AktG § 56 Rz. 10 mwN.
[92] *Hüffer* AktG § 56 Rz. 14.
[93] Allgemeine Meinung, str. ist nur, ob der Genehmigungsvorbehalt ausnahmslos gilt (so MünchKomm. AktG/Bd. 1/*Heider* § 2 Rz. 11 mwN) oder im Ausnahmefall einer nicht zum Betrieb eines Erwerbsgeschäftes bestimmten AG entfällt (so *Hüffer* AktG § 2 Rz. 6 mwN).
[94] Großkomm. AktG/*Brändel* § 2 Rz. 16.
[95] Allgemeine Meinung; *Hüffer* AktG § 2 Rz. 7; MünchKomm. AktG/Bd. 1/*Heider* § 2 Rz. 12; Großkomm. AktG/*Brändel* § 2 Rz. 18 mwN.
[96] MünchKomm. AktG/Bd. 1/*Heider* § 2 Rz. 12; Großkomm. AktG/*Brändel* § 2 Rz. 18 mwN.
[97] Großkomm. AktG/*Brändel* § 2 Rz. 23 mit Hinweis auf BGHZ 85, 84, 88.

Zätzsch/Maul

§ 2   76–78   Die Gründung und die Entstehung durch Umwandlung

(also zB die Vor-AG, dazu Rz. 251 ff.).[98] Eine Überschuldung oder das Liquidationsverfahren berühren die Gründerfähigkeit einer juristischen Person nicht.[99] Die Gründerfähigkeit von **Institutionen des ausländischen Rechts** richtet sich nach ihrer Vergleichbarkeit mit inländischen juristischen Personen.[100] Im Zweifelsfall kann das Vorliegen einer beschränkten Körperschaftsteuerpflicht (§ 2 KStG) als Indiz für die Gründerfähigkeit dienen. Die Haftung für die Kapitaleinlageverpflichtung (§ 54 AktG, dazu Rz. 259 ff.) ist auf das Vermögen der juristischen Person beschränkt (so zB für eine AG als Gründer § 1 Abs. 1 AktG), nicht zu verwechseln mit der Gründerhaftung (§ 46 AktG; dazu Rz. 258 ff.), für die neben der juristischen Person mindestens durch Regress auch ihre für sie im Gründungsverfahren (dazu Rz. 9 ff.) handelnden Vertretungsorgane einstehen, welche auch die strafrechtliche Verantwortung für die Gründung (§ 399 Abs. 1 AktG; dazu Rz. 293) tragen.

76   **Gesetzliche** oder **satzungsgemäße Beteiligungsverbote** aus dem Recht der gründungswilligen juristischen Person (nicht zu verwechseln mit der aufgrund des Unternehmensgegenstandes der zu gründenden AG erforderlichen qualifizierten Gründerfähigkeit, dazu Rz. 45) sind wie folgt zu beurteilen: Stellt die Teilnahme einer inländischen juristischen Person des Privatrechts an einer AG-Gründung einen Verstoß gegen den eigenen Unternehmensgegenstand (dazu Rz. 337 ff.) dar oder sogar gegen den eigenen Unternehmenszweck (dazu Rz. 338), hat dies wegen der Unbegrenzbarkeit der Vertretungsbefugnis ihrer gesetzlichen Vertreter im Außenverhältnis (dazu § 6 Rz. 11) keinen Einfluss auf das Gründungsverfahren, dh., die Eintragung der Gesellschaft im Handelsregister darf deshalb nicht abgelehnt werden. Anders kann dies bei Gründung durch eine Institution des ausländischen Rechtes zu beurteilen sein, falls in diesem die Vertretungsbeschränkung nach der sog. Ultra-Vires-Lehre gilt.[101]

77   **ee) Rechtsfähige Personengesellschaften.** Personenhandelsgesellschaften, OHG (§ 105 HGB) und KG (§ 161 HGB) und damit auch die GmbH & Co. KG und die AG & Co. KG sind als rechtsfähige Personengesellschaft (§ 14 Abs. 2 BGB) gründerfähig (§§ 124 Abs. 1, 161 Abs. 2 HGB). Dies ist heute ebenso unstreitig wie die Zulässigkeit der Übernahme von zusätzlichen Gründeraktien durch deren Gesellschafter. Für die Kapitaleinlage auf die von der Personenhandelsgesellschaft übernommenen Aktien (§ 54 AktG) und die darüber hinausgehende besondere Gründerhaftung (§ 46 AktG; dazu Rz. 208 ff.) stehen neben dem Gesellschaftsvermögen die persönlich haftenden Gesellschafter ein (§ 128 HGB); die Haftung von Kommanditisten ist, wie allgemein, auf ihre Kommanditeinlage beschränkt (§ 171 Abs. 1 HGB).

78   **ff) Gesellschaft bürgerlichen Rechts.** Die Gründerfähigkeit der GbR (§§ 705 ff. BGB) steht heute in keinem Fall mehr in Frage (siehe auch den neuen § 14 Abs. 2 BGB). Die einschränkende Rechtsprechung des BGH für den Fall von Haftungsbeschränkungen der GbR[102] ist gegenstandslos, seitdem der BGH die generelle Haftungsbeschränkung der GbR für unwirksam erklärt

---

[98] *Hüffer* AktG § 2 Rz. 10.
[99] MünchKomm. AktG/Bd. 1/*Heider* § 2 Rz. 15 mwN; Großkomm. AktG/*Brändel* § 2 Rz. 24 mwN.
[100] *Hüffer* AktG § 2 Rz. 8; Großkomm. AktG/*Brändel* § 2 Rz. 25.
[101] Zur Ultra-Vires-Lehre: *Hüffer* AktG § 1 Rz. 4, § 82 Rz. 1.
[102] BGH II ZB 1/79 v. 3. 11. 1980, BGHZ 78, 311, 316 f., NJW 1981, 682; BGH II ZR 277/99 v. 13. 4. 1992, BGHZ 118, 83, 100, NJW 1992, 2222.

B. Gründung der AG nach AktG   79–82 § 2

hat.[103] Die Gesellschafter der GbR haften als Gesamtschuldner für die Einlageverpflichtung (§ 69 Abs. 2 AktG).

gg) Nicht rechtsfähiger Verein (§ 54 BGB). Die wohl noch herrschende   79
Meinung verneint die Gründerfähigkeit wegen der Haftungsbeschränkung auf das Vereinsvermögen.[104] Mit ähnlich guten Gründen wie für den Meinungswandel bei der GbR (dazu Rz. 78) wird der nicht rechtsfähige Verein zunehmend als Gründer anerkannt.[105] Bisher behilft sich die Praxis mit Treuhändern als Gründer.[106]

hh) Erbengemeinschaft (§ 2032 BGB). Heute wohl unbestritten ist die   80
Gründerfähigkeit der Erbengemeinschaft, falls der Erblasser noch selbst als Gründer die Gesellschaft errichtet hat (§ 29 AktG) und dann vor Eintragung der Gesellschaft im Handelsregister (§ 41 Abs. 1 AktG) verstirbt.[107] Die Erbengemeinschaft tritt im Wege der Gesamtrechtsnachfolge in die Gründerposition des Erblassers ein. Dabei kann die Haftung auf das Nachlassvermögen beschränkt werden (§ 2059 BGB).[108] Umstritten ist jedoch, ob sich die Erbengemeinschaft als solche – ohne vom Erblasser überkommene Gründerstellung – an einer Gründung beteiligen kann.[109] Die Gründerfähigkeit ist auch insoweit mit und aufgrund der Maßgabe anzunehmen, dass eine Haftungsbeschränkung auf das Nachlassvermögen dann nicht möglich ist, die Erben vielmehr unbeschränkt als Gesamtschuldner haften (§ 69 Abs. 2 AktG).[110]

ii) Alleinerbe. Anders als bei der Erbengemeinschaft (dazu Rz. 80) kann an   81
der persönlichen Gründerfähigkeit aufgrund der Erbschaft kein Zweifel aufkommen.[111] Fraglich ist nur, ob der Gründer die Gründung unter Haftungsbeschränkung auf den Nachlass ausüben kann. Die **Haftungsbeschränkung** ist wie bei der Erbengemeinschaft zuzulassen, wenn der Erblasser nach Errichtung aber vor Eintragung der Gesellschaft stirbt. Abzulehnen ist die Haftungsbeschränkung aber bei Errichtung durch den Erben selbst, auch wenn er damit einer Auflage des Erblassers folgt.[112]

jj) Eheleute. Die Ehe behindert die Gründerfähigkeit des einzelnen Ehe-   82
gatten grundsätzlich nicht. Dies gilt uneingeschränkt bei ehevertraglicher Gütertrennung (§ 1414 BGB). Im gesetzlichen Güterstand der Zugewinngemeinschaft (§ 1363 BGB) bedarf der Gründer der **Zustimmung** des Ehegatten, wenn seine Kapitaleinlage sein ganzes oder nahezu ganzes Vermögen darstellt (§ 1365 BGB), es sei denn, dieses Zustimmungsbedürfnis ist ehevertraglich ausgeschlossen.[113] Im Falle der ehevertraglichen Gütergemeinschaft

---

[103] BGH II ZR 371/98 v. 27. 9. 1999, BGHZ 142, 315, NJW 1999, 3483; BGH II ZR 331/00 v. 29. 1. 2001, NJW 2001, 1056.
[104] Kölner Komm./*Kraft* § 2 Rz. 30 mwN.
[105] *Hüffer* AktG § 2 Rz. 10; MünchKomm. AktG/Bd. 1/*Heider* § 2 Rz. 18 mwN; Großkomm. AktG/*Brändel* § 2 Rz. 31 mwN.
[106] Großkomm. AktG/*Brändel* § 2 Rz. 31.
[107] *Hüffer* AktG § 2 Rz. 11; MünchKomm. AktG/Bd. 1/*Heider* § 2 Rz. 19 mwN; Großkomm. AktG/*Brändel* § 2 Rz. 29 mwN.
[108] MünchKomm. AktG/Bd. 1/*Heider* § 2 Rz. 19 mwN; Großkomm. AktG/*Brändel* § 2 Rz. 29 mwN.
[109] Zum Meinungsstand: Großkomm. AktG/*Brändel* § 2 Rz. 29 mwN.
[110] *Hüffer* AktG § 2 Rz. 11.
[111] Großkomm. AktG/*Brändel* § 2 Rz. 21.
[112] AA Großkomm. AktG/*Brändel* § 2 Rz. 21.
[113] Großkomm. AktG/*Brändel* § 2 Rz. 33 mwN.

§ 2 83–85   Die Gründung und die Entstehung durch Umwandlung

(§ 1415 BGB) mit gemeinschaftlicher Verwaltung des Gesamtgutes durch die Ehegatten bedarf der Gründer immer der Zustimmung des anderen Ehegatten (§ 1450 BGB). Gemeinschaftliche Übernahme der Gründerfunktion durch die Ehegatten ist im Rechtsrahmen des Güterstandes ausgeschlossen für die Zugewinngemeinschaft und die Gütertrennung,[114] zu Unrecht bestritten für die Gütergemeinschaft.[115] Die Praxis kann sich durch eine GbR der Eheleute behelfen (dazu Rz. 78). Bei ausländischen Gründern (dazu Rz. 74) können sich Beschränkungen aus dem heimatlichen Eherecht ergeben.

83   **kk) Ausländische Personengemeinschaften.** Gesellschaften und sonstige Gemeinschaften des ausländischen Rechts ohne eigene Rechtsfähigkeit haben nach hM keine Gründerfähigkeit,[116] was so undifferenziert weder vom AktG gefordert wird, noch den Bedürfnissen des internationalen Rechtsverkehrs entspricht. Maßgebend ist die Beurteilung jedes Einzelfalles hinsichtlich der Vergleichbarkeit mit den Anforderungen an inländische Gründer.

84   **ll) Treuhänder.** Ein Bedürfnis zur Versagung der Gründerfähigkeit für Treuhänder wird heute allgemein nicht mehr gesehen, selbst wenn man bei verdeckter Treuhandschaft vom „Strohmann" spricht.[117] Das Gesetz geht vielmehr selbst von Treuhändern als Gründer aus (§§ 46 Abs. 5, 47, 56 Abs. 3 AktG). Unzulässig ist eine Gründung durch Treuhänder bei Gesellschaften, die eine qualifizierte Gründerfähigkeit erfordern, jedenfalls wenn der Treuhänder nicht diese Qualifikation besitzt (dazu Rz. 85).

85   **mm) Qualifizierte Gründerfähigkeit.** Außerhalb des AktG schreiben Spezialgesetze für bestimmte Unternehmensgegenstände von Gesellschaften die staatliche Genehmigung vor (§ 37 Abs. 4 Nr. 5 AktG; dazu Rz. 34, 145 f.). Während sich hieraus in der Regel besondere persönliche Voraussetzungen für die Vorstände ergeben (dazu Rz. 107), bestehen ausnahmsweise auch spezialgesetzliche Anforderungsprofile für die Gesellschafter, die von den Gründern als Genehmigungsvoraussetzung zu erfüllen sind. Dies gilt bei Gründungen, deren Eintragung einer Erlaubnis nach dem Kreditwesengesetz (§ 32 KWG) oder nach dem Versicherungsaufsichtsgesetz (§ 5 VAG) bedarf, für Gründer, die Aktien übernehmen (§ 23 Abs. 2 Nr. 2 AktG), die für sich oder mit zuzurechnenden weiteren Gründern eine bedeutende Beteiligung darstellen (mindestens 10 %: § 1 Abs. 9 KWG; § 7 a Abs. 2 VAG). Hier wird von den Gründern bzw. deren Gesellschaftern und Vertretungsorganen eine besondere **branchenspezifische Zuverlässigkeit** gefordert (§ 33 Abs. 1 Nr. 3 KWG; § 7 a VAG). Rechtsanwaltsgesellschaften (§§ 59 ff. BRAO analog[118]), Steuerberatungsgesellschaften (§ 49 Abs. 1 StBerG) und Wirtschaftsprüfungsgesellschaften (§ 27 Abs. 1 WPO) können nur von entsprechenden Berufsträgern oder, wenn die entsprechenden Berufsträger insgesamt die Kapital- und Stimmenmehrheit erhalten, mit sozietätsfähigen Angehörigen verwandter Berufe gegründet werden (§ 59 e BRAO; § 50 a StBerG; § 28 Abs. 4 WPO). Wirtschaftsprüfungsgesellschaften können Gründer einer anderen Wirtschaftsprüfungsgesellschaft

---

[114] MünchKomm. AktG/Bd. 1/*Heider* § 2 Rz. 20; Großkomm. AktG/*Brändel* § 2 Rz. 33.
[115] *Hüffer* AktG § 2 Rz. 11 mwN; Großkomm. AktG/*Brändel* § 2 Rz. 33 mwN.
[116] Nachweise zur hM mit eigener aA: Großkomm. AktG/*Brändel* § 2 Rz. 34.
[117] MünchKomm. AktG/Bd. 1/*Heider* § 2 Rz. 22 ff.; Großkomm. AktG/*Brändel* § 2 Rz. 35 ff.
[118] Die in § 59 c BRAO nur für die GmbH vorgesehene Zulassung als Rechtsanwaltsgesellschaft wird in der Praxis auch für die AG gewährt.

B. Gründung der AG nach AktG 86–92 §2

sein (§ 28 Abs. 4 Nr. 1 WPO); Entsprechendes gilt zwischen Steuerberatungsgesellschaften (§ 50 a Abs. 1 Nr. 1 StBerG), während Gründer einer Rechtsanwaltsgesellschaft nur die vorgenannten natürlichen Personen sein können (§ 59 e Abs. 1 BRAO).

Auch eine **qualifizierte Gründerfähigkeit kraft Satzung** kann sich ergeben, falls die von den Gründern festzustellende Satzung (§ 28 AktG) persönliche Voraussetzungen für die Aktionärseigenschaft vorschreibt, beispielsweise eine bestimmte Berufs- oder Gewerbeangehörigkeit. Solche Satzungsbeschränkungen sind grundsätzlich zulässig und als Gründungsalternative zu einer Genossenschaft zumeist mit der Ausgabe von vinkulierten Namensaktien verknüpft (dazu § 4 Rz. 39 ff.). Die Grenzen solcher Beschränkungen können sich insbesondere aus öffentlichem Recht ergeben (zB Kartellrecht, Diskriminierungsverbot). 86

b) Erster Aufsichtsrat

Die Gründer haben im Zusammenhang mit der Errichtung der Gesellschaft (§ 29 AktG; dazu Rz. 10 ff.) als zwingende Voraussetzung für die Eintragung der Gesellschaft im Handelsregister[119] durch notarielle Beurkundung den ersten Aufsichtsrat zu bestellen (§ 30 Abs. 1 AktG; dazu Rz. 15), der zur Bestellung des ersten Vorstandes (§ 30 Abs. 4 AktG; dazu Rz. 17), zur Gründungsprüfung (§§ 33 Abs., 34 AktG; dazu Rz. 23 f.) sowie zur Mitwirkung bei der Anmeldung der Gesellschaft zur Eintragung in das Handelsregister (§ 36 Abs. 1 AktG) notwendig ist und aus mindestens drei Mitgliedern bestehen muss (§ 95 Abs. 1 AktG). Es gelten die allgemeinen Bestimmungen für den Aufsichtsrat (§§ 95 ff. AktG; dazu § 7 dieses Handbuchs), jedoch mit folgenden Besonderheiten: 90

aa) Gründungshaftung. Neben den allgemeinen Sorgfaltspflichten eines Aufsichtsrates mit der daraus folgenden Haftung (§ 116 AktG; dazu § 7 Rz. 272 ff.) trifft den ersten Aufsichtsrat die gesamtschuldnerische Verantwortung für die sorgfältige Gründungsprüfung und für wahrheitsgemäße Erklärungen in der Anmeldung zum Handelsregister (§ 48 AktG; dazu Rz. 286), bei Strafbarkeit von vorsätzlicher Pflichtverletzung (§ 399 Abs. 1 Nr. 1 f. AktG; dazu Rz. 293). Dies und Besonderheiten für die Aufsichtsratsvergütung (dazu Rz. 102) schränken die Zumutbarkeit der Mitgliedschaft im ersten Aufsichtsrat und die Bereitschaft hierzu ein und führt nicht selten zu Verzögerungen der Eintragung, was zu Ausweichgestaltungen wie vorläufige Besetzung (dazu Rz. 92) und verkürzter Amtszeit (dazu Rz. 95) greifen lässt. 91

bb) Zusammensetzung. Das Gesetz schreibt für den Aufsichtsrat allgemein und damit auch für den ersten Aufsichtsrat drei Mitglieder vor, lässt aber die Festsetzung einer höheren und durch drei teilbaren Zahl durch die Satzung zu (§ 95 Abs. AktG; zu den begrenzten Auswirkungen des Mitbestimmungsrechtes auf die Besetzung des ersten Aufsichtsrates Rz. 103 ff.). Da eine höhere Festsetzung durch die Satzung auch für den ersten Aufsichtsrat gilt (Ausnahme: Sonderfall des § 31 AktG; dazu Rz. 104 ff.), empfiehlt sich aus den vorgenannten Gründen (Rz. 91) eine **satzungsmäßige Differenzierung** der Mitgliedszahl des ersten Aufsichtsrates vom zweiten Aufsichtsrat, dh. die höhere Mitgliedszahl laut Satzung ausdrücklich für den ersten Aufsichtsrat auszuschließen[120] (Glei- 92

---
[119] *Hüffer* AktG § 30 Rz. 2.
[120] *Hüffer* AktG § 30 Rz. 5; MünchKomm. AktG/Bd. 1/*Pentz* § 30 Rz. 20; Großkomm. AktG/*Röhricht* § 30 Rz. 8 mwN.

ches gilt auch für den Fall der späteren Mitgliedschaft von Arbeitnehmervertretern; dazu Rz. 104 ff.).

93 Satzungsmäßige **Entsendungsrechte** (§ 101 Abs. 2 AktG; dazu § 7 Rz. 211 f.) gelten auch schon für den ersten Aufsichtsrat,[121] weshalb auch hier ein satzungsmäßiger Beginn des Entsendungsrechtes erst für den zweiten Aufsichtsrat zu bedenken ist. Eine Verringerung des für die Gründung notwendigen Personenkreises im Interesse einer beschleunigten Eintragung ergibt sich auch durch Personenidentität von Gründern und Mitgliedern des ersten Aufsichtsrates. Dies kann jedoch die Notwendigkeit der gerichtlichen Bestellung eines Gründungsprüfers mit entsprechenden Kosten und Verzögerungen zur Folge haben (§ 33 Abs. 2 Nr. 1 AktG; dazu Rz. 25), also auch bei der sog. Bargründung (dazu Rz. 171 ff.), die sonst keinen Gründungsprüfer erfordert. Eine Verzögerung kann jedoch seit der Neufassung von § 33 Abs. 3 AktG durch das TransPubG[122] durch Beauftragung des die Satzungsfeststellung beurkundenden Notars (§ 23 Abs. 1 Satz 1 AktG; dazu Rz. 29) mit der Prüfung eher vermieden werden. **Ersatzmitglieder** können auch schon für den ersten Aufsichtsrat bestellt werden (§ 101 Abs. 3 Satz 2 ff. AktG; dazu § 7 Rz. 213 ff.).

94 cc) **Amtszeit.** Die Mitglieder des ersten Aufsichtsrates können nicht für längere Zeit bestellt werden als bis zur Beendigung der Hauptversammlung, die über die Entlastung für das erste Voll- oder Rumpfgeschäftsjahr beschließt (§ 30 Abs. 3 Satz 1). In der Regel ist dies die erste sog. ordentliche Hauptversammlung (Überschrift vor § 175 AktG), die sowohl für die Entgegennahme oder Feststellung des ersten Jahresabschlusses und ggf. für den ersten Gewinnverwendungsbeschluss (§ 175 AktG) als auch für die Entlastungen von Vorstand und Aufsichtsrat für das erste Geschäftsjahr (§ 120 AktG) zuständig ist und längstens acht Monate nach Ablauf des ersten Geschäftsjahres stattzufinden hat (§§ 120 Abs. 1 Satz 1, 175 Abs. 1 Satz 2 AktG). Die Amtszeit umfasst daher nach dem zeitlich unbestimmten Teil von der Bestellung bis zur Eintragung der Gesellschaft eine weitere theoretische **Höchstdauer** von zwanzig Monaten ab Eintragung, die aber in der Regel aufgrund eines Rumpfgeschäftsjahres verkürzt und ausnahmsweise durch Verzögerung der Entlastung verlängert wird.

95 Obwohl sich das Gesetz ausdrücklich nur mit einer Höchstdauer der Amtszeit befasst, ergibt der Gesetzeszweck auch eine **Mindestdauer**: Der erste Aufsichtsrat muss aufgrund der Pflichten im Gründungsverfahren (dazu Rz. 9 ff., 90) für einen längeren Zeitraum als bis zur Eintragung der Gesellschaft bestellt werden;[123] da die Eintragung selbst nur dem Kalendertag nach bestimmt ist, ist jede nachfolgende zeitliche Fixierung als Amtsende zulässig, frühestens der Ablauf des Tages der Eintragung. Eine Verkürzung dieser Mindestdauer in der Bestellung führt zu deren Nichtigkeit. Abgesehen von dieser Mindestdauer ist die Bestellung für eine kürzere Amtsdauer als die gesetzliche Höchstdauer für alle oder einzelne Mitglieder des ersten Aufsichtsrats auch ohne entsprechende Satzungsbestimmung zulässig,[124] soweit sich nicht aus der Satzung etwas anderes ergibt.

---

[121] MünchKomm. AktG/Bd. 1/*Pentz* § 30 Rz. 15.
[122] Gesetz zur weiteren Reform des Aktien- und Bilanzrechts, zu Transparenz und Publizität (Transparenz- und Publizitätsgesetz) v. 25. 7. 2002, BGBl. I, 2681.
[123] HM; MünchKomm. AktG/Bd. 1/*Pentz* § 30 Rz. 26; *Hüffer* AktG § 30 Rz. 7; Großkomm. AktG/*Röhricht* § 30 Rz. 12; Kölner Komm./*Kraft* § 30 Rz. 24; aA in *Geßler/Hefermehl/Eckardt* § 30 Rz. 23.
[124] *Hüffer* AktG § 30 Rz. 7; MünchKomm. AktG/Bd. 1/*Pentz* § 30 Rz. 26.

B. Gründung der AG nach AktG   96–98 § 2

Erfolgt die **Bestellung ohne Festsetzung der Amtszeit** und trifft die Satzung auch keine diesbezügliche Regelung für den ersten Aufsichtsrat, gilt die gesetzliche Höchstdauer.[125] Eine Bestellung für länger als die Höchstdauer ist wirksam, sie endet aber mit Ablauf der gesetzlichen Frist.[126] Maßgebend für die Beendigung der Amtszeit ist die Verkündung eines Hauptversammlungsbeschlusses über die Entlastung durch den Versammlungsleiter, gleichgültig ob die Entlastung damit erteilt oder versagt wird.[127] Mit Ablauf dieser Hauptversammlung läuft auch die Amtszeit für die vom Beschluss betroffenen Mitglieder ab. Unklar ist die Rechtslage bei Mängeln des Entlastungsbeschlusses: Bei bloßer Anfechtbarkeit sollte im Interesse klarer Aufsichtsratsverhältnisse die Amtszeit enden, selbst wenn der Beschluss auf Anfechtungsklage durch Urteil für nichtig erklärt wird (§ 241 Nr. 5 AktG).[128] Ob dies auch für eine generelle Nichtigkeit (§ 241 Nr. 1 bis 4 AktG) gelten kann, ist fraglich.[129]   96

Eine **Vertagung der Entlastung** oder eine Nichtbefassung mit ihr führt nicht zur Beendigung der Amtszeit, obwohl damit die gesetzlich vorgesehene Höchstdauer überschritten wird.[130] Vertagt die Hauptversammlung die Entlastung des ersten Aufsichtsrates und soll sie zugleich trotzdem den zweiten Aufsichtsrat wählen, empfiehlt sich zunächst ein Beschluss über die Abberufung der Mitglieder des ersten Aufsichtsrates (§ 103 Abs. 1 AktG), was tunlichst bereits in der Einberufung vorzusehen ist (§ 124 AktG), aber wohl auch durch die Tagesordnungspunkte Entlastung und Neuwahl abgedeckt ist. Gleichwohl dürfte aber auch eine Vertagung und Neuwahl ohne Abberufungsbeschluss zulässig sein, wenn der Beschluss über die Neuwahl den Mehrheitserfordernissen von Gesetz oder Satzung für eine Abberufung (§ 124 AktG) genügt und damit zugleich inzidenter als Abberufung gewertet werden kann. Ein Normkonflikt ergibt sich bei der **Einmann-AG**, falls der Alleinaktionär Mitglied des ersten Aufsichtsrats ist und daher seine Entlastung nicht stattfinden kann (§ 136 Abs. 1 AktG),[131] mithin nach dem Gesetzeswortlaut seine Amtszeit unbegrenzt wäre. Die Lösung findet sich, wenn man als Wirksamkeitsvoraussetzung der Bestellung von dieser oder der Satzung eine Festsetzung der Beendigung der Amtszeit des Einmannaktionärs im ersten Aufsichtsrat verlangt, die nicht auf seine Entlastung abstellt, zB auf den Ablauf der ersten ordentlichen Hauptversammlung (§ 175 AktG).   97

dd) Bestellung. Die Gründer bestellen den ersten Aufsichtsrat in notarieller Urkunde (§ 30 Abs. 1 Satz 2 AktG) oder durch satzungsgemäße Entsendung (§ 101 Abs. 2 AktG; dazu Rz. 15); die Bestellungserklärung der Entsendeberechtigten ist ebenfalls beurkundungspflichtig (analog § 30 Abs. 1 Satz 2 AktG).[132]   98

---

[125] MünchKomm. AktG/Bd. 1/*Pentz* § 30 Rz. 23, 24; Großkomm. AktG/*Röhricht* § 30 Rz. 14; *Hüffer* AktG § 30 Rz. 7.
[126] *Hüffer* AktG § 30 Rz. 7; MünchKomm. AktG/Bd. 1/*Pentz* § 30 Rz. 23; Großkomm. AktG/*Röhricht* § 30 Rz. 14.
[127] *Hüffer* AktG § 30 Rz. 7; MünchKomm. AktG/Bd. 1/*Pentz* § 30 Rz. 24; Großkomm. AktG/*Röhricht* § 30 Rz. 11.
[128] Ebenso Großkomm. AktG/*Röhricht* § 30 Rz. 11.
[129] Für eine Beendigung der Amtszeit in jedem Fall wohl Großkomm. AktG/*Röhricht* § 30 Rz. 11.
[130] MünchKomm. AktG/Bd. 1/*Pentz* § 30 Rz. 25; Großkomm. AktG/*Röhricht* § 30 Rz. 11.
[131] *Hüffer* AktG § 120 Rz. 5.
[132] MünchKomm. AktG/Bd. 1/*Pentz* § 30 Rz. 15; *Hüffer* AktG § 30 Rz. 3; Großkomm. AktG/*Röhricht* § 30 Rz. 4.

Die Bestellung bedarf einer Annahmeerklärung jedes Aufsichtsratsmitgliedes, die keiner notariellen Form bedarf und auch mit schlüssigem Verhalten durch die Wahrnehmung der Amtsgeschäfte erklärt werden kann.[133] Eine Bestellung durch das Gericht (§ 104 AktG) ist vor Eintragung der Gesellschaft unzulässig.[134] In der Regel erfolgt die Bestellung durch die Gründer in derselben Urkunde wie die Satzungsfeststellung (§ 23 Abs. 1 AktG), normalerweise durch einheitliche Erklärung in einer gemeinsamen Urkunde aller Gründer. Zulässig ist aber auch die einheitliche Erklärung der Gründer in getrennten Urkunden.[135] Unproblematisch ist auch die Erklärung der Satzungsfeststellung und der Bestellung des ersten Aufsichtsrates in getrennten Urkunden, soweit alle Gründer mitwirken und übereinstimmende Erklärungen abgeben.[136] Problematisch wird es nur, falls die Gründer sich zwar über die Satzungsfeststellung einig sind und diese auch notariell beurkunden, aber keine Einigkeit über die Besetzung des ersten Aufsichtsrates besteht. Dann finden die Bestimmungen über die Wahl des Aufsichtsrates durch die Hauptversammlung sinngemäße Anwendung,[137] was folgende Auswirkungen hat: Die Wahl findet mit einfacher Mehrheit entsprechend den satzungsmäßigen Stimmrechtsanteilen der Gründer statt (analog § 133 Abs. 1 AktG).[138]

99 Sind sich alle Gründer über das **Wahlverfahren** einig und nehmen auch an der Wahl teil, kann die Wahlversammlung ohne analoge Beachtung der Form- und Fristvorschriften für die Einberufung einer Hauptversammlung (§§ 121 ff. AktG) ablaufen, vorausgesetzt es wird zunächst ein Versammlungsleiter gewählt oder ist von der Satzung bereits für einen solchen Fall bestimmt und dieser stellt den Wahlbeschluss zur notariellen Niederschrift fest (§ 30 Abs. 1 Satz 2 iVm. § 130 Abs. 2 analog AktG). Bei Teilnahme aller Gründer dürfte die Wahl auch ohne Versammlung zulässig sein, wenn alle Gründer ihre Stimme zu notarieller Urkunde abgeben und hierbei einheitlich eine Person bestimmen, welche die einzelnen Abstimmungsurkunden auswertet und das Beschlussergebnis zu notarieller Niederschrift unter Beifügung der Bezugsurkunden feststellt. Nehmen nicht alle Gründer an einer Wahlversammlung teil,[139] die ohne analoge Beachtung der Form- und Fristvorschriften für die Einberufung einer Hauptversammlung (§§ 121 ff. AktG) durchgeführt werden soll, dürfte im Hinblick auf die Einberufungsmängel zur Gültigkeit der Wahl ein Teilnahmeverzicht zu notariellem Protokoll notwendig sein.

100 ee) **Abberufung, Ausscheiden, Ersatzbestellung.** Bei Abberufung, Ausscheiden durch Tod oder Amtsniederlegung und Ersatzbestellung gelten auch

---

[133] *Hüffer* AktG § 30 Rz. 2 mwN.
[134] Großkomm. AktG/*Röhricht* § 30 Rz. 3; *Hüffer* AktG § 30 Rz. 4.
[135] MünchKomm. AktG/Bd. 1/*Pentz* § 30 Rz. 13.
[136] Großkomm. AktG/*Röhricht* § 30 Rz. 3; *Hüffer* AktG § 30 Rz. 3.
[137] *Hüffer* AktG § 30 Rz. 2; MünchKomm. AktG/Bd. 1/*Pentz* § 30 Rz. 11; Großkomm. AktG/*Röhricht* § 30 Rz. 4.
[138] MünchKomm. AktG/Bd. 1/*Pentz* § 30 Rz. 15; *Hüffer* AktG § 30 Rz. 3; Großkomm. AktG/*Röhricht* § 30 Rz. 4.
[139] Nach heute ganz hM ist die Teilnahme aller Gründer an der Wahl des ersten Aufsichtsrates nicht zwingend: Kölner Komm./*Kraft* § 30 Rz. 9; *Hüffer* AktG § 30 Rz. 2; MünchKomm. AktG/Bd. 1/*Pentz* § 30 Rz. 11; Großkomm. AktG/*Röhricht* § 30 Rz. 4; aA jedoch noch *Balser/Bokelmann/Ott/Piorreck/Bokelmann* S. 63 Rz. 94, sich hierzu auf „Kölner Komm./*Kraft* § 30 Rz. 5" berufend, der dort aber das Thema nicht behandelt, sondern wie vorstehend zitiert in Rz. 9 die hM teilt.

B. Gründung der AG nach AktG   101, 102 § 2

für den ersten Aufsichtsrat die allgemeinen Bestimmungen (dazu § 7 Rz. 200 ff.), jedoch mit folgenden Besonderheiten für die Zeit bis zur Eintragung der Gesellschaft im Handelsregister: Anstatt der Hauptversammlung beschließt mit den entsprechenden Mehrheitserfordernissen die Gründerversammlung über Abberufung (§ 30 Abs. 1 iVm. § 103 Abs. 1 AktG; dazu § 7 Rz. 228 ff.)[140] und Ersatzbestellung (§ 30 Abs. 1 iVm. § 101 Abs. 1 AktG; dazu § 7 Rz. 205 ff.).[141] Auch ein Entsendungsberechtigter kann abberufen und ersetzen (§ 103 Abs. 2 AktG).[142] Während die Ersatzbestellung durch Gründer oder Entsendungsberechtigten immer notariell beurkundet werden muss (s. Rz. 98),[143] gilt dies nicht für die Amtsniederlegung.

Für die Abberufung ist die **Beurkundungspflicht streitig**; sie wird teils **101** für jeden Fall unter dem Gesichtspunkt der Rechtssicherheit vertreten,[144] was wegen des Formzwanges für die Ersatzbestellung nicht überzeugt.[145] Vielmehr reicht für die Abberufung durch die Gründerversammlung die vom Aufsichtsratsvorsitzenden unterzeichnete privatschriftliche Niederschrift analog § 130 Abs. 1 Satz 3 AktG aus, weil die Gesellschaft vor ihrer Eintragung mangels Aktien (§ 41 Abs. 4 AktG) nicht börsennotiert (§ 3 Abs. 2 AktG) sein kann und § 103 Abs. 1 Satz 2 AktG keine die Beurkundung erzwingende qualifizierte Mehrheit des Kapitals, sondern nur der abgegebenen Stimmen verlangt.[146] Eine gerichtliche Abberufung (§ 103 Abs. 3 AktG) oder Ersatzbestellung (§ 104 AktG) ist vor Eintragung der Gesellschaft unzulässig (s. Rz. 98). Nach Eintragung der Gesellschaft gelten die allgemeinen Bestimmungen uneingeschränkt auch für den ersten Aufsichtsrat, dh., die Zuständigkeit der Hauptversammlung für Abberufung und Bestellung tritt an die Stelle der Gründerversammlung und notfalls kann auch das Gericht auf Antrag abberufen (§ 103 Abs. 3 AktG) oder bestellen (§ 104 AktG).[147]

ff) Vergütung. Die Mitglieder des ersten Aufsichtsrates haben keinen gesetz- **102** lichen Anspruch auf Vergütung; frühestens die Hauptversammlung, die über ihre Entlastung für das erste Geschäftsjahr beschließt, kann – muss aber nicht – eine Vergütung bewilligen (§ 113 Abs. 2 AktG), also rückwirkend am Tage der Beendigung ihrer Amtszeit (§ 30 Abs. 3 Satz 1 AktG; dazu Rz. 96). Vorherige Zusagen der Gründer oder des Vorstandes binden die Gesellschaft nicht (§ 26 Abs. 3 AktG, § 134 BGB).[148] Will man trotzdem unabhängige Persönlichkeiten für den ersten Aufsichtsrat mit seinen besonderen Pflichten und Haftungsrisiken (dazu Rz. 91) gewinnen und eine Vergütung durch die Gründer vermeiden, deren Gründungshandlungen schließlich der erste Aufsichtsrat prüfen soll (§ 33 Abs. 1 AktG), bleibt nur eine **Festsetzung** der Vergütung **in der Satzung** (§ 26 AktG; dazu Rz. 347),[149] was frühestens dreißig Jahre nach Eintragung der Gesellschaft aus der Satzung beseitigt werden darf (§ 26 Abs. 5 AktG).

---

[140] *Hüffer* AktG § 30 Rz. 4; MünchKomm. AktG/Bd. 1/*Pentz* § 30 Rz. 29.
[141] MünchKomm. AktG/Bd. 1/*Pentz* § 30 Rz. 30; *Hüffer* AktG § 30 Rz. 4.
[142] So für Ersatzbestellung Großkomm. AktG/*Röhricht* § 30 Rz. 17.
[143] Großkomm. AktG/*Röhricht* § 30 Rz. 17.
[144] MünchKomm. AktG/Bd. 1/*Pentz* § 30 Rz. 29.
[145] Kölner Komm./*Kraft* § 30 Rz. 26.
[146] *Hüffer* AktG § 30 Rz. 4; insoweit auch MünchKomm. AktG/Bd. 1/*Pentz* § 30 Rz. 29, der den Formzwang für die Abberufung aber aus § 30 Abs. 1 Satz 2 AktG ableitet.
[147] Großkomm. AktG/*Röhricht* § 30 Rz. 17; Kölner Komm./*Kraft* § 30 Rz. 17.
[148] *Hüffer* AktG § 30 Rz. 8.
[149] MünchKomm. AktG/Bd. 1/*Pentz* § 30 Rz. 32; *Hüffer* AktG § 30 Rz. 8.

103 **gg) Mitbestimmungsrecht.** Das sonst für die Besetzung des Aufsichtsrates aufgrund mehrerer Gesetze bedeutsame Mitbestimmungsrecht (§ 96 AktG; dazu § 7 Rz. 18 ff.), gilt für den ersten Aufsichtsrat grundsätzlich nicht (§ 30 Abs. 2 AktG). Das heißt, eine Mitgliedschaft von Arbeitnehmervertretern kommt erst für den zweiten Aufsichtsrat in Betracht (§ 30 Abs. 3 Satz 2 AktG), ausgenommen im Sonderfall des § 31 AktG (dazu Rz. 104). Für den gesetzlichen Regelfall des Aufsichtsrates mit drei Mitgliedern (§ 95 Abs. 1 Satz 1 AktG) bedeutet dies, dass ein Mitglied des von den Gründern zu bestellenden ersten Aufsichtsrates nicht für den zweiten Aufsichtsrat zur Verfügung stehen kann. Entsprechendes würde für mehrere Mitglieder gelten, falls die Satzung schon mit Wirkung für den ersten Aufsichtsrat mehr als drei Mitglieder im Hinblick auf eine erst nach dem Ablauf der Amtszeit des ersten Aufsichtsrates (§ 30 Abs. 2 Satz 1 AktG; dazu Rz. 94 ff.) wirksame Mitgliedschaft von Arbeitnehmervertretern vorsehen würde. Auch dies spricht für eine satzungsmäßige Differenzierung der Mitgliedszahl des ersten Aufsichtsrats vom zweiten Aufsichtsrat, zusätzlich zu den oben genannten anderen Gründen (Rz. 92).

104 Die Mitbestimmung im Fall einer **Sachgründung** durch Einbringung (§ 27 Abs. 1 Alt. 1 AktG) oder Übernahme (§ 27 Abs. 1 Alt. 2 AktG) eines Unternehmens ist gesetzlich gesondert geregelt (§ 31 AktG). Hier kann die Bestellung der Arbeitnehmervertreter bei zügiger Durchführung des Bestellungsverfahrens früher als nach Ende der Amtszeit der Mitglieder des ersten Aufsichtsrates erfolgen (§ 31 Abs. 3 Satz 1 f. AktG). In aller Regel werden aber die Arbeitnehmervertreter wegen der Dauer des Bestellungsverfahrens erst nach Eintragung der Gesellschaft im Handelsregister bestellt sein, was sie dann auch von der Teilnahme am Gründungsverfahren (dazu Rz. 90) und damit von der Gründungshaftung (dazu Rz. 91) ausschließt. § 31 AktG führt regelmäßig zu einem Aufsichtsrat mit unterschiedlicher Amtsdauer der Mitglieder, einerseits der Vertreter der Aktionäre (längstens bis zur Beendigung der ersten ordentlichen Hauptversammlung, § 30 Abs. 3 Satz 1 AktG; dazu Rz. 94) und andererseits der Arbeitnehmervertreter (normale Amtszeit, § 102 AktG; dazu § 7 Rz. 220 ff.).[150]

105 Die **Bedeutung des § 31 AktG** für die Amtsdauer der von den Gründern bestellten Mitglieder des ersten Aufsichtsrat beschränkt sich durch den regelmäßigen Beginn der Gesellschaft mit einem Rumpfgeschäftsjahr (dazu Rz. 94), insbesondere wenn dieses kurz ist und die erste Hauptversammlung bald folgt, sowie durch Verzögerung der Arbeitnehmerbestellung aufgrund eines gerichtlichen Statusverfahrens (§ 31 Abs. 3 Satz 2 iVm. §§ 97 ff. AktG; dazu § 7 Rz. 39 ff.). Im Übrigen ist die Anwendung von § 31 AktG zeitlich auch durch die sog. Statusbekanntmachung des Vorstandes beschränkt (§ 31 Abs. 4 iVm. § 30 Abs. 3 Satz 2 AktG).

106 Für den gesetzlichen Regelfall des Aufsichtsrates mit drei Mitgliedern (§ 95 Abs. 1 Satz 1 AktG) ordnet das Gesetz an, dass die Amtszeit aller drei von den Gründern zu bestellenden Mitglieder (§ 31 Abs. 1 Satz 2 AktG) vorzeitig endet (§ 31 Abs. 3 Satz 3 AktG), obwohl nur für einen Arbeitnehmervertreter Platz zu machen ist. Die dadurch gebotene **Neu- bzw. Wiederbestellung** von zwei Aktionärsvertretern kann nur vermieden werden, indem bereits bei Bestellung durch die Gründer für eines der drei Mitglieder bestimmt wird, dass es in diesem

---

[150] *Hüffer* AktG § 31 Rz. 14; MünchKomm. AktG/Bd. 1/*Pentz* § 31 Rz. 48.

B. Gründung der AG nach AktG

Falle allein ausscheidet.[151] Dieses Problem des vorzeitigen Ausscheidens vermeidet § 31 Abs. 1 Satz 1 AktG für den Fall, dass nach Ansicht der Gründer der Aufsichtsrat auch mit Arbeitnehmern zu besetzen ist und gesetzlich (nicht nur aufgrund der Satzung; dann s. Rz. 95) aus mehr als drei Mitgliedern zu bestehen hat (§ 31 Abs. 1 Satz 2 AktG); gemeint ist ein gesetzlicher Aufsichtsrat von mindestens sechs Mitgliedern (§ 95 Abs. 1 Sätze 1 bis 3 AktG) mit mindestens vier Aktionärsvertretern und mindestens zwei Vertretern der Arbeitnehmer (§ 96 Abs. 1 AktG iVm. § 76 BetrVG 1952): Hier dürfen die Gründer zB im Falle von sechs Mitgliedern nur vier Aufsichtsräte bestellen. Die mit der Bestellung des ersten Aufsichtsrates seitens der Gründer zum Ausdruck gebrachte Rechtsansicht über dessen Besetzung ist für das Registergericht verbindlich,[152] ausgenommen sie steht im Widerspruch zu einer gesetzlich zulässigen Regelung in der von den Gründern selbst festzustellenden Satzung (§§ 23, 28 AktG; zu differenzierenden Satzungsregeln für den ersten und zweiten Aufsichtsrat s. Rz. 92).

c) Erster Vorstand

Der erste Aufsichtsrat muss als zwingende Voraussetzung für die Eintragung der Gesellschaft den ersten Vorstand bestellen (§ 30 Abs. 4 AktG). Versäumt er diese Pflicht, kann die Eintragung nur durch Auswechslung des ersten Aufsichtsrates seitens der Gründer erreicht werden (dazu Rz. 100 f.);[153] eine Bestellung durch das Gericht (§ 85 AktG) ist bis zur Eintragung ausgeschlossen.[154] Für die persönlichen Voraussetzungen der Mitglieder des ersten Vorstands gelten die allgemeinen Bestimmungen (§ 76 Abs. 3 AktG; dazu § 6 Rz. 23). Setzt der Gegenstand der Gesellschaft eine staatliche Genehmigung voraus (§ 37 Abs. 4 Nr. 5 AktG; dazu Rz. 34, 145 f.), ist dies regelmäßig mit besonderen Anforderungen an die Qualifikation der Vorstandsmitglieder verbunden.

aa) Bestellung, Zusammensetzung. Es gelten die allgemeinen Vorschriften für die Bestellung und Zusammensetzung des Vorstandes nach Gesetz und Satzung (§§ 23 Abs. 2 Nr. 6, 84 AktG; dazu 342, § 6 Rz. 8 ff.); eine zeitliche Beschränkung der Amtsdauer wie für den ersten Aufsichtsrat (§ 30 Abs. 3 Satz 1 AktG) besteht nicht, maßgeblich für den Beginn der demnach gültigen Höchstdauer von fünf Jahren (§ 84 Abs. 1 Satz 1 AktG) ist die Amtsaufnahme, nicht die Eintragung der Gesellschaft.[155] Dem Registergericht ist mit der Anmeldung der Gesellschaft die Niederschrift über den Bestellungsbeschluss des ersten Aufsichtsrates zu übermitteln (§ 37 Abs. 4 Nr. 3 iVm. § 107 Abs. 2 AktG), die privatschriftlich sein kann (anders als für die Bestellung des ersten Aufsichtsrates, § 30 Abs. 1 Satz 2 AktG) und mindestens vom Aufsichtsratsvorsitzenden zu unterzeichnen ist (§ 107 Abs. 2 Satz 1 AktG; dazu § 7 Rz. 165 f.), im Verhinderungsfall von seinem Stellvertreter (§ 107 Abs. 1 Satz 3 AktG). Wirk-

---

[151] Hüffer AktG § 31 Rz. 11; MünchKomm. AktG/Bd. 1/Pentz § 31 Rz. 39; Großkomm. AktG/Röhricht § 31 Rz. 19 mwN.
[152] Hüffer AktG § 31 Rz. 4; MünchKomm. AktG/Bd. 1/Pentz § 31 Rz. 16; Großkomm. AktG/Röhricht § 31 Rz. 7.
[153] MünchKomm. AktG/Bd. 1/Pentz § 30 Rz. 37; Hüffer AktG § 30 Rz. 12; Kölner Komm./Kraft § 30 Rz. 36.
[154] MünchHdb. GesR/Bd. 4/Hoffmann-Becking § 3 Rz. 32, OLG Ffm. 20 W 580/94 v. 21.8. 1995, NJW-RR 1996, 290, WM 1996, 123: keine Bestellung von Liquidatoren bei gescheiterter Eintragung; aA nach Einbringung eines Unternehmens MünchKomm. AktG/Bd. 1/Pentz § 41 Rz. 33.
[155] Hüffer AktG § 30 Rz. 12.

sam wird die Bestellung jedoch nicht erst mit dieser Unterzeichnung sondern bereits mit der Beschlussfassung[156] (§ 108 AktG; dazu § 7 Rz, 149 ff.) und der Annahmeerklärung des bestellten Vorstandsmitgliedes,[157] die auch konkludent erfolgen kann und dem Registergericht durch die Mitwirkung bei der Handelsregisteranmeldung dokumentiert wird.

109 **bb) Aufgaben des ersten Vorstandes.** Sie bedeuten für die Zeit bis zur Eintragung der Gesellschaft die Beschränkung auf die Herbeiführung der Eintragung. Hierunter fallen zunächst die Gründungsprüfung (§ 33 Abs. 1 AktG; dazu Rz. 23 f.) und die Anmeldung der Gesellschaft zur Eintragung in das Handelsregister (§ 36 AktG; dazu Rz. 36) als ausdrücklich im Gesetz aufgeführte Gründungspflichten des ersten Vorstandes. Mittelbar ergeben sich aus den Gründungsvorschriften noch weitere gesetzliche Aufgaben vor der Eintragung: Einrichtung eines Bankkontos für die Entgegennahme der Geldeinlagen (§§ 36 Abs. 2, 37 Abs. 1 AktG; dazu Rz. 30), Abschluss der satzungsgemäßen Verträge über Sacheinlagen und Sachübernahmen (§ 27 AktG; dazu Rz. 32), anfallenden Steuern und Gebühren (§ 36 Abs. 2 AktG) sowie Leistung der satzungsgemäßen Sondervorteile und Gründungsaufwendungen (§ 26 Abs. 1 und 2 AktG; dazu Rz. 346 f.).

110 Hinzu kommen noch **Obliegenheiten** des ersten Vorstandes betreffend die Mitbestimmung im Aufsichtsrat, die teils schon vor der Eintragung anfallen können (§ 31 Abs. 3 AktG, dazu Rz. 104 ff.), teils der Sache nach erst nach Eintragung (§ 30 Abs. 3 Satz 2 AktG, dazu Rz. 104 ff.). Für alle diese Aufgaben zur Erlangung der Eintragung hat der Vorstand auch entsprechend der satzungsmäßigen Vertretungsregelung Dritten gegenüber Vertretungsbefugnis.[158] Bei Beachtung der Sorgfaltspflichten eines Vorstandes (§ 93 Abs. 1 Satz 3 AktG; dazu § 6 Rz. 130) haften sie hieraus nicht, auch falls die Gesellschaft nicht zur Eintragung gelangt, es sei denn sie sind zugleich Gründer. Im Übrigen gelten auch schon für die Zeit bis zur Eintragung die allgemeinen Bestimmungen über den Vorstand, soweit sich aus den Sonderregelungen für diesen Zeitraum nichts anderes ergibt (§§ 76 bis 83, 88, 90 bis 94 AktG; dazu § 6 dieses Handbuchs).

111 **cc) Überschreitung der notwendigen Gründungsaufgaben.** Handelt der erste Vorstand vor Eintragung der Gesellschaft über die notwendigen Gründungsaufgaben hinaus, besteht für ihn ein Haftungsrisiko (§ 41 Abs. 1 AktG; dazu Rz. 282 f.), das aber durch das Einverständnis der Gründer rechtlich und wirtschaftlich reduziert ist, insbesondere falls die Gesellschaft danach eingetragen wird oder die Bonität der Gründer außer Frage steht (§ 41 Abs. 2 AktG; dazu Rz. 282 f.). Bedenkt man die Schwierigkeiten in der Abgrenzung der notwendigen Gründungsaufgaben von den Aufgaben der wirtschaftlichen Begründung des Unternehmens, die oft in der Praxis verkannt werden, stellt sich noch mehr als beim ersten Aufsichtsrat (dazu Rz. 90 ff.) die Frage nach der Zumutbarkeit der Amtsübernahme für andere Personen als die Gründer, zumal im Hinblick auf die Vergütungsproblematik für den Zeitraum bis zur Eintragung (dazu sogleich Rz. 112).

---

[156] *Hüffer* AktG § 107 Rz. 13.
[157] *Hüffer* AktG § 84 Rz. 3.
[158] MünchKomm. AktG/Bd. 1/*Pentz* § 41 Rz. 34; MünchHdb. GesR/Bd. 4/*Hoffmann-Becking* § 3 Rz. 37, allerdings ist insoweit streitig, ob die Vertretungsmacht des Vorstands auf die im Rahmen der Gründung erforderlichen Maßnahmen beschränkt ist oder er bereits über die volle Vertretungsmacht verfügt.

B. Gründung der AG nach AktG

dd) Vergütung. Der erste Vorstand hat keinen Vergütungsanspruch an die Gesellschaft für die Tätigkeit bis zur Eintragung der Gesellschaft, es sei denn er ist in der Satzung als Gründungslohn festgesetzt (§ 26 Abs. 2 AktG; dazu Rz. 342).[159] Dies ergibt sich zwar nicht aus einer Regelung, wie sie § 113 Abs. 2 AktG ausdrücklich für den ersten Aufsichtsrat trifft (dazu Rz. 102), deren Bedeutung aber mehr in der Zulassung einer nachträglichen Festsetzung der Vergütung durch die erste ordentliche Hauptversammlung nach § 113 Abs. 2 Satz 2 AktG liegt, während Satz 1 dieser Vorschrift nur einen Reflex der Satzungsabhängigkeit jedes Gründungslohnes ausdrückt (§ 26 Abs. 2 AktG) und diesen Grundsatz daher nur bestätigt.[160] Gleichwohl ist § 113 Abs. 2 Satz 2 AktG hilfreich im Sinne einer Analogie für die rückwirkende Belohnung des ersten Vorstandes durch die erste ordentliche Hauptversammlung,[161] die dies beschließen kann aber nicht muss.

112

d) Notar

aa) Übersicht. Die Mitwirkung eines Notars ist für die Eintragung der Gesellschaft bei mehreren Gründungsakten geboten. Dafür ist teils die Form der Beurkundung mit Unterzeichnung der Urkunde durch die Personen, die vor dem Notar die zu beurkundenden Erklärungen abgeben, und durch den Notar erforderlich (§ 13 BeurkG), teils Beurkundung mit Unterzeichnung nur durch den Notar (§§ 36 ff. BeurkG) und teils nur die notarielle Unterschriftsbeglaubigung, die wiederum danach zu unterscheiden ist, ob die Unterschriftszeichnung vor dem beglaubigenden Notar erforderlich ist (§ 41 Satz 1 BeurkG) oder ob das Anerkenntnis der Unterschrift gegenüber dem Notar ausreicht (§ 40 Abs. 1 BeurkG). Neben der zwingenden Mitwirkung des Notars bei Gründungsakten ist seit In-Kraft-Treten des TransPubG in bestimmten Fällen die Beauftragung des Gründungsnotars mit der Prüfung der Gründung anstatt des Gründungsprüfers zulässig (§ 33 Abs. 3 Satz 1 AktG idF v. Art. 1 Nr. 2 TransPubG;[162] dazu Rz. 29, 131 ff.).

113

bb) Beurkundung mit Unterschrift der Beteiligten. Diese notarielle Form (dazu Rz. 113) ist zwingend für die Feststellung der Satzung (§ 23 Abs. 1 Satz 1 AktG; dazu Rz. 11 f.) und die Erklärung der sonstigen Gründungsangaben (§ 23 Abs. 2 AktG; dazu Rz. 13) durch alle Gründer erforderlich (§§ 2, 28 AktG; dazu Rz. 4 ff.). Diese Handlungen erfolgen im Regelfall gemeinsam durch alle Gründer vor einem Notar in einer Urkunde, was nicht durch alle Gründer zur selben Zeit geschehen muss. Die Satzungsfeststellung und die Beurkundung der sonstigen Gründungsangaben sind aber auch wirksam, wenn sie die Gründer vor verschiedenen Notaren in getrennten Urkunden erklären (so § 37 Abs. 4 Nr. 1 AktG), vorausgesetzt der Inhalt der Erklärungen ist übereinstimmend; dies löst natürlich mehrfache Notargebühren aus (zu den Gebühren Rz. 120 ff.).

114

cc) Beurkundung ohne Unterschrift der Beteiligten. Diese erleichterte notarielle Beurkundungsform (dazu Rz. 113), die vor allem bei der Hauptver-

115

---
[159] HM; Kölner Komm./*Kraft* § 30 Rz. 43 mwN; *Hüffer* AktG § 30 Rz. 12; Großkomm. AktG/*Röhricht* § 30 Rz. 34 mwN; aA MünchKomm. AktG/Bd. 1/*Pentz* § 30 Rz. 41, der dies nicht für Geschäftsführung über die eigentlichen Gründungsaufgaben hinaus gelten lässt.
[160] *Hüffer* AktG § 113 Rz. 8.
[161] Großkomm. AktG/*Röhricht* § 30 Rz. 34.
[162] Gesetz zur weiteren Reform des Aktien- und Bilanzrechts, zu Transparenz und Publizität (Transparenz- und Publizitätsgesetz) v. 25.7.2002, BGBl. I, 2681.

sammlung angewandt wird (§ 130 Abs. 4 AktG), genügt analog zur Hauptversammlung für die vorgeschriebene Beurkundung der Bestellung des ersten Aufsichtsrates und des ersten Abschlussprüfers durch die Gründer (§ 30 Abs. 1 AktG; dazu Rz. 15 f.); in der Regel sind sie aber Bestandteil der Urkunde über die Satzungsfeststellung.

116 dd) **Zeichnung vor dem Notar.** Nach § 37 Abs. 5 AktG mussten die Vorstandsmitglieder bisher ihre Namensunterschrift zur Aufbewahrung beim Registergericht zeichnen, was der notariellen Beglaubigung bedurft hat (§ 12 Abs. 1 HGB, § 41 Satz 1 BeurkG). Diese Pflicht ist durch das EHUG entfallen (s. Rz. 48).

117 ee) **Anerkenntnis der Unterschrift.** Bei den übrigen zur Eintragung notwendigen Unterschriftsbeglaubigungen genügt das Anerkenntnis der Unterschrift vor dem Notar (dazu Rz. 113). Es handelt sich um die Unterzeichnung der Handelsregisteranmeldung durch sämtliche Gründer und Mitglieder des Vorstandes und Aufsichtsrates (§ 36 Abs. 1 AktG iVm. § 12 Abs. 1 HGB, dazu Rz. 39). Ebenso gilt dies für die gebotene Beglaubigung einer Vollmacht für die Vertretung bei der Satzungsfeststellung (§ 23 Abs. 1 Satz 2 AktG; dazu Rz. 10). Geboten wäre auch eine Beglaubigung der Vollmacht für die Handelsregisteranmeldung (§ 12 Abs. 2 HGB), die aber wenig Sinn hat, weil die in der Anmeldung notwendig enthaltenen Erklärungen aller Anmeldenden über die Leistung der Kapitaleinlagen (§ 37 Abs. 1 AktG; dazu Rz. 42) und die Versicherung der Vorstandsmitglieder nach § 37 Abs. 2 AktG (dazu Rz. 45) höchstpersönlich abzugeben sind, mithin separat in beglaubigter Form dem Gericht einzureichen wären.

118 ff) **Beurkundung in Sonderfällen.** Zusätzlich kann für die Eintragung eine notarielle Beurkundung im Falle von Sacheinlagen oder Sachübernahmen (§ 27 AktG; dazu Rz. 190 ff., 226 f.) notwendig sein, wenn deren Gegenstand diesen Formzwang auslöst, zB ein Grundstück (§§ 311 b, 925 BGB) oder ein GmbH-Geschäftsanteil (§ 15 Abs. 3, 4 GmbHG). Aus Kostengründen empfiehlt sich nach Möglichkeit die Integration des obligatorischen Grundgeschäftes in die Satzung und des dinglichen Vollzugsgeschäftes in die Feststellungsurkunde (dazu Rz. 118).

119 gg) **Belehrung über unbeschränkte Auskunftspflicht.** Nach § 37 Abs. 2 AktG haben die Vorstandsmitglieder in der Handelsregisteranmeldung dem Gericht zu versichern, dass ihrer Bestellung keine der in § 76 Abs. 3 Satz 2 Nr. 2 und 3 AktG genannten Vorstrafen und Tätigkeitsverbote entgegenstehen (dazu Rz. 45; § 6 Rz. 23) und sie über ihre unbeschränkte Auskunftspflicht hierüber belehrt worden sind (§ 53 Abs. 2 BZRG; dazu Rz. 45). Für diese Belehrung sind neben dem Registergericht auch die Notare zuständig. Der Notar benötigt hierzu einen Auftrag, der nicht ohne weiteres aus der Unterschriftsbeglaubigung folgt,[163] in der Regel aber aus dem Auftrag zur Erstellung des Entwurfes der Handelsregisteranmeldung. Die Gerichte erkennen zumeist eine Belehrung durch einen ausländischen Notar nicht an, weshalb bei Unterschriftsbeglaubigung im Ausland die schriftliche Belehrung durch einen deutschen Notar üblich ist, die mit einem Empfangsbekenntnis des Belehrten dem Gericht eingereicht wird.[164]

120 hh) **Notargebühren.** Für die Beurkundung der Satzungsfeststellung (dazu Rz. 10 ff.) richtet sich die Gebühr nach dem Grundkapital zuzüglich bei

---

[163] *Hüffer* AktG § 37 Rz. 7.
[164] Siehe insoweit auch MünchKomm. AktG/Bd. 1/*Pentz* § 37 Rz. 50.

B. Gründung der AG nach AktG

der Gründung übernommenes Agio (§ 9 Abs. 2 AktG) sowie ein genehmigtes Kapital (§ 202 Abs. 1 AktG), insgesamt begrenzt auf einen Höchstwert von 5 000 000,– Euro (§ 39 Abs. 4 KostO), worauf bei Mehrpersonengründung das Doppelte der vollen Gebühr (§ 36 Abs. 2 KostO; Gebühren nachfolgend jeweils iVm. § 32 KostO und der Tabelle in der Anlage zur KostO) erhoben wird, bei Einpersonengründung nur eine volle Gebühr (§ 36 Abs. 1 KostO).[165] Dies ergibt bei Mehrpersonengründung einen Gebührenrahmen von 264,– Euro für das Mindestgrundkapital von 50 000,– Euro und von 15 114,– Euro für ein Grundkapital ab 5 000 000,– Euro, bei Einpersonengründung entsprechend die Hälfte, jeweils die Übernahme der Aktien zum geringsten Ausgabebetrag unterstellt (§ 9 Abs. 1 AktG).

Die Höchstgebühr kann vermieden werden, falls das Gründungsvorhaben es gestattet, die Gründung mit einem niedrigeren Grundkapital vorzunehmen und nach Eintragung eine Kapitalerhöhung folgen zu lassen, die nur eine Höchstgebühr von 5 000,– Euro für die Beurkundung auslöst (§ 47 KostO), was bei einem Gesamtausgabebetrag der neuen Aktien von 1 630 000,– Euro erreicht wird. Keine Begrenzung auf einen Höchstwert oder eine Höchstgebühr gibt es für die Beurkundungen, die aus Anlass von Sacheinlagen oder Sachübernahmen notwendig werden (dazu Rz. 118); ist die Integration des obligatorischen Grundgeschäftes in die Satzung und des dinglichen Vollzugsgeschäftes in der Feststellungsurkunde möglich (Rz. 118), kann dies zusätzliche Kosten vermeiden (§ 44 Abs. 1 KostO).

Wird die **Bestellung des ersten Aufsichtsrates** (dazu Rz. 15) und des ersten Abschlussprüfers (dazu Rz. 16) getrennt von der Feststellung der Satzung beurkundet, löst dies zusätzlich eine doppelte Gebühr aus (§ 47 KostO), allerdings auf einen zu schätzenden meist niedrigen Wert; wohl aufgrund dieser Bewertung wird die Frage regional unterschiedlich beantwortet, ob diese Gebühr nicht auch bei Beurkundung zusammen mit der Satzungsfeststellung anfällt.[166]

Für die **Unterschriftsbeglaubigung** einer Gründungsvollmacht (§ 23 Abs. 1 Satz 2 AktG; dazu Rz. 10) oder der Handelsregisteranmeldung (§§ 36 AktG iVm. § 12 HGB; dazu Rz. 39) erhält der Notar jeweils eine viertel Gebühr, höchstens jedoch jeweils 130,– Euro (§ 45 Abs. 1 KostO). Wenn der Notar die Urkunde für die Vollmacht oder die Handelsregisteranmeldung selbst entworfen hat, erhält er für den Entwurf einschließlich der Beglaubigung der Vollmacht eine volle Gebühr (§ 145 Abs. 1 iVm. § 36 Abs. 1 KostO) und für die Beglaubigung der Anmeldung eine halbe Gebühr (§ 145 Abs. 1 iVm. § 38 Abs. 2 Nr. 7 KostO), in beiden Fällen höchstens auf einen Wert von 500 000,– Euro (§ 41 Abs. 4 bzw. § 39 Abs. 4 Halbsatz 2 KostO), also höchstens 807,– Euro für die Vollmacht und 403,50 Euro für die Anmeldung. Maßgeblich für den Geschäftswert der Handelsregisteranmeldung ist das nominale Grundkapital, bei der Gründungsvollmacht der Ausgabebetrag der zu übernehmenden Aktien.

ii) **Ausländischer Notar.** Ob die bei der Gründung vorgeschriebenen Beurkundungen im Ausland erfolgen dürfen, ist wie die Auslandsbeurkundung aller gesellschaftsrechtlichen Strukturmaßnahmen höchst umstritten.[167] Auch die Befürworter der Auslandsbeurkundung in der stark von Interessenjurispru-

---

[165] *Hüffer* AktG § 2 Rz. 4 a mwN; MünchKomm. AktG/Bd. 1/*Pentz* § 23 Rz. 185 mwN.
[166] Bejahend MünchKomm. AktG/Bd. 1/*Pentz* § 23 Rz. 185.
[167] Zum Meinungsstreit mit umfassenden Nachweisen: *Hüffer* AktG § 23 Rz. 10 f.; MünchKomm. AktG/Bd. 1/*Pentz* § 23 Rz. 30 bis 36.

denz genährten Diskussion dürften für ihre praktischen Konsequenzen nicht unbeeindruckt von gegenteiligen Literaturstimmen aus dem Gesellschaftsrechtssenat des BGH sein.[168] Die Praxis vermeidet Gründungen (wie auch Satzungsänderungen) durch Auslandsbeurkundungen, weil eine schnelle Eintragung im Handelsregister in aller Regel Vorrang vor Kosteneinsparung im Ausland hat, zumal diese für die Satzungsfestellung angesichts des Höchstwertes begrenzt ist (dazu Rz. 121). Letztlich ist derzeit aber jeder Registerrichter in seiner Entscheidung frei, eine Eintragung trotz Auslandsbeurkundung zuzulassen; man sollte ihn aber vorher fragen. Die Eintragung heilt den eventuellen Formfehler einer Auslandsbeurkundung (dazu Rz. 66).

e) **Registergericht**

125 aa) **Zuständigkeit.** Die AG entsteht als solche erst mit der Eintragung in das Handelsregister (§ 41 Abs. 1 AktG; dazu Rz. 66). Sachlich zuständig für die Führung des Handelsregisters ist das Amtsgericht (§ 8 HGB, § 23a III Nr. 3 FamFG). Die örtliche Zuständigkeit bestimmt sich nach dem Sitz der Gesellschaft (§ 14 iVm. § 5 AktG; dazu Rz. 334 ff.), wobei häufig einem Amtsgericht die Führung des Handelsregisters für mehrere Amtsgerichtsbezirke zugeteilt ist (§ 376 FamFG). Funktionell zuständig für die Ersteintragung ist der Richter (nicht der Rechtspfleger: § 17 Nr. 1a RPflG), der die Eintragung verfügt, die dann vom Urkundsbeamten der Geschäftsstelle vollzogen wird (§§ 27 f. HRV;[169] dazu Rz. 60).

126 bb) **Aufgaben.** Das Registergericht hat zu prüfen, ob die Gesellschaft ordnungsgemäß errichtet und angemeldet ist (§ 38 Abs. 1 Satz 1 AktG; dazu Rz. 52 ff.). Ist dies der Fall, muss es – vorbehaltlich der Bezahlung eines angeforderten Gerichtskostenvorschusses (dazu Rz. 129) – die Eintragung vornehmen (§ 39 AktG; dazu Rz. 60) und bekannt machen (§ 10 HGB iVm. § 40 AktG; dazu Rz. 65). Für den Fall, dass die gerichtliche Prüfung eine ordnungsmäßige Errichtung und Anmeldung feststellt, ordnet § 38 Abs. 1 Satz 2 AktG die Ablehnung der Eintragung an. Dies gilt aber nur bei unbehebbaren oder nach gerichtlicher Aufforderung unbehobenen Eintragungshindernissen, wie aus den verfahrensrechtlichen Amtspflichten des Gerichtes folgt (§ 12 FGG, § 26 Satz 2 HRV; dazu Rz. 61). Im Übrigen ist die Prüfungsaufgabe des Gerichtes bei Satzungsmängeln eingeschränkt (§ 38 Abs. 3 AktG; dazu Rz. 58, 367 ff.). Neben diesen eigentlichen die Eintragung betreffenden Aufgaben ist dem Registerrichter regelmäßig auch die Zuständigkeit für Entscheidungen in Angelegenheiten der Gründungsprüfer zugewiesen (§§ 14, 33 Abs. 2; 35 Abs. 2 f. AktG; § 145 FGG; dazu Rz. 134 ff.).

127 cc) **Eintragungsverfahren.** Für die Ersteintragung einer AG wird das Registergericht nur auf Antrag tätig, der in Form der Handelsregisteranmeldung erfolgt[170] (§ 36 AktG; dazu Rz. 41). Über diesen Eintragungsantrag hat das Ge-

---

[168] Die Auslandsbeurkundung von gesellschaftsrechtlichen Strukturmaßnahmen weitgehend ablehnend: *Goette* in FS Boujong, S. 131; nicht so grds. ablehnend aber mit hohen Anforderungen an die Qualität des Beurkundungsverfahrens: Großkomm. AktG/*Röhricht* § 23 Rz. 55, 66.
[169] HRV (Handelsregisterverordnung; früher Handelsregisterverfügung) idF der Verordnung zur Erleichterung der Registerautomation v. 11.12.2001, BGBl. I, 3688; HRV in bereinigter Fassung: BGBl. III Gliederungs-Nr. 315-20.
[170] MünchKomm. AktG/Bd. 1/*Pentz* § 36 Rz. 6; Großkomm. AktG/*Röhricht* § 36 Rz. 2.

B. Gründung der AG nach AktG   128, 129 § 2

richt nach dem Amtsermittlungsverfahren zu befinden (§ 26 FamFG). Dies ergibt bei behebbaren Mängeln der Errichtung oder Anmeldung die Amtspflicht, den Anmeldenden durch sog. Zwischenverfügung (§ 26 Satz 2 HRV[171]) unter angemessener Fristsetzung Gelegenheit zur **Mangelbeseitigung** zu gewähren.[172] Regelmäßig wird das Gericht hierbei auch den richtigen Weg zur Beseitigung des Mangels aufzeigen, was auch zu seinen Amtspflichten zählt.[173] Die Eintragung der Gesellschaft kann nur vollständig verfügt oder abgelehnt werden, dh. eine teilweise Eintragung gibt es nicht;[174] dies gilt aber nicht für in der Anmeldung enthaltene selbstständige Eintragungsgegenstände, die nicht für die Eintragung der Gesellschaft zwingend sind,[175] zB eine Prokura. Abgesehen von der ohnehin eingeschränkten Prüfungsbefugnis des Gerichtes bei Satzungsmängeln (§ 38 Abs. 3 AktG; dazu Rz. 58, 367 ff.), kann das Gericht auch nicht von sich aus einen beanstandeten Satzungsteil „streichen" und die Gesellschaft ohne diese Satzungsbestimmung eintragen;[176] hier muss den Anmeldenden durch Zwischenverfügung die Gelegenheit zur Satzungsänderung gegeben werden. Bei für die Eintragung maßgeblichen Streitigkeiten unter den Anmeldenden, zB über die Befolgung einer Zwischenverfügung, kann das Gericht das Eintragungsverfahren aussetzen und Frist zur Klageerhebung im Zivilprozess setzen (§ 21 FamFG).

dd) Rechtsbehelfe. Gegen die Eintragung der Gesellschaft gibt es keinen Rechtsbehelf[177] (wegen der anderen Möglichkeiten, die Löschung der Gesellschaft im Handelsregister zu bewirken, wird auf § 16 dieses Handbuches verwiesen). Gegen die Ablehnung der Eintragung (§ 38 Abs. 1 Satz 2 AktG; dazu Rz. 62) oder eine Zwischenverfügung (§ 26 Satz 2 HRV; dazu Rz. 61) ist **Beschwerde zum Oberlandesgericht** zulässig (§ 119 I Nr. 1 GVG iVm. § 458 FamFG), das wie das Registergericht dem Amtsermittlungsprinzip verpflichtet ist (§ 26 FamFG; dazu Rz. 127) und daher auch neue Tatsachen berücksichtigen muss. Die gegen die Entscheidung des Landgerichtes zulässige **weitere Beschwerde** zum Bundesgerichtshof (§ 70 II FamFG, § 133 GVG).[178] In der Praxis finden Beschwerden im Gründungsverfahren selten statt. Wenn es zur Verwirklichung des Gründungszieles nur irgendwie möglich ist, wird man im Interesse einer zügigen Eintragung abweichend vom eigenen Rechtsstandpunkt auf die Auffassungen des Registergerichtes eingehen und einer Zwischenverfügung entsprechend die Beanstandungen beheben.

ee) Gerichtskosten. Nach § 79 Abs. 1 KostO ist die Handelsregistereintragung gebührenpflichtig. Der zugrundezulegende Geschäftswert richtet sich nach § 41 a Nr. 1 KostO. Für die Eintragung der Gesellschaft verweist die vor-

---

[171] HRV (Handelsregisterverordnung; früher Handelsregisterverfügung) idF der Verordnung zur Erleichterung der Registerautomation v. 11.12.2001, BGBl. I, 3688; HRV in bereinigter Fassung: BGBl. III Gliederungs-Nr. 315-20.
[172] *Hüffer* AktG § 38 Rz. 16; MünchKomm. AktG/Bd. 1/*Pentz* § 38 Rz. 12; Großkomm. AktG/*Röhricht* § 38 Rz. 43.
[173] *Zätzsch* in FS Bezzenberger S. 473 (478 f.).
[174] MünchKomm. AktG/Bd. 1/*Pentz* § 38 Rz. 13; Großkomm. AktG/*Röhricht* § 38 Rz. 43.
[175] *Keidel/Kuntze/Winkler* § 127 Rz. 12 aE.
[176] MünchKomm. AktG/Bd. 1/*Pentz* § 38 Rz. 13.
[177] *Hüffer* AktG § 38 Rz. 17 mwN; MünchKomm. AktG/Bd. 1/*Pentz* § 38 Rz. 11 mwN.
[178] Siehe *Krafka* NZG 2009, 650, 654; s. hierzu das FGG-Reformgesetz v. 17.12.2008, BGBl. I 2008, 2586.

§ 2 130, 131   Die Gründung und die Entstehung durch Umwandlung

rangige Bestimmung des § 79 Abs. 1 KostO jedoch auf die Handelsregistergebührenverordnung vom 30. 9. 2004. Hiernach sind die Gebühren nach Aufwand zu berechnen. Diese Neuerung resultiert aus den Vorgaben der Gesellschaftsrechtsteuerrichtlinie[179] und der Rechtsprechung des EuGH[180]. Nach dem Gebührenverzeichnis sind für die Eintragung 240 Euro zu zahlen (Nr. 2102); im Fall einer Sacheinlage erhöht sich diese Gebühr auf 290 Euro (Nr. 2103). Zu den Gebühren können weitere Kosten für Schreib- und sonstige Auslagen treten (§§ 136, 137 KostO); zB auch Gutachterkosten. In aller Regel macht das Gericht die Eintragung von der Zahlung eines Gerichtskostenvorschusses abhängig (§ 8 KostO), der auch die Kosten der Bekanntmachung der Eintragung umfasst (§§ 10 f. HGB iVm. § 40 AktG; dazu Rz. 65, 148).

3. Regelmäßig notwendige Gründungsbeteiligte

a) Kontoführendes Institut

130   Der gesetzliche Regelfall, die Gründung mit Geldeinlagen (sog. Bargründung; dazu Rz. 171 ff.), wird gewöhnlich nicht durch Bareinzahlung von gesetzlichen Zahlungsmitteln in die Kasse der Gesellschaft erfüllt (§ 54 Abs. 3 Satz 1 erste Alternative AktG; dazu Rz. 176), sondern durch Gutschrift auf einem Konto der Gesellschaft oder des Vorstandes für Rechnung der Gesellschaft bei einem kontoführenden Institut (§ 54 Abs. 3 Satz 1 zweite Alternative AktG; dazu Rz. 177). Für die Eintragung der Gesellschaft ist in diesem Regelfall zwingend eine für das Registergericht bestimmte Bestätigung des kontoführenden Institutes geboten, aus der sich der Nachweis der Einzahlung zur freien Verfügung des Vorstandes ergibt (§ 37 Abs. 1 Satz 3 iVm. Satz 2 AktG; dazu Rz. 182); für die Richtigkeit der Bestätigung haftet das Institut der Gesellschaft (§ 37 Abs. 1 Satz 4 AktG; dazu Rz. 182). Welche Anforderungen für die Eignung als kontoführendes Institut bestehen, ergibt sich aus § 54 Abs. 3 AktG iVm. dem Kreditwesengesetz (KWG). Danach sind anerkannt: Inländische Kreditinstitute (§§ 1 Abs. 1, 2 Abs. 1 KWG); als Kreditinstitut geltende inländische Zweigstellen ausländischer Unternehmen (§ 53 Abs. 1 Satz 1 KWG); ausländische Unternehmen mit Sitz im EWR ohne eine solche Zweigstelle im Inland, wenn sie den Anforderungen von § 53 b Abs. 1 Satz 1 oder Abs. 7 KWG unterliegen.[181] Unternehmen mit Sitz in Drittstaaten scheiden daher aus, es sei denn, die Einzahlung erfolgt bei ihrer als Kreditinstitut geltenden inländischen Zweigstelle.

b) Gründungsprüfer oder Notar als Prüfungsbeauftragter

131   Die als Eintragungsvoraussetzung vorgeschriebene Prüfung des Hergangs der Gründung durch den ersten Vorstand und den ersten Aufsichtsrat (§ 33 Abs. 1 AktG; dazu Rz. 23 f.) muss durch eine zusätzliche Gründungsprüfung ergänzt werden, wenn diese Gründungsorgane zugleich Gründer oder Treugeber eines Gründers sind (§ 33 Abs. 2 Nr. 1 f. AktG; dazu Rz. 84), ihnen Sondervorteile, Entschädigungen oder Belohnungen im Zusammenhang mit der Gründung ausbedungen sind (§ 33 Abs. 2 Nr. 3 iVm. § 26 Abs. 1 f. AktG; dazu Rz. 21) oder wenn eine Gründung mit Sacheinlagen oder Sachübernahmen vorliegt (§ 33 Abs. 2 Nr. 4 iVm. § 27 AktG; dazu Rz. 22, 190 ff., 226 ff.). Diese zusätzliche

---

[179] EU-Richtlinie 69/335/EWG vom 17. 7. 1969, ABl. EG Nr. L 245 v. 3. 10. 1969, 25.
[180] EuGH Rs C – 188/95 v. 2. 12. 1997, NJW 1998, 2809 (LS), NZG 1998, 274.
[181] Siehe im Einzelnen MünchKomm. AktG/Bd. 1/*Pentz* § 54 Rz. 61.

B. Gründung der AG nach AktG 132–134 § 2

Gründungsprüfung dürfte seit Inkrafttreten des TransPubG in den Fällen der rechtlichen oder wirtschaftlichen Personenidentität von Gründern und Gründungsorganen (§ 33 Abs. 2 Nr. 1 f. AktG) in erster Linie durch den von den Gründern beauftragten Gründungsnotar erfolgen (§ 33 Abs. 3 Satz 1 AktG idF v. Art. 1 Nr. 2 TransPubG; dazu Rz. 29). Stattdessen kann, wie bis zum Inkrafttreten des TransPubG zwingend, auch ein gerichtlich bestellter Gründungsprüfer tätig werden, der in den vorgenannten übrigen Fällen der zusätzlichen Gründungsprüfung auch nach Inkrafttreten des TransPubG erforderlich ist (§ 33 Abs. 3 Satz 2 AktG idF v. Art. 1 Nr. 2 TransPubG; dazu Rz. 25 ff.).

Die sachliche Eignung für die gerichtliche Bestellung als Gründungsprüfer **132** setzt, wenn die Prüfung keine anderen Kenntnisse fordert (zB Bewertung eines Patentes oder Grundstückes), grundsätzlich Vorbildung und Erfahrung in der Buchführung voraus (§ 33 Abs. 4 Nr. 1 f. AktG). Die **sachlichen Anforderungen** an die Qualifikation sind geringer als für die Abschlussprüfung (§ 319 Abs. 1 HGB);[182] in der Praxis werden gleichwohl zumeist Wirtschaftsprüfer bestellt. Treffen Anforderungen des Rechnungswesens und an spezielle wirtschaftliche oder technische Bewertungskenntnisse auf die Gründungsprüfung gemeinsam zu, tritt der vom Gesetz – ausnahmsweise – vorgesehene Fall der Bestellung mehrerer Prüfer ein (§ 33 Abs. 4 erster Hs. AktG).[183]

Persönlicher Ausschluss von der Gründungsprüfung ist gegeben, wenn eine **133** Bestellung zum Sonderprüfer oder Abschlussprüfer der Gesellschaft ausgeschlossen wäre (§ 33 Abs. 5 Satz 1 iVm. § 143 Abs. 2 AktG und § 318 Abs. 2 f. HGB). Hinzu tritt ausdrücklich der – schon weitgehend wie zuvor ausgeschlossene – Fall eines Gründungsprüfers, der maßgebendem Einfluss von rechtlichen oder wirtschaftlichen Gründern unterliegen würde (§ 33 Abs. 5 Satz 2 AktG), was weit auszulegen ist.[184] In der Praxis ist zunehmend eine Zurückhaltung mancher Wirtschaftsprüfer zu beobachten, Gründungsprüfungen zu übernehmen, wofür die Sorge vor dem Ausschluss von der Abschlussprüfung geltend gemacht wird (§ 319 Abs. 2 Nr. 5 HGB). Zur **Beschleunigung der Bestellung** empfiehlt sich, in dem Bestellungsantrag einen Vorschlag für die Person des Gründungsprüfers zu machen (dazu Rz. 135 f.) und zugleich dessen Erklärung über sein Einverständnis und das Nichtvorliegen von persönlichen Ausschlussgründen einzureichen.

c) Gericht in Angelegenheiten der Gründungsprüfer

Neben dem Eintragungsverfahren kann gerichtliche Mitwirkung bei der **134** Gründung sowohl für die Bestellung der Gründungsprüfer gefordert sein (§ 33 Abs. 3 Satz 2 AktG idF v. Art. 1 Nr. 2 TransPubG; dazu Rz. 25 ff., 131 ff.) als auch für die Entscheidung von Meinungsverschiedenheiten zwischen Gründern und Gründungsprüfern über den Umfang der vom Gründungsbericht (§ 32 AktG; dazu Rz. 27) zu fordernden Aufklärung und Nachweise (§ 35 Abs. 2 AktG; dazu Rz. 27) sowie über die Vergütung für die Gründungsprüfung (§ 35 Abs. 3 AktG). Zuständig ist das Amtsgericht (§ 375 Abs. 3 Nr. 3 FamFG iVm. § 23 a I Nr. 2 GVG), das dem Sitz der Gesellschaft nach Gründungssatzung zugeordnet ist (§ 14 AktG), in aller Regel sachlich und funktio-

---

[182] *Hüffer* AktG § 33 Rz. 8; MünchKomm. AktG/Bd. 1/*Pentz* § 33 Rz. 36 ff. mwN.
[183] MünchKomm. AktG/Bd. 1/*Pentz* § 33 Rz. 39 mwN.
[184] *Hüffer* AktG § 33 Rz. 9 mwN; MünchKomm. AktG/Bd. 1/*Pentz* § 33 Rz. 56 ff. mwN.

§ 2 135–141 Die Gründung und die Entstehung durch Umwandlung

nal mit dem Registergericht identisch (dazu Rz. 125), dessen Verfahrensregeln auch hier grundsätzlich gelten (dazu Rz. 125 ff.).[185]

135 Der **Antrag auf Bestellung** des Gründungsprüfers kann erst nach Errichtung der Gesellschaft (§ 29 AktG; dazu Rz. 10 ff.) unter Einreichung der Gründungsurkunde (§ 23 AktG; dazu Rz. 10) gestellt werden, da sich hieraus die Bestellungskriterien ergeben. In komplizierten Fällen wird das Gericht auch den Gründungsbericht der Gründer (§ 32 AktG; dazu Rz. 18 ff.) sowie den Gründungsprüfungsbericht der ersten Gesellschaftsorgane (§ 33 Abs. 1 AktG; dazu Rz. 23 f.) vor der Bestellung verlangen können.

136 In aller Regel folgen die Gerichte auch einem Vorschlag im Bestellungsantrag zur Person des Prüfers. Da streitig ist, wer die **Antragsberechtigung** für die Bestellung hat,[186] empfiehlt es sich, den Antrag im Gründungsprotokoll gemeinsam durch alle Gründer zu stellen, evtl. mit einem Vorschlag für die Person des Gründungsprüfers, und den Antrag mit einem sich anschließenden privatschriftlichen Antrag des Vorstandes durch den Gründungsnotar einreichen zu lassen (wegen der erforderlichen Erklärungen eines vorgeschlagenen Prüfers Rz. 133).

137 Für die Bestellung der Gründungsprüfer ist seit Inkrafttreten des TransPubG die Anhörung der Industrie- und Handelskammer[187] nicht mehr vorgeschrieben (§ 33 Abs. 3 Satz 2 AktG idF v. Art. 1 Nr. 2 TransPubG). Abweichend vom Eintragungsverfahren (dazu Rz. 63, 128) sind die **Rechtsbehelfe** geregelt, die für die sachlichen Meinungsverschiedenheiten ausgeschlossen sind (§ 35 Abs. 2 Satz 2 f. AktG) und für die Prüferbestellung und den Vergütungsstreit die sofortige Beschwerde vorsehen (§§ 33 Abs. 3 Satz 3,[188] 35 Abs. 2 Satz 3 AktG iVm. § 63 famFG), jedoch unter Ausschluss der weiteren Beschwerde für die Vergütung (35 Abs. 2 Satz 4 AktG).

4. Im Sonderfall notwendige Gründungsbeteiligte

a) Vertreter von Gründern

140 Hier ist zu unterscheiden zwischen rechtlich notwendiger Vertretung bei den Gründungshandlungen (dazu Rz. 8 ff.), die sich aus der Person des Gründers ergibt (gesetzliche Vertretung; dazu Rz. 142), und der Vertretung durch Bevollmächtigte (dazu Rz. 141).

141 **aa) Bevollmächtigte von Gründern.** Die Zulässigkeit der Vertretung eines Gründers aufgrund rechtsgeschäftlicher Vollmacht (iSv. § 166 Abs. 2 BGB) ist für die einzelnen Gründungshandlungen unterschiedlich zu sehen. **Unzulässig** ist sie bei den höchstpersönlichen Gründungshandlungen, nämlich bei der privatschriftlichen Unterzeichnung (§ 126 Abs. 1 BGB) des Gründungsberichtes (§ 32 Abs. 1 AktG; dazu Rz. 18 ff.)[189] und der notariell zu beglaubigenden Handels-

---

[185] MünchKomm. AktG/Bd. 1/*Pentz* § 33 Rz. 28 ff. mwN.

[186] Richtig ist die Annahme eines eigenen Antragsrechtes sowohl des ersten Vorstandes im Namen der Vorgesellschaft als auch jedes einzelnen Gründers, wobei in jedem Falle alle Gründer und auch die Vorgesellschaft Beteiligte des Bestellungsverfahrens werden; so MünchKomm. AktG/Bd. 1/*Pentz* § 33 Rz. 30 mwN; aA *Hüffer* AktG § 33 Rz. 7: Gründer nur gemeinsam, aber auch der erste Vorstand.

[187] So § 33 Abs. 3 Satz 1 AktG aF.

[188] IdF v. Art. 1 Nr. 2 TransPubG.

[189] Allgemeine Meinung; *Hüffer* AktG § 32 Rz. 2; MünchKomm. AktG/Bd. 1/*Pentz* § 32 Rz. 6. mwN.

B. Gründung der AG nach AktG   142, 143 § 2

registeranmeldung (§ 36 Abs. 1 AktG; dazu Rz. 35 ff.);[190] unzulässig ist hier auch die Vertretung durch Prokuristen von Gründern. **Zulässig** ist die rechtsgeschäftliche Vertretung bei den übrigen Gründungshandlungen, nämlich für die Feststellung der Satzung (§ 23 Abs. 1 Satz 2 AktG; dazu Rz. 11 ff.) aufgrund notariell beglaubigter Vollmacht (dazu Rz. 10, 117), für die Bestellung des ersten Aufsichtsrates und Abschlussprüfers (§ 30 Abs. 1 Satz 1 AktG; dazu Rz. 15 f.) aufgrund privatschriftlicher Bevollmächtigung (§ 134 Abs. 3 AktG analog),[191] obwohl die Bestellung selbst beurkundungspflichtig ist (§ 30 Abs. 1 Satz 2 AktG; dazu Rz. 16), und für den Antrag auf Bestellung eines Gründungsprüfers (§ 33 Abs. 3 Satz 2 AktG;[192] dazu Rz. 26, 136), ebenfalls mit privatschriftlicher Vollmacht.

Streitig ist, ob für **Prokuristen** von Gründern eine Vollmacht nach § 23   142
Abs. 1 Satz 2 AktG zu fordern ist[193] oder ob entspr. der hM[194] der Nachweis ihrer Vertretungsberechtigung durch das Handelsregister genügt (§ 9 Abs. 3 Satz 2 HGB); die Streitfrage hat beschränkte praktische Bedeutung, da der Gründer oder sein gesetzlicher Vertreter in jedem Falle die Handelsregisteranmeldung persönlich unter notarieller Beglaubigung vornehmen muss, was im Zusammenhang mit der Einreichung des persönlich zu unterzeichnenden Gründungsberichtes dem Schutzzweck von § 23 Abs. 1 Satz 2 AktG genügt.

Fehlt die Vollmacht in der vorgeschriebenen Form, ist die gleichwohl beurkundete Feststellung der Satzung schwebend unwirksam,[195] es sei denn sie existiert bereits formgerecht im Zeitpunkt der Beurkundung und wird der Gründungsurkunde nachträglich beigefügt.[196] Der ohne wirksame Vollmacht vertretene Gründer kann die Feststellungserklärung aber in notariell beglaubigter Form genehmigen[197](§ 182 Abs. 2 BGB trifft nicht zu[198]); dies gilt aber nicht im Falle einer Einpersonengründung (dazu Rz. 300 ff.), bei der die vollmachtslose Vertretung die Satzungsfeststellung nicht nur schwebend unwirksam sondern nichtig macht (§ 180 Satz 1 BGB), weshalb die Beurkundung der Satzungsfeststellung nach Ausstellung einer formwirksamen Vollmacht zu wiederholen ist (§ 141 Abs. 1 BGB).[199]

bb) Gesetzliche Vertreter von Gründern. Für Gründer, die keine natür-   143
lichen Personen sind, oder als natürliche Personen für die Gründung nicht geschäftsfähig sind (dazu Rz. 73), können nur deren gesetzliche Vertreter (bzw. Organe) handeln bzw. sich hierzu – soweit für die einzelnen Gründungshandlungen zulässig (dazu Rz. 142) – durch Bevollmächtigte vertreten lassen. Wer gesetzlicher Vertreter ist, ergibt sich aus den für den Gründer geltenden Bestim-

---

[190] HM; BayObLG 3 Z 29/86 v. 12. 6. 1986, NJW 1987, 136; BayObLG 3 Z 134/86 v. 13. 11. 1986, DB 1987, 215; *Hüffer* AktG § 36 Rz. 4 mwN, MünchKomm. AktG/Bd. 1/ *Pentz* § 36 Rz. 26 mwN; aA mit unterschiedlichen Ausnahmen: OLG Köln 2 Wx 53/86 v. 1. 10. 1986, NJW 1987, 135; KG 1 b X 232/32 v. 21. 4. 1932, JW 1932, 2620.
[191] Allgemeine Meinung; *Hüffer* AktG § 30 Rz. 2; MünchKomm. AktG/Bd. 1/*Pentz* § 30 Rz. 12 mwN.
[192] IdF v. Art. 1 Nr. 2 TransPubG.
[193] So überzeugend MünchKomm. AktG/Bd. 1/*Pentz* § 23 Rz. 18; im Ergebnis auch Kölner Komm./*Kraft* § 23 Rz. 27.
[194] *Hüffer* AktG § 23 Rz. 12 mwN.
[195] MünchKomm. AktG/Bd. 1/*Pentz* § 23 Rz. 15.
[196] MünchKomm. AktG/Bd. 1/*Pentz* § 23 Rz. 17.
[197] *Hüffer* AktG § 23 Rz. 12.
[198] MünchKomm. AktG/Bd. 1/*Pentz* § 23 Rz. 16.
[199] MünchKomm. AktG/Bd. 1/*Pentz* § 23 Rz. 176 mwN; *Baumbach/Hueck/Fastrich* § 2 Rz. 18 mwN.

§ 2 144–146   Die Gründung und die Entstehung durch Umwandlung

mungen des privaten oder öffentlichen Rechtes, ggf. auch des Auslandes (dazu auch Rz. 74 f.). Ihre Vertretungsmacht weisen sie dem Notar und dem Gericht zB durch beglaubigte Auszüge aus Handelsregistern oder anderen öffentlichen Registern, durch Bestellungsurkunden oder sonstigen Legitimationsurkunden nach; die Form bestimmt sich nach dem jeweiligen Vertretungsrecht und nicht nach § 23 Abs. 1 Satz 2 AktG.[200] Die Vertretung einer Gesellschaft des bürgerlichen Rechtes (zur Gründerfähigkeit Rz. 78) wird mangels öffentlichem Register regelmäßig durch den Gesellschaftsvertrag nachgewiesen.[201]

b) Familiengericht

144 Für Geschäftsunfähige (§ 104 BGB) und Minderjährige (§ 106 BGB) können nur ihre gesetzlichen Vertreter (§ 107 BGB) die Gründungshandlungen vornehmen, die hierzu der Genehmigung des Familiengerichts bedürfen (§§ 1822 Nr. 3, 1643 Abs. 1 BGB). Die Genehmigung ist Eintragungsvoraussetzung, deren Vorliegen vom Registergericht zu überprüfen ist (§ 38 Abs. 1 AktG), inhaltlich aber bindend ist, ebenso wie ein Negativtestat des Vormundschaftsgerichtes, wonach Genehmigung nicht erforderlich ist.[202]

c) Genehmigungsbehörde

145 Wenn der Gegenstand des Unternehmens (§ 23 Abs. 3 Nr. 2 AktG; dazu Rz. 337 f.) oder eine andere Satzungsbestimmung[203] einer staatlichen Genehmigung bedarf (wegen damit verbundener qualifizierter Gründerfähigkeit s. Rz. 85 f.), musste bisher die Genehmigungsurkunde der Handelsregisteranmeldung beigefügt werden; dieses Erfordernis ist durch das MoMiG entfallen (dazu Rz. 34, 48). Dennoch verbleibt es zum Betrieb des Unternehmens bei der Notwendigkeit der Genehmigung. Wird sie nicht eingeholt, richten sich die Folgen nach Spezialgesetzen (Rz. 146) und können bis zur Untersagung des Betriebes des Unternehmens führen. Adressat der Genehmigung kann nur die (Vor-)Gesellschaft sein, nicht jedoch die Gründer oder Organe, auch wenn es auf deren subjektive Voraussetzungen ankommt.[204] Welche Behörde für die Erteilung der Genehmigung zuständig ist, ergibt sich aus den für folgende Unternehmensgegenstände geltenden Bestimmungen (alphabetisch):[205]

146 Arzneimittelherstellung (§ 13 ArzneimittelG); Baubetreuer, Bauträger (§ 34 c GewO); Bewachungsgewerbe (§ 34 a GewO); Gast- und Schankwirtschaften als konkretes Objekt (§ 2 GastG), nicht allgemein „Betrieb von Gaststätten" (§ 3 Abs. 1 GastG);[206] Güterbeförderung (gewerbl.) durch Kfz. (§ 8 GüKG);

---

[200] *Hüffer* AktG § 23 Rz. 13; MünchKomm. AktG/Bd. 1/*Pentz* § 23 Rz. 22.

[201] So MünchKomm. AktG/Bd. 1/*Pentz* § 23 Rz. 24, wo der Praxis gleichwohl die Vorlage von Vollmachten aller übrigen Gesellschafter in der Form von § 23 Abs. 1 Satz 2 AktG empfohlen wird.

[202] So für den ähnlich gelagerten Fall der Genehmigungen nach § 37 Abs. 4 Nr. 5 AktG *Hüffer* AktG § 37 Rz. 13 mwN.

[203] Ein Fall der Genehmigungspflicht „anderer Satzungsbestimmungen" als des Unternehmensgegenstandes ist durch das nunmehr ausnahmslose Verbot der Mehrstimmrechtsaktien mit Streichung von § 12 Abs. 2 Satz 2 AktG durch KonTraG weggefallen.

[204] *Hüffer* AktG § 37 Rz. 13 mwN.

[205] Siehe a. *Hüffer* AktG § 37 Rz. 14 mwN; MünchKomm. AktG/Bd. 1/*Pentz* § 37 Rz. 84.

[206] OLG Ffm. 20 W 49/79 v. 30. 8. 1979, OLGZ 1979, 493, WM 1980, 22; *Hüffer* AktG § 37 Rz. 14; MünchKomm. AktG/Bd. 1/*Pentz* § 37 Rz. 84 mwN.

B. Gründung der AG nach AktG   147, 148 § 2

Handwerk (Eintragung in Handwerksrolle; § 1 Abs. 1 HandwerksO);[207] Kreditinstitut (§ 32 KWG); Luftfahrzeugbetrieb zur gewerbl. Personen- oder Güterbeförderung (§ 20 LuftverkehrsG); Makler (§ 34 c GewO); Patentanwaltsgesellschaft (§§ 59 ff. BRAO analog, dazu Rz. 85); Personenbeförderung (§ 2 PersBefG); Pfandleihgewerbe (§ 34 GewO); Privatkrankenanstalt (§ 30 GewO); Rechtsanwaltsgesellschaft (§§ 59 ff. BRAO analog, dazu Rz. 85); Spielbank, Spielhalle (§§ 33 h f. GewO; Landesrecht); Steuerberatungsgesellschaft (§ 49 Abs. 1 StBerG); Versicherungsunternehmen (§ 5 VAG); Versteigerungsunternehmen (§ 34 b GewO); Waffengeschäfte (§§ 7, 27 WaffenG); Wahrnehmung von Urheberrechten und verwandten Schutzrechten (§§ 1, 2 UrhWG); Wirtschaftsprüfungsgesellschaft (§ 27 Abs. 1 WPO).

d) Industrie- und Handelskammer

Die Rolle der früher im Gründungsverfahren immer eingeschalteten IHK ist in letzter Zeit schrittweise gesetzlich gemindert worden.[208] Heute kommt nur noch ausnahmsweise eine Anhörung auf Initiative des Registergerichts in Frage, zB wegen Zulässigkeit oder Verwechslungsgefahr der Firma. Das Registergericht benachrichtigt aber die IHK von der Eintragung der Gesellschaft.[209]   **147**

5. Mittelbar von der Gründung Betroffene

a) Bundesanzeiger und andere Bekanntmachungsmedien

Das Registergericht hat die Eintragung der Gesellschaft in das Handelsregister durch den elektronischen BAnz bekanntzumachen. Bis Ende 2008 war Papierform erforderlich, wobei die Bekanntmachung in einer Tageszeitung oder einem sonstigen Blatt zu erfolgen hatte (Art. 61 Abs. 4 EGHGB, s. Rz. 65). Neben dem gesamten Inhalt der Eintragung umfasst die Bekanntmachung die in § 39 AktG aufgeführten weiteren Angaben (dazu Rz. 64). Die gerichtliche Bekanntmachung erfolgt von Amts wegen, die Kosten sind gering: Die elektronische Bekanntmachung kostet pauschal 1 Euro (§ 137 Abs. 1 KostO; dazu Rz. 129). Soll die Gesellschaft wie üblich die Bekanntmachungskosten tragen, müssen sie in der Satzung – auch wenn sie gering sind – festgesetzt werden (§ 26 Abs. 2 AktG; dazu Rz. 347). Ausnahmsweise kann es vor der Eintragung der Gesellschaft auch zu Bekanntmachungspflichten der Vorgesellschaft kommen, nämlich betreffend die Zusammensetzung des Aufsichtsrats im Hinblick auf Mitbestimmungsfragen (§§ 30 Abs. 3 Satz 2, 31 Abs. 3 Satz AktG, dazu Rz. 105) und nach hM,[210] falls sie bereits im Gründungsstadium eine Mitteilung nach § 20 Abs. 1 oder 4 AktG über das Bestehen von unternehmerischer Beteiligung auf Gründerseite von mehr als 25 % bzw. 50 % erhält (§ 20 Abs. 6 Akt). Diese Bekanntmachungen der Vorgesellschaft müssen im elektronischen   **148**

---

[207] BGH II ZB 49/87 v. 9.11. 1987, NJW 1988, 1087; *Hüffer* AktG § 37 Rz. 15 mwN; MünchKomm. AktG/Bd. 1/*Pentz* § 37 Rz. 85.
[208] Bis zum Inkrafttreten des TransPubG, Gesetz zur weiteren Reform des Aktien- und Bilanzrechts, zu Transparenz und Publizität (Transparenz- und Publizitätsgesetz) v. 25. 7. 2002, BGBl. I, 2681 war die IHK noch zwingend bei der Bestellung von Gründungsprüfern einzuschalten, bis zum HRefG v. 22. 6. 1998 auch zwingend bei jeder Gründung anzuhören, insbes. zu Fragen der Firma und des Gegenstandes.
[209] *Balser/Bokelmann/Ott/Piorreck/Piorreck* S. 63 Tz. 2 c.
[210] *Hüffer* AktG § 20 Rz. 2 mwN; MünchKomm. AktG/Bd. 1/*Pentz* § 20 Rz. 10 mwN; MünchHdb. GesR/Bd. 4/*Hoffmann-Becking* § 3 Rz. 24 mwN.

§ 2   149–151   Die Gründung und die Entstehung durch Umwandlung

Bundesanzeiger veröffentlicht werden. Die vom Gesetz vorgegebenen und freiwillig durch die Satzung ergänzbaren Gesellschaftsblätter für die Pflichtmitteilungen nach Gesetz und Satzung dürfen nicht verwechselt werden einerseits mit den vorstehend behandelten gerichtlichen Bekanntmachungsblättern (§§ 10 f. HGB) und andererseits mit den seltenen sog. freiwilligen Bekanntmachungen der Gesellschaft, für welche die Satzung zwingend „Bestimmungen über die Form der Bekanntmachungen" enthalten muss (§ 23 Abs. 4 AktG; dazu Rz. 343).

b) Erster Abschlussprüfer

149   Die Gründer haben zu notarieller Urkunde den Abschlussprüfer für das erste Voll- oder Rumpfgeschäftsjahr zu bestellen (§ 30 Abs. 1 AktG), falls die Satzung unabhängig von einer gesetzlichen Prüfungspflicht die Abschlussprüfung vorschreibt oder bereits für diesen Zeitraum mit einer gesetzlichen Prüfungspflicht zu rechnen ist, weil für den ersten Abschlussstichtag das Überschreiten der Kriterien einer kleinen Kapitalgesellschaft zu erwarten ist (§ 316 Abs. 1 iVm. § 267 Abs. 1, 4 Satz 2 HGB), was die Ausnahme sein dürfte. Für das Bestellungsverfahren gelten im Übrigen die Grundsätze wie für die Bestellung des ersten Aufsichtsrates (dazu Rz. 15, 98 f.), jedoch mit dem Unterschied, dass bei Unterlassen der Bestellung das Gericht die Gesellschaft gleichwohl eintragen muss, da sich die Bedeutung der Bestellung durch die Gründer auf die Ersparnis einer Hauptversammlung eigens hierfür beschränkt.[211] Nach Eintragung der Gesellschaft kann in diesem Fall das Gericht die Bestellung auf Antrag vornehmen (§ 318 Abs. 4 HGB), falls nicht doch noch eine Hauptversammlung zur Bestellung einberufen wird (die Bestellungskompetenz der Gründer ist mit der Eintragung beendet).

c) Finanzamt

150   Von der Gründungsurkunde (§ 23 AktG; dazu Rz. 10) hat der Notar binnen zwei Wochen und vor der Ausgabe von Ausfertigungen oder beglaubigten Abschriften an die Beteiligten dem für die KSt. der Gesellschaft zuständigen Finanzamt (§ 20 AO) eine beglaubigte Abschrift zu übersenden (§ 54 EStDV). Von der Eintragungsverfügung benachrichtigt das Gericht dieses Finanzamt von Amts wegen.[212] Ebenso hat der Notar bei der Beurkundung über Sacheinlagen oder Sachübernahmen (§ 27 AktG; dazu Rz. 12, 200 ff., 226 ff.), die ein inländisches Grundstück betreffen, hiervon Anzeige unter Übersendung einer Urkundenabschrift an das für die Grunderwerbsteuer zuständige Finanzamt zu erstatten (§ 18 GrEStG).

d) Für die Gründung verantwortliche Dritte

151   Neben den im AktG aufgeführten Schadenersatzpflichten der Gründer (§ 46 Abs. 1 bis 4 AktG; dazu Rz. 266 f.), von Vorstand und Aufsichtsrat (§ 48 AktG; dazu Rz. 281, 286) und der Gründungsprüfer (§ 49 AktG; dazu Rz. 287) bestimmt das AktG folgende weitere Personen mit Verantwortlichkeit und gesamtschuldnerischer Ersatzpflicht an die Gesellschaft für Schäden aus Anlass der Gründung:

---

[211] *Hüffer* AktG § 30 Rz. 10.; MünchKomm. AktG/Bd. 1/*Pentz* § 30 Rz. 47 mwN.
[212] *Balser/Bokelmann/Ott/Piorreck/Piorreck* S. 63 Tz. 2 c.

B. Gründung der AG nach AktG

aa) Treugeber von Gründern. Neben den Gründern sind in gleicher Weise wie diese (§ 46 Abs. 1 bis 4 AktG; dazu Rz. 266 f.) Personen verantwortlich und schadenersatzpflichtig, für deren Rechnung jemand als Gründer Aktien übernommen hat (§ 46 Abs. 5 AktG; dazu Rz. 273). Dies macht das Vorschieben eines sog. Strohmannes als Gründer für den Treugeber zu einem riskanten Unterfangen, wenn es sich beim Treuhänder um eine zweifelhafte Person in Bonität, Erfahrung oder charakterlicher Zuverlässigkeit handelt.

bb) Empfänger einer Vergütung für nicht satzungsgemäßen Gründungsaufwand. Nach § 26 Abs. 2 AktG (dazu Rz. 347) ist der Gesamtaufwand für Gründungskosten, die – abweichend vom Grundsatz der persönlichen Haftung der im Namen der Vorgesellschaft Handelnden (§ 41 Abs. 1 Satz 2 AktG; dazu Rz. 282 ff.) – von der Gesellschaft getragen werden sollen, in der Satzung festzusetzen. Ohne diese Festsetzung sind Verträge über Gründungsaufwand und die Rechtshandlungen zu ihrer Ausführung der Gesellschaft gegenüber unwirksam (§ 26 Abs. 3 Satz 1 AktG; dazu Rz. 349). Wer gleichwohl von der Gesellschaft eine nicht in den satzungsmäßigen Gründungsaufwand aufgenommene Vergütung empfängt, ist ihr zum Schadenersatz verpflichtet, wenn er wusste oder nach den Umständen annehmen musste, dass die Verheimlichung beabsichtigt war oder erfolgt war (§ 47 Nr. 1 1. Alt. AktG; dazu Rz. 276).

cc) Mitwirkende bei der Verheimlichung von Gründungsaufwand. Der Gesellschaft haftet auch, wer nicht ordnungsgemäß in der Satzung festgesetzten Gründungsaufwand zwar nicht selbst von der Gesellschaft empfängt, aber bei Verheimlichung einer solchen Vergütung an einen Dritten wissentlich mitgewirkt hat (§ 47 Nr. 1 Alt. 2 AktG; dazu Rz. 277). Hier ist an mindestens bedingt vorsätzlich handelnde Ratgeber zu denken.[213]

dd) Mitwirkende bei der Schädigung der Gesellschaft durch Einlagen oder Sachübernahmen. Ebenso haftet als Gesamtschuldner der Gesellschaft, wer im Fall einer vorsätzlichen oder grobfahrlässigen Schädigung der Gesellschaft durch Einlagen oder Sachübernahmen an der Schädigung wissentlich mitgewirkt hat (§ 47 Nr. 2 AktG; dazu Rz. 278).

ee) Emittenten. Mit der sog. Emittentenhaftung (§ 47 Nr. 2 AktG) wird erfasst, wer vor Eintragung der Gesellschaft oder innerhalb von zwei Jahren danach die Aktien öffentlich ankündigt, um sie am Markt einzuführen,[214] wenn er kannte oder bei Anwendung der Sorgfalt eines ordentlichen Geschäftsmannes kennen musste, dass die Angaben, die zur Gründung der Gesellschaft gemacht worden sind (§ 46 Abs. 1 AktG; dazu Rz. 279), unrichtig oder unvollständig sind oder die Gesellschaft durch Einlagen oder Sachübernahmen geschädigt ist (§ 46 Abs. 2 AktG; dazu Rz. 279).

IV. Das Grundkapital und seine Aufbringung

1. Das Grundkapital und seine Zerlegung in Aktien

a) Das Grundkapital

Die AG ist eine Gesellschaft mit eigener Rechtspersönlichkeit, für deren Verbindlichkeiten den Gläubigern nur das Gesellschaftsvermögen haftet (§ 1 Abs. 1 AktG). Die Rechtspersönlichkeit wird vom Gericht durch die Eintra-

---

[213] MünchKomm. AktG/Bd. 1/*Pentz* § 47 Rz. 18.
[214] *Hüffer* AktG § 47 Rz. 9.

gung in das Handelsregister verliehen, durch welche die AG als solche entsteht (§ 41 Abs. 1 Satz 1 AktG). Als Voraussetzung für das Haftungsprivileg der Aktionäre muss die AG ein in Aktien zerlegtes Grundkapital haben (§ 1 Abs. 2 AktG), das auf einen Nennbetrag in Euro lauten und mindestens 50.000,– Euro betragen muss (§ 7 AktG), falls nicht aufgrund eines anderen Gesetzes wegen des Unternehmensgegenstandes ein höheres Grundkapital gefordert ist (zB § 2 Abs. 4 UBBG, §§ 1 Abs. 3, 2 Abs. 2 KAGG).[215] Die Gründer müssen in der Satzung das Grundkapital festsetzen, auch wenn es nicht höher als der Mindestbetrag sein soll (§ 23 Abs. 3 Nr. 3 AktG; dazu Rz. 341).

b) Zerlegung in Aktien

160 Das Grundkapital muss in der Satzung in mindestens so viele Aktien zerlegt werden (§ 23 Abs. 3 Nr. 4 AktG), dass jeder Gründer eine Aktie übernehmen kann (§ 23 Abs. 2 Nr. 2 AktG); bei der Einpersonengründung (§ 2 AktG; dazu Rz. 300 ff.) genügt also eine Aktie. Die Gründer können auch mehrere Aktien übernehmen, was die Regel ist (§ 23 Abs. 2 Nr. 2 AktG). Die Zahl der Aktien ist nach oben begrenzt durch den Mindestnennbetrag von einem Euro für die Nennbetragsaktien (§ 8 Abs. 2 Satz 1 AktG) und den entsprechenden Mindestanteil der Stückaktien am Grundkapital (§ 8 Abs. 3 Satz 3 AktG). Im Falle einer Gründung mit dem Mindestgrundkapital von 50.000,– Euro kann dieses also in höchstens 50.000 Aktien zerlegt werden.

161 Werden **Nennbetragsaktien** als Aktienform in der Satzung festgelegt und ist ihr Nennbetrag höher als ein Euro, beschränkt sich hierdurch die Zahl der Aktien ebenfalls, da die Summe der Aktiennennbeträge dem Nennbetrag des Grundkapitals (§ 6 AktG) entsprechen muss (§ 8 Abs. 4 AktG). Bei einem Grundkapital von 50.000,– Euro und einem Nennbetrag sämtlicher Aktien von 10,– Euro ergeben sich also zwingend 5.000 Aktien. Da das Grundkapital in der Satzung auch in Aktien mit unterschiedlichen Nennbeträgen zerlegt werden kann (§ 23 Abs. 3 Nr. 4 AktG), bestimmt sich auch hierdurch zwingend die Zahl der Aktien; zB bei der Zerlegung eines Grundkapitals von 50.000,– Euro je zur Hälfte in Aktiennennbeträge von einem Euro und zehn Euro ergeben sich 25.000 Aktien im Nennbetrag von einem Euro und 2.500 von zehn Euro. Ein Nebeneinander der beiden Aktienformen Nennbetragsaktien und Stückaktien ist unzulässig (§ 8 Abs. 1 AktG: „entweder ... oder") und wäre sinnwidrig (im Übrigen wird zum Unterschied zwischen den beiden Aktienformen auf § 3 Rz. 4 ff. verwiesen).

c) Ausgabebetrag

162 Um die Übereinstimmung des Grundkapitals mit der Summe der auf die einzelnen Aktien zu leistenden Einlagen der Gründer (Ausgabebetrag; §§ 23 Abs. 2 Nr. 2, 54 Abs. 1 AktG) zu gewährleisten, dürfen Aktien für einen geringeren Betrag als den Nennbetrag oder den auf die einzelnen Stückaktien entfallenden anteiligen Betrag des Grundkapitals nicht ausgegeben werden (geringster Ausgabebetrag, § 9 Abs. 1 AktG). Für einen höheren Betrag ist die Ausgabe zulässig (§ 9 Abs. 2 AktG). Der den geringsten Ausgabebetrag übersteigende Teil wird auch Aufgeld oder Agio genannt. Er wird nicht Teil des Grundkapi-

---

[215] Weitere Sonderbestimmungen: Großkomm. AktG/*Brändel* § 7 Rz. 22 ff.; Münch-Komm. AktG/Bd. 1/*Heider* § 7 Rz. 15 ff.

B. Gründung der AG nach AktG   163, 164 § 2

tals, sondern ist als Kapitalrücklage unter dem Hauptposten Eigenkapital der Bilanz auszuweisen (§ 266 Abs. 3 A. II. iVm. § 272 Abs. 2 Nr. 1 HGB; dazu Rz. 412 f., § 11 Rz. 186). Der Ausgabebetrag muss in der Gründungsurkunde neben der Feststellung der Satzung bestimmt werden (§ 23 Abs. 2 Nr. 2 AktG; dazu Rz. 13).

Bei der **rechtlichen Behandlung** eines höheren Ausgabebetrages sind die Fälligkeitsregeln (bei Bareinlage: § 36 a Abs. 1 AktG; dazu Rz. 172 ff.; bei Sacheinlage: § 36 a Abs. 1 Sätze 1, 3 AktG; dazu Rz. 209 ff.) und bei Sacheinlagen auch die Frage nach der Auswirkung von Überbewertungen von Bedeutung (Normkonflikt zwischen § 36 a Abs. 2 Satz 3 und § 38 Abs. 2 Satz 2 AktG; dazu Rz. 209 ff.). Zudem spielen der vom Grundkapital abweichende Bilanzausweis (dazu Rz. 162) und die anderen Bestimmungen zur Kapitalerhaltung (§ 150 AktG; dazu § 8 Rz. 9 ff.) eine Rolle. Die **wirtschaftliche Bedeutung** des Agio im Rahmen der Kapitalaufbringung liegt neben den Folgen der vorgenannten Rechtsauswirkungen und der aus dem Bilanzausweis folgenden Bilanzoptik (Ausweis von offenen Reserven) vor allem in der Möglichkeit, durch unterschiedliche Ausgabebeträge zwischen den Einlageleistungen der einzelnen Gründer zu differenzieren. Wichtigste Fälle sind das Zusammentreffen von unterbewerteten Sacheinlagen (zumeist aus steuerlichen Gründen; dazu Rz. 422) mit Bareinlagen anderer Gründer oder von unterschiedlich bewerteten Sacheinlagen. Hier gebieten die in den unterbewerteten Sacheinlagen steckenden stillen Reserven wirtschaftlich einen höheren Ausgabebetrag für die übrigen Gründer. Aber auch zwischen Gründern mit Bareinlagen kann ein unterschiedlicher Ausgabebetrag wirtschaftlich naheliegen, wenn zB einer der Gründer sich zu nicht als Sacheinlage zugelassenen Dienstleistungen (§ 27 Abs. 2 Halbsatz 2 AktG; dazu Rz. 198) verpflichtet oder nur schwer einer Bewertung zugängliches Know-how einbringen soll.

2. Aufbringung des Grundkapitals (Übersicht)

Die Festsetzung des Grundkapitals und seiner Zerlegung in Aktien in der Satzung und die Bestimmung des Ausgabebetrages sowie die Übernahme der Aktien durch die Gründer in der Gründungsurkunde ist nur die rechtliche Grundvoraussetzung für die Eintragungsfähigkeit der AG. Zusätzlich trifft das Gesetz vielfältige Vorkehrungen dafür, dass die Einlagen auf das Grundkapital auch zur Zeit der Eintragung tatsächlich wirtschaftlich vollwertig und endgültig erbracht oder wenigstens rechtlich sichergestellt sind (Kapitalaufbringung) und nach Eintragung nicht wieder an die Einleger zurückfließen (Kapitalerhaltung; siehe dazu § 8). Die gesetzlichen Vorkehrungen für die Kapitalaufbringung umfassen neben der eigentlichen Einlageverpflichtung besondere Sorgfalts- und Prüfungspflichten der für die Gründung Verantwortlichen, die durch Haftungsbestimmungen und auch strafrechtlich abgesichert sind. Dabei unterscheidet das Gesetz bei seiner Vorsorge für die Kapitalaufbringung in vielen Punkten zwischen den beiden Grundformen der Einlage auf den Ausgabebetrag der von den Gründern übernommenen Aktien, nämlich zwischen der Geldeinlage (sog. Bareinlage) und der Sacheinlage, zu denen Sonderformen der Sacheinlage und Kombinationen von Bareinlage und Sacheinlage treten. Außerdem gibt es zur Sicherung der realen Kapitalaufbringung Regelungen, die systematisch eher zur Kapitalerhaltung gehören, aber als Sicherung vor Umgehung der strengen Trennung in den Anforderungen an Bareinlagen und

§ 2   **165**   Die Gründung und die Entstehung durch Umwandlung

Sacheinlagen und deren Offenlegung zu verstehen sind. Es sind dies die gesetzlichen Bestimmungen über die Sachübernahme und über die Nachgründung sowie das von der Rechtsprechung entwickelte Verbot der verdeckten Sacheinlage.

Diese Bestimmungen zur Kapitalaufbringung und zur Vermeidung von Umgehungen werden vorab zur Übersicht in einem Schaubild dargestellt.

165

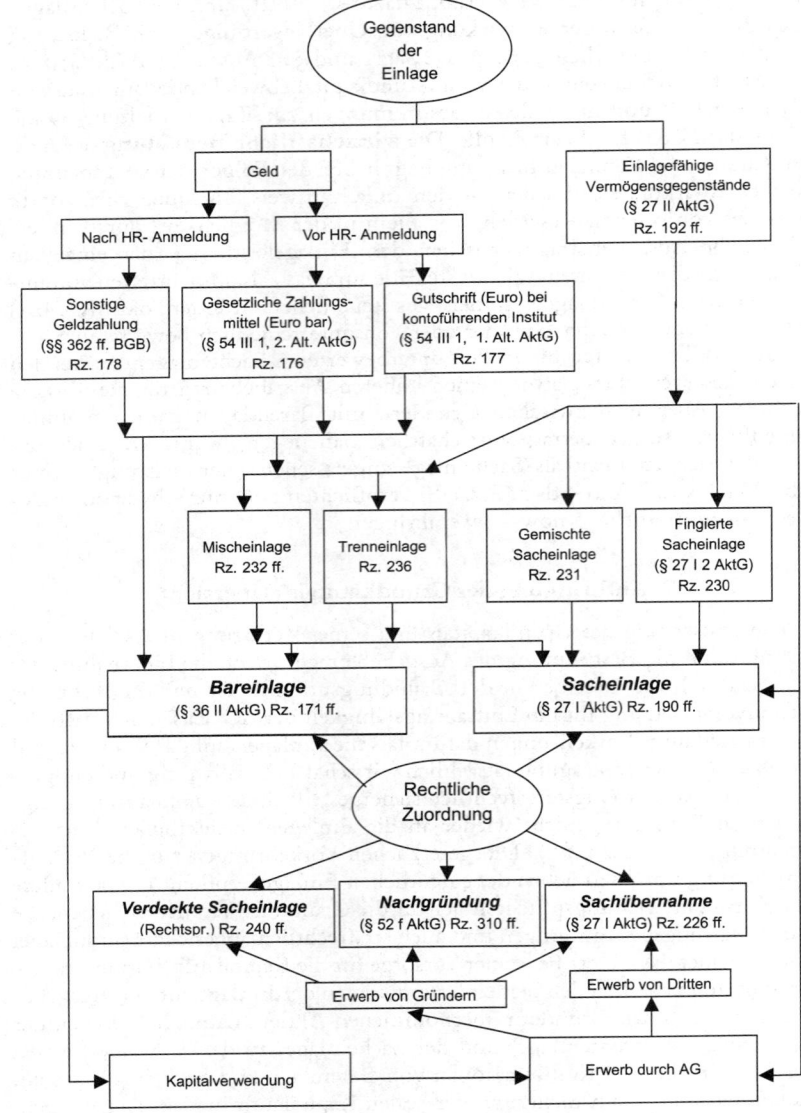

B. Gründung der AG nach AktG

3. Bareinlagen
a) Begriff

Wenn das Gesetz teilweise von Geldeinlage spricht (§ 36 Abs. 2 Satz 2 AktG; **171** dazu Rz. 301), teils weniger modern, aber dem überwiegenden juristischen Sprachgebrauch folgend, von Bareinlage (§ 36 a Abs. 1 AktG; dazu Rz. 172), meint es das Gleiche (zu den Zahlungsformen Rz. 175 ff.). Teilweise wird diese Einlageform im AktG auch negativ umschrieben, zB indem es heißt: „Soweit nicht in der Satzung Sacheinlagen festgesetzt sind, haben die Aktionäre den Ausgabebetrag der Aktien einzuzahlen" (§ 54 Abs. 2 AktG; ähnlich § 36 Abs. 2 Satz 1 AktG; dazu Rz. 180). Hieraus folgt, dass die Bareinlage die gesetzliche Regel ist und die Sacheinlage die Ausnahme. In diesem Sinne muss die Satzung und die Übernahmeerklärung der Gründer auch keine Festsetzung als Geldeinlage enthalten, da sich dies von Gesetzes wegen ergibt (§ 54 Abs. 2 AktG).

b) Zeitpunkt der Leistung
aa) Gesetzliche Mindesteinzahlung. Das Gesetz verlangt als Vorausset- **172** zung für die Zulässigkeit der Handelsregisteranmeldung (dazu Rz. 35, 181) eine geleistete Mindesteinzahlung auf jede Aktie, die ein Viertel des geringsten Ausgabebetrages (§ 9 Abs. 1 AktG; dazu Rz. 162) und bei einem höheren Ausgabebetrag (§ 9 Abs. 2 AktG; dazu Rz. 162) den vollen Mehrbetrag (Agio) umfasst (§ 36 Abs. 2 Satz 1 iVm. § 36 a Abs. 1 AktG).[216] Diese gesetzliche Mindesteinzahlung muss weder in der Satzung noch sonst in der Gründungsurkunde festgesetzt werden, da die nach § 23 Abs. 2 Nr. 3 AktG verlangte Angabe des eingezahlten Betrages des Grundkapitals sich nur auf die in der Praxis seltenen Einzahlungen bis zum Tage der Errichtung der Gesellschaft (§ 29 AktG) bezieht.[217] Für die **Fälligkeit** der Mindesteinzahlung ist die Einforderung durch den Vorstand Voraussetzung, die aber nicht der Bekanntmachungsform iSv. § 63 Abs. 1 Satz AktG bedarf, es sei denn, ein Gründer bleibt nach formfreier Einforderung mit der Einlage säumig.[218] Die Einforderung durch den Vorstand kann durch eine Fälligkeitsregelung im Gründungsprotokoll (dazu Rz. 173) entfallen,[219] was jedoch nur bis zur Eintragung der Gesellschaft wirken kann, da der Vorstand anschließend unabdingbar frei ist, jederzeit die ausstehende Einlage einzufordern (§ 63 Abs. 1 AktG; zur zulässigen Bindung an die Zustimmung des Aufsichtsrates Rz. 173).[220]

bb) Fälligkeitsregelung im Gründungsprotokoll. Es empfiehlt sich in **173** jedem Fall eine solche Festsetzung, da str. ist, ob der Vorstand bei deren Fehlen nur die gesetzliche Mindesteinzahlung einfordern darf,[221] oder ob der Vorstand dann ein Ermessen hat, mehr als die gesetzliche Mindesteinzahlung einzufordern, wofür § 63 AktG spricht.[222] Im Gründungsprotokoll sollte im Hinblick

---

[216] Abweichend bei GmbH: Wie bei AG ein Viertel des Nennbetrages der Stammeinlage, aber keine Eintragungsvoraussetzung für das Agio (§ 7 Abs. 2 GmbHG).
[217] HM; so MünchKomm. AktG/Bd. 1/*Pentz* § 23 Rz. 62 unter Hinweis auf die EG-Kapitalrichtlinie mwN.
[218] *Hüffer* AktG § 63 Rz. 2 mwN.
[219] MünchHdb. GesR/Bd. 4/*Hoffmann-Becking* § 3 Rz. 11.
[220] *Hüffer* AktG § 63 Rz. 5 mwN.
[221] So MünchHdb. GesR/Bd. 4/*Wiesner* § 16 Rz. 9 mwN.
[222] So MünchKomm. AktG/Bd. 1/*Pentz* § 36 Rz. 43; Großkomm. AktG/*Röhricht* § 36 Rz. 45.

auf diese unklare Rechtslage genau geregelt werden, ob die Einzahlungspflicht der Gründer bis zur Eintragung auf die gesetzliche Mindesteinzahlung beschränkt sein soll oder ob eine höhere Einzahlung bereits verbindlich festgelegt oder in das Ermessen des Vorstandes gestellt wird; Letzteres kann in der Satzung oder durch Aufsichtsratsbeschluss von der Zustimmung des Aufsichtsrates abhängig gemacht werden (§ 111 Abs. 4 Satz 2 AktG).[223]

174 **cc) Freiwillige Überzahlung.** Wird mehr als der eingeforderte Betrag eingezahlt, wirkt dies für den noch nicht eingeforderten Teil des Ausgabebetrages schuldbefreiend, was seit der Anerkennung der Unterbilanzhaftung für die AG (dazu Rz. 269 ff.) hM ist.[224] Durch Überzahlung auf eine Aktie kann aber nicht eine Unterzahlung auf eine andere Aktie dieses oder eines anderen Gründers ausgeglichen werden; da § 36 Abs. 2 die Einzahlung auf jede Aktie verlangt, kann die Anmeldung nicht erfolgen.

c) Formen der Einzahlung

175 **aa) Übersicht.** Die Einzahlung des vor Anmeldung der Gesellschaft (§§ 36 ff. AktG; dazu Rz. 35, 172, 181) eingeforderten Betrages kann nach § 54 Abs. 3 Satz 1 AktG entweder durch gesetzliche Zahlungsmittel (dazu Rz. 176) oder durch Gutschrift auf ein Konto bei einem hierzu zugelassenen Institut (dazu Rz. 177) erbracht werden, beides zur freien Verfügung des Vorstandes (dazu Rz. 179 f.). Diese Vorschrift unterstellt nach dem Wortlaut die ordnungsgemäße Einforderung und Einzahlung vor Eintragung, muss aber entsprechend dem Schutzzweck auch für pflichtwidrig nach der Anmeldung, aber noch vor der Eintragung eingegangene Einlagen gelten.[225] Einzahlungen nach Eintragung, insbesondere der später eingeforderte Teil des Ausgabebetrages, unterliegen nicht der besonderen Formstrenge des § 54 Abs. 3 AktG.[226] Dann gelten für die Schuldbefreiung die allgemeinen Bestimmungen des Schuldrechts (§§ 362 ff. BGB);[227] zB Zahlung auf Auslandskonto der AG außerhalb des EWR wird anders als vor Eintragung (dazu Rz. 177) zulässig.[228] Sämtliche Einzahlungsverpflichtungen unterliegen einem Aufrechnungsverbot (§ 66 Abs. 1 Satz 2 AktG).

176 **bb) Gesetzliche Zahlungsmittel.** Dies sind ausschließlich Banknoten und Münzen der Europäischen Zentralbank (Euro). Andere Währungen und Scheckzahlung fallen nicht hierunter, können aber durch Gutschrift bei einem kontoführenden Institut nach den dafür geltenden Regeln schuldbefreiend wirken (dazu Rz. 178).[229]

177 **cc) Gutschrift bei kontoführendem Institut.** Nach § 54 Abs. 3 Satz 1 AktG kann die Einlage – als der praktische Regelfall einer Bareinlage – auch durch Gutschrift auf ein Konto bei einem Kreditinstitut oder einem nach § 53 Abs. 1 Satz 1 oder § 53 b Abs. 1 Satz 1 oder Abs. 7 KWG tätigen Unternehmen eingezahlt werden (in § 37 Abs. 1 Satz 3 AktG „kontoführendes Institut" ge-

---

[223] MünchKomm. AktG/Bd. 1/*Pentz* § 36 Rz. 43; Großkomm. AktG/*Röhricht* § 36 Rz. 45.
[224] Großkomm. AktG/*Röhricht* § 36 Rz. 42; *Hüffer* AktG § 36 a Rz. 3 mwN.
[225] Unstr.; *Hüffer* AktG § 54 Rz. 11 mwN.
[226] Großkomm. AktG/*Henze* § 54 Rz. 83 mwN.
[227] *Hüffer* AktG § 54 Rz. 11.
[228] Kölner Komm./*Lutter* § 54 Rz. 61.
[229] *Hüffer* AktG § 54 Rz. 13.

B. Gründung der AG nach AktG 178–180 § 2

nannt; dazu Rz. 130). Das Konto kann entweder auf den Namen der Vorgesellschaft (heute aufgrund der anerkannten Kontofähigkeit der Vorgesellschaft die Regel[230]) oder auch des Vorstandes lauten; im letzteren Fall, mit dem nicht ein Privatkonto eines Vorstandsmitgliedes gemeint ist,[231] gilt die Forderung des Vorstandes aus der Gutschrift als Forderung der Gesellschaft (§ 54 Abs. 3 Satz 2 AktG).

dd) Währung. Das Gesetz schreibt im Gegensatz zur Barzahlung keine bestimmte Währung für die Gutschrift vor. Befreiungswirkung tritt jedenfalls ein, wenn die Gutschrift im Inland in Euro vorgenommen wird. Zudem sind Gutschriften auf gesetzlich zugelassenen Auslandskonten[232] in der dort geltenden Währung zulässig.[233] **178**

d) Zahlung zur freien Verfügung des Vorstands

aa) Voraussetzungen. Die Zahlung nach § 54 Abs. 3 Satz 1 AktG muss zur **179** freien Verfügung des Vorstandes erfolgen. Freie Verfügbarkeit tritt ein, wenn die Einlage aus dem tatsächlichen und rechtlichen Verfügungsbereich des Einlegers in denselben des Vorstandes uneingeschränkt so übergeht, dass dieser darüber im Rahmen seiner Vorstandspflichten unwiderruflich frei verfügen kann.[234] Das Gesetz stellt hierzu klar, dass **Minderungen der Einlage** insoweit unschädlich sind, als bereits zur Bezahlung der bei der Gründung angefallenen Steuern und Gebühren verwandt wurden (§ 36 Abs. 2 Satz 1; dazu auch Rz. 43), was in der Anlage zur Handelsregisteranmeldung nach Art und Höhe der Beträge nachzuweisen ist (§ 37 Abs. 1 Satz 5 AktG; dazu auch Rz. 43). Als Steuer kann bei der Gründung Grunderwerbsteuer anfallen (dazu Rz. 425 ff.); bei einer Bargründung zB durch Sachübernahme eines Grundstücks (§ 27 Abs. 1 Satz 1 AktG; dazu Rz. 226 ff.). Zu den Gründungsgebühren zählen die Notarkosten (dazu Rz. 120 ff.) und die Gerichtskosten, denen auch die Kosten der Bekanntmachung der Eintragung (§ 40 AktG; dazu Rz. 64, 148) und die Kosten des gerichtlich bestellten Gründungsprüfers (§ 33 Abs. 3; dazu Rz. 25 ff., 131 ff.) zuzurechnen sind.[235] Voraussetzung der Unschädlichkeit dieses Gründungsaufwands ist aber immer die Festsetzung der Übernahme durch die Gesellschaft in der Satzung (§ 26 Abs. 2 AktG; dazu Rz. 347). Nicht übernahmefähig sind dagegen beispielsweise Druckkosten für Aktienurkunden, Vermittlungsprovisionen und andere privatrechtliche Verbindlichkeiten.[236] Zu den Auswirkungen der Festsetzung im Zusammenhang mit der Unterbilanzhaftung s. Rz. 183, 269 ff.).

bb) Endgültigkeit. Die Forderung nach freier Verfügung in § 54 Abs. 3 **180** AktG stimmt teilweise mit dem Wortlaut von § 36 Abs. 2 Satz 1 AktG überein, der die Handelsregisteranmeldung für Bareinlagen erst erlaubt, wenn „auf jede Aktie ... der eingeforderte Betrag ordnungsgemäß eingezahlt worden ist (§ 54 Abs. 3) und endgültig zur freien Verfügung des Vorstands steht". Der Unter-

---

[230] *Hüffer* AktG § 54 Rz. 19.
[231] Kölner Komm./*Lutter* § 54 Rz. 41.
[232] § 54 Abs. 3 AktG idF v. Art. 4 Nr. 1 des Gesetzes v. 22. 10. 1997 (BGBl. I, 2667).
[233] MünchKomm. AktG/Bd. 1/*Bungeroth* § 54 Rz. 66 mwN.
[234] *Hüffer* AktG § 36 Rz. 7 mwN.
[235] *Hüffer* AktG § 36 Rz. 10 mwN.
[236] *Hüffer* AktG § 36 Rz. 10 mwN; MünchKomm. AktG/Bd.1/*Pentz* § 36 Rz. 78 mwN.

§ 2   181, 182   Die Gründung und die Entstehung durch Umwandlung

schied liegt also in dem Wort „endgültig".[237] Was noch bei der Einzahlung durch einen Gründer zur freien Verfügung stand, kann bei der Anmeldung inzwischen gebunden sein,[238] aber auch umgekehrt, wenn eine zunächst gebundene Einzahlung zunächst unwirksam ist, aber noch vor der Anmeldung von der Bindung befreit wird, darf angemeldet werden. Die **Bedeutung der freien Verfügbarkeit** nach § 54 Abs. 3 AktG richtet sich daher vor allem auf die Freiheit von Verfügungsbeschränkungen im Verhältnis des einzahlenden Gründers zur Gesellschaft. Außerdem ist sie für den inhaltlichen Gehalt der Bestätigung des kontoführenden Institutes und dessen Haftung nach § 37 Abs. 1 Satz 3 f. AktG (dazu Rz. 182) maßgebend, die naturgemäß auf den begrenzten Kenntnisstand aufgrund der Kontoführung zu konzentrieren und nicht auf eine Stufe zu stellen ist mit der umfassenderen Verantwortlichkeit von Vorstand, Aufsichtsrat und den Gründern bei ihrer Erklärung über die endgültig freie Verfügung.[239] Im Zusammenhang mit dem Gebot der freien Verfügbarkeit steht auch das Aufrechnungsverbot für die Einzahlungsverpflichtungen der Gründer (§ 66 Abs. 1 Satz 2 AktG; dazu Rz. 289).

e) Nachweis der Kapitalaufbringung gegenüber dem Gericht

181   **aa) Erklärungen in der Handelsregisteranmeldung.** Liegen die Voraussetzungen für eine Anmeldung nach § 36 a Abs. 1 iVm. § 36 Abs. 2 AktG vor (dazu Rz. 35, 172 ff.), kann die Anmeldung der Gesellschaft zur Eintragung in das Handelsregister erfolgen (dazu Rz. 35 ff.). Anzumelden haben sämtliche Gründer und Mitglieder des Vorstands und Aufsichtsrats (§ 36 Abs. 1 AktG). In der Anmeldung ist zu erklären, dass die Voraussetzungen des § 36 Abs. 2 und des § 36 a AktG erfüllt sind; dabei sind der Betrag, zu dem die Aktien ausgegeben werden, und der darauf eingezahlte Betrag anzugeben (§ 37 Abs. 1 Satz 1 AktG). Diese Erklärungen sind Tatsachenbehauptungen und für die Prüfung der Eintragungsvoraussetzungen durch das Gericht (dazu Rz. 183) von zentraler Bedeutung.[240] Sie erhalten ihr besonderes Gewicht durch die Strafbarkeit unrichtiger Erklärungen (§ 399 Abs. 1 Nr. 1 und 6 AktG) und durch Schadensersatzpflichten (§§ 46, 48 AktG). Es ist wegen ihrer Bedeutung üblich, die Erklärungen weitgehend entsprechend dem Wortlaut der zugrunde liegenden Bestimmungen auszurichten. Insbesondere die Erklärung, dass der eingezahlte Betrag „endgültig zur freien Verfügung des Vorstands steht," ist unverzichtbar. Daneben haben die Anmeldenden diese freie Verfügbarkeit nachzuweisen. Für den Regelfall der Kontogutschrift ist dieser Nachweis durch eine Bestätigung des kontoführenden Instituts zu erbringen (dazu Rz. 182).

182   **bb) Bestätigung des kontoführenden Instituts.** Die Anforderungen an diese Bestätigung, die Eintragungsvoraussetzung ist (§ 37 Abs. 1 Satz 3 f. AktG), sind umstritten,[241] aber weniger wegen des Inhalts der Erklärung, der sich zumeist am Gesetzeswortlaut ausrichtet, als hinsichtlich der **Schadensersatzfolgen** für das Institut, das ohne Verschulden für die Richtigkeit der Erklärung einsteht (§ 37 Abs. 1 Satz 4 AktG); dabei geht es um die Frage, ob die Bestäti-

---

[237] Hierauf ebenso abstellend: Kölner Komm./*Lutter* § 54 Rz. 46.
[238] Großkomm. AktG/*Röhricht* § 36 Rz. 61.
[239] Streitig; ebenso *Hüffer* AktG § 37 Rz. 3 a mwN über den Meinungsstand.
[240] *Hüffer* AktG § 37 Rz. 3.
[241] *Hüffer* AktG § 37 Rz. 3 a mwN.

B. Gründung der AG nach AktG   183, 184 § 2

gung das gleiche Anforderungsprofil hat wie die Erklärung der Anmeldenden nach § 37 Abs. 1 Satz 1 AktG (dazu auch Rz. 180).

f) Prüfung durch das Gericht

Das Gericht hat zu prüfen, ob die Gesellschaft ordnungsgemäß errichtet **183** (§§ 23, 29 AktG; dazu Rz. 10 ff., 54) und angemeldet (§§ 36 ff. AktG; dazu Rz. 35 ff., 55) ist (§ 38 Abs. 1 Satz 1 AktG; dazu Rz. 53 ff.). Zur ordnungsgemäßen Handelsregisteranmeldung gehören die Erklärungen über die Kapitalaufbringung in der Anmeldung (dazu Rz. 181) und die dazu geforderten Nachweise in deren Anlage (dazu Rz. 181 f.), die neben dem Gründungsbericht (§ 32 AktG; dazu Rz. 18 ff.) und den Gründungsprüfungsberichten (§§ 33 ff. AktG; dazu Rz. 23 bis 29) die eigentlichen Prüfungsgegenstände des Gerichts über die Kapitalaufbringung sind, welche daher in der Regel nur mittelbar vom Gericht zu prüfen ist (§ 38 Abs. 2 Satz 1 AktG; dazu Rz. 56). Zum Prüfungsumfang des Gerichts gehört dabei die Feststellung, dass zum Zeitpunkt der Anmeldung[242] keine Unterbilanz (dazu Rz. 270, 415) besteht; dies folgt auch aus dem Gebot der endgültigen freien Verfügbarkeit der Mindesteinlagen (§§ 36 Abs. 2 Satz 1, 36 a Abs. 1; 37 Abs. 1 AktG; dazu Rz. 172 ff.). Eine Unterbilanz im Zeitpunkt der Anmeldung ist jedoch unschädlich, soweit sie auf ordnungsgemäß in der Satzung festgesetztem Gründungsaufwand beruht (§ 26 AktG; dazu Rz. 347).[243] Dies ist aber nicht zu verwechseln mit dem Verbot der Bezahlung von Gründungsaufwand vor Anmeldung, für das es nur eine Ausnahme für bei der Gründung angefallene Steuern und Gebühren gibt (§§ 36 Abs. 2 Satz 1; 37 Abs. 1 Satz 5 AktG; dazu Rz. 179). Ergibt die gerichtliche Prüfung demnach keine ordnungsgemäße und ausreichende Kapitalaufbringung, so hat das Gericht die Eintragung abzulehnen (§ 38 Abs. 1 Satz 2 AktG; dazu Rz. 62), falls nicht dem Mangel aufgrund in der Regel zu erlassender Zwischenverfügung fristgemäß abgeholfen wird (§ 26 Satz 2 HRV; dazu Rz. 61).

g) Verjährung der Einzahlungspflicht

Der Anspruch der Gesellschaft auf Leistung der Einlagen verjährt nach dem **184** Verjährungsanpassungsgesetz[244] in zehn Jahren von seiner Entstehung an (§ 54 Abs. 4 AktG).[245] Mit der Entstehung ist dabei die Fälligkeit des Einlageanspruchs gemeint.[246] Streitig ist die Frage der Verjährung in der Zeit zwischen dem 1. 1. 2002 und dem 14. 12. 2004.[247] Nach dem Urteil des BGH vom 11. 2. 2008[248] zur GmbH ist das einschlägige Übergangsrecht des Art. 229 § 12

---

[242] BGH II ZR 263/91 v. 13.7.1992, BGHZ 119, 177; NJW 1992. 3300; *Hüffer* AktG § 38 Rz. 9 mwN.
[243] Großkomm. AktG/*Röhricht* § 26 Rz. 37; MünchKomm. AktG/Bd. 1/*Pentz* § 26 Rz. 36.
[244] Art. 11 Nr. 2 des Gesetzes zur Anpassung von Verjährungsvorschriften an das Gesetz zur Modernisierung des Schuldrechts vom 9. Dezember 2004, BGBl. I, 3214.
[245] §§ 194 ff. BGB mit Übergangsvorschrift in Art. 229 § 6 EGBGB jeweils idF des Gesetzes zur Modernisierung des Schuldrechts v. 26. 11. 2001, BGBl. I 2002, 42.
[246] MünchKomm. AktG/Bd. 1/*Bungeroth* § 54 Rz. 86 mwN
[247] MünchKomm. AktG/Bd. 1/*Bungeroth* § 54 Rz. 81 f mwN, s. *Pentz* GmbHR 2002, 225, 228 ff, *Brinkmann* NZG 2002, 855, 858; *Altmeppen* DB 2002, 514, 516.
[248] BGH II ZR 171/06, NZG 2008, 311, 312 f. Tz. 17 ff.; vgl. auch MünchKomm. AktG/Bd. 1/*Pentz* § 27 Rz. 104.

§ 2   190–192   Die Gründung und die Entstehung durch Umwandlung

Abs. 2 S. 2 EGBGB so zu verstehen, dass auf die zehnjährige Verjährungsfrist nur die seit dem 1.1.2002 verstrichene Zeit einzurechnen ist. Dies wird man im Ergebnis dahin zu verstehen haben, dass die Zehnjahresfrist für Altansprüche am 1.1.2002 zu laufen begonnen hat und mit dem Ablauf des 31.12.2011 endet, sofern nicht die alte dreißigjährige Verjährungsfrist früher geendet hätte.

4. Sacheinlagen

a) Übersicht

190   Das Gesetz definiert die Sacheinlage als Einlage, die nicht durch Einzahlung des Ausgabebetrages der Aktien zu leisten ist (§ 27 Abs. 1 Satz 1 Alt. 1 AktG), dh., alles was nicht Bareinlage ist, gilt als Sacheinlage,[249] vorausgesetzt, es handelt sich um einen einlagefähigen Gegenstand (§ 27 Abs. 2 AktG; dazu Rz. 192 ff.). Dabei ist für die Abgrenzung zur Bareinlage zusätzlich § 54 Abs. 3 AktG zu beachten, der für den vor Handelsregisteranmeldung eingeforderten Geldbetrag besondere Zahlungsformen verlangt (dazu Rz. 175 ff.); sollen abweichende Zahlungsformen für diesen Zeitraum vereinbart werden, gelten diese Geldzahlungen als Sacheinlagen (dazu Rz. 178).

191   Für die Einlagefähigkeit von Vermögensgegenständen ist zumeist, aber nicht immer, die Aktivierungsfähigkeit von Bedeutung (dazu Rz. 193). Große praktische Bedeutung hat die Sacheinlage von Forderungen (dazu Rz. 194 ff.), ebenso von Unternehmen (dazu Rz. 199). Jede Sacheinlage bedarf zu ihrer Wirksamkeit der Festsetzung in der Satzung (dazu Rz. 200 ff.). Ein Unterfall der Sacheinlage ist die fingierte Sacheinlage (§ 27 Abs. 1 Satz 2, AktG; dazu Rz. 230), die im Grenzbereich der Sacheinlage zur Sachübernahme liegt (§ 27 Abs. 1 Satz 1, Alt. 2 AktG; dazu Rz. 226 ff.), deren auf die ersten zwei Jahre nach Eintragung der Gesellschaft ausgedehnter Unterfall die Nachgründung (§§ 52 f. AktG; dazu Rz. 310 ff.) ist. Zu beachten sind noch **Kombinationsfälle**, nämlich zwischen Bar- und Sacheinlage mit der Mischeinlage (Rz. 232 ff.) und der Trenneinlage (Rz. 236) sowie zwischen Sacheinlage und Sachübernahme, der gemischten Sacheinlage (Rz. 231). Schließlich gilt es die verdeckte Sacheinlage zu vermeiden (Rz. 240 ff.).

b) Einlagefähige Vermögensgegenstände

192   Sacheinlagen können nur Vermögensgegenstände sein, deren wirtschaftlicher Wert feststellbar ist (§ 27 Abs. 2, Hs. 1 AktG). Der Begriff des Vermögensgegenstandes entstammt dem Bilanzrecht (§§ 240 f., 246 ff., 252 ff. HGB), taugt aber nur bedingt zur Beurteilung, was Vermögensgegenstand iSe. Sacheinlage sein kann. Zwar sind grundsätzlich alle aktivierungsfähigen Gegenstände (ausgenommen Rechnungsabgrenzungsposten, § 150 Abs. HGB[250]) auch als Sacheinlage geeignet;[251] hiervon macht aber § 27 Abs. 2, Hs. 2 AktG eine Ausnahme, indem er Verpflichtungen zu Dienstleistungen als Sacheinlage generell ausschließt (dazu Rz. 198), obwohl und weil es Fälle der Aktivierungspflicht beim Erwerb von Ansprüchen auf solche Dienstleistungen gibt.

---

[249] *Hüffer* AktG § 27 Rz. 3.
[250] MünchKomm. AktG/Bd. 1/*Pentz* § 27 Rz. 20.
[251] *Hüffer* AktG § 27 Rz. 21.

c) Bedeutung der Aktivierungsfähigkeit

Während nicht alle aktivierungsfähigen Vermögensgegenstände auch einlagefähig sind (Ausschluss der Dienstleistungen; § 27 Abs. 2 Hs. 2 AktG; dazu Rz. 198), ist umgekehrt str., ob auch nicht aktivierungsfähige Vermögensgegenstände einlagefähig sein können.[252] Allgemein anerkannt ist, dass das Aktivierungsverbot für nicht entgeltlich erworbene immaterielle Vermögensgegenstände (§ 248 Abs. HGB) für Sacheinlagen nicht gilt, auch wenn der Inferent selbst nicht aktivieren durfte.[253] Die wohl hM[254] lässt darüber hinaus nicht aktivierungsfähige Vermögensgegenstände als Sacheinlage unter folgenden Voraussetzungen zu: Der Gegenstand muss einen messbaren Vermögenswert für die Gesellschaft haben und auf diese zur freien Verfügung des Vorstandes seitens des Inferenten übertragbar sein, während es auf die Weiterübertragbarkeit durch die Gesellschaft und die Pfändbarkeit bei dieser nicht ankommt.[255] Hierunter fallen beschränkt dingliche[256]und obligatorische **Nutzungsrechte**, wenn die Besitzübertragung erfolgt, eine feste Vertragszeit vereinbart und die vorzeitige Kündigung durch den Inferenten ausgeschlossen ist.[257] Das Nutzungsrecht kann sich auch auf geschützte und ungeschützte gewerbliche Rechte (Know-how, Kundenstamm, Vertreterorganisation) sowie auf Kapitalnutzung beziehen.[258] Die Voraussetzung eines messbaren Vermögenswertes ist zunächst eine Bewertungsfrage (dazu Rz. 212), kann sich aber zu einem grundsätzlichen Einlageverbot für Vermögensgegenstände verdichten, die in ihrer Verfügbarkeit und Bewertung stark gefährdet oder spekulativ sind, weil hier der wirtschaftliche Wert nur sehr schwer feststellbar ist (§ 27 Abs. 2 AktG).[259]

d) Forderungen als Sacheinlagen

aa) Übersicht. Forderungen sind grundsätzlich als Sacheinlage geeignet, gleichgültig ob sie auf Zahlung von Geld (dazu Rz. 195 f.) oder auf Übertragung von sonstigen Vermögensgegenständen (dazu Rz. 197 f.) gerichtet sind. Dies gilt auch für Forderungen gegen die Gesellschaft selbst, wie im Rahmen der Sacheinlage eines Unternehmens oder eines Erstattungsanspruches auf Gründungskosten (§ 26 AktG; dazu Rz. 347) vorkommen kann[260] (Entsprechendes gilt für die Freistellung der Gesellschaft von einer solchen Verbindlichkeit).

bb) Geldforderungen gegen den Gründer selbst. Diese werden teils im Schrifttum generell als nicht einlagefähig behandelt,[261] sind aber differenzierter zu betrachten: Unzulässig ist jedenfalls die Einlage durch Begründung einer unverzinslichen und ungesicherten Geldforderung gegen den Inferenten in Höhe des Ausgabebetrages der Aktien, weil es hier nur zu einem Forde-

---

[252] Zum Streitstand: *Hüffer* AktG § 27 Rz. 22.
[253] Großkomm. AktG/*Röhricht* § 27 Rz. 24 mwN.
[254] BGH II ZR 22/58 v. 16.2.1959, BGHZ 29, 300, NJW 1959, 934; Großkomm. AktG/*Röhricht* § 27 Rz. 22 ff. mwN, *Hüffer* AktG § 27 Rz. 22 mwN.
[255] Großkomm. AktG/*Röhricht* § 27 Rz. 28 ff., 31 mwN.
[256] *Hüffer* AktG § 27 Rz. 24.
[257] MünchKomm. AktG/Bd. 1/*Pentz* § 27 Rz. 31.
[258] MünchKomm. AktG/Bd. 1/*Pentz* § 27 Rz. 25 mwN.
[259] Kölner Komm./*Lutter* § 183 Rz. 24; MünchKomm. AktG/Bd. 1/*Pentz* § 27 Rz. 34.
[260] MünchKomm. AktG/Bd. 1/*Pentz* § 27 Rz. 29.
[261] *Hüffer* AktG § 27 Rz. 24.

rungstausch käme. Abweichendes gilt, wenn die Forderung durch dingliche Rechte (Pfandrecht, Grundpfandrecht, Sicherungsübereignung o. ä.) gesichert ist.[262]

196 **cc) Geldforderungen gegen andere Gründer.** Ob diese möglich sind, ist streitig. Nach teilweise vertretener Auffassung sind sie grundsätzlich wie Forderungen gegen Dritte zu behandeln und daher einlagefähig.[263] Nach zutreffender Ansicht ist die Einlagefähigkeit einer gegen einen Mitgründer gerichteten Forderung grundsätzlich zu verneinen, da es den Gründern sonst offenstünde, gegeneinander gerichtete Forderungen als Sacheinlage einzubringen, was auf einen unzulässigen Foderungstausch hinausliefe.[264]

197 **dd) Forderungen auf sonstige Vermögensgegenstände.** Forderungen, die keine Geldzahlung betreffen (nicht dagegen Forderungen auf Dienstleistungen; § 27 Abs. 2 Hs. 2 AktG; dazu Rz. 198), können als Ansprüche auf Übertragung von Sachen oder Rechten oder auf Nutzungsrechte an Sachen oder Rechten (s. a. Rz. 193) Sacheinlagen sein. Die Einfügung von § 36 a Abs. 2 in das AktG[265] hat insoweit in der Literatur Verwirrung ausgelöst für die Frage, ob wie bei Geldforderungen (dazu Rz. 195) eine Verbindlichkeit des Inferenten selbst auf Übertragung einer Sache oder eines Rechtes einlagefähig ist oder ob sich dies im Hinblick auf den Grundsatz der realen Kapitalaufbringung nur auf entsprechende Forderungen an Dritte richten kann.[266] Aufgrund des eigentlich klaren Wortlautes von § 36 a Abs. 2 Satz 2 AktG und seiner Entstehungsgeschichte nimmt die hM[267] zu Recht und insoweit abweichend von Geldforderungen gegen den Inferenten (dazu Rz. 195) die Einlagefähigkeit des obligatorischen Anspruches auf dingliche Übertragung auch seitens eines Gründers an. Der Vollzug des dinglichen Übertragungsgeschäftes muss dann von Gesetzes wegen innerhalb von fünf Jahren erfolgen (§ 36 a Abs. 2 Satz 2 AktG), was nicht ausdrücklich in der Satzungsfestsetzung der Sacheinlage (§ 27 Abs. 1 AktG; dazu Rz. 201) geregelt werden muss und in der Durchführung auch nicht mehr der Kontrolle des Registergerichtes unterliegt.[268]

198 **ee) Forderungen auf Dienstleistungen.** Diese sind nicht einlagefähig (§ 27 Abs. 2, Hs. 2 AktG). Dies gilt unstreitig für Dienstleistungen des Gründers und wird von der hM wegen des nicht abschätzbaren Risikos auch für Dienstleistungsverpflichtungen Dritter angenommen.[269] Die Verpflichtung zur Erstellung eines Werks ist ebenfalls kein tauglicher Sacheinlagegegenstand, wenn sich der Anspruch gegen den Inferenten richtet. Ansonsten ist danach zu unterscheiden, ob es sich um eine vertretbare oder unvertretbare Sache handelt; letztere ist wegen des damit verbundenen Risikos nicht sacheinlagefähig.[270]

---

[262] Großkomm. AktG/*Röhricht* § 27 Rz. 69; MünchKomm. AktG/Bd. 1/*Pentz* § 27 Rz. 26.
[263] Großkomm. AktG/*Röhricht* § 27 Rz. 73.
[264] MünchKomm. AktG/Bd. 1/*Pentz* § 27 Rz. 27.
[265] Mit Wirkung zum 1. 7. 1979 durch das Zweite KoordG, BGBl. 1978 I, 1959.
[266] So Kölner Komm./*Kraft* § 36 a Rz. 12 f.
[267] Großkomm. AktG/*Röhricht* § 36 a Rz. 3 ff., 10; MünchKomm. AktG/Bd. 1/*Pentz* § 36 a Rz. 10 ff., 18 f.
[268] *Hüffer* AktG § 36 a Rz. 4.
[269] MünchKomm. AktG/Bd. 1/*Pentz* § 27 Rz. 33; *Hüffer* AktG § 27 Rz. 29 mwN.
[270] MünchKomm. AktG/Bd. 1/*Pentz* § 27 Rz. 35.

B. Gründung der AG nach AktG

e) Unternehmen als Sacheinlage

Sacheinlagen können nicht nur als einzelne Vermögensgegenstände eingebracht werden, sondern auch als Sachgesamtheiten, zB durch Einbringung eines Unternehmens oder Unternehmensteils (§§ 31 Abs. 1, 32 Abs. 2 Nr. 3 AktG). Dies kann entweder unmittelbar durch Übertragung sämtlicher aktiven und passiven Vermögensgegenstände sowie der Vertragsverhältnisse geschehen oder mittelbar durch Abtretung von allen oder maßgeblichen Anteilen einer das Unternehmen betreibenden Gesellschaft. In beiden Fällen handelt es sich um Einräumung von **Einzelrechtsnachfolge** an den Einzelteilen des Unternehmens oder an den Anteilen der Unternehmensgesellschaft, die im Gegensatz zu der **Gesamtrechtsnachfolge** steht, wie sie das UmwG verschafft (dazu Rz. 430ff.). Für die Sacheinlage eines Unternehmens durch Einzelrechtsnachfolge sind besondere Anforderungen an die Bestimmtheit der Festsetzungen in der Satzung (§ 27 Abs. 1 Satz 1 AktG; dazu Rz. 201) und im Sacheinlagevertrag (§ 27 Abs. 3 Satz 1 AktG; dazu Rz. 207f.) gestellt, insbesondere für den dinglichen Vollzug der Einzelrechtsübertragungen (dazu Rz. auch 118). Im Gegensatz dazu erfolgt der Übergang der einzelnen Vermögensgegenstände bei der Gesamtrechtsnachfolge nach UmwG automatisch (§ 20 Abs. 1 Nr. 1 UmwG). Einen **Mittelweg** zwischen Einzel- und Gesamtrechtsnachfolge an einem Unternehmen stellt die Sacheinlage sämtlicher Anteile einer Personengesellschaft dar, durch welche die Personengesellschaft mangels eines weiteren Gesellschafters erlischt, wodurch das Unternehmen auf die Gesellschaft in Gesamtrechtsnachfolge anwächst (sog. Anwachsung; dazu Rz. 468). Besonderheiten bestehen auch für die Bewertung eines Unternehmens als Sacheinlage (dazu Rz. 212) sowie für die Unterbilanzhaftung aller Gründer, die bei Sacheinlage eines Unternehmens ausgeschlossen ist (dazu Rz. 270) und von der Differenzhaftung des einlegenden Gründers ersetzt wird (dazu Rz. 225).

f) Festsetzung der Sacheinlage in der Satzung

aa) Übersicht. Wirksamkeitsvoraussetzung einer Sacheinlage ist deren Festsetzung in der Satzung durch Bezeichnung des Gegenstandes der Sacheinlage, der Person, von der die Gesellschaft den Gegenstand erwirbt, und des Nennbetrages, bei Stückaktien der Zahl der dafür zu gewährenden Aktien (§ 27 Abs. 1 Satz 1 AktG). Das Gesetz fordert keine Wertfestsetzung für die Sacheinlage; hierfür ergibt sich nur mittelbar ein Mindestwert aus der Satzungsfestsetzung über die für die Sacheinlage zu gewährenden Aktien iVm. dem in der Gründungsurkunde, aber nicht zwingend in der Satzung festzulegenden Ausgabebetrag (§ 23 Abs. 2 Nr. 2 AktG; dazu Rz. 13, 162). Im Hinblick auf die schwerwiegenden Folgen einer fehlenden oder fehlerhaften Festsetzung (dazu Rz. 203f.) empfiehlt sich größtmögliche Bestimmtheit der Angaben, jedenfalls für die Bezeichnung der einbringenden Person (die nicht mit dem Gründer identisch sein muss, vielmehr auch für dessen Rechnung leisten kann) und der zu gewährenden Aktien.

bb) Festsetzung des Gegenstandes. Hierfür genügt im Gegensatz zur Festsetzung des Inferenten und der zu gewährenden Aktien (dazu Rz. 200) die Bestimmbarkeit, was insbesondere für die Einbringung eines Unternehmens Erleichterung für die Formulierung schafft, wo die genaue Kennzeichnung des Unternehmens und der Hinweis „mit allen Aktiva und Passiva" ausreicht.²⁷¹ Die **Änderung** einer rechtswirksamen Festsetzung ist bis zur Eintragung nur im Einvernehmen aller Gründer möglich; danach nicht vor 5 Jahren (§ 27 Abs. 5 Alt. 1 iVm. § 26 Abs. 4 AktG), was aber dann nur noch für den Wechsel von der Sacheinlage zur Geldeinlage zulässig ist und nicht umgekehrt.²⁷² Eine Beseitigung der Festsetzung ist auch nach vollständiger Erfüllung der Sacheinlage erst 30 Jahre nach Eintragung zulässig (§ 27 Abs. 5 Alt. 2 iVm. § 26 Abs. 5 AktG). Die Festsetzung des Einlagegegenstandes in der Satzung ist zu unterscheiden vom Sacheinlagevertrag (dazu Rz. 207 f.).

202 cc) **Regelung der Differenzhaftung.** Empfehlenswert ist eine Satzungsfestsetzung der Differenzhaftung des Gründers für den Fall, dass die von ihm zu leistende Sacheinlage aufgrund der Gründungsprüfung nicht den festgesetzten Ausgabebetrag der dafür zu gewährenden Aktien erreicht.²⁷³ Wird in der Satzung für den Fall der Überbewertung die Verpflichtung zum Barausgleich an die Gesellschaft vor Handelsregisteranmeldung festgesetzt, erübrigt sich die Streitfrage über die sich ansonsten ergebenden Rechtsfolgen der Überbewertung (dazu Rz. 222 ff.).

203 dd) **Folgen fehlender Satzungsfestsetzung.** Ohne ordnungsgemäße Satzungsfestsetzung (§ 27 Abs. 1 Satz 1 AktG; dazu Rz. 200 f.) sind Verträge über Sacheinlagen und die Rechtshandlungen zu ihrer Ausführung der Gesellschaft gegenüber unwirksam (§ 27 Abs. 3 Satz 1 AktG). Bei den weiteren Folgen dieser Unwirksamkeit ist zu unterscheiden für die Zeit vor der Eintragung der Gesellschaft und danach. Erfährt das Gericht von dem Mangel, darf es nicht eintragen (§ 38 Abs. 1 Satz 2 AktG), solange nicht der Mangel aufgrund zu erlassender Zwischenverfügung (§ 26 Satz 2 HRV; dazu Rz. 61) behoben wird. Streitig ist, ob auch der Gründungsakt im Verhältnis der Gründer bis zur Eintragung unwirksam ist²⁷⁴ oder ob nur ein Kündigungsrecht für die Vorgesellschaft in Frage steht (§ 723 BGB).²⁷⁵ Vorzugswürdig erscheint Letzteres.

204 ee) **Eintragung trotz fehlender Satzungsfestsetzung.** In diesem Fall bleibt die Wirksamkeit der Satzung (und damit der Gründung) unberührt (§ 27 Abs. 3 Satz 2 AktG); der davon betroffene Gründer ist nunmehr zur Geldeinzahlung des Ausgabebetrages der hierfür gewährten Aktien verpflichtet (§ 27 Abs. 3 Satz 3 AktG). Der Zahlungsanspruch der Gesellschaft verjährt in 10 Jahren (§ 54 Abs. 4 AktG, dazu Rz. 184, 291). Eine bereits geleistete Sacheinlage kann zurückverlangt werden (§§ 985, 812 ff. BGB), jedoch erst nach erfolgter Geldeinzahlung; ein Zurückbehaltungsrecht (§ 273 BGB) kann also nur die Gesellschaft bis zur Geldeinzahlung, nicht jedoch der Gründer ausüben.²⁷⁶

205 ff) **Heilung fehlender Satzungsfestsetzung.** Nach Eintragung der Gesellschaft in das Handelsregister kann die Unwirksamkeit der Sacheinlage nicht

---

²⁷¹ MünchKomm. AktG/Bd. 1/*Pentz* § 27 Rz. 70; MünchHdb. GesR/Bd. 4/*Hoffmann-Becking* § 4 Rz. 4.
²⁷² MünchKomm. AktG/Bd. 1/*Pentz* § 27 Rz. 130 mwN.
²⁷³ Zur allgemeinen Differenzhaftung des Gründers bei Feststellung der Überbewertung erst nach Eintragung der Gesellschaft: § 9 GmbHG analog, dazu Rz. 225; zur Feststellung der Überbewertung durch das Registergericht vor Eintragung: § 38 Abs. 2 Satz 2 AktG, dazu Rz. 223 f.
²⁷⁴ So Großkomm. AktG/*Röhricht* § 27 Rz. 145 und Kölner Komm./*Kraft* § 27 Rz. 85.
²⁷⁵ So MünchKomm. AktG/Bd. 1/*Pentz* § 27 Rz. 48 mwN unter Hinweis auf die hM zur GmbH.
²⁷⁶ MünchKomm. AktG/Bd. 1/*Pentz* § 27 Rz. 76 mwN.

B. Gründung der AG nach AktG

durch (bloße) Satzungsänderung geheilt werden (§ 27 Abs. 4 AktG). Gleichwohl werden andere Heilungsmöglichkeiten allgemein anerkannt, sei es durch Anwendung von § 52 Abs. 10 AktG[277] (Nachgründung; dazu Rz. 323 ff.) oder der Rechtsprechung des BGH zur Heilung der verdeckten Sacheinlage bei der GmbH[278] (dazu Rz. 242); wegen der unterschiedlichen Heilungswege empfiehlt sich eine vorherige Abstimmung mit dem Registergericht.

g) Zeitpunkt der Einlage

Während bei Bareinlagen nur ein Mindestbetrag vor Anmeldung zum Handelsregister geleistet sein muss (§§ 36 Abs. 2 iVm. 36 a Abs. 1 AktG; dazu Rz. 172), ist bei Sacheinlagen vor Anmeldung vollständige Leistung gefordert (§ 36 a Abs. 2 Satz 1 AktG). Ist die Sacheinlage ohne sofortigen dinglichen Vollzug zulässig (dazu Rz. 197), muss das Verpflichtungsgeschäft vor Anmeldung wirksam werden; § 36 a Abs. 2 Satz 2 AktG schafft insoweit keine Ausnahme von Satz 1 dieser Vorschrift, sondern regelt nur die Höchstdauer von 5 Jahren für den dinglichen Vollzug der als Sacheinlage geltenden Verpflichtung (dazu Rz. 197). Die Verjährungsfrist für die Sacheinlagepflicht beträgt 10 Jahre (§ 54 Abs. 4 AktG; dazu Rz. 184, 204, 291). **206**

h) Sacheinlagevertrag

aa) Begriff. Von der Festsetzung der Sacheinlage in der Satzung (§ 27 Abs. 1 Satz 1 AktG; dazu Rz. 200 ff.) zu unterscheiden sind Verträge, die den Festsetzungen zugrunde liegen oder zu ihrer Ausführung geschlossen werden (§§ 27 Abs. 3 Satz 1, 37 Abs. 4 Nr. 2 AktG). Die Rechtsnatur solcher Sacheinlageverträge ist str., aber für die Praxis nicht sehr bedeutsam.[279] Bei den der Festsetzung zugrunde liegenden Verträgen handelt es sich um vor der Satzungsfestsetzung oder zeitgleich mit ihr abgeschlossene Vereinbarungen, die Bezug zur Festsetzung haben. Dies können Vorverträge oder Ergänzungen und Erläuterungen der in sich selbst ausreichenden Festsetzung der Sacheinlageverpflichtung in der Satzung sein, nicht aber Ersatzregelungen für in der Festsetzung fehlende Bestimmungen; auch vorher oder zeitgleich geschlossene Vollzugsvereinbarungen betr. die Festsetzung fallen hierunter. **207**

bb) Inhalt. Gegenstand des Sacheinlagevertrages können insbesondere sein: Fälligkeit des Vollzuges der Einlageverpflichtung (§ 36 a Abs. 2 Satz 2 AktG; dazu Rz. 206), Übergang von Gefahr, Nutzungen und Lasten, Sach- und Rechtsmängel, Bilanzierung nach Handels- und Steuerrecht. In aller Regel dient der Vertrag zur **Ausführung der Sacheinlage**, also zu ihrem dinglichen Vollzug. Er unterliegt einem für den Gegenstand geltenden Formzwang, also zB für Grundstücke der notariellen Beurkundung (dazu Rz. 118); aus Kostengründen kann sich die Beurkundung gemeinsam mit der Satzungsfeststellung empfehlen (dazu Rz. 118, 121). Sacheinlageverträge sind als Anlage zur Handelsregisteranmeldung dem Gericht einzureichen (§ 37 Abs. 4 Nr. 2 AktG; dazu Rz. 49). **208**

---

[277] *Hüffer* AktG § 27 Rz. 31 mwN.
[278] Für Geltung auch bei der AG immerhin die Kommentierung des Vorsitzenden des BGH-Gesellschaftsrechtssenates: Großkomm. AktG/*Röhricht* § 27 Rz. 154; aA aber wohl ein ehemaliges Mitglied dieses Senates: *Henze* Höchstrichterliche Rechtsprechung zum Aktienrecht 5. Aufl. 2002 Rz. 218.
[279] *Hüffer* AktG § 27 Rz. 4 mwN.

i) Bewertung der Sacheinlage

209 **aa) Bedeutung.** Der Wert der Sacheinlage muss dem Ausgabebetrag (§§ 9, 23 Abs. 2 Nr. 2 AktG; dazu Rz. 162 f.) der laut ihrer Satzungsfestsetzung dafür zu gewährenden Aktien (§ 27 Abs. 1 Satz 1 AktG; dazu Rz. 200) entsprechen (§ 36 a Abs. 2 Satz 3 AktG). Der Gesamtnennbetrag oder die Stückzahl der auf die Sacheinlage entfallenden Aktien muss sich demnach aus der Satzung ergeben, der daraus resultierende Gesamtausgabebetrag aus der mit der Satzung verbundenen Übernahmeerklärung. Der notwendige **Wert der Sacheinlage** muss mithin nicht ausdrücklich anlässlich der Festsetzung der Sacheinlage festgesetzt werden, weil er sich von selbst errechnet. Soweit § 36 a Abs. 2 Satz 3 AktG den geringsten Ausgabebetrag (§ 9 Abs. 1 AktG) als Mindestwert und den Mehrbetrag aufgrund eines höheren Ausgabebetrages (§ 9 Abs. 2 AktG) als maßgeblich für die Bewertung feststellt, handelt es sich nur um eine Klarstellung der umfassenden Gültigkeit von § 9 AktG auch für den Wert der Sacheinlage.[280] Gleichwohl löst der erst nach Inkrafttreten des AktG eingefügte § 36 a Abs. 2 Satz 3 AktG[281] über diese Klarstellung hinaus sehr erhebliche Fragen über die Bedeutung des **höheren Ausgabebetrages** für die Gründungsprüfung und Eintragungsfähigkeit (dazu Rz. 210 f.) und auch haftungs- und strafrechtliche Wirkungen (§§ 37 Abs. 1, 46 ff., 399 Abs. 1 Nr. 1 f. AktG; dazu Rz. 266 f., 280 ff., 286, 293) aus. Dies ist bisher in der Literatur nur teilweise angemessen beleuchtet worden und wird dementsprechend wenig in der Praxis beachtet. In der Praxis besteht aber bei der Gründung regelmäßig auch kein Anlass zur Festsetzung eines höheren Ausgabebetrages.

210 **bb) Wertangaben in der Handelsregisteranmeldung.** In der Anmeldung haben sämtliche Gründer und Vorstands- sowie Aufsichtsratsmitglieder (§ 36 Abs. 1 AktG) auch die Beachtung von § 36 a AktG zu erklären (§ 37 Abs. 1 AktG), also auch dass der Wert der Sacheinlage einem festgesetzten höheren Ausgabebetrag entspricht. Andererseits erstreckt sich nach dem **Gesetzeswortlaut** die Prüfung der Werthaltigkeit durch Gründungsprüfer (§ 34 Abs. 1 Nr. 2 AktG; dazu Rz. 24) und Gericht (§ 38 Abs. 2 Satz 2 AktG; dazu Rz. 55) nur auf die Deckung des geringsten Ausgabebetrages. Zu Recht wird deshalb ein Redaktionsversehen des Gesetzgebers bei Schaffung des § 36 a AktG angenommen, indem er die Notwendigkeit einer gleich lautenden Anpassung der Prüfungspflicht auch auf den höheren Ausgabebetrag übersehen hat.[282]

211 **cc) Bedeutung des Ausgabebetrags.** Unklar sind die Folgen des zuvor behandelten Redaktionsversehens des Gesetzgebers (dazu Rz. 210): Ändert sich nichts daran, dass sich die Prüfung durch Gründungsprüfer und Gericht entsprechend dem trotz § 36 a Abs. 2 Satz 3 AktG fortbestehenden Wortlaut des Gesetzes in §§ 34 Abs. 1 Nr. 2, 38 Abs. 2 Satz 2 AktG in erster Linie nur auf den geringsten Ausgabebetrag bezieht mit der Folge, dass nur bei sich aufdrängender Wertdifferenz zum höheren Ausgabebetrag ein Eintragungshindernis besteht,[283] oder muss zwingend bereits die Prüfung auf den höheren Ausgabe-

---

[280] MünchKomm. AktG/Bd. 1/*Pentz* § 36 a Rz. 27.
[281] Mit Wirkung zum 1. 7. 1979 durch das Zweite KoordG, BGBl. I, 1978, 1959.
[282] Großkomm. AktG/*Röhricht* § 27 Rz. 100; Großkomm. AktG/*Wiedemann* § 183 Rz. 82, 85.
[283] So MünchHdb. GesR/Bd. 4/*Krieger* § 56 Rz. 41 mwN; *Herchen*, Agio, S. 128 ff., 134; Großkomm. AktG/*Hirte* § 205 Rz. 16; MünchKomm. AktG/Bd. 1/*Pentz* § 34

betrag ausgerichtet sein? Für Letzteres spricht die europarechtliche Vorgabe (Art. 27 Abs. 2 Satz 3 iVm. Art. 10 Abs. 2 der Zweiten (Kapital-)Richtlinie 77/91 EWG[284]). Im Übrigen stellt sich bei prüfungspflichtigen Gesellschaften (§ 316 Abs. 1 HGB; dazu Rz. 16, 149) die Bewertungsfrage gewiss bei der Prüfung des ersten Jahresabschlusses (zur Frage des Interessenkonflikts nach § 319 Abs. 2 Nr. 5 HGB bei Identität von Gründungsprüfer und Abschlussprüfer Rz. 133). Angesichts dieser offenen Frage und der ohne Zweifel bestehenden haftungs- und strafrechtlichen Konsequenzen einer die höhere Ausgabe betreffenden falschen Angabe in der Handelsregisteranmeldung (§§ 37 Abs. 1, 46 ff., 399 Abs. 1 Nr. 1 f. AktG; dazu Rz. 266 f., 280 ff., 286, 293; zur Erstreckung der Differenzhaftung auch auf das Agio Rz. 225 und § 4 Rz. 18) ist im Interesse der Gründungsbeteiligten dringend zu raten, ggf. auch den **Prüfungsauftrag** auf die Deckung des höheren Ausgabebetrages zu erstrecken. Da der Prüfungsauftrag vom Gericht erteilt wird (§ 33 Abs. 3 AktG; dazu Rz. 26), sollte das Gericht ersucht werden, den Auftrag ausdrücklich entsprechend zu formulieren. Unterlässt dies das Gericht, empfiehlt sich ein unmittelbarer Ergänzungsauftrag seitens des Vorstands an den Gründungsprüfer.

dd) Bewertungsmethoden. Im Gründungsprüfungsbericht ist der Gegenstand jeder Sacheinlage zu beschreiben sowie anzugeben, welche Bewertungsmethoden bei der Ermittlung des Wertes angewandt worden sind (§ 34 Abs. 2 Satz 2 AktG; dazu Rz. 24). Der maßgebliche Wert bestimmt sich nach der bilanzrechtlichen Einordnung bei der Gesellschaft: **Anlagevermögen** ist mit dem Wiederbeschaffungswert, **Umlaufvermögen** mit dem Einzelveräußerungswert zu bemessen.[285] In erster Linie sind dafür die Marktpreise maßgebend; fehlen solche, muss nach betriebswirtschaftlichen Bewertungsmethoden ermittelt werden. So ist ein Unternehmen als Sacheinlage (dazu Rz. 199), wenn sich nicht ausnahmsweise ein Marktpreis durch einen Bieterwettbewerb ergibt, nach einem der anerkannten Ertragswertverfahren zu bewerten.[286] Die str. Frage, ob eine Unterbewertung der Sacheinlage in der Eröffnungsbilanz (dazu Rz. 412) zulässig ist,[287] wird zu Recht in der Praxis kaum beachtet, zumal bei Gründungen nach dem UmwG die Bildung stiller Reserven durch Buchwertfortführung zugelassen ist (§ 24 UmwG; dazu Rz. 459). 212

j) Folgen einer Überbewertung

aa) Zeitpunkt der Feststellung. Es ist zu unterscheiden, wann und zu welchem Stichtag die Überbewertung festgestellt wird. Bei Feststellung vor Handelsregisteranmeldung muss diese unterbleiben, da die Werthaltigkeit in der Anmeldung zu versichern ist (§ 37 Abs. 1 Satz 1 iVm. § 36 a Abs. 2 Satz 3 AktG); 222

Rz. 12; *Hüffer* AktG § 183 Rz. 16, 18, ua. mit Hinweis auf OLG Ffm. 14 U 103/75 v. 6. 7. 1976, AG 1976, 298, also aus der Zeit vor In-Kraft-Treten von § 36 a AktG.

[284] ABl.EG Nr. L 26 v. 31. 1. 1977, 1, 24; abgedr. auch bei Großkomm. AktG/*Wiedemann* § 183 Rz. 5, der die Prüfungspflicht auch betreffend das Aufgeld ua. hieraus herleitet (§ 183 Rz. 82, 85); im Ergebnis ebenso (Eintragungshindernis) Großkomm. AktG/*Röhricht* § 27 Rz. 100.

[285] *Hüffer* AktG § 27 Rz. 27 mwN; MünchKomm. AktG/Bd. 1/*Pentz* § 27 Rz. 37 mwN.

[286] Großkomm. AktG/*Röhricht* § 22 Rz. 92.

[287] Die wohl hM lässt Unterbewertung aufgrund eines insoweit bestehenden Bewertungswahlrechtes zu; so MünchHdb. GesR/Bd. 4/*Hoffmann-Becking* § 4 Rz. 9 mwN.

§ 2 223, 224   Die Gründung und die Entstehung durch Umwandlung

wird gleichwohl angemeldet, machen sich die Anmeldenden (§ 36 Abs. 1 AktG; dazu Rz. 36) strafbar (§ 399 Abs. 1 Nr. 1 AktG; dazu Rz. 293) und haften der Gesellschaft als Gesamtschuldner (§§ 46, 48 AktG; dazu Rz. 266 f., 280 ff., 286). Die Errichtung der Gesellschaft (§ 29 AktG, dazu Rz. 10 f.) ist unwirksam;[288] anderes im Sinne einer Barausgleichverpflichtung des Inferenten wird bei von den Gründern zugelassener Geschäftstätigkeit der Vorgesellschaft angenommen[289] sowie im Sinne einer Heilung der Unwirksamkeit bei freiwilliger Barausgleichzahlung im Einvernehmen mit allen Personen, die zur Handelsregisteranmeldung nötig sind (§ 36 Abs. 1 AktG, dazu Rz. 36) und dies durch Erklärung der ordnungsgemäßen Bareinzahlung der Wertdifferenz in der Anmeldung zum Ausdruck bringen.[290]

223   **bb) Prüfung durch Gericht.** Wird angemeldet und stellt das Gericht die Überbewertung fest, erhebt sich zunächst die Frage, auf welchen Zeitpunkt das Gericht seine Prüfung (§ 38 Abs. 2 Satz 2 AktG) zu beziehen hat; hier wird teilweise auf die Anmeldung abgestellt (§ 9 Abs. GmbHG analog),[291] teilweise wird – zutreffend – eine Bewertungsprognose des Gerichtes für den Tag der Eintragung verlangt.[292] Die Folge einer vom Gericht festgestellten Überbewertung ist die Ankündigung des Gerichtes durch **Zwischenverfügung** (§ 26 Satz 2 HRV, dazu Rz. 61), die Eintragung abzulehnen, falls dem Errichtungsmangel nicht abgeholfen wird (§ 38 Abs. 1 Satz 2 AktG). Die Abhilfe kann durch Änderung der Festsetzung in der Errichtungsurkunde (§ 23 AktG; Rz. 10 f.) oder durch Zuzahlung der Überbewertungsdifferenz seitens des Inferenten im Einvernehmen mit den übrigen Gründungsbeteiligten geschehen (dazu Rz. 222).

224   **cc) Maßgeblicher Ausgabebetrag.** Es ist fraglich, ob für das Gericht bei der Bewertung nur der geringste Ausgabebetrag maßgeblich ist (so § 38 Abs. 2 Satz 2 AktG) oder ob insoweit ein Normkonflikt seit Einführung von § 36 a Abs. 2 Satz 3 AktG (höherer Ausgabebetrag maßgeblich) besteht (dazu Rz. 209 ff.). Unbestimmt ist der Begriff „nicht unwesentlich," den § 38 Abs. 2 Satz 2 AktG[293] als Voraussetzung für das Ausmaß der Überbewertung mit der Folge der Unzulässigkeit der Eintragung benutzt: Eine Bestimmbarkeit iSe. zulässigen Abweichungsprozentsatzes ist hiermit nicht gemeint. Vielmehr ergibt sich ein **Beurteilungsspielraum**, der seinen Umfang aus dem betriebswirtschaftlichen Schwierigkeitsgrad einer exakten Bewertung von Fall zu Fall herleitet;[294] das Korrektiv bei zu hohen Bewertungsschwankungen von Tag zu Tag besteht in der Untauglichkeit solcher kaum messbarer Vermögensgegenstände als Sacheinlage (dazu Rz. 193).

---

[288] Ganz hM; *Hüffer* AktG § 9 Rz. 5; Großkomm. AktG/*Röhricht* § 27 Rz. 99 mwN; Großkomm. AktG/*Brändel* § 9 Rz. 20; Kölner Komm./*Kraft* § 9 Rz. 16; aA MünchKomm. AktG/Bd. 1/*Pentz* § 27 Rz. 41 f., der bei Mehrpersonengründung eine wirksame Vorgesellschaft mit Differenzhaftung des Inferenten annimmt, aber allgemein bei Festsetzungsmängeln für Sacheinlagen ein Kündigungsrecht der Gründer nach § 723 BGB annimmt (aaO Rz. 48).
[289] *Hüffer* AktG § 9 Rz. 5; Großkomm. AktG/*Röhricht* § 27 Rz. 99 mwN.
[290] Großkomm. AktG/*Röhricht* § 27 Rz. 99; *Hüffer* AktG § 27 Rz. 28.
[291] Großkomm. AktG/*Röhricht* § 38 Rz. 13 mwN.
[292] MünchKomm. AktG/Bd. 1/*Pentz* § 38 Rz. 23 ff., 25 mwN; *Hüffer* § 38 Rz. 12; BGHZ 80, 129, 136 f. = NJW 1981, 1373).
[293] Entsprechend § 183 Abs. 3 Satz 2 AktG für Kapitalerhöhungen gegen Sacheinlagen.
[294] *Hüffer* AktG § 38 Rz. 9 mwN.

B. Gründung der AG nach AktG

dd) Differenzhaftung. Wird die Überbewertung erst nach Eintragung 225 festgestellt (zumeist erst durch den Insolvenzverwalter), tritt die Differenzhaftung des Inferenten ein für den Unterschiedsbetrag zwischen dem tatsächlichen Wert der Sacheinlage am Stichtag der Anmeldung zum Handelsregister und dem in der Satzung festgesetzten Wert; die Verjährung beträgt 5 Jahre ab Eintragung (§ 9 GmbHG analog).[295] Von der Differenzhaftung umfasst wird auch das Agio bei einem höheren Ausgabebetrag, jedenfalls seit Geltung von § 36 a Abs. 2 Satz 3 AktG (dazu Rz. 209 ff. und § 4 Rz. 18 mwN). Die Differenzhaftung des die Sacheinlage leistenden Gründers darf nicht verwechselt werden mit der **Unterbilanzhaftung** aller Gründer bei Geschäftstätigkeit der Gesellschaft vor der Eintragung (die gelegentlich irreführend ebenfalls so oder auch Vorbelastungshaftung genannt wird; dazu Rz. 269 ff.); besonders ist auf diese Abgrenzung bei der Sacheinlage durch Einbringung eines Unternehmens (§ 31 AktG; dazu Rz. 199) zu achten, wo die Unterbilanzhaftung durch die Differenzhaftung für die Überbewertung des Unternehmens verdrängt wird (dazu Rz. 270, 414 ff.).

5. Sachübernahme

a) Begriff

Der Übernahme von Aktien durch die Gründer gegen Sacheinlagen (dazu 226 Rz. 190 ff.) sind in Voraussetzungen und Verfahren gleichgestellt die Sachübernahmen, die nach § 27 Abs. 1 Satz 1 AktG bei Übernahme von vorhandenen oder herzustellenden Anlagen oder anderen Vermögensgegenständen durch die Gesellschaft aus Anlass der Gründung gegen Gewährung einer Vergütung vorliegen. Als Voraussetzung für die Zulässigkeit von Sachübernahmen ordnet diese Gesetzesregelung zugleich parallel zu den Sacheinlagen an (dazu Rz. 200 ff.), dass in der Satzung festgesetzt werden müssen: Der Gegenstand der Sachübernahme, die Person, von der die Gesellschaft den Gegenstand erwirbt, und die bei der Sachübernahme zu gewährende Vergütung.

b) Gewährung einer Vergütung

In der Leistung einer Vergütung als Gegenleistung liegt der entscheidende 227 Unterschied zur Sacheinlage, bei der den Gründern stattdessen Aktien gewährt werden. Hieraus folgt, dass der für Sachübernahmen in Frage kommende Personenkreis nicht auf die Gründer beschränkt ist, die neben Sacheinlagen gegen Aktien auch zusätzlich Sachübernahmen gegen Vergütung vereinbaren können, sondern ebenso für Dritte gilt, die nicht zu den Gründern zählen.[296] Der Zwang zur Satzungsfestsetzung der Sachübernahme und die praktische Durchführbarkeit deren Wertprüfung durch die Gründungsprüfer (§§ 3 Abs. 2 Nr. 4, 34 Abs. 1 Nr. 2 AktG; dazu Rz. 25 ff.) setzt gedanklich voraus, dass im Zeitpunkt der Feststellung der Satzung (§ 23 AktG) allen Gründern und in der Regel auch den Personen, von denen der Gegenstand übernommen werden soll, eine gewisse Wahrscheinlichkeit der Durchführung der Sachübernahme bewusst sein muss,[297] die begrifflich zwischen bloßen Planvorstellungen und

---

[295] BGH II ZR 277/99 v. 13. 4. 1992, BGHZ 118, 83, 100, NJW 1992, 2222; MünchKomm. AktG/Bd. 1/*Pentz* § 27 Rz. 44 mwN.
[296] MünchKomm. AktG/Bd. 1/*Pentz* § 27 Rz. 61; *Hüffer* AktG § 27 Rz. 5.
[297] RGH II 126/40 v. 19. 5. 1941, RGZ 167, 99, 108.

rechtsverbindlichen Vereinbarungen anzusiedeln ist;[298] die Rechtsverbindlichkeit als Voraussetzung scheitert schon an deren Unwirksamkeit bis zur Satzungsfestsetzung (§ 27 Abs. 3 Satz 1 AktG). Es liegt auf der Hand, in der Praxis diese Wahrscheinlichkeitsschwelle für Sachübernahmen von Gründern niedriger anzusetzen als bei Sachübernahmen von Dritten.

c) Abgrenzung der Sachübernahmen

228 Sachübernahmen sind zu unterscheiden von der fingierten Sacheinlage (dazu Rz. 230), von der gemischten Sacheinlage (dazu Rz. 231), von der Nachgründung (dazu Rz. 310 ff.) und von Vorstandsgeschäften mit Dritten. Von Letzteren spricht man in diesem Zusammenhang bei Geschäften der Vorgesellschaft (dazu Rz. 251 ff.) mit Dritten, die einerseits allgemein im Rahmen einer von den Gründern gebilligten Geschäftsaufnahme liegen, jedoch andererseits nicht bereits konkret zum Zeitpunkt der Satzungsfeststellung von den Gründern vorbestimmt sind; solche Vorstandsgeschäfte mit Dritten sind nicht als Sachübernahme anzusehen.[299] Schließlich bestehen Berührungspunkte der Sachübernahme zur verdeckten Sacheinlage (dazu Rz. 240 ff.).

d) Gesetzliche Regeln

229 Für die Sachübernahme gelten zumeist unmittelbar die gesetzlichen Regeln wie für Sacheinlagen, soweit sich aus dem Unterschied der Gegenleistung der Gesellschaft durch Gewährung von Aktien bei der Sacheinlage nichts anderes ergibt. Dies gilt insbesondere für die Zulässigkeit von Vermögensgegenständen als Sacheinlage bzw. Sachübernahme (§ 27 Abs. 2 AktG; dazu Rz. 192 ff.); die Nennung von „vorhandenen und herzustellenden Anlagen" als Sachübernahme (§ 27 Abs. 1 Satz 1 AktG) ist nur beispielhaft.[300] Gesetzliche Fälligkeitsregeln gibt es für die Sachübernahme anders als für die Sacheinlage (§ 36 a Abs. 1 Satz 1 AktG) nicht. Unterbleibt die gebotene **Festsetzung** einer Sachübernahme in der Satzung oder ist die Festsetzung unzureichend, so sind Verträge über Sachübernahmen und die Rechtshandlungen zu ihrer Ausführung der Gesellschaft gegenüber wie im entsprechenden Fall bei Sacheinlagen unwirksam (§ 27 Abs. 3 Satz 1 f. AktG; dazu Rz. 203). Das Gericht darf die Gesellschaft ohne Behebung des Mangels nicht eintragen (§ 38 Abs. 1, Abs. 3 Nr. 1 AktG). Wird gleichwohl eingetragen, darf die Sachübernahme nicht durchgeführt werden; bereits erfolgte Durchführung ist rückgängig zu machen, es sei denn es erfolgt eine Heilung des Mangels (dazu Rz. 205).

6. Fingierte Sacheinlage

230 Soll die Gesellschaft einen Vermögensgegenstand übernehmen, für den eine Vergütung gewährt wird, die auf die Einlage eines Gründers angerechnet werden soll, so gilt dies als Sacheinlage (sog. fingierte Sacheinlage;[301] § 27 Abs. 1 Satz 2 AktG). Das Gesetz behandelt mithin bei einer Kombination von Bar-

---

[298] In der Literatur wird aufgrund der Gesetzesbegründung zu § 209 b ADHGB auf eine „verbindlich gemachte" Abrede mit dem Dritten abgestellt: MünchKomm. AktG/Bd. 1/*Pentz* § 27 Rz. 62 mwN.
[299] *Hüffer* AktG § 27 Rz. 5 a; MünchKomm. AktG/Bd. 1/*Pentz* § 27 Rz. 61.
[300] MünchKomm. AktG/Bd. 1/*Pentz* § 27 Rz. 61.
[301] *Hüffer* AktG § 27 Rz. 7.

B. Gründung der AG nach AktG   231, 232 § 2

einlage und Sachübernahme den Gesamtvorgang einheitlich als Sacheinlage. Da für Bareinlagen ohnehin ein Aufrechnungsverbot besteht (§ 66 Abs. 1 Satz 2 AktG; dazu Rz. 175, 289), beschränkt sich die Bedeutung der fingierten Sacheinlage auf die sofortige Fälligkeit von Sacheinlagen (§ 36 a Abs. 1 Satz 1 AktG; dazu Rz. 206), während Sachübernahmen keiner gesetzlichen Fälligkeitsanforderung unterliegen (dazu Rz. 229).[302] Fingierte Sacheinlagen sind von Mischeinlagen und gemischten Sacheinlagen zu unterscheiden (dazu Rz. 231 ff.).

7. Gemischte Sacheinlage

Soll eine Sacheinlage geleistet werden, deren Wert den Ausgabebetrag der   **231** dafür zu gewährenden Aktien übersteigt, und soll für diese Wertdifferenz eine Vergütung (in Geld oder anderer Form) gewährt werden, spricht man von einer gemischten Sacheinlage.[303] Sachlich handelt es sich um Mischform von Sacheinlage und Sachübernahme, die von Mischeinlagen zu unterscheiden sind (Mischform von Bareinlage und Sacheinlage; dazu Rz. 232 ff.),[304] ferner von fingierten Sacheinlagen (dazu Rz. 230). Die gemischte Sacheinlage soll nach hM einheitlich als Sacheinlage zu behandeln sein, unabhängig davon, ob der Gegenstand der Sacheinlage unteilbar (dann unstr.[305]) oder teilbar (hM[306]) ist. In der Satzung ist die gemischte Sacheinlage durch Bezeichnung sowohl des einzubringenden Vermögensgegenstandes als auch der zusätzlich neben der Ausgabe von Aktien zu gewährenden Vergütung festzusetzen.

8. Mischeinlage

a) Begriff

Soll ein Gründer auf jede einzelne von ihm übernommene Aktie (§ 23 Abs. 2   **232** Nr. 2 AktG; dazu Rz. 13) sowohl Bareinlagen als auch Sacheinlagen leisten, handelt es sich um eine zulässige Mischeinlage (teilweise auch gemischte Einlage genannt), auf die parallel die für diese beiden Einlageformen geltenden Bestimmungen anzuwenden sind.[307] Solche Mischeinlagen sind von gemischten Sacheinlagen zu unterscheiden (Mischform von Sacheinlage und Sachübernahme; dazu Rz. 231), ferner von fingierten Sacheinlagen (dazu Rz. 230); schließlich ist der Unterschied der Mischeinlage zu Bareinlagen und Sacheinlagen zu beachten, die ein Gründer getrennt auf zu unterschiedlichen Einlagefestsetzungen übernommene Aktien leistet (hier Trenneinlage genannt; dazu Rz. 236).

---

[302] MünchKomm. AktG/Bd. 1/*Pentz* § 27 Rz. 66 mwN.
[303] *Hüffer* AktG § 27 Rz. 8 mwN.
[304] MünchKomm. AktG/Bd. 1/*Pentz* § 27 Rz. 68 mwN.
[305] Bei Unteilbarkeit des Gegenstandes unstr. einheitliche Sacheinlage; MünchKomm. AktG/Bd. 1/*Pentz* § 27 Rz. 68 mwN.
[306] Bei Teilbarkeit des Gegenstandes nach hM einheitliche Sacheinlage; MünchKomm. AktG/Bd. 1/*Pentz* § 27 Rz. 68 mwN; für ein Nebeneinander von Sacheinlage und Sachübernahme bei Teilbarkeit überzeugend, da Teilbarkeit unterschiedliche Vermögensgegenstände mit unterschiedlicher Regelungsmöglichkeit bedeutet: Kölner Komm./*Kraft* § 27 Rz. 51 mwN.
[307] Heute hM; *Hüffer* AktG § 36 Rz. 12 mwN.

b) **Festsetzung in der Satzung**

233 aa) **Anforderungen.** Fraglich ist, welche Anforderungen bei einer Mischeinlage an die Festsetzung in der Satzung (§ 27 Abs. 1 Satz 1 AktG; dazu Rz. 200 ff.) zu stellen sind. Soweit als Voraussetzung für die Zulassung einer Mischeinlage die Bezifferung des Wertes der Sacheinlage gefordert wird,[308] kann dem nicht gefolgt werden: Das Gesetz fordert für Sacheinlagen keine Wertfestsetzung in der Satzung (dazu Rz. 200). Es genügt daher als Festsetzung in der Satzung, die Sacheinlage zu bestimmen und gleichzeitig den Gründer zur **Bareinzahlung** einer sich möglicherweise oder in noch unbestimmter Höhe ergebenden Wertdifferenz zu verpflichten; dies wird aus dem Vergleich mit dem Fall einer normalen Sacheinlage deutlich: Wenn dort bei Handelsregisteranmeldung die Wertdifferenz zwischen Sacheinlage und Ausgabebetrag eingezahlt wird, muss das Gericht eintragen; bei fehlender Einzahlung ist hingegen die Eintragung abzulehnen (dazu Rz. 222).

234 bb) **Rechtsverbindlichkeit.** Der Unterschied des vorstehenden Falles (Rz. 233) einer freiwilligen Zuzahlung zur Sacheinlage im Vergleich zur Mischeinlage mit unbestimmter Bareinzahlungsverpflichtung liegt in deren Rechtsverbindlichkeit für die Gründer. Ist bei einer solchen unbestimmten Festsetzung des Bareinlageteils der Mischeinlage in der Satzung keine Fälligkeitsregelung getroffen, verbleibt es bei der Mindesteinforderung von einem Viertel des geringsten Ausgabebetrages (§ 36 a Abs. 1 AktG; dazu Rz. 172), bezogen auf den Bareinlagenteil,[309] sowie bei dem in jedem Fall sofort fälligen Agio (§ 36 a Abs. 1 und 2 AktG). Aufgrund praktischer Schwierigkeiten bei dieser Aufteilung empfiehlt sich in der Regel bei Mischeinlagen auch deren **Wertfestsetzung** (dazu Rz. 233) bei der Festsetzung der Sacheinlage, falls nicht der Weg der Trenneinlage begangen wird (dazu Rz. 236).

235 cc) **Schwierigkeiten in der Praxis.** Falls bei der Festsetzung einer Mischeinlage die Wertfestsetzung für die Sacheinlage unterbleibt (zur Zulässigkeit dieser Unterlassung Rz. 233) und zugleich ein höherer Ausgabebetrag (§ 9 Abs. 2 AktG; dazu Rz. 162 f.) festgesetzt wird und außerdem für den Barantteil nur der Mindestbetrag von 25 % eingefordert werden soll (§ 36 a Abs. 1 AktG; dazu Rz. 172), ergeben sich in der Praxis Schwierigkeiten für die Verteilung von Bar- und Sacheinlage auf das sofort in voller Höhe fällige Agio und für die Berechnung der Mindestbareinforderung.[310] Dieses Problem kann durch eine Wertfestsetzung für die Sacheinlage in der Errichtungsurkunde (nicht notwendig in der Satzung; § 23 Abs. 2 Nr. 2 AktG; dazu Rz. 200) und dort zugleich durch eine Bestimmung gelöst werden, inwieweit die Sacheinlage auf das Agio anzurechnen ist; es bestehen zB keine Bedenken, das Agio allein durch die Sacheinlage abzudecken.

---

[308] So Kölner Komm./*Kraft* § 36 Rz. 36, der von einer „vereinbarten Barleistung" ausgeht; ebenso wohl auch *Hüffer* AktG § 36 Rz. 12, der fordert: „Wert der Sacheinlage muss beziffert werden"; dies kann sich allerdings auch auf die Handelsregisteranmeldung oder deren Anlagen beziehen.

[309] *Hüffer* AktG § 36 Rz. 12.

[310] Zur Aufteilung und dem früher hierzu bestehenden Meinungsstreit: Münch-Komm. AktG/Bd. 1/*Pentz* § 36 Rz. 99 mwN; Großkomm. AktG/*Röhricht* § 36 Rz. 127 mwN.

B. Gründung der AG nach AktG   236-241 § 2

9. Trenneinlage

Die praktischen Schwierigkeiten in der Abgrenzung von Bar- und Sacheinlage bei einer Mischeinlage (dazu Rz. 232 ff.) lassen sich zumeist einfacher lösen, indem der Inferent für jede dieser Einlageformen getrennte Aktien (hier Trenneinlagen genannt) übernimmt (§ 23 Abs. 2 Nr. 2 AktG; dazu Rz. 13). Die Zulässigkeit dieser Gestaltung steht außer Frage.[311] Aus steuerlichen Gründen kann die Trenneinlage zB bei Buchwertfortführung von Sacheinlagen praktisch sogar geboten sein, um den unterschiedlichen Anschaffungskosten der Aktien Rechnung zu tragen (dazu Rz. 425). 236

10. Verdeckte Sacheinlage

Im Hinblick auf die Behandlung der verdeckten Sacheinlage ist zwischen der bisherigen und der Lage nach Inkrafttreten des ARUG (BGBl. I 2009, 2479) zu unterscheiden.

a) Bisherige Rechtslage

aa) Begriff. Als verdeckte Sacheinlage ist es anzusehen, wenn die gesetzlichen Regeln für Sacheinlagen dadurch unterlaufen werden, dass zwar eine Bareinlage vereinbart wird, die Gesellschaft aber bei wirtschaftlicher Betrachtung von dem Einleger auf Grund einer im Zusammenhang mit der Übernahme der Einlage getroffenen Absprache einen Sachwert erhalten soll; ein wirtschaftlich einheitlich gewolltes Rechtsgeschäft also in mehrere rechtlich getrennte Rechtsgeschäfte aufgeteilt wird.[312] 240

Eine in diesem Zusammenhang notwendige Abrede wird tatsächlich vermutet, wenn die Durchführung des Erwerbsgeschäftes in **tatsächlichem und zeitlichem Zusammenhang** mit der Kapitalaufbringung steht,[313] wobei die Grenze für den zeitlichen Zusammenhang in der Regel, also nicht ausnahmslos, bei 6 Monaten angenommen wird;[314] für Vorgänge nach acht Monaten besteht eine solche tatsächliche Vermutung nach der Rechtsprechung des BGH jedenfalls nicht mehr.[315] Der tatsächliche Zusammenhang erschließt sich in der Regel aus der Möglichkeit, den Gegenstand offen als Sacheinlage festzusetzen. Eine Widerlegung der tatsächlichen Vermutung (Beweislastumkehr[316]) ist in der Praxis selten möglich.

bb) Rechtsfolgen. Die Folgen einer verdeckten Sacheinlage werden teilweise als „katastrophal" für den Inferenten bezeichnet. Der Inferent muss in Höhe der im Erwerbsgeschäft erhaltenen Gegenleistung die **Bareinlage wiederholen** (genauer: erstmals erbringen, § 27 Abs. 3 Satz 2 AktG), weil seine vermeintliche erste Zahlung mangels Leistung zur endgültigen freien Verfügung des Vorstands keine Befreiungswirkung gehabt hat. Das schuldrechtliche Geschäft (regelmäßig ein Kaufvertrag) ist der Gesellschaft gegenüber unwirksam, 241

---
[311] MünchKomm. AktG/Bd. 1/*Pentz* § 36 Rz. 98.
[312] BGH II ZR 171/06, NZG 2008, 311 f.; BGH II ZR 176/05, BGHZ 170, 47, 51 = NZG 2007, 144 = NJW 2007, 765 Rz. 11 mwN, st. Rspr.; MünchKomm. AktG/Bd. 1/ *Pentz* § 27 Rz. 84 ff.
[313] BGH II ZR 89/95 v. 4. 3. 1996, BGHZ 132, 133, NJW 1996, 1286.
[314] MünchKomm. AktG/Bd. 1/*Pentz* § 27 Rz. 96 mwN.
[315] So nunmehr für GmbH BGH II ZR 1/00 v. 16. 9. 2002, NJW 2002, 3774.
[316] *Hüffer* AktG § 27 Rz. 14 mwN.

ebenso die dinglichen Ausführungshandlungen (§ 27 Abs. 3 AktG). Eine Aufrechnung oder Zurückbehaltung ist dem Gründer dabei verwehrt (§ 66 Abs. 1 Satz 2 AktG; dazu Rz. 289). Der nicht erfüllte Einlageanspruch verjährt heute in der 10-Jahres-Frist des § 54 Abs. 4 AktG (zum Übergangsrecht s. Rz.184).[317]

242 cc) Heilung. Die Möglichkeiten einer Heilung der verdeckten Sacheinlage sind umstritten, wenn auch das Bedürfnis hierzu allgemein anerkannt [318] und im Falle der GmbH auch vom BGH mittels nachträglicher Umwidmung der Bareinlage in eine Sacheinlage durch Satzungsänderung gelöst ist.[319] Das Problem bei der AG besteht in § 27 Abs. 4 AktG, wonach die Unwirksamkeit einer Sacheinlage nach Eintragung der Gesellschaft nicht durch Satzungsänderung geheilt werden kann. Eine Anwendung der Rechtsprechung zur GmbH auch für die AG wird daher überwiegend abgelehnt.[320] Teilweise wird allerdings auch vertreten, dass § 27 Abs. 4 AktG nur die Heilung durch „einfache" Satzungsänderung (§ 179 AktG) verwehrt,[321] während eine Umwidmung der Bareinlage in eine Sacheinlage unter Wahrung der dafür vorgesehenen Förmlichkeiten auch für die AG zulässig sein soll,[322] was mit §§ 27 Abs. 4, 52 Abs. 10 AktG indessen unverträglich ist.[323] Die einzige Möglichkeit zur Reparatur derartiger Vorgänge liegt in der (ggf. entsprechenden) Anwendung der Nachgründungsvorschriften (§ 52 Abs. 10 AktG; dazu Rz. 323 ff.).

b) Rechtslage nach Inkrafttreten des ARUG

243 Mit Inkafttreten des ARUG (BGBl. I 2009, 2479) zum 1. 9. 2009 wird für verdeckte Sacheinlagen die Anrechnungslösung, die bereits für die GmbH durch das MoMiG eingeführt worden ist, zur Anwendung kommen. Die neue Definition der verdeckten Sacheinlage (§ 27 Abs. 3 AktG),[324] die darauf abstellt, dass eine Geldeinlage bei wirtschaftlicher Betrachtung eine Sacheinlage darstellt, entspricht zwar nicht der bisherigen Definition der Rechtsprechung; denn diese definiert sie als ein Umgehen der Unterscheidung zwischen Bar- und Sacheinlage durch die Aufspaltung eines wirtschaftlichen Vorgangs in ein oder mehrere Vorgänge. Dennoch verbleibt es bei der Definition der verdeckten Sacheinlage bei den bisherigen Grundsätzen (zB auch der 6-Monatsfrist). Dies wurde auch jüngst durch den Bundesgerichtshof bestätigt,[325] der in seiner Entscheidung Quivive nach der Wiedergabe seiner bisherigen Definition der verdeckten Sacheinlage unter Hinweis auf die Gesetzesmaterialien zum MoMiG lediglich angemerkt hat, dass sich mit der Neufassung durch das MoMiG

---

[317] MünchKomm. AktG/Bd. 1/*Pentz* § 27 Rz. 104.
[318] Für ein Bedürfnis zur Heilung zB aus dem Gesellschaftsrechtssenat des BGH: Großkomm. AktG/*Röhricht* § 27 Rz. 215; *Henze* Höchstrichterliche Rechtsprechung zum Aktienrecht 5. Aufl. 2002 Rz. 206 f.
[319] BGH II ZB 8/95 v. 4. 3. 1996, BGHZ 132, 141, NJW 1996, 1473.
[320] *Hüffer* AktG § 27 Rz. 10 mwN; MünchKomm. AktG/Bd. 1/*Pentz* § 27 Rz. 82, 106.
[321] Großkomm. AktG/*Röhricht* § 27 Rz. 148.
[322] So die Kommentierung des Vorsitzenden des BGH-Gesellschaftsrechtssenates: Großkomm. AktG/*Röhricht* § 27 Rz. 154; aA aber wohl ein ehemaliges Mitglied dieses Senates: *Henze* Höchstrichterliche Rechtsprechung zum Aktienrecht 5. Aufl. 2002 Rz. 218.
[323] MünchKomm. AktG/Bd. 1/*Pentz* § 27 Rz. 106 ff., § 52 Rz. 68 ff.
[324] Beschlussempfehlung und Bericht des Rechtsausschusses, Drucksache 16/13098, S. 5 f.
[325] BGH II ZR 120/07 –Quivive.

B. Gründung der AG nach AktG

insoweit nichts geändert habe, was wegen der Identität der Neuregelung der verdeckten Sacheinlage bei der AG auch für diese gelten muss. Im Ergebnis wollte der Gesetzgeber das Phänomen der verdeckten Sacheinlage daher lediglich insoweit regeln, als dass er – aufsetzend auf dem bisherigen Rechtsstand – nur die Rechtsfolgen neu bestimmt.[326]

Die neu eingeführte Anrechnungslösung legt in Abweichung von den bisherigen Grundsätzen zunächst fest, dass die Verträge über die verdeckte Sacheinlage (gemeint ist: der verdeckt eingelegte Vermögensgegenstand) und die Rechtshandlungen zu ihrer Ausführung nicht unwirksam sind. Die Bareinlage des Gesellschafters, die er in Verdeckung der Sacheinlage zunächst leistet, muss aber nach wie vor zur endgültigen freien Verfügung des Vorstands geleistet werden (§ 36 Abs. 2 AktG), was zur Folge hat, dass diese Zahlung des Gesellschafters keine Erfüllungswirkung mit sich bringt. Auch sind diese Zahlungen – wie bisher – an den Gesellschafter gem. § 812 BGB zurückzuerstatten und der Gesellschafter kann sich bei Versicherung der freien Verfügung strafbar nach § 82 Abs. 1 Nr. 1 StGB machen. Die Anrechnungslösung des § 27 Abs. 3 AktG baut auf diese Situation – Wirksamkeit der schuldrechtlichen und dinglichen Geschäfte und Unwirksamkeit der vermeintlichen Einlageleistung in bar – auf, indem sie anordnet, dass auf die mangels Erfüllung weiter bestehende Geldeinlagepflicht des Gesellschafters der Wert des Vermögensgegenstandes im Zeitpunkt der Anmeldung der Gesellschaft zur Eintragung in das Handelsregister, oder wenn die Übertragung erst später stattfindet, im Zeitpunkt seiner Überlassung an die Gesellschaft angerechnet wird.

Nicht klar gestellt hat der Gesetzgeber indessen, wie hinsichtlich der Zahlung des Gesellschafters auf die geschuldete Einlage zu verfahren ist, die mangels Leistung zur endgültigen freien Verfügung keine Befreiungswirkung gehabt hat. Insoweit ist davon auszugehen, dass es wie nach altem Recht dabei verbleibt, dass dem Gesellschafter insoweit ein Bereicherungsanspruch gem. § 812 Abs. 1 BGB zusteht, an dessen Bestehen sich auch nichts ändert, wenn die Gesellschaft mit dem Eingezahlten den Vermögensgegenstand – wie geplant- erwirbt, da es hier nur zu einem Aktivtausch (Kasse gegen vom Gesellschafter erworbenen Gegenstand) kommt. Kommt die Verrechnungslösung nach Eintragung in das Handelsregister zur Anwendung, wird der Wert des erworbenen Gegenstandes auf den noch offenen Bareinlageanspruch angerechnet, was dazu zu führen scheint, dass der Einlageanspruch erlischt, aber der Rückzahlungsanspruch aus § 812 BGB noch fortbesteht und im Rahmen eines Vermögensstatus nun den eingebrachten Vermögenswert neutralisiert. Dies würde dazu führen, dass die Gesellschaft kein Nettoaktivvermögen hätte. Diese mit dem neuen Recht verbundene Problematik ist mit *Pentz* dadurch zu lösen, dass von einer Entreicherung der Gesellschaft (§ 818 Abs. 3 BGB) in Höhe des Wertes des verdeckt eingelegten Gegenstandes auszugehen ist, da die Gesellschaft den durch die Anrechnungslösung gleichsam doppelt zahlt: einmal durch die Leistung des Kaufpreises mittels des bar Eingelegten und einmal durch die gesetzliche Anrechnung.[327] Hat die

---

[326] *Pentz* in FS Karsten Schmidt, 2009, S. 1265, 1273; *ders.* GmbHR 2009, 127; *Gesell* BB 2007, 2241, 2245 f.; aA *Maier-Reimer/Wenzel* ZIP 2008, 1449, 1452.

[327] *Pentz* GmbHR 2009, 126, 128 f.; *ders.* in FS Karsten Schmidt, 2009, S. 1265 ff.; aA *Bormann/Urlichs* GmbHR-Sonderheft MoMiG 2008, 37, 39; *Ulmer* ZIP 2009, 293, 298 (Sperrung bzw. Verdrängung des Kondiktionsanspruchs durch das neue Recht); *Maier-Reimer/Wenzel* ZIP 2008, 1449 ff.; ZIP 2009, 1185 ff.; zust. *Veil/Werner* GmbHR 2009, 729, 733 ff. („Ausblenden" des Geschäfts), jew. zur parallelen Rechtslage im GmbHR.

§ 2 244–247 Die Gründung und die Entstehung durch Umwandlung

Gesellschaft den Bereicherungsanspruch des Gesellschafters hingegen schon erfüllt, ist § 27 Abs. 3 AktG dahingehend teleologisch zu reduzieren, dass die vorgesehene Anrechnung unterbleibt.

c) Übergangsrecht

244 Die neue Regelung des § 27 Abs. 3 AktG gilt nach § 20 Abs. 7 EGAktG idF. des ARUG auch für Einlageleistungen, die vor dem Inkrafttreten des ARUG[328] (BGBl. I 2009, 2479) zum 1. 9. 2009 bewirkt worden sind, soweit sie nach altem Recht wegen der Grundsätze der verdeckten Sacheinlage keine Erfüllung der Einlagepflicht bewirkt haben. Eine Ausnahme hiervon gilt nur, soweit über die aus der Unwirksamkeit der schuldrechtlichen und dinglichen Rechtsgeschäfte resultierenden Ansprüche zwischen der Gesellschaft und dem Gesellschafter bereits vor dem Inkrafttreten des ARUG (BGBl. I 2009, 2479) zum 1. 9. 2009 ein rechtskräftiges Urteil ergangen oder eine wirksame Vereinbarung zwischen der Gesellschaft und dem Gesellschafter getroffen wurde. Folge dieser verfassungsrechtlich zweifelhaften Anordnung[329] ist, dass eine auf die bisherigen Grundsätze der verdeckten Sacheinlage gestützte Klage bei einem Inkrafttreten des ARUG vor Schluss der mündlichen Verhandlung unbegründet wird; der Kläger also gezwungen ist, die zuvor möglicherweise begründete Klage für erledigt zu erklären. Ist die mündliche Verhandlung bereits vor dem Inkrafttreten des ARUG geschlossen worden, muss das Gericht die mündliche Verhandlung wieder eröffnen, um den Parteien Gelegenheit zu geben, sich der neuen Lage prozessual anzupassen (ggf. also eine Erledigungserklärung abzugeben).[330]

11. Haftung für die Kapitalaufbringung

a) Übersicht

247 Anknüpfend an die Übersicht über die Aufbringung des Grundkapitals (dazu Rz. 165) wird hier vorab ein Überblick auf die Haftungsstruktur des AktG für die Kapitalaufbringung gegeben. Zunächst ist zwischen den zeitlich aufeinander folgenden Phasen der Gründung von der Vorgründungsphase bis zur Nachgründung (dazu gesondert Rz. 310 ff.) zu unterscheiden, aus denen sich unterschiedliche Haftungstatbestände ergeben (dazu Rz. 248 ff.). Dann sind die unterschiedlichen Haftungsgründe nach Art und Schuldner zu trennen, die von der originären Einlageverpflichtung der Gründer bis zu verschiedenen Haftungsformen der an der Gründung Beteiligten reichen (dazu Rz. 258 ff.). Wichtig ist auch die Unterscheidung hinsichtlich der Person des Gläubigers dieser Verpflichtungen nach der sog. Innenhaftung (Gesellschaft als Gläubiger) und der sog. Außenhaftung (Anspruch der Gläubiger der Gesellschaft; dazu Rz. 288). Schließlich ist ein Blick zu werfen auf die unterschiedlichen Verjährungsfristen (dazu Rz. 291 f.), auf die Konkurrenzen zu Haftungstatbeständen aus dem BGB (dazu Rz. 288) sowie auf strafrechtliche Bestimmungen (dazu Rz. 293).

---

[328] Beschlussempfehlung und Bericht des Rechtsausschusses, Drucksache 16/13098, S. 5 f.
[329] *Pentz* GmbHR 2009, 126 ff.
[330] Vgl. hierzu und weiteren prozessualen Fragestellungen *Pentz* GmbHR 2009, 126, 130 f.

b) Gründungsphasen

aa) Vorgründungszeit. Hierunter ist die Zeit bis zur Errichtung der Gesellschaft (Übernahme aller Aktien durch die Gründer, § 29 AktG; dazu Rz. 10 ff.) zu verstehen.[331] Das AktG regelt diesen Zeitraum nur mittelbar, indem es die regelmäßig unverbindliche Verabredung[332] der Gründer zur Errichtung der Gesellschaft stillschweigend und das Vorliegen einer notariell beglaubigten Vollmacht im Falle der Vertretung bei der Errichtung ausdrücklich (§ 23 Abs. 1 Satz 2 AktG; dazu Rz. 10) voraussetzt. Wollen sich die Gründer verbindlich zur Errichtung der Gesellschaft vorab verpflichten, ist hierzu ein notarieller Gründungsvorvertrag erforderlich,[333] woraus eine sog. **Vorgründungsgesellschaft**[334] entsteht (nicht zu verwechseln mit der Vorgesellschaft; dazu Rz. 251 ff.), in der Regel als Gesellschaft des bürgerlichen Rechts (§§ 705 ff. BGB),[335] und zwar als Innengesellschaft, falls auf das Gründungsziel beschränkt,[336] aber auch als Außengesellschaft, falls zur Vorbereitung der Gründung Gesamthandsvermögen von Dritten erworben oder Rechtsgeschäfte getätigt werden, woraus im Falle von Handelsgeschäften auch eine OHG entstehen kann (§ 105 HGB).[337]

Erwerben Gründungswillige Gesamthandseigentum zwecks Einbringung nach Errichtung der Gesellschaft ohne notariellen Vorvertrag, so gelten die Grundsätze einer **fehlerhaften GbR** (ggf. OHG),[338] falls der Formzwang irrtümlich verkannt wird, ansonsten entsteht eine Gesellschaft, deren Zweck sich auf die Vorbereitung der noch offenen Errichtung einer AG beschränkt. Die **Haftung** für Verbindlichkeiten der Vorgründungsgesellschaft ist – wie deren Rechtsverhältnisse insgesamt – nicht im AktG geregelt, sondern richtet sich nach BGB oder ggf. nach HGB.

Mit der **Errichtung der AG** (§ 29 AktG; dazu Rz. 10 ff.) tritt das Ende der Vorgründungsgesellschaft aufgrund Zweckerreichung ein; soweit Aktiva und/oder Passiva vorhanden sind, gehen diese nicht automatisch auf die durch die Errichtung entstehende Vorgesellschaft (dazu Rz. 251 ff.) über.[339] Soll der Übergang auf die Vorgesellschaft erreicht werden, bedarf es hierfür im Falle von Aktiva oder von Aktiva und Passiva der Festsetzung in der Satzung als Sacheinlage oder Sachübernahme (§ 27 Abs. 1 Satz 1 AktG; dazu Rz. 200 ff. und 229) und zum Vollzug der entsprechenden Übertragungsgeschäfte. Der eleganteste Weg hierfür ist die Festsetzung der Anteile an der Vorgründungsgesellschaft als Sacheinlage bzw. Sachübernahme, was mit deren Übertragung zur Anwachsung der Aktiva und Passiva bei der Vorgesellschaft führt (dazu Rz. 199, 468). Hat die Vorgründungsgesellschaft nur Verbindlichkeiten, ist dies bei der Festsetzung der Einlagepflichten (zusätzliche Bareinlagepflichten zum Ausgleich) zu berücksichtigen.

---

[331] MünchKomm. AktG/Bd. 1/*Pentz* § 41 Rz. 8 f.
[332] *Hüffer* AktG § 23 Rz. 14; MünchKomm. AktG/Bd. 1/*Pentz* § 41 Rz. 10.
[333] MünchKomm. AktG/Bd. 1/*Pentz* § 41 Rz. 14 mwN; *Hüffer* AktG § 23 Rz. 14.
[334] *Hüffer* AktG § 23 Rz. 15 mwN.
[335] MünchKomm. AktG/Bd. 1/*Pentz* § 41 Rz. 9; *Hüffer* AktG § 23 Rz. 15.
[336] MünchKomm. AktG/Bd. 1/*Pentz* § 41 Rz. 9.
[337] *Hüffer* AktG § 23 Rz. 15 mwN.
[338] MünchKomm. AktG/Bd. 1/*Pentz* § 41 Rz. 11.
[339] BGH II ZR 276/83 v. 7.5.1984, BGHZ 91, 148, NJW 1984, 2164; *Hüffer* AktG § 23 Rz. 15.

251 **bb) Vorgesellschaft.** Mit der Errichtung der AG (§ 29 AktG; dazu Rz. 10 ff.) entsteht die sog. Vorgesellschaft (auch Gründungsgesellschaft[340] oder Vor-AG[341] genannt, nicht zu verwechseln mit der Vorgründungsgesellschaft; dazu Rz. 248 ff.), es sei denn, es handelt sich um eine Einpersonengründung (dazu Rz. 300 ff.). Wo das AktG für Vorgänge vor der Eintragung von der Gesellschaft spricht, ist zumeist die Vorgesellschaft gemeint. Sie ist eine Gesamthandsgesellschaft eigener Art (§ 14 Abs. 2 BGB[342]), mit einem Sonderrecht,[343] „das aus den in Gesetz oder im Gesellschaftsvertrag gegebenen Gründungsvorschriften und dem Recht der rechtsfähigen Gesellschaft, soweit es nicht die Eintragung voraussetzt, besteht."[344] So muss sie bereits die Organe einer Aktiengesellschaft haben, nämlich den ersten Aufsichtsrat (§ 30 Abs. 1 bis 3 AktG; dazu Rz. 15, 90 ff.) und den ersten Vorstand (§ 30 Abs. 3 AktG; dazu Rz. 17, 107 ff.); an die Stelle der Hauptversammlung tritt die Versammlung der Gründer zwecks Bestellung des ersten Aufsichtsrates und des ersten Abschlussprüfers (§ 30 Abs. 1 AktG; dazu Rz. 15 f.). Die Vorgesellschaft ist namensfähig (§ 12 BGB),[345] dh., sie kann die Firma laut Satzung (§§ 4, 23 Abs. 3 Nr. 1 AktG; dazu Rz. 332 f.) bereits führen, muss aber zur Vermeidung einer Irreführung einen entsprechenden Zusatz führen, zumeist „in Gründung" oder abgekürzt „i. G".[346]

252 Der **Zweck der Vorgesellschaft** beschränkt sich im gesetzlichen Normalfall (Ausnahme Rz. 253 f.) auf das Bewirken der Eintragung im Handelsregister, wozu der Vorstand alle Rechtsgeschäfte vornehmen darf und regelmäßig auch muss, die nach Gesetz und den Gründungsfestsetzungen in der Satzung notwendig oder zugelassen sind,[347] namentlich den Abschluss von Verträgen und die Vor- und Entgegennahme von Rechtshandlungen betreffend die Satzungsfestsetzungen über den Gründungsaufwand (§ 26 Abs. 2 AktG; dazu Rz. 347) und über die Einlagen (§ 36 a AktG; dazu Rz. 30 ff.) und Sachübernahmen (§ 27 Abs. 1 Satz 1 AktG; dazu Rz. 226 ff.). Auf diesen Zweck der Vorgesellschaft beschränkt sich im Regelfall (Ausnahme Rz. 253 f.) die Geschäftsführungsbefugnis des Vorstandes[348] und nach hM auch die Vertretungsbefugnis,[349] während teilweise bereits die satzungsmäßige Vertretungsmacht wie nach Eintragung der Gesellschaft für maßgebend gehalten wird.[350]

253 Der auf die Gründungsfunktion beschränkte Zweck der Vorgesellschaft und demnach die gegenüber der Satzung eingeschränkte Vertretungsbefugnis des Vorstandes galt früher unabdingbar unter dem sog. Vorbelastungsverbot,[351] nach dem Minderungen des Grundkapitals durch Eingehung von über die

---

[340] MünchHdb. GesR/Bd. 4/*Hoffmann-Becking* § 3 Rz. 27.
[341] *Hüffer* AktG § 41 Rz. 2.
[342] § 14 Abs. 2 BGB idF der Bekanntmachung v. 2. 1. 2002, BGBl. I, S. 42.
[343] *Hüffer* AktG § 41 Rz. 4 mwN.
[344] BGH II ZR 218/54 v. 12. 7. 1956, BGHZ 21, 141, NJW 1956, 1435.
[345] LG Düsseldorf 4 O 359/85 v. 14. 1. 1986, NJW-RR 1987, 874.
[346] MünchKomm. AktG/Bd. 1/*Pentz* § 41 Rz. 51.
[347] BGH II ZR 54/80 v. 9. 3. 1981, BGHZ 80, 129, 139, NJW 1981, 1373.
[348] MünchKomm. AktG/Bd. 1/*Pentz* § 41 Rz. 34.
[349] BGH II ZR 54/80 v. 9. 3. 1981, BGHZ 80, 129, 139, NJW 1981, 1373; *Hüffer* AktG § 41 Rz. 11 mwN.
[350] MünchKomm. AktG/Bd. 1/*Pentz* § 41 Rz. 34 mwN.
[351] BGH II ZR 219/63 v. 2. 5. 1966, BGHZ 45, 338; NJW 1966, 1311; dazu *Hüffer* AktG § 41 Rz. 12 mwN.

B. Gründung der AG nach AktG 254–257 § 2

Gründungsnotwendigkeiten hinausgehenden Verbindlichkeiten unzulässig waren und zur Ablehnung der Eintragung führten. Der BGH hat diese Rechtsprechung aufgegeben und durch den **Grundsatz der Unterbilanzhaftung** ersetzt,[352] wonach der Zweck der Vorgesellschaft über die notwendige Gründungsfunktion hinaus ausgedehnt werden darf und der Vorstand dann bereits entsprechend vertretungsbefugt ist und eine sich daraus ergebende Vorbelastung des Grundkapitals kein Eintragungshindernis mehr ist, vielmehr die Kapitalaufbringung dadurch sichergestellt werden soll, dass die Gründer für diesen Unterbilanzbetrag im Zeitpunkt der Eintragung kapitalanteilig der Gesellschaft haften (dazu Rz. 269 ff.).

Voraussetzung des erweiterten Zweckes der Vorgesellschaft und damit der erweiterten Geschäftsführungs- und Vertretungsbefugnis (zur Beschränkung im Regelfall: Rz. 252) ist das **Einverständnis aller Gründer**.[353] Dies kann sich bereits aus der Satzung ergeben, insbesondere bei Sachgründung durch Einbringung oder Übernahme eines Unternehmens (§ 31 AktG; dazu Rz. 103 ff., 199). Nach der hM zur GmbH-Vorgesellschaft[354] genügt formloses Einverständnis,[355] es wird aber auch Satzungsform für erforderlich gehalten,[356] was die Praxis im Interesse der Rechtssicherheit befolgen sollte. 254

Das **Ende der Vorgesellschaft** tritt ohne Liquidation mit der Eintragung der Gesellschaft im Handelsregister ein,[357] durch welche die AG „als solche" entsteht (§ 41 Abs. 1 Satz 1 AktG; dazu Rz. 66). Die AG übernimmt unter Kontinuität des Rechtsträgers die Rechte und Pflichten der Vorgesellschaft;[358] sie wird Rechtsträger der Ansprüche aus Unterbilanzhaftung der Gründer (dazu Rz. 269 ff.). 255

Bei **Scheitern der Eintragung** endet damit der Zweck der Vorgesellschaft mit folgenden möglichen Konsequenzen: Liquidation oder Insolvenzverfahren, falls die Gesamthandsgemeinschaft (dazu Rz. 251) abgewickelt werden soll oder muss; sonst Fortführung als GbR oder OHG bzw. KG oder auch Umwidmung in eine Vor-GmbH (zur Haftung der Gründer in diesen Fällen Rz. 271 f.). Eine Umwandlung der Vorgesellschaft ist unmittelbar nicht möglich, da sie kein umwandlungsfähiger Rechtsträger nach UmwG ist,[359] mittelbar aber nach Eintragung zunächst als OHG, KG oder GmbH. 256

cc) Nachgründungszeit. Nach der Eintragung der AG besteht für zwei Jahre der Zeitraum, für den das Gesetz von Nachgründung spricht, wenn Erwerbsgeschäfte in einem Volumen von jeweils mehr als 10 % des Grundkapitals mit Gründern oder mit mehr als 10 % am Grundkapital beteiligten Neuaktionären stattfinden (§ 52 Abs. 1 AktG; dazu Rz. 310 ff.). Hieraus ergeben sich für 257

---

[352] BGH II ZR 54/80 v. 9.3.1981, BGHZ 80, 129; NJW 1981, 1373; dazu *Hüffer* AktG § 41 Rz. 8 mwN.
[353] BGH II ZR 54/80 v. 9.3.1981, BGHZ 80, 129; NJW 1981, 1373; MünchKomm. AktG/Bd. 1/*Pentz* § 41 Rz. 35 mwN; *Hüffer* AktG § 41 Rz. 6 mwN.
[354] BGH II ZR 54/80 v. 9.3.1981, BGHZ 80, 129; NJW 1981, 1373; mwN *Hüffer* AktG § 41 Rz. 6.
[355] So auch für AG MünchHdb. GesR/Bd. 4/*Hoffmann-Becking* § 3 Rz. 33.
[356] *Hüffer* AktG § 41 Rz. 6 mwN.
[357] *Hüffer* AktG § 41 Rz. 3.
[358] MünchKomm. AktG/Bd. 1/*Pentz* § 41 Rz. 107 f. mwN; für Übernahme der Rechte und Pflichten im Wege der Gesamtrechtsnachfolge BGH II ZR 54/80 v. 9.3.1981, BGHZ 80, 129; NJW 1981, 1373; *Hüffer* AktG § 41 Rz. 16 mwN..
[359] MünchKomm. AktG/Bd. 1/*Pentz* § 41 Rz. 82.

§ 2 258–263   Die Gründung und die Entstehung durch Umwandlung

Vorstand und Aufsichtsrat Haftungsrisiken (§ 53 AktG; dazu Rz. 321) und strafrechtliche Verantwortung (dazu Rz. 322).

c) Haftung der Gründer

258 Für die Gründer ergeben sich folgende Leistungspflichten und Haftungskriterien:

259 **aa) Verpflichtung zu Einlagen auf die übernommenen Aktien.** Die Hauptverpflichtung (§ 54 AktG) der Gründer besteht in der Leistung der Einlage auf die übernommenen Aktien (§ 23 Abs. 2 Nr. 2 AktG; dazu Rz. 10 ff.), von der keine Befreiung möglich und gegen die eine Aufrechnung unzulässig ist (§ 66 Abs. 1 AktG; dazu Rz. 289).

260 Für **Bareinlagen** kann die Fälligkeit vor der Eintragung auf ein Viertel des geringsten Ausgabebetrages begrenzt werden, während der Mehrbetrag bei höherer Ausgabe der Aktien als der geringste Ausgabebetrag sofort voll zu leisten ist (§ 36 a AktG; dazu Rz. 172). In diesem Falle dürfen nur Namensaktien ausgegeben werden, auf denen der Betrag der Teilleistung zu vermerken ist (§ 10 Abs. 2 AktG; dazu § 3 Rz. 22 f.). Für einen solchen Teilbetrag der Einlage, der erst nach der Eintragung und einer Veräußerung der Namensaktie fällig wird, unterliegt der Gründer als sog. Vormann nur noch einer **subsidiären Haftung**, soweit dieser Betrag von den sog. Nachmännern nicht mehr zu erlangen ist (§ 65 Abs. 1 AktG), und dies nur, falls die Einforderung (§ 63 AktG) binnen zwei Jahren nach Anmeldung der Übertragung zum Aktienregister erfolgt (§ 63 Abs. 2 AktG). Der Gründer bleibt jedoch primär in voller Höhe der Einlage verpflichtet, falls pflichtwidrig trotz Teileinzahlung entgegen § 10 Abs. 2 AktG Inhaberaktien oder Namensaktien mit zu hoher Angabe der Einzahlung ausgegeben und diese an gutgläubige Erwerber übertragen werden (dazu § 4 Rz. 10).

261 Die Haftung für **verdeckte Sacheinlagen** auf Wiederholung der geschuldeten Bareinlagen, die verdeckt für den Erwerb von Vermögensgegenständen aus dem Bereich des Gründers verwendet wurden, ist in Rz. 240 ff. dargestellt.

262 Die **Fälligkeit der Einzahlungen** kann sich entweder aus der Satzung ergeben oder ist durch Zahlungsaufforderung vom Vorstand in den Gesellschaftsblättern bekannt zu machen (§ 63 Abs. 1 AktG), also mindestens im elektronischen Bundesanzeiger (§ 25 AktG; dazu Rz. 148). Bei nicht rechtzeitiger Einzahlung besteht Verzinsungspflicht mit 5 % und ggf. weiterer Schadensersatzanspruch der Gesellschaft; die Satzung kann auch eine Vertragsstrafe festsetzen (§ 63 Abs. 2 f. AktG). Für einen nachhaltig mit der Einzahlung säumigen Aktionär kann das Ausschlussverfahren nach § 64 AktG betrieben werden, indem er seiner Aktien und der bereits geleisteten Teilbeträge für verlustig erklärt wird. Für den Ausfall von Einforderungen auf die ersatzweise auszugebenden neuen Aktienurkunden haftet der ausgeschlossene Aktionär subsidiär weiter (§ 64 Abs. 4 AktG).

263 Für **Sacheinlagen** lässt das Gesetz keine Teilleistungen zu (§ 36 a Abs. 2 Satz 1 AktG; dazu Rz. 206). Deshalb gelten hier nicht die Grundsätze für die teilweise Übertragbarkeit der primären Einlageverpflichtung von Bareinlagen durch den Gründer auf den Erwerber von Namensaktien (§ 65 AktG; dazu Rz. 260). Vielmehr schuldet der Gründer die Sacheinlage persönlich, was aber die Sacheinlage durch Abtretung der Forderung an Dritte auf dingliche Übertragung einer Sache nicht ausschließt; ebenso stellt es keine Teilleistung auf die

Sacheinlage dar, wenn sich der Gründer persönlich zum dinglichen Vollzug innerhalb von fünf Jahren verpflichtet (§ 36 a Abs. 2 Satz 2 AktG; dazu Rz. 197). Bei **Leistungsstörungen** in der Sacheinlage ergibt sich in der Regel eine ersatzweise Bareinlagepflicht. Die wichtigsten Fälle sind die nicht ordnungsgemäß in der Satzung festgestellten Sacheinlagen (§ 27 Abs. 3 Satz 3 AktG; dazu Rz. 203 f.) und die überbewertete Sacheinlage (§ 9 GmbHG analog; dazu Rz. 225). Wegen sonstiger Leistungsstörungen bei Sacheinlagen wird auf § 4 Rz. 13, 15 ff. verwiesen.

bb) Nebenverpflichtungen nach Satzung. Den Gründern und später 264 hinzutretenden Aktionären kann die Satzung bei vinkulierten Namensaktien neben den Einlagen auf das Grundkapital wiederkehrende, nicht in Geld bestehende Leistungen auferlegen (§ 55 AktG; dazu § 4 Rz. 26 f.).

cc) Haftung für Einlagen anderer Gründer. Anders als bei der GmbH, 265 deren Gründungsgesellschafter über die eigene Einlageverpflichtung hinaus subsidiär für das gesamte Stammkapital bei Zahlungsausfall auf Seiten von Mitgründern auch ohne persönliches Verschulden haften (§ 24 GmbHG), trifft den Gründer der AG eine solche Verpflichtung nur, wenn er bei der Festsetzung der Übernahmeverpflichtung des ausfallenden Gründers (§ 23 Abs. 2 Nr. 2 AktG; dazu Rz. 10 ff.) die Zahlungsunfähigkeit bzw. bei Sacheinlage die Leistungsunfähigkeit kannte (§ 46 Abs. 4 AktG). Es ist positive Kenntnis dieser Umstände auf Seiten des Gründers oder seines Vertreters erforderlich; auch grob fahrlässige Unkenntnis reicht nicht aus.[360] Liegt die Kenntnis bei mehreren Gründern vor, haften sie als Gesamtschuldner.

dd) Haftung für die Verletzung sonstiger Gründerpflichten. Zu den 266 wesentlichen Gründerpflichten zählen als Folgen der Errichtung der Gesellschaft (§ 23, 28 f. AktG; dazu Rz. 10 ff.) neben der eigenen Einlagepflicht (dazu Rz. 259 f.) die Erstattung des Gründungsberichtes (§ 32 AktG; dazu Rz. 18 ff.) und die Anmeldung der Gesellschaft zum Handelsregister (§ 36 AktG; dazu Rz. 35 ff.). Für die Richtigkeit und Vollständigkeit von Gründungsbericht und Anmeldung sowie sonstiger gründungsrelevanter Angaben durch sie selbst oder Dritte[361] haften die Gründer der Gesellschaft als Gesamtschuldner auf den hieraus entstandenen Schaden, insbesondere auf fehlende Einlagen oder den Ersatz von nicht ordnungsgemäß in der Satzung festgesetztem Gründungsaufwand (§ 26 Abs. 2 AktG; dazu Rz. 247), aber auch auf den darüber hinausgehenden Schaden (§ 46 Abs. 1 AktG).[362] Diese Haftung setzt Verschulden des Gründers voraus, wobei aber in **Beweislastumkehr** Vorsatz (positive Tatsachenkenntnis) oder Fahrlässigkeit (Kennenmüssen „bei Anwendung der Sorgfalt eines ordentlichen Geschäftsmannes") vermutet wird (§ 46 Abs. 3 AktG).

Grobe Fahrlässigkeit ist hingegen als Mindestverschulden seitens mindes- 267 tens eines Gründers erforderlich, falls die Gründer als Gesamtschuldner dafür haften sollen, dass die Gesellschaft mit solchem Verschulden von Gründern durch Einlagen, Sachübernahmen oder Gründungsaufwand geschädigt wird (§ 46 Abs. 2 AktG). Die Beweislast für dieses Verschulden trägt die Gesellschaft; die Beweislastumkehr nach § 46 Abs. 3 AktG (dazu Rz. 266) gilt hierfür nicht. Die nicht selbst diesen Schaden verursachenden Gründer haften hingegen

---

[360] *Hüffer* AktG § 46 Rz. 16.
[361] *Hüffer* AktG § 46 Rz. 6.
[362] MünchKomm. AktG/Bd. 1/*Pentz* § 46 Rz. 31 mwN; *Hüffer* AktG § 46 Rz. 10 mwN.

§ 2 268–270   Die Gründung und die Entstehung durch Umwandlung

schon bei geringerer als grober Fahrlässigkeit hinsichtlich des Kennenmüssens der Schadensverursachung, wobei sie die Beweislastumkehr nach § 46 Abs. 3 AktG trifft.[363] Beispiele für Haftung aus § 46 Abs. 2 AktG sind verdeckte Sacheinlagen (dazu Rz. 240 ff.), Überbewertung von Sacheinlagen (dazu Rz. 225) und Überzahlung von Gründungsaufwand,[364] die nicht zwingend mit falschen Angaben iSv. § 46 Abs. 1 (dazu Rz. 266) einhergehen müssen, was aber zumeist der Fall sein dürfte.[365]

268 **ee) Haftung für Verbindlichkeiten der Vorgründungsgesellschaft.** Soweit vor der Errichtung der Gesellschaft (§ 29 AktG; dazu Rz. 10 ff.) eine Vorgründungsgesellschaft bestand, haften die Gründer für deren Verbindlichkeiten als Gesamtschuldner persönlich (dazu Rz. 249), wenn nicht in der Satzung die AG damit belastet wird, womit sie zunächst Verbindlichkeiten der Vorgesellschaft werden (dazu Rz. 250). Im letzteren Falle gelten die Grundsätze der Haftung für Verbindlichkeiten der Vorgesellschaft (dazu Rz. 269 ff.).

269 **ff) Haftung für Verbindlichkeiten der Vorgesellschaft** (Unterbilanzhaftung, Verlustdeckungshaftung). Ist die Vorgesellschaft im Einverständnis aller Gründer bereits Verbindlichkeiten eingegangen, können die Gründer hieraus haften, und zwar sowohl bei Scheitern der Eintragung der AG als auch nach deren Entstehung.

270 Mit Eintragung entsteht die **Unterbilanzhaftung**, falls im Eintragungszeitpunkt das Aktivvermögen die Passiva nicht mindestens um das Grundkapital übersteigt,[366] wobei aber stille Reserven einschließlich eines Geschäftswertes zu berücksichtigen sind.[367] Bei Unternehmen sind Fortführungswerte zugrunde zu legen, sofern von der Fortführung des Unternehmens auszugehen ist; ansonsten sind Zerschlagungswerte anzusetzen.[368] Die Unterbilanzhaftung ist um den ordnungsgemäß in der Satzung festgesetzten Gründungsaufwand zu kürzen[369] (§ 26 Abs. 2 ff. AktG; dazu Rz. 347). Falls Anhaltspunkte für eine solche Unterbilanz bestehen, muss der Vorstand den Haftungsbetrag durch eine Vermögensbilanz auf den Eintragungsstichtag ermitteln (dazu Rz. 415). Die Haftung ist durch den Betrag des Grundkapitals nicht begrenzt, dh., im Falle der Überschuldung muss das Grundkapital und der Überschuldungsbetrag ersetzt werden.[370] Die Haftung besteht unabhängig von einem Verschulden und trifft jeden Gründer quotal entsprechend dem von ihm übernommenen Anteil am Grundkapital. Eine Ausfallhaftung der Gründer untereinander entsprechend § 24 GmbHG besteht nicht.[371] Der Anspruch kann nur von der Gesellschaft gegen die Gründer geltend gemacht werden, nicht durch Gläubiger der Gesellschaft (Innenhaftung; dazu Rz. 288).[372] Bis zur Eintragung können die

---

[363] *Hüffer* AktG § 46 Rz. 12.
[364] *Hüffer* AktG § 46 Rz. 11.
[365] MünchKomm. AktG/Bd. 1/*Pentz* § 46 Rz. 42 mwN.
[366] *Hüffer* AktG § 41 Rz. 8.
[367] *Hüffer* AktG § 41 Rz. 9; MünchKomm. AktG/Bd. 1/*Pentz* § 41 Rz. 119.
[368] MünchKomm. AktG/Bd. 1/*Pentz* § 41 Rz. 119.
[369] Großkomm. AktG/*Röhricht* § 26 Rz. 37; MünchKomm. AktG/Bd. 1/*Pentz* § 26 Rz. 36.
[370] *Hüffer* AktG § 41 Rz. 9; MünchKomm. AktG/Bd. 1/*Pentz* § 41 Rz. 122.
[371] OLG Karlsruhe 1 U 170/97 v. 19.12.1997, ZIP 1998, 1961; aA *Hüffer* AktG § 41 Rz. 9 b.
[372] *Hüffer* AktG § 41 Rz. 9 a.

B. Gründung der AG nach AktG   271–274 § 2

Gläubiger der Vorgesellschaft ebenfalls nur gegen diese klagen, nicht gegen die Gründer.[373]

Nach **Scheitern der Eintragung** ist für die Haftung der Gründer danach zu unterscheiden, ob die Geschäftstätigkeit der Vorgesellschaft unverzüglich beendet und die Abwicklung erfolgt oder ob die Geschäfte in der Rechtsform einer Personengesellschaft fortgeführt werden (dazu Rz. 256). Bei sofortiger Beendigung haften die Gründer wie im Falle der Eintragung ebenfalls nur im Innenverhältnis gegenüber der Gesellschaft in ihrem durch das Scheitern begründeten Rechtsstatus (dazu Rz. 272), an den sich die Gläubiger halten müssen. **271**

Diese sog. **Verlustdeckungshaftung**[374] ist wie die Unterbilanzhaftung (dazu Rz. 269 ff.) auf die Beteiligungsquote des Gründers beschränkt,[375] nicht jedoch auf den Nennbetrag oder den höheren Ausgabebetrag der übernommenen Aktien, wobei jedoch anders als bei der Unterbilanzhaftung das Grundkapital selbst nicht wiederherzustellen, sondern nur die Überschuldung auszugleichen ist.[376] Wird hingegen die Geschäftstätigkeit nach Scheitern der Eintragung fortgesetzt, entfällt das Privileg der Innenhaftung, dh. die Gläubiger können die Gründer unmittelbar als Gesamtschuldner in Anspruch nehmen.[377] Wird die Vorgesellschaft in eine Vor-GmbH umgewidmet (dazu Rz. 256), dürfte die Innenhaftung nach der auch für die GmbH gültigen Unterbilanzhaftung (bei Eintragung der GmbH) bzw. Verlustdeckungshaftung (bei Scheitern auch der Eintragung als GmbH und sofortiger Beendigung der Geschäftstätigkeit) gelten. **272**

d) Haftung der Treugeber von Gründern

Neben den Gründern sind in gleicher Weise wie diese (§ 46 Abs. 1 bis 4 AktG; dazu Rz. 265 ff.) Personen verantwortlich und schadenersatzpflichtig, für deren Rechnung jemand als Gründer Aktien übernommen hat (§ 46 Abs. 5 AktG; dazu auch Rz. 84). Dies gilt sowohl für eine den übrigen Gründungsbeteiligten bekannte offene Treuhandschaft als auch bei einer sog. Strohmanngründung für den verdeckten sog. Hintermann als Treugeber. Kommt es auf die Kenntnis oder das Kennenmüssen von haftungsbegründenden Umständen an, so ist dem Hintermann die Kenntnis oder Unkenntnis des Gründers zuzurechnen (§ 46 Abs. 5 Satz 2 AktG).[378] **273**

e) Haftung von für die Gründung verantwortlichen Dritten

Neben den im AktG aufgeführten Schadenersatzpflichten der Gründer und Treugeber von Gründern (§ 46 Abs. 1 bis 5 AktG; dazu Rz. 265 ff.), von Vorstand und Aufsichtsrat (§ 48 AktG; dazu Rz. 280 ff., 286) und der Gründungsprüfer (§ 49 AktG; dazu Rz. 287) bestimmt das AktG folgende weitere Personen mit gesamtschuldnerischer Ersatzpflicht an die Gesellschaft für Schäden aus Anlass der Gründung: **274**

---

[373] BGH II ZR 123/94 v. 27. 1. 1997, BGHZ 134, 333; NJW 1997, 1507.
[374] BGH II ZR 204/00 v. 4. 11. 2002, NZG 2003, 79 mwN; *Hüffer* AktG § 41 Rz. 9 a.
[375] BGH II ZR 123/94 v. 27. 1. 1997, BGHZ 134, 333; NJW 1997, 1507.
[376] *Hüffer* AktG § 41 Rz. 9 a.
[377] BGH II ZR 204/00 v. 4. 11. 2002, NZG 2003, 79.
[378] *Hüffer* AktG § 46 Rz. 18; MünchKomm. AktG/Bd. 1/*Pentz* § 46 Rz. 61.

275 **aa) Haftung für nicht satzungsgemäßen Gründungsaufwand.** Nach § 26 Abs. 2 AktG (dazu Rz. 347) ist der Gesamtaufwand für Gründungskosten, der – abweichend vom Grundsatz der persönlichen Haftung der im Namen der Vorgesellschaft Handelnden (§ 41 Abs. 1 Satz 2 AktG; dazu Rz. 282 ff.) – von der Gesellschaft getragen werden soll, in der Satzung festzusetzen. Ohne diese Festsetzung sind Verträge über Gründungsaufwand und die Rechtshandlungen zu ihrer Ausführung der Gesellschaft gegenüber unwirksam (§ 26 Abs. 3 Satz 1 AktG; dazu Rz. 349). Wer gleichwohl von der Gesellschaft eine nicht in den satzungsmäßigen Gründungsaufwand aufgenommene Vergütung empfängt und nicht zu den Gründern oder Hintermännern gehört, ist ihr gesamtschuldnerisch zum Schadenersatz verpflichtet, wenn er wusste oder nach den Umständen annehmen musste, dass die Verheimlichung beabsichtigt oder erfolgt war (§ 47 Nr. 1 Alt. 1 AktG).

276 Die subjektive Haftungsvoraussetzung kann nur jemanden treffen, der die Satzung kennt oder kennen muss. Allerdings wird diese Person mangels einer in der Satzung erforderlichen Aufgliederung des Gesamtaufwandes in Einzelposten nur haften, wenn in der Satzung kein Gründungsaufwand oder dieser offensichtlich im Hinblick auf seine Vergütung zu niedrig festgesetzt ist. Eher wird sich eine Haftung für den ergeben, der die als Anlage zur Handelsregisteranmeldung erforderliche Berechnung des Gründungsaufwandes der Gesellschaft kennt oder kennen muss, aus der sich eine Aufgliederung der Vergütungen nach Art, Umfang und Empfänger ergeben muss (§ 37 Abs. 4 Nr. 2 AktG; dazu Rz. 48), also zB die Rechtsberater der Gründung, der Notar, die Gründungsprüfer[379] oder das Gericht betr. die Gerichtskosten.

277 **bb) Haftung bei der Verheimlichung von Gründungsaufwand.** Der Gesellschaft haftet auch, wer nicht ordnungsgemäß in der Satzung festgesetzten Gründungsaufwand zwar nicht selbst von der Gesellschaft empfängt, bei Verheimlichung einer solchen Vergütung an einen gut- oder bösgläubigen Dritten (dazu Rz. 276) aber wissentlich mitgewirkt hat (§ 47 Nr. 1 Alt. 2 AktG). Der Mitwirkende muss mindestens bedingt vorsätzlich gehandelt haben.[380]

278 **cc) Haftung bei Schädigung der Gesellschaft durch Einlagen oder Sachübernahmen.** Ebenso haftet als Gesamtschuldner der Gesellschaft, wer im Fall einer vorsätzlichen oder grobfahrlässigen Schädigung der Gesellschaft durch Einlagen oder Sachübernahmen an der Schädigung wissentlich mitgewirkt hat (§ 47 Nr. 2 AktG). Gemeint ist eine Mithaftung für die Haftungsfälle der Gründer (§ 46 Abs. 1 AktG; dazu Rz. 266 f.; der dort mit aufgeführte Fall der Gründerhaftung für Gründungsaufwand ist hinsichtlich der Mitwirkungshaftung in § 47 Nr. 1 Alt. 2 AktG geregelt; dazu Rz. 277) und ihrer Treugeber (§ 46 Abs. 5 AktG; dazu Rz. 273) durch vorsätzliche Mitwirkung Dritter, wobei zumeist von Beratern die Rede ist.[381] Naheliegend ist auch die wissentliche Mitwirkung durch Sachübergeber (§ 27 Abs. 1 Satz 1 Alt. 2 AktG; dazu Rz. 226 ff.) oder durch Erbringer von Sacheinlagen für Rechnung eines Gründers. Hier sind sogar Fälle einer **Regelungslücke** im AktG denkbar, in denen es bei der Sachbewertung den Gründern an der groben Fahrlässigkeit fehlt, der Erbringer der Sachleistung aber in Kenntnis einer aktienrechtlichen

---

[379] MünchKomm. AktG/Bd. 1/*Pentz* § 47 Rz. 16; Kölner Komm./*Kraft* § 47 Rz. 11.
[380] MünchKomm. AktG/Bd. 1/*Pentz* § 47 Rz. 18.
[381] *Hüffer* AktG § 47 Rz. 8; MünchKomm. AktG/Bd. 1/*Pentz* § 47 Rz. 20.

B. Gründung der AG nach AktG 279–282 § 2

Überbewertung für sich einen hohen Preis erzielt, der im Rahmen eines „normalen" Kaufvertrages aber noch nicht sittenwidrig wäre.
dd) Haftung der Emittenten. Mit der sog. Emittentenhaftung (§ 47 Nr. 3 279
AktG) wird erfasst, wer vor Eintragung der Gesellschaft oder innerhalb von zwei Jahren danach die Aktien öffentlich ankündigt, um sie am Markt einzuführen,[382] wenn er kannte oder bei Anwendung der Sorgfalt eines ordentlichen Geschäftsmannes kennen musste, dass die Angaben, die zur Gründung der Gesellschaft gemacht worden sind (§ 46 Abs. 1 AktG; dazu Rz. 266 f.), unrichtig oder unvollständig sind oder die Gesellschaft durch Einlagen oder Sachübernahmen geschädigt ist (§ 46 Abs. 2 AktG; dazu Rz. 267). Während der Emittent nur bei Vorsatz oder Fahrlässigkeit haftet, kommt es für ihn auf ein Verschulden der Gründer oder deren Treugeber (§ 46 Abs. 5 AktG; dazu Rz. 273) im Gegensatz zu deren eigenen Haftung (§ 46 Abs. 3 AktG; dazu Rz. 267) nicht an, dh., der Emittent hat eine eigene Prüfungspflicht.[383] Die Vorschrift richtet sich an Kreditinstitute und Vermittler, kann aber Gründer und Mitglieder von Vorstand und Aufsichtsrat treffen.[384] Gläubiger des Ersatzanspruches ist allein die Gesellschaft (Innenhaftung; dazu Rz. 288); Ansprüche von Aktionären (Außenhaftung; dazu Rz. 288) können sich aus § 823 Abs. 2 BGB iVm. § 399 Abs. 1 Nr. 3 AktG ergeben (dazu Rz. 288) und aus § 44 BörsG (dazu § 23 Rz. 128 ff.).[385]

f) Haftung des Vorstands

Der Vorstand kann für Handlungen und Unterlassungen in der Zeit bis zur 280
Eintragung der Gesellschaft in dreifacher Hinsicht haften, wobei die Haftung nicht auf die Gewährleistung der Kapitalaufbringung beschränkt ist:
aa) Haftung für Kapitalaufbringung. Neben der primären Haftung der 281
Gründer für die Kapitalaufbringung (dazu Rz. 259 ff.) sind die Mitglieder des Vorstandes als Gesamtschuldner der Gesellschaft zum Ersatz eines Schadens verpflichtet, der aus der Verletzung ihrer Pflichten bei der Gründung entsteht (§ 48 AktG). Als Haftungsbeispiele nennt § 48 AktG das Auswahlverschulden für die Eignung der Kapitaleinzahlungsstelle (§ 54 Abs. 3 AktG; dazu Rz. 130) und falsche Angaben zur freien Verfügung des Vorstandes über die Kapitaleinzahlungen (§ 36 Abs. 2 AktG; dazu Rz. 43, 179 ff.). Hinzu kommen Pflichtverletzungen bei der Gründungsprüfung (§ 33 ff. AktG; dazu Rz. 23 f.). Die Haftung erfordert zwar Verschulden des Vorstandes, das aber iSv. Beweislastumkehr vermutet wird (Nachweis der Anwendung der Sorgfalt eines ordentlichen und gewissenhaften Geschäftsleiters; § 48 Satz 2 iVm. § 93 Abs. 2 AktG; dazu § 6 Rz. 128 ff.). Zur primären Innenhaftung gegenüber der Gesellschaft (dazu Rz. 288) tritt die Ausfallhaftung gegenüber deren Gläubigern nach § 48 Satz 2 iVm. § 93 Abs. 5 AktG sowie die Außenhaftung aus unerlaubter Handlung (§ 823 Abs. 2 BGB iVm. § 399 Abs. 1 Nr. 1 f. AktG; dazu Rz. 288).
bb) Handelndenhaftung. Nach § 41 Abs. 1 Satz 2 AktG haften Vorstands- 282
mitglieder persönlich als Gesamtschuldner, wenn sie vor Eintragung der Gesellschaft in deren Namen handeln. Die Rechtsprechung lässt jedoch den Wortlaut des Gesetzes einschränkend diese Haftung erlöschen, wenn die Ge-

---

[382] *Hüffer* AktG § 47 Rz. 9.
[383] *Hüffer* AktG § 47 Rz. 10; MünchKomm. AktG/Bd. 1/*Pentz* § 47 Rz. 29 mwN.
[384] *Hüffer* AktG § 47 Rz. 9.
[385] *Hüffer* AktG § 47 Rz. 11.

sellschaft eingetragen wird und die Verbindlichkeiten der Vorgesellschaft auf die AG übergehen, weil sie im Einverständnis aller Gründer begründet waren (dazu Rz. 252 ff., 269 f.).[386] Nach Eintragung kann der Handelnde daher nur noch in Anspruch genommen werden, wenn er seine Vertretungsmacht für die Vorgesellschaft überschritten hat.[387] Scheitert die Eintragung jedoch, haftet der handelnde Vorstand unbeschränkt im Außenverhältnis zu den Gläubigern und ist auf den Rückgriff auf das Gesellschaftsvermögen und auf die auch hier nur gegebene Innenhaftung der Gründer[388] und damit letztlich auf deren Bonität angewiesen.

283 Unklar ist, was unter **Handeln im Namen der Gesellschaft** zu verstehen ist. Unstreitig ist heute zwar, dass ein Handeln vor Errichtung der Gesellschaft (§ 29 AktG; dazu Rz. 10 ff.), also für die Vorgründungsgesellschaft (dazu Rz. 248 ff.) nicht ausreicht;[389] für die Vorgründungsgesellschaft gibt es auch noch keinen Vorstand (§ 30 Abs. 4 AktG, dazu Rz. 17). In der früheren (inzwischen überholten) Rechtsprechung und Teilen der Literatur ist vertreten worden, dass für § 41 Abs. 1 S. 2 AktzG ein Handeln im Namen der künftigen, durch Eintragung als solche entstehenden Aktiengesellschaft vorliegen müsse[390]; ein Handeln im Namen der Vorgesellschaft erfülle hingegen die Bestimmungen nicht, sofern sich nicht aus der Auslegung des Rechtsverhältnisses ergebe, dass zugleich im Namen der künftigen juristischen Person habe gehandelt werden sollen.[391] Nach zutreffender Ansicht greift aber § 41 Abs. 1 S. 2 AktG auch dann, wenn nur für die Vorgesellschaft gehandelt wurde.[392] Will ein Vorstand die Haftung aus § 41 Abs. 1 Satz AktG vermeiden, sollte er sich zunächst der Ermächtigung zum Handeln vor Eintragung durch alle Gründer (dazu Rz. 10 ff., 72 ff.) und der schnellen Eintragung der Gesellschaft sicher sein, bei Zweifeln hieran der Bonität der Gründer zur Sicherung seines Regressanspruches gegen die Vorgesellschaft gewiss sein (dazu Rz. 271 f.) und ansonsten das vorzeitige Handeln vermeiden oder mit dem Gläubiger vereinbaren, dass das Geschäft unter der Bedingung der Eintragung steht bzw. seine persönliche Haftung ausgeschlossen ist. **Ungeschriebenes Tatbestandsmerkmal** der Handelndenhaftung ist, dass der Handelnde gegenüber gesellschaftsfremden Dritten gehandelt haben muss. Gründern, Aufsichtsrats- oder Vorstandsmitgliedern gegenüber greift die Haftung deshalb nicht ein.[393]

284 Erlischt die Haftung aus § 41 Abs. 1 Satz 2 AktG trotz Eintragung nicht, weil der Handelnde nicht zum Handeln befugt war (dazu Rz. 282), besteht die Möglichkeit zur Enthaftung durch **befreiende Schuldübernahme** seitens

---

[386] BGH II ZR 59/80 v. 16.3. 1981, BGHZ 80, 182, NJW 1981, 1452; *Hüffer* AktG § 41 Rz. 11 mwN.
[387] MünchHdb. GesR / Bd. 4 / *Hoffmann-Becking* § 3 Rz. 36.
[388] *Hüffer* AktG § 41 Rz. 26 mwN.
[389] OLG Köln 11 U 95/94 v. 21.12. 1994, WM 1996, 261; *Hüffer* AktG § 41 Rz. 23; ebenso für § 11 Abs. 2 GmbHG BGH II ZR 276/83 v. 7.5. 1984, BGHZ 91, 148, NJW 1984, 2164 unter Aufgabe der früheren Rspr., zuletzt BGH II ZR 31/81 v. 26.10. 1981, NJW 1982, 932.
[390] BGH NJW 1974, 1284; BGHZ 72, 45, 47 = NJW 1978, 1978.
[391] BGHZ 72, 45, 47 = NJW 1978, 1978.
[392] MünchKomm. AktG / Bd. 1 / *Pentz* § 41 Rz. 136 mwN.
[393] MünchKomm. AktG / Bd. 1 / *Pentz* § 41 Rz. 141; s. auch BGH 47/02, NZG 2004, 773, 774: Keine Haftung der Aufsichtsratsmitglieder gegenüber einem Vorstandsmitglied aus dessen Anstellungsvertrag.

B. Gründung der AG nach AktG   285–288 § 2

der Gesellschaft ohne Zustimmung des Gläubigers, wenn dies dem Gläubiger binnen drei Monaten nach Eintragung der Gesellschaft mitgeteilt wird (§ 41 Abs. 2 AktG).[394]

cc) Allgemeine Vorstandshaftung. Neben der speziellen Gründungshaftung des Vorstandes (§ 48 AktG; dazu Rz. 281 und § 41 Abs. 1 Satz 2 AktG; dazu Rz. 282 ff.), besteht dessen allgemeine Sorgfaltshaftung bereits für die Vorgesellschaft (§ 93 AktG; dazu Rz. 281, § 6 Rz. 128 ff.). 285

g) Haftung des Aufsichtsrats

Der Aufsichtsrat haftet für Pflichtverletzungen im Zusammenhang mit der Kapitalaufbringung ebenso wie der Vorstand (§ 48 AktG; dazu Rz. 281). Eine Handelndenhaftung wie für den Vorstand (§ 41 Abs. 1 Satz 2 AktG; dazu Rz. 282 ff.) kommt nur in den ausnahmsweisen Fällen einer Vertretungsmacht des Aufsichtsrats in Betracht (Vertretung gegenüber Vorstandsmitgliedern, § 112 AktG; Prüfungsaufträge, § 111 Abs. 2 Sätze 2 und 3 AktG). Daneben gilt bereits vor Eintragung die allgemeine Sorgfaltshaftung (§ 116 AktG; dazu § 7 Rz. 272 ff.). 286

h) Haftung der Gründungsprüfer

Die Gründungsprüfer (§ 33 Abs. 2 AktG; dazu Rz. 25 ff., 131 ff.) haften der Gesellschaft für die schuldhafte Verletzung ihrer Verpflichtung zur gewissenhaften und unparteiischen Gründungsprüfung (§ 49 AktG iVm. § 323 Abs. 1 HGB). Die Haftung ist bei Fahrlässigkeit auf eine Million Euro beschränkt, kann aber vertraglich weder ausgeschlossen noch weiter beschränkt werden (§ 323 Abs. 2 Satz 1, Abs. 4 HGB). 287

i) Außenhaftung, Innenhaftung

Unter Außenhaftung wird im Gesellschaftsrecht die Haftung des Schuldners unmittelbar den Gläubigern gegenüber verstanden, wobei zu den Gläubigern wie auch zu den Schuldnern auch Aktionäre und damit Gründer zählen können. Im Gegensatz hierzu wird von Innenhaftung gesprochen,[395] wenn die Gesellschaft selbst Gläubigerin des Anspruches ist, so dass die Gläubiger der Gesellschaft nur diese verklagen können und allenfalls aus dem Urteil den Anspruch der Gesellschaft aus Innenhaftung gegen deren Schuldner pfänden können. Ganz überwiegend handelt es sich bei den durch das Gründungsrecht der AG geregelten Schuldverhältnissen (Zweiter Teil, §§ 23 bis 53 AktG) um Innenhaftung. Dies gilt natürlich für die primären Kapitaleinlagepflichten der Gründer (§§ 36 a, 63 AktG; dazu Rz. 259 ff.) und die Folgen für deren fehlerhafte Erfüllung (Differenzhaftung, dazu Rz. 225 und Haftung aus verdeckter Sacheinlage, dazu Rz. 240 ff.), aber ebenso für die sekundären Einstandspflichten für die Kapitalaufbringung aus §§ 46 ff. AktG (dazu Rz. 258 bis 288) und aus der Verlustdeckungshaftung (dazu Rz. 272) sowie aus Unterbilanzhaftung (dazu Rz. 269 ff.). Ausnahmen als Außenhaftung sind die Handelndenhaftung 288

---

[394] *Hüffer* AktG § 41 Rz. 27 f. mwN.
[395] Zur Unterscheidung Innenhaftung und Außenhaftung: BGH II ZR 123/94 v. 27. 1. 1997, BGHZ 134, 333; NJW 1997, 1507; BGH II ZR 204/00 v. 4. 11. 2002, NZG 2003, 79 mwN.

§ 2   289–291   Die Gründung und die Entstehung durch Umwandlung

(§ 41 Abs. 1 Satz 2 AktG; dazu Rz. 282 ff.) und die Inanspruchnahme von Vorstand und Aufsichtsrat durch die Gläubiger wegen Forderungsausfall gegenüber der Gesellschaft in den Fällen des § 48 iVm. §§ 93 Abs. 5, 116 AktG (dazu § 6 Rz. 144). Außenhaftung im Zusammenhang mit der Gründung kann sich auch aus dem allgemeinen Schadensersatzrecht nach §§ 823 ff. BGB ergeben, insbesondere aus § 823 Abs. 2 BGB in Verbindung mit den Strafrechtsnormen von §§ 399 ff. AktG, soweit sie nicht nur den Schutz der Gesellschaft bezwecken (dann Innenhaftung hieraus).[396]

j) Verzicht und Vergleich auf Ansprüche und Ersatzansprüche

289 Für die Fälle der **primären Kapitaleinlagepflichten** der Gründer (§§ 36 a, 54 Abs. 2, 63 AktG; dazu Rz. 259 ff.) ist bis zum Eintritt der Verjährung (dazu Rz. 291) ein Vergleich oder Verzicht zeitlich unbegrenzt unzulässig (§ 66 Abs. 1 AktG), gleichgültig ob für Geldeinlage oder Sacheinlage;[397] dies gilt auch für das Agio bei einem höheren Ausgabebetrag (§ 36 a AktG) und zwar auch für Sacheinlagen (§§ 36 a Abs. 2 Satz 3 AktG; dazu Rz. 225).[398] Dies muss auch gelten für die Einstandspflichten der Gründer für die Kapitalaufbringung aus Differenzhaftung (§ 9 GmbHG analog; dazu Rz. 225)[399] und aufgrund des weit angelegten Gesetzeszweckes[400] auch für die Unterbilanzhaftung (dazu Rz. 269 ff.) und Bareinlagepflicht bei verdeckter Sacheinlage (dazu Rz. 240 ff.).

290 In den Fällen der **sekundären Einstandspflichten** für die Kapitalaufbringung nach §§ 46 bis 48 AktG (dazu Rz. 258 bis 288) kann die Gesellschaft binnen drei Jahren nach ihrer Eintragung auf die Ersatzansprüche weder verzichten noch sich über sie vergleichen; auch später ist ein Verzicht und Vergleich nur mit Zustimmung der Hauptversammlung gültig und auch dann nur, falls nicht eine Minderheit Widerspruch zur Niederschrift erhebt, deren Anteile zusammen den zehnten Teil des Grundkapitals erreichen (§ 50 AktG). Eine Ausnahme besteht bei Zahlungsunfähigkeit des Ersatzpflichtigen bei einem Vergleich mit den Gläubigern zur Abwendung des Insolvenzverfahrens oder bei einer Regelung durch Insolvenzplan (§ 50 Satz 2 AktG). § 50 AktG gilt nicht für die Haftung der Gründungsprüfer (§ 49 AktG; dazu Rz. 287); hier ist nur die vertragliche Haftungsbeschränkung vorher verboten (§ 323 Abs. 4 HGB), während nachher Verzicht und Vergleich im Rahmen der Sorgfaltspflichten des Vorstandes (§ 93 Abs. 1 AktG; dazu § 6 Rz. 128 ff.) zulässig sind.[401]

k) Verjährung von Ansprüchen und Ersatzansprüchen

291 Die Verjährung der **primären Kapitaleinlagepflichten** der Gründer (§§ 36 a, 54 Abs. 2, 63 AktG; dazu Rz. 172 f.) ist nicht im AktG geregelt. Sie verjähren daher nach BGB, in der bis Ende 2001 gültigen Fassung des § 195 BGB nach 30 Jahren.[402] Nach der seit Anfang 2002 gültigen Fassung des § 195

---

[396] *Hüffer* AktG § 66 Rz. 4 mwN.
[397] *Hüffer* AktG § 66 Rz. 2.
[398] Ebenso jedenfalls für Geldeinlagen Großkomm. AktG/*Gehrlein* § 66 Rz. 3.
[399] Großkomm. AktG/*Gehrlein* § 66 Rz. 5.
[400] Großkomm. AktG/*Gehrlein* § 66 Rz. 2.
[401] *Hüffer* AktG § 50 Rz. 2 mwN.
[402] *Hüffer* AktG § 66 Rz. 3; Großkomm. AktG/*Gehrlein* § 66 Rz. 27 mwN.

B. Gründung der AG nach AktG　　　　　　　　　　　　　　292, 293　§ 2

BGB[403] beträgt die Regelverjährung nur noch drei Jahre, beginnend nach dem ebenfalls neu gefassten § 199 Abs. 1 BGB mit dem Schluss des Jahres, in dem der Anspruch entstanden ist und der Gläubiger hiervon Kenntnis hat oder haben musste. Der Anspruch entsteht mit der Errichtung der Gesellschaft nach § 29 AktG, nicht mit Fälligkeit der Einlage gemäß §§ 36 a, 63 AktG. Diese kurze Verjährung verträgt sich nicht mit der Strenge, die das AktG der Kapitalaufbringung zumisst,[404] insbesondere ist sie nicht mit der für die subsidiären Ersatzpflichten gültigen fünfjährigen Verjährungsfrist ab Eintragung (§ 51 AktG; dazu Rz. 292) und für die Differenzhaftung (§ 9 GmbHG analog; dazu Rz. 225) vereinbar. § 51 AktG sollte daher für die primäre Kapitaleinlagepflicht der Gründer entsprechend gelten, ebenso wie für die Unterbilanzhaftung (dazu Rz. 269 ff.).

Sekundäre Ersatzansprüche für die Kapitalaufbringung (§ 46 bis 49 AktG; dazu Rz. 258 bis 288) verjähren in fünf Jahren, beginnend mit der Eintragung der Gesellschaft oder mit einer späteren zum Ersatz verpflichtenden Handlung (§ 51 AktG).　　　292

l) Strafrechtliche Verantwortlichkeit

Das AktG unterstellt die Beteiligten der Gründung auch einer speziellen　293
strafrechtlichen Verantwortung:

Es werden mit Freiheitsstrafe bis zu drei Jahren oder mit Geldstrafe bestraft,
(1) Gründer und Mitglieder des Vorstands oder Aufsichtsrats
- die zum Zweck der Eintragung der Gesellschaft über die in § 46 Abs. 1 Satz 1 AktG genannten Angaben (dazu Rz. 266) sowie über den Ausgabebetrag der Aktien (§ 37 Abs. 1 Satz 1 AktG; dazu Rz. 43) und über Sicherungen für nicht voll einbezahlte Geldeinlagen (§ 36 Abs. 2 Satz 2 AktG; dazu Rz. 302); § 399 Abs. 1 Nr. 1 AktG;
- die im Gründungsbericht (§ 32 AktG; dazu Rz. 18 ff.); § 399 Abs. 1 Nr. 2 iVm.;
- die in der öffentlichen Erklärung nach § 47 Nr. 3 AktG (Emissionsankündigung; dazu Rz. 279); § 399 Abs. 1 Nr. 3 AktG;
(2) Mitglieder des Vorstands
- die in der nach § 37 Abs. 2 Satz 1 AktG abzugebenden Erklärung (dazu Rz. 45); § 399 Abs. 1 Nr. 6 AktG;
(3) Dritte
- die in der öffentlichen Erklärung nach § 47 Nr. 3 AktG (Emissionsankündigung; dazu Rz. 279); § 399 Abs. 1 Nr. 3 AktG;

falsche Angaben machen oder erhebliche Umstände verschweigen (§ 399 Abs. 1 AktG),
(4) Gründer
- die in Aufklärungen oder Nachweisen nach § 35 Abs. 1 AktG (dazu Rz. 27) einem Gründungsprüfer falsche Angaben machen oder erhebliche Umstände verschweigen (§ 400 Abs. 2 AktG);
(5) Gründungsprüfer und deren Gehilfen
- die über das Ergebnis der Prüfung falsch berichten oder erhebliche Umstände im Bericht (§ 34 Abs. 2 AktG; dazu Rz. 28) verschweigen; § 403 Abs. 1 AktG; die Freiheitsstrafe beträgt bis zu fünf Jahren, falls der Täter gegen Entgelt oder in der Absicht handelt, sich oder einen anderen zu bereichern oder einen anderen zu schädigen (§ 403 Abs. 2 AktG).

---

[403] § 194 ff. BGB mit Übergangsvorschrift in Art. 229 § 6 EGBGB jeweils idF des Gesetzes zur Modernisierung des Schuldrechts v. 26.11. 2001, BGBl. I 2002, 42.
[404] Ebenso kritisch: MünchKomm. AktG/Bd. 2/*Bayer* § 65 Rz. 49 mwN; *Pentz* GmbHR 2002, 225; *Altmeppen* DB 2002, 514; *Schockenhoff/Fliege* ZIP 2002, 917.

12. Einpersonengründung

a) Zulässigkeit

300 Erst seit 1994 ist die Gründung einer AG durch nur einen Gründer zulässig (§ 2 AktG),[405] wenn auch mit besonderen Anforderungen an die Kapitalaufbringung (§ 36 Abs. 2 Satz 2 AktG; dazu Rz. 302 f.) und die Publizität (§ 42 AktG; dazu Rz. 403). Zuvor waren mindestens fünf Gründer erforderlich (§ 2 AktG aF; mindestens fünf Personen für die Gründung einer KGaA verlangt nach wie vor § 280 Abs. 1 Satz 1 AktG, wohl aufgrund eines Redaktionsversehens des Gesetzgebers; dazu Rz. 494). Die Zulässigkeit einer Vereinigung aller Aktien in einer Hand nach Eintragung der Gesellschaft hat das Gesetz schon früher unterstellt (§ 319 Abs. 1 AktG), ebenso die Duldung einer Umgehung bei Gründung durch Einschaltung mehrerer Personen als Treuhänder eines einzigen Treugebers (§ 46 Abs. 5 AktG; dazu Rz. 273). Besonderheiten der Einmanngründung bestehen auch durch niedrigere Notargebühren für die Gründung (dazu Rz. 120) und strengere Folgen einer Feststellung der Satzung durch einen Vertreter des Alleingründers ohne formgültige Vollmacht (§ 23 Abs. 1 Satz 2 AktG; Nichtigkeit nach § 180 Satz 1 BGB; dazu Rz. 142).

b) Bareinlage

301 § 54 Abs. 3 AktG, der die Anforderungen für eine wirksame Einzahlung des vor der Anmeldung der Gesellschaft eingeforderten Einlagebetrages aufstellt (dazu Rz. 175 ff.), ist anlässlich der Zulassung der Alleingründung (dazu Rz. 300) nicht deren Besonderheiten angepasst worden. Diese Vorschrift geht von der Einzahlung durch die Gründer in die Vorgesellschaft als gesamthänderischen Vermögensrechtsträger (§ 14 Abs. 2 BGB) aus,[406] was bei der Alleingründung schon begrifflich ausgeschlossen ist. Die damit verbundene Streitfrage nach der Rechtsnatur und Vermögenszuordnung der **Einpersonengründung vor Eintragung der Gesellschaft** wird teilweise iSe. Sondervermögens des Alleingründers[407] beantwortet, während anderseits von einem „eigenständigen Vermögenszuordnungsobjekt"[408] gesprochen wird. Für die Praxis folgt aus beiden Ansichten die Notwendigkeit, das Registergericht durch eine hinreichend dokumentierte Trennung der Einzahlung vom übrigen Vermögen des Alleingründers von der endgültigen Verfügungsmacht des Vorstandes zu überzeugen. Besonders wenn der Alleingründer zugleich einziger Vorstand ist, scheiden hierfür die Einzahlung in eine Kasse oder auf ein Konto des Vorstandes (§ 54 Abs. 3 Satz 1, Alt. 1 und 3 AktG; dazu Rz. 177) aus.

302 Mit der Zulassung der Alleingründung (dazu Rz. 300) wurde in das Gesetz die **Bestellung einer Sicherung** durch den Alleingründer für den nicht eingeforderten Teil des Grundkapitals eingefügt (§ 36 Abs. 2 Satz 2 AktG).[409] Da nicht von Sicherheitsleistung die Rede ist sondern nur von einer Sicherung,

---

[405] § 2 AktG idF des Gesetzes für kleine Aktiengesellschaften und zur Deregulierung des Aktienrechts v. 2. 8. 1994, BGBl. I, 1961.
[406] Kölner Komm./*Lutter* § 54 Rz. 39.
[407] *Hüffer* AktG § 41 Rz. 17 c mwN.
[408] MünchKomm. AktG/Bd. 1/*Pentz* § 41 Rz. 79 mwN, der auch den Begriff „Einpersonengründerorganisation" verwendet, aaO Rz. 75.
[409] § 36 AktG idF des Gesetzes für kleine Aktiengesellschaften und zur Deregulierung des Aktienrechts v. 2. 8. 1994, BGBl. I, 1961.

B. Gründung der AG nach AktG

kommen über die in § 232 BGB aufgeführten Sicherheiten auch weitere Sicherungsmittel in Betracht, zB Schuldmitübernahme oder selbstschuldnerische Bürgschaft,[410] Letztere jedoch nicht durch den Alleingründer selbst.[411] Die Handelsregisteranmeldung umfasst auch die Erklärung über die Bestellung der Sicherung mit den entsprechenden haftungs- und strafrechtlichen Folgen für alle Anmeldenden bei falschen Angaben (§ 27 Abs. 1 Satz 1 iVm. § 36 Abs. 2 AktG; dazu Rz. 43).

c) Sacheinlage

Die zur Bareinlage aufgeworfenen Fragen der Vermögenszuordnung der Alleingründung vor Eintragung der Gesellschaft (dazu Rz. 301) bestehen nicht weniger bei Sacheinlagen, da es keine Vorgesellschaft als gesamthänderischen Vermögensrechtsträger (§ 14 Abs. 2 BGB) gibt, auf die eine Übertragung vor Eintragung wirksam werden kann. Soll die Übertragung des Gegenstandes der Sacheinlage mit der Eintragung wirksam werden, sind entsprechende rechtliche und organisatorische Vorkehrungen hierfür zu treffen und zu dokumentieren, um die Trennung vom Vermögen des Alleingründers sicherzustellen und dies vor allem nachzuweisen.[412] Besteht die Sacheinlage in der Verpflichtung des Alleingründers zur späteren Übertragung eines Vermögensgegenstandes (§ 36a Abs. 2 Satz 2 AktG; dazu Rz. 197), stellen sich diese Zuordnungsfragen nicht. Stattdessen wird hier zu Recht entsprechend der nicht voll eingezahlten Bargründung die Bestellung einer Sicherung verlangt (§ 36 Abs. 2 Satz 2 AktG analog; dazu Rz. 302).[413]

d) Haftungsfragen

Das Fehlen einer Vorgesellschaft als gesamthänderischen Vermögensrechtsträger führt bei der Einmanngründung bis zur Eintragung auch zu besonderen Haftungsrisiken. Mehrere Gründer, die einer Geschäftstätigkeit bereits vor Eintragung zugestimmt haben, haften hierfür nur im Innenverhältnis gegenüber der Gesellschaft, sei es durch Unterbilanzhaftung im Falle der Eintragung (dazu Rz. 269 ff.) oder durch Verlustdeckungspflicht bei Scheitern der Eintragung (dazu Rz. 271 f.). Eine unmittelbare Inanspruchnahme durch die Gläubiger der Vorgesellschaft ist in beiden Fällen ausgeschlossen. Letzteres wird zu Recht für den Alleingründer anders gesehen, weil es an einem gesamthänderischen Vermögensrechtsträger fehlt.[414] Erst mit Eintragung sind die Gläubiger auf das Gesellschaftsvermögen verwiesen, unbeschadet einer Unterbilanzhaftung des Alleingründers im Innenverhältnis. Eine Einmanngründung sollte daher bei Geschäftsaufnahme vor Eintragung vermieden werden.[415] Als weiteres Risiko einer langwierigen Einmanngründung ist die Möglichkeit der Privatgläubiger des Alleingründers, in das Gründungsvermögen zu vollstrecken, zu bedenken.[416]

---

[410] Hüffer AktG § 36 Rz. 16 mwN.
[411] MünchKomm. AktG/Bd. 1/Pentz § 36 Rz. 88.
[412] Großkomm. AktG/Röhricht § 36 Rz. 122.
[413] Hüffer AktG § 36 Rz. 15 mwN.
[414] Hüffer AktG § 41 Rz. 17 e mwN.
[415] Hüffer AktG § 41 Rz. 17 e.
[416] Hüffer AktG § 41 Rz. 17 f. mwN.

13. Nachgründung

a) Begriff und Bedeutung der Nachgründung

310 Unter den Begriff Nachgründung fallen Verträge der Gesellschaft, die in den ersten zwei Jahren seit Handelsregistereintragung mit Gründern oder mit zu mehr als 10 % am Grundkapital beteiligten neuen Aktionären geschlossen werden und den Erwerb von vorhandenen oder herzustellenden Anlagen oder anderen Vermögensgegenständen gegen eine 10 % des Grundkapitals übersteigende Vergütung betreffen (§ 52 Abs. 1 Satz 1 AktG[417]), wenn der Erwerb nicht im Rahmen der laufenden Geschäfte der Gesellschaft, in der Zwangsvollstreckung oder an der Börse erfolgt (§ 52 Abs. 9 AktG;[418] dazu Rz. 313). Solche Nachgründungsverträge werden nur mit Zustimmung der Hauptversammlung und durch Eintragung in das Handelsregister wirksam (§ 52 Abs. 1 Satz 1 AktG); Gleiches gilt für Rechtshandlungen zu ihrer Ausführung (§ 52 Abs. 1 Satz 2 AktG), wobei nicht diese Rechtshandlungen selbst der Zustimmung und Eintragung bedürfen, sondern nur der zugrundeliegende Verpflichtungsvertrag.[419] Das Rechtsinstitut der Nachgründung dient hauptsächlich dem Umgehungsschutz der strengen Gründungsvorschriften für die Kapitalaufbringung, daneben der Unabhängigkeit des Vorstandes in der Nachgründungszeit.[420] Sachlich ist die Nachgründung eine teilweise Fortgeltung der Vorschriften für die Sachübernahme (§ 27 Abs. 1 Satz 1 AktG; dazu Rz. 226 ff.) über die eigentliche Gründungszeit hinaus.

b) Vertragspartner

311 Seit dem 1. Januar 2000[421] gilt die Nachgründung nur noch für Verträge mit Gründern oder Aktionären mit quantifizierter Beteiligung, vorher auch für Verträge mit Dritten;[422] die Unwirksamkeit eines vorher geschlossenen Nachgründungsgeschäftes mit einem Dritten konnte nur noch bis Ende 2001 geltend gemacht werden (§ 11 EG AktG[423]), dh., die bis dahin bestehende Unwirksamkeit ist von Gesetzes wegen seitdem mangels Geltendmachung geheilt. Gründer sind die Aktionäre, die die Satzung festgestellt haben und hierbei ihre Aktien übernommen haben (§ 28 iVm. § 23 Abs. 2 Nr. 2 AktG). Ändert sich der Gründerkreis vor Eintragung der Gesellschaft, was nur durch Änderung der Errichtungsurkunde möglich ist (§ 23 iVm. § 41 Abs. 4 AktG),[424] gelten nur die zuletzt noch beteiligten Personen als Gründer.[425]

312 **Gesamtrechtsnachfolger von Gründern** fallen nach dem Normzweck unter § 52 AktG. Nicht erforderlich ist, dass der Gründer zur Zeit des Vertragsschlusses noch Aktionär ist. Umgekehrt betrifft § 52 AktG aber einen Aktio-

---

[417] § 52 Abs. 1 Satz 1 AktG idF v. Art. 1 Nr. 3 des NaStraG v. 18. 1. 2001, BGBl. I, 123.
[418] § 52 Abs. 9 AktG idF v. Art. 1 Nr. 3 NaStraG v. 18. 1. 2001, BGBl. I, 123.
[419] *Hüffer* AktG § 52 Rz. 9.
[420] *Hüffer* AktG § 52 Rz. 1.
[421] Inkrafttreten des durch Art. 1 Nr. 3 des NaStraG v. 18. 1. 2001 (BGBl. I, 123) geänderten § 52 Abs. 1 Satz 1 AktG aufgrund Art. 7 NaStraG.
[422] Zu Nachgründungsverträgen mit Dritten nach altem Recht: *Hüffer* AktG § 52 Rz. 3.
[423] § 11 EG AktG idF NaStraG v. 18. 1. 2001, BGBl. I, 123.
[424] *Hüffer* AktG § 41 Rz. 30 mwN.
[425] *Hüffer* AktG § 52 Rz. 3 mwN; MünchKomm. AktG/Bd. 1/*Pentz* § 52 Rz. 14.

B. Gründung der AG nach AktG 313 § 2

när, der kein Gründer ist, wenn er bei Vertragsschluss mit mehr als 10 % am Grundkapital der Gesellschaft beteiligt ist. Der nach neuem Recht bestehende Ausschluss von Drittgeschäften als Nachgründung lädt zu Umgehungen seitens Gründern und quantifiziert beteiligten Aktionären durch Einschaltung Dritter ein. Dem wird in der Literatur durch Zurechnung solcher Geschäfte entsprechend den Grundsätzen bei der verdeckten Sacheinlage (dazu Rz. 240 ff.) und dem eigenkapitalersetzenden Gesellschafterdarlehen (§ 32 a GmbHG analog) begegnet.[426] Aber auch auf Seiten der Gesellschaft als notwendiger Vertragspartner eines Nachgründungsgeschäftes kommt unzulässige Umgehung durch Vorschieben einer anderen Person in Betracht, namentlich bei Erwerb für Rechnung der Gesellschaft durch Treuhänder, aber auch bei Erwerb seitens einer Tochtergesellschaft.[427]

c) **Vertragsgegenstand**

Für die Nachgründung kommen alle Vermögensgegenstände in Betracht, 313 die Gegenstand einer Sacheinlage sein können (dazu Rz. 192 ff.); die aufgeführten „Anlagen" sind wie im insoweit gleich lautenden § 27 Abs. 1 Satz AktG nur beispielhaft genannt.[428] Streitig ist, ob darüber hinaus auch **Dienstleistungen** Gegenstand der Nachgründung sein können, obwohl diese als Sacheinlage ausgeschlossen sind (§ 27 Abs. 2 Hs. 2 AktG; dazu Rz. 198); aufgrund des Schutzzweckes von § 52 AktG spricht viel für die Einbeziehung.[429] Ebenfalls str. ist, ob eine Nachgründung vorliegen kann, wenn sich die Gesellschaft gemeinsam mit einem Gründer oder maßgeblichen Aktionär an der Gründung oder Kapitalerhöhung einer anderen Gesellschaft beteiligt.[430] Keine Nachgründung liegt vor, wenn der Erwerb im Rahmen der laufenden Geschäfte der Gesellschaft, in der Zwangsvollstreckung[431] oder an der Börse erfolgt (§ 52 Abs. 9 AktG[432]). Mit Wirkung ab 1. Januar 2000 ist der Begriff der „laufenden Geschäfte" an die Stelle des bisherigen Befreiungstatbestandes getreten, der galt, „wenn der Erwerb der Vermögensgegenstände den Gegenstand des Unternehmens bildet". Sachlich hat sich durch die Gesetzesänderung wenig für die Abgrenzung geändert.[433] Geeignetes Kriterium für laufenden Geschäftserwerb ist nach wie vor die Zulässigkeit einer Bilanzierung des Gegenstandes als Umlaufvermögen (§ 266 Abs. 2 B HGB) im Gegensatz zum Anlagevermögen (§§ 247 Abs. 2, 266 Abs. 2 A HGB), dessen Erwerb grundsätzlich der Nachgründung unterliegt.[434]

---

[426] *Pentz* NZG 2001, 346, 351.
[427] Allgemeine Meinung; *Hüffer* AktG § 52 Rz. 12 mwN.
[428] *Hüffer* AktG § 52 Rz. 4.
[429] MünchKomm. AktG/Bd. 1/*Pentz* § 52 Rz. 17 mwN; *Hüffer* AktG § 52 Rz. 4 mwN; aA Kölner Komm./*Kraft* § 52 Rz. 7 mwN.
[430] Zu Recht ablehnend: *Hüffer* AktG § 52 Rz. 12 mwN.
[431] Str. ist, ob die Gesellschaft Gläubigerin sein muss; so hM; *Hüffer* AktG § 52 Rz. 19 mwN; aA mit überzeugendem Hinweis auf Art. 11 Abs. 2 EG-Kapitalrichtlinie: MünchKomm. AktG/Bd. 1/*Pentz* § 52 Rz. 55.
[432] § 52 Abs. 9 AktG idF v. Art. 1 Nr. 3 des NaStraG v. 18. 1. 2001, BGBl. I, 123.
[433] *Hüffer* AktG § 52 Rz. 18 mwN.
[434] Im Ergebnis ähnlich: MünchKomm. AktG/Bd. 1/*Pentz* § 52 Rz. 55 mwN.

d) Vergütung

314 Die Vergütung muss höher als 10 % des Grundkapitals sein, wofür das bei Wirksamwerden des Vertrages eingetragene Grundkapital[435] maßgebend ist. Bedingungen und Befristungen des Vertrages, die dessen Wirksamkeit oder Erfüllung über die Zweijahresgrenze hinaus verschieben, können die Nachgründungsvorschriften nicht umgehen.[436] Auch ist die willkürliche Aufteilung von Verträgen zwecks Unterschreitung der Vergütungsgrenze für die Einzelverträge eine untaugliche Umgehung.[437] In der Literatur wird teilweise die Überschreitung der Grundkapitalgrenze als unschädlich angesehen, wenn der Erwerb durch das übrige Eigenkapital (§ 272 Abs. 2 f. HGB) gedeckt ist; dem kann angesichts des Wortlautes und des Zweckes des Gesetzes nicht gefolgt werden;[438] der str. Weg ist übrigens auch für die Praxis angesichts der drohenden Nichtigkeit zu gefährlich.

315 Die **Form** der Vergütung ist ohne Bedeutung, muss also nicht in Geld erfolgen, sondern kann auch durch Sachleistungen als Tauschgeschäft bedungen werden. Die **Gegenleistung** kann auch in der Gewährung von Aktien im Rahmen einer Kapitalerhöhung mit Sacheinlage bestehen, was zur parallelen Anwendung der Vorschriften über die Sacheinlage und der Nachgründung führt.[439] Die Sacheinlage auf genehmigtes Kapital verliert dadurch in der Nachgründungszeit an praktischer Bedeutung, abgesehen von den Beschränkungen aus § 206 AktG (dazu Rz. 345).

e) Verfahren

316 Liegt ein Fall der Nachgründung vor, bedarf der Vertrag hierüber der Schriftform, soweit nicht aufgrund des Erwerbsgegenstandes notarielle Beurkundung geboten ist (§ 52 Abs. 2 AktG). Zur Vorbereitung der notwendigen Zustimmung durch die Hauptversammlung ist der Vertrag bekannt und den Aktionären zugänglich zu machen, indem er von der Einberufung der Hauptversammlung an in dem Geschäftsraum der Gesellschaft auszulegen ist und den Aktionären auf Verlangen eine Abschrift zu erteilen ist (§ 52 Abs. 2 S. 2 und 3 iVm. § 124 Abs. 2 Satz 2 AktG). Diese Verpflichtungen entfallen nach Inkrafttreten des ARUG zum 1. 9. 2009, wenn der Vertrag für den selben Zeitraum über die Internetseite der Gesellschaft zugänglich ist (vgl. § 52 Abs. 2 Satz 4 AktG idF des ARUG). Außerdem hat der Aufsichtsrat den Vertrag zu prüfen und einen Nachgründungsbericht entsprechend einem Gründungsbericht (§ 32 Abs. 2 f. AktG; dazu Rz. 18 ff.). zu erstatten (§ 52 Abs. 3 AktG). Zwingend ist auch die zusätzliche Prüfung durch einen gerichtlich bestellten Gründungsprüfer in entsprechender Anwendung der Gründungsprüfung (§ 52 Abs. 4 AktG iVm. §§ 33 Abs. 3 ff., 34 f. AktG; dazu Rz. 25 ff.). Von dieser Prüfung kann nach Inkrafttreten des ARUG unter den Voraussetzungen des § 33 a AktG (s. Rz. 25) abgesehen werden.

---

[435] Eingetragenes Grundkapital zuzüglich des Nennbetrags ausgegebener Bezugsaktien aus bedingtem (§ 200 AktG) oder genehmigtem Kapital (§ 203 AktG); *Hüffer* AktG § 52 Rz. 5.
[436] MünchKomm. AktG/Bd. 1/*Pentz* § 52 Rz. 20 mwN.
[437] MünchKomm. AktG/Bd. 1/*Pentz* § 52 Rz. 24 mwN.
[438] Ablehnend und den Meinungsstand wiedergebend: MünchKomm. AktG/Bd. 1/ *Pentz* § 52 Rz. 23 mwN; differenzierend *Hüffer* AktG § 52 Rz. 5 mwN.
[439] Entsprechende Anwendung von § 52 AktG; hM; *Hüffer* AktG § 52 Rz. 11, § 183 Rz. 5 mwN; MünchKomm. AktG/Bd. 1/*Pentz* § 52 Rz. 73 ff. mwN.

B. Gründung der AG nach AktG 317–320 § 2

Der **Beschluss der Hauptversammlung** bedarf einer Mehrheit, die mindestens ³/₄ des vertretenen Grundkapitals umfasst (§ 52 Abs. 5 Satz 1 AktG); bei Abschluss des Nachgründungsvertrages im ersten Jahr nach Eintragung der Gesellschaft müssen in der zustimmenden Mehrheit mindestens ¹/₄ des gesamten Grundkapitals enthalten sein (§ 52 Abs. 5 Satz 2 AktG). Die Satzung kann für beide Fälle größere Mehrheiten und weitere Erfordernisse bestimmen (§ 52 Abs. 5 Satz 3 AktG). Der Vertragspartner ist für die Zustimmung stimmberechtigt.[440]

317

Der nach Zustimmung der Hauptversammlung vom Vorstand zur Eintragung in das Handelsregister anzumeldende Vertrag (§ 52 Abs. 6 AktG) ist vom Gericht einzutragen, wenn nach den Feststellungen der Gründungsprüfer und des Gerichts der Nachgründungsbericht des Aufsichtsrates ordnungsgemäß ist und die Vergütung für die zu erwerbenden Vermögensgegenstände angemessen ist (§ 52 Abs. 7 AktG). Wird nach § 52 Abs. 4 AktG idF des ARUG von einer externen Gründungsprüfung abgesehen, gelten § 37a AktG und § 38 Abs. 3 AktG nach Inkrafttreten des ARUG entsprechend (s. §§ 44 und 56). Als Inhalt der Eintragung genügt die Bezugnahme im Handelsregister auf die eingereichten Urkunden (§ 52 Abs. 8 Satz 1 AktG); in der **Bekanntmachung** der Eintragung sind dann aber neben deren Wortlaut aufzunehmen: Tag des Vertragsschlusses und der Zustimmung der Hauptversammlung, der zu erwerbende Vermögensgegenstand, die Person, von der die Gesellschaft ihn erwirbt, und die Vergütung dafür (§ 52 Abs. 8 Satz 2 AktG).

318

Erst mit der **Eintragung** werden der Vertrag und die Rechtshandlungen zu seiner Ausführung wirksam (§ 52 Abs. 1 Satz 1 f. AktG); bis dahin sind sie mithin schwebend unwirksam, ohne dass jedoch der Vertragspartner ein Widerrufsrecht iSv. § 178 BGB hat, solange die Gesellschaft in angemessener Zeit die Hauptversammlung über die Zustimmung durchführt.[441] Versagt die Hauptversammlung die Zustimmung oder das Gericht die Eintragung, wird der Vertrag endgültig unwirksam; jedoch ist der Vorstand nicht gehindert, nach Ablauf der Zweijahresfrist den Vertrag erneut abzuschließen, ohne dass dann noch eine Nachgründung vorliegt.[442] Ansonsten müssten bereits durchgeführte Vollzugsgeschäfte rückabgewickelt werden (§§ 812 ff. BGB).[443]

319

f) Rechtsfolgen bei Verstoß

Werden die Formvorschriften der Nachgründung von den Parteien verkannt oder missachtet, ist wie folgt zu unterscheiden: Bei Verletzung der Schriftform oder einer sachlich gebotenen notariellen Form (§ 52 Abs. 2 Satz 1 AktG) ist der Vertrag nichtig (§ 125 BGB). Wird die Hauptversammlung aufgrund gemeinschaftlichen Vorsatzes nicht eingeschaltet, liegt ebenfalls Nichtigkeit vor (§ 134 BGB). Bei beiderseitiger Unkenntnis von der Zustimmungspflicht ist schwebende Unwirksamkeit mit Widerrufsrecht des anderen Vertragsteils im Falle der späteren besseren Erkenntnis anzunehmen (entsprechend § 178 BGB). Ob der Vorstand nach Ablauf der Zweijahresfrist den Vertrag einseitig genehmigen kann (§§ 182 Abs. 1, 184 BGB), ist streitig, wegen des Schutzzwecks des § 52 AktG aber zu verneinen.[444]

320

---

[440] MünchKomm. AktG/Bd. 1/*Pentz* § 52 Rz. 35 mwN.
[441] *Hüffer* AktG § 52 Rz. 8 mwN.
[442] MünchKomm. AktG/Bd. 1/*Pentz* § 52 Rz. 61.
[443] *Hüffer* AktG § 52 Rz. 9; MünchKomm. AktG/Bd. 1/*Pentz* § 52 Rz. 64.
[444] Für eine Genehmigungsmöglichkeit *Hüffer* AktG § 52 Rz. 7 mwN; aA (Neuvornahme erforderlich): MünchKomm. AktG/Bd. 1/*Pentz* § 52 Rz. 61.

g) Schadensersatz bei Nachgründung

321 Für Pflichtverletzungen bei einer Nachgründung haften die Beteiligten auf Schadensersatz entsprechend den Gründungsvorschriften (§ 53 iVm. §§ 46 ff. AktG; dazu Rz. 266 ff.). Ausgenommen hiervon sind die Gründer, an deren Stelle anders als bis zur Eintragung (§ 46 AktG; dazu Rz. 266 f.) Vorstand und Aufsichtsrat die alleinige Verantwortung für die Nachgründung tragen (§ 53 Satz 2 AktG), wobei sie die Sorgfalt eines ordentlichen und gewissenhaften Geschäftsleiters anzuwenden haben (§ 53 Satz 3 AktG). Eine Haftung der Gründer kann abweichend von § 53 Satz 2 AktG durch die entsprechende Anwendung von § 46 Abs. 5 AktG in Betracht kommen, wenn ein Verwaltungsmitglied als **Treuhänder** eines Gründers das Nachgründungsgeschäft mit der Gesellschaft abschließt, ebenso wie nach dieser Vorschrift auch ein als Treugeber des Nachgründungsgeschäftes fungierender Aktionär mit mehr als 10 % Anteil am Grundkapital haften kann.[445] Soweit **Fristen** nach §§ 46 ff. AktG mit der Eintragung der Gesellschaft in das Handelsregister beginnen (dh. in den Fällen von §§ 47 Nr. 3, 50 Satz 1 und 51 Satz 1 AktG), gilt als Fristbeginn stattdessen die Eintragung des Nachgründungsvertrages (§ 53 Satz 4 AktG).

h) Strafrechtliche Verantwortung für Nachgründung

322 Pflichtverletzungen bei einer Nachgründung sind nach folgenden Vorschriften strafbar: Falsche Angaben oder Verschweigen erheblicher Umstände durch Mitglieder des Aufsichtsrats im Nachgründungsbericht (§ 399 Abs. 1 Nr. 2 iVm. § 52 Abs. 3 AktG); unrichtige Wiedergabe oder Verschleierung des Nachgründungsvertrages durch den Vorstand in der Hauptversammlung (§ 400 Abs. 1 Nr. 1 iVm. § 52 Abs. 2 Satz 5 AktG); falsche Angaben usw. über die Nachgründung gegenüber dem Nachgründungsprüfer von Vorstand oder Aufsichtsrat (§ 400 Abs. 1 Nr. 2 iVm. § 52 Abs. 4, 35 Abs. 1 AktG) sowie von Gründer oder Aktionär als Partei des Nachgründungsvertrages (§ 400 Abs. 2 iVm. §§ 52 Abs. 4, 35 Abs. 1 AktG); Pflichtverletzungen des Nachgründungsprüfers (§ 403 AktG).

i) „Heilung" unwirksamer Sachgründung durch Nachgründung

323 Die Bestimmungen über die Nachgründung werden oft als formales Hemmnis für die wirtschaftliche Entwicklung einer jungen AG beklagt, was zur Streichung von Verträgen mit Dritten aus § 52 AktG geführt hat[446] (dazu Rz. 311). An versteckter Stelle dieser Bestimmung findet sich aber nach wie vor eine Heilungsmöglichkeit für rechtlich verunglückte Sachgründungen (§ 52 Abs. 10 AktG). Etwas unglücklich negativ ausgedrückt heißt es dort, dass ein Nachgründungsvertrag, „gleichviel ob er vor oder nach Ablauf von zwei Jahren seit der Eintragung der Gesellschaft in das Handelsregister geschlossen ist, nicht deshalb unwirksam (ist), weil ein Vertrag der Gründer über denselben Gegenstand nach § 27 Abs. 3 der Gesellschaft gegenüber unwirksam ist". Positiv bedeutet dies: Eine nach § 27 Abs. 3 AktG mangels Satzungsfestsetzung unwirksame Sacheinlage oder Sachübernahme (dazu Rz. 203, 229) kann durch Abschluss eines § 52 Abs. 1 ff. AktG genügenden Vertrages über den Gegen-

---

[445] Zur Anwendbarkeit von § 46 Abs. 5 AktG im Rahmen der Nachgründung: MünchKomm. AktG/Bd. 1/*Pentz* § 53 Rz. 6 mwN.
[446] § 52 Abs. 1 Satz 1 AktG idF v. Art. 1 Nr. 3 des NaStraG v. 18. 1. 2001, BGBl. I, 123.

B. Gründung der AG nach AktG 324–326 § 2

stand der Sacheinlage oder Sachübernahme schuldrechtlich wirksam gemacht werden. § 52 Abs. 10 AktG enthält eine Klarstellung[447] zur Abgrenzung von § 27 Abs. 4 AktG (dazu Rz. 203), der keine gesellschaftsrechtliche Heilung durch Satzungsänderung nach Eintragung der Gesellschaft zulässt, die Neuvornahme durch gegenseitigen Vertrag (insbes. Kaufvertrag) unter Beachtung von § 52 Abs. 1 ff. AktG jedoch nicht ausschließt.[448] Da nach § 27 Abs. 3 AktG auch das Vollzugsgeschäft unwirksam ist, § 52 AktG aber nur die schuldrechtlichen Vertragsvoraussetzungen regelt, muss zusätzlich auch eine Neuvornahme des Vollzugsgeschäftes erfolgen.[449]

Aus dem Verbot der gesellschaftsrechtlichen Heilung durch nachträgliche (bloße) Satzungsänderung (§ 27 Abs. 4 AktG; dazu Rz. 203) folgt auch, dass durch eine Neuvornahme iSv. § 52 Abs. 10 AktG keine Befreiung von der **Einzahlungsverpflichtung** nach § 27 Abs. 3 Satz 2 AktG bewirkt werden kann.[450] Im Falle einer fehlerhaft festgesetzten Sacheinlage (dazu Rz. 203) oder einer verdeckten Sacheinlage (dazu Rz. 240 ff.) bedeutet dies, auch unter Berücksichtigung des Aufrechnungsverbotes mit der Einzahlungsverpflichtung (§ 66 Abs. 1 Satz 2 AktG; dazu Rz. 289), dass vor Abschluss des Vertrages iSv. § 52 Abs. 10 AktG zunächst die Einzahlung des Ausgabebetrages (§ 27 Abs. 3 Satz 2 AktG) zu leisten bzw. im Falle der verdeckten Sacheinlage zu wiederholen ist (genauer: erstmals wirksam zu bewirken ist). Nach Wirksamwerden des Nachgründungsvertrages (§ 52 Abs. 1 Satz 1 letzter Halbsatz AktG), kann dann der eingezahlte Betrag Zug um Zug gegen Neuvornahme des Vollzugsgeschäftes für die Übertragung des Vertragsgegenstandes als Kaufpreis zurückgezahlt werden. Dies ist zwar zwangsläufig ein „Hin- und Herzahlen" iSe. verdeckten Sacheinlage, was aber angesichts der zeitlichen Vorwegnahme der „Hinzahlung" vor der Anmeldung des Nachgründungsvertrages zum Handelsregister (§ 52 Abs. 6 AktG) hinzunehmen ist, wenn § 52 Abs. 10 AktG einen praktischen Sinn haben soll.

Zu empfehlen ist daher, in die Handelsregisteranmeldung zugleich analog § 37 Abs. 1 AktG die Erklärung aufzunehmen, dass die Einzahlung nach § 27 Abs. 3 Satz 2 AktG endgültig zur freien Verfügung des Vorstandes steht (§ 36 Abs. 2 Satz 1 AktG analog). Entsprechendes muss für den Fall einer unwirksamen Sachübernahme von einem Gründer gelten, soweit die vom Gründer geleistete Bareinlage an diesen als Kaufpreis der unwirksamen Sachübernahme bereits gezahlt ist (zur Heilung unwirksamer Sachübernahmen von Dritten Rz. 326).

Aus dem klarstellenden Charakter von § 52 Abs. 10 AktG (dazu Rz. 323) folgt die Erkenntnis, die **Formalien des § 52 AktG** für den neuen Vertrag nur beachten zu müssen, wenn alle Voraussetzungen von § 52 Abs. 1 Satz 1 AktG vorliegen (dazu Rz. 310 ff.), dh. für den Vertragsgegenstand die Zehnprozentrelation zum Grundkapital, für den Vertragspartner die Eigenschaft als Gründer oder 10 %-Aktionär und zeitlich der Vertragsschluss binnen zwei Jahren seit Eintragung. Bei geringerwertigen Vertragsgegenständen, anderen Vertragspartnern (Dritten) und späterem Vertragsschluss müssen jedenfalls nach dem

---

[447] *Hüffer* AktG § 52 Rz. 21.
[448] Kölner Komm./*Kraft* § 52 Rz. 59.
[449] Kölner Komm./*Kraft* § 52 Rz. 61; MünchKomm. AktG/Bd. 1/*Pentz* § 52 Rz. 72.
[450] *Henze* Höchstrichterliche Rechtsprechung zum Aktienrecht 5. Aufl. 2002 Rz. 220; Kölner Komm./*Kraft* § 52 Rz. 60; MünchKomm. AktG/Bd. 1/*Pentz* § 52 Rz. 72.

Wortlaut des Gesetzes die Formalien von § 52 Abs. 1 ff. AktG nicht beachtet werden.[451] Dies wurde schon vor Inkrafttreten der Neufassung von § 52 Abs. 1 AktG[452] in der Literatur teilweise anders gesehen, nämlich für **verdeckte Sacheinlagen** (dazu Rz. 242) unter dem Wert von 10 % des Grundkapitals, wofür eine Heilung analog der Formvorschriften von § 52 AktG jedenfalls in den zwei Jahren nach Eintragung vertreten wird.[453] Nach Inkrafttreten der Neufassung von § 52 Abs. 1 AktG[454] wird dies auch für die Heilung von unwirksamen Sachübernahmen durch Dritte gefordert.[455] In beiden Fällen sollte dem die Praxis vorsorglich folgen, dh. die Verträge zur Neuvornahme der unwirksamen Rechtsgeschäfte analog § 52 Abs. 1 ff. AktG behandeln, insbes. vom Gründungsprüfer prüfen lassen, die Zustimmung der Hauptversammlung einholen und zum Handelsregister anmelden, Letzteres auch, falls der Registerrichter zu erkennen gibt, dass er die Eintragung für unzulässig hält,[456] wogegen bis zur noch ausstehenden höchstrichterlichen Klärung der Eintragungsfähigkeit Beschwerde angezeigt ist.

V. Die Satzung

1. Übersicht

329 Das Gesetz schreibt für die Gründung die Feststellung einer Satzung (vom Gesetz zugleich auch Gesellschaftsvertrag genannt, § 2 AktG) zwingend als Eintragungsvoraussetzung (§§ 37 Abs. 4 Nr. 1, 38 Abs. 1 AktG dazu Rz. 54) vor, wofür notarielle Beurkundung erforderlich ist (§ 23 Abs. 1 AktG; dazu Rz. 10). Da das AktG bereits eine umfassende Regelungsdichte vorgibt, ist der Mindestinhalt der Satzung (dazu Rz. 331 ff.) auf wenige Bestimmungen beschränkt, die durch gesetzliche Vorschriften außerhalb des AktG ergänzt werden (dazu Rz. 344). Der Mindestinhalt wird als Eintragungsvoraussetzung durch gründungsbezogene Satzungsbestimmungen erweitert, falls Sacheinlagen, Sachübernahmen, Sondervorteile oder Gründungsaufwand vereinbart werden sollen (dazu Rz. 345 ff.). Vom AktG abweichende Satzungsbestimmungen bedürfen der ausdrücklichen gesetzlichen Zulassung (§ 23 Abs. 5 Satz 1 AktG; dazu Rz. 352 f.). Ergänzende Bestimmungen der Satzung sind zulässig, es sei denn das AktG enthält eine abschließende Regelung (§ 23 Abs. 5 Satz 2 AktG; dazu Rz. 354 ff.). Satzungen können auch sog. unechte (formelle) Satzungsbestimmungen enthalten (dazu Rz. 358 ff.), die entweder ohne Regelungscharakter nur deklaratorischen Inhalt haben (dazu Rz. 358) oder schuldrechtliche Nebenabreden betreffen, wie sie zumeist außerhalb der Satzungsurkunde geregelt werden (dann satzungsergänzende Nebenabreden genannt; dazu Rz. 390 ff.). Für die Auslegung der Satzung gelten besondere objektivierende Grundsätze (dazu Rz. 361 ff.). Mängel der Satzung (dazu Rz. 364 ff.)

---

[451] So für § 52 Abs. 1 aF AktG Kölner Komm./*Kraft* § 52 Rz. 60; MünchKomm. AktG/Bd. 1/*Pentz* § 52 Rz. 69, 71.
[452] § 52 Abs. 1 Satz 1 AktG idF v. Art. 1 Nr. 3 des NaStraG v. 18. 1. 2001, BGBl. I, 123.
[453] MünchKomm. AktG/Bd. 1/*Pentz* § 52 Rz. 70 mwN.
[454] § 52 Abs. 1 Satz 1 AktG idF v. Art. 1 Nr. 3 des NaStraG v. 18. 1. 2001, BGBl. I, 123.
[455] *Hüffer* AktG § 52 Rz. 21 mwN.
[456] So der Heilungsvorschlag für verdeckte Sacheinlagen von *Lutter/Gehling* WM 1989, 1445, 1455 f., die für eine analoge Anwendung von § 52 die Einreichung zum Handelsregister ohne Eintragung genügen lassen.

B. Gründung der AG nach AktG 330–333 § 2

können unbeschadet ihrer Nichtigkeit nur eingeschränkt zur Ablehnung der Eintragung führen (§ 38 Abs. 3 AktG; dazu Rz. 367 ff.); nach Eintragung stellt sich die Frage der Heilung der Nichtigkeit (dazu Rz. 374 ff.).

Satzungsänderungen bedürfen nach Eintragung der Gesellschaft eines Beschlusses der Hauptversammlung (§ 179 Abs. 1 Satz 1 AktG; Ausnahme für Fassungsanpassungen durch Aufsichtsrat: § 179 Abs. Satz 2 AktG), der sowohl der einfachen Stimmenmehrheit (§ 133 AktG) als auch der qualifizierten Kapitalmehrheit (§ 179 Abs. 2 AktG) bedarf, von Sonderfällen abgesehen (§§ 97 Abs. 2 Satz 4, 98 Abs. 4 Satz 2, 113 Abs. 1 Satz 4, 237 Abs. 4 Satz 2 AktG, §§ 4 Abs. 1 f., 5 Abs. 2 Satz 2 EGAktG). Der Beschluss wird erst mit Eintragung im Handelsregister wirksam (§ 181 AktG). **330**

2. Mindestinhalt der Satzung

Da das AktG weitgehend abschließende Regelungen vorgibt, ist der Mindestinhalt der Satzung (dazu Rz. 332 ff.) auf wenige Bestimmungen beschränkt, die durch gesetzliche Vorschriften außerhalb des AktG ergänzt werden (dazu Rz. 344). Der Mindestinhalt wird als Eintragungsvoraussetzung durch gründungsbezogene Satzungsbestimmungen erweitert, falls Sacheinlagen, Sachübernahmen, Sondervorteile oder Gründungsaufwand oder die Durchführung von genehmigtem Kapital vor Eintragung vereinbart werden sollen (dazu Rz. 345 ff.). Ohne die in § 23 Abs. 3 f. AktG aufgeführten und wie folgt erläuterten Mindestinhalte ist keine AG eintragungsfähig: **331**

a) Firma

aa) Rechtsformzusatz. Nach § 23 Abs. 23 Nr. 1 AktG muss die Satzung die Firma der Gesellschaft bestimmen. Hinsichtlich der Anforderungen an die Firmierung beschränkt sich das AktG darauf, dass die Firma die Bezeichnung „Aktiengesellschaft" oder eine allgemein verständliche Abkürzung dieser Bezeichnung enthalten muss (§ 4 AktG).[457] Heute ist die Abkürzung „AG" allgemein verständlich und daher zulässig, während andere Abkürzungen nicht verkehrsüblich sind; nur die Abkürzung „AG" wird den Anforderungen des § 4 AktG gerecht.[458] Nicht ausreichend sind auch Wortkombinationen unter alleiniger Verwendung des Wortteils Aktien wie bspw. „Baugesellschaft auf Aktien",[459] zulässig ist hingegen die Wortkombination „Bauaktiengesellschaft".[460] Fremdsprachliche Übersetzungen des Rechtsformzusatzes reichen nicht aus.[461] Wo der Rechtsformzusatz in der Firma steht, ist gleichgültig; er kann auch in einer Klammer aufgeführt werden.[462] **332**

bb) Allgemeines Firmenrecht. Abgesehen vom Rechtsformzusatz (§ 4 AktG; dazu Rz. 332) überlässt das AktG die Firmierung den allgemeinen Regeln des Handelsrechts (§§ 17 ff. HGB). Die früher in § 4 AktG geforderte Entnahme der Firma aus dem Gegenstand der Gesellschaft ist entfallen,[463] aber **333**

---

[457] § 4 AktG seit 1. 7. 1998 idF des Art. 8 Nr. 1 HRefG v. 22. 6. 1998, BGBl. I, 1474.
[458] MünchKomm. AktG/Bd. 1/*Heider* § 4 Rz. 19.
[459] MünchKomm. AktG/Bd. 1/*Heider* § 4 Rz. 19.
[460] MünchHdb. GesR/Bd. 4/*Wiesner* § 7 Rz. 5.
[461] MünchKomm. AktG/Bd. 1/*Heider* § 4 Rz. 18.
[462] *Hüffer* AktG § 4 Rz. 17.
[463] § 4 AktG seit 1. 7. 1998 idF des Art. 8 Nr. 1 HRefG v. 22. 6. 1998, BGBl. I, 1474.

§ 2 334 Die Gründung und die Entstehung durch Umwandlung

als sog. Sachfirma selbstverständlich noch zulässig.[464] Daneben kommt die sog. Personenfirma durch Verwendung von Gründernamen, eingeschränkt auch der Namen von Dritten, in Frage.[465] Außerdem sind heute auch Fantasiebezeichnungen[466] erlaubt sowie Mischformen aus Sach-, Personen- und Fantasiebestandteilen.[467] Insgesamt sind die Grundsätze der **Kennzeichnungsfähigkeit** und der Unterscheidungskraft zu beachten (§ 18 Abs. 1 HGB)[468] sowie das **Irreführungsverbot** (§ 18 Abs. 2 HGB[469])[470] und das Gebot der lokalen Ausschließlichkeit, das verlangt, sich von allen anderen vor Ort eingetragenen Firmen „deutlich (zu) unterscheiden" (§ 30 HGB), wozu allein der Rechtsformzusatz (§ 4 AktG; dazu Rz. 332) nicht ausreicht.[471] Der Rechtsformzusatz genügt auch nicht zur Abwendung der Haftung bei Firmenfortführung bei Erwerb eines Geschäfts durch die AG (§ 25 HGB).[472]

b) Sitz

334 aa) **Bestimmung des Sitzes.** In der Satzung muss der Sitz der Gesellschaft bestimmt werden (§§ 5, 23 Abs. 3 Nr. 1 AktG). Bisher hatte die Satzung als Sitz den Ort, wo die Gesellschaft einen Betrieb hat, oder den Ort zu bestimmen, wo sich die Geschäftsleitung befindet oder die Verwaltung geführt wird (§ 5 Abs. 2 AktG), wobei der Sitz im **Inland** liegen musste.[473] Diese Vorgaben sind durch das MoMiG geändert worden. Die neue Regelung des MoMiG verlangt noch die Bestimmung des Sitzes in der Satzung. Die Pflicht, den Satzungssitz nur nach dem im Inland belegenen Ort des Betriebes, der Geschäftsleitung oder der Verwaltung zu bestimmen, ist durch die Streichung des bisherigen § 5 Abs. 2 AktG jedoch weggefallen. Dies zieht in den meisten Fällen keine wesentlichen Änderungen nach sich. Denn auch nach der Neuregelung kann und wird der Satzungssitz in den meisten Fällen weiterhin anhand des Ortes des Betriebes, der Geschäftsleitung oder der Verwaltung festgelegt werden. Neu hinzu kommen soll die Möglichkeit, einen effektiven Verwaltungssitz zu wählen, der nicht notwendig mit dem Satzungssitz übereinstimmt. Das soll nach den Gesetzesmaterialien[474] deutschen Aktiengesellschaften ermöglichen, ihre Geschäftstätigkeit auch ausschließlich im Rahmen einer Zweigniederlassung außerhalb des deutschen Hoheitsgebiets zu entfalten, damit gleiche Ausgangsbedingungen für deutsche Aktiengesellschaften hergestellt werden, wie sie nach der EuGH-Rechtsprechung[475] für Auslandsgesellschaften mit Verwaltungssitz in Deutschland gelten. Ob die Änderung des § 5 AktG hierzu tatsäch-

---

[464] *Hüffer* AktG § 4 Rz. 11.
[465] MünchKomm. AktG/Bd. 1/*Heider* § 4 Rz. 30 mwN.
[466] *Hüffer* AktG § 4 Rz. 16.
[467] *Hüffer* AktG § 4 Rz. 11.
[468] *Hüffer* AktG § 4 Rz. 12.
[469] § 18 Abs. 2 seit 1. 7. 1998 idF des Art. 8 Nr. 1 HRefG v. 22. 6. 1998, BGBl. I, 1474.
[470] *Hüffer* AktG § 4 Rz. 13.
[471] BGH II ZR 4/66 v. 14. 7. 1966, BGHZ 46, 7; NJW 1966, 1813.
[472] *Hüffer* AktG § 4 Rz. 5.
[473] BGH II ARZ 1/55 v. 21. 11. 1955, BGHZ 19; 102, NJW 1956, 183; BGH II ZR 22/58 v. 19. 2. 1959, BGHZ 29, 320, NJW 1959, 1126.
[474] BT-Drs. 16/6140, S. 68, 125.
[475] EuGH Slg. 1999. I-1459, 1484 – Centros; EuGH Slg. 2002, I-9919, 9834 – Überseering; EuGH Slg. 2003, Slg. 2003, I-10155, 10195 – Inspire Art; s. *Maul/Schmidt*, BB 2003, 2297 ff.

B. Gründung der AG nach AktG

lich genügt, ist allerdings zweifelhaft, da die Bestimmung keinen international-privatrechtlichen Charakter hat. Notwendig wäre eine ausdrückliche Regelung im EGBGB.

bb) Bedeutung des Sitzes. An den Sitz der Gesellschaft knüpfen vorwiegend Zuständigkeiten der Gerichte an, nämlich in der freiwilligen Gerichtsbarkeit des Amtsgerichtes als Registergericht (§ 14 AktG iVm. §§ 23 a I Nr. 2 GVG, 376 FamFG; dazu Rz. 125) und in Streitsachen der freiwilligen Gerichtsbarkeit des Landgerichtes (§§ 98 Abs. 1, 132 Abs. 1, 260 Abs. 1, 304 Abs. 3 iVm. 306, 320 b Abs. 2 Satz 2 AktG), in der Zivilprozessgerichtsbarkeit nach AktG des Landgerichts in Anfechtungs-, Nichtigkeits und Auflösungsklagen (§§ 246 Abs. 3 Satz 1, 249 Abs. Satz 1, 251 Abs. 3, 254 Abs. 2 Satz 1, 255 Abs. 3, 257 Abs. 2, 275 Abs. 4, 396 Abs. 1 Satz 2 AktG) und für allgemeine Zivilprozesse nach § 17 ZPO. Für das materielle Aktienrecht beschränkt sich die Bedeutung des Sitzes auf den **Ort der Hauptversammlung**, wenn die Satzung nichts anderes bestimmt (§ 121 Abs. 5 Satz 1 AktG). Für zum amtlichen Handel an einer deutschen Börse zugelassene Gesellschaften wird die Bedeutung des Sitzes noch zusätzlich durch die Möglichkeit beschränkt, die Hauptversammlung an den Sitz der Börse einzuberufen, wenn die Satzung nichts anderes bestimmt (§ 121 Abs. 5 Satz 2 AktG). Für das internationale Gesellschaftsrecht ist der Sitz von Bedeutung, da sich nach ihm – verbreiteter Meinung zufolge – das Personalstatut der Gesellschaft, d.h. die für die Rechtsverhältnisse der Gesellschaft maßgebliche Rechtsordnung bestimmt.[476]

cc) Steuerliche Bedeutung des Sitzes. § 11 AO knüpft für den Sitz einer Körperschaft an deren Satzung an, was auf Grund des zwingenden Inlandssitzes nach Aktienrecht (dazu Rz. 334) immer zur unbeschränkten Steuerpflicht führt (§ 1 Abs. 1 KStG; dazu § 11 Rz. 2); nach § 137 AO ist die Änderung des Sitzes dem Finanzamt anzuzeigen. Ansonsten kommt dem Sitz im Steuerrecht nur ausnahmsweise eine Bedeutung zu. Primär ist für die Ertragssteuern einer AG das Finanzamt am Ort der Geschäftsleitung zuständig (§ 20 Abs. 1 AO); nur wenn sich die Geschäftsleitung im Ausland befindet, richtet sich die Zuständigkeit nach dem Sitz (§ 20 Abs. 2 AO). Vereinzelte Doppelbesteuerungsabkommen knüpfen subsidiär an den Sitz für das Besteuerungsrecht an.[477]

c) Gegenstand des Unternehmens

aa) Bestimmung des Unternehmensgegenstandes. Nach § 23 Abs. 3 Nr. 2 AktG muss die Satzung den Gegenstand des Unternehmens bestimmen; namentlich ist bei Industrie- und Handelsunternehmen die Art der Erzeugnisse und Waren, die hergestellt und gehandelt werden sollen, näher anzugeben. Wie weit die Beschreibung des Unternehmensgegenstandes zu gehen hat, richtet sich nach den mit dieser Vorschrift verfolgten Zwecken, die interessierte Öffentlichkeit in groben Zügen über den Tätigkeitsbereich des Unternehmens zu informieren und das Tätigkeitsfeld der Geschäftsführer zu begrenzen.[478] Hierfür ausreichend ist die Angabe des Schwerpunkts der Geschäftstätigkeit, wodurch Aktivitäten in Randbereichen nicht ausgeschlossen werden. Als ausrei-

---

[476] Schmidt/Lutter/Zimmer, § 5 Rdnr. 4.
[477] MünchHdb. GesR/Bd. 4/*Wiesner* § 8 Rz. 16 mwN.
[478] MünchKomm. AktG/Bd. 1/*Pentz* § 23 Rz. 69.

chend anzusehen sind daher bspw. „Betrieb von Gaststätten" oder „Herstellung und Vertrieb von Bier". Weitreichende Formulierungen wie bspw. „Handel mit Waren aller Art" oder „Verwaltung von Vermögen und Beteiligung an anderen Unternehmen" sind nur zulässig, wenn eine weitere Präzisierung nicht möglich ist.[479] Bei vielfältiger Geschäftstätigkeit sind alle Geschäftsbereiche aufzuführen und zu individualisieren.[480] Die Beteiligung an anderen Unternehmen gehört in den Unternehmensgegenstand, wobei auch die Benennung des Unternehmensgegenstandes des Beteiligungsunternehmens erforderlich ist; dies gilt insbesondere auch für Holdinggesellschaften.[481]

338   bb) **Abgrenzung vom Gesellschaftszweck.** Das AktG befasst sich nicht ausdrücklich mit dem Zweck der Gesellschaft (anders § 1 GmbHG, §§ 21 f., 705 BGB), der gleichwohl begrifflich auch für die AG gilt und vom Gegenstand des Unternehmens abzugrenzen ist.[482] Gesellschaftszweck ist das eigentliche Ziel der Gesellschaft, idR die Gewinnerzielung, möglich ist aber auch der gegenteilige Zweck der Gemeinnützigkeit (§ 52 AO). Im Gegenstand des Unternehmens definiert die Satzung das Mittel, mit dem das Ziel erreicht werden soll („Mittel-Zweck-Relation").[483] Die Übergänge zwischen beiden Begriffen sind fließend. In der Satzung sollte, wenn überhaupt eine Aufführung des Zwecks erfolgt, auf saubere Trennung geachtet werden, nicht zuletzt weil der Zweck in der Satzung nur mit Zustimmung aller Aktionäre geändert werden kann (§ 33 Abs. 1 Satz 2 BGB; hM).[484]

339   cc) **Bedeutung des Unternehmensgegenstandes.** Neben der Information der Öffentlichkeit durch das Handelsregister hat der Unternehmensgegenstand vor allem Bedeutung für die Geschäftsführungsbefugnis des Vorstandes (§ 82 Abs. 2 AktG; dazu § 6 Rz. 7), bei deren Überschreitung dieser der Gesellschaft schadensersatzpflichtig werden kann (§ 93 Abs. 2 AktG). Ohne Einfluss ist dies auf die Vertretungsbefugnis des Vorstands (§ 82 Abs. 1 AktG; dazu § 6 Rz. 11 f.). Einfluss hat der Unternehmensgegenstand auf den Umfang des Wettbewerbsverbotes für den Vorstand (§ 88 Abs. 1 Satz 1, 2. Fall AktG; dazu § 6 Rz. 126 f.).

340   dd) **Steuerliche Bedeutung des Unternehmensgegenstandes.** Für die Ertragsbesteuerung kann der Unternehmensgegenstand ein Indiz für verdeckte Gewinnausschüttungen (§ 8 Abs. 3 Satz 2 KStG) ein.

d) Grundkapital und Aktien

341   Die Satzung muss die Höhe des Grundkapitals sowie dessen Zerlegung in Aktien bestimmen (§ 23 Abs. 3 Nr. 3 AktG; dazu Rz. 160 f.). Die Zerlegung in Aktien muss entweder in Nennbetragsaktien (§ 8 Abs. 2 AktG; dazu § 3 Rz. 6 ff.) oder in Stückaktien (§ 8 Abs. 2 AktG; dazu § 3 Rz. 12 ff.) erfolgen (§ 8 Abs. 1 AktG; dazu und zu den Entscheidungskriterien § 3 Rz. 4 f.). Für Nennbetragsaktien sind deren Nennbeträge und für beide Aktienarten ist die Zahl der Aktien zu bestimmen, bei Nennbetragsaktien mit unterschiedlichen Nenn-

---

[479] BayObLGZ 1994, 224, 226; BayObLG NZG 2003, 482.
[480] *Hüffer* AktG § 23 Rz. 24 a.
[481] *Hüffer* AktG § 23 Rz. 24 a.
[482] MünchKomm. AktG/Bd. 1/*Pentz* § 23 Rz. 70 ff. mwN.
[483] *Hüffer* AktG § 23 Rz. 22 mwN.
[484] MünchKomm. AktG/Bd. 1/*Pentz* § 23 Rz. 70 ff. mwN; aA *Hüffer* AktG § 23 Rz. 22.

B. Gründung der AG nach AktG 342–344 § 2

betragen die Zahl der Aktien jeden Nennbetrags. Wenn mehrere Aktiengattungen bestehen (§ 11 AktG; dazu § 3 Rz. 66 ff.), zB Stamm- und Vorzugsaktien (§ 12 AktG; dazu § 3 Rz. 47 ff.), müssen die Gattungen und die Zahl der Aktien jeder Gattung bestimmt werden (§ 23 Abs. 3 Nr. 3, letzter Fall AktG). Schließlich muss in der Satzung bestimmt sein, ob Inhaberaktien und/oder Namensaktien ausgestellt werden (§ 23 Abs. 3 Nr. 4 iVm. § 10 AktG; dazu und zu den Entscheidungskriterien § 3 Rz. 16 ff.); die Zahl dieser beiden Aktienarten muss nicht angegeben werden (§ 3 Rz. 16), insbesondere da sie aufgrund eines in der Satzung einräumbaren Umwandlungsrechtes eines Aktionärs variabel sein kann (§ 24 AktG; dazu § 3 Rz. 36, 38).

e) Zahl der Vorstandsmitglieder

In der Satzung muss die Zahl der Vorstandsmitglieder oder die Regeln, nach 342
denen diese Zahl festgelegt wird, bestimmt werden (§ 23 Abs. 3 Nr. 6 iVm. § 76 Abs. 2 AktG; dazu und zu den Entscheidungskriterien § 6 Rz. 8 ff.). Dagegen müsse keine Angaben über die Vertretungsbefugnis der Vorstandsmitglieder in der Satzung stehen, da sich dies aus dem Gesetz ergibt (§ 78 Abs. 2 AktG; § 6 Rz. 11). Soll oder muss (§ 76 Abs. 1 f. AktG; § 6 Rz. 8) der Vorstand aus mehr als zwei Personen bestehen, ist aber angesichts der gesetzlichen Gesamtvertretung durch alle Mitglieder eine Vertretungsregelung in der Satzung üblich und von der Praxis geboten (§ 78 Abs. 2 AktG; § 6 Rz. 11).

f) Bekanntmachungen

Nach § 23 Abs. 4 AktG muss die Satzung Bestimmungen über die Form der 343
Bekanntmachungen der Gesellschaft enthalten. Gemeint sind damit die sog. freiwilligen Bekanntmachungen (zB Zwischenberichte an die Aktionäre) in Abgrenzung zu den Pflichtbekanntmachungen nach Gesetz und Satzung in den Gesellschaftsblättern (d.h. dem elektronischen Bundesanzeiger, § 25 AktG, dazu Rz. 148), für welche die Satzung zusätzliche Regelungen treffen kann aber nicht muss. In der Form der freiwilligen Bekanntmachungen ist die Satzung frei, sie kann auch Briefform oder elektronische Medien bestimmen.[485]

g) Notwendiger Inhalt nach anderen Gesetzen

Der Mindestinhalt der Satzung kann auch durch Gesetz außerhalb des AktG 344
erweitert sein, zB nach §§ 6 f. UrhWG.[486] Das Fehlen einer solchen Satzungsbestimmung ist Genehmigungs- und Eintragungshindernis für die Gesellschaft (§ 3 Abs. 1 Nr. 1 UrhWG, § 38 Abs. 1 AktG).[487] Häufiger sind Vorschriften außerhalb des AktG, die nicht den Mindestinhalt der Satzung erweitern, sondern zur notwendigen behördlichen Genehmigung und damit zur Eintragungsfähigkeit besondere Anforderungen an den Inhalt der einzelnen Satzungsbestimmungen stellen, insbesondere an den Unternehmensgegenstand (§ 37 Abs. 4 Nr. 5 AktG; dazu Rz. 34, 145 f.).

---

[485] *Hüffer* AktG § 23 Rz. 32.
[486] Gesetz über die Wahrnehmung von Urheberrechten und verwandten Schutzrechten v. 9. 9. 1965, BGBl. I, 1294.
[487] *Hüffer* AktG § 23 Rz. 33.

3. Gründungsbezogene Satzungsbestimmungen

a) Übersicht

345 Der Mindestinhalt der Satzung (§ 23 Abs. 3 f. AktG; dazu Rz. 331 ff.) erweitert sich für besondere Fallgestaltungen der Gründung, bei deren tatsächlichem Eintreten die Aufnahme in die Satzung rechtlich und bei Kenntnis des Registergerichtes auch faktisch zur Eintragungsvoraussetzung wird (§ 38 Abs. 1 AktG). Es sind dies die Fälle der Sacheinlage und Sachübernahme (§ 27 Abs. 1 Satz 1 AktG; dazu Rz. 200 ff., 229) sowie der Einräumung von Sondervorteilen (dazu Rz. 346) und der Übernahme von Gründungsaufwand durch die Gesellschaft (dazu Rz. 347). Ein Sonderfall der gründungsbezogenen Satzungsbestimmungen ist das genehmigte Kapital in der Gründungssatzung (§ 202 Abs. 1 AktG) mit der Ermächtigung zur Ausgabe von Aktien gegen Sacheinlagen (§ 205 AktG; dazu § 9 Rz. 84); wenn schon vor Eintragung der Gesellschaft Verträge betr. diese Sacheinlagen geschlossen werden; dann muss die Satzung abweichend von § 205 Abs. 2 AktG bereits die Festsetzungen enthalten, die für Sacheinlagen auf das Gründungskapital gelten (§ 206 AktG).[488]

b) Sondervorteile

346 In der Satzung muss jeder einem einzelnen Aktionär oder einem Dritten eingeräumte besondere Vorteil unter Bezeichnung des Berechtigten festgesetzt werden (§ 26 Abs. 1 AktG). Begriff und Zulässigkeitsgrenzen von Sondervorteilen sind unklar.[489] Allgemein anerkannt ist nur, dass die Einräumung aus Anlass der Gründung erfolgen muss und es sich nicht um ein an die Aktie gebundenes Mitgliedschaftsrecht handelt sondern um ein allgemeines Gläubigerrecht („einem Dritten"; § 26 Abs. 1 AktG).[490] Richtig ist, das Wesen des einem Aktionär zulässig durch Satzung gewährten Sondervorteils im Dispens vom Gleichbehandlungsgebot zu sehen (§ 53 a AktG), dessen Grenze in der Kapitalerhaltung liegt (§ 57 AktG).[491] Bei Dritten eingeräumten Sondervorteilen steht die Warnfunktion an die Gläubiger durch die Satzung im Vordergrund, während der Kapitalschutz insoweit angesichts der Differenzhaftung der Gründer (dazu Rz. 225) zurücktritt.[492] Wegen der Rechtsunklarheit sollten Sondervorteile vermieden werden, wie es die Praxis auch tut, allenfalls mit größtmöglicher Bestimmtheit in der Satzung geregelt werden. Verträge, die den Sondervorteilen zugrunde liegen oder zu ihrer Ausführung geschlossen worden sind, sind dem Gericht als Anlage zur Handelsregisteranmeldung einzureichen (§ 37 Abs. 4 Nr. 2 AktG). Die Satzungsfestsetzungen können binnen fünf bzw. dreißig Jahren seit Eintragung der Gesellschaft weder geändert noch beseitigt werden (§ 26 Abs. 4 f. AktG).

---

[488] *Hüffer* AktG § 206 Rz. 1 ff. mwN.
[489] Ausführliche Darstellung: Großkomm. AktG/*Röhricht* § 26 Rz. 3 ff.
[490] *Hüffer* AktG § 26 Rz. 9.
[491] MünchHdb. GesR/Bd. 4/*Hoffmann-Becking* § 3 Rz. 8.
[492] MünchKomm. AktG/Bd. 1/*Pentz* § 26 Rz. 14; aA Großkomm. AktG/*Röhricht* § 26 Rz. 15.

c) Gründungsaufwand

In der Satzung gesondert festzusetzen ist auch der Gesamtaufwand, der zu **347**
Lasten der Gesellschaft an Aktionäre oder andere Personen als Entschädigung
oder Belohnung für die Gründung oder ihre Vorbereitung gewährt wird (§ 26
Abs. 2 AktG). Hierunter sind die nicht aktivierungsfähigen Gründungskosten,
zB Notar- und Gerichtskosten, Bankspesen, zu verstehen (§ 248 Abs. 1 HGB),
im Gegensatz zum Aufwand für die Ingangsetzung des eigentlichen Geschäftsbetriebs (§ 269 HGB), der nicht unter § 26 Abs. 2 AktG fällt;[493] im Zweifel
sollte man jedoch wegen der Sanktionen (dazu Rz. 349) Gründungsaufwand
annehmen. Unter den in die Satzung einzustellenden Gründungsaufwand fällt
auch die Vergütung des Vorstandes bis zur Eintragung (dazu Rz. 112). Überhöhter Gründungsaufwand, soweit überhaupt zulässig, ist als **Sondervorteil**
iSv. § 26 Abs. 1 AktG zu behandeln (dazu Rz. 346). Festzusetzen ist in der Satzung nur der Gesamtbetrag der notfalls zu schätzenden Einzelposten. Eine
Aufstellung sämtlicher Einzelposten unter Angabe von jeweils Art des Aufwands sowie Höhe und Empfänger der Vergütung ist jedoch dem Gericht als
Anlage zur Handelsregisteranmeldung einzureichen (§ 37 Abs. 4 Nr. 2 AktG).
Für die Änderung oder Beseitigung der Satzungsfestsetzungen gelten die
Sperrfristen für Sondervorteile ebenfalls (§ 26 Abs. 4 f. AktG; dazu Rz. 346).
Ordnungsgemäß in der Satzung festgesetzter Gründungsaufwand ist im Rah-
men der Unterbilanzhaftung auf den Eintragungsstichtag nicht zu berück-
sichtigen (dazu Rz. 269 ff.), anders jedoch bei Scheitern der Eintragung für die
Verlustdeckungshaftung der Gründer (dazu Rz. 271 f.).

d) Prüfung von Sondervorteilen und Gründungsaufwand

Zum schriftlichen Bericht der Gründer über den Hergang der Gründung **348**
sollte auch die allgemeine Feststellung gehören, ob § 26 AktG beachtet ist (§ 32
Abs. 1 AktG; dazu Rz. 19), insbesondere muss aber angegeben werden, ob und
in welcher Weise Mitglieder des Vorstands oder Aufsichtsrats Gläubiger von
Sondervorteilen oder im Zusammenhang mit Gründungsaufwand sind (§ 32
Abs. 3 AktG; dazu Rz. 20). Ebenso gehört die Einhaltung von § 26 AktG zur
Gründungsprüfung (§ 34 Abs. 1 Nr. 1 AktG; dazu Rz. 25 ff.).

e) Folgen der Verletzung von § 26 AktG

Ohne die Festsetzung in der Satzung sind Verträge über Sondervorteile und **349**
Gründungsaufwand und die Rechtshandlungen zu ihrer Ausführung der Gesellschaft gegenüber unwirksam (§ 26 Abs. 3 Satz 1 AktG), dh. die Gesellschaft
darf daraus nicht leisten. Ist dies dem Registergericht bekannt, hat es durch
Zwischenverfügung (§ 26 Satz 2 HRV; dazu Rz. 61) entweder auf Festsetzung
in der Satzung oder auf Sicherstellung der Nichtdurchführung der nichtigen
Vereinbarung hinzuwirken und bei Nichtabhilfe die Eintragung abzulehnen
(§ 38 Abs. AktG).[494] Wird die Gesellschaft trotz Verstoßes gegen § 26 AktG
eingetragen, kann die Unwirksamkeit nicht durch Satzungsänderung geheilt
werden (§ 26 Abs. 3 Satz 2 AktG). Es kommt für Gründer Schadensersatzpflicht an die Gesellschaft in Betracht (§ 46 AktG; dazu Rz. 266 f.), wobei ein

---
[493] *Hüffer* AktG § 26 Rz. 5.
[494] *Hüffer* AktG § 26 Rz. 7.

§ 2   350–352   Die Gründung und die Entstehung durch Umwandlung

Mitverschulden des Begünstigten zu berücksichtigen sein wird, Mitglieder von Vorstand und Aufsichtsrat (§ 46 AktG; dazu Rz. 280 ff., 286) sowie für Gründungsprüfer bei Verletzung der Prüfungspflichten (§ 49 AktG; dazu Rz. 287). Strafrechtlich können Gründer, Vorstand und Aufsichtsrat nach § 399 Abs. 1 f. AktG belangt werden (dazu Rz. 293).

f) Änderung und Beseitigung der Satzungsbestimmungen nach § 26 AktG

350   Die Festsetzungen in der Satzung nach § 26 AktG können erst geändert werden, wenn die Gesellschaft fünf Jahre im Handelsregister eingetragen ist (§ 26 Abs. 4 AktG). Auch dies ist nicht im Sinne einer Änderung zum Nachteil der Gesellschaft zu verstehen, wie aus § 26 Abs. 3 Satz 2 AktG (dazu Rz. 229) folgt, vielmehr kann die Änderung nur zugunsten der Gesellschaft erfolgen, was wiederum die Zustimmung des betroffenen Gläubigers voraussetzt.[495] Schließlich darf eine Satzungsbestimmung durch Satzungsänderung erst beseitigt werden, wenn die Gesellschaft dreißig Jahre im Handelsregister eingetragen ist und wenn die Rechtsverhältnisse, die den Festsetzungen zugrunde liegen, seit mindestens fünf Jahren abgewickelt sind.

g) Besteuerung von Sondervorteilen und Gründungsaufwand

351   Werden Gründern geldwerte Sondervorteile von der Gesellschaft ohne eine Festsetzung in der Satzung eingeräumt, liegt immer eine verdeckte Gewinnausschüttung vor (§ 8 Abs. 3 Satz 2 KStG); auch bei Satzungsfestsetzung liegt sie nahe, jedoch kommt es auf die Umstände des Einzelfalls an. In der Satzung festgesetzter Gründungsaufwand stellt Betriebsausgaben der Gesellschaft dar. Erfolgt keine Festsetzung, ist eine verdeckte Gewinnausschüttung an die Gründer anzunehmen.[496]

4. Vom AktG abweichende Bestimmungen

a) Übersicht

352   Das AktG bietet ein in sich weitgehend abgeschlossenes und detailliertes Regelwerk, zu dessen Änderung die Vertragsfreiheit weitgehend eingeschränkt ist. In diesem Sinne kann die Satzung vom AktG nur abweichen, wenn es ausdrücklich zugelassen ist (§ 23 Abs. 5 Satz 1 AktG; zu den Zulassungsfällen s. das Verzeichnis in Rz. 353). Ausdrückliche Zulassung bedeutet, dass sich dies eindeutig aus dem Gesetz (nicht notwendig aus dem AktG[497]) ergeben muss.[498] Für Auslegung, ob das Gesetz eine solche Zulassung meint, besteht wenig Raum.[499] Keinesfalls kann Schweigen des Gesetzes als Zulassung einer Abweichung gedeutet werden.[500] Bei Zweifeln an der Aussage des Gesetzes ist

---

[495] *Hüffer* AktG § 26 Rz. 9 mwN.
[496] BFH v. 13. 9. 1989, BStBl. II 1990, 24.
[497] Großkomm. AktG/*Röhricht* § 23 Rz. 169.
[498] *Hüffer* AktG § 23 Rz. 35 mwN.
[499] Großkomm. AktG/*Röhricht* § 23 Rz. 170; MünchKomm. AktG/Bd. 1/*Pentz* § 23 Rz. 153.
[500] HM; *Hüffer* AktG § 23 Rz. 35, Großkomm. AktG/*Röhricht* § 23 Rz. 170 mwN; MünchKomm. AktG/Bd. 1/*Pentz* § 23 Rz. 153; aA Kölner Komm./*Mertens* Vorbem. § 76 Rz. 11.

B. Gründung der AG nach AktG   353 § 2

vielmehr von der Unzulässigkeit der Abweichung auszugehen. Die Abweichung (§ 23 Abs. 5 Satz 1 AktG) ist abzugrenzen von das Gesetz ergänzenden Bestimmungen, die im Zweifel zulässig sind (§ 23 Abs. 5 Satz 2 AktG; dazu Rz. 354 ff.). Lässt das Gesetz eine Abweichung der Satzung zu, sind die der Zulassung innewohnenden Grenzen streng zu beachten, ebenso die Vereinbarkeit der abweichenden Satzungsbestimmung mit anderen Grundsätzen des Gesetzes;[501] zu den Folgen von Verstößen der Satzung gegen zwingende Regeln Rz. 374 ff.

b) Verzeichnis der Ermächtigungen zur Abweichung der Satzung von Vorschriften des AktG (§ 23 Abs. 5 Satz 1 AktG)   353

Betroffene Teile und Abschnitte des AktG	Art der Abweichung		Sonstige Abweichungen
	Erfordernisse für Beschlüsse der Hauptversammlung		
	Erschwernis	Erleichterung	
Erstes Buch: Allgemeine Vorschriften			§§ 9 Abs. 2, 10 Abs. 5, 11 Abs. 1 Satz 1, 12 Abs. 1 Satz 2 AktG
Zweiter Teil: Gründung der Gesellschaft	§ 52 Abs. 5 Satz 3 AktG		§ 31 Abs. 2 AktG
Dritter Teil: Rechtsverhältnisse der Gesellschaft und der Gesellschafter	§ 71 Abs. 1 Nr. 8 Satz 5 iVm. § 186 Abs. 3 Satz 3 AktG		§§ 24, 58 Abs. 1 Satz 1, 58 Abs. 2 Satz 2, 58 Abs. 3 Satz 2, 58 Abs. 4, 59 Abs. 1, 60 Abs. 3, 63 Abs. 1 Satz 2, 68 Abs. 2 AktG
Vierter Teil: Verfassung Erster Abschnitt: Vorstand			§§ 76 Abs. 2 Satz 2 Hs. 2, 77 Abs. 1 Satz 2, 77 Abs. 2 Satz 1 Hs. 2, 77 Abs. 2 Satz 2, 78 Abs. 2, 78 Abs. 3 AktG
Zweiter Abschnitt: Aufsichtsrat	§ 103 Abs. 1 Satz 3 AktG	§ 103 Abs. 1 Satz 3 AktG	§§ 95 Abs. 1 Satz 2, 101 Abs. 2, 108 Abs. 2 Satz 1, 108 Abs. 4, 109 Abs. 3, 111 Abs. 4 Satz 2[502] AktG
Vierter Abschnitt: Hauptversammlung	§ 133 Abs. 2 AktG	§§ 133 Abs. 1, 133 Abs. 2 AktG	§§ 118 Abs. 2 Satz 2,[503] 121 Abs. 5 Sätze 1 f., 122 Abs. 1 Satz 2, 122 Abs. 2, 123 Abs. 2, 134 Abs. 1 Sätze 2 ff., 134 Abs. 2 Satz 2, 139 Abs. 1, 140 Abs. 3 AktG
Fünfter Teil: Rechnungslegung. Gewinnverwendung			§ 150 Abs. 2 ff. AktG
Sechster Teil: Erster Abschnitt: Satzungsänderung	§§ 179 Abs. 2 Satz 2 Hs. 1, 179 Abs. 3 AktG	§ 179 Abs. 2 Satz 2 Hs. 2 AktG; 179a Abs. 1 Satz 1 iVm. 179 Abs. 2 Satz 2, 3	

---

[501] Großkomm. AktG/*Röhricht* § 23 Rz. 171.
[502] § 111 Abs. 4 Satz 2 AktG idF des Gesetzes zur weiteren Reform des Aktien- und Bilanzrechts, zu Transparenz und Publizität (Transparenz- und Publizitätsgesetz) v. 25. 7. 2002, BGBl. I, 2681.
[503] § 118 Abs. 2 Satz 2 AktG idF des Gesetzes zur weiteren Reform des Aktien- und Bilanzrechts, zu Transparenz und Publizität (Transparenz- und Publizitätsgesetz) v. 25. 7. 2002, BGBl. I, 2681.

§ 2   Die Gründung und die Entstehung durch Umwandlung

Betroffene Teile und Abschnitte des AktG	Art der Abweichung		
	Erfordernisse für Beschlüsse der Hauptversammlung		Sonstige Abweichungen
	Erschwernis	Erleichterung	
Zweiter Abschnitt: Maßnahmen zur Kapitalbeschaffung: 1. Kapitalerhöhung gegen Einlagen	§§ 182 Abs. 1 Satz 2 Hs. 1, 182 Abs. 1 Satz 3, 186 Abs. 3 Satz 3 AktG	§ 182 Abs. 1 Satz 2 Hs. 2 AktG	§ 182 Abs. 4 Satz 2 AktG
2. Bedingte Kapitalerhöhung	§ 193 Abs. 1 Satz 2 AktG		
3. Genehmigtes Kapital	§ 202 Abs. 2 Satz 3 AktG		§§ 202 Abs. 4, 203 Abs. 3 Satz 2 AktG
5. Wandel-/Gewinnschuldverschreibungen	§§ 221 Abs. 1 Satz 3, 221 Abs. 4 Satz 2 iVm. § 186 Abs. 3 Satz 3 AktG	§ 221 Abs. 1 Satz 3 AktG	
Dritter Abschnitt: Kapitalherabsetzung	§§ 222 Abs. 1 Satz 2, 222 Abs. 2 Satz 3, 229 Abs. 3, 237 Abs. 4 Satz 3 AktG		
Achter Teil, Erster Abschnitt: Auflösung	§§ 262 Abs. 1 Nr. 2, 274 Abs. 1 Satz 3 AktG		§§ 265 Abs. 2 Satz 1, 269 Abs. 2 f. AktG
Zweites Buch: Kommanditgesellschaft auf Aktien	§ 289 Abs. 4 Satz 4 AktG		§§ 287 Abs. 1, 289 Abs. 5, 290 AktG
Drittes Buch: Verbundene Unternehmen	§§ 293 Abs. 1 Satz 3, 293 Abs. 2 Satz 2, 295 Abs. 1 Satz 2, 295 Abs. 1 Satz 2, 296 Abs. 2 Satz 2, 319 Abs. 2 Satz 3, 320 Abs. 1 Satz 3 AktG		§ 300 Nr. 1 AktG
2. Eingliederung	§§ 319 Abs. 2 Satz 3, 320 Abs. 1 Satz 3		

5. Das AktG ergänzende Bestimmungen

a) Übersicht

354 Während Abweichungen von den Vorschriften des AktG nur erlaubt sind, wenn es ausdrücklich zugelassen ist (§ 23 Abs. 5 Satz 1 AktG; dazu Rz. 352 f.), sind das Gesetz ergänzende Bestimmungen der Satzung zulässig, es sei denn, das AktG enthält eine abschließende Regelung (§ 23 Abs. 5 Satz 2 AktG). Im Zweifel an der Abgeschlossenheit der Regelung des AktG ist die Ergänzung

B. Gründung der AG nach AktG   355, 356   § 2

durch die Satzung zuzulassen[504] (zur gegenteiligen Auslegungsregel für Abweichungen Rz. 352). Eine Ergänzung kann in zwei Grundfällen vorliegen, einmal, wenn das AktG den Inhalt der Satzungsbestimmung überhaupt nicht regelt, zum anderen, wenn eine gesetzliche Regelung zwar besteht, die Satzung diese aber im Sinne einer Erweiterung des geregelten Grundtatbestandes ergänzt.[505] Nachfolgend werden Beispiele für Ergänzungen durch die Satzung aufgeführt, die zulässig (dazu Rz. 355) oder unzulässig sind (Rz. 357; zu den Folgen von Verstößen der Satzung gegen abschließende Regeln s. Rz. 364 ff.). Die das AktG ergänzenden Satzungsbestimmungen sind abzugrenzen von sog. unechten (formellen) Satzungsbestimmungen (dazu Rz. 358 ff.) und den sog. satzungsergänzenden Nebenabreden (dazu Rz. 390 ff.).

b) Beispiele zulässiger Ergänzung

Unproblematisch sind zunächst die Regelungsbereiche, für die das AktG   355
ausdrücklich Ergänzungen für zulässig erklärt, wie durch folgende Bestimmungen: §§ 9 Abs. 2, 11, 25 Satz 2,[506] 39 Abs. 2 iVm. 262 Abs. 1 Nr. 1, 55, 58 Abs. 5[507] (Sachdividende; dazu § 4 Rz. 73 ff.), 63 Abs. 3, 68 Abs. 2, 100 Abs. 4, 107 Abs. 1 Satz 1,[508] 113 Abs. 1 Satz 2, 118 Abs. 3,[509] 119 Abs. 1, 121 Abs. 1, 2 Satz 3, 134 Abs. 4, 237 Abs. 1 Satz 2 AktG.

Die **Rechtsprechung** hatte bisher wenig Gelegenheit, über die Zulässigkeit   356
von Ergänzungen des AktG durch die Satzung zu entscheiden.[510] Von der Literatur werden folgende Ergänzungsregeln für zulässig gehalten: Persönliche Voraussetzungen für Mitglieder von **Vorstand** und **Aufsichtsrat** (zB Alter, berufliche Qualifikation), soweit die Wahlermessen von Aufsichtsrat bzw. Hauptversammlung hierdurch nicht zu stark eingeengt wird;[511] Bestimmung des Amtes eines **Vorstandssprechers** oder eines **Ehrenvorsitzenden** des Aufsichtsrates;[512] Bildung zusätzlicher **Gremien** wie Beirat, Verwaltungsrat, soweit die Kompetenz der gesetzlichen Organe nicht eingeschränkt wird;[513] erweitertes **Auskunftsrecht** der Aktionäre unter Beachtung ihrer Gleichbehandlung (§ 131 iVm. § 53 a AktG).[514] Des Weiteren die generelle Ermächtigung des Aufsichtsrats zur **Anpassung der Satzungsfassung** (Ergänzung von § 179 Abs. 1 Satz 2 AktG);[515]

---

[504] HM; Großkomm. AktG/*Röhricht* § 23 Rz. 189; *Hüffer* AktG § 23 Rz. 37; Kölner Komm./*Zöllner* § 179 Rz. 69; aA wohl MünchHdb. GesR/Bd. 4/*Wiesner* § 6 Rz. 11 („erkennbar keine abschließende Regelung").
[505] *Hüffer* AktG § 23 Rz. 37.
[506] § 25 Satz 2 AktG idF des TransPubG.
[507] § 58 Abs. 5 AktG idF des TransPubG.
[508] Gilt auch für die Zahl der Stellvertreter: BGH II ZR 123/81 v. 25. 2. 1982, BGHZ 83, 106, NJW 1982, 1525.
[509] § 118 Abs. 3 AktG idF des TransPubG.
[510] Siehe Entscheidungen in den Fußnoten zu Rz. 355, 357.
[511] HM; *Hüffer* AktG § 23 Rz. 38 mwN; MünchKomm. AktG/Bd. 1/*Pentz* § 23 Rz. 161; einschränkend iSe. Ermessensvorgabe: Kölner Komm./*Mertens* § 76 Rz. 117.
[512] *Hüffer* AktG § 23 Rz. 38 mwN; MünchKomm. AktG/Bd. 1/*Pentz* § 23 Rz. 161.
[513] Großkomm. AktG/*Röhricht* § 23 Rz. 190 mwN; MünchKomm. AktG/Bd. 1/*Pentz* § 23 Rz. 161; *Hüffer* AktG § 23 Rz. 38 mwN.
[514] Kölner Komm./*Kraft* § 23 Rz. 85; Großkomm. AktG/*Röhricht* § 23 Rz. 190; *Hüffer* AktG § 23 Rz. 38.
[515] HM; Großkomm. AktG/*Wiedemann* § 179 Rz. 108 mwN; *Hüffer* AktG § 23 Rz. 38, 179 Rz. 11 mwN.

§ 2 357–359 Die Gründung und die Entstehung durch Umwandlung

Gerichtsstandsvereinbarungen für Rechtsstreitigkeiten der Aktionäre mit der Gesellschaft oder deren Organe[516] (zB aus § 117 Abs. 1 Satz 2 AktG), soweit kein ausschließlicher Gerichtsstand besteht (zB § 246 Abs. 3 Satz 1 AktG);[517] unter ähnlichen Einschränkungen steht auch die Festlegung eines **Schiedsgerichtes**;[518] zusätzliche **Publizitätspflichten**.[519]

c) Beispiele unzulässiger Ergänzung

357 Nach der Rechtsprechung sind wegen abschließender Regeln des AktG Ergänzungen zu folgenden Bestimmungen unzulässig: § 107 Abs. 3 Satz 1 AktG (keine Einschränkung des Ermessens des Aufsichtsrats, Ausschüsse zu bestellen);[520] § 130 Abs. 4 Satz 1 AktG (alleinige Unterzeichnung der HV-Niederschrift durch den Notar);[521] § 134 Abs. 3 AktG (Stimmrechtsvollmacht nur an andere Aktionäre).[522] Zu beachten sind auch die Einschränkungen, die für grundsätzlich zulässige Ergänzungen im Einzelfall gelten (dazu Rz. 356).

d) Unechte (formelle) Satzungsbestimmungen

358 Nicht alles, was in einer Satzungsurkunde (§ 23 Abs. 1 Satz 1 AktG; dazu Rz. 10) steht, gehört zu den echten Satzungsbestimmungen, die aus dem Mindestinhalt der Satzung bestehen (§ 23 Abs. 3 f. AktG; dazu Rz. 331 ff.) sowie aus den vom AktG zulässig abweichenden Satzungsbestimmungen (§ 23 Abs. 5 Satz 1 AktG; dazu Rz. 352 f.) und den zulässig das AktG ergänzenden Satzungsbestimmungen (§ 23 Abs. 5 Satz 1 AktG; dazu Rz. 354 ff.). Jeder zusätzliche Satzungsinhalt zählt zu den unechten Satzungsbestimmungen, die nur der äußeren Form nach Teil der Satzung sind.[523]

359 Hinzu kommen die unechten Satzungsbestimmungen mit **schuldrechtlichen Regelungen**. Hierunter sind Regelungen ohne gesellschaftsrechtlichen Inhalt zu verstehen, die zwar im Zusammenhang mit der Gesellschaft getroffen werden, aber nur Rechtsbeziehungen regeln innerhalb der Aktionäre (zB Stimmrechtspooling), zwischen der Gesellschaft und den Aktionären (zB Vereinbarungen über Sondervorteile und Gründungsaufwand; § 26 AktG; dazu Rz. 346 f.; diese sind zwar aus Publizitätsgründen formelle Satzungsbestandteile, betreffen aber inhaltlich schuldrechtliche Ansprüche)[524] oder der Gesellschaft und/oder der Aktionäre mit Dritten.

---

[516] BGH II ZR 155/92 v. 11.10.1993, BGHZ 123, 347, NJW 1994, 51; *Hüffer* AktG § 23 Rz. 38; Großkomm. AktG/*Röhricht* § 23 Rz. 190.
[517] *Hüffer* AktG § 246 Rz. 19 mwN.
[518] MünchKomm. AktG/Bd. 1/*Pentz* § 23 Rz. 161 mwN; *Hüffer* AktG § 246 Rz. 19 mwN.
[519] Großkomm. AktG/*Röhricht* § 23 Rz. 190 mwN; MünchKomm. AktG/Bd. 1/*Pentz* § 23 Rz. 161 mwN.
[520] BGH II ZR 123/81 v. 25.2.1982, BGHZ 83, 106, NJW 1982, 1525.
[521] RG I 546/01 v. 15.12.1906, RGZ 65, 91; *Hüffer* AktG § 23 Rz. 38.
[522] OLG Stuttgart 8 W 203/90 v. 28.5.1990, NJW-RR 1990, 1316, AG 1991/69, WM 1990, 1159; Kölner Komm./*Zöllner* § 134 Rz. 73 ff.; aA die üM so MünchHdb. GesR/Bd. 4/*Wiesner* § 6 Rz. 11 mwN, *Hüffer* AktG § 23 Rz. 38, § 134 Rz. 26 mwN; offen Großkomm. AktG/*Röhricht* § 23 Rz. 190 mwN.
[523] Großkomm. AktG/*Röhricht* § 23 Rz. 21 ff.
[524] Großkomm. AktG/*Röhricht* § 23 Rz. 23.

B. Gründung der AG nach AktG   360, 361 § 2

Das AktG zieht keine Grenzen für die Zulässigkeit von unechten Satzungs- **360**
bestimmungen, insbesondere unterliegen sie nicht der richterlichen Überprüfung der Eintragungsfähigkeit der Gesellschaft, zumal diese Mängel selbst von echten Satzungsbestandteilen nur eingeschränkt umfasst werden (§ 38 Abs. 3 AktG; dazu Rz. 368 ff.). Hieraus folgt als Kehrseite die Behandlung der Regelungen nicht nach dem AktG, sondern nach dem allgemeinen Schuldrecht, was die Auslegung nach den Grundsätzen für Willenserklärungen bedeutet (§§ 133, 157 BGB) und nicht nach den objektiven Maßstäben der Auslegung echter Satzungsbestimmungen (dazu Rz. 361 ff.).[525] Änderung (und Aufhebung) der unechten Satzungsbestimmungen bedürfen der Zustimmung der inhaltlich Betroffenen; allerdings ist zusätzlich auch ein Hauptversammlungsbeschluss erforderlich (§ 179 Abs. 1 AktG), nämlich als Folge der Wahl der Satzungsform, wobei in der Regel aber einfache Mehrheit genügt, es sei denn, die Notwendigkeit des Hauptversammlungsbeschlusses ist ausdrücklich für die Änderung der unechten Satzungsbestimmung ausbedungen, woraus im Zweifel auf die Vereinbarung einer qualifizierten Mehrheit zu schließen ist.[526] Es empfiehlt sich aus Gründen klarer Rechtsgestaltung, unechte Satzungsbestimmungen zu vermeiden, es sei denn, die Publizität der Satzung ist erwünscht (dazu Rz. 400 ff.). Gerade zur Vermeidung dieser Publizität werden zumeist separate Regelungen bevorzugt, die dann als **satzungsergänzende Nebenabreden** bezeichnet werden (dazu Rz. 390 ff.).

6. Auslegung der Satzung

Für die Auslegung der Satzung ist der Unterschied zwischen echten und un- **361**
echten (formellen) Satzungsbestimmungen (dazu Rz. 358 ff.) maßgebend.[527] Bis zur Eintragung sollen nach der hM in der Literatur die allgemeinen Grundsätze der Auslegung von Willenserklärungen (§§ 133, 157 BGB) für den gesamten Satzungsinhalt gelten.[528] Jedenfalls nach der Eintragung unterliegen die echten Bestandteile der Satzung einer von den allgemeinen Grundsätzen des BGB abweichenden besonderen Auslegung nach dem **objektiven Erklärungswert**,[529] die mit der Auslegung von Gesetzen vergleichbar ist.[530] Maßgebend für die Auslegung ist demnach in erster Linie der Wortlaut unter Berücksichtigung von üblichem Sprachgebrauch und Verkehrssitte (insbesondere Handelsbrauch) sowie des erkennbaren Zwecks der Bestimmung und deren Sinnzusammenhang und systematischer Bezug zu anderen Vorschriften der Satzung und zum Gesetz.[531] Dabei kann auf allgemein zugängliche Unterlagen zurückgegriffen werden, insbesondere auf die Handelsregisterakten.[532]

---

[525] Großkomm. AktG/*Röhricht* § 23 Rz. 8.
[526] Großkomm. AktG/*Wiedemann* § 179 Rz. 51.
[527] Ständige Rspr. des BGH; zB BGH II ZR 70/53 v. 9. 6. 1954, BGHZ 14, 25, NJW 1954, 1401; BGH II ZR 155/92 v. 11. 10. 1993, BGHZ 123, 347, NJW 1994, 51.
[528] So *Hüffer* AktG § 23 Rz. 40 mwN; MünchKomm. AktG/Bd. 1/*Pentz* § 23 Rz. 48; aA Großkomm. AktG/*Röhricht* § 23 Rz. 33, der keinen Unterschied zwischen der Auslegung vor und nach Eintragung sieht, weil auf die Vorgesellschaft bereits weitgehend das AktG anzuwenden ist.
[529] BGH II ZB 5/85 v. 11. 11. 1985, BGHZ 96, 245; BGH II ZR 155/92 v. 11. 10. 1993, BGHZ 123, 347, NJW 1994, 51; *Hüffer* AktG § 23 Rz. 39 mwN.
[530] MünchHdb. GesR./Bd. 4/*Wiesner* § 6 Rz. 4 mwN.
[531] Großkomm. AktG/*Röhricht* § 23 Rz. 30 mwN.
[532] *Hüffer* AktG § 23 Rz. 39 mwN.

362 **Ausgeschlossen** für die Auslegung sind subjektive Kriterien wie Absichten und Erwägungen der Gründer, die Dritten nicht erkennbar sind,[533] und dies auch dann, wenn die Auslegung nur zwischen den Gründern streitig ist,[534] ausgenommen die missbräuchliche Berufung auf misslungene Satzungsbestimmungen.[535] Mehrdeutige Satzungsbestimmungen sind ggf. gesetzeskonform und einschränkend auszulegen.[536] Satzungslücken können im Wege der ergänzenden Auslegung geschlossen werden, falls aus dem übrigen Satzungsinhalt auf den Regelungswillen der Gründer geschlossen werden kann, der bei Kenntnis der Lücke zum Ausdruck gekommen wäre.[537] Die Auslegung der echten Satzungsbestimmungen ist von dem Revisionsgericht uneingeschränkt nachprüfbar.[538]

363 **Unechte** (formelle) **Satzungsbestimmungen** (dazu Rz. 358 ff.) unterliegen anders als die echten Satzungsbestimmungen (dazu Rz. 361) nicht der objektiven Auslegung, sondern ausnahmslos[539] den allgemeinen Grundsätzen der Auslegung von Willenserklärungen (§§ 133, 157 BGB).[540] Die Auslegung der unechten Satzungsbestimmungen ist in der Revisionsinstanz nur eingeschränkt nachprüfbar.[541]

7. Mängel der Satzung

a) Übersicht

364 Satzungsmängel haben unterschiedliche Rechtsfolgen für die einzelnen Phasen der Gründung. Die wichtigste Abgrenzung betrifft die Zeit nach Eintragung (dazu Rz. 374 ff.) von der vorhergehenden Zeit zwischen Errichtung und Eintragung, die unter sich zeitlich wiederum abzugrenzen ist in die Phasen bis zum Vollzugsbeginn der Vorgesellschaft (dazu Rz. 365) und nach Beginn des Vollzuges (dazu Rz. 366) und sachlich abzugrenzen ist von der gerichtlichen Satzungsprüfung (dazu Rz. 367 ff.). Der richterlichen Prüfung unterliegen sowohl Formfehler der Satzungsfeststellung (dazu Rz. 372 f.) als auch eingeschränkt inhaltliche Satzungsmängel (dazu Rz. 368 ff.).

b) Phase bis Vollzugsbeginn

365 Hierunter wird die Zeit zwischen der förmlichen Errichtung der Gesellschaft (§ 29 AktG; dazu Rz. 10 ff.) und dem Zeitpunkt verstanden, in dem die

---

[533] BGH II ZR 155/92 v. 11.10. 1993, BGHZ 123, 347, NJW 1994, 51.
[534] *Hüffer* AktG § 23 Rz. 39.
[535] Großkomm. AktG/*Röhricht* § 23 Rz. 31; *Hüffer* AktG § 23 Rz. 39; aA *Grunewald* ZGR 1995, 68, 84 f.
[536] *Hüffer* AktG § 23 Rz. 39.
[537] BGH II ZR 67/82 v. 13.6. 1983, WM 1983, 835, AG 1983, 312; OLG Düsseldorf 6 W 61/81 v. 8.1. 1982, BB 1982, 1574; Großkomm. AktG/*Röhricht* § 23 Rz. 31; *Hüffer* AktG § 23 Rz. 39; aA iSe. grundsätzlichen Ablehnung der ergänzenden Satzungsauslegung Kölner Komm./*Kraft* § 23 Rz. 102.
[538] Ständige Rspr. des BGH; zB BGH II ZR 72/53 v. 22.4. 1953, BGHZ 9, 279, NJW 1953, 1021; BGH II ZR 155/92, v. 11.10. 1993, BGHZ 123, 347, NJW 1994, 51.
[539] Einschränkend Kölner Komm./*Kraft* § 23 Rz. 104.
[540] *Hüffer* AktG § 23 Rz. 40; MünchKomm. AktG/Bd. 1/*Pentz* § 23 Rz. 48; Großkomm. AktG/*Röhricht* § 23 Rz. 35.
[541] BGH II ZR 331/53 v. 29.9. 1954, WM 1955, 65; BGH IX ZR 33/90 v. 13.12. 1990, WM 1991, 495.

B. Gründung der AG nach AktG   366–368 § 2

Vorgesellschaft (dazu Rz. 251 ff.) in Vollzug gesetzt wird,[542] worunter in erster Linie die Entgegennahme der Kapitaleinlagen zu verstehen ist, aber auch schon jedes Geschäft der Vorgesellschaft mit Dritten[543] (ausgenommen die Beauftragung des Notars mit der Beurkundung der Errichtung). In dieser Zeit können Satzungsmängel von den Gründern nach den allgemeinen Bestimmungen über **Mängel von Willenserklärungen** geltend gemacht werden (§§ 104 ff., 116 bis 118, 119 ff., 134, 138 BGB;[544] streitig ist die Anwendbarkeit von § 139 BGB).[545]

c) Phase nach Vollzugsbeginn

Ist die Vorgesellschaft in Vollzug gesetzt (dazu Rz. 251 ff.), gelten für sie bei Satzungsmängeln die **Regeln der fehlerhaften Gesellschaft**, mit der Folge, dass die Gründer nicht mehr wie zuvor uneingeschränkt Mängel von Willenserklärungen geltend machen können, sondern nur noch die Auflösung und Abwicklung der Vorgesellschaft (Recht der fehlerhaften Gesellschaft).[546] In der Regel sind die Gründer dann aber nicht verpflichtet, die Eintragung der Gesellschaft durch Heilungsmaßnahmen zu betreiben, es sei denn, dies ist unter Berücksichtigung der Gesamtumstände aufgrund Treuepflicht anzunehmen.[547]   366

d) Gerichtliche Prüfung der Satzung

aa) Übersicht. Das Registergericht hat die ordnungsgemäße Errichtung (§ 29 AktG; dazu Rz. 10 ff., 54) und Anmeldung der Gesellschaft (§§ 36 ff. AktG; dazu Rz. 55) zu prüfen und bei Mängeln nach Fristsetzung zwecks Heilung (§ 26 Satz 2 HRV; dazu Rz. 61) die Eintragung abzulehnen (§ 38 Abs. 1 AktG; dazu Rz. 62). Der richterlichen Prüfung unterliegen sowohl Formfehler der Satzungsfeststellung (dazu Rz. 372 f.) als auch eingeschränkt inhaltliche Satzungsmängel (dazu Rz. 368 ff.).   367

bb) Inhaltliche Satzungsmängel. Seit dem Jahr 1998 darf das Registergericht materielle Satzungsmängel nur noch eingeschränkt als Eintragungshindernis behandeln (§ 38 Abs. 3 AktG idF Art. 8 Nr. 2 HRefG).[548] Nach § 38 Abs. 3 AktG hat das Gericht wegen einer mangelhaften, fehlenden oder nichtigen Bestimmung der Satzung die Eintragung abzulehnen, soweit diese Bestimmung, ihr Fehlen oder ihre Nichtigkeit   368

(Nr. 1) Tatsachen oder Rechtsverhältnisse betrifft, die nach § 23 Abs. 3 AktG (dazu Rz. 331 ff.) oder aufgrund anderer zwingender gesetzlicher Vorschriften (§ 23

---

[542] *Hüffer* AktG § 23 Rz. 41.
[543] Großkomm. AktG/*Röhricht* § 23 Rz. 208; MünchKomm. AktG/Bd. 1/*Pentz* § 23 Rz. 167.
[544] *Hüffer* AktG § 23 Rz. 41 mwN.
[545] Gegen die Anwendbarkeit von § 139 BGB: MünchKomm. AktG/Bd. 1/*Pentz* § 23 Rz. 167 mwN; *Hüffer* AktG § 23 Rz. 41 mwN; aA Großkomm. AktG/*Röhricht* § 23 Rz. 212.
[546] Allgemeine Meinung für Vor-GmbH: BGH II ZR 167/53 v. 12. 5. 1954, BGHZ 13, 320, NJW 1954, 1562; für Anwendung auf Vor-AG: Großkomm. AktG/*Röhricht* § 23 Rz. 208 ff.; *Hüffer* AktG, § 23 Rz. 41, § 275 Rz. 8; MünchKomm. AktG/Bd. 1/*Pentz* § 23 Rz. 167, aA Kölner Komm./*Kraft* § 23 Rz. 108 f; *K. Schmidt* GesR § 6 III 3.
[547] Großkomm. AktG/*Röhricht* § 23 Rz. 214.
[548] HRefG v. 22. 6. 1998, BGBl. I, 1474.

§ 2 369–371   Die Gründung und die Entstehung durch Umwandlung

Abs. 4 AktG; dazu Rz. 343; §§ 26, 27 AktG; dazu Rz. 345 ff.; § 3 Abs. 1 Nr. 1 UrhWG; dazu Rz. 344) in der Satzung bestimmt sein müssen oder die in das Handelsregister einzutragen (§ 39 Abs. 1 Satz 2, Abs. 2 AktG) oder von dem Gericht bekannt zu machen (§ 40 Abs. 1 Nr. 1 iVm. §§ 24, 25 Satz 2; § 40 Abs. 1 Nr. 2 AktG) sind,

(Nr. 2) Vorschriften verletzt, die ausschließlich oder überwiegend zum Schutze der Gläubiger der Gesellschaft oder sonst im öffentlichen Interesse gegeben sind, oder

(Nr. 3) die Nichtigkeit der Satzung zur Folge hat.

369   Das Verhältnis dieser drei Fälle des § 38 Abs. 3 AktG zueinander ist unklar. Klar ist nur, dass bei Fehlen der zwingenden Satzungsbestimmungen iSv. Nr. 1 dies allein schon ein **Eintragungshindernis** ist.[549] Bei inhaltlicher Mangelhaftigkeit der zwingenden Satzungsbestimmungen wird teils angenommen, dass die Voraussetzung der Nr. 2 kumulativ zu Nr. 1 hinzutreten müsse und Nr. 2 nur für diesen Fall zutreffe, nicht für fakultative Satzungsbestimmungen.[550] Anderseits werden fakultative Satzungsbestimmungen iSv. § 23 Abs. 5 AktG (dazu Rz. 352 ff.) als der eigentliche Anwendungsbereich von Nr. 2 gesehen.[551]

370   **Inhalt und Grenzen** von § 38 Abs. 3 Nr. 2 AktG erschließen sich aus dem Vergleich mit den materiellen Nichtigkeitsgründen für Beschlüsse der Hauptversammlung (§ 241 Nr. 3 und 4 AktG; dazu auch § 5 Rz. 285). Von den dort bestimmten Fällen der materiellen Nichtigkeit übernimmt § 38 Abs. 3 Nr. 2 AktG nur die zweite und dritte Alternative in § 241 Nr. 3 AktG (Gläubigerschutz und sonstiges öffentliches Interesse), während die übrigen Nichtigkeitsgründe kein Eintragungshindernis darstellen, also weder die Unvereinbarkeit einer Satzungsbestimmung mit dem Wesen der Aktiengesellschaft (§ 241 Nr. 3 Alt. 1 AktG) noch ihr inhaltlicher Verstoß gegen die guten Sitten (§ 241 Nr. 4 AktG). Dieser Wertungswiderspruch zwischen Beschlussnichtigkeit und Eintragungsfähigkeit wird vom Gesetz iSe. Beschleunigung der Eintragung in Kauf genommen.[552]

371   Der Fall der **Nichtigkeit** der gesamten Satzung als Folge eines Satzungsmangels (§ 38 Abs. 3 Nr. 3 AktG) kann sowohl zwingende als auch fakultative Satzungsbestimmungen betreffen.[553] Als typisches Beispiel gilt der von den Gründern gewollt vereinbarte sittenwidrige Unternehmensgegenstand (§ 138 BGB),[554] der zwar kein Fehlen, sondern nur den Mangel eines Mindestbestandteils darstellen, andererseits nicht unter § 38 Abs. 3 Nr. 2 AktG fällt (dazu Rz. 368), aber ein Eintragungshindernis nach Nr. 3 dieser Bestimmung ergibt.

---

[549] *Hüffer* AktG § 38 Rz. 13; MünchKomm. AktG/Bd. 1/*Pentz* § 38 Rz. 75 ff.; Großkomm. AktG/*Röhricht* § 38 Rz. 51.
[550] *Hüffer* AktG § 38 Rz. 14.
[551] Großkomm. AktG/*Röhricht* § 38 Rz. 53 f.; aA iSe. Nichtanwendbarkeit von § 38 Abs. 3 Nr. 2 auf fakultative Satzungsbestimmungen: MünchKomm. AktG/Bd. 1/*Pentz* § 38 Rz. 80.
[552] Großkomm. AktG/*Röhricht* § 38 Rz. 57.
[553] Großkomm. AktG/*Röhricht* § 38 Rz. 55; MünchKomm. AktG/Bd. 1/*Pentz* § 38 Rz. 76.
[554] MünchKomm. AktG/Bd. 1/*Pentz* § 38 Rz. 76; zustimmend *Hüffer* AktG § 38 Rz. 14.

B. Gründung der AG nach AktG   372–374   § 2

cc) Formelle Satzungsmängel. Neben der richterlichen Prüfung des 372
Satzungsinhaltes mit den Einschränkungen nach § 38 Abs. 3 AktG (dazu
Rz. 368 ff.) besteht uneingeschränkte Prüfungspflicht der formellen Ordnungsmäßigkeit der Satzungsfeststellung (§§ 23 Abs. 1, 28 AktG; dazu Rz. 10 ff., 54).
Hierzu sind die Satzung und die Urkunden über ihre Feststellung und die Aktienübernahme der Gründer (§§ 23 Abs. 2, 29 AktG; dazu Rz. 10 ff.), in der Regel
in einer Urkunde zusammengefasst (dazu Rz. 10), als Anlage der Handelsregisteranmeldung beizufügen (§ 37 Abs. 4 Nr. 1 AktG; dazu Rz. 49). Formelle Feststellungsmängel iwS können sich aus folgenden Gründen ergeben:
1. Die Feststellung und/oder die Aktienübernahme der Gründer sind nicht
   durch einen Notar beurkundet (§ 23 Abs. 1 Satz 1, Abs. 2 AktG; dazu Rz. 10,
   114; zur Beurkundung durch einen ausländischen Notar Rz. 124).
2. Die Beurkundung durch den Notar ist wegen Verstoßes gegen zwingende
   Beurkundungsvorschriften nichtig (§§ 6 f., 8 f., 13 bis 14, 16, 22 bis 26 BeurkG; § 125 BGB).
3. Die beurkundeten Erklärungen sind wegen Geschäftunfähigkeit (§§ 104 f.
   BGB), beschränkter Geschäftsfähigkeit (§§ 106 ff. BGB) oder Willensmängeln (§§ 116 bis 118 BGB) von Beteiligten nichtig bzw. wirksam angefochten (§§ 119 bis 121, 123 f. BGB).
4. Vertretung eines Gründers bei der Beurkundung durch einen Vertreter ohne
   Vertretungsmacht (§§ 177 f. BGB) entweder mangels notwendiger Befugnis
   als gesetzlicher Vertreter (dazu Rz. 143) oder wegen gänzlich fehlender oder
   formungültiger Vollmacht mangels notarieller Beglaubigung (§ 23 Abs. 1
   Satz 2 AktG; dazu Rz. 141 f.).
5. Nichtteilnahme einer als Gründer angegebenen Person (§ 23 Abs. 2 Nr. 1
   AktG) an der notariellen Feststellung der Satzung (§§ 23 Abs. 1, 28 AktG;
   dazu Rz. 10 ff.) und/oder der Übernahme der für ihn bestimmten Aktien
   (§§ 23 Abs. 2, 29 AktG; dazu Rz. 13).

Bei allen vorgenannten formellen Feststellungsmängeln muss das Gericht 373
die **Eintragung** der Gesellschaft **ablehnen** (§ 38 Abs. 1 AktG; dazu Rz. 62),
falls dem Mangel nicht nach Fristsetzung abgeholfen wird (§ 26 Satz 2 HRV;
dazu Rz. 61; zu den Folgen einer trotzdem vorgenommenen Eintragung
Rz. 66, 374 ff.).

e) Eintragung mit Satzungsmängeln

aa) Übersicht. Gelangt die Gesellschaft zur Eintragung trotz mangelhafter 374
Satzung, sei es weil es sich um nicht eintragungshindernde Mängel handelt
(§ 38 Abs. 1 AktG; dazu Rz. 368 ff.), sei es aus richterlicher Nichtbeachtung von
Eintragungshindernissen, entsteht sie gleichwohl als vollgültige Aktiengesellschaft (Folgerung aus §§ 41 Abs. 1 Satz 1, 275 Abs. 1 AktG; dazu Rz. 66).[555]
Formelle Feststellungsmängel werden durch die Eintragung geheilt (dazu
Rz. 375). Materielle Satzungsmängel können nach Eintragung nur noch eingeschränkt geltend gemacht werden. Für die Geltendmachung ist dabei zu unterscheiden nach der Art des Mangels (dazu Rz. 375 f.), dem Ergebnis der erfolgreichen Geltendmachung (Auflösung der Gesellschaft; dazu Rz. 381 ff.; oder
Feststellung der Nichtigkeit der Satzungsbestimmung; dazu Rz. 380), der hierzu befugten Personen (dazu Rz. 380 f.) bzw. dem Gericht (dazu Rz. 385 f.), den

---

[555] BGH II ZB 11/56 v. 9. 10. 1956, BGHZ 21, 378; NJW 1957, 19.

zeitlichen Grenzen der Geltendmachung (dazu Rz. 379) sowie dem dafür vorgesehenen Verfahren (dazu Rz. 380 f., 385 f.).

375 **bb) Heilung durch Eintragung.** Hier besteht ein Unterschied zwischen förmlichen Feststellungsmängeln und inhaltlichen Satzungsmängeln. Alle **formellen Feststellungsmängel** (dazu Rz. 372) heilen durch Eintragung, ausgenommen den Fall der sog. Scheingesellschaft.[556] So tritt bei fehlender oder unwirksamer Beurkundung der Satzungsfeststellung oder Fehlen einer notariell beglaubigten Vollmacht (§ 23 Abs. 1 AktG; dazu Rz. 372 Fälle 1, 2 und 4) mit der Eintragung Heilung ein,[557] wie aus § 242 Abs. 1 AktG analog folgt. Auch Erklärungs- und Willensmängel bei der Satzungsfeststellung (dazu Rz. 372 Fall 3) werden durch die Eintragung geheilt, so dass die Satzung gültig wird. Keine Heilung durch Eintragung erfahren inhaltliche Satzungsmängel (dazu Rz. 377); hier kann es aber zur Heilung durch Satzungsänderung (§§ 179 ff., 276 AktG; dazu Rz. 378; ergänzend § 399 FamFG; dazu Rz. 386) kommen oder zur Heilung durch Zeitablauf (analog §§ 242 Abs. 2, 275 Abs. 3 AktG; dazu Rz. 379).

376 Unberührt von der Heilung der Satzung durch Eintragung bei Feststellungsmängeln (dazu Rz. 375) bleiben die damit verbundenen **Erklärungs- und Willensmängel** bei der Übernahme von Aktien (§ 23 Abs. 2 Nr. 2 AktG; dazu Rz. 13). Hier tritt die Heilung durch Eintragung auch für die Übernahme ein, falls die Übernahme dem Gründer aufgrund des erzeugten Rechtsscheins zurechenbar ist, was der Regelfall ist.[558] Besteht keine Zurechenbarkeit der nichtigen Übernahmeerklärung, zB mangels Geschäftsfähigkeit, bewirkt die Eintragung keine Heilung, dh., diese Person wird unbeschadet der Existenz der Gesellschaft kein Gründer.[559] Sinkt hierdurch der übernommene Anteil am Grundkapital unter den Mindestnennbetrag des Grundkapitals (§ 7 AktG; dazu Rz. 159) und kann dies nicht durch Einvernehmen der übrigen Gründer oder Eintrittspflicht in die Gründerposition (zB nach §§ 46 ff. AktG oder § 179 BGB) behoben werden,[560] verbleibt als Lösung nur die Auflösung durch das Gericht[561] (§§ 395, 397 FamFG analog; dazu Rz. 385 ff.), oder aber aufgrund einer Klage auf Nichtigerklärung der Gesellschaft (analog § 275 Abs. 1 AktG; dazu Rz. 381 ff.).

377 **cc) Heilung nach Eintragung.** Anders als formelle Mängel bei der Feststellung der Satzung (dazu Rz. 375) werden inhaltliche Satzungsmängel nicht

---

[556] Eine Scheingesellschaft liegt vor, wenn die Gesellschaft keine rechtswirksamen Gründer hat, zB wegen Geschäftsunfähigkeit (§§ 104 f. BGB), und hierfür auch keine anderen Personen ersatzweise in die Stellung eines Gründers einzutreten haben (zB nach §§ 46 ff. AktG oder § 179 BGB); die Scheingesellschaft ist trotz Eintragung nichtig und von Amts wegen zu löschen (§ 142 FGG); hM zur GmbH: *Baumbach/Hueck/Fastrich* § 2 Rz. 40 mwN.

[557] Heute ganz hM: Großkomm. AktG/*Röhricht* § 23 Rz. 221 mwN.

[558] Großkomm. AktG/*Röhricht* § 23 Rz. 225 ff. mwN; MünchKomm. AktG/Bd. 1/ *Pentz* § 23 Rz. 175 mwN.

[559] MünchKomm. AktG/Bd. 1/*Pentz* § 23 Rz. 180. mwN; Großkomm. AktG/*Röhricht* § 23 Rz. 229 ff. mwN.

[560] Zu den Maßnahmen zur Behebung der Disparität zwischen Grundkapital und übernommenen Anteilen daran: Großkomm. AktG/*Röhricht* § 23 Rz. 233 ff. mwN; MünchKomm. AktG/Bd. 1/*Pentz* § 23 Rz. 180 mwN.

[561] Großkomm. AktG/*Brändel* § 2 Rz. 93 mwN; Großkomm. AktG/*Röhricht* § 23 Rz. 235 mwN; Kölner Komm./*Kraft* § 23 Rz. 93.

B. Gründung der AG nach AktG   378–380 § 2

durch die Eintragung geheilt.[562] Das AktG regelt nur die nachfolgende Heilung durch Satzungsänderung (dazu Rz. 378) sowie den Ausschluss der Nichtigkeitsklage durch Zeitablauf nach Eintragung (§ 275 Abs. 3 AktG; dazu Rz. 382). Eine Heilung durch Zeitablauf nach Eintragung regelt das Gesetz für die mangelhafte Gründungssatzung nicht ausdrücklich, anders als für mangelhafte Satzungsänderungen (Dreijahresfrist nach § 242 Abs. 2 AktG; zur Analogie für Gründungssatzungen Rz. 379).

dd) Heilung durch Satzungsänderung. Dies sollte der normale Weg für 378 die Heilung von Mängeln der Gründungssatzung nach Eintragung der Gesellschaft sein (§§ 179 ff., 276 AktG; dazu Rz. 382; ergänzend §§ 144 f. FGG; dazu Rz. 385 f.). Diese Fälle dürften nicht mehr so selten vorkommen, nachdem das Gesetz ausdrücklich die Eintragung trotz mangelhafter Gründungssatzung im Interesse eines beschleunigten Entstehens der Gesellschaft in Kauf nimmt (§ 38 Abs. 3 AktG idF Art. 8 Nr. 2 HRefG; dazu Rz. 368 ff.). Man wird es zu den Pflichten von Vorstand und Aufsichtsrat zählen müssen, auf eine Satzungsänderung zur Heilung durch die Hauptversammlung hinzuwirken (§ 121 Abs. 1 bzw. § 111 Abs. 3 AktG). Insbesondere für die Gründer wird sich aufgrund ihrer Verantwortung für die Feststellung der Satzung (§§ 23, 28 AktG; dazu Rz. 10 ff.) auch eine Treuepflicht ergeben, der heilenden Satzungsänderung in der Hauptversammlung zuzustimmen;[563] dies kann aber auch für neue Aktionäre gelten.

ee) Heilung durch Zeitablauf nach Eintragung. Das AktG sieht für die 379 mangelhafte Gründungssatzung keine Heilung durch Zeitablauf nach Eintragung vor, anders als für nichtige Satzungsbestimmungen, die aufgrund von Satzungsänderung trotz der Nichtigkeit eingetragen werden, die nach **Dreijahresfrist** seit Eintragung nicht mehr geltend gemacht werden können (§ 242 Abs. 2 AktG; dazu § 5 Rz. 287). Die entsprechende Anwendung dieser Heilung auch auf Mängel der Gründungssatzung ist zwar str.,[564] jedoch spätestens geboten seit der Einführung der beschränkten richterlichen Kontrolle der Gründungssatzung, durch die von Gesetzes wegen die Eintragung nichtiger Satzungsbestimmungen geduldet wird (§ 38 Abs. 3 AktG idF Art. 8 Nr. 2 HRefG; dazu Rz. 368 ff.; s. a. zuvor schon § 275 Abs. 3 AktG; dazu Rz. 382). Der BGH wendet § 242 Abs. 2 AktG jedenfalls für die mangelhafte Gründungssatzung einer GmbH entsprechend an,[565] was angesichts der Analogie aus dem AktG erst recht für eine AG gelten muss.[566] Die Heilung betrifft alle Satzungsmängel, unabhängig von der Schwere des Gesetzesverstoßes (s. a. § 275 Abs. 3 AktG; dazu Rz. 382). Gemildert wird diese Rechtsfolge durch das zeitlich unbefristet zugelassene **Einschreiten des Gerichtes von Amts wegen** (§§ 144 f. FGG; dazu Rz. 385 f.). Man kann daher insoweit nur von einer beschränkten Heilungswirkung sprechen.

ff) Klage auf Nichtigerklärung von Satzungsbestimmungen. Soll die 380 Heilungswirkung von Mängeln der Gründungssatzung durch Ablauf von drei Jahren nach Eintragung vermieden werden (§ 242 Abs. 2 AktG analog; dazu

---

[562] *Hüffer* AktG § 23 Rz. 42 f.; *Schmidt* GesR § 27 III 2.; Großkomm. AktG/*Röhricht* § 23 Rz. 202.
[563] Zur Mitwirkungspflicht von Gründern vor Eintragung: Großkomm. AktG/*Röhricht* § 23 Rz. 214.
[564] Zum Meinungsstreit *Hüffer* AktG § 23 Rz. 43 mwN.
[565] BGH II ZR 73/99 v. 19. 6. 2000, BGHZ 144, 265, NJW 2000, 2819.
[566] *Henze* Höchstrichterliche Rechtsprechung zum Aktienrecht 5. Aufl. 2002 Rz. 29.

Rz. 379), kann der Satzungsmangel auch nicht einvernehmlich durch Satzungsänderung behoben werden (dazu Rz. 378) und will man sich auch nicht auf ein Einschreiten des Gerichtes von Amts wegen verlassen (§§ 144 f. FGG; dazu Rz. 385 f.), bleibt nur die Geltendmachung im Klagewege. Ausdrücklich regelt dies das Gesetz nur für die besonders schwerwiegenden Mängel der Gründungssatzung, die zur Klage auf Nichtigerklärung der Gesellschaft berechtigen (fehlende Festsetzung des Grundkapitals; fehlende oder nichtige Bestimmung des Unternehmensgegenstandes; § 275 AktG; dazu Rz. 381). In entsprechender Anwendung der für Satzungsänderungen zugelassenen Nichtigkeitsklage (§ 249 AktG; dazu § 5 Rz. 285 ff.) kann jeder Aktionär, der Vorstand oder ein Mitglied des Vorstands oder Aufsichtsrats (nicht der Aufsichtsrat als Gesamtorgan) bis zum Ablauf von drei Jahren nach Eintragung der Gesellschaft (§ 242 Abs. 2 Satz 2 AktG analog; dazu Rz. 379) Klage auf Feststellung der Nichtigkeit einer Bestimmung der Gründungssatzung erheben. Hat die Klage rechtskräftig Erfolg, ist die Nichtigkeit der Satzungsbestimmung zum Handelsregister anzumelden und dort einzutragen (§ 249 analog iVm. § 248 AktG).

381 gg) **Klage auf Nichtigerklärung der Gesellschaft.** Ist die Gesellschaft pflichtwidrig vom Gericht eingetragen worden, obwohl die Satzung keine Bestimmungen über die Höhe des Grundkapitals hat oder keine oder aber nichtige Bestimmungen über den Unternehmensgegenstand, so kann jeder Aktionär und jedes Vorstands- und Aufsichtsratsmitglied darauf klagen, dass die Gesellschaft für nichtig erklärt wird; andere Nichtigkeitsgründe sind ausdrücklich vom Gesetz von der Klage ausgeschlossen (§ 275 Abs. 1 AktG). Die Klage wegen fehlenden oder nichtigen Unternehmensgegenstandes ist erst zulässig, nachdem ein Klageberechtigter die Gesellschaft zur Beseitigung des Mangels aufgefordert hat und seitdem drei Monate ergebnislos verlaufen sind (§ 275 Abs. 2 AktG).

382 Die Beseitigung kann durch **Satzungsänderung** erfolgen (§ 276 iVm. § 179 AktG; dazu § 5 Rz. 249), bei welcher der Klageberechtigte in besonderen Fällen auch zur Zustimmung aufgrund Treuepflicht[567] gehalten sein kann, will er nicht seine Klagebefugnis in Frage stellen. Bei fehlender Satzungsbestimmung des Grundkapitals bedarf es für die Zulässigkeit der Klage einer solchen Aufforderung mit Beseitigungsfrist nicht (§ 275 Abs. 2 AktG im Umkehrschluss).[568] Die Klage muss binnen drei Jahren nach Eintragung der Gesellschaft erhoben werden (§ 275 Abs. 3 Satz 1 AktG); anschließend ist nur noch eine Löschung von Amts wegen durch das Gericht möglich (§ 275 Abs. Satz 2 AktG iVm. § 144 Abs. 1 FGG; dazu Rz. 385 f.).

---

[567] So iSe. Mitwirkungspflicht zur Behebung von Satzungsmängeln vor Eintragung der Gesellschaft: Großkomm. AktG/*Röhricht* § 23 Rz. 214; ebenso zur GmbH nach Eintragung: *Baumbach/Hueck/Schulze-Osterloh* § 76 Rz. 8 mwN; zur Mitwirkungspflicht bei Satzungsänderungen allgemein: *Hüffer* AktG § 179 Rz. 30 mwN.

[568] Hieraus die Unheilbarkeit der in der Satzung fehlenden Grundkapitals im Umkehrschluss aus § 276 AktG zu folgern, geht zu weit (so aber *Hüffer* AktG § 275 Rz. 9; aM für GmbH *Scholz/K. Schmidt* § 76 GmbHG Rz. 5); Heilung muss zB möglich sein, wenn die Festsetzung nach § 23 Abs. 2 AktG in der Gründungsurkunde enthalten und nur die Bestimmung des Grundkapitals in der Satzung vergessen worden ist (allein dies dürfte ein für die Praxis vorstellbarer Fall von § 275 Abs. 1 erste Alternative sein); hier dürfte sogar die Treuepflicht zur Mitwirkung bei der Heilung geboten sein (dazu die vorhergehende Fn.).

B. Gründung der AG nach AktG   383–387 § 2

Hat die Klage rechtskräftig Erfolg, ist die Nichtigkeit der Gesellschaft im   383
Handelsregister einzutragen (§ 275 Abs. 4 Satz 3 AktG), was aber keine Nichtigkeit mit Rückwirkung auf die Eintragung der Gesellschaft bedeutet, sondern vielmehr die Abwicklung der Gesellschaft wie bei einer Auflösung (§ 277 Abs. 1 iVm. §§ 264 ff. AktG; dazu § 18 Rz. 24 ff.). Die Wirksamkeit der im Namen der Gesellschaft vorgenommenen Rechtsgeschäfte bleibt unberührt (§ 277 Abs. 2 AktG); die Gesellschafter haben die ausstehenden Einlagen zu leisten, soweit es zur Erfüllung der Verbindlichkeiten nötig ist (§ 277 Abs. 3 AktG).

hh) Geltendmachung von Satzungsmängeln „auf andere Weise". Bis   384
zum Ablauf von drei Jahren nach Eintragung (Heilung nach § 242 Abs. 2 Satz 2 AktG analog; dazu Rz. 379) können die Aktionäre und Organe der Gesellschaft die Nichtigkeit von Bestimmungen der Gründungssatzung auch „auf andere Weise" geltend machen als durch Erhebung der Klage (§ 249 Abs. 1 Satz 2 AktG analog). Ist zB eine Nebenverpflichtung der Aktionäre (§ 55 AktG) unwirksam in der Satzung festgesetzt, kann die Erfüllung verweigert werden.

ii) Löschung der Gesellschaft wegen Satzungsmängeln. Besteht in den   385
Fällen besonders schwerwiegender Mängel der Gründungssatzung ein Recht zur Klage auf Nichtigerklärung der Gesellschaft (fehlende Festsetzung des Grundkapitals; fehlende oder nichtige Bestimmung des Unternehmensgegenstandes; § 275 AktG, dazu Rz. 381), so ist das Registergericht befugt, von Amts wegen die Löschung der Gesellschaft zu betreiben (§§ 397, 395 FamFG).[569] Die Amtslöschung ist auch nach Ablauf von drei Jahren seit Eintragung zulässig (§ 275 Abs. 3 Satz 2 AktG), aber auch schon vorher. Die Heilungsmöglichkeiten wie zur Abwendung der Nichtigkeitsklage bestehen auch hier (dazu Rz. 382).[570]

jj) Auflösung wegen Satzungsmängeln. § 399 FamFG[571] befasst sich mit   386
dem Fehlen oder der Nichtigkeit von Bestimmungen, die zum Mindestinhalt der Satzung zählen (§ 23 Abs. 3 AktG; dazu Rz. 331 ff.), aber nicht unter § 275 AktG (dazu Rz. 381) und damit unter die Amtslöschung nach § 397 FamFG fallen (dazu Rz. 385). In diesen Fällen hat das Registergericht die Gesellschaft aufzufordern, innerhalb einer gesetzten Frist eine Satzungsänderung zur Behebung des Mangels zur Eintragung in das Handelsregister anzumelden oder das Unterlassen der Satzungsänderung durch Widerspruch gegen die Verfügung zu rechtfertigen. Dabei ist auf die Rechtsfolgen des Unterlassens und der Zurückweisung des Widerspruchs hinzuweisen, die in der gerichtlichen Feststellung des Satzungsmangels mit der Folge der Auflösung der Gesellschaft bestehen (§ 262 Abs. 1 Nr. 5 AktG). Das Verfahren nach § 399 FamFG ist auch nach Ablauf von drei Jahren seit Eintragung zulässig (§ 242 Abs. 2 Satz 3 AktG analog).[572]

f) Löschung unzulässiger Eintragungen

Gelangt die Gesellschaft trotz schwerwiegender Mängel der Errichtung (da-   387
zu Rz. 10 ff.) oder Anmeldung (dazu Rz. 35 ff.) zur Eintragung und handelt es sich dabei nicht um Satzungsmängel (dann § 397 FamFG; dazu Rz. 385 f.),

---

[569] Zum FGG-Reformgesetz, s. Fn. 84.
[570] *Hüffer* AktG § 275 Rz. 33.
[571] Zum FGG-Reformgesetz, s. Fn. 84.
[572] BGH II ZR 73/99 v. 19. 6. 2000, BGHZ 144, 265, NJW 2000, 2819.

Zätzsch/Maul   169

kann das Gericht von Amts wegen die Löschung der Eintragung vornehmen (§ 395 FamFG).[573] Ein Beispiel wäre die Eintragung einer nur von geschäftsunfähigen Personen (zur grundsätzlichen Gründerfähigkeit Rz. 73, 143) gegründeten Gesellschaft, wenn die Genehmigung des Familiengerichts (dazu Rz. 144) nicht vorliegt und auch nicht nachträglich erteilt wird (s. a. das Beispiel einer nichtigen Übernahmeerklärung in Rz. 376). Das Gericht muss den Beteiligten der Gründung von der beabsichtigten Löschung benachrichtigen und eine Frist zur Einleitung des Widerspruchverfahrens bestimmen (§ 395 II f. FamFG).

8. Satzungsergänzende Nebenabreden

a) Begriff

390 Unter satzungsergänzenden Nebenabreden werden schuldrechtliche Vereinbarungen zwischen Aktionären außerhalb der Satzungsurkunde (§ 23 Abs. 1 AktG; dazu Rz. 10) verstanden,[574] die sich zwar auf die Gesellschaft beziehen, aber keine gesellschaftsrechtliche Bindungswirkung zu Lasten (möglicherweise aber zugunsten, § 328 BGB[575]) der Gesellschaft oder deren Organe[576] haben können, vielmehr nur für die an ihnen beteiligten Aktionäre gegenseitig obligatorisch sind (nicht für deren Rechtsnachfolger; dazu Rz. 394). Abzugrenzen sind die satzungsergänzenden Nebenabreden einerseits von Bestimmungen in notwendiger Satzungsform (dazu Rz. 329 bis 357), andererseits von den unechten Satzungsbestimmungen (dazu Rz. 358 ff.), zu denen sie gehören, falls sie formell in die Satzung aufgenommen werden, was unbeschränkt zulässig ist.[577]

b) Zulässigkeitsgrenzen

391 Begrenzt wird die Zulässigkeit der satzungsergänzenden Nebenabreden von Bestimmungen, die **notwendiger Satzungsform** unterliegen, weil sie den Bereich der nur schuldrechtlichen Vereinbarung verlassen und – zumindest teilweise – zum Gesellschaftsrecht gehören. Die Grenzen liegen mithin im Regelungsbereich von § 23 Abs. 3 ff. AktG, also dem Mindestinhalt der Satzung (§ 23 Abs. 3 f. AktG; dazu Rz. 331 ff.), den vom AktG abweichenden Satzungsbestimmungen (§ 23 Abs. 5 Satz 1 AktG; dazu Rz. 352 f.) und den satzungsergänzenden Bestimmungen (§ 23 Abs. 5 Satz 2 AktG; dazu Rz. 354 ff.). Ferner bestehen Grenzen zu den gründungsbezogenen Satzungsbestimmungen (§§ 26 f. AktG; dazu Rz. 345 ff.); klassischer Fall einer Unzulässigkeit ist hier eine Vereinbarung über verdeckte Sacheinlagen (dazu Rz. 240 ff.).

392 Fällt eine Vereinbarung auch nur teilweise in diese Regelungsbereiche mit notwendiger Satzungsform, so ist sie regelmäßig unwirksam (möglich ist aber Umdeutung in eine auf die schuldrechtliche Wirkung beschränkte Teilwirksamkeit; § 140 BGB).[578] Außerdem besteht bei einer hieraus folgenden Unterlassung des Mindestinhaltes der Satzung oder der gründungsbezogenen Sat-

---

[573] *Hüffer* AktG § 39 Rz. 5.
[574] Großkomm AktG/*Röhricht* § 23 Rz. 238; MünchKomm. AktG/Bd. 1/*Pentz* § 23 Rz. 190 mwN.
[575] *Hüffer* AktG § 23 Rz. 46.
[576] Großkomm. AktG/*Röhricht* § 23 Rz. 263.
[577] Großkomm. AktG/*Röhricht* § 23 Rz. 266.
[578] Großkomm. AktG/*Röhricht* § 23 Rz. 260.

B. Gründung der AG nach AktG

zungsbestimmungen ein Errichtungsmangel, der ein **Eintragungshindernis** ist (§ 38 Abs. 1, Abs. 3 AktG; dazu Rz. 368, 372). Bei Zweifeln, ob eine Vereinbarung auch nur teilweise zum Gesellschaftsrecht gehört, empfiehlt sich die förmliche Aufnahme in die Satzung; die schuldrechtlichen Teile der Vereinbarung werden dann zu unechten Satzungsbestimmungen (dazu Rz. 358 ff.).

Im Übrigen besteht weiter Raum für die Zulässigkeit von satzungsergänzenden **Nebenabreden**, soweit sie auf das Schuldrecht beschränkt sind.[579] Erlaubt sind sogar Vereinbarungen, durch die faktisch durch das Schuldrecht bewirkt wird, was gesellschaftsrechtlich als Bestandteil der Satzung verboten ist (also die Verstöße gegen § 23 Abs. 5 AktG; dazu Rz. 352 ff.).[580] **Erlaubte Beispiele** sind Vereinbarungen, die über die nach § 55 AktG erlaubten Nebenverpflichtungen der Aktionäre hinaus Verpflichtungen der vertragschließenden Aktionäre begründen, etwa zusätzliche Finanzierungspflichten[581] (zB Zuschüsse, Gesellschafterdarlehen, Verlustübernahmen), Förderpflichten (zB Belieferung der Gesellschaft oder Abnahmeverpflichtungen) oder Verhaltenspflichten (zB Wettbewerbsverbot von Aktionären, Abstimmung in der Hauptversammlung).[582] Solche Vereinbarungen werden auch nicht dadurch unzulässig, dass sie von allen Aktionären getroffen werden.[583] Sie sind aber unzulässig, wenn die Bindungswirkung auch auf die Sonderrechtsnachfolger der vertragschließenden Aktionäre ausgedehnt werden soll (also auf Erwerber von Aktien), da dies gesellschaftsrechtlicher Natur wäre.[584]

c) Rechtsfolgen

Die satzungsergänzenden Nebenabreden unterliegen ihrer schuldrechtlichen Natur entsprechend nicht dem AktG, sondern für Auslegung und Behandlung von Willensmängeln und den Folgen von Leistungsstörungen den Regeln des BGB.[585] Da die Einbeziehung der Erwerber von Aktien in die Bindungswirkung unzulässig ist (dazu Rz. 393), gehen die Pflichten aus der Nebenabrede selbst dann nicht auf den Erwerber über, wenn er sie beim Erwerb kennt.[586] Übergang auf den Erwerber setzt daher Vereinbarung mit allen übrigen Beteiligten der Nebenabrede voraus.[587] Die Verletzung von satzungsergänzenden Nebenabreden kann Schadensersatzpflichten begründen.[588] Umstritten ist die Auswirkung der Verletzung einer Stimmbindungsvereinbarung zwischen allen Aktionären auf die Gültigkeit des Beschlusses der Hauptversammlung; der BGH nimmt für die GmbH die Anfechtbarkeit eines solchen Beschlusses an.[589]

---

[579] Großkomm. AktG/*Röhricht* § 23 Rz. 256 f.
[580] Kölner Komm./*Lutter* § 54 Rz. 22; Großkomm. AktG/*Röhricht* § 23 Rz. 258.
[581] BGH II ZR 167/68 v. 29. 9. 1969, AG 1970, 86, WM 1969, 1346; *Hüffer* AktG § 23 Rz. 45.
[582] Großkomm. AktG/*Röhricht* § 23 Rz. 249.
[583] BGH II ZR 243/81 v. 20. 1. 1983, NJW 1983, 1910; BGH II ZR 240/85 v. 27. 10. 1986, NJW 1987, 1890.
[584] Großkomm. AktG/*Röhricht* § 23 Rz. 270; *Hüffer* AktG § 23 Rz. 46.
[585] *Hüffer* AktG § 23 Rz. 46.
[586] HM; *Hüffer* AktG § 23 Rz. 46 mwN; aA Kölner Komm./*Lutter* § 54 Rz. 29 f.
[587] *Hüffer* AktG § 23 Rz. 46; MünchKomm. AktG/Bd. 1/*Pentz* § 23 Rz. 190 mwN.
[588] *Hüffer* AktG § 23 Rz. 46.
[589] BGH II ZR 243/81 v. 20. 1. 1983, NJW 1983, 1910; BGH II ZR 240/85 v. 27. 10. 1986, NJW 1987, 1890; anders BGH II ZR 81/92 v. 7. 6. 1993, BGHZ 123, 15, NJW 1993, 2246; aA MünchKomm. AktG/Bd. 1/*Pentz* § 23 Rz. 194 mwN.

VI. Die Publizität der Gründung

1. Publizität des Handelsregisters

a) Information der Öffentlichkeit

400 Die Öffentlichkeit erfährt von der Gründung in erster Linie durch die elektronische Bekanntmachung der Eintragung (dazu Rz. 65). Am bedeutendsten ist die Einsichtnahme via Internet über das gemeinsame zentrale Länderportal (www. Handelsregister.de). Auch nach der Novellierung besteht weiterhin die Möglichkeit der Einsichtnahme bei der Geschäftsstelle des Registergerichts. Die Einsicht in das elektronische Registerblatt erfolgt dabei über ein Datensichtgerät oder durch Einsicht in einen aktuellen oder chronologischen Ausdruck. Gleiches gilt für die Einsicht in den Inhalt des Registerordners. Für Altdokumente in Papierform besteht eine Ausnahme im Hinblick auf die elektronische Einsichtnahme und Übermittlung. Nach § 9 Abs. 2 HGB kann die elektronische Übermittlung nur für solche Schriftstücke verlangt werden, die weniger als 10 Jahre vor dem Zeitpunkt der Antragstellung beim Handelsregister eingereicht worden sind. Für ältere Dokumente besteht für den Interessierten das Recht zur Einsichtnahme bei Gericht; außerdem hat der Einsichtnehmende das Recht auf Anfertigung von Papierkopien.[590] Die Übereinstimmung der übermittelten Daten mit dem Inhalt des Handelsregisters und den zum Handelsregister eingereichten Dokumenten wird auf Antrag durch das Gericht beglaubigt (§ 9 Abs. 3 HGB). Eine Einschränkung wegen Verletzung von Geschäftsgeheimnissen ist nicht vorgesehen; dies sollte insbesondere bei der Abfassung des Berichts der Gründungsprüfer (§ 34 Abs. 2 AktG; dazu Rz. 28) über die Sacheinlage von Unternehmen (dazu Rz. 199) in Abstimmung mit dem Gericht bedacht werden.

b) Rechtliche Publizitätswirkungen

401 Abgesehen davon, dass die Eintragung für das Entstehen der Gesellschaft konstitutiv ist (§ 41 Abs. 1 Satz 1 AktG; dazu Rz. 66), ohne dass es hierfür der Bekanntmachung bedarf (dazu Rz. 65), gelten für die Eintragung der Gründung die allgemeinen Bestimmungen über die Publizitätswirkungen des Handelsregisters (§ 15 HGB),[591] also über die grundsätzliche negative Publizität (§ 15 Abs. 1 HGB)[592] und die ausnahmsweise positive Publizität (§ 15 Abs. 3 HGB).[593] Diese Publizitätswirkungen setzen neben der Eintragung grundsätzlich auch deren Bekanntmachung voraus. Umgekehrt gelten sie aber nicht für die nur bekannt zu machenden, aber nicht einzutragenden Tatsachen (dazu Rz. 65).

2. Publizitätspflichten betr. Beteiligungsverhältnisse

a) Konzernbildung

402 Zur Transparenz von Konzernbildungen müssen Unternehmen der Gesellschaft unverzüglich schriftlich mitteilen, wenn ihnen mehr als der vierte Teil der Aktien gehören oder zuzurechnen sind. Entsprechendes gilt für das Erreichen einer Mehrheitsbeteiligung; in beiden Fällen muss dies die Gesellschaft

---

[590] *Ebenroth/Boujong/Joost/Strohn/Schaub* § 9 Rz. 12.
[591] *Baumbach/Hopt* HGB § 15 Rz. 1 ff.
[592] *Baumbach/Hopt* HGB § 15 Rz. 4 ff.
[593] *Baumbach/Hopt* HGB § 15 Rz. 18 ff.

B. Gründung der AG nach AktG

unverzüglich im elektronischen Bundesanzeiger (§ 25 AktG; dazu Rz. 148) bekannt machen (§ 20 Abs. 6 AktG; dazu § 15 Rz. 38). Diese Pflichten gelten auch schon für die Zeit vor Eintragung der Gesellschaft, auch wenn sich die mitzuteilenden Angaben bereits aus der Errichtungsurkunde (§ 23 AktG; dazu Rz. 10 ff.) ergeben und bereits durch die Bekanntmachung der Eintragung (§ 40 AktG; dazu Rz. 65) im elektronischen Bundesanzeiger veröffentlicht sind.[594]

b) Einpersonengründung

Gehören alle Aktien allein (oder neben eigenen Aktien; §§ 71 ff. AktG; dazu § 3 Rz. 143 ff., diese sind bis zur Eintragung verboten; § 56 AktG; dazu Rz. 73) einem Aktionär (Einpersonengesellschaft; dazu Rz. 300 ff.), ist von der Gesellschaft[595] unverzüglich eine entsprechende Mitteilung unter Angabe der persönlichen Daten des alleinigen Aktionärs zum Handelsregister einzureichen (§ 42 AktG). Diese Mitteilungspflicht wird auch schon bei der Einpersonengründung angenommen,[596] dh., sie soll bei der Handelsregisteranmeldung durch ausdrücklichen Hinweis auf die Alleingründung erfüllt werden, auch wenn dies ansonsten bereits durch die Anmeldung offenkundig ist.

VII. Gründungskosten

Hier soll nur zusammenfassend mit Verweisungen der Aufwand aufgeführt werden, der zur Herbeiführung der Eintragung der Gesellschaft notwendig ist, gleichgültig ob die Gesellschaft diesen dann als in der Satzung festzusetzenden Gründungsaufwand trägt (§ 26 Abs. 2 AktG; dazu Rz. 347) oder andere Personen. Zwingend sind dies die Notarkosten für Errichtung und Anmeldung der Gesellschaft (dazu Rz. 120 ff.) und die Gerichtskosten für die Eintragung (dazu Rz. 129), zu denen die Bekanntmachungskosten (dazu Rz. 148) kommen. Müssen Gründungsprüfer vom Gericht bestellt werden (dazu Rz. 25 ff.), fallen die zumeist geringfügigen Gerichtsgebühren für die Bestellung sowie die vom Gericht festzusetzende Vergütung des Gründungsprüfers an, die wiederum von Umfang und Bedeutung der Gründungsprüfung abhängt. Aus der Einbringung von Sacheinlagen, insbesondere von Grundstücken, können sich zusätzliche Notargebühren (dazu Rz. 121) und Grundbuchkosten ergeben, ebenso Grunderwerbsteuer (dazu Rz. 427). Die Gründungskosten sind zumeist die ersten Buchungsvorfälle der Gesellschaft, die damit in die Eröffungsbilanz eingehen (dazu Rz. 413).

VIII. Die Rechnungslegung der Gründung

1. Eröffnungsbilanz

Jeder Kaufmann hat zu Beginn seines Handelsgewerbes (dazu Rz. 411) eine das Verhältnis seines Vermögens und seiner Schulden darstellende Eröffnungsbilanz aufzustellen (§ 242 Abs. 1 Satz 1 HGB), die zugleich den Beginn und die Grundlage seiner Buchführungspflicht (§§ 238 ff. HGB) bedeutet und auf wel-

---

[594] Herrschende Meinung; *Hüffer* AktG § 20 Rz. 2 mwN.
[595] MünchKomm. AktG/Bd. 1/*Pentz* § 42 Rz. 22.
[596] *Hüffer* AktG § 42 Rz. 3 mwN; aA (überzeugend) MünchHdb. GesR/Bd. 4/*Hoffmann-Becking* § 3 Rz. 22.

che die bilanzbezogenen Vorschriften über den Jahresabschluss (§§ 243 ff., 264 ff. HGB) entsprechend anzuwenden sind (§ 242 Abs. 1 Satz 2 HGB). Die wichtigsten Fragen für die Erstellung der Eröffnungsbilanz sind der Stichtag für ihre Erstellung (dazu Rz. 409), der Ausweis des Eigenkapitals (dazu Rz. 410), die Bewertung von Sacheinlagen (dazu Rz. 412) und die Behandlung des Gründungsaufwands (dazu Rz. 413).

a) Stichtag

409 Da die Aktiengesellschaft vor ihrer Eintragung „als solche" nicht besteht (§ 41 Abs. 1 Satz 1 AktG; dazu Rz. 66), wäre bei Beschränkung auf den Gesichtspunkt der Rechtsform der Eintragungstag der vorgegebene Stichtag für die Eröffnungsbilanz (§§ 6 Abs. 1, 242 Abs. 1 Satz 1 HGB iVm. § 3 AktG). Richtig und praktikabler ist es aber, die Vorgesellschaft (dazu Rz. 14, 251 ff.) und die AG für das Rechnungswesen als Einheit zu sehen und die Eröffnungsbilanz auf den **Tag der Errichtung**[597] der Gesellschaft (§ 29 AktG; dazu Rz. 10 ff.) zu erstellen, da von diesem Zeitpunkt an die Gründer gegenseitig verpflichtet sind, die Anmeldung und Eintragung der Gesellschaft zu fördern (§ 36 Abs. 1 AktG; dazu Rz. 37) und mit der Eintragung ohnehin das Vermögen der Vorgesellschaft auf die AG durch Gesamtrechtsnachfolge übergeht (dazu Rz. 255); außerdem entsteht regelmäßig mit Festsetzung der Beurkundungskosten als Gründungsaufwand der Gesellschaft (§ 26 Abs. 2 f. AktG; dazu Rz. 347) die erste buchungspflichtige Verbindlichkeit[598] (zur Frage der Aktivierung von Gründungsaufwand Rz. 413). Die Errichtung als Stichtag der Eröffnungsbilanz entspricht auch der steuerrechtlichen Praxis (dazu Rz. 417). Besteht ausnahmsweise vor Errichtung eine Vorgründungsgesellschaft (dazu Rz. 248), die mit dem Handelsgewerbe begonnen hat, darf diese nicht in das Rechnungswesen der AG einbezogen werden; für sie ist ein eigenständiges Rechnungswesen mit Eröffnungsbilanz und Schlussbilanz auf den Tag der Errichtung der AG zu erstellen (§ 242 Abs. 1 HGB); ebenso ist die steuerliche Behandlung der Vorgründungsgesellschaft (dazu Rz. 417).

b) Ausweis des Eigenkapitals

410 Das Grundkapital ist in der Bilanz auf der Passivseite innerhalb des Hauptpostens „Eigenkapital" als „Gezeichnetes Kapital" auszuweisen (§ 152 Abs. 1 iVm. §§ 266 Abs. 3 A. I., 272 Abs. 1 Satz 1 HGB). Dies gilt für die auf einen Stichtag vor der Eintragung aufgestellte Eröffnungsbilanz (dazu Rz. 409) entsprechend, obwohl das Grundkapital als solches erst mit der Eintragung besteht;[599] in diesem Fall wird zur Klarstellung der Ausweis als „Zur Durchführung der Gründung gezeichnetes Kapital" vorgeschlagen.[600] Die ausstehenden Einlagen auf das Grundkapital sind nach der bisherigen Fassung des HGB auf der Aktivseite vor dem Anlagevermögen gesondert auszuweisen und entsprechend zu bezeichnen; die davon eingeforderten Einlagen (§ 36 a Abs. 1 AktG; dazu Rz. 172) sind zu vermerken (Bruttoausweis; § 272 Abs. 1 Satz 2 HGB). Stattdessen können wahl-

---

[597] HM; Großkomm. HGB/*Hüffer* § 242 Rz. 35 ff.; *ADS* § 242 Rz. 19; *Baumbach/Hueck/Schulze-Osterloh* § 41 Rz. 40 mwN.
[598] Zur Buchführungspflicht der Vorgesellschaft (unabhängig von der Kaufmannseigenschaft) *Hüffer* AktG § 41 Rz. 10 mwN.
[599] *Budde/Förschle* D Rz. 74.
[600] *Budde/Förschle* D Rz. 231.

B. Gründung der AG nach AktG § 2

weise die nicht eingeforderten ausstehenden Einlagen auch vom gezeichneten Kapital offen abgesetzt werden, wobei der verbleibende Betrag als Posten „Eingefordertes Kapital" in der Hauptspalte der Passivseite und außerdem der eingeforderte, aber noch nicht eingezahlte Betrag unter den Forderungen gesondert zu aktivieren und entsprechend zu bezeichnen ist (Nettoausweis; § 272 Abs. 1 Satz 3 HGB). Nach den Änderungen durch das BilMoG v. 25. 5. 2009 besteht künftig eine Bilanzierungspflicht für den Nettoausweis, d. h. die eingeforderten ausstehenden Einlagen sind von dem Posten „Gezeichnetes Kapital" offen abzusetzen; der verbleibende Betrag ist als Posten „Eingefordertes Kapital" in der Hauptspalte der Passivseite auszuweisen; der eingeforderte, aber noch nicht eingezahlte Betrag ist unter den Forderungen auszuweisen und entsprechend zu bezeichnen (§ 272 Abs. 1 S. 3 HGB). Werden Aktien zu einem höheren Ausgabebetrag ausgegeben und ist daher der Mehrbetrag in voller Höhe einzufordern (§§ 9 Abs. 2, 36a Abs. 1 AktG; dazu Rz. 172), ist der Mehrbetrag als Kapitalrücklage auszuweisen (§§ 270 Abs. 1 Satz 1, 272 Abs. 2 Nr. 1 HGB); auch hier empfiehlt sich in der Eröffnungsbilanz für den noch nicht eingezahlten Mehrbetrag ein Ausweis entsprechend den Vorschriften für das gezeichnete Kapital (§ 272 Abs. 1 Sätze 2 und 3 HGB), allerdings in davon getrennten Posten.[601]

Nachfolgend wird das Eigenkapital einer Bargründung in der Eröffnungsbilanz auf den Tag der Errichtung der Gesellschaft (dazu Rz. 419) in den Alternativen Brutto- und Nettoausweis (dazu Rz. 410) dargestellt, ausgehend von einem Grundkapital von 100.000,– Euro zu einem Ausgabebetrag von insgesamt 150.000,– Euro, wobei die Mindesteinzahlung von einem Viertel des Grundkapitals und dem vollen Mehrbetrag (§ 36a Abs. 1 AktG; dazu Rz. 172, 410) bereits durch Fälligkeitsregelung in der Errichtungsurkunde (dazu Rz. 173) eingefordert ist:

Bruttoausweis (§ 272 Abs. 1 Satz 2 HGB)

A. Ausstehende Einlagen			A. Eigenkapital		
I. auf bei Gründung gezeichnetes Kapital			I. Bei Gründung gezeichnetes Kapital		100.000,–
– eingefordert	25.000,–				
– nicht eingefordert	75.000,–	100.000,–	II. Kapitalrücklagen aus bei Gründung übernommenem und eingeforderten Mehrbetrag zum gezeichneten Kapital		50.000,–
II. auf bei Gründung übernommenen und eingeforderten Mehrbetrag zum gezeichneten Kapital		50.000,–			

Nettoausweis (§ 272 Abs. 1 Satz 3 HGB)

B. Umlaufvermögen		A. Eigenkapital		
II. Forderungen und sonstige Vermögensgegenstände		I. Bei Gründung gezeichnetes Kapital	100.000,–	
4. Eingefordertes, noch nicht eingezahltes Kapital	25.000,–	Absetzung nicht eingeforderter ausstehender Einlagen	75.000,–	25.000,–
5. Eingeforderter, noch nicht eingezahlter, bei Gründung übernommener Mehrbetrag zum gezeichneten Kapital	50.000,–	Eingefordertes Kapital		25.000,–
		II. Kapitalrücklagen aus bei Gründung übernommenem und eingefordertem Mehrbetrag zum gezeichneten Kapital		50.000,–

---

[601] BeckBil-Komm./*Förschle/Hoffmann* § 272 Rz. 20; *Budde/Förschle* D Rz. 175 f.

c) Bewertung von Sacheinlagen

412 Regelmäßig ist in der Eröffnungsbilanz auf den Tag der Errichtung der Gesellschaft (dazu Rz. 409) die Sacheinlage noch nicht vollzogen, sondern als Einlageanspruch gegenüber dem Inferenten anzusehen und zu aktivieren, nämlich als eingeforderte (§ 36 a Abs. 2 Satz 1 AktG) ausstehende Einlagen auf das gezeichnete Kapital.[602] Der Wert der Einlageforderung richtet sich nach dem Ausgabebetrag der dafür übernommenen Aktien.[603] Ist die Sacheinlage bereits mit der Errichtung vollzogen, zB durch Beurkundung der Auflassung eines als Sacheinlage festgesetzten Grundstücks (§ 27 Abs. 1 Satz 1 AktG) in der Errichtungsurkunde, ist das Grundstück bereits in der Eröffungsbilanz zu aktivieren. Die Aktivierung hat auch hier mindestens zum Ausgabebetrag der dafür übernommenen Aktien zu erfolgen, es sei denn, die Sacheinlage erweist sich nachträglich als überbewertet (dazu Rz. 222 ff.). Streitig ist, wie zu bilanzieren ist, wenn der Wert der Sacheinlage höher ist als der dafür festgesetzte Ausgabebetrag der Aktien. Teilweise wird vertreten, es müsse der höhere Zeitwert angesetzt werden (Verbot der Unterbewertung aus § 279 HGB;[604] konträr dazu wird von der hM[605] ein **Wahlrecht** zwischen Ausgabebetrag und höherem Zeitwert eingeräumt, davon wieder teilweise auch ein Wahlrecht für Zwischenwerte,[606] woran sich die Praxis orientiert, häufig durch ausdrückliche Bilanzierungsanweisung in der Errichtungsurkunde. Wird demnach ein höherer Wert des Gegenstandes der Sacheinlage aktiviert als der entsprechende Ausgabebetrag der Aktien, ist der Mehrbetrag in die Kapitalrücklage einzustellen (§ 272 Abs. 2 Nr. 1 HGB).

d) Gründungsaufwand, Ingangsetzungsaufwand

413 Nach den bisher gültigen Vorschriften des HGB konnten „Aufwendungen für die Ingangsetzung des Geschäftsbetriebes und dessen Erweiterung" unter dieser Bezeichnung vor dem Anlagevermögen als Bilanzierungshilfe aktiviert werden, soweit sie (sonst) nicht bilanzierungsfähig waren; in Höhe des Ansatzes bestand dann eine modifizierte Ausschüttungssperre (§ 269 HGB). Nach dem BilMoG v. 25. 5. 2009 (BGBl. I 2009, 1102) wird diese Bilanzierungshilfe ersatzlos gestrichen. Für den Gründungsaufwand anlässlich der rechtlichen Entstehung der Gesellschaft (§ 26 Abs. 2 AktG; dazu Rz. 347) besteht im Gegenteil ein ausdrückliches Aktivierungsverbot nach bisherigem (§ 248 Abs. 1 HGB) und nach neuem Recht (§ 248 Nr. 1 HGB idF des BilMoG).

2. Vermögensbilanzen wegen Unterbilanz- oder Differenzhaftung

414 Ergeben sich nach Eintragung der Gesellschaft Anhaltspunkte für Differenzhaftung von Gründern wegen Überbewertung ihrer Sacheinlage im Zeitpunkt der Handelsregisteranmeldung (dazu Rz. 225) oder für Unterbilanzhaftung aller Gründer wegen Minderung des Grundkapitals im Zeitpunkt der Eintragung

---

[602] *Budde/Förschle* D Rz. 193.
[603] *Budde/Förschle* D Rz. 203.
[604] Großkomm. AktG/*Röhricht* § 27 Rz. 88 f.; *Hüffer* AktG § 27 Rz. 27; *Baumbach/Hueck/Schulze-Osterloh* § 41 Rz. 281 mwN.
[605] HFA 1/1991 Abschn. 2, WPg. 1991, 334; *ADS* § 255 HGB Rz. 93.
[606] BeckBil-Komm./*Ellrott/Gutike* § 255 Rz. 146; Beck HdR/*Scheffler* B 213 Rz. 111; MünchHdb. GesR/Bd. 4/*Hoffmann-Becking* § 4 Rz. 9 mwN.

B. Gründung der AG nach AktG

aufgrund von Verbindlichkeiten der Vorgesellschaft (dazu Rz. 269 ff.), können diese nicht allein aus der Eröffnungsbilanz oder dem ersten Jahresabschluss begründet werden. Für Zwecke der Unterbilanzhaftung wird immer eine Vermögensbilanz zu erstellen sein (dazu Rz. 476), wegen der Differenzhaftung nur im Falle der Sacheinlage eines überbewerteten Unternehmens (dazu Rz. 417).

a) Unterbilanzhaftung

Die Vermögensbilanz ist auf den Tag der Eintragung der Gesellschaft unter Berücksichtigung von stillen Reserven sowie eines Geschäftswerts zu erstellen (dazu Rz. 270). Ergibt sich die Unterbilanz allein aus Verlusten eines als Sacheinlage eingebrachten Unternehmens (§ 31 AktG; dazu Rz. 199), die sich aus einer (erst nach Eintragung festgestellten; wenn vorher festgestellt: keine Eintragung; dazu Rz. 222 ff.) Überbewertung des Unternehmens zum Zeitpunkt der Anmeldung ergeben oder die bei zutreffender Unternehmensbewertung unvorhersehbar in der Zeit nach Anmeldung entstanden sind, entfällt eine Unterbilanzhaftung (dazu Rz. 270) und damit die Notwendigkeit einer Vermögensbilanz zu ihrer Ermittlung. Jedoch kann sich daraus die Notwendigkeit einer Vermögensbilanz zur Feststellung der Differenzhaftung ergeben (dazu Rz. 416). 415

b) Differenzhaftung

Zur Ermittlung der Differenzhaftung von Gründern wegen Überbewertung ihrer Sacheinlage im Zeitpunkt der Handelsregisteranmeldung (dazu Rz. 225) ist regelmäßig keine besondere Vermögensbilanz erforderlich. Eine Ausnahme besteht für den Fall der Sacheinlage durch Einbringung eines überbewerteten Unternehmens (dazu Rz. 417). Hier haftet der einbringende Gründer für die Wertdifferenz zwischen tatsächlichem Unternehmenswert und dem dafür festgesetzten Ausgabebetrag der Aktien (Differenzhaftung; § 9 GmbHG analog; §§ 9 Abs. 2, 36 a Abs. 2 Satz 3 AktG; dazu Rz. 225). Diese Haftung kann zumeist nur durch eine Vermögensbilanz auf den Tag der Anmeldung der Gesellschaft unter Berücksichtigung von stillen Reserven sowie eines Geschäftswerts ermittelt werden. 416

IX. Die Gründung im Steuerrecht

1. Entstehung der AG als Steuersubjekt

a) Ertragssteuern

aa) Körperschaftsteuer. Die KSt-Pflicht beginnt mit der Errichtung der AG (vgl. Rz. 10 ff.), d. h. mit notarieller Feststellung der Satzung, aber vor Eintragung in das Handelsregister (sog. **Vorgesellschaft**, vgl. Rz. 251). Die steuerliche Eröffnungsbilanz ist auf den Stichtag der Errichtung zu erstellen. Die Vorgesellschaft und die entstehende AG werden als einheitliches Steuersubjekt behandelt.[607] Die sog. **Vorgründungsgesellschaft** (vgl. Rz. 248) ist grundsätzlich kein KSt-Subjekt, sondern aufgrund ihrer Rechtsnatur als GbR, deren Zweck die gemeinsame Errichtung einer AG ist, nach den Regeln der Mit- 417

---

[607] Vgl. BFH-Urteil v. 8. 11. 1989, I R 174/86 – BStBl II 1990, S. 91 f. (92).

§ 2 418–420 Die Gründung und die Entstehung durch Umwandlung

unternehmerschaft (vgl. § 15 Absatz 1 Nr. 2 EStG) zu beurteilen.[608] Falls die Eintragung scheitern sollte, weil sich beispielsweise die Absicht zur Errichtung einer AG nach Abschluss des Gesellschaftsvertrags geändert hat, wird ebenfalls keine KSt-Pflicht der sog. „unechten" Vorgesellschaft angenommen, vielmehr finden die Regeln der Mitunternehmerschaft Anwendung.

418 **bb) Gewerbesteuer.** Die AG unterliegt der GewSt kraft Rechtsform ab ihrer Eintragung (vgl. § 2 Absatz 2 GewStG). Die GewSt-Pflicht der AG beginnt in der Gründungsphase vor Eintragung, wenn sie mit einer werbenden Tätigkeit in Erscheinung tritt.[609] Bloße Vorbereitungshandlungen wie der Gründungsvorgang selbst oder die Verwaltung des Nennkapitals unterliegen nicht der GewSt-Pflicht.[610] Die **Vorgesellschaft** ist mit der später eingetragenen AG ein einheitliches GewSt-Subjekt, wenn die Vorgesellschaft eine nach außen in Erscheinung getretene Tätigkeit aufgenommen hat (vgl. Abschnitt 18 Absatz 2 Satz 9 GewStR). Die **Vorgründungsgesellschaft** und die **„unechte" Vorgesellschaft** sind grundsätzlich als Mitunternehmerschaften anzusehen und unterliegen der GewSt, sobald sie mit einer gewerblichen Tätigkeit am Markt erscheinen.[611]

b) Verkehrssteuern

419 **aa) Umsatzsteuer.** Die USt-Pflicht und die Berechtigung zum Vorsteuerabzug bestehen, soweit ein Unternehmer steuerbare Umsätze erzielt. Die Unternehmereigenschaft liegt bereits mit Vorbereitungshandlungen und nicht erst mit dem nachhaltigen Tätigwerden am Markt vor (vgl. Abschnitt 19 Absatz 1 Satz 1 UStR). Da die **Vorgesellschaft** mit der eingetragenen AG als einheitliches Steuersubjekt betrachtet wird, ist die Unternehmereigenschaft der AG der Vorgesellschaft zuzurechnen.[612] Auch die **Vorgründungsgesellschaft** ist Unternehmerin.[613] Der **„unechten" Vorgesellschaft**, bei der die Eintragung scheitert, steht der Vorsteuerabzug für die Kosten im Zusammenhang mit beabsichtigten steuerpflichtigen Umsätzen ebenfalls zu (sog. „erfolgloser Unternehmer").[614] Die Unternehmereigenschaft wird nicht rückwirkend aufgehoben.[615]

420 **bb) Grunderwerbsteuer.** Die **Vorgesellschaft** kann aufgrund ihrer rechtlichen Selbständigkeit Grundstücke uneingeschränkt erwerben.[616] Da die Vorgesellschaft auch steuerrechtsfähig ist, unterliegt sie als Beteiligte an der Übertragung der GrESt. Die Vorgesellschaft und die AG sind im Rahmen der GrESt

---

[608] Es besteht auch keine rechtliche Identität zwischen Vorgründungsgesellschaft und AG.
[609] Vgl. Sarrazin, in: Lenski/Steinberg, GewStG – § 2 Anm. 1782 (Stand: September 2007 – Lfg. 93).
[610] Vgl. BFH-Urteil v. 18. 7. 1990, I R 98/87 – BStBl II 1990, S. 1073 ff. (1073).
[611] Vgl. Sarrazin, in: Lenski/Steinberg, GewStG – § 2 Anm. 1787 (Stand: September 2007 – Lfg. 93).
[612] Vgl. Stadie, in: Rau/Dürrwächter, UStG – § 2 Anm. 520 (Stand: Mai 2008 – Lfg. 134).
[613] Vgl. EuGH v. 29. 4. 2004, C 137/02 („Faxworld") – UR 2004, S. 362 ff. (362).
[614] Vgl. EuGH v. 8. 6. 2000, C 400/98 – BStBl II 2003, S. 452 ff.
[615] Vgl. EuGH v. 8. 6. 2000, C 400/98 – BStBl II 2003, S. 452 ff.
[616] Dementsprechend ist auch die Übertragung eines Grundstücks als Sacheinlage oder Sachübernahme im Sinne des § 27 Absatz 1 AktG bereits bei der Vorgesellschaft zulässig.

B. Gründung der AG nach AktG   421–423 § 2

ebenfalls als einheitliches Steuerrechtssubjekt anzusehen.[617] Daher wird der Übergang des Grundstücks auf die AG bei deren späteren Eintragung nicht als nochmaliger Erwerb im Sinne des GrEStG betrachtet und die GrESt fällt nur einmal an. Die Übertragung eines Grundstücks von einer **Vorgründungsgesellschaft** auf die entstandene AG ist als selbständiger Erwerbsvorgang nach GrEStG steuerpflichtig.[618] Bei einer „**unechten**" **Vorgesellschaft** liegt ein grunderwerbsteuerpflichtiger Erwerbsvorgang vor, wenn das Grundstück im Rahmen der Liquidation der Vorgesellschaft auf den ursprünglichen Gründer übertragen wird.[619]

2. Sacheinlagen im Steuerrecht

a) Wertansatz bei der Gesellschaft

aa) Teilwert. Sacheinlagen sind mit dem Teilwert für den Zeitpunkt der   421
Zuführung anzusetzen (vgl. § 8 Absatz 1 Satz 1 KStG i.V.m. § 6 Absatz 1 Nr. 5 Satz 1 EStG). Der Teilwert ist der Betrag, den ein Erwerber des ganzen Betriebs im Rahmen des Gesamtkaufpreises für das einzelne Wirtschaftsgut ansetzen würde; dabei ist davon auszugehen, dass der Erwerber den Betrieb fortführt (vgl. § 8 Absatz 1 Satz 1 KStG i.V.m. § 6 Absatz 1 Nr. 1 Satz 3 EStG).[620]

bb) Anschaffungs- oder Herstellungskosten, Entnahmewert. Sach-   422
einlagen sind jedoch höchstens mit den Anschaffungs- oder Herstellungskosten anzusetzen, wenn das zugeführte Wirtschaftsgut
a) innerhalb der letzten drei Jahre vor dem Zeitpunkt der Zuführung angeschafft bzw. hergestellt worden ist oder
b) ein Anteil an einer Kapitalgesellschaft ist, welcher beim Steuerpflichtigen eine wesentliche Beteiligung im Sinne des § 17 EStG[621] darstellt, oder
c) ein Wirtschaftsgut im Sinne des § 20 Absatz 2 EStG (z. B. Aktien) ist (vgl. § 6 Absatz 1 Nr. 5 Satz 1 2. HS EStG).

Wenn die Einlage ein abnutzbares Wirtschaftsgut ist, so sind die Anschaffungs- oder Herstellungskosten um die Absetzungen für Abnutzungen zu kürzen, die auf den Zeitraum zwischen der Anschaffung oder Herstellung des Wirtschaftsguts und der Einlage entfallen (§ 6 Absatz 1 Nr. 5 Satz 2 EStG). Ist die Sacheinlage ein Wirtschaftsgut, das vor der Zuführung aus einem Betriebsvermögen des Steuerpflichtigen entnommen worden ist, so tritt an die Stelle der Anschaffungs- oder Herstellungskosten der Wert, mit dem die Entnahme angesetzt worden ist, und an die Stelle des Zeitpunkts der Anschaffung oder Herstellung der Zeitpunkt der Entnahme (vgl. § 6 Absatz 1 Nr. 5 Satz 3 EStG).

cc) Gemeiner Wert, Buchwert, Zwischenwert. Wird ein **Betrieb**, ein   423
Teilbetrieb oder ein **Mitunternehmeranteil**[622] als Sacheinlage gegen Gewäh-

---

[617] *Schwaiger*, in: Beck'sches Handbuch der GmbH (3. Auflage) – § 2 Rz. 23.
[618] *Pahlke*, in: Pahlke/Franz, GrEStG – § 1 Rz. 17.
[619] Vgl. BFH-Urteil v. 17. 10. 2001, II R 43/99 – BStBl II 2002, S. 210 ff. (210).
[620] Vgl. *Glanegger*, in: Schmidt, EStG, 27. Aufl. 2008, § 6 Rz. 215 ff. mwN.
[621] Nach § 17 Absatz 1 EStG liegt eine wesentliche Beteiligung vor, wenn der Steuerpflichtige innerhalb der letzten fünf Jahre am Kapital der Gesellschaft unmittelbar oder mittelbar zu mindestens 1 Prozent beteiligt war.
[622] Zur Problematik, ob nach § 20 Absatz 1 UmwStG auch ein Bruchteil einer Mitunternehmerschaft eingebracht werden kann, vgl. *Herlinghaus*, in: Rödder/Herlinghaus/van Lishaut, UmwStG – § 20 Rz. 111).

§ 2 423 Die Gründung und die Entstehung durch Umwandlung

rung von Gesellschaftsrechten eingebracht, hat die übernehmende AG diese mit dem gemeinen Wert[623] anzusetzen (vgl. § 20 Absatz 2 Satz 1 UmwStG). Auf Antrag kann die Sacheinlage mit dem Buchwert oder einem höheren Wert, der den gemeinen Wert jedoch nicht übersteigt (sog. Zwischenwert)[624], angesetzt werden, wenn

- das übernommene Betriebsvermögen bei der übernehmenden AG der KSt unterliegt,
- die Passivposten der eingebrachten Sacheinlage die Aktivposten ohne Berücksichtigung des Eigenkapitals nicht übersteigen[625] und
- das Besteuerungsrecht über den Veräußerungsgewinn für Deutschland nicht eingeschränkt ist (vgl. § 20 Absatz 2 Satz 2 UmwStG).

Falls der einlegende Gründer neben den gewährten Aktien auch andere Wirtschaftsgüter von der AG erhält, deren gemeiner Wert den Buchwert der Sacheinlage übersteigt, hat die übernehmende AG die Sacheinlage mindestens mit dem gemeinen Wert der anderen Wirtschaftsgüter anzusetzen (vgl. § 20 Absatz 2 Satz 4 UmwStG).

Der Wert, den die übernehmende AG für die Sacheinlage festgesetzt hat, gilt als Veräußerungspreis für den (Teil-)Betrieb bzw. Mitunternehmeranteil und als Anschaffungskosten der erhaltenen Aktien des einlegenden Gründers (vgl. § 20 Absatz 3 Satz 1 UmwStG).[626] Die Anschaffungskosten sind mit dem gemeinen Wert festzulegen, wenn im Zeitpunkt der Einbringung das Besteuerungsrecht auf den Veräußerungsgewinn in Deutschland ausgeschlossen ist (vgl. § 20 Absatz 3 Satz 2 UmwStG).[627] Soweit neben den Gesellschaftsanteilen andere Wirtschaftsgüter (z. B. Darlehen) gewährt werden, ist bei den Anschaffungskosten der Anteile der gemeine Wert der anderen Wirtschaftsgüter abzuziehen (vgl. § 20 Absatz 3 Satz 3 UmwStG).

Werden **Anteile an einer Kapitalgesellschaft** als Sacheinlage eingebracht, sind die Anteile bei der übernehmenden AG grundsätzlich mit dem gemeinen

---

[623] Der gemeine Wert des eingebrachten Betriebsvermögens bestimmt sich durch den Preis, der im gewöhnlichen Geschäftsverkehr nach der Beschaffenheit des Wirtschaftsgutes bei einer Veräußerung zu erzielen wäre (vgl. § 9 Absatz 2 Satz 1 BewG).

[624] Durch die Aufhebung des § 20 Absatz 2 Satz 2 UmwStG a.F. folgt, dass der Maßgeblichkeitsgrundsatz unbeachtlich ist und somit der Ansatz von Werten unterhalb des gemeinen Wertes auch dann zulässig ist, wenn die Sacheinlage in der Handelsbilanz mit einem höheren Wert angesetzt ist.

[625] Die übernehmende AG muss die im eingebrachten Betriebsvermögen enthaltenen stillen Reserven soweit aufdecken, als dies zum Ausgleich des auf die Sacheinlage bezogenen Negativkapitals erforderlich ist (sog. „Wertaufstockung des steuerlichen Eigenkapitals auf Null"). Das Negativkapital kan vor Einbringung durch Einlagen ausgeglichen werden. Vgl. *Herlinghaus*, in: Rödder/Herlinghaus/van Lishaut, UmwStG – § 20 Rz. 162 f.

[626] Aufgrund der sog. doppelten Buchwertverknüpfung bleibt es bei der Verdopplung der stillen Reserven, da sie sowohl im übergehenden Betriebsvermögen als auch in den gewährten Aktien enthalten sind. Vgl. *Herlinghaus*, in: Rödder/Herlinghaus/van Lishaut, UmwStG – § 20 Rz. 186.

[627] Es soll vermieden werden, dass im Ausland zu versteuernde und in der Sacheinlage enthaltene stille Reserven auf die im Inland steuerpflichtige Beteiligung übergehen. Zu der Frage, ob die Wertverknüpfung in S. 1 durchbrochen wird vgl. *Widmann/Mayer*, Umwandlungsrecht, § 20 UmwStG, Rz. 483 ff., *Herlinghaus* in: Rödder/Herlinghaus/von Lishaut, § 20 Rz. 195.

B. Gründung der AG nach AktG   424 § 2

Wert[628] anzusetzen (vgl. § 21 Absatz 1 Satz 1 UmwStG). Erhält die übernehmende AG nach der Einbringung aufgrund ihrer Beteiligung einschließlich der eingebrachten Anteile unmittelbar die Mehrheit der Stimmrechte an der übertragenden Gesellschaft (sog. qualifizierter Anteilstausch), kann sie auf Antrag den Buchwert oder einen höheren Wert, der den gemeinen Wert jedoch nicht übersteigt (sog. Zwischenwert), festsetzen (vgl. § 21 Absatz 1 Satz 2 UmwStG). Falls der einlegende Gründer neben den Aktien auch andere Wirtschaftsgüter erhält, deren gemeiner Wert den Buchwert der Sacheinlage übersteigt, hat die übernehmende AG die Sacheinlage mindestens mit dem gemeinen Wert der anderen Wirtschaftsgüter anzusetzen (vgl. § 21 Absatz 1 Satz 3 UmwStG).

Der Wert, den die übernehmende AG für die Sacheinlage festgesetzt hat, gilt als Veräußerungspreis für die eingelegten Anteile und als Anschaffungskosten der erhaltenen Aktien des einlegenden Gründers (vgl. § 21 Absatz 2 Satz 1 UmwStG). Der gemeine Wert ist als Veräußerungspreis und als Anschaffungskosten der Anteile beim einlegenden Gründer anzusetzen, wenn das deutsche Besteuerungsrecht auf den Veräußerungsgewinn sowohl auf die eingebrachten als auch auf die erhaltenen Anteile beschränkt oder ausgeschlossen ist (vgl. § 21 Absatz 2 Satz 2 UmwStG). Nach § 21 Absatz 2 Satz 3 UmwStG ist beim einlegenden Gründer – auf seinen Antrag – der Ansatz mit dem Buch- oder Zwischenwert vorzunehmen, wenn ein qualifizierter Anteilstausch (vgl. § 21 Absatz 1 Satz 2 UmwStG) vorliegt und kein Ausschluss bzw. keine Beschränkung des deutschen Besteuerungsrechts im Hinblick auf den Veräußerungsgewinn bei den *erhaltenen* Anteilen besteht oder die Besteuerung des Gewinns aus dem Anteilstausch nach Artikel 8 der Richtlinie 90/434/EWG[629] unzulässig ist. Der Wertansatz bei der übernehmenden AG ist unabhängig vom Wertansatz des einlegenden Gründers.[630]

Aufgrund der Gesetzesänderung im Rahmen des SEStEG[631] ist der **Maßgeblichkeitsgrundsatz** bei der Bewertung nach §§ 20, 21 UmwStG nicht zu beachten.[632] Der Bewertungsansatz in der Steuerbilanz ist unabhängig vom Ansatz in der Handelsbilanz.[633]

b) Besteuerung des einlegenden Gründers

Bei der Besteuerung des Einbringenden ist zu unterscheiden zwischen dem   424
Gewinn, der aus der Sacheinlage stammt, und dem Gewinn aus der späteren Veräußerung der erhaltenen bzw. eingebrachten Anteile. Für Anteile, die vor

---

[628] Der gemeine Wert des eingebrachten Betriebsvermögens bestimmt sich durch den Preis, der im gewöhnlichen Geschäftsverkehr nach der Beschaffenheit des Wirtschaftsgutes bei einer Veräußerung zu erzielen wäre (vgl. § 9 Absatz 2 Satz 1 BewG).
[629] EU-Richtlinie vom 23. Juli 1990 (90/434/EWG) in der Fassung vom 1.1.2007 ist abrufbar unter: http://eur-lex.europa.eu/LexUriServ/LexUriServ.do?uri=CONSLEG:1990L0434:20070101:DE:PDF
[630] Vgl. *Rabback*, in: Rödder/Herlinghaus/van Lishaut, UmwStG – § 21 Rz. 101.
[631] Gesetz über steuerliche Begleitmaßnahmen zur Einführung der Europäischen Gesellschaft und zur Änderung weiterer steuerrechtlicher Vorschriften (SEStEG) – BGBl. I 2006, 2782 ff.; BStBl. I 2007, 4 ff.
[632] BT-Drs. 16/2710, S.43.
[633] Vgl. *Rabback*, in: Rödder/Herlinghaus/van Lishaut, UmwStG – § 21 Rz. 2; *Widmann/Mayer*, Umwandlungsrecht – § 20 UmwStG Rz. 407.

§ 2 425   Die Gründung und die Entstehung durch Umwandlung

dem SEStEG[634] eingebracht worden sind, konnte die Steuerpflicht vermieden werden, wenn die Einbringung der Anteile zum Buchwert erfolgte und die Sperrfrist von 7 Jahren eingehalten worden ist (zur Rechtslage vor dem SEStEG[635] vgl. Vorauflage § 3 Rz. 427).[636]

425 **aa) Besteuerung eines Gewinns anlässlich der Sacheinlage.** Aus steuerlicher Sicht handelt es sich bei der Sacheinlage des einlegenden Gründers um einen Tausch der Sacheinlage gegen die gewährten Aktien.[637] Wird ein Gegenstand aus dem **Privatvermögen** des Einbringenden in die AG eingelegt, kommt eine Gewinnbesteuerung grundsätzlich nur in Betracht, wenn die Spekulationsfrist (Grundstück: 10 Jahre; sonstige Wirtschaftsgüter: 1 Jahr) zwischen Anschaffung und Einlage nicht abgelaufen ist (vgl. § 23 Absatz 1 EStG). Der Veräußerungsgewinn aus dem Tauschvorgang (Sacheinlage gegen Aktien) ist der Unterschied zwischen den Anschaffungskosten und dem gemeinen Wert der Aktien.[638] Dieser Gewinn aus privaten Veräußerungsgeschäften unterliegt in voller Höhe der ESt. Durch die Einführung der Abgeltungsteuer[639] wurde die Besteuerung bei der Einlage von privat gehaltenen Aktien ab VZ 2009 geändert.[640] Der Gewinn aus der Einlage von Aktien, die nach dem 31.12.2008[641] angeschafft worden sind, unterliegt einem einheitlichen Steuersatz in Höhe von 25% zzgl. SolZ (ggf. KiSt).[642] Ist die Sacheinlage eine wesentliche Beteiligung[643] im Sinne des § 17 Absatz 1 EStG, ist der Veräußerungsgewinn ab VZ 2009 nach dem Teileinkünfteverfahren[644] zu versteuern.[645]

---

[634] Gesetz über steuerliche Begleitmaßnahmen zur Einführung der Europäischen Gesellschaft und zur Änderung weiterer steuerrechtlicher Vorschriften (SEStEG) – BGBl. I 2006, 2782 ff.; BStBl. I 2007, 4 ff.

[635] Gesetz über steuerliche Begleitmaßnahmen zur Einführung der Europäischen Gesellschaft und zur Änderung weiterer steuerrechtlicher Vorschriften (SEStEG) – BGBl. I 2006, 2782 ff.; BStBl. I 2007, 4 ff.

[636] Die Regelungen zu den einbringungsgeborenen Anteilen ist letztmals auf Einbringungen anzuwenden, bei denen die Anmeldung zur Eintragung in das maßgebliche öffentliche Register bis zum 12. Dezember 2006 erfolgt ist (vgl. § 27 Absatz 2 Satz 1 UmwStG).

[637] Vgl. Vorauflage § 3 Rz. 427.

[638] Vgl. Vorauflage § 3 Rz. 427.

[639] Zur Systematik der Abgeltungsteuer vgl. § 4 Rz. 291.

[640] Zur Rechtslage bis einschließlich VZ 2008 vgl. § 3 Rz. 427 der Vorauflage.

[641] Zur Übergangsregelung vgl. § 4 Rz. 294.

[642] Im Rahmen der KapESt ist allerdings problematisch, dass bei der Gewährung der Aktien durch die AG ein möglicher Ertrag des einlegenden Gründers nicht in Geld besteht. Der einlegende Gründer hat der AG den Betrag zum Ausgleich der KapESt zur Verfügung zu stellen. Wenn der Gründer dies unterlässt, hat die AG dies dem Finanzamt zu melden, welches die KapESt beim Gründer nachzufordern hat (vgl. § 44 Absatz 1 Satz 7 ff. EStG). Wenn die Anschaffungskosten der eingelegten Aktien nicht nachgewiesen werden, sind Ersatzbemessungsgrundlagen heranzuziehen, vgl. § 4 Rz. 310 f. Werden Anteile einer AG, die nicht in Deutschland ihre Geschäftsleitung oder ihren Sitz hat, gegen Anteile einer Körperschaft, die ebenfalls weder ihren Sitz noch ihre Geschäftsleitung in Deutschland hat, getauscht, ist die durch das JStG 2009 eingeführte, steuerneutrale Weiterverstrickung nach § 20 Absatz 4a Satz 1 EStG zu beachten (vgl. § 4 Rz. 307).

[643] Der Einbringende war in den letzten fünf Jahren am Kapital der Gesellschaft, welches in die AG eingebracht wird, unmittelbar oder mittelbar zu mindestens 1% beteiligt.

[644] Zur Systematik des Teileinkünfteverfahrens vgl. § 4 Rz. 287.

[645] Der Freibetrag nach § 17 Absatz 3 EStG ist nur auf den Veräußerungsgewinn aus Anteilstausch anzuwenden, wenn der Einbringende eine natürliche Person ist und der

B. Gründung der AG nach AktG 426 § 2

Die Sacheinlage aus dem **Betriebsvermögen** führt grundsätzlich zu einer steuerpflichtigen Gewinnrealisierung in Höhe des Unterschiedsbetrags zwischen dem Buchwert der Sacheinlage und dem gemeinen Wert[646] der gewährten Aktien. Der Gewinn unterliegt in voller Höhe der ESt. Werden Aktien aus dem Betriebsvermögen oder als Bestandteil eines eingelegten Betriebsvermögens von einer natürlichen Person oder einer Personengesellschaft eingebracht, ist auf diesen Gewinn ab VZ 2009 das Teileinkünfteverfahren[647] anzuwenden.[648] Soweit der Gewinn aus dem Tausch (Betriebsvermögen gegen gewährte Anteile) als Teil des laufenden Gewinns des werbenden Betriebs zu beurteilen ist, unterliegt dieser Gewinn der GewSt.[649] Der Gewinn aus dem Tausch eines gesamten Betriebs oder eines Teilbetriebs einer Mitunternehmerschaft ist nicht gewerbesteuerpflichtig, soweit er auf eine natürliche Person entfällt (vgl. § 7 Absatz 1 Satz 2 GewStG).

bb) Besteuerung bei der späteren Veräußerung der erhaltenen bzw. 426 **eingebrachten Anteile.** Für die Einbringung eines Betriebs, Teilbetriebs oder Mitunternehmeranteils wurde durch die Neufassung der §§ 20 ff. UmwStG im Rahmen des SEStEG[650] die Grundkonzeption der Besteuerung des Einbringungsgewinns von einer nachträglichen Besteuerung des Einbringungsgewinns im Zeitpunkt der Anteilsveräußerung auf eine rückwirkende Besteuerung im Zeitpunkt der Einbringung umgestellt.[651] Aufgrund der Umstellung auf die rückwirkende Besteuerung ist es – auch bei einer Festsetzung zum Buchwert – erforderlich, zeitnah zur Einbringung die vorhandenen stillen Reserven zu bewerten.[652]

Wird die Sacheinlage mit einem unter dem gemeinen Wert liegenden Wert erbracht und **veräußert der Einbringende** die **erhaltenen Anteile** innerhalb eines Zeitraums von sieben Jahren nach der Einbringung, ist der Gewinn aus

---

eingebrachte Anteil mit dem gemeinen Wert angesetzt worden ist. Für den „Altersfreibetrag" nach § 16 Absatz 4 EStG muss beim Anteilstausch zusätzlich der eingebrachte Anteil das gesamte Nennkapital der Kapitalgesellschaft umfassen (vgl. § 21 Absatz 3 Satz 1 UmwStG). Die Tarifglättung nach § 34 Absatz 1 EStG ist ausgeschlossen (vgl. § 21 Absatz 3 Satz 2 UmwStG).

[646] Vgl. § 6 Absatz 6 Satz 1 EStG. Die offene Sacheinlage – Einbringung von Betriebsvermögen gegen Gewährung von Aktien – ist ein tauschähnlicher Vorgang, vgl. BFH-Urteil v. 5.6.2002, I R 6/01 – BFH/NV 200, S. 88 f.; *Herrmann*, in: Frotscher, EStG – § 6 Rz. 525a (Stand: 145.Lfg / Juli 2008). Kritisch *Schmidt/Hageböke*, Offene Sacheinlagen als entgeltliche Anschaffungsvorgänge? – DStR 2003, 1813 ff.

[647] Zur Systematik des Teileinkünfteverfahrens vgl. § 4 Rz. 287.

[648] Auf den Veräußerungsgewinn bei Einlage eines Betriebs, eines Teilbetriebs oder eines Mitunternehmeranteils ist der „Altersfreibetrag" nach § 16 Absatz 4 EStG nur anzuwenden, wenn der Einbringende eine natürliche Person ist, nicht nur Teile eines Mitunternehmeranteils einbringt und die Einlage bei der übernehmenden AG mit dem gemeinen Wert angesetzt worden ist (vgl. § 20 Absatz 4 Satz 1 UmwStG). Die Tarifglättung bzw. -ermäßigung findet nur Anwendung, soweit der Veräußerungsgewinn nicht durch das Teileinkünfteverfahren teilweise steuerbefreit ist (vgl. § 20 Absatz 4 Satz 2 UmwStG).

[649] *Güroff*, in: Glanegger/Güroff, GewStG (6. Auflage) – § 2 Rz. 3.

[650] Gesetz über steuerliche Begleitmaßnahmen zur Einführung der Europäischen Gesellschaft und zur Änderung weiterer steuerrechtlicher Vorschriften (SEStEG) – BGBl. I 2006, 2782 ff.; BStBl. I 2007, 4 ff.

[651] BT-Drs. 16/3369, S. 11.

[652] Vgl. *Stangl* in: Rödder/Herlinghaus/van Lishaut, UmwStG – § 22 Rz. 2.

der Einbringung als Gewinn des Einbringenden rückwirkend im Wirtschaftsjahr der Einbringung anteilig zu versteuern (sog. **Einbringungsgewinn I**, vgl. § 22 Absatz 1 Satz 1 1. Halbsatz UmwStG). Der Einbringungsgewinn I ist der Betrag, um den der gemeine Wert der eingebrachten Sacheinlage im Einbringungszeitpunkt nach Abzug der Kosten für den Vermögensübergang den Wert, mit dem die übernehmende Gesellschaft diese eingebrachte Sacheinlage angesetzt hat, übersteigt, vermindert um ein Siebtel für jedes seit dem Einbringungszeitpunkt abgelaufene Jahr (vgl. § 22 Absatz 1 Satz 3 UmwStG).[653] Der Einbringungsgewinn I ist grundsätzlich nicht auf erhaltene Anteile anzuwenden, soweit als Gegenleistung Anteile an einer Kapitalgesellschaft eingebracht worden sind.[654] Enthält die Sacheinlage aber auch Anteile an einer Kapitalgesellschaft, sind die erhaltenen Anteile auf Anteile, die auf die Einbringung der Kapitalgesellschaftsanteile zurückzuführen sind, und solche, die auf die Einbringung der übrigen Sacheinlage entfallen, aufzuteilen, da die erhaltenen Anteile für die Kapitalgesellschaftsanteile dem Einbringungsgewinn II unterliegen (vgl. § 22 Absatz 1 Satz 5 1. Halbsatz UmwStG).[655] Falls das Besteuerungsrecht der Bundesrepublik im Hinblick auf die Besteuerung des Gewinns aus der Veräußerung erhaltener Anteile, die für die Einbringung von Kapitalgesellschaftsanteilen gewährt worden sind, ausgeschlossen oder beschränkt ist, finden die Vorschriften zum Einbringungsgewinn I Anwendung (vgl. § 22 Absatz 1 Satz 5 2. Halbsatz UmwStG).[656]

Ist die Sacheinlage oder der Anteilstausch unter dem gemeinen Wert erbracht und **veräußert die übernehmende Körperschaft** die **eingebrachten Anteile** innerhalb eines Zeitraums von sieben Jahren nach der Einbringung, ist der Gewinn aus der Einbringung als Gewinn des Einbringenden rückwirkend im Wirtschaftsjahr der Einbringung anteilig zu versteuern (sog. **Einbringungsgewinn II**, vgl. § 22 Absatz 2 Satz 1 1. Halbsatz UmwStG). Der Einbringungsgewinn II ist nur bei Einbringung durch natürliche Personen und Personengesellschaften anzuwenden, denen die Privilegierung des § 8b Absatz 2 KStG nicht zusteht.[657] Der Einbringungsgewinn II ist der Betrag, um den der gemeine Wert der eingebrachten Sacheinlage im Einbringungszeitpunkt nach Abzug der Kosten für den Vermögensübergang den Wert, mit dem der Einbringende die erhaltenen Anteile angesetzt hat, übersteigt, vermindert um ein Siebtel für jedes seit dem Einbringungszeitpunkt abgelaufene Jahr (vgl. § 22 Absatz 2 Satz 3 UmwStG).[658] Die Besteuerung nach § 22 Absatz 2 UmwStG ist ausgeschlossen, wenn vor Veräußerung der eingebrachten Anteile durch die übernehmende Körperschaft bereits der Einbringende seine erhaltenen Anteile veräußert hat (vgl. § 22 Absatz 2 Satz 5 UmwStG).[659] Da beim Einbringungsgewinn II die Person, die die Steuerlast zu tragen hat (= Einbringender), und die Person, die das die Besteuerung auslösende Ereignis verursacht (= übernehmende Körperschaft), nicht identisch sind, sind zum Schutz des Einbringenden entsprechende Vertragsgestaltungen vorzunehmen.[660]

---

[653] Vgl. *Stangl* in: Rödder/Herlinghaus/van Lishaut, UmwStG – § 22 Rz. 87 ff.
[654] Vgl. *Stangl* in: Rödder/Herlinghaus/van Lishaut, UmwStG – § 22 Rz. 68a.
[655] Vgl. *Stangl* in: Rödder/Herlinghaus/van Lishaut, UmwStG – § 22 Rz. 96 ff.
[656] Vgl. *Stangl* in: Rödder/Herlinghaus/van Lishaut, UmwStG – § 22 Rz. 100.
[657] Vgl. *Stangl* in: Rödder/Herlinghaus/van Lishaut, UmwStG – § 22 Rz. 140.
[658] Vgl. *Stangl* in: Rödder/Herlinghaus/van Lishaut, UmwStG – § 22 Rz. 152 ff.
[659] Vgl. *Stangl* in: Rödder/Herlinghaus/van Lishaut, UmwStG – § 22 Rz. 159 ff.
[660] Vgl. *Stangl* in: Rödder/Herlinghaus/van Lishaut, UmwStG – § 22 Rz. 2.

B. Gründung der AG nach AktG   426 § 2

Die Vorschriften zu den Einbringungsgewinnen I und II sind auch anzuwenden, wenn statt einer Veräußerung der Einbringende bzw. die übernehmende Körperschaft einen sog. Ersatzrealisationstatbestand[661] (vgl. § 22 Absatz 1 Satz 6 bzw. Absatz 2 Satz 6 UmwStG) erfüllt, z. B. unentgeltliche Übertragung, Einbringung der erhaltenen bzw. eingebrachten Anteile mit einem über dem Buchwert liegenden Wert oder die Auflösung der Kapitalgesellschaft, an der die erhaltenen Anteile bestehen. Werden stille Reserven von erhaltenen oder eingebrachten Anteilen (oder auf diesen Anteilen beruhende andere Anteile) im Rahmen einer Gesellschaftsgründung oder einer Kapitalerhöhung auf andere Anteile verlagert, gelten diese neu erhaltenen Anteile auch als erhaltene oder eingebrachte Anteile im Sinne des § 22 Absatz 1 bzw. 2 UmwStG (sog. Mitverstrickung von Anteilen, vgl. § 22 Absatz 7 UmwStG).[662] Die Mitverstrickung verursacht keine neue siebenjährige Sperrfrist.[663] Da in den Fällen der Ersatzrealisation oder der Mitverstrickung die mit der Steuer belastete Person und die die Besteuerung auslösende Person auseinanderfallen können, sind entsprechende Vertragsgestaltungen zugunsten des Einbringenden notwendig.[664] Der Einbringende ist verpflichtet, jährlich bis spätestens zum 31. Mai den Nachweis zu erbringen, wem die erhaltenen und die eingebrachten Anteile zuzurechnen sind (vgl. § 22 Absatz 3 Satz 1 UmwStG).[665] Sollte der Einbringende dieser Pflicht nicht nachkommen, gelten Anteile als an dem Tag, der der Einbringung folgt oder der in den Folgejahren diesem Kalendertag entspricht, veräußert (vgl. § 22 Absatz 3 Satz 2 UmwStG).[666] Bei Vertragsgestaltungen ist zu beachten, dass der Einbringende die Möglichkeit hat, die Finanzverwaltung über den Verbleib der eingebrachten Anteile bei der übernehmenden AG zu informieren.[667]

Die Einbringungsgewinne I[668] und II[669] sind rückwirkend zu versteuern. Der Einbringungsgewinn I unterliegt als Gewinn im Sinne des § 16 EStG und der Einbringungsgewinn II als Gewinn aus der Veräußerung von Anteilen der ESt, wenn der Einbringende einkommensteuerpflichtig ist. Die Privilegierungen des Teileinkünfteverfahrens nach § 3 Nr. 40 EStG sind anzuwenden. Der Altersfreibetrag nach § 16 Absatz 4 EStG ist ausgeschlossen (vgl. § 22 Absatz 1 Satz 1 2. Halbsatz und Absatz 2 Satz 1 2. Halbsatz UmwStG).[670] Die Einbringungsgewinne gelten als nachträgliche Anschaffungskosten der erhaltenen Anteile (vgl. § 22 Absatz 1 Satz 4 und Absatz 2 Satz 4 UmwStG). Der Einbrin-

---

[661] Vgl. *Stangl* in: Rödder/Herlinghaus/van Lishaut, UmwStG – § 22 Rz. 101 ff. und 162 ff.
[662] Vgl. *Stangl* in: Rödder/Herlinghaus/van Lishaut, UmwStG – § 22 Rz. 207 ff.
[663] Vgl. *Stangl* in: Rödder/Herlinghaus/van Lishaut, UmwStG – § 22 Rz. 217.
[664] Vgl. *Stangl* in: Rödder/Herlinghaus/van Lishaut, UmwStG – § 22 Rz. 2.
[665] Zur Nachweispflicht nach § 22 Absatz 3 UmwStG vgl. *Stangl* in: Rödder/Herlinghaus/van Lishaut, UmwStG – § 22 Rz. 181 ff.
[666] Zur Rechtsfolge beim Verstoß gegen die Nachweispflicht nach § 22 Absatz 3 UmwStG vgl. *Stangl* in: Rödder/Herlinghaus/van Lishaut, UmwStG – § 22 Rz. 191 ff.
[667] Vgl. *Stangl* in: Rödder/Herlinghaus/van Lishaut, UmwStG – § 22 Rz. 2.
[668] Zur Besteuerung des Einbringungsgewinns I vgl. *Stangl* in: Rödder/Herlinghaus/van Lishaut, UmwStG – § 22 Rz. 79 ff.
[669] Zur Besteuerung des Einbingungsgewinns II vgl. *Stangl* in: Rödder/Herlinghaus/van Lishaut, UmwStG – § 22 Rz. 147 ff.
[670] Beim Einbringungsgewinn I ist zudem die Tarifglättung und -ermäßigung im Sinne des § 34 EStG nicht anzuwenden.

gungsgewinn I unterliegt der KSt, wenn der Einbringende eine körperschaftsteuerpflichtige Person ist. Der Einbringungsgewinn II fällt grundsätzlich nicht unter die KSt, da vom Anwendungsbereich des § 22 Absatz 2 UmwStG nur Personen erfasst sind, die nicht der Privilegierung des § 8b Absatz 2 KStG unterliegen.[671] Die GewSt-Pflicht für die Einbringungsgewinne besteht nur, wenn die Einbringung zum gemeinen Wert selbst gewerbesteuerpflichtig gewesen wäre.

c) Grunderwerbsteuer auf Sacheinlagen

427 Wenn bei der Gründung einer AG ein Grundstück gegen Gewährung von Aktien eingebracht wird, unterliegt diese Sacheinlage der GrESt (vgl. § 1 Absatz 1 Nr. 1 GrEStG). Die GrESt kann auch durch die Einlage von Anteilen an einer Grundstücksgesellschaft gemäß § 1 Absatz 2a bis 4 GrEStG anfallen (vgl. Vorauflage § 3 Rz. 428).

Ertragsteuerlich ist die GrESt, falls die AG sie entrichtet, in der Regel als Anschaffungskosten des Grundstücks zu aktivieren (vgl. § 255 Absatz 1 Satz 2 HGB). Bei einer Umwandlung kann ausnahmsweise ein sofortiger Betriebsausgabenabzug vorliegen. Dies richtet sich nach der Art der Umwandlung.[672] Grundsätzlich ist bei einer Umwandlung die GrESt für die Grundstücke der übertragenden Gesellschaft als objektbezogene Ausgabe bei der übernehmenden Gesellschaft als Anschaffungskosten zu aktivieren.[673] Bei Grundstücksgesellschaften ist nach Auffassung der Finanzverwaltung die bei Gesellschafterwechsel oder Anteilsvereinigung anfallende GrESt (vgl. § 1 Absatz 2a bzw. 3 GrEStG) ebenfalls zu den Anschaffungskosten zu rechnen.[674] Zur GrESt vgl. § 13 Rz. 714 ff.

C. Die Entstehung der AG durch Umwandlung

I. Übersicht

1. Umwandlungsformen

430 Wie in der Einleitung dieses Kapitels ausgeführt (dazu Rz. 1), ist die AG in erster Linie die Rechtsform zur Fortführung eines bereits etablierten Unternehmens, sei es, um für einen Börsengang wenigstens rechtlich vorbereitet zu

---

[671] Der Einbringungsgewinn II ist nur körperschaftsteuerpflichtig, wenn der Einbringende selbst der KSt unterliegt, aber zugleich die Privilegierung von § 8b Absatz 2 KStG keine Anwendung findet. Dies ist der Fall bei Kredit- und Finanzdienstleistungsinstituten im Sinne des § 8b Absatz 7 und bei Lebens- und Krankenversicherungsunternehmen im Sinne des § 8b Absatz 8 KStG.
[672] Ein Überblick bei *Krohn/Greulich* Ausgewählte Einzelprobleme des neuen UmwStR aus der Praxis – DStR 2008, S. 646 ff. (647).
[673] Dies gilt auch bei einer Grundstücksübertragung im Rahmen einer Einbringung nach § 20 Absatz 1 UmwStG, vgl. *Patt* in: Dötsch/Patt/Pung/Möhlenbrock, UmwStR (6. Auflage) – § 20 Rz. 235. Vgl. auch BFH-Urteil v. 17.9.2003, I R 97/02 – DStR E 2004, S. 38 f. (39). Hiernach wird klargestellt, dass das Vorliegen einer Gesamtrechtsnachfolge einen Anschaffungsvorgang nicht grundsätzlich ausschließt.
[674] Vgl. hierzu *Behrens* Ertragsteuerliche Behandlung von § 1 Abs. 2a oder Abs. 3 GrEStG angefallener Grunderwerbsteuer – DStR 2008, S. 338 ff.

C. Die Entstehung der AG durch Umwandlung

sein oder um das mit der Rechtsform verbundene Ansehen am Markt zu nutzen. Zwar sieht auch das AktG die Gründung durch Einbringung eines Unternehmens vor (§ 31 AktG; dazu Rz. 103 ff.; s. a. Rz. 2 f., 199), doch bestimmt oft das Umwandlungssteuergesetz (UmwStG; dazu Rz. 463 ff.) den Weg in die AG über das Umwandlungsgesetz (UmwG). Der Weg zur AG über das UmwG bietet aufgrund des damit verbundenen Übergangs von Unternehmen durch Gesamtrechtsnachfolge (Verschmelzung; §§ 2 ff. UmwG; dazu Rz. 433 ff.) bzw. von Unternehmensteilen durch partielle Gesamtrechtsnachfolge (Spaltung; §§ 123 ff. UmwG; dazu Rz. 433 ff.) im Gegensatz zur Einzelrechtsnachfolge durch Sacheinlagen auch erhebliche praktische Vereinfachungen für die Vertragsgestaltung und vor allem auch für das Rechnungswesen (§§ 20, 24 UmwG; dazu Rz. 459 ff.). Einen Mittelweg zwischen Einzel- und Gesamtrechtsnachfolge an einem Unternehmen stellt außerhalb des UmwG die Sacheinlage sämtlicher Anteile einer Personengesellschaft dar, durch welche die Personengesellschaft mangels eines weiteren Gesellschafters erlischt, wodurch das Unternehmen auf die Gesellschaft in Gesamtrechtsnachfolge anwächst (sog. Anwachsung; § 738 BGB; dazu Rz. 468). Ohne Rechtsnachfolge verläuft die formwechselnde Umwandlung (§§ 190 ff. UmwG; dazu Rz. 433 ff.), da sich hier an der rechtlichen Identität des Rechtsträgers eines Unternehmens nichts ändert.

Die vorgenannten Umwandlungsformen des UmwG werden ausführlich in § 14 dieses Handbuchs vorgestellt (Umwandlung der AG), das die Wege aus der AG nach UmwG aufzeigt. Darauf kann allgemein verwiesen werden, was die Grundzüge der Umwandlungsformen betrifft. Hier werden nachfolgend nur Besonderheiten aufgezeigt, die sich durch Neugründung einer AG im Wege der Verschmelzung (§§ 36 ff., 73 ff. UmwG) oder Spaltung (§§ 135 ff., 141 ff. UmwG) bzw. durch formwechselnde Umwandlung in AG (§§ 197 ff. UmwG) ergeben.

2. Umwandlungsfähige Rechtsträger

Vorab werden hier die Rechtsträger vorgestellt, aus denen die neue AG aufgrund Verschmelzung durch Neugründung (§ 3 UmwG), Spaltung durch Neugründung (§ 124 UmwG) oder durch formwechselnde Umwandlung (§ 191 Abs. 1 UmwG) entstehen kann. Dazu dient folgendes Schaubild, das auch die für eine Anwachsung (§ 738 BGB; dazu Rz. 468) in Frage kommenden Personengesellschaften zeigt.

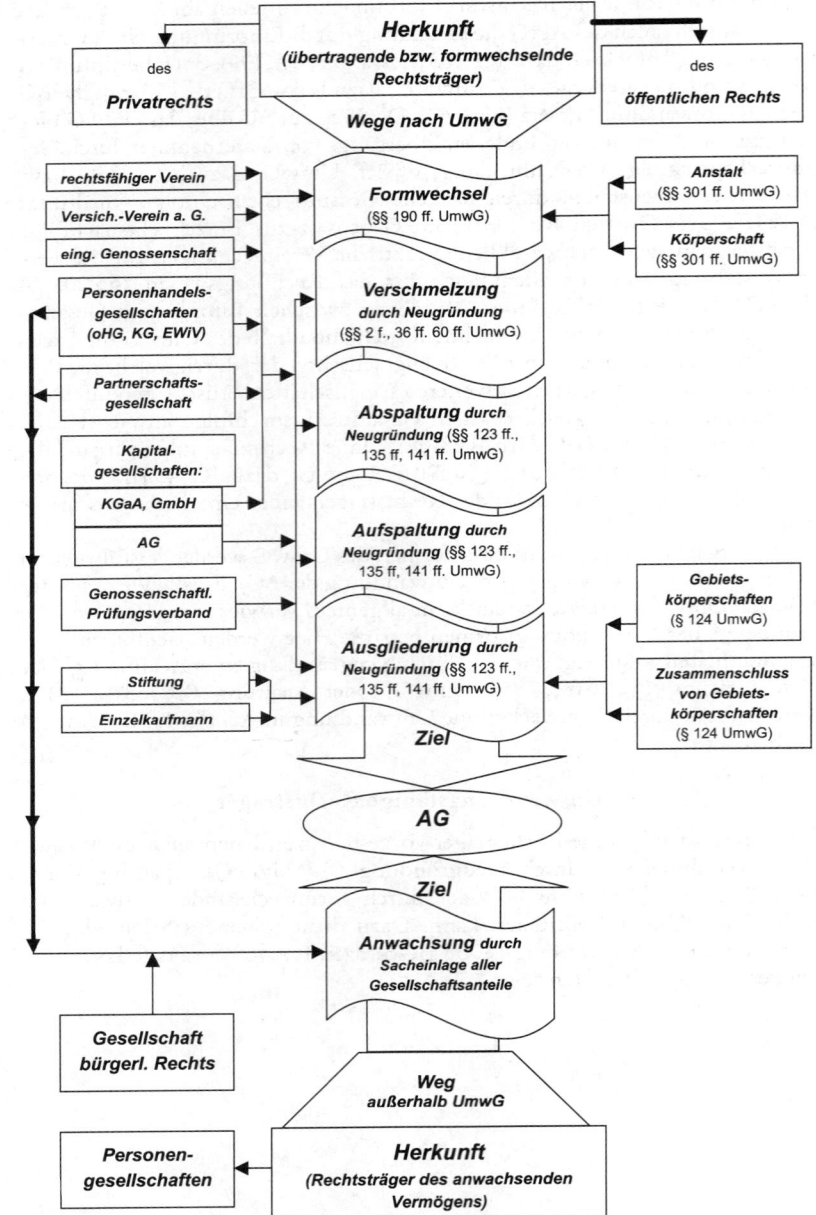

C. Die Entstehung der AG durch Umwandlung   434, 435 § 2

Im vorstehenden Schaubild ist eine der häufigsten Rechtsformen im Wirtschaftsleben nicht ausdrücklich aufgeführt – die GmbH & Co. KG, da sie aus zwei Gesellschaften besteht, die beide jeweils umwandlungsfähig sind; hierzu siehe Rz. 467 f. 434

3. Besondere Voraussetzungen für die Umwandlungsfähigkeit von Rechtsträgern

Die als übertragende oder formwechselnde Rechtsträger vom UmwG allgemein zugelassenen Rechtsträger (dazu Schaubild Rz. 433) unterliegen noch besonderen gesetzlichen Voraussetzungen, die wie folgt aufgeführt werden: 435

- Eine **aufgelöste Personenhandelsgesellschaft** kann sich nicht als übertragender Rechtsträger an einer Verschmelzung oder Spaltung beteiligen oder formwechselnder Rechtsträger sein, wenn die Gesellschafter nach § 145 HGB eine andere Art der Auseinandersetzung als die Abwicklung oder als die Verschmelzung vereinbart haben (§§ 3 Abs. 3 Hs. 2, 39, 125 Satz 1, 135 Abs. 1 Satz 1, 214 Abs. 2 UmwG);
- ein **rechtsfähiger Verein** (§§ 21 f. BGB) kann sich an einer Verschmelzung oder Spaltung nur beteiligen sowie die Rechtsform wechseln, wenn die Satzung des Vereins oder Vorschriften des Landesrechts nicht entgegenstehen (§§ 99 Abs. 1, 149 Abs. 1, 272 Abs. 2 UmwG) und wenn bei Formwechsel auf jedes Mitglied, das an der AG beteiligt wird, mindestens eine volle Aktie entfällt (§ 273 UmwG);
- die **Verschmelzung zur Neugründung** und die **Spaltung** einer AG oder KGaA, die noch nicht zwei Jahre im Handelsregister eingetragen ist (Nachgründungsphase §§ 52 f. AktG; dazu Rz. 310 ff.), ist unzulässig (§§ 76 Abs. 1, 141 UmwG); dies gilt nicht im Falle der Ausgliederung durch Neugründung;[675] das Verbot gilt auch für AG/KGaA, die innerhalb von zwei Jahren durch formwechselnde Umwandlung eingetragen ist;[676]
- der Formwechsel einer AG in eine SE (Societas Europaea) ist nur möglich, wenn sie seit mindestens zwei Jahren eine dem Recht eines anderen Mitgliedstaates unterliegende Tochtergesellschaft hat; die Rückumwandlung einer SE in eine AG ist nur unter den Voraussetzungen des Art. 66 SE-VO möglich, wonach der Umwandlungsbeschluss erst zwei Jahre nach Eintragung der SE oder Genehmigung der ersten beiden Jahresabschlüsse gefasst werden darf;
- die Ausgliederung aus dem Vermögen eines **Einzelkaufmanns** kann nicht erfolgen, wenn die Verbindlichkeiten des Einzelkaufmanns sein Vermögen übersteigen (§ 152 Satz 2 UmwG); in die Berechnung einzubeziehen ist nicht nur das auszugliedernde Betriebsvermögen, sondern das gesamte aktive und passive Vermögen einschließlich Privatvermögen;[677] str. ist, ob dabei für das Betriebsvermögen Liquidationswerte anzusetzen sind[678] oder eine Fortbestandsprognose die Werte beeinflussen darf;[679]
- die Ausgliederung aus dem Vermögen **rechtsfähiger Stiftungen** bedarf der staatlichen Genehmigung, sofern das Stiftungsrecht dies vorsieht (§ 164 Abs. 1 UmwG); bedarf sie keiner Genehmigung, hat das Gericht des Sitzes der Stiftung die Eintragung der Ausgliederung abzulehnen, wenn offensichtlich ist, dass die Verbindlichkeiten der Stiftung ihr Vermögen übersteigen (§ 164 Abs. 2 UmwG), dazu gelten entsprechend die vorstehenden Ausführungen zur Ausgliederung aus dem Vermögen eines Einzelkaufmanns;

---

[675] Die bisherigen Unsicherheiten sind durch das Zweite Gesetz zur Änderung des Umwandlungsgesetzes behoben worden; s. *Semler/Stengel/Diekmann* § 141 Rz. 6.
[676] *Schmitt/Hörtnagl/Stratz/Hörtnagl* § 141 UmwG Rz. 1 mwN.
[677] *Schmitt/Hörtnagl/Stratz/Hörtnagl* § 152 UmwG Rz. 24.
[678] *Lutter/Karollus* § 152 Rz. 45 mwN.
[679] *Semler/Stengel/Maier-Reimer* § 152 Rz. 77.

§ 2   436–438   Die Gründung und die Entstehung durch Umwandlung

- die Ausgliederung aus dem Vermögen von **Gebietskörperschaften** oder von deren Zusammenschlüssen kann nur erfolgen, wenn das maßgebende Bundes- oder Landesrecht nicht entgegensteht (§ 168 UmwG);
- der Formwechsel einer eingetragenen **Genossenschaft** ist nur möglich, wenn auf jeden Genossen, der an der AG beteiligt wird, mindestens eine volle Aktie entfällt (§ 258 Abs. 2 UmwG);
- der Formwechsel eines **Versicherungsvereins aG** ist nur möglich, wenn auf jedes Mitglied, das an der AG beteiligt wird, mindestens eine volle Aktie entfällt (§ 291 Abs. 2 UmwG);
- der Formwechsel einer **Körperschaft oder Anstalt des öffentlichen Rechts** ist nur möglich, wenn diese rechtsfähig ist und das maßgebende Bundes- oder Landesrecht einen Formwechsel vorsieht oder zulässt (§ 301 Abs. UmwG).

4. Anzahl der beteiligten Rechtsträger

436 Für die Entstehung der AG nach UmwG ist die Anzahl der beteiligten Rechtsträger von der Art der Umwandlung abhängig. Eine Verschmelzung durch Neugründung einer AG (§§ 36 ff., 73 ff. UmwG) bedarf neben der dadurch neu gegründeten AG der Beteiligung von mindestens zwei übertragenden Rechtsträgern (§ 2 Nr. 2 UmwG); diese können unterschiedlicher Rechtsform sein (§ 3 Abs. 4 UmwG), vorausgesetzt jede beteiligte Rechtsform ist als übertragender Rechtsträger verschmelzungsfähig (§ 3 Abs. 1 bis 3 UmwG). Steht nur ein übertragender Rechtsträger zur Verfügung, scheidet daher eine Verschmelzung durch Neugründung aus; hier kommt stattdessen nur die formwechselnde Umwandlung (§§ 190 ff. UmwG) in Frage, die wegen der Identitätswahrung (dazu Rz. 457) nur einen beteiligten Rechtsträger zulässt. An der Spaltung durch Neugründung (§§ 135 ff. UmwG) kann nur ein übertragender Rechtsträger beteiligt sein (§ 123 UmwG); jedoch kommen mehrere übernehmende Rechtsträger in Betracht, die auch teils dadurch neu gegründete Rechtsträger, teils bestehende Rechtsträger sein können (§ 123 Abs. 4 UmwG), und dies auch in unterschiedlicher für die Übernahme spaltungsfähiger Rechtsform (§§ 3 Abs. 4, 125 UmwG).

II. Anwendung der Gründungsvorschriften des AktG

437 Auf die Umwandlung durch Neugründung einer AG im Wege der Verschmelzung oder Spaltung sowie die formwechselnde Umwandlung in eine AG sind die Gründungsvorschriften des AktG anzuwenden (§§ 23 ff. AktG; dazu Rz. 8 ff.), soweit sich aus dem UmwG nichts anderes ergibt (§§ 36 Abs. 2, 135 Abs. 2, 197 AktG).

1. Gründer nach UmwG

438 An die Stelle der Gründer (§§ 2, 28 AktG; dazu Rz. 10 ff.) treten bei Neugründung durch Verschmelzung und Spaltung die übertragenden Rechtsträger (§§ 36 Abs. 2 Satz 2, 135 Abs. 2 Satz 2 AktG), also nicht deren Anteilseigner. Dies ist anders bei der formwechselnden Umwandlung, deren Gründer grundsätzlich die Anteilsinhaber des formwechselnden Rechtsträgers sind (§ 197 UmwG),[680] jedoch mit folgenden Ausnahmen:

---

[680] Semler/Stengel/Bärwald § 197 Rz. 37.

C. Die Entstehung der AG durch Umwandlung   439–442   § 2

– bei Formwechsel einer KGaA treten deren **persönlich haftende Gesellschafter** an die Stelle der Gründer (§ 245 Abs. 3 UmwG), jedoch nur, soweit sie bei satzungsgemäßer Mehrheitsentscheidung (§ 240 Abs. 3 Satz 2 UmwG) für den Formwechsel gestimmt haben (§§ 219 Satz 2, 225 c, 245 Abs. 1 UmwG analog);[681]
– bei Formwechsel von Personenhandelsgesellschaften und PartnerG (jeweils, falls der Gesellschaftsvertrag hierfür Mehrheitsentscheidung zulässt; §§ 217 Abs. 1 Satz 2, 225 c UmwG) und von GmbH gelten nur die **zustimmenden Gesellschafter** als Gründer (§§ 219 Satz 2, 225 c, 245 Abs. 1 UmwG);
– bei Formwechsel von eingetragener Genossenschaft, rechtsfähigem Verein und Versicherungsverein aG sind die **Gründerpflichten beschränkt** (Nichtanwendung von §§ 32, 35 Abs. 1 f., 46 AktG durch §§ 264 Abs. 3 Satz 2, 277, 295 UmwG);
– bei Formwechsel von Körperschaft und Anstalt des öffentlichen Rechts richtet sich die **Gleichstellung als Gründer** nach dem maßgebenden Bundes- oder Landesrecht; §§ 28 f. AktG sind nicht anzuwenden (§ 302 UmwG).

2. Gründungsverfahren nach UmwG

An die Stelle der Errichtung durch Feststellung der Satzung und Übernahme der Aktien (§§ 23, 29 AktG; dazu Rz. 10 ff.) treten abweichende Bestimmungen nach UmwG: 439

a) Feststellung der Satzung

An Stelle der Feststellung der Satzung in der Errichtungsurkunde tritt die Satzungsfeststellung im Verschmelzungsvertrag bei Verschmelzung durch Neugründung (§ 37 iVm. §§ 4 ff. UmwG), im Spaltungsplan bei Spaltung durch Neugründung (§ 136 iVm. § 126 UmwG) und im Umwandlungsbeschluss für die formwechselnde Umwandlung (§§ 218, 243, 263, 276, 294, 302 UmwG). Dafür ist wie bei der Errichtung jeweils notarielle Beurkundung geboten (§ 23 Abs. 1 AktG, §§ 6, 125, 193 Abs. 3 UmwG); das Gleiche gilt für die Zustimmungsbeschlüsse der Anteilsinhaber der übertragenden Rechtsträger bei Verschmelzung und Spaltung zur Neugründung der AG (§ 13 Abs. 3 iVm. §§ 26 bzw. 125). 440

b) Umwandlungsbedingter Satzungsinhalt

Das UmwG sieht keine Einschränkungen für die sonst bei der Gründung einer AG vorgeschriebenen Satzungsbestimmungen vor, erweitert sie vielmehr um bestimmte Festsetzungen (dazu Rz. 442 ff.). Insbesondere gelten die Vorschriften über die gründungsbezogenen Satzungsbestimmungen (dazu Rz. 345 ff.), nämlich über Festsetzung von Sacheinlagen und Sachübernahmen (§ 27 AktG; dazu Rz. 190 ff., 226 ff.) sowie von Sondervorteilen und Gründungsaufwand (§ 26 AktG; dazu Rz. 346 f.), die aber teilweise aufgrund der umwandlungsbedingten Gründung inhaltlich einer Anpassung bedürfen (dazu Rz. 442 ff.): 441

aa) Sacheinlagen. Jede Entstehung einer AG nach UmwG stellt eine Gründung mit Sacheinlagen dar, auch die formwechselnde Umwandlung trotz der dort fehlenden Vermögensübertragung. § 27 AktG ist daher in jedem Fall bei der Feststellung der Satzung zu beachten.[682] Dies kann jedoch in einer dem UmwG angemessenen Form vereinfacht geschehen, indem der Umwandlungsvorgang rechtlich präzise unter Bezeichnung des übertragenden oder form- 442

---

[681] HM; *Semler/Stengel/Scheel* § 245 Rz. 31 mwN.
[682] *Semler/Stengel/Bärwald* § 197 Rz. 43.

wechselnden Rechtsträgers in der Satzung als Sacheinlage festgesetzt wird, am besten unter Wiedergabe des Wortlautes der Bestimmungen im Verschmelzungsvertrag oder Spaltungsplan über den Vermögensübergang und die dafür zu gewährenden Aktien bzw. des Wortlautes der einschlägigen Bestimmungen des Umwandlungsbeschlusses.

443 **bb) Sondervorteile.** Aus Anlass eines Umwandlungsvorgangs gewährte Sondervorteile sind im Verschmelzungsvertrag, Spaltungsplan oder Umwandlungsbeschluss aufzuführen, insbesondere die baren Zuzahlungen und die besonderen Vorteile (§§ 3 Abs. 1 Nr. 3, 7, 8, 126 Abs. 1 Nr. 3, 7, 8, 194 Abs. 1 Nr. 5 UmwG). Diese Angaben müssen auch in der Satzung enthalten sein (§ 26 AktG; dazu Rz. 346). Eine Verweisung der Satzung auf Verschmelzungsvertrag oder Spaltungsplan ist wegen der Satzungspublizität unzulässig (insbesondere wegen § 26 Abs. 4 und 5 AktG).

444 **cc) Übernahme von Satzungsbestimmungen.** Hat eine übertragende oder formwechselnde AG, KGaA oder GmbH in ihrer Satzung Festsetzungen nach §§ 26 und 27 AktG, so müssen diese von der aus der Umwandlung entstehenden AG in deren Satzung fortgeführt werden, am besten unter Angabe der Herkunftsgesellschaft und deren Eintragungsdatum, da die Bestimmungen und Fristen über das Verbot der Änderung und Beseitigung dieser Festsetzungen (§§ 26 Abs. 4, 5, 27 Abs. 5 AktG; dazu Rz. 350) auch für die Satzung der neuen AG fortgelten (§§ 74, 125, 135, 243 Abs. 1 UmwG).

c) Zuteilung der Aktien

445 Eine Übernahme der Aktien (§§ 23, 29 AktG; dazu Rz. 10 ff.) durch die den Gründern (§ 28 AktG) nach UmwG gleichgestellten Personen (dazu Rz. 438) findet nicht statt. An die Stelle der Übernahme der Aktien in der Errichtungsurkunde (§§ 23 Abs. 2, 29 AktG; dazu Rz. 13) tritt deren Zuteilung an die Aktionäre, was (wie bei der Feststellung der Satzung; dazu Rz. 440) durch Festsetzung im Verschmelzungsvertrag (§§ 5 Abs. 1 Nr. 3 f., 36 UmwG), im Spaltungsplan (§§ 126 Abs. 1 Nr. 3 f., 135 UmwG) oder im Umwandlungsbeschluss (§ 194 Abs. 1 Nr. 3 bis 5 UmwG) erfolgt.

d) Gründungsbericht

446 Der Gründungsbericht (§ 32 AktG; dazu Rz. 18 ff.) ist für Umwandlungen, die zur Entstehung einer AG führen, zwingend geboten (§§ 36 Abs. 2 Satz 1, 75 Abs. 1, 144, 159 Abs. 1, 165, 170, 197 Satz 1, 220 Abs. 2, 245 Abs. 1 Satz 2, Abs. 3 Satz 2, 264 Abs. 3 Satz 1, 277, 295, 303 Abs. 1 UmwG). In folgenden Fällen ist der Gründungsbericht ausnahmsweise nicht erforderlich:

– **Verschmelzung durch Neugründung,** soweit übertragender Rechtsträger eine Kapitalgesellschaft oder eine eingetragene Genossenschaft ist (§ 75 Abs. 2 UmwG);

– **Formwechsel** einer eingetragenen Genossenschaft, eines rechtsfähigen Vereins oder eines Versicherungsvereins aG (§§ 264 Abs. 3 Satz 2, 277, 295 UmwG; zu den sonstigen Einschränkungen der Gründerpflichten in diesen Fällen Rz. 438).

Die Erstattung des Gründungsberichts obliegt den Personen, die nach UmwG als Gründer gelten (dazu Rz. 438), also nicht in jedem Falle wie bei der Gründung nach AktG deren erste Aktionäre (§ 28 AktG; dazu Rz. 10, 72 ff.). Im Gründungsbericht sind zusätzlich zum Inhalt nach § 32 AktG (dazu Rz. 18 ff.)

C. Die Entstehung der AG durch Umwandlung   447–450   § 2

der Geschäftsverlauf und die Lage der übertragenden oder formwechselnden Rechtsträger darzustellen (§§ 75 Abs. 1, 125, 135 Abs. 2 Satz 1, 159 Abs. 1, 165, 170, 220 Abs. 2, 245 Abs. 1 Satz 2, Abs. 3 Satz 2, 303 Abs. 1 UmwG).

e) Prüfung durch Vorstand und Aufsichtsrat

Die Prüfung des Hergangs der Gründung durch die Mitglieder des Vorstands und des Aufsichtsrats (§ 33 Abs. 1 AktG; dazu Rz. 23 f.) ist ausnahmslos für alle Umwandlungen, die zur Entstehung einer AG führen, zwingend geboten (§§ 36 Abs. 2 Satz 1, 125, 135, 159 Abs. 2, 197 Satz 1, 303 Abs. 1 UmwG). Im Falle der Ausgliederung aus dem Vermögen eines Einzelkaufmanns (§ 152 UmwG; dazu Rz. 435) zur Neugründung einer AG hat die Prüfung durch die Organmitglieder sich auch darauf zu erstrecken, ob die Verbindlichkeiten des Einzelkaufmanns sein Vermögen übersteigen (§ 159 Abs. 2 UmwG).   447

f) Gründungsprüfung

Die Gründungsprüfung (§ 32 Abs. 2 AktG; dazu Rz. 25 ff.) ist für Umwandlungen, die zur Entstehung einer AG führen, zwingend geboten (§§ 36 Abs. 2 Satz 1, 75 Abs. 1, 144, 159 Abs. 1, 165, 170, 197 Satz 1, 220 Abs. 2, 245 Abs. 1 Satz 2, Abs. 3 Satz 2, 264 Abs. 3 Satz 1, 277, 295, 303 Abs. 1 UmwG), ausgenommen die **Verschmelzung durch Neugründung**, soweit übertragender Rechtsträger eine Kapitalgesellschaft oder eine eingetragene Genossenschaft ist (§ 75 Abs. 2 UmwG).   448

g) Registeranmeldungen

Die Gründung einer AG nach AktG ist zur Eintragung in das Handelsregister anzumelden (§ 36 Abs. 1 AktG; dazu Rz. 35 ff.). Bei der Entstehung einer AG im Wege der **Verschmelzung** oder Spaltung durch Neugründung sind mehrere Anmeldungen erforderlich, nämlich sowohl die Verschmelzung bzw. Spaltung zur Eintragung im Handelsregister eines jeden übertragenden Rechtsträgers als auch die Neugründung zur Eintragung beim dafür zuständigen Registergericht (§§ 38, 125 UmwG). Bei der formwechselnden **Umwandlung** in eine AG ist dann nur eine Anmeldung nötig, nämlich zum Register des formwechselnden Rechtsträgers, wenn dieser im Handelsregister eingetragen ist (§ 198 Abs. 1 UmwG), oder zum für die neue AG zuständigen Registergericht, wenn der formwechselnde Rechtsträger in keinem Register eingetragen ist (§ 198 Abs. 2 Satz 1 UmwG). Eine doppelte Anmeldung zu beiden Registern ist geboten, wenn der formwechselnde Rechtsträger in einer anderen Art von Register (zB Genossenschaftsregister; nicht eine andere Abteilung des Handelsregisters)[683] eingetragen ist oder durch eine mit dem Formwechsel verbundene Sitzverlegung ein anderes Handelsregistergericht zuständig wird (§ 198 Abs. 2 Satz 2 UmwG).   449

h) Anmeldepflichtige Personen

Die Gründung einer AG nach AktG ist von allen Gründern und allen Vorstands- und Aufsichtsratsmitgliedern anzumelden (§ 36 Abs. 1 AktG; dazu Rz. 35 ff.), was zivil- und strafrechtliche Verantwortung auslöst (§§ 46 ff., 399   450

---

[683] Semler/Stengel/Volhard § 198 Rz. 4.

§ 2   451–453   Die Gründung und die Entstehung durch Umwandlung

AktG; dazu Rz. 36, 265 ff., 281, 286, 293). Für die Entstehung einer AG durch Umwandlung sind die Anmeldepflichten nach UmwG weitgehend anders geregelt:

451   **aa) Verschmelzung durch Neugründung.** Die Anmeldung erfolgt ausschließlich durch die Vertretungsorgane der übertragenden Rechtsträger, die sowohl die Verschmelzung zu dessen Register (§ 38 Abs. 1 UmwG) als auch die neue AG zum Handelsregister ihres Sitzes anzumelden haben (§ 38 Abs. 1 iVm. §§ 16 ff. UmwG). Für die Anmeldung der neuen AG gelten grundsätzlich die allgemeinen Bestimmungen (§§ 36 ff. AktG; dazu Rz. 35 ff.), jedoch mit den sich aus der Natur der Sacheinlage durch Verschmelzung ergebenden Modifikationen (dazu Rz. 441). In jedem Falle ist die Deckung des Ausgabebetrags der neuen Aktien durch das übertragene Vermögen zu erklären (§ 37 Abs. 1 Satz 1 iVm. § 36 a Abs. 2 Satz 3 AktG; dazu Rz. 24, 44, 171 ff.). Anzumelden sind auch die Vorstandsmitglieder und die Vertretungsverhältnisse (§ 37 Abs. 3 AktG; dazu Rz. 47); die Versicherung über das Fehlen von Bestellungshindernissen (§ 37 Abs. 2 AktG; dazu Rz. 45) haben diese persönlich zu erklären (§ 37 Abs. 5 AktG; dazu Rz. 48).

452   **bb) Spaltung zur Neugründung.** Die Anmeldung erfolgt ausschließlich durch die Vertretungsorgane des übertragenden Rechtsträgers, die sowohl die Spaltung zu dessen Register (§ 137 Abs. 2 UmwG) als auch die neue AG zum Handelsregister ihres Sitzes anzumelden haben (§ 137 Abs. 1 UmwG). Für die Anmeldung der neuen AG gelten grundsätzlich die allgemeinen Bestimmungen (§§ 36 ff. AktG; dazu Rz. 39 ff.), jedoch mit den sich aus der Natur der Sacheinlage durch Spaltung ergebenden Modifikationen (dazu Rz. 441; wegen der Erklärung der Werthaltigkeit des übertragenen Vermögens und der Anmeldung der Vorstandsmitglieder und deren Vertretungsverhältnisse sowie der von diesen abzugebenden Versicherungen s. Rz. 451). Im Falle der **Ausgliederung** aus dem Vermögen eines Einzelkaufmanns zur Neugründung einer AG erfolgt die Anmeldung der neuen AG sowohl durch den Einzelkaufmann als auch durch die Vorstands- und Aufsichtsratsmitglieder (§ 160 Abs. 1 iVm. § 137 Abs. 1 UmwG). Die Erklärung über die Vermögensverhältnisse des Einzelkaufmanns (§ 152 Satz 2 UmwG; dazu Rz. 435) ist nicht Teil der Anmeldung, sondern seines Gründungsberichts (§ 159 Abs. 1 UmwG iVm. § 32 AktG; dazu Rz. 446) und damit Gegenstand der Prüfung durch Vorstand und Aufsichtsrat (§ 159 Abs. 2 UmwG; dazu Rz. 447).

453   **cc) Formwechselnde Umwandlung.** Die anmeldepflichtigen Personen, die den Formwechsel in eine AG anzumelden haben, bestimmen sich unterschiedlich jeweils nach der alten Rechtsform wie folgt:
- **Personenhandelsgesellschaften:** Alle Mitglieder von Vorstand und Aufsichtsrat der aus dem Formwechsel hervorgehenden AG (§ 222 Abs. 1 UmwG) sowie auch alle den Gründern gleichstehenden Gesellschafter (§ 222 Abs. 2 iVm. § 219; dazu Rz. 438);
- **andere Kapitalgesellschaften** (GmbH, KGaA): Das Vertretungsorgan der formwechselnden Gesellschaft in vertretungsberechtigter Zahl (§ 246 Abs. 1 UmwG); zugleich haben die Vorstandsmitglieder der neuen AG ihre Versicherung über das Fehlen von Bestellungshindernissen (§ 37 Abs. 2 AktG; dazu Rz. 45) persönlich zu erklären;
- **eingetragene Genossenschaften:** Alle Mitglieder von Vorstand und Aufsichtsrat der aus dem Formwechsel hervorgehenden AG (§ 265 iVm. § 222 Abs. 1 UmwG);
- **rechtsfähige Vereine:** Alle Mitglieder von Vorstand und Aufsichtsrat der aus dem Formwechsel hervorgehenden AG (§ 278 Abs. 1 iVm. § 222 Abs. 1 UmwG);

C. Die Entstehung der AG durch Umwandlung   454–457 § 2

– **Versicherungsverein a.G**: Der Vorstand des VVaG in vertretungsberechtigter Zahl (§ 296 iVm. § 246 Abs. 1 UmwG); zugleich haben die Vorstandsmitglieder der neuen AG ihre Versicherung über das Fehlen von Bestellungshindernissen (§ 37 Abs. 2 AktG; dazu Rz. 45) persönlich zu erklären;
– **Körperschaften, Anstalten des öffentlichen Rechts:** Alle Mitglieder von Vorstand und Aufsichtsrat der aus dem Formwechsel hervorgehenden AG (§ 197 Satz 1 UmwG iVm. § 36 Abs. 1 AktG), nicht hingegen die ersten Aktionäre (§§ 28 f. AktG sind nach § 302 Abs. 2 UmwG nicht anzuwenden).

i) Entstehung der AG

Ähnlich wie die AG bei Gründung nach AktG mit ihrer Eintragung entsteht **454** (§ 41 Abs. 1 Satz 1 AktG; dazu Rz. 66), entsteht sie bei Verschmelzung oder Spaltung zur Neugründung oder durch Formwechsel durch die Eintragung dieser Rechtsvorgänge. Soweit mehrere Handelsregisteranmeldungen geboten sind (dazu Rz. 449) und damit Eintragungen in mehreren Registern, ist eine **Reihen- und Rangfolge** dieser Eintragungen für die Entstehung maßgebend:
aa) Verschmelzung durch Neugründung. Zunächst ist die Verschmel- **455** zung im Register jedes übertragenden Rechtsträgers mit dem Vermerk einzutragen, dass die Verschmelzung erst mit Eintragung der neuen AG im dafür zuständigen Register wirksam wird, erst dann darf die neue AG eingetragen werden (§ 36 Abs. 1 iVm. § 19 Abs. 1 UmwG). Mit der Eintragung der neuen AG entsteht diese (§ 36 Abs. 2 UmwG iVm. § 41 Abs. 1 Satz 1 AktG) u. a. mit folgenden weiteren Rechtswirkungen (§ 36 Abs. 1 iVm. § 20 Abs. 1 Nr. 1 bis 5 UmwG):
– Nr. 1: Das Vermögen der übertragenden Rechtsträger geht mit den Verbindlichkeiten auf die neue AG über (**Gesamtrechtsnachfolge**).
– Nr. 2: Die übertragenden **Rechtsträger erlöschen** ohne das Erfordernis weiterer Löschungsakte, der weitere Eintragungsvermerk im Register der übertragenden Rechtsträger (§ 19 Abs. 2 Satz 2 UmwG) ist deklaratorisch.
– Nr. 3: Die **Anteilsinhaber** der übertragenden Rechtsträger werden **Aktionäre** der neuen AG; Rechte Dritter an ihren untergehenden Anteilen oder Mitgliedschaften bestehen an ihren Aktien weiter.
– Nr. 4: Beurkundungsmängel der Verschmelzung werden geheilt.

bb) Spaltung durch Neugründung. Die Reihen- und Rangfolge der Ein- **456** tragungen in den Registern der beteiligten Rechtsträger ist umgekehrt im Vergleich zur Verschmelzung durch Neugründung: Zunächst ist die neue AG im für sie zuständigen Register mit dem Vermerk einzutragen, dass die Eintragung erst mit Eintragung der Spaltung im Register des übertragenden Rechtsträgers wirksam wird, erst dann darf die Spaltung im Register des übertragenden Rechtsträgers eingetragen werden (§ 135 Abs. 1 iVm. § 130 Abs. 1 UmwG). Mit der Eintragung der Spaltung im Register des übertragenden Rechtsträgers entsteht die neue AG (§ 135 Abs. 2 Satz 1 UmwG iVm. § 41 Abs. 1 Satz 1 AktG). Der in ihrem Register einzutragende Vermerk des Tages der Eintragung der Spaltung im Register des übertragenden Rechtsträgers (§ 135 Abs. 1 iVm. § 130 Abs. 2 UmwG) ist nur deklaratorisch. Die **Rechtsfolgen** der Spaltung sind im Übrigen unterschiedlich nach den drei Typen der Spaltung (§ 135 Abs. 1 iVm. § 131; dazu § 14 Rz. 251 ff.).
cc) Formwechselnde Umwandlung. Falls nur eine Anmeldung erforder- **457** lich ist (§ 198 Abs. 1 oder Abs. 2 Satz 1 UmwG; dazu Rz. 449), wird der Formwechsel in die AG mit der daraus folgenden Eintragung wirksam. Ist eine An-

meldung zu zwei Registern geboten, weil der formwechselnde Rechtsträger in einer anderen Art von Register eingetragen ist oder durch eine mit dem Formwechsel verbundene Sitzverlegung ein anderes Handelsregistergericht zuständig wird (§ 198 Abs. 2 Satz 2 f. UmwG; dazu Rz. 449), muss der Formwechsel zuerst im Register des formwechselnden Rechtsträgers mit dem Vermerk eingetragen werden, dass die Umwandlung erst mit Eintragung der neuen AG im dafür zuständigen Register wirksam wird, erst dann darf die neue AG eingetragen werden (§ 198 Abs. 2 Satz 2 ff. UmwG). Die Eintragung der neuen Rechtsform hat folgende Wirkungen (§ 202 Abs. 1 Nr. 1 bis 3, Abs. 2 UmwG):

- Nr. 1: Der formwechselnde **Rechtsträger** besteht in der Rechtsform der AG weiter.
- Nr. 2: Die **Anteilsinhaber** der übertragenden Rechtsträger werden Aktionäre der neuen AG, soweit ihre Beteiligung nicht nach UmwG entfällt, also für persönlich haftende Gesellschafter einer formwechselnden KGaA (§ 247 Abs. 3 UmwG) und für neue Mitglieder eines formwechselnden VVaG (§ 194 Abs. 1 Satz 2 UmwG); Rechte Dritter an ihren untergehenden Anteilen oder Mitgliedschaften bestehen an ihren Aktien weiter.
- Nr. 2: **Beurkundungsmängel** der Verschmelzung werden geheilt.

III. Nachhaftung für Verbindlichkeiten

458 Mit der Entstehung der AG nach UmwG gehen mit dem Vermögensübergang insbesondere auch die Verbindlichkeiten der übertragenden Rechtsträger auf die AG über bzw. werden aufgrund des Formwechsels fortgeführt (dazu Rz. 454 ff.). Soweit ein übertragender oder formwechselnder Rechtsträger persönlich haftende Gesellschafter hat, haften diese für solche Verbindlichkeiten nach, wenn sie vor Ablauf von fünf Jahren nach Entstehen der AG fällig und gerichtlich geltend gemacht werden (§§ 45, 224, 249 UmwG; dies gilt auch analog für die KGaA als übertragenden Rechtsträger).[684] Dies gilt ebenso für die Nachhaftung des ausgliedernden Einzelkaufmanns (§ 157 UmwG) sowie für die Nachhaftung der beteiligten Rechtsträger (also auch der neuen AG selbst) aufgrund Spaltung (§ 133 UmwG).

IV. Rechnungslegung der Entstehung durch Umwandlung

1. Verschmelzung und Spaltung durch Neugründung

a) Schlussbilanz

459 Voraussetzung für die Eintragung der Umwandlungsvorgänge durch Neugründung ist die Erstellung einer Schlussbilanz jedes übertragenden Rechtsträgers, die der Anmeldung der Umwandlung zu seinem Register als Anlage beizufügen ist; für diese Bilanz, die auf einen höchstens acht Monate vor der Anmeldung liegenden Stichtag aufzustellen ist,[685] gelten die Vorschriften über die Jahresbilanz[686] (§§ 242 ff. HGB) und deren Prüfung (§§ 316 Abs. 1 iVm.

---

[684] Semler/Stengel/Ihrig § 45 Rz. 1.
[685] Wegen der Bedeutung der Achtmonatsfrist: Zätzsch Zur Heilung von Verschmelzungsmängeln in FS Bezzenberger S. 473 (480 ff.).
[686] Eine vollständige Schlussbilanz (Gesamtbilanz) ist auch für die Spaltung geboten, nicht nur eine Teilschlussbilanz für den abzuspaltenden oder auszugliedernden Vermögensteil: Schmitt/Hörtnagl/Stratz/Hörtnagl § 17 UmwG Rz. 51 mwN.

C. Die Entstehung der AG durch Umwandlung 460 § 2

164a, 340k, 341k HGB; § 53 Abs. 2 GenG; §§ 1, 6 PublG) entsprechend, jedoch braucht sie nicht bekannt gemacht zu werden (§§ 17 Abs. 2, 36, 125 UmwG). Die Schlussbilanz wird in der Regel auf einen Stichtag aufgestellt, der dem **Verschmelzungs-** bzw. dem **Spaltungsstichtag** (§§ 5 Abs. 1 Nr. 6, 126 Abs. 1 Nr. 6 UmwG) unmittelbar vorausgeht, also dem Zeitpunkt, von dem an die Handlungen des/der übertragenden Rechtsträger(s) als für Rechnung der übernehmenden neuen AG vorgenommen gelten. Um den Jahresabschluss zugleich als Schlussbilanz verwenden zu können, wird der Verschmelzungs- bzw. Spaltungsstichtag auf den Beginn des neuen Geschäftsjahrs gelegt, häufig also auf den 1. Januar. Auf diesen Stichtag wird auch am zweckmäßigsten die Eröffnungsbilanz der durch Verschmelzung oder Spaltung neu gegründeten AG erstellt.[687] Ergeben die Buchwerte der Schlussbilanz(en) für das auf die neue AG übertragene Vermögen ein **geringeres Eigenkapital** als das für diese festgesetzte Grundkapital zuzüglich des Mehrwertes zu einem höheren Ausgabebetrag (§§ 9 Abs. 2, 36a Abs. 2 Satz 3 AktG; dazu Rz. 211), ist die Umwandlung durch Neugründung der AG nur zulässig, wenn diese Differenz durch stille Reserven auf das Grundkapital ausgeglichen wird (zur Frage der Zulässigkeit einer Buchwertfortführung nach § 24 UmwG in diesem Falle Rz. 460) oder entsprechende Zuzahlungen die Differenz ausgleichen.

b) Eröffnungsbilanz

In der Eröffnungsbilanz der AG (§ 242 HGB; dazu Rz. 408 ff.) können als 460 Anschaffungskosten (§ 253 Abs. HGB) auch die in der Schlussbilanz eines übertragenden Rechtsträgers angesetzten Werte angesetzt werden (§ 24 UmwG). Dieses **Wahlrecht zur Buchwertfortführung**, das sowohl ein Bewertungs- als auch Ansatzwahlrecht ist,[688] lässt als Wahlalternative die allgemeinen Grundsätze für den Ansatz und die Bewertung von Sacheinlagen in der Eröffnungsbilanz offen (dazu Rz. 413). Das Wahlrecht kann nur einheitlich für alle Vermögensgegenstände von einem übertragenden Rechtsträger ausgeübt werden, jedoch unterschiedlich für verschiedene übertragende Rechtsträger.[689] Es ist streitig ob eine Maßgeblichkeit der Handelsbilanz für die Ausübung der entsprechenden steuerlichen Wahlrechte besteht (dazu Rz. 465 f.); nach hM[690] besteht keine Maßgeblichkeit; die Finanzverwaltung ist jedoch mit Einschränkungen aA.[691] Ergeben die Buchwerte der Schlussbilanz ein geringeres Eigenkapital als für die neue AG festgesetzt, wird das Eigenkapital aber aufgrund stiller Reserven gedeckt (zur Zulässigkeit der Umwandlung in diesem Falle Rz. 459), ist die Zulässigkeit der Buchwertfortführung streitig.[692] Folgt man der Zulassung einer Buchwertfortführung, so ist ein als Ausschüttungssperre dienender Korrekturposten zum Eigenkapital[693] oder ein entspre-

---

[687] Budde/Förschle I Rz. 13; Schmitt/Hörtnagl/Stratz/Hörtnagl § 24 UmwG Rz. 8 mwN.
[688] Allgemeine Meinung; Schmitt/Hörtnagl/Stratz/Hörtnagl § 24 UmwG Rz. 62 mwN.
[689] Allgemeine Meinung; Schmitt/Hörtnagl/Stratz/Hörtnagl § 24 UmwG Rz. 82 mwN.
[690] Schmitt/Hörtnagl/Stratz/Schmitt § 12 UmwStG Rz. 9 mwN.
[691] UmwStErl. v. 25. 3. 1998, BStBl. I 1998, 268 Tz. 11.02.
[692] Zulässigkeit nach der wohl hM: Budde/Förschle I Rz. 93 mwN; Schmitt/Hörtnagl/Stratz/Hörtnagl § 24 UmwG Rz. 71 mwN; aA Kallmeyer/Müller § 24 Rz. 14.
[693] So zum mit der Umwandlung zur Neugründung insoweit vergleichbaren Formwechsel (§ 220 UmwG): Budde/Förschle J Rz. 53 mwN.

chender Aktivposten[694] anzusetzen, die aus zukünftigen Jahresüberschüssen zu tilgen sind.

2. Formwechselnde Umwandlung

461 Da der formwechselnde Rechtsträger in der neuen Rechtsform der AG weiter besteht (Identitätswahrung; § 202 Abs. 1 Nr. UmwG; dazu Rz. 457), ist anlässlich der Umwandlung (anders als bei den übertragenden Umwandlungen; §§ 17 Abs. 2, 45 UmwG; dazu Rz. 459 f.) weder eine Schlussbilanz erforderlich noch eine Eröffnungsbilanz. Die **Fortführung des Rechnungswesens** unter der neuen Rechtsform als AG tritt erstmals in Erscheinung im Jahresabschluss zum Ende des Geschäftsjahres, in dem die Eintragung erfolgt ist, und zwar weniger deutlich (zumeist nur aufgrund §§ 150 ff. AktG), falls der formwechselnde Rechtsträger eine Kapitalgesellschaft war (GmbH oder KGaA; §§ 264 ff. HGB) oder schon vorher wie eine solche Rechnung legte, sei es pflichtgemäß (§§ 264 a, 336 ff., 340 ff. HGB, § 5 PublG) oder freiwillig. Deutlicher werden die Unterschiede zur Rechnungslegung unter alter Rechtsform, falls Bilanzansätze und deren Werte nicht den Anforderungen für Kapitalgesellschaften genügten, sowie regelmäßig beim Ausweis des Eigenkapitals (§ 272 HGB), für den folgende Besonderheiten gelten: Ergeben der letzte vor Formwechsel aufgestellte Jahresabschluss oder die Geschäftsentwicklung bis zur Eintragung ein **geringeres Eigenkapital** als das in der Satzung der AG festgesetzte Grundkapital (bei Formwechsel einer GmbH oder KGaA in AG muss das gezeichnete Kapital fortgeführt werden; Änderungen sind nur durch gleichzeitige förmliche Kapitalmaßnahmen möglich;[695] § 247 Abs. 1 UmwG), darf der Formwechsel nur eingetragen werden, wenn diese formelle Unterdeckung materiell durch stille Reserven[696] oder durch Einlagen[697] ausgeglichen wird (§§ 220 Abs. 1, 245 Abs. 1, 3, 264 Abs. 1, 277, 295, 303 Abs. 1 UmwG). Besteht diese zulässige formelle Unterbilanz noch am Ende des Geschäftsjahres, in dem die Eintragung erfolgt ist, fort, so gilt Folgendes: Nach hM[698] ist eine Buchwertaufstockung zwecks Ausgleich der formellen Unterbilanz unzulässig;[699] stattdessen ist nach dieser hM ein als Ausschüttungssperre dienender **Korrekturposten** zum Eigenkapital[700] oder als entsprechender Aktivposten[701] anzusetzen, die aus zukünftigen Jahresüberschüssen zu tilgen sind.

---

[694] *Widmann/Mayer* § 24 UmwG Anm. 486, *Schmitt/Hörtnagl/Stratz/Stratz* § 220 UmwG Rz. 11 mwN.
[695] *Schmitt/Hörtnagl/Stratz/Stratz* § 247 UmwG Rz. 3.
[696] *Schmitt/Hörtnagl/Stratz/Stratz* § 220 UmwG Rz. 6 f. mwN.
[697] HM; *Schmitt/Hörtnagl/Stratz/Stratz* § 220 UmwG Rz. 3 mwN.
[698] *Budde/Förschle* J Rz. 152 mwN; *Schmitt/Hörtnagl/Stratz/Stratz* § 220 UmwG Rz. 11 mwN.
[699] AA *Priester* DB 1995, 915, der dies im Rahmen einer hierfür zu erstellenden Eröffnungsbilanz auf den Tag der Eintragung fordert.
[700] So zum mit der Umwandlung zur Neugründung insoweit vergleichbaren Formwechsel (§ 220 UmwG): *Budde/Förschle* J Rz. 53 mwN.
[701] *Widmann/Mayer* § 24 UmwG Anm. 486; *Schmitt/Hörtnagl/Stratz/Stratz* § 220 UmwG Rz. 11 mwN.

C. Die Entstehung der AG durch Umwandlung 462–464 § 2

3. Vermögensbilanzen wegen Unterbilanz- oder Differenzhaftung

Da das UmwG die Gründungsvorschriften des AktG für die Neugründung **462** durch Verschmelzung (dazu Rz. 430 ff.) oder die Entstehung durch Formwechsel (dazu Rz. 430 ff.) weitgehend übernimmt (dazu Rz. 437 ff.), finden grundsätzlich auch dessen Haftungsvorschriften für die Kapitalaufbringung Anwendung (dazu Rz. 247 ff.). Hieraus ergibt sich grundsätzlich auch die Notwendigkeit für die Erstellung von Vermögensbilanzen zur Feststellung der Haftungsgrundlagen (dazu Rz. 414 ff.), allerdings mit der Einschränkung, dass es für die Entstehung der AG durch Umwandlung aus den gleichen Gründen wie für die Sacheinlage eines Unternehmens (§ 31 AktG; dazu Rz. 199) keine Unterbilanzhaftung gibt, soweit die für diese Haftung maßgebende Kapitalverminderung zwischen Anmeldung und Eintragung durch Wertminderung des eingebrachten Unternehmens verursacht ist. Die Unterbilanzhaftung aller Gründer wird in diesem Falle durch die Differenzhaftung des/der einzelnen für die Umwandlung als Gründer geltenden Personen (dazu Rz. 438) ersetzt. Diese Differenzhaftung entfällt allerdings ebenfalls bei Verschmelzung durch Neugründung, da hier die übertragenden Rechtsträger als Gründer gelten (§ 36 Abs. 2 Satz 2 AktG; dazu Rz. 438) und durch die Verschmelzung erlöschen (§ 36 Abs. 1 iVm. § 20 Abs. 1 Nr. 2 UmwG; dazu Rz. 455). Kommt demnach eine Differenzhaftung der als Gründer geltenden Personen wegen Überbewertung des Umwandlungsvermögens in Betracht, ist eine Vermögensbilanz für das übertragene bzw. vom Formwechsel betroffene Vermögen auf den Tag der Handelsregisteranmeldung aufzustellen, in der stille Reserven und ein Geschäftswert aufzudecken sind (dazu Rz. 416). Eine Vermögensbilanz zur Feststellung der Unterbilanzhaftung kommt ausnahmsweise dann in Betracht, wenn in der Zeit zwischen Anmeldung und Eintragung Verbindlichkeiten im Rahmen der Begründung eines weiteren Unternehmens (neben dem durch Umwandlung übernommenen bzw. fortgeführten Unternehmen) eingegangen werden.

V. Umwandlungssteuerrecht

1. Übersicht

Nachfolgend sollen die steuerlichen Besonderheiten dargelegt werden, die **463** sich bei der Umstrukturierung von Rechtsträgern, die keine Kapitalgesellschaft sind und grundsätzlich nicht der KSt unterliegen, in eine AG ergeben. Die steuerlichen Fragen bei der Umwandlung von Kapitalgesellschaften in eine AG sind ausführlich unter § 13 (Umwandlung der AG) erörtert.

2. Formwechsel von OHG, KG, PartG und KGaA in AG

Der Formwechsel bei Kapitalgesellschaften erfolgt steuerneutral, da kein **464** Vermögensübergang stattfindet und zwischen den Kapitalgesellschaften Personenidentität besteht (vgl. § 14 Rz. 218 ff.). Beim Formwechsel eines nicht der KSt unterliegenden Rechtsträgers in eine AG sind die Regelungen für die Einbringungen von Unternehmensteilen in Kapitalgesellschaften entsprechend anzuwenden (§ 25 i.V.m. §§ 20 ff. UmwStG), da die Gesellschafter einer Personenhandelsgesellschaft und die Partner einer freiberuflichen Partnerschafts-

§ 2   465, 466   Die Gründung und die Entstehung durch Umwandlung

gesellschaft steuerlich als Mitunternehmer betrachtet werden (vgl. § 15 Absatz 1 Nr. 2 und 3 i.V.m. § 18 Absatz 4 Satz 2 EStG).[702] Dies gilt ebenso für den persönlich haftenden Gesellschafter einer KGaA im Rahmen eines Formwechsels in eine AG. Dagegen wird die Kommandit-AG der KGaA bei einem Formwechsel aufgrund des identitätswahrenden Formwechsels zwischen Kapitalgesellschaften steuerneutral behandelt (vgl. § 14 Rz. 218).

3. Verschmelzung von OHG, KG, PartG und KGaA auf neue AG

465 Die Verschmelzung zwischen Kapitalgesellschaften führt grundsätzlich zu einer steuerlichen Gewinnrealisation, die aber durch eine Buchwertfortführung auf Antrag vermieden werden kann, wenn das Besteuerungsrecht der stillen Reserven in Deutschland nicht eingeschränkt wird (vgl. § 13 Rz. 368 ff.). Die nicht der KSt unterliegenden Rechtsträger unterliegen bei einer Verschmelzung auf eine AG den Vorschriften über die Einbringung eines Unternehmensteils (§§ 20 ff. UmwStG). Grundsätzlich sind die eingebrachten Unternehmensteile mit dem gemeinen Wert anzusetzen; nur auf Antrag kann das übernommene Betriebsvermögen mit dem Buchwert oder einem höheren Wert, der den gemeinen Wert jedoch nicht übersteigt (sog. Zwischenwert), festgesetzt werden (vgl. § 20 Absatz 2 UmwStG).[703] Der festgesetzte Wert hat beim einlegenden Gesellschafter grundsätzlich Bindung für den Veräußerungspreis der eingebrachten Anteile und die Anschaffungskosten der gewährten Aktien (vgl. § 20 Absatz 3 Satz 1 UmwStG).[704]

4. Spaltung von nicht der KSt unterliegenden Rechtsträgern auf neue AG

466 Die Spaltung von Kapitalgesellschaften auf andere Kapitalgesellschaften wird nach dem UmwStG wie Teilverschmelzungen behandelt (vgl. § 14 Rz. 279 ff.). Wenn Rechtsträger, die nicht der KSt unterliegen, auf eine AG gespalten werden, unterliegt dieser Vorgang den Vorschriften über die Einbringung von Unternehmensteilen in eine AG (§§ 20 ff. UmwStG). Das eingebrachte Betriebsvermögen ist daher grundsätzlich mit dem gemeinen Wert anzusetzen, soweit nicht ein Antrag auf Festsetzung des Buch- bzw. des Zwischenwerts gestellt wird (weitergehend vgl. § 13 Rz. 382 ff.). Die einbringenden Gesellschafter sind in der Regel im Hinblick auf den Veräußerungspreis und die Anschaffungskosten an den festgesetzten Wert gebunden (weitergehend vgl. § 13 Rz. 384 ff.).

---

[702] Zur Problematik, ob nach § 20 Absatz 1 UmwStG auch ein Bruchteil einer Mitunternehmerschaft eingebracht werden kann, vgl. *Herlinghaus*, in: Rödder/Herlinghaus/van Lishaut, UmwStG – § 20 Rz. 111).
[703] Zu den Voraussetzungen einer Ansetzung des eingebrachten Betriebsvermögens zwischen Buchwert und gemeinen Wert vgl. Rz. 426.
[704] Weitergehend vgl. Rz. 426.

C. Die Entstehung der AG durch Umwandlung

VI. Von der GmbH & Co. KG zur AG

1. Wege nach UmwG

Die Besonderheit der GmbH & Co. KG ist, dass sie aus zwei Gesellschaften 467 besteht, der Personengesellschaft KG und der Kapitalgesellschaft GmbH als persönlich haftendem Gesellschafter der KG. Es liegen also zwei Rechtsträger iSd. UmwG vor (§§ 1, 2 ff., 126 ff., 190 ff. UmwG). Nach UmwG gibt es folgende Wege von der GmbH & Co. KG zur AG:

1. Verschmelzung durch Neugründung der AG mit GmbH und KG als übertragenden Rechtsträgern (§§ 36 ff., 39 ff., 46 ff. 73 ff. UmwG); dies wird als kompliziertester und in den Umwandlungskosten teuerster Weg seltener praktiziert als die nachfolgenden Wege, die Formwechsel mit einer Verschmelzung kombinieren;
2. Verschmelzung der KG auf die GmbH mit nachfolgender formwechselnder Umwandlung der GmbH in AG; dies ist notwendig mit einer Kapitalerhöhung der GmbH zur Durchführung der Verschmelzung (§§ 53 f. UmwG; dazu § 13 Rz. 12) verbunden, was die gesamte Abwicklung zumeist unnötig kompliziert;
3. Formwechselnde Umwandlung der GmbH in AG mit nachfolgender Verschmelzung der KG auf die AG; auch hier ist wie zu 2. eine Kapitalerhöhung zwingend;
4. Verschmelzung der GmbH auf die KG mit nachfolgender formwechselnder Umwandlung der KG in AG; dies ist nur möglich, wenn ein zweiter persönlich haftender Gesellschafter vorhanden ist oder die Gesellschaft für die Zeit zwischen Verschmelzung und dem Formwechsel als OHG fortgeführt wird, und daher kaum praktikabel;
5. Formwechselnde Umwandlung der KG mit nachfolgender Verschmelzung der GmbH auf die nunmehr AG; eine Kapitalerhöhung zur Durchführung der Verschmelzung (wie zu 2. bis 4.) ist dann nicht erforderlich, wenn der KG sämtliche Geschäftsanteile der Komplementär-GmbH gehören (sog. Einheitsgesellschaft) oder aus diesem Anlass abgetreten werden.

Wenn vorstehend von „nachfolgender" Verschmelzung bzw. formwechselnder Umwandlung die Rede ist, ist damit die Reihenfolge der Eintragungen im Handelsregister gemeint, die oft am gleichen Tage erfolgt. Bei der Wahl des Weges dominieren neben Fragen der Praktikabilität zumeist steuerliche Interessen. In der Praxis hat die GmbH zumeist kein betriebsnotwendiges Vermögen und auch keinen bewahrenswerten Verlustvortrag, die KG aber Grundbesitz, für den durch die Umwandlung möglichst keine Grunderwerbsteuer anfallen soll. Weil alle übertragenden Umwandlungen Grunderwerbsteuer für die Übertragung von Grundbesitz auslösen (dazu § 14 Rz. 111 ff.), ist die Grunderwerbsteuer nur durch Formwechsel der KG in die AG zu vermeiden, da die Identität des Rechtsträgers gewahrt bleibt (§ 202 Abs. 1 Nr. 1 UmwG; dazu § 14 Rz. 234).[705] Der vorstehend aufgezeigte Weg nach Ziffer 5 ist daher die gebotene Gestaltung zur Vermeidung der Grunderwerbsteuer. Auch ertragsteuerlich kann dieser Weg grunsätzlich steuerneutral gestaltet werden.

2. Anwachsung

Falls die Vermeidung von Grunderwerbsteuer nicht relevant ist, wird in der 468 Praxis oft ein einfacherer und zumeist kostengünstigerer Weg beschritten, der teilweise außerhalb des UmwG liegt: Dieser sechste Weg (zu Weg 1 bis 5

---

[705] BFH II B 116/96 v. 4.12. 1997, BStBl. II 1997, 661; BeckHdb. GmbH/Orth § 14 Rz. 112, 334 mwN.

§ 2   469   Die Gründung und die Entstehung durch Umwandlung

Rz. 467) besteht in der formwechselnden Umwandlung der GmbH in die AG unter Ausscheiden sämtlicher anderen Gesellschafter der KG (zumeist nur Kommanditisten) aus dieser. Letzteres führt zur Auflösung der KG mangels mehrerer Gesellschafter und Anwachsung ihres Vermögens durch Gesamtrechtsnachfolge auf die GmbH oder AG,[706] je nachdem ob das Ausscheiden mit Wirkung vor oder nach dem Formwechsel erfolgt (§ 738 BGB, §§ 105 Abs. 3, 161 Abs. 2 HGB). Besteht Beteiligungsidentität für die GmbH und die KG, ist eine Kapitalerhöhung bei der GmbH/AG zum Ausgleich von Beteiligungsungleichheiten nicht notwendig.

Allerdings ist dieser Weg aus ertragsteuerlichen Gründen verbaut, wenn in den Kommanditanteilen stille Reserven vorhanden sind (Realisation durch Annahme einer verdeckten Einlage in die Kapitalgesellschaft). Dann kann als Alternative die sog. erweiterte Anwachsung in Frage kommen (Einbringung der Kommanditanteile in die Kapitalgesellschaft im Wege der Sachkapitalerhöhung). Dazu wird vereinzelt vertreten, dass § 20 UmwStG n.F. nach Inkrafttreten des SEStEG auf die erweiterte Anwachsung keine Anwendung findet.[707]

D. Mantelverwendung statt Gründung und Umwandlung

I. Übersicht

469 Unter Mantelverwendung versteht sich die wirtschaftliche Neugründung einer Kapitalgesellschaft unter Vermeidung von deren rechtlicher Neugründung durch Fortführung einer bereits durch Eintragung im Handelsregister rechtlich bestehenden Gesellschaft (§ 41 Abs. 1 AktG), die keinen unternehmerischen Inhalt besitzt (Gesellschaftsmantel). Hierbei kann es sich um einen „gebrauchten" Gesellschaftsmantel[708] (dazu Rz. 479 ff.) handeln, wenn die Gesellschaft seit der Gründung bereits wirtschaftlich genutzt worden ist, ihre unternehmerische Tätigkeit jedoch eingestellt hat und nunmehr einen neuen wirtschaftlichen Inhalt erhalten soll. Häufiger kommt seit dem Jahre 1992 die Verwendung einer sog. Vorratsgesellschaft (dazu Rz. 470 ff.) vor, die zunächst bewusst ohne Aufnahme einer unternehmerischen Tätigkeit gegründet wird, um später bei Bedarf einem unternehmerischen Zweck zugeführt zu werden. Beiden Verwendungsfällen ist die **Ersparnis von Zeit** gemeinsam, die sonst bis zur Eintragung einer rechtlichen Neugründung unvermeidlich ist. Bei Vorratsgesellschaften ist die Zeitersparnis der Hauptgrund ihrer Verwendung, weshalb in den letzten Jahren eine Bestandshaltung von Vorratsmänteln in Konzernen und durch Beratungsunternehmen für deren Klienten üblich geworden, aber auch ein gewerblicher Handel mit Vorratsgesellschaften entstanden ist. Bei der Verwendung „gebrauchter" Mäntel steht heute die Sicherung einer attraktiven Firmierung und gelegentlich die Absicht, sich einer Kapitalgesellschaft zu bedienen, ohne das dafür erforderliche Mindestkapital aufzubringen, im Vordergrund (s. hierzu Rz. 479). Die früher mögliche Nutzung eines steuerlichen Verlustvortrages durch die Verwendung eines gebrauchten Gesellschaftsmantels besteht heute nicht mehr (dazu Rz. 483).

---

[706] BeckHdb. GmbH/*Orth* § 14 Rz. 241 mwN.
[707] *Patt* Der Konzern 2006, 730, 732.
[708] *Altmeppen* NZG 2003, 145.

D. Mantelverwendung statt Gründung und Umwandlung   470, 471   § 2

II. Vorratsgesellschaft

1. Zulässigkeit der Gründung

Die Gründung von Vorratsgesellschaften ist mit der neueren Rechtsprechung[709] als zulässig anzusehen, falls die Vorratsgründung offengelegt wird (offene Vorratsgründung) und sich der Unternehmensgegenstand auf die tatsächlich beanbsichtigte Tätigkeit der Gesellschaft (etwa „**Verwaltung eigenen Vermögens**") bezieht.[710] In diesem Fall kann die Vorratsgründung durch das Registergericht kontrolliert werden und können daher auch keine Einwände gegen die Vorratsgründung erhoben werden. Ein Scheingeschäft iSv. § 117 BGB liegt nicht vor, da die Verwirklichung des angegebenen Unternehmensgegenstandes tatsächlich gewollt ist. Auch von einer Umgehung des § 23 Abs. 3 Nr. 2 AktG kann wegen der Offenlegung der Verhältnisse keine Rede sein.[711] Anderes gilt nur, wenn ein fiktiver oder ernstlich nicht gewollter Unternehmensgegenstand angegeben und die Vorratsgründung nicht offengelegt wird (verdeckte Vorratsgründung).[712]   **470**

2. Wirtschaftliche Neugründung

Soll eine auf Vorrat gegründete Gesellschaft (dazu Rz. 470) Verwendung für operative Zwecke finden,[713] liegt nach der Rechtsprechung eine wirtschaftliche Neugründung vor, auf welche die **Gründungsvorschriften analog anzuwenden** sind.[714] Folge der wirtschaftlichen Neugründung in diesem Sinne ist die entsprechende Anwendung der der Kapitalausstattung dienenden Gründungsvorschriften einschließlich der Vorschriften über die registergerichtliche Kontrolle (Rz. 473, 475). In diesem Rahmen haben die Geschäftsführungsorgane zu versichern, dass die Mindesteinlagen geleistet worden sind und die Einlagen sich weiterhin in ihrer freien Verfügung befinden.[715] Die Gesellschafter unterliegen der Vorbelastungshaftung (hierzu Rz. 478, 66), wobei der maßgebliche Stichtag abweichend von den sonstigen Grundsätzen dem Tag der Anmeldung der wirtschaftlichen Neugründung beim Handelsregister entspricht.[716] Hinzu kommt nach der Ansicht des BGH eine entsprechende Anwendung der Handelndenhaftung in den Fällen in Betracht, in denen die Gesellschafter der Geschäftsaufnahme vor der Offenlegung der wirtschaftlichen Neugründung gegenüber dem Handelsregister nicht zugestimmt haben (Rz. 478).[717]   **471**

---

[709] Zunächst BGH II ZB 17/91 v. 16. 3. 1992, BGHZ 117, 323, 330 ff.; OLG Stuttgart ZIP 1992, 250, 251; BGH II ZB 12/02 v. 9. 12. 2002, BGHZ 153, 158; zur Frage der Verwendung eines gebrauchten Mantels BGH II ZB 4/02 v. 7. 7. 2003, BGHZ 155, 318, 321 ff.; *Hüffer* AktG § 23 Rz. 26.
[710] BGHZ 117, 323, 330 ff.; *Priester* DB 1983, 2291, 2298; *Hüffer* AktG § 23 Rz. 26; MünchKomm. AktG/Bd. 1/*Pentz* § 23 Rz. 91.
[711] MünchKomm. AktG/Bd. 1/*Pentz* § 23 Rz. 91; aA *Scholz/Emmerich* GmbHG § 3 Rz. 19a.
[712] MünchKomm. AktG/Bd. 1/*Pentz* § 23 Rz. 91 mwN.
[713] *Goette* DStR 2003, 300.
[714] Für AG: BGHZ 117, 323, 330 ff.; für GmbH: BGHZ 153, 158, 162; BGHZ 155, 318, 326.
[715] BGHZ 153, 158; BGHZ 155, 318, 326.
[716] BGHZ 155, 318, 326.
[717] BGHZ 155, 318, 327.

3. Folgen der Vorratsgründung

472 Anlass für das Registergericht, eine wirtschaftliche Neugründung anzunehmen, ist gegeben, wenn eine aufgrund ihres einschlägigen Unternehmensgegenstandes ersichtlich auf Vorrat gegründete Gesellschaft (dazu Rz. 470) eine Satzungsänderung anmeldet, aus der sich die **Verwendung für operative Zwecke** ergibt, zumeist also eine Änderung des Unternehmensgegenstandes (zu einer wirtschaftlichen Neugründung ohne Änderung des Unternehmensgegenstandes Rz. 477). Dies wird aber auch schon für den Notar Anlass sein, auf die notwendigen Maßnahmen zur Erfüllung der richterlichen Prüfungskriterien bei einer wirtschaftlichen Neugründung hinzuwirken (dazu Rz. 473 ff.).

a) Aufbringung des Mindestgrundkapitals

473 Die an der Vorratsründung beteiligten Gesellschafter trifft die Pflicht zur Aufbringung des Mindestgrundkapitals (§ 36a Abs. 1 AktG analog). Ausgelöst wird diese durch den der Satzungsfeststellung vergleichbaren, auf die Vorratsgründung gerichteten und den Unternehmensgegenstand ändernden Beschluss. Maßgeblich für die Höhe der Einlageverbindlichkeiten ist das satzungsmäßig ausgewiesene Grundkapital und nicht der Mindestnennbetrag des § 7 AktG.[718] Der Mehrbetrag (Agio) ist hingegen bei der Berechnung der Einlageverbindlichkeit nicht zu berücksichtigen, da es insoweit an der Vergleichbarkeit mit den Fällen fehlt, die unmittelbar durch § 23 AktG geregelt werden.[719] Verfügt die Gesellschaft über Vermögen, ist es auf die Einlagepflichtung anzurechnen; ist sie hingegen überschuldet, wirkt sich dies erhöhend auf die Einlageverpflichtung aus.[720] Bareinlagen sind mindestens zu einem Viertel zu leisten (§§ 36 Abs. 2, 36a AktG analog). Bei Sacheinlagen sind die Bestimmungen der §§ 27, 32, Abs. 2, 33 Abs. 2 Nr. 4, 36a Abs. 2, 38 Abs. 2 AktG zu beachten. Im Übrigen gelten die Bestimmungen über das Neugründungsverfahren entsprechend, allerdings unter der Voraussetzung, dass der Beschluss über die Satzungsänderung an die Stelle der Satzungsänderung nach § 23 AktG und die Anmeldung der Satzungsänderung an die Stelle der Anmeldung nach § 37 AktG tritt. Über ihren Wortlaut hinaus sind zudem die Nachgründungsvorschriften (§ 52 AktG) anzuwenden, wenn die Nachgründung innerhalb von zwei Jahren seit Eintragung des für die Mantelverwendung erforderlichen Beschlusses erfolgt.[721]

b) Gründungsbericht und Gründungsprüfung

474 Die Gesellschafter haben über die Mantelverwendung einen Gründungsbericht zu erstellen (§ 32 AktG analog, s. im Einzelnen Rz. 18).[722] Ggf. kann eine weitere Prüfung nach § 34 Abs. 4 AktG erforderlich sein (s. im Einzelnen Rz. 22).

---

[718] BGHZ 155, 318, 326; MünchKomm. AktG/Bd. 1/*Pentz* § 23 Rz. 101.
[719] MünchKomm. AktG/Bd. 1/*Pentz* § 23 Rz. 101.
[720] MünchKomm. AktG/Bd. 1/*Pentz* § 23 Rz. 101; GroßKomm. AktG/*Röhricht* § 23 Rz. 137.
[721] MünchKomm. AktG/Bd. 1/*Pentz* § 23 Rz. 102.
[722] *Hüffer* AktG § 23 Rz. 27; MünchKomm. AktG/Bd. 1/*Pentz* § 23 Rz. 103; s. auch BGHZ 153, 158, 162 ff.

D. Mantelverwendung statt Gründung und Umwandlung 475–477 § 2

c) Annmeldung der Vorratsgründung, Prüfung durch das Gericht

Der auf die Mantelverwendung gerichtete Beschluss, der den Unternehmensgegenstand ändert, ist entsprechend den §§ 36 ff AktG bei dem zuständigen Registergericht unter Beifügung der Unterlagen und Nachweise nach § 37 AktG anzumelden. Die Anmeldung hat durch alle Gründer und Verwaltungsmitglieder unter Offenlegung der Mantelgründung zu erfolgen.[723] Das Gericht muss auf einer erneuten Erklärung in öffentlich beglaubigter Form (§ 12 Abs. 1 HGB) bestehen, die inhaltlich der Erklärung in der Anmeldung der Vorratsgründung entspricht (§ 37 Abs. 1 Satz 1 Hs. 1 iVm. §§ 36 Abs. 2 Satz 1, 36 a AktG; dazu Rz. 42 f.), also einmal die Bestätigung der ursprünglichen Erklärung über die ordnungsgemäße Einzahlung des in ausreichender Höhe (§ 36 a Abs. 1 AktG) eingeforderten Betrages (§ 36 Abs. 2 Satz 1 AktG), zum anderen dass dieser Betrag weiterhin[724] endgültig zur freien Verfügung des Vorstandes steht.[725] Das Registergericht hat entsprechend § 38 AktG zu prüfen, ob die Vorratsgründung den zuvor aufgezeigten Kriterien entspricht (insbesondere Prüfung, ob das Anfangskapital im Zeitpunkt der Anmeldung durch Vorbelastungen gemindert ist).[726] Nicht entschieden durch den BGH ist bisher die Frage, ob die Anmeldung zu einer Eintragung in das Handelsregister führt oder nur zu den Registerakten zu nehmen ist. Aufgrund der Nähe zur Gründung sprechen die besseren Gründe für erstere Ansicht. 475

d) Auswirkung der BGH-Rechtsprechung auf Altfälle?

In der Zeit zwischen den beiden Entscheidungen über Vorratsgesellschaften sind Satzungsänderungen über wirtschaftliche Neugründungen in wohl den meisten Fällen ohne einen erneuten Kapitalnachweis eingetragen worden. An der Wirksamkeit dieser Eintragungen besteht kein Zweifel. Dies ändert aber nichts an den Haftungsfragen, die sich aus einer wirtschaftlichen Neugründung ergeben können (dazu Rz. 478). 476

e) Wirtschaftliche Neugründung ohne Änderung des Unternehmensgegenstandes

Die Aufnahme einer operativen Tätigkeit ohne Anpassung des Unternehmensgegenstandes wäre jedenfalls als Umgehung der Gründungsvorschriften zu betrachten, die im Übrigen wegen des unrichtig werdenden Unternehmensgegenstandes auch der Auflösungsklage (§ 275 AktG; dazu Rz. 381 ff.) und deshalb auch der Löschung von Amts wegen (§ 397 FamFG; dazu Rz. 385) ausgesetzt ist.[727] 477

---

[723] BGHZ 155, 318, 323; MünchKomm. AktG/Bd. 1/*Pentz* § 23 Rz. 104; *Goette* DStR 2004, 461, 463.
[724] Das Wort „weiterhin" steht ausdrücklich nur im amtlichen Leitsatz c) des BGH-Beschlusses v. 9. 12. 2002, entspricht aber dem Sinn der Begründung und sollte daher von der Praxis verwendet werden.
[725] Für GmbH: BGH II ZB 12/02 v. 9. 12. 2002, NZG 2003, 170, DStR 2003, 298.
[726] MünchKomm. AktG/Bd. 1/*Pentz* § 23 Rz. 104.
[727] Großkomm. AktG/*Röhricht* § 23 Rz. 144.

4. Haftung für wirtschaftliche Neugründung

478 Der BGH hat die materiell-rechtliche Haftung für die Fälle der Mantelverwendung bisher offengelassen (dazu Rz. 471), namentlich die Unterbilanzhaftung der Gründer (dazu Rz. 269 ff.) und Handelndenhaftung (§ 41 Abs. 1 Satz 2 AktG; dazu Rz. 282 ff.; § 11 Abs. 2 GmbHG).[728] Da die Gesellschaft bei der Mantelverwendung über das erforderliche Mindestreinvermögen verfügen muss, haften die Gesellschafter auf den Betrag, um den das tatsächliche Gesellschaftsvermögen zu diesem Zeitpunkt hinter dem Betrag des Nennkapitals zuückbleibt (Unterbilanzhaftung).[729] Hinsichtlich der Handelndenhaftung aus § 41 Abs. 1 Satz 2 AktG will der BGH das Eingreifen der Haftung auf die Fälle beschränken, in denen vor der Offenlegung der wirtschaftlichen Neugründung die Geschäfte aufgenommen worden sind, ohne dass dem alle Gesellschafter zugestimmt haben (zur Anwendung bei „gebrauchten" Mänteln Rz. 483). Zudem besteht eine Haftung entsprechend §§ 46 ff. AktG (dazu Rz. 258 bis 292; dazu Rz. 474).[730]

III. Verwendung „gebrauchter" Gesellschaftsmäntel

479 Im Gegensatz zur Verwendung einer sog. Vorratsgesellschaft (dazu Rz. 470 ff.) spricht man von der Verwendung eines „gebrauchten" Gesellschaftsmantels,[731] wenn die Gesellschaft seit der Gründung bereits wirtschaftlich genutzt worden ist, ihre unternehmerische Tätigkeit jedoch eingestellt hat und nunmehr einen neuen wirtschaftlichen Inhalt erhalten soll.[732] Bei der Verwendung „gebrauchter" Mäntel steht aber im Gegensatz zur Verwendung einer Vorratsgesellschaft zumeist weniger der Zeitfaktor, sondern eher die Sicherung einer attraktiven Firmierung und leider aber auch die Absicht, sich einer Kapitalgesellschaft zu bedienen, ohne das dafür erforderliche Mindestkapital aufzubringen. Letzterem ist aber durch die neue Rechtsprechung des BGH ein Riegel vorgeschoben worden, soweit das zunächst vorhandene Kapital verbraucht ist.[733] Die Möglichkeit der Nutzung eines steuerlichen Verlustvortrages besteht demgegenüber nicht mehr (dazu Rz. 484).

1. Zulässigkeit

480 Der Erwerb eines „gebrauchten" Gesellschaftsmantels zwecks wirtschaftlicher Wiederbelebung wird heute von der hM der Literatur als zulässig angesehen[734] und ist durch den BGH kürzlich bestätigt worden.[735]

---

[728] *Goette* DStR 2003, 300.
[729] BGHZ 153, 158, 162; ausdrücklich für Anwendung der Unterbilanzhaftung Großkomm. AktG/*Röhricht* § 23 Rz. 142.
[730] Für Anwendbarkeit von §§ 46 ff.: Großkomm. AktG/*Röhricht* § 23 Rz. 137; AktG MünchKomm. AktG/Bd. 1/*Pentz* § 23 Rz. 104.
[731] BGH II ZB 12/02 v. 9.12. 2002, BGHZ 158, NZG 2003, 170, DStR 2003, 298.
[732] S. i.E. MünchKomm. AktG/Bd. 1/*Pentz* § 23 Rz. 98.
[733] BGHZ 155, 318, 326.
[734] BGHZ 155, 318, 321 ff.; Großkomm. AktG/*Röhricht* § 23 Rz. 132 mwN.
[735] BGHZ 155, 318, 324; s. auch Rz. 470.

D. Mantelverwendung statt Gründung und Umwandlung 481–483 § 2

2. Abgrenzung zu Umorganisation und Sanierung

Für die Abgrenzung der Mantelverwendung von der Umorganisation oder **481**
Sanierung ist auf den Einzelfall abzustellen. Ein klarer Fall der Mantelverwendung liegt vor, wenn eine nahezu oder völlig vermögenslose Gesellschaft für den Betrieb eines neuen Unternehmens eingesetzt wird. Für eine Mantelverwendung spricht es weiter, wenn der Gegenstand des Unternehmens neu formuliert wird (Branchenwechsel). Sonstige Veränderungen wie Gesellschafterwechsel, Firmenänderung oder Austausch der Geschäftsführung sind für sich alleine genommen irrelevant, können dem Registergericht aber Anlass geben, weitere Nachforschungen anzustellen.[736]

3. Folgen der Mantelgründung

Auf die Mantelgründung mittels eines gebrauchten Gesellschaftsmantels **482**
sind die zur Vorratsgesellschaft entwickelten Grundsätze anzuwenden.[737] Dies ist kürzlich durch den BGH[738] klargestellt worden, der die Verwendung eines gebrauchten Mantels wirtschaftlich als Neugründung einstuft. Im Ergebnis hat diese zur Folge, dass auf die Ausführungen zur Vorratsgründung, insbesondere auf diejenigen des Mindestkapitals, der Gründungsprüfung, der registergerichtlichen Kontrolle und der Haftung (Rz. 473 ff.) verwiesen werden kann.

4. Steuerlicher Verlustvortrag

Durch die UntStReform wurde zum VZ 2008[739] die Verlustabzugsbeschränkung bei „gebrauchten" Gesellschaftsmänteln durch § 8c KStG[740] neu geregelt. **483**
Der bisherige § 8 Absatz 4 KStG wurde durch die Regelung in § 8c KStG ersetzt, wonach ein Verlustvortrag anteilig oder vollständig nach dem Umfang des Anteilseignerwechsels untergeht. Weitergehend vgl. § 12 Rz. 78 ff.

---

[736] MünchKomm. AktG/Bd. 1/*Pentz* § 23 Rz. 98.
[737] MünchKomm. AktG/Bd. 1/*Pentz* § 23 Rz. 96.
[738] BGHZ 155, 318, 321 ff.
[739] Zur Rechtslage bis einschließlich VZ 2007 vgl. § 3 Rz. 484 bzw. § 12 Rz. 200 ff. der Vorauflage. Der neue § 8c KStG ist auf Anteilsübertragungen nach dem 31.12.2007 anzuwenden (vgl. § 34 Absatz 7b KStG). Der § 8 Absatz 4 KStG a.F. ist letztmals anzuwenden, wenn mehr als die Hälfte der Anteile an einer Kapitalgesellschaft innerhalb eines Zeitraums von fünf Jahren übertragen werden, der vor dem 1.1.2008 beginnt und der Verlust der wirtschaftlichen Identität vor dem 1.1.2013 eintritt (vgl. § 34 Absatz 6 Satz 4 KStG).
[740] Durch das Gesetz zur Modernisierung der Rahmenbedingungen für Kapitalbeteiligungen (MoRakG) wurde die Abzugsbeschränkung für Wagniskapitalbeteiligungsgesellschaften (WKBG) unter den Voraussetzungen des neu eingeführten § 8c Absatz 2 KStG aufgehoben.

E. Die Gründung der KGaA und ihre Entstehung durch Umwandlung

I. Gründung nach AktG

1. Übersicht

490 Das AktG verweist in den Bestimmungen über die KGaA weitgehend auf die Regeln für die AG (§ 278 Abs. 3 AktG), insbesondere auch auf deren Gründungsvorschriften (§§ 23 ff. AktG), und stellt nur einige besondere Vorschriften für die Gründung der KGaA auf (§§ 279 bis 283 AktG). Zur Vermeidung von Wiederholungen wird auch hier allgemein auf die Gründung der AG verwiesen (dazu Rz. 8 ff.) und werden nur die Besonderheiten der KGaA aufgeführt.

2. Die Gründer

491 Gründer der KGaA sind die Gesellschafter, welche die Satzung festgestellt haben (§ 280 Abs. 3 AktG). Mindestens einer dieser Gründer muss persönlich haftender Gesellschafter (phG) sein (§ 278 Abs. 1 AktG; dazu Rz. 492). Sind mehrere phG laut Satzung vorgesehen (§ 281 Abs. 1 AktG), müssen sie sich alle an der Feststellung der Satzung beteiligen (§ 280 Abs. 2 Satz 1 AktG). Außerdem müssen an der Feststellung die Personen als Gründer mitwirken, die als Kommanditaktionäre Aktien gegen Einlagen übernehmen (§ 280 Abs. 2 Satz 2 iVm. § 23 Abs. 2 AktG; dazu Rz. 493). Da die phG auch selbst Aktien übernehmen können,[741] kann die Gründung auch nur durch phG erfolgen, wenn mindestens einer auch Aktien übernimmt. Insgesamt sind fünf Personen als Gründer vorgeschrieben (§ 280 Abs. 1 Satz 2 AktG; zur Frage, ob dies nach Zulassung der Einpersonengründung für die AG durch § 2 AktG noch anzuwenden ist, Rz. 494).

a) Persönlich haftende Gesellschafter

492 Als phG können sich alle Personen beteiligen, die phG einer Personengesellschaft sein können (§ 278 Abs. 2 AktG), also natürliche Personen (auch beschränkt geschäftsfähige, jedenfalls wenn von der Geschäftsführung oder Vertretung ausgeschlossen, §§ 114 Abs. 2, 161 Abs. 2 HGB[742]) und juristische Personen (so nunmehr § 279 Abs. 2 AktG).

b) Kommanditaktionäre

493 Die Gründerfähigkeit als Kommanditaktionär unterscheidet sich nicht von der Gründerfähigkeit für die AG (dazu Rz. 72 ff.). Ein phG kann auch zugleich Kommanditaktionär sein (dazu Rz. 491). Da die KGaA keine natürliche Person als phG haben muss (§ 279 Abs. 2 AktG), kann es zur Beteiligung nur von juristischen Personen an ihr auch schon bei der Gründung kommen.

---

[741] HM; *Hüffer* AktG § 278 Rz. 5 mwN.
[742] *Hüffer* AktG § 278 Rz. 7 mwN.

E. Die Gründung der KGaA

c) Zahl der Gründer, Einpersonen-KGaA

Es ist heute anerkannt, dass eine KGaA nur eine Person als Gesellschafter haben kann,[743] die auch juristische Person sein kann (dazu Rz. 493). In seiner Neufassung durch das UMAG verzichtet § 280 Abs. 1 Satz 1 AktG auf eine Gründerzahl, womit die Anpassung an § 2 AktG nachgeholt wird. **494**

3. Gründungsverfahren

Die phG haben im Gründungsverfahren eine **Doppelfunktion** als Gründer (§ 280 Abs. 2) und als Ersatz für den Vorstand, dessen Vorschriften sinngemäß für die phG gelten (§ 283 AktG). Deshalb treffen die Pflichten beider Funktionen auf den phG zu (dazu Rz. 15 ff.). Die phG haben als Gründer an dem Gründungsbericht mitzuwirken (§ 32 AktG; dazu Rz. 18 ff.) Es ist streitig, ob zum Gegenstand des Gründungsberichts die Einlageleistung des phG zählt, wogegen die Anwendung des Rechts der Personenhandelsgesellschaften auf den phG spricht (§ 278 Abs. 2 AktG).[744] Auch ist der phG an der Prüfung des Hergangs der Gründung beteiligt (§ 33 Abs. 1 AktG; dazu Rz. 23 ff.). Immer muss eine Gründungsprüfung stattfinden (§ 33 Abs. 2 Nr. 1 AktG; dazu Rz. 25 ff.), die aber durch den Gründungsnotar als Prüfungsbeauftragten erfolgen kann (§ 33 Abs. 3 Satz 1 AktG; dazu Rz. 29), wenn nicht die Gründe der Bestellung eines Gründungsprüfers durch das Gericht vorliegen (§ 33 Abs. 3 Satz 2 iVm. § 33 Abs. 2 Nr. 3 und 4 AktG). Bei der **Eintragung** (§ 39 AktG; dazu Rz. 60 ff.) sind statt der Vorstandsmitglieder die phG und ihre Vertretungsbefugnis anzugeben (§ 282 AktG). **495**

4. Die Satzung der KGaA

Die Satzung unterliegt nur in vier Punkten besonderen Anforderungen gegenüber der AG (§ 23 Abs. 3 bis 5 AktG; dazu Rz. 329 ff.): **496**
- Die **Firma** muss die Bezeichnung „Kommanditgesellschaft auf Aktien" oder eine allgemein verständliche Abkürzung (durchgesetzt hat sich KGaA[745]) enthalten (§ 279 Abs. 1 AktG).
- Hat die KGaA keine natürliche Person als phG, muss die Firma eine Bezeichnung enthalten, welche die **Haftungsbeschränkung** kennzeichnet (§ 279 Abs. 2); dieser Anforderung genügt zB bei einer GmbH oder GmbH und Co. KG als phG in beiden Fällen die Firma „Muster GmbH & Co. KGaA".
- Jeder phG muss mit **Namen, Vornamen** und **Wohnort** in der Satzung enthalten sein (§ 281 Abs. 1 AktG).
- **Vermögenseinlagen der phG**, wenn sie nicht auf das Grundkapital geleistet werden (dann § 23 Abs. 2 AktG; dazu Rz. 13), müssen nach Höhe und Art in der Satzung festgesetzt werden (§ 281 Abs. 2 AktG); die Leistung von Vermögenseinlagen ist aber keine Voraussetzung für die Stellung als phG; sie wird aber durch die Feststellung in der Satzung verbindlich.

---

[743] Ganz hM; *Hüffer* AktG § 278 Rz. 5 mwN.
[744] So MünchHdb. GesR/Bd. 4/*Herfs* § 76 Rz. 3 mwN auf den Meinungsstand.
[745] *Hüffer* AktG § 279 Rz. 2 mit Skepsis gegenüber anderen Abkürzungen.

5. Die Gründung der KGaA in der Rechnungslegung

497 Für die Eröffnungsbilanz der KGaA gelten die gleichen Regeln wie für die AG (dazu Rz. 410 ff.), insbesondere zum Stichtag (dazu Rz. 411). Die „Kapitalanteile der persönlich haftenden Gesellschafter" sind mit dieser Bezeichnung unter dem Eigenkapital nach dem Posten „Gezeichnetes Kapital" (§ 152 Abs. 1 iVm. §§ 266 Abs. 3 A. I., 272 Abs. 1 Satz 1 HGB; dazu Rz. 412) auszuweisen (§ 286 Abs. 2 Satz 1 HGB). Voraussetzung ist die Festsetzung von Vermögenseinlagen in der Satzung (§ 281 Abs. 2 AktG; dazu Rz. 496). Für ausstehende Einlagen der phG gelten die Ausweisregeln des gezeichneten Kapitals entsprechend (§ 272 Abs. 1 Sätze 2 und 2 HGB; dazu Rz. 411 f.).[746] Die Kapitalanteile mehrerer phG können in einem Posten zusammengefasst werden.[747]

6. Die Gründung der KGaA im Steuerrecht

498 Die KGaA hat aufgrund ihrer Mischform aus Personen- und Kapitalgesellschaft eine steuerliche Zwitterstellung. Daher gelten die Regelungen für Sacheinlagen durch Gründer der AG auch bei Sacheinlagen der Kommanditaktionäre (vgl. Rz. 424 ff.). Soweit Sacheinlagen des persönlich haftenden Gesellschafters auf seinen Kapitalanteil geleistet werden, finden die Vorschriften des EStG und UmwStG über Einlagen in das Betriebsvermögen einer Mitunternehmerschaft Anwendung. Weitergehend zur KGaA vgl. § 13 Rz. 700 ff.

a) Sacheinlagen aus Privatvermögen des phG

499 Sacheinlagen aus dem Privatvermögen des persönlich haftenden Gesellschafters sind mit dem **Teilwert** für den Zeitpunkt der Zuführung anzusetzen (vgl. § 6 Absatz 1 Nr. 5 Satz 1 EStG). Sie sind jedoch höchstens mit den Anschaffungs- oder Herstellungskosten anzusetzen, wenn das zugeführte Wirtschaftsgut
- innerhalb der letzten drei Jahre vor dem Zeitpunkt der Zuführung angeschafft bzw. hergestellt worden ist oder
- ein Anteil an einer Kapitalgesellschaft ist, welcher beim Steuerpflichtigen eine wesentliche Beteiligung im Sinne des § 17 EStG[748] darstellt, oder
- ein Wirtschaftsgut im Sinne des § 20 Absatz 2 EStG (z. B. Aktien) ist (vgl. § 6 Absatz 1 Nr. 5 Satz 1 2. HS EStG).

Ist die Sacheinlage ein Wirtschaftsgut, das vor der Zuführung aus einem Betriebsvermögen des persönlich haftenden Gesellschafters entnommen worden ist, so tritt an die Stelle der Anschaffungs- oder Herstellungskosten der Wert, mit dem die Entnahme angesetzt worden ist (**Entnahmewert**), und an die Stelle des Zeitpunkts der Anschaffung oder Herstellung der Zeitpunkt der Entnahme (vgl. § 6 Absatz 1 Nr. 5 Satz 3 EStG).

---

[746] MünchKomm. AktG/Bd. 8/Semler/Perlitt § 280 Rz. 3 mwN.
[747] Hüffer AktG § 286 Rz. 3.
[748] Nach § 17 Absatz 1 EStG liegt eine wesentliche Beteiligung vor, wenn der Steuerpflichtige innerhalb der letzten fünf Jahre am Kapital der Gesellschaft unmittelbar oder mittelbar zu mindestens 1 Prozent beteiligt war.

b) Sacheinlagen aus Betriebsvermögen des phG

Soweit es sich bei der Sacheinlage aus dem Betriebsvermögen des persönlich haftenden Gesellschafters um ein **Einzelwirtschaftsgut** handelt, ist grundsätzlich der Buchwert fortzuführen (vgl. § 6 Absatz 5 Satz 1 EStG). Dies setzt allerdings neben der Sicherstellung der Besteuerung stiller Reserven auch voraus, dass die gesamthänderische Beteiligung des persönlich haftenden Gesellschafters an dem eingebrachten Einzelwirtschaftsgut gegeben ist und drei Jahre besteht (vgl. § 6 Absatz 5 Satz 3 und 4 EStG). Sollte während der dreijährigen Frist das eingebrachte Einzelwirtschaftsgut veräußert oder entnommen werden, ist rückwirkend der Teilwert anzusetzen.[749] Ein Überspringen stiller Reserven aufgrund einer disquotalen Übertragung in die Gesamthand der KGaA ist nicht mehr als gewinnrealisierende Entnahme beim Betriebsvermögen des einbringenden persönlich haftenden Gesellschafters zu verstehen.[750]

500

Der persönlich haftende Gesellschafter kann einen **(Teil-)Betrieb, Anteile an einer Kapitalgesellschaft** oder einen **Mitunternehmeranteil** in die KGaA einbringen. Im Rahmen der Gewinnermittlung des persönlich haftenden Gesellschafters („wie ein Mitunternehmer") hat die KGaA den gemeinen Wert[751] der Einlage anzusetzen. Allerdings kann auf Antrag der Buchwert fortgeführt oder ein höherer Wert bis zum Gemeinwert angesetzt werden, soweit das Besteuerungsrecht für Deutschland nicht beschränkt wird (§ 24 Absatz 1 und 2 UmwStG analog[752]). Der bei der KGaA angesetzte Wert gilt als Veräußerungspreis für den einbringenden persönlich haftenden Gesellschafter (§ 24 Absatz 3 Satz 1 UmwStG analog). Die Steuerprivilegien des „Altersfreibetrags" nach § 16 Absatz 4 EStG und der Tarifglättung bzw. -ermäßigung nach § 34 Absatz 1 und 3 EStG finden zugunsten des einlegenden persönlich haftenden Gesellschafters nur Anwendung, wenn das eingebrachte Betriebsvermögen mit dem gemeinen Wert angesetzt worden ist und der Veräußerungsgewinn nicht durch das Teileinkünfteverfahren nach § 3 Nr. 40 Satz 1 lit. b i.V.m. § 3c Absatz 2 EStG anteilig steuerfrei ist (vgl. § 24 Absatz 3 Satz 2 UmwStG analog).[753]

501

---

[749] Das Gesetz vermutet unwiderlegbar, dass keine Umstrukturierung sondern nur die Vorbereitung zur Veräußerung bzw. Entnahme vorliegt, wenn die Sacheinlage innerhalb von drei Jahren wieder veräußert bzw. entnommen wird.

[750] Vgl. *Herrmann*, in: Frotscher, EStG – § 6 Rz. 518.

[751] Der gemeine Wert des eingebrachten Betriebsvermögens entspricht der Summe der Verkehrswerte oder Einzelveräußerungspreise der einzelnen Wirtschaftsgüter. Vgl. *Rasche*, in: Rödder/Herlinghaus/van Lishaut, UmwStG – § 24 Rz. 70.

[752] Die KGaA ist zwar eine Kapitalgesellschaft, aber eine Sacheinlage auf das Komplementärkapital fällt unter § 24 Absatz 1 UmwStG, weil der persönlich haftende Gesellschafter „wie" ein Mitunternehmer zu behandeln ist. Vgl. *Rasche*, in: Rödder/Herlinghaus/van Lishaut, UmwStG – § 24 Rz. 49.

[753] Außerdem muss bei Einbringung eines Mitunternehmeranteils dieser vollständig eingelegt werden (vgl. § 24 Absatz 3 Satz 2 UmwStG analog).

II. Die Entstehung der KGaA durch Umwandlung

1. Formwechsel und Neugründung durch Verschmelzung und Spaltung

510   Sämtliche Umwandlungsformen, durch die eine AG entstehen kann (dazu Rz. 430 ff.), gelten auch für die Entstehung der KGaA durch Umwandlung (dazu insbesondere das Schaubild über die in eine AG umwandlungsfähigen Rechtsträger in Rz. 433; beim Formwechsel ist die KGaA als formwechselnder Rechtsträger durch die AG zu ersetzen; der Formwechsel eines VVaG in eine KGaA ist ausgeschlossen; § 291 Abs. 1 UmwG). Im Einzelnen ergeben sich die nachfolgenden Abweichungen (Rz. 511 f.).

a) Formwechsel in KGaA

511   Der Beschluss über den Formwechsel in eine KGaA muss vorsehen, dass sich an der KGaA mindestens ein Gesellschafter des formwechselnden Rechtsträgers als phG beteiligt oder dass der KGaA außer den bisherigen Teilhabern mindestens ein phG beitritt (§§ 218 Abs. 2, 243 Abs. 1 Satz 1, 263 Abs. 1, 276 Abs. 1, 303 Abs. 2 UmwG). Der im Beschluss über den Formwechsel vorgesehene Beitritt eines phG, welcher dem formwechselnden Rechtsträger nicht angehört (§ 218 Abs. 2 UmwG), muss notariell beurkundet werden; außerdem ist die Satzung der KGaA von jedem beitretenden phG in notarieller Form[754] zu genehmigen (§ 221 UmwG).

b) Verschmelzung und Spaltung durch Neugründung

512   Die Vorschriften über die Neugründung einer AG durch Verschmelzung oder Spaltung (dazu Rz. 437 ff.) finden auf die KGaA Anwendung, soweit sich aus den Gründungsbestimmungen der KGaA nichts Abweichendes ergibt (dazu Rz. 490 ff.). Das UmwG regelt nicht den Fall, dass sich keiner der Anteilsinhaber eines durch Verschmelzung oder Aufspaltung übertragenden Rechtsträgers oder der übertragende Rechtsträger selbst bei Abspaltung und Ausgliederung bereit findet, phG der neuen KGaA zu werden. Hier kann die Neugründung der KGaA nur erfolgen, wenn eine andere Person als phG beitritt (analog §§ 218 Abs. 2, 221 UmwG; dazu Rz. 511).

2. Umwandlungssteuerrecht

513   Das UmwStG kennt keine eigenen Regelungen für die KGaA als steuerlicher Zwitter zwischen Personen- und Kapitalgesellschaft. Auch die Finanzverwaltung hat es in ihrem „Umwandlungssteuererlass"[755] unterlassen, verbindliche Ausführungen für die steuerliche Behandlung einer KGaA bei der Beteiligung an einer Umwandlung zu treffen. In der Literatur wird von einer sog. „Mischumwandlung" ausgegangen, bei der die Vorschriften des UmwStG für die Bereiche der Mitunternehmerschaft und der Kommandit-AG parallel angewendet werden. Die Vorschriften des UmwStG für die Kapitalgesellschaften sind dementsprechend einschlägig, soweit die Umwandlung das Grund-

---

[754] So MünchKomm. AktG/Bd. 7/Semler/Perlitt § 222 Rz. 11.
[755] BMF-Schreiben v. 25. 3. 1998, IV B 7 – S-1978 – 21/98 /IV B 2 S-1909 – 33/98 – BStBl I 1998, S. 268

E. Die Gründung der KGaA 513 §2

kapital der Kommandit-AG berührt. Wenn allerdings die Beteiligungen der persönlich haftenden Gesellschafter betroffen sind, sind die Vorschriften des UmwStG für die Mitunternehmerschaft anzuwenden.[756] Aufgrund der erheblichen Rechtsunsicherheit wegen fehlender Ausführungen durch den Gesetzgeber und die Finanzverwaltung sollte vor einer Umwandlung, an der eine KGaA beteiligt ist, eine verbindliche Auskunft beim Finanzamt eingeholt werden.

---

[756] Vgl. *Riotte/Renner* in: Schütz/Bürgers/Riotte, Die KGaA – § 11 Rz. 502.

§ 3 Die Aktie

Bearbeiter: Dr. Silja Maul

Übersicht

	Rz.
A. Aktienformen	1–58
I. Nennbetrags- und Stückaktien	4–15
1. Gründe zur Wahl von Nennbetrags- bzw. Stückaktien	5
2. Nennbetragsaktien	6–11
a) Höhe des Nennbetrags	7, 8
b) Rechtsfolgen bei Unterschreitung des Mindestnennbetrags	9
c) Festlegung von Zwischenbeträgen	10
d) Änderung der Nennbeträge	11
3. Stückaktien	12–14
a) Höhe des rechnerischen Betrags	13
b) Zwischenbeträge	14
4. Umstellung von Nennbetrags- auf Stückaktien	15
II. Inhaber- und Namensaktien	16–46
1. Gründe zur Wahl von Inhaber- bzw. Namensaktien	17
2. Inhaberaktie	18, 19
a) Allgemeines	18
b) Verbriefung	19
3. Namensaktie	20–34
a) Allgemeines	20
b) Verbriefung	21
c) Zwang zur Namensaktie vor vollständiger Einlageleistung	22, 23
d) Aktienregister	24–34
aa) Erhalt der Daten	25
bb) Spätere Übertragungen	26
cc) Inhalt der Eintragung	27
dd) Wirkung der Eintragung	28, 29
ee) Kosten	30
ff) Auskunftsrecht	31, 32
gg) Löschung von Daten	33
hh) Berichtigung von Daten	34
4. Umstellung von Inhaber- auf Namensaktien	35–38
a) Umstellung aufgrund von Satzungsänderung	36, 37
b) Umstellung auf Antrag des Aktionärs	38
5. Vinkulierte Namensaktien	39–46
a) Anlass zur Wahl vinkulierter Namensaktien	40
b) Einführung der Vinkulierung	41
c) Erfasste Rechtsgeschäfte	42
d) Zustimmung	43, 44
e) Sonderfall: Umstellung von Inhaberaktien auf vinkulierte Namensaktien	45
f) Aufhebung der Vinkulierung	46
III. Stamm- und Vorzugsaktien	47–57
1. Stimmrechtslose Vorzugsaktien	48–54
a) Zweck	49

§ 3   Die Aktie

b) Vorzug auf den Bilanzgewinn	50, 51
c) Nachzahlungsrecht	52
d) Höchstgrenze	53
e) Rechtsfolgen bei Verstoß	54
2. Vorzugsaktien mit Stimmrecht	55
3. Umstellung von Vorzugsaktien auf Stammaktien	56, 57
IV. Mehrstimmrechtsaktien	58
B. Aktiengattungen	66–68
C. Aktienurkunde	73–87
I. Einzelurkunde	76–81
1. Anspruch auf Einzelverbriefung	76
2. Voraussetzungen der Verbriefung	77
3. Inhalt der Aktienurkunde	78, 79
4. Fehlen von zwingenden Voraussetzungen	80
5. Zeitpunkt der Ausgabe der Urkunde	81
II. Globalurkunde	82, 83
1. Rechtsnatur	82
2. Rechtswirkungen	83
III. Entmaterialisierung der Aktien durch Girosammelverwahrung	84–87
1. Allgemeines	84
2. Girosammel- und Sonderverwahrung	85, 86
3. Herausgabeanspruch	87
D. Euro-Umstellung	94–101
I. Umstellung auf Stückaktien	96–98
II. Umstellung mittels Kapitalerhöhung aus Gesellschaftsmitteln unter Beibehaltung von Nennbetragsaktien	99, 100
III. Kapitaländerung mit Nennbetragsglättung	101
E. Teilung von Aktien	106
F. Übertragung von Aktien	110–119
I. Übertragung durch Rechtsgeschäft	111–118
1. Inhaberaktien	111
2. Namensaktien	112–114
3. Vinkulierte Namensaktien	115, 116
4. Übertragung nach dem DepotG	117, 118
II. Übertragung durch Tod	119
G. Kraftloserklärung und Umtausch von Urkunden	126–130
I. Kraftloserklärung von Aktien im Aufgebotsverfahren	126
II. Kraftloserklärung von Aktien durch die Gesellschaft	127–130
H. Andere aktienrechtliche Wertpapiere und Nebenpapiere	135–142
I. Zwischenscheine	136, 137
II. Gewinnanteilscheine und Erneuerungsscheine	138–142
1. Gewinnanteilscheine	138–140
2. Erneuerungsscheine	141
3. Jungscheine	142
J. Eigene Aktien	143–176
I. Erwerbsverbot	144
II. Ausnahmen vom Erwerbsverbot	146–167
1. Erwerb zur Schadensabwehr	146, 147

A. Aktienformen

2. Belegschaftsaktien 148, 149
3. Abfindung von Aktionären 150
4. Unentgeltlicher Erwerb/Einkaufskommission ... 151, 152
5. Gesamtrechtsnachfolge 153
6. Einziehung zur Kapitalherabsetzung 154
7. Wertpapierhandel 155
8. Ermächtigung zum Eigenerwerb 156–164
9. Einziehungsermächtigung 165
10. Erwerb eigener Aktien und Übernahmerecht 166
11. Erwerb eigener Aktien und Kapitalmarktrecht ... 167
III. Bilanz- und steuerrechtliche Behandlung 168, 169
IV. Rechtsfolgen von Verstößen gegen das Erwerbsverbot .. 170–172
V. Rechte und Pflichten aus eigenen Aktien 173
VI. Umgehungsgeschäfte 174, 175
VII. Inpfandnahme eigener Aktien 176

A. Aktienformen

Die Aktie verkörpert die Mitgliedschaft des einzelnen Aktionärs, die er **1** durch Übernahme einer Quote des Grundkapitals erwirbt.

Die Aktie kann unterschiedlich ausgestaltet sein, zB als Nennbetrags- oder Stückaktie (Rz. 4 ff.) bzw. Inhaber- oder (vinkulierte) Namensaktie (Rz. 16 ff.) bzw. Stamm- oder Vorzugsaktie (Rz. 47 ff.). Aktien mit verschiedenen Rechten und Pflichten bilden unterschiedliche Gattungen (Rz. 66 ff.). Dem einzelnen Aktionär steht grds. ein Anspruch auf Einzelverbriefung seiner Mitgliedschaft in einem Wertpapier, der Aktienurkunde, zu. Dieser Anspruch auf Einzelverbriefung kann allerdings durch die Satzung eingeschränkt oder ausgeschlossen werden, was zur Folge hat, dass Aktienurkunden insbesondere bei börsennotierten Aktiengesellschaften nur noch in Form von Globalurkunden ausgegeben werden (Rz. 74, 82 ff.). Bei Kapitalmaßnahmen, die seit dem 1.1.2002 durchgeführt worden sind, müssen die Nennbeträge der Aktien auf Euro lauten (Rz. 94 ff.). Die Aktien können übertragen und vererbt werden. Handelt es sich um vinkulierte Namensaktien, bedarf die Übertragung der Zustimmung der Gesellschaft (Rz. 39 ff., 115 ff.). Die Aktien können, wenn dies in der Satzung für zulässig erklärt wird, eingezogen werden. Möglich ist auch, dass ein Mehrheitsaktionär, der 95 % des Grundkapitals hält, die übrigen Aktionäre gegen Abfindung aus der Gesellschaft ausschließt („squeeze out" § 15 Rz. 41; zu den Steuerfolgen vgl. § 13 Rz. 656). Eine Teilung von Aktien ist nicht zulässig (Rz. 106). Aktien können für kraftlos erklärt werden, wenn sie beispielsweise abhanden gekommen oder unrichtig geworden sind (Rz. 125 ff.). Neben den Aktien bestehen weitere aktienrechtliche Wertpapiere, wie etwa Zwischen-, Gewinnanteils- und Jungscheine (Rz. 135 ff.). Der Gesellschaft ist es möglich, unter gewissen Umständen eigene Aktien zu erwerben (Rz. 143 ff.).

Die Aktie verkörpert als Mitgliedschaftsrecht zahlreiche Rechte und Pflich- **2** ten des Aktionärs (§ 4 Rz. 7 ff.). Sie ist **subjektives Recht**, das es dem Mitglied erlaubt, die Mitgliedschaft vor bestandsgefährdenden Eingriffen seitens Dritter und der Gesellschaft zu schützen (§ 4 Rz. 90 ff.).

Aktien können in der Form der Nennbetrags- oder Stückaktie begründet **3** werden (Rz. 4 ff.), welche wiederum als Inhaber- oder Namensaktie verbrieft werden können (Rz. 17 ff.). Zusätzlich besteht die Möglichkeit die Inhaber-

bzw. Namensaktie als Stamm- oder Vorzugsaktie auszugestalten (Rz. 47 ff.), wobei die Begründung von Mehrstimmrechtsaktien unzulässig ist (Rz. 58).

I. Nennbetrags- und Stückaktien

4   Gem. § 8 Abs. 1 AktG können Aktiengesellschaften ihre Anteilsrechte entweder als Nennbetragsaktien oder als Stückaktien[1] ausgestalten. Nennbetrags- und Stückaktien können nicht nebeneinander bestehen. Dies ergibt sich eindeutig aus dem Wortlaut des § 8 Abs. 1 AktG („entweder ... oder"). Die Satzung muss festlegen, welche Art von Aktien die Gesellschaft gewählt hat.

1. Gründe zur Wahl von Nennbetrags- bzw. Stückaktien

5   Nennbetrags- und Stückaktien unterscheiden sich in formaler Hinsicht dadurch, dass sich Letzteren nur ein fiktiver Nennbetrag zuordnen lässt, sie also nicht wie die Nennbetragsaktien ausdrücklich auf einen Nennbetrag lauten. Dieses Fehlen eines ausdrücklichen Nennbetrages bei den Stückaktien war und ist noch von Vorteil bei der Euro-Umstellung, weil Letztere in diesem Fall keine Änderung des Grundkapitals voraussetzt und Kapitalmaßnahmen zur Glättung der bei der Umrechnung in Euro entstehenden gebrochenen Nennbeträge oder ein Umtausch der Aktienurkunden nicht nötig sind (Rz. 96 ff.). Ansonsten reduzieren sich die Unterschiede zwischen Nennbetrags- und Stückaktien darauf, dass bei Stückaktien ein Ausgleich von Spitzenbeträgen nicht mehr erforderlich – der fiktive Nennbetrag der Aktie kann auf einen krummen Betrag lauten –, im Rahmen einer Kapitalerhöhung aus Gesellschaftsmitteln die Ausgabe junger Aktien verzichtbar (§ 207 Abs. 2 Satz 2 AktG) und bei einer Kapitalherabsetzung die Anpassung der Stückaktien an die geänderte Kapitalziffer weder möglich noch erforderlich ist (§ 222 Abs. 4 AktG).

2. Nennbetragsaktien

6   Sie müssen auf einen ziffernmäßig festgelegten Betrag (Nennbetrag) lauten, zB 100,– Euro (§ 6 AktG; zum Verhältnis zu Stückaktien vgl. Rz. 4). Der Nennbetrag der Aktie bezeichnet den Anteil am Grundkapital, der auf die einzelne Aktie entfällt. Der Anteil des Grundkapitals und damit der Umfang der Mitgliedschaftsrechte, der durch die Nennbetragsaktie verkörpert wird, ergibt sich aus dem Verhältnis des Nennbetrages einer Aktie zum Nennbetrag des Grundkapitals. Bei einem Grundkapital von 100 000,– Euro und einer Aktie mit dem Nennbetrag von 100,– Euro verkörpert die Aktie einen Anteil von $1/1000$ (§§ 8 Abs. 4, 1 Abs. 2 AktG).

a) Höhe des Nennbetrags

7   Die Aktien müssen seit dem 1.1.1999 einen **Mindestnennbetrag** von einem Euro aufweisen (§ 8 Abs. 2 Satz 1 AktG n. F.) und auf einen vollen Euro lauten, zB 1,– Euro, 2,– Euro, 3,– Euro.

---

[1] Zur Einführung dieser Aktienform vgl. Gesetz über die Einführung von Stückaktien vom 25. 3. 1998, BGBl. I 1998, 590.

A. Aktienformen

8 § 3

Ist die jeweilige Gesellschaft vor dem 1.1.1999 gegründet und in das Handelsregister eingetragen oder bis dahin zwar angemeldet, aber bis zum 31.12.2001 eingetragen worden, können die Aktiennennbeträge weiterhin in DM bestehen; gem. § 8 Abs. 2 AktG aF müssen die Aktien dann auf einen Mindestnennbetrag von DM 5,– und 5,– volle DM lauten. Ist die Gesellschaft nach dem 31.12.1998 gegründet und bis zum 31.12.2001 in das Handelsregister eingetragen worden, besteht kein Zwang zur Angabe des Nennbetrages in Euro. Die Nennbeträge können noch auf DM lauten, die allerdings wertmäßig den Betragsstufungen des § 8 Abs. 2 AktG entsprechen müssen. In beiden Fällen besteht eine Notwendigkeit der Umstellung der Nennbeträge auf Euro erst dann, wenn eine Kapitaländerung beschlossen und nach dem 1.1.2002 eingetragen worden ist bzw. noch zukünftig eingetragen wird (zur Euro-Umstellung vgl. Rz. 94 ff.).

Eine **Stückelung** in unterschiedliche Nennbeträge ist im Rahmen des § 8 **8** Abs. 2 AktG möglich (§ 23 Abs. 3 Nr. 4 AktG). Die Aktien einer AG können mithin über verschieden ausgestaltete Nennbeträge verfügen (zB 100 Aktien zu 100,– Euro; 100 Aktien zu 1,– Euro etc.). Die Nennbeträge sowie die Zahl der Aktien jeden Nennbetrages sind in der Satzung festzulegen (§ 23 Abs. 3 Nr. 4 AktG). Zu einem geringeren Betrag als dem Mindestnennbetrag bzw. dem festgesetzten höheren Nennbetrag darf die Aktie nicht ausgegeben werden. Dem steht im ersten Fall § 8 Abs. 2 AktG und im zweiten das Verbot der **Unterpariemission** entgegen (§ 9 Abs. 1 AktG). Die Gründer bzw. Inferenten haben eine Einlage zu leisten, die diesen festgesetzten Betrag abdeckt. Bleibt die geleistete Einlage hinter dem festgesetzten Nennbetrag zurück, haften sie (§ 4 Rz. 9 ff.). Eine Ausgabe zu einem höheren Betrag als dem Nennbetrag ist möglich (**Überpariemission**, § 9 Abs. 2 AktG). Der überschießende Betrag ist **Agio**. Ein solches wird häufig gewählt, da das Agio, das in die Kapitalrücklage einzustellen ist (§ 272 Abs. 2 Nr. 1 HGB), anders als die Nennbeträge der Aktien nicht Teil des Grundkapitals ist und daher unter den Bedingungen des § 150 Abs. 3 und 4 AktG verwendet werden kann. Der Betrag des Agios ist von den Gründern/Inferenten mit ihrer Einlageleistung in vollem Umfang zu erbringen (zu den haftungsrechtlichen Folgen vgl. § 4 Rz. 9 f., 15).[2] Bei der Gründung der Gesellschaft ist das Agio in der Satzung festzusetzen.[3] Bei Sacheinlagen erfolgt die Überpariemission durch eine ausdrücklich über den geringsten Ausgabebetrag der Aktien hinausgehende Bewertung der Einlage in der Satzung. Im Rahmen einer Kapitalerhöhung muss das Agio im Erhöhungsbeschluss vorgesehen sein.[4] Zudem muss der Zeichnungsschein, der ein auf den Erwerb junger Aktien gerichtetes Angebot enthält, den Einzahlungsbetrag (mindestens ein Viertel des geringsten Ausgabebetrages) und das Agio gesondert angeben.[5] Notwendig ist die Festsetzung eines solchen Agios jedoch nicht. Grundsätzlich können die Aktien auch dann zum Nennbetrag ausgegeben werden, wenn der eingebrachten Einlage ein höherer bilanzieller Wert beigemessen wird (zu den haftungsrechtlichen Folgen vgl. § 4Rz. 9 ff.).[6]

---

[2] MünchKomm. AktG/Bd. 1/*Pentz* § 36 a Rz. 6, 26.
[3] MünchKomm. AktG/Bd. 1/*Heider* § 9 Rz. 34.
[4] BGH II ZR 150/58 v. 6.10.1960, BGHZ 33, 175, 178 = NJW 1961, 26.
[5] LG Ffm. 311 T 7/91 v. 3.5.1991, AG 1992, 240.
[6] MünchHdb. GesR/Bd. 4/*Hoffmann-Becking* § 4 Rz. 12.

Maul 219

b) Rechtsfolgen bei Unterschreitung des Mindestnennbetrags

9 Eine Unterschreitung des Mindestnennbetrages verstößt gegen § 8 Abs. 2 Satz 1 AktG. Im Hinblick auf die Rechtsfolgen eines solchen Verstoßes ist zwischen der Nichtigkeit der Gesellschaft und derjenigen der Aktien, dem zivilrechtlichen Schadensersatz und der strafrechtlichen Verantwortlichkeit zu unterscheiden: Ein Verstoß gegen § 8 Abs. 2 Satz 1 AktG führt zur Nichtigkeit der Satzung und der Übernahmeerklärungen, sodass die **AG** – ist sie nicht bereits in Vollzug gesetzt –, nicht wirksam entsteht.[7] Kommt es nach der Invollzugsetzung zu einem Verstoß gegen § 8 Abs. 2 Satz 1 AktG, besteht die AG als Vorgesellschaft, ist jedoch fehlerhaft.[8] Das Registergericht hat in beiden Fällen die Eintragung abzulehnen (§ 38 Abs. 1 AktG). Trägt es dennoch ein, ist die AG wirksam entstanden. Das Registergericht hat die AG in diesem Fall allerdings aufzufordern, eine den Mangel behebende Satzungsänderung innerhalb angemessener Frist anzumelden (§ 399 FamFG).[9] Nach Verstreichen der Frist hat das Registergericht den Mangel festzustellen. Mit Rechtskraft der Feststellung ist die AG aufgelöst (§ 266 Abs. 1 Nr. 5 AktG). Ein Nichtigkeitsgrund nach § 275 Abs. 1 AktG liegt hingegen nicht vor. Im Hinblick auf die **Aktien** kommt es vor Eintragung der AG bereits wegen § 41 Abs. 4 Satz 2 AktG zur Nichtigkeit der Aktien. Nach Eintragung sind die Aktien wirksam entstanden; sie begründen Rechte an einer fehlerhaften AG. Bei einer Ausgabe von Aktien, die den Mindestnennbetrag unterschreiten, **haften die Ausgeber** den Inhabern gegenüber gesamtschuldnerisch für den entstandenen Schaden. Ausgeber sind die für die AG selbständig und verantwortlich Handelnden, insbesondere die Mitglieder des Vorstands und in den Fällen des § 111 Abs. 4 Satz 2 AktG auch die Mitglieder des Aufsichtsrats.[10] Die Haftung setzt kein Verschulden voraus. Zu ersetzen ist der durch die Ausgabe der mangelhaften Aktien adäquat verursachte Schaden gem. §§ 249 ff. BGB. Hierzu kann insbesondere der entgangene Gewinn zählen. Zudem stellt die Ausgabe von Aktien, die den Nennbetrag unterschreiten, eine **Ordnungswidrigkeit** dar (§ 405 Abs. 1 Nr. 3 AktG). Sieht ein Hauptversammlungsbeschluss (Kapitalerhöhung oder -herabsetzung) Aktien mit einem unzulässigen Mindestnennbetrag vor, ist der Beschluss nichtig (§ 241 Nr. 3 AktG).

c) Festlegung von Zwischenbeträgen

10 Bei einer Festlegung von Zwischenbeträgen (zB 1 Euro 50 Cent) liegt ein Verstoß gegen die Mussvorschrift des § 8 Abs. 2 Satz 4 AktG vor. Das Registergericht hat die Eintragung abzulehnen (§ 38 Abs. 1 AktG). Trägt das Registergericht dennoch ein, kann weder eine Nichtigkeitsklage (§ 275 AktG) noch ein Amtsauflösungsverfahren (§ 399 FamFG)[11] eingeleitet werden. Auch führt dies

---

[7] MünchKomm. AktG/Bd. 1/*Heider* § 8 Rz. 63 ff.; Kölner Komm./*Kraft* § 8 Rz. 21.
[8] *Hüffer* AktG § 8 Rz. 7.
[9] Neuregelung durch das Gesetz zur Reform des Verfahrens in Familiensachen und in Angelegenheiten der freiwilligen Gerichtsbarkeit (FGG-Reformgesetz v. 17. 12. 2008, BGBl. I 2008, 2586 ff.
[10] Zur Parallelvorschrift des § 191 Satz 3 vgl. BGH II ZR 49/76 v. 12. 5. 1977, AG 1977, 295, 296.
[11] Neuregelung durch das Gesetz zur Reform des Verfahrens in Familiensachen und in Angelegenheiten der freiwilligen Gerichtsbarkeit (FGG-Reformgesetz v. 17. 12. 2008, BGBl. I 2008, 2586 ff.

A. Aktienformen

nicht zur Nichtigkeit der Aktien. § 8 Abs. 2 Satz 2 bezieht sich nicht auf § 8 Abs. 2 Satz 4 AktG.[12] Bei Kapitalerhöhungen oder -herabsetzungen käme allerdings eine Anfechtung des Beschlusses (§§ 243 Abs. 1, 246 AktG) in Betracht.

d) Änderung der Nennbeträge

Die Änderung der in der Satzung festgelegten Aktiennennbeträge setzt zunächst einen satzungsändernden Beschluss der Aktionäre voraus (§ 23 Abs. 3 Nr. 4 AktG). Dieser Hauptversammlungsbeschluss bedarf neben der einfachen Mehrheit der abgegebenen Stimmen (§ 133 Abs. 1 AktG) grundsätzlich einer Mehrheit, die mindestens 3/4 des bei der Beschlussfassung vertretenen Grundkapitals umfasst (§ 179 Abs. 2 Satz 1 AktG). Zudem sind die bisherigen Nennbeträge zu ändern. Dies kann durch eine Neustückelung des Grundkapitals – ohne Änderung der Grundkapitalziffer – geschehen. Möglich ist aber auch, das Grundkapital nach § 222 Abs. 4 AktG herabzusetzen. Die **Neustückelung** des Grundkapitals kann durch eine Teilung oder Zusammenlegung der bereits vorhandenen Aktien oder eine Kombination von Teilung und Zusammenlegung erfolgen.[13] Die Teilung der Aktien ist in den Grenzen des § 8 Abs. 2 AktG zulässig und verstößt nicht gegen § 8 Abs. 5 AktG.[14] Sie bedarf nicht der Zustimmung der Aktionäre, da durch die Teilung der Aktien der Umfang der Beteiligung nicht verändert, sondern lediglich in einer höheren Zahl von Aktien verkörpert wird.[15] Demgegenüber bedarf eine Zusammenlegung der Aktien der Zustimmung der betroffenen Aktionäre, da die Zusammenlegung die Fungibilität der Anteile verringert.[16] Hat die Gesellschaft Aktienurkunden ausgegeben, werden die betreffenden Aktienurkunden unrichtig. Sie sind zu berichtigen oder einzuziehen, damit neue Urkunden ausgegeben werden können.[17] Eine weitere Möglichkeit zur Änderung der Nennbeträge ist die **Kapitalherabsetzung** nach § 222 Abs. 4 AktG. Bei dieser wird das Grundkapital der Gesellschaft durch eine Herabsetzung der Nennbeträge der Aktien herabgesetzt. Da nach dem Grundsatz der gleichmäßigen Behandlung die Nennbeträge aller Aktien herabgesetzt werden müssen, verringert sich zwar das Grundkapital der Gesellschaft, jedoch wird die Quote, mit der die einzelne Aktie am Grundkapital beteiligt ist, durch die Herabsetzung der Nennbeträge nicht berührt.[18] Auch bei dieser Variante werden die bisherigen Aktienurkunden unrichtig, sodass die Urkunden zu berichtigen bzw. neue auszugeben sind. Eine Kapitalerhöhung durch Anhebung der Aktiennennbeträge ist unzulässig. Insoweit müssen stets neue Aktien ausgegeben werden (§ 182 Abs. 1 Satz 4 AktG).[19]

---

[12] MünchKomm. AktG/Bd. 1/*Heider* § 8 Rz. 78.
[13] Vgl. *Zöllner* AG 1985, 19, 24 f.
[14] Allg. Meinung *Hüffer* AktG § 8 Rz. 31; *Zöllner* AG 1985, 19, 20.
[15] Herrschende Meinung MünchKomm. AktG/Bd. 1/*Heider* § 8 Rz. 95; *Zöllner* AG 1985, 19, 20; differenzierend Großkomm. *Brändel* § 8 Rz. 51; aA *Baumbach/Hueck* § 8 Rz. 7.
[16] *Seibert* AG 1993, 315, 318; MünchKomm. AktG/Bd. 1/*Heider* § 8 Rz. 55.
[17] Vgl. hierzu im Einzelnen unter Rz. 125 ff.
[18] MünchKomm. AktG/*Oechsler* § 222 Rz. 43 f.
[19] Anderes gilt insoweit für Gesellschaften mit Stückaktien, die ihr Grundkapital ohne Ausgabe von neuen Aktien im Wege der Kapitalerhöhung aus Gesellschaftsmitteln erhöhen (§ 207 Abs. 2 Satz 2).

3. Stückaktien

12 Anders als die Nennbetragsaktie lautet die Stückaktie (zum Verhältnis zu Nennbetragsaktien vgl. Rz. 4) nicht auf einen ziffernmäßig festgelegten Euro-Betrag oder einen bestimmten Bruchteil (zB $1/_{1000}$). Vielmehr lässt sich ihr nur ein **fiktiver Nennbetrag** zuordnen, indem das Grundkapital der AG, das gem. § 8 Abs. 3 Satz 2 AktG in gleich große Stückaktien zerlegt ist, durch die Anzahl der Stückaktien dividiert wird. Die von den Gründern/Aktionären geschuldete Einlage bzw. der Umfang ihrer Mitgliedschaftsrechte kann daher – anders als bei der Nennbetragsaktie – nicht direkt aus der Urkunde, sondern nur im Wege der Division bestimmt werden: Bei einer AG mit 100 000,– Euro Grundkapital und 1000 Aktien entfällt auf jede Aktie ein rechnerischer Betrag von 100,– Euro. Der anteilige Betrag des Grundkapitals, der auf die einzelnen Stückaktien entfällt, wird nicht in der Satzung festgesetzt. Die Satzung hat lediglich die Zahl der Stückaktien festzuschreiben.

a) Höhe des rechnerischen Betrags

13 Bei der Bestimmung der Zahl der Stückaktien bzw. des anteilig auf sie entfallenden Betrags ist § 8 Abs. 3 Satz 3 AktG zu beachten, dh. der anteilige auf eine Stückaktie entfallende Betrag darf 1,– Euro nicht unterschreiten. Wird hiergegen verstoßen, findet § 8 Abs. 2 Satz 2 und 3 AktG Anwendung. Insoweit ist auf das unter Rz. 9 Ausgeführte zu verweisen. Wird für die Aktien ein höherer als der geringste Ausgabebetrag von 1,– Euro festgesetzt, dürfen die Aktien nicht unter dem auf die einzelne Stückaktie entfallenden anteiligen Betrag des Grundkapitals ausgegeben werden. Dem steht das Verbot der Unterpariemission entgegen (§ 9 Abs. 1 AktG). Ebenso wie bei den Nennbetragsaktien können die Aktien mit einem **Agio** ausgegeben werden (vgl. Rz. 8).

b) Zwischenbeträge

14 Hingegen sind bei den Stückaktien keine bestimmten Zwischenbeträge einzuhalten. Der auf eine Stückaktie entfallende rechnerische Betrag kann sich daher auch auf zB 1,57 Euro belaufen. Dies ist bei der Umstellung auf Euro von Vorteil, vgl. hierzu unter Rz. 96.

4. Umstellung von Nennbetrags- auf Stückaktien

15 Der Umstellung von Nennbetrags- auf Stückaktien ist vor allem im Zuge der Euro-Umstellung Bedeutung zugekommen; vereinzelt spielt sie auch heute – neben den anderen Gründen (s. Rz. 5) – noch eine Rolle (vgl. im Einzelnen Rz. 94 ff.; zu den Steuerfolgen vgl. § 11 Rz. 180). Wegen des krummen Umrechnungskurses wären bei einer Euro-Umstellung, verbliebe es bei den Nennbetragsaktien, zusätzlich zur Glättung der Nennbeträge Kapitalerhöhungen bzw. -herabsetzungen erforderlich. Diese fallen beim Vorhandensein von Stückaktien weg. Zur Umstellung des Nennbetragssystems auf das Stückaktiensystem ist in einem ersten Schritt das Grundkapital der Gesellschaft in Aktien gleichen Nennbetrages zu stückeln, sofern sie nicht bereits über Aktien mit gleichen Nennbeträgen verfügt (zB AG mit Aktien iHv. 10,– Euro und 100,– Euro: Aktien zu 100,– Euro sind in 10 Aktien zu 10,– Euro zu teilen). Anschließend sind die Nennbetragsaktien in Stückaktien umzuwandeln, wobei diese Maßnahme nur einheitlich für alle Aktien beschlossen werden darf.

A. Aktienformen

Beide Maßnahmen bedürfen eines Hauptversammlungsbeschlusses und der Satzungsänderung (§ 23 Abs. 3, 4 AktG) und werden mit Eintragung ins Handelsregister wirksam (§ 181 Abs. 3 AktG). Nach der Eintragung bestehen die Aktien in Form von Stückaktien fort. Durch die Umstellung auf die Stückaktien werden die ausgegebenen Aktienurkunden (Nennbetragsaktien) unrichtig. Es liegt im pflichtgemäßen Ermessen des Vorstandes, ob die Aktien umgetauscht oder berichtigt werden sollen (vgl. im Einzelnen Rz. 125 ff.).

II. Inhaber- und Namensaktien

Die Anteilsrechte, unabhängig davon, ob es sich bei ihnen um Nennbetrags- oder Stückaktien handelt, können als Inhaber- oder Namensaktien begründet werden (§ 10 AktG). Ein Nebeneinander von Inhaber- und Namensaktien ist möglich, sodass eine AG über Aktien verfügen kann, die zum Teil auf den Inhaber und zum Teil auf den Namen lauten. Die Satzung muss festlegen, welche Art von Aktien die Gesellschaft gewählt hat (§ 23 Abs. 3 Nr. 5 AktG). Die Zahl der einzelnen Aktien muss nicht angegeben werden.

1. Gründe zur Wahl von Inhaber- bzw. Namensaktien

Bis vor einigen Jahren waren Inhaberaktien wegen ihrer leichten Übertragbarkeit in der Praxis absolut vorherrschend. Insbesondere der Umstand ihrer Einbeziehung in die **Girosammelverwahrung**, womit Übertragungen der Aktie als Umbuchungsvorgänge im Sammelbestand der Clearstream Banking AG (zuvor Deutsche Börse Clearing AG) erfolgen können, veranlasste börsennotierte Unternehmen, die Inhaberaktie zu wählen. Namensaktien waren grundsätzlich nur bei Familiengesellschaften und nahezu ausnahmslos bei Versicherungsgesellschaften anzutreffen. In den letzten Jahren haben jedoch zahlreiche börsennotierte Aktiengesellschaften auf Namensaktien umgestellt oder aber bei der Neuemission von Aktien die Form der Namensaktie gewählt. Dieses vermehrte Vorkommen der Namensaktie hängt vor allem damit zusammen, dass die Namensaktie seit 1997 in die Girosammelverwahrung einbezogen wird (zu den Voraussetzungen vgl. Rz. 85 f.), also zum Eigentumsübergang der Aktie keine Übertragung der Urkunde mehr erforderlich ist. Aufgrund des Betriebes des Abwicklungssystems CASCADE-RS[20] durch die Clearstream Banking AG sowie die Möglichkeit, vollelektronische Aktienbücher zu führen, können heute Bewegungen im Aktienbestand in kurzer Zeit (in der Regel 1–4 Tage) in das Aktienregister eingetragen werden. Ein Umstand, der die Namensaktie attraktiv für börsennotierte Gesellschaften macht. Neben der internationalen Handelbarkeit[21] besitzt die Namensaktie vor allem den Vorzug, dass sie, da ihre Aktionäre mit Namen, Geburtsdatum und Anschrift in das Aktienregister eingetragen sind, zu einer erhöhten **Transparenz der Aktionärsstruktur** und damit zu einer Erleichterung der Aktionärspflege führt.[22] Da die Aktionäre jedoch über die Möglichkeit verfügen, Banken als **Fremdbesitzer** eintragen zu lassen, wovon vor allem von ausländischen Aktionären Gebrauch gemacht

---

[20] Central Application for Settlement, Clearing and Depositary Receipts – Registered Shares; vgl. hierzu *Maul* NZG 2001, 585, 587.
[21] Vgl. hierzu *Meyer-Sparenberg* WM 1996, 1117; *Noack* in FS Bezzenberger S. 291, 294.
[22] Vgl. insoweit *Noack* DB 1999, 306.

wird, beläuft sich die Prozentzahl der namentlich eingetragenen Aktionäre bei Aktiengesellschaften mit ausländischen Aktionären erfahrungsgemäß auf nur 40–60% und bei Gesellschaften mit ausschließlich inländischen Aktionären auf 70–90%. Dies soll sich jedoch durch die Änderungen des Risikobegrenzungsgesetzes ändern (Rz. 24 ff.). Auch wenn die Namensaktie heute durchaus für viele Unternehmen attraktiv ist, haben dieser Umstand sowie die mit der Umstellung und der Führung des Aktienregisters verbundenen Kosten und Mühen dazu geführt, dass die Inhaberaktie noch die am häufigsten vorkommende Aktienform ist. Der anfängliche Trend zur Namensaktie hat in neuerer Zeit stagniert.[23]

2. Inhaberaktie

a) Allgemeines

18 Die Inhaberaktie beurkundet, dass der Inhaber der Urkunde mit einem bestimmten Betrag oder Bruchteil als Aktionär an der AG beteiligt ist (zum Verhältnis zu Namensaktien vgl. Rz. 16). Anders als bei den Namensaktien ist der AG der Aktionär daher grundsätzlich nicht bekannt. Die Inhaberaktie ist Inhaberpapier, sodass die §§ 793 ff. BGB entsprechende Anwendung finden. Sie ist deklaratives Wertpapier, denn die Mitgliedschaft in der AG entsteht durch die Handelsregistereintragung der AG als solcher, ohne dass es einer Ausstellung und Aushändigung einer Aktienurkunde bedürfte. Die Inhaberaktie ist depot- und börsenfähig.

b) Verbriefung

19 Werden die Inhaberaktien verbrieft (vgl. im Einzelnen Rz. 73 ff.), so hat dies folgende Rechtswirkungen: Der Besitz der Aktienurkunde begründet gegenüber der AG und Dritten die widerlegliche Vermutung, dass der Besitzer auch Inhaber des materiellen Mitgliedschaftsrechts ist (§§ 793 Abs. 1, 1006 Abs. 1 Satz 1 BGB). Dies erleichtert es dem Aktionär, sich gegenüber einem Dritten zu legitimieren **(Legitimationswirkung)**. Darüber hinaus ist die Übertragung für einen Erwerber mit weniger Risiken verbunden, da – anders als bei unverbrieften Rechten – gutgläubiger Erwerb nach §§ 935, 936 BGB möglich ist, auch wenn die Inhaberaktie zuvor gestohlen worden, verloren gegangen oder sonst abhanden gekommen ist **(Rechtsscheinwirkung)**.

3. Namensaktie

a) Allgemeines

20 Die Namensaktie beurkundet, dass eine mit bestimmten Namen bezeichnete Person mit einem bestimmten Betrag oder Bruchteil an der AG beteiligt ist (zum Verhältnis zur Inhaberaktie vgl. Rz. 16). Der Inhaber der Namensaktie ist in das Aktienregister einzutragen (Rz. 24 ff.). Er ist daher der AG von Person bekannt, wenn nicht von der Möglichkeit Gebrauch gemacht wird, beispielsweise eine Bank als Fremdbesitzer in das Aktienregister eintragen zu lassen. Die Namensaktie ist ein geborenes Orderpapier und deklaratives Wertpapier. Sie ist depot-[24]

---

[23] Bericht BMJ, NZG 2004, 948, 949.
[24] *Einsele* Wertpapierrecht als Schuldrecht S. 23; *Heinsius/Horn/Than* DepotG § 5 Rz. 30; *Kümpel* WM 1983, Sonderbeilage 8 S. 4 ff.; zum Blankoindossament vgl. Rz. 89.

A. Aktienformen

und börsenfähig[25] (§ 26 der Bedingungen für Geschäfte an den deutschen Wertpapierbörsen[26]), wenn sie blanko indossiert ist.

b) Verbriefung

Im Hinblick auf die **Legitimationswirkung** ist bei der AG zwischen dem Verhältnis des Aktionärs gegenüber der AG und Dritten zu unterscheiden: Gegenüber der AG beruht die Legitimationswirkung auf der Eintragung in das Aktienregister. Aus dieser resultiert gegenüber der AG die unwiderlegliche Vermutung, dass der Besitzer der Aktie auch Inhaber der Mitgliedschaftsrechte ist (§ 67 Abs. 2 AktG). Dritten gegenüber ergibt sich die Legitimationswirkung nicht aus § 67 Abs. 2 AktG. Ihnen gegenüber kommt es nicht auf die Eintragung, sondern auf den Besitz der Urkunde an. Allerdings ist der Besitzer der Urkunde nur legitimiert, wenn er in der Urkunde als Berechtigter benannt ist.[27] Auch im Hinblick auf die **Rechtsscheinwirkung** ist zwischen dem Verhältnis zur AG und zu Dritten zu unterscheiden. Soweit das Verhältnis zur AG betroffen ist, geht sie über die wertpapiermäßige Rechtsscheinwirkung hinaus, da guter Glaube der AG an die Mitgliedschaft des im Aktienregister Eingetragenen nicht erforderlich ist. Ist der Aktionär im Aktienregister eingetragen, wird unwiderleglich vermutet, dass ihm die Mitgliedschaftsrechte zustehen (§ 67 Abs. 2 AktG).[28] Gegenüber Dritten kommt dem Rechtsscheinsgedanken vor allem beim gutgläubigen Erwerb Bedeutung zu. Dieser ist möglich, wenn der Nichtberechtigte die Aktie in Händen hält und durch eine ununterbrochene Kette von Indossamenten die Übertragung nachweist (§ 68 Abs. 1 AktG, s. Rz. 112). **21**

c) Zwang zur Namensaktie vor vollständiger Einlageleistung

Die Mitgliedschaften dürfen – abgesehen von der zulässigen Ausgabe von Zwischenscheinen – vor der vollständigen Leistung des Ausgabebetrages nur durch Namensaktien verbrieft werden (§ 10 Abs. 2 AktG). Dies gilt unabhängig davon, ob Bar- oder Sacheinlagen geschuldet werden.[29] Werden solche teileingezahlten Namensaktien ausgegeben, wie dies zB in der Versicherungsbranche üblich ist, ist zudem der Betrag der Teilleistung in der Urkunde zu vermerken. Dies ist erforderlich, um den guten Glauben des Erwerbers an der Volleinzahlung auszuschließen.[30] **22**

Wird gegen diesen Zwang zur Namensaktie nach § 10 Abs. 2 AktG verstoßen, ist zu unterscheiden: Werden, obwohl die Einlageleistung noch nicht voll erbracht ist, Inhaber- statt Namensaktien oder Namensaktien ohne Angabe des Betrages der Teilleistung ausgegeben, entsteht die wertpapiermäßige Verbriefung des Mitgliedschaftsrechts dennoch in wirksamer Weise. Der Inhaber einer solchen Aktie wird durch den Besitz legitimiert, und ein gutgläubiger Erwerb **23**

---

[25] *Hüffer* AktG § 68 Rz. 5; MünchHdb. GesR/Bd. 4/*Wiesner* § 14 Rz. 9; *Kümpel* WM 1983, Sonderbeilage 8 S. 10.
[26] *Kümpel/Ott* Kapitalmarktrecht Nr. 450.
[27] MünchKomm. AktG/Bd. 1/*Heider* § 10 Rz. 29.
[28] Kölner Komm./*Lutter* § 67 Rz. 19.
[29] Für eine Reduktion des Geltungsbereichs des § 10 Abs. 2 auf Bareinlagen Kölner Komm./*Lutter* § 10 Rz. 26; Großkomm. AktG/*Brändel* § 10 Rz. 16; *Hüffer* AktG § 10 Rz. 6; *Schmidt/Lutter/Ziemons* § 10 Rz. 11.
[30] RG II 225/33 v. 13. 3. 1934, RGZ 144, 138, 145.

ist möglich. Vorstand und Aufsichtsrat können sich mit der Ausgabe solcher Aktien nach §§ 93 Abs. 3 Nr. 4, 116 AktG **schadensersatzpflichtig** machen. Der Schaden kann insbesondere darin bestehen, dass der gutgläubige Erwerber nicht für die rückständige Einlage haftet. Darüber hinaus handeln Vorstand und Aufsichtsrat ordnungswidrig und können mit einer Geldbuße belegt werden (§ 405 Abs. 1 Nr. 1 AktG).

d) Aktienregister

24 Werden Namensaktien ausgegeben, sind die Aktionäre in das Aktienregister einzutragen (§ 67 AktG), dessen Zweck es ist, den jeweiligen Aktionär ersichtlich zu machen, da dieser ggf. auf den noch nicht voll eingezahlten Einlagebetrag haftet. Das Aktienregister kann in elektronischer Form oder jeder sonstigen handelsrechtlich zugelassenen Form, zB Buchform, Kartei (§ 239 HGB), geführt werden. Als Ordnungskriterien kommen die Personen der Aktionäre oder die einzelnen Aktien mit ihren Stücknummern in Betracht; Letzteres ist jedoch als veraltet anzusehen und bei sammelverwahrten oder global verbrieften Aktien nicht praktikabel.[31] Insbesondere bei börsennotierten Gesellschaften wird auf vollelektronisch geführte Aktienregister zurückgegriffen, die mit dem EDV-System CASCADE-RS der Clearstream Banking AG direkt verbunden sind. Dieses EDV-System ermöglicht es, dass die Übertragungsvorgänge aus dem Börsenhandel an das Aktienregister in kürzester Zeit (in der Regel tagegleich) übertragen werden. Verpflichtet zur Führung ist der Vorstand in seiner Gesamtheit als Kollegialorgan.[32] Bei börsennotierten Gesellschaften wird er sich in der Regel der Hilfe von Angestellten oder Dritten bedienen. Häufig werden auch externe Dienstleister eingeschaltet.[33] Wird das Aktienregister durch Dritte geführt, ist es am Sitz der Gesellschaft zur Einsichtnahme durch die Aktionäre bereitzuhalten. Auch darf die Führung des Registers nicht gänzlich auf Angestellte oder Dritte übertragen werden. Dem Vorstand muss ein Weisungsrecht verbleiben, das ihm jederzeit erlaubt, das zur Verfügungstellen der Daten zu verlangen.[34] Jeder Aktionär hat einen klagbaren Anspruch auf Errichtung des Aktienregisters. Das Aktienregister ist entsprechend den Grundsätzen ordnungsgemäßer Buchführung zu führen, seine Angaben müssen also vollständig, richtig, zeitgerecht und geordnet sein (§ 239 Abs. 4 Satz 3 HGB) und die in ihm enthaltenen Angaben müssen zehn Jahre aufbewahrt werden, § 273 Abs. 2 AktG.

25 **aa) Erhalt der Daten.** Die Eintragungspflicht des Vorstands beginnt mit der Ausgabe der Namensaktien bzw. mit der Einbuchung der Aktien in das Depot des Aktionärs.[35] Er erhält die in das Aktienregister einzutragenden Angaben – handelt es sich um nicht börsennotierte Aktionäre – von den Aktionären. Diese sind nach dem durch das Risikobegrenzungsgesetz neu eingefügten

---

[31] *Schmidt/Lutter/Bezzenberger* § 67 Rz. 6; *Müller-von Pilchau* in *von Rosen/Seifert*, Die Namensaktie, Frankfurt a. M. 2000, S. 97, 112.

[32] OLG München v. 4. 5. 2005 – 233 U 5121/04, NZG 2005, 756, 757.

[33] Zum Beispiel Gold-Zack GmbH; ADEUS Aktienregister-Service GmbH, Registrar Service GmbH, Deutsche Börse Systems AG; vgl. hierzu *Maul* NZG 2001, 585, 587 f.

[34] *Diekmann* DB 1999, 1985; *Noack* DB 1999, 1306, 1307; *Happ* in FS Bezzenberger S. 111, 117; *Huep*, WM 2000 1623, 1626; *Schmidt/Lutter/Bezzenberger* § 67 Rz. 8.

[35] *Diekmann* DB 1999, 1985 f.

A. Aktienformen

§ 67 Abs. 1 Satz 2 AktG verpflichtet, der Gesellschaft die Angaben nach § 67 Abs. 1 S. 1 AktG (s. Rz. 27) zu machen. Handelt es sich um börsennotierte Gesellschaften, erhält er die erforderlichen Daten in der Regel über die Depotbanken, die berechtigt sind, die von ihnen übermittelten Daten über das bei der Clearstream Banking AG geführte Abwicklungssystem CASCADE-RS zur Eintragung in das Aktienregister zu melden, wenn sie ihre Kunden zuvor darüber informiert haben, dass die Daten weitergegeben werden. Auch insoweit muss die Pflicht zur Weitergabe der Aktionäre nach Satz 1 gelten.

Zudem ist durch das Risikobegrenzungsgesetz die Pflicht eingeführt worden, dass der Eingetragene der Gesellschaft auf ihr Verlangen hin innerhalb einer angemessenen Frist mitzuteilen hat, inwieweit ihm die Aktien, als deren Inhaber er im Aktienregister eingetragen ist, auch gehören (§ 67 Abs. 4 S. 2 AktG). Hinsichtlich der Frage, was unter einer angemessenen Frist zu verstehen ist, geht die Begründung des Referentenentwurfs von mindestens 14 Tagen aus.[36] Soweit dem Eingetragenen die Aktien nicht gehören, hat er die in § 67 Abs. 1 S. 1 AktG (Rz. 27) genannten Angaben zu demjenigen zu übermitteln, für den er die Aktien hält. Die gilt entsprechend für weitere mittelbare Besitzer. Die notwendigen Kosten sind von der Gesellschaft zu erstatten (§ 67 Abs. 4 Satz 4 AktG). Wenn die Mitteilungen des Abs. 4 nicht oder nicht richtig erfolgen werden, zieht dies eine Ordnungswidrigkeit nach sich (§ 405 Abs. 2a AktG). Gleiches gilt im Hinblick auf Mitteilungen von mittelbaren Besitzern.

Übersicht über das Aktienregister-Buchungsverfahren:

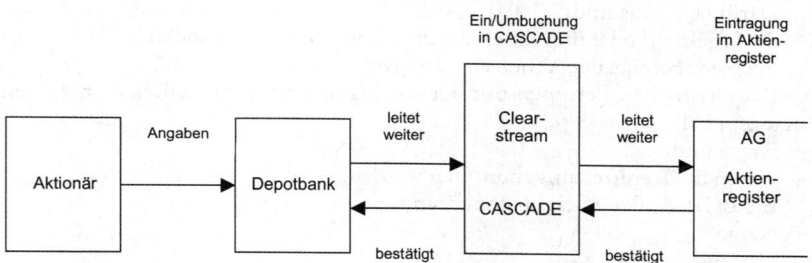

bb) Spätere Übertragungen. Auch ein späterer Übergang der Namensaktien durch Rechtsgeschäft oder von Todes wegen oder sonstige Vorfälle, die die Existenz der Namensaktie betreffen (Umwandlungen in Inhaberaktien, Kaduzierungen, Zusammenlegungen und Einziehungen), ist in das Aktienregister einzutragen. Die späteren Eintragungen erfolgen aufgrund einer Mitteilung nach § 67 Abs. 3 AktG. Diese kann sowohl durch den Veräußerer als auch den Erwerber an die AG übermittelt werden. Handelt es sich um Publikumsgesellschaften, die über elektronisch geführte Aktienregister verfügen, erfolgt die Mitteilung faktisch durch Datenabgleich der Clearstream Banking AG über das EDV-System CASCADE-RS mit dem jeweiligen elektronischen Aktienregister. Gemäß § 67 Abs. 4 AktG sind die bei der Übertragung mitwirkenden Kreditinstitute verpflichtet, der Gesellschaft die für die Führung des Aktienregisters erforderlichen Angaben gegen Erstattung der Kosten zu übermitteln. Diese Verpflichtung zur Übermittlung von Daten bezieht sich nur auf die zur Führung des Aktienregisters erforderlichen Daten (vgl. unter Rz. 27). Zum

---

[36] Siehe Begründung zum Referentenentwurf des Risikobegrenzungsgesetzes, S. 18.

Nachweis des Übergangs ist es nicht mehr erforderlich, dass die Aktie vorgelegt wird. Zwar verbleibt es bei der Nachweispflicht des Übergangs (§ 67 Abs. 3 AktG). Insoweit genügt es aber bei Gesellschaften, die ihre Daten von der Clearstream Banking AG beziehen, wenn sie die Umschreibungsmitteilungen einer automatisierten Plausibilitätsprüfung unterziehen. Bei über die Clearstream Banking AG laufenden Umschreibungen ist es ausreichend, dass die Verwahrerin ihren Besitzmittlungswillen hinsichtlich der betroffenen Aktie vom Verkäufer auf den Erwerber hin verändert hat, was bei einer Belastung des Kontos der Verkäuferbank und dem Eingang der Gutschrift bei der Erwerberbank zu vermuten ist.[37] Die Gesellschaft ist zur Eintragung des Übergangs verpflichtet, sie kann hierzu notfalls durch Klage des Aktionärs gezwungen werden.

27 **cc) Inhalt der Eintragung.** In das Aktienregister müssen
– Name, Vorname,
– Adresse und
– Geburtsdatum
des Aktionärs eingetragen werden (§ 67 Abs. 1 AktG). Unter der Bezeichnung Adresse ist die postalische Anschrift zu verstehen. Der Aktionär kann aber auch eine Büroadresse, einen Zustellungsbevollmächtigten oder eine E-Mail-Adresse angeben, soweit nicht eine zustellungsfähige Adresse erforderlich ist (zB bei teileingezahlten Aktien). Die früher erforderliche Angabe des Berufs ist nach Inkrafttreten des NaStraG[38] durch das Geburtsdatum ersetzt worden.

Darüber hinaus sind
– die Stückzahl oder die Aktiennummer und, soweit vorhanden,
– die Nennbeträge der Aktien einzutragen.

Bei juristischen Personen und rechtsfähigen Personengesellschaften sollten in jedem Fall
– Firma und
– Sitz in das Register aufgenommen werden.
Bei BGB-Außengesellschaften[39] sind
– Name
– Sitz und
– Namen der Gesellschafter
einzutragen. Letzteres ist wegen der fehlenden Registerpublizität aus Gründen der Rechtssicherheit erforderlich. Sollen Mitteilungen an den Aktionär versendet werden, sollte auch die Geschäftsadresse aufgenommen werden.

Hinsichtlich der Frage, unter welchen Voraussetzungen Eintragungen im eigenen Namen für Aktien, die einem anderen gehören, zulässig sind, kann die Satzung nach dem neu durch das Risikobegrenzungsgesetz eingefügten § 67 Abs. 1 Satz 3 AktG Näheres bestimmen. Möglich ist insoweit beispielsweise eine Regelung, nach der entsprechende Eintragungen ab einem bestimmten Schwellenwert nicht mehr zulässig sind. Weiter könnte die Satzung für die Eintragung von Ermächtigten ab einem bestimmten Schwellenwert Eintragungs-

---

[37] *Noack* ZIP 1999, 1993, 1996; s. auch *Einsele,* Bank- und Kapitalmarktrecht, Tübingen 2006, § 9 Rz. 26 ff.
[38] Gesetz zur Namensaktie und zur Erleichterung der Stimmrechtsausübung, BGBl. I 2001, 123 ff.
[39] Zur Anerkennung der Rechts- und Parteifähigkeit der BGB-Außengesellschaft vgl. BGH II ZR 331/00 v. 29. 1. 2001, NJW 2001, 1056 ff.

A. Aktienformen

voraussetzungen vorsehen.[40] Nach den Erfahrungen der Schweiz sind die Schwellenwerte erst ab 0,5 % bis 2% praktikabel.

Ist Investmentvermögen betroffen, ist bei der Eintragung zu unterscheiden: Handelt es sich um Aktien, die zu einem in- oder ausländischen Investmentvermögen nach dem Investmentgesetz gehören, dessen Anteile nicht ausschließlich von Anlegern, die nicht natürliche Personen sind, gehalten werden, so gelten sie als Aktien des in- oder ausländischen Investmentvermögens, auch wenn sie im Miteigentum der Anleger stehen. Soweit das Investmentvermögen nicht über eine eigene Rechtspersönlichkeit verfügt, gelten sie als Aktien der Verwaltungsgesellschaft des Investmentvermögens.

dd) Wirkung der Eintragung. Die Eintragung hat zur Folge, dass der Eingetragene gegenüber der Gesellschaft als Aktionär gilt, seine Aktionärseigenschaft wird im Verhältnis zur AG **unwiderleglich vermutet**.[41] Dementsprechend kann nur der Eingetragene die Aktionärsrechte ausüben, worauf sich die Gesellschaft aber auch der Aktionär berufen können (zur davon zu unterscheidenden Übertragung des Eigentums an den Aktien vgl. Rz. 112).[42] Der eingetragene Aktionär kann seine Teilnahme- und Auskunftsrechte sowie seine Minderheitenrechte (§ 122 AktG)[43] wahrnehmen. Gleiches gilt für seine Stimmrechte, soweit nicht die Ausnahmen des Risikobegrenzungsgesetzes einschlägig sind. Nach dem insoweit neu eingefügten § 67 Abs. 2 Satz 2 AktG bestehen Stimmrechte aus Eintragungen nicht, wenn eine durch die Satzung bestimmte Höchstgrenze (§ 67 Abs. 1 Satz 3 AktG), die Eintragungen im eigenen Namen für fremde Aktien regelt, überschritten wird. Weiter bestehen keine Stimmrechte aus der Eintragung, wenn eine satzungsmäßige Pflicht zur Offenlegung, dass die Aktien einem anderen gehören, nicht erfüllt wurde. Außerdem bestehen keine Stimmrechte aus den Aktien, wenn ein Auskunftsverlangen nach § 67 Abs. 4 Satrz 2 oder Satz 3 nach Fristablauf nicht erfüllt ist. Demgegenüber kann die Wahrnehmung des Teilnahmerechts nicht von der Hinterlegung der Aktien abhängig gemacht werden, da § 123 Abs. 2 und 3 AktG bei Namensaktien nur noch die Anmeldung als Satzungserfordernis zulässt.[44] Darüber hinaus steht dem Aktionär aufgrund der Eintragung im Aktienregister das Recht zu, die Auszahlung der Dividende und die Ausübung von Bezugsrechten zu verlangen. In der Praxis werden diese Rechte jedoch nicht nach der Eintragung im Aktienregister, sondern − wie bei den Inhaberaktien − unabhängig davon über die Depotbanken abgewickelt. Ob diese Vorgehensweise indessen mit § 67 Abs. 2 AktG vereinbar ist, ist zweifelhaft. Neben den Rechten resultieren aus der Eintragung im Aktienregister auch die mitgliedschaftlichen Pflichten. Insbesondere hat der eingetragene Aktionär seiner

---

[40] Siehe Begründung zum Referentenentwurf des Risikobegrenzungsgesetzes, S. 17.
[41] OLG Jena v. 25. 2. 2004 − 2 U 635/03, AG 2004, 268, 269; OLG Hamburg v. 1. 9. 2003 − 11 W 30/03, AG 2003, 694; OLG Zweibrücken v. 3. 12. 1996, − 3 W 171/96, AG 1997, 140; die dogmatische Erfassung der gesetzlichen Regelung ist streitig, s. MünchKomm. AktG/Bd. 1/*Bayer* § 67 Rz. 39; *Schmidt/Lutter/Bezzenberger* § 67 Rz. 12; Kölner Komm./*Lutter* § 67 Rz. 19; RG II 332/28 v. 5. 2. 1929, RGZ 123, 279, 281 (für Legitimationswirkung); *Baumbach/Hueck* § 67 Rz. 10 (für Fiktion).
[42] OLG Celle 9 U 34/83 v. 7. 9. 1983, AG 1984, 266, 268; LG Köln 67 Akt 1/79 v. 14. 4. 1980, AG 1981, 81.
[43] OLG Zweibrücken 3 W 171/96 v. 3. 12. 1996, AG 1997, 140 f.
[44] Hüffer AktG § 67 Rz. 14; *Butzke* WM 2005, 1981, 1982 f.; *Heidinger/Blath* DB 2006, 2275.

Einlagepflicht nachzukommen. Für die Entstehung der Mitteilungspflichten nach §§ 20, 21 AktG und §§ 21, 22 WpHG kommt es hingegen nicht auf die Eintragung an. Die Mitteilungspflichten entstehen bereits mit dem Erwerb der Aktie.

29 Wer mit seinem Wollen eingetragen worden ist, kann nicht einwenden, dass er die Aktie nicht rechtswirksam erworben habe. Anderes gilt nach hM nur, wenn er ohne seinen Willen eingetragen worden ist oder seine Zustimmung, etwa wegen Geschäftsunfähigkeit, nichtig war.[45] Da die Eintragung auch den zu Unrecht Eingetragenen nicht zum Aktionär macht, bestehen zwischen dem fälschlich Eingetragenen und dem wirklichen Aktionär Ausgleichsansprüche nach den §§ 677 ff., 812 ff. BGB. Bei **Gesamtrechtsnachfolge** gilt die Besonderheit, dass der Erbe des Eingetragenen auch ohne Umschreibung im Aktienregister als Aktionär gilt. Er kann daher von der Gesellschaft in Anspruch genommen werden, sich aber auf die Beschränkung der Erbenhaftung berufen. Nach seiner Eintragung in das Aktienregister kann er die Beschränkung der Erbenhaftung nicht mehr geltend machen.[46] Die Eintragung in das Aktienregister ist selbständiger Verpflichtungsgrund.

30 ee) Kosten. Das Anlegen und Führen eines Aktienregisters ist mit Kosten verbunden. Werden externe Dienstleister eingeschaltet, sollten mindestens Euro 50 000,– für die erstmalige Einrichtung des Registers und mindestens Euro 45 000,– (bei 2000 Aktionären) für die jährliche Führung des Registers veranschlagt werden. Die Führung beinhaltet dabei in der Regel neben der Übernahme der Daten von der Clearstream Banking AG eine Datenprüfung (Plausibilitätskontrolle, Vereinheitlichung etc.), die Erledigung von Publizitätspflichten sowie die Einladung zur Hauptversammlung (Erstellung des Hauptversammlungs-Stichtagsbestandes) nebst Rücklaufbearbeitung. Zusätzlich fallen Kosten für die Nutzung von CASCADE-RS und dem elektronischen Aktienregister an. Diese sollen sich nach einer Analyse aus dem Jahr 2000 auf Euro 34 750,– (bei 15 000 Aktionären und 150 Umschreibungen täglich an 260 Handelstagen) belaufen. Hinzu kommt eine Lizenzgebühr von Euro 10 000,– und Wartungskosten von Euro 7500,– pro Jahr.[47]

31 ff) Auskunftsrecht. Das bisherige umfassende Einsichtsrecht des Aktionärs, das eine Einsichtnahme in alle Daten der übrigen Aktionäre ermöglichte, ist durch das NaStraG aufgrund von datenschutzrechtlichen Aspekten erheblich eingeschränkt worden. Nach der geänderten Regelung des § 67 Abs. 6 AktG hat der Aktionär nur noch ein Auskunftsrecht bezüglich seines **eigenen Datenbestandes**. Nur bei nichtbörsennotierten Gesellschaften kann die Gesellschaft in der Satzung Abweichendes vorsehen und etwa jedem Aktionär ein umfassendes Einsichtsrecht in die Daten aller Aktionäre einräumen.[48] Die Erteilung der Auskunft über die Aktionärsdaten kann am Sitz der Gesellschaft – etwa im Wege der Einsicht in die eigenen Daten – vorgenommen werden. In Betracht kommt aber auch eine Online-Auskunft über das Internet, also eine Auskunft im Wege eines automatisierten Abrufverfahrens. Zur Sicherung der Auskunft können Kontrollnummern, Aktionärsnummern oä. verwendet wer-

---

[45] MünchKomm. AktG/Bd. 2/*Bayer* § 67 Rz. 39; Kölner Komm./*Lutter* § 67 Rz. 28; zweifelnd Großkomm. HGB/*Hüffer* § 15 Rz. 55.
[46] Kölner Komm./*Lutter* § 67 Rz. 26; *Hüffer* AktG § 67 Rz. 15.
[47] AG 2000 R 83.
[48] *Hüffer* AkG § 67 Rz. 30.

A. Aktienformen	32, 33 § 3

den. Auch kann die Auskunft mit entsprechender Identifikation telefonisch erfolgen.

Die Gesellschaft darf die Registerdaten der Aktionäre sowie die nach § 67 Abs. 4 Satz 2 und 3 AktG mitgeteilten Daten zudem für ihre Aufgaben im Verhältnis zu den Aktionären verwenden (§ 67 Abs. 6 Satz 3 AktG). Zu diesen zählt neben der Aktienregisterführung die Pflicht, den Aktionären die Mitteilungen nach § 125 AktG zukommen zu lassen. Daneben kann die Gesellschaft die Daten für Investor-Relations-Maßnahmen verwenden, um etwa eine Aktionärsdemographie zu erstellen und auf deren Grundlage bestimmte Aktionäre nach deren Interesse an der Zeichnung neuer Anteile oder – im Falle eines Übernahmeangebots – deren Einstellung zu dem Übernahmeangebot zu befragen.[49] Eine Nutzung der Aktionärsdaten zur Bewerbung eigener Produkte ist nach § 67 Abs. 6 Satz 4 AktG zulässig, soweit die betroffenen Aktionäre – nachdem sie über ihr Widerspruchsrecht in angemessener Weise informiert worden sind – nicht widersprochen haben.[50] Was unter einer angemessenen Belehrung zu verstehen ist, regelt das Aktiengesetz nicht. Um späteren Beweisproblemen vorzubeugen, sollte die Belehrung in schriftlicher Form an den einzelnen Aktionär gerichtet werden. Ein allgemeiner Hinweis, etwa auf der WEB-Seite des Unternehmens, wird nicht ausreichen.[51]	32

gg) Löschung von Daten. Die AG kann ein Löschungsverfahren einleiten, wenn ihr Vorstand der Ansicht ist, dass jemand zu Unrecht in das Aktienregister eingetragen ist. Dies ist der Fall, wenn das Eintragungsverfahren nicht ordnungsgemäß oder die Eintragung im Zeitpunkt ihres Zustandekommens inhaltlich unrichtig war (zB Fehlen der Aktonärseigenschaft). Der Vorstand hat zur Löschung ein Widerspruchsverfahren einzuleiten; er muss die Beteiligten von der Löschung benachrichtigen und ihnen eine angemessene Frist zum Widerspruch setzen. Aus der Benachrichtigung muss die Löschungsabsicht unzweifelhaft hervorgehen. Eine bestimmte Form ist nicht erforderlich; aus Beweisgründen sollte jedoch Schriftform gewählt werden. Beteiligt sind in erster Linie der eingetragene Aktionär und sein unmittelbarer Vormann, da dessen Eintragung mit der Löschung des Aktionärs wieder auflebt. Nach hM können auch die mittelbaren Vormänner wegen ihrer Haftung nach § 65 AktG Beteiligte sein, soweit ihre Haftung nicht bereits verjährt ist (2-Jahres-Frist).[52] Auch können als Beteiligte die Inhaber eines Nießbrauchs- oder Pfandrechts in Betracht kommen, wenn diese Rechte der AG mitgeteilt worden sind. Widerspricht ein Beteiligter innerhalb der Frist, so hat die Löschung zu unterbleiben, bis der Widersprechende rechtskräftig zur Erteilung seiner Zustimmung bzw. zur Zurückziehung des Widerspruchs verurteilt worden ist. Jeder Beteiligte kann die AG zu dem in § 67 Abs. 3 AktG vorgesehenen Verfahren auffordern und sie ggf. verklagen.[53] Folge der Löschung ist die Vernichtung der jetzigen Eintragung, als ob sie nie erfolgt wäre. Dementsprechend lebt die frühere Ein-	33

---

[49] Noack BB 2001, 27, 28; Hüffer AktG § 67 Rz. 31; Schmidt/Lutter/T. Bezzenberger § 67 Rz. 44; vgl. auch zum Problem des Gleichbehandlungsgrundsatzes.
[50] Vgl. hierzu im Einzelnen Noack BB 2001, 27, 29; die Regelung als fragwürdig einstufend: Hüffer AktG § 67 Rz. 31.
[51] Noack BB 2001, 27, 29.
[52] Hüffer AktG § 67 Rz. 23.
[53] Hüffer AktG § 67 Rz. 25; s. auch OLG Jena 2 U 635/03 v. 25. 2. 2004, AG 2004, 268, 270.

Maul	231

tragung des Vormannes auf; er wird daher wieder Schuldner der rückständigen Einlage.

34 **hh) Berichtigung von Daten.** Die Gesellschaft kann offenbare Schreibfehler (zB bei der Namensangabe) oder andere offenbare Unrichtigkeiten (zB Nichtbeseitigung des Erbenvermerks) ohne vorherige Benachrichtigung der Beteiligten verbessern.[54]

4. Umstellung von Inhaber- auf Namensaktien

35 Die Umstellung von Inhaber- auf Namensaktien kann aufgrund eines satzungsändernden Beschlusses oder gem. § 24 AktG auf einzelne Anträge der Aktionäre hin erfolgen (zu den Steuerfolgen vgl. § 13 Rz. 646 f.). Ersterer Weg ist vorgezeichnet, wenn die Gesellschaft sämtliche Aktien umstellen will, ohne hierauf auf die einzelnen Anträge der Aktionäre angewiesen zu sein.

a) Umstellung aufgrund von Satzungsänderung

36 Eine AG, die über Inhaberaktien verfügt, kann diese ohne weiteres auf Namensaktien umstellen (zu den Gründen vgl. Rz. 17). Die Umstellung von Inhaber- auf Namensaktien setzt einen satzungsändernden Beschluss der Aktionäre voraus (§ 23 Abs. 3 Nr. 5 AktG). Diskutiert wird zudem, ob mit der Umstellung von Inhaber- auf Namensaktien ein Eingriff in eine Aktiengattung, ein Individualrecht oder Sonderrecht verbunden ist. Dies ist im Ergebnis allerdings nicht der Fall. Die Umstellung von Inhaber- auf Namensaktien stellt keinen Eingriff in eine Aktiengattung dar, denn Inhaber- und Namensaktien führen zu keinerlei Unterschieden bei der Ausübung von Vermögens- und Verwaltungsrechten.[55] Auch ist für die Umstellung auf Namensaktien nicht – wie in der Literatur aber vereinzelt angenommen wird – die Zustimmung jedes einzelnen Aktionärs wegen eines Eingriffs in sein Individualrecht oder in ein Sonderrecht erforderlich.[56] Bei der Umstellung ist indessen der **Gleichbehandlungsgrundsatz** (§ 53 a AktG) zu beachten. Soll nur ein Teil der vorhandenen Inhaberaktien auf Namensaktien umgestellt werden, muss daher ein sachlich rechtfertigender Grund für die unterschiedliche Behandlung der Aktionäre vorliegen.[57]

37 Ist auf Namensaktien umgestellt worden, so können ggf. noch vorhandene Aktienurkunden eingezogen bzw. für **kraftlos erklärt werden**. Die Umwandlung der Inhaber- in Namensaktien führt dazu, dass die bisherigen Urkunden unrichtig werden. Der Vorstand, dem insoweit Ermessen zukommt,[58] kann sie daher für kraftlos erklären lassen. Zuvor wird die AG indessen versuchen, die unrichtig gewordenen Aktien, ohne auf das Mittel der Kraftloserklärung zurückzugreifen, zum Umtausch zu erhalten, indem die Aktionäre (formlos) aufgefordert werden, die unrichtig gewordenen Aktienurkunden bei

---

[54] *Hüffer* AktG § 67 Rz. 23.
[55] *Zätzsch* Die Namensaktie S. 257, 261; *Noack* in FS Bezzenberger S. 291, 305 ff.; MünchKomm. AktG/Bd. 1/*Pentz* § 24 Rz. 12; Großkomm. AktG/*Röhricht* § 24 Rz. 11.
[56] Im Ergebnis ebenso: MünchKomm. AktG/Bd. 1/*Pentz*, § 24 Rz. 12; *Hüffer* AktG § 24 Rz. 6; Großkomm. AktG/*Röhricht* § 24 Rz. 11; *Noack* in FS Gerold Bezzenberger S. 291, 305 f.; *Zätzsch* Die Namensaktie S. 291, 302; *Maul* NZG 2001, 585, 588.
[57] Großkomm. AktG/*Röhricht* § 24 Rz. 9.
[58] Kölner Komm./*Lutter* § 73 Rz. 3.

A. Aktienformen

der AG bzw. einem Kreditinstitut ihrer Wahl einzureichen.[59] Bei börsennotierten Gesellschaften hat diese Aufforderung durch die Gesellschaftsblätter zu erfolgen. Führt dies nicht zum nötigen Erfolg, kann die AG, vertreten durch ihre Vorstandsmitglieder in vertretungsberechtigter Zahl, die Kraftloserklärung der nicht eingereichten Urkunden betreiben (vgl. hierzu im Einzelnen unter Rz. 125 ff.). Soweit das Recht auf Einzelverbriefung nicht ausgeschlossen wurde, sind neue Aktien auszugeben (Rz. 76). Die Aktionäre sind in das Aktienregister einzutragen.[60]

b) Umstellung auf Antrag des Aktionärs

Nach § 24 AktG kann die Umstellung von Inhaber- auf Namensaktien auch auf Verlangen des Aktionärs erfolgen, wenn die Satzung ihm dieses Recht einräumt. In der Praxis kommt dieser Umwandlungsmöglichkeit immer dann Bedeutung zu, wenn sich die Aktionäre bezüglich der Umstellung einig sind oder nur ein Aktionär vorhanden ist, da die Umwandlung nur auf Verlangen des jeweiligen Aktionärs möglich ist. Wünscht der Aktionär die Umwandlung, so hat er dieses gegenüber der Gesellschaft unter Vorlage der Urkunde zu erklären. Schriftform ist grundsätzlich nicht erforderlich, kann aber in der Satzung vereinbart werden. Sieht die Satzung keine weiteren Voraussetzungen (zB die Zustimmung des Vorstandes) vor, so hat der Vorstand die Umwandlung der Inhaber- in die Namensaktie durchzuführen, indem er die Urkunde einzieht bzw. berichtigt und ggf. eine neue Urkunde ausstellt und den Aktionär in das Aktienregister einträgt. Die Frage, wer die Kosten der Umwandlung zu tragen hat, sollte in der Satzung geregelt werden. Ist eine solche Regelung nicht getroffen worden, sind die Kosten nach hM vom Aktionär zu tragen, da sie durch ihn veranlasst worden sind.[61]

5. Vinkulierte Namensaktien

Die Gesellschaft kann die Anteilsrechte oder Teile davon auch als vinkulierte Namensaktien ausgeben. In diesem Fall ist die Übertragung von Namensaktien an die Zustimmung der Gesellschaft gebunden (§ 68 Abs. 2 AktG). Die vinkulierte Namensaktie ist wie die einfache Namensaktie Orderpapier (vgl. Rz. 20 ff.) und begründet ebenso wie diese keine Aktiengattung. Vinkulierte Namensaktien können – wie zahlreiche Beispiele belegen – zum Börsenhandel zugelassen werden.[62] Voraussetzung hierfür ist allerdings neben einem Blankoindossament, dass das Zustimmungserfordernis nicht zu einer Störung des Börsenhandels führt. Eine solche Störung des Börsenhandels wird in der Praxis dadurch vermieden, dass durch die Gesellschaft bei der Clearstream Banking AG eine Erklärung hinterlegt wird, die sichert, dass sie von der Möglichkeit der Zustimmungsverweigerung keinen oder nur in außerordentlichen Fällen Gebrauch machen wird.[63]

---

[59] Vgl. Kölner Komm./*Lutter* § 73 Rz. 4; vgl. zB Siemens, Bekanntmachung vom 31. Juli 1999; Deutsche Bank, Bekanntmachung vom 14. August 1999.
[60] Zu Übergangsproblemen vgl. *Maul* NZG 2001, 589 f.
[61] MünchKomm. AktG/Bd. 1/*Pentz* § 24 Rz. 8.
[62] Zum Beispiel Allianz AG, Lufthansa AG, Mannheimer AG Holding, Stada Arzneimittel AG; vgl. DAI-Kurzstudie 1/2001, Namensaktien bei deutschen börsennotierten Gesellschaften.
[63] *Kümpel* 9.116; *Heißel/Kienle* WM 1993, 1909 ff.; im Einzelnen streitig.

a) Anlass zur Wahl vinkulierter Namensaktien

40 Die Wahl vinkulierter Namensaktien empfiehlt sich, wenn der Kreis der Aktionäre übersichtlich gehalten und das unbemerkte Eindringen gesellschaftsfremder Dritter vermieden werden soll. Darüber hinaus können vinkulierte Namensaktien eingesetzt werden, um Übernahmen zu erschweren, indem etwa Teile des Aktienbestandes nicht notiert und mit einer Vinkulierung versehen werden. Vinkulierte Namensaktien sind zwingend auszugeben, wenn Nebenleistungspflichten vereinbart werden (§ 55 Abs. 1 Satz 1 AktG), Entsendungsrechte in den Aufsichtsrat vorgesehen sind (§ 101 Abs. 2 Satz 2 AktG) oder es sich um Aktien von Wirtschaftsprüfungs- und Buchführungsgesellschaften (§§ 28 Abs. 5 Satz 2, 130 Abs. 2 WPO), Steuerberatungsgesellschaften (§ 50 Abs. 5 Satz 2 StBerG), Kapitalanlagegesellschaften (§ 1 Abs. 3 KAGG), börsennotierten Luftverkehrsgesellschaften (§ 2 Abs. 1 LuftNaSiG) oder gemeinnützigen Wohnungsbaugesellschaften (§ 3 Abs. 5 WGGDV) handelt.

b) Einführung der Vinkulierung

41 Die Vinkulierung muss durch die Satzung begründet werden (zu den Steuerfolgen vgl. § 13 Rz. 646 f.). Die Bestimmung kann in der ursprünglichen Satzung enthalten sein oder nachträglich durch Satzungsänderung eingeführt werden. In letzterem Fall bedarf sie der Zustimmung aller betroffenen Aktionäre (§ 180 Abs. 2 AktG). Sieht die Satzung die Vinkulierung für alle Aktien vor, so ist die Zustimmung der Gesellschaft auch für die Übertragung von Aktien aus einer Kapitalerhöhung erforderlich, ohne dass der Kapitalerhöhungsbeschluss nochmals eine Vinkulierung vorsehen muss.[64] Ist hingegen nur ein Teil der Aktien vinkuliert, so muss im Kapitalerhöhungsbeschluss festgelegt werden, ob und in welchem Umfang die jungen Namensaktien vinkuliert sein sollen. Zudem ist die Zustimmung der Aktionäre erforderlich, die aufgrund nicht vinkulierter Altaktien vinkulierte Aktien erhalten sollen,[65] da die jungen Aktien eine Abspaltung der alten Mitgliedschaftsrechte sind. Die Satzung kann den **Umfang** der Vinkulierung bestimmen. Möglich ist zB, die Vinkulierung dahin gehend zu beschränken, dass Übertragungen auf Aktionäre, Familienmitglieder (Abkömmlinge, Ehegatte) oder Personen mit bestimmter Berufsqualifikation zustimmungsfrei sind. Umgekehrt kann die Satzung auch einzelne Verweigerungsgründe vorsehen, zB Familienfremdheit und Branchennähe. Die Übertragbarkeit der Aktie überhaupt kann demgegenüber nicht ausgeschlossen werden, ebenso wenig kann die Satzung zwingend ein Zustimmungsverbot statuieren.

c) Erfasste Rechtsgeschäfte

42 Nach § 68 Abs. 2 AktG hat die Vinkulierung zur Folge, dass alle **rechtsgeschäftlichen Übertragungen** von Namensaktien an die Zustimmung der Gesellschaft gebunden werden. Der Rechtsgrund der Übertragung (zB Erfüllung eines Kaufvertrages, einer Schenkung, eines Vermächtnisses oder einer

---

[64] LG Bonn 11 O 3/69 v. 10. 4. 1969, AG 1970, 18, 19; *Geßler/Hefermehl/Hefermehl/Bungeroth* § 68 Rz. 13; *Hüffer* AktG § 68 Rz. 13; aA Großkomm. AktG/*Barz* § 68 Rz. 6.
[65] MünchKomm. AktG/Bd. 1/*Bayer* § 68 Rz. 47; *Hüffer* AktG § 68 Rz. 13.

A. Aktienformen

Auseinandersetzungsvereinbarung,[66] einer Treuhandübertragung oder einer Legitimationsübertragung) ist unerheblich. Neben der Übertragung können auch die Verpfändung und die Nießbrauchsbestellung gebunden werden; sie werden der Übertragung gleichgestellt.[67] Fälle der Gesamtrechtsnachfolge (zB Erbfall, Verschmelzung, Spaltung, Begründung einer Gütergemeinschaft) werden hingegen nicht von der Vinkulierung erfasst.[68] Die Zustimmungspflicht der Gesellschaft bezieht sich stets allein auf den dinglichen Übertragungsakt, das zugrundeliegende schuldrechtliche Geschäft bleibt hiervon unberührt und ist gesondert abzuwickeln. Zu beachten ist darüber hinaus, dass Rechtsgeschäfte, die zwar keinen verfügenden Charakter haben, aber einen ähnlichen Erfolg anstreben (zB Vollmachten, Stimmbindungen und Treuhandverhältnisse), im Einzelfall unzulässige Umgehungen darstellen, wenn die Gesellschaft durch die Stimmrechtsvollmacht oder die Stimmbindung entgegen dem Zweck der Vinkulierung einem unerwünschten Fremdeinfluss ausgesetzt wird.[69] In diesem Fall werden diese Rechtsgeschäfte ebenfalls von der Vinkulierung erfasst.[70]

d) Zustimmung

Für die Erteilung der Zustimmung ist intern grundsätzlich der Vorstand zuständig. Die Satzung kann die Zuständigkeit jedoch auf den Aufsichtsrat oder die Hauptversammlung übertragen (§ 68 Abs. 2 Satz 3 AktG). Nicht möglich ist es, die Entscheidung Aktionären, Dritten, einem Ausschuss oder gleichzeitig zwei oder drei Organen der Gesellschaft zu übertragen. Zulässig ist es hingegen, eine gestaffelte Zustimmung vorzusehen, wonach bei der Versagung der Zustimmung durch ein Organ ein anderes überprüfend zu entscheiden hat.[71] Die Entscheidung über die Zustimmung fällt auch nicht per Gesetz der Hauptversammlung zu, wenn die Aktienübertragung zu einer Konzernabhängigkeit der Gesellschaft führt.[72] Die Frage, ob das zur Entscheidung berufene Organ die Zustimmung erteilt oder nicht, hängt in erster Linie von der Satzung ab. Enthält sie keine Regelungen, hat das zuständige Organ nach pflichtgemäßem, durch den Gleichbehandlungsgrundsatz (§ 53 a AktG) gebundenem Ermessen zu entscheiden. Die Ermessensausübung hat sich in erster Linie an den Gesellschaftsinteressen zu orientieren, hat aber auch die Interessen des übertragungswilligen Aktionärs miteinzubeziehen.[73] Zulässig ist es aber, das Ermessen des entscheidenden Organs für bestimmte Fälle zu binden, also vorzusehen, dass die Zustimmung bei manchen Übertragungen erklärt werden muss.

---

[66] OLG Düsseldorf 7 U 244/865 v. 23.1. 1987, ZIP 1987, 227.
[67] Kölner Komm./*Lutter* § 68 Rz. 22.
[68] Heute unstreitig, vgl. Münch.Hdb. GesR/Bd. 4/*Wiesner* § 14 Rz. 21.
[69] BGH II ZR 96/86 v. 17.11.1986, WM 1987, 70, 71; RGZ 132, 149, 159; LG Berlin 98 AktE 10/89 v. 17.1. 1990, WM 1990, 978, 980 – Viktoria; s. zur Umgehungsresistenz von Vinkulierungsklauseln auch *Liebscher* ZIP 2003, 825, 827 ff.
[70] *Hüffer* AktG § 68 Rz. 12.
[71] MünchKomm. AktG/Bd. 1/*Bayer* § 68 Rz. 66.
[72] *Hüffer* AktG § 68, Rz.15; *Schmidt/Lutter/T. Bezzenberger* § 68, Rz. 28; a.A. Münch-Komm. AktG/Bd. 1/*Bayer* § 68 Rz. 64; *K. Schmidt* in FS Beusch, S. 759, 768 ff; *Lutter* AG 1992, 369, 374 f.
[73] BGH II ZR 287/85 v. 1.12. 1986, NJW 1987, 1019, 1020; vgl. auch LG Aachen 41 O 30/92 v. 19. 5. 1992, AG 1992, 410, 411; MünchHdb. GesR/Bd. 4/*Wiesner* § 14 Rz. 25.

44 Extern ist die – empfangsbedürftige – Zustimmung der Gesellschaft nach § 68 Abs. 2 Satz 2 AktG durch den Vorstand (genauer: durch Vorstandsmitglieder in vertretungsberechtigter Zahl) gegenüber dem Veräußerer oder dem Erwerber zu erklären, auch wenn Aufsichtsrat oder Hauptversammlung zur internen Willensbildung berufen waren. Die Zustimmung der Gesellschaft kann sowohl vor als auch nach der Übertragung erklärt werden. Liegt die Zustimmung im Übertragungszeitpunkt bereits vor, kann die Aktie sofort wirksam übertragen werden. Erfolgt die Übertragung der Aktie zunächst ohne die Zustimmung der Gesellschaft, ist sie zunächst schwebend unwirksam. Mit der Erteilung der Zustimmung wird die Übertragung wirksam. Wird die Zustimmung von vornherein versagt, kann die Aktie nicht wirksam übertragen werden. Wird sie erst nach der Übertragung der Aktie versagt, wird aus der schwebenden Unwirksamkeit die endgültige Unwirksamkeit. In beiden Fällen ist die dingliche Übertragung unwirksam. Das Grundgeschäft zwischen dem Aktionär und dem Erwerber ist jedoch nur dann unwirksam, wenn es unter einer entsprechenden Bedingung abgeschlossen worden ist.[74] Liegt eine solche Bedingung nicht vor, kommt es im Hinblick auf die Rechte des Erwerbers maßgeblich auf die Kenntnis des Erwerbers an. Ohne Kenntnis von der Vinkulierung kann der Erwerber gem. §§ 433, 437 BGB von dem Kaufvertrag zurücktreten oder Schadensersatz verlangen, mit Kenntnis von der Vinkulierung können von ihm gem. §§ 433, 442 BGB lediglich bereits erbrachte Leistungen zurückverlangt werden. Wird die Zustimmung der Gesellschaft zu Unrecht versagt, kann der Aktionär auf Erteilung der Zustimmung klagen, muss jedoch nach erfolgreicher Klage den – wegen der versagten Zustimmung unwirksamen – Übertragungsakt dann nachholen. Der Erwerber hat nach herrschender Meinung keinen eigenen Anspruch auf Erteilung der Zustimmung. Abweichendes muss jedoch dann gelten, wenn der Erwerber bereits selbst Aktionär ist; in diesem Falle kann er, gestützt auf seine Mitgliedschaft, von der Gesellschaft ebenfalls die Zustimmung verlangen.

e) Sonderfall: Umstellung von Inhaberaktien auf vinkulierte Namensaktien

45 Bei der Umstellung von Inhaberaktien auf vinkulierte Namensaktien ist nach § 180 Abs. 2 AktG neben dem satzungsändernden Hauptversammlungsbeschluss die Zustimmung des betroffenen Aktionärs erforderlich, da die Aktien nach der Umstellung nicht mehr frei veräußerbar sind, es also zu einem erheblichen Eingriff in die Rechte des Aktionärs kommt.[75]

f) Aufhebung der Vinkulierung

46 Die Vinkulierung kann durch satzungsändernden Beschluss aufgehoben oder gelockert werden (zu den Steuerfolgen vgl. § 13 Rz. 646 f.). Die Vinkulierung entfällt ebenfalls, soweit die vinkulierten Namensaktien in Inhaberaktien umgewandelt werden, da hierdurch die Vinkulierung ohne weiteres entfällt.[76]

---

[74] Kölner Komm./*Lutter* § 68 Rz. 41.
[75] Kölner Komm./*Zöllner* § 180 Rz. 9.
[76] OLG Hamburg 11 U 29/70 v. 3. 7. 1970, AG 1970, 230.

A. Aktienformen

III. Stamm- und Vorzugsaktien

Die Anteilsrechte können als Stamm- oder Vorzugsaktien begründet werden, und zwar unabhängig davon, ob es sich bei ihnen um Nennbetrags- oder Stückaktien, Inhaber- oder Namensaktien handelt. Während Stammaktien Stimm- und Dividendenrechte entsprechend dem Anteil der Aktionäre am Grundkapital gewähren, sind Vorzugsaktien in irgendeiner Weise mit einem Vorrecht ausgestattet, wobei dies sowohl unter Ausschluss des Stimmrechts (§ 139 AktG, unter Rz. 48 ff.) als auch unter Beibehaltung des Stimmrechts zulässig ist (unter Rz. 55). Die Einräumung solcher Vorrechte ist für einen Teil des Aktienbestandes und unabhängig davon möglich, ob es sich bei den Aktien um Nennbetrags- oder Stückaktien, Inhaber- oder Namensaktien handelt. Stamm- und Vorzugsaktien bilden verschiedene **Gattungen**, die in der **Satzung** festgelegt werden müssen (Rz. 68).

1. Stimmrechtslose Vorzugsaktien

Vorzugsaktien nach § 139 AktG sind mit einem Vorzug bei der Verteilung des Bilanzgewinns und einem Recht auf Nachzahlung der in den Vorjahren ausgefallenen Dividende unter gleichzeitigem Ausschluss des Stimmrechts ausgestattet. Bei ihnen handelt es sich um eine Besonderheit des deutschen Rechts. Ausländische Aktionäre, vor allem institutionelle Anleger, zeigen vielfach an Vorzugsaktien kein Interesse. Gleichwohl sind Vorzugsaktien verbreitet.[77] Allerdings berücksichtigt die Frankfurter Wertpapierbörse seit einigen Jahren im Hinblick auf die Marktkapitalisierung eines Unternehmens nur noch die Aktiengattung einer Gesellschaft, die den höchsten Börsenumsatz und -wert hat, also in der Praxis die Stammaktien.[78] Unter anderem auch deshalb scheinen Vorzugsaktien daher derzeit eher auf dem Rückzug zu sein.[79]

a) Zweck

Aus Sicht der Gesellschaft dienen die stimmrechtslosen Vorzugsaktien in erster Linie dazu, die **Eigenfinanzierung** zu erleichtern. Sie sind für die Gesellschaft vorteilhafter als eine Schuldverschreibung, da sie nur beim Vorhandensein eines entsprechenden Bilanzgewinns zur Zahlung verpflichten und nicht wie die Schuldverschreibung eine Zahlungspflicht unabhängig vom Gewinn begründen. Zudem bestehen bilanzrechtliche Vorteile aufgrund des Umstandes, dass die auf die stimmrechtslosen Vorzugsaktien entfallenden Gewinne nicht wie die Zinsen der Schuldverschreibungen zu den Passivposten der Bilanz zählen. Seitens der Gesellschaft stellen stimmrechtslose Vorzugsaktien zudem ein beliebtes Mittel der Mitarbeiterbeteiligung (**Belegschaftsaktien**)[80] und in letzter Zeit auch ein Instrument dar, mit dem feindliche Übernahmen erschwert werden sollen.[81] Von Mehrheitsgesellschaftern (insbesondere **Familiengesellschaften**) werden stimmrechtslose Vorzugsaktien genutzt, um beim Börsengang oder sich anschließenden Kapitalerhöhungen ihren beherrschen-

---

[77] Vgl. AG 2001 R 115.
[78] *Jung/Wachtler* AG 2001, 513 ff.; *Schmidt/Lutter/Spindler* § 139 Rz. 2.
[79] *Hüffer* AktG § 139, 3; *Pellens/Hillebrandt* AG 2001, 57 ff.
[80] *Reckinger* AG 1983, 216, 220 mwN.
[81] *Hüffer* AktG § 139 Rz. 3.

den Einfluss aufrechterhalten zu können, ohne selbst Kapital einbringen zu müssen.[82] Aus Sicht der Kleinanleger ist mit ihnen der Vorteil verbunden, dass sie in der Regel eine höhere und konstantere Dividende gewährleisten als Stammaktien derselben Gesellschaft. Allerdings werden die „Vorzüge" überwiegend zu geringeren Kursen als die Stammaktien derselben Gesellschaft gehandelt. Ein Nachteil, der durch das Dividendenvorrecht nur teilweise ausgeglichen wird.[83]

b) Vorzug auf den Bilanzgewinn

50 Stimmrechtslose Vorzugsaktien in der Form des § 139 Abs. 1 AktG müssen mit einem Gewinnvorzug ausgestattet sein, dh. die den Vorzugsaktionären zustehende Dividende ist an diese auszuschütten, bevor eine Ausschüttung an die übrigen Aktionäre erfolgen darf.[84] Dieser Vorzug hat mithin eine Priorität der Vorzugsaktionäre gegenüber den Stammaktionären bei der Ausschüttung des Bilanzgewinns zur Folge. Er bedeutet hingegen nicht, dass die Vorzugsaktionäre den festgelegten Prozentsatz bzw. Betrag mehr erhalten als die Stammaktionäre, wenn der Gewinn ausreichend hoch ist. Der Gewinnvorzug des § 139 AktG wirkt sich daher nur aus, wenn der Gewinn nicht ausreicht, um alle Aktionäre in dieser Höhe zu bedenken.[85] Die Höhe des Vorzugs muss objektiv bestimmbar sein. Üblich ist, den Vorzugsaktien einen festen Prozentsatz (idR 4 bis 6 %) des Aktiennennbetrages der stimmrechtslosen Vorzugsaktien als Dividende vorweg zukommen zu lassen. Möglich ist aber auch die Festlegung eines festen Euro-Betrages (zB 0,10 Euro je Euro 5,– Nennwert). Sind die Vorzugsaktien in Form von Stückaktien ausgegeben worden, so wird der Vorzug regelmäßig mit einem festen Betrag oder mit einem auf alle Vorzugsaktien zu verteilenden Gesamtbetrag bestimmt (zB Verwendung eines Vorausgewinnanteils von Euro 1 Mio. auf die stimmrechtslosen Vorzugsaktien).

51 Neben der Priorität bei der Gewinnverteilung kann die Satzung auch eine **Mehrdividende**, dh. eine zusätzliche Dividendenberechtigung der Aktionäre vorsehen, wovon Gebrauch gemacht wird, um die Aktien bei ihrer Emission und im Börsenhandel attraktiv zu machen. Beispielsweise kann ein Gesamtbetrag (zB 1 Mio. Euro) als Vorausgewinn an die Vorzugsaktionäre und der dann verbleibende Betrag auf alle Vorzugs- und Stammaktien gleichmäßig verteilt werden.[86] Darüber hinaus kann die Satzung neben dem Gewinnvorzug etwa auch einen Vorzug bei der Verteilung des **Liquidationsüberschusses** vorsehen (§ 271 Abs. 2 AktG). Vorzugsaktien ohne Stimmrecht können auch als Aktien unterschiedlicher Gattung mit **verschiedenen Vorzugsdividenden** oder anderen Vorrechten ausgegeben werden. Die Satzung muss dann bestimmen, welchen Rang die Vorzugsdividenden untereinander haben sollen.[87]

---

[82] *Binz/Sorg* BB 1987, 1996, 1997.
[83] Großkomm. AktG/*Bezzenberger* § 139 Rz. 8; *Recking* AG 1983, 216, 220 f.; *Kruse/Berg/Weber* ZBB 1993, 23 ff.
[84] BGH II ZR 313/51 v. 8. 10. 1952, BGHZ 7, 263, 264 = NJW 1953, 1370.
[85] Kölner Komm./*Zöllner* § 139 Rz. 11.
[86] Zu weiteren Gestaltungsmöglichkeiten vgl. Großkomm. AktG/*Bezzenberger* § 139 Rz. 19 mwN.
[87] Großkomm. AktG/*Bezzenberger* § 139 Rz. 20.

c) Nachzahlungsrecht

Der Gewinnvorzug muss nachzahlbar sein, dh. dass nicht oder nicht vollständig gezahlte Vorzugsdividenden (kumuliert) aus dem Ausschüttungsbetrag späterer Jahre nachgezahlt werden müssen, bevor eine Dividende auf andere Aktien ausgezahlt werden darf. Hierdurch wird die Vorzugsdividende langfristig gesichert und verhindert, dass die Organe durch eine entsprechende Gestaltung der Jahresabschlüsse bzw. der Mehrheitsaktionär durch eine Verweigerung der Gewinnausschüttung die Zahlung der Vorzugsdividende verhindert. Das Nachzahlungsrecht ist ein mit der Vorzugsaktie verbundenes Mitgliedschaftsrecht. Durchsetzbar ist ein solcher Anspruch auf Zahlung aber erst mit Fassung eines Gewinnverwendungsbeschlusses, der den nachzuzahlenden Betrag einschließt.[88] Die Satzung kann indessen den Nachzahlungsanspruch als selbständiges Recht in Gestalt eines schuldrechtlichen Zahlungsanspruchs ausgestalten, der mit dem Ausfall der Vorzugsdividende entsteht, allerdings unter der aufschiebenden Bedingung eines späteren Gewinnausschüttungsbeschlusses der Hauptversammlung.[89] Das Nachzahlungsrecht muss so lange bestehen, bis die rückständige Dividende nachgezahlt ist. Es darf daher nicht durch die Satzung beschränkt werden. Eine Beschränkung des Nachzahlungsanspruchs auf einen gewissen Zeitraum ist daher ebenso unzulässig wie die Beschränkung auf einen gewissen Betrag. Wird der Vorzugsbetrag nicht oder nicht vollständig ausgezahlt und der Rückstand im nächsten Jahr nicht neben dem vollen Vorzug dieses Jahres ausgezahlt, tragen die Aktien wieder Stimmrechte bis zur vollen Nachzahlung (§ 140 Abs. 2 AktG).

d) Höchstgrenze

Stimmrechtslose Vorzugsaktien dürfen nur bis zur **Hälfte des Grundkapitals** ausgegeben werden. Das Verhältnis von 1 : 1 muss zur Zeit der Ausgabe der stimmrechtslosen Aktien gewahrt sein. Eine Erhöhung der stimmberechtigten Aktien führt daher zu einer Erhöhung des für die stimmrechtslosen Vorzugsaktien bestehenden Höchstbetrages. Gleiches gilt nach ganz hM im Ergebnis auch, wenn das Kapital herabgesetzt wird.[90]

e) Rechtsfolgen bei Verstoß

Sieht die Satzung die Ausgabe von stimmrechtslosen Vorzugsaktien vor, ohne den Vorzug in entsprechender Weise zu regeln, so hat das Registergericht die Eintragung abzulehnen (§ 38 Abs. 1 Satz 2, Abs. 3 Nr. 2 AktG). Wird trotzdem eingetragen, ist die AG zwar wirksam entstanden, der Stimmrechtsausschluss ist aber nichtig. Gleiches gilt, wenn die Satzung nicht die erforderliche Regelung über den Nachzahlungsanspruch beinhaltet.[91] Hauptversammlungsbeschlüsse, die das Stimmrecht ohne Gewährung eines entsprechenden Vorzuges am Gewinn bzw. eines Nachzahlungsanspruchs ausschließen wollen, sind nichtig (§ 241 Nr. 3 AktG).

---

[88] BGH II ZR 313/51 v. 8. 10. 1952, BGHZ 7, 263, 264 = NJW 1953, 1370.
[89] Großkomm. AktG/*Bezzenberger* § 139 Rz. 23.
[90] Kölner Komm./*Zöllner* § 139 Rz. 26; *Hüffer* AktG § 139 Rz. 18.
[91] Großkomm. AktG/*Bezzenberger* § 139, Rz. 42; teilweise wird davon ausgegangen, dass das Nachzahlungsrecht als gesetzliche Nebenfolge entsteht; vgl. Kölner Komm./ *Zöllner* § 139 Rz. 18, 19.

2. Vorzugsaktien mit Stimmrecht

55 Zulässig ist auch die Ausgabe von Vorzugsaktien mit Stimmrechten, die Vorrechte bei der Verteilung des Gewinnes (zB Vorrecht bei der Verteilung des Gewinns, Mehrdividende) oder des Liquidationsüberschusses (§ 271 Abs. 2 AktG) gewähren. Sie bilden eine besondere **Aktiengattung,** unterliegen jedoch nicht den §§ 139 ff. AktG.[92]

3. Umstellung von Vorzugsaktien auf Stammaktien

56 Für die Aufhebung oder Beschränkung des Vorzuges (zu den Steuerfolgen vgl. § 13 Rz. 646 f.) bedarf es zunächst eines satzungsändernden Hauptversammlungsbeschlusses, an dessen Fassung die Vorzugsaktionäre nicht teilnehmen, da ihre Aktien erst mit Eintragung in das Handelsregister das Stimmrecht gewähren (§ 181 Abs. 3 AktG). Zudem bedarf der Hauptversammlungsbeschluss zu seiner Wirksamkeit der Zustimmung der Vorzugsaktionäre durch einen Sonderbeschluss (§ 141 Abs. 1, 2 AktG), wobei der Sonderbeschluss in gesonderter Versammlung zu fassen ist (§ 141 Abs. 3 AktG). Soweit mehrere Gattungen von Vorzugsaktien bestehen, hat jede Gattung einen eigenen Sonderbeschluss zu fassen. Zudem ist nach hM ein Sonderbeschluss der Stammaktionäre erforderlich, da durch die Umstellung auf stimmberechtigte Aktien die Stimmanteile der Stammaktionäre vewässert werden. Insoweit ist indessen nicht eine Beschlussfassung in gesonderter Versammlung erforderlich; ausreichend ist eine gesonderte Beschlussfassung in der Hauptversammlung. Die Aufhebung oder Beschränkung des Vorzuges bedarf der Zustimmung der Vorzugsaktionäre durch einen Sonderbeschluss (§ 141 Abs. 1, 2 AktG).[93]

57 Im umgekehrten Fall – der Umstellung von Stamm- auf Vorzugsaktien – ist zunächst ein satzungsändernder Hauptversammlungsbeschluss erforderlich, da durch die Umstellung das Stimmrecht der Aktionäre ausgeschlossen und nachzahlbare Vorzüge eingeräumt werden. Wegen des Eingriffs in Mitgliedschaftsrechte ist für die Wirksamkeit des Hauptversammlungsbeschlusses zusätzlich die Zustimmung der betroffenen Aktionäre erforderlich. Ob der Umwandlung außerdem die nicht betroffenen Aktionäre zustimmen müssen, ist streitig, wird aber von der ganz hM bejaht, weil sie von der Umwandlungsmöglichkeit ausgeschlossen und daher ungleich behandelt werden (§ 53 a AktG).[94] Werden die stimmrechtslosen Vorzugsaktien hingegen mittels Kapitalerhöhung eingeführt, ist ein Beschluss mit satzungsändernder Mehrheit, aber nicht die Einzelzustimmung der bereits vorhandenen Aktionäre erforderlich, weil nicht in bestehende Mitgliedschaftsrechte eingegriffen wird. Zu beachten sind jedoch die Bezugsrechte der Altaktionäre nach § 186 AktG.

IV. Mehrstimmrechtsaktien

58 Die Begründung von Mehrstimmrechtsaktien, dh. Aktien, die ihrem Inhaber mehr Stimmen geben als es ihrer auf das Grundkapital bezogenen Beteiligungsquote entspricht, ist gemäß § 12 Abs. 2 AktG unzulässig. Die bisherige

---

[92] Großkomm. AktG/*Bezzenberger* § 139 Rz. 14; *Hüffer* AktG § 139 Rz. 4.
[93] Vgl. Großkomm. AktG/*Bezzenberger* § 139 Rz. 32.
[94] Großkomm. AktG/*Bezzenberger* § 139 Rz. 41; *Hüffer* AktG § 139 Rz. 12; *Spindler/Stilz/Bormann* § 139 Rz. 36, jeweils mwN.

B. Aktiengattungen

Regelung des § 12 Abs. 2 Satz 2 AktG, durch die mit einer besonderen staatlichen Genehmigung Mehrstimmrechtsaktien begründet werden konnten, ist durch das Gesetz zur Kontrolle und Transparenz in Unternehmen (KonTraG) gestrichen worden.[95] Mehrstimmrechtsaktien, die vor Streichung des § 12 Abs. 2 Satz 2 AktG begründet worden sind, sind gem. § 5 Abs. 1 Satz 1 EGAktG am 1.6.2003 erloschen, wenn nicht zuvor die Hauptversammlung mit einer Mehrheit von 3/4 des bei der Beschlussfassung vertretenen Grundkapitals ihre Fortgeltung beschlossen hat. Die Mehrstimmrechtsaktionäre haben bei der Beschlussfassung darüber, ob die Mehrstimmrechte fortgelten sollen, kein Stimmrecht (§ 5 Abs. 1 Satz 2 EGAktG). Sollen die Mehrstimmrechte nicht fortgelten, so kann die Hauptversammlung auch unabhängig von § 5 Abs. 1 EGAktG durch Beschluss die Beseitigung der Mehrstimmrechte mit einfacher Kapitalmehrheit beschließen (§ 5 Abs. 2 Satz 2 EGAktG). Bei dem Beschluss dürfen die Inhaber der Mehrstimmrechtsaktien mitstimmen; jedoch können sie ihre überproportionale Stimmkraft, da es insoweit auf die Kapitalmehrheit der Hälfte des vertretenen Grundkapitals ankommt, nicht zur Geltung bringen. Erlöschen die Mehrstimmrechte, bleiben die Aktien mit einfachem Stimmrecht bestehen. Darüber hinaus ist die Gesellschaft gegenüber dem jeweiligen Inhaber der Mehrstimmrechtsaktien gemäß § 5 Abs. 3 EGAktG ausgleichspflichtig, wobei der zu leistende Ausgleich den besonderen Wert der Mehrstimmrechte zu berücksichtigen hat.[96] Soweit die Aktien nach § 5 Abs. 1 EGAktG mit Eintritt des 1.6.2003 erlöschen, muss der Anspruch innerhalb von zwei Monaten ab Eintragung gerichtlich geltend gemacht werden (§ 5 Abs. 3 Satz 2 EGAktG). Nach § 5 Abs. 4 EGAktG ist dieser Anspruch im Rahmen eines Spruchstellenverfahrens geltend zu machen. Werden die Mehrstimmrechte durch Beschluss beseitigt und erscheint dem betroffenen Aktionär die Abfindung nicht als angemessen, kann er Widerspruch zur Niederschrift erklären und im Rahmen des Spruchstellenverfahrens einen Antrag auf angemessenen Ausgleich stellen. Erlöschen die Mehrstimmrechte durch Beschluss der Hauptversammlung, hat die Hauptversammlung den Ausgleich mitzubeschließen (§ 5 Abs. 3 Satz 2 AktG). Demgegenüber ist auch eine einverständliche Lösung, die vor dem Stichtag wirksam wird, zulässig, soweit sie zur Aufhebung der Mehrstimmrechte führt und im Übrigen nicht gegen die gesetzlichen Vorgaben verstößt.[97]

B. Aktiengattungen

Werden Aktien mit unterschiedlichen Mitgliedschaftsrechten bzw. -pflichten ausgestattet, so bilden die Aktien mit gleichen Rechten bzw. Pflichten eine Gattung (§ 11 Satz 2 AktG). Dies ist zum einen von Bedeutung, wenn es um die Anwendung des § 23 Abs. 3 Nr. 4 AktG geht – in der Satzung muss die Gattung der Aktien und die Zahl der Aktien jeder Gattung bestimmt werden (§ 23 Abs. 3 Nr. 4 AktG). Zum anderen, weil die Aktionäre der einzelnen Gattungen in den Fällen der §§ 179 Abs. 3, 182 Abs. 2 und 222 Abs. 2 AktG Sonderbeschlüsse fassen müssen.

---

[95] Zu verfassungsmäßigen Bedenken vgl. *Zöllner/Hanau* AG 1997, 206 ff.
[96] *Hüffer* AktG § 12 Rz. 13; vgl. zur Berechnung der Abfindung in dem besonderen Fall, dass die Mehrstimmrechtsaktien nicht gehandelt werden BayObLG 3 Z BR 362/01 v. 31.7.2002, BB 2003, 66 ff.; s. auch *Arnold* DStR 2003, 784, 787 f.
[97] BT-Drs. 13/10.038, 28.

67 Aktiengattungen werden in der Praxis vornehmlich durch Einräumung unterschiedlicher Rechte in Bezug auf die Gewinnverteilung begründet. Gattungsbegründend wirken zB die Schaffung von stimmrechtslosen Vorzugsaktien nach § 139 AktG mit einem Vorzug auf den Bilanzgewinn (vgl. Rz. 50 f.) oder stimmberechtigten Vorzugsaktien, die etwa Vorrechte bei der Gewinnverteilung (vgl. Rz. 55) oder des Liquidationserlöses gewähren (§ 271 Abs. 2 AktG). Gattungsbegründend wirken ebenfalls noch ausnahmsweise bestehende Mehrstimmrechte (zur Zulässigkeit von Mehrstimmrechtsaktien und der Möglichkeit, solche Aktien über den 1. Juni 2003 aufrechtzuerhalten, vgl. Rz. 58). Aktiengattungen können ebenfalls durch die Auferlegung unterschiedlicher Pflichten, zB von Nebenverpflichtungen nach § 55 AktG begründet werden. Nicht gattungsbegründend wirken hingegen die Verbriefung als Stück- oder Nennbetragsaktie bzw. als Inhaber- oder (vinkulierte) Namensaktie, die Festsetzung verschiedener Nenn- oder Ausgabebeträge oder Einlagearten, unterschiedlich hohe Einzahlungen auf die Aktien, das Halten einer bestimmten Zahl von Anteilen des Grundkapitals, die Minderheitenrechte gemäß §§ 122 Abs. 1 Satz 1, 138 Satz 3, 142 Abs. 2, 147 Abs. 1 Satz 1 AktG, eigene Aktien der Gesellschaft, Höchststimmrechte oder die Einräumung von Entsendungsrechten (§ 101 Abs. 2 Satz 3 AktG).[98]

68 Die Satzung muss die Gattungen und die Zahl der gewährten Aktien jeder Gattung festschreiben (§ 23 Abs. 3 Nr. 4 AktG). Die Schaffung von Aktiengattungen bei Gründung der Gesellschaft ist unproblematisch, da die Gründer die Gattungen notwendig einstimmig festlegen müssen. Erfolgt die Einführung der Vorrechte/Pflichten gleichmäßig für alle Aktionäre durch nachträgliche Satzungsänderung, bedarf der Beschluss nur der satzungsändernden Mehrheit; ein Sonderbeschluss nach § 179 Abs. 3 AktG ist nicht erforderlich.[99] Werden die Aktionäre hingegen unterschiedlich behandelt, so ist zu unterscheiden: Gewähren die Aktien der neuen Gattung geringere Rechte als die bereits bestehenden, so ist für die Schaffung der neuen Gattung lediglich ein satzungsändernder Beschluss und, soweit zuvor bereits mehrere Gattungen vorhanden waren, ein Sonderbeschluss jeder vorhandenen Gattung erforderlich. Gewähren die Aktien der neuen Gattung hingegen mehr Rechte als die bisher bestehenden Aktien, so ist neben dem satzungsändernden Beschluss und dem ggf. erforderlichen Sonderbeschluss die Zustimmung aller Aktionäre, die den Vorteil nicht erhalten, erforderlich. Eine **Beseitigung oder Beschränkung** des Vorrechts bedarf nach § 179 Abs. 3 AktG eines zustimmenden Sonderbeschlusses der betroffenen Aktionäre mit $3/4$-Mehrheit (zu den Vorzugsaktien vgl. Rz. 56 f.). Nur soweit das Vorrecht dem einzelnen Aktionär unentziehbar eingeräumt wurde, ist seine eigene Zustimmung nötig.

C. Aktienurkunde

73 Hinsichtlich der Mitgliedschaft und der diese verbriefenden Aktienurkunde ist klar zu unterscheiden; die Mitgliedschaft ist von ihrer Verbriefung in einer Urkunde nicht abhängig, Letztere hat lediglich deklaratorischen Charakter.[100]

---

[98] *Hüffer* AktG § 11 Rz. 7.
[99] Streitig, vgl. MünchKomm. AktG/Bd. 1/*Heider* § 11 Rz. 45.
[100] LG Berlin 85 O 140/93 v. 27. 8. 1993, AG 1994, 378, 379.

C. Aktienurkunde 74–76 § 3

Die Mitgliedschaft in der (Vor-)Gesellschaft wird im Falle der Beteiligung als Gründer mit der Errichtung der Gesellschaft durch die Feststellung der Satzung nach § 23 AktG erworben. Eine die Mitgliedschaft verbriefende Aktienurkunde kann in diesem Stadium nach § 41 Abs. 4 Satz 1 und 2 AktG aus Gründen des Verkehrsschutzes nicht wirksam ausgegeben werden; gleichwohl ausgegebene Aktienurkunden oder Zwischenscheine sind nichtig. Die Ausgabe von Aktienurkunden ist erst nach der Eintragung der Aktiengesellschaft in das Handelsregister und ihrem damit verbundenen Entstehen als juristische Person zulässig. Die Urkunden verbriefen dann die Mitgliedschaft als Aktionär, weshalb die Mitgliedschaft durch Übereignung der Urkunde übertragen werden kann (zu anderen Übertragungsformen s. bei Rz. 110 ff.). Im Falle einer Kapitalerhöhung wird die Mitgliedschaft erst mit der Eintragung der Durchführung der Kapitalerhöhung im Handelsregister erworben (vgl. § 189 AktG). Vor diesem Zeitpunkt gibt es keine der Mitgliedschaft in der Vorgesellschaft entsprechende Rechtsposition des Zeichners und auch Aktienurkunden oder Zwischenscheine dürfen aus Gründen des Verkehrsschutzes nicht ausgegeben werden; unter Verstoß hiergegen ausgegebene Papiere sind nichtig (§§ 191, 203 Abs. 1 Satz 1 AktG; zu den Sonderbestimmungen bei der bedingten Kapitalerhöhung und der Kapitalerhöhung aus Gesellschaftsmitteln vgl. §§ 197, 219 AktG).

Die Verbriefung der Mitgliedschaften dient in der Regel dazu, die Verkehrsfähigkeit der Aktien zu steigern. Sie erleichtert es dem Aktionär, sich gegenüber Dritten und der AG zu legitimieren, und ermöglicht dem Erwerber einen Gutglaubenserwerb (vgl. Rz. 19, 21). Die Verbriefung ist daher die Regel, von ihr wird nur in Ausnahmefällen, etwa bei Familiengesellschaften abgesehen.[101] Auch bei den börsennotierten Gesellschaften wird an der Verbriefung der Mitgliedschaften festgehalten. Zwar wird idR der Anspruch auf Einzelverbriefung des Aktionärs ausgeschlossen (vgl. Rz. 76). Jedoch verbleibt es bei einer Verbriefung in einer Globalurkunde, die bei der Deutsche Börse Clearing AG hinterlegt wird. Dadurch werden die Aktien verkehrsfähig und können im Wege der Girosammelverwahrung auf ein anderes Depot übertragen werden (wegen der Steuerfolgen der Girosammelverwahrung vgl. § 13 Rz. 659 f.).[102]

74

I. Einzelurkunde

1. Anspruch auf Einzelverbriefung

Dem einzelnen Aktionär steht grundsätzlich ein Anspruch auf Einzelverbriefung seiner Mitgliedschaft zu. Gemäß § 10 Abs. 5 AktG kann dieser Anspruch durch die Satzung **ausgeschlossen oder eingeschränkt** werden (zB Beschränkung auf Mehrfachurkunde 100 Aktien = 1 Urkunde, Abhängigmachung von Kostenübernahme; Vorsehen von Globalurkunde und Ausstellung von Mehrfachurkunde gegen Kostenübernahme). Von § 10 Abs. 5 AktG wird indessen nicht der Anspruch des Aktionärs auf Verbriefung seiner Mitgliedschaft in einer Globalurkunde und deren Hinterlegung nach Maßgabe der

76

---

[101] Großkomm. AktG/*Brändel* § 10 Rz. 10.
[102] MünchKomm. AktG/Bd. 1/*Heider* § 10 Rz. 9.

Maul 243

§§ 2, 5, 9a DepotG berührt (str.).[103] Dieser Anspruch ist unverzichtbar. Dementsprechend hinterlegen Gesellschaften, die den Einzelverbriefungsanspruch zum Zeitpunkt der Börseneinführung bereits ausgeschlossen haben, idR lediglich eine Globalurkunde bei der Deutsche Börse Clearing AG entsprechend §§ 2 ff., 5 und 9a DepotG (vgl. Rz. 74 f.). Der Ausschluss bzw. die Beschränkung des Einzelverbriefungsanspruchs kann in der Gründungssatzung erfolgen. Dies kann auch nachträglich im Wege der Satzungsänderung geschehen. Nach hM ist hierfür nicht die Zustimmung jedes einzelnen Aktionärs erforderlich, da § 10 Abs. 5 AktG keine Einschränkung erkennen lässt.[104]

2. Voraussetzungen der Verbriefung

77 Die wertpapiermäßige Verbriefung setzt neben der Ausstellung einer Aktienurkunde (zum Inhalt vgl. Rz. 78) den Abschluss eines **Begebungsvertrages** voraus, in dem sich die Parteien darüber einigen, dass das Papier künftig die Mitgliedschaft verkörpern und der Aktionär Eigentümer des Papiers sein soll.[105]

3. Inhalt der Aktienurkunde

78 Die Aktienurkunde hat entsprechend den an sie gestellten wertpapier- und aktienrechtlichen Anforderungen Folgendes zu beinhalten:
- den Nennbetrag (nicht den Ausgabebetrag) bei Nennbetragsaktien;
- die Zahl der Aktien bei Stückaktien; der auf die einzelne Aktie entfallende anteilige Betrag ist nicht anzugeben;
- den Hinweis, ob es sich um Inhaber- oder Namensaktien handelt, soweit mehrere Arten von Aktien ausgegeben werden;
- besondere Zeichen bei Inhaberaktien, etwa Angabe der Serie und der Nummer – damit sie voneinander unterschieden werden können;[106]
- den Namen des Berechtigten bei Namensaktien (ohne diese Angabe ist die Aktie Inhaberaktie);
- die Verpflichtung und ihren Umfang (§ 55 Abs. 1 Satz 3 AktG), soweit Nebenverpflichtungen eingegangen wurden;
- den Betrag der Teilleistung, soweit die Aktie vor der vollen Leistung des Nennbetrages oder höheren Ausgabebetrages ausgegeben wird (§ 10 Abs. 2 AktG);
- die Gattung der Aktie, soweit bei der Gesellschaft verschiedene Aktiengattungen bestehen;
- den Aussteller: die Gesellschaft ist mit ihrer Firma zu bezeichnen (§ 17 HGB iVm. § 4 AktG);
- und den Hinweis, dass sie ein Mitgliedschaftsrecht verbrieft, das Wort Aktie muss nicht verwendet werden, ist jedoch in der Praxis absolut üblich;

---

[103] *Seibert* DB 1999, 267, 269; *Hüffer* AktG § 10 Rz. 11; MünchHdb. GesR/Bd. 4/*Wiesner* § 12 Rz. 5; aA *Schmidt/Lutter/Ziemons* § 10 Rz. 33; MünchKomm. AktG/Bd. 1/*Heider* § 13 Rz. 57.
[104] *Seibert* DB 1999, 267, 268; MünchHdb. GesR/Bd. 4/*Wiesner* § 12 Rz. 6; *Schmidt/Lutter/Ziemons* § 10 Rz. 34; *Hüffer* AktG § 10 Rz. 12.
[105] MünchKomm. AktG/Bd. 1/*Heider* § 10 Rz. 8; Kölner Komm./*Lutter* § 67 Rz. 3 mwN; aA *Hueck/Canaris* WPR § 25 II 2.
[106] Herrschende Meinung vgl. MünchKomm. AktG/Bd. 1/*Heider* § 13 Rz. 14.

C. Aktienurkunde

– Unterschrift durch die Vorstandsmitglieder in einer zur Vertretung berufenen Anzahl, soweit die Satzung nichts Abweichendes vorsieht. Prokuristen und Handlungsbevollmächtigte sind zur Unterzeichnung nur aufgrund besonderer Vollmacht befugt. Eine eigene Namensunterschrift ist ausreichend, aber nicht erforderlich; es genügt eine vervielfältigte Unterschrift (Faksimile). Die Gültigkeit der Unterzeichnung kann von der Beachtung weiterer Formerfordernisse abhängig gemacht werden, zB der zusätzlichen Unterschrift durch einen Kontrollbeamten oder der eines Aufsichtsratsmitglieds (§ 13 Satz 2 AktG). Solche Erfordernisse sind in der Satzung oder durch Beschluss der Hauptversammlung vorzusehen.

– Ausstellungsort und -datum sind nicht notwendigerweise in der Urkunde anzugeben; enthält sie ein Ausstellungsdatum, so kann dies zeitlich vor der Eintragung der Gesellschaft liegen.

Eine Abfassung der Urkunde in deutscher Sprache ist nicht erforderlich.[107]

Zum **Börsenhandel** zugelassene Aktien müssen zusätzlich den Richtlinien für den Druck von Wertpapieren entsprechen, die von den Börsenvorständen und den Zulassungsstellen herausgegeben worden sind (abgedruckt in WM 1956 Sonderbeilage Nr. 11; WM 1963, 21).

4. Fehlen von zwingenden Voraussetzungen

Fehlt es an einer der oben genannten zwingenden Voraussetzungen, kann der Aktionär die Urkunde zurückweisen. Nach Annahme der Urkunde hat er das Recht, die Auslieferung einer ordnungsgemäßen Urkunde Zug um Zug gegen Rückgabe der mangelhaften zu verlangen. Wurden die **Teilleistungen** nicht vermerkt, so ist die wertpapiermäßige Verbriefung dennoch wirksam. Jedoch machen sich Vorstand und Aufsichtsrat **schadensersatzpflichtig** (§§ 93 Abs. 3 Nr. 4, 116 AktG) und begehen eine Ordungswidrigkeit (§ 405 Abs. 1 Nr. 1 AktG). Gleiches gilt bis auf die Anwendbarkeit des § 405 AktG bei dem Unterlassen der nach § 55 Abs. 1 Satz 3 AktG anzugebenden **Nebenpflichten**.

5. Zeitpunkt der Ausgabe der Urkunde

Aktienurkunden dürfen erst ausgegeben werden, wenn die AG eingetragen ist. Vorher ausgegebene Aktien sind nichtig (§ 41 Abs. 4 AktG); gutgläubiger Erwerb ist ausgeschlossen. Durch eine solche Ausgabe begehen die Ausgeber eine Ordnungswidrigkeit (§ 405 Abs. 1 Nr. 2 AktG) und haften für den Schaden aus der Ausgabe als Gesamtschuldner (§ 41 Abs. 4 Satz 3 AktG). Entsprechendes gilt gemäß § 191 Satz 1, 2 AktG bei Kapitalerhöhungen vor deren Eintragung.

II. Globalurkunde

1. Rechtsnatur

Globalurkunden sind aufgrund ihres Rationalisierungseffekts ein häufig gebrauchtes Instrument zur Eindämmung des Wertpapiervolumens. Sie können entweder eine ganze oder zumindest einen größeren Teil einer Emission umfassen, als solche börsenmäßig nicht lieferbar, dh. nicht für den Umlauf bestimmt, und nicht vertretbar sein. Sie haben nicht die Druckrichtlinien der

---

[107] MünchKomm. AktG/Bd. 1/*Heider* § 13 Rz. 14.

Wertpapierbörsen zu erfüllen und können daher auf Papier schreibmaschinengeschrieben emittiert werden.[108] Denkbar sind auch Sammelurkunden, die eine größere Zahl von Einzelstücken (zB 100) verbriefen, börsenmäßig lieferbar und vertretbar sind und daher auch den Druckrichtlinien der Wertpapierbörsen entsprechen müssen. Bei der Globalurkunde handelt es sich mithin nicht um eine dritte Art von Aktien, die neben den Inhaber- und Namensaktien existiert. Vielmehr ist die Globalurkunde eine Zusammenfassung von mehreren Mitgliedschaftrechten gleicher Art (§ 10 Abs. 1 AktG) und gleicher Gattung (§ 11 AktG) in einer einheitlichen Aktienurkunde, die die rechtliche Selbständigkeit der einzelnen Anteilsrechte unangetastet lässt.[109] Die Globalurkunde ist je nachdem, welche Art von Aktien sie zusammenfasst, eine Namens- oder Inhaberaktie in Form einer Sammelurkunde iSd. § 9 a DepotG. Die Globalurkunde kann die Mitgliedschaftsrechte eines Aktionärs zusammenfassen. Möglich ist aber auch, dass sie die Mitgliedschaftsrechte unterschiedlicher Aktionäre zusammenfasst. Von dieser Möglichkeit machen insbesondere börsennotierte Gesellschaften, die den Einzelverbriefungsanspruch ausgeschlossen haben, Gebrauch, um der kostspieligen Pflicht der Herstellung neuer Urkunden zu entgehen. Sie hinterlegen idR lediglich eine Globalurkunde mit einer bestimmten Kennnummer bei der Deutsche Börse Clearing AG entsprechend §§ 2 ff., 5 und 9 a DepotG.

2. Rechtswirkungen

83 Die mit einer Globalaktie verbundenen Rechtswirkungen, insbesondere die Legitimations- und die Rechtsscheinwirkung, richten sich je nachdem, ob in der Globalurkunde Inhaber- oder Namensaktien verbrieft werden, nach den Grundsätzen, die für die verschiedenen Aktienarten aufgezeigt worden sind (vgl. Rz. 18 ff.). Wird für verschiedene Gesellschafter nur eine Urkunde ausgegeben, entsteht an der Aktienurkunde Miteigentum nach Bruchteilen, wobei die Regelungen der Gemeinschaft auf die Verwaltung des gemeinsamen Gegenstandes Anwendung finden (§§ 741 ff. BGB).[110] Eine Verfügung über die eigenen Anteile an der Globalurkunde setzt einen vorherigen Umtausch in Einzelurkunden voraus. Hierauf hat der Berechtigte einen Anspruch, es sei denn, die Satzung schließt den Anspruch auf Einzelverbriefung aus. Allerdings erfolgt heutzutage weder bei der Wertpapierverwaltung noch bei der Übertragung der Papiere (s. Rz. 117 f.) die Legitimation des Inhabers durch Vorlage der Aktie.[111]

III. Entmaterialisierung der Aktien durch Girosammelverwahrung

1. Allgemeines

84 Die Bedeutung der Einzelurkunde als Sache für Bestand, Ausübung und Übertragung des Rechts ist durch die tatsächlichen und rechtlichen Entwicklungen im Hinblick auf börsennotierte Gesellschaften erheblich modifiziert

---

[108] *Delorme* ZKW 90, 276; *Einsele* Wertpapierrecht als Schuldrecht S. 14.
[109] MünchHdb. GesR/Bd. 4/*Wiesner*, § 12 Rz. 19 ff.; MünchKomm. AktG/Bd. 1/*Heider*, § 10 Rz. 39.
[110] MünchKomm. AktG/Bd. 1/*Heider* § 10 Rz. 41 ff.; ähnlich Großkomm. AktG/*Brändel* § 10 Rz. 38.
[111] *Einsele* Wertpapierrecht als Schuldrecht, 1995, S. 37, 199.

C. Aktienurkunde   85, 86 § 3

worden. Die Kreditinstitute, die den Effektenhandel und die Verwahrung der Wertpapiere wahrnehmen, haben verschiedene Formen der Rationalisierung entwickelt, um die Übertragung und die Verwaltung der Massenpapiere zu bewerkstelligen. Bei börsennotierten Gesellschaften findet der Handel daher nicht mehr mit effektiven Stücken, sondern im Rahmen des stückelosen Effektengiroverkehrs statt, bei dem die Wertpapiere ohne körperliche Übergabe allein durch Umbuchungen übertragen werden. Hierzu ist es erforderlich, dass die Wertpapiere in die Girosammelverwahrung genommen werden.

2. Girosammel- und Sonderverwahrung

Die Wertpapiere (zB Aktien, Zwischenscheine, Zins-, Gewinnanteils- und **85** Erneuerungsscheine, Schuldverschreibungen und andere vertretbare Wertpapiere, § 1 Abs. 1 DepotG) können bei der Clearstream Banking AG – der einzigen Institution, die die Aufgaben einer Wertpapiersammelbank im Sinne des DepotG wahrnimmt – in zwei verschiedenen Formen verwahrt werden: der Sonderverwahrung und der Sammelverwahrung. Bei der Sonderverwahrung werden die eingelieferten Wertpapiere gesondert von den eigenen Beständen des Verwahrers und von denen Dritter aufbewahrt (§ 2 Satz 1 DepotG). Im Rahmen dieser zweiten Variante erfolgt die Verwahrung der Papiere in sog. Streifbändern, die mit dem Namen des Hinterlegers gekennzeichnet sind, damit das Eigentum des Hinterlegers an den eingelieferten Stücken erhalten bleibt. Aufgrund des hiermit verbundenen Aufwands und der anfallenden Kosten werden Wertpapiere jedoch nur dann in der Sonderverwahrung aufbewahrt, wenn sie nicht zur Sammelverwahrung zugelassen sind oder der Hinterleger dies ausdrücklich verlangt.[112]

Bei der Sammelverwahrung, die den Regelfall darstellt,[113] werden Wert- **86** papiere derselben Art ungetrennt voneinander in einem einheitlichen Bestand, dem Sammelbestand, aufbewahrt (§ 5 Abs. 1 DepotG). Möglich ist auch, dass keine einzelnen Stücke, sondern lediglich eine **Global- oder Sammelurkunde** (vgl. Rz. 82) über die gesamte Emission oder einen Teil davon hinterlegt wird (§ 9 a DepotG). Mit der Einlieferung des Papiers in die Sammelverwahrung verliert der bisherige Eigentümer sein Eigentum (§ 6 Abs. 1 Satz 1 DepotG). Er wird Miteigentümer nach Bruchteilen und mittelbarer Besitzer an den zum Sammelbestand gehörenden Urkunden, wobei für die Bestimmung des Bruchteils der Nennbetrag, bei Wertpapieren ohne Nennbetrag die Stückzahl maßgeblich ist (§ 6 Abs. 1 DepotG). Es kommt zu einem gestuften Verwahrungsverhältnis: An der Spitze steht die Clearstream Banking AG. Auf der nächsten Stufe stehen – als Depotinhaber der Clearstream Banking AG – die der gesetzlichen Depotprüfung unterliegenden Kreditinstitute und Wertpapiermakler. Auf der dritten Stufe sind schließlich die Privat- und Geschäftskunden ihrerseits als Depotinhaber anzutreffen. Da der Aktionär durch die Übernahme in die Sammelverwahrung auch nicht mehr über den Besitz an den eingelieferten Wertpapieren verfügt, kann der Einlieferer sich nicht mehr anhand der Urkunde legitimieren. Für die Geltendmachung der Rechte aus dem Papier ist es daher ausreichend, eine Hinterlegungsbescheinigung der Bank vorzulegen (vgl. zB § 123 Abs. 3 Satz 2 AktG). Anstatt durch das Wert-

---

[112] Kümpel 11.20; Schwintowski/Schäfer BankR § 17 Rz. 31.
[113] Schwintowski/Schäfer BankR § 17 Rz. 22.

Maul 247

papier wird der Gläubiger somit durch die Hinterlegungsbescheinigung legitimiert.

3. Herausgabeanspruch

87 Gem. § 7 Abs. 1 DepotG kann der Hinterleger keine Rückgabe der eingelieferten Papiere verlangen, da er sein Eigentum an diesen verloren hat. Er kann aber verlangen, dass ihm aus dem Sammelbestand Wertpapiere in Höhe des Nennbetrages, bei Stückaktien in Höhe der Stückzahl der für ihn in Verwahrung genommenen Wertpapiere ausgeliefert werden. Ist nur eine Global- oder Sammelurkunde eingeliefert worden und ist der Anspruch der Aktionäre auf Einzelverbriefung ihrer Rechte nach § 10 Abs. 5 AktG ausgeschlossen worden, so besteht kein Herausgabeanspruch (§ 9 a Abs. 3 Satz 2 DepotG).

D. Euro-Umstellung

94 Nach § 1 Abs. 2 Satz 3 EGAktG dürfen seit dem 1. 1. 2002 Aktiengesellschaften nur noch in Euro gegründet und Kapitalmaßnahmen nur noch in Euro durchgeführt werden. Es besteht daher keine generelle Verpflichtung für bis zum 31. 12. 2001 gegründete Aktiengesellschaften, ab dem 1. 1. 2002 die Nennbeträge des Grundkapitals und diejenigen der Aktien in Euro zu bezeichnen. Vielmehr besteht nur dann die Pflicht einer solchen Bezeichnung in Euro und daher ein Handlungszwang auf Euro umzustellen, wenn bei einer solchen Gesellschaft nach dem 31. 12. 2001 Kapitalerhöhungen bzw. -herabsetzungen durchgeführt werden sollen.

95 Nach dem 31. 12. 1998 gegründete Gesellschaften (Neugesellschaften) durften in Euro oder DM gegründet werden, wenn die Gesellschaft bis zum 31. 12. 2001 in das Handelsregister eingetragen worden ist. Allerdings musste bei einer Gründung in DM das Grundkapital wertmäßig dem ab dem 1. 1. 1999 geltenden Mindestbetrag von Euro 50 000,– (= 97 791,590 DM) entsprechen. Zudem hatten die Aktiennennbeträge auf einen DM-Betrag zu lauten, der wertmäßig den in § 8 AktG geregelten Euro-Beträgen entsprach (§ 3 Abs. 3 EGAktG). Sollten von solchen in DM gegründeten Neugesellschaften in der Übergangsphase (dh. bis zum 31. 12. 2001) Aktien in DM ausgegeben werden, so mussten diese wertmäßig den Betragsstufungen des § 8 Abs. 2 AktG entsprechen. Demgegenüber durften Aktien von Gesellschaften, die vor dem 1. 1. 1999 in das Handelsregister eingetragen worden sind (Altgesellschaften), in der Übergangszeit auf einen nach den bis dahin geltenden Vorschriften zulässigen Nennbetrag lauten. Neu- und Altgesellschaften dürfen die im Rahmen der Übergangszeit zulässigen Nennbeträge des Grundkapitals und der Aktien nach dem 31. 12. 2001 bis zur Durchführung von Kapitalmaßnahmen beibehalten (§ 1 Abs. 2 Satz 3 EGAktG).

Die Umstellung auf Euro kann auf verschiedene Weise erfolgen:

I. Umstellung auf Stückaktien

96 Eine Umstellung auf Euro eines auf DM lautenden und in Nennbetragsaktien eingeteilten Grundkapitals kann zunächst unter Zuhilfenahme von Stückaktien durchgeführt werden. Diese Maßnahme ist besonders praktikabel, weil

D. Euro-Umstellung 97–99 § 3

sie keine Änderung des Grundkapitals voraussetzt und Kapitalmaßnahmen zur Glättung der bei der Umrechnung in Euro entstehenden gebrochenen Nennbeträge oder ein Umtausch der Aktienurkunden nicht nötig sind. Aus rechnerischen Gründen wird in der Praxis aber häufig eine Änderung des Grundkapitals insoweit durchgeführt, als auf jede Stückaktie ein rechnerischer Anteil am Grundkapital entfällt, der auf volle Cent lautet. Die Vermögensrechte bzw. die Verwaltungsrechte der Aktionäre werden durch die Umstellung des Grundkapitals in Euro sowie die Einführung der Stückaktie nicht berührt.

In einem ersten Schritt ist das Grundkapital von DM auf Euro umzustellen, wobei entsprechend dem amtlichen Umrechnungskurs 1,– Euro 1,95583 DM entspricht.[114] Nach der Umstellung lauten die Aktien mit einem Nennbetrag von DM 5,– auf Euro 2,5564594 oder einem Vielfachen hiervon; ein Grundkapital von DM 100 000,– lautet auf Euro 51 129,18811. Der gebrochene Nennbetrag des Grundkapitals wird auf den nächstliegenden Centbetrag auf- oder abgerundet (Art. 5 EuroVO I),[115] während die Aktiennennbeträge aufgrund der Ermächtigung in § 3 Abs. 4 Satz 2 EGAktG auf zwei Nachkommastellen gerundet werden können.[116] Für die Umstellung des Grundkapitals auf Euro genügt gemäß § 4 EGAktG die einfache Mehrheit des bei der Beschlussfassung vertretenen Grundkapitals; aus diesem Grunde ist bei nicht börsennotierten Aktiengesellschaften keine notarielle Niederschrift erforderlich, es genügt das vom Vorsitzenden des Aufsichtsrats unterzeichnete schriftliche Protokoll gemäß § 130 Abs. 1 AktG. 97

In einem weiteren Schritt sind die Nennbetragsaktien von der(selben) Hauptversammlung auf Stückaktien umzustellen. Hierzu ist erforderlich, dass die bisherigen Nennbetragsaktien alle den gleichen Nennbetrag haben; ggf. muss das Grundkapital deshalb im Wege der Satzungsänderung neu eingeteilt werden. Haben die bisherigen Nennbetragsaktien alle den gleichen Nennbetrag, sind sie – ebenfalls im Wege der Satzungsänderung – in Stückaktien umzuwandeln (vgl. im Einzelnen Rz. 15). Die Aktien können nur insgesamt in Stückaktien umgewandelt werden, eine Aufteilung der Aktien in Nennbetrags- und Stückaktien wäre unzulässig. Für den Beschluss über die Umwandlung der Nennbetragsaktien in Stückaktien gilt das Mehrheitsprivileg in § 4 Abs. 2 EGAktG nicht. Die zu fassenden Beschlüsse bedürfen daher der in § 179 Abs. 2 AktG oder in der Satzung vorgesehenen Kapitalmehrheit. 98

II. Umstellung mittels Kapitalerhöhung aus Gesellschaftsmitteln unter Beibehaltung von Nennbetragsaktien

Eine Umstellung des Grundkapitals auf Euro kann auch dadurch erfolgen, dass die Nennbeträge auf glatte Euro-Beträge umgestellt werden. Hierzu ist eine Änderung des Grundkapitals und Aktiennennbeträge auf einen durch volle Euro teilbaren Betrag erforderlich. Da es aufgrund der Umstellung auf Euro zu krummen Beträgen (1,– Euro = 1,95583 DM) kommt, müssen diese, um ein durch volle Euro teilbares Grundkapital zu erhalten, durch eine Kapitalerhöhung geglättet werden. In der Regel wird hierzu eine Kapitalerhöhung 99

---

[114] Verordnung EG Nr. 2866/98 des Rates vom 31.12.1998, ABl. EG Nr. L 359/1.
[115] Verordnung des Rates der EU über bestimmte Vorschriften im Zusammenhang mit der Einführung des Euro vom 2.8.1997, ABl. EG C 236 S. 7.
[116] Vgl. im Einzelnen MünchKomm. AktG/Bd. 1/*Heider* § 6 Rz. 54.

Maul 249

aus Gesellschaftsmitteln durchgeführt. Möglich ist aber auch eine Kapitalerhöhung gegen Einlagen oder eine Kapitalherabsetzung.

100 Die Umstellung setzt in einem ersten Schritt einen **satzungsändernden Beschluss** der Hauptversammlung voraus, mit dem die Nennbeträge der Aktien und des Grundkapitals rechnerisch auf Euro umgestellt werden. Für ihn reicht einfache Mehrheit (§ 4 Abs. 1 Satz 1 EGAktG iVm. § 179 Abs. 1 AktG). Im Anschluss daran ist durch die (selbe) Hauptversammlung die Kapitalerhöhung aus Gesellschaftsmitteln zu beschließen, durch die die Nennbeträge der Aktien auf volle Euro umgestellt werden. Im Fall einer rechnerischen Umstellung würde eine 5,–DM-Aktie auf einen Nennbetrag von Euro 2,5564594[117] lauten. In diesem Fall müsste das Grundkapital um einen Betrag erhöht werden, der erforderlich ist, um auf eine 3,–Euro-Aktie aufstocken zu können. Bei Aktien unterschiedlicher Stückelung ist eine proportionale Erhöhung erforderlich. Bei einer Stückelung in 5,–DM- und 50,–DM-Aktien müsste der Nennbetrag der Aktien um einen Euro-Betrag erhöht werden, der für eine Aufstockung auf eine 3,– und eine 30,–Euro-Aktie erforderlich ist.[118] Gem. § 4 Abs. 1 Satz 3 EGAktG kann die Kapitalerhöhung aus Gesellschaftsmitteln abweichend von §§ 207 Abs. 2 iVm. 182 Abs. 1 Satz 4 AktG durch Erhöhung des Nennbetrages der einzelnen Aktien oder durch Neueinteilung der Aktien erfolgen. Die Erhöhung kann erst beschlossen werden, nachdem der Jahresabschluss für das letzte vor der Beschlussfassung über die Kapitalerhöhung abgelaufene Geschäftsjahr (letzter Jahresabschluss) festgestellt ist; die Feststellung erfolgt im Regelfall durch den Vorstand und den Aufsichtsrat (§ 172 AktG); die Bilanz muss mit einem uneingeschränkten Bestätigungsvermerk des Abschlussprüfers versehen sein und ihr Stichtag darf höchstens 8 Monate vor der Anmeldung des Beschlusses zur Eintragung in das Handelsregister liegen, § 209 AktG. Nach § 4 EGAktG genügt für den hierfür notwendigen Beschluss abweichend von den sonst geltenden Regelungen (vgl. §§ 207 Abs. 2, 182 Abs. 1, 222 Abs. 1 AktG) die einfache Mehrheit des bei der Beschlussfassung vertretenen Grundkapitals, wenn das Grundkapital nur bis zum nächsthöheren Betrag, mit dem die Nennbeträge der Aktien auf volle Euro gestellt werden können, erhöht wird. Weiterhin gelten für diesen Beschluss nach § 4 Abs. 5 EGAktG insofern Erleichterungen, als abweichend von §§ 208 Abs. 1 Satz 2 und 150 Abs. 3 AktG die Kapitalrücklage und die gesetzliche Rücklage sowie deren Zuführungen, auch soweit sie zusammen den zehnten Teil oder den in der Satzung bestimmten höheren Teil des bisherigen Grundkapitals nicht übersteigen, in Grundkapital umgewandelt werden können. Bei einem Nennbetrag von DM 10,– wäre das Grundkapital so weit zu erhöhen, dass es in Aktien im Nennbetrag von 5,– Euro eingeteilt werden kann.

Möglich ist es auch, die neuen Aktien durch einen weiteren Hauptversammlungsbeschluss in Aktien im Nennbetrag von 1,– Euro zu teilen. Auch für diesen „Aktiensplit" genügt nach § 4 Abs. 2 Satz 2 EGAktG die einfache Kapitalmehrheit. Das Gleiche gilt für sonstige Änderungen der Satzungsfassung, wenn diese Beschlüsse mit der Kapitaländerung verbunden sind. Allerdings bedarf der Beschluss nach § 4 Abs. 2 Satz 3 EGAktG der notariellen Niederschrift gem. § 130 Abs. 1 Satz 1 AktG.

---

[117] Auf sieben Stellen hinter dem Komma gerundeter Betrag.
[118] MünchKomm. AktG/Bd. 1/*Heider* § 6 Rz. 57.

III. Kapitaländerung mit Nennbetragsglättung

Möglich ist auch die folgende Vorgehensweise, die sich insbesondere anbietet, wenn die Gesellschaft über einen kleinen Gesellschafterkreis verfügt: Das Grundkapital wird nach der rechnerischen Umstellung auf Euro nicht auf den Betrag erhöht, mit dem die Nennbeträge auf volle Euro gestellt werden können, sondern nur um uU wenige Cent auf den nächst höheren vollen Eurobetrag. Anschließend wird das Grundkapital neu eingeteilt. Dies hat den Vorteil, dass die Kapitalerhöhung gering ausfällt, während sie zB bei der Umstellung von 5,–DM- auf 3,–Euro-Aktien ca. 20% beträgt. Durch die Neueinteilung des Grundkapitals können sich jedoch geringfügige Veränderungen der Beteiligungsquoten ergeben, weshalb sie nach § 4 Abs. 3 Satz 2 EGAktG der Zustimmung aller betroffenen Aktionäre bedarf. Diese Maßnahme eignet sich daher nicht für Publikumsgesellschaften. **101**

E. Teilung von Aktien

Nach § 8 Abs. 5 AktG sind Aktien unteilbar. Weder die AG noch der einzelne Aktionär können daher eine Aktienurkunde (zB 100) in zwei Urkunden (je 50) aufteilen (Realteilung) oder einzelne Verwaltungsrechte (Stimmrecht) von der Mitgliedschaft abtrennen. Dies gilt auch für das mitgliedschaftliche Recht auf Teilhabe am Gewinn. Abgetreten werden können nur bereits entstandene oder künftige Dividendenzahlungsansprüche (vgl. § 4 Rz. 73). § 8 Abs. 5 AktG steht indessen nicht einer Neustückelung des Grundkapitals entgegen. Bei dieser handelt es sich nicht um eine Teilung iSv. § 8 Abs. 5 AktG, sondern vielmehr um eine Neufestsetzung des Verhältnisses zwischen Aktie und Grundkapital, wobei dies bei Nennbetragsaktien durch eine Herabsetzung der Nennbeträge und einer Ausgabe entsprechend vieler neuer Aktien geschieht (zB anstelle einer Aktie zu 5,– Euro: 5 Aktien zu je 1,– Euro). Bei der Neustückelung sind die vorgesehenen Mindestbeträge einzuhalten (Rz. 7). Die Neustückelung der Aktien bedarf eines satzungsändernden Beschlusses (§ 23 Abs. 3 Nr. 4 AktG), nicht jedoch der Zustimmung aller Aktionäre (wegen der Steuerfolgen einer Neustückelung vgl. § 13 Rz. 648 f.). Nach hM werden diese durch die Neustückelung der Aktien nicht benachteiligt.[119] **106**

F. Übertragung von Aktien

Die Übertragung von Aktien unterscheidet sich, je nachdem, ob es sich bei ihnen um Inhaber- oder Namensaktien handelt bzw. sich die Aktien in Girosammelverwahrung befinden oder nicht (zu den steuerlichen Folgen vgl. § 13 Rz. 659 f. und § 13 Rz. 450 ff.). **110**

---

[119] Kölner Komm./*Kraft* § 8 Rz. 50.

I. Übertragung durch Rechtsgeschäft

1. Inhaberaktien

111 Inhaberaktien werden gemäß § 929 BGB durch **Einigung und Übergabe** der Urkunde, wenn eine solche vorhanden ist, bzw. durch Übergabesurrogat (§§ 930, 931 BGB) übertragen. Bei Inhaberaktien als Inhaberpapier folgt das Recht aus dem Papier dem Recht an dem Papier. Der Schutz des gutgläubigen Erwerbers ist durch die §§ 935 Abs. 2 BGB, 366 HGB erweitert. Er wird beim Erwerb vom Nichteigentümer geschützt, auch wenn die Urkunde abhanden gekommen war (§§ 932 ff., 935 Abs. 2 BGB, 366, 367 HGB). Daneben können die Inhaberaktien, was insbesondere von Bedeutung ist, wenn sie nicht verbrieft worden sind, nach den Grundsätzen der Zession durch **Abtretung der Mitgliedschaft** übertragen werden (§§ 398 ff., 413 BGB).[120] Verpflichtungs- und Abtretungsvertrag bedürfen keiner besonderen Form. Jedoch empfiehlt es sich, eine Abtretungsurkunde auszustellen, da die AG den Erwerber nur bei Vorlage der Urkunde als Gläubiger anerkennen muss (§ 410 BGB). Eine Übertragbarkeit der Aktien kann nicht durch die Satzung ausgeschlossen werden.[121]

2. Namensaktien

112 Namensaktien können entsprechend dem Leitbild des § 68 Abs. 1 AktG durch **Indossament und Übergabe** der Aktienurkunde übertragen werden. Bei dem Indossament handelt es sich um eine schriftliche Übertragungserklärung, die zum Ausdruck bringen muss, dass die Mitgliedschaft zukünftig einem Dritten zustehen soll. Das Indossament, das keinen besonderen Wortlaut aufweisen muss, muss auf die Namensaktie oder auf ein mit der Urkunde verbundenes Blatt gesetzt und vom Indossanten unterschrieben werden (§ 68 Abs. 1 Satz 2 AktG iVm. § 13 Abs. 1 WG). Überdies setzt der Rechtsübergang die Übertragung **des Eigentums an der indossierten Urkunde** durch formlose (auch konkludente) Einigung und Übergabe (§ 929 BGB) oder eines der Übergabesurrogate voraus (§ 929 Satz 2, 930, 931 BGB). Gutgläubiger Erwerb ist nach Art. 16 Abs. 2 WG iVm. § 58 Abs. 1 Satz 2 möglich. Bei vollständiger Indossamentenkette wird die Mitgliedschaft auch dann auf den gutgläubigen Erwerber übertragen, wenn die Aktie „einem früheren Inhaber irgendwie abhanden gekommen ist". Der Begriff des Abhandenkommens umfasst neben dem unfreiwilligen Besitzverlust (§ 935 BGB) auch Tatbestände, durch die die Urkunde ohne rechtswirksame Übereignung in fremde Hände gelangt ist (zB Verfügungen Dritter ohne entsprechende Befugnis und Erwerb vom Geschäftsunfähigen).[122] Zur Legitimationsfunktion vgl. Rz. 21. Die Eintragung im Aktienregister ist hingegen nicht Voraussetzung für den Rechtsübergang; sie dient nur der Legitimation (Rz. 28).

113 Die Namensaktie kann auch mittels **Blankoindossament** übertragen werden (§ 68 Abs. 1 Satz 2, 5 AktG iVm. § 13 Abs. 2 WG). Eine Variante, der in der Praxis eine bedeutende Rolle zukommt, da nur Namensaktien mit Blanko-

---

[120] Baumbach/Hefermehl Wechsel- u. ScheckG, WPR Rz. 31; MünchHdb. GesR/Bd. 4/ Wiesner § 14 Rz. 5.
[121] BayObLG 3 Z 11/88 v. 24. 11. 1988, AG 1989, 173.
[122] BGH II ZR 11/50 v. 7. 2. 1951, NJW 1951, 402.

F. Übertragung von Aktien   114, 115   § 3

indossament depot- und börsenfähig sind.[123] Das Blankoindossament unterscheidet sich vom Vollindossament dadurch, dass es den Indossatar nicht namentlich bezeichnet. Obwohl § 68 Abs. 1 Satz 2 AktG nicht auf Art. 14 WG verweist, steht dem Erwerber einer blankoindossierten Urkunde die Möglichkeit zu, die Namensaktien entsprechend § 14 Abs. 2 Nr. 3 WG durch Übereignung gemäß §§ 929 ff. BGB zu übertragen, sodass er gemäß § 14 Abs. 2 Nr. 3 WG die blankoindossierte Namensaktie weiterübertragen kann, ohne das Indossament auszufüllen oder eine neues Indossament hinzuzufügen. Die blankoindossierte Namensaktie wird daher durch formlose Übereignung der Urkunde übertragen und nähert sich damit der Übertragung der Inhaberaktien an. Abgesehen davon sind Sonderformen zulässig, zB das Vollmachts- oder Prokuraindossament (Art. 18 WG) und das Pfandindossament (Art. 19 WG).

Die Übertragung der Namensaktie kann ebenso wie diejenige der Inhaber- **114** aktien durch **Abtretung** des Mitgliedschaftsrechts nach den §§ 398, 413 BGB erfolgen. Dabei bedarf es für die Wirksamkeit des Rechtsübergangs nicht der Übergabe der Aktienurkunde oder eines Übergabesurrogats (streitig). Das Eigentum an der Aktienurkunde geht vielmehr nach § 952 BGB auf den neuen Inhaber des Rechts über; diesem steht ein Herausgabeanspruch nach § 985 BGB gegenüber dem Besitzer der Urkunde zu. Auch wenn sich die Abtretung des Mitgliedschaftsrechts ohne gleichzeitige Übergabe der Urkunde vollziehen kann, **empfiehlt sich ihre Übergabe**, da der Erwerber die Urkunde zu verschiedenen Anlässen benötigt, zB für die Anmeldung des Rechtsübergangs zur Eintragung in das Aktienregister, soweit diese nicht vom Veräußerer vorgenommen wird, für eine spätere Weiterübertragung durch Indossament sowie die Eintragung des Dritterwerbers in das Aktienregister. Bei der Übertragung durch Abtretung ist kein gutgläubiger Erwerb möglich, weder Art. 16 Abs. 2 WG noch § 405 BGB finden Anwendung. Auch unterbricht ein Rechtsübergang durch Abtretung die Indossamentenkette, sodass ein gutgläubiger Erwerb auch bei späteren Weiterveräußerungen durch Indossament ausgeschlossen ist. Die Satzung kann die Übertragung durch Abtretung nicht ausschließen.

3. Vinkulierte Namensaktien

Die Übertragung von vinkulierten Namensaktien setzt entweder ein Indos- **115** sament (Rz. 112 f.) oder deren Abtretung (Rz. 114) voraus. Zudem bedarf es zur Wirksamkeit ihrer Übertragung der Zustimmung der AG (vgl. im Einzelnen Rz. 43). Nach § 68 Abs. 2 AktG hat der **Vorstand** über die Erteilung der Zustimmung zu entscheiden. Die Satzung kann Abweichendes vorsehen und zB Aufsichtsrat oder Hauptversammlung für zuständig erklären (Rz. 43). Die Zustimmungserklärung hat sich in erster Linie nach den in der Satzung aufgestellten Kriterien und, soweit diese solche nicht enthält, nach pflichtgemäßem, die Gesellschaftsinteressen und die Interessen des übertragungswilligen Aktionärs abwägenden, durch den Gleichbehandlungsgrundsatz gebundenen Ermessen zu richten.[124] Die Zustimmungserklärung wird vom Vorstand mitgeteilt, auch wenn die Entscheidung durch ein anderes Organ erfolgt ist. Erforderlich ist Handeln des Vorstandes in vertretungsberechtigter Zahl. Die Zustimmungserklärung ist empfangsbedürftig (§ 130 BGB), sie kann formlos erfolgen.

---

[123] Vgl. im Einzelnen Fn. 21, 22.
[124] BGH II ZR 286/85 v. 29. 9. 1986, NJW 1987, 1019, 1020.

116 Die Übertragung der Aktien wird mit der Zustimmung wirksam. Wird die Zustimmung der AG verweigert, so führt dies zur endgültigen der bis dahin schwebenden Unwirksamkeit der Verfügung, jedoch nicht zur Unwirksamkeit des Verpflichtungsgeschäfts. Dieses bleibt wirksam und führt bei einem Verkauf zur Haftung nach den Unmöglichkeitsregeln, soweit der Verkäufer nicht erfüllen kann. Wurde die Zustimmung in missbräuchlicher Weise verweigert, etwa weil ein satzungsmäßiges Zustimmungsgebot oder die Grenzen der Ermessensausübung missachtet worden sind, kann es zur **Schadensersatzpflicht** der AG kommen (zum Gleichbehandlungsgrundsatz vgl. § 4 Rz. 86 ff.). Zudem kann eine solche missbräuchlich versagte Zustimmung durch rechtskräftiges Urteil nach § 894 ZPO ersetzt werden.

4. Übertragung nach dem DepotG

117 Befinden sich die Aktien in Girosammelverwahrung, werden die Miteigentumsanteile an den sammelverwahrten Aktien im Regelfall rechtsgeschäftlich nach §§ 929 ff. BGB übertragen. Wie diese Übereignung im Einzelnen zu konstruieren ist, ist äußerst umstritten.[125] Mit einer teilweise vertretenen Auffassung ist davon auszugehen, dass die erforderliche Einigung entweder direkt zwischen Veräußerer und Erwerber oder aber unter Mitwirkung des Verwahrers (der Clearstream Banking AG) als Vertreter des Veräußerers und/oder des Erwerbers zustande kommt. Erteilt der Hinterleger (idR die mit dem Verkauf beauftragte Geschäftsbank) dem Verwahrer den Auftrag, bestimmte Sammelbestandteile auf den Erwerber zu übertragen, so liegt darin das erforderliche Angebot nach § 929 Satz 1 BGB. Die Annahme dieser Erklärung vollzieht sich durch die Buchungen der Clearstream Banking AG als Stellvertreter des Erwerbers.[126] Die Besitzübergabe vollzieht sich durch eine Umstellung des Besitzmittlungsverhältnisses durch Umbuchung des Verwahrers.[127]

118 Daneben bestehen die allgemeinen Übertragungsvorschriften nach § 24 DepotG. Diese kommen jedoch nur zur Anwendung, wenn das Eigentum nicht schon vorher nach den Bestimmungen des Bürgerlichen Rechts übergegangen ist.[128] Die Übertragung nach dem DepotG stellt mithin den spätesten Zeitpunkt des Miteigentumserwerbs an dem Girosammelbestand dar. Der Erwerb von Miteigentum am Sammelbestand gem. § 24 Abs. 2 DeptG (s. o.) erfordert die Eintragung des Übertragungsvermerks im Verwahrungsbuch des Einkaufskommissionärs. Namensaktien müssen in letzterem Fall jedoch mit einem Blankoindossament versehen sein, da sonst die für die Sammelverwahrung erforderliche Vertretbarkeit (§ 5 Abs. 1 DeptG) nicht gegeben ist.

---

[125] *Einsele* WM 2001, 7, 12 mwN.
[126] Vgl. insoweit auch Nr. 8 AGB der Clearstream Banking AG, wonach mit Umbuchung Clearstream das Besitzmittlungsverhältnis vom Kunden 1 auf den Kunden 2 umstellt; BGH III ZR 56/98 v. 4.2.1999, WM 1999, 484; *Einsele* Bank- und Kapitalmarktrecht, Tübingen 2006 § 9 Rz. 26.
[127] Im Einzelnen sehr streitig, vgl. *Einsele* Wertpapierrecht als Schuldrecht, 1995 S. 96; *Habersack* WM 2000, 1678, 1682 mwN.
[128] *Heinsius/Horn/Than* DepotG § 24 Rz. 20.

II. Übertragung durch Tod

Ist ein Aktionär verstorben, so rückt sein Erbe in vollem Umfang in seine Rechtsstellung ein und wird dadurch Aktionär (§§ 1922, 1967 BGB; vgl. im Einzelnen § 13 Rz. 469). Handelt es sich um Namensaktien, die vererbt werden, gilt der durch die Eintragung in das Aktienregister begründete Rechtsschein auch für den Erben. Er kann mithin, ohne dass eine Umschreibung erforderlich wäre, die aus der Aktie fließenden Mitgliedschaftsrechte geltend machen und ist zur Erfüllung der aus der Mitgliedschaft fließenden Pflichten (Einlagepflichten, Nebenleistungspflichten etc.) verpflichtet. Die Erben eines Aktionärs können sich gegenüber den mit der Aktie verbundenen Pflichten auf die Beschränkung der Erbenhaftung berufen (§§ 1975, 2059 BGB). Dies gilt unabhängig davon, ob die Umschreibung im Aktienregister erfolgt ist oder nicht.[129] Die Satzung kann die Vererbbarkeit als solche nicht ausschließen, jedoch eine Einziehung der Aktien nach § 237 AktG vorsehen. Mehrere Erben (**Erbengemeinschaft**) werden gesamtberechtigt; sie bilden eine Rechtsgemeinschaft (§ 69 Abs. 1 AktG). Ihre Rechte können nur über einen gemeinsamen Vertreter ausgeübt werden. Ein solcher muss daher durch die Miterben bestellt werden, soweit dies noch nicht geschehen ist. Bis zur Bestellung ruhen die Aktionärsrechte. **Vermächtnisnehmern** stehen nur schuldrechtliche Ansprüche gegenüber dem Erben auf Übertragung der Aktien zu. **119**

G. Kraftloserklärung und Umtausch von Urkunden

I. Kraftloserklärung von Aktien im Aufgebotsverfahren

Nach § 72 AktG ist die gerichtliche Kraftloserklärung von Aktien und für Zwischenscheine im Aufgebotsverfahren möglich, wenn sie abhanden gekommen oder vernichtet oder der wesentliche Inhalt und die Unterscheidungsmerkmale nicht mehr sicher erkennbar sind. Voraussetzung für die Kraftloserklärung ist ein Aufgebotsverfahren (§§ 946 ff. ZPO). Bei dessen erfolgreicher Durchführung kann der Kläger auf seine Kosten die Aktionärsrechte aus der Urkunde geltend machen (§ 1018 ZPO) und die Ausstellung einer neuen Urkunde sowie ggf. Eintragung in das Aktienregister verlangen. **126**

II. Kraftloserklärung von Aktien durch die Gesellschaft

Darüber hinaus kann die Gesellschaft Aktienurkunden nach § 73 AktG für kraftlos erklären lassen – dem Vorstand kommt insoweit Ermessen zu[130] –, wenn der Inhalt der Urkunde durch eine Veränderung der rechtlichen Verhältnisse unrichtig geworden ist (Änderung der Firma, Umwandlung von Stamm- in Vorzugsaktien oder von Inhaber- in Namensaktien, Beseitigung von Vorzugsrechten, Aufhebung von Nebenpflichten). **127**

Vor Einleitung des förmlichen Verfahrens nach § 73 AktG wird die Gesellschaft in aller Regel versuchen, die Aktionäre zur freiwilligen Berichtigung **128**

---

[129] MünchKomm. AktG/Bd. 2/*Bayer* § 67 Rz. 61; Kölner Komm./*Lutter* § 67 Rz. 34.
[130] Kölner Komm./*Lutter* § 73 Rz. 3.

oder zum Umtausch der Urkunden zu bewegen, indem die Aktionäre (formlos) aufgefordert werden, die unrichtig gewordenen Aktienurkunden bei der AG bzw. einem Kreditinstitut ihrer Wahl einzureichen.[131] Führt dies nicht zum nötigen Erfolg, kann die AG, vertreten durch ihre Vorstandsmitglieder in vertretungsberechtigter Zahl, die Kraftloserklärung der nicht eingereichten Urkunden betreiben. Im Rahmen dieses Verfahrens hat die Gesellschaft beim Amtsgericht (Registergericht) des Sitzes der Gesellschaft (§ 14 AktG, § 145 FGG) die Genehmigung des Gerichts einzuholen. Das Gericht prüft nach, ob ein rechtfertigender Grund für die Kraftloserklärung besteht, und ob der Vorstand sein Ermessen ordnungsgemäß ausgeübt hat.

129 Liegt die gerichtliche Genehmigung vor, hat die Gesellschaft die Aufforderung, die unrichtig gewordenen Aktien einzureichen, und die Androhung der Kraftloserklärung dreimal in den Gesellschaftsblättern bekannt zu machen, wobei auf die Genehmigung des Gerichts hinzuweisen ist (§§ 73 Abs. 2, 64 AktG). Die erste Bekanntmachung muss mindestens drei Monate und die letzte mindestens einen Monat vor Fristablauf erfolgen. Zwischen den Aufforderungen müssen mindestens drei Wochen liegen (§ 64 Abs. 2 AktG). Bei vinkulierten Namensaktien genügt demgegenüber eine einmalige Aufforderung innerhalb Monatsfrist (§ 64 Abs. 2 Satz 4 AktG). Die Kraftloserklärung der nicht rechtzeitig eingereichten Aktien erfolgt durch eine neuerliche Veröffentlichung in den Gesellschaftsblättern (§ 73 Abs. 2 Satz 3 AktG). Die betroffenen Aktien müssen eindeutig bezeichnet sein, etwa durch Stücknummern (§ 73 Abs. 2 Satz 4 AktG).

130 Nach Durchführung des Verfahrens haben die Aktionäre – vorbehaltlich einer Satzungsregelung gemäß § 10 Abs. 5 AktG – Anspruch auf Ausgabe neuer Aktienurkunden, die ihnen auszugeben oder zu hinterlegen sind (§ 73 Abs. 3 Satz 1 AktG). Die Kosten des Verfahrens und der neuen Aktien trägt die AG. Schließlich können die Aktionäre nach § 74 AktG auf ihre Kosten den Umtausch beschädigter oder verunstalteter Aktienurkunden in neue verlangen. Bei börsennotierten Gesellschaften sind die „Richtlinien für die Lieferbarkeit beschädigter, amtlich notierter Wertpapiere" anzuwenden.[132]

H. Andere aktienrechtliche Wertpapiere und Nebenpapiere

135 Andere aktienrechtliche Wertpapiere von Bedeutung sind unter anderem Zwischenscheine (Rz. 136 ff.), Gewinnanteil- und Erneuerungsscheine (Rz. 138 ff.) und Jungscheine (Rz. 142).

I. Zwischenscheine

136 Zwischenscheine (früher Interimscheine) sind Anteilscheine, die die AG den Aktionären vor der Ausgabe der Aktien ausstellt. Sie verbriefen das Mitgliedschaftsrecht des Aktionärs in vorläufiger Weise. Zwischenscheine werden vor allem ausgegeben, wenn die Aktien auf den Inhaber lauten sollen, die volle Zahlung der Einlage aber noch nicht geleistet worden und deshalb die Ausstel-

---

[131] Vgl. Kölner Komm./*Lutter* § 73 Rz. 4; vgl. zB *Siemens* Bekanntmachung vom 31. Juli 1999; Deutsche Bank, Bekanntmachung vom 14. August 1999.
[132] *Bruns/Rodrian* Wertpapier und Börse Nr. 250.

H. Andere aktienrechtliche Wertpapiere und Nebenpapiere   137, 138   § 3

lung von Inhaberaktien noch nicht möglich ist (§ 10 Abs. 2 Satz 1 AktG). Doch steht auch der Ausstellung von Zwischenscheinen trotz Volleinzahlung bis zur Fertigstellung der Aktienurkunden nichts entgegen. Der Zwischenschein ist eine vorläufige Aktie und wie sie ein Wertpapier, sodass die Geltendmachung der Aktionärsrechte von seiner Innehabung abhängt. Zwischenscheine müssen stets auf den Namen lauten (§ 10 Abs. 3 AktG). Scheine auf den Inhaber sind nichtig, auch wenn die volle Einlage bezahlt ist (§ 10 Abs. 4 Satz 1 AktG). Teileinzahlungen brauchen auf ihnen nicht angegeben zu werden. Für die Zwischenscheine gelten die Vorschriften des § 8 Abs. 1 bis 5 AktG. Bei Nennbetragsaktien darf der Nennbetrag eines Zwischenscheines und bei Stückaktien der rechnerische Anteil am Grundkapital somit 1,– Euro nicht unterschreiten (§ 8 Abs. 2 Satz 1, Abs. 3 Satz 2 AktG; vgl. ie. Rz. 7). Vor Eintragung der Gesellschaft bzw. einer Kapitalerhöhung dürfen Zwischenscheine nicht ausgegeben werden (§§ 41 Abs. 4 Satz 1, 191, 203 Abs. 1 Satz 1, 219 AktG); ein Verstoß hiergegen stellt eine Ordnungswidrigkeit dar, § 405 Abs. 1 Nr. 2 und 3 AktG.

Einen Anspruch auf Ausgabe von Zwischenscheinen haben die Aktionäre nur, wenn die Satzung dies vorsieht. Ansonsten steht ihre Ausgabe im Ermessen des Vorstandes.[133] Werden Zwischenscheine ausgegeben, ist der Inhaber des Zwischenscheins in das Aktienregister einzutragen (§ 67 Abs. 7 AktG; vgl. im Einzelnen Rz. 24 ff.). Der Zwischenschein wird nach denselben Grundsätzen wie die Namensaktie übertragen und kann ebenso wie diese für kraftlos erklärt werden (§§ 72 ff. AktG; vgl. Rz. 112 ff., 126 ff.). 137

II. Gewinnanteilscheine und Erneuerungsscheine

1. Gewinnanteilscheine

Der Anspruch des Aktionärs auf die festgestellte Dividende kann in einem besonderen Wertpapier, dem Gewinnanteil- bzw. Dividendenschein (Coupon) verbrieft werden. Wenn die Satzung nichts anderes bestimmt, steht den Aktionären nach hM ein Anspruch auf eine entsprechende Verbriefung zu.[134] Üblicherweise verbindet die Gesellschaft eine Reihe von Dividendenscheinen (10–20 einzeln abtrennbare Scheine) und einen Erneuerungsschein als „Bogen" mit der Aktienurkunde als „Mantel". Allerdings werden diese Scheine in der Praxis, insbesondere bei Publikumsgesellschaften, nicht mehr abgetrennt versandt und der Hauptzahlstelle vorgelegt, sondern geblockt, dh. verpackt und verplombt und durch eine Bestätigung der Wertpapiersammelbank über die Höhe des Bestandes ersetzt, wobei dem Emittenten gegenüber die Gewähr dafür übernommen wird, dass die Gewinnanteilscheine nicht in den Verkehr gelangen.[135] Dasselbe gilt zunehmend für die dazugehörigen Bögen. Die Gewinnanteilscheine enthalten keine Fälligkeitstermine, sondern unterscheiden sich durch Nummern. Sie können daher in der Praxis nicht nur für das Bezugsrecht, sondern auch für das Bezugsrecht bei Kapitalerhöhungen und für die Nachzahlung rückständiger Ausgleichszahlungen nach Abschluss eines Spruchstellenverfahrens verwandt werden. Erst mit dem Aufruf der Gesellschaft zur Empfangnahme gegen einen mit einer bestimmten Nummer versehenen 138

---

[133] Hüffer AktG § 8 Rz. 13.
[134] Großkomm. AktG/Henze § 58 Rz. 105; Hüffer AktG § 58 Rz. 29.
[135] Einsele Wertpapierrecht als Schuldrecht, 1995, S. 153; Zöllner in FS Raiser S. 260.

Maul   257

Gewinnanteilschein erfolgt daher die Verkörperung des Zahlungsanspruchs in dieser Urkunde als Wertpapier. Fehlen die Dividendenscheine, ist die Dividende gegen Vorlegung der Aktie zu beziehen. Der Gewinnanteilschein ist **Wertpapier**, da die AG nur gegen Zahlung des Scheins zur Auszahlung verpflichtet ist, und sie ist **Inhaberpapier**, da der Inhaber die Auszahlung des in dem Schein verbrieften Gewinnanteils verlangen kann, wenn die AG nicht seine Nichtberechtigung beweist (vgl. § 793 Abs. 1 Satz 2 BGB). Zum Bezug der Dividende muss die Aktienurkunde zur Legitimation nicht selbst vorgelegt werden. Der Gewinnanteilschein ist ohne Aktie übertragbar. Hinsichtlich der Übertragung gelten die §§ 929 ff. BGB, insbesondere die Vorschriften über den gutgläubigen Erwerb (§§ 932, 933, 936 BGB, 366, 367 HGB). Darüber hinaus gilt § 935 Abs. 2 BGB, sodass ein Abhandenkommen des Scheins einen gutgläubigen Erwerb nicht hindert.

139 Da Gewinnanteilscheine weder Zubehör noch Bestandteil der Aktien sind, erfassen Rechtsgeschäfte über die Aktie nicht ohne weiteres auch die Gewinnanteilscheine.[136] Obligatorische Rechtsgeschäfte beziehen sich im Zweifel jedoch auch auf sie, dh. der Veräußerer der Aktie ist im Zweifel auch zur Übereignung der Gewinnanteilscheine an den Erwerber verpflichtet, sofern die Dividendenzahlung auf einen bestimmten Gewinnanteilschein nicht bereits fällig ist.

140 Der Inhaber des Gewinnanteilscheins muss die Einwendungen des § 796 BGB gegen sich gelten lassen, dh. alle Einwendungen, die der Gesellschaft unmittelbar gegen den Inhaber zustehen, sowie diejenigen Einwendungen, die die Gültigkeit der Ausstellung des Gewinnanteilscheins betreffen oder die sich aus dem Gewinnanteilschein selbst ergeben. Darüber hinaus können dem Inhaber auch solche Einwendungen entgegengehalten werden, die sich aus der Mitgliedschaft selbst ergeben. Dazu gehören der Einwand der Kraftloserklärung vor Fälligkeit, der Einwand einer vor dem Verteilungsbeschluss erfolgten Kaduzierung oder der Einwand der Einziehung der Aktie.[137] Bei Verlust des Scheins kann der Inhaber nach § 804 BGB vorgehen und den Verlust der Gesellschaft anzeigen. Im Übrigen erlischt mit der Kraftloserklärung der Aktienurkunde auch der Anspruch aus den noch nicht fälligen Gewinnanteilscheinen, hingegen nicht der mitgliedschaftliche Zahlungsanspruch.[138]

2. Erneuerungsscheine

141 Der „Bogen" enthält in der Regel auch einen Erneuerungsschein (Talon), welcher den Inhaber zur Entgegennahme eines neuen Bogens mit Gewinnanteilscheinen ermächtigt. Der Anspruch auf Ausgabe neuer Dividendenscheine erfolgt aus der Aktie selbst. Der Erneuerungsschein ist daher ein **einfaches Legitimationspapier** und nicht ein echtes Wertpapier, selbst wenn er, wie in der Regel, auf den Inhaber ausgestellt ist.[139] Der Erneuerungsschein hat Legitimationsfunktion zugunsten der Gesellschaft: sie kann an den Inhaber des Erneuerungsscheines mit befreiender Wirkung neue Gewinnanteilscheine ausgeben, ohne die Berechtigung des Inhabers nachprüfen zu müssen. Allerdings

---

[136] MünchKomm. AktG/Bd. 2/*Bayer*/*Tichy* § 58 Rz. 129; Kölner Komm./*Lutter* § 58 Rz. 117.
[137] Großkomm. AktG/*Henze* § 58 Rz. 112.
[138] MünchKomm. AktG/Bd. 2/*Bayer*/*Tichy* § 58 Rz. 130.
[139] Vgl. statt aller Kölner Komm./*Lutter* § 58 Rz. 133 mwN.

J. Eigene Aktien 142, 143 § 3

dürfen nach § 75 AktG neue Erneuerungsscheine an den Inhaber des Erneuerungsscheins nicht ausgegeben werden, wenn der Besitzer der Aktien der Ausgabe widerspricht. Der Anspruch auf den Bezug neuer Gewinnanteilscheine bleibt somit im Hauptpapier verbrieft. Der Erneuerungsschein verkörpert daher kein selbständiges Recht und kann daher auch nicht selbständig veräußert werden. Andererseits verpflichtet die Veräußerung der Aktie zugleich zur Mitübergabe von Gewinnanteilscheinen und Erneuerungsscheinen, ohne dass es einer besonderen Einigung bedarf.[140] Fallen Besitz an der Aktie und dem Erneuerungsschein auseinander, gilt § 75 AktG. Infolge dieser Bindung an die Mitgliedschaft verliert der Erneuerungsschein seine Wirkungen, wenn der Aktionär seine Mitgliedschaft durch Ausschluss oder Einziehung der Aktie verliert oder die Aktienurkunde für kraftlos erklärt wird. Der Erneuerungsschein selbst kann nicht für kraftlos erklärt werden.

3. Jungscheine

Als Jungschein wird das von dem führenden Emissionshaus einzureichende 142 Schreiben verstanden, das die **Verpflichtung zu der Einlieferung von neu auszugebenden Wertpapieren** oder eines Teils von ihnen nach Erscheinen für Rechnung des führenden Emissionshauses bei einer Wertpapiersammelbank zum Inhalt hat (vgl. Nr. 45 der AGB der Deutsche Börse Clearing AG). Sie werden von der emittierenden Gesellschaft ausgegeben, damit schon vor Erscheinen der effektiven Stücke (Aktien oder Obligationen) über die zu verbriefenden Rechte verfügt werden kann. Dieser Giroverkehr in noch unverbrieften Rechten ist weitgehend durch die Globalurkunde abgelöst worden.

J. Eigene Aktien

Aus § 71 Abs. 1 AktG folgt, dass der Erwerb eigener Aktien – abgesehen von 143 den enumerativ aufgezählten Ausnahmen – verboten ist (wegen der Steuerfolgen eines verbotenen Erwerbs eigener Aktien und der damit verbundenen Einlagenrückgewähr vgl. § 13 Rz. 623). Dieses Verbot geht auf die zweite EU-Richtlinie zurück, die durch die Richtlinie 2006/68/EG dereguliert worden ist.[141] Bislang hat der deutsche Gesetzgeber von der durch die Änderungsrichtlinie eingeräumten Möglichkeit, die Anforderungen an den Erwerb eigener Aktien zu lockern, keinen Gebrauch gemacht. Es verbleibt daher bei der bisherigen Regelung, so dass der Erwerb eigener Aktien mit Ausnahme bestimmter Fälle verboten bleibt. Das Verbot des Erwerbs eigener Aktien dient in erster Linie der Kapitalaufbringung und -erhaltung. Handelt es sich bei den zurückzuerwerbenden Aktien um solche, die noch nicht voll eingezahlt sind, liegt die Schutzfunktion des Erwerbsverbots des § 71 AktG in der Kapitalaufbringung, da es durch den Rückkauf der eigenen Aktie zu einem Verzicht auf die noch

---

[140] MünchKomm. AktG/Bd. 2/*Bayer/Tichy* § 58 Rz. 132.
[141] Richtlinie 2006/68/EG des Europäischen Parlaments und des Rats vom 6. 9. 2006 zur Änderung der Richtlinie 77/91/EWG des Rates in Bezug auf die Gründung von Aktiengesellschaften und die Erhaltung und Änderung ihres Kapitals, ABl. EU Nr. L 264 v. 25. 9. 2006, S. 32–36, s. dazu *Maul* BB 2005, Beialge 2, S. 2 ff., *Drygala*, Der Konzern 2007, 391 ff; Arbeitsgruppe Europäisches Gesellschaftsrecht, ZIP 2003, 863, 873.

offene Einlage kommen würde. In dem weitaus häufiger anzutreffenden Fall der voll eingezahlten Aktien steht demgegenüber die Kapitalerhaltung im Vordergrund. Denn durch den Erwerb eigener Aktien würden die veräußernden Aktionäre ihre Einlage in Form des von der Gesellschaft gezahlten Kaufpreises zurückerhalten, sodass es im Ergebnis zu einer Einlagenrückgewähr an den veräußernden Aktionär käme (§ 57 AktG; vgl. § 8 Rz. 23 ff.). Dies soll durch die Vorschrift des § 71 AktG verhindert werden. Ist Ziel des Aktienrückkaufs die Kurspflege, so kommt die zusätzliche Gefahr hinzu, dass die verbleibenden Aktionäre durch manipulierte Kurse über den wahren Wert ihrer Mitgliedschaft getäuscht werden. Auch diese Gefahr wollen die Regelungen des § 71 AktG eindämmen. Trotz dieser Gefahren kann der Erwerb eigener Aktien in gewissen Situationen wünschenswert sein. Dem wird durch § 71 Abs. 1 Nr. 1–8 AktG Rechnung getragen, die Ausnahmen von dem Erwerbsverbot zulassen.

I. Erwerbsverbot

144 Verboten ist – von den noch zu behandelnden Ausnahmen abgesehen vgl. Rz. 145 ff. – jeder abgeleitete Erwerb, der die AG auf Dauer oder vorübergehend zum Inhaber oder Mitinhaber der Aktie macht oder einen schuldrechtlichen Titel für einen solchen Erwerb schafft, also Übereignung nach §§ 398 ff., 413 BGB. Ob dem ein Kauf, ein Tausch, eine Schenkung, eine Sicherungs- oder sonstige Treuhandabrede, eine unregelmäßige Verwahrung oder Kommission oder ein Zuschlag in der Zwangsversteigerung zugrunde liegt, ist ohne Belang. Ein Erwerb eigener Aktien ist hingegen nicht gegeben, wenn die AG nur die Verfügungsbefugnis über die Aktie erlangen soll, etwa im Falle der Verwaltungstreuhand oder der Legitimationsübertragung. Bei der Kaduzierung wird § 71 AktG durch die §§ 64, 65 AktG verdrängt; eine Ausnahme hiervon gilt für den Erwerb der kaduzierten Aktien durch die AG nach § 65 Abs. 3 AktG.[142] Ebenfalls kein Erwerb eigener Aktien liegt beim Erwerb von Schuldverschreibungen (auch bei Wandel- oder Gewinnobligationen), von Optionsscheinen, von Genussscheinen, von Dividendenscheinen oder Bezugsrechten auf Aktien vor. Zur Gesamtrechtsnachfolge vgl. Rz. 153.

II. Ausnahmen vom Erwerbsverbot

1. Erwerb zur Schadensabwehr

146 Die erste Ausnahme von dem Erwerbsverbot eigener Aktien wird durch § 71 Abs. 1 Nr. 1 AktG im Falle des Erfordernisses eines Erwerbes zur Schadensabwehr zugelassen. Dieser ist jedoch nur in seltenen Fällen zulässig, denn er muss das notwendige – und nicht nur geeignete – Mittel sein, um einen schweren unmittelbar bevorstehenden Schaden von der Gesellschaft abzuwenden (§ 71 Abs. 1 Nr. 1 AktG).[143] Vor diesem Hintergrund kommt ein Erwerb eigener Aktien insbesondere in Betracht, wenn Aktien eines Schuldners der AG übernommen werden müssen (zB durch Pfändung bzw. Verwertung), weil dieser auf andere Weise nicht leisten kann[144] oder gegen die AG ein gezielter Baisseangriff

---

[142] *Hüffer* AktG § 71 Rz. 6; MünchKomm. AktG/Bd. 2/*Bayer* § 65 Rz. 95.
[143] Vgl. im Einzelnen *Hüffer* AktG § 71 Rz. 7.
[144] *Hüffer* AktG § 71 Rz. 9.

J. Eigene Aktien

geführt wird, der eine Kreditgefährdung zur Folge hat.[145] Dies gilt auch, wenn der Baisseangriff in der Verschmelzungsphase gegen die aufnehmende AG gerichtet wird und daraus für sie ein schlechtes Umtauschverhältnis resultiert.[146] Inwieweit weitere irreguläre Einflüsse auf den Kursverlauf den Erwerb eigener Aktien rechtfertigen, ist wenig geklärt. Jedenfalls kann dies bei Einflüssen, die auf die wirtschaftliche Lage der Gesellschaft zurückgehen, und sonstigen allgemeinen Verschlechterungen des Börsenkurses nicht der Fall sein.[147] Streitig ist, ob eine drohende Überfremdung (feindliche Übernahme) den Erwerb eigener Aktien generell rechtfertigt[148] oder in dem Ausnahmefall, dass ein Aufkauf der Aktien zwecks Schädigung (zB Verdrängung vom Markt durch einen Wettbewerber) erfolgt.[149] Unzulässig ist ein Erwerb eigener Aktien zur Kurspflege,[150] zur Ausnutzung von Kursgewinnen, als Finanzanlage oder zwecks Abkaufs von Anfechtungsklagen; selbst dann, wenn die Klage missbräuchlich ist.[151]

Ein Erwerb eigener Aktien zur Schadensabwehr setzt weiterhin voraus, dass die **10%-Grenze** und die **Kapitalgrenze** eingehalten werden (§ 71 Abs. 2 Satz 1 und 2 AktG). Die zum Zweck der Schadensabwehr erworbenen Aktien dürfen daher zusammen mit bereits erworbenen Aktien, die die AG noch besitzt, 10 % des Grundkapitals nicht übersteigen. Für die Berechnung der 10 %-Grenze kommt es einerseits auf die Grundkapitalziffer an, wie sie sich aus der Bilanz ergibt (§ 266 Abs. 3 A.I. HGB) und andererseits auf den Gesamtbestand der eigenen Aktien der AG, unabhängig davon, zu welchem Zweck sie erworben worden sind. Mitzurechnen sind eigene und in Pfand genommene Aktien (§ 71c Abs. 1 AktG) der AG und von ihr abhängiger oder in ihrem Mehrheitsbesitz stehender Unternehmen (§ 71d Satz 2 AktG) sowie von Dritten, sofern die Zurechnungsvoraussetzungen des § 71d AktG erfüllt sind. Der Erwerb ist außerdem nur zulässig, wenn die in § 71 Abs. 2 Satz 2 AktG statuierte **Kapitalgrenze** eingehalten wird. Nach der neuen Regelung des BilMoG ist insoweit erforderlich, dass die AG im Zeitpunkt des Erwerbs eine Rücklage in Höhe der Aufwendungen für den Erwerb bilden könnte, ohne das Grundkapital oder eine nach Gesetz oder Satzung zu bildende Rücklage zu mindern, die nicht zur Zahlung an die Aktionäre verwandt werden darf (s. Rz. 168). Zudem muss es sich bei den Aktien, die erworben werden sollen, um solche handeln, auf die der Ausgabebetrag voll geleistet worden ist.

Gem. § 71 Abs. 3 Satz 1 AktG hat der Vorstand schließlich die nächste Hauptversammlung über die Zahl und den Nennbetrag der erworbenen Aktien, deren Anteil am Grundkapital und über den Gegenwert der Aktien zu unterrichten. Diese Angaben sind nach § 160 Abs. 1 Nr. 2 AktG auch im Anhang zu machen.[152]

---

[145] MünchKomm. AktG/Bd. 1/*Oechsler* § 71 Rz. 127 mwN.
[146] *Hüffer* AktG § 71 Rz. 9.
[147] MünchHdb. GesR/Bd. 4/*Wiesner* § 15 Rz. 11.
[148] Großkomm. AktG/*Barz* § 71 Rz. 7; ablehnend Kölner Komm./*Lutter* § 71 Rz. 24; *Hüffer* AktG § 71 Rz. 9; MünchKomm. AktG/Bd. 1/*Oechsler* § 71 Rz. 115 ff.
[149] *Hüffer* AktG § 71 Rz. 9; nicht eindeutig BGH II ZR 150/58 v. 6.10.1960, BGHZ 33, 175, 186 = NJW 1961, 26.
[150] Allg. Meinung vgl. MünchHdb. GesR/Bd. 4/*Wiesner* § 15 Rz. 11 mwN.
[151] *Hüffer* AktG § 71 Rz. 9.
[152] Vgl. BeckBil-Komm./*Ellrott* § 284 HGB Rz. 41 ff.

Maul

2. Belegschaftsaktien

148 Der Erwerb von eigenen Aktien ist zulässig, wenn sie den Arbeitnehmern der AG oder eines mit ihr verbundenen Unternehmens angeboten werden sollen (§ 71 Abs. 1 Nr. 2 AktG). Ausreichend ist ein früheres Arbeitsverhältnis, sodass Aktien auch Betriebsrentnern oder Ruheständlern angeboten werden können.[153] Dementsprechend ist eine statutarische Regelung zur Rückübertragung der Belegschaftsaktien mit Beendigung des Dienstverhältnisses als nichtig anzusehen.[154] Der Erwerb von eigenen Aktien zum Zwecke des Angebots an Organmitglieder ist demgegenüber nicht von § 71 Abs. 1 Nr. 2 AktG erfasst, da sie nicht zu den Arbeitnehmern zählen (vgl. hierzu jedoch § 192 Abs. 2 Nr. 3 AktG, § 9 Rz. 54).[155] Neben dieser Zweckbindung setzt der Erwerb eigener Aktien die Einhaltung der 10%-Grenze und der Kapitalgrenze nach § 71 Abs. 2 Satz 1 und 2 AktG voraus (vgl. Rz. 147). Zudem muss es sich bei den zu erwerbenden Aktien um voll eingezahlte handeln (vgl. Rz. 147).

149 Für die Zulässigkeit des Erwerbes genügt, dass der Vorstand die ernsthafte Absicht hat, die Aktien den Arbeitnehmern anzubieten. Sie sollte sich in einem Vorstandsbeschluss mit realistischen Angebotskonditionen äußern. Kommt es entgegen der Absichten nicht zu einer Ausgabe der eigenen Aktien, so macht dies den Erwerb nicht im Nachhinein unzulässig.[156] Gem. § 71 Abs. 3 Satz 2 AktG sind die Aktien innerhalb eines Jahres nach ihrem Erwerb an die Arbeitnehmer auszugeben. Auch nach Ablauf der Frist können die Aktien noch ausgegeben werden. Jedoch begehen die Vorstandsmitglieder bei schuldhafter Überschreitung der Frist eine Pflichtverletzung und können nach § 93 AktG ersatzpflichtig sein. Gibt der Vorstand seine Absicht auf, die Aktien den Arbeitnehmern zu überlassen, so ist er entsprechend § 71c Abs. 1 AktG verpflichtet, die eigenen Aktien innerhalb eines Jahres nach ihrem Erwerb zu veräußern.[157] Zur 10%-Grenze vgl. Rz. 147.

3. Abfindung von Aktionären

150 Der Erwerb eigener Aktien ist nach § 71 Abs. 1 Nr. 3 AktG zulässig, wenn er der Abfindung an ausscheidende Aktionäre einer Untergesellschaft bei Abschluss eines Beherrschungs- oder Gewinnabführungsvertrages (§ 305 Abs. 2 AktG) oder bei deren Eingliederung (§ 320b Abs. 1 AktG) dienen soll. Als weitere Erwerbsfälle sind § 29 Abs. 1, § 125 Satz 1, 207 Abs. 1 Satz 1 UmwG vorgesehen, damit die AG in der Lage ist, sich eigene Aktien zu beschaffen, um sie bei Verschmelzung, Formwechsel, Auf- und Abspaltung anzubieten. Für die Zulässigkeit ist genügend, dass Aktien angeboten werden sollen. Auch hier genügt die Verwendungsabsicht des Vorstandes. Nach hM ist hierfür grundsätzlich erforderlich, dass die notwendigen Zustimmungsbeschlüsse der Hauptversammlungen vorliegen (vgl. auch Rz. 149).[158] Zudem ist die 10%-Grenze

---

[153] RegBegr BT-Drs. 12/6679, 83; *Butzke* WM 1995, 1389.
[154] BayObLG BReg. 3 Z 11/88 v. 24.11.1988, ZIP 1989, 638 ff.
[155] Zur Möglichkeit von Wandelschuldverschreibungen in diesem Fall vgl. OLG Braunschweig 3 U 75/98 v. 29.7.1998, NZG 1998, 814; OLG Stuttgart 20 U 11/97 v. 12.8.1998, NZG 1998, 822.
[156] *Hüffer* AktG § 71 Rz. 13.
[157] Kölner Komm./*Lutter* § 71 Rz. 46; *Hüffer* AktG § 71 Rz. 23.
[158] Kölner Komm./*Lutter* § 71 Rz. 51.

J. Eigene Aktien

und die Kapitalgrenze des § 71 Abs. 2 AktG einzuhalten. In analoger Weise ist § 71 Abs. 1 Nr. 3 AktG beim Rückzug der Gesellschaft von der Börse (Delisting) anzuwenden,[159] wenn Aktionäre widersprechen und daher abfindungsbefugt sind. Die Abfindung kann in diesem Fall u.a. im Wege des Erwerbs eigener Aktien durch die Gesellschaft geleistet werden, wobei die Grenzen der §§ 71f. AktG zu beachten sind.[160] Des Weiteren wird eine entsprechende Anwendung des § 71 Abs. 1 Nr. 3 AktG im Fall der Konzernverschmelzung ohne Hauptversammlungsbeschluss[161] und der kapitalmarktrechtlichen Schadensersatzhaftung der Gesellschaft gegenüber getäuschten Anlegern (zB Prospekthaftung) befürwortet.[162]

4. Unentgeltlicher Erwerb/Einkaufskommission

Nach § 71 Abs. 1 Nr. 4 AktG ist der Erwerb eigener Aktien zulässig, wenn er unentgeltlich erfolgt oder wenn die Gesellschaft als Kreditinstitut in Ausführung einer Einkaufskommission handelt. In beiden Fällen muss es sich um voll eingezahlte Aktien handeln (Rz. 147). Die erste Variante kommt in Betracht, wenn der Aktionär der AG seine Aktien schenkt oder testamentarisch vermacht (zB Vermächtnis), wobei eine Belastung mit Schenkungsteuer bzw. Erbschaftsteuer die Unentgeltlichkeit nicht ausschließt.[163] Praktisch wichtiger dürfte der Fall einer Schenkung zu Sanierungszwecken sein, in denen die Aktionäre der AG ihre Aktien unentgeltlich zur Verfügung stellen, um einen Kapitalschnitt zu ermöglichen. In diesem Fall dürfte aber bereits § 71 Abs. 1 Nr. 6 AktG eingreifen.[164]

Führt eine Gesellschaft als Kreditinstitut eine Einkaufskommission aus, kommt es zum Durchgangserwerb der Anteile durch die Aktiengesellschaft, weil diese im eigenen Namen erwirbt. Dies wird seit jeher als zulässig angesehen, um den Handel nicht unnötig zu erschweren. Scheitert das Geschäft (zB Kommittent nimmt die Aktien nicht ab), verbleiben die Aktien bei der AG. Der Aktienerwerb wird dadurch – sofern der Kommissionsvertrag zum Erwerbszeitpunkt rechtswirksam war – nicht im Nachhinein unzulässig. Auch eine Pflicht zur Veräußerung der Aktien besteht vorbehaltlich § 71 c Abs. 2 AktG nicht.[165]

5. Gesamtrechtsnachfolge

Der Erwerb eigener Aktien im Wege der Gesamtrechtsnachfolge ist zulässig (§ 71 Abs. 1 Nr. 5 AktG), damit die Nachfolge nicht am Erwerb eigener Aktien scheitert. Erfasst werden die Fälle des § 1922 BGB, der Verschmelzung und des Vermögensübergangs (zB werden alle Anteile einer Personengesellschaft, die Aktien an der AG hält, auf die AG übertragen).[166]

---

[159] MünchKomm. AktG/Bd. 1/Oechsler § 71 Rz. 158; *Martens* in FS Boujong, S. 335, 336 ff., 339 ff.; *Schmidt/Lutter/T. Bezzenberger* § 71 Rz. 67; aA *Hüffer* § 71 Rz. 15.
[160] BGH v. 25. 11. 2002 – II ZR 133/01, BGHZ 153, 47, 56 ff.
[161] MünchKomm. AktG/Bd. 1/Oechsler § 71 Rz. 157.
[162] MünchKomm. AktG/Bd. 1/Oechsler § 71 Rz. 161; *Schmidt/Lutter/T. Bezzenberger* § 71 Rz. 67.
[163] MünchKomm. AktG/Bd. 1/Oechsler § 71 Rz. 166.
[164] *Hüffer* AktG § 71 Rz. 16.
[165] MünchKomm. AktG/Bd. 1/Oechsler § 71 Rz. 169.
[166] Kölner Komm./*Lutter* § 71 Rz. 65.

6. Einziehung zur Kapitalherabsetzung

154 Bei einer Kapitalherabsetzung (§§ 237 ff. AktG) durch Einziehung von Aktien ist der im Zuge der Einziehung erfolgende Erwerb der eigenen Aktien zulässig (§ 71 Abs. 1 Nr. 6 AktG). Die Kapitalerhaltungsvorschriften treten insoweit hinter die Einziehungsvorschriften zurück.

7. Wertpapierhandel

155 Eine AG darf auch dann eigene Aktien erwerben, um laufend bis zu 5 % ihrer Aktien als Handelsbestand vorzuhalten, wenn sie ein Kredit- (§§ 1 Abs. 1, 2 Abs. 1 KWG) oder Finanzinstitut (§ 1 Abs. 3 Nr. 6 und 7 KWG) ist, sich auf einen Hauptversammlungsbeschluss stützt und mit dem Erwerb den Wertpapierhandel bezweckt (§ 71 Abs. 1 Nr. 7 AktG).[167] Der Beschluss der Hauptversammlung bedarf, soweit die Satzung nichts Abweichendes bestimmt, der einfachen Stimmenmehrheit (§ 133 Abs. 1 AktG). Er muss zum einen den Erwerbszweck („zum Zwecke des Wertpapierhandels") und die Dauer der Ermächtigung angeben, innerhalb derer die Verwaltung zum Erwerb ermächtigt ist. Die Ermächtigung darf bisher für höchstens 18 Monate (idR seit Beschlussfassung) erteilt werden und muss also praktisch jedes Jahr in der Hauptversammlung herbeigeführt werden. Mit Inkrafttreten des ARUG (BGBl. I 2009, 2479) zum 1. 9. 2009 wird die Ermächtigungsdauer auf 5 Jahre verlängert. Die Ermächtigung darf während des Fristlaufs erneuert werden. Da der Fristablauf insgesamt nicht 18 Monate übersteigen darf, ist der unverbrauchte Rest der noch laufenden Frist von der neuen Frist abzuziehen.[168] Darüber hinaus muss der Beschluss bestimmen, dass der Handelsbestand der zu diesem Zweck zu erwerbenden Aktien **5 % des Grundkapitals** am Ende jeden Tages nicht überschreiten darf und zu welchem niedrigsten und höchsten Gegenwert die Aktien erworben bzw. veräußert werden dürfen. Bei der Berechnung der 5 %-Grenze ist auf die Höhe des Grundkapitals bei Beschlussfassung abzustellen. Sie ist nur am Ende eines jeden Tages (24 Uhr deutscher Zeit) einzuhalten, während des Laufs des Tages sind auch höhere Bestände möglich.[169] Allerdings muss, da § 71 Abs. 2 AktG Anwendung findet, in jedem Fall die 10 %-Grenze und die Kapitalgrenze eingehalten werden (vgl. Rz. 147). Zudem muss es sich um voll eingezahlte Aktien handeln (§ 71 Abs. 2 Satz 3 AktG).

8. Ermächtigung zum Eigenerwerb

156 § 71 Nr. 8 AktG erlaubt der AG, eigene Aktien auf der Grundlage einer Ermächtigung der Hauptversammlung zu erwerben, ohne dass einer der Zwecke des § 71 Abs. 1 Nr. 1 bis 7 AktG erfüllt sein müsste. Diese durch das KonTraG eingeführte Lockerung des Erwerbsverbots bezweckt vor allem mehr Flexibilität bei der Eigenkapitalfinanzierung. Sie kann zB bei überkapitalisierten Gesellschaften genutzt werden, um das Eigenkapital zulasten der freien Rücklagen (nicht dauerhaft) zu mindern.[170] Zudem kann der Rückerwerb eigener Aktien zur Vorbereitung der Einziehung (§ 71 Abs. 1 Nr. 8 Satz 6 AktG) und zur

---

[167] Zum wirtschaftlichen und rechtspolitischen Hintergrund vgl. *Butzke* WM 1995, 1389, 1390 ff.
[168] *Hüffer* AktG § 71 Rz. 19b.
[169] *Hüffer* AktG § 71 Rz. 19b.
[170] RegBegr. BT-Drs. 13/9712, 13.

J. Eigene Aktien **157, 158 § 3**

Bedienung von Aktienoptionen (§ 71 Abs. 1 Nr. 8 Satz 4 iVm. 193 Abs. 2 Nr. 4 AktG) durchgeführt werden, wobei Letzteres sinnvoll ist, wenn der Verwässerungseffekt eingedämmt werden soll.[171] Genutzt werden kann der Erwerb eigener Aktien zudem zur Abwehr von Übernahmeangeboten[172] und zum Hochtreiben des Aktienkurses (Kurspflege, s. unten Rz. 160).[173]

Der Erwerb der eigenen Aktien bedarf eines **Ermächtigungsbeschlusses** **157** der Hauptversammlung, dem der Erwerb vorangehen muss. Einfache Stimmenmehrheit ist ausreichend, soweit die Satzung nichts Abweichendes festlegt (§ 133 Abs. 1 AktG) oder sich nicht aus der Regelung eines besonderen Verwendungszweckes für die eigenen Aktien das Erfordernis einer 3/4-Mehrheit ergibt (§ 71 Abs. 1 Nr. 8 Satz 5 iVm. § 186 Abs. 3 Satz 2 AktG; dazu Rz. 163). Eine Eintragung des Beschlusses in das Handelsregister erfolgt nicht. Die AG hat aus eigenen Aktien kein Stimmrecht (§ 71 b AktG). Der Beschluss muss den in § 71 Nr. 8 AktG festgelegten Mindestinhalt haben. Er muss zunächst seine eigene Geltungsfrist, die sich bisher höchstens auf **18 Monate** belaufen darf, festlegen. Mit Inkrafttreten des ARUG zum 1.9.2009 (BGBl. I 2009, 2479) wird die Geltungsfrist auf 5 Jahre verlängert. Die Berechnung der Frist richtet sich nach den §§ 187 ff. BGB. Beginn und Ende der Frist sind mithin so bestimmt festzusetzen, dass sich der Verlauf durch einen außenstehenden Dritten ermitteln lässt (zB bis 31.10.2000 oder vom Tag der Beschlussfassung an für 18 Monate). Fehlt es hieran, ist der Ermächtigungsbeschluss nichtig (§ 241 Nr. 3 AktG); eine Auslegung, die auf eine Höchstfrist hinausläuft, ist nicht möglich.[174] Eine **Kettenbefristung** ist möglich. Die Ermächtigung darf also während des Fristlaufs erneuert werden;[175] die Frist darf aber insgesamt nicht 18 Monate übersteigen. Der unverbrauchte Rest der Frist ist also bei der Bestimmung der neuen Frist abzuziehen. Die zeitmäßige Befristung gilt nur für den Erwerb der Aktien; die Wiederveräußerung kann daher zu einem späteren Zeitpunkt erfolgen, was für die Bedienung von Aktienoptionsplänen von Bedeutung ist.[176]

Der Beschluss hat zudem den **niedrigsten** und den **höchsten Gegenwert** **158** festzulegen. Dies muss in einer Weise geschehen, dass ein Dritter den höchsten und niedrigsten Gegenwert anhand des Beschlusses feststellen kann. Allerdings bedeutet dies nicht, dass die Festlegung betragsmäßig erfolgen muss. Vielmehr kann sie durch eine Anbindung an einen künftigen Börsenkurs innerhalb eines im Beschlusszeitpunkt festgelegten Beobachtungszeitraums bestimmt werden.[177] Möglich ist daher etwa der Bezug zum aktuellen Börsenkurs oder zu einem Kurs, der innerhalb einer Referenzperiode von einigen Tagen besteht (zB 3–5 Tage).[178] Bei einem Rückkauf über die Börse liegt der Preisrahmen in der Regel 5 oder 10 % über bzw. unter dem Börsenkurs, wenn ein Durchschnittskurs von 3 bis 5 Börsentagen zugrunde gelegt wird.[179] Erfolgt der Rückkauf demgegenüber im Wege eines Tenderverfahrens – Angebot an alle

---

[171] *Peltzer* WM 1998, 322, 331; *Hüffer* AktG § 71 Rz. 19c.
[172] *Schmidt/Lutter/T. Bezzenberger* § 71 Rz. 32; *Berrar/Schnorbus* ZGR 2003, 59, 100ff.
[173] MünchKomm. AktG/Bd. 1/*Oechsler* § 71 Rz. 1ff.
[174] *Hüffer* AktG § 71 Rz. 19 e.
[175] RegBegr. BT-Drs. 13/9712, 84; *Hüffer* AktG § 71 Rz. 19 b.
[176] MünchKomm. AktG Bd. 1/*Oechsler* § 71 Rz. 198.
[177] RegBegr. BT-Drs. 13/9712, 13.
[178] *Butzke* WM 1995, 1389, 1392.
[179] DAI Der Erwerb eigener Aktien in Deutschland 1999 S. 11; vgl. LG Berlin 99 O 83/99 v. 15.11.1999, DB 2000, 765.

Maul 265

Anteilseigner zu gleichen Konditionen, je nach der Höhe des Aktienbesitzes[180] – liegt der Preisrahmen weiter oben. In der Regel liegt er 20 bis 30 % über bzw. unter dem Börsenkurs.[181] Allerdings rechtfertigt § 71 Abs. 1 Nr. 8 AktG nur die Festsetzung einer marktüblichen Gegenleistung; andernfalls kommt ein Verstoß gegen § 57 Abs. 1 Satz 1 AktG in Betracht.[182] Aus steuerrechtlicher Sicht kann es bei einer überhöhten Gegenleistung zudem zu einer **verdeckten Gewinnausschüttung** kommen. Nur soweit die Aktien über die Börse oder im Tenderverfahren erworben werden, soll regelmäßig keine verdeckte Gewinnausschüttung vorliegen (zur verdeckten Gewinnausschüttung wegen des Erwerbs eigener Aktien zum überhöhten Preis vgl. § 13 Rz. 624).[183] Der Gegenwert ist vollständig festzusetzen.[184]

159 Der Beschluss hat ferner das **Erwerbsvolumen** festzuschreiben, das 10 % des Grundkapitals nicht überschreiten darf. Diese Volumenbegrenzung stellt anders als die Kapitalgrenze des § 71 Abs. 2 Satz 1 AktG, die allerdings auch eingehalten werden muss, nicht auf den jeweiligen Bestand, sondern auf die insgesamt zu erwerbenden Aktien ab.[185] Bezugsgröße zur Errechnung der 10 %-Grenze ist die zum Zeitpunkt des Ermächtigungsbeschlusses festgesetzte Grundkapitalziffer. Kapitalerhöhungen sind nur zu berücksichtigen, wenn sie im Zeitpunkt des Beschlusses bereits wirksam geworden sind. Allerdings kann der Ermächtigungsbeschluss aufschiebend bedingt mit einer Kapitalerhöhung getroffen werden. Auch Kapitalherabsetzungen sind mit ihrem Wirksamwerden zu berücksichtigen. Nach § 224 AktG wird daher mit dem Wirksamwerden der Kapitalherabsetzung eine Ermächtigung, die dann die 10 %-Grenze überschreitet, kraft Gesetzes angepasst, da dies § 71 Abs. 1 Nr. 8 Satz 1 AktG zwingend gebietet.[186]

160 Schließlich kann der **Zweck** des Erwerbs im Beschluss angegeben werden. Fehlt eine solche Festlegung, bestimmt der Vorstand im Rahmen seiner Leitungsbefugnis den Zweck.[187] § 71 Abs. 1 Nr. 8 AktG enthält im Hinblick auf den Zweck das Verbot, **mit eigenen Aktien** zu handeln, da dies keine sinnvolle Unternehmensfinanzierung darstellt (billig kaufen und teuer verkaufen).[188] Es ist daher untersagt, eigene Aktien planmäßig und auf Dauer zu erwerben. Ansonsten enthält § 71 Abs. 1 Nr. 8 AktG keine beschränkenden Vorgaben. Eigene Aktien können daher zu verschiedensten Zwecken erworben werden. In Betracht kommt ein Erwerb eigener Aktien
– um das Eigenkapital zulasten der Rücklagen zu verringern, also Aktien vom Markt zu nehmen, wenn das Eigenkapital vorübergehend oder dauerhaft zu hoch ist. Eine Vorgehensweise, die bei börsennotierten Gesellschaften auch

---

[180] *Posner* AG 1994, 312, 316.
[181] DAI, Der Erwerb eigener Aktien in Deutschland 1999, S. 12.
[182] *Joost* ZHR 149 (1985), 419, 431; *Martens* AG 1988, 118, 121.
[183] BMF-Schreiben v. 2. 12. 1998, DStR 1998, 2011, Tz. 17.
[184] *Butzke* WM 1995, 1389, 1392.
[185] RegBegr. BT-Drs. 13/9712, 13.
[186] MünchKomm. AktG Bd. 1/*Oechsler* § 71 Rz. 204.
[187] OLG Hamburg 11U 98/04 v. 30.12.04 ZIP 2005, 1074, 1079; *Hüffer* AktG § 71 Rz. 19 f.; MünchKomm. AktG/Bd. 1/*Oechsler* § 71 Rz. 206; MünchHdb. GesR/Bd. 4/ *Wiesner* § 15 Rz. 16; aA für zwingende Festlegung des Beschlusses; noch *Bosse* NZG 2000, 923 f.; *Seibert* WM 1997, 1, 9.
[188] *Huber* in FS Kropff, S. 101, 120 f.

J. Eigene Aktien

im Hinblick auf den Kurs von Vorteil sein kann, da sie zu Kurssteigerungen führen kann.[189]
- zur **Bedienung von Aktienoptionen**, soweit bedingtes Kapital hierfür nicht eingesetzt werden soll oder kann. Gem. § 71 Abs. 1 Nr. 8 Satz 5 AktG ist hierzu ein gesonderter Hauptversammlungsbeschluss erforderlich.
- zur späteren **Einziehung** der Aktien nach § 237 Abs. 1, 2. Fall AktG. Anders als bei § 71 Abs. 1 Nr. 6 AktG muss dem Erwerb der eigenen Aktien noch kein Einziehungsbeschluss zugrunde liegen. Ein solcher muss bei einer entsprechenden Ermächtigung (§ 71 Abs. 1 Nr. 8 Satz 6 AktG) auch später nicht vorliegen. Der Vorstand kann in diesem Fall nach pflichtgemäßem Ermessen entscheiden, ob er von der Einziehungsermächtigung Gebrauch macht oder nicht.
- im Rahmen von Umwandlungen, wenn § 71 Abs. 1 Nr. 3 AktG nicht einschlägig ist, wie etwa im Falle der **Ausgliederung**.
- zur Abwehr von Übernahmeangeboten, da der Rückerwerb der Aktien die prozentuale Stimmmacht der in der Gesellschaft verbleibenden Aktionäre erhöht, was von Vorteil ist, wenn vor allem von den Aktionären Anteile zurückerworben worden sind, die ohnehin zur Veräußerung bereit waren.[190] Zudem wird es für den Bieter schwieriger aufgrund der mit dem Rückerwerb verbundenen Abschmelzung der Liquiditätsreserven, die Kosten der Übernahme aus der Liquidität der Zielgesellschaft zu finanzieren.
- zur Erfüllung des Pflichtangebots nach einem Delisting, wobei aber die quantitativen Grenzen des § 71 Abs. 1 Nr. 8 Satz 1 und 2 AktG entgegenstehen können (zur Anwendung von § 71 Abs. 1 Nr. 3 AktG s. Rz. 150).[191]
- nach hM auch zur Einwirkung und Stabilisierung des Kurses (**Kurspflege**).[192] Die Regierungsbegründung spricht lediglich davon, dass ein Aktienerwerb nicht zur kontinuierlichen Kurspflege dienen dürfe, mithin also ein fortlaufender Kauf und Verkauf zur Erzielung von Trading-Gewinnen ausscheide.[193] Dies steht aber einem Erwerb zur Kurspflege nicht entgegen, da es bei einer solchen einmaligen Maßnahme bereits an einem planmäßigen und auf Dauer angelegten Erwerbsgeschäft, wie es zum Handel in eigenen Aktien erforderlich wäre, fehlt.

Auch im Rahmen der Ermächtigung des Eigenerwerbs dürfen nur voll eingezahlte Aktien erworben werden und ist die 10%-Grenze und die Kapitalgrenze des § 71 Abs. 2 AktG zu beachten (dazu Rz. 147). Zudem ist die Bundesanstalt für Finanzdienstleistungsaufsicht bisher unverzüglich von der Ermächtigung zu informieren (§ 71 Abs. 3 Satz 3 AktG). Mit Inkrafttreten des ARUG (BGBl. I 2009, 2479) zum 1. 9. 2009 entfällt diese Informationspflicht.

Die Verwaltung muss bei dem **Erwerb der Aktien** den **Gleichbehandlungsgrundsatz** beachten. Hierzu ist bei börsennotierten Gesellschaften ausreichend, wenn der Erwerb bzw. der Verkauf über die Börse erfolgt (§ 71 Abs. 1 Nr. 8 Satz 4 AktG). Die Chancengleichheit wird durch den allgemeinen Zugang zum Aktienhandel gewahrt.[194] Die Gesellschaft, auch wenn sie börsennotiert ist, muss diesen Weg aber nicht gehen. Sie kann die Aktien auch außer-

---

[189] Seibert WM 1996, 1, 9.
[190] MünchKomm. AktG Bd. 1/Oechsler § 71 Rz. 10.
[191] MünchKomm. AktG Bd. 1/Oechsler § 71 Rz. 293.
[192] Martens AG Sonderheft 1997, 51; Kraft/Altvater NZG 1997, 448, 450; Claussen DB 1998, 117, 180.
[193] BT-Drs. 13/9712, 13.
[194] Kritisch Huber in FS Kropff, S. 101, 113 ff.

halb der Börse erwerben. In diesem Fall muss, damit der Gleichbehandlungsgrundsatz gewahrt bleibt, allen Aktionären die Möglichkeit eingeräumt werden, ihre Aktien an die AG zu veräußern. Den Aktionären steht daher ein Anspruch auf **Andienung** gegenüber der AG dergestalt zu, dass die AG von jedem Aktionär pro rata in Höhe der jeweiligen Kapitalbeteiligung Aktien abzunehmen hat **(umgekehrtes Bezugsrecht).**[195] Erwirbt sie die Aktien außerhalb der Börse, kann sie ein öffentliches Erwerbsangebot in Form eines Festpreises, einer Auktion oder übertragbarer Andienungsrechte abgeben. Zunächst kann die Gesellschaft über ein öffentliches Festpreisangebot (sog. Tenderverfahren) anbieten, eine bestimmte Zahl von Aktien zu einem Festpreis zu erwerben. Wenn zu viele Verkaufsangebote eingehen, muss die Gesellschaft diese repartieren, dh. gegenüber jedem Aktionär proportional kürzen, was entsprechend dem Verhältnis der Beteiligungsquoten geschieht.[196] Möglich ist der Erwerb eigener Aktien auch aufgrund von übertragbaren Verkaufsoptionen (transferable put rights), die die Gesellschaft an die Aktionäre entsprechend der Höhe ihrer jeweiligen Beteiligung und der Zahl der zurückzuerwerbenden Aktien ausgibt (gleichsam umgekehrte Bezugsrechte). Die Aktionäre, die ihre Aktien behalten wollen, können in diesem Fall ihre Andienungsrechte an die Aktionäre verkaufen, die mehr Aktien zurückgeben wollen, mit der Folge, dass auch die verbleibenden Aktionäre an der Rückkaufprämie teilhaben.[197] Zweifelhaft ist indessen, ob so gen. Preisspannenangebote (Dutch Auctions) möglich sind. Bei diesem erstmals 1981 in den USA durchgeführten Verfahren[198] legt die Gesellschaft neben der Zahl der zu erwerbenden Aktien und der Angebotsdauer eine Preisspanne fest, innerhalb derer sich die Angebote und Aktionäre bewegen müssen.[199] Die verkaufswilligen Aktionäre müssen ihrerseits bestimmte Mengen von Aktien anbieten und dabei erklären, welchen Preis sie für die Aktien haben wollen. Die Gesellschaft kauft die von ihr angekündigte Zahl von Aktien einheitlich zu dem Preis zurück, zu dem sie die gewollte Anzahl der Aktien bekommen kann. Fraglich ist bereits, ob bei dieser Form des Rückerwerbs der Gleichbehandlungsgrundsatz[200] und Grundsatz des Andienungsrechts gewahrt wird; zudem wird von der Auffassung, die das WpÜG auf den Rückerwerb eigener Aktien anwendet (Rz. 166), angeführt, dass dem Verfahren § 17 WPüG entgegensteht, der es verbietet, den Aktionär zum Angebot aufzufordern.[201] Entgegen teilweise vertretener Auffassung[202] besteht **Andienungsrecht** auch dann, wenn die Gesellschaft die Anteile etwa im Wege des Tendererwerbes und nicht über die Börse zurückerwirbt, obwohl sie börsennotiert ist.[203] Der An-

---

[195] RegBegr. v. BT-Drs. 13/9712, 14. *Paefgen* AG 1999, 67, 69; *Hüffer* AktG § 71 Rz. 19 k.
[196] *Spindler/Stilz/Cahn* § 71 Rz. 123 mwN; *Schmidt/Lutter/T. Bezzenberger* § 71 Rz. 26 mwN.
[197] *Schmidt/Lutter/T. Bezzenberger* § 71 29; *Spindler/Stilz/Cahn* § 71 Rz. 125.
[198] 1981 durchgeführt für Todd Shipyards, vgl. *Fried* 67 University of Chicago Law Review (2000), 421, 432.
[199] ReGE 1998 für das KontraG, BT-Drucks. 13/9712, Anlage 1, Begründung zu Art. 1 Nr. 4–5, S. 13.
[200] *Huber* in FS Kropff S. 101, 115; aA MünchKomm. AktG Bd. 1/*Oechsler* § 71 Rz. 241; *Spindler/Stilz/Cahn* § 71 Rz. 124.
[201] MünchKomm. AktG Bd. 1/*Oechsler* § 71 Rz. 223, 236.
[202] *Spindler/Stilz/Cahn* § 71 Rz. 120; *Schmidt/Lutter/T. Bezzenberger* § 71 Rz. 29.
[203] *Habersack*, ZIP 2004, 1121, 1127; MünchKomm. AktG Bd. 1/*Oechsler* § 71 Rz. 223, 228; *Paefgen* AG 1999, 67, 68 f.

J. Eigene Aktien 163–165 § 3

spruch auf Andienung ist übertragbar, kann also auch an einen Dritten veräußert werden.[204] Ein Ausschluss dieses Andienungsrechts ist möglich. Hierfür reicht die einfache Mehrheit des § 133 Abs. 1 AktG. Nicht erforderlich ist demgegenüber die $^3/_4$-Mehrheit des § 186 Abs. 3, da § 71 Abs. 1 Nr. 8 Satz 5 AktG nur im Hinblick auf die Veräußerung, nicht aber den Erwerb auf § 186 AktG verweist.[205]

Bei einer späteren **Veräußerung** der eigenen Aktien ist der Gleichbehandlungsgrundsatz (§ 71 Abs. 1 Nr. 8 Satz 3 AktG) und die Verweisung auf § 186 Abs. 3 und 4 AktG zu beachten, die den Aktionären bei der Veräußerung ein Bezugsrecht wie im Rahmen einer Kapitalerhöhung einräumt (§ 71 Abs. 1 Nr. 8 Satz 5 AktG). Werden die Aktien über die Börse veräußert, ist diesen beiden Erfordernissen Rechnung getragen: Dass der Gleichbehandlungsgrundsatz gewahrt ist, wird durch § 71 Abs. 1 Nr. 8 Satz 4 AktG klargestellt. Dass die Regelungen des Bezugsrechtsausschlusses nicht zu beachten sind, ergibt sich aus § 71 Abs. 1 Nr. 8 Satz 5 AktG. Diese Vorschrift ordnet die Beachtung der §§ 186 Abs. 3 und 4 AktG nur bei einer anderen Veräußerung, also bei einer Abweichung von der Gleichbehandlung der Aktionäre an. In materieller Hinsicht ist eine sachliche Rechtfertigung der Ausschließung des Bezugsrechtes erforderlich; formell bedarf der Ermächtigungsbeschluss für den Erwerb der eigenen Aktien in einem solchen Fall – abweichend von der Regel der einfachen Mehrheit (dazu Rz. 157) – der $^3/_4$-Mehrheit (§ 71 Abs. 1 Nr. 8 Satz 5 iVm. § 186 Abs. 3 Satz 2 AktG). Eine sachliche Rechtfertigung ist insbesondere dann gegeben, wenn der Veräußerungsbetrag den Börsenkurs nicht wesentlich unterschreitet und die Veräußerung 10 % des Grundkapitals nicht übersteigt (§ 71 Abs. 1 Nr. 6 Satz 5 iVm. § 186 Abs. 3 Satz 4 AktG).[206]

163

Werden die eigenen Aktien zur Bedienung von Aktienoptionsprogrammen eingesetzt (vgl. oben Rz. 160), kommt neben der Vorschrift des § 186 Abs. 3 und 4 AktG diejenige des § 193 Abs. 2 Nr. 4 AktG sinngemäß zur Anwendung.[207] Hierdurch wird sichergestellt, dass die Bedienung von Aktienoptionen aus eigenen Aktien nicht zum Leerlaufen der Anforderungen führt, die bei der Begründung von Bezugsrechten durch bedingtes Kapital gelten.[208]

164

9. Einziehungsermächtigung.

Nach § 71 Abs. 1 Nr. 8 Satz 6 AktG kann die Hauptversammlung den Vorstand neben dem Erwerb der eigenen Aktien auch zu deren Einziehung ermächtigen. In diesem Fall ist ein Hauptversammlungsbeschluss nach § 222 iVm. § 237 Abs. 2 Satz 1 AktG oder nach § 237 Abs. 4 Satz 1 AktG nicht erforderlich. Vielmehr kann der Vorstand nach pflichtgemäßem Ermessen entscheiden, soweit er nicht durch Auflagen gebunden ist. Ob für den Ermächtigungsbeschluss zudem die Voraussetzungen des § 222 AktG eingehalten werden müssen, ist unklar. Jedenfalls ist ein Sonderbeschluss nach § 222 Abs. 2 AktG empfehlenswert, der nicht zur Benachteiligung einer Aktiengattung führen darf.

165

---

[204] *Paefgen* AG 1999, 67, 69.
[205] MünchKomm. AktG Bd. 1/*Oechsler* § 71 Rz. 224.
[206] Vgl. hierzu im Einzelnen *Reichert/Harbarth* ZIP 2001, 1441, 1442 f.
[207] MünchKomm. AktG Bd. 1/*Oechsler* § 71 Rz. 258; BT-Drs. 13/9712, 14; aA *Weiß* WM 1999, 353, 362.
[208] *Hüffer* AktG § 71 Rz. 19 k mwN.

Maul 269

10. Erwerb eigener Aktien und Übernahmerecht

166 Die Anwendbarkeit des ersten bis dritten Abschnitts des WpÜG auf den Erwerb eigener Aktien ist umstritten. Im Ergebnis bestehen drei Meinungen. Nach einer ersten Auffassung findet das WpÜG keine Anwendung.[209] Nach einer zweiten Auffassung wird die Anwendung des WpÜG auf den Erwerb eigener Aktien zwar im Grundsatz verneint, es wird jedoch eine Analogie zu einzelnen Vorschriften gezogen.[210] Nach einer dritten Ansicht sind nur diejenigen Vorschriften, die eine Personenverschiedenheit von Bieter und Zielgesellschaft voraussetzen, im Wege der teleologischen Reduktion von der Anwendung des WpÜG auszunehmen.[211] Dies wurde zunächst auch durch die BaFin vertreten, die aber zwischenzeitlich verlautbart hat, dass sie daran nach der Umsetzung der Übernahmerichtlinie nicht mehr festhält und nunmehr von der Unanwendbarkeit des WpÜG ausgeht.[212] Dem ist zuzustimmen.

11. Erwerb eigener Aktien und Kapitalmarktrecht

167 Rückkaufprogramme werden in einer europäischen Verordnung geregelt, die Transparenz gewährleisten und irreführende Signale an die Märkte verhindern will.[213] Soweit die Anforderungen dieser Verordnung erfüllt werden, sind die Vorgänge von der europäischen Marktmissbrauchsrichtlinie[214] ausgenommen und insoweit auch nach deutschem Recht nicht zu beanstanden. Soweit die Anforderungen nicht erfüllt sind, kann eine Ad-hoc-Mitteilung erforderlich sein (§ 15 WpHG); zudem können solche Geschäfte verbotene Insidergeschäfte (§ 14 WpHG) oder Marktmanipulation darstellen (§ 20a WpHG).[215]

III. Bilanz- und steuerrechtliche Behandlung

168 Nach den durch das BilMoG geänderten Regelungen sind die eigenen Anteile auf der Aktivseite der Bilanz bei den „sonstigen Wertpapieren" unter § 266 Abs. 2 B III Nr. 2 HGB aufzuführen; die bisherige Rubrik der „eigenen Aktien" ist aufgegeben worden. Auch hinsichtlich der weiteren Behandlung der eigenen Aktien geht das BilMoG – zumindest teilweise – neue Wege. Bisher war unterschieden worden: Für erworbene eigene Aktien, die von der Gesellschaft weiterhin gehalten wurden, mussten eigene Anteile unter gleichzeitiger Bil-

---

[209] *Hüffer* AktG Rz. 19 k; *Süßmann* AG 2002, 424; Kölner Komm. WpÜG/*Versteegen* § 1 Rz. 22; *Spindler/Stilz/Cahn* § 71 Rz. 159.
[210] *Baums/Stöcker* in FS Wiedemann S. 703 ff.; *Baums/Thoma* § 1 Rz. 93 ff.
[211] *Assmann/Pötzsch/Schneider* § 2 Rz. 37 ff; *Paefgen* ZIP 2002, 1509, 1514 ff.; Münch-Komm. AktG Bd. 1/*Oechsler* § 71 Rz. 228 ff.
[212] Schreiben der BaFin vom 9.6.2006, abrufbar unter http://www.bafin.de/bekanntmachungen/060809.htm; s. auch *Pluskat* NZG 2005, 719.
[213] Verordnung (EG) Nr. 2273/2003 der Kommission vom 22. Dezember 2003 zur Durchführung der Richtlinie 2003/6/EG des Europäischen Parlaments und des Rates – Ausnahmeregelungen für Rückkaufprogramme und Kursstabilisierungsmaßnahmen, Abl. EU Nr. L 336 v. 23.12.2003, S. 33 ff.
[214] Richtlinie 2003/6/EG des Europäischen Parlaments und des Rates vom 28. Januar 2003 über Insider-Geschäfte und Marktmanipulationen (Marktmissbrauch), Abl. EU Nr. L 96 v. 12.4.2003, S. 16 ff.
[215] *Assmann/Schneider* § 14 Rz. 36, § 15 Rz. 87.

dung einer Rücklage zur Neutralisierung aktiviert werden. Bei erworbenen eigenen Aktien, die zur Einziehung bestimmt waren, kam es hingegen zu einer Abschreibung des Nennbetrages in der Vorspalte auf der Passivseite sowie einer Verrechnung des darüber hinausgehenden Erwerbspreises mit verwendbaren Rücklagen. Letzteres Konzept wird durch das BilMoG nun auf alle Aktien angewendet. Nach dem neuen § 272 Abs. 2 HGB ist auf der Passivseite der Nennbetrag oder, falls ein solcher nicht vorhanden ist, der rechnerische Wert von erworbenen eigenen Anteilen in der Vorspalte offen von dem Posten gezeichnetes Kapital als Kapitalrückzahlung abzusetzen sowie der Unterschiedsbetrag zwischen dem Nennbetrag oder dem rechnerischen Wert und den Anschaffungskosten der eigenen Anteile mit den frei verfügbaren Rücklagen zu verrechnen. Mit dieser Regelung wird verdeutlicht, dass der Erwerb eigener Aktien wirtschaftlich zu einer Kapitalrückzahlung an die Gesellschafter führt. Werden entgegen der ursprünglichen Absicht die Anteile nicht eingezogen, sondern wieder veräußert, ist in der Veräußerung bilanzrechtlich eine Kapitalerhöhung zu sehen, so dass der Differenzbetrag ergebnisneutral in die Kapitalrücklage einzustellen ist.[216]

Steuerrechtlich sind eigene Aktien, die weiterhin gehalten werden, erfolgsneutral in der Steuerbilanz auszuweisen. Diese Erfolgsneutralität besteht auch für einen Gewinn oder Verlust aus der Wiederveräußerung solcher Aktien (§ 8b Abs. 2 f KStG, zur steuerlichen Behandlung eigener Aktien vgl. auch § 11 Rz. 168 ff.). Aktien, die zur Einziehung erworben worden sind oder zu deren Veräußerung es eines Hauptversammlungsbeschlusses bedürfte, sind nicht in der Steuerbilanz auszuweisen. Dies läuft im Ergebnis auf eine Verringerung des Betriebsvermögens hinaus, wobei dieser Vorgang gesellschaftsrechtlich veranlasst ist und sich nicht auf den steuerlichen Gewinn der Gesellschaft auswirken darf (vgl. § 13 Rz. 625).[217]

169

IV. Rechtsfolgen von Verstößen gegen das Erwerbsverbot

Wird gegen die dargestellten Beschränkungen verstoßen, ist zu unterscheiden: Das **dingliche Geschäft** ist nicht unwirksam (§ 71 Abs. 4 Satz 1 AktG).[218] Allerdings muss die Aktiengesellschaft die Anteile innerhalb eines Jahres nach ihrem Erwerb wieder veräußern (§ 71 c AktG). Handelt es sich um einen Fall, in dem die Aktien lediglich die 10 %-Grenze übersteigen, beträgt die Veräußerungsfrist 3 Jahre. Werden die Aktien nicht innerhalb dieser Fristen veräußert, sind sie entsprechend § 237 AktG einzuziehen (§ 71 c Abs. 3 AktG). Scheitert die Einziehung, muss der Vorstand die Aktien unverzüglich veräußern.[219]

170

Das **schuldrechtliche Geschäft** ist anders als das dingliche Geschäft nichtig. Dementsprechend hat die Gesellschaft die Aktien an den Veräußerer nach Bereicherungsgrundsätzen zurückzugewähren. Hat die Gesellschaft für den Erwerb eigener Aktien einen Kaufpreis gezahlt, so liegt darin eine verbotene Einlagenrückgewähr, die nach § 62 AktG rückabzuwickeln ist (vgl. im Einzel-

171

---

[216] *Winnefeld* Bilanz-Handbuch, 4. Aufl., München 2006 M 761.
[217] BMF-Schreiben v. 2.12. 1998, DStR 1998, 2011, Tz. 4 ff.; 16 ff.; vgl. dazu *Wiese* DStR 1999, 188.
[218] Zur Nichtigkeit wegen Verstoßes gegen allgemeine Vorschriften (Sittenwidrigkeit, Geschäftsunfähigkeit etc.) vgl. MünchHdb. GesR/Bd. 4/*Wiesner* § 15 Rz. 22.
[219] *Hüffer* AktG § 71 c Rz. 8.

nen § 8 Rz. 53 ff.). Zurückbehaltungsrechte können nicht geltend gemacht werden.

172 Die Mitglieder des Vorstands und des Aufsichtsrats können sich ersatzpflichtig machen, wenn die Aktien nicht innerhalb der gesetzlichen Fristen veräußert oder eingezogen worden sind (§§ 93, 116 AktG); außerdem liegt eine Ordnungswidrigkeit vor (§ 405 Abs. 1 Nr. 4 b oder c AktG).

V. Rechte und Pflichten aus eigenen Aktien

173 Aus den eigenen Aktien stehen der Gesellschaft gem. § 71 b AktG keine Rechte zu (kein Teilnahme- und Stimmrecht; kein Recht auf Dividende, Liquidationserlös etc.). Dies gilt dabei unabhängig davon, ob sie in zulässiger oder unzulässiger Weise erworben worden sind. Eigene Aktien nehmen lediglich an den Kapitalerhöhungen aus Gesellschaftsmitteln teil (§ 215 Abs. 1 AktG).

VI. Umgehungsgeschäfte

174 Finanzierungs- und Hilfsgeschäfte, mit denen die AG einem Dritten ermöglicht, ihre Aktien zu erwerben oder mit denen sie eigene Aktien durch einen Dritten erwirbt, werden vom Gesetz als Umgehungsgeschäfte eingeordnet. Gem. § 71 a AktG sind schuldrechtliche Geschäfte, durch die sich die AG verpflichtet, einem Dritten einen Vorschuss, ein Darlehen oder eine Sicherheit (Hypothek, Grundschuld, Bürgschaft etc.) zum Erwerb der eigenen Aktien zu gewähren, nichtig. Hingegen wird das Verfügungsgeschäft nicht von der Nichtigkeitsfolge erfasst. Erfolgte Leistungen sind daher nach §§ 812 ff. BGB rückabzuwickeln.

Von diesem Verbot werden zwei Fallgruppen herausgenommen, nämlich Finanzierungsgeschäfte und Sicherheitsleistungen, die durch ein Kreditinstitut im Rahmen des laufenden Geschäfts vorgenommen werden oder dem Erwerb von Belegschaftsaktien (AG oder verbundenes Unternehmen) dienen. Wird von diesen **Ausnahmefällen** Gebrauch gemacht, ist die Kapitalgrenze des § 71 Abs. 2 Satz 2 AktG einzuhalten (§ 71 a Abs. 1 Satz 2 AktG; vgl. Rz. 147). Die AG braucht die Rücklagen aber nicht tatsächlich zu bilden. Vielmehr ist es ausreichend, wenn die AG die für eigene Anteile vorgeschriebenen Rücklagen bilden könnte, wenn sie die Aktien selbst erwerben würde. Sie müsste also in der Lage sein, die Mittel selbst aufzubringen.

175 Zudem sind Rechtsgeschäfte nach § 71 a Abs. 2 AktG zwischen der AG und einem Dritten nichtig, nach denen dieser berechtigt oder verpflichtet sein soll, Aktien der Gesellschaft für Rechnung der Gesellschaft zu erwerben (**mittelbare Stellvertretung**), soweit der Erwerb gegen § 71 Abs. 1 oder 2 AktG verstoßen würde. Gleiches gilt, wenn die Aktien nicht für Rechnung der AG, sondern für ein von ihr abhängiges oder in Mehrheitsbesitz stehendes Unternehmen erworben werden sollten. Die Nichtigkeit des schuldrechtlichen Geschäfts hat zur Folge, dass der mittelbare Stellvertreter keinen Aufwendungsersatz verlangen kann.

In engem Zusammenhang mit dieser Vorschrift, die sich gegen die Einschaltung Dritter wendet, die eigene Aktien der AG erwerben sollen, steht § 71 d AktG, der sich mit dem Erwerb von Aktien der AG durch für deren Rechnung handelnde Dritte befasst. Nach dieser Vorschrift darf ein im eigenen Namen

J. Eigene Aktien

aber für Rechnung der AG handelnder Dritter Aktien der Gesellschaft nur erwerben oder besitzen, wenn dies der Gesellschaft selbst gestattet wäre (§ 71 d Satz 1, § 71 Abs. 1 Nr. 1–5, § 71 Abs. 1 Nr. 7 und 8, § 71 Abs. 2 AktG). Diese Regelungen über die mittelbare Stellvertretung gelten auch für die von der AG abhängigen oder in deren Mehrheitsbesitz stehenden Gesellschaften, da die Tochtergesellschaft wie ein mittelbarer Stellvertreter der herrschenden AG angesehen wird. Schließlich unterfällt dieser Regelung des § 71 d AktG auch die mittelbare Stellvertretung für die Tochtergesellschaft.

VII. Inpfandnahme eigener Aktien

Die Inpfandnahme eigener Aktien wird durch § 71 e AktG dem Erwerb eigener Aktien gleichgestellt. Eigene Aktien sollen als Sicherungsmittel ausscheiden, da in einer Krisensituation ansonsten die Gefahr besteht, dass die Forderungen der AG uneinbringlich sind und die als Sicherung erhaltenen eigenen Aktien infolge Kursverlustes wertlos werden. Von § 71 e AktG wird nur die rechtsgeschäftliche Bestellung von Pfandrechten erfasst, nicht hingegen die gesetzliche Inpfandnahme und das Pfändungspfandrecht. Damit Pfandrechte bestellt werden dürfen, müssen also die Voraussetzungen des § 71 Abs. 1 und 2 AktG erfüllt sein. Zusätzlich sind diejenigen des § 71 a und d AktG einzuhalten.[220] Eine Ausnahme besteht indessen für Kreditinstitute oder Finanzdienstleistungsinstitute: Sie dürfen im Rahmen der laufenden Geschäfte eigene Aktien bis zu einem Anteil von 10 % am Grundkapital in Pfand nehmen. Werden eigene Aktien, ohne dass die Voraussetzungen des § 71 e iVm. § 71 Abs. 1, 2 AktG eingehalten werden, erworben, führt dies grundsätzlich nicht zur Unwirksamkeit des Erwerbs. Anderes gilt nur, wenn es sich um nicht voll eingezahlte Aktien handelt (§ 71 e Abs. 2 AktG). In jedem Fall nichtig ist allerdings das der Inpfandnahme zugrunde liegende schuldrechtliche Geschäft. Der Vertrag, der die Forderung begründet, bleibt gültig, wenn sich aus § 139 BGB nichts anderes ergibt.

---

[220] Vgl. *Hüffer* AktG § 71e Rz. 6, 9.

§ 4 Der Aktionär

Bearbeiter: Dr. Silja Maul/Dr. Elisabeth Strobl-Haarmann

Übersicht

	Rz.
A. Rechte und Pflichten der Aktionäre	1–167
I. Die Mitgliedschaft	1
II. Erwerb und Verlust der Mitgliedschaft	2
III. Mitgliedschaftsrechte und -pflichten	3–6
1. Mitgliedschaftsrechte	3–5
a) Verwaltungsrechte	4
b) Vermögensrechte	5
2. Mitgliedschaftspflichten	6
IV. Einzelne Rechte und Pflichten	7–108
1. Pflicht zur Einlage	8–25
a) Inhalt	9
b) Schuldner der Einlageleistung	10
c) Leistungszeitpunkt	11, 12
d) Mängel der Einbringung	13–25
aa) Verspätete Leistung der Einlage	14, 15
bb) Mangelhafte Festsetzung der Sacheinlage	16
cc) Untaugliche Sacheinlage	17
dd) Überbewertung der Sacheinlage	18
ee) Verdeckte Sacheinlage	19
ff) Unmöglichkeit	20–23
gg) Sach- und Rechtsmängel	24, 25
2. Pflicht zur Erbringung von Nebenleistungen	26–28
3. Einsichtsrecht	29–32
a) Unterlagen der ordentlichen Hauptversammlung	30
b) Verträge	31
c) Teilnehmerverzeichnis	32
4. Recht auf Abschriften	33
5. Recht auf Mitteilungen	34, 35
6. Recht zur Teilnahme an der Hauptversammlung	36–38
7. Stimmrecht	39–47
a) Stimmkraft	40–42
b) Unvollständige Einlageleistung	43, 44
c) Übertragbarkeit	45
d) Zustimmungspflicht	46
e) Verletzung	47
8. Gegenanträge/Antragsrecht zu Beschlussvorlagen	48
9. Aktionärsforum	49, 50
10. Auskunftsanspruch	51–69
a) Schuldner der Auskunft	53
b) Auskunftsverlangen	54
c) Gegenstand der Auskunft	55–60
aa) Angelegenheiten der Gesellschaft	55–58
bb) Verbundene Unternehmen	59, 60
d) Inhalt der Auskunft	61
e) Auskunftsverweigerungsgründe	62–64
f) Niederschrift zu Protokoll	65

g) Verstoß	66
h) Auskunfserzwingungsverfahren	67–69
aa) Antrag	68
bb) Verfahren	69
11. Anspruch auf Aushändigung von Tonbandprotokollen	70
12. Recht auf Dividende	71–78
a) Anspruch auf Fassung eines Gewinnverwendungsbeschlusses	72
b) Zahlungsanspruch/Anspruch auf Sachausschüttung	73
c) Höhe des konkreten Anspruchs	74–78
13. Bezugsrecht junger Aktien bei Kapitalerhöhung	79, 80
14. Treupflicht	81–85
a) Treupflicht zwischen der Gesellschaft und ihren Gesellschaftern	82
b) Treupflicht zwischen den Gesellschaftern	83, 84
c) Rechtsfolgen	85
15. Gleichbehandlungsgrundsatz	86–89
a) Gleichbehandlungsmaßstab	87
b) Verstoß gegen den Gleichbehandlungsgrundsatz	88
c) Folgen eines Verstoßes	89
16. Klagerechte	90–104
a) Individual- und Minderheitenrechte	91, 92
b) Inhalt der Aktionärsklagen	93–104
aa) Individuelle Mitgliedschaftsklage gegenüber der AG	94, 95
bb) Abwehrklage gegenüber der AG	96
cc) Klagezulassungsverfahren	97-101
dd) Actio pro socio	102
ee) Klage gegenüber Mitgesellschaftern	103
ff) Klage gegenüber Dritten	104
17. Recht auf den Liquidationsüberschuss	105–107
a) Anspruchsinhalt	106
b) Geltendmachung	107
18. Einsicht in die Unterlagen der aufgelösten AG	108
V. Besteuerung der Dividendeneinkünfte und der Gewinne aus Veräußerungsgeschäften	120–167
1. Einleitung	120–128
a) Teileinkünfteverfahren	121–123
aa) Systematik	121
bb) Anwendungsbereich	122
cc) Übergangsregelung vom Halbeinkünfte- zum Teileinkünfteverfahren	123
b) Abgeltungssteuer	124–128
aa) Ziele	124
bb) Konzeption	125
cc) Ausnahmen	126
(1) Dividenden	126
(2) Veräußerungsgewinne	126
(3) Veranlagungswahlrechte	126
dd) Nachteile	127
ee) Übergangsregelung vom Halbeinkünfteverfahren zur Abgeltungssteuer	128
2. Natürliche Person als Aktionär	129–149

a) Dividenden 129–138
 aa) Aktien im Privatvermögen 129
 bb) Aktien im Betriebsvermögen 130
 cc) Wesentlich beteiligter Gesellschafter 131
 dd) Verdeckte Gewinnausschüttung aus Sicht
   des Aktionärs 132
 ee) Sachdividende 133
 ff) Gewerbesteuer 134
 gg) Abgrenzung von Dividende und Kapitalrückzahlung 135
 hh) Belastungsvergleich zwischen Dividende
   und Leistungsvergütung 136
 ii) Sachverhalt mit Auslandsbezug 137, 138
  (1) Ausländische natürliche Person als An-
    teilseigner mit Depot im Inland 137
  (2) Auslandsdividende unbeschränkt Steuer-
    pflichtiger 138
b) Veräußerungsgeschäfte 139–149
 aa) Aktien im Privatvermögen 139, 140
  (1) Unwesentliche Beteiligung 139
  (2) Wesentliche Beteiligung 140
 bb) Aktien im Betriebsvermögen 141
 cc) Bemessungsgrundlage, § 20 Absatz 4 EStG . 142
 dd) Verlustverrechnung, § 20 Absatz 6 EStG ... 143
 ee) Depotübertragung 144–146
  (1) Ohne Gläubigerwechsel 145
  (2) Mit Gläubigerwechsel 146
 ff) Gewerbesteuer 147
 gg) Sachverhalte mit Auslandsbezug 148, 149
  (1) Veräußerung von Anteilen an einer in-
    ländischen Körperschaft durch eine aus-
    ländische Person 148
  (2) Veräußerung von Anteilen an einer aus-
    ländischen Körperschaft durch eine inlän-
    dische natürliche Person 149
3. Personengesellschaft als Aktionär 150–160
 a) Laufende Erträge der Personengesellschaft 151
 b) Veräußerungsgeschäfte durch die Personengesellschaft 152
 c) Gewerbesteuer 153
 d) Thesaurierungsbegünstigung nach § 34a EStG . 154
 e) Veräußerung von Anteilen an einer Personengesellschaft 155
 f) Besonderheiten bei Fondsstrukturen 156, 157
  aa) Investmentfonds 156
  bb) Dachfonds 157
 g) Sachverhalte mit Auslandsbezug 158–160
  aa) Ausländische natürliche Person als Gesellschaf-
    ter einer inländischen Personengesellschaft .. 158
  bb) Ausländische Personengesellschaft, insbeson-
    dere ausländische Spezialfonds 159
  cc) Auslandserträge durch einen inländischen
    Investmentfonds 160
4. Kapitalgesellschaft als Aktionär 161–167
 a) Laufende Erträge der Kapitalgesellschaft 161

Maul

b) Veräußerungsgeschäfte durch die Kapitalgesellschaft 162
c) Gewerbesteuer 163
d) Investmentfonds in der Rechtsform einer Kapitalgesellschaft 164
e) Besonderheiten der KGaA 165
f) Sachverhalt mit Auslandsbezug 166, 167
  aa) Ausländische Kapitalgesellschaft als Anteilseigner einer inländischen Körperschaft ... 166
  bb) Auslandserträge einer inländischen Kapitalgesellschaft 167

B. Rechte und Pflichten der Gesellschafter einer KGaA . 180–218
  I. Komplementär 181–203
    1. Erwerb und Verlust der Mitgliedschaft 182, 183
    2. Mitgliedschaftsrechte und -pflichten 184–202
      a) Einlagen 184
      b) Haftung 185
      c) Geschäftsführung 186
      d) Teilnahme- und Stimmrecht 187–190
        aa) Gesellschafterversammlungen der Komplementäre 188
        bb) Hauptversammlung 189, 190
      e) Informationsrechte 191
      f) Recht auf anteiligen Jahresgewinn 192
      g) Pflicht zur Verlusttragung 193
      h) Entnahmerecht 194–197
        aa) § 122 HGB als Grundlage des Entnahmerechts 195, 196
        bb) Beschränkungen 197
      i) Recht auf Aufwendungsersatz und Pflicht zur Herausgabe des Erlangten 198
      j) Kündigungs- und Ausschließungsrecht 199
      k) Anspruch auf Auseinandersetzungs- und Abfindungsguthaben 200
      l) Treupflicht/Wettbewerbsverbot 201, 202
    3. Besteuerung 203
  II. Kommanditaktionär 204–218
    1. Begründung und Beendigung der Mitgliedschaft . 205
    2. Mitgliedschaftsrechte und -pflichten 206–217
      a) Einlage 206
      b) Nebenverpflichtungen 207
      c) Stimm- und Teilnahmerecht 208
      d) Auskunfts- und Informationsrechte 209
      e) Widerspruchsrecht 210
      f) Feststellungskompetenz des Jahresabschlusses .. 211
      g) Gewinnanspruch 212
      h) Auseinandersetzungsguthaben 213
      i) Minderheitenrechte 214
      j) Klagerechte 215
      k) Treupflicht 216
      l) Gleichbehandlung 217
    3. Besteuerung 218

A. Rechte und Pflichten der Aktionäre

I. Die Mitgliedschaft

Die Mitgliedschaft an einer Aktiengesellschaft bezeichnet die Rechtsstellung des einzelnen Aktionärs, die auf der Zugehörigkeit zu der jeweiligen Gesellschaft beruht. Diese ist durch verschiedene Rechte und Pflichten gekennzeichnet (vgl. im Einzelnen Rz. 7 ff.), deren Ausgestaltung sich sowohl aus dem Gesetz als auch der Satzung ergibt. Ihrer Rechtsnatur nach verkörpert die Mitgliedschaft ein subjektives Recht, da sie anders als ein gewöhnliches Schuldverhältnis die mitgliedschaftlichen Befugnisse und Rechte zu einer in sich geschlossenen Position bündelt, die sich nicht in ihre einzelnen Bestandteile zerlegen lässt. Diese subjektivrechtliche Position des Mitglieds erlaubt es, die Mitgliedschaft zum Gegenstand rechtsgeschäftlicher Verfügungen zu machen und vor bestandsgefährdenden Eingriffen seitens Dritter und der Gesellschaft zu schützen.[1]

II. Erwerb und Verlust der Mitgliedschaft

Der Erwerb der Mitgliedschaft erfolgt entweder durch die Beteiligung bei der Gründung der AG, im Zuge einer Kapitalerhöhung und der hiermit verbundenen Aktienübernahme (originärer Erwerb; § 2 Rz. 13 ff.) oder durch den späteren Erwerb der Mitgliedschaft (derivativer Erwerb; § 3 Rz. 111 ff.). Die **Beendigung** der Mitgliedschaft kann – wie der Erwerb – auf verschiedene Weise geschehen: Durch Vollbeendigung der Gesellschaft im Zuge der Auflösung (§§ 262 ff. AktG, § 18 Rz. 75), durch Einziehung (§§ 237 ff. AktG, § 9 Rz. 161 ff.), durch Ausschluss des Aktionärs im Falle der Säumnis gemäß § 64 AktG, durch Ausschluss des Aktionärs durch einen Mehrheitsaktionär gemäß § 327 a AktG („squeeze out" § 15 Rz. 39 f.) oder durch rechtsgeschäftlichen bzw. gesetzlichen Übergang der Aktie auf einen Dritten (§ 3 Rz. 111 ff.).

III. Mitgliedschaftsrechte und -pflichten

1. Mitgliedschaftsrechte

Die Mitgliedschaftsrechte werden, was vor allem für die Frage ihrer Abtretbarkeit von Bedeutung ist, in Verwaltungs- und Vermögensrechte aufgeteilt.

a) Verwaltungsrechte

Aus der Mitgliedschaft resultieren verschiedene Verwaltungsrechte, die das Recht auf Teilhabe an der Gestaltung der gesellschaftsrechtlichen Verhältnisse sichern sollen. Zu ihnen zählen unter anderem das Einsichtsrecht gemäß § 175 Abs. 2 AktG (Rz. 29 ff.), das Recht auf Mitteilung gemäß § 125 AktG (Rz. 34 ff.), das Recht auf Teilnahme an der Hauptversammlung gemäß § 118 AktG (Rz. 36 ff.), das Rederecht (Rz. 36), das Stimmrecht gemäß §§ 133 ff. AktG (Rz. 34 ff.), das Auskunftsrecht gemäß § 131 AktG (Rz. 51 ff.), das Recht

---

[1] *Habersack* Mitgliedschaft – Subjektives und „sonstiges" Recht, Tübingen 1996, S. 92, 98.

zur Erhebung von Anfechtungs- und Nichtigkeitsklagen gemäß § 245 Nr. 1–3 AktG (Rz. 93 ff., § 5 Rz. 255 ff.), die Geltendmachung von Ersatzansprüchen der Gesellschaft durch eine Aktionärsminderheit über das Klagezulassungsverfahren (Rz. 97 ff.) und die allgemeine Aktionärsklage gegen kompetenzüberschreitende Maßnahmen der Verwaltung der AG.[2] Zu diesen Verwaltungsrechten zählen auch verschiedene Minderheitenrechte: etwa die Bestellung eines Sonderprüfers nach § 142 Abs. 2 AktG oder die Einberufung einer Hauptversammlung nach § 122 AktG (§ 5 Rz. 78). Die Verwaltungsrechte können nicht isoliert unter Trennung von der Aktie an andere Aktionäre oder Dritte abgetreten werden. Eine Abtrennung würde gegen das **Abspaltungsverbot** verstoßen, das die Gesellschaft vor allem gegen Mitspracherechte Dritter schützen will. Die Unübertragbarkeit der Verwaltungsrechte ist zwingend. Festlegungen in der Satzung oder in Einzelvereinbarungen, die zu Umgehungen führen würden, etwa in Form einer unwiderruflichen verdrängenden Vollmacht, sind unwirksam. Zulässig sind demgegenüber Vollmachten (§ 5 Rz. 146, 213 ff.), Stimmbindungsverträge (§ 5 Rz. 212) oder Legitimationsübertragungen (§ 5 Rz. 214).

b) Vermögensrechte

5   Neben den Verwaltungsrechten begründet die Mitgliedschaft verschiedene Vermögensrechte der Aktionäre. Hierzu zählen der Anspruch auf den Bilanzgewinn gemäß § 58 Abs. 4 AktG (Rz. 71 ff.), der Anspruch auf Vergütung von Nebenleistungen gemäß §§ 55, 61 AktG (Rz. 26 f.), das Bezugsrecht bei Kapitalerhöhungen gemäß § 183 Abs. 1 AktG (Rz. 79 f., § 9 Rz. 36 ff.), der Anspruch auf den Liquidationserlös gemäß § 271 AktG (Rz. 105, § 18 Rz. 65 ff.) sowie die Ansprüche auf Abfindung und Ausgleich gemäß §§ 304, 305 AktG (§ 14 Rz. 146 ff.). Diesen Vermögensansprüchen ist gemeinsam, dass sie nach ihrer Konkretisierung unabhängig davon, ob sie bereits fällig sind, selbständig übertragen werden können. Im Gegensatz dazu ist es ausgeschlossen, die **Vermögensstammrechte**, also die generellen Rechte auf Teilhabe an der Dividende und dem Liquidationsguthaben etc. unter Aufspaltung von der Mitgliedschaft abzutreten.

2. Mitgliedschaftspflichten

6   Aus der Mitgliedschaft resultieren neben den Rechten auch Pflichten. Zu diesen zählt insbesondere die Einlagepflicht (Rz. 8 ff.). Nachschusspflichten existieren bei der AG nicht. Die Satzung kann jedoch den Aktionären die Verpflichtung auferlegen, wiederkehrende, nicht in Geld bestehende Leistungen (Nebenleistungen, vgl. Rz. 26 ff.) zu erbringen. Daneben bestehen im Verhältnis zwischen den Aktionären und der AG sowie in demjenigen der Aktionäre untereinander Treupflichten (vgl. Rz. 81 ff.).

IV. Einzelne Rechte und Pflichten

7   Die einzelnen Rechte stehen den Aktionären, soweit es sich um Hauptrechte handelt (zB Stimmrecht, Bezugsrecht, Recht auf Dividende und Liquidationserlös) nach dem Verhältnis ihrer Beteiligung am Grundkapital zu. Die Hilfs-

---

[2] Zu Letzterer BGH II ZR 174/80 v. 25. 2. 1982, BGHZ 83, 122 ff. = NJW 1982, 1703 – Holzmüller; BGH II ZR 155/02 v. 26. 4. 2004, NJW 2004, 1860 ff. – Gelatine.

A. Rechte und Pflichten der Aktionäre

rechte (zB Teilnahmerecht an der Hauptversammlung, Rederecht, Auskunftsrecht, Einsichtsrecht und Anfechtungsbefugnis) stehen den Aktionären pro Kopf zu. Die Rechte und Pflichten des Aktionärs stellen sich im Einzelnen wie folgt dar:

1. Pflicht zur Einlage

Die Einlageverpflichtung verpflichtet die Aktionäre an der Kapitalaufbringung mitzuwirken, und zwar durch Leistung einer Bareinlage, Sacheinlage oder gemischten Bar- und Sacheinlage, je nach den Festlegungen in der Satzung. Die Einlagepflicht gegenüber der Gesellschaft entsteht mit der Übernahme der Aktien bei der Gründung, durch die Zeichnung junger Aktien oder mit dem Erwerb einer nicht volleingezahlten Aktie (zum Leistungszeitpunkt vgl. Rz. 11 f., § 2 Rz. 172 f.; 206). 8

a) Inhalt

Die Einlageverpflichtung ergibt sich ihrer Art und Höhe nach aus der Satzung (vgl. im Einzelnen unter § 3 Rz. 8, § 2 Rz. 159 ff., 200 ff.). Die mitgliedschaftliche Einlageverpflichtung des Aktionärs beläuft sich, unabhängig davon, ob es sich um Bar- oder um Sacheinlagen handelt, zwingend auf den Nennbetrag (bei Nennbetragsaktien) bzw. den geringsten Ausgabebetrag (bei Stückaktien) der von dem Aktionär übernommenen bzw. gezeichneten Aktien (§ 54 Abs. 1 AktG).[3] Werden die Aktien für einen höheren als den geringsten Ausgabebetrag, also mit einem Aufgeld (sog. **Agio**) ausgegeben (vgl. im Einzelnen § 3 Rz. 8), so ist von den Aktionären auch dieses Aufgeld zu leisten. Die mitgliedschaftliche Einlageverpflichtung erfasst demgegenüber nicht **schuldrechtliche Verträge**, die die Aktionäre zu beliebigen Leistungen gegenüber der AG verpflichten können (zB Darlehen).[4] Die Rechtsfolgen solcher schuldrechtlicher Vereinbarungen richten sich nur nach den Vorschriften des BGB, nicht nach Aktienrecht. Nicht erfasst von der mitgliedschaftlichen Einlageverpflichtung werden ferner **freiwillige Zusatzleistungen**.[5] Auch ihre Rechtsfolgen richten sich nach den Vorschriften des BGB. 9

b) Schuldner der Einlageleistung

Schuldner der Leistung ist zunächst der Aktionär, der die Aktie bei der Gründung oder der Kapitalerhöhung originär übernommen hat. Bei einem **späteren**, derivativen **Erwerb** nicht volleingezahlter Aktien ist zu unterscheiden. Handelt es sich um eine noch ausstehende **Bareinlage**, so geht die Einlageverpflichtung als nicht isolierbarer Teil der Mitgliedschaft auf den Erwer- 10

---

[3] Zu freiwilligen Mehrleistungen, dh. Leistungen, die der Aktionär ohne eine entsprechende Aufforderung des Vorstandes oder entsprechende Satzungsgrundlage von sich aus auf die Einlageverbindlichkeit erbringt, vgl. MünchKomm. AktG/Bd. 1/*Pentz* § 36 Rz. 73.
[4] RG II 73/12 v. 10. 5. 1912, RGZ 79, 332; *Hüffer* AktG § 54 Rz. 7.
[5] Liegt der Wert der Einlage über dem Nennbetrag oder dem anteiligen Betrag des Grundkapitals, wie dies häufig bei Sacheinlagen der Fall ist, muss der überschießende Betrag nicht zwingend als Agio festgesetzt werden; er kann ebenso als freiwillige Zahlung in die Rücklage nach § 272 Abs. 2 Nr. 4 HGB eingestellt werden. Als Grenze ist die Vorschrift des § 255 Abs. 2 AktG zu beachten, vgl. MünchHdb. GesR/Bd. 4/*Hoffmann-Becking* § 4 Rz. 13.

ber über. Anderes gilt nur insoweit, als eine AG entgegen § 10 Abs. 2 AktG Inhaberaktien vor der vollen Leistung des Nennbetrages bzw. des anteiligen Betrages (ggf. zuzüglich Agio) ausgegeben hat bzw. auf Namensaktien überhöhte Teilleistungen angegeben worden sind. Ist nämlich in diesen Fällen der Erwerber gutgläubig, so ist er nicht zur Erbringung der noch ausstehenden Einlage verpflichtet, die Einlagepflicht trifft weiter den bisherigen Aktionär.[6] Sind die Aktien gegen Sacheinlagen ausgegeben worden, geht die Verpflichtung zur Erbringung der Sacheinlage nicht auf den späteren Erwerber über. Schuldner der Sacheinlage bleibt der bisherige Aktionär. Jedoch ist der Erwerber zur Erbringung einer entsprechenden Bareinlage verpflichtet, wenn die Sacheinlage nicht geleistet wird.[7] Im Hinblick auf den Schutz des gutgläubigen Erwerbers vor dieser Eventualverbindlichkeit bei einem Verstoß gegen § 10 Abs. 2 AktG gelten dieselben Regelungen wie bei Bareinlagen.

c) Leistungszeitpunkt

11   Im Hinblick auf den Leistungszeitpunkt ist zwischen Bar- und Sacheinlagen zu unterscheiden:
Bareinlagen sind nach §§ 36 Abs. 2, 36a Abs. 1 AktG vor der Anmeldung der Gesellschaft oder einer Kapitalerhöhung mindestens in Höhe von einem Viertel des geringsten Ausgabebetrages nebst dem gesamten Mehrbetrag (**Agio**) zu leisten (§ 2 Rz. 172). Die Einforderung der Bareinlage obliegt dem Vorstand, der insoweit für die Vorgesellschaft handelt; § 63 Abs. 1 AktG findet bereits im Gründungsstadium Anwendung.[8] Erst mit dieser Einforderung werden die Einlageverbindlichkeiten unter Einschluss des Agios fällig.

12   Der Leistungszeitpunkt von **Sacheinlagen** wird durch § 36a Abs. 2 AktG geregelt. Der Wortlaut dieser Vorschrift ist missverständlich. Nach hM ist diese Vorschrift dergestalt auszulegen, dass es bei der Übertragung von Vermögensgegenständen zur Erfüllung der Einlageschuld bzw. des Agios ausreicht, wenn der Inferent zum Zeitpunkt der Anmeldung eine schuldrechtliche Übertragungspflicht gegenüber der Gesellschaft begründet hat, die dingliche Übertragung des Gegenstandes aber erst innerhalb von 5 Jahren ab Eintragung der Gesellschaft erfolgt (§ 36a Abs. 2 Satz 2 AktG; vgl. § 2 Rz. 206).[9] Dies hindert aber nicht, den Vermögensgegenstand – wie dies in der Regel geschieht – schon vor der Anmeldung an die Gesellschaft zu übertragen. In den anderen Fällen, in denen die Sacheinlagepflicht nicht durch Übertragung eines Vermögensgegenstandes zu erfüllen ist (zB Einlage von Gebrauchs- und Nutzungsrechten), verbleibt es bei dem Satz 1 dieses Absatzes, dh. die Einlage nebst Agio ist vor der Anmeldung zu leisten.

d) Mängel der Einbringung

13   Im Hinblick auf die Mängel der Einbringung ist zwischen der verspäteten Einlageerbringung (Rz. 14f.), der mangelhaften festgesetzten Sacheinlage (Rz. 16), der untauglichen Sacheinlage (Rz. 17), der überbewerteten Sacheinlage

---

[6] MünchKomm. AktG/Bd. 1/*Bungeroth* § 54 Rz. 14, 17; MünchHdb. GesR/Bd. 4/*Wiesner* § 16 Rz. 4.
[7] MünchKomm. AktG/Bd. 1/*Bungeroth* § 54 Rz. 20.; MünchHdb. GesR/Bd. 4/*Wiesner* § 16 Rz. 3.
[8] MünchKomm. AktG/Bd. 1/*Pentz* § 36 Rz. 42.
[9] MünchKomm. AktG/Bd. 1/*Pentz* § 36a Rz. 13ff.

A. Rechte und Pflichten der Aktionäre   14–16 § 4

(Rz. 18), der verdeckten Sacheinlage (Rz. 19) und den Leistungsstörungen bei der Einlageerbringung (Rz. 20 ff.) zu unterscheiden:
aa) Verspätete Leistung der Einlage. Bei Bareinlagen ist der Nennbetrag **14** bzw. der geringste Ausgabebetrag der Einlage nebst Agio bei nicht rechtzeitiger Zahlung (zum Zeitpunkt vgl. Rz. 11) des eingeforderten Betrages mit 5 % p. a. zu verzinsen (§ 63 Abs. 2. Satz 2 AktG). Darüber hinaus können säumige Aktionäre entschädigungslos aus der Gesellschaft ausgeschlossen werden (§ 64 AktG; **Kaduzierung**). Nach dem Ausschluss des Aktionärs ist die Aktie zu verwerten, indem sie von den Vormännern des ausgeschlossenen Aktionärs gegen Zahlung des noch ausstehenden Betrages erworben oder an Dritte veräußert wird (§ 65 AktG).

Wird die **Sacheinlage** nebst Agio nicht innerhalb der Fristen des 36 a Abs. 2 **15** AktG (Rz. 12) bzw. auf eine Anforderung des Vorstands hin geleistet, kann der jeweilige Aktionär in Verzug gesetzt und auf Leistung der Einlage verklagt werden. Einen Verzögerungsschaden kann die Gesellschaft nach § 280 Abs. 1, 2, § 286 BGB geltend machen. Verlangt die Gesellschaft Schadensersatz statt der Leistung gem. §§ 280 Abs. 1, 3, 4, 281 BGB, ist der Aktionär entsprechend § 27 Abs. 3 Satz 3 AktG verpflichtet, den Ausgabebetrag in bar zu zahlen; die §§ 62 ff. AktG sind im Hinblick auf Sacheinlagen nicht einschlägig. Erweist sich die Vereinbarung über die Erbringung einer Sacheinlage als unwirksam (zu den einzelnen Gestaltungen vgl. Rz. 16 ff.) und ist der Aktionär nach § 27 Abs. 3 Satz 3 AktG verpflichtet, den Betrag in Geld zu leisten,[10] so sind die §§ 63 ff. AktG auf diese Bareinlagepflicht anwendbar. Gleiches gilt, wenn sich die Sacheinlagepflicht aufgrund einer Leistungsstörung in eine Geldeinlagepflicht verwandelt (zu den einzelnen Leistungsstörungen vgl. Rz. 20 ff.).[11]

bb) Mangelhafte Festsetzung der Sacheinlage. Mängel der Sacheinlage- **16** vereinbarung können sich zunächst daraus ergeben, dass die nach § 27 Abs. 3 Satz 1 AktG vorgeschriebene **Form** – Gegenstand der Sacheinlage, verpflichtete Person und Nennbetrag bzw. Zahl der zu gewährenden Aktien – nicht eingehalten worden ist. In diesem Fall sind die Sacheinlagevereinbarung und ihr Vollzugsgeschäft unwirksam. Bei Kenntnis hiervon hat das Registergericht die Eintragung abzulehnen (§ 38 Abs. 2 Satz 1 AktG), muss jedoch zuvor Gelegenheit zur ordnungsgemäßen Festsetzung geben (§ 26 Satz 2 HRV). Die Aktionäre können daher den Mangel vor Eintragung durch eine Satzungsänderung beheben. Nach der Eintragung der Gesellschaft ist eine Heilung des Mangels gemäß § 27 Abs. 4 AktG nicht mehr möglich. Der Aktionär ist daher anstelle der Sacheinlage zur Zahlung eines baren Betrages in Höhe der Einlageverpflichtung verpflichtet. Sind die Aktien mit einem Aufgeld ausgegeben worden, so unterliegt der Aktionär auch in diesem Fall der Pflicht zur Erbringung des Agios in Geld. Denn nach § 36 a Abs. 2 Satz 3 AktG muss der Wert der Sacheinlage auch das Aufgeld abdecken. Der Aktionär kann seinerseits den von ihm geleisteten Gegenstand gemäß § 812 BGB zurückverlangen. Die Gesellschaft kann einem Rückforderungsanspruch des Aktionärs die Einrede nach § 273 BGB entgegenhalten, solange die Bareinlagepflicht nicht erfüllt ist. Soll der ursprünglich beabsichtigte wirtschaftliche Erfolg dennoch herbeigeführt werden, mit anderen Worten, soll die Gesellschaft den Vermögensgegenstand trotz der missglückten Sacheinlagevereinbarung erhalten,

---

[10] MünchKomm. AktG/Bd. 1/ *Pentz* § 27 Rz. 13 f.
[11] Großkomm. AktG/*Gehrlein* § 63 Rz. 7.

Maul   283

kann eine Nachgründung gemäß § 52 AktG durchgeführt werden (§ 3 Rz. 205).[12] Bei dieser handelt es sich allerdings nicht um eine Heilung in dem Sinne einer rückwirkenden Änderung. Vielmehr bleibt der Aktionär zur Bareinlage verpflichtet, die Gesellschaft kann jedoch den von dem Aktionär eingezahlten Geldbetrag verwenden, um den betreffenden Vermögensgegenstand zu erwerben.[13]

17 cc) **Untaugliche Sacheinlage.** Haben die Gründer eine untaugliche Sacheinlage vereinbart (zB Dienstleistungen, höchst spekulative Inhaberschuldverschreibungen), gilt vor der Eintragung grundsätzlich das Gleiche wie bei der mangelhaften Festsetzung der Einlage. Allerdings geht hier der Anspruch des Aktionärs auf Vereinbarung einer der untauglichen Sacheinlage möglichst nahe kommenden tauglichen Einlage. Nach der Eintragung der Gesellschaft ist der Aktionär gegenüber der Gesellschaft – nach den gleichen Grundsätzen wie unter Rz. 16 dargestellt – zur Leistung einer entsprechenden Barzahlung in Höhe der Einlageverpflichtung ggf. nebst Agio verpflichtet.

18 dd) **Überbewertung der Sacheinlage.** Ist die Sacheinlage **überbewertet** worden, und wird die Gesellschaft gleichwohl eingetragen, so trifft den Aktionär in Analogie zu § 9 Abs. 1 GmbHG für die Lücke in der Kapitalausstattung eine verschuldensunabhängige Bardeckungspflicht (§ 2 Rz. 222). Der Aktionär hat die Differenz zwischen dem tatsächlichen Wert der Sacheinlage und dem höheren Nennwert der übernommenen Aktien durch Barzahlung auszugleichen (**Differenzhaftung**).[14] Das gilt auch für den im Wege eines **Aufgeldes** zu leistenden Betrag (str.).[15]

19 ee) **Verdeckte Sacheinlage.** Im Hinblick auf die verdeckte Sacheinlage ist zwischen der bisherigen und der Rechtslage nach Inkrafttreten des ARUG zu unterscheiden. Bisher wird die verdeckte Sacheinlage – der Gesellschafter leistet als Einlage formal Bargeld, welches ihm aber gegen Zuführung eines anderen Gegenstandes von der Gesellschaft wieder zurückgezahlt wird (vgl. § 2 Rz. 240) – wie folgt behandelt: hinsichtlich der angeblich geleisteten Bareinlage fehlt es an der Erfüllungswirkung bezüglich der Einlageforderung, da die geleisteten Mittel nicht endgültig zur freien Verfügung des Vorstandes geleistet worden sind (§ 36 Abs. 2 Satz 1 AktG) und der Aktionär bleibt zur Bareinlage verpflichtet. Zinsen sind gemäß § 63 Abs. 2 Satz 1 AktG von Fälligkeit an in Höhe von 5 % zu leisten. Einer Aufrechnung des Aktionärs gegenüber der noch offenen Einlageforderung steht § 66 Abs. 1 Satz 2 AktG entgegen. Das Geschäft, durch das der Gegenstand verdeckt eingelegt worden ist, ist hinsichtlich seines schuldrechtlichen und seines dinglichen Teils nichtig (§ 27 Abs. 3 AktG). Der Aktionär kann die unwirksam übereigneten Sachen gemäß § 985

---

[12] MünchKomm. AktG/Bd. 1/*Pentz* § 27 Rz. 48.
[13] MünchKomm. AktG/Bd. 1/*Pentz* § 27 Rz. 82; *Hüffer* AktG § 27 Rz. 31; hiervon abweichend wird teilweise von der Möglichkeit einer Heilung entsprechend den vom BGH zum GmbH-Recht entwickelten Grundsätzen ausgegangen vgl. Großkomm. AktG/*Röhricht* § 27 Rz. 156 ff. mwN.
[14] BGH II ZR 302/05 DB 2007, 1241; *Hüffer* AktG § 183 Rz. 21.
[15] MünchKomm. AktG/Bd. 1/*Pentz* § 27 Rz. 44; MünchHdb. GesR/Bd. 4/*Krieger* § 56 Rz. 49 mwN; MünchHdb. GesR/Bd. 4/*Hoffmann-Becking* § 4 Rz. 28; Großkomm. AktG/*Röhricht* § 27 Rz. 105; aA Kölner Komm./*Lutter* § 183 Rz. 66, der darlegt, dass die Einlageverbindlichkeit bezüglich des Agio als rechtsgeschäftliche Wertgarantie zu verstehen sein könnte; MünchKomm. AktG/Bd. 1/*Pfeifer* § 183 Rz. 72 f.; *Hüffer* AktG § 183 Rz. 21; *Habersack* in FS Huber 2006 S. 179, 183 f.

BGB herausverlangen. Der Gesellschaft steht gegenüber diesem Anspruch wegen der noch offenen Einlageforderung ein Zurückbehaltungsrecht nach § 273 BGB zu.[16] Soll die Gesellschaft den Vermögensgegenstand trotz der missglückten Sacheinlagevereinbarung erhalten, kann eine Nachgründung gemäß § 52 AktG durchgeführt werden.[17] Nach Inkrafttreten des ARUG (BGBl. I 2009, 2479) zum 1. 9. 2009 kommt es zur Anrechnungslösung.

Die neu eingeführte Anrechnungslösung legt in Abweichung von den bisherigen Grundsätzen zunächst fest, dass die Verträge über die verdeckte Sacheinlage (gemeint ist: der verdeckt eingelegte Vermögensgegenstand) und die Rechtshandlungen zu ihrer Ausführung nicht unwirksam sind. Die Bareinlage des Gesellschafters, die er in Verdeckung der Sacheinlage zunächst leistet, muss aber nach wie vor zur endgültigen freien Verfügung des Vorstands geleistet werden (§ 36 Abs. 2 AktG), was zur Folge hat, dass diese Zahlung des Gesellschafters keine Erfüllungswirkung mit sich bringt. Auch sind diese Zahlungen – wie bisher – an den Gesellschafter gem. § 812 BGB zurückzuerstatten und kann sich der Gesellschafter bei Versicherung der freien Verfügung strafbar nach § 82 Abs. 1 Nr. 1 StGB machen. Aufbauend auf die Situation – Wirksamkeit der schuldrechtlichen und dinglichen Geschäfte und Unwirksamkeit der vermeintlichen Einlageleistung in bar – ordnet die Anrechnungslösung an, dass auf die mangels Erfüllung weiter bestehende Geldeinlagepflicht des Gesellschafters der Wert des Vermögensgegenstandes im Zeitpunkt der Anmeldung der Gesellschaft zur Eintragung in das Handelsregister, oder wenn die Übertragung erst später stattfindet, im Zeitpunkt seiner Überlassung an die Gesellschaft angerechnet wird. Zur Frage der Behandlung des Bereicherungsanspruchs des Gesellschafters s. im Einzelnen unter § 2 Rz. 244 und zu Fragen des Übergangsrechts s. im Einzelnen unter § 2 Rz. 245.

ff) Unmöglichkeit. Weniger klar gestaltet sich die Lage bei Leistungsstörungen, insbesondere wenn die Einlage nicht in Geld besteht. Deren Behandlung war bereits in der Vergangenheit umstritten und in der Rechtsprechung nur teilweise geklärt. Die hM unter Einschluss der Rechtsprechung wendete die kaufrechtlichen Bestimmungen mit gewissen, durch das Recht der Kapitalaufbringung veranlassten Modifikationen an,[18] während nach anderen auf die allgemeinen Grundsätze der Leistungsstörung und damit auf die Unmöglichkeitsregeln sowie ergänzend hierzu auf die Grundsätze der Kapitalaufbringung zurückgegriffen werden soll.[19] Mit der Schuldrechtsreform, die zum 1. 1. 2002 in Kraft getreten ist, ist das Recht der Leistungsstörungen im Wesentlichen auf eine neue Grundlage gestellt worden. Es empfiehlt sich dringend, in der Satzung oder sonstigen Vereinbarungen die Rechtsfolgen der Leistungsstörungen im Einzelnen festzulegen. Ohne eine solche Festlegung kommt es zu den folgenden Ergebnissen:

Rechtsprechung und Literatur stehen einer Anwendbarkeit der §§ 320 ff. BGB auf Einlageleistungen wegen Fehlens eines Gegenseitigkeitsverhältnisses überwiegend ablehnend gegenüber. Dem ist – auch nach neuem Schuldrecht –

---

[16] MünchKomm. AktG/Bd. 1/*Pentz* § 27 Rz. 76.
[17] MünchKomm. AktG/Bd. 1/*Pentz* § 27 Rz. 48.
[18] Vgl. BGH II ZR 219/63 v. 2. 5. 1966, BGHZ 45, 338, 345 = NJW 1966, 1311; RG I 230/07 v. 22. 2. 1908, RGZ 68, 271, 274; RG II 380/14 v. 5. 2. 1915; RGZ 86, 210, 215; Kölner Komm./*Kraft* § 27 Rz. 76.
[19] MünchKomm. AktG/Bd. 1/*Pentz* § 27 Rz. 50 ff.; *Hachenburg/Ulmer* § 5 Rz. 94 ff. sowie *Ulmer/Habersack/Winter* GmbHG § 5 Rz. 109.

zuzustimmen, da die Satzung, aus der sich die Verpflichtung der Gesellschafter zur Einlageleistung ergibt, kein synallagmatisches Austauschverhältnis begründet, weil der einzelne Gesellschafter seine Leistung nicht erbringt, um im Gegenzug Leistungen seiner Mitgesellschafter oder der Gesellschaft zu erlangen. Er erbringt sie allein zur Erfüllung des gemeinsamen Zweckes. Vor diesem Hintergrund erscheint es sachgerecht, auf die allgemeinen schuldrechtlichen Grundsätze und Vorschriften und die speziellen gesellschaftsrechtlichen Mittel zurückzugreifen. Im Einzelnen gilt Folgendes: Anstelle der Einrede des nicht erfüllten Vertrages (§ 320 BGB) und derjenigen der Leistung Zug um Zug (§ 322 BGB) können sich die Gesellschafter auf den Gleichbehandlungsgrundsatz (§ 53 a AktG) und ausnahmsweise den Missbrauchseinwand berufen, wenn die Beiträge ohne sachlichen Grund von den Mitgesellschaftern nicht eingezogen werden.[20] Bei einer Vermögensverschlechterung der AG besteht kein Leistungsverweigerungsrecht nach § 321 BGB.

22 Ist die Erbringung der Sacheinlage für den Gesellschafter von Anfang an unmöglich oder wird sie nachträglich unmöglich, so wird der Gesellschafter bei Anwendung der neuen Regelungen von seiner primären Leistungspflicht frei (§ 275 BGB) und die Gesellschaft kann Schadensersatz verlangen, da der Wegfall der primären Leistungspflicht der Wirksamkeit des Schuldverhältnisses nicht entgegensteht (§§ 311 a Abs. 2, 283 iVm. § 281 Abs. 1 Satz 2, 3 und Abs. 5 BGB).[21]

23 Problematisch an dieser Lösung ist insoweit jedoch, dass dieser Schadensersatzanspruch der Gesellschaft nicht dem gleichen Schutz wie die Einlageforderung unterliegt (zB im Hinblick auf Verjährung, Aufrechnung). Mit Blick hierauf und der insoweit vergleichbaren Interessenlage bei § 27 Abs. 3 Satz 3 AktG ist es daher vorzugswürdig, die allgemeinen Grundsätze der Kapitalaufbringung heranzuziehen und entsprechend § 27 Abs. 3 Satz 3 AktG von einer Verpflichtung des Aktionärs auszugehen, den Ausgabebetrag in bar zu erbringen.[22] Ein überschießender Betrag kann im Wege des Schadensersatzes verlangt werden.

24 **gg) Sach- und Rechtsmängel.** Umstritten ist die Behandlung von Sach- und Rechtsmängeln. Nach überwiegender Auffassung sollen bei Sach- und Rechtsmängeln die kaufrechtlichen Bestimmungen mit gewissen durch das Recht der Kapitalaufbringung veranlassten Modifikationen auf der Rechtsfolgenseite anwendbar sein. Bei Übertragung dieser Ansicht auf das neue Schuldrecht würde bei unvertretbaren Sachen der Rücktritt gemäß § 437 Nr. 2 BGB, der an die Stelle der Wandlung getreten ist, zur Verpflichtung zur Erbringung der Bareinlage führen. Bei der Minderung nach §§ 437 Nr. 2, 441 BGB wäre der Differenzbetrag in bar zu zahlen.[23] Bei vertretbaren Sachen wäre von einer Nachlieferungspflicht nach § 439 Nr. 1 BGB auszugehen. Das Fehlen einer zugesicherten Eigenschaft oder das arglistige Verschweigen eines Mangels würde zum Schadensersatz führen (§§ 280, 281 BGB).[24] Auf Rechtsmängel würden nach dieser Auffassung § 435 iVm. §§ 437 bis 441 BGB Anwendung finden.[25]

---

[20] Vgl. Großkomm. HGB/*Ulmer* § 105 Rz. 149, 150; vgl. im Einzelnen BeckHdb. PersG/*Müller* § 4 Rz. 59.
[21] Vgl. im Einzelnen BeckHdb. PersG/*Müller* § 4 Rz. 60.
[22] MünchKomm. AktG/Bd. 1/*Pentz* § 27 Rz. 51.
[23] Kölner Komm./*Kraft* § 27 Rz. 77; *Baumbach/Hueck* § 27 Rz. 7.
[24] *Baumbach/Hueck* § 27 Rz. 7, anders RG II 94/38 v. 25. 1. 1939, RGZ 159, 321, 322.
[25] Vgl. BGH II ZR 219/63 v. 2. 5. 1966, BGHZ 45, 338, 345 = NJW 1966, 1311; vgl. auch *Grunewald* NZG 2003, 372, 373.

A. Rechte und Pflichten der Aktionäre

Die analoge Anwendung von Kaufrecht ist mit der im Vordringen befindlichen Auffassung abzulehnen. Der Beitritt zur AG und die hiermit verbundene Übernahme der Einlageverpflichtung ist weder ein kaufrechtlicher noch ein kaufrechtsähnlicher Vorgang; die Bestimmungen des Kaufrechts sind auf den Beitritt – wie insbesondere die von der hM vorgenommenen Anpassungen zeigen – nicht zugeschnitten. Zudem spricht gegen die Anwendung der kaufrechtlichen Bestimmungen der stärkere Schutz des § 27 Abs. 3 AktG.[26] Insoweit können daher auch die Argumente der hM nicht überzeugen, wonach durch das neue Schuldrecht aufgrund der einheitlichen Regelung für Sach- und Rechtsmängel und der Angleichung der kaufrechtlichen Bestimmungen an das allgemeine Verjährungsrecht die wesentlichen Einwendungen gegen das Eingreifen des kaufrechtlichen Gewährleistungsrechts entkräftet seien.[27] Vor diesem Hintergrund ist deshalb auf die allgemeinen Grundsätze der Leistungsstörung und ergänzend hierzu auf die Grundsätze der realen Kapitalaufbringung zurückzugreifen. Für die Behandlung von Mängeln ergibt sich hiernach das Folgende:

– Ist die Einlage einer **vertretbaren Sache** geschuldet, bleibt der Inferent zur Leistung einer Sache in mittlerer Art und Güte verpflichtet (§ 243 BGB).

– Bei einer **unvertretbaren Sache** ist zu unterscheiden: Führt der Mangel der eingelegten Sache zu einer Wertminderung, ist der Inferent zur baren Zuzahlung der Differenz verpflichtet. Dies ergibt sich aus dem Grundsatz der realen Kapitalaufbringung und dem hieraus folgenden Verbot der Unterpariemission. War vereinbart, dass der Inferent auf seine Einlageverpflichtung einen Gegenstand erbringen soll, dessen Wert den Einlagegegenstand übersteigt, gilt Abweichendes, je nachdem, ob der Mehrbetrag förmlich als **Aufgeld** (Agio) in der Satzung festgesetzt worden ist oder nicht. Ist er als Aufgeld festgesetzt worden, erstreckt sich die Pflicht zur baren Zuzahlung auch auf diesen Betrag (vgl. auch Rz. 16). Fehlt es an einer solchen Festsetzung und ist auch keine sonstige Vereinbarung vorhanden (zB schuldrechtliche Zuzahlung in der Satzung), scheidet die Zuzahlung im Hinblick auf § 54 Abs. 1 AktG grundsätzlich aus. Hat die Mangelhaftigkeit der Sache demgegenüber zur Folge, dass die Funktionstauglichkeit der Sache nicht nur unerheblich beeinträchtigt und es der Gesellschaft nicht zumutbar ist, auf den Sacheinlagegegenstand verwiesen zu werden, ist entsprechend den allgemeinen Grundsätzen Unmöglichkeit (§ 275 BGB) zu bejahen. Die ursprünglich auf die Erbringung einer Sache gerichtete Leistungspflicht wandelt sich als Folge des Grundsatzes der realen Kapitalaufbringung in eine Geldleistungspflicht um, die dem Ausgabebetrag und einem ggf. zusätzlich vereinbarten **Aufgeld** entspricht.

– Liegt eine **zugesicherte Eigenschaft** nicht vor, ergibt sich der Ersatzanspruch der Gesellschaft aus der gesellschafterlichen Einbringungspflicht. Gleiches gilt beim arglistigen Verschweigen eines Mangels.

Eine Befreiung des Inferenten von seinen hiernach bestehenden Verpflichtungen ist nach § 66 Abs. 1, 2 AktG unzulässig.

---

[26] Vgl. im Einzelnen MünchKomm. AktG/Bd. 1/*Pentz* § 27 Rz. 55.
[27] *Ulmer/Habersack/Winter* GmbHG § 5 Rz. 109; *Schmidt/Lutter/Bayer* § 27 Rz. 47.

2. Pflicht zur Erbringung von Nebenleistungen

26 Aktionäre können neben der Einlagepflicht die Pflicht zur Erbringung wiederkehrender Leistungen übernehmen (Nebenleistungen). Die Übernahme einer solchen Verpflichtung, der in der Praxis kaum Bedeutung zukommt, ist nur zulässig, wenn die Übertragung der Aktien an die Zustimmung der Gesellschaft gebunden ist, also vinkulierte Namensaktien ausgegeben werden (§ 55 Abs. 1 Satz 1 und 2 AktG). Hierdurch wird der Gesellschaft die Möglichkeit eröffnet, einen Erwerber der Aktie als neuen Schuldner abzulehnen, wenn er nicht die nötige Sicherheit bietet. Die Nebenleistungspflicht muss in der Satzung festgelegt werden. Das entspricht ihrem mitgliedschaftlichen Charakter. Änderungen der Satzung, die die Nebenleistungsverpflichtungen neu einführen oder sie verschärfen, sind nur mit Zustimmung des betroffenen Aktionärs zulässig.

27 **Inhalt der Pflicht** muss die Erbringung wiederkehrender, nicht in Geld bestehender Leistungen sein. Die Leistung kann entgeltlich oder unentgeltlich sein. Dies ist in der Satzung festzulegen. Zur Pflicht, die Nebenleistungen und den Umfang der Leistungen in den Aktien und Zwischenscheinen zu vermerken (vgl. § 3 Rz. 78). Bei Leistungsstörungen kommen die einschlägigen Regelungen des BGB entsprechend zur Anwendung.[28] Bei einer **Übertragung** der Aktie geht die Nebenverpflichtung als mitgliedschaftliche Pflicht auf den Erwerber über. Der bisherige Aktionär wird frei, soweit die Nebenleistungen nicht bereits fällig waren.[29] Die Verpflichtung zur Erbringung von Nebenleistungen kann durch einen Aufhebungsbeschluss der Hauptversammlung, der nur als satzungsändernder Beschluss wirksam wird, insgesamt beendet werden.[30] Die Nebenverpflichtung des Aktionärs endet hingegen nicht durch Verschmelzung oder Formwechsel; entsprechende Ansprüche werden zu solchen des neuen Rechtsträgers.

28 **Verstöße** gegen § 55 Abs. 1 Satz 1 und 2 AktG – dh gegen die Knüpfung der Nebenleistung an vinkulierte Namensaktien und Festlegung der Verpflichtung in der Satzung – führen zur Unwirksamkeit der Nebenverpflichtung. Abweichendes gilt hingegen bei einem Verstoß gegen Satz 3 – Angabe der Verpflichtung in den Aktien –. Die Verpflichtung entsteht wirksam, kann jedoch auf den Erwerber der Aktien im Fall seines guten Glaubens nur insoweit übergehen, als sie sich aus der Urkunde ergibt (sog. gutgläubiger lastenfreier Erwerb).[31]

3. Einsichtsrecht

29 Dem Aktionär stehen verschiedene aus der Mitgliedschaft resultierende Einsichtsrechte zu, die vor oder während der Hauptversammlung ausgeübt werden können (zum Einsichtsrecht in das Aktienregister vgl. § 3 Rz. 31). Bei ihnen handelt es sich um Verwaltungsrechte, die nicht unter Abspaltung von der Aktie übertragen werden können. Die Einsichtsrechte stehen dem Aktionär pro Kopf, also unabhängig von der Beteiligungshöhe an der AG zu.

---

[28] Vgl. im Einzelnen *Hüffer* AktG § 55 Rz. 6.
[29] Kölner Komm./*Lutter* § 55 Rz. 23.
[30] Vgl. im Einzelnen Kölner Komm./*Lutter* § 55 Rz. 21.
[31] RG II 608/12 v. 18. 3. 1913, RGZ 82, 72, 73 str.

A. Rechte und Pflichten der Aktionäre

a) Unterlagen der ordentlichen Hauptversammlung

Nach § 175 Abs. 2 AktG sind der Jahresabschluss, der Lagebericht, der Aufsichtsratsbericht und der Gewinnverwendungsvorschlag des Vorstandes zur Einsichtnahme der Aktionäre ab dem Zeitpunkt der Einberufung der Hauptversammlung (§ 121 Abs. 3 AktG) am Ort der Hauptverwaltung der Gesellschaft auszulegen (vgl. im Einzelnen § 5 Rz. 196). Nach dem durch das EHUG eingefügten § 172 Abs. 2 S. 4 AktG besteht diese Pflicht zur Auslegung nicht, wenn die genannten Dokumente von der Einberufung an über die Internetseite der AG zugänglich sind.[32] Der Aktionär kann auf eigene Kosten einen Sachverständigen beiziehen. Wird dieses Einsichtsrecht der Aktionäre verletzt, kann ein Zwangsgeldverfahren nach § 407 AktG eingeleitet werden. Daneben besteht die Möglichkeit, die Einsicht in die Unterlagen mittels Leistungsklage oder einstweiliger Verfügung geltend zu machen (str.).[33] Darüber hinaus kann eine Verletzung dieser Auslegungspflichten ggf. zur Anfechtbarkeit des Beschlusses führen (vgl. § 5 Rz. 255 ff.).[34] Eine Nichtbeachtung von § 175 Abs. 2 AktG ist indessen kein Anfechtungsgrund und kann keine Leistungsklage rechtfertigen, wenn die Information über die Internetseite zur Verfügung gestellt wurde.[35]

30

b) Verträge

Den Aktionären steht im Hinblick auf bestimmte Verträge, die von der Gesellschaft nur mit Zustimmung der Hauptversammlung geschlossen werden können, ein Recht zur Einsichtnahme in den vollen Vertragswortlaut zu; der Vertrag ist von der Einberufung der Hauptversammlung an in ihren Geschäftsräumen und in der Hauptversammlung selbst auszulegen (Übersendung auf Verlangen des Aktionärs). Zu den insoweit relevanten Verträgen gehören vor allem Nachgründungs- (§ 52 Abs. 2 AktG), Unternehmens- (§ 293 f Abs. 1 Nr. 1, § 293 g Abs. 1 AktG) und Verschmelzungsverträge (§ 63 Abs. 1 Nr. 1, § 64 Abs. 1 Satz 1 UmwG) sowie auf Vermögensübertragungen gerichtete Verträge (§§ 174 ff. UmwG). Darüber hinaus kann ein solches Einsichtsrecht aber auch dann bestehen, wenn der Vorstand von der Hauptversammlung nach § 119 Abs. 2 AktG eine Entscheidung über eine Geschäftsführungsmaßnahme verlangt. Nach der Rechtsprechung ist hierfür – mangels einer einheitlichen gesetzlichen Regelung über die weitergehenden Informationsrechte der Aktionäre – eine Einzelfallprüfung erforderlich, um festzustellen, ob im Gesetz ausdrücklich genannten Fällen entsprechende Fallkonstellation vorliegt. Bejaht wurde dies bisher etwa bei einer Entscheidung über die Veräußerung einer Tochtergesellschaft, die einen wesentlichen Geschäftsbereich darstellt,[36] und einer solchen über den Erwerb sämtlicher Aktien einer ausländischen Gesellschaft.[37] Die

31

---

[32] Nach dem Referentenentwurf eines Gesetzes zur Umsetzung der Aktionärsrichtlinie (ARUG) sollen börsennotierte Gesellschaften verpflichtet werden, die hauptversammlungsrelevanten Unterlagen auf der Internetseite zu veröffentlichen (§ 124a AktG-E).
[33] Vgl. *Hüffer* AktG § 175 Rz. 5.
[34] BGH II ZR 225/99 v. 12. 11. 2001, ZIP 2002, 172, 174 mwN – Sachsenmilch III.
[35] *Hüffer* AktG § 175 Rz. 6a.
[36] BGH II ZR 124/99 v. 15. 1. 2001, ZIP 2001, 416, 418 – Altana/Milupa.
[37] LG München 5 HKO 23950/00 v. 3. 5. 2001, ZIP 2001, 1148, 1150 f. – Direkt Anlage Bank/Self Trade.

Vorlage von Verträgen in ausländischer Sprache ist nicht als ausreichend anzusehen.[38]

c) Teilnehmerverzeichnis

32 Das Teilnehmerverzeichnis ist vor der ersten Abstimmung allen Teilnehmern zugänglich zu machen (§ 129 Abs. 4 AktG). Diese Pflicht ist erfüllt, wenn die teilnehmenden Aktionäre die Möglichkeit zur Kenntnisnahme erhalten. Eine Auslegung des Verzeichnisses ist nicht mehr erforderlich; ausreichend ist das Sichtbarmachen auf einem Computer.[39] Die Papierform ist aber noch zulässig. Die Kenntnisnahme muss während der Hauptversammlung ohne wesentlichen Zeitaufwand möglich sein. Eine Verletzung des Einsichtsrechts kann zur Anfechtbarkeit von Beschlüssen führen, sofern der Verstoß für das Beschlussergebnis nicht ohne Bedeutung war.[40]

4. Recht auf Abschriften

33 Jedem Aktionär steht unter anderem ein Anspruch auf Erteilung von Abschriften
- des Jahresabschlusses, des Lageberichtes, des Aufsichtsratsberichtes und des Gewinnverwendungsvorschlages (§ 175 Abs. 2 AktG), des Konzernabschlusses (§ 337 Abs. 3 AktG) und
- der Bilanz, die einer Kapitalerhöhung aus Gesellschaftsmitteln anstelle der letzten Jahresbilanz zugrunde gelegt wird (§ 209 Abs. 6 AktG), zu.

Nach dem durch das EHUG eingefügten § 172 Abs. 2 S. 4 AktG besteht dieser Anspruch auf Erteilung von Abschriften nicht, wenn die genannten Dokumente von der Einberufung an über die Internetseite der AG zugänglich sind. Die Kosten sind von der AG zu tragen (str. für Versendungskosten).[41]

Weiter steht jedem Aktionär ein Anspruch auf Erteilung von Abschriften
- des Sonderprüfungsberichtes über die Überprüfung der Geschäftsführung oder Gründung (§ 145 AktG)[42] und des Sonderprüfungsberichts nach § 315 AktG (Beziehungen des abhängigen zum herrschenden Unternehmen)[43] sowie
- von Verträgen wie etwa Unternehmens-, Verschmelzungs- und Nachgründungsverträgen sowie auf Vermögensübertragung gerichtete Verträge zu (siehe Rz. 31)

zu. Diese Informationen können nicht durch eine Veröffentlichung im Internet ersetzt werden. Das Verlangen nach einer Abschrift kann auf Wunsch des Aktionärs durch elektronische Übermittlung erfüllt werden.[44] Die Kosten sind von der AG zu tragen (s. oben).

---

[38] LG München 5 HKO 23950/00 v. 3. 5. 2001, ZIP 2001, 1148, 1150 f. – Direkt Anlage Bank/Self Trade.
[39] *Hüffer* § 129 Rz. 13.
[40] OLG Hamburg 11 U 62/89 v. 19. 5. 1989, NJW 1990, 1120, 1121; BGH II ZR 225/99 v. 12. 11. 2001, ZIP 2002, 172, 174 mwN – Sachsenmilch III.
[41] *Hüffer* AktG § 175 Rz. 5.
[42] MünchKomm. AktG Bd. 4/*Schröer* § 145 Rz. 36.
[43] *Hüffer* AktG § 315 Rz. 7.
[44] *Noack* NZG 2003, 241, 244 f.

A. Rechte und Pflichten der Aktionäre 34–36 § 4

5. Recht auf Mitteilungen

Die AG hat – durch ihren Vorstand – die Kreditinstitute und Aktionärsvereinigungen rechtzeitig vor der Hauptversammlung über die Einberufung der Hauptversammlung und die Bekanntmachung der Tagesordnung zu informieren. Die Mitteilung muss den Text der in den Gesellschaftsblättern bekannt gemachten Einberufung nebst Tagesordnung und Beschlussvorlagen sowie etwaiger weiteren freiwillig gemachten Angaben enthalten.[45] Der Vorstand hat die Mitteilung innerhalb von zwölf Tagen ab Bekanntmachung der Tagesordnung im Bundesanzeiger zu übermitteln (§ 125 Abs. 1 Satz 1 AktG). Diese Pflicht besteht auch dann, wenn das Verlangen so spät gestellt worden ist, dass die Zwölftagesfrist nicht eingehalten werden kann. Die Mitteilung hat in diesem Fall unverzüglich zu erfolgen. Die Mitteilung kann schriftlich oder auch elektronisch erfolgen, soweit sichergestellt ist, dass die gewählte Übermittlungsform Zugang erwarten lässt und die Möglichkeit zur Weitergabe nach § 128 AktG eröffnet.[46] Börsennotierte Gesellschaften haben bei Vorschlägen über die Wahl von Aufsichtsratsmitgliedern zudem Angaben zu deren Mitgliedschaften in anderen Aufsichtsräten beizufügen. Im Hinblick auf **Gegenanträge und Wahlvorschläge** von Aktionären sowie ggf. vorliegende Stellungnahmen der Verwaltung ist es ausreichend, wenn diese den Aktionären zugänglich gemacht werden (§ 126 Abs. 1 Satz 1 AktG).[47] Dies kann insbesondere (ausschließlich) auf der Website der Gesellschaft erfolgen (vgl. auch Rz. 48).[48] Sind der AG die Aktionäre nicht bekannt, weil sie über Inhaberaktien verfügen oder ein Kreditinstitut als Fremdbesitzer in das Aktienregister eingetragen ist, sind die Informationen nach Maßgabe des § 126 Abs. 1 AktG von den Depotbanken an die Aktionäre weiterzugeben (§ 128 AktG). Zudem können die Aktionäre verlangen, dass ihnen die in der Hauptversammlung gefassten Beschlüsse mitgeteilt werden (§ 125 Abs. 4 AktG). Dies kann schriftlich oder in elektronischen Übertragungsformen erfolgen, wenn sichergestellt ist, dass die Mitteilung den Interessenten erreicht.[49]

34

Die gleiche Mitteilung, wie sie nach § 125 Abs. 1 AktG zu erfolgen hat, ist an bestimmte Aktionäre zu richten. Hierzu zählen jeder Aktionär, der die Mitteilung verlangt, und jeder Namensaktionär, der bis zwei Wochen vor dem Tag der Hauptversammlung in das Aktienregister eingetragen ist (§ 125 Abs. 2 AktG). Es handelt sich um einen nicht unter Abspaltung von der Mitgliedschaft übertragbaren Anspruch (Rz. 4), der den Aktionären unabhängig von der Höhe ihrer Beteiligung am Grundkapital zusteht.

35

6. Recht zur Teilnahme an der Hauptversammlung

Den Aktionären steht das Recht auf Teilnahme an der Hauptversammlung als mitgliedschaftliches Recht zu. Seinem Inhalt nach umfasst das Teilnahmerecht neben dem Recht auf Anwesenheit das Recht, sich zu den Gegenständen der Tagesordnung zu äußern (**Rederecht**), insbesondere auf Stellung von Anträgen (vgl. im Einzelnen § 5 Rz. 171 ff.). Das Rederecht dient dem Austausch der Aktionäre untereinander und dem Austausch der Aktionäre mit der Ver-

36

---

[45] *Schmidt/Lutter/Ziemons* § 125 Rz. 6.
[46] Münch Komm. Bd. 1/*Kubis* § 125 Rz. 20; *Spindler/Stilz/Willamowski* § 129 Rz. 9.
[47] Vgl. *Noack* NZG 2003, 241, 244.
[48] Vgl. Regierungsbegründung, NZG 2002, 213, 224.
[49] *Hüffer* § 125 Rz. 8.

waltung über Angelegenheiten der Gesellschaft. Die zulässigen Inhalte der Redebeiträge werden durch den jeweiligen Gegenstand der Hauptversammlung beschränkt.

37 Das Recht auf Teilnahme steht den Aktionären auch dann zu, wenn sie vom Stimmrecht ausgeschlossen sind (vgl. § 5 Rz. 142 f.), aufgrund eines Stimmverbots nicht mitstimmen dürfen (§ 136 Abs. 1 AktG) oder die Aktie nicht voll eingezahlt ist (§ 134 Abs. 2 AktG). Nur soweit die Rechte aus der Aktie überhaupt nicht ausgeübt werden dürfen, was bei der Verletzung der Mitteilungspflichten (§ 20 Abs. 7 AktG), dem Halten eigner Aktien (§ 71 b AktG) und wechselseitiger Beteiligung (§ 328 AktG) der Fall ist, besteht kein Teilnahmerecht. Das Teilnahmerecht ist in seinem Kern **unentziehbar** (zu Beschränkungen vgl. § 5 Rz. 145).[50] Es ist nicht höchstpersönlicher Natur und kann durch **Vertreter** oder besondere **Bevollmächtige** ausgeübt werden (vgl. § 5 Rz. 146 f.). Kein Teilnahmerecht steht hingegen **Beratern** oder **Beiständen** (zB Rechtsanwälten, Wirtschaftsprüfern) des Aktionärs zu. Anderes gilt nur, soweit der Versammlungsleiter ihre Anwesenheit gestattet oder dies durch die Satzung zugelassen ist. Zudem wird man annehmen müssen, dass die Treuepflicht ausnahmsweise ein solches Teilnahmerecht begründen kann (zB bei Notwendigkeit eines sachverständigen Dritten und Nichtzumutbarkeit der Hilfe eines Mitgesellschafters).

38 Kommt es trotz der Verletzung des Teilnahmerechts (etwa wegen nicht ordnungsgemäßer Ladung) zu einem Gesellschafterbeschluss, so kann der betreffende Aktionär den Beschluss anfechten (§ 243 Abs. 1 AktG, s. im Einzelnen § 5 Rz. 264 ff.). Das Teilnahmerecht kann außerdem auf dem Prozesswege über eine einstweilige Verfügung eingeklagt werden. Eine mitgliedschaftliche Teilnahmepflicht gibt es nicht.

7. Stimmrecht

39 Den Aktionären steht als mitgliedschaftliches Recht das Stimmrecht zu.[51] Es ist ein wesentliches Mitgliedschaftsrecht, da es dem Aktionär ermöglicht, unmittelbar Einfluss auf das Handeln der Gesellschaft zu nehmen.

a) Stimmkraft

40 Unter der Prämisse, dass die Einlage vollständig erbracht ist (Geld- oder Sacheinlage einschließlich Aufgeld), bestimmt sich die Stimmkraft wie folgt: Bei **Nennbetragsaktien** wird das Stimmrecht nach Aktiennennbeträgen ausgeübt, dh. dass Aktien mit mehrfachem Nennbetrag ein der kleinsten Aktie entsprechendes mehrfaches Stimmrecht haben.

Beispiel: Ist das Grundkapital in Nennbetragsaktien mit gleich großen Nennbeträgen eingeteilt, gewährt jede Aktie eine Stimme. Bei unterschiedlichen Nennbeträgen entspricht die Stimmzahl dem Multiplikator, wenn höhere Nennbeträge ein Mehrfaches des niedrigsten ausmachen. Aktien mit 2000,– Euro haben zwei Stimmen gegenüber denen zu 1000,– Euro und vier Stimmen gegenüber denen zu 500,– Euro.

---

[50] BGH II ZR 18/88 v. 17. 10. 1988, WM 1989, 63, 64 f.
[51] Nach § 118 AktG idF des AktG v. 30. 7. 2009 (BGBl. I 2009, 2479) können Gesellschaften künftig über eine entsprechende Satzungsregelung eine Teilnahme an der Hauptversammlung auf elektronischem Weg sowie eine Stimmabgabe per Brief ermöglichen, s. im Einzelnen unter § 5 Rz. 5.

A. Rechte und Pflichten der Aktionäre 41–44 § 4

Bei **Stückaktien** wird das Stimmrecht nach der Anzahl der Aktien, die 41
gleich große anteilige Beträge des Grundkapitals verkörpern, ausgeübt. Eine
abweichende Vervielfältigung der Stimmkraft durch Mehrstimmrechte ist hingegen
grundsätzlich nicht mehr (zur Übergangsregelung vgl. § 3 Rz. 58) und
eine Beschränkung derselben durch **Höchststimmrechte** nur noch bei nicht
börsennotierten Gesellschaften zulässig (§ 134 Abs. 1 Satz 2 AktG). Eine solche
Beschränkung der Stimmkraft hat durch die Satzung zu erfolgen. Dies kann
durch Festsetzung eines **Höchstbetrages** erfolgen. Üblich sind 5 % oder 10 %
sowie 3 % des Grundkapitals. Sie kann aber auch dadurch erreicht werden, dass
im Ergebnis nach Köpfen abgestimmt wird. Möglich ist darüber hinaus eine
Ausgestaltung des Höchststimmrechts durch das Einziehen von **Abstufungen**
(zB ab 5000,– Euro Nennbetrag höchstens 5 Stimmen, bis höchstens 10 Stimmen).
Auch ist eine Verbindung von **Höchstbetrag und Abstufung** möglich
(zB ab 5000,– Euro Nennbetrag höchstens 5 Stimmen; insgesamt höchstens
2000 Stimmen). Das Höchststimmrecht kann auf bestimmte Beschlussgegenstände
beschränkt werden, etwa um bei Satzungsänderungen, insbesondere
Veränderungen des Grundkapitals eine Majorisierung zu verhindern. Um zu
verhindern, dass ein Aktionär durch die Verteilung seiner Aktien auf verschiedene
Personen die Beschränkungen seines Stimmrechts umgeht, kann die Satzung zudem bestimmen, dass
- zu den einem Aktionär gehörenden Aktien auch diejenigen Aktien hinzuzurechnen sind, die ein Dritter für seine Rechnung besitzt (§ 134 Abs. 1 Satz 3 AktG);
- zu den einem Unternehmen gehörenden Aktien diejenigen Aktien hinzuzurechnen sind, die einem von diesem abhängigen oder dieses beherrschenden oder einem mit diesem konzernverbundenen Unternehmen oder für Rechnung solcher Unternehmen einem Dritten gehören (§ 134 Abs. 1 Satz 4 AktG).

Die aufgezeigten Stimmkraftbeschränkungen dürfen nicht für **einzelne Aktionäre** 42
angeordnet werden, da sie ansonsten als Ersatz für ein unzulässiges
Mehrstimmrecht missbraucht werden könnten. Zulässig ist die Beschränkung
der Stimmkraft jedoch zulasten einer Aktiengattung.[52] Zu beachten ist zudem,
dass das Höchststimmrecht nur eine Rolle bei der Berechnung einer Stimmenmehrheit,
nicht aber einer **Kapitalmehrheit** spielen kann (§ 133 Abs. 1 AktG).

b) Unvollständige Einlageleistung

Die Ausübung der Stimmrechts nach Aktiennennbeträgen oder Aktienzahl 43
ist zwar die Regel, setzt aber als solche die vollständige Leistung der Einlage
voraus. Ist die Einlageleistung nur **bei einem Teil der Aktien vollständig**
erbracht worden, so besteht das Stimmrecht nur im Hinblick auf die voll eingezahlten
Aktien.

Beispiel: Bei vollständiger Einzahlung auf eine 50,– Euro-Aktie besteht das Stimmrecht,
nicht aber bei einer Zahlung von 50,– Euro auf eine 100,– Euro-Aktie.

Ist hingegen die Einlageleistung **bei allen Aktien unvollständig**, lässt 44
§ 134 Abs. 2 Satz 4 AktG das Stimmrecht trotz der Teilleistungen entstehen, da
ansonsten keine Beschlüsse gefasst werden könnten. Die Stimmkraft richtet

---

[52] MünchKomm. Bd. 4/*Volhard* § 134 Rz. 13; MünchHdb. GesR/Bd. 4/*Semler* § 38
Rz. 13; aA Kölner Komm./*Zöllner* § 134 Rz. 46.

sich nach der Höhe der geleisteten Einlagen, wobei die Leistung der gesetzlichen Mindesteinzahlung ohne Agio (bei Geldeinlagen $^1/_4$; bei Sacheinlagen voller Betrag) eine Stimme gewährt. Wurde mehr als die Mindesteinlage eingebracht, sind die Stimmbruchteile zu berücksichtigen, soweit sie volle Stimmen ergeben. Die Satzung kann von dem Erfordernis der vollen Leistung der Einlagen abweichen und bestimmen, dass die gesetzliche oder die höhere satzungsmäßige Mindesteinlage bereits das Stimmrecht entstehen lässt (§ 134 Abs. 2 Satz 2 AktG).

c) Übertragbarkeit

45 Das Stimmrecht kann entsprechend seiner Natur als Mitverwaltungsrecht nicht auf einen Dritten übertragen oder auf Dauer zur Ausübung überlassen werden (zum Abspaltungsverbot s. Rz. 4). Demgegenüber kann es durch **Bevollmächtigte** auch Gesamtbevollmächtigte ausgeübt werden (vgl. im Einzelnen § 5 Rz. 234). Die Satzung darf bestimmte Voraussetzungen an den Bevollmächtigten stellen (Aktionär, Familienmitglied etc.), soweit dies nicht zu einer unzumutbaren Einschränkung der Entscheidungsfreiheit des Aktionärs führt.[53]

d) Zustimmungspflicht

46 Eine Zustimmungspflicht der Aktionäre zu einzelnen Beschlüssen kann sich im Einzelfall aus Treupflicht ergeben (Rz. 84). Dies kann insbesondere bei einer **Satzungsänderung** der Fall sein, wenn diese im dringenden Interesse der AG liegt und den Aktionären zumutbar ist.[54] Kommt der Aktionär seiner Stimmpflicht nicht nach, kann er zur Stimmabgabe mittels einer **Leistungsklage** über § 894 ZPO gezwungen werden, ggf. ist er auch gegenüber der AG bzw. den Mitgesellschaftern zum Schadensersatz aus Treupflichtverletzung verpflichtet (Rz. 85). Zum **Stimmverbot** und **Stimmbindungsvertrag** vgl. § 5 Rz. 217 ff., 212.

e) Verletzung

47 Soweit ein Aktionär mit mehr Aktien das Stimmrecht ausübt, als ihm nach der Satzung gestattet ist, ist der Hauptversammlungsbeschluss **anfechtbar** (§ 243 Abs. 1 AktG). Versucht ein Aktionär die Stimmrechtsbeschränkungen durch Überlassung eines Teils der Aktien zur Ausübung des Stimmrechts auf einen anderen zu umgehen, so begeht er eine **Ordnungswidrigkeit** (§ 405 Abs. 3 Nr. 5 AktG).

8. Gegenanträge/Antragsrecht zu Beschlussvorlagen

48 Dem Aktionär steht das Recht zu, Gegenanträge zu Beschlussvorschlägen der Verwaltung zu stellen. Die Anträge können in der Hauptversammlung oder zuvor gestellt werden. Zwar spricht das Gesetz noch von „übersenden", was herkömmlich die Übermittlung eines Schriftstücks bedeutet, jedoch kann ein solcher Gegenantrag auch in elektronischer Form per e-mail angekündigt

---

[53] Streitig, vgl. *Hüffer* AktG § 134 Rz 25.
[54] BGH II ZR 262/85 v. 25. 9. 1986, BGHZ 98, 276, 279 ff. – zu einem Kapitalerhöhungsbeschluss bei der GmbH.

A. Rechte und Pflichten der Aktionäre

werden, wenn die Gesellschaft eine diesbezügliche Zugangsmöglichkeit geschaffen hat.[55] Soll der Gegenantrag gemäß §§ 125, 126 AktG zugänglich gemacht werden, wozu insbesondere eine Veröffentlichung auf der Website der Gesellschaft ausreicht (s. Rz. 34), muss er begründet sein und spätestens zwei Wochen[56] vor dem Tag der Hauptversammlung der Gesellschaft an die hierfür mitgeteilte Adresse übermittelt worden sein (§ 126 Abs. 1 Satz 1 AktG).[57] Nach § 126 Abs. 2 AktG bestehen bestimmte Ausnahmen von der Pflicht zum Zugänglichmachen. Wahlvorschläge zur Wahl von Aufsichtsratsmitgliedern oder Abschlussprüfern können nach § 127 AktG gestellt werden. Sollen sie zugänglich gemacht werden, gelten die oben genannten Voraussetzungen. Allerdings braucht dieser Antrag nicht begründet zu werden (§ 127 AktG).

9. Aktionärsforum

Als Reaktion auf den Streubesitz und die Internationalisierung der Aktionärsstruktur ist beim elektronischen Bundesanzeiger[58] ein **Aktionärsforum** eingerichtet worden. Über die Internetplattform können Aktionäre oder Aktionärsvereinigungen andere Aktionäre auffordern, gemeinsam
– einen Antrag oder ein Verlangen nach dem AktG zu stellen, zB einen Antrag auf Einzelentlastung (§ 120 Abs. 1 AktG), ein Einberufungsverlangen (§ 122 Abs. 1 AktG), einen Ergänzungsantrag (§ 122 Abs. 2 AktG), die Abstimmung über Wahlvorschläge von Aktionären (§ 137 AktG), eine Sonderprüfung (§ 142 AktG), einen Antrag auf Austausch von Sonderprüfern (§ 142 Abs. 4 AktG), einen Antrag auf Bestellung von besonderen Vertretern (§ 147 Abs. 2 AktG), ein Klagezulassungsverfahren (§ 148 AktG) oder ein Verlangen nach § 62 Abs. 2 UmwG (Hauptversammlung bei Mutter-Tochter-Verschmelzung, da Letzteres als Minderheitsverlangen iSd § 122 AktG einzustufen ist).[59]
– in der Hauptversammlung das Stimmrecht auszuüben (§ 127 a Abs. 1 AktG).

Der Antrag oder das Verlangen kann gemeinsam oder in Vertretung erfolgen, womit gemeint ist, dass auch Stimmrechtsvollmachten bzw. Vollmachten eingeworben werden können. Für eine Eintragung im Aktionärsforum muss sich der Aktionär bzw. die Aktionärsvereinigung zunächst registrieren lassen und seine Mitgliedschaft bzw. ihre Eigenschaft als Aktionärsvereinigung versichern (§ 135 Abs. 9 Satz 1 Nr. 1 AktG). Zur Formulierung des Antrags oder des Verlangens stehen maximal 500 Zeichen (einschließlich Leerzeichen) Freitext zur Verfügung (§ 3 Abs. 3 Satz 3 AktFoV). Die Aufforderung muss Namen bzw. Firma, Postanschrift des Wohnsitzes oder Sitzes sowie die e-mail-Adresse des Aktionärs bzw. der Aktionärsvereinigung enthalten (§ 127a Abs. 2 Nr. 1 AktG iVm § 3 Abs. 3 AktFoV). Außerdem sind die Firma der betroffenen AG, der Gegenstand der Aufforderung und ggf. der Tag der relevanten Hauptversamm-

---

[55] MünchKomm. Bd. 4/*Kubis* § 126 Rz. 17.
[56] Nach Inkrafttreten des ARUG (BGBl. I 2009, 2479) zum 1.9.2009 wird die 2-Wochenfrist durch eine Frist von 14 Tagen ersetzt, wobei der Tag des Zugangs nicht mitzurechnen ist; § 126 AktG idF des ARUG ist erstmals anzuwenden auf Hauptversammlungen, zu denen nach dem 31.10.2009 einberufen wird (vgl. § 20 Abs. 1 EGAktG idF des ARUG).
[57] *Noack* NZG 2003, 241, 244; eingehend *ders.* BB 2003, 1393.
[58] Siehe unter www.ebundesanzeiger.de; das Forum kann auch über die Adressen www.aktionaersforum.de und www.unternehmensregister.de aufgerufen werden.
[59] *Schmidt/Lutter/Ziemons* § 127a Rz. 5.

lung anzugeben. Die Aufforderung darf keine Begründung enthalten. Zulässig ist aber eine Verlinkung mit der Internetseite des Auffordernden. Aufforderungen im Aktionärsforum sind entgeltlich (20 Euro). Aufforderungen dürfen nicht missbräuchlich sein (zB über den gesetzlich vorgesehenen Mindestinhalt hinausgehende Angaben oder Meinungsäußerungen, nicht von Aktionären oder Aktionärsvereinigungen stammende Aufforderungen, irreführende oder strafbare Angaben, Werbung für Produkte oder Dienstleistungen, die nicht mit der Aufforderung verbunden sind). Missbräuchliche Aufforderungen werden durch den Betreiber des Aktionärsforums, der Bundesanzeiger Verlagsgesellschaft mbH, gelöscht. Die durch das Aktionärsforum ermöglichte Kontaktaufnahme findet unmittelbar zwischen den Aktionären statt; die Gesellschaft wirkt hieran nicht mit. Sie kann jedoch im Aktionärsforum über einen Link auf ihre Stellungnahme zur Aufforderung hinweisen (§ 127a Abs. 4 AktG).

10. Auskunftsanspruch

51 Den Aktionären steht das Recht zu, in der Hauptversammlung Auskünfte über die Angelegenheiten der Gesellschaft vom Vorstand zu verlangen (§ 131 AktG). Dieses Auskunftsrecht soll dem Aktionär die Informationen zugänglich machen, die er für eine sinnvolle Ausübung seines Mitgliedschaftsrechts benötigt.[60] Der Auskunftsanspruch steht dem Aktionär unabhängig von der Höhe seiner Beteiligung und der Stimmkraft seines Anteils zu. Er ist auch auskunftsberechtigt, wenn er über stimmrechtslose Aktien verfügt, im Einzelfall nicht mitstimmen darf oder von seinem Stimmrecht keinen Gebrauch machen kann, weil er seiner Einlagepflicht nicht nachgekommen ist. Neben dem Auskunftsanspruch besteht kein sonstiger Rechenschaftsanspruch des Aktionärs (zB aus §§ 666, 27 Abs. 3 BGB); insbesondere kann er nicht aus der Eigenschaft der Aktionäre als Kapitalanleger abgeleitet werden.[61]

52 Bei dem Auskunftsrecht handelt es sich um ein mitgliedschaftliches **Mitverwaltungsrecht**; es kann daher nicht unter Abspaltung von der Aktie übertragen werden (Rz. 4). Das Auskunftsrecht ist ein eigennütziges Recht. Der Aktionär muss es also nicht in den vorrangigen Dienst der AG stellen. Allerdings sind bei seiner Ausübung die durch die Treupflicht gesetzten Grenzen zu beachten (Rz. 82). Das Auskunftsrecht ist nicht höchstpersönlicher Natur und kann durch **Vertreter** oder besondere **Bevollmächtigte** ausgeübt werden, soweit diese für den Aktionär an der Hauptversammlung teilnehmen. Eine Stimmrechtsvollmacht und die Legitimationsübertragung werden in aller Regel zur Ausübung des Auskunftsrechts ausreichen.[62] Die Reichweite kann zweifelhaft sein; sie sollte aber im Hinblick auf Tagesordnungspunkte, die im Sachzusammenhang stehen, nicht eng beurteilt werden.[63]

a) Schuldner der Auskunft

53 Zur Auskunft verpflichtet ist die AG; für sie wird der Vorstand organschaftlich tätig. Die Auskunft ist für den Vorstand Geschäftsführungsmaßnahme.

---

[60] BayObLG 3 Z BR 161/93 v. 30. 11. 1996, NJW 1996, 1904 = AG 1996, 180, 181.
[61] *Hüffer* AktG § 131 Rz. 2; aA KG 2 W 55/95 v. 24. 8. 1995, WM 1995, 1927, 1928.
[62] LG Heilbronn KfH AktE 1/67 v. 6. 3. 1967, AG 1967, 81; MünchKomm. Bd.4/*Kubis* § 131 Rz. 12.
[63] LG Köln AG 1991, 38; *Hüffer* AktG § 131 Rz. 4.

A. Rechte und Pflichten der Aktionäre § 4

Gem. § 77 AktG hat er daher grundsätzlich einstimmig zu beschließen, ob die Auskunft und mit welchem Inhalt sie erteilt wird. Satzung und Geschäftsordnung können Abweichendes vorsehen.[64] Nur der Vorstand kann Auskunft erteilen; Auskünfte durch den Hauptversammlungsleiter oder den Aufsichtsrat sind keine Auskünfte iSv. § 131 AktG. Anderes gilt nur, soweit sich der Vorstand die Auskünfte der Vorgenannten zu eigen macht.[65] Für den Vorstand kann im Einvernehmen seiner Mitglieder der Vorsitzende oder das zuständige Vorstandsmitglied sprechen.[66]

b) Auskunftsverlangen

Auskunft ist nur auf Verlangen der Aktionäre zu erteilen. Erforderlich ist 54 eine entsprechende Frage gegenüber dem Vorstand oder dem Hauptversammlungsleiter, die nur in der Hauptversammlung gestellt werden kann. Dies kann in mündlicher oder schriftlicher Weise geschehen. Der neu eingeführte § 131 Abs. 2 S. 2 AktG verbietet aber dem Aktionär nicht, wie teilweise angenommen[67], Fragen in schriftlicher Form einzureichen[68], wobei sie den übrigen Aktionären vor ihrer Beantwortung mitzuteilen sind.[69] Die Satzung darf das Stellen von mündlichen Anträgen nicht ausschließen. Eine vorherige Ankündigung ist grundsätzlich nicht erforderlich; anderes gilt, wenn die sachgemäße Beantwortung eine gewisse Vorbereitungszeit erfordert.[70] Nach § 131 Abs. 2 S. 2 AktG kann der Hauptversammlungsleiter durch die Satzung oder Geschäftsordnung ermächtigt werden, das Frage- und Rederecht des Aktionärs zeitlich angemessen zu beschränken. Eine satzungsmäßige Beschränkung der Rede- und Fragezeit auf 15 Minuten je Wortmeldung sowie eine zeitliche Begrenzung der zeitlichen Höchstdauer der Hauptversammlung auf sechs Stunden bei einer gewöhnlichen Tagesordnungsgestaltung bzw. zehn Stunden bei außergewöhnlichen Tagesordnungspunkten wird als angemessen angesehen (s. im Einzelnen § 5 Rz. 173).[71] Der Versammlungsleiter kann auch gesonderte Zeitkontingente für Rede- und Fragezeit vorsehen. Selbst wenn keine Ermächtigung iSd § 131 Abs. 2 AktG vorliegt, ist nach einhelliger Auffassung davon auszugehen, dass Beschränkungen des Rede- und Fragrechts zulässig sind (s. im Einzelnen § 5 Rz. 176). Hat der Vorstand einem Aktionär **außerhalb der Hauptversammlung** Auskünfte erteilt, so muss der Vorstand diese Auskünfte in der Hauptversammlung wiederholen, wenn ein anderer Aktionär dies verlangt (§ 131 Abs. 4 AktG), und zwar auch dann, wenn die Auskunft zur sachgemäßen Beurteilung eines Gegenstandes der Tagesordnung nicht erforderlich ist. Auch kann sich der Vorstand nicht auf die Verweigerungsgründe des § 131 Abs. 3 Nr. 1–4 AktG stützen, wenn er sich ihrer zugunsten eines anderen Aktionärs begeben hat. Die Pflicht zur erweiterten Auskunftserteilung besteht in-

---

[64] MünchHdb. GesR/Bd. 4/*Semler* § 37 Rz. 5; siehe aber BGH II ZR 4/60 v. 23.11. 1961, BGHZ 36, 121, 129 = NJW 1962, 104, nach der ein einstimmiger Beschluss entbehrlich sein soll. Diese Entscheidung erging noch zum AktG 1937 und ist daher überholt.
[65] OLG Düsseldorf 19 W 6/87 v. 5.11. 1987, NJW 1988, 1033, 1034.
[66] *Spindler/Stilz/Siems* § 131 Rz. 16; *Hüffer* AktG § 131 Rz. 7.
[67] *Hüffer* AktG, § 131 Rz. 8.
[68] *Schmidt/Lutter/Spindler* § 131 Rz. 21.
[69] LG Köln 91 O 132/89 v. 2.4.1990 – „ddp", AG 1991, 38.
[70] BGH II ZR 143/58 v. 7.4. 1960, BGHZ 32, 159, 165 = NJW 60, 1150.
[71] LG Frankfurt 3-05 O 93/06 v. 28.11. 2006, NZG 2007, 155.

dessen nicht, wenn ein Tochterunternehmen, ein Gemeinschaftsunternehmen oder ein assoziiertes Unternehmen einem Mutterunternehmen Auskünfte gegeben hat, damit die Gesellschaft diese in den Konzernabschluss miteinbeziehen kann (§ 131 Abs. 4 Satz 3 AktG).

c) Gegenstand der Auskunft

55 aa) **Angelegenheiten der Gesellschaft.** Gegenstand der Auskunft sind alle Angelegenheiten der Gesellschaft, die zur Beurteilung eines Gegenstandes der Tagesordnung erforderlich sind (§ 131 Abs. 3 AktG). Der Begriff der Angelegenheiten der Gesellschaft ist weit auszulegen. Zu ihnen zählt alles, was sich auf die AG und ihre Angelegenheiten bezieht. Hierzu gehören etwa Kunden- und Geschäftsbeziehungen, Geschäftspläne, bilanzierungspflichtige Tatbestände sowie Informationen über die Gewinnsituation, die zukünftige Gewinnerwartung, die Anlage des Gesellschaftsvermögens, die Art und Höhe der Gesellschafts- und Steuerschulden sowie öffentlich-rechtliche Verpflichtungen der Gesellschaft.

56 Weiter muss die Auskunft zur **sachgemäßen Beurteilung eines Tagesordnungspunktes** erforderlich sein. Insoweit hat sich in der Rechtsprechung die Formel durchgesetzt, es komme auf den Standpunkt eines objektiv denkenden Aktionärs an, der die Geschäftsverhältnisse nur aufgrund allgemeiner Tatsachen kennt; für ihn muss die begehrte Auskunft ein für seine Urteilsfindung wesentliches Element sein:[72] Ein loser Zusammenhang mit der Tagesordnung ist nicht ausreichend.

Beispiele:
57 1. Informationen über den **Jahresabschluss** dürfen erfragt werden, selbst wenn die Hauptversammlung hierüber nicht beschließt. Insbesondere sind Positionen der Bilanz und der GuV auf Frage hin zu erläutern, soweit sie nach den Zahlenverhältnissen nicht völlig unbedeutend sind.[73] Auch ein Vergleich mit dem Vorjahresergebnis und die Gründe für einen Rückgang des Jahresüberschusses zählen hierzu.[74]
2. Fragen zu Entwicklungskosten und **Forschungstätigkeiten** sind grundsätzlich zulässig. Anderes kann gelten, wenn Rückschlüsse auf geheimzuhaltende Projekte gezogen werden können.
3. Vorgänge, die **besondere Geschäftsvorfälle** des laufenden Geschäftsjahres direkt oder indirekt betreffen, können erfragt werden. Anderes gilt aber für länger zurückliegende, nicht direkt in das Geschäftsjahr hineinwirkende Vorgänge.[75]
4. Die Existenz und der Inhalt von **Verträgen** kann grundsätzlich Gegenstand des Auskunftsverlangens sein (im Einzelnen streitig). Eine Auskunftsverweigerung ist möglich, wenn der Gesellschaft aus der Offenbarung ein erheblicher Schaden erwachsen würde, zB wenn Rückschlüsse auf die durchschnittlichen Lizenzgebühren möglich sind und dies zu Nachteilen für schwebende Lizenzverhandlungen führt.[76] Auch kein Auskunftsanspruch soll bestehen, wenn die Verträge bereits in einer vorangegangenen Hauptversammlung erörtert worden sind.[77] Eine **Verlesung von Verträgen** und sonstigen

---

[72] Allgemeine Meinung, vgl. BGH II ZR 250/02 v. 18.10. 2004, NZG 2005, 77, 78; BayObLG 3 Z BR 161/93 v. 30.11. 1995, AG 1996, 180, 181; OLG Ffm. 20 W 295/90 v. 4.8. 1993, AG 1994, 39; KG 2 W 6111/92 v. 26.8. 1993, AG 1994, 83.
[73] OLG Düsseldorf 19 W 2/91 v. 17.7. 1991, WM 1991, 2148, 2154.
[74] Vgl. BGH II ZR 1543/58 v. 7.4. 1960, BGHZ 32, 159, 163 = NJW 1960, 1150.
[75] OLG Zweibrücken 3 W 148/89 v. 11.12. 1989, AG 1990, 496.
[76] LG Heilbronn KfH AktE 1/67 v. 6.3. 1967, AG 1967, 81 f.
[77] OLG Düsseldorf 19 W 2/67 v. 28.11. 1967, AG 1968, 23.

A. Rechte und Pflichten der Aktionäre 58 §4

Urkunden kann grundsätzlich verlangt werden. Anderes gilt, wenn die Länge der dafür benötigten Zeit unzumutbar ist oder Geheimhaltungsinteressen entgegenstehen.
5. Zulässig sind Fragen über Konzernverrechnungspreise und Konzernumlagen oder die Vermögensverhältnisse einer Gesellschaft, die die AG übernehmen will.[78]
6. Die Zulässigkeit von Fragen zur Existenz und zum Umfang von **Minderheitsbeteiligungen** wird teilweise bejaht, wenn sie mindestens 10 % der Stimmrechte ausmachen oder 10 % des Grundkapitals überschreiten, ferner, wenn die Beteiligung nach der Bilanzrelation wesentlich ist – 100 Mio. DM für Beteiligung eines Großunternehmens –.[79]
7. Die Beantwortung von Fragen zum Erwerb und zur Veräußerung **eigener Aktien** kann grundsätzlich verlangt werden.[80]
8. **Spenden** dürfen zumindest im Hinblick auf ihre Gesamthöhe erfragt werden. Nach der Person des Empfängers kann allenfalls gefragt werden, soweit sich die Aufwendungen in ungewöhnlicher Höhe bewegen.
9. Vorgänge von **Aufsichtsratssitzungen** können nicht Gegenstand von Auskunftsansprüchen sein; sie sind geheim.[81]
10. **Vorstands- und Aufsichtsratsbezüge** können nicht einzeln erfragt werden (str.).[82] Anderes gilt nur, wenn eine Pflichtverletzung bei der Bemessung der Bezüge in Betracht kommt. Auch die Nennung des Gesamtbetrages der Bezüge ist nicht erforderlich, wenn sich dieser bereits aus dem Geschäftsbericht ergibt.[83] Hingegen können die Gesamtbezüge von Aufsichtsratsmitgliedern in Tochterunternehmen erfragt werden.[84] Als zulässig wurde es auch angesehen, die Gesamtvergütung von Mitgliedern eines Group Executive Committees zu erfragen.[85]
11. **Persönliche Angelegenheiten** der Verwaltungsmitglieder (zB Gesundheitszustand, Vorbildung, Nebenbeschäftigungen, insbesondere andere Verwaltungsmandate, Beteiligungen an Konkurrenzunternehmen, Vorstrafen, Alter) können erfragt werden, soweit sie zur Beurteilung der Eignung/Pflichterfüllung von wesentlicher Bedeutung sind. Nach Nebentätigkeiten kann hingegen nicht gefragt werden, soweit keine Anhaltspunkte für eine Überlastung bestehen.[86]
12. Im Zusammenhang mit dem Entlastungsverfahren darf nach **Verbindlichkeiten von Organmitgliedern** gegenüber der Gesellschaft gefragt werden. Gleichfalls kann nach Verträgen gefragt werden, zumindest soweit diesen eine gewisse Erheblichkeit zukommt. Zur Entlastung der Organmitglieder einer durch Verschmelzung gegründeten neuen AG gehören Fragen, in denen der Aktionär Fehler geltend macht, die den neuen Organmitgliedern bei der Verschmelzung unterlaufen sein sollen, wenn sie weitgehend schon bei der Verschmelzung im Amt waren.[87]

Macht die Gesellschaft von den Erleichterungen für kleine Kapitalgesellschaften bei der Gliederung der Bilanz und der Gewinn- und Verlustrechnung 58

---

[78] OLG Hamburg 11 W 18/70 v. 7.11. 1970, AG 1970, 372; OLG Karlsruhe 11 W 57/89 v. 29. 6. 1989, AG 1990, 82; vgl. Rz. 198.
[79] KG 2 W 6111/92 v. 26. 8. 1993, AG 1994, 83; aA LG Ffm. 3/3 O 83/92 v. 16. 9. 1994, WM 1994, 1929, 1931.
[80] OLG Ffm. 20 W 201/80 v. 18. 2. 1981, AG 1981, 232, 233; BGH II ZR 119/86 v. 9. 2. 1987, AG 1987, 344, 346.
[81] OLG Karlsruhe 15 W 42/83 v. 8. 2. 1984, GmbHR 1985, 59.
[82] Vgl. aber die Empfehlung im Deutschen Corporate Governance Kodex (abrufbar unter: www.ebundesanzeiger.de), die Angaben zu den Vorstandsbezügen individualisiert offenzulegen.
[83] OLG Düsseldorf 19 W 2/91 v. 17.7. 1991, WM 1991, 2148, 2153; s. aber BGH X ZR 54/83 v. 29. 1. 1985, BGHZ 93, 327, 329 = NJW 1986, 1693.
[84] OLG Düsseldorf 19 W 6/87 v. 5. 11. 1987, NJW 1988, 1033, 1034.
[85] OLG Frankfurt 20 W 56/05 v. 30. 1. 2006, AG 2006, 460 f.
[86] LG Ffm. 3/3 O 83/92 v. 16. 9. 1994, WM 1994, 1929, 1931.
[87] BGH II ZR 250/02 v. 18. 10. 2004, NZG 2005, 77, 78 f.

sowie beim Anhang Gebrauch (§§ 266 Abs. 1 S 3, 276, 288 HGB), so kann jeder Aktionär verlangen, dass ihm der **vollständige Jahresabschluss** vorgelegt wird. Dass die Vorlage für die Beurteilung eines Tagesordnungspunktes erforderlich ist, wird nicht vorausgesetzt. Daneben bestehen besonders gesetzlich festgelegte Auskunftsrechte für **Unternehmensverträge** (§ 293 g Abs. 3 AktG) und für **Verschmelzungen** (§ 64 Abs. 2 UmwG).

59   **bb) Verbundene Unternehmen.** Die Auskunftspflicht erstreckt sich auch auf die Angelegenheiten **verbundener Unternehmen** (§ 131 Abs. 1 Satz 2 AktG). Die Vorschrift hat nach hM nur klarstellende Bedeutung, da die Beziehungen zu einem verbundenen Unternehmen notwendigerweise Gesellschaftsangelegenheiten sind. Der Begriff der verbundenen Unternehmen bestimmt sich im Prinzip nach §§ 15 ff. AktG (§ 15 Rz. 18 ff.). Schuldrechtliche Verhältnisse genügen daher nicht. Eine Mehrheitsbeteiligung iSv. § 16 AktG ist nicht erforderlich. Auch eine Minderheitsbeteiligung kann ausreichen, wenn die Beziehungen zu dem Unternehmen oder seine Verhältnisse für die Gesellschaft erheblich sind.[88] Es ist über die rechtlichen und geschäftlichen Beziehungen Auskunft zu geben, soweit dies für die Beurteilung eines Tagesordnungspunktes erforderlich ist. Zu diesen Beziehungen zählen beispielsweise: Die Höhe des Beteiligungsbesitzes (vgl. Rz. 57 für Minderheitsbeteiligungen), personelle Verflechtungen, Abschluss und Inhalt von Unternehmensverträgen, Zahlung von Konzernumlagen,[89] vom herrschenden Unternehmen berechnete Vertriebskosten,[90] Ausgleichsansprüche nach § 317 AktG, Einzelheiten zum Abhängigkeitsbericht hingegen nicht, soweit Geheimhaltungsinteressen entgegenstehen.

60   Darüber hinaus unterfallen Vorgänge in verbundenen Unternehmen, die von solcher Bedeutung sind, dass es sich bei ihnen auch um **Angelegenheiten der Muttergesellschaft** handelt, dem Auskunftsrecht.[91] Sie müssen zur Beurteilung eines Tagesordnungspunkts erforderlich sein. Hierzu zählen etwa Fragen der Geschäftsführung, insbesondere die Überwachung von Konzerngesellschaften durch den Vorstand der Muttergesellschaft, sowie die Dotierung und Bestellung der Aufsichtsratsmitglieder. Hinsichtlich Letzterer ist der Gesamtbetrag der Bezüge anzugeben, nicht aber Einzelbezüge (Rz. 57). Schließlich können die Aktionäre verlangen, dass sie über die Lage des Konzerns und der in den Konzernabschluss einbezogenen Unternehmen unterrichtet werden (§ 131 Abs. 1 Satz 4 AktG).[92] Welche Unternehmen einzubeziehen sind, ergibt sich aus §§ 294 bis 296 HGB.

d) Inhalt der Auskunft

61   Der Vorstand hat nicht nur Fragen zu beantworten, deren Beantwortung ihm aus dem Stegreif möglich ist. Vielmehr hat er auch solche zu beantworten, zu deren Beantwortung die Einsicht in Unterlagen erforderlich ist, sofern deren Beschaffung möglich ist. Deshalb müssen in der Hauptversammlung Personal- und Hilfsmittel zur Verfügung stehen, die den Vorstand in die Lage versetzen,

---

[88] Herrschende Meinung vgl. *Hüffer* AktG § 131, 14.
[89] OLG Karlsruhe 11 W 57/89 v. 29. 6. 1989, AG 1990, 82.
[90] OLG Stuttgart 20 U 3/04 v. 11. 8. 2004, AG 2005, 94, 96.
[91] OLG Düsseldorf 19 W 6/87 v. 5. 11. 1987, AG 1988, 53 f.
[92] Eingeführt durch das Transparenz- und Publizitätsgesetz v. 19. 7. 2002 (BGBl. I, 2681); die Vorschrift entspricht § 337 Abs. 4 AktG aF.

A. Rechte und Pflichten der Aktionäre

sich kurzfristig sachkundig zu machen.[93] Kann der Vorstand, obwohl er ordnungsgemäß vorbereitet ist, eine Frage nicht beantworten (zB weil sie sehr speziell ist und nicht zu erwarten war oder nicht angekündigt wurde), so ist die Auskunftspflicht nicht verletzt, wenn der Vorstand die Frage entsprechend seinem Kenntnisstand beantwortet und im Übrigen die Antwort schuldig bleibt.[94] Die Auskünfte müssen **vollständig und sachlich** zutreffend sein. Dies ergibt sich aus dem Grundsatz der gewissenhaften und getreuen Rechenschaft (§ 131 Abs. 2 AktG). Will der Vorstand etwas verschweigen, so muss er die Auskunft ausdrücklich verweigern. Die Auskunft durch den Vorstand muss nicht unmittelbar an die Frage anschließen, sondern kann auch blockweise gegeben werden. Die Auskunft hat grundsätzlich **mündlich** zu erfolgen. Eine Ersetzung der mündlichen Auskunft durch Einsichtnahme in schriftliche Unterlagen ist ausnahmsweise möglich, wenn sie während der Hauptversammlung erfolgt und das Informationsinteresse des Aktionärs besser befriedigt.[95] Pauschale Fragen brauchen grundsätzlich auch nur pauschal beantwortet zu werden. Wenn der Aktionär mit der Antwort unzufrieden ist, muss er nachfragen.[96]

e) Auskunftsverweigerungsgründe

Der Vorstand darf die Auskunft nur unter den in § 131 Abs. 3 AktG genannten Gründen verweigern. Die Verweigerung ist ebenso Geschäftsführungsmaßnahme wie die Erteilung. Der Vorstand muss nach § 77 AktG vorgehen, dh. grundsätzlich einen einstimmigen Beschluss fassen. Allerdings kann der Vorstandsbeschluss konkludent gefasst werden, indem sich der Vorstand die Ablehnung des Hauptversammlungsleiters zu Eigen macht.[97] Der Vorstand muss seine Entscheidung begründen.[98] An die Intensität der Begründung wird man jedoch keine allzu hohen Anforderungen stellen dürfen.

§ 131 Abs. 3 AktG gestattet die Auskunftsverweigerung, wenn
– die Auskunft geeignet ist, der AG oder einem verbundenen Unternehmen einen **nicht unerheblichen Nachteil** zuzufügen (§ 131 Abs. 3 Nr. 1 AktG). Insoweit handelt es sich nicht um eine Ermessensentscheidung des Vorstandes; die Eignung[99] muss sich aus dem objektiven und voll nachprüfbaren Maßstab der kaufmännischen Beurteilung ergeben. Erforderlich ist insoweit eine Gesamtwürdigung der Vor- und Nachteile für die Gesellschaft, die Aufdeckung von Pflichtverletzungen kann zB ein dominierender Vorteil sein. Die Gesellschaft trägt die Darlegungslast für die Nachteiligkeit. Nicht erforderlich ist aber, dass die Gesellschaft den sicheren Nachweis der Nachteiligkeit erbringt. Insoweit ist „einige Plausibilität" ausreichend, nicht aber der pauschale Hinweis auf Konkurrenzgründe.[100] Vor diesem Hintergrund ist

---

[93] BGH II ZR 143/58 v. 7. 4. 1960, BGHZ 32, 159, 165 f. = NJW 1960, 1150; OLG Düsseldorf 19 W 2/91 v. 17. 7. 1991, WM 1991, 2148, 2152.
[94] BGH II ZR 143/58 v. 7. 4. 1960, BGHZ 32, 159, 165 f. = NJW 1960, 1150; *Hüffer* AktG § 131 Rz. 10.
[95] BGH II ZR 119/86 v. 9. 2. 1987, BGHZ 101, 1, 15 = NJW 1987, 3186.
[96] LG Braunschweig 22 O 97/89 v. 6. 4. 1990, AG 1991, 36, 37.
[97] BGH II ZR 119/86 v. 9. 2. 1987, BGHZ 101, 1, 5 f. = NJW 1987, 3186.
[98] Streitig, vgl. *Hüffer* AktG § 131, 26; offenlassend BGH II ZR 119/86 v. 9. 2. 1987, BGHZ 101, 1, 8 f.= NJW 1987, 3186.
[99] LG Saarbrücken 7 I O 24/04 v. 28. 7. 2004, NZG 2004, 1012, 1013.
[100] OLG Düsseldorf 19 W 2/91 v. 17. 7. 1991, WM 1991, 2148, 2152.

eine Auskunftsverweigerung insbesondere dann möglich, wenn die Auskünfte nachteiligen Einfluss auf Prozesse oder Verhandlungen haben können, Geheimhaltungsinteressen zuwiderlaufen, oder sonst Betreibern eines Konkurrenzunternehmens zugute kommen.
- sich die Frage auf **steuerliche Wertansätze** oder die **Höhe einzelner Steuern** bezieht (§ 131 Abs. 3 Nr. 2 AktG). Steuerliche Wertansätze, bezüglich derer die Auskunft verweigert werden kann, treffen in erster Linie Auskünfte zur Steuerbilanz und zu Ansätzen bei der Einheitsbewertung nach dem BewG. Auskünfte können auch zur Höhe einzelner Steuern verweigert werden. Erfasst sind alle Steuern und steuerlichen Nebenleistungen iSv. § 3 AO. Das Auskunftsverweigerungsrecht erstreckt sich auch auf Angaben zu steuerlichen Wertansätzen und Steuern bei verbundenen Unternehmen.[101] Ein Auskunftsverweigerungsrecht wurde etwa in folgenden Fällen bejaht: Frage nach
  - den stillen versteuerten Reserven und Verlustvorträgen einer Bank;[102]
  - der Tarifbelastung des im Jahresabschluss ausgewiesenen Eigenkapitals;[103]
  - der anfallenden Körperschaftsteuer bei Vollausschüttung;[104]
  - dem steuerlichen Einheitswert der Gesellschaft.[105]
- sich die Auskunftserteilung auf die **stillen Reserven** bezieht (§ 131 Abs. 3 Nr. 3 AktG). Das Auskunftsverweigerungsrecht greift jedoch nicht ein, wenn die Hauptversammlung den Jahresabschluss feststellt. Das ist der Fall, wenn Vorstand und Aufsichtsrat es beschließen oder der Aufsichtsrat den vom Vorstand gebilligten Jahresabschluss nicht billigt (§ 173 Abs. 1 AktG), außerdem in den Fällen des § 234 Abs. 2 Satz 1 und des § 270 Abs. 2 Satz 1 AktG. Da die Hauptversammlung bei der KGaA stets über den Jahresabschluss beschließt, greift der Verweigerungsgrund bei dieser nicht ein (§ 286 Abs. 1 Satz 1 AktG).
- die Auskunftserteilung **Bilanzierungs- und Bewertungsmethoden** betrifft (§ 131 Abs. 3 Nr. 4 AktG). Allerdings besteht dieses Verweigerungsrecht nur, soweit der Anhang ausreichende Angaben über die Bewertungs- und Abschreibungsmethoden im Sinne der §§ 264 Abs. 2, 284 Abs. 2 Nr. 1 HGB enthält. Auch kommt dieses Verweigerungsrecht nicht zur Anwendung, wenn die Hauptversammlung den Jahresabschluss feststellt (§ 131 Abs. 3 Nr. 4 AktG).
- sich der Vorstand durch die Auskunftserteilung **strafbar** machen würde (§ 131 Abs. 3 Nr. 5 AktG). In Betracht kommt dies bei der Preisgabe von Staatsgeheimnissen (bei Unternehmen der Rüstungsindustrie), übler Nachrede (§ 186 StGB) oder Geheimnisverrat (§ 404 Abs. 1 Nr. 1 AktG).
- wenn es um Angaben über Bilanzierungs- und Bewertungsmethoden sowie vorgenommene Verrechnungen geht, die im Einzel- oder Konzernabschluss nicht gemacht zu werden brauchen (§ 131 Abs. 3 Nr. 6 AktG). Diese Sonderregelung für Aktienbanken wurde durch das BankBiRiLiG vom 30. 11. 1990 (geändert durch Art. 4 BeglG v. 22. 10. 1997) eingeführt und übernimmt die bisher in § 26a Abs. 3 KWG aF vorgesehene Regelung. Sie stellt klar, dass die Auskunftspflicht nicht weiter geht als die Pflicht zu Angaben im Jahres-

---

[101] GroßKomm. AktG/*Decher* § 131 Rz. 309.
[102] OLG Düsseldorf 6 U 2/93 v. 9. 12. 1993, WM 1994, 337.
[103] *Hüffer* AktG § 131 Rz. 28.
[104] LG Dortmund 18 AktE 3/86 v. 9. 1. 1987, AG 1987, 190, 191.
[105] LG München 7 HKO 7427/79 v. 10. 3. 1980, AG 1981, 79, 80.

abschluss, also keine Fragen zu der nach §§ 340 ff. HGB zulässigen Bildung außerordentlicher stiller Reserven sowie Saldierungen beantwortet werden müssen.
– soweit die Auskunft auf der Internetseite der Gesellschaft über mindestens sieben Tage vor Beginn und in der Hauptversammlung durchgängig zugänglich ist (§ 131 Abs. 3 Nr. 7 AktG). Dies ermöglicht es dem Vorstand, Informationen zu erwartbaren Standardfragen vorab zu geben sowie tatsächlich gestellte Vorabfragen auch vorab zu beantworten. Zusatz- und Vertiefungsfragen, die in der Hauptversammlung gestellt werden, müssen noch beantwortet werden.[106] Die Regelung setzt ein durchgängiges Zugänglichmachen auf der Internetseite der Gesellschaft voraus, und zwar über mindestens sieben Tage vor Beginn der Hauptversammlung und auch während ihrer gesamten Dauer.[107]

Abgesehen von den ausdrücklich normierten Fällen des § 131 Abs. 3 AktG kann die Auskunft nach hM auch mit dem Einwand des **Rechtsmissbrauchs** verweigert werden.[108] Seine Rechtfertigung findet diese Ausweitung des Auskunftsverweigerungsrechts in der Treupflicht der Aktionäre gegenüber der AG. Zu unterscheiden ist insoweit zwischen übermäßiger Rechtsausübung und widersprüchlicher Rechtsausübung. Der ersten Fallgruppe unterfallen etwa Fragenkataloge von mehreren DIN-A 4-Seiten, die in der Hauptversammlung beantwortet werden sollen. Die zweite umfasst zB das Handeln eines Aktionärs, der eine Vielzahl von Fragen stellt, später einen Teil seiner Fragen auf ein Tonband diktiert und fehlende Auskunft auf nicht diktierte Fragen rügt.[109] Will sich der Aktionär eine auf eine Auskunftsverweigerung gestützte Anfechtungsklage abkaufen lassen, so ist nicht die Auskunftsverweigerung, sondern die Anfechtung missbräuchlich. Nicht missbräuchlich ist es, wenn der Aktionär mit seiner Frage nur für eine Opposition werben will.[110]

f) Niederschrift zu Protokoll

Nach § 131 Abs. 4 AktG kann ein Aktionär, dem die Erteilung einer Auskunft in der Hauptversammlung verweigert worden ist, verlangen, dass seine Frage und die Verweigerung der Auskunft nebst Begründung in die Niederschrift über die Hauptversammlung aufgenommen wird. Dies gilt auch dann, wenn der Vorstand die Verweigerung ohne Grund abgelehnt hat. Die Protokollierung dient lediglich Beweiszwecken. Ein Auskunftserzwingungsverfahren (§ 132 AktG) kann auch durchgeführt werden, wenn es an einer Protokollierung fehlt. Ggf. muss die Frage und der Grund der Auskunftsverweigerung durch eine Beweisaufnahme geklärt werden.

g) Verstoß

Bei Verstößen gegen die Auskunftspflicht kann der Aktionär den Beschluss nach § 243 Abs. 1 AktG **anfechten** (vgl. § 5 Rz. 255 ff.)[111] und, unabhängig da-

---
[106] Hüffer AktG § 131 Rz. 32a.
[107] Hüffer AktG § 131 Rz. 32 a.
[108] OLG Ffm. 20 W 843/82 v. 22. 7. 1983, AG 1984, 25, 26; BayObLG 2 Z 73/73 v. 8. 5. 1974, NJW 1974, 2094.
[109] LG Mainz 10 HO 141/86 v. 13. 7. 1987, AG 1988, 169, 170.
[110] OLG Düsseldorf 19 W 2/86 v. 22. 7. 1986, AG 1987, 21, 22 f.
[111] BGH II ZR 18/91 v. 15. 6. 1992, BGHZ 119, 1, 13 ff. = NJW 1992, 2760 – ABB I.

von, ein Auskunftserzwingungsverfahren nach § 132 AktG einleiten. Daneben können **Schadensersatzansprüche** gegen den Vorstand wegen schuldhafter Verletzung der Auskunftspflicht erhoben werden. Im Hinblick auf den Aktionär resultieren sie aus § 823 BGB; § 131 AktG ist Schutzgesetz iSd. Vorschrift.[112] Gegenüber der Gesellschaft resultieren sie aus § 93 AktG. Die Erteilung einer unrichtigen Auskunft kann nach § 400 Nr. 1 AktG strafbar sein.

h) Auskunftserzwingungsverfahren

67 Hat ein Aktionär vom Vorstand eine Auskunft verlangt, diese aber nicht erhalten, so kann er ein Auskunftserzwingungsverfahren einleiten (§ 132 AktG). Eine unberechtigte Auskunftsverweigerung ist zugleich Anfechtungsgrund nach § 243 AktG; eine Anfechtungsklage kann ohne Vorschaltung eines Auskunftserzwingungsverfahrens durchgeführt werden.[113] Auch bindet die Entscheidung nach § 132 AktG nicht im Anfechtungsprozess und umgekehrt. Im Verfahren nach § 132 AktG ist nur die Frage zu entscheiden, ob der Vorstand die vom Aktionär verlangte Auskunft zu erteilen hat, ob also die Voraussetzungen des § 131 Abs. 1 AktG vorliegen und kein Grund zur Verweigerung der Auskünfte gegeben ist (§ 131 Abs. 2 AktG).

68 **aa) Antrag.** Das Verfahren findet nur auf Antrag statt (§ 132 Abs. 1 AktG). Der Antrag ist binnen zwei Wochen beginnend mit dem Tag der Hauptversammlung zu stellen. Die Fristberechnung erfolgt nach §§ 187 Abs. 1, 188 Abs. 2 BGB. Die **Frist** ist eine materielle Ausschlussfrist; verspätete Anträge sind unbegründet.[114] **Antragsberechtigt** ist jeder Aktionär, dem die begehrte Auskunft nicht erteilt wurde; ob seine Frage in der Niederschrift festgehalten wurde, ist gleichgültig. Ausreichend ist, dass eine teilweise Verweigerung oder eine unvollständige Beantwortung der Frage vorliegt. Demgegenüber steht das Verfahren nicht zur Verfügung, wenn der Aktionär eine unrichtige Auskunft erhalten hat.[115] Antragsberechtigt ist auch jeder sonstige Aktionär, soweit über den Tagesordnungspunkt, zu dem die Auskunft begehrt wurde, Beschluss gefasst worden ist, und er selbst oder durch seinen Vertreter Widerspruch zu Protokoll erhoben hat. Kein Antragsrecht hat hingegen, wer in der Hauptversammlung nicht teilgenommen hat und nicht vertreten war. Auch derjenige, der während des Verfahrens seine Aktionärsstellung verliert (zB durch Veräußerung), ist nicht antragsberechtigt. Die Antragsberechtigung geht insoweit nicht auf den Erwerber der Aktien über. **Antragsgegner** ist die Gesellschaft, vertreten durch den Vorstand (§ 78 Abs. 1 AktG).

69 **bb) Verfahren.** Zu entscheiden hat das zuständige Landgericht, in dessen Bezirk die AG ihren Sitz hat. Das Gericht hat von Amts wegen zu ermitteln (§ 26 FamFG iVm. § 99 Abs. 1 AktG). Die Beteiligten sind allerdings zur Unterstützung des Gerichts verpflichtet; die Gesellschaft kann sich daher nicht auf ihr Auskunftsverweigerungsrecht unter Hinweis auf Konkurrenzgründe berufen.[116] Das Landgericht entscheidet durch Beschluss, der mit Gründen versehen sein muss. Der Beschluss wird erst mit Eintritt der Rechtskraft wirksam (§ 99

---

[112] Streitig, vgl. *Hüffer* AktG § 131, 44.
[113] BGH II ZR 88/81 v. 29. 11. 1982, BGHZ 86, 1, 3 = NJW 1983, 878.
[114] BayObLG 3 Z BR 87/94 v. 8. 9. 1994, AG 1995, 328.
[115] LG Dortmund 20 AktE 8/98 v. 1. 10. 1998, AG 1999, 133; LG Köln 91 O 132/89 v. 2. 4. 1990, AG 1991, 38; aA *Hüffer* AktG § 132 Rz. 4a mwN.
[116] OLG Düsseldorf 19 W 2/91 v. 17. 7. 1991, WM 1991, 2148, 2152.

A. Rechte und Pflichten der Aktionäre 70–72 §4

Abs. 5 Satz 1 AktG). Gegen den Beschluss findet die Beschwerde statt, die an das Oberlandesgericht zu richten ist (§ 58 FamFG, § 119 Abs. 1 Nr. 1b). Die Beschwerde kann nur auf eine Verletzung des Rechts gestützt werden; §§ 72 Abs. 1 S. 2 und 74 Abs. 2, 3 FamFG sowie § 547 ZPO gelten sinngemäß (§ 99 Abs. 3 S. 3 AktG). Die Beschwerde ist innerhalb einer Frist von einem Monat durch Einreichung einer von einem Rechtsanwalt unterzeichneten Beschwerdeschrift einzulegen (§ 63 Abs. 1 FamFG, § 99 Abs. 3 S. 4 AktG). Fristbeginn ab schriftlicher Bekanntgabe des Beschlusses an den Beteiligten (§ 63 Abs. 3 FamFG). Mit **Rechtskraft der Entscheidung** ist sie vom Vorstand zum Handelsregister einzureichen (§ 132 Abs. 3 Satz 1 iVm. § 99 Abs. 5 Satz 3 AktG). Überdies ist der Vorstand im Falle einer stattgebenden Entscheidung verpflichtet, die Auskunft zu erteilen. Dies kann auch außerhalb der Hauptversammlung (schriftlich) geschehen. Dies hat allerdings zur Folge, dass jeder Aktionär nach § 131 Abs. 4 AktG die Wiederholung der Auskunft in der Hauptversammlung verlangen kann. Vollstreckt wird die Erteilung der Auskunft nach § 888 ZPO. Die **Kosten** richten sich nach der KostO (§ 132 Abs. 5 AktG). Der Geschäftswert ist regelmäßig auf Euro 5000,– zu bemessen. Er wird von Amts wegen festgesetzt (§ 132 Abs. 5 Satz 5 AktG). Das Gericht bestimmt nach billigem Ermessen, welcher Partei die Kosten aufzuerlegen sind. Für außergerichtliche Kosten gilt § 81 FamFG.[117] Anwaltskosten sind gemäß § 91 Abs. 2 ZPO erstattungsfähig.

11. Anspruch auf Aushändigung von Tonbandprotokollen

Es besteht keine Verpflichtung der AG, neben der Niederschrift ein Protokoll 70 zu führen. Fertigt sie ein solches mittels Tonbandaufnahmen an, muss der Hauptversammlungsleiter die Zustimmung der Teilnehmer einholen. Auch in diesem Fall haben die Aktionäre keinen Anspruch auf Aushändigung einer vollständigen Protokollabschrift oder Tonbandaufnahme.[118] Anderes gilt bei **Protokollteilen**, die eigene Fragen, Redebeiträge und entsprechende Antworten und Stellungnahmen umfassen,[119] da ihre Aushändigung zur Verfolgung der mitgliedschaftlichen Rechte erforderlich ist. Die Kosten sind vom Aktionär zu tragen. Auch Aktionäre, die keinen Redebeitrag geleistet, aber Widerspruch zur Niederschrift erklärt haben, steht ein Anspruch auf Protokollauszug zu.[120] Durchgesetzt werden kann dieser Anspruch mittels Leistungsklage. Heimliche Tonbandaufnahmen sind nicht zulässig. Sie verletzen das Persönlichkeitsrecht der übrigen Hauptversammlungsteilnehmer.

12. Recht auf Dividende

Aus der Mitgliedschaft resultiert für den Aktionär der Anspruch auf Teilhabe 71 an dem Bilanzgewinn nach Maßgabe des Gewinnverwendungsbeschlusses und der rechtlichen Ausgestaltung der Aktie (§ 58 Abs. 4 AktG).

a) Anspruch auf Fassung eines Gewinnverwendungsbeschlusses

Solange der Anspruch sich aufgrund eines Gewinnverwendungsbeschlusses 72 der Hauptversammlung noch nicht konkretisiert hat, gewährt er dem Aktionär

---

[117] BayObLG 3 ZBR 32/95 v. 16. 2. 1995, BayObLGZ 1995, 92, 95.
[118] BGH II ZR 248/92 v. 19. 9. 1994, NJW 1994, 3094 ff.
[119] BGH II ZR 248/92 v. 19. 9. 1994, NJW 1994, 3094, 3096 f.
[120] Offengelassen durch BGH aaO, bejahend *Max* AG 1991, 77, 84.

nicht einen unmittelbaren Zahlungsanspruch bzw. nach Maßgabe von § 58 Abs. 5 AktG einen unmittelbaren Anspruch auf Sachausschüttung. Vielmehr resultiert aus ihm das Recht auf **Herbeiführung eines Gewinnverwendungsbeschlusses**. Dieser Anspruch entsteht mit der Feststellung des Jahresabschlusses, soweit dieser einen Bilanzgewinn ausweist.[121] Er ist als das generelle Recht aus der Mitgliedschaft – wie die übrigen Verwaltungsrechte – nicht selbständig übertragbar (Rz. 4). Einklagbar ist der Anspruch auf Herbeiführung eines Gewinnverwendungsbeschlusses mit Ablauf der Frist des § 175 Abs. 1 Satz 2 AktG. Die Klage kann nur auf die Fassung eines Gewinnverwendungsbeschlusses, nicht aber auf einen mit bestimmtem Inhalt gerichtet sein. Bei einem obsiegenden Urteil ist nach § 888 ZPO zu vollstrecken. Zum Zahlungsanspruch vgl. Rz. 73 ff.

b) Zahlungsanspruch/Anspruch auf Sachausschüttung

73 Mit Wirksamwerden des Gewinnverwendungsbeschlusses steht dem Aktionär grundsätzlich ein Zahlungsanspruch gegenüber der Gesellschaft zu (§ 58 Abs. 4 AktG iVm. dem Beschluss). Möglich ist jedoch auch ein Anspruch auf eine **Sachausschüttung**, wenn dies in der Satzung festgelegt ist und die Hauptversammlung eine solche beschließt (§ 58 Abs. 5 AktG). Inhaltlich muss der Beschluss Art und Höhe der Sachausschüttung festlegen. Hierzu hat die Verwaltung Vorschläge zu unterbreiten (§ 124 Abs. 3 Satz 1 AktG). Der Hauptversammlungsbeschluss bedarf der einfachen Mehrheit.[122] Anderes gilt nur, soweit die Satzung etwas Abweichendes vorsieht. Bei der Sachdividende wird es sich regelmäßig um Wertpapiere aus dem Anlagevermögen der AG, um eigene Aktien oder Anteile an einer Tochtergesellschaft handeln.[123] Zu beachten ist jedoch, dass sich aus dem Grundsatz der Treupflicht ein schutzwürdiges Vertrauen des Aktionärs auf Barzahlung ergeben kann. Das kann insbesondere der Fall sein, wenn nicht fungible Werte, etwa Aktien nicht börsennotierter Gesellschaften als Sachdividende ausgegeben werden sollen.[124] Ein solcher Treupflichtverstoß ermöglicht nicht nur die Anfechtung des satzungsändernden Beschlusses, sondern muss auch die Anfechtung des Ausschüttungsbeschlusses ermöglichen.[125] Die Eindeutigkeit der Satzungsbestimmung kann die Anfechtungsrisiken minimieren.[126]

Sowohl der Zahlungsanspruch als auch der Anspruch auf Sachausschüttung ist seinem Inhalt nach ein reines Gläubigerrecht und kann daher durch die Gesellschaft ohne Zustimmung des einzelnen Aktionärs nicht mehr geändert werden. Der Zahlungs- bzw. Sachausschüttungsanspruch wird mangels abweichender Vereinbarung in der Satzung oder im Gewinnverteilungsbeschluss sofort fällig (§ 271 BGB). Während der zur Auszahlung bzw. Auskehrung be-

---

[121] BGH IX ZR 21/93 v. 28. 10. 1993, BGHZ 124, 27, 31 = NJW 1994, 323.
[122] *Hüffer* AktG § 58 Rz. 32; *Spindler/Stilz/Cahn/Senger* § 58 Rz. 105; MünchHdb. GesR/Bd. 4/*Hoffmann-Becking* § 46 Rz. 17; *Schmidt/Lutter/Fleischer* § 58 Rz. 59.
[123] Zur Ausschüttung anderer Vermögensgegenstände vgl. *Seibert* NZG 2002, 608, 609.
[124] Vgl. Regierungsbegründung, NZG 2002, 213, 218 f.
[125] Die Regierungsbegründung will demgegenüber die Inhaltskontrolle auf den Zeitpunkt der Fassung des satzungsändernden Beschlusses vorverlagern, vgl. NZG 2002, 213, 219.
[126] *Holzborn/Bunnemann* AG 2003, 671, 673.

A. Rechte und Pflichten der Aktionäre

nötigten Zeit (in aller Regel 1–2 Tage) kann die Gesellschaft jedoch nicht in Verzug geraten (§ 286 BGB). Anders als das mitgliedschaftliche Recht auf Teilhabe am Bilanzgewinn ist der Zahlungs- bzw. Sachausschüttungsanspruch **selbständig übertragbar**, und zwar unabhängig davon, ob er bereits fällig ist oder nicht. Auch können zukünftige Ansprüche übertragen werden. **Einzuklagen** sind die Ansprüche gegenüber der Gesellschaft, und zwar im Wege der Leistungsklage.

c) Höhe des konkreten Anspruchs

Sie ergibt sich aus dem jeweiligen Bilanzgewinn und Verteilungsschlüssel (§ 60 AktG bzw. Satzung). Unter dem Bilanzgewinn ist der positive Überschuss der Aktiv- über die Passivposten der Bilanz nach etwaiger Auflösung von Rücklagen und nach Bildung der vorgeschriebenen oder erlaubten Rücklagen zu verstehen. Der Bilanzgewinn ist mithin ein in Geld ausgedrückter Rechnungsposten. Wird an den Aktionär eine **Sachdividende** ausgeschüttet, besteht die Besonderheit, dass keine Identität von Verteilungsmaßstab und Verteilungsgegenstand besteht. In diesem Fall muss daher eine Bewertung des Ausschüttungsgegenstandes vorgenommen werden. Insoweit stellt sich insbesondere die Frage, wie der ausgeschüttete Gegenstand zu bewerten ist: nach dem **Buchwert**, dem **Verkehrswert** oder einem anderen (Mittel-)Wert. Teilweise wird insoweit die Ansicht vertreten, dass neben dem Ansatz der tatsächlichen Werte ein solcher nach Buchwerten möglich sein sollte.[127] Dies hätte handelsrechtlich zur Folge, dass eine ggf. im Buchwert gebundene stille Reserve still an die Aktionäre weitergegeben werden könnte, so dass im Ergebnis an den Aktionär mehr ausgeschüttet werden könnte, als es dem in Geld ausgedrückten Bilanzgewinn entspricht (zB Sache mit einem Buchwert von 100 und einem Zeitwert von 1000 wird bei einem Bilanzgewinn von 100 ausgeschüttet). Steuerrechtlich würde eine solche Ausschüttung stiller Reserven für die Gesellschaft jedenfalls in Höhe der Differenz zwischen Buchwert und Verkehrswert eine verdeckte Gewinnausschüttung darstellen, die ggf. (bei Nichterfüllung der Voraussetzungen des § 8 b Abs. 2 KStG) bei der Gesellschaft versteuert werden müsste.[128] Damit würde bei der Gesellschaft ein zusätzlicher Steueraufwand entstehen, der entweder im Jahresabschluss zurückgestellt werden müsste, wenn ein entsprechender Gewinnverwendungsvorschlag der Verwaltung vorliegen würde, oder im Gewinnverwendungsbeschluss aus dem Bilanzgewinn als zusätzlicher Aufwand aufgrund des Beschlusses (§ 174 Abs. 2 Nr. 5 AktG) ausgewiesen werden müsste.[129]

Gesellschaftsrechtlich bestehen gegen diese Auffassung Bedenken (s. § 8 Rz. 35). Ausgangspunkt der Ermittlung des ausschüttungsfähigen Bilanzgewinns ist die Jahresbilanz mit den in ihr enthaltenen fortgeführten Buchwerten, ohne Berücksichtigung der stillen Reserven.[130] Dass diese Kapitalbindungsgrundsätze durch die Zulassung der Sachdividende durchbrochen werden sollten, ist nicht ersichtlich. Insbesondere spricht die Zulassung der

---

[127] *Lutter/Leinekugel/Rödder* ZGR 2002, 204, 215 ff.; MünchKomm. AktG/Bd. 1/*Bayer* § 58 Rz. 110; *Holzborn/Bunnemann* AG 2003, 671, 674 f.; MünchHdb. GesR/Bd. 4/*Hoffmann-Becking* § 46 Rz. 28.
[128] *Lutter/Leinekugel/Rödder* ZGR 2002, 204, 229; s. auch § 11 Rz. 184.
[129] *W. Müller* NZG 2002, 752, 758 f.
[130] *Rowedder/Schmidt-Leithoff/Pentz* § 30 Rz. 10 zum GmbH-Recht mwN.

Sachdividende als solche nicht für eine derartige Durchbrechung, da der Gesetzgeber – wie sich aus den Materialien ergibt[131] – sich hierzu ausdrücklich einer Aussage enthalten hat. Darüber hinaus führt die gegenteilige Auffassung auch zu Unstimmigkeiten insofern, als bei einem entsprechenden Wert der ausgeschütteten stillen Reserven der gesamte Bilanzgewinn oder sogar mehr durch den höheren Steueraufwand aufgezehrt werden würde. Deshalb sprechen die besseren Gründe dafür, nicht vom Buchwert, sondern vom tatsächlichen Wert auszugehen.[132]

Ist ein solcher Bilanzgewinn tatsächlich erzielt und festgestellt worden, so haben die Aktionäre auf diesen grundsätzlich einen Anspruch, es sei denn, der Bilanzgewinn ist durch Gesetz, Satzung, Beschluss der Hauptversammlung oder als zusätzlicher Aufwand oder kraft Rechtsgeschäfts von der Verteilung an die Aktionäre ausgeschlossen.

75 **Beispiele:** Der Gewinnanspruch kann ausgeschlossen oder beschränkt sein:
– von Gesetzes wegen, insbesondere im Zusammenhang mit Maßnahmen der Kapitalherabsetzung: Gewinne, die aus der Kapitalherabsetzung resultieren, dürfen während der ersten sechs Monate nicht und danach erst nach Befriedigung oder Sicherstellung aller Gläubiger ausgeschüttet werden (§§ 225 Abs. 2, 230, 233 AktG);
– durch die Satzung, soweit Gründervorteile (§ 26 AktG) bzw. Genussrechte (§ 221 Abs. 3 AktG) vorgesehen sind oder ein Ausschluss oder Teilausschluss der Aktionäre vom Gewinn vereinbart ist;
– durch den Gewinnverwendungsbeschluss der Hauptversammlung, und zwar bei Einstellung in die offenen Gewinnrücklagen, Einstellung als Gewinnvortrag oder Verwendung für andere Zwecke (§ 58 Abs. 3 Satz 1 AktG), sowie Verwendung für den zusätzlichen Aufwand, der sich aufgrund der Beschlüsse ergibt;
– durch eine wirksame Verfügung über den Gewinnanspruch, etwa bei Gewinnabführungsverträgen oder Gewinngemeinschaften (§§ 291 Abs. 1, 292 Abs. 1 Nr. 2 AktG).

76 Auf diesen so zu ermittelnden Bilanzgewinn ist der Verteilungsanspruch des Aktionärs gerichtet, der sich je nach Verteilungsschlüssel wie folgt bestimmt: Nach dem **gesetzlichen Verteilungsschlüssel** ist zu unterscheiden: Sind die **Einlagen** auf alle Aktien in **gleichmäßigem Umfang** erbracht worden, so bestimmt sich der Gewinnanspruch nach dem Anteil der Aktionäre am Grundkapital (vgl. auch § 10 Rz. 87). Die Aktionäre sind also nach ihrer quotalen Beteiligung am Kapital zu bedienen. Die auf den Anteil geleisteten Einzahlungen sowie ein etwaiges Aufgeld sind nicht zu berücksichtigen. Im zweiten Fall, bei **ungleichmäßiger Erbringung der Einlagen** auf das Grundkapital, erhält jeder Aktionär eine Vorabdividende von 4 % auf die geleistete Einlage. Reicht der Gewinn nicht aus, erhält der Aktionär einen entsprechend niedrigeren Satz. Im Laufe des Geschäftsjahres erfolgte Einlageleistungen sind von ihrer Leistung an verhältnismäßig zu berücksichtigen. Ein nach Verteilung der Vorabdividende noch verbleibender Gewinn wird nach den Grundsätzen des § 60 Abs. 1 AktG verteilt. Junge Aktien aus Kapitalerhöhungen, die im Laufe des Geschäftsjahres durchgeführt worden sind, erhalten eine Vorausdividende von 4 % für die Zeit seit der Leistung der Einlage.

---

[131] BR-Drs. 109/02, 27.
[132] *W. Müller* NZG 2002, 752, 759 mit eingehender Begründung; so auch *Schmidt/Lutter/Fleischer* § 58 Rz. 60; *Spindler/Stilz/Cahn/Senger* § 58 Rz. 110; *Hüffer* AktG § 58 Rz. 33; *Ihrig/Wagner* BB 2002, 789, 796; *Orth* WPg 2004, 777, 782; *Prinz/Schürner* DStR 2003, 181, 183; WP-Handbuch 2006, Bd. I, F Rz. 321.

A. Rechte und Pflichten der Aktionäre   77–79 § 4

Die gesetzlichen Regelungen sind **abdingbar**; in der Satzung können ab- 77
weichende Regelungen festgelegt werden. Die Satzung kann
– Vorzugsaktien einführen, die unterschiedliche Rechte bei der Gewinnverteilung gewähren (§ 3 Rz. 50 ff., 55);
– einen anderen Verteilungsschlüssel vorsehen, etwa bestimmen, dass sich der Gewinnanteil nach den Lieferungen der Aktionäre im letzten Geschäftsjahr richten soll (bei Nebenleistungs-AG);
– eine Gewinnverteilung nach der Inanspruchnahme von Leistungen durch die Aktionäre vorsehen (bei genossenschaftlich strukturierten Gesellschaften);
– die Gewinnbeteiligung für einzelne oder alle Aktien vollständig ausschließen;
– die Gewinnbeteiligung nur für diejenigen Aktien ausschließen, auf die die Einlage nicht voll eingezahlt ist;
– den gesamten Gewinn nach dem Verhältnis der Einlage und ihrer Leistungszeit berechnen.

Diese Regelungen können auch im Wege der **Satzungsänderung** angeord- 78
net werden. Soweit hierdurch die Gewinnverteilung zu Ungunsten eines Aktionärs geändert wird, bedarf es seiner Zustimmung; ein Beschluss nach § 179 AktG ist nicht ausreichend. Eine solche Neuordnung des Gewinnbezugsrechts kann ebenfalls im Rahmen eines Kapitalerhöhungsbeschlusses, der satzungsändernden Charakter hat, angeordnet werden. Insoweit sind Regelungen zulässig, die die jungen Aktien im Vergleich zu den Regeln des § 60 Abs. 1, 2 AktG und damit gegenüber den alten Aktien bevorzugen. Die Zustimmung der Altaktionäre ist hierzu nach hM nicht erforderlich, da sie durch das Bezugsrecht geschützt sind.

13. Bezugsrecht junger Aktien bei Kapitalerhöhung

Den Aktionären steht bei ordentlichen Kapitalerhöhungen und Kapitalerhö- 79
hungen unter Verwendung von genehmigtem Kapital ein aus der Mitgliedschaft resultierendes Bezugsrecht zu (§§ 186, 202 AktG). Es ist für die Aktionäre von wesentlicher Bedeutung, da es ihnen die Möglichkeit eröffnet, ihr bisheriges prozentuales Beteiligungsrecht beizubehalten. Die Zuteilung der neuen Aktien an den einzelnen Aktionär erfolgt regelmäßig auf dessen Verlangen hin, und zwar in Höhe des Anteils an der Erhöhungstranche, der dem bisherigen Anteil dieses Aktionärs am Grundkapital entspricht. Anderes gilt bei einer Kapitalerhöhung aus Gesellschaftsmitteln; dort findet eine automatische Teilnahme statt. Das mitgliedschaftliche Bezugsrecht verschafft dem Aktionär das gegen die AG gerichtete Recht auf Abschluss eines Zeichnungsvertrages, d. h. auf Aufnahme einer vom Berechtigten abzugebenden Zeichnungserklärung. Der mitgliedschaftliche Anspruch entsteht mit dem Kapitalerhöhungsbeschluss, erfüllbar ist er allerdings erst, wenn auch die sonstigen Voraussetzungen für die Kapitalmaßnahme erfüllt sind, dh das Bezugsrecht ausgeübt, die Zeichnungserklärung abgegeben und die Durchführbarkeit nach § 188 AktG eingetragen ist.[133] Das Bezugsrecht als generelles Recht auf die Beteiligung am Neubezug junger Aktien ist nicht unter Abspaltung von der Mitgliedschaft übertragbar (Rz. 4). Anderes gilt hingegen für den konkreten Bezugsanspruch,

---

[133] MünchKomm. AktG/Bd. 6/*Pfeifer* § 186 Rz. 14.

der mit Wirksamwerden des Kapitalerhöhungsbeschlusses entsteht. Er ist als selbständiges Recht übertragbar und kann gepfändet und verpfändet werden. Die Übertragung des Bezugsanspruchs erfolgt grundsätzlich nach den §§ 413, 398 BGB. Kann das Bezugsrecht nur durch Vorlage des Dividendenscheins ausgeübt werden, sind die §§ 929 ff. BGB maßgeblich. Zum Verfahren des Bezugs junger Aktien und Bezugsrechtsausschluss vgl. § 9 Rz. 36 ff., 41 ff.

80 **Kein Bezugsrecht** besteht bei einer bedingten Kapitalerhöhung, die auf einen bestimmten Personenkreis zielt. Kein Bezugsrecht besteht auch für die AG an eigenen Aktien (§ 71b AktG), für Aktien, die von Dritten für Rechnung der AG gehalten werden, für abhängige oder in Mehrheitsbesitz stehende Unternehmen oder Dritte, die für diese Unternehmen Aktien halten. Pfandrechtsinhaber und Nießbraucher verfügen ebenfalls nicht über ein Bezugsrecht.[134] Zudem ist ihre Zustimmung bei dem Bezug junger Aktien durch die Aktionäre nicht erforderlich.[135]

14. Treupflicht

81 Die Treupflicht ist heute als verbandsrechtliches Prinzip in der AG anerkannt[136] und als richterliche Generalklausel etabliert. Sie resultiert aus dem Umstand, dass die Aktionäre einer Aktiengesellschaft Partner unter einem gemeinsam verfolgten Zweck sind (§ 705 BGB) und es der Mehrheit der Aktionäre aufgrund ihrer Rechtsstellung möglich ist, durch ihre Beschlüsse oder den von ihnen ausgeübten Einfluss auf die Geschäftsführung in die Rechte der Minderheit einzugreifen.[137] Die Treupflicht ist Oberbegriff für verschiedene Hauptpflichten der Gesellschafter. Im Verhältnis zur Gesellschaft verpflichtet sie die Gesellschafter zur Förderung und Verwirklichung des gemeinsamen Zwecks und zum Unterlassen schädlicher Eingriffe[138] und im Verhältnis untereinander zur Rücksichtnahme auf die mitgliedschaftlichen Interessen der Mitgesellschafter.[139] Sie bildet eine allgemeine Verhaltensregel für die Gesellschafter und Mitgesellschafter bei der Ausübung ihrer Rechte und sonstigen Einflussnahmen. Die Intensität und die Tragweite der Treubindungen ist je nach den Verhältnissen des Einzelfalls unterschiedlich ausgestaltet. Insbesondere die Funktion des auszuübenden Rechts ist von Bedeutung. Allgemein wird zwischen uneigennützigen (gesellschaftsbezogenen) Rechten (zB Stimmrecht) und eigennützigen Rechten (Dividendenrecht) unterschieden. Im Hinblick auf gesellschaftsbezogene Rechte verpflichtet die Treupflicht zur Förderung des gemeinsamen Zwecks und zum Unterlassen schädlicher Einflussnahmen. Die

---

[134] BGH II ZR 143/69 v. 20. 4. 1972, BGHZ 58, 316 = NJW 1972, 1755.
[135] *Hüffer* AktG § 186 Rz. 10.
[136] LG München I AG 2007, 255, 257 f.; GroßKomm AktG/*Henze/Notz* Anh. § 53a Rz. 13 ff.
[137] BGH II ZR 75/87 v. 1. 2. 1988, BGHZ 103, 184 = NJW 1988, 1579 – Linotype; BGH II ZR 178/90 v. 22. 6. 1992, NJW 1992, 3167, 3171 – IBH/Scheich Kamel; BGH II ZR 248/92 v. 19. 9. 1994, BGHZ 127, 107, 111 = NJW 1994, 3094 – BMW; BGH II ZR 205/94 v. 20. 3. 1995, BGHZ 129, 136, 142 = NJW 1995, 1739 – Girmes; *Lutter* ZHR 153 (1989), 446, 454; ausführlich zuletzt *Rowedder/Schmidt-Leithoff/Pentz* § 13 Rz. 35 ff.
[138] BGH II ZR 70/53 v. 9. 6. 1954, BGHZ 14, 25, 38 = NJW 1954, 1401.
[139] BGH II ZR 75/87 v. 1. 2. 1988, BGHZ 103, 184 = NJW 1988, 1579 – Linotype; BGH II ZR 178/90 v. 22. 6. 1992, NJW 1992, 3167, 3171 – IBH/Scheich Kamel; BGH II ZR 205/94 v 20. 3. 1995, BGHZ 129, 136, 142 = NJW 1995, 1739 – Girmes.

A. Rechte und Pflichten der Aktionäre

Treupflicht kann hier also Handlungs- und Unterlassungspflichten, regelmäßig also positive und negative Stimmpflichten zur Folge haben. Bei eigennützigen Rechten ist eine Berücksichtigung der Gesellschaftsinteressen grundsätzlich nur erforderlich, wenn die Rechtsausübung durch den Gesellschafter willkürlich und ohne Rücksicht auf die Gesellschaft bzw. die Gesellschafter oder in unverhältnismäßiger Weise erfolgt. Insoweit kommt der Treupflicht vor allem eine Schrankenfunktion zu.

a) Treupflicht zwischen der Gesellschaft und ihren Gesellschaftern

Aus der Treupflicht lassen sich verschiedene Loyalitäts- und Unterlassungspflichten ableiten, die den Gesellschaftern eine Schädigung der Gesellschaft und umgekehrt der Gesellschaft eine Schädigung der Gesellschafter verbietet. Daneben fließen aus der Treupflicht Förderungspflichten, die die Gesellschafter insbesondere bei der Stimmrechtsausübung zu beachten haben. Eine Verletzung dieser Pflichten ist insbesondere denkbar, wenn
- ein Mehrheitsgesellschafter herrschenden Einfluss zum Nachteil der Gesellschaft ausübt, indem er Leistungen auf nicht gerechtfertigte Konzernumlagen veranlasst.[140] Kommt dem Mehrheitsaktionär Unternehmenseigenschaft zu, ist dieser Fall über die §§ 291 ff. AktG, insbesondere § 317 AktG zu regeln;
- eine Minderheit in eine kontrollbedürftige Einflussposition gelangt ist und zB ein mehrheitlich befürwortetes und sinnvolles Sanierungskonzept aus eigennützigen Motiven scheitern lässt;[141]
- Gesellschafter die Gesellschaft gegenüber Dritten diskreditieren und zB kreditgefährdende Äußerungen abgeben;
- Gesellschafter die Kündigung eines Gesellschafterdarlehens durchsetzen, obwohl dies zur Liquiditätskrise führt;[142]
- Gesellschafter als außenstehende Dritte Forderungen gegenüber der Gesellschaft erworben haben und geltend machen, die Verhältnisse der Gesellschaft aber ein Zuwarten erfordern und der Anspruch nicht ernstlich gefährdet ist.
- Auskunftsrechte in einer Weise ausgeübt werden, die eine Behinderung der Geschäftsführung nach sich ziehen.

b) Treupflicht zwischen den Gesellschaftern

Die zwischen den Gesellschaftern bestehende Treupflicht erfordert eine angemessene Rücksichtnahme auf die Interessen der Mitgesellschafter. Diese konkretisiert sich dahin gehend, dass willkürliche Schädigungen zu unterlassen sind und bei der Rechtsausübung das schonendste Mittel zu wählen ist. Dieser Verhaltensregel kommt gegenüber der Treupflicht zwischen der Gesellschaft und den Gesellschaftern eigenständige Bedeutung zu, soweit nicht gleichzeitig die Interessen der Gesellschaft betroffen sind. Dies ist ua. der Fall, wenn ein Verhalten eines Aktionärs zu einer Schädigung der Gesellschaft führt – zB bei der Veranlassung von überhöhten Rücklagen oder des Scheiterns eines Sanie-

---

[140] BGH II ZR 23/74 v. 5. 6. 1975, BGHZ 65, 15, 18 = NJW 1976, 191 – ITT.
[141] BGH II ZR 205/94 v 20. 3. 1995, BGHZ 129, 136, 142 = NJW 1995, 1739 – Girmes.
[142] RG II 200/36 v. 26. 2. 1937, JW 1937, 1986; BGH II ZR 11/84 v. 5. 11. 1984, WM 1985, 195, 196; BGH II ZR 262/85 v. 25. 9. 1986, BGHZ 98, 276, 279 = NJW 1987, 189.

rungskonzepts (Rz. 82) –, und einem anderen Aktionär ein über die Wertminderung seines Anteils hinausgehender Schaden entsteht.[143]

84 Darüber hinaus ist von einer Treupflichtverletzung auszugehen, wenn
- ein Aktionär einer Satzungsänderung nicht zustimmt, obwohl diese Maßnahme dringend geboten ist und die Belange des betroffenen Aktionärs nicht in unzumutbarer Weise beeinträchtigt werden. Denn insoweit kann sich aus der Treupflicht eine Zustimmungspflicht ergeben;[144]
- ein Treuhandverhältnis nicht aufgedeckt wird;[145]
- die Zustimmung zur Übertragung von vinkulierten Anteilen willkürlich oder aus sachfremden Erwägungen unterbleibt;[146]
- ein Aktionär ausgeschlossen wird, obwohl der Zustand durch weniger einschneidende Maßnahmen erreicht werden kann;
- Erwerbsrechte an Anteilen geltend gemacht werden, obwohl der Erwerbsberechtigte den Erwerbsgrund treuwidrig herbeigeführt hat;[147]
- gegen Gesellschafterbeschlüsse in missbräuchlicher Weise vorgegangen wird, etwa indem sich ein Gesellschafter die Klagerücknahme abkaufen lässt;[148]
- ein Aktionär bereits vor dem Auflösungsbeschluss mit dem Vorstand eine Vereinbarung über den Erwerb des Gesellschaftsvermögens trifft und somit den Mitgesellschaftern die Möglichkeit raubt, sich um die Fortführung des Unternehmens zu bemühen.[149]

c) Rechtsfolgen

85 Treupflichtverletzungen können je nach Lage des Falls verschiedene, sich teilweise überlagernde und ergänzende Rechtsfolgen auslösen: Eine treuwidrige Ausübung des **Auskunftsanspruchs** ist unzulässig. Die AG bzw. ihre Vorstandsmitglieder können daher die Auskunftsgewährung verweigern.[150] Eine die Treupflicht verletzende **Stimmrechtsausübung** ist unwirksam, sodass die Stimmabgabe bei der Beschlussfassung nicht mitzählt.[151] Ist die treuwidrige Stimme abgegeben worden, kann der Beschluss angefochten werden (§ 243 Abs. 1 AktG).[152] Ergibt sich aus der Treupflicht eine Zustimmungspflicht, so kann diese etwa bei Satzungsänderungen durch die Mitgesellschafter im Wege der Leistungsklage durchgesetzt werden.[153] Daneben ist es möglich, dass eine

---

[143] BGH II ZR 23/74 v. 5.6.1975, BGHZ 65, 15, 19 = NJW 1976, 191 – ITT; BGH II ZR 75/87 v. 1.2.1988, BGHZ 103, 184, 194 = NJW 1988, 1579.
[144] BGH II ZR 81/59 v. 17.12.1959, NJW 1960, 434 f.
[145] OLG Hamburg 11 W 13/93 v. 30.4.1993, BB 1993, 1030 f.; *Lutter/Hommelhoff/Lutter/Bayer* § 14 Rz. 23.
[146] *Scholz/Winter* § 14 Rz. 58.
[147] RG II 126/39 v. 17.1.1940, RGZ 162, 388, 394; BGH II ZR 44/58 v. 15.6.1959, BGHZ 30, 195, 201.
[148] *K. Schmidt* GesR § 20 IV 3.
[149] BGH II ZR 124/78 v. 28.1.1980, BGHZ 76, 352, 355 = NJW 1980, 1278; BGH II ZR 75/87 v. 1.2.1988, BGHZ 103, 184, 193 ff. = NJW 1988, 1579.
[150] *Winter* Treubindungen 1988 S. 123.
[151] MünchKomm. BGB/Bd. 5/*Ulmer* § 705 Rz. 239; *Winter* Treubindungen 1988 S. 123.
[152] *Hüffer* AktG § 243, Rz. 19; vgl. auch § 5 Rz. 284 ff.
[153] BGH II ZR 16/73 v. 28.4.1975, BGHZ 64, 253, 258 = NJW 1975, 1410; BGH II ZR 98/75 v. 18.10.1976, BHGZ 68, 81, 82 = NJW 1977, 1013.

A. Rechte und Pflichten der Aktionäre   86–88 § 4

Treupflichtverletzung **Schadensersatzansprüche** auslöst. Bei einer Schädigung der Gesellschaft kann der Ersatz des Schadens auch durch die Aktionäre im Wege der actio pro socio (Rz. 102 f.) geltend gemacht werden. Weiter ist es den Aktionären möglich, gegenüber ihren Mitgesellschaftern oder der Gesellschaft aus eigenem Recht Schadensersatzansprüche geltend zu machen, soweit der Schaden über einen Reflexschaden der Gesellschaft hinausgeht. Schließlich kann eine Treupflichtverletzung bei gewisser Intensität einen Ausschluss des Aktionärs rechtfertigen (str.).

15. Gleichbehandlungsgrundsatz

Der Grundsatz der Gleichbehandlung gehört zu den wesentlichen Grundsätzen des Gesellschaftsrechts und ist eng mit der Treupflicht verbunden. Der Gleichbehandlungsgrundsatz ist ein Korrelat gegen die Ausübung der Verbandsmacht. Er beinhaltet einerseits das Gebot, Aktionäre unter gleichen Voraussetzungen gleich zu behandeln (§ 53 a AktG), und andererseits das Verbot, Aktionäre ohne genügende sachliche Rechtfertigung unterschiedlich zu behandeln. Adressat des Gleichbehandlungsgrundsatzes ist allein die Gesellschaft, sodass sich die Aktionäre nur ihr gegenüber, nicht aber gegenüber ihren Mitgesellschaftern auf eine Verletzung desselben berufen können. Es gibt aber keinen Grundsatz der Gleichberechtigung aller Aktionäre, vielmehr kann die Satzung, wie sich bereits aus §§ 11, 12, 55 AktG ergibt, Aktien mit unterschiedlichen Rechten und Pflichten ausstatten (§ 3 Rz. 66 f.). Allerdings muss bei der Gestaltung dieser Vorrechte der Grundsatz der Gleichbehandlung berücksichtigt werden, dh. es muss allen Aktionären die Möglichkeit geboten werden, unter den gleichen Bedingungen die Vorrechte zu erwerben. Schließlich kann der einzelne Aktionär auf die Gleichbehandlung **verzichten**, indem er dem Hauptversammlungsbeschluss zustimmt, der ihm sein Mitgliedschaftsrecht entzieht. 86

a) Gleichbehandlungsmaßstab

Im Hinblick auf die Hauptrechte (Stimmrecht, Bezugsrecht, Recht auf Dividende und Liquidationserlös) richtet sich die Gleichbehandlung der Aktionäre nach dem Verhältnis ihrer Beteiligung am Grundkapital; die Aktionäre sind gleichmäßig im Verhältnis ihrer Beteiligung zu berücksichtigen. Für die Hilfsrechte (Recht auf Teilnahme an der Hauptversammlung, Rederecht, Auskunftsrecht und Anfechtungsbefugnis) richtet sich die Gleichbehandlung nach Köpfen, dh. jedem Aktionär stehen diese Rechte ohne Rücksicht auf die Höhe seiner Beteiligung zu. 87

b) Verstoß gegen den Gleichbehandlungsgrundsatz

Von einer Ungleichbehandlung ist auszugehen, wenn die vom Vorstand vorgeschlagene Maßnahme oder der Hauptversammlungsbeschluss nicht dem jeweils anzuwendenden Gleichbehandlungsmaßstab entspricht und auch kein abweichender Maßstab durch die Satzung vorgeschrieben oder zugelassen ist. Diese Ungleichbehandlung führt indessen nur zu einem Verstoß gegen § 53 a AktG, wenn sie willkürlich, also **sachlich nicht gerechtfertigt** ist. Sachliche Rechtfertigung ist gegeben, wenn der Eingriff in die Mitgliedschaft geeignet und erforderlich ist, ein bestimmtes Interesse der AG zu wahren, und auch un- 88 ter Berücksichtigung der Aktionärsinteressen als verhältnismäßig erscheint.[154] Keine Willkür liegt zB vor, wenn die AG die Zustimmung zur Übertragung vinkulierter Namensaktien versagt, weil der Erwerb eine Sperrminorität begründen würde[155] oder Kleinaktionäre vom Genussrechtsbezug ausgeschlossen werden, soweit die Ertragslage der Gesellschaft schlecht ist und der auf die Genussrechte auszuschüttende Betrag nachrangig gegenüber dem garantierten Gewinnanteil der außenstehenden Aktionäre ist.[156]

c) Folgen eines Verstoßes

89 Beschlüsse, die gegen den Gleichbehandlungsgrundsatz verstoßen, sind nach § 243 Abs. 1 AktG anfechtbar. Bei der Verletzung des Gleichbehandlungsgrundsatzes durch andere Maßnahmen kann dies zur Unwirksamkeit der betreffenden Handlung führen oder ihre Rechtswirkungen beeinträchtigen. So steht dem Aktionär bei einer ungleichen Einforderung der Einlagen ein **Leistungsverweigerungsrecht** zu. Ist die Verletzung des Gleichbehandlungsgrundsatzes nicht durch Anfechtung oder aufgrund der Unwirksamkeit der betreffenden Handlung behoben worden, steht dem Aktionär ein **Anspruch auf nachträgliche Herstellung** der Gleichbehandlung zu. Beispielsweise kann der Aktionär die Zustimmung zur Übertragung von vinkulierten Namensaktien verlangen, wenn diese willkürlich verweigert wurde. Wurde durch die AG unter Verstoß gegen das Gleichbehandlungsgebot ein **geldwerter Vorteil** zugewandt, so kann von einem benachteiligten Aktionär nicht die Zuwendung eines entsprechenden Vorteils verlangt werden; dem stünde § 57 AktG entgegen. Vielmehr hat die AG Rückgewähransprüche nach § 62 AktG zu verfolgen; hierauf haben die Aktionäre aber keinen Rechtsanspruch. **Schadensersatz** kann bei einer Pflichtverletzung der Verwaltung (§ 93 AktG) verlangt werden, nicht aber auf der Grundlage von § 823 Abs. 1 oder 2 BGB.

16. Klagerechte

90 Bei den Klagerechten ist zunächst danach zu unterscheiden, ob die Ansprüche dem Aktionär unabhängig von seinem Beteiligungsumfang oder erst ab Erreichen eines gewissen Beteiligungsumfangs – ggf. auch gemeinsam mit anderen Aktionären – zustehen (Rz. 91 ff.). Darüber hinaus ist nach dem Inhalt der Aktionärsklagen zu unterscheiden, die einen unterschiedlichen Inhalt je nach Streitgegenstand und Beklagtem aufweisen können (Rz. 93 ff.).

a) Individual- und Minderheitenrechte

91 Das Aktiengesetz weist dem einzelnen Aktionär unabhängig von der Höhe seiner Beteiligung verschiedene Klagerechte gegenüber der Gesellschaft zu (**Individualrechte**). Zu nennen sind neben der gerichtlichen Geltendmachung des Auskunftsrechts (§ 132 Abs. 1 AktG) das Recht auf Herbeiführung einer Entscheidung über die Zusammensetzung des Aufsichtsrats (§ 98 Abs. 2 Nr. 3 AktG) und Bestellung eines Aufsichtsratsmitglieds, wenn dem Aufsichtsrat

---

[154] BGH II ZR 142/76 v. 13. 3. 1978, BGHZ 71, 40, 43 ff. = NJW 18978, 1316 – Kali und Salz; BGH II ZR 75/87 v. 1. 2. 1988, BGHZ 103, 184, 189 f. = NJW 1988, 1579.
[155] LG Aachen 41 O 30/92 v. 19. 5. 1992, AG 1992, 410, 412.
[156] BGH II ZR 230/91 v. 9. 11. 1992, BGHZ 120, 141, 151 f. = NJW 93, 400.

A. Rechte und Pflichten der Aktionäre

nicht die zur Beschlussfähigkeit erforderliche Anzahl von Mitgliedern angehört (§ 104 AktG). Hinzu treten im Vertragskonzern das wichtige Recht der Aktionäre, eine gerichtliche Entscheidung über die Frage der Angemessenheit von Ausgleich und Abfindung herbeizuführen (§ 304 Abs. 4 S. 1, § 305 Abs. 1 AktG) und, im faktischen Konzern, das Antragsrecht auf Bestellung eines Sonderprüfers (§ 315 Abs. 1 Nr. 1–3 AktG). Daneben steht jedem Aktionär das Recht auf Ersatz der Schäden zu, die er aufgrund einer Schädigung der Gesellschaft durch Benutzung von Einfluss auf deren Organe erleidet (§ 117 Abs. 1 Satz 1 AktG). Darüber hinaus hat jeder Aktionär das Recht, gegen Beschlüsse der Hauptversammlung eine **Nichtigkeitsfeststellungsklage** nach §§ 241, 249 AktG und eine **Anfechtungsklage** nach §§ 243, 245 AktG (dazu unter § 5 Rz. 255 ff.) zu erheben.

Neben den Individualrechten sieht das Aktienrecht zahlreiche **Minderheitenrechte** vor, die regelmäßig an einen gewissen Beteiligungsumfang (1–25 % des Grundkapitals) anknüpfen. In der Praxis sind vor allem die folgenden Minderheitenrechte von Bedeutung:

– das Recht auf **Einberufung der Hauptversammlung** (§ 122 AktG, 5 % des Grundkapitals), Aufnahme von Tagesordnungspunkten (§ 122 Abs. 2 AktG, 5 % des Grundkapitals oder 500 000,– Euro);

– das Recht auf gesonderte Abstimmung über die **Entlastung** eines **Vorstands-** oder **Aufsichtsrats**mitglieds (§ 120 Abs. 1 Satz 2 AktG, 10 % oder 1 Mio. Euro), Abberufung eines entsandten Aufsichtsratsmitglieds (§ 103 Abs. 3 AktG; 10 % des Grundkapitals oder 1 Mio. Euro), auf vorrangige Abstimmung über Aktionärsvorschläge bei der Aufsichtsratswahl (§ 137 AktG, 10 % des vertretenen Grundkapitals);

– Bestellung eines **Sonderprüfers** zur Überprüfung von Vorgängen bei der Geschäftsführung, wegen Verdachts der unzulässigen Unterbewertung von Bilanzposten oder der geschäftlichen Beziehungen zum herrschenden Unternehmen (§§ 142 Abs. 2 Satz 1, 260 AktG: 1 % des Grundkapitals oder 100 000,– Euro bzw. 5 % und 500 000,– Euro) bzw. zur Überprüfung der Beziehungen zum herrschenden Unternehmen (§ 315 Satz 2 AktG, 1 % des Grundkapitals oder 100 000,– Euro) soweit sonstige Tatsachen vorliegen, die den Verdacht einer pflichtwidrigen Nachteilszufügung rechtfertigen. Unter den Bedingungen des § 315 Abs. 1 Nr. 1–3 AktG kann zudem jeder einzelne Aktionär einen Antrag auf Sonderprüfung stellen;

– Recht, Geltendmachung von **Ersatzansprüchen** wegen Gesellschaftsschädigung zu erzwingen (§ 147 Abs. 1 AktG), Sperre gegen **Verzicht auf Ersatzansprüche** gegenüber Vorstands- und Aufsichtsratsmitgliedern wegen Verletzung von Sorgfaltspflichten, gegenüber Dritten wegen missbräuchlicher Einflussnahme (§§ 93 Abs. 4, 116, 117, Abs. 4 AktG, alle 10 % des Grundkapitals), gegenüber herrschendem Unternehmen und seiner gesetzlichen Vertreter (faktischer Konzern, §§ 317 Abs. 4, 318 Abs. 4 AktG, 10 % des vertretenen Grundkapitals), gegenüber herrschendem Unternehmen (Vertragskonzern, § 309 Abs. 3 AktG), 10 % des vertretenen Grundkapitals), gegenüber Gründern, Verwaltungsmitgliedern und den neben diesen haftenden Personen (§ 50 Satz 1 AktG, 10 % des Grundkapitals) und den bei der Nachgründung haftenden Personen (§ 53 Satz 1 AktG, 10 % des Grundkapitals);

– das Recht, beim Gericht die Bestellung von Vertretern zur **Geltendmachung** von **Ersatzansprüchen** zu verlangen (§ 147 Abs. 2 AktG, 10 % oder 1 Mio. Euro);

– das Recht, die Zulassung zu beantragen, im eigenen Namen Ersatzansprüche der Gesellschaft geltend zu machen (Klagezulassungverfahren, § 148 Abs. 1 AktG, 1 % oder 100 000.– Euro, s. Rz. 97 ff.).

b) Inhalt der Aktionärsklagen

93 Bei der AG lassen sich folgende Arten von Ansprüchen und Verpflichtungen in der Folge ihrer Durchsetzung unterscheiden: Individuelle Aktionärsklagen gegenüber der AG, mit der die aus der Mitgliedschaft resultierenden Rechte geltend gemacht werden (Rz. 92 f.), Abwehrklagen der Gesellschafter gegenüber der AG bei Geschäftsführungsmaßnahmen ohne Einholung eines Hauptversammlungsbeschlusses (Rz. 94), Klagen einer Aktionärsminderheit auf Geltendmachung der Ersatzansprüche der Gesellschaft über den Weg des Klagezulassungsverfahrens (Rz. 97 ff.), Klagen des Aktionärs im Wege der actio pro socio (Rz. 102), Klagen des Aktionärs gegenüber Mitgesellschaftern (Rz. 103) und Dritten (Rz. 104 ff.).

94 **aa) Individuelle Mitgliedschaftsklage gegenüber der AG.** Mit der individuellen Mitgliedschaftsklage macht der Aktionär eigene aus der Mitgliedschaft resultierende Ansprüche gegenüber der AG geltend.[157] Solche eigenen Ansprüche des Aktionärs gegenüber der AG bestehen beispielsweise im Rahmen von **Gewinn- und Auseinandersetzungsansprüchen**. Gleiches gilt etwa für einen Anspruch auf **Genehmigung der Übertragung von Anteilen** (bei vinkulierten Aktien). Einklagbar ist auch das **Teilnahmerecht** des Gesellschafters an Gesellschafterversammlungen.[158] Die genannten Ansprüche sind im Wege der Leistungsklage geltend zu machen. Darüber hinaus bestehen Rechte auf **Auskunft** (§ 131 AktG) oder **Abfindung** (§ 305 AktG), die mittels eines Antrages im Rahmen eines FGG-Verfahrens durchzusetzen sind (vgl. Rz. 69.).

95 Problematisch erscheint demgegenüber die Klagbarkeit der Ansprüche gegenüber der AG auf **Unterrichtung über hauptversammlungsrelevante Umstände** (zB. Bekanntmachung der Tagesordnung und der Anträge und Wahlvorschläge von Aktionären vgl. Rz. 34). Zumindest wird es in der Regel an dem erforderlichen Rechtsschutzinteresse fehlen, da dem Gesellschafter die Beschlussmängelklage zur Verfügung steht. Ebenfalls als problematisch stellt sich auch die Einklagbarkeit des Dividendenanspruches dar, wenn noch eine Beschlussfassung über die **Feststellung des Jahresabschlusses** fehlt und verschiedene Bilanzposten streitig sind, bezüglich derer ein gewisser Spielraum besteht. Nach hM soll in diesen Fällen jedem Gesellschafter das Recht zustehen, gegen die Gesellschaft in entsprechender Anwendung von § 315 Abs. 3 BGB auf Feststellung des Jahresabschlusses nach billigem Ermessen durch den Richter zu klagen.[159] Das Urteil ersetzt den Beschluss gemäß § 894 ZPO. Entsprechendes gilt für den Beschluss über die Ergebnisverwendung. Auch hier hat der Richter anstelle der Gesellschaft die entsprechende Willenserklärung zu formulieren.

---

[157] *Wiedemann* Organverantwortung und Gesellschafterklagen in der Aktiengesellschaft S. 49 ff.
[158] Kölner Komm./*Zöllner* § 118 Rz. 21.
[159] *Zöllner* ZGR 1988, 392, 417; *Baumbach/Hueck/Zöllner* § 46 Rz. 8 mwN; *Rowedder/Pentz* § 29 Rz. 66 ff. mwN; aA vor allem die ältere Auffassung: RG I 208/01 v. 28. 10. 1901, RGZ 49, 141, 45; *Hachenburg/Hüffer* § 46 Rz. 17.

bb) Abwehrklage gegenüber der AG. Darüber hinaus stehen den Aktionären in gewissem Rahmen Unterlassungsansprüche gegenüber der Gesellschaft nach den Grundsätzen der „Holzmüller"- bzw. „Gelatine"-Rechtsprechung[160] zu. Paradebeispiel dieser Fallgruppen ist die Untersagung einer Geschäftsführungsmaßnahme, durch die der wertvollste Betriebsteil in eine 100 %ige Tochtergesellschaft ohne den erforderlichen Beschluss der Gesellschafterversammlung eingebracht werden soll.[161] Gleichzustellen sind insoweit, wenn die maßgeblichen Schwellenwerte erreicht werden, die „Ausgliederung" von der Tochter- auf eine Enkelgesellschaft.[162] Streitig sind die Fälle des Unternehmensverkaufs und der Veräußerung von Unternehmensbeteiligungen sowie der Erwerb von Beteiligungen.[163] Für die Praxis ist insoweit zu beachten, dass der BGH inzwischen augenscheinlich nur noch auf den Aspekt der Mediatisierung abstellt,[164] womit diese Fälle aus dem Anwendungsbereich der „Holzmüller"- bzw. „Gelatine"-Grundsätze herausfallen. Ansatzpunkt für das Klagerecht des Aktionärs auf Unterlassung der Geschäftsführungsmaßnahme ist nach der Ansicht des Bundesgerichtshofes der verbandsrechtliche Anspruch des Aktionärs darauf, dass die Gesellschaft seine Mitgliedschaftsrechte achtet und alles unterlässt, was sie über das durch Gesetz und Satzung gedeckte Maß hinaus beeinträchtigt. Erforderlich für die Geltendmachung des Unterlassungsanspruchs ist daher ein Eingriff in die ausschließliche Zuständigkeit der Hauptversammlung. Ist ein solcher Fall gegeben, kann der Aktionär **Feststellungsklage** gegen die Gesellschaft mit dem Inhalt erheben, dass für die Durchführung der angestrebten Maßnahme die Zustimmung der Hauptversammlung erforderlich ist.[165] Ferner hat der Bundesgerichtshof in der Holzmüller-Entscheidung auch die grundsätzliche Zulässigkeit einer Leistungsklage anerkannt, durch die der Aktionär die **Rückgängigmachung** der Maßnahme erzwingen kann.[166] Der Anspruch ist nach der Entscheidung „ohne unangemessene Verzögerung" geltend zu machen. Wie dies im Einzelnen auszulegen ist, ist streitig. Vorzugswürdig erscheint die Ansicht, wonach die Klagefrist nicht allgemeingültig in Analogie zu § 246 Abs. 1 AktG, sondern einzelfallbezogen unter Aspekten des allgemeinen Verwirkungsgedankens unter Berücksichtigung der Treupflicht zu bestimmen ist.[167] Möglich erscheint auf der Grundlage dieser Rechtsprechung auch die Geltendmachung einer vor-

---

[160] BGH II ZR 174/80 v. 25. 2. 1982, BGHZ 83, 122 ff. = NJW 1982, 1703 – Holzmüller; BGH NZG 2004, 575, 578 f. – Gelatine I; BGH NJW 2004, 1860 – Gelatine II.

[161] BGH II ZR 174/80 v. 25. 2. 1982, BGHZ 83, 122 ff. = NJW 1982, 1703 – Holzmüller.

[162] BGH NJW 2004, 1860, 1864 f. – Gelatine II.

[163] Vgl. hierzu *Zimmermann/Pentz* in FS Welf Müller S. 150, 155; *Fleischer/Pentz* § 17 Rz. 165 (bejahend), aA insbes. *Emmerich/Habersack* Vor § 311 Rz. 39.

[164] BGH Nichtannahmebeschluss II ZB 226/05 v. 20. 11. 2006, NZG 2007, 234, wonach die Veräußerung (Aufgabe) von Beteiligungen nicht unter diese Grundsätze fallen.

[165] BGH II ZR 174/80 v. 25. 2. 1982, BGHZ 83, 122, 125 = NJW 1982, 1703, Klageantrag unter 3 b.

[166] BGH II ZR 174/80 v. 25. 2. 1982, BGHZ 83, 122, 135 = NJW 1982, 1703; vgl. auch MünchHdb. GesR/Bd. 4/*Wiesner* § 18 Rz. 11; zum Klageantrag vgl. *Zimmermann/Pentz* in FS Welf Müller S. 151, 179.

[167] So *Zimmermann/Pentz* in FS Welf Müller S. 151, 172 ff.; zust. *Seiler/Singhof* Der Konzern 2003, 313, 317 f.

beugenden **Unterlassungsklage**, mit der solche rechtswidrigen Geschäftsführungsmaßnahmen verhindert werden können. Um die vorgenannten Klagen nicht an dem hohen Prozesskostenrisiko scheitern zu lassen, wird vorgeschlagen, die Streitwertbegrenzungsregelung des § 247 AktG in entsprechender Weise auf die Abwehrklage anzuwenden.[168]

97 **cc) Klagezulassungsverfahren.** Durch den durch das UMAG eingeführten § 148 AktG wird einer Aktionärsminderheit das Recht eingeräumt, Ersatzansprüche der Gesellschaft im eigenen Namen klageweise durchzusetzen (§ 148 Abs. 4, 5 AktG). Der von den Aktionären zu erhebenden Klage ist das in § 148 Abs. 1 und 2 AktG regulierte Zulassungsverfahren vorgeschaltet. Das Zulassungsverfahren und die Klage sind subsidiär gegenüber einer Rechtsverfolgung durch die AG selbst (§ 148 Abs. 3 AktG). Die im Rahmen des Klagezulassungsverfahrens erfolgreichen Aktionäre können Ersatzansprüche der Gesellschaft iSd. § 147 Abs. 1 AktG im eigenen Namen auf Leistung an die Gesellschaft einklagen. Den Aktionären steht mithin die Möglichkeit einer actio pro socio zu (s. zu Abgrenzungsfragen Rz. 102), die wegen des zu erreichenden Quorums aber an einen bestimmten Anteilsbesitz gebunden ist.

98 Die Aktionäre können über das Klagezulassungsverfahren die in § 147 Abs. 1 Satz 1 AktG geregelten Ansprüche durchsetzen. Erfasst werden Ansprüche aus der Gründung und Nachgründung gem. §§ 46 bis 48, 53 AktG, aus unzulässiger Einflussnahme (§ 117 AktG) sowie aus der Geschäftsführung gegen die Mitglieder des Vorstandes und des Aufsichtsrats gem. §§ 93, 116 AktG und §§ 823 ff. AktG. Zudem werden nach hM Herausgabe- und Ausgleichsansprüche sowie Ansprüche auf Auskunft und Rechnungslegung[169] erfasst[170] und können Ansprüche aus dem Konzernverhältnis (§§ 309 Abs. 4, 310 Abs. 4, 317 Abs. 4, 318 Abs. 4 AktG zur Einzelklagebefugnis s. Rz. 102) geltend gemacht werden. Die Zulassung können Aktionäre, deren Anteile im Zeitpunkt der Antragstellung zusammen 1% des Grundkapitals oder einen anteiligen Betrag von 100 000.– Euro erreichen, beim Landgericht beantragen. Der Antrag kann von einer Aktionärsminderheit gestellt werden. Bei ihr handelt es sich regelmäßig um eine BGB-Innengesellschaft, so dass die Aktionäre im Zulassungsverfahren als einfache Streitgenossen auftreten.[171] Weiter kann der Antrag von einem Aktionär oder mehreren Aktionären gemeinsam gestellt werden, die bereits jeder für sich das Quorum aufbringen. Diesen Aktionären können weitere Aktionäre zur Seite treten, u.a. um das Kostenrisiko zu senken.[172] Zuständig für die Entscheidung ist das Landgericht am Sitz der Gesellschaft (Kammer für Handelssachen) oder das kraft landesgesetzlicher Regelung für mehrere Landgerichtsbezirke zuständige Landgericht. Der Antrag ist nicht an besondere Formerfordernisse gebunden. Vielmehr ist lediglich der Ersatzanspruch der Gesellschaft nach dem zugrunde liegenden Lebenssachverhalt und der Ersatzpflichtige bestimmt zu bezeichnen. Für den Antrag besteht Anwaltszwang (§ 78 Abs. 1 ZPO).

99 Das Gericht lässt die Klage der Aktionärsminderheit zu, wenn
– die Aktionäre nachweisen, dass sie die Aktien vor dem Zeitpunkt erworben haben, in dem sie von den behaupteten Pflichtverstößen oder dem behaup-

---

168 *Knobbe-Keuk* in FS Ballerstedt S. 254; Münch.HdbGesR/Bd. 4/*Wiesner* § 18 Rz. 11.
169 *Hüffer* AktG § 147 Rz. 2.
170 *Hüffer* AktG § 147 Rz. 2; *Schmidt/Lutter/Spindler* § 147 Rz. 3.
171 *Spindler/Stilz/Mock* § 148 Rz. 36 f.
172 Begründung RegE UMAG, BT-Drs. 15/5092, S. 21.

A. Rechte und Pflichten der Aktionäre 99 § 4

teten Schaden aufgrund einer Veröffentlichung Kenntnis erlangen mussten (§ 148 Abs. 1 Nr. 1 AktG). Nicht möglich ist daher ein Zukauf weiterer Aktien nach der Veröffentlichung, soweit das Quorum zuvor noch nicht erreicht war. Unter Veröffentlichung sind dabei Berichte in den Breitenmedien (Rundfunk, Fernsehen etc.), der Wirtschaftspresse und von online-Diensten zu verstehen.[173] Zudem reichen Ad-hoc-Mitteilungen aus.[174] Vereinzelte Berichte in einzelnen Medien genügen noch nicht. Hinsichtlich des Erwerbszeitpunktes trifft den Aktionär die Darlegungs- und Beweislast, wobei bloße Glaubhaftmachung nicht genügt.

– sie nachweisen, dass die Aktionäre die AG vergeblich unter Fristsetzung zur Geltendmachung der Ansprüche aufgefordert haben (§ 148 Abs. 1 Nr. 2 AktG). Die Verwendung des Begriffs „die Aktionäre" deutet darauf hin, dass das Quorum schon bei Fristsetzung bestanden haben muss, wobei eine Identität von fristsetzenden und antragstellenden Aktionären nicht erforderlich ist (str.).[175] Die Aufforderung, die Ersatzansprüche selbst einzuklagen, ist an die Gesellschaft zu richten. Ein Zugang der Aufforderung bei dem Organ, dem die Anspruchsverfolgung obliegt, ist ausreichend (bei Ersatzansprüchen gegen Mitglieder des Vorstands: Zugang beim Aufsichtsrat).[176] Hinsichtlich der Länge der Frist soll nach den Gesetzesmaterialien eine solche von zwei Monaten ausreichen.[177] Soweit der Aufsichtsrat zuständig ist, kann diese Frist von zwei Monaten als zu knapp erscheinen, da der Aufsichtsrat bei der Willensbildung systembedingt gewisse Schwerfälligkeiten aufweist.[178] Die Darlegungs- und Beweislast für die erfolglose Aufforderung zur Klageerhebung und zur Fristsetzung tragen die Aktionäre.

– Tatsachen vorliegen, die den Verdacht rechtfertigen, dass der Gesellschaft durch Unredlichkeit oder durch grobe Verletzung des Gesetzes oder der Satzung ein Schaden entstanden ist (§ 148 Abs. 1 Nr. 3 AktG). Unter Unredlichkeit fallen bspw. strafbare Handlungen und Verstöße gegen die organschaftliche Treupflicht (zB. Untreue, § 266 StGB, Verstöße gegen Wettbewerbsverbote § 88 AktG, oder die Ausnutzung organschaftlicher Befugnisse zum eigenen Vorteil).[179] Grob sind Gesetzes- und Satzungsverletzungen, wenn es sich um evidente und auch ihrer Art nach für verantwortlich handelnde Unternehmensleiter um nicht hinnehmbare Verstöße handelt. Hierzu zählen insbesondere schuldhafte[180] Verstöße gegen die Sorgfaltspflichten bei der Unternehmensführung (§§ 93, 116 AktG).[181] Ausgeschlossen sind leichteste oder leichte Verstöße gegen das Gesetz oder die Satzung.[182] Für die verdachtsbegründenden Tatsachen tragen die Antragsteller die Darlegungslast.

---

[173] Begründung RegE UMAG, BT-Drs. 15/5092, S. 21.
[174] *Schmidt/Lutter/Spindler* § 148 Rz. 15.
[175] *Hüffer* AktG, § 148 Rz. 6; a.A. *Schmidt/Lutter/Spindler* § 148 Rz. 18, der davon ausgeht, dass das Quorum bei Fristsetzung erreicht sein muss.
[176] *Hüffer* AktG § 148 Rz. 6; *Paschos/Neumann* DB 2005, 1779, 1780.
[177] Begründung RegE UMAG, BT-Drs. 15/5092, S. 43.
[178] So *Hüffer* AktG § 148 Rz. 7; aA *Spindler* NZG 2005, 865, 867.
[179] *Schmidt/Lutter/Spindler* § 148 Rz. 22.
[180] Nach *Spindler/Stilz/Mock* § 148 Rz. 54; *Wilsing* ZIP 2004, 1082, 1088; *Weiss/Buchner* WM 2005, 162, 169 sollen auch die Fälle einfacher Fahrlässigkeit erfasst werden; nach *Schroer* ZIP 2005 2081, 2085 soll zumindest grobe Fahrlässigkeit erforderlich sein.
[181] GroßKommAktG/*Bezzenberger* § 142 Rz. 60; *Seibt* WM 2004, 2137, 2140.
[182] Begründung RegE UMAG, BT-Drs. 15/5092, S. 22.

– der Geltendmachung des Anspruchs keine überwiegenden Gründe des Gesellschaftswohls entgegenstehen (§ 148 Abs. 1 Nr. 4 AktG). Diese Formulierung geht weiter als die durch den BGH[183] zu § 147 AktG entwickelten Grundsätze, da nicht nur gewichtige sondern überwiegende Gründe des Gemeinwohls erforderlich sind. Dies zeigt, dass es im Normalfall für die Zulassung der Klage reichen wird, wenn die Voraussetzungen der Nr. 1–3 erfüllt sind.[184] Das Gericht hat die Existenz solcher entgegenstehenden Gründe des Gesellschaftswohls von Amts wegen zu prüfen.

100 Das Gericht entscheidet im Klagezulassungsverfahren durch Beschluss, gegen den eine sofortige Beschwerde möglich ist. Die Gesellschaft ist im Zulassungsverfahren und im Klageverfahren beizuladen. Hat das Gericht dem Antrag auf Klagezulassung stattgegeben, können die Aktionäre die Ersatzansprüche der Gesellschaft selbst einklagen (§ 148 Abs. 4 AktG). Zu ihrer weiteren Information können sie, soweit die Voraussetzungen vorliegen, das Instrument der Sonderprüfung nutzen (§ 142 AktG); weitere Befugnisse zur Erleichterung ihrer Informationslast stehen ihnen nicht zur Verfügung.[185] Die Klage ist gegen die in § 147 Abs. 1 AktG genannten Personen zu richten. Die Klage muss binnen drei Monaten nach Eintritt der Rechtskraft des Zulassungsbeschlusses erhoben werden. Die Aktionäre müssen die Gesellschaft zuvor nochmals unter Setzung einer angemessenen Frist vergeblich aufgefordert haben, selbst Klage zu erheben. Dabei muss das Zulassungsquorum nicht mehr bei Klageerhebung vorhanden sein.[186] Ein im Klageverfahren ergangenes Urteil wirkt für und gegen die Gesellschaft und die übrigen Aktionäre (§ 147 Abs. 5, S. 1 AktG).

101 Die Kosten eines erfolglosen Klagezulassungsverfahrens tragen die antragstellenden Aktionäre, es sei denn die Abweisung beruht auf ihnen nicht mitgeteilten Gründen des Gesellschaftswohls (§ 148 Abs. 6 Satz 1 und 2 AktG). Bei einem erfolgreichen Klagezulassungsverfahren hat das Gericht in seinem Endurteil über die Kosten zu entscheiden (§ 148 Abs: 6 Satz 3 AktG). Übernimmt die Gesellschaft ein anhängiges Klageverfahren, hat sie die bis dahin entstandenen Kosten des Antragstellers zu tragen (§ 148 Abs. 6 Satz 4 AktG). Wird die Klage ganz oder teilweise abgewiesen, hat die Gesellschaft die den Antragstellern auferlegten Kosten zu erstatten (§ 148 Abs. 6 Satz 5 AktG). Gemeinsam handelnde Aktionäre können nur die Kosten für einen Bevollmächtigten verlangen (§ 148 Abs. 6 Satz 7 AktG). Nach Zulassung der Klage sind bei börsennotierten Aktiengesellschaften der Zulassungsantrag und die Verfahrensbeendigung in den Gesellschaftsblättern bekannt zu machen.

102 dd) **Actio pro socio.** Aktionäre können in bestimmten Fällen – auch ohne das Erreichen eines Minderheitenquorums – Ersatzansprüche der Gesellschaft im eigenen Namen auf Leistung an die Gesellschaft einklagen (actio pro socio). Soweit die **Einlageleistungen** betroffen sind, ist allgemein anerkannt, dass die Einforderung ausschließlich Sache des Vorstandes ist (§ 63 Abs. 1 AktG) und der einzelne Gesellschafter diese Verpflichtung nicht geltend machen kann, da die im Personengesellschaftsrecht gängige Begründung, jeder Gesellschafter habe sich gegenüber den übrigen Gesellschaftern zu dieser Einbringung verpflichtet, nicht trägt.[187] Gleiches gilt im Ergebnis für die Nebenleistungs-

---

[183] BGH v. 21. 4. 1997 – II ZR 175/95, BGHZ 135, 244, 255.
[184] Begründung RegE UMAG, BT-Drs. 15/5092, S. 45.
[185] *Seibt* WM 2004, 2137, 2142; *Semler* AG 2005, 321, 331.
[186] *Hüffer* AktG § 148 Rz. 16; *Seibt* WM 2004, 2137, 2142.
[187] *Zöllner* ZGR 1988, 392, 402 f.; Münch.Hdb. GesR / Bd. 4/ *Wiesner* § 18 Rz. 5.

A. Rechte und Pflichten der Aktionäre 103–105 § 4

ansprüche (§§ 55, 180 Abs. 1 AktG). Ebenfalls besteht keine Möglichkeit über § 148 AktG hinaus eine actio pro socio zur Geltendmachung von durch **Organmitglieder verursachten Schäden** durchzuführen.[188] Demgegenüber besteht eine solche Klagebefugnis des einzelnen Aktionärs (actio pro socio[189]) über das Klagezulassungsverfahren hinaus[190] bei Schäden am Gesellschaftsvermögen wegen schädigender Einflussnahmen durch ein herrschendes Unternehmen nach §§ 309 Abs. 4, 317 Abs. 4 AktG.[191] Ebenfalls wird von der hM ein Klagerecht des Aktionärs angenommen, wenn der Vorstand bei der Nichtgeltendmachung von Ansprüchen (zB Einlageansprüche, Rückforderungen unberechtigter Zuwendungen) den Gleichbehandlungsgrundsatz oder die Treupflicht verletzt, da in diesem Fall der Verstoß zugleich eine Verletzung von Mitgliedschaftsrechten darstellt.[192] Die Klageerhebung des Aktionärs hindert nicht die Klageerhebung durch die Gesellschaft (keine Einrede der Rechtshängigkeit). Ein klageabweisendes Urteil hat keine Rechtskraftwirkung gegenüber der Gesellschaft. Kostenschuldner ist in diesem Fall der Kläger-Aktionär; er hat in der Regel keinen Aufwendungsersatzanspruch gegenüber seiner Gesellschaft.[193]

ee) Klage gegenüber Mitgesellschaftern. Klagen wegen eigener Ansprüche eines Gesellschafters kommen auch gegen Mitgesellschafter in Frage, insbesondere bei Schäden (zB aus Treupflichtverletzung), die nur dem klagenden Gesellschafter entstanden sind, also nicht mittelbar zu einer Schädigung des Gesellschaftsvermögens geführt haben.[194] 103

ff) Klage gegenüber Dritten. Die Mitgliedschaft verkörpert ihrer Rechtsnatur nach ein subjektives Recht. Diese subjektivrechtliche Position erlaubt es, die Mitgliedschaft gestützt auf § 823 Abs. 1 BGB vor bestandsgefährdenden Eingriffen seitens Dritter und der Gesellschaft[195] zu schützen, indem der Aktionär Feststellungs- oder Unterlassungklage erhebt.[196] 104

17. Recht auf den Liquidationsüberschuss

Den Aktionären steht als weiteres Vermögensrecht der Anspruch auf den Abwicklungsüberschuss zu (§ 271 AktG). Seiner Rechtsnatur nach handelt es sich um ein zukünftiges Recht, das sich erst mit der Auflösung der Gesellschaft und dem Eintritt der Verteilungsvoraussetzungen realisiert. Der Anspruch auf den Abwicklungsüberschuss wandelt sich mit Eintritt dieser Voraussetzungen in einen **Zahlungsanspruch** um. Dieser Anspruch ist vorbehaltlich der Zu- 105

---

[188] *Hüffer* AktG § 147 Rz. 5 mwN; aA *Wellkamp* DZWiR 1994, 221, 223; vgl. auch OLG Köln 22 U 72/92 v. 24. 11. 1992, WM 1993, 644, 649.
[189] Insoweit ist streitig, ob es sich bei der actio pro socio um ein eigenes – aus der Mitgliedschaft des Aktionärs fließendes – Recht des klagenden Gesellschafters oder um einen Fall der Prozessstandschaft handelt.
[190] *Schmidt/Lutter/Spindler* § 148 Rz. 6.
[191] *Hüffer* AktG § 317 Rz. 16; s. *Schmidt/Lutter/Spindler* § 147 Rz. 4.
[192] *Zöllner* ZGR 1988, 391, 405; vgl. auch *Th. Raiser* ZHR 153 (1989) 1, 25.
[193] Zum Personengesellschaftsrecht s. MünchKomm. BGB/Bd. 5/*Ulmer* § 705 Rz. 175.
[194] BGH II ZR 23/74 v. 5. 6. 1975, BGHZ 65, 15, 18 = NJW 1976, 191 – ITT.
[195] BGH II ZR 179/89 v. 12. 3. 1990, BGHZ 110, 323, 337 ff. = NJW 1990, 2877 – zum Verein.
[196] *Habersack* Die Mitgliedschaft – Subjektives und „sonstiges" Recht, Tübingen 1996, S. 92, 98; RG II 183/37 v. 21. 9. 1938, RGZ 158, 248, 255; *Palandt/Thomas* BGB § 823 Rz. 12.

stimmung des Aktionärs **unentziehbar**. Hingegen kann das generelle Recht auf den Liquidationserlös vor seiner Konkretisierung durch die ursprüngliche Satzung oder mit Zustimmung aller Aktionäre ausgeschlossen werden. Der Zahlungsanspruch ist **selbständig übertragbar**, unabhängig davon, ob er bereits fällig ist oder nicht. Im Gegensatz dazu ist es ausgeschlossen, den generellen Anspruch auf den Liquidationserlös unter Abspaltung von der Mitgliedschaft zu übertragen (Rz. 5).

a) Anspruchsinhalt

106 Seinem Inhalt nach umfasst der Anspruch das nach Berichtigung aller Gesellschaftsschulden verbleibende Gesellschaftsvermögen. Um dieses zu ermitteln, ist von den Abwicklern eine Schlussbilanz nebst Verteilungsplan zu erstellen. Mit der Verteilung darf frühestens nach Ablauf des Sperrjahres begonnen werden (§ 272 Abs. 1 AktG). Zulässigkeitsvoraussetzung ist weiter, dass zu diesem Zeitpunkt die Verbindlichkeiten berichtigt oder, soweit das nicht möglich ist, der geschuldete Betrag hinterlegt oder dem Gläubiger Sicherheit geleistet ist. Zum Verteilungsverfahren vgl. § 187 Rz. 65 ff. Im Hinblick auf den **Verteilungsschlüssel** ist zu unterscheiden: Bei **gleichmäßiger Einlageleistung** ist das Vermögen nach den Anteilen am Grundkapital zu verteilen. Eigene Aktien der Gesellschaft bleiben außer Ansatz. Auch ein Agio sowie Nebenleistungen bleiben unberücksichtigt; Letztere sind getrennt zu vergüten. Aktien, die bei der Verteilung des Gesellschaftsvermögens mit Vorrechten ausgestattet sind, gehen den übrigen Aktien bei der Verteilung des Liquidationserlöses vor. Bei **unterschiedlicher Einlageleistung** werden zunächst die auf das Grundkapital geleisteten Einlagen erstattet und ein Überschuss nach dem Verhältnis der Einlagen verteilt. Reicht das Vermögen zur Erstattung der Einlagen nicht aus, so haben die Aktionäre den Verlust nach dem Verhältnis der Aktiennennbeträge bzw. der anteiligen Beträge des Grundkapitals zu tragen und erhalten entsprechend geringere Zahlungen. Soweit nötig, sind die noch ausstehenden Einlagen einzuziehen. Bestehen Aktien mit Vorrechten bei der Verteilung des Überschusses, so gehen diese der Erstattung der geleisteten Einlagen vor.

b) Geltendmachung

107 Der Zahlungsanspruch ist gegenüber der Gesellschaft, und zwar im Wege der Leistungsklage geltend zu machen. Einstweiliger Rechtsschutz ist möglich. Wegen seines Zahlungsanspruchs kann der Aktionär das Arrestverfahren und wegen seines Anspruchs auf Unterlassung einer gesetzwidrigen Vermögensverteilung ein einstweiliges Verfügungsverfahren betreiben. Bei unrichtiger Verteilung kann der Aktionär die Gesellschaft auf Zahlung verklagen. Der Anspruch besteht in Höhe der Differenz, die sich aus einem Vergleich der richtig berechneten Quote mit der tatsächlich gewährten Leistung ergibt.

18. Einsicht in die Unterlagen der aufgelösten AG

108 Ist die Gesellschaft abgewickelt worden, steht Aktionären, die ein berechtigtes Interesse nachweisen, das Recht zu, in die zehn Jahre lang bei einem Gericht verwahrten Bücher und Schriften der Gesellschaft Einsicht zu nehmen (§ 273 Abs. 3 AktG). Der Aktionär kann einen neutralen Sachverständigen hinzuzie-

A. Rechte und Pflichten der Aktionäre

hen.[197] Dem Aktionär ist es gestattet, Notizen und Abschriften sowie Fotokopien zu machen, soweit der zeitliche Aufwand angemessen ist. Dagegen enthält § 273 AktG keinen Anspruch auf Aushändigung der Bücher und Schriften oder auf Erteilung von Abschriften.[198]

V. Besteuerung der Dividendeneinkünfte und der Gewinne aus Veräußerungsgeschäften

1. Einleitung

Mit der Einführung der Abgeltungsteuer im Rahmen der Unternehmenssteuerreform 2008 fand für die Besteuerung der Kapitaleinkünfte privater Anleger ein Systemwechsel statt. Der einheitliche Steuersatz von 25% auf die Kapitaleinkünfte soll zu einer Besserstellung im Hinblick auf den Steuersatz führen. Dem stehen allerdings ein Versagung des Abzugs von Werbungskosten, eine Beschränkung der Verlustrechnung und eine Verbreiterung der Bemessungsgrundlage für Kapitaleinkünfte durch eine umfassende Besteuerung der Veräußerungsgewinne gegenüber. Das bisher gültige Halbeinkünfteverfahren wurde abgeschafft und für betriebliche Kapitaleinkünfte durch das sog. Teileinkünfteverfahren ersetzt, das für qualifizierte Beteiligungen und bestimmte Ausnahmetatbestände Anwendung findet.

a) Teileinkünfteverfahren

aa) Systematik. Mit der Unternehmenssteuerreform 2008 wurde das Halbeinkünfteverfahren durch das Teileinkünfteverfahren für die Veranlagung ab 2009 ersetzt.

Nach dem Teileinkünfteverfahren sind 60% der **Dividenden** und **Veräußerungsgewinne** einkommensteuerpflichtig und unterliegen dem persönlichen Steuersatz des Aktionärs, 40% bleiben ohne Progressionsvorbehalt steuerfrei (vgl. § 3 Satz 1 Nr. 40 lit. a) und d) EStG). Die mit diesen Einkünften in wirtschaftlichem Zusammenhang stehenden Werbungskosten bzw. Betriebsausgaben sind nur zu 60% steuerlich abzugsfähig (vgl. § 3c Abs. 2 EStG). Das Werbungskostenabzugsverbot nach § 20 Abs. 9 Satz 1 2. HS EStG und die Verlustausgleichsbeschränkung nach § 20 Abs. 6 EStG finden keine Anwendung.

Die Kapitalertragsteuer beträgt ab VZ 2009 25%. Sie bleibt voll anrechenbar, auch wenn nur 60% der Dividenden und Veräußerungsgewinne steuerpflichtig sind. Da die Kapitalertragsteuer beim Teileinkünfteverfahren keine abgeltende Wirkung besitzt, ist sie lediglich eine Steuervorauszahlung.

bb) Anwendungsbereich. Das Teileinkünfteverfahren kommt zur Anwendung, wenn eine Ausnahme der Abgeltungsteuer vorliegt und somit grundsätzlich die individuelle Besteuerung mit dem persönlichen Steuersatz des Anlegers eingreift.

Bei **Dividenden** kommt das Teileinkünfteverfahren zur Anwendung, wenn die Anteile in einem Betriebsvermögen gehalten werden (vgl. Rz. 130) oder der Aktionär ein wesentlich beteiligter Gesellschafter im Sinne des § 32d Abs. 2 Nr. 3 EStG ist (vgl. Rz. 131).

---

[197] BGH II ZR 54/56 v. 8. 7. 1957, BGHZ 25, 115, 123 = NJW 1957, 1555.
[198] *Hüffer* AktG § 273 Rz. 11f.

Im Rahmen von **Veräußerungsgewinnen** findet das Teileinkünfteverfahren Anwendung, wenn die Anteile in einem Betriebsvermögen gehalten werden (vgl. Rz. 141) oder wenn eine wesentliche Beteiligung im Sinne des § 17 Abs. 1 EStG vorliegt (vgl. Rz. 140).

123 cc) **Übergangsregelung vom Halbeinkünfte- zum Teileinkünfteverfahren.** Das Teileinkünfteverfahren findet zeitlich Anwendung auf **Dividenden**, die dem Aktionär ab dem VZ 2009 zugeflossen sind (vgl. § 52a Abs. 3 Satz 1, Abs. 4 Satz 1 EStG). Der Erwerbszeitpunkt der Aktien ist hierfür irrelevant.

Bei **Veräußerungsgewinnen** findet das Teileinkünfteverfahren nur Anwendung auf Aktien, die nach dem 31.12.2008 erworben worden sind (vgl. § 52a Abs. 3 Satz 2, Abs. 4 Satz 2 EStG). Bei vorherigem Erwerb gilt weiterhin die einjährige Spekulationsfrist nach § 23 Abs. 1 Satz 1 Nr. 2 EStG a.F. (vgl. § 52a Abs. 11 Satz 4 EStG). Das Halbeinkünfteverfahren greift somit ab 1.1.2009 nur ein, wenn die Veräußerung der vor dem 1.1.2009 erworbenen Aktien vor Ablauf der Spekulationsfrist erfolgt.

b) Abgeltungsteuer

124 aa) **Ziele.** Die Einführung der Abgeltungsteuer auf Grundlage einer einheitlichen Besteuerung der Kapitaleinkünfte hatte die Zielsetzung, die Attraktivität und Wettbewerbsfähigkeit des Finanzplatzes Deutschland zu stärken und den Transfer von Kapitalvermögen ins Ausland zu verhindern. Dies sollte erreicht werden mithilfe einer attraktiven Besteuerung durch einen niedrigen Abgeltungsteuersatz, der an die steuerliche Belastung von Kapitaleinkünften im internationalen Vergleich angepasst ist. Das System der Abgeltungsteuer sollte zudem zu einer Vereinfachung des Besteuerungsverfahrens und einem damit verbundenen Bürokratieabbau führen.

125 bb) **Konzeption.** Die Abgeltungsteuer soll eine einheitliche Besteuerung der Einkünfte aus privatem Kapitalvermögen gewährleisten. Hierzu wurde einerseits der Katalog der Kapitaleinkünfte erweitert und ein einheitlicher Abgeltungsteuersatz in Höhe von 25% zzgl. SolZ und ggf. Kirchensteuer (vgl. Rz. 295) eingeführt. Anderseits wurde der Werbungskostenabzug mit Ausnahme eines Sparer-Pauschbetrags in Höhe von 801 € (bei Ehegatten 1602 €) ausgeschlossen. Zudem ist der Verlustausgleich bei Einkünften aus Kapitalvermögen eingeschränkt worden (vgl. Rz. 143).

Die einbehaltene Kapitalertragsteuer besitzt grundsätzlich abgeltende Wirkung (Rz. 129). Daher ermöglicht die Abgeltungsteuer eine weitreichende Anonymität für Anleger aufgrund des Quellensteuerabzugs.

126 cc) **Ausnahmen.** (1) **Dividenden.** Die Dividenden aus Aktien **im Betriebsvermögen** unterliegen als gewerbliche Einkünfte nicht der Abgeltungsteuer, sondern dem Teileinkünfteverfahren (vgl. Rz. 130). Die laufenden Erträge aus Anteilen eines **wesentlich beteiligten Gesellschafters** im Sinne des § 32d Abs. 2 Nr. 3 EStG können auf Antrag der individuellen Besteuerung nach dem Teileinkünfteverfahren unterworfen werden, auch wenn die Anteile im Privatvermögen gehalten werden (vgl. Rz. 131).

(2) **Veräußerungsgewinne.** Die Gewinne aus der Veräußerung von Aktien, die **im Betriebsvermögen** gehalten werden, sind ebenfalls als gewerbliche Einkünfte zu qualifizieren und unterliegen somit dem Teileinkünfteverfahren (vgl. Rz. 141). Die Erträge aus der Veräußerung von **wesentlichen Beteiligungen** im Sinne des § 17 Abs. 1 EStG werden weiterhin als Einkünfte aus Ge-

werbebetrieb betrachtet und sind daher ebenfalls dem Teileinkünfteverfahren unterworfen (vgl. Rz. 140).

(3) Veranlagungswahlrechte. § 32d Abs. 4 EStG ermöglicht einem Aktionär bei Dividendeneinkünften, die der Kapitalertragsteuer mit grundsätzlich abgeltender Wirkung unterlegen haben, unter bestimmten Voraussetzungen ein Veranlagungswahlrecht (vgl. Rz. 129). Auch in diesen Fällen ist der einheitliche Steuersatz in Höhe von 25% anzuwenden.[199]

§ 32d Abs. 6 EStG eröffnet dem Aktionär ein Veranlagungswahlrecht, seine Kapitaleinkünfte nach dem persönlichen Steuersatz zu versteuern, wenn die tarifliche Einkommensteuer unter Anwendung der allgemeinen Regeln des EStG (unter Berücksichtigung des Grundfreibetrags und des Tarifs nach § 32a EStG ohne Anwendung des Teileinkünfteverfahrens) niedriger ausfällt als der Abgeltungsteuersatz („Günstigerprüfung"). Im Rahmen der Veranlagung werden die Einkünfte aus Kapitalvermögen den übrigen Einkünften zugerechnet und dem Steuertarif nach § 32a EStG unterworfen. Die KapESt nach § 36 Abs. 2 Nr. 2 EStG wird auf die festgesetzte ESt angerechnet. Es ist weder ein tatsächlicher Werbungskostenabzug vorzunehmen noch ist das Teileinkünfteverfahren anwendbar[200] (vgl. Rz. 129).

dd) Nachteile. Die Einführung der Abgeltungsteuer ist mit einigen, teilweise sogar erheblichen Nachteilen verbunden. Trotz eines vermeintlich niedrigen Einheitssteuersatzes in Höhe von 25% im Vergleich zu einem Höchststeuersatz von 45% im Rahmen der individuellen Veranlagung kann die Abgeltungsteuer eine Erhöhung der Steuerlast zur Folge haben. Gewinne aus Aktienverkäufen, die bisher aufgrund der einjährigen Haltedauer in der Regel steuerfrei waren, und Dividendeneinkünfte, die früher dem Halbeinkünfteverfahren (45% / 2 = 22,5%) unterlagen, sind ab VZ 2009 einem höheren Steuersatz ausgesetzt. Die „Diskriminierung" der Aktie gegenüber Schuldtiteln und Grundvermögen setzt sich bei den Verlustverrechnungsvorschriften fort. Nach § 20 Abs. 6 EStG besteht neben dem eigenständigen Verlustverrechnungskreis für Kapitaleinkünfte ein weiterer selbständiger Verlustverrechnungskreis für Verluste aus Aktienveräußerungen. Diese steuerliche Behandlung der Aktie führt zu einer Verschlechterung der Eigenkapitalsituation, da die Belastung von Zinserträgen mit einem Steuersatz von ca. 26,4%[201] erheblich geringer ist als die einer Eigenkapitalbeteiligung mit einer durchschnittlichen Besteuerung in Höhe von ca. 48,3%.[202] Das Werbungskostenabzugsverbot als Verstoß gegen das objektive Nettoprinzip verhindert zudem die Berücksichtigung entstandener Aufwendungen wie z.B. Fremdfinanzierungskosten. Außerdem ist fraglich, ob die Einführung der Abgeltungsteuer an der Quelle tatsächlich zu einer Verringerung des Verwaltungsaufwands führen wird.

ee) Übergangsregelung vom Halbeinkünfteverfahren zur Abgeltungsteuer. Die Abgeltungsteuer findet zeitlich Anwendung auf **Dividenden,**

---

[199] Blümich/Treiber § 32d Rz. 132.
[200] Schaumburg/Rödder/Schönfeld S. 657: „Dies folgt aus § 32d Abs. 6 Satz 1 EStG, der die Veranlagungsoption auf die ‚nach § 20 EStG ermittelten Kapitaleinkünfte' beschränkt."
[201] **26,375%** = 25% ESt zzgl. 5,5% SolZ (ggf. KiSt).
[202] Auf Unternehmensebene: 15,8% KSt zzgl. SolZ + 14,0% GewSt (Hebesatz 400%) = **29,8%** → Ausschüttung in Höhe von 70,2 auf Aktionärsebene: 70,2* 25% ESt zzgl. SolZ (ggf. KiSt) = **18,5%**.

die dem Aktionär ab dem VZ 2009 zugeflossen sind (vgl. § 52a Abs. 1 EStG). Der Erwerbszeitpunkt der Aktien ist hierfür irrelevant.

Bei **Veräußerungsgewinnen** findet die Abgeltungsteuer erst für nach dem 31.12.2008 erworbene Aktien Anwendung (vgl. § 52a Abs. 10 Satz 1 EStG). Bei Erwerb vor dem 1.1.2009 ist weiterhin die einjährige Spekulationsfrist nach § 23 Abs. 1 Satz 1 Nr. 2 EStG a.F. zu beachten (vgl. § 52a Abs. 11 Satz 4 EStG). Die Steuerfreiheit der Veräußerungsgewinne greift somit nur ein, wenn die Veräußerung nach Ablauf der Spekulationsfrist erfolgt. Die Steuerfreiheit aus dem Verkauf von vor dem 1.1.2009 erworbenen Aktien bleibt bei unentgeltlichem Erwerb erhalten, da der Anschaffungszeitpunkt des Rechtsvorgängers dem Rechtsnachfolger zugerechnet wird. Der Gewinn aus der Veräußerung von Anteilen an Spezialfonds unterliegt der Abgeltungsteuer, wenn die Fondsanteile nach dem 9.11.2007 angeschafft worden sind (vgl. Rz. 159).

2. Natürliche Person als Aktionär

a) Dividenden

aa) Aktien im Privatvermögen. Werden die Aktien von natürlichen Personen im Privatvermögen gehalten, so unterliegen die nach dem 31.12.2008 zugeflossenen Dividenden gemäß §§ 20 Abs. 1 Nr. 1, 32d Abs. 1 Satz 1 EStG der Abgeltungsteuer in Höhe von 25% zzgl. SolZ (ggf. KiSt). Die **Werbungskosten** sind nach § 20 Abs. 9 EStG mit Ausnahme eines Sparer-Pauschbetrags in Höhe von 801 € (bei Ehegatten 1602 €) nicht abzugsfähig. Bei nicht vollständiger Berücksichtigung des Sparer-Pauschbetrags besteht eine Veranlagungsoption nach § 32d Abs. 4 EStG.

Durch die Einführung der Abgeltungsteuer werden die auszahlenden Stellen in die Erhebung der **KiSt** als Zuschlagsteuer eingebunden. Wenn die Dividenden der Quellensteuer unterliegen, hat der Aktionär ab VZ 2009 das Wahlrecht,[203] ob die KiSt mit Abgeltungswirkung bereits durch den Schuldner der Kapitalerträge einbehalten wird oder ob eine individuelle Veranlagung mit der KiSt erfolgt. Auf schriftlichen Antrag des Aktionärs erfolgt die Einbehaltung durch den Schuldner der Kapitalerträge. Der Antrag kann nicht auf Teilbeträge eingeschränkt werden, sondern muss sich auf alle beim Schuldner der Kapitalerträge erzielten Kapitaleinkünfte beziehen. Zudem ist der Antrag nicht rückwirkend widerrufbar.[204] Im Rahmen der Abgeltungsteuer ist die KiSt als Sonderausgabe pauschal steuermindernd zu berücksichtigen – unabhängig davon, ob der Abzug an der Quelle stattfindet oder eine Veranlagung[205] durchgeführt wird. Daher bestimmt § 32d Abs. 1 Satz 3 EStG, dass sich die Abgeltungsteuer um $1/4$ der auf die Kapitalerträge entfallenden KiSt ermäßigt. Zur

---

[203] Der Gesetzgeber hat auf die Pflicht zum Nachweis der Kirchensteuerpflicht verzichtet und setzt bis zur Einrichtung einer Datenbank, mit deren Hilfe die Religionszugehörigkeit eines jeden Steuerpflichtigen festgestellt werden kann, auf die freiwilligen Angaben der Anleger.
[204] Ehegatten haben im Antrag übereinstimmend zu erklären, in welchem Verhältnis die Erträge auf den jeweiligen Ehegatten entfallen.
[205] Bei einer individuellen Veranlagung hat der Steuerpflichtige den Nachweis über die einbehaltene Abgeltungsteuer zu führen. Hierzu ist der Schuldner der Kapitalerträge verpflichtet, auf Anforderung eine Bescheinigung über die einbehaltene Abgeltungsteuer abzugeben (vgl. § 51a Abs. 2d EStG).

A. Rechte und Pflichten der Aktionäre   129   § 4

Verhinderung eines „Selbstminderungseffekts"[206] wird die ESt wie folgt ermittelt:[207]

$$\frac{e-4q}{4+k}$$

Die Formel ist die Berechnungsgrundlage der Abgeltungsteuer für alle Kapitaleinkünfte. Unerheblich ist, ob tatsächlich KiSt oder ausländische Quellensteuer zu berücksichtigen ist.

Nach **§ 32d Absatz 4 EStG** kann auf Antrag für eine individuelle Veranlagung optiert und die Abgeltungswirkung durchbrochen werden, um eine nach § 32d EStG zutreffende Besteuerung unabhängig von der einbehaltenen Kapitalertragsteuer zu gewährleisten. Die Kapitaleinkünfte unterliegen trotz der Veranlagung dem einheitlichen Abgeltungsteuersatz (sog. **„Wahlveranlagung zum pauschalen Steuersatz"**[208]). Dies ist insbesondere in folgenden Fällen möglich:

- Sparer-Freibetrag nach § 20 Absatz 9 EStG wurde nicht vollständig ausgeschöpft.
- Die KiSt wurde nicht entsprechend berücksichtigt.
- Die tatsächlichen Anschaffungskosten im Rahmen einer Veräußerung sind höher als die Ersatzbemessungsgrundlagen nach § 43a Absatz 2 EStG.
- Verrechnungsfähige Verluste wurden bei der KapESt nicht berücksichtigt.
- Der Verlustvortrag nach § 20 Absatz 6 Satz 3 und 4 EStG wurde nicht berücksichtigt.
- Anrechenbare ausländische Quellensteuer wurde nicht abgezogen.
- Die KapESt soll sowohl dem Grunde als auch der Höhe nach kontrolliert werden.

Zur Vermeidung steuerlicher Verwerfungen ermöglicht **§ 32d Absatz 6 EStG** eine individuelle Veranlagung, wenn der Aktionär mit einem persönlichen Steuersatz von weniger als 25% Kapitaleinkünfte erzielt (sog. **„Wahlveranlagung zum individuellen Steuersatz"**[209]). Hierzu müsste die tarifliche ESt unter Anwendung der allgemeinen Regeln (ohne Anwendung des Teileinkünfteverfahrens) geringer als 25% ausfallen („Günstigerprüfung"). Die Kapitalerträge werden dem persönlichen Steuertarif des Aktionärs unterworfen, wobei die tatsächlichen Werbungskosten neben dem Sparer-Pauschbetrag nicht berücksichtigt werden und das Teileinkünfteverfahren nicht angewandt wird.[210] Der Antrag auf Veranlagung kann nur einheitlich für sämtliche Kapitalerträge gestellt werden (vgl. § 32d Absatz 6 Satz 2 EStG).[211]

Die **KapESt** bei Dividendeneinkünften aus privat gehaltenen Aktien hat nach § 43 Absatz 5 EStG grundsätzlich abgeltende Wirkung.[212] Der Aktionär

---

[206] Ein „Selbstminderungseffekt" tritt ein, weil die Bemessungsgrundlage der KiSt die ESt im Sinne des § 32d Abs. 1 EStG ist (vgl. § 51a Abs. 2b EStG). Durch vorherige Herabsetzung der ESt aufgrund der KiSt würde sich daher die KiSt selbst mindern.
[207] „e" = Einkünfte nach § 20 EStG; „q" = anrechenbare ausländische Quellensteuer nach § 32d Abs. 5 EStG; „k" = KiStSatz der erhebenden Religionsgemeinschaft.
[208] *Hötzel*, Arbeitsbuch zur Jahrestagung der FAfStR 2007 – S. 77.
[209] *Hötzel*, Arbeitsbuch zur Jahrestagung der FAfStR 2007 – S. 77.
[210] *Schaumburg/Rödder/Schönfeld* S. 657: „Dies folgt aus § 32d Abs. 6 Satz 1 EStG, der die Veranlagungsoption auf die ‚nach § 20 EStG ermittelten Kapitaleinkünfte' beschränkt."
[211] Ebenso können Ehegatten nur einen einheitlichen Antrag stellen, vgl. § 32d Abs. 6 Satz 3 EStG.
[212] Die KapESt entsteht gemäß § 44 Abs. 1 Satz 2 EStG mit Zufluss der Dividende beim Aktionär. Die einbehaltene KapESt ist grundsätzlich bis zum 10. des folgenden

bleibt Schuldner der KapESt und der Schuldner der Kapitalerträge entrichtet weiterhin die KapESt auf Rechnung des Aktionärs.[213] Die Abstandnahme bzw. die Erstattung kann wie bisher mithilfe eines Freistellungsauftrags erwirkt werden.[214] Nach § 45a Absatz 2 EStG kann der Aktionär vom Schuldner der Kapitalerträge – auch nach gestelltem Erstattungsanspruch – eine Bescheinigung über alle für § 32d EStG erheblichen Angaben verlangen. Bei individueller Veranlagung hat die KapESt lediglich den Charakter einer Steuervorauszahlung. Kapitalerträge, die nicht dem KapESt-Abzug unterliegen (z. B. Dividendeneinkünfte eines unbeschränkt Einkommensteuerpflichtigen aus ausländischen Wertpapieren, die bei der ausländischen Depotbank verwaltet werden), müssen nach § 32d Absatz 3 EStG in der ESt-Erklärung angegeben werden und fallen grundsätzlich unter den einheitlichen Steuersatz in Höhe von 25%. Zur Anrechnung ausländischer Steuern bei der KapESt vgl. Rz. 138 oben.

130 **bb) Aktien im Betriebsvermögen.** Wenn der Aktionär seine Anteile in einem Betriebsvermögen hält,[215] werden die Dividenden als Einkünfte aus Gewerbebetrieb qualifiziert (vgl. § 20 Absatz 8 EStG). Die nach dem 31. 12. 2008 zugeflossenen Einkünfte unterliegen somit dem **Teileinkünfteverfahren** nach § 3 Satz 1 Nr. 40 lit. d) EStG. Zur Systematik des Teileinkünfteverfahrens vgl. Rz. 121.

Die Einkünfte aus Gewerbebetrieb unterliegen ebenfalls der **KiSt**. Nach § 51a Absatz 2 Satz 2 EStG i.V.m. LandesKiStG werden bei der Bemessungsgrundlage der KiSt die durch das Teileinkünfteverfahren befreiten Einkünfte wieder hinzugerechnet, während die Betriebsausgaben vollständig abgezogen werden. Zudem bleibt die Anrechnung des Gewerbesteuermessbetrags auf die ESt nach Maßgabe des § 35 EStG unberücksichtigt (vgl. § 51a Absatz 2 Satz 3 EStG i.V.m. LandesKiStG).[216]

Die **KapESt** ist im Rahmen des Teileinkünfteverfahrens in voller Höhe von 25% zu erheben (vgl. § 43 Absatz 1 Satz 3 EStG). Sie hat allerdings nach § 43 Absatz 5 Satz 2 EStG keine abgeltende Wirkung und somit nur Steuervorauszahlungscharakter. Nach § 45a EStG hat der Aktionär einen Anspruch auf Bescheinigung der für § 32d EStG erheblichen Angaben gegen den Schuldner der KapESt.

Im Hinblick auf die **GewSt** wird auf Rz. 134 verwiesen.

131 **cc) Wesentlich beteiligter Gesellschafter.** Nach § 32d Absatz 2 Nr. 3 EStG kann in Fällen der „typischerweise unternehmerischen Beteiligung"[217] auf Antrag des Aktionärs für die Dividendeneinkünfte statt der Abgeltungsteuer

---

Kalendermonats an das Finanzamt abzuführen. Nur bei Kapitaleinkünften wie inländischen Dividenden verkürzt sich die Abführungspflicht auf den Zeitpunkt der Ausschüttung (vgl. § 44 Abs. 1 Satz 5 EStG).

[213] Die Bestimmung des Abzugsverpflichteten richtet sich nach Art der Kapitaleinkünfte. Bei inländischen Dividenden ist der Schuldner der Kapitalerträge verpflichtet, während dies bei Veräußerungsgewinnen und ausländischen Dividenden die auszahlende Stelle (v.a. inländische Kreditinstitute) ist.

[214] Vgl. § 44a Abs. 1 und 2 EStG.

[215] Die Gestaltung als gewerbliche Einzelperson ist problematisch, da nach Rechtsprechung des BFH sich der Aktionär wie ein Händler verhalten und entsprechende Transaktionen durchführen muss. Daher empfiehlt sich grundsätzlich die gewerbliche Mitunternehmerschaft, bei der der Aktionär sein Aktiendepot in eine von ihm beherrschte GmbH&CoKG einbringt. Die Lösung über eine zwischengeschaltete Kapitalgesellschaft hängt vom dem beabsichtigten Ausschüttungsverhalten ab. Vgl. *Rädler* Schlechterstellung des inländischen Portfolioaktionärs – DB 2007, 988 (992).

[216] Vgl. *Homburg* Das Halbeinkünfteverfahren und die Kirchensteuer – FR 2008, 153 ff.

[217] Vgl. BT-Drs 16/7036 S. 20.

A. Rechte und Pflichten der Aktionäre 132 § 4

für das Teileinkünfteverfahren optiert werden. Hierbei steht das unternehmerische Interesse im Vordergrund, d. h. der Erwerb der Aktien ist nicht als bloße Kapitalanlage anzusehen und daher vergleichbar mit einer Beteiligung, die im Betriebsvermögen gehalten wird. Ein wesentlich beteiligter Gesellschafter liegt vor, wenn der Aktionär entweder unmittelbar oder mittelbar an einer AG
- **zu mindestens 25% beteiligt** ist oder
- **zu mindestens 1% beteiligt** und **beruflich**[218] für diese Aktiengesellschaft tätig ist.

Der Antrag des Aktionärs kann nur einheitlich gestellt werden.[219] Dies gilt auch beim Erwerb weiterer Aktien.[220] Der Antrag muss spätestens mit der ESt-Erklärung für den entsprechenden VZ eingereicht werden. Er wirkt längstens fünf Jahre und kann für künftige Veranlagungszeiträume jederzeit widerrufen werden. Der Widerruf muss spätestens mit der ESt-Erklärung für den entsprechenden VZ, für den er gelten soll, eingelegt werden. Nach Widerruf ist ein erneuter Antrag des Aktionärs unzulässig.[221]

Die nach dem 31.12.2008 zugeflossenen Einkünfte unterliegen dem Teileinkünfteverfahren nach § 3 Satz 1 Nr. 40 lit. d) EStG. Zur Systematik des **Teileinkünfteverfahrens** vgl. Rz. 121. Zur **KiSt** und zur **KapESt** vgl. Rz. 130.

dd) Verdeckte Gewinnausschüttung aus Sicht des Aktionärs.[222] Die 132 verdeckten Gewinnausschüttungen[223] sind als sonstige Bezüge nach **§ 20 Absatz 1 Satz 2 EStG** Einkünfte aus Kapitalvermögen. Es erfolgt eine Umqualifizierung der Einkünfte des Aktionärs in Kapitalerträge.[224] Die verdeckten Gewinnausschüttungen unterliegen daher grundsätzlich der Abgeltungsteuer, soweit nicht die Veranlagungsoption nach § 32d Absatz 2 Nr. 3 EStG möglich ist (vgl. Rz.131).

Die verdeckte Gewinnausschüttung unterliegt grundsätzlich dem KapESt-Abzug (vgl. § 43 Absatz 1 Satz 1 Nr. 1 EStG). Auch für diese KapESt gilt grundsätzlich die Abgeltungswirkung nach § 43 Absatz 5 Satz 1 EStG. Da die verdeckte Gewinnausschüttung aber in der Regel erst zu einem späteren Zeitpunkt festgestellt wird, wird der Schuldner der Kapitalerträge keine KapESt einbehalten haben. Nach § 44 Absatz 5 Satz 1 EStG haftet der Schuldner der Kapitalerträge für die KapESt neben dem Aktionär als Schuldner der KapESt. Die verdeckte Gewinnausschüttung wird grundsätzlich im Rahmen der Ver-

---

[218] Problematisch ist in diesem Zusammenhang, welche Anforderungen an die berufliche Tätigkeit zu stellen sind. Genügt ein Minijob als Reinigungskraft oder ist auch eine freiberufliche Tätigkeit ausreichend? Vgl. *Griesel/Mertes*, Die neue Abgeltungsteuer S. 107, Bonn 2008.
[219] Es soll durch Aufteilung der Einkünfte nicht auf der einen Seite der Grundfreibetrag und anderseits der niedrige Einheitssteuersatz genutzt werden können.
[220] Vgl. BT-Drs 16/7036 S. 21.
[221] Das Veranlagungswahlrecht kann der Aktionär erst nach vollständiger Veräußerung und späterem erneuten Erwerb der Aktien wieder ausüben (vgl. BT-Drs 16/7036 S. 21).
[222] Die AG unterliegt aufgrund der Umqualifizierung der Betriebsausgaben in verdeckte Gewinnausschüttungen durch deren Hinzurechnung bei der Einkommensermittlung einer erhöhten Gewerbe- und Körperschaftsteuer.
[223] Zur Begriffsbestimmung, vgl. § 12 Rz. 46 ff. sowie § 8 Rz. 83 ff.
[224] Eine verdeckte Gewinnausschüttung liegt vor allem bei einem unangemessen hohen Zinssatz bei einem Gesellschafterdarlehen vor. Der unangemessen hohe Anteil des Darlehenszinses unterliegt somit der Abgeltungsteuer und nicht der individuellen Veranlagung nach § 32d Absatz 2 Nr. 1 lit. a) EStG. Zur Problematik von Gesellschafterdarlehen, vgl. § 12 Rz. 53 ff.

anlagung des Aktionärs zu berücksichtigen sein. Die Haftung des Schuldners der Kapitalerträge kommt somit nur in Betracht, wenn besondere Gründe vorliegen (Vorrang des Veranlagungs- vor dem Abzugsverfahren[225]). Ein solcher Grund liegt insbesondere vor, wenn der Aktionär nicht ertragsteuerlich veranlagt wird (z. B. verdeckte Gewinnausschüttung an einen beschränkt steuerpflichtigen Aktionär als inländische Einkünfte).

133 **ee) Sachdividende.** Eine Sachdividende[226] ist als ordnungsgemäße Gewinnausschüttung anzusehen, die bei den Aktionären zu Einkünften aus Kapitalvermögen nach § 20 Absatz 1 Nr. 1 EStG führt und der Abgeltungsteuer unterliegt. Der Schuldner der Kapitalerträge hat grundsätzlich **KapESt** einzubehalten, die nach § 43 Absatz 5 Satz 1 EStG abgeltende Wirkung hat. Der Aktionär als Gläubiger der Kapitalerträge hat dem zum Steuerabzug Verpflichteten den zur Entrichtung der KapESt erforderlichen Betrag zur Verfügung zu stellen. Kommt der Aktionär dieser Pflicht nicht nach, hat der zum Steuerabzug Verpflichtete dies dem für den Aktionär zuständigen Finanzamt anzuzeigen, damit das Finanzamt die nicht erhobene KapESt beim Aktionär nachfordern kann (vgl. § 44 Absatz 1 Satz 7 bis 9 EStG).[227]

Zur Vermeidung von Veranlagungsfällen sind nach dem JStG 2009 Aktien, die ohne eine gesonderte Gegenleistung an den Aktionär übertragen worden sind (z. B. Gratis-Aktien oder Spin-Off-Vorgänge), mit einem Ertrag von EUR 0,- und mit den Anschaffungskosten von EUR 0,- einzubuchen, wenn die Ermittlung der Kapitalerträge unmöglich ist (vgl. § 20 Absatz 4a Satz 4 EStG).[228] Diese Vereinfachung führt zur Nichtbesteuerung der laufenden Erträge. Allerdings ist bei Veräußerung der erhaltenen Aktien der Gewinn vollständig abgeltungsteuerpflichtig.

134 **ff) Gewerbesteuer.**[229] Die GewSt-Pflicht besteht für jedes stehende Gewerbe,[230] soweit es im Inland betrieben wird.[231] Die Ermittlung des Gewerbeertrags geht von dem nach den Vorschriften des EStG und KStG zu ermittelnden Gewinn aus Gewerbebetrieb aus.

---

[225] Der Sinn der KapESt als Erhebungsform der ESt zum sofortigen Einzug eines Teils der Steuerschuld ist aufgrund der zeitlichen Verlagerung bei verdeckten Gewinnausschüttungen nicht mehr gegeben, da die Steuerschuld ebenso durch die Veranlagung des Aktionärs berücksichtigt werden kann.

[226] Sachdividenden sind Kapitalerträge, die dem Aktionär unbar zufließen.

[227] Problematisch ist die Bewertung der Sachdividende. Auf der einen Seite ist fraglich, ob die Sachdividende mit ihrem Buchwert oder mit ihrem gemeinen Wert anzusetzen ist. Anderseits ist auch strittig, welcher Bewertungszeitpunkt – Verwendungsbeschluss oder tatsächlicher Auskehrung – maßgeblich ist. Vgl. hierzu *Bareis/Siegel* Sachausschüttungen und ihre körperschaftsteuerliche Behandlung de lege lata und de lege ferenda – BB 2008, 479 ff. Zu weiteren Einzelheiten der steuerlichen Folgen einer Sachdividende vgl. *Lutter/Leinekugel/Rödder* Die Sachdividende – ZGR 2008, 205 ff.

[228] Diese Vereinfachung soll der Tatsache Rechnung tragen, dass die Kreditinstitute nicht erkennen können, ob die Einbuchung zusätzlicher Anteile auf eine sofort steuerwirksame Sachausschüttung oder lediglich eine Kapitalrückgewährung darstellt.

[229] Vgl. zur GewSt § 12 Rz. 207 ff.

[230] Ein Gewerbebetrieb ist gegeben, wenn eine selbständige und nachhaltige Tätigkeit mit Gewinnerzielungsabsicht unter Beteiligung am allgemeinen Rechtsverkehr vorliegt, die keine Land- und Forstwirtschaft, selbständige Tätigkeit oder bloße Vermögensverwaltung darstellt.

[231] § 2 Abs. 1 Satz 1 GewStG.

A. Rechte und Pflichten der Aktionäre

Werden die Aktien in einem gewerbesteuerpflichtigen Betriebsvermögen gehalten, sind die Dividendenerträge in voller Höhe gewerbesteuerpflichtig (Hinzurechnung von den im Rahmen des Teileinkünfteverfahrens[232] ab VZ 2009 steuerfreien 40% der Einkünfte gemäß § 8 Nr. 5 GewStG). Da die vollständigen Einkünfte der GewSt unterliegen, sind dementsprechend die gesamten Betriebsausgaben gewerbsteuerlich abzugsfähig. Die Hinzurechnung entfällt allerdings, wenn die Beteiligung des Aktionärs zu Beginn des Erhebungszeitraums mindestens 15%[233] des Grund- oder Stammkapitals beträgt (sog. „**gewerbsteuerliches Schachtelprivileg**", vgl. § 9 Nr. 2 lit. a oder 7 GewStG).[234] Zudem sind einViertel aller **Schuldzinsen** bei einer Fremdfinanzierung der Aktien dem Gewerbeertrag hinzuzurechnen, soweit die Summe den Betrag von 100.000 € übersteigt (vgl. § 8 Nr. 1 lit. a) GewStG).[235]

gg) Abgrenzung von Dividende und Kapitalrückzahlung. Um die Dividenden, die ab dem VZ 2009 der Abgeltungsteuer unterliegen, von Kapitalrückzahlungen[236] unterscheiden zu können, enthält § 27 KStG **Reihenfolgeregelungen**, die im Ergebnis darauf hinauslaufen, dass zuerst der ausschüttbare Gewinn und dann erst das Einlagekonto als ausgekehrt gelten.[237] Vor diesem Hintergrund wird für die Regeln zur Kapitalerhöhung aus Gesellschaftsmitteln und zur Kapitalherabsetzung auf § 9 Rz. 96 ff. verwiesen.

hh) Belastungsvergleich zwischen Dividende und Leistungsvergütung. Beim Vergleich der Ertragsteuerbelastung auf Aktionärsebene ergibt sich eine Schlechterstellung der ausgeschütteten Dividenden (ca. 48,3% einschließlich der Vorbelastung der AG[238]) gegenüber der Leistungsvergütung (ca. 47,5%[239]). Mit Einführung der Abgeltungsteuer werden die Erträge aus Dividenden stärker belastet als die Leistungsvergütung.

ii) Sachverhalt mit Auslandsbezug. (1) Ausländische natürliche Person als Anteilseigner mit Depot im Inland. Beschränkt steuerpflichtige Aktionäre sind durch die Einführung der Abgeltungsteuer nur geringen Ver-

---

[232] Zur Systematik des Teileinkünfteverfahrens vgl. Rz. 121.
[233] Die Beteiligungsgrenze wurde zum VZ 2008 grundsätzlich von 10% auf 15% erhöht, vgl. § 36 Abs. 8 Satz 6 GewStG. Allerdings bleibt bei Tochtergesellschaft im EU-Ausland eine Mindestbeteiligung von 10% bestehen, vgl. § 9 Nr. 7 Satz 1 2. HS GewStG.
[234] Zur Diskussion, ob bereits der Tatbestand der Hinzurechnung nach § 8 Nr. 5 GewStG entfällt oder ob eine Kürzung nach § 9 Nr. 2 lit. a oder 7 GewStG vorliegt, vgl. *Prinz/Simon* Kuriositäten und Ungereimtheiten des UntStFG – DStR 2002, 149 ff.
[235] Ab VZ 2008 wird der Hinzurechnungstatbestand auf alle Fremdkapitalzinsen und deren Substitute erweitert. Im Gegenzug wurde die Hinzurechnungsquote von 50% auf 25% gemindert und ein Hinzurechnungsfreibetrag eingeführt.
[236] Die Rückgewähr von Einlagen unterliegt beim Aktionär grundsätzlich keiner Ertragsteuer, da diese Rückgewähr kein Nutzungsentgelt für das überlassene Kapital darstellt. Nach § 20 Abs. 1 Nr. 1 Satz 3 EStG ist eine Einlagenrückgewähr nicht als Kapitalertrag erfasst, soweit sie aus Ausschüttungen einer Körperschaft stammt, für die der Betrag aus dem steuerlichen Einlagenkonto im Sinne des § 27 KStG als verwendet gilt. § 20 Abs. 1 Nr. 1 Satz 3 EStG findet seine Anwendung sowohl bei Privataktionären als auch bei Aktionären, die ihre Anteile im Betriebsvermögen halten (vgl. *Kirchhof/Söhn/Mellinghoff* § 20 Rz. C 105).
[237] Ausschüttungen aus der stl. Einlage werden als steuerfreie Rückgewähr erfasst.
[238] auf Unternehmensebene: 15,8% KSt zzgl. SolZ + 14,0% GewSt (Hebesatz 400%) = **29,8%** → Ausschüttung in Höhe von 70,2
auf Aktionärsebene: 70,2 × 25% ESt zzgl. SolZ (ggf. KiSt) = **18,5%**
[239] ESt-Spitzensteuersatz in Höhe von 45% zzgl. 5,5% SolZ (ggf. KiSt).

änderungen ausgesetzt. Die Zinseinkünfte bleiben für beschränkt Steuerpflichtige im Inland nicht steuerbar und bei Nachweis der Ausländereigenschaft wird der KapESt-Abzug nicht vorgenommen.

Die Dividendeneinkünfte einer ausländischen natürlichen Person aus Anteilen an einer deutschen AG, die **nicht einer inländischen Betriebsstätte zuzuordnen** sind, unterliegen ab VZ 2009 der Abgeltungsteuer in Höhe von 25% zzgl. SolZ. Die KapESt hat wie bisher abgeltende Wirkung (vgl. § 50 Absatz 5 Satz 1 EStG). In Rahmen eines DBA vermindert sich weiterhin der Steuersatz grundsätzlich auf 15% ohne SolZ.[240] Lediglich beim Nichtvorhandensein eines DBA hat sich die Situation für den ausländischen Anteilseigner verschlechtert, da der Steuersatz von 20% auf 25% zzgl. SolZ angestiegen ist.[241]

Werden die Anteile an einer inländischen AG von einer ausländischen natürlichen Person in ihrer **inländischen Betriebsstätte** gehalten, unterliegen die Dividendeneinkünfte aus der Beteiligung des ausländischen Anteilseigners ab VZ 2009 dem Teileinkünfteverfahren. Daher könnte das Zwischenschalten einer inländischen Betriebsstätte vorteilhaft sein, wobei die Belastung mit der Gewerbesteuer zu berücksichtigen ist. Zur steuerlichen Behandlung von im Betriebsvermögen gehaltenen Aktien vgl. Rz. 130 und zur Systematik des Teileinkünfteverfahrens vgl. Rz. 121.

Eine **verdeckte Gewinnausschüttung** an einen beschränkt steuerpflichtigen Anteilseigner löst die Haftung der AG für die KapESt als Schuldnerin der Kapitalerträge nach § 44 Absatz 5 Satz 1 EStG aus, da der ausländische Anteilseigner nicht im Rahmen einer Veranlagung herangezogen werden kann (vgl. Rz. 132).

138 **(2) Auslandsdividende unbeschränkt Steuerpflichtiger.** Aufgrund des Welteinkommensprinzips unterliegen grundsätzlich alle Einkünfte aus Kapitalvermögen eines unbeschränkt Steuerpflichtigen der deutschen ESt, es sei denn, die Anteile an einer ausländischen Kapitalgesellschaft werden in einer ausländischen Betriebsstätte gehalten. In diesem Fall sind die ausgeschütteten Gewinne im Rahmen eines DBA der deutschen Besteuerung grundsätzlich entzogen („Betriebsstättenprivileg").[242] Im Übrigen sind **ausländische Steuern** auf ausländische Einkünfte aus Kapitalvermögen[243] zur Vermeidung einer Doppelbesteuerung grundsätzlich bei der deutschen ESt anzurechnen (vgl. § 32d Abs. 1 Satz 2, Absatz 5 EStG).[244] Bei fehlender Berücksichtigung besteht eine Veranlagungsoption nach § 32d Absatz 4 EStG (vgl. hierzu Rz. 126).

Die **Anrechnung** ausländischer Steuern erfolgt nach § 32d Absatz 5 Satz 1 EStG in Nicht-DBA-Fällen nur, wenn die ausländische Steuer der deutschen ESt entspricht. Gemäß § 32d Absatz 5 Satz 2 EStG gilt dies sinngemäß, wenn

---

[240] Vgl. Art. 10 DBA-MA.
[241] Vgl. *Rädler* Schlechterstellung des inländischen Portfolioaktionärs – DB 2007, 988 ff. (989).
[242] Nach Art. 7 Abs. 1 DBA-MA unterliegen Gewinne einer ausländischen Betriebsstätte nicht der deutschen Besteuerungshoheit. Allerdings ist ein möglicher ‚treaty override' nach § 20 Abs. 2 AStG zu beachten.
[243] Ausländische Einkünfte aus Kapitalvermögen liegen vor, wenn der Schuldner der Kapitalerträge Wohnsitz, Geschäftsleitung oder Sitz in einem ausländischen Staat hat oder das Kapitalvermögen durch im Ausland belegenen Grundbesitz gesichert ist (vgl. § 34d Nr. 6 EStG).
[244] Weiterhin ist die Kürzung um den entstandenen Ermäßigungsanspruch zu berücksichtigen. Vgl. auch § 32d Abs. 5 ESt.

A. Rechte und Pflichten der Aktionäre

im Rahmen eines DBA die Anrechnung vorgesehen ist.[245] Wählt das DBA hingegen die Freistellung statt der Anrechnung der ausländischen Steuer, ist der Progressionsvorbehalt nach § 32b Absatz 1 Nr. 2 EStG zu berücksichtigen. Durch das JStG 2009 wurde in § 32d Absatz 5 EStG ein eigenständiges Anrechnungsverfahren außerhalb von § 34c Absatz 1 EStG eingeführt, welches aus Vereinfachungsgründen keine „per-country-limitation"[246] vorsieht. Gemäß § 32d Absatz 5 EStG erfolgt eine Anrechnung der ausländischen Steuer maximal in Höhe von 25% auf den einzelnen Kapitalertrag und ist zusätzlich auf die deutsche Steuer begrenzt, die im jeweiligen VZ auf die betroffenen ausländischen Kapitalerträge entfällt. Dies entspricht entweder 25% oder der tariflichen ESt, wenn eine individuelle Veranlagung stattgefunden hat. Ein Anrechnungsüberhang wegen höherer ausländischer Steuern ist weder abzugsfähig noch mit dem aus einer niedrigeren Besteuerung ausländischer Dividenden entstehenden Anrechnungspotential verrechenbar.

Werden die ausländischen Aktien in einem **inländischen Depot** gehalten und ist die auszahlende Stelle ein inländisches Kredit- oder Finanzdienstleistungsinstitut, unterliegen die ausländischen Kapitalerträge grundsätzlich der deutschen **KapESt** (vgl. § 43 Absatz 1 Nr. 6 EStG), die abgeltende Wirkung nach § 43 Absatz 5 Satz 1 EStG hat. Nach § 43a Absatz 3 Satz 1 EStG sind im Rahmen der KapESt die gezahlten ausländischen Steuern bereits zu berücksichtigen. Daher verrechnen inländische Kredit- oder Finanzdienstleistungsinstitute bei Auslandspapieren grundsätzlich die ausländische Steuer sofort mit 15% und führen 10% ab.[247] Der Aktionär kann hierzu eine KapESt-Bescheinigung nach § 45a Absatz 2 EStG verlangen. Mithilfe eines Freistellungsauftrags kann von Erhebung der KapESt Abstand genommen werden.[248] Zudem ist der KapESt-Abzug nach dem JStG 2009 ausgeschlossen, wenn die ausländischen Kapitalerträge Betriebseinnahmen eines inländischen Betriebs sind.[249] Werden die Aktien in einem **ausländischen Depot** gehalten, greift die KapESt nicht ein und der Aktionär muss seine Veranlagung zur Abgeltungsteuer erklären (vgl. § 32d Absatz 3 EStG).[250]

Im Hinblick auf die **GewSt** wird auf Rz. 134 und § 12 Rz. 207 ff. verwiesen.

b) Veräußerungsgeschäfte

aa) Aktien im Privatvermögen. (1) Unwesentliche Beteiligung. Durch 139 § 20 Absatz 2 EStG wird die Bemessungsgrundlage für Einkünfte aus Kapitalvermögen erheblich erweitert. Die Gewinne aus der Veräußerung von **nach dem 31.12.2008** angeschafften Aktien unterliegen – unabhängig von der Haltedauer – grundsätzlich der Abgeltungsteuer in Höhe von 25% zzgl. SolZ

---

[245] Fiktive ausländische Steuern sollen bei der deutschen KapESt weiterhin berücksichtigt werden.
[246] Vgl. hierzu *Schönfeld* Ausgewählte internationale Aspekte der neuen Regelungen der Kapitalertragsteuer – IStR 2007, 850 ff. (852).
[247] Vgl. *Kracht* Auslandsanlagen: Die Abgeltungsteuer bringt neue Probleme – PIS 2008, 103 ff.
[248] Vgl. § 44a Abs. 1 u. 2 EStG.
[249] Vgl. § 43 Abs. 2 Satz 3 ff. EStG.
[250] Die Veranlagung muss auch zur Berücksichtigung des Sparer-Pauschbetrags und der gezahlten ausländischen Steuer durchgeführt werden. Dies macht ggf. eine interne Buchführung beim Aktionär notwendig. Trotz der Veranlagung besteht allerdings kein Werbungskostenabzug.

§ 4   140, 141   Der Aktionär

(ggf. KiSt), soweit keine wesentliche Beteiligung vorliegt und die Aktien im Privatvermögen gehalten werden. Die **Werbungskosten** sind nach § 20 Abs. 9 EStG mit Ausnahme eines Sparer-Pauschbetrags in Höhe von 801 € (bei Ehegatten 1602 €) nicht abzugsfähig. Allerdings sind die Kosten des Veräußerungsgeschäfts gewinnmindernd bei der Ermittlung des Veräußerungsgewinns anzusetzen. Der Veräußerungsgewinn ist nach § 20 Absatz 4 EStG zu ermitteln (vgl. Rz. 142).

Bei Veräußerungsgeschäften sind vor allem die Beschränkungen im Rahmen der **Verlustverrechnung** nach § 20 Absatz 6 EStG zu beachten (vgl. Rz. 143). Im Hinblick auf die KiSt (vgl. Rz. 129) wird auf vorherige Ausführungen verwiesen. Außerdem sind die Veranlagungsoptionen nach **§ 32d Absatz 4 EStG** und die Günstigerprüfung nach **§ 32d Absatz 6 EStG** zu berücksichtigen (vgl. Rz. 129).

Die **KapESt** hat auch im Rahmen von Veräußerungsgewinnen grundsätzlich abgeltende Wirkung und wird von der auszahlenden Stelle einbehalten. Zu weiteren Einzelheiten wird auf die vorherigen Ausführungen unter Rz. 129 verwiesen. Im Rahmen des KapESt-Abzugs sind **Ersatzbemessungsgrundlagen** des § 43a Absatz 2 EStG heranzuziehen, wenn die Anschaffungskosten bzw. die Einnahmen aus der Veräußerung nicht nachgewiesen werden. Fragen zum **Depotwechsel** sind unter der Rz. 144 ff. erörtert.

Die Gewinne aus der Veräußerung von privat gehaltenen Aktien, die **vor dem 1.1.2009** erworben worden sind, sind nach einjähriger Haltedauer steuerfrei. Ansonsten unterliegen diese dem Halbeinkünfteverfahren (vgl. § 23 Absatz 1 Satz 1 Nr. 2 EStG a. F.). Bei unentgeltlichem Erwerb von Aktien, die der Rechtsvorgänger noch vor dem 1.1.2009 erworben hat, wird der Anschaffungszeitpunkt dem Rechtsnachfolger zugerechnet.[251]

140   (2) **Wesentliche Beteiligung.** Die Gewinne aus der Veräußerung[252] einer wesentlichen Beteiligung im Sinne des § 17 Absatz 1 Satz 1 EStG[253] werden als gewerbliche Einkünfte qualifiziert. Daher ist bei der Veräußerung von Anteilen, die nach dem 31.12.2008 angeschafft worden sind, das **Teileinkünfteverfahren** nach § 3 Satz 1 Nr. 40 lit. a) EStG anzuwenden (zur Systematik des Teileinkünfteverfahrens vgl. Rz. 121). Das Halbeinkünfteverfahren ist weiterhin anwendbar bei Veräußerungsgewinnen von Anteilen, die vor dem 1.1.2009 angeschafft worden sind. Zur **KiSt** und zur **KapESt** vgl. Rz. 130.

141   bb) **Aktien im Betriebsvermögen.** Wenn der Aktionär seine Anteile in einem Betriebsvermögen hält,[254] sind die Veräußerungsgewinne[255] aus diesen Aktien den Einkünften aus Gewerbebetrieb zuzurechnen (vgl. § 20 Absatz 8 EStG). Die Gewinne aus der Veräußerung von nach dem 31.12.2008 erworbenen Aktien unterliegen somit dem **Teileinkünfteverfahren** nach § 3 Satz 1 Nr. 40 lit. a) EStG (zur Systematik des Teileinkünfteverfahrens vgl. Rz. 120). Das Halbeinkünfteverfahren ist bei Veräußerungsgewinnen von Aktien, die vor dem 1.1.2009 erworben worden sind, weiterhin anzuwenden. Nach dem

---

[251] § 20 Abs. 4 Satz 6 EStG stellt dies für die Einzelrechtsnachfolge klar.
[252] Der Veräußerungsgewinn ist nach § 17 Abs. 2 EStG der Betrag, um den der Veräußerungspreis nach Abzug der Veräußerungskosten die Anschaffungskosten übersteigt.
[253] Der Veräußerer war in den letzten fünf Jahren am Kapital der Gesellschaft unmittelbar oder mittelbar zu mindestens 1% beteiligt.
[254] Zur Problematik des Haltens der Aktien im Betriebsvermögen, vgl. Rz. 130.
[255] Der Veräußerungsgewinn wird nach § 20 Abs. 4 EStG ermittelt, vgl. Rz. 142.

A. Rechte und Pflichten der Aktionäre 142 § 4

JStG 2009 ist der **KapESt**-Abzug ausgeschlossen, wenn die Veräußerungsgewinne Betriebseinnahmen eines inländischen Betriebs des Aktionärs sind.[256] Zur **KiSt** vgl. Rz. 130.

cc) Bemessungsgrundlage, § 20 Absatz 4 EStG. Der **Veräußerungsge-** 142 **winn** ist der Unterschiedsbetrag zwischen den Einnahmen aus der Veräußerung nach Abzug der Aufwendungen, die im unmittelbaren sachlichen Zusammenhang[257] mit dem Veräußerungsgeschäft stehen, und den Anschaffungskosten (zzgl. Anschaffungsnebenkosten).

Die realisierten **Währungsgewinne** bei nach dem 31.12.2008 in einer Fremdwährung erworbenen Aktien fallen unter die Bemessungsgrundlage für den Veräußerungsgewinn (vgl. § 20 Absatz 4 Satz 1 2.HS EStG). Daher sind sowohl die Anschaffungskosten als auch die Einnahmen aus der Veräußerung mit den Umtauschkursen zu den jeweiligen Zeitpunkten in Euro umzurechnen.

Die Veräußerungsreihenfolge bei Aktien in Girosammelverwahrung bestimmt sich nach der **Fifo-Methode** (vgl. § 20 Absatz 4 Satz 7 EStG), wonach die zuerst erworbenen Aktien als zuerst veräußert gelten. Aufgrund des Wegfalls der einjährigen Haltefrist ist die Methode vor allem für Aktien im Privatvermögen relevant, die vor dem 1.1.2009 erworben worden sind und damit nach Ablauf der Spekulationsfrist weiterhin steuerfrei sein werden.

Die **verdeckte Einlage** der Aktien in eine Kapitalgesellschaft gilt nach § 20 Absatz 2 Satz 2 EStG als eine Veräußerung der Aktien. Daher ist für den VZ der verdeckten Einlage ein Gewinn beim einlegenden Aktionär anzusetzen. Anstelle der Veräußerungseinnahmen wird der gemeine Wert der verdeckt eingelegten Anteile festgesetzt (vgl. § 20 Absatz 4 Satz 2 EStG).

Die Anschaffungskosten der Aktien, die aufgrund einer **Entnahme oder Betriebsaufgabe** in das Privatvermögen überführt worden sind, sind mit dem nach § 6 Absatz 1 Nr. 4 EStG oder § 16 Absatz 3 EStG bei der Entnahme oder Betriebsaufgabe festgesetzten Wert anzusetzen. Damit soll sichergestellt werden, dass nur der Wertzuwachs in der Privatsphäre der Besteuerung unterliegt.

Beim **unentgeltlichen Erwerb** der Aktien sind die Gegebenheiten des Rechtsvorgängers – wie z. B. die Anschaffungskosten – zur Ermittlung des Veräußerungsgewinns dem Rechtsnachfolger zuzurechnen („Fußstapfen-Theorie", vgl. § 20 Absatz 4 Satz 6 EStG).[258]

Mit Einführung des **§ 20 Absatz 4a EStG** durch das JStG 2009 wird eine Vereinfachung[259] bei bestimmten gesellschaftsrechtlich veranlassten Kapitalmaßnahmen erreicht. Daher wird keine Gewinnrealisierung bei einem Tausch von Anteilen einer Kapitalgesellschaft mit Sitz außerhalb der Bundesrepublik Deutschland gegen Anteile einer ebenfalls nicht in Deutschland ansässigen Körperschaft angenommen, da die Anschaffungskosten der hingegebenen An-

---

[256] Vgl. § 43 Abs. 2 Satz 3 ff. EStG.
[257] Ein unmittelbarer sachlicher Zusammenhang ist gegeben, wenn eine Verknüpfung ohne das Dazwischentreten anderer, nicht unmaßgeblicher Ursachen besteht.
[258] Problematisch ist in diesem Zusammenhang, dass das Kapitalvermögen sowohl der Substanzbesteuerung der ErbSt als auch der Wertzuwachsbesteuerung der ESt unterliegt, soweit eine Anrechnung der ErbSt auf die ESt nicht erfolgt.
[259] Die Finanzverwaltung soll von zusätzlichen Veranlagungen entlastet werden, die aufgrund der wegen mangelnder Zahlungsvorgänge streitanfälligen fingierten Bewertung des Veräußerungspreises und des Veräußerungszeitpunktes entstehen würden. Zudem sind Kreditinstitute bei Auslandsfällen regelmäßig nicht in der Lage, den konkreten Veräußerungszeitpunkt und -preis zu bestimmen (vgl. RegE JStG 2009, S. 75).

teile in den neuen Anteilen fortgeführt werden und die stillen Reserven weiterhin steuerlich verstrickt sind (vgl. § 20 Absatz 4a Satz 1 EStG).[260]

143 dd) Verlustverrechnung, § 20 Absatz 6 EStG.[261] Aufgrund der Verselbständigung der Abgeltungsteuer dürfen Verluste aus Kapitalvermögen nicht mit Einkünften aus anderen Einkunftsarten verrechnet und nicht nach § 10d EStG abgezogen werden.[262] Verluste, die seit der Einführung der Abgeltungsteuer entstanden sind, können in die folgenden Jahre ohne Einschränkungen vorgetragen werden. Ein Verlustrücktrag ist allerdings nicht möglich. Ausländische Verluste aus Kapitalvermögen können nur auf Antrag im Rahmen einer Veranlagung nach § 32d Absatz 4 EStG (vgl. Rz. 295) mit inländischen Kapitaleinkünften verrechnet werden.[263]

Zur Vermeidung möglicher Steuerausfälle wurde eine Beschränkung der Verlustverrechnung für die Veräußerung von **Aktien**[264] zusätzlich eingeführt. Danach findet lediglich eine Verrechnung von Verlusten aus Aktienveräußerung mit Gewinnen aus der Veräußerung von Aktien statt. Allerdings können Gewinne aus Aktienveräußerungen mit anderen Verlusten aus Kapitalvermögen verrechnet werden.

Zur Berücksichtigung der Verluste im Rahmen der KapESt werden von den jeweiligen Kreditinstituten **Verlustverrechnungstöpfe** gebildet.[265] Bestehende Verluste werden mit entsprechenden Erträgen aus Kapitalvermögen verrechnet und am Jahresende wird der Verlustverrechnungstopf jahresübergreifend fortgeführt. Aufgrund des selbständigen Verlustverrechnungskreises bei Aktien müssen die Kreditinstitute für Aktienveräußerungen eigene Verlustverrechnungstöpfe einrichten.[266] Ein Verlustverrechnungstopf ist ab Kenntnis des Kreditinstituts vom Tod des Aktionärs zu schließen.[267]

---

[260] Bei Aktienanleihen wird die Steuerneutralität erreicht, indem die Anleihe zu den Anschaffungskosten als veräußert gilt und die erhaltenen Aktien gelten zu dem entsprechenden Preis als angeschafft.

[261] Weitergehende Ausführungen: *Griesel/Mertes* Die neue Abgeltungsteuer S. 116, 153 ff., Bonn 2008.

[262] Bei Veranlagung mit dem individuellen ESt-Satz ist die Verlustverrechnung nicht anzuwenden. Problematisch ist die Verlustverrechnung bei Erbschaftsfällen, da nach neuer BFH-Rechtsprechung die Verluste grundsätzlich nicht auf den Erben übergehen, vgl. BFH-Beschluss vom 17.12.2007 – GrS 2/04; weiterführend *Fischer* Keine Vererblichkeit des Verlustabzugs nach § 10d EStG – NWB F 3 S. 15045 ff. und *Witt* Keine Vererblichkeit von Verlustvorträgen: Der Beschluss des Großen Senats und seine Folgen – BB 2008, 1199 ff.

[263] *Oho/Hagen/Lenz* Zur geplanten Einführung der Abgeltungsteuer – DB 2007, 1322 ff. (1324).

[264] Dies gilt nur für Aktien. Bei Veräußerungen von Aktienzertifikaten oder Bezugsrechten auf Aktien ist nur die allgemeine Verlustverrechnungsbeschränkung für Kapitalerträge zu beachten.

[265] Wenn der Aktionär mehrere Depots bei verschiedenen Banken hat, ist ein Abgleich zwischen den Banken nicht möglich. Der Aktionär muss die Veranlagung mithilfe einer Verlustbescheinigung beantragen.

[266] Problematisch ist wegen des eigenständigen Verlustverrechnungskreises für Aktien die Vorgehensweise, wenn der Aktienveräußerungsgewinn zunächst mit anderen Verlusten aus Kapitalvermögen verrechnet wird und zum späteren Zeitpunkt im selben VZ ein Verlust aus Aktienveräußerungen entsteht. Nach *Behrens* (Abgeltungsteuer ab 2009 – DStR 2007, 1998 ff. [1999]) muss der Verlust aus anderem Kapitalvermögen wieder in den Verlustverrechnungstopf aufgenommen sowie der Gewinn und der Verlust aus Aktienveräußerung miteinander verrechnet werden.

[267] Vgl. BMF v. 14.12.2007 unter 1. f).

A. Rechte und Pflichten der Aktionäre   144, 145 § 4

Altverluste aus Veräußerungsgeschäften nach § 23 EStG a. F., die vor dem 1.1. 2009 entstanden sind, sind mit Kapitalerträgen im Sinne des § 20 Absatz 2 EStG nur bis zum 31.12.2013 verrechenbar (vgl. § 52a Absatz 11 Satz 11 EStG).[268] Wegen der zeitlichen Beschränkung sind Altverluste bei der Verrechnung vorrangig zu berücksichtigen. Da sie nicht beim Verlustverrechnungstopf (bzw. bei der KapESt) berücksichtigt werden können, müssen die Altverluste daher im Wege der Veranlagung geltend gemacht werden.

Der Verlustvortrag im Rahmen des Verlustverrechnungstopfs kann zum Jahresende durch eine **Verlustbescheinigung** vom Kreditinstitut beendet werden (vgl. § 43a Absatz 3 Satz 4 EStG).[269] Der Verlust ist dann durch eine individuelle Veranlagung geltend zu machen.

ee) Depotübertragung. Die Regelungen zur Depotübertragung wurden 144 mit Einführung der Abgeltungsteuer vollständig überarbeitet. Die neuen Regelungen gelten für Depotübertragungen ab dem 1.1. 2009.

(1) Ohne Gläubigerwechsel. Der Depotübertrag ohne Gläubigerwechsel 145 und **ohne Grenzüberschreitung** verpflichtet das übertragende Kreditinstitut, die Anschaffungskosten der Aktien der übernehmenden Depotstelle mitzuteilen (vgl. § 43a Absatz 2 Satz 3 EStG). Außerdem müssen die notwendigen Daten übermittelt werden, um eine Trennung zwischen Alt- und Neuaktien zu ermöglichen. Im Rahmen einer vollständigen[270] Übertragung kann auf Antrag des Aktionärs der Verlusttopf beim alten Depot mithilfe einer Bescheinigung nach § 43a Absatz 3 Satz 6 EStG auf das neue Depot übergehen.[271]

Beim Depotwechsel **mit Grenzüberschreitung** ist zu differenzieren.[272] Wenn das übertragende Kreditinstitut seinen Sitz in der EU bzw. im EWR-Raum hat, kann der Aktionär den Nachweis über die Anschaffungskosten mithilfe einer Bescheinigung nach § 43a Absatz 2 Satz 5 EStG gegenüber dem übernehmenden inländischen Kreditinstitut führen.[273] Bei übertragenden Kreditinstituten außerhalb der EU und des EWR-Raums entfällt die Möglichkeit eines Nachweises durch Bescheinigung (vgl. § 43a Absatz 2 Satz 6 EStG). Die Ersatzbemessungsgrundlage nach § 43a Absatz 2 Satz 7 EStG in Höhe von 30% der Einnahmen aus der späteren Veräußerung kann der Aktionär nur im Wege der Veranlagung korrigieren.

---

[268] Die Verrechnung mit Gewinnen aus privaten Veräußerungsgeschäften iSd. § 23 EStG n. F. ist zeitlich unbegrenzt möglich.

[269] Wegen möglicher Doppelberücksichtigung der Verluste ist beim Depotübertrag ohne Gläubigerwechsel keine Verlustbescheinigung auszustellen.

[270] Bei einer teilweisen Übertragung ist keine verhältnismäßige Aufteilung zwischen altem und neuem Depot vorgesehen, sondern der Verlust bleibt beim bisherigen Depot bestehen. Daher kann bei Verteilung der Aktien auf verschiedene Depots mit gleichzeitiger Schließung des bisherigen Depots der Untergang des Verlustverrechnungstopfes nur durch Antrag auf Bescheinigung der Verluste für die Veranlagung (vgl. § 43a Abs. 3 Satz 4 EStG) verhindert werden. Vgl. *Griesel/Mertes* Die neue Abgeltungsteuer S. 90, Bonn 2008.

[271] Zur Vermeidung einer doppelten Verlustverrechnung darf keine Bescheinigung im Sinne des § 43a Abs. 3 Satz 4 EStG zusätzlich ausgehändigt werden, welche die Berücksichtigung eines Verlustverrechnungstopfes im Rahmen der individuellen Veranlagung ermöglichen würde.

[272] Weiterführende Darstellung mit Beispielen bei *Ebner* Umsetzungsprobleme bei der Abgeltungsteuer – NWB F 3 S. 15139 ff. (15158 f.).

[273] Da Währungsgewinne zur Bemessungsgrundlage der Kapitalerträge gehören (vgl. Rz. 142), sind sowohl der Verkaufs- als auch der Ankaufspreis in Euro umzurechnen.

146 (2) **Mit Gläubigerwechsel.**[274] Die Übertragung von Aktien auf einen anderen Gläubiger gilt grundsätzlich als Veräußerung, wenn die veräußerten Aktien erst nach dem 31.12.2008 angeschafft worden sind (vgl. § 43 Absatz 1 Satz 4 EStG).[275] Beim **entgeltlichen Depotwechsel** hat das übertragende Kreditinstitut den Börsenpreis am Ausbuchungstag als Veräußerungserlös zugrunde zu legen (vgl. § 43a Absatz 2 Satz 8 EStG).[276] Wenn kein Börsenkurs existiert, ist die Ersatzbemessungsrundlage nach § 43a Absatz 2 Satz 10 EStG in Höhe von 30% der Anschaffungskosten heranzuziehen.[277] Die tatsächlichen Anschaffungskosten können im Rahmen einer individuellen Veranlagung nach § 32d Absatz 4 EStG (vgl. Rz. 129) geltend gemacht werden. Wird im Rahmen eines Depotwechsels der Veräußerungserlös nicht über das bisher verwaltende Kreditinstitut geleistet, muss der Veräußerer die KapESt beim übertragenden Kreditinstitut vorleisten. Ansonsten hat das übertragende Kreditinstitut das Finanzamt des Veräußerers zu informieren und dieses muss die KapESt beim Veräußerer nachträglich erheben.[278]

Ein **unentgeltlicher Depotwechsel** liegt bei Schenkung und Erbschaft vor. Die Veräußerungsfiktion nach § 43 Absatz 1 Satz 4 EStG tritt nicht ein, wenn dem übertragenden Kreditinstitut die Unentgeltlichkeit mitgeteilt worden ist (vgl. § 43 Absatz 1 Satz 5 EStG). Das übertragende Kreditinstitut hat dem Finanzamt dies anzuzeigen und das übernehmende Kreditinstitut über die Anschaffungskosten des Rechtsvorgängers zu informieren. Im Falle einer Erbschaft hat das verwaltende Kreditinstitut ab Kenntnis vom Tod des Kunden den Verlustverrechnungstopf zu schließen.[279] Nach der neuesten BFH-Rechtsprechung sollen Verluste des Erblassers grundsätzlich nicht auf den Erben übergehen.[280]

147 ff) **Gewerbesteuer.** Der Gewinn aus der Veräußerung von Aktien unterliegt der GewSt, wenn die Aktien in einem gewerbesteuerpflichtigen Betriebsvermögen gehalten werden. Die Bemessungsgrundlage der GewSt richtet sich grundsätzlich nach den Vorschriften des EStG und KStG. Die Steuerfreiheit der Veräußerungsgewinne im Rahmen des Teileinkünfteverfahrens[281] in Höhe von 40% ist auch für die GewSt zu berücksichtigen. Korrespondierend zur

---

[274] Die Übertragung der Aktien vom Einzeldepot ins eheliche Gemeinschaftsdepot (und umgekehrt) ist kein Gläubigerwechsel iSd. § 43 Abs. 1 Satz 4 EStG. Vgl. BMF v. 14.12.2007 unter 3. a).

[275] Auch hier gilt die Übergangsregelung und beim Verkauf von Aktien, die vor dem 1.1.2009 erworben worden sind, ist kein Veräußerungstatbestand nach § 43 Abs. 1 Satz 4 EStG anzunehmen. Vgl. BMF v. 14.12.2007 unter 3. a).

[276] Das übernehmende Kreditinstitut hat den Börsenkurs entsprechend als Anschaffungskosten festzusetzen (vgl. § 43a Abs. 2 Satz 11 EStG). Problematisch ist allerdings, dass der Ausbuchungs- und der Einbuchungstermin nicht identisch sein werden. Vgl. hierzu *Ebner* Umsetzungsprobleme bei der Abgeltungsteuer – NWB F 3 S. 15139 ff. (15160).

[277] Bei Weiterveräußerung durch den Erwerber findet die Ersatzzumessungsgrundlage nach § 43a Abs. 2 Satz 13 EStG in Höhe von 30% der Einnahmen aus der Veräußerung Anwendung.

[278] Dies folgt aus entsprechender Anwendung von § 44 Abs. 1 Satz 7 bis 9. Vgl. BMF v. 14.12.2007 unter 3. a).

[279] Vgl. BMF v. 14.12.2007 unter 1. f).

[280] BFH-Beschluss v. 17.12.2007 – GrS 2/04; weiterführend *Fischer* Keine Vererblichkeit des Verlustabzugs nach § 10d EStG – NWB F 3 S. 15045ff. und *Witt* Keine Vererblichkeit von Verlustvorträgen: Der Beschluss des Großen Senats und seine Folgen – BB 2008, 1199 ff.

[281] Zur Systematik des Teileinkünfteverfahrens vgl. Rz. 121.

A. Rechte und Pflichten der Aktionäre

Steuerfreiheit bleiben die nichtabzugsfähigen Betriebsausgaben in Höhe von 40% auch im Rahmen der GewSt unberücksichtigt. Weitergehend zur GewSt vgl. Rz. 134 und § 12 Rz. 207 ff.

gg) Sachverhalte mit Auslandsbezug. (1) Veräußerung von Anteilen an einer inländischen Körperschaft durch eine ausländische Person. Bei der Veräußerung von Anteilen einer AG mit Sitz in Deutschland, die nicht zu einer Betriebsstätte zugeordnet werden, ist nach Beteiligungshöhe des beschränkt Steuerpflichtigen zu differenzieren. Die Veräußerungsgewinne aus einer **unwesentlichen Beteiligung** im Sinne des § 17 EStG (< 1%) unterliegen in Deutschland nicht der Besteuerung.[282]

Die Veräußerung einer **wesentlichen Beteiligung** im Sinne des § 17 EStG (> 1%) unterliegt nach § 49 Absatz 1 Nr. 2 lit. e) aa) EStG der beschränkten Steuerpflicht. Im Rahmen eines DBA besteht grundsätzlich kein deutsches Besteuerungsrecht bei der Veräußerung einer wesentlichen Beteiligung, da die Besteuerung von Veräußerungsgewinnen dem Ansässigkeitsstaat des Veräußerers zugewiesen ist (vgl. Art. 13 Absatz 5 OECD-MA).[283] Die beschränkte Steuerpflicht besteht auch, wenn die Anteile an einer ausländischen Kapitalgesellschaft durch die Einbringung einer wesentlichen Beteiligung an einer inländischen Kapitalgesellschaft erworben worden sind (vgl. § 49 Absatz 1 Nr. 2 lit. e) bb) EStG).[284]

Werden die Anteile einer **inländischen Betriebsstätte** zugeordnet, unterliegt der Veräußerungsgewinn grundsätzlich der deutschen Besteuerung (vgl. § 49 Absatz 1 Nr. 2 lit. a) EStG). Beim Halten über eine **ausländische Betriebsstätte** hat der andere Staat in der Regel das Besteuerungsrecht.

(2) Veräußerung von Anteilen an einer ausländischen Körperschaft durch eine inländische natürliche Person. Aufgrund des Welteinkommensprinzips unterliegt der unbeschränkt Steuerpflichtige mit sämtlichen, auch ausländischen Veräußerungsgewinnen grundsätzlich der deutschen Besteuerung. In **Nicht-DBA**-Fällen wird eine mögliche Doppelbesteuerung bei Kapitalerträgen, die der Abgeltungsteuer unterliegen, nach Maßgabe des § 32d Absatz 5 EStG (vgl. Rz. 304) und bei anderen Kapitaleinkünften nach § 34c vermieden. Bei Bestehen eines **DBA** ist grundsätzlich Deutschland als Ansässigkeitsstaat des Veräußerers berechtigt, die Steuer auf den Veräußerungsgewinn zu erheben (vgl. Art. 13 Absatz 5 OECD-MA). Die Ermittlung des Veräußerungsgewinns und die Art der Besteuerung folgen deutschem Steuerrecht. Nach **§ 20 Absatz 4a S. 1 EStG** ist ein Tausch von Anteilen einer in Deutschland nicht ansässigen AG mit Anteilen einer AG mit Sitz außerhalb der Bundesrepublik steuerneutral (vgl. Rz. 142).

---

[282] Vgl. § 49 Abs. 1 Nr. 2 lit. e) EStG und § 49 Abs. 1 Nr. 5 lit. d) EStG e contrario. Nach der Neufassung in § 49 Abs. 1 Nr. 5 lit. d) EStG besteht nur eine beschränkte Steuerpflicht auf Einkünfte aus Kapitalvermögen im Rahmen von Aktienveräußerungen, wenn die Veräußerung im Wege eines Tafelgeschäfts stattgefunden hat (vgl. BT-Drs. 220/07 S. 113).

[283] Nach Art. 13 Abs. 2 DBA-MA hat ausnahmsweise der andere Staat ein Besteuerungsrecht, wenn die Anteile als bewegliches Vermögen im Betriebsvermögen einer Betriebsstätte im anderen Staat veräußert werden.

[284] Auch grenzüberschreitende Umwandlungen werden nach dem UmwStG steuerlich begünstigt, wenn dies steuerneutral vollzogen wird. Hierzu darf Deutschland nicht das Besteuerungsrecht an den erworbenen Anteilen verlieren. Dies wird durch § 49 Abs. 1 Nr. 2 lit. e) bb) EStG gewährleistet. Vgl. *Frotscher/Frotscher* Kommentar zum Einkommensteuergesetz (143. Lfg.) § 49 Rz. 73, Freiburg 2008.

3. Personengesellschaft als Aktionär

150 Die steuerliche Behandlung von Dividendeneinkünften und Veräußerungsgewinnen von Aktien, die von einer Personengesellschaft gehalten werden, ist nach dem Gesellschafter und der Prägung der Personengesellschaft zu differenzieren. Bei einer **Kapitalgesellschaft** als Gesellschafter der Personengesellschaft ist § 8b KStG zu beachten (vgl. Rz. 161 ff.), da die Steuerfreistellungen auch für zugerechnete Gewinne bzw. Verluste gelten.[285] Wenn der Gesellschafter der Personengesellschaft eine **natürliche Person** ist, gilt Folgendes:

a) Laufende Erträge der Personengesellschaft

151 Falls die Aktien haltende Personengesellschaft eine **gewerbliche Tätigkeit oder Prägung** aufweist, unterliegen die Dividendeneinkünfte, die nach dem 31. 12. 2008 zugeflossen sind, aufgrund der Zurechnung beim Mitunternehmer dem Teileinkünfteverfahren. Zur Systematik des Teileinkünfteverfahrens vgl. Rz. 121, zur KiSt und zur KapESt vgl. Rz. 130. Bei einer **vermögensverwaltenden** Personengesellschaft findet auf Ebene des Gesellschafters aufgrund des Transparenzprinzips die Abgeltungsteuer bei nach dem 31. 12. 2008 zugeflossenen Dividenden Anwendung. Zur Systematik der Abgeltungsteuer vgl. Rz. 125, zur KiSt und zur KapESt vgl. Rz. 129.

b) Veräußerungsgeschäfte durch die Personengesellschaft

152 Die Gewinne aus der Veräußerung von nach dem 31. 12. 2008 angeschafften Aktien unterliegen, wenn die Personengesellschaft **gewerblich tätig oder geprägt** ist, beim Mitunternehmer dem Teileinkünfteverfahren. Zur Systematik des Teileinkünfteverfahrens vgl. Rz. 121, zur KiSt und zur KapESt vgl. Rz. 141. Bei einer **vermögensverwaltenden** Personengesellschaft unterliegen die Gesellschafter mit ihren Veräußerungsgewinnen bei nach dem 31. 12. 2008 erworbenen Aktien der Abgeltungsteuer. Zur Systematik der Abgeltungsteuer vgl. Rz. 125, zur KiSt und zur KapESt vgl. Rz. 139.

c) Gewerbesteuer

153 Eine gewerblich tätige oder geprägte Mitunternehmerschaft unterliegt selbst der GewSt.[286] Die Steuerfreiheit des § 3 Nr. 40 EStG bzw. die Steuerfreistellung des § 8b KStG sind bei der Ermittlung des Gewerbeertrags einer Mitunternehmerschaft zu berücksichtigen.[287] Zur GewSt vgl. § 12 Rz. 207 ff.

d) Thesaurierungsbegünstigung nach § 34a EStG

154 Mit der UntStRef 2008 wurde die Thesaurierungsbegünstigung[288] bei Personengesellschaften eingeführt, um die Steuersatzspreizung zwischen KSt und

---

[285] Vgl. § 8b Abs. 6 KStG. Gleiches gilt für vermögensverwaltende Personengesellschaften, vgl. § 39 Abs. 2 Nr. 2 AO.
[286] Vgl. § 2 Abs. 1 Satz 2 GewStG.
[287] Vgl. § 7 Satz 4 GewStG. Nach früherer Auffassung der Finanzverwaltung waren die Privilegierungen bei der Gewerbeertragsermittlung der Mitunternehmerschaft nicht zu berücksichtigen (vgl. hierzu Vorauflage § 11 Rz. 68).
[288] Grundlegende Darstellung bei *Thiel/Sterner* Entlastung der Personenunternehmen durch Begünstigung des nicht entnommenen Gewinns – DB 2007, 1099 ff.

A. Rechte und Pflichten der Aktionäre

ESt abzumildern.[289] Die ESt-Belastung für nicht entnommene Gewinne reduziert sich auf 28,25% zzgl. SolZ. Allerdings unterliegen die thesaurierten Gewinne bei einer späteren Entnahme einer Nachversteuerung in Höhe von 25% zzgl. SolZ. D.h. der Steueraufschub ist nur mit einer später höheren Gesamtbelastung möglich.

Wird die Thesaurierungsbegünstigung beantragt, ist zu beachten, dass bei Dividenden und Veräußerungsgewinnen nur 60%[290] der Einkünfte in die Bemessungsgrundlage für den Thesaurierungssteuersatz fallen und somit eine Begünstigung gegenüber dem einheitlichen Abgeltungsteuersatz in Höhe von 25% zzgl. SolZ vorliegen könnte. Trotz der Nachversteuerung könnte ein Steuervorteil entstehen, wenn eine gewisse Thesaurierungsdauer möglich ist und dauerhaft auf die vollständige Entnahme verzichtet werden kann.[291]

e) Veräußerung von Anteilen an einer Personengesellschaft

Die Veräußerung von Anteilen an einer **gewerblich tätigen oder geprägten** Personengesellschaft wurde durch die UntStRef 2008 nicht geändert und erfolgt weiterhin nach § 16 EStG. Der Gewinn einer Kapitalgesellschaft aus der Veräußerung einer Mitunternehmerschaft unterliegt der GewSt.[292]

Nach § 20 Absatz 2 Satz 3 EStG gilt die Veräußerung einer unmittelbaren oder mittelbaren Beteiligung an einer **vermögensverwaltenden** Personengesellschaft als Veräußerung der anteiligen Wirtschaftsgüter. Die Abgeltungsteuer ist anwendbar, soweit zu dem veräußerten Wirtschaftsgut Anteile einer Kapitalgesellschaft gehören.[293] Die Regelung ist auf Veräußerungen nach dem 31.12.2008 anzuwenden (vgl. § 52a Absatz 10 Satz 9 EStG).

f) Besonderheiten bei Fondsstrukturen

aa) Investmentfonds.[294] Der **formelle Investmentbegriff** nach § 2 Absatz 1 InvG[295] bestimmt, wann das InvG und InvStG für inländische Investmentvermögen anzuwenden sind. Das Transparenzprinzip[296] gilt trotz fehlen-

---

[289] Die Begünstigung ist auf die Gewinneinkunftsarten beschränkt und kann vorliegend nur bei gewerblich geprägten Personengesellschaften eingreifen.

[290] Steuerfreie Einnahmen können zudem Entnahmen und nicht abziehbare Betriebsausgaben ausgleichen und somit den thesaurierungsfähigen Betrag erhöhen. Vgl. *Husken/Schmidt* Steuerfreie Einnahmen jetzt mehr als steuerfrei?! – BB 2008, 1204 ff.

[291] Zum Belastungsvergleich und den Voraussetzungen für einen Steuervorteil vgl. *Lothmann* Aktienanlage in der gewerblich geprägten thesaurierenden Personengesellschaft als Alternative zur Abgeltungsteuer? – DStR 2008, 945 ff.

[292] Bei einer Veräußerung einer Mitunternehmerschaft durch eine unmittelbar beteiligte natürliche Person greift die GewSt-Pflicht nicht ein (vgl. § 7 Satz 2 GewStG). Zur GewSt vgl. § 12 Rz. 207 ff.

[293] Zur Systematik der **Abgeltungsteuer** vgl. Rz. 120 und 124 ff.

[294] Zu weitergehenden Ausführungen, vgl. *Grabbe/Behrens* InvStR: Einführung der Abgeltungsteuer und andere aktuelle Änderungen – DStR 2008, 950 ff.; *Ebner* Abgeltungsteuer und Investmentfonds – NWB F 3 S. 14709 ff.; *Griesel/Mertes* Die neue Abgeltungsteuer S. 126 ff., Bonn 2008.

[295] Investmentfonds sind hiernach nur die richtlinienkonformen Publikums-Sondervermögen, sonstige Publikumsvermögen und Spezial-Sondervermögen. Zudem fallen auch Investment-AG unter das InvG und das InvStG, vgl. § 2 Abs. 5 InvG.

[296] Der Sinn und Zweck des InvStG ist die mittelbare Anlage über Investmentfonds gegenüber der unmittelbaren Anlage steuerlich gleichzustellen.

der gesetzlicher Kodifikation. Aufgrund der Einführung der Abgeltungsteuer und den damit einhergehenden Änderungen im InvStG ist bei der steuerlichen Betrachtung grundsätzlich zwischen Fonds-Ebene und Anleger-Ebene zu differenzieren.

Auf der **Fonds-Ebene** fließen die Erträge ohne Belastung mit KapESt zu (vgl. § 11 Absatz 2 EStG).[297] Zudem bleibt auf Fonds-Ebene der Werbungskostenabzug bestehen und die Verlustverrechnungsbeschränkungen sind nicht anzuwenden.[298] Allerdings besteht ein pauschaliertes zehnprozentiges Abzugsverbot bei den Kosten (vgl. § 3 Absatz 3 Satz 2 Nr. 2 InvStG) und die Verluste aus Veräußerungsgeschäften dürfen nicht mit Dividendeneinkünften verrechnet werden, da eine Verrechnung nur bei gleichartigen Ertragsarten möglich ist.[299]

Die **ausgeschütteten** und **ausschüttungsgleichen Erträge**[300] nach § 1 Absatz 3 Satz 2 und 3 InvStG aus im Privatvermögen[301] gehaltenen Fondsanteilen unterliegen auf **Anleger-Ebene** unmittelbar der Abgeltungsteuer, wenn sie nach dem 31. 12. 2008 zugeflossen sind.[302] Die Dividendeneinkünfte des Investmentfonds sind unabhängig von der Ausschüttung als ausschüttungsgleiche Erträge beim Anleger steuerpflichtig. Allerdings unterliegen die Gewinne des Investmentfonds aus der Veräußerung von nach dem 31. 12. 2008 angeschafften Aktien nicht der Thesaurierungsbesteuerung und sind erst bei Ausschüttung an den Anleger steuerpflichtig („**eingeschränktes Fondsprivileg**"). Bei Aktien, die vor dem 1. 1. 2009 vom Investmentfonds erworben worden sind, ist der Veräußerungsgewinn auch bei Ausschüttungen an den Anleger grundsätzlich steuerfrei (vgl. § 18 Absatz 1 Satz 2 InvStG).[303] Wenn der Anleger allerdings die Investmentfondsanteile erst nach dem 31. 12. 2008 erworben hat, sind die steuerfreien Veräußerungsgewinne bei Rückgabe bzw. Veräußerung der Fondsanteile einer „Nachbesteuerung" (vgl. unten) zu unterziehen.

Wenn die nach dem 31. 12. 2008 erworbenen Anteile im Betriebsvermögen gehalten werden, unterliegen die Gewinne aus der **Rückgabe bzw. Veräu-**

---

[297] Nach § 11 Abs. 1 InvStG sind die Erträge auf Fonds-Ebene von der KSt und der GewSt befreit.

[298] § 3 InvStG hat als Spezialregelung den Vorrang vor § 20 Abs. 6 und 9 EStG.

[299] Es besteht keine Gleichartigkeit, weil Veräußerungsgewinne als nicht ausschüttungsgleiche Erträge andere steuerliche Folgen als die ausschüttungsgleichen Dividenden verursachen. Vgl. BMF-Schreiben v. 2. 6. 2005, IV C 1-S 1980-1-87/05 – Rz. 69.

[300] Durch das JStG 2009 wird der Umfang der ausschüttungsgleichen Erträge auf Einkünfte des Fonds aus Veräußerung von Zertifikaten erweitert. Diese Ausweitung erhält allerdings wieder Einschränkungen. So unterliegen unter anderem Gewinne aus der Veräußerung von Risiko-Zertifikaten, die den Kurs einer oder mehrerer Aktien im Verhältnis 1:1 abbilden, nicht den ausschüttungsgleichen Erträgen und sind erst bei Ausschüttung an den Anleger abgeltungsteuerpflichtig.

[301] Beim Halten der Fondsanteile im Betriebsvermögen ist das Teileinkünfteverfahren einschlägig. Zur Systematik des Teileinkünfteverfahrens vgl. Rz. 121. Weiterhin ist die KiSt (vgl. Rz. 129), GewSt (vgl. Rz. 134) und KapESt (vgl. Rz. 130) zu beachten.

[302] Die Erträge unterliegen auch der **KiSt** und nach § 7 Abs. 3 Satz 1 InvStG der **KapESt** in Höhe von 25% – ausgenommen der steuerfreien Veräußerungsgewinne bei vor dem 1. 1. 2009 erworbenen Aktien durch den Fonds.

[303] Wegen der Übergangsregelung ist die Festlegung einer Veräußerungsreihenfolge wichtig. Nach § 20 Abs. 4 Satz 7 EStG ist grundsätzlich die Fifo-Methode maßgeblich. Allerdings beanstandet die Finanzverwaltung „bis auf weiteres" nicht, wenn die Durchschnittsmethode angewandt wird. Vgl. BMF-Schreiben v. 2. 6. 2005, IV C 1-S 1980-1-87/05 – Rz. 142.

A. Rechte und Pflichten der Aktionäre

ßerung der Investmentfondsanteile[304] dem Teileinkünfteverfahren[305] (vgl. § 8 Absatz 1 und 2 InvStG).[306] Der Gewinn aus der Rückgabe bzw. Veräußerung der nach dem 31.12.2008 angeschafften Fondsanteile ist beim Privatanleger[307] unabhängig von einer Haltefrist abgeltungsteuerpflichtig (vgl. § 8 Absatz 5 InvStG).[308] Die Verluste aus der Rückgabe bzw. Veräußerung sind im Gegensatz zu Aktienveräußerungsverlusten mit sämtlichen Kapitalerträgen verrechenbar. Zur Vermeidung einer Doppelbesteuerung wird der Gewinn um die während der Besitzzeit als zugeflossen geltenden ausschüttungsgleichen Erträge verringert (vgl. § 8 Absatz 5 Satz 3 InvStG).[309] Wegen der Gleichstellung der Fondsanlage gegenüber der Direktanlage hat der Privatanleger, der die Fondsanteile nach dem 31.12.2008 angeschafft hat, die ausgeschütteten steuerfreien Gewinne aus der Veräußerung von Aktien, die der Investmentfonds vor dem 1.1.2009 erworben hat, einer „Nachversteuerung" bei der Rückgabe bzw. Veräußerung der Fondsanteile zu unterziehen (vgl. § 8 Absatz 5 Satz 5 InvStG).[310] Der Gewinn aus der Rückgabe bzw. Veräußerung bleibt steuerfrei, wenn die Fondsanteile vor dem 1.1.2009 erworben worden sind und die einjährige Haltefrist abgelaufen ist (vgl. § 18 Absatz 2 Satz 2 InvStG).[311]

bb) Dachfonds. Bei Dachfonds-Konstruktionen hält ein Investmentvermögen (Dachfonds) Anteile an anderen Investmentvermögen (Zielfonds). Auf beiden Ebenen gelten die gleichen Besteuerungsregelungen. Daher sind Dividendeneinkünfte beim Zielfonds als ausschüttungsgleiche Erträge im Sinne des § 1 Absatz 3 Satz 3 InvStG über den Dachfonds unmittelbar beim Anleger steuerpflichtig. Allerdings sind thesaurierte Gewinne aus der Veräußerung von Anteilen an Zielfonds auf Dachfonds-Ebene keine ausschüttungsgleichen Er-

---

[304] Die Gewinne aus Auflösung des Investmentfonds unterliegen ebenfalls der Besteuerung.
[305] Zur Systematik des **Teileinkünfteverfahrens** vgl. Rz. 121. Zur **KiSt** vgl. Rz. 129 und zur **GewSt** vgl. Rz. 134. Der Rückgabe- bzw. Veräußerungsgewinn unterliegt bei betrieblichen Anlegern nicht der **KapESt** (vgl. § 8 Abs. 6 Satz 3 InvStG).
[306] Der Zwischengewinn nach § 1 Abs. 4 InvStG ist als Anteil des Entgelts bei Anschaffung oder Veräußerung bzw. Rückgabe der Investmentfondsanteile nur bei noch nicht ausgeschütteten Zinserträgen des Investmentfonds maßgeblich.
[307] Die Höhe der Beteiligung des Privatanlegers ist irrelevant, da § 17 EStG nicht anzuwenden ist (vgl. § 8 Abs. 5 Satz 1 2. HS InvStG).
[308] Zur **KiSt** vgl. Rz. 129. Der Rückgabe- bzw. Veräußerungsgewinn unterliegt der **KapESt** (vgl. § 8 Abs. 6 InvStG Satz 3). Bei unmittelbarer Rückgabe an den Investmentfonds hat dieser anstelle der auszahlenden Stelle den Steuerabzug vorzunehmen.
[309] Diese „Bereinigung" unterbleibt, wenn die ausschüttungsgleichen Erträge später während der Besitzzeit tatsächlich ausgeschüttet worden sind (vgl. § 8 Abs. 5 Satz 4 InvStG).
[310] Der „Nachversteuerungsbetrag" unterliegt ebenfalls der **KapESt** (vgl. § 8 Abs. 6 InvStG).
[311] Für Anteile an einem inländischen oder ausländischen Spezialfonds bzw. „Individualfonds" ist die Übergangsregelung auf den 9.11.2007 vorgeschoben worden (vgl. § 18 Abs. 2a InvStG). Hierzu vgl. Rz. 159. Nach dem JStG 2009 wird die Übergangsregelung für Anteile an sog. steueroptimierte Geldmarktfonds, deren Anlagepolitik auf die Erzielung Geldmarktrendite ausgerichtet ist und bei denen Zinsen in Termingeschäfts- bzw. Wertpapierveräußerungsgewinne umgewandelt werden, auf den 19.9.2008 vorgezogen. Bei Anteilen, die vor dem 19.9.2008 erworben wurden, werden Wertzuwächse nach dem 10.1.2011 bei der Rückgabe oder der Veräußerung besteuert (vgl. § 18 Abs. 2b InvStG).

träge und somit unterliegen diese beim Anleger keiner Steuerpflicht. Der Vorteil einer Dachfonds-Konstruktion ist die weitere Streuung der Anlagenbasis durch steuerneutralen Austausch der Zielfonds. Zudem sind Gewinne aus der Veräußerung von Anteilen an einem thesaurierenden Dachfonds steuerfrei, wenn sie vor dem 1.1.2009 erworben worden sind und die einjährige Spekulationsfrist im Sinne des § 23 Absatz 1 Nr. 2 EStG abgelaufen ist. Hierbei ist der Zeitpunkt der Veräußerung der Anteile am Zielfonds durch den Dachfonds unerheblich. Anderseits ist zu beachten, dass der Anleger bei einer Dachfonds-Konstruktion erhöhte Kosten tragen muss.

g) Sachverhalte mit Auslandsbezug

158 aa) **Ausländische natürliche Person als Gesellschafter einer inländischen Personengesellschaft.** Ist die Personengesellschaft **gewerblich tätig oder geprägt**, liegt eine inländische Betriebsstätte vor und das Besteuerungsrecht der Erträge ist nach den DBA grundsätzlich Deutschland zugewiesen. Zur Besteuerung der Erträge aus der inländischen Betriebsstätte vgl. zu Dividendeneinkünften Rz. 130 und zu Veräußerungsgewinnen Rz. 141. Bei einer **vermögensverwaltenden** Personengesellschaft unterliegt der ausländische Gesellschafter der gleichen steuerlichen Behandlung wie eine ausländische natürliche Person als Direktanleger. Vgl. zu Dividendeneinkünften Rz. 129 und zu Veräußerungsgewinnen Rz. 139.

159 bb) **Ausländische Personengesellschaft, insbesondere ausländische Spezialfonds.** Bei ausländischen Fonds ist zu prüfen, ob der Fonds vermögensverwaltend oder gewerblich tätig ist. Ein gewerblicher Fonds ist als eine ausländische Betriebsstätte im Sinne des DBA-MA in Deutschland nicht steuerpflichtig. Dabei ist § 50d Absatz 9 EStG zu beachten. Die Freistellung der ausländischen Betriebsstätteneinkünfte (Freistellungsmethode) wird hierbei verdrängt durch die Steuerpflicht der ausländischen Betriebsstätteneinkünfte unter Anrechnung der ausländischen Steuer (Anrehnungsmethode), wenn die Erträge im Quellenstaat entweder aufgrund eines Qualifikationskonflikts („switch-over-Klausel") oder wegen der beschränkten Steuerpflicht des Anlegers („subject-to-tax-Klausel") nicht der dortigen Steuer unterliegen.[312] Mit dem Investmentsteueränderungsgesetz vom 21.12.2007 wurde auch für ausländische Investmentvermögen der **formelle Investmentbegriff** eingeführt (vgl. § 2 Absatz 9 InvG).[313] Für bestimmte ausländische Spezialfonds[314] wurde zudem eine besondere **Übergangsregelung** festgesetzt, die vor allem

---

[312] Aufgrund dieser Umstellung würden die im Quellenstaat steuerfreien Erträge der inländischen Abgeltungsteuer vollständig unterliegen.

[313] Das InvG ist nur auf ausländische offene Fonds oder ausländische geschlossene Fonds, die in ihrem Sitzstaat einer Investmentaufsicht unterliegen, anzuwenden (vgl. BT-Drs. 16/5576 S. 56). Weitere Ausführungen bei Ebner JStG 2008 und Investmentfonds – NWB F3 S. 14927 ff. (14931 ff.).

[314] Die betroffenen Investmentvermögen sind ausländische „Individualfonds", die einen sachkundigen Anleger oder eine Mindestanlage in Höhe von 100.000 € oder mehr vorschreiben. Aufgrund des BMF-Schreibens v. 22.10.2008 (vgl. DStR 2008, 2217 f.) soll die Ausnahme für die Bestandsschutzregel auch für ausländische „Individualfonds" gelten, die eine Anlage in Höhe von mindestens 100.000 € tatsächlich vorsehen. Bei einem solchen Betrag soll unwiderlegbar vermutet werden, dass eine Mindesteinlage in Höhe von mindestens 100.000 € vorgeschrieben ist und dass die besondere Sachkunde im Sinne des § 18 Abs. 2a Satz 2 InvStG gefordert ist.

A. Rechte und Pflichten der Aktionäre 160, 161 § 4

an die luxemburgischen SIF-Fonds gerichtet war (vgl. § 18 Absatz 2a InvStG).[315] Die Bestandsschutzregel für die Fondsanteile wurde auf den 9.11.2007 vorverlagert. Die Abgeltungsteuer ist somit auch auf Anteile an diesen Spezialfonds anwendbar, die nach dem 9.11.2007 erworben und nach dem 31.12.2008 zurückgegeben oder veräußert worden sind.[316] Allerdings sind nicht ausgeschüttete Wertzuwächse aus der Veräußerung von Aktien, die vor dem 1.1.2009 angeschafft worden sind, bei der Gewinnermittlung nicht zu berücksichtigen, da sie bei einer Ausschüttung auch steuerfrei gewesen wären.[317]

cc) **Auslandserträge durch einen inländischen Investmentfonds.** Das 160 InvStG sieht einige Sonderregelungen für ausländische Erträge eines inländischen Investmentfonds vor. Die **KapESt** (Abgeltungsteuer) wird bei ausgeschütteten ausländischen Dividenden durch die inländische Zahlstelle erhoben (vgl. § 7 Absatz 1 Nr. 1 InvStG). Die Anrechnung der ausländischen Quellensteuer erfolgt grundsätzlich durch die Veranlagung des Anlegers (§ 4 Absatz 2 Satz 1 InvStG). Durch das JStG 2009 wird zur Vermeidung einer Veranlagung bereits im Rahmen der KapESt (Abgeltungsteuer) die ausländische Quellensteuer durch die inländische auszahlende Stelle bzw. den thesaurierenden Inlandsfonds angerechnet (vgl. § 4 Absatz 2 Satz 8 InvStG).[318] Bei im Inland steuererfreien Einkünften, für welche allerdings im Ausland eine Steuer entrichtet worden ist, unterbleibt die Anrechnung (vgl. § 4 Absatz 3 InvStG). Sieht das DBA die Freistellung vor, ist bei Einkünften aus Kapitalvermögen zur Vermeidung einer Veranlagung nicht mehr der Progressionsvorbehalt, sondern der einheitliche Abgeltungsteuersatz vorgesehen (vgl. § 4 Absatz 1 Satz 2 InvStG e contrario).[319]

4. Kapitalgesellschaft als Aktionär[320]

a) Laufende Erträge der Kapitalgesellschaft

Nach § 8b Absatz 1 Satz 1 KStG bleiben die (offenen und verdeckten) Ge- 161 winnausschüttungen[321] bei der Einkommensermittlung einer unbeschränkt

---

[315] Der Vorteil dieser ausländischen Spezialfonds war, dass die thesaurierten Veräußerungsgewinne auf Fondsebene ab VZ 2009 steuerfrei reinvestiert und die Fondsanteile selbst ohne Abgeltungsteuer realisiert werden konnten, wenn sie vor dem 1.1.2009 erworben worden sind. Zudem ist der Aufwand wegen der Aufsichtsregelungen im Ausland zumeist geringer.

[316] Aufgrund des Gesetzeswortlauts dürften Fondsanteile, die vor dem 1.1.2009 wieder zurückgegeben bzw. veräußert worden sind, nicht unter die Abgeltungsteuer fallen. Außerdem können bei einer Rückgabe bzw. Veräußerung der Fondsanteile vor dem 1.1.2009 keine steuerpflichtigen Veräußerungsgewinne entstanden sein.

[317] Vgl. § 18 Abs. 2a Satz 4 InvStG.

[318] Aus Vereinfachungsgründen kann die ausländische Quellensteuer auf Ebene des Investmentfonds als Werbungskosten abgezogen werden (vgl. § 4 Abs. 4 InvStG), was allerdings grundsätzlich zu einer erheblichen Schlechterstellung gegenüber der Direktanlage führt.

[319] Die Erträge unterliegen somit nur dem einheitlichen Abgeltungsteuersatz.

[320] Die Steuerfreistellungen des § 8b KStG sind nicht im Rahmen einer Organschaft anzuwenden (vgl. § 15 Satz 1 Nr. 2 KStG).

[321] Sachdividenden (vgl. BMF-Schreiben v. 28.4.2003 Tz. 22 – BStBl I 2003, 292 ff.) und Gewinne aus der Veräußerung von Dividendenscheinen (vgl. § 8b Abs. 1 Satz 5 KStG) unterliegen ebenfalls der Freistellung. Rückzahlungen vom steuerlichen Einlagekonto im Sinne des § 27 KStG sind ausgenommen (vgl. § 20 Abs. 1 Nr. 1 Satz 3 EStG).

steuerpflichtigen Kapitalgesellschaft außer Acht.[322] Die **Dividendenfreistellung** soll eine kumulative KSt-Belastung bei mehrstufigen Beteiligungsverhältnissen verhindern und ist nicht an eine bestimmte Mindestbeteiligungshöhe oder -haltefrist gebunden. Bei zwischengeschalteten Personengesellschaften bleibt die Freistellung nach § 8b Absatz 6 KStG bestehen.

Grundsätzlich besteht die Freistellung auch im Falle der **verdeckten Gewinnausschüttung**; allerdings nur soweit sie das Einkommen der ausschüttenden AG im Sinne des § 8 Absatz 3 Satz 2 KStG nicht mindert (vgl. § 8b Absatz 1 Satz 2 KStG).[323] Der Sinn und Zweck der Freistellung – Vermeidung einer kumulativen Steuerbelastung – ist nicht mehr gegeben, wenn keine steuerliche Vorbelastung bei der ausschüttenden AG stattgefunden hat, weil die eigentliche Gewinnausschüttung als Betriebsausgabe abgezogen worden ist. Zur Wahrung des Korrespondenzprinzips muss die empfangende Kapitalgesellschaft die Gewinnausschüttung in voller Höhe versteuern.[324] Nach § 8b Absatz 1 Satz 4 KStG greift die Freistellung wieder ein, wenn in sog. „Dreiecksfällen" die verdeckte Gewinnausschüttung das Einkommen einer nahestehenden Person der empfangenden Kapitalgesellschaft erhöht hat und keine Korrektur möglich ist.[325]

Sind die Aktien bei Kreditinstituten und Finanzdienstleistungsinstituten im Sinne des § 1a KWG dem Handelsbuch zuzurechnen, werden die Anteile ihrer Natur nach nur kurzfristig zum Zwecke des Eigenhandelserfolges gehalten. Die Erträge dieser Geschäftstätigkeit sollen nicht privilegiert werden, daher sind auch Gewinnausschüttungen in diesem Fall vollständig steuerpflichtig (vgl. § 8b Absatz 7 KStG).

Gemäß § 8b Absatz 5 Satz 1 KStG sind pauschal 5% der Bezüge aus Dividendenausschüttungen als **nichtabzugsfähige Betriebsausgaben** zu berücksichtigen. Daher besteht für die empfangende Kapitalgesellschaft *aus wirtschaftlicher Sicht eine Steuerfreiheit in Höhe von 95%*.[326] Die Bemessungsgrundlage sind die Bruttodividendeneinnahmen. Sie dürfen nicht um die Betriebsausgaben gemindert werden.[327] Zur Verhinderung von Missbrauch ist allerdings die Abzugsfähigkeit von Betriebsausgaben nach § 8b Absatz 10 KStG ausgeschlossen, wenn bestimmte Finanztransaktionen lediglich die ungerechtfertigte Umgehung der vollständigen Steuerpflicht beabsichtigen.[328] Hiermit soll Wertpapierleihgeschäften[329] der steuerliche Anreiz genommen werden.

---

[322] Zu beachten ist aber eine mögliche Nachsteuer in den Fällen von § 37 Abs. 3 KStG und § 34 Abs. 12 Satz 2 ff. KStG.
[323] Weitergehend *Frotscher/Maas* § 8b Rz. 29d ff.
[324] Zur verfahrensrechtlichen Umsetzung wurde mit § 32a Abs. 1 Satz 1 KStG eine eigenständige Änderungsvorschrift eingefügt. Der KSt-Bescheid der ausschüttenden AG ist im Hinblick auf die vGA ein Grundlagenbescheid, welcher die entsprechende Änderung des KSt-Bescheids der empfangenden Kapitalgesellschaft (Folgebescheid) bewirkt.
[325] Diese Rückausnahme soll die wegen § 8b Abs. 1 Satz 2 KStG drohenden Doppelbesteuerungen vermeiden.
[326] Der effektive Steuersatz beträgt ab VZ 2009 0,75% (15%-KSt-Satz auf 5% nichtabzugsfähige BA).
[327] Vgl. *Dötsch/Jost/Pung/Witt* § 8b Rz. 231 (Stand: Juni 2008/63. Erg.-Lfg.); *Frotscher/Maas* § 8b Rz. 92 (Stand: August 2007/88.Lfg.).
[328] Weitergehend vgl. *Dötsch/Jost/Pung/Witt* § 8b Rz. 295 ff.
[329] Eine Kapitalgesellschaft, die Aktien besitzt, welche einem Freistellungsausschluss unterliegen (z. B. § 8b Abs. 7 KStG), verleiht diese einer anderen Kapitalgesellschaft, bei der für die Dividendenerträge die Freistellung nach § 8b Abs. 1 KStG eingreift. Der Verleiher erhält hierfür mit Leihgebühr und Kompensationszahlung steuerpflichtige Ein-

A. Rechte und Pflichten der Aktionäre 162 § 4

Trotz der Freistellung nach § 8b Absatz 1 Satz 1 KStG unterliegen die inländischen Dividendeneinkünfte einer Kapitalgesellschaft vollständig der **KapESt** in Höhe von 25% (vgl. § 43 Absatz 1 Satz 3 EStG).[330] Die KapESt hat keine abgeltende Wirkung und somit nur einen Steuervorauszahlungscharakter.

b) Veräußerungsgeschäfte durch die Kapitalgesellschaft

Die Gewinne aus der Veräußerung[331] von Aktien bleiben bei der Einkommensermittlung einer unbeschränkt steuerpflichtigen Kapitalgesellschaft gemäß § 8b Absatz 2 Satz 1 KStG außer Ansatz.[332] Die **Freistellung der Veräußerungsgewinne** – als steuerliche Gleichbehandlung mit den Dividenden – wird damit begründet, dass der Veräußerungsgewinn die bestehenden bzw. zukünftigen Ausschüttungspotenziale beinhaltet. Bei zwischengeschalteten Personengesellschaften bleibt die Freistellung nach § 8b Absatz 6 KStG bestehen.

Die **Verluste** einer Kapitalgesellschaft aus der Veräußerung von Aktien oder aus der niedrigeren Ansetzung des Teilwerts sind aufgrund der Gesetzessystematik des § 8b Absatz 2 KStG ebenfalls nicht zu berücksichtigen, da die Steuerfreistellung eines Gewinns mit der Unbeachtlichkeit des Verlusts korrespondiert (vgl. § 8b Absatz 3 Satz 3 KStG). Seit VZ 2008[333] sind auch Verluste im Zusammenhang mit Gesellschafterdarlehensforderungen und deren Sicherheiten nicht mehr abzugsfähig, wenn der gewährende Gesellschafter an der Körperschaft wesentlich beteiligt[334] ist (vgl. § 8b Absatz 3 Satz 4–8 KStG).[335]

Nach § 8b Absatz 3 Satz 1 KStG sind pauschal 5% des Gewinns aus der Veräußerung von Aktien als **nichtabzugsfähige Betriebsausgaben** zu berücksichtigen. Daher besteht für die empfangende Kapitalgesellschaft *aus wirtschaft-*

---

nahmen, welche für ihn kein wirtschaftlicher Nachteil sind, da die Einnahmen aus den Aktien bei ihm ebenfalls der vollständigen Steuerpflicht unterliegen würden. Der Entleiher erzielt allerdings Erträge aus den Aktien, die zu 95% steuerfrei sind, und kann die geleistete Leihgebühr und die Kompensationszahlung in voller Höhe als Betriebsausgabe berücksichtigen. Mit Einführung des § 8b Abs. 10 KStG sind diese Zahlungen beim Entleiher nicht mehr als Betriebsausgaben abzugsfähig.

[330] Die Erhebung der KapESt wird durch die Gesetzessystematik begründet. § 8b Abs. 1 KStG stellt die Erträge nicht steuerfrei, sondern ordnet nur die Außerachtlassung bei der Einkommensermittlung an. Die Bemessungsgrundlage für die KapESt knüpft allerdings nicht an das ermittelte Einkommen, sondern an den Kapitalertrag.

[331] Der Veräußerungsgewinn ist der Betrag, um den der Veräußerungspreis oder der an dessen Stelle tretende Wert nach Abzug der Veräußerungskosten den Wert übersteigt, der sich nach den Vorschriften über die steuerliche Gewinnermittlung im Zeitpunkt der Veräußerung ergibt (Buchwert), vgl. § 8b Abs. 2 Satz 2 KStG.

[332] Neben Veräußerungsgewinnen sind auch Gewinne aus der Auflösung der Kapitalgesellschaft oder der Herabsetzung ihres Nennkapitals, Gewinne aufgrund der Wertaufholung einer Beteiligung durch Ansatz des in § 6 Abs. 1 Satz 1 Nr. 2 Satz 3 EStG bezeichneten Wertes und Gewinne aus der verdeckten Einlage von Anteilen von der Steuerfreistellung erfasst. Der Gewinn durch Aufdeckung stiller Reserven bei Ausschüttung von Anteilen an einer anderen Kapitalgesellschaft (Sachdividenden) unterliegt auf der Ebene der ausschüttenden Kapitalgesellschaft ebenfalls § 8b Abs. 2 KStG (vgl. BMF-Schreiben v. 28.4.2003 Tz. 22 – BStBl I 2003, 292 ff.).

[333] Entscheidend ist, dass der Verlust im VZ 2008 eingetreten ist. Der Zeitpunkt der Darlehensgewährung ist irrelevant.

[334] Eine wesentliche Beteiligung liegt vor, wenn unmittelbar oder mittelbar 25% des Grund- oder Stammkapitals der Körperschaft gehalten werden.

[335] Weitergehend *Frotscher/Maas* § 8b Rz. 60.

licher Sicht eine Steuerfreiheit in Höhe von 95%.[336] Die Bemessungsgrundlage ist der Gewinn aus der Veräußerung, d. h. Betriebausgaben, die in unmittelbarem Zusammenhang mit der Veräußerung stehen, sind steuermindernd anzusetzen.

Die **KapESt** wird – im Unterschied zu den Dividendenerträgen – bei Veräußerungsgewinnen, die einer unbeschränkt oder beschränkt steuerpflichtigen Kapitalgesellschaft zufließen, nicht erhoben (vgl. § 43 Absatz 2 Satz 3 EStG).

c) Gewerbesteuer

163 Die Tätigkeit von Kapitalgesellschaften ist stets und in vollem Umfang als gewerblich anzusehen (vgl. § 2 Absatz 2 Satz 1 GewStG). Die Steuerfreistellungen des § 8b KStG sind bei der Ermittlung des Gewerbeertrags zu berücksichtigen. Die nichtabzugsfähigen Betriebsausgaben in Höhe von 5% sind somit steuerpflichtiger Gewerbeertrag.[337] Allerdings sind Streubesitzdividenden hinzuzurechnen (vgl. § 8 Nr. 5 GewStG), wenn eine Beteiligung bis zu 15% vorliegt (vgl. § 9 Nr. 2 lit. a GewStG). Zur GewSt vgl. § 12 Rz. 207 ff.

d) Investmentfonds in der Rechtsform einer Kapitalgesellschaft

164 Die Steuerfreistellungen aus § 8b KStG sind auch im Rahmen von Fondsbeteiligungen anzuwenden. Die Dividendenfreistellung ist bei Einnahmen aus der Rückgabe oder der Veräußerung von Investmentanteilen zu berücksichtigen, soweit noch nicht zugeflossene oder als zugeflossen geltende Dividendeneinnahmen enthalten sind (vgl. § 8 Absatz 1 Satz 1 InvStG).[338] Die Verluste im Zusammenhang mit Einkünften, die aufgrund eines DBA im Inland nicht steuerpflichtig sind, dürfen das Einkommen nicht mindern (negativer Aktiengewinn, vgl. § 8 Absatz 2 Satz 1 InvStG). Weitergehende Ausführungen zur Besteuerung von Investmentfonds vgl. Rz. 156.

e) Besonderheiten der KGaA

165 Die KGaA ist aus gesellschaftsrechtlicher Sicht eine Mischform aus Personen- und Kapitalgesellschaft. Die **laufende Besteuerung der KGaA** richtet sich trotz ihrer steuerlichen Zwitterstellung[339] nach den Prinzipien für Kapitalgesellschaften. Sie unterliegt mit ihren Einkünften der KSt[340] und der GewSt.[341] Daher gelten für Dividendenerträge und Veräußerungsgewinne der KGaA grundsätzlich die Vorschriften der Kapitalgesellschaften (vgl. Rz. 161 f.).

Als Besonderheit ist der Abzug der Gewinnanteile[342] der persönlich haftenden Gesellschafter im Rahmen der KSt zu beachten, der die steuerliche Doppelbelas-

---

[336] Der effektive Steuersatz beträgt ab VZ 2009 0,75% (15%-KSt-Satz auf 5% nichtabzugsfähige BA).

[337] Die Kürzungsvorschriften für das gewerbesteuerliche Schachtelprivileg sind auf die nichtabzugsfähigen Betriebsausgaben unanwendbar, da keine Gewinnanteile sondern nichtabzugsfähige Betriebsausgaben vorliegen (vgl. § 9 Nr. 2a Satz 4 GewStG).

[338] Ebenso bei der Beteiligung eines Investmentvermögens an einem anderen und beim Ansatz des in § 6 Abs. 1 Nr. 2 Satz 3 EStG bezeichneten Werts.

[339] Vgl. Vorauflage § 11 Rz. 277.

[340] Vgl. § 1 Abs. 1 Nr. 1 KStG.

[341] Vgl. § 2 Abs. 2 Satz 1 GewStG.

[342] Zur Behandlung der Geschäftsführungsvergütungen und anderen Sondervergütungen vgl. *Schütz/Bürgers/Riotte/Riotte/Dümichen/Engel* Die Kommanditgesellschaft auf Aktien – § 9 Rz. 24 ff., München 2004.

A. Rechte und Pflichten der Aktionäre 165 § 4

tung dieser Einkünfte mit der KSt und der ESt (auf Ebene der persönlich haftenden Gesellschafter) vermeiden soll (vgl. § 9 Absatz 1 Nr. 1 KStG). Bei der GewSt werden die Gewinnanteile der persönlich haftenden Gesellschafter dem Gewerbeertrag der KGaA wieder hinzugerechnet (§ 8 Nr. 4 GewStG).[343] Zur Vermeidung einer Doppelbelastung wird der Gewerbeertrag der persönlich haftenden Gesellschafter um deren Gewinnanteil gekürzt (vgl. § 9 Nr. 2b GewStG).

Aufgrund der steuerlichen Zwitterstellung ist der **persönlich haftende Gesellschafter** „wie ein Mitunternehmer"[344] zu besteuern. Der Gewinnanteil wird als „gewerbliche Einkünfte" qualifiziert (vgl. § 15 Absatz 1 Satz 1 Nr. 3 EStG).[345]

Problematisch ist allerdings, wie steuerfreie Einnahmen aus Dividenden oder Anteilsveräußerungen im Rahmen einer KGaA zu berücksichtigen sind. Die „inoffizielle Auffassung" der Finanzverwaltung[346] und die finanzgerichtliche Rechtsprechung[347] sieht in der Struktur einer KGaA überwiegend die Kapitalgesellschaft und tendiert daher zu den Grundsätzen des Trennungsprinzips, d. h. die steuerfreien Einnahmen sind zunächst der KGaA zuzuordnen und im zweiten Schritt dem persönlich haftenden Gesellschafter. Die Literatur[348] und der BFH[349] hingegen sehen die Mitunternehmerschaft im Vordergrund und stellen daher auf die Systematik der transparenten Besteuerung ab. Hiernach sollen die steuerfreien Einnahmen „an der Wurzel"[350] von der Körperschaftsbesteuerung der KGaA abgespalten und dem persönlich haftenden Gesellschafter unmittelbar zugerechnet werden.[351]

Die steuerliche Behandlung kann sich im Rahmen einer **„atypischen KGaA"**[352] verändern. Da die Komplementär-GmbH[353] nach § 8 Absatz 2 KStG

---

[343] Der Sinn und Zweck dieser Verlagerung ist die gewerbesteuerliche Erfassung der Gewinnanteile der persönlich haftenden Gesellschafter unabhängig von deren eigener GewSt-Pflicht.
[344] BFH-Urteil v. 21. 6. 1989, X R 14/88 („Herstatt") – BStBl II 1989, 881ff. (883).
[345] Im Rahmen der GewSt wird der Gewinnanteil des persönlich haftenden Gesellschafters aus dem Gewerbeertrag gekürzt (vgl. § 9 Nr. 2b GewStG).
[346] Vgl. *Hageböke/Koetz* Die Gewinnermittlung des persönlich haftenden Gesellschafters einer KGaA durch Betriebsvermögensvergleich – DStR 2006, 293 ff. (293).
[347] Vgl. FG München, Urteil v. 10. 7. 2003, 5 K 2681/97, DStRE 2003, 1336 ff. bzgl. Ergänzungsbilanzabschreibung sowie FG Hamburg, Urteil v. 14. 11. 2002, V 231/99, EFG 2003, 711 ff. und FG München, Urteil v. 16. 1. 2003, 7 K 5340/01, DStRE 2003, 692 ff. bzgl. gesonderter und einheitlicher Feststellung.
[348] *Kusterer* Überlegungen zur Besteuerung des persönlich haftenden Gesellschafters einer KGaA – DStR 2008, 484 ff.; *Rohrer/Orth* Anwendung des Halbeinkünfteverfahrens auf Ebene einer KGaA – BB 2007, 1594 ff.; *Hageböke/Koetz* Die Gewinnermittlung des persönlich haftenden Gesellschafters einer KGaA durch Betriebsvermögensvergleich – DStR 2006, 293 ff.
[349] BFH-Urteil v. 21. 6. 1989, X R 14/88 („Herstatt") – BStBl II 1989, 881ff. Aufgrund fehlender Entscheidungserheblichkeit wurden leider nicht alle Grundsatzfragen durch den BFH beantwortet.
[350] BFH-Urteil v. 21. 6. 1989, X R 14/88 („Herstatt") – BStBl II 1989, 881ff. (884).
[351] Grundlegend zur Problematik *Kessler* in FS Korn (2005) S. 307 ff. (319 ff.). Vgl. zur unterschiedlichen Belastung Beispiel bei *Rohrer/Orth* Anwendung des Halbeinkünfteverfahrens auf Ebene einer KGaA – BB 2007, 1594 ff. (1600).
[352] Eine „atypische KGaA" liegt vor, wenn der Komplementär keine natürliche Person, sondern eine GmbH oder GmbH&CoKG ist.
[353] Weitergehend für die GmbH&CoKG als Komplementär vgl. *Schütz/Bürgers/Riotte/ Riotte/Dümichen/Engel* Die Kommanditgesellschaft auf Aktien § 9 Rz. 144 ff., München 2004.

gewerbliche Einkünfte erzielt, ist die Umqualifizierung nach § 15 Absatz 1 Satz 1 Nr. 3 EStG nicht nötig. Aufgrund des Trennungsprinzips besteht eine Abschirmwirkung zwischen der Komplementär-GmbH und deren Gesellschaftern. Die Gewinnausschüttungen der Komplementär-GmbH sind somit Einkünfte aus Kapitalvermögen und unterliegen deren Besteuerungsregelungen.[354]

Der **Kommanditaktionär** unterliegt der allgemeinen Besteuerung eines Aktionärs.[355] Dies gilt auch für Kommanditaktien der persönlich haftenden Gesellschafter.[356] Vgl. zur Abgeltungsteuer Rz. 125 und zum Teileinkünfteverfahren Rz. 121.

f) Sachverhalt mit Auslandsbezug

166   **aa) Ausländische Kapitalgesellschaft als Anteilseigner einer inländischen Körperschaft.** Der **Veräußerungsgewinn** aus dem Verkauf von Anteilen an einer inländischen AG durch eine beschränkt steuerpflichtige Körperschaft ist gemäß § 49 Absatz 1 Nr. 2 lit. e EStG für den Fall einer wesentlichen Beteiligung (§ 17 EStG) oder der Zuordnung der Anteile zu einer inländischen Betriebsstätte in Deutschland steuerpflichtig. Falls ein Besteuerungsrecht für Deutschland besteht, ist allerdings zu beachten, dass die Steuerfreistellung des § 8b Absatz 2 KStG (vgl. Rz. 162) auch bei beschränkt steuerpflichtigen Körperschaften Anwendung findet[357] und keine KapESt erhoben wird (vgl. § 43 Absatz 2 Satz 3 EStG). Im Rahmen eines DBA wird das Besteuerungsrecht in der Regel dem Ansässigkeitsstaat des Veräußerers zugewiesen (vgl. hierzu Rz. 148).

Die **Dividenden**, die eine inländische AG an eine ausländische Körperschaft ausschüttet, unterliegen der beschränkten Steuerpflicht (vgl. § 49 Absatz 1 Nr. 5 lit. a EStG). Die KapESt hat grundsätzlich abgeltende Wirkung und stellt somit eine definitive Belastung der ausländischen Kapitalgesellschaft dar (vgl. § 32 Absatz 1 Nr. 2 KStG).[358] Die Steuerfreistellung nach § 8b Absatz 1 KStG ist im Rahmen der KapESt nicht anzuwenden (vgl. § 43 Absatz 1 Satz 3 EStG). Der KapESt-Satz beträgt grundsätzlich 25% (vgl. § 43a Absatz 1 Satz 1 Nr. 1 EStG). Allerdings werden bei einer beschränkt steuerpflichtigen Körperschaft als Dividendenempfänger $^2/_5$ der Steuer zurückerstattet,[359] um eine Gleichbehandlung mit dem KSt-Satz inländischer Kapitalgesellschaft herzustellen (vgl. § 44a Absatz 9 Satz 1 EStG).[360] Der KapESt-Satz wird in der Regel durch

---

[354] Vgl. zur Abgeltungsteuer Rz. 124 und zum Teileinkünfteverfahren Rz. 122.

[355] Im Verhältnis zu den Kommanditaktionären ist die KGaA ausschließlich als Kapitalgesellschaft zu betrachten. Es herrscht somit das für Kapitalgesellschaft geltende Trennungsprinzip zwischen der Besteuerungsebene der KGaA und der Besteuerungsebene des Kommanditaktionärs.

[356] Die Kommanditaktien gehören weder zu der Gewinnbeteiligung der persönlich haftenden Gesellschafter der KGaA noch zu deren Sonderbetriebsvermögen. Die Ausschüttungen auf die Kommanditaktien sind ausschließlich Einnahmen aus Kapitalvermögen. Vgl. BFH-Urteil v. 21. 6. 1989, X R 14/88 – BStBl. II 1989, 881 ff. (886).

[357] Vgl. BMF-Schreiben v. 28. 4. 2003 Tz. 13 – BStBl I 2003, 292 ff.

[358] Vgl. BMF-Schreiben v. 28. 4. 2003 Tz. 11 – BStBl I 2003, 292 ff.

[359] Die Dividenden einer ausländischen Körperschaft werden somit insgesamt nur mit einem Steuersatz in Höhe von 15% belastet.

[360] Nach dem JStG 2009 soll die Erstattung an die Voraussetzungen des § 50d Abs. 3 EStG geknüpft werden.

A. Rechte und Pflichten der Aktionäre 167 § 4

ein DBA reduziert (vgl. Art. 10 Absatz 2 OECD-MA); Ausschüttungen an EU-Muttergesellschaften unterliegen nicht der KapESt (sog. Mutter-Tochter-Richtlinie; vgl. § 43b EStG).[361] Diese Entlastung ist der ausländischen Kapitalgesellschaft aber nur zu gewähren, wenn die Voraussetzungen des § 50d EStG erfüllt sind.[362]

Die Rechtslage verändert sich, wenn die Anteile einer **inländischen Betriebsstätte** zugeordnet sind. Die Erträge sind nach § 49 Absatz 1 Nr. 2 lit. a EStG beschränkt steuerpflichtig, wobei die Steuerfreistellung der Dividenden (§ 8b Absatz 1 KStG, vgl. Rz. 161) bzw. der Veräußerungsgewinne (§ 8b Abs. 2 KStG, vgl. Rz. 328) zu beachten ist.[363] Allerdings gilt die Abgeltungswirkung der KapESt nicht (vgl. § 50 Absatz 5 Satz 2 EStG), da aufgrund der Veranlagung des beschränkt Steuerpflichtigen infolge der inländischen Betriebsstätte von einer Bruttobesteuerung abgesehen werden kann.

bb) Auslandserträge einer inländischen Kapitalgesellschaft. Die unbeschränkt steuerpflichtige Körperschaft unterliegt aufgrund des Welteinkommensprinzips mit sämtlichen, auch ausländischen Einkünften der deutschen Steuerhoheit. 167

Die **ausländischen Dividenden** einer unbeschränkt steuerpflichtigen Körperschaft unterliegen der Steuerfreistellung nach § 8b Absatz 1 KStG (vgl. Rz. 327), die die Bezüge nicht nach Herkunft differenziert.[364] Bei einer verdeckten Gewinnausschüttung besteht die Steuerfreistellung nur, wenn das Einkommen der leistenden – ausländischen oder inländischen – Körperschaft nicht gemindert worden ist (vgl. § 8b Absatz 1 Satz 2 KStG).[365] Ebenso wie die Freistellung ist auch die Fiktion der nichtabzugsfähigen Betriebsausgaben in Höhe von 5% nach § 8b Absatz 5 KStG unabhängig von der Herkunft der Dividenden (vgl. Rz. 161).

Bei der GewSt[366] wird die Steuerfreistellung des § 8b Absatz 1 KStG berücksichtigt.[367] Allerdings sind die steuerfreien Dividenden bei der Gewerbeertragsermittlung nach § 8 Nr. 5 GewStG hinzuzurechnen, außer die Voraussetzungen des gewerbesteuerlichen Schachtelprivilegs nach § 9 Nr. 7 GewStG

---

[361] Die empfangende Muttergesellschaft im EU-Ausland muss bei Ausschüttungen ab VZ 2009 mindestens zu 15% an der ausschüttenden inländischen Tochtergesellschaft beteiligt sein (vgl. § 43b Abs. 2 Satz 1 EStG).
[362] Zur Vermeidung von Missbrauch durch Zwischenschalten einer ausländischen Körperschaft ohne eigene Substanz stellt § 50d Abs. 3 EStG verschiedene Anforderungen an die ausländische Dividendenempfängerin wie wirtschaftliche Gründe für die Zwischenschaltung, eigene Wirtschaftlichkeit oder einen angemessenen eingerichteten Geschäftsbetrieb.
[363] Ebenso bei einer inländischen Personengesellschaft (vgl. § 8b Absatz 6 KStG).
[364] Dies ist sogar unabhängig vom Vorliegen eines DBA. Wenn ein DBA ein Schachtelprivileg vorsieht, ist die Freistellung nach § 8b Abs. 1 KStG ohne Mindestbeteiligung vorrangig.
[365] Die Vorschrift soll die Entstehung „weißer Einkünfte" vermeiden. Sogar bei einer Steuerfreistellung durch ein DBA ist die verdeckte Gewinnausschüttung im Wege eines „treaty override" nach § 8b Absatz 1 Satz 3 KStG vollständig steuerpflichtig, wenn sie das Einkommen der ausschüttenden ausländischen Kapitalgesellschaft gemindert hat (vgl. hierzu *Dötsch/Jost/Pung/Witt/Dötsch/Pung* § 8b Rz. 34 ff.
[366] Zur GewSt vgl. Rz. 163 und § 12 Rz. 207 ff.
[367] Die nichtabzugsfähigen Betriebsausgaben nach § 8b Abs. 5 KStG gehören zum Gewerbeertrag, da sie keine Gewinnanteile im Sinne der Kürzungsvorschrift des § 9 Nr. 7 GewStG sind (vgl. § 9 Nr. 7 Satz 3 i.V.m. § 9 Nr. 2a Satz 4 GewStG).

sind einschlägig.[368] Im Falle einer Hinzurechnung sind die gesamten im unmittelbaren Zusammenhang stehenden Aufwendungen bei der Gewerbebetragsermittlung anzusetzen.[369]
Die KapESt wird bei ausländischen Dividenden nicht erhoben, wenn der Kapitalertragsgläubiger eine unbeschränkt steuerpflichtige Körperschaft ist (vgl. § 43 Absatz 2 Satz 3 EStG).

Bei **Gewinnen aus Veräußerung** von Aktien einer ausländischen Kapitalgesellschaft steht im Rahmen eines DBA grundsätzlich dem Ansässigkeitsstaat des Veräußerers die Besteuerungshoheit zu (vgl. Art. 13 Absatz 5 OECD-MA). Die Besteuerung der Veräußerungsgewinne erfolgt nach den Vorschriften für inländische Sachverhalte (vgl. 162). Wenn kein DBA vorliegt, wird eine mögliche Doppelbesteuerung im Wege der Anrechnung nach § 26 Absatz 1 KStG vermieden.

Die Einkünfte, die einer **ausländischen Betriebsstätte** zugeordnet werden können, unterliegen grundsätzlich auch der beschränkten Steuerpflicht im Ausland. In DBA-Fällen wird die Doppelbesteuerung zumeist durch die Freistellung der Auslandserträge von der deutschen Steuer erreicht. Ansonsten – vor allem bei Nicht-DBA-Fällen – erfolgt eine Anrechnung nach § 26 Absatz 1 KStG.[370]

B. Rechte und Pflichten der Gesellschafter einer KGaA

180 Die KGaA als Mischform zwischen AG und Kommanditgesellschaft verfügt über zwei unterschiedliche Arten von Gesellschaftern: den bzw. die persönlich haftenden Gesellschafter (Komplementäre) und die Kommanditaktionäre. Die Komplementäre sind wie die persönlich haftenden Gesellschafter einer OHG das geschäftsführende Organ der Gesellschaft und haften mit ihrem gesamten Vermögen für Verbindlichkeiten der Gesellschaft. Die Rechtsstellung der Kommanditaktionäre entspricht im Wesentlichen derjenigen der Aktionäre einer AG (Rz. 7 ff.): Sie sind an dem in Aktien zerlegten Grundkapital beteiligt, ohne persönlich für die Gesellschaftsschulden zu haften oder zur Geschäftsführung berufen zu sein. Aufgrund der unterschiedlichen Rechtsstellung der Komplementäre und Kommanditaktionäre unterscheiden sich ihre jeweiligen

---

[368] Hiernach muss unter anderem die empfangende inländische Kapitalgesellschaft seit Beginn des Erhebungszeitraums ununterbrochen mindestens zu 15% (innerhalb der EU zu 10%, vgl. § 9 Nr. 7 Satz 1 2.HS GewStG) am Nennkapital der leistenden ausländischen Körperschaft beteiligt gewesen sein. Wenn ein DBA eine höhere Schachtelgrenze festlegt, sind für die gewerbesteuerliche Kürzung trotzdem die Mindestbeteiligungen in Höhe von 15% bzw. 10% maßgebend (vgl. § 9 Nr. 8 GewStG). Zu den weiteren Voraussetzungen des § 9 Nr. 7 Satz 1 GewStG wie Erzielung aktiver Einkünfte im Sinne des § 8 Abs. 1 Nr. 1 bis 6 AStG durch die ausländische Kapitalgesellschaft vgl. § 16 Rz. 91 ff.

[369] Vgl. § 9 Nr. 7 Satz 2 GewStG iVm. § 9 Nr. 2a Satz 3 GewStG.

[370] Neben der Anrechnung besteht auch die Möglichkeit, dass auf Antrag die ausländische Steuer bei der Einkunftsermittlung abgezogen wird (vgl. § 34c Abs. 2 EStG). Bei Verlusten aus der ausländischen Betriebsstätte können diese nur mit positiven Einkünften derselben Art und aus demselben Staat verrechnet werden (vgl. § 2a Abs. 1 Satz 1 Nr. 2 EStG).

B. Rechte und Pflichten der Gesellschafter einer KGaA

aus der Mitgliedschaft (zum Begriff vgl. Rz. 1) resultierenden Rechte und Pflichten in ganz erheblicher Weise:

I. Komplementär

Die Rechte und Pflichten der Komplementäre bestimmen sich, soweit ihre Geschäftsführungs- und Vertretungstätigkeit betroffen ist, grundsätzlich nach den Vorschriften, die auf Kommanditgesellschaften zur Anwendung kommen (§ 278 AktG iVm. §§ 161 ff., §§ 114, 125 ff. HGB). Ergänzend kommen über § 283 AktG Vorschriften des Aktienrechts zur Anwendung, um den mit diesen Bestimmungen verfolgten Schutz der Öffentlichkeit und der Aktionäre auch bei der KGaA zur Geltung zu bringen. Das Verhältnis der Komplementäre untereinander richtet sich nach der Satzung und, soweit sich dieser nichts entnehmen lässt, nach den Vorschriften der Personenhandelsgesellschaften (§ 161 Abs. 2 iVm. §§ 110 bis 122 HGB). Im Verhältnis der Komplementäre zu der Gesamtheit der Kommanditaktionäre gilt ebenfalls das Recht der Personenhandelsgesellschaften (§§ 163 bis 165 HGB). Gleiches gilt im Ergebnis im Verhältnis zu Dritten (§§ 125 ff., 128 ff., 159 f. HGB).

181

1. Erwerb und Verlust der Mitgliedschaft

Die Mitgliedschaft als Komplementär kann auf verschiedene Weise erworben werden. Zunächst ist es möglich, sie originär durch die **Beteiligung am Gründungsvorgang** der KGaA zu erwerben (§ 280 Abs. 2 AktG, § 3 Rz. 491). Weiter kann dies in originärer Weise durch **nachträglichen Beitritt** oder in derivativer Weise durch **Übertragung der Mitgliedschaft** nach §§ 413, 398 BGB[371] erfolgen. In beiden Fällen ist eine Satzungsänderung erforderlich, da die Angaben über die Identität des persönlich haftenden Gesellschafters zwingender Bestandteil der Satzung sind (§ 281 AktG). Für die Satzungsänderung ist abweichend vom Aktiengesetz neben dem mit satzungsändernder Mehrheit gefassten Beschluss der Kommanditaktionäre die Zustimmung aller persönlich haftenden Gesellschafter erforderlich.[372] Die Aufnahme neuer Aktionäre kann in der Satzung abweichend von diesen gesetzlichen Regelungen ausgestaltet werden.[373] Sie kann zB besondere persönliche Eigenschaften verlangen und von den gesetzlichen Normen abweichende Auswahl-, Vorschlags- und Bestellungsrechte festlegen.[374]

182

Die **Beendigung** der Mitgliedschaft kann – wie der Erwerb – auf verschiedene Art und Weise herbeigeführt werden. Dies kann zunächst durch **Vollbeendigung der Gesellschaft** geschehen (§ 289 AktG, vgl. § 17 Rz. 84); in diesem Fall erlischt die Mitgliedschaft des Komplementärs. Des Weiteren kann die Mitgliedschaft nur einzelner Mitglieder ihr Ende finden. Möglich ist etwa ein **freiwilliger Austritt** des Komplementärs. Dies setzt allerdings voraus, dass die Satzung ein solches Ausscheiden billigt bzw. zugleich mit der Regelung

183

---

[371] Zum Mitgliederwechsel durch Kombination von Ein- und Austritt vgl. BeckHdb. PersG/*Sauter* § 2 Rz. 201 ff.
[372] *Hüffer* AktG § 285, Rz. 2; Münch.Hdb. GesR/Bd. 4/*Herfs* § 76 Rz. 4.
[373] *Geßler/Hefermehl/Semler* § 278 Rz. 67; Kölner Komm./*Mertens/Cahn* § 278 Rz. 19, 22.
[374] MünchKomm. AktG/Bd. 8/*Semler/Perlitt* § 278 Rz. 67 f.

über das Ausscheiden eine entsprechende Regelung in die Satzung aufgenommen wird.[375] Möglich ist auch eine Ausschließung des Komplementärs durch Ausschließungsklage nach handelsrechtlichen Grundsätzen (§ 289 Abs. 1 AktG iVm. § 162 Abs. 2 iVm. § 140 HGB).[376] Zur Übertragung der Mitgliedschaft vgl. § 3 Rz. 110 ff.

2. Mitgliedschaftsrechte und -pflichten

Die Rechte und Pflichten der Komplementäre stellen sich im Einzelnen wie folgt dar:

a) Einlagen

184 Die Komplementärstellung ist dadurch gekennzeichnet, dass sich die Komplementäre durch die Übernahme der persönlichen Haftung am Unternehmensrisiko beteiligen. Eine Beteiligung kann darüber hinaus – ohne dass dies zwingend erforderlich wäre – durch eine **Vermögenseinlage**, durch eine **Übernahme** oder einen **Erwerb von Aktien** und ggf. zudem durch die Übernahme von **Nebenleistungsverpflichtungen** (Rz. 26 ff.) erfolgen. Vermögenseinlagen, die sich in der Praxis wachsender Bedeutung erfreuen, werden nicht auf das Grundkapital der Gesellschaft erbracht.[377] Sie gehen in das Eigentum der Gesellschaft über, der Gesellschafter behält lediglich einen bedingten Auseinandersetzungsanspruch (§ 17 Rz. 93). Die Folgen einer unzureichenden oder mangelhaften Einlage richten sich nach den Vorschriften des HGB bzw. BGB.[378]

Möglich ist auch eine Einlage auf das Grundkapital durch Übernahme von Aktien, wodurch der jeweilige Komplementär gleichzeitig Kommanditaktionär wird. Hat sich der Komplementär zur Erbringung einer solchen Einlage auf das Grundkapital verpflichtet, kommen die aktienrechtlichen Bestimmungen zur Anwendung. Leistet er nicht oder nicht ausreichend, unterliegt er der aktienrechtlichen Haftung (Rz. 13 ff.). Nebenleistungsverpflichtungen können von Komplementären übernommen werden, soweit sie gleichzeitig Kommanditaktionäre sind. Die Ausgestaltung der Nebenverpflichtungen richtet sich nach § 55 AktG (Rz. 26).

b) Haftung

185 Die Komplementäre haften den Gläubigern der KGaA gegenüber unbeschränkt, unmittelbar und persönlich mit ihrem gesamten Vermögen (§§ 128 ff. HGB iVm. § 161 Abs. 2 HGB). Damit kann ein Gläubiger auch ohne vorherige Inanspruchnahme der KGaA vom Komplementär die Erfüllung seiner Verbindlichkeiten verlangen. Mehrere Komplementäre haften als Gesamtschuldner; die Regressansprüche der Komplementäre untereinander bestimmen sich nach § 426 BGB. Im Verhältnis zwischen der KGaA und dem Komplementär bestimmen sie sich nach § 110 HGB, sodass dem in Anspruch genommenen Komplementär ein **Ausgleichsanspruch** in Höhe seiner Leistung

---

[375] MünchHdb. GesR/Bd. 4/*Herfs* § 77 Rz. 40.
[376] Vgl. im Einzelnen BeckHdb. PersG/*Müller* § 4 Rz. 146.
[377] Zum Inhalt und Bewertung der Einlage vgl. oben § 3 Rz. 499 sowie MünchKomm. AktG/Bd. 8/*Semler/Perlitt* § 278 Rz. 44 ff.
[378] Vgl. hierzu im Einzelnen BeckHdb. PersG/*Müller* § 4 Rz. 57 ff.

B. Rechte und Pflichten der Gesellschafter einer KGaA   186–188 § 4

gegenüber der KGaA zusteht. Ausgeschiedene Komplementäre haften für die Dauer von fünf Jahren fort (§ 160 HGB). Ihnen steht gegenüber der KGaA ein **Regressanspruch** aus §§ 670, 683 Satz 1 BGB zu sowie aus der übergegangenen Forderung des Gesellschaftsgläubigers auf den ausgeschiedenen Komplementär.[379] Gegenüber den anderen Komplementären besteht die Möglichkeit des Gesamtschuldnerregresses. Soll in das Privatvermögen des Komplementärs vollstreckt werden, bedarf es eines gegen den Komplementär gerichteten Titels (§ 129 Abs. 4 HGB).

c) Geschäftsführung

Den Komplementären steht das Recht auf Geschäftsführung und Vertretung 186 zu, welches sich im Grundsatz nach den Vorschriften über Kommanditgesellschaften richtet (§ 278 Abs. 2 AktG iVm. § 164, § 161 HGB). Da diese beiden Rechte der Mitgliedschaft entspringen, bedarf es zu ihrer Begründung weder des Abschlusses eines Dienstvertrages noch der Bestellung als Organ. Vielmehr verfügen die Komplementäre über diese Rechte kraft ihrer Gesellschafterstellung. Das Gesetz weist als Regelfall jedem einzelnen Komplementär das Geschäftsführungsrecht zu, während den anderen geschäftsführungsbefugten Komplementären ein Widerspruchsrecht zusteht.[380] Die Satzung kann Gesamtgeschäftsführung anordnen. Die Ausgestaltung der Geschäftsführungs- und Vertretungsbefugnisse richtet sich neben den für Personenhandelsgesellschaften geltenden Regelungen (§ 278 AktG iVm. §§ 161 ff., §§ 114, 125 ff. HGB) auch nach aktienrechtlichen Bestimmungen. Über § 283 AktG kommen Regelungen zur Anwendung, die den Komplementären bestimmte organschaftliche Befugnisse, Pflichten und Verhaltensanforderungen auferlegen (vgl. hierzu im Einzelnen § 6 Rz. 163). Aufgrund der Einstufung der Geschäftsführung und Vertretung ergibt sich, dass diese nur aus **wichtigem Grund** und auf der Grundlage eines gerichtlichen Urteils **entzogen** werden können (§§ 117, 127 HGB).[381] Die Komplementäre sind nicht nur berechtigt, sondern auch **verpflichtet**, die Geschäfte der KGaA zu führen und diese zu vertreten (§ 114 HGB). Von dieser Pflicht sind die Komplementäre nur befreit, wenn sie im Gesellschaftsvertrag von der Geschäftsführung und Vertretung ausgeschlossen oder durch Umstände gehindert sind, die sie nicht zu vertreten haben.

d) Teilnahme- und Stimmrecht

Bei den Stimm- und Teilnahmerechten der Komplementäre ist zwischen 187 den Gesellschafterversammlungen der Komplementäre und den Hauptversammlungen der KGaA zu unterscheiden:
  aa) Gesellschafterversammlungen der Komplementäre. Gesellschaf- 188 terbeschlüsse bzw. -versammlungen der Komplementäre sind vor allem erforderlich, wenn die Satzung der Gesellschaft geändert werden soll oder es um außergewöhnliche Geschäfte (§ 116 Abs. 2 HGB) oder Grundlagenentscheidungen geht.[382] Werden solche Gesellschafterversammlungen abgehalten,

---

[379] So BGH II ZR 35/77 v. 14.11. 1977, WM 1978, 114, 115; *Büscher/Klusmann* ZIP 1992, 1, 17; im Einzelnen streitig.
[380] Kölner Komm./*Mertens/Cahn* § 278 Rz. 60.
[381] MünchKomm. AktG/Bd. 8/*Semler/Perlitt* § 278 Rz. 187.
[382] Siehe MünchKomm. AktG/Bd. 8/*Semler/Perlitt* § 278 Rz. 187.

Maul 355

steht den Komplementären das mitgliedschaftliche Recht auf **Teilnahme** an diesen Versammlungen zu.[383] Neben dem Teilnahmerecht steht den Komplementären das **Stimmrecht** im Rahmen dieser Gesellschafterversammlungen zu. Grundsätzlich verfügt jeder Gesellschafter (pro Kopf) über ein einheitlich auszuübendes Stimmrecht; abweichende Vereinbarungen sind zulässig. Das Stimmrecht ist entsprechend seiner Natur als Mitverwaltungsrecht nicht übertragbar und kann nicht auf Dauer zur Ausübung überlassen werden (Rz. 4). Durch Bevollmächtigte kann es demgegenüber grundsätzlich ausgeübt werden, wenn dies in der Satzung vorgesehen ist oder die Mitgesellschafter eine solche Ausübung billigen.

189 bb) **Hauptversammlung.** Das Gesetz enthält zwar keine besondere Regelung zur Frage der Teilnahmeberechtigung der Komplementäre an der Hauptversammlung. Da die Komplementäre in der Hauptversammlung die Jahresabschlussvorlagen vorzulegen und Auskunft zu erteilen haben, wird ganz allgemein angenommen, dass ihnen nicht nur ein **Teilnahmerecht** zusteht,[384] sondern ihre Anwesenheit vielmehr rechtlich geboten ist.

190 Die Komplementäre verfügen aus ihrer Rechtsstellung heraus über keine **Stimmrechte** in der Hauptversammlung der KGaA. Nur wenn sie zugleich Kommanditaktionäre sind, verfügen sie über ein Stimmrecht.[385] Ist das der Fall, richtet sich ihr Stimmrecht grundsätzlich nach den aktienrechtlichen Vorschriften. Anderes gilt nur insoweit als die Komplementäre, um möglichen Interessengegensätzen von Komplementären und Kommanditaktionären Rechnung zu tragen, besonderen Stimmverboten unterliegen (§ 285 AktG; vgl. im Einzelnen § 5 Rz. 319).

e) **Informationsrechte**

191 Die Mitgliedschaft der Komplementäre begründet des weiteren Informationsrechte. Ihnen steht nach § 118 HGB iVm. § 161 Abs. 2 iVm. § 278 Abs. 2 AktG das Recht zu, sich persönlich über die Angelegenheiten der KGaA zu unterrichten, in die Geschäfts- bzw. Handelsbücher Einsicht zu nehmen und sich aus ihnen eine Übersicht über den Stand des Gesellschaftsvermögens anzufertigen.[386] Dieses Recht kann für den einzelnen Komplementär insbesondere dann von Bedeutung sein, wenn er von der **Geschäftsführung ausgeschlossen ist**.[387] Die Satzung kann insoweit aber anderes vorsehen.

f) **Recht auf anteiligen Jahresgewinn**

192 Den Komplementären steht das Recht auf Teilhabe an dem durch die KGaA erwirtschafteten Gewinn zu. Der Gewinnanspruch zählt zu den Vermögensrechten und ist nach seiner Konkretisierung daher selbständig übertragbar (Rz. 5). Er ist gegenüber der Gesellschaft geltend zu machen. Der Anspruch auf Gewinnauszahlung entsteht mit der Feststellung des Jahresabschlusses.[388] In Ermangelung anders lautender Satzungsvorschriften ist von einem Gewinn

---

[383] Vgl. hierzu im Einzelnen BeckHdb. PersG/*Müller* § 4 Rz. 87 ff.
[384] Großkomm. AktG/*Barz* § 285 Rz. 2.
[385] MünchKomm. AktG/Bd. 8/*Semler/Perlitt* § 285 Rz. 9.
[386] Zu den Einzelheiten vgl. *Baumbach/Hopt* § 118 Rz. 4 ff.
[387] Zum Ausschluss von der Geschäftsführung vgl. MünchKomm. AktG/Bd. 8/*Semler/Perlitt* § 278 Rz. 31.
[388] Vgl. BGH II ZR 186/80 v. 6. 4. 1981, BGHZ 80, 357, 358 = NJW 1981, 2563.

B. Rechte und Pflichten der Gesellschafter einer KGaA   193–195   § 4

auszugehen, der nach den Vorschriften des Personengesellschaftsrechts zu ermitteln ist (sog. dualistische Gewinnermittlung).[389] Nach aA soll der aktienrechtliche Jahresabschluss für die Ermittlung des Komplementärgewinns maßgeblich sein und das Recht der KG erst für die Gewinnverteilung gelten.[390] Im Hinblick auf den ermittelten Gewinn sehen die zur Anwendung gelangenden handelsrechtlichen Vorschriften vor (§ 121 iVm. § 168 Abs. 1 HGB iVm. § 278 Abs. 2 AktG), dass jeder Gesellschafter vorab einen Anteil von 4 % erhält; reicht der Gewinn dazu nicht aus, ist ein entsprechend niedrigerer Satz anzuwenden. Bezugsgröße ist der zum Ende des Geschäftsjahres festgestellte Kapitalanteil; für die Berechnung von im Laufe des Jahres schwankenden Kapitalanteilen gilt das HGB (§ 121 Abs. 2 HGB). Der nach der Kapitalverzinsung verbleibende Betrag wird unter die Komplementäre in einem angemessenen Verhältnis – in der Regel nach Kapitalanteilen[391] – verteilt (§ 168 Abs 2 HGB). Der den Gesellschaftern auf diese Weise zukommende Gewinn ist dem Kapitalkonto zuzuschreiben. Diese gesetzlichen Regelungen sind indessen häufig nicht interessengerecht. Da sie abdingbar sind, können in der **Satzung** abweichende Regelungen vorgesehen werden.[392] Interne Abreden zwischen den Komplementären können lediglich schuldrechtliche Wirkung unter ihnen entfalten.[393]

g) Pflicht zur Verlusttragung

Ergibt sich ein Bilanzverlust, so entfällt auf den Komplementär, soweit die   193
Satzung nichts anderes bestimmt, ein nach den Umständen angemessener Anteil, dh. der Verlust wird in der Regel nach Kapitalanteilen verteilt.[394] Die Verluste sind in entsprechender Weise vom Kapitalanteil abzuschreiben. Reicht der Kapitalanteil des Komplementärs nicht aus, um den Verlust zu decken, so ist der Restbetrag einem besonderen Konto „Einzahlungsverpflichtungen persönlich haftender Gesellschafter" zu belasten (§ 286 Abs. 2 AktG).

h) Entnahmerecht

Den Gesellschaftern steht ein Entnahmerecht zu, welches sich nach handels-   194
rechtlichen und – soweit es um Entnahmebeschränkungen geht – aktienrechtlichen Regelungen richtet (§ 122 HGB, § 288 AktG). Bei dem Entnahmerecht handelt es sich um ein **Vermögensrecht** des Gesellschafters. Es ist anders als die übrigen Vermögensrechte jedoch nicht ohne weiteres, sondern nur übertragbar, wenn die Entnahme durch einen Gewinnausschüttungsbeschluss gedeckt ist.

aa) § 122 HGB als Grundlage des Entnahmerechts. Nach dieser Vor-   195
schrift ist jeder Komplementär, der eine Kapitaleinlage geleistet hat, berechtigt, 4 % seines für das letzte Geschäftsjahr festgestellten (positiven) Kapitalanteils zu entnehmen (**Grundentnahme**), und zwar auch dann, wenn die Gesellschaft Verluste erwirtschaftet hat. Wenn die Kapitaleinlage durch Verlustbelastungen und Entnahmen aufgezehrt ist, dürfen Grundentnahmen nicht mehr

---

[389] MünchKomm. AktG/Bd. 8/*Semler/Perlitt* § 286 Rz. 22.
[390] Kölner Komm./*Mertens/Cahn* § 286 Rz. 10, 13.
[391] BeckHdb. PersG/*Müller* § 4 Rz. 115.
[392] BeckHdb. PersG/*Müller* § 4 Rz. 117 ff.
[393] Kölner Komm./*Mertens/Cahn* § 288 Rz. 14.
[394] *Röhricht/Graf v. Westphalen/v. Gerkan* HGB § 168 Rz. 13.

getätigt werden. Grund hierfür ist, dass eine weitere Entnahme in diesen Fällen wirtschaftlich eine Kreditinanspruchnahme wäre, die nur mit Zustimmung des Aufsichtsrats erfolgen dürfte und die unter den in § 288 Abs. 1 Satz 2 AktG genannten Voraussetzungen überhaupt unzulässig wäre.[395]

196 Darüber hinaus darf jeder Komplementär den Betrag entnehmen, um den der Gewinn des Vorjahres das Grundentnahmerecht des laufenden Jahres übersteigt (**Gewinnentnahme**), soweit dies nicht offensichtlich der Gesellschaft zum Schaden gereicht (§ 122 Abs. 1 Hs. 2 HGB). Dieses Gewinnentnahmerecht steht im Gegensatz zum Grundentnahmerecht auch Komplementären zu, die keine Kapitaleinlage geleistet haben. § 122 HGB ist dispositiv. Beispielsweise kann die Satzung einen höheren Prozentsatz als 4 % festlegen.[396]

197 **bb) Beschränkungen.** Diese Regelungen des HGB werden durch die zwingenden, der Kapitalerhaltung dienenden Entnahmebeschränkungen ergänzt. Nach § 288 AktG sind Entnahmen verboten, solange
– der Verlustanteil des Komplementärs seinen Kapitalanteil übersteigt oder
– die Summe aus Bilanzverlust, Einzahlungsverpflichtungen, Verlustanteilen persönlich haftender Gesellschafter und Forderungen aus Krediten an persönlich haftende Gesellschafter und deren Angehörige die Summe aus Gewinnvortrag, Kapital- und Gewinnrücklagen sowie Kapitalanteilen der persönlich haftenden Gesellschafter übersteigt.

Für die Bildung dieser Summen aus Aktiva und Passiva kommt es nicht auf den einzelnen Komplementär, sondern die Gesamtbeträge aller Komplementäre an. Gesetzeswidrige Entnahmen begründen einen aktienrechtlichen Rückerstattungsanspruch. Daneben ist eine Schadensersatzpflicht möglich.[397] Demgegenüber dürfen Tätigkeitsvergütungen, die nicht vom Gewinn abhängen, auch in Verlustphasen ausgezahlt werden, können aber gem. § 87 Abs. 2 Satz 1 AktG iVm. § 288 Abs. 3 Satz 2 AktG herabgesetzt werden.

i) Recht auf Aufwendungsersatz und Pflicht zur Herausgabe des Erlangten

198 Den Komplementären steht ein vermögensrechtlicher Anspruch auf Aufwendungsersatz (§ 110 HGB iVm. §§ 667, 670 BGB iVm. § 278 Abs. 2 AktG) und Vorschuss (§ 669 BGB), der gegenüber der Gesellschaft durchzusetzen ist, zu.[398] Dem steht die Pflicht gegenüber, alles, was sie aus der Geschäftsführung erlangt haben, herauszugeben (§ 667 BGB), und zwar auch Sonderprovisionen und Schmiergelder.

Ebenso haben die Komplementäre die Vorteile, die sie aus der Verwertung von Geschäftschancen erlangt haben, herauszugeben, da diese der Gesellschaft und nicht ihnen persönlich zustehen.

j) Kündigungs- und Ausschließungsrecht

199 Den Komplementären steht das Recht zu, ihre Mitgliedschaft zu **kündigen** (§ 131 Abs. 3 Nr. 3 HGB). Dem steht § 289 Abs. 5 AktG nicht entgegen.[399] Im

---

[395] Großkomm. AktG/*Barz* § 288 Rz. 8; Kölner Komm./*Mertens/Cahn* § 288 Rz. 29.
[396] Zu den Einzelheiten vgl. MünchKomm. AktG/Bd. 8/*Semler/Perlitt* § 288 Rz. 39 ff.
[397] *Hüffer* AktG § 288 Rz. 4.
[398] MünchKomm. AktG/Bd. 8/*Semler/Perlitt* § 278 Rz. 57.
[399] MünchKomm. AktG/Bd. 8/*Semler/Perlitt* § 289 Rz. 9.

B. Rechte und Pflichten der Gesellschafter einer KGaA

Falle einer solchen Kündigung scheidet der betreffende Komplementär aus der Gesellschaft aus, soweit in der Satzung nichts anderes festgelegt ist.[400] Darüber hinaus kann ein Komplementär auf Antrag der übrigen Gesellschafter bei Vorliegen eines wichtigen Grundes durch Gerichtsentscheidung ausgeschlossen werden (§ 289 Abs. 1 AktG iVm. § 140 HGB).[401] Zur Möglichkeit, die Auflösung der Gesellschaft zu betreiben, vgl. § 17 Rz. 84, 86.

k) Anspruch auf Auseinandersetzungs- und Abfindungsguthaben

Je nachdem, ob die Komplementäre eine **Vermögenseinlage** oder eine **Einlage auf das Grundkapital** (Rz. 126) geleistet haben, ist zu unterscheiden: Haben sie eine Vermögenseinlage geleistet, richten sich ihre Ansprüche im Falle der Liquidation der Gesellschaft nach dem Recht der Kommanditgesellschaft. Ihnen steht gegenüber der Gesellschaft ein Anspruch auf das Auseinandersetzungsguthaben zu; sie können also die Verteilung des verbleibenden Vermögens der Gesellschaft verlangen (§ 155 HGB). Ist das Auseinandersetzungsguthaben negativ, so sind die Komplementäre verpflichtet, es nach § 735 BGB auszugleichen (**Nachschusspflicht im Liquidationsstadium**). Soweit der Komplementär zuvor aus der Gesellschaft ausscheidet, steht ihm ein Abfindungsanspruch zu. Liegt keine vertragliche Regelung vor, erhält er das, was er bei der Auseinandersetzung zu bekommen hätte. Haben die Komplementäre hingegen eine **Einlage auf das Grundkapital** geleistet, steht ihnen ein Anspruch auf den Abwicklungsüberschuss nach den aktienrechtlichen Regelungen zu (§ 271 AktG).

l) Treupflicht/Wettbewerbsverbot

Die Komplementäre unterliegen Treubindungen in unterschiedlichen Verhältnissen. Sie bestehen zunächst zwischen den Komplementären untereinander, darüber hinaus zwischen den Komplementären und den Kommanditaktionären und schließlich zwischen den Komplementären und der Gesellschaft. Das Verhältnis der **Komplementäre untereinander** ist durch besonders starke Treupflichten geprägt, die über diejenigen der Kommanditaktionäre (vgl. hierzu Rz. 212) hinausgehen. Dies resultiert aus der Verpflichtung zur gemeinsamen Geschäftsführung und der gemeinsamen Haftung, welche ein notwendigerweise hohes Maß an Vertrauen fordert. Dies wiederum bedingt, dass jeder Komplementär seine Rechte und Pflichten unter Berücksichtigung der Belange seiner Mitgesellschafter auszuüben hat.[402] Auch im Verhältnis der **Komplementäre zu den Kommanditaktionären** besteht eine solche Treupflicht. Sie ergibt sich neben dem Umstand, dass sowohl Komplementäre als auch Kommanditaktionäre Partner einer vom Recht getragenen Organisation sind, ua. auch aus der Möglichkeit, durch den Einfluss auf die Geschäftsführung und die teilweise bestehende Zustimmungspflicht im Rahmen von Beschlüssen die Interessen der Aktionäre zu berühren. Auch in diesem Verhältnis bestehen daher Rücksichtnahmeverpflichtungen, die allerdings wegen der geringeren persönlichen Bindung nicht so stark ausgeprägt sind wie diejenigen zwischen den Komplemen-

---

[400] MünchKomm. AktG/Bd. 8/*Semler/Perlitt* § 278 Rz. 156, 289.
[401] Vgl. im Einzelnen MünchKomm. AktG/Bd. 8/*Semler/Perlitt* § 289 Rz. 119; Beck-Hdb. PersG/*Müller* § 4 Rz. 146.
[402] MünchKomm. AktG/Bd. 8/*Semler/Perlitt* § 278 Rz. 102; vgl. Großkomm. HGB/*Ulmer* § 105 Rz. 241 ff.

tären. Die im Verhältnis zwischen den **Komplementären und der Gesellschaft** bestehende Treupflicht verpflichtet die Komplementäre zur Förderung und Verwirklichung des gemeinsamen Zwecks und zur Unterlassung schädlicher Eingriffe.

202 Für die Intensität der Treubindungen ist die Funktion des auszuübenden Rechts von herausragender Bedeutung. Bei **Geschäftsführungsvorgängen** besteht eine ausschließliche Bindung der Komplementäre an das Gesellschaftsinteresse, da dem Gesellschaftsinteresse bei diesen Maßnahmen der absolute Vorrang vor den Interessen der Komplementäre zukommt. Eine solche Bindung existiert demgegenüber bei den eigennützigen Rechten nicht (zB Vermögensrecht, Informations- und Stimmrechte), bei denen eine Abwägung der Privat- und Gesellschaftsinteressen vorzunehmen ist. Zu den Rechtsfolgen eines Treupflichtverstoßes vgl. Rz. 85. Zur Wahrung der den Komplementären gegenüber der Gesellschaft und ihren Mitgesellschaftern obliegenden Treupflicht verbietet § 284 AktG den Komplementären, zur KGaA in Wettbewerb zu treten (zum **Wettbewerbsverbot** siehe im Einzelnen unter § 6 Rz. 163).

3. Besteuerung

203 Die Komplementäre werden unter steuerrechtlichen Aspekten wie Mitunternehmer behandelt: mit den auf sie entfallenden Gewinnanteilen aus ihrer Einlage erzielen sie **Einkünfte aus Gewerbebetrieb** (§ 15 Abs. 1 Nr. 3 EStG; wegen der weiteren Einzelheiten vgl. § 2 Rz. 164 ff. und § 11 Rz. 277 ff.). Der Gewinnanteil des Komplementärs einschließlich seiner Sondervergütungen, Sonderbetriebseinnahmen und Sonderbetriebsausgaben ist durch Betriebsvermögensvergleich zu ermitteln.[403] Von den Komplementären gehaltene Aktien an der KGaA fallen indessen nicht in das Sonderbetriebsvermögen.[404] Demgegenüber sind in der Sonderbilanz der jeweiligen Komplementäre, soweit ihnen eine Pensionszusage gemacht worden ist, die Beträge zu aktivieren, die bei der KGaA der Pensionsrückstellung zugeführt werden.[405]

II. Kommanditaktionär

204 Die Rechtsstellung der Kommanditaktionäre bestimmt sich im Verhältnis zu der Gesellschaft und den Mitaktionären nach den Vorschriften des Aktiengesetzes (§ 278 Abs. 3 AktG). Dem Kommanditaktionär kommt insoweit keine andere Stellung als dem Aktionär in einer AG zu. Das Verhältnis der Gesamtheit der Kommanditaktionäre zu den Komplementären richtet sich nach den Vorschriften der Kommanditgesellschaft, soweit in den Vorschriften der KGaA nichts Abweichendes geregelt ist. Dies hat ua. zur Folge, dass der Vorrang der Satzungsautonomie gilt, der Satzung damit vor allem die Disposition über die Zuständigkeitsverteilung in den Grenzen der §§ 278 Abs. 3, 283, 287 Abs. 2 AktG eingeräumt ist.[406]

---

[403] BFH X R 14/88 v. 21.6.1989, BStBl. 1989 II 881 ff.
[404] Vgl. BFH X R 14/88 v. 21.6.1989, BStBl. 1989 II 881, 886.
[405] Vfg. OFD Köln v. 27.6.1991, DStR 1991, 1218; vgl. auch BFH X R 14/88 v. 21.6.1989, BStBl. 1989 II 881; 886; *Patt/Rasche* DB 1993, 2400; aA *Gocke* DB 1994, 2162.
[406] Kölner Komm./*Mertens/Cahn* § 278 Rz. 46.

B. Rechte und Pflichten der Gesellschafter einer KGaA

1. Begründung und Beendigung der Mitgliedschaft

Der Erwerb der Mitgliedschaft erfolgt entweder durch die Beteiligung bei der Gründung der KGaA (§ 280 AktG), im Zuge einer Kapitalerhöhung und der hiermit verbundenen Aktienübernahme (originärer Erwerb; § 3 Rz. 495) oder durch den späteren Erwerb der Mitgliedschaft (derivativer Erwerb; § 3 Rz. 87 ff.).

Die Beendigung der Mitgliedschaft kann durch Vollbeendigung der Gesellschaft im Zuge der Auflösung (§§ 289 AktG; § 17 Rz. 82 ff.), durch Einziehung der Anteile (§§ 237 ff. AktG; § 9 Rz. 161 ff.), durch Ausschluss im Falle der Säumnis gem. § 64 AktG, durch Ausschluss des Aktionärs durch einen Mehrheitsaktionär gem. § 327a AktG („squeeze out" § 14 Rz. 41) oder durch rechtsgeschäftlichen bzw. gesetzlichen Übergang der Aktie auf einen Dritten (§ 3 Rz. 111 ff.) erfolgen.

2. Mitgliedschaftsrechte und -pflichten

a) Einlage

Die an der Gründung mitwirkenden Kommanditaktionäre haben – wie die Aktionäre der AG – Geldeinlagen in Höhe des eingeforderten Betrages und Sacheinlagen in vollständigem Umfang zu leisten (Rz. 8 ff.). Mit der Leistung der Einlage haben die Kommanditaktionäre ihre gegenüber der Gesellschaft bestehenden Verbindlichkeiten erfüllt. Sie haften Dritten gegenüber mithin nicht für die Verbindlichkeiten der Gesellschaft. Das unterscheidet sie von den Kommanditisten einer KG, die Dritten gegenüber in Höhe ihrer Einlage unmittelbar haften, soweit die Einlage noch nicht erbracht ist. **Ausstehende Einlagen** werden von den Komplementären eingefordert. Rückständige Zahlungen sind zu verzinsen (§ 63 Abs. 2 AktG, Rz. 14). Die Bestimmungen über die Differenzhaftung, den Ausschluss säumiger Aktionäre, die Zahlungspflicht der Vormänner und das Verbot einer Befreiung von den Leistungspflichten (§§ 64 bis 66 AktG) gelten auch bei den Kommanditaktionären.

b) Nebenverpflichtungen

Die Kommanditaktionäre können entsprechend § 55 AktG Nebenverpflichtungen übernehmen (Rz. 26 f.). Weitere Verpflichtungen können ihnen nicht auferlegt werden.[407]

c) Stimm- und Teilnahmerecht

Die Kommanditaktionäre üben ihre Mitverwaltungsrechte in der Hauptversammlung der KGaA aus. Der einzelne Kommanditaktionär hat in der Hauptversammlung alle Rechte, die das Gesetz einem einzelnen Aktionär zur Verfügung stellt. Der Kommanditaktionär ist berechtigt, an der Hauptversammlung teilzunehmen und sein Stimmrecht auszuüben. Ein Kommanditaktionär, der zugleich Komplementär ist, unterliegt jedoch den Stimmverboten des § 285 AktG (vgl. § 5 Rz. 319). Weiter ist insoweit zu beachten, dass bestimmte Beschlüsse (zB Satzungsänderungen und sonstige Grundlagenbeschlüsse) der Zustimmung der Komplementäre bedürfen (§ 285 Abs. 3 AktG).

---

[407] MünchKomm. AktG/Bd. 8/*Semler/Perlitt* § 278 Rz. 102.

d) Auskunfts- und Informationsrechte

209 Den Kommanditaktionären steht das Auskunftsrecht nach § 131 Abs. 1 AktG zu (vgl. Rz. 51 ff.). Im Hinblick auf die Auskunftsverweigerungsrechte können sich die Komplementäre nicht auf § 131 Abs. 3 Nr. 3 und 4 AktG berufen, da die Hauptversammlung der KGaA den Jahresabschluss feststellt (§ 286 Abs. 1 Satz 1 AktG). Den Kommanditaktionären ist dementsprechend beispielsweise auch Auskunft über stille Reserven und Bewertungs- und Abschreibungsmethoden zu geben. Gleiches gilt im Ergebnis für den Gewinnanteil des persönlich haftenden Gesellschafters, soweit sich dieser nicht aus dem Jahresabschluss bzw. der Gewinnverteilung zwischen den Komplementären und den Kommanditaktionären ergibt.[408] Im Hinblick auf die **sonstigen Informations- und Mitverwaltungsrechte** (Rz. 29 ff., 33, 34 f., 51, 71, 105) gilt das zur Aktiengesellschaft Ausgeführte.

e) Widerspruchsrecht

210 Der Gesamtheit der Kommanditaktionäre steht gem. § 278 Abs. 2 AktG iVm. § 164 HGB ein Widerspruchsrecht gegen **außergewöhnliche Geschäftsführungsmaßnahmen** zu. Dieses Recht hat nach überwiegender Meinung den Charakter eines Zustimmungserfordernisses der Aktionäre bzw. der Hauptversammlung als Organ der Kommanditaktionäre. Bei außergewöhnlichen Maßnahmen muss daher ein zustimmender Beschluss der Hauptversammlung eingeholt werden.[409] Damit die Kommanditaktionäre dieses Widerspruchsrecht ausüben können, bedarf es der Unterrichtung der Aktionäre. Denn ein Widerspruchsrecht ist für die Kommanditaktionäre wertlos, wenn die Komplementäre nicht verpflichtet sind, diese über die beabsichtigte Handlung in Kenntnis zu setzen.[410] In der Satzung kann allerdings Abweichendes festgelegt werden, etwa das Widerspruchsrecht ausgeschlossen werden.

f) Feststellungskompetenz des Jahresabschlusses

211 Ebenfalls abweichend von der AG ist die Feststellungskompetenz bezüglich des Jahresabschlusses geregelt. Gem. § 286 AktG stellt die Hauptversammlung den Jahresabschluss fest, allerdings mit Zustimmung der Komplementäre.

g) Gewinnanspruch

212 Den Kommanditaktionären steht ein Anspruch auf den – nach dem Gewinnverwendungsbeschluss – auf sie jeweils entfallenden Anteil des auszuschüttenden Gewinns zu (§ 278 Abs. 3 iVm. § 271 AktG, Rz. 71 ff.). Die Aufteilung des Gewinns im Verhältnis zwischen den Kommanditaktionären und den Komplementären richtet sich nach den handelsrechtlichen Vorschriften (§ 168 HGB).

---

[408] *Sethe* DB 1988, 1044, 1045.
[409] *Kallmeyer* DStR 1994, 977, 978.
[410] Allg. Meinung vgl. Großkomm. AktG/*Barz* § 278 Rz. 21.

B. Rechte und Pflichten der Gesellschafter einer KGaA   213–216 § 4

h) Auseinandersetzungsguthaben

Nach Auflösung der KGaA kann der Kommanditaktionär seine Einlage nicht zurückverlangen. Vielmehr steht ihm ein Anspruch auf das anteilige Auseinandersetzungsguthaben des verbleibenden Vermögens nach § 271 Abs. 2 AktG zu.[411]   **213**

i) Minderheitenrechte

Minderheitenrechte für eine im Gesetz vorgesehene Aktionärsminderheit gelten auch für die Kommanditaktionäre.   **214**

j) Klagerechte

Dem **einzelnen Kommanditaktionär** steht die Möglichkeit zu, Hauptversammlungsbeschlüsse anzufechten bzw. für nichtig erklären zu lassen. Auch stehen ihm Klagemöglichkeiten gegenüber der Gesellschaft bzw. den übrigen Kommanditaktionären bei Verletzung seiner Mitgliedschaftsrechte zu.[412] Handelt es sich um Rechtsstreitigkeiten zwischen den Kommanditaktionären und den Komplementären (zB Klage der Komplementäre gegenüber den Kommanditaktionären auf Feststellung des Jahresabschlusses), so weist § 287 Abs. 2 S. 1 AktG die Prozessvertretung dem Aufsichtsrat zu. Nach dem gedanklichen Konzept der hM[413] und des historischen Gesetzgebers liegt die Parteirolle bei der Gesamtheit der Aktionäre, die daher als parteifähig anerkannt wird. Nach der hier vertretenen Auffassung muss die Vorschrift des § 287 Abs. 2 AktG aber dahin gehend verstanden werden, dass die Parteirolle nicht der Gesamtheit der Aktionäre, sondern der KGaA zuzuweisen ist, und § 287 Abs. 2 AktG, der festlegt, dass der Aufsichtsrat die Gesamtheit der Aktionäre in Rechtsstreitigkeiten vertritt, als reine Kompetenznorm anzusehen ist.[414]   **215**

k) Treupflicht

Die Kommanditaktionäre unterliegen zunächst Treupflichten im Verhältnis gegenüber der KGaA und den übrigen Kommanditaktionären. Im Hinblick auf Inhalt und Umfang der Treupflichten kommen die zur AG herausgearbeiteten Grundsätze zur Anwendung (vgl. die Ausführungen unter Rz. 81 ff.). In diesen Verhältnissen treffen die Kommanditaktionäre nur dann intensiver ausgeprägte Treupflichten, wenn sie an der Geschäftsführung beteiligt sind, da die Treupflichten um so weitgehender sind, je weiter die Einflussmöglichkeiten reichen.[415] Darüber hinaus bestehen im Verhältnis zwischen der Gesamtheit der Kommanditaktionäre und den Komplementären Treupflichten. Sie rühren daher, dass beide Gesellschaftergruppen Partner unter einem gemeinsam verfolgten Zweck sind (§ 705 BGB) und die Kommanditaktionäre durch die   **216**

---

[411] Vgl. § 17 Rz. 93.
[412] Vgl. Rz. 233 ff.
[413] RG I 80/10 v. 24.10.1910, RGZ 74, 301, 302; Großkomm. AktG/*Barz* § 287 Rz. 8.
[414] *Hüffer* AktG § 287 Rz. 2; KölnKomm/*Mertens/Cahn* § 287 Rz. 20 mwN; s. aber für Gesellschafter als Partei MünchKomm. AktG/Bd. 8/*Semler/Perlitt* § 287 Rz. 73, 74; MünchHdb. GesR/Bd. 4/*Herfs* § 77 Rz. 57.
[415] Allg. Ansicht, vgl. *Geßler/Hefermehl/Semler* § 278 Rz. 108 ff.; MünchKomm. AktG/Bd. 8/*Semler/Perlitt* § 278 Rz. 128.

teilweise bestehende Zustimmungspflicht im Rahmen von Beschlüssen die Interessen der Komplementäre berühren können.[416] Auch in diesem Verhältnis besteht daher das Gebot der Rücksichtnahme auf die Interessen der Mitgesellschafter.

l) Gleichbehandlung

217 Kommanditaktionäre sind unter gleichen Umständen gleich zu behandeln. Dieser im Aktiengesetz niedergelegte Grundsatz gilt auch für die Kommanditaktionäre der KGaA (Rz. 86 ff.).

3. Besteuerung

218 Die Kommanditaktionäre erzielen mit den von ihnen gehaltenen Aktien Kapitaleinkünfte (vgl. im Einzelnen Rz. 103 ff.; § 2 Rz. 164 und § 11 Rz. 277).

---

[416] Vgl. auch MünchKomm. AktG/Bd. 8/*Semler/Perlitt* § 278 Rz. 133.

§ 5 Die Hauptversammlung

Bearbeiter: Prof. Dr. Jochem Reichert

Übersicht

	Rz.
A. Einleitung	1–5
B. Die Aktiengesellschaft	6–301
I. Die Zuständigkeit der Hauptversammlung	6–55
1. Überblick	6
2. Gesetzliche Zuständigkeiten der Hauptversammlung	7–22
a) Regelmäßig wiederkehrende Befassungen und Entscheidungen	8–15
aa) Entgegennahme des von Vorstand und Aufsichtsrat aufgestellten Jahresabschlusses	9
bb) Verwendung des Bilanzgewinns	10, 11
cc) Entlastung	12, 13
dd) Wahl der Aufsichtsratsmitglieder	14
ee) Bestellung des Abschlussprüfers	15
b) Grundlagenentscheidungen	16–21
aa) Satzungsänderungen	17, 18
bb) Maßnahmen der Kapitalbeschaffung und Kapitalherabsetzung	19
cc) Auflösung	20
dd) Weitere gesetzlich geregelte Grundlagenentscheidungen	21
c) Sonderfälle	22
3. Satzungsgemäße Zuständigkeiten	23, 24
4. Ungeschriebene Zuständigkeiten	25–52
a) Die Holzmüller-Entscheidung	25–29
b) Rechtsgrundlage ungeschriebener Hauptversammlungszuständigkeiten	30
c) Übersicht über hauptversammlungspflichtige Maßnahmen in der Muttergesellschaft/Konzernbildungskontrolle	31–44
aa) Ausgliederung auf Tochtergesellschaften	31
bb) Beteiligungserwerb	32
cc) Abgabe eines Übernahmeangebots	33–35
dd) Beteiligungsveräußerung	36–38
ee) Going Public, IPO	39
ff) Delisting	40
gg) Zustimmungserfordernisse in der Zielgesellschaft bei Unternehmensübernahmen	41, 42
hh) Übertragung vinkulierter Aktien	43
ii) Fremdkapitalaufnahme	44
d) Konzernleitungskontrolle	45
e) Maßgebliche Schwellenwerte der Konzernbildungs- und Konzernleitungskontrolle	46–48
f) Mehrheitserfordernis	49
g) Möglichkeit eines „Konzeptbeschlusses"	50, 51
h) Informationspflichten und Rechtsfolgen/Rechtsschutz	52

§ 5 Die Hauptversammlung

    5. Gesonderte Zuständigkeiten 53-55
II. Die Vorbereitung der Hauptversammlung 56–141
    1. Technische Vorbereitungen 56–68
       a) Langfristige Planung 57–60
          aa) Termin der Hauptversammlung 57
          bb) Besucherzahlen 58, 59
          cc) EDV-Unterstützung 60
       b) Kurzfristige Planung 61–68
          aa) Bekanntmachung 62
          bb) Detaillierte Vorbereitung des Ablaufs 63, 64
          cc) Mitteilungen 65–67
          dd) Hinzuziehung des Notars 68
    2. Einberufung der Hauptversammlung 69–114
       a) Gründe für die Einberufung 69–75
          aa) Gesetzliche Einberufungsgründe 70–72
          bb) Statutarische Einberufungsgründe 73
          cc) Wohl der Gesellschaft 74
          dd) Fakultative Einberufung 75
       b) Einberufungsberechtigung 76–83
          aa) Vorstand 76
          bb) Aufsichtsrat 77
          cc) Minderheitsverlangen 78–83
       c) Art und Weise der Einberufung 84–98a
          aa) Einberufungsfrist 84–84b
          bb) Verlängerung der Einberufungsfrist 85–89
          cc) Mindestangaben der Einberufung 90–94
          dd) Bekanntmachung 95–98
          ee) Veröffentlichung im Internet 98a
       d) Tagesordnung 99–104
          aa) Zweck und Inhalt 99–102
          bb) Bekanntmachungsfreie Gegenstände 103
          cc) Rechtsfolgen bei Verstoß 104
       e) Mitteilungspflichten 105–108
       f) Gegenanträge der Aktionäre 109–112
          aa) Zulässige Gegenanträge 109
          bb) Formalien und Frist 110
          cc) Unzulässige Gegenanträge 111, 112
       g) Wahlvorschläge der Aktionäre 113
       h) Rechtsfolgen der unterbliebenen Einberufung . 114
    3. Berichtspflichten 115–141
       a) Gesetzliche Berichtspflichten des Vorstands . . . 116–132
          aa) Bezugsrechtsausschluss 121
          bb) Bezugsrechtsausschluss bei genehmigtem
              Kapital 122, 123
          cc) Bezugsrechtsausschluss bei Veräußerung
              eigener Aktien 124, 125
          dd) Verschmelzung 126
          ee) Spaltung 127–129
          ff) Formwechselnde Umwandlung 130
          gg) Unternehmensverträge 131
          hh) Eingliederung 132
       b) Berichtspflichten des Aufsichtsrats 133
       c) Berichtspflicht bei Squeeze Out 134
       d) Prüfungsberichte Dritter 135
       e) Ungeschriebene Berichtspflichten 136

Übersicht

§ 5

f) Rechtsfolgen bei Verstoß 137–141
   aa) Anfechtung 137
   bb) Sonderfall der Informationspflichtverletzung
       bei Bewertungsfragen 138
   cc) Heilung 139
   dd) Eintragung; Registersperre; Freigabe-
       verfahren 140
   ee) Strategie der Risikoverminderung 141
III. Die Teilnahme an der Hauptversammlung 142–163
  1. Aktionäre 142–145
    a) Teilnahmeberechtigte Personen 142, 143
    b) Inhalt 144-144b
    c) Beschränkung 145
  2. Aktionärsvertreter 146, 147
  3. Vorstands- und Aufsichtsratsmitglieder 148
  4. Sonstige Teilnehmer 149–152
  5. Teilnehmerverzeichnis 153–163
    a) Zuständigkeit 154
    b) Inhalt 155–159
    c) Zugänglichmachung 160
    d) Änderung 161
    e) Rechtsfolgen bei Verstoß 162, 163
IV. Die Durchführung der Hauptversammlung 164–207
  1. Leitung der Hauptversammlung 164–195
    a) Eröffnung der Hauptversammlung 165
    b) Verfahrensleitung 166–181
       aa) Erledigung der Tagesordnung 168, 169
       bb) Behandlung von Anträgen 170
       cc) Wortmeldungen 171, 172
       dd) Beschränkung des Rederechts 173–177
       ee) Beschränkung des Auskunfts- und Frage-
           rechts 178–180
       ff) Ordnungsmaßnahmen 181
    c) Abstimmungsleitung 182–193
       aa) Abstimmungsverfahren 183
       bb) Auszählung 184–190
       cc) Verkündung des Ergebnisses 191
       dd) Rechtsfolgen bei Verstoß 192, 193
    d) Beendigung der Hauptversammlung 194, 195
  2. Die Pflichten des Vorstands in der Hauptversamm-
    lung 196–207
    a) Vorlage und Erläuterung der Abschlussunterlagen 196–201
    b) Auskunftspflichten 202–206
    c) Nachgelagerte Pflichten 207
V. Die Beschlussfassung in der Hauptversammlung 208–241
  1. Stimmrechte 208–225
    a) Stimmberechtigung 209
    b) Umfang des Stimmrechts 210, 211
    c) Stimmbindungsverträge 212
    d) Bevollmächtigte 213–216
    e) Stimmrechtsverbote 217–225
       aa) Gesetzliche Stimmrechtsverbote 217–221
       bb) Satzungsgemäße Stimmrechtsverbote . . . 222–224
       cc) Rechtsfolge bei Verstoß 225
  2. Mehrheitserfordernisse 226–235

§ 5   Die Hauptversammlung

        a) Einfache Stimmenmehrheit   226
        b) Kapitalmehrheit   227–230
        c) Qualifizierte Stimmenmehrheit; weiterer Schutz
           der Minderheit 231, 232
        d) Satzungsgemäße Mehrheitserfordernisse   233–235
   3. Wahlen von Aufsichtsratsmitgliedern   236–241
VI. Die Dokumentation der Hauptversammlung   242–254
   1. Niederschrift   242–252
        a) Form der Niederschrift 243, 244
        b) Inhalt der Niederschrift   245–249
        c) Erstellung und Einreichung der Niederschrift .   250
        d) Veröffentlichung im Internet 250a
        e) Mängel der Niederschrift 251, 252
   2. Sonstige Dokumentation 253, 254
VII. Anfechtungsklagen   255–284
   1. Anfechtungsbefugnis   255–262
        a) Aktionäre   256–260
        b) Vorstand   261
        c) Mitglieder des Vorstands und des Aufsichtsrats .   262
   2. Voraussetzungen der Anfechtung   263–275
        a) Verfahrensfehler   264–267
        b) Kausalität/Relevanz 268, 269
        c) Inhaltsfehler   270–275
   3. Bestätigungsbeschluss   276
   4. Verfahren   277–281
   5. Rechtsfolge   282–284
VIII. Nichtigkeitsklage   285–288
IX. Freigabeverfahren   289–294
X. Spruchverfahren   295–301

Schrifttum: *Arnold* Aktionärsrechte und Hauptversammlung nach dem ARUG, Der Konzern 2009, 88; *Baums* (Hrsg.), Bericht der Regierungskommission Corporate Governance 2001; *Claussen* Hauptversammlung und Internet, AG 2001, 161; *Decher* Rechtsfragen des grenzüberschreitenden Merger of Equals in FS Lutter 2000 S. 1209; *Ebenroth* Die Kompetenzen des Vorstands und der Aktionärsschutz in der Konzernobergesellschaft, AG 1988, 1; *Fleischer* Ungeschriebene Hauptversammlungszuständigkeiten im Aktienrecht: Von „Holzmüller" zu „Gelatine", NJW 2004, 2335; *Groß* Vorbereitung und Durchführung von Hauptversammlungsbeschlüssen zu Erwerb oder Veräußerung von Unternehmensbeteiligungen, AG 1996, 111; *ders.* Rechtsprobleme des Delisting, ZHR 165 (2001), 141; *Grüner* Zeitliche Einschränkung des Rede- und Fragerechts auf Hauptversammlungen, NZG 2000, 770; *Grumann/Soehlke* Namensaktie und Hauptversammlung, DB 2001, 576; *Grunewald* Rückverlagerung von Entscheidungskompetenzen der Hauptversammlung auf den Vorstand, AG 1990, 133; *Happ/Freitag* Die Mitternachtsstund' als Nichtigkeitsgrund, AG 1998, 493; *Hemeling* Stimmrechtsausübung in der Hauptversammlung im Lichte des Namensaktiengesetzes (NaStraG), RWS-Forum Gesellschaftsrecht 2001, 79; *Henn* Die Wahrung der Interessen der Aktionäre innerhalb und außerhalb der Hauptversammlung, BB 1982, 1185; *Hirte* Bezugsrechtsausschluss und Konzernbildung 1986; *Hommelhoff* Die Konzernleitungspflicht 1982; *Hüffer* Zur Darlegungs- und Beweislast bei der aktienrechtlichen Anfechtungsklage in FS Fleck 1988 S. 151; *Krieger* Aktionärsklage zur Kontrolle des Vorstands- und Aufsichtsratshandelns, ZHR 163 (1999), 343; *Kuhnt* Geschäftsordnungsanträge und Geschäftsordnungsmaßnahmen bei Hauptversammlungen in FS Lieberknecht 1997 S. 1; *Lehmann* Die gesetzlichen Minderheitsrechte in Aktiengesellschaften, AG 1983, 113; *Liebscher* Konzernbildungskontrolle 1995; *Lutter* Zur Vorbereitung und Durchführung von Grundlagenbeschlüssen in Aktiengesellschaften in FS Fleck 1988, S. 169; *ders.* Aktionärs-Klagerechte, JZ 2000, 837; *Lutter/Leine-*

Übersicht §5

kugel Kompetenzen von Hauptversammlung und Gesellschafterversammlung beim Verkauf von Unternehmensteilen, ZIP 1998, 225; *dies.* Der Ermächtigungsbeschluss der Hauptversammlung zu grundlegenden Strukturmaßnahmen – zulässige Kompetenzübertragung oder unzulässige Selbstentmachtung, ZIP 1998, 805; *Martens* Leitfaden für die Hauptversammlung einer Aktiengesellschaft, 3. Aufl. 2003; *Martens/Martens* Rechtsprechung und Gesetzgebung im Kampf gegen missbräuchliche Aktionärsklagen, AG 2009, 173; *Max* Die Leitung der Hauptversammlung, AG 1991, 77; *Mülbert* Aktiengesellschaft, Unternehmensgruppe, Kapitalmarkt, 2. Aufl. 1996; *ders.* Rechtsprobleme des Delisting, ZHR 165 (2001), 104; *Mutter/Riegger* Zum Einsatz neuer Kommunikationsmedien in Hauptversammlungen von Aktiengesellschaften, ZIP 1998, 637; *Noack* Stimmrechtsvertretung in der Hauptversammlung nach NaStraG, ZIP 2001, 57; *Obermüller/Werner/Winden* Die Hauptversammlung der Aktiengesellschaft, 4. Aufl. 2001; *Piko/Preissler* Die Online-Hauptversammlung bei Publikumsaktiengesellschaften mit Namensaktien, AG 2002, 223; *Quack* Beschränkungen der Redezeiten des Auskunftsrechtes des Aktionärs, AG 1985, 145; *Rammert* Gegenantrag und Vorschlagsliste, NJW 1991, 2753; *Ratschow* Die Aktionärs-Richtlinie – neue Regeln für börsennotierte Gesellschaften, DStR 2007, 1402; *Reichert* Ausstrahlungswirkungen der Ausgliederungsvoraussetzungen nach UmwG auf andere Strukturänderungen in Habersack/Koch/Winter (Hrsg.), Die Spaltung im neuen Umwandlungsrecht und ihre Rechtsfolgen, ZHR-Beiheft 68 (1999), 25; *ders.* Probleme der Nachgründung nach altem und neuem Recht, ZGR 2001, 554; *ders.* Aktionärsrechte und Anlegerschutz – Stellungnahme zu den Vorschlägen der Corporate Governance Kommission in Hommelhoff/Lutter u. a. (Hrsg.), Corporate Governance, ZHR-Beiheft 71 (2002), 165; *ders.* Mitwirkungsrecht und Rechtsschutz der Aktionäre nach Macrotron und Gelatine, AG 2005, 150; *Reichert/Harbarth* Veräußerung und Einziehung eigener Aktien, ZIP 2001, 1441; *dies.* Stimmrechtsvollmacht, Legitimationsaktien und Stimmrechtsausschlussvertrag in der AG, AG 2001, 447; *Schaaf* Die Praxis der Hauptversammlung 2. Aufl. 1999; *K. Schmidt* Aktionärs- und Gesellschafterzuständigkeiten bei der Freigabe vinkulierter Aktien und Geschäftsanteile in FS Beusch 1993, 759; *ders.* Macrotron oder: weitere Ausdifferenzierung des Aktionärsschutzes durch den BGH, NZG 2003, 601; *Semler/Volhard* (Hrsg.), Arbeitshandbuch für die Hauptversammlung, 2. Aufl. 2003; *Sethe* Die aktienrechtliche Zulässigkeit der so genannten „Teilentlastung", ZIP 1996, 1321; *Seydel* Konzernbildungskontrolle in der Aktiengesellschaft 1995; *Siepelt* Das Rederecht des Aktionärs und dessen Beschränkung, AG 1995, 254; *Sinewe* Die Berichtspflicht beim Ausschluss des Bezugsrechts, ZIP 2001, 403; *Sosnitza* Nichtigkeits- und Anfechtungsklage im Schnittfeld von Aktien- und Zivilprozessrecht, NZG 1998, 335; *Spindler* Die Reform der Hauptversammlung und der Anfechtungsklage durch das UMAG, NZG 2005, 825; *Steiner* Die Hauptversammlung der Aktiengesellschaft 1995; *Stützle/Walgenbach* Leitung der Hauptversammlung und Mitspracherecht der Aktionäre in Fragen der Versammlungsleitung, ZHR 155 (1991), 516; *Trouet* Die Hauptversammlung – Organ der Aktiengesellschaft oder Forum der Aktionäre, NJW 1986, 1302; *Ulmer* Der deutsche Corporate Governance Kodex – ein neues Regulierungsinstrument für börsennotierte Aktiengesellschaften, ZHR 166 (2002), 150; *von Rechenberg* Die Hauptversammlung als oberstes Organ der Aktiengesellschaft 1986; *Werner* Bekanntmachung der Tagesordnung und bekanntmachungsfreier Anträge in FS Fleck 1988 S. 401/460; *ders.* Zuständigkeitsverlagerungen in der Aktiengesellschaft durch Richterrecht, ZHR 147 (1983), 429; *Wilhelmi* Der Notar in der Hauptversammlung der Aktiengesellschaft, BB 1987, 1331; *Winter/Harbarth* Verhaltenspflichten von Vorstand und Aufsichtsrat der Zielgesellschaft bei feindlichen Übernahmeangeboten nach dem WpÜG, ZIP 2002, 1; *Zimmermann/Pentz* „Holzmüller" – Ansatzpunkt, Klagefristen, Klageantrag in FS W. Müller 2001 S. 151.

A. Einleitung

1 Der Hauptversammlung der Aktiengesellschaft obliegt die Wahrnehmung der Rechte der Aktionäre in solchen Angelegenheiten, die nicht kraft Gesetzes außerhalb der Hauptversammlung wahrzunehmen sind. Sie dient der Willensbildung der Aktionäre der Gesellschaft. Die durch die Hauptversammlung wahrzunehmenden Rechte sind ihr durch Gesetz ausdrücklich zugewiesen; darüber hinaus wurden von Schrifttum und Rechtsprechung weitere Kompetenzen entwickelt, die ihrem Wesensgehalt nach den gesetzlich definierten Kompetenzen der Hauptversammlung entsprechen.[1]

2 Aufgrund ihres Verhältnisses zu den anderen Gesellschaftsorganen wird die Hauptversammlung mit Recht als **oberstes Organ** der Aktiengesellschaft bezeichnet.[2] Denn die Hauptversammlung bestimmt gemäß § 119 Abs. 1 Nr. 1 AktG den Aufsichtsrat, der wiederum nach § 84 Abs. 1 AktG den Vorstand bestellt. Zudem obliegen der Hauptversammlung grundlegende Entscheidungen in der Gesellschaft, insbesondere die Ausformung des Gesellschaftsstatuts (vgl. § 119 Abs. 1 Nr. 5 AktG).

3 Neben der eigentlichen Aufgabenzuweisung spielt die Hauptversammlung bei großen Publikumsgesellschaften auch deswegen eine große Rolle, weil sie der Unternehmensführung die Möglichkeit eröffnet, das Unternehmen der Öffentlichkeit zu präsentieren. Andererseits werden die Hauptversammlungen – gerade bei Publikumsgesellschaften – häufig auch durch Minderheitsaktionäre dominiert, die sie entweder als Plattform für weltanschauliche Äußerungen nutzen oder ihre Minderheitsrechte in extensiver, teils auch missbräuchlicher Weise ausüben.

4 Eine wichtige Quelle für das Recht der Hauptversammlung stellt neben dem AktG der **Deutsche Corporate Governance Kodex (DCGK)**[3] dar. Dieser gibt wesentliche Vorschriften zur Leitung und Überwachung deutscher börsennotierter Gesellschaften wider und enthält international und national anerkannte Standards guter und verantwortungsvoller Unternehmensführung. Nach § 161 Satz 1 AktG haben Vorstand und Aufsichtsrat der börsennotierten Gesellschaft jährlich zu erklären, dass den Empfehlungen der „Regierungskommission Deutscher Corporate Governance Kodex" entsprochen wurde und wird bzw. welche Empfehlungen nicht angewendet wurden oder werden.[4] Die Erklärung ist den Aktionären dauerhaft zugänglich zu machen, namentlich auf der Internetseite der Gesellschaft zu veröffentlichen (§ 161 Satz 2 AktG).[5]

---

[1] Vgl. Rz. 25 ff.

[2] MünchHdb.GesR/Bd. 4/*Semler* § 34 Rz. 4; aA Schmidt/Lutter/*Spindler* AktG § 119 Rz. 3 aufgrund der Beschränkung der Hauptversammlungskompetenzen auf „im Gesetz und in der Satzung genannte Fälle,".

[3] Der Kodex wurde von der im September 2001 von der Bundesministerin der Justiz berufenen Regierungskommission Deutscher Corporate Governance Kodex ausgearbeitet und am 26. 2. 2002 übergeben. Die jeweils aktuelle Version des Kodex kann abgerufen werden unter http://www.corporate-governance-code.de/ger/kodex/index.html.

[4] Zur Haftung bei unrichtiger Entsprechenserklärung vgl. *Ulmer* ZHR 166 (2002), 150, 166 ff.; *Seibt* AG 2002, 249, 254 ff.; *Borges* ZGR 2003, 508, 532 ff.; *Kort* in FS Raiser S. 203, 207 ff., 218 ff.

[5] Vgl. § 6 Rz. 106.

B. Die Aktiengesellschaft 5, 6 § 5

Am 3. September 2007 ist die **Richtlinie 2007/36/EG** des Europäischen 5
Parlaments und des Rates vom 11. Juli 2007 über die Ausübung bestimmter
Rechte von Aktionären in börsennotierten Gesellschaften („Aktionärsrechterichtlinie") in Kraft getreten, die bis zum 3. August 2009 in deutsches Recht
umzusetzen war. Am 29. Mai 2009 hat der Deutsche Bundestag einen von der
Bundesregierung eingebrachten Entwurf eines **Gesetzes zur Umsetzung
der Aktionärsrechterichtlinie (ARUG)** beschlossen.[6] Das Gesetz wurde am
4. August 2009 im Bundesgesetzblatt verkündet und tritt am ersten Tag des auf
die Verkündung folgenden Monats in Kraft, also zum 1. September 2009.[7] Der
neue § 20 Abs. 1 EGAktG schafft jedoch eine Übergangsfrist, wonach das neue
Recht insbesondere bezüglich geänderter Fristen oder neu geschaffener Pflichten erst für Hauptversammlungen gelten soll, die nach dem 31. Oktober 2009
einberufen werden. Durch das ARUG ergeben sich Änderungen zB in Bezug
auf die Präsenz in der Hauptversammlung und die Stimmabgabe, da Gesellschaften ihren Aktionären die Teilnahme an der Hauptversammlung nunmehr
auch auf elektronischem Wege gestatten sowie die Möglichkeit der Briefwahl
(auch in elektronischer Form) einräumen können, um Aktionären die Wahrnehmung ihrer Rechte zu erleichtern und das bei der Hauptversammlung vertretene Grundkapital weiter zu stärken. Außerdem wird die Bedeutung der Internetpräsenz der Unternehmen weiter gesteigert. Änderungen in Bezug auf
die Stimmrechtsvertretung sollen das Verfahren der Bevollmächtigung grundlegend flexibilisieren. Schließlich nahm der deutsche Gesetzgeber im Rahmen
der Umsetzung auch die Möglichkeit wahr, missbräuchliche Aktionärsklagen
weiter einzudämmen. Im Zuge dessen wurde insbesondere das Freigabeverfahren grundlegend reformiert.[8]

B. Die Aktiengesellschaft

I. Die Zuständigkeit der Hauptversammlung

1. Überblick

Die Kompetenzen der Hauptversammlung lassen sich einerseits nach den 6
Verhandlungsformen, andererseits nach den Verhandlungsgegenständen glie-
dern.
Die **Verhandlungsgegenstände** ergeben sich aus den im Gesetz geregelten
und teilweise durch Schrifttum und Rechtsprechung erweiterten Hauptver-
sammlungskompetenzen.
Als **Verhandlungsformen** sind die Entgegennahme von Informationen, die
Vorbereitung von Entscheidungen, die Beschlussfassungen selbst sowie die
Beratung der Verwaltung durch die Aktionäre zu unterscheiden. Beispiele für
die Entgegennahme von Informationen sind etwa die Kenntnisnahme von den

---

[6] Gesetzesbeschluss des Deutschen Bundestages v. 29. Mai 2009, BR-Drs. 512/09;
Beschlussempfehlung und Bericht des Rechtsausschusses v. 20. Mai 2009, BT-Drs. 16/
13098; Regierungsentwurf zum ARUG v. 5. November 2008, BT-Drs. 16/11642.
[7] BGBl. I 2009, S. 2479.
[8] Vgl. zum Regierungsentwurf des ARUG zB *Arnold* Der Konzern 2009, 88 ff.; *Sei-
bert/Florstedt* ZIP 2008, 2145 ff.; ZIP-Beilage zu Heft 45/2008; *Drinhausen/Keinath* BB
2009, 54 ff.; *Paschos/Goslar* AG 2009, 14 ff.

Abschlussunterlagen,[9] die Kenntnisnahme von einer Verlustanzeige[10] sowie die Kenntnisnahme von Strukturberichten,[11] Auskünften oder Nachauskünften.[12]
Die sicherlich wichtigste Kompetenz der Hauptversammlung liegt in der Beschlussfassung,[13] die nicht selten durch entsprechende Berichte und Erläuterungen des Vorstandes, die von der Hauptversammlung entgegenzunehmen sind, vorzubereiten ist.

Der Hauptversammlung kommt nicht die Aufgabe zu, die Verwaltungsorgane der Gesellschaft zu beraten. Dies ändert indessen nichts daran, dass es den Aktionären in der Hauptversammlung unbenommen ist, Ratschläge zu Gegenständen der Tagesordnung zu erteilen, im Rahmen des § 131 AktG weitere Auskünfte zu den anstehenden Tagesordnungspunkten einzuholen und hierzu Stellung zu nehmen.[14]

2. Gesetzliche Zuständigkeiten der Hauptversammlung

7   § 119 Abs. 1 AktG enthält einen Katalog wesentlicher Zuständigkeiten der Hauptversammlung. Die dort aufgelisteten Befugnisse sind zwingend; sie können weder auf ein anderes Organ der Gesellschaft noch auf Dritte übertragen werden.[15] Die in § 119 Abs. 1 AktG sowie an anderer Stelle geregelten **Entscheidungsbefugnisse** der Hauptversammlung lassen sich in regelmäßig wiederkehrende Entscheidungen (dazu a), Grundlagenentscheidungen (man spricht auch von Entscheidungen über Strukturmaßnahmen; dazu b) und Sonderfälle (dazu c) unterteilen.[16]

a) Regelmäßig wiederkehrende Befassungen und Entscheidungen

8   Die Hauptversammlung ist regelmäßig jedes Jahr innerhalb der ersten acht Monate dazu berufen, sich auf Grundlage der Abschlussunterlagen[17] mit den folgenden Angelegenheiten zu befassen (sog. Regularien):

9   **aa) Entgegennahme des von Vorstand und Aufsichtsrat aufgestellten Jahresabschlusses.** Die Feststellung des Jahresabschlusses obliegt regelmäßig gerade nicht der Hauptversammlung, sondern dem Vorstand und dem Aufsichtsrat. Der vom Vorstand aufzustellende Jahresabschluss ist mit Billigung durch den Aufsichtsrat festgestellt, sofern Vorstand und Aufsichtsrat nicht beschließen, die Feststellung der Hauptversammlung zu überlassen (§ 172 AktG). Nur im Falle einer solchen konkreten Ermächtigung, die immer nur für das betreffende Jahr und nicht für Folgejahre gilt,[18] oder für den Fall, dass der Aufsichtsrat den Jahresabschluss nicht gebilligt hat (§ 173 Abs. 1 AktG; siehe diesbezüglich auch die Fiktion des § 171 Abs. 3 Satz 3 AktG), ist die Hauptversamm-

---

[9] Vgl. Rz. 196 ff.
[10] Vgl. Rz. 54.
[11] Vgl. dazu Rz. 115 ff.
[12] § 131 Abs. 4 Satz 1 AktG verpflichtet den Vorstand, Aktionären auf deren Verlangen solche Informationen mitzuteilen, die anderen Aktionären außerhalb der Hauptversammlung gegeben wurden.
[13] Vgl. dazu Rz. 208 ff.
[14] Vgl. näher hierzu Rz. 202 ff. und § 4.
[15] MünchHdb.GesR/Bd. 4/*F.-J. Semler* § 34 Rz. 9.
[16] *Hüffer* AktG § 119 Rz. 5 f.; *Schmidt/Lutter/Spindler* AktG § 119 Rz. 8 ff.
[17] Vgl. hierzu nachfolgend Rz. 203 ff. sowie im Einzelnen § 11.
[18] *Hüffer* AktG § 172 Rz. 7.

lung zur Feststellung des Jahresabschlusses befugt. Liegt keiner dieser – in der Praxis seltenen – Ausnahmefälle vor, nimmt die Hauptversammlung den Jahresabschluss lediglich entgegen. Der Vorstand hat ihr den Jahresabschluss, den Lagebericht und den Bericht des Aufsichtsrats vorzulegen, bei einem Mutterunternehmen weiterhin den Konzernabschluss und den Konzernlagebericht (§§ 176 Abs. 1 Satz 1, 175 Abs. 2 AktG). Der Hauptversammlung bleibt dann lediglich die Kompetenz, über die Verwendung des Bilanzgewinns zu beschließen (§ 174 Abs. 1 Satz 1 AktG).

bb) Verwendung des Bilanzgewinns. Die Hauptversammlung beschließt, sofern die Satzung keine höhere Mehrheit vorsieht, mit einfacher Stimmenmehrheit über die Verwendung des Bilanzgewinns (§ 119 Abs. 1 Nr. 2 AktG). Sie ist indessen bei der Beschlussfassung über die Verwendung des Bilanzgewinns an den Jahresabschluss gebunden (§ 174 Abs. 1 Satz 2 AktG). In der Bilanz ist die gesetzliche Rücklage in Höhe von 5 % des um einen Verlustvortrag aus dem Vorjahr geminderten Jahresüberschusses zu dotieren, bis diese – einschließlich der Rücklagen nach § 272 Abs. 2 Nr. 1 bis 3 HGB – den zehnten oder einen in der Satzung bestimmten höheren Teil des Grundkapitals erreicht haben (§ 150 Abs. 2 AktG). Bei dieser gesetzlichen Rücklage handelt es sich um eine Unterform der **Gewinnrücklagen** (§ 266 Abs. 3 A. III 1 HGB). Vorstand und Aufsichtsrat können darüber hinaus einen Teil des Jahresüberschusses, höchstens jedoch die Hälfte, in andere Gewinnrücklagen einstellen (§ 58 Abs. 2 Satz 1 AktG). Die Satzung kann indessen diese Ermächtigung einschränken oder erweitern (§ 58 Abs. 2 Satz 2 AktG). Aufgrund einer solchen **Satzungsbestimmung** dürfen Vorstand und Aufsichtsrat jedoch keine Beträge in die Rücklage einstellen, wenn die anderen Rücklagen – ggf. unter Berücksichtigung dieser Dotierung – die Hälfte des Grundkapitals übersteigen (§ 58 Abs. 2 Satz 3 AktG). Das gesetzliche Regelmodell geht mithin – vorbehaltlich anderer Satzungsregelungen – davon aus, dass die Verwaltung die Hälfte des Jahresüberschusses zur Rücklagenbildung heranziehen kann, während der verbleibende Teil zur Disposition der Hauptversammlung steht, die den Bilanzgewinn ausschütten,[19] in die Gewinnrücklage einstellen oder als Gewinnvortrag vortragen kann. Der der Hauptversammlung zu unterbreitende **Gewinnverwendungsvorschlag** hat sich entsprechend zu gliedern in den Bilanzgewinn, den an die Aktionäre auszuschüttenden Betrag, die in die Gewinnrücklage einzustellenden Beträge, den Gewinnvortrag sowie den zusätzlichen Aufwand, den der Gewinnverwendungsbeschluss auslöst (§ 174 Abs. 2 AktG). Die bilanziellen Auswirkungen des Gewinnverwendungsbeschlusses sind erst im nächsten Jahresabschluss zu zeigen (§ 174 Abs. 3 AktG); demgemäß ist der veränderte Aufwand im Gewinnverwendungsbeschluss anzugeben.[20] Im Ergebnis führen diese Regelungen dazu, dass der Hauptversammlung nur ein **eingeschränkter Entscheidungsspielraum** verbleibt: Der Bilanzgewinn wird im Jahresabschluss unter Berücksichtigung der vorgesehenen Ausschüttung ausgewiesen; ein Entscheidungsspielraum bleibt nur insoweit, als die Hauptversammlung weitere Beträge der Rücklage zuführen oder als Ge-

---

[19] Nach § 58 Abs. 5 AktG kann die Hauptversammlung auch eine Sachausschüttung beschließen, sofern die Satzung dies vorsieht.
[20] Vgl. zum bilanzergänzenden Charakter des nach § 325 HGB offen zu legenden Beschlusses *Hüffer* AktG § 174 Rz. 8.

§ 5 12

winn vortragen kann, ohne insoweit an die der Verwaltung obliegenden Schranken gebunden zu sein.[21]

12   cc) **Entlastung.** Die Hauptversammlung beschließt ferner über die Entlastung der Vorstands- und Aufsichtsratsmitglieder gem. § 119 Abs. 1 Nr. 3 AktG. § 120 Abs. 1 AktG sieht als gesetzlichen Regelfall vor, dass über die Entlastung der Mitglieder des Vorstands und des Aufsichtsrats jeweils insgesamt abgestimmt wird (Gesamtentlastung). Die Hauptversammlung kann jedoch mit einfacher Mehrheit beschließen, dass über die Entlastung einzelner Mitglieder gesondert abgestimmt wird (§ 120 Abs. 1 Satz 2, 1. Alt. AktG; Einzelentlastung). Ferner kann eine Minderheit, deren Anteile zusammen den zehnten Teil des Grundkapitals oder den anteiligen Betrag von einer Million Euro erreichen (§ 120 Abs. 1 Satz 2, 2. Alt. AktG), Einzelentlastung verlangen. Über einen Antrag auf Einzelentlastung ist vor der Beschlussfassung über die Entlastung abzustimmen. Nach zutreffender, wenngleich nicht unumstrittener Auffassung kann der Versammlungsleiter indessen, auch ohne eine Abstimmung durchzuführen, im Rahmen seiner Leitungsbefugnis Einzelentlastung vorsehen.[22] Zu beachten ist, dass die jeweiligen **Organmitglieder**, soweit es um ihre Entlastung geht, **vom Stimmrecht ausgeschlossen** sind (§ 136 AktG). Gleiches gilt, wenn die Organmitglieder einen Aktionär bei dem Entlastungsbeschluss vertreten oder auf die Stimmrechtsausübung des Aktionärs – etwa als alleiniger gesetzlicher Vertreter einer juristischen Person – einen maßgeblichen Einfluss haben.[23] Eine Rechtswirkung – etwa in Form eines Verzichts auf Ersatzansprüche der Gesellschaft – hat die Entlastung nicht (§ 120 Abs. 2 Satz 2 AktG).[24] Die Entlastung bringt lediglich eine Billigung der Tätigkeit der Verwaltung zum Ausdruck. Die Verweigerung der Entlastung eines Vorstandsmitglieds als solche begründet auch nicht ohne weiteres einen wichtigen Grund für den Widerruf der Bestellung des betreffenden Vorstandsmitglieds.[25] Insoweit ist die Entlastung streng von dem Vertrauensentzug gegenüber dem Vorstand nach § 84 Abs. 3 Satz 2 AktG zu unterscheiden; ein solcher

---

[21] Vgl. Semler/Volhard/*J. Semler* § 1 Rz. 58.
[22] Spindler/Stilz/*Hoffmann* AktG § 120 Rz. 15; MünchKomm.AktG/Bd. 4/*Kubis* § 120 Rz. 12; MünchHdb.GesR/Bd. 4/*F.-J. Semler* § 34 Rz. 24; ähnlich *Hüffer* AktG § 120 Rz. 10, der eine Anordnung durch den Versammlungsleiter jedenfalls auf Antrag eines Hauptversammlungsteilnehmers für zulässig hält; Obermüller/Werner/Winden/ *Butzke* I. Rz. 29 mit Nachweisen zur älteren Gegenauffassung. Von Relevanz ist die Einzelabstimmung auf Anordnung des Versammlungsleiters insbesondere dann, wenn abzusehen ist, dass die Entlastung ansonsten scheitert.
[23] Obermüller/Werner/Winden/*Butzke* I. Rz. 35 f.; Kölner Komm.AktG/*Zöllner* § 136 Rz. 36; *Hüffer* AktG § 136 Rz. 6 ff.; nach der hM genügt bei juristischen Personen jedoch eine lediglich tatsächliche Beherrschung nicht, um ein Stimmrechtsverbot zu begründen, vielmehr muss ein rechtlich gesicherter Einfluss auf die Stimmrechtsausübung vorliegen, vgl. OLG Karlsruhe 8 U 233/99 v. 20. 5. 2000, AG 2001, 93 ff.; bei Personengesellschaften soll demgegenüber ein tatsächlich maßgeblicher Einfluss bereits zum Stimmrechtsausschluss führen.
[24] Semler/Volhard/*J. Semler* § 1 Rz. 61; Obermüller/Werner/Winden/*Butzke* I. Rz. 2.
[25] MünchHdb.GesR/Bd. 4/*F.-J. Semler* § 34 Rz. 29; Spindler/Stilz/*Hoffmann* AktG § 120 Rz. 32; Kölner Komm.AktG/*Zöllner* § 120 Rz. 42; Obermüller/Werner/Winden/ *Butzke* I. Rz. 43; aA Geßler/Hefermehl/*Eckardt* § 120 Rz. 45; Großkomm.AktG/*Kort* § 84 Rz. 165.

stellt regelmäßig einen wichtigen Grund zur Abberufung des Vorstands dar, es sei denn, er erfolgt aus offensichtlich unsachlichen Gründen.[26]

Der Hauptversammlung, die über die Entlastung zu beschließen hat, sind der Jahresabschluss, der Lagebericht sowie der Bericht des Aufsichtsrats, bei börsennotierten Gesellschaften auch ein Erläuterungsbericht zu den Angaben nach §§ 289 Abs. 4, 315 Abs. 4 HGB[27] inklusive der Entsprechenserklärung zum Corporate Governance Kodex gem. § 161 AktG zugänglich zu machen (§ 176 Abs. 1 Satz 1 AktG). Bei einem Mutterunternehmen sind weiterhin auch der Konzernabschluss und der Konzernlagebericht (vgl. § 176 Abs. 1 Satz 1 iVm. 175 Abs. 2 Satz 3 AktG) zugänglich zu machen.[28] Die damit gelegte **Rechenschaft der Verwaltung** ist Voraussetzung für einen Entlastungsbeschluss. Eine Verletzung dieser Informationspflichten führt zur Anfechtbarkeit des Entlastungsbeschlusses.[29]

dd) **Wahl der Aufsichtsratsmitglieder.** Zu den Entscheidungen der Hauptversammlung gehört die Wahl der Aufsichtsratsmitglieder gem. §§ 119 Abs. 1 Nr. 1, 101 Abs. 1 AktG,[30] sofern die Mitglieder dieses Gremiums nicht in den Aufsichtsrat zu entsenden oder von den Arbeitnehmern nach dem Mitbestimmungsgesetz zu wählen sind, sowie deren Abberufung (§ 103 Abs. 1 AktG). In diesem Zusammenhang ist weiterhin eine Zuständigkeit der Hauptversammlung zur **Festsetzung der Vergütung** für die Aufsichtsratstätigkeit begründet, soweit diese nicht in der Satzung festgesetzt ist (§ 113 AktG). In der Literatur umstritten und höchstrichterlich bislang noch nicht entschieden ist, ob auch die **Finanzierung einer D&O-Versicherung** zugunsten der Mitglieder des Aufsichtsrats als Vergütung anzusehen ist und deshalb einer Zustimmung der Hauptversammlung bedarf;[31] nach richtiger Ansicht ist dies abzulehnen, da die Finanzierung der Versicherung nicht im Gegenseitigkeitsverhältnis zu der Aufsichtsratstätigkeit steht, sondern Teil der dienstlichen Fürsorge ist und daher nicht unter den Begriff der „Vergütung" iSd. § 113 Abs. 1 AktG fällt.[32] Sofern die Gesellschaft für Vorstand und Aufsichtsrat eine D&O-Versicherung abschließt, ist jedoch nach dem durch das VorstAG[33] neu eingefügten

---

[26] *Hüffer* AktG § 84 Rz. 29.

[27] Der Erläuterungsbericht erweitert Lagebericht und Konzernlagebericht um Angaben, die vor allem für Übernahmeinteressenten wichtig sein können, vgl. *Hüffer* AktG § 120 Rz. 15.

[28] *Hüffer* AktG § 120 Rz. 15.

[29] BGH Az. II ZR 89/72 v. 4. 3. 1974, BGHZ 62, 163, 194 (Seitz). Vgl. zur Anfechtung von Entlastungsbeschlüssen wegen unzureichender Berichterstattung auch *Kiethe* NZG 2006, 888 ff.

[30] Näher hierzu Rz. 244 ff.

[31] Soweit die Satzung die Vergütung regelt, wird von den Vertretern eines Zustimmungserfordernisses sogar eine statutarische Regelung oder zumindest eine „Öffnungsklausel" verlangt, vgl. *Kästner* AG 2000, 113, 117; *Feddersen* AG 2000, 385, 394.

[32] MünchHdb.GesR/Bd. 4/*Wiesner* § 21 Rz. 29, § 26 Rz. 46; MünchKomm.AktG/Bd. 3/*Semler* § 113 Rz. 82; *Lange* ZIP 2001, 1524, 1526 ff.; *Vetter* AG 2000, 453, 457; *Dreher* ZHR 165 (2001), 293, 322; im Ergebnis ebenso *Mertens* AG 2000, 447, 452; aA *Kästner* AG 2000, 113, 118; Schmidt/Lutter/*Drygala* AktG § 113 Rz. 12; *Henssler* RWS-Forum Gesellschaftsrecht 2001, 131, 144 ff.; *Feddersen* AG 2000, 385, 394; *Hüffer* AktG § 113 Rz. 2a; differenzierend nach Ausgestaltung der D&O-Versicherung Spindler/Stilz/*Spindler* § 113 Rz. 15 f.

[33] Gesetz zur Angemessenheit der Vorstandsvergütung vom 31. Juli 2009, BGBl. I, S. 2509. Eine generelle Pflicht zum Abschluss einer solchen Versicherung besteht dage-

§ 93 Abs. 2 Satz 3 AktG, der die bisherige Empfehlung in Art. 3.8 des Deutschen Corporate Governance Kodex[34] ins Gesetz übernimmt, zu Lasten der Organmitglieder ein Selbstbehalt von mindestens 10% des Schadens bis mindestens zur Höhe des Eineinhalbfachen der festen jährlichen Vergütung des Vorstandsmitglieds vorzusehen. Gemäß § 23 Abs. 1 EGAktG sind laufende D&O-Versicherungsverträge bis zum 30. Juni 2010 an die Neuregelung anzupassen. Soweit Aufsichtsratsmitglieder außerhalb ihrer ihnen als Aufsichtsrat obliegenden Aufgaben tätig werden, bedarf die entsprechende Vereinbarung sowie die dafür gewährte Vergütung der Zustimmung des Aufsichtsrats, § 114 Abs. 1 AktG.[35]

15 ee) **Bestellung des Abschlussprüfers.** Die Hauptversammlung hat ferner gem. § 119 Abs. 1 Nr. 4 AktG, § 318 Abs. 1 Satz 1 HGB jährlich über die Bestellung des Abschlussprüfers zu entscheiden.[36] Ein Vorschlag ist insoweit nicht von Vorstand und Aufsichtsrat, sondern ausschließlich vom Aufsichtsrat vorzulegen (§ 124 Abs. 3 Satz 1 AktG), dem auch die Erteilung des Prüfungsauftrags obliegt (§ 111 Abs. 2 Satz 3 AktG, § 318 Abs. 1 Satz 4 HGB).[37]

b) Grundlagenentscheidungen

16 Die Grundlagen der Aktiengesellschaft sind durch die Satzung geregelt. § 119 Abs. 1 Nr. 5, 6 und 8 AktG regeln Änderungen dieser Grundlagen, die ebenfalls in die Zuständigkeit der Hauptversammlung fallen.

17 aa) **Satzungsänderungen.** Nach § 119 Abs. 1 Nr. 5 AktG können Satzungsänderungen nur von der Hauptversammlung beschlossen werden. Voraussetzung einer ordentlichen Satzungsänderung ist, dass diese zunächst als Tagesordnungspunkt angekündigt und der volle Wortlaut der neuen Fassung der Satzung veröffentlicht wird.[38] Nach den gesetzlichen Vorgaben ist für den Beschluss grds. die **einfache Stimmenmehrheit und** – nach dem insoweit dispositiven Regelungsmodell – eine Mehrheit von **drei Vierteln** des bei der Beschlussfassung vertretenen **Grundkapitals** erforderlich (§ 133 Abs. 1, § 179 Abs. 2 Satz 1 AktG). In Sonderfällen, wie zB der Herabsetzung der in der Satzung festgesetzten Vergütung der Aufsichtsratsmitglieder, weicht das Gesetz jedoch von diesen Erfordernissen ab und lässt die einfache Stimmenmehrheit für die Satzungsänderung ausreichen.[39] Die Satzung kann grds. eine größere oder kleinere Kapitalmehrheit für Satzungsänderungen bestimmen sowie weitere Erfordernisse aufstellen (§ 179 Abs. 2 Satz 2 AktG). Für die Änderung des Un-

---

gen nicht, vgl. Beschlussempfehlung des Rechtsausschusses des Deutschen Bundestages, BT-Drs. 16/13433, S. 17. Vgl. dazu *Fleischer* NZG 2009, 801, 806.; *Hohaus/Weber* DB 2009, 1515 ff.

[34] Die jeweils aktuelle Fassung des Kodex kann abgerufen werden unter http://www.corporate-governance-code.de/ger/kodex/index.html.

[35] Vgl. hierzu MünchHdb.GesR/Bd. 4/*Hoffmann-Becking* § 33 Rz. 35 ff.

[36] Gleiches gilt für den Widerruf der Wahl, § 318 Abs. 1 Satz 5 HGB; Ausnahmen sieht etwa § 341k Abs. 2 HGB vor, wonach bei Versicherungsunternehmen die Wahl des Wirtschaftsprüfers durch den Aufsichtsrat erfolgt.

[37] Bis zur Einführung des KonTraG (BGBl. I 1998, 786 ff.) oblag diese Aufgabe dem Vorstand; zur Detaillierung der Auftragserteilung vgl. *Hüffer* AktG § 111 Rz. 12 c; Schmidt/Lutter/*Drygala* AktG § 111 Rz. 30; *Ludewig* DB 2000, 634, 635 f.

[38] § 124 Abs. 2 Satz 2 AktG; Semler/Volhard/*J. Semler* § 1 Rz. 78 mwN.

[39] § 113 Abs. 1 Satz 4 AktG; vgl. weiterhin §§ 97 Abs. 2 Satz 4, 98 Abs. 4 Satz 2 und 237 Abs. 4 Satz 2 AktG.

B. Die Aktiengesellschaft 18, 19 §5

ternehmensgegenstandes,[40] für bestimmte satzungsändernde Kapitalmaßnahmen,[41] bei der Zustimmung zu Beherrschungs- und Ergebnisabführungsverträgen[42] sowie bei Strukturänderungen nach dem UmwG[43] kann allerdings nur eine größere Kapitalmehrheit vorgesehen werden.[44] Die Satzungsänderung wird gem. § 181 Abs. 3 AktG erst wirksam, wenn sie in das Handelsregister eingetragen ist.

Von den Satzungsänderungen sind die so genannten bloßen **Fassungsänderungen** zu unterscheiden, die nicht den materiellen Gehalt, sondern lediglich die sprachliche Fassung der Satzung betreffen. Die Abgrenzung kann im Einzelfall schwierig sein.[45] Die Befugnis zur Fassungsänderung kann dem Aufsichtsrat übertragen werden (§ 179 Abs. 1 Satz 2 AktG). Nach nicht ganz unbestrittener Auffassung ist hierfür aber ebenfalls gem. § 179 Abs. 2 AktG die einfache Stimmenmehrheit sowie die Mehrheit von drei Vierteln des vertretenen Grundkapitals erforderlich.[46] 18

bb) **Maßnahmen der Kapitalbeschaffung und Kapitalherabsetzung.** 19
Maßnahmen der Kapitalbeschaffung und Kapitalherabsetzung jeglicher Art sind Satzungsänderungen und stellen daher ebenfalls **Grundlagenentscheidungen** dar, die von der Hauptversammlung zu treffen sind (§ 119 Abs. 1 Nr. 6 AktG). Zu diesen Kapitalmaßnahmen gehören die Kapitalerhöhung gegen Einlagen mit Bezugsrecht oder unter Ausschluss des Bezugsrechts (§§ 182 ff. AktG), die Schaffung bedingten Kapitals (§§ 192 ff. AktG), die Schaffung genehmigten Kapitals (§§ 202 ff. AktG), die Kapitalerhöhung aus Gesellschaftsmitteln (§§ 207 ff. AktG), die ordentliche und vereinfachte Kapitalherabsetzung (§§ 222 ff. respektive §§ 229 ff. AktG), die Kapitalherabsetzung durch Einziehung von Aktien (§§ 237 ff. AktG) sowie die Ausgabe von Wandel- und Gewinnschuldverschreibungen (§ 221 AktG).[47] Für diese Entscheidungen ist, da es sich bei diesen Maßnahmen der Sache nach um **Satzungsänderungen** handelt, nach dem Gesetz eine einfache Stimmenmehrheit sowie eine Mehrheit von drei Vierteln des bei der Beschlussfassung vertretenen Grundkapitals erforderlich.[48] In allen Fällen können weitere Erfordernisse, insbesondere höhere Mehrheiten in der Satzung angeordnet werden; bei Kapitalerhöhungen mit Bezugsrecht kann das Mehrheitserfordernis herabgesetzt werden, sofern nicht Vorzugsaktien geschaffen werden (arg. e contrario § 182 Abs. 1 Satz 2 AktG); gleiches gilt für Kapitalerhöhungen aus Gesellschaftsmitteln (§ 207 Abs. 2 AktG). Die Kapitalherabsetzung durch die Einziehung von Aktien gem. § 237 Abs. 4 Satz 2 iVm. Abs. 3 AktG bedarf nur einer einfachen Stimmenmehrheit, wenn die Aktien der Gesellschaft unentgeltlich zur Verfügung gestellt oder

---

[40] § 179 Abs. 2 Satz 2 AktG.
[41] Vgl. Rz. 19.
[42] § 293 Abs. 1 Satz 3 AktG.
[43] Vgl. insbes. § 65 Abs. 1 Satz 2 UmwG, ggf. iVm. § 73, § 125 Satz 1 UmwG, sowie § 240 Abs. 1 Satz 2 UmwG, der allerdings wiederum eine Gegenausnahme für den Formwechsel von einer KGaA in eine AG enthält.
[44] Näher hierzu Rz. 227 ff.
[45] Vgl. näher hierzu Großkomm.AktG/*Wiedemann* § 179 Rz. 106 f.
[46] MünchKomm.AktG/Bd. 6/*Stein* § 179 Rz. 167; Obermüller/Werner/Winden/*Butzke* L. Rz. 43; *Hüffer* AktG § 179 Rz. 11; aA Schmidt/Lutter/*Seibt* AktG § 179 Rz. 9.
[47] Semler/Volhard/*J. Semler* § 1 Rz. 92 ff.
[48] Vgl. §§ 182 Abs. 1 Satz 1, 193 Abs. 1 Satz 1, 202 Abs. 2 Satz 2, 207 Abs. 2 Satz 1, 221 Abs. 1 Satz 2, 222 Abs. 1 Satz 1, 229 Abs. 3 AktG; näher hierzu Rz. 235 ff.

Reichert 377

zulasten des Bilanzgewinns oder einer entsprechend verwendbaren Gewinnrücklage eingezogen werden; Entsprechendes gilt für die Einziehung von Stückaktien, wenn sich der Anteil der übrigen Aktien am Grundkapital entsprechend erhöht, das Grundkapital also unverändert bleibt (§ 237 Abs. 3 Nr. 3 AktG).

20   **cc) Auflösung.** Schließlich nennt der Katalog des § 119 Abs. 1 AktG in Nr. 8 die Auflösung der Gesellschaft als eine in die Zuständigkeit der Hauptversammlung fallende Grundlagenentscheidung. Der Auflösungsbeschluss bedarf gem. § 262 Abs. 1 Nr. 2 AktG der einfachen Stimmenmehrheit sowie einer Mehrheit von drei Vierteln des bei der Beschlussfassung vertretenen Grundkapitals, sofern die Satzung keine größere Kapitalmehrheit und keine weiteren Erfordernisse bestimmt. Die Auflösung der Gesellschaft hat zur Folge, dass sie ihre werbende Tätigkeit einstellt und in eine **Abwicklungsgesellschaft** umfunktioniert wird. Im Rahmen der Abwicklung bestehen weitere Kompetenzen der Hauptversammlung, so für die Bestellung anderer Abwickler als der Vorstandsmitglieder (§ 265 Abs. 2 Satz 1 2. Alternative AktG), für die Abberufung der Abwickler[49] (§ 265 Abs. 5 Satz 1 AktG), für die Regelung der Vertretungsmacht mehrerer Abwickler durch die Hauptversammlung als „sonst zuständige Stelle"[50] (§ 269 Abs. 2 Satz 1, Abs. 3 Satz 1 AktG) bzw. die Ermächtigung des Aufsichtsrats zur Regelung der Vertretungsmacht einzelner Abwickler (§ 269 Abs. 3 Satz 2 2. Alternative AktG), für die Feststellung der Liquidationseröffnungsbilanz und des Jahresabschlusses während der Abwicklung (§ 270 Abs. 2 Satz 1 AktG) sowie für die Entlastung der Abwickler und der Aufsichtsratsmitglieder während der Abwicklung (§ 270 Abs. 2 Satz 1 AktG). Zudem ist die Hauptversammlung zur Entscheidung über eine Fortsetzung der aufgelösten Gesellschaft (§ 274 AktG) berufen.[51]

21   **dd) Weitere gesetzlich geregelte Grundlagenentscheidungen.** Weitere, im Katalog des § 119 Abs. 1 nicht genannte Kompetenzen der Hauptversammlung bei Grundlagengeschäften bestehen in der Zustimmung zum **Abschluss und** zur **Änderung eines Unternehmensvertrages** (§§ 293 Abs. 1, 295 Abs. 1 AktG) sowie in der Zustimmung der Hauptversammlung der zukünftigen Hauptgesellschaft zur **Eingliederung einer Tochtergesellschaft** (§§ 319 Abs. 2, 320 Abs. 1 Satz 3 AktG).[52] Auch diese Beschlüsse bedürfen neben der einfachen Stimmenmehrheit einer Mehrheit von drei Vierteln des vertretenen Grundkapitals (§§ 293 Abs. 1 Satz 2, 319 Abs. 2 Satz 2 AktG), wobei wiederum in der Satzung nur eine höhere Kapitalmehrheit vorgesehen werden kann. Gemäß § 327a Abs. 1 Satz 1 AktG kann die Hauptversammlung weiterhin auf Verlangen eines Aktionärs, dem Aktien in Höhe von 95 % des Grundkapitals

---

[49] Vgl. BGH II ZA 9/08 v. 2. März 2009, NZG 2009, 664: Ohne eine Entscheidung der Hauptversammlung über die Abberufung kann der Aufsichtsrat den Dienstvertrag eines Abwicklers nicht kündigen.

[50] Vgl. *Hüffer* AktG § 269 Rz. 5.

[51] Zu den Einzelheiten einer Auflösung siehe § 18.

[52] Ebenso beschließt die Hauptversammlung der Tochtergesellschaft über die Eingliederung und deren Beendigung (§§ 319 Abs. 1, 320 Abs. 1 Satz 3, 327 Abs. 1 Nr. 1 AktG). Diese Beschlüsse bedürfen jedoch nur der einfachen Mehrheit, vgl. *Hüffer* AktG § 320 Rz. 5 und § 327 Rz. 3; sie erweisen sich letztlich angesichts der erforderlichen Mehrheitsverhältnisse als Entschluss des Vorstands der Hauptgesellschaft. Die Beendigung der Eingliederung unterliegt in der Hauptgesellschaft keiner Zustimmungspflicht der Hauptversammlung, vgl. *Hüffer* AktG § 327 Rz. 3.

B. Die Aktiengesellschaft 22 § 5

gehören, die Übertragung der Aktien der übrigen Aktionäre auf den Hauptaktionär beschließen (sog. Squeeze Out).[53]
Für die Zustimmung zu Verträgen, durch die sich die Gesellschaft zur **Übertragung ihres gesamten Vermögens** verpflichtet, ohne dass die Übertragung dem Umwandlungsgesetz unterfällt, besteht ebenfalls ein Zustimmungserfordernis der Hauptversammlung; auch dieser Beschluss erfordert zumindest die Dreiviertelkapitalmehrheit (§ 179a AktG).

Weiterhin bedarf es in so genannten **Nachgründungsfällen**[54] eines mit mindestens drei Vierteln des vertretenen Kapitals zu fassenden Hauptversammlungsbeschlusses.[55] Seit der Entschärfung durch das NaStraG[56] unterliegen dem Nachgründungsrecht nur noch solche Verträge der Gesellschaft, die mit Gründern oder Aktionären, die mit mehr als 10 % des Grundkapitals beteiligt sind, abgeschlossen werden (§ 52 Abs. 1 AktG). Ausgenommen ist ferner der Erwerb von Vermögensgegenständen im Rahmen der laufenden Geschäfte der Gesellschaft, in der Zwangsvollstreckung oder über die Börse (§ 52 Abs. 9 AktG).

Auch das **Umwandlungsgesetz** begründet eine Reihe von Kompetenzen der Hauptversammlung; sie betreffen die Zustimmung zur Verschmelzung (§§ 65, 73 UmwG), zur Spaltung oder Ausgliederung (§ 125 iVm. §§ 65, 73 UmwG), zur Vermögensübertragung im Wege der Gesamtrechtsnachfolge nach dem Umwandlungsgesetz (§ 176 iVm. §§ 65, 73 UmwG) sowie die Zustimmung zum Formwechsel (§§ 233, 240 UmwG). Auch hierbei gilt als Mindesterfordernis eine Mehrheit von drei Vierteln des vertretenen Grundkapitals.[57]

c) **Sonderfälle**

Die Hauptversammlung ist weiterhin in einer ganzen Reihe von Sonderfällen zuständig. Diese betreffen insbesondere:[58]   22
– die Bestellung von Sonderprüfern zur Prüfung von Vorgängen bei der Gründung oder der Geschäftsführung (§§ 119 Abs. 1 Nr. 7, 142 Abs. 1 Satz 1 AktG) sowie die Verwendung des Ertrags aufgrund höherer Bewertung als Folge einer Sonderprüfung (§ 261 Abs. 3 Satz 2 AktG)
– den Verzicht oder Vergleich über Ersatzansprüche gegen Gründer, Organmitglieder und sonstige Schädiger (§§ 50 Satz 1, 93 Abs. 4 Satz 3, 116, 117 Abs. 4, 309 Abs. 3 Satz 1, 310 Abs. 4, 317 Abs. 4, 318 Abs. 4, 323 Abs. 1 Satz 2 AktG)

---

[53] Näher hierzu etwa *Grunewald* ZIP 2002, 18 ff.; *Ehricke/Roth* DStR 2001, 1120 ff.; *Kiem* RWS-Forum Gesellschaftsrecht 2001, S. 329 ff.; vgl. auch Rz. 138, 298 ff.
[54] Vgl. zur Nachgründung § 2 Rz. 310 ff.
[55] Für Nachgründungsverträge, die im ersten Jahr seit Eintragung der AG in das Handelsregister geschlossen werden, ist weiterhin die Zustimmung von 25 % des gesamten Grundkapitals erforderlich; auch insoweit kann lediglich ein größeres Quorum in der Satzung vorgesehen werden (§ 52 Abs. 5 Satz 2 und 3 AktG).
[56] Näher hierzu *Reichert* ZGR 2001, 504 ff.; Semler/Volhard/*Reichert* Unternehmensübernahmen Bd. 1 § 17 Rz. 25 ff.; *Pentz* NZG 2000, 225; *Casper* StuB 2000, 538; *Priester* DB 2001, 467 ff.; *Werner* ZIP 2001, 1403.
[57] Höhere Kapitalmehrheits- und sonstige Erfordernisse können sich einerseits – wie auch in den sonstigen Fällen – aus der Satzung ergeben; sie können sich aber auch aus dem Gesetz ergeben; insbesondere bei der Umwandlung in eine Personenhandelsgesellschaft ist nach der gesetzlichen Regelung regelmäßig die Zustimmung aller Gesellschafter erforderlich, sofern die Satzung keine geringere Mehrheit zulässt, vgl. etwa § 43 UmwG.
[58] Weiterführend hierzu Semler/Volhard/*J. Semler* § 1 Rz. 143 ff.

– die Entscheidung über die Geltendmachung von Ersatzansprüchen gegen Gründer und Verwaltungsmitglieder (§ 147 Abs. 1 Satz 1 AktG) sowie die Bestellung besonderer Vertreter für die Geltendmachung dieser (§ 147 Abs. 2 Satz 1 AktG)[59]
– Beschlüsse über vorbereitende Maßnahmen des Vorstands (§ 83 Abs. 1 AktG)
– die Zustimmung zu Geschäften auf Verlangen des Vorstands nach verweigerter Aufsichtsratszustimmung (§ 111 Abs. 4 Satz 3 AktG)
– die Festsetzung einer Geschäftsordnung mit Regeln für die Vorbereitung und Durchführung in der Hauptversammlung (§ 129 Abs. 1 Satz 1 AktG)
– die Feststellung des Jahresabschlusses in Sonderfällen (§§ 173 Abs. 1, 234 Abs. 2 AktG)
– die Ermächtigung des Vorstands zum Erwerb oder zur Einziehung eigener Aktien (vgl. insbesondere § 71 Abs. 1 Nr. 6, 7, 8 AktG)[60]
– die Ermächtigung des Vorstands zu Abwehrmaßnahmen gegen eine Übernahme (§ 33 Abs. 2 WpÜG bzw. § 33a Abs. 2 Satz 2 Nr. 1 WpÜG).[61]

3. Satzungsgemäße Zuständigkeiten

23 Nach § 119 Abs. 1 AktG beschließt die Hauptversammlung auch in den in der Satzung ausdrücklich bestimmten Fällen. Der praktische Anwendungsbereich dieser Bestimmung ist indessen sehr eingeschränkt. Denn nach § 23 Abs. 5 AktG kann die Satzung nur in den ausdrücklich durch das Gesetz zugelassenen Fällen von den Vorschriften des Gesetzes abweichen. Insbesondere das Verhältnis zwischen Vorstand und Aufsichtsrat kann nicht durch die Satzung abgeändert werden. Der Hauptversammlung kann jedoch die **Einrichtung weiterer Gremien** wie zB eines Beirats oder eines Aktionärsausschusses und die Auswahl von deren Mitgliedern übertragen werden, sofern diese Gremien keine Funktionen wahrnehmen, die zwingend anderen Organen zugewiesen sind. Regelmäßig können solchen Gremien daher nur beratende Funktionen zukommen.[62]

24 Die Satzung kann die Ausgabe von vinkulierten Namensaktien vorsehen (§ 68 Abs. 2 Satz 1 AktG). Die Erteilung der Zustimmung zur Übertragung obliegt in diesen Fällen zwingend dem Vorstand (§ 68 Abs. 2 Satz 2 AktG). Die Satzung kann jedoch vorsehen, dass die Hauptversammlung (oder der Aufsichtsrat) über die Erteilung der Zustimmung zu beschließen haben (§ 68 Abs. 2 Satz 3 AktG).[63]

---

[59] Siehe hierzu auch das Klagezulassungsverfahren nach den jetzigen §§ 148 f. AktG, das durch das UMAG vom 22.09.2005 eingeführt wurde. Der Gesetzgeber reagierte hiermit auf die Kritik an dem Verfolgungsrecht des § 147 AktG aF, vgl. nur *Ulmer* ZHR 163 (1999), S. 290 ff.; *Krieger* ZHR 163 (1999), S. 343 ff.; *Reichert* ZHR-Beiheft 71 (2002), S. 165, 194 f.; *Reichert/Weller* ZRP 2002, 49 ff.

[60] Eingehend hierzu *Reichert/Harbarth* ZIP 2001, 1441 ff.; vgl. dazu auch noch unter Rz. 128 f.

[61] Vgl. hierzu auch Rz. 41.

[62] Großkomm.AktG/*Mülbert* § 119 Rz. 36, Vor § 118 Rz. 36; MünchHdb.GesR/ Bd. 4/*F.-J. Semler* § 34 Rz. 33.

[63] Zur Frage einer Hauptversammlungspflichtigkeit der Zustimmung zur Übertragung vinkulierter Namensaktien nach Holzmüller/Gelatine-Grundsätzen vgl. unten Rz. 43.

4. Ungeschriebene Zuständigkeiten

a) Die Holzmüller-Entscheidung

Der gesetzliche Schutzrahmen, wonach die Aktionäre an Satzungsänderungen sowie an anderen Grundlagenentscheidungen, wie etwa der Übertragung des Vermögens als Ganzem, im Umwandlungsgesetz geregelten Umstrukturierungsvorgängen oder auch dem Abschluss von Unternehmensverträgen, zu beteiligen sind, wurde durch die bekannte „Holzmüller-Entscheidung" erweitert.[64] Im Holzmüller-Fall ging es darum, dass der Kernbereich der unternehmerischen Tätigkeit der Gesellschaft, der etwa 80 % des Betriebsvermögens ausmachte, auf eine Tochtergesellschaft ausgegliedert werden sollte. Die vom BGH diskutierte **Frage, ob** eine **faktische Satzungsänderung** vorlag und die Hauptversammlung bereits deswegen zu beteiligen gewesen wäre, wurde **verneint**, weil sich der Unternehmensgegenstand in seiner geschichtlichen Prägung nicht geändert habe und die Satzung darüber hinaus ausdrücklich gestatte, den Betrieb ganz oder teilweise anderen Gesellschaften zu überlassen. Die in Betracht kommende erweiternde Auslegung oder analoge Anwendung des § 361 AktG aF (also der Sache nach des heutigen § 179a AktG) lehnte der BGH ab. Er stützte sich vielmehr auf die Erwägung, dass es grundlegende Entscheidungen gebe, die zwar durch die Außenvertretungsbefugnis des Vorstands gedeckt seien, andererseits jedoch so tief in die Mitgliedschaftsrechte der Aktionäre eingriffen, dass der Vorstand vernünftigerweise nicht annehmen könne, er dürfe sie unter ausschließlich eigener Verantwortung treffen.

Darüber hinaus führte der BGH aus, dass die Einholung der Zustimmung der Hauptversammlung der Muttergesellschaft zu konzernleitenden Maßnahmen dann erforderlich sei, wenn in einer durch Ausgliederung wesentlicher Betriebsteile entstandenen Tochtergesellschaft das Kapital erhöht werden sollte. Dies begründet der BGH damit, dass derartige **Kapitalmaßnahmen** die besondere Gefahr in sich bergen, „dass die Mitgliedschaft [der Gesellschafter der Konzernspitze] beeinträchtigt, der Wert ihrer Beteiligung verwässert und ihre Bezugsrechte ausgehöhlt werden"; denn den Gesellschaftern gehe die „Chance (verloren), ihre Beteiligung qualitativ und wertmäßig dadurch zu verbessern, dass sie selbst weiteres Kapital in ihrem Unternehmen anlegen" (**Mediatisierung** des Gesellschaftereinflusses).[65]

Als **weitere Beispiele** nennt der Bundesgerichtshof den Abschluss von Unternehmensverträgen mit solchen Tochtergesellschaften, die Weiterübertragung des Gesellschaftsvermögens gem. § 361 AktG aF (heute § 179a AktG) und einen Auflösungsbeschluss (vgl. §§ 262 Abs. 1 Nr. 2, 289 Abs. 4 AktG).[66]

Der BGH hat schließlich ausgesprochen, dass den Aktionären der betreffenden Gesellschaft die Möglichkeit offensteht, im Falle einer pflichtwidrig unterlassenen Einholung der Zustimmung die Verpflichtung der Verwaltung zur Unterlassung oder Rückgängigmachung der Maßnahme gerichtlich feststellen zu lassen.[67]

Die Auswirkungen der Holzmüller-Entscheidung auf die Instanzgerichte waren sehr unterschiedlich. Diese setzten sich in einer Vielzahl von Entschei-

---

[64] BGH II ZR 174/80 v. 25. 2. 1982, BGHZ 83, 122 ff. Vgl. hierzu auch § 15 Rz. 46 ff.
[65] BGH a.a.O. (Fn. 63) S. 142, 143.
[66] BGH a.a.O. (Fn. 63) S. 140.
[67] BGH a.a.O. (Fn. 63) S. 134 ff.

dungen mit den Grundsätzen des Bundesgerichtshofs auseinander.[68] Auch im gesellschafts- und konzernrechtlichen Schrifttum rief sie eine ungeheure Resonanz hervor. Während die Befürworter der Rechtsprechungsgrundsätze die Holzmüller-Entscheidung zunächst teilweise extensiv auslegten und bereits bei niedrigen Schwellenwerten eine ungeschriebene Hauptversammlungszuständigkeit annahmen, wurde in jüngerer Zeit im Schrifttum zunehmend ein restriktiver, auf gravierende Fälle begrenzter Umgang mit ungeschriebenen Hauptversammlungszuständigkeiten vertreten.[69]

29 Letzterer Tendenz hat sich der BGH mit den beiden **Gelatine-Entscheidungen** aus dem Jahr 2004 zwischenzeitlich angeschlossen.[70] Einige Streitfragen konnten hierdurch gelöst werden. Dies betrifft insbesondere die Frage nach der dogmatischen Anknüpfung sowie der Schwelle für das Eingreifen ungeschriebener Hauptversammlungskompetenzen. Keine abschließende Klärung hat dagegen die Frage erfahren, ob ungeschriebene Hauptversammlungszuständigkeiten allein in Fällen der Ausgliederung greifen. Die Gelatine-Entscheidungen betrafen eben solche Fälle; nämlich die Umstrukturierungen von Tochter- in Enkelgesellschaften. Der BGH hat aber immerhin verdeutlicht, dass der Aspekt der Mediatisierung für seine Beurteilung von entscheidender Bedeutung ist.[71]

b) Rechtsgrundlage ungeschriebener Hauptversammlungszuständigkeiten

30 Die dogmatische Grundlage ungeschriebener Hauptversammlungszuständigkeiten war seit jeher streitig. Der BGH hat in den Gelatine-Urteilen nunmehr entschieden, dass keiner der beiden hierzu bisher vertretenen Lösungsansätze[72] der richtige sei, sondern die Zuständigkeit der Hauptversammlung in diesem Fall auf einer offenen Rechtsfortbildung beruhe.[73]

c) Übersicht über hauptversammlungspflichtige Maßnahmen in der Muttergesellschaft/Konzernbildungskontrolle

31 **aa) Ausgliederung auf Tochtergesellschaften.** Originäres Anwendungsgebiet der Holzmüller/Gelatine-Grundsätze ist der Fall der Ausgliederung einer unternehmerischen Aktivität aus einem bestehenden Unternehmen in eine Tochtergesellschaft. Dass insoweit eine **ungeschriebene Hauptversammlungszuständigkeit** in Betracht kommt, ist im Schrifttum **unbestritten** und wurde durch die Gelatine-Entscheidungen bestätigt.[74] Daneben ist jeweils zu prüfen, ob ggf. die Einschaltung der Hauptversammlung auch wegen des Erfordernisses einer **Änderung des Unternehmensgegenstandes**[75] er-

---

[68] Vgl. die Nachweise in der Vorauflage Rz. 31 ff. sowie in MünchHdb.GesR/Bd. 4/ F.-J. Semler § 34 Rz. 36.
[69] Vgl. den Überblick bei *Reichert* AG 2005, 150.
[70] BGH II ZR 155/02 v. 26. 4. 2004, BGHZ 159, 30 ff. (Gelatine I); BGH II ZR 154/02 v. 26. 4. 2004, ZIP 2004, 1001 ff. (Gelatine II).
[71] Vgl. *Reichert* AG 2005, 150, 154 f.
[72] Vgl. hierzu § 15 Rz. 49.
[73] Vgl. BGH II ZR 155/02 v. 26. 4. 2004, BGHZ 159, 30 ff. (Gelatine I); BGH II ZR 154/02 v. 26. 4. 2004, ZIP 2004, 1001 ff. (Gelatine II).
[74] Vgl. zur Umstufung auf tieferen Konzernebenen § 15 Rz. 49 ff.
[75] Vgl. hierzu auch § 15 Rz. 44.

B. Die Aktiengesellschaft

forderlich ist. Allerdings gebietet der Unternehmensgegenstand nach richtiger Auffassung – zumindest in aller Regel – nicht, mit welchem Gewicht und in welcher wirtschaftlichen Intensität die in der Satzung enthaltenen Tätigkeitsbereiche ausgefüllt werden. Es bedarf daher regelmäßig keiner Änderung des Unternehmensgegenstandes, wenn der Unternehmensgegenstand nicht mehr unmittelbar, sondern nur noch mittelbar über eine Tochtergesellschaft ausgeübt wird, sofern die Muttergesellschaft über das Beteiligungsunternehmen weiterhin unternehmerisch tätig bleibt und sich nicht auf die bloße Beteiligungsverwaltung beschränkt (**Einheitsbetrachtung**).[76]

bb) **Beteiligungserwerb.** Die Auffassung, auch ein Beteiligungserwerb unterfalle – unter der Voraussetzung, dass er die qualitativen Kriterien erfüllt – den Holzmüller/Gelatine-Grundsätzen,[77] wird insbesondere auf die Erwägung gestützt, die Holzmüller-Entscheidung sei Ausfluss einer **generellen Konzernbildungskontrolle** bei der Obergesellschaft. Es mache keinen Unterschied, ob der Mediatisierungseffekt, der letztlich für die Holzmüller-Entscheidung leitend gewesen sei, nachträglich im Wege der Ausgliederung eintrete oder originär herbeigeführt werde, indem die Aktivitäten nicht unmittelbar bei der Muttergesellschaft, sondern mit deren Mitteln bei einer Tochtergesellschaft angesiedelt werden.

Richtigerweise ist eine **Hauptversammlungspflichtigkeit** für den Fall bloßen Beteiligungserwerbs indessen **abzulehnen**.[78] Der Unterschied des Beteiligungserwerbs zur Veräußerung liegt darin, dass sich mit einer Ausgliederung wesentlicher Unternehmensteile eine spätere Mediatisierung der Mitverwaltungsrechte der Aktionäre hinsichtlich dieser Unternehmensteile verbindet, wohingegen dies bei einem reinen Beteiligungserwerb nicht in vergleichbarer Weise der Fall ist. Soweit man im Beteiligungserwerb eine Möglichkeit der Mediatisierung des Aktionärseinflusses eingeräumt sieht, erreicht diese jedenfalls regelmäßig nicht das erforderliche Maß, um als „schwerwiegender Eingriff" in das „rechtliche Substrat der Mitgliedschaft" qualifiziert werden zu

---

[76] *Götz* AG 1984, 85, 90; *Hommelhoff* Die Konzernleitungspflicht 1982 S. 269 ff.; *Hübner* in FS Stimpel S. 791, 794; Kölner Komm. AktG/*Mertens* § 76 Rz. 51; *Mülbert* Aktiengesellschaft, Unternehmensgruppe und Kapitalmarkt 1995 S. 379. Die Gegenauffassung, die die Tätigkeit über Tochter- und Beteiligungsgesellschaften der Muttergesellschaft nicht zurechnen will, setzt sich darüber hinweg, dass durch die Schaffung einer Gruppenstruktur eine wirtschaftliche Einheit entsteht, die dem Wettbewerb gegenüber im Wege des arbeitsteiligen Zusammenwirkens zwischen den verschiedenen Konzernmitgliedern als solche in Erscheinung tritt und operiert.

[77] So etwa *Geßler* in FS Stimpel S. 771, 786 f.; Spindler/Stilz/*Hoffmann* AktG § 119 Rz. 30; Schmidt/Lutter/*Spindler* AktG § 119 Rz. 33; Emmerich/Habersack/*Habersack* Vor § 311 Rz. 42; *Hirte* Bezugsrechtsausschluss und Konzernbildung 1986 S. 162 ff.; *Liebscher* Konzernbildungskontrolle 1995 S. 86; *Lutter* in FS Stimpel S. 825, 853 ff.; *Raiser/Veil* § 16 Rz. 13; *Seydel* Konzernbildungskontrolle bei der Aktiengesellschaft 1995 S. 389; *Wahlers* Konzernbildungskontrolle durch die Hauptversammlung der Obergesellschaft 1994 S. 94 ff.; *Habersack* AG 2005, 137, 144.

[78] Vgl. etwa LG Heidelberg O 95/98 KfH I v. 1.12.1998, AG 1999, 135, 137; *Assmann/Bozenhardt* Übernahmeangebote 1990, S. 1, 64 f.; *Ebenroth/Daum* DB 1991, 1105, 1109; *Groß* AG 1994, 266, 271; MünchHdb.GesR/Bd. 4/*Krieger* § 69 Rz. 10; Kölner Komm.AktG/*Mertens* § 76 Rz. 51; *Timm* ZIP 1993, 114, 117; *Werner* ZHR 147 (1983), 429, 447; Obermüller/Werner/Winden/*Butzke* L. Rz. 77; Beisel/Klumpp/*Beisel*, Unternehmenskauf, Kap. 8 Rz. 83 f.; Semler/Volhard/*Reichert* § 5 Rz. 84 f.; *Reichert* AG 2005, 150, 156 f.

können. Vielmehr ist dem **Schutzbedürfnis der Aktionäre** mit dem Erfordernis einer satzungsmäßigen Ermächtigung zum Beteiligungserwerb hinreichend Rechnung getragen. Entscheidend ist schließlich, dass es an einem rechtlich fundierten Einfluss der Aktionäre auf Investitionsentscheidungen fehlt. Der Fall des Beteiligungserwerbs ist sachlich nicht anders zu beurteilen als die Finanzierung anderer Investitionen mit erheblichem finanziellen Aufwand, bei denen ebenfalls keine ungeschriebene Hauptversammlungszuständigkeit in Betracht kommt. Das Erfordernis einer Einschaltung der Hauptversammlung kann sich indessen dann ergeben, wenn die über die Beteiligungsgesellschaft entfaltete Tätigkeit nicht im Unternehmensgegenstand verankert ist und auch nicht vorgesehen ist, dass sich die Gesellschaft an Gesellschaften mit dem jeweiligen Unternehmensgegenstand beteiligen kann.[79]

33   **cc) Abgabe eines Übernahmeangebots.** Verfehlt ist auch die Auffassung, dass die Abgabe öffentlicher Übernahmeangebote holzmüllerpflichtig sei;[80] dies deshalb, da es im Ergebnis keinen Unterschied macht, wie sich ein Beteiligungserwerb vollzieht, dh. ob ein Aktienpaket von einem Großinvestor erworben wird oder ob breit auf dem Kapitalmarkt Aktien der Zielgesellschaft von einer Vielzahl von Investoren erworben werden. Ein hinreichender Sachgrund, beide Fälle unterschiedlich zu behandeln, ist nicht ersichtlich.

34   Auch die zusätzlichen Voraussetzungen, die die Bietergesellschaft aufgrund des Übernahmegesetzes erfüllen muss, rechtfertigen nicht per se das Erfordernis eines Hauptversammlungsbeschlusses. Sie betreffen die Konditionen der intendierten Mehrheitsübernahme, führen indessen nicht zu einem **„tief greifenden Eingreifen" in die Mitgliedschaft der Aktionäre.** Das Übernahmegesetz sieht demgemäß keine Einschaltung der Hauptversammlung der Bietergesellschaft vor Abgabe des Angebots vor. Dies ist auch sachgerecht, da eine frühzeitige Veröffentlichung der Erwerbspläne durch Einbeziehung der Hauptversammlung vor Abgabe des öffentlichen Übernahmeangebots den Erfolg der Maßnahme erschweren, wenn nicht gar unmöglich machen würde.[81]

35   Aus diesem Grund hat der BGH in der Siemens/Nold-Entscheidung[82] dem **Geheimhaltungsinteresse** der Gesellschaft und der **Erhaltung der Flexibilität** des Vorstands maßgebende Bedeutung beigemessen. In dieser Entscheidung hat der BGH die Anforderungen an den Bezugsrechtsausschluss im Rahmen eines genehmigten Kapitals letztlich aus Praktikabilitätsgründen abgemildert, um dem Unternehmen bzw. der Geschäftsleitung zu ermöglichen, auf dem nationalen und internationalen Markt rasch, flexibel und erfolgreich auf vorteilhafte Angebote oder sich bietende Gelegenheiten und Möglichkeiten zur Unternehmenserweiterung reagieren zu können. Dieses Anliegen des BGH würde durch eine Pflicht, vor Abgabe eines Übernahmeangebots stets einen zustimmenden Beschluss der Hauptversammlung herbeizuführen, konterkariert werden.

36   **dd) Beteiligungsveräußerung.** Der Fall der Beteiligungsveräußerung ist der actus contrarius der Konzernbildung und gehört daher eher zur Rubrik der „Konzernleitungskontrolle". Er soll gleichwohl an dieser Stelle behandelt

---

[79] MünchHdb.GesR/Bd. 4/*Krieger* § 69 Rz. 5, 7; vgl. auch oben Rz. 31.
[80] So aber *Seydel* Konzernbildungskontrolle bei der Aktiengesellschaft 1995 S. 438; aA *Assmann/Bozenhardt* Übernahmeangebote 1990 S. 1, 63 ff.; *Ebenroth/Daum* DB 1991, 1105, 1107 ff., *Reichert* AG 2005, 150, 157.
[81] Vgl. hierzu auch *Assmann/Bozenhardt* Übernahmeangebote 1990 S. 1, 63.
[82] Vgl. BGH II ZR 132/93 v. 23. 6. 1997, BGHZ 136, 133 ff. (Siemens/Nold).

B. Die Aktiengesellschaft   36 § 5

werden, weil er engen Bezug zu den Fällen der Ausgliederung hat. Auf den ersten Blick mag man Fälle der Beteiligungsveräußerung in Anknüpfung an Ausgliederungsfälle – entsprechende Schwellenwerte vorausgesetzt – aufgrund eines argumentum a fortiori für hauptversammlungspflichtig halten: Gilt das Zustimmungserfordernis für die bloße Mediatisierung der Beteiligung, müsse dies erst recht für die vollständige Aufgabe im Wege der Beteiligungsveräußerung gelten.[83]

Dem ist indessen entgegenzuhalten, dass auslösendes Element der Holzmüller-Grundsätze die Gefahr der Konzernbildung, insbesondere der Mediatisierung des Gesellschaftereinflusses, ist. Durch einen Beteiligungsverkauf entfällt eine solche Gefahr; die an die Stelle der Beteiligung tretende **Gegenleistung** unterliegt vielmehr nunmehr der unmittelbaren Kontrolle der Konzernorgane.[84]

Daraus folgt indessen nicht, dass es in solchen Fällen generell keiner Zustimmung der Hauptversammlung bedarf. Ein Zustimmungserfordernis wird sich ergeben, wenn durch die Veräußerung die Voraussetzungen des § 179a AktG erfüllt werden. Ferner bedarf es, wenn das Unternehmen mit der Veräußerung eine seiner im Unternehmensgegenstand verankerten Tätigkeiten aufgibt, einer **Satzungsänderung**. Nach früher herrschender Auffassung war der Vorstand nicht verpflichtet, die im Unternehmensgegenstand vorgeschriebene Tätigkeit auszuschöpfen.[85] Heute herrscht die Tendenz vor, in einer vollständigen, auf Dauer angelegten Aufgabe eines unternehmensgegenständlichen Tätigkeitsbereichs eine faktische Satzungsänderung zu sehen. Damit ist gemeint, dass es zur Einleitung einer darauf gerichteten Maßnahme einer formalen Änderung des Unternehmensgegenstandes bedarf.[86] Eine Verpflichtung zur **Fortführung der im Unternehmensgegenstand vorgesehenen Aktivitäten** ist allerdings nur dann zu bejahen, wenn mit der endgültigen und dauerhaften Einstellung eines den Kernbereich der unternehmerischen Tätigkeiten betreffenden Bereichs eine abrupte nachhaltige Veränderung des Gepräges der Gesellschaft verbunden ist. Insofern scheidet das Erfordernis einer Änderung des Unternehmensgegenstandes schon immer dann aus, wenn dieser – sei es auch in verrin-

---

[83] So noch *Reichert* ZHR-Beiheft 68 (1998), 25, 68f.; diese Auffassung wurde bereits in der Vorauflage aufgegeben; vgl. eingehend *Reichert* AG 2005, 150ff.; vgl. auch *Henze* in FS Ulmer 2003, S. 211, 230f.; *Hirte* Bezugsrechtsausschluss und Konzernbildung 1986 S. 182ff.; *Hommelhoff* Die Konzernleitungspflicht 1982 S. 447; *Lutter* in FS Stimpel S. 825, 851; *Lutter/Leinekugel* ZIP 1998, 225, 229ff.; Großkomm.AktG/*Wiedemann* § 179 Rz. 75; einschränkend *Wollburg/Gehling* in FS Lieberknecht S. 133, 152ff.; ebenfalls restriktiv Obermüller/Werner/Winden/*Butzke* L. Rz. 77.

[84] Im Ergebnis ebenso OLG Stuttgart 20 U 1/05 v. 13.7.2005, AG 2005, 693ff. sowie der Beschluss über die Nichtzulassungsbeschwerde hiergegen: BGH II ZR 226/05 v. 20.11.2006, DStR 2007, 586f.; *Joost* ZHR 163 (1999), 164, 185ff.; *Groß* AG 1994, 266, 271f.; *Seydel* Konzernbildungskontrolle bei der AG 1995 S. 441; *Sünner* AG 1983, 169, 170; *Werner* ZHR 147 (1983), 429, 447; Emmerich/Habersack/*Habersack* Vor § 311 Rz. 43; Semler/Volhard/*Reichert* Unternehmensübernahmen Bd.1 § 17 Rz. 64; MünchHdb.-GesR/Bd. 4/*Krieger* § 69 Rz. 10; *Reichert* AG 2005, 150, 155; *Liebscher* ZGR 2005, 1, 24; *Habersack* AG 2005, 137, 145f.; *Goette* AG 2006, 522, 527.

[85] *Kropff* in FS Geßler S. 111, 119; *Baumbach/Hueck* § 179 Rz. 9.

[86] *Hommelhoff* Die Konzernleitungspflicht 1982 S. 70; *Wollburg/Gehling* in FS Lieberknecht S. 133, 138ff.; *Lutter/Leinekugel* ZIP 1998, 225, 227; Schmidt/Lutter/*Seibt* AktG § 179 Rz. 11; Großkomm.AktG/*Wiedemann* § 179 Rz. 60; MünchHdb.GesR/Bd. 4/*Wiesner* § 9 Rz. 19f.

gerter Form – nach wie vor unmittelbar ausgefüllt wird.[87] Der Unternehmensgegenstand gebietet nämlich – zumindest in aller Regel – nicht, mit welchem Gewicht und in welcher wirtschaftlichen Intensität die in der Satzung enthaltenen Tätigkeitsbereiche ausgefüllt werden. Darüber hinaus ist jeweils sehr genau zu prüfen, ob einzelne Elemente des Unternehmensgegenstandes in der Satzung nicht nur beispielhaft aufgeführt sind, sodass eine Auslegung der Satzungsbestimmung insgesamt ergibt, dass nicht sämtliche Elemente dieses Unternehmensgegenstandes erfüllt werden müssen.[88]

37 Die Ablehnung der Anwendung der Holzmüller-Grundsätze auf eine Beteiligungsveräußerung mag zu überdenken sein, wenn die Beteiligung nicht in toto veräußert wird, sondern **nur eine wesentliche Drittbeteiligung** begründet wird.[89] Denn nur bei einer Veräußerung als Ganzes entfällt – wie dargelegt – der Effekt der Mediatisierung des Gesellschaftereinflusses. Demgegenüber kann die Einräumung einer Drittbeteiligung an einer Tochtergesellschaft zu einer noch stärkeren Verwässerung des Gesellschaftereinflusses führen, als dies bei den Fällen der Ausgliederung der Fall ist. Indessen kann man einwenden, dass der Mediatisierungseffekt dann in den Hintergrund tritt, wenn die Maßnahme im Wesentlichen auf ein Deinvestment gerichtet ist und nur eine Minderheitsbeteiligung aufrechterhalten wird.[90]

38 Unter diesem Gesichtspunkt ist auch die viel diskutierte **Veräußerung von Tochtergesellschaften über die Börse** zu prüfen. Erfolgt die Veräußerung als Ganzes, können sich Zustimmungspflichten lediglich unter dem Gesichtspunkt des § 179a AktG oder wegen der Notwendigkeit einer Änderung des Unternehmensgegenstandes ergeben. Eine Zustimmung der Hauptversammlung nach Holzmüller/Gelatine-Grundsätzen ist demgegenüber – nach oben dargelegter, jedoch streitiger Ansicht – nur dann erforderlich, wenn die Tochter nicht vollständig veräußert wird, sondern der Einfluss auf die Tochter infolge einer über die Börse herbeigeführten Drittbeteiligung verwässert wird.[91] Freilich ist auch in diesen Fällen richtigerweise nur dann auf die Holzmüller-Grundsätze zurückzugreifen, wenn der Tochtergesellschaft ein ganz **wesentliches Gewicht im Gesamtkonzern** zukommt, also die maßgeblichen Schwellenwerte[92] überschritten sind, was eher selten der Fall sein dürfte.[93] Soweit nach diesen Grundsätzen die Hauptversammlung beteiligt wurde, bleibt für die generelle Forderung eines Vorerwerbs- oder Bezugsrechts[94] oder eines Zuteilungsprivilegs[95] der Aktionäre der Muttergesellschaft kein Raum. Aber

---

[87] *Reichert* ZHR Beiheft 68 (1998), 25, 40.
[88] *Lutter/Leinekugel* ZIP 1998, 225, 227; *Wollburg/Gehling* in FS Lieberknecht S. 133, 141.
[89] Ebenso *Liebscher* ZGR 2005, 1, 24; aA *Habersack* AG 2005, 137, 147 mwN.
[90] *Spindler/Stilz/Hoffmann* AktG § 119 Rz. 30 nimmt eine Zustimmungspflichtigkeit der Hauptversammlung für den Fall an, wenn der veräußerte Teil mindestens 70% einer Beteiligung und im Wesentlichen das gesamte Vermögen der AG ausmacht.
[91] Ähnlich *Lüders/Wulff* BB 2001, 1209, 1214.
[92] Vgl. hierzu Rz. 46 ff.
[93] Ebenso *Trapp/Schick* AG 2001, 381, 387 f.; *Fuchs* RWS-Forum Gesellschaftsrecht 2001 S. 259, 271.
[94] Für ein solches *Lutter* AG 2000, 342 ff.; einschränkend *Lüders/Wulff* BB 2001, 1209, 1214; ablehnend *Trapp/Schick* AG 2001, 381 ff.; *Habersack* WM 2001, 545, 549; *Fuchs* RWS-Forum Gesellschaftsrecht 2001 S. 259, 271 ff.; *Busch/Groß* AG 2000, 503, 507 ff.
[95] Für ein solches *Becker/Fett* WM 2001, 549, 555; ablehnend *Fuchs* RWS-Forum Gesellschaftsrecht 2001 S. 259, 277.

auch dann, wenn die Hauptversammlung nicht zu beteiligen ist, ist die generelle Annahme eines Bezugsrechts oder Zuteilungsprivilegs abzulehnen. Vielmehr hat darüber der Vorstand der Muttergesellschaft nach pflichtgemäßem Ermessen zu entscheiden.

ee) Going Public, IPO. Nach verbreiteter Auffassung soll die Börseneinführung (Going Public; IPO) einer Aktiengesellschaft einen Hauptversammlungsbeschluss erfordern.[96] Begründet wird dies damit, dass mit der Börsennotierung erweiterte Pflichten nicht nur für die Gesellschaft, sondern auch für die Aktionäre entstehen. Angeführt werden insbesondere die Mitteilungspflichten bei Erreichen oder Unterschreiten einer bestimmten Beteiligungshöhe nach §§ 21ff. WpHG und das Insiderhandelsverbot nach § 14 WpHG. Diese und weitere gesetzliche Differenzierungen zwischen dem Recht börsennotierter und nicht börsennotierter Gesellschaften ließen die **Börsenzulassung als eine Strukturänderung** erscheinen. Sie rücke damit in die Nähe eines umwandlungsrechtlichen Formwechsels. Schließlich werde durch die Börsenzulassung der Eintritt neuer Gesellschafter erleichtert, wodurch sich auch die Gefahr einer Übernahme erhöhe.

Solchen Annahmen ist entgegenzuhalten, dass die erhöhten Pflichten, die die Gesellschaft treffen, gerade dem Schutz der Anleger und damit auch der Aktionäre dienen. Gleiches gilt für die Pflichten, die die Aktionäre einer börsennotierten Gesellschaft im Verhältnis zu ihren Mitaktionären treffen. Mit der Börsennotierung tritt **primär ein Zuwachs an Rechten** ein. Demgegenüber erweisen sich die den Aktionären obliegenden Pflichten kaum als schwerwiegender Eingriff in die Mitgliedschaftsrechte der Aktionäre. Angesichts der Tatsache, dass ein Insiderhandel im außerbörslichen Verkehr nicht möglich sein wird, erweist sich dessen Verbot lediglich als Einschränkung einer hinzugewonnenen Handlungsmöglichkeit, während die Mitteilungspflicht gegenüber der Gesellschaft eine nur **geringfügige Pflichtenerweiterung** darstellt. Zudem ist der Aktiengesellschaft – auch nach der Einführung der Erleichterungen für die sog. „kleine Aktiengesellschaft" – eine „Börseneintrittstendenz" nicht abzusprechen. Auch in der nicht börsennotierten AG besteht kein genereller Schutz vor einer Veränderung des Aktionärskreises; ein solcher lässt sich nur über eine – regelmäßig börsenschädliche[97] – Vinkulierung der Anteile bewirken. Im Übrigen bleiben die Herrschaftsrechte der Aktionäre von einem Börseneintritt und der Änderung der Zusammensetzung des Aktionärskreises unberührt. Eine Mediatisierung erfolgt im Rahmen einer Börseneinführung allenfalls im Zusammenhang mit einer Kapitalerhöhung unter Bezugsrechtsausschluss; diese unterliegt indessen im Rahmen einer Börseneinführung keinen anderen Regeln als in anderen Fällen.

ff) Delisting. Das Delisting (going private) einer Aktiengesellschaft, also deren Börsenaustritt, ist zwar actus contrarius der Börseneinführung, unterliegt aber hinsichtlich der rechtlichen Bewertung umgekehrten Vorzeichen. Die lang umstrittene Frage, ob im Fall des Delistings eine ungeschriebene

---

[96] Befürwortend *Lutter* in FS Zöllner Band I S. 363, 376 ff.; *Lutter/Drygala* in FS Raisch S. 239, 240; *Lutter/Leinekugel* ZIP 1998, 805, 806; *Vollmer/Grupp* ZGR 1995, 459, 466 f.; Schmidt/Lutter/*Spindler* AktG § 119 Rz. 37; tendenziell aA *Hopt* in FS Drobnig S. 525, 536 f.; *Reichert* AG 2005, 150, 157; MünchKomm.AktG/*Kubis* § 19 Rz. 80; wohl auch Semler/Volhard/*J. Semler* § 1 Rz. 250 ff.

[97] Ausnahmen sind zB die Versicherungsunternehmen sowie die Lufthansa AG.

Hauptversammlungszuständigkeit besteht,[98] ist inzwischen vom BGH entschieden worden.[99] Der BGH hat in der sog. „**Macrotron**"-**Entscheidung** zwar die Anwendbarkeit der Holzmüller/Gelatine-Grundsätze verneint, dennoch aber das Erfordernis der Zustimmung der Hauptversammlung angenommen.[100] Er hat zutreffend entschieden, dass kein Holzmüller/Gelatine-Fall vorliegt, da eine die mitgliedschaftliche Stellung des Aktionärs beeinträchtigende Mediatisierung fehlt. Der BGH rechtfertigt das Zustimmungserfordernis damit, dass der Verkehrswert und seine jederzeitige Realisierung Eigenschaften des Aktieneigentums seien und wie das Aktieneigentum selbst verfassungsrechtlichen Schutz genössen. Der Schutz des mitgliedschaftlichen Vermögenswertes liege nicht in den Händen der Geschäftsleitung, sondern der Hauptversammlung. Da kein Holzmüller/Gelatine-Fall vorliege, genüge die einfache Mehrheit; einer sachlichen Rechtfertigung bedürfe es nicht. Zudem sei ein Pflichtangebot zum Kauf der Aktien durch die Gesellschaft oder den Großaktionär abzugeben, welches im Rahmen eines Spruchverfahrens überprüft werden könne.

Die abweichende Auffassung im Schrifttum, wonach aufgrund der Nähe der Maßnahme zu den gesetzlich geregelten Strukturentscheidungen eine $^3/_4$-Mehrheit erforderlich sei, hat sich somit nicht durchgesetzt.[101]

41 **gg) Zustimmungserfordernisse in der Zielgesellschaft bei Unternehmensübernahmen.** Der Vorstand kann nach § 33 WpÜG[102] von der Hauptversammlung für den Fall einer Unternehmensübernahme zu Abwehrmaßnahmen ermächtigt werden, im Rahmen deren er seine Neutralitätspflicht aufgibt. Bedeutung und Reichweite dieser Ermächtigungsmöglichkeit sind umstritten, da der Vorstand nach § 33 Abs. 1 Satz 2 Alt. 3 WpÜG derartige Abwehrmaßnahmen auch allein mit Zustimmung des Aufsichtsrats ergreifen kann.[103] Eine solche Vorratsermächtigung, die für höchstens 18 Monate erteilt werden kann, bedarf einer Mehrheit, die mindestens drei Viertel des bei der Beschlussfassung

---

[98] Befürwortend *Lutter* in FS Zöllner Band I S. 363, 378 f.; *Schwark/Geiser* ZHR 161 (1997), 739, 761 ff.; *Groß* ZHR 165 (2001), 141 ff.; Semler/Volhard/*J. Semler* § 1 Rz. 262 f.; Steck AG 1998, 460, 461; *Vollmer/Grupp* ZGR 1995, 459, 475 – aA § 28 Rz. 25 mwN.

[99] BGH II ZR 133/01 v. 25. 11. 2002, BGHZ 153, 47 ff. (Macrotron); vgl. dazu *Reichert* AG 2005, 150 ff.

[100] Krit. zu diesem Ansatz *K. Schmidt* NZG 2003, 601, 603; *Liebscher* ZGR 2005, 1, 31; *Habersack* AG 2005, 137, 140; *Bürgers* NJW 2003, 1642, 1643.

[101] So noch *Liebscher* ZGR 2005, 1, 31; *Bürgers* NJW 2003, 1642, 1643.

[102] § 33 WpÜG kann durch Satzungsregelung außer Kraft gesetzt werden (§ 33 a Abs. 1 WpÜG). Es gelten dann die speziellen Regelungen des § 33 a Abs. 2 WpÜG.

[103] Nach zutreffender Ansicht können durch einen Ermächtigungsbeschluss nach § 33 Abs. 2 WpÜG nur solche Hauptversammlungskompetenzen auf den Vorstand verlagert werden, für die bereits nach allgemeinen aktienrechtlichen Regeln eine Ermächtigungsmöglichkeit besteht (aA aber *Steinmeyer/Häger* WpÜG § 33 Rz. 35 ff.). Dies gilt etwa für den Erwerb eigener Aktien über die Schaffung eines genehmigten Kapitals, aber auch für nach Holzmüller-Grundsätzen hauptversammlungspflichtige Maßnahmen. Während diesbezüglich einerseits vertreten wird, eine Ermächtigung zu solchen Maßnahmen müsse, um in einer Übernahmesituation vom Vorstand ausgenutzt werden zu können, zusätzlich den Anforderungen des § 33 Abs. 2 WpÜG genügen (so Kölner Komm.AktG WpÜG/*Hirte* § 33 Rz. 96 ff.), kann nach anderer Ansicht der Vorstand auch eine allgemeine Ermächtigung zur Abwehr einer Übernahme nutzbar machen, sofern der Aufsichtsrat dem nach § 33 Abs. 1 Satz 2 Alt. 3 WpÜG zustimmt (*Winter/Harbarth* ZIP 2002, 1, 12).

B. Die Aktiengesellschaft   42, 43   § 5

vertretenen Grundkapitals umfasst, wobei die Satzung eine größere Kapitalmehrheit und weitere Erfordernisse bestimmen kann; die Ermächtigung muss zudem die zulässigen Abwehrmaßnahmen der Art nach bestimmen (§ 33 Abs. 2 Satz 1–3 WpÜG). Möglich ist nicht nur eine Vorab-Ermächtigung, sondern auch eine Ad-hoc-Entscheidung der Hauptversammlung über die Ergreifung von Abwehrmaßnahmen.[104] Eine zu solchen oder anderen Zwecken im Zusammenhang mit dem Übernahmeangebot einberufene Hauptversammlung der Zielgesellschaft kann nach § 16 Abs. 4 WpÜG – in Abweichung von den allgemeinen aktienrechtlichen Regeln[105] – mit einer verkürzten Einberufungsfrist von mindestens 14 Tagen vor der Hauptversammlung sowie an einen beliebigen Versammlungsort einberufen werden; zudem gelten weitere Ausnahmeregelungen.[106] Die gesetzgeberischen Entscheidungen in § 33 Abs. 1 S. 2, Abs. 2 WpÜG haben die zuvor diskutierte Frage, ob sich ein Zustimmungserfordernis der Hauptversammlung in Fortschreibung der Holzmüller-Grundsätze ergibt,[107] obsolet gemacht.

Vereinzelt wird die Initiierung oder Mitwirkung an einem Übernahmeangebot durch den Vorstand der Zielgesellschaft für mitwirkungspflichtig erachtet. Die Annahme eines Zustimmungserfordernisses ist in solchen Fällen indessen nicht gerechtfertigt. Ein Übernahmeangebot führt nicht zu einer Änderung der Struktur der Zielgesellschaft, sondern nur zu einer **Änderung der Zusammensetzung ihres Aktionärskreises**. Es handelt sich damit ausschließlich um eine **Maßnahme auf Aktionärsebene** und nicht auf Gesellschaftsebene, über die folgerichtig jeder Aktionär individuell zu entscheiden hat, indem er das Übernahmeangebot annimmt oder nicht.[108] Hierfür hat die Hauptversammlung keine Kompetenz; vielmehr steht die Entscheidung im Belieben eines jeden Aktionärs. Der Hauptversammlung ist insoweit gerade keine Zuständigkeit zugewiesen; die AG ist nach dem Willen des Gesetzgebers konzernoffen angelegt.[109]   42

hh) Übertragung vinkulierter Aktien. Nach § 68 Abs. 2 AktG können Namensaktien vinkuliert werden. Die Zustimmung erteilt der Vorstand. Die Satzung kann jedoch bestimmen, dass der Aufsichtsrat oder die Hauptversammlung über die Erteilung der Zustimmung zu beschließen hat. Fraglich ist, ob der Vorstand dann, wenn seine Entscheidung über die Erteilung der Zustimmung nicht an ein Hauptversammlungszustimmungserfordernis gebunden ist, unter bestimmten Voraussetzungen gleichwohl eine Zustimmung der Hauptversammlung einzuholen hat. Ein solches Erfordernis kommt in Betracht, wenn sich durch den Eintritt des Aktionärs die Struktur der Gesellschaft in einer Weise verändert, dass der Vorstand nicht annehmen kann, dass die Entscheidung von seinem Entscheidungsermessen gedeckt ist. Denkbar sind hier   43

---

[104] Vgl. hierzu MünchKomm.AktG/Bd. 9/1/*Schlitt* WpÜG § 33 Rz. 190 ff.; *Winter/Harbarth* ZIP 2002, 1, 13 f.
[105] Vgl. unten Rz. 84 ff.
[106] Vgl. im Einzelnen § 16 Abs. 3, 4 WpÜG; zur nunmehr einheitlichen Fristenregelung im AktG nach dem ARUG vgl. Rz. 84 ff.
[107] So *Krieger* ZHR 163 (1999), 343, 358; *Ebenroth/Daum* DB 1991, 1157, 1158; *Mülbert* DStR 1999, 83, 88, 89 f.
[108] Semler/Volhard/*Reichert* Unternehmensübernahmen Bd. 1 § 18 Rz. 62; *Reichert* AG 2005, 150, 157.
[109] *Decher* in FS Lutter S. 1209, 1223; Semler/Volhard/*Reichert* Unternehmensübernahmen Bd. 1 § 18 Rz. 62.

insbesondere Fälle, in denen ein **Wettbewerber eine maßgebliche Beteiligung erwirbt**. *Karsten Schmidt* nimmt das Erfordernis einer Zustimmung durch die Hauptversammlung regelmäßig an, wenn der Erwerber die Schwellenwerte von 25 %, 50 % oder 75 % des Grundkapitals erreicht.[110]

44 **ii) Fremdkapitalaufnahme.** Abzulehnen ist schließlich eine Hauptversammlungszuständigkeit bei einer Änderung der Kapitalstruktur der Gesellschaft durch Fremdkapitalaufnahme.[111] Hierbei handelt es sich um eine **reine Geschäftsführungsmaßnahme**, die Dritten keinen gesellschaftsrechtlich relevanten Einfluss auf Entscheidungen der Gesellschaft einräumt.

d) Konzernleitungskontrolle

45 Ungeschriebene Hauptversammlungszuständigkeiten im Zusammenhang mit der Konzernleitung sind in § 15 Rz. 52 behandelt.

e) Maßgebliche Schwellenwerte der Konzernbildungs- und Konzernleitungskontrolle

46 Es besteht im Grundsatz Einigkeit, dass eine Konzernbildungs- und -leitungskontrolle nicht bei jeder unbedeutenden Transaktion innerhalb eines weit verzweigten Konzerns in Betracht kommen kann. Es muss sich vielmehr um eine – gemessen am Gesamtkonzern – wesentliche, bedeutende Maßnahme handeln.

47 Im Schrifttum wurde ein breites Spektrum von Aufgreifkriterien und darauf bezogenen Aufgreifschwellen[112] vertreten. Auch die instanzgerichtliche Rechtsprechung ließ kein einheitliches Bild erkennen.[113] Im Rahmen der Gelatine-Entscheidungen hat der BGH nunmehr zu Recht den im Schrifttum und teilweise in der untergerichtlichen Rechtsprechung vertretenen zu niedrigen Schwellenwerten eine Absage erteilt: Die Maßnahme müsse in ihrer Intensität und Bedeutung die Ausmaße des der Holzmüller-Entscheidung zugrunde

---

[110] *K. Schmidt* in FS Beusch S. 759, 768 ff. – aA *Seydel* Konzernbildungskontrolle bei der Aktiengesellschaft 1995 S. 108 ff.

[111] Für wesentliche Kapitalstrukturänderungen befürwortend Lutter/Scheffler/Schneider/*Baums*/*Vogel* Rz. 9.27; *Vollmer* AG 1991, 94, 100 f.; speziell für die Aufnahme von Aktionärsdarlehen auch *Brunkhorst* Verteilung der Finanzierungskompetenzen bei der bestehenden Aktiengesellschaft 1995 S. 155 ff.

[112] Vgl. etwa *Lutter* in FS Stimpel S. 825, 850; ders. in FS Fleck S. 169, 180, der etwa 20 %–25 % der bilanzmäßigen Aktiva oder 10 % der Bilanzsumme oder des Umsatzes als wesentliche Maßnahmen ansieht; *Hirte* Bezugsrechtsausschluss und Konzernbildung 1986, 181, der auf 25 % des Vermögens berechnet nach steuerlichen Teilwerten abstellt; *Geßler* in FS Stimpel S. 771, 787; *Seydel* Konzernbildungskontrolle bei der Aktiengesellschaft 1995 S. 431 ff., die auf 10 % des Gesellschaftsvermögens oder des Eigenkapitals abstellen; deutlich restriktiver demgegenüber etwa *Reichert* ZHR-Beiheft 68 (1999), 25, 45; *Veil* ZIP 1998, 361, 369; die jeweils auf mehr als 50 % des Vermögens abstellen.

[113] Vgl. LG Ffm. 3/14 O 25/92 v. 10. 3. 1993, ZIP 1993, 820, 832 (Hornblower-Fischer AG), welches etwa eine Hauptversammlungszuständigkeit bei einer Maßnahme annahm, die 50 % des Umsatzes und 10 % der Aktiva betraf; das OLG Köln 22 U 72/92 v. 24. 11. 1992, ZIP 1993, 110, 114 (Winterthur/Nordstern), verneinte die Wesentlichkeitsschwelle bei einer Ausgliederungsmaßnahme, die 8,25 % des Beitragsaufkommens betraf. Das LG Düsseldorf 31 O 133/96 v. 13. 2. 1997, AG 1999, 94, 95 (W. Rau Neusser Öl und Fett AG), hat eine ungeschriebene Hauptversammlungszuständigkeit bei einer Maßnahme abgelehnt, die weniger als 50 % der Aktiva der Gesellschaft betraf.

B. Die Aktiengesellschaft   48–50 § 5

liegenden Sachverhalts erreichen. Streitgegenständlich war dort die Ausgliederung von ca. 80 % der in den Kernbereich der Unternehmenstätigkeit fallenden Aktiva. Dies kann allerdings nur als Richtgröße dienen;[114] letztlich hat stets eine Analyse des Einzelfalls im Wege einer Gesamtabwägung zu erfolgen.[115]
Hierbei stellt sich zunächst die Frage nach der maßgeblichen Aufgreifschwelle und sodann, worauf sich diese zu beziehen hat. Die in der Holzmüller-Entscheidung genannte Schwelle von 80 % ist ein wichtiger Indikator; dies bedeutet aber nicht, dass eine Hauptversammlungszuständigkeit nicht auch schon bei 75 % in Betracht käme.[116] Als Anknüpfungspunkt wird dem Wert der betroffenen Aktiva im Rahmen dieser Gesamtabwägung richtigerweise eine erhebliche Bedeutung zukommen, wobei dieser regelmäßig den Grundsätzen der allgemeinen Unternehmensbewertung entsprechend anhand der Ertragswertmethode ermittelt werden sollte. Daneben sollten jedoch auch die Bilanzsumme oder die bilanzmäßigen Aktiva, der Anteil am Grundkapital, der Umsatz sowie die Mitarbeiterzahl berücksichtigt werden.[117] Letztlich ist anhand all dieser Kriterien eine wertende Betrachtung über die Wesentlichkeit des betroffenen Unternehmensteils anzustellen. Maßgebend sollten dabei nicht die Kennzahlen der einzelnen Gesellschaft, sondern die des gesamten Konzerns sein, da sich so das wirtschaftliche Gewicht der Maßnahme für die Aktionäre besser reflektieren lässt.[118] Sofern mehrere Einzelmaßnahmen zeitlich zusammentreffen, sollte man diese, soweit ein wirtschaftlicher Zusammenhang zwischen ihnen besteht, zusammenrechnen, um die Wesentlichkeit zu bestimmen.[119]

48

f) Mehrheitserfordernis

Bejaht man das Vorliegen einer ungeschriebenen Hauptversammlungskompetenz, stellt sich noch die Frage, welche Mehrheit für die Beschlussfassung durch die Hauptversammlung erforderlich ist. Dies war früher außerordentlich streitig, da die unterschiedliche dogmatische Herleitung[120] zu verschiedenen Mehrheitserfordernissen führte. Der BGH geht nunmehr – wie dargelegt – von einer offenen Rechtsfortbildung aus und hat festgelegt, dass der Beschluss der Hauptversammlung zwingend einer Mehrheit von 75 % des vertretenen Grundkapitals bedarf.[121] Hieran wird sich die Praxis zu orientieren haben.

49

g) Möglichkeit eines „Konzeptbeschlusses"

Die Legitimation einer Transaktion im Wege einer Billigung des Gesamtkonzeptes setzt voraus, dass es im Rahmen von Holzmüller-Beschlüssen zuläs-

50

---

[114] OLG Stuttgart 20 U 1/05 v. 13.7. 2005, AG 2005, 693 ff.; MünchHdb.GesR/ Bd. 4/*Krieger* § 69 Rz. 11.
[115] OLG Stuttgart 20 U 1/05 v. 13.7. 2005, AG 2005, 693 ff.; *Liebscher* ZGR 2005, 1, 15 f.
[116] *Reichert* AG 2005, 150, 153; *Liebscher* ZGR 2005, 1, 7.
[117] MünchHdb.GesR/Bd. 4/*Krieger* § 69 Rz. 11; *Reichert* AG 2005, 150, 154.
[118] MünchHdb.GesR/Bd. 4/*Krieger* § 69 Rz. 11; *Reichert* AG 2005, 150, 154; *Liebscher* ZGR 2005, 1, 16 – aA Emmerich/Habersack/*Habersack* Vor § 311 Rz. 46.
[119] Emmerich/Habersack/*Habersack* § 311 Rz. 47; MünchHdb.GesR/Bd. 4/*Krieger* § 69 Rz. 11.
[120] Vgl. hierzu § 15 Rz. 49.
[121] Vgl. BGH II ZR 155/02 v. 26. 4. 2004, BGHZ 159, 30 ff. (Gelatine I).

Reichert   391

sig ist, nicht für die konkrete Maßnahme – etwa den Abschluss eines bestimmten Vertrages – die Zustimmung der Hauptversammlung einzuholen, sondern das der Gesamttransaktion zugrunde liegende unternehmerische Konzept in Form eines so genannten **Konzeptbeschlusses** genehmigen und den Vorstand zu dessen Durchführung ermächtigen zu lassen.[122]

51 In der Literatur besteht weitgehend Einigkeit dahin, dass im Grundsatz nicht nur eine konkrete Restrukturierungsmaßnahme von der Hauptversammlung gebilligt werden kann, sondern dass es auch möglich ist, einen entsprechenden Ermächtigungsbeschluss im Vorfeld der Durchführung der Transaktion zu fassen.[123]

In der Aktiengesellschaft besteht von Gesetzes wegen **kein Verbot**, gewisse **Entscheidungsbefugnisse** auf Vorstand (und Aufsichtsrat) **zu delegieren**. Bereits im Rahmen gesetzlich geregelter Strukturentscheidungen mit einschneidender Bedeutung für die Gesellschaft und die Aktionäre erlaubt das Aktiengesetz die Ermächtigung des Vorstandes, eine Strukturmaßnahme durchzuführen und deren Einzelheiten auszugestalten (vgl. § 58 Abs. 2 Satz 2 AktG – Ermächtigung zur Einstellung in Gewinnrücklagen; §§ 202 Abs. 2, 204 Abs. 1 Satz 2 AktG – Ermächtigung zur Erhöhung des Grundkapitals im Rahmen eines genehmigten Kapitals; § 221 Abs. 2 AktG – Ermächtigung zur Ausgabe von Wandelschuldverschreibungen).[124] Erst recht kann daher im Bereich ungeschriebener Hauptversammlungszuständigkeiten ein entsprechender Ermächtigungsbeschluss nicht als unzulässige Selbstentmachtung der Hauptversammlung qualifiziert werden, zumal auch der BGH in der Siemens/Nold-Entscheidung[125] dem Gesichtspunkt der **Erhaltung der Flexibilität der Geschäftsleitung** maßgebende Bedeutung beigemessen hat. In dieser Entscheidung hat der BGH die Anforderungen an einen Bezugsrechtsausschluss im Rahmen eines genehmigten Kapitals letztlich aus Praktikabilitätsgründen abgemildert, um dem Unternehmen bzw. der Geschäftsleitung zu ermöglichen, auf den nationalen und internationalen Märkten rasch, flexibel und erfolgreich auf vorteilhafte Angebote oder sich bietende Gelegenheiten zur Unternehmenserweiterung – insbesondere durch den Erwerb von Unternehmen oder Unternehmensbeteiligungen – reagieren zu können.

Diesem Anliegen des BGH ist im Bereich ungeschriebener Hauptversammlungszuständigkeiten durch die Zulässigkeit eines „Konzeptbeschlusses" im vorstehend erörterten Sinne Rechnung zu tragen.[126] Voraussetzung ist indessen, dass sowohl die Essentialia der entsprechenden Transaktionen als auch die wesentlichen zur Umsetzung notwendigen Maßnahmen zum Zeitpunkt des Ermächtigungsbeschlusses feststehen, sodass Inhalt und Grenzen der Ermächtigung entsprechend determiniert werden können.[127] Strittig ist indes, ob in

---

[122] Vgl. hierzu auch § 15 Rz. 58.
[123] *Groß* AG 1996, 111, 114 f.; MünchHdb.GesR/Bd. 4/*Krieger* § 69 Rz. 12; *Lutter* in FS Fleck S. 169, 175 ff.; *Lutter/Leinekugel* ZIP 1998, 805, 815 f.; *Reichert* ZHR-Beiheft 68 (1999), 25, 59; Emmerich/Habersack/*Habersack* Vor § 311 Rz. 51; Semler/Volhard/*Reichert* § 5 Rz. 98 ff.; Semler/Volhard/*Reichert* Unternehmensübernahmen Bd. 1 § 17 Rz. 61.
[124] Vgl. *Lutter/Leinekugel* ZIP 1998, 805, 812.
[125] Vgl. BGH II ZR 132/93 v. 23. 6. 1997, BGHZ 136, 133 ff.
[126] Ebenso MünchHdb.GesR/Bd. 4/*Krieger* § 69 Rz. 9; Emmerich/Habersack/*Habersack* Vor § 311 Rz. 25; *Lutter/Leinekugel* ZIP 1998, 805, 813.
[127] Vgl. *Groß* AG 1996, 111, 114 f.; MünchHdb.GesR/Bd. 4/*Krieger* § 69 Rz. 12; *Lutter* in FS Fleck S. 169, 175 ff.; *Lutter/Leinekugel* ZIP 1998, 805, 815 f.; *Reichert* ZHR-Beiheft 68

B. Die Aktiengesellschaft 52, 53 § 5

Ausgliederungsfällen der Hauptversammlung analog §§ 125, 63 UmwG der Vertrag zur Zustimmung vorzulegen ist.[128]

h) Informationspflichten und Rechtsfolgen/Rechtsschutz

Die Verpflichtung zur angemessenen Information der Hauptversammlung und die Rechtsfolgen einer unterbliebenen Beteiligung der Hauptversammlung sind in § 15 Rz. 60 ff. behandelt. 52

5. Gesonderte Zuständigkeiten

Neben den vorerwähnten Entscheidungszuständigkeiten bestehen noch weitere gesonderte Zuständigkeiten der Hauptversammlung. Hierzu gehören etwa die Entgegennahme des festgestellten Jahresabschlusses, des Lageberichts – bei einem Mutterunternehmen auch des Konzernabschlusses und des Konzernlageberichts –, des Aufsichtsratsberichts sowie des Gewinnverwendungsvorschlags des Vorstands (§ 175 Abs. 1 und 2, § 176 Abs. 1 AktG). Durch das Zweite Gesetz zur Änderung des UmwG[129] ist zudem der Bericht des Vorstands zu den Angaben nach §§ 289 Abs. 4, 315 Abs. 4 HGB zugänglich zu machen (vgl. § 176 Abs. 1 Satz 1 AktG). Hinzu kommt die durch das BilMoG geschaffene Verpflichtung börsennotierter Gesellschaften, eine Erklärung zur Unternehmensführung in den Lagebericht aufzunehmen und zugänglich zu machen, die auch die Entsprechenserklärung zum Corporate Governance Kodex gem. § 161 Satz 1 AktG beinhalten muss (§ 289a HGB). Um den Aktionären die Möglichkeit zu geben, diese Unterlagen bereits vor der Hauptversammlung einzusehen, sind diese Unterlagen vom Zeitpunkt der Einberufung der Hauptversammlung auf der Internetseite der Gesellschaft zugänglich zu machen (§§ 124a Abs. 1 Nr. 3 iVm. 176 AktG). Ein Auslegen der genannten Unterlagen in den Geschäftsräumen der Gesellschaft zur Einsichtnahme nach § 175 Abs. 2 Satz 1 AktG können börsennotierte Gesellschaften nach den Neuregelungen durch das ARUG nunmehr nicht mehr alternativ (vgl. § 175 Abs. 2 Satz 4 AktG), sondern nur „freiwillig" und zusätzlich anbieten.[130] Anfechtungsrisiken wegen Gesetzesverstoßes nach § 243 Abs. 1 AktG bei Auslegungsfehlern (zB Auslegung am falschen Ort) bestehen daher aufgrund der Neuregelung nicht mehr; stattdessen jedoch bei fehlender oder fehlerhafter Zugänglichmachung. Jeder Aktionär, auch der Inhaber stimmrechtsloser Vorzugsaktien, kann zudem eine Abschrift der Vorlagen verlangen (§ 175 Abs. 2 Satz 2 AktG). Die vorstehenden Verpflichtungen der Gesellschaft nach § 175 Abs. 2 Satz 1 bis 3 AktG entfallen jedoch, wenn die darin bezeichneten Dokumente für denselben Zeitraum über die Internetseite der Gesellschaft zugänglich sind (§ 175 Abs. 2 Satz 4 AktG). 53

(1999), 25, 59; Emmerich/Habersack/*Habersack* Vor § 311 Rz. 51; Semler/Volhard/*Reichert* § 5 Rz. 100 – kritisch *Zeidler* NZG, 1998, 91, 92 f. Siehe zu den Informationspflichten des Vorstands in Zusammenhang mit Holzmüller-Beschlüssen § 15 Rz. 60 ff.

[128] Siehe hierzu § 15 Rz. 59.
[129] Gesetz vom 19. 4. 2007, BGBl. I, S. 542 ff.
[130] Vgl. Begründung des Regierungsentwurfs zum ARUG v. 5. November 2008, BT-Drs. 16/11642 S. 54.; der Ort der Auslegung (Geschäftsräume) ist dabei nicht zwingend identisch mit dem Sitz der Gesellschaft, teilweise wird auf den Ort der Hauptverwaltung oder den Ort, an dem der Vorstand Geschäftsräume unterhält, abgehoben (vgl. *Hüffer* AktG § 175 Rz. 5; Spindler/Stilz/*Euler/Müller* AktG § 175 Rz. 28).

54   Ergibt sich bei der Aufstellung der Jahresbilanz oder einer Zwischenbilanz ein **Verlust in Höhe der Hälfte des Grundkapitals** (oder darüber), so hat der Vorstand gem. § 92 Abs. 1 AktG unverzüglich eine Hauptversammlung einzuberufen und ihr dies anzuzeigen. Gleiches gilt, sofern bei der Ausübung pflichtgemäßen Ermessens anzunehmen ist, dass ein Verlust in dieser Höhe besteht. Tagesordnungspunkte bei der Einberufung der Hauptversammlung sind dabei die Verlustanzeige selbst sowie die vom Vorstand und Aufsichtsrat vorgeschlagenen Maßnahmen zur Beseitigung des Bilanzverlusts (§ 124 Abs. 3 Satz 1 AktG).[131] Andernfalls kann die Hauptversammlung keine Beschlüsse hierüber fassen (§ 124 Abs. 4 AktG).

55   Durch das am 5. August 2009 in Kraft getretene **Gesetz zur Angemessenheit der Vorstandsvergütung (VorstAG)**[132] wurde in § 120 Abs. 4 AktG eine neue Regelung eingefügt, wonach die Hauptversammlung bei börsennotierten Gesellschaften zur Verbesserung der Kontrollmöglichkeiten der Aktionäre ein unverbindliches Votum zum System der Vorstandsvergütung abgeben kann.[133] Es handelt sich dabei nicht um einen in regelmäßigen Zeitabständen wiederkehrenden Beschlussgegenstand. Zwar besteht für die Verwaltung keine Verpflichtung, den Gegenstand auf die Tagesordnung zu setzen. Durch die ausdrückliche Hauptversammlungskompetenz soll den Aktionären indessen ein Instrument zur Kontrolle des bestehenden Vergütungssystems an die Hand gegeben werden; gleichzeitig verspricht sich der Gesetzgeber, dass Vorstand und Aufsichtsrat aufgrund einer möglichen Bewertung durch die Hauptversammlung bei der Festlegung der Vorstandsvergütung nach dem ebenfalls geänderten § 87 AktG besonders gewissenhaft vorgehen. Eine direkte Einwirkung der Hauptversammlung auf die Höhe der Vergütung des Vorstands bleibt jedoch ausgeschlossen; auch durch das VorstAG soll der Aufsichtsrat richtigerweise nicht durch einen Hauptversammlungsbeschluss von seiner Verantwortung für die Höhe der Vergütung des Vorstands befreit werden.[134] Durch den Wortlaut der Neuregelung in § 120 Abs. 4 AktG wird klargestellt, dass der Beschluss der Hauptversammlung über die Billigung oder Missbilligung des Vergütungssystems rechtlich nicht verbindlich ist. Die Vorschrift ähnelt der auf den Entlastungsbeschluss bezogenen Vorschrift des § 120 Abs. 2 Satz 2 AktG, jedoch wird der Beschluss über die Billigung des Vergütungssystems gem. § 243 AktG unanfechtbar gestellt (§ 120 Abs. 4 Satz 3 AktG).[135]

---

[131] MünchKomm. AktG/Bd. 3/*Hefermehl/Spindler* § 92 Rz. 14.
[132] BGBl. I 2009, S. 2509; s. auch Gesetzesbeschluss des Deutschen Bundestages v. 19. Juni 2009, BR-Drs. 592/09; durch die Gesetzesänderung werden keine Hauptversammlungen betroffen, die bei Inkrafttreten am 5. August 2009 bereits einberufen waren (§ 23 Abs. 3 EGAktG iVm Art. 6 VorstAG).
[133] So ausdrücklich Beschlussempfehlung und Bericht des Rechtsausschusses v. 17. Juni 2009, BT-Drs. 16/13433, S. 7; vgl. auch *Fleischer* NZG 2009, 801, 805; *Hohenstatt* ZIP 2009, 1349, 1355 f.
[134] Vgl. *Vetter* ZIP 2009, 1308.
[135] Vgl. Beschlussempfehlung und Bericht des Rechtsausschusses v. 17. Juni 2009, BT-Drs. 16/13433, S. 7; die Vergütungen der Organmitglieder müssen jedoch nach dem Vorstandsvergütungs-Offenlegungsgesetz (VorstOG; BGBl. I 2005, 2267) ohnehin im Detail aufgedeckt werden.

II. Die Vorbereitung der Hauptversammlung

Sowohl aus organisatorischer als auch aus rechtlicher Sicht ist die Vorbereitung einer Hauptversammlung anspruchsvoll. Häufig wird bereits kurz nach Beendigung einer Hauptversammlung mit den Planungen für die nächste Hauptversammlung zu beginnen sein.

1. Technische Vorbereitungen

Zunächst sollte ein detaillierter Terminplan erstellt werden, der ausgehend vom Veranstaltungstag unter Zurückrechnung der jeweils maßgeblichen Zeitpunkte für die zu erledigenden Aufgaben ermittelt und festlegt. In der Praxis gibt es zahlreiche Checklisten, die die Berücksichtigung aller erforderlichen Aufgaben in dem Terminplan erleichtern.[136]

a) Langfristige Planung

aa) Termin der Hauptversammlung. Zu Beginn der Planungen ist ein Zeitpunkt für die Hauptversammlung festzulegen, wobei zu beachten ist, dass die ordentliche Hauptversammlung gem. § 175 Abs. 1 Satz 2 AktG innerhalb der ersten acht Monate des Geschäftsjahres der Gesellschaft stattzufinden hat. Es muss berücksichtigt werden, ob die Organmitglieder des Vorstands und des Aufsichtsrats zu diesem Termin verfügbar sind und ob eine geeignete Räumlichkeit (ggf. eine Ausweichmöglichkeit) für die Abhaltung der Hauptversammlung an diesem Termin zur Verfügung steht. Angelegenheiten wie zB die Koordination der Anreisemöglichkeiten, die Verpflegung sowie die Versendung bzw. Zugänglichmachung von Aktionärsinformationen gem. §§ 125, 126 AktG bedürfen ebenso der frühzeitigen Planung.

bb) Besucherzahlen. Eine möglichst zuverlässige Prognose der Besucherzahlen ist wichtig, da hiervon zahlreiche Entscheidungen abhängen, wie zB. die Wahl des Ortes der Hauptversammlung, die erforderlichen audiovisuellen Hilfsmittel sowie die Art und Anzahl an Geräten zur Einsichtnahme in die zugänglich zu machenden Unterlagen[137] bzw. die Druckmengen für auszulegendes Material bei der Hauptversammlung. Hilfestellung bei der Schätzung der Besucherzahlen geben Erfahrungswerte der vorherigen Hauptversammlungen.

Als zusätzliche besondere Faktoren sind insbesondere die wirtschaftliche Entwicklung und das allgemeine öffentliche Interesse an der Aktiengesellschaft im Zeitraum vor der Hauptversammlung sowie die Zahl der in räumlicher Nähe ansässigen Aktionäre, insbesondere solche aus dem Mitarbeiterkreis, mit einzubeziehen. Darüber hinaus kann die Attraktivität der Gesamtveranstaltung für die Aktionäre (anspruchsvolle Verpflegung, touristischer Ort, Geschenke für Teilnehmer etc.) eine Rolle spielen.

cc) EDV-Unterstützung. Ohne eine zuverlässige EDV ist die Hauptversammlung einer Publikums-AG nicht oder nur unter sehr großem Personal-

---

[136] Vgl. die Checkliste bei *Steiner* S. 212 ff. sowie bei *Schaaf* S. 305 ff. (jedoch noch ohne Berücksichtigung der Neuregelungen durch das ARUG); vgl. auch Ringleb/Kremer/Lutter/v. Werder/v. Werder, DCGK, 3. Aufl. 2008, Checkliste zum Kodex A (Anhang).

[137] Näheres zur Zugänglichmachung unter Rz. 203; vgl. auch *J. Schmidt* NZG 2008, 734, 735.

aufwand durchzuführen. Dies beginnt bei der Versendung der Eintrittskarten und der Erfassung der Anmeldungen. Während der Hauptversammlung sind die erschienenen und vertretenen Aktionäre zu erfassen und gem. § 129 Abs. 1 Satz 2 AktG in ein Teilnehmerverzeichnis aufzunehmen. Dieses Verzeichnis muss nach § 129 Abs. 4 AktG vor der ersten Abstimmung allen Teilnehmern zugänglich gemacht werden. Eine Vorlage in Papierform ist nicht mehr erforderlich, wodurch die elektronische Führung des Verzeichnisses durch den Gesetzgeber zusätzlich erleichtert worden ist. Ohne EDV-Unterstützung wäre diese Aufgabe in großen Publikumsgesellschaften kaum innerhalb vertretbarer Zeit zu erledigen. Auch die Abstimmungsergebnisse lassen sich bei entsprechender Vorbereitung (zB durch codierte Abstimmungskarten) EDV-gestützt schnell und zuverlässig ermitteln.

b) Kurzfristige Planung

61 In den letzten beiden Monaten vor der Hauptversammlung sind insbesondere die rechtlichen Vorgaben für die Durchführung einer Hauptversammlung zu erledigen.

62 **aa) Bekanntmachung.** Nach § 121 Abs. 4 Satz 1 AktG ist die Tagesordnung der Hauptversammlung mit der Einberufung in den Gesellschaftsblättern bekannt zu machen und gem. § 121 Abs. 4a AktG bei börsennotierten Gesellschaften, die nicht ausschließlich Namensaktien ausgegeben haben und die Einberufung den Aktionären nicht unmittelbar zusenden (§ 121 Abs. 4 Satz 2 und 3 AktG), spätestens zum gleichen Zeitpunkt solchen Medien zur Veröffentlichung zuzuleiten, bei denen davon ausgegangen werden kann, dass sie die Information in der gesamten Europäischen Union verbreiten. Diese Verpflichtung basiert auf Art. 5 Abs. 2 der Aktionärsrechterichtlinie und kann auch durch Veröffentlichung in den Gesellschaftsblättern iSd. § 121 Abs. 4 Satz 1 AktG, also insbesondere im elektronischen Bundesanzeiger erfüllt werden, sofern die geforderte Verbreitung damit erreicht wird.[138] Die Hauptversammlung ist gem. § 123 Abs. 1 AktG mindestens 30 Tage vor dem Tage der Versammlung einzuberufen, wobei der Tag der Einberufung nicht mitzurechnen ist (vgl. zur Berechnung der Frist Rz. 84). Es muss daher für die rechtzeitige Übermittlung der Tagesordnung an den elektronischen Bundesanzeiger (§ 25 Satz 1 AktG) und an andere Gesellschaftsblätter – auch an elektronische Informationsmedien, sofern in der Satzung vorgesehen – sowie an die in § 121 Abs. 4a AktG genannten Medien zur EU-weiten Verbreitung der Information gesorgt werden (§ 25 Satz 2 AktG). Bei der Fristberechnung ist darauf zu achten, dass, soweit **Fristen für eine Anmeldung oder einen Berechtigungsnachweis** zu beachten sind, die Monatsfrist ab Ablauf dieser Fristen einzuhalten ist, sodass sich die Einberufungsfrist entsprechend verlängert.[139]

63 **bb) Detaillierte Vorbereitung des Ablaufs.** Um dem Versammlungsleiter die Durchführung der Hauptversammlung zu erleichtern, wird regelmäßig ein Leitfaden[140] erstellt, der den gesamten Verlauf der Hauptversammlung darstellt. Als Hilfestellung und zur Vermeidung von Fehlern sollte der Verlauf so

---

[138] Vgl. Begründung des Regierungsentwurfs zum ARUG v. 5. November 2008, BT-Drs. 16/11642 S. 42.
[139] Vgl. dazu Rz. 85 ff.
[140] Vgl. etwa die Muster bei *Schaaf* S. 319 ff.; Obermüller/Werner/Winden/*Butzke* S. 549; Ringleb/Kremer/Lutter/v. Werder/*Kremer*, DCGK, 3. Aufl. 2008, Anhang 3a).

B. Die Aktiengesellschaft   64, 65 § 5

detailliert wie möglich und insbesondere der Text zum Procedere von Abstimmungen und zur Feststellung von Abstimmungsergebnissen vollständig ausformuliert sein. Je nach Bedarf können auch Formulierungen für voraussichtliche Gegenanträge, Redezeitbeschränkungen etc. mit aufgenommen werden.

Da Aktionäre in der Hauptversammlung vom Vorstand Auskunft gem. **64** § 131 Abs. 1 AktG über die Angelegenheiten der Gesellschaft und ggf. des Konzerns verlangen können, ist schon vorab sicherzustellen, dass der Vorstand in der Lage ist, alle Fragen der Aktionäre zu beantworten. Es müssen daher die **wesentlichen unternehmens- und ggf. konzernbezogenen Informationen** vorliegen. Üblicherweise wird für die Fragenbeantwortung ein Stab bestehend aus Mitarbeitern, Rechtsanwälten, Wirtschaftsprüfern und Investmentbankern im so genannten Back Office gebildet, der die Fragen der Aktionäre sammelt und einen Antwortvorschlag vorbereitet. Dabei muss gewährleistet sein, dass zuständige Mitarbeiter – im Konzern auch von wesentlichen Tochtergesellschaften – erreichbar sind und über die notwendigen Informationen verfügen.

Zu Fragen, die bereits vor der Hauptversammlung durch die Aktionäre eingereicht wurden oder die voraussichtlich in der Hauptversammlung gestellt werden, sollte bereits vorab ein Antwortvorschlag ausgearbeitet werden, auf den der Vorstand in der Hauptversammlung dann zurückgreifen kann. Zu Recht geht die Tendenz dahin, die Bedeutung der Informationserteilung durch Berichte oder Informationen im Vorfeld der Hauptversammlung auszudehnen, um einer Lähmung der Hauptversammlungen von Publikumsgesellschaften entgegenzuwirken. Gestärkt wird dieses Anliegen durch die Einführung des § 131 Abs. 3 Satz 1 Nr. 7 AktG durch das UMAG; hiernach darf der Vorstand in der Hauptversammlung die Auskunft verweigern, soweit die Auskunft auf der Internetseite der Gesellschaft über mindestens sieben Tage vor Beginn und in der Hauptversammlung durchgängig zugänglich ist.[141]

cc) Mitteilungen. Mindestens 21 Tage vor der Hauptversammlung – der **65** Tag der Mitteilung wird ebenfalls nicht mitgerechnet (§ 125 Abs. 1 Satz 2 AktG) – hat der Vorstand gem. § 125 Abs. 1 Satz 1 AktG den Kreditinstituten und den Aktionärsvereinigungen, die in der letzten Hauptversammlung Stimmrechte für Aktionäre ausgeübt oder die Mitteilung verlangt haben, die **Einberufung** mitzuteilen. Die **Tagesordnung** ist gem. § 121 Abs. 3 AktG in der Einberufung anzugeben. Ist die Tagesordnung nach § 122 Abs. 2 AktG zu ändern, so ist bei börsennotierten Gesellschaften die geänderte Tagesordnung mitzuteilen (§ 125 Abs. 1 Satz 3 AktG). Die Unterlagen werden von den Kreditinstituten an die Aktionäre der Gesellschaft weitergeleitet, deren Inhaberaktien sie verwahren oder an deren Stelle sie im Aktienregister eingetragen sind (§ 128 Abs. 1 Satz 1 AktG). Die Übermittlung der Mitteilung an die Aktionäre sowie an die Kreditinstitute kann durch die Satzung der Gesellschaft auf den Weg elektronischer Kommunikation beschränkt werden (§ 125 Abs. 2 Satz 2 AktG bzw. § 128 Abs. 1 Satz 2 AktG). Ist dies nicht der Fall, kann die Mitteilung in Schriftform erfolgen; zulässig ist aber auch jede andere Form, die den Zugang erwarten lässt und die Möglichkeit der Weitergabe an die Aktionäre (§ 128 AktG) eröffnet.[142] Eine entsprechende Mitteilung ist an Aufsichtsratsmitglieder und Aktionäre zu machen, die dies verlangen, sowie an Aktionäre,

---

[141] Vgl. hierzu *Spindler* NZG 2005, 825, 826.
[142] *Hüffer* AktG § 125 Rz. 5; Spindler/Stilz/*Willamowski* AktG § 125 Rz. 5.

die spätestens zu Beginn des 14. Tages vor dem Tage der Hauptversammlung als Aktionär im Aktienregister eingetragen sind (§ 125 Abs. 2 und 3 AktG). Keine Pflicht zur Mitteilung, sondern nur eine Pflicht zur Zugänglichmachung besteht bezüglich Gegenanträgen und Wahlvorschlägen von Aktionären.[143] Die Zugänglichmachung hat gemäß § 126 Abs. 1 Satz 3 AktG bei börsennotierten Gesellschaften zwingend über deren Internetseite zu erfolgen.

66 Wegen des erheblichen Umfangs an Druckmaterial bei Aktiengesellschaften mit großem Aktionärskreis ist rechtzeitig für eine rasche Anfertigung und Versendung der Unterlagen innerhalb der kurzen Frist Sorge zu tragen. Für die Wahrung der Frist kommt es allerdings nach der herrschenden Meinung auf die **Absendung der Unterlagen** und nicht auf den Zugang beim Empfänger an.[144] Dem kommt die durch das ARUG in §§ 128 Abs. 1 Satz 3 und 125 Abs. 2 Satz 2 AktG neu geschaffene Möglichkeit für die Gesellschaft entgegen, wonach die Übermittlung statutarisch auf den Weg der elektronischen Kommunikation beschränkt werden kann. Der zu betreibende Aufwand lässt sich dadurch erheblich reduzieren, da die elektronische Übermittlung gegenüber dem Versand in materialisierter Form deutlich kostengünstiger und effizienter ist. Die elektronische Übermittlung kann zB per E-Mail oder durch Bereitstellen der Unterlagen im Online-Postfach des Depotkunden beim E-Banking erfolgen.[145]

67 Die **Verletzung der Mitteilungspflichten** sowohl gegenüber den in § 125 Abs. 1 AktG genannten Kreditinstituten und Vereinigungen als auch gegenüber den in § 125 Abs. 2 und 3 AktG erwähnten Aktionären und Aufsichtsratsmitgliedern kann zur Anfechtbarkeit der in der Hauptversammlung gefassten Beschlüsse führen.[146] Indes sind die aus denkbaren Verfahrensfehlern im Rahmen der Mitteilungspflichten resultierenden Anfechtungsrisiken dadurch verringert worden, dass nach der Neufassung durch das TransPubG Gegenanträge und Wahlvorschläge von Aktionären nunmehr nicht mehr mitgeteilt, sondern nur noch auf der Internetseite der Gesellschaft zugänglich zu machen sind.[147] Denkbar ist auch ein Schadensersatzanspruch der Gesellschaft gegen den Vorstand nach § 93 AktG, wenn aufgrund einer erfolgreichen Anfechtungsklage eine neue Hauptversammlung stattfinden muss und hierdurch der Gesellschaft zusätzliche Kosten entstehen.[148] Der einzelne Aktionär hat hingegen keinen eigenen Schadensersatzanspruch gegen den Vorstand, wenn ihm die Mitteilungen nicht oder nicht rechtzeitig übermittelt werden.[149]

68 **dd) Hinzuziehung des Notars.** Jeder Beschluss der Hauptversammlung ist gem. § 130 Abs. 1 Satz 1 AktG durch eine über die Verhandlung notariell auf-

---

[143] Vgl. unten Rz. 109.
[144] *Hüffer* AktG § 125 Rz. 5 a; MünchKomm.AktG/Bd. 4/*Kubis* § 125 Rz. 22.
[145] Vgl. Begründung des Regierungsentwurfs zum ARUG v. 5. November 2008, BT-Drs. 16/11642 S. 47.
[146] MünchKomm.AktG/Bd. 4/*Kubis* § 125 Rz. 44. Allerdings bleibt der Verstoß gegen die Angaben nach § 125 Abs. 1 Satz 5, 2. Hs. AktG zu weiteren Mitgliedschaften von zur Wahl vorgeschlagenen Aufsichtsratsmitgliedern in vergleichbaren in- und ausländischen Kontrollgremien (nicht also in anderen Aufsichtsräten, § 125 Abs. 1 Satz 5, 1 Hs. AktG) sanktionslos: *Hüffer* AktG § 125 Rz. 10; Spindler/Stilz/*Willamowski* AktG § 125 Rz. 14.
[147] Vgl. *Seibert* NZG 2002, 608, 611 sowie unten Rz. 113.
[148] MünchKomm.AktG/Bd. 4/*Kubis* § 125 Rz. 52.
[149] MünchKomm.AktG/Bd. 4/*Kubis* § 125 Rz. 52.

genommene Niederschrift zu beurkunden; eine Ausnahme gilt lediglich für Beschlüsse einer Hauptversammlung einer nicht börsennotierten AG, in der keine Beschlüsse gefasst werden, die nach dem Gesetz einer Dreiviertel- oder größeren Mehrheit bedürfen; hier genügt eine vom Aufsichtsratsvorsitzenden zu unterzeichnende Niederschrift (vgl. § 130 Abs. 1 Satz 3 AktG). Gemäß § 130 Abs. 1 Satz 2 AktG ist zudem auch jedes Verlangen einer Minderheit nach § 120 Abs. 1 Satz 2 AktG (gesonderte Abstimmung bei der Entlastung) oder § 137 AktG (Vorab-Abstimmung über Aufsichtsrats-Wahlvorschläge von Aktionären) notariell zu beurkunden. Die Beurkundungspflicht wird allein durch das Begehren ausgelöst; es kommt mithin nicht darauf an, ob das Quorum erfüllt wird und es tatsächlich zu einer Abstimmung in der Sache kommt.[150]

Zur Vermeidung einer Verzögerung der Hauptversammlung durch Rückfragen des beurkundenden Notars sollte dieser einige Tage vor dem Termin der Hauptversammlung über die Tagesordnung, den geplanten Ablauf, eventuelle Gegenanträge, das Abstimmungsverfahren usw. informiert werden.[151] Diese Informationen erleichtern die Erstellung eines Rohentwurfs des Protokolls vor der Hauptversammlung, sodass die Niederschrift nach der Hauptversammlung schneller fertiggestellt werden kann.[152] Die Fertigstellung des notariellen Hauptversammlungsprotokolls nach § 130 Abs. 1 Satz 1 AktG muss dabei nicht in der Hauptversammlung selbst erfolgen, sondern kann auch noch danach im Einzelnen ausgearbeitet und unterzeichnet werden. Urkunde im Sinne des Gesetzes ist demnach erst die vom Notar autorisierte, unterzeichnete und in den Verkehr gegebene Endfassung. Der Grund dafür liegt im Charakter des Hauptversammlungsprotokolls als Bericht des Notars über seine Wahrnehmung. Zwar setzt § 130 Abs. 1 AktG eine Beurkundung der Beschlüsse durch eine „über die Verhandlung notariell aufgenommene Niederschrift" voraus, nicht aber deren endgültige Fertigstellung noch in der Hauptversammlung. Dem entspricht auch das Vorgehen in der Praxis.[153] Gleichwohl muss die Fertigstellung so zeitnah nach der Hauptversammlung erfolgen, dass der Vorstand seiner Pflicht nach § 130 Abs. 5 AktG nachkommen und die Niederschrift unverzüglich zum Handelsregister einreichen kann.[154]

2. Einberufung der Hauptversammlung

a) Gründe für die Einberufung

Die Hauptversammlung ist in den durch Gesetz oder Satzung geregelten Fällen sowie dann einzuberufen, wenn es das Wohl der Gesellschaft erfordert (§ 121 Abs. 1 AktG).

aa) Gesetzliche Einberufungsgründe. Unverzüglich nach Eingang des Berichts des Aufsichtsrats (vgl. § 171 AktG) über die Prüfung des Jahresabschlusses, des Lageberichts, des Gewinnverwendungsbeschlusses sowie ggf. des Konzernabschlusses und des Konzernlageberichts ist eine Hauptversammlung

---
[150] *Hüffer* AktG § 130 Rz. 3; MünchKomm.AktG/Bd. 4/*Kubis* § 130 Rz. 5.
[151] Vgl. Semler/Volhard/*Rappers* § 3 Rz. 59.
[152] Entsprechendes gilt auch für die frühzeitige Hinzuziehung eines sonstigen Protokollführers, wenn eine notarielle Niederschrift nach § 130 Abs. 1 Satz 3 AktG nicht erforderlich ist.
[153] Vgl. BGH II ZR 185/07 v. 16. Februar 2009, NZG 2009, 342 (Kirch/Deutsche Bank).
[154] Schmidt/Lutter/*Ziemons* AktG § 130 Rz. 36.

zur Entgegennahme dieser sowie zur Beschlussfassung über den Bilanzgewinn einzuberufen (§ 175 Abs. 1 Satz 1 AktG). Diese Hauptversammlung, die in den ersten acht Monaten des Geschäftsjahres stattzufinden hat (§ 175 Abs. 1 Satz 2 AktG), wird als **ordentliche Hauptversammlung** bezeichnet, auch wenn weitere zusätzliche Beschlüsse gefasst werden sollen. Die Verhandlung über die Entlastung soll gem. § 120 Abs. 3 AktG mit der Verhandlung über die Verwendung des Bilanzgewinns verbunden werden. Regelmäßig wird in der ordentlichen Hauptversammlung auch die Wahl des Abschlussprüfers durchgeführt.

71 Von einer **außerordentlichen Hauptversammlung** spricht man, wenn nicht die in § 175 Abs. 1 AktG genannten Zuständigkeiten der Hauptversammlung sowie die Entlastung der Mitglieder der Verwaltung Gegenstand der Tagesordnung sind.[155] Für die Einberufung und Durchführung einer außerordentlichen Hauptversammlung gelten keine besonderen Vorschriften, es sind vielmehr die allgemeinen Bestimmungen anwendbar.

72 Weitere gesetzliche Gründe für die Einberufung einer Hauptversammlung sind gegeben, wenn
– ein Verlust in Höhe der Hälfte des Grundkapitals besteht (§ 92 Abs. 1 AktG),
– Aufsichtsratsmitglieder zu bestellen sind (§§ 101, 102 AktG),
– eine Aktionärsminderheit, deren Anteil am Grundkapital mindestens 5 % beträgt, eine Einberufung verlangt (§ 122 AktG),
– im Fall einer Konzernverschmelzung Aktionäre, die 5 % des Grundkapitals der übernehmenden Gesellschaft auf sich vereinigen, die Einberufung verlangen (§ 62 Abs. 2 UmwG),[156]
– zur Fassung eines Sonderbeschlusses berechtigte Aktionäre die Einberufung einer gesonderten Versammlung beantragen (§ 138 Satz 3 AktG),
– die letzte Hauptversammlung selbst die Einberufung einer neuen Hauptversammlung beschlossen hat (Rechtsgedanke aus § 124 Abs. 4 Satz 2 AktG) oder
– in der Kredit- und Versicherungswirtschaft auch auf Verlangen von Aufsichtsbehörden (§ 44 Abs. 5 KWG, § 3 Abs. 1 BauSparkG, § 83 Abs. 1 Nr. 6 VAG).

73 **bb) Statutarische Einberufungsgründe.** Aufgrund der im Aktienrecht geltenden Satzungsstrenge (§ 23 Abs. 5 AktG) ist für die Schaffung statutarischer Einberufungsgründe nur wenig Raum. Zu erwähnen ist etwa die Möglichkeit einer Satzungsbestimmung, wonach die Hauptversammlung bei einer beabsichtigten Übertragung von vinkulierten Namensaktien zur Entscheidung über die Zustimmung einzuberufen ist (§ 68 Abs. 2 Satz 3 AktG).[157] Eine Erweiterung der gesetzlichen Einberufungsgründe ist auch in solchen Fällen möglich, in denen die Pflicht zur Einberufung der Hauptversammlung an ein bestimmtes Quorum anknüpft, das durch Satzungsbestimmungen herabgesetzt werden kann (vgl. § 122 Abs. 1 Satz 2 AktG).[158]

74 **cc) Wohl der Gesellschaft.** §§ 111 Abs. 3, 121 Abs. 1 AktG verlangen die Einberufung der Hauptversammlung, wenn es das Wohl der Gesellschaft erfordert. Es handelt sich mithin ebenfalls um einen gesetzlichen Einberufungs-

---

[155] Semler/Volhard/*Reichert* § 4 Rz. 7.
[156] In einem solchen Falle besteht eine Pflicht zur Bekanntmachung eines Hinweises auf diese Möglichkeit gem. § 62 Abs. 3 Satz 3 UmwG.
[157] Vgl. hierzu Spindler/Stilz/*Willamowski* AktG § 121 Rz. 3; Großkomm.AktG/*Werner* § 121 Rz. 11.
[158] Vgl. hierzu Obermüller/Werner/Winden/*Butzke* B. Rz. 35.

grund. Die Verpflichtung trifft sowohl den Vorstand (§ 121 Abs. 1 AktG) als auch den Aufsichtsrat (§ 111 Abs. 3 AktG).[159] In der Praxis spielt dieser Einberufungsgrund indes keine bedeutende Rolle, da die übrigen gesetzlichen Einberufungsgründe schon weit gefasst sind. Eine Hauptversammlung ist zum Wohl der Gesellschaft – nach pflichtgemäßem Ermessen[160] – einzuberufen, wenn eine Beschlussfassung, für die die Hauptversammlung zuständig ist, im dringenden Interesse der Gesellschaft liegt.[161] In Betracht kommen etwa die Vornahme dringend erforderlicher Kapitalmaßnahmen,[162] die Änderung der Unternehmensstrategie,[163] die Abberufung eines untragbar gewordenen Aufsichtsratsmitglieds[164] oder die Vorbereitung einer Abberufung eines Vorstandsmitglieds durch den Aufsichtsrat mittels Vertrauensentzugs.[165]

dd) Fakultative Einberufung. Schließlich ist es der Unternehmensleitung 75 unbenommen, freiwillig eine Hauptversammlung einzuberufen, wenn dies zweckmäßig und aus Kostengründen vertretbar ist. Im Falle des § 119 Abs. 2 AktG kann die Hauptversammlung vom Vorstand zur Entscheidung über Fragen der Geschäftsführung einberufen werden. Nach den von der Rechtsprechung entwickelten Grundsätzen im Anschluss an die „Holzmüller"-Entscheidung ist eine Einberufung der Hauptversammlung für Maßnahmen der Geschäftsführung jedoch zwingend erforderlich, wenn durch die geplanten Maßnahmen die Mitgliedsrechte oder die **Rechtsstellung der Aktionäre** nach den oben (Rz. 25 ff.) dargestellten Grundsätzen **maßgeblich betroffen** werden. Ob eine Hauptversammlung auch bloß zur Unterrichtung der Aktionäre über bestimmte Maßnahmen und Projekte einberufen werden kann, wird in der Literatur unterschiedlich beurteilt.[166] Eine Hauptversammlung zur reinen Information der Aktionäre wird in aller Regel nicht dem Wohl der Gesellschaft entsprechen. Etwas anderes kann allerdings gelten, wenn die Gesellschaft einen nur sehr begrenzten und kleinen Aktionärskreis hat oder in der Hauptversammlung eine später zu treffende Beschlussfassung vorbereitet wird.

b) Einberufungsberechtigung

aa) Vorstand. In der Regel wird die Hauptversammlung vom Vorstand einberufen, der darüber mit einfacher Mehrheit beschließt (§ 121 Abs. 2 Satz 1 76 AktG). Der Vorstand ist zur Einberufung als Gesamtorgan zuständig. Eine Übertragung der Einberufungszuständigkeit auf einzelne Vorstandsmitglieder ist deshalb nicht zulässig.[167] Die Durchführung bzw. Umsetzung der Ein-

---

[159] Semler/Volhard/*Reichert* § 4 Rz. 13; Obermüller/Werner/Winden/*Butzke* B. Rz. 42.
[160] MünchKomm.AktG/Bd. 4/*Kubis* § 121 Rz. 7; MünchHdb.GesR/Bd. 4/*F.-J. Semler* § 35 Rz. 3.
[161] Vgl. Semler/Volhard/*Reichert* § 4 Rz. 13; *Hüffer* AktG § 111 Rz. 13.
[162] *Steiner* § 1 Rz. 4.
[163] Schmidt/Lutter/*Ziemons* AktG § 121 Rz. 10.
[164] MünchHdb.GesR/Bd. 4/*F.-J. Semler* § 35 Rz. 3; Semler/Volhard/*Reichert* § 4 Rz. 15.
[165] MünchHdb.GesR/Bd. 4/*F.-J. Semler* § 35 Rz. 3; Semler/Volhard/*Reichert* § 4 Rz. 15.
[166] Zum Meinungsstand Semler/Volhard/*Reichert* § 4 Rz. 17 sowie *Huber* ZIP 1995, 1740 ff.
[167] Vgl. auch BGH II ZR 225/99 v. 12. 11. 2001, AG 2002, 241; LG Münster 21 O 161/97 v. 3. 12. 1997, DB 1998, 665; *Steiner* § 1 Rz. 10.

berufung kann demgegenüber einem einzelnen Vorstandsmitglied übertragen werden.[168]

77 bb) **Aufsichtsrat.** Eine Einberufungszuständigkeit des Aufsichtsrats[169] besteht gem. § 111 Abs. 3 Satz 1 AktG, wenn es das Wohl der Gesellschaft erfordert. Auch der Aufsichtsrat hat hierüber als Gesamtorgan mit einfacher Mehrheit zu beschließen. Praktische Bedeutung erlangt diese Kompetenz regelmäßig nur, wenn der Aufsichtsrat die Abberufung eines Vorstandsmitglieds über einen **Vertrauensentzug** durch die Hauptversammlung vorbereiten möchte (§ 84 Abs. 3 Satz 2 AktG). In Betracht kommt sie zB allerdings auch dann, wenn der Vorstand pflichtwidrig die Herbeiführung eines sog. Holzmüller-Beschlusses[170] unterlässt.[171] Der Aufsichtsrat hat auch die für die Durchführung der Hauptversammlung erforderlichen Maßnahmen zu treffen, wenn er die Einberufung der Hauptversammlung beschließt.[172]

78 cc) **Minderheitsverlangen.** Auf Verlangen von Aktionären, deren Anteil zusammen 5 % des Grundkapitals erreicht, hat der Vorstand eine Hauptversammlung einzuberufen. Gem. § 122 Abs. 1 Satz 1 AktG muss das Verlangen schriftlich unter Angabe des Zwecks und der Gründe an den Vorstand gerichtet werden. Inhaltlich muss sich das Verlangen im Rahmen der Zuständigkeit der Hauptversammlung bewegen.[173] Kann den Antragstellern ein Zuwarten bis zur nächsten (ordentlichen) Hauptversammlung ohne weiteres zugemutet werden, kann das Verlangen als rechtsmissbräuchlich angesehen werden.[174]

79 Die maßgebliche **Höhe des Grundkapitals** bemisst sich nach dem im Zeitpunkt des Verlangens im Handelsregister eingetragenen Grundkapital. Auch stimmrechtslose Vorzugsaktien oder erst teilweise eingezahlte Aktien sind daher zu berücksichtigen.[175] Aktien aus einem bedingten Kapital, die während des Geschäftsjahres ausgegeben wurden, sind bei der Berechnung mit einzubeziehen, selbst wenn die Eintragung der Ausgabe noch nicht in das Handelsregister erfolgt ist, da die Erhöhung des Grundkapitals in diesen Fällen bereits mit der Ausgabe der Bezugsaktien eintritt (vgl. § 200 AktG).[176]

80 Die Aktionäre müssen nachweisen, dass sie seit mindestens drei Monaten vor dem Tag der Hauptversammlung Inhaber der Aktien sind und diese auch bis zur Entscheidung über den Antrag halten (§ 122 Abs. 1 Satz 1 iVm. § 142 Abs. 2 Satz 2 AktG). Da der Tag der Hauptversammlung noch nicht feststeht, kann der Verweis auf § 142 Abs. 2 Satz 2 AktG nur bedeuten, dass der Aktionär im

---

[168] MünchKomm.AktG/*Kubis* § 121 Rz. 13; Großkomm.AktG/*Werner* § 121 Rz. 25; Obermüller/Werner/Winden/*Butzke* B. Rz. 33; *Rottnauer* NZG 2000, 414, 415.

[169] Ist die Wahl des Aufsichtsrats nichtig (§ 250 AktG), kann er auch nicht wirksam eine Hauptversammlung einberufen; ist die Wahl dagegen nur anfechtbar, kann der Aufsichtsrat bis zur Nichtigerklärung für die Gesellschaft handeln und folglich auch eine Hauptversammlung einberufen. Vgl. MünchHdb.GesR/Bd. 4/*F.-J. Semler* § 35 Rz. 10.

[170] Vgl. hierzu Rz. 25 ff.

[171] Dagegen kommt eine Beschlussfassung über andere Geschäftsführungsmaßnahmen auf Initiative des Aufsichtsrats wegen § 119 Abs. 2 AktG nicht in Betracht; nur deren Erörterung kann im Einzelfall eine Einberufung durch den Aufsichtsrat begründen. Vgl. MünchHdb.GesR/Bd. 4/*F.-J. Semler* § 35 Rz. 9.

[172] Semler/Volhard/*Reichert* § 4 Rz. 30.

[173] Schmidt/Lutter/*Ziemons* AktG § 122 Rz. 15; Großkomm.AktG/*Werner* § 122 Rz. 25 ff.; *Halberkamp/Gierke* NZG 2004, 494, 497

[174] Vgl. OLG Ffm. 20 W 1/05 v. 15. 2. 2005, NZG 2005, 558 ff.

[175] Semler/Volhard/*Reichert* § 4 Rz. 32.

[176] *Steiner* § 1 Rz. 14; Semler/Volhard/*Reichert* § 4 Rz. 32.

B. Die Aktiengesellschaft 81–83 § 5

Zeitpunkt des Einberufungsverlangens die Aktien bereits seit mindestens drei Monaten halten muss.[177] Den Nachweis kann er durch Vorlage einer Bank- oder Notarbescheinigung erbringen. Der Hinweis auf die (zukünftige) Haltedauer dürfte richtigerweise – wie sich auch aus dem Kontext zu § 142 Abs. 1 Satz 1 AktG ergibt – allein für das gerichtliche Verfahren von Bedeutung sein. Hier ist das Vorliegen des Quorums[178] Voraussetzung für eine Entscheidung. Gibt der Vorstand dem Verlangen statt, dürfte mit der früher h. M. jedoch der Zeitpunkt der Antragstellung der maßgebliche Zeitpunkt sein.[179]

Lehnt der Vorstand die Einberufung ab oder kommt er ihr nicht oder nicht 81 unverzüglich (regelmäßig innerhalb von zwei bis vier Wochen)[180] nach, können die Aktionäre, die das Verlangen erhoben haben,[181] auf Antrag durch das zuständige Amtsgericht ermächtigt werden, die Hauptversammlung einzuberufen (§ 122 Abs. 3 AktG). Die „Kann-Vorschrift" des § 122 Abs. 3 AktG legt die Annahme nahe, das Gericht habe bei seiner Entscheidung einen Ermessensspielraum. Es ist jedoch allgemein anerkannt, dass das Gericht dem Antrag stattgeben muss, wenn die Voraussetzungen – insbes. das Quorum (vgl. auch Fn. 161) – hierfür vorliegen.[182] Ist darüber hinaus zu befürchten, dass der nach dem Gesetz oder der Satzung vorgesehene Versammlungsleiter eine neutrale Versammlungsleitung nicht gewährleistet, kann das Amtsgericht einen Vorsitzenden der Versammlung bestimmen (§ 122 Abs. 3 Satz 2 AktG).

Gibt das Amtsgericht dem Antrag statt, haben die Aktionäre die Einberu- 82 fung innerhalb eines angemessenen Zeitraums durchzuführen. Hierbei sind die allgemeinen Vorschriften insbesondere zur Bekanntmachung zu beachten. Die Aktionäre sind auch für die technische Organisation der Hauptversammlung verantwortlich.[183] Die Kosten der Hauptversammlung trägt allerdings die Gesellschaft (§ 122 Abs. 4 AktG).

Durch das UMAG[184] wurde ein sog. **Aktionärsforum** eingerichtet (§ 127a 83 AktG).[185] Hierbei handelt es sich um eine Rubrik im elektronischen Bundes-

---

[177] *Hüffer* AktG § 122 Rz. 3a; Schmidt/Lutter/*Ziemons* § 122 Rz. 9; aA Spindler/Stilz/*Willamowski* § 122 Rz. 7.
[178] Wird das Quorum, nachdem es durch das Abspringen von Aktionären unterschritten wurde, durch das Hinzukommen bislang unbeteiligter Aktionäre wieder erreicht, genügt dies nicht; es muss in diesem Fall ein neues Einberufungsverlangen an den Vorstand gerichtet werden. Vgl. OLG Düsseldorf I-3 Wx 290/03 v. 16. 1. 2004, NZG 2004, 239 ff.
[179] *Hüffer* AktG § 122 Rz. 3a; aA. (Haltefrist bis zur Entscheidung über den Antrag) Schmidt/Lutter/*Ziemons* § 122 Rz. 10. Vgl. zum Meinungsstreit vor den Änderungen durch das UMAG Semler/Volhart/*Reichert* § 4 Rz. 35.
[180] Vgl. BGH II ZR 79/84 v. 28. 1. 1985, WM 1985, 567, 568: nach sieben Wochen keine Unverzüglichkeit mehr; vgl. auch *Hüffer* AktG § 122 Rz. 7.
[181] Wenn das Quorum durch bisher nicht beteiligte Aktionäre aufgefüllt wird, muss das Verlangen zunächst neu an den Vorstand gerichtet werden, vgl. LG Duisburg 21 T 6/02 v. 21. 08. 2003, ZIP 2004, 76 ff, *Hüffer* AktG § 122 Rz. 10; aA *Halberkamp/Gierke* NZG 2004, 494, 500. Gesamtrechtsnachfolger stehen den bisher beteiligten Aktionären gleich; dies gilt auch für rechtsgeschäftliche Erwerber, ist str. – vgl. *Hüffer* AktG § 122 Rz. 10; Semler/Volhard/*Reichert* § 4 Rz. 47, jeweils mwN.
[182] Semler/Volhard/*Reichert* § 4 Rz. 53 mwN.
[183] Vgl. hierzu Semler/Volhard/*Reichert* § 4 Rz. 56 ff.
[184] BGBl. I 2005, 2802.
[185] Ergänzt wird § 127a AktG duch die aufgrund § 127a Abs. 5 AktG erlassene Aktionärsforumsverordnung (AktFoV) vom 22. 11. 2005, BGBl. I 2005, 3193.

anzeiger; sie dient der Kommunikation der Aktionäre entsprechend der Ausgestaltung in § 127a AktG.[186] Auf diese Weise können sich die Aktionäre – insbesondere zur Erreichung des Quorums nach § 122 Abs. 1 Satz 1 AktG – koordinieren.[187]

c) Art und Weise der Einberufung

84   aa) Einberufungsfrist. Durch das ARUG wurde das Fristenregime im Vorfeld der Hauptversammlung neu geordnet und vereinheitlicht.[188] Nunmehr ist nach § 121 Abs. 7 AktG bei sämtlichen Fristen und Terminen, die von der Versammlung zurückberechnet werden, der Tag der Versammlung nicht mitzurechnen. Die einzelnen Vorschriften, die die jeweiligen Fristen enthalten, sehen sodann einheitlich vor, dass auch der Tag, an dem die entsprechende Handlung vorgenommen oder der betreffende Erfolg bewirkt sein muss – etwa der Tag der Einberufung (§ 123 Abs. 1 Satz 2 AktG) oder der Tag des Zugangs der Anmeldung zur Hauptversammlung (§ 123 Abs. 2 Satz 3 AktG) – ebenfalls nicht mitzurechnen ist. Mithin wurden durch das neue Berechnungskonzept die bisher bestehenden rechtlichen Unsicherheiten und Streitigkeiten hinsichtlich der Fristberechnung ausgeräumt und einer klaren Regelung zugeführt.[189] Darüber hinaus wird der Begriff des „Termins" im Sinne des Aktienrechts eingeführt. Termine sind demnach juristische Sekunden, die auf den Beginn des errechneten Tages, also auf 0:00 Uhr, fallen. Solche Termine sind für den Nachweis der Aktionärslegitimation nach § 123 Abs. 3 Satz 3 AktG, für die Mitteilung nach § 125 Abs. 2 AktG sowie die Mitteilung nach § 128 Abs. 1 AktG vorgesehen. Im Zuge der Modernisierung des deutschen Aktienrechts, deren Ziel es auch ist, die Rechte ausländischer Investoren zu stärken, wird der bestehende Feiertags- und Freizeitschutz als nicht mehr zeitgemäß erachtet.[190] Da das notwendige Verfahren zur Berechnung der Frist nunmehr vollständig im Aktiengesetz geregelt ist, und um jede Verschiebung von Fristenden oder Terminen zu verhindern, wird die Anwendung der §§ 187 bis 193 BGB klarstellend ausgeschlossen. Fristenden oder Termine können damit künftig auch auf einen Sonnabend, Sonntag oder Feiertag fallen.[191] Im Übrigen ist bei der Bekanntmachung der Einberufung in mehreren Gesellschaftsblättern das Erscheinen des letzten Gesellschaftsblattes maßgebend.[192]

---

[186] Schmidt/Lutter/*Ziemons* § 127a Rz. 3; *Hüffer* AktG § 127a Rz. 2.

[187] Vgl. hierzu *Seibert* AG 2006, 16 ff.; *Spindler* NZG 2005, 825, 827 f.

[188] Vgl. Begründung des Regierungsentwurfs zum ARUG v. 5. November 2008, BT-Drs. 16/11642 S. 42.

[189] Vgl. zum neuen Fristensystem zB *Arnold* Der Konzern 2009, 88, 91; *Seibert/Florstedt* ZIP 2008, 2145, 2148 f.; *Drinhausen/Keinath* BB 2009, 64, 65 f.; *Paschos/Goslar* AG 2009, 14, 15.

[190] Vgl. Begründung des Regierungsentwurfs zum ARUG v. 5. November 2008, BT-Drs. 16/11642 S. 42.

[191] Berechnungsbeispiel in der Begründung des Regierungsentwurfs zum ARUG v. 5. November 2008, BT-Drs. 16/11642 S. 42: Hauptversammlung am Samstag, den 24. April 2010. Die sechs Tage der Anmeldefrist sind der 23., 22., 21., 20., 19. und Sonntag, der 18. April. Die Anmeldung ist also bis spätestens Samstag, den 17. April vorzunehmen; die Einberufung hat bis spätestens Donnerstag, den 18. März zu erfolgen.

[192] Spindler/Stilz/*Willamowski* AktG § 123 Rz. 2; Großkomm.AktG/*Werner* § 123 Rz. 4; Obermüller/Werner/Winden/*Butzke* B. Rz. 50.

B. Die Aktiengesellschaft 84–87 § 5

Die Neuregelung der Fristen im Vorfeld der Hauptversammlung hat auch **84a**
Auswirkungen auf die Satzungsgestaltung. Enthält eine Satzung Fristenbestimmungen, die der neuen Rechtslage widersprechen, sind sie an das nach dem ARUG geltende Aktienrecht anzupassen. Gemäß der Übergangsregelung in § 20 Abs. 3 EGAktG behalten entsprechende Satzungsklauseln noch bis zur nächsten ordentlichen Hauptversammlung ihre Wirksamkeit; danach sind sie nichtig. Auch um von der Klarheit der Neuregelung profitieren zu können, sollten Gesellschaften ihre Satzungen also angleichen.[193]

Die Hauptversammlung ist folglich gem. § 123 Abs. 1 Satz 1 AktG mindes- **84b**
tens 30 Tage vor dem Tag der Hauptversammlung einzuberufen, wobei weder der Tag der Versammlung noch der Tag der Einberufung mitzurechnen ist.[194] Durch die Satzung kann diese Frist nur verlängert werden.

bb) Verlängerung der Einberufungsfrist. Insbesondere Aktiengesell- **85**
schaften mit größerem Aktionärskreis und börsennotierte Aktiengesellschaften machen in der Satzung die Teilnahme an der Hauptversammlung oder die Ausübung des Stimmrechts von dem Nachweis der Berechtigung oder einer Anmeldung der Aktionäre abhängig. Dies erleichtert die Feststellung der Teilnehmer der Hauptversammlung.

Das Erfordernis einer **Anmeldung** kann sowohl bei Inhaber- als auch bei **86**
Namensaktien begründet werden (Gegenschluss aus § 123 Abs. 3 Satz 1 AktG); im letzteren Fall ist dies jedoch allenfalls dann zweckmäßig, wenn die Namensaktien infolge Blankoindossaments umlauffähig geworden sind.[195] Sie muss der Gesellschaft mindestens sechs Tage vor der Versammlung unter der in der Einberufung genannten Adresse zugehen (§ 123 Abs. 2 Satz 2 AktG). Für die Berechnung gilt grundsätzlich dasselbe wie für die Einberufungsfrist (vgl. Rz. 85 ff.). Allerdings kann nach der ausdrücklichen Regelung des § 123 Abs. 2 Satz 3 AktG in der Satzung eine kürzere, in Tagen zu bemessende Frist vorgesehen werden.

Bei Inhaberaktien eröffnet § 123 Abs. 3 Satz 1 AktG zudem die Möglichkeit, **87**
statutarisch das Erfordernis eines **Nachweises der Berechtigung** vorzusehen; bei Namensaktien ist ein Legitimationsnachweis hingegen nicht erforderlich, da nach § 67 Abs. 2 S. 1 AktG nur derjenige als Aktionär im Verhältnis zur Gesellschaft gilt, der auch im Aktienregister eingetragen ist. Für nicht börsennotierte Gesellschaften besteht weitgehend Satzungsfreiheit. Es kann daher insbesondere auch die Hinterlegung der entsprechenden Inhaberaktien verlangt werden; fehlt es an einer Verbriefung, muss der Nachweis allerdings auch durch eine Bescheinigung des depotführenden Kreditinstituts erbracht werden können. Ein in Textform (§ 126b BGB) erstellter besonderer Nachweis des depotführenden Kreditinstituts reicht gemäß § 123 Abs. 3 Satz 2 AktG bei börsennotierten Gesellschaften dagegen stets aus.[196] Der Nachweis hat sich bei börsennotierten Gesellschaften auf den Beginn des einundzwanzigsten Tages

---

[193] Vgl. dazu Handelsblatt v. 22. Juli 2009, S. 15. Von vielen DAX30-Unternehmen wurden bereits in der Hauptversammlungssaison 2009 auf Basis des ARUG-Regierungsentwurfs Vorratsbeschlüsse über die Anpassung der Fristen gefasst. Vgl. auch die Vorschläge zur Satzungsgestaltung in *Schüppen/Tretter* ZIP 2009, 493, 496.
[194] Vgl. zur Einberufungsfrist im Fall eines öffentlichen Übernahmeangebots § 16 Abs. 4 WpÜG und Rz. 41.
[195] *Hüffer* AktG § 123 Rz. 6.
[196] Ob stattdessen auch alternative Formen der Legitimation vorgesehen werden können, ist str. – Dafür: *Hüffer* AktG § 123 Rz. 11 – aA *Spindler* NZG 2005, 825, 827.

vor der Versammlung zu beziehen. Der bisherige Streit bezüglich der Berechnung dieses Stichtages hat sich aufgrund der klarstellenden Neuregelung des aktienrechtlichen Fristensystems durch das ARUG erledigt. Bei dem Nachweisstichtag gem. § 123 Abs. 3 Satz 3 AktG handelt es sich nunmehr ausdrücklich um einen Termin iSd. § 121 Abs. 7 Satz 1 AktG – damit ist eindeutig, dass das sog. record date auch auf einen Sonnabend, Sonn- oder Feiertag fallen kann. Der Nachweis muss der Gesellschaft mindestens sechs Tage vor der Versammlung unter der in der Einberufung genannten Adresse zugehen, wenn die Satzung keine kürzere Frist vorsieht (§ 123 Abs. 3 Satz 3 und 4 AktG). Für die Berechnung dieser Frist gilt dasselbe wie für die Anmeldefrist (Rz. 88 ff.) – auch hier ist der Tag des Zugangs nicht mitzurechnen (§ 123 Abs. 3 Satz 5 AktG). Wird der Nachweis nicht erbracht, ist der Aktionär gemäß § 123 Abs. 3 Satz 6 AktG nicht zur Teilnahme und/oder Stimmrechtsausübung berechtigt. Umgekehrt kann auch derjenige teilnehmen und abstimmen, der zum Stichtag zwar Aktien besitzt und dies nachweist, diese aber noch vor der Hauptversammlung veräußert (record date).[197]

88 Im Falle eines Anmeldungs- oder Legitimationserfordernisses erfolgt die **Berechnung der Einberufungsfrist** nach § 123 Abs. 2 Satz 5 AktG, wonach die Mindestfrist gem. § 123 Abs. 1 AktG sich um die Tage der Anmeldefrist, also um sechs Tage verlängert. Im Ergebnis verlängert sich damit die Einberufungsfrist auf 37 Tage. Auch hier sind weder der Tag der Versammlung noch der Tag des Zugangs mitzurechnen (§§ 121 Abs. 7, 123 Abs. 2 Satz 4 AktG).[198] Die Minderheit hat folglich mindestens die Tageszahl der Anmeldefrist zur Antragsvorbereitung.[199]

89 Eine Kumulierung beider Voraussetzungen (Anmeldung und Nachweisberechtigung) ist ebenfalls möglich.[200] Eine abweichende Fristenregelung ist insoweit nicht praktikabel; bei dennoch abweichenden Fristen muss der frühere der beiden Zeitpunkte zur Berechnung der Einberufungsfrist maßgeblich sein.

90 **cc) Mindestangaben der Einberufung.** Die Einberufung muss gem. § 121 Abs. 3 Satz 1 AktG die Firma, den Sitz der Gesellschaft sowie Zeit und Ort der Hauptversammlung enthalten. Zudem ist nach § 121 Abs. 3 Satz 2 AktG die Tagesordnung anzugeben. Bei börsennotierten Gesellschaften hat das einberufende Organ gem. § 121 Abs. 3 Satz 3 AktG in der Einberufung ferner die folgenden Angaben zu machen:
– die Bedingungen für Teilnahme und Stimmrechtsausübung sowie das Datum und die Bedeutung des Legitimationsstichtags bei Inhaberaktien (Nr. 1);
– das Verfahren für die Stimmabgabe, insbesondere durch Bevollmächtigte, durch Briefwahl und als Online-Teilnehmer (Nr. 2);
– eine Erläuterung der Begleitrechte der Aktionäre, wobei sich die Angaben auf die Fristen für die Ausübung dieser Rechte beschränken können, wenn in der Einberufung im Übrigen auf weitergehende Erläuterungen auf der Internetseite der Gesellschaft hingewiesen wird (Nr. 3);
– die Internetseite der Gesellschaft mit den Pflichtangaben nach § 124a AktG (Nr. 4).[201] Daneben besteht auch ohne gesetzliche Anordnung die Pflicht,

---

[197] Vgl. hierzu *Spindler* NZG 2005, 825, 826 f.
[198] Vgl. das Beispiel zur Fristberechnung in Fn. 185.
[199] In der Satzungspraxis variieren die Anmeldefristen hauptsächlich zwischen vier und sieben Tagen. Vgl. auch *Seibert/Florstedt* ZIP 2008, 2145, 2149.
[200] *Simon/Zetzsche* NZG 2005, 369, 373.
[201] Vgl. Rz. 98 a zu den Angaben nach § 124a AktG.

die Einberufenden zu benennen, damit die Aktionäre überprüfen können, ob die Hauptversammlung durch ein zuständiges Gremium (Vorstand oder Aufsichtsrat bzw. gerichtlich hierzu ermächtigte Aktionäre[202]) einberufen wurde.[203] Bei der Bezeichnung der Firma schaden kleine Unrichtigkeiten oder Schreibversehen nicht, solange die Gesellschaft eindeutig identifizierbar bleibt.[204]

Hinsichtlich der **Zeit** der Hauptversammlung ist darauf zu achten, dass es sich um übliche Uhrzeiten handelt (Beginn frühestens ab 8.00 Uhr;[205] üblich ist bei börsennotierten Gesellschaften 10.00 bis 11.00 Uhr[206]), da gesetzliche und in der Regel auch satzungsgemäße Vorgaben fehlen. Bei der Festlegung des Beginns der Hauptversammlung ist zu berücksichtigen, dass die Hauptversammlung nach herrschender Auffassung noch am selben Tag abgeschlossen sein muss.[207] Da insbesondere in großen, börsennotierten Gesellschaften immer wieder die Tendenz einzelner Aktionäre zu bemerken ist, durch eine Vielzahl detaillierter Fragen gegen Ende der Hauptversammlung eine Ausdehnung der Hauptversammlung auf über 24 Uhr hinaus zu provozieren, um so einen Anfechtungsgrund für Beschlüsse zu schaffen,[208] ist zu überlegen, ob die Hauptversammlung nicht von vornherein auf 2 Tage einberufen wird. Dies ist nach herrschender Meinung zulässig,[209] erschwert allerdings die Teilnahme für viele Aktionäre, da sie einen zweiten Tag einplanen und ggf. Übernachtungsmöglichkeiten in Anspruch nehmen müssen. Nach Möglichkeit sollte daher durch eine straffe Organisation und entsprechende Vorbereitungen die Durchführung der Hauptversammlung an einem Tag angestrebt werden.

Der **Ort**, an dem die Hauptversammlung stattzufinden hat, bestimmt sich nach der Satzung der Gesellschaft; enthält diese keine Bestimmung, soll die Hauptversammlung am **Sitz der Gesellschaft** stattfinden, bei der Zulassung der Aktien der Gesellschaft zum amtlichen Markt kann sie auch am Sitz der Börse stattfinden (§ 121 Abs. 5 AktG).[210] Die Einberufung einer Hauptversammlung an einem Ort im Ausland ist nach neuerer Auffassung zulässig, wenn die Satzung dies zulässt.[211] Problematisch dabei ist allerdings, ob nach § 130 Abs. 1 AktG erforderliche Beurkundungen von Beschlüssen im Ausland

---

[202] Vgl. oben Rz. 78 ff.
[203] Semler/Volhard/*Reichert* § 4 Rz. 99; Schmidt/Lutter/*Ziemons* AktG § 121 Rz. 39.
[204] OLG Düsseldorf 6 U 20/96 v. 24. 4. 1997, ZIP 1997, 1153, 1159 f; einschränkend Obermüller/Werner/Winden/*Butzke* B. Rz. 72 mwN; wie hier Großkomm.AktG/*Werner* § 121 Rz. 44, 83 f.
[205] *Hüffer* AktG § 121 Rz. 17; Semler/Volhard/*Reichert* § 4 Rz. 102; einschränkend wohl LG Stuttgart 7 KfH O 122/93 v. 27. 4. 1994, welches obiter ausführt, ein Beginn vor 10 Uhr sei Aktionären mit längerer Anreise nicht zuzumuten.
[206] Semler/Volhard/*Reichert* § 4 Rz. 102; Schmidt/Lutter/*Ziemons* AktG § 121 Rz. 31.
[207] Kölner Komm.AktG/*Zöllner* § 121 Rz. 38; *Hüffer* AktG § 121 Rz. 17; LG Stuttgart 7 KfH O 122/93 v. 27. 4. 1994, AG 1994, 425, 426; vgl. zur Kritik hieran Semler/Volhard/*Reichert* § 4 Rz. 102; Obermüller/Werner/Winden/*Butzke* B. Rz. 57 mwN.
[208] Vgl. zur Anfechtbarkeit von Beschlüssen, die zur Unzeit gefasst werden *Happ/Freitag* AG 1998, 493, 495 f. sowie unten Rz. 173 ff.
[209] *Hüffer* AktG § 121 Rz. 17; Obermüller/Werner/Winden/*Butzke* B. Rz. 71.
[210] Frei ist die Gesellschaft bei der Wahl des Ortes der Hauptversammlung allerdings dann, wenn sie Zielgesellschaft eines öffentlichen Übernahmeangebots ist (vgl. § 16 Abs. 4 WpÜG), vgl. hierzu *Hüffer* AktG § 121 Rz. 16a.
[211] Semler/Volhard/*Reichert* § 4 Rz. 108 f.; *Hüffer* AktG § 121 Rz. 15; MünchHdb.-GesR/Bd. 4/*F.-J. Semler* § 35 Rz. 32 ff.

durch einen deutschen Notar oder durch einen ausländischen, mit einem deutschen Notar gleichwertigen Notar vorgenommen werden können.[212] In jedem Fall ist es zulässig, dass die Protokollierung durch Beamte des Auswärtigen Amtes erfolgt (§ 10 Abs. 2 KonsularG);[213] wobei zu beachten ist, dass in der Regel nur sehr wenige Beamte im Konsularbezirk zur deutschen Beurkundung ermächtigt sind und es daher nicht selbstverständlich ist, dass zum Zeitpunkt der Hauptversammlung an deren ausländischem Ort auch ein deutscher Konsul zur Verfügung steht.[214]

93 Schließlich sind in der Einladung auch die **Bedingungen** anzugeben, von denen die Teilnahme an der Hauptversammlung und die Ausübung der Stimmrechte abhängen. Diese Pflicht wurde nunmehr im Gesetz verankert (§ 121 Abs. 3 Satz 3 Nr. 1 und 2 AktG) und gelten auch und vor allem für eine evtl. satzungsgemäß mögliche Online-Teilnahme bzw. Stimmabgabe per Briefwahl iSv. § 118 Abs. 1 und 2 AktG sowie für die Stimmabgabe durch einen Bevollmächtigten. Es genügt hierbei die sinngemäße Wiedergabe der Bedingungen. Eine wörtliche Wiedergabe ist nicht erforderlich. Die in der Satzung enthaltene Regelung über den Inhalt der Anmeldung oder des Berechtigungsnachweises und die Frist, innerhalb derer dies zu erfolgen hat, sind dabei wiederzugeben.[215] Zweckmäßig ist es zudem, den Tag, an dem der Nachweis bzw. die Anmeldung spätestens zu erfolgen hat, konkret zu benennen.

94 Die **falsche oder fehlende Angabe** über die Firma (mit Ausnahme kleiner Unrichtigkeiten oder Schreibversehen),[216] den Sitz der Gesellschaft, die Zeit und den Ort der Hauptversammlung sowie über die Bedingungen für die Teilnahme und Stimmrechtsausübung führt grundsätzlich zur **Nichtigkeit der** auf dieser Hauptversammlung **gefassten Beschlüsse** (§ 241 Nr. 1 iVm. § 121 Abs. 3 Satz 1 AktG).[217] Nach Ablauf von drei Jahren nach Eintragung der Beschlüsse in das Handelsregister kann die Nichtigkeit eines dennoch gefassten Beschlusses allerdings nicht mehr geltend gemacht werden (§ 242 Abs. 2 Satz 1 AktG). Hinsichtlich der Bedingungen für die Stimmrechtsausübung hat das *OLG München* zudem entschieden, dass § 135 Abs. 1 Satz 2 und 3 AktG, welche die Form der Erteilung einer Stimmrechtsvollmacht betreffen, bloß Ordnungsvorschriften darstellen würden. Ein Verstoß hiergegen führe weder zur Anfechtbarkeit noch zur Nichtigkeit der auf der Hauptversammlung gefassten Beschlüsse.[218]

95 dd) **Bekanntmachung.** Die ordnungsgemäße Einberufung der Hauptversammlung setzt voraus, dass sie in den Gesellschaftsblättern bekannt gemacht

---

[212] Vgl. BGH II ZB 8/80 v. 16. Februar 1981, BGHZ 80, 76, der für einen Schweizer Notar die Gleichwertigkeit annimmt, ebenso OLG Frankfurt 11 U 8/04 (Kart) vom 25. Januar 2005, GmbHR 2005, 764; vgl. außerdem Bamberger/Roth/*Mäsch* EGBGB, Edition 13 (2009), Art. 11 Rz. 36.
[213] Zum Streitstand sowie zu Lösungsansätzen siehe: Semler/Volhard/*Reichert* § 4 Rz. 109; MünchHdb.GesR/Bd. 4/*F.-J. Semler* § 35 Rz. 32 ff.; vgl. auch *Biehler* NJW 2000, 1243, 1245.
[214] *Biehler* NJW 2000, 1243, 1245.
[215] Obermüller/Werner/Winden/*Butzke* B. Rz. 69.
[216] Vgl. bereits oben Rz. 90.
[217] *Hüffer* AktG § 121 Rz. 11; Spindler/Stilz/*Willamowski* AktG § 121 Rz. 9; Obermüller/Werner/Winden/*Butzke* Rz. 72 f.
[218] OLG München 7 W 1432/08 v. 3. 9. 2008 (juris); aA aber OLG Frankfurt a.M. 5 W 15/09 v. 15. 7. 2008 (juris).

B. Die Aktiengesellschaft   96–98 § 5

wird (§ 121 Abs. 4 Satz 1 AktG). Durch das TranspuG[219] wurde der elektronische Bundesanzeiger zum Pflichtgesellschaftsblatt der Aktiengesellschaften bestimmt; eine Bekanntmachung „in den Gesellschaftsblättern" ist daher im elektronischen Bundesanzeiger durchzuführen (§ 25 Satz 1 AktG).[220] Die Satzung kann daneben andere Blätter oder elektronische Informationsmedien als Gesellschaftsblätter vorsehen (§ 25 Satz 2 AktG). Sieht die Satzung die Bekanntmachung in mehreren Gesellschaftsblättern vor, ist diese Bekanntmachung erst bewirkt, wenn die letzte Bekanntmachung erschienen ist.[221] Im elektronischen Bundesanzeiger wird regelmäßig von montags bis freitags, mit Ausnahme gesetzlicher Feiertage, publiziert. Die Texte zur Veröffentlichung sollten rechtzeitig (mindestens fünf Tage vor dem Erscheinungsdatum) übersandt werden.[222] Die Verpflichtung für börsennotierte Gesellschaften, die Einberufung in einem Börsenpflichtblatt bekannt zu machen, endete gem. § 46 Abs. 4 WpHG zum 31. Dezember 2008. Seitdem ist nurmehr eine Veröffentlichung im elektronischen Bundesanzeiger erforderlich (vgl. § 30b Abs. 1 Satz 1 Nr. 1 und Satz 2 WpHG). Jedoch ist die Einberufung nach dem durch das ARUG neu eingefügten § 121 Abs. 4a AktG bei börsennotierten Gesellschaften, die nicht ausschließlich Namensaktien ausgegeben haben und die Einberufung den Aktionären nicht unmittelbar zusenden (§ 121 Abs. 4 Satz 2 und 3 AktG), spätestens zum gleichen Zeitpunkt solchen Medien zur Veröffentlichung zuzuleiten, bei denen davon ausgegangen werden kann, dass sie die Information in der gesamten Europäischen Union verbreiten.[223] Zusätzliche Erfordernisse können durch die Satzung begründet werden.[224]

Anstelle der Bekanntmachung in den Gesellschaftsblättern kann die Einberufung durch **eingeschriebenen Brief** erfolgen, wenn alle Aktionäre der Gesellschaft namentlich bekannt sind (§ 121 Abs. 4 Satz 2 AktG). Diese Form der Einladung kommt insbesondere bei kleinen Aktiengesellschaften mit überschaubarem Aktionärskreis und solchen Aktiengesellschaften in Betracht, die Namensaktien ausgegeben haben. Denn für Namensaktien gilt die Vermutung, dass nur die im Aktienregister eingetragenen Aktionäre im Verhältnis zur Gesellschaft Aktionäre sind (§ 67 Abs. 2 S. 1 AktG).

Als Tag der Bekanntmachung gilt der Tag der Absendung des Briefs und nicht derjenige des Zugangs beim Empfänger. Inhaltlich muss die Einberufung per Einschreibebrief den Anforderungen an die Einberufung in den Gesellschaftsblättern entsprechen.

Ist die Einberufung nicht in den Gesellschaftsblättern oder – soweit zulässig – durch eingeschriebenen Brief bekannt gemacht worden, sind die in der Hauptversammlung gefassten Beschlüsse nichtig, soweit nicht sämtliche Aktionäre anwesend bzw. vertreten sind und auf die entsprechenden Förmlich-

---

[219] Gesetz zur weiteren Reform des Aktien- und Bilanzrechts, zu Transparenz und Publizität v. 19. 7. 2002, BGBl. I, S. 2681.
[220] Vgl. Spindler/Stilz/*Limmer* AktG § 25 Rz. 1; *Noack* DB 2002, 2025 ff.
[221] MünchKomm.AktG/Bd. 4/*Kubis* § 121 Rz. 30; *Hüffer* AktG § 121 Rz. 9 – aA Schmidt/Lutter/*Ziemons* AktG § 121 Rz. 40, die allein für die Veröffentlichung im elektronischen Bundesanzeiger abstellt.
[222] Vgl. die AGB des elektronischen Bundesanzeigers, abrufbar unter https://publikations-plattform.de/download/agb-ebanz.pdf sowie Spindler/Stilz/*Willamowski* AktG § 123 Rz. 2; AnwKomm.AktG/*Pluta* § 123 Rz. 7.
[223] Vgl. Rz. 62.
[224] MünchKomm.AktG/Bd. 4/*Kubis* § 121 Rz. 30; *Hüffer* AktG § 121 Rz. 9.

keiten verzichtet haben (§ 241 Nr. 1 iVm. § 121 Abs. 3 Satz 1, Abs. 4 und 6 AktG).[225]

98a **ee) Veröffentlichung im Internet.** Nach dem durch das ARUG neu eingefügten § 124a AktG sind börsennotierte Gesellschaften verpflichtet, „alsbald" nach der Einberufung der Hauptversammlung die vom Gesetz für die Versammlung verlangten Berichte und Unterlagen einschließlich des Geschäftsberichts leicht zugänglich auf der Internetseite der Gesellschaft zusammen mit der Tagesordnung zu veröffentlichen. Durch die Regelung soll die Internetpräsenz börsennotierter Gesellschaften zum „zentralen Medium des Informationsaustauschs zwischen Gesellschaft und Aktionär" ausgebaut werden.[226] Das Zugänglichmachen dient der Aufgabe der bisherigen Medienfestlegung auf Papier und damit zugleich dem Abbau des Bürokratie- und Kostenaufwandes im Rahmen der Hauptversammlung. Die Regelung erhebt die Empfehlung des deutschen Corporate Governance Kodex, Fassung vom 18. Juni 2009, Ziff. 2.3.1 zur gesetzlichen Verpflichtung. Die Angabe „alsbald" wird dabei nicht näher präzisiert, jedoch soll für das Einstellen der Informationen auf die Unternehmenswebsite „eine gewisse Zeit" zugestanden werden.[227] Ein Pflichtverstoß ist nach § 405 Abs. 3a Nr. 3 AktG mit einem Bußgeld, nicht jedoch mit einer Beschlussanfechtung bedroht (§ 243 Abs. 2 Nr. 2 AktG). Dies gilt allerdings nicht für Fehler beim Zugänglichmachen der Aktionärsanträge nach § 126 Abs. 1 Satz 1 AktG und der Vorschläge nach § 127 AktG. Nach § 124a hat die Gesellschaft die folgenden Informationen zugänglich zu machen:
- den Inhalt der Einberufung sowie die Erläuterung zu Tagesordnungspunkten, hinsichtlich derer kein Beschluss der Hauptversammlung herbeigeführt werden soll (Nr. 1 und 2);
- die Pflichtunterlagen (Nr. 3);
- die Gesamtzahl der Aktien und der Stimmrechte im Zeitpunkt der Einberufung; bestehen verschiedene Aktiengattungen, sind die Gesamtzahlen getrennt anzugeben; eigene Aktien sind einzurechnen (Nr. 4);
- ggf. die Formulare, die bei Stimmabgabe durch Vertretungen oder mittels Briefwahl zu verwenden sind (Nr. 5);
- ggf. das Ergänzungsverlangen von Minderheitsaktionären nach § 122 Abs. 2 AktG (§ 124a Satz 2 AktG).

d) Tagesordnung

99 **aa) Zweck und Inhalt.** Die Tagesordnung ist nunmehr nach § 121 Abs. 3 Satz 2 AktG zwingend mit der Einberufung anzugeben. Sie ist daher gem. § 121 Abs. 4 Satz 1, Abs. 4a AktG mit der Einberufung in den Gesellschaftsblättern bekannt zu machen und Medien zur EU-weiten Verbreitung zuzuleiten, und zwar durch das Organ, das die Einberufung der Hauptversammlung bewirkt.[228] Diese durch das ARUG eingefügte Änderung trägt der bisherigen Praxis Rechnung, wonach die Einberufung und die Bekanntmachung der

---

[225] Hüffer AktG § 121 Rz. 11; § 241 Rz. 8 ff., 11.
[226] Vgl. Begründung des Regierungsentwurfs zum ARUG v. 5. November 2008, BT-Drs. 16/11642 S. 44.
[227] Vgl. Begründung des Regierungsentwurfs zum ARUG v. 5. November 2008, BT-Drs. 16/11642 S. 45.
[228] Semler/Volhard/Schlitt § 4 Rz. 136.

B. Die Aktiengesellschaft

Tagesordnung regelmäßig in einem Text zusammengefasst wurden.[229] Durch die Tagesordnung werden der **zeitliche Ablauf** der Hauptversammlung und zugleich alle **Verhandlungsgegenstände** festgelegt. Die einzelnen Tagesordnungspunkte sind zur Vorbereitung der Aktionäre auf die Hauptversammlung so konkret zu bezeichnen, dass sich der Gegenstand der Verhandlung hinreichend klar und unmissverständlich erkennen lässt.[230] Der Aktionär muss aufgrund der Angaben in der Tagesordnung in der Lage sein, einem Vertreter konkrete Weisungen für das Abstimmungsverhalten zu erteilen.[231]

Die **Beschlussvorschläge der Verwaltung** zu den einzelnen Tagesordnungspunkten sind ebenfalls bekannt zu machen (§ 124 Abs. 3 Satz 1 AktG). Soll die Hauptversammlung über eine Satzungsänderung oder über einen Vertrag beschließen, der nur mit Zustimmung der Hauptversammlung wirksam wird, ist der Wortlaut der vorgeschlagenen Satzungsänderung bzw. der wesentliche Inhalt des Vertrags bekannt zu machen (§ 124 Abs. 2 Satz 2 AktG). Beispiele sind etwa Unternehmensverträge, Verschmelzungs- oder Spaltungsverträge. In der Praxis werden diese – anstelle einer oft schwierigen inhaltlichen Zusammenfassung – häufig in toto wiedergegeben. Eine Erläuterungs- oder Begründungspflicht besteht hingegen nicht.[232]

Eine **Bekanntmachungspflicht** besteht auch dann, wenn der Vorstand die Zustimmung der Hauptversammlung zu einem nach dem Gesetz nicht zustimmungspflichtigen Vertrag einholt.[233] Zudem spricht vieles dafür, § 124 Abs. 2 Satz 2 AktG auch dann entsprechend anzuwenden, wenn nicht (oder nicht nur) die Zustimmung zu einzelnen Verträgen, sondern zu einer Gesamtmaßnahme bzw. einem Gesamtkonzept eingeholt wird. Es ist dringend zu raten, auch deren/dessen Essentialia analog § 124 Abs. 2 Satz 2 AktG bekannt zu machen.[234]

Aktionäre, deren Anteile zusammen mindestens 5 % des Grundkapitals oder zusammen einen anteiligen Betrag von Euro 500 000 erreichen, können gem. § 122 Abs. 2 Satz 1 AktG eine **Ergänzung der Tagesordnung** durch Aufnahme von neuen Tagesordnungspunkten und deren Bekanntmachung verlangen. Die Ergänzung muss sich auf Gegenstände beziehen, über die ein Beschluss zu fassen ist.[235] Aufgrund des neu eingefügten § 122 Abs. 2 Satz 2 AktG muss das Ergänzungsverlangen begründet werden oder mit einer beiliegenden Beschlussvorlage versehen werden. Das Verlangen iSd. § 122 Abs. 2 Satz 1 AktG muss der Gesellschaft mindestens 24 Tage, bei börsennotierten Gesellschaften mindestens 30 Tage vor der Hauptversammlung zugehen (§ 122 Abs. 2 Satz 3 AktG). Auch hier gelten die neuen einheitlichen Fristbestimmungen des AktG[236], sowohl der Tag des Zugangs als auch der Tag der Versammlung sind nicht mitzurechnen. Nach der neuen Berechnungsmethode des § 121 Abs. 7

---

[229] *Steiner* § 1 Rz. 35.
[230] OLG Düsseldorf 6 U 20/96 v. 24. 4. 1997, DB 1997, 1170, 1171; MünchKomm.-AktG/Bd. 4/*Kubis* § 124 Rz. 3, 9; MünchHdb.GesR/Bd. 4/*F.-J. Semler* § 35 Rz. 43.
[231] Zu den Einzelheiten bei den bekanntmachungsbedürftigen Gegenständen s. Semler/Volhard/*Schlitt* § 4 Rz. 153 ff.; MünchHdb.GesR/Bd. 4/*F.-J. Semler* § 35 Rz. 48 ff.
[232] Großkomm.AktG/*Werner* § 124 Rz. 34 f.
[233] BGH II ZR 124/99 v. 15. 1. 2001, ZIP 2001, 416, 417 f. (Altana/Milupa).
[234] Vgl. die insoweit vorbildliche Einladungsbekanntmachung der Daimler-Benz AG betr. das Zusammenschlusskonzept mit Chrysler in Bundesanzeiger Nr. 146 vom 8. 8. 1998, S. 11685.
[235] Semler/Volhard/*Schlitt* § 4 Rz. 207.
[236] Vgl. Rz. 84 ff.

AktG müssen solche Anträge also spätestens bis zum 25. bzw. 31. Tag vor der Versammlung zugehen, auch wenn dieser Tag ein Sonnabend, Sonn- oder Feiertag ist.[237] Ein für die bevorstehende Hauptversammlung nicht rechtzeitig geltend gemachtes Ergänzungsverlangen ist für die auf die Hauptversammlung folgende nächste Hauptversammlung zu berücksichtigen.[238]

103 **bb) Bekanntmachungsfreie Gegenstände.** Das Gesetz sieht für bestimmte Verhandlungsgegenstände eine Ausnahme von der Pflicht zur Bekanntmachung vor (§ 124 Abs. 4 Satz 2 AktG). So ist eine Beschlussfassung über einen erst in der Hauptversammlung gestellten Antrag auf Einberufung einer neuen Hauptversammlung trotz fehlender Bekanntmachung rechtsfehlerfrei. Des Weiteren bedarf es keiner Bekanntmachung zu Anträgen, die zu Gegenständen der Tagesordnung gestellt werden, sowie zu Verhandlungsgegenständen, über die kein Beschluss gefasst wird. Letzteres ist eng auszulegen; es betrifft Verhandlungsgegenstände, deren Diskussion in der Versammlung gewünscht wird. Die Vorlage des Jahresabschlusses gem. § 175 Abs. 1 AktG und auch die Verlustanzeige gem. § 92 Abs. 1 AktG fallen daher, auch wenn hierüber keine Beschlussfassung stattzufinden hat, nicht in den Anwendungsbereich von § 124 Abs. 4 Satz 2 AktG und sind deshalb bekannt zu machen.[239]

104 **cc) Rechtsfolgen bei Verstoß.** Wird die Tagesordnung oder ein Tagesordnungspunkt nicht ordnungsgemäß bekannt gemacht, führt dies nicht zur Nichtigkeit, sondern lediglich zur **Anfechtbarkeit** der trotzdem gefassten Beschlüsse (§ 243 Abs. 1 iVm. § 124 Abs. 4 Satz 1 AktG).[240] Anfechtungsberechtigt sind auch solche Aktionäre, die bei der Hauptversammlung nicht anwesend waren (vgl. § 245 Nr. 2 AktG). Bei nur unwesentlichen Verstößen gegen die Bekanntmachungspflicht darf der Vorstand, sofern das Anfechtungsrisiko als nur gering eingestuft werden kann, den Vorschlag gleichwohl zur Abstimmung stellen.[241]

e) Mitteilungspflichten

105 Der Vorstand ist gem. § 125 AktG verpflichtet, Mitteilungen an institutionelle Aktionärsvertreter und an Aktionäre im Vorfeld der Hauptversammlung zu machen.[242] Hierdurch soll gewährleistet werden, dass Aktionäre, die die Publikationen im elektronischen Bundesanzeiger nicht verfolgen, über hauptversammlungsbezogene Informationen unterrichtet werden. Inhaltlich bezieht sich die Mitteilungspflicht auf die Einberufung der Hauptversammlung und die Bekanntmachung der Tagesordnung (§ 125 Abs. 1 Satz 1 AktG). Ist die Tagesordnung nach § 122 Abs. 2 AktG zu ändern, so ist bei börsennotierten Gesellschaften die geänderte Tagesordnung mitzuteilen (§ 125 Abs. 1 Satz 3

---

[237] Vgl. Begründung des Regierungsentwurfs zum ARUG v. 5. November 2008, BT-Drs. 16/11642 S. 43.
[238] Großkomm.AktG/*Werner* § 122 Rz. 50.
[239] Semler/Volhard/*Schlitt* § 4 Rz. 146; MünchHdb.GesR/Bd. 4/*F.-J. Semler* § 35 Rz. 44; aA Kölner Komm.AktG/*Zöllner* § 124 Rz. 8.
[240] *Hüffer* AktG § 124 Rz. 18.
[241] *Hüffer* AktG § 124 Rz. 18; Großkomm.AktG/*Werner* § 126 Rz. 102 mwN.
[242] Im Falle eines öffentlichen Übernahmeangebots kann die Zusendung gemäß § 16 Abs. 4 Satz 6 WpÜG unterbleiben, wenn zur Überzeugung des Vorstands mit Zustimmung des Aufsichtsrats der Eingang bei den Aktionären vor der Hauptversammlung nicht wahrscheinlich ist.

B. Die Aktiengesellschaft

AktG). Daneben ist in der Mitteilung auf die Möglichkeit der Ausübung des Stimmrechts durch einen Bevollmächtigten, auch durch eine Vereinigung von Aktionären[243] hinzuweisen (§ 125 Abs. 1 Satz 4 AktG). Zusätzlich sind bei börsennotierten Gesellschaften einem Vorschlag zur Wahl eines Aufsichtsratsmitglieds Angaben zu dessen Mitgliedschaft in anderen gesetzlich zu bildenden Aufsichtsräten beizufügen (§ 125 Abs. 1 Satz 5 AktG). Angaben zu Mitgliedschaften der Aufsichtsratskandidaten in vergleichbaren in- und ausländischen Kontrollgremien sollen – müssen aber nicht – mitgeteilt werden.

Empfänger der Mitteilungen sind nach § 125 Abs. 1 Satz 1 AktG die Kreditinstitute und Aktionärsvereinigungen, die in der letzten Hauptversammlung Stimmrechte für Aktionäre ausgeübt oder die die Mitteilung verlangt haben.[244] Ersteres ist von der Gesellschaft anhand des Teilnehmerverzeichnisses der letzten Hauptversammlung zu ermitteln. Ein Kreditinstitut, das zu Beginn des 21. Tages vor dem Tage der Hauptversammlung für Aktionäre Inhaberaktien verwahrt oder für Namensaktien, die ihm nicht gehören, im Aktienregister eingetragen ist, hat die Mitteilungen nach § 125 Abs. 1 AktG unverzüglich an die Aktionäre weiterzugeben (§ 128 Abs. 1 AktG). Nach § 128 Abs. 1 Satz 2 AktG kann die Satzung der Gesellschaft die Übermittlung auf den Weg elektronischer Kommunikation beschränken; in diesem Fall ist das Kreditinstitut auch aus anderen Gründen (zB Sonderbedingungen, Auftragsrecht)[245] nicht zu mehr verpflichtet. Einzelnen Aktionären hat der Vorstand die Mitteilung zu machen, wenn diese es verlangen oder zu Beginn des 14. Tages vor dem Tage der Hauptversammlung als Aktionäre im Aktienregister der Gesellschaft eingetragen sind (§ 125 Abs. 2 Satz 1 AktG).[246] Schließlich können auch die Mitglieder des Aufsichtsrats die Übersendung der in § 125 Abs. 1 Satz 1 AktG genannten Mitteilungen verlangen (§ 125 Abs. 3 AktG) und dies auch für die gesamte Dauer ihrer Amtszeit durch einmalige Erklärung.[247]

Eine bestimmte **Form** ist für die Mitteilungen nach dem Gesetz nicht vorgeschrieben. Die bereits vor dem ARUG angenommene[248] Zulässigkeit der Übermittlung auf elektronischem Wege wird nunmehr ausdrücklich durch § 128 Abs. 1 Satz 2 AktG ermöglicht, wonach die Satzung der Gesellschaft die Übermittlung auf den Weg elektronischer Kommunikation beschränken kann. Gleiches gilt nach § 125 Abs. 2 Satz 2 AktG für die Mitteilung unmittelbar gegenüber den Aktionären. Nach überwiegender Auffassung ist die rechtzeitige Absendung der Mitteilung fristwahrend.[249] Aufgrund der Preisgabe des Feiertagsschutzes gem. § 121 Abs. 7 Satz 2 und 3 AktG muss daher die Absendung der Mitteilung spätestens an dem das Fristende darstellenden Tag erfolgen, gleich ob dies ein Werktag, Sonnabend, Sonn- oder Feiertag ist. Wird die

---

[243] Zu den verschiedenen Möglichkeiten der Aktionärsvertretung, auch zu der durch das NaStraG eingeführten Möglichkeit der Benennung von Stimmrechtsvertretern durch die Gesellschaft vgl. unten Rz. 157 ff. sowie 213 ff.
[244] Näher hierzu Semler/Volhard/*Schlitt* § 4 Rz. 228 f.; Obermüller/Werner/Winden/*Butzke* B. Rz. 137.
[245] Vgl. Begründung des Regierungsentwurfs zum ARUG v. 5. November 2008, BT-Drs. 16/11642 S. 47.
[246] Hierbei handelt es sich um einen Termin gem. § 121 Abs. 7 AktG; vgl. dazu Rz. 84 ff.
[247] Obermüller/Werner/Winden/*Butzke* B. Rz. 142.
[248] *Goedecke/Heuser* BB 2001, 369, 371; *Grumann/Soehlke* DB 2001, 576, 578.
[249] Vgl. *Hüffer* AktG § 125 Rz. 5a; Semler/Volhard/*Schlitt* § 4 Rz. 241 mwN.

Übermittlung auf den elektronischen Weg beschränkt, ist dies unproblematisch. Ist eine entsprechende Satzungsregelung nicht vorhanden, sollte die Absendung jedoch sicherheitshalber am letzten Werktag vor dem auf einen Sonnabend, Sonn- oder Feiertag fallenden Fristende veranlasst werden, weil ansonsten das Risiko besteht, dass eine Absendung erst am nächsten Werktag aufgrund des ausdrücklichen Ausschlusses der Anwendung der §§ 187 bis 193 BGB als verspätet gilt. Für die Mitteilungen unmittelbar gegenüber den Aktionären iSd. § 125 Abs. 2 Satz 1 AktG gilt keine bestimmte Frist. Dennoch hat die Übersendung der Mitteilung unverzüglich, dh. ohne schuldhaftes Zögern, zu erfolgen.[250]

108 Verstöße gegen die Mitteilungspflicht führen zur **Anfechtbarkeit** der gefassten Beschlüsse (§ 243 Abs. 1 AktG). Dies gilt jedoch nicht für die Verletzung der „Soll-Vorschrift" der Mitteilung über die Angaben zu Mitgliedschaften der Aufsichtsratskandidaten in vergleichbaren in- und ausländischen Kontrollgremien.[251] Die Gesellschaft kann zur Vermeidung der Anfechtbarkeit den Nachweis führen, dass der Beschluss nicht auf dem Verfahrensfehler beruht. Bei einer Versäumung der Frist sollte die Mitteilung deshalb noch nachträglich erfolgen, um ggf. das „Beruhen" widerlegen zu können.

f) Gegenanträge der Aktionäre

109 aa) Zulässige Gegenanträge. Den in § 125 Abs. 1 bis 3 AktG genannten Berechtigten sind unter den dortigen Voraussetzungen nach § 126 Abs. 1 AktG auch Gegenanträge der Aktionäre einschließlich des Namens des Aktionärs, der Begründung und einer etwaigen Stellungnahme der Verwaltung „zugänglich zu machen". Die Gegenanträge müssen mithin nicht schriftlich entsprechend § 125 AktG versandt werden. In § 126 Abs. 1 Satz 3 AktG wird nunmehr zwischen börsennotierten und nicht börsennotierten Gesellschaften differenziert. Bei börsennotierten Gesellschaften hat das Zugänglichmachen zwingend über die Internetseite der Gesellschaft zu erfolgen. Dies entspricht der Neuregelung in § 124a AktG. Nicht börsennotierte Gesellschaften haben ebenso die Möglichkeit des Zugänglichmachens der Gegenanträge auf ihrer Internetseite, jedoch genügt bei ihnen jede Art der Mitteilung. Durch die Veröffentlichung der Gegenanträge (ausschließlich) auf der Website der Gesellschaft werden die mit der Mitteilung von Gegenanträgen verbundenen Kosten deutlich verringert.

Die Pflicht zur Zugänglichmachung setzt voraus, dass der Aktionär seinen begründeten Gegenantrag an die in der Einberufung hierfür mitgeteilte Adresse übersandt hat (§ 126 Abs. 1 Satz 1 AktG). Die Adresse, die in der Einberufung der Hauptversammlung mitzuteilen ist, muss nicht notwendigerweise eine postalische Hausanschrift, ein Postfach oder dergleichen sein; ausreichend ist auch die Angabe einer Fax-Nummer oder einer E-Mail-Adresse, wobei bei der Angabe einer E-Mail-Adresse Probleme bei der Prüfung der Legitimation des Aktionärs entstehen könnten. Die in der Einberufung anzugebende Adresse muss konkret als eine solche zum Einreichen von Gegenanträgen bezeichnet werden. Der Gegenantrag ist auf einen konkreten und im Antrag zu nennenden („bestimmten") Tagesordnungspunkt zu beziehen und muss sich als Oppositionsantrag gegen einen Verwaltungsvorschlag richten.

---

[250] Obermüller/Werner/Winden/*Butzke* B. Rz. 139; Schmidt/Lutter/*Ziemons* AktG § 125 Rz. 20,
[251] *Hüffer* AktG § 125 Rz. 10; Obermüller/Werner/Winden/*Butzke* J. Rz. 26.

bb) **Formalien und Frist.** Der Gegenantrag des Aktionärs ist schriftlich zu formulieren und zu begründen. Die Anforderungen an die Begründung sind allerdings nicht zu hoch zu stellen. Eine **knappe stichwortartige Darlegung** der Argumente ist ausreichend. Es kommt nicht darauf an, ob die Argumente überzeugend und schlüssig sind.[252] Nur wenn der Aktionär mindestens 14 Tage vor dem Tage der Hauptversammlung seinen Gegenantrag mitteilt, ist der Vorstand verpflichtet, den Gegenantrag nach Maßgabe des § 126 AktG den übrigen Aktionären zugänglich zu machen. Auch hier sind gem. §§ 126 Abs. 1 Satz 2, 121 Abs. 7 Satz 1 AktG weder der Tag der Hauptversammlung noch der Tag des Zugangs des Gegenantrags mitzurechnen; die bisherigen Unklarheiten bezüglich der Fristbestimmung wurden auch hier beseitigt.

cc) **Unzulässige Gegenanträge.** Die Gesellschaft muss allerdings nicht jeden Gegenantrag des Aktionärs zugänglich machen. Im Katalog des § 126 Abs. 2 AktG sind Ausnahmetatbestände von dieser Pflicht formuliert. Sinn und Zweck dieser Bestimmung ist es, der Gesellschaft nicht die Zugänglichmachung von unzulässigen und rechtsmissbräuchlichen Gegenanträgen zuzumuten. Daher entfällt die Pflicht zur Zugänglichmachung
- soweit sich der Vorstand durch das Zugänglichmachen strafbar machen würde (§ 126 Abs. 2 Satz 1 Nr. 1 AktG),
- wenn der Gegenantrag zu einem gesetzes- oder satzungswidrigen Beschluss der Hauptversammlung führen würde (§ 126 Abs. 2 Satz 1 Nr. 2 AktG),
- wenn die Begründung in wesentlichen Punkten offensichtlich falsche oder irreführende Angaben oder wenn sie Beleidigungen enthält (§ 126 Abs. 2 Satz 1 Nr. 3 AktG),
- wenn ein auf denselben Sachverhalt gestützter Gegenantrag des Aktionärs bereits zu einer Hauptversammlung der Gesellschaft nach § 125 AktG zugänglich gemacht worden ist (§ 126 Abs. 2 Satz 1 Nr. 4 AktG),
- wenn derselbe Gegenantrag des Aktionärs mit wesentlich gleicher Begründung in den letzten fünf Jahren bereits zu mindestens zwei Hauptversammlungen der Gesellschaft nach § 125 AktG zugänglich gemacht worden ist und in der Hauptversammlung weniger als 5 % des vertretenen Grundkapitals für ihn gestimmt hat (§ 126 Abs. 2 Satz 1 Nr. 5 AktG),
- wenn der Aktionär zu erkennen gibt, dass er an der Hauptversammlung nicht teilnehmen und sich nicht vertreten lassen will (§ 126 Abs. 2 Satz 1 Nr. 6 AktG), oder
- wenn der Aktionär in den letzten zwei Jahren in zwei Hauptversammlungen einen von ihm mitgeteilten Gegenantrag nicht gestellt hat oder nicht hat stellen lassen (§ 126 Abs. 2 Satz 1 Nr. 7 AktG).

Darüber hinaus braucht eine Begründung nicht zugänglich gemacht zu werden, wenn sie insgesamt mehr als 5000 Zeichen beträgt (§ 126 Abs. 2 Satz 2 AktG). Der Gegenantrag selbst muss gleichwohl zugänglich gemacht werden. Dem Vorstand steht es jedoch frei, die zu lange Begründung mitzuteilen oder den Text entsprechend zu kürzen, wenn dadurch die Kernaussage des Textes unverändert bleibt.[253] In § 126 Abs. 3 AktG wird dem Vorstand die Möglichkeit

---

[252] Vgl. *Hüffer* AktG § 126 Rz. 3; Spindler/Stilz/*Willamowski* AktG § 126 Rz. 4; Großkomm. AktG/*Werner* § 126 Rz. 23.

[253] Großkomm. AktG/*Werner* § 126 Rz. 92; Obermüller/Werner/Winden/*Butzke* B. Rz. 163; abw. Schmidt/Lutter/*Ziemons* AktG § 126 Rz. 16: zu einer Straffung des Textes ist die Gesellschaft weder berechtigt noch verpflichtet.

eingeräumt, Gegenanträge der Aktionäre und deren Begründungen zusammenzufassen, wenn diese denselben Gegenstand der Beschlussfassung betreffen. Auch voneinander abweichende Gegenanträge können zusammengefasst werden, so sie nur denselben Beschlussgegenstand betreffen. Allerdings müssen in der Zusammenfassung die Anträge und die sie tragenden wesentlichen Begründungselemente erhalten bleiben.[254]

g) Wahlvorschläge der Aktionäre

113 Für Vorschläge des Aktionärs zur Wahl von Aufsichtsratsmitgliedern oder von Abschlussprüfern gilt § 126 AktG sinngemäß (§ 127 Satz 1 AktG). Abweichend von der Regelung zu den Gegenanträgen von Aktionären brauchen Wahlvorschläge jedoch nicht begründet zu werden (§ 127 Satz 2 AktG). Enthält der Vorschlag dennoch eine Begründung, so ist diese nach den zu § 126 AktG geltenden Grundsätzen zugänglich zu machen. Über die Ausnahmetatbestände des § 126 Abs. 2 AktG hinaus besteht auch dann keine Pflicht zur Zugänglichmachung, wenn der Vorschlag nicht die erforderlichen Angaben des Namens, ausgeübten Berufs und Wohnorts des Vorgeschlagenen enthält (§ 127 Satz 3 iVm. § 124 Abs. 3 Satz 3 AktG). Die Pflicht zur Zugänglichmachung entfällt ebenfalls, wenn bei börsennotierten Gesellschaften der Wahlvorschlag ohne die erforderlichen Angaben zu Mitgliedschaften der vorgeschlagenen Aufsichtsratsmitglieder in anderen gesetzlich zu bildenden Aufsichtsräten gemacht wird (§ 127 Satz 3 iVm. § 125 Abs. 1 Satz 3 AktG). Eine Pflicht des Vorstands, dem Antragsteller durch einen Hinweis die Nachholung der fehlenden Angaben zu ermöglichen, wird zu Recht überwiegend abgelehnt.[255]

h) Rechtsfolgen der unterbliebenen Einberufung

114 Wird eine Hauptversammlung vom Vorstand oder Aufsichtsrat nicht einberufen, obwohl eine Verpflichtung zur Einberufung besteht, machen sich der Vorstand oder der Aufsichtsrat gegenüber der Gesellschaft **schadensersatzpflichtig** (§§ 93 Abs. 2 Satz 1, 116 AktG).[256]

Der einzelne Aktionär kann die Einberufung einer Hauptversammlung nur über das Minderheitsverlangen gem. § 122 Abs. 1 AktG oder im Wege der gerichtlichen Ermächtigung zur Einberufung der Hauptversammlung nach § 122 Abs. 3 AktG,[257] wofür allerdings ein Grundkapitalquorum von 5 % erforderlich ist, erreichen. Er kann hingegen den Vorstand oder den Aufsichtsrat nicht auf die Einberufung einer Hauptversammlung gerichtlich in Anspruch nehmen. Ein Druckmittel steht dem Aktionär gegen Vorstandsmitglieder jedoch insofern zu, als er beim Registergericht die **Festsetzung eines Zwangsgelds** gemäß § 407 Abs. 1 AktG wegen unterlassener Einberufung der ordentlichen Hauptversammlung anregen kann.

---

[254] MünchKomm.AktG/Bd. 4/*Kubis* § 126 Rz. 37; Großkomm.AktG/*Werner* § 126 Rz. 94.
[255] Semler/Volhard/*Schlitt* § 4 Rz. 311; Obermüller/Werner/Winden/*Butzke* B. Rz. 164.
[256] MünchKomm.AktG/Bd. 4/*Kubis* § 121 Rz. 11; Schmidt/Lutter/*Ziemons* AktG § 121 Rz. 15.
[257] Vgl. Rz. 79 ff.

B. Die Aktiengesellschaft   115–118 § 5

3. Berichtspflichten

Zusätzlich zu der bloßen Ankündigung der in der Hauptversammlung zu 115
fassenden Beschlüsse hat der Gesetzgeber Berichtspflichten des Vorstands statuiert, um den Aktionären eine sachgerechte Stimmrechtsausübung, auch durch Bevollmächtigte, aufgrund ausreichender Informationen zu ermöglichen. Daneben sind durch Rechtsprechung und Schrifttum weitere ungeschriebene Berichtspflichten entwickelt worden.

a) Gesetzliche Berichtspflichten des Vorstands

Die durch Gesetz festgelegten Berichtspflichten des Vorstands betreffen ins- 116
besondere die Berichte über
- den Ausschluss des Bezugsrechts (§ 186 Abs. 4 Satz 2 AktG), auch bei der Veräußerung eigener Aktien außerhalb der Börse gemäß § 71 Abs. 1 Nr. 8 iVm. § 186 Abs. 3, 4 AktG
- die Verschmelzung (§ 8 UmwG),
- Spaltungsvorgänge (§ 127 UmwG),
- die formwechselnde Umwandlung (§ 192 UmwG),
- den Abschluss von Unternehmensverträgen (§ 293 a AktG),
- die Eingliederung (§ 319 Abs. 3 Satz 1 Nr. 3 AktG).

Die vorerwähnten Berichte sind **schriftlich** zu erstellen und vom Zeitpunkt 117
der Einberufung der Hauptversammlung an, die über diese Berichtsgegenstände Beschluss fassen soll, in den Geschäftsräumen der Gesellschaft **auszulegen** (vgl. exemplarisch §§ 293 f Abs. 1 Nr. 3, 319 Abs. 3 Satz 3 AktG sowie § 63 Abs. 1 Nr. 4 UmwG). Nach den durch das ARUG neu eingefügten Vorschriften ist es jedoch ausreichend, wenn die genannten Unterlagen für denselben Zeitraum über die Internetseite der Gesellschaft zugänglich sind (§§ 293f Abs. 3, 319 Abs. 3 Satz 4 AktG sowie § 63 Abs. 4 UmwG). Für den Bericht über den Ausschluss des Bezugsrechts im Rahmen einer Kapitalerhöhung besteht nach herrschender Meinung über die insoweit – trotz fehlender gesetzlicher Anordnung – auch bestehende Pflicht zum Zugänglichmachen[258] hinaus die Pflicht, den Bericht vollständig oder zumindest seinem wesentlichen Inhalt nach in analoger Anwendung des § 124 Abs. 2 Satz 2 AktG in den Gesellschaftsblättern bekannt zu machen.[259]

Für die übrigen gesetzlichen Berichtspflichten, die nach herrschender Mei- 118
nung nicht bekannt zu machen sind, empfiehlt es sich jedoch, zumindest bei der Einberufung der Hauptversammlung auf das Auslegen der Berichte bei der Gesellschaft bzw. deren Zugänglichmachen auf der Internetseite der Gesellschaft sowie die Möglichkeit der Anforderung der Berichte hinzuweisen.[260]

Zudem müssen die Berichte als der Versammlung zugänglich zu machende Unterlagen bei börsennotierten Gesellschaften auch alsbald nach der Einberufung auf der Internetseite der Gesellschaft veröffentlicht werden (§ 124a AktG).[261]

---

[258] *Hüffer* AktG § 186 Rz. 23; Semler/Volhard/*Reichert* § 5 Rz. 4.
[259] BGH II ZR 230/91 v. 9. 11. 1992, ZIP 1992, 1728, 1732; MünchHdb.GesR/Bd. 4/ *Krieger* § 56 Rz. 94 ff.; Kölner Komm.AktG/*Lutter* § 186 Rz. 57; *Steiner* § 1 Rz. 56 f.; Großkomm.AktG/*Werner* § 124 Rz. 39; Semler/Volhard/*Reichert* § 5 Rz. 4.
[260] *Steiner* § 1 Rz. 57; vgl. auch Obermüller/Werner/Winden/*Butzke* B. Rz. 95.
[261] Vgl. dazu Rz. 102.

119 In den Bericht zu den vorerwähnten Strukturmaßnahmen nach dem UmwG sowie zum Abschluss eines Unternehmensvertrages müssen keine Tatsachen aufgenommen werden, deren Bekanntwerden geeignet ist, einem der beteiligten Unternehmen einen nicht unerheblichen Nachteil zuzufügen, wobei die Gründe für die **Geheimhaltungsbedürftigkeit** angegeben werden müssen.[262] Für die Eingliederung enthält das Gesetz keine entsprechende Bestimmung; richtigerweise wird man jedoch die entsprechenden Bestimmungen analog anwenden können.[263] Für den Bericht über den Bezugsrechtsausschluss ergibt sich Ähnliches daraus, dass er inhaltlich einem Auskunftsverweigerungsrecht analog § 131 Abs. 3 AktG unterliegt.[264]

120 Für die Umwandlung und den Abschluss eines Unternehmensvertrags ist weiterhin die **Entbehrlichkeit** des Berichts vorgesehen, wenn alle Anteilsinhaber auf die Erstattung eines solchen verzichten; der **Verzicht** bedarf allerdings der notariellen Beurkundung.[265] Auch hier spricht alles für die analoge Erstreckung dieser Bestimmungen auf die Eingliederung.[266] Auch der Bericht über den Bezugsrechtsausschluss ist bei Zustimmung aller Aktionäre entbehrlich, allerdings ist hierzu ein Verzichtsbeschluss einer Vollversammlung erforderlich.[267]

Im Einzelnen gilt das Folgende:

121 **aa) Bezugsrechtsausschluss.** Der Bericht des Vorstands[268] hat den Grund für den Ausschluss des Bezugsrechts und den vorgeschlagenen Ausgabebetrag darzulegen und zu begründen (§ 186 Abs. 4 Satz 2 AktG). Der Bericht muss somit umfassend und konkret die Tatsachen enthalten, die für die **materielle Rechtfertigung** des Bezugsrechtsausschlusses erforderlich sind.[269] Der Bericht kann daher zugleich als Grundlage für die Überprüfung der sachlichen Rechtfertigung im Rahmen eines Anfechtungsprozesses dienen. Zweck des Berichts ist es, der Hauptversammlung die für eine sachgerechte Entscheidung notwendigen Informationen zu vermitteln.[270] Auch wenn die Gründe für den Bezugsrechtsausschluss offensichtlich sind, ist der Bericht nicht entbehrlich. Der Bericht ist auch bei Barkapitalerhöhungen, bei der die Bareinlage zehn vom Hundert des Grundkapitals nicht übersteigt und der Ausgabebetrag den Börsenkurs nicht wesentlich unterschreitet, erforderlich, obgleich der Gesetzgeber in § 186 Abs. 3 Satz 4 AktG unter diesen Voraussetzungen von der grundsätzlichen Zulässigkeit des Bezugsrechtsausschlusses ausgeht.[271] Der Ausgabebetrag ist unter Darlegung der Berechnungsgrundlagen und der Bewertungskriterien zu begründen, da eine Anfechtungsklage auch auf einen zu niedrigen Ausgabekurs gestützt werden kann (vgl. § 255 Abs. 2 AktG).[272]

---

[262] Vgl. §§ 8 Abs. 2, 127 Satz 2, § 192 Abs. 1 Satz 2 UmwG, § 293 a Abs. 2 AktG; s. auch Semler/Volhard/*Reichert* § 5 Rz. 21, 34, 44, 54.
[263] Semler/Volhard/*Reichert* § 5 Rz. 60; *Hüffer* AktG § 319 Rz. 11.
[264] Semler/Volhard/*Reichert* § 5 Rz. 5.
[265] Vgl. § 8 Abs. 3, ggf. iVm. § 127 Satz 2 UmwG, § 192 Abs. 2 UmwG, § 293 a Abs. 3 AktG.
[266] MünchKomm.AktG/Bd. 8/*Grunewald* § 319 Rz. 15.
[267] *Hüffer* AktG § 186 Rz. 23 mwN; eher zurückhaltend OLG München 7 U 4355/90 v. 6. 2. 1991, AG 1991, 210, 211.
[268] Vgl. auch § 9 Rz. 42.
[269] BGH II ZR 55/81 v. 19. 4. 1982, BGHZ 83, 319 ff. (Holzmann).
[270] BGH II ZR 55/81 v. 19. 4. 1982, BGHZ 83, 319, 326 (Holzmann).
[271] Semler/Volhard/*Reichert* § 5 Rz. 6; *Hüffer* AktG § 186 Rz. 39 f.
[272] *Hüffer* AktG § 186 Rz. 24; Obermüller/Werner/Winden/*Butzke* L. Rz. 13.

B. Die Aktiengesellschaft   **122   § 5**

bb) Bezugsrechtsausschluss bei genehmigtem Kapital. Für die Praxis   **122**
von ganz besonderer Bedeutung ist die Schaffung eines genehmigten Kapitals,
im Rahmen dessen das Bezugsrecht ausgeschlossen wird oder zumindest der
Vorstand mit Zustimmung des Aufsichtsrats zum Ausschluss des Bezugsrechts
ermächtigt wird.[273] Soweit es **Sachkapitalerhöhungen** betrifft, kann das Bezugsrecht ggf. bis zur vollen Höhe der Zulässigkeit genehmigten Kapitals
(50 % des Grundkapitals; vgl. § 202 Abs. 3 Satz 1 AktG) ausgeschlossen werden.[274] Hinsichtlich **Barkapitalerhöhungen** kommt der Bezugsrechtsausschluss im Rahmen der 10 %-Grenze des § 186 Abs. 3 Satz 4 AktG in Betracht.
Die erhebliche Relevanz des genehmigten Kapitals mit Ausschluss des Bezugsrechts ist auf die Siemens/Nold-Entscheidung zurückzuführen.[275] In der Siemens/Nold-Entscheidung hat der BGH entgegen der bis dahin herrschenden
Ansicht für den Bezugsrechtsausschluss im Rahmen des genehmigten Kapitals
einen Bericht für ausreichend gehalten, in dem die beabsichtigte **Maßnahme
nur abstrakt umschrieben** wird; es genüge die Darlegung, dass die Maßnahme im Interesse der Gesellschaft liege.[276] Hierdurch wird dem Vorstand die Flexibilität gewährt, die erforderlich ist, auf Entwicklungen des Marktes rasch zu
reagieren, und dem Geheimhaltungsinteresse der Gesellschaft Rechnung getragen.[277] Gebrauch machen darf der Vorstand von dem genehmigten Kapital
nach Auffassung des BGH allerdings nur dann, wenn das konkrete Vorhaben
seiner abstrakten Umschreibung entspricht, in Übereinstimmung mit dem
Unternehmensgegenstand steht und nach wie vor im Interesse der Gesellschaft
liegt. Offen gelassen hat der BGH in der Siemens/Nold-Entscheidung, ob der
Vorstand vor Ausübung des genehmigten Kapitals einen schriftlichen Vorabbericht an die Aktionäre gemäß §§ 203 Abs. 2 Satz 2, 186 Abs. 4 Satz 2 AktG
über die Verwendung des Kapitals sowie die Gründe für den Bezugsrechtsausschluss zu erstatten habe. Diese in der Literatur streitige Frage, hat der BGH inzwischen in der Mangusta/Commerzbank I-Entscheidung verneint;[278] der
Vorstand ist danach lediglich gehalten, auf der nächsten ordentlichen Hauptversammlung nach der Ausübung über die Einzelheiten zu berichten. Die Beschlüsse der Verwaltung über die Ausübung des genehmigten Kapitals sind
nach Auffassung des BGH in der parallel ergangenen Mangusta/Commerzbank II-Entscheidung nicht analog der aktienrechtlichen Vorschriften über die
Anfechtungs- oder Nichtigkeitsfeststellungsklage (§§ 241 ff. AktG) gerichtlich
überprüfbar; richtiges Kontrollinstrument sei vielmehr die allgemeine Feststellungsklage (§ 256 ZPO).[279]

---

[273] Vgl. § 9 Rz. 85 ff.
[274] Vgl. etwa Beschluss der Hauptversammlung der Allianz AG zu TOP 9 der Hauptversammlung 2001, Bundesanzeiger Nr. 102 vom 2. 6. 2001, S. 11 053 ff.
[275] BGH II ZR 132/93 v. 23. 6. 1997, BGHZ 136, 133.
[276] Zu den Mindestinhalten eines solchen Berichts: LG München I 5 HK O 12702/00
v. 25. 1. 2000, BB 2001, 748, 749; dazu *Bungert* BB 2001, 742.
[277] BGH II ZR 132/93 v. 23. 6. 1997, BGHZ 136, 133, 137 f.
[278] BGH II ZR 148/03 v. 10. 10. 2005, NZG 2006, 18 (Mangusta/Commerzbank I).
Zur Gegenauffassung vgl. etwa MünchKomm.AktG/Bd. 6/*Bayer* § 203 Rz. 155 ff. Siehe
auch den Überblick bei *Reichert/Senger* Der Konzern 2006, 338, 341 mwN für beide Auffassungen.
[279] BGH II ZR 90/03 v. 10. 10. 2005, NZG 2006, 20 (Mangusta/Commerzbank II).
Siehe hierzu *Reichert/Senger* Der Konzern 2006, 338 ff.

123 Die Form genehmigten Kapitals eignet sich für **Publikumsgesellschaften** für die Einbringung von Unternehmen im Rahmen von Sachkapitalerhöhungen, wie sie gerade bei Unternehmensübernahmen oder Unternehmenszusammenschlüssen, im Rahmen derer die Aktie eine wichtige Akquisitionswährung ist, üblich sind. Entscheidet sich das Unternehmen für eine Sachkapitalerhöhung mit Bezugsrechtsausschluss, so geht dies – nicht nur wegen des Bezugsrechtsausschlusses, sondern auch wegen des zu erwartenden Streites über den Ausgabekurs – mit erheblichen Anfechtungsrisiken einher, bei deren Realisierung eine Blockade der Transaktion entstehen kann, auch wenn die durch § 246a AktG eingeführte Möglichkeit, eine Freigabeentscheidung herbeizuführen, die Chancen einer Überwindung der Blockade erhöht hat.[280, 281] Von daher greift die **Praxis** heute auf genehmigte Kapitalia mit Bezugsrechtsausschluss zurück; sind diese beschlossen, nicht angefochten und im Handelsregister eingetragen, kann der Vorstand mit Zustimmung des Aufsichtsrats die vorgesehene Transaktion unter Rückgriff auf diese Ermächtigung – ohne weitere Einschaltung der Hauptversammlung und damit auch ohne Anfechtungsrisiken – vollziehen.[282]

124 cc) **Bezugsrechtsausschluss bei Veräußerung eigener Aktien.** Seit der Erleichterung des Erwerbs und der Veräußerung eigener Aktien durch das KonTraG spielen eigene Aktien als Akquisitionswährung ebenfalls eine ganz erhebliche Rolle. Auch insoweit ist es möglich, das Bezugsrecht der Aktionäre bei der Verwertung eigener Aktien bereits im Ermächtigungsbeschluss auszuschließen. Soweit dies bei einer Veräußerung gegen bar erfolgt, ist ebenfalls die 10 %-Grenze des § 186 Abs. 3 Satz 4 AktG einzuhalten, wobei der Ausschluss unter Berücksichtigung der Ausnutzung anderer Ermächtigungen (etwa der Ermächtigung aufgrund genehmigten Kapitals) jeweils anzurechnen ist.[283] Was einen Ausschluss des Bezugsrechts bei einer Verwendung eigener Aktien als Währung für Sacheinlagen (also insbesondere als Akquisitionswährung für die Übernahme von Unternehmen) anbelangt, ist hingegen keine Anrechnung auf die 50 %-Grenze, wie sie für genehmigtes Kapital gilt, vorgesehen.[284]

125 Auch im Rahmen des Ermächtigungsbeschlusses zum Erwerb eigener Aktien, der eine Ermächtigung zum Ausschluss des Bezugsrechts bei der Verwendung der Aktien enthält, ist ein Bericht zu erstatten (§ 71 Abs. 1 Nr. 8 iVm.

---

[280] Vgl. Rz. 144 und ausführlich 298 ff. zum Freigabeverfahren, das durch das UMAG auch für andere Maßnahmen eingeführt wurde und dessen Voraussetzungen durch das ARUG reformiert und erleichtert wurden; vgl. auch eingehend zum UMAG *Winter* in Liber amicorum Happ, S. 363 sowie zum ARUG die Stellungnahmen des Handelsrechtsausschusses des DAV zum Referentenentwurf, NZG 2008, 534, 541 f., sowie zum Regierungsentwurf, NZG 2009, 96, 98.

[281] Zu den Folgen vgl. *Zöllner/Winter* ZHR 158 (1994), S. 59 ff.; zur rechtspolitischen Diskussion vgl. *Baums (Hrsg.)*, Bericht der Regierungskommission Corporate Governance, Rz. 152 sowie dazu *Reichert* ZHR-Beiheft 71 (2002), 165, 190 f.

[282] Zur Frage, inwieweit sich hier eine Schutzlücke von Minderheitsaktionären auftut: *Bayer* ZHR-Beiheft 71 (2002), 137, 153 f.; denkbar ist der Versuch, die Ausnutzung des genehmigten Kapitals durch einstweilige Verfügung zu verhindern; de facto wird von dieser Möglichkeit im Hinblick auf die Schadensersatzdrohung des § 945 ZPO kaum Gebrauch gemacht.

[283] Vgl. dazu eingehend *Reichert/Harbarth* ZIP 2001, 1441, 1443 ff.

[284] Vgl. *Reichert/Harbarth* ZIP 2001, 1441, 1444 f.; aA: *Huber* in FS Kropff S. 101, 119.

B. Die Aktiengesellschaft   **126, 127**   **§ 5**

§ 186 Abs. 3, 4 AktG). Inhaltlich hat sich dieser an den Anforderungen der Siemens/Nold-Entscheidung zu orientieren.[285]

dd) Verschmelzung. Der Gesetzgeber schreibt vor, dass in dem Verschmel- **126** zungsbericht die Verschmelzung, der Verschmelzungsvertrag oder sein Entwurf im Einzelnen und insbesondere das Umtauschverhältnis der Anteile oder die Angaben über die Mitgliedschaft bei dem übernehmenden Rechtsträger sowie die Höhe einer anzubietenden Barabfindung rechtlich und wirtschaftlich zu erläutern und zu begründen sind (§ 8 Abs. 1 Satz 1 UmwG).[286] Bezüglich der Angaben zur Verschmelzung sind die **rechtlichen und wirtschaftlichen Gründe** auszuführen, welche die Verschmelzung als das geeignete Mittel zur weiteren Verfolgung des Unternehmenszwecks erscheinen lassen.[287] Im Einzelnen ist dabei über die wirtschaftliche Ausgangslage der beteiligten Gesellschaften zu berichten, sind die wirtschaftlichen Auswirkungen der Verschmelzung zu erläutern und sodann die Vor- und Nachteile abzuwägen.[288] Die Erläuterung des Verschmelzungsvertrags soll der Verständlichmachung der einzelnen Klauseln für den juristisch nicht vorgebildeten Aktionär dienen.[289] Des Weiteren ist das **Umtauschverhältnis der Anteile** zu erläutern. Hierauf liegt ein Schwerpunkt der Berichtspflicht, denn es ist für jeden Aktionär von entscheidender Bedeutung, in welchem Verhältnis sich seine Beteiligung in dem neuen Rechtsträger fortsetzt. Das Gesetz ordnet darüber hinaus an, dass auf besondere Schwierigkeiten bei der Bewertung der Rechtsträger sowie auf die Folgen für die Beteiligung der Anteilsinhaber hinzuweisen ist (§ 8 Abs. 1 Satz 2 UmwG). Im Rahmen der Angaben über die **Methode der Unternehmensbewertung** ist daher auch anzugeben, wie die Schwierigkeiten der Unternehmensbewertung berücksichtigt wurden.[290] Der Verschmelzungsbericht ist außer in Fällen des Verzichts aller Anteilseigner auch entbehrlich, wenn der übernehmende Rechtsträger 100 % der Anteile am übertragenden Rechtsträger hält (§ 8 Abs. 3 Satz 1 UmwG).

ee) Spaltung. Der Inhalt des Spaltungsberichts[291] ist vergleichbar mit dem **127** Inhalt des Verschmelzungsberichts. Die Vertretungsorgane jedes an der Spaltung beteiligten Rechtsträgers haben die Spaltung, den Vertrag oder seinen Entwurf im Einzelnen und bei Aufspaltung und Abspaltung insbesondere das Umtauschverhältnis der Anteile oder die Angaben über die Mitgliedschaften bei den übernehmenden Rechtsträgern, den Maßstab für ihre Aufteilung sowie die Höhe einer anzubietenden Barabfindung rechtlich und wirtschaftlich zu erläutern und zu begründen (§ 127 Satz 1 UmwG). Die Regelungen für den Spaltungsbericht verweisen im Wesentlichen auf die für die Verschmelzung geltenden Bestimmungen (§ 127 Satz 2 UmwG). Daher gilt auch für den Spaltungsbericht, dass er die für das Treffen einer sachgerechten Entscheidung erforderlichen Informationen enthalten muss. Zunächst ist das Spaltungsvorha-

---

[285] Vgl. Reichert/Harbarth ZIP 2001, 1441, 1444; beispielhaft die Berichte der Allianz AG zur Hauptversammlung 2001, Bundesanzeiger Nr. 102 vom 2.6. 2001, S. 11053, und der MVV Energie AG zur Hauptversammlung 2001, Bundesanzeiger Nr. 5 vom 9.1. 2001, S. 326.
[286] Vgl. auch § 14 Rz. 86.
[287] Lutter/Lutter/Drygala UmwG § 8 Rz. 13.
[288] Lutter/Lutter/Drygala UmwG § 8 Rz. 14 ff.
[289] Lutter/Lutter/Drygala UmwG § 8 Rz. 17.
[290] Vgl. hierzu ie. Semler/Volhard/Reichert § 5 Rz. 17 ff.
[291] Vgl. auch § 14 Rz. 264.

ben in seiner Gesamtheit darzulegen.[292] Hieran anschließend ist die **Ausgangslage** sowie die durch die Spaltung **angestrebte Zielstruktur** darzustellen. Besonders bedeutsam ist zudem die Darstellung der sich bei der Spaltung ergebenden konkreten **Einstands- und Haftungsrisiken**.[293] Die Vertragserläuterung hat ebenso wie beim Verschmelzungsvertrag in der Weise zu erfolgen, dass juristisch nicht vorgebildeten Adressaten der Inhalt des Vertrags verständlich gemacht wird.[294]

128 Nur bei der **Auf- und Abspaltung** ist das Umtauschverhältnis der Anteile zu erläutern, da bei diesen Spaltungsformen die Anteilsinhaber ganz oder teilweise neue Anteile erhalten. Bei der **Ausgliederung** sind Angaben zum Umtauschverhältnis aufgrund gesetzlicher Anordnung entbehrlich.[295]

129 Der Spaltungsbericht hat zudem die Anteilsinhaber über die Mitgliedschaften bei den übernehmenden Rechtsträgern zu informieren, dh. es ist über die **Ausgestaltung der Mitgliedschaftsrechte** zu berichten. Schließlich ist noch darzulegen, wie sich die Beteiligungsquoten der einzelnen Anteilsinhaber verändern. Kommt es zu keiner **Quotenveränderung** (verhältniswahrende Auf- oder Abspaltung zur Neugründung), kann der Hinweis auf die Folgen für die Beteiligung mangels Relevanz entfallen, sofern nicht sonstige Veränderungen der Mitgliedschaft mit der Spaltung verbunden sind.[296]

Aufgrund der Verweisung des § 127 Satz 2 UmwG auf § 8 Abs. 3 Satz 1 UmwG ist ein Spaltungsbericht entbehrlich, wenn eine 100 %ige Tochtergesellschaft auf die Mutter abgespalten wird. Ob dies auch gilt, wenn eine Ausgliederung oder Abspaltung auf eine 100 %ige Tochtergesellschaft erfolgt, ist umstritten.[297]

130 **ff) Formwechselnde Umwandlung.** Der vom Vertretungsorgan des formwechselnden Rechtsträgers zu erstellende Umwandlungsbericht[298] enthält drei Teile: einen Erläuterungs- und Begründungsteil, den Entwurf des Umwandlungsbeschlusses sowie eine beizufügende Vermögensaufstellung (§ 192 Abs. 1 UmwG). Im Erläuterungs- und Begründungsteil sind die **rechtlichen und wirtschaftlichen Gründe** für den Formwechsel ausführlich darzulegen und die Vor- und Nachteile zu erörtern.[299] Anschließend sind der Formwechsel selbst und dessen rechtliche und wirtschaftliche Folgen ausführlich zu erläutern. Im zweiten Teil des Umwandlungsberichts ist der **Entwurf des Umwandlungsbeschlusses** zu erläutern. Da der Umwandlungsbeschluss für den Formwechsel die Funktion des Verschmelzungsvertrages übernimmt, reicht die bloße Wiedergabe des Umwandlungsbeschlusses nicht aus. Es bedarf vielmehr der näheren Erläuterung der Bestandteile des Umwandlungsbeschlusses.[300] Das nach § 192 Abs. 2 UmwG aF bestehende Erfordernis, eine

---

[292] Lutter/*Schwab* UmwG § 127 Rz. 18.
[293] Ausführlich: Lutter/*Schwab* UmwG § 127 Rz. 21.
[294] Eingehend Lutter/*Schwab* UmwG § 127 Rz. 27.
[295] Lutter/*Schwab* UmwG § 127 Rz. 29.
[296] Lutter/*Schwab* UmwG § 127 Rz. 37.
[297] Gegen eine Anwendung des § 8 Abs. 3 Satz 1 Alt. 2 UmwG: Lutter/*Schwab* UmwG § 127 Rz. 53; Schmitt/Hörtnagl/Stratz/*Hörtnagl* UmwG § 127 Rz. 21; dafür: Kallmeyer/*Kallmeyer* UmwG § 127 Rz. 16; Semler/Stengel/*Gehling* UmwG § 127 Rz. 51.
[298] Vgl. auch § 14 Rz. 204 f.
[299] Semler/Volhard/*Reichert* § 5 Rz. 39.
[300] Lutter/*Decher* UmwG § 192 Rz. 28.

B. Die Aktiengesellschaft 131–133 § 5

Vermögensaufstellung beizufügen, ist durch Gesetz vom 19.4.2007 ersatzlos entfallen.[301]

gg) Unternehmensverträge. Hat die Hauptversammlung über einen Unternehmensvertrag zu entscheiden, so ist der Vorstand jeder an dem Unternehmensvertrag beteiligten Aktiengesellschaft verpflichtet, einen ausführlichen schriftlichen Bericht zu erstatten, der Erläuterungen und Begründungen zum Abschluss des Unternehmensvertrages im Einzelnen und insbesondere zur Art und Höhe des Ausgleichs und der Abfindung an außenstehende Aktionäre enthält (§ 293 a Abs. 1 Satz 1 AktG). Zunächst ist also der **Vertragsabschluss** zu erläutern, wobei in Anknüpfung an den Bericht über den Ausschluss des Bezugsrechts darzulegen ist, welche rechtlichen und wirtschaftlichen Gründe den Unternehmensvertrag als geeignetes Mittel zur Verfolgung des Unternehmenszwecks erscheinen lassen.[302] Hieran anschließend ist der **Vertragsinhalt** zu erläutern. Schließlich ist in Fällen, in denen Ausgleichs- und Abfindungspflichten gemäß §§ 304 und 305 AktG bestehen, die **Art und Höhe des Ausgleichs** rechtlich und wirtschaftlich zu erläutern. Die Höhe des Ausgleichs und der Abfindung bestimmt sich nach der Verschmelzungswertrelation, die ihrerseits eine **Unternehmensbewertung** voraussetzt.[303] Die Angaben zur Unternehmensbewertung gehören daher zum notwendigen Berichtsinhalt. 131

hh) Eingliederung. Bei einer geplanten Eingliederung einer Aktiengesellschaft in eine andere Aktiengesellschaft ist ein ausführlicher schriftlicher Bericht des Vorstands der zukünftigen Hauptgesellschaft zu erstellen, in dem die Eingliederung rechtlich und wirtschaftlich erläutert und begründet wird (§ 319 Abs. 3 Nr. 3 AktG). Berichtsgegenstand ist nur die Eingliederung. In dem Bericht sind der **Zweck** der Eingliederung offen zu legen, andere Möglichkeiten anzusprechen und **Vor- und Nachteile** der vorgesehenen Maßnahme im Vergleich zu in Betracht kommenden Alternativen abzuwägen. Daneben sind die **Folgen** der Eingliederung und hierbei insbes. die Haftung für Altverbindlichkeiten nach § 322 AktG zu erläutern. Die Aktionäre müssen sich ein Bild davon machen können, ob und in welchem Umfang ihre Aktien von Verwässerung bedroht sind.[304] 132

b) Berichtspflichten des Aufsichtsrats

Das Gesetz sieht neben den Berichtspflichten des Vorstands in bestimmten Fällen auch Berichtspflichten des Aufsichtsrats vor. So hat der Aufsichtsrat beispielsweise vor der Beschlussfassung der Hauptversammlung über die Zustimmung zu einem Nachgründungsvertrag diesen Vertrag zu prüfen und einen schriftlichen Bericht zu erstatten (Nachgründungsbericht; § 52 Abs. 3 Satz 1 AktG). Ebenso besteht eine Berichtspflicht über die Prüfung des Jahresabschlusses, des Lageberichts, ggf. auch des Konzernabschlusses und des Konzernlageberichts und des Vorschlags über die Verwendung des Bilanzgewinns (§ 171 Abs. 2 AktG).[305] 133

---

[301] Zweites Gesetz zur Änderung des Umwandlungsgesetzes, BGBl. I 2007 S. 542. Vgl. hierzu *Drinhausen* BB 2006, 2313 ff.
[302] *Hüffer* AktG § 293 a Rz. 12; Schmidt/Lutter/*Langenbucher* AktG § 293 a Rz. 12.
[303] Vgl. *Hüffer* AktG § 293 a Rz. 14.
[304] *Hüffer* AktG § 319 Rz. 11; Schmidt/Lutter/*Langenbucher* AktG § 319 Rz. 17 ff.
[305] Eingehend hierzu Obermüller/Werner/Winden/*Butzke* B. Rz. 5, H Rz. 6, 40 f.

c) Berichtspflicht bei Squeeze Out

134 In den §§ 327a ff. AktG ist die Möglichkeit des Ausschlusses von Minderheitsaktionären (so genanntes Squeeze out) geregelt, wonach ein mit 95 % am Grundkapital beteiligter Aktionär Minderheitsaktionäre aus der Gesellschaft zwangsweise gegen Barabfindung durch Übernahme von deren Aktien ausschließen kann. Zur Vorbereitung des hierzu erforderlichen Beschlusses der Hauptversammlung hat der den Ausschluss beabsichtigende Hauptaktionär – nicht der Vorstand – der Hauptversammlung einen schriftlichen Bericht zu erstatten, in dem die Erfüllung der gesetzlichen Voraussetzungen des Ausschlusses und die Angemessenheit der angebotenen Barabfindung dargelegt werden (§ 327c Abs. 2 AktG). Dieser Bericht ist durch einen schriftlichen Prüfungsbericht, in dem die Angemessenheit der Abfindung überprüft wird, zu ergänzen (§ 327c Abs. 2 Satz 2 AktG), für dessen Inhalt weitgehend auf die Vorschriften zu dem Bericht über den Abschluss eines Unternehmensvertrages verwiesen wird (vgl. § 327c Abs. 2 Satz 3 und 4 AktG). Diese Berichte sind gemeinsam mit dem Entwurf des Übertragungsbeschlusses und den Jahresabschlüssen und Lageberichten für die letzten drei Geschäftsjahre von der Einberufung der Hauptversammlung an in dem Geschäftsraum der Gesellschaft zur Einsicht der Aktionäre auszulegen und auf Verlangen jedem Aktionär unverzüglich und kostenlos zu übermitteln (§ 327c Abs. 3 und 4 AktG). Die Verpflichtungen gem. § 327c Abs. 3 und 4 AktG entfallen, wenn die genannten Unterlagen für denselben Zeitraum auf der Internetseite der Gesellschaft zugänglich sind. Obgleich das Gesetz in § 327c Abs. 2 Satz 1 AktG nur von einem schriftlichen Bericht des Hauptaktionärs spricht, wohingegen etwa bei Abschluss eines Unternehmensvertrages ein ausführlicher schriftlicher Bericht verlangt wird, was nahe legt, dass hier nicht den weit reichenden Anforderungen dieser Berichtspflicht zu entsprechen ist, bedarf es jedenfalls einer eingehenden Darlegung derjenigen Angaben, deren Kenntnis für die Beschlussfassung der Aktionäre erforderlich ist. Es sollte die wirtschaftliche und rechtliche Ausgangslage der Gesellschaften, das Zustandekommen der 95%igen Beteiligung sowie das Vorliegen der nach § 327b Abs. 3 erforderlichen Erklärung eines Kreditinstituts, durch die dieses die Gewährleistung für die Erfüllung der Barabfindungsverpflichtung des Hauptaktionärs übernimmt, dargelegt werden. Der Schwerpunkt des Berichts liegt regelmäßig in der Darlegung und Erläuterung der Angemessenheit der Barabfindung und der zu ihrer Ermittlung herangezogenen Bewertungsmethode. Besonderer Begründung bedarf insbesondere eine Unterschreitung des durchschnittlichen Börsenkurses innerhalb der letzten drei Monate vor der Beschlussfassung.[306] Indessen brauchen Tatsachen, deren öffentliches Bekanntwerden der Gesellschaft oder dem Hauptaktionär einen nicht unerheblichen Nachteil zufügen würde, nicht aufgenommen zu werden.

---

[306] Vgl. BGH II ZB 15/00 v. 12.3. 2001, ZIP 2001, 734, 737 im Anschluss an BVerfG 1 BvR 1613/94 v. 27.4. 1999 (DAT/Altana); dies gilt trotz der Bedenken, die zu Recht dagegen erhoben wurden, auf diesen durch den Squeeze out beeinflussten Zeitraum abzuheben; vgl. hierzu *Hüffer* AktG § 327 c Rz. 3, § 305 Rz. 24e; *Stilz* ZGR 2001, 875, 887ff.; *Hüttemann* ZGR 2001, 454, 461f.; *Weiler/Meyer* ZIP 2001, 2153, 2158; *Wilken* ZIP 1999, 1443, 1444.

B. Die Aktiengesellschaft 135–137 § 5

Ebenso ist wie in solchem Falle ein Bericht dann nicht erforderlich, wenn alle Aktionäre in öffentlich beglaubigter Form auf ihn verzichten (vgl. § 327 c Abs. 2 Satz 4 iVm. § 293 a Abs. 2 Satz 1, Abs. 3 AktG).

d) Prüfungsberichte Dritter

Des Weiteren sind in bestimmten Fällen auch Prüfungsberichte Externer angeordnet. Hierbei handelt es sich um durch Wirtschaftsprüfer zu erstellende Prüfungsberichte etwa bei Sachkapitalerhöhungen (§§ 183 Abs. 3, 194 Abs. 4 AktG), Nachgründungsverträgen (§ 52 Abs. 4 AktG), Verschmelzungen (§§ 9, 12 UmwG), Spaltungen mit Ausnahme der Ausgliederung (§ 125 UmwG), Eingliederungen (§ 320 Abs. 3 AktG) und bei Unternehmensverträgen (§ 293e AktG). Diese Berichte sind in der Hauptversammlung auszulegen bzw. zugänglich zu machen (vgl. etwa §§ 293f, 320 Abs. 4 Satz 3 iVm. 319 Abs. 3 Satz 3 AktG, § 64 UmwG). 135

e) Ungeschriebene Berichtspflichten

Die Frage, ob auch ungeschriebene Berichtspflichten bestehen, setzt notwendigerweise die Beantwortung der Vorfrage voraus, ob die in Rede stehende Maßnahme einer Mitwirkung der Hauptversammlung bedarf. Ist – etwa nach den Holzmüller/Gelatine-Grundsätzen[307] – von einer solchen auszugehen, spricht vieles dafür, zur sachgerechten Vorbereitung einer Entscheidungsfindung der Aktionäre das Erfordernis eines **Strukturberichts** zu bejahen.[308] In der Praxis sollte man, um unnötige Anfechtungsrisiken zu vermeiden, in jedem Fall einen solchen Strukturbericht erstellen, zumal er im Hinblick auf die darin bereits enthaltenen Informationen die Vorbereitung und Durchführung der Hauptversammlung erleichtert. Auch hinsichtlich der Ankündigungs- und Auslegungspflichten sollte man sich an den vorstehend behandelten gesetzlichen Leitbildern orientieren.[309] 136

f) Rechtsfolgen bei Verstoß

aa) Anfechtung. Es ist von dem Grundsatz auszugehen, dass jede Unrichtigkeit bzw. Unvollständigkeit eines Berichts, der zur Vorbereitung einer Beschlussfassung in der Hauptversammlung erforderlich ist, ein erhebliches Anfechtungsrisiko in sich trägt.[310] Gemäß § 243 Abs. 4 Satz 1 AktG[311] kann wegen unrichtiger, unvollständiger oder verweigerter Erteilung von Informationen letztlich nur dann angefochten werden, wenn ein objektiv urteilender Aktionär die Erteilung der Information als wesentliche Voraussetzung für die sachgerech- 137

---

[307] Vgl. dazu Rz. 25 ff.
[308] Semler/Volhard/*Reichert* § 5 Rz. 70 ff.
[309] *Reichert* ZHR Beiheft Nr. 68 (1999), 25, 59 ff.; Semler/Volhard/*Reichert* § 5 Rz. 80.
[310] Semler/Volhard/*Reichert* § 5 Rz. 102; Obermüller/Werner/Winden/*Butzke* O. Rz. 48 f.
[311] § 243 Abs. 4 Satz 1 AktG wurde neu eingeführt durch das UMAG vom 22. 09. 2005 (BGBl. I 2005, S. 2802) und sollte die sog. Relevanzrechtsprechung kodifizieren, vgl. BGH II ZR 206/88 v. 22. 5. 1989, DB 1989, 1664, 1665; II ZR 18/91 v. 15. 6. 1992, BGHZ 119, 1, 18 ff.; vgl. auch Rz. 277 f. – nach verbreiteter Auffassung unterscheidet sich die Kodifikation gleichwohl von der Rechtsprechung des BGH, vgl. Schmidt/Lutter/ *Schwab* AktG § 243 Rz. 26 mwN.

te Wahrnehmung seiner Teilnahme- und Mitgliedschaftsrechte angesehen hätte. Es geht also nicht darum, dass die richtige Information das Verhalten tatsächlich beeinflusst hätte (ie. Kausalität), sondern darum, dass der Fragegegenstand so gewichtig ist, dass er das Verhalten potenziell beeinflussen konnte, der Aktionär ohne die Information daher eine Abstimmung verweigert hätte.[312] „Wesentliche Voraussetzung" für die Entscheidung sind demnach alle Informationen, die für einen objektiv urteilenden Aktionär für eine sachgerechte Beurteilung erforderlich sind,[313] nicht bloß die Informationen, denen im Rahmen des Gesamtbündels ein erhebliches Gewicht zukommt.[314] Der objektiv urteilende Aktionär wird im Regierungsentwurf als der vernünftig im Unternehmensinteresse handelnde Aktionär, der keine kurzfristigen Ziele verfolgt, definiert.[315]

138 **bb) Sonderfall der Informationspflichtverletzung bei Bewertungsfragen.** Rechtspolitisch war bereits lange darüber diskutiert worden, für Informationspflichtverletzungen das Anfechtungsrecht in den Fällen auszuschließen, bei denen sich die Informationspflichtverletzung auf Bewertungsfragen bezieht. Durch das UMAG[316] wurde nunmehr § 243 Abs. 4 Satz 2 AktG[317] eingeführt. Hiernach kann auf unrichtige, unvollständige oder unzureichende Informationen in der Hauptversammlung über die Ermittlung, Höhe oder Angemessenheit von Ausgleich, Abfindung, Zuzahlung oder über sonstige Kompensationen eine Anfechtungsklage nicht gestützt werden, wenn das Gesetz für Bewertungsrügen ein Spruchverfahren vorsieht. § 243 Abs. 4 Satz 2 AktG gilt seinem Wortlaut nach nur für Informationspflichten „in der Hauptversammlung". Es wird daher verbreitet der Umkehrschluss gezogen, dass schriftliche Berichte im Vorfeld der Hauptversammlung nicht von dem Anfechtungsausschluss profitieren,[318] Obwohl dies von der ratio her zu begrüßen wäre. Ausgeschlossen ist die Anfechtung dagegen, soweit sie sich gegen eine Informationspflichtverletzung in der Hauptverhandlung richtet und die Information bewertungsrelevante Tatsachen betrifft, soweit die Bewertung als solche im Spruchverfahren überprüft werden kann.[319] Demgegenüber ist § 243 Abs. 4 Satz 2 AktG teleologisch zu reduzieren für den Fall, dass die Information total verweigert wird; hier ist eine Anfechtung also statthaft.[320]

139 **cc) Heilung.** Vorenthaltene, unrichtige oder unvollständige Informationen in den schriftlichen Berichten können in der Hauptversammlung im Allgemeinen nicht mehr korrigiert werden.[321] Eine **Nachholung** der fehlenden

---

[312] Vgl. RegE zum UMAG, BT-Drs. 15/5092, S. 26.
[313] Schmidt/Lutter/*Schwab* AktG § 243 Rz. 27.
[314] So aber *Weißhaupt* ZIP 2005, 1766, 1771.
[315] Vgl. RegE zum UMAG, BT-Drs. 15/5092, S. 26.
[316] BGBl. I/2005, S. 2802.
[317] Zum intertemporalen Anwendungsbereich vgl. eingehend *Schwab* NZG 2007, 521 ff.
[318] Schmidt/Lutter/*Schwab* AktG § 243 Rz. 33; *Heinrich/Theusinger* BB 2006, 449, 450 f.; *Hüffer* AktG § 243 Rz. 47c; vgl. auch den RegE zum UMAG, BT-Drs. 15/5092, S. 26.
[319] Vgl. hierzu Rz. 310 ff.
[320] RegE zum UMAG, BT-Drs. 15/5092, S. 26; siehe auch Schmidt/Lutter/*Schwab* AktG § 243 Rz. 33; *Heinrich/Theusinger* BB 2006, 449, 451; *Spindler* NZG 2005, 825, 829.
[321] OLG München 7 U 4355/90 v. 06.02.1991, AG 1991, 210, 211; *Hüffer* AktG § 186 Rz. 24; Schmidt/Lutter/*Schwab* AktG § 243 Rz. 29.

B. Die Aktiengesellschaft 140 §5

Informationen in der Hauptversammlung kann aber dann erfolgen, wenn sich die Informationen auf später eingetretene Veränderungen beziehen, die noch nicht in den ursprünglichen Bericht mit aufgenommen werden konnten. Diskussionswürdig erscheint die Korrektur darüber hinaus auch dann, wenn es sich um versehentliche Unrichtigkeiten handelt, die nicht den Kern der Information als Entscheidungsgrundlage berühren und die Nachholung die Relevanz des Verstoßes entfallen lässt.[322] Wenn dabei zugleich eine Bekanntmachungspflicht verletzt wird, ist eine Heilung jedoch zu verneinen.[323]

dd) Eintragung; Registersperre; Freigabeverfahren. Durch die Anfechtung von Hauptversammlungsbeschlüssen kann die Durchführung im Unternehmensinteresse liegender Maßnahmen verzögert oder blockiert werden. Soweit nicht die nachfolgend behandelten Sonderregelungen eingreifen, hat das Registergericht im Falle eintragungsbedürftiger Beschlüsse nach pflichtgemäßem Ermessen zu prüfen, ob eine Eintragung trotz Anfechtung erfolgen kann, oder ob das Verfahren auszusetzen ist (§ 127 FGG[324]). In Fällen der Umwandlung, der Verschmelzung, der Spaltung, eines Rechtsformwechsels sowie bei der Eingliederung und dem Squeeze out ist eine **Registersperre** angeordnet; eine Eintragung kann nur dann erfolgen, wenn auf das Recht der Anfechtung verzichtet wurde oder die Anfechtungsfrist ergebnislos abgelaufen ist. Diese Registersperre ist allerdings mit zwei Vorzügen verbunden: Zum einen führt sie dazu, dass die Maßnahme mit ihrer Eintragung im Handelsregister unabhängig vom Ausgang eines etwaigen Beschlussanfechtungsverfahrens Bestandskraft erhält. Andererseits wird der Gefahr, dass durch von vornherein unbegründete Anfechtungsverfahren Blockaden herbeigeführt werden, durch das in § 16 Abs. 3 UmwG bzw. §§ 319 Abs. 6, 327e Abs. 2 AktG vorgesehene **Freigabeverfahren** entgegengewirkt.[325] Danach kann das für die Klage zuständige Gericht auf Antrag des beklagten Rechtsträgers feststellen, dass die Klagerhebung der Eintragung der Maßnahme ins Handelsregister nicht entgegensteht. Voraussetzung für eine solche Feststellung ist, dass die Klage unzulässig oder offensichtlich unbegründet ist oder dass das Zuwarten der Gesellschaft auf eine Entscheidung über die Anfechtungsklage unverhältnismäßig wäre.[326] Durch das **UMAG**[327] wurde nunmehr auch ein entsprechendes Freigabeverfahren für Maßnahmen der Kapitalbeschaffung, der Kapitalherabsetzung (§§ 182–240 AktG) sowie für Unternehmensverträge (§§ 291–307 AktG) eingeführt (§ 246a AktG).[328] Für diese Fälle ist eine Negativerklärung nicht abzugeben; eine formale Registersperre besteht daher

---

[322] Spindler/Stilz/*Würthwein* AktG § 243 Rz. 127.
[323] BGH II ZR 49/01 v. 25. 11. 2002, NJW 2003, 970; Spindler/Stilz/*Würthwein* AktG § 243 Rz. 127.
[324] Am 1. September 2009 tritt das **FGG-Reformgesetz** (BGBl. I 2008, S. 2586) in Kraft. Ab diesem Zeitpunkt befindet sich die Regelung über die Aussetzung des Registerverfahrens in § 381 FamFG.
[325] Ausführlich hierzu Rz. 298 ff.
[326] § 16 Abs. 3 Satz 2 UmwG spricht davon, dass „das alsbaldige Wirksamwerden der Verschmelzung nach freier Überzeugung des Gerichts unter Berücksichtigung der Schwere der mit der Klage geltend gemachten Rechtsverletzungen zur Abwendung der vom Antragsteller dargelegten wesentlichen Nachteile für die an der Verschmelzung beteiligten Rechtsträger und ihre Anteilsinhaber vorrangig erscheint".
[327] BGBl. I 2005, S. 2802.
[328] Vgl. dazu eingehend *Winter* in Liber amicorum Happ, S. 363 ff.

nicht.[329] Gleichwohl sahen sich die Registergerichte infolge schwebender Prozesse oftmals außerstande, die konstitutive Eintragung in das Handelsregister vorzunehmen.[330] Diese faktische Registersperre kann nunmehr durch den neu eingeführten § 246 a Abs. 3 Satz 5 AktG überwunden werden, der eine Bindungswirkung der Freigabeentscheidung des Prozessgerichts gegenüber dem Registergericht anordnet.[331] Das Freigabeverfahren wurde durch das ARUG gestrafft und in verschiedener Hinsicht präzisiert und ergänzt. Die bisher von der Rechtsprechung entwickelten Grundsätze zur Interessenabwägung, die die Gerichte bei der Freigabeentscheidung treffen müssen, wurden nunmehr im Gesetz verankert (§§ 246a Abs. 2 Nr. 3, 319 Abs. 2 Satz 3 Nr. 3 AktG und § 16 Abs. 3 Satz 2 Nr. 3 UmwG). Dadurch sollen die Gerichte eine klare Entscheidungslinie erhalten. Für das Freigabeverfahren sind künftig in erster und einziger Instanz die Oberlandesgerichte zuständig, während die Hauptsache bei dem Kammern für Handelssachen bleibt; ein Beschluss ist unanfechtbar (§ 246a Abs. 1 Satz 3, Abs. 3 Satz 1 und 3 AktG, § 319 Abs. 6 Satz 7 bis 9 AktG, § 16 Abs. 3 Satz 7 bis 9 UmwG). Dies soll der Beschleunigung des Freigabeverfahrens ebenso dienen wie die Ermöglichung der frühzeitigen Akteneinsicht durch die beklagte Gesellschaft bereits vor der Zustellung der Klage (§ 246 Abs. 3 Satz 5 AktG). Zudem wurde eine Bagatellgrenze eingeführt, so dass Aktionäre mit geringem Aktienbesitz unter € 1.000,- Nennbetrag, die weniger gravierende Gesetzes- oder Satzungsverstöße geltend machen, gegen die überwiegende Mehrheit der anderen Aktionäre Hauptversammlungsbeschlüsse nicht mehr aufhalten können (§§ 246a Abs. 2 Nr. 2, 319 Abs. 2 Satz 3 Nr. 2 AktG und § 16 Abs. 3 Satz 2 Nr. 2 UmwG).[332]

141 **ee) Strategie der Risikoverminderung.** Zwar hat sich durch den Ausschluss der Anfechtung in den Fällen des § 243 Abs. 4 Satz 2 AktG eine Entschärfung der Anfechtungsproblematik ergeben. Dennoch sollte – gerade bei der Abfassung der Berichte und der Auskunftserteilung – stets größter Wert darauf gelegt werden, Informationsmängel zu vermeiden. Im Zweifel sollten die Berichte eher zu ausführlich als zu knapp abgefasst werden; Fragen sollten im Zweifel eher beantwortet als zurückgewiesen werden.

III. Die Teilnahme an der Hauptversammlung

1. Aktionäre

a) Teilnahmeberechtigte Personen

142 Das Teilnahmerecht der Aktionäre an der Hauptversammlung gemäß § 118 Abs. 1 AktG ist das fundamentale Recht der Aktionäre, da sie ihre Rechte in den Angelegenheiten der Gesellschaft in der Hauptversammlung ausüben. Das Teilnahmerecht steht daher grundsätzlich jedem Aktionär zu. Da das Teil-

---

[329] Vgl. *Seibert* NZG 2007, 841, 844; *Paschos/Johannsen-Roth* NZG 2006, 327, 328.
[330] *Spindler* NZG 2005, 825, 829.
[331] *Hüffer* AktG § 246a Rz. 1; Spindler/Stilz/*Dörr* AktG § 246a Rz. 3 f.
[332] Ausführlich zu den durch das ARUG eingefügten Neuregelungen des Freigabeverfahrens Rz. 301 ff.; vgl. auch die Stellungnahmen des Handelsrechtsausschusses des DAV zum Referentenentwurf, NZG 2008, 534, 541 f. sowie zum Regierungsentwurf, NZG 2009, 96, 98; *Arnold* Der Konzern 2009, 88, 94 ff. sowie kritisch *Florstedt* AG 2009, 465 ff.

B. Die Aktiengesellschaft 143–144a § 5

nahmerecht an der Hauptversammlung nicht mit dem Stimmrecht (vgl. hierzu Rz. 208 ff.) identisch ist,[333] sind auch Inhaber stimmrechtsloser Vorzugsaktien zur Teilnahme an der Hauptversammlung berechtigt. Dagegen steht Inhabern von Optionsscheinen oder von Schuldverschreibungen kein Teilnahmerecht zu.[334] Soweit die Inhaber von Schuldverschreibungen einen **Gläubigerverband** bilden, ist der so genannte Gläubigervertreter kraft Gesetzes teilnahme-, nicht jedoch rede- oder antragsberechtigt (§ 15 Abs. 1 SchuldverschreibungsG).

Noch nicht abschließend geklärt ist das Teilnahmerecht nicht sonderabstimmungsberechtigter Aktionäre bei einer gesonderten Versammlung nach § 138 AktG, in der im Gesetz oder in der Satzung vorgesehene **Sonderbeschlüsse** nur durch bestimmte Aktionäre gefasst werden.[335] Die Frage, ob auch den bei der gesonderten Versammlung nicht stimmberechtigten Aktionären ein Teilnahmerecht zusteht, wird in der aktienrechtlichen Literatur kontrovers diskutiert. Da nach § 138 Satz 2 AktG die Vorschriften über die Teilnahme an der Hauptversammlung für die gesonderte Versammlung nur sinngemäß gelten und zudem ein Interesse der sonderabstimmungsberechtigten Aktionäre bestehen kann, unter sich zu sein, sprechen die besseren Argumente für eine Beschränkung des Teilnahmerechts an einer gesonderten Versammlung auf die sonderabstimmungsberechtigten Aktionäre.[336]

143

b) Inhalt

Inhaltlich umfasst das Teilnahmerecht der Aktionäre neben dem Recht auf Anwesenheit auch das Recht, durch Redebeiträge aktiv an der Hauptversammlung teilzunehmen (Anwesenheits- und Rederecht). Ebenso ist das Recht, Anträge zu den Gegenständen der Tagesordnung zu stellen (Antragsrecht), Bestandteil des Teilnahmerechts.

144

Durch das ARUG wurde der gestalterische Spielraum der Satzung hinsichtlich der Teilnahmeregelungen erweitert und an die Möglichkeiten moderner Kommunikation angepasst. Nunmehr wird Aktiengesellschaften in § 118 Abs. 1 Satz 2 AktG die Möglichkeit gegeben, in der Satzung vorzusehen oder den Vorstand dazu zu ermächtigen vorzusehen, dass bei der Durchführung der Hauptversammlung moderne Medien in größerem Umfang genutzt werden. Durch die nunmehr mögliche Implementierung der neuen Medien soll die Mitwirkungsmöglichkeit der Aktionäre am Entscheidungsprozess der Hauptversammlung verbessert und „Zufallsmehrheiten" verhindert werden.[337] So sollen die Aktionäre an der Hauptversammlung auch ohne Anwesenheit an deren Ort und ohne einen Bevollmächtigten teilnehmen und sämtliche oder einzelne ihrer Rechte ganz oder teilweise im Wege elektronischer Kommunika-

144a

---

[333] Kölner Komm.AktG/*Zöllner* § 118 Rz. 17; MünchKomm.AktG/Bd. 4/*Kubis* § 118 Rz. 37.
[334] *Hüffer* AktG § 118 Rz. 6; Großkomm.AktG/*Mülbert* § 118 Rz. 71.
[335] Vgl. zB §§ 141 Abs. 3, 179 Abs. 3, 295 Abs. 2, 302 Abs. 3 Satz 3 AktG sowie Münch-Komm.AktG/Bd. 4/*Volhard* § 138 Rz. 1 ff.
[336] Ebenso: MünchKomm.AktG/Bd. 4/*Volhard* § 138 Rz. 25; Großkomm.AktG/ *Bezzenberger* § 138 Rz. 24; aA: *Steiner* § 17 Rz. 16.
[337] Vgl. Begründung des Regierungsentwurfs zum ARUG v. 5. November 2008, BT-Drs. 16/11642 S. 37 sowie die Pressemitteilung des Bundesjustizministeriums v. 29. Mai 2009, abrufbar unter www.bmj.de/arug.

tion ausüben können. Dies soll insbesondere der Stärkung der Rechte ausländischer Investoren dienen. Der Aktionär soll also insbesondere sein Stimm- und/oder Fragerecht – je nach Ausgestaltung der Satzung – wie ein physisch anwesender Teilnehmer der Hauptversammlung wahrnehmen können. Die Aktionäre sollen nicht nur passiv über das Internet zuschauen, sondern online an der Hauptversammlung „teilnehmen" und ihre Aktionärsrechte in Echtzeit ausüben können.[338] Zwar soll dadurch nicht die „virtuelle Hauptversammlung", also eine Versammlung, die in keinem physischen Raum mehr stattfindet, eingeführt werden, da die Präsenzhauptversammlung immer noch als Basis für die Online-Zuschaltung vorgesehen ist. Jedoch besteht die theoretische Möglichkeit, dass alle Aktionäre online zugeschaltet sind, so dass die Regelung im Ergebnis der „virtuellen Hauptversammlung" sehr nahe kommt.[339] Hinsichtlich der technischen Umsetzung der Online-Teilnahme gibt die Begründung des Regierungsentwurfs keine konkreten Hinweise. Jedoch hat der Vorstand schon aufgrund der allgemeinen Sorgfaltspflicht nach § 93 AktG bei der Nutzung der elektronischen Kommunikationsmedien im Rahmen der Hauptversammlung die Sicherheit der eingesetzten technischen Systeme mit Maßnahmen zu gewähren, die dem jeweiligen Stand der Technik entsprechen. Eine Verwendung elektronischer Signaturen nach dem Signaturgesetz sei jedoch nicht erforderlich.[340] Im Einzelnen bleibt es daher der Gesellschaft überlassen, das Verfahren und die Anforderungen der sicheren Durchführung einer Online-Teilnahme an der Hauptversammlung auszugestalten.[341]

144b Die satzungsmäßige Kompetenzverlagerung auf den Vorstand erscheint dabei schon aus dem Grunde sinnvoll, weil die Entscheidung über die Erschaffung der Möglichkeit der Online-Teilnahme nicht zuletzt davon abhängig sein wird, wie dies technisch umsetzbar sein wird. Starre Satzungsregelungen könnten hier hinderlich sein.[342] Online zugeschaltete Aktionäre gelten dabei als „erschienen" iSd. §§ 121 Abs. 6, 129 Abs. 1 Satz 2, 132 Abs. 2, 243 und 245 AktG und zählen zur Präsenz, so dass es auch künftig möglich ist, bei der Stimmabgabe das Subtraktionsverfahren anzuwenden, indem man die Gegenstimmen und Enthaltungen aller physisch anwesenden und online zugeschalteten Aktionäre von der Gesamtpräsenz abzieht.[343] Die Möglichkeit der Online-Teilnahme bzw. eine dahingehende Ermächtigung des Vorstands

---

[338] Vgl. *Noack* BB 1998, 2533, 2535: „Zweck der Versammlung ist es, dass jeder mit Auge und Ohr dabei sein kann."

[339] Zur „virtuellen Hauptversammlung" vgl. zB *Heller/Sadeghi/Dretzki/Ruhe* CR 2002, 592 ff.; Hoeren/Sieber/*Noack*, Handbuch Multimedia-Recht, Teil 21.2.; vgl. auch Begründung des Regierungsentwurfs zum ARUG v. 5. November 2008, BT-Drs. 16/11642 S. 37.

[340] Vgl. Begründung des Regierungsentwurfs zum ARUG v. 5. November 2008, BT-Drs. 16/11642 S. 39.

[341] Vgl. zu den sinnvollerweise zu stellenden Anforderungen an eine Software für die Online-Hauptversammlung *Blank/Zetzsche* K&R 2000, 486 ff.

[342] Vgl. Begründung des Regierungsentwurfs zum ARUG v. 5. November 2008, BT-Drs. 16/11642 S. 38; Stellungnahme des Handelsrechtsausschusses des DAV zum Referentenentwurf des ARUG, NZG 2008, 534, 535 f.; *Drinhausen/Keinath* DB 2008, 64, 67.

[343] Vgl. Rz. 168 zur Bedeutung der Präsenzliste sowie Rz. 193 ff. zum Subtraktionsverfahren; vgl. auch Begründung des Regierungsentwurfs zum ARUG v. 5. November 2008, BT-Drs. 16/11642 S. 38; *Drinhausen/Keinath* DB 2008, 64, 67.

B. Die Aktiengesellschaft   145   § 5

wurde von mehreren DAX30-Unternehmen bereits in der Hauptversammlungssaison 2009 im Wege eines Vorratsbeschlusses in die Satzung adaptiert.[344] Ob sich die zuletzt (größtenteils) wieder ansteigenden Hauptversammlungspräsenzen[345] dadurch weiter erhöhen und die gesetzgeberische Intention sich bestätigt, bleibt jedoch davon abhängig, inwiefern die neu gewonnenen Möglichkeiten nicht nur satzungsmäßig, sondern auch tatsächlich umgesetzt werden.

c) Beschränkung

In engen Grenzen ist die Beschränkung des Teilnahmerechts durch die Satzung der Gesellschaft zulässig. In der Satzung kann die Teilnahme an der Hauptversammlung an die Einhaltung gewisser formeller Voraussetzungen gebunden werden. Es ist möglich, die Ausübung des Teilnahmerechts an den Nachweis einer Legitimation des Aktionärs zu binden (vgl. § 123 Abs. 3 AktG) bzw. von einer Anmeldung abhängig zu machen (§ 123 Abs. 2 AktG).[346] Eine inhaltliche Beschränkung des Teilnahmerechts kommt nur in engen Grenzen und insbes. in Bezug auf das Rederecht des einzelnen Aktionärs in Betracht.[347]

Anderes gilt für die Online-Teilnahme an der Hauptversammlung. Im Rahmen der fakultativen Ermöglichung einer derartigen Teilnahme durch die Satzung wurde der Gesellschaft ein weiter Gestaltungsspielraum bezüglich der Beteiligungsrechte der online teilnehmenden Aktionäre eingeräumt. Nach § 118 Abs. 1 Satz 2 AktG können ihnen sämtliche oder auch nur einzelne Rechte eingeräumt werden. So ist es möglich, dem online zugeschalteten Aktionär sowohl die aktive Teilnahme durch Redebeiträge oder Fragen als auch die Abstimmung zu gestatten. Ebenso ist es zulässig, zwar das Stimmrecht zur Online-Ausübung zu gewähren, nicht aber das Recht auf Rede oder Auskunft. Auch eine teilweise Eröffnung der Rechte für die Online-Teilnahme ist zulässig, zB in Form eines Fragerechts ohne Recht auf Antwort. Die möglichen Differenzierungen zwischen physisch präsenten und nur virtuell anwesenden Aktionären sind gesetzlich ausdrücklich zugelassen, so dass hierin kein Verstoß gegen das Gleichbehandlungsgebot nach § 53a AktG zu sehen ist.[348] Dies entspricht Art. 4 der Aktionärsrichtlinie, der die Sicherstellung der Gleichbehandlung nur für solche Aktionäre vorschreibt, die sich „in der Hauptversammlung in der gleichen Lage befinden". Dies gilt auch für die Anfechtungsbefugnis. Da auch online zugeschaltete Aktionäre nach dem Verständnis des ARUG als „in der Hauptversammlung erschienen" gelten, ist die Anfechtungsbefugnis zwar grundsätzlich gegeben (§ 245 AktG). Jedoch kann das Recht der Online-Teilnehmer zulässigerweise dahingehend beschränkt werden, dass die Erklärung eines Widerspruchs zur Niederschrift gegen einen Be-

---

[344] So zB von Allianz, Metro und RWE; vgl. auch die Vorschläge zur Satzungsgestaltung in *Schüppen/Tretter* ZIP 2009, 493, 495.
[345] Vgl. die Statistik der Deutschen Schutzvereinigung für Wertpapierbesitz eV. (DSW) zu den Hauptversammlungspräsenzen der DAX30-Unternehmen, abrufbar unter http://www.dsw-info.de/Hauptversammlungspraesenzen.70.0.html.
[346] Siehe Rz. 89 ff.
[347] Vgl. hierzu Rz. 180 ff.
[348] Vgl. Begründung des Regierungsentwurfs zum ARUG v. 5. November 2008, BT-Drs. 16/11642 S. 38.

Reichert   431

schluss nur präsenten Aktionären vorbehalten sein soll.³⁴⁹ Ausdrücklich ausgeschlossen ist nach § 243 Abs. 3 Nr. 1 AktG schließlich die Anfechtung bei einer auf technischen Störungen beruhenden Verletzung von Aktionärsrechten, die auf dem Wege der elektronischen Kommunikation wahrgenommen worden sind (wie die Online-Teilnahme und die Briefwahl nach § 118 AktG sowie die Übermittlung des Nachweises der Bevollmächtigung nach § 134 Abs. 3 AktG). Die Anfechtung in anderen Fällen der Online-Teilnahme ist von dem Ausschluss nach § 243 Abs. 3 Nr. 1 AktG dagegen nicht umfasst.³⁵⁰ Durch diese Risikoverteilung zugunsten der Gesellschaft in Kombination mit der Möglichkeit, das Widerspruchsrecht auf die Präsenzteilnehmer am Ort der Hauptversammlung zu beschränken, entstehen durch die Öffnung der Hauptversammlung für die Wege elektronischer Kommunikation keine neuen Anfechtungsrisiken, so dass eventuellen Bedenken gegenüber den neuen Kommunikationsformen bereits in der gesetzlichen Regelung Rechnung getragen wurde.³⁵¹

2. Aktionärsvertreter

146 Da das Teilnahmerecht kein höchstpersönliches Recht des Aktionärs ist, kann auch ein rechtsgeschäftlich bestellter Vertreter (Aktionärsvertreter) für den Aktionär an der Hauptversammlung teilnehmen. Das Gesetz sieht in einigen Vorschriften ausdrücklich die Möglichkeit der Stimmrechtsausübung durch Bevollmächtigte vor; der Bevollmächtigte kann daher auch das Teilnahmerecht des Aktionärs unter Einschluss des Rede- und Antragsrechts wahrnehmen.³⁵²

147 Steht eine Aktie mehreren Berechtigten gemeinsam zu, so können sie die Rechte aus der Aktie nur durch einen **gemeinschaftlichen Vertreter** ausüben (§ 69 Abs. 1 AktG). Diese Vorschrift hat insbesondere praktische Bedeutung für Erben-, Güter- oder Bruchteilsgemeinschaften.³⁵³ Für die Gesellschaft bürgerlichen Rechts (GbR) findet § 69 Abs. 1 AktG keine Anwendung; die Teilnahme an der Hauptversammlung richtet sich nach Maßgabe der für die GbR geltenden Vertretungsregeln.³⁵⁴

---

³⁴⁹ So bereits die Begründung des Regierungsentwurfs zum ARUG v. 5. November 2008, BT-Drs. 16/11642 S. 39; vgl. auch *Seibert/Florstedt* ZIP 2008, 2145, 2146; *Paschos/Goslar* AG 2009, 14, 19 sowie *Arnold* Der Konzern 2009, 88, 92, der die berechtigte und vom RegE nicht beantwortete Frage anspricht, wie ein nur virtuell anwesender Aktionär Widerspruch zur Niederschrift erklären kann, wenn dieses Recht auch dem Online-Teilnehmer gewährt wird; vgl. auch *Blank/Zetzsche* K&R 2000, 486, 491, die einen virtuell teilnehmenden Aktionär eher mit einem gem. §§ 128, 135 AktG vertretenen Aktionär vergleichen und schon deshalb eine rechtswidrige Benachteiligung verneinen.
³⁵⁰ So soll zB die Verwässerung der Präsenzstimmen durch Überbewertung der elektronisch abgegebenen Stimmen anfechtbar bleiben; vgl. *Seibert/Florstedt* ZIP 2008, 2145, 2146 (dort Fn. 12).
³⁵¹ Vgl. *Paschos/Goslar* AG 2009, 14, 19; *Seibert/Florstedt* ZIP 2008, 2145, 2146.
³⁵² Großkomm. AktG/*Mülbert* § 118 Rz. 52.
³⁵³ *Hüffer* AktG § 69 Rz. 2 f.
³⁵⁴ Der frühere Meinungsstand ist durch die Rechtsprechung des BGH zur GbR geklärt, vgl. BGH II ZR 331/00 v. 29. 1. 2001, ZIP 2001, 330; bereits früher zu Recht: Großkomm. AktG/*Mülbert* § 118 Rz. 58, jeweils mwN.

B. Die Aktiengesellschaft 148–153 § 5

3. Vorstands- und Aufsichtsratsmitglieder

Das Gesetz ordnet an, dass die Mitglieder des Vorstands und des Aufsichtsrats an der Hauptversammlung teilnehmen „sollen" (§ 118 Abs. 3 Satz 1 AktG).[355] Aus diesem Gesetzeswortlaut leitet die herrschende Meinung nicht nur ein Teilnahmerecht, sondern auch eine **Teilnahmepflicht** dieser Personen ab.[356] Da die Teilnahmepflicht der Vorstands- und Aufsichtsratsmitglieder eine höchstpersönliche ist, können sich diese nicht vertreten lassen. Aus der Wortwahl des Gesetzgebers lässt sich jedoch entnehmen, dass bei wichtigen Gründen ein Fehlen entschuldigt ist. Die Teilnahmepflicht erstreckt sich nur auf gegenwärtige Organmitglieder, nicht hingegen auf ehemalige Vorstands- oder Aufsichtsratsmitglieder.[357] 148

4. Sonstige Teilnehmer

Ein Teilnahmerecht steht auch dem **Notar** zu, der gem. § 130 Abs. 1 AktG die Beschlüsse der Hauptversammlung notariell beurkundet, sofern nicht § 130 Abs. 1 Satz 3 AktG eingreift. 149

Der **Abschlussprüfer** hat ein Teilnahmerecht, wenn der Jahresabschluss zu prüfen ist und dessen Feststellung der Hauptversammlung überlassen wurde (§ 176 Abs. 2 AktG). Sonderprüfer haben dagegen weder ein Teilnahmerecht noch eine Teilnahmepflicht.[358] 150

Des Weiteren bestehen Teilnahmerechte **aufsichtsbehördlicher Vertreter**. Die Bundesanstalt für Finanzdienstleistungsaufsicht ist beispielsweise berechtigt, einen oder mehrere Vertreter zu den Hauptversammlungen von Kreditinstituten und Finanzdienstleistungsinstituten zu entsenden (§ 44 Abs. 4 KWG). Die jeweils zuständigen Versicherungsaufsichtsbehörden können Vertreter zu den Hauptversammlungen von Versicherungsunternehmen entsenden (§ 83 Abs. 1 Satz 1 Nr. 5 VAG). 151

Gäste und Vertreter der **Medien** haben keinen Anspruch auf Teilnahme. Insbesondere Medienvertretern wird aber regelmäßig ein Recht auf Teilnahme an der Hauptversammlung eingeräumt; darüber hinaus werden an Personen, die mit dem Unternehmen verbunden sind, regelmäßig auch Gästekarten ausgegeben. 152

5. Teilnehmerverzeichnis

Durch die Erstellung eines Verzeichnisses der erschienenen oder vertretenen Aktionäre und der Vertreter von Aktionären in der Hauptversammlung gemäß § 129 Abs. 1 Satz 2 AktG wird die Durchführung der Hauptversammlung inso- 153

---

[355] Nach § 118 Abs. 3 Satz 2 AktG kann die Satzung jedoch bestimmte Fälle vorsehen, in denen die Teilnahme von Mitgliedern des Aufsichtsrats im Wege der Bild- und Tonübertragung erfolgen darf.
[356] Kölner Komm. AktG/*Zöllner* § 118 Rz. 23; *Hüffer* AktG § 118 Rz. 10; Schmidt/Lutter/*F.-J. Semler* AktG § 118 Rz. 35 f.; Spindler/Stilz/*Hoffmann* AktG § 118 Rz. 20, 22 f.
[357] Im Einzelfall kann eine Teilnahmepflicht aber als Nachwirkung des Organ- und Anstellungsverhältnisses bestehen. Ein Teilnahmerecht besteht – ohne Aktionärseigenschaft – ebenfalls nicht. Vgl. *Hüffer* AktG § 118 Rz. 10.
[358] Semler/Volhard/*Bärwaldt* § 10 Rz. 55; MünchKomm. AktG/Bd. 4/*Kubis* § 118 Rz. 85 (entgegen *Eckardt* in der Vorauflage Rz. 33).

weit erleichtert, als es dazu dient, vor einer Beschlussfassung die vorhandene Präsenz zu ermitteln.

a) Zuständigkeit

154 Das Gesetz enthält keine Bestimmung darüber, wer für die Erstellung des Teilnehmerverzeichnisses verantwortlich ist. In der Literatur werden hierzu verschiedene Auffassungen vertreten, die von der Zuständigkeit des Versammlungsleiters über die Zuständigkeit der Gesellschaft, vertreten durch den Vorstand, bis zur Zuständigkeit des beurkundenden Notars neben dem Versammlungsleiter reichen.[359] Schon aus Zweckmäßigkeitsgründen wird man jedoch davon ausgehen müssen, dass die Pflicht zur Vorbereitung und Durchführung der Erstellung des Teilnehmerverzeichnisses bei der **Gesellschaft selbst** liegt, da nur die Gesellschaft durch die Hinterlegung und/oder die Anmeldung oder aus dem Aktienregister über die zur Erstellung des Verzeichnisses erforderlichen Vorinformationen verfügt.[360] Ebenso ist es sachgerecht, dem Versammlungsleiter – im Rahmen seiner beschränkten Überprüfungsmöglichkeiten – die Verantwortung für das ordnungsgemäße Führen des Teilnehmerverzeichnisses während der Versammlung zu übertragen.[361]

b) Inhalt

155 In das Teilnehmerverzeichnis sind die erschienenen oder vertretenen Aktionäre und die Vertreter von Aktionären mit Angabe ihres Namens und Wohnorts sowie bei Nennbetragsaktien des Betrags, bei Stückaktien der Zahl der von jedem vertretenen Aktien unter Angabe ihrer Gattung aufzunehmen (§ 129 Abs. 1 Satz 2 AktG; sog. Eigenbesitz). Dazu zählen auch die online zugeschalteten Aktionäre, sofern die Satzung der Gesellschaft die Online-Teilnahme ermöglicht.[362]

156 Für sog. **Legitimationsaktionäre** – also Personen, die das Stimmrecht für Aktien kraft Ermächtigung im eigenen Namen ausüben, ohne Eigentümer der Aktien zu sein – müssen die gleichen Angaben gemacht werden wie für die erschienenen Aktionäre. Der Name des Eigentümers der Aktie muss hierbei allerdings nicht angegeben werden (§ 129 Abs. 3 AktG; sog. Fremdbesitz).[363]

157 Handelt der Vertreter im Wege der **verdeckten Stellvertretung**, dh. der Vertreter handelt zwar im fremden Namen, deckt aber die Person des Vertretenen nicht auf (sog. Vollmachtsbesitz), braucht gem. § 129 Abs. 2 AktG der Name des Vertretenen ebenfalls nicht in das Teilnehmerverzeichnis aufgenommen zu werden. Im Übrigen sind die gleichen Angaben in das Verzeichnis aufzunehmen. Die Möglichkeit der verdeckten Stellvertretung steht jedoch nur für Kreditinstitute, Aktionärsvereinigungen sowie solche Personen zur Ver-

---

[359] Vgl. *Steiner* § 5 Rz. 11 mwN; Spindler/Stilz/*Hoffmann* AktG § 129 Rz. 19 ff.
[360] HM; vgl. Spindler/Stilz/*Hoffmann* AktG § 129 Rz. 20; Hüffer AktG § 129 Rz. 6; Großkomm.AktG/*Werner* § 129 Rz. 11; aA MünchKomm.AktG/Bd. 4/*Kubis* § 129 Rz. 16.
[361] Ebenso *Hüffer* AktG § 129 Rz. 7; Obermüller/Werner/Winden/*Butzke* C. Rz. 65 f.
[362] Vgl. Rz. 144 a f.
[363] Vgl. MünchKomm.AktG/Bd. 4/*Kubis* § 129 Rz. 34; Obermüller/Werner/Winden/*Butzke* C. Rz. 56.

fügung, die sich geschäftsmäßig gegenüber Aktionären zur Ausübung des Stimmrechts in der Hauptversammlung erbieten. Vertritt eine dieser vorgenannten Vertretergruppen mehrere Aktionäre, genügt bei Nennbetragsaktien die Angabe des Gesamtbetrags und bei Stückaktien die Zahl der von ihr vertretenen Aktien.[364]

Nimmt ein Kreditinstitut oder eine sonst zur verdeckten Stellvertretung berechtigte Person auch als Aktionär mit „**Eigenbesitz**" an der Hauptversammlung teil, ist der Betrag der vertretenen Nennbetragsaktien und die Zahl der vertretenen Stückaktien vom Betrag und der Zahl der eigenen Nennbetragsbzw. Stückaktien im Teilnehmerverzeichnis gesondert auszuweisen.[365] Gleiches gilt für den Legitimationsaktionär, der neben dem „Fremdbesitz" auch mit eigenen Aktien an der Hauptversammlung teilnimmt.

Die Kennzeichnung, ob die Stimmrechtsmacht auf Eigenbesitz, Vollmachtsbesitz oder Fremdbesitz beruht, wird regelmäßig durch einen Vermerk im Teilnehmerverzeichnis vorgenommen.[366]

c) Zugänglichmachung

Nach § 129 Abs. 4 AktG in der durch das NaStraG geänderten Fassung[367] ist das Teilnehmerverzeichnis vor der ersten Abstimmung allen Teilnehmern lediglich zugänglich zu machen. Durch diese Neufassung wird von dem Erfordernis der Führung des Teilnehmerverzeichnisses in Papierform Abstand genommen, sodass das Verzeichnis auch als Datei elektronisch geführt werden kann.[368] Aus diesem Grund ist auch die Unterzeichnung durch den Vorsitzenden nicht mehr erforderlich. Die Möglichkeit, das Recht der Hauptversammlungsteilnehmer auf Einsichtnahme des Teilnehmerverzeichnisses durch mehrere aufgestellte Computerbildschirme zu gewährleisten,[369] stellt nunmehr die Grundregel des AktG dar, dass die erforderlichen Unterlagen nicht mehr ausgelegt, sondern lediglich zugänglich gemacht werden müssen.

d) Änderung

Nach Beginn der Hauptversammlung erscheinende Aktionäre sowie solche, die die Hauptversammlung vor deren Beendigung verlassen, sind im Teilnehmerverzeichnis mit der entsprechenden Uhrzeit zu vermerken.[370] **Zu- und Abgänge** während der Hauptversammlung sind von der Gesellschaft zu kontrollieren, weil sonst bei der Aufnahme der nachträglichen Änderungen in das Teilnehmerverzeichnis Zufallsergebnisse entstehen würden. Die genaue Kontrolle ist auch erforderlich, um die exakte Präsenz vor jeder einzelnen Beschlussfassung feststellen zu können. Wird durch die Satzung die Möglichkeit zur Online-Teilnahme gewährt, ist daher genau zu dokumentieren, welche

---

[364] MünchKomm.AktG/Bd. 4/*Kubis* § 129 Rz. 32.
[365] MünchKomm.AktG/Bd. 4/*Kubis* § 129 Rz. 32.
[366] Eine Kennzeichnung „E" für Eigenbesitz, „F" für Fremdbesitz und „V" für Vollmachtsbesitz ist üblich.
[367] Änderung durch das Gesetz zur Namensaktie und zur Erleichterung der Stimmrechtsausübung v. 18. 1. 2001 (NaStraG), BGBl. I 2001, S. 123 ff.
[368] *Goedecke/Heuser* BB 2001, 369, 372.
[369] Vgl. bereits Rz. 58 ff.
[370] HM, Kölner Komm.AktG/*Zöllner* § 129 Rz. 13; *Hüffer* AktG § 129 Rz. 10; Obermüller/Werner/Winden/*Butzke* C. Rz. 67.

Aktionäre sich zu welchem Zeitpunkt online zugeschaltet haben sowie ggf. ob und wann die Internetseite, über die die Teilnahme an der Hauptversammlung ermöglicht wird, von diesen wieder verlassen wurde.

e) Rechtsfolgen bei Verstoß

162 Wenn das Teilnehmerverzeichnis nicht oder nicht ordnungsgemäß geführt wird, liegt eine Gesetzesverletzung vor, die zur Anfechtbarkeit von dennoch gefassten Beschlüssen führen kann.[371] Die Anfechtung setzt voraus, dass der Verstoß kausal für das Beschlussergebnis war. Die Gesellschaft kann daher den Nachweis führen, dass der Verstoß für das Beschlussergebnis ohne Bedeutung war.[372] Wenn zB feststeht, dass das Teilnehmerverzeichnis für das Beschlussergebnis bedeutungslos war oder der Fehler sich nach der Stimmenanzahl nicht ausgewirkt haben kann, ist der Kausalitätsgegenbeweis durch die Gesellschaft geführt.[373]

163 Um sicherzustellen, dass die erschienenen Aktionäre und Stimmrechtsvertreter zutreffende Angaben für das Teilnehmerverzeichnis machen, erklärt § 405 Abs. 2 AktG einen vorsätzlichen Verstoß gegen die Angabepflicht zur Ordnungswidrigkeit.

IV. Die Durchführung der Hauptversammlung

1. Leitung der Hauptversammlung

164 Das Gesetz regelt nicht, wer die Hauptversammlung zu leiten hat. Es setzt allerdings in verschiedenen Bestimmungen voraus, dass es einen **Vorsitzenden** für die Hauptversammlung gibt (vgl. zB §§ 122 Abs. 3 Satz 2, 130 Abs. 2 Satz 1 und 3 AktG). Aufgrund des Fehlens einer diesbezüglichen Gesetzesbestimmung sehen die Satzungen oder Geschäftsordnungen (vgl. § 129 Abs. 1 Satz 1 AktG) der Gesellschaften regelmäßig eine Bestimmung über den Vorsitz in der Hauptversammlung vor. Überwiegend wird dabei der Aufsichtsratsvorsitzende als Vorsitzender vorgesehen.[374] Trifft weder die Satzung noch die Geschäftsordnung eine Bestimmung darüber, wer die Versammlungsleitung zu übernehmen hat, wird der Versammlungsleiter durch die Hauptversammlung mit einfacher Stimmenmehrheit gewählt.[375] Bis die Hauptversammlung einen Versammlungsleiter gewählt hat, sollte der Vorstandsvorsitzende die Sitzungsleitung übernehmen.[376] Für den Fall der Verhinderung des satzungsgemäß vorgesehenen Versammlungsleiters (zB durch Krankheit) sollte die Satzung oder Geschäftsordnung auch eine Regelung zur Vertretung des Versammlungsleiters vorsehen. Fasst die Hauptversammlung Beschlüsse, obwohl weder ein gewählter noch satzungsgemäß bestellter Vorsitzender die Versammlung geleitet hat,

---

[371] Spindler/Stilz/*Wicke* AktG § 129 Rz. 36; *Hüffer* AktG § 129 Rz. 16; Obermüller/Werner/Winden/*Butzke* C. Rz. 74.
[372] Vgl. Kölner Komm.AktG/*Zöllner* § 129 Rz. 33 ff.; MünchKomm.AktG/Bd. 4/*Kubis* § 129 Rz. 42; Spindler/Stilz/*Wicke* AktG § 129 Rz. 36.
[373] Vgl. hierzu Rz. 277 f.; vgl. auch OLG Hamburg 11 U 62/89 v. 19. Mai 1989, NJW 1990, 1120.
[374] *Steiner* § 6 Rz. 1.
[375] Semler/Volhard/*H.-P. Fischer* § 11 Rz. 5.
[376] MünchHdb.GesR/Bd. 4/*F.-J. Semler* § 36 Rz. 36 mwN.

B. Die Aktiengesellschaft

sind diese Beschlüsse nichtig (§ 241 Nr. 2 AktG).[377] Das Ergebnis der Beschlussfassung ist dann nicht durch einen Vorsitzenden festgestellt und kann daher auch nicht ordnungsgemäß protokolliert werden (vgl. § 130 Abs. 2 Satz 1 und 3 AktG).[378]

a) Eröffnung der Hauptversammlung

Die Hauptversammlung beginnt stets mit der Eröffnung durch den Vorsitzenden. Regelmäßig werden die Erschienenen begrüßt sowie die anwesenden Vertreter des Vorstands und des Aufsichtsrats und (sofern dieser benötigt wird, § 130 Abs. 1 Satz 3 AktG) der beurkundende Notar vorgestellt. Zunächst muss der Vorsitzende unter Bezugnahme auf die Bekanntmachung im elektronischen Bundesanzeiger und eventuell in sonstigen Gesellschaftsblättern feststellen, dass die Hauptversammlung ordnungsgemäß einberufen wurde (vgl. § 130 Abs. 3 AktG). Sodann kann der Versammlungsleiter Erläuterungen über das Verfahren bei Wortmeldungen und Abstimmungen machen oder aber das Verfahren jeweils im Zusammenhang mit den betreffenden Verhandlungsgegenständen erläutern.

b) Verfahrensleitung

Eine wesentliche Aufgabe des Versammlungsleiters ist es, für eine ordnungsgemäße Durchführung der Hauptversammlung zu sorgen.[379] Hieraus folgt, dass jeder Tagesordnungspunkt in einem geordneten und zügigen Verfahren ausreichend zu erörtern ist und entsprechende Beschlüsse zur Tagesordnung herbeizuführen sind. Der Versammlungsleiter hat bei allen Maßnahmen, die er zur Erfüllung seiner Aufgaben ergreift, den Grundsatz der gleichmäßigen Behandlung aller Aktionäre zu beachten.[380] Im Rahmen des daneben geltenden Verhältnismäßigkeitsgrundsatzes ist der Versammlungsleiter verpflichtet, nur solche Maßnahmen zu treffen, die zur Durchführung der Hauptversammlung geeignet und erforderlich sind. Grundsätzlich sind daher zunächst mildere Maßnahmen zu treffen; erst nachdem diese erfolglos geblieben sind, dürfen auch schwerwiegendere Maßnahmen getroffen werden.

Die Verfahrensleitung übt der Versammlungsleiter kraft originärer Zuständigkeit aus. Er handelt dabei aus eigenem Recht.[381] Dennoch kann es im Einzelfall für den Versammlungsleiter empfehlenswert sein, die Zustimmung der Hauptversammlung zu einer verfahrensleitenden Maßnahme einzuholen, um sicherzustellen, dass die Mehrheit der Versammlungsteilnehmer mit der Maßnahme einverstanden ist.[382] Im Einzelnen gilt bei der Verfahrensleitung Folgendes:

aa) Erledigung der Tagesordnung. Bei der Behandlung der Tagesordnungspunkte ist es dem Versammlungsleiter gestattet, von der ursprünglich festgelegten Reihenfolge in der Tagesordnung abzuweichen, wenn hierfür ein

---

[377] Zur Ein-Personen-AG vgl. OLG Köln 18 U 3/08 v. 28. 2. 2008, NJOZ 2008, 1492 ff.
[378] Vgl. Großkomm.AktG/*Mülbert* Vor §§ 118–147 Rz. 73.
[379] Kölner Komm.AktG/*Zöllner* § 119 Rz. 57.
[380] BGH II ZR 122/63 v. 11. 9. 1965, BGHZ 44, 245, 255.
[381] Vgl. Semler/Volhard/*H.-P. Fischer* § 11 Rz. 68.
[382] Semler/Volhard/*H.-P. Fischer* § 11 Rz. 69 f.

sachlicher Grund vorliegt.[383] Diese Entscheidung über die Änderung der Reihenfolge der Tagesordnung ist selbst gegenüber einem entgegenstehenden Mehrheitsbeschluss der Aktionäre endgültig und bindend, wenn die Satzung – wie regelmäßig – dem Leiter ein entsprechendes Recht ausdrücklich zubilligt. Trifft die Satzung demgegenüber hierzu keine Regelung, kann nach überwiegender Auffassung die Hauptversammlung die Entscheidung des Leiters widerrufen und ihn durch Beschluss anweisen, die Tagesordnung nach einer bestimmten Reihenfolge zu behandeln.[384] Zulässig ist auch die **Wiederaufnahme** bereits erledigter Tagesordnungspunkte durch den Versammlungsleiter. Von diesem Recht wird der Leiter allerdings nur in Ausnahmefällen Gebrauch machen. Angelegenheiten, die nicht Gegenstand der Tagesordnung sind, können durch den Leiter zur Erörterung zugelassen werden. Wegen der fehlenden Bekanntmachung solcher Angelegenheiten darf die Hauptversammlung hierzu jedoch keine Beschlüsse fassen (§ 124 Abs. 4 Satz 1 AktG), sofern es sich nicht um eine Vollversammlung handelt und alle Aktionäre auf die Einhaltung der Förmlichkeiten verzichten.

169 Die **Vertagung und Absetzung** von Tagesordnungspunkten bzw. der gesamten Hauptversammlung ist keine reine verfahrensleitende Maßnahme, sondern betrifft unmittelbar den Gegenstand der Hauptversammlung; daher kann nur die Hauptversammlung selbst hierüber beschließen.[385]

170 **bb) Behandlung von Anträgen.** Die Abstimmung über einen Antrag setzt voraus, dass dieser vom Versammlungsleiter zur Abstimmung zugelassen wird. Nicht zuzulassen sind Anträge, die von einer nicht antragsbefugten Person eingebracht werden oder unter das Schikaneverbot des § 226 BGB fallen.[386] Über die Behandlung der **Reihenfolge** der Anträge entscheidet der Versammlungsleiter nach pflichtgemäßem Ermessen. Die Reihenfolge muss sachdienlich sein.[387] So ist zB über den Antrag auf gesonderte Abstimmung über die Entlastung einzelner Vorstands- oder Aufsichtsratsmitglieder grundsätzlich vor der Beschlussfassung über die Entlastung abzustimmen.[388] Bei verschiedenen Anträgen zu einem Verhandlungsgegenstand gilt der Grundsatz, dass zuerst derjenige Antrag zur Abstimmung zu stellen ist, für den eine Mehrheit erwartet werden darf.[389] Richtet sich der Antrag gegen den Versammlungsleiter (zB Abwahl), ist über diesen Antrag sofort abzustimmen.[390] Nach Entscheidungen des LG Frankfurt a. M. und des LG Köln sollen sämtliche Beschlussfassungen einer Hauptversammlung nichtig sein, wenn ein Antrag zur Abwahl des Versammlungsleiters, der auf substantiierte Behauptungen gestützt wird, es liege ein wichtiger Grund vor, nicht zur Abstimmung gestellt

---

[383] LG Hamburg 405 O 203/94 v. 8. 6. 1995, AG 1996, 233; Obermüller/Werner/Winden/*Butzke* D. Rz. 29; Schmidt/Lutter/*Ziemons* AktG § 129 Rz. 39; einschränkend MünchKomm.AktG/*Kubis* § 119 Rz. 128.
[384] *Hüffer* AktG § 129 Rz. 19; MünchHdb.GesR/Bd. 4/*F.-J. Semler* § 36 Rz. 43.
[385] MünchKomm.AktG/*Kubis* § 119 Rz. 132; MünchHdb.GesR/Bd. 4/*F.-J. Semler* § 36 Rz. 46; Großkomm.AktG/*Mülbert* Vor §§ 118–147 Rz. 130.
[386] MünchHdb.GesR/Bd. 4/*F.-J. Semler* § 39 Rz. 9.
[387] LG Hamburg 405 O 203/94 v. 8. 6. 1995, AG 1996, 233; Großkomm.AktG/*Mülbert* Vor §§ 118–147 Rz. 108.
[388] MünchHdb.GesR/Bd. 4/*F.-J. Semler* § 39 Rz. 10.
[389] LG Hamburg 405 O 203/94 v. 8. 6. 1995, AG 1996, 233; MünchHdb.GesR/Bd. 4/*F.-J. Semler* § 39 Rz. 10.
[390] MünchHdb.GesR/Bd. 4/*F.-J. Semler* § 39 Rz. 10.

B. Die Aktiengesellschaft 171–173 § 5

wird.[391] Da aber auch die zu Unrecht erfolgte Abberufung eines Versammlungsleiters einen Anfechtungsgrund darstellen kann,[392] sollte der Versammlungsleiter daher durch klare Vorgaben auf die Behandlung von Abwahlanträgen vorbereitet werden.[393]

cc) Wortmeldungen. Bei dem Aufruf der Wortmeldungen ist der Versammlungsleiter nicht an die zeitliche Reihenfolge des Eingangs der Wortmeldungen gebunden, sondern kann den Aufruf der Wortmeldungen nach **sachlichen Kriterien** ordnen.[394] Es entspricht der ordnungsgemäßen Versammlungsleitung, wenn zunächst denjenigen Aktionären das Wort erteilt wird, deren Beiträge von der überwiegenden Zahl der Teilnehmer als zur Erledigung der Tagesordnung besonders wichtig und informativ beurteilt werden. Insbesondere in größeren Publikumsgesellschaften kommen daher regelmäßig zuerst die Vertreter von Aktionärsvereinigungen und Depotbanken zu Wort. Da diese Aktionärsvertreter in der Regel bereits diejenigen Angelegenheiten ansprechen, die für den Großteil der Teilnehmer besonders bedeutsam sind, kann so verhindert werden, dass zahlreiche Einzelaktionäre gleich lautende Wortbeiträge leisten. Gleichzeitig wird eine Straffung der Durchführung der Hauptversammlung erreicht. 171

Aus Gründen der Gleichbehandlung der Aktionäre ist auch darauf zu achten, dass kritischen Aktionären und Opponenten das Wort in einer zeitlich angemessenen Reihenfolge erteilt wird.[395] 172

dd) Beschränkung des Rederechts. Liegen zu viele Redemeldungen vor, kann der Versammlungsleiter das Rederecht beschränken, um eine Durchführung der Hauptversammlung in angemessener Zeit zu gewährleisten.[396] Einer satzungsmäßigen Ermächtigung bedarf es hierzu nicht.[397] Dies gilt auch nach Einführung des § 131 Abs. 2 Satz 2 AktG durch das UMAG,[398] der bestimmt, dass Satzung oder Geschäftsordnung den Versammlungsleiter ermächtigen können, das Frage- und Rederecht des Aktionärs zeitlich angemessen zu beschränken.[399] Dies ist zutreffenderweise so zu interpretieren, dass durch Satzung oder Geschäftsordnung eine vorgelagerte Entscheidung über die generelle Beschränkung des Rede- und Fragerechts getroffen werden kann, während eine Beschränkung des Rede- oder Fragerechts kraft eigener Befugnis des Versammlungsleiters auch ohne Satzungsermächtigung zulässig bleiben 173

---

[391] LG Frankfurt a. M. 3–5 O 100/04 v. 11.1. 2005, AG 2005, 892, 894; LG Köln 82 O 150/04 v. 6.7. 2005, AG 2005, 696, 701.
[392] MünchKomm.AktG/Bd. 4/*Kubis* § 119 Rz. 109.
[393] *Rose* NZG 2007, 241.
[394] Semler/Volhard/*H.-P. Fischer* § 11 Rz. 94 ff.; MünchKomm.AktG/*Kubis* § 119 Rz. 135.
[395] Obermüller/Werner/Winden/*Butzke* D. Rz. 35.
[396] Vgl. BVerfG 1 BvR 636/95 v. 20.9. 1999, AG 2000, 74, 75; Vorinstanz: OLG Stuttgart 3 U 118/94 v. 15.2. 1995, AG 1995, 234.
[397] MünchHdb.GesR/Bd. 4/*F.-J. Semler* § 36 Rz. 48; *Hüffer* AktG § 131 Rz. 22b.
[398] BGBl. I 2005, S. 2802.
[399] Nach dem LG Ffm. v. 28.11. 2006, NZG 2007, 155 ff. stellt das dem Versammlungsleiter durch die Satzung eingeräumte Recht, das Frage- und Rederecht der Aktionäre zu beschränken, eine angemessene Beschränkung gem. § 131 Abs. 2 Satz 2 AktG dar, wenn die Beschränkung dazu führen soll, dass die Hauptversammlung bei gewöhnlichen Tagesordnungspunkten sechs, bei außergewöhnlichen Tagesordnungspunkten zehn Stunden nicht überschreitet. Nicht beanstandet wurde ferner eine Begrenzung der maximalen Rede- und Fragezeit des einzelnen Aktionärs auf 10 bis 15 Minuten.

soll.[400] Eine allgemeine Redezeitbeschränkung durch den Versammlungsleiter schon zu **Beginn der Hauptversammlung** kommt allerdings nur in größeren Publikumsgesellschaften und in Ausnahmefällen in Betracht, wenn andernfalls die Durchführung der Hauptversammlung in einem angemessenen zeitlichen Umfang nicht erwartet werden kann.[401][402] Die Regierungsbegründung zum UMAG geht davon aus, dass eine normale Hauptversammlung in vier bis sechs Stunden abgewickelt sein sollte. In den übrigen Fällen kommt eine allgemeine Redezeitbeschränkung erst **nach einer längeren Versammlungsdauer** in Betracht, wenn ernsthaft zu befürchten ist, dass ohne die Beschränkung eine rechtzeitige Beendigung der Hauptversammlung wegen Zeitablaufs nicht zu gewährleisten ist.[403] Üblich ist, dass die allgemeine Redezeit in mehreren Schritten auf zunächst zehn Minuten pro Redner, und sodann, wenn dies später erforderlich sein sollte, auf fünf Minuten pro Redner beschränkt wird. Kürzere Redezeiten sollten nicht angeordnet werden, da sonst nicht gewährleistet ist, dass der Aktionär seinen Standpunkt auch ausreichend gegenüber den Zuhörern vertreten kann.[404]

174 Auch wenn einem früheren Redner eine längere Redezeit gewährt wird als einem Redner, der erst zu einem späteren Zeitpunkt das Wort erhält, liegt darin kein Verstoß gegen das aktienrechtliche Gleichbehandlungsgebot.[405] Im Rahmen der Gleichbehandlung ist lediglich darauf zu achten, dass alle Redner, die nach einer zeitlichen Beschränkung das Wort erhalten, gleichermaßen von dieser Beschränkung betroffen werden.[406]

175 Bietet eine allgemeine Redezeitbeschränkung allein keine hinreichende Gewähr dafür, dass die Hauptversammlung zeitgerecht durchgeführt werden kann, hat der Versammlungsleiter die Möglichkeit, die **Rednerliste zu schließen**. Dies bedeutet, dass kein neuer zusätzlicher Redner mehr auf die Rednerliste gesetzt wird. Weitere Wortmeldungen werden also nicht mehr entgegengenommen. Als spätester Zeitpunkt, die Rednerliste zu schließen, wird

---

[400] Vgl. *Spindler* NZG 2005, 825, 825 f.; *Hüffer* AktG § 131 Rz. 22 b mwN.
[401] *Martens* S. 54.
[402] Als angemessen wird vom LG Frankfurt 3-05 O 93/06 v. 28. November 2006, NZG 2007, 155 die satzungsmäßige Beschränkung der Rede- und Fragezeit auf 15 Minuten je Wortmeldung eines Aktionärs sowie eine Begrenzung der Maximaldauer der Hauptversammlung auf sechs Stunden bei gewöhnlicher bzw. zehn Stunden bei außergewöhnlicher Gestaltung der Tagesordnung gesehen. Beachtenswert ist in diesem Zusammenhang auch eine Entscheidung des LG München I 5 HK O 15201/08 v. 11. Dezember 2008 (nicht rechtskräftig), AG 2009, 382: das Gericht sah einen Anfechtungsgrund darin, wenn der Versammlungsleiter einer Hauptversammlung ohne Rücksicht auf die konkreten Umstände des Ablaufs die Redezeit bereits zu Beginn der Versammlung beschränkt, auch wenn die Satzung der Gesellschaft eine entsprechende Beschränkung vorsieht, da hierin eine Verletzung des Auskunftsrechts der Aktionäre nach § 131 Abs. 1 AktG liege. Im konkreten Fall wurde die Redezeit bereits zu Beginn der Hauptversammlung auf fünf Minuten beschränkt, wobei lediglich Wortmeldungen von zwei Teilnehmern vorlagen.
[403] Semler/Volhard/*H.-P. Fischer* § 11 Rz. 137 ff.
[404] MünchHdb.GesR/Bd. 4/*F.-J. Semler* § 36 Rz. 48.
[405] LG Köln 82 O 150/04 v. 6. Juli 2005, AG 2005, 696 ff.; *Siepelt* AG 1995, 254, 257 f.
[406] Obermüller/Werner/Winden/*Butzke* D. Rz. 60; *Siepelt* AG 1995, 254, 257 f.; zweifelnd OLG Stuttgart 3 U 118/94 v. 15. 2. 1995, AG 1995, 234; vgl. auch MünchKomm.-AktG/*Kubis* § 119 Rz. 153.

B. Die Aktiengesellschaft 176–178 § 5

im Schrifttum häufig 21.00 Uhr genannt.[407] Hintergrund dieser Vorgabe ist die Annahme, dass der Ablauf eines Tages als absolute zeitliche Grenze für die Hauptversammlung gilt und nach 24.00 Uhr gefasste Beschlüsse anfechtbar oder sogar nichtig sein sollen.[408] Die Rechtsprechung hat hierzu allerdings noch nicht eindeutig Stellung beziehen können.[409] In der Praxis sollte man nicht auf einen starren Zeitpunkt zur Schließung der Rednerliste fixiert sein, andererseits sollte man darauf bedacht sein, dass die Hauptversammlung zu einem noch zumutbaren Zeitpunkt beendet wird. Auch wenn es bedenklich ist, dafür auf den Tagesablauf abzustellen, sollte man – mangels höchstrichterlicher Stellungnahme – jedenfalls diese Obergrenze nicht überschreiten, wenn nicht von vornherein auf zwei Tage geladen wurde.[410]

Von der Schließung der Rednerliste ist der **Schluss der Debatte** zu unterscheiden. Die Anordnung des Schlusses der Debatte kommt – sofern noch Wortmeldungen vorliegen bzw. erfolgen – nur als letztes Mittel zur zeitgerechten Abwicklung der Hauptversammlung in Betracht. Die Schließung der Debatte hat zur Folge, dass keine Redebeiträge mehr zugelassen werden und selbst Aktionäre, die auf der Rednerliste verzeichnet waren, ihres Rederechts beschnitten werden. Trotz fortbestehender Wortmeldungen kommt eine Schließung der Debatte regelmäßig nur in den späten Abendstunden und nach vorheriger Ankündigung in Betracht, wenn nach der Debatte noch Zeit für die Durchführung von Abstimmungen benötigt wird.[411] 176

Neben der allgemeinen Redezeitbeschränkung kann der Versammlungsleiter auch eine **individuelle Redezeitbeschränkung** anordnen, wenn der Redner sich nicht zu dem Gegenstand der Tagesordnung äußert, weitschweifende oder wiederholende Ausführungen macht oder sogar beleidigend wird.[412] Eine Beschränkung der Redezeit setzt eine vorherige Ankündigung voraus.[413] Kommt der Redner der Redezeitbeschränkung nicht nach, kommt, in der Regel nach entsprechender Abmahnung, eine Wortentziehung in Betracht. Ebenso kommt eine **Wortentziehung** in Betracht, wenn ein Redner – nach entsprechender Mahnung – beleidigende Äußerungen fortsetzt. 177

ee) **Beschränkung des Auskunfts- und Fragerechts.** Neben dem Rederecht steht jedem Aktionär gemäß § 131 Abs. 1 AktG das Recht zu, vom Vorstand in der Hauptversammlung Auskünfte über Angelegenheiten der Gesellschaft zu verlangen, soweit sie zur sachgemäßen Beurteilung des Gegenstands der Tagesordnung erforderlich sind.[414] Die Einschränkbarkeit dieses Informationsrechts der Aktionäre ist von der Einschränkbarkeit des Rederechts zu unterscheiden. Das Informationsrecht der Aktionäre gemäß § 131 AktG lässt sich 178

---

[407] *Steiner* § 10 Rz. 9; Semler/Volhard/*H.-P. Fischer* § 11 Rz. 152.
[408] Kölner Komm. AktG/*Zöllner* § 119 Rz. 70; MünchHdb.GesR/Bd. 4/*F.-J. Semler* § 36 Rz. 47 mwN; *Happ/Freitag* AG 1998, 493, 495 f.; für Nichtigkeit: *Max* AG 1991, 77, 90.
[409] Nach dem LG Düsseldorf 36 O 99/06 v. 16. 5. 2007, AG 2007, 797 zB sollen nach 24 Uhr gefasste Beschlüsse nichtig sein, wenn die Einladung zur Hauptversammlung den Folgetag nicht zumindest fakultativ vorsieht.
[410] Obermüller/Werner/Winden/*Butzke* D. Rz. 57.
[411] Obermüller/Werner/Winden/*Butzke* G. Rz. 20.
[412] BGH II ZR 122/63 v. 11. 11. 1965, BGHZ 44, 245 ff.; Semler/Volhard/*H.-P. Fischer* § 11 Rz. 129.
[413] *Grüner* NZG 2000, 770, 774.
[414] Vgl. zum Auskunftsrecht des Aktionärs § 4 Rz. 51 ff.

grds. zeitlich nicht in demselben Maße einschränken wie das Rederecht; deshalb darf eine Beschränkung der Redezeit nicht zu einer Einschränkung des Fragerechts des Aktionärs führen, und die für die Fragestellung verwendete Zeit darf nicht auf die Redezeit angerechnet werden.[415] Durch den durch das UMAG[416] neu eingeführten § 131 Abs. 2 Satz 2 AktG kann die Satzung oder die Geschäftsordnung den Versammlungsleiter aber zu einer behutsamen generellen Beschränkung des Fragerechts ermächtigen.[417]

179 Der Versammlungsleiter hat im Übrigen das Recht, die **missbräuchliche Ausübung des Fragerechts** zu unterbinden. Die Annahme eines Rechtsmissbrauchs des Fragerechts des Aktionärs kommt allerdings nur in sehr engen Grenzen in Betracht. Das Verfolgen eigener, eventuell sogar gesellschaftsfremder Interessen reicht für die Annahme von Rechtsmissbrauch regelmäßig allein nicht aus.[418] Auch wenn der Aktionär die Antwort schon kennt oder sein Abstimmungsverhalten schon vor dem Auskunftsverlangen feststeht, kann daraus allein nicht ohne weiteres der Vorwurf rechtsmissbräuchlichen Verhaltens abgeleitet werden. Dagegen kann eine rechtsmissbräuchliche Ausübung des Fragerechts vorliegen, wenn der Aktionär einen **umfangreichen Fragenkatalog** mit fünfzig oder mehr Fragen vorträgt, da eine solche Zahl von Fragen zur ordnungsgemäßen Behandlung des Tagesordnungspunktes regelmäßig nicht notwendig ist.[419]

Die restriktive Haltung des Gesetzes und der Rechtsprechung gegenüber einer extensiven Nutzung des Fragerechts führt bei großen Publikumsgesellschaften zu erheblichen praktischen Problemen. Es ist daher zu begrüßen, dass durch das UMAG für den Fall, dass die Auskunft mindestens sieben Tage vor Beginn der Hauptversammlung auf der Internetseite der Gesellschaft und später in der Hauptversammlung durchgängig zugänglich war, ein Auskunftsverweigerungsrecht des Vorstandes geschaffen wurde (§ 131 Abs. 3 Satz 1 Nr. 7 AktG).[420] Von der Möglichkeit der Vorabveröffentlichung sollte die Gesellschaft Gebrauch machen, um den Fragenkatalog in der Hauptversammlung zu begrenzen.

180 Da die Schließung der Debatte nicht nur das Rederecht, sondern auch das Fragerecht der Aktionäre beschneidet, sollte von dieser Möglichkeit nur als letztes Mittel Gebrauch gemacht werden. Verstöße gegen das Auskunftsrecht der Aktionäre führen zur **Anfechtbarkeit** der dennoch gefassten Beschlüsse, wenn nicht auszuschließen ist, dass ein objektiv urteilender Aktionär zu dem Ergebnis kommen würde, dass diese für die Meinungsbildung relevant sind, und sich dies auf das Beschlussergebnis ausgewirkt haben könnte.[421] Auf die Kausalität der Auskunftsrechtsverletzung für die Beschlussfassung kommt es dabei nicht an, da ansonsten die Verletzung der Auskunftsrechte von Minderheitsaktionären regelmäßig sanktionslos bleiben würde.

---

[415] BGH II ZR 122/63 v. 11.11.1965, BGHZ 44, 245, 252; Obermüller/Werner/Winden/*Butzke* G. Rz. 31.
[416] BGBl. I 2005, S. 2802.
[417] Vgl. auch *Hüffer* AktG § 131 Rz. 22 b aE; vgl. auch Rz. 180.
[418] MünchHdb.GesR/Bd. 4/*F.-J. Semler* § 37 Rz. 40.
[419] Semler/Volhard/*H.-P. Fischer* § 11 Rz. 167; MünchKomm.AktG/*Kubis* § 131 Rz. 20: Indikation eines Missbrauchs bei 20, Obergrenze bei 50 Fragen; abw. AnwKomm.-AktG/*Heidel* § 131 Rz. 42: Obergrenze bei 100 Fragen (mwN).
[420] Vgl. hierzu *Spindler* NZG 2005, 825, 826.
[421] BGH II ZR 146/89 v. 29.10.1990, ZIP 1990, 1560, 1562; BGH II ZR 225/99 v. 12.11.2001, AG 2002, 241, 242 f.; vgl. auch unten Rz. 277 f.

B. Die Aktiengesellschaft 181, 182 § 5

ff) Ordnungsmaßnahmen. Neben den bereits erwähnten Maßnahmen 181
der Abmahnung, der Beschränkung der Redezeit oder der Entziehung des
Wortes stehen dem Versammlungsleiter weitere Ordnungsmaßnahmen gegen
einzelne Teilnehmer der Hauptversammlung zur Verfügung. Personen, denen
das Wort entzogen worden ist, können zum **Verlassen des Rednerpults** aufgefordert werden. Das äußerste Ordnungsmittel des Versammlungsleiters ist
die **Verweisung** des Aktionärs aus dem Saal.[422] Die Verweisung kann notfalls
zwangsweise durch Saalordner oder die Polizei durchgesetzt werden.[423] Aus
Gründen der Verhältnismäßigkeit ist zunächst das mildeste Ordnungsmittel
anzuwenden, bevor stufenweise – jeweils nach erfolgter Abmahnung und Androhung – das nächstschärfere Ordnungsmittel angewandt wird. Bei formalbeleidigenden Äußerungen von Aktionären oder Aktionärsvertretern zB kann
ein Saalverweis jedenfalls dann geboten sein, wenn der störende Aktionär trotz
mehrerer Ordnungsrufe nebst der Androhung des Saalverweises durch den
Versammlungsleiter ohne Entschuldigung sein Verhalten ungestört fortsetzt
und es dadurch nicht mehr möglich ist, die Hauptversammlung geordnet
durchzuführen.[424] Der aus dem Saal entfernte Aktionär kann seine Rechte in
der Hauptversammlung wahren, indem er einen Dritten zur Ausübung seiner
Rede-, Auskunfts- und Stimmrechte bevollmächtigt. Hierzu sollte ihm vor
Entfernung aus dem Saal Gelegenheit gegeben werden.[425]

c) Abstimmungsleitung

Enthält weder die Satzung (§ 134 Abs. 4 AktG) noch eine Geschäftsordnung 182
der Hauptversammlung (§ 129 Abs. 1 Satz 1 AktG) eine Regelung zur Art und
Weise der Abstimmungen, trifft der Versammlungsleiter diese Entscheidungen.[426] Die Hauptversammlung kann jedoch in diesen Fällen auf Antrag über
die Art und Weise der Abstimmung beschließen lassen mit der Folge, dass der
Versammlungsleiter an die Entscheidung der Hauptversammlung gebunden
ist.[427] Zur Vermeidung einer Zuständigkeit der Hauptversammlung enthält die
Satzung der Gesellschaft üblicherweise eine Bestimmung, wonach dem Versammlungsleiter die Entscheidung über die Art und Weise der Abstimmung
übertragen wird. Grundsätzlich besteht keine Verpflichtung zur Verlesung von
Beschlussanträgen, die den Aktionären schriftlich vorliegen. Nicht entschieden
ist die Frage, ob eine solche Pflicht besteht, wenn ein Aktionär die Verlesung
ausdrücklich beantragt. Richtigerweise besteht auch in einem solchen Falle
keine Pflicht zur Verlesung des Antrags.[428]

---

[422] Zu den hohen Voraussetzungen eines Hausverbots vgl. LG Köln 82 O 150/04 v.
6. 7. 2005, AG 2005, 696, 699 f.
[423] Vgl. zur Rechtmäßigkeit dieser Maßnahme: BVerfG 1 BvR 636/95 v. 20. 9. 1999,
ZIP 1999, 1798 ff.; offen gelassen in OLG Stuttgart 3 U 118/94 v. 15. 2. 1995, AG 1995,
234 ff. (Wenger/Daimler-Benz).
[424] OLG Bremen 2 U 113/06 v. 18. 1. 2007, NZG 2007, 468 ff.
[425] Semler/Volhard/*H.-P. Fischer* § 11 Rz. 188 empfiehlt, diese Möglichkeit erst außerhalb des Saales einzuräumen.
[426] *Hüffer* AktG § 134 Rz. 34.
[427] *Hüffer* AktG § 134 Rz. 34; MünchKomm. AktG/Bd. 4/*Volhard* § 134 Rz. 81.
[428] Ebenso auch *Martens* S. 86, der jedoch aus Vorsichtsgründen eine Verlesung empfiehlt, sofern es sich nicht um ein eindeutig schikanöses Verhalten des beantragenden
Aktionärs handelt.

Reichert

183   **aa) Abstimmungsverfahren.** Das Abstimmungsverfahren sollte vom Versammlungsleiter unter Berücksichtigung einer möglichst einfachen und sicheren Feststellung des Abstimmungsergebnisses und einer möglichst zügigen Abwicklung des Abstimmungsvorgangs ausgewählt werden.
Bei **kleineren Hauptversammlungen** kommt deshalb eine Abstimmung durch Handaufheben, Aufstehen oder Zuruf in Betracht. In **großen Versammlungen** erfolgt die Abstimmung mittels Stimmkarten. Bei diesem Verfahren werden den teilnehmenden Aktionären bei der Einlasskontrolle die Stimmkarten ausgegeben. Diese lassen die Stimmenzahl entweder durch Stückelung nach Nennbeträgen oder nach der Aktienzahl unmittelbar erkennen oder durch Nummerierung der Stimmkarten entsprechend der Nummerierung der Aktionäre im Teilnehmerverzeichnis ermitteln.[429] Die Stimmkarte ist regelmäßig in mehrere Stimmabschnitte unterteilt, sodass der Versammlungsleiter zu jedem Punkt, über den abzustimmen ist, einen bestimmten farblich oder durch sonstige Kennzeichnung unterscheidbaren Stimmabschnitt aufrufen kann.[430] Die Stimmkarten werden dann eingesammelt und ausgezählt. Neben der Verwendung von Stimmkarten zur Abstimmung kommt auch die Durchführung eines Abstimmungsverfahrens mithilfe elektronischer Geräte in Betracht. Dabei wird entweder das gewünschte Abstimmungsergebnis von Helfern, die die Gesellschaft einsetzt, nach Angabe eines Aktionärs in ein elektronisches Gerät eingegeben; stattdessen kann auch jeder Aktionär mit einem entsprechenden Abstimmungsgerät ausgestattet werden.[431]

184   **bb) Auszählung.** Für die Auszählung der Stimmen haben sich in der Praxis zwei Verfahren durchgesetzt, die so genannte Additions- und die so genannte Subtraktionsmethode. Sofern die Satzung oder eine etwaige Geschäftsordnung keine abweichende Regelung enthalten, bestimmt der Versammlungsleiter auch das Auszählungsverfahren. Er ist zugleich zuständig für die Auszählung der Stimmen, jedoch ist die Hinzuziehung von Hilfspersonen und technischen Hilfsmitteln zulässig und bei größeren Versammlungen in der Praxis unerlässlich.[432]

185   Bei der Anwendung der **Additionsmethode** werden sowohl die Ja-Stimmen als auch die Nein-Stimmen getrennt ausgezählt. Die Zahl der abgegebenen Stimmen errechnet sich aus der Addition der Ja- und Nein-Stimmen. Stimmenthaltungen werden dagegen nicht ermittelt. Beim Additionsverfahren wird die Stimmenthaltung rechtlich wie die Nichtteilnahme an der Abstimmung behandelt.[433]

186   Dagegen wird beim **Subtraktionsverfahren** neben den Enthaltungen nur die Abstimmungsgruppe ausgezählt, die voraussichtlich am kleinsten ist und daher den geringsten Zeitaufwand erfordert. In der Praxis sind dies regelmäßig die Nein-Stimmen. Die Ja-Stimmen werden dann durch Subtraktion der gezählten Nein-Stimmen und der Enthaltungen von der Gesamtzahl der in der Hauptversammlung vertretenen Stimmen ermittelt. Konsequenz dieses Auszählungsverfahrens ist, dass alle Teilnehmer, die sich weder bei der Ermittlung

---

[429] Obermüller/Werner/Winden/*Butzke* E. Rz. 114.
[430] Vgl. *Steiner* § 13 Rz. 46.
[431] Obermüller/Werner/Winden/*Butzke* E. Rz. 113 ff.
[432] Kölner Komm.AktG/*Zöllner* § 133 Rz. 53; Semler/Volhard/*H.-P. Fischer* § 11 Rz. 218.
[433] *Steiner* § 13 Rz. 47; MünchHdb.GesR/Bd. 4/*F.-J. Semler* § 39 Rz. 35.

der Stimmenthaltungen noch bei der Ermittlung der Nein-Stimmen gemeldet haben, so behandelt werden, als ob sie mit Ja gestimmt hätten.

Trotz vereinzelter Gegenstimmen wird das Subtraktionsverfahren von der herrschenden Meinung als zulässig erachtet und in der Praxis auch häufig angewendet.[434] Unerlässlich für die sichere Feststellung des Abstimmungsergebnisses durch das Subtraktionsverfahren ist es, die Teilnehmerliste unter Berücksichtigung zwischenzeitlicher Zu- und Abgänge stets auf den neuesten Stand zu bringen.[435] Ebenso sind gesetzliche oder satzungsgemäße **Stimmrechtsverbote oder -beschränkungen**[436] in das Teilnehmerverzeichnis einzutragen, damit diese bereits bei der Bestimmung der Anzahl präsenter Stimmen berücksichtigt werden können.[437] Denn die durch das Teilnehmerverzeichnis ermittelte Gesamtzahl der in der Hauptversammlung vertretenen Stimmen ist die Ausgangsgröße bei der Anwendung des Subtraktionsverfahrens. Findet die Hauptversammlung in mehreren Räumlichkeiten statt, so muss entweder gewährleistet werden, dass die Stimmabgabe in sämtlichen Räumlichkeiten möglich ist oder der Versammlungsleiter muss vor der Abstimmung anordnen, dass die Stimmkarten zB nur in dem Hauptraum abgegeben werden können. Unterbleibt diese Anordnung und wird Aktionären, die sich in Nebenräumen aufhalten, eine Stimmabgabe nicht ermöglicht, so ist es unzulässig, deren Stimmen im Rahmen des Subtraktionsverfahrens als Ja-Stimmen zu unterstellen;[438] sie müssen vielmehr als Enthaltungen gewertet werden.

Aus den vorstehenden Ausführungen ergibt sich schon, dass das Additionsverfahren die **zuverlässigere Methode** ist, die Gesamtzahl der abgegebenen Stimmen und die Anzahl der Ja-Stimmen zu ermitteln. Der große Vorteil des Subtraktionsverfahrens besteht jedoch darin, dass insbesondere bei Abstimmungen in großen Versammlungen, bei denen mit einer großen Mehrheit gerechnet werden kann, die Auszählung der Enthaltungen und Nein-Stimmen erheblich zügiger erfolgen kann.

Zur Vermeidung der ständigen exakten Präsenzfeststellung im Verlauf der Hauptversammlung kann es sich empfehlen, zunächst sämtliche oder zumindest einige sachlich zusammenhängende Tagesordnungspunkte zu erörtern und die erforderlichen **Abstimmungen zum Schluss** gebündelt durchzuführen. Hierbei wird auch über jeden Beschluss einzeln abgestimmt, lediglich die Einsammlung der Stimmkarten und Auszählung der Stimmergebnisse wird unmittelbar hintereinander durchgeführt.[439] In den großen Publikumsgesellschaften hat sich diese Vorgehensweise weitgehend durchgesetzt.

Von dieser Zusammenfassung der Abstimmung ist die **zusammengefasste Abstimmung über mehrere Beschlusspunkte** zu unterscheiden.[440] Bei Letzterer werden mehrere Beschlusspunkte zusammengefasst, sodass die Aktio-

---

[434] OLG Frankfurt 21 U 166/97 v. 1.7. 1998, NZG 1999, 119; Revision unter BGH, II ZR 233/98; Schmidt/Lutter/*Spindler*AktG § 133 Rz. 24; Semler/Volhard/*H.-P. Fischer* § 11 Rz. 224 ff. auch unter Hinweis auf die rechtlichen Bedenken gegen dieses Verfahren.
[435] OLG Hamm 27 U 106/02 v. 27. 05. 2003, AG 2004, 38 ff.; Schmidt/Lutter/*Spindler* AktG § 133 Rz. 24; MünchHdb.GesR/Bd. 4/*F.-J. Semler* § 39 Rz. 35.
[436] Vgl. hierzu Rz. 217 ff.
[437] *Martens* S. 91; *Steiner* § 13 Rz. 53.
[438] Vgl. OLG Karlsruhe 15 U 256/89 v. 7. 12. 1990, ZIP 1991, 101, 107.
[439] MünchHdb.GesR/Bd. 4/*F.-J. Semler* § 39 Rz. 12; Semler/Volhard/*H.-P. Fischer* § 11 Rz. 199.
[440] Vgl. Rz. 239 zur Zulässigkeit der Listenwahl von Aufsichtsratsmitgliedern.

näre entweder nur für oder gegen sämtliche Beschlüsse stimmen können. Die Zulässigkeit einer solchen Abstimmung setzt einen engen sachlichen Zusammenhang zwischen den zusammengefassten Beschlüssen voraus.[441] Der Versammlungsleiter muss dabei auf die Besonderheit der Abstimmung hinweisen. Findet der Gesamtbeschluss nicht die erforderliche Mehrheit, muss anschließend über jeden einzelnen Antrag nochmals getrennt abgestimmt werden.

191 **cc) Verkündung des Ergebnisses.** Ein Beschluss der Hauptversammlung kann erst wirksam werden, wenn er durch den Versammlungsleiter in der Hauptversammlung verkündet wird.[442] Der Versammlungsleiter muss also feststellen, dass der Beschluss angenommen ist. Daneben gibt er auch das zahlenmäßige Ergebnis der Abstimmung bekannt (vgl. § 130 Abs. 2 AktG). Besonders bedeutsame Beschlüsse bedürfen zum Wirksamwerden zusätzlich der **Eintragung** ins Handelsregister (so zB Satzungsänderungen, § 181 Abs. 3 AktG oder Kapitalerhöhungen, § 189 AktG).

192 **dd) Rechtsfolgen bei Verstoß.** Unterlaufen bei der Ermittlung des Abstimmungsergebnisses der Stimmen Fehler, etwa weil Stimmen nicht stimmberechtigter Personen mitgezählt werden[443] oder weil bei der Anwendung des Subtraktionsverfahrens die Präsenz unzutreffend festgestellt wurde, kann dies zur **Anfechtbarkeit** der gefassten Beschlüsse führen.[444] Allerdings muss der Mangel für die Beschlussfassung ursächlich gewesen sein.[445] Insbesondere wenn große Mehrheiten erreicht werden, wirken sich geringfügige Fehler bei der Stimmenauszählung oder der Präsenzfeststellung regelmäßig nicht aus, sodass eine Anfechtung hierauf nicht gestützt werden kann.[446]

193 Stellt der Versammlungsleiter das **Beschlussergebnis unrichtig** fest und wird dieses unrichtige Ergebnis in der Niederschrift gemäß § 130 Abs. 2 AktG angegeben, kann der Beschluss ebenfalls nur mit der Anfechtungsklage beseitigt werden.[447] Unterbleibt die Beschlussfeststellung allerdings ganz, kann die Feststellung nicht in die Niederschrift aufgenommen werden und daher nicht beurkundet werden. Die unrichtige Beurkundung der Niederschrift gemäß § 130 Abs. 2 AktG führt zwingend zur Nichtigkeit des gefassten Beschlusses (§ 241 Nr. 2 AktG).[448]

d) Beendigung der Hauptversammlung

194 Nachdem sämtliche Tagesordnungspunkte ordnungsgemäß abgehandelt und erledigt sind, ist es ausschließlich Aufgabe des Versammlungsleiters, die Hauptversammlung zu schließen.[449] Die Hauptversammlung kann gegen den Willen des Versammlungsleiters nicht die eigene Beendigung beschließen.

---

[441] Semler/Volhard/H.-P. Fischer § 11 Rz. 202; Max AG 1991, 77, 89.
[442] Vgl. MünchKomm.AktG/Bd. 4/Volhard § 133 Rz. 65; Hüffer AktG § 130 Rz. 22 f.
[443] BGH II ZR 308/87 v. 21. 3. 1988, BGHZ 104, 66, 69.
[444] MünchKomm.AktG/Bd. 7/Hüffer § 243 Rz. 41.
[445] Vgl. hierzu Rz. 268 f.
[446] Semler/Volhard/H.-P. Fischer § 11 Rz. 236; MünchKomm.AktG/Bd. 7/Hüffer § 243 Rz. 41; vgl. auch OLG Karlsruhe 15 U 256/89 v. 7.12.1990; ZIP 1991, 101, 107.
[447] Ganz hM: Hüffer AktG § 130 Rz. 22; MünchHdb.GesR/Bd. 4/F.-J. Semler § 39 Rz. 38; MünchKomm.AktG/Bd. 7/Hüffer § 243 Rz. 41; Spindler/Stilz/Würthwein AktG § 243 Rz. 115.
[448] Semler/Volhard/Volhard § 15 Rz. 9; Großkomm.AktG/Werner § 130 Rz. 111.
[449] Kölner Komm.AktG/Zöllner § 119 Rz. 69; Steiner § 24 Rz. 1.

B. Die Aktiengesellschaft   195–197   § 5

Ausnahmsweise kann der Versammlungsleiter bereits vor Erledigung der   195
Tagesordnung die Hauptversammlung schließen, wenn sich herausstellt, dass
die Einberufung mangelhaft war oder die erforderliche satzungsmäßige Beschlussfähigkeit nicht gegeben ist.[450]

2. Die Pflichten des Vorstands in der Hauptversammlung

a) Vorlage und Erläuterung der Abschlussunterlagen

Der Vorstand hat gemäß §§ 176 Abs. 1 Satz 1, 175 Abs. 2 AktG den Jahres-   196
abschluss, den Lagebericht, ggf. Konzernabschluss und Konzernlagebericht,
den Bericht des Aufsichtsrats sowie den Vorschlag des Vorstands für die Verwendung des Bilanzgewinns zugänglich zu machen. Börsennotierte Gesellschaften sind zudem zum Zugänglichmachen eines erläuternden Berichts zu
den Angaben nach §§ 289 Abs. 4, 315 Abs. 4 HGB in der Hauptversammlung
verpflichtet (§ 176 Abs. 1 Satz 1 AktG). Durch das Bilanzrechtsmodernisierungsgesetz (BilMoG) vom 25. Mai 2009, in Kraft seit dem 29. Mai 2009[451] haben börsennotierte Aktiengesellschaften in ihrem Lagebericht eine Erklärung
zur Unternehmensführung aufzunehmen, die dort einen gesonderten Abschnitt bildet (§ 289a Abs. 1 Satz 1 HGB). Die Erklärung kann auch auf der
Internetseite der Gesellschaft öffentlich zugänglich gemacht werden; hier ist in
den Lagebericht eine Bezugnahme auf die entsprechende Internetseite aufzunehmen (§ 289a Abs. 1 Satz 2 und 3 HGB). Die Erklärung zur Unternehmensführung muss die Erklärung nach § 161 AktG zum Corporate Governance
Kodex, relevante Angaben zu Unternehmensführungspraktiken, die über die
gesetzlichen Anforderungen hinaus angewendet werden sowie eine Beschreibung der Arbeitsweise von Vorstand und Aufsichtsrat und der Zusammensetzung und Arbeitsweise von deren Ausschüssen enthalten (§ 289a Abs. 2 HGB).
Das Zugänglichmachen bedeutet, dass Gerätschaften wie zB PC-Terminals
oder bereitgestellte Monitore[452] in ausreichender Zahl vorhanden sind, auf denen die Unterlagen abgerufen werden können bzw. dass die Unterlagen schriftlich in den Räumlichkeiten der Hauptversammlung in einer ausreichenden
Zahl von Mehrfertigungen zugänglich gemacht werden, so dass jeder Aktionär
in angemessener Zeit Einsicht nehmen kann.[453] Im Einzelnen ist dabei noch
unklar, wie das „Zugänglichmachen" während der Hauptversammlung gerade
mit elektronischen Mitteln erfolgen kann,[454] so dass fraglich ist, wie zügig die
beabsichtigte Aufgabe der bisherigen, dahingehenden Medienfestlegung und
dem damit verbundenen Abbau des Bürokratieaufwandes im Rahmen der
Hauptversammlung von den Gesellschaften umgesetzt wird. Die Vorlagen
müssen bis zum Abschluss der Verhandlungen, dh. in der Regel bis zum Beschluss über die Entlastung, zugänglich bleiben.[455]

Der Konzernabschluss ist stets auf den Stichtag des Jahresabschlusses des   197
Mutterunternehmens aufzustellen, so dass Jahresabschluss und Konzernab-

---

[450] *Steiner* § 24 Rz. 2; Obermüller/Werner/Winden/*Butzke* D. Rz. 51.
[451] BGBl. I 2009, S. 1102.
[452] Vgl. Begründung des Regierungsentwurfs zum ARUG v. 5. November 2008, BT-Drs. 16/11642 S. 35.
[453] *Hüffer* AktG § 176 Rz. 2.
[454] Vgl. *J. Schmidt* NZG 2008, 734, 735; *Mutter* AG 6/2009, R100 f.
[455] *Hüffer* AktG § 176 Rz. 2; Spindler/Stilz/*Euler/Müller* AktG § 176 Rz. 9.

Reichert 447

schluss für dasselbe Geschäftsjahr derselben Hauptversammlung vorzulegen sind (vgl. § 299 Abs. 1 HGB). Zudem hat der Aufsichtsrat den Konzernabschluss nicht nur zu prüfen, sondern auch zu billigen (vgl. § 171 Abs. 2 Satz 5 AktG). Billigt der Aufsichtsrat den Konzernabschluss nicht, greift die Billigungszuständigkeit der Hauptversammlung ein (§ 173 Abs. 1 Satz 2 AktG). Indes finden § 173 Abs. 2 und Abs. 3 AktG keine entsprechende Anwendung auf den Konzernabschluss, da sich die Gewinnverwendung nicht nach dem Konzern-, sondern nach dem Einzelabschluss richtet und die Rechtsstellung der Aktionäre durch den Konzernabschluss mithin nicht berührt wird.[456]

198 Der Bericht über die Angaben nach §§ 289 Abs. 4, 315 Abs. 4 HGB betrifft nur börsennotierte Aktiengesellschaften. Die Vorschriften statuieren die Pflicht, im Lage- und ggf. Konzernlagebericht Angaben zu den dort genannten Umständen zu machen, die eine Übernahme verhindern können.[457]

199 Neben der Vorlagepflicht statuiert § 176 Abs. 1 Satz 2 AktG auch eine **Erläuterungspflicht** durch den Vorstand. Insbesondere hat der Vorstand bei seiner Erläuterung zu einem Jahresfehlbetrag oder zu einem Verlust Stellung zu nehmen, der das Jahresergebnis wesentlich beeinträchtigt hat (§ 176 Abs. 1 Satz 3 AktG). In der Literatur wird insoweit eine 10%ige Beeinflussung des Jahresergebnisses als maßgebliche Grenze für die Erläuterungspflicht vorgeschlagen, die zumindest als Richtschnur in der Praxis herangezogen werden kann.[458] Weil das Gesetz in § 176 Abs. 1 Satz 3 AktG zwischen dem Jahresfehlbetrag und sonstigen Verlusten unterscheidet, sind auch solche Verluste erläuterungspflichtig, die noch nicht zu einem Fehlbetrag geführt haben, etwa weil sie anderweitig ausgeglichen werden konnten.[459]

200 Des Weiteren sind bei den Erläuterungen der Vorlagen insbesondere der **Gewinnverwendungsvorschlag** und sonstige außergewöhnliche bilanzwirksame Maßnahmen zu begründen.[460]

201 Die **Verletzung** der Vorlagepflicht ist ein Anfechtungsgrund gem. § 243 Abs. 1 AktG. Anfechtbar sind die zu den einschlägigen Tagesordnungspunkten gefassten Beschlüsse.[461] Dagegen wird die Erläuterungspflicht von der herrschenden Meinung lediglich als eine Ordnungsvorschrift angesehen, deren Verstoß nicht zur Anfechtbarkeit der trotzdem gefassten Beschlüsse führt.[462] Hält der Aktionär weitere Erläuterungen zu den Vorlagen für erforderlich, kann er von seinem Auskunftsrecht gem. § 131 AktG Gebrauch machen.

b) Auskunftspflichten

202 Macht ein Aktionär von seinem Auskunftsrecht Gebrauch,[463] obliegt es dem Vorstand, die Auskunftsverpflichtung der Gesellschaft zu erfüllen (vgl. § 131 Abs. 1 Satz 1 AktG). Zuständig innerhalb der Gesellschaft ist der Vorstand als

---

[456] Vgl. auch die RegBegr zum TransPubG-Entwurf, BT-Drs. 14/8769, 22.
[457] Vgl. zu den Angaben nach §§ 289 Abs. 4, 315 Abs. 4 HGB auch *Baetge/Brüggemann/Haenelt* BB 2007, 1887 ff.
[458] Kölner Komm. AktG/*Korth/Claussen* § 176 Rz. 7.
[459] *Hüffer* AktG § 176 Rz. 5.
[460] Vgl. Semler/Volhard/*Schlitt* § 12 Rz. 63 f.
[461] *Hüffer* AktG § 176 Rz. 6; MünchKomm. AktG/Bd. 5–1/*Kropff* § 176 Rz. 19; Schmidt/Lutter/*Drygala* AktG § 176 Rz. 9.
[462] *Hüffer* AktG § 176 Rz. 6; MünchKomm. AktG/Bd. 5–1/*Kropff* § 176 Rz. 20 f.; aA Kölner Komm. AktG/*Zöllner* § 257 Rz. 10.
[463] Vgl. hierzu § 4 Rz. 51 ff.

B. Die Aktiengesellschaft 203–206 § 5

Gesamtorgan, der über die Erteilung von Auskünften einstimmig (§ 77 Abs. 1 AktG) entscheidet, soweit nicht die Satzung oder die Geschäftsordnung etwas anderes vorsieht. Auch wenn ein Aktionär eine Frage unmittelbar an ein Vorstandsmitglied richtet, ist nicht dieses Vorstandsmitglied Auskunftsverpflichteter.[464] In der Praxis werden die Fragen der Aktionäre entweder durch den Vorstandsvorsitzenden oder durch das zur Auskunftserteilung ressortmäßig zuständige Vorstandsmitglied beantwortet. Die Beantwortung kann aber auch einem sonstigen Mitarbeiter oder sogar externen Sachverständigen überlassen werden, sofern der Vorstand sich den Inhalt der Auskunft zu Eigen macht und die Verantwortung für die Richtigkeit und Vollständigkeit der gegebenen Antwort übernimmt.[465]

Zur **Beantwortung der Fragen** der Aktionäre bedient sich der Vorstand 203 größerer Publikumsgesellschaften regelmäßig eines sog. „back office", das aus Mitarbeitern der Gesellschaft und externen Beratern zusammengesetzt ist und im Hintergrund die Beantwortung der Fragen vorbereitet. Eine unmittelbare Beantwortung der an den Vorstand gerichteten Fragen ist nicht erforderlich, sodass der Vorstand mehrere Fragen sammeln und das „back office" einen Antwortvorschlag vorbereiten lassen kann. Daneben bedient sich der Vorstand zudem häufig bereits im Vorfeld gefertigter Antworten auf Fragen, deren Stellung in der Hauptversammlung antizipiert wurde.[466]

In **formaler Hinsicht** ist dem Aktionär nur eine mündliche Auskunft zu 204 erteilen.[467] Es besteht weder ein Anspruch des Aktionärs auf schriftliche Beantwortung der Fragen noch auf Einsichtnahmen bestimmter Urkunden oder Schriftstücke.[468] Auch eine Verlesung von bestimmten Schriftstücken kann der Aktionär grundsätzlich nicht verlangen. Lediglich wenn es auf den genauen Inhalt eines Vertrags bei der Auskunftserteilung ankommt, kann der Aktionär die Verlesung des Vertragsinhalts verlangen.[469]

Inhaltlich hat die Auskunftserteilung den Grundsätzen einer gewissenhaf- 205 ten und getreuen Rechenschaft zu entsprechen (§ 131 Abs. 2 Satz 1 AktG). Hieraus folgt, dass der Vorstand einerseits keine unrichtigen oder unvollständigen Angaben machen darf, andererseits aber auch nicht jedes noch so kleine Detail wiedergeben muss. Die unrichtige Darstellung der Verhältnisse der Gesellschaft in Auskünften in der Hauptversammlung ist zudem mit Freiheitsstrafe bis zu drei Jahren strafbewehrt (§ 400 Abs. 1 Nr. 1 AktG).

Eine **Verweigerung** der Auskunftserteilung darf nur bei Vorliegen eines 206 Verweigerungsgrunds erfolgen.[470] Eine unbefugte Verweigerung kann zur Anfechtbarkeit des betreffenden Beschlusses führen,[471] sofern nicht das Spruchverfahren greift (vgl. Rz. 138, 295 ff.). Es bedarf deshalb einer eingehenden Prüfung, ob tatsächlich ein Verweigerungsgrund vorliegt. Diese Prüfung gestaltet sich indes nicht immer einfach. Nach dem OLG Frankfurt a. M. kann eine AG verpflichtet sein, einem Aktionär in der Hauptversammlung auf Frage Aus-

---

[464] Obermüller/Werner/Winden/*Butzke* G. Rz. 25.
[465] Semler/Volhard/*Schlitt* § 12 Rz. 105; Schmidt/Lutter/*Spindler* AktG § 131 Rz. 54; MünchHdb.GesR/Bd. 4/*F.-J. Semler* § 37 Rz. 27.
[466] Vgl. hierzu auch Rz. 64, 179.
[467] BGH II ZR 238/91 v. 5. 4. 1993, DB 1994, 1074, 1080.
[468] BGH II ZR 238/91 v. 5. 4. 1993, DB 1994, 1074, 1080.
[469] Ebenso *Steiner* § 11 Rz. 13; Kölner Komm. AktG/*Zöllner* § 131 Rz. 84.
[470] Vgl. hierzu § 4 Rz. 62 ff.
[471] Vgl. Rz. 276.

kunft über die Gesamtvergütung eines Gremiums zu erteilen, das innerhalb einer Umstrukturierung der Führungsebene neu geschaffen wurde und dem eine herausragende, exponierte Stellung zukommt. Eine Auskunft über die Höhe der Vergütung einzelner Mitglieder dieses Gremiums, die nicht dem Vorstand angehören, soll der Vorstand hingegen zur Vermeidung des Nachteils einer Abwerbung verweigern dürfen.[472] Im Übrigen kann der betroffene Aktionär ein Auskunftserzwingungsverfahren einleiten, um die gewünschte Auskunft zu erlangen (§ 132 AktG).

c) Nachgelagerte Pflichten

207 Nach Beendigung der Hauptversammlung hat der Vorstand dafür Sorge zu tragen, dass die von der Hauptversammlung im Rahmen ihrer Zuständigkeit beschlossenen Maßnahmen, insbesondere also die Beschlüsse, ausgeführt werden (§ 83 Abs. 2 AktG). Wesentlicher Bestandteil dieser nachgelagerten Pflicht ist es, anmeldepflichtige Beschlüsse zum Handelsregister der Gesellschaft anzumelden. Die **Anmeldepflicht** besteht etwa bei beschlossenen Satzungsänderungen (§ 181 Abs. 1 Satz 1 AktG), Kapitalerhöhungen (§ 184 AktG), Umwandlungen (vgl. zB § 16 UmwG) und dem Abschluss von Unternehmensverträgen (§ 294 Abs. 1 Satz 1 AktG). Neben der Anmeldepflicht hat der Vorstand auch eine öffentlich beglaubigte Abschrift der notariellen Niederschrift und ihrer Anlagen unverzüglich nach der Hauptversammlung zum für die Gesellschaft zuständigen Handelsregister einzureichen (§ 130 Abs. 5 AktG). Soweit Zweigniederlassungen bestehen, sind neuerdings keine gesonderten Abschriften mehr einzureichen.[473] Hinzu kommt die durch das ARUG neu geschaffene Verpflichtung für börsennotierte Gesellschaften nach § 130 Abs. 6 AktG, innerhalb von sieben Tagen nach der Versammlung die festgestellten Abstimmungsergebnisse einschließlich der Angaben nach § 130 Abs. 2 Satz 2 AktG auf ihrer Internetseite zu veröffentlichen. Zu diesen Angaben gehören die Zahl der Aktien, für die gültige Stimmen abgegeben wurden, der Anteil des durch sie vertretenen Grundkapitals sowie die Zahl der für einen Beschluss abgegebenen Stimmen, Gegenstimmen und ggf. die Zahl der Enthaltungen.

V. Die Beschlussfassung in der Hauptversammlung

1. Stimmrechte

208 Die Aktionäre entscheiden über die Beschlussanträge durch Ausübung ihres Stimmrechts im Rahmen einer Abstimmung. Das Gesetz selbst stellt keine Mindestanforderungen an die Beschlussfähigkeit auf. Sofern die Satzung keine abweichende Regelung enthält, was grundsätzlich zulässig und in der Praxis auch weit verbreitet ist,[474] ist die Hauptversammlung auch dann beschlussfä-

---

[472] OLG Ffm. 20 W 52/05 v. 30. 1. 2006, NZG 2007, 74 ff. (Deutsche Bank).
[473] Dies folgt aus der Aufhebung des § 13 c HGB durch das EHUG vom 10. 11. 2006 (BGBl. I 2006, S. 2553). Das frühere Erfordernis, an jedem Sitz einer Zweigniederlassung eine Abschrift einzureichen, ist entfallen, da nach § 13 Abs. 1 HGB nF Zweigniederlassungen nur beim Gericht der Hauptniederlassung zu registrieren sind; vgl. Regierungsentwurf zum EHUG, BT-Drs. 16/960, S. 46.
[474] MünchHdb.GesR/Bd. 4/F.-J. Semler § 39 Rz. 33; Obermüller/Werner/Winden/Butzke F. Rz. 40.

B. Die Aktiengesellschaft

hig, wenn nur eine Aktie mit einer Stimme vertreten ist.[475] Allerdings können sich aus Mehrheitserfordernissen Anforderungen an die Beschlussfähigkeit der Hauptversammlung ergeben (vgl. zur Nachgründung § 52 Abs. 5 Satz 2 AktG). Das Stimmrecht kann dem Aktionär als Mitgliedschaftsrecht grundsätzlich nicht entzogen werden. Ausnahmen gelten insofern aber für stimmrechtslose Vorzugsaktien (§ 139 Abs. 1 AktG), bei einer Beschränkung des Stimmrechts durch Einführung eines Höchststimmrechts in nicht börsennotierten Gesellschaften (§ 134 Abs. 1 Satz 2 AktG) oder bei sonstigen gesetzlichen oder satzungsgemäßen Stimmrechtsverboten.[476]

a) Stimmberechtigung

Zur Ausübung des Stimmrechts berechtigt ist der Aktionär, sein Bevollmächtigter oder der sog. Legitimationsaktionär[477]. Der bloße Besitz einer Aktie berechtigt nicht zur Stimmrechtsausübung. Daher steht auch bei einer Verpfändung oder Pfändung das Stimmrecht dem betroffenen Aktionär und nicht dem Pfandgläubiger zu.[478] Die Satzung kann das Stimmrecht des einzelnen Aktionärs einschränken, indem sie die Ausübung des Stimmrechts an die Anmeldung vor der Versammlung oder einen Berechtigungsnachweis anknüpft (§ 123 Abs. 2 und 3 AktG; vgl. Rz. 85 ff., 145).

Durch die Neuregelungen des ARUG kann den Aktionären in der Satzung der Gesellschaft nunmehr gestattet werden, ihre Stimmrechte im Wege der Online-Teilnahme auszuüben (§ 118 Abs. 1 Satz 2 AktG).[479] Den Gesellschaften wurde gleichzeitig die Möglichkeit geschaffen, ihren Aktionären die Stimmabgabe im Wege der Briefwahl einzuräumen (§ 118 Abs. 2 AktG). Diese kann – je nach Ausgestaltung der Satzung – sowohl auf schriftlichem als auch auf elektronischem Wege erfolgen. Der entscheidende Unterschied zur online zugeschaltet erfolgenden Stimmabgabe nach § 118 Abs. 1 Satz 2 AktG liegt darin, dass der Erklärende bei der Briefwahl nicht als „erschienen" oder „Teilnehmer der Hauptversammlung" qualifiziert wird. Bei der Briefwahl kann die Stimme, anders als bei der Online-Teilnahme, schon im Vorfeld der Versammlung abgegeben werden. Aufgrund der fehlenden Teilnehmereigenschaft kann der Aktionär keinen Widerspruch zur Niederschrift erklären; folglich ist eine Beschlussanfechtung im Falle der Briefwahl nicht möglich. Briefwahlstimmen gelten als „abgegebene Stimmen" iSv. § 133 AktG und gehören zum vertretenen Grundkapital. Auch bei Stimmabgabe per Briefwahl ist die Anwendung des Subtraktionsverfahrens nicht ausgeschlossen.[480]

b) Umfang des Stimmrechts

Das Stimmrecht des einzelnen Aktionärs bestimmt sich bei Nennbetragsaktien nach dem Nennbetrag, bei Stückaktien nach der Zahl der Aktien (§ 134 Abs. 1 Satz 1 AktG). Hierdurch wird erreicht, dass Aktionäre mit gleichen

---

[475] Semler/Volhard/*Volhard* § 14 Rz. 1.
[476] Vgl. Rz. 225 ff.
[477] Vgl. zu diesem Begriff Rz. 163.
[478] *Steiner* § 13 Rz. 8; *Hüffer* AktG § 118 Rz. 15; Schmidt/Lutter/*Spindler* AktG § 134 Rz. 7.
[479] Vgl. dazu Rz. 149 f.
[480] Vgl. Begründung des Regierungsentwurfs zum ARUG v. 5. November 2008, BT-Drs. 16/11642 S. 39 f.

Aktiennennbeträgen bzw. mit gleichen Stückzahlen bei Stückaktien gleiche Stimmrechte haben. Satzungsregelungen, nach denen einzelne Aktionäre mehr Stimmen haben, als es ihrer Kapitalbeteiligung entspricht (sog. Mehrstimmrecht), sind inzwischen unzulässig (§ 12 Abs. 2 AktG).[481]

211 Im Falle einer **wechselseitigen Beteiligung** zwischen einer Aktiengesellschaft und einem anderen Unternehmen besteht nach § 328 Abs. 1 AktG eine Stimmrechtsbeschränkung auf höchstens 25 % der gesamten Stimmrechte des anderen Unternehmens. Durch diese Bestimmung soll gewährleistet werden, dass auch bei wechselseitigen Beteiligungen die Kontrollbefugnisse der Hauptversammlung durch die Kapitalgeber ausgeübt werden können.

c) Stimmbindungsverträge

212 Durch so genannte Stimmbindungsverträge oder Poolverträge verpflichten sich Aktionäre, ihr Stimmrecht in der Hauptversammlung in einem bestimmten Sinne abzugeben.[482] Solche Verträge sind grundsätzlich zulässig[483] und werden häufig in Familiengesellschaften zur Sicherung des Einflusses der Familie abgeschlossen. Stimmbindungsverträge haben keine Außenwirkung, sodass auch vertragswidrig abgegebene Stimmen im Außenverhältnis gültig sind.[484] Unzulässig ist es dagegen, sich zu einer bestimmten Stimmabgabe gegen Bezahlung oder zur Stimmabgabe nach Weisung des Vorstands oder des Aufsichtsrats der Gesellschaft zu verpflichten.[485] Problematisch ist darüber hinaus, wie sich statutarische Mehrheitserfordernisse für die Beschlussfassung in der Hauptversammlung auf die Stimmabgabe im Konsortium auswirken. In zwei grundlegenden Entscheidungen des BGH wurden wegweisende Regeln für die Praxis von Stimmrechtskonsortien und Schutzgemeinschaften aufgestellt. Danach schlagen Mehrheitserfordernisse in der Hauptversammlung grundsätzlich nicht auf das Konsortium durch; im Einzelfall kann sich jedoch auf einer zweiten Prüfungsstufe wegen Verstoßes gegen die gesellschafterliche Treuepflicht etwas anderes ergeben, insbesondere wenn die gesellschaftsver-

---

[481] Jedoch behalten bestehende Mehrstimmrechte auch nach dem 1. Juni 2003 ihre Geltung (§ 5 EGAktG), sofern die Hauptversammlung dies mit Dreiviertelkapitalmehrheit beschlossen hat. Vgl. *Hüffer* AktG § 12 Rz. 8 ff.; Semler/Volhard/*Semler* § 14 Rz. 8 und dort Fn. 17.

[482] Bei börsennotierten Gesellschaften ist diesbezüglich zu beachten, dass solche Verträge gemäß § 22 Abs. 2 WpHG iVm. § 21 WpHG eine Meldepflicht auslösen können.

[483] BGH II ZR 105/66 v. 29.5. 1967, BGHZ 48, 163 ff.; *Hüffer* AktG § 133 Rz. 27; Schmidt/Lutter/*Spindler* AktG § 136 Rz. 34; Obermüller/Werner/Winden/*Butzke* E. Rz. 50; *Odersky* in FS Lutter (2000), S. 557, 559.

[484] *Hüffer* AktG § 133 Rz. 26; Schmidt/Lutter/*Spindler* AktG § 136 Rz. 37; streitig ist, ob ein Verstoß gegen einen schuldrechtlichen Stimmbindungsvertrag unter der Voraussetzung, dass sämtliche Aktionäre an der schuldrechtlichen Vereinbarung beteiligt sind oder dass die Stimmbindung in der Satzung geregelt ist, einen Anfechtungsgrund begründet; der BGH hat dies für die GmbH angenommen; vgl. BGH II ZR 243/81 v. 20.1. 1983, NJW 1983, 1920 ff.; II ZR 272/85 v. 25.9. 1986, NJW 1987, 890, 891; II ZR 240/85 v. 27.10. 1986, NJW 1987, 1890 ff.; zustimmend OLG Hamm 8 U 165/99 v. 12.4. 2000, NZG 2000, 1036 f.; richtigerweise ist dies jedoch mit der überwiegenden Meinung abzulehnen; vgl. *Hoffmann-Becking* ZGR 1994, 442, 449 f.; *Winter* Mitgliedschaftliche Treuebindungen im GmbH-Recht 1988 S. 51 ff.; ders. ZHR 154 (1990), 259, 282 f.; MünchKomm.AktG/Bd. 7/*Hüffer* § 243 Rz. 24 mwN.

[485] Vgl. Semler/Volhard/*Jacob* § 13 Rz. 118 ff.

B. Die Aktiengesellschaft 213, 214 § 5

traglichen Grundlagen des Konsortiums berührt oder in den „Kernbereich" der Mitgliedschaftsrechte eingegriffen wird.[486]

d) Bevollmächtigte

Der Aktionär kann sein Stimmrecht auch durch Bevollmächtigte ausüben lassen, da es kein höchstpersönliches Recht des Aktionärs ist.[487] Die Erteilung der Vollmacht, ihr Widerruf und der Nachweis der Bevollmächtigung gegenüber der Gesellschaft bedürfen nach der Neufassung des § 134 Abs. 3 Satz 3 AktG durch das ARUG nicht mehr der Schriftform, sondern lediglich der Textform (§ 126b BGB), sofern die Satzung oder die Einberufung aufgrund einer Satzungsermächtigung keine weitere Erleichterung bestimmt.[488] Folglich reicht nun zB eine E-Mail für die vorstehenden Handlungen aus.[489] Für die Übermittlung des Nachweises haben börsennotierte Gesellschaften zumindest einen Weg elektronischer, also PC-gestützter Kommunikation anzubieten (§ 134 Abs. 3 Satz 4 AktG). Daher sind entgegenstehende Satzungsbestimmungen dieser für börsennotierte Gesellschaften zwingenden Vorschrift anzupassen.[490] Ein Aktionär kann sich auch durch mehrere Personen vertreten lassen. Genauso wie der Aktionär, der mehrere Stimmen abzugeben hat, mit einem Teil seiner Stimmen mit Ja und mit einem anderen Teil mit Nein stimmen darf, darf er auch die Bevollmächtigung zur Ausübung des Stimmrechts auf verschiedene Bevollmächtigte verteilen.[491] Die Mehrbevollmächtigung wird nunmehr auch ausdrücklich im AktG erwähnt (§ 134 Abs. 3 Satz 2 AktG); ein Verbot der Mehrfachbevollmächtigung wurde als zu unflexibel erachtet.[492] Jedoch kann die Gesellschaft nach dieser Vorschrift eine oder mehrere der bevollmächtigten Personen zurückweisen. Klarstellend sei dazu angemerkt, dass die Zurückweisung aller Bevollmächtigten in diesem Fall nicht zulässig ist.[493]

Bei der Bevollmächtigung ist das **gesellschaftsrechtliche Abspaltungsverbot** zu beachten. Unwiderruflich verdrängende Stimmrechtsvollmachten sind daher nur in sehr engen Grenzen zulässig, insbesondere dann, wenn auch der Bevollmächtigte von der Ausübung des Stimmrechts ausgeschlossen ist, da dann der Bevollmächtigung die Wirkung eines – als zulässig zu erachtenden –

---

[486] Vgl. BGH II ZR 245/05 v. 15. Januar 2007, BGHZ 170, 283 („Otto"); BGH II ZR 116/08 v. 24. November 2008, BGHZ 179, 13 („Schutzgemeinschaft II") sowie ausführlich dazu *K. Schmidt* ZIP 2009, 737 ff.; zu den Mehrheitserfordernissen in der Hauptversammlung vgl. Rz. 234 f.
[487] *Reichert/Harbarth* AG 2001, 447.
[488] Vgl. Begründung des Regierungsentwurfs zum ARUG v. 5. November 2008, BT-Drs. 16/11642 S. 49.
[489] Verlangt wird die Erklärung in einer zur dauerhaften, nachlesbaren Wiedergabe in Schriftzeichen geeigneten Weise; vgl. nur *Palandt* BGB § 126b Rz. 3; *Staudinger* BGB § 126b Rz. 27 f.; die Begründung des Regierungsentwurfs zum ARUG v. 5. November 2008, BT-Drs. 16/11642 S. 49 geht zudem mit Verweis auf die hM von einer Wahrung der Textform bei einer Vollmachtserteilung über ein Bildschirmformular oder einen Internetdialog aus.
[490] Vgl. den Formulierungsvorschlag in *Schüppen/Tretter* ZIP 2009, 493, 497.
[491] *Steiner* § 13 Rz. 41.
[492] Vgl. Begründung des Regierungsentwurfs zum ARUG v. 5. November 2008, BT-Drs. 16/11642 S. 48.
[493] Vgl. Stellungnahme des Handelsrechtsausschusses des DAV zum Regierungsentwurf des ARUG, NZG 2009, 96, 97.

Stimmrechtsausschlussvertrages zukommt. Keinen Bedenken unterliegen widerrufliche Stimmrechtsvollmachten und solche ohne Verdrängungswirkung. Die gleichen Grundsätze gelten für die Legitimationszession.[494]

215 Durch das ARUG wurde die Stimmrechtsvertretung durch Kreditinstitute (so genanntes Depot- oder Bankenstimmrecht) grundlegend dereguliert und flexibilisiert, um die Bevollmächtigung einer Bank zur Stimmrechtsvertretung für den Aktionär attraktiver zu machen. Dadurch soll die Hauptversammlungspräsenz erhöht werden. Für die **Bevollmächtigung von Kreditinstituten** zur Stimmrechtsausübung gelten besondere Regelungen. Im Fall der Bevollmächtigung eines Kreditinstituts wird auf das Schriftformerfordernis der Vollmacht ganz verzichtet und dem Kreditinstitut lediglich die Pflicht zum nachprüfbaren Festhalten der Vollmacht auferlegt (§ 135 Abs. 1 Satz 2 AktG). Hierdurch soll die Bevollmächtigung durch moderne Übertragungsmöglichkeiten wie zB Online-Banking oder Telefon-Banking erleichtert werden.[495] Die Vollmacht muss vollständig sein und darf nur mit der Stimmrechtsausübung verbundene Erklärungen enthalten (§ 135 Abs. 1 Satz 3 AktG). Zudem ist jährlich und deutlich hervorgehoben darauf hinzuweisen, dass die Bevollmächtigung jederzeit widerrufen werden kann bzw. dass auch eine andere Bevollmächtigung, insbesondere einer Aktionärsvereinigung, in Betracht kommt (§§ 135 Abs. 1 Satz 6, 125 Abs. 1 Satz 4 AktG). Erteilt der Aktionär keine ausdrücklichen Hinweise, so kann eine generelle Vollmacht nur die Berechtigung des Kreditinstituts zur Stimmrechtsausübung entsprechend eigener Abstimmungsvorschläge (§ 135 Abs. 2 und 3 AktG) oder entsprechend der Vorschläge des Vorstands oder des Aufsichtsrats oder für den Fall voneinander abweichender Vorschläge denen des Aufsichtsrats (§ 135 Abs. 4 AktG) vorsehen. Bietet das Kreditinstitut in diesem Fall die Stimmrechtsausübung an, hat es sich gleichzeitig zu erbieten, im Rahmen des Zumutbaren und bis auf Widerruf die zur Stimmrechtsausübung erforderlichen Unterlagen einer Aktionärsvereinigung oder einem sonstigen Vertreter nach Wahl des Aktionärs zuzuleiten (§ 135 Abs. 1 Satz 4 und 5 AktG). Gemäß § 135 Abs. 8 AktG gelten die vorstehenden Grundsätze sinngemäß für Aktionärsvereinigungen.

216 Das Gesetz geht in § 134 Abs. 3 Satz 5 AktG von der Zulässigkeit der Ausübung des Stimmrechts durch „von der Gesellschaft benannte **Stimmrechtsvertreter**" aus. Die Gesellschaft kann also Vertreter benennen, die die Aktionäre mit der Wahrnehmung ihrer Stimmrechte in der Hauptversammlung betrauen können. Streitig ist, ob ein Vertreter auch bevollmächtigt werden kann, ohne an Weisungen gebunden zu sein. Im Hinblick auf drohende Interessenkollisionen spricht vieles dafür, § 135 Abs. 3 Satz 3 AktG analog anzuwenden und zu verlangen, dass entsprechende Weisungen erteilt werden.[496]

Dementsprechend soll auch gemäß Art. 2.3.3 der Empfehlungen des Corporate Governance Kodex der Vorstand für die Bestellung eines Vertreters für die weisungsgebundene Ausübung des Stimmrechts der Aktionäre sorgen.[497]

---

[494] Vgl. zum Ganzen *Reichert/Harbarth* AG 2001, 447 ff.
[495] Vgl. *Goedecke/Heuser* BB 2001, 369, 371; *Grumann/Soehlke* DB 2001, 576, 578.
[496] Vgl. *Hemeling* RWS-Forum Gesellschaftsrecht 2001 S. 79, 90 f.; eingehend *Hüffer* AktG § 134 Rz. 26b sowie Schmidt/Lutter/*Spindler* AktG § 134 Rz. 56 mwN.
[497] Vgl. § 6 Rz. 106 zu der Pflicht nach § 161 AktG, eine Erklärung abzugeben, ob und ggf. welchen Vorschlägen des Deutschen Corporate Governance Kodex gefolgt wird.

B. Die Aktiengesellschaft   217, 218   § 5

Diesbezüglich ist in Art. 2.3.3 des Kodex weiterhin die Anregung enthalten, dass dieser Stimmrechtsvertreter auch während der Hauptversammlung erreichbar sein sollte.

e) Stimmrechtsverbote

aa) Gesetzliche Stimmrechtsverbote. Das Gesetz sieht in bestimmten **217** Fällen, in denen eine Interessenkollision besteht, einen Ausschluss des Stimmrechts vor. Ein Aktionär kann daher weder für sich noch für einen anderen das Stimmrecht ausüben, wenn darüber Beschluss zu fassen ist, ob er zu entlasten oder von einer Verbindlichkeit zu befreien ist oder ob die Gesellschaft gegen ihn einen Anspruch geltend machen soll (§ 136 Abs. 1 AktG). Für solche vom Stimmrecht ausgeschlossene Aktien kann das Stimmrecht auch nicht durch einen anderen (Bevollmächtigten oder Legitimationsaktionär) ausgeübt werden. Umgekehrt darf auch ein Aktionär das Stimmrecht für einen anderen dann nicht ausüben, wenn nur er selbst von dem Stimmverbot betroffen ist, nicht jedoch der Aktionär, für den das Stimmrecht ausgeübt werden soll.[498] Wenn Aktien mehreren Personen gemeinsam gehören (zB einer Erbengemeinschaft) und nicht bei sämtlichen Personen ein Ausschließungsgrund für das Stimmrecht vorliegt, so bestimmt sich das Stimmrecht aus diesen Aktien danach, ob die vom Stimmverbot betroffenen Mitglieder das Abstimmungsverhalten der übrigen Mitglieder maßgeblich beeinflussen können.[499] Ist dies der Fall, sind die Aktien vom Stimmrecht ausgeschlossen. Gleiches gilt, wenn der Betroffene – etwa als alleiniges Organmitglied – einen maßgeblichen Einfluss auf die Stimmrechtsausübung einer juristischen Person hat.[500]

Bei der **Entlastung** des Vorstands und des Aufsichtsrats der Gesellschaft ist **218** überwiegend anerkannt, dass die Mitglieder des einen Organs bei der Entlastung der Mitglieder des anderen Organs ihr Stimmrecht als Aktionär ausüben dürfen.[501] Da der Vorstand und der Aufsichtsrat unterschiedliche Aufgaben der Gesellschaft wahrnehmen und Konstellationen denkbar sind, in denen die Auffassung des Vorstands und des Aufsichtsrats nicht übereinstimmen, ist ein genereller Interessenkonflikt im Falle wechselseitiger Entlastung nicht anzunehmen, sodass ein entsprechendes Stimmrechtsverbot nicht greift.[502] Bei einer **Einzelentlastung** der Organmitglieder dürfen die übrigen Organmitglieder, um deren Entlastung als Organmitglied es nicht geht, bei der Beschlussfassung von ihrem Stimmrecht grundsätzlich Gebrauch machen.[503] Anderes gilt nur, wenn ihnen ein durch gemeinschaftliches Verhalten verwirklichter, die Verweigerung der Entlastung rechtfertigender Pflichtverstoß vorgeworfen wird und sich die Einzelentlastung als Umgehungstatbestand zur Erlangung der Entlastung darstellt.[504]

---

[498] Semler/Volhard/*Jacob* § 13 Rz. 105.
[499] Vgl. hierzu Semler/Volhard/*Jacob* § 13 Rz. 107.
[500] Näher hierzu oben Rz. 12.
[501] MünchKomm.AktG/Bd. 4/*Schröer* § 136 Rz. 9; *Hüffer* AktG § 136 Rz. 21; Obermüller/Werner/Winden/*Butzke* I. Rz. 30; aA Kölner Komm.AktG/*Zöllner* § 136 Rz. 9.
[502] Ebenso: *Steiner* § 14 Rz. 9.
[503] Vgl. KG 23 U 88/07 v. 26.5.2008, NZG 2008, 788, 789; *Hüffer* AktG § 120 Rz. 7 mwN; Spindler/Stilz/*Willamowski* AktG § 136 Rz. 7; MünchHdb.GesR/Bd. 4/*F.-J. Semler* § 38 Rz. 31.
[504] MünchHdb.GesR/Bd. 4/*F.-J. Semler* § 38 Rz. 31; Obermüller/Werner/Winden/ *Butzke* I. Rz. 31; *Hüffer* AktG § 136 Rz. 20 jeweils mwN.

219 Ein weiterer Fall des Stimmrechtsausschlusses wegen **eigener Betroffenheit** ist in § 142 Abs. 1 Satz 2 AktG geregelt. Danach können Mitglieder des Vorstands oder des Aufsichtsrats bei Beschlussfassungen über die Einsetzung von Sonderprüfern weder für sich noch für einen anderen mitstimmen, wenn die Prüfung sich auf Vorgänge erstrecken soll, die mit der Entlastung eines Mitglieds des Vorstands oder des Aufsichtsrats oder der Einleitung eines Rechtsstreits zwischen der Gesellschaft und einem Mitglied des Vorstands oder des Aufsichtsrats zusammenhängen.

220 Des Weiteren ordnet das Gesetz einen Stimmrechtsausschluss für Aktien an, die der Gesellschaft selbst gehören (§ 71 b AktG). Aus **eigenen Aktien** kann die Gesellschaft keine Rechte wahrnehmen, also auch kein Stimmrecht ausüben. Entsprechendes gilt nach § 71 d Satz 4 AktG für Aktien, die einem von der Gesellschaft abhängigen oder in ihrem Mehrheitsbesitz stehenden Unternehmen gehören.

221 Schließlich sieht das Wertpapierhandelsgesetz (WpHG) in § 28 S. 1 WpHG als Sanktion für die Nichterfüllung der Mitteilungspflichten bei Erreichen, Über- bzw. Unterschreiten bestimmter **Beteiligungsschwellen** an börsennotierten Gesellschaften gemäß § 21 WpHG für Aktien, die einem meldepflichtigen oder einem von ihm unmittelbar oder mittelbar kontrollierten Unternehmen zustehen, ein **Ruhen des Stimmrechts** vor. Das Stimmrecht ruht so lange, bis die Mitteilungspflicht nach § 21 WpHG erfüllt wird. Sofern die Höhe des Stimmrechtsanteils betroffen ist, verlängert sich das Ruhen des Stimmrechts bei vorsätzlicher oder grob fahrlässiger Verletzung der Mitteilungspflichten um sechs Monate (§ 28 S. 3 WpHG). Diese Regelung wurde durch das Gesetz zur Begrenzung der mit Finanzinvestitionen verbundenen Risiken (Risikobegrenzungsgesetz) vom 12. August 2008 eingeführt.[505] Für nicht börsennotierte Gesellschaften ergeben sich Mitteilungspflichten, deren Verletzung zu einem Ruhen der Stimmrechte führen, aus § 20 AktG.

222 **bb) Satzungsgemäße Stimmrechtsverbote.** Durch die Satzung kann das Stimmrecht für Aktien ausgeschlossen werden, die mit einem nachzuzahlenden Vorzug bei der Verteilung des Gewinns ausgestattet sind (**stimmrechtslose Vorzugsaktien**, § 139 Abs. 1 AktG). Der Vorzug dieser Aktiengattung liegt darin, dass eine Ausschüttung des Bilanzgewinns an die Stammaktionäre erst erfolgen darf, wenn an die Vorzugsaktionäre ausgeschüttet worden ist.[506] Fällt die Vorzugsdividende aufgrund eines nicht ausreichenden Bilanzgewinns ganz oder teilweise aus, ist die ausgefallene Dividende in den folgenden Geschäftsjahren nachzuzahlen, sofern der Bilanzgewinn dafür ausreicht.[507]

223 Das Stimmrecht der Vorzugsaktionäre kann nur ganz oder gar nicht ausgeschlossen werden; eine Ausschließung für bestimmte Beschlussgegenstände ist nicht möglich.[508]

224 Das **Stimmrecht** der Vorzugsaktionäre **lebt jedoch in vollem Umfang auf**, wenn erstens die Vorzugsdividende in einem Jahr zumindest teilweise nicht gezahlt und zweitens in dem darauf folgenden Jahr der Rückstand nicht vollständig nachgezahlt oder die Vorzugsdividende dieses Jahres nicht vollständig erbracht wurde (§ 140 Abs. 2 AktG). Für den Zeitpunkt des Auflebens des

---

[505] Zu einer Ausnahme von dieser Regelung s. § 28 S. 4 WpHG n.F.)
[506] *Hüffer* AktG § 139 Rz. 6; Schmidt/Lutter/*Spindler* AktG § 139 Rz. 19.
[507] MünchHdb.GesR/Bd. 4/*F.-J. Semler* § 38 Rz. 22 f.
[508] Kölner Komm. AktG/*Zöllner* § 139 Rz. 5.

B. Die Aktiengesellschaft

Stimmrechts kommt es allein auf das Feststehen der gesetzlichen Voraussetzungen an.[509] Wenn zB ein ausreichender Bilanzgewinn zur Begleichung des Rückstands und der Vorzugsdividende nicht ausgewiesen wird, lebt das Stimmrecht bereits mit der Feststellung dieses Jahresabschlusses (§ 172 AktG) auf. Dies hat die Konsequenz, dass der Vorzugsaktionär schon in der Hauptversammlung, die diesen festgestellten Jahresabschluss entgegennimmt, stimmberechtigt ist. Wird dagegen erst in der Hauptversammlung ein unzureichender Gewinnverwendungsbeschluss gefasst, so lebt nach überwiegender Auffassung das Stimmrecht nicht unmittelbar nach der Beschlussfassung, also noch während der Hauptversammlung,[510] sondern erst mit dem Ende der Hauptversammlung auf.[511] Das Stimmrecht erlischt wieder, sobald die Nachzahlung tatsächlich erfolgt ist.[512]

cc) **Rechtsfolge bei Verstoß.** Wird trotz eines bestehenden Verbots der Stimmrechtsausübung eine Stimme abgegeben, so ist sie gemäß § 134 BGB nichtig.[513] Eine Beschlussfassung der Hauptversammlung, bei der fälschlicherweise nichtige Stimmen mitgezählt wurden, unterliegt der Anfechtbarkeit.[514] Allerdings fehlt es an der erforderlichen Kausalität, wenn der Feststellungsfehler für das Beschlussergebnis ohne Bedeutung war.[515]

2. Mehrheitserfordernisse

a) Einfache Stimmenmehrheit

Im Aktienrecht gilt der Grundsatz, dass Beschlüsse der Hauptversammlung der einfachen Mehrheit der abgegebenen Stimmen bedürfen (§ 133 Abs. 1 AktG). Zur Ermittlung der einfachen Stimmenmehrheit werden lediglich die abgegebenen Ja-Stimmen und Nein-Stimmen gezählt. Enthaltungen und ungültige Stimmen gelten als nicht abgegeben.[516] Sofern Mehrstimmrechte[517] bestehen, können Beschlüsse auch gegen die Stimmen der Kapitalmehrheit angenommen bzw. gegen die Stimmen der Kapitalmehrheit abgelehnt werden.[518] Die einfache Stimmenmehrheit ist nicht ausreichend, soweit das Gesetz oder die Satzung eine größere Mehrheit oder weitere Erfordernisse bestimmen.

---

[509] MünchKomm.AktG/Bd. 4/*Volhard* § 140 Rz. 10; Kölner Komm.AktG/*Zöllner* § 140 Rz. 6.
[510] So aber Kölner Komm.AktG/*Zöllner* § 140 Rz. 6; Großkomm.AktG/*Bezzenberger* § 140 Rz. 24 mwN.
[511] MünchKomm.AktG/Bd. 4/*Volhard* § 140 Rz. 10; MünchHdb.GesR/Bd. 4/*F.-J. Semler* § 38 Rz. 25.
[512] Großkomm.AktG/*Bezzenberger* § 140 Rz. 30.
[513] *Hüffer* AktG § 136 Rz. 24; Spindler/Stilz/*Willamowski* AktG § 136 Rz. 10.
[514] *Hüffer* AktG § 136 Rz. 24.
[515] OLG Ffm. 5 U 110/74 v. 6. 1. 1976, GmbHR 1976, 110, 111; *Hüffer* AktG § 243 Rz. 19; vgl. auch Rz. 277 f.
[516] BGH II ZR 164/81 v. 25. 1. 1982, DB 1982, 1051 (zum Vereinsrecht); Großkomm.-AktG/*Barz* § 133 Rz. 2; Bürgers/Körber/*Holzborn* AktG § 133 Rz. 2.
[517] Diese sind wegen § 12 Abs. 2 AktG zwar grds. unzulässig, nach § 5 EGAktG besteht aber eine Ausnahme, vgl. hierzu Rz. 239 und Semler/Volhard/*Volhard* § 14 Rz. 8, Fn. 17.
[518] MünchHdb.GesR/Bd. 4/*F.-J. Semler* § 39 Rz. 20.

b) Kapitalmehrheit

227 In vielen Fällen verlangt das Gesetz neben der Mehrheit der abgegebenen Stimmen zusätzlich die Mehrheit des bei der Beschlussfassung vertretenen Grundkapitals, die so genannte Kapitalmehrheit. Schreibt das Gesetz eine Kapitalmehrheit vor, so muss sie neben der einfachen Stimmenmehrheit bestehen. Stimmrechtslose Vorzugsaktien werden bei der Berechnung der Kapitalmehrheit nicht mitgezählt.[519]

228 Eine **Dreiviertel-Mehrheit** des in der Hauptversammlung vertretenen Grundkapitals ist insbesondere bei Satzungsänderungen (§ 179 Abs. 2 AktG) erforderlich, wobei für Änderungen des Unternehmensgegenstandes nur eine größere Mehrheit vorgesehen werden kann. Ausnahmen von diesem Grundsatz betreffen insbesondere die bloßen Fassungsänderungen.[520]

229 Regelmäßig unterliegen ferner **Maßnahmen der Kapitalbeschaffung und Kapitalherabsetzung** der Zustimmung der Dreiviertel-Kapitalmehrheit. Zu diesen Kapitalmaßnahmen gehören die Kapitalerhöhung gegen Einlagen (§§ 182 ff. AktG), die Schaffung bedingten Kapitals (§§ 192 ff. AktG), die Schaffung genehmigten Kapitals (§§ 202 ff. AktG), die Kapitalerhöhung aus Gesellschaftsmitteln (§§ 207 ff. AktG), die ordentliche und vereinfachte Kapitalherabsetzung (§§ 222 ff. respektive §§ 229 ff. AktG), die Kapitalherabsetzung durch Einziehung von Aktien (§§ 237 ff. AktG) sowie die Ausgabe von Wandel- und Gewinnschuldverschreibungen (§ 221 AktG).[521]

Eine Ausnahme vom Grundsatz des Erfordernisses der Dreiviertel-Kapitalmehrheit ist für die Kapitalherabsetzung durch Einziehung von Aktien in § 237 Abs. 4 AktG für die in Abs. 3 genannten Sonderfälle normiert, namentlich wenn die Aktien der Gesellschaft unentgeltlich zur Verfügung gestellt wurden oder zulasten des Bilanzgewinns oder einer entsprechend verwendbaren Gewinnrücklage eingezogen werden. Regelmäßig ist eine Herabsetzung des Mehrheitserfordernisses in der Satzung nicht möglich. Ausnahmen hierzu gelten für die einfache Kapitalerhöhung gegen Einlagen (§ 182 Abs. 1 Satz 2 AktG), sofern nicht stimmrechtslose Vorzugsaktien ausgegeben werden, und die Ausgabe von Wandel- oder Gewinnschuldverschreibungen (§ 221 Abs. 1 Satz 3 AktG), sofern jeweils das Bezugsrecht der Aktionäre (§§ 186 Abs. 3, 221 Abs. 4 AktG) nicht ausgeschlossen wird. Gleiches gilt für die Kapitalerhöhung aus Gesellschaftsmitteln (§ 207 Abs. 2 AktG).

230 Auch die **Grundlagengeschäfte** erfordern neben der einfachen Stimmenmehrheit eine Mehrheit von drei Vierteln des bei der Beschlussfassung vertretenen Grundkapitals, wobei wiederum in der Satzung nur eine größere Kapitalmehrheit und weitere Erfordernisse bestimmt werden können, nicht jedoch geringere. Dies gilt für die Zustimmung zum Abschluss und zur Änderung eines Unternehmensvertrages (§§ 293 Abs. 1, 295 Abs. 1 AktG), die Zustimmung zur Eingliederung einer Tochtergesellschaft (§§ 319 Abs. 2, 320 Abs. 1 Satz 3 AktG), die Zustimmung zu Verträgen, durch die sich die Gesellschaft zur Übertragung ihres gesamten Vermögens verpflichtet (§ 179a AktG), die Zustimmung zu Nachgründungsverträgen (§ 52 Abs. 1 Satz 1, Abs. 5 Satz 1 AktG), die

---

[519] Semler/Volhard/*Volhard* § 14 Rz. 8; Großkomm. AktG/*Bezzenberger* § 140 Rz. 9 f. mwN.
[520] Hierzu und zu weiteren Ausnahmen s. o. Rz. 18.
[521] Semler/Volhard/*Semler* § 1 Rz. 92 ff.

B. Die Aktiengesellschaft

Zustimmung zur Verschmelzung (§§ 65, 73 UmwG), zur Spaltung oder Ausgliederung (§ 125 iVm. §§ 65, 73 UmwG), zur Vermögensübertragung im Wege der Gesamtrechtsnachfolge nach dem Umwandlungsgesetz (§ 176 iVm. §§ 65, 73 UmwG) sowie die Zustimmung zum Formwechsel (§§ 233 Abs. 2, 240 UmwG).

c) Qualifizierte Stimmenmehrheit; weiterer Schutz der Minderheit

Außer einer Kapitalmehrheit kennt das Gesetz in bestimmten Fällen eine erhöhte Stimmenmehrheit. Dies gilt für die vorzeitige Abberufung von Aufsichtsratsmitgliedern (§ 103 Abs. 1 Satz 2 AktG), wobei die Satzung eine abweichende – auch geringere – Mehrheit vorsehen kann. Für einen Beschluss, durch den die Hauptversammlung eine vom Aufsichtsrat verweigerte Zustimmung zu einer zustimmungsbedürftigen Maßnahme des Vorstandes ersetzt (§ 111 Abs. 4 Satz 4 AktG) sowie für die Beschränkung oder Aufhebung des Vorzugs der Vorzugsaktionäre (§ 141 Abs. 3 Satz 2 AktG) und in einer Sonderversammlung ist zwingend eine Mehrheit von mindestens drei Vierteln der abgegebenen Stimmen erforderlich. Daneben gelten qualifizierte Stimmmehrheiten bei der Umwandlung einer AG in eine Personengesellschaft, GmbH oder eingetragene Genossenschaft (§§ 233 Abs. 1, 240 Abs. 2, 252 Abs. 1 UmwG). 231

Das Gesetz sieht zum **Schutz der Minderheitsaktionäre** in weiteren Fällen eine Abweichung vom Prinzip der einfachen Stimmenmehrheit vor. Bestimmte Beschlüsse können von Minderheitsaktionären verhindert oder sogar gegen die Mehrheit durchgesetzt werden, wenn diese geringeren Stimmquoren erreicht werden.[522] So kann eine Minderheit, die über 10 % des gesamten Grundkapitals verfügt, verhindern, dass die Gesellschaft auf Ersatzansprüche gegen den Vorstand und den Aufsichtsrat verzichtet (§§ 93 Abs. 4 Satz 3, 116, 117 Abs. 4 AktG). Eine Minderheit von 10 % oder einer Mio. € des Grundkapitals kann zudem bei Gericht beantragen, dass zur Prüfung der Ansprüche gegen Gründer, Vorstandsmitglieder oder Aufsichtsratsmitglieder andere als die eigentlich nach den §§ 78, 112 bzw. 147 Abs. 2 Satz 1 AktG zuständigen Vertreter eingesetzt werden (§ 147 Abs. 2 Satz 2 AktG). Eine Minderheit von 1 % oder 100 000 € des Grundkapitals kann schließlich gemäß § 148 AktG ein Klagezulassungsverfahren betreiben, um die Ansprüche im eigenen Namen für die Gesellschaft geltend zu machen. 232

d) Satzungsgemäße Mehrheitserfordernisse

Durch Bestimmungen in der Satzung kann das Erfordernis einfacher Stimmenmehrheit grundsätzlich nur verschärft, aber nicht abgemildert werden. **Verschärfungen** können bis zum Einstimmigkeitserfordernis und sogar zum Erfordernis der Zustimmung aller Aktionäre reichen, was jedoch in der Praxis regelmäßig nicht zweckmäßig ist.[523] Wenn das Gesetz allerdings ausdrücklich eine einfache Stimmenmehrheit ausreichen lässt, ist eine Verschärfung des Mehrheitserfordernisses durch die Satzung nicht möglich.[524] Hierdurch soll 233

---

[522] Semler/Volhard/*Volhard* § 14 Rz. 11 ff.; vgl. auch Großkomm. AktG/*Bezzenberger* § 147 Rz. 27.
[523] Kölner Komm. AktG/*Zöllner* 133 Rz. 87; MünchKomm. AktG/Bd. 4/*Volhard* § 133 Rz. 51.
[524] *Hüffer* AktG § 133 Rz. 15; MünchKomm. AktG/Bd. 4/*Volhard* § 133 Rz. 52 mwN.

Reichert

gewährleistet werden, dass die Kontrollbefugnisse der Hauptversammlung, wie zB die Bestellung von Sonderprüfern (§ 142 Abs. 1 Satz 1 AktG) und die Geltendmachung von Ersatzansprüchen (§ 147 Abs. 1 Satz 1 AktG) nicht zusätzlich erschwert werden.[525]

234 **Erleichterungen** der Mehrheitserfordernisse können in der Satzung nur in sehr begrenztem Umfang vorgesehen werden und nur, wenn das Gesetz es ausdrücklich gestattet. Für die vorzeitige Abberufung von Aufsichtsratsmitgliedern kann die Satzung zB eine von der Dreiviertel-Stimmenmehrheit in § 103 Abs. 1 Satz 2 AktG abweichende Regelung vorsehen. In jedem Fall ist für die Beschlussfassung, abgesehen von Wahlbeschlüssen,[526] mindestens die einfache Stimmenmehrheit erforderlich. Satzungen von Aktiengesellschaften sehen daher häufig eine Bestimmung vor, wonach Beschlüsse der Hauptversammlung mit einfacher Mehrheit der abgegebenen Stimmen gefasst werden, soweit nicht zwingende gesetzliche Vorschriften entgegenstehen, und dass, sofern das Gesetz außer der Stimmenmehrheit eine Kapitalmehrheit vorschreibt, die einfache Mehrheit des bei der Beschlussfassung vertretenen Grundkapitals ausreichend ist, soweit die höhere Kapitalmehrheit nicht zwingend ist.[527] Bei der Abfassung der Satzung ist darauf zu achten, dass auch eine Regelung über die erforderliche Kapitalmehrheit getroffen wird, da eine bloße Regelung zur erforderlichen Stimmenmehrheit nicht zugleich für eine etwa erforderliche Kapitalmehrheit gilt.[528]

235 Neben der Änderung der Mehrheitserfordernisse kann die Satzung zusätzliche Erfordernisse der Beschlussfassung aufstellen (§ 133 Abs. 1 aE AktG). Soweit das Gesetz nicht zwingend einfache Stimmenmehrheit bei der Beschlussfassung ausreichen lässt, kann zB vorgeschrieben werden, dass eine bestimmte Mindestteilnahme an einer Abstimmung erforderlich ist oder eine mehrmalige Abstimmung zur Beschlussfassung zu erfolgen hat.[529] In der Praxis sind solche zusätzlichen satzungsgemäßen Erfordernisse nicht verbreitet.

3. Wahlen von Aufsichtsratsmitgliedern

236 Die Aufsichtsratsmitglieder der Aktionäre werden von der Hauptversammlung gewählt, sofern kein Entsendungsrecht besteht oder sie nach mitbestimmungsrechtlichen Vorschriften[530] bestellt werden (§§ 101 Abs. 1 Satz 1, 119 Abs. 1 Nr. 1 AktG). Ein Entsendungsrecht kann nur durch die Satzung und höchstens für ein Drittel der Aufsichtsratsmitglieder der Aktionäre eingeräumt werden; es kann nur für bestimmte Aktionäre oder für die jeweiligen Inhaber vinkulierter Namensaktien begründet werden (§ 101 Abs. 2 AktG).

---

[525] MünchHdb.GesR/Bd. 4/*F.-J. Semler* § 39 Rz. 29; weitergehend noch Großkomm.-AktG/*Bezzenberger* § 142 Rz. 35, § 147 Rz. 22, der auch eine Herabsetzung des Stimmrechtsquorums für unzulässig hält.
[526] Vgl. hierzu Rz. 244 ff.
[527] Vgl. Beck'sches Formularbuch Bürgerliches, Handels- und Wirtschaftsrecht/*Hoffmann-Becking* 9. Aufl. 2006 Formular X. 10.
[528] Semler/Volhard/*Volhard* § 14 Rz. 23.
[529] MünchHdb.GesR/Bd. 4/*F.-J. Semler* § 39 Rz. 33 mwN.
[530] Vgl. hierzu einerseits MünchKomm.AktG/Bd. 3/*Semler* § 101 Rz. 57, andererseits zum Gesetz zur Umsetzung der Regelungen über die Mitbestimmung der Arbeitnehmer bei grenzüberschreitenden Verschmelzungen (MgVG) vom 21.12.2006 *Lunk* NZA 2007, 773 ff. und *Nagel* NZG 2007, 57 ff.

B. Die Aktiengesellschaft 237–241 § 5

Das Gesetz enthält keine gesonderten Bestimmungen darüber, wie die Wahl der Aufsichtsratsmitglieder der Aktionäre durchzuführen ist. Die Wahl erfolgt daher durch einen **Beschluss der Hauptversammlung** und unterscheidet sich von sonstigen Beschlüssen nur dadurch, dass eine Personalentscheidung und keine Sach- oder Verfahrensentscheidung getroffen wird, soweit die Wahl der Aufsichtsratmitglieder durch die Hauptversammlung erfolgt. 237

Es obliegt allein dem Aufsichtsrat, **Wahlvorschläge** zu machen, sofern nicht die Hauptversammlung nach § 6 des Montan-Mitbestimmungsgesetzes an Wahlvorschläge gebunden ist oder der Wahlvorschlag auf Verlangen einer Minderheit auf die Tagesordnung gesetzt worden ist (§ 124 Abs. 3 Satz 1 und Satz 2 AktG). Außerhalb des Geltungsbereichs der Montan-Mitbestimmung ist die Hauptversammlung nicht an Wahlvorschläge gebunden (§ 101 Abs. 1 Satz 2 AktG). 238

Die Festlegung der **Art und Weise der Abstimmung** obliegt, soweit die Satzung keine Regelungen enthält, dem Versammlungsleiter.[531] Der Versammlungsleiter kann insbesondere bestimmen, ob bei der Wahl mehrerer Aufsichtsratsmitglieder über jeden einzeln oder über alle Kandidaten gemeinsam abgestimmt wird. Die Gesamtabstimmung über mehrere Aufsichtsratsmitglieder ist in der Praxis der Regelfall und wird auch als „Listenwahl" oder „Globalwahl" bezeichnet.[532] Sie kann jedoch durch einen Beschluss der Hauptversammlung abgewendet werden;[533] anderenfalls bewirkt sie, dass Aktionäre, die nur gegen einzelne Kandidaten stimmen möchten, die Kandidaten insgesamt ablehnen müssen. Dies lässt sich vermeiden, indem man eine so genannte „Simultanwahl" durchführt, die durch Ankreuzen von Ja- bzw. Nein-Kästchen hinsichtlich der einzelnen Kandidaten eine Differenzierung ermöglicht.[534] 239

Zur Wahl von Aufsichtsratsmitgliedern genügt die **einfache Mehrheit** der abgegebenen Stimmen, sofern die Satzung nicht eine abweichende Regelung trifft (§ 133 Abs. 2 AktG). Die Satzung kann zB vorsehen, dass die relative Mehrheit der abgegebenen Stimmen für die Wahl eines Aufsichtsratsmitglieds ausreicht.[535] 240

Liegen mehrere Wahlvorschläge vor, bestimmt der Versammlungsleiter die Reihenfolge, in der abgestimmt werden soll. Ausnahmsweise ist über einen Vorschlag eines Aktionärs zur Wahl von Aufsichtsratsmitgliedern vorab zu beschließen, sofern er die Bedingungen für die Mitteilungspflicht gemäß §§ 125 bis 127 AktG erfüllt, der Aktionär die Wahl des von ihm Vorgeschlagenen in der Hauptversammlung beantragt und eine Aktionärsminderheit von mindestens 10 % des vertretenen Grundkapitals den Vorab-Beschluss verlangt (§ 137 AktG). 241

---

[531] MünchHdb.GesR/Bd. 4/*F.-J. Semler* § 39 Rz. 81; Spindler/Stilz/*Spindler* AktG § 101 Rz. 29 ff.
[532] Semler/Volhard/*Volhard* § 19 Rz. 20; *Hüffer* AktG § 101 Rz. 6; MünchKomm. AktG/Bd. 3/*Semler* § 101 Rz. 37 ff.
[533] *Hüffer* AktG § 101 Rz. 6.
[534] Vgl. Semler/Volhard/*Volhard* § 19 Rz. 20; MünchKomm.AktG/Bd. 3/*Semler* § 101 Rz. 41; das OLG Frankfurt 5 U 229/05 v. 17. Juli 2007, WM 2007, 1704 verneint die Anfechtbarkeit der Listenwahl nach § 251 Abs. 1 AktG für den Fall, dass der Versammlungsleiter durch die Satzung zur Entscheidung hierüber ermächtigt wird und davon Gebrauch macht.
[535] MünchHdb.GesR/Bd. 4/*F.-J. Semler* § 39 Rz. 84.

VI. Die Dokumentation der Hauptversammlung

1. Niederschrift

242 Über jede Hauptversammlung, in der Beschlüsse gefasst werden, muss gem. § 130 Abs. 1 AktG eine Niederschrift angefertigt werden. Sinn und Zweck der Niederschrift ist die Dokumentation der Willensbildung der Hauptversammlung im Interesse der an ihr Beteiligten, aber auch der Gläubiger und der künftigen Aktionäre der Gesellschaft.[536] Insbesondere bei börsennotierten Aktiengesellschaften soll durch die Hinzuziehung eines Notars bei der Aufnahme der Niederschrift die Beachtung der gesetzlichen Vorgaben bei der Beschlussfassung gewährleistet werden.[537] Aufgrund der Einreichungspflicht der Niederschrift und ihrer Anlagen zum Handelsregister (§ 130 Abs. 5 AktG) wird zugleich eine Publizitätswirkung der Niederschrift bewirkt.

a) Form der Niederschrift

243 Die Niederschrift ist notariell aufzunehmen. Für Hauptversammlungen von Gesellschaften, die an einer deutschen Börse zum Handel zugelassen sind, gilt dies generell.[538] Für Hauptversammlungen von **nicht börsennotierten Gesellschaften** besteht das Erfordernis nur, sofern Beschlüsse gefasst werden, für die das Gesetz eine Dreiviertel- oder größere Mehrheit vorsieht (§ 130 Abs. 1 Satz 3 AktG). Im letzteren Fall ist eine notarielle Niederschrift auch dann erforderlich, wenn die Satzung lediglich die einfache Kapital- und Stimmenmehrheit ausreichen lässt, da es nach dem eindeutigen Wortlaut des § 130 Abs. 1 Satz 3 AktG nur auf die gesetzlich bestimmte Mehrheit ankommt.[539] Da das Gesetz auch nicht zwischen der Kapitalmehrheit und der Stimmenmehrheit unterscheidet, gilt das Erfordernis der notariellen Niederschrift generell für Beschlussfassungen, die qualifizierte Mehrheiten erfordern.

244 Ist in der nicht börsennotierten Gesellschaft ein Beschluss mit einer solchen Mehrheit nicht zu fassen, genügt gemäß § 130 Abs. 1 Satz 3 AktG eine vom Vorsitzenden unterzeichnete Niederschrift; streitig ist dagegen, ob in einer Hauptversammlung, die sowohl Beschlüsse mit einfacher Mehrheit zu fassen hat, als auch solche, die nach dem Gesetz der qualifizierten Mehrheit bedürfen, sämtliche Beschlüsse in einer notariellen Niederschrift aufzunehmen sind oder ob nur letztere Beschlüsse notariell beurkundet werden müssen.[540] Auch wenn vieles dafür spricht, dass sich das notarielle Protokoll nur auf die unter § 130 Abs. 1 Satz 3 AktG fallenden Beschlüsse beziehen muss, empfiehlt es sich aus Gründen der Sicherheit in diesen Situationen, dass sämtliche Beschlüsse notariell beurkundet werden, zumal sich regelmäßig keine kostenmäßige Auswirkung ergeben wird.

---

[536] Kölner Komm. AktG/*Zöllner* § 130 Rz,. 2; *Steiner* § 21 Rz. 1.
[537] *Hüffer* AktG § 130 Rz. 1; Schmidt/Lutter/*Ziemons* AktG § 130 Rz. 2.
[538] Näher zu diesem Begriff Obermüller/Werner/Winden/*Butzke* N. Rz. 16.
[539] Semler/Volhard/*Volhard* § 15 Rz. 5 mwN.
[540] Vgl. hierzu Semler/Volhard/*Volhard* § 15 Rz. 5.

b) Inhalt der Niederschrift

Zum Pflichtinhalt der Niederschrift gehören Angaben über den Ort und den Tag der Verhandlung, der Name des Notars, die Art und das Ergebnis der Abstimmung sowie die Feststellung des Vorsitzenden über die Beschlussfassung (§ 130 Abs. 2 Satz 1 AktG). Bei börsennotierten Gesellschaften umfasst die Feststellung für jeden Beschluss auch die Zahl der Aktien, für die gültige Stimmen abgegeben wurden, den Anteil des durch die gültigen Stimmen vertretenen Grundkapitals sowie die Zahl der für einen Beschluss abgegebenen Stimmen, Gegenstimmen und ggf. die Anzahl der Enthaltungen (§ 130 Abs. 2 Satz 2 AktG). Der Versammlungsleiter kann gem. § 130 Abs. 2 Satz 3 AktG die Feststellung über die Beschlussfassung für jeden Beschluss darauf beschränken, dass die erforderliche Mehrheit erreicht wurde, wenn kein Aktionär die umfassende Feststellung verlangt. Mit Ausnahme des anzugebenden Namens des Notars bei der notariellen Niederschrift bestehen hinsichtlich des Inhalts der notariellen und der privatschriftlichen Niederschrift grundsätzlich keine Unterschiede.

245

In die Niederschrift sind sämtliche von der Hauptversammlung gefassten Beschlüsse aufzunehmen. Beurkundungspflichtig sind nicht nur **Sachbeschlüsse**, sondern auch die in der Praxis selteneren **Verfahrensbeschlüsse**.[541] Sowohl einen Antrag annehmende Beschlüsse (positive Beschlüsse) als auch einen Antrag ablehnende Beschlüsse (negative Beschlüsse) sind in die Niederschrift aufzunehmen.[542] Es ist anzugeben, nach welchem Modus abgestimmt wurde (Handaufheben, Stimmkarten, elektronische Abstimmung etc.) und nach welcher Auszählungsmethode (Additions- oder Subtraktionsverfahren) das Stimmergebnis festgestellt wurde.[543]

246

Mit dem Begriff **„Ergebnis der Abstimmung"** meint das Gesetz sowohl den Beschluss selbst als auch das zahlenmäßige Ergebnis der Beschlussfassung. Daher sind in die Niederschrift sowohl der Wortlaut des angenommenen bzw. abgelehnten Antrags als auch die Zahl der für und gegen den Antrag abgegebenen Stimmen und der mit diesen Stimmen verbundene Anteil am Grundkapital anzugeben, falls letzteres für das Abstimmungsergebnis von Bedeutung ist.[544] Die Beurkundung der Enthaltungen ist nicht zwingend erforderlich;[545] bei der Anwendung des Subtraktionsverfahrens ist dies allerdings zweckmäßig, da die Zahl der Stimmenthaltungen eine Rechnungsgröße für die Ermittlung des Abstimmungsergebnisses ist.

247

Neben den Beschlüssen der Hauptversammlung gehören zum Pflichtinhalt der Niederschrift:
– jedes der in § 130 Abs. 1 Satz 2 AktG bezeichneten **Minderheitsverlangen**; diese betreffen die Einzelabstimmung über die Entlastung von Mitgliedern des Vorstands oder des Aufsichtsrats (§ 120 Abs. 1 Satz 2 AktG) sowie den

248

---

[541] *Hüffer* AktG § 130 Rz. 2; Schmidt/Lutter/*Ziemons* AktG § 130 Rz. 10.
[542] Ganz herrschende Meinung: Kölner Komm. AktG/*Zöllner* § 130 Rz. 10; MünchKomm. AktG/Bd. 4/*Kubis* § 130 Rz. 4.
[543] *Steiner* § 21 Rz. 6; Großkomm. AktG/*Werner* § 130 Rz. 18 f.
[544] Großkomm. AktG/*Werner* § 130 Rz. 22, 25; MünchHdb. GesR/Bd. 4/*F.-J. Semler* § 40 Rz. 14.
[545] Kölner Komm. AktG/*Zöllner* § 130 Rz. 34; Obermüller/Werner/Winden/*Butzke* N. Rz. 28; aA MünchKomm. AktG/Bd. 4/*Kubis* § 130 Rz. 24; MünchHdb. GesR/Bd. 4/ *F.-J. Semler* § 40 Rz. 14 für den Fall, dass das Abstimmungsergebnis im Wege des Subtraktionsverfahrens ermittelt wird.

§ 5 249–251 Die Hauptversammlung

Vorschlag eines Aktionärs zur Wahl von Aufsichtsratsmitgliedern (§ 137 AktG),
- der **Widerspruch** eines Aktionärs oder einer Aktionärsminderheit, von dem das Gesetz verlangt, dass er zur Niederschrift erhoben wird, wie zB der Widerspruch des Aktionärs gegen eine Beschlussfassung (§ 245 Nr. 1 AktG),[546]
- die **Frage** eines Aktionärs, wenn ihm eine Auskunft verweigert wurde, sowie die Begründung der Verweigerung, sofern der Aktionär dies verlangt (§ 131 Abs. 5 AktG),
- sonstige **rechtserhebliche Vorgänge** in der Hauptversammlung, die für die Wirksamkeit von Beschlussfassungen besondere Relevanz haben; zB Ordnungsmaßnahmen des Versammlungsleiters.[547]

249 Neben den Pflichtangaben enthält die Niederschrift üblicherweise weitere **fakultative Angaben.** Hierzu zählen insbesondere die Namen des Versammlungsleiters, der teilnehmenden Vorstands- und Aufsichtsratsmitglieder sowie des Abschlussprüfers. Auch werden regelmäßig Erläuterungen zum Verfahrensablauf sowie Angaben über die ausliegenden Unterlagen in die Niederschrift aufgenommen.[548]

c) Erstellung und Einreichung der Niederschrift

250 In der Praxis bereitet der Notar bzw. der Protokollführer regelmäßig die Niederschrift bereits vor der Hauptversammlung soweit vor, dass in der Hauptversammlung nur noch Ergänzungen hinsichtlich der tatsächlichen Vorgänge, insbesondere der Abstimmungsergebnisse, eingefügt werden müssen. Die Niederschrift kann so unmittelbar nach der Hauptversammlung fertig gestellt und, wie von § 130 Abs. 4 AktG verlangt, vom Notar bzw. im Falle der privatschriftlichen Niederschrift vom Aufsichtsratsvorsitzenden (§ 130 Abs. 1 Satz 3 AktG) eigenhändig unterschrieben werden. Die fertig gestellte Niederschrift ist unverzüglich nach der Hauptversammlung nebst der Belege über die Einberufung der Versammlung als Anlage zum Handelsregister einzureichen (§ 130 Abs. 5 AktG). Für die Einreichung zum Handelsregister ist der Vorstand zuständig.

d) Veröffentlichung im Internet

250a Nach dem neu eingefügten § 130 Abs. 6 AktG sind börsennotierte Gesellschaften verpflichtet, innerhalb von sieben Tagen nach der Hauptversammlung die festgestellten Abstimmungsergebnisse einschließlich der umfassenden Angaben nach § 130 Abs. 2 Satz 2 AktG auf ihrer Internetseite zu veröffentlichen.

e) Mängel der Niederschrift

251 Ist die nach § 130 Abs. 1 AktG erforderliche Beurkundung ganz unterblieben, sind die nach § 130 Abs. 2 erforderlichen Pflichtangaben nicht oder falsch

---

[546] Weitere Widerspruchsmöglichkeiten betreffen etwa die Wahl des Abschlussprüfers (§ 318 Abs. 3 Satz 2 HGB) sowie den Verzicht oder den Vergleich über Ersatzansprüche; siehe etwa §§ 50 Satz 1, 93 Abs. 4 Satz 3, 116, 117 Abs. 4, 302 Abs. 3 Satz 3, 309 Abs. 3 Satz 1, 310 Abs. 4 AktG sowie die Ausführungen bei MünchHdb.GesR/Bd. 4/*F.-J. Semler* § 40 Rz. 22 und Großkomm.AktG/*Werner* § 130 Rz. 29 ff.
[547] Obermüller/Werner/Winden/*Butzke* N. Rz. 32; Großkomm.AktG/*Werner* § 130 Rz. 40.
[548] Vgl. MünchHdb.GesR/Bd. 4/*F.-J. Semler* § 40 Rz. 23.

B. Die Aktiengesellschaft   252–254 § 5

aufgenommen oder fehlt die Unterschrift des Notars bzw. Aufsichtsratsvorsitzenden, so ist ein Beschluss gemäß § 241 Nr. 2 AktG nichtig.[549] Der Beurkundungsmangel wird jedoch geheilt, wenn der Beschluss trotz der Mängel in das Handelsregister eingetragen wird (§ 242 Abs. 1 AktG).

Beurkundungsfehler, die ein Minderheitsverlangen oder Widersprüche von Aktionären bzw. Aktionärsminderheiten betreffen, haben rechtlich keine Bedeutung. Sind diese Gegenstände überhaupt nicht protokolliert worden, müssen die Betroffenen ggf. anderweitig den Nachweis für die von ihnen abgegebenen Erklärungen führen.[550]   **252**

2. Sonstige Dokumentation

Die Gesellschaft, aber auch jeder Aktionär, ist berechtigt, ein stenografisches Protokoll der Hauptversammlung zu führen oder sich sonstige Aufzeichnungen zu machen. Die Gesellschaft ist jedoch nicht verpflichtet, auf Antrag oder Wunsch des Aktionärs zusätzlich zur Niederschrift ein stenografisches Protokoll zu führen.[551]   **253**

Auch Tonband-, Film- und Fernsehaufnahmen sowie Videoaufzeichnungen der Hauptversammlung auf Veranlassung der Gesellschaft sind möglich;[552] nach § 118 Abs. 4 AktG kann die Satzung oder Geschäftsordnung (§ 129 Abs. 1 AktG) vorsehen oder den Vorstand dazu ermächtigen vorzusehen, dass die Hauptversammlung in Ton und Bild übertragen werden darf.[553] Die Übertragung in Ton und Bild ist notwendige Voraussetzung für die Online-Teilnahme gem. § 118 Abs. 1 Satz 2 AktG, die folglich die weitergehende Regelung darstellt. Durch die Zulassung der Übertragung der Hauptversammlung in Ton und Bild, insbesondere im Rahmen der Online-Teilnahme, sollte eine Voraussetzung für die Umsetzung der in Art. 2.3.4 des Deutschen Corporate Governance Kodex enthaltenen Empfehlung, den Aktionären die Verfolgung der Hauptversammlung über moderne Kommunikationsmedien (zB Internet) zu ermöglichen, geschaffen werden. Im Zuge des ARUG wurde diese Entwicklung fortgeführt.[554] Allerdings ist weiterhin von einer Verpflichtung der Gesellschaft auszugehen, die Teilnehmer vorab auf die Aufzeichnung und Übertragung hinzuweisen, um sicherzustellen, dass hierdurch nicht in unzulässiger Weise in das allgemeine Persönlichkeitsrecht der Redner eingegriffen wird.[555] Es besteht jedoch kein Recht eines Aktionärs, der Aufnahme seines Redebeitrags zu widersprechen, sofern die Satzung die Übertragung vorsieht.[556] Stattdessen sind Aktionäre, die ihre Redebeiträge nicht übertragen sehen möchten, auf die Entsendung eines Vertreters verwiesen. Indes besteht kein Rechtsanspruch einzelner Aktionäre auf allgemeine Übertragung; insbesondere steht es   **254**

---

[549] Obermüller/Werner/Winden/*Butzke* N. Rz. 38.
[550] MünchHdb.GesR/Bd. 4/*F.-J. Semler* § 40 Rz. 34; Großkomm.AktG/*Werner* § 130 Rz. 112.
[551] Semler/Volhard/*Volhard* § 15 Rz. 94.
[552] Semler/Volhard/*Volhard* § 15 Rz. 96; Obermüller/Werner/Winden/*Butzke* N. Rz. 49.
[553] Vgl. zur Verfassungsmäßigkeit LG Ffm. 3–13 O 79/03 v. 7.1. 2004, NJW-RR 2005, 837 ff.
[554] Vgl. zur Online-Teilnahme Rz. 144 a f.
[555] Vgl. BGH II ZR 248/92 v. 19.9. 1994, BGHZ 127, 107, 116.
[556] Vgl. *Hüffer* AktG § 118 Rz. 17.

Reichert   465

der Gesellschaft auch offen, nur Teile der Hauptversammlung – wie etwa die Rede des Vorstandes – zu übertragen. Private Ton- bzw. Bildaufnahmen durch einzelne Versammlungsteilnehmer sind nur mit Zustimmung des Versammlungsleiters und der übrigen Teilnehmer der Hauptversammlung zulässig.[557]

VII. Anfechtungsklagen

1. Anfechtungsbefugnis

255 Zur Erhebung einer Anfechtungsklage bedarf es zunächst der Anfechtungsbefugnis, welche nach näherer Bestimmung des § 245 AktG den Aktionären sowie jedem Mitglied des Vorstands und des Aufsichtsrats zukommt.

a) Aktionäre

256 Nach § 245 Nr. 1 AktG ist jeder in der Hauptversammlung erschienene Aktionär anfechtungsbefugt, sofern er die Aktien schon vor der Bekanntmachung der Tagesordnung erworben hatte[558] und gegen den Beschluss **Widerspruch zur Niederschrift** erklärt hat. Als in der Hauptversammlung erschienen gilt, wer entweder selbst an der Hauptversammlung teilgenommen hat oder kraft gesetzlicher oder rechtsgeschäftlicher Vollmacht vertreten worden ist; unerheblich ist, ob offene oder verdeckte Stellvertretung vorliegt.[559] Als Teilnehmer im aktienrechtlichen Sinne gelten auch die Aktionäre, die der Hauptversammlung online zugeschaltet sind und ihre Stimme in diesem Rahmen abgeben, nicht jedoch diejenigen Aktionäre, die ihre Stimme im Vorfeld der Hauptversammlung per Briefwahl abgegeben haben.[560] Jedoch kann die Anfechtungsbefugnis durch die Satzung auf am Ort der Hauptversammlung anwesende Aktionäre beschränkt werden, indem Online-Teilnehmern nicht das Recht eingeräumt wird, Widerspruch zur Niederschrift erklären zu können.[561] Anfechtungsbefugt ist auch derjenige Aktionär, für den ein Legitimationsaktionär aufgetreten ist; streitig ist hingegen die Anfechtungsbefugnis des Legitimationsaktionärs selbst.[562] Die Anfechtungsbefugnis ist nicht an ein Stimmrecht gebunden, sodass auch Aktionäre stimmrechtsloser Vorzugsaktien oder solche, die einem Stimmrechtsverbot unterliegen, zur Anfechtung berechtigt sind.[563] Der Widerspruch muss gegen einen Beschluss der Hauptversammlung gerichtet sein. Dabei muss nicht zwingend das Wort „Widerspruch" gebraucht werden; es reicht aus, wenn der Aktionär deutlich zum Ausdruck bringt, dass er den Beschluss für rechtswidrig, unwirksam oder ungültig hält.[564]

---

[557] BGH II ZR 248/92 v. 19. 9. 1994, BGHZ 127, 107, 116; Obermüller/Werner/Winden/*Butzke* N. Rz. 49.
[558] Durch diese Neuerung durch das UMAG sollen sog. „räuberische Anfechtungsklagen" eingedämmt werden; vgl. *Spindler* NZG 2005, 825, 829.
[559] Semler/Volhard/*Richter* § 47 Rz. 67.
[560] Vgl. Begründung des Regierungsentwurfs zum ARUG v. 5. November 2008, BT-Drs. 16/11642 S. 39; ausführlich vgl. Rz. 144a, 209.
[561] Wobei sich die technische Frage stellt, wie ein online zugeschalteter Aktionär Widerspruch zur Niederschrift erklären kann, vgl. Rz. 145.
[562] Vgl. zum Ganzen Großkomm. AktG/*Schmidt* § 245 Rz. 15.
[563] Großkomm. AktG/*Schmidt* § 245 Rz. 13.
[564] Semler/Volhard/*Richter* § 47 Rz. 68.

B. Die Aktiengesellschaft

Auch ein Aktionär, der erst nach dem Beginn der Hauptversammlung erscheint oder die für die Online-Teilnahme bereitgestellte Internetseite aufruft und sich anmeldet[565], gilt als erschienener Aktionär. Gegen vor seinem Erscheinen bereits gefasste Beschlüsse kann er **nachträglich** Widerspruch einlegen.[566] Entsprechend muss ein Aktionär, der die Hauptversammlung früher verlässt, bereits beim Verlassen gegen die Beschlussfassung über Tagesordnungspunkte, über die erst nach seinem Verlassen beschlossen werden soll, Widerspruch einlegen.[567]

Ein nicht in der Hauptversammlung erschienener Aktionär ist zur Anfechtung eines Beschlusses berechtigt, wenn er zu der Hauptversammlung **zu Unrecht nicht zugelassen** worden ist oder die Versammlung nicht ordnungsgemäß einberufen oder der Gegenstand der Beschlussfassung nicht ordnungsgemäß bekannt gemacht worden ist (§ 245 Nr. 2 AktG). Unter dieser Voraussetzung ist ein Widerspruch zu Protokoll entbehrlich, es sei denn, der Aktionär hat gleichwohl an der Hauptversammlung teilgenommen.

Ein Aktionär ist zu Unrecht nicht zu der Hauptversammlung zugelassen, wenn er zwar die formellen und materiellen Bedingungen für die Teilnahme an der Hauptversammlung erfüllt, ihm aber gleichwohl die Teilnahme verweigert wird.[568] Der während einer Hauptversammlung unberechtigt aus dem Saal verwiesene Aktionär wird einem zu Unrecht nicht zugelassenen Aktionär gleichgestellt.[569] Liegt der Fehler der Nichtzulassung des Aktionärs zur Hauptversammlung allerdings bei Dritten, etwa wenn das depotführende Kreditinstitut den Berechtigungsnachweis nach § 123 Abs. 3 AktG zu spät in Textform übersendet (vgl. hierzu Rz. 87), kann dieser Fehler nicht der Gesellschaft zugerechnet werden.[570] Dem deshalb nicht zugelassenen Aktionär steht daher keine Anfechtungsbefugnis zu. Gleiches gilt, wenn einem Aktionär die Online-Teilnahme an der Hauptversammlung und/oder die Stimmabgabe auf dem Wege elektronischer Kommunikation (§ 118 Abs. 1 Satz 2, Abs. 2 AktG) aufgrund einer technischen Störung der Übertragung im Internet nicht möglich ist, die nicht auf Vorsatz oder grober Fahrlässigkeit der Gesellschaft beruht (§ 243 Abs. 3 Nr. 1 AktG).

Zu den Einberufungsfehlern zählen neben Verstößen gegen die §§ 121 bis 123 AktG nach richtiger Ansicht auch Verstöße gegen die Mitteilungspflichten nach §§ 125–127 AktG.[571] Bekanntmachungsfehler liegen in Verstößen gegen § 124 Abs. 1 bis 3 AktG sowie § 124a AktG. Ein Verstoß gegen § 124 Abs. 2

---

[565] Vgl. zu den Voraussetzungen der Online-Teilnahme Rz. 144 a f.
[566] MünchKomm.AktG/Bd. 7/*Hüffer* § 245 Rz. 39; Kölner Komm.AktG/*Zöllner* § 245 Rz. 46.
[567] Vgl. *Steiner* § 23 Rz. 7; Spindler/Stilz/*Dörr* AktG § 245 Rz. 27; Großkomm. AktG/*Schmidt* § 245 Rz. 20, 24. Die Rspr. ist uneinheitlich; für die Zulässigkeit von Vorabwidersprüchen: OLG Jena 6 U 968/05 v. 22. 3. 2006, NZG 2006, 467 ff.; OLG München 23 U 5917/05 v. 1. 6. 2006, NZG 2006, 784 ff.; dagegen: LG Frankfurt a. M. 3–05 O 112/04 v. 4. 11. 2004, NZG 2005, 721 f. und 3–9 O 98/03 v. 21. 12. 2005, NZG 2006, 438 ff.
[568] Vgl. *Hüffer* AktG § 245 Rz. 18.
[569] Vgl. MünchKomm.AktG/Bd. 7/*Hüffer* § 245 Rz. 43; Obermüller/Werner/Winden/*Butzke* O. Rz. 70, D. Rz. 72.
[570] Semler/Volhard/*Richter* § 47 Rz. 74; Großkomm.AktG/*Schmidt* § 245 Rz. 27.
[571] Großkomm.AktG/*Schmidt* § 245 Rz. 27; MünchKomm.AktG/Bd. 7 *Hüffer* § 245 Rz. 44; *Hüffer* AktG § 245 Rz. 19; aA Großkomm.AktG/*Werner* § 125 Rz. 91 ff.

Satz 2 AktG kann zB vorliegen, wenn der Vorstand einer Aktiengesellschaft zur Unterrichtung der Hauptversammlung über den wesentlichen Inhalt eines Vertragswerks verpflichtet ist und die Einladung zur Hauptversammlung nicht diejenigen Informationen enthält, die zur angemessenen Beurteilung durch die Aktionäre erforderlich sind. Der Inhalt des Vertrages muss so deutlich und vollständig angegeben werden, dass jeder Aktionär ersehen kann, um was für einen Vertrag es sich handelt, was das Wesen seiner Regelung ausmacht und wie Leistung und Gegenleistung geregelt sind.[572]

260 Bei einer unzulässigen Verfolgung von Sondervorteilen durch einzelne Aktionäre im Sinne des § 243 Abs. 2 AktG ist jeder Aktionär, der seine Aktien schon vor der Bekanntmachung der Tagesordnung erworben hatte,[573] anfechtungsberechtigt (§ 245 Nr. 3 AktG). Weder die Teilnahme an der Hauptversammlung noch die Erklärung des Widerspruchs zur Niederschrift ist Voraussetzung der Anfechtungsbefugnis.[574]

b) Vorstand

261 Der Vorstand der Gesellschaft ist stets als Kollegialorgan anfechtungsbefugt (§ 245 Nr. 4 AktG), ohne dass es weiterer Voraussetzungen, wie zB der Teilnahme an der Hauptversammlung oder der Erklärung eines Widerspruchs zur Niederschrift, bedarf.[575] Der Vorstand hat, sofern er nicht Alleinvorstand ist, vorbehaltlich abweichender Regelungen in der Satzung oder Geschäftsordnung einen einstimmigen Beschluss zu fassen (vgl. § 77 Abs. 1 AktG).

c) Mitglieder des Vorstands und des Aufsichtsrats

262 Schließlich ist jedes Mitglied des Vorstands und des Aufsichtsrats zur Anfechtung befugt, wenn Verwaltungsmitglieder durch die Ausführung des Beschlusses eine strafbare Handlung oder Ordnungswidrigkeit begehen oder wenn sie durch die Ausführung ersatzpflichtig werden würden (§ 245 Nr. 5 AktG). Auch dieses Anfechtungsrecht setzt weder die Anwesenheit der Organmitglieder in der Hauptversammlung noch die Erklärung eines Widerspruchs zur Niederschrift voraus.[576] Maßgeblich ist die Organzugehörigkeit im Zeitpunkt der Klageerhebung.[577] Nicht erforderlich ist, dass die Ausführung des Beschlusses in die individuelle Verantwortlichkeit des klageerhebenden Organmitglieds fällt.[578] Dass der Beschluss bereits ausgeführt wurde, ist für die Anfechtungsbefugnis ebenfalls irrelevant.[579]

2. Voraussetzungen der Anfechtung

263 Voraussetzung für die Anfechtbarkeit von Hauptversammlungsbeschlüssen ist das Vorliegen eines Anfechtungsgrunds. Ein solcher ist gegeben, wenn der

---

[572] OLG Schleswig 5 U 57/04 v. 8. 12. 2005, NZG 2006, 951 ff. (Mobilcom).
[573] Durch diese Neuerung durch das UMAG sollen sog. „räuberische Anfechtungsklagen" eingedämmt werden; vgl. *Spindler* NZG 2005, 825, 829.
[574] *Hüffer* AktG § 245 Rz. 21; Kölner Komm. AktG/*Zöllner* § 245 Rz. 56.
[575] Großkomm. AktG/*Schmidt* § 245 Rz. 32.
[576] *Hüffer* AktG § 245 Rz. 32.
[577] Kölner Komm. AktG/*Zöllner* § 245 Rz. 74; *Hüffer* AktG § 245 Rz. 31.
[578] *Hüffer* AktG § 245 Rz. 32; Bürgers/Körber/*Göz* AktG § 245 Rz. 18.
[579] MünchKomm. AktG/Bd. 7/*Hüffer* § 245 Rz. 69.

B. Die Aktiengesellschaft 264–266 § 5

Beschluss das Gesetz oder die Satzung der Gesellschaft verletzt (§ 243 Abs. 1 AktG).[580] Eine Gesetzesverletzung liegt auch im Verstoß gegen gewohnheitsrechtlich und richterrechtlich begründete Prinzipien wie etwa den Grundsatz der gesellschaftsrechtlichen Treuepflicht.[581] Demgegenüber führen Verstöße gegen bloße formale Ordnungsbestimmungen nicht zur Anfechtbarkeit.[582]

Zu unterscheiden ist zwischen Fehlern, die das Zustandekommen des Beschlusses betreffen (Verfahrensfehler), und solchen, die die von der Hauptversammlung getroffene Entscheidung selbst betreffen (Inhaltsfehler).

a) Verfahrensfehler

Ein Verfahrensfehler liegt vor, wenn das Gesetz oder die Satzung beim Zustandekommen des Beschlusses verletzt werden. Verfahrensfehler können das gesamte Verfahren von der Einberufung der Hauptversammlung bis zur Feststellung des Beschlusses durch den Vorsitzenden und dessen Protokollierung betreffen. 264

Die möglichen Verfahrensmängel sind umfangreich;[583] sie lassen sich in Mängel bei der Vorbereitung bzw. Durchführung der Hauptversammlung sowie bei der Erfüllung von Informationspflichten unterteilen.

Vorbereitungsmängel sind insbesondere Verstöße gegen die Einberufungsvorschriften (§§ 121 bis 123 AktG) und die ordnungsgemäße Bekanntmachung der Tagesordnung und die Mitteilungspflichten (§§ 124 bis 127 AktG). So kann die Einberufung der Hauptversammlung an einen unzulässigen Ort,[584] die Nichteinhaltung der Einberufungsfrist,[585] die Einberufung zur Unzeit[586] oder die unzureichende Bekanntgabe der Tagesordnung[587] zur Anfechtbarkeit dennoch gefasster Hauptversammlungsbeschlüsse führen. Verstöße gegen die Einberufungsvorschriften in § 121 Abs. 2, 3 und 4 AktG stellen gemäß § 241 Nr. 1 Nichtigkeitsgründe dar, sodass es hier einer Anfechtung nicht bedarf.[588] 265

Durchführungsfehler, die zur Anfechtbarkeit eines Beschlusses führen können, sind insbesondere bei unberechtigten Eingriffen in das Teilnahmerecht der Aktionäre an der Hauptversammlung denkbar.[589] Werden zB vor dem Zutritt zur Hauptversammlung Taschenkontrollen bei den Aktionären durchgeführt, sollte ihnen die Möglichkeit eröffnet werden, persönliche Gegenstände in einem abschließbaren Schrank oder bei einer Aufbewahrungsstelle in angemessenem Abstand vor dem Zugang zur Hauptversammlung zu de- 266

---

[580] Nach einer Entscheidung des LG München I 5 HK O 10614/07 v. 22. 11. 2007, NZG 2008, 150 ff. besteht kein Anfechtungsrecht gegen einen Hauptversammlungsbeschluss wegen Verstoßes gegen den Corporate Governance Kodex, da es sich bei dem Kodex weder um ein Gesetz handele noch eine satzungsgleiche Wirkung feststellbar sei.
[581] Hüffer AktG § 243 Rz. 5.
[582] Vgl. MünchKomm.AktG/Bd. 7/Hüffer § 243 Rz. 19; Großkomm.AktG/Schmidt § 243 Rz. 15.
[583] Vgl. die Aufstellung bei Semler/Volhard/Richter § 47 Rz. 13 ff.
[584] BGH II ZR 79/84 v. 28. 1. 1985, AG 1985, 188, 189.
[585] BGH II ZR 180/86 v. 30. 3. 1987, BGHZ 100, 264 ff.
[586] LG Darmstadt 15 O 446/8 v. 25. 11. 1980, BB 1981, 72 f.
[587] LG Hanau 5 O 149/95 v. 2. 11. 1985, AG 1996, 184, 185; Obermüller/Werner/Winden/Butzke O. Rz. 47.
[588] MünchKomm.AktG/Bd. 7/Hüffer § 245 Rz. 44.
[589] Spindler/Stilz/Würthwein AktG § 243 Rz. 110 ff.; Großkomm.AktG/Schmidt § 243 Rz. 33.

ponieren. Ansonsten kann ein rechtswidriger Eingriff in das Persönlichkeitsrecht der Aktionäre und infolgedessen eine Verletzung ihres Teilnahmerechts vorliegen, die zur Anfechtbarkeit sämtlicher Hauptversammlungsbeschlüsse führt.[590] Wird ein Aktionär unberechtigt des Saales verwiesen oder werden Stimmen nicht stimmberechtigter Personen mitgezählt,[591] liegt hierin ebenfalls ein anfechtungsbegründender Verstoß.[592] Technische Störungen bei der Online-Teilnahme an der Hauptversammlung oder der Stimmabgabe im Wege elektronischer Kommunikation stellen nur dann eine anfechtbare Verletzung von Rechten dar, wenn der Gesellschaft Vorsatz oder grobe Fahrlässigkeit vorzuwerfen ist (§ 243 Abs. 3 Nr. 1 AktG).[593]

267 In der Praxis hat die Anfechtung wegen **Mängeln bei der Informationserteilung** die größte Bedeutung erlangt. Der wohl häufigste Anfechtungsgrund ist die Verletzung des Auskunftsrechts des Aktionärs nach § 131 AktG durch unberechtigte Verweigerung oder unrichtige oder unvollständige Auskunftserteilung.[594] Ebenso kommt eine Anfechtung wegen der Verletzung sonstiger Informationspflichten in Betracht. Dies gilt zB für den Gewinnverwendungsbeschluss, wenn der Jahresabschluss, der Lagebericht, ggf. auch Konzernjahresabschluss und -lagebericht, der Bericht des Aufsichtsrats und der Vorschlag des Vorstands nicht zur Einsicht ausgelegt werden.[595] Von besonderer praktischer Relevanz sind Anfechtungsrisiken durch die Verletzung von Berichtspflichten durch den Vorstand.[596] Auf die Verletzung von Auskunfts- und Informationsrechten in Bezug auf Bewertungsfragen kann die Anfechtungsklage gemäß § 243 Abs. 4 Satz 2 AktG nicht gestützt werden, soweit das Gesetz insoweit ein Spruchverfahren vorsieht.

b) Kausalität/Relevanz

268 Es ist allgemein anerkannt, dass der geltend gemachte Gesetzes- oder Satzungsverstoß gegen eine Verfahrensregel allein nicht ausreicht, die Anfechtbarkeit des Beschlusses zu begründen. Die früher herrschende Meinung in der Literatur und die Rechtsprechung stellte daher bei Verfahrensverstößen zusätzlich das Erfordernis der (potenziellen) Kausalität auf.[597]

269 Die Rechtsprechung[598] hat sich inzwischen – Forderungen der Literatur folgend[599] – der so genannten **Relevanztheorie** angeschlossen. Danach soll es

---

[590] OLG Frankfurt a. M. 5 W 43/06 v. 16. 2. 2007, NZG 2007, 310 ff. (Wella), das eine Kontrolle mittels eines Durchleuchtungsgeräts empfiehlt.
[591] BGH II ZR 308/87 v. 21. 3. 1988, BGHZ 104, 66, 69.
[592] Weitere Beispiele bei Semler/Volhard/*Richter* § 47 Rz. 16.
[593] Vgl. Rz. 258.
[594] Vgl. BGH ZR 238/91 v. 5. 4. 1993, DB 1993, 1074, 1080; OLG München 7 U 1849/97 v. 3. 12. 1997, DB 1998, 301; allgemein zur Auskunftspflicht des Vorstands oben Rz. 202 ff.
[595] Semler/Volhard/*Richter* § 47 Rz. 19.
[596] BGH II ZR 55/81 v. 19. 4. 1982, DB 1982, 1313 f.; BGH II ZR 206/88 v. 22. 5. 1989, BGHZ 107, 296, 306; BGH II ZR 124/99 v. 15. 1. 2001, ZIP 2001, 416 ff. (Altana/Milupa).
[597] Vgl. *Hüffer* AktG § 243 Rz. 12 mwN.
[598] Vgl. etwa BGH II ZR 225/99 v. 12. 11. 2001, NJW 2002, 1128 ff.; BGH II ZR 288/02 v. 20. 9. 2004, NJW 2004, 3561 ff.; BGH II ZR 250/02 v. 18. 10. 2004, NJW 2005, 828 ff.; BGH II ZR 140/07 v. 25. 6. 2008.
[599] Vgl. insbesondere Kölner Komm.AktG/*Zöllner* § 243 Rz. 81.

maßgeblich auf eine am Zweck der verletzten Norm orientierte wertende Betrachtung des jeweiligen Verstoßes ankommen. Nach der Rechtsprechung ist auf die Bedeutung der konkreten Verletzung abzustellen und nicht auf einen hypothetischen Vergleich der Sachlage ohne oder mit Erlangung der Kenntnis. Entscheidend ist sodann, ob es – bei wertender Betrachtungsweise – ausgeschlossen ist, dass sich der Verfahrensfehler auf das Beschlussergebnis ausgewirkt hat.[600] Dies hat nunmehr auch Rückhalt im Gesetz gefunden: § 243 Abs. 4 Satz 1 AktG normiert, dass wegen unrichtiger, unvollständiger oder verweigerter Erteilung von Informationen nur dann angefochten werden kann, wenn ein objektiv urteilender Aktionär die Erteilung der Information als wesentliche Voraussetzung für die sachgerechte Wahrnehmung seiner Teilnahme- und Mitgliedschaftsrechte angesehen hätte.[601] Dies entspricht weitgehend der Rechtsprechung des BGH, wird indes um das Merkmal der „Wesentlichkeit" ergänzt.[602]

c) Inhaltsfehler

Inhaltsfehler können einerseits auf einem Verstoß gegen Einzelvorschriften gründen, andererseits auf der Verletzung gesetzlicher Generalklauseln oder gesellschaftsrechtlicher Grundsätze.

Die Anfechtung eines Hauptversammlungsbeschlusses wegen inhaltlicher **Verstöße gegen Einzelvorschriften** ist in der Praxis selten,[603] da bei inhaltlichen Verstößen gegen gesetzliche Einzelvorschriften bereits weitgehend Nichtigkeit gemäß § 241 Nr. 3 AktG eintritt.[604] Zudem gelten für die Anfechtung der Wahl von Aufsichtsratsmitgliedern, die Anfechtung von Gewinnverwendungsbeschlüssen sowie für die Anfechtung der Kapitalerhöhung gegen Einlagen Sonderregelungen, die vorrangig Geltung beanspruchen (§§ 251, 254, 255 AktG).

Von großer Relevanz ist demgegenüber die Anfechtung von Hauptversammlungsbeschlüssen wegen inhaltlicher **Verstöße gegen Generalklauseln** und gesellschaftsrechtliche Grundsätze. Zu diesen zählen insbesondere die gesellschaftsrechtliche Treuepflicht und der Gleichbehandlungsgrundsatz (§ 53 a AktG).

Zum Schutz der Minderheitsaktionäre hat die Rechtsprechung – über die Beachtung der gesellschafterlichen Treuepflicht und den Gleichbehandlungsgrundsatz hinaus – unter bestimmten Voraussetzungen eine so genannte **materielle Beschlusskontrolle** entwickelt.[605] Danach reicht die Beschlussfas-

---

[600] BGH II ZR 225/99 v. 12.11.2001, AG 2002, 241, 242f.; *Henze* BB 2002, 847, 848 f.

[601] Vgl hierzu Bürgers/Körber/*Göz* AktG § 243 Rz. 8.

[602] *Spindler* NZG 2005, 825, 828 f.; krit. *Hüffer* AktG § 243 Rz. 46 b, der zu bedenken gibt, dass ein für die Mitgliedsrechte relevanter Informationsmangel stets wesentlich sei.

[603] In Betracht kommt etwa eine Bestellung des Abschlussprüfers unter Verstoß gegen § 319 Abs. 2 oder 3 HGB, vgl. OLG Karlsruhe 9 U 24/95 v. 23.12.1995, AG 1996, 227 f. und hierzu MünchKomm.AktG/Bd. 7/*Hüffer* § 243 Rz. 43; weiterhin Verstöße gegen Satzungsbestimmungen, vgl. Obermüller/Werner/Winden/*Butzke* O. Rz. 53.

[604] MünchKomm.AktG/Bd. 7/*Hüffer* § 243 Rz. 43; Obermüller/Werner/Winden/ *Butzke* O. Rz. 53.

[605] Über die Rechtsgrundlage dieser Regel besteht keine Einigkeit, was jedoch nichts an ihrer Gültigkeit ändert. Vgl. hierzu *Hüffer* AktG § 243 Rz. 21 ff.; Semler/Volhard/ *Richter* § 47 Rz. 22 ff.

sung mit der notwendigen Mehrheit für den rechtlichen Bestand des Beschlusses allein noch nicht aus. Die Mehrheitsmacht findet vielmehr ihre Grenze dort, wo sie ihre eigennützigen Interessen unter unangemessener Beeinträchtigung der Minderheitsinteressen durchsetzt.[606] Die Kontrolle von Mehrheitsentscheidungen erfolgt dabei nach dem Maßstab der Erforderlichkeit und der Verhältnismäßigkeit der in die Minderheitsrechte eingreifenden Entscheidung.[607] Allerdings unterliegt nicht jeder Beschluss einer solchen Beschlusskontrolle. Angenommen hat der BGH eine materielle Beschlusskontrolle aber etwa bezüglich des Ausschlusses des Bezugsrechts der Aktionäre bei der Kapitalerhöhung[608] und der Schaffung eines genehmigten Kapitals;[609] dieser müsse durch das Interesse der Gesellschaft gerechtfertigt sein. Die Treuepflicht kann es auch gebieten, bei einer Kapitalherabsetzung auf Null unter gleichzeitiger Erhöhung des Grundkapitals den Nennwert der neuen Aktien so festzusetzen, dass möglichst wenige Aktionäre aus der Gesellschaft ausscheiden müssen.[610] Bei einem Mehrheitsentlastungsbeschluss kann schließlich ein Verstoß gegen die Treuepflicht vorliegen, sofern die Entlastung trotz vorangegangenen schwerwiegenden Gesetzes- oder Satzungsverstosses erfolgt.[611] In einem Anfechtungsprozess obliegt es der Gesellschaft, die Erforderlichkeit und Verhältnismäßigkeit der von der Mehrheit beschlossenen und in Rechte der Minderheit eingreifenden Maßnahme darzulegen und zu beweisen.[612]

274 Demgegenüber ist eine solche Kontrolle nach der Rechtsprechung des BGH nicht erforderlich, wenn das Gesetz selbst bereits eine **Abwägung zulasten der Aktionäre** trifft. Dies wurde zB bei einer nachträglichen Einführung eines Höchststimmrechts durch einen satzungsändernden Mehrheitsbeschluss angenommen,[613] ebenso bei der Entscheidung über das Delisting.[614] Bei Umstrukturierungen, Konzernierungsmaßnahmen oder einem Squeeze Out bedarf es ebenfalls keiner sachlichen Rechtfertigung der Beschlüsse, da die Minderheitsaktionäre bereits durch gesetzliche Ausgleichs- und Ersatzansprüche ausreichend geschützt sind.[615]

275 Schließlich können Hauptversammlungsbeschlüsse angefochten werden, wenn sie gegen den **Gleichbehandlungsgrundsatz** (§ 53 a AktG) verstoßen. Das Gebot, Aktionäre unter gleichen Voraussetzungen gleich zu behandeln, bedeutet ein Verbot sachlich nicht gerechtfertigter Differenzierungen.[616] Der Aktionär trägt dabei die Darlegungs- und Beweislast für die Ungleichbehand-

---

[606] Vgl. MünchHdb.GesR/Bd. 4/*F.-J. Semler* § 41 Rz. 36.
[607] BGH II ZR 230/91 v. 9. 11. 1992, BGHZ 120, 141, 146 mwN.
[608] BGH II ZR 142/76 v. 13. 3. 1978, BGHZ 71, 40, 43 ff.
[609] BGH II ZR 55/81 v. 19. 4. 1982, DB 1982, 1313 f.
[610] BGH II ZR 126–98 v. 5. 7. 1999, NJW 1999, 3197 ff.; vgl. hierzu MünchHdb.-GesR/Bd. 4/*F.-J. Semler* § 41 Rz. 36.
[611] Vgl. BGH II ZR 133/01 v. 25. 11. 2002, NJW 2003, 1032 ff. (Macrotron); BGH II ZR 250/02 v. 18. 10. 2004, NZG 2005, 77 ff. (Thyssen-Krupp); zustimmend *Hüffer* AktG § 120 Rz. 12; MünchHdb.GesR/Bd. 4/*F.-J. Semler* § 41 Rz. 36; ablehnend *Kubis* NZG 2005, 791.
[612] MünchHdb.GesR/Bd. 4/*F.-J. Semler* § 41 Rz. 37; *Hüffer* AktG § 243 Rz. 64.
[613] BGH II ZR 136/76 v. 19. 12. 1977, BGHZ 70, 117, 123.
[614] BGH II ZR 133/01 v. 25. 11. 2002, NJW 2003, 1032 ff. (Macrotron).
[615] *Hüffer* AktG § 243 Rz. 26 f; Großkomm.AktG/*Schmidt* AktG § 243 Rz. 46; Obermüller/Werner/Winden/*Butzke* O. Rz. 55.
[616] MünchHdb.GesR/Bd. 4/*F.-J. Semler* § 41 Rz. 38.

lung. Es obliegt dann der Gesellschaft, die sachliche Rechtfertigung für die Ungleichbehandlung darzulegen und zu beweisen.

3. Bestätigungsbeschluss

Anfechtbare Beschlüsse können gemäß § 244 AktG durch einen bestätigenden Beschluss der Hauptversammlung geheilt werden.[617] Dies betrifft indes nur Beschlüsse, die an einem heilbaren Verfahrensfehler leiden, da sich Inhaltsmängel im Zweitbeschluss fortsetzen würden.[618] Die Wirksamkeit greift jedoch nicht rückwirkend ein.[619] Vielmehr ist der zunächst anfechtbare Beschluss bis zu seiner Bestätigung schwebend unwirksam.[620]

4. Verfahren

Die Anfechtungsklage ist ausschließlich bei dem Landgericht, in dessen Bezirk die Gesellschaft ihren Sitz hat, zu erheben (§ 246 Abs. 3 Satz 1 AktG); soweit vorhanden, entscheidet die Kammer für Handelssachen (§ 246 Abs. 3 Satz 2 AktG). Die Vereinbarkeit eines Schiedsgerichts ist für Beschlussmängelstreitigkeiten im Hinblick auf die inter omnes-Wirkung der Entscheidung problematisch.[621] Die Regierungskommission „Corporate Governance" hat zu Recht vorgeschlagen, schiedsgerichtliche Entscheidungen für nicht börsennotierte Gesellschaften de lege ferenda zuzulassen.[622]

Die **Klagefrist** beträgt gem. § 246 Abs. 1 AktG einen Monat und beginnt mit dem Ablauf des Tages, an welchem der angegriffene Beschluss gefasst wird.[623] Zur Fristwahrung genügt es, wenn die Klage spätestens am letzten Tag der Klagefrist bei Gericht eingeht, sofern die Zustellung demnächst iSd. § 167 ZPO erfolgt.[624] Verzögert sich die Zustellung, kommt es darauf an, ob diese vom Kläger zu vertreten ist, etwa weil er den erforderlichen Kostenvorschuss nicht rechtzeitig bezahlt hat. Die Wahrung der Klagefrist setzt ferner voraus, dass ein bestimmter Antrag gestellt wird und die Anfechtungsgründe innerhalb der Frist in ihrem wesentlichen tatsächlichen Kern dargelegt werden.[625] Anfechtungsgründe, die nach Ablauf der Anfechtungsfrist nachgeschoben werden, bleiben unbeachtlich. Möglich bleiben indessen nachträgliche Er-

---

[617] Obermüller/Werner/Winden/*Butzke* O. Rz. 88; *Kiethe* NZG 1999, 1086 ff.
[618] BGH II ZR 253/03 v. 12.12. 2005, NZG 2006, 191 ff.
[619] BGH II ZR 194/01 v. 15.12. 2003, NJW 2004, 1165 ff.
[620] MünchKomm.AktG/Bd. 7/*Hüffer* § 244 Rz. 12 f. mwN auch zur Gegenansicht.
[621] BGH II ZR 124/95 v. 29. 3. 1996, AG 1996, 318 ff.; richtigerweise kann durch eine Abstimmung des Schiedsvertrages auf Mehrparteienstreitigkeiten in der GmbH die Zuständigkeit des Schiedsgerichts begründet werden; diese Technik lässt sich zumindest für die AG mit eingeschränktem Aktionärskreis fruchtbar machen; vgl. Sudhoff/*Liebscher* GmbH & Co. KG § 17 Rz. 97; *Reichert* in FS Ulmer S. 511 ff.; vgl. auch *Bergmann* RWS-Forum Gesellschaftsrecht 2001, S. 227 ff.
[622] Baums (Hrsg.), Bericht der Regierungskommission Corporate Governance 2001, Rz. 161; zustimmend *Reichert* ZHR-Beiheft 71 (2002), 165, 178 f.
[623] MünchHdb.GesR/Bd. 4/*F.-J. Semler* § 41 Rz. 72; *Hüffer* AktG § 246 Rz. 22.
[624] Vgl. hierzu Musielak/*Wolst* ZPO § 167 Rz. 6 ff.; nach dem LG Ffm. 3/9 O 98/03 v. 21.12. 2005, AG 2006, 594, 596 zB soll die Frist des § 246 Abs. 1 AktG nicht gewahrt sein, wenn der Gerichtskostenvorschuss erst einen Monat nach Einreichung der Klage bezahlt wird.
[625] BGH ZR 230/91 v. 9.11. 1992, DB 1993, 31 (Leitsatz lit. e).

279 gänzungen oder Berichtigungen, soweit sie den bereits im Kern innerhalb der Klagefrist vorgebrachten Tatsachenvortrag betreffen.[626]
Die Klage ist den gesetzlichen Vertretern der Gesellschaft und nicht der Gesellschaft selbst zuzustellen. Im Falle der Klagerhebung durch einen Aktionär muss die Klage daher mindestens einem Vorstandsmitglied und einem Aufsichtsratsmitglied zugestellt werden (vgl. § 246 Abs. 2 Satz 2 AktG).[627] Durch die Reformierung des Freigabeverfahrens durch das ARUG wird nach dem neu eingefügten § 246 Abs. 3 Satz 5 AktG einer beklagten Gesellschaft das Recht zur Akteneinsicht nach § 299 ZPO nicht mehr erst nach Zustellung der Anfechtungsklage, sondern bereits vor Zustellung nach Ablauf der einmonatigen Anfechtungsfrist gewährt.[628]

280 Der Vorstand hat die Erhebung einer Anfechtungsklage unverzüglich in den Gesellschaftsblättern bekanntzugeben (§ 246 Abs. 4 Satz 1 AktG). Dies dient zum einen der Information der Öffentlichkeit, setzt aber zum anderen auch die Monatsfrist in Gang, innerhalb derer andere Aktionäre (in Abweichung von § 66 Abs. 2 ZPO) ihre Nebenintervention erklären müssen.[629]

281 Mehrere Anfechtungsprozesse gegen denselben Beschluss sind gemäß § 246 Abs. 3 Satz 6 AktG zwingend zu einem einheitlichen Prozess zu verbinden. Hierdurch sollen widersprüchliche Entscheidungen über die Gültigkeit eines Beschlusses verhindert werden.

5. Rechtsfolge

282 Eine zulässige und begründete Anfechtungsklage führt dazu, dass der angefochtene Hauptversammlungsbeschluss ex tunc für unwirksam erklärt wird. Das der Klage stattgebende Urteil vernichtet den angegriffenen Beschluss rückwirkend, was insbesondere zu Problemen führen kann, wenn der für nichtig erklärte Beschluss bereits durchgeführt worden ist.[630] Die Nichtigkeit wirkt dabei für und gegen alle Aktionäre sowie die Mitglieder des Vorstands und des Aufsichtsrats, auch wenn sie nicht Partei des Rechtsstreits waren (§ 248 Abs. 1 Satz 1 AktG). Das klagabweisende Urteil wirkt dagegen nur zwischen den Parteien des Rechtsstreits.

283 Ist die Anfechtungsklage erfolgreich gewesen, hat der Vorstand das rechtskräftige Urteil unverzüglich zum Handelsregister einzureichen (§ 248 Abs. 1 Satz 2 AktG). Betrifft der angefochtene Beschluss eine Satzungsänderung, hat der Vorstand neben dem Urteil den vollständigen Wortlaut der Satzung, wie er sich unter Berücksichtigung des Urteils und aller bisherigen Satzungsänderungen ergibt, mit der Notarbescheinigung zum Handelsregister einzureichen (§ 248 Abs. 2 AktG).

284 Unabhängig vom Ausgang des Verfahrens hat eine börsennotierte Gesellschaft die Verfahrensbeendigung gemäß § 248 a AktG stets unverzüglich in den Gesellschaftsblättern bekanntzumachen. Die Bekanntmachung hat die Verfah-

---

[626] *Hüffer* AktG § 246 Rz. 26; Spindler/Stilz/*Dörr* AktG § 246 Rz. 20.
[627] Obermüller/Werner/Winden/*Butzke* O. Rz. 75; Semler/Volhard/*Richter* § 47 Rz. 85; Schmidt/Lutter/*Schwab* AktG § 246 Rz. 17; *Hüffer* § 246 Rz. 32.
[628] Vgl. zum Freigabeverfahren und dessen Reformierung durch das ARUG Rz. 298 ff.
[629] Vgl. auch Bürgers/Körber/*Göz* AktG § 246 Rz. 33.
[630] Vgl. hierzu im Einzelnen: MünchHdb.GesR/Bd. 4/*F.-J. Semler* § 41 Rz. 83 ff.

rensbeendigung in allen Einzelheiten darzustellen, insbes. die Art der Beendigung, getroffene Vereinbarungen sowie ggf. die gewährten vermögenswerten Leistungen nach Art und Höhe.[631]

VIII. Nichtigkeitsklage

Allen Aktionären, dem Vorstand sowie einem einzelnen Mitglied des Vorstands oder des Aufsichtsrats steht der Rechtsbehelf der Nichtigkeitsklage gemäß § 249 AktG zur Verfügung. Die Nichtigkeitsgründe für Beschlüsse sind in den Vorschriften der §§ 241, 250, 253 und 256 AktG abschließend geregelt. Ist danach kein Nichtigkeitsgrund gegeben, kann der fehlerhafte Beschluss nur mit der Anfechtungsklage angefochten werden.

Nichtigkeitsgründe können insbesondere schwerwiegende Einberufungsmängel wie zB die Einberufung der Hauptversammlung durch hierzu nicht legitimierte Personen (vgl. § 121 Abs. 2 AktG) sowie Protokollierungsmängel (vgl. §§ 130 Abs. 1, 2 Satz 1 und Abs. 4 AktG) sein.[632] Ein Verstoß gegen die in § 130 Abs. 6 AktG neu eingeführte Pflicht zur Veröffentlichung der festgestellten Abstimmungsergebnisse wurde dabei richtigerweise nicht zu den nichtigkeitsbegründenden Protokollierungsmängeln (§ 241 Nr. 2 AktG) hinzugefügt, da es sich nicht um eine Vorschrift hinsichtlich der Dokumentierung der Willensbildung der Hauptversammlung, sondern lediglich um eine Erhöhung der Publizität und Erleichterung der Einsichtnahme durch die Aktionäre handelt. Nichtig sind auch Beschlüsse, die mit dem Wesen der Aktiengesellschaft nicht zu vereinbaren sind oder deren Inhalt ausschließlich oder überwiegend Gläubiger schützende oder sonst im öffentlichen Interesse der Gesellschaft stehende Vorschriften verletzt (§ 241 Nr. 3 AktG).[633] Ebenso sind Beschlüsse, deren Inhalt gegen die guten Sitten verstößt, nichtig (§ 241 Nr. 4 AktG). Daneben sind in § 241 AktG weitere Nichtigkeitsgründe aufgeführt, die an anderer Stelle im Gesetz geregelt sind. So ist zB ein Beschluss nichtig, der dem Beschluss über die bedingte Kapitalerhöhung entgegensteht (§ 192 Abs. 4 AktG), ebenso ein Beschluss, der neue Aktien bei der Kapitalerhöhung anders verteilt als es der bestehenden Beteiligung der Aktionäre am bisherigen Grundkapital entspricht (§ 212 Satz 2 AktG).

Das Gesetz sieht in bestimmten Fällen vor, dass ein nichtiger Beschluss heilbar ist, mithin als von Anfang an (ex tunc) gültig anzusehen ist.[634] Grundsätzlich setzt die **Heilung von nichtigen Beschlüssen** voraus, dass der Beschluss in das Handelsregister eingetragen wurde (§ 242 Abs. 1 AktG). So kann die Nichtigkeit eines Hauptversammlungsbeschlusses, der nicht gemäß § 130 Abs. 1, 2 und 4 AktG beurkundet ist, nach der Eintragung des Beschlusses im Handelsregister nicht mehr geltend gemacht werden. Bei anderen Beschlüssen muss zur Heilung der Nichtigkeit neben die Eintragung im Handelsregister

---

[631] Vgl. Bürgers/Körber/Göz § 249 Rz. 3. Dies soll es „räuberischen Aktionären" erschweren, sich Klagen abkaufen zu lassen; vgl. auch *Spindler* NZG 2005, 825, 829.
[632] Vgl. hierzu Semler/Volhard/*Richter* § 47 Rz. 102 ff.
[633] Vgl. zu diesen Nichtigkeitsgründen im Einzelnen: Semler/Volhard/*Richter* § 47 Rz. 105 ff.
[634] MünchKomm.AktG/Bd. 7/*Hüffer* § 242 Rz. 19; Spindler/Stilz/*Casper* AktG § 242 Rz. 11 ff.

zusätzlich der Ablauf einer Frist hinzutreten. Bei Hauptversammlungsbeschlüssen, die zB nach § 241 Nr. 1, 3 oder 4 AktG nichtig sind, kann die Nichtigkeit nicht mehr geltend gemacht werden, wenn seit der Eintragung des Beschlusses in das Handelsregister drei Jahre verstrichen sind (§ 242 Abs. 2 Satz 1 AktG). Diese 3-Jahres-Frist gilt entsprechend in den Fällen der §§ 217 Abs. 2, 228 Abs. 2, 234 Abs. 3 Satz 1 und 235 Abs. 2 AktG, wenn die erforderlichen Eintragungen nicht fristgemäß vorgenommen wurden (§ 242 Abs. 3 AktG). Da die Aufzählung in § 242 AktG abschließend ist, können die dort nicht aufgeführten Nichtigkeitsfälle auch nicht geheilt werden.[635] Indessen tritt die Heilungswirkung entsprechend ein, wenn der Nichtigkeitsgrund nicht bei der Beschlussfassung, sondern bei der Ursprungssatzung verwirklicht wurde.

288 Sowohl die Nichtigkeitsklage als auch die Anfechtungsklage zielen darauf ab, die zweifelhafte Rechtsbeständigkeit eines Hauptversammlungsbeschlusses zu klären. Daher entspricht das Verfahren der Nichtigkeitsklage weitgehend dem Verfahren der Anfechtungsklage. Aufgrund der Verweisung in § 249 Abs. 1 AktG gelten auch für die Nichtigkeitsklage die für die Anfechtungsklage vorgesehenen Bestimmungen über die ausschließliche Zuständigkeit des Landgerichts am Sitz der Gesellschaft, für die Vertretung der beklagten Gesellschaft sowie für die Wirkung und Bekanntmachung des Urteils entsprechend.[636] Im Gegensatz zur Anfechtungsklage ist die Nichtigkeitsklage grundsätzlich jedoch **nicht fristgebunden**. Lediglich bei Umwandlungsbeschlüssen gemäß §§ 14, 125, 195 Abs. 1 UmwG muss eine Nichtigkeitsklage binnen Monatsfrist nach der Beschlussfassung erhoben werden.

IX. Freigabeverfahren

289 Umwandlungen, also Verschmelzung, Spaltung, Vermögensübertragung und Formwechsel werden nach §§ 20 Abs. 1, 131 Abs. 1, 176 Abs. 1, 202 Abs. 1, UmwG erst mit Eintragung im Handelsregister wirksam. Gleiches gilt nach § 319 Abs. 7 AktG für die Eingliederung sowie nach § 327e Abs. 3 AktG für den Aktienübergang im Falle des Squeeze Out. Für alle diese Fälle ordnet das Gesetz eine **Registersperre** an. Nach § 16 Abs. 2 Satz 1 UmwG bzw. § 319 Abs. 5 AktG, auf den § 327e Abs. 2 AktG verweist, haben die Vertretungsorgane der betroffenen Gesellschaften bei der Anmeldung der Umwandlung, der Eingliederung oder des Squeeze Out dem Registergericht zu erklären, dass eine Klage gegen die Wirksamkeit des betroffenen Beschlusses nicht oder nicht rechtzeitig erhoben oder eine solche Klage rechtskräftig abgewiesen oder zurückgenommen worden ist. Ohne eine solche **Negativerklärung** darf die Maßnahme nach § 16 Abs. 2 Satz 2 UmwG bzw. § 319 Abs. 5 Satz 2 AktG grundsätzlich nicht eingetragen werden. Gerade diese Registersperre begünstigte das Phänomen der so genannten räuberischen Aktionäre, die durch Klage gegen den Umwandlungsbeschluss die Eintragung erheblich verzögern und damit den Druck erzeugen konnten, der notwendig war, um die Gesellschaft zum Abkauf von Klagen zu veranlassen. Der Gesetzgeber ist dem dadurch entgegengetreten, dass er das Prinzip der Registersperre durch die Schaffung eines so genannten Freigabeverfahrens – auch als Unbedenklichkeitsverfahren bezeichnet – er-

---

[635] *Steiner* § 23 Rz. 27; *Hüffer* AktG § 242 Rz. 6; aA *Bürgers/Körber/Göz* § 242 Rz. 6.
[636] Vgl. oben Rz. 277 ff.

B. Die Aktiengesellschaft

gänzt hat. Ein solches Freigabeverfahren ist in § 16 Abs. 3 bzw. in § 319 Abs. 6 AktG vorgesehen.[637] Durch das **UMAG**[638] wurde ein entsprechendes Freigabeverfahren für Maßnahmen der Kapitalbeschaffung, der Kapitalherabsetzung (§§ 182–240 AktG) sowie für Unternehmensverträge (§§ 291–307 AktG), bei denen eine faktische Registersperre besteht, eingeführt (§ 246a AktG; vgl. hierzu schon Rz. 140), das an die soeben benannten Regelungen angelehnt ist.

Bei dem Freigabeverfahren handelt sich um ein **Eilverfahren**; daher ist die Glaubhaftmachung der vorgebrachten Tatsachen vorgesehen (§ 16 Abs. 3 Satz 5 UmwG, § 319 Abs. 6 Satz 5 AktG, § 246a Abs. 3 Satz 3 AktG); die Beweismittel sind auf präsente Beweismittel beschränkt (§ 294 Abs. 2 ZPO). Es kann auch ohne mündliche Verhandlung entschieden werden (§ 16 Abs. 3 Satz 3 UmwG, § 319 Abs. 6 Satz 3 AktG, § 246a Abs. 3 Satz 2 AktG). Der Beschluss soll spätestens drei Monate nach der Antragstellung ergehen (§ 16 Abs. 3 Satz 4 UmwG, § 319 Abs. 6 Satz 4, § 246a Abs. 3 Satz 6). Erweist sich die Anfechtungsklage später als begründet, steht dem Kläger nur ein (verschuldensunabhängiger) Schadensersatzanspruch gegen die Gesellschaft zu (§ 16 Abs. 3 Satz 8 UmwG, § 319 Abs. 6 Satz 8 AktG, § 246 a Abs. 4 AktG). Während in § 16 Abs. 3 Satz 6 UmwG und § 246 a Abs. 4 AktG klargestellt ist, dass kein Schadensersatz im Wege der Naturalrestitution, also Rückgängigmachung verlangt werden kann, ist dies bei einem Squeeze out gem. § 327e Abs. 2 iVm. § 319 Abs. 6 Satz 8 AktG nicht der Fall. Der Anfechtungskläger kann in diesem Fall auch die Rückgängigmachung seines Ausschlusses aus der Gesellschaft bzw. die Rückübertragung seiner Aktien verlangen.[639]

Im Zuge der Umsetzung der Aktionärsrechterichtlinie durch das **ARUG**[640] wurde das Freigabeverfahren grundlegend reformiert, um missbräuchliche Aktionärsklagen effektiver zu bekämpfen.

Wesentliches Druckmittel der Anfechtungskläger in diesen Fällen ist die Verzögerung der Umsetzung wichtiger Hauptversammlungsbeschlüsse. Daher soll durch verschiedene Neuregelungen die Dauer des Freigabeverfahrens maßgeblich verkürzt werden und den Versuchen der Kläger, das Verfahren in die Länge zu ziehen, begegnet werden. So wurden nunmehr als erste und einzige Instanz die Oberlandesgerichte bestimmt und die Freigabeentscheidung unanfechtbar gestellt (§ 246a Abs. 1 Satz 3, Abs. 3 Satz 4 AktG).[641] Dies wird zu Recht unter anderem damit begründet, dass Beschlussmängelstreitigkeiten ohnehin regelmäßig in der Rechtsmittelinstanz entschieden würden. Entgegen verbreiteter Kritik[642] ist diese Neuregelung daher zu begrüßen. Ob es hierdurch tat-

---

[637] Eine Besonderheit gilt für die Fälle nach dem Umwandlungsgesetz insoweit, als für diese die Anfechtungsfrist von einem Monat auf Nichtigkeitsfälle erstreckt wird (§ 14 Abs. 1 UmwG). In den Fällen der Eingliederung und des Squeeze out ist demgegenüber auch eine Restitution in Nichtigkeitsfällen nicht ausgeschlossen.
[638] BGBl. I/2005, S. 2802.
[639] *Fleischer* ZGR 2002, 757, 288; *Krieger* BB 2002, 53, 60; aA *Hüffer* AktG § 327e Rz. 3 a mwN.
[640] BGBl. I 2009, S. 2479.
[641] Parallelregelungen in §§ 319 Abs. 6 Satz 7 und 9, 327e Abs. 2 AktG, § 16 Abs. 3 Satz 7 und 9 UmwG.
[642] Vgl. *Florstedt* AG 2009, 465, 468 f. („OLG-Eingangszuständigkeit auf Probe"); vgl. dazu auch Beschlussempfehlung und Bericht des Rechtsausschusses v. 20. Mai 2009, BT-Drs. 16/13098, S. 59 f.

sächlich zu einer Verfahrensverkürzung kommt, soll eine Untersuchung des Bundesjustizministeriums bis Ende 2011 zeigen[643]. Zur Vermeidung weiterer Verzögerungen wird die Prozessvollmacht für das Anfechtungsverfahren nunmehr auch auf das Freigabeverfahren erstreckt (§§ 246a Abs. 1 Satz 2, 319 Abs. 6 Satz 2, 327e Abs. 2 AktG, § 16 Abs. 3 Satz 2 UmwG). Damit wird verhindert, dass Anfechtungskläger die Zustellung und damit das Freigabeverfahren dadurch verzögern, indem sie ihre Aktien auf zu diesem Zweck gegründete ausländische Gesellschaften übertragen und für das Freigabeverfahren ausländische Prozessbevollmächtigte, zB in Dubai oder China, benennen.[644] Außerdem erhalten die beklagten Gesellschaften nach § 246 Abs. 3 Satz 5 AktG ein Recht auf frühe Akteneinsicht; die Gesellschaften haben künftig die Möglichkeit, bereits vor der Zustellung nach Ablauf der einmonatigen Anfechtungsfrist die Akten (und nicht erst nach Zustellung gem. § 299 ZPO) einzusehen, um schnell reagieren und vor allem bereits den Freigabeantrag vorbereiten zu können.[645]

292 Die **materiellen Freigabekriterien** sind bei allen Freigabeverfahren identisch und wurden nunmehr durch das **ARUG** modifiziert (§ 246a Abs. 2 AktG). Dadurch sollen die Gerichte eine klare Entscheidungslinie erhalten, um legitime von missbräuchlichen Anfechtungsklagen trennen zu können. Ein Freigabeverfahren hat hiernach unter drei alternativen Voraussetzungen Erfolg. Ein Beschluss nach § 246a Abs. 1 AktG ergeht zunächst, wenn die Klage unzulässig (§ 246a Abs. 2 Nr. 1, 1. Alt. AktG) oder offensichtlich unbegründet ist (§ 246a Abs. 2 Nr. 1, 2. Alt. AktG).

292a Unzulässig ist die Klage zB wegen fehlender Parteifähigkeit des Anfechtungsklägers oder wegen Vorrangs eines anderen Verfahrens.[646] Während, soweit ersichtlich, noch keine Gerichtsentscheidung für eine „Unzulässigkeit der Klage" bekannt geworden ist, werden die Voraussetzungen für die Annahme einer „offensichtlichen Unbegründetheit" in der Rechtsprechung unterschiedlich gehandhabt.[647]

293 Die Konkretisierung des Begriffs „offensichtlich" in Zusammenhang mit dem Erfordernis **offensichtlicher Unbegründetheit** hat der Gesetzgeber der Praxis überlassen.[648] Anerkannt ist, dass jedenfalls rechtsmissbräuchlich erhobene Klagen offensichtlich unbegründet sind.[649] Was die übrigen Fälle betrifft, geht die Rechtsprechung der Oberlandesgerichte zum Teil davon aus, dass die Klage dann offensichtlich unbegründet ist, wenn mit geringem Prüfungsaufwand die Unbegründetheit festgestellt werden kann.[650] Die Literatur hat dies zum Teil so konkretisiert, dass immer dann, wenn eine Beweisaufnahme notwendig ist oder für die Entscheidung eine streitige oder noch nicht höchstrichterlich entschiedene Frage eine Rolle spielt, eine „Offensichtlichkeit" auszu-

---

[643] *Florstedt* AG 2009, 465, 469.
[644] Vgl. *Arnold* Der Konzern 2009, 88, 94 f.; Begründung des Regierungsentwurfs zum ARUG v. 5. November 2008, BT-Drs. 16/11642 S. 63.
[645] Vgl. Begründung des Regierungsentwurfs zum ARUG v. 5. November 2008, BT-Drs. 16/11642 S. 64.
[646] Vgl. etwa *Hüffer* AktG § 246a Rz. 6; Spindler/Stilz/*Dörr* AktG § 246a Rz. 16.
[647] Vgl. die umfangreichen Nachweise bei *Hüffer* AktG § 246a Rz. 7.
[648] Begründung zum Gesetzesentwurf der Bundesregierung zur Bereinigung des Umwandlungsrechts, BR-Drs. 75/94 vom 4. 2. 1994, 89.
[649] BGH II ZR 206/88 v. 22. 5. 1989, BGHZ 107, 296 (Kochs/Adler).
[650] OLG Düsseldorf 17 W 18/99 v. 15. 03. 1999, ZIP 1999, 793 ff.

B. Die Aktiengesellschaft   293a § 5

scheiden hat.[651] Demgegenüber vertritt mittlerweile der überwiegende Teil der Oberlandesgerichte die Auffassung, dass nicht auf den Prüfungsaufwand abgestellt werden dürfe, sondern es allein auf das Maß an Sicherheit ankomme, mit der sich die Unbegründetheit prognostizieren lasse.[652] Gleiches ist der Regierungsbegründung zum UMAG zu entnehmen.[653] Gleichwohl handelt es sich um ein sehr vielschichtiges Merkmal, das für die Praxis keine verlässliche Prognose und Planungsgrundlage beinhaltet. Von daher hätten Reformvorschläge, wonach die Eintragung bereits dann zugelassen werden sollte, wenn keine hinreichende Erfolgsaussicht vorliegt, durchaus Sinn gemacht.[654] Eine dahingehende Klarstellung des Merkmals der „offensichtlichen Unbegründetheit" wurde jedoch auch mit der Umsetzung der Aktionärsrechterichtlinie durch das ARUG nicht vorgenommen.

Neu eingefügt wurde die Regelung in § 246a Abs. 2 Nr. 2 AktG, wonach die   293a
Freigabe auch dann erfolgt, wenn der Kläger nicht binnen einer Woche nach Zustellung des Antrags durch Urkunden nachgewiesen hat, dass er seit Bekanntmachung der Einberufung einen anteiligen Betrag von mindestens EUR 1.000,- an Aktien hält. Ausschlaggebend ist hierbei der Nennbetrag der Aktien, was bei normalen Börsenwerten im Mittelmaß ein Anlagevolumen von etwa EUR 10.000,- bis 20.000,- ergibt. Aktionäre mit geringem Aktienbesitz, die weniger gravierende Gesetzes- oder Satzungsverstöße geltend machen (näher dazu sogleich in Rz. 293 b), sollen Hauptversammlungsbeschlüsse nicht mehr gegen die überwiegende Mehrheit der anderen Aktionäre aufhalten, sondern lediglich Schadensersatz beanspruchen können. Das Geschäftsmodell der „räuberischen" Aktionäre wird dadurch zumindest erschwert und die Kassationsmacht von Hauptversammlungsbeschlüssen solchen Aktionären vorbehalten, die ein ökonomisch sinnvolles und nachvollziehbares Investment in die Gesellschaft getätigt haben.[655] Darüber hinaus soll dadurch zugleich verhindert werden, dass sich substantiierten Anfechtungsklagen zahlreiche Klagen von Kleinstaktionären als „Trittbrettfahrer" ohne eigenständigen Vortrag anschließen und somit die Gerichte und deren Geschäftsstellen in unnötiger Weise belasten.[656] Dem wird auch durch die Beweisregelung zu Lasten des klagenden Aktionärs entsprochen, da es auf diese Weise nicht zu aufwendigen Beweiserhebungen kommt.

---

[651] *Sosnitza* NZG 1999, 965, 969; Lutter/*Bork* UmwG § 16 Rz. 19 a; Kallmeyer/ *Marsch-Barner* UmwG § 16 Rz. 41; weiter noch *Veil* ZIP 1996, 1065, 1070.
[652] OLG Frankfurt a. M. 12 W 185/05 v. 8. 2. 2006, AG 2006, 249 ff.; OLG Frankfurt a.M. 23 W 14/08 v. 14. 7. 2008, AG 2008, 827 f.; OLG Hamburg 11 W 78/04 v. 29. 9. 2004, NZG 2005, 86; OLG Hamm 8 W 6/05 v. 28. 2. 2005, AG 2005, 361 ff.; OLG Stuttgart 20 W 6/03 v. 3. 12. 2003, AG 2004, 105 ff.
[653] BT-Drs. 15/5092 S. 29.
[654] *Bayer* NJW 2000, 2609, 2617 geht noch weiter und will Rechtsverletzungen „minderschwerer Art" von vornherein nicht gelten lassen; ablehnend zu diesen Vorschlägen indessen *Baums* (*Hrsg.*), Bericht der Regierungskommission Corporate Governance 2001, Rz. 154.
[655] Vgl. Begründung des Regierungsentwurfs zum ARUG v. 5. November 2008, BT-Drs. 16/11642 S. 65 f.; Beschlussempfehlung und Bericht des Rechtsausschusses v. 20. Mai 2009, BT-Drs. 16/13098, S. 60.
[656] Vgl. Begründung des Regierungsentwurfs zum ARUG v. 5. November 2008, BT-Drs. 16/11642 S. 65 f.

§ 5 293 b, 293 c Die Hauptversammlung

293b Im Vordergrund steht in der Praxis letztlich als 3. Alternative die von der Rechtsprechung entwickelte und bereits in der amtlichen Begründung zum UMAG erörterte Abwägungsklausel[657], die nunmehr in § 246a Abs. 2 Nr. 3 AktG (und den entsprechenden Parallelvorschriften[658]) konturiert wurde.[659] Danach ergeht ein Beschluss bereits dann, wenn der Kläger nicht (wie soeben in Rz. 293a erläutert) den in Nr. 2 geforderten Mindestanteil hält oder das alsbaldige Wirksamwerden des Hauptversammlungsbeschlusses vorrangig erscheint, weil die vom Antragsteller dargelegten wesentlichen Nachteile für die Gesellschaft und ihre Aktionäre die Nachteile für den Kläger überwiegen, es sei denn, es liegt eine besondere Schwere des Rechtsverstoßes vor. Die Formulierung stellt zunächst klar, dass die Darlegungslast hinsichtlich der „besonderen Schwere" des Rechtsverstoßes dem Kläger obliegt. Es muss sich dabei um einen gravierenden Rechtsverstoß handeln, der vom Anfechtungskläger glaubhaft gemacht ist. Hier genügt nicht schon jeder Fall der Beschlussnichtigkeit; es geht nur um Fälle, in denen eine Eintragung und Umsetzung des Beschlusses ohne nähere Prüfung für die Rechtsordnung „unerträglich" wäre, zB bei der Verletzung elementarer Aktionärsrechte, die durch Schadensersatz nicht angemessen zu kompensieren wären. In jedem Fall müssen die Bedeutung der Norm sowie Art und Umfang des Verstoßes im konkreten Einzelfall bewertet werden.[660]

293c Hinsichtlich des vorrangigen Eintragungsinteresses aufgrund des wesentlichen Nachteils für die Gesellschaft und ihre Aktionäre in Abwägung zu den Nachteilen des klägerischen Antragsgegners sind die bisher – noch unter dem alten Recht ergangenen – Judikate uneinheitlich. Nach herrschender Meinung sind bei der Abwägung indes nicht die Erfolgsaussichten der Klage zu prüfen,[661] dh. auch ein schwerwiegender Beschlussmangel fließt nicht zulasten der Gesellschaft in die Interessenabwägung mit ein. Gerade durch den Verzicht auf eine solche Prüfung hat der Gesetzgeber das Freigabeverfahren zu einer schneidigen Waffe gegen räuberische Aktionäre machen wollen.[662] Entscheidend ist danach, ob trotz der unterstellten Beschlussmängel ein vorrangiges Eintragungsinteresse besteht, was im Einzelfall zu entscheiden ist. Das Eintragungsinteresse überwiegt, wenn die mit einem Aufschub verbundenen Nachteile so ins Gewicht fallen, dass es gerechtfertigt erscheint, den Anfechtungskläger auf Schadensersatzansprüche zu verweisen. Diese Abwägungsklausel ist daher vor

---

[657] Vgl. *Marsch-Barner* Referat zum 63. Deutschen Juristentag, O 55, O 59 f.; *Sosnitza* NZG 1999, 965, 975.
[658] §§ 319 Abs. 6 Satz 3 Nr. 3, 327e Abs. 2 AktG, § 16 Abs. 3 Satz 3 Nr. 3 UmwG.
[659] Vgl. hierzu eingehend *Florstedt* AG 2009, 465, 469 ff.
[660] Vgl. Begründung des Regierungsentwurfs zum ARUG v. 5. November 2008, BT-Drs. 16/11642 S. 64 f.; Beschlussempfehlung und Bericht des Rechtsausschusses v. 20. Mai 2009, BT-Drs. 16/13098, S. 61; Stellungnahme des Handelsrechtsausschusses des DAV zum Regierungsentwurf des ARUG, NZG 2009, 96, 98; *Florstedt* AG 2009, 465, 471. Als Beispiele werden genannt eine „Geheimversammlung",, absichtliche und Verstöße gegen die Treuepflicht oder das Gleichbehandlungsgebot mit schweren Folgen sowie das völlige Fehlen einer notariellen Beurkundung bei einer börsennotierten Gesellschaft.
[661] Vgl. *Baums* Gutachten zum 63. Deutschen Juristentag, F 1, F 158; *Schmid* ZGR 1997, 493, 498; aA *Sosnitza* NZG 1999, 965, 972; *Decher* AG 1997, 388, 391; *Bürgers/Körber/Göz* mwN.
[662] *Schmid* ZGR 1997, 493, 498.

B. Die Aktiengesellschaft 294 § 5

allem bei Verschmelzungen geeignet, die Registersperre zu überwinden.[663] Die unsubstantiierte Behauptung hoher Kosten als Nachteil reicht regelmäßig nicht aus; vielmehr bedarf es konkreter Angaben zu Belastungen und konkreter Kostenbezifferungen. Wesentliche Nachteile für die Gesellschaft sind jedoch nicht nur Insolvenzgefahr bzw. ähnlich extreme Szenarien, sondern können schon vorliegen, wenn es sich um nicht vernachlässigbare wirtschaftliche Nachteile handelt, zB die anfallenden Kosten für eine Wiederholung der Hauptversammlung.[664] Neben wirtschaftlichen Auswirkungen wurden zum Teil von der bisherigen Rechtsprechung ein aufschubbedingter Imageverlust sowie Irritationen am Markt und bei den Mitarbeitern als „wesentliche Nachteile" anerkannt.[665] Bedauerlich ist, dass manche Gerichte unter Berufung auf den Ausnahmecharakter des Freigabeverfahrens die Voraussetzungen sehr eng auslegen; so bezeichnet das Landgericht Wiesbaden die Freigabeentscheidung vor dem Hintergrund ihrer Irreversibilität als „vorläufig vollstreckbares Todesurteil".[666] Jedoch darf die Schwelle auf Klägerseite von den nunmehr zuständigen Oberlandesgerichten auch nicht so hoch angesetzt werden, dass die institutionelle Funktion der Anfechtungsklage zu weit zurückgedrängt wird. Daher wird von entscheidender Bedeutung sein, wie die Rechtsprechung künftig die durch das ARUG eingeführten Regelungen handhabt, insbesondere, welcher Art von Beschlussmängeln weiter der Kassation unterliegen und welche Aktionäre die kontrollierende Funktion der Anfechtungsklage aufrechterhalten sollen.[667]

Neben den angesprochenen gesetzgeberischen Maßnahmen gegen missbräuchliche Aktionärsklagen[668] in Form der Einführung und Novellierung des Freigabeverfahrens durch das UMAG und das ARUG wird nunmehr auch von der jüngsten Rechtsprechung nach Instrumentarien gesucht, um missbräuchliche Aktionärsklagen einzudämmen. So wurden in zwei beachtenswerten aktuellen Entscheidungen Aktionäre zur Zahlung von Schadensersatz aus § 826 BGB verurteilt, die eine – nach den vom Gericht definierten Merkmalen – rechtsmissbräuchliche Anfechtungsklage erhoben hatten.[669]

---

[663] *Marsch-Barner* Referat zum 63. Deutschen Juristentag, O 55, O 60.
[664] Vgl. Beschlussempfehlung und Bericht des Rechtsausschusses v. 20. Mai 2009, BT-Drs. 16/13098, S. 60 f.
[665] LG Duisburg 44 O 3/99 v. 4. 2. 1999, NZG 1999, 564 ff. (Thyssen/Krupp II).
[666] LG Wiesbaden 11 O 83/96 v. 5. 2. 1997, AG 1997, 274 f.
[667] Vgl. *Florstedt* AG 2009, 465, 473.
[668] Trotz der grundsätzlich gutzuheißenden, mit dem UMAG eingeschlagenen und dem ARUG weiter verfolgten Richtung zur Reform des Beschlussmängelrechts wäre eine Annäherung an (u.a. beim 67. Deutschen Juristentag in Erfurt) bereits diskutierte, weiter gehende Vorschläge zur Beschränkung des Anfechtungsrechts zu begrüßen. Vgl. dazu die instruktiven Vorschläge des *Arbeitskreises Beschlussmängelrecht* AG 2008, 617 ff.; vgl. auch Kurzfassung des Gutachtens zum 67. Deutschen Juristentag von *Bayer*, Beilage zu NJW 21/2008, 21, 23 sowie die Beschlüsse der wirtschaftsrechtlichen Abteilung des 67. Deutschen Juristentages, ZIP 2008, 1896.
[669] OLG Frankfurt 5 U 183/07 v. 13. Januar 2009, DStR 2009, 1151 ff. (mit Besprechung *Poelzig*); vgl. zu diesem Urteil auch *Martens/Martens* AG 2009, 173 ff.; LG Hamburg 321 O 430/07 v. 15. Juni 2009, WM 2009, 1130 ff.

X. Spruchverfahren

295 Für eine Reihe von Streitigkeiten über Fragen der Bewertung eröffnet das Gesetz das so genannte Spruchverfahren, welches weitgehend im SpruchG geregelt ist. Soweit ein Spruchverfahren eröffnet ist, kann die Anfechtungsklage nicht auf Bewertungsrügen gestützt werden; dies gilt auch, soweit eine unrichtige, unvollständige oder unzureichende Information über die für die Bewertung relevanten Tatsachen in der Hauptversammlung im Raum steht (§ 243 Abs. 4 Satz 2 AktG; vgl. auch Rz. 138).

296 Im Rahmen des **Abschlusses von Unternehmensverträgen** ist den außenstehenden Aktionären nach §§ 304, 305 AktG ein angemessener Ausgleich und eine angemessene Abfindung zu gewähren. Gem. §§ 304 Abs. 3 Satz 2, 305 Abs. 5 Satz 1 AktG kann die Anfechtung des dem Vertrag zustimmenden Hauptversammlungsbeschlusses nicht darauf gestützt werden, dass der angebotene Ausgleich oder die angebotene Abfindung nicht angemessen sind. Vielmehr wird der außenstehende Aktionär auf das im SpruchG geregelte Spruchverfahren verwiesen. Gleiches gilt für die im Rahmen einer **Mehrheitseingliederung** zu gewährenden angemessenen Abfindung (vgl. § 320b AktG), für die Abfindung der Aktionäre im Falle eines **Squeeze Out** (§ 327f AktG), für die Überprüfung der im Rahmen von **Umwandlungen** zu gewährenden baren Zuzahlungen oder angemessenen Abfindungen (§§ 14 Abs. 2, 15, 32, 34, 122h, 122i, 176–181, 184, 186, 195 Abs. 2, 196, 210, 212 UmwG), für die Überprüfung der im Rahmen einer **Gründung oder Sitzverlegung einer SE** zu gewährenden baren Zuzahlungen oder angemessenen Abfindungen (§§ 6, 7, 9, 11, 12 SE-AusführungsG) sowie für die Überprüfung der im Rahmen einer **Gründung einer Europäischen Genossenschaft** zu gewährenden baren Zuzahlungen (§ 7 SCE-AusführungsG). Zudem soll nach der Rechtsprechung ein Spruchverfahren auch zur Überprüfung des Kaufpreises des Pflichtangebots beim **Delisting** eingeleitet werden können.[670] Sinngemäß gilt das Spruchverfahren für die Überprüfung des Ausgleichs des Werts von **Mehrstimmrechten** im Falle des Erlöschens bzw. der Beseitigung (vgl. § 5 Abs. 5, Abs. 3 Satz 2, Abs. 4 Satz 2 EGAktG). Abgelehnt wurde eine entsprechende Anwendung des Spruchverfahrens dagegen im Fall der Auflösung der Gesellschaft.[671]

297 Durch den Ausschluss der Anfechtungsklage soll gewährleistet werden, dass die jeweilige Strukturmaßnahme durchgeführt werden kann, auch ohne dass die oftmals schwierig und nur unter erheblichem zeitlichen Aufwand zu ermittelnde angemessene Kompensation endgültig festgelegt ist.[672] Gleichzeitig soll das Spruchverfahren gewährleisten, den Aktionären den vollen Wert ihrer Beteiligung zu erhalten.

298 Das Spruchverfahren ist ein Streitverfahren der freiwilligen Gerichtsbarkeit, in dessen Rahmen es vorrangig um **Fragen der Unternehmensbewertung** geht. Antragsberechtigt ist in Fällen des Abschlusses eines Unternehmensvertrages jeder außenstehende Aktionär, in den Fällen der Mehrheitseingliederung und des Squeeze out jeder ausgeschiedene Aktionär, in den Umwandlungsfäl-

---

[670] Vgl. BGH II ZR 133/01 v. 25.11.2002, BGHZ 153, 47 ff. (Macrotron) und hierzu Rz. 57. Vgl. auch *Hüffer* AktG § 305 Anh § 1 SpruchG Rz. 7 mwN.
[671] OLG Düsseldorf I-19 W 4/04 AktE v. 13.7.2005, AG 2005, 771 ff.; OLG Zweibrücken 3 W 255/04 v. 25.4.2005, NZG 2005, 935 ff.
[672] Obermüller/Werner/Winden/*Butzke* O. Rz. 101.

B. Die Aktiengesellschaft   299–301   § 5

len jeder Anteilsinhaber des übertragenden oder des formwechselnden Rechtsträgers[673] und in den übrigen Fällen ebenfalls die jeweils betroffenen Anteilsinhaber bzw. Mitglieder (vgl. § 3 SpruchG). Die gerichtliche Entscheidung entfaltet jedoch **Rechtskraft für und gegen alle Aktionäre** (vgl. § 13 SpruchG). Ausschließlich zuständig für das Spruchverfahren ist das Landgericht – ggf. die Kammer für Handelssachen –, in dessen Bezirk die Gesellschaft, deren Aktionäre antragsberechtigt sind, ihren Sitz hat (§ 2 SpruchG).[674] Der Antrag ist an eine Ausschlussfrist von 3 Monaten nach der Eintragung im Handelsregister bzw. der Bekanntmachung gebunden (vgl. § 4 Abs. 1 SpruchG). Der Antrag ist zu begründen (§ 4 Abs. 2 Satz 6 SpruchG), wobei der Antragsteller dem BGH zufolge seine Stellung als Aktionär innerhalb der Anspruchsbegründungsfrist lediglich darlegen, nicht aber auch nachweisen muss (vgl. § 4 Abs. 2 S. 2 Nr. 2 iVm. § 3 SpruchG).[675]

De lege ferenda wird vielfach eine **weitere Beschränkung der Anfech-** 299
tungsrechte der Aktionäre zugunsten einer Ausweitung der Einräumung der Möglichkeit der Einleitung eines Spruchverfahrens gefordert. Insbesondere wird dies vertreten für den Anfechtungsausschluss nach § 14 Abs. 2 UmwG, der auch auf die aufnehmende Gesellschaft zu erstrecken sei.[676] Für den Fall der übertragenden Auflösung hat das BVerfG die analoge Anwendung der Vorschriften über das Spruchverfahren hingegen abgelehnt, soweit den Gerichten auch im Rahmen einer Anfechtungsklage gegen den entsprechenden Hauptversammlungsbeschluss die Möglichkeit verbleibt, zu überprüfen, ob der Mehrheitsaktionär für das Gesellschaftsvermögen einen Preis zahlt, der dem Wert der Unternehmensbeteiligung der Aktionäre entspricht.[677]

Nachgekommen ist der Gesetzgeber den Forderungen in Bezug auf die 300
Überprüfung von Informationspflichtverletzungen in der Hauptversammlung, die bewertungsrelevante Tatsachen betreffen (§ 243 Abs. 4 Satz 2 AktG).[678]

Durch das Gesetz zur Neuordnung des gesellschaftsrechtlichen Spruchver- 301
fahrens (Spruchverfahrensneuordnungsgesetz) vom 12. Juni 2003 wurde die generelle **gerichtliche Auswahl und Bestellung** der sachverständigen Prüfer bei Umstrukturierungsmaßnahmen eingeführt (§ 293 c Abs. 1 AktG, § 10 UmwG), durch die dem Eindruck der Parteilichkeit der Prüfer von vornherein entgegengewirkt werden soll und die damit die Akzeptanz der Prüfungsergebnisse vor allem auch für die außenstehenden Aktionäre erhöhen soll. Hierdurch soll nach Möglichkeit ein Eintritt in das streitige Verfahren gänzlich vermieden werden. Zudem soll hierdurch die Verfahrensdauer beschleunigt werden, indem in einem späteren Verfahren auf dieses Gutachten zurückgegriffen werden kann (vgl. etwa § 8 Abs. 2 SpruchG). Dem Ziel der Verfahrensbeschleunigung wird weiterhin durch die Eindämmung des Erfordernisses der Erstellung „flä-

---

[673] Vgl. Semler/Volhard/*Richter* § 48 Rz. 14 ff.
[674] § 2 Abs. 4 SpruchG eröffnet jedoch die Möglichkeit der Bündelung, wovon einige Bundesländer Gebrauch gemacht haben. Vgl. MünchHdb.GesR/Bd. 4/*Krieger* § 70 Rz. 139.
[675] BGH II ZB 39/07 v. 25. 5. 2008, NZG 2008, 658 ff.
[676] Vgl. *Baums (Hrsg.)*, Bericht der Regierungskommission Corporate Governance 2001, Rz. 151; *Bayer* ZHR 163 (1999), 505, 547 mwN; *Reichert* ZHR-Beiheft 71 (2002), 165, 185 ff.; Handelsrechtsausschuss des Deutschen Anwaltvereins NZG 2006, 737, 737.
[677] BVerfG 1 BvR 68/95 und 1 BvR 147/97 v. 23. 8. 2000, ZIP 2001, 1670, 1672 f. (Moto Meter).
[678] Vgl. hierzu Rz. 138.

chendeckender" Gesamtgutachten zugunsten einer gezielten Untersuchung spezieller streitgegenständlicher Einzelfragen durch die Sachverständigen Rechnung getragen (vgl. § 4 Abs. 2 Nr. 4 SpruchG). Zudem soll die Dauer des Spruchverfahrens durch Regelungen im Hinblick auf die Vorbereitung der mündlichen Verhandlung (§ 7 SpruchG) sowie durch die Sanktionierung einer Verletzung der Verfahrensförderungspflicht (§ 10 SpruchG) verkürzt werden.

§ 6 Vorstand

Bearbeiter: Dr. Thomas Liebscher

Übersicht

	Rz.
A. Rechtsstellung der Vorstandsmitglieder	2–20
I. Grundlagen	3
II. Geschäftsführungsorgan	4–10
1. Geschäftsführung und Geschäftsführungsbefugnis	5–7
2. Besonderheiten im mehrgliedrigen Vorstand	8–10
III. Vertretungsorgan	11–13
IV. Eigenverantwortlichkeit des Vorstandes	14–16
V. Besondere Vorstandsmitglieder	17–20
1. Vorstandsvorsitzender	18
2. Arbeitsdirektor und stellvertretendes Vorstandsmitglied	19, 20
B. Bestellung und Anstellung	21–67
I. Bestellung	22–32
1. Persönliche Anforderungen an das Vorstandsmitglied	23, 24
2. Verfahren und Dauer der Bestellung	25–28
3. Fehlerhafte Bestellung	29, 30
4. Erlöschen der Bestellung	31
5. Anmeldung zum Handelsregister	32
II. Anstellung	33–42
1. Vertragsschluss sowie Dauer und Form des Vertrages	34–36
2. Wesentlicher Inhalt des Anstellungsvertrages	37–40
3. Fehlerhafter Anstellungsvertrag	41
4. Beendigung der Anstellung	42
III. Abberufung und Kündigung des Anstellungsvertrages	43–67
1. Widerruf der Bestellung	44–60
a) Zuständigkeit zur und Verfahren der Abberufung	45–47
b) Voraussetzungen der Abberufung: Vorliegen eines wichtigen Grundes	48–53
c) Suspendierung	54
d) Rechtsschutz des abberufenen Vorstandsmitglieds	55–60
2. Kündigung des Anstellungsvertrages	61–67
a) Zuständigkeit zur Kündigung	62
b) Voraussetzungen der Kündigung aus wichtigem Grund	63–66
c) Rechtsschutz des gekündigten Vorstandsmitgliedes	67
C. Rechte der Vorstandsmitglieder	68–90
I. Vergütungsanspruch	69–86
1. Postulat der Angemessenheit der Vorstandsvergütung	70–72
2. Herabsetzung der Vorstandsvergütung in der Krise	73
3. Sonstige gesetzlich determinierte Vergütungselemente	74–76
4. Stock Options	77–81
5. Abfindungen	82
6. Steuerliche Behandlung der Vergütung	83

7. Exkurs: Kreditbeziehungen zwischen Vorstand
und AG 84–86
II. Sonstige Leistungen 87
III. Entlastung 88–90

D. **Pflichten der Vorstandsmitglieder** 91–127
    I. Gesellschafts- und kapitalmarktrechtliche Pflichten ... 92–107
       1. Berichterstattung gegenüber dem Aufsichtsrat 93–100
       2. Vorbereitung und Ausführung von Hauptversammlungsbeschlüssen 101, 102
       3. Berichterstattung gegenüber der Hauptversammlung 103–105
       4. Entsprechenserklärung 106
       5. Sonstige Mitteilungs-, Bekanntmachungs- und Berichtspflichten 107
    II. Unternehmerische Pflichten insbesondere im mehrgliedrigen Vorstand 108–119
       1. Kollegiale Zusammenarbeit und Informations- und Kontrollpflichten 109–111
       2. Zwingende Zuständigkeiten des Gesamtkollegiums 112
       3. Verantwortungsbereiche 113, 114
       4. Risikomanagement und interne Revision 115–117
       5. Vorstandspflichten in Konzernsituationen 118, 119
    III. Allgemeine gesetzliche Pflichten 120–122
    IV. Treuepflicht 123–127
       1. Verschwiegenheitspflicht 124, 125
       2. Wettbewerbsverbot und Geschäftschancenbindung 126, 127

E. **Zivilrechtliche Haftung der Vorstandsmitglieder** 128–156
    I. Haftung gegenüber der Gesellschaft 129–146
       1. Haftungsgrundsätze 130–136
       2. Geschäftsverteilung und Aufgabendelegation 137–139
       3. Hauptversammlungsbeschlüsse und Weisungen im Vertragskonzern 140
       4. Darlegungs- und Beweislast 141
       5. Verjährung, Verzicht und Vergleich 142, 143
       6. Geltendmachung des Ersatzanspruchs 144–146
    II. Haftung gegenüber Aktionären 147, 148
    III. Haftung gegenüber Dritten 149–156
       1. Insbesondere deliktische Haftung 150, 151
       2. Haftung im Falle einer Verletzung der Insolvenzantragspflicht 152, 153
       3. Haftung wegen Verschuldens bei Vertragsschluss .. 154
       4. Haftung für Steuerschulden und für Sozialversicherungsbeiträge 155, 156

F. **Straf- und ordnungsrechtliche Verantwortlichkeit der Vorstandsmitglieder** 157–162
    I. Verantwortlichkeit der Vorstände 158–160
       1. Straftaten zum Schutz der körperlichen Unversehrtheit 159
       2. Straftaten gegen die Umwelt 160
    II. Aufgabendelegation 161, 162

G. **Klagemöglichkeiten des Vorstandes bzw. der Vorstandsmitglieder** 163–167

Übersicht §6

Schrifttum: *Altmeppen* Haftung der Geschäftsleiter einer Kapitalgesellschaft für die Verletzung von Verkehrssicherungspflichten, ZIP 1995, 881; *Aschenbeck* Personenidentität bei Vorständen in Konzerngesellschaften NZG 2000, 1015; *Baums* Aktienoptionen für Vorstandsmitglieder in FS Claussen 1997 S. 3; *ders.* Der Geschäftsleitervertrag 1987; *Berg/Stökker* Anwendungs- und Haftungsfragen zum Deutschen Corporate Governance Kodex, WM 2002, 1569; *Bezzenberger* Der Vorstandsvorsitzende der Aktiengesellschaft, ZGR 1996, 661; *Brandes* Ersatz von Gesellschafts- und Gesellschafterschaden in FS Fleck 1988 S. 13; *Bröcker/Claussen* Corporate-Governance-Grundsätze in Deutschland?, AG 2000, 481; *Canaris* Hauptversammlungsbeschlüsse und Haftung der Verwaltungsmitglieder im Vertragskonzern, ZGR 1978, 207; *Endres* Organisation der Unternehmensleitung aus der Sicht der Praxis, ZHR 163 (1999), 441; *Feddersen/Hommelhoff/Schneider* (Hrsg.), Corporate Governance, 1996; *Fleischer* Die „Business Judgement Rule": Vom Richterrecht zur Kodifizierung, ZIP 2004, 685; *Funk* Rechtsfragen nach der Abberufung von Vorstandsmitgliedern und Geschäftsführern, NZG 1998, 408; *Goette* Zur Verteilung der Darlegungs- und Beweislast der objektiven Pflichtwidrigkeit bei der Organhaftung, ZGR 1995, 648; *Götz* Die Sicherung der Rechte der Aktionäre der Konzernobergesellschaft bei Konzernbildung und Konzernleitung, AG 1984, 85; *Heermann* Unternehmerisches Ermessen, Organhaftung und Beweislastverteilung, ZIP 1998, 761; *Hefermehl* Zur Haftung der Vorstandsmitglieder bei Ausführung von Hauptversammlungsbeschlüssen in FS Schilling 1973 S. 159; *Hoffmann-Becking* Zur rechtlichen Organisation der Zusammenarbeit im Vorstand der AG, ZGR 1998, 497; *ders.* Vorstandsvergütung nach Mannesmann NZG 2006, 127; *Hommelhoff* Die Konzernleitungspflicht 1982; *Hommelhoff/Matheus* Corporate Governance nach dem KonTraG, AG 1998, 249; *Horn* Die Haftung des Vorstands nach § 93 AktG und die Pflichten des Aufsichtsrats, ZIP 1997, 1129; *J. Hüffer* Corporate Governance: Früherkennung nach § 91 Abs. 2 AktG? in FS Imhoff 1998 S. 91; *Kallmeyer* Aktienoptionspläne für Führungskräfte im Konzern, AG 1999, 97; *ders.* Pflichten des Vorstands zur Unternehmensplanung, ZGR 1993, 104; *Krieger* Personalentscheidungen des Aufsichtsrats, 1981; *ders.* Zur (Innen-)Haftung von Vorstand und Geschäftsführung, RWS-Forum Gesellschaftsrecht 1995 S. 149; *Kübler* Erwerbschancen und Organpflichten in FS Werner 1984 S. 437; *Martens* Der Grundsatz gemeinsamer Vorstandsverantwortung in FS Fleck 1988 S. 191; *ders.* Die Organisation des Konzernvorstands in FS Heinsius 1991 S. 523; *Medicus* Deliktische Außenhaftung der Vorstandsmitglieder und Geschäftsführer, ZGR 1998, 570; *Mülbert* Shareholder Value aus rechtlicher Sicht, ZGR 1997, 129; *Peltzer* Handlungsbedarf in Sachen Corporate Governance, NZG 2002, 593; *Roschmann/Frey* Geheimhaltungsverpflichtungen der Vorstandsmitglieder bei Unternehmenskäufen, AG 1996, 449; *Schäfer* Die Binnenhaftung von Vorstand und Aufsichtsrat nach der Renovierung durch das UMAG, ZIP 2005, 1253; *Schaefer/Missling* Haftung von Vorstand und Aufsichtsrat; NZG 1998, 441; *Schmidt, K.* Informationsrechte in Gesellschaften und Verbänden, 1984; *Schneider* Haftungsmilderung für Vorstandsmitglieder und Geschäftsführer bei fehlerhafter Unternehmensleitung? in FS Werner 1984 S. 795; *Schüppen* „Existenzfragen" des Transparenz- und Publizitätsgesetzes im magischen Dreieck kapitalmarktorientierter Unternehmensführung, ZIP 2002, 1269; *Schwark* Spartenorganisation in Großunternehmen und Unternehmensrecht, ZHR 142 (1978), 203; *Seibt* Deutscher Corporate Governance Kodex und Entsprechens-Erklärung (§ 161 AktG-E), AG 2002, 249; *Semler* Geschäfte einer Aktiengesellschaft mit Mitgliedern ihres Vorstands in FS Rowedder 1994 S. 441; *ders.* Leitung und Überwachung der Aktiengesellschaft 2. Aufl. 1996; *ders.* Rechtsfragen der divisionalen Organisationsstruktur in der unabhängigen Aktiengesellschaft in FS Döllerer 1988, S. 571; *Treeck* Die Offenbarung von Unternehmensgeheimnissen durch den Vorstand einer Aktiengesellschaft im Rahmen einer Due Diligence in FS Fikentscher 1998 S. 434; *Ulmer* Der Deutsche Corporate Governance Kodex – ein neues Regulierungsinstrument für börsennotierte Aktiengesellschaften, ZHR 166 (2002), 150; *Wagner/Wittgens* Corporate Governance als dauernde Reformanstrengung: Der Entwurf des Gesetzes zur Angemessenheit der Vorstandsvergütung, BB 2009, 906; *Werner* Haftungsrisiken bei Unternehmensakquisitionen: ZIP 2000, 989; *Wiedemann* Organverantwortung und Gesellschafterklagen in der Aktiengesellschaft, 1989.

§ 6 1–3 Vorstand

1 Die Leitung einer AG ist dadurch gekennzeichnet, dass kein Einheits-Board-System (One-Tier-Board) existiert. Vielmehr ist die Corporate Governance dualistisch ausgestaltet,[1] da neben den mit der Unternehmensleitung betrauten Vorstand der Aufsichtsrat als eigenständige Überwachungs- und Kontrollinstanz tritt.

A. Rechtsstellung der Vorstandsmitglieder

2 Die zentralen Aussagen zur Rechtsstellung des Vorstandes enthalten die §§ 76 bis 78 AktG. Er ist das **Leitungsorgan** der AG (§§ 77 Abs. 1, 78 Abs. 1 AktG); er leitet die Gesellschaft **unter eigener Verantwortung** (§ 76 Abs. 1 AktG). Hierdurch wird dem Vorstand ein von Eingriffen anderer Gesellschaftsorgane weitgehend freier Raum für unternehmerische Zweckmäßigkeitsentscheidungen gewährt, sodass er die Stellung des Unternehmers, der die Richtlinien der Geschäftspolitik bestimmt und die geschäftliche Initiative ergreift, wahrnimmt.[2]

I. Grundlagen

3 Dem Vorstand obliegt die Geschäftsführung und Vertretung der Gesellschaft. Die Gesellschaft nimmt durch die Vorstandsmitglieder am Rechtsverkehr teil. Rechtsgrundlagen der Rechtsstellung des Vorstandes sind:
– Das **Gesetz** (insbesondere das AktG, aber auch andere Vorschriften, insbesondere des Straf- und Ordnungsrechts sowie des öffentlichen Rechts).
– Die **Satzung** und ein diese ggf. (partiell) überlagernder Beherrschungs- und Ergebnisabführungsvertrag.
– Der **Anstellungsvertrag** zwischen AG und Vorstandsmitglied, wobei die organschaftliche Stellung aufgrund des körperschaftlichen Akts der Bestellung von dem schuldrechtlichen Anstellungsvertrag strikt zu unterscheiden ist.
– Die **Hauptversammlungsbeschlüsse** aufgrund des Initiativrechts gem. § 83 AktG, Zustimmungsvorbehalte des Aufsichtsrates gem. § 111 Abs. 4 AktG und beherrschungsvertragliche Weisungen des herrschenden Unternehmens.
– Der **Deutsche Corporate Governance Kodex** (DCGK), der zwar kein Gesetz und somit auch nicht als solches verbindlich ist, der aber im Hinblick auf die in § 161 AktG geregelte Entsprechenserklärung und die Sorgfaltspflichten des § 93 AktG Bedeutung erlangt (vgl. dazu unten Rz. 106 bzw. Rz. 133).[3]

---

[1] Allerdings kann über eine Holdingstruktur fast derselbe Effekt wie über ein Board-System erreicht werden: Wenn die Obergesellschaft eine nicht operative Holding ist, das operative Geschäft in Spartengesellschaften führt und selbst nur die Konzernfinanzen und -personalpolitik regelt, ist ihr Aufsichtsrat vom operativen Geschäft weit entfernt.

[2] *Raiser/Veil* § 14 Rz. 1; Kölner Komm./*Mertens* § 76 Rz. 4 ff.; *Semler* Die Überwachungsaufgabe des Aufsichtsrates 1980 S. 7 ff.

[3] Zur Rechtsnatur des DCGK ausführlich *Ulmer* ZHR 166 (2002), 150, 158 ff. mwN und Vergleich mit dem Modell des § 342 HGB.

A. Rechtsstellung der Vorstandsmitglieder   4, 5 § 6

Besonderheiten gelten für verbundene AGs, vor allem für die Vorstände der Untergesellschaft.[4] **Konzernsituationen** sind für deren Rechtsstellung nur dann von unmittelbarer Bedeutung, wenn ein Vertragskonzern begründet wurde, da Unternehmensverträge gesellschaftsrechtliche Organisationsverträge mit satzungsüberlagerndem Charakter sind. Besteht hingegen lediglich ein faktisches Konzernverhältnis im Sinne der §§ 311ff. AktG, berührt dieses die Rechtsposition der Vorstände des abhängigen Unternehmens nicht unmittelbar.

II. Geschäftsführungsorgan

Die Führung der Geschäfte der AG ist dem Vorstand zugewiesen, wohingegen Hauptversammlung und Aufsichtsrat weitgehend von der Geschäftsführung ausgeschlossen sind. Geschäftsführung ist jede vom Vorstand für die Gesellschaft kraft der Organstellung wahrgenommene Aufgabe. Sie ist von den Grundlagen- und Strukturentscheidungen, die in der AG gesetzlich der Hauptversammlung zugewiesen sind, abzugrenzen; die Unterscheidung hat jedoch angesichts der gesetzlich determinierten Kompetenzordnung der AG nur untergeordnete Bedeutung.[5] 4

1. Geschäftsführung und Geschäftsführungsbefugnis

Die **Geschäftsführung** umfasst alle Entschließungen und Maßnahmen über die Art und Weise der Verfolgung des Gesellschaftszwecks. Dies bedeutet, dass die Vorstände insbesondere folgende **Bereiche** zu verantworten haben: 5
– **Unternehmerische Verantwortung**: Bestimmung und Umsetzung der Geschäftspolitik, dh. Definition und Verwirklichung der unternehmerischen Ziele.
– **Führungsverantwortung**: Wahrnehmung der Fachverantwortung im zugewiesenen Geschäftsbereich und der allgemeinen Führungsverantwortung im Gesamtunternehmen; ordnungsgemäße Auswahl, Überwachung und Koordination der Mitarbeiter, Wahrnehmung der Arbeitgeberfunktionen der Gesellschaft.
– **Gesellschaftsrechtliche Verantwortung**: Information der anderen Organe und Einbindung in die Entscheidungsabläufe, soweit vorgeschrieben oder angesichts der Bedeutung der Angelegenheit angezeigt.
– **Überwachungsverantwortung**: Kontrolle der Mitarbeiter und des Unternehmens durch klare Verantwortungszuweisungen, konkrete und generelle Handlungsanweisungen, Informationsbeschaffung und Herstellung eines unternehmensinternen Berichtssystems, Überwachung von wichtigen Geschäftsvorfällen und im Übrigen Vornahme von Stichproben, Überwachung des Kontroll- und Informationssystems (Kontrolle der Kontrolle), insbesondere auch Kontrolle der Geschäftsabläufe und der Zielverwirklichung, Pflicht zur Risikovorsorge ggf. durch Versicherung versicherbarer Unternehmensrisiken; Etablierung eines Risikomanagementsystems zur Risikovorsorge, -früherkennung und -bewältigung; Einschreiten gegen bekannte oder erkennbare Missstände und Fehlentwicklungen.

---

[4] Vgl. § 15 Rz. 77, 130 ff.
[5] *Hüffer* AktG § 77 Rz. 4; MünchHdb. GesR/Bd. 4/*Wiesner* § 22 Rz. 1.

§ 6 6, 7 Vorstand

- **Verantwortlichkeit für die Erfüllung aller Rechtspflichten des Unternehmens**, vor allem der steuer-, sozialversicherungs- und sonstigen öffentlich-rechtlichen Pflichten sowie Verhinderung ordnungswidrigen und strafrechtlich relevanten Verhaltens.

6 Von der Geschäftsführung zu unterscheiden ist die **Geschäftsführungsbefugnis**, die die Rechtmäßigkeit des Vorstandshandelns vor allem in Abgrenzung zu den Zuständigkeiten der anderen Organe beschreibt. Es geht um das „rechtliche Dürfen", welches hinter dem „rechtlichen Können" des Vorstandes zurückbleibt. Das Gesetz selbst regelt und präzisiert nur Ausschnitte der organschaftlichen Pflichten des Vorstandes.

7 Gem. § 82 Abs. 2 AktG ist der Vorstand verpflichtet, die Beschränkungen seiner Geschäftsführungsbefugnis einzuhalten, die Satzung, Aufsichtsrat, Hauptversammlung und Geschäftsordnungen getroffen haben. Die **Verpflichtung zur Respektierung der gesetzlichen Zuständigkeitsordnung** ist vor allem im Hinblick auf die Festlegungen des Unternehmensgegenstandes (§ 23 Abs. 3 Nr. 2 AktG) und für sonstige Strukturentscheidungen von praktischer Bedeutung. Die gesetzliche Forderung nach einem hinreichend konkret umschriebenen Unternehmensgegenstand schützt die Aktionäre davor, dass der Vorstand das ihm anvertraute Kapital in einem anderen als dem in der Satzung vorgesehenen Tätigkeitsbereich verwendet. Dementsprechend ist es dem Vorstand auch untersagt, sich unmittelbar oder mittelbar über Tochter- und Beteiligungsgesellschaften außerhalb des satzungsmäßigen, „historisch geprägten" Tätigkeitsgebiets der Gesellschaft zu betätigen, indem er sich in satzungsmäßig nicht vorgeprägten Betätigungsfeldern engagiert oder er statutarisch vorgesehene, das Unternehmen prägende Bereiche, die nicht nur fakultativ vorgegeben sind, brach liegen lässt. Wird dieser Rahmen über- oder unterschritten, verhält sich der Vorstand kompetenzwidrig. Insoweit wird untechnisch von einer „faktischen Satzungsänderung" gesprochen. Inhaltlich handelt es sich um eine Verletzung der Satzung. Der Vorstand verhält sich in dieser Situation nur dann satzungskonform, wenn er vor Einleitung der Maßnahmen, durch die der Satzungsrahmen verlassen wird, eine formelle Änderung des Unternehmensgegenstandes herbeiführt.[6]

Jenseits der konzerndimensionalen Schranken, die das statutarisch definierte Tätigkeitsprofil stipuliert, sind Beteiligungserwerb, -veräußerung und -verwaltung (einschließlich der Ausübung von Beteiligungsrechten) Geschäftsführungsmaßnahmen, die in der AG grundsätzlich in die vom Vorstand wahrzunehmende eigenverantwortliche Leitung des Unternehmens fallen (§ 76 AktG). Jedoch kann der Vorstand nach der **Holzmüller-Entscheidung** des BGH „bei schwerwiegenden Eingriffen in die Rechte und Interessen der Aktionäre verpflichtet sein, eine Entscheidung der Hauptversammlung herbeizuführen".[7]

---

[6] Hüffer AktG § 179 Rz. 9; MünchHdb. GesR/Bd. 4/Semler § 39 Rz. 58 f.; Groß Komm. AktG/Wiedemann § 179 Rz. 96; Kölner Komm./Zöllner § 179 Rz. 109 f.

[7] Vgl. BGH II ZR 174/80 v. 25. 2. 1982, BGHZ 83, 122, 136 ff., 140 ff. (Holzmüller); eine Konkretisierung erfolgte insoweit durch BGH II ZR 155/02 v. 26. 4. 2004, NJW 2004, 1860 (Gelatine I) und BGH II ZR 154/02 v. 26. 4. 2004, NZG 2004, 575 (Gelatine II); vgl. im Einzelnen § 15 Rz. 46 ff.

A. Rechtsstellung der Vorstandsmitglieder

2. Besonderheiten im mehrgliedrigen Vorstand

Der Vorstand kann aus einer oder mehreren Personen bestehen (§ 76 Abs. 2 Satz 1 AktG); in praxi **üblich** sind **Kollegialorgane**. Ein mindestens zweiköpfiger Vorstand ist bei einem Grundkapital von mehr als € 3 Mio. – unbeschadet abweichender Satzungsbestimmungen – erforderlich sowie dann, wenn nach §§ 13 MontanMitbestG, 33 MitbestG ein Arbeitsdirektor bestellt werden muss. Zudem soll der Vorstand nach Ziff. 4.2.1 DCGK jedenfalls in börsennotierten Gesellschaften aus mehreren Personen bestehen.

Die Organpflichten treffen im mehrgliedrigen Vorstand alle Mitglieder gleichermaßen. Denn nach § 77 Abs. 1 Satz 1 AktG gilt der **Grundsatz der Gesamtgeschäftsführung**, wonach alle Vorstandsmitglieder für alle Unternehmensbereiche gleichermaßen zuständig sind. Auch das MitbestG enthält keine Ausnahme von diesem Prinzip. Dort sind vielmehr allein gem. § 33 MitbestG Besonderheiten im Hinblick auf den Arbeitsdirektor und gem. § 32 MitbestG Besonderheiten im Rahmen der Ausübung von Beteiligungsrechten durch den Vorstand der Muttergesellschaft in Tochterunternehmen zu beachten. Durch statutarische Regelung oder Erlass einer Geschäftsordnung kann jedoch gem. § 77 Abs. 1 Satz 2 AktG von diesem Grundsatz abgewichen werden; es können insbesondere **Ressorts mit Primärzuständigkeiten** geschaffen werden. Es empfiehlt sich, Aufgaben, Zuständigkeiten und Verantwortlichkeiten der einzelnen Mitglieder exakt abzugrenzen, um eine eindeutige Verantwortungszuweisung herbeizuführen. Einen festen Zuständigkeitsbereich, der im Kern das Personal- und Sozialwesen umfasst, weisen §§ 13 MontanMitbestG, 13 MitbestErgG, 33 MitbestG dem Arbeitsdirektor zu. Dagegen ist eine Aufgabendelegation an einzelne Vorstandsmitglieder unzulässig, wenn die Aufgabe in die Gesamtverantwortung des Vorstands fällt (vgl. §§ 76 Abs. 1, 83, 90, 91, 92, 119 Abs. 2, 121 Abs. 2, 124 Abs. 3, 170, 172 und 245 Nr. 4 AktG). Diese Aufgaben müssen vielmehr durch den – ordnungsgemäß besetzten – Gesamtvorstand wahrgenommen werden. Ein unvorschriftsmäßig besetzter Vorstand ist im Hinblick auf diese Aufgaben nach umstrittener höchstrichterlicher Rechtsprechung handlungsunfähig.[8]

Für eine **zweckmäßige Organisation der Vorstandsarbeit** gibt es keine festen Regeln. Üblich ist es, jedem Vorstandsmitglied ein Ressort zur primären Verantwortlichkeit zuzuweisen und die Vorstandsarbeit im arbeitsteiligen Zusammenwirken zu erledigen, wobei allerdings der Gesamtvorstand für alle grundsätzlichen und bedeutenden sowie ressortübergreifenden Fragen zuständig bleibt; diese Grundsatzfragen werden gemeinsam entschieden.[9] Die Ressorts werden häufig nach funktionalen und divisionalen Gesichtspunkten verteilt, wobei die Zuständigkeiten für bestimmte Sachgebiete (zB Recht, Finanzen und Steuern, Personal, Forschung usw.) neben die Verantwortlichkeit für bestimmte Produktbereiche und Tochtergesellschaften (Spartenorganisation) tritt.[10] Die **Willensbildung des Vorstandes** erfolgt im gesetzlichen Regelfall nach dem Einstimmigkeitsgrundsatz. Satzung oder Geschäftsordnung können allerdings hiervon ebenfalls abweichen und Mehrheitsentscheidungen einfüh-

---

[8] Vgl. BGH II ZR 225/99 v. 12.11. 2001, ZIP 2002, 172 (Sachsenmilch III) – aA *Götz* ZIP 2002, 1745 ff.
[9] Vgl. etwa *Raiser/Veil* § 14 Rz. 23.
[10] Vgl. *Raiser/Veil* § 14 Rz. 24.

ren. Die überstimmten Vorstandsmitglieder sind dann an den Beschluss gebunden und verpflichtet, an seiner Ausführung mitzuwirken, sofern der Beschluss nicht rechtswidrig ist.

III. Vertretungsorgan

11 Im Außenverhältnis besteht **unbeschränkte und unbeschränkbare Vertretungsmacht** des Vorstandes (§§ 78, 82 AktG). Dementsprechend wird die AG beim Abschluss von Verträgen, der Abgabe (sonstiger) Willenserklärungen und in Prozessen von dem Vorstand in vertretungsberechtigter Zahl vertreten. Gesetzlicher Regelfall ist bei einem mehrgliedrigen Vorstand Gesamtvertretung durch alle Mitglieder (§ 78 Abs. 2 Satz 1 AktG). Üblich ist hingegen die Anordnung echter oder unechter Gesamtvertretung durch zwei Vorstände bzw. einen Vorstand und einen Prokuristen durch Satzung oder Aufsichtsratsbeschluss aufgrund einer statutarischen Ermächtigung (§ 78 Abs. 3 AktG).

12 Auch bei intern pflichtwidrigem Verhalten wird die AG grundsätzlich durch den Vorstand aus dem Rechtsgeschäft berechtigt und verpflichtet. An einer wirksamen Vertretung fehlt es ausnahmsweise im Falle des **Missbrauchs der Vertretungsmacht**, insbesondere bei kollusivem Zusammenwirken mit dem Vertragspartner bzw. bei Evidenz der internen Pflichtwidrigkeit;[11] auf ein bewusstes Handeln zum Nachteil der Gesellschaft kommt es im letzteren Fall nicht an.[12] Im Übrigen sind die Voraussetzungen eines Missbrauchs der Vertretungsmacht streitig. Es wird beispielsweise die Auffassung vertreten, der Grundsatz der unbeschränkbaren Vertretungsmacht entfalle, wenn das Rechtsgeschäft mit einer 100 %igen Tochtergesellschaft abgeschlossen wird, da sich in einem solchen Falle der durch § 82 Abs. 1 AktG intendierte Verkehrsschutz erübrige.[13]

Weiterhin tritt eine wirksame Vertretung bei **Insich-Geschäften**, dh. bei Rechtsgeschäften, die der Geschäftsführer mit sich selbst (Fall des Selbstkontrahierens) oder mit sich als Vertreter eines anderen (Mehrfachvertretung) vornimmt, nicht ein. Von dem Verbot der Mehrfachvertretung kann (durch Satzung oder Aufsichtsratsbeschluss entsprechend § 78 Abs. 3 Satz 1 und 2 AktG) dispensiert werden; eine generelle Befreiung ist im Handelsregister zu verlautbaren. Dieses Verbot kann insbesondere in Konzernsituationen relevant werden. Denn häufig bestehen zwischen den Geschäftsführungsorganen der verbundenen Unternehmen personelle Verflechtungen (sog. Vorstandsdoppelmandate), sodass dann bei konzerninternen Rechtsgeschäften die gleichen Personen agieren. In diesen Fällen ist regelmäßig zu empfehlen, eine Befreiung von § 181 BGB vorzusehen, wobei eine inhaltliche Beschränkung des Dispenses auf bestimmte Rechtsgeschäfte möglich ist. Besteht keine Befreiung von § 181 BGB, dürfen Vorstände auch ihrerseits im Rahmen der Bevollmächtigung Dritter nicht vom Verbot der Mehrfachvertretung befreien. Vielmehr müsste der Aufsichtsrat auch die Befreiung des Dritten bzw. die Genehmigung des entsprechenden Rechtsgeschäfts aussprechen.

---

[11] RG VI 180/34 v. 5. 11. 1934, RGZ 145, 311, 315; BGH II ZR 208/64 v. 25. 3. 1968, BGHZ 50, 112, 114; *Hüffer* § 82, Rz. 6 f.; MünchHdb. GesR/Bd. 4/*Wiesner* § 23 Rz. 19.

[12] BGH II ZR 337/05 v. 10. 4. 2006, NJW 2006, 2776; ebenso *Fleischer* NZG 2005, 529, 535.

[13] OLG Hamburg 11 U 1/80 v. 5. 9. 1980, ZIP 1980, 1000, 1004; MünchHdb. GesR/ Bd. 4/*Wiesner* § 23 Rz. 19 aE.

A. Rechtsstellung der Vorstandsmitglieder　　　　　　　　　13–15　§ 6

Bestimmte Verträge werden nur mit **Zustimmung anderer AG-Organe** 13
wirksam: Beratungsverträge mit Aufsichtsräten bedürfen der Zustimmung des
Aufsichtsrates (§ 114 Abs. 1 AktG[14]); Gleiches gilt für Kreditgewährungen an
Vorstandsmitglieder (§ 89 AktG). Im Anwendungsbereich des § 32 MitbestG
hat die dort angeordnete Zustimmung der Anteilseignerbank zu bestimmten
Entscheidungen auf nachgeordneten Konzernebenen Außenwirkung.[15] Verträge zur Übertragung des gesamten Gesellschaftsvermögens (§ 179 a AktG), Nachgründungsverträge (§ 52 AktG), Verträge über den Verzicht auf Ersatzansprüche gegen Gründer und Organmitglieder (§§ 50, 93 Abs. 4 Satz 3 AktG), Unternehmensverträge (§§ 293, 295 AktG) und Verträge nach dem UmwG werden nur mit Zustimmung der Hauptversammlung wirksam. Zudem muss ggf. der Aufsichtsrat nach § 33 Abs. 1 Satz 2 WpÜG Abwehrmaßnahmen des Vorstands gegen Übernahmeangebote zustimmen. Weiterhin wird im Falle eines aktienrechtlichen Kassationsstreits die Gesellschaft gem. §§ 246 Abs. 2, 249 Abs. 1 AktG von Vorstand und Aufsichtsrat gemeinsam vertreten.

IV. Eigenverantwortlichkeit des Vorstandes

Die AG wird vom Vorstand weisungsfrei und ohne unmittelbare Eingriffs- 14
möglichkeiten der anderen Gesellschaftsorgane geleitet. Durch die Übertragung eigenverantwortlicher Leitungsmacht gem. § 76 Abs. 1 AktG wird dem Vorstand die Befugnis eingeräumt, die **Richtlinien der Geschäftspolitik** festzulegen und geschäftliche Initiative zu ergreifen, dh. er darf und muss die unternehmerischen Funktionen der AG wahrnehmen. Hierdurch soll der Vorstand befähigt werden, das Unternehmen allein unter Berücksichtigung des Unternehmensinteresses und damit im idealtypischen Interesse aller Anteilseigner zu führen.[16] Die Leitung eines Unternehmens iSd. § 76 Abs. 1 AktG umfasst eine Fülle von Entscheidungen, die sich grob in zwei Kategorien einteilen lassen: Zum einen obliegt es dem Vorstand, die Unternehmenspolitik eigenverantwortlich zu definieren, zum anderen hat der Vorstand für die **Durchführung der Maßnahmen** zu sorgen, die zur Verwirklichung der Unternehmenspolitik erforderlich sind, und die zur Unternehmenszielverwirklichung erforderlichen Führungsentscheidungen zu treffen.[17] Dies gilt vor allem im Rahmen der Ausübung von Beteiligungsrechten. Denn heute ist anerkannt, dass das Geschäftsführungsorgan eines herrschenden Unternehmens gegenüber der eigenen Gesellschaft zur unternehmerischen Nutzung des aus der Beteiligung an einem anderen Unternehmen fließenden Einflusses verpflichtet ist.[18] Umstritten ist lediglich die erforderliche Leitungsintensität; überwiegend werden dezentrale Konzernstrukturen für ausreichend gehalten.

Eigenverantwortlichkeit impliziert, dass der Vorstand die ihm übertragene 15
Leitungsaufgabe selbständig und weisungsfrei ausübt; insoweit spricht man

---

[14] Vgl. hierzu § 7 Rz. 260 ff.
[15] Vgl. eingehend dazu § 7 Rz. 113 ff.
[16] Kölner Komm./*Mertens* § 76 Rz. 10; MünchHdb. GesR/Bd. 4/*Wiesner* § 19 Rz. 12.
[17] So sehr anschaulich MünchHdb. GesR/Bd. 4/*Wiesner* § 19 Rz. 14.
[18] So insb. *Hommelhoff* Die Konzernleitungspflicht 1982, S. 35 f., 41 ff., 265 ff.; Kölner Komm./*Koppensteiner* Vorb. § 291 Rz. 71; Kölner Komm./*Mertens* § 46 Rz. 54; *Semler* Die Überwachungsaufgabe des Aufsichtsrates 1980, S. 107 ff.

Liebscher

von der „**Unveräußerlichkeit der Leitungsmacht**".[19] Die eigenverantwortliche Unternehmensleitung durch den Vorstand ist nicht nur ein Recht, sondern auch eine Pflicht, die der Vorstand sich nicht aus der Hand nehmen lassen darf. Denn diese sichert die Autonomie der Gesellschaft als Wirtschaftssubjekt.[20] Daher ist allgemein anerkannt, dass der Vorstand Geschäftsführungs- und Vertretungsbefugnisse nicht auf den Aufsichtsrat oder die Hauptversammlung übertragen darf und er auch nicht an Weisungen von Großaktionären gebunden ist.[21] In der **Praxis** ergeben sich **Konflikte** mit diesem Grundsatz häufig im Zusammenhang mit vertraglichen Vereinbarungen, durch die – ohne Abschluss eines Unternehmensvertrages – Dritten ein ganz erheblicher Einfluss auf bestimmte Unternehmensbereiche oder Tochtergesellschaften eröffnet werden soll. Häufig wird ein solches Ansinnen an den Vorstand in Konzernsituationen herangetragen. Zwar schließt die Unveräußerlichkeit der Leitungsmacht des Vorstandes schuldrechtliche Dauerbindungen einer AG nicht aus, aus denen sich aus tatsächlichen Gründen langfristige Festlegungen der Unternehmenspolitik ergeben. Unzulässig ist es hingegen, wenn die organisatorischen Strukturen des Unternehmens oder die Besetzung von Führungspositionen im Unternehmen selbst zum Gegenstand der Verpflichtung der AG gemacht werden oder wenn sich die Gesellschaft über das Versprechen eines konkreten Verhaltens hinaus verpflichtet, ihre Geschäftspolitik gem. den zukünftigen Entscheidungen eines Dritten zu führen.[22]

16 Die Handlungsfreiheit der Vorstände im Geschäftsführungsbereich ist insoweit beschränkt, als die Satzung oder der Aufsichtsrat bestimmte Maßnahmen einem Zustimmungsvorbehalt zu unterwerfen hat (§ 111 Abs. 4 Satz 2 AktG). Allerdings bleiben die Vorstände ungeachtet der Zustimmungsvorbehalte des Aufsichtsrates zum eigenverantwortlichen autonomen Handeln verpflichtet, soweit das Gesetz ihnen spezielle Pflichten auferlegt. Solche **gesetzlichen Pflichten** werden insbesondere in folgenden Bereichen begründet:

– Buchführung und Bilanzierung (§ 91 AktG).
– Kapitalerhaltung und -sicherung (§§ 57, 71 ff. iVm. § 93 Abs. 3 AktG).
– Handelsregisteranmeldungen.
– Insolvenzantragspflicht (§ 92 AktG).
– Abgabe der Steuererklärungen des Unternehmens (§ 34 AO).
– Abführung von Sozialversicherungsbeiträgen (§ 266 a StGB).
– Einhaltung sonstiger öffentlich-rechtlicher Vorschriften (insbesondere gewerbe-, bau-, umwelt- und polizeirechtliche Normen).
– Verhinderung ordnungswidrigen bzw. strafrechtlich relevanten Verhaltens.

Im Bereich dieser **Gesetzes- bzw. Kardinalpflichten** darf sich der Vorstand **keinem Dritteinfluss unterwerfen**. Dies gilt auch in Konzernsituationen. Weder im faktischen noch im Vertragskonzern ist der Vorstand der Unter-

---

[19] Vgl. zu dieser Umschreibung der Eigenverantwortlichkeit des Vorstandes insb. MünchKomm. AktG/Bd. 3/*Hefermehl/Spindler* § 76 Rz. 21 ff; *Hüffer* AktG § 76 Rz. 10; Kölner Komm./*Mertens* § 76 Rz. 43 ff.
[20] So sehr anschaulich *Raiser/Veil* § 14 Rz. 12.
[21] Vgl. insb. MünchKomm. AktG/Bd. 3/*Hefermehl/Spindler* § 76 Rz. 21; *Hüffer* AktG § 76, Rz. 10; Kölner Komm./*Mertens* § 76 Rz. 52; MünchHdb. GesR/Bd. 4/*Wiesner* § 19 Rz. 20 (allgemeine Meinung).
[22] So sehr anschaulich Kölner Komm./*Mertens* § 76 Rz. 45; *Raiser* MitbestG § 14 Rz. 10.

gesellschaft berechtigt, Weisungen des herrschenden Unternehmens in diesem Bereich zu befolgen.

V. Besondere Vorstandsmitglieder

Alle Mitglieder eines (mehrköpfigen) Vorstandes haben grundsätzlich die gleichen Rechte und Pflichten; es gibt allerdings im Gesetz vorgesehene besondere Vorstandsmitglieder, für die Besonderheiten zu berücksichtigen sind: **17**

1. Vorstandsvorsitzender

Nach § 84 Abs. 2 AktG kann der Aufsichtsrat einen Vorstandsvorsitzenden ernennen; eine Delegation auf einen Ausschuss ist gem. § 107 Abs. 3 Satz 2 AktG nicht möglich. Für die Ernennung gelten im Übrigen die für die Bestellung zum Vorstandsmitglied entwickelten Grundsätze. Für die mitbestimmten Gesellschaften wird der Vorstandsvorsitzende durch Mehrheitsbeschluss nach § 29 MitbestG gewählt; das besondere Verfahren des § 31 MitbestG ist nach herrschender Meinung nicht anzuwenden.[23] Auf den Geschäftsbriefen der Gesellschaft ist der Vorstandsvorsitzende nach § 80 Abs. 1 Satz 2 AktG namhaft zu machen; das Gleiche gilt im Hinblick auf den Anhang zum Jahresabschluss (§ 285 Nr. 10 Satz 2 HGB). Einer Anmeldung des Vorstandsvorsitzenden zum Handelsregister bedarf es hingegen nicht.[24] **18**

Aufgabe des Vorstandsvorsitzenden ist die Repräsentation des Vorstandes als Kollegialorgan; er ist darüber hinaus geborener Leiter der Vorstandssitzungen und Koordinator der Vorstandsarbeit. Weiterhin kann dem Vorstandsvorsitzenden nach herrschender Meinung kraft Satzung oder Geschäftsordnung das Recht zum Stichentscheid eingeräumt werden; ferner wird es überwiegend als zulässig erachtet, dem Vorstandsvorsitzenden in nicht mitbestimmten Gesellschaften ein Vetorecht gegen Vorstandsbeschlüsse einzuräumen.[25] Vom Vorstandsvorsitzenden ist ein bloßer **Vorstandssprecher** zu unterscheiden. Wurde kein Vorsitzender ernannt, kann der Vorstand aus seiner Mitte im Rahmen seiner Geschäftsordnungskompetenz nach § 77 Abs. 2 Satz 1 AktG ein Mitglied zum Sprecher ernennen. Die Rechtsstellung des Vorstandssprechers ist gesetzlich nicht geregelt. Ihm dürfen nur allgemeine Repräsentations- und Organisationsrechte, etwa die Sitzungsleitung und die Federführung gegenüber dem Aufsichtsrat, nicht jedoch die besonderen Befugnisse eines Vorstandsvorsitzenden eingeräumt werden.[26]

Gem. Ziff. 4.2.1 DCGK soll der Vorstand einer börsennotierten Gesellschaft entweder einen Vorsitzenden oder einen Sprecher haben.

---

[23] *Hüffer* AktG § 84 Rz. 20; Kölner Komm./*Mertens* § 84 Rz. 87; MünchHdb. GesR/Bd. 4/*Wiesner* § 24 Rz. 2.

[24] Seine Eintragung wird aber nach § 43 Nr. 4 HRV als registerrechtlich zulässig angesehen: Vgl. MünchKomm. AktG/Bd. 3/*Hefermehl/Spindler* § 81 Rz. 4; MünchHdb. GesR/Bd. 4/*Wiesner* § 24 Rz. 1 aE.

[25] BGH II ZR 33/83 v. 14.11. 1983, BGHZ 89, 48, 59 (Reemtsma); *Hüffer* AktG § 84 Rz. 21; MünchHdb. GesR/Bd. 4/*Wiesner* § 24 Rz. 3 – aA *Bezzenberger* ZGR 1996, 661, 665.

[26] *Hüffer* AktG § 84 Rz. 22; Kölner Komm./*Mertens* § 84 Rz. 89; MünchHdb. GesR/Bd. 4/*Wiesner* § 24 Rz. 4 ff.

2. Arbeitsdirektor und stellvertretendes Vorstandsmitglied

19 Dem Vorstand einer mitbestimmten AG muss als gleichberechtigtes Mitglied ein **Arbeitsdirektor** angehören. Die §§ 13 MontanMitbestG, 13 MitbestErgG und 33 MitbestG weisen dem Arbeitsdirektor einen festen Tätigkeitsbereich mit Kernzuständigkeiten im Personal- und Sozialwesen zu; dieser gesetzlich zugewiesene Kompetenzbereich ist zwingend. Darüber hinaus muss stets die Gleichberechtigung des Arbeitsdirektors im Verhältnis zu seinen Vorstandskollegen gewährleistet sein.[27]

20 Weiterhin können „**stellvertretende Vorstandsmitglieder**" ernannt werden. § 94 AktG stellt klar, dass alle Vorschriften betreffend den Vorstand auch für die stellvertretenden Mitglieder gelten, sodass es sich ungeachtet der Bezeichnung als „Stellvertreter" um echte Vorstandsmitglieder mit allen Vorstandsrechten und -pflichten handelt. Das „stellvertretende Vorstandsmitglied" ist kein Vertreter, der im Verhinderungsfalle tätig wird, sondern ein Mitglied des Vorstandes, welches nach der internen Vorstandshierarchie hinter anderen Vorstandsmitgliedern zurücksteht, etwa indem es ein kleineres Ressort (mit geringeren Bezügen) verantwortet. Die Unterscheidung ist allein für das **Innenverhältnis** von Bedeutung; im **Außenverhältnis** gilt volle Verantwortlichkeit. Deshalb kann auch die Vertretungsbefugnis des „stellvertretenden" Vorstandsmitglieds nach § 82 Abs. 1 AktG nicht beschränkt werden. Auch sonstige Differenzierungen sind unzulässig. Insbesondere ist das „stellvertretende" Vorstandsmitglied als normales Vorstandsmitglied ohne Hinweis auf die „Stellvertretereigenschaft" im Handelsregister einzutragen.[28]

B. Bestellung und Anstellung

21 Die Stellung des Vorstandes ist vom Dualismus der Bestellung und Anstellung geprägt. Von dem kooperationsrechtlichen Akt der Berufung zum Unternehmensorgan (Bestellung) ist der schuldrechtliche Anstellungsvertrag des Vorstandsmitglieds scharf zu trennen.

I. Bestellung

22 Der körperschaftliche Akt der Bestellung umfasst alle Maßnahmen, die erforderlich sind, um die Mitgliedschaft einer natürlichen Person im Vorstand einer AG zu begründen und diese mit allen organschaftlichen Rechten und Pflichten, vor allem der **Geschäftsführungs- und Vertretungsbefugnis**, zu versehen. Der Bestellungsvorgang ist ein körperschaftlicher Akt organisationsrechtlicher Natur. Es handelt sich zwar um keinen Vertrag, jedoch ist klar, dass der Bestellungsvorgang nur durch zwei aufeinander bezogene Erklärungen der

---

[27] Vgl. hierzu und zu weiteren Einzelheiten: BVerfG 1 BvR 532, 533/77 v. 1. 3. 1979, 419/78 v. 1. 3. 1979 und 1 BvL 21/78 v. 1. 3. 1979, BVerfGE 50, 290, 378; Kölner Komm./ *Mertens* § 77 Rz. 48, Anh. § 117 B § 33 MitbestG Rz. 20; *Raiser* MitbestG § 33 Rz. 21; MünchHdb. GesR/Bd. 4/*Wiesner* § 24 Rz. 7 ff.

[28] Vgl. hierzu und zu weiteren Einzelheiten: MünchKomm. AktG/Bd. 3/*Hefermehl/ Spindler* § 94 Rz. 9 ff; Kölner Komm./*Mertens* § 94 Rz. 2; MünchHdb. GesR/Bd. 4/*Wiesner* § 24 Rz. 22 ff.

B. Bestellung und Anstellung 23, 24 § 6

Gesellschaft einerseits und des zum Vorstand Ernannten andererseits komplettiert werden kann; niemand kann gegen seinen Willen zum Vorstand ernannt werden.[29] Die wesentlichen Rechtsgrundsätze im Zusammenhang mit der Bestellung von Vorstandsmitgliedern enthalten die §§ 76, 84 AktG:

1. Persönliche Anforderungen an das Vorstandsmitglied

Die persönlichen Anforderungen an Vorstandsmitglieder sind in § 76 Abs. 3 AktG geregelt. Hiernach kann Vorstand nur eine natürliche, unbeschränkt geschäftsfähige, nicht unter Betreuung stehende Person sein. Als weitere Eignungsvoraussetzung muss das Vorstandsmitglied über die notwendige Zuverlässigkeit verfügen, sodass etwa Verurteilungen wegen einer Insolvenzstraftat nach §§ 283 bis 283d StGB, Insolvenzverschleppung, falscher Angaben und unrichtiger Darstellungen sowie Verurteilungen aufgrund allgemeiner Straftatbestände mit Unternehmensbezug (§§ 263 bis 264a StGB und §§ 265a bis 266a StGB) sowie ein gerichtliches oder behördliches Berufs- oder Gewerbeverbot der Bestellung entgegenstehen.[30] Die Satzung kann weitere persönliche und sachliche **Eignungsvoraussetzungen** aufstellen, wobei allerdings das Auswahlermessen des Aufsichtsrates als Bestellungsorgan erhalten bleiben muss.[31] Für mitbestimmte Gesellschaften gelten insoweit keine Besonderheiten.[32] Als statutarische persönliche Anforderungen kommen insbesondere Kriterien wie Fachausbildung, Vorkenntnisse, berufliche Erfahrungen uÄ in Betracht; in Familiengesellschaften kann auch auf die Familienzugehörigkeit oder Aktionärseigenschaft abgestellt werden, wenn dieses Kriterium lediglich bei gleichwertigen Bewerbern den Ausschlag geben soll.[33] Das Fehlen oder der Wegfall einer gesetzlichen Eignungsvoraussetzung führt gem. § 134 BGB zur Nichtigkeit der Vorstandsbestellung. Wird lediglich eine statutarische Eignungsvoraussetzung verfehlt, gilt dies indes nicht; in diesem Falle wird lediglich von einer Pflicht des Aufsichtsrates zum Widerruf der Bestellung aus wichtigem Grund nach § 84 Abs. 3 Satz 1 AktG ausgegangen.[34] 23

Weiterhin sind Vorstand und Aufsichtsrat entsprechend der dualistischen Konzeption der Verwaltung der AG personell strikt voneinander getrennt, sodass die **Zugehörigkeit zum Aufsichtsrat**, und zwar auch zum Aufsichtsrat einer Konzernobergesellschaft, **mit dem Vorstandsmandat inkompatibel** ist, da Vorstände sich nicht selbst kontrollieren können (§§ 100 Abs. 2 Satz 1 Nr. 2, 105 AktG; entsprechendes gilt für Überkreuzverflechtungen iSd. § 100 Abs. 2 Satz 1 Nr. 3 AktG). Diese Inkompatibilität kann nur unter den Vorausset- 24

---

[29] Vgl. etwa *Hüffer* AktG § 84 Rz. 3 f.; Kölner Komm./*Mertens* § 84 Rz. 3 f.
[30] Die Bestellungshindernisse für Vorstandsmitglieder aufgrund vorsätzlich begangener Straftaten wurden in § 76 Abs. 3 Satz 2 Nr. 3 a), c), d) und e) AktG durch das Gesetz zur Modernisierung des GmbH-Rechts und zur Bekämpfung von Missbräuchen (MoMiG) vom 23. Oktober 2008 (BGBl. I S. 2026) deutlich erweitert.
[31] *Hüffer* AktG § 76 Rz. 26; Kölner Komm./*Mertens* § 76 Rz. 116; MünchHdb. GesR/ Bd. 4/*Wiesner* § 20 Rz. 5.
[32] *Hüffer* AktG § 76 Rz. 26; Kölner Komm./*Mertens* § 76 Rz. 16 – aA Gemeinschaftskommentar MitbestG/*Naendrop* § 25 Rz. 105.
[33] Vgl. MünchKomm. AktG/Bd. 3/*Hefermehl/Spindler* § 84 Rz. 23; MünchHdb. GesR/ Bd. 4/*Wiesner* § 20 Rz. 7 – aA *Fitting/Wlotzke/Wißmann* § 31 Rz. 12.
[34] MünchHdb. GesR/Bd. 4/*Wiesner* § 20 Rz. 9; MünchKomm. AktG/Bd. 3/*Hefermehl/Spindler* § 84 Rz. 24 – aA Kölner Komm./*Mertens* § 76 Rz. 115 ff., insb. Rz. 118.

zungen des § 105 Abs. 2 AktG zum Ersatz fehlender Vorstandsmitglieder zeitlich befristet durchbrochen werden, indem ein Aufsichtsratsmitglied zum Interimsvorstand ernannt wird.
Eine mehrfache Bestellung innerhalb eines Konzerns wird von der Rspr. grundsätzlich anerkannt.[35] Insoweit ist das Vorstandsmitglied jedoch strikt verpflichtet, allein die Interessen der jeweiligen Gesellschaft zu wahren; nur wenn Konzerninteressen hiermit kompatibel sind oder etwaige Nachteile nach § 311 AktG ausgeglichen werden, kann hiervon abgewichen werden. Im Einzelfall auftretende Interessenkollisionen können etwa durch ein Stimmverbot gelöst werden.

2. Verfahren und Dauer der Bestellung

25 Das AktG weist die **Personalhoheit** für die Vorstandsbestellung dem Aufsichtsrat zu (§ 84 Abs. 1 Satz 1 AktG);[36] diese Zuständigkeit ist ausschließlich und zwingend. Zuständig für die Bestellung von Vorstandsmitgliedern ist der **Gesamtaufsichtsrat**; eine Übertragung auf einen Ausschuss ist gem. § 107 Abs. 3 Satz 2 AktG ausgeschlossen.

26 Das **Wahlverfahren** selbst regelt das AktG nicht. Die Vorstandswahl erfolgt grundsätzlich durch einfachen Aufsichtsratsbeschluss mit einfacher Mehrheit. Die Satzung kann weder ein höheres Mehrheitserfordernis festschreiben, noch der Hauptversammlung Einfluss auf die Vorstandswahl eröffnen.[37] Besonderheiten sind allerdings in mitbestimmten Gesellschaften zu beachten. Im Anwendungsbereich des **MitbestG** erfolgt ein bis zu **vierstufiges Wahlverfahren** mit bis zu drei Wahlgängen und einem Vermittlungsverfahren. Im ersten Wahlgang ist eine Zweidrittel-Mehrheit der vorhandenen Aufsichtsratsmitglieder erforderlich, sodass den Arbeitnehmervertretern eine Sperrminorität zukommt. Wird diese Mehrheit verfehlt, schließt sich ein „Schlichtungsverfahren" über den nach § 27 Abs. 3 MitbestG zu bildenden ständigen Vermittlungsausschuss an (§ 31 Abs. 2 MitbestG). Gelingt eine „Schlichtung" nicht innerhalb eines Monats, erfolgt ein zweiter Wahlgang, in dem die einfache Mehrheit der vorhandenen Aufsichtsratsmitglieder genügt, sodass eine geschlossene Arbeitnehmerbank auch in diesem Wahlgang eine Vorstandswahl verhindern kann (§ 31 Abs. 3 MitbestG). Schlägt auch der zweite Wahlgang fehl, folgt ein dritter Wahlgang, bei dem der idealiter von der Anteilseignerseite gestellte Aufsichtsratsvorsitzende zwei Stimmen hat, sodass sich die Anteilseignervertreter durchsetzen können (§ 31 Abs. 4 MitbestG). Dieser Wahlmodus gilt auch für den Arbeitsdirektor. Dagegen kann in Montan-Unternehmen der Arbeitsdirektor nicht gegen die Stimmen der Mehrheit der Arbeitnehmervertreter gewählt werden (§ 13 MontanMitbestG).

27 Ist der Vorstand unvollständig, sei es, dass kein Vorstand bestellt ist oder ein notwendiges Vorstandsmitglied fehlt, etwa weil ein Mitglied vorzeitig ausgeschieden ist und/oder eine (Neu-)Wahl nicht rechtzeitig zustande kam, kann gem. § 85 Abs. 1 AktG das Sitzgericht angerufen werden und durch die-

---

[35] Vgl. *Hüffer* AktG § 76 Rz. 21; MünchKomm. AktG/Bd. 3/*Hefermehl/Spindler* § 76 Rz. 43 ff.
[36] Vgl. dazu auch § 7 Rz. 61 ff.
[37] Kölner Komm./*Mertens* § 84 Rz. 8, § 108 Rz. 46; MünchHdb. GesR/Bd. 4/*Wiesner* § 20 Rz. 19.

B. Bestellung und Anstellung 28–30 § 6

ses sodann einen **Notvorstand** bestellt werden. Daas Amt des Notvorstandes dauert bis der Mangel behoben ist.[38]
Die **Amtszeit** der Vorstandsmitglieder beträgt zwingend **höchstens 5 Jah-** 28 **re** (§ 84 Abs. 1 Satz 1 AktG). Nach Ablauf dieser Frist kann der Aufsichtsrat erneut frei über die Person des Vorstandes entscheiden. Auch eine (wiederholte) Wiederwahl für jeweils höchstens weitere 5 Jahre ist unbeschränkt möglich (§ 84 Abs. 2 Satz 2 AktG). Allerdings ist eine automatische Verlängerung der (ersten) Amtszeit über die 5-Jahres-Grenze hinaus ebenso unzulässig wie eine vorzeitige Verlängerung der Vorstandsbestellung mehr als 1 Jahr vor Ablauf der Amtsperiode. Hierdurch stellt das Gesetz im Ergebnis sicher, dass der Aufsichtsrat alle 5 Jahre die Personalhoheit ausübt und über eine etwaige Weiterbeschäftigung oder Neubestellung entscheidet.[39] Höchst umstritten ist, ob der Vorstand mehr als 1 Jahr vor Ablauf seiner Amtszeit sein Amt im Einvernehmen mit dem Aufsichtsrat niederlegen und sich sogleich für volle 5 Jahre neu bestellen lassen kann. Dem Wortlaut nach erfasst § 84 Abs. 1 Satz 3 AktG diese Konstellation nicht.[40] Jedoch würde so die Personalkompetenz eines späteren – uU „ungünstiger" zusammengesetzten – Aufsichtsrates untergraben und die Bedeutung des Bestellungsbeschlusses entwertet. Somit ist ein solches Vorgehen unzulässig.[41] Problematisch ist insoweit jedoch, ob der Vorstand in diesem Fall gemäß der ursprünglichen Bestellung im Amt bleibt oder ob er seines Amtes enthoben wird. Für Letzteres spricht, dass § 84 Abs. 1 Satz 3 AktG nur eine vorzeitige Ausdehnung der Vorstandsbestellung verhindern will, jedoch einer frühzeitigen Aufhebung der ursprünglichen Bestellung nicht entgegensteht. Andererseits war von den Parteien eine Verlängerung beabsichtigt; die Aufhebung war nur Teil eines einheitlichen Rechtsgeschäfts. Es spricht daher viel dafür, den Rechtsgedanken des § 139 AktG anzuwenden und die Unwirksamkeit der Neubestellung auch auf die Abberufung zu erstrecken.

3. Fehlerhafte Bestellung

Der rechtsgeschäftliche Charakter des Bestellungsvorganges kann heute 29 trotz seiner körperschaftlichen Natur nicht mehr ernsthaft in Zweifel gezogen werden.[42] Der Bestellungsakt kann, weil er ein rechtsgeschäftlicher Tatbestand ist, unter Wirksamkeitsmängeln leiden. Typischerweise handelt es sich um **Formfehler**, etwa die Verfahrensfehlerhaftigkeit des Bestellungsbeschlusses wegen fehlerhafter Einberufung oder fehlender ordentlicher Beschlussfassung oder weil der Beschluss unzulässigerweise nicht vom Gesamtaufsichtsrat, sondern von einem Ausschuss gefasst wurde. Es kommen aber auch **materielle Beschlussmängel**, etwa die Nichterfüllung gesetzlicher oder statutarischer Eignungsvoraussetzungen, in Betracht.
Wenn der Mangel des Bestellungsaktes erst nach Ablauf einer gewissen Zeit- 30 periode entdeckt bzw. rechtskräftig festgestellt wird und das fehlerhaft bestellte Vorstandsmitglied in der Zwischenzeit bereits Amtshandlungen vorgenommen

---

[38] Vgl. zu weiteren Einzelheiten MünchHdb. GesR/Bd. 4/*Wiesner* § 20 Rz. 25 ff. (dieser jedoch noch ohne Berücksichtigung des FGG-Reformgesetzes).
[39] BGH II ZR 126/52 v. 11.7.1953, BGHZ 10, 187, 194 f.; *Hüffer* AktG § 84 Rz. 6; *Raiser/Veil* § 14 Rz. 27 ff.
[40] Vgl. MünchKomm. AktG/Bd. 3/*Hefermehl/Spindler* § 84 Rz. 36.
[41] Eingehend Kölner Komm./*Mertens* § 84 Rz. 18.
[42] Vgl. BGH II ZR 144/68 v. 22.9.1969, BGHZ 52, 316, 321; *Hüffer* AktG § 84 Rz. 4.

hat, kommt die „**Lehre von der fehlerhaften Organstellung**" zum Tragen, wonach die fehlerhafte Bestellung für die Zeit bis zur Geltendmachung des Mangels als wirksam zu behandeln ist. Auch die Handlungen des fehlerhaft Bestellten sind hiernach wirksam, da die Fehlerhaftigkeit der Bestellung des Vorstandsmitglieds nur mit Wirkung ex nunc geltend gemacht werden kann. Voraussetzung für die Anwendung dieser Lehre ist, dass das mit einem Mangel behaftete Amt durch einen (fehlerhaften) Bestellungstatbestand begründet wurde.[43] Die Anerkennung der fehlerhaften Organstellung darf zudem nicht gegen allgemeine Schutzvorschriften zum Schutz höherrangiger Rechtsgüter verstoßen.

4. Erlöschen der Bestellung

31 Weitere Beendigungsgründe für die Organstellung als Vorstand sind – neben dem **Widerruf** der Bestellung (siehe unten Rz. 44 ff.) – die Befristung der Vorstandsbestellung, der Tod des Vorstandsmitgliedes, der Verlust der unbeschränkten Geschäftsfähigkeit (§ 76 Abs. 3 Satz 1 AktG) und das Erlöschen bzw. die Umwandlung (Formwechsel, Spaltung, Verschmelzung) der Gesellschaft.[44] Hinzu kommt die aus wichtigem Grund gegenüber dem Aufsichtsrat erklärte **Amtsniederlegung**, bei der es sich um die einseitige Erklärung eines Vorstandsmitglieds handelt, aus dem Organverhältnis ausscheiden zu wollen; die Amtsniederlegung wirkt auch dann analog § 84 Abs. 3 S. 4 AktG mit Zugang, wenn der wichtige Grund strittig ist.[45] Nach neuerer Rspr. soll die Niederlegung aus Gründen der Rechtssicherheit selbst dann wirksam sein, wenn sie ohne Angabe der Gründe erfolgt.[46] Keines wichtigen Grundes bedarf es für die jederzeit zulässige **einvernehmliche Aufhebung** der Bestellung, dh. die Einigung des Gesamtaufsichtsrates mit dem Vorstandsmitglied über die vorzeitige Lösung des Organschaftsverhältnisses.[47]

Nicht aufgelöst wird das Organschaftsverhältnis **hingegen** durch wirksame Kündigung des neben dem körperschaftlichen Akt der Bestellung bestehenden schuldrechtlichen Anstellungsvertrages (dazu sogleich), die Auflösung der Gesellschaft gem. § 262 AktG, da die Vorstände die Liquidation als Abwickler zu besorgen haben, sowie die Eröffnung des Insolvenzverfahrens, bei dem die Vorstandsmitglieder – indes mit erheblich eingeschränkten Befugnissen – im Amt bleiben.[48]

5. Anmeldung zum Handelsregister

32 Alle Änderungen der Person der Vorstände und ihre Befugnisse sind gem. §§ 39 Abs. 1 Satz 1, 81 AktG im Handelsregister einzutragen. Anzumelden ist jede Neubestellung einschließlich der stellvertretenden (§ 94 AktG) und der

---

[43] *Hüffer* AktG § 84 Rz. 10; Kölner Komm./*Mertens* § 84 Rz. 29; MünchHdb. GesR/Bd. 4/*Wiesner* § 20 Rz. 34 ff.
[44] Vgl. zusammenfassend hierzu MünchHdb. GesR/Bd. 4/*Wiesner* § 20 Rz. 58 f.
[45] Vgl. BGH 161/79 v. 14.7.1980, BGHZ 78, 82, 84; II ZR 58/92 v. 8.2.1993, BGHZ 121, 257, 260; *Hüffer* AktG § 84 Rz. 36; MünchHdb. GesR/Bd. 4/*Wiesner* § 20 Rz. 56.
[46] BGH II ZR 340/01 v. 17.2.2003, ZIP 2003, 666 f. (für das GmbH-Recht); MünchHdb. GesR/Bd. 4/*Wiesner* § 20 Rz. 56. *Hüffer* AktG § 84 Rz. 36 schränkt dies insoweit ein, als eine Ausnahme hiervon dann bestehen soll, wenn der Vorstand die ihm hieraus erwachsende Befugnis missbraucht.
[47] OLG Karlsruhe 10 U 51/95 v. 13.10.1995, AG 1996, 224, 225 li. Sp.; *Hüffer* AktG § 84 Rz. 37; MünchHdb. GesR/Bd. 4/*Wiesner* § 20 Rz. 57.
[48] Vgl. hierzu MünchHdb. GesR/Bd. 4/*Wiesner* § 20 Rz. 60.

B. Bestellung und Anstellung 33–35 §6

gerichtlich bestellten (§ 85 AktG) Vorstände. **Anmeldepflichtig** ist der Vorstand in vertretungsberechtigter Zahl. Neue Vorstandsmitglieder sind bereits zur Anmeldung berechtigt und verpflichtet, ausgeschiedene nicht mehr. Denn die Handelsregisteranmeldung wirkt nicht konstitutiv, sondern lediglich deklaratorisch. Der Ausgeschiedene hat in Anbetracht des § 15 HGB allerdings ein legitimes Interesse daran, dass sein Ausscheiden zum Handelsregister angemeldet wird; um dies sicherzustellen, kann er, da er selbst im Hinblick auf sein Ausscheiden nicht anmeldebefugt ist, beim Handelsregister anregen, dass der (aktuelle) Vorstand nach § 14 HGB angehalten wird, seiner gesetzlichen Anmeldepflicht nachzukommen.[49] Gem. § 12 Abs. 1 HGB bedarf die Anmeldung der Vorstandsmitglieder öffentlich beglaubigter Form; der Anmeldung sind die Urkunden über die Änderung oder öffentlich beglaubigte Abschriften derselben beizufügen (§ 81 Abs. 2 AktG).

II. Anstellung

Im Anstellungsvertrag zwischen der AG und dem Vorstandsmitglied werden 33 flankierende schuldrechtliche Rechte und Pflichten der Beteiligten geregelt. Der Anstellungsvertrag ist ein **Dienstvertrag**, der eine Geschäftsbesorgung zum Inhalt hat (§§ 611 ff., 675 BGB). Es handelt sich um ein eigenständiges Rechtsverhältnis mit eigenem rechtlichen Schicksal. Kern des Anstellungsverhältnisses ist es, dass das Vorstandsmitglied der Gesellschaft gegenüber zur Leistung von Diensten verpflichtet ist und die Gesellschaft umgekehrt zu deren Honorierung. Der Vorstand ist kein abhängig Beschäftigter, sodass der Vertrag **kein Arbeitsverhältnis** begründet und die arbeitsrechtlichen Schutzvorschriften dem Grundsatz nach unanwendbar sind.[50]

1. Vertragsschluss sowie Dauer und Form des Vertrages

Im Rahmen des Vertragsschlusses wird die AG vom Aufsichtsrat vertreten. 34 Denn für den Anstellungsvertrag gelten die Regelungen über die Bestellung in § 84 Abs. 1 Satz 1 bis 4 AktG sinngemäß. Hieraus folgt, dass für die Entscheidung über den Abschluss und Inhalt des Anstellungsvertrages der Aufsichtsrat zwingend und ausschließlich zuständig ist. Insoweit ist grundsätzlich das **Gesamtplenum** des Aufsichtsrates zur Entscheidung berufen. Anders als im Falle der Bestellung kann die Entscheidung auf einen Ausschuss, nicht jedoch auf ein einzelnes Aufsichtsratsmitglied delegiert werden. Möglich ist es allerdings, ein einzelnes Aufsichtsratsmitglied zu ermächtigen (insbes. den Aufsichtsratsvorsitzenden), den vom Ausschuss oder vom Plenum beschlossenen Anstellungsvertrag zu den dort entschiedenen Konditionen zu unterzeichnen. Autonome Entscheidungsbefugnisse bestehen insoweit jedoch nicht, sodass keine ergänzenden Abreden mit dem Vorstandsmitglied getroffen werden können.[51]

Im GmbH-Konzern wird der Anstellungsvertrag häufig nicht mit der An- 35 stellungskörperschaft, sondern mit dem herrschenden Unternehmen abgeschlossen (sog. **Konzernanstellungsvertrag**). Es ist zweifelhaft, ob bei einer

---

[49] MünchHdb. GesR/Bd. 4/*Wiesner* § 20 Rz. 67.
[50] BGH II ZR 126/52 v. 11.7.1953, BGHZ 10, 187, 191; II ZR 117/60 v. 7.12.1961, BGHZ 36, 142, 143; *Hüffer* AktG § 84 Rz. 11 mwN.
[51] Kölner Komm./*Mertens* § 84 Rz. 48; MünchHdb. GesR/Bd. 4/*Wiesner* § 21 Rz. 18; MünchKomm. AktG/Bd. 3/*Hefermehl/Spindler* § 84 Rz. 50 mwN.

AG derartige Drittanstellungsverträge zulässig sind. Dies wird teilweise mit der Begründung angenommen, dass in Konfliktfällen das Organverhältnis Vorrang vor dem Dienstvertrag habe.[52] Indes werden derartige Drittanstellungsverträge großenteils als unzulässige Eingriffe in die Personalkompetenz des Aufsichtsrates der Untergesellschaft abgelehnt, da bei Konzernanstellungsverträgen die arbeitsrechtliche Weisungsbefugnis der Muttergesellschaft mit der autonomen Leitungsbefugnis des Vorstandes nach § 76 AktG unvereinbar erscheint und zudem eine erhebliche Abhängigkeit des Vorstandsmitglieds von der Konzernspitze insbesondere in finanzieller Hinsicht entsteht.[53]

36 Der Anstellungsvertrag bedarf **keiner besonderen Form**. Der Vertrag kann vielmehr schriftlich oder mündlich und auch konkludent geschlossen werden. Aus Gründen der Rechtssicherheit ist indes ein schriftlicher Vertragsschluss anzuraten. Aus § 84 Abs. 1 Satz 5 1. Halbsatz AktG folgt zudem, dass die **Höchstdauer von 5 Jahren** nicht nur für den kooperationsrechtlichen Akt der Bestellung, sondern auch für den Anstellungsvertrag gilt.[54] Ein Vertragsschluss für eine längere Zeitperiode würde die Personalhoheit des Aufsichtsrates beeinträchtigen, da die Gesellschaft Gefahr liefe, trotz der nicht erfolgten Wiederbestellung des Vorstandsmitglieds weiterhin dem Vergütungsanspruch ausgesetzt zu sein. Dementsprechend endet der schuldrechtliche Anstellungsvertrag nach Ablauf der gesetzlichen 5-Jahres-Frist.[55] Zudem kann zulässigerweise vereinbart werden, dass der Anstellungsvertrag mit dem Widerruf der Bestellung zum Vorstandsmitglied endet (auflösende Bedingung). Allerdings erweitert dies die in § 626 BGB vorgesehenen außerordentlichen Kündigungsgründe um den Tatbestand des Vertrauensentzugs durch die Hauptversammlung (§ 84 Abs. 3 Satz 2 AktG), weswegen in diesem Fall für die Beendigung des Anstellungsvertrages die Mindestfrist des § 622 Abs. 1 und 2 BGB zu wahren ist.[56]

2. Wesentlicher Inhalt des Anstellungsvertrages

37 Der Inhalt des Anstellungsvertrages ist gesetzlich nicht determiniert, sondern Ergebnis vertraglicher Übereinkunft. Im Anstellungsvertrag werden vor allem die vertraglichen **Bezüge eines Vorstandsmitglieds** geregelt. Üblich ist die Vereinbarung eines Fixums, eines Anteils am Jahresgewinn (Tantieme) sowie von Aufwandsentschädigungen und sonstigen Nebenleistungen. Daneben treten häufig weitere variable Vergütungselemente, wie die Gewährung von Stock-Options,[57] Zusatzprämien bei Erreichung bestimm-

---

[52] *Krieger* Personalentscheidungen des Aufsichtsrates 1981 S. 187; *Martens* in FS Hilger und Stumpf 1983 S. 437, 442 ff.; MünchHdb. GesR./Bd. 4/*Wiesner* § 21 Rz. 3.

[53] Kölner Komm./*Mertens* § 84 Rz. 51; eingehend *Theobald* in FS Raiser 2005, S. 421 ff.

[54] Vgl. hierzu Rz. 28.

[55] Es ist allerdings eine über die 5-Jahres-Frist hinausgehende automatische Verlängerungsklausel für den Fall zulässig, dass die Bestellung entsprechend verlängert wird. Vgl. MünchKomm. AktG/Bd. 3/*Hefermehl/Spindler* § 84 Rz. 56; *Hüffer* AktG § 84 Rz. 15; MünchHdb. GesR./Bd. 4/*Wiesner* § 21 Rz. 20.

[56] Vgl. BGH II ZR 220/88 v. 29. 5. 1989, BB 1989, 1577, 1578 f.; MünchHdb. GesR./ Bd. 4/*Wiesner* § 21 Rz. 23.

[57] Allerdings liegt die Entscheidung über die Möglichkeit, das Programm durch eigene Aktien der AG zu bedienen, nach § 221 AktG bei der Hauptversammlung. Dagegen entscheidet der Aufsichtsrat über die Einführung eines Optionsprogramms. Eingehend hierzu *Götze* Aktienoptionen für Vorstandsmitglieder und Aktionärsschutz, Diss. 2000, Kap. 3 D.

B. Bestellung und Anstellung 38–40 § 6

ter Unternehmensziele uÄ. Ergänzt werden die entsprechenden Regelungen oft durch vertragliche Ruhegehalts- und Hinterbliebenenversorgungsansprüche.[58]

Häufig werden im Anstellungsvertrag gesellschaftsfinanzierte **Directors' and Officers' Insurances (D & O-Versicherungen)** vorgesehen. Dies ist mit Blick auf § 93 Abs. 4 Satz 3 AktG zulässig, da es beim Abschluss einer Versicherung nicht um einen Verzicht auf bereits verwirklichte Haftungsansprüche, sondern um Vorsorge für potenzielle Haftungsgefahren anlässlich des Organhandelns geht.[59] Allerdings ist die von der Gesellschaft übernommene Versicherungsprämie Vergütungsbestandteil, sodass Versicherungszusagen nur vom Aufsichtsrat gewährt werden dürfen.[60] Durch das Gesetz zur Angemessenheit der Vorstandsvergütung (VorstAG) vom 31. 7. 2009, BGBl. I 2009, 2509, das der Bundestag am 18. Juni 2009 verabschiedet hat, wurde § 93 Abs. 2 AktG ein neuer Satz 3 angefügt, wonach bei Abschluss derartiger D&O-Versicherungen nunmehr zwingend ein Selbstbehalt von mindestens 10 Prozent des Schadens bis mindestens zur Höhe des Eineinhalbfachen der festen jährlichen Vergütung des Vorstandsmitglieds zu vereinbaren ist.[61] 38

Weiterhin werden häufig in den Anstellungsvertrag Regelungen aufgenommen, die der Ausformung der wechselseitigen **Treue- und Fürsorgepflichten**, die aus dem Organschaftsverhältnis sowohl im Verhältnis der AG gegenüber dem Vorstandsmitglied als auch umgekehrt resultieren, dienen. Insoweit geht es insbesondere um Regelungen, wonach der Vorstand seine gesamte Arbeitskraft der Gesellschaft zur Verfügung zu stellen hat bzw. durch die der Umfang etwaiger vergüteter oder ehrenamtlicher Nebentätigkeiten, Urlaubsansprüche uÄ geregelt werden. 39

Schließlich enthält der Vertrag oft auch Regelungen, die das nachvertragliche Verhältnis betreffen; insoweit geht es neben der Herausgabe von dem Vorstand anlässlich seiner Tätigkeit zur Verfügung gestellter sensibler Unterlagen, insbesondere um die Vereinbarung eines **nachvertraglichen Wettbewerbsverbots**, welches dazu dient, eine Ausnutzung intimer Kenntnisse, die das Vorstandsmitglied im Rahmen seiner Tätigkeit erlangt hat, zum Schaden der Gesellschaft zu verhindern. Ein solches Verbot stellt indes eine erhebliche Belastung für das ausgeschiedene Vorstandsmitglied dar. Die Schutzvorschriften der §§ 74 ff. HGB (Karenzentschädigung für nachvertragliche Wettbewerbsverbote im Handelsvertretervertrag) sind nach herrschender Meinung nicht analog anwendbar.[62] Mangels Bestehens einer hinreichenden finanziellen Kompensation für die Einschränkung der beruflichen Betätigungsfreiheit sind nachvertragliche Wettbewerbsverbote nicht ohne weiteres zulässig; sie verstoßen nur dann nicht gegen § 138 BGB, wenn sie dem Schutz berechtigter Inter- 40

---

[58] Vgl. etwa *Raiser/Veil* § 14 Rz. 49 f.
[59] Vgl. *Hüffer* AktG § 84 Rz. 16; Kölner Komm./*Mertens* § 84 Rz. 83.
[60] *Hüffer* AktG § 84 Rz. 16 aE.
[61] Eine Übergangsregelung hierzu findet sich in § 23 Abs. 1 EGAktG n.F. – Die Regierungskommission Deutscher Corporate Governance Kodex hat am 18. 6. 2009 den DCGK in Ziff. 3.8 an diese Vorschrift angepasst: Der Selbstbehalt von Vorstandsmitgliedern bei D&O-Versicherungen wurde in den DCGK übernommen; darüber hinausgehend hat die Kommission als neue Kodex-Empfehlung auch einen entsprechenden Selbstbehalt für Aufsichtsratsmitglieder beschlossen.
[62] BGH II ZR 229/83 v. 26. 3. 1984, BGHZ 91, 1 ff.; Kölner Komm./*Mertens* § 88 Rz. 26. MünchHdb. GesR / Bd. 4/ *Wiesner* § 21 Rz. 70 f.

essen der Gesellschaft dienen und die Berufsausübung und wirtschaftliche Betätigung des ausgeschiedenen Vorstandsmitglieds nicht unnötig erschweren. Darüber hinaus ist erforderlich, dass die Bindung nicht übermäßig lang (idR nicht länger als 2 Jahre) dauert.[63]

3. Fehlerhafter Anstellungsvertrag

41 Auch der Anstellungsvertrag kann mit rechtlichen **Mängeln** behaftet sein. In diesem Fall gelten beim in Vollzug gesetzten Anstellungsvertrag die gleichen Grundsätze wie im Fall der mängelbehafteten, vollzogenen Bestellung (vgl. Rz. 29 f.). Nach **Invollzugsetzung des Rechtsverhältnisses** kann dieses unter Berufung auf den Mangel nur noch (außerordentlich) gekündigt und so für die Zukunft beseitigt werden; bis zum Wirksamwerden dieser Kündigung ist das Anstellungsverhältnis hingegen als wirksam zu behandeln.[64] Insoweit handelt es sich weniger um einen Ausfluss der Lehre der fehlerhaften Organstellung, als vielmehr um eine Anwendung der für fehlerhafte Arbeitsverhältnisse entwickelten Grundsätze.[65]

4. Beendigung der Anstellung

42 Der **außerordentlichen Kündigung** des Anstellungsvertrages ist ein eigener Abschnitt gewidmet (dazu unter Rz. 61 ff.). Für eine **ordentliche Kündigung** des Anstellungsvertrages gelten demgegenüber die allgemeinen Regeln. Die ordentliche Kündigung des Anstellungsvertrages richtet sich nach arbeitsrechtlichen und nicht nach dienstvertragsrechtlichen Regeln. Insbesondere § 621 BGB, der auf Dienstverhältnisse, die keine Arbeitsverhältnisse sind, zugeschnitten ist, gilt nicht. An seine Stelle treten die verlängerten Kündigungsfristen des § 622 Abs. 2 BGB.[66] Einer Kündigung des Anstellungsvertrages bedarf es zur Vertragsbeendigung nicht, wenn der Vertrag befristet abgeschlossen wurde; eine **Befristung** des Anstellungsvertrages für die Dauer der Bestellung ist üblich, um einen Gleichlauf der organschaftlichen Amtsperiode und des schuldrechtlichen Dienstverhältnisses sicherzustellen; vor Auslaufen der Amtsperiode kann das Vertragsverhältnis dann nur durch einvernehmliche Vertragsauflösung oder außerordentliche Kündigung beendet werden. Ferner kann das Anstellungsverhältnis durch die wirksame Bestellung auflösend bedingt werden, sodass der Widerruf der Bestellung zur automatischen Beendigung des Anstellungsvertrages führt.[67]

Zu beachten ist ferner, dass eine Vielzahl von Maßnahmen das **Anstellungsverhältnis nicht tangiert**: Der Anstellungsvertrag wird weder durch die Auflösung der Gesellschaft, noch durch deren Nichtigerklärung gem. § 275 AktG, noch durch die Eröffnung des Insolvenzverfahrens über das Vermögen der Ge-

---

[63] BGH II ZR 229/83 v. 26. 3. 1984, BGHZ 91, 1, 5; BGH KZR 3/92 v. 19. 10. 1993, NJW 1994, 384, 385 re. Sp.; *Hüffer* AktG § 88 Rz. 10; MünchHdb. GesR/Bd. 4/*Wiesner* § 21 Rz. 71.
[64] BGH II ZR 144/90 v. 21. 1. 1991, BGHZ 113, 237, 247 ff.; *Hüffer* AktG § 84 Rz. 19; MünchHdb. GesR/Bd. 4/*Wiesner* § 21 Rz. 26 f.
[65] Vgl. hierzu MünchHdb. ArbR/Bd. 1/*Richardi* § 44.
[66] Vgl. BGH II ZR 92/80 v. 29. 1. 1981, BGHZ 79, 291, 293 f. (zur GmbH); *Hüffer* AktG § 84 Rz. 17; Kölner Komm./*Mertens* § 84 Rz. 36, 92; MünchHdb. GesR/Bd. 4/*Wiesner* § 21 Rz. 11.
[67] BGH II ZR 220/88 v. 29. 5. 1989, NJW 1989, 2683 f.; *Hüffer* AktG § 84 Rz. 40.

B. Bestellung und Anstellung

sellschaft oder des Vorstandsmitglieds beendet.[68] Auch Umstrukturierungen der Gesellschaft lassen den Anstellungsvertrag unberührt; dies gilt insbesondere auch für die Fälle des Formwechsels und der Verschmelzung. In diesen Fällen geht das Anstellungsverhältnis auf den übernehmenden Rechtsträger über, obwohl das Organschaftsverhältnis gegenüber dem übertragenden Rechtsträger die Strukturmaßnahme nicht „überlebt".[69]

III. Abberufung und Kündigung des Anstellungsvertrages

Die außerordentliche Beendigung des Organschafts- und Anstellungsverhältnisses bereitet Schwierigkeiten, da ein Gleichlauf beider Rechtsverhältnisse nicht sichergestellt ist. Zwar erfordert die außerordentliche Beendigung jeweils einen wichtigen Grund, dies bedeutet indes nicht, dass ein wichtiger Grund zur Abberufung zugleich eine außerordentliche Kündigung des Anstellungsvertrages rechtfertigt. Denn für beide außerordentlichen Beendigungstatbestände gelten andere Rechtsgrundlagen: Während die Abberufung den in § 84 Abs. 3 AktG niedergelegten aktienrechtlichen Grundsätzen folgt, sind für die außerordentliche Kündigung des Anstellungsverhältnisses die dienstvertraglichen Grundsätze des § 626 BGB maßgebend.

1. Widerruf der Bestellung

§ 84 Abs. 3 AktG regelt die wichtigsten Ausschnitte der **Abberufung von Vorstandsmitgliedern**, um ein hohes Maß an Rechtssicherheit herzustellen und so eine (faktische) Lähmung der Gesellschaft im Falle der Auswechslung des Führungspersonals zu vermeiden.

a) Zuständigkeit zur und Verfahren der Abberufung

Die Abberufung als actus contrarius zur Bestellung folgt denselben verfahrensrechtlichen Regeln wie die Bestellung. Ein wirksamer Widerruf erfordert mithin einen **Mehrheitsbeschluss** des Aufsichtsrates. Zuständig ist stets das Aufsichtsratsplenum; eine Delegation der Abberufung an einen Ausschuss kommt nach § 107 Abs. 3 Satz 2 AktG nicht in Betracht.[70] Darüber hinaus sind bei mitbestimmten Gesellschaften die für die Bestellung geltenden **mitbestimmungsrechtlichen Besonderheiten** zu beachten, sodass bei unter das MitbestG fallenden Gesellschaften das dreistufige Verfahren des § 31 MitbestG auch im Rahmen der Abberufung zu beachten ist.[71] In Gesellschaften, die dem MontanMitbestG unterliegen, kann ferner der Arbeitsdirektor nicht gegen den Willen der Mehrheit der Arbeitnehmervertreter im Aufsichtsrat abberufen werden.[72]

---

[68] Im Falle der Insolvenz der Gesellschaft richtet sich die Beendigung des Anstellungsvertrages nach § 113 InsO; vgl. hierzu MünchHdb. GesR/Bd. 4/*Wiesner* § 21 Rz. 90.

[69] *Lutter/Decher* UmwG § 202 Rz. 39; *Lutter/Grunewald* UmwG § 20 Rz. 28; Münch Hdb. GesR/Bd. 4/*Wiesner* § 21 Rz. 90.

[70] BGH II ZR 182/79 v. 24.11.1980, BGHZ 79, 38, 41ff.; II ZR 33/83 v. 14.11.1983, BGHZ 89, 48, 52ff.; *Raiser/Veil* § 14 Rz. 43; MünchHdb. GesR/Bd. 4/*Wiesner* § 20 Rz. 39.

[71] Einzelheiten bei *Raiser* MitbestG § 31 Rz. 31ff.; MünchHdb. GesR/Bd. 4/*Wiesner* § 20 Rz. 40f.

[72] Die Vorschrift kann nicht analog auf Arbeitsdirektoren nach dem MitbestErgG und dem MitbestG erstreckt werden, vgl. Kölner Komm./*Mertens* § 84 Rz. 151.

46 Die Abberufung ist **nicht fristgebunden**; insbesondere die 2-Wochen-Frist des § 626 BGB ist nicht anwendbar. Allerdings unterliegt das Abberufungsrecht den Grundsätzen der **Verwirkung** (§ 242 BGB). Um ein schutzwürdiges Vertrauen des Vorstandsmitglieds dahingehend, dass sein Verhalten ungeahndet bleibt, zu verhindern, muss der Aufsichtsrat unverzüglich nach Bekanntwerden potenzieller wichtiger Abberufungsgründe Handlungen unternehmen; es wird überwiegend davon ausgegangen, dass eine Verwirkung des Abberufungsrechts bereits dann in Betracht kommt, wenn der Aufsichtsrat in seiner nächsten Sitzung nach Kenntniserlangung und Scheitern einer einvernehmlichen Lösung nicht über die Abberufung Beschluss fasst.[73]

47 Die Abberufung ist eine **Willenserklärung des Gesamtaufsichtsrates**; sie wird mit Zugang beim Vorstand wirksam (§ 130 Abs. 1 Satz 1 BGB). In der Regel wird im Abberufungsbeschluss der Aufsichtsratsvorsitzende bevollmächtigt, die Abberufung gegenüber dem Abberufenen zu erklären. Mit Wirksamwerden der Abberufung endet die organschaftliche Stellung, sodass alle Rechte und Pflichten des Vorstandsmitglieds erlöschen. Die Abberufung muss gem. § 81 AktG zum Handelsregister angemeldet werden. Demgegenüber wird das Anstellungsverhältnis durch die Abberufung nicht beendet. Vielmehr kann ein „gewöhnliches" Anstellungsverhältnis zwischen Gesellschaft und Vorstandsmitglied bestehen bleiben, wobei allerdings der Abberufene häufig berechtigt sein wird, derartige „schlichte" Arbeitsleistungen zu verweigern, da das anstellungsvertragliche Tätigkeitsprofil typischerweise auf eine Organstellung, dh. ein Tätigwerden „als Vorstand" zugeschnitten ist.

b) Voraussetzungen der Abberufung: Vorliegen eines wichtigen Grundes

48 Dem Aufsichtsrat kommt keine uneingeschränkte Personalhoheit zu. Er kann die Vorstandsmitglieder nicht frei abberufen; vielmehr bedarf es ohne Ausnahme stets eines wichtigen Grundes; dies ist zwingend und kann weder in der Satzung noch im Bestellungsbeschluss oder Anstellungsvertrag ausgeschlossen oder modifiziert werden.[74]

49 Ein **wichtiger Grund** zur Beendigung des Organschaftsverhältnisses liegt vor, wenn es der Gesellschaft unzumutbar ist, ein Verbleiben des Vorstandes in seiner Funktion bis zum regulären Auslaufen der Amtszeit abzuwarten. Für die Feststellung der Unzumutbarkeit werden nach herrschender Meinung das Abberufungsinteresse der AG und das Interesse des Vorstandes an einer Beibehaltung seiner Organstellung gegeneinander abgewogen.[75] Hiernach kommt es im Ergebnis darauf an, ob die dem Vorstandsmitglied angelasteten Verfehlun-

---

[73] BGH II ZR 239/90 v. 14.10.1991, NJW-RR 1992, 292, 293; MünchHdb. GesR/Bd. 4/*Wiesner* § 20 Rz. 39.
[74] BGH II ZR 265/51 v. 28.1.1953, BGHZ 8, 348, 360f.; MünchKomm. AktG/Bd. 3/*Hefermehl/Spindler* § 84 Rz. 92 ff.; Kölner Komm./*Mertens* § 84 Rz. 102. Die Regelung dient dazu, die Unabhängigkeit des Vorstandes und die Eigenverantwortlichkeit seiner Führungsentscheidungen zu stärken sowie die alleinige Verpflichtung des Vorstandes auf das Unternehmensinteresse zu unterstreichen – vgl. RegBegr. zum AktG 1965, abgedr. bei *Kropff* S. 106.
[75] Vgl. BGH II ZR 97/87 v. 19.10.1987, NJW-RR 1988, 352, 353; OLG Stuttgart 3 U 154/93 v. 30.3.1994, NJW-RR 1995, 295, 296; *Hüffer* AktG § 84 Rz. 26; Kölner Komm./*Mertens* § 84 Rz. 103 – aA MünchKomm. AktG/Bd. 3/*Hefermehl/Spindler* § 84 Rz. 95 (entgegen der Vorauflage Rz. 69).

B. Bestellung und Anstellung

gen im Lichte seiner Verdienste ausreichen, um eine sofortige Abberufung zu rechtfertigen. Demgegenüber lässt die Gegenansicht, die einzig auf die Interessen der AG abhebt, das Vorliegen einer hinreichend gewichtigen Verfehlung genügen; etwaige entgegenstehende Interessen will diese Auffassung lediglich im Rahmen der Wirksamkeit der Kündigung des Anstellungsvertrages aus wichtigem Grund berücksichtigen.[76]

Als wichtige Gründe nennt das Gesetz beispielhaft die Fälle **grober Pflichtverletzungen**, der **Unfähigkeit** zur ordnungsgemäßen Geschäftsführung sowie des **Vertrauensentzugs** durch die Hauptversammlung (§ 84 Abs. 3 Satz 2 AktG), wobei es sich insoweit nur um Ausprägungen des allgemeinen Grundsatzes handelt, dass der Gesellschaft die Fortführung des Amtes bis zum Ablauf der Amtsperiode nicht mehr zuzumuten ist. Ob ein wichtiger Abberufungsgrund vorliegt oder nicht, ist eine Frage des Einzelfalls. Ein Verschulden oder eine Pflichtverletzung des Vorstandsmitglieds ist für das Vorliegen eines wichtigen Grundes nicht zwingend erforderlich.[77]

Beispiele[78] aus dem Bereich der groben Pflichtverletzung sind die Verletzung organschaftlicher Pflichten im Verhältnis zu anderen Gesellschaftsorganen,[79] wiederholte Übergriffe in das Ressort anderer Vorstandsmitglieder, aber auch die Missachtung geschriebener oder ungeschriebener Hauptversammlungszuständigkeiten.[80] Weiterhin kommen Verfehlungen zulasten der Gesellschaft und ihres Vermögens in Betracht sowie sonstige Beeinträchtigungen der Interessen der AG, etwa die Schädigung von deren Ansehen. Auch ein Fehlverhalten im Privatbereich, wie etwa strafbare Handlungen, hohe Verschuldung oder Insolvenz des Vorstandsmitglieds können Bedeutung erlangen.[81] Unüberbrückbare Differenzen zwischen Vorstand und Aufsichtsrat[82] über grundsätzliche Fragen der Unternehmenspolitik können ebenso wie dauernder Unfriede der Vorstandsmitglieder untereinander einen wichtigen Abberufungsgrund darstellen, da eine gedeihliche Zusammenarbeit ein unbeschädigtes Vertrauensverhältnis zwischen den Beteiligten voraussetzt.

Mangels hinreichender Fähigkeiten[83] kommt eine Abberufung etwa bei langer Krankheit,[84] beim Fehlen notwendiger Spezialkenntnisse und bei Nichtbewältigung bestimmter Sonder- und Krisensituationen[85] in Betracht. Auch in anderen Situationen, in denen mit einem Verbleib des Vorstandsmit-

---

[76] MünchHdb. GesR/Bd. 4/*Wiesner* § 20 Rz. 43 ff. mwN.
[77] BGH II ZR 298/05 v. 23.10.2006, ZIP 2007, 119; BGH II ZR 35/73 v. 3.7.1975, AG 1975, 242, 244; MünchKomm. AktG/Bd. 3/*Hefermehl/Spindler* § 84 Rz. 96; *Hüffer* AktG § 84 Rz. 27; Kölner Komm./*Mertens* § 84 Rz. 103.
[78] Vgl insoweit auch den Überblick bei MünchKomm. AktG/Bd. 3/*Hefermehl/Spindler* § 84 Rz. 97 ff. und MünchHdb. GesR/Bd. 4/*Wiesner* § 20 Rz. 46 ff.
[79] BGH II ZR 57/55 v. 26.3.1956, BGHZ 20, 239, 246; *Hüffer* AktG § 84 Rz. 28; MünchHdb. GesR/Bd. 4/*Wiesner* § 20 Rz. 46.
[80] BGH II ZR 131/97 v. 13.7.1998, AG 1998, 519, 520; II ZR 31/83 v. 17.10.1983, WM 1984, 29 f.; OLG Düsseldorf 16 U 130/90 v. 15.2.1991, WM 1992, 14, 19.
[81] BGH II ZR 207/57 v. 25.1.1960, WM 1960, 289, 291 f.; *Hüffer* AktG § 84 Rz. 28, MünchHdb. GesR/*Wiesner* § 20 Rz. 46.
[82] BGH II ZR 131/97 v. 13.7.1998, AG 1998, 519, 520; II ZR 79/91 v. 24.2.1992, ZIP 1992, 760, 761; MünchKomm. AktG/Bd. 3/*Hefermehl/Spindler* § 84 Rz. 99; Kölner Komm./*Mertens* § 111 Rz. 27; MünchHdb. GesR/Bd. 4/*Wiesner* § 20 Rz. 48.
[83] OLG Stuttgart 2 W 69/56 v. 9.10.1956, GmbHR 1957, 59, 60.
[84] *Hüffer* AktG § 84 Rz. 28; Kölner Komm./*Mertens* § 84 Rz. 134.
[85] *Hüffer* AktG § 84 Rz. 28; MünchHdb. GesR/Bd. 4/*Wiesner* § 20 Rz. 46.

glieds erhebliche Nachteile und Gefahren für die AG verbunden wären, kommt eine Abberufung in Betracht.

51 Während die gesetzlichen Regelbeispiele „grobe Pflichtverletzung" und „Unfähigkeit" weitgehend selbsterklärend sind, erweist sich das Misstrauensvotum durch die Hauptversammlung als problematisch, da das Gesetz ein entsprechendes **Misstrauensvotum** unter den Vorbehalt stellt, dass dieses nicht auf „offenbar unsachlichen Gründen" beruhen darf. Die Vorschrift erweist sich aus einem doppelten Grunde als schwer handhabbar: Die Regelung steht in einem Spannungsverhältnis zur gesetzlich dem Aufsichtsrat zugewiesenen Personalkompetenz und zur Eigenverantwortlichkeit des Vorstandes. Zudem lassen sich Maßstäbe zur Bestimmung der Unsachlichkeit eines Misstrauensvotums der Hauptversammlung schwer finden. Dieses Tatbestandsmerkmal wird überwiegend als Missbrauchsvorbehalt interpretiert.[86]

52 Strittig ist, ob der Aufsichtsrat zur Abberufung verpflichtet ist. Überwiegend wird von einer solchen **Pflicht bei Vorliegen wichtiger Abberufungsgründe** – außer in den Fällen des Vertrauensentzugs durch die Hauptversammlung – ausgegangen. Begründet wird dies damit, dass dem Aufsichtsrat bei der Beurteilung der Frage, ob ein wichtiger Abberufungsgrund vorliegt oder nicht, keinerlei Beurteilungsspielraum zustehe; vielmehr verlange das Gesetz gem. § 84 Abs. 3 AktG bei Unzumutbarkeit der Fortführung der Organfunktion die Abberufung.[87] Demgegenüber wird auch vertreten, dass der Aufsichtsrat berechtigt sei, das Vorstandsmitglied trotz Vorliegens eines wichtigen Grundes im Amt zu halten; zur Begründung kann sich diese Auffassung sowohl auf den Wortlaut des § 84 Abs. 3 Satz 1 AktG („kann"), als auch darauf berufen, dass die Feststellung eines Abberufungsgrundes nach wohl herrschender Meinung eine Interessensabwägung voraussetzt, der wertende Gesichtspunkte immanent sind.[88] Der Meinungsstreit ist indes nur ausnahmsweise von praktischer Relevanz, da man bei allen schwerwiegenderen Pflichtverletzungen und bei solchen, bei denen Wiederholungsgefahr besteht, davon ausgehen muss, dass ein etwaiges Abberufungsermessen des Aufsichtsrates auf null reduziert ist.

53 Im Übrigen kann ein Vorstandsmitglied seinerseits sein Amt aus wichtigem Grund niederlegen. Fehlt ein wichtiger Grund, ist strittig, ob man die **Amtsniederlegung** gleichwohl als wirksam ansehen muss, da es bereits de facto sehr schwierig ist, eine Person im Amt zu halten, die dieses Amt nicht mehr ausfüllen möchte.[89]

c) Suspendierung

54 Strittig ist ferner, ob der Aufsichtsrat anstelle einer Abberufung auch zu dem milderen Mittel der Suspendierung, dh. der **vorläufigen Amtsenthebung**, greifen kann. Überwiegend wird eine Suspendierung arg. a maiore ad minus

---

[86] Vgl. hierzu BGH II ZR 211/53 v. 28.4.1954, BGHZ 13, 188, 193; MünchHdb. GesR/Bd. 4/*Wiesner* § 20 Rz. 49; MüchKomm. AktG/Bd. 3/*Hefermehl/Spindler* § 84 Rz. 106.

[87] *Hüffer* AktG § 84 Rz. 26; MünchHdb. GesR/Bd. 4/*Wiesner* § 20 Rz. 51.

[88] Vgl. Kölner Komm./*Mertens* § 84 Rz. 107.

[89] Vgl. hierzu BGH II ZR 161/79 v. 14.7.1980, BGHZ 78, 82, 87f; MünchKomm. AktG/Bd. 3/*Hefermehl/Spindler* § 84 Rz. 124; Kölner Komm./*Mertens* § 84 Rz. 163; *Raiser/Veil* § 14 Rz. 44.

B. Bestellung und Anstellung 55, 56 § 6

zugelassen, sofern die Beschränkungen des § 84 Abs. 3 AktG beachtet werden.[90] Problematisch ist indes, dass die Suspendierung zur Folge hat, dass der Suspendierte mit allen Pflichten formal im Amt bleibt, er jedoch die ihm sonst zustehenden Befugnisse einschließlich der Informationsrechte nicht mehr ausüben darf; er ist seiner Rechte vorübergehend „beraubt", wobei unklar ist, ob das suspendierte Vorstandsmitglied seine vollen Machtbefugnisse zurückerhält oder ob es letztendlich doch abberufen wird.[91] Bereits dies zeigt, dass es sich bei einer Suspendierung stets nur um eine vorübergehende und sehr kurzfristige Maßnahme handeln kann. Denn es ist höchst problematisch, dem Vorstandsmitglied einerseits seinen Einfluss zu nehmen, es andererseits jedoch nicht von seinen Pflichten, insbesondere auch in haftungsrechtlicher Hinsicht, zu entbinden.

d) Rechtsschutz des abberufenen Vorstandsmitglieds

Ist die Abberufung fehlerhaft erfolgt, stellt sich die Frage, wie sich der Betroffene wehren kann. Insoweit ist zunächst § 84 Abs. 3 Satz 4 AktG zu beachten, wonach der Widerruf der Bestellung ungeachtet etwaiger Mängel wirksam ist, bis seine Unwirksamkeit rechtskräftig festgestellt ist. Nach herrschender Meinung ist der Wortlaut des § 84 Abs. 3 Satz 4 AktG zu weit geraten und die **fehlerunabhängige Widerrufswirkung** bezieht sich nur auf das **Erfordernis des wichtigen Grundes** und insbesondere nicht auf das Fehlen oder die Mangelhaftigkeit des zugrunde liegenden Aufsichtsratsbeschlusses. Dies bedeutet: Die Bestellung zum Vorstandsmitglied endet, wenn ein Aufsichtsratsbeschluss vorliegt und die Widerrufserklärung dem Abberufenen zugegangen ist, unabhängig davon, ob ein wichtiger Grund vorliegt oder ob dieser fehlt. Hingegen endet die Bestellung nicht, wenn der Widerruf ohne (wirksamen) Aufsichtsratsbeschluss erklärt wurde.[92]

Angesichts dieser Regelung ist im Falle einer Klage des Abberufenen zu unterscheiden: Wird die Klage auf das **Fehlen oder die Ungültigkeit des Abberufungsbeschlusses** gestützt, greift § 84 Abs. 3 Satz 4 AktG nicht ein. Es handelt sich um eine **schlichte Feststellungsklage**. Dieser kann durch einen (neuen) fehlerfreien Aufsichtsratsbeschluss analog § 244 AktG die Grundlage entzogen werden (Erledigung der Hauptsache).[93] Macht der Abberufene hingegen geltend, ein **wichtiger Abberufungsgrund** fehle, handelt es sich um eine **Gestaltungsklage**, weil bei Erfolg der Klage die Wirkung des § 84 Abs. 3 Satz 4 AktG überwunden und die Bestellung des Abberufenen zum Vorstand rückwirkend wieder hergestellt wird.[94] Um im Prozess über die Wirksamkeit

---

[90] MüchKomm. AktG/Bd. 3/*Hefermehl/Spindler* § 84 Rz. 121 f. – aA MünchHdb. GesR/Bd. 4/*Wiesner* § 20 Rz. 61, der eine Suspendierung nach Sinn und Zweck schon bei einem begründeten Verdacht zulassen möchte. Vgl. im Überblick auch *Hüffer* AktG § 84 Rz. 35.
[91] Vgl. Kölner Komm./*Mertens* § 84 Rz. 152, 157; MünchHdb. GesR/Bd. 4/*Wiesner* § 20 Rz. 62.
[92] Vgl. OLG Stuttgart 2 U 57/85 v. 15.4.1985, AG 1985, 193 re. Sp. (Dornier); LG München I 5 HKO 9397/85 v. 27.6.1985, AG 1986, 142 f. (Aigner); MünchKomm. AktG/Bd. 3/*Hefermehl/Spindler* § 84 Rz. 109; Kölner Komm./*Mertens* § 84 Rz. 98; *Hüffer* AktG § 84 Rz. 31.
[93] *Hüffer* AktG § 84 Rz. 34; MünchHdb. GesR/Bd. 4/*Wiesner* § 20 Rz. 53.
[94] KG 14 U 259/83 v. 8.7.1983, AG 1984, 24, 25; *Hüffer* AktG § 84 Rz. 34; MünchHdb. GesR/Bd. 4/*Wiesner* § 20 Rz. 513.

der Abberufung diese umfassend zur rechtlichen Überprüfung zu stellen, empfiehlt es sich im Zweifel, in der Hauptsache auf Feststellung der Nichtigkeit der Abberufung mangels Vorliegens eines wirksamen Abberufungsbeschlusses und hilfsweise auf Unwirksamerklärung der Abberufung mangels Vorliegens eines wichtigen Grundes zu klagen. In beiden Fällen ist die Klage gegen die AG zu richten, die gem. § 112 AktG analog durch den Aufsichtsrat vertreten wird.[95] Die Klagerhebung hat keinen Suspensiveffekt; der Abberufene ist nicht befugt, die Vorstandsgeschäfte während der Dauer des Prozesses weiterzuführen. Der Abberufungsstreit ist nach herrschender Meinung **nicht schiedsfähig**.[96]

57 Das Vorstandsmitglied kann unter Umständen auch im Wege einer **einstweiligen Verfügung** (§§ 935, 940 ZPO) vorgehen. Indes schränkt § 84 Abs. 3 Satz 4 AktG die Möglichkeit zur Erlangung einstweiligen Rechtsschutzes ein, soweit sich das Vorstandsmitglied gegen das Vorliegen eines wichtigen Grundes wehrt. Demgegenüber kann im Eilverfahren geltend gemacht werden, es fehle an einem (formell ordnungsgemäß zustande gekommenen) Abberufungsbeschluss des Aufsichtsrates; der Verfügungsgrund folgt in diesen Fällen aus der Dauer des Hauptsacheverfahrens.[97]

58 Ein **Nachschieben von Widerrufsgründen** ist auf der Grundlage eines Aufsichtsratsbeschlusses möglich, wenn der entsprechende Sachverhalt bei Erklärung des Widerrufs schon vorhanden, aber dem Aufsichtsrat nicht bekannt war; kannte der Aufsichtsrat hingegen zum Zeitpunkt der Abberufung die Widerrufsgründe, ist ihre (nachträgliche) Geltendmachung verwirkt.[98] Begründet indes das Vorstandsmitglied durch sein späteres Verhalten neue Abberufungsgründe, kann der Aufsichtsrat hierauf gestützt erneut eine Abberufung aussprechen, die in den laufenden Rechtsstreit eingeführt werden kann.[99]

59 Die **Beweislast** für das Vorliegen eines wichtigen Grundes trägt die AG; demgegenüber trifft den Abberufenen im Falle eines Vertrauensentzugs durch die Hauptversammlung die Beweislast dafür, dass das Misstrauensvotum aus offenbar unsachlichen Gründen erfolgt ist.[100]

60 Wird die Abberufung durch rechtskräftige **Entscheidung** innerhalb der Amtsperiode des Vorstandsmitglieds für unwirksam erklärt, tritt der Abberufene in seine alte Position wieder ein. Ein zwischenzeitlich neu berufenes Vorstandsmitglied kann abberufen werden, wenn es nach Gesetz oder Satzung

---

[95] BGH II ZR 126/80 v. 11.5.1981, NJW 1981, 2748, 2749 li. Sp.; II ZR 2/83 v. 13.2.1984, WM 1984, 532; OLG Koblenz 6 U 329/78 v. 11.11.1979, AG 1980, 282; *Hüffer* AktG § 84 Rz. 33; MünchHdb. GesR/Bd. 4/*Wiesner* § 20 Rz. 53 – aA BGH II ZR 211/53 v. 28.4.1954, BGHZ 13, 188, 191.
[96] Kölner Komm./*Mertens* § 84 Rz. 86; MünchHdb. GesR/Bd. 4/*Wiesner* § 20 Rz. 53; MünchKomm. AktG/Bd. 3/*Hefermehl/Spindler* § 84 Rz. 110 – aA *Vollmer* ZGR 1982, 15, 26 ff.
[97] OLG Stuttgart 2 U 57/85 v. 15.4.1985, AG 1985, 193 re. Sp. (Dornier); *Hüffer* AktG § 84 Rz. 34.
[98] BGH II ZR 211/53 v. 28.4.1954, BGHZ 13, 188, 194 f.; II ZR 81/60 v. 16.11.1961, WM 1962, 109, 111; MünchKomm. AktG/Bd. 3/*Hefermehl/Spindler* § 84 Rz. 113; Kölner Komm./*Mertens* § 84 Rz. 121.
[99] BGH II ZR 212/64 v. 14.7.1966, WM 1966, 968, 970; *Hüffer* AktG § 84 Rz. 34; MünchHdb. GesR/Bd. 4/*Wiesner* § 20 Rz. 55.
[100] BGH II ZR 35/73 v. 3.7.1975, AG 1975, 242, 244; MünchHdb. GesR/Bd. 4/*Wiesner* § 20 Rz. 55 aE.

B. Bestellung und Anstellung   61, 62   § 6

ausgeschlossen oder unzumutbar ist, dass beide Vorstandsmitglieder nebeneinander amtieren.[101]

2. Kündigung des Anstellungsvertrages

Die (außerordentliche) Kündigung des Anstellungsvertrages unterliegt den **allgemeinen dienstvertraglichen Regelungen** (§ 626 Abs. 1 BGB). Dies kann dazu führen, dass zwar die Abberufung nach § 84 Abs. 3 AktG wirksam ist, jedoch der Anstellungsvertrag nicht außerordentlich gekündigt werden kann und somit bis zum nächsten ordentlichen Kündigungstermin bzw. bis zu seinem Auslaufen bestehen bleibt. Die Situation ist für die AG misslich, da sie das Vorstandsmitglied nach Abberufung häufig nicht mehr adäquat beschäftigen kann, sodass dieses seinen Vergütungsanspruch behält, ohne eine Gegenleistung für die Gesellschaft erbringen zu müssen. 61

a) Zuständigkeit zur Kündigung

Auch die Kündigung des Anstellungsvertrages ist vom Aufsichtsrat auf der Grundlage eines Beschlusses des Plenums zu erklären (§ 112 AktG analog); der Aufsichtsrat kann sich insoweit eines Bevollmächtigten oder eines Boten bedienen.[102] Die Beschlussfassung kann – anders als bei Widerruf der Bestellung – einem Aufsichtsratsausschuss, insbesondere dem Personalausschuss, übertragen werden (§ 84 Abs. 3 Satz 5 AktG ist in § 107 Abs. 3 Satz 2 AktG nicht genannt);[103] allerdings darf ein Ausschuss die dem Gesamtaufsichtsrat vorbehaltene Entscheidung über den Widerruf der Bestellung nicht durch eine voreilige außerordentliche Kündigung des Anstellungsvertrages präjudizieren, sodass der Beschluss des Gesamtplenums über die Abberufung einer etwaigen Ausschussentscheidung über die außerordentliche Kündigung des Anstellungsvertrages vorangehen muss.[104] Indes stellt sich dieses Problem in praxi nicht, da die außerordentliche Kündigung des Anstellungsvertrages meist konkludent in dem Widerruf der Bestellung enthalten ist.[105] Gleichwohl **empfiehlt es sich**, sowohl im Rahmen der Beschlussfassung des Aufsichtsrates, als auch im Rahmen der Erklärung gegenüber dem Vorstandsmitglied **ausdrücklich** sowohl die Abberufung, als auch die außerordentliche Kündigung des Anstellungsvertrages auszusprechen; zusätzlich sollte die außerordentliche Kündigung mit einer hilfsweisen ordentlichen Kündigung verbunden werden.[106] 62

---

[101] Kölner Komm./*Mertens* § 84 Rz. 123; – aA MünchKomm. AktG/Bd. 3/*Hefermehl/Spindler* § 84 Rz. 118.
[102] Insoweit ist jedoch zu beachten, dass die Kündigung gemäß § 174 BGB unwirksam ist, wenn der Bevollmächtigte eine Vollmachtsurkunde nicht vorlegt und das betroffene Vorstandsmitglied die Kündigung unverzüglich zurückweist. Nach OLG Düsseldorf I-15 U 225/02 v. 17. 11. 2003, NZG 2004, 141 ff., soll § 174 AktG auch dann entsprechend gelten, wenn der Aufsichtsratsvorsitzende die Kündigung übermittelt, ohne eine Ermächtigungsurkunde bzw. den Aufsichtsratsbeschluss vorzulegen.
[103] Vgl. etwa BGH II ZR 90/73 v. 23. 10. 1975, BGHZ 65, 190, 193.
[104] BGH 182/79 v. 24. 11. 1980, BGHZ 79, 38, 44; II ZR 102/81 v. 25. 2. 1982, BGHZ 83, 144, 150; II ZR 33/83 v. 14. 11. 1983, BGHZ 89, 48, 56; *Hüffer* AktG § 84 Rz. 38.
[105] Vgl. etwa Kölner Komm./*Mertens* § 84 Rz. 128.
[106] Vgl. BGH II ZR 57/55 v. 26. 3. 1956, BGHZ 20, 239, 249; Kölner Komm./*Mertens* § 84 Rz. 128 aE.

b) Voraussetzungen der Kündigung aus wichtigem Grund

63 Die außerordentliche Kündigung des Anstellungsvertrages setzt nach § 626 BGB einen **wichtigen Beendigungsgrund** voraus; dieses Erfordernis ist nicht mit dem wichtigen Grund zur Abberufung nach § 84 Abs. 3 Satz 1 AktG identisch.[107] Zwar stellt ein wichtiger Grund zur Kündigung des Anstellungsvertrages stets auch einen wichtigen Grund zum Widerruf der Bestellung dar,[108] jedoch rechtfertigt umgekehrt ein wichtiger Abberufungsgrund lediglich häufig, nicht jedoch stets die sofortige Beendigung des Anstellungsvertrages. Ein **wichtiger Grund gem. § 626 Abs. 1 BGB** liegt vor, wenn nach Abwägung der Interessen beider Seiten die Fortsetzung des Anstellungsvertrages und insbesondere auch die Bezahlung des abberufenen Vorstandsmitglieds bis zum planmäßigen Ablauf der Anstellungsfrist der AG nicht zumutbar ist; entscheidend sind die besonderen Umstände des Einzelfalls, wobei in die Interessenabwägung insbesondere die Schwere der dem abberufenen Vorstandsmitglied vorgeworfenen Verfehlungen, deren Folgen für die Gesellschaft, die Größe des Verschuldens sowie eine etwaige Wiederholungsgefahr einerseits und andererseits etwaige Verdienste des Vorstandsmitglieds um das Unternehmen, die mit der außerordentlichen Kündigung verbundenen sozialen Folgen und das Lebensalter des Abberufenen einfließen müssen.[109]

64 Vor diesem Hintergrund rechtfertigen vor allem **schwere Pflichtverletzungen** die außerordentliche Kündigung des Anstellungsvertrages; insoweit kann auf die Ausführungen zur Abberufung verwiesen werden.[110] Werden indes die Fähigkeiten des Vorstandsmitglieds in Zweifel gezogen, bedarf es einer umfassenden Interessenabwägung, bei der die Belange des Abberufenen – im Vergleich zur Widerrufsentscheidung – verstärkt zu berücksichtigen sind.[111] Weiterhin ist zu beachten, dass bestimmte Situationen, die per se eine Abberufung rechtfertigen, typischerweise als Gründe für eine außerordentliche Kündigung des Anstellungsvertrages nicht hinreichend sind; dies gilt insbesondere für den **Vertrauensentzug durch die Hauptversammlung**. Insoweit kommt es stets darauf an, aus welchen Gründen die Hauptversammlung dem Vorstand das Vertrauen entzogen hat und ob diese Gründe einen eigenständigen wichtigen Kündigungsgrund darstellen.[112] Auch in Fällen, in denen eine Abberufung auf ein Zerwürfnis zwischen den Mitgliedern des Vorstandes gestützt wird, ist Vorsicht geboten, da der Aufsichtsrat im Falle eines solchen Zerwürfnisses nicht denjenigen abberufen muss, der dieses verschuldet hat; demgegenüber kommt es im Rahmen der außerordentlichen Kündigung des Anstellungsvertrages auf den Umfang des Verschuldens des Abberufenen an dem Zerwürfnis

---

[107] BGH II ZR 220/88 v. 29. 5. 1989, NJW 1989, 2683 f.
[108] BGH II ZR 130/94 v. 23. 10. 1995, NJW-RR 1996, 156; OLG Düsseldorf 16 U 130/90 v. 15. 2. 1991, WM 1992, 14, 19; MünchHdb. GesR/Bd. 4/*Wiesner* § 21 Rz. 77.
[109] Vgl. BGH II ZR 130/94 v. 23. 10. 1995, NJW-RR, 1996, 156; BGH II ZR 234/91 v. 9. 11. 1992, NJW 1993, 463; Kölner Komm./*Mertens* § 84 Rz. 129; MünchHdb. GesR/Bd. 4/*Wiesner* § 21 Rz. 78 f.
[110] Vgl. etwa BGH II ZR 57/55 v. 26. 3. 1956, BGHZ 20, 239, 246 (Mangelnde Offenheit gegenüber dem Aufsichtsrat); OLG Düsseldorf 16 U 130/90 v. 15. 2. 1991, WM 1992, 14, 19 (Bilanz- und Warenlagermanipulationen).
[111] *Hüffer* AktG § 84 Rz. 40.
[112] BGH II ZR 280/53 v. 20. 10. 1954, BGHZ 15, 71, 75; MünchKomm. AktG/Bd. 3/ *Hefermehl/Spindler* § 84 Rz. 128; *Hüffer* AktG § 84 Rz. 40.

B. Bestellung und Anstellung　　　　　　　　　　　　　　65, 66　§ 6

entscheidend an. Eine unberechtigte Amtsniederlegung durch das Vorstandsmitglied selbst rechtfertigt indes stets eine außerordentliche Kündigung des Anstellungsvertrages.[113] Strittig ist, ob die **außerordentlichen Kündigungsgründe im Anstellungsvertrag erweitert** werden können; insoweit wird überwiegend davon ausgegangen, dass eine privatautonome Ausweitung der außerordentlichen Kündigungsgründe grundsätzlich ausgeschlossen ist.[114]

Gem. § 626 Abs. 2 BGB muss die außerordentliche Kündigung des Anstellungsvertrages **innerhalb von 2 Wochen** seit Kenntnis des wichtigen Grundes erfolgen; es kommt insoweit auf die Kenntnis des Gesamtgeschehens und nicht lediglich einzelner Sachverhaltsgesichtspunkte an.[115] Die Zwei-Wochen-Frist beginnt mit der **Kenntnis des Aufsichtsratsgremiums** von dem wichtigen Grund. Überwiegend wird auf die Kenntniserlangung durch alle Aufsichtsratsmitglieder in einer Aufsichtsratssitzung abgestellt, soweit diese mit zumutbarer Beschleunigung nach Bekanntwerden des wichtigen Grundes einberufen worden ist.[116] Die Frist des § 626 Abs. 2 BGB beginnt ab dem Sitzungstag zu laufen; die außerhalb einer Aufsichtsratssitzung erlangte Kenntnis von Kündigungsgründen durch die Aufsichtsratsmitglieder setzt indes die Frist nicht in Lauf. Etwas anderes gilt nur, wenn die Einberufung des Aufsichtsrates nach Kenntniserlangung einer einberufungsberechtigten Zahl von Aufsichtsratmitgliedern unangemessen verzögert wird; in einer solchen Situation muss sich die Gesellschaft so behandeln lassen, als wenn der Aufsichtsrat rechtzeitig einberufen worden wäre.[117]

Rechtsfolge der rechtswirksamen Kündigung des Anstellungsvertrages ist das Erlöschen der schuldrechtlichen Rechte und Pflichten des Abberufenen. Das Vorstandsmitglied verliert vor allem seine Gehaltsansprüche, wohingegen die Versorgungsansprüche grundsätzlich bestehen bleiben.[118] Hat das Vorstandsmitglied den Widerruf seiner Bestellung verschuldet, ohne dass jedoch ein wichtiger Grund zur Kündigung des Anstellungsverhältnisses vorlag, wird vertreten, dass das Vorstandsmitglied sich auf eine seinen Kenntnissen und Fähigkeiten angemessene andere leitende Beschäftigung innerhalb der Gesellschaft einlassen müsse, die der Tätigkeit als Vorstandsmitglied zwar nicht gleichwertig sei, ihr jedoch nahe komme.[119] Das wirksam gekündigte Vorstandsmitglied hat gegen die Gesellschaft gem. § 630 BGB einen Anspruch auf ein Dienstzeugnis, welches vom Aufsichtsrat zu erteilen ist.[120]

65

66

---

[113] BGH 161/79 v. 14.7.1980, BGHZ 78, 82, 85; BGH II ZR 189/76 v. 9.2.1978, WM 1978, 319; *Hüffer* AktG § 84 Rz. 40; MünchHdb. GesR/Bd. 4/*Wiesner* § 21 Rz. 75.

[114] Vgl. Kölner Komm./*Mertens* § 84 Rz. 138.

[115] BGH II ZR 114/95 v. 26.2.1996, ZIP 1996, 636 re. Sp.; *Hüffer* AktG § 84 Rz. 42.

[116] BGH II ZR 251/98 v. 10.1.2000, DStR 2000, 564, 565 m. Anm. *Goette*; BGH II ZR 169/79 v. 19.5.1980, AG 1981, 47, 48; BAG 2 AZR 297/76 v. 5.5.1977, BAGE 29, 158, 164 ff.; *Hüffer* AktG § 84 Rz. 42; Kölner Komm./*Mertens* § 84 Rz. 144; MünchHdb. GesR/Bd. 4/*Wiesner* § 21 Rz. 80 – aA allerdings BGH II ZR 75/62 v. 6.4.1964, BGHZ 41, 282, 287.

[117] Vgl. hierzu OLG München 6 U 5444/04 v. 14.7.2005, ZIP 2005, 1781 ff.

[118] BGH II ZR 265/51 v. 28.1.1953, BGHZ 8, 348, 365; MünchKomm. AktG/Bd. 3/ *Hefermehl/Spindler* § 84 Rz. 151.

[119] BGH II ZR 212/64 v. 14.7.1966, AG 1966, 366; MünchKomm. AktG/Bd. 3/*Hefermehl/Spindler* § 84 Rz. 154.

[120] MünchKomm. AktG/Bd. 3/*Hefermehl/Spindler* § 84 Rz. 30; *Hüffer* AktG § 84 Rz. 17; Kölner Komm./*Mertens* § 84 Rz. 75; MünchHdb. GesR/Bd. 4/*Wiesner* § 21 Rz. 65.

c) Rechtsschutz des gekündigten Vorstandsmitgliedes

67 Für Rechtsstreitigkeiten über die außerordentliche Kündigung des Anstellungsvertrages ist wegen § 5 Abs. 1 Satz 3 ArbGG der Rechtsweg zu den Arbeitsgerichten grundsätzlich ausgeschlossen. Vielmehr sind Streitigkeiten aus dem Anstellungsvertrag – vorbehaltlich einer ausdrücklichen anderen Vereinbarung nach § 2 Abs. 4 ArbGG – vor dem Landgericht, hier der Kammer für Handelssachen (§ 95 Abs. 1 Nr. 4 lit. a GVG), auszutragen. Besteht neben dem Anstellungsvertrag noch ein ruhendes Arbeitsverhältnis, weil ein früherer Angestellter zum Vorstand berufen wurde, und wird auch über die außerordentliche Kündigung dieses Arbeitsverhältnisses gestritten, so kann auch der Rechtsweg zu den Arbeitsgerichten statt zu den ordentlichen Gerichten eröffnet sein.[121]

Im Prozess über die außerordentliche Kündigung des Anstellungsvertrages trägt die Gesellschaft sowohl die **Beweislast** für das Vorliegen eines wichtigen Grundes, als auch für die Einhaltung der Ausschlussfrist des § 626 Abs. 2 BGB. Ein **Nachschieben von Kündigungsgründen** ist nur zulässig, wenn die nachgeschobenen Kündigungsgründe erst nach Ablauf der Ausschlussfrist bekannt wurden.

C. Rechte der Vorstandsmitglieder

68 Die wesentlichen Rechte und Ansprüche der Vorstände gegenüber der AG gründen sich nicht auf das Gesetz, sondern den Anstellungsvertrag.

I. Vergütungsanspruch

69 Ein Vergütungsanspruch für die Vorstandsarbeit ergibt sich nicht aus dem Organverhältnis. **Anspruchsgrundlage** für die Vorstandsvergütung ist vielmehr der Anstellungsvertrag, der regelmäßig auch die Einzelheiten (Höhe der Festvergütung und ggf. Zahlung von Tantiemen und sonstigen Nebenleistungen) festlegt. Erfüllungsort für die Vergütung der Vorstandsmitglieder ist in der Regel der Sitz der Gesellschaft. Der Vergütungsanspruch verjährt gem. §§ 195, 199 BGB nach drei Jahren ab Ende des Jahres in dem der Anspruch entstanden ist und der Vorstand von den anspruchsbegründenden Umständen Kenntnis erlangt hat bzw. ohne grobe Fahrlässigkeit hätte erlangen müssen, spätestens aber nach zehn Jahren ab Entstehung.

1. Postulat der Angemessenheit der Vorstandsvergütung

70 Das AktG enthält in § 87 Abs. 1 Satz 1 das Gebot der Angemessenheit der Bezüge. § 87 Abs. 1 Satz 1 AktG wurde durch das **Gesetz zur Angemessenheit der Vorstandsvergütung (VorstAG)**,[122] das der Bundestag am 18. 6. 2009 verabschiedet hat, neu gefasst. Gemäß § 87 Abs. 1 Satz 1 AktG hat der Aufsichtsrat bei der Festsetzung der Gesamtbezüge des einzelnen Vorstandsmit-

---

[121] Vgl. BAG 5 AZB 4/95 v. 28. 9. 1995, NZA 1996, 143, 144; 5 AZB 25/96 v. 18. 12. 1996, NZA 1997, 509, 511; ausführlich *Jaeger* NZA 1998, 961, 964 f.
[122] BGBl. I v. 4. 8. 2009, S. 2509; s. hierzu insb. die Stellungnahmen des *Handelsrechtsausschusses des Deutschen Anwaltsvereins*, NZG 2009, 612 ff. sowie des *DIHK*, NZG 2009, 538 ff.; s. zudem *Wagner/Wittgens*, BB 2009, 906 ff.; *Jahn*, GWR 2009, 135.

glieds dafür zu sorgen, dass diese in einem angemessenen Verhältnis zu den Aufgaben und Leistungen des Vorstandsmitglieds sowie zur Lage der Gesellschaft stehen und die übliche Vergütung nicht ohne besondere Gründe übersteigen. Der neu eingefügte § 87 Abs. 1 Satz 2 AktG bestimmt, dass die Vergütungsstruktur bei börsennotierten Gesellschaften auf eine nachhaltige Unternehmensentwicklung auszurichten ist. Variable Vergütungsbestandteile sollen gemäß § 87 Abs. 1 Satz 3 AktG eine mehrjährige Bemessungsgrundlage haben; für außerordentliche Entwicklungen soll der Aufsichtsrat eine Begrenzungsmöglichkeit vereinbaren. Gemäß § 87 Abs. 1 Satz 4 AktG (bisher Abs. 1 Satz 2) gilt das Postulat der Angemessenheit der Bezüge sinngemäß für Ruhegehalt, Hinterbliebenenbezüge und Leistungen verwandter Art.

Neu an dieser Regelung ist insbesondere, dass die Vergütung des Vorstands einer Aktiengesellschaft künftig auch in einem angemessenen Verhältnis zu den *Leistungen* des Vorstands stehen muss und die übliche Vergütung nicht ohne besondere Gründe übersteigen darf. Neuregelungen stellen auch die soeben dargestellten § 87 Abs. 1 Satz 2 und Satz 3 AktG zur Vergütungsstruktur bei börsennotierten Gesellschaften sowie zu variablen Vergütungsbestandteilen dar. Hintergrund dieser Neuregelungen ist die Zielsetzung des VorstAG, wonach die Anreize in der Vergütungsstruktur für Vorstandsmitglieder in Richtung einer nachhaltigen und auf Langfristigkeit ausgerichteten Unternehmensführung gestärkt werden sollen.[123] **Bezugsgröße des Angemessenheitspostulats** sind die Gesamtbezüge (Gehalt, Gewinnbeteiligungen, Aufwandsentschädigungen, Versicherungsentgelte, Provisionen, anreizorientierte Vergütungszusagen wie z. B. Aktienbezugsrechte[124]) einschließlich aller (auch atypischer) Nebenleistungen wie Wohnrecht, Pkw mit Fahrer, Dienstflugzeug sowie jede Form von Sachbezügen uÄ. Neben den gesetzlich genannten Maßstäben für die Beurteilung der Angemessenheit der Vorstandsbezüge kommt es auch auf die Qualifikation, den Marktwert, die konkrete Verhandlungslage, die Dauer der Zugehörigkeit zur Gesellschaft, familiäre Verhältnisse uÄ an (vgl. dazu auch Ziff. 4.2.2 DCGK).[125] Wirtschaftliche Schwierigkeiten der AG müssen nicht zwingend zu einem niedrigeren Vergütungsniveau der Führungskräfte führen, da die Konsolidierungsaufgabe häufig nur von einem besonders erfahrenen Sanierer bewältigt werden kann, dessen qualifizierte Tätigkeit ihren Preis hat.[126] Strittig ist, ob in der Satzung Vorgaben für die Angemessenheit der Vorstandsbezüge enthalten sein dürfen. Vor dem Hintergrund des Gebots der Satzungsstrenge (§ 23 Abs. 5 AktG) und angesichts der dem Aufsichtsrat überantworteten Personalhoheit ist es außerordentlich zweifelhaft, ob insoweit statutarischer Gestaltungsspielraum besteht.[127]

Problematisch ist, ob auch bereits erbrachte Leistungen (zusätzlich) vergütet werden können. Der BGH hält dies im **Mannesmann-Urteil** nur dann für zulässig, wenn der Gesellschaft durch die Zahlung ein zukünftiger Nutzen ent-

---

[123] Siehe die Erläuterungen in BR-Drucks. 592/09, S. 29.
[124] Einzelheiten zur Angemessenheit von Stock-Options etwa bei *Baums* in FS Claussen 1997 S. 3, 29 ff.; *Hüffer* ZHR 161 (1997), 214, 219 f., 234 ff.
[125] BGH II ZR 126/89 v. 14. 5. 1990, BGHZ 111, 124, 228; BGH II ZR 88/91 v. 15. 6. 1992, NJW 1992, 2894, 2896 li. Sp. (zur GmbH); OLG München 7 U 5618/07 v. 7. 5. 2008, WM 2008, 1320; *Hüffer* AktG § 87 Rz. 2.
[126] *Hüffer* AktG § 87 Rz. 2; MünchHdb. GesR/Bd. 4/*Wiesner* § 21 Rz. 31.
[127] So auch Kölner Komm./*Mertens* § 87 Rz. 3; MünchHdb. GesR/Bd. 4/*Wiesner* § 21 Rz. 32. – aA *Körner* NJW 2004, 2697, 2701; differenzierend *Hüffer* AktG § 87 Rz. 2 aE.

Liebscher

steht, der die Leistung kompensiert;[128] im Schrifttum ist diese Auffassung weitgehend auf Kritik gestoßen.[129]

72 Die AG muss nach § 285 S. 1 Nr. 9 lit. a) HGB die Gesamtbezüge aller Vorstandsmitglieder als Summe im Anhang zum Jahresabschluss und nach § 314 Abs. 1 Nr. 6 HGB im Anhang zum Konzernabschluss ausweisen. Durch das Gesetz über die Offenlegung von Vorstandsvergütungen (VorstOG) wurde § 285 Nr. 9 lit. a) HGB darüber hinaus dahingehend geändert, dass börsennotierte Gesellschaften auch individualisierte Angaben machen müssen, aufgeteilt nach erfolgsunabhängigen und erfolgsbezogenen Komponenten sowie Komponenten mit langfristiger Anreizwirkung (vgl. auch Ziff. 4.2.4 DCGK). Durch die so erzeugte **Publizität** soll Missbräuchen begegnet werden.

2. Herabsetzung der Vorstandsvergütung in der Krise

73 Im Falle einer Krise der Gesellschaft sah § 87 Abs. 2 AktG bereits nach der bislang geltenden Rechtslage die Berechtigung des Aufsichtsrates vor, die Bezüge der Vorstandsmitglieder aus Billigkeitsgründen herabzusetzen. Diese Möglichkeit des Aufsichtsrats, die Vergütung bei einer Verschlechterung der Lage des Unternehmens nachträglich zu reduzieren, ist durch das Gesetz zur Angemessenheit der Vorstandsvergütung (VorstAG)[130] erweitert worden. § 87 Abs. 2 Satz 1 AktG bestimmt nunmehr, dass der Aufsichtsrat oder im Falle des § 85 Abs. 3 das Gericht auf Antrag des Aufsichtsrats die Bezüge auf die angemessene Höhe herabsetzen *soll*, wenn sich die Lage der Gesellschaft nach der Festsetzung der Bezüge so verschlechtert, dass deren Weitergewährung unbillig für die Gesellschaft wäre. Gemäß § 87 Abs. 2 Satz 2 AktG können Ruhegehalt, Hinterbliebenenbezüge und Leistungen verwandter Art nur in den ersten drei Jahren nach Ausscheiden aus der Gesellschaft herabgesetzt werden. Die Reduzierung der Vergütung ist demnach gesetzlich an zwei Voraussetzungen geknüpft:[131] Zum einen muss es (nachträglich) zu einer **Verschlechterung (bislang: wesentlichen Verschlechterung) der wirtschaftlichen Lage** der AG gekommen sein; Vergütung eines hoch bezahlten Sanierers kann auf der Grundlage des § 87 Abs. 2 AktG aber allenfalls dann herabgesetzt werden, wenn sich die angespannte Situation signifikant und unvorhersehbar weiter verschlechtert. Zum anderen enthält das Tatbestand ein Wertungselement, indem auf das **Vorliegen einer Unbilligkeit (bislang: schweren Unbilligkeit)** abgestellt wird. Ob die Voraussetzungen dieses Wertungselements gegeben sind, ist eine Frage des Einzelfalls und erfordert im Ergebnis eine umfassende Interessenabwägung.

Die Herabsetzung erfolgt durch einseitige Erklärung des Aufsichtsrates; insoweit handelt es sich um die Ausübung eines **Gestaltungsrechts**, die eine Durchbrechung des Grundsatzes „pacta sunt servanda" enthält. Will der Betroffene die Entscheidung nicht hinnehmen, kann er die Angemessenheit der Herabsetzung gem. § 315 Abs. 3 Satz 2 BGB gerichtlich überprüfen lassen oder vorzeitig das Anstellungsverhältnis kündigen (§ 87 Abs. 2 Satz 4 AktG).[132]

---

[128] BGH 3 StR 470/04 v. 21.12.2005, NJW 2006, 522 ff. (Mannesmann).
[129] Vgl. nur MünchHdb. GesR/Bd. 4/*Wiesner* § 21 Rz. 32; *Hoffmann-Becking* NZG 2006, 127 ff.; *Hüffer* AktG § 87 Rz. 4 mwN.
[130] BGBl. I v. 4.8.2009, S. 2509.
[131] *Hüffer* AktG § 87 Rz. 9; Kölner Komm./*Mertens* § 87 Rz. 10 (noch zur alten Rechtslage).
[132] Kölner Komm./*Mertens* § 87 Rz. 19 ff.

C. Rechte der Vorstandsmitglieder 74, 75 § 6

Bessert sich die wirtschaftliche Lage der AG nach Herabsetzung der Vorstandsbezüge wieder nachhaltig, ist der **vertraglich vereinbarte Zustand wieder herzustellen.** Demgegenüber besteht ein allgemeiner Anspruch auf Aufbesserung der Bezüge nach oben bei einer wesentlichen Verbesserung der wirtschaftlichen Verhältnisse der Gesellschaft ohne vorangegangene Reduktion der Bezüge nicht. Denn es besteht kein allgemeiner Anspruch der Vorstandsmitglieder, am Erfolg des Unternehmens zu partizipieren, selbst wenn dieser das Produkt ihrer Vorstandsarbeit ist.[133]

3. Sonstige gesetzlich determinierte Vergütungselemente

Das AktG und das Sozialversicherungsrecht enthalten gesetzliche Vorgaben im Hinblick auf weitere Vergütungselemente: **Tantiemen** sind die älteste und verbreiteteste Form einer erfolgsorientierten Entlohnung. Das AktG regelt lediglich die Gewinntantiemen; deren Zulässigkeit ergibt sich aus ihrer ausdrücklichen Erwähnung in § 87 Abs. 1 Satz 1 AktG. Insoweit liegt jedoch – nach Aufhebung des § 86 AktG a. F. – keine abschließende Regelung vor. Auch Umsatz-, Ermessens-, Mindest- oder Garantietantiemen sind daher zulässig.[134]

Gegenstand des Anstellungsvertrages sind häufig Ruhegeldzusagen. Derartige **Versorgungszusagen** können formfrei geschlossen werden. Allerdings werden diese üblicherweise schriftlich vereinbart, da Schriftform für deren steuerliche Anerkennung wegen § 6 a Abs. 1 Nr. 3 EstG erforderlich ist, wenn Pensionsrückstellungen gebildet werden sollen.[135] Pensionsvereinbarungen mit Vorstandsmitgliedern unterliegen den Regelungen des BetrAVG (§ 17 Abs. 1 Satz 2); allerdings kommt das BetrAVG nicht zur Anwendung zugunsten von Vorstandsmitgliedern, die zugleich an der AG mehrheitlich beteiligt sind, da der BGH den Mehrheitsaktionär als Mitunternehmer ansieht.[136] Die Anwendbarkeit der Regelung des BetrAVG hat zur Folge, dass eine unverfallbare Ruhegeldanwartschaft begründet wird (§ 1 BetrAVG). Hinzu kommen die Möglichkeit einer früheren Inanspruchnahme der Versorgungsleistung (§ 6 BetrAVG), der Insolvenzschutz (§§ 7 ff. BetrAVG) sowie die Anpassungsverpflichtung (§ 16 BetrAVG).[137] Nur in absoluten Ausnahmefällen kann die Zahlung der Versorgungsleistung verweigert werden. Nach Streichung des § 7 Abs. 1 Satz 3 Nr. 5 BetrAVG a. F.,[138] der für den Fall der gefährdenden Notlage des Unternehmens eine Ausnahme vorsah, kommt eine Verweigerung bzw. Kürzung nunmehr nur noch in Betracht, wenn sich das Vorstandsmitglied schwerwiegende Verfehlungen hat zuschulden kommen lassen. Hierfür genügen allerdings diejenigen Gründe, die eine außerordentliche Kündigung des Anstellungsvertrages rechtfertigen, nicht. Vielmehr ist erforderlich, dass das Vorstandsmitglied der Gesellschaft schweren Schaden zugefügt hat. Selbst in solchen Fällen kann ein völliger Entzug des Ruhegelds in Anbetracht des Versorgungszwecks der Zusage eine zu weit gehende Maßnahme darstellen, sodass uU selbst bei schwersten Verfehlungen nur eine angemessene Kürzung des

---

[133] Kölner Komm./*Mertens* § 87 Rz. 22; MünchHdb. GesR/Bd. 4/*Wiesner* § 21 Rz. 35.
[134] MünchHdb. GesR/Bd. 4/*Wiesner* § 21 Rz. 39 ff.; *Hüffer* AktG § 86 Rz. 2.
[135] MünchHdb. GesR/Bd. 4/*Wiesner* § 21 Rz. 46.
[136] MünchHdb. GesR/Bd. 4/*Wiesner* § 21 Rz. 47.
[137] Vgl. zu weiteren Einzelheiten MünchHdb. GesR/Bd. 4/*Wiesner* § 21 Rz. 49 ff.
[138] Vgl. zur Bedeutung der Streichung BAG 3 AZR 396/02 v. 17. 6. 2003, BAGE 106, 327 ff.

Ruhegelds unter Abwägung aller nach Treu und Glauben erheblichen Gesichtspunkte in Betracht kommen kann.[139]

76 Hat das Vorstandsmitglied im Rahmen der Wahrnehmung seiner Organbefugnisse Aufwendungen im Interesse der Gesellschaft getätigt, muss es diese nicht aus dem eigenen Vermögen bestreiten; vielmehr haben Vorstandsmitglieder **Anspruch auf Vorschuss und Auslagenersatz** (§§ 675, 669 f. BGB). Der Anspruch wird regelmäßig im Anstellungsvertrag näher ausgestaltet (regelmäßige Orientierung an den Pauschalbeträgen nach den Lohnsteuerrichtlinien iVm. Einzelnachweisen für höhere Aufwendungen). Auf dieser Grundlage hat das Vorstandsmitglied regelmäßig auch Anspruch auf Ersatz von Schäden, die es im Rahmen seiner Tätigkeit schuldlos erleidet; Ansprüche auf Freistellung von Haftungsansprüchen Dritter aufgrund Organtätigkeit stehen dem Vorstandsmitglied nur dann zu, wenn sein Verhalten der Gesellschaft gegenüber nicht als schuldhafte Pflichtverletzung anzusehen ist.[140] Zu den erstattungsfähigen Aufwendungen zählen ferner etwaige Aufwendungen zur Rechtsverteidigung in einem Rechtsstreit bzw. Straf- oder Ordnungswidrigkeitsverfahren, soweit es um Vorwürfe im Zusammenhang mit der organschaftlichen Tätigkeit des Vorstandes geht.[141] Demgegenüber besteht ein Anspruch auf Übernahme von Geldstrafen oder Geldbußen regelmäßig nicht. Zwar stellt die nachträgliche Übernahme einer entsprechenden Strafe nach der Rechtsprechung des BGH keine Strafvollstreckungsvereitelung iSd. § 258 Abs. 2 StGB dar,[142] jedoch wird ein Vorstandsmitglied durch ein strafbares Verhalten regelmäßig auch seine Organpflichten gegenüber der Gesellschaft verletzen.[143]

4. Stock Options

77 Üblicher Vergütungsbestandteil sind heute zudem „Stock Options", dh. als Optionen ausgestaltete **Bezugsrechte** für Arbeitnehmer und Mitglieder der Geschäftsführung der Gesellschaft oder eines verbundenen Unternehmens (§ 192 Abs. 2 Nr. 3 AktG). Die dem Begünstigten eingeräumten Optionen berechtigen zum **Erwerb einer Aktie des Unternehmens** zu einem bestimmten Preis in einem bestimmten Zeitpunkt.

78 Mit der Gewährung von Stock Options werden im Allgemeinen mehrere **Ziele** verfolgt:[144] Hauptzweck ist die Herstellung eines **Gleichlaufs der Interessen** von Management und Aktionären. Insoweit dienen Stock Options der Umsetzung des „shareholder value"-Konzeptes, indem sie das Management im eigenen Interesse veranlassen, die Unternehmensführung in erster Linie auf die nachhaltige Steigerung des Unternehmens- bzw. Börsenwertes, also des Eigentümervermögens, hin auszurichten. Darüber hinaus haben Stock Options **Finanzierungsfunktion**. Denn sie ermöglichen es der Gesellschaft, ansonsten

---

[139] BGH II ZR 71/83 v. 19.12.1983, NJW 1984, 1529, 1530 f.; OLG Hamburg 11 U 117/79 v. 23.5.1980, AG 1980, 275, 281 f.; MünchHdb. GesR/Bd. 4/*Wiesner* § 21 Rz. 56.
[140] Kölner Komm./*Mertens* § 84 Rz. 77; MünchHdb. GesR/Bd. 4/*Wiesner* § 21 Rz. 62.
[141] Kölner Komm./*Mertens* § 84 Rz. 89; MünchHdb. GesR/Bd. 4/*Wiesner* § 21 Rz. 63.
[142] BGH 2 StR 439/90 v. 7.11.1990, NJW 1991, 990, 992; MünchHdb. GesR/Bd. 4/*Wiesner* § 16, Rz. 63.
[143] Kölner Komm./*Mertens* § 84 Rz. 79, 81; MünchHdb. GesR/Bd. 4/*Wiesner* § 21 Rz. 63.
[144] *Hüffer* ZHR 161 (1997), 214, 215; *Kallmeyer* AG 1999, 95, 97; MünchHdb. GesR/Bd. 4/*Krieger* § 63 Rz. 34.

C. Rechte der Vorstandsmitglieder 79–81 § 6

kaum bezahlbare Mitarbeiter anzuwerben oder an sich zu binden, ohne dafür die Liquidität des Unternehmens zu beeinträchtigen.

Jedoch sind mit Stock Options auch **Gefahren** verbunden.[145] Zu nennen ist zunächst die Gefahr eines Verstoßes gegen § 87 Abs. 1 AktG, wonach dem Vorstand nur eine „angemessene" Vergütung gewährt werden darf, was zweifelhaft sein kann, wenn die Gewährung von Aktienoptionen infolge erheblicher Kurssteigerungen zu einer **Übervergütung** der Begünstigten führt. Dies gilt insbesondere dann, wenn eine Kurssteigerung – und damit eine Wertsteigerung der Option – nicht auf einer Steigerung des Unternehmenswertes beruht, sondern auf einem börsenbedingten Zufall („windfall profits"). Weitere Bedenken gegen Stock Options werden deshalb vorgebracht, weil sie zu einer **Anteilsverwässerung** der Altaktionäre führen, da deren Bezugsrechte ausgeschlossen sind, soweit Aktien zur Bedienung von Stock Options emittiert werden. Schließlich besteht die Gefahr, dass das Management die Kursentwicklung der Aktie gezielt manipuliert, um die Optionsausübung zu ermöglichen oder besonders lukrativ zu machen. Die genannten Bedenken vermögen deren Zulässigkeit nicht in Zweifel zu ziehen; diese folgt aus § 192 Abs. 2 Nr. 3 AktG. Zudem gebieten es die Grundsätze guter, moderner Unternehmensführung (Corporate Governance), die Vergütung der Vorstandsmitglieder erfolgsorientiert zu gestalten. Ziff. 4.2.3 DCGK empfiehlt dementsprechend Optionsrechte, allerdings sollen diese auf vorher festgelegte Vergleichsparameter bezogen sein, die nachträglich nicht abgeändert werden dürfen. 79

Rechtsgrundlage eines Optionsrechts ist ein Vertrag zwischen dem Begünstigten und der Gesellschaft, in dem alle Bedingungen für die Ausübung des Optionsrechts geregelt sind.[146] Dieser Vertrag sieht regelmäßig die Unübertragbarkeit des Optionsrechts und dessen Abhängigkeit vom Beschäftigungsverhältnis vor. Um die Bindung an einen bestimmten Begünstigten zu gewährleisten, werden die Optionen regelmäßig als nicht handelbar ausgestaltet, sodass insbesondere keine Optionsscheine ausgegeben werden. Die Ausgestaltung der Optionsbedingungen liegt grundsätzlich im Ermessen der Gesellschaft. So kann die Optionsausübung zB von der Börsenkursentwicklung der Aktie der Gesellschaft abhängig gemacht werden; ebenso gut kann an die Entwicklung des Gewinns pro Aktie oder an eine bessere Wertentwicklung der Aktie als die eines Markt- oder Branchenindexes angeknüpft werden (vgl. auch Ziff. 4.2.3 DCGK). 80

Ein Optionsprogramm kann rechtstechnisch auf drei Wegen durchgeführt werden. Der „klassische" Weg besteht in der Emission der Bezugsrechte durch Ausgabe von Options- oder Wandelanleihen und der Beschaffung der zur Bedienung der Bezugsrechte notwendigen Aktien durch eine bedingte Kapitalerhöhung (§§ 192 Abs. 2 Nr. 1, 221 AktG).[147] Das benötigte Optionsrecht kann hier nur durch Ausgabe einer Anleihe erzeugt werden. Nachteilig ist dies, weil die Anleihe zur Erreichung des Primärziels (Schaffung eines Bezugsrechts) nicht benötigt wird. Als Vorzug wird der Umstand angesehen, dass eine beson- 81

---

[145] Hüffer AktG ZHR 161 (1997), 214, 234 f.; *Kohler* ZHR 161 (1997), 246, 255 ff.
[146] Vgl. zu weiteren Einzelheiten: *Kallmeyer* AG 1999, 97, 98 f.; *Kohler* ZHR 161 (1997), 246, 258 ff.
[147] Vgl. zu weiteren Einzelheiten RegBegr KonTraG, abgedr. bei *Ernst/Seibert/Stuckert* KonTraG ua. 1998 S. 79; MünchHdb. GesR/Bd. 4/*Krieger* § 63 Rz. 37 ff.; *Weiß*, WM 1999, 353, 354 ff.

ders starke Bindung des Begünstigten an die AG bewirkt wird, da dieser eine Investition in das Unternehmen tätigt, sodass er sich besonders intensiv darum bemühen wird, dass sein Geldeinsatz nicht fehlschlägt. Durch das KonTraG wurde als „neuer" Gestaltungsweg die Ausgabe nackter Optionsrechte (sog. „naked warrants") iVm. einer bedingten Kapitalerhöhung (§§ 192 Abs. 2 Nr. 3, 193 Abs. 2 Nr. 4 AktG) geschaffen und die Ausgabe nackter Optionsrechte iVm. dem Rückerwerb eigener Aktien ermöglicht (§§ 71 Abs. 1 Nr. 8, 193 Abs. 2 Nr. 4 AktG).[148] Der Nachteil dieses Weges besteht darin, dass die Gesellschaft für die Optionsrechte keinen Liquiditätszufluss erhält, was gleichzeitig zur Folge hat, dass die „Anreizwirkung" auf den Begünstigten, der keinen Investitionsverlust fürchten muss, geringer ist. Der Vorteil besteht darin, dass die Ausgabe nackter Bezugsrechte einen erheblich geringeren Verwaltungsaufwand erfordert als die Gewährung von Wandel- oder Optionsanleihen.

5. Abfindungen

82   Ziff. 4.2.3 DCGK wurde 2007 dahingehend ergänzt, dass Zahlungen an ein Vorstandsmitglied bei vorzeitiger Beendigung der Vorstandstätigkeit ohne wichtigen Grund einschließlich Nebenleistungen den Wert von zwei Jahresvergütungen nicht überschreiten (sog. Abfindungs-Cap) und nicht mehr als die Restlaufzeit des Anstellungsvertrags vergüten sollen. Für die Berechnung des Abfindungs-Caps soll auf die Gesamtvergütung des abgelaufenen Geschäftsjahres und gegebenenfalls auch auf die voraussichtliche Gesamtvergütung für das laufende Geschäftsjahr abgestellt werden. Eine Zusage für Leistungen aus Anlass der vorzeitigen Beendigung der Vorstandstätigkeit infolge eines Kontrollwechsels (Change of Control) soll 150 % des Abfindungs-Caps nicht übersteigen.[149]

6. Steuerliche Behandlung der Vergütung

83   Die steuerliche Behandlung der Vergütung richtet sich nach dem EStG. Ein Vorstandsmitglied bezieht **Einkünfte aus nichtselbständiger Arbeit** iSd. § 19 EStG, und zwar ungeachtet des Umstands, dass es arbeitsrechtlich nicht als Arbeitnehmer angesehen wird. Auf Seiten der AG wirkt sich die Vergütung als Betriebsausgabe aus, mindert also den körperschaft- und gewerbesteuerlichen Gewinn. Allerdings werden insb. bei beherrschenden Aktionärs-Vorständen nicht klar geregelte oder unangemessen hohe Vergütungen steuerlich ggf. als verdeckte Gewinnausschüttungen behandelt. Dem kann durch klare schriftliche Vereinbarungen und eine Angemessenheitsprüfung entgegengewirkt werden.[150]

Als zu versteuernde **Gehaltsbestandteile** kommen Festgehalt, Tantiemen (Umsatz- oder Gewinntantiemen), Direktversicherungen, Zuwendungen zugunsten des Vorstands an eine Pensionskasse, Optionsrechte, Abfindungen und geldwerte Vorteile aus Sachzuwendungen in Betracht. Alle diese Vergütungsformen sind Einnahmen iSv. § 8 Abs. 1 EStG. Auch **Abfindungen** zählen

---

[148] Vgl. hierzu MünchHdb. GesR/Bd. 4/*Krieger* § 63 Rz. 49 ff. mwN.
[149] Zur Abfindungs-Cap-Praxis und Umsetzungsvorschlägen zu 4.2.3 DCGK vgl. *Hohenstaff/Willemsen* NJW 2008, 3462 ff.
[150] Vgl. dazu *Dötsch/Jost/Pung/Witt/Lang* KStG nF § 8 Abs. 3 Rz. 360 ff.

C. Rechte der Vorstandsmitglieder 84, 85 § 6

grundsätzlich zum steuerpflichtigen Einkommen des Vorstands (vgl. aber die Progressionserleichterung nach §§ 24, 34 EStG).[151] Wegen der Einzelheiten sei an dieser Stelle auf die einschlägige steuerrechtliche Literatur weiterverwiesen.[152]

7. Exkurs: Kreditbeziehungen zwischen Vorstand und AG

Während Kreditbeziehungen zwischen Gesellschafter-Geschäftsführern und GmbH außerordentlich praxisrelevant sind, ist Fallmaterial für solche Rechtsbeziehungen im Aktienrecht rar. Dies liegt daran, dass sich Großaktionäre typischerweise nicht im Vorstand engagieren. Daher behandelt das AktG ausdrücklich lediglich den Fall der **Kreditgewährung an Vorstandsmitglieder** als Form der versteckten Sondervergütung. Diese bedarf nach § 89 Abs. 1 AktG eines Zustimmungsbeschlusses des Aufsichtsrates; die AG wird nach § 112 AktG bei Vertragsschluss vom Aufsichtsrat vertreten. § 89 Abs. 3 und 4 AktG erstrecken das Beschlusserfordernis auf mögliche Umgehungstatbestände und auf gleich gelagerte Sachverhalte. 84

Inhaltliche Vorgaben für die Kreditvereinbarung enthält § 89 AktG nicht, vielmehr soll durch die mit der Beschlussfassung verbundene Publizität verhindert werden, dass die Organstellung zur Erlangung günstiger Kreditkonditionen missbraucht wird.[153] Transparenz stellt das Gesetz her, indem es die vorherige Zustimmung des Aufsichtsrates zu einem konkretisierten Kreditgeschäft verlangt; auch Vorratsbeschlüsse können nur für einen Zeitraum von 3 Monaten (§ 89 Abs. 1 Satz 2 AktG) gefasst werden. Darüber hinaus muss der Aufsichtsratsbeschluss auch die konkreten Modalitäten des Kreditvertrages, insbesondere die Verzinsung und Rückzahlung (§ 89 Abs. 1 Satz 3 AktG), regeln. Ergänzt wird die gesetzlich erstrebte Transparenz durch § 285 Nr. 9 lit c) HGB, wonach Darlehen an Vorstandsmitglieder nebst den Kreditkonditionen im Anhang des Jahresabschlusses anzugeben sind. Verstöße gegen § 89 AktG führen nicht zur Nichtigkeit des Kreditvertrages, da es sich bei § 89 AktG nicht um ein Verbotsgesetz iSd. § 134 BGB handelt; vielmehr ist ein **unzulässigerweise gewährter Kredit** sofort **zurückzugewähren**, falls nicht der Aufsichtsrat diesen nachträglich genehmigt (§ 89 Abs. 5 AktG).

Vor Inkrafttreten des MoMiG[154] am 1. November 2008 galt, dass sofern Gründer und Großaktionäre Vorstandsfunktionen wahrnahmen (insbes. in „kleinen" AGs), uU eine Umqualifizierung von Fremdkapital in Eigenkapital in Betracht kam.[155] Die grundsätzlich freie Entscheidung der Gesellschafter, den Finanzierungsbedarf der Gesellschaft statt über haftendes Eigenkapital über Fremdkapital zu bestreiten, erwies sich nämlich als problematisch, wenn das Fremdkapital nach Eintritt der Kreditunwürdigkeit zugeführt oder bewusst in der Gesellschaft belassen wurde. In diesem Fall gebot der Gläubigerschutz, das 85

---

[151] Zu Zweifelsfragen: BMF vom 18.12.1998, BStBl. I 1998, 1512; zur steuerrechtlichen Behandlung von Abfindungen vgl. auch *Schaub* BB 1999, 1059.
[152] Siehe allgemein *Tipke/Lang* Steuerrecht, 18. Aufl. 2007; *Birk* Steuerrecht, 10. Aufl. 2007; einen kurzen Überblick über die Besteuerung der Vorstandsvergütung gibt MünchHdb. GesR/Bd. 4/*Wiesner* § 21 Rz. 97 ff.
[153] BGH II ZR 87/90 v. 27.5.1991, AG 1991, 398, 399 re. Sp.; Begr. zum RegE AktG 1965, abgedr. bei *Kropff* S. 113; *Hüffer* AktG § 89 Rz. 1.
[154] BGBl. I 2008, 2026.
[155] Vgl. *Hüffer* AktG § 57 Rz. 16 ff.; MünchHdb. GesR/Bd. 4/*Wiesner* § 16 Rz. 50 ff.

Fremdkapital als Haftkapital zu behandeln, weil dem Unternehmen in der Krise „frisches" Eigenkapital hätte zugeführt werden müssen. Allerdings war diesbezüglich zu beachten, dass den Aktionären grundsätzlich nicht dieselbe Finanzierungsverantwortung für die Gesellschaft wie den maßgebenden, mit mehr als 10 % beteiligten (§ 32a Abs. 3 Satz 2 GmbHG aF) Gesellschaftern einer GmbH oblag.[156] Mangels Bestehens einer gesetzlichen Regelung war die Annahme einer solchen Verantwortung bei Aktionären nach der BGH-Rechtsprechung erst ab einem – stimmberechtigten – Aktienbesitz von mehr als 25 %, der eine Sperrminorität vermittelt, gerechtfertigt; ein unter diesem Schwellenwert liegender, nicht unbeträchtlicher Aktienbesitz konnte demgegenüber nur dann Grundlage einer eine besondere Finanzierungsverantwortung begründenden unternehmerischen Beteiligung sein, wenn die Beteiligung dem Aktionär iVm. weiteren Umständen (etwa einem Entsendungsrecht zum Aufsichtsrat) einen fortdauernden Einfluss auf die Unternehmensleitung sicherte.[157] Hatte ein solcher unternehmerisch beteiligter Aktionär ein **kapitalersetzendes Darlehen** in der Krise gewährt bzw. vor Eintritt der Krise nicht zurückgefordert, so verstieß die Rückzahlung des Darlehens vor endgültiger Bewältigung der Krise grundsätzlich gegen das Verbot der Einlagenrückgewähr gem. § 57 Abs. 1 Satz 1 AktG, wobei die Grundsätze eigenkapitalersetzender Aktionärsdarlehen indes bei Bestehen eines Vertrags- oder Eingliederungskonzerns nicht eingriffen.[158]

86   Diese Rechtsprechung ist für sog. Altfälle, bei vor Inkrafttreten der Neuregelung eröffnetem Insolvenzverfahren weiterhin anwendbar. Denn die insolvenzrechtliche Überleitungsnorm Art. 103d EGInsO bestimmt für solche bereits eröffneten Insolvenzverfahren, dass „die bis dahin geltenden gesetzlichen Vorschriften weiter anzuwenden sind."[159] Für neue Fälle hat sie hingegen mittlerweile keinen Bestand mehr.[160] Denn durch das **MoMiG**[161] wurde dieses System grundlegend verändert: Einerseits wurden die §§ 32a, 32b GmbHG aufgehoben sowie gleichzeitig die Rechtsprechung des BGH zu eigenkapitalersetzenden Darlehen in der Krise der Gesellschaft analog §§ 30, 31 GmbHG für die GmbH durch § 30 Abs. 1 Satz 3 GmbHG und für die AG nach § 57 Abs. 1 Satz 1 AktG kraft Gesetzes beseitigt; andererseits wurden die §§ 39 und 135 InsO geändert.[162] Hierdurch richtet sich die Behandlung von Gesellschafterdarlehen nun ausschließlich nach Insolvenzrecht; eine parallele Anwendung des Kapitalerhaltungsrechts entfällt. Nach § 39 Abs. 1 Nr. 5 InsO werden alle Gesellschafterdarle-

---

[156] Vgl. BGH II ZR 270/93 v. 7.11.1994, BGHZ 127, 336, 344f.; *Baumbach/Hueck/Hueck/Fastrich* GmbHG § 32a Rz. 17; *Schmidt* GesR, § 18 III 4, § 29 I 2.

[157] BGH II ZR 171/83 v. 26.3.1984, BGHZ 90, 381f.; zustimmend *Hüffer* AktG § 57 Rz. 18; wohl auch *K. Schmidt* GesR, § 18 III 4.c aa und § 29 I 2, Fn. 13.

[158] Vgl. zur Eingliederung: MüchKomm. AktG/Bd. 8/*Grunewald* § 324 Rz. 13; *Hüffer* AktG § 324 Rz. 3.

[159] BGH II ZR 260/07 v. 26.1.2009.

[160] Vgl. dazu die bereits erfolgte Änderung der Rechtsprechung des BGH im Urt. v. 1.12.2008 – II ZR 102/07, ZIP 2009, 75 = WM 2009, 78 (Aufgabe der Auffassung im Senatsurteil vom 24.11.2003, BGHZ 157, 72 zu § 30 GmbH auch für Altfälle). Nach Auffassung des BGH sind unbesicherte, kurzfristig rückforderbare „Upstream-Darlehen" einer abhängigen AG an ihre Mehrheitsaktionärin keine per se nachteiligen Rechtsgeschäfte im Sinne von § 311 AktG und verstoßen auch nicht per se gegen § 57 AktG.

[161] Vgl. Gesetz zur Modernisierung des GmbH-Rechts und zur Bekämpfung von Missbräuchen (MoMiG) v. 23.10.2008, BGBl. I 2008, 2026.

[162] Vgl. hierzu allgemein *Kühne* NZI 2007, 560ff.; *Bayer/Graff* DStR 2006, 1654ff.; *Schmidt* ZIP 2006, 1925ff.

C. Rechte der Vorstandsmitglieder 87, 88 § 6

hen zu nachrangigen Forderungen in der Insolvenz. Eine Ausnahme gilt allerdings für den Fall der Sanierung (§ 39 Abs. 4 InsO) und den Fall der Kleinbeteiligung (§ 39 Abs. 5 InsO). In Bezug auf Letzteres gilt es zu beachten, dass nach § 39 Abs. 5 InsO das Privileg für Kleinbeteiligte vereinheitlicht wird. Nicht anwendbar ist die Regelung des § 39 Abs. 1 Nr. 5 InsO hiernach für nicht geschäftsführende Gesellschafter, deren Beteiligung unter 10 % des Haftkapitals liegt; es wird mithin davon abgesehen, für die AG einen höheren Schwellenwert festzusetzen.[163] Ob eine unter dieser Grenze liegende Beteiligung ausnahmsweise auch genügt (vgl. oben), ist zweifelhaft, da nach der Neufassung durch das MoMiG gerade nicht auf die Finanzierungsverantwortung abgestellt wird; es spricht daher viel dafür, sich strikt an die Grenze des § 39 Abs. 5 InsO zu halten. Fällt ein Darlehen unter § 39 Abs. 1 Nr. 5 InsO sind Zahlungen hierauf innerhalb eines Jahres vor Stellung des Insolvenzantrags oder hiernach, anfechtbar; Gleiches gilt für die Sicherheitsleistung für ein solches Darlehen, soweit diese innerhalb der letzten zehn Jahre vor Stellung des Insolvenzantrags bzw. hiernach erfolgt (vgl. § 135 InsO). Der Schutz der Gläubiger wird außerhalb des Insolvenzverfahrens entsprechend (zeitlich bezogen auf die Erlangung des vollstreckbaren Schuldtitels) durch § 6 AnfechtG verwirklicht.

II. Sonstige Leistungen

Ferner haben Vorstände Anspruch auf **Lohnfortzahlung** im Krankheitsfall 87 gem. § 616 Abs. 1 BGB.[164] Vorstandsmitglieder unterliegen nicht der Sozialversicherungspflicht, sodass sie nicht Mitglied der gesetzlichen Renten- und Arbeitslosenversicherung sein müssen (§§ 1 Satz 4 SGB VI, 27 Abs. 1 Nr. 5 SGB III).[165] Sie haben auch keinen Anspruch auf **Arbeitgeberzuschüsse** zur Krankenversicherung und zur Pflegeversicherung (§§ 257 SGB V, 61 Abs. 1 und 2 SGB XI).[166] Weiterhin haben sie auch ohne konkrete Regelung im Anstellungsvertrag Anspruch auf **bezahlten Urlaub**. Das BUrlG findet zwar zu ihren Gunsten keine Anwendung, da dieses nur auf Arbeitnehmer anwendbar ist (§ 2 BUrlG). Der Urlaubsanspruch folgt allerdings aus der Fürsorgepflicht der Gesellschaft und wird regelmäßig im Anstellungsvertrag im Einzelnen geregelt.[167]

III. Entlastung

Nach §§ 119 Abs. 1 Nr. 3, 120 Abs. 1 AktG beschließt die Hauptversammlung 88 innerhalb der ersten acht Monate eines jeden Geschäftsjahres über die Ent-

---

[163] Vgl. *Wälzholz* DStR 2007, 1914, 1918; *Bayer/Graff* DStR 2006, 1654, 1658; *Schmidt* ZIP 2006, 1925, 1928. Schon zuvor vertraten dies etwa *Veil* ZGR 2000, 223, 236: *Huber/Habersack* BB 2006, 1, 4.
[164] BGH II ZR 126/52 v. 11. 7. 1953, BGHZ 10, 187; MünchHdb. GesR/Bd. 4/*Wiesner* § 21 Rz. 37.
[165] LSG Hessen L 3 U 780/98 v. 26. 8. 1998, AG 1999, 190 ff.; MünchHdb. GesR/ Bd. 4/*Wiesner* § 21 Rz. 14.
[166] MünchKomm. AktG/Bd. 3/*Hefermehl/Spindler* § 84 Rz. 44; MünchHdb. GesR/ Bd. 4/*Wiesner* § 21 Rz. 14 mwN, auch zur Gegenansicht.
[167] Vgl. MünchKomm. AktG/Bd. 3/*Hefermehl/Spindler* § 84 Rz. 44; Kölner Komm./ *Mertens* § 84 Rz. 74; MünchHdb. GesR/Bd. 4/*Wiesner* § 21 Rz. 64.

lastung der Vorstandsmitglieder. Bei der Entlastung handelt es sich um einen im Verbandsrecht eingebürgerten korporationsrechtlichen Akt, durch den dem Vorstand das **Vertrauen bekundet** wird. Sie bringt zum Ausdruck, dass die bisherige Geschäftsführung zu keinen Beanstandungen Anlass gab (§ 120 Abs. 2 AktG), und legt zugleich für die Zukunft die Basis für eine unbelastete und vertrauenswürdige Zusammenarbeit. Anders als im GmbH-Recht ist allerdings nach der ausdrücklichen Regelung des § 120 Abs. 2 Satz 2 AktG mit der Erteilung der Entlastung **keine Präklusionswirkung** für etwaige Haftungsansprüche, also kein Verzicht auf Ersatzansprüche gegen Vorstandsmitglieder und auf (außerordentliche) Kündigungsgründe, verbunden. Hierfür bedarf es vielmehr eines gesonderten Beschlusses unter Beachtung der Voraussetzungen des § 93 Abs. 4 Satz 3 AktG.[168] Die Entlastungsverweigerung als solche stellt auf der anderen Seite auch keinen wichtigen Grund für den Widerruf der Bestellung zum Vorstand dar; in ihr liegt insbesondere nicht notwendig ein Vertrauensentzug durch die Hauptversammlung.[169] Es stellt sich jedoch umgekehrt die Frage, ob die Entlastungsverweigerung dem Vorstandsmitglied das Recht zur Niederlegung seines Amtes gibt.[170]

89 Für das Aktienrecht wird unter Hinweis auf die fehlende Präklusionswirkung ein **Anspruch auf Entlastung** überwiegend generell abgelehnt.[171] Dies wird vereinzelt kritisiert, da eine Verweigerung der Entlastung regelmäßig erhebliche öffentliche Beachtung findet und daher, soweit sie unberechtigt ist, das betroffene Organmitglied diskriminiert und in seinem persönlichen wie beruflichen Ansehen empfindlich trifft.[172]

90 Umgekehrt ist strittig, ob einem Organmitglied auch dann Entlastung erteilt werden darf, wenn es in der Vergangenheit pflichtwidrig gehandelt hat. Teilweise wird vertreten, aus § 120 Abs. 2 Satz 2 AktG ergebe sich, dass die Hauptversammlung auch einer **„pflichtvergessenen Verwaltung"** Entlastung erteilen könne; die Entlastungsentscheidung setze kein gesetzestreues oder satzungsmäßiges Verhalten voraus.[173] Allerdings ist auf der Grundlage dieser Auffassung ein Entlastungsbeschluss im Falle rechtswidrigen Verhaltens des Organmitglieds anfechtbar, wenn die Hauptversammlung über die Pflichtverletzung nicht oder nicht zureichend unterrichtet wurde.[174] Die im Schrift-

---

[168] MünchKomm. AktG/Bd. 4/*Kubis* § 120 Rz. 28; Großkomm. AktG/*Mülbert*, § 120 Rz. 11, 45 ff.; MünchHdb./*Semler* § 34 Rz. 26.
[169] *Hüffer* AktG § 120 Rz. 16; Großkomm. AktG/*Mülbert* § 120 Rz. 45; MünchHdb. GesR/*Semler* § 34 Rz. 29; Kölner Komm./*Zöllner* § 120 Rz. 41; MünchKomm. AktG/Bd. 4/*Kubis* § 120 Rz. 35.
[170] Generell bejahend MünchHdb. GesR/*Semler* § 34 Rz. 29 – aA *Hüffer* AktG § 120 Rz. 16; Großkomm. AktG/*Mülbert* § 120 Rz. 46; Kölner Komm./*Zöllner* § 120 Rz. 44, die ein Recht zur Kündigung durch das Vorstandsmitglied nur bei unberechtigter Verweigerung der Entlastung annehmen.
[171] MünchKomm. AktG/Bd. 4/*Kubis* § 120 Rz. 37; KölnerKomm./*Zöllner* § 120 Rz. 45; MünchHdb. GesR/Bd. 4/*Semler* § 34 Rz. 31.
[172] *Hüffer* AktG § 120 Rz. 19 mwN.
[173] Vgl. BGH II ZR 245/63 v. 30. 3. 1967, DB 1967, 940, 942; OLG Düsseldorf 6 U 20/95 v. 22. 2. 1996, AG 1996, 273, 274 re. Sp. *Geßler/Hefermehl/Eckardt* § 120, Rz. 38 (entgegen der 2. Auflage, MünchKomm. AktG/Bd. 4/*Kubis* § 120 Rz. 15).
[174] Vgl. BGH II ZR 89/72 v. 4. 3. 1974, BGHZ 62, 193, 194 f. (Seitz); LG Berlin 99 O 173/96 v. 2. 12. 1996, AG 1997, 183, 184 f. (Brau & Brunnen); LG Heidelberg O 95/98 KfH I v. 1. 12. 1998, AG 1999, 135 li. Sp. (MLP); LG Köln 91 O 203/91 v. 3. 12. 1992, AG 1992, 238, 240 li. Sp. (Winterthur/Nordstern).

D. Pflichten der Vorstandsmitglieder

tum zum Teil vertretene Auffassung, dass der „inhaltlich falsche Entlastungsbeschluss" allein wegen eines pflichtwidrigen Verhaltens der Verwaltung angefochten werden könne, hat der BGH inzwischen insoweit aufgegriffen, als er die Anfechtbarkeit des Entlastungsbeschlusses jedenfalls für den Fall bestätigt, dass die Entlastung ein Verhalten zum Gegenstand hat, das eindeutig einen schwerwiegenden Gesetzes- oder Satzungsverstoß beinhaltet.[175]

D. Pflichten der Vorstandsmitglieder

Aus den aktiengesetzlichen Vorgaben resultieren vielfältige Vorstandspflichten. Man kann insbesondere folgende Pflichtenbereiche unterscheiden: 91

I. Gesellschafts- und kapitalmarktrechtliche Pflichten

Spezifische Vorstandspflichten resultieren aus dem gesellschaftsrechtlichen Verhältnis zwischen den AG-Organen. Während im Verhältnis zum Aufsichtsrat Berichtspflichten dominieren, ist der Vorstand im Verhältnis zur Hauptversammlung insbesondere zur Vorbereitung und Ausführung von Hauptversammlungsbeschlüssen verpflichtet. Ergänzt wird dieser Pflichtenkatalog durch Mitteilungs-, Bekanntmachungs- und sonstige Berichtspflichten gegenüber der Gesamtheit der Aktionäre, der interessierten Öffentlichkeit und dem Kapitalmarkt; im Einzelnen: 92

1. Berichterstattung gegenüber dem Aufsichtsrat

Die Berichtspflichten des § 90 AktG dienen dazu, dem Aufsichtsrat die Erfüllung seines Überwachungsauftrages zu erleichtern. Die Regelung korrespondiert mit den besonderen Überwachungsbefugnissen des Aufsichtsrates gem. § 111 AktG; sie soll dem Aufsichtsrat insbesondere ermöglichen, von diesen Instrumenten sinnvoll Gebrauch zu machen. Insoweit kann man – der Regelungssystematik dieser Vorschrift folgend – Regel-, Sonder- und Anforderungsberichte unterscheiden. 93

Der Aufsichtsrat muss vom Vorstand gem. § 90 Abs. 1 Satz 1 Nr. 1 bis 3, Abs. 2 Nr. 1 bis 3 AktG regelmäßig über alle wesentlichen Geschäftsdaten unterrichtet werden. Inhalt eines solchen **Regelberichts** ist der Gang der Geschäfte, die Lage der Gesellschaft, die beabsichtigte Geschäftspolitik, die Unternehmensplanung, die Rentabilität und Liquidität des Unternehmens uÄ. Die beabsichtigte Unternehmenspolitik, über die der Vorstand mindestens einmal jährlich zu berichten hat (§ 90 Abs. 2 Nr. 1 AktG), betrifft vor allem die Unternehmensplanung, namentlich die Finanz-, Investitions- und Personalplanung. Zu berichten ist sowohl über die kurzfristige, das nächste Geschäftsjahr umfassende (operative), als auch über die mittel- und langfristige (strategische) Planung.[176] Dabei ist auf Abweichungen der tatsächlichen Entwicklung von früher berich- 94

---

[175] BGH II ZR 133/01 v. 25.11.2002, NJW 2003, 1032 ff.; in diesem Sinne (nun) auch *Hüffer* AktG § 120 Rz. 12; MünchKomm. AktG/Bd. 4/*Kubis* § 120 Rz. 15; MünchHdb. GesR/Bd. 4/*Semler* § 34 Rz. 27.

[176] Vgl. zur Bedeutung der Planung im Kontext der Berichtpflicht sowie zur Frage, wie detailliert der Vorstand über Unternehmensplanungen zu berichten hat: *Hüffer* AktG § 90 Rz. 4 ff.; MünchHdb. GesR/Bd. 4/*Wiesner* § 25 Rz. 15 ff.

teten Zielen unter Angabe von Gründen einzugehen. Im periodischen Regelbericht werden ferner Angaben über die Rentabilität des Unternehmens, vor allem zum Cashflow, zur Kapital-, Umsatz- und Investitions-Rentabilität als unverzichtbar angesehen.[177] Der Rentabilitätsbericht ist nach § 90 Abs. 2 Nr. 2 AktG zur Bilanzsitzung des Aufsichtsrates zu erstatten, da dieser Report über die Unternehmenskennzahlen des Jahresabschlusses, der vom Aufsichtsrat gem. § 172 AktG gebilligt werden muss, informieren soll. Weiterhin ist der Vorstand gem. § 90 Abs. 2 Nr. 3 AktG verpflichtet, mindestens vierteljährlich über den Gang der Geschäfte, insbesondere den Umsatz und die allgemeine Lage der Gesellschaft, zu berichten (sog. Quartalsberichte). Der Bericht muss inhaltlich aussagekräftig und sachgerecht gegliedert sein und einerseits komprimiert einen Überblick über die aktuelle Lage der Gesellschaft vermitteln, andererseits hinreichend detailliert den Geschäftsgang zahlenmäßig aufschlüsseln.[178]

95 Des Weiteren ist der Vorstand nach § 90 Abs. 1 Satz 1 Nr. 4 AktG verpflichtet, über Geschäfte zu berichten, die für die Rentabilität oder Liquidität der AG von Bedeutung sein können. Gegenstand solcher **Sonderberichte** können etwa sein der Erwerb oder die Veräußerung eines Betriebs oder Betriebsteils oder einer Beteiligung, die Gründung oder Schließung einer Zweigniederlassung sowie die Übernahme eines größeren Auftrags.[179] Der Bericht ist nach § 90 Abs. 2 Nr. 4 AktG so rechtzeitig abzugeben, dass der Aufsichtsrat vor der Vornahme des Geschäfts Gelegenheit zur Stellungnahme hat. § 90 Abs. 1 Satz 2 AktG stellt jetzt ausdrücklich klar, dass Berichte eines Mutterunternehmens iSd. § 290 Abs. 1, 2 HGB auch auf Tochter- und Gemeinschaftsunternehmen einzugehen haben. Zudem muss der Vorstand unverzüglich und unaufgefordert dann weitere Informationen zur Verfügung stellen, wenn ein sonstiger wichtiger Anlass vorliegt (§ 90 Abs. 1 Satz 3 AktG). Als wichtige Berichtsanlässe kommen etwa in Betracht die drohende Insolvenz eines Großkunden, empfindliche behördliche Auflagen, drohende Arbeitskämpfe, Streitigkeiten im Vorstand, erhebliche Betriebsstörungen, wesentliche Steuernachforderungen, Liquiditätsschwierigkeiten uÄ.[180] Empfänger des Sonderberichts ist der Aufsichtsratsvorsitzende; dies dient dazu, die Verbreitung des Berichtsinhalts zu beschleunigen. Der Aufsichtsratsvorsitzende entscheidet über die erforderlichen Maßnahmen; das Gesamtplenum des Aufsichtsrates ist spätestens in der nächsten Sitzung zu unterrichten (§ 90 Abs. 5 Satz 3 AktG).

96 Schließlich kann der Aufsichtsrat oder ein einzelnes Mitglied den Vorstand gem. § 90 Abs. 3 AktG auffordern, zu bestimmten konkret bezeichneten Themen zu berichten. Gegenstand eines solchen **Anforderungsberichts** können nach dem Gesetzeswortlaut „Angelegenheiten der Gesellschaft" sein; dieser Begriff ist weit auszulegen. Der Vorstand ist grundsätzlich nicht berechtigt, vom Aufsichtsrat angeforderte Informationen zu verweigern. Insbesondere kann eine Informationsverweigerung nicht auf ein Geheimhaltungsinteresse des Unternehmens und die Gefahr einer Verletzung von Verschwiegenheits-

---

[177] Vgl. hierzu und zu weiteren Einzelheiten *Hüffer* AktG § 90 Rz. 5; Kölner Komm./ *Mertens* § 90 Rz. 35; MünchHdb. GesR/Bd. 4/*Wiesner* § 25 Rz. 19.
[178] Vgl. im Einzelnen *Hüffer* AktG § 90 Rz. 6; Kölner Komm./*Mertens* § 90 Rz. 36; MünchHdb. GesR/Bd. 4/*Wiesner* § 25 Rz. 20.
[179] Vgl. RegBegr. zum AktG 1965, abgedr. bei *Kropff* S. 117.
[180] Vgl. RegBegr. zum AktG 1965, abgedr. bei *Kropff* S. 117; *Hüffer* AktG § 90 Rz. 8; Kölner Komm./*Mertens* § 90 Rz. 39; MünchHdb. GesR/Bd. 4/*Wiesner* § 25 Rz. 22.

D. Pflichten der Vorstandsmitglieder 97–99 § 6

pflichten durch einzelne Aufsichtsratsmitglieder gestützt werden; im Verhältnis zwischen den Organen der AG gibt es keine Geheimnisse, und es ist Sache der Gesellschaft, die gesetzliche Verschwiegenheitsverpflichtung von Aufsichtsratsmitgliedern durchzusetzen und so einer etwaigen Indiskretionsgefahr zu begegnen. Es ist auch nicht angängig, einzelnen Aufsichtsratsmitgliedern, etwa den Arbeitnehmervertretern, bestimmte Informationen vorzuenthalten, da alle Mitglieder des Aufsichtsrates gleich zu behandeln sind. Dementsprechend ist das Informationsrecht des Aufsichtsrates lediglich funktionell durch die Kompetenzen des Aufsichtsrates beschränkt. Eine Auskunftsverweigerung kommt mithin grundsätzlich lediglich bei evidentem Fehlen des Funktionsbezuges in Betracht.[181] Darüber hinaus unterliegt das Recht, vom Vorstand Bericht zu verlangen, dem Verbot des Rechtsmissbrauchs, sodass eine Informationsverweigerung dann zulässig ist, wenn die erbetene Information dazu dienen soll, Eigeninteressen einzelner Aufsichtsratsmitglieder zulasten des Gesellschaftsinteresses zu fördern, etwa wenn ein dominierendes Aufsichtsratsmitglied, welches einen Wettbewerber repräsentiert, sensible Informationen zu erlangen sucht.[182]

Schließlich hat der Vorstand dem Aufsichtsrat stets dann zu berichten, wenn 97 er eine Aufsichtsratsentscheidung herbeiführen will oder muss, etwa weil ein Zustimmungsvorbehalt gem. § 111 Abs. 4 Satz 2 AktG für die vorzunehmende Maßnahme gegeben ist. Weitere Beispielfälle für die Erstellung eines derartigen **Vorlageberichts** sind die Vorlage des Jahresabschlusses gem. § 170 Abs. 1 AktG und des Abhängigkeitsberichts gem. § 314 Abs. 1 AktG sowie die Ausgabe neuer Aktien aus genehmigtem Kapital gem. § 202 Abs. 3 Satz 2 AktG.

Weitere Informationsquellen des Aufsichtsrates sind etwa der Prüfbericht 98 des Abschlussprüfers (§ 170 Abs. 3 AktG) und selbstgewonnene Informationen, die im Zuge der Ausübung des Rechts auf Einsichtnahme und Prüfung der Bücher und Schriften der Gesellschaft nach § 111 Abs. 2 AktG gewonnen wurden. Im Übrigen darf sich der Aufsichtsrat die benötigten Informationen nicht selbst, sondern allein über den Vorstand verschaffen; insbesondere eine unmittelbare Kontaktaufnahme zu Geschäftspartnern, Behörden uÄ ist dem Aufsichtsrat nicht gestattet.[183]

Die Generalklausel des § 90 Abs. 4 Satz 1 AktG besagt, dass die Vorstandsbe- 99 richte den **Grundsätzen einer gewissenhaften und getreuen Rechenschaft** entsprechen müssen. Berichte sind, mit Ausnahme des Berichts nach § 90 Abs. 1 Satz 3 AktG, in der Regel[184] in Textform (§ 126 b BGB) abzufassen. Der Vorstand kann damit auch moderne Kommunikationsmöglichkeiten wie die elektronische Übermittlung (E-Mail) nutzen, solange die Form nur gewährleistet, dass der Bericht anschließend sichtbar dargestellt werden kann.

---

[181] Vgl. MünchKomm. AktG/Bd. 3/*Hefermehl/Spindler* § 90 Rz. 49; MünchHdb. GesR/ *Wiesner* § 25 Rz. 37 f.
[182] OLG Karlsruhe 11 W 135/84 v. 11.12.1984, OLGZ 1985, 41, 44; OLG Stuttgart 8 W 496/82 v. 8.12.1983, OLGZ 1983, 184, 187 f.; *Hüffer* AktG § 90 Rz. 12 a; Kölner Komm./*Mertens* § 90 Rz. 14.
[183] OLG Zweibrücken 3 W 93/90 v. 28.5.1990, DB 1990, 1401; MünchHdb. GesR/ Bd. 4/*Wiesner* § 25 Rz. 14 aE.
[184] Als Ausnahme kommt beispielsweise die Berichterstattung über aktuellste Entwicklungen, ein besonderes Geheimhaltungsbedürfnis oder aber ein Verzicht des Aufsichtsrats auf die Textform in Betracht. Vgl. Begr. RegE Art. 1 Ziff. 5 lit. c und d TransPubG, BT-Drucks. 14/8769, abgedr. in NZG 2002, 213, 219.

Der Bericht ist rechtzeitig zu erstatten, dh. jedenfalls vor der Sitzung des Aufsichtsrats und so zeitig, dass die Aufsichtsratsmitglieder noch die Möglichkeit haben, ihn zu lesen. Bei Berichten, die nicht der Vorbereitung einer Sitzung dienen, ist die Rechtzeitigkeit dann gegeben, wenn dem Aufsichtsrat noch die Möglichkeit einer Reaktion bleibt.[185] Der schriftliche Bericht ist mündlich zu erläutern. Er muss klar gegliedert und übersichtlich gestaltet, inhaltlich wahr und vollständig sein; er darf nach seiner Aufmachung nicht dazu geeignet sein, dem Aufsichtsrat relevante Informationen vorzuenthalten bzw. Sachverhalte zu verschleiern. Zur hiernach erforderlichen sachlichen Richtigkeit gehören darüber hinaus die Trennung von Tatsachen und Bewertungen sowie die Offenlegung wesentlicher Meinungsunterschiede im Vorstand zu einzelnen Sachfragen.[186] Gem. § 90 Abs. 5 Satz 1 AktG hat jedes einzelne Aufsichtsratsmitglied einen Anspruch auf Kenntnisnahme des schriftlichen Vorstandsberichts, der üblicherweise zu Händen des Aufsichtsratsvorsitzenden erstattet wird; gem. § 90 Abs. 5 Satz 2 AktG kann das Aufsichtsratsmitglied darüber hinaus auch verlangen, dass ihm in Textform erstattete Berichte übermittelt werden, soweit der Aufsichtsrat nichts anderes beschließt.

100 Verletzt der Vorstand seine Berichtspflichten, kommt als eigenständige **Sanktion** ein Zwangsgeldverfahren gem. § 407 Abs. 1 AktG in Betracht. Ferner kann der Aufsichtsrat unvollständige bzw. falsche Berichte zum Anlass nehmen, den Vorstand aus wichtigem Grund abzuberufen. Strittig ist, ob der Aufsichtsrat seine Informationsrechte gem. § 90 AktG auch eigenständig gerichtlich durchsetzen kann, insbesondere bei Streitigkeiten über behauptete Auskunftsverweigerungsgründe (vgl. dazu auch Rz. 166).[187] Die Klage einzelner Aufsichtsratsmitglieder gegen die AG, vertreten durch den Vorstand, wird überwiegend für zulässig erachtet, soweit es darum geht, dass einzelnen Aufsichtsratsmitgliedern der Anforderungsbericht gem. § 90 Abs. 3 Satz 1 AktG verweigert wird bzw. diesen entgegen § 90 Abs. 5 Satz 1 und 2 AktG schriftliche Berichte des Vorstandes vorenthalten werden.[188]

2. Vorbereitung und Ausführung von Hauptversammlungsbeschlüssen

101 § 83 Abs. 1 und 2 AktG enthält die Pflicht des Vorstandes, Entscheidungen der Hauptversammlung vorzubereiten und auszuführen. Im Anwendungsbereich des § 83 Abs. 1 AktG kann der Vorstand von der Hauptversammlung angewiesen werden, Maßnahmen, die in die Zuständigkeiten der Gesamtheit der Aktionäre fallen, etwa **Satzungs- und Strukturänderungen** sowie **Kapitalmaßnahmen** nebst den zugehörigen Verträgen, vorzubereiten. Ein solches Vorbereitungsverlangen kann die Hauptversammlung allerdings nur bei Maß-

---

[185] Vgl. zum Ganzen Begr. RegE Art. 1 Ziff. 5 lit. c und d TransPubG, BT-Drs. 14/8769, abgedr. in NZG 2002, 213, 220 f.
[186] Kölner Komm./*Mertens* § 90, Rz. 22; MünchHdb. GesR/Bd. 4/*Wiesner* § 25 Rz. 32.
[187] Verneinend Kölner Komm./*Mertens* § 90 Rz. 53; *Hüffer* AktG § 90 Rz. 18; offen gelassen in BGH II ZR 57/88 v. 28.11.1968, BGHZ 106, 54, 60 ff. (Opel); vgl. auch BGH II ZR 27/82 v. 15.11.1982 (Hertie): grundsätzliche Passivlegitimation der Gesellschaft – aA etwa *Lutter/Krieger* Rechte und Pflichten des Aufsichtsrates, Rz. 42; *Raiser* 2. Aufl. § 14 Rz. 80 ff.; jeweils mwN.
[188] *Hüffer* AktG § 90 Rz. 21, Kölner Komm./*Mertens* § 90 Rz. 53; MünchHdb. GesR/Bd. 4/*Wiesner* § 25 Rz. 39.

D. Pflichten der Vorstandsmitglieder

nahmen stellen, die in ihre ausschließliche Zuständigkeit fallen. Die Vorbereitungspflicht des Vorstandes im Hinblick auf zustimmungsbedürftige Verträge betrifft insbesondere Unternehmens- (§§ 293 ff. AktG) und Verschmelzungsverträge nach UmwG (§§ 4 ff., 61 UmwG). Ferner greift sie ein bei Vermögensübertragungen (§ 179 a AktG), Nachgründungsverträgen (§ 52 AktG) sowie den Verzicht auf und Vergleich über Ersatzansprüche (§§ 50, 53, 93 Abs. 4 Satz 3 und 4, 117 Abs. 4 AktG). Problematisch ist, ob sich das Initiativrecht der Hauptversammlung auch auf solche Maßnahmen erstreckt, die nach den Grundsätzen der sog. „Holzmüller"-Doktrin in eine **„ungeschriebene" Hauptversammlungszuständigkeit** fallen.[189]

Die von der Hauptversammlung im Rahmen ihrer Zuständigkeit gefassten Beschlüsse können nur vom Vorstand umgesetzt werden; hierzu ist er gem. § 83 Abs. 2 AktG verpflichtet. Diese Verpflichtung bezieht sich allerdings nur auf gesetzmäßige Beschlüsse der Hauptversammlung,[190] sodass sich **Probleme** dann ergeben, wenn Entscheidungen der Hauptversammlung in ihrer **Rechtmäßigkeit streitig** sind. Nicht diskussionsbedürftig ist, dass der Vorstand nicht berechtigt ist, offenkundig rechtswidrige und deshalb erkennbar der Anfechtung unterliegende Beschlüsse auszuführen; dies gilt jedenfalls, solange die Anfechtungsfrist nicht abgelaufen und der Beschluss nicht bestandskräftig geworden ist.[191] Ebenso eindeutig ist, dass sich der Vorstand durch eine evident unzulässige oder unbegründete Anfechtungsklage nicht von der Beschlussausführung abhalten lassen darf.[192] Schwieriger zu beurteilen ist die praktisch sehr viel häufigere Konstellation, dass der Vorstand von der Erfolglosigkeit der Anfechtungsklage überzeugt ist, ohne dass er diese Einschätzung auf Evidenz stützen kann. Im Ergebnis sieht sich der Vorstand einer „Dilemmafiktion" gegenüber. Denn er kann sich theoretisch sowohl durch Umsetzung wie auch durch Nichtausführung des streitbefangenen Beschlusses ersatzpflichtig machen. In dieser Situation kommt es darauf an, ob der Vorstand seine Überzeugung bei Anwendung der ihm obliegenden Sorgfalt auf eine hinreichende objektive Abwägung der zur Beurteilung der Rechtmäßigkeit des Beschlusses streitenden Gesichtspunkte stützen kann. Leitend ist insoweit, dass der Vorstand gem. § 83 Abs. 2 AktG zur Ausübung gesetzmäßiger Hauptversammlungsbeschlüsse verpflichtet ist und ihm ein auch in Haftungsfragen zu berücksichtigender unternehmerischer Handlungsspielraum zusteht (vgl. § 93 Abs. 1 S. 2 AktG). In Anbetracht dieser Umstände ist der Vorstand nur dann an der Ausführung des angefochtenen Beschlusses gehindert, wenn er konkrete Anhaltspunkte dafür hat, dass der Beschluss rechtswidrig ist und die Anfechtungsklage daher Erfolg haben wird bzw. der Gesellschaft durch das Zuwarten mit der Beschlussumsetzung keine Nachteile entstehen.

3. Berichterstattung gegenüber der Hauptversammlung

Gegenüber der Hauptversammlung bestehen nur eingeschränkte Auskunfts- und Informationspflichten. Nach § 131 AktG können Aktionäre lediglich in der Hauptversammlung vom Vorstand **Auskunft über die Angelegenheiten**

---

[189] Vgl. § 15 Rz. 50.
[190] MünchKomm. AktG/Bd. 3/*Hefermehl/Spindler* § 83 Rz. 10; Kölner Komm./*Mertens* § 83 Rz. 7.
[191] *Hüffer* AktG § 243 Rz. 50; Großkomm. AktG/*Schmidt* § 243 Rz. 71.
[192] Großkomm. AktG/*Schmidt* § 243 Rz. 71.

der **Gesellschaft** verlangen. Anders als nach § 51a GmbHG steht Aktionären mithin kein allgemeines, umfassendes Informationsrecht zu. Ein allgemeiner Auskunftsanspruch hinsichtlich der Angelegenheiten der Gesellschaft sowie hinsichtlich der Einsichtnahme in die Bücher und Schriften des Unternehmens existiert nicht.

104 Gemäß § 176 Abs. 1 Satz 1 AktG in der Fassung des Gesetzes zur Umsetzung der Aktionärsrechterichtlinie (ARUG)[193] hat der Vorstand der Hauptversammlung die in § 175 Abs. 2 AktG genannten Vorlagen sowie bei börsennotierten Gesellschaften einen erläuternden Bericht zu den Angaben nach § 289 Abs. 4, § 315 Abs. 4 des Handelsgesetzbuchs zugänglich zu machen. Zu diesen in § 175 Abs. 2 AktG genannten Vorlagen zählen der Jahresabschluss, ein vom Aufsichtsrat gebilligter Einzelabschluss nach § 325 Abs. 2a des Handelsgesetzbuchs, der Lagebericht, der Bericht des Aufsichtsrats und der Vorschlag des Vorstands für die Verwendung des Bilanzgewinns (s. § 175 Abs. 2 Satz 1 AktG). Nach § 176 Abs. 1 Satz 2 AktG sind die Vorlagen zudem vom Vorstand zu erläutern.

105 Darüber hinaus bestehen insbesondere bei Strukturmaßnahmen **zusätzliche Berichtspflichten** des Vorstandes. So ist nach § 186 Abs. 4 Satz 2 AktG schriftlich über den Grund für einen Bezugsrechtsausschluss bei einer Kapitalerhöhung gegen Einlage zu berichten. Gem. § 293a AktG bedarf es eines schriftlichen Vorstandsberichts im Zusammenhang mit dem Abschluss eines Unternehmensvertrages. Weitere Berichtspflichten sind in den §§ 64, 127, 192 UmwG für die Fälle der Verschmelzung, der Spaltung oder des Rechtsformwechsels und in § 319 Abs. 3 Satz 4 und 5 AktG für den Fall der Eingliederung geregelt worden. Auch bei anderen Strukturentscheidungen wird überwiegend eine entsprechende Berichtspflicht des Vorstandes angenommen (sog. Holzmüller-Bericht).[194] Inhaltlich muss der **Strukturbericht** über die bloße Bekanntmachung des wesentlichen Inhalts der Restrukturierungsmaßnahme und die Beschreibung des neuen unternehmerischen Konzepts hinausgehen. Entsprechend seinem Sinn und Zweck, die Aktionäre in die Lage zu versetzen, sich sachgerecht eine Meinung über die Maßnahme zu bilden, muss diese Angaben zu allen Punkten enthalten, die für einen rational handelnden Aktionär bei seiner Entscheidungsfindung von Bedeutung sind.

4. Entsprechenserklärung

106 Gemäß **§ 161 Abs. 1 S. 1 AktG** müssen Vorstand und Aufsichtsrat der börsennotierten Gesellschaft einmal im Kalenderjahr erklären, dass den im elektronischen Bundesanzeiger bekannt gemachten Empfehlungen des DCGK entsprochen wurde und wird oder welche Empfehlungen nicht angewendet wurden oder werden und warum nicht (sog. Entsprechungserklärung). Empfehlungen sind im Text des Kodex durch die Verwendung des Wortes „**soll**" gekennzeichnet. Abweichungen von bloßen Anregungen des Kodex, für die dieser Begriffe wie „sollte" oder „kann" verwendet, müssen nach § 161 AktG dagegen nicht offen gelegt werden. Die Entsprechenserklärung muss sich auch nicht auf die sprachlich nicht besonders gekennzeichneten gesetzesdarstellenden Teile des DCGK beziehen. Denn eine Abweichung von zwingenden Vorschriften ist ohnehin unzulässig.

---

[193] BGBl. I v. 4.8.2009, S. 2479.
[194] Vgl. § 15 Rz. 60f. mwN.

D. Pflichten der Vorstandsmitglieder 106 § 6

Die Organe sind nur verpflichtet, Unterschreitungen des empfohlenen Verhaltensstandards oder die gänzliche Nichtanwendung bestimmter Empfehlungen anzugeben. Eine „Übererfüllung" muss dagegen nicht ausdrücklich bekannt gemacht werden.[195] § 161 Abs. 1 S. 1 AktG verlangt in der Neufassung durch das Gesetz zur Modernisierung des Bilanzrechts (Bilanzrechtsmodernisierungsgesetz – BilMoG)[196] eine **Begründung** für Abweichungen von den Empfehlungen. Die Erklärung muss sich auf die Vergangenheit und die Gegenwart beziehen, aber nicht zwingend zukunftsbezogen sein: Zukunftsbezogene Äußerungen bedeuten ggf. nur eine unverbindliche Absichtserklärung. Die Erklärung ist im Außenverhältnis von Vorstand und Aufsichtsrat grundsätzlich gemeinsam abzugeben; ob bei Uneinigkeit auch eine getrennte Erklärung in Betracht kommt, ist streitig.[197] Die interne Kompetenzverteilung richtet sich aber in jedem Fall nach allgemeinem Aktienrecht.[198] Durch das **Gesetz zur Modernisierung des Bilanzrechts** (Bilanzrechtsmodernisierungsgesetz – **BilMoG**)[199] wird sowohl der persönliche Anwendungsbereich des § 161 AktG als auch der Inhalt der danach abzugebenden Erklärung erweitert. In Bezug auf den persönlichen Anwendungsbereich war nach bisheriger Rechtslage eine Erklärung durch Vorstand und Aufsichtsrat lediglich bei börsennotierten Gesellschaften notwendig, dh bei Gesellschaften, deren Aktien im Sinne von § 3 Abs. 2 AktG zu einem organisierten Markt zugelassen sind. Nach dem durch das BilMoG eingefügten § 161 Abs. 1 Satz 2 AktG müssen auch Vorstand und Aufsichtsrat von Gesellschaften, die ausschließlich andere Wertpapiere als Aktien zum Handel an einem organisierten Markt ausgegeben haben und deren ausgegebene Aktien auf eigene Veranlassung über ein multilaterales Handelssystem im Sinne des § 2 Abs. 3 S. 1 Nr. 8 WpHG gehandelt werden, eine Entsprechenserklärung abgeben. Davon sind zB Unternehmen betroffen, deren Aktien nur im Freiverkehr gehandelt werden, die aber Schuldverschreibungen zum Handel an einem organisierten Markt zugelassen haben. Die Einbeziehung in den Handel in dementsprechende multilaterale Handelssysteme wie zB den Freiverkehr kann auch ohne Mitwirkung des Emittenten erfolgen. Daher ist für die Verpflichtung zur Abgabe einer Entsprechenserklärung die eigene Veranlassung des Emittenten von diesem Umstand erforderlich. Die Bedeutung dieser geplanten Erweiterung des § 161 AktG in der Praxis dürfte allerdings überschaubar bleiben.[200]

Im Gegensatz zur früheren Rechtslage gilt seit Inkrafttreten des BilMoG inhaltlich für die Entsprechenserklärung, dass diese eine **Begründung über die Abweichung** von den Empfehlungen des Deutschen Corporate Governance Kodex enthalten **muss**. Bisher war die Begründung der Abweichung vom DCGK lediglich empfohlen, aber nicht verpflichtend.

---

[195] Vgl. Begr. RegE Art. 1 Ziff. 16 TransPubG, BT-Drs. 14/8769, abgedr. in NZG 2002, 213, 225.
[196] BGBl. I v. 28. 5. 2009, S. 1102.
[197] Dafür: MünchHdb. GesR/Bd. 4/*Hoffmann-Becking* § 29 Rz. 61; *Hüffer* AktG § 161 Rz. 11; *Peltzer* NZG 2002, 593, 595 – dagegen: Kölner Komm./*Lutter* § 161 Rz. 41; *Ulmer* ZHR 2002 (166), 150, 173; *Schüppen* ZIP 2002, 1269, 1271.
[198] Vgl. nur *Hüffer* AktG § 161 Rz. 10.
[199] BGBl. I v. 28. 5. 2009, S. 110; vgl. auch hierzu den Regierungsentwurf (RegE) zum BilMoG vom 30. 7. 2008, Drucksache 16/10067; abrufbar unter www.bmj.bund.de.
[200] So auch *Kuthe/Geiser* NZG 2008, 172, 173 ff.

Vollständig neu im deutschen Recht ist die durch das BilMoG eingeführte sog. Erklärung zur Unternehmensführung in § 289a HGB. Diese Regelung setzt Artikel 46a Abs. 2 und 3 der Bilanzrichtlinie in der Fassung der Abänderungsrichtlinie[201] um und verpflichtet börsennotierte Aktiengesellschaften, eine sogenannte Erklärung zur Unternehmensführung abzugeben. Diese soll nach § 289a Abs. 2 HGB aus drei Elementen bestehen, und zwar nach § 289a Abs. 2 Nr. 1 HGB aus der Entsprechenserklärung nach § 161 AktG, nach § 289a Abs. 2 Nr. 2 HGB aus den relevanten Angaben zu Unternehmensführungspraktiken sowie gem. § 289a Abs. 2 Nr. 3 HGB aus der Beschreibung der Arbeitsweise von Vorstand und Aufsichtsrat sowie der Zusammensetzung und Arbeitsweise von deren Ausschüssen.[202]

Die Erklärung ist auf der Internetseite der Gesellschaft **dauerhaft öffentlich zugänglich** zu machen (§ 161 Absatz 2 AktG), dh. sie muss unter normalen Umständen einsehbar sein. Damit kann die Erklärung auch jederzeit abgeändert werden. Eine Aktualisierungspflicht kommt allerdings nicht generell in Betracht, ergibt sich aber ausnahmsweise aus § 15 WpHG, wenn sich eine veränderte Handhabung der Kodexempfehlungen erheblich auf den Börsenpreis auswirken kann (s. Rz. 107).[203]

Im Anhang des Jahresabschlusses ist gem. § 285 Satz 1 Nr. 16 HGB anzugeben, dass die Erklärung nach § 161 AktG abgegeben und wo sie öffentlich zugänglich gemacht worden ist. Eine entsprechende Angabe muss der Konzernanhang für jedes in den Konzernabschluss einbezogene börsennotierte Unternehmen enthalten (§ 314 Abs. 1 Nr. 8 HGB). Dagegen wird der Inhalt der Erklärung nach § 161 AktG nicht zum Gegenstand des Anhangs gemacht und ist auch nicht Gegenstand der Prüfung. Nur wenn also die Erklärung nicht abgegeben oder nicht öffentlich zugänglich gemacht wurde, ist der Bestätigungsvermerk einzuschränken.[204] Die Erklärung selbst ist gem. § 325 Abs. 1 Satz 3 HGB mit den übrigen Unterlagen zum Handelsregister einzureichen.

5. Sonstige Mitteilungs-, Bekanntmachungs- und Berichtspflichten

107 Sowohl im AktG als auch im Kapitalmarktrecht sind bestimmte Veröffentlichungspflichten niedergelegt. Neben der Pflicht zur Offenlegung der Überschreitung bestimmter Beteiligungsschwellenwerte[205] sind insbesondere die

---

[201] Richtlinie 2006/46/EG des europäischen Parlaments und des Rates vom 14.6. 2006 zur Änderung der Richtlinie des Rates 78/660/EWG, 38/349/EWG, 86/635/EWG und 91/674/EWG, ABlEG Nr. L 224, S. 1.
[202] Dazu eingehend *Kuthe/Geiser* NZG 2008, 172, 173 ff.
[203] Nach BGH, Urt. 16. 2. 2009 – II ZR 185/07 (*Kirch/Deutsche Bank*), DStR 2009, 537 ff. führt aber die Unrichtigkeit der gem. § 161 AktG vom Vorstand und Aufsichtsrat abzugebenden Entsprechenserklärungen wegen der darin liegenden Verletzung von Organpflichten zur Anfechtbarkeit jedenfalls der gleichwohl gefassten Entlastungsbeschlüsse, soweit die Organmitglieder die Unrichtigkeit kannten oder kennen mussten. Für die (Compliance-)Praxis dürfte das obiter dictum des BGH diesbezüglich (aaO Rz. 19) von erheblicher Bedeutung sein, dass nämlich die DCGK-Erklärung im Fall von deren Unrichtigkeit binnen Jahresfrist zu erneuern und „*im Fall vorheriger Abweichung umgehend zu berichten*" ist.
[204] Vgl. Begr. RegE Art. 2 Ziff. 1b TransPubG, BT-Drs. 14/7683, abgedr. in NZG 2002, 213, 228; *Hüffer* AktG § 161 Rz. 24.
[205] Vgl. § 15 Rz. 38.

D. Pflichten der Vorstandsmitglieder   108, 109   § 6

kapitalmarktrechtliche Ad hoc-Publizität sowie die wertpapierrechtlichen Berichtspflichten zu nennen. Ist die AG börsennotiert, trifft den Vorstand nach § 15 Abs. 1 Satz 1 WpHG die Pflicht, unverzüglich nicht-öffentlich bekannte neue Tatsachen zu publizieren, wenn diese wegen der Auswirkungen auf die Vermögens- und Finanzlage oder den allgemeinen Geschäftsverlauf der Gesellschaft geeignet sind, den Börsenpreis der Aktie erheblich zu beeinflussen (sog. **Ad-hoc-Publizität**). Für unterlassene oder falsche Veröffentlichungen haftet die Gesellschaft dem Dritten nach Maßgabe der §§ 37 b, 37 c WpHG auf Schadensersatz. Dieses Haftungsinteresse haben die Vorstandsmitglieder ggf. gem. § 93 AktG (vgl. auch §§ 37 b Abs. 6, 37 c Abs. 6 WpHG) der Gesellschaft zu ersetzen. Darüber hinaus ist der Vorstand der börsennotierten AG nach den §§ 37 v, 37 w und 37 x WpHG verpflichtet, einen Jahresfinanzbericht, einen Halbjahresfinanzbericht und wenigstens zwei Zwischenmitteilungen zu erstatten. Nach § 30 b Abs. 1 WpHG müssen zudem in den dort näher bestimmten Fällen, welche insbesondere die Einberufung der Hauptversammlung und die Ausschüttung der Dividende betreffen, Mitteilungen veröffentlicht werden.

Einer persönlichen Mitteilungspflicht unterliegen die Vorstandsmitglieder hinsichtlich des Erwerbs bzw. der Veräußerung von Aktien der Gesellschaft oder einer Tochtergesellschaft oder von auf den Aktien basierenden Derivaten (§ 15 a WpHG). Die Mitteilungspflicht entfällt, wenn die Summe der Geschäfte im gesamten Kalenderjahr € 5000 nicht übersteigt (§ 15 a Abs. 1 S. 5 WpHG). Die Mitteilung ist an die Gesellschaft – die sie ihrerseits veröffentlichen muss – und an die Bundesanstalt für Finanzdienstleistungsaufsicht zu richten. Verstöße stellen gem. § 39 Abs. 2 Nr. 2 lit. d) WpHG eine Ordnungswidrigkeit dar. Demgegenüber sind Insidergeschäfte des Vorstands mit Aktien der Gesellschaft und vergleichbare Geschäfte unter Ausnutzung nicht öffentlich bekannter Tatsachen nach §§ 12 ff. WpHG per se bei Strafe verboten (§ 38 WpHG).

Einmal jährlich hat der Emittent zudem nach § 10 WPpG ein Dokument zu erstellen und zu veröffentlichen, das die genannten und die weiteren, in § 10 WPpG genannten Informationen enthält oder auf sie verweist.

II. Unternehmerische Pflichten insbesondere im mehrgliedrigen Vorstand

Weitere spezifische Vorstandspflichten bestehen im Verhältnis der Vorstands- **108** mitglieder untereinander im mehrgliedrigen Vorstand. Hat die Gesellschaft mehrere Vorstandsmitglieder bestellt, stehen diese gleichberechtigt nebeneinander und sind zur kollegialen Zusammenarbeit verpflichtet, um einen störungsfreien Arbeitsablauf zu gewährleisten; für sie gelten die Regeln der Teamarbeit.[206]

1. Kollegiale Zusammenarbeit und Informations- und Kontrollpflichten

Da der Grundsatz der Gesamtgeschäftsführung disponibel ist, besteht Orga- **109** nisationsfreiheit zur Verwirklichung einer nach funktionalen, sachlichen oder lokalen Ressorts abgegrenzten Geschäftsverteilung, sodass die Führungsaufga-

---

[206] Kölner Komm./*Mertens* § 93 Rz. 43 f.; *Raiser/Veil* § 14 Rz. 68.

ben im Wege des **arbeitsteiligen Zusammenwirkens** erledigt werden. Bei einer derartigen Organisationsstruktur bildet der Grundsatz der Gesamtverantwortung anerkanntermaßen eine immanente Schranke der Geschäftsverteilung. Hieraus folgt, dass die einzelnen Vorstandsmitglieder für das ihnen zugewiesene Ressort primär verantwortlich sind, jedoch zugleich ein Bereich bestehen bleibt, innerhalb dessen jeder Vorstand für den Erfolg des Gesamtunternehmens verantwortlich ist.[207]

110 Aus dem vorbeugenden Zweck der Gesamtverantwortung ergibt sich zugleich eine Verpflichtung aller Vorstandsmitglieder zur effektiven und lückenlosen gegenseitigen (Selbst-)Kontrolle (**allgemeine Aufsichtspflicht**).[208] Auch wenn eine Ressortverantwortung für bestimmte (sachliche oder funktionale) Unternehmensbereiche geschaffen wurde, müssen mithin alle Entscheidungen, Maßnahmen und Vorkommnisse von besonderer Bedeutung im Gesamtgremium berichtet werden, und jedes einzelne Mitglied des Vorstands muss die ihm zur Kenntnis gebrachten Entwicklungen in anderen Ressorts verfolgen sowie erkannten Missständen entgegenwirken. Die vorbezeichnete allgemeine Aufsichtspflicht impliziert zugleich, dass das einzelne Vorstandsmitglied verpflichtet ist, über alle bedeutsamen Vorkommnisse aus seinem Ressort unaufgefordert den anderen Vorstandsmitgliedern zu berichten; zweckmäßig ist es, ein regelmäßiges Berichtswesen innerhalb des Vorstandes zu etablieren.[209]

111 Der allgemeinen, der Gesamtverantwortung aller Vorstandsmitglieder entspringenden Überwachungspflicht entspricht ein von der Ausgestaltung der Geschäftsverteilung unabhängiges Recht jedes Vorstandsmitglieds, alle Angelegenheiten, auch solche, die ein anderes Ressort betreffen, vor das Gesamtgremium zu bringen (sog. **Interventionsrecht**). Jedes Mitglied ist daher berechtigt – unter Umständen sogar verpflichtet –, einer Maßnahme oder Handlung eines Kollegen zu widersprechen. Im Falle des Widerspruchs muss die Maßnahme – sofern der Widerspruch nicht pflichtwidrig erhoben wurde – zunächst unterbleiben und verbindlich vom Gesamtgremium bzw. unter Einbeziehung der anderen Entscheidungsträger entschieden werden.[210]

2. Zwingende Zuständigkeiten des Gesamtkollegiums

112 Schließlich ist anerkannt, dass gewisse Vorstandsaufgaben ihrer Natur nach nicht delegierbar sind, sondern zwingend der Entscheidung durch das Gesamtgremium unterliegen. Weitgehende Einigkeit besteht dahin, dass eine zwingende Zuständigkeit anzunehmen ist, soweit das Gesetz dem Vorstand bestimmte Aufgaben ausdrücklich zuweist, da es sich bei derartigen Aufgabenzuweisungen immer um zwingende Rechte und Pflichten des Gesamtgremiums handelt.[211] Darüber hinaus gibt es weitere Führungsaufgaben, die zwingend vom Gesamtgremium wahrgenommen werden müssen. Wo die Grenzen dieses

---

[207] *Hüffer* AktG § 77 Rz. 18; Kölner Komm./*Mertens* § 77 Rz. 18 ff.; MünchHdb. GesR/Bd. 4/*Wiesner* § 22 Rz. 15.
[208] BGH VI ZR 319/95 v. 15.10.1996, DB 1996, 2483; BGH II ZR 114/85 v. 20.3.1986, WM 1986, 789; BGH II ZR 198/84 v. 8.7.1985, WM 1985, 1293, 1294 (alle zur GmbH); MünchKomm. AktG/Bd. 3/*Hefermehl/Spindler* § 77 Rz. 28; *Hüffer* AktG § 77 Rz. 15; Kölner Komm./*Mertens* § 77 Rz. 18; MünchHdb. GesR/Bd. 4/*Wiesner* § 22 Rz. 15.
[209] Kölner Komm./*Mertens* § 77, Rz. 20; MünchHdb. GesR/Bd. 4/*Wiesner* § 22 Rz. 16.
[210] Kölner Komm./*Mertens* § 77 Rz. 23; MünchHdb. GesR/Bd. 4/*Wiesner* § 22 Rz. 15.
[211] *Hüffer* AktG § 77 Rz. 17; Kölner Komm./*Mertens* § 77 Rz. 19.

D. Pflichten der Vorstandsmitglieder 113, 114 § 6

Kernbereichs der zwingenden Gesamtzuständigkeiten verlaufen, ist allerdings schwer zu bestimmen. Allgemein wird auf die grundlegende Natur oder Bedeutung der einzelnen Entscheidung abgestellt, verschiedentlich auch auf den unternehmenspolitischen Inhalt oder die ressortübergreifende Wirkung der geplanten Maßnahme.[212] Beispielhaft werden insoweit folgende Aufgaben genannt:
– Festlegung der Unternehmensstruktur, der Unternehmensziele und der Unternehmenspolitik,
– Festlegung der Grundzüge der Markt-, Produkt-, Finanz-, Investitions- und Personalpolitik,
– unternehmensspezifische und möglichst optimale Aufbau- und Ablaufplanung,
– sonstige Maßnahmen und Geschäfte, die für die Gesellschaft von außergewöhnlicher Bedeutung sind oder mit denen ein außergewöhnliches Risiko verbunden ist,
– Überwachung der Geschäfts- und Risikoentwicklung, angemessenes Risikomanagement und interne Revision sowie
– Besetzung der oberen Führungspositionen.

3. Verantwortungsbereiche

Aus dem Nebeneinander der Gesamtverantwortung des einzelnen Vorstandsmitglieds für das Wohl des Gesamtunternehmens und der speziellen Verantwortlichkeit im eigenen Ressort resultieren folgende unternehmerische **Pflichtenkreise des ressortzuständigen Vorstandsmitglieds**:[213]
– Ordnungsgemäße Organisation des Geschäftsbereichs zur Sicherstellung der ordnungsgemäßen Erledigung der laufenden Geschäfte des Ressorts.
– Ordnungsgemäße Auswahl, Information und Instruktion der Untergebenen, insbesondere durch generelle Handlungsanweisungen (Verhaltensrichtlinien) für typische oder besonders bedeutsame bzw. gefährliche Vorkommnisse und Maßnahmen; je gewichtiger die Entscheidung ist, umso eher muss sie durch Handlungsanweisungen vorgeprägt werden.
– Klare Abgrenzung der Zuständigkeiten der Mitarbeiter zur Vermeidung von Aufgabenüberschneidungen, die zu Reibungsverlusten und Kompetenzstreitigkeiten führen können, und zur Verhinderung von Zuständigkeitslücken.
– Hinreichende Information über den verantworteten Geschäftsbereich und die wesentlichen Vorkommnisse innerhalb des Ressorts, Überwachung und Kontrolle der mit der Aufgabenerledigung beauftragten Mitarbeiter sowie Information der Vorstandskollegen über Grundsatzfragen und besondere Vorkommnisse.
– Wahrnehmung der Fach- und Führungsverantwortung im zugewiesenen Geschäftsbereich unter Beachtung des Grundsatzes, dass bestimmte Tätigkeiten nicht auf nachgeordnete Ebenen delegierbar sind und der Vorstand Grundsatzentscheidungen selbst treffen muss.

Ganz ähnliche Grundsätze kommen auch im Hinblick auf die der Gesamtverantwortung der Vorstandsmitglieder unterliegenden gewichtigen, **grund-**

---

[212] *Hüffer* AktG § 77 Rz. 18.
[213] Kölner Komm./*Mertens* § 93 Rz. 27 ff., 43 f.

legenden Entscheidungen sowie im Hinblick auf die **Überwachung des Gesamtunternehmens** zum Tragen. Insoweit muss Folgendes gewährleistet sein:[214]
– Hinreichende Vorbereitung der Entscheidung der Grundsatzfragen und Analyse aller Entscheidungsparameter unter Hinzuziehung aller Erkenntnisquellen.
– Herbeiführung und Umsetzung der erforderlichen Führungsentscheidungen unter Beteiligung und Einbindung der anderen Gesellschaftsorgane.
– Etablierung eines Informations- und Überwachungssystems zur Gewährleistung einer hinreichenden Information aller Vorstandsmitglieder insbesondere über die Vermögens- und Ertragslage der Gesellschaft und über alle anderen Grundsatzfragen.

4. Risikomanagement und interne Revision

115 Nach § 91 Abs. 2 AktG ist der Vorstand verpflichtet, „ein Überwachungssystem einzurichten, damit den Fortbestand der Gesellschaft gefährdende Entwicklungen früh erkannt werden". Hierdurch soll die Verpflichtung des Vorstandes, für ein angemessenes Risikomanagement und für eine angemessene interne Revision zu sorgen, verdeutlicht werden. Bei dieser Pflicht handelt es sich um eine (gesetzliche) Hervorhebung der allgemeinen Leitungsaufgabe des Vorstandes, zu der auch die Organisation des Unternehmens gehört.[215] Die **konkrete Ausformung dieser Pflicht** hängt von Größe, Struktur, Kapitalmarktzugang usw. des jeweiligen Unternehmens ab. Die Verletzung dieser Organisationspflicht kann Schadensersatzpflichten gem. § 93 AktG begründen.[216] Zu den den Fortbestand des Unternehmens gefährdenden Entwicklungen zählen insbesondere risikobehaftete Geschäfte, Unrichtigkeiten in der Rechnungslegung und Verstöße gegen gesetzliche Vorschriften, die sich auf die Vermögens-, Finanz- und Ertragslage des Unternehmens wesentlich auswirken. Die Maßnahmen interner Überwachung sollen so ausgerichtet sein, dass solche Entwicklungen frühzeitig, also zu einem Zeitpunkt erkannt werden, zu dem noch geeignete Gegenmaßnahmen ergriffen werden können. Der präventive Charakter der gesetzlich hervorgehobenen Pflicht zur Etablierung eines solchen Überwachungs- und Frühwarnsystems impliziert, dass sich der Vorstand nicht darauf beschränken darf, einzelne ihm bekannt werdende risikoträchtige Geschäftsvorfälle zu überwachen, sondern es muss eine interne Unternehmensstruktur hergestellt werden, die gewährleistet, dass Maßnahmen, Geschäfte, Entwicklungen und sonstige Umstände, von denen die vorstehend beschriebenen Gefahren ausgehen können, den Vorstandsmitgliedern bekannt und von ihnen kontrolliert werden, sodass Maßnahmen zur Verhinderung der Verwirklichung dieser Risiken frühzeitig eingeleitet werden können.[217]

116 Konkrete Vorgaben für die Ausgestaltung des Überwachungssystems enthalten hingegen weder das Gesetz noch die Gesetzesmaterialien, sodass die Vorstandsmitglieder im Rahmen ihres unternehmerischen Ermessens selbst ein

---

[214] Kölner Komm./*Mertens* § 77 Rz. 18 ff.
[215] *Hüffer* AktG § 91 Rz. 4.
[216] Vgl. auch Referentenentwurf (RefE) des BMJ vom 26. 11. 1996, abgedr. ua. in ZIP 1996, 2129, 2131 f.; RefE, ZIP 1997, 2059, 2061 re. Sp.
[217] *Hüffer* AktG § 91 Rz. 6 ff. mwN; *Endres* ZHR 163 (1999), 441, 451 f.

D. Pflichten der Vorstandsmitglieder 117 § 6

zweckmäßiges und effektives Überwachungskonzept entwickeln und seine Wirksamkeit kontinuierlich überprüfen müssen. Im Rahmen der Prüfung der Zweckmäßigkeit und Effektivität des zu installierenden internen Revisionssystems muss herausgefunden werden, ob die **Wirksamkeit des Risikomanagements gewährleistet** ist, indem
- Prüfungen kontinuierlich und systematisch durchgeführt werden,
- alle Unternehmensbereiche erfasst werden,
- die interne Revision in die Gesellschaftsprozesse integriert wird,
- sie auf die Unternehmensziele und Unternehmensrisiken ausgerichtet ist,
- sichergestellt ist, dass die unternehmensinternen und -externen Informationen richtig und rechtzeitig verfügbar sind, sodass die Unternehmensrisiken zeitgerecht ermittelt werden können,
- eine Risikobewältigung auch bei sich dynamisch ändernden Risikosituationen effektiv erfolgen kann.

Weiterhin sollten die häufigsten und typischen Mängel existierender Risikomanagementsysteme vermieden werden, wie
- unzureichende Systematik,
- fehlende Dokumentation und Nachvollziehbarkeit,
- unzureichende Kontrolle und Überwachung,
- fehlender vorausschauender Einsatz der Instrumente zur Risikoerkennung und -bewältigung,
- Beschränkung der Überwachung auf einzelne Unternehmensbereiche,
- unzureichende Verantwortlichkeitszuweisungen, die zu Informations- bzw. Entscheidungsdefiziten führen können.

Die **Pflicht** zur Etablierung eines angemessenen Risikomanagements und einer angemessenen internen Revision ist **konzernweit zu verstehen**, sodass in Muttergesellschaften eines (weit verzweigten) Konzerns von dem „Konzernvorstand" Sorge dafür getragen werden muss, dass solche Risiken und Gefahren auch auf der Ebene von Tochter- und Beteiligungsgesellschaften frühzeitig erkannt und ggf. dort geeignete Gegenmaßnahmen ergriffen werden.[218] Zumindest alle wesentlichen Konzern- und Beteiligungsunternehmen unterliegen der Überwachungs- und Organisationspflicht des „Konzernvorstandes". Denn der präventive Charakter der Überwachungs- und Organisationspflicht gebietet eine hinreichende Kontrolle aller maßgebenden Unternehmensbereiche einschließlich derjenigen, die mittelbar über Tochter- und Beteiligungsunternehmen wahrgenommen werden und die gemessen am Gesamtunternehmen von hinreichendem quantitativen Gewicht sind bzw. die erhebliche Risiken in sich bergen.

Nachgeordnete Konzern- und Beteiligungsunternehmen sind in das Risikomanagement „im Rahmen der bestehenden gesellschaftsrechtlichen Möglichkeiten" einzubeziehen.[219] Der **Pflichtenumfang** richtet sich nach den konzernrechtlichen Einflussmöglichkeiten, sodass im Falle eines Vertragskonzerns

117

---

[218] Die Konzerndimensionalität der Verpflichtung zur Schaffung eines angemessenen Risikomanagements und einer angemessenen internen Revision folgt aus der Begründung des Regierungsentwurfs, dem der Gesetzgeber gefolgt ist. Dort heißt es nämlich: „Bei Mutterunternehmen iSd. § 290 HGB ist die Überwachungs- und Organisationspflicht im Rahmen der bestehenden gesellschaftsrechtlichen Möglichkeiten konzernweit zu verstehen, sofern von Tochtergesellschaften den Bestand der Gesellschaft gefährdende Entwicklungen ausgehen können."; vgl. RefE, ZIP 1997, 2059, 2061 re. Sp.
[219] Vgl. RefE, ZIP 1997, 2059, 2061 re. Sp.

angesichts der umfassenden Leitungs- und Eingriffsmöglichkeiten hohe Anforderungen an die Ausübung der Konzernkontrolle zu stellen sind. Im Falle einer rein faktischen Konzernierung gehen mit den eingeschränkteren Herrschaftsrechten auch geringere Kontrollmöglichkeiten und somit ein verminderter Pflichtenumfang einher. In weit verzweigten, mehrstufigen Konzernen ist auf jeder Konzernebene die jeweilige Geschäftsführung verpflichtet, ein eigenständiges Überwachungssystem zu schaffen. Hiernach genügt es nicht, wenn ein konzerndimensionales Kontrollsystem lediglich auf der obersten Konzernebene eingerichtet wird, bzw. es reicht auch nicht aus, wenn lediglich auf den unteren Konzernebenen jeweils eine solche Risikovorsorge stattfindet. Der „Konzernvorstand" muss vielmehr die Effektivität des Überwachungs- und Kontrollsystems auf den nachgeordneten Konzernebenen kontinuierlich über die ihm zu Gebote stehenden konzernrechtlichen Einflussnahmemöglichkeiten überwachen und sicherstellen, dass er von gewichtigen Vorgängen Kenntnis erlangt, um sich ein eigenes Bild im Hinblick auf die damit einhergehenden Risiken machen zu können.

5. Vorstandspflichten in Konzernsituationen

118 Schließlich treffen den Vorstand allgemein in Konzernsituationen besondere Pflichten; dies gilt insbesondere für den „Konzernvorstand", dh. den Vorstand der herrschenden AG.[220] Beherrscht die AG ein oder mehrere andere Unternehmen, werden die Beteiligungsrechte der Gesellschaft vom Vorstand der herrschenden AG wahrgenommen. Es erstreckt sich dann die Leitungsverantwortung des Vorstands seiner Gesellschaft gegenüber auch darauf, dass die abhängigen Unternehmen zum Erfolg der Gesellschaft beitragen, sodass die Beteiligungsrechte entsprechend ausgeübt werden müssen. Der unveräußerliche Kern der der herrschenden AG zustehenden Einflussrechte und Leitungsbefugnisse muss vom Vorstand selbst wahrgenommen werden; dies gilt insbesondere im Hinblick auf die Überwachung der Geschäfts- und Ergebnisentwicklung bei den Konzernunternehmen. Diese **Verpflichtung zur Konzernkontrolle** des Vorstandes einer Obergesellschaft ist allgemein anerkannt.[221]

119 Seit längerem wird darüber hinaus kontrovers die Frage diskutiert, ob der Konzernvorstand zur Konzernleitung, dh. zur Ausübung des durch die Beteiligung begründeten Einflusses, verpflichtet ist. Eine **Konzernleitungspflicht** gegenüber dem abhängigen Unternehmen wird abgelehnt. Demgegenüber wird überwiegend davon ausgegangen, dass das Geschäftsführungsorgan des herrschenden Unternehmens gegenüber der eigenen Gesellschaft zur Konzernleitung verpflichtet ist.[222] Heftig umstritten ist insoweit die erforderliche Leitungsintensität: Teilweise wird eine umfassende Konzernleitungsverpflichtung befürwortet, sodass die Konzernvorstände die Pflicht träfe, den konzernrechtlichen Einfluss gegenüber der Tochtergesellschaft so intensiv wie rechtlich zulässig auszuüben und möglichst vollständig die unternehmerische Planung, Entscheidung und Kontrolle der Geschäftspolitik des abhängigen Unterneh-

---

[220] Vgl. zu den Pflichten des Vorstandes des abhängigen Unternehmens: § 15 Rz. 76.
[221] Vgl. MünchHdb. GesR/Bd. 4/*Krieger* § 69 Rz. 24; *Lutter/Krieger* Rechte und Pflichten des Aufsichtsrates Rz. 48.
[222] So insb. *Hommelhoff* Konzernleitungspflicht 1982 S. 35 f., 41 ff., 265 ff.; vgl. auch MünchHdb. GesR/Bd. 4/*Krieger* § 70 Rz. 155; *Raiser/Veil* § 53 Rz. 17; *Semler* Die Leitung und Überwachung der Aktiengesellschaft Rz. 270 ff.

D. Pflichten der Vorstandsmitglieder

mens an sich zu ziehen.²²³ Demgegenüber werden überwiegend zumindest in faktischen Konzernverhältnissen dezentrale Konzernstrukturen für ausreichend gehalten.²²⁴ Hiernach ist die Frage, wie der Vorstand der Obergesellschaft Beteiligungen verwaltet und wie er Leitungsmacht über abhängige Unternehmen wahrnimmt, in sein Vorstandsermessen gestellt, da es ein zulässiges und unter Umständen – etwa bei Konglomeraten oder multinationalen Konzernen – auch allein praktikables unternehmerisches Konzept ist, abhängige Unternehmen weitgehend selbständig arbeiten zu lassen. Entscheidend ist nach der herrschenden Ansicht allein, ob die konzernintern verwirklichten Leitungsstrukturen gewährleisten, dass die Konzerntöchter zum Erfolg des Konzernganzen beitragen.

III. Allgemeine gesetzliche Pflichten

Die der AG durch das allgemeine Recht auferlegten Pflichten hat der Vorstand stets eigenverantwortlich zu erfüllen. Namentlich **Steuern und Sozialversicherungsbeiträge** sind abzuführen, **arbeits-, gewerbe- und umweltschutzrechtliche Vorschriften** einzuhalten, das **Kartellverbot** zu beachten uÄ. Zu diesen gesetzlich geregelten Pflichtenkreisen zählt ua. die **Rechnungslegungspflicht** des Vorstandes. Der Vorstand ist zur ordnungsgemäßen Buchführung und zur Aufstellung des Jahresabschlusses verpflichtet (§§ 238 HGB, 91 AktG und §§ 264 Abs. 1 HGB, 170 Abs. 1 AktG); die periodische Buchführung findet mit der Aufstellung des Jahresabschlusses ihren Abschluss.²²⁵ Aufgrund dessen obliegt dem Vorstand die Pflicht, sich über die Angelegenheiten, den Vermögensstand und die Gewinnsituation der Gesellschaft fortlaufend zu informieren. Darüber hinausgehend müssen die Vorstandsmitglieder generell für eine Organisation sorgen, die auch außerhalb der Aufstellung des Jahresabschlusses jederzeit Übersicht über die wirtschaftliche und finanzielle Lage des Unternehmens ermöglicht. Pflichtverstöße in diesem Bereich sind in besonderem Maße mit persönlichen Haftungsrisiken verbunden.

Dies gilt namentlich auch für die Pflichten des Vorstandes in der **Krise der AG**.²²⁶ Ein **Verlust** in Höhe der Hälfte des Grundkapitals der Gesellschaft verpflichtet den Vorstand nach § 92 Abs. 1 AktG, unverzüglich eine außerordentliche Hauptversammlung einzuberufen. Gegenstand der Tagesordnung dieser Versammlung ist eine entsprechende Verlustanzeige; diese muss klar und eindeutig abgefasst sein und darf die prekäre wirtschaftliche Lage des Unternehmens nicht verschleiern. Für die Feststellung des Verlusts gelten bzgl. Ansatz und Bewertung grds. die für den Jahresabschluss geltenden Regeln, insb. auch hinsichtl. der Behandlung stiller Reserven. Bei einer positiven Fortbestehungsprognose gilt das Prinzip des going concern, dh., es sind grds. die Buchwerte anzusetzen; andernfalls ist von den Liquidationswerten auszugehen.²²⁷ Weiter-

---

²²³ *Hommelhoff* Konzernleitungspflicht 1982 S. 76 ff., 424 f.
²²⁴ MünchHdb. GesR/Bd. 4/*Krieger* § 69 Rz. 24; *Semler* Leitung und Überwachung der Aktiengesellschaft Rz. 280.
²²⁵ Vgl. MünchHdb. GesR/*Hoffmann-Becking* § 43 Rz. 1 ff.; *Hüffer* AktG § 91 Rz. 1 f.; § 172 Rz. 2; MünchHdb. GesR/Bd. 4/*Wiesner* § 25 Rz. 72 ff.
²²⁶ Vgl. dazu eingehend § 17 Rz. 6 ff.
²²⁷ *Hüffer* § 92 Rz. 3.

hin ist der Vorstand verpflichtet, ein Sanierungskonzept zu erstellen und den Aktionären alsbald, wenn möglich in der Versammlung, zu präsentieren.[228]

Die **Verpflichtung zur Einleitung des Insolvenzverfahrens** trifft den Vorstand bei Eintritt der Zahlungsunfähigkeit oder Überschuldung der Gesellschaft (§ 15a iVm. §§ 17 ff. InsO). Der Vorstand ist bei Eintritt eines Insolvenzgrundes verpflichtet, den Insolvenzantrag unverzüglich, spätestens jedoch drei Wochen nach Eintritt des Insolvenzgrundes zu stellen (§ 15a Abs. 1 S. 1 InsO). Der Antrag kann von jedem Mitglied des Vorstands gestellt werden (§§ 15 Abs. 1, 15a Abs. 1 InsO). Bei der Drei-Wochen-Frist handelt es sich um eine Höchstfrist, die nicht ohne weiteres ausgeschöpft werden darf; nur bei Vorliegen triftiger Gründe, insbesondere bei aussichtsreich erscheinenden Sanierungsbemühungen, kann die Frist voll ausgeschöpft werden.[229] Der Insolvenzgrund der Zahlungsunfähigkeit ist erfüllt, wenn die Gesellschaft dauerhaft außerstande ist, ihre fälligen Geldschulden ganz oder teilweise zu erfüllen, insbesondere wenn eine Zahlungseinstellung erfolgt ist (§ 17 Abs. 2 InsO). Vorübergehende Zahlungsstockungen reichen zur Annahme einer Zahlungsunfähigkeit nicht aus, wenn damit zu rechnen ist, dass die Gesellschaft alsbald wieder über liquide Mittel verfügen wird.[230] Im Zweifel ist die Gesellschaft verpflichtet, einen Zahlungsplan aufzustellen, in dem die in absehbarer Zeit fällig werdenden Verbindlichkeiten und die zu erwartenden liquiden Zahlungseingänge im Einzelnen aufgelistet werden, um zu klären, ob Zahlungsunfähigkeit eingetreten ist oder droht (§ 18 InsO). Überschuldung nach § 19 Abs. 2 InsO liegt vor, wenn Schulden der Gesellschaft nicht mehr von deren Vermögen gedeckt sind. Die schwierige Feststellung der Überschuldung erfolgt im Wege der Aufstellung einer Überschuldungsbilanz; es handelt sich hierbei um eine Vermögensbilanz, in der die Vermögensgegenstände mit dem Zeitwert bewertet werden.[231]

Nach Eintritt der Zahlungsunfähigkeit oder Überschuldung darf der Vorstand keine Zahlungen mehr tätigen (§ 92 Abs. 2 S. 1 AktG). Hinsichtlich dieses Zahlungsverbots des § 92 Abs. 2 Satz 1 AktG hat der Bundesgerichtshof in einer neuen Entscheidung klargestellt, dass dieses bereits ab Eintritt der Insolvenzreife und nicht erst ab dem Ende der Insolvenzantragsfrist gilt.[232] Durch das MoMiG wurde das Zahlungsverbot durch den neu eingefügten Satz 3 des geänderten § 92 Abs. 2 AktG dahingehend erweitert, dass künftig auch Zahlungen an Aktionäre erfasst werden, die zwar das zur Erhaltung des Grundkapitals erforderliche Vermögen unberührt lassen, aber die Zahlungsunfähigkeit herbeiführen müssen und tatsächlich auch herbeiführen.[233] Dadurch wird § 92 AktG um eine Insolvenzverursachungshaftung[234] ergänzt, die zunächst und

---

[228] Kölner Komm./*Mertens* § 92 Rz. 20; MünchHdb. GesR/Bd. 4/*Wiesner* § 25 Rz. 58 aE.
[229] BGH II ZR 118/77 v. 9.7.1979 BGHZ 75, 96, 111 f.; Kölner Komm./*Mertens* § 92 Rz. 35 ff.; MünchHdb. GesR/Bd. 4/*Wiesner* § 25 Rz. 68.
[230] *Hüffer* AktG § 92 Rz. 8; Kölner Komm./*Mertens* § 92 Rz. 28; MünchHdb. GesR/Bd. 4/*Wiesner* § 25 Rz. 64.
[231] BGH II ZR 269/91 v. 13.7.1992, BGHZ 119, 201, 213 f.; MünchKomm. AktG/Bd. 3/*Hefermehl/Spindler* § 92 Abs. 2 Rz. 25 ff.; *Hüffer* AktG § 92 Rz. 11; MünchHdb. GesR/Bd. 4/*Wiesner* § 25 Rz. 65 ff. – aA Kölner Komm./*Mertens* § 92 Rz. 31.
[232] BGH II ZR 280/07 v. 16.3.2009, NZG 2009, 550 ff.
[233] Vgl. Begr. RegE v. 25.7.2007, BT-Drs. 16/6140, S. 46; näher dazu *Knapp* DStR 2008, 2371, 2373.
[234] Ausführlich dazu *Knopf* DStR 2007, 1536 und 1580.

vor allem das Auszahlungsverbot des § 57 Abs. 1 AktG betrifft. Hiervon ausgenommen sind lediglich solche Zahlungen, die mit der Sorgfalt eines ordentlichen und gewissenhaften Geschäftsleiters vereinbar sind (§ 92 Abs. 2 S. 2 AktG), also insbesondere masseneutrale Zahlungen, bei denen eine wertgleiche Gegenleistung besteht; für die Abführung der Arbeitnehmerbeiträge zur Sozialversicherung gilt diese Ausnahme hingegen nicht.[235]

Weiterhin besteht im Hinblick auf bestimmte gesellschaftsrechtliche Vorgänge eine **Anmeldepflicht zum Handelsregister**. Derartige Anmeldepflichten bestehen etwa bei Satzungsänderungen (§ 181 AktG), Kapitalmaßnahmen (§§ 188 Abs. 4, 227 AktG) und bei sonstigen Strukturmaßnahmen, wie dem Abschluss eines Unternehmensvertrages (§ 294 AktG) sowie Umstrukturierungen nach dem UmwG uÄ. Darüber hinaus bestehen bezüglich bestimmter Unterlagen Einreichungspflichten der Vorstandsmitglieder, etwa hinsichtlich des Protokolls der Hauptversammlung (§ 130 Abs. 5 AktG), des Jahresabschlusses, des Lageberichts, des Ergebnisverwendungsvorschlages und -beschlusses (§ 325 Abs. 1 HGB), sowie Bekanntmachungspflichten im elektronischen Bundesanzeiger (vgl. § 325 Abs. 2 HGB). Bei konzernabschlusspflichtigen Gesellschaften besteht darüber hinaus eine Einreichungspflicht hinsichtlich des Konzernabschlusses sowie des Konzernlageberichts, wobei diese gem. § 325 Abs. 3 HGB ebenfalls im elektronischen Bundesanzeiger bekannt zu machen sind. Zudem besteht gem. § 106 AktG im Fall des Wechsel eines oder mehrerer Aufsichtsratsmitglieder die Pflicht, eine entsprechende Liste zum Handelsregister einzureichen.

IV. Treuepflicht

Weiterhin trifft die Vorstandsmitglieder gegenüber der Gesellschaft eine intensive Treuepflicht.[236] Die Loyalitätspflicht ist das Korrelat zu den weitreichenden Befugnissen der Vorstände. Aus Treuebindungen ergeben sich vor allem **Schutz- und Rücksichtnahmepflichten** in Gestalt von Unterlassungspflichten, sie sind aber auch bestimmend für das Maß der aktiven Förderungspflichten. Treuepflichten bestehen allein aufgrund der Organstellung. Begleitende Rechtsbeziehungen, insbesondere das Anstellungsverhältnis, erzeugen in der Regel kongruente Treuebindungen und formen diese näher aus. Die Treuepflichten der Vorstandsmitglieder gegenüber der AG wirken in bestimmtem Umfang über die Beendigung der Organstellung hinaus; dies gilt insbesondere für Rücksichtnahmepflichten gegenüber der Gesellschaft. Die wichtigsten **Ausprägungen** der Treuepflichten der Vorstände sind die Verschwiegenheitspflicht sowie das Wettbewerbsverbot und die Geschäftschancenbindung.

1. Verschwiegenheitspflicht

Die Vorstandsmitglieder sind gem. **§ 93 Abs. 1 Satz 3 AktG** verpflichtet, alle ihnen zur Kenntnis gelangten geheimhaltungsbedürftigen Informationen,

---

[235] MünchHdb. GesR/Bd. 4/*Wiesner* § 25 Rz. 71; *Hüffer* AktG § 92 Rz. 14b.
[236] BGH II ZR 64/67 v. 9.11.1967, BGHZ 49, 30, 31 (für die GmbH); MüchKomm. AktG/Bd. 3/*Hefermehl/Spindler* § 76 Rz. 14; *Hüffer* AktG § 84 Rz. 9; Kölner Komm./ *Mertens* § 93 Rz. 57; MünchHdb. GesR/Bd. 4/*Wiesner* § 25 Rz. 11.

namentlich **Betriebs- und Geschäftsgeheimnisse**, vertraulich zu behandeln. Die Verschwiegenheitspflicht erfasst darüber hinaus die Einhaltung von **Vertraulichkeitspflichten**, die der Gesellschaft selbst **aus allgemeinem Recht** obliegen (zB aus Datenschutzgründen). Eine Verschwiegenheitspflicht besteht stets bei objektivem Geheimhaltungsinteresse, sodass ein aktueller oder erkennbarer Geheimhaltungswille der anderen Organe der Gesellschaft nicht erforderlich ist. Darüber hinaus überdauern die Verschwiegenheitspflichten die Beendigung der Amtszeit. Verstöße gegen die Verschwiegenheitsverpflichtung stellen nicht nur zum Schadensersatz verpflichtende und zur Abberufung berechtigende grobe Pflichtverstöße dar, sondern sie sind darüber hinaus gem. § 404 AktG strafbar.[237] Zu berücksichtigen ist allerdings, dass die Verschwiegenheitspflicht nicht absolut gilt. Geschäfts- und Betriebsgeheimnisse dürfen selbstverständlich an Mitglieder des Aufsichtsrates und externe Berater sowie insbesondere an die Abschlussprüfer, die ihrerseits zur Berufsverschwiegenheit verpflichtet sind, weitergegeben werden; Gleiches gilt im Hinblick auf nachgeordnete Mitarbeiter.[238] Ferner tritt die Verschwiegenheitspflicht zurück, wenn die Weitergabe der Information gerade im Interesse der AG liegt; dieser Maßstab gilt auch für die Weitergabe von Informationen im Rahmen einer due-diligence-Prüfung nach Abschluss einer Vertraulichkeitsvereinbarung.[239]

125   Strittig ist, ob der Vorstand des abhängigen Unternehmens berechtigt ist, **Sonderinformationen an das herrschende Unternehmen** weiterzugeben. Normalerweise sind in informatorischer Hinsicht alle Aktionäre gleich zu behandeln; gem. § 131 Abs. 4 AktG sind Informationen, die außerhalb der Hauptversammlung anderen Aktionären gegeben wurden, auf Nachfrage allen Aktionären zu erteilen. Es wird allerdings vertreten, dass die Vertraulichkeitspflicht (§ 93 Abs. 1 Satz 3 AktG) und die Gleichbehandlungsverpflichtung (§ 131 Abs. 4 AktG) im Verhältnis zur konzernleitenden Obergesellschaft selbst im faktischen Konzern nicht gilt, soweit die gegebenen Informationen für eine sachgerechte Konzernleitung erforderlich sind.[240]

2. Wettbewerbsverbot und Geschäftschancenbindung

126   Die Vorstandsmitglieder unterliegen während der Dauer ihres Amtes gem. **§ 88 AktG** einem Wettbewerbsverbot. Das bedeutet zum einen, dass sie kein Handelsgewerbe konkurrierender Art betreiben dürfen. Ihnen sind ferner auch einzelne Geschäfte im Geschäftszweig der Gesellschaft verboten, gleichgültig ob für eigene oder fremde Rechnung. Das Wettbewerbsverbot untersagt des Weiteren, Organ oder persönlich haftender Gesellschafter einer konkurrierenden Handelsgesellschaft zu sein. Allerdings kann der Aufsichtsrat von dem Wettbewerbsverbot Dispens erteilen; die Dispenserteilung muss sich auf eine konkrete Tätigkeit des Vorstandsmitglieds beziehen (§ 88 Abs. 1 Satz 3

---

[237] Vgl. zu weiteren Einzelheiten der Verschwiegenheitspflicht *Hüffer* AktG § 93 Rz. 6 ff.; MünchHdb. GesR/Bd. 4/*Wiesner* § 25 Rz. 40 ff.; MüchKomm. AktG/Bd. 3/ *Hefermehl/Spindler* § 93 Rz. 43 ff.
[238] *Hüffer* AktG § 93 Rz. 8; MünchKomm. AktG/Bd. 3/*Hefermehl/Spindler* § 93 Rz. 57 f., 62 ff.
[239] Großkomm. AktG/*Hopt* § 93 Rz. 213; deutlich enger *Lutter* ZIP 1997, 613, 617; *Hüffer* AktG § 93 Rz. 8.
[240] *Hüffer* AktG § 131 Rz. 38; MünchHdb. GesR/Bd. 4/*Wiesner* § 25 Rz. 41 aE.

D. Pflichten der Vorstandsmitglieder 127 § 6

AktG).²⁴¹ Verstößt das Vorstandsmitglied gegen das Wettbewerbsverbot, so gibt § 88 Abs. 2 Satz 1 AktG der Gesellschaft einen Schadensersatzanspruch. Darüber hinaus gewährt § 88 Abs. 2 Satz 2 AktG alternativ die Möglichkeit, den aus der verbotenen Wettbewerbstätigkeit erzielten Gewinn im Wege des Eintritts in das wettbewerbswidrig abgeschlossene Geschäft an sich zu ziehen. Darüber hinaus wird vielfach im Anstellungsvertrag geregelt, dass die Vorstandsmitglieder auch keine sonstigen Tätigkeiten neben ihrer Organtätigkeit ausüben dürfen, sondern verpflichtet sind, ihre gesamte Arbeitskraft in den Dienst der Gesellschaft zu stellen. Solche umfassenden Tätigkeitsverbote sind zulässig, und für sie wird regelmäßig durch die Vorstandsvergütung ein adäquater Ausgleich gewährt.

Das Wettbewerbsverbot selbst ist nur Teilausprägung der Treuebindung, die Organstellung nicht zum eigenen Vorteil auf Kosten der Gesellschaft auszunutzen. Dieser Grundsatz ist Anknüpfungspunkt der sog. **Geschäftschancenlehre**, wonach Vorstandsmitglieder sich bietende, in den Geschäftskreis der Gesellschaft fallende Geschäftsvorteile nicht auf sich selbst überleiten dürfen, insbesondere auch nicht, um sich selbständig zu machen. Noch umfassender formuliert die höchstrichterliche Rechtsprechung dahin, dass „die Vorstandsmitglieder, soweit die Interessen der Gesellschaft berührt sind, nicht zum eigenen Vorteil handeln dürfen". Die Vorstandsmitglieder dürfen bei ihrer Aufgabenwahrnehmung nur das Wohl der AG im Auge haben, nicht eigene wirtschaftliche Vorteile oder die Vorteile Dritter.²⁴² Das Verbot erfasst alle denkbaren geschäftlichen Möglichkeiten, die Vorstandsmitglieder für die Gesellschaft auch nur wahrnehmen könnten, und untersagt Geschäfte für sich selbst und für Dritte, soweit daraus ein Konflikt mit den vom Vorstand wahrzunehmenden Geschäften entstehen könnte. Die Bindung der Vorstandsmitglieder im Rahmen der Geschäftschancenlehre besteht stets für den durch die Satzung abgegrenzten Bereich des Unternehmensgegenstandes, ferner auch für einen über die Satzung hinausgehenden, durch die tatsächliche Entwicklung gegebenen Geschäftsbereich. Inwieweit darüber hinaus auch im gegenstandsneutralen Bereich auftretende Geschäftschancen für die Gesellschaft wahrgenommen werden müssen (zB Erwerb eines Grundstücks), hängt von den Umständen des Einzelfalls ab. Ist das Geschäft für die Gesellschaft nötig oder auch nur dringend wünschenswert, kann die Treuepflicht dem Vorstandsmitglied die Pflicht auferlegen, die Chance für die Gesellschaft (und nicht für sich) wahrzunehmen.

127

---

²⁴¹ Im Hinblick auf diese Befugnis des Aufsichtsrats, vom Wettbewerbsverbot Dispens zu erteilen, hat der Bundesgerichtshof nunmehr klargestellt, dass sogenannte *Vorstandsdoppelmandate* nach geltendem Aktienrecht nicht verboten sind. Ihre Zulässigkeit hängt vielmehr allein von der Zustimmung der Aufsichtsräte beider Gesellschaften zu der Doppeltätigkeit ab (vgl. §§ 84 Abs. 1, 88 Abs. 1 AktG). Weiter urteilte der BGH, auch in der gesellschaftsrechtlichen Sonderform der AG & Co. KG habe der Minderheitskommanditist kein aus dem Wettbewerbsverbot des § 112 Abs. 1 HGB ableitbares Mitwirkungsrecht in Form eines Zustimmungsvorbehalts („Vetorecht") bei der Besetzung der Vorstände der Komplementär-AG und Mehrheitskommanditistin (AG) mit Doppelmandatsträgern. Vielmehr fallen auch in dieser Konstellation die Bestellung derartiger Vorstände und deren Befreiung von einem Wettbewerbsverbot in die alleinige Zuständigkeit der Aufsichtsräte der beteiligten Aktiengesellschaften (BGH II ZR 170/07 v. 9.3.2009, NZG 2009, 744 ff. – „Vorstandsdoppelmandat").
²⁴² BGH II ZR 246/84 v. 23.9.1985, WM 1985, 1443; s. a. Kölner Komm./*Mertens* § 93 Rz. 67.

Die Behinderung oder Unterlassung der Nutzung von Geschäftschancen bzw. die Eigenausnutzung derselben ist treuwidrig und verpflichtet das Vorstandsmitglied zur Herausgabe der erlangten Vorteile an die Gesellschaft und zum Schadensersatz. Verstöße gegen die Grundsätze der Geschäftschancenlehre berechtigen darüber hinaus die Gesellschaft regelmäßig zur Kündigung des Anstellungsvertrages und zur Abberufung aus wichtigem Grund.[243]

E. Zivilrechtliche Haftung der Vorstandsmitglieder

128 Im Rahmen einer Inanspruchnahme von Vorständen auf Schadensersatz ist zwischen der Haftung gegenüber der Gesellschaft und gegenüber Dritten zu unterscheiden:

I. Haftung gegenüber der Gesellschaft

129 Die Verantwortlichkeit der Vorstandsmitglieder gegenüber der Gesellschaft ist in § 93 AktG geregelt. Für stellvertretende Vorstandsmitglieder gilt diese Bestimmung nach § 94 AktG entsprechend. Das Vorstandsmitglied hat der Gesellschaft für **Schäden** einzustehen, die daraus entstanden sind, dass das Vorstandsmitglied **schuldhaft** die objektiv erforderliche **Sorgfalt eines ordentlichen Geschäftsleiters** hat vermissen lassen. Sind mehrere Vorstandsmitglieder an der Pflichtverletzung beteiligt, haften sie „solidarisch", dh. als Gesamtschuldner (§ 426 BGB). Gleichzeitig liegt stets auch eine Verletzung der Pflichten aus dem Anstellungsvertrag vor; diesem kommt jedoch neben der gesetzlichen Haftungsgrundlage des § 93 AktG keine eigenständige Bedeutung zu.[244] Weiterhin ist zu berücksichtigen, dass die gesetzlichen Haftungsregelungen weder durch Satzungsklauseln noch durch Regelungen im Anstellungsvertrag modifiziert, dh. gemildert oder verschärft werden können.[245]

1. Haftungsgrundsätze

130 Einen generellen Maßstab für die Anforderungen an die **Sorgfalt eines ordentlichen und gewissenhaften Geschäftsleiters** gibt es nicht. Die Sorgfaltspflichten sind unter Berücksichtigung der Besonderheiten des Einzelfalls zu bestimmen. Dabei spielen die Größe und die Branche des Unternehmens sowie spezielle Aufgaben des Vorstandmitglieds eine Rolle. Anhaltspunkte lassen sich aus der Formel gewinnen, wonach „den Verwaltungsmitgliedern die Pflicht obliegt, den Vorteil der Gesellschaft zu wahren und Schaden von ihr abzuwenden".[246] Dementsprechend haben die Vorstände vor allem dafür Sorge zu tragen, dass sich die Gesellschaft rechtmäßig verhält. Dies gilt für das Verhalten der AG im Außenverhältnis ebenso wie für die Einhaltung der im Innerver-

---

[243] Vgl. *Jäger* NZG 2001, 97, 98 mwN.
[244] MünchHdb. GesR/Bd. 4/*Wiesner* § 26 Rz. 4.
[245] MünchKomm. AktG/Bd. 3/*Hefermehl/Spindler* § 93 Rz. 41; *Hüffer* AktG § 93 Rz. 1; Kölner Komm./*Mertens* § 93 Rz. 4; MünchHdb. GesR/Bd. 4/*Wiesner* § 26 Rz. 4 aE.
[246] OLG Düsseldorf 6 U 11/95 v. 28.11.1996, AG 1997, 231, 235 re. Sp. (ARAG/Garmenbeck); OLG Hamm 8 U 59/94 v. 10.5.1995, AG 1995, 512, 514 re. Sp. (Harpener/Omni); OLG Koblenz 6 U 1650/89 v. 10.6.1991, ZIP 1991, 870, 871, li. Sp.; Münch Komm. AktG/Bd. 3/*Hefermehl/Spindler* § 93 Rz. 23; Kölner Komm./*Mertens* § 93 Rz. 6.

E. Zivilrechtliche Haftung der Vorstandsmitglieder 131, 132 § 6

hältnis zu beachtenden Bestimmungen. Bei rechtswidrigem Verhalten der AG im Außenverhältnis haften die Vorstände ggf. für den Schaden, der der Gesellschaft durch ihre Haftung ggü. einem Dritten (zB nach §§ 37b, 37c WpHG) entsteht. Die Vorstände haben die grundsätzlichen, für die Leitung des Unternehmens maßgeblichen Entscheidungen zu treffen und dafür Sorge zu tragen, dass sich die Entscheidungen innerhalb der Grenzen der gesicherten Erkenntnisse und Erfahrungen unternehmerischen Verhaltens halten.

Die Aufgabe des Vorstandes, unternehmerisch zu handeln und zu denken, **131** schließt die **Eingehung von Risiken** zwangsläufig mit ein. Dementsprechend haften die Vorstandsmitglieder nicht generell für den Erfolg des Unternehmens. Denn unternehmerisches Verhalten besteht nun einmal darin, vertretbare Risiken unter Berücksichtigung der finanziellen Lage und der geschäftlichen Möglichkeiten der Gesellschaft sowie eines möglichen Nutzens für das Unternehmen einzugehen. Das Unternehmensrisiko trägt die Gesellschaft. Der BGH hat in der ARAG/Garmenbeck-Entscheidung[247] daher den Beurteilungs- und Handlungsspielraum des Vorstands gestärkt und die Haftungsrisiken unternehmerischer Entscheidungen abgemildert. Er hat entschieden, dass der unternehmerische Handlungsspielraum des Vorstandes insbesondere auch die Bereitschaft umfasse, bewusst geschäftliche Risiken einzugehen. Er enthalte naturgemäß die Gefahr, dass der Vorstand Fehlbeurteilungen und Fehleinschätzungen unterliege, die ihm aus Ex-ante-Sicht nicht vorgeworfen werden könnten. Denn die „Freiheit zu Wagnis und Risiko" schließe das „Recht auf Irrtum" ein.

Von diesem Grundsatz ausgehend hat der Gesetzgeber in Anknüpfung an **132** die Rechtsprechung des BGH die sog. **„business judgement rule"** (Ursprung im US-amerikanischen Recht) in § 93 Abs. 1 S. 2 AktG normiert. Danach liegt eine Pflichtverletzung dann nicht vor, wenn das Vorstandsmitglied bei einer unternehmerischen Entscheidung vernünftigerweise annehmen durfte, auf der Grundlage angemessener Information zum Wohle der Gesellschaft zu handeln. Nach Sinn und Zweck ist neben den genannten Gesichtspunkten des Weiteren vorauszusetzen, dass die Entscheidung frei von Sonderinteressen und sachfremden Erwägungen war.[248] Dogmatisch gesehen handelt es sich bei § 93 Abs. 1 S. 2 AktG um eine unwiderlegliche Rechtsvermutung, dass keine Pflichtverletzung vorlag.[249] Die eingegangenen Risiken dürfen jedoch nicht unangemessen sein; je höher die Risiken sind, desto strenger sind die Anforderungen an die Prüfungs- und Überwachungspflicht.[250] Ggf. müssen sich die Vorstandsmitglieder sachverständiger Hilfe bedienen, um die Chancen und Risiken einer geschäftlichen Handlung richtig abzuschätzen. Im Ergebnis muss die vom Vorstand getroffene Entscheidung vom kaufmännischen Standpunkt aus vertretbar sein. Ist sie dies, können die Vorstandsmitglieder nicht persönlich dafür in Anspruch genommen werden, dass sich die mit dem Geschäft verbundenen Chancen nicht haben verwirklichen lassen, sondern sich die damit einhergehenden Risiken realisiert haben. Für Vorstandsmitglieder führt der durch das MoMiG neu eingeführte § 57 Abs. 1 S. 3 AktG, der eine Ausnahme vom

---

[247] BGH II ZR 175/95 v. 21. 4. 1997, NJW 1997, 1926 ff.
[248] *Hüffer* AktG § 93 Rz. 4 e; vgl. auch MünchKomm. AktG/Bd. 3/*Hefermehl/Spindler* § 93 Rz. 26.
[249] *Hüffer* AktG § 93 Rz. 4 d.
[250] Vgl. Großkomm. AktG/*Hopt* § 93 Rz. 81; s. a. *Hüffer* AktG § 93 Rz. 4 g.

strengen Gebot der Kapitalbindung eingeführt und somit das System des Cash-Pooling nunmehr auf eine Rechtsgrundlage stellt, zu zusätzlichen Haftungsrisiken. Die Vorstandsmitglieder müssen nämlich künftig die Vollwertigkeit bzw. Bilanzneutralität des Vorgangs beurteilen, also letztlich die Frage, ob der Gesellschafter liquide genug ist, die empfangenen Leistungen nach Fälligkeit wieder an die Gesellschaft zurückzuzahlen.[251] Da es sich hierbei aber um eine gesetzlich gebundene Entscheidung handelt, kommt dem Vorstand die Business-Judgement-Rule (§ 93 Abs. 1 S. 2 AktG) nicht zugute.[252] Gleichwohl muss man dem Vorstand aber wohl einen gewissen Beurteilungsspielraum einräumen, da es sich bei der „Vollwertigkeit" um einen unbestimmten Rechtsbegriff handelt.[253]

133 Noch nicht abschließend geklärt ist die Frage, ob auch die bloßen, rechtlich nicht verbindlichen **Empfehlungen des DCGK** den Sorgfaltsmaßstab des § 93 AktG ausfüllen. Dabei ist zu berücksichtigen, dass die Empfehlungen in den Bereich der Loyalitätspflichten der Organmitglieder fallen, sich aber nicht auf die Art und Weise der Erfüllung ihrer Aufgaben beziehen. Somit bleibt die „Business Judgement Rule" in jedem Fall bestehen.[254] Im Übrigen werden die Gerichte die Empfehlungen dann als ersten Anhaltspunkt berücksichtigen, wenn sie eine verbreitete Übung wiedergeben. Im Falle einer – zukünftigen – Anerkennung einer entsprechenden Übung spricht aber einiges dafür, jedenfalls bei Befolgung der Empfehlungen zu vermuten, dass damit auch der Sorgfaltspflicht des § 93 Abs. 1 AktG genügt wird. Allerdings können auch hier die Umstände des Einzelfalles zu einer abweichenden Beurteilung führen.[255] Umgekehrt lässt § 161 AktG Abweichungen von den Empfehlungen explizit zu, sodass der Vorstand allein wegen einer Abweichung seine Sorgfaltspflichten nicht verletzt. Legt er allerdings diese Abweichung nicht offen, verstößt er gegen § 161 AktG und somit gegen die Pflicht, sich gesetzestreu zu verhalten. Auf der anderen Seite garantiert eine zutreffende Entsprechungserklärung noch kein sorgfältiges Vorstandshandeln: Zwar mag diese ein Indiz insbesondere dafür sein, dass die Abweichung wohl überlegt wurde, aber mit der Erklärung ist kein „Freibrief" verbunden.[256] Auch in diesem Fall ist also zu prüfen, ob das Verhalten des Vorstands tatsächlich den Sorgfaltsanforderungen genügt hat. Somit sind die DCGK-Empfehlungen iRd. § 93 Abs. 1 AktG letztlich nur als Indiz zu berücksichtigen, können aber die Einzelfallabwägung nicht ersetzen.

134 Die Sorgfaltspflichtverletzung muss **kausal** zu einen **Schaden** (§§ 249 ff. BGB) der Gesellschaft geführt haben. Das betroffene Vorstandsmitglied kann sich aber darauf berufen, dass der Schaden auch bei rechtmäßigem Alternativverhalten eingetreten wäre; hierfür trägt es die Darlegungs- und Beweislast (zur Beweislast im Übrigen Rz. 141).[257]

135 Die Haftung nach § 93 Abs. 2 AktG ist **Verschuldenshaftung**. Der Vorstand haftet daher der Gesellschaft für jede – also auch leichte – Fahrlässigkeit. An-

---

[251] Dazu *Kindler* NJW 2008, 3249, 3253.
[252] Vgl. *Drygala/Kremer* ZIP 2007, 1289, 1293.
[253] Näher dazu *Knapp* DStR 2008, 2371, 2372.
[254] *Ulmer* ZHR 166 (2002), 150, 167.
[255] So auch *Berg/Stöcker* WM 2002, 1569, 1577; *Seibt* AG 2002, 249, 251 spricht von einer Umkehrung der Beweislastverteilung in § 93 Abs. 2 Satz 2 AktG in praxi; *Schüppen* ZIP 2002, 1269, 1271.
[256] Vgl. *Ulmer* ZHR 166 (2002), 150, 167.
[257] MünchHdb. GesR/Bd. 4/*Wiesner* § 26 Rz. 8.

E. Zivilrechtliche Haftung der Vorstandsmitglieder 136–138 § 6

zulegen ist ein objektiv-typisierter Verschuldensmaßstab; auf individuelles Können kommt es grundsätzlich nicht an.[258] Ein höherer Sorgfaltsmaßstab kommt allerdings dann in Betracht, wenn ein Vorstandsmitglied über besondere Fähigkeiten verfügt und aus diesem Grund ausgewählt worden ist. Das Verschulden muss sich nur auf die Pflichtverletzung, nicht aber auf den Schaden beziehen.[259] Fremdes Verschulden wird dem Vorstand im Rahmen des § 93 Abs. 2 AktG nicht zugerechnet.[260]

§ 93 Abs. 3 AktG zählt bestimmte Pflichtverletzungen auf, bei denen die Vorstandsmitglieder namentlich zum Schadensersatz verpflichtet sind. Im Ergebnis werden **besonders schwerwiegende Pflichtverstöße** hervorgehoben; insoweit handelt es sich um die Todsünden eines pflichtvergessenen Vorstandes. Entsprechende Pflichtverstöße führen dazu, dass die Vorstandsmitglieder den Gläubigern der Gesellschaft in den Fällen des § 93 Abs. 3 AktG ebenfalls schon bei leichter Fahrlässigkeit haften, während sie bei sonstigen Pflichtverletzungen gegenüber den Gläubigern gem. § 93 Abs. 5 Satz 2 AktG nur dann haften, wenn sie ihre Sorgfaltspflichten grob fahrlässig verletzt haben (vgl. Rz. 145). **136**

2. Geschäftsverteilung und Aufgabendelegation

§ 93 Abs. 2 AktG ordnet die **solidarische Haftung** der Vorstandsmitglieder **137** an. Die Anordnung des § 93 Abs. 2 AktG bedeutet nicht, dass die Vorstandsmitglieder für jegliche Pflichtverletzung innerhalb des Unternehmens gemeinsam verantwortlich sind. § 93 AktG begründet vielmehr nur eine Haftung des Vorstandsmitglieds für jeweils **eigenes Verschulden**. Trifft jeden einzelnen Vorstand ein solches zurechenbares Verschulden, so haften sie als Gesamtschuldner. Mehr sagt § 93 Abs. 2 AktG nicht.

Ist einem Vorstandsmitglied ein bestimmter Aufgabenbereich zugewiesen, **138** führt dies zu einer **Haftungsmilderung** zugunsten der nicht ressortverantwortlichen Vorstandsmitglieder.[261] Allerdings ist für die Anerkennung einer solchen Geschäftsverteilung eine klare schriftlich fixierte **Abgrenzung der Aufgabenbereiche** erforderlich, da eine bloß tatsächliche Aufteilung der Geschäfte im Sinne einer internen Arbeitsteilung unter den Vorstandsmitgliedern nicht genügt, um eine Abweichung vom **Grundsatz der Gesamtverantwortung** aller Vorstandsmitglieder zu rechtfertigen.[262] Jedoch bleiben trotz einer solchen Geschäftsverteilung – wie dargelegt – alle Vorstandsmitglieder für die Gesetz- und Zweckmäßigkeit des gesamten Geschäftsbetriebs verantwortlich.[263] Werden diese der Gesamtverantwortung unterliegenden Pflichten verletzt, haften alle Vorstandsmitglieder für hieraus ggf. resultierende Schäden.

---

[258] Vgl. *Hüffer* AktG § 93 Rz. 14; MünchHdb. GesR/Bd. 4/*Wiesner* § 26 Rz. 9; Münch Komm. AktG/Bd. 3/*Hefermehl/Spindler* § 93 Rz. 82.
[259] MünchHdb. GesR/Bd. 4/*Wiesner* § 26 Rz. 10.
[260] MünchKomm. AktG/Bd. 3/*Hefermehl/Spindler* § 93 Rz. 85; *Hüffer* AktG § 93 Rz. 14.
[261] Vgl. *Hüffer* AktG § 93 Rz. 13 a; Kölner Komm./*Mertens* § 93 Rz. 54 f.
[262] *Hüffer* AktG § 77 Rz. 21; Kölner Komm./*Mertens* § 77 Rz. 40.
[263] BGH VI ZR 319/95 v. 15. 10. 1996, BGHZ 133, 370, 377 f.; BGH II ZR 109/94 v. 26. 6. 1995, NJW 1995, 2850, 2851; MünchKomm. AktG/Bd. 3/*Hefermehl/Spindler* § 93 Rz. 71; *Hüffer* AktG § 93 Rz. 13 a; Kölner Komm./*Mertens* § 93 Rz. 54 f.; MünchHdb. - GesR/Bd. 4/*Wiesner* § 26 Rz. 6.

139 Das Vorstandsmitglied haftet für unangemessene Auswahl, Anleitung, Beaufsichtigung und Organisation seiner **Hilfskräfte** sowie für eine wegen der Bedeutung der Aufgabe unzulässige Delegation, nicht aber für ein Verschulden des beauftragten Angestellten. Denn Geschäftsherr der Angestellten der Gesellschaft im Sinne der §§ 278, 831 BGB ist allein die Gesellschaft.[264] Umgekehrt kann sich das nach § 93 AktG in Anspruch genommene Vorstandsmitglied gegenüber der Gesellschaft nicht auf ein Mitverschulden anderer Verwaltungsmitglieder oder Angestellter berufen.[265]

3. Hauptversammlungsbeschlüsse und Weisungen im Vertragskonzern

140 Beruht die schadensstiftende Handlung des Vorstandes auf einem gesetzmäßigen Hauptversammlungsbeschluss, ist eine Ersatzpflicht gegenüber der AG nach Maßgabe des § 93 Abs. 4 Satz 1 AktG ausgeschlossen, wohingegen die Billigung der pflichtwidrigen Maßnahme durch den Aufsichtsrat keinen Haftungsausschluss begründet (§ 93 Abs. 4 Satz 2 AktG). Weisungsbeschlüsse der Hauptversammlung sind indes nur dann gesetzmäßig, wenn sie weder nichtig noch anfechtbar sind, sodass eine erfolgreiche Beschlussanfechtung dem Eingreifen des Haftungsausschlusstatbestandes des § 93 Abs. 4 Satz 1 AktG entgegensteht.[266] Die gleichen Grundsätze gelten im Hinblick auf den Haftungsausschluss gem. § 117 Abs. 7 AktG. Ähnliches gilt im Vertragskonzern, wenn der Vorstand von der Obergesellschaft gem. § 308 AktG zu einem bestimmten Verhalten angewiesen wird. Die Vorstandsmitglieder sind verpflichtet, **Weisungen des herrschenden Unternehmens** zu befolgen, es sei denn, dass sie nicht den Belangen des herrschenden Unternehmens oder eines mit ihm oder dem Gesellschaftskonzern verbundenen Unternehmens dienen (§ 308 Abs. 2 AktG) oder aus sonstigen Gründen rechtswidrig sind.[267] Auch bei Bestehen eines Beherrschungs- und Ergebnisabführungsvertrags ist mithin der Vorstand des abhängigen Unternehmens verpflichtet, die Rechtmäßigkeit des Weisungsbeschlusses zu prüfen; tut er dies nicht, so läuft er Gefahr, sich nicht auf die haftungsbefreiende Wirkung der Weisung der Konzernspitze berufen zu können. Weiterhin trifft den Vorstand die Pflicht, das herrschende Unternehmen hinreichend zu informieren und über etwaige Bedenken oder Risiken aufzuklären, damit dieses sein Weisungsrecht sachgerecht ausüben kann.

4. Darlegungs- und Beweislast

141 § 93 Abs. 2 Satz 2 AktG trifft eine ausdrückliche Regelung im Hinblick auf die Beweislast, soweit es um die Anwendung der Sorgfalt eines ordentlichen und gewissenhaften Geschäftsleiters geht; diese hat das Vorstandsmitglied zu beweisen. Allerdings ist die Bedeutung der Vorschrift nicht vollkommen frei von Zweifeln. Überwiegend wird von folgenden Grundsätzen ausgegangen: Im Falle einer gerichtlichen Inanspruchnahme des Vorstandsmitglieds hat die Gesellschaft den **Eintritt eines Schadens** darzulegen und zu beweisen; hierzu

---

[264] Vgl. etwa Kölner Komm./*Mertens* § 93 Rz. 18 f.
[265] BGH II ZR 103/82 v. 14. 3. 1983, WM 1983, 725, 726; Kölner Komm./*Mertens* § 93 Rz. 21 aE.
[266] *Hüffer* AktG § 93 Rz. 25; Kölner Komm./*Mertens* § 93 Rz. 117 ff.
[267] Vgl. zu den Schranken des Weisungsrechts § 15 Rz. 126 ff.

E. Zivilrechtliche Haftung der Vorstandsmitglieder

gehört auch, dass das Verhalten des Vorstands für den Schaden ursächlich war. Das Vorstandsmitglied hingegen muss – gelingt der AG der Anfangsbeweis – beweisen, dass sein **Verhalten nicht pflichtwidrig** war und es **kein Verschulden** trifft.[268] Es erfolgt mithin eine Verteilung der Darlegungs- und Beweislast nach Gefahrenkreisen und Beweisnähe. Angesichts dieser Umstände ist den Vorstandsmitgliedern zu empfehlen, alle **Vorgänge**, von denen Haftungsgefahren ausgehen können, **hinreichend zu dokumentieren**, da sie andernfalls Gefahr laufen, den ihnen obliegenden Beweis für eine mangelnde Sorgfaltspflichtverletzung nicht führen zu können. Schwierigkeiten ergeben sich für ausgeschiedene Vorstandsmitglieder; damit diesen eine Rechtsverteidigung nicht unmöglich gemacht wird, ist anerkannt, dass ausgeschiedene Vorstandsmitglieder, die auf Schadensersatz in Anspruch genommen werden, nach Maßgabe von § 810 BGB ein Einsichtsrecht in die Bücher und Schriften der AG sowie in die Protokolle der Gesellschaftsorgane haben.[269]

5. Verjährung, Verzicht und Vergleich

Die Ansprüche wegen Verletzung der Organpflichten verjähren gem. § 93 Abs. 6 AktG in fünf Jahren. Die Verjährung beginnt nach § 200 BGB ohne Rücksicht auf die Kenntnis der Gesellschaft mit der **Entstehung des Anspruchs**, aber nicht vor Abschluss der pflichtwidrigen Handlung; maßgebend ist der Augenblick, in dem das Vorstandsmitglied frühestmöglich – etwa im Wege einer Feststellungsklage – belangt werden könnte.[270] Voraussetzung für die Anspruchsentstehung ist, dass bereits ein Schaden, der auch in einer Vermögensgefährdung liegen kann, entstanden ist. Umstritten ist das Verhältnis der Verjährungsvorschrift des § 93 Abs. 6 AktG zu der für Ansprüche aus unerlaubter Handlung geltenden Verjährung. Teilweise wird davon ausgegangen, dass § 195 BGB, der auch die Verjährung für Ansprüche aus unerlaubter Handlung regelt, nur dann Anwendung finde, wenn das Verhalten unabhängig von der Organstellung die Voraussetzung einer unerlaubten Handlung erfüllt. Nach herrschender Auffassung sollen deliktische Ansprüche hingegen unabhängig von § 93 Abs. 6 AktG verjähren.[271]

Ein **Verzicht** auf oder ein **Vergleich** über Ersatzansprüche ist erheblich erschwert. Ein Verzicht bzw. Vergleich kann gem. § 93 Abs. 4 Satz 3 AktG frühestens drei Jahre nach der Entstehung des Anspruchs erklärt bzw. vereinbart werden. Weitere Voraussetzung ist die Zustimmung der Hauptversammlung und das Fehlen eines Widerspruchs einer Minderheit von 10 % des Grundkapitals. Die vorbezeichneten Bindungen sind nur dann gelockert, wenn das Vor-

---

[268] MünchKomm. AktG/Bd. 3/*Hefermehl/Spindler* § 93 Rz. 87; Großkomm. AktG/*Hopt* § 93 Rz. 285 f.; *Hüffer* AktG § 93 Rz. 16; Kölner Komm./*Mertens* § 93 Rz. 2; MünchHdb. - GesR/Bd. 4/*Wiesner* § 26 Rz. 11; *Goette* ZGR 1995, 648, 674.
[269] OLG Frankfurt 5 U 210/78 v. 25. 9. 1979, DB 1979, 2476; LG Köln 8 O 561/75 v. 5. 7. 1976, AG 1977, 76; MünchKomm. AktG/Bd. 3/*Hefermehl/Spindler* § 93 Rz. 89; Kölner Komm./*Mertens* § 93 Rz. 109; MünchHdb. GesR/Bd. 4/*Wiesner* § 26 Rz. 12
[270] BGH II ZR 190/86 v. 23. 3. 1987, BGHZ 100, 228, 231 mwN; *Hüffer* AktG § 93 Rz. 36 f.; MünchHdb. GesR/Bd. 4/*Wiesner* § 26 Rz. 21.
[271] BGH VI ZR 282/85 v. 17. 3. 1987, BGHZ 100, 190, 200 ff.; *Hüffer* AktG § 93 Rz. 36; Kölner Komm./*Mertens* § 93 Rz. 156; MünchHdb. GesR/Bd. 4/*Wiesner* § 26 Rz. 22; MünchKomm. AktG/Bd. 3/*Hefermehl/Spindler* § 93 Rz. 162 (entgegen der Vorauflage Rz. 87).

6. Geltendmachung des Ersatzanspruchs

144 Die Ansprüche der geschädigten Gesellschaft werden gem. § 112 AktG **durch den Aufsichtsrat** erhoben, der die Gesellschaft insoweit vertritt.[272] Es zählt zu der dem Aufsichtsrat obliegenden Überwachung der Geschäftsführung, Pflichtverstöße des Vorstandes wenn möglich zu verhindern bzw. hieraus resultierende Ersatzansprüche zu verfolgen, sodass der Aufsichtsrat im konkreten Einzelfall zu prüfen hat, ob eine Schadensersatzklage hinreichende Erfolgsaussichten hat und – wenn dies der Fall sein sollte – ob der entsprechende Ersatzanspruch realisierbar ist. Ist dies zu bejahen, ist der Aufsichtsrat zur Geltendmachung des Anspruchs verpflichtet.[273]

145 Weiterhin können nach § 93 Abs. 5 Satz 1 AktG Organhaftungsansprüche auch von Gläubigern verfolgt werden, soweit diese von der AG keine Befriedigung für ihre Ansprüche erlangen können. Das **Verfolgungsrecht der Gläubiger** besteht gem. § 93 Abs. 5 Satz 2 AktG nur dann, wenn der Vorstand seine Sorgfaltspflichten „gröblich" verletzt hat; im Falle der Begehung einer der „Todsünden" des § 93 Abs. 3 AktG genügt indes bereits ein leicht fahrlässiges Verhalten des Vorstandes. Zu beachten ist, dass die Gläubiger im Rahmen dieses Verfolgungsrechts berechtigt sind, den Anspruch der Gesellschaft im eigenen Namen und Interesse geltend zu machen.[274]

146 Demgegenüber können die Aktionäre Organhaftungsansprüche nicht verfolgen; eine actio pro socio ist im Aktienrecht nicht anerkannt. Es gibt lediglich wenige gesetzlich geregelte Fälle, in denen die Aktionäre aktiv werden können: Konzernhaftungstatbestände im Vertragskonzern wegen unzulässiger beherrschungsvertraglicher Weisungen können von jedem Aktionäre geltend gemacht werden, wobei der Aktionär jedoch nur Leistung an die Gesellschaft fordern kann (§ 309 Abs. 4 Sätze 1 und 2 AktG). Ein eigener Schadensersatzanspruch steht Aktionären gem. § 117 Abs. 1 Satz 2 AktG in Fällen vorsätzlicher schadensstiftender Einflussnahme auf die AG zu. Allerdings ist die **Erzwingung der Geltendmachung von Schadensersatzansprüchen** erleichtert worden; nach § 147 AktG können Aktionäre, deren Anteile mindestens 10 % oder € 1 Million des Grundkapitals ausmachen, gerichtlich beantragen, zur Verfolgung von Schadensersatzansprüchen gegen den Vorstand einen anderen Vertreter als den nach § 112 AktG eigentlich zuständigen Aufsichtsrat einzusetzen.

---

[272] § 112 Satz 1 AktG bestimmt, dass der Aufsichtsrat die Gesellschaft Vorstandsmitgliedern gegenüber gerichtlich und außergerichtlich vertritt. In einem neuen Urteil hat der Bundesgerichtshof seine ständige Rechtsprechung bestätigt, wonach auch gegenüber *ausgeschiedenen* Vorstandsmitgliedern eine Aktiengesellschaft ausschließlich durch ihren Aufsichtsrat vertreten wird. Auf diese Weise wird dem BGH zufolge eine unvoreingenommene, von sachfremden Erwägungen unbeeinflusste Vertretung der Gesellschaft gegenüber ausgeschiedenen Vorstandsmitgliedern sichergestellt, ohne dass es darauf ankommt, ob die Gesellschaft im Einzelfall auch vom Vorstand angemessen vertreten werden könnte. Vielmehr ist im Interesse der Rechtssicherheit eine typisierende Betrachtungsweise geboten (BGH II ZR 282/07 v. 16. 2. 2009, DB 2009, 779 f.).
[273] BGH II ZR 175/95 v. 21. 4. 1997, BGHZ 135, 144, 253 ff. (ARAG); MünchHdb. GesR/Bd. 4/*Wiesner* § 26 Rz. 23; so auch jüngst *Koch* AG 2009, 93 ff.
[274] Vgl. hierzu und zu weiteren Einzelheiten *Hüffer* AktG § 93 Rz. 31 ff.; Kölner Komm./*Mertens* § 93 Rz. 141 ff.; MünchHdb. GesR/Bd. 4/*Wiesner* § 26 Rz. 25 ff.

E. Zivilrechtliche Haftung der Vorstandsmitglieder   147, 148 § 6

Aktionäre, deren Anteile mindestens 1% oder € 100 000 des Grundkapitals ausmachen, können zudem gemäß § 148 AktG eine eigene Klage auf Schadensersatzleistung an die Gesellschaft betreiben.

II. Haftung gegenüber Aktionären

Unmittelbare Haftungsansprüche der Aktionäre gegen den Vorstand sind schwer begründbar. Insbesondere bietet § 93 AktG keine Grundlage für eine Haftung, da diese Vorschrift allein den Schutz der Gesellschaft bezweckt; die Vorschrift ist **kein Schutzgesetz** zugunsten der Aktionäre im Sinne von § 823 Abs. 2 BGB.[275] Auch sonstige haftungsmäßige Sonderbeziehungen zwischen den Aktionären und den Organen der AG sind nicht anerkannt. Dementsprechend kommt eine Haftung des Vorstandes gegenüber dem einzelnen Aktionär nur auf **deliktischer Grundlage** in Betracht. § 823 Abs. 1 BGB in Form eines Eingriffs in das Mitgliedschaftsrecht der AG scheidet als Haftungsgrundlage aus.[276] Möglich sind allerdings Ansprüche aus § 823 Abs. 2 BGB iVm. anderweitigen Vorschriften, die dem Schutz der Aktionäre dienen, wie die Strafrechtsvorschrift der Untreue (§ 266 StGB) sowie die aktiengesetzlichen Straf- und Bußgeldvorschriften der §§ 399, 400 AktG.[277] Demgegenüber soll § 92 Abs. 1 und 2 AktG keine Schutzvorschrift zugunsten der Aktionäre, sondern lediglich zugunsten der Gesellschaftsgläubiger sein.[278] Auch § 161 AktG ist nicht als Schutzgesetz zu qualifizieren, sodass eine fehlende oder falsche Entsprechenserklärung keinen deliktischen Anspruch der Aktionäre begründet.[279] Ein Schadensersatzanspruch enttäuschter Anleger aufgrund einer unrichtigen Erklärung lässt sich auch nicht aus den Grundsätzen der zivilrechtlichen Prospekthaftung ableiten.[280] Weiterhin kommt als Haftungsgrundlage auch § 826 BGB (vorsätzliche sittenwidrige Schädigung) in Betracht, sofern die Voraussetzungen dieser Vorschrift erfüllt sind.

Solche potentielle deliktische Ansprüche werden in letzter Zeit von Anlegern insbesondere gestützt auf die Behauptung unrichtiger Kapitalmarktinformationen, vor allem auf falsche Ad hoc-Mitteilungen der Gesellschaft, gerichtlich verfolgt. Hierbei handelt es sich regelmäßig um Masseverfahren, deren Bewältigung der Gesetzgeber durch Erlass des KapMuG erleichtert hat. Derartige Ansprüche können jedoch nur Erfolg haben, wenn die Anleger nachweisen, dass die Gesellschaft tatsächlich fehlerhafte Kapitalmarktinformationen in Umlauf gebracht hat und sie die konkreten Kapitalmarktinformationen zur Grundlage einer konkreten schadensstiftenden Anlageentscheidung gemacht haben; die Anforderungen an den entsprechenden Kausalitätsnachweisen sind

147

148

---

[275] MünchKomm. AktG/Bd. 3/*Hefermehl/Spindler* § 93 Rz. 175; *Hüffer* AktG § 93 Rz. 19; Kölner Komm./*Mertens* § 93 Rz. 169.
[276] Vgl. MünchHdb. GesR/Bd. 4/*Wiesner* § 26 Rz. 30 – aA Kölner Komm./*Mertens* § 93 Rz. 171 ff.
[277] RG II 104/37 v. 5. 3. 1938, RGZ 157, 213, 216 ff.; BGH II ZR 243/87 v. 11. 7. 1988, BGHZ 105, 121, 124 f.; Kölner Komm./*Geilen* § 399 Rz. 14; § 400 Rz. 4; *Hüffer* AktG § 93 Rz. 19; MünchHdb. GesR/Bd. 4/*Wiesner* § 26 Rz. 31.
[278] *Hüffer* AktG § 93 Rz. 19; Kölner Komm./*Mertens* § 92 Rz. 24, 50 – aA Münch Hdb. GesR/Bd. 4/*Wiesner* § 26 Rz. 31.
[279] Vgl. hierzu eingehend *Berg/Stöcker* WM 2002, 1569, 1578 f.
[280] *Berg/Stöcker* WM 2002, 1569, 1580 f. – aA *Ulmer* ZHR 166 (2002), 150, 169.

hoch.[281] Im Zusammenhang mit derartigen deliktischen Ansprüchen ergibt sich zudem das **Problem des sog. Doppelschadens**, da sich der Schaden des Aktionärs (Wertminderung seiner Aktien) jedenfalls partiell mit dem der Gesellschaft deckt. Soweit dem Aktionär lediglich ein mittelbarer Schaden durch Minderung des Vermögens der AG entstanden ist, kann dieser nur Schadensersatz an die AG, nicht jedoch in das eigene Vermögen fordern, sodass der Schaden allein über das Gesellschaftsvermögen ausgeglichen wird.[282]

III. Haftung gegenüber Dritten

149 Auch zugunsten der Gesellschaftsgläubiger gewährt § 93 AktG keinen Anspruch; vielmehr gibt § 93 Abs. 5 AktG den Gläubigern lediglich das Recht, bei Vorliegen der besonderen Voraussetzungen dieser Vorschrift den Anspruch der Gesellschaft im eigenen Namen und im eigenen Interesse geltend zu machen. Eine unmittelbare Haftung gegenüber Dritten kommt mithin ebenfalls nur nach allgemeinen Grundsätzen in Betracht:

1. Insbesondere deliktische Haftung

150 Gegenüber Dritten haften Vorstandsmitglieder vor allem aus unerlaubter Handlung (deliktsrechtliche Haftung). Nach **§ 823 Abs. 1 BGB** ist zum Schadensersatz verpflichtet, wer vorsätzlich oder fahrlässig das Leben, den Körper, die Gesundheit, die Freiheit, das Eigentum oder ein sonstiges Recht eines anderen widerrechtlich verletzt. Ein Schadensersatzanspruch nach § 823 Abs. 1 BGB kann zudem unter dem Gesichtspunkt des Eingriffs in den eingerichteten und ausgeübten Gewerbebetrieb in Betracht kommen.[283] Weiterhin haftet das Vorstandsmitglied – wie jedermann – nach **§ 823 Abs. 2 BGB** auf Schadensersatz, wenn es vorsätzlich oder fahrlässig ein „Schutzgesetz" im Sinne dieser Bestimmung verletzt hat. Schutzgesetz iSd. § 823 Abs. 2 BGB ist jede Rechtsnorm, die zumindest neben anderen Zwecken auch einem gezielten Individualschutz dient. Dies können zivilrechtliche, öffentlich-rechtliche oder straf- und ordnungswidrigkeitsrechtliche Vorschriften sein (zB ArzneimittelG, BImSchG, LebensmittelG, LBO, Straf- und Ordnungswidrigkeitstatbestände). Haftungsgrundlage kann schließlich auch **§ 826 BGB** sein, den der BGH in neueren Entscheidungen vor allem für die Haftung falscher ad-hoc-Mitteilungen herangezogen hat.[284]

---

[281] Vgl. nur BGH II ZR 147/05 v. 4. 6. 2007 – ComROAD IV, NZG 2007, 708 ff.; BGH II ZR 173/05 v. 4. 6. 2007 – ComROAD V, NZG 2007, 711 ff.; BGH II ZR 229/05 v. 7. 1. 2008, BeckRS 2008, 02623 – ComROAD VI; BGH II ZR 68/06 v. 7. 1. 2008, BeckRS 2008, 02624 – ComROAD VII.

[282] BGH II ZR 205/94 v. 20. 3. 1995, BGHZ 129, 136, 166; II ZR 140/85 v. 10. 11. 1986, ZIP 1987, 29, 32, NJW 1987, 1077, 1079 f.; *Hüffer* AktG § 93 Rz. 19; Kölner Komm./*Mertens* § 93 Rz. 170; MünchHdb. GesR/Bd. 4/*Wiesner* § 26 Rz. 3.

[283] Vgl. BGH XI ZR 384/03 v. 24. 1. 2006, NJW 2006, 830 ff. – Kirch/Deutsche Bank AG und Breuer.

[284] Vgl. BGH II ZR 147/05 v. 4. 6. 2007, NZG 2007, 711 ff. – ComROAD IV; BGH II ZR 173/05 v. 4. 6. 2007 – ComROAD V, NZG 2007, 711 ff.; BGH II ZR 229/05 v. 7. 1. 2008, BeckRS 2008, 02623 – ComROAD VI; BGH II ZR 68/06 v. 7. 1. 2008, BeckRS 2008, 02624 – ComROAD VII.

E. Zivilrechtliche Haftung der Vorstandsmitglieder 151–153 § 6

Begeht ein Vorstandsmitglied bei der Ausübung seiner Leitungs- und Füh- 151
rungsaufgaben für die Gesellschaft eine unerlaubte Handlung iSd. §§ 823 ff.
BGB und wird hierdurch ein Dritter geschädigt, haftet es persönlich, sofern
alle objektiven und subjektiven Tatbestandsvoraussetzungen in seiner Person
erfüllt sind. Es haftet also nicht für das Verschulden seiner Erfüllungsgehilfen,
sprich der Mitarbeiter des Unternehmens. Jedoch kann eigenes Verschulden des
Vorstandsmitglieds in der Verletzung seiner Verkehrssicherungspflichten oder
im Rahmen eines **Organisationsverschuldens** liegen.[285] Neben dem Vorstandsmitglied haftet regelmäßig auch die Gesellschaft, da sie für unerlaubte
Handlungen ihrer Organe nach § 31 BGB einzustehen hat. Die Gesellschaft
und das Vorstandsmitglied haften **gesamtschuldnerisch**, dh. jeder von ihnen
haftet dem geschädigten Dritten gegenüber in voller Höhe. Im Innenverhältnis
findet dagegen ein Ausgleich zwischen den Beteiligten statt. Für die Haftungs-
quote, die auf Vorstand und Gesellschaft entfällt, kommt es auf den jeweiligen
Verschuldensanteil an.

2. Haftung im Falle einer Verletzung der Insolvenzantragspflicht

Persönliche Haftungsrisiken bestehen ferner in Fällen der **Insolvenzver-** 152
schleppung (§ 15a Abs. 1 InsO).[286] Es ist anerkannt, dass diese Vorschrift
Schutzgesetz iSd. § 823 Abs. 2 BGB zugunsten der Gläubiger des Unternehmens ist.[287] Werden die Gläubiger des Unternehmens infolge einer verspäteten
Insolvenzantragstellung geschädigt, besteht daher eine Schadensersatzhaftung
der Vorstandsmitglieder gegenüber den Gläubigern. Die Problematik dieser
sehr strengen persönlichen Haftung liegt darin, dass die Stellung eines eventuell gebotenen Insolvenzantrags in der Praxis vielfach nicht aus unredlichen
Motiven zurückgestellt wird, sondern deshalb, weil die Vorstandsmitglieder
hoffen, die Insolvenz noch abwenden zu können; eine verfrühte Insolvenzantragstellung macht die **Chancen eines „turn around"** regelmäßig zunichte.
Gleichwohl sollten die Vorstandsmitglieder die ihnen gem. § 15a Abs. 1 InsO
auferlegten Pflichten im eigenen Interesse ernst nehmen. Denn die drohende
persönliche Haftung kann für sie existenzbedrohend sein. Bei fehlender eigener Sachkunde kann im Einzelfall die Einholung externen Rats das Verschulden des Vorstands ausschließen.[288]

Im Rahmen der Haftung ist zwischen Alt- und Neugläubigern zu unter- 153
scheiden: **Altgläubigern**, also solchen, die bereits im Zeitpunkt der Insolvenzreife Inhaber eines Anspruchs gegen die AG waren, ist der sog. **Quotenscha-**
den zu ersetzen. Der Schaden besteht in der Differenz der tatsächlich erzielten
Quote zu derjenigen Konkursquote, die nach pflichtgemäßer Antragstellung
auf die Gläubiger entfallen wäre.[289] **Neugläubiger**, also solche, die erst nach

---

[285] Vgl. *Hüffer* AktG § 93 Rz. 20a; Kölner Komm./*Mertens* § 93 Rz. 181.
[286] Vgl. dazu auch § 17 Rz. 18 ff., insb. Rz. 44 ff.
[287] Zur Rechtslage vor der Geltung des MoMiG, als die Insolvenzantragspflicht des
Vorstands noch in § 92 Abs. 2 AktG geregelt war vgl. BGH II ZR 118/77 v. 9.7.1979,
BGHZ 75, 96, 106; II ZR 292/91 v. 6.6.1994, BGHZ 126, 181, 187; *Hüffer* AktG § 92
Rz. 16; Kölner Komm./*Mertens* § 92 Rz. 52; MünchHdb. GesR/Bd. 4/*Wiesner* § 26
Rz. 36; in der Sache hat sich allerdings nichts geändert, auch § 15a InsO ist Schutzgesetz
iSv § 823 Abs. 2 BGB; siehe dazu *Meyer* BB 2008, 1742, 1747.
[288] Vgl. hierzu BGH II ZR 48/06 v. 14.5.2007, NJW 2007, 2118 ff.
[289] Grundlegend: BGH VI ZR 245/57 v. 16.12.1958, BGHZ 29, 100, 102 ff.; bestätigt
durch II ZR 292/91 v. 6.6.1994, BGHZ 126, 181, 190; zur Rechtslage vor dem MoMiG:

Liebscher 553

Insolvenzreife Ansprüche gegen die Gesellschaft erworben haben, erhalten ihren **gesamten Kontrahierungsschaden (Vertrauensschaden)** ersetzt, da dieser vom sachlichen Schutzbereich des § 15 a Abs. 1 InsO erfasst ist. Der BGH hat seine frühere Rechtsprechung, nach der die Neugläubiger ebenso wie die Altgläubiger nur den Quotenschaden ersetzt verlangen konnten, aufgegeben. Der Schaden der Neugläubiger besteht nämlich darin, dass sie bereits zum Zeitpunkt des Vertragsschlusses mit einer schon insolvenzreifen AG einen nicht werthaltigen Gegenanspruch erlangen und im Vertrauen auf die Solvenz der AG Leistungen erbringen, die am Ende nicht vergütet werden.[290]

3. Haftung wegen Verschuldens bei Vertragsschluss

154   Einen Sonderfall der Haftung der Vorstandsmitglieder im Außenverhältnis betrifft die quasi-vertragliche Haftung aus culpa in contrahendo (c. i.c.[291]). Die sog. **Sachwalterhaftung** (§§ 280 Abs. 1 iVm. 311 Abs. 3 BGB) betrifft die Situation, in der das Vorstandsmitglied im besonderen Maße persönliches Vertrauen in Anspruch genommen hat oder dem Verhandlungsgegenstand besonders nahe steht, weil es geschäftlich selbst stark an dem Vertragsschluss interessiert ist und das Geschäft aus eigenem Nutzen anstrebt. Diese Haftung betrifft **extreme Ausnahmefälle**, da für die Annahme eines besonderen Eigeninteresses nach heutiger Rechtsprechung die Beteiligung an der AG oder die Eigenschaft als Sicherungsgeber für Verbindlichkeiten der Gesellschaft nicht ausreicht.[292] Auch eine **besondere persönliche Sachkunde** des Vorstandsmitglieds genügt allein nicht, um eine quasi-vertragliche Haftung zu rechtfertigen; vielmehr ist stets erforderlich, dass das Vorstandsmitglied beim Geschäftspartner in zurechenbarer Weise den Eindruck erweckt, es übernehme zusätzliche Gewähr für die Richtigkeit und Vollständigkeit der namens der Gesellschaft abgegebenen Erklärungen oder es werde persönlich für die ordnungsgemäße Geschäftsabwicklung einstehen. Gerade dieses gesteigerte Vertrauensverhältnis ist nach richtiger Ansicht das haftungsauslösende Moment.[293]

4. Haftung für Steuerschulden und für Sozialversicherungsbeiträge

155   Weitere spezifische Haftungsgefahren bestehen im öffentlich-rechtlich determinierten Bereich, da die Vorstände für die Einhaltung dieser Pflichten der Gesellschaft verantwortlich und aufgrund sondergesetzlicher Vorschriften persönlich haftbar sind: Gem. § 34 Abs. 1 AO haben die Vorstandsmitglieder die **steuerlichen Pflichten** der AG zu erfüllen. Hierunter fallen vor allem die Auskunftspflicht gem. § 93 AO, die Buchführungs- und Aufzeichnungspflich-

---

Großkomm. AktG/*Habersack* § 92 Rz. 77 f.; *Hüffer* AktG § 92 Rz. 17; MünchHdb. GesR/Bd. 4/*Wiesner* § 26 Rz. 36.

[290] BGH II ZR 292/91 v. 6.6.1994, BGHZ 126, 181, 192 ff.; BGH II ZR 390/03 v. 25.7.2005, BGHZ 164, 50 ff.; zur eigen Rechtslage: *Hüffer* AktG § 92 Rz. 18; MünchHdb. GesR/Bd. 4/*Wiesner* § 26 Rz. 36.

[291] Vgl. dazu jüngst BGH II ZR 210/06 v. 2.6.2008, BGHZ 177, 25 = AG 2008, 662 (Haftung von Vorstandsmitgliedern aus c.i.c. wegen unrichtiger Angaben ggü. Anlageinteressenten).

[292] BGH II ZR 292/91 v. 6.6.1994, BGHZ 126, 181, 183 ff.; MünchHdb. GesR/Bd. 4/ *Wiesner* § 26 Rz. 34; Kölner Komm./*Mertens* § 93 Rz. 180.

[293] Kölner Komm./*Mertens* § 93 Rz. 180; MünchHdb. GesR/Bd. 4/*Wiesner* § 26 Rz. 34 aE.

F. Strafrechtliche Verantwortlichkeit   156, 157   § 6

ten gem. §§ 140 ff. AO sowie die Pflicht zur Abgabe der Steuererklärungen gem. §§ 149 ff. AO. Werden diese Pflichten vorsätzlich oder grob fahrlässig verletzt und deshalb die Steuerschulden der AG nicht oder nicht rechtzeitig festgesetzt oder erfüllt, so haftet das Vorstandsmitglied gem. § 69 AO persönlich. Die persönliche Haftung für Steuerschulden des Unternehmens ist besonders gefährlich, da die Finanzverwaltung bei der Nichterfüllung von steuerlichen Verbindlichkeiten nicht zögert, die Manager des Steuerschuldners in Anspruch zu nehmen. Ein besonders strenger Haftungsmaßstab wird für die **Abführung der Lohnsteuer** angewandt.[294] Aufgrund des Lohnsteuerabzugsverfahrens gem. § 38 Abs. 3 EStG iVm. § 41a Abs. 1 Nr. 2 EStG hat der Arbeitgeber die Lohnsteuer des Arbeitnehmers einzubehalten und für diesen an die Finanzverwaltung abzuführen. Die Verletzung dieser Verpflichtung wird regelmäßig als schuldhaft iSd. § 69 AO gewertet und begründet daher die persönliche Haftung des Vorstandsmitglieds. Treten Liquiditätsschwierigkeiten auf, sodass die zur Verfügung stehenden finanziellen Mittel nicht mehr zur Zahlung der vollen Löhne einschließlich der Lohnsteuer ausreichen, müssen die Löhne gekürzt als Teilbetrag gezahlt werden und der hierauf entfallende Anteil der Lohnsteuer an das Finanzamt abgeführt werden (Grundsatz der gleichrangigen Befriedigung von Arbeitnehmer und Fiskus). In diesem Zusammenhang ist ferner zu beachten, dass die Vorstandsmitglieder auch für die rechtzeitige Anmeldung und Entrichtung der Lohnsteuer persönlich haften. Im Rahmen der Aufgabendelegation auf Mitarbeiter bzw. ein Vorstandsmitglied gelten die allgemeinen Grundsätze; dies gilt auch, wenn man sich eines unternehmensexternen Dritten (zB Steuerberater) bedient.

Des Weiteren haftet das Vorstandsmitglied für die vom Lohn abgezogenen, **156** aber nicht abgeführten Beiträge der Arbeitnehmer zur Sozialversicherung. Im Falle der **Nichtabführung** macht es sich gem. § 266a StGB bzw. § 263 StGB **strafbar**. Darüber hinaus verletzt es ein Schutzgesetz iSd. § 823 Abs. 2 BGB **und haftet persönlich** mit seinem gesamten Vermögen. Zu beachten ist allerdings, dass die sozialversicherungsrechtliche Haftung nur den Arbeitnehmeranteil zur Sozialversicherung betrifft, der gegenüber anderen Forderungen einen gewissen Vorrang genießen soll.[295] Demgegenüber handelt es sich bei dem Arbeitgeberanteil zur Sozialversicherung um eine eigene Schuld des Arbeitgebers, für deren Abführung keine persönliche Haftung der Vorstandsmitglieder besteht.[296] Im Rahmen der Aufgabendelegation durch Geschäftsverteilung bzw. auch an nachgeordnete Mitarbeiter gelten wiederum die allgemeinen Grundsätze.

F. Straf- und ordnungsrechtliche Verantwortlichkeit der Vorstandsmitglieder

Es versteht sich von selbst, dass Vorstandsmitglieder strafrechtlich herange- **157** zogen werden können, wenn sie durch eigene Handlung oder Unterlassung einen Straf- oder Ordnungswidrigkeitstatbestand verwirklichen. Im Folgenden

---

[294] BFH V R 128/79 v. 26. 4. 1984, BFHE 141, 443, 448; Kölner Komm./*Mertens* § 93 Rz. 186 f.
[295] BGH VI ZR 338/95 v. 21. 1. 1997, BGHZ 134, 304, 309 f.; VI ZR 11/97 v. 18. 11. 1997, ZIP 1998, 31, 32.
[296] Kölner Komm./*Mertens* § 93 Rz. 188 aE.; MünchHdb. GesR/Bd. 4/*Wiesner* § 26 Rz. 39 aE.

geht es insbesondere um die Verwirklichung von Straftatbeständen im Rahmen der allgemeinen Vorstandstätigkeit, die also gelegentlich der „normalen" Vorstandstätigkeit begangen werden, nicht um kriminellen Verhaltens zulasten der Gesellschaft wie Unterschlagungen oder Untreue.

I. Verantwortlichkeit der Vorstände

158 Im Bereich strafrechtsrelevanten oder ordnungswidrigen Verhaltens der Vorstandsmitglieder knüpft ein Schuldvorwurf regelmäßig daran an, dass eine gebotene Handlung nicht vorgenommen wurde. Ein **Unterlassen** ist dann im Rahmen eines Straf- oder Ordnungswidrigkeitstatbestandes relevant, wenn der Betroffene in der Lage gewesen wäre, den eingetretenen, von der Rechtsordnung missbilligten Erfolg zu verhindern, und er dazu auch verpflichtet gewesen wäre (**„Garantenpflicht"**). Soweit es für die Verantwortlichkeit auf besondere persönliche Eigenschaften, Verhältnisse oder Umstände – sog. persönliche Merkmale – ankommt, müssen diese nicht beim Vorstandsmitglied vorliegen; es genügt vielmehr, wenn die Gesellschaft sie erfüllt (§ 14 StGB bzw. § 9 OWiG). Organe eines Unternehmens haben nach ständiger Rechtsprechung eine „Garantenpflicht" bzgl. der Einhaltung sicherheitstechnischer Vorschriften. Sie haften also grundsätzlich straf- und ordnungsrechtlich für solche Arbeits- und Betriebsunfälle, welche auf die Nichtbeachtung von Unfallverhütungsvorschriften zurückzuführen sind. Entsprechende **Verkehrssicherungspflichten** bestehen ferner insbesondere im Bereich der Produkthaftung, also im Bereich von Körperschäden, die durch mangelhafte Produkte ausgelöst werden, und im Bereich der Vorschriften zum Schutze der Umwelt.

1. Straftaten zum Schutz der körperlichen Unversehrtheit

159 Den Vorständen einer AG obliegt die Rechtspflicht, dafür zu sorgen, dass die Verbraucher der von dem Unternehmen produzierten und vertriebenen Produkte vor Gesundheitsschäden bewahrt werden. Nach der Rechtsprechung des BGH kann sich ein Vorstandsmitglied, das dieser Verpflichtung nicht nachkommt, wegen einfacher, gefährlicher oder fahrlässiger Körperverletzung durch Unterlassen strafbar machen. Entsprechende strafbarkeitsbegründende Rechtspflichten ergeben sich in diesem Zusammenhang insbesondere aus der **Produktbeobachtungspflicht**, der **Folgenwarnpflicht** und der **Rückrufpflicht** als speziellen Ausprägungen der Verkehrssicherungspflicht.[297]

Aufgrund der neueren Rechtsprechung ist zu beachten, dass eine Verpflichtung der Vorstandsmitglieder zur besonderen Kontrolle der vertriebenen Produkte nicht erst dann entsteht, wenn Gewissheit besteht, dass das vertriebene Produkt tatsächlich zu Gesundheitsschäden führt. Vielmehr ist es ausreichend, wenn dem Vorstandsmitglied auffällt, dass es über die gesundheitlichen Auswirkungen der von der Gesellschaft vertriebenen Produkte keine Erkenntnisse gibt. Bereits dann ist das Vorstandsmitglied verpflichtet, in diesem Bereich besondere Forschung zu betreiben, um auszuschließen, dass die Verbraucher durch das Produkt Schaden erleiden können. Die genannten Pflichten erhöhen

---

[297] BGH 2 StR 549/89 v. 6.7.1990, BGHSt 37, 106; 2 StR 221/94 v. 2.8.1995, BGHSt 41, 206; umfassend *Schönke/Schröder/Sternberg-Lieben* StGB § 14 Rz. 223.

F. Strafrechtliche Verantwortlichkeit

sich, wenn dem Vorstandsmitglied bekannt wird, dass die vertriebenen Produkte zu Schäden geführt haben oder geführt haben können.

2. Straftaten gegen die Umwelt

Straftaten gegen die Umwelt (§§ 324 ff. StGB) sind Gewässerverunreinigung, Bodenverunreinigung, Luftverunreinigung, Verursachung von Lärm, umweltgefährdende Abfallbeseitigung, unerlaubtes Betreiben von Anlagen, unerlaubter Umgang mit gefährlichen Stoffen und Gütern und Gefährdung schutzbedürftiger Gebiete. Kommt es zu einer Straftat gegen die Umwelt, kommen als Mittäter der Straftaten neben den handelnden verantwortlichen Personen der unteren Organisationsebene auch die Vorstandsmitglieder in Betracht. In den Zuständigkeitsbereich der Vorstandsmitglieder fällt nämlich, von dem Betrieb ausgehende Gefahren für die Umwelt zu vermeiden, sodass sie insoweit grundsätzlich eine Garantenstellung inne haben.[298] Allerdings scheidet eine strafrechtliche Verantwortlichkeit für Umweltstraftaten aus, wenn für die entsprechende Maßnahme eine behördliche Genehmigung existiert und sich die Geschäftsleitung im Rahmen dieser Genehmigung hält (Verwaltungsakzessorietät des Umweltstrafrechts).[299]

II. Aufgabendelegation

Im Rahmen der genannten Haftungstatbestände geht es stets um die Verletzung von Verkehrssicherungspflichten. Da das Vorstandsmitglied die Einhaltung solcher Schutzpflichten regelmäßig nicht alleine leisten kann, ist anerkannt, dass der Vorstand die ihm obliegenden Verkehrssicherungspflichten im Rahmen eines **detaillierten Organisationsplans** auf Mitarbeiter übertragen kann.[300] Gleiches gilt für sonstige öffentlich-rechtliche Pflichten (Einholung erforderlicher Genehmigungen, Beachtung bestehender Auflagen etc.). Eine Entlastung aufgrund einer Pflichtenübertragung auf nachgeordnete Mitarbeiter ist umso leichter möglich, je präziser die Aufgaben und die Verantwortlichkeiten beschrieben sind. Pauschale Bestimmungen wie diejenige, dass ein Mitarbeiter „für die Sicherheit verantwortlich" sei, genügen nicht. Werden Sicherheitsbeauftragte eingesetzt, müssen ihnen klar abgegrenzte Verantwortungsbereiche übertragen werden und Weisungsbefugnisse gegenüber denjenigen eingeräumt werden, für deren Einsatzbereiche sie die Einhaltung und die Überwachung von Verkehrssicherungspflichten übernehmen. Die Anweisungen müssen regelmäßig wiederholt werden. Es muss außerdem organisatorisch sichergestellt sein, dass die Einhaltung der Verkehrssicherungspflichten und sonstigen Schutzvorschriften durch verantwortliche Mitarbeiter oder den Vorstand überwacht wird. Weiterhin muss der beauftragte Mitarbeiter sorgfältig ausgewählt und für die Erfüllung der Aufgabe geeignet sein. Allgemeine Regeln für die angemessene Kontrolldichte lassen sich nicht aufstellen. Sie wird sich einerseits an den bestehenden Risiken, andererseits an der Erfahrung, Qualifikation und Verlässlichkeit der Mitarbeiter zu orientieren haben.

---

[298] Vgl. etwa *Schönke/Schröder/Cramer/Sternberg-Lieben* StGB vor § 324 Rz. 28.
[299] *Schönke/Schröder/Cramer/Sternberg-Lieben* StGB vor § 324 Rz. 11 ff.
[300] *Schönke/Schröder/Sternberg-Lieben* StGB § 15 Rz. 223a.

162 Grundsätzlich ist jedes Vorstandsmitglied für den gesamten Geschäftsbetrieb und die Einhaltung von Verkehrssicherungspflichten sowie Sicherheitsvorschriften verantwortlich (Grundsatz der **Gesamtverantwortung**). Die Delegation von Aufgaben (vgl. Rz. 9, 137 ff.) führt jedoch auch im straf- und ordnungsrechtlichen Bereich dazu, dass das ressortleitende Vorstandsmitglied für Pflichtverletzungen aus dem von ihm verantworteten Geschäftsbereich primär verantwortlich ist, nicht allerdings zu einer vollständigen Entlastung der nicht ressortverantwortlichen Vorstandsmitglieder.[301] Vielmehr wandeln sich die originären Verantwortlichkeiten aufgrund der Delegation in Kontroll- und Überwachungsaufgaben um; werden diese Aufgaben schlecht erfüllt, kann dies dazu führen, dass eine straf- oder ordnungsrechtliche Verantwortlichkeit auch der nicht ressortzuständigen Vorstandsmitglieder in Betracht kommt. Dazu gehört auch, zu kontrollieren, ob dieses Vorstandsmitglied, falls es selbst die ihm angetragenen Aufgaben weiter delegiert, seinerseits seinen Kontroll- und Überwachungsaufgaben nachkommt **(Kontrolle der Kontrolle)**. Ist eine Delegation der Aufgaben erfolgt und ein ordnungsgemäßes Kontroll- und Überwachungssystem installiert, kann eine straf- und ordnungsrechtliche Verantwortlichkeit aller Vorstände schließlich dann wieder aufleben, wenn aus einem Ressort **Störungsmeldungen** auftauchen; dies ist insbesondere im Bereich der strafrechtlichen Produkt- und Umwelthaftung relevant. Bei ersten Indizien für einen Störfall liegt es naturgemäß in der Aufgabe des Ressortleiters, diesen nachzugehen. Häufen sich aber die Probleme, wird der Grundsatz der Allzuständigkeit der Vorstandsmitglieder wieder aktuell, sodass der Gesamtvorstand verpflichtet ist, sich um Abhilfe der Probleme zu bemühen.

G. Klagemöglichkeiten des Vorstandes bzw. der Vorstandsmitglieder

163 Da der Vorstand verpflichtet ist, Beschlüsse der Hauptversammlung auszuführen (§ 83 Abs. 2 AktG), gewährt ihm das Aktienrecht die Befugnis, **Anfechtungs- und Nichtigkeitsklagen** gem. §§ 245 Nr. 4 und 5, 249 Abs. 1, 250 Abs. 3 und 251 Abs. 2 AktG zu erheben. Die Klagebefugnisse dienen dazu, die Rechtmäßigkeit von Hauptversammlungsbeschlüssen zu kontrollieren; sie enthalten nicht verallgemeinerungsfähige Sonderregeln, wonach der Vorstand als Gesamtgremium oder einzelne seiner Mitglieder befugt sind, in ihrer Rechtmäßigkeit streitige Entschließungen der Gesellschafterversammlung zur gerichtlichen Überprüfung zu stellen.[302]

164 Weiterhin stellt sich die Frage, ob und ggf. wie der Vorstand bzw. das einzelne Vorstandsmitglied seine organschaftlichen Rechte gegenüber einem anderen Organ, insbesondere dem Aufsichtsrat, bzw. gegenüber der Mehrheit der Vorstandsmitglieder verfolgen kann.[303]

165 Das AktG selbst stellt nur in Ausnahmefällen ein geeignetes **Schlichtungsmittel** zur Bewältigung von Organstreitigkeiten zur Verfügung. Während dem Aufsichtsrat mehrere Möglichkeiten zustehen, seine Rechte gegenüber

---

[301] Vgl. hierzu: *Schönke/Schröder/Sternberg-Lieben*, § 15 Rz. 223a.
[302] Vgl. *Hüffer* AktG § 90 Rz. 16.
[303] Vgl. dazu: *Hüffer* AktG § 90 Rz. 16 ff.; Kölner Komm./*Mertens* Vorb. § 76 Rz. 3 ff.; *Wellkamp* Vorstand, Aufsichtsrat und Aktionär 1998 S. 267 ff.

G. Klagemöglichkeiten des Vorstandes 166, 167 § 6

dem Vorstand durchzusetzen, zB die Einschaltung der Hauptversammlung gem. § 111 Abs. 3 AktG und die Abberufung des Vorstands gem. § 84 Abs. 3 AktG, hat der Vorstand nahezu keine Möglichkeit, sich auf aktienrechtlichem Wege gegen den Aufsichtsrat zur Wehr zu setzen. Außergerichtliche Möglichkeiten zur Beseitigung eines Organstreits zwischen Vorstand und Aufsichtrat bestehen demnach – jedenfalls aus Sicht des Vorstands – nicht, sodass mangelndes Rechtsschutzbedürfnis der gerichtlichen Austragung eines derartigen Organstreits grundsätzlich nicht entgegensteht. Gleichwohl steht die wohl herrschende Meinung Organstreitigkeiten zwischen Organen (sog. „Inter-Organstreit") und innerhalb eines Organs (sog. „Intra-Organstreit") zurückhaltend gegenüber:

Bedenken gegen die Möglichkeit eines **Inter-Organstreits** werden darauf 166 gestützt, dass ein Organ kein Inhaber subjektiver Rechte sein könne, sodass es an einer rechtsschutzfähigen Position fehle.[304] Selbst wenn man eine Rechtssubjektivität der Organe anerkennt,[305] bleibt die Frage, in welchem Umfang die Rechte bestehen können bzw. welchen Inhalt sie haben sollen. Nach herrschender Meinung existieren jedenfalls keine subjektiven Organrechte, die einem Organ gegenüber einem anderen Organ ganz allgemein erlauben, dessen Verhalten zu kontrollieren.[306] Ein Inter-Organstreit wirft aber nicht nur materiell-rechtliche Fragen auf, sondern begegnet auch prozessualen Problemen, insbesondere im Hinblick auf Parteistellung, Parteifähigkeit und Prozessführungsbefugnis. Insoweit ist nahezu jeder Punkt umstritten, wenngleich die herrschende Meinung die Parteistellung, Parteifähigkeit und Prozessführungsbefugnis eines Organs an sich – mit Einschränkungen im Einzelnen – bejaht.[307] Dieser Lehre stehen jedoch viele Stimmen gegenüber, die eine Klagemöglichkeit des Vorstandes mit unterschiedlicher Begründung generell ablehnen;[308] dies wird vor allem damit begründet, dass innergesellschaftliche Klagen mit der aktienrechtlichen Verfassungsordnung unvereinbar seien.

Intra-Organstreitigkeiten haben nur im Hinblick auf den Aufsichtsrat 167 praktische Bedeutung erlangt. Das Streitpotenzial im Aufsichtsrat ist infolge der Mitbestimmung größer als im typischerweise homogen besetzten Vorstand. Im Übrigen wirft auch der Intra-Organstreit materiellrechtliche und prozessuale Probleme auf. Überwiegend werden Intra-Organstreitigkeiten selbst von den Anhängern der Lehre vom Organstreit nicht zugelassen, soweit um die Zweckmäßigkeit eines von der Organmehrheit gefassten Beschlusses gestritten wird.[309] Steht hingegen seine Rechtmäßigkeit in Streit, wird verbreitet der überstimmten Minderheit die Möglichkeit eingeräumt, den Be-

---

[304] Vgl. *Flume* BGB AT Bd. I/2, § 11 V, S. 405 ff.; Kölner Komm./*Mertens* Vorb. § 76 Rz. 4 ff.
[305] Vgl. *Bork* ZGR 1989, 1, 22; *Schmidt* Gesellschaftsrecht, § 14 IV/2; unentschieden BGH II ZR 57/88 v. 28. 11. 1988, BGHZ 106, 54 ff.
[306] Vgl. *Bauer* Organklagen zwischen Vorstand und Aufsichtsrat einer Aktiengesellschaft, 1986, S. 119 ff.; *Bork* ZGR 1989, 1, 21; *Schmidt* ZZP 92 (1979), 230 ff.; *Wellkamp* Vorstand, Aufsichtsrat und Aktionär 1998 S. 285 mwN.
[307] Vgl. *Bauer*, Organklagen, 1986, S. 49 ff.; *Bork*, ZGR 1989, 1, 22 ff.; *Hommelhoff*, ZHR 143 (1979), 288, 290 ff.; *Säcker*, NJW 1979, 1521, 1526.
[308] Vgl. *Flume*, BGB AT, Bd I/2, § 11 V; *Hüffer* AktG § 90 Rz. 18; Kölner Komm./*Mertens* Vorb. zu § 76 Rz. 4 ff.; *Werner*, AG 1990, 1, 16; *Zöller*, ZHR 154 (1990), 24, 33.
[309] Vgl. *Raiser*, ZGR 1989, 44, 67.

schluss durch Klage überprüfen zu lassen, da kein Organmitglied rechtswidrige Beschlüsse hinnehmen müsse. So kann sich ein Vorstandsmitglied zB gegen eine rechtswidrige Geschäftsordnungsregelung oder sonstige rechtswidrige Vorstandsbeschlüsse zur Wehr setzen.[310]

---

[310] Vgl. *Bork*, ZGR 1989, 1, 36 ff.; Kölner Komm./*Mertens* § 76 Rz. 7; *Raiser*, ZGR 1989, 44, 68 mwN; *Säcker*, NJW 1979, 1521, 1524.

§ 7 Der Aufsichtsrat

Bearbeiter: Prof. Dr. Manfred Schiedermair/Dr. Franz-Josef Kolb

Übersicht

	Rz.
A. Stellung des Aufsichtsrats	1–5
I. Verhältnis zu den anderen Organen	1–4
1. Repräsentativorgan der Aktionäre	2
2. Einbindung in dualistische Organisation der Verwaltung	3, 4
II. Abgrenzung zu anderen Gremien	5
B. Zusammensetzung des Aufsichtsrats	15–47
I. Aufsichtsrat ohne Arbeitnehmervertreter nach dem AktG	15–17
II. Mitbestimmungspflichtige Aufsichtsräte	18–37
1. Gesetzliche Modelle	18–29
a) Aufsichtsrat mit einem Drittel Arbeitnehmervertreter nach DrittelbG	19–22
b) Paritätisch zusammengesetzter Aufsichtsrat nach MitbestG	24–29
2. Fortgeltung der Mitbestimmungspflicht außerhalb der Mitbestimmungsmodelle	34–36
a) Umwandlungsgesetz	35
b) Mitbestimmungs-Beibehaltungsgesetz	36
3. Regelungsumfang privatautonomer Mitbestimmungsvereinbarungen	37
III. Feststellung des Aufsichtsratssystems im Statusverfahren	39–47
1. Anwendungsbereich	39, 40
2. Bekanntmachung des Vorstands	41
3. Gerichtliche Entscheidung	43, 44
4. Vollzug des Statuswechsels	45–47
C. Aufgaben und Kompetenzen des Aufsichtsrats	61–116
I. Bestellung, Anstellung und Überwachung des Vorstands	61–98
1. Bestellung und Widerruf der Bestellung	62–65
2. Abschluss und Kündigung des Anstellungsvertrags	66–69
3. Überwachung von Geschäftsführung und Konzernleitung	70–98
a) Vertretung der AG gegenüber dem Vorstand insb. bei Kreditgewährung	76, 77
b) Regelung von Geschäftsordnung und Geschäftsverteilung des Vorstands	78–80
c) Zustimmungsvorbehalte nach § 111 Abs. 4 Satz 2 AktG	81–86
d) Zustimmungsvorbehalt nach § 33 Abs. 1 Satz 2 WpÜG	87
e) Zustimmungsvorbehalt für Verträge mit Aufsichtsratsmitgliedern	88
f) Einsichts- und Prüfungsrecht	89–91
g) Einflussnahme auf die Feststellung des Jahresabschlusses	92–96

§ 7 Der Aufsichtsrat

        aa) Prüfungsauftrag für Jahres- und Konzern-
abschluss 92, 93
        bb) Prüfung und Mitentscheidung über Jahres-
abschluss und Ergebnisverwendung 94–96
     h) Geltendmachung von Ersatzansprüchen gegen
Vorstandsmitglieder 97, 98
  II. Aufgaben und Kompetenzen in Bezug auf die Haupt-
versammlung 99–105
    1. Einberufung der Hauptversammlung 100
    2. Beschlussvorschläge 101
    3. Berichte an die Hauptversammlung 102
    4. Teilnahme an der Hauptversammlung 103
    5. Anfechtungs- oder Nichtigkeitsklagen gegen
Hauptversammlungsbeschlüsse 104, 105
  III. Sonstige Mitwirkungs- und Mitentscheidungsrechte . . 106–116
    1. Gesetzliche Antragsrechte 107
    2. Änderung der Satzungsfassung 108
    3. Mitentscheidung über Ausnutzung von genehmig-
tem Kapital 109, 110
    4. Abschlagszahlung auf Bilanzgewinn 111
    5. Wiederholung einer Weisung an eine abhängige AG 112
    6. Ausübung von Beteiligungsrechten nach § 32
MitbestG 113–116

D. Innere Ordnung des Aufsichtsrats 126–181
  I. Geschäftsordnung 126–128
  II. Vorsitz 129–138
    1. Vorsitzender und Stellvertreter nach AktG 130–135
     a) Bestellung 130–132
     b) Aufgaben und Befugnisse 133–135
    2. Vorsitzender und Stellvertreter nach MitbestG ... 136–138
  III. Sitzungen und Beschlüsse 139–169
    1. Zahl der Sitzungen 139
    2. Einberufung, Tagesordnung und Beschlussvorlagen 140–143
    3. Sitzungsleitung 144–148
    4. Beschlüsse 149–167
     a) Beschlussfähigkeit 149–152
     b) Vertagung 153
     c) Gesetzliche Modelle der Beschlussfassung 154–159
     d) Schriftliche Stimmabgabe innerhalb von
Sitzungen 160, 161
     e) Beschlussfassung außerhalb von Sitzungen ... 162, 163
     f) Niederschrift 164, 165
     g) Ausführung von Beschlüssen 166, 167
    5. Fehlerhafte Beschlüsse 168, 169
  IV. Ausschüsse 170–181
    1. Fakultative Ausschüsse 170–173
     a) Effizienzsteigerung durch Arbeitsteilung 171
     b) Grenzen der Entscheidungsdelegation 172, 173
    2. Vermittlungsausschuss nach § 27 Abs. 3 MitbestG . 174, 175
    3. Bildung, Besetzung und Überwachung 176–179
    4. Innere Ordnung 180, 181

E. Begründung und Beendigung des Aufsichtsratsmandats 200–232
  I. Bestellung 200–219
    1. Persönliche Voraussetzungen 200–204

Übersicht

§ 7

    2. Wahl durch die Hauptversammlung 205–210
    3. Entsendung kraft Sonderrechts 211, 212
    4. Bestellung von Ersatzmitgliedern 213–215
    5. Gerichtliche Bestellung 216–219
 II. Amtszeit 220–225
    1. Beginn 220
    2. Höchstdauer 221
    3. Einzelfälle 222–225
       a) Wiederbestellung 222
       b) Arbeitnehmervertreter 223
       c) Entsandte Mitglieder 224
       d) Ersatzmitglieder 225
III. Vorzeitiges Ausscheiden 226–231
    1. Wegfall persönlicher Voraussetzungen 226
    2. Amtsniederlegung 227
    3. Abberufung 228–231
IV. Bekanntmachung des Wechsels von Aufsichtsratsmitgliedern 232

F. Rechte und Pflichten der Aufsichtsratsmitglieder . . . 241–279
 I. Rechtsstellung 241–247
    1. Gleichheit und Gleichbehandlung aller Aufsichtsratsmitglieder 241
    2. Höchstpersönliche Amtsausübung 242, 243
    3. Unabhängigkeit und Weisungsfreiheit 244, 245
    4. Unternehmensinteresse als Handlungsmaxime; Konfliktlagen 246, 247
 II. Vergütung 248–258
    1. Gesetzliches Schuldverhältnis 248
    2. Festvergütung, Tantieme, Auslagenersatz 249, 250
    3. Festsetzung und Bewilligung 251–253
    4. Steuerliche Behandlung 254–258
       a) Ebene der AG 254–256
       b) Ebene der Aufsichtsratsmitglieder 257, 258
III. Verträge mit Aufsichtsratsmitgliedern 259–265
    1. Dienst- und Werkverträge nach § 114 AktG 260–264
       a) Regelungszweck 261, 262
       b) Reichweite 263, 264
    2. Kreditgewährung nach § 115 AktG 265
IV. Verwertung von Informationen 266–270
    1. Verschwiegenheitspflicht 266–268
       a) Umfang 266, 267
       b) Vorgaben in Satzung und Geschäftsordnung . . . 268
    2. Verbot von Insidergeschäften 269
    3. Meldepflichten nach § 15 a WpHG 270
 V. Haftung 271–276
    1. Haftungstatbestände 271–275
       a) Anknüpfung der Haftung, insb. Verletzung der Sorgfaltspflicht 272, 273
       b) Differenzierung nach Funktion 274, 275
    2. Versicherbarkeit des Haftungsrisikos 276
VI. Individualklagerechte 277–279
    1. Klagen kraft persönlicher Rechtsstellung 278
    2. Klagen kraft organschaftlicher Rechtsstellung . . . 279

A. Stellung des Aufsichtsrats

I. Verhältnis zu den anderen Organen

1   Der Aufsichtsrat ist kraft Gesetzes notwendiges Organ der Aktiengesellschaft (vgl. §§ 30, 31 AktG). Er tritt als drittes Organ neben Hauptversammlung und Vorstand.

1. Repräsentativorgan der Aktionäre

2   Nach der Regelungskonzeption des AktG leitet der Aufsichtsrat sein Mandat von der Hauptversammlung ab. Sie wählt die Vertreter der Anteilseigner in den Aufsichtsrat. Insofern fungiert der Aufsichtsrat als Repräsentativorgan der Aktionäre.

2. Einbindung in dualistische Organisation der Verwaltung

3   Primär obliegt dem Aufsichtsrat die Überwachung des Vorstands. Mit ihm zusammen bildet er die dualistisch organisierte Verwaltung der AG. Innerhalb der zweigliedrigen Verwaltung sind die Kompetenzen deutlich voneinander abgegrenzt: Dem Vorstand obliegt die Führung der Geschäfte und Leitung der Gesellschaft in eigener Verantwortung (§ 76 Abs. 1 AktG); der Aufsichtsrat übernimmt **Kontroll- und Überwachungsfunktionen** (§ 111 Abs. 1 AktG), Geschäftsführungsmaßnahmen können ihm nicht übertragen werden (§ 111 Abs. 4 AktG).

4   Aus der Aufgabentrennung resultiert das **Verbot der Doppelmitgliedschaft** in Aufsichtsrat und Vorstand (§ 105 Abs. 1 AktG). Eine – längstens auf ein Jahr befristete – Ausnahme vom Verbot der Doppelmitgliedschaft ergibt sich lediglich in Fällen, in denen ein vakant gewordenes Vorstandsamt vertretungsweise durch ein Aufsichtsratmitglied ausgeübt wird (§ 105 Abs. 2 AktG).

II. Abgrenzung zu anderen Gremien

5   Neben der (obligatorischen) Einrichtung des Aufsichtsrats bleibt es den Aktionären unbenommen, weitere (fakultative) Beratungsgremien einzurichten. Solche Gremien treten in der Praxis als „Beiräte" oder „Aktionärsausschüsse" in Erscheinung. Die gesetzlichen Zuständigkeiten der drei (obligatorischen) Organe der AG werden durch die Einrichtung fakultativer Beratungsgremien nicht berührt.

B. Zusammensetzung des Aufsichtsrats

I. Aufsichtsrat ohne Arbeitnehmervertreter nach dem AktG

15 Der Aufsichtsrat ist bei der AG obligatorisch – anders als bei der GmbH auch dann, wenn die Gesellschaft nicht der Arbeitnehmermitbestimmung unterliegt. Außerhalb der Mitbestimmungsmodelle (soweit Drittelbeteiligungsgesetz (DrittelbG), Mitbestimmungsgesetz (MitbestG), Montanmitbestimmungsgesetz (MontanMitbestG) und Mitbestimmungsergänzungsgesetz

B. Zusammensetzung des Aufsichtsrats 16–18 § 7

(MitbestErgG) keine Aufnahme von Arbeitnehmervertretern in den Aufsichtsrat gebieten) besteht der Aufsichtsrat ausschließlich aus mindestens drei Vertretern der Anteilseigner.

Mitbestimmungsfrei sind namentlich Aktiengesellschaften, die weniger als 500 Arbeitnehmer beschäftigen. Dieses Privileg gilt nach § 1 Abs. 1 Nr. 1 DrittelbG für alle sog. **kleinen Aktiengesellschaften**, die nach dem 10. August 1994 in das Handelsregister eingetragen worden sind; es gilt ferner für zuvor eingetragene Aktiengesellschaften, sofern es sich bei ihnen um **Familien-Aktiengesellschaften** handelt, zu deren Aktionärskreis lediglich natürliche Personen zählen, die – sollte es sich um mehrere Aktionäre handeln – im Sinne von § 15 Abs. 1 Nrn. 2 bis 8, Abs. 2 AO miteinander verwandt oder verschwägert sind. Keine Anwendung finden die Mitbestimmungsmodelle darüber hinaus auf sog. **Tendenzunternehmen** sowie Religionsgemeinschaften mit ihren karitativen und erzieherischen Einrichtungen (§ 1 Abs. 2 DrittelbG, § 1 Abs. 4 MitbestG). Der Tendenzschutz gilt ferner für Presse und Verlagsunternehmen, die der Berichterstattung oder Meinungsäußerung dienen.[1] **16**

Naturgem. mitbestimmungsfrei sind schließlich **arbeitnehmerlose Aktiengesellschaften**. Besonderheiten gelten hinsichtlich der arbeitnehmerlosen Holding-AG. Dabei ist zu unterscheiden: Eine Zurechnung der Arbeitnehmer nachgeordneter Unternehmen nach dem DrittelbG erfolgt gem. § 2 Abs. 1 DrittelbG nur, soweit die Holding-AG ihrerseits mindestens fünf eigene Arbeitnehmer beschäftigt und damit originär mitbestimmungspflichtig ist.[2] Nach § 2 Abs. 2 DrittelbG besteht eine Mitbestimmungspflicht, wenn die arbeitnehmerlose Holding-AG durch einen Beherrschungsvertrag (§ 291 Abs. 1 Satz 1 AktG) oder eine Eingliederung (§ 319 AktG) mit einem nachgeordneten Unternehmen verbunden ist. Für diese Konzernklausel reicht eine lediglich faktische Konzernverbindung nicht aus.[3] Etwas anderes gilt dann, wenn der von der Holding-AG beherrschte Konzern insgesamt mehr als 2000 Arbeitnehmer beschäftigt. Hier führt die Zurechnungsnorm des § 5 Abs. 1 MitbestG zur Mitbestimmungspflicht, und zwar unabhängig davon, ob die Holding-AG ihrerseits bei isolierter Betrachtung mitbestimmungspflichtig wäre. **17**

II. Mitbestimmungspflichtige Aufsichtsräte

1. Gesetzliche Modelle

Nachfolgend werden die gesetzlichen Modelle der Arbeitnehmermitbestimmung in den Aufsichtsräten in ihren wesentlichen Grundzügen dargestellt – unter Verzicht auf die Darstellung der paritätischen Montanmitbestimmung. Es geht dabei vor allem um die jeweiligen Anwendungsbereiche, ihre Abgrenzung und ihre Auswirkung auf die Zusammensetzung des Aufsichtsrats. Die vergleichsweise komplizierten Wahlverfahren werden hier nicht besprochen; **18**

---

[1] MünchHdb. GesR/Bd. 4/*Hoffmann-Becking* § 28 Rz. 4 mwN.
[2] So die hM *Dietz/Richardi* BetrVG 6. Aufl. 1982 § 76 BetrVG 1952 Rz. 8 f.; aA *Fitting/Kaiser/Heither/Engels/Schmidt* BetrVG 21. Aufl. 2002 § 76 BetrVG 1952 Rz. 56; vgl. MünchHdb. GesR/Bd. 4/*Hoffmann-Becking* § 28 Rz. 6 Fn. 4 mwN.
[3] Für die GmbH: KG 2 W 8/07 v. 7.6.2007, ZIP 2007, 1566 ff.; MünchHdb. GesR/Bd. 4/*Hoffmann-Becking* § 28 Rz. 7.

insofern wird auf die entsprechenden Wahlordnungen und das einschlägige Schrifttum verwiesen.[4]

a) Aufsichtsrat mit einem Drittel Arbeitnehmervertreter nach DrittelbG

19 Für die Wahl von Arbeitnehmervertretern in den Aufsichtsrat von Aktiengesellschaften, die zwischen 500 und 2000 Arbeitnehmer beschäftigen, galten bis zum 30. Juni 2004 die Vorschriften des Betriebsverfassungsgesetzes von 1952. Das Drittelbeteiligungsgesetz ersetzt seit dem 1. Juli 2004 die §§ 76 ff. BetrVG 1952 zur Beteiligung der Arbeitnehmer im Aufsichtsrat. Mit der Neufassung sind einige inhaltliche Änderungen verbunden. Im Wesentlichen handelt es sich jedoch um eine redaktionelle Neufassung, die das bisherige Recht vollständig und systematischer gliedert. § 4 Abs. 1 i.V.m. § 1 DrittelbG bestimmt, dass der Aufsichtsrat einer AG zu einem Drittel aus Arbeitnehmervertretern zu bestehen hat, wenn es sich bei der AG weder um eine kleine AG, eine Familien-AG noch ein Tendenzunternehmen handelt (dazu oben Rz. 16) und die AG weder der paritätischen Mitbestimmung (dazu nachfolgend Rz. 24 ff.) oder der paritätischen Montanmitbestimmung unterliegt. Rechnerisch wird die Herstellung der Drittelparität dadurch erreicht, dass der Aufsichtsrat gem. § 95 AktG eine Mitgliederzahl aufweisen muss, die durch drei teilbar ist. Das DrittelbG verlangt keine von § 95 AktG abweichende **Mindestgröße** des Aufsichtsrats, so dass auch bei größeren Gesellschaften (mit bis zu 2000 Arbeitnehmern) ein dreiköpfiger Aufsichtsrat genügt. Freilich kann die Mitgliederzahl durch Satzungsregelung aufgestockt werden.

20 Aktives und passives Wahlrecht erstrecken sich gleichermaßen auf Arbeitnehmer der AG und, falls die AG herrschendes Unternehmen eines Unterordnungskonzerns ist, der ihr zuzurechnenden Konzernunternehmen (§ 2 Abs. 1 DrittelbG). Die **Zurechnung** nachgeordneter Konzernunternehmen erfolgt jedoch nur, wenn die beherrschende AG bereits bei isolierter Betrachtung mitbestimmungspflichtig ist (dazu bereits oben Rz. 17).

21 Handelt es sich bei der herrschenden AG lediglich um eine **Teilkonzernspitze** (ist also die AG ihrerseits abhängiges Unternehmen), unterbleibt nach zutreffender Auffassung die Zurechnung von Arbeitnehmern nachgeordneter Unternehmen.[5] Dies deswegen, weil das DrittelbG – anders als das MitbestG (dort § 5 Abs. 3) – keine Zurechnungsnorm für den Fall des sog. „Konzerns im Konzern" kennt.

22 Eine Besonderheit für die Arbeitnehmerzurechnung ergibt sich für **Gemeinschaftsunternehmen**, also dann, wenn die AG gemeinsam von zwei Obergesellschaften beherrscht wird. Tritt hier neben die gemeinsame Beherrschung auch die gemeinsame einheitliche Leitung, die mangels Verweis auf die Konzernvermutung des § 18 Abs. 1 Satz 3 AktG jeweils gesondert nachzuweisen ist, führt die mehrfache Konzernzugehörigkeit des Gemeinschaftsunternehmens dazu, dass dessen Arbeitnehmer an den Wahlen zu den Aufsichtsräten beider Obergesellschaften zu beteiligen sind.[6]

---

[4] Übersicht bei Kölner Komm./*Mertens* Anh. § 117 B bis E, jeweils mwN. Vgl. ferner *Dietz/Richardi* BetrVG 6. Aufl. 1982 § 76 BetrVG 1952; *Fitting/Wlotzke/Wißmann* MitbestG 2. Aufl. 1978; *Säcker* Die Wahlordnungen zum Mitbestimmungsgesetz, 1978.

[5] MünchHdb. GesR/Bd. 4/*Hoffmann-Becking* § 28 Rz. 12.

[6] BAG 1 ABR 3/70 v. 18.6.1970, AP Nr. 20 zu § 76 BetrVG 1952; BAG 7 ABR 57/94 v. 16.8.1995, AP Nr. 30 zu § 76 BetrVG 1952.

b) Paritätisch zusammengesetzter Aufsichtsrat nach MitbestG

Soweit die AG selbst oder als herrschendes Unternehmen zusammen mit den ihr nachgeordneten Konzernunternehmen mehr als 2000 Arbeitnehmer beschäftigt, richtet sich die Arbeitnehmerbeteiligung im Aufsichtsrat nach den Bestimmungen des MitbestG, es sei denn, die paritätische Montanmitbestimmung griffe ein. Aufgrund der weit formulierten Zurechnungsnorm des § 5 Abs. 1 MitbestG (und im Gegensatz zu der enger gefassten Zurechnungsregelung des § 2 Abs. 1 DrittelbG) kommt es nicht darauf an, ob die herrschende AG ihrerseits eigene Arbeitnehmer beschäftigt.

Ebenfalls abweichend von der Konzeption des DrittelbG beschränkt sich das MitbestG nicht auf die Arbeitnehmerzurechnung an die oberste Konzernspitze, sondern erlaubt eine **Zurechnung auch an die Teilkonzernspitze** (§ 5 Abs. 3 MitbestG). Dieser Regelung unterliegen die Fälle, in denen die eigentliche Konzernspitze nicht mitbestimmungsfähig ist, weil es sich dabei um ein Unternehmen handelt, das seinen Sitz im Ausland hat oder aufgrund seiner Rechtsform nicht dem Anwendungsbereich des MitbestG unterfällt (zB Einzelkaufmann, oHG, nichtkapitalistische KG, Stiftung & Co. KG, Stiftung, Verein, vgl. §§ 1 Abs. 1, 4 Abs. 1 MitbestG). Hier erfolgt die mitbestimmungsrechtliche Konzernzurechnung an das letzte nach Rechtsform und Sitz mitbestimmungsfähige Unternehmen innerhalb der Konzernstruktur.

Weitergehend stellt sich die Frage, ob aufgrund der Arbeitnehmerzurechnung auch dort paritätisch mitbestimmte Aufsichtsräte zu bilden sind, wo innerhalb des Konzernaufbaus eine einzelne AG als Konzernzwischengesellschaft eine Teilkonzernspitze bildet (,,**Konzern im Konzern**"), ohne dass die mitbestimmungsrechtliche Konzernzurechnung iSd. § 5 Abs. 3 MitbestG bei diesem Unternehmen endet. Die Handhabung dieser Konstellation ist umstritten; nach herrschender Auffassung im Schrifttum wird die Möglichkeit einer Konzernbildung innerhalb eines Konzerns bejaht – mit der Folge einer Arbeitnehmerzurechnung nach § 5 Abs. 1 MitbestG.[7] Dies soll namentlich dann gelten, wenn die (nach Sitz und Rechtsform durchaus mitbestimmungsfähige) Konzernspitze ihre Leitungsmacht für bestimmte unternehmenspolitische Grundsatzbereiche auf die betreffende Zwischengesellschaft übergeleitet hat.[8] Soweit ersichtlich ist der Streit rein theoretischer Natur. Die Voraussetzungen für das Vorliegen eines Konzerns im Konzern mit der dann virulenten Arbeitnehmerzurechnung an die Konzernzwischengesellschaft sind bislang niemals konkret bejaht worden.[9]

Für **Gemeinschaftsunternehmen** ist umstritten, ob sie – mitbestimmungsrechtlich – die Voraussetzungen der Konzernzugehörigkeit für jede Muttergesellschaft erfüllen. Anders als bei der Konzernklausel des § 2 Abs. 1 DrittelbG (vgl. Rz. 19 ff.), ist die Frage für die Konzernklausel des § 5 Abs. 1 MitbestG nicht höchstrichterlich geklärt. Es existiert weder eine einheitliche Praxis noch ein einheitliches Meinungsbild im Schrifttum.[10]

---

[7] MünchHdb. GesR/Bd. 4/*Hoffmann-Becking* § 28 Rz. 20 mwN.
[8] Kölner Komm./*Mertens* Anh. § 117 B, § 5 MitbestG Rz. 32.
[9] OLG Düsseldorf 19 W 17/78 v. 30. 1. 1979, WM 1979, 956; OLG Zweibrücken 3 W 25/83 v. 9. 11. 1983, WM 1983, 1347; OLG Ffm. 20 W 27/86 v. 10. 11. 1986, WM 1987, 237; OLG Düsseldorf 19 W 4/96 v. 27. 12. 1996, WM 1997, 668; BayOLG 3 Z BR 343/00 v. 6. 3. 2002, DB 2002, 1147, 1149.
[10] Mehrfachkonzernierung bejahend: Kölner Komm./*Mertens* Anh. § 117 B, § 5 Mit-

28 Die Besonderheit der paritätischen Mitbestimmung liegt vor allem darin, dass das MitbestG hinsichtlich der **Mindestgröße** des Aufsichtsrats die Regelungen des AktG überlagert. Je nach Zahl der zuzurechnenden Arbeitnehmer staffelt sich die (Mindest-)Mitgliederzahl (§ 7 Abs. 1 MitbestG): Solange der AG nicht mehr als 10 000 Arbeitnehmer zuzurechnen sind, besteht der Aufsichtsrat aus 12 Mitgliedern. Bei nicht mehr als 20 000 Arbeitnehmern hat er 16, bei mehr als 20 000 Arbeitnehmern 20 Mitglieder. Den Anteilseignern ist es unbenommen, in der Satzung eine größere Mitgliederzahl festzuschreiben (vgl. § 7 Abs. 1 Satz 2 MitbestG).

29 Die Mitglieder des Aufsichtsrats müssen **zur Hälfte Arbeitnehmervertreter** sein. Dabei ist zwischen unternehmensangehörigen Arbeitnehmervertretern und Gewerkschaftsvertretern zu unterscheiden. § 7 Abs. 2 MitbestG begrenzt die Anzahl der Gewerkschaftsvertreter auf maximal zwei, solange der Aufsichtsrat nicht die Größe von 20 Mitgliedern erreicht. Erst ab einer Größe von 20 Mitgliedern kommt ein dritter Gewerkschaftsvertreter hinzu. Nach § 15 Abs. 1 Satz 2 MitbestG muss dem Aufsichtsrat mindestens ein leitender Angestellter angehören. Aufgrund der negativen Wahlfreiheit kann niemand zur Kandidatur oder Wahl gezwungen werden, so dass die Nichtwahrnehmung des Minderheitenschutzes nicht die Nichtbildung eines Aufsichtsrates zur Folge haben kann. Im Zweifel muss der vakante Sitz der anderen Gruppe zugewiesen werden.[11]

2. Fortgeltung der Mitbestimmungspflicht außerhalb der Mitbestimmungsmodelle

34 Besonderheiten ergeben sich, wenn die (ursprünglich gegebenen) Voraussetzungen für die Unternehmensmitbestimmung nachträglich entfallen. Das Gesetz fingiert eine Fortgeltung außerhalb der Montanmitbestimmung in folgenden Fällen:

a) Umwandlungsgesetz

35 Spaltungen (namentlich **Abspaltung** und **Ausgliederung** nach § 123 Abs. 2 und 3 UmwG) können zur Folge haben, dass bei dem übertragenden Rechtsträger die Voraussetzungen der gesetzlichen Mitbestimmungsmodelle entfallen, weil sich die maßgebende Arbeitnehmerzahl infolge der Spaltung verringert. Für diesen Fall (und unter der Prämisse, dass die tatsächliche Arbeitnehmerzahl auf nicht weniger als ein Viertel der für die Anwendung der jeweiligen Mitbestimmungsmodelle vorausgesetzten Arbeitnehmerzahl absinkt) sieht § 325 UmwG eine Auslauffrist von fünf Jahren vor. Während dieses Zeitraums ist das seitherige Mitbestimmungsmodell beizubehalten.

b) Mitbestimmungs-Beibehaltungsgesetz

36 An die Möglichkeit der **steuerneutralen grenzüberschreitenden Einbringung** von Betrieben, Teilbetrieben oder Anteilen zu Buchwerten (§ 23 UmwStG) hat der Gesetzgeber die Regelung gekoppelt, dass die Buchwertfortführung nur in Anspruch genommen und mithin die steuerschädliche Aufdeckung stiller Reserven nur vermieden werden kann, wenn das betroffene

---

bestG Rz. 34 mwN; Mehrfachkonzernierung ablehnend: *Richardi* Konzernzugehörigkeit eines Gemeinschaftsunternehmens nach dem MitbestG 1977 S. 24 ff. mwN.
[11] *Stück*, DB 2004, 2582, 2583 f.

B. Zusammensetzung des Aufsichtsrats

Unternehmen zugleich auch die Fortgeltung des seitherigen Mitbestimmungsmodells akzeptiert – auch wenn dessen Voraussetzungen entfallen sind.[12] Einzelheiten ergeben sich aus dem „Gesetz zur Beibehaltung der Mitbestimmung beim Austausch von Anteilen unter Einbringung von Unternehmensteilen, die Gesellschaften verschiedener Mitgliedsstaaten der Europäischen Union betreffen" (MitbestBeiG) in der Fassung vom 23. August 1994 (BGBl. I 1994, 2228).

3. Regelungsumfang privatautonomer Mitbestimmungsvereinbarungen

Die Zusammensetzung des Aufsichtsrats bei der AG unterliegt wegen § 96 AktG und des dortigen Verweises auf die verschiedenen Mitbestimmungsmodelle zwingendem Gesetzesrecht (vgl. § 23 Abs. 5 AktG).[13] **Modifikationen der Mitbestimmungsregelung** im Rahmen privatautonomer Vereinbarungen müssen darum ausscheiden; das gilt namentlich für Eingriffe in das Verhältnis von Vertretern der Aktionäre und Arbeitnehmervertretern. Zulässig sind lediglich Vereinbarungen, die sich innerhalb der gesetzlich vorgegebenen Grenzen bewegen. Auf diese Weise kann etwa die Größe des Aufsichtsrats beeinflusst werden, freilich unter der Prämisse, dass eine entsprechende Vereinbarung von der Hauptversammlung auch durch Satzungsänderung ratifiziert wird.

III. Feststellung des Aufsichtsratssystems im Statusverfahren

1. Anwendungsbereich

Die Vielzahl der gesetzlichen Aufsichtsratssysteme macht ein übergeordnetes Verfahren erforderlich, mit dem die gesetzmäßige Zusammensetzung des Aufsichtsrats für die Beteiligten verbindlich festgestellt wird. Der Gesetzgeber stellt hierzu das Statusverfahren (Überleitungsverfahren) nach §§ 97 ff. AktG zur Verfügung. Es dient der Rechtssicherheit, denn solange der Aufsichtsratsstatus nach §§ 97, 98 AktG nicht formaliter geändert ist, gilt der seitherige Status weiterhin rechtmäßig fort, und ein nach eigentlich überholten (weil unanwendbar gewordenen) Vorschriften zusammengesetzter Aufsichtsrat bleibt handlungsfähig (§ 96 Abs. 2 AktG).

Das Statusverfahren gelangt zur Anwendung, wenn es zu einem Wechsel in den bislang angewandten gesetzlichen (nicht satzungsmäßigen)[14] Vorschriften für die Zusammensetzung des Aufsichtsrats kommt. Die **Neugründung** einer Aktiengesellschaft und die Frage, nach welchen Vorschriften deren Aufsichtsrat zusammengesetzt wird, ist darum grds. der Klärung im Statusverfahren entzogen (§ 30 Abs. 2 AktG). Allerdings ergibt sich für die Sachgründung die Besonderheit, dass bei Einbringung eines Unternehmens oder Unternehmensteils zur Gründung einer AG mit Blick auf die Interessen der Arbeitnehmer aus eingebrachten Unternehmen das Statusverfahren sinngem. zur Anwendung kommt (§ 31 Abs. 3 AktG).

---

[12] Großkomm. AktG/*Oetker* MitbestG Vorbem. Rz. 52 ff.
[13] *Hüffer* AktG § 96 Rz. 3.
[14] *Hüffer* AktG § 97 Rz. 3 mwN; aA BAG 1 ABR 12/88 v. 3.10.1989, WM 1990, 633, 636.

Hauptanwendungsfall des Statusverfahrens ist der **Wechsel im Aufsichtsratssystem** der AG – etwa wenn sich die für das anzuwendende Modell maßgebenden Arbeitnehmerzahlen ändern oder die Gesellschaft im Zuge eines Umwandlungsvorgangs in den Anwendungsbereich eines anderen Aufsichtsratsmodells gelangt. Dies gilt namentlich sowohl für übertragende als auch für aufnehmende Rechtsträger im Falle der Verschmelzung oder Spaltung, darüber hinaus auch im Falle eines Formwechsels (es sei denn, der seitherige Aufsichtsrat bliebe gem. § 203 UmwG im Amt).

Zudem kommt das Statusverfahren zur Anwendung, wenn sich innerhalb des gleichen Mitbestimmungsmodells eine **Veränderung relevanter Schwellenzahlen** ergibt, so dass die Aufsichtsratsgröße nicht mehr den gesetzlichen Anforderungen entspricht.[15] Zu denken ist insb. an Konzernierungsmaßnahmen, die nach § 5 Abs. 1 MitbestG eine Zurechnung weiterer Arbeitnehmer zur Folge haben.

2. Bekanntmachung des Vorstands

41   Es ist Sache des Vorstands, das Statusverfahren einzuleiten. Er hat dazu seine Rechtsansicht über das richtigerweise anzuwendende Aufsichtsratssystem bekannt zu machen – möglichst unter Nennung der maßgebenden gesetzlichen Vorschriften (§ 97 Abs. 1 AktG). Die Bekanntmachung erfolgt einerseits durch **Veröffentlichung in den Gesellschaftsblättern**, andererseits durch **Aushang** in sämtlichen Betrieben der Gesellschaft.

3. Gerichtliche Entscheidung

43   Neben die Bekanntmachung des Vorstands nach § 97 AktG tritt die gerichtliche Entscheidung über die Zusammensetzung des Aufsichtsrats nach §§ 98, 99 AktG. Die gerichtliche Entscheidung kommt zum Zuge, sofern die vorangegangene Bekanntmachung des Vorstands innerhalb Monatsfrist angegriffen wird oder aber die Bekanntmachung des Vorstands insgesamt ausbleibt. Örtliche und sachliche Zuständigkeit liegen bei dem Landgericht, in dessen Bezirk die AG ihren Sitz hat. Die Entscheidung erfolgt im Verfahren der freiwilligen Gerichtsbarkeit unter Beachtung der Sonderregelungen in § 99 AktG. Die außerordentliche Beschwerde wegen greifbarer Gesetzeswidrigkeit ist nicht statthaft.[16]

44   Der Kreis der **Antragsberechtigten** wird in § 98 Abs. 2 AktG genannt. Besonders hinzuweisen ist auf die eigenständige Antragsberechtigung des Gesamtbetriebsrats bzw. Betriebsrats der AG (§ 98 Abs. 2 Nr. 4 AktG), aber auch das eigenständige Antragsrecht von Gewerkschaften (§ 98 Abs. 2 Nr. 8 AktG), die entweder in der AG selbst oder – in Konzernierungsfällen – in nachgeordneten Konzernunternehmen vertreten sind.

4. Vollzug des Statuswechsels

45   Bleibt die Bekanntmachung des Vorstands nach § 97 AktG (Rz. 41) unangefochten oder erwächst die gerichtliche Entscheidung nach §§ 98, 99 AktG (Rz. 43 f.) in Rechtskraft, steht der Status des Aufsichtsrats **rechtsverbindlich**

---

[15] *Hüffer* AktG § 97 Rz. 3.
[16] BGH II ZB 3/07 v. 21. 5. 2007, ZIP 2007, 1431.

C. Aufgaben und Kompetenzen des Aufsichtsrats 46–62 §7

fest. Nunmehr vollzieht sich die Überleitung hin zu dem neuen Mitbestimmungsmodell.

Die Überleitung besteht nach §§ 97 Abs. 2, 98 Abs. 4 Satz 2 AktG in einer **46** **Anpassung der Satzung**, der **Beendigung des Mandats** der seitherigen Aufsichtsratsmitglieder und der **Bestellung neuer Aufsichtsratsmitglieder** nach dem jetzt geltenden Aufsichtsratsmodell. Die seitherigen – dem neuen Aufsichtsratsstatus widersprechenden – Satzungsbestimmungen treten mit Beendigung der ersten nach Unangreifbarkeit des Statuswechsels einberufenen Hauptversammlung, spätestens sechs Monate danach, außer Kraft (§§ 97 Abs. 2 Satz 2, 98 Abs. 4 Satz 2 AktG). Zugleich erlischt das Mandat der bisherigen Aufsichtsratsmitglieder (§§ 97 Abs. 2 Satz 3, 98 Abs. 4 Satz 2 AktG).

Idealerweise wird innerhalb der **Sechsmonatsfrist** nach Unangreifbarkeit **47** des Statuswechsels eine Hauptversammlung stattfinden, die die Anpassung der Satzung und die Neubestellung der Aufsichtsratsmitglieder der Aktionäre zum Gegenstand hat. Für die erforderliche Satzungsänderung sieht das Gesetz die Erleichterung vor, dass abweichend von § 179 Abs. 2 AktG die **einfache Stimmenmehrheit** genügt (§ 97 Abs. 2 Satz 4 AktG). Mit Handelsregistereintragung der Satzungsänderung beginnt die Amtszeit der neu bestellten Aufsichtsratsmitglieder der Aktionäre. Dies gilt auch für die Arbeitnehmervertreter, wenn sie zu diesem Zeitpunkt bereits gewählt worden sind. Interimsweise können die noch fehlenden Arbeitnehmervertreter auch nach § 104 Abs. 2 AktG durch das Registergericht bestellt werden. Zum Verfahren s. unten Rz. 210 ff.

C. Aufgaben und Kompetenzen des Aufsichtsrats

I. Bestellung, Anstellung und Überwachung des Vorstands

Innerhalb der dualistischen Verwaltung obliegt dem Aufsichtsrat die **Kon- 61 trolle** der Leitungs- und Führungsentscheidungen des Vorstands. Die Kompetenzverteilung zwischen beiden Verwaltungsorganen schlägt sich in einem Katalog vorstandsbezogener Aufgaben nieder, mit deren Hilfe der Aufsichtsrat auf die Zusammensetzung des Vorstands und einzelne seiner Maßnahmen Einfluss nimmt.

1. Bestellung und Widerruf der Bestellung

Die Bestellung von Vorstandsmitgliedern obliegt ausschließlich dem Auf- **62** sichtsrat (§ 84 Abs. 1 AktG); es handelt sich um eine jener Aufgaben, die zwingend dem Gesamtaufsichtsrat zugewiesen sind (§ 107 Abs. 3 Satz 2 AktG).[17] Die **Alleinkompetenz des (Gesamt-)Aufsichtsrats** umfasst das Recht zu selbständiger Auswahl der Vorstandsmitglieder; es existiert keinerlei Bindung an Weisungen, Vorschlagsrechte oder Zustimmungsvorbehalte.[18] In mitbestimmten und montanmitbestimmten Unternehmen sind – mit Blick auf das Erfordernis eines Arbeitsdirektors – mindestens zwei Vorstandsmitglieder zu bestellen.

---

[17] *Hoffmann/Preu* Der Aufsichtsrat 5. Aufl. 2003 Rz. 201.
[18] *Lutter/Krieger* Rz. 333.

§ 84 Abs. 1 AktG enthält keine Regelung darüber, wann der Aufsichtsrat frühestens über die Erstbestellung des Vorstandsmitglieds entscheiden darf. Nach h.M. gilt § 84 Abs. 1 Satz 3 AktG analog, um eine zu langfristige Bindung der Aktiengesellschaft zu vermeiden.[19] Damit ist die Fassung eines Erstbestellungsbeschlusses frühestens ein Jahr vor Beginn der Amtszeit möglich.

63 Im nicht mitbestimmten Aufsichtsrat genügt für den **Beschluss** über die Bestellung von Vorstandsmitgliedern die einfache Mehrheit der abgegebenen Stimmen. Das MitbestG sieht indessen ein **komplexes Vierstufenverfahren** zur Bestellung von Vorstandsmitgliedern vor (§ 31 MitbestG). In groben Zügen ist dessen Ablauf wie folgt: In der ersten Stufe erfolgt im Aufsichtsratsplenum eine Abstimmung mit einem Mehrheitserfordernis von zwei Dritteln der Anzahl der dem Aufsichtsrat angehörenden Mitglieder (Ist-Stärke). Scheitert der Wahlvorgang, obliegt es dem Vermittlungsausschuss (§ 27 Abs. 3 MitbestG), innerhalb eines Monats einen Vorschlag zu unterbreiten. Auf die Durchführung des Vermittlungsverfahrens folgt eine zweite Abstimmung des Aufsichtsratsplenums, in dieser Phase mit dem Erfordernis einer absoluten Mehrheit der Ist-Stärke des Aufsichtsrats. Scheitert auch diese Abstimmung, folgt eine letzte Abstimmung, in der wiederum das Erfordernis der absoluten Mehrheit gilt, dem Aufsichtsratsvorsitzenden jedoch eine Zweitstimme zusteht.

64 Mit Blick darauf, dass die Bestellung von Vorstandsmitgliedern auf höchstens fünf Jahre beschränkt ist (§ 84 Abs. 1 Satz 1 AktG), ist der **Widerruf** einer Bestellung nur aus wichtigem Grund zulässig (§ 84 Abs. 3 AktG). Dieser Widerruf unterliegt (als actus contrarius der Bestellung) gleichfalls ausschließlich dem Aufsichtsrat. Es steht dem Aufsichtsrat frei, als milderes Mittel eine Freistellung oder Suspendierung vom Amt (im Sinne eines Handlungsverbots für das Vorstandsmitglied) zu wählen. Auch dies ist nur aus wichtigem Grund möglich.[20]

Der **wichtige Grund** ist abstrakt dann gegeben, wenn dem Unternehmen nicht länger zugemutet werden kann, das Organmitglied als solches im Amt zu behalten. Auf ein Verschulden des Organmitglieds kommt es nicht an. Jedoch sind die Interessen der Gesellschaft und des Organmitglieds im Rahmen der Zumutbarkeitsprüfung gegeneinander abzuwägen, so dass ein etwaiges Verschulden – mittelbar – in die Entscheidungsfindung einfließt.[21] Gesetzliche Beispielsfälle (§ 84 Abs. 3 AktG) sind Unfähigkeit, grobe Pflichtverletzung oder aber Vertrauensentzug durch die Hauptversammlung (sofern das Vertrauen nicht aus offenbar unsachlichen Gründen entzogen worden ist).

Die Forderung der Hausbank, ein bestimmtes Vorstandsmitglied abzuberufen, andernfalls eine für die Aktiengesellschaft lebenswichtige Kreditlinie nicht verlängert werde, ist laut BGH jedenfalls bei bestehender Insolvenzreife der Gesellschaft ein wichtiger Grund für eine Abberufung i.S.d. § 84 Abs. 3 Satz 1 AktG.[22]

65 Mit dem Bestellungsrecht ist verbunden, dass der Aufsichtsrat auch einen **Vorstandsvorsitzenden** ernennen und diese Ernennung widerrufen kann

---

[19] So die h.M.: MünchKomm. AktG/Bd. 3/*Hefermehl/Spindler*, § 84, Rz. 38; Kölner Komm./*Mertens* Rz. 5; *Lutter/Krieger*, Rz. 358; kritisch: *Bauer/Arnold*, DB 2007, 1571, 1572.
[20] *Hoffmann/Preu* Der Aufsichtsrat 5. Aufl. 2003 Rz. 217.
[21] *Grumann/Gillmann*, DB 2003, 770, 771.
[22] BGH II ZR 198/05 v. 23. 10. 2006, DB 2007, 158.

C. Aufgaben und Kompetenzen des Aufsichtsrats 66–69 § 7

(§ 84 Abs. 2 und Abs. 3 Satz 1 AktG). Auch dieses Recht obliegt ausschließlich dem Aufsichtsratsplenum (§ 107 Abs. 3 AktG).

2. Abschluss und Kündigung des Anstellungsvertrags

Neben der (organschaftlichen) Bestellung der Vorstandsmitglieder ist dem Aufsichtsrat der Abschluss und die Kündigung von Vorstandsanstellungsverträgen zugewiesen. Bei ihnen handelt es sich um **Geschäftsbesorgungs-Dienstverträge** im Sinne von §§ 675, 611 ff. BGB zur Regelung der schuldrechtlichen Beziehung zwischen Vorstandsmitglied und Gesellschaft. 66

Die **Abschlusskompetenz** des Aufsichtsrats für den Anstellungsvertrag umfasst dessen inhaltliche Gestaltung und die Vertretung der AG beim Vertragsschluss (§ 112 AktG). Dabei entscheidet der Aufsichtsrat – unter Beachtung der in § 87 AktG enthaltenen Maßstäbe (dazu § 6 Rz. 69 f.) – auch frei über die Vergütungsregelung. Als Kriterien zur Bestimmung einer „angemessenen" Vergütung i.S.d. § 87 Abs. 1 AktG sind Art und der Umfang der Tätigkeit des Vorstands, die künftigen Ertragsaussichten der Gesellschaft, das Verhältnis der Vergütung zum Gesamtgewinn und zur verbleibenden Eigenkapitalverzinsung und der Fremdvergleichsmaßstab heranzuziehen.[23] Nach Ziff. 4.2.3. des Deutschen Corporate Governance Kodex soll die Vergütung aus fixen und variablen Bestandteilen bestehen. Allerdings bedürfen Stock Options zugunsten von Vorstandsmitgliedern der Mitwirkung der Hauptversammlung – sei es eines Ermächtigungsbeschlusses (§ 71 Abs. 1 Nr. 8 AktG) bei der Bedienung durch eigene Aktien, sei es eines Zustimmungs- oder Ermächtigungsbeschlusses (§ 192 Abs. 2 Nr. 3 AktG) bei der Bedienung durch bedingte Kapitalerhöhung. Dem Vertragsschluss muss ein entsprechender Beschluss des Aufsichtsrats vorangehen (§ 108 Abs. 1 AktG). Anders als die Bestellung des Vorstandsmitglieds ist der Abschluss des Anstellungsvertrages mit dem Vorstandsmitglied nicht zwingend dem Aufsichtsratsplenum zugeordnet, sondern kann auf einen Ausschuss übertragen werden.[24] Eine Kompetenzverlagerung auf einzelne Aufsichtsratsmitglieder bleibt unzulässig; allerdings kann das Aufsichtsratsplenum oder der zuständige Ausschuss ein einzelnes Mitglied – regelmäßig den Aufsichtsratsvorsitzenden – ermächtigen, den beschlossenen Anstellungsvertrag als Erklärungsvertreter zu unterzeichnen und damit nach außen zu vollziehen; die Einräumung autonomer Entscheidungsbefugnisse ist damit nicht verbunden.[25] 67

Die **Dauer** des Anstellungsvertrages wird regelmäßig an die Dauer der Bestellung des Vorstandsmitglieds gekoppelt; sie darf eine Frist von fünf Jahren nicht überschreiten (§ 84 Abs. 1 Satz 5 AktG iVm. § 31 Abs. 1 MitbestG). 68

Im Hinblick darauf, dass die Organstellung des Vorstandsmitglieds nur aus wichtigem Grund widerrufen werden kann (vgl. Rz. 62 ff.), kommt auch die **Kündigung** von Vorstandsanstellungsverträgen durch den Aufsichtsrat nur aus wichtigem Grund in Betracht.[26] Dabei ist es keinesfalls selbstverständlich, dass der Anknüpfungspunkt für einen Widerruf der Bestellung nach § 84 Abs. 3 69

---

[23] *Weisner/Kölling* NZG 2003, 465, 466. Vgl. ferner *Erhart/Lücke* BB 2007, 183, 185 mit einer Zusammenstellung maßgeblicher Kriterien für die Angemessenheit der Vorstandsvergütung.
[24] BGH II ZR 90/73 v. 23. 10. 1975, BGHZ 65, 190, 192 f.
[25] MünchHdb. GesR/Bd. 4/*Wiesner* § 21 Rz. 18; *Lutter/Krieger* Rz. 385.
[26] *Lutter/Krieger* Rz. 401.

AktG zugleich auch als wichtiger Grund für die außerordentliche Kündigung des Anstellungsvertrages nach § 626 Abs. 1 BGB genügt.[27] Dies gilt namentlich bei Fällen des Vertrauensentzugs durch die Hauptversammlung.[28] Ein wichtiger Grund zur Kündigung ist nur unter strengen Voraussetzungen gegeben, und zwar dann, wenn Tatsachen vorliegen, die unter Berücksichtigung aller Umstände und unter Abwägung der Interessen beider Vertragsteile dem Kündigenden die Fortsetzung des Vertragsverhältnisses unzumutbar machen.[29] Die Frist des § 626 Abs. 2 BGB beginnt erst mit der Beratung der Angelegenheit in einer ordnungsgemäß einberufenen Sitzung des Aufsichtsrats, sofern die Sitzung mit zumutbarer Beschleunigung einberufen worden ist, oder – falls Letzteres nicht der Fall ist – in dem Zeitpunkt, in dem eine Sitzung hätte stattfinden können, wenn zu dieser ordnungsgemäß eingeladen worden wäre.[30]

3. Überwachung von Geschäftsführung und Konzernleitung

70 Der Aufsichtsrat hat nach § 111 Abs. 1 AktG die Geschäftsführung der AG, mithin alle **Leitungs- und Führungsentscheidungen des Vorstands** zu überwachen. Die Überwachungspflicht erstreckt sich auch auf unterlassene Maßnahmen des Vorstands. Der Überwachungsbereich des Aufsichtsrats korrespondiert regelmäßig mit den der Berichterstattungspflicht des Vorstands unterliegenden Themenbereichen (§ 90 Abs. 1 AktG).[31] Nach Ziff. 3.4 des Deutschen Corporate Governance Kodex soll der Aufsichtrat Informations- und Berichtspflichten des Vorstandes näher festlegen.

71 Überwachungsgegenstand ist auch die **konzernleitende Tätigkeit des Vorstands** der Konzernobergesellschaft. Bei der Konzernleitung handelt es sich fraglos um Geschäftsführung im Sinne des § 111 Abs. 1 AktG.[32] Mittelbar ergibt sich aus der Überwachung der Konzernführung auch eine Kontrolle über nachgeordnete Unternehmen.

72 Die Überwachung selbst umfasst **Rechtmäßigkeit, Ordnungsmäßigkeit** (im Besonderen: Angemessenheit der Unternehmensplanung), **Zweckmäßigkeit** und **Wirtschaftlichkeit** der Leitungsentscheidungen des Vorstands.[33] Die Geschäftsführung durch den Vorstand unterliegt daher nicht nur einer Pflichtmäßigkeits-, sondern auch einer Plausibilitätskontrolle.

73 Die Überwachungstätigkeit des Aufsichtsrats erschöpft sich nicht in bloßer Kontrolle historischer Vorgänge, sondern beinhaltet in erster Linie die **zukunftsgewandte Beratung** (des Vorstands und mit dem Vorstand) in Fragen der Unternehmenskonzeption und Unternehmensführung. Erteilter Rat ist unverbindlich und tangiert die Leitungskompetenz des Vorstandes grundsätzlich nicht.[34]

---

[27] *Lutter/Krieger* Rz. 400.
[28] BGH II ZR 280/53 v. 20.10.1954, BGHZ 15, 71, 75.
[29] *Grumann/Gillmann* DB 2003, 770, 774.
[30] Vgl. BGH II ZR 318/96 v. 15.6.1998 – II ZR 318/96, DB 1998, 1608, BGH II ZR 169/97 v. 19.5.1980, DB 1980, 1984; *Grumann/Gillmann* DB 2003, 770, 774 mwN.
[31] *Lutter/Krieger* Rz. 64.
[32] MünchHdb. GesR/Bd. 4/*Hoffmann-Becking* § 29 Rz. 25.
[33] BGH II ZR 90/73 v. 25.3.1991, BGHZ 114, 127, 129 f; *Lutter/Krieger* Rz. 71 ff.; MünchHdb. GesR/Bd. 4/*Hoffmann-Becking* § 29 Rz. 26.
[34] *Schlitt* DB 2005, 2007, 2007; *Lutter/Krieger* Rz. 64.

C. Aufgaben und Kompetenzen des Aufsichtsrats 74–77 § 7

Mittel der Kontrolle und Beratung sind vor allem die **Stellungnahmen** 74 **und Rückäußerungen** (auch Beanstandungen) des Aufsichtsrats zu den Berichten des Vorstands (§ 90 AktG), die sich gleichermaßen auf abgeschlossene, laufende und künftige Vorgänge bei der AG und ihren Tochter- und Gemeinschaftsunternehmen beziehen (s. auch § 6 Rz. 94 f.). Die Möglichkeit der beratenden Einflussnahme durch den Aufsichtsrat wird durch die Verpflichtung des Vorstands abgesichert, Berichte über Geschäfte von erheblicher Bedeutung für Rentabilität und Liquidität der AG so rechtzeitig vorzulegen, dass eine Stellungnahme des Aufsichtsrats ermöglicht wird, bevor Fakten geschaffen sind (§ 90 Abs. 2 Nr. 4 AktG). Außerdem tritt neben die gesetzlichen Berichtspflichten des Vorstands das Recht des Aufsichtsrats, von sich aus weitergehende Informationen über die Angelegenheiten der AG, ihre rechtlichen und geschäftlichen Beziehungen zu verbundenen Unternehmen sowie über geschäftliche Vorgänge bei diesen Unternehmen zu verlangen (§ 90 Abs. 3 Satz 1 AktG). Dieser erweiterte **Informationsanspruch** auf Berichterstattung an den Gesamtaufsichtsrat kann von jedem einzelnen Aufsichtsratsmitglied geltend gemacht werden (§ 90 Abs. 3 Satz 2 AktG). § 90 Abs. 4 Satz 2 AktG bestimmt, dass die Berichte möglichst rechtzeitig, mithin jedenfalls vor der Sitzung zu übermitteln sind.[35] Die Berichtspflicht ist beschränkt durch die dem Aufsichtsrat zugewiesenen Überwachungs-, Beratungs- und Mitwirkungsbefugnisse.[36]

Die Möglichkeit, unmittelbar Berichte von Angestellten am Vorstand vorbei 75 anzufordern, besteht nach h.M. nur, wenn der dringende Verdacht erheblicher Pflichtverletzung bzw. der begründete Verdacht besteht, der Vorstand berichte unvollständig oder falsch.[37]

Außerhalb des Berichtssystems nach § 90 AktG stehen dem Aufsichtsrat die folgenden Instrumente zur Überwachung des Vorstands zu Verfügung:

a) Vertretung der AG gegenüber dem Vorstand insb. bei Kreditgewährung

Nach § 112 AktG obliegt dem Aufsichtsrat die vollständige rechtsgeschäft- 76 liche Vertretung der AG gegenüber Vorstandsmitgliedern. Dies selbst dann, wenn es sich um ausgeschiedene Vorstandsmitglieder handelt.[38] Zweck der ausschließlichen Kompetenzzuweisung an den Aufsichtsrat ist die unbefangene Wahrung der Gesellschaftsbelange. Die maßgebenden Entscheidungen des Aufsichtsrats können auf Präsidium oder einen Personalausschuss übertragen werden; es besteht – ebenso wie hinsichtlich der Vorstandsanstellungsverträge – keine Verpflichtung zum Tätigwerden des Aufsichtsratsplenums.

Von besonderem Gewicht ist die Kreditgewährung an Vorstandsmitglieder 77 (§ 89 AktG). Sie bedarf eines Aufsichtsratsbeschlusses, dessen Gültigkeit von vornherein auf drei Monate beschränkt ist und in dem Verzinsung und Rückzahlung exakt geregelt sind.

---

[35] *Bosse* DB 2002, 1592, 1592.
[36] *Elsing/Schmidt* BB 2002, 1705, 1707.
[37] v. *Schenk* NZG 2002, 64, 66 mwN
[38] BGH II ZR 122/94 v. 26. 6. 1995, NJW 1995, 2559; BGH II ZR 282/95 v. 28. 4. 1997, NJW 1997, 2324; *Hüffer* AktG § 112 Rz. 2.

b) Regelung von Geschäftsordnung und Geschäftsverteilung des Vorstands

78 Die Primärkompetenz für den Erlass einer Vorstandsgeschäftsordnung liegt beim (Gesamt-)Aufsichtsrat. Zwar ist es dem Vorstand einer AG grds. unbenommen, sich selbst eine Geschäftsordnung zu geben. Nach § 77 Abs. 2 Satz 1 AktG entfällt die Erlasskompetenz des Vorstands aber, wenn die Satzung die Geschäftsordnungskompetenz dem Aufsichtsrat zuweist oder, wenn die Satzung schweigt, der Aufsichtsrat von sich aus eine Geschäftsordnung erlassen hat. Insofern kann ein (zunächst untätig gebliebener) Aufsichtsrat jederzeit eine vom Vorstand erlassene Geschäftsordnung durch ein eigenes Regelwerk ersetzen.[39]

79 Inhaltlich zielt die Geschäftsordnung in erster Linie auf die Ausgestaltung der Geschäftsverteilung – namentlich die Regelung der Zuständigkeit der einzelnen Vorstandsmitglieder und die Form ihrer Zusammenarbeit. Für börsennotierte Gesellschaften enthält der Deutsche Corporate-Governance-Kodex in Ziff. 4.2.1 eine entsprechende Empfehlung. Ausgangspunkt ist das in § 77 Abs. 1 Satz 1 AktG vorgesehene Prinzip der Gesamtgeschäftsführung durch den Vorstand (Willensbildung durch einstimmigen Beschluss). Abweichend hiervon kann die Geschäftsordnung (sofern dies nicht bereits in der Satzung geschehen ist; § 77 Abs. 2 Satz 2 AktG) das Mehrheitsprinzip einführen und zudem jedem Vorstandsmitglied das Recht zusprechen, in seinem Zuständigkeitsbereich in gewissem Maße allein zu entscheiden.

80 Indem der Aufsichtsrat über die Änderung der Geschäftsordnung auf den Zuschnitt der Geschäftsverteilung Einfluss nimmt, kann er auf die Arbeit des Vorstands reagieren und den Vorstand – in seinem Sinne – beeinflussen. Freilich werden schwer wiegende Kompetenzbeschneidungen einzelner Vorstandsmitglieder nicht ohne weiteres durchzusetzen sein. Hier bedarf es zum einen eines wichtigen Grunds für den Eingriff in die Amtsstellung; zum anderen können entgegenstehende Regelungen des Anstellungsvertrags nur ausgehebelt werden, wenn die Voraussetzungen für eine Änderungskündigung vorliegen.[40]

c) Zustimmungsvorbehalte nach § 111 Abs. 4 Satz 2 AktG

81 Zwar verfügt der Aufsichtsrat weder über eigene Geschäftsführungskompetenzen (§ 111 Abs. 4 Satz 1 AktG) noch über Weisungsrechte gegenüber dem Vorstand. Gleichwohl besitzt er in Form von Zustimmungsvorbehalten (§ 111 Abs. 4 Satz 2 AktG) ein Instrumentarium zur **rechtsverbindlichen Einflussnahme auf Geschäftsführungsmaßnahmen**. Der Gesetzgeber hat die Bedeutung dieses Überwachungsinstruments spürbar gesteigert, indem er die Schaffung von Zustimmungsvorbehalten zwingend vorschreibt. Dabei genügt nicht, nur pro forma einen Katalog mit seltenen und abseitigen Geschäften aufzustellen.[41] Trotz Geltung entsprechender Zustimmungsvorbehalte (Vetorechte) bleibt die Initiative für die Vornahme von Geschäften ausschließlich beim Vorstand; allerdings wird sich die Rolle des Aufsichtsrats kaum auf das Ja- oder Neinsagen beschränken. In der Praxis werden zustimmungsbedürftige

---

[39] *Lutter/Krieger* Rz. 428.
[40] *Lutter/Krieger* Rz. 431.
[41] *Ihrig/Wagner* BB 2002, 789, 794.

C. Aufgaben und Kompetenzen des Aufsichtsrats 82–85 § 7

Geschäfte vielmehr zwischen Vorstand und Aufsichtsrat abgestimmt; der Aufsichtsrat gewinnt hier materiellen Einfluss auf die Geschäftsführung.[42] Vorstand und Aufsichtsrat müssen eine gemeinsame Linie finden und haben deshalb bereits im Vorfeld geplanter Entscheidungen aktiv zusammenzuarbeiten.[43]

Begründet werden die Zustimmungsvorbehalte entweder in der **Satzung** oder (ggf. auch zusätzlich zu den satzungsmäßigen Zustimmungsvorbehalten) durch den Aufsichtsrat selbst. Letzterenfalls bedarf es eines **Beschlusses des Aufsichtsratsplenums** (nicht eines Ausschusses, § 107 Abs. 3 Satz 2 AktG), der sich typischerweise in der vom Aufsichtsrat beschlossenen Geschäftsordnung des Vorstands manifestiert. Die Bestimmung der zustimmungspflichtigen Geschäfte außerhalb der Satzung bietet den Vorteil größerer Flexibilität, weil etwaige Anpassungen (z. B. hinsichtlich relevanter Wertgrenzen) mit geringem Aufwand vorgenommen werden können. In Ausnahmefällen kann der Aufsichtsrat auch ad hoc Zustimmungsvorbehalte für besonders bedeutsame Einzelgeschäfte begründen.[44] Einen vom Satzungsgeber angeordneten Zustimmungsvorbehalt kann der Aufsichtsrat nicht durch Generalkonsens leer laufen lassen oder insgesamt abschaffen,[45] schließlich ist die Schaffung von Zustimmungsvorbehalten nach § 111 Abs. 4 Satz 2 AktG obligatorisch (vgl. oben Rz. 80). 82

Die Festschreibung eines Zustimmungsvorbehalts für Maßnahmen des gewöhnlichen Geschäftsbetriebs kommt nicht in Betracht.[46] Dem Recht des Vorstands zu selbständiger und eigenverantwortlicher Unternehmensleitung (§ 76 Abs. 1 AktG) ist Rechnung zu tragen.[47] Der Zustimmungsvorbehalt muss sich daher auf **bestimmte Arten von Geschäften** beziehen, die nach Umfang, Gegenstand oder Risiko für die AG bedeutsam sind. Sofern Zustimmungsvorbehalte zugunsten des Aufsichtsrats bei einer Konzernobergesellschaft begründet werden, kann ausdrücklich vorgesehen werden, dass das Zustimmungserfordernis auch die Mitwirkung des Vorstands an Geschäften nachgeordneter Konzernunternehmen erfasst, sofern die auf deren Ebene geplanten Maßnahmen den Tatbestand des Zustimmungskatalogs für die Konzernobergesellschaft erfüllen würden. 83

Der Zustimmungsvorbehalt hat den Charakter einer präventiven Überwachungsmaßnahme. Demzufolge ist – jedenfalls im Regelfall – die Zustimmung des Aufsichtsrats vor der Vornahme des entsprechenden Geschäfts in Form der **Einwilligung** einzuholen. Ob in Fällen besonderer Eilbedürftigkeit die nachträgliche Zustimmung in Form einer Genehmigung genügt, ist angesichts der Möglichkeiten schriftlicher Stimmabgabe und fernmündlicher Beschlussfassung (§ 108 Abs. 3 und 4 AktG) zumindest zweifelhaft.[48] 84

Verweigert der Aufsichtsrat die vom Vorstand begehrte Zustimmung, kann stattdessen nach § 111 Abs. 4 Satz 3 AktG ein **zustimmender Hauptversammlungsbeschluss** herbeigeführt werden. Erforderlich hierbei ist eine 85

---
[42] *Vogel* AG 2001, R 132.
[43] *Lieder*, DB 2004, 2251, 2252.
[44] BGH II ZR 235/92 v. 15.11.1993, BGHZ 124, 111, 127; *Hüffer* AktG § 111 Rz. 18; *Lutter/Krieger* Rz. 108 f.
[45] *Hüffer* AktG § 111 Rz. 17; *Lutter/Krieger* Rz. 117.
[46] MünchHdb. GesR/Bd. 4/*Hoffmann-Becking* § 29 Rz. 39.
[47] *Lieder*, DB 2004, 2251, 2254.
[48] *Hüffer* AktG § 111 Rz. 19; *Lutter/Krieger* Rz. 115.

qualifizierte Mehrheit von drei Vierteln der abgegebenen Stimmen. Dieses Mehrheitserfordernis kann durch die Satzung weder erschwert noch erleichtert werden.

86 Nimmt der Vorstand ein zustimmungspflichtiges Geschäft vor, ohne die entsprechende Zustimmung herbeigeführt zu haben, ist das Geschäft dennoch wirksam. Der Zustimmungsvorbehalt lässt die Vertretungsmacht des Vorstands im **Außenverhältnis** (§ 78 AktG) nämlich **unberührt**. Allerdings hat sich in solchen Fällen der Vorstand im **Verhältnis zur Gesellschaft** einer Pflichtverletzung schuldig gemacht, weil er nach § 82 Abs. 2 AktG im Innenverhältnis zur Einhaltung der entsprechenden Zustimmungsvorbehalte verpflichtet ist. Handelt es sich um ein für die AG nachteiliges Geschäft, ist die Gesellschaft ggf. gegenüber dem Vorstand zum Schadensersatz berechtigt; der Aufsichtsrat ist zur Prüfung und Verfolgung entsprechender Ansprüche verpflichtet (vgl. auch Rz. 95).[49]

d) Zustimmungsvorbehalt nach § 33 Abs. 1 Satz 2 WpÜG

87 Mit Zustimmung des Aufsichtsrats ist es dem Vorstand einer AG erlaubt, Handlungen vorzunehmen, durch die der Erfolg eines Übernahmeangebots verhindert werden könnte (§ 33 WpÜG). Der übernahmerechtliche Zustimmungsvorbehalt gibt dem Aufsichtsrat die Möglichkeit, den Vorstand der Zielgesellschaft aus seiner Stillhalteverpflichtung zu entlassen, wenn dies im Unternehmensinteresse liegt.[50]

Es besteht Einigkeit, dass ein Verhinderungsverbot zu Lasten des Aufsichtsrats nicht in Rede steht, soweit dieser als Kontrollorgan tätig wird. Handelt der Aufsichtsrat hingegen ausnahmsweise als Geschäftsführungsorgan, ist die Geltung des Verhinderungsverbots umstritten.[51]

e) Zustimmungsvorbehalt für Verträge mit Aufsichtsratsmitgliedern

88 Dienst-, Werk- und Kreditverträge zwischen einzelnen Aufsichtsratsmitgliedern und der AG unterfallen nach §§ 114, 115 AktG einem gesetzlichen Zustimmungsvorbehalt, um einer unsachgemäßen Beeinflussung der betroffenen Aufsichtsratsmitglieder durch den vertragschließenden Vorstand entgegenzuwirken. Während der Abschluss von Dienst- oder Werkverträgen auch nachträglich genehmigt werden kann, ist der Abschluss von Kreditverträgen nur nach vorheriger Einwilligung des Aufsichtsrats möglich. Dabei kann jeweils anstelle des Gesamtorgans auch ein Ausschuss tätig werden (§§ 114, 115 iVm. § 107 Abs. 3 Satz 2 AktG). Wegen Einzelheiten vgl. unten Rz. 259 ff.

f) Einsichts- und Prüfungsrecht

89 Neben die allgemeinen Informationsrechte des Aufsichtsrats (§ 90 AktG) tritt das besondere Einsichts- und Prüfungsrecht des Aufsichtsrats hinsichtlich der Bücher und Schriften der AG sowie ihrer Vermögensgegenstände (§ 111 Abs. 2 Satz 1 und 2 AktG). Diese **Sonderüberprüfung** bildet eine unverzichtbare Ergänzung des Berichtssystems.

---

[49] BGH II ZR 175/95 v. 21. 4. 1997, BGHZ 135, 244, 251 ff. – ARAG/Garmenbeck.
[50] *U. H. Schneider* AG 2002, 125, 128 f.
[51] Vgl. zum Meinungsstand: *Friedl* NZG 2006, 422, 423 f.

C. Aufgaben und Kompetenzen des Aufsichtsrats 90–94 § 7

Das Recht der besonderen Prüfung aus § 111 Abs. 2 AktG steht dem Aufsichtsrat als solchem und nicht einzelnen seiner Mitglieder zu. Allerdings kann der Aufsichtsrat einzelne seiner Mitglieder oder aber – für bestimmte Aufgaben – auch namens der AG[52] besondere **Sachverständige** mit der Einsicht und Prüfung beauftragen (§ 111 Abs. 2 Satz 2 AktG). Der Auftrag an Sachverständige kann sich nur auf konkrete Einzelangelegenheiten beziehen.[53] 90

Das besondere Einsichts- und Prüfungsrecht besteht **nur gegenüber dem Vorstand der AG**, nicht gegenüber den geschäftsführenden Organen nachgeordneter Konzernunternehmen. Insoweit bleibt der Aufsichtsrat auf seine Informationsrechte nach § 90 Abs. 3 AktG beschränkt. 91

g) Einflussnahme auf die Feststellung des Jahresabschlusses

aa) **Prüfungsauftrag für Jahres- und Konzernabschluss.** Die Beauftragung des **Abschlussprüfers** für den Jahres- und Konzernabschluss obliegt ausschließlich dem Aufsichtsrat (§ 111 Abs. 2 Satz 3 AktG). Die Regelung unterstreicht die Unabhängigkeit des Prüfers vom Vorstand und verdeutlicht, dass der Prüfer den Aufsichtsrat bei der Wahrnehmung seiner Überwachungsaufgabe zu unterstützen hat.[54] 92

Der Ratio des Gesetzes entsprechend wird der Abschlussprüfer auf Vorschlag des Aufsichtsrats (§ 124 Abs. 3 Satz 1 AktG), nicht des Vorstands, von der Hauptversammlung gewählt (§ 119 Abs. 1 Nr. 4 AktG). Haben Vorstand und Aufsichtsrat in der Bekanntmachung der Tagesordnung zur Hauptversammlung Vorschläge zur Wahl der Abschlussprüfers unterbreitet, liegt eine Gesetzeswidrigkeit vor, die zur Anfechtbarkeit der Abstimmung über den fehlerhaft formulierten Tagesordnungspunkt gemäß § 243 Abs. 1 AktG führt.[55] 93

Auf die Wahl des Abschlussprüfers folgt die **Auftragserteilung** (also der Abschluss eines Geschäftsbesorgungsvertrags nach § 675 BGB) durch den Aufsichtsrat. Hierbei muss der Aufsichtsrat oder ein dafür zuständiger Ausschuss (Audit Committee, Bilanzausschuss, Prüfungsausschuss) die Auftragserteilung im Innenverhältnis beschließen.[56] Im Außenverhältnis wird dann die Willenserklärung zum Abschluss des Geschäftsbesorgungsvertrags durch ein einzelnes Mitglied, regelmäßig den Aufsichtsratsvorsitzenden, als Erklärungsvertreter abgegeben.[57]

bb) **Prüfung und Mitentscheidung über Jahresabschluss und Ergebnisverwendung.** Es ist Sache des Aufsichtsrats, den Jahresabschluss, den etwaigen Konzernabschluss, die dazu gehörenden Lageberichte, die Prüfungsberichte des Abschlussprüfers und den Vorschlag des Vorstands für die Gewinnverwendung zu prüfen (ggf. unter Einsatz seines Sonderprüfungsrechts nach 94

---

[52] Hüffer AktG § 111 Rz. 12.
[53] BGH II ZR 27/82 v. 15.11.1982, BGHZ 85, 293, 296.
[54] RegBegr. BT-Drs. 13/9712, 16.
[55] BGH II ZR 49/01 v. 25.11.2002, BB 2003, 462, 463.
[56] Der Umfang der Delegationsmöglichkeit auf den Prüfungsausschuss ist umstritten, dazu im Einzelnen Lutter/Krieger Rz. 174. Der Deutsche Corporate-Governance-Kodex empfiehlt in seiner Ziff. 5.3.2 die Einrichtung eines Prüfungsausschusses, der sich – neben dem Gesamtaufsichtsrat – nach Ziff. 7.2.1 insb. mit der Einholung der vom Abschlussprüfer abzugebenden Unabhängigkeitserklärung befassen soll. Vgl. mit näheren Erläuterungen zu der Unabhängigkeitserlärung: Pfitzer/Orth/Wader DB 2002, 753 ff.
[57] Hüffer AktG § 111 Rz. 12c.

§ 111 Abs. 2 AktG).[58] Die Prüfung erstreckt sich auf **Recht- und Zweckmäßigkeit** der bilanzpolitischen Entscheidungen. Sie kann zweistufig erfolgen, indem zunächst der Bilanzausschuss über die Unterlagen berät und sodann in der Bilanzsitzung des Aufsichtsratsplenums über seine Ergebnisse berichtet. An der Bilanzsitzung, in der der Aufsichtsrat über die Abschlüsse und die Prüfungsberichte beschließt, hat auch der Abschlussprüfer teilzunehmen (§ 171 Abs. 1 Satz 2 AktG).[59]

95   In der **Billigung** des Jahresabschlusses durch den Aufsichtsrat liegt dessen Feststellung (§ 172 AktG) – unter Einschluss der vom Vorstand vorgeschlagenen Einstellungen in oder Auflösungen von Rücklagen (s. auch § 10 Rz. 90 ff.). Grundsätzlich nimmt die Hauptversammlung den bereits festgestellten Jahresabschluss lediglich zur Kenntnis (es sei denn, Vorstand und Aufsichtsrat beschließen, die Feststellung der Hauptversammlung zu überlassen, oder der Aufsichtsrat verweigert dem vom Vorstand aufgestellten Abschluss die Billigung). Die Hauptversammlung ist hinsichtlich des von ihr zu fassenden Beschlusses über die Verwendung des Bilanzgewinns an den festgestellten Jahresabschluss gebunden (§ 174 Abs. 1 Satz 2 AktG).

96   In jedem Fall hat der Aufsichtsrat nach Abschluss seiner Prüfung schriftlich an die Hauptversammlung zu berichten und dabei mitzuteilen, ob er aufgrund seiner Prüfung Einwendungen erhebt oder den aufgestellten Jahresabschluss und ggf. den Konzernabschluss billigt (§ 171 Abs. 2 AktG). Die **Berichterstattung** hat innerhalb eines Monats nach Zugang der prüfungspflichtigen Unterlagen zu erfolgen (§ 171 Abs. 3 Satz 1 AktG). Es besteht die Möglichkeit, die Frist um einen Monat zu verlängern; der fruchtlose Fristablauf gilt als fehlende Billigung des Jahresabschlusses. Sofern sich die AG in wirtschaftlichen Schwierigkeiten befindet oder risikoträchtige, wegweisende Entscheidungen zu treffen sind, verlangt die Rechtsprechung eine ausführliche und detaillierte Berichterstattung des Aufsichtsrats darüber, ob, wie und mit welchem Erfolg er seine Überwachungstätigkeit intensiviert hat. Die verstärkte Überwachungstätigkeit korrespondiert mit einer Intensivierung der Berichtspflicht. Nur eine aussagekräftige individuelle Darlegung der während des Berichtsjahres erfolgten Überwachungstätigkeit verschafft der Hauptversammlung einen Einblick in die Arbeit des von ihr gewählten Aufsichtsrates.[60] Unzureichende Aufsichtsratsberichte können zur Verweigerung der Entlastung der Aufsichtsratsmitglieder oder zur Anfechtung eines Entlastungsbeschlusses führen.[61]

h) Geltendmachung von Ersatzansprüchen und Kündigungsschutzklagen gegen Vorstandsmitglieder

97   Dem Aufsichtsrat ist die Geltendmachung von Schadensersatzansprüchen der AG gegen Vorstandsmitglieder zugewiesen (§§ 112, 93 Abs. 2 AktG). Stehen der AG nach dem Ergebnis einer vorzuschaltenden Prüfung durchsetzbare Schadensersatzansprüche zu, ist der Aufsichtsrat zu deren Geltendmachung

---

[58] Zu den Anforderungen der Übermittlung des Prüfungsberichts an den Aufsichtrat nach § 170 Abs. 3 Satz 2 AktG vgl. *Bormann/Gucht*, BB 2003, 1887 ff.
[59] Zu den streitigen Einzelheiten vgl. *Neuling* BB 2003, 166 ff.; *Velte* AG 2009, 102, 107 ff.
[60] OLG Stuttgart v. 15. 3. 2006 – 20 U 25/05, BB 2006, 1019, 1021; *Kiethe* NZG 2006, 888, 890.
[61] *Kiethe* NZG 2006, 888, 889.

C. Aufgaben und Kompetenzen des Aufsichtsrats   98–101   § 7

verpflichtet.⁶² Die Überwachungstätigkeit des Aufsichtsrats gegenüber dem Vorstand findet damit ihre Abrundung.⁶³ Über die Vornahme der Aktivvertretung muss der Aufsichtsrat beschließen.⁶⁴

Dem Aufsichtsrat kommt ferner Vertretungsmacht für die Aktiengesellschaft **98** zu, wenn sich ein ausgeschiedenes Vorstandsmitglied mit einer Kündigungsschutzklage nach § 112 AktG gegen die Kündigung seines für die Dauer der Vorstandstätigkeit angeblich ruhenden Arbeitsverhältnisses wendet, sofern die Kündigungsgründe in unmittelbaren Zusammenhang mit seiner Tätigkeit als Mitglied des Vertretungsorgans stehen.⁶⁵

II. Aufgaben und Kompetenzen in Bezug auf die Hauptversammlung

Neben die Instrumente zur unmittelbaren Einwirkung auf den Vorstand **99** (Rz. 61 ff.) treten eigenständige **Initiativrechte des Aufsichtsrats gegenüber der Hauptversammlung.**

1. Einberufung der Hauptversammlung

§ 111 Abs. 3 AktG berechtigt und verpflichtet den Aufsichtsrat in Ausnahme- **100** fällen, eine außerordentliche Hauptversammlung einzuberufen, „wenn das Wohl der Gesellschaft es fordert". Dabei muss die außerordentliche Hauptversammlung einer Beschlussfassung zur Wahrung bestimmter Interessen der AG dienen, die ohne solche Beschlussfassung nicht oder nicht ohne weiteres gewahrt werden könnten. Typischerweise wird die Einberufung der Hauptversammlung nach § 111 Abs. 3 AktG gerechtfertigt sein, wenn die Hauptversammlung die Möglichkeit zum **Vertrauensentzug** nach § 84 Abs. 3 Satz 2 AktG erhalten und auf diese Weise die Möglichkeit zur Abberufung eines Vorstandsmitglieds geschaffen werden soll.⁶⁶

2. Beschlussvorschläge

Nach § 124 Abs. 3 AktG ist der Aufsichtsrat dazu verpflichtet – von wenigen **101** Ausnahmen⁶⁷ abgesehen –, der Hauptversammlung zu jedem Beschlusspunkt der Tagesordnung eigene Vorschläge zu machen. Die Beschlussvorschläge des Aufsichtsrats müssen nicht notwendig in einem gemeinsamen Vorschlag mit dem Vorstand („Vorschlag der Verwaltung") aufgehen.⁶⁸ Ohnehin ist lediglich der Aufsichtsrat vorschlagspflichtig, soweit es um die Wahl von Aufsichtsratsmitgliedern oder Prüfern geht. Der Vorstand soll nämlich keinen Einfluss darauf haben, wer seine Tätigkeit überwacht oder prüft.

---

⁶² BGH II ZR 175/95 v. 21.4.1997, BGHZ 135, 244, 251 ff. – ARAG/Garmenbeck; *Lutter/Krieger* Rz. 421.
⁶³ MünchHdb. GesR/Bd. 4/*Hoffmann/Becking* § 29 Rz. 28.
⁶⁴ *Hüffer* AktG § 112 Rz. 4.
⁶⁵ BAG AZR 142/00 v. 4.7.2001, BB 2002, 692, 694.
⁶⁶ *Hüffer* AktG § 111 Rz. 13.
⁶⁷ Die Vorschlagsverpflichtung des Aufsichtsrats entfällt, soweit die Hauptversammlung bei der Wahl von Aufsichtsratsmitgliedern nach § 6 MontanMitbestG an Wahlvorschläge gebunden ist (§ 124 Abs. 3 Satz 2 erster Fall AktG) oder wenn der Gegenstand der Beschlussfassung auf Verlangen einer Minderheit auf die Tagesordnung gesetzt worden ist (§ 124 Abs. 3 Satz 2 zweiter Fall AktG).
⁶⁸ *Hüffer* AktG § 124 Rz. 12.

In der Hauptversammlung selbst ist der Aufsichtsrat als Organ **antragsberechtigt** – ohne dabei an seine eigenen Beschlussvorschläge gebunden zu sein.

3. Berichte an die Hauptversammlung

102 Zur generellen Berichtspflicht des Aufsichtsrats über das Ergebnis seiner Prüfung des **Jahresabschlusses** vgl. bereits oben Rz. 94. Bei börsennotierten Gesellschaften hat der entsprechende Bericht neben den eigentlichen Prüfungsergebnissen auch Angaben über die vom Aufsichtsrat gebildeten Ausschüsse und die Zahl der Sitzungen des Aufsichtsratsplenums zu enthalten (§ 171 Abs. 2 Satz 2, 2. Halbsatz AktG). War zudem ein **Abhängigkeitsbericht** zu prüfen, erstreckt sich die Berichtspflicht des Aufsichtsrats gegenüber der Hauptversammlung auch auf dessen Prüfung (§ 314 Abs. 2 Satz 1 AktG).

4. Teilnahme an der Hauptversammlung

103 Aufsichtsratsmitglieder sind – ebenso wie Mitglieder des Vorstands – berechtigt und – richtigerweise – auch verpflichtet, an Hauptversammlungen teilzunehmen, wobei die Teilnahme nach § 118 Abs. 2 AktG auch im Wege der Bild- und Tonübertragung erfolgen darf. Regelmäßig wird der Aufsichtsratsvorsitzende als Versammlungsleiter der Hauptversammlung fungieren (dazu auch § 5 Rz. 186). Das **Teilnahmerecht** der Aufsichtsratsmitglieder umfasst das Recht auf Mitberatung (Rederecht) und das Antragsrecht (dazu auch oben Rz. 98 aE), nicht jedoch das Stimmrecht.[69] Ausfluss des Teilnahmerechts ist der Anspruch der Aufsichtsratsmitglieder auf Übersendung sämtlicher Beratungsunterlagen, namentlich der Tagesordnung, der Anträge von Aktionären und etwaigen Stellungnahmen des Vorstands.[70]

5. Anfechtungs- oder Nichtigkeitsklagen gegen Hauptversammlungsbeschlüsse

104 Die einzelnen Mitglieder des Aufsichtsrats sind nach § 245 Nr. 5 AktG befugt, Hauptversammlungsbeschlüsse anzufechten; nach § 249 Abs. 1 AktG können sie auch deren Nichtigkeit feststellen lassen. Besonderheiten gelten hinsichtlich der Wahl eines Aufsichtsratsmitglieds durch die Hauptversammlung. Hier ist das einzelne Mitglied des Aufsichtsrats zwar befugt, Nichtigkeitsklage zu erheben (§ 250 Abs. 3 AktG); eine Anfechtungsbefugnis besteht regelmäßig aber nicht (§ 251 Abs. 2 AktG).

105 Die Einräumung von Klagebefugnissen an die Aufsichtsratsmitglieder hat **Kontrollfunktion**. Namentlich die Anfechtungsbefugnis nach § 245 Nr. 5 AktG dient zugleich aber dem persönlichen Interesse, nicht durch Ausführung des angefochtenen Hauptversammlungsbeschlusses strafbar, bußgeld- oder schadensersatzpflichtig zu werden.

III. Sonstige Mitwirkungs- und Mitentscheidungsrechte

106 Außerhalb der (unmittelbaren oder mittelbaren) Kontrollkompetenzen ist dem Aufsichtsrat die teils autonome, teils kooperative Wahrnehmung unter-

---

[69] *Hüffer* AktG § 118 Rz. 9 f.
[70] *Hoffmann/Preu* Der Aufsichtsrat 5. Aufl. 2003 Rz. 382.

C. Aufgaben und Kompetenzen des Aufsichtsrats 107–109 § 7

nehmerischer Aufgaben zugewiesen. In besagten Feldern tritt die Verantwortung des Aufsichtsrats gewissermaßen eigenständig in Erscheinung, ohne reaktiv am Vorstandshandeln anzuknüpfen.[71]

1. Gesetzliche Antragsrechte

Je nach Ausgestaltung sind dem Aufsichtsrat oder einzelnen seiner Mitglieder gerichtliche Antragsrechte zur selbständigen Wahrnehmung zugewiesen, die im Folgenden kursorisch zusammengestellt sind: **107**
- § 98 Abs. 1 iVm. Abs. 2 Nr. 2 AktG: Antragsrecht des einzelnen Aufsichtsratsmitglieds auf gerichtliche Entscheidung über die Zusammensetzung des Aufsichtsrats (Statusverfahren; vgl. Rz. 43 f.);
- § 103 Abs. 3 AktG: Antragsrecht des Aufsichtsrats (aufgrund eines mit einfacher Mehrheit gefassten Beschlusses) auf Abberufung eines Aufsichtsratsmitglieds aus wichtigem Grund;
- § 104 Abs. 1 Satz 1, Abs. 2 Satz 1 AktG: Antragsrecht des einzelnen Aufsichtsratsmitglieds auf gerichtliche Ergänzung des Aufsichtsrats wegen Beschlussunfähigkeit oder Unterschreitens der gesetzlichen oder satzungsmäßigen Mitgliederzahl (vgl. Rz. 210 ff.);
- § 318 Abs. 3 HGB: Antragsrecht des Aufsichtsrats auf gerichtliche Bestellung eines anderen Abschlussprüfers, wenn dies aus einem in der Person des Prüfers liegenden Grund geboten ist (namentlich bei Besorgnis der Befangenheit);
- § 265 Abs. 3 AktG: Antragsrecht des Aufsichtsrats auf Bestellung oder Abberufung eines Abwicklers bei Liquidation der AG (kann wesentlich auch gegen den Vorstand instrumentalisiert werden, der im Regelfall, § 265 Abs. 1 AktG, die Abwicklungsfunktion wahrnimmt).

2. Änderung der Satzungsfassung

Nach § 179 Abs. 1 Satz 2 AktG kann die Hauptversammlung dem Aufsichtsrat die Befugnis übertragen, Änderungen der Satzung vorzunehmen, die nur deren Fassung betreffen. In diesem Fall erstreckt sich die Satzungskompetenz des Aufsichtsrats ausschließlich auf Änderungen in der sprachlichen Form der Satzung, **nicht** jedoch auf **Änderungen ihres Inhalts**. Die Ermächtigung zielt auf den Gesamtaufsichtsrat und nicht auf einzelne Mitglieder oder einen Ausschuss.[72] **108**

3. Mitentscheidung über Ausnutzung von genehmigtem Kapital

Die Ausnutzung von genehmigtem Kapital durch den Vorstand soll nur mit Zustimmung des Aufsichtsrats erfolgen (§ 202 Abs. 3 Satz 2 AktG). Davon zu unterscheiden ist das Zustimmungserfordernis hinsichtlich der Entscheidungen des Vorstands über Aktieninhalt und Bedingungen der Aktienausgabe (§ 204 Abs. 1 Satz 2 AktG). In beiden Fällen kann die Beschlussfassung vom Aufsichtsratsplenum auf einen Ausschuss delegiert werden (§ 107 Abs. 3 AktG). **109**

---

[71] *Lutter* AG 1979, 85, 90.
[72] *Hüffer* AktG § 179 Rz. 11.

110 Während die Zustimmung nach § 204 Abs. 1 Satz 2 AktG **Wirksamkeitserfordernis** ist, handelt es sich bei dem **Zustimmungserfordernis** nach § 202 Abs. 3 Satz 2 AktG lediglich um eine Sollregelung, die Beschlussfassung und Durchführungsmaßnahmen des Vorstands als solche nicht hindert. Freilich darf der Registerrichter die Durchführung der Kapitalerhöhung **nicht eintragen**, wenn ihm das Fehlen der Zustimmung bekannt ist.[73]

4. Abschlagszahlung auf Bilanzgewinn

111 Sofern für die Abschlagszahlung auf den Bilanzgewinn eine Satzungsgrundlage besteht, bedarf der Vorstand für ein entsprechendes Vorgehen der Mitwirkung des Aufsichtsrats (§ 59 Abs. 3 AktG). Zwar spricht das Gesetz hier weitläufig von Zustimmung; abweichend vom Sprachgebrauch des § 184 BGB muss tatsächlich aber eine **vorherige Einwilligung** erteilt werden.[74] Dies ist Sache des Aufsichtsratsplenums (§ 107 Abs. 3 Satz 2 AktG).

5. Wiederholung einer Weisung an eine abhängige AG

112 Innerhalb des Vertragskonzerns (Beherrschungsvertrag) ist der Vorstand der herrschenden AG berechtigt, demjenigen der abhängigen AG Weisungen zu erteilen (§ 308 Abs. 1 Satz 1 AktG). Ist Gegenstand der Weisung ein Geschäft, das auf Ebene der abhängigen AG einem Zustimmungsvorbehalt nach § 111 Abs. 4 Satz 2 AktG unterliegt, und wird die erforderliche Zustimmung vom Aufsichtsrat der abhängigen AG nicht erteilt, darf der Vorstand der abhängigen AG allerdings nicht wie vom Vorstand der herrschenden AG angewiesen verfahren. In dieser Situation besteht die Möglichkeit, das Zustimmungserfordernis durch eine erneute Weisung zu überwinden. Die **Wiederholung der Weisung** an das abhängige Unternehmen bedarf als Geschäftsführungsmaßnahme der Beteiligung des Aufsichtsrats der herrschenden AG; er hat der Weisungswiederholung zuzustimmen (§ 308 Abs. 3 Satz 2 AktG). Mit Blick auf den Gesetzeswortlaut („darf") ist jedoch richtigerweise davon auszugehen, dass die erneute Weisung auch ohne Zustimmung des Aufsichtsrats im Außenverhältnis wirksam ist.[75]

6. Ausübung von Beteiligungsrechten nach § 32 MitbestG

113 Eine besondere Kompetenzzuweisung an den Aufsichtsrat ergibt sich hinsichtlich der Ausübung von Beteiligungsrechten in mitbestimmten Gesellschaften. Dies gilt namentlich dort, wo nicht nur die Konzernspitze, sondern auch eine nachgeordnete Konzernuntergesellschaft (Beteiligungsquote mindestens 25 %) der paritätischen Mitbestimmung unterliegt, weil sie – isoliert betrachtet – mehr als 2000 Arbeitnehmer beschäftigt. Für diesen Fall bestimmt § 32 MitbestG, dass die Wahrnehmung bestimmter Beteiligungsrechte auf Ebene der Untergesellschaft allein von dem **Votum der Anteilseignervertreter im Aufsichtsrat der Obergesellschaft** abhängt. Die Beteiligungsrechte werden damit frei vom mitbestimmenden Einfluss der Arbeitnehmerseite ausgeübt: Weder die Arbeitnehmervertreter im Aufsichtsrat noch der unter ihrer

---

[73] *Hüffer* AktG § 202 Rz. 22.
[74] *Hüffer* AktG § 59 Rz. 2.
[75] *Hüffer* AktG § 308 Rz. 24.

Mitwirkung bestellte Vorstand der Obergesellschaft werden im Anwendungsbereich des § 32 MitbestG an der Willensbildung beteiligt. Der Grund hierfür ist, dass auf Ebene der Beteiligungsgesellschaft selbst bereits die paritätische Mitbestimmung gilt und eine Kumulation („Kaskadenwirkung")[76] der mitbestimmungsrechtlichen Einflussnahme vermieden werden soll.

Konkret wird die **Wahrung der Anteilseignerinteressen** im Rahmen der § 32 MitbestG dadurch erreicht, dass der Vorstand der Obergesellschaft deren Beteiligungsrechte ausschließlich nach Weisung des Aufsichtsrats der Obergesellschaft auszuüben hat. Der zugrunde liegende Aufsichtsratsbeschluss wird vom Aufsichtsratsplenum oder einem für Zwecke der Ausübung von Beteiligungsrechten gebildeten Ausschuss gefasst, bedarf dabei aber lediglich der Mehrheit der Anteilseignervertreter (maßgebend: Ist-Stärke). 114

Die einzelnen Gegenstände der Beschlussfassung in der Beteiligungsgesellschaft, die vom Votum der Anteilseigner im Aufsichtsrat der Obergesellschaft abhängen, sind in § 32 MitbestG abschließend aufgezählt. Es geht hier zum einen um **Personalentscheidungen,** zum anderen um **Strukturentscheidungen**, die der Mitwirkung der Gesellschafter bedürfen. Insgesamt genügt es, wenn an der Untergesellschaft eine Beteiligung von mindestens 25 % besteht (§ 32 Abs. 2 MitbestG); es muss sich also nicht notwendig um ein Konzernunternehmen im technischen Sinne handeln. 115

Dogmatisch handelt es sich bei der Weisung des Aufsichtsrats (bestimmt durch das Votum der Anteilseigner) um eine **echte Geschäftsführungsmaßnahme** dergestalt, dass der Vorstand die für ihn verbindliche Entscheidung des Aufsichtsrats weisungsgebunden auszuführen hat. Nach herrschender Meinung ist die Vertretungsmacht des Vorstands in Fällen der § 32 MitbestG entsprechend beschränkt.[77] 116

D. Innere Ordnung des Aufsichtsrats

I. Geschäftsordnung

Soweit nicht bereits in der Satzung Geschäftsordnungsregelungen für den Aufsichtsrat getroffen sind, steht es dem Aufsichtsrat frei, sich selbst eine Geschäftsordnung zu geben. Zwar ist die entsprechende **Regelungskompetenz** des Aufsichtsrats im AktG weder ausdrücklich verankert, noch mittelbar erwähnt;[78] als Teil der Organisationsfreiheit des Aufsichtsrats ist sie jedoch **allgemein anerkannt.**[79] 126

Inhaltlich muss sich die Geschäftsordnung des Aufsichtsrats in den Grenzen der **höherrangigen Verfahrensregelungen** des AktG und der Satzung halten. Dabei sind bestimmte Verfahrensfragen von vornherein der autonomen Regelung des Aufsichtsrats unterworfen, zB die Bildung und Besetzung von Ausschüssen (§ 107 Abs. 3 AktG). 127

---

[76] MünchHdb. GesR/Bd. 4/*Hoffmann-Becking* § 29 Rz. 44.
[77] *Lutter/Krieger* Rz. 502; MünchHdb. GesR/Bd. 4/*Hoffmann-Becking* § 29 Rz. 49.
[78] Abweichend MünchHdb. GesR/Bd. 4/*Hoffmann-Becking* § 30 Rz. 1, der die Zulässigkeit einer Geschäftsordnung des Aufsichtsrats durch entsprechende Erwähnung in § 82 Abs. 2 AktG bestätigt sieht. Die Bestimmung betrifft indes nur Geschäftsordnungen, die der Aufsichtsrat für den Vorstand erlassen hat; zutreffend *Hüffer* AktG § 82 Rz. 13.
[79] *Lutter/Krieger* Rz. 533.

128 Die **Beschlussfassung** des Aufsichtsrats über die Geschäftsordnung folgt den allgemeinen Regeln, bedarf also der einfachen Mehrheit der abgegebenen Stimmen. § 77 Abs. 2 Satz 3 AktG, der für die Verabschiedung der Geschäftsordnung des Vorstands Einstimmigkeit verlangt, gilt nicht entsprechend. Die Geschäftsordnung gilt bis zu deren Aufhebung (als actus contrarius ebenfalls aufgrund einfachen Mehrheitsbeschlusses) fort; die **Geltungsdauer** der Geschäftsordnung ist nicht an die Amtsperiode des Aufsichtsrats geknüpft.[80]

II. Vorsitz

129 Bei Wahl und Befugnissen des Aufsichtsratsvorsitzenden ist danach zu unterscheiden, ob die AG dem Mitbestimmungsgesetz unterliegt oder nicht. Außerhalb der Arbeitnehmermitbestimmung oder in den Anwendungsbereichen des DrittelbG und des MontanMitbestG gelten die allgemeinen Regelungen des AktG (nachfolgend Rz. 130 ff.); demgegenüber enthält MitbestG eine Reihe von Sonderregelungen (nachfolgend Rz. 136 ff.).

1. Vorsitzender und Stellvertreter nach AktG

a) Bestellung

130 Die **Wahl** des Aufsichtsratsvorsitzenden obliegt zwingend dem Aufsichtsrat in seiner Gesamtheit; Verfahren und Mehrheitserfordernisse können durch die Satzung bestimmt werden (§ 107 Abs. 1 Satz 1 AktG). Allerdings kann der Kandidat nicht vom Stimmrecht ausgeschlossen werden.[81] Sieht die Satzung keine ausdrückliche Regelung für die Einberufung der konstituierenden Sitzung des Aufsichtsrats vor, so sind in Analogie zu § 110 Abs. 2 AktG sowohl der Vorstand als auch einzelne Aufsichtsratsmitglieder zur Einberufung berechtigt.[82] Der Vorsitzende des Aufsichtsrats wird als solcher zwar nicht im Handelsregister eingetragen, der Vorstand hat seine Wahl jedoch dem Handelsregister anzuzeigen (§ 107 Abs. 1 Satz 2 AktG).

131 Die **Amtszeit** des Vorsitzenden kann an die Dauer seiner Amtszeit als Aufsichtsratsmitglied gekoppelt werden; dies ist im Zweifel anzunehmen, wenn Satzung, Geschäftsordnung oder Wahlbeschluss keine Regelung zur Amtszeit treffen.[83] Außer durch Zeitablauf endet die Amtszeit des Vorsitzenden durch Abberufung oder Amtsniederlegung.

132 Neben den Aufsichtsratsvorsitzenden tritt mindestens ein **Stellvertreter**. Für dessen Wahl und Amtsperiode gelten die gleichen Regularien wie für den Vorsitzenden. Allerdings muss sich seine Amtszeit nicht notwendig mit der des Vorsitzenden decken.

b) Aufgaben und Befugnisse

133 Dem Vorsitzenden des Aufsichtsrats sind – teils aufgrund gesetzlicher Einzelregelungen, teils gewohnheitsrechtlich – Sonderaufgaben zugewiesen. Seine besonderen Befugnisse umfassen die **Leitung** des Aufsichtsratsverfahrens, die

---

[80] OLG Hamburg 11 U 179/80 v. 23. 7. 1982, WM 1982, 1090, 1092.
[81] Kölner Komm./*Mertens* § 107 Rz. 9.
[82] Kölner Komm./*Mertens* § 110 Rz. 10 (unter Berücksichtigung der Änderung von § 110 Abs. 2 AktG durch das TransPubG vom 19. 7. 2002, BGBl. 2002, 2681).
[83] Kölner Komm./*Mertens* § 107 Rz. 26.

D. Innere Ordnung des Aufsichtsrats 134–138 § 7

Repräsentation des Aufsichtsrats und die **Mitwirkung** bei der Abgabe bestimmter Handelsregisteranmeldungen (namentlich im Rahmen von Kapitalmaßnahmen; vgl. §§ 184 Abs. 1, 188 Abs. 1, 195 Abs. 1, 203 Abs. 1 Satz 1 iVm. 188 Abs. 1, 207 Abs. 1 iVm. 188 Abs. 1, 223 AktG).[84] Daneben tritt die Leitung der Hauptversammlung, die dem Aufsichtsratsvorsitzenden üblicherweise durch die Satzung übertragen wird (vgl. § 5 Rz. 186).

In den angesprochenen Funktionsbereichen nimmt der Aufsichtsratsvorsitzende in erster Linie Leitungs- und Vollzugsfunktionen wahr, **ohne** dass ihm dabei **materielle Entscheidungsspielräume** zuständen. Besondere Hervorhebung verdient seine Sonderstellung im Berichtssystem des § 90 AktG, wo er als Informationsvermittler zwischen Vorstand und Aufsichtsrat fungiert. 134

Bei Verhinderung des Vorsitzenden gehen dessen Aufgaben und Befugnisse auf den Stellvertreter über (§ 107 Abs. 1 Satz 3 AktG). 135

2. Vorsitzender und Stellvertreter nach MitbestG

Für die Wahl des Aufsichtsratsvorsitzenden und seines Stellvertreters enthält § 27 MitbestG zwingende Sonderregelungen. Dabei werden zwei Wahlgänge unterschieden. Im **ersten Wahlgang** ist eine Mehrheit von zwei Dritteln der (gesetzlichen oder der in der Satzung bestimmten) Sollstärke des Aufsichtsrats erforderlich (§ 27 Abs. 1 MitbestG). Auch bei verfahrensmäßig getrennter Abstimmung handelt es sich jedoch um einen einheitlichen Wahlvorgang; dh. wird in nur einem der beiden Wahlverfahren die erforderliche Mehrheit verfehlt, so hat insgesamt ein zweiter Wahlgang (sowohl für Vorsitzenden als auch für Stellvertreter) zu erfolgen. Im **zweiten Wahlgang** wird der Aufsichtsrat in zwei Wahlgremien aufgespalten: Die Wahl des Vorsitzenden obliegt den Aufsichtsratsmitgliedern der Anteilseigner, die des Stellvertreters denjenigen der Arbeitnehmer (§ 27 Abs. 2 MitbestG). Dabei genügt jeweils die Mehrheit der abgegebenen Stimmen der gruppenspezifisch wahlberechtigten Aufsichtsratsmitglieder. Die Kandidaten des zweiten Wahlgangs müssen mit denjenigen des ersten Wahlgangs nicht identisch sein. 136

Sofern einer der beiden Amtsinhaber vorzeitig aus dem Amt scheidet, ist für die restliche Amtszeit unter Anwendung der mitbestimmungsrechtlichen Sonderbestimmungen ein **Nachfolger** zu wählen. Auch wenn Vorsitzender und Stellvertreter gemeinsam gewählt wurden (§ 27 Abs. 1 MitbestG), bewirkt die vorzeitige Amtsbeendigung des einen Amtsinhabers nicht zugleich auch, dass der andere Amtsinhaber sein Amt verliert.[85] 137

Besondere Bedeutung hat das **Zweitstimmrecht des Aufsichtsratsvorsitzenden** nach §§ 29 Abs. 2, 31 Abs. 4 MitbestG. Es gibt ihm die Möglichkeit, eine in zwei Abstimmungen gegebene Pattsituation durch sein eigenes Votum zu entscheiden (dazu auch unten Rz. 160). Dieses Recht steht den stellvertretenden Vorsitzenden nicht zu. Zur Rolle des Vorsitzenden und Stellvertreters im Vermittlungsausschuss siehe unten Rz. 174 f. 138

---

[84] MünchHdb. GesR / Bd. 4 / *Hoffmann-Becking* § 31 Rz. 15.
[85] *Hüffer* AktG § 107 Rz. 10; *Lutter/Krieger* Rz. 552.

III. Sitzungen und Beschlüsse

1. Zahl der Sitzungen

139 Der Aufsichtsrat muss zweimal je Kalenderhalbjahr zusammentreten (§ 110 Abs. 3 Satz 1 AktG). Bei nichtbörsennotierten Gesellschaften kann der Sitzungstermin durch Aufsichtsratsbeschluss auf eine Sitzung je Kalenderhalbjahr gelockert werden (§ 110 Abs. 3 Satz 2 AktG), wenn die Satzung keine höhere Mindestzahl von Sitzungen festschreibt.

2. Einberufung, Tagesordnung und Beschlussvorlagen

140 Die Einberufung des Aufsichtsrats erfolgt regelmäßig durch den Vorsitzenden. Sofern ein einzelnes Aufsichtsratsmitglied oder der Vorstand der AG die Einberufung des Aufsichtsrats verlangt (§ 110 Abs. 1 AktG) und der Aufsichtsratsvorsitzende dem **Einberufungsverlangen** nicht nachkommt, besteht nach § 110 Abs. 2 AktG das Recht zur Selbsteinberufung.

141 Das AktG macht keine Vorgaben für **Form und Frist** der Einberufung – sieht man einmal davon ab, dass eine auf Einberufungsverlangen erfolgende Aufsichtsratssitzung innerhalb von zwei Wochen seit Einberufung stattfinden muss (§ 110 Abs. 1 Satz 2 AktG). Üblicherweise enthalten Satzung oder Geschäftsordnung des Aufsichtsrats detaillierte Form- und Fristregelungen. Die Einberufungsfrist beträgt regelmäßig zwei Wochen, kann vom Vorsitzenden in dringenden Fällen jedoch abgekürzt werden.[86] Eine Einberufungsfrist von mehr als zwei Wochen ist – abgesehen vom Fall der Einberufung nach Einberufungsverlangen – unschädlich.[87]

142 Die Einberufung hat neben Ort und Zeitpunkt der Sitzung auch die **Tagesordnung** zu enthalten. Dieses Erfordernis wird mit der Analogie zu § 32 Abs. 1 Satz 2 BGB begründet.[88] Bei der Nachreichung oder Ergänzung der Tagesordnung ist wiederum die für die Einberufung des Aufsichtsrats geltende Frist zu beachten.[89] Über nicht rechtzeitig mitgeteilte Tagesordnungspunkte kann der Aufsichtsrat nur beschließen, wenn keines seiner Mitglieder dem entsprechenden Verfahren widerspricht.

143 Ein weitergehendes Erfordernis, neben der Tagesordnung in der Einberufung auch Beschlussvorschläge (also Anträge) mitzuteilen, besteht nicht.[90] Freilich gehört es zu den Amtspflichten des Aufsichtsratsvorsitzenden, Beschlussvorschläge so früh als möglich vorzulegen und ggf. nachzureichen.[91] Dies dient zum einen der Vorbereitung der Aufsichtsratsmitglieder auf die Sitzung und ermöglicht im Übrigen abwesenden Mitgliedern die schriftliche Stimmabgabe nach § 108 Abs. 3 AktG.

---

[86] MünchHdb. GesR/Bd. 4/*Hoffmann-Becking* § 31 Rz. 33.
[87] *Hüffer* AktG § 110 Rz. 4; aA *Lutter/Krieger* Rz. 569, die in der Sonderregelung des § 110 Abs. 1 Satz 2 AktG eine generelle Festschreibung der Höchstfrist für die Einberufung erblicken.
[88] Kölner Komm./*Mertens* § 110 Rz. 4; aA *Hüffer* AktG § 110 Rz. 4 („gute Praxis", aber keine rechtliche Anforderung).
[89] *Lutter/Krieger* Rz. 570.
[90] Kölner Komm./*Mertens* § 110 Rz. 4.
[91] *Hüffer* AktG § 110 Rz. 4.

D. Innere Ordnung des Aufsichtsrats 144–150 § 7

3. Sitzungsleitung

Die Leitung der Aufsichtsratssitzungen obliegt dem Aufsichtsratsvorsitzenden. Hieraus erwachsen ihm insb. Entscheidungskompetenzen in **Verfahrensfragen**. Allerdings ist der Aufsichtsratsvorsitzende an abweichende Beschlüsse des Gremiums gebunden.[92] **144**

Die Leitungsbefugnis des Aufsichtsratsvorsitzenden umfasst insb. die Zulassung aufsichtsratsfremder Personen zu Aufsichtsratssitzungen. Dies gilt namentlich für die Entscheidung über die **Teilnahme von Sachverständigen und Auskunftspersonen** bei der Beratung einzelner Gegenstände der Tagesordnung (§ 109 Abs. 1 Satz 2 AktG). Hier besteht weiter Ermessensspielraum, denn der Begriff des Sachverständigen ist untechnisch zu verstehen; maßgebend ist die Sachkunde bzgl. des Beratungsgegenstands.[93] Auch die Teilnahme von **Vorstandsmitgliedern** untersteht der Zulassungskompetenz des Aufsichtsratsvorsitzenden. In der Praxis finden sich Satzungsregelungen, die dem Vorstand (die gesetzlich nicht gegebene) Teilnahmebefugnis einräumen, jedoch dem Aufsichtsratsvorsitzenden das Recht zuweisen, darüber zu entscheiden, bei welchen Punkten der Tagesordnung der Vorstand nicht zugegen sein soll.[94] Solche Regelungen sind rechtlich nicht zu beanstanden, da der Aufsichtsrat durch die regelmäßige Teilnahme von Vorstandsmitgliedern seine Funktion der begleitenden und vorausschauenden Überwachung des Vorstandes effektivieren kann.[95] **145**

Zur Erstellung der von ihm zu unterzeichnenden Sitzungsniederschrift (§ 107 Abs. 2 AktG) kann der Aufsichtsratsvorsitzende einen **Protokollführer** bestimmen. Der Protokollführer muss weder Mitglied des Aufsichtsrats sein, noch dem Vorstand angehören.[96] **146**

Die **Beratungsleitung** durch den Aufsichtsratsvorsitzenden manifestiert sich in der Festlegung der Reihenfolge, in der die Gegenstände der Tagesordnung behandelt werden, sowie darin, dass der Aufsichtsratsvorsitzende zu jedem Tagesordnungspunkt die Diskussion eröffnet, die Reihenfolge der Redner bestimmt, das Wort erteilt oder entzieht und letzlich die Diskussion schließt. **147**

An die Leitung der Beratung knüpft die **Leitung der Beschlussfassung** an, namentlich die Bestimmung von Reihenfolge und Form der Abstimmung und die Entscheidung über Stimmverbote. **148**

4. Beschlüsse

a) Beschlussfähigkeit

Bei den Anforderungen an die Beschlussfähigkeit ist zwischen Aufsichtsräten ohne Arbeitnehmervertreter und mitbestimmten Aufsichtsräten zu unterscheiden (§ 108 Abs. 2 AktG – § 28 Satz 1 MitbestG). **149**

Im allgemeinen Aktienrecht besteht weitgehender satzungsmäßiger Gestaltungsspielraum für die Regelung der Beschlussfähigkeit (§ 108 Abs. 2 Satz 1 AktG). Gesetzlich zwingend ist lediglich die Untergrenze des § 108 Abs. 2 Satz 3 AktG, wonach an der Beschlussfassung **mindestens drei Mitglieder** **150**

---

[92] *Lutter/Krieger* Rz. 583.
[93] *Hüffer* AktG § 109 Rz. 5.
[94] MünchHdb. GesR/Bd. 4/*Hoffmann-Becking* § 31 Rz. 44.
[95] Zu Vor- und Nachteilen solcher Regelungen vgl. *Schneider* ZIP 2002, 873, 874 ff., der die Vorteile als überwiegend ansieht.
[96] *Hüffer* AktG § 107 Rz. 12.

teilnehmen müssen. Fehlt es an einer Festschreibung der Beschlussfähigkeit durch die Satzung, ist der Aufsichtsrat beschlussfähig, wenn die Hälfte seiner Mitglieder (Sollstärke), mindestens jedoch drei Mitglieder an der Beschlussfassung teilnehmen (§ 108 Abs. 2 Satz 2 und 4 AktG). Abwesende Mitglieder können ihre Teilnahme an der Beschlussfassung durch schriftliche Stimmabgabe sicherstellen (§ 108 Abs. 3 AktG).

151 Umstritten ist die Rechtslage, wenn bei einem aus drei Mitgliedern bestehenden Aufsichtsrat der Stimmrechtsausschluss nach § 34 BGB eines der drei Aufsichtsratsmitglieder zur Beschlussunfähigkeit des Organs gem. § 108 Abs. 2 Satz 2, 3 AktG führt. Nach zutreffender Ansicht führt der Stimmrechtsausschluss eines von drei Aufsichtsratsmitgliedern nicht zur Beschlussunfähigkeit des Organs; vielmehr kann und muss das betreffende Aufsichtsratsmitglied zur Vermeidung einer Beschlussunfähigkeit des Organs an der Beschlussfassung teilnehmen und hat sich dort der Stimme zu enthalten.[97] Ansonsten würden Stimmrechtsverbote die Beschlussunfähigkeit des Aufsichtsrates herbeiführen können, was gerade nicht intendiert ist.

152 Im Mitbestimmungsrecht ordnet § 28 Satz 1 MitbestG zwingend an, dass Beschlussfähigkeit nur besteht, wenn **mindestens die Hälfte der Mitglieder,** aus denen der Aufsichtsrat insgesamt zu bestehen hat (Sollstärke), an der Beschlussfassung teilnimmt. Damit steht jedenfalls fest, dass die Satzung (anders als im allgemeinen Aktienrecht) keine geringeren Anforderungen an die Beschlussfähigkeit festschreiben darf. Ob die Satzung in Mitbestimmungsfällen eine Verschärfung der Anforderungen an die Beschlussfähigkeit vorsehen darf, ist äußerst umstritten.[98] Unstreitig wäre eine Satzungsregelung, die bei der Beschlussfähigkeit an 100 % der Sollstärke anknüpft, unzulässig (§ 28 Satz 2 MitbestG iVm. § 108 Abs. 2 Satz 4 AktG).

b) Vertagung

153 Durch Mehrheitsbeschluss kann der Aufsichtsrat die Behandlung einzelner oder aller Tagesordnungspunkte vertagen. Eine entsprechende Befugnis besitzt auch der Aufsichtsratsvorsitzende, soweit er durch Satzung oder Geschäftsordnung entsprechend ermächtigt ist. Nur eingeschränkt zulässig sind **Vertagungsklauseln**, die für paritätisch mitbestimmte Aufsichtsräte eine Vertagung vorsehen, wenn Anteilseigner- und Arbeitnehmerseite nicht paritätisch präsent sind.[99] Sie müssen jedenfalls mit dem Gebot der Gleichbehandlung aller Aufsichtsratsmitglieder in Einklang zu bringen sein.[100]

c) Gesetzliche Modelle der Beschlussfassung

154 Wie bereits bei der Beschlussfähigkeit ist auch bei der Beschlussfassung zwischen den Anforderungen nach Aktien- und Mitbestimmungsrecht zu unterscheiden.

---

[97] BGH II ZR 325/05 v. 2.4.2007, NZG 2007, 516, 517; Großkomm.AktG/*Hopt/Roth*, § 108 Rz. 63; Kölner Komm./*Mertens* § 108 Rz. 57; *Priester* AG 2007, 190 mwN zum Meinungsstand. Abweichend – für Beschlussunfähigkeit: BayObLG, NZG 2003, 691; OLG Ffm. NZG 2006, 29; *Hüffer* AktG § 108 Rz 11; *Keusch/Rotter* NZG 2003, 671, 673.
[98] Offengelassen BGH X ZR 61/80 v. 25.2.1982, BGHZ 83, 151, 153 f. Vgl. MünchHdb. GesR/Bd. 4/*Hoffmann-Becking* § 31 Rz. 52 mwN.
[99] MünchHdb. GesR/Bd. 4/*Hoffmann-Becking* § 31 Rz. 76.
[100] *Lutter/Krieger* Rz. 600.

D. Innere Ordnung des Aufsichtsrats

Im allgemeinen Aktienrecht gilt in Anlehnung an § 32 Abs. 1 Satz 3 BGB und § 133 Abs. 1 AktG der Grundsatz der **einfachen Mehrheit der abgegebenen Stimmen**, es sei denn aus Gesetz oder Satzung ergeben sich ausnahmsweise qualifizierte Mehrheitserfordernisse. Eine Stimmenthaltung gilt – anders als bei Ermittlung der Beschlussfähigkeit – als nicht abgegebene Stimme.[101]

Mit Blick auf die Auflösung von Pattsituationen kann die Satzung bestimmen, dass bei Stimmengleichheit die Stimme des Aufsichtsratsvorsitzenden oder seines Stellvertreters den Ausschlag gibt. Dieses Recht zum **Stichentscheid** kann indes nicht durch die bloße Geschäftsordnung des Aufsichtsrats begründet werden.[102]

Eine **Verschärfung des Mehrheitserfordernisses** (qualifizierte Mehrheit) kommt nur im Rahmen der Satzung (und nicht aufgrund Geschäftsordnungsbestimmung) und im Übrigen nur für Entscheidungen in Frage, die dem Aufsichtsrat kraft Satzung zugewiesen sind.[103]

Die vom **MitbestG** vorgegebenen Mehrheitserfordernisse sind in jeder Hinsicht zwingend, können also durch Satzung oder Geschäftsordnung des Aufsichtsrats weder erleichtert noch verschärft werden.[104] Basisnorm ist die Regelung des § 29 Abs. 1 MitbestG, wonach Beschlüsse des Aufsichtsrats regelmäßig mit der **Mehrheit der abgegebenen Stimmen** gefasst werden, soweit das MitbestG keine andere Mehrheit vorsieht.

Die **Sonderregelungen des MitbestG** zum Mehrheitserfordernis sind wie folgt:
– Mehrheit von zwei Dritteln der Soll-Stärke des Aufsichtsrats:
1. Wahlgang zur Wahl des Aufsichtsratsvorsitzenden und seines Stellvertreters (§ 27 Abs. 1 MitbestG)
– Mehrheit von zwei Dritteln aller im Amt befindlichen Mitglieder (Ist-Stärke):
1. Wahlgang zur Bestellung und Abberufung des Vorstands (§ 31 Abs. 2 MitbestG)
– Mehrheit der Stimmen aller im Amt befindlichen Mitglieder (Ist-Stärke):
2. und 3. Wahlgang zur Bestellung und Abberufung des Vorstands (§ 31 Abs. 3 Satz 2 und Abs. 4 MitbestG)
– Mehrheit der abgegebenen Stimmen der Aktionärsvertreter bzw. der Arbeitnehmervertreter (in getrennten Wahlen):
2. Wahlgang zur Wahl des Aufsichtsratsvorsitzenden und seines Stellvertreters (§ 27 Abs. 2 MitbestG; dazu oben Rz. 136 ff.);
Wahl des 3. und 4. Mitglieds des Vermittlungsausschusses (§ 27 Abs. 3 MitbestG)
– Mehrheit der Stimmen aller im Amt befindlichen Aktionärsvertreter (Ist-Stärke):
Ausübung von Beteiligungsrechten (§ 32 Abs. 1 Satz 2 MitbestG; dazu oben Rz. 113 ff.).

Ergibt sich nach zweimaliger Abstimmung über den gleichen Antrag Stimmengleichheit, besitzt der Aufsichtsratsvorsitzende (nicht der stellvertretende Vorsitzende, § 29 Abs. 2 Satz 3 MitbestG) zur Auflösung der Pattsituation ein

---

[101] MünchHdb. GesR/Bd. 4/*Hoffmann-Becking* § 31 Rz. 55.
[102] *Hüffer* AktG § 108 Rz. 8; *Lutter/Krieger* Rz. 607.
[103] *Hüffer* AktG § 108 Rz. 8.
[104] MünchHdb. GesR/Bd. 4/*Hoffmann-Becking* § 31 Rz. 60.

Zweitstimmrecht nach § 29 Abs. 2 Satz 1 MitbestG. Es erstreckt sich auf alle Abstimmungsgegenstände (Verfahrens- und Sachentscheidungen), für die nach § 29 Abs. 1 MitbestG die Mehrheit der abgegebenen Stimmen gefordert ist. Es gilt darüber hinaus nach § 31 Abs. 4 MitbestG im Rahmen der Bestellung oder Abberufung eines Vorstandsmitglieds im dritten Wahlgang.

d) Schriftliche Stimmabgabe innerhalb von Sitzungen

160 Verhinderte Aufsichtsratsmitglieder besitzen nach § 108 Abs. 3 Satz 1 AktG die Möglichkeit zur schriftlichen Stimmabgabe. Ihr Votum wird durch **Stimmboten** überbracht. Als Stimmboten können insb. andere Aufsichtsratsmitglieder fungieren. Aber auch Sitzungsvertreter, die aufgrund entsprechender Satzungsermächtigung nach § 109 Abs. 3 AktG für das verhinderte Aufsichtsratsmitglied an der Sitzung teilnehmen, können Stimmboten sein. Sie sind indes nicht zur Vertretung des Aufsichtsratsmitglieds bei der Ausübung des Stimmrechts befugt.

161 Die schriftliche Stimmabgabe kommt nur dort in Frage, wo entsprechende Beschlussvorschläge zuvor bekannt waren und eine **eindeutige Bezugnahme** hergestellt werden kann. Problematisch ist die blanko unterschriebene schriftliche Stimmerklärung. Sie kann dem abwesenden Aufsichtsratmitglied allenfalls dann als eigene Stimmabgabe zugerechnet werden, wenn der Stimmbote aufgrund genauer Anweisung und ohne Ermessensspielraum eine Konkretisierung vornimmt.[105] Maßgebend für die **Schriftform** ist die Unterzeichnung durch das abwesende Aufsichtsratsmitglied im Original.[106]

e) Beschlussfassung außerhalb von Sitzungen

162 Von der Abgabe schriftlicher Voten im Rahmen der Aufsichtsratssitzung ist die Beschlussfassung ohne Abhaltung einer Sitzung nach § 108 Abs. 4 AktG zu unterscheiden. Es geht hierbei um die schriftliche, fernmündliche oder ähnliche (insb. fernkopierte oder telegrafische) Beschlussfassung, die als solche (vorbehaltlich abweichender Satzungs- oder Geschäftsordnungsregelungen) zulässig ist, wenn kein Mitglied dem Verfahren widerspricht. Von § 108 Abs. 4 AktG ist auch die Beschlussfassung in Videokonferenzen erfasst.[107]

Die bloße Nicht-Teilnahme an der Abstimmung gilt nicht als Widerspruch, sondern ist lediglich mit Blick auf die Beschlussfähigkeit von Bedeutung. Für die Beschlussfähigkeit gelten die allgemeinen Erfordernisse. Das Verfahren selbst wird von dem Vorsitzenden eingeleitet, indem er alle Aufsichtsratsmitglieder über die Form der Beschlussfassung informiert und sie hinsichtlich eines bestimmten Beschlussvorschlags bis zu einem bestimmten Termin zur Stimmabgabe (oder zum Widerspruch gegen das Verfahren) auffordert.

163 Die herrschende Meinung erlaubt die **Kombination** aus Aufsichtsratssitzung und Beschlussfassung ohne Sitzung, indem ein Teil der Stimmen in der Sitzung, ein anderer Teil nachträglich schriftlich abgegeben wird, sofern kein Aufsichtsratsmitglied widerspricht.[108]

---

[105] MünchHdb. GesR/Bd. 4/*Hoffmann-Becking* § 31 Rz. 79; *Lutter/Krieger* Rz. 602; aA *Hüffer* AktG § 108 Rz. 14.
[106] *Hüffer* AktG § 108 Rz. 15; MünchHdb. GesR/Bd. 4/*Hoffmann-Becking* § 31 Rz. 79.
[107] *Wagner* NZG 2002, 57, 58; *Kindl* ZHR 166 (2002), 335, 341.
[108] MünchHdb. GesR/Bd. 4/*Hoffmann-Becking* § 31 Rz. 81; *Lutter/Krieger* Rz. 605; skeptisch *Hüffer* AktG § 108 Rz. 16.

f) Niederschrift

Nach § 107 Abs. 2 Satz 1 AktG ist über jede Sitzung des Aufsichtsrats für Beweiszwecke eine vom Vorsitzenden zu unterzeichnende Niederschrift anzufertigen. Das Erfordernis gilt analog auch für Beschlussfassungen ohne Sitzung iSv. § 108 Abs. 4 AktG. Die Niederschrift ist weder Wort- noch Ergebnisprotokoll. Es handelt sich vielmehr um ein **Verhandlungsprotokoll**, in dem neben Ort und Tag der Sitzung, Teilnehmerverzeichnis und Tagesordnung der wesentliche Inhalt der Verhandlungen und insb. die Beschlüsse des Aufsichtsrats niederzulegen sind. Hierzu gehört der vollständige Wortlaut der Beschlussvorschläge, die Mitteilung der Art der Beschlussfassung und des Ergebnisses der Abstimmung.[109]

164

Die Anfertigung des Protokolls fällt in die Kompetenz des Aufsichtsratsvorsitzenden in seiner Eigenschaft als Sitzungsleiter. Er bedient sich hierzu eines Protokollführers (dazu oben Rz. 146). Jedes Aufsichtsratsmitglied erhält eine Abschrift der vom Vorsitzenden unterzeichneten Niederschrift. In der nächstfolgenden Aufsichtsratssitzung kann dem Protokoll widersprochen werden. Über den **Widerspruch** entscheidet jedoch nicht der Aufsichtsrat, sondern allein der Vorsitzende in seiner Eigenschaft als Sitzungsleiter.[110]

165

g) Ausführung von Beschlüssen

Maßnahmen zur Ausführung von Beschlüssen obliegen grds. dem Aufsichtsratsvorsitzenden. Das gilt namentlich für deren Bekanntgabe und Erläuterung gegenüber dem Vorstand. Soweit in Ausführung von Beschlüssen Willenserklärungen abzugeben sind – etwa beim Abschluss der Anstellungsverträge mit Vorstandsmitgliedern –, fällt dies nicht automatisch in die Ausführungskompetenz des Aufsichtsratsvorsitzenden. Zur rechtsgeschäftlichen Vertretung (Erklärungsvertretung) des Aufsichtsratsplenums bedarf der Vorsitzende vielmehr einer besonderen Ermächtigung.[111] Eine solche Ermächtigung kann generell in der Satzung oder aber in der Geschäftsordnung des Aufsichtsrats erteilt werden. In Betracht kommt auch ein einzelfallbezogener Beschluss des Aufsichtsrats.[112]

166

Das OLG Düsseldorf entschied für den Fall eines ohne Beifügung einer Vollmachtsurkunde herausgelegten Kündigungsschreibens des Aufsichtsratsvorsitzenden gegenüber einem Vorstandsmitglied, der Erklärungsempfänger könne analog § 174 Satz 1 BGB die Abberufungs- und Kündigungserklärung zurückweisen. Denn der Aufsichtsratsvorsitzende handele aufgrund Ermächtigung durch den Aufsichtsratsbeschluss bei Kundgabe des Aufsichtsratsbeschlusses in Ausübung der vom Aufsichtsratsplenum abgeleiteten Vertretungsmacht.[113] Folgt man der hier vertretenen Ansicht, dass der Aufsichtsratsvorsitzende einer besonderen Ermächtigung bedarf und diese Befugnis zur Kundgabe von Beschlüssen nicht ohne weiteres aus seiner Amtsstellung als Vorsitzender des Kol-

167

---

[109] *Lutter/Krieger* Rz. 585.
[110] Kölner Komm./*Mertens* § 107 Rz. 77.
[111] *Lutter/Krieger* Rz. 559. AA MünchHdb. GesR/Bd. 4/*Hoffmann-Becking* § 31 Rz. 95 b; *Bednarz* NZG 2005, 418, 422.
[112] MünchHdb. GesR/Bd. 4/*Hoffmann-Becking* § 31 Rz. 87.
[113] OLG D'dorf v. 17. 11. 2003 I-15 U 225/02, NZG 2004, 141. Zustimmend *Leuering* NZG 2004, 120, 122, der § 174 Satz 1 BGB sogar unmittelbar anwenden möchte. Ablehnend *Bednarz* NZG 2005, 418, 421.

legialorgans resultiert (vgl. dazu Rz. 167), so ist die Entscheidung des OLG Düsseldorf folgerichtig.

5. Fehlerhafte Beschlüsse

168 Bei fehlerhaften Aufsichtsratsbeschlüssen wird nach herkömmlicher Auffassung nicht zwischen Anfechtbarkeit und Nichtigkeit unterschieden. Sie sind, wenn sich ein Verstoß gegen zwingende Vorschriften des Gesetzes oder der Satzung ergibt, nichtig.[114] Die **Nichtigkeit** solcher fehlerhafter Beschlüsse kann im Wege der Feststellungsklage geltend gemacht werden. Hierfür besteht keine Ausschlussfrist.

169 Das Bedürfnis, die Nichtigkeitsfolge in minder schweren Fällen zurückzudrängen, löst der BGH einerseits über das Rechtsinstitut der Verwirkung, andererseits über eine sachgerechte Eingrenzung des erforderlichen Rechtsschutzbedürfnisses. Dies führt im Ergebnis zu einer Differenzierung zwischen uneingeschränkter und eingeschränkter Nichtigkeit.[115] Zudem sind Verstöße gegen Ordnungsvorschriften denkbar, die per se beschlussrechtlich irrelevant sind. Danach sind drei Kategorien von fehlerhaften Beschlüssen zu unterscheiden:

– Die uneingeschränkte Nichtigkeit von Beschlüssen wird dann angenommen, wenn sie an einem **unheilbaren Mangel** leiden: Der Mangel kann inhaltlicher Art sein, weil der Beschlussinhalt gegen Gesetz oder Satzung verstößt (zB Erlass von Geschäftsordnungsbestimmungen, die gegen MitBestG verstoßen); es kann sich auch um einen absoluten Verfahrensfehler handeln (zB Beschlussfassung trotz fehlender Beschlussfähigkeit).
– Eine – der Verwirkung fähige – eingeschränkte Nichtigkeit besteht, wenn Verfahrensvorschriften verletzt sind, die als solche zur Disposition der Aufsichtsratsmitglieder stehen (sog. **heilbare Verfahrensmängel**, wie etwa die Verletzung der Einberufungsfrist).
– Der Verstoß gegen bloße **Ordnungsvorschriften** schließlich ist für die Wirksamkeit des Beschlusses gänzlich ohne Belang. Als exemplarisches Beispiel werden die fehlende Protokollierung eines Aufsichtsratsbeschlusses oder die Sitzungsteilnahme aufsichtsratsfremder Personen genannt.[116]

IV. Ausschüsse

1. Fakultative Ausschüsse

170 Das Aufsichtsratsplenum kann die Wahrnehmung bestimmter Aufgaben innerhalb der Grenzen des § 107 Abs. 3 AktG auf Ausschüsse delegieren; den Aufsichtsräten börsennotierter Gesellschaften ist die Bildung von Ausschüssen in Ziff. 5.3 des Deutschen Corporate-Governance-Kodex zur Effizienzsteigerung bei der Bewältigung komplexer Sachverhalte empfohlen. Begrifflich ist zwischen vorbereitenden (§ 107 Abs. 3 Satz 1 AktG) und beschließenden, also

---

[114] BGH II ZR 89/92 v. 17.5.1993, BGHZ 122, 342, 346; BGH II ZR 235/92 v. 15.11.1993, BGHZ 124, 111, 115; *Hüffer* AktG § 108 Rz. 18. Weitgehend für Anfechtbarkeit allerdings OLG Hamburg v. 6.3.1992, AG 1992, 197 f.
[115] *Lutter/Krieger* Rz. 611 ff.
[116] *Lutter/Krieger* Rz. 614.

endgültig entscheidenden (§ 107 Abs. 3 Satz 2 AktG) Ausschüssen zu unterscheiden. Häufig anzutreffen sind Personalausschüsse zur Regelung von Vertragsangelegenheiten der Vorstandsmitglieder, aber auch – weitergehend – Personal- und Sozialausschüsse, in denen allgemein Personalangelegenheiten und Sozialprobleme (in der Regel vorbereitend) behandelt werden. Mit Blick auf die spezifischen Prüfungs- und Überwachungsaufgaben (etwa Vorprüfung des Jahresabschlusses, Überwachung der Finanzplanung oder Entscheidung über zustimmungspflichtige Investitionen) finden sich auch sachgebietsbezogene Ausschüsse, vor allem für Finanzen und Investitionen.[117] Besondere Bedeutung haben Prüfungsausschüsse, sog. **Audit Committees**, erlangt. Ihre Einrichtung ist nach den Empfehlungen des Deutschen Corporate-Governance-Kodex (Ziff. 5.3.2) für börsennotierte Gesellschaften quasi obligatorisch. Ihr Aufgabenfeld betrifft Fragen der Rechnungslegung, des Risikomanagements und der Compliance, der Unabhängigkeit des Abschlussprüfers sowie die Erteilung des Prüfungsauftrags, die Festlegung von Prüfungsschwerpunkten und den Abschluss der Honorarvereinbarung (s. auch Rz. 91). Durch die nachträgliche Aufnahme der Aufgabe „Compliance" in den Katalog in Ziff. 5.3.2. ist klargestellt, dass die Verantwortlichkeit für Fragen des Risikomanagements die Zuständigkeit für die – auch laufende – Befassung dieses Ausschusses mit compliancerelevanten Fragen und Sachverhalten umfasst.[118]

a) Effizienzsteigerung durch Arbeitsteilung

Durch die Delegation der Analyse und Beurteilung von Spezialproblemen an Ausschüsse wird die Effizienz der Überwachung und Kontrolle des Vorstands gesteigert. Dies deswegen, weil die Bildung von Ausschüssen ermöglicht, einzelne Aufsichtsratsmitglieder gezielt nach ihrer beruflichen Vorbildung einzusetzen. Zugleich ermöglicht die Arbeit in Ausschüssen eine noch sensiblere Behandlung vertraulicher Fragen.

b) Grenzen der Entscheidungsdelegation

Der Aufsichtsrat kann seine Kompetenzen nicht nach Belieben an Ausschüsse übertragen. § 107 Abs. 3 Satz 2 AktG enthält eine abschließende Aufzählung derjenigen Beschlussgegenstände, die einem Ausschuss nicht anstelle des Plenums zur Entscheidung überwiesen werden können. Besonders hervorzuheben ist das Verbot der Entscheidungsdelegation in folgenden Fragen:
- Wahl des **Aufsichtsratsvorsitzenden** und seines/seiner Stellvertreter/s (§ 107 Abs. 1 Satz 1 AktG) sowie – als actus contrarius – deren Abberufung.[119]
- Bestellung von **Vorstandsmitgliedern** (§ 84 Abs. 1 Sätze 1 und 3 AktG), Ernennung eines Vorstandsvorsitzenden (§ 84 Abs. 2 AktG) sowie Widerruf dieser Maßnahmen (§ 84 Abs. 3 AktG). Allerdings ist der Aufsichtsrat nicht gehindert, die Entscheidung über Abschluss bzw. Kündigung von Vorstandsanstellungsverträgen an einen Ausschuss zu delegieren. In diesen Fällen darf der (Personal-)Ausschuss wegen der faktischen Wechselwirkung mit

---

[117] MünchHdb. GesR/Bd. 4/*Hoffmann-Becking* § 32 Rz. 1; *Lutter/Krieger* Rz. 621.
[118] *Rodewald/Unger* BB 2007, 1629, 1631.
[119] *Hüffer* AktG § 107 Rz. 18.

der Frage der Organbestellung und der diesbezüglichen originären Bestellkompetenz des Aufsichtsratsplenums freilich nicht vorpreschen.[120]
- Begründung von **Zustimmungsvorbehalten** (§ 111 Abs. 4 Satz 2 AktG). Falls von der Geschäftsordnung vorgesehen, können Ausschüsse jedoch über die Erteilung von Einzelzustimmungen entscheiden.[121]

173 Keine Delegationsbeschränkungen ergeben sich hinsichtlich der Übertragung einzelner **Überwachungsaufgaben** (zB Überwachung konkreter Geschäftsführungsmaßnahmen) oder bei der Übertragung von **Vorbereitungsaufgaben** an Ausschüsse.[122]

2. Vermittlungsausschuss nach § 27 Abs. 3 MitbestG

174 Gesetzlich zwingend ist nach § 27 Abs. 3 MitbestG die Bildung eines vierköpfigen Vermittlungsausschusses (auch „ständiger Ausschuss"), dessen einzige Aufgabe darin besteht, im Rahmen des Verfahrens zur **Bestellung oder Abberufung von Vorstandsmitgliedern** in mitbestimmten Gesellschaften nach einem gescheiterten Wahlgang innerhalb eines Monats einen eigenen Vorschlag zu machen (§ 31 Abs. 3 Satz 1 MitbestG).

175 Dem Vermittlungsausschuss gehören der Vorsitzende und der stellvertretende Vorsitzende des Aufsichtsrats als geborene Mitglieder an. Hinzu treten ein drittes und ein viertes Mitglied, die jeweils getrennt durch die Anteilseignervertreter und Arbeitnehmervertreter im Aufsichtsrat gewählt werden. Zwar fungiert der Aufsichtsratsvorsitzende regelmäßig auch als Vorsitzender des Vermittlungsausschusses, besitzt jedoch dort (abweichend von § 29 Abs. 2 MitbestG) kein Zweitstimmrecht.

3. Bildung, Besetzung und Überwachung

176 Die Bildung von Ausschüssen fällt in die Organisationsfreiheit des Aufsichtsrats (§ 107 Abs. 3 Satz 1 AktG), der hierüber autonom – und frei von Vorgaben der Satzung – entscheidet (einmal abgesehen von der Bildung des Vermittlungsausschusses nach § 27 Abs. 3 MitbestG).[123]

177 Bei der Festlegung der Größe der zu bildenden Ausschüsse ist der Aufsichtsrat gleichfalls nicht an Vorgaben gebunden. Semantisch ergibt sich aus dem Begriff „Ausschuss" (= Gremium) jedoch, dass im Ausschuss eine Personenmehrzahl zusammenwirken muss. Dabei wird man für beschließende Ausschüsse in Anlehnung an § 108 Abs. 2 Satz 3 AktG ein Mindestquorum von drei Mitgliedern fordern müssen.[124] Im Übrigen (insb. bei lediglich vorbereitenden Ausschüssen) dürfte ein Zwei-Personen-Gremium genügen.

178 Bei der personellen Besetzung des Aufsichtsrats besteht kein Paritätsgebot dergestalt, dass die Verhältnisse (insb. in mitbestimmten Aufsichtsräten) auf Ebene der Ausschüsse zwingend abgebildet werden müssten.[125] Es ist ja gerade Zweck der Ausschüsse, effizienzsteigernd zu wirken, so dass bei der Auswahl

---

[120] BGH II ZR 182/79 v. 24. 11. 1980, BGHZ 79, 38, 40 ff.; *Hüffer* AktG § 107 Rz. 18.
[121] BGH II ZR 87/90 v. 27. 5. 1991, AG 1991, 398; *Hüffer* AktG § 107 Rz. 18.
[122] *Lutter/Krieger* Rz. 625.
[123] *Lutter/Krieger* Rz. 630.
[124] *Hüffer* AktG § 107 Rz. 17; MünchHdb. GesR/Bd. 4/ *Hoffmann-Becking* § 32 Rz. 16.
[125] Vgl. dazu BGHZ 122, 342; OLG München AG 1995, 466, 467.

der Ausschussmitglieder in erster Linie nach der **Befähigung** der Personen im Hinblick auf die **spezifische Aufgabenstellung** des Ausschusses differenziert werden muss (Eignungsprinzip).[126] Allerdings wird im mitbestimmungsrelevanten Bereich der völlige Ausschluss einer Gruppe immer eines sachlichen Grunds bedürfen.[127]

Die Arbeit der Ausschüsse untersteht der **Überwachung** durch das Aufsichtsratsplenum, dem zu diesem Zweck regelmäßig aus den Ausschüssen zu berichten ist (§ 107 Abs. 3 Satz 3 AktG).

4. Innere Ordnung

Die gesetzlichen **Verfahrensvorschriften** für Aufsichtsratsausschüsse sind rudimentär: § 109 AktG enthält lediglich einzelne Regelungen zur Sitzungsteilnahme; § 108 Abs. 3 und Abs. 4 AktG erstrecken die aufsichtsratsspezifischen Abstimmungsregelungen auf Ausschüsse. Anders als die Bildung und Besetzung der Ausschüsse, über die der Aufsichtsrat autonom entscheidet, kann das Ausschussverfahren jedoch in der Satzung geregelt werden.[128] In Ermangelung übergeordneter Satzungsregelungen und mangels einer vom Gesamtaufsichtsrat beschlossenen Geschäftsordnung kann sich der jeweilige Ausschuss auch selbst eine innere Ordnung geben. Im Übrigen kommen die Bestimmungen für die innere Ordnung des Gesamtaufsichtsrats als Auffangregelungen zur Anwendung.[129]

Hat der Ausschuss einen **Vorsitzenden**, so hat dieser die üblichen sitzungsleitenden Befugnisse. Dabei obliegt die Entscheidung über die Besetzung der Position der Ausschussvorsitzenden (abgesehen von Fällen des § 27 Abs. 3 MitbestG) dem Aufsichtsratsplenum oder – wenn der Aufsichtsrat selbst nicht tätig wird – dem Ausschuss.[130] Ihm kann zugleich ein Zweitstimmrecht zur Auflösung von Pattsituationen verliehen werden. Dabei soll es nicht gegen die Autonomie des Aufsichtsrats verstoßen, wenn dieses Zweitstimmrecht außerhalb der Geschäftsordnung des Aufsichtsrats durch die Satzung der AG begründet wird.[131]

E. Begründung und Beendigung des Aufsichtsratsmandats

I. Bestellung

1. Persönliche Voraussetzungen

§ 100 AktG nennt die gesetzlichen Voraussetzungen für die Mitgliedschaft im Aufsichtsrat. Positiv vorgeschrieben ist lediglich, dass es sich bei den Aufsichtsratsmitgliedern um **natürliche, unbeschränkt geschäftsfähige Personen** handeln muss (§ 100 Abs. 1 AktG). Eine besondere Sachkunde des Aufsichtsratsmitglieds muss nicht nachgewiesen sein.[132] Freilich empfiehlt der

---

[126] Vgl. dazu auch *Kirsten* BB 2004, 173, 174.
[127] MünchHdb. GesR/Bd. 4/*Hoffmann-Becking* § 32 Rz. 19 f.
[128] BGH II ZR 123/81 v. 25. 2. 1982, BGHZ 83, 106, 118 f.
[129] *Lutter/Krieger* Rz. 639.
[130] MünchHdb. GesR/Bd. 4/*Hoffmann-Becking* § 32 Rz. 24.
[131] BGH II ZR 123/81 v. 25. 2. 1982, BGHZ 83, 106, 118 f; *Hüffer* AktG § 107 Rz. 22.
[132] *Hüffer* AktG § 100 Rz. 2.

Deutsche Corporate-Governance-Kodex in Ziff. 5.4.1, Vorschläge zur Wahl von Aufsichtsratsmitgliedern börsennotierter Gesellschaften an deren Kenntnissen, Fähigkeiten, fachlichen Erfahrungen und Unabhängigkeit sowie einer festzulegenden Altersgrenze zu orientieren. Die konkreten Anforderungen an diese Fähigkeiten und Erfahrungen werden in der Literatur sehr unterschiedlich beurteilt.[133] Im Anwendungsbereich der Mitbestimmungsgesetze gelten einige zusätzliche persönliche Voraussetzungen für die Wählbarkeit der Arbeitnehmervertreter.[134]

201 Seit jeher ist umstritten, ob die gleichzeitige Zugehörigkeit eines Aufsichtsratsmitglieds zu den Organen konkurrierender Unternehmen zulässig ist.[135] Ziffer 5.4.2. des Deutschen Corporate Governance Kodex empfiehlt, dass Aufsichtsratsmitglieder keine Organfunktion oder Beratungsaufgaben bei wesentlichen Wettbewerbern des Unternehmens ausüben sollen. Nach einer Entscheidung des OLG Schleswig kann das Vorstandsmitglied eines Unternehmens jedoch grundsätzlich Aufsichtsratsmitglied eines konkurrierenden Unternehmens werden. Etwas anderes ergebe sich nur, wenn die Konkurrenzsituation dauerhaft die gesamte Tätigkeit der Unternehmen erfasse, so dass er als Aufsichtsratsmitglied aufgrund der Pflichtenkollision gehindert sei, sein Amt überhaupt wahrzunehmen.[136]

202 Der Schwerpunkt der gesetzlichen Regelung liegt in der Festschreibung eines Katalogs von **Hinderungsgründen** nach § 100 Abs. 2 AktG:
– Nach § 100 Abs. 2 Satz 1 Nr. 1 AktG ist die Übernahme eines Aufsichtsratsmandats verboten, soweit das Mitglied bereits zehn Aufsichtsratsmandate in (inländischen) Handelsgesellschaften mit obligatorischem Aufsichtsrat wahrnimmt. Anrechnungsfrei sind mithin alle Mandate in freiwillig gebildeten Aufsichtsräten, ferner Aufsichtsratsmandate außerhalb von Handelsgesellschaften wie etwa in Genossenschaften, Stiftungen oder Versicherungsvereinen auf Gegenseitigkeit sowie Mandate in funktionsverwandten Gremien ausländischer Unternehmen.[137]
Eine Lockerung erfährt die Festschreibung der Höchstzahl von (Pflicht-)Aufsichtsratsmandaten durch das **sog. Konzernprivileg** (§ 102 Abs. 2 Satz 2 AktG). Danach bleiben bis zu fünf Aufsichtsratsmandate anrechnungsfrei, sofern sie innerhalb eines Konzerns von den gesetzlichen Vertretern des herrschenden Unternehmens in konzernangehörigen Handelsgesellschaften wahrgenommen werden, die ihrerseits aufsichtsratspflichtig sind. Das Konzernprivileg gilt ausschließlich zugunsten der gesetzlichen Vertreter der Konzernspitze (Vorstand, Geschäftsführer), nicht dagegen zugunsten der dortigen Aufsichtsratsmitglieder. Eine Verschärfung der Höchstzahlregelung ergibt sich hingegen nach § 100 Abs. 2 Satz 3 AktG, wonach der Aufsichtsratsvorsitz auf die zulässige Höchstzahl doppelt angerechnet wird.

---

[133] Vgl. dazu nur die Beiträge von *Lutter* ZIP 2003, 417 ff. sowie *Sünner* ZIP 2003, 834 ff.

[134] Betroffen sind Fragen wie Unternehmenszugehörigkeit oder Zugehörigkeit zu bestimmten Belegschaftsgruppen (vgl. etwa § 76 Abs. 2 BetrVG 1952, § 15 Abs. 15 Abs. aufgeh. Abs. 4 wird Abs. 2 MitbestG).

[135] Bejahend: MünchHdb. GesR/Bd. 4/*Hoffmann-Becking* § 30 Rz. 3 mwN; verneinend: *Lutter*, ZHR 159 (1995), 287, 303.

[136] OLG Schleswig 2 W 46/04 v. 26.4.2004, ZIP 2004, 1143, 1144; ablehnend: *Lutter/Kirschbaum* ZIP 2005, 103, 104.

[137] *Hüffer* AktG § 100 Rz. 3.

E. Begründung und Beendigung des Aufsichtsratsmandats § 7

– § 100 Abs. 2 Satz 1 Nr. 2 AktG verbietet die Wahrnehmung von Aufsichtsratsmandaten durch **gesetzliche Vertreter nachgeordneter Konzernunternehmen** (also deren Vorstände oder Geschäftsführer). Die Wahrnehmung der Kontroll- und Überwachungsbefugnisse in der Konzernspitze widerspräche dem „natürlichen Organisationsgefälle" im Konzern.[138] Das Verbot erstreckt sich nach ganz überwiegender Meinung auch auf die vertretungsberechtigten Organe ausländischer abhängiger Gesellschaften.[139]
– Verboten ist schließlich nach § 100 Abs. 2 Satz 1 Nr. 3 AktG die **Überkreuzverflechtung**. Sie liegt vor, wenn das Aufsichtsratsmitglied zugleich gesetzlicher Vertreter einer Gesellschaft ist, deren obligatorischem (oder fakultativem)[140] Aufsichtsrat ein Vorstandsmitglied der AG angehört, bei der nunmehr der Aufsichtsrat zu bilden ist („keine Überwachung durch Überwachte").

Erst recht ausgeschlossen ist die **Doppelmitgliedschaft in Aufsichtsrat und Vorstand** derselben Gesellschaft (§ 105 Abs. 1 AktG). Dies gilt grds. auch für **Prokuristen** (mit einer Einschränkung nach § 6 Abs. 2 Satz 1 MitbestG) und für Personen, die eine **Generalhandlungsvollmacht** im Sinne von § 54 Abs. 1 1. Alt. HGB innehaben. Ein Verbot, Angehörige eines Vorstandsmitglieds oder aber Personen mit wirtschaftlichem Interesse an der Gesellschaft (wie etwa Lieferanten, Kunden oder Konkurrenten) in den Aufsichtsrat aufzunehmen, besteht hingegen nicht.

In der vergangenen Zeit wurde verstärkt in Öffentlichkeit und Literatur diskutiert, inwiefern ein Wechsel eines ehemaligen Vorstandsmitglieds in den Aufsichtsrat bedenklich ist.[141] Dies mündete in die Einfügung von Ziff. 5.4.4 in den Deutschen Corporate Governance Kodex. Neben Ziffer 5.4.2., wonach dem Aufsichtsrat nicht mehr als zwei ehemalige Mitglieder des Vorstands angehören sollen, heißt es nun, dass der Wechsel des bisherigen Vorstandsvorsitzenden oder eines Vorstandsmitglieds in den Aufsichtsratsvorsitz oder den Vorsitz eines Aufsichtsratausschusses nicht die Regel sein soll. Eine entsprechende Absicht soll der Hauptversammlung besonders begründet werden.

In dem von § 100 Abs. 4 AktG gesteckten Rahmen können schließlich persönliche Voraussetzungen für die Aufsichtsratsmitgliedschaft durch die Satzung definiert werden. Die **Satzungsautonomie** erstreckt sich freilich nur auf Aufsichtsratsmitglieder, die durch die Hauptversammlung gewählt oder entsandt werden.

Bei der satzungsmäßigen Bestimmung der persönlichen Voraussetzungen für die Aufsichtsratsmitglieder der Aktionäre ist zwischen dem **Wahl-** und dem **Entsendungsmodus** zu unterscheiden. Bei der Festschreibung von Wählbarkeitsvoraussetzungen gelten erheblich größere Restriktionen, weil anderenfalls die Gefahr bestünde, dass eine zu enge Handhabung faktisch wie eine Ent-

---

[138] Ausschussbericht zu § 100 AktG, abgedr. bei *Kropff* AktG, S. 136.
[139] Kölner Komm./*Mertens* § 100 Rz. 19 mwN. Einschränkend *Engert/Herschlein* NZG 2004, 459 ff., die § 100 Abs. 2 Satz 1 Nr. 2 AktG nicht auf den non-executive director einer ausländischen Tochtergesellschaft anwenden wollen, da dieser nicht gesetzlicher Vertreter im Sinne dieser Vorschrift sei.
[140] Streitig; wie hier MünchHdb. GesR/Bd. 4/*Hoffmann-Becking* § 30 Rz. 11; aA *Hüffer* AktG § 100 Rz. 7.
[141] Vgl. *Lange* NZG 2004, 265 ff. sowie *Rode* BB 2006, 341 ff., die Vor- und Nachteile dieser Vorgehen darlegen und letztlich die Nachteile als überwiegend ansehen. Einem solchen Wechsel kritisch gegenüber stehen auch: *Bihr/Blättchen* BB 2007, 1285, 1290.

sendung wirken würde – etwa wenn die Zugehörigkeit zu einer bestimmten Familie zur Wählbarkeitsvoraussetzung erhoben würde.[142] Zulässig – auch hinsichtlich des Wahlmodus – ist die Beschränkung auf deutsche Staatsangehörige oder auf Aktionäre der Gesellschaft.[143]

2. Wahl durch die Hauptversammlung

205   Die Wahl durch Hauptversammlungsbeschluss ist das **Regelverfahren** zur Bestellung von **Aufsichtsratsmitgliedern der Aktionäre** (§ 101 Abs. 1 AktG). Deren Bestellung ist dem Votum der Hauptversammlung nur entzogen, soweit in der Satzung Entsendungsrechte nach § 101 Abs. 2 AktG begründet sind (dazu nachfolgend Rz. 208 f.).

Ausnahmsweise – nämlich im Anwendungsbereich der §§ 6 und 8 MontanMitbestG – ist der Hauptversammlung auch die Wahlkompetenz für **Aufsichtsratsmitglieder der Arbeitnehmer** zugewiesen; dort besteht freilich eine Bindung an Wahlvorschläge. Im Übrigen werden die Aufsichtsratsmitglieder der Arbeitnehmer aufgrund der einzelnen Mitbestimmungsgesetze und den zugehörigen Wahlordnungen entweder unmittelbar durch die Arbeitnehmer oder von deren Delegierten gewählt. Die nachfolgende Darstellung erstreckt sich ausschließlich auf die Bestellungsformen des AktG.

206   In der **Bekanntmachung der Tagesordnung** für die Hauptversammlung zur Wahl der Aufsichtsratsmitglieder ist anzugeben, nach welchen gesetzlichen Vorschriften der Aufsichtsrat zusammengesetzt ist und ob eine Bindung an Wahlvorschläge besteht (§ 124 Abs. 2 Satz 1 AktG). Zudem muss die Bekanntmachung entsprechende **Wahlvorschläge des Aufsichtsrats** (nicht des Vorstands) enthalten (§ 124 Abs. 3 Satz 1 AktG), auch wenn diese Vorschläge nicht bindend sind. Die geforderten Wahlvorschläge macht der Aufsichtsrat aufgrund von Beschlüssen, die lediglich der Mehrheit der Stimmen der Aufsichtsratsmitglieder der Aktionäre bedürfen (§ 124 Abs. 3 Satz 4 AktG).

207   Das Wahlverfahren selbst folgt dem **Mehrheitswahlprinzip**. Grundsätzlich (soweit die Satzung keine qualifizierte Mehrheit vorschreibt) genügt die einfache Mehrheit der abgegebenen Stimmen (§ 133 AktG). Dabei muss nicht über jeden Aufsichtsratssitz gesondert abgestimmt werden; nach herrschender Auffassung kann vielmehr eine sog. **Global- oder Listenwahl** in der Weise erfolgen, dass einheitlich über die gesamte Vorschlagsliste für die zu besetzenden Aufsichtsratssitze abgestimmt wird.[144] Die Listenwahl ist jedenfalls dann unbedenklich, wenn der Versammlungsleiter vor Abstimmung darauf hinweist, dass Aktionäre, die auch nur einen einzigen Personalvorschlag ablehnen, die Liste insgesamt ablehnen müssen.[145] Gegen die verfahrensleitende Anordnung des Versammlungsleiters kann eine Einzelabstimmung (anstelle der Listenwahl) nur durch Hauptversammlungsbeschluss erzwungen werden.[146] Ziff. 5.4.3 des Deutschen Corporate Governance Kodex empfiehlt, bei

---

[142] *Hüffer* AktG § 100 Rz. 9; Kölner Komm./*Mertens* § 100 Rz. 28; *Semler* in MünchKomm AktG, 2. Aufl., § 100 Rz. 63; aA *Lutter/Krieger* Rz. 23.
[143] MünchHdb. GesR/Bd. 4/*Hoffmann-Becking* § 30 Rz. 12.
[144] Kölner Komm./*Mertens* § 101 Rz. 16; MünchHdb. GesR/Bd. 4/*Hoffmann-Becking* § 30 Rz. 16; aA *Meyer-Landrut* in Großkomm., § 101 Rz. 4.
[145] *Hüffer* AktG § 101 Rz. 6.
[146] So auch: MünchHdb. GesR/Bd. 4/*Hoffmann-Becking* § 30 Rz. 20.

E. Begründung und Beendigung des Aufsichtsratsmandats 208–212 § 7

börsennotierten Gesellschaften die Wahlen zum Aufsichtsrat als Einzelwahl durchzuführen.

Der BGH stellte klar, dass die Zurechnung von Stimmrechten nach § 30 Abs. 2 Satz 1 WpÜG nur solche Vereinbarungen erfasst, die sich auf die Ausübung von Stimmrechten aus Aktien der Zielgesellschaft, d. h. nur die Stimmrechtsausübung in der Hauptversammlung beziehen. Anders als die Wahl der Aufsichtsratsmitglieder erfüllt die Wahl des Aufsichtsratsvorsitzenden aus der Mitte des Aufsichtsrates nicht den Zurechnungsstatbestand des § 30 Abs. 2 Satz 1 WpÜG. Einer Anwendung dieser Norm auf Abstimmungsvorgänge innerhalb des Aufsichtsrates steht die unabhängige Rechtsstellung der Aufsichtsratsmitglieder entgegen, die allein dem Unternehmensinteresse verpflichtet sind und im Rahmen der ihnen persönlich obliegenden Amtsführung keinen Weisungen unterliegen.[147]

Jedem Aktionär steht frei, **Gegenvorschläge** zu den Personalvorschlägen des Aufsichtsrats zu machen. Über solche Vorschläge ist unter den Voraussetzungen des § 137 AktG vorab zu entscheiden; ansonsten steht die Reihenfolge der Abstimmung im Ermessen des Versammlungsleiters.

Wirksam wird die Wahl eines Aufsichtsratsmitglieds erst durch die **Annahme des Mandats**. Die Annahmeerklärung kann entweder in der Hauptversammlung gegenüber dem Versammlungsleiter oder nachträglich durch entsprechende Erklärung gegenüber dem Vorstand erfolgen.[148] Auch die stillschweigende Aufnahme der Aufsichtsratstätigkeit gilt als Annahme der Wahl.[149]

3. Entsendung kraft Sonderrechts

Anstelle der Wahl durch die Hauptversammlung kann die Bestellung von **bis zu einem Drittel** der Aufsichtsratsmitglieder der Aktionäre aufgrund von Entsendungsrechten erfolgen (§ 101 Abs. 2 AktG).[150] Entsprechende Entsendungsrechte sind Sonderrechte im Sinne von § 35 BGB, die nur durch die Satzung verliehen,[151] dem Berechtigten aber nicht ohne seine Zustimmung wieder entzogen werden können. Entsendungsrechte können entweder als **höchstpersönliche, nicht übertragbare Entsendungsrechte** (§ 102 Abs. 1 Satz 1, 1. Fall AktG) oder als übertragbare, an bestimmte Aktien gebundene **Inhaberentsendungsrechte** (§ 101 Abs. 2 Satz 1, 2. Fall AktG) ausgestaltet werden. Inhaberentsendungsrechte müssen zwingend an vinkulierte Namensaktien gebunden sein (§ 101 Abs. 2 Satz 2 AktG).

Das Entsendungsrecht wird durch **Benennung** des jeweiligen Aufsichtsratsmitglieds gegenüber dem Vorstand der AG ausgeübt. Wirksam wird die Bestellung auch hier erst durch Annahme des Mandats. Das entsandte Aufsichtsratsmitglied unterliegt **keinen Weisungen** des Entsendungsberechtigten.[152] Eine

---

[147] BGH II ZR 137/05 v. 18. 9. 2006, NZG 2006, 945 ff. So auch: *Saenger/Kessler* ZIP 2006, 837, 840; *Casper/Bracht* NZG 2005, 839, 840 f. Anders noch: OLG München – 7 U 279/04 v. 27. 4. 2005, NZG 2005, 848, 849.
[148] Kölner Komm./*Mertens* § 101 Rz. 27.
[149] MünchHdb. GesR/Bd. 4/*Hoffmann-Becking* § 30 Rz. 19.
[150] Zu den Möglichkeiten und Grenzen von Stimmbindungsvereinbarungen über die satzungsmäßige Begründung von Entsendungsrechten vgl.: *Bausch* NZG 2007, 574 ff.
[151] Das gilt auch in der mitbestimmten AG, OLG Hamm 8 U 222/07 v. 31. 3. 2008, ZIP 2008, 1530.
[152] BGH II ZR 1/61 v. 19. 1. 1962, BGHZ 36, 296, 306.

faktische Abhängigkeit besteht gleichwohl, weil das entsandte Aufsichtsratsmitglied von dem Entsendungsberechtigten **jederzeit abberufen** werden kann (§ 103 Abs. 2 AktG).

4. Bestellung von Ersatzmitgliedern

213 § 101 Abs. 3 Satz 1 AktG schließt die Stellvertretung von Aufsichtsratsmitgliedern explizit aus. Zulässig ist hingegen die Bestellung von Ersatzmitgliedern, die **bei Wegfall** (nicht: vorübergehender Verhinderung) eines Aufsichtsratsmitglieds an dessen Stelle für den Rest seiner Amtszeit in den Aufsichtsrat einrücken (§ 101 Abs. 3 Satz 2 AktG). Die Bestellung solcher Ersatzmitglieder hat gleichzeitig mit der Bestellung des Aufsichtsratsmitglieds zu erfolgen, für das es nachrücken soll. Dabei müssen die Modalitäten bei der Bestellung des Ersatzmitglieds denjenigen für die Bestellung des Aufsichtsratsmitglieds entsprechen (§ 103 Abs. 3 Satz 4 AktG). Das heißt: Das Ersatzmitglied für ein Aufsichtsratsmitglied der Aktionäre muss – ebenso wie dieses – entweder gewählt oder entsandt worden sein; das Ersatzmitglied eines Aufsichtsratsmitglieds der Arbeitnehmer muss nach den mitbestimmungsrechtlichen Bestimmungen gewählt werden (unter Beachtung der Sonderregelungen in § 17 MitbestG).

214 Der Wortlaut von § 101 Abs. 3 Satz 2 AktG erweckt den Eindruck, als könne immer nur ein bestimmtes Ersatzmitglied zum Nachrücker eines bestimmten Aufsichtsratsmitglieds bestimmt werden. Es ist jedoch eine **flexiblere Handhabung** möglich: So kann ein Ersatzmitglied gleichzeitig für mehrere bestimmte Aufsichtsratsmitglieder bestellt werden, sofern sie alle derselben Gruppe von Aufsichtsratsmitgliedern angehören.[153] Auch können mehrere Ersatzmitglieder für ein und dasselbe Aufsichtsratsmitglied bestellt werden, sofern die Reihenfolge des Nachrückens festgelegt ist.[154] Zudem besteht die Möglichkeit, Ersatzmitglieder im Wege der Global- oder Listenwahl zu bestellen – dies mit der Maßgabe, dass die Ersatzmitglieder entsprechend ihrer Reihenfolge auf der Liste nach Ausscheiden eines Aufsichtsratsmitglieds nachrücken.[155]

215 Durch die **Annahme der Wahl** erklärt sich das Ersatzmitglied zugleich mit dem bedingten Nachrücken in den Aufsichtsrat einverstanden. Die Aufsichtsratsmitgliedschaft kommt damit automatisch zustande, wenn das originäre Aufsichtsratsmitglied vor Ablauf seiner Amtszeit ausscheidet, ohne dass eigens ein Nachfolger bestellt worden ist. In diesem Fall bleibt das Ersatzmitglied bis zum Ablauf der Amtszeit des weggefallenen Aufsichtsratsmitglieds im Amt.

5. Gerichtliche Bestellung

216 Bei Unterbesetzung des Aufsichtsrats kommt die gerichtliche Bestellung fehlender Aufsichtsratsmitglieder nach § 104 AktG in Betracht. Gründe der gerichtlichen Bestellung sind
– Beschlussunfähigkeit des Aufsichtsrats (§ 104 Abs. 1 AktG)
– Unterschreitung der (gesetzlich oder satzungsmäßig) vorgeschriebenen Mitgliederzahl für einen Zeitraum von mehr als drei Monaten (§ 104 Abs. 2 AktG) oder

---

[153] *Hüffer* AktG § 101 Rz. 14.
[154] BGH II ZR 18/86 v. 15.12.1986, NJW 1987, 902; *Hüffer* AktG § 101 Rz. 15.
[155] MünchHdb. GesR/Bd. 4/*Hoffmann-Becking* § 30 Rz. 26.

E. Begründung und Beendigung des Aufsichtsratsmandats

– unvollständige Besetzung eines paritätisch mitbestimmten Aufsichtsrats (§ 104 Abs. 3 AktG).

Praktisch bedeutsam ist die gerichtliche Bestellung vor allem bei der Unterbesetzung von Aufsichtsräten, die der **Mitbestimmung** unterliegen (ausgenommen Mitbestimmung nach DrittelbG). Die in der Unterbesetzung liegende Störung der Parität in der Aufsichtsratsbesetzung wird vom Gesetzgeber als **dringender Fall** gewertet, der die Ergänzung des Aufsichtsrats bereits vor Eintritt einer dreimonatigen Vakanz im Sinne des § 104 Abs. 2 Satz 1 AktG rechtfertigt (§ 104 Abs. 3 Nr. 2 AktG).[156] **217**

Über die Ergänzung des Aufsichtsrats entscheidet das Amtsgericht des Gesellschaftssitzes auf **Antrag** des Vorstands, eines Aufsichtsratsmitglieds oder eines Aktionärs (§ 104 Abs. 1 Satz 1 AktG). Bei Beschlussunfähigkeit des Aufsichtsrats ist der Vorstand nach Maßgabe von § 104 Abs. 1 Satz 2 AktG zur Antragstellung verpflichtet. Für mitbestimmte Gesellschaften wird der Kreis der Antragsberechtigten durch § 104 Abs. 1 Satz 3 AktG auf die dort genannten Betriebsräte, Arbeitnehmerquoren, Spitzenorganisationen[157] und Gewerkschaften erweitert. Eine weitere Ausdehnung der Antragsberechtigung ergibt sich aus § 104 Abs. 1 Satz 4 AktG, der zwecks Wahrung der Gruppenparität im Sinne des MitbestG auch einzelnen Arbeitnehmergruppen eine Antragsbefugnis zuweist. **218**

Mit dem Antrag auf gerichtliche Ergänzung wird regelmäßig ein **Personalvorschlag** verbunden. An diesen Vorschlag ist das Gericht zwar grds. nicht gebunden, es soll nach § 104 Abs. 4 Satz 4 AktG jedoch Wahlvorschläge von Spitzenorganisationen, Gewerkschaften oder Betriebsräten berücksichtigen, soweit die genannten Organisationen bei der Wahl des zu ersetzenden Aufsichtsratsmitglieds nach den mitbestimmungsrechtlichen Sonderbestimmungen ein Vorschlagsrecht hätten. Die Ausübung des pflichtgemäßen Ermessens ist am Unternehmensinteresse der betroffenen Gesellschaft auszurichten.[158]

Das Amt eines gerichtlich bestellten Aufsichtsratsmitglieds endet automatisch, sobald der zugrunde liegende Mangel (die fehlende Beschlussfähigkeit, die sonstige Unterbesetzung) entfallen ist (§ 104 Abs. 5 AktG). In dem Bestellungsbeschluss kann das Gericht auch eine kürzere **Amtszeit** festlegen. **219**

II. Amtszeit

1. Beginn

Die Amtszeit eines Aufsichtsratsmitglieds beginnt frühestens mit **Annahme** des Mandats.[159] Die Bestellung kann jedoch grds. auch aufschiebend befristet oder bedingt erfolgen.[160] **220**

---

[156] Ausführlich zu Aufsichtsratsneuwahlen und Ersatzbestellung von Aufsichtsratsmitgliedern im Wechsel des Mitbestimmungsmodells: *Schnitker/Grau* NZG 2007, 486 ff.
[157] § 104 Abs. 1 Nr. 4 AktG eigentlich gegenstandslos, da das Vorschlagsrecht für Spitzenorganisationen der Gewerkschaften im MontanMitbestG und MitbestErgG inzwischen entfallen ist; vgl. MünchHdb. GesR/Bd. 4/*Hoffmann-Becking* § 30 Rz. 33.
[158] *Kocher* NZG 2007, 372, 374, auch zu der Möglichkeit des Registergerichts während schwebender Klagen gegen die Rechtmäßigkeit der Wahl von Aufsichtsratsmitgliedern, den von der Hauptversammlung gewählten Kandidaten erneut zu bestellen.
[159] *Lutter/Krieger* Rz. 24; *Hüffer* AktG § 102 Rz. 3.
[160] MünchHdb. GesR/Bd. 4/*Hoffmann-Becking* § 30 Rz. 36.

2. Höchstdauer

221 § 102 Abs. 1 AktG regelt die Höchstdauer der Amtszeit der einzelnen Aufsichtsratsmitglieder. Entscheidender **Stichtag** ist die Beendigung der Hauptversammlung, die über die Entlastung für das vierte Geschäftsjahr nach Beginn der Amtszeit beschließt. Hieraus ergibt sich regelmäßig eine Höchstdauer von ca. fünf Jahren, da das Geschäftsjahr, in dem die Amtszeit beginnt, nicht mitzurechnen ist (§ 102 Abs. 1 Satz 2 AktG).[161]

Eine Sonderregelung gilt für die Mitglieder des ersten Aufsichtsrats einer AG: Ihr Mandat dauert gem. § 30 Abs. 3 Satz 1 AktG längstens bis zur Beendigung der Hauptversammlung, die über die Entlastung für das erste Geschäftsjahr beschließt.

3. Einzelfälle

a) Wiederbestellung

222 Die Wiederbestellung von Aufsichtsratsmitgliedern ist grds. zulässig, problematisch ist aber die vorzeitige **Wiederwahl**. Sie ist nach herrschender Meinung nur zulässig, wenn der Rest der noch laufenden Amtszeit in die Berechnung der nach § 102 Abs. 2 AktG zulässigen Höchstdauer einbezogen wird.[162]

b) Arbeitnehmervertreter

223 Die Amtszeit der Arbeitnehmervertreter im Aufsichtsrat ist an die **gesetzlich oder durch Satzung vorgeschriebene Amtszeit** der von der Hauptversammlung zu wählenden Aufsichtsratsmitglieder gekoppelt. Das ergibt sich im Anwendungsbereich der Montanmitbestimmung unmittelbar aus der Wahlzuständigkeit der Hauptversammlung (§§ 5, 6 MontanMitbestG) und folgt im Übrigen aus § 15 Abs. 1 MitbestG, § 76 Abs. 2 Satz 1 BetrVG 1952 und § 10 c Abs. 1 MitbestErgG.

c) Entsandte Mitglieder

224 Aus der gesetzlichen Möglichkeit zur jederzeitigen Abberufung entsandter Aufsichtsratsmitglieder (§ 103 Abs. 2 AktG) ist zu schließen, dass der entsendungsberechtigte Aktionär bereits bei der Entsendung die Amtszeit des Mitglieds in dem von § 102 Abs. 1 AktG vorgegebenen Rahmen **frei bestimmen** kann.[163]

d) Ersatzmitglieder

225 Hierzu vgl. oben Rz. 215.

---

[161] Zu den Rechtsfolgen, wenn das Ausscheiden eines Aufsichtsratsmitglieds durch Erlöschen des Mandats unbemerkt geblieben ist: *Fortun/Knies* DB 2007, 1451 ff.
[162] *Hüffer* AktG § 102 Rz. 6; aA MünchHdb. GesR/Bd. 4/*Hoffmann-Becking* § 30 Rz. 40, der für eine analoge Anwendung von § 84 Abs. 1 Satz 3 AktG eintritt.
[163] Kölner Komm./*Mertens* § 102 Rz. 9.

E. Begründung und Beendigung des Aufsichtsratsmandats 226–229 § 7

III. Vorzeitiges Ausscheiden

1. Wegfall persönlicher Voraussetzungen

Es ist zwischen dem Wegfall gesetzlicher und satzungsmäßiger Voraussetzungen zu unterscheiden. Entfallen die persönlichen Voraussetzungen der Mitgliedschaft, die das Gesetz zwingend vorschreibt, so erlischt das Amt des Aufsichtsratsmitglieds. Das gilt namentlich, wenn nachträglich einer der gesetzlichen Hinderungsgründe (§§ 100, 105 AktG, dazu oben Rz. 200f.) eintritt. Die gleiche Wirkung tritt bei Arbeitnehmervertretern ein, wenn sie aus dem Unternehmen ausscheiden (§ 7 Abs. 2 MitbestG)[164] oder wenn im Rahmen der Konzernmitbestimmung nach § 5 Abs. 1 MitbestG das Unternehmen, bei dem der Unternehmer beschäftigt ist, aus dem Konzernverbund ausscheidet. Hingegen führt der nachträgliche Verlust einer in der Satzung bestimmten persönlichen Eigenschaft nicht unweigerlich zur Beendigung der Aufsichtsratsmitgliedschaft.[165] In diesen Fällen kann die Hauptversammlung durch eine Abberufung nach § 103 Abs. 1 AktG reagieren; ggf. kommt auch die gerichtliche Abberufung aus wichtigem Grund nach § 103 Abs. 3 AktG in Betracht. 226

2. Amtsniederlegung

Die Amtsniederlegung durch das Aufsichtsratsmitglied ist gesetzlich nicht geregelt, ihre Zulässigkeit aber grds. anerkannt. Ihre **Wirksamkeit** ist nach herrschender Meinung nicht daran geknüpft, dass dem Aufsichtsratsmitglied ein wichtiger Grund zur Seite steht.[166] Jedoch darf sie nicht zur Unzeit erfolgen.[167] Formal handelt es sich bei der Amtsniederlegung um eine zugangsbedürftige Willenserklärung, die an die AG (vertreten durch deren Vorstand) zu richten ist und (mangels besonderer Anforderungen in der Satzung) keiner besonderen Form bedarf. 227

3. Abberufung

§ 103 AktG enthält einen Katalog verschiedener Abberufungstatbestände. Sie unterscheiden einerseits nach der Abberufungskompetenz (Hauptversammlung, entsendungsberechtigter Aktionär, Gericht), andererseits danach, ob die abzuberufenden Aufsichtsratsmitglieder gewählt oder entsandt worden sind. Daneben gelten für die Arbeitnehmervertreter die besonderen Abberufungsbestimmungen der Mitbestimmungsgesetze. 228

Nach § 103 Abs. 1 AktG kann die Hauptversammlung die von ihr **gewählten Aufsichtsratsmitglieder** jederzeit – und ohne Anknüpfung an sachliche Erfordernisse (wie etwa Pflichtverletzung) – abberufen, soweit sie nach den Sonderregeln der Montanmitbestimmung nicht an einen Wahlvorschlag ge- 229

---

[164] Eintritt in Freistellungsphase der Altersteilzeit im Blockmodell steht Ausscheiden aus Unternehmen gleich und führt zur Beendigung der Mitgliedschaft im Aufsichtsrat, so jetzt BAG 7 ABR 18/00 v. 25. 10. 2000, DB 2001, 706, mit Anm. *Haag/Gräter/Dangelmaier* DB 2001, 701ff.
[165] Kölner Komm./*Mertens* § 100 Rz. 34.
[166] *Hüffer* AktG § 103 Rz. 17; MünchHdb. GesR/Bd. 4/*Hoffmann-Becking* § 30 Rz. 48.
[167] AA *Lutter/Krieger* Rz. 27, die eine Amtsniederlegung auch zur Unzeit für wirksam halten.

bunden war. Es bedarf hierzu grds. eines Beschlusses, der von mindestens drei Vierteln der abgegebenen Stimmen getragen wird. § 103 Abs. 1 Satz 3 AktG erlaubt, in der Satzung abweichende (verschärfende oder erleichternde) Erfordernisse der Abberufung festzuschreiben. Dies muss aber für alle von der Hauptversammlung gewählten Aufsichtsratsmitglieder einheitlich geschehen.[168]

230 Die Abberufung eines **entsandten Aufsichtsratsmitglieds** obliegt nach § 103 Abs. 2 Satz 1 AktG primär dem entsendungsberechtigten Aktionär. Auch hier kann die Abberufung jederzeit und ohne weiteres Begründungserfordernis erfolgen. Darüber hinaus besitzt die Hauptversammlung nach § 103 Abs. 2 Satz 2 die Möglichkeit, entsandte Aufsichtsratsmitglieder abzuberufen, wenn die satzungsmäßigen Voraussetzungen des Entsendungsrechts weggefallen sind. Es genügt hier ein mit einfacher Stimmenmehrheit gefasster Hauptversammlungsbeschluss.

231 Die **gerichtliche Abberufung** von Aufsichtsratsmitgliedern nach § 103 Abs. 3 AktG betrifft Aufsichtsratsmitglieder der Aktionäre (gewählt oder entsandt) und Arbeitnehmervertreter gleichermaßen. Anknüpfungspunkt ist jeweils ein wichtiger Grund in der Person des Aufsichtsratsmitglieds. Vorausgehen muss ein Antrag des Aufsichtsratsplenums, der mit einfacher Mehrheit zu fassen ist (§ 103 Abs. 3 Satz 2 AktG). Das abzuberufende Aufsichtsratsmitglied unterliegt bei der Entscheidung über die Antragstellung einem Stimmverbot.[169] Zielt die Abberufung auf ein entsandtes Aufsichtsratsmitglied, so ist auch eine Aktionärsminderheit, deren Aktien zusammen mindestens 10 % des Grundkapitals oder den anteiligen Betrag von € 1 Mio. verkörpern, antragsberechtigt (§ 103 Abs. 3 Satz 3 AktG).

IV. Bekanntmachung des Wechsels von Aufsichtsratsmitgliedern

232 Personelle Änderungen in der Zusammensetzung des Aufsichtsrats – jedes Ausscheiden und jeden Eintritt – hat der Vorstand nach § 106 AktG in den Gesellschaftsblättern bekannt zu machen. Die Bekanntmachung bezweckt die Publizität der Aufsichtsratszusammensetzung, besitzt hinsichtlich Begründung oder Beendigung der Aufsichtsratsmitgliedschaft aber keine konstitutive Wirkung.

F. Rechte und Pflichten der Aufsichtsratsmitglieder

I. Rechtsstellung

1. Gleichheit und Gleichbehandlung aller Aufsichtsratsmitglieder

241 Alle Aufsichtsratsmitglieder haben gleiche Rechte und Pflichten – unabhängig vom Aufsichtsratsystem und unabhängig davon, ob sie durch Hauptversammlung oder Arbeitnehmer gewählt oder aber durch einzelne Aktionäre entsandt worden sind.[170] Abgesehen von den besonderen – funktionsgebunde-

---

[168] BGH II ZR 18/86 v. 15.12.1986, NJW 1987, 902; *Hüffer* AktG § 103 Rz. 4.
[169] Strittig, wie hier Kölner Komm./*Mertens* § 108, Rz. 49; *Stadler/Berner* NZG 2003, 49, 50 mwN.
[170] BGH II ZR 156/73 v. 5.6.1975, BGHZ 64, 325, 330; BGH II ZR 123/81 v.

nen – Befugnissen des Aufsichtsratsvorsitzenden haben alle Aufsichtsratsmitglieder insb. die gleichen Informations- und Mitwirkungsrechte. Auch bei der Definition der Sorgfaltspflicht und Bemessung der Aufsichtsratsvergütung findet eine Differenzierung nicht statt.[171]

2. Höchstpersönliche Amtsausübung

Das AktG verpflichtet das Aufsichtsratsmitglied zur persönlichen Amtswahrnehmung: § 101 Abs. 3 Satz 1 AktG verbietet dem Bestellorgan, dem Aufsichtsratsmitglied einen Stellvertreter zuzuordnen; nach der korrespondierenden Vorschrift des § 111 Abs. 5 AktG ist es dem Aufsichtsratsmitglied verboten, selbst einen Stellvertreter einzusetzen.

Zulässig ist lediglich die Stimmbotenschaft durch Überreichung einer schriftlichen Stimmabgabe nach § 108 Abs. 3 AktG (dazu oben Rz. 161f.) und – damit korrespondierend – die passive Sitzungsteilnahme Dritter nach § 109 Abs. 3 AktG, die aber weder mit einem eigenen Stimmrecht, noch einem eigenen Rede- oder Antragsrecht des Teilnahmeberechtigten verbunden ist.[172]

Ausnahmsweise kann das einzelne Aufsichtsratsmitglied **externe Berater** zur Vorbereitung der eigenen Sitzungsteilnahme zuziehen,[173] wenn das betroffene Aufsichtsratsmitglied weder aufgrund eigener Kenntnisse und Fähigkeiten noch unter Hinzuziehung der gesellschaftsintern zur Verfügung stehenden Beratungsmöglichkeiten eine konkrete Vorfrage ausreichend klären kann.[174] Ein genereller Anspruch auf Zuziehung von Sachverständigen besteht nicht.[175]

3. Unabhängigkeit und Weisungsfreiheit

Unabhängig davon, auf welche Weise und durch wen das Aufsichtsratsmitglied bestellt wurde, ist es an Weisungen nicht gebunden. Die **eigenverantwortliche Mandatswahrnehmung** gilt nach zutreffender herrschender Meinung auch für Vertreter von Gebietskörperschaften im Aufsichtsrat, die beamtenrechtlich grds. an Weisungen gebunden sind.[176] Verträge, die die Verpflichtung von Aufsichtsratsmitgliedern zum Gegenstand haben, ihre Stimme nach Weisung Dritter abzugeben, sind ebenso unwirksam wie Vereinbarungen, in denen sich die Aufsichtsratsmitglieder zur Amtsniederlegung für den Fall verpflichten, dass sie einer (eigentlich unverbindlichen) Weisung nicht folgen wollen.[177] Die volle Weisungsfreiheit der Aufsichtsratsmitglieder korrespondiert mit deren vollem Risiko, bei Verletzung ihrer Pflichten haften zu müssen (dazu unten Rz. 270 ff.).

Nach der Empfehlung (Ziff. 5.4.2.) des Deutschen Corporate Governance Kodex soll dem Aufsichtsrat eine ausreichende Anzahl unabhängiger Mitglieder angehören. Ein Aufsichtsratsmitglied ist danach als unabhängig anzusehen,

---

25. 2. 1982, BGHZ 83, 106, 120; BGH II ZR 145/80 v. 25. 2. 1982, BGHZ 83, 151, 154; BGH II ZR 18/86 v. 15. 12. 1986, BGHZ 99, 211, 216.
[171] MünchHdb. GesR/Bd. 4/*Hoffmann-Becking* § 33 Rz. 2.
[172] *Hüffer* AktG § 109 Rz. 7.
[173] *Hüffer* AktG § 111 Rz. 23; *Lutter/Krieger* DB 1995, 257, 259.
[174] BGH II ZR 27/82 v. 15. 11. 1982, NJW 1983, 991; MünchHdb. GesR/Bd. 4/*Hoffmann-Becking* § 33 Rz. 5.
[175] BGH II ZR 27/82 v. 15. 11. 1982, NJW 1983, 991.
[176] *Hüffer* AktG § 394 Rz. 27.
[177] *Lutter/Krieger* Rz. 692.

wenn es in keiner geschäftlichen oder persönlichen Beziehung zu der Gesellschaft oder deren Vorstand steht, die einen Interessenkonflikt begründet.[178]

4. Unternehmensinteresse als Handlungsmaxime; Konfliktlagen

246 Bei der Wahrnehmung ihrer Aufgaben sind die Aufsichtsratsmitglieder ausschließlich dem Unternehmensinteresse verpflichtet. Ein **Interessenwiderstreit** ist deshalb immer zugunsten des Unternehmensinteresses zu lösen; im Anwendungsbereich des Deutschen Corporate-Governance-Kodex besteht zudem die Empfehlung (Ziff. 5.5.2), etwaige Interessenkonflikte gegenüber dem Aufsichtsrat offenzulegen. Dieser Grundsatz gilt auch für Vertreter eines herrschenden Unternehmens im Aufsichtsrat der abhängigen Gesellschaft, soweit kein Beherrschungsvertrag und keine Eingliederung vorliegt.[179]

247 Nach herrschender Meinung ergibt sich im Fall einer Interessenkollision kein zwingendes allgemeines **Stimmverbot**.[180] Ein Aufsichtsratsmitglied ist in Analogie zu § 34 BGB und § 47 Abs. 4 GmbHG nur dann vom Stimmrecht ausgeschlossen, wenn die Beschlussfassung ein Rechtsgeschäft oder einen Rechtsstreit betrifft, an dem das betreffende Aufsichtsratsmitglied persönlich beteiligt ist.[181]

II. Vergütung

1. Gesetzliches Schuldverhältnis

248 Mit der Bestellung des Aufsichtsratsmitglieds beginnt nach heute herrschender Meinung ein **Organschaftsverhältnis mit Doppelnatur**, das einerseits in einen korporationsrechtlichen, andererseits in einen schuldrechtlichen Teil zerfällt.[182] Die persönlichen Rechte und Pflichten des Aufsichtsratsmitglieds (namentlich Vergütungsansprüche) beruhen insofern nicht auf vertraglicher Grundlage,[183] sondern auf einem gesetzlichen Schuldverhältnis.

2. Festvergütung, Tantieme, Auslagenersatz

249 Bei der Ausgestaltung der Aufsichtsratsvergütung besteht ein weiter Spielraum. Der BGH setzt diesem Spielraum jedoch gewisse Grenzen: Aktienoptionsprogramme zugunsten von Aufsichtsratsmitgliedern sind bei Unterlegung mit zurückgekauften eigenen Aktien der Gesellschaft (§ 71 Abs. 1 Nr. 8 Satz 5 AktG) ebenso unzulässig wie bei Unterlegung mit bedingtem Kapital gem.

---

[178] Zur Auslegung der ausfüllungsbedürftigen in Ziff. 5.4.2. verwendeten Begriffe ist auf die Empfehlung der EU-Kommission zu den Aufgaben von nicht geschäftsführenden Direktoren/Aufsichtsratsmitgliedern/börsennotierter Gesellschaften sowie zu den Ausschüssen des Verwaltungs-/Aufsichtsrates, 2005/162/EG, AB1EG L52/51 zurückzugreifen. Zu Ziff. 5.4.2. sowie der Frage, ob die Arbeitnehmervertreter unter den Aufsichtsratsmitgliedern einzurechnen sind, vgl. auch: *Hüffer* ZIP 2006, 637 ff.; *Lieder* NZG 2005, 569 ff.; *Nagel* NZG 2007, 166. ff.

[179] *Hoffmann-Preu* Der Aufsichtsrat 5. Aufl. 2003 Rz. 500.

[180] MünchHdb. GesR/Bd. 4/*Hoffmann-Becking* § 31 Rz. 59 mwN.

[181] *Hüffer* AktG § 108 Rz. 9; *Lutter/Krieger* Rz. 771.

[182] *Hüffer* AktG § 101 Rz. 2.

[183] So aber die früher herrschende Meinung, vgl. etwa RG ZR I 324/28 v. 2. 3. 1929, RGZ 123, 351, 354, aber auch Kölner Komm./*Mertens* § 101 Rz. 7 f.

§ 192 Abs. 2 Nr. 3 AktG.[184] Üblicherweise wird eine feste Vergütung pro Geschäftsjahr gezahlt, die um eine Tantieme, also eine gewinnabhängige Vergütung, ergänzt wird. Daneben tritt der Ersatz von Auslagen.
Während die feste Vergütung regelmäßig am Ende des Geschäftsjahres fällig wird, ist die Fälligkeit der gewinnabhängigen Vergütung an den Gewinnverwendungsbeschluss der Hauptversammlung geknüpft. Dabei fordert § 113 Abs. 1 Satz 3 AktG (Sollvorschrift) die **Angemessenheit der Vergütung**.[185] Bei der Beurteilung ist maßgebend auf die Aufgaben der Aufsichtsratsmitglieder und die Lage der Gesellschaft abzustellen.
Für die **Bemessung der Aufsichtsratstantieme** enthält § 113 Abs. 3 AktG eine Berechnungsregel (freilich nur für den Fall, dass die Tantieme als Anteil am Jahresgewinn gewährt wird). Parameter der Gewinnbeteiligung ist danach der Bilanzgewinn vermindert um einen Betrag von mindestens 4 % der auf den geringsten Ausgabebetrag der Aktien geleisteten Einlagen. Die praktische Bedeutung der Vorschrift ist gering, da die Tantieme nicht zwingend am Jahresgewinn, sondern insb. auch an der ausgeschütteten Dividende (namentlich am Dividendensatz) ausgerichtet werden kann.[186]

3. Festsetzung und Bewilligung

Nach § 113 Abs. 1 Satz 2 AktG kann die Vergütung entweder in der Satzung festgesetzt oder durch die Hauptversammlung bewilligt werden. Dabei genügt die Festsetzung eines **Gesamtbetrags**, der dann vom Aufsichtsrat autonom unter den einzelnen Mitgliedern verteilt werden kann.[187] Nicht zulässig ist die Ermächtigung des Vorstands durch die Hauptversammlung, unter Ausnutzung eines Ausübungsermessens über die Festsetzung der Aufsichtsratsvergütung zu entscheiden.[188]
Sofern die Vergütung in der Satzung festgesetzt ist, kann eine Satzungsänderung zur **Herabsetzung der Vergütung** mit einfacher Stimmenmehrheit beschlossen werden (§ 113 Abs. 1 Satz 4 AktG). Bei Herabsetzung während des laufenden Geschäftsjahrs wird vorgeschlagen zu differenzieren:[189] Während die Herabsetzung der **Festvergütung** ohne Zustimmung der Aufsichtsratsmitglieder erst mit Wirkung für das nächste Geschäftsjahr zugelassen wird, soll die **gewinnabhängige Vergütung** noch während des laufenden Geschäftsjahres angetastet werden können. Dahinter steht die plausible Überlegung, dass Jahresgewinn oder Dividende als Parameter der Tantieme während des laufenden Geschäftsjahres ohnehin nicht sicher beziffert werden können.
Eine Besonderheit ergibt sich für die Mitglieder des **ersten Aufsichtsrats einer AG**. Hier erlaubt das Gesetz die Bewilligung einer Vergütung erst in der Hauptversammlung, die über die Entlastung des ersten Aufsichtsrats entscheidet (§ 113 Abs. 2 AktG). Dahinter steht die Intention des Gesetzgebers, den Einfluss der Gründer auf die Bemessung der Vergütung möglichst auszuschalten.

---

[184] BGH II ZR 316/02 v. 16. 2. 2004, DB 2004, 696 ff.
[185] Zu dem Gebot der Angemessenheit: *Gehling* ZIP 2005, 549, 552 ff.
[186] MünchHdb. GesR/Bd. 4/*Hoffmann-Becking* § 33 Rz. 20.
[187] *Hüffer* AktG § 113 Rz. 3.
[188] OLG München 7 U 1906/01 v. 27. 2. 2002, ZIP 2002, 1150, 1151 (Einräumung von Bezugsrechten).
[189] MünchHdb. GesR/Bd. 4/*Hoffmann-Becking* § 33 Rz. 19 mwN.

4. Steuerliche Behandlung

a) Ebene der AG

254 Aufsichtsratsvergütungen sind ihrer Natur nach **Betriebsausgaben** (§ 4 Abs. 4 EStG), nach § 10 Nr. 4 KStG jedoch **nur zur Hälfte abzugsfähig** (s. a. § 11 Rz. 24). Sofern das Aufsichtsratsmitglied Umsatzsteuer in Rechnung stellt und die AG zum Vorsteuerabzug berechtigt ist, erfasst das Abzugsverbot nach § 10 Nr. 4 KStG den hälftigen Nettobetrag der Vergütung (Abschn. 45 Abs. 2 KStR).

255 Die Finanzverwaltung legt den **Begriff der Aufsichtsratsvergütung** weit aus; dem (hälftigen) Abzugsverbot unterliegen damit alle Vergütungen, die mit der Überwachungstätigkeit des Aufsichtsrats in Zusammenhang stehen (Abschn. 45 Abs. 3 KStR). Etwas anderes gilt nur hinsichtlich gesonderter, klar abgrenzbarer Vergütungen, die das Aufsichtsratsmitglied außerhalb der Wahrnehmung seiner organschaftlichen Überwachungsaufgaben aufgrund separater vertraglicher Vereinbarung im Sinne von § 114 AktG erhält (dazu nachfolgend Rz. 260 ff.).[190] Nicht von dem Abzugsverbot erfasst ist darüber hinaus die Erstattung tatsächlich entstandener Kosten, wie etwa Fahrt- und Übernachtungskosten sowie Verpflegungsmehraufwand.[191]

256 **Intention der Abzugsbeschränkung** nach § 10 Nr. 4 KStG ist es, die Höhe von Aufsichtsratsvergütungen in angemessener Weise zu begrenzen.[192] Dies erweist sich durchaus als Dilemma, weil einerseits ein Bedürfnis besteht, hochkarätige Berater in Aufsichtsräte zu holen, andererseits aber deren angemessene Vergütung zur Hälfte aus versteuertem Gewinn gezahlt werden muss. Die Praxis begegnet dieser Problematik mitunter dadurch, dass entsprechende Beraterpersönlichkeiten in rein beratende Beiräte außerhalb des Aufsichtsrats eingebunden werden. Soweit entsprechende Beiräte keine Überwachungs-, sondern ausschließlich Beratungsfunktionen (also unternehmerische Mitwirkungspflichten) wahrnehmen, greift – abweichend von § 10 Nr. 4 KStG – der volle Betriebsausgabenabzug ein.[193]

b) Ebene der Aufsichtsratsmitglieder

257 Aufsichtsratsvergütungen unterfallen bei dem einzelnen Aufsichtsratsmitglied den **Einkünften aus selbständiger Arbeit** nach § 18 Abs. 1 Nr. 3 EStG. Steuerbare Einnahmen sind sämtliche Zahlungen und Sachleistungen aus der Aufsichtsratstätigkeit; es wird nicht danach differenziert, ob es sich um Vergütungen im engeren Sinn oder um Auslagenersatz (etwa Aufwandsentschädigung, Reisekostenerstattung) handelt.[194]

Steuerpflichtig ist freilich nur der von dem Aufsichtsratsmitglied in Ausübung seiner Tätigkeit erzielte Gewinn, der sich nach Betriebsausgabenabzug (§ 4 Abs. 4 EStG) ergibt. Abzugsfähige Betriebsausgaben sind insb. Reise- und Aufenthaltskosten, Fahrzeugkosten, aber auch Kosten für Literatur, eigene Beratung und Fortbildung.

---

[190] BFH I 265/62 v. 20. 9. 1966, BStBl. III 1966, 688.
[191] BeckHdb. GmbH *Müller* § 6 Rz. 59.
[192] BeckHdb. GmbH *Hüffer* AktG § 113 Rz. 7; *Streck* § 10 Anm. 16.
[193] BeckHdb. GmbH *Müller* § 6 Rz. 59.
[194] BeckHdb. GmbH *Müller* § 6 Rz. 62.

F. Rechte und Pflichten der Aufsichtsratsmitglieder   258–261   § 7

Die Aufsichtsratsvergütung unterliegt darüber hinaus – mit Blick auf die   **258**
Qualifikation der Aufsichtsrattätigkeit als selbständige Tätigkeit – der **Umsatzsteuer**, soweit nicht die Kleinunternehmer-Befreiung nach § 19 UStG eingreift. Dem wird in der Satzung meistenteils durch die ausdrückliche Bestimmung Rechnung getragen, dass die Aufsichtsratsvergütung zuzüglich darauf entfallender Umsatzsteuer zu zahlen ist.[195] Eine solche Regelung empfiehlt sich, um jeglichen Streit hinsichtlich der ordnungsgemäßen Festsetzung oder Bewilligung der Umsatzsteuererstattung nach § 113 Abs. 1 Satz 2 AktG zu vermeiden.[196]

III. Verträge mit Aufsichtsratsmitgliedern

Grundsätzlich kann der Vorstand mit einem Aufsichtsratsmitglied **außer-**   **259**
halb dessen Aufsichtsrattätigkeit Verträge jeglicher Art schließen. Restriktionen ergeben sich jedoch beim Abschluss von Dienst- und Werkverträgen nach § 114 AktG und Darlehensverträgen nach § 115 AktG.

1. Dienst- und Werkverträge nach § 114 AktG

Unabhängig von der regulären Aufsichtsrattätigkeit kann es im Interesse   **260**
der AG liegen, einzelne Aufsichtsratsmitglieder für zusätzliche Aufgaben zu gewinnen. Entsprechende Dienst- und Werkverträge mit Aufsichtsratsmitgliedern – namentlich **Beraterverträge** – bedürfen zu ihrer Wirksamkeit der **Zustimmung des Gesamtaufsichtsrats**,[197] die entweder als (vorherige) Einwilligung oder als (nachträgliche) Genehmigung erteilt werden kann. Der Zustimmungsbeschluss muss die Höhe der Vergütung und die Art ihrer Berechnung zum Gegenstand haben. Die Beschlussfassung kann vom Aufsichtsratsplenum auf einen Ausschuss delegiert werden.[198]

a) Regelungszweck

Die in § 113 AktG niedergelegten Regularien für die Festsetzung der Auf-   **261**
sichtsratsvergütung – insb. die Festsetzung durch Satzung oder Bewilligung durch die Hauptversammlung – liefen leer, wäre es dem Vorstand möglich, über das Vehikel von Beraterverträgen an Satzung und Hauptversammlung vorbei **verdeckte Aufsichtsratsvergütungen** zu vereinbaren. Insofern ermöglicht § 114 AktG dem Aufsichtsrat, vom Vorstand geschlossene Beraterverträge präventiv darauf zu überprüfen, ob sie eine Tätigkeit außerhalb der Überwachungsaufgabe des Aufsichtsrats zum Gegenstand haben.[199] Zudem soll die **unsachliche Beeinflussung von Aufsichtsratsmitgliedern** durch unangemessen hohe Honorare für Beratungsleistungen vermieden werden.[200] Schließlich führt der Zustimmungsvorbehalt zwangsläufig zu einer Offenlegung der

---

[195] *Hoffmann/Preu* Der Aufsichtsrat 5. Aufl. 2003 Rz. 454.
[196] Gegen die Erstattungsfähigkeit der Umsatzsteuer bei fehlender Festsetzung *meyer-Landrut* in Großkomm, § 113 Rz. 20, dafür MünchHdb. GesR/Bd. 4/*Hoffmann-Becking* § 33 Rz. 24.
[197] Vgl. auch Ziff. 5.5.4 des Deutschen Corporate Governance Kodex.
[198] *Hüffer* AktG § 114 Rz. 6.
[199] *Lutter/Krieger* Rz. 734.
[200] *Hüffer* AktG § 114 Rz. 1.

Beziehungen zwischen Vorstand und Aufsichtsratsmitgliedern, was einer allzu engen Verflechtung der beteiligten Personen/Organe vorbeugt.[201]

262 Die **Abgrenzung zwischen Beratungs- und Überwachungstätigkeit** hat zum Ausgangspunkt, dass die Beratung des Vorstands in grundsätzlichen Fragen der Geschäftspolitik Teil der regulären Überwachungsaufgabe des Aufsichtsratsmitglieds ist und daher nicht Gegenstand eines Beratervertrags sein kann.[202] Beraterverträge können darum **nur** an **Fragen spezieller Art**, insb. solche des operativen Tagesgeschäfts sowie seiner Vorbereitung und Umsetzung, anknüpfen.[203] Eine Rahmenvereinbarung, welche die anwaltliche Beratung in sämtlichen Angelegenheiten der Gesellschaft gegen ein Stundenhonorar umfasst, ist mangels Abgrenzung gegenüber der – auch den Einsatz individueller Fachkenntnisse einschließenden – Organtätigkeit des Aufsichtsratsmitglieds nach BGH einer Zustimmung durch den Aufsichtsrat nach § 114 Abs. 1 AktG nicht zugänglich.[204] Der Abschluss eigenständiger Beraterverträge kommt nur in Frage, wo das Aufsichtsratsmitglied besonderes Fachwissen mitbringt, das über bloße Erfahrungen in Branche und Geschäftsbereich der AG hinausgeht.[205] Die Beratungsaufgaben selbst sind dann im Vertrag konkret zu bezeichnen. Der BGH ließ bisher die Frage der Heilungsmöglichkeit von erkannten Mängeln eines Beratungsvertrages bewusst offen, das OLG Frankfurt am Main verneinte diese Möglichkeit.[206]

b) Reichweite

263 Der Zustimmungsvorbehalt des § 114 AktG erfasst auch Beraterverträge, die nicht mit dem Aufsichtsratsmitglied persönlich, sondern mit einer Gesellschaft geschlossen werden, der das **Aufsichtsratsmitglied als gesetzlicher Vertreter oder geschäftsführender Gesellschafter** angehört oder deren alleiniger Gesellschafter das Aufsichtsratsmitglied ist;[207] dies gilt namentlich für Anwaltssozietäten.[208] Ferner dehnte der BGH die Rechtsprechung insofern aus, dass die Heranziehung dieser Vorschriften schon dann geboten ist, wenn die Aktiengesellschaft mit dem dritten Unternehmen, an welchem das Mitglied des Aufsichtsrates – nicht notwendig beherrschend – beteiligt ist, einen Beratungsvertrag schließt und wenn dem Aufsichtsmitglied auf diesem Weg mittelbar Leistungen der Aktiengesellschaft zufließen, die geeignet sind, in Widerspruch zu den mit den §§ 113, 114 AktG verfolgten Zielen die unabhängige Wahrnehmung der organschaftlichen Überwachungstätigkeit eines Aufsichtsratsmitglieds zu gefährden.[209]

---

[201] BGH II ZR 197/93 v. 4. 7. 1994, BGHZ 126, 340, 347.
[202] BGH II ZR 188/89 v. 25. 9. 1991, BGHZ 114, 127, 132.
[203] *Lutter/Krieger* Rz. 735.
[204] BGH II ZR 325/05 v. 2. 4. 2007; OLG Hamburg ZIP 2007, 814, 816; *Peltzer* ZIP 2007, 305, 307.
[205] MünchHdb. GesR/Bd. 4/*Hoffmann-Becking* § 33 Rz. 27.
[206] OLG Ffm. v. 21. 9. 2005, NZG 2006, 29, 30; zu dieser Frage vgl. auch: *Bosse* NZG 2007, 172, 174.
[207] BGH II ZR 151/04 v. 3. 7. 2006, BB 2006, 1813.
[208] KG 2 U 6753/94 v. 25. 9. 1995, AG 1997, 42, 44; *Müller* NZG 2002, 797, 798.
[209] BGH II ZR 279/05 v. 20. 11. 2006, BB 2007, 230, 231; *Werner*, DB 2006, 935, 936. Umfassend zu Beraterverträgen mit Aufsichtsratsmitgliedern auch: *Weiss* BB 2007, 1853 ff.

F. Rechte und Pflichten der Aufsichtsratsmitglieder 264–266 § 7

Ob der Zustimmungsvorbehalt auch dann eingreift, wenn Beraterverträge **264** nicht mit der AG, sondern mit **nachgeordneten Konzernunternehmen** geschlossen werden, bei denen das Aufsichtsratsmitglied gerade kein Überwachungsmandat wahrnimmt, ist zweifelhaft. Zwar werden im Schrifttum entsprechende Forderungen erhoben.[210] Der Umkehrschluss aus § 115 AktG, der für die Kreditgewährung den Zustimmungsvorbehalt ausdrücklich auf Kreditverträge mit abhängigen Unternehmen ausdehnt, verbietet allerdings im Rahmen des § 114 AktG entsprechende Restriktionen. Allenfalls kann darüber nachgedacht werden, ob einer Umgehung des Zustimmungsvorbehalts nach § 114 AktG dadurch begegnet werden kann, dass – je nach Einzelfall – ein Beratervertrag mit abhängigen Unternehmen dann dem Zustimmungsvorbehalt unterworfen wird, wenn er seinem Inhalt nach genauso gut auch mit dem herrschenden Unternehmen hätte geschlossen werden können.[211]

Hinsichtlich der Sonderverträge mit einem Aufsichtsratsmitglied empfiehlt Ziff. 5.4.7. des Deutschen Corporate Governance Kodex, auch die von Unternehmen an die Aufsichtsratsmitglieder gezahlten Vergütungen oder gewährten Vorteile für persönlich erbrachte Leistungen, insbesondere auch Beratungs- und Vermittlungsleistungen, individualisiert im Corporate Governance Bericht gesondert anzugeben.

2. Kreditgewährung nach § 115 AktG

Die Kreditgewährung an Aufsichtsratsmitglieder oder deren nahe Angehöri- **265** ge bedarf nach § 115 AktG der **Einwilligung** (also der vorherigen Zustimmung) des Aufsichtsrats. Die Regelung bezweckt, Missbräuchen vorzubeugen: Das Aufsichtsratsmitglied soll nicht „gekauft" werden können.[212] Gegenüber den Restriktionen in § 114 AktG (dazu vorstehend Rz. 263 f.) ergibt sich die Verschärfung, dass auch die Ausreichung von Krediten im Konzern – also von abhängigen Unternehmen an Aufsichtsratsmitglieder des herrschenden Unternehmens – dem Zustimmungsvorbehalt unterworfen ist.

IV. Verwertung von Informationen

1. Verschwiegenheitspflicht

a) Umfang

§ 116 Satz 2 AktG verpflichtet den Aufsichtsrat explizit zur Verschwiegen- **266** heit.[213] Das ist notwendiges Korrelat zur Verpflichtung des Vorstands, den Aufsichtsrat in allen Gesellschaftsangelegenheiten vollumfänglich zu informieren.[214] Die Verschwiegenheitspflicht der Aufsichtsratsmitglieder umfasst insb. vertrauliche Berichte des Vorstands sowie Verhandlungen und Beschlüsse des Aufsichtsrats und seiner Ausschüsse – namentlich alle abgegebenen Stellung-

---

[210] *Lutter/Krieger* Rz. 747 f.
[211] MünchHdb. GesR/Bd. 4/*Hoffmann-Becking* § 33 Rz. 29.
[212] *Lutter/Krieger* Rz. 751.
[213] Die Einfügung von § 116 Satz 2 AktG hat klarstellende Funktion, schafft gegenüber der seither geltenden Erstreckung der Verschwiegenheitspflicht des Vorstands auf den Aufsichtsrat (§ 116 aF iVm. § 93 Abs. 1 Satz 2 AktG) aber keine materiell-rechtliche Änderung. Vgl. *Barta* GmbHR 2002, R 313, 314.
[214] *Hüffer* AktG § 116 Rz. 6; *Linker/Zinger* NZG 2002, 497, 502.

nahmen (auch die der Vorstandsmitglieder), das Abstimmungsverhalten und letztlich das Abstimmungsergebnis.[215] Genereller Maßstab für den Umfang der Geheimhaltungspflicht ist das **Unternehmensinteresse**.[216] § 404 AktG stellt Verstöße gegen die Geheimhaltungspflicht unter Strafe.

267 Umfängliches Konfliktpotenzial ergibt sich aus dem Spannungsverhältnis zwischen Verschwiegenheitspflicht und anderweitigen Interessenbindungen der Aufsichtsratsmitglieder. Ausgangspunkt aller Diskussionen ist, dass die Verschwiegenheitspflicht für sämtliche Aufsichtsratsmitglieder gleichermaßen gilt – unabhängig davon, welcher Bank sie angehören und auf welche Weise sie bestellt worden sind. Die Verpflichtung zur Verschwiegenheit besteht darum unterschiedslos gegenüber Aktionären, Belegschaft, Betriebsrat und Gewerkschaften. Eine kodifizierte Ausnahme ergibt sich lediglich aus § 394 AktG für Aufsichtsratsmitglieder, die ihr Amt auf Veranlassung einer Gebietskörperschaft ausüben und deren **öffentlich-rechtlicher Berichtspflicht** (allerdings nur soweit diese besteht) von Gesetzes wegen Vorrang eingeräumt wird.[217] Eine weitere Ausnahme ist anerkannt für Konzerne – und zwar unabhängig davon, ob es sich um **Vertragskonzerne** oder um **faktische Konzerne** handelt.[218] Danach können Aufsichtsratsmitglieder einer konzernverbundenen Tochtergesellschaft, soweit sie der Obergesellschaft als Mitglieder des Vertretungsorgans oder als Angestellte angehören, die im Aufsichtsrat der Tochtergesellschaft erlangten Informationen innerhalb der Obergesellschaft für Zwecke der Konzernleitung verwenden.

b) Vorgaben in Satzung und Geschäftsordnung

268 Das Gesetz regelt den Umfang der Verschwiegenheitspflicht abschließend; maßgeblich ist eine am objektiven Unternehmensinteresse ausgerichtete, gerichtlich voll nachprüfbare Bewertung.[219] Der Spielraum für Regelungen in Satzung oder Geschäftsordnung beschränkt sich auf erläuternde **Richtlinien zum Inhalt** der Verschwiegenheitspflicht und die Festschreibung von **Verfahrensrichtlinien**, die von dem Aufsichtsratsmitglied bei Weitergabe von Informationen eingehalten werden sollen.[220] So kann im Rahmen einer Verfahrensregelung festgeschrieben werden, dass in Zweifelsfällen die Weitergabe von Informationen im Vorfeld mit dem Aufsichtsratsvorsitzenden zu beraten ist. Dem Aufsichtsrat ist auch nicht verwehrt, in der Geschäftsordnung eine Regelung aufzunehmen, die das jeweilige Aufsichtsratsmitglied nach Beendigung seiner Amtszeit zur Rückgabe von während der Aufsichtsratsmitgliedschaft überlassenen Unterlagen verpflichtet.[221]

---

[215] BGH II ZR 156/73 v. 5.6.1975, BGHZ 64, 325, 330; MünchHdb. GesR/Bd. 4/ *Hoffmann-Becking* § 33 Rz. 38.

[216] Beck GmbH Hdb./*Müller* § 6 Rz. 64. Zu der problematischen Frage des Rechts auf Einsicht in Aufsichtsratsprotokolle als due diligence defense vgl. *Roth/Schoneweg* NZG 2004, 206 ff. mwN.

[217] *Lutter/Krieger* Rz. 270.

[218] Kölner Komm./*Mertens* § 116 Rz. 39; MünchHdb. GesR/Bd. 4/*Hoffmann-Becking* § 33 Rz. 35; aA *Schmidt-Assmann/Ulmer* BB 1988, Sonderbeil. Nr. 13, 4.

[219] *Hüffer* AktG § 116 Rz. 7 mwN.

[220] BGH II ZR 156/73 v. 15.6.1975, NJW 1975, 1412; *Lutter* Informationen und Vertraulichkeit im Aufsichtsrat, 3. Aufl. Köln 2006 S. 214 ff.; MünchHdb. GesR/Bd. 4/*Hoffmann-Becking* § 33 Rz. 39; *Erker/Freund* GmbHR 2001, 463, 466.

[221] OLG Düsseldorf NZG 2007, 632, 633.

2. Verbot von Insidergeschäften

Tatsachen, die der Verschwiegenheitspflicht des Aufsichtsratsmitglieds unterliegen, sind per se nicht öffentlich bekannt und qualifizieren folglich – bei Vorliegen der übrigen Voraussetzungen des § 13 Abs. 1 WpHG – als Insidertatsachen. Dies gilt namentlich, wenn die Tatsachen im Falle ihres öffentlichen Bekanntwerdens geeignet wären, den Kurs der Aktien der börsennotierten AG erheblich zu beeinflussen. Mithin wenden sich die Insiderschutzvorschriften des WpHG namentlich auch an Mitglieder von Aufsichtsorganen börsennotierter Gesellschaften, die nach der Legaldefinition des § 13 Abs. 1 Nr. 1 WpHG als sog. **Primärinsider** gelten. Aufsichtsratsmitglieder sind daher gesetzlich gehindert, Wertpapiergeschäfte unter Ausnutzung von Insiderinformationen abzuschließen. Typische Informationen dieser Art betreffen bevorstehende Kapitalmaßnahmen, den Abschluss von Beherrschungs- und Gewinnabführungsverträgen, andere wesentliche Satzungsänderungen sowie besonders wichtige Erfindungen, Entdeckungen oder Vertragsabschlüsse.[222]

Erwerbs- und Veräußerungsgeschäfte unter Ausnutzung von Insiderinformationen sind verboten (§ 14 Abs. 1 Nr. 1 WpHG). Das **Erwerbs- und Veräußerungsverbot** erfasst alle Wertpapiere, die von der AG emittiert, an einer inländischen Börse zum Handel zugelassen oder in den Freiverkehr einbezogen sind (§ 12 Abs. 1 Satz 1 Nr. 1 WpHG). Einbezogen sind ferner Wertpapiere, die an einer ausländischen Börse eines Mitgliedsstaats der EU oder des EWR zugelassen sind (§ 12 Abs. 1 Satz 1 Nr. 2 WpHG). Zu beachten ist, dass auch Aufsichtsratsmitglieder von Konzernunternehmen der börsennotierten AG als Primärinsider gelten (§ 13 Abs. 1 Nr. 1 WpHG iVm. § 15 AktG).

3. Meldepflichten nach § 15a WpHG

§ 15a Abs. 1 WpHG verpflichtet u.a. Aufsichtsratsmitglieder einer börsennotierten AG zur Mitteilung an den Emittenten und zur Veröffentlichung, wenn sie Aktien des Unternehmens, bei dem sie bestellt sind, erwerben oder veräußern. Auch die den Aufsichtsratsmitgliedern nahe stehenden Personen sind zur Mitteilung und Veröffentlichung verpflichtet. Diese Pflicht im Rahmen des „directors' dealing" besteht nach § 15a Abs. 1 Satz 3 WpHG nicht, solange die Gesamtsumme der Geschäfte einer Person mit Führungsaufgaben und der mit dieser Person in enger Beziehung stehenden Personen insgesamt einen Betrag von 5.000 Euro bis zum Ende des Kalenderjahres nicht erreicht. Neuerdings muss das Unternehmen zusätzlich nach §15 a Abs. 4 Satz 1, 2. HS WpHG die Informationen an das Unternehmensregister gem. § 8 b HGB zur Speicherung übermitteln.

Die Vorschrift soll den Anschein des heimlichen Ausnutzens eines Wissensvorsprungs vermeiden, der bei einem nachträglichen Bekanntwerden eines Geschäfts entsteht (Vorbeugefunktion).[223] Ferner sollen Investoren Anhaltspunkte gegeben werden, wie die Organmitglieder, die regelmäßig über einen Informationsvorsprung verfügen, die Zukunft der Kursentwicklung einschätzen (Indikatorfunktion).[224]

---

[222] *Schimansky/Bunte/Lwowsky* Bankrechts-Handbuch 3. Aufl. 2007 § 107 Rz. 23.
[223] Begr. RegE vom 14. 11. 2001, 251.
[224] *Hagen-Eck/Wirsch* DB 2007, 504, 507; *Schneider* BB 2002, 1817, 1818; *Weiler/Tollkühn* DB 2002, 1923, 1925.

V. Haftung

1. Haftungstatbestände

271 Das AktG statuiert zwei Tatbestände für die Haftung von Aufsichtsratsmitgliedern, die nebeneinander zur Anwendung kommen: Einmal haftet gegenüber AG und Aktionären, wer als Aufsichtsratsmitglied vorsätzlich unter Benutzung seines Einflusses auf die AG deren Schädigung oder die Schädigung ihrer Aktionäre durch Angehörige der Verwaltung veranlasst (§ 117 AktG). Zum anderen ordnet § 116 AktG an, dass die Regelungen des § 93 AktG über die Haftung der Vorstandsmitglieder sinngem. auch für die Haftung der Aufsichtsratsmitglieder gelten. Die nachfolgenden Ausführungen widmen sich dieser Innenhaftung der Aufsichtsratsmitglieder gegenüber der Gesellschaft nach §§ 116, 93 AktG.

a) Anknüpfung der Haftung, insb. Verletzung der Sorgfaltspflicht

272 Der Gesetzgeber gibt für die Haftung lediglich den generalklauselartigen Maßstab, wonach die Aufsichtsratsmitglieder in sinngemäßer Anwendung von § 93 Abs. 1 Satz 1 AktG die Sorgfalt eines „ordentlichen und gewissenhaften Geschäftsleiters" anzuwenden haben.

Natürlich ist dem Umstand Rechnung zu tragen, dass Aufsichtsratsmitglieder innerhalb der dualistischen Verwaltung der AG keine Geschäftsleitungs-, sondern vielmehr Überwachungsaufgaben wahrnehmen. Daraus resultiert ein unterschiedlicher Maßstab der Sorgfaltspflicht.[225] Leitlinie der sorgfältigen Wahrnehmung der Prüfungs- und Kontrollkompetenzen durch den Aufsichtsrat ist das Unternehmensinteresse (dazu oben Rz. 245 f.). Ein unternehmerischer Ermessensspielraum besteht bei der Bestimmung des Unternehmensinteresses nur, soweit der Aufsichtsrat die unternehmerische Tätigkeit des Vorstands präventiv mitgestaltet – etwa bei der Einrichtung und Wahrnehmung von Zustimmungsvorbehalten nach § 111 Abs. 4 Satz 2 AktG.[226] § 93 Abs. 1 Satz 3 AktG[227] bestimmt, dass eine Pflichtverletzung nicht vorliegt, wenn das Vorstandsmitglied bei einer unternehmerischen Entscheidung vernünftigerweise annehmen durfte, auf der Grundlage angemessener Information zum Wohl der Gesellschaft zu handeln. Über § 116 AktG findet diese „business judgement rule" entsprechend Anwendung für die Haftung des Aufsichtsrats.[228] Allerdings gilt dieser „sichere Hafen" des § 93 Abs. 1 Satz 2 AktG für Aufsichtsratsmitglieder nicht im Bereich der traditionellen Überwachungsaufgaben. Der Wortlaut des § 93 Abs. 1 Satz 2 AktG setzt eine unternehmerische Entscheidung voraus, die im Kontrollbereich grundsätzlich nicht vorliegt.[229] So handelt der Aufsichtsrat pflichtwidrig, wenn er nicht notfalls zur Verhinderung unvertretbarer (namentlich existenzbedrohender) Geschäftsführungsmaßnah-

---

[225] Kölner Komm./*Mertens* § 116 Rz. 2; MünchHdb. GesR/Bd. 4/*Hoffmann-Becking* § 33 Rz. 45.
[226] BGHZ 135, 244, 245 f.; *Witte/Hrubesch* BB 2004, 725, 728; MünchHdb. GesR/ Bd. 4/*Hoffmann-Becking* § 29 Rz. 27.
[227] Vgl. Art. 1 Nr. 1 a UMAG v. 22. 9. 2005, BGBl I, 2802.
[228] *Schäfer* ZIP 2005, 1253, 1258.
[229] *Hüffer* NZG 2007, 47, 48.

men ad hoc einen Zustimmungsvorbehalt für das Einzelgeschäft einrichtet und sodann die Zustimmung verweigert.

Zur sorgfältigen individuellen Wahrnehmung der Überwachungsaufgaben gehört insb., dass sich das Aufsichtsratsmitglied alle notwendigen **Informationen** beschafft und diese ggf. auch an das Aufsichtsratsplenum weitergibt.[230] Im Fall von Interessenkollisionen ist das Aufsichtsratsmitglied verpflichtet, entweder die notwendigen Schritte zur **Meidung des Konfliktpotenzials** zu unternehmen (ultimativ: Amtsniederlegung) oder aber die Kollision entsprechend einer vorrangigen Verpflichtung auf das Unternehmensinteresse zu lösen.[231] Bei börsennotierten Gesellschaften begegnet der Deutsche Corporate-Governance-Kodex Interessenkollisionen mit erhöhten Transparenzanforderungen (Ziff. 5.5.2 f.): Interessenkonflikte sind dem Aufsichtsrat gegenüber offenzulegen und in den Bericht an die Hauptversammlung einzustellen.[232] Konfliktpotenzial ergibt sich für Anteilseignervertreter insb. wenn sie eine doppelte Amtsstellung wahrnehmen – etwa dann, wenn neben das Aufsichtsratsamt die Amtsstellung als Vorstand, Angestellter oder Aufsichtsrat in einem anderen Unternehmen tritt.[233] Interessen und Pflichtenkollisionen für Arbeitnehmervertreter drohen insb. im Kontext von Arbeitskämpfen.[234]

b) Differenzierung nach Funktion

Grundsätzlich obliegt allen Mitgliedern des Aufsichtsrats die **gleiche Sorgfaltspflicht** im Sinne eines Mindeststandard.[235] Vor allem kann zwischen den verschiedenen Gruppen der Aufsichtsratsmitglieder (Anteilseignervertreter einerseits, Arbeitnehmervertreter andererseits) nicht differenziert werden. Vielmehr muss sich jedes Aufsichtsratsmitglied diejenigen Mindestkenntnisse und -fähigkeiten aneignen, die erforderlich sind, um die üblicherweise anfallenden Geschäftsvorgänge verstehen und sachgerecht beurteilen zu können.[236] Ist streitig, ob die Aufsichtsratsmitglieder die Sorgfalt eines ordentlichen und gewissenhaften Aufsichtsratsmitglieds angewandt haben, trifft sie die Beweislast, § 93 Abs. 2 Satz 2 AktG.

Trotz des Grundsatzes der Gesamtverantwortung ist es denkbar, dass für einzelne Mitglieder des Aufsichtsrats ein **individuell erhöhter Sorgfaltsmaßstab** gilt, weil sie aufgrund gesteigerter Fachkunde besondere Funktionen übernehmen und dadurch erhöhtes Vertrauen in ihre Überwachungstätigkeit schaffen.[237] Das kann namentlich Bankenvertreter bei der Prüfung der Liquidität der Gesellschaft oder auch Rechtsanwälte bei der Prüfung rechtlicher

---

[230] LG Dortmund 20 O 143/93 v. 1. 8. 2001, AG 2002, 97, 98.
[231] *Hopt* ZGR 2002, 333, 371 f.
[232] Vgl. dazu auch: *Semler/Stengel* NZG 2003, 1 ff.
[233] LG Dortmund 20 O 143/93 v. 1. 8. 2001, AG 2002, 97, 99; *Ulmer* NJW 1980, 1603 ff. Zu Interessenkonflikten von Vertretern des Bieters bei Übernahme eines Aufsichtsratsmandats der Zielgesellschaft: *Möllers* ZIP 2006, 1615 ff.
[234] Kölner Komm./*Mertens* § 160, Rz. 29. Zu dem Vorrang des Unternehmensinteresses bei dem Interessenkonflikt eines Aufsichtsratsmitglieds, das als Gewerkschaftsfunktionär zum Streik in dem Unternehmen aufruft: *Ruzik* NZG 2004, 455, 456.
[235] *Mutter/Gayk* ZIP 2003, 1773, 1774; MünchHdb. GesR/Bd. 4/*Hoffmann-Becking* § 33 Rz. 46.
[236] BGHZ 85, 2903, 295.
[237] *Hüffer* AktG § 116 Rz. 3.

Risiken einzelner Geschäftsabschlüsse betreffen.[238] Anknüpfungspunkt ihrer gesteigerten Pflichten und der daraus resultierenden Haftung ist aber wohlgemerkt nicht allein die erhöhte individuelle Leistungsfähigkeit, sondern vielmehr die darauf gründende **Übernahme besonderer Funktionen** (Übernahmeverschulden), etwa dergestalt, dass sich die betreffenden Aufsichtsratsmitglieder wegen ihrer besonderen Fähigkeiten in Fachausschüsse wählen lassen. In diesem Fall verbleibt es für die übrigen Aufsichtsratsmitglieder bei der Verpflichtung, die besonderen Funktionsträger unter Zugrundelegung des allgemeinen Sorgfaltsmaßstabs (im Sinne eines nicht disponiblen Mindeststandards) zu überwachen und deren Beurteilung auf Plausibilität und Folgerichtigkeit zu überprüfen.

2. Versicherbarkeit des Haftungsrisikos

276   Ein Haftungsausschluss zugunsten des Aufsichtsratsmitglieds ist weder durch Satzung noch durch Einzelvereinbarung möglich.[239] Allerdings kann das Schadensersatzrisiko durch Abschluss entsprechender Versicherungen abgeschichtet werden (Haftpflicht-, aber auch Rechtsschutzversicherung), wobei der Deutsche Corporate-Governance-Kodex bei Abschluss entsprechender Versicherungen (D&O Versicherung) die Vereinbarung eines angemessenen Selbstbehalts fordert (Ziff. 3.8). Sofern die AG die **Versicherungsprämien** übernimmt, handelt es sich der Sache nach um einen Teil der Aufsichtsratsvergütung.[240] Insofern muss die Übernahme der Versicherungsprämien entweder in der Satzung festgesetzt oder von der Hauptversammlung bewilligt sein (§ 113 Abs. 1 Satz 2 AktG). Fehlt es an einer solchen Vergütungsregelung, ist die AG gehindert, für ihre Aufsichtsratsmitglieder entsprechende Versicherungen abzuschließen oder die Prämien im Rahmen des allgemeinen Auslagenersatzes zu erstatten.

VI. Individualklagerechte

277   Die Frage, inwieweit einzelne Aufsichtsratsmitglieder Gerichte in Anspruch nehmen können, muss differenziert betrachtet werden. Dabei ist zunächst zwischen der **persönlichen Rechtsstellung** des Aufsichtsratsmitglieds außerhalb seiner Organstellung und der Wahrnehmung seiner **organschaftlichen Rechtsstellung** zu unterscheiden. Soweit das einzelne Aufsichtsratsmitglied in seiner Organfunktion den Rechtsweg beschreitet, ist zu differenzieren zwischen Klage- und Antragsbefugnissen zur Durchsetzung einer ordnungsgemäßen Besetzung von Aufsichtsrat und Vorstand, Klagebefugnissen gegen fehlerhafte Aufsichtsrats- und Hauptversammlungsbeschlüsse und schließlich Klagebefugnissen zur Durchsetzung organschaftlicher Rechte.[241]

1. Klagen kraft persönlicher Rechtsstellung

278   Ohne prozessuale Besonderheiten verläuft die Durchsetzung persönlicher Ansprüche des Aufsichtsratsmitglieds gegenüber der AG. Hierbei dürfte es vor

---

[238] LG Hamburg 8 O 229/79 v. 16. 12. 1980, ZIP 1981, 194, 197.
[239] *Lutter/Krieger* Rz. 853.
[240] Kölner Komm./*Mertens* § 113 Rz. 7.
[241] *Lutter/Krieger* Rz. 701 f.

F. Rechte und Pflichten der Aufsichtsratsmitglieder

allem um **Ansprüche auf Vergütung und Auslagenersatz** gehen. Hier handelt es sich um Forderungen, die dem Aufsichtsratsmitglied persönlich zustehen und ohne weiteres Klagebefugnis verleihen.[242]

2. Klagen kraft organschaftlicher Rechtsstellung

Im Bereich der organschaftlichen Rechtsstellung des Aufsichtsratsmitglieds sind folgende Fallgruppen zu unterscheiden:
– **Nicht ordnungsgemäße Besetzung von Aufsichtsrat und Vorstand**: Nach § 104 AktG hat jedes einzelne Aufsichtsratsmitglied im Fall unvollständig besetzter Aufsichtsräte die Möglichkeit, die gerichtliche Bestellung eines neuen Aufsichtsratsmitglieds zu beantragen (vgl. dazu oben Rz. 213 ff.). Ein entsprechendes Recht besteht nach § 85 AktG auch mit Blick auf den personell unzureichend besetzten Vorstand. Darüber hinaus besteht nach § 98 Abs. 2 Nr. 2 AktG, § 6 Abs. 2 MitbestG die Möglichkeit, die richtige Zusammensetzung des Aufsichtsrats (den Mitbestimmungsstatus) gerichtlich klären zu lassen (vgl. dazu oben Rz. 43 f.).
– **Fehlerhafte Beschlüsse des Aufsichtsrats und der Hauptversammlung**: Die Unwirksamkeit von Beschlüssen des Aufsichtsrats kann beim für die Gesellschaft örtlich zuständigen Landgericht von jedem Aufsichtsratsmitglied im Wege der Feststellungsklage nach § 256 ZPO geltend gemacht werden (vgl. auch oben Rz. 168 f.).[243] Die Klagebefugnis ergibt sich aus der Aufsichtsratsmitgliedschaft und der daraus folgenden Mitverantwortung für die Rechtmäßigkeit der Beschlüsse des Aufsichtsrats.[244] Da der Aufsichtsrat als solcher keine Parteifähigkeit besitzt, ist die Klage richtigerweise gegen die AG zu richten, die insoweit vom Vorstand vertreten wird.[245] Daneben kann jedes Aufsichtsratsmitglied nach § 249 AktG Klage auf Feststellung der Nichtigkeit eines Hauptversammlungsbeschlusses erheben oder nach näherer Maßgabe des § 245 Nr. 5 AktG fehlerhafte Hauptversammlungsbeschlüsse anfechten.
– **Organschaftliche Mitgliedschaftsrechte**: Unbestritten ist, dass das Aufsichtsratsmitglied subjektive Mitgliedschaftsrechte innerhalb des Aufsichtsrats (organinterner Streit), aber auch gegenüber anderen Organen im Klagewege durchsetzen kann.[246] In der ersten Fallgruppe sind insb. Auseinandersetzungen mit dem Aufsichtsratsvorsitzenden zu nennen (zB bezüglich Verbot der Sitzungsteilnahme). In die zweite Fallgruppe fallen Auseinandersetzungen mit dem Vorstand – beispielsweise über die Berichterstattung an den Aufsichtsrat nach § 90 Abs. 3 Satz 2 AktG. In beiden Fällen ist die Frage problematisch, gegen wen die jeweilige Klage des Organmitglieds zu richten ist.[247]

Ob das einzelne Aufsichtsratsmitglied darüber hinaus anstelle des Aufsichtsrats dessen Rechtspositionen im Klagewege durchsetzen kann (gleichsam im

---

[242] MünchHdb. GesR/Bd. 4/*Hoffmann-Becking* § 33 Rz. 52.
[243] *Lutter/Krieger* Rz. 707.
[244] BGH II ZR 89/92 v. 17.5.1993, BGHZ 122, 342, 344; Kölner Komm./*Mertens* § 108 Rz. 89.
[245] MünchHdb. GesR/Bd. 4/*Hoffmann-Becking* § 33 Rz. 54.
[246] *Lutter/Krieger* Rz. 708.
[247] Zum Meinungsstand vgl. MünchHdb. GesR/Bd. 4/*Hoffmann-Becking* § 33 Rz. 55 ff. mwN.

Wege einer actio pro socio), ist problematisch. Hier wird in Wirklichkeit zumeist ein Konflikt zwischen einer Mehrheit und einer Minderheit des Aufsichtsrats aufgetreten sein, der über den Umweg eines Rechtsstreits mit einem anderen Organ (dem Vorstand) ausgetragen werden soll. Der BGH hat für diesen Fall zu Recht die Klagebefugnis des einzelnen Aufsichtsratsmitglieds verneint.[248]

---

[248] BGH II ZR 57/88 v. 28.11.1988, BGHZ 106, 54, 66f., so zuletzt auch OLG Stuttgart 20 U 14/06 v. 30.5.2007, NZG 2007, 549.

§ 8 Kapitalerhaltung und Gesellschafterfremdfinanzierung

Bearbeiter: Dr. Welf Müller

Übersicht

	Rz.
A. Die Vermögensbindung in der AG und der KGaA	1–15
I. Haftungsfunktion der Vermögensbindung.	1–8
1. Regelungszweck	1–3
2. Finanzierungsverantwortung	4–8
II. Zu erhaltendes Vermögen.	9–12
III. Besonderheiten bei der KGaA	13–15
1. Kapitalanteil des Komplementärs und der Kommanditaktionäre	13, 14
2. Entnahmesperre des § 288 Abs. 1 AktG	15
B. Verbot der Einlagerückgewähr	20–81
I. Begriff und Anwendungsbereich	20–42
1. Leistung aus dem Vermögen an die Aktionäre	20, 21
2. Ausnahmen	22–39
a) Zulässiger Erwerb eigener Aktien	23–25
b) Erwerb wechselseitiger Beteiligungen	26
c) Konzernprivileg	27
d) Vollwertiger Leistungsaustausch	28–31
e) Kapitalherabsetzung	32
f) Abschlagszahlung auf die Dividende	33
g) Sachdividende	34–36
h) Vergütung von Nebenleistungen	37
i) Faktischer Konzern	38
j) Eingliederung	39
3. Kapitalmarktrechtliche Prospekthaftung	40–42
II. Verdeckte Einlagerückgewähr	43–58
1. Drittgeschäfte	43, 44
2. Abgrenzung	45, 46
a) Objektive Kriterien	45
b) Subjektive Kriterien	46
3. Typisierung	47–54
a) Steuerliche verdeckte Gewinnausschüttung . . .	47
b) Darlehensgewährung und Bestellung von Sicherheiten	48–51
c) Aktienplatzierung	52
d) Rückkaufsverpflichtung, Kursgarantie	53
e) Abkauf von Klagerechten	54
4. Leistungen durch, an oder unter Dritten	55–58
a) Leistungen durch Dritte	55, 56
b) Leistungen an Dritte	57, 58
III. Rechtsfolgen	59–81
1. Nichtigkeit der Rechtsgeschäfte	59–62
a) Offene Einlagerückgewähr	59, 60
b) Verdeckte Einlagerückgewähr	61, 62
2. Leistungen durch Dritte und an Dritte	63–66
a) Leistungen durch Dritte	63

§ 8 Kapitalerhaltung und Gesellschafterfremdfinanzierung

    b) Leistungen durch Tochterunternehmen 64
    c) Leistungen an Dritte 65
    d) Sicherheitenbestellung 66
  3. Rückgewähranspruch nach § 62 AktG 67–78
    a) Anspruch auf Rückgewähr 67–71
    b) Gutgläubiger Dividendenbezug 72–74
    c) Geltendmachung durch Gesellschaftsgläubiger . 75, 76
    d) Bilanzielle Behandlung der Rückgewähransprüche 77, 78
  4. Herausgabeanspruch nach § 985 BGB 79
  5. Sonstige Ansprüche der AG 80, 81

C. Verdeckte Gewinnausschüttung (verdeckte Einlagerückgewähr) im Steuerrecht 89–114
  I. Begriff und Abgrenzung 89–99
    1. Sphärenabgrenzung 89–92
    2. Unterschiedliche Rechtsfolgen im Steuer- und im Aktienrecht 93–95
    3. Rückgewähr der vGA im Steuerrecht 96–99
      a) Meinungsstand 96
      b) Einlagetheorie 97–99
  II. Abgrenzung zwischen betrieblicher und gesellschaftsrechtlicher Veranlassung 100, 101
  III. Bedeutung und Wirksamkeit zivilrechtlicher Vereinbarungen 102, 103
  IV. Erscheinungsformen der vGA 104–107
    1. Einkommensminderung 104, 105
    2. Ausschüttung 106, 107
  V. Verdeckte Gewinnausschüttungen an nahe stehende Nichtgesellschafter 108–111
    1. Nahestehende 108
    2. Konzerngesellschaften 109
    3. Noch-nicht- oder Nicht-mehr-Aktionäre 110, 111
  VI. Wert der vGA 112
  VII. Steuerliche Behandlung der vGA 113
  VIII. Mehrsteuer als verdeckte Einlagerückgewähr 114

D. Gesellschafterfremdfinanzierung 120–148
  I. Funktionelles Eigenkapital 120–132
    1. Eigenkapitalersetzende Aktionärsleistungen 120–125
      a) Handelsrecht 120–124
      b) Steuerrecht 125
    2. Rangrücktritt 126–128
    3. Finanzplankredit 129, 130
    4. Gesellschafterfremdfinanzierung im Steuerrecht .. 131, 132
  II. Gesellschafterleistungen in der Krise 133–137
    1. Wirtschaftliche Krise der AG (Kreditunwürdigkeit) 133–135
    2. Rechtsfolgen 136, 137
  III. Betroffener Personenkreis 138–144
    1. Kleinbeteiligungsprivileg 138
    2. Sanierungsprivileg 139–143
    3. Kreditvergabe durch Komplementäre bei der KGaA 144
  IV. Bilanzierungsfragen 145–148

A. Die Vermögensbindung in der AG und der KGaA

I. Haftungsfunktion der Vermögensbindung

1. Regelungszweck

Für die Verbindlichkeiten der AG haftet den Gläubigern nur das Gesellschaftsvermögen (§ 1 Abs. 1 AktG). Darin liegt eine Kernaussage für die Rechtsform der AG. Dieser Haftungsausschluss zugunsten der Aktionäre erfordert einen Schutz des Gesellschaftsvermögens vor Zugriffen der Aktionäre zugunsten der Gläubiger. Dies bewerkstelligen die Vorschriften über die Kapitalaufbringung und die Kapitalerhaltung. Während sich die Vorschriften zur Sicherung der Kapitalaufbringung grds. nur auf das Grundkapital und allenfalls auf das Agio beziehen (Verbot der Stufengründung: §§ 2, 29 AktG; Verbot der Unterpariaemission: § 9 AktG; Satzungspublizität von Sondervorteilen, Gründungsaufwand, Sacheinlagen und -übernahmen: §§ 26, 27 AktG; Vorschriften über die Einlageleistung: §§ 36 Abs. 2, 54 Abs. 2, 36 a AktG; Gründungsprüfung: §§ 32 Abs. 2, 33 Abs. 2 Nr. 4, 34 AktG; gerichtliche Prüfung des Gründungsvorgangs: § 38 Abs. 2 AktG; Gründerhaftung: §§ 46 ff. AktG; Nachgründungsprüfung: § 52 AktG), umfassen die Vorschriften über die Kapitalerhaltung grds. das gesamte Gesellschaftsvermögen, soweit es nicht durch ausdrückliche gesetzliche Regelung zur Ausschüttung an die Aktionäre freigegeben ist. Es ist deshalb missverständlich, weil nicht umfassend genug, nur von einem Grundsatz der Erhaltung des Grundkapitals zu sprechen.[1]

Im Unterschied zur GmbH – bei der nach § 30 GmbHG nur die Stammkapitalziffer den Zugriff der Gesellschafter begrenzt – wird bei der AG das gesamte Vermögen in den Zugriffschutz einbezogen.

Die drei wesentlichen Pfeiler der Vermögensbindung sind
– das Verbot jeglicher Einlagerückgewähr (§ 57 Abs. 1 und Abs. 2 AktG)
– das prinzipielle Verbot, eigene Aktien zu erwerben (§§ 71 bis 71 e AktG) und
– das Verbot, vor Auflösung der Gesellschaft mehr als den jeweiligen Bilanzgewinn zu verteilen (§ 57 Abs. 3 AktG).

Der Kapitalerhaltung dienen weiter – wenn auch nicht AG-spezifisch – die Bilanzierungs- und Bewertungsvorschriften der §§ 252 ff. HGB, jedenfalls soweit sie vom Vorsichtsprinzip geprägt sind und ggf. die Ausschüttungssperren nach § 268 Abs. 8 HGB idF. des BilMoG. Hinzu kommen die aktienspezifischen Bestimmungen zur gesetzlichen Rücklage und zur Kapitalrücklage nach §§ 150, 300 AktG. Auch beim Abschluss von Beherrschungs- und/oder Gewinnabführungsverträgen wird das bei Abschluss des Vertrages vorhandene Vermögen geschützt (Höchstbetrag der Gewinnabführung ist der Jahresüberschuss gekürzt um einen Verlustvortrag und um die zwingende Rücklagenzuführung, allenfalls erhöht um die Auflösung nachvertraglicher Gewinnrücklagen: § 301 AktG; Verlustübernahme: § 302 AktG; Sicherung der Gläubiger bei Vertragsbeendigung: § 303 AktG). Darüber hinaus sind allerdings die Vorschriften über die Vermögensbindung der §§ 57, 58 und 60 AktG für die Geltungsdauer eines Beherrschungs- und/oder Gewinnabführungsvertrages suspendiert (§ 291 Abs. 3 AktG). Nur bei der Eingliederung (§§ 319 ff. AktG) verkürzt sich die

---

[1] *Hüffer* AktG § 57 Rz. 3.

Vermögensbindung auf die Grundkapitalziffer, jeder darüber hinaus gehende Vermögensschutz ist aufgehoben (§ 324 AktG). An dessen Stelle tritt die gesamtschuldnerische Haftung der Hauptgesellschaft (§ 322 AktG). Daraus lässt sich ein gestuftes System der Vermögensbindung in der AG erkennen, die bei der normalen AG umfassend bezogen auf das gesamte Vermögen ist — soweit es nicht in Bilanzgewinn transferiert wird —, die bei der unter Beherrschungs- und/oder Gewinnabführungsvertrag stehenden AG gelockert und die bei der eingegliederten AG bis auf das Grundkapital aufgehoben ist.

2. Finanzierungsverantwortung

4 Es gibt keinen Grundsatz, der die Aktionäre verpflichtet, die Gesellschaft mit einem für den jeweiligen Gesellschaftszweck ausreichendem Eigenkapital auszustatten oder ein solches bei späterem Bedarf bereitzustellen. Die einzige, vielleicht unzureichende, Sperrfunktion stellt § 7 AktG auf, der den Mindestnennbetrag des Grundkapitals auf € 50 000 festlegt. Für Unternehmen, die diesen Mindestbetrag nicht aufbringen, von dem wiederum nur ein Viertel einbezahlt sein muss (§ 36 a Abs. 1 AktG), steht die Rechtsform der AG nicht zur Verfügung. Reicht das Eigenkapital nicht aus, um die Geschäfte der AG zu betreiben und wird ausreichendes Eigenkapital auch von Aktionären nicht zur Verfügung gestellt (**materielle Unterkapitalisierung**), kann dieser Umstand allein nicht zu einer Inanspruchnahme (**Durchgriffshaftung**) der Aktionäre führen.[2] Es besteht ein weiter unternehmerischer Ermessensspielraum. Eine Überschreitung oder ein Fehlgebrauch dieses Ermessens kann überhaupt nur in Betracht gezogen werden, wenn die AG mit einem Eigenkapital ausgestattet wird, das in keinem Verhältnis zum wirtschaftlichen Risiko steht, das erkennbar mit dem Gegenstand des Unternehmens verbunden ist. „Die Krise der Gesellschaft muss förmlich vorprogrammiert sein." Bisher hat die Rechtsprechung einen solchen Durchgriff bei der AG konkret noch nie angenommen.

5 Allenfalls wenn die Aktionäre notwendige Mittel nicht als Eigen- sondern als Fremdkapital zur Verfügung gestellt haben (**nominelle Unterkapitalisierung**), kann es unter bestimmten Voraussetzungen zur Einbeziehung solcher Darlehen in die Vermögensbindung kommen[3] (Rz. 120 ff.).

6 Bei Abhängigkeits- und Konzernverhältnissen (§§ 17, 18 AktG) enthält das AktG spezifische Regelungen des Kapitalschutzes der abhängigen AG (§§ 300 bis 303 AktG beim Vertragskonzern; §§ 311–318 beim sog. faktischen Konzern; § 322 AktG bei der Eingliederung), sodass der Abhängigkeits- oder Konzerntatbestand darüber hinaus idR keinen Anlass gibt, auf den Aktionär (auch den Alleinaktionär) durchzugreifen. Damit kommt der im GmbH-Recht diskutierte und von der Rechtsprechung entwickelte Gedanke einer **Vermögensbetreuungspflicht** oder **Bestandsschutzverpflichtung** für die abhängige Gesellschaft[4] bei der AG über die Konzernvorschriften hinaus wohl kaum in

---

[2] Das hat der BGH ausdrücklich festgestellt in BGH ZR 264/06 v. 28. 4. 2008 (GAMMA), DB 2008, 1423, 1425 festgestellt. Die Entscheidung betrifft zwar eine GmbH; sie gilt aber gleichermaßen für die AG.
[3] *Hüffer* AktG § 1 Rz 19; MünchHdb. GesR/Bd. 4/*Wiesner* § 11 Rz 4 ff.; *Schmidt* GesR § 18 II 4; S. 424; *Spinder/Stilz/Cahn/Senger* § 57 Rz. 99 ff.
[4] BGH II ZR 265/91 v. 29. 3. 1993, BGHZ 122, 123 ff. = ZIP 1993, 585 ff. (TBB); BGH II ZR 178/99 v. 17. 9. 2001, ZIP 2001, 1874 (Bremer-Vulkan); *Altmeppen* ZIP 2001, 1837 ff.; *Ulmer* ZIP 2001, 2021 ff.

A. Die Vermögensbindung in der AG und der KGaA   7–10   § 8

Betracht. Dies folgt schon aus der unterschiedlichen Ausgestaltung der Treupflichten im GmbH- und im Aktienrecht.

Ein weiterer Tatbestand der Durchgriffshaftung, der insbesondere im GmbH-Recht diskutiert wird, nämlich die sog. **Vermögensvermischung** (gegenständliche Sphärenvermischung) zB bei mangelnder Trennung der Buchführung oder der Vermögensbereiche[5] von Gesellschaft und Gesellschafter kommt bei der AG aufgrund der unterschiedlichen Organisationsform im Vergleich zu anderen Gesellschaftstypen praktisch nicht zum Zuge.[6]   7

Es bleiben dann die Fälle **besonderer Verpflichtungsgründe** (Bürgschaft, Garantie, Patronatserklärungen, etc.), die zwar Ausdruck der Finanzierungsverantwortung sein können, aber den speziellen Rechtsregeln des jeweils gewählten Instruments folgen. Mit der Finanzierungsverantwortung (Durchgriff) als eigenständigem Haftungsgrund haben sie nichts zu tun.[7]   8

II. Zu erhaltendes Vermögen

Bereits in Rz. 2 ist ausgeführt, dass sich bei der AG der Grundsatz der Kapitalerhaltung nicht auf bestimmte Bilanzposten (Grundkapital, Kapitalrücklage), sondern auf das gesamte Reinvermögen bezieht. Das kommt in der Bestimmung des § 57 Abs. 3 AktG zum Ausdruck, wonach vor Auflösung der Gesellschaft an die Aktionäre nur der Bilanzgewinn verteilt werden darf. Dies ist nichts anderes als die positive Wendung des Verbots in § 57 Abs. 1 AktG, wonach den Aktionären Einlagen nicht zurückgewährt werden dürfen. Beide Bestimmungen treffen materiell dieselbe Aussage. **Einlage** in diesem – missverständlichen – Sinne ist jegliches Gesellschaftsvermögen, das nicht als Bilanzgewinn ausgekehrt werden darf.[8] Auch nach der Auflösung der AG bleibt die Vermögensbindung im **Abwicklungsstadium** zur Absicherung der Gläubiger nach Maßgabe der §§ 271, 272 AktG bestehen. Zu bemerken ist, dass § 57 Abs. 3 AktG eine Gebotsnorm für die AG, aber keine Anspruchsnorm für die Aktionäre ist. Die Anspruchsnorm enthält in etwas modifizierter Form § 58 Abs. 4 AktG, der den Aktionären Anspruch auf den Bilanzgewinn gibt, soweit er nicht nach Gesetz oder Satzung, durch Hauptversammlungsbeschluss oder als zusätzlicher Aufwand aufgrund des Gewinnverwendungsbeschlusses von der Verteilung ausgeschlossen ist.   9

Mit dem Abstellen auf den **Bilanzgewinn** als Zugriffsgrenze für die Aktionäre weist das AktG den **Rechnungslegungsvorschriften** den entscheidenden Stellenwert für die Kapitalerhaltung zu. Dies erweist sich auch aus der Nichtigkeitsvorschrift für den Jahresabschluss. § 256 AktG stellt schwerpunktmäßig auf die Verletzung von Bilanzvorschriften ab, die das Vermögen schützen (Abs. 1 Nr. 1: Gläubigerschutz; Abs. 1 Nr. 4: Rücklagenbewegung; Abs. 5 Nr. 1: Überbewertung). Was aus dem Gesellschaftsvermögen in Bilanzgewinn transferiert werden kann, richtet sich nach den Bestimmungen der §§ 275 bis 278 HGB über die GuV-Rechnung, die zum Jahresergebnis (Jahresüberschuss/Jahresfehlbetrag) führen, das durch § 158 AktG zum Bilanzgewinn fortentwickelt wird (vgl. § 10 Rz. 95 ff., 104).   10

---

[5] Nachweise bei *Baumbach/Hueck/Fastrich* § 13 Rz 15.
[6] *Hüffer* AktG § 1 Rz. 20.
[7] *Hüffer* AktG § 1 Rz. 22.
[8] RGZ 146, 84, 87; Kölner Komm./*Lutter* § 57 Rz. 5; *Hüffer* AktG § 57 Rz. 3.

§ 8 11–14 Kapitalerhaltung und Gesellschafterfremdfinanzierung

Grundsätzlich stehen damit dem Aktionär zur Verfügung:
Jahresüberschuss
+/–. Gewinnvortrag/Verlustvortrag aus dem Vorjahr
+ Entnahmen aus der Kapitalrücklage
+ Entnahmen aus Gewinnrücklagen
./. Einstellungen in Gewinnrücklagen

11 Dabei ist zu berücksichtigen, dass eine **gesetzliche Rücklage** zu bilden ist, die 10 % oder einen höheren satzungsmäßig bestimmten Teil des Grundkapitals erreichen muss. Sie ist aus den Kapitalrücklagen nach § 272 Abs. 2 Nr. 1 bis 3 HGB (im Wesentlichen Agio-Beträge) und, soweit diese nicht ausreichen, durch Zuführungen aus dem Jahresüberschuss (5 % des Jahresüberschusses) zu bilden. Gesetzliche Rücklagen und **Kapitalrücklagen** nach § 272 Abs. 2 Nr. 1 bis 3 HGB können grundsätzlich nicht in Bilanzgewinn überführt werden. Sie dürfen nur zur Deckung eines Jahresfehlbetrages oder eines Verlustvortrags und – soweit sie den zehnten Teil des Grundkapitals übersteigen – zur Kapitalerhöhung aus Gesellschaftsmitteln verwendet werden (§ 150 Abs. 3 und Abs. 4 AktG). Nur Kapitalrücklagen nach § 272 Abs. 2 Nr. 4 HGB (andere Zuzahlungen, freiwillige Leistungen) können zugunsten des Bilanzgewinns aufgelöst werden. Auch die Rücklage für eigene Aktien nach § 272 Abs. 4 HGB darf nur aufgelöst werden, sofern die eigenen Aktien veräußert, eingezogen oder abgeschrieben werden.[9]

12 Allgemein kann deshalb festgestellt werden, dass sich die **Kapitalerhaltung** in der AG betragsmäßig mindestens im Grundkapital, in der gesetzlichen Rücklage, in den Kapitalrücklagen nach § 272 Abs. 2 Nr. 1 bis 3 HGB und in den gesetzlich gebundenen weiteren Rücklagen (zB Rücklage für eigene Aktien nach § 272 Abs. 4 HGB) niederschlägt. Diese Posten sind nicht in den Bilanzgewinn transferierbar. Dazu können im Zuge der Jahresabschlussfeststellung oder der Gewinnverwendung (§ 58 AktG) weitere satzungsmäßige (§ 58 Abs. 1 AktG) oder beschlussbedingte (§ 58 Abs. 2, Abs. 2 a, Abs. 3 AktG) Rücklagen-Zuführungen kommen, die aber nicht den strengen Kapitalerhaltungsregeln unterliegen.

III. Besonderheiten bei der KGaA

1. Kapitalanteil des Komplementärs und der Kommanditaktionäre

13 Die KGaA ist eine einheitliche juristische Person mit zwei Gesellschaftergruppen, den persönlich haftenden Gesellschaftern (Komplementäre, Geschäftsinhaber) einerseits und den Kommanditaktionären andererseits. Für das Verhältnis der Kommanditaktionäre untereinander und zur KGaA gelten die Vorschriften des AktG (§ 278 Abs. 3 AktG). Insoweit sind die Vorschriften über die Kapitalerhaltung uneingeschränkt zur Anwendung zu bringen.

14 Für das Verhältnis zwischen **Komplementären** und der Gesamtheit der **Kommanditaktionäre** gelten die Vorschriften des HGB über die Komman-

---

[9] Nach § 272 Abs. 4 HGB idF des BilMoG ist eine Rücklage für eigene Aktien nicht mehr zu bilden, weil diese unmittelbar vom gezeichneten Kapital und den frei verfügbaren Rücklagen abgesetzt werden (§ 272 Abs. 1a HGB idF des BilMoG). Die Rücklage ist aber zu bilden für Anteile an herrschenden oder mit Mehrheit beteiligten Unternehmen.

A. Die Vermögensbindung in der AG und der KGaA 15 § 8

ditgesellschaft (§ 278 Abs. 3 AktG) sowie die besonderen in §§ 278 ff. AktG auf die Komplementäre ausgerichteten Vorschriften. Die Komplementäre können Aktien der KGaA übernehmen.[10] Insoweit sind sie in Bezug auf die Kapitalerhaltung den Kommanditaktionären gleichgestellt. Sie können aber auch, soweit die Satzung dies vorsieht, **Sondereinlagen** erbringen, die nicht auf das Grundkapital geleistet werden (§ 281 Abs. 2 AktG). Auf diese Einlagen findet das Recht der Kommanditgesellschaft (§§ 161 Abs. 2, 115 Abs. 3 HGB iVm. §§ 705 ff. BGB) Anwendung.[11] Sie unterliegen nicht den aktienrechtlichen Bindungen. Deshalb sind sie in der Bilanz zwar im Eigenkapital, aber gesondert nach dem Posten „gezeichnetes Kapital" auszuweisen (§ 286 Abs. 2 Satz 1 AktG). Nach §§ 161 Abs. 2, 122 Abs. 1 HGB ist der Komplementär berechtigt, bis zu 4 % seines, für das Ende des letzten Geschäftsjahrs festgestellten Kapitalanteils, zu entnehmen. Dies gilt grundsätzlich auch, wenn Verluste erwirtschaftet werden;[12] die Regelung ist gewinnunabhängig. Allerdings wird ein auf den Komplementär entfallender Verlust von seiner Einlage abgebucht und vermindert so sukzessive die Bemessungsgrundlage. Abweichend von der gesetzlichen Regelung können die Entnahmerechte der Komplementäre in der Satzung frei ausgestaltet werden. Gesetzliche und satzungsmäßige Entnahmeregelungen unterliegen aber wiederum der Kapitalerhaltungsregel des § 288 AktG.

2. Entnahmesperre des § 288 Abs. 1 AktG

Ist der Kapitalanteil des Komplementärs durch Verluste aufgezehrt, darf er 15
bei übersteigenden Verlustanteilen keinen Gewinn auf seinen Kapitalanteil entnehmen und zwar ohne Ansehen einer anderen gesetzlichen (§ 122 HGB) oder satzungsmäßigen Regelung. Im Ergebnis kann der Komplementär bei einer Verlustsituation höchstens seinen Kapitalanteil entnehmen; eine weitergehende Entnahme wäre eine Kreditgewährung an den Komplementär und als solche zu behandeln (§ 283 Nr. 5 AktG).[13] § 288 Abs. 1 Satz 2 AktG geht aber im Interesse der Kapitalerhaltung weiter und sperrt auch bei positivem Kapitalkonto Entnahmen aus und Gewinnzuweisungen auf den Kapitalanteil des Komplementärs, solange bestimmte Wertberichtigungsposten zum Eigenkapital nämlich Bilanzverlust der KGaA, nicht durch Einlage gedeckte Verlustanteile der Komplementäre und Einzahlungsverpflichtungen, sowie Kredite an Komplementäre und deren Angehörige nicht durch Gewinnvortrag, Kapital- und Gewinnrücklagen sowie Kapitaleinlagen der Komplementäre gedeckt sind.

Damit wird sichergestellt, dass wenigstens das Grundkapital nicht durch Entnahmen der Komplementäre geschmälert wird. Der Kapitalschutz ist gegenüber den Komplementären geringer als gegenüber den Kommanditaktionären; dies wird jedoch aufgewogen durch die persönliche Haftung der Komplementäre (§ 278 Abs. 1 AktG).

Nicht unter die Entnahmesperre fallen vom Gewinn unabhängige Tätigkeitsvergütungen der Komplementäre (§ 288 Abs. 3 AktG) und jederzeit verfügbare Konten (Verrechnungskonten etc.).[14] Gesetzeswidrige Entnahmen be-

---

[10] MünchHdb. GesR/Bd. 4/*Herfs* § 75 Rz. 20.
[11] *Hüffer* AktG § 281 Rz. 1.
[12] *Baumbach/Hopt* HGB § 122 Rz. 8; MünchHdb. GesR/Bd. 4/*Herfs* § 79 Rz. 21.
[13] MünchHdb. GesR/Bd. 4/*Herfs* § 79 Rz. 23; MünchKomm. AktG/Bd. 8/*Semler/ Perlitt* § 288 Rz. 33; Kölner Komm./*Mertens* § 288 Rz. 24.
[14] MünchHdb. GesR/Bd. 4/*Herfs* § 79 Rz. 24.

Müller

gründen eine aktienrechtliche Rückerstattungspflicht. Ein Gutglaubensschutz entsprechend § 62 Abs. 1 Satz 2 AktG kommt für Komplementäre wohl nicht in Betracht.[15]

B. Verbot der Einlagerückgewähr

I. Begriff und Anwendungsbereich

1. Leistung aus dem Vermögen an die Aktionäre

20 Wie bereits dargelegt (Rz. 9) erfasst das Verbot der Einlagerückgewähr nach § 57 Abs. 1 Satz 1 AktG jegliche Leistung aus dem Gesellschaftsvermögen, jede wertmäßige Minderung, die nicht ordnungsgemäße Verteilung des Bilanzgewinns oder eines Gewinnabschlags nach § 59 Abs. 1 AktG, die nicht gesetzlich und satzungsmäßig besonders zugelassen ist.[16] Auf die ursprüngliche Einlageleistung oder deren gegenständliche Entsprechung kommt es nicht an. Im Gegensatz zum Steuerrecht setzt die Einlagerückgewähr eine Leistung an den Aktionär voraus, der Verzicht auf eine **Geschäftschance** dürfte als „unterlassene Vermögensmehrung", unbeschadet möglicher Ansprüche aus Pflichtverletzung gegen den Vorstand aus § 93 AktG, nicht unter § 57 Abs. 1 AktG fallen (steuerlich vgl. Rz. 89 ff.); diese Frage ist allerdings bisher nicht Gegenstand der zivilrechtlichen Rechtsprechung gewesen.

21 Die Verstöße gegen § 57 Abs. 1 AktG können offen oder verdeckt sein. Eine **offene** Einlagerückgewähr liegt zB vor bei einer Gewinnausschüttung aufgrund nichtiger Feststellungs- oder Gewinnverwendungsbeschlusses, bei einer Vorabdividende außerhalb von § 59 AktG, bei Auszahlung aufgrund eines nichtigen Kapitalherabsetzungsbeschlusses oder bei unzulässigem Erwerb eigener Aktien (§ 71 Abs. 4 AktG).[17] Zur **verdeckten** Einlagerückgewähr vgl. Rz. 43 ff.

2. Ausnahmen

22 Das AktG kennt zahlreiche Ausnahmen vom Verbot der Einlagerückgewähr. Zu beachten ist jedoch, dass die Ausnahmetatbestände abschließend im Gesetz geregelt sind und keine erweiternde Auslegung oder satzungsmäßige Erweiterung zulassen (§ 23 Abs. 5 AktG).[18] Das Rückgewährverbot steht folgenden Leistungen aus dem Gesellschaftsvermögen nicht entgegen:

a) Zulässiger Erwerb eigener Aktien

23 Diese Ausnahme ergibt sich unmittelbar aus § 57 Abs. 1 Satz 2 AktG. Zur Frage des zulässigen Erwerbs wird auf die Ausführungen in § 3 Rz. 143 ff. verwiesen. Allerdings ist festzuhalten, dass die Ausnahmeregelung nur insoweit in Betracht kommt, als die Höhe des gezahlten Entgelts den Verkehrswert der Aktien nicht übersteigt. § 57 Abs. 1 Satz 2 AktG erschöpft sich in seiner Bedeutung darin, dass er den zulässigen Aktienerwerb als normalen Güteraustausch und in Abstimmung mit §§ 71 ff. AktG erlaubt, aber nur in dem Rahmen, in dem

---

[15] *Hüffer* AktG § 288 Rz. 4.
[16] MünchHdb. GesR/Bd. 4/*Wiesner* § 16 Rz. 42; *Hüffer* AktG § 57 Rz. 2.
[17] *Hüffer* AktG § 71 Rz. 24.
[18] Großkomm. AktG/*Henze* § 57 Rz. 182.

B. Verbot der Einlagerückgewähr   24–26   § 8

auch ein normaler Güteraustausch abzuwickeln ist, nämlich zu Marktpreisen. Ist die Aktie börsenorientiert, so ist nur der notierte Börsenkurs als korrekter Preis zulässig. Soweit mehr bezahlt wird, liegt eine verdeckte Einlagerückgewähr vor.[19] Dies gilt allerdings nur für den überschießenden Betrag. Das Geschäft ist im Übrigen wirksam.

Ob ein Erwerb eigener Aktien zur **Kurspflege** generell und in jedem Falle 24 unzulässig ist[20] oder ob nur die kontinuierliche Kurspflege durch Handel in eigenen Aktien gegen §§ 71, 57 Abs. 1 AktG verstößt, ist strittig. Es wird die Auffassung vertreten, dass eine Kurspflege dann zulässig ist, wenn es sich um vorübergehende Maßnahmen handelt, zB um den Preisdruck im Anschluss an Public Offerings abzufangen.[21] Auch sollen Aktienrückkäufe, die eine Kursbeeinflussung nach oben zur Abwehr einer drohenden Übernahme bezwecken, zulässig sein.[22]

Gänzlich unzulässig und nichtig ist dagegen die originäre Übernahme eige- 25 ner Aktien bei der **Gründung** oder aus einer **Kapitalerhöhung**. Gleiches gilt für abhängige oder in Mehrheitsbesitz stehende Unternehmen (§§ 16, 17 AktG) bezüglich Aktien der herrschenden oder mit Mehrheit beteiligten Gesellschaft. Das ergibt sich unmittelbar aus der Vorschrift des § 56 AktG, die systematisch zur Sicherung der Kapitalaufbringung und nicht der Kapitalerhaltung gehört (§ 3 Rz. 143). Gleichermaßen darf auch ein Dritter als Gründer oder Zeichner oder in Ausübung eines Bezugsrechts bei einer Kapitalerhöhung – also wiederum bei originärem Erwerb – nicht Aktien für Rechnung der AG oder eines abhängigen oder in Mehrheitsbesitz stehenden Unternehmens übernehmen (§ 56 Abs. 3 AktG). Der Dritte haftet ohne Rücksicht auf die getroffenen Absprachen für alle aus der Übernahme resultierenden Pflichten und wird Aktionär; er kann keine Ansprüche auf Aufwendungsersatz gegen die AG geltend machen.[23] Dies ist vor allem von Bedeutung, wenn bei der Emission junger Aktien diese im Wege des mittelbaren Bezugsrechts (§ 186 Abs. 5 AktG) von einer Emissionsbank oder von einem Konsortium übernommen werden. Eine Verpflichtung der AG, Aktien zurückzunehmen oder Mindererlöse zu vergüten, ist unzulässig. Das wirtschaftliche Risiko der Emissionsbanken kann freilich durch die Provision abgegolten werden, die aber nur aus dem Mehrerlös bezahlt werden darf, der bei der Emission gegenüber dem Ausgabebetrag erzielt wird.[24]

b) Erwerb wechselseitiger Beteiligungen

Der Aufbau wechselseitiger Beteiligungen zwischen Kapitalgesellschaften 26 durch Zukauf von Anteilen von den bisherigen Gesellschaftern führt im Ergebnis für die Gruppe zu einer Vermögensminderung und ist deshalb als **(mit-**

---

[19] Herrschende Meinung: Kölner Komm./*Lutter* § 57 Rz. 33; MünchKomm. AktG/*Bayer* § 57 Rz. 76; Großkomm. AktG/Bd. 1/*Henze* § 57 Rz. 65, 182; *Lutter* ZGR 1978, 347, 356.
[20] *Hüffer* AktG § 71 Rz. 10.
[21] *Ekkenga* WM 2002, 317, 319.
[22] Das wird ua. hergeleitet aus der RegBegr zum WpÜG, BR-Drs. 574/01, 142 zu § 33; vgl. *Ekkenga* WM 2002, 317, 320; *Claussen* AG 1996, 481, 490; *Wolf* AG 1998, 212, 218.
[23] *Hüffer* AktG § 56 Rz. 14.
[24] *Hüffer* AktG § 56 Rz. 13.

§ 8 27, 28 Kapitalerhaltung und Gesellschafterfremdfinanzierung

telbare) Einlagerückgewähr zu qualifizieren. Trotzdem kommt § 57 Abs. 1 AktG nicht zum Zuge: die §§ 19–20, 328 und 71 d Satz 2 AktG sind Sonderregelungen, aus denen zu schließen ist, dass ein Erwerb von wechselseitigen Beteiligungen, sofern der Rahmen des § 71 d AktG eingehalten wird, nicht zu einer verbotenen Einlagerückgewähr führt.[25]

c) Konzernprivileg

27 Bei Vorliegen eines **Beherrschungs- und/oder Gewinnabführungsvertrages** ist nach § 292 Abs. 3 AktG die Kapitalschutzvorschrift des § 57 AktG nicht anzuwenden. Das wird mit der Neufassung des § 57 Abs. 1 AktG durch das MoMiG auch durch § 57 Abs. 1 Satz 3 AktG nochmals klargestellt. Für die Gewinnabführung selbst ist aber zu beachten, dass es eine Höchstgrenze gibt, nämlich den ohne die Gewinnabführung entstehenden Jahresüberschuss, vermindert um einen Verlustvortrag aus dem Vorjahr und die zwingenden Rücklagezuführungen (§ 301 AktG). Das schließt jedoch nicht aus, dass durch Einzelmaßnahmen der Jahresüberschuss vermindert wird. Bei Vorliegen eines **Beherrschungsvertrages** ist das **Weisungsrecht** nicht etwa darauf beschränkt, die beherrschte AG nur zu Zahlungen aus ihrem Jahresüberschuss zu veranlassen. Im Rahmen des § 308 Abs. 2 AktG ist auch Weisungen Folge zu leisten, die anderweitige Vermögensbeeinträchtigungen verursachen, solange diese nur den Belangen des Konzerns dienen. Das Regulativ liegt in der Verlustübernahme (§ 302 AktG) und im Gläubigerschutz nach § 303 AktG.[26] Eine Vermögenszuwendung, die nicht auf einer Weisung oder auf einer unzulässigen Weisung (nicht im Konzerninteresse) beruht, wird jedoch durch §§ 57 Abs. 1 Satz 3 (erster Halbsatz), 293 Abs. 3 AktG nicht mehr gedeckt. Gleiches gilt nach hM für **existenzbedrohende Weisungen**; zu ihnen hat die Obergesellschaft kein Recht.[27] Bei Abschluss anderer Unternehmensverträge (§ 292 AktG) bleibt § 57 AktG ohnehin anwendbar.

d) Vollwertiger Leistungsaustausch

28 Ein Leistungsaustausch zwischen der AG und ihren Gesellschaftern zu unausgewogenen Bedingungen zum Nachteil der AG führt in jedem Fall zu einem Verstoß gegen § 57 Abs. 1 Satz 1 AktG mit den entsprechenden Rechtsfolgen, wenn der damit für den Aktionär verbundene Vorteil im Gesellschaftsverhältnis begründet ist (vgl. Rz.43). Bisher war jedoch fraglich, ob auch ein ausgewogener Leistungsaustausch zwischen AG und Gesellschafter in bestimmten Konstellationen zu einem Verstoß gegen § 57 Abs. 1 AktG führen kann. Die Diskussion entzündete sich insbesondere an der Darlehensausreichung durch die AG an Aktionäre und die Teilnahme der AG an **Cash-Pool-Systemen**. Zu § 30 Abs. 1 GmbHG, einer Vorschrift, die das Stammkapital der GmbH schützt, hat der BGH in einem Grundsatzurteil entschieden, dass die Auszahlung eines Darlehens durch eine GmbH, die bilanzmäßig aus ihrem nach § 30 GmbHG geschützten Vermögen erfolgt, einen Verstoß gegen § 30 GmbHG darstellt, selbst dann, wenn der Rückzahlungsanspruch iS. der Rechnungslegungsvorschriften vollwertig ist, also ein reiner Aktivtausch (Kasse ge-

---

[25] Großkomm. AktG/*Henze* § 57 Rz. 67, 183.
[26] Großkomm. AktG/*Henze* § 57 Rz. 188 ff.
[27] Großkomm. AktG/*Henze* § 57 Rz. 190.

B. Verbot der Einlagerückgewähr 29–31 § 8

gen Forderung) vorliegt.[28] Kreditgewährungen an Gesellschafter konnten nach diesem Urteil zulässigerweise nur gewährt werden, wenn sie auf die Passivseite durch Rücklagen und Gewinnvorträge gedeckt waren. Mit dieser Entscheidung verabschiedete sich der BGH von der bis dahin praktizierten bilanziellen Betrachtungsweise. Der Austausch liquider Haftungsmasse gegen eine zeitlich hinausgeschobene schuldrechtliche Forderung verschlechtere die Vermögenslage der Gesellschaft und die Befriedigungsaussichten ihrer Gläubiger. Obwohl die Entscheidung zum GmbH-Recht ergangen ist, muss sie Geltung für den gleich gelagerten § 57 Abs. 1 AktG beanspruchen und zwar in verschärfter Form, weil sich der Kapitalschutz des § 57 AktG auf das gesamte Vermögen der AG und – anders als bei der GmbH – nicht nur auf das Grundkapital bezieht.

Die bislang nicht revidierte Rechtsprechung des BGH ist schon aus dem **29** Grunde abzulehnen, weil sie ohne überzeugenden Grund gleichwertige Aktivposten unterschiedlich behandelt. Die Forderung gegen einen bonitätsmäßig außer Zweifel stehenden Aktionär kann für Vermögenslage und Gläubigersicherheit Kundenforderungen, Immobilienanlagen etc. oftmals sogar vorzuziehen sein. In der Literatur wird diese Rechtsprechung weitgehend abgelehnt.[29] Für die Praxis stellt sich jedoch die Frage, wie mit dieser Judikatur umzugehen ist. Insbesondere bei Cash-Pool-Systemen ist eine zweifelsfreie Abwicklung nur im Rahmen eines Gewinnabführungs- und Beherrschungsvertrages möglich.

Abhilfe schafft die Novellierung des § 57 Abs. 1 AktG durch das MoMiG. **30** Durch Einfügung eines Satz 3 in § 57 Abs. 1 AktG wird nunmehr bestimmt, dass Leistungen der AG, die „durch einen vollwertigen Gegenleistungs- oder Rückgewähranspruch gegen den Aktionär gedeckt sind", keine verbotene Einlagerückgewähr sind. Der Gesetzgeber stellt damit die bis 2003 praktizierte bilanzielle Betrachtungsweise wieder her. Für die Berechnung und die Bestimmung der Vollwertigkeit gelten die allgemeinen Bilanzierungsgrundsätze. Mit dieser Gesetzesfassung lassen sich die Cash-Pool-Probleme zufriedenstellend lösen. die Frage der Vollwertigkeit der Rückzahlungsforderungen ist auf jeden Fall zu prüfen; davon befreit auch § 57 Abs. 1 Satz 3 AktG nicht. Maßgeblich ist der Zeitpunkt der Darlehensausreichung. Spätere, nicht vorhersehbare negative Entwicklungen der Forderung gegen den Gesellschafter und bilanzielle Abwertungen führen nicht nachträglich zu einer verbotenen Auszahlung.[30] Im Rahmen von Cash-Pool-Systemen sind **Sicherheitenbestellungen** idR entbehrlich, wenn die Gesellschaft für die Liquiditätsversorgung aus dem Pool ihrerseits keine Sicherheiten stellen muss.[31]

Zu beachten bleibt aber, dass ein Vorschuss, Darlehen oder eine Sicherheitsleistung **31** stung nicht zum Zweck des Erwerbs von Aktien der Gesellschaft selbst gewährt werden darf: § 71a AktG geht auch bei Vollwertigkeit der Darlehensforderung

---

[28] BGH II ZR 101/01 v. 24.11. 2003, NJW 2004, 1111; ZIP 2004, 263; *Wessels*, ZIP 2004, 793; *Vetter* BB 2004, 227; *Habersack/Schürnbrand* NZG 2004, 689; *Bayer/Lieder* ZGR 2005, 133.

[29] *Heidnenhain*, LMK 2004, 68 f.; *Bähr/Hoos*, GmbHR 2004, 304 ff.; *Cahn*, Konzern 2004, 235 238 ff.; *Helmreich*, GmbHR 2004, 457 ff.; *Wessels*, ZIP, 2004, 493 ff.; *Fuhrmann*, NZG 2004, 552 ff.; *Vetter* BB 2004, 1509 ff.; *Schilmar*, DB 2004, 1411 ff.; **aA** *Saenger/Koch*, NZG 2004, 271 ff.; *Servatius* DStR 2004, 1176 ff.; *Bayer/Lieder*, ZGR 2005, 133 ff.

[30] RegBegr. MoMiG zu § 30 Abs. 1 GmbHG (Neufassung) S. 94.

[31] *Spindler/Stilz/Cahn/Senger* § 57 Rz. 34.

dem § 57 Abs. 1 Satz 3 AktG vor (vgl. § 3 Rz. 174). Damit wird sichergestellt, dass Vermögen der AG nicht zum Aktienerwerb eingesetzt wird. Ob Finanzierungsgeschäfte nach dem Erwerb erfasst werden, kann zweifelhaft sein; es ist aber jedenfalls dann anzunehmen, wenn die Umfinanzierung auf die AG von Anfang an geplant war (Anschubfinanzierung eines Dritten).[32] Allerdings erfasst § 71a AktG nur Finanzierungsgeschäfte, die dem Zweck des Erwerbs von Aktien der Gesellschaft dienen; die Unterstützung des Aktienerwerbs muss also einvernehmliche Zielvorgabe sein. Das ist z. B. dann nicht der Fall, wenn der Kaufpreis in ein Cash-Pool-System mit dem Erwerber einfließt und dort zu einem Rückzahlungsanspruch der Gesellschaft führt. Das Cash-Pool-System dient i. d. R. anderen Zwecken als der Finanzierung des Aktienerwerbs.[33]

e) Kapitalherabsetzung

32 Die ordentliche Kapitalherabsetzung bewirkt unter Beachtung der Vorschriften von §§ 222 Abs. 3, 225, Abs. 2 AktG eine zulässige Einlagerückgewähr. Gleiches gilt für die Kapitalherabsetzung durch Einziehung von Aktien nach §§ 237 ff. AktG. Eine vereinfachte Kapitalherabsetzung nach §§ 229 ff. AktG hingegen darf nie zu einer Rückzahlung führen.

f) Abschlagszahlung auf die Dividende

33 Eine Abschlagszahlung lässt § 59 Abs. 1 AktG nur für die Zeit nach Ablauf des Geschäftsjahres, aber vor Feststellung des Jahresabschlusses und Gewinnverwendungsbeschlusses zu. Diese Regelung findet praktisch kaum Anwendung. Interessanter werden Abschlagszahlungen, wenn der Gesetzgeber die Anregung der Corporate Governance Kommission aufgreift und echte unterjährige Zwischendividenden zulässt. Die Abschlagszahlungen sind der Höhe nach zweifach beschränkt auf die Hälfte des Jahresüberschusses nach Abzug der nach Gesetz oder Satzung in die Gewinnrücklagen einzustellenden Beträge und auf die Hälfte des Vorjahresbilanzgewinns. Echte Zwischendividenden (Quartals- oder Halbjahresdividenden) im laufenden Geschäftsjahr sind deshalb einer deutschen börsennotierten AG nicht erlaubt. Der Gesetzgeber ist bisher einer Anregung der Corporate Governance Kommission nicht gefolgt, echte unterjährige Zwischendividenden zuzulassen.[34]

g) Sachdividende

34 Der Dividendenanspruch des Aktionärs ist nach hM auf eine Geldsumme, also auf eine Barauszahlung gerichtet. Das ergibt sich zwanglos schon aus § 58 Abs. 4 AktG: „Die Aktionäre haben Anspruch auf den Bilanzgewinn...". Das Abstellen auf den Bilanzgewinn bedeutet stets eine monetäre Größe, da die Bilanz ein monetäres Abbild der Gesellschaft ist (§ 244 HGB)[35] Mit Zustimmung des jeweiligen Aktionärs (datio in solutum: § 364 Abs. 1 BGB) oder durch Beschluss mit Zustimmung aller Aktionäre konnten bisher schon andere Vermögensgegenstände (zB Wertpapiere) an die Aktionäre ausgekehrt oder ein Wahl-

---

[32] *Hüffer* AktG § 57 Rz. 3.
[33] *Spindler/Stilz/Cahn* § 71a Rz. 35.
[34] Bericht der Regierungskommission Corporate Governance (2001) Rz. 201 ff.
[35] Großkomm. AktG/*Henze* § 58 Rz. 94; Kölner Komm./*Lutter* § 58 Rz. 107; *Hüffer* AktG § 58 Rz. 28; *Lutter/Leinekugel/Rödder* ZGR 2002, 204, 205.

B. Verbot der Einlagerückgewähr   35, 36   § 8

recht (§ 262 BGB) eingeräumt werden. Als besondere Art der Sachdividende lässt sich die Kapitalerhöhung aus Gesellschaftsmitteln verstehen (§§ 207 ff. AktG), die durch Umwandlung von Kapital- und Gewinnrücklagen zur Ausschüttung neuer Anteilsrechte führt.

Das Transparenz- und Publizitätsgesetz vom 25. 7. 2002 hat mit einer Ergänzung des § 58 AktG durch einen Abs. 5 die Sachdividende (Sachausschüttung) generell erlaubt,[36] wenn durch eine entsprechende Satzungsbestimmung die Sachausschüttung zugelassen ist. Der Beschluss wird – vorbehaltlich einer anderen satzungsmäßigen Regelung – mit einfacher Mehrheit gefasst.

In solchen Sachausschüttungen liegt grundsätzlich keine unzulässige Einlagenrückgewähr. Allerdings ist zu fragen, ob die auszuschüttenden Vermögensgegenstände mit ihrem **Buchwert**, also mit dem Wert, mit dem sie bilanziert sind oder mit ihrem **Verkehrswert** anzusetzen sind. Die Frage stellt sich dann, wenn in den Buchwerten stille Reserven liegen, insbesondere sog. Zwangsreserven aus dem Anschaffungskostenprinzip (§ 253 Abs. 1 HGB). *Lutter/Leinekugel/Rödder*[37] sind der Auffassung, dass zivilrechtlich nur der Buchwertansatz in Frage komme, weil gesetzliche Bewertungsreserven, da sie nicht in die Bilanz eingehen, von der aktienrechtlichen Vermögensbindung nicht erfasst seien. Das Anschaffungskostenprinzip sei nur ein Rechtsreflex aus dem HGB, aber nicht ein aktienrechtliches Gläubigerschutzprinzip.[38] Steuerlich dagegen sei stets der Verkehrswert anzunehmen, sodass ein Differenzbetrag zum steuerlichen Buchwert als steuerliche verdeckte Gewinnausschüttung zu behandeln sei. Die steuerliche Beurteilung ist sicherlich richtig; zivilrechtlich muss man jedoch Zweifel haben. Folgt man dieser Auffassung, so können zB bei einem Bilanzgewinn von 1000 Wertpapiere, die einen Buchwert von ebenfalls 1000, aber einen Verkehrswert von 1500 haben, ohne Verletzung der Kapitalerhaltungsvorschriften ausgekehrt werden. Hinzu kommt noch die Steuerbelastung auf die vGA, die wohl im Gewinnverwendungsbeschluss nach § 174 Abs. 2 Nr. 5 AktG brutto gesondert auszuweisen wäre. Je nach Höhe der stillen Reserve kann hier ein höherer Betrag zum Ansatz kommen als der gesamte nominale Bilanzgewinn ausmacht. Fraglich ist auch der Ansatzpunkt, dass es sich beim Anschaffungskostenprinzip, das zur gesetzlichen Zwangsreserve führt, nicht um ein für die Kapitalerhaltung maßgebliches und auch in das AktG integriertes Gläubigerschutzprinzip handele.

Richtiger erscheint es, in der Beschlussfassung über die Sachausschüttung einen Realisierungstatbestand anzunehmen und nur so viele Vermögensgegenstände auszuschütten, dass der Verkehrswert im Zeitpunkt des Beschlusses dem Bilanzgewinn entspricht, aus dem der an die Aktionäre auszuschüttende Betrag, der aufgrund der Sachausschüttung entstehende zusätzliche (Steuer-) Aufwand und ggf. noch in die Gewinnrücklage und in einen Gewinnvortrag einzustellenden Beträge gedeckt sind. Dann wird auch ein Gleichklang mit der Steuer hergestellt und eine steuerliche vGA vermieden. Die stille Ausschüttung stiller Reserven ist jedenfalls nicht transparent und kann die aktienrechtliche Kapitalerhaltung verletzen.[39]

---

[36] BGBl. I 2002, 2681 ff.
[37] ZGR 2002, 204, 218 ff.
[38] ZGR 2002, 204, 221. Zur steuerlichen Behandlung vgl. auch § 11 Rz. 184.
[39] Anderer Ansicht: *Lutter/Leinekugel/Rödder* ZGR 2002, 204, 218 ff.; wie hier *W. Müller* NZG 2002, 752, 757 ff; dem folgend *Spindler/Stilz/Cahn/Senger* § 58 Rz. 100; *Hüffer*

h) Vergütung von Nebenleistungen

37 Sind den Aktionären durch die Satzung nach § 55 AktG Nebenleistungen an die AG auferlegt (Nebenleistungs-AG), so dürfen diese ohne Verstoß gegen § 57 AktG vergütet werden. Allerdings muss die Vergütung marktgerecht sein oder, wie § 61 AktG bestimmt, sie darf den Wert der Leistung nicht übersteigen.

i) Faktischer Konzern

38 Ein einfacher faktischer Konzern liegt vor, wenn mehrere Unternehmen unter einheitlicher Leitung eines beherrschenden Unternehmens (§ 18 Abs. 1 AktG) zusammengefasst sind, ohne dass ein Beherrschungsvertrag oder eine Eingliederung vorliegt. Die Rechtsprechung hatte darüber hinaus für den GmbH-Konzern den **qualifiziert faktischen Konzern** entwickelt, bei dem die Leitungsmacht derart verdichtet ist, dass sich ausgleichspflichtige Nachteilszufügungen nicht mehr isolieren lassen.[40] Diese Rechtsfigur hat der BGH für das GmbH-Recht aufgegeben und dafür die sog. **Existenzvernichtungshaftung** mit der Rechtsgrundlage in § 826 BGB entwickelt.[41] Das muss auch für die AG Geltung beanspruchen.[42] Unabhängig von dieser Frage ist aber im faktischen Konzern § 57 AktG grundsätzlich anwendbar. Eine Besonderheit bringt allerdings § 311 AktG, der ein nachteiliges Geschäft zugunsten des beherrschenden Aktionärs zulässt, sofern im Laufe des Geschäftsjahres ein Ausgleich – in welcher Form auch immer – gewährt oder zum Ende des Geschäftsjahres ein Rechtsanspruch auf Nachteilsausgleich eingeräumt wird (§ 311 Abs. 2 AktG). Das Verbot des § 57 AktG ist praktisch für das laufende Geschäftsjahr gehemmt oder entfällt, wenn ein äquivalenter Ausgleich gewährt wird. Es tritt aber voll in Kraft, wenn die Voraussetzungen des § 311 Abs. 2 AktG nicht fristgerecht geschaffen werden. Die Ansprüche aus Einlagerückgewähr treten kumulativ neben die Ansprüche aus §§ 317, 318 AktG.[43]

j) Eingliederung

39 Bei der Eingliederung (§§ 319 ff. AktG) ist § 57 AktG einschränkungslos aufgehoben (§ 323 Abs. 2 AktG). Das Vermögen der eingegliederten AG genießt keinen Bestandsschutz.

AktG § 58 Rz. 58. Dazu neuerdings ausführlich *Siegel* WPg 2008, 535 ff., der den Buchwertansatz für zulässig und zwingend hält; dagegen wie hier *Schulze-Osterloh* WPg 2008, 562 ff., der den Ansatz zum Zeitwert für notwendig hält; ebenso wohl *Bareis* WPg 2008, 564 ff.

[40] BGH II ZR 275/84 v. 16. 9. 1985, BGHZ 95, 330 ff. (Autokran); BGH II ZR 167/88 v. 20. 2. 1989, BGHZ 107, 7 ff. (Tiefbau); BGH II ZR 265/91 v. 29. 3. 1993, BGHZ 122, 123 ff. (TBB).

[41] BGH II ZR 178/99 v. 17. 9. 2001, NJW 2001, 3622, 1874 (Bremer-Vulkan); BGH II ZR 300/00 v. 24. 6. 2002, NJW 2002, 3024 (KBV); BGH v. 13. 12. 2004, ZiP 2005, 47 (Autovertragshändler); BGH II ZR 256/02 v. 13. 12. 2004, OHR 2005, 340 (Handelsvertreter) und insbes. BGH II ZR 3/04 v. 16. 7. 2007, NJW 2007, 2689 (Trihotel).

[42] Vgl. § 15 Rz. [?]; *Hüffer* AktG § 1 Rz. 26; Kölner Komm. AktG Anh. § 318 Rz. 63 ff.; **aA** offenbar *Spindler/Stilz/Müller* vor §§ 311–318 Rz. 25 ff.

[43] Großkomm. AktG/*Henze* § 57 Rz. 196.

3. Kapitalmarktrechtliche Prospekthaftung

Die AG kann aus einer Neuemission von Aktien oder aus Verkauf von Aktien aus dem eigenen Bestand den Übernehmern bzw. Erwerbern gegenüber schadensersatzpflichtig werden, insbesondere wenn dem Erwerb ein **Emissionsprospekt** (§§ 32 Abs. 3 Nr. 2, 44 BörsG), oder ein **Verkaufsprospekt** (§§ 8 f, 13 a VerkProspG) zugrunde liegt. Sind Angaben unrichtig oder unvollständig, löst dies ggf. eine Ersatzpflicht der emittierenden bzw. verkaufenden AG aus: Sie hat die Aktien gegen Erstattung des Erwerbspreises – sofern er den Ausgabepreis nicht überschreitet – und der mit dem Erwerb verbundenen üblichen Kosten zurückzunehmen. In welchem Verhältnis diese Bestimmungen zu § 57 AktG und zu §§ 71 ff. AktG stehen, ist nicht expressis verbis geregelt und war bisher strittig. **40**

Unstrittig ist, dass bei einem derivativen Erwerb, also aus eigenem Bestand der AG, der Kapitalschutz der AG zugunsten des Investors zurückzutreten hat. Die börsen- und prospektrechtlichen Vorschriften sind leges speciales und verdrängen § 57 AktG. Es handelt sich aus Sicht der AG und des Investors um normale Umsatzgeschäfte, aus denen die AG vertragliche und gesetzliche Haftungsfolgen tragen muss.[44] Derivativer Erwerb in diesem Zusammenhang ist auch der mittelbare Aktienbezug aus einer Kapitalerhöhung über ein Kreditinstitut nach § 186 Abs. 5 AktG.[45] **41**

Streitig ist jedoch die Rechtslage beim originärem Aktienerwerb (unmittelbar aus der Kapitalerhöhung). Die Aktienrücknahme gegen Erstattung des Einlagebetrages führt zum unmittelbaren Abfluss des Einlagebetrages. Deshalb wird hier vertreten, dass die Börsenhaftung nicht zum Zuge kommen kann oder, einschränkender, nur aus nicht als Kernkapital geschütztem Vermögen (Grundkapital und obligatorische Rücklage nach §§ 150, 300 AktG) bedient werden darf.[46] Dem gegenüber wird man aber doch annehmen müssen, dass das BörsG und das VerkProspG eine solche differenzierende Betrachtungsweise nicht abdecken. Der Gesetzgeber wollte in jedem Falle eine vorrangige lex specialis schaffen.[47] Es ist auch nicht so, dass es sich hier um eine einmalige rechtssystematische Verirrung handeln würde. Im Umwandlungsrecht tritt bei der Verschmelzung auf eine AG genau derselbe Effekt auf, wenn ein der Umwandlung widersprechender Gesellschafter seine Aktien gegen Abfindung nach § 29 UmwG auf die übernehmende AG überträgt. Im Ergebnis handelt es sich dabei um eine Rückgewähr in Geld der zuvor erbrachten Sacheinlage. **42**

---

[44] Großkomm. AktG/*Henze* § 57 Rz. 20; *Baumbach/Hopt* HGB (14) BörsG § 45 Rz. 5; *Schäfer/Hamann* Kapitalmarktgesetze §§ 44/45 BörsG Rz. 82 ff.; OLG Ffm. 21 U 260/97 v. 17. 3. 1999, AG 2000, 132.

[45] Großkomm. AktG/*Henze* § 57 Rz. 24; *Assmann* Prospekthaftung 1985, 332; *Krämer/Baudisch* WM 1998, 1161, 1169; aA *Schmark* in FS Raisch S. 269, 287.

[46] So Großkomm. AktG/*Henze* § 57 Rz. 22 ff.; *Assmann* § 7 Rz. 202; *Schwark* BB 1979, 897, 901 und BörsG §§ 45, 46 Rz. 8; *Krämer/Baudisch* WM 1988, 1161, 1165; wohl auch OLG Ffm. AG 2000, 132, 134.

[47] BegrRegE, BT-Drs. 13/8933, 78; *Baumbach/Hopt* HGB (14) § 45 BörsG Rz. 5; *Groß* Kapitalmarktrecht, 2. Aufl. 2002 §§ 45, 46 BörsG Rz. 7; *Gebauer* Börsenprospekthaftung 1999, 201 ff., 204 f.; *Schäfer/Hamann* Kapitalmarktgesetze §§ 44/45 BörsG Rz. 82.

II. Verdeckte Einlagerückgewähr

1. Drittgeschäfte

43 Die AG kann mit ihren Aktionären Geschäfte wie mit jedem Dritten abwickeln, dh. sie kann Lieferungen und Leistungen an den Aktionär erbringen und von ihm entgegennehmen. Drittgeschäfte fallen grundsätzlich nicht unter das Verbot der Einlagerückgewähr. Das gilt jedoch nur soweit und solange der Leistungsaustausch zu marktüblichen Bedingungen (at arm's length) abgewickelt wird. Dies gilt im Grundsatz sowohl handels- wie steuerrechtlich. Die AG hat dabei auch die bei Drittgeschäften üblichen Geschäftsrisiken zu tragen. Es ist also keine Einlagerückgewähr, wenn die AG vom Aktionär erworbene Waren des Umlaufvermögens wegen Fehlkalkulation oder veränderter Marktverhältnisse nicht oder nur mit Verlust absetzen kann.

44 Eine Ausnahme von der Zulässigkeit drittgleicher Geschäftsabschlüsse besteht bei der **verdeckten Sacheinlage** (§ 9 Rz. 22). Die Marktüblichkeit eines Austauschgeschäfts schützt nicht vor den Folgen einer verdeckten Sacheinlage.[48] Dies ist aber nicht eine Frage der Kapitalerhaltung, sondern der formrichtigen Kapitalaufbringung.

2. Abgrenzung

a) Objektive Kriterien

45 Zulässige Drittgeschäfte werden von der unzulässigen Einlagerückgewähr nach objektiven Kriterien abgegrenzt. Das Verbot greift ein, wenn objektiv ein Missverhältnis zwischen Leistung und Gegenleistung besteht, ein Äquivalenzverhältnis also von vorneherein nicht gegeben ist.[49] Zur Beurteilung für die mangelnde Äquivalenz können auch im Aktienrecht durchaus die Grundsätze herangezogen werden, die das Steuerrecht bzw. die steuerliche höchstrichterliche Rechtsprechung entwickelt hat. Maßgeblich sind **Marktpreise**; ein Abweichen nach unten (bei Leistungen der AG) oder nach oben (bei Leistungen des Aktionärs) muss durch betriebliche Gründe gerechtfertigt sein.[50] Bei fehlenden Marktpreisen können Wiederbeschaffungswerte[51] oder Kostenpreise nebst Gewinnaufschlag (cost plus) als Anhaltspunkte dienen. Auf Buchwerte kommt es grundsätzlich nicht an, es sei denn sie entsprächen den Marktwerten. Wie im Steuerrecht kann als Grundregel darauf abgestellt werden, ob bei Beachtung der Sorgfalt ordentlicher und gewissenhafter Geschäftsleitung auch mit Dritten in gleicher Weise kontrahiert worden wäre und zwar ohne Berücksichtigung irgendwelcher subjektiver Umstände.[52] Betreffen die Rechtsgeschäfte Unternehmen oder Unternehmensteile, so dürfen die Werte aus anerkannten Bewertungsmethoden nicht unterschritten werden. Es können – je nach Transaktion – weite Ermessensspielräume bestehen (zB auch für Service-

---

[48] Großkomm. AktG/*Henze* § 57 Rz. 38.
[49] *Hüffer* AktG § 57 Rz. 8; Kölner Komm./*Lutter* AktG § 57 Rz. 16; Großkomm. AktG/*Henze* § 57 Rz. 40 ff.; BGH NJW 1987, 1194, 1195; BGH II ZR 113/94 v. 13. 11. 1995, NJW 1996, 589, 590; OLG Koblenz 6 U 847/75 AG 1977, 231.
[50] BGH II ZR 306/85 v. 1. 12. 1986, NJW 1987, 1194, 1195.
[51] *Hüffer* AktG § 57 Rz. 9.
[52] Großkomm. AktG/*Henze* § 57 Rz. 42.

B. Verbot der Einlagerückgewähr 46–48 § 8

leistungen). Im Zweifel hat derjenige die **Darlegungslast**, der die Leistungen erbringt.[53]

b) Subjektive Kriterien

Ein Bewusstsein des Leistungserbringers oder -empfängers, dass die Leistung nur wegen der Aktionärseigenschaft (causa societatis) erbracht bzw. angenommen wird, ist nicht erforderlich. Es genügt allein das objektive Missverhältnis.[54] Dies ergibt sich auch aus der gesetzgeberischen Wertung des § 62 Abs. 1 Satz 2 AktG, der guten Glauben der Aktionäre nur bei der offenen Gewinnverteilung schützt. 46

3. Typisierung
a) Steuerliche verdeckte Gewinnausschüttung

Die Möglichkeiten einer verdeckten Einlagerückgewähr sind so vielfältig wie das Geschäftsleben überhaupt. Eine Systematisierung oder Typisierung bleibt deshalb immer Stückwerk, auch wenn nachfolgend einige Fälle hervorgehoben werden sollen. Das umfassendste Anschauungsmaterial findet sich im Steuerrecht in der Kasuistik zur **verdeckten Gewinnausschüttung** (vGA) iSd. § 8 Abs. 3 Satz 2 KStG (vgl. Rz. 89 ff. und § 12 Rz. 69 ff.). Auch wenn der steuerrechtliche Begriff weiter als der aktienrechtliche ist, wenn zB verhinderte Vermögensvermehrungen der AG einbezogen werden (vgl. Rz. 91 ff.), so wird man doch generell davon ausgehen müssen, dass ein Sachverhalt, der steuerlich als vGA in Betracht kommt, auch aktienrechtlich unter dem Gesichtspunkt der Einlagerückgewähr geprüft werden muss und umgekehrt. Die umfangreiche steuerliche Kasuistik kann herangezogen werden.[55] So fallen darunter zu niedere (bei Leistung der AG) oder überhöhte (bei Leistung des Aktionärs) Vergütungen;[56] zu günstige Konditionen für Lizenzen oder Verwertungsrechte; überhöhte Provisionen oder überhöhte Gehälter,[57] was insbesondere dann von Bedeutung sein kann, wenn Mitarbeitern oder Organen über **Optionsprogramme** Aktien eingeräumt worden sind; Verträge mit Dritten zugunsten der Aktionäre und zulasten der AG (§ 328 Abs. 2 BGB);[58] Überlassung von Markenrechten oder Warenzeichen ohne äquivalenten Ausgleich;[59] vorzeitige Rückzahlung eines Darlehens, um den Aktionär von einer Bürgenschuld zu befreien.[60] 47

b) Darlehensgewährung und Bestellung von Sicherheiten

Die Darlehensgewährung an Aktionäre unter Bedingungen, wie sie auch Dritten eingeräumt würden, fällt nicht unter das Einlageverbot. Ist der Aktio- 48

---

[53] *Hüffer* AktG § 57 Rz. 9.
[54] Herrschende Meinung: *Hüffer* AktG § 57 Rz. 10; Großkomm. AktG/*Henze* § 57 Rz. 9 alle mwN.; differenzierend *Spindler/Stilz/Cahn/Senger* § 57 Rz. 23 ff.
[55] Vgl. zB *Dötsch/Jost/Pung/Witt/Achenbach* Anm. zu § 8 KStG „ABC der vGA".
[56] OLG Celle 18 U 3/92 v. 18. 8. 1992, NJW 1993; 7393; BGH II ZR 338/95 v. 10. 3. 1997, ZIP 1997, 927, 928.
[57] RG HRR 1941 Nr. 132.
[58] BGH II ZR 104/80 v. 21. 9. 1981, BGHZ 81, 311, 318.
[59] OLG Ffm. 6 U 192/91 AG 1996, 324, 326.
[60] KG 14 U 2121/97 v. 24. 7. 1998 (LG Berlin), NZG 1999, 161.

när verbundenes Unternehmen iSd. §§ 271 Abs. 2, 290 HGB, ist allerdings ein besonderer Bilanzausweis vorgeschrieben (§ 266 Abs. 2 B II 2 HGB). Anders ist es jedoch bei nicht oder marktunüblich niedrig verzinslichen oder unvollkommen besicherten Darlehen.[61] In diesen Fällen greift § 57 AktG ein. Auch Verträge über konzerninterne Finanzierungen und Geldanlagen (**Cash-Pool**) haben sich an diesen Voraussetzungen auszurichten.[62] Soweit Konzernunternehmen eine konzerninterne Liquiditätssteuerung über einen sog. Cash Pool betreiben, gewähren sie, soweit sie liquide Mittel auf das Zielkonto übertragen, der Inhaberin dieses Kontos ein Darlehen. Erhalten sie Mittel aus dem Zielkonto, handelt es sich entweder um Darlehensrückgewähr oder um die Gewährung eines Darlehens an das empfangende Konzernunternehmen durch die Inhaberin des Zielkontos. Ob eine Besicherung dieser Cash-Pool-Darlehen unabdingbar ist, ist umstritten. Man wird differenzieren müssen: Bestehen Anhaltspunkte für einen fehlenden Rückzahlungswillen oder für die Gefährdung der Rückzahlung wegen mangelnder Bonität des Zielkontoführers bzw. der Unternehmensgruppe, so muss eine konzernzugehörige AG aus dem Cash Pool ausscheiden (dh., sie muss sich von Anfang an die rechtliche Möglichkeit schaffen, das zu tun) oder sie muss wenigstens für angemessene Sicherheiten Sorge tragen.

49 Nichts anderes gilt im Grundsatz für die Besicherung eines Drittkredits für den Aktionär. Eine **Sicherheitsleistung** für den Aktionär setzt für ihre Zulässigkeit eine objektive Bonitätsprüfung und ein angemessenes Entgelt (Avalprovision) voraus. Die AG verschafft – wie bei der Darlehensgewährung – ihrem Aktionär Kredit; dies darf sie nur unter den Voraussetzungen und Bedingungen, die auch ein Dritter (Bank) angelegt hätte. Werden diese Voraussetzungen nicht eingehalten, liegt ein Verstoß gegen § 57 Abs. 1 Satz 1 AktG vor, der auch nicht dadurch entfällt, dass der AG Freistellungsansprüche nach §§ 775, 675, 670, 257 BGB zustehen. Der Verstoß liegt bereits in der Bestellung der Sicherheit und nicht erst in einer ggf. eintretenden Verwertung. Mit der Bestellung ist der Verlust der Dispositionsbefugnis bei der AG und die Vermögensgefährdung eingetreten.[63] Unproblematisch ist der Fall allerdings, wenn der Aktionär den besicherten Kredit an die AG weiterreicht.[64]

Die gleichen Grundsätze gelten, wenn die AG den Kredit des Aktionärs an einen Dritten zugunsten des Aktionärs absichert.[65]

---

[61] Großkomm. AktG/*Henze* § 57 Rz. 49.
[62] Vgl. BGH II ZR 178/99 v. 17. 9. 2001, ZIP 2001, 1874 ff. (Bremer-Vulkan); vgl. *Müller-Bullinger* Rechtsfragen des Cash Management 1999 S. 174 ff., 245; *Zeidler* Zentrales Cashmanagement im faktischen Aktienkonzernen – gesellschaftsrechtliche Probleme und Lösungen 1999 S. 57 ff. (beide halten eine Besicherung stets für zusagend). Differenzierend dagegen Großkomm. AktG/*Henze* § 57 Rz. 49; *Scholz/Westermann* GmbHG 9. Aufl. § 30 Rz. 25; *Cahn* Kapitalerhaltung im Konzern 1998 S. 246 ff., 253; *Eichholz* Das Recht konzerninterner Darlehen 1993 S. 140 ff.; *Hormuth* Recht und Praxis des konzernweiten Cash Managements 1998 S. 133 ff.; *Mukowski* Cash Management in Unternehmensgruppen 2000 S. 112 ff.
[63] OLG Düsseldorf 11 K 47/79 v. 24. 10. 1979, AG 1980, 273 f.; OLG Hamburg 11 U 117/79 v. 23. 5. 1980, AG 1980, 275 ff.; OLG Koblenz 6 U 847/75 v. 10. 2. 1977, AG 1977, 231; OLG München 15 U 1532/78 v. 11. 7. 1979, AG 1980, 272 f.; *Hüffer* AktG § 57 Rz. 12; Großkomm. AktG/*Henze* § 57 Rz. 51 ff.; *Schön* ZHR 159 (1995), 351, 369 f.
[64] Großkomm. AktG/*Henze* § 57 Rz. 52.
[65] Großkomm. AktG/*Henze* § 57 Rz. 54.

B. Verbot der Einlagerückgewähr 50–53 § 8

Fraglich war, ob die in Rz. 48f. dargelegten Grundsätze auch nach dem Ur- 50
teil des BGH vom 24.11. 2003[66] uneingeschränkt aufrecht zu erhalten waren.
Dort hatte der BGH für die GmbH – aber gleichermaßen anwendbar für die
AG[67] – entschieden, dass die Kreditgewährung an Gesellschafter, die nicht aus
verfügbaren Rücklagen oder Gewinnvorträgen, sondern zu Lasten des gebundenen Vermögens (Grundkapital plus gesetzliche Rücklagen) erfolgen, auch
dann als verbotene Auszahlungen von Gesellschaftsvermögen gelten, wenn der
Rückzahlungsanspruch gegen den Gesellschafter vollwertig sein sollte. Der
BGH rückte damit von der bis dahin herrschenden bilanziellen Betrachtungsweise ab und wollte zugunsten der Gläubiger die Gesellschaft gegen den Abfluss liquider Haftungsmasse im Austausch für eine zeitlich hinausgeschobene
nur schuldrechtliche Forderung schützen. Diese höchst problematische Rechtsprechung des BGH ist durch die Neufassung des § 57 Abs. 1 Satz 3 AktG durch
das MoMiG wieder zugunsten der bilanziellen Betrachtungsweise beseitigt
worden. Leistungen, die durch einen vollwertigen Gegenleistungs- oder
Rückgewährungsanspruch gegen den Aktionär gedeckt sind, gelten nicht als
Einlagerückgewähr. Gleiches gilt umgekehrt für die Tilgung eines Darlehens,
das der Aktionär der AG gewährt hat (§ 57 Abs. 1 Satz 4 AktG), auch wenn
dieses Darlehen eigenkapitalersetzend sein sollte (vgl. Rz. 120).

Zur Darlehensgewährung durch Aktionäre an ihre AG und die Tilgung von 51
Aktionärsdarlehen durch die AG vgl. Rz. 120 ff.

c) Aktienplatzierung

Werden junge Aktien aus einer Kapitalerhöhung unter Einschaltung eines 52
Kreditinstituts platziert (**mittelbares Bezugsrecht**: § 186 Abs. 5 AktG), so
wird idR das Kreditinstitut durch Vereinbarung mit der AG von Haftungsansprüchen aus BörsG (§§ 44 Abs. 1, Abs. 4); WpPG (§ 30) und Verk ProspG
(§ 13) freigestellt. Eine solche Freistellung verstößt nicht gegen § 57 AktG, obwohl das Kreditinstitut kurzzeitig Aktionär wird. Bei unmittelbarer Platzierung wäre nämlich die AG selbst solchen Ansprüchen ausgesetzt. Der Anlegerschutz hat Vorrang vor § 57 AktG (Rz. 42).[68]

Anders kann es bei der Umplatzierung von Altbestand liegen. Eine Freistellung des Kreditinstituts durch die AG kommt letztlich dem Altaktionär
zugute, der den vollen Preis erhält, während das Gewährleistungsrisiko die AG
trägt.[69]

d) Rückkaufsverpflichtung, Kursgarantie

Verpflichtungen der AG, Aktien zu einem festen Kurs zurückzukaufen oder 53
dem Aktionär nachteilige Kursdifferenzen auszugleichen, verstoßen gegen § 57
Abs. 1 AktG.[70]

---

[66] BGH II ZR 171/01 v. 24.11. 2003, NJW 2004, 1111.
[67] *Spindler/Stilz/Cahn/Senger* § 57 Rz. 31.
[68] Großkomm. AktG/*Henze* § 57 Rz. 55 *Spindler/Stilz/Cahn/Senger* § 57 Rz. 45 ff.
[69] Großkomm. AktG/*Henze* § 57 Rz. 56 mwN.; *Spinder/Stilz/Cahn/Senger* § 57 Rz. 42.
[70] Herrschende Meinung: RG Rep. VI 310/08 v. 14.10. 1909 RGZ 72, 30 ff.; Kölner
Komm./*Lutter* § 57 Rz. 31; Großkomm. AktG/*Henze* § 57 Rz. 68.

e) Abkauf von Klagerechten

54 Streitig ist, ob und wann der Abkauf von Klagerechten bei der Anfechtungsklage als verbotene Einlagerückgewähr zu werten ist. Teilweise wird die Meinung vertreten, dass kein Verstoß gegen § 57 Abs. 1 AktG vorliege, wenn das Interesse der Gesellschaft überwiege, sich von der Anfechtungsklage frei zu machen;[71] teilweise wird die Meinung vertreten, dass Spielräume im Rahmen eines Vergleichs samt Kostenübernahme bestehen;[72] schließlich wird die Meinung vertreten − und das ist die herrschende −, dass jeder Abkauf als verbotene Einlagerückgewähr zu werten ist.[73] Der hM ist zu folgen und zwar allein schon aus dem Grunde, dass der Grundsatz der Vermögensbindung in der AG nicht der Disposition der Organe unterliegen kann.

4. Leistungen durch, an oder unter Dritten

a) Leistungen durch Dritte

55 Leistungen durch Dritte an den Aktionär werden dann unter dem Gesichtspunkt der verdeckten Einlagerückgewähr relevant, wenn sie rechtlich oder wirtschaftlich für Rechnung der AG erfolgen. Der Dritte agiert dann formalrechtlich als von der AG vorgeschobener Strohmann.[74] Das Risiko trägt allerdings der Dritte: der Vertrag, den er mit dem Aktionär schließt, bleibt gültig; einem Rückgriff gegen die AG (zB aus § 670 BGB) steht § 57 Abs. 1 AktG entgegen.[75]

56 Leistungen durch ein abhängiges oder in Mehrheitsbesitz stehendes Tochterunternehmen (§§ 16, 17 AktG) können unter § 57 Abs. 1 AktG fallen. Insoweit sind Mutter- und Tochterunternehmen für den Kapitalschutz einheitlich zu behandeln. Diese Einheitlichkeit bringen die §§ 56 Abs. 2 Satz 1; 71 d AktG zum Ausdruck.[76] Allerdings ist Voraussetzung, dass das Vermögen der Muttergesellschaft tatsächlich tangiert wird; das ist aber durch die Werteinbuße der Beteiligung oder − bei Vorliegen eines Unternehmervertrags − durch die Auswirkung auf das Jahresergebnis regelmäßig der Fall.

b) Leistungen an Dritte

57 Leistungen an **ehemalige Aktionäre** fallen dann unter das Verbot der Einlagerückgewähr, wenn sie in einem zeitlich-sachlichen Zusammenhang mit der Aktionärseigenschaft stehen und mit Rücksicht auf diese gewährt werden.[77] Dies gilt für Personen, die noch nicht Mitglied der AG sind, dieses künftig aber werden sollen (**künftige Aktionäre**), ebenso.[78]

---

[71] *Martens* AG 1988, 118, 122 ff.
[72] *Boujong* II ZR 299/90 v. 14. 5. 1992, ZGR Sonderheft 10 (1991), I. II.
[73] BGH II ZR 299/90 v. 14. 5. 1992, NJW 1992, 2821; *Kessler* AG 1995, 120 ff.; *Lutter* ZGR 1978, 347, 354; Kölner Komm./*Lutter* § 57 Rz. 29; *Timm/Windbichler* Missbräuchliches Aktionärsverhalten (1990), 35, 38; *Diekgräf* Sonderzahlungen an opponierende Kleinaktionäre (1990), 242 ff., 248 ff.
[74] Unstrittig: OLG Hamburg 11 U 117/79 v. 23. 5. 1980, AG 1980, 275, 278; *Hüffer* AktG § 57 Rz. 13; Großkomm. AktG/*Henze* § 57 Rz. 75; *Spindler/Stilz/Cahn/Senger* § 57 Rz. 53.
[75] *Hüffer* AktG § 57 Rz. 13; Großkomm. AktG/*Henze* § 57 Rz. 76 ff.
[76] *Hüffer* AktG § 57 Rz. 13.
[77] *Hüffer* AktG § 57 Rz. 14; Kölner Komm./*Lutter* AktG § 57 Rz. 40; Großkomm. AktG/*Henze* § 57 Rz. 80.
[78] Großkomm. AktG/*Henze* § 57 Rz. 80.

B. Verbot der Einlagerückgewähr 58–60 § 8

Auch auf den **Treugeber-Aktionär**, also den Hintermann eines formalrechtlichen Aktionärs, finden die Vorschriften des § 57 Abs. 1 AktG unmittelbare Anwendung.[79] Dies gilt auch für den Alleingesellschafter einer zwischengeschalteten Gesellschaft; letztlich kommt es auf die wirtschaftliche Identität an.[80] Dies gilt in gleicher Weise für den Nießbraucher und unter besonderen Voraussetzungen für den (atypischen) Pfandgläubiger des Aktionärs. Leistungen der AG an Dritte unterfallen dann dem Verbot der Einlagerückgewähr, wenn der Leistungsempfang dem Aktionär zurechenbar ist. Dies ist der Fall, wenn der Leistungsempfang für Rechnung des Aktionärs erfolgt (die AG tilgt eine Schuld des Aktionärs gegenüber einem Dritten oder stellt dem Dritten Mittel zur Verfügung, damit er eine Schuld gegenüber dem Aktionär tilgen kann). Dies ist auch dann der Fall, wenn die Zuwendung an den Dritten auf Veranlassung des Aktionärs erfolgt (Schenkung oder Förderung). Gleiches gilt für Leistungen an nahe Angehörige oder an verbundene Unternehmen des Aktionärs. Die Leistungen der AG können auch so kombiniert sein, dass sie nur unter Dritten stattfinden, trotzdem aber dem Aktionär zuzurechnen sind.[81]

III. Rechtsfolgen

1. Nichtigkeit der Rechtsgeschäfte

a) Offene Einlagerückgewähr

Die offene Einlagerückgewähr erfasst Sachverhalte, bei denen Vermögenswerte an Aktionäre erkennbar ohne Gegenleistung ausgekehrt werden, also nicht in ein Verkehrsgeschäft eingebettet sind (schlichte Vermögensausschüttung ohne Rücksicht auf Bilanzgewinn; Abkauf von Anfechtungsklagen etc.). Das Verbot der Einlagenrückgewähr (§ 57 Abs. 1 AktG) ist genau wie das Verbot der Zeichnung eigener Aktien (§ 56 AktG) Verbotsgesetz iSv. § 134 BGB. Damit ist ein Verpflichtungsgeschäft (schuldrechtliches Kausalgeschäft) nichtig. Dabei spielt es keine Rolle, ob das Geschäft auf einem Hauptversammlungsbeschluss beruht, in der Satzung vorgesehen ist oder eine Weisung des Hauptaktionärs vollzieht (es sei denn, es liegt ein Beherrschungsvertrag vor: §§ 308, 291 Abs. 3 AktG).

Ob auch das dingliche Vollzugsgeschäft (also zB die Übereignung) nichtig ist, ist umstritten, mit der hM jedoch zu bejahen.[82] Aus § 62 AktG ergibt sich nur ein spezieller aktienrechtlicher Anspruch, der aber nicht die aus dem Verbotsgesetz sich ergebende Nichtigkeitsfolge ausschließt.[83] Die Rechtsfolgen der Nichtigkeit des schuldrechtlichen Geschäfts sind abschließend in § 62 Abs. 1 AktG geregelt (vgl. Rz. 67 ff.). § 62 Abs. 1 AktG schließt Ansprüche aus ungerechtfertigter Bereicherung (§§ 812 ff. BGB) aus, das gilt auch für den Umfang

---

[79] BGH II ZR 187/57 v. 14.12.1959, BGHZ 31, 258, 266 ff.; BGH II ZR 104/77 v. 26.11.1979, BGHZ 75, 334 ff.; BGH II ZR 269/84 v. 8.7.1985, BGHZ 95, 188, 193; BGH II ZR 167/88 v. 20.2.1989, BGHZ 107, 7, 12; BGH II ZR 164/85 v. 15.1.1990, BGHZ 110, 47, 67.
[80] Großkomm. AktG/*Henze* § 57 Rz. 82.
[81] Großkomm. AktG/*Henze* § 57 Rz. 97.
[82] *Hüffer* AktG § 57 Rz. 23; Großkomm. AktG/*Henze* § 57 Rz. 203; Kölner Komm./ *Lutter* § 57 Rz. 62 f.; RGZ 77, 71 ff.; 107, 161, 166 ff.; 121, 99, 106; 149, 385, 400.
[83] So aber *Schmidt* GesR § 29 II 2 b aa. *Joost* ZHR 149 (1985), 419, 421 ff.

der Rückerstattungspflicht (§ 818 BGB ist nicht anwendbar).[84] Nicht ausgeschlossen werden jedoch durch § 62 AktG Ansprüche der AG aus der Nichtigkeit des dinglichen Geschäfts, insbesondere die Herausgabeansprüche des Eigentümers (§§ 985 ff. BGB) und des früheren Besitzers (§ 1007 BGB);[85] vgl. Rz. 79.

b) Verdecke Einlagerückgewähr

61 Der verdeckten Einlagerückgewähr liegen idR Verkehrsgeschäfte zugrunde, wie sie auch unter Dritten geschlossen werden, allerdings zu Bedingungen, die zugunsten des Aktionärs von Drittgeschäften abweichen (Erwerb durch den Aktionär zu einem zu niedrigen, Erwerb vom Aktionär zu einem zu hohen Entgelt). Ob hier die Nichtigkeitsfolge des § 134 BGB für das gesamte Verpflichtungsgeschäft eintritt, ist nicht unbestritten. Teilweise wird die Auffassung vertreten, dass das Verpflichtungsgeschäft als zu marktüblichen Bedingung geschlossen gelte und nur der übersteigende Wert unter § 57 AktG falle[86] oder dass das restliche (marktgerechte) Geschäft nach § 139 BGB (Teilnichtigkeit) aufrechtzuerhalten sei.[87] Letztlich läuft dies auf eine Wertausgleichspflicht (**Differenzhaftung**) hinaus. Das Interesse der geschädigten AG kann durchaus unterschiedlich sein: Der Eigentumsherausgabeanspruch ist im Gegensatz zur Wertausgleichspflicht insolvenzfest (§ 47 InsO) und gewährleistet die Rückführung nicht ohne weiteres wiederbeschaffbarer Gegenstände. Andererseits liegt die Sachgefahr bei der AG (§ 275 BGB). Der Wertausgleichsanspruch wirft – insbesondere bei fehlendem Marktpreis – Bewertungsfragen auf (maßgebend ist der Zeitpunkt der Übertragung des Gegenstandes auf den Empfänger) und oktroyiert dem Empfänger ggf. Bedingungen auf, zu denen er nicht abgeschlossen hätte. Aus dieser Gemengelage hat sich eine weitere Auffassung gebildet, nach der im Einzelfall beurteilt werden soll, welche Art des Ausgleichs dem Ziel der Werterhaltung am nächsten kommt.[88] Zweifelhaft muss sein, ob eine solche einzelfallbezogene und damit volatile Abwicklung noch eine Rechtsgrundlage in §§ 57 Abs. 1, 62 Abs. 1 AktG findet. § 57 Abs. 1 Satz 1 AktG hat sicherlich keine vertragsändernde, sondern eine vertragsvernichtende Wirkung.[89] Die Voraussetzungen der Teilnichtigkeit (§ 139 BGB) werden idR nicht gegeben sein, da das Geschäft gerade wegen der besonderen Bedingungen vom Aktionär oder der AG vorgenommen wurde.

62 Anders ist die – ebenfalls strittige – Frage nach dem Schicksal des dinglichen Vollzugsgeschäfts zu beantworten. Aus dem Umstand, dass hier Verkehrsgeschäfte zugrundeliegen, sind auch Vertreter der ausnahmslosen Nichtigkeit des Verpflichtungsgeschäfts der Auffassung, dass das Verfügungsgeschäft

---

[84] Herrschende Meinung: *Hüffer* AktG § 62 Rz. 2, 9; Großkomm. AktG/*Henze* § 62 Rz. 59 mwN.
[85] *Hüffer* AktG § 62 Rz. 10.
[86] *Ballerstedt* Kapital, Gewinn und Ausschüttung 1949 S. 135 ff.; *Würdinger* Aktien- und Konzernrecht 1981 S. 38.
[87] *Geßler/Hefermehl/Bungeroth* § 57 Rz. 73; *Geßler* in FS Fischer S. 131, 139 ff.; *Dillerer* WPg 1969, 333, 338 f.
[88] *Spindler/Stilz/Cahn/Senger* § 57 Rz. 94; MünchKomm. AktG/*Beyer* Rz. 50 ff.; *Cahn* Kapitalerhaltung im Konzern S. 130 ff.
[89] *Hüffer* AktG § 57 Rz. 23; Großkomm. AktG/*Henze* § 57 Rz. 206 ff.; Kölner Komm./*Lutter* § 57 Rz. 67; *Kropff* DB 1967, 2147; alle mwN.

B. Verbot der Einlagerückgewähr 63–65 § 8

von der Nichtigkeit nicht erfasst wird,[90] es sei denn, es wäre über § 139 BGB oder § 158 BGB eine Verknüpfung der beiden Geschäfte erfolgt. Die Gegenmeinung gibt dem Kapitalschutz der AG den absoluten Vorrang und nimmt auch für das Vollzugsgeschäft Nichtigkeit an.[91] Das überzeugt nicht uneingeschränkt, da bei Verkehrsgeschäften der Kapitalschutz nur den unangemessenen Teil betrifft. Dem dürfte mit Ansprüchen der AG aus § 62 AktG genügend Rechnung getragen werden. Allerdings schließt § 62 AktG als eigenständiger aktienrechtlicher Rückgewähranspruch die Bestimmungen des Bereicherungsrechts (§§ 812 ff., insb. 818 BGB) aus. Damit findet auch die zu § 818 BGB entwickelte Saldotheorie (Wertausgleich der beiderseits erbrachten Leistungen) grundsätzlich keine Anwendung. Zu einem Wertausgleich kommt man nur dann, wenn man der in Rz. 61 geschilderten Meinung folgt.[92]

2. Leistungen durch Dritte und an Dritte

a) Leistungen durch Dritte

Leistet ein Dritter im Auftrage und für Rechnung der AG zu unangemessenen Bedingungen an den Aktionär, so wird das Vermögen der AG durch das Rechtsverhältnis Dritter zum Aktionär nicht berührt; dieses ist also wirksam. Das Rechtsverhältnis Dritter zu AG fällt umgekehrt – mangels Aktionärseigenschaft des Dritten – nicht unter § 57 Abs. 1 Satz 1 AktG. Jedoch ist nach zutreffender und wohl auch hM der Rechtsgedanke des § 56 Abs. 3 Satz 1 AktG entsprechend anzuwenden; der Dritte kann sich der AG gegenüber nicht darauf berufen, er habe nicht auf eigene Rechnung gehandelt. Aufwendungsersatzansprüche (§ 670 BGB, § 396 HGB) stehen ihm nicht zu. Hat er dennoch Aufwendungsersatz erhalten, ist er nach Bereicherungsrecht (§§ 812 ff. BGB) und nicht aus § 62 Abs. 1 Satz 1 AktG zur Rückerstattung verpflichtet.[93]

63

b) Leistungen durch Tochterunternehmen

Die Nichtigkeitsfolge ist auch auf Leistungen von Tochterunternehmen an den Aktionär zu erstrecken, jedenfalls bei abhängigen oder in Mehrheitsbesitz stehenden Unternehmen (§§ 16, 17 AktG); §§ 56 Abs. 2 Satz 1 und 71 d Satz 2 AktG können entsprechend herangezogen werden.[94] Ob auch unterhalb dieser Schwellenwerte noch eine Vermögensbeeinträchtigung der Muttergesellschaft vorliegen kann, mag im Einzelfall zweifelhaft sein. Die Ansprüche der Tochterunternehmen ergeben sich aus Bereicherungsrecht (§§ 812 ff. BGB) und Eigentum (§§ 985 ff. BGB), nicht aber aus § 62 AktG.

64

c) Leistungen an Dritte

Nicht Dritter in diesem Sinne ist ein künftiger oder früherer Aktionär, wenn die Leistung schon oder noch societatis causa erfolgt; weiterhin ist nicht Dritter der Treugeber oder derjenige der wirtschaftlich (faktisch) als Aktionär anzuse-

65

---

[90] Kölner Komm./*Lutter* § 57 Rz. 69, 70; *Geßler* in FS Fischer S. 131; *Flume* ZHR 144 (1980) 18, 24; zweifelnd *Hüffer* AktG § 57 Rz. 23.
[91] Großkomm. AktG/*Henze* § 57 Rz. 210 ff. mwN.
[92] Vgl. *Spindler/Stilz/Cahn* § 62 Rz. 22 ff.
[93] *Hüffer* AktG § 57 Rz. 24; Großkomm. AktG/*Henze* § 57 Rz. 212.
[94] *Geßler/Hefermehl/Bungeroth* § 57 Rz. 78; Großkomm. AktG/*Henze* § 57 Rz. 213.

hen ist (zB der 100 %ige Gesellschafter des begünstigten Aktionärs). Hier greifen die Nichtigkeitsfolgen unmittelbar ein (§ 134 BGB). Wird dagegen anderen Dritten eine Leistung aus dem Gesellschaftsvermögen gewährt, greift mangels Aktionärseigenschaft § 57 AktG und damit die Nichtigkeitsfolge nicht ein. In diesen Fällen ist ausschließlich der Aktionär, dem diese Leistung zuzurechnen ist (zB weil ihm aus der Leistung ein wirtschaftlicher Vorteil erwächst, weil er die Leistung veranlasst hat, weil Empfänger ein Angehöriger ist usw.) zur Rückgewähr nach §§ 57 Abs. 1, 62 AktG verpflichtet. Das Rechtsgeschäft zwischen AG und Dritten kann nur unter besonderen Voraussetzungen nichtig sein. Das kann zB dann der Fall sein, wenn der Vorstand unter Missbrauch seiner Vertretungsmacht und zwar erkennbar für den Dritten gehandelt hat. Dann ist ggf. der Dritte nicht schutzwürdig (§ 82 Abs. 1 AktG). Es muss also ein Fall der gesellschaftsbenachteiligenden Kollision zwischen Organen der AG und Drittem vorliegen. Das Rechtsverhältnis zum Dritten kann dann wegen Sittenwidrigkeit (§ 138 BGB) nichtig sein.[95]

d) Sicherheitenbestellung

66 Besondere Bedeutung hat die Begünstigung von Aktionären durch Bestellung von Sicherheiten. Entweder die AG besichert den Kredit, den ein Dritter dem Aktionär gegeben hat oder sie besichert den Kredit, den ein Aktionär einem Dritten gegeben hat. Werden dabei angemessene Drittkonditionen (Banken) nicht eingehalten,[96] ergibt sich Folgendes:
Besichert die AG einen vom Aktionär an einen Dritten vergebenen Kredit, so ist die Sicherheitenbestellung nichtig. Die AG hat Ansprüche nach § 62 Abs. 1 AktG und ggf. § 985 BGB. Leistet die AG einem Dritten Sicherheit, der dem Aktionär (Muttergesellschaft) Kredit gegeben hat, so ist diese Sicherheitenbestellung grundsätzlich wirksam. § 57 Abs. 1 AktG greift nicht im Verhältnis zum Nichtaktionär. Etwas anderes gilt nur dann, wenn ein ersichtlicher Missbrauch der Vertretungsmacht des Vorstands zB durch kollusives Zusammenwirken vorliegt (§§ 138, 826 BGB).[97] Dagegen haftet stets der begünstigte Aktionär nach § 62 Abs. 1 Satz 1 AktG: Er muss die AG von ihrer Verpflichtung gegenüber dem Dritten freistellen.

3. Rückgewähranspruch nach § 62 AktG

a) Anspruch auf Rückgewähr

67 § 62 Abs. 1 Satz 1 AktG gibt einen besonderen gesellschaftsrechtlichen Anspruch auf Rückgewähr, der als lex specialis bereicherungsrechtliche Ansprüche (§§ 812 ff. BGB) ausschließt. Daneben können ggf. Ansprüche aus unerlaubter Handlung (§§ 823 ff. BGB) und sittenwidriger Schädigung (§ 826 BGB) und aus Eigentum und Besitz (§§ 985, 1007 BGB vgl. Rz. 79), sowie aus Organhaftung (§§ 93 Abs. 3 Nr. 1 und Nr. 2, 116 AktG) und aus unzulässiger Einflussnahme auf die AG (§ 117 AktG) in Betracht kommen.

---

[95] Großkomm. AktG/*Henze* § 57 Rz. 217 mwN.
[96] Selbst bei angemessenen Konditionen kann nach der Rspr. des BGH zur GmbH – BGH II ZR 171/01, v. 24.11. 2003, NJW 2004, 1111 – § 57 AktG zum Zuge kommen, wenn die Sicherheit nur aus gebundenem Vermögen geleistet werden könnte.
[97] Großkomm. AktG/*Henze* § 57 Rz. 221.

B. Verbot der Einlagerückgewähr 68–71 § 8

Der Anspruch geht inhaltlich auf die Wiederherstellung des Gesellschafts- 68
vermögens, wie es vor der unzulässigen Leistung bestand.[98] Barmittel sind zurückzuzahlen, Sachen sind herauszugeben. Der Anspruch geht nicht etwa nur auf Wertersatz.[99] § 62 Abs. 1 Satz 1 AktG bringt ein gesetzliches Schuldverhältnis zur Entstehung. Bei Leistungsstörungen gelten die allgemeinen Vorschriften der §§ 275 ff. BGB, insbesondere die Schadensersatzverpflichtung aus § 281 BGB.

Rückerstattungspflichtiger Schuldner ist grundsätzlich nur der Aktionär 69
und die ihm gleichstehenden Nichtaktionäre (ehemalige und zukünftige Aktionäre, Treugeber, faktischer Aktionär vgl. Rz. 58). Echte Dritte können dagegen nicht Schuldner eines Anspruchs aus § 62 AktG sein. Schlägt die Nichtigkeit nach § 57 AktG auch ihnen gegenüber durch (vgl. Rz. 59 ff.), so sind gegen sie die zivilrechtlichen Rückgewähransprüche nach §§ 812 ff. BGB und §§ 985 ff. BGB gegeben. Sind unterschiedliche Zuwendungen an verschiedene Aktionäre erfolgt, so sind die Empfänger nicht Gesamtschuldner iS der §§ 421 ff. BGB. Anders, wenn aufgrund derselben Zuwendung mehrere Personen erstattungspflichtig sind (zB Treuhänder und Treugeber), sie haften der AG als Gesamtschuldner nach §§ 421 ff. BGB. Hat ein Aktionär seine (vermeintliche) Rechtsposition aus einem nichtigen Einlagerückgewährgeschäft an einen Dritten abgetreten (§§ 398 ff. BGB), so haftet der Dritte nicht aus § 62 AktG, sondern nach Bereicherungsrecht (§§ 812 ff. BGB).[100]

Die Durchsetzbarkeit des Anspruchs wird für die AG durch § 66 Abs. 1 70
AktG wesentlich erleichtert: Eine **Schuldbefreiung** oder ein **negatives Schuldanerkenntnis** durch die AG (§ 397 BGB) sowie die **Aufrechnung** gegen einen Anspruch nach §§ 57 Abs. 1, 62 AktG ist unzulässig und damit nichtig (§ 134 BGB). Dagegen kann die AG ihrerseits gegen einen Anspruch des Aktionärs aufrechnen, aber nur soweit dieser Anspruch vollwertig, fällig und liquide ist.[101] Ausgeschlossen sein dürfte auch ein Zurückbehaltungsrecht des Aktionärs nach § 273 BGB in entsprechender Anwendung des § 66 Abs. 2 AktG.[102] Diese Beschränkungen gelten nicht für Ansprüche der AG gegenüber Dritten nach §§ 812, 985 BGB.

Ansprüche aus § 62 AktG verjähren in 10 Jahren (§ 62 Abs. 3 AktG).[103] Die 71
Verjährungsfrist beginnt mit dem Empfang der Leistung.[104] Besteht die Leistung der AG in der Bestellung einer Sicherheit, so beginnt die Frist mit Einräumung der Sicherheit. Dies gilt unzweifelhaft, wenn die Sicherheit einem Dritten eingeräumt ist (Rz. 66). Die ggf. erfolgende Verwertung der Sicherheit ist nur Folgehandlung. Etwas anderes muss wohl gelten, wenn die Sicherheit dem Aktionär für ein Darlehen an einen Dritten gegeben wird. Die

---

[98] *Hüffer* AktG § 62 Rz. 9.
[99] *Hüffer* AktG § 62 Rz. 9; Kölner Komm./*Lutter* § 57 Rz. 63; Großkomm. AktG/*Henze* § 62 Rz. 39; *Spindler/Stilz/Cahn/Senger* § 57 Rz. 36; aA *Schmidt* GesR § 29 II 2 b; *Joost* ZHR 149 (1985), 419, 420.
[100] Großkomm. AktG/*Henze* § 62 Rz. 35.
[101] *Hüffer* AktG § 66 Rz. 6 mwN.
[102] So Großkomm. AktG/*Henze* § 66 Rz. 49.
[103] Die bisherige 5-jährige Verjährungsfrist ist mit dem Schuldrechtsmodernisierungsgesetz vom 9.12.2004 auf 10 Jahre verlängert worden. Zur Übergangsregelung vgl. Art. 229 § 12 EGBGB.
[104] *Hüffer* AktG § 62 Rz. 17; Kölner Komm./*Lutter* § 62 Rz. 53; Großkomm. AktG/*Henze* § 62 139.

Verwertung der Sicherheit auf Basis einer nichtigen Sicherheitenbestellung ist ein neuer Verstoß gegen § 57 Abs. 1 Satz 1 AktG, der eine neue Verjährungsfrist in Lauf setzt.[105] Für die Hemmung der Verjährung gelten die allgemeinen Vorschriften der §§ 203 ff. BGB. Ansprüche gegen Dritte aus Bereicherungsrecht (§§ 812 ff. BGB) unterliegen nicht der Verjährung nach § 62 Abs. 3 AktG, sondern der regelmäßigen Verjährung, die nunmehr nach § 195 BGB drei Jahre beträgt.

b) Gutgläubiger Dividendenbezug

72 Die Einlagerückgewähr stellt nur auf objektive Gegebenheiten, nicht auf subjektives Bewusstsein ab. Die einzige Ausnahme von dieser Regel bringt § 62 Abs. 1 Satz 2 AktG für den Dividendenbezug. Die Ausnahme erklärt sich aus dem Gewinnbezugsrecht als einem gewichtigen und gesetzlich dem Aktionär zustehenden (§ 58 Abs. 4 AktG) Vermögensrecht. Die Ausnahme erstreckt sich nur auf die Beträge, die „als Gewinnanteile bezogen" werden. Die Vorschrift ist einer Erweiterung oder Analogie nicht zugänglich. Es geht damit ausschließlich um den „an die Aktionäre auszuschüttenden Betrag" nach §§ 174 Abs. 2 Nr. 2 iVm. 60 AktG und um die nach § 59 AktG zulässigen Abschlagszahlungen.[106]

73 Der gute Glaube muss sich auf die Berechtigung richten, eine Zahlung als Gewinnanteil beziehen zu dürfen. In Betracht kommt insbesondere ein Irrtum über die Wirksamkeit eines gefassten Gewinnverwendungsbeschlusses oder ein Irrtum über die Wirksamkeit eines zugrunde liegenden Jahresabschlusses (§ 253 Abs. 1 Satz 1 AktG). Der gute Glaube wird zerstört, wenn die Aktionäre wussten oder infolge von Fahrlässigkeit nicht wussten, dass sie zum Bezuge nicht berechtigt waren. Der Sorgfaltsmaßstab kann aus § 276 Abs. 2 und 3 BGB entnommen werden. Differenzierungen zwischen den Aktionären sind notwendig: So sind an den Kleinanleger andere Maßstäbe anzulegen als an einen Großaktionär. Eine Anfechtungsklage, die nicht offensichtlich unzulässig oder unbegründet ist, wird Gutgläubigkeit idR zerstören.[107] Maßgeblich für den Kenntnisstand ist der Zeitpunkt des Empfangs der Leistung.

74 § 62 Abs. 1 Satz 2 AktG schützt den Aktionär. Tritt dieser eine (vermeintliche) Dividendenforderung an einen Dritten ab, so hat dieser ein Nichts erworben. Die AG hat bei Auszahlung einen Rückforderungsanspruch aus §§ 812 ff. BGB. Dies wird für den Fall der Gutgläubigkeit des zedierenden Aktionärs für unbillig gehalten, denn er hätte – ohne Zession – den Gewinnanteil ohne Rückerstattungspflicht erworben. In diesen Fällen soll sich der Dritte auf die im Empfangszeitpunkt bestehende Gutgläubigkeit des Zedenten-Aktionärs berufen dürfen.[108] War der zedierende Aktionär bösgläubig, so wird sich die AG mit ihrem Erstattungsanspruch zunächst an ihn und nur subsidiär an den Zessionar halten dürfen. Die AG trifft die Beweislast für die Bösgläubigkeit, den Aktionär dafür, dass er „Gewinnanteile" bezogen hat.[109]

---

[105] Undifferenziert dagegen Großkomm. AktG/*Henze* § 62 Rz. 139.
[106] *Hüffer* AktG § 62 Rz. 11.
[107] Großkomm. AktG/*Henze* § 62 Rz. 79.
[108] Großkomm. AktG/*Henze* § 62 Rz. 85 ff.; *Spindler/Stilz/Cahn* § 62 Rz. 27.
[109] *Hüffer* AktG § 62 Rz. 12.

B. Verbot der Einlagerückgewähr

c) Geltendmachung durch Gesellschaftsgläubiger

Der Erstattungsanspruch nach § 62 Abs. 1 AktG steht ausschließlich der AG zu. Er ist vom Vorstand durchzusetzen (§§ 77 Abs. 1, 78 Abs. 1 AktG). Die anderen Aktionäre haben keine eigene Durchsetzungskompetenz.[110] § 62 Abs. 2 Satz 1 AktG gibt aber den Gläubigern der AG die Befugnis, den Anspruch der AG geltend zu machen, soweit sie von der Gesellschaft keine Befriedigung erlangen können. Die Gläubiger haben keinen eigenen Anspruch; sie können nur den Anspruch der Gesellschaft im eigenen Namen im Wege der gesetzlichen Prozessstandschaft geltend machen. Demgemäß können die Gläubiger nur Leistung an die Gesellschaft verlangen; sie haben keine eigene Empfangszuständigkeit. Die Gläubiger können den Anspruch der AG auch außergerichtlich verfolgen; insbesondere können sie den Aktionär durch Mahnung (§ 286 Abs. 1 BGB) in Verzug setzen.

Die Rechtsverfolgung ist nur zulässig, wenn für den Gläubiger keine Befriedigungsmöglichkeit besteht. Dies setzt eine fällige Forderung und fruchtlosen Vollstreckungsversuch oder Ablehnung der Insolvenzeröffnung mangels Masse voraus.[111] Der Aktionär kann Einwendungen der AG im Verhältnis zum Gläubiger und Einwendungen seiner Person gegen die AG, also gegen den Anspruch aus § 62 Abs. 1 AktG, vorbringen, nicht dagegen Einwendungen aus seinem Verhältnis zum klagenden Gläubiger.[112] In der Insolvenz der AG endet die Ermächtigung der Gläubiger; die Rechtsverfolgung ist allein Sache des Insolvenzverwalters oder, bei Eigenverwaltung, des Sachverwalters (§ 62 Abs. 2 Satz 2 AktG).

d) Bilanzielle Behandlung der Rückgewähransprüche

Für die richtige bilanzielle Behandlung der Rückgewähransprüche ist auf deren Zweckbestimmung abzustellen. Die Ansprüche sollen gewährleisten, dass das Vermögen der AG in seinem Bestand erhalten wird; sie führen deshalb nicht zu einer Vermögensmehrung. Auch wenn sich die Ansprüche gegen die Aktionäre richten und Zahlungen von ihnen kommen, scheidet eine Verbuchung als Zuzahlung in die **Kapitalrücklage** nach § 272 Abs. 2 Nr. 4 HGB aus. Es fehlt schon am objektiven Tatbestand des § 272 Abs. 2 Nr. 4 HGB, der eine Vermögensmehrung voraussetzt, nicht aber einen bloßen Vermögensausgleich genügen lässt. Der Rückforderungsanspruch ist vielmehr erfolgswirksam über die Gewinn- und Verlustrechnung einzubuchen; dies gilt jedenfalls dann, wenn auch die verbotene Einlagerückgewähr erfolgswirksam geworden ist, was die Regel ist. Damit wird einmal dem Zweck der Rückgewähr entsprochen, eine eingetretene Vermögensminderung auszugleichen. Zum anderen wird das Gewinnrecht der (anderen) Aktionäre, das unzulässigerweise durch die Einlagerückgewähr beeinträchtigt war, wieder hergestellt. Eine Einstellung in die Kapitalrücklage unter Umgehung der Gewinn- und Verlustrechnung würde das Gewinnbestimmungsrecht der Hauptversammlung verletzen und zur Nichtigkeit des Jahresabschlusses führen (§ 256 Abs. 1 Nr. 4 AktG).[113] Für die Gewinnverwendung gelten die Regeln des § 58 AktG.

---

[110] Zöllner ZGR 1988, 392, 401; Hüffer AktG § 62 RZB.
[111] Hüffer AktG § 62 Rz. 14.
[112] Hüffer AktG § 62 Rz. 15.
[113] Buyer Gewinn und Kapital. Die Rückgewähr und sonst fehlerhafte Gewinnaus-

78 Entsprechend ist bei der Rückgängigmachung einer **fehlerhaften** offenen **Gewinnausschüttung** zu verfahren. Auch hier kommt eine Einstellung in die Kapitalrücklage nicht in Betracht. Allerdings wird hier vertreten, dass der Rückzahlungsanspruch nicht innerhalb der Gewinn- und Verlustrechnung, sondern direkt auf das Jahresgewinnkonto zu verbuchen sei, sodass dieser zurückgeführte Gewinn nicht mehr der (teilweisen) Verwendungskompetenz der Verwaltung nach § 58 AktG offen steht.[114]

4. Herausgabeanspruch nach § 985 BGB

79 Bei der Übertragung von Sachen jeglicher Art an den Aktionär kann neben dem aktienrechtlichen Anspruch aus § 62 Abs. 1 AktG auch der dingliche Herausgabeanspruch des Eigentümers gegen den Besitzer gegeben sein. Diese Ansprüche werden durch § 62 AktG nicht ausgeschlossen.[115] Bei der offenen Einlagerückgewähr ist stets auch das dingliche Verfügungsgeschäft nichtig, bei der verdeckten Einlagerückgewähr je nach Auffassung ebenfalls oder nur bei Vorliegen bestimmter Umstände (Rz. 62). In allen Fällen der Nichtigkeit des Vollzugsgeschäfts ist die AG Eigentümer geblieben und kann damit unter den Voraussetzungen der §§ 985 ff. BGB Herausgabe der Sache verlangen.

Der Anspruchskonkurrenz kommt deshalb Bedeutung zu, weil Ansprüche aus § 62 Abs. 1 AktG in zehn Jahren (§ 62 Abs. 3 AktG), Herausgabeansprüche aus Eigentum aber erst in dreißig Jahren verjähren (§ 197 Nr. 1 BGB).

5. Sonstige Ansprüche der AG

80 Die verbotene Einlagerückgewähr berührt die Leitungsverantwortung des Vorstands und stellt idR eine **Sorgfaltspflichtverletzung** dar. § 93 Abs. 3 Nr. 1 AktG stellt expressis verbis heraus, dass Vorstandsmitglieder der Gesellschaft zum Ersatz des Schadens verpflichtet sind, wenn entgegen dem Gesetz „Einlagen an die Aktionäre zurückgewährt werden". Die Beweislast für die Anwendung der Sorgfalt eines ordentlichen und gewissenhaften Geschäftsleiters liegt beim Vorstand (§ 93 Abs. 2 Satz 2 AktG). Bei mangelnder Überwachung kann weiterhin eine Haftung des Aufsichtsrats in Frage kommen (§§ 116 iVm. § 93 AktG).

81 Eine weitere Anspruchsgrundlage für die Gesellschaft kann sich aus § 117 AktG ergeben, wenn ein Aktionär (oder auch ein Dritter) „unter Benutzung seines Einflusses auf die Gesellschaft ein Mitglied des Vorstandes oder des Aufsichtsrats, einen Prokuristen oder einen Handlungsbevollmächtigten dazu bestimmt, zum Schaden der Gesellschaft oder ihrer Aktionäre zu handeln". Hier können die Gesellschaft und die anderen Aktionäre jeweils getrennt ihren eigenen Schaden geltend machen (§ 117 Abs. 1 Satz 2 AktG). Die Haftung wegen schädigender Beeinflussung ist letztlich ein Tatbestand des Deliktrechts,[116] dessen Voraussetzungen – insbesondere Vorsatz – selten verwirklicht werden. Aber auch diese Vorschrift sichert im Ergebnis die Kapitalerhaltung der Gesellschaft.

---

schüttung im Handels- und Steuerrecht 1989 S. 22 ff., 47 ff. mit ausführlicher Darstellung der Problematik; *Dötsch/Jost/Pung/Witt/Buyer* Anh. zu § 27 KStG Rz. 18 ff.

[114] *Dötsch/Jost/Pung/Witt/Buyer* Anh. zu § 27 KStG Rz. 23, 23 a.
[115] Herrschende Meinung, aA *Hüffer* AktG § 57 Rz. 25; § 62 Rz. 10.
[116] BGH II ZR 178/90 v. 22.6. 1992, NJW 1992, 3167, 3172; *Hüffer* AktG § 117 Rz. 2 mwN.

C. Verdeckte Gewinnausschüttung (verdeckte Einlagerückgewähr) im Steuerrecht

I. Begriff und Abgrenzung

1. Sphärenabgrenzung

Wie im Zivilrecht ist auch im Steuerrecht die Sphäre des Aktionärs von der 89
der AG zu unterscheiden. Klarer noch als das Gesellschaftsrecht unterscheidet das Steuerrecht zwischen betrieblichen und gesellschaftsrechtlich veranlassten Vorgängen. Vorgänge auf der Ebene Aktionär – AG dürfen keinen Einfluss auf die Höhe des Einkommens der AG haben. Es darf deshalb zu keinen Einkünfteverschiebungen zugunsten des Aktionärs und zulasten der AG kommen. Ob Einkommen der AG verteilt wird oder nicht, ist für die Ermittlung und Besteuerung des Einkommens der AG ohne Bedeutung: das ordnet § 8 Abs. 3 Satz 1 KStG an. Satz 2 dieser Bestimmung legt weiterhin fest, dass solche „verdeckte Gewinnausschüttungen" das Einkommen nicht mindern. Diese Bestimmung ist das steuerliche Pendant zu § 57 AktG, allerdings mit gewichtigen Unterschieden im Grundsätzlichen und im Einzelnen (vgl. auch § 12 Rz. 46 ff.).

Der Begriff der vGA wird im Gesetz nicht definiert; er ist ein unbestimmter 90
Rechtsbegriff, dessen Inhalt durch Auslegung zu ermitteln ist. Die Rechtsprechung des BFH hat eine heute allgemein anerkannte und gehandhabte Inhaltsbestimmung wie folgt gefunden: Eine vGA ist eine Vermögensminderung oder eine verhinderte Vermögensmehrung, die durch das Gesellschaftsverhältnis veranlasst ist, sich auf die Höhe des Einkommens[117] auswirkt und nicht im Zusammenhang mit einer offenen Ausschüttung steht.[118]

Es zeigt sich schon bei dieser Definition, dass der Begriffsinhalt der vGA 91
weiter geht als der der aktienrechtlichen Einlagerückgewähr, weil er auch **verhinderte Vermögensmehrungen** (also die Nichtwahrnehmung von Geschäftschancen) mit einbezieht (§ 12 Rz. 46 ff.). Das ist bei § 57 AktG nicht der Fall. Die verhinderte Vermögensmehrung setzt gedanklich in einem ersten Schritt eine (fiktive) Vermögensmehrung voraus, die nur aus gesellschaftsrechtlichen Gründen nicht vorgenommen wurde, die dann in einem zweiten Schritt an den Aktionär verdeckt weitergegeben wird (Doppelmaßnahme). Der BFH hat sich zwar von der sog. Fiktionstheorie und von der Vorstellung der Doppelmaßnahme distanziert; der Sache nach liegt sie aber seiner ständigen und auch akzeptierten Rechtsprechung nach wie vor zugrunde.[119]

Eine weitere Abweichung zu § 57 AktG besteht darin, dass das Einkommen 92
der AG auch nicht durch Ausschüttungen jeder Art (also auch verdeckt) auf

---

[117] Die neuere Rspr. des BFH stellt zutreffenderweise nicht auf das Einkommen, sondern auf den Unterschiedsbetrag gem. § 4 Abs. 1 Satz 1 EStG iVm. § 8 Abs. 1 KStG ab. Dabei muss die Unterschiedsbetragsminderung die objektive Eignung haben, beim Gesellschafter einen sonstigen Bezug iSd. § 20 Abs. 1 Nr. 1 Satz 2 EStG auszulösen; BFH I R 2/02 v. 7. 8. 2002 BStBl. II 2004, 131; BFH I R 15/04 v. 6. 4. 2005 BStBl. II 2006, 196; BFH I R 8/06 v. 23. 1. 2008 ZiP 2008, 1116.
[118] BFH I R 44/85 v. 22. 2. 1989, BStBl. II 1989, 475, 631; BFH I R 71/95 v. 23. 10. 1996, BStBl. II 1999, 35; zur verfassungsrechtlichen Unbedenklichkeit dieser Inhaltsbestimmung: BVerfG 1 BvR 326/89 v. 8. 12. 1992, HFR 1993, 201.
[119] BFH GrS 2/86 v. 26. 10. 1987, BStBl. II 1988, 348; *Wassermeyer* DB 1994, 1105, 1109; *Westerfelhaus* GmbHR 1994, 224; *Dötsch/Jost/Pung/Witt/Wochinger* KStG nF. § 8 Abs. 3 Rz. 65 ff.

Genussrechte, mit denen das Recht auf Beteiligung am Gewinn und am Liquidationserlös der AG verbunden ist, gemindert werden darf und zwar ohne Rücksicht darauf, ob der Genussrechtsinhaber Aktionär ist oder nicht (§ 8 Abs. 3 Satz 2 KStG). Aktienrechtlich liegen hier idR sog. Teilgewinnabführungsverträge iSd. § 292 Abs. 1 Nr. 2 AktG vor. Sie können allenfalls dann unter dem Gesichtspunkt der Einlagerückgewähr problematisch sein, wenn der Vertragspartner Aktionär ist und die Genussrechtsbedingungen unangemessen sind.

2. Unterschiedliche Rechtsfolgen im Steuer- und im Aktienrecht

93 Steuerlich mindern vGA das zu versteuernde Einkommen nicht (§ 8 Abs. 3 Satz 2 KStG). Das Steuerrecht beschränkt sich damit auf eine schlichte Hinzurechnung der verdeckt ausgeschütteten bzw. nicht gezogenen Einkünfte (die bei der AG nur solche aus Gewerbebetrieb sein können, da die AG stets bilanzierungspflichtig ist: § 8 Abs. 2 KStG). Es erhöht sich die Steuerbemessungsgrundlage und zwar in dem Zeitpunkt, in dem sich die vGA einkommensmindernd ausgewirkt hat bzw. in dem Zeitpunkt, in dem sich die verhinderte Vermögensmehrung nach allgemeinen Realisierungsgrundsätzen gewinnerhöhend ausgewirkt hätte.[120]

94 Anders ist die aktienrechtliche Lage, wenn die vGA zugleich eine (verdeckte) Einlagerückgewähr ist. Dann tritt die Rechtsfolge der Nichtigkeit des schuldrechtlichen und ggf. sogar des dinglichen Geschäfts ein (vgl. Rz. 61 f.) und löst Rückgewähransprüche nach § 62 AktG, ggf. Herausgabeansprüche nach § 985 BGB aus. Diese Rückgewähransprüche werden in der handelsrechtlichen Rechnungslegung erfolgswirksam über die Gewinn- und Verlustrechnung oder direkt über das Gewinnkonto verbucht und fallen wiederum in die Gewinnverwendungskompetenz der zuständigen Organe (Rz. 77 ff.).

95 Steuerlich hingegen sind die Nichtigkeit des Rechtsgeschäfts und sich daraus ggf. ergebenden zivilrechtlichen Ansprüche irrelevant, jedenfalls soweit und solange das Rechtsgeschäft durchgeführt ist. Dies entspricht dem Rechtsgedanken des § 41 Abs. 1 AO: Nach dieser Vorschrift ist es für die Besteuerung unerheblich, ob ein Rechtsgeschäft unwirksam ist oder unwirksam wird, soweit und solange die Beteiligten das wirtschaftliche Ergebnis dieses Rechtsgeschäfts gleichwohl eintreten und bestehen lassen. In der Praxis ist dies in den meisten Fällen von vGA der Fall, unbeschadet möglicher Pflichtverletzungen der Organe wegen Nichtgeltendmachung von Ansprüchen. Ein steuerliches Problem ergibt sich aber dann, wenn vGA tatsächlich rückabgewickelt werden bzw. entsprechende Ansprüche von der AG gegen den Aktionär geltend gemacht werden.

3. Rückgewähr der vGA im Steuerrecht

a) Meinungsstand

96 Die steuerliche Behandlung der Rückgewähr einer vGA wird von einer Vielzahl divergierender Meinungen höchst unterschiedlich beurteilt. Der BFH verfolgt allerdings eine relativ gefestigte Linie, auf der auch die Finanzverwaltung

---

[120] Dötsch/Jost/Pung/Witt/Achenbach § 8 Abs. 3 KStG Rz. 170 a und 170 b. Zu den steuerlichen Auswirkungen in der Übergangsperiode vom Anrechnungsverfahren zum Halbeinkünfteverfahren wird auf § 38 KStG und auf die Erläuterungen in § 11 Rz. 55 verwiesen; vgl. ferner *Dötsch/Jost/Pung/Witt/Achenbach* KStG nF § 8 Abs. 3 KStG Rz. 2 ff.

C. Verdeckte Gewinnausschüttung   97 § 8

in Abschn. 31 Abs. 9 und Abschn. 77 Abs. 10 KStR aufbaut. Die Meinungsvielfalt lässt sich grob in vier Kategorien einteilen: (1) Maßgeblichkeit der Bilanz: Habe die Gesellschaft zivilrechtliche Rückforderungsansprüche, so habe sie diese in der Steuerbilanz zu aktivieren und dies ggf. auch rückwirkend durch Bilanzberichtigung. Insoweit liege der Tatbestand des § 8 Abs. 3 Satz 2 KStG gar nicht vor.[121] Diese Auffassung scheitert idR schon an der Rechtsprechung des BFH, der eine Bilanzberichtigung für diesen Fall nicht zulässt.[122] (2) Maßgeblichkeit des tatsächlichen Werteflusses. Eine Einkommenskorrektur nach § 8 Abs. 3 Satz 2 KStG sei nur erforderlich, wenn bilanzierungspflichtige Rückforderungsansprüche auf zivilrechtlicher Grundlage nicht bestünden (insoweit also wie Auffassung (1)), also praktisch nur, wenn das schuldrechtliche Geschäft intakt sei. Werden solche aktivierungspflichtigen Ansprüche jedoch nicht bilanziert bzw. auf die Ansprüche verzichtet liegt darin eine vGA.[123] Eine Auffassung (3) sieht in der vGA allein eine Frage der Einkommensverwendung.[124]

b) Einlagetheorie

Die Auffassung (4) hat der BFH in nunmehr gefestigter Rechtsprechung 97
entwickelt: die sog. Einlagetheorie. Nach dieser Rechtsprechung ist grundsätzlich davon auszugehen, dass der Anspruch auf Rückgewähr einer vGA bzw. dessen Erfüllung steuerlich als Einlage zu qualifizieren ist und damit nunmehr nach dem Systemwechsel dem steuerlichen Einlagekonto (§ 27 Abs. 1 KStG) gutzuschreiben ist.[125] Damit ist die vGA selbst ergebniswirksam, die Rückgängigmachung hingegen ergebnisneutral.

Die Nichtgeltendmachung eines (bestehenden) Anspruchs gegen den Aktionär ist dann – und das ist konsequent – keine (erneute) vGA und kein Wertabfluss, jedenfalls solange der Anspruch zivilrechtlich besteht und geltend gemacht werden kann.[126] Auch ein Verzicht oder ein Verjährenlassen kann dann nicht anders behandelt werden.

Eine rückwirkende **Bilanzberichtigung** in das Jahr der vGA zur Einbuchung eines Rückgewähranspruchs hat der BFH ausdrücklich abgelehnt.[127] Etwas anderes gilt nur dann, wenn ein solcher Anspruch bereits im Jahr der Vorteilsgewährung, also bis zum Zeitpunkt der Bilanzaufstellung, eingebucht wird und zwar unter Kundgabe des Rückforderungswillens durch die Gesellschaft.[128]

---

[121] *Döllerer* DStR 1980, 395; *Lempenau* BB 1977, 1209; *Gassner* DStZ 1985, 204; *Knolle* DB 1985, 1265; *Wichmann* GmbHR 1993, 337.
[122] BFH IV R 30/71 v. 14. 8. 1975, BStBl. II 1976, 88, 92; I R 266/81 v. 23. 5. 1984, BStBl. II 1984, 723.
[123] *Dötsch/Jost/Pung/Witt/Klingenbiel KStG nF.* § 8 Abs. 3 Rz. 1721 ff. und BFH VIII B 38/98 v. 14. 7. 1998; BFH I R 123/97 v. 8. 7. 1998, OHR 1998, 1749.
[124] BB 1995, 1341; *Reiss* StuW 1996, 337.
[125] Ständige Rechtsprechung: BFH I R 266/81 v. 23. 5. 1984, BStBl. II 1984, 723; I R 176/83 v. 29. 4. 1987, BStBl. II 1987, 733; I R 105/88 v. 14. 3. 1989, BStBl. II 1989, 741; BFH I R 41/86 v. 13. 9. 1989, 1029; VII R 15/96 v. 25. 2. 1997, BStBl. II 1997, 92; BFH VIII R 59/97 v. 25. 5. 1999, DB 1999, 1680.
[126] BFH I R 6/94 v. 14. 9. 1994, BStBl. II 1997, 89.
[127] BFH I R 266/81 v. 23. 5. 1984, BStBl. II 1984, 723.
[128] BFH I R 110/88 v. 13. 9. 1989, BStBl. II 1990, 24; das ist nicht ganz unzweifelhaft; vgl. zu einem ähnlichen Fall bei § 311 AktG § 11 Rz. [?].

Müller   651

98 Zu differenzieren sind allerdings die Fälle, bei denen nicht von vornherein eine Einlagerückgewähr oder eine vGA im steuerlichen Sinne vorliegt, sondern eine schlichte **Pflichtverletzung** durch einen Gesellschafter (Aktionär), zB wenn er gleichzeitig Vorstand oder Aufsichtsrat ist, aus Sorgfaltspflichtverletzung oder aus Wettbewerbsverbot oder aus sonstigen zivilrechtlichen Anspruchsgrundlagen. Hier hat die „richtige" Bilanzierung Vorrang vor der Rechtsfolge des § 8 Abs. 3 Satz 2 KStG. In diesem Fall entscheidet erst der endgültige **Verzicht** der AG auf die **Schadensersatzforderung** oder der Schulderlass über das Vorliegen einer vGA. Solange in diesem Falle eine Forderung auch unter Beachtung des Vorsichtsprinzips (ggf. bei Bestreiten mit einem Merkposten) aktiviert wird, liegt eine vGA nicht vor.[129]

99 Die Finanzverwaltung bewegt sich auf der Basis der BFH-Rechtsprechung und praktiziert folgende Regelung:[130]
– Die Rückzahlung einer vGA ist steuerlich als Einlage zu qualifizieren. Entscheidend hierfür ist, dass die Rückzahlung wie die Ausschüttung ihre Ursache im Gesellschaftsverhältnis hat.
– Die steuerlichen Folgen hängen demgemäß nicht davon ab, ob die Rückzahlung auf einer gesetzlichen Verpflichtung (§ 62 AktG), auf einer Vereinbarung zwischen AG und Aktionär oder einer Satzungsklausel beruht oder freiwillig erfolgt.
– Als Einlage wirkt sich die Rückzahlung nicht auf die Höhe des Einkommens der AG aus.
– Für den Gesellschafter entstehen in Höhe des zurückgezahlten Betrags zusätzliche Anschaffungskosten auf die Anteile; ein Abzug als negative Einnahme ist ausgeschlossen.[131]

Nach Auffassung der Finanzverwaltung kann allenfalls dann von den Folgen einer vGA aus Billigkeitsgründen abgesehen werden, wenn die Folgen bei AG und Aktionären so hart wären, dass die Beteiligten bei Kenntnis der Auswirkungen die Gestaltung zweifellos unterlassen hätten.[132]

II. Abgrenzung zwischen betrieblicher und gesellschaftsrechtlicher Veranlassung

100 Wie das Aktienrecht akzeptiert auch das Steuerrecht, dass die AG mit ihren Gesellschaftern Geschäfte wie mit jedem Dritten abschließen kann (Rz. 43 ff.). Nur Geschäfte, die gesellschaftsrechtlich veranlasst sind, können unter dem Gesichtspunkt der vGA relevant werden. Für die Entscheidung, ob ein Geschäft der gesellschaftsrechtlichen Sphäre zuzuordnen ist, kommt es auf die Interessenlage von AG und Aktionär an. Insoweit kommt eine subjektive Komponente ins Spiel, als es sich bei vGA um zweckgerichtete Vorgänge zur vermögensmäßigen Begünstigung des Aktionärs handeln muss.[133]

---

[129] BFH I R 6/94 v. 14.9.1994, BStBl. II 1997, 89; BFH 1 R 149/94 v. 13.11.1996, HFR 1997, 326; BFH 1 R 26/95 v. 18.12.1996, HFR 1997, 413; BFH 1 R 126/95 v. 13.11.1996, HFR 1997, 593; BFH 1 R 88/97 v. 24.3.1998, GmbHR 1998, 1044.
[130] BMF-Schreiben v. 23.4.1985, DB 1985, 1437; KStR Abschn. 31 Abs. 9, Abschn. 77 Abs. 10.
[131] BFH VI 218/64 v. 18.2.1966 BStBl. III 1966, 250.
[132] BFH VI 218/64 v. 18.2.1966 BStBl. III 1966, 250.
[133] BFH BFH I R 123/97 v. 8.7.1998, BB 1998, 2350; *Wassermeyer* FR 1997, 563.

C. Verdeckte Gewinnausschüttung 101–103 § 8

Ein steuerliches Kriterium ist die **Angemessenheit** des Geschäfts, wobei **101**
ein objektiver Maßstab anzulegen ist. Als Denkmodell wird hier – wie auch im
Zivilrecht – der Handlungsspielraum des ordentlichen und gewissenhaften
Geschäftsleiters zugrunde gelegt. Eine Einzelfallentscheidung ist aber anhand
des relativ abstrakten Maßstabs schwierig, und so hat sich die Rechtsprechung
letztlich auf den **Fremdvergleich** als Abgrenzungsmerkmal konzentriert. Im
Rahmen des Fremdvergleichs kommt auch der Üblichkeit eine wichtige Rolle
zu.[134] So hat z. B. der BFH für die PKW-Nutzung eines Gesellschafter-
Geschäftsführers (Vorstands) nur diejenige Nutzung des PKW als betrieblich
veranlasst beurteilt, welche durch eine fremdübliche Überlassungs- oder
Nutzungsvereinbarung abgedeckt wird. Die ohne eine solche Vereinbarung
erfolgende oder darüber hinausgehende oder einem ausdrücklichen Verbot widersprechende Nutzung sei durch das Gesellschaftsverhältnis zumindest mit
veranlasst.[135] Dazu hat sich eine umfängliche steuerliche Kasuistik entwickelt;
auf die einschlägigen ABC der vGA wird verwiesen.[136]

III. Bedeutung und Wirksamkeit zivilrechtlicher Vereinbarungen

Das Steuerrecht verlangt für die Anerkennung von Geschäften zwischen be- **102**
herrschendem Aktionär und AG klare, im Voraus getroffene, zivilrechtlich
wirksame und tatsächlich durchgeführte Vereinbarungen. Dies wird mit dem
fehlenden Interessengegensatz begründet; andernfalls wären beliebige Ergeb-
nisbeeinflussungen durch nachträgliche Vereinbarungen möglich. **Rückwirkend** abgeschlossene Vereinbarungen zwischen AG und Gesellschafter sind
steuerlich unbeachtlich und können eine vGA nicht mehr beseitigen.[137] Das
kann auch dann gelten, wenn die Bedingungen des Rechtsgeschäfts für sich
angemessen sind. Es handelt sich also um einen zweiten, von der Definition
der eigentlichen vGA ganz unabhängigen Grundtatbestand. Dies ist insbesondere wichtig für Gehalts- und Tantiemevereinbarungen.[138] Eine Vereinbarung
muss nicht notwendig in **Schriftform** getroffen werden, wenn dies auch aus
Nachweisgründen dringend zu empfehlen ist. Eine Vereinbarung muss aber jedenfalls nach außen hin für Dritte (Außenstehende) zweifelsfrei erkennbar
sein. Bei Dauerschuldverhältnissen kann aus der regelmäßigen Durchführung
auf das Vorliegen einer Vereinbarung geschlossen werden.[139]

Zu beachten ist auch das **Selbstkontrahierungsverbot** des § 181 BGB. Es **103**
gilt für den Vorstand der AG, auch für den Alleinvorstand. Eine Befreiung vom
Selbstkontraktierungsverbot ist bei der AG – anders als bei der GmbH – nicht

---

[134] BFH I R 88/94 v. 6.12.1995, BStBl. II 1996, 383; *Wassermeyer* Stbg 1996, 481;
Dötsch/Jost/Pung/Witt/Achenbach § 8 KStG Rz. 139a ff. sowie 11 Rz. 250.
[135] BFH v. 23.1.2008 ZIP 2008, 1116.
[136] Vgl. zB Dötsch/Jost/Pung/Witt/Klingenbiel Anh. zu § 8 Abs. 3 KStG „ABC der vGA".
[137] BFH I R 116/66 v. 23.9.1970, BStBl. II 1971, 64; I R 241/71 v. 3.4.1974, BStBl. II 1974, 497; I R 223/74 v. 21.7.1976, BStBl. 1976 II, 734.
[138] Ausnahme bei nachträglicher Vereinbarung, wenn sie nicht aufgrund der Beherr-
schung zustande kommt: BFH I R 138/76 v. 26.7.1978, BStBl. II 1978, 659; und wenn
Pensionserhöhung auf Anpassung an Lebenshaltungsindex beruht: BFH I R 39/76 v.
6.4.1979, BStBl. II 1979, 687.
[139] BFH I R 157/86 v. 24.1.1990, BStBl. II 1990, 645; I R 18/91 v. 29.7.1992, BStBl. II 1993, 139; Dötsch/Jost/Pung/Witt/Achenbach § 8 KStG Rz. 161 ff.

unbedingt nahe liegend, da die AG gegenüber dem Vorstand immer durch den Aufsichtsrat vertreten wird (§ 112 AktG). Eine Mehrvertretung von Vorstandsmitglied und AG bei einem Rechtsgeschäft mit dem Vorstandsmitglied ist also grundsätzlich formunwirksam. Befreiung vom Selbstkontraktierungsverbot kann nur der Aufsichtsrat aussprechen (§ 112 AktG). Eine nachträgliche Befreiung dürfte einem sonst angemessenen Geschäft wohl den Charakter einer vGA nehmen.[140]

IV. Erscheinungsformen der vGA

1. Einkommensminderung

104 Die steuerliche vGA setzt nach der Begriffsbestimmung der Rechtsprechung eine Vermögensminderung oder eine verhinderte Vermögensmehrung voraus, die sich auf die Höhe des Einkommens der AG auswirkt (vgl. Rz. 90). Damit scheiden aus dem Anwendungsbereich des § 8 Abs. 3 KStG – als der eigentlichen vGA – alle Fälle aus, wo zwar bei der AG eine Vermögensminderung oder eine verhinderte Vermögensmehrung und ggf. beim Aktionär ein steuerfreier Zufluss vorliegt, aber bei der AG keine Einkommensverminderung eintritt. Dies sind vor allem die Fälle, die sich ausschließlich im **Vermögensbereich** abspielen, zB:
- Ausschüttung aufgrund eines nichtigen Jahresabschlusses (§ 256 AktG);
- unzulässiger Erlass von oder Aufrechnung gegen Einlageforderung der AG (§ 66 AktG);
- Vereinnahmung einer steuerfreien Investitionszulage durch den Aktionär statt durch die AG.

Untechnisch wird zwar auch hier von einer vGA gesprochen,[141] § 8 Abs. 3 KStG findet aber keine Anwendung.

Festzuhalten ist jedenfalls, dass es (wenn auch selten) Vorgänge geben kann, die Gewinn-, aber keine Einkommensauswirkungen haben. Das ist z. B. der Fall, wenn eine inländische AG Dividendeneinkünfte aus einer ausländischen Tochtergesellschaft bezieht, die nach DBA schachtelprivilegiert sind oder wenn eine AG aus einer ausländischen Betriebsstätte in einem DBA-Land mit Freistellungsmethode Vermögensgegenstände an einen Aktionär überträgt. Werden Beträge an der G+V vorbei direkt auf den Aktionär verlagert, liegt wohl eine Gewinnminderung (gesellschaftsrechtliche vGA), aber mangels Einkommensauswirkung keine steuerliche vGA vor.[142] Soweit die Vorteile beim Aktionär zufließen, liegt bei ihm eine vGA i. S. v. § 20 Abs. 1 Nr. 1 Satz 2 EStG vor, da die Begriffe im EStG und KStG nicht deckungsgleich sind.[143]

105 Innerhalb des Anwendungsbereichs des § 8 Abs. 3 KStG finden sich zwei Typen der vGA:
- Abfluss oder verhinderter Zufluss bei der AG; (steuerpflichtiger) Zufluss beim Aktionär;

---

[140] BFH IV B 2 – S 2138–37/96 v. 12.12.1996, DB 1996, 2586; mehrfach bestätigt zuletzt BFH Urt. v. 15.10.1997 BFH/NV 1998, 746; Dötsch/Jost/Pung/Witt/Geiger KStG nF § 8 Abs. 3 Rz. 328.
[141] BFH I R 28/69 v. 27.1.1972, BStBl. II 1972, 320.
[142] Vgl. Dötsch/Jost/Pung/Witt/Wochinger KStG nF § 8 Abs. 3 Rz. 65 ff.
[143] Dötsch/Jost/Pung/Witt/Wochinger KStG nF § 8 Abs. 3 Rz. 68 ff.

C. Verdeckte Gewinnausschüttung

– Abfluss oder verhinderte Vermögensmehrung bei der AG; (noch) kein Zufluss beim Aktionär.

Der erste Fall liegt vor bei Zuwendungen an den Aktionär ohne oder zu nicht angemessener Gegenleistung oder bei Nutzungsüberlassung (Darlehen, Miete, Pacht etc.) zu nicht marktüblichen Bedingungen. Der zweite Fall liegt vor bei der rechtsverbindlichen Einräumung künftiger Leistungen, zB unangemessen hohe Pensionszusage, die bei der AG zu überhöhter Rückstellungsbildung führt.

Differenzierter ist der Erwerb vom Aktionär zu einer überhöhten Gegenleistung (Überpreis) zu sehen. Eine Einkommensminderung liegt in jedem Fall vor, wenn unmittelbar nach Erwerb eine Teilwertabschreibung zulasten des Aufwands vorgenommen werden muss, Abfluss bei der Gesellschaft und (steuerbarer) Zufluss beim Aktionär fallen zusammen. Ist das erworbene Wirtschaftsgut dagegen nach allgemeinen handelsrechtlichen und steuerrechtlichen Bilanzierungsregeln mit den (überhöhten) Anschaffungskosten zu aktivieren,[144] so schlagen sich grundsätzlich die erhöhten Anschaffungskosten nur in den jährlichen AfA-Beträgen nieder. Die Differenzbeträge zur angemessenen AfA-Belastung wären durch außerbilanzielle (jahrweise) Hinzurechnung (vgl. Rz. 93) zu berücksichtigen. Zutreffender ist es allerdings, schon beim Erwerb das Wirtschaftsgut nach einer außerplanmäßigen Abschreibung nur mit dem angemessenen Wert anzusetzen; eine über die Nutzungszeit gestreckte Hinzurechnung erübrigt sich dann.[145] Der Zufluss des überhöhten Werts beim Aktionär hingegen erfolgt mit der Zahlung beim Erwerbsvorgang.[146] Beim Erwerb gegen Ratenzahlung ist ein Zufluss der vGA beim Aktionär allerdings wohl erst dann anzunehmen, wenn die Ratenzahlungen den angemessenen Kaufpreis übersteigen.[147]

2. Ausschüttung

Die Ausführungen in Rz. 91 haben schon gezeigt, dass der Begriff der „Ausschüttung" im Kontext der vGA weit interpretiert wird und nicht auf Vorgänge beschränkt ist, in denen tatsächlich Vermögensauskehrungen aus der AG an Dritte erfolgen oder überhaupt ein Mittelabfluss vorliegt. Dies wird deutlich bei den verhinderten Vermögensmehrungen, aber auch der Einkommensminderung durch Rückstellungsbildung (Pensionsrückstellung) ohne Zahlung an den Aktionär. Die Ausschüttung ist also kein Wesenselement des § 8 Abs. 3 KStG.

Beim Aktionär erfolgt die Erfassung der vGA als **Einkünfte aus Kapitalvermögen** (§ 20 Abs. 1 Nr. 1 Satz 2 EStG). Die Besteuerung beim privaten Anteilseigner richtet sich nach dem Zuflussprinzip (§ 11 Abs. 1 EStG) und zwar unabhängig vom Zeitpunkt der Besteuerung bei der AG. Bei einem beherrschenden Gesellschafter gilt nach der Rechtsprechung als Zuflussindiz die Fälligkeit des jeweiligen Anspruchs.[148]

---

[144] Vgl. *Wassermeyer* FR 1993, 793.
[145] *Dötsch/Jost/Pung/Witt/Klingebiel* KStG nF Anh. zu § 8 Abs. 3 „Abschreibungen" Rz. 11.
[146] *Dötsch/Jost/Pung/Witt/Achenbach* Anh. zu § 8 KStG „Abschreibungen"; BMF-Schreiben v. 28. 5. 2002, DB 2002, 1187 ff.
[147] BFH I R 32/98 v. 20. 1. 1999, DB 1999, 1095.
[148] Str. vgl. *Schmidt/Heinicke* § 11 Rz. 10, 30.

V. Verdeckte Gewinnausschüttungen an nahe stehende Nichtgesellschafter

1. Nahestehende

108 Eine Vorteilsgewährung durch die AG kann auch dann durch das Gesellschaftsverhältnis veranlasst sein, wenn sie an einen Nichtgesellschafter erfolgt, sofern die Umstände den Schluss zulassen, ein Aktionär habe die Vorteilszuwendung an die andere Person beeinflusst.[149] Eine vGA setzt also nicht voraus, dass die Zuwendung einen Vorteil für den Aktionär selbst zur Folge hat. Beispiele für solche Gestaltungen sind zB die Einräumung einer Witwenpension für einen dem Aktionär nahe stehenden Angestellten, Preisnachlass für einen nahe stehenden Dritten, ohne dass der Aktionär ein eigenes vermögenswertes Interesse hat. In diesen Fällen ist für die AG § 8 Abs. 3 KStG anwendbar. Ob der die vGA verursachende Aktionär selbst zu versteuernde Einkünfte aus der vGA bezieht (§ 20 Abs. 1 Nr. 1 Satz 2 EStG), könnte zweifelhaft sein. BFH und Finanzverwaltung vertreten jedoch die Auffassung, dass die der nahe stehenden Person zugeflossene vGA steuerrechtlich stets dem Gesellschafter als Einnahme zuzurechnen sei, dem die durch die vGA begünstigte Person nahe steht.[150] Etwas anderes könnte nur dann gelten, wenn die nahestehende Person gleichzeitig Minderheitsgesellschafter ist. Mit dem Zuflussprinzip (§ 11 Abs. 1 EStG) ist diese Handhabung kaum zu vereinbaren, jedenfalls dann nicht, wenn dem Gesellschafter auch nicht mittelbar ein messbarer Vermögensvorteil zufließt.[151] Nahestehende idS können natürliche und juristische Personen sein, die in einem verwandtschaftlichen, persönlichen, gesellschaftsrechtlichen, vertraglichen (schuldrechtlichen) oder rein tatsächlichen Verhältnis stehen. Der Kreis ist weiter als bei Angehörigen iSd. § 15 AO. Als Beispiele können gelten: Ehegatten, Kinder, Geschwister, geschiedene Ehegatten, Partner nichtehelicher Lebensgemeinschaften, Angestellte, Mitgesellschafter, Konzerngesellschaften usw. Voraussetzung ist aber stets die gesellschaftsrechtliche Veranlassung, die zB fehlen kann, wenn ein einem einflusslosen Minderheitsgesellschafter nahe Stehender begünstigt wird.

2. Konzerngesellschaften

109 Nahe stehend sind insbesondere Konzerngesellschaften. Besondere Bedeutung haben Zuwendungen zu unangemessenen Bedingungen zwischen **Schwestergesellschaften**, die mit Rücksicht auf die gemeinsame Konzernzugehörigkeit eingeräumt worden sind. Die Vorteilszuwendung einer Schwestergesellschaft an die andere wird als vGA an die gemeinsame Muttergesellschaft behandelt. Der Vorteil gilt im **Dreiecksverhältnis** als bei der Muttergesellschaft zugeflossen und an die begünstigte Tochtergesellschaft weitergegeben.[152] Handelt es sich bei der Zuwendung um ein einlagefähiges Wirtschaftsgut, so ist

---

[149] BFH I R 139/94 v. 18. 12. 1996, BStBl. II 1997, 301; BFH 1 B 8/99 v. 25. 11. 1999, 2000, 752; vgl. zu Nahestehenden § 11 Rz. [?].
[150] BMF-Schreiben v. 20. 5. 1999 DB 1999, 1240, BStBl. I 1999, 514; BFH VIII R 8/77 v. 29. 9. 1981 BStBl. II 1982, 248; BFH I R 139/94 v. 18. 12. 1996, BStBl. II 1997, 301; Dötsch/Jost/Pung/Witt/KStG/EStG nF § 20 Rz. 114.
[151] *Mahlow* DB 1997, 1640 f.
[152] BFH GrS 2/86 v. 26. 10. 1987, BStBl. II 1988, 348.

C. Verdeckte Gewinnausschüttung

der Vorteil bei der Muttergesellschaft als zusätzlicher Anschaffungsaufwand auf die Beteiligung der begünstigten Tochtergesellschaft zu aktivieren und bei dieser als (steuerfreie) Einlage auf dem steuerlichen Einlagekonto zu verbuchen (§ 27 Abs. 1 KStG). Der Zufluss der vGA bei der Muttergesellschaft erfolgt steuerfrei nach § 8 b Abs. 1 KStG iVm. § 20 Abs. 1 Nr. 1 Satz 2 EStG. 5 % der Bezüge gelten allerdings als nicht abzugsfähige Betriebsausgaben (§ 8 b Abs. 5 KStG).

3. Noch-nicht- oder Nicht-mehr-Aktionäre

Vorteilszuwendungen an Noch-nicht-Aktionäre können ihren Grund schon in dem zukünftigen Gesellschaftsverhältnis haben, wenn sie in engem zeitlichen Zusammenhang mit der Begründung des Gesellschaftsverhältnisses stehen.[153] Dies kann zB der Fall sein bei Abgabe **eigener Aktien** durch die AG unter Verkehrswert. Allerdings kann dies nur eintreten, wenn von der AG erworbene und aktivierte Anteile abgegeben werden. Gibt die AG eigene Anteile ab, die sie nicht aktiviert, sondern gem. § 272 Abs. 1 Satz 4 HGB in einer Vorspalte offen von dem Posten „gezeichnetes Kapital" abgesetzt hat, so wird ihr Einkommen nicht berührt.[154] Die Veräußerung dieser Anteile steht wirtschaftlich einer Kapitalerhöhung gleich.[155]

Vorteilszuwendungen an Nicht-mehr-Aktionäre können ebenfalls vGA sein. Als Beispiele seien genannt: Kauf eigener Aktien zum Überpreis, überhöhte Pensionszusage an ausgeschiedenen Aktionär.

VI. Wert der vGA

Einen gesetzlich bestimmten Wertmaßstab für die vGA gibt es nicht. Die Rechtsprechung stellt jedoch mit Recht in erster Linie auf den Fremdvergleich ab.[156] Bei Einzelwirtschaftsgütern wird in Anlehnung an § 9 BewG im Zweifel der gemeine Wert, bei Betriebsübertragungen im Zweifel der Teilwert (§ 10 BewG) anzusetzen sein.[157] Bei einer Nutzungsüberlassung ist die erzielbare Vergütung anzusetzen.

Ein **Vorteilsausgleich** ist möglich, sofern ein enger, zumindest wirtschaftlicher Zusammenhang zwischen Vorteilszuwendung und Gegenleistung besteht. Dieser Zusammenhang ist selbstverständlich gegeben, wenn ein wirtschaftlich einheitliches Geschäft vorliegt[158] oder wenn Leistung und Gegenleistung von vornherein klar und eindeutig vertraglich vereinbart sind. Für den Ausgleich sind auch zeitliche Grenzen zu berücksichtigen. Im grenzüberschreitenden Be-

---

[153] BFH VIII R 74/84 v. 24. 1. 1989, BStBl. II 1989, 419.
[154] BMF-Schreiben v. 2.12. 1998, DB 1998, 2567; *Dötsch/Jost/Pung/Witt*/KStG § 8 Abs. 1 KStG nF Rz. 72 ff. „Gesellschaftsanteile/eigene Anteile".
[155] Nach Einfügung des Abs. 1a in § 272 HGB durch das BilMoG ist der Nennbetrag zurückgekaufter eigener Aktien stets durch offene Absetzung vom Posten „gezeichnetes Kapital" auszuweisen ohne Rücksicht darauf, ob die Aktien zur Wiederveräußerung oder zur Einziehung erworben wurden. In jedem Rückkauf liegt deshalb eine Kapitalherabsetzung und in jedem Wiederverkauf eine Kapitalerhöhung.
[156] BFH I R 147/93 v. 17. 5. 1995, BStBl. II 1996, 204; BFH I R 88/94 v. 6. 12. 1995, 383; BFH I R 41/95 v. 24. 1. 1996, GmbHR 1996, 701; *Lang* FR 1984, 629, 636.
[157] Vgl. *Dötsch/Eversberg/Jost/Pung/Witt* KStG nF § 8 Abs. 3 Rz. 236 ff.
[158] BFH I R 95/75 v. 8. 6. 1977, BStBl. II 1977, 704; *Offerhaus* StBp 1978, 19.

reich will die Finanzverwaltung einen Vorteilsausgleich nur anerkennen, wenn bis zum Ende des Wirtschaftsjahres bestimmt ist, wann und in welcher Weise ausgeglichen werden soll und wenn der tatsächliche Ausgleich innerhalb der folgenden drei Wirtschaftsjahre erfolgt.[159]

VII. Steuerliche Behandlung der vGA

113 Die **steuerbilanzielle Behandlung** von vGA war lange Zeit zwischen Rechtsprechung und Finanzverwaltung umstritten. Bis zum Urteil des BFH vom 29. 6. 1994[160] erfolgte die Korrektur auf den jeweils angemessenen Wert innerhalb der Steuerbilanz, dh. überhöhte Aktiva oder Passiva (Rückstellungen) wurden gestrichen und die entsprechenden Differenzbeträge ebenfalls innerhalb der Steuerbilanz dem Eigenkapital zugeschlagen. Seit dem genannten Urteil vertritt der BFH jedoch die Auffassung, dass sich die Rechtsfolge des § 8 Abs. 3 KStG in einer Hinzurechnung zum Steuerbilanzgewinn außerhalb der Steuerbilanz erschöpft. Der angefallene (unangemessene) Aufwand ist dem steuerlichen Gewinn hinzuzurechnen. Dagegen bewirke § 8 Abs. 3 KStG nicht die Umqualifizierung von Verbindlichkeiten (Fremdkapital) in steuerliches Eigenkapital. Die Entscheidung betraf eine Tantiemenrückstellung; sie muss aber gleichermaßen für die Aktivseite, also zB für den Erwerb aktivierungspflichtiger Vermögensgegenstände zu überhöhten Anschaffungskosten gelten. Nicht der Bilanzposten ist zu korrigieren, sondern der (überhöhte) Abschreibungsbetrag ist dem steuerlichen Gewinn hinzuzusetzen. Dieser Rechtsprechung ist zu folgen und zwar schon aus dem Grund, weil die vGA zivilrechtlich idR nicht zum Wegfall von Anschaffungskosten, Verbindlichkeiten oder Rückstellungen führt. Diese müssen in der Steuerbilanz so wie in der Handelsbilanz angesetzt werden (§ 5 Abs. 1 Satz 1 EStG).[161] Die Finanzverwaltung hat sich dann – relativ spät (2002) – diese Auffassung ebenfalls zu Eigen gemacht.[162]

VIII. Mehrsteuer als verdeckte Einlagerückgewähr

114 Die vGA löst bei der AG durch Hinzurechnung zum Einkommen Mehrsteuern aus, die definitiv werden. Auch eine zivilrechtliche Rückgängigmachung der vGA führt zu keiner Entlastung, da sie zu keiner rückwirkenden Bilanzberichtigung führt (Rz. 97). Daraus ergibt sich die Frage, ob diese Mehrsteuer – neben der Einlagerückgewähr als solcher – vom begünstigten Aktionär zu erstatten ist. Die spezifisch aktienrechtliche Anspruchsgrundlage des § 62 AktG scheidet aus, weil der Aktionär in Bezug auf die Steuer nichts von der AG empfangen hat. Das war unter der Geltung des körperschaftsteuerlichen Anrechnungsverfahrens ggf. anders, wenn dem Aktionär zuzüglich zur

---

[159] Verwaltungsgrundsätze zur Einkünfteabgrenzung international verbundener Unternehmen s. BMF-Schreiben v. 23. 2. 1983, BStBl. I 1983, 218 Tz. 2.3.3.
[160] BFH I R 137/93 v. 29. 6. 1994, DB 1994, 2526; auch BFH Urt. v. 4. 12. 1996 BFHE 182, 23.
[161] Vgl. dazu *Wassermeyer* FR 1993, 793; **a.A.** *Dötsch/Jost/Pung/Witt/Klingebiel* KStG Anh. zu § 8 Abs. 3 „Anschaffungskosten": nach ihrer Auffassung dürfe schon in der Handelsbilanz nur mit angemessenen Anschaffungskosten aktiviert werden; das ist aber mit § 255 HGB kaum zu vereinbaren!
[162] BMF-Schreiben v. 28. 5. 2002, DB 2002, 1187 ff.

D. Gesellschafterfremdfinanzierung

vGA noch die anzurechnende oder zu vergütende Körperschaftsteuer zugute kam (§ 20 Abs. 1 Nr. 3 KStG aF).
Nach dem KStG nF können als Anspruchsgrundlage für die AG allenfalls Schadensersatzansprüche nach §§ 93 Abs. 3 Nr. 1 und Nr. 2, 116, 117 AktG oder allgemein deliktsrechtliche Ansprüche nach §§ 823 Abs. 1 und Abs. 2 oder 826 BGB gegeben sein, wenn die jeweiligen Voraussetzungen gegeben sind. Ansprüche dieser Art sind durch § 62 AktG nicht ausgeschlossen.[163]

D. Gesellschafterfremdfinanzierung

I. Funktionelles Eigenkapital

1. Eigenkapitalersetzende Aktionärsleistungen

a) Handelsrecht

Das sog. Eigenkapitalersatzrecht ist in seinen wesentlichen Ausprägungen im GmbH-Recht entwickelt und dort auch für bestimmte Situationen (Krise der Gesellschaft) kodifiziert worden (§§ 32 a, 32 b GmbHG a. F.).[164] Durch das MoMiG sind jedoch diese Regeln und die vom BGH über Jahre entwickelten Grundsätze zum Eigenkapitalersatz[165] mit dem berühmten Federstrich des Gesetzgebers beseitigt worden. Ohnehin waren schon vor dem MoMiG diese Regeln nicht 1:1 auf die AG übertragbar.[166] Nunmehr ist aber sowohl für die GmbH (§ 30 Abs. 1 Satz 3 GmbHG) als auch für die AG (§ 57 Abs. 1 Satz 4 AktG) ausdrücklich klargestellt, dass der Rückzahlung eines Aktionärs- (Gesellschafter-) Darlehens die Eigenkapitalschutzvorschriften nicht entgegenstehen. Der Begriff des „eigenkapitalersetzenden Gesellschafterdarlehens" ist damit praktisch aus dem Gesellschaftsrecht gestrichen. Der Gläubigerschutz ist durch das MoMiG insoweit vollständig in das Insolvenzrecht verlagert worden. Gesellschafterdarlehen (oder Forderungen, die einem solchen Darlehen wirtschaftlich entsprechen) sind in der Insolvenz der AG letztrangig (also idR gar nicht) zu bedienen (§ 39 Abs. 1 Nr. 5 InsO). Anfechtbar ist die Befriedigung (Tilgung) eines Gesellschafterdarlehens, die im Zeitraum von einem Jahr vor Insolvenzeröffnungsantrag stattgefunden hat und jede Sicherung eines Gesellschafterdarlehens, die im Zeitraum von zehn Jahren vor Insolvenzantrag vorgenommen worden ist (§ 135 InsO). Auf die Qualifizierung als Eigenkapitalersatz kommt es dabei gar nicht an.

Es gilt für die AG – gleichermaßen wie für die GmbH –, dass die Gesellschafter frei darüber entscheiden, ob und wie viel Mittel sie der AG als Eigenkapital und ob und wie viel sie ggf. als Fremdmittel zur Verfügung stellen. Es gibt keine Grundsatzverpflichtung, die AG über das Mindestkapital (§ 6 AktG) hinaus mit einem für den Gesellschaftszweck ausreichendem Eigenkapital auszustatten (vgl. Rz. 4 ff.). Nach bisherigem Recht endete diese Entscheidungsfreiheit jedoch, sobald die AG in die Krise geriet. Hatte der Aktionär in dieser

---

[163] Vgl. Großkomm. AktG/*Henze* § 62 Rz. 63.
[164] Großkomm. AktG/*Henze* § 57 Rz. 99; *Hüffer* AktG § 57 Rz. 16
[165] BGH II ZR 10/94 v. 19.12.1994, NJW 1995, 658; BGH II ZR 298/81 v. 14.12.1992, NJW 1993, 392.
[166] Vgl. GmbH-Handbuch *Hense/Gandenberger* § 8 Rz. 194 ff.

§ 8 122–124 Kapitalerhaltung und Gesellschafterfremdfinanzierung

Situation Mittel als Fremdkapital zugeführt (ggf. in der Erwartung sie bei missglückender Sanierung schnell wieder zurückzuführen) wurde er aus dem Gesichtspunkt der sog. Finanzierungsfolgeverantwortung in die Pflicht genommen. Krisendarlehen waren Darlehen, die vom Aktionär in Situationen gegeben wurden, in denen die AG von dritter Seite keinen Kredit zu marktüblichen Konditionen erhalten konnte. Gab der Gesellschafter in dieser Situation Darlehen oder ließ er bereits ausgezahlte Darlehen stehen, wurden diese in Eigenkapitalersatz umqualifiziert mit allen daran anknüpfenden Folgen. Dasselbe galt für Sicherheitsleistungen, Bürgschaften und Gebrauchsüberlassungen wie Miete, Pacht oder Leasing. Eine Rückzahlung oder Vergütung war für die Dauer der Krise ausgeschlossen; dennoch zurückgeführte Beträge lösten die Folgen der §§ 57, 62 AktG aus.

122   Nach neuer Rechtslage gehört die Finanzierungsverantwortung in dieser Ausprägung der Vergangenheit an. Insbesondere die allenfalls theoretisch sinnvolle, aber praktisch kaum handhabbare Umqualifizierung zu Eigenkapitalersatz und die Bestimmung des maßgeblichen Zeitpunkts haben sich erledigt. Die Aktionäre haben Finanzierungsfreiheit zurückgewonnen. Allerdings müssen sie sich dessen bewusst sein, dass in der Krise innerhalb eines Jahres vor Stellung eines Insolvenzantrags zurückgezahlte Darlehen anfechtbar sind und ggf. in die Insolvenzmasse zurückzuführen sind und zwar alle Darlehen nicht nur eigenkapitalersetzende. Stehen die Darlehen in der Insolvenz noch offen, rangieren sie an letzter Rangstelle (§ 39 Abs. 1 Nr. 5 InsO).

123   Bisher wurde auch die eigenkapitalersetzende Nutzungsüberlassung (Miete, Pacht, Leasing) von den Grundsätzen zum Eigenkapitalersatzrecht erfasst was dazu führte, dass in der Krise überlassene Gegenstände unentgeltlich für die vereinbarte Laufzeit auch noch in der Insolvenz zur Verfügung gestellt werden mussten. Diese Handhabung findet in dieser Ausgestaltung in der Neuregelung keine Rechtsgrundlage mehr. Allenfalls das Nutzungsentgelt kann unter die Anfechtungsregelung des § 135 InsO oder, soweit noch nicht bezahlt, unter die nachrangigen Insolvenzforderungen fallen (§ 39 Abs. 1 Nr. 5 InsO).[167] Nach § 135 Abs. 3 InsO (neu eingefügt durch das MoMiG) kann allerdings bei Gebrauchsüberlassung eines Gegenstandes durch einen Aktionär an seine AG der an sich gegebene Aussonderungsanspruch (§ 47 InsO) während der Dauer des Insolvenzverfahrens, höchstens aber für die Zeit von einem Jahr ab Eröffnung des Insolvenzverfahrens nicht geltend gemacht werden, wenn der Gegenstand für die Fortführung des Unternehmens der insolventen AG von erheblicher Bedeutung ist. Allerdings ist dem Aktionär – im Gegensatz zum bisherigen Recht – für den Gebrauch ein angemessener „Ausgleich" zu zahlen, der dem Durchschnitt der im letzten Jahr vor Verfahrenseröffnung „geleisteten" Vergütung entsprechen soll. Offenbar wird hier nicht auf die geschuldete, sondern die tatsächlich geleistete Vergütung abgestellt, die wegen der Krise ggf. wesentlich reduziert sein könnte.

124   Für die GmbH hat der BGH eine „das gesetzliche Kapitalschutzsystem ergänzende, aber deutlich darüber hinausgehende Entnahmesperre" entwickelt: die sog. **Existenzvernichtungshaftung**.[168] Sie soll die sittenwidrige, weil insolvenzursachende oder -vertiefende „Selbstbedienung" des Gesellschafters vor den Gläubigern der Gesellschaft durch eine Schadensersatzpflicht auf der

---

[167] Vgl. Gesetzesbegründung BT-Drs. 16/6140 S. 137.
[168] BGH II ZR 3/04 v. 16. 7. 2007 (Trihotel) NJW 2007, 2689.

D. Gesellschafterfremdfinanzierung 125, 126 § 8

Grundlage des § 826 BGB (sittenwidrige vorsätzliche Schädigung) ausgleichen. Ein Anspruch hieraus soll allerdings nur der Gesellschaft, nicht den Gläubigern unmittelbar zustehen. Diese Haftung trifft „kompensationslose" Eingriffe des Gesellschafters in das vorrangig zur Befriedigung der Gläubiger zweckgebundene Vermögen.

Grundsätzlich wird die Rechtsfigur des „existenzvernichtenden Eingriffs" auch für die AG Geltung beanspruchen dürfen.[169] Auf die Rückführung von Gesellschafterdarlehen in der Krise, auch wenn das mitverursachend für die Insolvenz sein sollte, dürfte sie kaum zur Anwendung kommen. Die Rückführung eines Gesellschafterdarlehens ist kein „kompensationsloser" Eingriff in das Gesellschaftsvermögen, selbst wenn der Rückzahlungsanspruch nicht mehr vollwertig gewesen sein sollte. Entscheidend ist jedoch, dass mit §§ 135, 39 Abs. 1 Abs. 5 InsO abschließende Sonderregelungen für die Abwicklung der Gesellschafterfremdfinanzierung in der Insolvenz getroffen worden sind, die einer Lückenausfüllung durch Rechtsprechungsgrundsätze entgegenstehen.

b) Steuerrecht

Die sog. eigenkapitalersetzenden Darlehen nach altem Recht blieben steuerlich – wie auch handelsrechtlich – Fremdkapital, die Zinsen waren (entgegen einer früheren Auffassung der FinVerw) als Betriebsausgaben abzugsfähig.[170] Dies muss nunmehr umso mehr gelten, nachdem zivilrechtlich der Begriff des Eigenkapitalersatzes entfallen ist. Etwas anderes gilt nur, wenn es sich um Verbindlichkeiten handelt, die nur zu erfüllen sind, wenn und soweit künftige Einnahmen oder Gewinne anfallen. Solche Verbindlichkeiten dürfen, bevor solche Einnahmen angefallen sind – mangels wirtschaftlicher Verursachung – steuerlich weder als Verbindlichkeit noch als Rückstellung passiviert werden (§ 5 Abs. 2a EStG). Entsprechendes gilt bei aufschiebend bedingten Verbindlichkeiten.[171]

2. Rangrücktritt

Unabhängig von der Gesellschaftereigenschaft ist der Rangrücktritt. Dabei 126 handelt es sich um eine schuldrechtliche Vereinbarung zwischen Gläubiger und Gesellschaft. Gläubiger kann, muss aber nicht ein Gesellschafter sein. Mit einer Rangrücktrittsklausel vereinbaren die Parteien, dass Fremdmittel unter bestimmten Bedingungen im Verhältnis zu den übrigen Gläubigern wie haftendes Kapital behandelt werden sollen, ohne dadurch ihre Krediteigenschaft zu verlieren.[172] Gemeinhin wird zwischen einfachem und qualifiziertem Rangrücktritt unterschieden. Der **einfache Rangrücktritt** beinhaltet die Vereinbarung, dass eine Rückzahlung der Verbindlichkeit nur dann zu erfolgen hat, wenn die AG dazu aus zukünftigen Gewinnen, aus einem Liquidationsüberschuss oder aus anderem freien Vermögen künftig in der Lage ist und der Gläubiger mit seiner Forderung hinter alle anderen Gläubiger zurücktritt. Der **qualifizierte Rangrücktritt** beinhaltet die Vereinbarung, dass der Gläubiger

---

[169] Spindler/Stilz/Fock AktG § 1 Rz. 64.
[170] BFH I R 127/90 v. 5. 2. 1992 BStBl. II 1992, 532.
[171] Schmidt/Weber-Gellet EStG § 5 Rz. 315.
[172] Schmidt GesR § 18 III 2 S. 428.

§ 8 127–129 Kapitalerhaltung und Gesellschafterfremdfinanzierung

erst nach Befriedigung sämtlicher anderer Gläubiger der Gesellschaft und – bis zur Abwendung der Krise – auch nicht vor, sondern nur zugleich mit den Einlagerückgewähransprüchen der Gesellschafter Befriedigung verlangen kann. Die Forderung wird für die Zeit der Krise wie statutarisches Kapital behandelt.[173] Der Rangrücktritt ist weder Forderungsverzicht noch Forderungserlass, sondern eine Inhaltsbestimmung der Forderung, die in der Insolvenz nach § 39 Abs. 2 InsO zur Nachrangigkeit der fortbestehenden Forderung führt. Die Rangrücktrittsforderung ist deshalb im **Überschuldungsstatus** nicht zu passivieren.[174] In der Handelsbilanz bleibt die Passivierungspflicht jedoch bestehen.[175]

127 Für die Rangrücktrittsvereinbarung besteht Vertragsfreiheit: Die Parteien können die Rangordnung nach Belieben festlegen; § 39 Abs. 2 InsO stellt nur eine Vermutung auf. Es ist dann eine Frage der Auslegung, ob die Forderung in den Überschuldungsstatus aufgenommen werden muss oder nicht. Der Rangrücktritt ist auch nicht vertragsfest, dh. er kann von den Parteien einvernehmlich jederzeit aufgehoben werden und zwar bis zur Eröffnung eines Insolvenzverfahrens (§ 80 Abs. 1 InsO). Weiterhin gilt auch das außerordentliche Kündigungsrecht nach § 490 Abs. 1 BGB, wenn in den Vermögensverhältnissen der AG eine wesentliche Vermögensverschlechterung eintritt oder einzutreten droht, es sei denn, dieses Rechte sei vertraglich ausdrücklich oder konkludent ausgeschlossen. Der bloße Rangrücktritt allerdings kann eine den § 490 Abs. 1 BGB ausschließende Wirkung nicht haben.[176]

128 Die **steuerliche Beurteilung** folgt der handelsbilanziellen Handhabung. Die Rangrücktrittsverbindlichkeit bleibt in der Steuerbilanz passiviert; Zinsen sind als Betriebsausgaben absetzbar. § 5 Abs. 2a EStG (vgl. Rz. 125) gilt grundsätzlich nicht für Rangrücktrittsverbindlichkeiten; es fehlt mit den Worten der FinVerw. die erforderliche Abhängigkeit „zwischen dem Ansatz der Verbindlichkeiten und Gewinnen und Entnahmen im Zahlungsjahr".[177] M. a. W. die Norm gilt nicht für schon bestehende Verbindlichkeiten, deren Rangfolge untereinander neu geordnet wird.

3. Finanzplankredit

129 Die Aktionäre können sich in Ergänzung zu ihrer Einlagepflicht nach § 54 Abs. 1 AktG zu einlageähnlichen Finanzierungszusagen verpflichten in der Weise, dass der zu leistende Kredit der Sache nach funktional als gesellschaftseigenes Risikokapital dienen und Bindungswirkung und Haftungsfunktion wie Eigenkapital entfalten soll. IdR ist die Finanzierungszusage an die Aktionärseigenschaft und der Höhe nach an die Beteiligungsquote gebunden (sog. **gesplittete Einlage**), dh. die Gesellschafter sind verpflichtet der Gesellschaft ein Darlehen anteilig entsprechend ihrer Beteiligung am Grundkapital zur Verfügung zu stellen; das Darlehen kann nur aus künftigen Erträgen oder aus einem Liquidationsüberschuss zurückgezahlt werden. Für Verpflichtungen die-

---

[173] Zu Formulierungen vgl. *Hoyos/M. Ring* in BeckBil-Komm. § 247 Rz. 232.
[174] *Schmidt* ZIP 1999, 1241, 1246; *ders.* GmbHR 1999, 9; auch BGH II ZR 88/99 v. 8. 1. 2001, DStR 2001, 175 mit Anm. Goelte.
[175] *Hoyos/M. Ring* in BeckBil-Komm. § 247 Rz. 232.
[176] *Schmidt* ZGR 1999, 1241, 1247.
[177] BMF Schreiben v. 8. 9. 2006 IV B 2-S2133–10/06, BStBl. I S. 497; *Schmitt/Weber-Grellet* EStG § 5 Rz. 315; *Hoyos/M. Ring* in BeckBil-Komm. § 247 Rz. 232.

D. Gesellschafterfremdfinanzierung

ser Art hat sich der Begriff „Finanzplankredit" eingebürgert.[178] Es handelt sich im Aktienrecht idR um Verpflichtungen schuldrechtlicher Natur, auch wenn sie der Sache nach wie einlagegleiche Nebenpflichten ausgestaltet sind. Eine Aufnahme in die Satzung ist nicht nötig. Sie ist zulässig, jedenfalls nach Auffassung derjenigen, die in der Satzung nicht nur korporative, sondern auch schuldrechtliche Regelungen Eingang finden lassen.[179] Unstreitig finden korporationsrechtliche Sanktionen keine Anwendung (§ 64 AktG). Wegen missverständlicher Abgrenzung zu materiellen Satzungspflichten ist eine Aufnahme jedenfalls nicht empfehlenswert.[180] Damit ist bei der AG von schuldrechtlichen Nebenvereinbarungen auszugehen.

Der BGH hat in seiner Grundsatzentscheidung vom 28. 6. 1999[181] entschieden, dass der Finanzplankredit keine eigenständige Kategorie des seinerzeit noch gehandhabten Eigenkapitalersatzrechts ist und keine Haftung wegen „materieller" Unterkapitalisierung begründet. Ob die Aktionäre verpflichtet sind weitere Einzahlungen zu leisten, richtet sich nach Inhalt und Fortbestand der getroffenen Vereinbarungen. Sind diese schuldrechtlicher Natur – was bei der AG stets anzunehmen ist – findet § 66 AktG keine Anwendung. Die beteiligten Gesellschafter können eine solche Kreditzusage also ändern oder aufheben und zwar auch noch in der Krise der Gesellschaft.[182] Diese Möglichkeit endet erst mit Eröffnung des Insolvenzverfahrens (§ 80 Abs. 1 InsO). Gewährte Finanzplankredite sind in der Insolvenz gem. § 39 Abs. 1 Nr. 5 InsO nachrangig.

Steuerlich gelten Besonderheiten allenfalls dann, wenn und soweit Finanzplankredite zu Bedingungen gewährt werden, die einem Fremdvergleich nicht standhalten.

4. Gesellschafterfremdfinanzierung im Steuerrecht

Die Gesellschafterfremdfinanzierung im Steuerrecht hat seit der Vorauflage eine wechselvolle Geschichte hinter sich gebracht, was sich in der inzwischen 3. Änderung des § 8 a KStG durch das StÄndG 2008 widerspiegelt. Ursprünglich sollte nur einer übermäßigen Verringerung des zu versteuernden Einkommens einer Körperschaft durch Vergütungen an ihre Anteilseigner für die Überlassung von Fremdkapital entgegengewirkt werden, sofern die Anteilseigner im Ausland domizilierten (Verlagerung aus dem höher besteuerten Inland in das niedriger besteuerte Ausland). Es lag auf der Hand, dass diese Regelung gegen die Niederlassungsfreiheit im EU und EWR Raum verstieß.[183] Deshalb wurde mit Steueränderungsgesetz 2003 § 8 a KStG dahin geändert,

---

[178] *Gerkan/Hommelhoff* Kapitalersatz im Gesellschafts- und Insolvenzrecht 1997 S. 193 ff.; *Hommelhoff/Kleindiek* in FS 100 Jahre GmbH 1992 S. 438 ff.; *Fleischer* Finanzplankredite und Eigenkapitalersatz im Gesellschaftsrecht 1995 S. 7 ff.; *Habersack* ZHR 161 (1997) 497, 547 ff.
[179] Großkomm. AktG/*Henze* § 54 Rz. 54; MünchKomm. AktG/Bd. 1/*Bungerath* § 54 Rz. 34 ff.; *Spindler/Stilz/Cahn/Senger* § 54 Rz. 29 ff.
[180] *Hüffer* AktG § 54 Rz. 7.
[181] BGH II ZR 272/98 v. 28. 6. 1999, BGHZ 142, 116 ff.; BGH II ZR 272/98 v. 28. 6. 1999, ZIP 1999, 1263 ff.
[182] Gegen BGH II ZR 272/98 v. 28. 6. 1999, ZIP 1999, 1263, 1264 die wohl hM: vgl. Großkomm. AktG/*Henze* § 54 Rz. 59, § 57 Rz. 159; *Schmidt* ZIP 1999, 1241, 1260 alle mwN.
[183] Zur alten Rechtslage vgl. Vorauflage Rz. 147 ff.

dass unter bestimmten Voraussetzungen Zinsen für Gesellschafterdarlehen an wesentlich beteiligte Anteilseigner soweit sie eine gewisse Größenordnung überschritten als vGA behandelt wurden. Als auch diese Lösung sich als unbefriedigend herausstellte, wurde mit dem Unternehmensteuerreformgesetz vom 14. 8. 2007 das System völlig umgestellt und mit § 4h EStG und § 8a Abs. 1 KStG ohne Rücksicht auf Gesellschaftereigenschaft die sog. „Zinsschranke" eingeführt. Bei Überschreitung der Zinsschranke liegen keine vGA sondern nicht abzugsfähige Betriebsausgaben vor. Ein gesellschaftsrechtlicher Bezug ist also nicht mehr gegeben. Deshalb wird zur Erläuterung auf § 12 (Laufende Besteuerung) verwiesen.

132 Allerdings spielt die Gesellschaftereigenschaft dort noch eine Rolle, wo die Zinsschrankenregelung an sich nicht zur Anwendung kommen soll, nämlich bei nicht-konzernzugehörigen Betrieben (§ 4h Abs. 2 lit. b) EStG) und wenn bei konzernzugehörigen Betrieben die sog. Escape-Klausel (§ 4h Abs. 2 lit. c) EStG) zur Anwendung kommt. Dann gibt es nämlich eine Rückausnahme wiederum zur Anwendung der Zinsschranke, wenn mehr als 10 % des Nettozinsaufwands der AG auf Darlehen entfallen, die zu mehr als $^{1}/_{4}$ unmittelbar oder mittelbar am Grundkapital beteiligte Aktionäre, diesen nahestehende Personen oder rückgriffsberechtigte Dritte gewährt haben (§ 8a Abs. 2 und Abs. 3 KStG). Die Zinsschranke kommt dann nicht etwa nur für die Zinsaufwendungen für Gesellschafterdarlehen, sondern für alle Zinsaufwendungen zum Zuge; wie es die Grundregel des § 4h Abs. 1 EStG verlangt.[184] Auch hierzu wird auf die Ausführungen in §§ 11 und 12 verwiesen.

II. Gesellschafterleistungen in der Krise

1. Wirtschaftliche Krise der AG (Kreditunwürdigkeit)

133 Zur alten Rechtslage vor dem MoMiG und der Geltung des Kapitalersatzrechts (Rz. 120) spielte die Feststellung der wirtschaftlichen Krise, des Zeitpunkts ihres Eintritts und ihre Definition die wesentliche Rolle für die Umqualifizierung eines Gesellschafterdarlehens in wirtschaftliches Eigenkapital. Das hat sich mit der Novellierung von § 57 Abs. 1 AktG, § 39 Abs. 1 Nr. 5 und § 135 InsO erledigt.

Natürlich ist damit nicht der Tatbestand der wirtschaftlichen Krise und des Krisendarlehens beseitigt.

134 Eine wirtschaftliche Krise liegt idR. von dem Zeitpunkt an vor, von dem an die AG von dritter Seite keinen Kredit mehr zu marktüblichen Konditionen erhalten kann.[185] Bei Überschuldung (§ 19 Abs. 2 InsO) oder Zahlungsunfähigkeit (§ 17 Abs. 2 InsO) ist die wirtschaftliche Krise eingetreten. Das muss aber nicht unbedingt bei nur drohender Zahlungsunfähigkeit nach § 18 Abs. 2 InsO der Fall sein, obwohl auch hier idR von dritter Seite Kredite nicht mehr zu erlangen sind.[186] Kreditunwürdigkeit ist anzunehmen, wenn Kreditanträge der AG mehrfach abgelehnt worden sind, die Hälfte des Grundkapitals verbraucht

---

[184] Vgl. dazu Dötsch/Jost/Pung/Witt/KStG (URefG 2008) § 8a Rz. 38 ff.
[185] St. Rspr. des BGH seit BGH II ZR 213/77 v. 24. 3. 1980, BGHZ 76, 326, 329; BGH II ZR 256/79 v. 13. 7. 1981, BGHZ 81, 252, 255; BGH II ZR 171/83 v. 26. 3. 1984, BGHZ 90, 381, 390; BGH II ZR 269/91 v. 13. 7. 1992, BGHZ 119, 201, 206.
[186] Weitherziger offenbar Großkomm. AktG/Henze § 57 Rz. 108.

D. Gesellschafterfremdfinanzierung

und belastbare Vermögensgegenstände nicht mehr vorhanden sind oder die Gesellschaft in erheblichem Ausmaß nicht mehr in der Lage ist, fällige Verbindlichkeiten zu begleichen.

Besonderheiten bestehen für die AG im **Konzernverbund**: Im Vertragskonzern mit Beherrschungs- und/oder Gewinnabführungsvertrag ist wegen der Verlustübernahmeverpflichtung (§ 302 AktG) und dem Gläubigerschutz in § 303 AktG grundsätzlich auf die Bonität der Konzernobergesellschaft abzustellen. Etwas anderes kann nur dann gelten, wenn die Konzernobergesellschaft während des Laufs eines Geschäftsjahres nicht die notwendige Liquidität – zB durch Abschlagszahlungen auf die Verlustübernahmeverpflichtung – bereitstellt. Trotz Ausgleichsanspruchs kann wegen unterjährig drohender Illiquidität Kreditunwürdigkeit gegeben sein.[187] Im faktischen Konzern (gleich ob er qualifiziert oder einfach faktisch ist) kommt es für die Beurteilung der Kreditwürdigkeit allein auf die Verhältnisse der Tochter-AG unter der Annahme ihrer Konzernfreiheit an[188] Bei der Eingliederung (§§ 319 ff. AktG) kommt es wegen der gesamtschuldnerischen Haftung der Hauptgesellschaft (§ 322 AktG) hinwiederum auf die Bonität der Hauptgesellschaft an.

2. Rechtsfolgen

Die Konsequenz eines Krisendarlehens ist jedoch nach dem Inkrafttreten des MoMiG lediglich, dass es in der Insolvenz – wie auch schon bisher – letztrangig ist (§ 39 Abs. 1 Nr. 5 InsO) und die Rückgewähr innerhalb eines Jahres vor Eröffnung des Insolvenzverfahrens oder nach Eröffnung des Verfahrens nach § 135 Abs. 1 Nr. 2 InsO angefochten werden kann, mit der Folge der Rückzahlung in die Masse. Bei der Rückführung von Darlehen innerhalb eines Jahres vor Insolvenzeröffnung ist besonders zu beachten, dass die Rechtsfolgen einer Anfechtung den jeweiligen Darlehensgläubiger treffen, auch wenn er im Zeitpunkt der Insolvenzeröffnung nicht mehr Aktionär sein sollte (zB. wenn er die Anteile nach Darlehensrückführung verkauft hat). Entsprechendes gilt, wenn ein Dritter noch Darlehen gegeben hat, ein Aktionär jedoch dem Dritten Sicherheit geleistet hat oder als Bürge haftet. Im Anfechtungsfalle hat der Aktionär eine von der Gesellschaft dem Dritten in der Jahresfrist vor der Insolvenzeröffnung geleistete Tilgung in die Insolvenzmasse zu leisten und zwar bis zur Höhe des Betrages mit dem er als Bürge haftet oder bis zum Wert der von ihm bestellten Sicherheit oder durch Zurverfügungstellung der Sicherheit in die Insolvenzmasse (§§ 135 Abs. 2, 143 Abs. 3 InsO). Entsprechende Vorschriften finden sich in §§ 6, 6a AnfG für den Fall, dass es nicht zur Insolvenzeröffnung kommt. Muss der sicherheitengebende „Aktionär" in die Insolvenzmasse leisten, so geht die ursprüngliche (gesicherte) Forderung des Dritten gegen die Gesellschaft nicht im Wege des gesetzlichen Forderungsübergangs (§ 774 BGB) auf ihn über denn, er hat den Gläubiger nicht befriedigt. Ob es eine Rechtsgrundlage für einen anderweitigen Regressanspruch gegen die Gesellschaft gibt (z. B. aus § 670 BGB) ist sehr zweifelhaft.[189] Ein solcher Anspruch würde aber in der Insolvenz letztrangig sein (§ 39 Abs. 1 Nr. 5 InsO) und damit idR. wertlos sein.

---

[187] BGH II ZR 255/87 v. 19. 9. 1988, BGHZ 105, 168, 181 = NJW 1988, 3143.
[188] Großkomm. AktG/*Henze* § 57 Rz. 114, 116.
[189] Bejahend *Ulmer/Habersack/Winks* § 32a/b Rz. 189.

137 Das Unterlassen einer am Gesellschaftszweck gemessenen angemessenen Kapitalausstattung führt zu keiner Haftung der Aktionäre wegen „**Unterkapitalisierung**". Für die GmbH hat der BGH ausgeführt,[190] dass „eine Haftung wegen unzureichender Kapitalisierung der Gesellschaft – sei es in Form zu geringer Eigenkapitalausstattung, sei es in Gestalt einer allgemeinen Mangelhaftigkeit der Vermögensausstattung im weitesten Sinne – weder gesetzlich normiert noch durch richterrechtliche Rechtsfortbildung als gesellschaftsrechtlich fundiertes Haftungselement anerkannt" ist. Das muss gleichermaßen oder sogar noch mehr für die AG gelten. Ob unter ganz besonderen Prämissen innerhalb des Tatbestands des § 826 BGB (vorsätzliche sittenwidrige Schädigung) Anlass und Raum für die Bildung einer besonderen Fallgruppe „Haftung wegen Unterkapitalisierung" ist, hat der BGH in seinem Urteil – mangels Entscheidungserheblichkeit – ausdrücklich offen gelassen. Festzuhalten bleibt jedenfalls, dass eine solche Weiterung nicht in den Begriffsinhalt der Existenzvernichtungshaftung passen würde, die einen „kompensationslosen Eingriff" in das Gesellschaftsvermögen voraussetzt.

III. Betroffener Personenkreis

1. Kleinbeteiligungsprivileg

138 Die Rechtsfolgen für Gesellschafterdarlehen in der Insolvenz spiegeln eine gewisse Finanzierungsfolgeverantwortung der Aktionäre wider und setzen deshalb zumindest die Möglichkeit eines unternehmerischen Handelns voraus. Dieser Gedanke hatte sich in § 32a Abs. 3 Satz 2 GmbHG a. F. niedergeschlagen, der Gesellschafter mit einer Beteiligung von 10% oder weniger aus den Regelungen herausnahm. Für die AG wollte der BGH das Eigenkapitalersatzrecht erst ab einer Sperrminorität von 25% des Grundkapitals zur Anwendung bringen.[191]

Die Neuordnung bzw. Ersetzung des Eigenkapitalersatzrechts durch das MoMiG hat nunmehr rechtsformunabhängig das Kleinbeteiligungsprivileg mit einer Beteiligung am Haftungskapital von 10% oder weniger festgelegt. Die Grenze der Rechtsprechung mit 25% ist damit nicht länger anwendbar. Es handelt sich um einen typisierenden Ansatz: Eine einflusslose Beteiligung über 10% fällt in, eine einflussreiche unter 10% fällt aus dem Bereich des Privilegs. Voraussetzung des Privilegs ist weiterhin, dass es sich um „nicht geschäftsführende Gesellschafter" handelt. Das bedeutet für die AG, dass aktienbesitzende Vorstände, unabhängig von der Beteiligungsquote nicht in den Genuss des Privilegs kommen können.

Das Privileg gilt sowohl für die Behandlung der Darlehen in der Insolvenz (§ 39 Abs. 1 Nr. 5 InsO findet keine Anwendung) als auch für die Anfechtung nach § 135 InsO. Die Anfechtung kommt nur für Darlehen in Frage, die unter § 39 Abs. 1 Nr. 5 InsO fallen.

Für die Beteiligungsquote kommt es für § 39 Abs. 1 Nr. 5 InsO auf den Zeitpunkt der Insolvenzeröffnung, für die Anfechtung nach § 135 InsO auf den Zeitpunkt der Tilgung (Befriedigung) des Darlehensanspruchs oder im Falle

---

[190] BGH II ZR 264/06 v. 28. 4. 2008 DB 2008, 1423, 1425 (GAMMA).
[191] BGH II ZR 171/83 v. 26. 3. 1984, NJW 1984, 1893; Großkomm. AktG/*Henze* § 57 Rz. 120; Kölner Komm./*Lutter* § 57 Rz. 93; *Hüffer* AktG § 57 Rz. 18.

D. Gesellschafterfremdfinanzierung 139–142 § 8

des § 135 Abs. 1 Nr. 1 der Sicherstellung an.[192] Eine nachträgliche Veränderung der Beteiligungsquoten führt nicht automatisch zum Wegfall (oder zum Eintritt) der Rechtsfolgen.[193]

2. Sanierungsprivileg

Besondere Probleme ergeben sich, wenn in der Krise von Kreditgebern (zB Hausbanken, Zulieferern) Beteiligungen zur Rettung oder Stabilisierung der AG übernommen werden. Ohne **Sanierungsprivileg** würden für solche Kredite unter den dargestellten Voraussetzungen die Regeln über Gesellschafterdarlehen gelten. Misslingt der Sanierungsversuch, verlören die Sanierer nicht nur ihre Beteiligung; sie könnten auch den Kredit nicht in der Insolvenz geltend machen. Dies hat man mit dem Schlagwort der „Sanierungsfeindlichkeit des Eigenkapitalersatzrechts" bezeichnet.[194] **139**

Dem soll – wie bisher schon § 32a Abs. 3 Satz 3 GmbHG a. F. – nunmehr § 39 Abs. 4 Satz 2 InsO rechtsformübergreifend abhelfen: Erwirbt ein Gläubiger bei drohender oder eingetretener Zahlungsunfähigkeit der Gesellschaft oder bei Überschuldung Anteile zum Zweck ihrer Sanierung, führt dies bis zur nachhaltigen Sanierung nicht zur Anwendung von § 39 Abs. 1 Nr. 5 InsO (Letztrang der Forderung) auf seine Forderungen aus bestehenden oder neu gewährten Darlehen oder aus Rechtshandlungen, die solchen Forderungen wirtschaftlich entsprechen. Es soll also einem Neugesellschafter der Anreiz zur Beteiligung zum Zwecke der Sanierung gegeben werden. **140**

Es muss sich um einen Neugesellschafter oder um einen Gesellschafter handeln, der bisher in der Kleinbeteiligungsquote von 10 % oder darunter lag (§ 39 Abs. 5 InsO), also Gesellschafter die bisher nicht in der Finanzierungsverantwortung standen. Dagegen können die Darlehensforderungen aus Alt- oder Neukrediten stammen. Sie können also vor oder nach der Beteiligung gewährt worden sein. Der Anteilserwerb muss bei drohender oder eingetretner Zahlungsunfähigkeit oder bei Überschuldung erfolgen. Damit ist der Zeitpunkt zu dem die Privilegierung einsetzt genauer bestimmt als bisher in § 32a Abs. 3 Satz 3 GmbHG a. F., der auf den Eintritt der „Krise" abstellte. Eingetretene und drohende Zahlungsunfähigkeit sind in § 17 Abs. 2 und § 18 Abs. 2 InsO, die Überschuldung in § 20 Abs. 2 InsO definiert. **141**

Der Anteilserwerb muss zum Zwecke der **Sanierung** erfolgen. Der Erwerber muss Sanierungsabsicht haben und diese ggf. auch nachweisen. Ob daneben als weitere Voraussetzung Sanierungsfähigkeit und ein Sanierungskonzept erforderlich sind, war für § 32 Abs. 3 Satz 3 GmbHG a. F. umstritten, wurde vom BGH aber bejaht: Nach der pflichtgemäßen Einschätzung eines objektiven Dritten müsse „im Augenblick des Anteilserwerbs die Gesellschaft (objektiv) sanierungsfähig und die für ihre Sanierung konkret in Angriff genommenen Maßnahmen zusammen objektiv geeignet sein die Gesellschaft in überschaubarer Zeit durchgreifend zu sanieren."[195] Jedenfalls für die Neuformulierung in **142**

---

[192] Auf den Zeitpunkt der Darlehensgewährung kann es nach Wegfall des Kapitalersatzrechts nicht mehr ankommen.
[193] Zur Veränderung der Beteiligungsquote vgl. *Ulmer/Habersack/Winks* §§ 32a/b Rz. 195.
[194] *Claussen* GmbHR 1996, 316, 325; *Götz/Hegerl* DB 1997, 2365 ff.
[195] BGH II ZR 277/03 v. 21.11. 2005 NJW 2006, 1283, 1284 f. mwN.; aA *Ulmer/Habersack/Winks* §§ 32a/b Rz. 202.

§ 39 Abs. 4 Satz 2 InsO wird man dem BGH folgen müssen, denn das Privileg soll nur bis zur „nachhaltigen Sanierung" gelten. Daraus ist zu schließen, dass bei Anteilserwerb ein valides Sanierungskonzept vorliegen muss.

143 Für die Dauer der Privilegierung stellt § 39 Abs. 4 Satz 2 InsO auf die Zeit „bis zur nachhaltigen Sanierung" ab. Daraus ist zweierlei zu folgern: Hat die Sanierung Erfolg, so ist Insolvenzrecht in dieser Krise ohnehin nicht zum Zuge gekommen. Der Anteilserwerber tritt in die allgemeine Finanzierungsfolgeverantwortung ein; bei einer erneuten Krise wird er wie ein Altgesellschafter behandelt und kann sich nicht mehr auf die Privilegierung berufen. Scheitert die Sanierung, so nimmt der Anteilerwerber am Insolvenzverfahren als normaler, nicht nachrangiger Insolvenzgläubiger teil.[196] Das gilt jedenfalls für die Forderungen, die entstanden sind, bevor erkennbar wurde, dass eine nachhaltige Sanierung nicht erreichbar ist. Ob für Forderungen, die nach diesem Zeitpunkt entstanden sind, das Privileg noch gilt, muss zumindest zweifelhaft sein.

3. Kreditvergabe durch Komplementäre bei der KGaA

144 Bei der KGaA kommen die insolvenzrechtlichen Regelungen zur Gesellschafterfremdfinanzierung (§§ 39 Abs. 1 Nr. 5, 135 InsO) nur zum Zuge, wenn weder eine natürliche Person noch eine Gesellschaft, bei der wenigstens eine natürliche Person Gesellschafter ist, persönlich haftender Gesellschafter der KGaA nach § 278 Abs. 1 AktG ist (§ 39 Abs. 4 Satz 1 InsO). Das ist möglich, wenn auch nicht die Regel).[197]

IV. Bilanzierungsfragen

145 Verbindlichkeiten aus Aktionärsdarlehen sind im Jahresabschluss der AG zu passivieren. Der Ausweis als Sonderposten ist nur dann geboten, wenn der Aktionär verbundenes Unternehmen iSv. § 271 Abs. 2 HGB (also Mutterunternehmen) ist. Sind diese Voraussetzungen nicht gegeben, erfolgt ein Ausweis unter „sonstige Verbindlichkeiten", auch ein „davon"-Vermerk ist nicht erforderlich. Hier unterscheidet sich die Bilanzierung bei der AG von der bei der GmbH: dort sind Verbindlichkeiten gegenüber Gesellschaftern – ohne Rücksicht darauf, ob es verbundene Unternehmen sind – gesondert auszuweisen oder wenigstens mit einem „davon"-Vermerk zu versehen oder im Anhang anzugeben (§ 42 Abs. 3 GmbHG).

146 Auch Rangrücktrittsdarlehen (Rz. 126) sind weiterhin als Verbindlichkeiten zu passivieren. Die Rangrücktrittsvereinbarung ist aber in der Bilanz zB. durch einen „davon"-Vermerk („davon durch Rangrücktrittsvereinbarung nachrangig") oder im Anhang anzugeben.[198] Die früher umstrittene Frage, ob der Eigenkapitalersatzcharakter eines Gesellschafterdarlehens in der Bilanz oder im Anhang berichtspflichtig war,[199] hat sich durch den Wegfall des Instituts „Eigenkapitalersatzrecht" erledigt. Keinesfalls ist etwa die besondere Anfech-

---

[196] Vgl. zu den Rechtsfolgen (noch zu § 32a Abs. 3 Satz 3 GmbHG) *Ulmer/Habersack/ Winks* §§ 32a/b Rz. 203 ff.
[197] *Hüffer* AktG § 278 Rz. 8 ff.
[198] BeckBil-Komm./*Hoyos/M. Ring* § 266 Rz. 255; HdJ/*Bordt* Ab. III/1 (1990) Rz. 233; *Fleck* GmbHR 1989, 318.
[199] Vgl. dazu in BeckBil-Komm./*Hoyos/M. Ring* § 266 Rz. 255.

D. Gesellschafterfremdfinanzierung

tungsbedrohtheit nach § 135 InsO oder der Charakter als letztrangig iSd. § 39 Abs. 1 Nr. 5 InsO in irgend einer Weise im Jahresabschluss zu vermerken. Alle Aktionärsdarlehen über der Kleinbeteiligungsgrenze sind von dieser Möglichkeit bedroht. Nur ein Erlass der Forderung (§ 397 BGB) kann zur Ausbuchung der entsprechenden Verbindlichkeit führen. Ist der Erlass mit einer Besserungsabrede versehen, ist erst dann und nur insoweit eine Verbindlichkeit einzubuchen, wenn eine Forderung des ursprünglichen Gläubigers (wieder) entsteht. Diese Grundsätze gelten auch für die Steuerbilanz (Rz. 125).

Die Grundsätze für den Jahresabschluss gelten auch für die Verlustanzeigebilanz nach § 92 Abs. 1 AktG. Rangrücktritt und ggf. Letztberücksichtigung oder Anfechtbarkeit in der Insolvenz ändern nichts am Schuldcharakter.[200]

Im Überschuldungsstatus (§ 92 Abs. 2 Satz 2 AktG) sind nach der Neukonzeption des § 39 Abs. 1 Nr. 5 InsO Aktionärsdarlehen (Gesellschafterdarlehen) nicht anzusetzen. Bisher hat der BGH für den Nichtansatz eigenkapitalersetzender Gesellschafterdarlehen einen qualifizierten Rangrücktritt (Rz. 126) gefordert.[201] Das war berechtigt, weil nach § 39 Abs. 1 Nr. 5 a. F. nur „kapitalersetzende Darlehen" nachrangig waren. Die Qualifizierung als kapitalersetzend ex ante war jedoch zu unsicher (und wurde häufig erst im Nachhinein gerichtlich geklärt), um darauf eine Nichtpassivierung zu stützen. Mit der Neufassung des § 39 Abs. 1 Nr. 5 InsO sind solche Zweifelsfragen ausgeschlossen, weil schlechthin alle Gesellschafterdarlehen nachrangig sind, soweit nicht das Kleinbeteiligungsprivileg (§ 39 Abs. 5 InsO) zum Zuge kommt. Dies wird nunmehr in der Neufassung des § 19 Abs. 2 Satz 3 InsO ausdrücklich klargestellt: Verbindlichkeiten aus Gesellschafterdarlehen[202] oder Rangrücktrittsdarlehen (im Rang nach den in § 39 Abs. 1 Nr. 1 bis Nr. 5 InsO bezeichneten Forderungen) sind im Überschuldungsstatus nicht anzusetzen.

---

[200] *Hüffer* AktG § 92 Rz. 3 ff.; *Budde/Förschle* in Sonderbilanzen P Rz. 47 (S. 662); aA *Habersack* in Großkomm AktG § 92 Rz. 19.
[201] BGH II ZR 88/99 v. 8. 1. 2001 DStR 2001, 175.
[202] Die endgültige Gesetzesfassung nimmt nunmehr alle Gesellschafterdarlehen aus. Das erscheint zu pauschal: Darlehen, die unter das Kleinbeteiligungsprivileg oder das Sanierungsprivileg fallen, sind natürlich anzusetzen. Der RegE war hier eindeutig; die Gesetzesfassung gibt – unnötig – zu Zweifeln Anlaß.

§ 9 Kapitalmaßnahmen

Bearbeiter: Dr. Jens Eric Gotthardt

Übersicht

	Rz.
A. Einleitung	1–5
B. Kapitalerhöhungen gegen Einlagen (Grundfall)	11–45
I. Allgemeines	11, 12
II. Kapitalerhöhungsbeschluss	13–19
III. Durchführung der Kapitalerhöhung	20–26
IV. Sacheinlagen	27–35
V. Bezugsrecht	36–40
VI. Ausschluss des Bezugsrechts	41–45
C. Bedingte Kapitalerhöhung	51–69
I. Voraussetzungen	51–57
II. Erhöhungsbeschluss	58–61
III. Durchführung der bedingten Kapitalerhöhung	62–66
IV. Sacheinlagen	67, 68
V. Bezugsrechte	69
D. Genehmigtes Kapital	76–92
I. Ermächtigung des Vorstands, Voraussetzungen	76–80
II. Durchführung	81–83
III. Sacheinlage	84
IV. Bezugsrecht und Bezugsrechtsausschluss	85–92
E. Kapitalerhöhung aus Gesellschaftsmitteln	96–113
I. Voraussetzungen	96–101
II. Kapitalerhöhungsbeschluss	102–104
III. Durchführung der Kapitalerhöhung	105–108
IV. Aus der Kapitalerhöhung Berechtigte, Wahrung der Rechte der Aktionäre und Dritter	109–111
V. Steuerliche Behandlung	112, 113
F. Ordentliche Kapitalherabsetzung	121–135
I. Allgemeines	121–124
II. Kapitalherabsetzungsbeschluss	125–127
III. Durchführung	128–131
IV. Gläubigerschutz	132–134
V. Steuerliche Behandlung	135
G. Vereinfachte Kapitalherabsetzung	141–155
I. Voraussetzungen	141–146
II. Durchführung und Folgen	147–150
III. Rückbeziehung	151–155
H. Kapitalherabsetzung durch Einziehung von Aktien	161–170
I. Arten der Einziehung	161–165
II. Ordentliches und vereinfachtes Einziehungsverfahren	166–168
III. Durchführung	169, 170

J. Sonderformen der Kapitalbeschaffung	176–193
I. Wandelschuldverschreibungen	176–185
II. Gewinnschuldverschreibungen	186, 187
III. Genussrechte	188–190
IV. Stille Gesellschaft	191–193
K. Besonderheiten bei der KGaA	201–207
I. Allgemeines	201, 202
II. Die Vermögenseinlage der Komplementäre	203–205
III. Umwandlung von Komplementäranteilen in Aktien und umgekehrt	206, 207

A. Einleitung

1 Das Aktiengesetz regelt die Kapitalmaßnahmen, dh. die „Maßnahmen der Kapitalbeschaffung und Kapitalherabsetzung" im sechsten Teil des ersten Buches (§§ 182–240 AktG). Der Regelung der Kapitalmaßnahmen vorangestellt ist die allgemeine Regelung betreffend die Änderung der Satzung einer Aktiengesellschaft (§§ 179–181 AktG). Die Kapitalmaßnahmen stellen einen **Unterfall der Satzungsänderung** dar, woraus sich zunächst grundsätzlich ergibt,
– dass eine Kapitalmaßnahme nur von den Aktionären im Rahmen einer Hauptversammlung beschlossen werden kann;
– die Kapitalmaßnahme zu ihrer Wirksamkeit der Eintragung in das Handelsregister der Aktiengesellschaft bedarf.

Im Aktiengesetz geregelt sind vier Formen der Kapitalerhöhung sowie drei Formen der Kapitalherabsetzung.

2 Zu den vier Formen der Kapitalerhöhung gehört zunächst die (reguläre) **Kapitalerhöhung gegen Einlagen** (§§ 182–191 AktG), bei der das Grundkapital gegen Bar- oder Sacheinlage unter Ausgabe neuer Aktien erhöht wird. Daneben regeln die §§ 192–201 AktG die bedingte Kapitalerhöhung. Eine solche **bedingte Kapitalerhöhung** kann von den Aktionären (nur) beschlossen werden zur Gewährung von Umtausch- oder Bezugsrechten an Gläubiger von Wandelschuldverschreibungen, zur Vorbereitung des Zusammenschlusses mehrerer Unternehmen sowie zur Gewährung von Bezugsrechten an Arbeitnehmer und Mitglieder der Geschäftsführung.

3 Darüber hinaus besteht noch die Möglichkeit, ein sog. **genehmigtes Kapital** zu bilden (§§ 202–206 AktG). Im Rahmen des genehmigten Kapitals wird die Zuständigkeit der Hauptversammlung insoweit auf den Vorstand verlagert, dass dieser aufgrund einer (von der Hauptversammlung zu beschließenden) Satzungsbestimmung für höchstens fünf Jahre ermächtigt wird, das Grundkapital bis zu einem bestimmten Nennbetrag durch Ausgabe neuer Aktien gegen Einlage zu erhöhen. Anders als das bedingte Kapital ist das genehmigte Kapital nicht an bestimmte Zwecke gebunden. Während die vorbeschriebenen Maßnahmen der Kapitalerhöhung jeweils „Kapitalerhöhungen gegen Einlagen" darstellen und somit der Zuführung „frischen" Eigenkapitals dienen, besteht für die Aktionäre auch die Möglichkeit, im Rahmen einer **Kapitalerhöhung aus Gesellschaftsmitteln** die Erhöhung des Grundkapitals durch Umwandlung der Kapitalrücklage und von Gewinnrücklagen in Grundkapital zu beschließen (§§ 207–220 AktG).

B. Kapitalerhöhungen gegen Einlagen 4–12 § 9

Bei den im Aktiengesetz geregelten Formen der Kapitalherabsetzung handelt es sich um die ordentliche Kapitalherabsetzung (§§ 222–228, 240 AktG), die vereinfachte Kapitalherabsetzung (§§ 229–236, 240 AktG) sowie die Kapitalherabsetzung durch Einziehung von Aktien (§§ 237–239, 240 AktG). Die **ordentliche Kapitalherabsetzung** bildet, wie dies bereits in der Bezeichnung zum Ausdruck kommt, den Regelfall. Aus Gründen des Gläubigerschutzes handelt es sich um ein in der praktischen Durchführung sehr aufwendiges Verfahren (Stichwort: Gläubigeraufruf, ggf. Sicherheitsleistung). Von diesen Erschwernissen sieht das Aktiengesetz bei einer Kapitalherabsetzung zu Sanierungszwecken im Rahmen der sog. „vereinfachten Kapitalherabsetzung" wesentliche Erleichterung vor. Diese greifen jedoch nur, so weit die **vereinfachte Kapitalherabsetzung** erfolgt, um Wertminderungen auszugleichen oder sonstige Verluste zu decken oder Beträge in die Kapitalrücklage einzustellen. 4

Dagegen stellt die **Kapitalherabsetzung durch Einziehung** gegenüber der ordentlichen Kapitalherabsetzung keine Erleichterung in Bezug auf die Gläubigerschutzvorschriften dar. Sie unterscheidet sich von der ordentlichen Kapitalherabsetzung allein in ihren Auswirkungen auf das Grundkapital und die Aktien. Während die ordentliche Kapitalherabsetzung alle Aktien grundsätzlich gleich betrifft, kann im Rahmen einer Kapitalherabsetzung durch Einziehung die Wirkung der Kapitalherabsetzung auf einzelne Aktien (zB bestimmte Aktiengattungen bzw. Aktien bestimmter Aktionäre) beschränkt werden. 5

B. Kapitalerhöhungen gegen Einlagen (Grundfall)

I. Allgemeines

Der Grundfall der Kapitalerhöhung gegen Einlagen ist in den §§ 182–191 AktG geregelt. Er vollzieht sich nach dem gesetzlichen Leitbild grundsätzlich in folgenden Schritten: Zunächst fasst die Hauptversammlung einen Kapitalerhöhungsbeschluss (§ 182 AktG), der dann zur Eintragung in das Handelsregister anzumelden ist (§ 184 AktG). Zur Durchführung der Kapitalerhöhung müssen die neuen Aktien übernommen bzw. in der Terminologie des Aktienrechts „gezeichnet" (§ 185 AktG) und die Einlage geleistet werden (§§ 188 Abs. 2, 36 a AktG). Auch die Durchführung der Kapitalerhöhung ist zum Handelsregister anzumelden (§ 188 AktG). Erst dann kann die Eintragung der Kapitalerhöhung in das Handelsregister der Aktiengesellschaft erfolgen und wird die Erhöhung des Grundkapitals wirksam (§ 189 AktG). Frühestens ab diesem Zeitpunkt dürfen die neuen Aktien ausgegeben werden (§ 191 AktG). Eine Kapitalerhöhung gegen Einlagen soll gem. § 182 Abs. 4 AktG nicht erfolgen, so lange noch Einlagen auf das bisherige Kapital ausstehen und erlangt werden können. Die Aktionäre sollen also zunächst zur **Leistung der ausstehenden Einlagen** angehalten werden, bevor sie über weitere Kapitalerhöhungen beschließen.[1] 11

Der Vorgang der Kapitalerhöhung stellt sich sowohl aus Sicht der Aktiengesellschaft als auch aus Sicht ihrer Aktionäre grundsätzlich als ein **steuerneutra-** 12

---

[1] Für Versicherungsgesellschaften kann die Satzung gem. § 182 Abs. 4 Satz 2 AktG etwas anderes bestimmen, vgl. hierzu *Zöllner* AG 1985, 19.

ler Vorgang dar. Dies gilt auch soweit im Rahmen der Kapitalerhöhung ein Aufgeld (Agio) geleistet wird. Gemäß § 27 KStG[2] hat die Aktiengesellschaft solche nicht in das Grundkapital geleisteten Einlagen am Schluss jeden Wirtschaftsjahres auf einem besonderen Konto, dem sog. steuerlichen Einlagekonto, auszuweisen. Ausschüttungen der Aktiengesellschaft an ihre Aktionäre, für die Eigenkapital iSd. § 27 KStG als verwendet gilt, gehören beim Empfänger nicht zu den Einkünften aus Kapitalvermögen, vgl. § 20 Abs. 1 Nr. 1 Satz 3 EStG. Die Kosten der Kapitalerhöhung können steuerlich als Betriebsausgaben geltend gemacht werden.[3] Zu den weiteren steuerlichen Einzelheiten vgl. § 12 Rz. 86 ff. und § 13 Rz. 612 ff.

II. Kapitalerhöhungsbeschluss

13 Grundvoraussetzung einer Erhöhung des Grundkapitals ist zunächst ein entsprechender Beschluss der Hauptversammlung. Bei der Einberufung der Hauptversammlung ist der beabsichtigte Kapitalerhöhungsbeschluss seinem vollen Wortlaut nach bekannt zu machen (§ 124 Abs. 2 Satz 2 AktG). Der Kapitalerhöhungsbeschluss bedarf keiner sachlichen Rechtfertigung. Jedoch kann er nur mit einer Mehrheit beschlossen werden, die mindestens drei Viertel des bei der Beschlussfassung vertretenen Grundkapitals umfasst. Neben dieser in § 182 Abs. 1 Satz 1 AktG ausdrücklich erwähnten **Kapitalmehrheit** bedarf der Beschluss auch der einfachen **Stimmenmehrheit** iSv. § 133 Abs. 1 AktG.[4] Bei der Feststellung, ob die nach § 182 Abs. 1 AktG erforderliche Kapitalmehrheit erreicht wurde, ist nur das Kapital zu berücksichtigen, dass bei der Beschlussfassung mit ja oder nein gestimmt hat, dh. Stimmenthaltungen und Kapital, das an der Beschlussfassung nicht mitgewirkt hat oder nicht mitwirken durfte (zB stimmrechtlose Vorzugsaktien, Ausschluss des Stimmrechts iSv. § 136 AktG) bleiben unberücksichtigt.

14 Die Satzung der Aktiengesellschaft kann eine andere Kapitalmehrheit (für die Ausgabe von Vorzugsaktien ohne Stimmrecht jedoch nur eine größere Kapitalmehrheit) bestimmen und weitere Erfordernisse aufstellen (§ 182 Abs. 1 Satz 2 und 3 AktG). Die Möglichkeit der Kapitalerhöhung darf durch solche Satzungsregelungen jedoch nicht faktisch ausgeschlossen werden.[5] Sind bei der Aktiengesellschaft mehrere Gattungen von stimmberechtigten Aktien vorhanden, so bedarf der Beschluss gem. § 182 Abs. 2 AktG zu seiner Wirksamkeit der **Zustimmung der Aktionäre jeder Gattung**. Existieren also zB neben den Stammaktien noch stimmberechtigte Vorzugsaktien, so müssen sowohl die Stammaktionäre als auch die stimmberechtigten Vorzugsaktionäre einen Sonderbeschluss in gesonderter Abstimmung auf der Hauptversammlung (nicht notwendigerweise in einer gesonderten Versammlung) fassen, vgl. § 138 AktG.

---

[2] In der Fassung der Bekanntmachung v. 15. 10. 2002, BGBl. I 2002, 4144.

[3] *Piltz* DStR 1991, 1650.

[4] Vgl. stellvertretend *Geßler/Hefermehl/Hefermehl/Bungeroth* § 182 Rz. 22; praktische Relevanz hat die Unterscheidung zwischen Kapitalmehrheit und Stimmenmehrheit zB bei Vorhandensein von bisher unter bestimmten Voraussetzungen zulässigen Mehrstimmrechtsaktien (vgl. § 5 Abs. 1 EGAktG, § 12 Abs. 2 AktG) sowie bei Vorhandensein von Stimmrechtsbeschränkungen (Höchststimmrechten, § 134 AktG).

[5] Vgl. hierzu *Hüffer* AktG § 182 Rz. 8.

B. Kapitalerhöhungen gegen Einlagen 15–17 § 9

Eine ausdrückliche, zusammengefasste Regelung des **Mindestinhalts** eines **15** Kapitalerhöhungsbeschlusses ist im Aktiengesetz nicht enthalten. Dieser ergibt sich vielmehr aus einer Zusammenschau verschiedener Vorschriften, im Wesentlichen jedoch aus § 182 AktG. Zunächst muss der Kapitalerhöhungsbeschluss selbstverständlich den Betrag festlegen, um den das Grundkapital der Gesellschaft erhöht werden soll. Dabei ist es zulässig, eine Mindest- und Höchstgrenze oder auch nur eine Höchstgrenze festzulegen („das Grundkapital wird um bis zu ... erhöht"). Hierdurch kann der Erhöhungsbetrag zB davon abhängig gemacht werden, wie viele der neuen Aktien innerhalb einer bestimmten Zeichnungsfrist gezeichnet werden.

Nach § 182 Abs. 1 Satz 4 AktG kann eine Kapitalerhöhung nur durch **Aus- 16 gabe neuer Aktien** ausgeführt werden. Dies gilt, anders als im Fall der Kapitalerhöhung aus Gesellschaftsmitteln (vgl. § 207 Abs. 2 Satz 2 AktG), auch für Gesellschaften mit Stückaktien. Demgemäß muss der Kapitalerhöhungsbeschluss die Zahl der neuen Aktien, bei Nennbetragsaktien auch die Nennbeträge, und die Gattungen (§ 11 AktG) festlegen sowie bestimmen, ob die Aktien auf den Inhaber oder auf Namen lauten (§ 10 Abs. 1 AktG).

Während die vorstehenden Festlegungen durch die Hauptversammlung im **17** Kapitalerhöhungsbeschluss vorzunehmen sind und nicht etwa dem Ermessen des Vorstands überlassen werden können (vgl. auch § 23 Abs. 3 Nr. 3–5 AktG), muss der Ausgabekurs nicht zwingend von der Hauptversammlung bestimmt werden. § 182 Abs. 3 AktG verlangt aber, dass die Hauptversammlung einen Mindestbetrag (eventuell zusätzlich auch einen Höchstbetrag) festlegt. Hat die Hauptversammlung nur den Mindestbetrag oder Mindest- und Höchstbetrag festgelegt, so bestimmt der Vorstand in den dadurch gezogenen Grenzen nach pflichtgemäßem Ermessen den konkreten Ausgabebetrag. Es ist aber auch möglich, im Kapitalerhöhungsbeschluss die Kompetenz zur Festlegung des konkreten **Ausgabekurses** auf den Aufsichtsrat[6] oder auf den Vorstand mit Zustimmung des Aufsichtsrats zu übertragen.[7] Zulässig ist auch, den Vorstand ohne Festsetzung des Mindestausgabebetrages zu ermächtigen, die Aktien zum geringsten Ausgabebetrag (§ 9 Abs. 1 AktG) oder einem höheren Betrag auszugeben.[8] Eine solche Vorgehensweise kann insbesondere dann angezeigt sein, wenn zum Zeitpunkt des Kapitalerhöhungsbeschlusses noch nicht absehbar ist, zu welchen Konditionen die bisherigen und ggf. neuen Aktionäre zur Zeichnung der Aktien bereit sein werden und die Verwaltung in die Lage versetzt werden soll, auf „Angebot und Nachfrage" möglichst flexibel zu reagieren. So wird zB auch im Rahmen von Börsengängen der Emissionskurs der von dem Bankenkonsortium (zum Nennbetrag) übernommenen Aktien in der Regel erst unmittelbar vor dem ersten Handelstag von der Gesellschaft in Absprache mit den Banken festgelegt. Neben dem vorbeschriebenen Mindestinhalt eines Kapitalerhöhungsbeschlusses kann dieser noch die Festlegungen zur Fälligkeit der Einlagen, zur Frist, in der die Durchführung der Kapitalerhöhung zu erfolgen hat bzw. zur Verfallsfrist, nach deren Ablauf die Zeichnung unverbindlich wird oder aber zum Beginn der Gewinnberechtigung (§ 60 Abs. 2 Satz 3 AktG) enthalten.

---

[6] Streitig, bejahend etwa Kölner Komm./*Lutter* § 182 Rz. 24, *Hüffer* AktG § 182 Rz. 24, ablehnend MünchHdb. GesR/Bd. 4/*Krieger* § 56 Rz. 26 mwN.
[7] Vgl. stellvertretend Großkomm. AktG/*Wiedemann* § 182 Rz. 63; *Hüffer* AktG § 182 Rz. 24; MünchHdb. GesR/Bd. 4/*Krieger* § 56 Rz. 26.
[8] MünchHdb. GesR/Bd. 4/*Krieger* § 56 Rz. 26.

18 Da durch einen Kapitalerhöhungsbeschluss die Feststellungen der Satzung iSv. § 23 Abs. 3 Nr. 3 und 4 sowie ggf. auch Nr. 5 AktG verändert werden, bedarf es einer Neufassung des diesbezüglichen Satzungswortlauts. Dies erfolgt regelmäßig im Kapitalerhöhungsbeschluss. Nach § 179 Abs. 1 Satz 2 AktG kann die Hauptversammlung jedoch auch die Befugnis zu **Änderungen der Satzung**, die nur die Fassung betreffen, dem Aufsichtsrat übertragen.

19 Der von der Hauptversammlung gefasste Beschluss über die Erhöhung des Grundkapitals ist zur Eintragung in das Handelsregister anzumelden. Die Kapitalerhöhung wird jedoch nicht schon mit dieser Eintragung, sondern erst dann wirksam, wenn auch die Durchführung in das Handelsregister eingetragen ist, vgl. § 189 AktG. Anders als bei einer „normalen" Satzungsänderung obliegt die **Anmeldung** nicht nur dem Vorstand (in vertretungsberechtigter Mitgliederzahl), sondern auch dem Vorsitzenden des Aufsichtsrats. Wegen der strafrechtlichen Verantwortlichkeit nach § 399 Abs. 1 Nr. 4 AktG ist eine Anmeldung durch Bevollmächtigte unzulässig.[9]

III. Durchführung der Kapitalerhöhung

20 Bereits vor Eintragung des Kapitalerhöhungsbeschlusses in das Handelsregister kann mit dem ersten Schritt der Durchführung der Kapitalerhöhung, der Zeichnung der neuen Aktien (§ 185 AktG), begonnen werden.[10] Zu unterscheiden ist zwischen Zeichnung, **Zeichnungsschein** und Zeichnungsvertrag. Der in der Praxis meist von der Gesellschaft vorbereitete Zeichnungsschein ist lediglich die schriftliche Verkörperung einer auf den Erwerb von jungen Aktien gerichteten Offerte, der Zeichnung. Bei dieser Offerte handelt es sich um eine empfangsbedürftige Willenserklärung. Erklärungsempfänger ist nur die Aktiengesellschaft.[11] Nach Zugang bindet die Offerte (**Zeichnung**) den Zeichner bis zu dem gem. § 185 Abs. 1 Satz 3 Nr. 4 AktG im Zeichnungsschein anzugebenden Zeitpunkt.

21 Aus dem Zeichnungsschein muss gem. § 185 Abs. 1 AktG hervorgehen die (gezeichnete) Beteiligung nach der Zahl (bei Stückaktien) bzw. dem Nennbetrag[12] (bei Nennbetragsaktien) und, wenn mehrere Gattungen ausgegeben werden, der Gattung der Aktien. Der Zeichnungsschein muss doppelt ausgestellt werden und hat gem. § 185 Abs. 1 Satz 3 AktG über die vorgenannten Angaben hinaus noch folgende **Mindestangaben** zu enthalten:
- den Tag, an dem die Erhöhung des Grundkapitals beschlossen worden ist;
- den Ausgabebetrag der Aktien, den Betrag der festgesetzten Einzahlung sowie den Umfang von Nebenverpflichtungen;
- die bei einer Kapitalerhöhung mit Sacheinlagen vorgesehenen Festsetzungen und wenn mehrere Gattungen ausgegeben werden, den auf jede Aktiengattung entfallenden Betrag des Grundkapitals;

---

[9] Kölner Komm./*Lutter* § 184 Rz. 5; *Hüffer* AktG § 184 Rz. 3.
[10] Zur Zulässigkeit der Zeichnung noch vor dem Kapitalerhöhungsbeschluss vgl. *Geßler/Hefermehl/Hefermehl/Bungeroth* § 185 Rz. 39; *Hüffer* AktG § 185 Rz. 6.
[11] Kölner Komm./*Lutter* § 185 Rz. 7; *Hüffer* AktG § 185 Rz. 3.
[12] Mit der geforderten Angabe des Nennbetrages dürfte der Nennbetrag der einzelnen Aktien, nicht der Gesamtnennbetrag gemeint sein; vgl. MünchHdb. GesR/Bd. 4/ *Krieger* § 56 Rz. 117.

B. Kapitalerhöhungen gegen Einlagen 22–24 § 9

– den Zeitpunkt, an dem die Zeichnung unverbindlich wird, wenn nicht bis dahin die Durchführung der Erhöhung des Grundkapitals eingetragen ist.

Zeichnungsscheine, die diese Angaben nicht vollständig oder die außer der Befristung der Bindung des Zeichners Beschränkungen der Verpflichtung des Zeichners enthalten, sind gem. § 185 Abs. 2 AktG nichtig. Ist die Durchführung der Erhöhung des Grundkapitals allerdings eingetragen, so kann sich der Zeichner auf die **Nichtigkeit oder Unverbindlichkeit** des Zeichnungsscheins nicht (mehr) berufen, wenn er aufgrund des Zeichnungsscheins als Aktionär Rechte ausgeübt (zB Teilnahme an Hauptversammlungen, Dividendenbezug, Annahme der Aktienurkunde[13]) oder Verpflichtungen erfüllt (zB Einlageleistung) hat. 22

Während der Zeichnungsschein gem. § 185 Abs. 1 Satz 1 AktG dem Schriftformerfordernis (§ 126 BGB) unterliegt, bedarf der durch die Annahme der Zeichnung (Offerte) durch die Gesellschaft zustande kommende **Zeichnungsvertrag** keiner besonderen Form. Die Annahme braucht dem Zeichner gegenüber auch nicht erklärt zu werden, da eine solche Erklärung gem. § 151 BGB nach der Verkehrssitte nicht zu erwarten ist.[14] Der Zeichnungsvertrag verpflichtet die Gesellschaft nicht zur (weiteren) Durchführung der Kapitalerhöhung, sondern lediglich dem Zeichner Mitgliedschaftsrechte zuzuteilen, wenn die Kapitalerhöhung durchgeführt wird (unvollkommen zweiseitig verpflichtender Vertrag).[15] Dem Zeichner erwächst aus dem Zeichnungsvertrag daher noch kein Anwartschaftsrecht auf die neuen Aktien.[16] Im Falle der **Überzeichnung**, dh. wenn mehr Aktien gezeichnet wurden als aus der Kapitalerhöhung zur Verfügung stehen, entscheidet die Gesellschaft, in welchem Umfang sie die Offerten der Zeichner annimmt. Zunächst ist dabei ein Zeichnungsvertrag mit solchen Zeichnern zu schließen, denen ein gesetzliches oder vertragliches Bezugsrecht zusteht (vgl. hierzu Rz. 36 ff.). Im Übrigen ist die Gesellschaft jedoch grundsätzlich in der Zuteilung frei, hat jedoch, soweit die Zeichner bereits Aktionäre der Gesellschaft sind, das Gleichbehandlungsgebot des § 53 a AktG zu beachten.[17] Nimmt die Gesellschaft mehr Offerten an, als ihr neue Aktien aus der Kapitalerhöhung zur Verfügung stehen, und kommt es somit nicht nur zu einer Überzeichnung, sondern auch zu einem **Überhang an Zeichnungsverträgen**, sind auch hier zunächst die Verträge mit den Inhabern eines gesetzlichen Bezugsrechts (§ 186 AktG) und sodann die Inhaber eines vertraglichen Bezugsrechts (§ 187 AktG) zu bedienen. Im Falle von Zeichnungsverträgen, die aus dem Kapitalerhöhungsvertrag nicht bedient werden können, steht den „leer ausgehenden" Zeichnern ein Schadensersatzanspruch gem. § 311a BGB gegen die Gesellschaft zu, welcher wiederum ggf. ein ebensolcher Anspruch gegen ihren Vorstand zusteht.[18] 23

Nach Zeichnung der Aktien kann und vor Anmeldung der Durchführung der Kapitalerhöhung (§ 188 AktG) muss der Vorstand die **Einlagen** auf die 24

---

[13] Vgl. die weiteren Beispiele bei *Hüffer* AktG § 185 Rz. 18.
[14] Je nach Ausgestaltung des Zeichnungsscheins durch die Gesellschaft kann dieser auch bereits die Offerte der Gesellschaft enthalten, die jungen Aktien zu zeichnen. In diesem Fall kommt der Zeichnungsvertrag mit Zugang des Zeichnungsscheins bei der Gesellschaft zustande, § 130 BGB.
[15] Vgl. weiterführend *Hüffer* AktG § 185 Rz. 4.
[16] Vgl. BFH II R 231/81 v. 6. 3. 1985, BFHE 145, 437, 439.
[17] *Geßler/Hefermehl/Hefermehl/Bungeroth* § 185 Rz. 25.
[18] Vgl. MünchHdb.GesR/Bd. 4/*Krieger* § 56 Rz. 119 mwN.

Gotthardt 677

neuen Aktien **einfordern**. Bei Bareinlagen muss der eingeforderte Betrag mindestens $1/4$ des geringsten Ausgabebetrages (§ 9 Abs. 1 AktG) und bei Ausgabe der Aktien für einen höheren als diesen auch den Mehrbetrag (Agio bzw. Aufgeld) umfassen (§ 36 a iVm. § 188 Abs. 2 AktG). Sacheinlagen sind grundsätzlich vor Eintragung der Kapitalerhöhung vollständig zu leisten. Nach hM genügt es jedoch, wenn die Verpflichtung zur Einbringung begründet worden ist und die Übertragung des Vermögensgegenstandes nach dem Inhalt der Verpflichtung vor Ablauf von fünf Jahren seit der Eintragung der Kapitalerhöhung zu bewirken ist[19] (§ 188 Abs. 2 iVm. § 36 a Abs. 2 Satz 2 AktG). Bareinzahlungen müssen so erfolgen, dass der eingezahlte Betrag endgültig zur freien Verfügung des Vorstands steht (§ 188 Abs. 2 iVm. § 37 Abs. 1 AktG).[20]

25 Die **Durchführung** der Erhöhung des Grundkapitals ist vom Vorstand (in vertretungsberechtigter Zahl) und vom Vorsitzenden des Aufsichtsrats zur Eintragung in das Handelsregister gemeinsam **anzumelden**. Hierbei haben sie anzugeben, dass der im Kapitalerhöhungsbeschluss festgesetzte Erhöhungsbetrag vollständig gezeichnet wurde bzw. so weit der Erhöhungsbeschluss lediglich einen Mindestbetrag vorsah, ob und inwieweit dieser Mindestbetrag gezeichnet wurde. Sie haben in der Anmeldung zu erklären, ob die Einlage gem. § 36 Abs. 2 und § 36 a AktG ordnungsgem. geleistet ist. Dabei sind der Betrag, zu dem die Aktien ausgegeben wurden und der darauf eingezahlte Betrag anzugeben. Schließlich ist nachzuweisen, dass der eingezahlte Betrag endgültig zur **freien Verfügung des Vorstands** steht. Ist der Betrag gem. § 54 Abs. 3 AktG durch Gutschrift auf ein Konto eingezahlt worden, so ist der Nachweis durch eine Bestätigung des kontoführenden Instituts zu führen (§ 37 Abs. 1 Satz 3 AktG). Der Anmeldung sind im Übrigen die in § 188 Abs. 3 AktG aufgeführten Anlagen beizufügen. Da die Kapitalerhöhung zwingend mit einer Satzungsänderung einher geht (vgl. oben Rz. 18), ist ihre Anmeldung auch mit der Anmeldung der Änderung des Satzungstextes zu verbinden und der vollständige Wortlaut der neu gefassten Satzung mit der Bescheinigung des Notars gem. § 181 Abs. 1 Satz 2 AktG als weitere Anlage beizufügen.

26 Soweit die Anmeldung des Beschlusses über die Erhöhung des Grundkapitals noch nicht erfolgt ist, kann sie gem. § 188 Abs. 4 AktG mit der Anmeldung der Durchführung der Erhöhung des Grundkapitals verbunden werden. Entsprechend kann dann auch die Eintragung der Durchführung der Erhöhung des Grundkapitals mit der Eintragung des Beschlusses über die Erhöhung verbunden werden. Erst mit der **Eintragung der Durchführung** der Erhöhung des Grundkapitals ist das Grundkapital erhöht (§ 189 AktG). Durch die Eintragung entstehen die neuen Mitgliedschaftsrechte und erst ab diesem Zeitpunkt dürfen die dieses Mitgliedschaftsrecht verbriefenden neuen Aktienurkunden ausgegeben werden (§ 191 AktG).

IV. Sacheinlagen

27 Sacheinlagen sind Einlagen, die nicht durch Einzahlung des Ausgabebetrags der Aktien zu leisten sind (§ 27 Abs. 1 Satz 1 AktG). Grundsätzlich hat der Ak-

---

[19] Vgl. ausführlich MünchHdb. GesR/Bd. 4/*Hoffmann-Becking* § 4 Rz. 28.
[20] Zur Problematik der Voreinzahlung auf eine erst künftige Bareinlagepflicht (Zahlung vor dem Kapitalerhöhungsbeschluss) insbesondere zu Sanierungszwecken vgl. *Hüffer* AktG § 188 Rz. 7; MünchHdb. GesR/Bd. 4/*Krieger* § 56 Rz. 109.

B. Kapitalerhöhungen gegen Einlagen　　　　　　　　　28–31　§ 9

tionär seine Einlageverpflichtung durch Bareinlage zu erfüllen. § 183 AktG in Verbindung mit den Gründungsvorschriften (insbesondere § 27 AktG) regelt den **engen Rahmen**, in dem die Bareinlage durch eine Sacheinlage ersetzt werden darf. Werden die in den vorgenannten Vorschriften normierten Anforderungen an die Sacheinlagen nicht erfüllt, lebt die Bareinlageverpflichtung des Aktionärs wieder auf.[21]

Zu den besonderen Anforderungen an eine Sacheinlage gehört zunächst, dass der Gegenstand, die Person, von der die Gesellschaft den Gegenstand erwirbt, und der Nennbetrag, bei Stückaktien die Zahl der bei der Sacheinlage zu gewährenden Aktien, im Beschluss über die Erhöhung des Grundkapitals festgesetzt werden muss (§ 183 Abs. 1 Satz 1 AktG). Soll die Ausgabe der neuen Aktien zu einem über den nach § 9 Abs. 1 AktG vorgeschriebenen geringsten Ausgabebetrag erfolgen, so muss der Kapitalerhöhungsbeschluss auch diese Festsetzung beinhalten. Die vorgenannten Vorgaben betreffend den **Mindestinhalt des Sachkapitalerhöhungsbeschlusses** sind bereits bei der Einladung der Aktionäre zur Hauptversammlung im Rahmen der Bekanntmachung der Tagesordnung zu beachten (§ 183 Abs. 1 Satz 2 AktG). 28

Neben dem Zeichnungsvertrag (vgl. oben Rz. 23) bedarf es im Rahmen der Sachkapitalerhöhung noch eines weiteren Vertrages zwischen dem Zeichner bzw. Einbringenden und der Gesellschaft. Dieser sog. **Einbringungsvertrag** beinhaltet die dingliche Übertragung des Gegenstands der Sacheinlage und die schuldrechtlichen Beziehungen zwischen Einbringendem und Gesellschaft (zB Gewährleistung). Der Einbringungsvertrag ist der Anmeldung der Kapitalerhöhung zum Handelsregister als Anlage beizufügen. 29

Fehlen im Kapitalerhöhungsbeschluss alle oder einzelne der nach § 183 Abs. 1 Satz 1 AktG erforderlichen Mindestangaben (vgl. oben Rz. 28), führt dies gem. § 183 Abs. 2 AktG zur Unwirksamkeit des Einbringungsvertrages und zwar sowohl im Hinblick auf das darin enthaltene schuldrechtliche Verpflichtungsgeschäft als auch auf die dinglichen Vollzugsakte.[22] Bei dieser von § 183 Abs. 2 AktG angeordneten Unwirksamkeit handelt es sich jedoch nur um eine **„relative" Unwirksamkeit**, dh. sie wirkt nur zwischen AG und Sacheinleger und kann nur von ihnen geltend gemacht werden.[23] Gegenüber Dritten ist der Einbringungsvertrag wirksam, dh. sie können den Einlegegegenstand von der Aktiengesellschaft erwerben, ohne dass es auf ihren guten Glauben ankäme. Die an die Nichterfüllung der formellen Voraussetzung der Sachkapitalerhöhung gem. § 183 Abs. 2 AktG geknüpfte Unwirksamkeit führt im Übrigen dazu, dass die Bareinlageverpflichtung des Aktionärs auflebt und er den Ausgabebetrag der Aktien einzuzahlen hat (§ 183 Abs. 2 Satz 3 AktG). 30

Auch bei der Kapitalerhöhung mit Sacheinlagen hat, wie bei der Sachgründung, eine **Prüfung durch einen oder mehrere Prüfer** stattzufinden (§ 183 Abs. 3 AktG). Die Vorschriften zur „externen" Gründungsprüfung (§ 33 Abs. 3–5, § 34 Abs. 2 und 3, § 35 AktG) gelten sinngemäß. Erfolgt die Sacheinlage gegen Ausgabe von Aktien zu einem höheren Ausgabebetrag (§ 9 Abs. 2 AktG), ist streitig, ob die Prüfung auf den Wert der Sacheinlage zur Deckung des geringsten Ausgabebetrages (§ 9 Abs. 1 AktG) beschränkt werden kann (vgl. § 183 Abs. 3 Satz 3 AktG für die Eintragung) oder auch den Mehrbetrag umfassen 31

---

[21] Geßler/Hefermehl/Hefermehl/Bungeroth § 183 Rz. 9.
[22] Kölner Komm./Lutter § 183 Rz. 55; Hüffer AktG § 183 Rz. 12.
[23] Geßler/Hefermehl/Hefermehl/Bungeroth § 183 Rz. 64.

muss (so § 188 Abs. 2 iVm. § 36a Abs. 2 Satz 3 AktG für die Anmeldung).[24] Ausnahmen von der Gründungsprüfung sieht das in Kürze in Kraft tretende ARUG[25] mit § 33a AktG in Umsetzung der Kapitalrichtlinie vor, soweit übertragbare Wertpapiere zum gewichteten Durchschnittspreis oder andere Vermögensgegenstände zum Zeitwert, bewertet von einem Sachverständigen, zugrunde gelegt werden und die weiteren Voraussetzungen erfüllt sind.[26] In diesem Fall gelten auch eingeschränkte Berichtspflichten für Vorstand und Aufsichtsrat (§ 34 Abs. 2 AktG idF des ARUG) sowie begrenztere Prüfpflichten des Registergerichts (§ 38 Abs. 3 AktG idF des ARUG).

32 Erreicht der Wert der Sacheinlage nicht den geringsten Ausgabebetrag iSv. § 9 Abs. 1 AktG, ist der Einleger unstreitig verpflichtet, den Differenzbetrag in bar zu leisten. Maßgeblich ist die Wertdifferenz zum Zeitpunkt der Anmeldung der Sachkapitalerhöhung (§ 188 AktG). Grundvoraussetzung ist jedoch zunächst, dass die Kapitalerhöhung nach § 189 AktG durch Eintragung wirksam geworden ist. Die **Differenzhaftung** bezieht sich nach zutreffender Ansicht nicht nur auf den geringsten Ausgabebetrag iSv. § 9 Abs. 1 AktG, sondern auch auf ein etwaiges Aufgeld (Agio).[27] Eine solche Erstreckung der Differenzhaftung auf ein etwa festgesetztes Aufgeld ist insbesondere mit Rücksicht auf die Interessen der (übrigen) Aktionäre geboten. So wäre es zB im Falle der Kombination von Bar- und Sachkapitalerhöhungen nicht einsichtig, warum diejenigen Aktionäre, die einen festgesetzten höheren Ausgabebetrag durch Sacheinlage zu erbringen haben, sanktionslos hinter dieser Anforderung zurückbleiben könnten, während dies für die Bareinleger nicht gilt. Entsprechend dieser Wertung sieht § 183 Abs. 2 Satz 3 AktG im Übrigen auch für den Fall, dass die Sacheinlage wegen mangelnder Festsetzung im Kapitalerhöhungsbeschluss unwirksam ist, die Verpflichtung vor, den Ausgabebetrag der Aktien einzuzahlen.

33 Aufgrund des mit einer ordnungsgemäß durchgeführten Sachkapitalerhöhung einhergehenden vermehrten Kosten- und Zeitaufwands (zB durch die Prüfung) und der vorgeschriebenen Publizität (Einreichung der Verträge zum Handelsregister gem. § 188 Abs. 3 Nr. 2 AktG) besteht in der Praxis oft die „Versuchung", die Kapitalerhöhung als Barkapitalerhöhung zu beschließen und durchzuführen und den Einlagegegenstand von der Gesellschaft (auch) aus Mitteln der Barkapitalerhöhung erwerben zu lassen, sog. **verdeckte Sacheinlage**. Die Rechtsfolgen einer solchen (oder ähnlich gestalteten) Sacheinlage sind für den Einleger bislang „katastrophal".[28] Er wird so behandelt, als hätte er seine Bareinlageverpflichtung nicht erfüllt, dh. er muss noch einmal einzahlen. Dem steht zwar ein Bereicherungsanspruch auf Rückgewähr der ersten Geldeinlage

---

[24] Die wohl noch herrschende Meinung beschränkt die Prüfung auf die Deckung des geringsten Ausgabebetrages, Kölner Komm./*Lutter* § 183 Rz. 52; *Geßler/Hefermehl/ Hefermehl/Bungeroth* § 183 Rz. 90; *Hüffer* AktG § 183 Rz. 16, 18; nach anderer Ansicht gehört zum Prüfungsumfang auch die Deckung eines höheren Ausgabebetrages (Aufgeld), Großkomm. AktG/*Wiedemann* § 183 Rz. 82.
[25] Gesetz zur Umsetzung der Aktionärsrechterichtlinie v. 30. 7. 2009, BGBl. I 2009, 2479.
[26] Vgl. §§ 33a, 37a AktG idF des ARUG; dazu RegBegr. ARUG, BT-Drucks. 16/ 11642 S. 22 f.
[27] Streitig, vgl. *Hüffer* AktG § 183 Rz. 21 mwN.
[28] Kölner Komm./*Lutter* § 66 Rz. 31; ein Überblick zur Problematik der verdeckten Sacheinlage gibt *Priester* DStR 1990, 770.

B. Kapitalerhöhungen gegen Einlagen   34, 35   § 9

gegenüber, aber dieser Bereicherungsanspruch hat im Falle der Insolvenz der Gesellschaft, und nur in diesem Falle stellt sich die Problematik meist erst, lediglich den Rang einer normalen Insolvenzforderung. Mit Inkrafttreten des ARUG[29] wird dieses problem wesentlich entschärft werden: Zwar befreit eine verdeckte Sacheinlage den Aktionär auch künftig nicht von seiner Einlageverpflichtung. Jedoch sind die Verträge über die Sacheinlagen und die Rechtshandlungen zu ihrer Ausführung dann nicht mehr wirksam. Außerdem wird die erbrachte Sacheinlage auf die weiterbestehende Einlageverpflichtung angerechnet, vgl. § 183 Abs. 2 iVm. § 27 Abs. 3 AktG idF des ARUG. Damit wird die Rechtslage jener im GmbH-Recht (§ 19 Abs. 4 GmbHG idF des MoMiG) angepasst[30] (zu den Einzelheiten der verdeckten Sacheinlage vgl. § 2 Rz. 240 ff.).

Nicht als verdeckte Sacheinlage ist das sog. **„Schütt-aus-hol-zurück-Verfahren"** zu werten, bei dem der Kapitalerhöhungsbetrag durch Stehenlassen oder Wiedereinzahlen der im geprüften Jahresabschluss ordnungsgemäß ausgewiesenen Dividende getilgt wird. Der BGH hält es vielmehr für zulässig, eine Kapitalerhöhung im „Schütt-aus-hol-zurück-Verfahren" in Anlehnung an die Regeln über die Kapitalerhöhung aus Gesellschaftsmitteln durchzuführen.[31] Bei Sachkapitalerhöhung in den ersten zwei Jahren seit der Eintragung der Gesellschaft in das Handelsregister können die **Nachgründungsvorschriften** des § 52 AktG zu beachten sein[32] (vgl. hierzu § 2 Rz. 310 ff.). Bezüglich der allgemeinen Fallgruppe des „Hin- und Herzahlens" weicht das AktG in Zukunft von der bisherigen Rechtsprechung ab: Mit dem ARUG wurde in Angleichung an das neue GmbH-Recht (§ 19 Abs. 5 GmbH idF des MoMiG) § 27 Abs. 4 AktG neu gefasst, so dass die Einlageforderung künftig auch dann erfüllt werden kann, wenn die Einlagemittel aufgrund vorheriger Vereinbarung wieder an den Inferenten zurückfließen.[33] Dies gilt nicht nur bei der Gründung, sondern über § 183 Abs. 2 AktG idF des ARUG auch bei der ordentlichen Kapitalerhöhung.   34

Die Leistung einer Sacheinlage stellt aus **steuerlicher Sicht** ein Tauschgeschäft dar. Getauscht werden die neuen Aktien an der Aktiengesellschaft gegen die eingebrachten Wirtschaftsgüter. Bei der Aktiengesellschaft sind diese Wirtschaftsgüter mit den Anschaffungskosten anzusetzen. Dabei entsprechen die Anschaffungskosten grundsätzlich dem Nennwert der neuen Aktien zuzüglich Aufgeld. Wird im Rahmen der Sachkapitalerhöhung das Aufgeld niedriger festgesetzt als der gemeine Wert der eingebrachten Wirtschaftsgüter, so liegt eine verdeckte Einlage vor.[34] Der überschießende Betrag ist auf dem steuerlichen Einlagenkonto iSv. § 27 KStG[35] zu verbuchen. Aus Sicht des einbringenden Aktionärs führt die Sacheinlage grundsätzlich zur **Realisierung der**   35

---

[29] Gesetz zur Umsetzung der Aktionärsrechterichtlinie v. 30.7.2009, BGBl. I 2009, 2479.
[30] Vgl. Begr.RAussch, BT-Drucks. 16/13098, S. 54. Zur Rechtslage bei der GmbH seit dem MoMiG vgl. bspw. *Fuchs* BB 2009, 170, 172; *Maier-Reimer/Wenzel* ZIP 2008, 1449; *Heinze* GmbHR 2008, 1065.
[31] BGH II ZR 69/96 v. 26.5.1997, NJW 1997, 2516.
[32] Streitig, vgl. *Hüffer* AktG § 183 Rz. 5 mwN.
[33] Vgl. Begr.RAussch ARUG, BT-Drucks. 16/13098, S. 55; zur Rechtslage bei der GmbH s. *Herrler* DB 2008, 2347; insbes. beim Cash Pooling *Bormann/Urlichs* DStR 2009, 641.
[34] Vgl. hierzu Abschn. 36 a der Körperschaftsteuer-Richtlinien.
[35] In der Fassung der Bekanntmachung v. 15.10.2002, BGBl. I 2002, 4144.

Gotthardt

in dem eingebrachten Wirtschaftsgut steckenden **stillen Reserven** und kann daher, soweit das eingebrachte Wirtschaftsgut dem Betriebsvermögen zuzuordnen ist, eine Besteuerung auslösen. Von dieser Regel bieten die Vorschriften des Umwandlungssteuergesetzes (§§ 20 ff. UmwStG) zugunsten des Steuerpflichtigen eine **Ausnahme**. Danach kann eine Gewinnrealisierung vermieden werden, soweit die übernehmende Aktiengesellschaft das eingebrachte Betriebsvermögen mit seinem Buchwert ansetzt. Ein solcher **Buchwertansatz** ist gem. § 20 Abs. 2 Satz 2 UmwStG auch zulässig, wenn in der Handelsbilanz das eingebrachte Betriebsvermögen nach handelsrechtlichen Vorschriften mit einem höheren Wert angesetzt werden muss. Der Wert, mit dem die Aktiengesellschaft das eingebrachte Betriebsvermögen ansetzt, gilt für den Einbringenden als Veräußerungspreis und als Anschaffungskosten der Gesellschaftsanteile. Im Falle der Buchwertfortführung durch die Aktiengesellschaft kommt es daher aus Sicht des Einbringenden nicht zu einer Aufdeckung (im Rahmen der Einbringung), wohl aber zu einer Verhaftung der stillen Reserven (in den neuen Aktien). Die Begünstigungsvorschriften der §§ 20 ff. UmwStG finden jedoch nicht auf sämtliche Sacheinlagen Anwendung. **Voraussetzung** für die Anwendung ist vielmehr, dass ein Betrieb, Teilbetrieb, Mitunternehmeranteil oder Anteil an einer Kapitalgesellschaft eingebracht wird. Bezüglich eines eingebrachten Anteils an einer Kapitalgesellschaft gilt die Einschränkung, dass § 20 UmwStG nur Anwendung findet, wenn die übernehmende Aktiengesellschaft aufgrund ihrer Beteiligung einschließlich der übernommenen Anteile die Mehrheit der Stimmrechte der Kapitalgesellschaft hat, deren Anteile eingebracht werden. Zu den weiteren steuerlichen Einzelheiten vgl. § 13 Rz. 382 ff.

V. Bezugsrecht

36 Als **Ausdruck des Gleichbehandlungsgebotes** gem. § 53 a AktG („Aktionäre sind unter gleichen Voraussetzungen gleich zu behandeln") regelt § 186 AktG das Bezugsrecht, nach dem im Rahmen einer Kapitalerhöhung jedem Aktionär auf sein Verlangen ein seinem Anteil an dem bisherigen Grundkapital entsprechender Teil der neuen Aktien zugeteilt werden muss. Die ordnungsgemäße Beachtung des Bezugsrechts stellt bei Gesellschaften mit großem Gesellschafterkreis regelmäßig das zentrale Problemfeld der Kapitalerhöhung dar.

37 Das Bezugsrecht als Anspruch auf Gleichbehandlung im Rahmen der Kapitalerhöhung stellt sicher, dass alle Aktionäre, soweit sie sich wünschen, ihre mitgliedschaftliche Stellung einschließlich ihrer vermögensmäßigen Bezüge pro rata halten können.[36] Ohne ein solches gesetzliches Bezugsrecht bestünde aus Sicht des Aktionärs für ihn die **Gefahr**, mit seiner Beteiligung am Grundkapital **prozentual abzusinken** und ggf. besondere Einflussrechte aufgrund einer bisher gehaltenen Sperrminorität oder aber im Gesetz verankerte Minderheitenrechte (vgl. zB §§ 122 Abs. 1, 142 Abs. 2, § 148 Abs. 1 Satz 1 AktG) zu verlieren. Auch wäre er zB dem Risiko ausgesetzt, ggf. entgegen seinem Willen steuerliche Privilegien zu verlieren, die an eine bestimmte Beteiligungshöhe anknüpfen. Die Regelungen des § 186 AktG über das Bezugsrecht sind zwingend. Sie können zu Lasten des Aktionärs nicht durch die Satzung mo-

---

[36] *Hüffer* AktG § 186 Rz. 2.

B. Kapitalerhöhungen gegen Einlagen   38–40 § 9

difiziert werden.[37] Das Bezugsrecht schützt allerdings nur die Interessen des Aktionärs, eine Verpflichtung zur Zeichnung neuer Aktien im Rahmen der Kapitalerhöhung besteht nicht. Das in § 186 Abs. 1 Satz 1 AktG vorgesehene „Allgemeine Bezugsrecht" wird im Rahmen des Kapitalerhöhungsbeschlusses durch (zwingende) Angabe des Ausgabebetrages und der Frist zur Ausübung des Bezugsrechts (§ 186 Abs. 1 Satz 2 AktG) konkretisiert. Dieser konkrete Bezugsanspruch ist ein selbständiges Recht und kann also veräußert, übertragen, vererbt, gepfändet oder verpfändet werden.[38]

Bezugsberechtigte sind **alle Aktionäre ungeachtet ihrer Aktiengattung**. 38 So steht Vorzugsaktionären auch im Rahmen der Erhöhung des Grundkapitals durch Ausgabe von Stammaktien ein Bezugsrecht auf solche Stammaktien zu (und umgekehrt).[39] Allerdings gibt das Bezugsrecht keinen Anspruch darauf, dass die neuen Aktien mit gleichen Rechten ausgestattet sind wie die alten. So kann der Vorzugsaktionär im vorgenannten Beispiel nicht verlangen, dass ihm statt der Stammaktien Vorzugsaktien angeboten werden. Soweit die Gesellschaft selbst eigene Aktien besitzt oder ein Dritter für Rechnung der Gesellschaft solche Aktien hält, gewähren die Aktien ausnahmsweise kein Bezugsrecht (vgl. §§ 71 b, 71 d AktG).

Der Vorstand hat den Ausgabebetrag oder die Grundlagen für seine Festset- 39 zung und zugleich eine nach § 186 Abs. 1 Satz 2 AktG bestimmte Frist zur Ausübung des Bezugsrechts in den Gesellschaftsblättern bekannt zu machen (**Bezugsaufforderung**). Sind nur die Grundlagen der Festlegung angegeben, so hat der Vorstand spätestens drei Tage vor Ablauf der Bezugsfrist den Ausgabebetrag in den Gesellschaftsblättern und über ein elektronisches Informationsmedium bekannt zu geben. Diese durch das TransPubG[40] eingeführte Erleichterung soll ein dem Book-Building ähnliches Verfahren ermöglichen.[41] Die Ausübung des Bezugsrechts erfolgt durch die sog. **Bezugserklärung**. Hiermit bekundet der Aktionär seine Absicht, die neuen Aktien zeichnen zu wollen. Die Bezugserklärung verpflichtet nicht zur Zeichnung und ersetzt diese auch nicht.[42]

Auch die Gewährung von Bezugsrechten im Rahmen einer Kapitalerhö- 40 hung stellt aus Sicht der Aktiengesellschaft sowie aus Sicht der Aktionäre grundsätzlich einen **steuerlich neutralen Vorgang** dar. Werden die Aktien im Privatvermögen gehalten, kann der Aktionär seine Bezugsrechte auch grundsätzlich steuerfrei veräußern, soweit nicht ausnahmsweise die Vorschriften betreffend die Besteuerung von Spekulationsgeschäften (§ 23 Abs. 1 Nr. 2 EStG) eingreifen. Gehören die Aktien zu einem Betriebsvermögen oder war (bzw. ist) der Aktionär iSv. § 17 EStG innerhalb der letzten fünf Jahre am Grundkapital der Aktiengesellschaft unmittelbar oder mittelbar zu mindestens eins vom Hundert beteiligt, so ist aus dem Buchwert der Aktien ein Buchwertabgang, bezogen auf das Bezugsrecht, herauszurechnen, soweit die Bezugsrechte veräußert werden.[43] Werden dagegen im vorbeschriebenen Falle (Betriebsvermö-

---

[37] Vgl. stellv. Kölner Komm./*Lutter* § 186 Rz. 4.
[38] Vgl. stellv. *Geßler/Hefermehl/Hefermehl/Bungeroth* § 186 Rz. 19.
[39] *Hüffer* AktG § 186 Rz. 4 mwN.
[40] Transparenz- und Publizitätsgesetz v. 19. 7. 2002, BGBl. I, 2681.
[41] *Seibert* NZG 2002, 608, 613.
[42] Vgl. weiterführend MünchHdb. GesR/Bd. 4/*Kraft/Krieger* § 56 Rz. 71.
[43] *Schmidt/Weber-Grellet* § 17 Rz. 180.

Gotthardt 683

gen bzw. § 17 EStG) die Bezugsrechte ausgeübt, sind die **Anschaffungskosten der neuen Aktien** aus dem Zeichnungsaufwand und der Wertminderung, die die alten Aktien durch die Ausgabe erleiden, weil von den alten Aktien ein Teil der durch sie verkörperten Mitgliedschaftsrechte abgespalten und auf die neuen Aktien übertragen wird (sog. Abspaltungstheorie) zu ermitteln.[44] Wegen der weiteren steuerlichen Einzelheiten vgl. § 13 Rz. 612 ff.

VI. Ausschluss des Bezugsrechts

41 Das Aktienrecht eröffnet auch die Möglichkeit, das gesetzliche Bezugsrecht der Aktionäre auszuschließen. Allerdings sind im AktG nur die formellen Voraussetzungen eines solchen Bezugsrechtsausschlusses geregelt. Hierzu gehört zunächst, dass das Bezugsrecht gem. § 186 Abs. 3 Satz 1 AktG ganz oder zum Teil nur im **Hauptversammlungsbeschluss** über die Erhöhung des Grundkapitals ausgeschlossen werden kann (nicht also zB allgemein in der Satzung). Der Hauptversammlungsbeschluss bedarf einer qualifizierten Mehrheit von mindestens drei Viertel des bei der Beschlussfassung vertretenen Grundkapitals. Die Satzung kann diese Anforderungen nur erschweren, also zB eine größere Kapitalmehrheit vorschreiben oder weitere Erfordernisse bestimmen.

42 Die Hauptversammlung darf den Beschluss, durch den das Bezugsrecht ganz oder zum Teil ausgeschlossen werden soll, nur fassen, wenn die Ausschließung im Rahmen der Einladung der Hauptversammlung ausdrücklich und **ordnungsgemäß bekannt gemacht** worden ist (§ 186 Abs. 4 Satz 1 AktG). Zusätzlich hat der Vorstand der Hauptversammlung einen **schriftlichen Bericht** über den Grund für den teilweisen oder vollständigen Ausschluss des Bezugsrechts vorzulegen und in diesem Bericht den vorgeschlagenen Ausgabebetrag zu begründen (§ 186 Abs. 4 Satz 2 AktG). Der Berichtsumfang hinsichtlich des Grundes des Ausschlusses des Bezugsrechts muss sich an den materiellen Voraussetzungen des Bezugsrechtsausschlusses orientieren (vgl. hierzu Rz. 43 ff.). Dieser Bericht des Vorstands soll die Hauptversammlung in die Lage versetzen, eine sachgerechte Entscheidung über den Ausschluss des Bezugsrechts zu treffen. Er ist zudem Grundlage der gerichtlichen Überprüfung in einem etwaigen Anfechtungsprozess.[45] Ist der Bericht fehlerhaft, so kann der Beschluss der Hauptversammlung über die Erhöhung des Grundkapitals gemäß § 243 Abs. 1 und Abs. 4 Satz 1 AktG angefochten werden.[46]

43 Die im Gesetz nicht geregelten **materiellen Voraussetzungen** des Bezugsrechtsausschlusses sind durch Rechtsprechung und Lehre herausgebildet worden, ohne dass dieser Prozess als abgeschlossen angesehen werden kann. Insbesondere in jüngster Zeit sind die ursprünglich von der Rechtsprechung aufgestellten engen materiellen Voraussetzungen für einen Bezugsrechtsausschluss immer weiter aufgelockert worden.[47]

44 So sah der BGH ursprünglich einen Bezugsrechtsausschluss nur dann als gerechtfertigt an, wenn er unter gebührender Berücksichtigung der Folgen, die für die vom Bezugsrecht ausgeschlossenen Aktionäre eintreten, durch sachliche

---

[44] Hierzu ausführlich HHR/*Heuer* EStG § 6 Rz. 1110 ff.
[45] BGH II ZR 55/81 v. 19.4.1982, NJW 1982, 2444 (Holzmann); *Geßler/Hefermehl/Hefermehl/Bungeroth* § 186 Rz. 152.
[46] Vgl. dazu *Hüffer* AktG § 186 Rz. 42.
[47] Vgl. MünchHdb. GesR/Bd. 4/*Kraft/Krieger* § 56 Rz. 79.

B. Kapitalerhöhungen gegen Einlagen

Gründe im Interesse der Gesellschaft gerechtfertigt war.[48] Die Prüfung dieser sachlichen Wirksamkeitsvoraussetzung schloss eine Abwägung der Gesellschafts- und Aktionärsinteressen und der Verhältnismäßigkeit von Mittel und Zweck ein.[49] Darüber hinaus mussten nach Ansicht des BGH – und hierin lag für die Praxis das eigentliche Problem – die Voraussetzungen für den Bezugsrechtsausschluss im Beschlusszeitpunkt so konkret feststehen und offen gelegt werden, dass die Hauptversammlung sie endgültig beurteilen konnte.[50] Im Rahmen der diesbezüglich einen „Wendepunkt" markierenden **„Siemens/Nold-Entscheidung"** erkannte der BGH jedoch, dass die Anforderungen, die er im Rahmen des genehmigten Kapitals an den Bezugsrechtsausschluss bei der Ausgabe von Aktien gegen Sacheinlagen gestellt hat, zu streng und nicht praktikabel waren.[51] Nach den in der vorgenannten Entscheidung **neu bestimmten Voraussetzungen** für einen Bezugsrechtsausschluss reicht es für dessen Zulässigkeit aus, dass die Maßnahme, zu deren Durchführung der Vorstand ermächtigt werden soll, allgemein umschrieben und in dieser Form der Hauptversammlung bekannt gegeben wird. Die Maßnahme muss ferner im wohlverstandenen Interesse der Gesellschaft liegen.[52] Diese liberale Rechtsprechungslinie hinsichtlich des Bezugsrechtsausschlusses beim genehmigten Kapital hat der BGH zuletzt in den Entscheidungen „Mangusta/Commerzbank I"[53] und „Mangusta/Commerzbank II"[54] bestätigt. Ob sich mit dieser Rechtsprechung, die zum genehmigten Kapital (§ 202 AktG) erging, eine Abkehr von den bisherigen strengen Grundsätzen andeutet, die auch auf den Bezugsrechtsausschluss bei der regulären Kapitalerhöhung von der Rechtsprechung nachvollzogen wird, ist nicht abschließend geklärt. Die Rechtsprechung hält nach wie vor an der Sachkontrolle des Bezugsrechtsausschlusses fest.[55] Der Bezugsrechtsausschluss als ein besonders schwerer Eingriff in die Mitgliedschaft bedarf einer positiven sachlichen Rechtfertigung. Im Schrifttum wurden in Anlehnung an die höchstrichterliche Rechtsprechung drei Erfordernisse formuliert:
– Der Bezugsrechtsausschluss muss im Interesse der Gesellschaft liegen.
– Er muss zur Erreichung des im Gesellschaftsinteresse liegenden Zwecks geeignet und erforderlich sein, also nicht durch mildere, gleich geeignete Mittel zu erreichen sein.
– Die Vorteile der AG müssen in angemessenem Verhältnis zu den Nachteilen der betroffenen Aktionäre stehen (bei der Abwägung zwischen den Interessen der Gesellschaft und den konkreten Nachteilen für die Aktionäre müssen die Interessen der Gesellschaft überwiegen).[56]

Der Ausschluss des Bezugsrechts bei regulärer Kapitalerhöhung ist daher am Grundsatz der Verhältnismäßigkeit zu messen und nur dann zulässig, wenn die Hauptversammlung der Überzeugung sein darf, der Bezugsrechtsausschluss sei

---

[48] BGH II ZR 142/76 v. 13. 3. 1978, BGHZ 71, 40, 44, 46 (Kali +Salz)
[49] Vgl. BGH II ZR 55/81 v. 19. 4. 1982, NJW 1982, 2444 (Holzmann); BGH II ZR 52/93 v. 7. 3. 1994, BGHZ 125, 239, 241 (Deutsche Bank).
[50] BGH II ZR 132/93 v. 30. 1. 1995, ZIP 1995, 372, 373 mwN (Siemens/Nold – Vorlagebeschluss).
[51] BGH II ZR 132/93 v. 23. 6. 1997, BGHZ 136, 133, 136 (Siemens/Nold).
[52] BGH II ZR 132/93 v. 23. 6. 1997, BGHZ 136, 133, 139 (Siemens/Nold).
[53] BGH II ZR 148/03 v. 10. 10. 2005, NJW 2006, 371 (Mangusta/Commerzbank I).
[54] BGH II ZR 90/03 v. 10. 10. 2005, NJW 2006, 374 (Mangusta/Commerzbank II).
[55] Siehe dazu MünchHdb. GesR/Bd. 4/*Kraft/Krieger* § 56 Rz. 79 mwN.
[56] MünchKomm. AktG/Bd. 6/*Peifer* § 186 Rz. 72 ff.

das angemessene und am besten geeignete Mittel zur Verfolgung überwiegender Gesellschaftsinteressen.[57] Sind die oben genannten materiellen Voraussetzungen des Bezugsrechtsausschlusses nicht gegeben, ist der Bezugsrechtsausschluss und somit auch der gesamte Erhöhungsbeschluss anfechtbar.[58]

45 Nach § 186 Abs. 3 Satz 4 AktG ist ein Bezugsrechtsausschluss insbesondere dann zulässig, wenn die Kapitalerhöhung gegen Bareinlagen 10 v. H. des Grundkapitals nicht übersteigt und der Aussagebetrag den Börsenpreis nicht wesentlich unterschreitet, sog. **erleichterter Bezugsrechtsausschluss**. Sind diese Voraussetzungen erfüllt, bedarf der Bezugsrechtsausschluss keines sachlichen Grundes und die Verhältnismäßigkeitsprüfung findet nicht statt. Es wird unwiderleglich vermutet, dass der Bezugsrechtsausschluss im Interesse der Gesellschaft liegt.[59] Die Vorschrift wurde durch das Gesetz über die kleine AG eingefügt, um die Unternehmensfinanzierung durch Eigenkapitalaufnahme zu erleichtern und Wettbewerbsnachteilen deutscher Gesellschaften bei der Finanzierung entgegenzuwirken.[60] Der Gesetzgeber ging davon aus, dass ein Schutzbedürfnis der Altaktionäre nicht gegeben sei, weil bei einer Kapitalerhöhung unter 10 % stets ein Nachkauf zur Erhaltung der relativen Beteiligung über die Börse möglich sei, um auf diese Weise einen etwaigen Einflussverlust auszugleichen. Gleichzeitig sollte zum Vorteil der Gesellschaft (und damit ihrer Aktionäre) durch kurzfristige Abwicklung der Kapitalmaßnahme die Möglichkeit geschaffen werden, einen Sicherheitsabschlag im Ausgabebetrag der jungen Aktien zu vermeiden.[61] Entsprechend der gesetzgeberischen Intention und gem. dem Wortlaut der Vorschrift, findet sie nur Anwendung, soweit die Aktien der Gesellschaft zum amtlichen Handel, zum geregelten Markt oder zum Freiverkehr zugelassen sind.[62]

C. Bedingte Kapitalerhöhung

I. Voraussetzungen

51 Bei der bedingten Kapitalerhöhung handelt es sich um einen „Sonderfall" der Kapitalerhöhung gegen Einlagen. Sie darf
– nur zu **bestimmten**, im Gesetz enumerativ aufgeführten **Zwecken** beschlossen werden;
– und auch nach einem solchen Beschluss nur soweit durchgeführt werden, wie eine **Bedingung eintritt**.

52 Einer der Zwecke, zu denen die bedingte Kapitalerhöhung beschlossen werden darf, ist die Gewährung von Umtausch- oder Bezugsrechten an Gläubiger von **Wandelschuldverschreibungen** (§ 192 Abs. 2 Nr. 1 AktG). Was unter Wandelschuldverschreibungen im aktienrechtlichen Sinne zu verstehen ist, regelt § 221 AktG (vgl. hierzu Rz. 176 ff.). Eine bedingte Kapitalerhöhung iSv.

---

[57] BGH II ZR 55/81 v. 19. 4. 1982, NJW 1982, 2444 (Holzmann); BGH II ZR 52/93 v. 7. 3. 1994, BGHZ 125, 239, 244 (Deutsche Bank); vgl. dazu eingehend MünchHdb. GesR / Bd. 4/ *Kraft/Krieger* § 56 Rz. 76 ff.; *Hüffer* AktG § 186 Rz. 25 ff.
[58] *Hüffer* AktG § 186 Rz. 42.
[59] RegBegr. BT-Drs. 12/6721 S. 10.
[60] RegBegr. BT-Drs. 12/6721 S. 10/11.
[61] Vgl. *Marsch-Barner* AG 1994, 532.
[62] Vgl. hierzu §§ 36 BörsG, 71 BörsG, 78 BörsG; *Hüffer* AktG § 186 Rz. 39c.

C. Bedingte Kapitalerhöhung

§ 192 Abs. 2 Nr. 1 AktG ist nach allgemeiner Ansicht darüber hinaus auch zulässig zur Gewährung von **Gewinnschuldverschreibungen** (§ 221 Abs. 1 Satz 1 AktG) und **Genussrechten**, wenn diese ihren Inhabern ein Umtausch- oder Bezugsrecht gewähren[63] (vgl. hierzu Rz. 186, 188).

Streitig ist hingegen, ob die bedingte Kapitalerhöhung auch zu dem Zweck beschlossen werden kann, sog. **Warrant-Anleihen** (drittlimitierte Optionsanleihen, bei denen eine Gesellschaft eine Optionsanleihe, die ein Bezugsrecht auf die Aktie einer anderen Aktiengesellschaft, meist der Muttergesellschaft, gewährt[64]), **Huckepack-Immissionen** (gekoppelte Aktien-Optionsrechts-Immissionen, dh. die Ausgabe von Aktien unter Beifügung einer Option auf den Bezug weiterer Aktien innerhalb eines bestimmten Zeitraums zu einem bestimmten Betrag[65]) oder sog. **naked warrants** (Optionsrechte ohne Anleihe, die ein selbständiges Bezugsrecht auf junge Aktien verbriefen und völlig eigenständig ausgegeben werden[66]) zu gewähren.

Nach § 192 Abs. 2 Nr. 2 AktG kann eine bedingte Kapitalerhöhung zu dem Zweck beschlossen werden, den **Zusammenschluss mehrerer Unternehmen** vorzubereiten. Zusammenschluss in diesem Sinne ist jede Verbindung der Aktiengesellschaft mit einem anderen Unternehmen (unabhängig von dessen Rechtsform und unabhängig davon, ob rechtliche Selbständigkeit der Unternehmen verloren geht oder erhalten bleibt), sofern Aktien zur Durchführung benötigt werden. Die praktische Relevanz der Vorschrift ist gering. Denkbare Fälle sind der Abschluss eines Beherrschungs- und/oder Gewinnabführungsvertrages oder die Mehrheitseingliederung (Schaffung der als Abfindung zu gewährenden Aktien im Rahmen des bedingten Kapitals).[67]

Schließlich ist die bedingte Kapitalerhöhung gem. § 192 Abs. 2 Nr. 3 AktG zur **Gewährung von Bezugsrechten** an Arbeitnehmer und Mitglieder der Geschäftsführung der Gesellschaft oder eines verbundenen Unternehmens zulässig. Die Vorschrift wurde durch das **KonTraG**[68] wesentlich modifiziert. So muss die Gewährung von Bezugsrechten an Arbeitnehmer nicht mehr im Wege der Sachkapitalerhöhung gegen Einlage von Geldforderungen aus Gewinnbeteiligungen (Zwischenschaltung einer anderen Form einer erfolgsabhängigen Vergütung) erfolgen (was allerdings auch in Zukunft weiterhin zulässig bleibt), sondern kann ohne diesen „Umweg" beschlossen werden. Hierbei handelt es sich, allerdings begrenzt auf den engen Anwendungsbereich des § 192 Abs. 2 Nr. 3 AktG, um eine gesetzgeberische Anerkennung der vorerwähnten „naked warrants" (vgl. oben Rz. 53).

Geändert wurde auch, dass die bedingte Kapitalerhöhung auch zulässig ist, um stock options der Vorstandsmitglieder (also nicht nur Arbeitnehmer) zu bedienen. Auch dies wird als eine gesetzgeberische Anerkennung, und zwar der gesetzgeberischen Anerkennung von stock options als besonders **erfolgsorientierte Vergütungsform** angesehen.[69] Des Weiteren wurde die Vorschrift auch dadurch wesentlich flexibler ausgestaltet, dass § 192 Abs. 2 Nr. 3 AktG aus-

---

[63] *Hüffer* AktG § 192 Rz. 9.
[64] Vgl. hierzu *Hüffer* AktG § 192 Rz. 10 mwN.
[65] Vgl. *Wolff* WiB 1997, 505, 506.
[66] Vgl. MünchHdb. GesR/Bd. 4/*Krieger* § 63 Rz. 24.
[67] *Hüffer* AktG § 192 Rz. 14.
[68] Gesetz zur Kontrolle und Transparenz im Unternehmensbereich v. 27.4.1998, BGBl. I 1998, 786.
[69] Vgl. *Hüffer* AktG § 192 Rz. 16.

drücklich vorsieht, dass der Beschluss über die bedingte Kapitalerhöhung nicht nur im Wege des Zustimmungs- sondern auch im Wege des Ermächtigungsbeschlusses gefasst werden kann. Hierdurch wird der Hauptversammlungsbeschluss von der Entscheidung über die Auflegung des Optionsprogramms entkoppelt und der Verwaltung eine sinnvolle Handlungsfreiheit geschaffen.[70]

57 Der **Nennbetrag** des im Kapitalerhöhungsbeschluss festgelegten bedingten Kapitals darf, ggf. unter Berücksichtigung eines bereits vorhandenen bedingten Kapitals, die **Hälfte des Grundkapitals**, das zurzeit der Beschlussfassung über die bedingte Kapitalerhöhung vorhanden ist, nicht übersteigen (§ 192 Abs. 3 AktG). Wurde die bedingte Kapitalerhöhung zur Gewährung von Bezugsrechten an Arbeitnehmer und Mitglieder der Geschäftsführung (§ 192 Abs. 2 Nr. 3 AktG) beschlossen, so darf der Nennbetrag des zu diesem Zweck beschlossenen bedingten Kapitals den zehnten Teil des Grundkapitals nicht übersteigen.

II. Erhöhungsbeschluss

58 Der Beschluss über die bedingte Kapitalerhöhung[71] bedarf einer Mehrheit, die mindestens drei Viertel des bei der Beschlussfassung vertretenen Grundkapitals umfasst. Die Satzung kann, anders als bei der (regulären) Kapitalerhöhung nach § 182 AktG nur eine größere **Kapitalmehrheit** und weitere Erfordernisse bestimmen. Im Übrigen gelten die Ausführungen zur Beschlussfassung im Rahmen der regulären Kapitalerhöhung (vgl. Rz. 13 ff.) entsprechend.

59 Nach § 193 Abs. 2 AktG muss der Beschluss erkennen lassen, dass eine bedingte Kapitalerhöhung gewollt ist und deshalb den **Zweck** der bedingten Kapitalerhöhung angeben und den Vorstand anweisen, Umtausch- oder Bezugsrechte an den gem. § 193 Abs. 2 Nr. 2 AktG festgesetzten Personenkreis zu gewähren.[72] Wie bei jeder Kapitalerhöhung bedarf es auch bei der bedingten Kapitalerhöhung selbstverständlich der **Festlegung des Erhöhungsbetrages**, welcher wegen seiner Bedingtheit ein Höchstbetrag ist. Daneben hat der Kapitalerhöhungsbeschluss die Nennbeträge der neuen Aktien, bei Stückaktien die Zahl, und deren Art (Inhaber- oder Namensaktien) zu bestimmen. Sind verschiedene Aktiengattungen vorhanden oder sollen verschiedene Aktiengattungen geschaffen werden, sind die Gattungen der neuen Aktien und die Aktiennennbeträge bzw. bei Stückaktien die Zahl der Aktien der einzelnen Gattungen anzugeben (vgl. § 23 Abs. 3 Nr. 4 AktG).

60 Nach § 193 Abs. 2 Nr. 3 AktG muss im Beschluss der **Ausgabebetrag** der Bezugsaktien oder die Grundlagen, nach denen dieser Betrag errechnet wird, festgesetzt werden. Der Ausgabebetrag kann dem Nennbetrag, bei Stückaktien dem anteiligen Betrag des Grundkapitals entsprechen oder ihn übersteigen, nicht jedoch unterschreiten (vgl. § 9 Abs. 1 AktG). Werden Umtauschrechte gewährt, ist anzugeben, in welchem Verhältnis die Schuldverschreibungen in Aktien getauscht werden kann und ob ggf. Zuzahlungen zu leisten sind. Wer-

---

[70] Vgl. *Lutter* ZIP 1997, 1, 9.
[71] Streitig ist, ob bereits die Gründungssatzung ein bedingtes Kapital vorsehen kann; dies ist zumindest für den Fall des § 192 Abs. 2 Nr. 3 AktG zu bejahen; *Hüffer* AktG § 192 Rz. 7 mwN.
[72] Kölner Komm./*Lutter* § 192 Rz. 23.

C. Bedingte Kapitalerhöhung

den Bezugsrechte gewährt, ist eine betragsmäßige Angabe der Bezugsrechte möglich, das **Bezugsverhältnis** ist jedoch auch hier anzugeben.[73] Alternativ reicht es nach § 193 Abs. 2 Nr. 3 AktG aus, wenn lediglich die Grundlagen festgesetzt werden, nach denen der Ausgabebetrag errechnet wird. Von dieser Möglichkeit wird insbesondere in Zusammenhang von Unternehmenszusammenschlüssen durch Angabe eines bloßen Umtauschverhältnisses Gebrauch gemacht.[74] Wird die bedingte Kapitalerhöhung zu dem Zweck beschlossen, Bezugsrechte an Arbeitnehmer und Mitglieder der Geschäftsführung zu gewähren, sind gem. § 193 Abs. 2 Nr. 4 AktG die Eckpunkte des Aktienoptionsprogramms in den Kapitalerhöhungsbeschluss aufzunehmen. Als zwingend notwendige Festsetzung nennt § 193 Abs. 2 Nr. 4 AktG dabei die Aufteilung der Bezugsrechte auf Mitglieder der Geschäftsführungen und Arbeitnehmer, Erfolgsziele, Erwerbs- und Ausübungszeiträume und Wartezeiten für die erstmalige Ausübung. Letztere muss mindestens zwei Jahre betragen.

Daneben kann der Kapitalerhöhungsbeschluss **fakultativ inhaltlich ausgestaltet** werden, indem er zB die Ausübung der Rechte befristet (Angabe eines frühestens und/oder spätestens Zeitpunkt).[75] Üblich und zweckmäßig ist es auch, den Aufsichtsrat nach § 179 Abs. 1 Satz 2 AktG zu ermächtigen, den Wortlaut der Satzung entsprechend der durchgeführten Kapitalerhöhung anzupassen sowie den Vorstand zu ermächtigen, weitere Einzelheiten der bedingten Kapitalerhöhung und ihrer Durchführung festzusetzen. Eine solche Ermächtigung hat aber nur deklaratorische Bedeutung.

III. Durchführung der bedingten Kapitalerhöhung

Der Vorstand und der Vorsitzende des Aufsichtsrats haben den Beschluss über die bedingte Kapitalerhöhung zur Eintragung in das Handelsregister anzumelden. Der **Anmeldung** sind die in § 195 Abs. 2 AktG genannten Unterlagen sowie die Niederschrift über die beschlussfassende Hauptversammlung und die Niederschriften über etwaige Sonderbeschlüsse der Aktionäre jeder Gattung stimmberechtigter Aktien (§ 193 Abs. 1 Satz 3 iVm. § 182 Abs. 2 AktG) beizufügen. Soweit die Eintragungsvoraussetzungen erfüllt sind, trägt das Registergericht den Kapitalerhöhungsbeschluss ein und macht ihn mit den in § 196 AktG vorgeschriebenen Angaben durch Veröffentlichung in den Gesellschaftsblättern bekannt.

Durch die in Schriftform (§ 126 BGB) abzugebende Erklärung, von dem Umtausch- oder Bezugsrecht Gebrauch machen zu wollen, wird das Umtausch- oder Bezugsrecht ausgeübt (§ 198 Abs. 1 Satz 1 iVm. § 192 Abs. 5 AktG). Die **schriftliche Bezugserklärung** muss doppelt ausgestellt werden und die in § 138 Abs. 1 Satz 3 AktG im Einzelnen genannten Angaben enthalten. Bezugserklärungen, deren Inhalt nicht diesen Vorgaben entspricht oder die Beschränkungen der Verpflichtungen des Erklärenden enthalten, sind gem. § 198 Abs. 2 AktG nichtig.

---

[73] Kölner Komm./*Lutter* § 193 Rz. 12.
[74] Zu den weiteren Einzelheiten der Festsetzung des Ausgabebetrages vgl. *Hüffer* AktG § 193 Rz. 6; MünchHdb. GesR/Bd. 4/*Krieger* § 57 Rz. 18 ff.
[75] Vgl. Kölner Komm./*Lutter* § 192 Rz. 25; *Geßler/Hefermehl/Bungeroth* § 193 Rz. 25; *Hüffer* AktG § 193 Rz. 4.

64 Die schriftliche Bezugserklärung hat gem. § 198 Abs. 2 Satz 1 AktG die gleiche Wirkung wie eine Zeichnungserklärung. Sie führt daher unter den gleichen Umständen wie eine Zeichnungserklärung zu einem **Zeichnungsvertrag** (vgl. hierzu Rz. 23), aufgrund dessen die Gesellschaft zur Ausgabe der Aktien und der Zeichner zur Erbringung der Gegenleistung verpflichtet wird.

65 Die Ausgabe der Bezugsaktien durch den Vorstand darf gem. § 199 AktG nur in Erfüllung des im Beschluss über die bedingte Kapitalerhöhung festgesetzten Zwecks und nicht vor der vollen Leistung des Gegenwerts, der sich aus dem Beschluss ergibt, erfolgen. Bei der Ausgabe von Bezugsaktien gegen Umtausch von Wandelschuldverschreibungen sind nach § 199 Abs. 2 AktG zusätzliche Voraussetzungen zu erfüllen, die das **Verbot der Unter-Pari-Emmission** (§ 9 Abs. 1 AktG) sichern. Der Vorstand darf danach Bezugsaktien gegen Wandelschuldverschreibungen nur ausgeben, wenn der Unterschied zwischen dem Ausgabebetrag der zum Umtausch eingereichten Schuldverschreibungen und dem höheren geringsten Ausgabebetrag der für sie zu gewährenden Bezugsaktien aus einer anderen Gewinnrücklage, soweit sie zu diesem Zweck verwandt werden kann, oder durch Zuzahlungen des Umtauschberechtigten gedeckt ist. Dies gilt allerdings nicht, wenn der geringste Ausgabebetrag, zu dem die Schuldverschreibung ausgegeben ist, den geringsten Ausgabebetrag der Bezugsaktien insgesamt erreicht oder übersteigt.[76]

66 Mit der Ausgabe der Bezugsaktien ist das Grundkapital erhöht (§ 200 AktG). Der Vorstand hat innerhalb eines Monats nach Ablauf des Geschäftsjahres zur Eintragung in das Handelsregister anzumelden, in welchem Umfang im abgelaufenen Geschäftsjahr Bezugsaktien ausgegeben worden sind. Zusammenfassend lässt sich der **Ablauf einer bedingten Kapitalerhöhung** wie folgt darstellen:
– Kapitalerhöhungsbeschluss der Hauptversammlung,
– Anmeldung und Eintragung des Erhöhungsbeschlusses,
– Einräumung von Bezugs- und Umtauschrechten auf der Grundlage eines (weiteren) Hauptversammlungsbeschlusses,
– Abgabe einer Bezugserklärung durch die Berechtigten,
– Leistung des Gegenwertes für die Bezugsaktien,
– Ausgabe der Bezugsaktien,
– Anmeldung und Eintragung der Aktienausgabe.

IV. Sacheinlagen

67 Die Voraussetzungen der bedingten Kapitalerhöhung mit Sacheinlagen sind in § 194 AktG weitestgehend inhaltsgleich mit den Vorschriften betreffend die reguläre Kapitalerhöhung mit Sacheinlagen (vgl. hierzu Rz. 27 ff.) ausgestaltet. Hauptanwendungsfall der bedingten Kapitalerhöhung mit Sacheinlagen ist die bedingte Kapitalerhöhung zur **Vorbereitung des Zusammenschlusses mehrerer Unternehmen** iSv. § 192 Abs. 2 Nr. 2 AktG.

68 In § 194 Abs. 1 Satz 2 AktG ist klar gestellt, dass als Sacheinlage nicht die Hingabe von Schuldverschreibungen im Umtausch gegen Bezugsaktien gilt. Auch gelten die Vorschriften über die bedingte Kapitalerhöhung mit Sacheinlagen gem. § 194 Abs. 3 AktG nicht für die Einlage von Geldforderungen, die Arbeitnehmern der Gesellschaft aus einer ihnen von der Gesellschaft einge-

---

[76] Zu den Einzelheiten vgl. MünchHdb. GesR/Bd. 4/*Krieger* § 57 Rz. 47 ff.

räumten Gewinnbeteiligung zustehen, obwohl es sich hierbei dem Grunde nach um eine Sacheinlage handelt.

V. Bezugsrechte

Anders als im Rahmen der (regulären) Kapitalerhöhung gibt es für die Aktionäre bei der bedingten Kapitalerhöhung kein gesetzliches Bezugsrecht.[77] Auswirkungen hat dies insbesondere im Fall der Gewährung von Bezugsrechten an Arbeitnehmer und Mitglieder der Geschäftsführung[78] nach § 192 Abs. 2 Nr. 3 AktG, da bei einer bedingten Kapitalerhöhung zur Gewährung von Umtausch- oder Bezugsrechten an Gläubiger von Wandelschuldverschreibungen den Aktionären nach § 221 Abs. 4 Satz 2 AktG ein Bezugsrecht auf solche Schuldverschreibungen oder Genussrechte zusteht. Bezugsrechte müssen im Rahmen einer bedingten Kapitalerhöhung also erst durch eine Vereinbarung zwischen dem Berechtigten und der Gesellschaft rechtsgeschäftlich begründet werden.[79] Bei dieser rechtsgeschäftlichen Begründung der Bezugsrechte ist der Vorstand an den Inhalt des Kapitalerhöhungsbeschlusses, insbesondere an den dort festgesetzten Zweck der bedingten Kapitalerhöhung, gebunden.

D. Genehmigtes Kapital

I. Ermächtigung des Vorstands, Voraussetzungen

Statt eine (reguläre) Kapitalerhöhung selbst und mit unmittelbarer Wirkung zu beschließen, kann die Hauptversammlung den Vorstand auch ermächtigen, das Grundkapital bis zu einem bestimmten Nennbetrag durch Ausgabe neuer Aktien gegen Einlagen zu erhöhen, § 202 Abs. 2 AktG (genehmigtes Kapital). Eine entsprechende Regelung kann bereits die Gründungssatzung der Aktiengesellschaft enthalten (§ 202 Abs. 1 AktG). In seiner Wirkungsweise kommt damit das genehmigte Kapital einem „**Vorratsbeschluss**" der Hauptversammlung gleich, dessen Durchführung in das Ermessen des Vorstands gestellt wird. Der Vorstand soll hierdurch in die Lage versetzt werden, im bestmöglichen Zeitpunkt **schnell und flexibel** neues Eigenkapital beschaffen zu können.[80] Selbst die Festlegung des Ausgabebetrages der im Rahmen des genehmigten Kapitals zu schaffenden Aktien kann, anders als beim bedingten Kapital (vgl. § 193 Abs. 2 Nr. 3 AktG) dem Vorstand überlassen werden.[81]

Die von der Hauptversammlung bzw. den Gründern in der Gründungssatzung erteilte Ermächtigung kann für **höchstens fünf Jahre** nach Eintragung der Satzungsänderung bzw. nach Eintragung der Gesellschaft erteilt werden. Der Beschluss bzw. die Gründungssatzung muss ausdrücklich die **Dauer der Ermächtigung** angeben, und zwar durch Angabe eines konkreten Datums oder durch Bezeichnung seiner Berechnungsgrundlagen.[82] Eine unbestimmte

---

[77] OLG Stuttgart 20 U 75/00 v. 13. 6. 2001, ZIP 2001, 1367, 1370.
[78] Vgl. hierzu *Hüffer* AktG § 192 Rz. 15 ff.
[79] Vgl. *Geßler/Hefermehl/Bungeroth* § 197 Rz. 6.
[80] *Hüffer* AktG § 202 Rz. 2.
[81] BGH II ZR 132/93 v. 23. 6. 1997, BGHZ 136, 133, 141 (Siemens/Nold).
[82] Vgl. *Hüffer* AktG § 202 Rz. 11.

Angabe (zB „bis zu fünf Jahren") oder eine bloße Verweisung auf den Gesetzestext des § 202 AktG genügen nicht.[83]

78 Der Beschluss der Hauptversammlung bedarf einer Mehrheit, die mindestens drei Viertel des bei der Beschlussfassung vertretenen Grundkapitals umfasst (§ 202 Abs. 2 Satz 2 AktG). Die Satzung kann wie bei der bedingten Kapitalerhöhung (vgl. Rz. 58) nur eine größere **Kapitalmehrheit** und weitere Erfordernisse bestimmen. Im Übrigen gelten die Ausführungen zur Beschlussfassung im Rahmen der regulären Kapitalerhöhung (vgl. Rz. 13 ff.) entsprechend.

79 Der Nennbetrag des genehmigten Kapitals darf gem. § 202 Abs. 3 AktG die **Hälfte des Grundkapitals**, das zur Zeit der Ermächtigung vorhanden ist, nicht übersteigen. Bei der Berechnung dieses Höchstbetrages ist ein etwa bereits vorhandenes genehmigtes Kapital, soweit dieses noch nicht ausgenutzt ist, dem zu bildenden genehmigten Kapital hinzuzurechnen. Nicht hinzuzurechnen ist jedoch ein bedingtes Kapital. Maßgebender Zeitpunkt für die Bestimmung des Höchstbetrages ist die Eintragung des genehmigten Kapitals in das Handelsregister, da hier die Ermächtigung erst wirksam wird.[84] Wird daher zeitgleich mit dem genehmigten Kapital eine Änderung des Grundkapitals eingetragen, so ist das erhöhte Kapital im Rahmen der Berechnung des Höchstbetrages zu berücksichtigen.[85] Ein Rangverhältnis zwischen einer unmittelbaren (regulären) Kapitalerhöhung durch die Hauptversammlung gem. §§ 182 ff. AktG und der Schaffung eines genehmigten Kapitals besteht grundsätzlich nicht.[86]

80 Die Ermächtigung des Vorstands kann gem. § 202 Abs. 4 AktG vorsehen, dass die neuen Aktien an Arbeitnehmer der Gesellschaft ausgegeben werden. Die Vorschrift bezweckt eine Erleichterung der Ausgabe von **Arbeitnehmeraktien** und soll insbesondere dazu ermächtigen, das gesetzliche Bezugsrecht der Aktionäre ohne weitere Interessenabwägungen auszuschließen.[87] An Arbeitnehmer können Aktien gem. § 204 Abs. 3 AktG auch in der Weise ausgegeben werden, dass die auf die Aktien zu leistende Einlage aus dem Teil des Jahresüberschusses gedeckt wird, der nach § 58 Abs. 2 AktG in andere Gewinnrücklagen eingestellt werden könnte. Für die Ausgabe der neuen Aktien gelten in diesem Fall die Vorschriften über eine Kapitalerhöhung gegen Bareinlagen, obwohl es sich materiell um eine Kapitalerhöhung aus Gesellschaftsmitteln handelt. Voraussetzung für eine solche Schaffung von Belegschaftsaktien ist jedoch ein Jahresabschluss, der einen Jahresüberschuss ausweist und mit einem uneingeschränkten Bestätigungsvermerk versehen ist. Diese Unterlagen (Jahresabschluss und Bestätigungsvermerk) sind der Anmeldung der Durchführung der Kapitalerhöhung beizufügen (§ 204 Abs. 3 Satz 3 AktG).[88]

---

[83] Kölner Komm./*Lutter* § 202 Rz. 13.
[84] Vgl. *Hüffer* AktG § 202 Rz. 14.
[85] Kölner Komm./*Lutter* § 202 Rz. 12.
[86] MünchHdb. GesR/Bd. 4/*Krieger* § 58 Rz. 5.
[87] Vgl. *Hüffer* AktG § 202 Rz. 23.
[88] Zur Schaffung von Belegschaftsaktien im Einzelnen vgl. MünchHdb. GesR/Bd. 4/*Krieger* § 58 Rz. 59 ff.

D. Genehmigtes Kapital

II. Durchführung

Der Vorstand entscheidet im Rahmen seiner Ermächtigung über das „Ob" und das „Wie" der Ausgabe der neuen Aktien. Beide Entscheidungen bedürfen der Zustimmung des Aufsichtsrats. Bei der **Entscheidung des „Ob"** geht es zunächst darum, ob und wann, in welcher Höhe (ganz oder teilweise), auf einmal oder in mehreren Tranchen das genehmigte Kapital ausgenutzt werden soll. Soweit die Hauptversammlung im Rahmen der Ermächtigung hier keine besonderen Vorgaben gemacht hat, ist der Vorstand in seiner Entscheidung (vorbehaltlich der Zustimmung des Aufsichtsrats gem. § 202 Abs. 3 AktG) frei.

Zur **Entscheidung über das „Wie"** gehört die Festsetzung von Aktieninhalt und Ausgabebedingungen, soweit die Hauptversammlung im Ermächtigungsbeschluss diesbezüglich keine Regelung getroffen hat. Auch diese Festsetzungen bedürfen der Zustimmung des Aufsichtsrats, § 204 Abs. 1 AktG. Zu den Festsetzungen von Aktieninhalt und Ausgabebedingungen gehören insbesondere die Stückelung der neuen Aktien, der Ausgabekurs, die Fälligkeit der Einlageleistung, die Aktienart (Inhaber- oder Namensaktien) und/oder die Aktiengattung (zB Vorzugsaktien). Ebenso hierher gehört die Entscheidung über den Ausschluss des Bezugsrechts, soweit die Ermächtigung den Vorstand hierzu ermächtigt.

Für die Zeichnung der neuen Aktien gelten gem. § 203 Abs. 1 iVm. § 185 AktG die Regelungen über die reguläre Kapitalerhöhung entsprechend (vgl. Rz. 20 ff.). Sind alle Aktien der ausgegebenen Tranche gezeichnet und die Mindesteinlagen geleistet, ist die Durchführung der Kapitalerhöhung vom Vorstand gemeinsam mit dem Vorsitzenden des Aufsichtsrats gem. § 203 Abs. 1 iVm. § 188 AktG zur **Eintragung in das Handelsregister** anzumelden. Die Kapitalerhöhung wird erst mit Eintragung ihrer Durchführung in das Handelsregister gem. § 203 Abs. 1 AktG iVm. § 189 AktG wirksam. Mit Wirksamwerden der Kapitalerhöhung werden die Regelungen der Satzung über die Höhe des Grundkapitals und die Zahl der Aktien (vgl. § 23 Abs. 3 Nr. 3 und 4 AktG) unrichtig. Es bedarf daher einer Änderung der Satzung, die mit der Anmeldung der Durchführung der Kapitalerhöhung zum Handelsregister einzureichen ist. In der Praxis erfolgt die Satzungsänderung meist durch den Vorstand aufgrund einer Ermächtigung nach § 179 Abs. 1 Satz 2 AktG. Der **Ablauf einer Kapitalerhöhung aufgrund eines genehmigten Kapitals** lässt sich wie folgt zusammenfassen:
- Beschluss der Hauptversammlung zur Ermächtigung des Vorstands,
- Anmeldung und Eintragung des Ermächtigungsbeschlusses ins Handelsregister,
- Beschluss des Vorstands über das „Ob" und „Wie" der Aktienausgabe,
- Zustimmung des Aufsichtsrats,
- Zeichnung der neuen Aktien,
- Leistung der Einlagen,
- Anmeldung und Eintragung der Durchführung der Kapitalerhöhung,
- Ausgabe der neuen Aktien.

III. Sacheinlage

84 Auch im Rahmen einer Kapitalerhöhung aufgrund eines genehmigten Kapitals dürfen Aktien gegen Sacheinlagen ausgegeben werden, wenn die Ermächtigung dies vorsieht (§ 205 Abs. 1 AktG). Der Gegenstand der Sacheinlage, die Person, von der die Gesellschaft den Gegenstand erwirbt, und der Nennbetrag, bei Stückaktien die Zahl der bei der Sacheinlage zu gewährenden Aktien, sind entweder von der Hauptversammlung im Ermächtigungsbeschluss festzusetzen oder aber vom Vorstand bei Ausnutzung des genehmigten Kapitals festzusetzen und in den Zeichnungsschein aufzunehmen. Auch diese Entscheidung soll der Vorstand nur mit Zustimmung des Aufsichtsrats treffen (§ 205 Abs. 2 Satz 2 AktG). Es hat mit Ausnahme der durch das ARUG geschaffenen Fälle (dazu Rz. 31), vgl. § 205 Abs. 5 S. 2 AktG idF des ARUG eine **Prüfung** durch einen oder mehrere Prüfer stattzufinden, die sich auf die Frage erstreckt, ob der Wert der Sacheinlagen den Nennbetrag der zu gewährenden Aktien erreicht. Allgemein gelten für die Aktienausgabe gegen Sacheinlagen aufgrund eines genehmigten Kapitals die gleichen Regeln wie für eine Aktienausgabe gegen Sacheinlagen im Rahmen einer regulären Kapitalerhöhung (vgl. hierzu Rz. 27 ff.).

IV. Bezugsrecht und Bezugsrechtsausschluss

85 Im Gegensatz zur Situation beim bedingten Kapital steht den Aktionären im Rahmen einer Kapitalerhöhung aufgrund eines genehmigten Kapitals ein Bezugsrecht zu (§ 203 Abs. 1 iVm. § 186 AktG). Soll das Bezugsrecht der Aktionäre ausgeschlossen werden, so bedarf es hierzu entweder eines entsprechenden **Beschlusses der Hauptversammlung** (§§ 203 Abs. 1, 186 Abs. 3 AktG) oder aber die Hauptversammlung ermächtigt den Vorstand, erst bei Ausnutzung des genehmigten Kapitals das Bezugsrecht der Aktionäre auszuschließen (§ 203 Abs. 2 AktG). Das Bezugsrecht kann daher schon in der Ermächtigung verbindlich ausgeschlossen werden. Entscheidet später der Vorstand, in welchem Umfang genehmigtes Kapital ausgeübt wird, ist das Bezugsrecht der Aktionäre zwingend ausgeschlossen und dem Vorstand steht kein Ermessen zu. Abweichend davon kann die Hauptversammlung den Vorstand im Beschluss über das genehmigte Kapital ermächtigen, das Bezugsrecht mit Zustimmung des Aufsichtsrats auszuschließen. Die förmlichen Voraussetzungen des Ausschlusses des Bezugsrechts durch die Hauptversammlung selbst als auch der Ermächtigung des Vorstands zum Ausschluss des Bezugsrechts entsprechen denen der (regulären) Kapitalerhöhung, da § 203 Abs. 1 AktG deren Geltung anordnet. Hieraus ergibt sich, dass der Ausschluss des Bezugsrechts oder die **Ermächtigung des Vorstands** gem. § 186 Abs. 3 Satz 1 AktG nur im Beschluss über die Schaffung des genehmigten Kapitals beschlossen werden kann und dieser Beschluss nur gefasst werden darf, wenn die Ausschließung ausdrücklich und ordnungsgemäß nach § 124 Abs. 1 AktG bekannt gemacht worden ist, § 186 Abs. 4 Satz 1 AktG. Der Vorstand hat der Hauptversammlung wie bei der regulären Kapitalerhöhung einen schriftlichen Bericht über den Grund des Bezugsrechtsausschlusses bzw. die Ermächtigung zum Bezugsrechtsausschluss zu erstatten.

86 In Bezug auf die **materiellen Voraussetzungen** wurde der Bezugsrechtsausschluss durch die Hauptversammlung im Rahmen des genehmigten Kapitals

D. Genehmigtes Kapital

bis zur sog. Siemens/Nold-Entscheidung (vgl. unten) von der Rechtsprechung mit dem Bezugsrechtsausschluss im Rahmen einer (regulären) Kapitalerhöhung gleich behandelt (vgl. oben Rz. 43 f).[89] Danach sollte ein Bezugsrechtsausschluss nur dann gerechtfertigt sein, wenn er unter gebührender Berücksichtigung der Folgen, die für die vom Bezugsrecht ausgeschlossenen Aktionäre eintreten, durch sachliche Gründe im Interesse der Gesellschaft gerechtfertigt ist. Die Prüfung dieser sachlichen Wirksamkeitsvoraussetzungen schloss eine Abwägung der Gesellschafts- und Aktionärsinteressen und der Verhältnismäßigkeit von Mittel und Zweck ein. Darüber hinaus sollten die Voraussetzungen für den Bezugsrechtsausschluss im Beschlusszeitpunkt so konkret fest stehen und offen gelegt werden, dass die Hauptversammlung sie endgültig beurteilen konnte.[90]

Im Rahmen der insoweit „bahnbrechenden" **Siemens/Nold-Entscheidung**[91] kam der BGH zu der Einsicht, dass die vorgenannten Anforderungen, wie sich in der Praxis der Unternehmen und der Rechtsprechung der Tatsachengerichte gezeigt hat, zu streng und nicht praktikabel waren. Sie nahmen dem Institut des genehmigten Kapitals die Flexibilität, die den Gesellschaften zur Verfügung stehen muss, um auf dem nationalen oder internationalen Markt rasch und erfolgreich auf vorteilhafte Angebote oder sich ansonsten bietende Gelegenheiten reagieren und Möglichkeiten zur Unternehmenserweiterung im Interesse der Gesellschaft und ihrer Aktionäre ausnutzen zu können. Dies gilt sowohl für den Bezugsrechtsausschluss durch die Hauptversammlung selbst als auch für die Ermächtigung des Vorstands, über den Ausschluss des Bezugsrechts zu entscheiden. Nach den im Rahmen der Siemens/Nold-Entscheidung vom BGH neu bestimmten Voraussetzungen kann die Hauptversammlung beim genehmigten Kapital das Bezugsrecht der Aktionäre ausschließen oder den Vorstand zum Bezugsrechtsausschluss ermächtigen, wenn die Maßnahme, zu deren Durchführung der Vorstand ermächtigt werden soll, lediglich allgemein umschrieben und in dieser Form der Hauptversammlung bekannt gegeben wird. Sie muss ferner im Interesse der Gesellschaft liegen.

An diesen Maßgaben soll sich auch der schriftliche Bericht des Vorstands über den Grund des Bezugsrechtsausschlusses bzw. die Ermächtigung des Vorstands zum Bezugsrechtsausschluss orientieren. Inhaltlich kann er sich dabei aber – im Gegensatz zur regulären Kapitalerhöhung – auf allgemein gehaltene Angaben dazu beschränken, für welche Maßnahmen der Bezugsrechtsausschluss zulässig sein soll, warum diese Maßnahme im Interesse der Gesellschaft liegt und warum hierzu ein Bezugsrechtsausschluss nach Ansicht der Verwaltung notwendig ist. An diesen allgemein gehaltenen Angaben ist auch die Prüfung der materiellen Rechtfertigung des Hauptversammlungsbeschlusses auszurichten. Sie beschränkt sich damit darauf, ob die abstrakt umschriebenen Maßnahmen, zu denen der Vorstand das genehmigte Kapital mit Bezugsrechtsausschluss soll verwenden dürfen, im Interesse der Gesellschaft liegen.

Die weitere Prüfung der sachlichen Rechtfertigung des Bezugsrechtsausschlusses verlagert sich auf die spätere Entscheidung des Vorstands über die Ausnutzung des genehmigten Kapitals mit Bezugsrechtsausschluss. Denn die **Ausnutzung** des genehmigten Kapitals mit Bezugsrechtsausschluss durch den

---

[89] Vgl. noch BGH II ZR 132/93 v. 30.1.1995, ZIP 1995, 372, 373.
[90] BGH II ZR 132/93 v. 30.1.1995, ZIP 1995, 372, 373.
[91] BGH II ZR 132/93 v. 23.6.1997, NJW 1997, 2815 (Siemens/Nold).

Vorstand unterliegt – trotz der Siemens/Nold-Entscheidung – materiellen Schranken und bedarf der **sachlichen Rechtfertigung**.[92] Der Vorstand darf von der Ermächtigung zur Kapitalerhöhung nur dann Gebrauch machen, wenn die konkret geplante Maßnahme der Umschreibung im Hauptversammlungsbeschluss entspricht und im wohlverstandenen Interesse der Gesellschaft liegt. Er muss aber auch prüfen, ob der Bezugsrechtsausschluss zur Erreichung des im Interesse der Gesellschaft liegenden Zwecks geeignet, erforderlich sowie verhältnismäßig ist. Hinsichtlich der Anforderungen an die sachliche Rechtfertigung bei Ausnutzung des genehmigten Kapitals mit Bezugsrechtsausschluss gilt das Gleiche wie bei der regulären Kapitalerhöhung mit Bezugsrechtsausschluss (vgl. oben Rz. 44).[93]

90 Umstritten war bislang die Frage, ob der Vorstand vor der Ausübung der Ermächtigung zum Bezugsrechtsausschluss einen auf die konkret geplante Maßnahme zugeschnittenen schriftlichen Bericht über die Gründe für den beabsichtigten Bezugsrechtsausschluss gemäß § 186 Abs. 4 Satz 2 AktG analog erstatten muss. Der BGH hat dies verneint und festgestellt, dass ein solcher schriftlicher Bericht vor der Ausübung der Ermächtigung nicht erforderlich ist.[94] Der Vorstand ist jedoch verpflichtet, über die Durchführung der Maßnahme detailliert auf der nächsten ordentlichen Hauptversammlung zu berichten.[95]

91 Handelt der Vorstand pflichtwidrig, d. h. handelt er ohne Ermächtigung, überschreitet deren Grenzen oder liegen die materiellen Voraussetzungen des Bezugsrechtsausschlusses nicht vor, so können die betroffenen Aktionäre vor der Durchführung der Kapitalerhöhung eine Unterlassungsklage gegen die Ausnutzung der Ermächtigung zur Kapitalerhöhung und zum Bezugsrechtsausschluss geltend machen.[96] Zuletzt hat der BGH auch eine allgemeine Feststellungsklage gemäß § 256 ZPO zugelassen, die auf Feststellung der Nichtigkeit der Durchführungsbeschlüsse des Vorstands und des Aufsichtsrates gerichtet ist.[97]

92 Die Siemens/Nold-Entscheidung betraf zwar den Fall einer Kapitalerhöhung mit Sacheinlagen, ihre Grundsätze gelten aber nach herrschender Meinung auch für ein genehmigtes Kapital gegen **Bareinlagen**.[98]

E. Kapitalerhöhung aus Gesellschaftsmitteln

I. Voraussetzungen

96 Neben den vorbeschriebenen Varianten der Kapitalerhöhung gegen Einlagen bietet das Aktienrecht auch die Möglichkeit, das Grundkapital durch **Umwandlung der Kapitalrücklage und von Gewinnrücklagen** in Grundkapital zu erhöhen, §§ 207 ff. AktG. Die Kapitalrücklage und die Ge-

---

[92] H. M., vgl. *Hüffer* AktG § 203 Rz. 35, MünchHdb. GesR/Bd. 4/*Krieger* § 58 Rz. 44.
[93] *Hüffer* AktG § 203 Rz. 35.
[94] BGH II ZR 148/03 v. 10. 10. 2005, NJW 2006, 371 (Mangusta/Commerzbank I).
[95] BGH II ZR 132/93 v. 23. 6. 1997, BGHZ 136, 133, 140 (Siemens/Nold).
[96] BGH II ZR 132/93 v. 23. 6. 1997, BGHZ 136, 133, 141 (Siemens/Nold).
[97] BGH II ZR 90/03 v. 10. 10. 2005, NJW 2006, 374 (Mangusta/Commerzbank II)
[98] MünchHdb. GesR/Bd. 4/*Krieger* § 58 Rz. 17 mwN.

E. Kapitalerhöhung aus Gesellschaftsmitteln

winnrücklagen, die im Rahmen einer solchen Kapitalerhöhung aus Gesellschaftsmitteln in Grundkapital umgewandelt werden sollen, müssen in der letzten Jahresbilanz unter der Position „Kapitalrücklage" (§ 266 Abs. 3 A.II. HGB) oder „Gewinnrücklagen" (§ 266 Abs. 3 A.III. HGB) ausgewiesen sein. Für den Ausweis als Gewinnrücklage reicht es aus, wenn Vorstand und Aufsichtsrat bei Feststellung des Jahresabschlusses gem. § 58 Abs. 2 AktG die Beträge als Teil des Jahresüberschusses in andere Gewinnrücklagen eingestellt haben. Eine solche Rücklagenzuführung aus dem Jahresüberschuss ist bereits in der Jahresbilanz auszuweisen.

Darüber hinaus ist es ausreichend, wenn im letzten Beschluss der Hauptversammlung über die Verwendung des Jahresüberschusses (§§ 58 Abs. 1, 173 AktG) oder im letzten Beschluss der Hauptversammlung über die Verwendung des Bilanzgewinnes (§§ 58 Abs. 3, 174 Abs. 2 Nr. 3 AktG) die entsprechenden Beträge als Zuführung „zu diesen Rücklagen" ausgewiesen sind, § 208 Abs. 1 Satz 1 AktG. Bei solchen Zuführungen kann es sich allerdings nur um **Zuführungen zu den Gewinnrücklagen** handeln, da die Kapitalrücklage im Rahmen der Beschlussfassung über die Verwendung des Jahresüberschusses oder des Bilanzgewinnes nicht dotiert werden kann (vgl. § 272 Abs. 2 HGB).[99]

Dem Beschluss betreffend die Kapitalerhöhung aus Gesellschaftsmitteln kann gem. § 209 Abs. 1 AktG die **letzte Jahresbilanz** zugrunde gelegt werden, wenn die Jahresbilanz geprüft und die festgestellte Jahresbilanz mit dem uneingeschränkten Bestätigungsvermerk des Abschlussprüfers versehen ist und wenn ihr Stichtag höchstens acht Monate vor der Anmeldung des Beschlusses zur Eintragung in das Handelsregister liegt.

Statt der letzten Jahresbilanz kann der Kapitalerhöhung aus Gesellschaftsmitteln auch eine **gesonderte Zwischenbilanz** zugrunde gelegt werden. Eine solche Sonderbilanz ist aus der letzten Jahresbilanz zu entwickeln und muss die gleichen Anforderungen erfüllen wie die Jahresbilanz, vgl. § 209 Abs. 2 AktG. Die Kapitalrücklage und die Gewinnrücklagen, die in Grundkapital umgewandelt werden sollen, müssen selbstverständlich auch in der Erhöhungsbilanz ausgewiesen sein. Liegt der Stichtag der Erhöhungsbilanz nach dem Tag des Beschlusses über die Verwendung des Jahresüberschusses oder des Bilanzgewinns, sind die in einem solchen Beschluss als Zuführung zu den Gewinnrücklagen ausgewiesenen Beträge bereits dem entsprechenden Bilanzposten zuzuweisen.[100]

Andere Gewinnrücklagen (§ 266 Abs. 3 A.III. Nr. 4 HGB) und satzungsmäßige Rücklagen (§ 266 Abs. 3 A.III. Nr. 3 HGB) können grundsätzlich in voller Höhe zur Kapitalerhöhung aus Gesellschaftsmitteln verwandt werden. Nur eingeschränkt verwendungsfähig sind die Kapitalrücklage (§ 266 Abs. 3 A.II HGB) und die gesetzliche Rücklage (§ 266 Abs. 3 A.III. Nr. 1 HGB) und zwar nur soweit sie zusammen den zehnten oder den in der Satzung bestimmten höheren Teil des bisherigen (also nicht des erhöhten!) Grundkapitals übersteigen, § 208 Abs. 1 Satz 2 AktG. Überhaupt nicht umwandlungsfähig ist die Rücklage für eigene Anteile (§ 266 Abs. 3 A.III. Nr. 2 HGB), da diese nach

---

[99] *Geßler/Hefermehl/Bungeroth* § 208 Rz. 6.
[100] Dies kann im vorbeschriebenen Fall entgegen MünchHdb. GesR/Bd. 4/*Krieger* § 59 Rz. 24 (Fn. 36) auch nicht zweifelhaft sein, da schon nicht ersichtlich ist, mit welcher Begründung auf einen entsprechenden Ausweis verzichtet werden sollte, vgl. auch *Hüffer* AktG § 208 Rz. 5; *Hachenburg/Ulmer* Anh § 57 b § 2 KapErhG Rz. 4.

§ 272 Abs. 4 HGB zweckgebunden ist und nur unter den dort genannten Voraussetzungen aufgelöst werden kann.[101] In Bezug auf die Kapitalrücklage ist die in § 208 Abs. 1 Satz 2 AktG enthaltene **Verwendungsbeschränkung** allerdings entgegen ihrem Wortlaut auf die Fälle des § 272 Abs. 2 Nr. 1–3 HGB zu beschränken, während die Zuführungen zur Kapitalrücklage nach § 272 Abs. 2 Nr. 4 HGB nicht unter diese Verwendungsbeschränkung fällt.[102]

101 Nach § 208 Abs. 2 AktG können die Kapitalrücklage und die Gewinnrücklagen sowie deren Zuführungen nicht umgewandelt werden, soweit in der zugrunde gelegten Bilanz ein **Verlust** einschließlich eines Verlustvortrages ausgewiesen ist. Bei dieser Verwendungsbeschränkung liegt die Betonung auf dem „soweit", dh. ein ausgewiesener Verlust oder Verlustvortrag steht der Kapitalerhöhung aus Gesellschaftsmitteln nicht generell entgegen, die umwandlungsfähigen Rücklagen sind jedoch nur soweit verwendungsfähig, wie sie den Betrag des Verlustes übersteigen.

II. Kapitalerhöhungsbeschluss

102 Für den Beschluss der Hauptversammlung betreffend die Kapitalerhöhung aus Gesellschaftsmitteln gelten aufgrund des in § 207 Abs. 2 Satz 1 AktG enthaltenen Verweises die **Vorschriften betr. die (reguläre) Kapitalerhöhung** gegen Einlagen (§ 182 Abs. 1 AktG) sinngemäß. Insoweit kann auch hier auf die Ausführungen unter Rz. 13 ff. verwiesen werden. Allerdings ist der in § 207 Abs. 2 Satz 1 AktG enthaltene Verweis auf die Regelungen betr. die (reguläre) Kapitalerhöhung gegen Einlagen insoweit eingeschränkt, dass Sonderbeschlüsse der Aktionäre verschiedener Aktiengattungen nicht erforderlich sind (kein Verweis auf § 182 Abs. 2 AktG). Dies ist im Hinblick auf § 216 Abs. 1 AktG gerechtfertigt, weil das Verhältnis verschiedener Aktiengattungen zueinander durch eine Kapitalerhöhung aus Gesellschaftsmitteln nicht verändert werden kann.[103]

103 Der **Inhalt des Kapitalerhöhungsbeschlusses** bestimmt sich nach der Art und Weise, in der die Kapitalerhöhung durchgeführt wird bzw. durchzuführen ist. Bei Gesellschaften mit Nennbetrag von Aktien erfolgt die Kapitalerhöhung aus Gesellschaftsmitteln grundsätzlich wie die (reguläre) Kapitalerhöhung gegen Einlagen durch Ausgabe neuer Aktien (§ 207 Abs. 2 Satz 1 iVm. § 182 Abs. 1 Satz 4 AktG). Eine besondere Regelung im Kapitalerhöhungsbeschluss ist diesbezüglich nicht notwendig. Anders ist dies, wenn ein Wahlrecht zwischen der Ausgabe neuer Aktien und der Erhöhung des Nennbetrages besteht, weil neben voll eingezahlten Aktien auch teileingezahlte Aktien vorhanden sind (§ 215 Abs. 2 Satz 3 AktG). Bei Stückaktien besteht gem. § 207 Abs. 2 Satz 2 AktG grundsätzlich das Wahlrecht, das Grundkapital mit oder ohne Ausgabe neuer Aktien zu erhöhen. Wie dieses Wahlrecht ausgeübt wird, ist im Kapitalerhöhungsbeschluss anzugeben. Werden neue Stückaktien ausgegeben, muss sich die Zahl der Aktien in demselben Verhältnis wie das Grundkapital erhöhen (§§ 215, 207 Abs. 2 Satz 1, 182 Abs. 1 Satz 5 AktG). Bei teileingezahlten Stück-

---

[101] *Hüffer* AktG § 208 Rz. 4; *Geßler/Hefermehl/Bungeroth* § 208 Rz. 17; Kölner Komm./*Lutter* § 208 Rz. 12.
[102] Redaktionsversehen des Gesetzgebers, vgl. hierzu ausführlich *Geßler/Hefermehl/Bungeroth* § 208 Rz. 22.
[103] *Geßler/Hefermehl/Bungeroth* § 207 Rz. 15; Kölner Komm./*Lutter* § 207 Rz. 8.

E. Kapitalerhöhung aus Gesellschaftsmitteln 104–107 § 9

aktien kann die Kapitalerhöhung nur durch Ausgabe neuer Aktien ausgeführt werden, und zwar – anders als bei Stammaktien – unabhängig davon, ob alle Aktien teileingezahlt sind oder neben teileingezahlten Aktien auch volleingezahlte Aktien bestehen (§ 215 Abs. 2 Satz 2 und 3 AktG).

Nach der ersatzlosen Streichung des § 207 Abs. 3 AktG aF durch das Trans- **104** PubG[104] ist Voraussetzung für die Fassung des Kapitalerhöhungsbeschlusses nicht mehr, dass der Jahresabschluss für das letzte vor der Beschlussfassung abgelaufene Geschäftsjahr nach §§ 172, 173 AktG festgestellt ist. Eine vorherige Beschlussfassung über die Verwendung des Bilanzgewinns ist nur erforderlich, soweit gem. § 208 Abs. 1 Satz 1 AktG ein in diesem Beschluss als Zuführung zu den Gewinnrücklagen ausgewiesener Betrag zur Kapitalerhöhung verwandt werden soll. Möglich ist es auch, die neuen Aktien bereits am Gewinn des letzten Geschäftsjahres teilnehmen zu lassen. In diesem Fall muss der Kapitalerhöhungsbeschluss vor dem Gewinnverwendungsbeschluss für dieses letzte Geschäftsjahr gefasst werden (§ 217 Abs. 2 Satz 2 AktG).

III. Durchführung der Kapitalerhöhung

Nachdem die Hauptversammlung den Beschluss betreffend die Kapitalerhö- **105** hung aus Gesellschaftsmitteln gefasst hat, ist dieser Beschluss durch den Vorstand und den Vorsitzenden des Aufsichtsrats gemeinsam **zur Eintragung in das Handelsregister anzumelden**. Auch hier gelten aufgrund eines entsprechenden Verweises in § 207 Abs. 2 Satz 1 AktG die Vorschriften betreffend die (reguläre) Kapitalerhöhung gegen Einlagen entsprechend. Insoweit kann auf die Ausführungen unter Rz. 20 ff. verwiesen werden. Besonderheiten ergeben sich nur daraus, dass die dem Kapitalerhöhungsbeschluss zugrunde gelegte Bilanz und, soweit es sich hierbei um eine Zwischenbilanz handelt, zusätzlich die letzte Jahresbilanz, sofern diese noch nicht eingereicht ist, der Anmeldung beizufügen ist (§ 210 Abs. 1 Satz 1 AktG). Des Weiteren haben die Anmeldenden dem Gericht gegenüber zu erklären, dass nach ihrer Kenntnis seit dem Stichtag der zugrunde gelegten Bilanz bis zum Tag der Anmeldung keine Vermögensminderung eingetreten ist, die der Kapitalerhöhung entgegen stünde, wenn sie am Tag der Anmeldung beschlossen worden wäre (§ 210 Abs. 1 Satz 2 AktG).

Das Gericht darf den Beschluss nur eintragen, wenn die der Kapitalerhö- **106** hung **zugrunde gelegte Bilanz** auf einen **höchstens acht Monate** vor der Anmeldung liegenden Stichtag aufgestellt worden ist (§ 210 Abs. 2 AktG). Das Gericht hat die eingereichte Erhöhungsbilanz allerdings nicht darauf zu prüfen, ob sie den gesetzlichen Vorschriften entspricht, es darf sich insoweit vielmehr auf die Richtigkeit des uneingeschränkten Bestätigungsvermerks des Abschlussprüfers verlassen. Bestehen trotzdem begründete Zweifel an der Richtigkeit, ist das Gericht allerdings an einer Prüfung, auch durch sachverständige Dritte, nicht gehindert.[105]

Gem. § 211 AktG ist das Grundkapital mit der Eintragung des Beschlusses **107** über die Erhöhung des Grundkapitals wirksam erhöht. Es bedarf also keiner vorherigen Zeichnung von Aktien oder sonstiger Durchführungsmaßnahmen. Neue Aktien und Zwischenscheine dürfen gem. § 219 AktG erst ausgegeben

---

[104] Transparenz- und Publizitätsgesetz v. 19. 7. 2002, BGBl. I 2002, 2681.
[105] *Hüffer* AktG § 210 Rz. 6; Kölner Komm./*Lutter* § 210 Rz. 13.

werden, nachdem der Beschluss über die Erhöhung des Grundkapitals in das Handelsregister eingetragen ist. Da die Mitgliedschaftsrechte mit der **Eintragung der Kapitalerhöhung in das Handelsregister** entstehen, haben die Aktionäre, sofern die Kapitalerhöhung durch Ausgabe neuer Aktien erfolgt und der Anspruch auf Verbriefung nicht gem. § 10 Abs. 5 AktG ausgeschlossen ist, ab diesem Zeitpunkt einen Anspruch auf Aushändigung entsprechender Aktienurkunden. Erfolgt die Kapitalerhöhung durch die Erhöhung des Nennbetrages der bestehenden Aktien, sind die „alten" Aktienurkunden zu berichtigen und gegen neue Urkunden umzutauschen.

108 Nach der Eintragung des Beschlusses über die Erhöhung des Grundkapitals durch Ausgabe neuer Aktien hat der Vorstand unverzüglich die Aktionäre aufzufordern, die neuen Aktien abzuholen. Die Aufforderung ist in den Gesellschaftsblättern bekannt zu machen und dabei anzugeben, um welchen Betrag das Grundkapital erhöht worden ist und in welchem Verhältnis auf die alten Aktien neue Aktien entfallen, § 214 Abs. 1 AktG. In der Bekanntmachung ist ferner darauf hinzuweisen, dass die Gesellschaft berechtigt ist, Aktien, die nicht innerhalb eines Jahres seit der Bekanntmachung der Aufforderung abgeholt werden, nach dreimaliger Androhung für Rechnung der Beteiligten zum Börsenpreis und beim Fehlen eines Börsenpreises durch öffentliche Versteigerung zu verkaufen.

IV. Aus der Kapitalerhöhung Berechtigte, Wahrung der Rechte der Aktionäre und Dritter

109 Die im Rahmen der Kapitalerhöhung aus Gesellschaftsmitteln geschaffenen neuen Aktien stehen den Aktionären gem. § 212 AktG zwingend im Verhältnis ihrer Anteile am bisherigen Grundkapital zu. Hiervon kann die Hauptversammlung nicht, auch nicht wenn dem Beschluss sämtliche Aktionäre zustimmen, abweichen.[106] Ein entgegenstehender Beschluss ist vielmehr immer gem. § 212 Satz 2 AktG nichtig. Die **zwingende Zuordnung der neuen Aktien** entsprechend dem bestehenden Beteiligungsverhältnis spiegelt die Tatsache wider, dass die Kapitalerhöhung aus Gesellschaftsmitteln lediglich Rücklagen umwandelt, an denen die Aktionäre auch bislang schon entsprechend ihrer Beteiligungsquote beteiligt waren. Soweit neue Aktien ausgegeben werden, entstehen die Aktien in der Person des Aktionärs ohne Rücksicht auf sein Wissen und Wollen.[107] Einer irgendwie gearteten Durchführung (Zeichnung, vgl. hierzu Rz. 20 ff.) bedarf es nicht. Soweit an den Aktien Rechte Dritter bestehen (zB Sicherungseigentum, Nießbrauch, Pfandrechte) erstrecken sich diese Rechte ohne weiteres auch auf die neuen Aktien. Auch etwaige **Teilrechte** (vgl. § 213 AktG) entstehen automatisch. Sie können jedoch gem. § 213 Abs. 2 AktG nur ausgeübt werden, wenn Teilrechte, die zusammen eine volle Aktie ergeben, in einer Hand vereinigt sind oder wenn sich mehrere Berechtigte, deren Teilrechte zusammen eine volle Aktie ergeben, zur Ausübung der Rechte zusammenschließen.

110 Teileingezahlte Aktien nehmen gem. § 215 Abs. 2 AktG entsprechend ihrem Anteil am Grundkapital an der Erhöhung des Grundkapitals teil. Bei ihnen

---

[106] *Hüffer* AktG § 212 Rz. 3; *Kölner Komm./Lutter* § 212 Rz. 5.
[107] *Hüffer* AktG § 212 Rz. 2 mwN.

E. Kapitalerhöhung aus Gesellschaftsmitteln 111, 112 §9

kann die Kapitalerhöhung nicht durch Ausgabe neuer Aktien ausgeübt werden, beim Nennbetrag des Aktienwerts, wird deren Nennbetrag erhöht. Sind neben **teileingezahlten Aktien** volleingezahlte Aktien vorhanden, so kann bei volleingezahlten Nennbetragsaktien die Kapitalerhöhung durch Erhöhung des Nennbetrags der Aktien und durch Ausgabe neuer Aktien ausgeführt werden. Durch die Regelung der Folgen der Kapitalerhöhung aus Gesellschaftsmitteln auf teileingezahlte Aktien in § 215 Abs. 2 AktG ist sichergestellt, dass die Aktionäre, die ihre Einlagepflicht nur teilweise erfüllt haben, gegenüber den Aktionären mit volleingezahlten Aktien nicht begünstigt werden und dass sich das Zugriffsrecht der Gesellschaft nach § 65 Abs. 3 AktG auch auf die neuen Aktienrechte erstreckt. Daher ist es im Rahmen einer Kapitalerhöhung aus Gesellschaftsmitteln auch nicht zulässig, den Erhöhungsbetrag zur Verrechnung mit der offenen Einlageforderung anstatt zur Erhöhung des Nennbetrages der Aktien zu nutzen.[108]

Entsprechend der Festschreibung der bisherigen Beteiligungsverhältnisse in § 212 AktG bestimmt § 216 AktG, dass die aus der Mitgliedschaft folgenden **Einzelrechte** von der Kapitalerhöhung aus Gesellschaftsmitteln relativ unverändert bleiben sollen.[109] Diese Grundsätze gelten gem. § 216 Abs. 3 Satz 1 AktG ebenso für vertragliche **Beziehungen der Gesellschaft zu Dritten**, die von der Gewinnausschüttung der Gesellschaft, dem Nennbetrag oder Wert ihrer Aktien oder ihres Grundkapitals oder sonst von den bisherigen Kapital- oder Gewinnverhältnissen abhängen. Solche Rechtsbeziehungen dürfen durch die Kapitalerhöhungen aus Gesellschaftsmitteln in ihrem wirtschaftlichen Gehalt nicht verändert werden, insbesondere nicht zum Nachteil der Berechtigten durch Besserstellung der Aktionäre.[110] 111

V. Steuerliche Behandlung

Erhöht die Aktiengesellschaft ihr Grundkapital durch Umwandlung von Rücklagen, so gehört der Wert der neuen Aktien bei den Aktionären nicht zu den Einkünften iSv. § 2 Abs. 1 EStG, vgl. § 1 des **KapErhStG**.[111] Auf der Stufe des Aktionärs führt die Kapitalerhöhung aus Gesellschaftsmitteln zu einer **Verteilung** seiner **historischen Anschaffungskosten** auf die neuen und seine alten Aktien. Als Anschaffungskosten der vor der Kapitalerhöhung aus Gesellschaftsmitteln erworbenen Aktien und der auf sie entfallenden neuen Aktien gelten die Beträge, die sich für die einzelnen Aktien ergeben, wenn die Anschaffungskosten der vor der Kapitalerhöhung aus Gesellschaftsmitteln erworbenen Aktien auf diese und auf die auf sie entfallenden neuen Aktien nach dem Verhältnis der Anteile am Grundkapital verteilt werden, vgl. § 3 KapErhStG. Die Aktiengesellschaft hat die Erhöhung des Grundkapitals aus Gesellschaftsmitteln innerhalb von zwei Wochen nach der Eintragung des Beschlusses über die Erhöhung in das Handelsregister dem Finanzamt mitzuteilen und eine Abschrift des Beschlusses einzureichen. 112

---

[108] MünchHdb. GesR/Bd. 4/*Krieger* § 59 Rz. 46.
[109] *Hüffer* AktG § 216 Rz. 1, ausführlich vgl. MünchHdb. GesR/Bd. 4/*Krieger* § 59 Rz. 54 ff.
[110] Vgl. BGH II ZR 172/91 v. 5. 10. 1992, NJW 1993, 57, 61.
[111] Gesetz über steuerrechtliche Maßnahmen bei Erhöhung des Nennkapitals aus Gesellschaftsmitteln, BGBl. I 1967, S. 977. Siehe auch § 13 Rz. 616 ff.

Gotthardt 701

113 Auf der Stufe der Aktiengesellschaft führt die Kapitalerhöhung aus Gesellschaftsmitteln zu einer Veränderung des **steuerlichen Einlagekontos iSv.** § 27 KStG,[112] auf dem sie die nicht in das Grundkapital geleisteten Einlagen der Aktionäre ausweist. Im Rahmen der Kapitalerhöhung aus Gesellschaftsmitteln gilt der positive Bestand des steuerlichen Einlagekontos als vor den sonstigen Rücklagen umgewandelt, vgl. § 28 KStG. Wird im Rahmen der Kapitalerhöhung aus Gesellschaftsmitteln das Nennkapital (Grundkapital) durch Umwandlung von sonstigen Rücklagen mit Ausnahme von aus Einlagen der Anteilseigner stammenden Beträgen erhöht, so sind diese Teile des Nennkapitals (Grundkapital) getrennt auszuweisen und gesondert festzustellen (Sonderausweis iSv. § 28 KStG). Wegen der weiteren steuerlichen Einzelheiten vgl. § 13 Rz. 616 ff.

F. Ordentliche Kapitalherabsetzung

I. Allgemeines

121 So wie die vorbeschriebenen Maßnahmen der Kapitalbeschaffung es erlauben, ein als zu niedrig erkanntes Grundkapital zu erhöhen, so gestatten es die §§ 222 ff. AktG ein zu hohes Grundkapital der Aktiengesellschaft den – ggf. veränderten – Erfordernissen anzupassen. Da jedoch das Grundkapital (gezeichnete Kapital) die Grundlage für das Vertrauen ist, welches der Gesellschaft im Wirtschaftsleben entgegengebracht wird, stellt eine solche Reduzierung der Haftungsgrundlage der Aktiengesellschaft grundsätzlich die **Ausnahme** dar und ist nur in engen Grenzen möglich. Mit der Herabsetzung des als gezeichnetes Kapital in der Bilanz ausgewiesenen Grundkapitals (§ 266 Abs. 3 A. I. HGB) kommt es zu einem Buchertrag, der gem. § 240 AktG in der Gewinn- und Verlustrechnung der Gesellschaft als „Ertrag aus der Kapitalherabsetzung" gesondert auszuweisen ist. Das auf diese Weise von den strengen Kapitalbindungsregeln „befreite" Gesellschaftsvermögen kann grundsätzlich frei verwendet werden, zB für Ausschüttungen oder zur Einstellung in die Gewinnrücklagen. Der in der Praxis häufigste Zweck der Kapitalherabsetzung ist jedoch **die Beseitigung einer Unterbilanz** in Sanierungsfällen. Hierzu enthalten die §§ 229 ff. AktG ein vereinfachtes Verfahren (vgl. unten Rz. 141 ff.). Während eine solche vereinfachte Kapitalherabsetzung wie die ordentliche Kapitalherabsetzung grundsätzlich alle Aktien (und Aktionäre) gleich betrifft, kann im Rahmen einer Kapitalherabsetzung durch Einziehung (§§ 237 ff. AktG) die Wirkung der Kapitalherabsetzung auf einzelne Aktien (zB bestimmte Aktiengattungen bzw. Aktien, bestimmte Aktionäre) beschränkt werden (vgl. Rz. 161 ff.).

122 Die **Art und Weise der Durchführung** einer Kapitalherabsetzung hängt insbesondere von der Höhe des Herabsetzungsbetrags sowie davon ab, ob das Grundkapital der Gesellschaft in Nennbetrags- oder Stückaktien zerlegt ist. Bei Nennbetragsaktien erfordert die Herabsetzung des Grundkapitals auch eine Herabsetzung des Nennbetrags der Aktien, § 222 Abs. 4 Satz 1 AktG. Bei Stückaktien kann sich die ordentliche Kapitalherabsetzung dagegen auf die bloße Reduzierung der Grundkapitalziffer (§ 23 Abs. 3 Nr. 3 AktG) beschränken, wodurch sich automatisch der auf die einzelne Stückaktie entfallende an-

---

[112] In der Fassung der Bekanntmachung v. 15. 10. 2002, BGBl. I 2002, 4144.

F. Ordentliche Kapitalherabsetzung

teilige Betrag des Grundkapitals reduziert. Wird der Kapitalherabsetzungsbetrag jedoch so gewählt, dass der auf die einzelne Aktie entfallende anteilige Betrag des herabgesetzten Grundkapitals den Mindestbetrag nach § 8 Abs. 2 Satz 1 AktG für Nennbetragsaktien oder § 8 Abs. 3 Satz 3 AktG für Stückaktien unterschreiten würde, muss die Herabsetzung gem. § 222 Abs. 4 Satz 2 AktG durch Zusammenlegung von Aktien erfolgen.[113] Hierbei werden mehrere Aktien zu einer geringeren Zahl neuer Aktien zusammengefasst. Die Beteiligungsstruktur bleibt grundsätzlich unverändert, sofern sich im Rahmen der Zusammenlegung keine „Spitzen" bilden. Letztere sind möglichst zu vermeiden, da hierdurch insbesondere Kleinaktionäre gezwungen sind, Teilrechte gegen Zuzahlung zu ergänzen oder insoweit unter Verzicht die Mitgliedschaft zu veräußern.[114]

Neben den vorbeschriebenen Arten der Kapitalherabsetzung sieht § 4 Abs. 3 EG AktG noch eine Sonderform vor, die nur zum Zwecke der Umstellung der Aktiennennbeträge auf Euro zulässig ist. Um die bei einer bloßen Umrechnung auf Euro sich ergebenden gebrochenen Nennbeträge zu vermeiden, wird das Grundkapital der Gesellschaft auf einen glatten Eurobetrag herabgesetzt und sodann eine **Neueinteilung der Aktiennennbeträge** vorgenommen. Diese Neueinteilung bedarf der Zustimmung aller betroffenen Aktionäre, auf die nicht ihrem Anteil entsprechend volle Aktien oder eine geringere Zahl an Aktien als zuvor entfallen; bei teileingezahlten Aktien ist sie ausgeschlossen (§ 4 Abs. 3 Satz 2 EGAktG).

Wird im Rahmen der ordentlichen Kapitalherabsetzung die Subsidiarität des Verfahrens der Zusammenlegung von Aktien (die nur als Ultima Ratio in Betracht kommt) gegenüber dem Verfahren der Herabsetzung des Nennbetrages bzw. der einfachen Herabsetzung des Grundkapitals (bei Stückaktien) beachtet, bedarf die Kapitalherabsetzung keiner **sachlichen Rechtfertigung**.[115] Die gesetzliche Rechtfertigung ist vielmehr bereits in der gesetzlichen Regelung enthalten, die nach Ansicht des BGH „auf einer abschließende Abwägung der Belange der betroffenen (Klein-)Aktionäre und des Interesses der Gesellschaft an der Maßnahme beruht".

Zur Herabsetzung unter den Mindestnennbetrag mit **gleichzeitiger Wiedererhöhung** des herabgesetzten Kapitals vgl. Rz. 142.

II. Kapitalherabsetzungsbeschluss

Eine Herabsetzung des Grundkapitals kann nur von der Hauptversammlung im Einzelfall beschlossen werden. Eine Ermächtigung des Vorstands im Sinne einer „genehmigten Kapitalherabsetzung" analog § 202 AktG ist ausgeschlossen. Mit Ausnahme von Kapitalherabsetzungen nach § 4 Abs. 2 EGAktG zur Umstellung des Grundkapitals auf den Euro, für die die einfache Mehrheit des

---

[113] Gleichzeitig darf aber auch nur in diesen Fällen eine Kapitalherabsetzung durch Zusammenlegung von Aktien durchgeführt werden, sog. Subsidiarität der Zusammenlegung, vgl. hierzu MünchHdb. GesR./Bd. 4/*Krieger* § 60 Rz. 7 mwN; BGH II ZR 278/96 v. 9. 2. 1998, ZIP 1998, 692 (Sachsenmilch).
[114] *Hüffer* AktG § 222 Rz. 23; *Geßler/Hefermehl/Hefermehl* § 222 Rz. 18; Kölner Komm./*Lutter* § 222 Rz. 26.
[115] BGH II ZR 278/96 v. 9. 2. 1998, ZIP 1998, 692 (Sachsenmilch); Kölner Komm./ *Lutter* § 222 Rz. 46; *Hüffer* AktG § 222 Rz. 14.

bei der Beschlussfassung vertretenen Grundkapitals genügt, kann eine Herabsetzung des Grundkapitals nach § 222 Abs. 1 Satz 1 AktG nur mit einer Mehrheit beschlossen werden, die mindestens drei Viertel des bei der Beschlussfassung vertretenen Grundkapitals umfasst. Die Satzung kann demgegenüber nur eine größere Kapitalmehrheit und weitere Erfordernisse bestimmen. Sind mehrere Gattungen von stimmberechtigten Aktionären vorhanden, so bedarf der **Beschluss der Hauptversammlung** gem. § 222 Abs. 2 Satz 1 AktG zu seiner Wirksamkeit der Zustimmung der Aktionäre jeder Gattung, die hierüber einen **Sonderbeschluss** zu fassen haben. Verfügt die Gesellschaft also neben Stammaktien zB über stimmberechtigte Vorzugsaktien, so bedarf es eines Kapitalherabsetzungsbeschlusses der Hauptversammlung, eines Sonderbeschlusses der Stammaktionäre und eines Sonderbeschlusses der stimmberechtigten Vorzugsaktionäre. Alle drei Beschlüsse, die jeweils einer Mehrheit von drei Viertel des jeweils vertretenen Grundkapitals bedürfen, können im Rahmen einer Hauptversammlung gefasst werden, dh. es bedarf keiner Sonderversammlung (wie es zB § 141 Abs. 3 AktG erfordert).

126 Bezüglich des **Inhalts des Kapitalherabsetzungsbeschlusses** schreibt § 222 Abs. 3 AktG zunächst vor, dass in dem Beschluss festzusetzen ist, zu welchem Zweck die Herabsetzung stattfindet, namentlich ob Teile des Grundkapitals zurückgezahlt werden sollen. Der jeweilige Zweck bzw., wenn mehrere Zwecke verfolgt werden, die jeweiligen Zwecke der Kapitalherabsetzung sind konkret zu beschreiben, um das Informationsbedürfnis der Gläubiger der Gesellschaft sowie ihrer Aktionäre zu befriedigen.[116] So handelt es sich für die genannten Personenkreise um eine ganz wesentliche Information, ob eine Kapitalherabsetzung zur „Rückzahlung von Teilen des Grundkapitals an die Aktionäre" oder zB zum „Ausgleich von Wertminderungen" bzw. „Deckung von Verlusten" erfolgt. Neben dem Zweck der Kapitalherabsetzung muss der Beschluss den Herabsetzungsbetrag und die Art der Durchführung (vgl. oben Rz. 122) angeben, § 222 Abs. 4 Satz 3 AktG.

127 Da mit Wirksamwerden der Kapitalherabsetzung die Bestimmungen der Satzung betreffend die Höhe des Grundkapitals (§ 23 Abs. 3 Nr. 3 AktG) unrichtig würden, bedarf es neben dem Beschluss zur Kapitalherabsetzung noch eines gesonderten Beschlusses[117] der Hauptversammlung zur **Anpassung der Satzung** an das herabgesetzte Grundkapital, soweit nicht der Aufsichtsrat gem. § 179 Abs. 1 Satz 2 AktG befugt ist, ohne Hauptversammlungsbeschluss die Fassung der Satzung dem veränderten Grundkapital anzupassen.

III. Durchführung

128 Der Vorstand und der Vorsitzende des Aufsichtsrats haben gem. § 223 AktG den Beschluss über die Herabsetzung des Grundkapitals zur Eintragung in das Handelsregister anzumelden. Der **Anmeldung** sind die notarielle Niederschrift der Hauptversammlung (Kapitalherabsetzung und etwaige Sonderbeschlüsse) sowie die Neufassung des Satzungswortlauts mit der Bescheinigung des Notars nach § 181 Abs. 1 Satz 2 AktG beizufügen. Mit der Eintragung des Beschlusses über die Herabsetzung des Grundkapitals in das Handelsregister ist das Grund-

---

[116] Kölner Komm./*Lutter* § 222 Rz. 16; *Hüffer* AktG § 222 Rz. 13.
[117] Vgl. hierzu *Hüffer* AktG § 222 Rz. 6; MünchHdb. GesR/Bd. 4/*Krieger* § 60 Rz. 29.

F. Ordentliche Kapitalherabsetzung

kapital herabgesetzt, dh. die Kapitalherabsetzung wirksam geworden (§ 224 AktG). Noch nicht abschließend geklärt ist, welche Auswirkungen die Kapitalherabsetzung auf **Rechte Dritter** (zB Genussrechte, Gewinnschuldverschreibungen, Wandel- und Optionsanleihen, Dividendengarantien bei Unternehmensverträgen) hat, insbesondere, ob solche Rechte bei einer Kapitalherabsetzung entsprechend anzupassen sind.[118] Nach heute wohl überwiegender Auffassung sind dividendenabhängige Rechte im Falle einer Kapitalherabsetzung verhältnismäßig zu reduzieren, während bei von der Kapitalziffer abhängigen Rechten im Zweifel vom ursprünglichen Kapital auszugehen sein wird.[119]

Ist das Grundkapital der Gesellschaft in Stückaktien zerlegt, bedarf die Kapitalherabsetzung neben dem Beschluss zur Reduzierung der Grundkapitalziffer keiner weiteren Abwicklung. Wird das Grundkapital jedoch durch Herabsetzung des Nennbetrages der Aktien herabgesetzt, weisen die Aktienurkunden mit Wirksamwerden der Kapitalherabsetzung einen zu hohen Aktiennennbetrag aus und sind zu berichtigen oder durch **neue Aktienurkunden** zu ersetzen. Die Gesellschaft hat in diesem Fall ihre Aktionäre aufzufordern, die Aktienurkunden zum **Umtausch** oder zur **Berichtigung** vorzulegen. Unrichtige Aktienurkunden, die der Gesellschaft trotz Aufforderungen nicht zum Umtausch oder zur Berichtigung vorgelegt wurden, kann die Gesellschaft nur mit Genehmigung des Registergerichts nach § 73 AktG für kraftlos erklären.[120] Sollen dagegen zur Durchführung der Herabsetzung des Grundkapitals Aktien durch Umtausch, Abstempelung oder durch ein ähnliches Verfahren zusammengelegt werden, regelt § 226 AktG ein besonderes Verfahren für die Kraftloserklärung der Aktien.

Nach Durchführung der Kapitalherabsetzung ist dieser Umstand gem. § 227 AktG vom Vorstand (ohne Mitwirkung des Vorsitzenden des Aufsichtsrats) zur Eintragung in das Handelsregister anzumelden. Die **Anmeldung und Eintragung** der Durchführung der Herabsetzung des Grundkapitals können mit der Anmeldung und Eintragung des Beschlusses über die Herabsetzung verbunden werden.

Zusammenfassend lässt sich der **Ablauf** einer ordentlichen Kapitalherabsetzung wie folgt darstellen:
- Kapitalherabsetzungsbeschluss der Hauptversammlung,
- Anmeldung und Eintragung des Kapitalherabsetzungsbeschlusses,
- Durchführung der Kapitalherabsetzung durch den Vorstand,
- Anmeldung und Eintragung der Durchführung der Kapitalherabsetzung.

IV. Gläubigerschutz

Da eine ordentliche Kapitalherabsetzung nach § 222 AktG grundsätzlich zu jedem wirtschaftlichen Zweck wie zB der Rückzahlung des Buchertrages an die Aktionäre oder dem Erlass von ausstehenden Einlagen (§§ 222 Abs. 3, 225 Abs. 2 Satz 2 AktG) zulässig ist, kann mit ihr eine Gefährdung von Gläubigerinteressen verbunden sein. Dem Schutz solcher Interessen der Gesellschaft dient § 225 AktG. Nach dieser Vorschrift haben Gläubiger, deren Forderungen

---

[118] Vgl. Kölner Komm./*Lutter* § 224 Rz. 19; MünchHdb. GesR/Bd. 4/*Krieger* § 60 Rz. 36.
[119] Vgl. MünchHdb. GesR/Bd. 4/*Krieger* § 60 Rz. 36 mwN.
[120] Vgl. *Hüffer* AktG § 226 Rz. 2.

begründet worden sind, bevor die Eintragung des Beschlusses bekannt gemacht worden ist, einen **Anspruch auf Sicherheitsleistung**, soweit sie nicht bereits Befriedigung verlangen können. Die Gläubiger sind in der Bekanntmachung der Eintragung der Kapitalherabsetzung auf dieses Recht hinzuweisen. Geschützt sind nur schuldrechtliche Forderungen jeder Art, nicht dagegen dingliche Rechte.[121] Die Gläubiger müssen sich innerhalb von sechs Monaten (Sperrfrist) seit der Bekanntmachung bei der Gesellschaft melden. Maßgeblich für die Fristberechnungen sind die §§ 187 ff. BGB und für den Fristbeginn § 10 Abs. 2 HGB.

133 Die rechtzeitig bei der Gesellschaft eingegangene Meldung eines Gläubigers bewirkt, dass Zahlungen an die Aktionäre aufgrund der Herabsetzung des Grundkapitals erst geleistet werden dürfen, nachdem den Gläubigern Befriedigung oder Sicherheit gewährt worden ist. Dieses **Auszahlungsverbot** erstreckt sich auf jegliche Zahlungen an die Aktionäre, die aufgrund der Herabsetzung des Grundkapitals möglich sind. Der Begriff „Zahlung" ist dabei über seinen Wortsinn hinaus weit auszulegen und umfasst daher zB auch Sachleistungen.

134 Die **Art und Weise der Sicherheitsleistung** bestimmt sich nach §§ 232 ff. BGB, dh. es sind grundsätzlich nur die dort genannten Sicherungsformen ausreichend. Verfügt der Gläubiger bereits über eine ausreichende Sicherheit iSv. § 232 BGB, kann eine weitere Sicherheit nicht verlangt werden.[122] Ein Anspruch auf Sicherheitsleistung ist darüber hinaus auch in den Fällen ausgeschlossen, in denen der Gläubiger im Falle der Insolvenz ein Recht auf vorzugsweise Befriedigung aus einer Deckungsmasse hat, die nach gesetzlicher Vorschrift zu seinem Schutz errichtet und staatlich überwacht ist, § 225 Abs. 1 Satz 3 AktG. In sonstigen Fällen besteht der Anspruch auf Sicherheitsleistung ohne Rücksicht darauf, ob ein konkretes Sicherungsbedürfnis besteht oder nicht. Das Sicherungsverlangen wird immer bereits durch die abstrakte Gefahr gerechtfertigt, dass die Kapitalherabsetzung das bisherige Erfüllungsrisiko erhöht.[123] Der Sicherungsanspruch besteht damit selbst dann, wenn aufgrund der Kapitalherabsetzung keine Zahlungen an die Aktionäre erfolgen sollen.

V. Steuerliche Behandlung

135 Die Kapitalherabsetzung führt auf der Stufe der Gesellschaft grundsätzlich zu keiner unmittelbaren Steuerfolge, da es sich um einen erfolgsneutralen Vorgang auf der Vermögensebene handelt.[124] Der Betrag der Kapitalherabsetzung mindert zunächst gem. § 28 Abs. 2 KStG[125] den Sonderausweis iSv. § 28 Abs. 1 KStG (vgl. Rz. 113). Dieser **Sonderausweis** erfasst die Beträge des Grundkapitals, die ihm durch Umwandlung von sonstigen Rücklagen mit Ausnahmen von aus Einlagen der Anteilseigner stammenden Beträgen zugeführt worden sind. Soweit der Betrag der Kapitalherabsetzung diesen Sonderausweis übersteigt, ist er dem **steuerlichen Einlagenkonto** iSv. § 27 Abs. 1 KStG gutzuschreiben. Eine Zahlung an die Aktionäre im Rahmen der Kapitalherabsetzung gilt steuerlich

---

[121] Vgl. *Hüffer* AktG § 225 Rz. 2.
[122] *Geßler/Hefermehl/Geßler* § 225 Rz. 8.
[123] Kölner Komm./*Lutter* § 225 Rz. 20.
[124] *Dötsch/Eversberg/Jost/Witt* § 41 Rz. 26. Siehe auch § 13 Rz. 620 ff.
[125] In der Fassung der Bekanntmachung v. 15. 10. 2002, BGBl. I 2002, 4144.

G. Vereinfachte Kapitalherabsetzung 141, 142 § 9

in dem Umfang, wie der vorgenannte Sonderausweis zu mindern ist, als Gewinnausschüttung der Aktiengesellschaft, die beim Aktionär zu Bezügen iSd. § 20 Abs. 1 Nr. 2 EStG führt. Ein übersteigender Betrag ist vom Bestand des steuerlichen Einlagenkontos abzuziehen und gilt insoweit gem. § 20 Abs. 1 Nr. 1 Satz 3 EStG nicht als steuerpflichtige Einnahme aus Kapitalvermögen.[126] Wegen der weiteren steuerlichen Einzelheiten vgl. § 13 Rz. 620 ff.

G. Vereinfachte Kapitalherabsetzung

I. Voraussetzungen

Anders als die ordentliche Kapitalherabsetzung ist die vereinfachte Kapital- **141** herabsetzung **nur zu bestimmten Zwecken,** nämlich der Deckung von Verlusten oder der Einstellung von Beträgen in die Kapitalrücklage zulässig. Die „Vereinfachung" gegenüber der ordentlichen Kapitalherabsetzung besteht darin, dass die Regeln betreffend den Gläubigerschutz (§ 225 AktG) nicht anzuwenden sind, dh. es besteht keine Verpflichtung zur Sicherheitsleistung gegenüber den Gläubigern der Gesellschaft. Die Gefährdung der Gläubiger wird allein dadurch ausgeschlossen, dass die im Rahmen der vereinfachten Kapitalherabsetzung gewonnenen Beträge nicht an die Aktionäre ausgezahlt werden dürfen (§ 230 AktG) und auch zukünftige Gewinnausschüttungen beschränkt sind (§ 233 AktG). Ein weitergehender Gläubigerschutz ist im Rahmen einer Kapitalherabsetzung zum Zwecke der Sanierung der Gesellschaft – will man diesen Zweck nicht gefährden – auch nicht angebracht, da die Gefährdung der Gläubigerinteressen nicht durch die Kapitalherabsetzung herbeigeführt wird, sondern vielmehr bereits durch die eingetretenen oder drohenden Verluste entstanden ist.[127]

In der Praxis wird die vereinfachte Kapitalherabsetzung häufig mit einer **142** **gleichzeitigen Wiedererhöhung des Grundkapitals** verbunden. Da bei Vorliegen einer Unterbilanz die Aktien der Gesellschaft wertmäßig selbst dem geringsten Ausgabebetrag iSv. § 9 AktG nicht entsprechen, wäre eine Kapitalerhöhung zu objektiven Werten rechtlich ausgeschlossen. Der erste Schritt der vereinfachten Kapitalherabsetzung dient in diesen Fällen dazu, die Unterbilanz zu beseitigen, um dann den zweiten Schritt, die sofortige Wiedererhöhung des Grundkapitals, überhaupt zulässigerweise durchführen zu können. Allerdings bleibt es den Aktionären – zB bei einer Familiengesellschaft – unbenommen, die Aktien abweichend von ihrem objektiven Wert zum geringsten Ausgabebetrag oder zu einem höheren Betrag zu zeichnen.

---

[126] Die bisher in §§ 5 und 6 KapErhStG enthaltenen speziellen Regelungen betreffend eine Kapitalherabsetzung innerhalb von fünf Jahren nach einer Kapitalerhöhung (Pauschbesteuerung) sind letztmals auf die Rückzahlung von Nennkapital anzuwenden, wenn das Nennkapital in dem letzten Wirtschaftsjahr erhöht worden ist, in dem bei der Aktiengesellschaft das KStG in der Fassung der Bekanntmachung vom 22. April 1999 (BGBl. I 1999, 817) anzuwenden ist, soweit dafür eine Rücklage als verwendet gilt, die aus Gewinn eines vor dem 1.1.1977 abgelaufenen Wirtschaftsjahres gebildet worden ist, vgl. § 8 a Abs. 2 des KapErhStG idF des Gesetzes zur Fortentwicklung des Unternehmenssteuerrechts v. 20.12.2001, BGBl. I, 3858.
[127] *Hüffer* AktG § 229 Rz. 2.

Gotthardt

143 Wird die Kapitalherabsetzung gleichzeitig mit einer Kapitalerhöhung beschlossen, kann das Grundkapital gem. § 228 Abs. 1 AktG unter den Mindestnennbetrag (§ 7 AktG), sogar bis auf Null, herabgesetzt werden.[128] Die **Art und Weise der Durchführung** der vereinfachten Kapitalherabsetzung (bloße Reduzierung der Grundkapitalziffer, Herabsetzung der Nennbeträge, Zusammenlegung) richtet sich gem. § 229 Abs. 3 AktG nach den gleichen Regelungen wie die ordentliche Kapitalherabsetzung (vgl. hierzu Rz. 122 ff.).

144 Die vereinfachte Kapitalherabsetzung zur Deckung von Verlusten setzt nicht voraus, dass bereits ein Verlust eingetreten ist. Ausreichend sind vielmehr auch drohende Verluste, dh. die Verlusterwartungen müssen sich noch nicht realisiert haben.[129] Auch verlangt das Gesetz keine bestimmte Höhe des Verlustes oder seine Ermittlung anhand einer Bilanz. Ausreichend ist vielmehr eine **gewissenhafte Prognose** dahingehend, dass der eingetretene oder erwartete Verlust so nachhaltig ist, nach kaufmännischen Grundsätzen eine dauernde Herabsetzung des Grundkapitals als angezeigt erscheinen zu lassen.[130]

145 Dagegen setzt die vereinfachte Kapitalherabsetzung zur **Einstellung** von Beträgen **in die Kapitalrücklage** überhaupt keine Verluste oder Verlusterwartungen voraus. Sie ist jedoch betragsmäßig dergestalt begrenzt, dass die Kapitalrücklage unter Hinzurechnung der gesetzlichen Rücklage höchstens auf 10 % des nach der Herabsetzung verbleibenden Grundkapitals aufgefüllt werden darf (§ 231 AktG).

146 Da die vereinfachte Kapitalherabsetzung gem. § 229 AktG nur zulässig sein soll, soweit sie zu Sanierungszwecken notwendig ist, besteht die **Verpflichtung**, zuvor die gesetzliche Rücklage, die Kapitalrücklage und etwa vorhandene Gewinnrücklagen **aufzulösen**. Ebenso darf die vereinfachte Kapitalherabsetzung nicht durchgeführt werden, solange ein Gewinnvortrag vorhanden ist. Nicht auflösungspflichtig iSv. § 229 Abs. 2 AktG sind stille Reserven, Sonderposten mit Rücklagenanteil gem. § 247 Abs. 3, § 273 HGB, eine Rücklage für eigene Anteile (§ 272 Abs. 4 HGB) sowie Rückstellungen gem. § 266 Abs. 3 B HGB.[131] Auch ist die Gesellschaft nicht gezwungen, eigene Aktien einzuziehen oder zu veräußern, um eine etwa vorhandene Rücklage für eigene Anteile auflösen zu können.[132]

II. Durchführung und Folgen

147 Für den **Beschluss der Hauptversammlung** zur Herabsetzung des Grundkapitals in vereinfachter Form gelten gem. § 229 Abs. 3 AktG ebenfalls die gleichen Regeln für die ordentliche Kapitalherabsetzung (vgl. hierzu Rz. 125 ff.). Entsprechendes gilt für die Durchführung der vereinfachten Kapitalherabsetzung (Anmeldung, Umtausch bzw. Berichtigung der Aktienurkunden, ggf. Kraftloserklärung), so dass auch hier auf die obigen Ausführungen verwiesen werden kann (vgl. Rz. 128 ff.; zu den steuerlichen Folgen vgl. § 13 Rz. 620 ff.).

---

[128] BGH II ZR 172/91 v. 5. 10. 1992, NJW 1993, 57; Kölner Komm./*Lutter* § 228 Rz. 4; *Hüffer* AktG § 228 Rz. 2; MünchHdb. GesR/Bd. 4/*Krieger* § 60 Rz. 11.
[129] BGH ZR 172/91 v. 5. 10. 1992, NJW 1993, 57.
[130] OLG Ffm. 5 U 285/86 v. 10. 5. 1988, AG 1989, 207, 208.
[131] Kölner Komm./*Lutter* § 229 Rz. 29; *Hüffer* AktG § 229 Rz. 11.
[132] MünchHdb. GesR/Bd. 4/*Krieger* § 61 Rz. 9.

G. Vereinfachte Kapitalherabsetzung 148–150 § 9

Wie bereits ausgeführt, ist der Gläubigerschutz im Rahmen der vereinfachten Kapitalherabsetzung im Wesentlichen darauf beschränkt, dass die bei der Kapitalherabsetzung gewonnenen Beträge nicht an die Aktionäre ausgeschüttet oder zum Erlass von Einlageverpflichtungen der Aktionäre benutzt werden können (§ 230 AktG). Dieses **„Verbot von Zahlungen an Aktionäre"** bezieht sich dabei aber nicht nur auf den durch die Kapitalherabsetzung selbst gewonnenen Betrag, sondern auch auf die Beträge, die aus einer nach § 229 Abs. 2 erforderlich gewesenen vorherigen Auflösung von Rücklagen oder eines Gewinnvortrags gewonnen wurden.[133] Das Verbot gilt – zeitlich unbegrenzt – für jegliche Form der Zahlung bzw. Ausschüttungen, auch in verdeckter Form.[134] Ein Verstoß gegen das Auszahlungsverbot führt zu einer Haftung des empfangenden Aktionärs nach § 62 AktG. Daneben haften Vorstand und Aufsichtsrat unter den Voraussetzungen der §§ 93, 116 AktG. **148**

Da, wie bereits ausgeführt, die vereinfachte Kapitalherabsetzung bereits auf der Grundlage einer gewissenhaften Prognose durchgeführt werden kann, hat der Gesetzgeber in § 232 AktG Regelungen für den Fall getroffen, dass diese Prognose nicht zutrifft. Stellt sich nachträglich heraus, dass die Kapitalherabsetzung nicht erforderlich gewesen wäre, weil die Verluste in der angenommenen Höhe nicht eingetreten oder bereits anderweitig ausgeglichen waren, sind die für die Verlustdeckung nicht benötigten Beträge aus der Kapitalherabsetzung in die Kapitalrücklage einzustellen. Diese Verpflichtung besteht nicht nur bis zu einer bestimmten Höhe der gesetzlichen Rücklage und/oder der Kapitalrücklage, sondern unbegrenzt.[135] Die Feststellung, ob im Rahmen der vereinfachten Kapitalherabsetzung die **Verluste zu hoch angenommen** wurden, ist bei der Aufstellung der Jahresbilanz für das Geschäftsjahr, in dem der Beschluss über die Kapitalherabsetzung gefasst wurde sowie bei der Aufstellung der beiden folgenden Geschäftsjahre zu treffen. Ob ein Unterschiedsbetrag besteht, soll auf der Grundlage einer neben der Jahresbilanz aufzustellenden fiktiven Bilanz auf den Stichtag der Beschlussfassung zu beurteilen sein.[136] Hieraus ergäbe sich das Kuriosum, dass die Aufstellung einer Bilanz zwar nicht Voraussetzung für die Durchführung einer vereinfachten Kapitalherabsetzung ist. Jedoch die ordnungsgemäße Verwendung der durch die Kapitalherabsetzung gewonnenen Mittel die Aufstellung einer Bilanz uU erforderlich machen würde, soweit nicht unzweifelhaft davon ausgegangen werden kann, dass die Verluste nicht zu hoch angenommen wurden. **149**

Gewinne dürfen nach einer vereinfachten Kapitalherabsetzung erst wieder ausgeschüttet werden, wenn die gesetzliche Rücklage und die Kapitalrücklage zusammen 10 v. H. des Grundkapitals erreicht haben, § 233 AktG. Soll ein Gewinnanteil von mehr als 4 v. H. gezahlt werden, ist dies erst für ein Geschäftsjahr zulässig, das später als zwei Jahre nach der Beschlussfassung über die Kapitalherabsetzung beginnt. Beschließt die Hauptversammlung **Gewinnausschüttungen** unter Verstoß gegen die vorgenannten Beschränkungen, führt dies zur Nichtigkeit des Beschlusses.[137] Auch hier haben die Aktionäre der Gesellschaft etwa geleistete Zahlungen zurückzugewähren und kommt da- **150**

---

[133] MünchHdb. GesR/Bd. 4/*Krieger* § 61 Rz. 20.
[134] Vgl. *Hüffer* AktG § 230 Rz. 3.
[135] *Geßler/Hefermehl/Hefermehl* § 232 Rz. 4; Kölner Komm./*Lutter* § 232 Rz. 4.
[136] *Hüffer* AktG § 232 Rz. 3 mwN.
[137] *Geßler/Hefermehl/Hefermehl* § 233 Rz. 16.

neben eine Schadensersatzverpflichtung von Vorstand und Aufsichtsrat gem. §§ 93, 116 AktG in Betracht.

III. Rückbeziehung

151 Das Verfahren der vereinfachten Kapitalherabsetzung bietet nach § 234 AktG die Möglichkeit, im Jahresabschluss für das letzte vor der Beschlussfassung über die Kapitalherabsetzung abgelaufene Geschäftsjahr das Grundkapital sowie die Kapital- und Gewinnrücklagen in der Höhe auszuweisen, in der sie nach der Kapitalherabsetzung bestehen sollen. Der Ausweis erfolgt also im Vorgriff auf das Wirksamwerden der Kapitalherabsetzung, da dieses auch im Falle des § 234 AktG erst mit Eintragung des Kapitalherabsetzungsbeschlusses in das Handelsregister eintritt (§ 224 iVm. § 229 Abs. 3 AktG). Voraussetzung für die **Rückwirkung der Kapitalherabsetzung** ist jedoch gem. § 234 Abs. 2 AktG, dass die Hauptversammlung, nicht also der Aufsichtsrat (§ 172 AktG) über die **Feststellung des Jahresabschlusses** beschließt. Der Beschluss über die Feststellung des Jahresabschlusses soll – muss jedoch nicht – zugleich mit dem Beschluss über die Kapitalherabsetzung gefasst werden.[138]

152 Eine solche Feststellung des Jahresabschlusses durch die Hauptversammlung führt zu einem besonders weitreichenden **Fragerecht der Aktionäre** (vgl. zB § 131 Abs. 3 Nr. 3 AktG), was wiederum in der Praxis zu einem stark erhöhten **Anfechtungsrisiko** führt. Da ein solches Anfechtungsrisiko aus Sicht der Verwaltung insbesondere ein unvorhersehbares „Zeitrisiko" darstellt, wird sich die Verwaltung einer Publikumsgesellschaft genau überlegen, ob ihr die Rückbeziehung der Kapitalherabsetzung auf den letzten Jahresabschluss so viel wert ist, dass sie hierfür ggf. die gesamte Kapitalherabsetzung und ggf. damit die gesamte Sanierung gefährdet.

153 Die Beschlüsse sind gem. § 234 Abs. 3 Satz 1 AktG nichtig, wenn der Beschluss über die Kapitalherabsetzung nicht **binnen drei Monaten** nach der Beschlussfassung **in das Handelsregister eingetragen** worden ist. Der Lauf der Frist ist zwar gehemmt, solange eine Anfechtungs- oder Nichtigkeitsklage rechtshängig ist, dennoch kann, wie bereits ausgeführt, die durch eine Anfechtungs- oder Nichtigkeitsklage eintretende Verzögerung die mit der vereinfachten Kapitalherabsetzung bezweckte Sanierung gefährden. Die mit Ablauf der 3-Monats-Frist des § 234 Abs. 3 Satz 1 AktG eintretende Nichtigkeit kann im Übrigen auf den Jahresabschluss beschränkt werden, wenn die Hauptversammlung den Kapitalherabsetzungsbeschluss dergestalt fasst, dass die Kapitalherabsetzung auf jeden Fall und unabhängig von der Rückwirkung wirksam sein soll.[139]

154 Wird im Falle des § 234 AktG zugleich mit der Kapitalherabsetzung eine Erhöhung des Grundkapitals beschlossen, so kann auch die Kapitalerhöhung in dem Jahresabschluss des vorangegangenen Geschäftsjahres bereits als vollzogen berücksichtigt werden, § 235 AktG. Das Verfahren einer solchen **mit der Kapitalherabsetzung verbundenen Kapitalerhöhung** läuft dabei quasi umgekehrt wie eine reguläre Kapitalerhöhung. Bereits vor dem Kapitalerhöhungsbeschluss sind die neuen Aktien zu zeichnen und ist auf jede Aktie

---

[138] MünchHdb. GesR/Bd. 4/*Krieger* § 61 Rz. 38.
[139] *Hüffer* AktG § 234 Rz. 9; Kölner Komm./*Lutter* § 234 Rz. 17.

H. Kapitalherabsetzung durch Einziehung von Aktien

zumindest der gesetzliche Mindestbetrag, gem. § 36 Abs. 2, 36 a iVm. § 188 Abs. 2 AktG einzuzahlen. Erst nach Zeichnung und Einzahlung kann die Hauptversammlung stattfinden, die dann über die vereinfachte Kapitalherabsetzung, die gleichzeitige Kapitalerhöhung, die Feststellung des Jahresabschlusses sowie die über die aufgrund der Änderung des Grundkapitals notwendige Satzungsänderung (soweit diese nicht der Aufsichtsrat gem. § 179 Abs. 1 Satz 2 AktG vornimmt) beschließt.[140]

Die **Offenlegung des Jahresabschlusses** der Gesellschaft darf im Falle der Rückbeziehung der Kapitalherabsetzung gem. § 234 AktG erst nach Eintragung des Beschlusses über die Kapitalherabsetzung und im Fall des § 235 AktG erst erfolgen, nachdem die Beschlüsse über die Kapitalherabsetzung und Kapitalerhöhung und die Durchführung der Kapitalerhöhung eingetragen worden sind, § 236 AktG. Hierdurch soll verhindert werden, dass ein Jahresabschluss veröffentlicht wird, der möglicherweise schon kurze Zeit später wegen Ablauf der 3-Monats-Frist nach § 234 Abs. 2 und § 235 Abs. 2 AktG nichtig wird.[141]

H. Kapitalherabsetzung durch Einziehung von Aktien

I. Arten der Einziehung

Eine Kapitalherabsetzung durch Einziehung von Aktien gem. §§ 237 ff. AktG führt zum „Untergang" einzelner Aktien, dh. es werden nicht alle Aktien der Gesellschaft gleichmäßig betroffen und es können auch einzelne Aktionäre unterschiedlich betroffen sein. Das Gesetz unterscheidet zwischen der Zwangseinziehung und der Einziehung nach Erwerb der Aktien durch die Gesellschaft. Der Begriff Zwangseinziehung bezeichnet dabei jegliche Einziehung von solchen Aktien, die nicht der Gesellschaft selbst gehören.[142]

Eine solche **Zwangseinziehung** ist gemäß § 237 Abs. 1 AktG nur zulässig, wenn die in der ursprünglichen Satzung oder durch eine Satzungsänderung vor Übernahme oder Zeichnung der Aktien angeordnet oder gestattet war. Im Falle der Satzungsänderung ist darauf abzustellen, ob die Übernahme oder Zeichnung vor Wirksamwerden der Satzungsänderung, also vor Eintragung der Satzungsänderung im Handelsregister, erfolgte.[143] Durch das **Erfordernis der Zulassung** der Zwangseinziehung in der ursprünglichen Satzung bzw. der Satzungsänderung vor Übernahme oder Zeichnung soll sichergestellt werden, dass kein Aktionär von einer Zwangseinziehung betroffen werden kann, der nicht schon bei Erwerb der Aktien mit dieser Möglichkeit rechnen musste und dies in seine Überlegungen einbeziehen konnte. Ein Abweichen von diesem Grundsatz ist nur mit Zustimmung der betroffenen Aktionäre zulässig, dh. die Zwangseinziehung für bereits vorhandene Aktien kann durch eine Satzungsänderung nur mit Zustimmung sämtlicher betroffener Aktionäre nachträglich zugelassen werden.[144]

---

[140] *Hüffer* AktG § 229 Rz. 4.
[141] MünchHdb. GesR/Bd. 4/*Krieger* § 61 Rz. 43.
[142] *Hüffer* AktG § 237 Rz. 5.
[143] MünchHdb. GesR/Bd. 4/*Krieger* § 62 Rz. 6.
[144] Kölner Komm./*Lutter* § 237 Rz. 30; *Geßler/Hefermehl/Hefermehl* § 237 Rz. 11; *Hüffer* AktG § 237 Rz. 8.

163 Das Gesetz unterscheidet zwei Arten der Zwangseinziehung, die angeordnete Zwangseinziehung und die gestattete Zwangseinziehung. Bei der **angeordneten Zwangseinziehung** sind sämtliche Voraussetzungen und Folgen der Zwangseinziehung bereits so detailliert in der Satzung festgelegt, dass ein weiterer Hauptversammlungsbeschluss entbehrlich ist (vgl. § 237 Abs. 6 Satz 1 AktG) und auch der ausführenden Verwaltung kein Entscheidungsspielraum bleibt.[145] Anders bei der **gestatteten Zwangseinziehung**. Hier beschränkt sich die Satzungsbestimmung meist darauf, die Einziehung der Aktien ohne weitere Voraussetzungen in das Ermessen der Hauptversammlung zu stellen. In diesem Fall sind die Voraussetzungen für eine Zwangseinziehung und die Einzelheiten ihrer Durchführung gem. § 237 Abs. 2 Satz 2 AktG in einem Beschluss der Hauptversammlung festzulegen. Die betroffenen Aktionäre haben einen Anspruch darauf, dass ein solcher Hauptversammlungsbeschluss willkürfrei, sowie ausgerichtet an den Maßstäben der Erforderlichkeit und Verhältnismäßigkeit gefasst wird,[146] und können bei Missachtung dieser Grundsätze den Einziehungsbeschluss gem. § 243 AktG anfechten.[147]

164 Das Gesetz regelt nicht, ob und in welcher Höhe den betroffenen Aktionären als Ausgleich für die Einziehung ein Entgelt zu zahlen ist, setzt diese Verpflichtung der Gesellschaft jedoch voraus (vgl. § 237 Abs. 2 Satz 3 AktG). Bei der angeordneten Zwangseinziehung muss die Frage des Einziehungsentgelts – wie alle anderen Einzelheiten der Einziehung – bereits in der Satzung geregelt sein. Enthält die Satzung keine Bestimmungen, ist die Einziehung nur gegen **angemessene Abfindung** zulässig.[148] Dabei soll die Angemessenheit der Abfindung nach den Maßstäben des § 305 AktG zu ermitteln sein. Die Möglichkeit der Überprüfung der Abfindung im Spruchverfahren nach Vorbild der §§ 1 ff. Spruchverfahrensgesetzes besteht nicht.[149] Mit Zustimmung sämtlicher betroffener Aktionäre kann das Einziehungsentgelt auch abweichend vom objektiven Wert der Aktie (nach oben wie nach unten) festgesetzt werden.[150]

165 Ist die Gesellschaft selbst Eigentümerin der Aktien, so können diese gem. § 237 Abs. 1 Satz 1 AktG eingezogen werden, ohne dass es einer besonderen Zulassung in der Satzung bedarf. Eine solche **Einziehung eigener Aktien** bedarf jedoch immer eines Hauptversammlungsbeschlusses, der jedoch bereits im Vorhinein, dh. für erst noch zu erwerbende Aktien gefasst werden kann.[151]

II. Ordentliches und vereinfachtes Einziehungsverfahren

166 Das Aktiengesetz unterscheidet zwischen dem ordentlichen (§ 237 Abs. 2 AktG) und dem vereinfachten Einziehungsverfahren (§ 237 Abs. 3 bis 5 AktG). Beim **ordentlichen Einziehungsverfahren** sind gem. § 237 Abs. 2 Satz 1 AktG

---

[145] MünchHdb. GesR/Bd. 4/*Krieger* § 62 Rz. 7.
[146] *Grunewald* Der Ausschluss aus Gesellschaft und Verein, 1987, S. 232; Kölner Komm./*Lutter* § 237 Rz. 47.
[147] Sog. materielle Beschlusskontrolle, vgl. *Hüffer* AktG § 243 Rz. 22.
[148] Kölner Komm./*Lutter* § 237 Rz. 72, *Hüffer* AktG § 237 Rz. 18.
[149] So MünchHdb. GesR/Bd. 4/*Krieger* § 62 Rz. 13; *Hüffer* AktG § 237 Rz. 18, der jedoch ein Spruchverfahren – wohl de lege ferenda – als sinnvoll ansieht.
[150] *Hüffer* AktG § 237 Rz. 17.
[151] MünchHdb. GesR/Bd. 4/*Krieger* § 62 Rz. 15a. Zu den steuerlichen Folgen s. § 13 Rz. 623 ff.

H. Kapitalherabsetzung durch Einziehung von Aktien

die Vorschriften über die ordentliche Kapitalherabsetzung zu befolgen.[152] Im Beschluss muss festgelegt werden, ob es sich um eine Zwangseinziehung oder um Einziehung eigener Aktien handelt. Es sind die Voraussetzungen der Zwangseinziehung, der Zweck der Einziehung, die Höhe des Herabsetzungsbetrages sowie die Einzelheiten der Durchführung festzusetzen, soweit nicht bereits die Satzung entsprechende Regelungen enthält, vgl. § 237 Abs. 2 Satz 2 AktG.

Durch den Verweis auf die Vorschriften über die ordentliche Kapitalherabsetzung findet auch im Rahmen der Kapitalherabsetzung durch Einziehung von Aktien ein **Gläubigerschutz** iSv. § 225 AktG statt. Die Gesellschaftsgläubiger haben daher einen Anspruch auf Sicherheitsleistung (vgl. Rz. 132 ff.) und es dürfen Zahlungen an die Aktionäre aufgrund der Herabsetzung des Grundkapitals erst geleistet werden, nachdem die 6-Monats-Frist des § 225 Abs. 2 AktG verstrichen ist.

Sind die Aktien, auf die sich das Einziehungsverfahren beziehen soll, voll eingezahlt, so eröffnet § 237 Abs. 3 AktG die Möglichkeit der **vereinfachten Kapitalherabsetzung durch Einziehung** von Aktien. Weitere Voraussetzung der vereinfachten Kapitalherabsetzung durch Einziehung von Aktien ist, dass die Aktien der Gesellschaft unentgeltlich zur Verfügung gestellt wurden (§ 237 Abs. 3 Nr. 1 AktG) oder zu Lasten des Bilanzgewinns oder einer anderen Gewinnrücklage, soweit sie zu diesem Zweck verwandt werden können, eingezogen werden (§ 237 Abs. 3 Nr. 2 AktG). Die Vereinfachung besteht – wie bei § 229 AktG – in einem stark verminderten Gläubigerschutz. Dieser findet im Rahmen der vereinfachten Kapitalherabsetzung durch Einziehung von Aktien nämlich nur insoweit statt, dass gem. § 237 Abs. 5 AktG in den Fällen des § 237 Abs. 3 Nr. 1 und 2 AktG in die Kapitalrücklage ein Betrag einzustellen ist, der dem auf die eingezogenen Aktien entfallenden Betrag des Grundkapitals gleichkommt. Durch diese Verpflichtung wird sichergestellt, dass das Gesellschaftsvermögen in Höhe des Herabsetzungsbetrages den Verwendungsbindungen nach § 150 Abs. 3 und 4 AktG unterliegt. Eine unmittelbare Ausschüttung des im Rahmen der Einziehung entstehenden Buchgewinns an die Aktionäre ist ausgeschlossen. Eine weitere Ausnahme von den Vorschriften der ordentlichen Kapitalherabsetzung hat das TransPubG[153] in § 237 Abs. 3 Nr. 3 AktG für **Stückaktien** vorgesehen, um so einen „reserve stock split" zu ermöglichen.[154] Im Falle von (voll eingezahlten) Stückaktien kann dabei auf eine Kapitalherabsetzung verzichtet werden, wenn der Einziehungsbeschluss bestimmt, dass sich durch die Einziehung der Anteil der übrigen Stückaktien am Grundkapital gem. § 8 Abs. 3 AktG erhöht. Im Falle der Einziehung von Stückaktien ohne Kapitalherabsetzung ist eine Einstellung von Beiträgen in die Kapitalrücklage gemäß § 237 Abs. 5 AktG nicht erforderlich.

III. Durchführung

Bedarf die Kapitalherabsetzung durch Einziehung im Falle der angeordneten Zwangseinziehung lediglich noch des Einziehungsbeschlusses des Vorstandes, gilt das Grundkapital bereits gemäß § 238 Satz 2 AktG mit diesem

---

[152] Vgl. hierzu, insbesondere zu den Erfordernissen des Hauptversammlungsbeschlusses, Rz. 125 ff.
[153] Transparenz- und Publizitätsgesetz v. 19. 7. 2002, BGBl. I, 2002, 2681.
[154] *Seibert* NZG 2002, 608, 612.

Beschluss als herabgesetzt. Im Falle der gestatteten Zwangseinziehung ist das Grundkapital um den auf die eingezogenen Aktien entfallenden Betrag erst dann herabgesetzt, wenn der entsprechende Beschluss der Hauptversammlung im **Handelsregister** eingetragen wurde oder, wenn die Einziehung nachfolgt, mit der Einziehung, § 238 Satz 1 AktG. Für Anmeldung, Eintragung und Bekanntmachung gelten wiederum gemäß § 237 Abs. 2 Satz 1 AktG die Vorschriften über die ordentliche Kapitalherabsetzung entsprechend, vgl. oben Rz. 128 ff. Zu den steuerlichen Folgen vgl. § 13 Rz. 623 ff.

170 Zur Einziehung bedarf es gem. § 238 Satz 3 AktG einer Handlung der Gesellschaft, die auf die Vernichtung der Rechte aus bestimmten Aktien gerichtet ist. Diese **Einziehungshandlung** ist eine Willenserklärung der Gesellschaft gegenüber dem Inhaber der einzuziehenden Aktien. Sie muss diese Aktien konkret bezeichnen und dem Empfänger zugehen oder in den Gesellschaftsblättern veröffentlicht werden.[155] Mit dem Wirksamwerden der Kapitalherabsetzung gegen die Mitgliedschaftsrechte unter. Die alten Aktienurkunden verbriefen nur noch den Anspruch auf die Zahlung des Einziehungsentgelts.

J. Sonderformen der Kapitalbeschaffung

I. Wandelschuldverschreibungen

176 Neben den bisher dargestellten Möglichkeiten der „Eigenkapital-Beschaffung" enthält das Aktiengesetz auch besondere Regelungen zur **Beschaffung von Fremdkapital**. So haben Aktiengesellschaften nach § 221 AktG die Möglichkeit, unter bestimmten Voraussetzungen Wandelschuldverschreibungen auszugeben. Es handelt sich hierbei um Schuldverschreibungen, bei denen den Gläubigern ein Umtausch- oder Bezugsrecht auf Aktien eingeräumt wird. Unter den Begriff der Wandelschuldverschreibung (Wandelschuldverschreibung im weiteren Sinn) fasst das Aktiengesetz also zum einen Schuldverschreibungen, bei denen den Gläubigern das Recht eingeräumt wird, den Anspruch auf Rückzahlung des – in aller Regel verzinslichen – Nennbetrages gegen eine bestimmte Zahl von Aktien, uU gegen Zuzahlung eines gewissen Entgelts einzutauschen. Der Gläubiger hat hier also eine Ersetzungsbefugnis.

177 In § 221 Abs. 1 Satz 1 AktG sind unter dem Oberbegriff der Wandelschuldverschreibung (im weiteren Sinne) aber auch solche Schuldverschreibungen erfasst, die neben dem Recht auf Rückzahlung des Nennbetrages nach Ablauf der Laufzeit und dem Recht auf Verzinsung zusätzlich ein **Bezugsrecht**, also das Recht, innerhalb eines bestimmten Zeitraumes zu einem bestimmten Entgelt eine festgesetzte Anzahl von Aktien zu erwerben, gewähren. Dem heutigen Sprachgebrauch entspricht es, zwischen der Einräumung von Umtausch- und Bezugsrechten zu differenzieren. Schuldverschreibungen, die ein Umtauschrecht gewähren, werden als **Wandelanleihen** und Schuldverschreibungen, die ein Bezugsrecht gewähren, werden als **Optionsanleihen** bezeichnet.[156]

---

[155] *MünchHdb. GesR/Bd. 4/Krieger* § 62 Rz. 28; *Geßler/Hefermehl/Hefermehl* § 238 Rz. 5.
[156] *Hüffer AktG* § 221 Rz. 3; *Geßler/Hefermehl/Karollus* § 221 Rz. 7; *MünchHdb. GesR/ Bd. 4/Krieger* § 63 Rz. 4. Zu den steuerlichen Folgen s. § 13 Rz. 631 ff.

J. Sonderformen der Kapitalbeschaffung 178–182 § 9

Aus Sicht der Aktiengesellschaft stellten Anleihen eine besonders attraktive **178** Form der Aufnahme von Fremdkapital dar. Denn wegen des spekulativen Anreizes (Kurssteigerung der Aktien während der Laufzeit der Anleihe) werden solche Anleihen grundsätzlich mit einer relativ **geringen Festverzinsung** ausgegeben. Für den Anleger liegt der wirtschaftliche Anreiz dieser Anleihen vor allem in der Verknüpfung einer gesicherten Festverzinsung und Rückzahlbarkeit des Nennbetrages mit der Möglichkeit, das Wandlungs- oder Optionsrecht spekulativ zu nutzen.[157] In der Praxis spielen die Wandelanleihen und die Optionsanleihen eine große Rolle, wobei in den letzten Jahren Wandelanleihen gegenüber Optionsanleihen immer mehr an Bedeutung gewinnen.

Die grundsätzlichen Voraussetzungen für die Ausgabe von Wandel- und Op- **179** tionsanleihen regelt § 221 AktG, indem er festlegt, dass sie nur aufgrund eines Beschlusses der Hauptversammlung ausgegeben werden dürfen, der einer Mehrheit, die mindestens drei Viertel des bei der Beschlussfassung vertretenen Grundkapitals umfasst, bedarf. Die Satzung kann eine andere Kapitalmehrheit und weitere Erfordernisse bestimmen. Sind mehrere Gattungen von stimmberechtigten Aktien vorhanden, so bedarf der **Beschluss der Hauptversammlung** zu seiner Wirksamkeit der Zustimmung der Aktionäre jeder Gattung, die hierüber einen Sonderbeschluss zu fassen haben, vgl. § 221 Abs. 1 Satz 4 iVm. § 182 Abs. 2 AktG. Insgesamt gelten für den Beschluss der Hauptversammlung zur Ausgabe von Wandel- und Optionsanleihen die Ausführungen zum Beschluss der Hauptversammlung betreffend eine (reguläre) Kapitalerhöhung entsprechend, vgl. hierzu Rz. 13 ff.

Nach § 221 AktG ist es zulässig, wenn die Hauptversammlung in ihrem Be- **180** schluss die Ausgabe von Wandel- und Optionsanleihen nicht selbst anordnet, sondern diesbezüglich lediglich eine **Ermächtigung für den Vorstand** ausspricht. Eine solche Ermächtigung des Vorstandes zur Ausgabe von Wandel- und Optionsanleihen kann gem. § 221 Abs. 2 Satz 1 AktG jedoch höchstens für fünf Jahre erteilt werden. Die Frist beginnt mit der Beschlussfassung.[158]

Die **inhaltliche Ausgestaltung** des Beschlusses der Hauptversammlung **181** zur Ausgabe von Wandel- oder Optionsanleihen bzw. der entsprechenden Ermächtigung des Vorstandes ist in § 221 AktG nicht geregelt. Aus den verschiedenen Möglichkeiten der Vorgehensweise ergibt sich aber bereits zunächst, dass der Beschluss als Mindestinhalt festzulegen hat, ob es sich um Wandel- oder Optionsanleihen handelt, mit welchem Nennbetrag die Anleihe ausgegeben wird, ob der Vorstand zur Durchführung des Beschlusses verpflichtet oder nur ermächtigt ist und wie im letztgenannten Fall die Ermächtigung befristet sein soll.[159] Neben diesem Mindestinhalt wird in der Praxis üblicherweise der wesentliche Inhalt der Anleihebedingungen in den Hauptversammlungsbeschluss aufgenommen.

Der Beschluss über die Ausgabe von Wandel- oder Optionsanleihen ist (in **182** Ausfertigung oder in notariell beglaubigter Abschrift) vom Vorstand (in vertretungsberechtigter Zahl) und dem Vorsitzenden des Aufsichtsrates **beim Handelsregister zu hinterlegen**, § 221 Abs. 2 Satz 2 AktG. Entsprechendes gilt für eine Erklärung über die Ausgabe der Wandel- oder Optionsanleihen (für die jedoch private Schriftform genügt). Ein Hinweis auf den Beschluss und

---

[157] MünchHdb. GesR/Bd. 4/*Krieger* § 63 Rz. 6.
[158] *Geßler/Hefermehl/Karollus* § 221 Rz. 54; *Hüffer* AktG § 221 Rz. 13.
[159] *Hüffer* AktG § 221 Rz. 10.

die Erklärung ist gem. § 221 Abs. 2 Satz 3 AktG in den Gesellschaftsblättern bekannt zu machen.

183 § 221 Abs. 4 AktG stellt auch für Wandel- und Optionsanleihen klar, dass den Aktionären ein **Bezugsrecht** zusteht. Durch den in § 221 Abs. 4 AktG enthaltenen Verweis auf § 186 AktG gelten hier dieselben Grundsätze wie bei der regulären Kapitalerhöhung, vgl. Rz. 36 ff. Damit besteht für die Gesellschaft grundsätzlich auch die Möglichkeit, das Bezugsrecht der Aktionäre bei der Ausgabe von Wandel- und Optionsanleihen unter bestimmten Voraussetzungen auszuschließen.[160] Grundsätzlich ist ein Bezugsrechtsausschluss unter den gleichen formellen und materiellen Voraussetzungen wie bei der Kapitalerhöhung möglich.[161]

184 Die **Absicherung der Gesellschaft**, ihre Verpflichtungen aus der Ausgabe von Wandel- oder Optionsanleihen zum in den Anleihebedingungen definierten Zeitpunkt erfüllen zu können, erfolgt in der Praxis regelmäßig über die Schaffung eines bedingten Kapitals[162] (vgl. Rz. 51 ff.). Neben den „klassischen" Wandel- und Optionsanleihen haben sich viele Sonderformen in der Praxis entwickelt (zB Huckepack-Immissionen, naked warrants oder sog. Warrant-Anleihen, vgl. Rz. 53). Die Zulässigkeit sowie die rechtliche Ausgestaltung dieser Sonderformen sind bisher nicht abschließend geklärt.[163]

185 Gegenstand der öffentlichen Diskussion waren in den letzten Jahren hauptsächlich **Aktienbezugsprogramme**, die Aktiengesellschaften als ein variabler Vergütungsbestandteil ihren **Führungskräften** einräumten, um diese so zu motivieren, ihre Tätigkeit am Ziel einer Wert- und Kurssteigerung des Unternehmens (shareholder value) auszurichten. Die diesbezüglich im Aktiengesetz enthaltenen – und allgemein als unbefriedigend empfundenen – Regelungen wurden durch das KonTraG[164] erheblich modifiziert, vgl. bereits Rz. 55 ff. So wurde durch das KonTraG die Möglichkeit geschaffen, selbständig Bezugsrechte auszugeben, die nach Erreichung festgelegter Erfolgsziele und Wartezeiten ausgeübt werden können. Zur Bedienung dieser Bezugsrechte kann ein bedingtes Kapital geschaffen (§ 192 Abs. 2 Nr. 3 AktG) oder der Erwerb eigener Aktien (§ 71 Abs. 1 Nr. 8 AktG) vorgesehen werden.[165]

II. Gewinnschuldverschreibungen

186 Gewinnschuldverschreibungen werden in § 221 Abs. 1 Satz 1 AktG als Schuldverschreibungen definiert, bei denen die Rechte der Gläubiger mit Gewinnanteilen von Aktionären in Verbindung gebracht werden. Von den nor-

---

[160] Vgl. im Einzelnen *Busch* AG 1999, 58 sowie OLG Schleswig 5 U 8/00 v. 22. 6. 2001, AG 2003, 48.
[161] Siehe dazu MünchHdb. GesR/Bd. 4/*Krieger* § 63 Rz 16.
[162] Zur alternativen Gestaltung vgl. *Busch* AG 1999, 58.
[163] Vgl. MünchHdb. GesR/Bd. 4/*Krieger* § 63 Rz. 24; *Wolff* WiB 1997, 505 jeweils mwN.
[164] Gesetz zur Kontrolle und Transparenz im Unternehmensbereich vom 27. 4. 1998, BGBl. I 1998, 786.
[165] Zu Einzelfragen vgl. *Kohler* ZHR 161 (1997), 246; *Claussen* WM 1997, 1825; *Casper* WM 1999, 363 (insiderrechtliche Behandlung); *Schmidt/Drenseck* § 19 Rz. 50 „Ankaufsrecht" mwN (steuerliche Behandlung); *Busch* BB 2000, 1294 (zu arbeitsrechtlichen Fragen).

malen, in der Regel festverzinslichen, Anleihen unterscheiden sich Gewinnschuldverschreibungen entsprechend dieser Definition durch eine besondere Berechnung der laufenden **Verzinsung, die sich an den Gewinnanteilen der Aktionäre orientiert.** Dabei ist die Bemessungsgrundlage „Gewinn" weit zu verstehen. Neben einer Anknüpfung an die Dividende sind zB auch Anknüpfungen an den Jahresüberschuss, den Bilanzgewinn oder andere ergebnisorientierte Faktoren denkbar.[166] Bei der inhaltlichen Ausgestaltung der Gewinnschuldverschreibungen ist die Gesellschaft weitestgehend frei. Erforderlich ist nicht einmal, dass die Anknüpfung an den eigenen Gewinn erfolgt, vielmehr kann die Verzinsung auch von den Gewinnverhältnissen einer oder mehrerer anderer Gesellschaften abhängen.[167] In Bezug auf die Voraussetzungen des Hauptversammlungsbeschlusses betreffend die Ausgabe von Gewinnschuldverschreibungen, ggf. der Ermächtigung des Vorstandes sowie des Bezugsrechts der Aktionäre gelten die gleichen Regeln wie für Wandel- und Optionsanleihen, vgl. Rz. 179 ff.

Während die Gewinnschuldverschreibungen in den zwanziger Jahren des letzten Jahrhunderts noch sehr verbreitet waren, und daher von der Aktienrechtsreform 1930/1937 gesondert aufgegriffen wurden, sind sie in der heutigen **Finanzierungspraxis** fast völlig von den Genussrechten verdrängt worden.[168] Diese rückläufige Entwicklung beruht wohl vor allem auf der größeren Flexibilität des Genussrechts, vgl. hierzu Rz. 188 ff.

III. Genussrechte

Während der Begriff der Wandelschuldverschreibungen und der Gewinnschuldverschreibungen § 221 Abs. 1 AktG kurz definiert wird, hat der Gesetzgeber bisher bewusst von einer aktienrechtlichen Definition des Begriffs „Genussrecht" abgesehen.[169] § 221 Abs. 3 AktG beschränkt sich darauf, anzuordnen, dass § 221 Abs. 1 AktG sinngemäß für die Gewährung von Genussrechten gilt. Soweit in anderen Gesetzen zT auf „Genussscheine" Bezug genommen wird (vgl. zB § 17 EStG), handelt es sich hierbei um verbriefte Genussrechte, also um Wertpapiere, die auf den Inhaber oder auf den Namen lauten oder aber auch als bloße Beweisurkunde dienen.[170]

Zentrales Definitionsmerkmal der „Genussrechte" ist die **Gewährung von Vermögensrechten**, wie sie typischerweise den Aktionären zustehen.[171] Dabei genügt es, wenn das Genussrecht auch nur ein aktionärtypisches Vermögensrecht beinhaltet. In Betracht kommen dabei eine Beteiligung am Gewinn und/oder am Liquidationserlös der Gesellschaft, aber auch Ansprüche auf die verschiedenen Leistungen sonstiger Art, zB auf Dienstleistungen der Gesellschaft, die Benutzung von deren Einrichtungen usw.[172] Zu dem **genussrechts-**

---

[166] *Geßler/Hefermehl/Karollus* § 221 Rz. 472.
[167] *Geßler/Hefermehl/Karollus* § 221 Rz. 474; *Hüffer* AktG § 221 Rz. 8, Kölner Komm./ *Lutter* § 221 Rz. 446.
[168] *Geßler/Hefermehl/Karollus* § 221 Rz. 480.
[169] Vgl. *Gehling* WM 1992, 1094; *Geßler/Hefermehl/Karollus* § 221 Rz. 237.
[170] Kölner Komm./*Lutter* § 221 Rz. 247; *Geßler/Hefermehl/Karollus* § 221 Rz. 339.
[171] Vgl. *Geßler/Hefermehl/Karollus* § 221 Rz. 240 mwN.
[172] MünchHdb. GesR/Bd. 4/*Krieger* § 63 Rz. 60; *Hüffer* AktG § 221 Rz. 25; *Gehling* WM 1992, 1093. Zu den steuerlichen Folgen s. § 13 Rz. 612 ff.

typischen Inhalt muss ein gewisses Emmissionsvolumen hinzutreten, da die bloß einzelvertragliche Vereinbarung im Rahmen des laufenden Geschäftsverkehrs von § 221 AktG nicht erfasst sein soll.[173]

190 Nach überwiegender Auffassung erschöpft sich das Genussrecht in der Einräumung eines bloßen geldwerten Anspruchs, ohne dass damit eine mitgliedschaftsrechtliche Stellung verbunden ist.[174] Da die Genussrechte also **rein schuldrechtliche Ansprüche** zum Inhalt haben, steht der Genussrechtsinhaber der AG nur als Gläubiger gegenüber. In der Ausgestaltung der Genussrechte ist die Gesellschaft weitestgehend frei.[175] Die Einzelheiten regeln die Genussscheinbedingungen, die der Inhaltskontrolle nach den Vorschriften betreffend die Gestaltung rechtsgeschäftlicher Schuldverhältnisse durch allgemeine Geschäftsbedingungen (§§ 305 ff. BGB) unterliegen. Für den Beschluss der Hauptversammlung zur Schaffung von Genussrechten bzw. der Ermächtigung des Vorstandes sowie das Bezugsrecht der Aktionäre gelten die gleichen Regeln wie für Wandel- und Optionsanleihen, vgl. hierzu Rz. 179 ff. Zu den steuerlichen Einzelheiten vgl. § 13 Rz. 612 ff.

IV. Stille Gesellschaft

191 Wie jeder „Inhaber eines Handelsgeschäfts" kann sich die Aktiengesellschaft gem. § 230 HGB auch dadurch finanzieren, dass Dritte als stille Gesellschafter sich an ihrem Handelsgewerbe mit einer Vermögenseinlage beteiligen. Die stille Gesellschaft begründet ein weiteres Gesellschaftsverhältnis zwischen dem stillen Gesellschafter und der Aktiengesellschaft. Es handelt sich hierbei um eine reine Innengesellschaft, die im Rechtsverkehr nicht nach außen auftritt und auch nicht im Handelsregister eingetragen wird. Als **reine Innengesellschaft** hat die stille Gesellschaft auch kein eigenes Vermögen. Die Vermögensrechte des stillen Gesellschafters gegenüber der Aktiengesellschaft sind daher **rein schuldrechtlicher Natur**. Anders als bei festverzinslichen Darlehen erfolgt im Rahmen der stillen Gesellschaft regelmäßig eine an der Ertragslage der Aktiengesellschaft orientierte Vergütung sowie eine Beteiligung am Verlust (bis zur Höhe der Einlage). Bei der sog. typischen stillen Gesellschaft beschränkt sich die Beteiligung am Gewinn und Verlust auf den laufenden Gewinn. Auch stehen dem stillen Gesellschafter keine Mitwirkungsrechte sondern lediglich Informations- und Kontrollrechte zu. Dagegen ist im Rahmen der sog. atypischen stillen Gesellschaft der stille Gesellschafter auch an den außerordentlichen Erträgen und darüber hinaus an den stillen Reserven und dem Geschäftswert beteiligt und ihm stehen über die bloßen Informations- und Kontrollrechte hinaus weitergehende Mitwirkungsrechte (zB Stimmrechte, Vetorechte) zu.[176]

192 Die mit einer Aktiengesellschaft eingegangene stille Gesellschaft, in deren Rahmen die Aktiengesellschaft eine gewinnabhängige Gegenleistung zusagt, stellt regelmäßig einen **Teilgewinnabführungsvertrag** iSv. § 292 Abs. 1 Nr. 2

---

[173] Zu der im Einzelnen umstrittenen Abgrenzung vgl. *Geßler/Hefermehl/Karollus* § 221 Rz. 241.
[174] BGH II ZR 230/91 v. 19. 11. 1992, NJW 1993, 400 mwN.
[175] Zu den bestehenden Möglichkeiten vgl. Kölner Komm./*Lutter* § 221 Rz. 199 ff.; *Geßler/Hefermehl/Karollus* § 221 Rz. 288 ff.
[176] Vgl. BFH IV R 132/91 v. 18. 2. 1993 BFH/NV 1993, 647.

AktG dar.[177] Damit wird der Vertrag, dessen Abschluss in die Zuständigkeit des Vorstandes fällt, nur mit Zustimmung der Hauptversammlung (§ 293 AktG) und Eintragung im Handelsregister (§ 294 AktG) wirksam.

Steuerlich stellen die von der Aktiengesellschaft an den stillen Gesellschafter abgeführten Gewinnanteile für die Aktiengesellschaft Betriebsausgaben und für den stillen Gesellschafter Einnahmen aus Kapitalvermögen dar. Die atypische stille Gesellschaft wird hingegen steuerlich als Mitunternehmerschaft behandelt, sodass eine einheitliche und gesonderte Gewinnfeststellung (§ 180 AO) stattzufinden hat, obwohl nicht die stille Gesellschaft selbst, sondern lediglich die Aktiengesellschaft gewerblich tätig ist.[178]

K. Besonderheiten bei der KGaA

I. Allgemeines

Wie die AG verfügt die KGaA über ein Grundkapital. Hinsichtlich der Maßnahmen zur Erhöhung und Herabsetzung dieses Grundkapitals verweist § 278 Abs. 3 AktG auf die vorstehend erläuterten allgemeinen Vorschriften (vgl. Rz. 1 ff.). Neben dem Hauptversammlungsbeschluss bedürfen solche **Kapitalmaßnahmen** bei der KGaA gem. § 285 Abs 2 AktG jedoch jeweils noch der **Zustimmung der persönlich haftenden Gesellschafter** (Komplementäre). Hierbei handelt es sich um eine Willenserklärung, die – auch außerhalb der Hauptversammlung – gegenüber der Hauptversammlung oder dem Aufsichtsrat abzugeben ist.[179] Soweit das Grundkapital der KGaA erhöht wird, steht den Komplementären ein Bezugsrecht auf die neuen Aktien nur insoweit zu, wie sie bereits am Grundkapital beteiligt sind.[180] Insoweit unterscheiden sie sich nicht von den Aktionären.

Neben dem Grundkapital (gezeichnetes Kapital iSv. § 266 Abs. 3 A. HGB) kann die KGaA über einen **weiteren Eigenkapitalposten**, nämlich den Vermögenseinlagen (Kapitalanteile) der Komplementäre verfügen, § 281 Abs. 2 AktG. In der Jahresbilanz der KGaA sind die Kapitalanteile der persönlich haftenden Gesellschafter nach dem Posten „gezeichnetes Kapital" (§ 266 Abs. 3 A. 1. HGB) gem. § 286 Abs. 2 Satz 1 AktG gesondert auszuweisen. Ein Nebeneinander von Grundkapital und Vermögenseinlagen der Komplementäre ist im Rahmen der KGaA jedoch nicht zwingend, da die Komplementäre grundsätzlich nicht verpflichtet sind, solche Vermögenseinlagen zu erbringen. Zu den steuerlichen Besonderheiten der KGaA vgl. § 13 Rz. 700 ff.

---

[177] Vgl. Kölner Komm./*Koppensteiner* § 292 Rz. 53; *Hüffer* AktG § 292 Rz. 15; *Jebens* BB 1996, 701.
[178] Zur steuerlichen Behandlung der mit einer Kapitalgesellschaft (GmbH) eingegangenen typischen und atypischen stillen Gesellschaft vgl. BeckHdb. GmbH/*Jung* § 7 Rz. 128 ff., § 2 Rz. 101 f. und § 11 Rz. 161 ff.
[179] *Hüffer* AktG § 285 Rz. 3.
[180] Zu Maßnahmen betreffend den Schutz der Beteiligung der Komplementäre vor Verwässerung vgl. MünchHdb. GesR/Bd. 4/*Herfs* § 79 Rz. 10.

II. Die Vermögenseinlage der Komplementäre

203 Die erstmalige Schaffung und jede spätere Veränderung der Vermögenseinlage der Komplementäre stellt eine Satzungsänderung dar, denn die nach § 281 Abs. 2 AktG vorgeschriebene Festsetzung der Höhe und Art der Vermögenseinlage in der Satzung wird verändert. Wie zu jeder **Satzungsänderung** bedarf es hierzu eines Beschlusses der Hauptversammlung mit einer Mehrheit, die mindestens drei Viertel des bei der Beschlussfassung vertretenen Grundkapitals umfasst, vgl. § 179 AktG. Neben dem Hauptversammlungsbeschluss ist noch gem. § 285 Abs. 2 Satz 1 AktG die Zustimmung der Komplementäre notwendig. Die Satzung kann gem. § 179 Abs. 2 Satz 3 AktG weitere Erfordernisse aufstellen. Ein zustimmender Sonderbeschluss etwa vorhandener Vorzugsaktionäre ist jedoch zur Schaffung bzw. Veränderung der Vermögenseinlagen der Komplementäre nicht erforderlich.[181]

204 Im Rahmen der Schaffung bzw. Erhöhung der Vermögenseinlagen der Komplementäre steht den Aktionären kein **Bezugsrecht** zu, da die Einlage nicht nach den Vorschriften der §§ 182 ff. AktG sondern nach der Vorschrift des § 705 BGB iVm. §§ 105 Abs. 2, 161 Abs. 2 HGB, dh. nach den Vorschriften betr. die Kommanditgesellschaft, zu leisten ist, vgl. § 278 Abs. 2 AktG. Um die Aktionäre vor einer **Verwässerung** ihres Aktienbesitzes durch eine nicht wertgerechte Leistung der Vermögensanlagen der Komplementäre zu schützen, wird vorgeschlagen, die dem Verwässerungsschutz dienende Vorschrift des § 255 AktG analog anzuwenden.[182]

205 Wie bei den das Grundkapital betreffenden Kapitalmaßnahmen ist es auch möglich, ein **„genehmigtes Komplementärkapital"** durch einen entsprechenden Hauptversammlungsbeschluss mit Zustimmung der Komplementäre zu schaffen. Die Satzung sieht in diesem Falle entsprechend § 202 AktG eine Ermächtigung der Komplementäre vor, innerhalb eines festen Rahmen das Komplementärkapital zu erhöhen.[183] Zu diesem in der Satzung festzulegenden Rahmen soll insbesondere der Ausgabebetrag für die neuen Komplementäreinlagen oder zumindestens die Kriterien gehören, nach denen der Ausgabebetrag im Zeitpunkt der Erhöhung des Komplementärkapitals zu ermitteln ist. Wie bei der AG sollte die Ermächtigung für höchstens fünf Jahre erteilt werden.

III. Umwandlung von Komplementäranteilen in Aktien und umgekehrt

206 Die Umwandlung von Komplementäranteilen in Aktien setzt sich aus mehreren Maßnahmen zusammen. Zunächst handelt es sich um eine Herabsetzung der Vermögenseinlage der Komplementäre, die gem. § 281 Abs. 2 AktG eine Änderung der Satzung erfordert. Des Weiteren ist eine **Kapitalerhöhung gegen Sacheinlagen** notwendig, bei der der Kapitalanteil des Komplementärs den Gegenstand der Sacheinlage bildet. Streitig ist, ob ein entsprechendes Umtauschrecht der Komplementäre und die hiermit korrespondierende Verpflichtung der Aktionäre zur Mitwirkung bei der erforderlichen Sachkapi-

---

[181] MünchHdb. GesR/Bd. 4/*Herfs* § 79 Rz. 3.
[182] Vgl. *Wichert* AG 1999, 362, 368; MünchHdb. GesR/Bd. 4/*Herfs* § 79 Rz. 6.
[183] *Wichert* AG 1999, 362, 369.

K. Besonderheiten bei der KGaA

talerhöhung in der Satzung der KGaA festgeschrieben werden kann.[184] Als gangbarer Weg für die Durchführung des Umwandlungsrechts wird die Schaffung eines bedingten Kapitals empfohlen, da hierdurch vermieden wird, bei jeder Umwandlung, die möglicherweise nur einen kleinen Teil des Kapitalanteils betrifft, eine neue Kapitalerhöhung von der Hauptversammlung beschließen lassen zu müssen.[185]

Der umgekehrte Weg der **Umwandlung von Aktien in Komplementäreinlagen** erfordert gem. § 278 Abs. 3 iVm. § 237 AktG die Herabsetzung des Grundkapitals der KGaA durch Einziehung von Aktien, vgl. Rz. 161 ff. Die Vermögenseinlage des Komplementärs wird hierbei dann in einem weiteren Schritt aus dem Einziehungsentgelt erbracht.[186] Will man im Rahmen dieses Verfahrens auf die Beachtung der Gläubigerschutzvorschriften (Sicherheitsleistung, Auszahlungssperre, vgl. § 225 AktG) verzichten, müssen die Aktien, auf die der Ausgabebetrag voll geleistet sein muss, zulasten des Bilanzgewinns oder einer anderen Gewinnrücklage, soweit sie zu diesem Zweck verwandt werden können, eingezogen werden (sog. vereinfachte Kapitalherabsetzung durch Einziehung von Aktien, vgl. § 237 AktG und Rz. 168).

---

[184] Dafür MünchHdb. GesR/Bd. 4/*Herfs* § 76 Rz. 11; aA Kölner Komm./*Mertens* § 289 Rz. 14; *Durchlaub* BB 1977, 875.
[185] MünchHdb. GesR/Bd. 4/*Herfs* § 78 Rz. 13 a ff.
[186] Zu steuerlichen Fragen s. § 13 Rz. 700 ff.

Gotthardt

§ 10 Rechnungslegung

Bearbeiter: Dr. Bernd Erle/Dr. Thorsten Helm/Dr. Jens Berberich

Übersicht

	Rz.
A. Rechnungslegung für die verschiedenen Ausprägungen der AG	1–3
I. Kapitalmarktorientierte und nicht-kapitalmarktorientierte Aktiengesellschaft	1
II. Die „kleine" AG	2
III. Leitbild der nachfolgenden Darstellung	3
B. Die Aufstellung des Jahresabschlusses	4–67
I. Adressatenkreis	4, 5
II. Einzel- und Konzernabschluss	6–24
1. Wesentliche Aufstellungsgrundsätze	7–13
a) Die GoB	7, 8
b) Aufstellung des Einzelabschlusses und Lageberichts	9–11
c) Aufstellung des Konzernabschlusses	12, 13
2. Wesentliche Bestandteile	14–24
a) Die Bilanz	15–19
b) Die GuV	20
c) Der Anhang	21
d) Der Lagebericht	22
e) Bestandteile des Konzernabschlusses	23, 24
III. Maßgebliche Rechnungslegungsvorschriften	25–42
1. Relevanz nationaler Rechnungslegungsvorschriften	25–35
a) Das derzeitige HGB	25–30
b) Änderungen durch das Bilanzrechtsmodernisierungsgesetz	31–35
2. Relevanz internationaler Rechnungslegungsvorschriften	36–42
a) IFRS	37–41
b) US-GAAP	42
IV. Aktienrechtliche Sonderregelungen im Überblick	43–67
1. Dotierung von Rücklagen	43–51
a) Rücklagen nach HGB	43–46
b) Rücklagen nach Aktiengesetz	47–51
2. Spezielle Ausweisregelungen	52–58
a) Ausweisregelungen für die Bilanz	52–54
b) Ausweisregelungen für die GuV	55–58
3. Der Anhang	59–63
a) Pflichtangaben nach HGB	59–62
b) Zusatzangaben nach AktG	63
4. Der Abhängigkeitsbericht bei verbundenen Unternehmen	64
5. Regelungen und Empfehlungen im Corporate Governance Kodex	65–67
C. Die Prüfung des Jahresabschlusses	68–86
I. Die Jahresabschlussprüfung gem. §§ 316 ff. HGB	68–81
1. Gegenstand der Abschlussprüfung	72

§ 10 Rechnungslegung

  2. Umfang der Abschlussprüfung ... 73–81
 II. Die Jahresabschlussprüfung durch den Aufsichtsrat ... 82–86
   1. Vorlage an den Aufsichtsrat ... 82, 83
   2. Prüfung durch den Aufsichtsrat ... 84–86
 D. **Die Feststellung des Jahresabschlusses** ... 87–119
   I. Die Feststellung des Jahresabschlusses durch die Gremien der AG ... 88–93
     1. Feststellung durch Vorstand und Aufsichtsrat ... 88–90
     2. Feststellung durch die Hauptversammlung ... 91–93
   II. Die Bedeutung des festgestellten Jahresabschlusses im Gesellschafts- und Bilanzrecht ... 94, 95
   III. Die Bedeutung des festgestellten Jahresabschlusses im Steuerrecht ... 96–107
     1. Maßgeblichkeit der Handelsbilanz für die Steuerbilanz ... 96–104
     2. Änderungen durch das Bilanzrechtsmodernisierungsgesetz ... 105–107
   IV. Die Änderung des festgestellten Jahresabschlusses ... 108–116
   V. Offenlegung ... 117–119
 E. **Der Beschluss über die Verwendung des Bilanzgewinns** ... 120–134
   I. Zuständigkeit der Hauptversammlung ... 121–128
   II. Gewinnverteilungsmaßstab ... 129–133
     1. Die gesetzliche Regelung ... 129
     2. Abweichende Gewinnverteilungsabreden ... 130–133
   III. Rechtsfolgen eines unwirksamen Gewinnverwendungsbeschlusses ... 134
 F. **Besonderheiten bei kapitalmarktorientierten AG** ... 135–161
   I. Konzernabschluss nach IFRS ... 135
   II. Ergänzende Anhangsangaben ... 136
   III. Ergänzende Lageberichtsangaben ... 137
   IV. Die Entsprechungserklärung zum Corporate Governance Kodex ... 138–147
   V. Besonderheiten bei der Prüfung börsennotierter Aktiengesellschaften ... 148–150
   VI. Aufgaben des Audit Committee (Prüfungsausschuss) ... 151–160
     1. Bisherige Rechtslage ... 151–156
     2. Gesetzliche Festschreibung durch das BilMoG ... 157, 158
     3. Zusammensetzung des Prüfungsausschusses ... 159, 160
   VII. Besonderheiten bei der Offenlegung ... 161

Schrifttum: *Adler/Düring/Schmaltz* ADS Int-Rl.), Rechnungslegung nach Internationalen Standards, Stand Dezember 2007; AK Steuern und Revision im Bund der Wirtschaftsakademiker e.V., DStR 2008, 1299; Arbeitskreis Bilanzrecht der Hochschullehrer Rechtswissenschaft, Nochmals: Plädoyer für eine Abschaffung der „umgekehrten Maßgeblichkeit"!, DStR 2008, 1057; *Baetge/Kirsch/Thiele* Konzernabschlüsse, 7. Auflage; *Baetge/Kirsch/Thiele* Bilanzen, 9. Auflage; *Berberich* Ein Framework für das DRSC, Berlin 2002; *Böhm* „Tracking stock" – innovatives Mittel der Kapitalbeschaffung auch für deutsche Aktiengesellschaften? *Burwitz* Das Bilanzrechtsmodernisierungsgesetz – Eine Analyse des Regierungsentwurfs und der Änderungsvorschläge des Bundesrats, NZG 2008, 694; *Bürgers/Körber* Heidelberger Kommentar zum Aktiengesetz, Heidelberg 2008; BWNotZ 2002, 78; *Castan/Böcking/Heymann/Pfitzer/Scheffler* Beck'sches Handbuch der Rechnungslegung, Band I-II, Stand Dezember 2007; Deutscher Corporate Governance

Schrifttum § 10

Kodex in der Fassung vom 14. Juni 2007, www.corporate-governance-code.de; *Ebenroth/Boujong/Joost/Strohn* Handelsgesetzbuch, 2. Auflage; *Ehlers* Das Haftungspotenzial gegenüber Beratern in der Unternehmenskrise NZI 2008, 211; *Fiebiger/Lenz* Nutzen von Unternehmensratings nach Basel II für die Prüfung des Lageberichts, WPg 7/2007, 279 f.; *Erle* Unterzeichnung und Datierung des Jahresabschlusses bei Kapitalgesellschaften, WPg 1987, 637; *Erle* Der Bestätigungsvermerk des Abschlussprüfers, Düsseldorf 1990; *Erle* Steuerberatung durch den Abschlussprüfer, Festschrift für Volker Röhricht, Köln 2005; *Fortun/Knies* Rechtsfolgen fehlerhafter Besetzung des Aufsichtsrats einer Aktiengesellschaft, DB 2007, 1452; *Friedl* Ein Plädoyer für Tracking Stocks, BB 2002, 1159 f.; *Fuchs* ECLR Tracking Stock – Spartenaktien als Finanzierungsinstrument für deutsche Aktiengesellschaften ZGR 2003, 167 ff.; *Habersack* Aufsichtsrat und Prüfungsausschuss nach dem BilMoG, Die AG, 2008, 98 f.; *Habersack* Der Aufsichtsrat im Visier der Kommission, ZHR 168 (2004), 373; Handelsrechtsausschuss des Deutschen Anwaltvereins, Stellungnahme zum Referentenentwurf eines Gesetzes zur Modernisierung des Bilanzrechts (BilMoG), NZG 2008; *Harms/Marx* Bilanzrecht in Fällen, 8. Auflage 2006; *Heuser/Theile* IFRS Handbuch, 3. Auflage; *Hommelhoff/Mattheus* Risikomanagementsystem im Entwurf des BilMoG als Funktionselement der Corporate Governance, BB 2007, 2787; *Hommelhoff/Schwab* Handbuch Corporate Governance, Stuttgart 2003, 55 ff.; *Höller/Koprivica* Prüfungsausschüsse in deutschen Aktiengesellschaften, ZCG 2008; *Hölters/Deilmann* Die „kleine" Aktiengesellschaft, München 1997; *Huwer, W.* Der Prüfungsausschuss des Aufsichtsrates, 1. Auflage; IDW PS 208; IDW PS 270; IDW PS 300; IDW PS 301; IDW PS 312; IDW PS 340; IDW PS 350; *Kirsten* Deutscher Corporate Governance-Kodex: Die rechtmäßige Besetzung von Aufsichtsratsausschüssen am Beispiel des Prüfungsausschusses, BB 2004, 173 f.; *Kleindiek* Geschäftsleitertätigkeit und Geschäftsleitungskontrolle: Treuhänderische Vermögensverwaltung und Rechnungslegung, ZGR 1998, 466 f.; *Kort* Corporate Governance-Fragen der Größe und Zusammensetzung des Aufsichtsrats bei AG, GmbH und SE, AG 2008, 137; KPMG, IFRS im Vergleich zu Deutscher Rechnungslegung, 3. Auflage; KPMG, US-GAAP, 4. Auflage; *Kühnberger/Schmidt* Der identische Gewinnausweis in Einzel- und Konzernabschluß, BB 1998, 1627; *Küting* Vom Hoffnungsträger zum Krisenkatalysator, BB 2008, Heft 48 M1; *Küting/Gattung/Kessler* Zweifelsfragen zur Konzernrechnungslegungspflicht in Deutschland, DStR 2006, 579 f.; *Küting/Pfitzer/Weber* Herausforderungen und Chancen durch weltweite Rechnungslegungsstandards, 2004, 281–315; *Marten/Quick/Ruhnke* Wirtschaftsprüfung, 2. Auflage; *Melcher/Mattheus* Zum Referentenentwurf des Bilanzrechtsmodernisierungsgesetzes (BilMoG): Lageberichterstattung, Risikomanagement-Bericht und Corporate Governance-Statement, DB 2008, Beilage zu Heft 7, 52; *Moxter* Bilanzrechtsprechung, 5. Aufl; *Nagel* Unabhängigkeit der Kontrolle im Aufsichtsrat und Verwaltungsrat: Der Konflikt zwischen der deutschen und der angelsächsischen Konzeption, NZG 2007, 166 f.; *Natusch* Neue Wege der Beteiligungsfinanzierung deutscher Unternehmen durch Ausgabe von „Tracking Stocks", DB 1997, 1141 f.; *Niemann/Sradj/Wohlgemuth* Jahres- und Konzernabschluss nach Handels- und Steuerrecht, Auszug aus dem Beck'schen Steuerberaterhandbuch 2008; *Nonnenmacher/Pohle/Werder* Aktuelle Anforderungen an Prüfungsausschüsse, DB 2007, 2412 f.; *Pohle/Werder* Leitfaden „Best Practice" von Bilanzprüfungsausschüssen (Audit Committees), DB 2005, 237 f.; *Preußner* Risikomanagement und Compliance in der aktienrechtlichen Verantwortung des Aufsichtsrats unter Berücksichtigung des Gesetzes zur Modernisierung des Bilanzrechts (BilMoG), NZG 2008, 574 f.; *Ringleb/Kremer/Lutter/v.Werder* Deutscher Corporate Governance Kodex, 2. Auflage; *Scheffler* Auswirkungen des BilMoG auf den Aufsichtsrat, Die AG (Report), 2008, R244; *Schildbach* Rechnungslegung nach US-GAAP: Hoffnung und Wirklichkeit, BB 1999, 359, 411; *Schruff* Die internationale Vereinheitlichung der Rechnungslegung nach den Vorschlägen der IASC – Gefahr oder Chance für die deutsche Bilanzierung?, BFuP 1993, 400; *Schüppen* To comply or not to comply – that's the question! „Existenzfragen" des Transparenz- und Publizitätsgesetzes im magischen Dreieck kapitalmarktorientierter Unternehmensführung, ZIP 2002, 1269; *Sieger/Hasselbach* „Tracking Stock" im deutschen Aktienrecht, BB 1999, 1277 f.; *Stollwerk/Krieger* Das Ordnungsgeldverfahren nach dem EHUG, GmbHR,

2008, 575f.; *Theusinger* Besteht eine Rechtspflicht zur Dokumentation von Risikoüberwachungssystemen i.S. des § 91 II 1 AktG?, NZG 2008, 289f.; *Ulmer* Der Deutsche Corporate Governance Kodex – ein neues Regulierungsinstrument für börsennotierte Aktiengesellschaften, ZHR 166 (2002), 150; *Werder/Talaulicar* Kodex Report 2008: Die Akzeptanz der Empfehlungen und Anregungen des Deutschen Corporate Governance Kodex, DB 2008, 832; *Weilep/Weilep* Nichtigkeit von Jahresabschlüssen: Tatbestandsvoraussetzungen sowie Konsequenzen für die Unternehmensleitung, BB 2006, 151; *Werder/Wieczorek* Anforderungen an Aufsichtsratsmitglieder und ihre Nominierung, DB 2007 299f.; *Winnefeld* Bilanzhandbuch, 4. Auflage; WP-Handbuch 2006, Band 1, 13. Auflage, Düsseldorf 2006; *Wüstemann* Bilanzierung, Heidelberg 2004; *Wüstemann* Wirtschaftsprüfung, Frankfurt 2005

A. Rechnungslegung für die verschiedenen Ausprägungen der AG

I. Kapitalmarktorientierte und nicht-kapitalmarktorientierte Aktiengesellschaft

1 Innerhalb der Rechnungslegung der AG haben sich die Grundtypen der kapitalmarktorientierten und nicht-kapitalmarktorientierten AG herausgebildet. Durch das BilMoG[1] wird der Begriff nun in § 264d HGB kodifiziert. Danach sind Gesellschaften kapitalmarktorientiert, die einen **organisierten Markt**[2] nach § 2 Abs. 5 WpHG durch von ihnen ausgegebene Wertpapiere in Anspruch nehmen oder die Zulassung solcher Wertpapiere zum Handel an einem organisierten Markt beantragt haben. Räumlich betrachtet handeln Gesellschaften am „organisierten Markt", wenn sie ihren Verwaltungssitz im Inland haben und ihre Aktien im Inland oder auf einem Markt innerhalb des europäischen Wirtschaftsraums gehandelt werden. Börsenzulassung und Sitz der Gesellschaft müssen somit nicht zusammenfallen. Sachlich betrachtet umfasst der „organisierte Markt" den regulierten Markt (General Standard und Prime Standard) an einer inländischen Börse oder an einem Markt i.S.d. Wertpapierdienstleistungsrichtlinie im europäischen Wirtschaftsraum. „Organisiert" bedeutet durch staatliche Stellen genehmigt, geregelt und überwacht. Damit wird der Freiverkehr (§ 48 BörsG) nicht erfasst. Kapitalmarktorientierte AG sind nicht nur börsennotierte AG, sondern auch solche, die andere Wertpapiere (bspw. Schuldverschreibungen und Anleihen) ausgeben.

II. Die „kleine" AG

2 Neben der regulären AG wurde mit dem „Gesetz für kleine AG und zur Deregulierung des Aktienrechts" vom 2. August 1994 eine Alternative zur regulären AG geschaffen, die „kleine" (auch „deregulierte") AG.[3] Die **kleine AG** ist weder eine besondere Form der AG noch ein gesetzestechnischer Begriff,[4] son-

---

[1] Gesetz zur Modernisierung des Bilanzrechts (Bilanzrechtsmodernisierungsgesetz – BilMoG) vom 25. 5. 2009, BGBl. I 2009, 1102.
[2] Vgl. die Darstellung von *Wackerbarth*, MünchKomm.AktG/Bd. 9/1, § 1 WpÜG, Rz. 19ff. mwN.
[3] BGBl. 1994, S. 1961.
[4] *Hölters/Deilmann* Die „kleine" Aktiengesellschaft, S. 1ff.; *Happ*, Aktienrecht, § 1.04, Rz. 1.

B. Die Aufstellung des Jahresabschlusses 3, 4 § 10

dern bezeichnet lediglich eine Aktiengesellschaft, die von bestimmten Formerleichterungen im Aktienrecht Gebrauch macht. Damit soll sie den Übergang von der mittelständischen GmbH hin zur börsennotierten AG bilden und Unternehmen die Nutzung des Eigenkapitalmarktes erleichtern. Die Deregulierung umfasst folgende Bereiche:
1. Gründung: § 2 AktG ermöglicht die Gründung als Einpersonen-AG, nach § 42 AktG ist die Eintragung im Handelsregister erfoderlich.
2. Gewinnverteilung: Durch Satzungsbestimmung können Vorstand und Aufsichtsrat ermächtigt werden, einen niedrigeren oder höheren Teil als 50% des Jahresüberschusses in die anderen Rücklagen einzustellen (§ 58 Abs. 2 S. 2 AktG, vgl. Abschn. B. III. 1. b), d. h. die Spannweite beträgt 0% bis 100%).
3. Hauptversammlungsrecht: Es ist keine öffentliche Bekanntmachung der Einladung notwendig, wenn die Aktionäre namentlich bekannt sind, § 121 Abs. 4 AktG, ein eingeschriebener Brief ist ausreichend.
4. Aufsichtsratsrecht: Drittel-Mitbestimmung im Aufsichtsrat entfällt gem. § 76 Abs. 6 BetrVG, wenn die AG nach dem 10. 8. 1994 eingetragen wurde und weniger als 500 Arbeitnehmer beschäftigt.
5. Kapitalerhöhung: Das Bezugsrecht für neue Aktien kann gem. § 186 Abs. 3 S. 4 AktG ausgeschlossen werden, wenn die Kapitalerhöhung gegen Bareinlagen 10 % des Grundkapitals nicht übersteigt und der Ausgabebetrag den Börsenpreis nicht wesentlich unterschreitet.

III. Leitbild der nachfolgenden Darstellung

Der o. g. Unterscheidung in kapitalmarktorientierte und nicht-kapitalmarktorientierte AG soll im Folgenden Rechnung getragen werden: Mithin wird die Rechnungslegung der AG zunächst im Allgemeinen dargestellt. Namentlich in den Bereichen Konzernabschluss, Anhang, Lagebericht, Entsprechenserklärung zum Corporate Governance Kodex, Jahresabschlussprüfung und Audit Committee bestehen besondere Vorschriften für die kapitalmarktorientierte AG, auf die gesondert eingegangen werden soll. 3

B. Die Aufstellung des Jahresabschlusses

I. Adressatenkreis

Neben der Ausschüttungsbemessung erfüllt der Jahresabschluss durch die angestrebte Vermittlung eines den tatsächlichen Verhältnissen entsprechenden Bildes der Finanz-, Vermögens-, und Ertragslage (§ 264 Abs. 2 S. 1 HGB) eine bedeutende Informationsfunktion. Die Adressaten der Rechnungslegung lassen sich dabei zunächst kategorisierend in einen internen und externen Personenkreis aufteilen. Interne Adressaten sind die Leitungsorgane des Unternehmens bzw. des Konzerns. Unter die externen Informationsempfänger fallen alle Personengruppen, die keinen unmittelbaren Einblick in die geschäftlichen Vorgänge der Gesellschaft haben. Im Wesentlichen sind dies Aktionäre, Gläubiger, Kunden, Lieferanten, Arbeitnehmer und Fiskus, sowie bei Großunternehmen bzw. Publikumsgesellschaften auch die breite Öffentlichkeit, welche nicht unmittelbar mit dem Unternehmen in Verbindung steht. Die Informations- 4 interessen der Anspruchsgruppen, der sog. **Stakeholder**, sind dabei heterogen. Während für Anteilseigner die Rendite der Gesellschaft von primärer Bedeutung ist, steht für die Gläubiger vor allem die Kreditwürdigkeit im Vordergrund. Arbeitnehmer haben vorrangig Interesse an der Sicherheit ihres Arbeitsplatzes und einer positiven Lohnentwicklung, der Staat an einem möglichst hohen Jahreserfolg als Bemessungsgrundlage für die Unternehmensbesteuerung.

5 Zwar war auch die Selbstinformation des Kaufmanns ursprünglich Funktion der handelsrechtlichen Rechnungslegung, doch wird diese Funktion zwischenzeitlich durch separate interne Rechnungslegungsinstrumente, namentlich der Kosten- und Erlösrechnung und des Controllings wahrgenommen, so dass aus dem Jahresabschluss entnehmbare Daten aus heutiger Sicht für die betriebswirtschaftlichen Entscheidungen des Vorstandes eher von untergeordneter Bedeutung sind.

II. Einzel- und Konzernabschluss

6 Der Jahresabschluss umfasst die Bilanz, die GuV und den Anhang. Ferner ist ein Lagebericht zu erstellen.
Bei der Aufstellung eines Jahresabschlusses sind drei Grundfragen zu beantworten:
(1) Welche Posten sind im Abschluss anzusetzen? (2) Wie sind sie zu bewerten? (3) Wie sind sie auszuweisen? Kurz: Ansatz, Bewertung, Ausweis. Mit dem Anhang tritt eine weitere Frage hinzu: (4) Wie ist der jeweilige Posten zu erläutern oder welche zusätzlichen Angaben sind erforderlich?

1. Wesentliche Aufstellungsgrundsätze

a) Die GoB

7 Als Kaufmann kraft Rechtsform (§ 3 Abs. 1 AktG, § 6 Abs. 1 HGB) hat die AG ihre Bücher nach den **Grundsätzen ordnungsgemäßer Buchführung (GoB)** zu führen (§ 238 HGB). Jene stellen ein System von Regeln und Konventionen über die Buchführung und den Jahresabschluss dar,[5] welche im Wesentlichen eine Gewinnermittlung gem. den Anforderungen des Handelsrechts – namentlich vor dem Hintergrund des Gläubigerschutzes – gewährleisten sollen. Der nach den GoB zu ermittelnde Jahresüberschuss eines Unternehmens ergibt sich aus der Differenz der Reinvermögen (= Vermögen – Schulden) zweier aufeinanderfolgender Bilanzstichtage.
Die GoB selbst bilden einen unbestimmten Rechtsbegriff. Die nicht kodifizierten GoB schließen Spielräume und Lücken, die im Gesetz durch fehlende oder mehrdeutige Regelungen entstehen und vom Gesetzgeber im HGB nicht antizipierbare Sachverhalte sollen durch die unbestimmten GoB abgedeckt werden.[6]

8 Wesentliche GoB sind (zu den konkreten Änderungen durch das BilMoG vgl. Rz. 9 ff.):

---

[5] ADS, § 243 HGB, Rz. 2.
[6] MünchKomm.HGB/Bd. 4/*Ballwieser*, § 238 Rz. 22.

B. Die Aufstellung des Jahresabschlusses 8 § 10

- **Realisationsprinzip (§ 252 Abs. 1 Nr. 4 HGB):** Gewinne dürfen erst ausgewiesen werden, wenn sie als quasi sicher[7] und damit als realisiert gelten. Regelmäßig als **Realisationszeitpunkt** herangezogen wird der Lieferungsbzw. Leistungszeitpunkt, zu dem die Gefahr des zufälligen Untergangs („Preisgefahr") auf den Käufer übergeht.[8] Er stellt hierbei einen durch kaufmännische Übung und Rechtsprechung gewonnenen Kompromiss dar.[9]

  Beispiel: Aufgrund des sog. Anschaffungskostenprinzips dürfen Grundstücke in der Bilanz nicht mit dem Marktwert angesetzt werden, wenn jener über dem gegenwärtigen Bilanzansatz liegt. Ein solcher Vermögenszuwachs durch Erhöhung der Grundstückspreise darf erst ausgewiesen werden, wenn es zum Verkauf des Grundstücks kommt, der erzielbare Gewinn also tatsächlich am Markt „realisiert" wurde.

  Ausfluss des Realisationsprinzips sind auch die **Verbindlichkeits- und Aufwandsrückstellungen**. Verbindlichkeitsrückstellungen i.S.v. § 249 Abs. 1 S. 1, S. 2 Nr. 2 HGB sind Rückstellungen für unkompensierte, quantifizierbare Leistungsverpflichtungen gegenüber Dritten am Bilanzstichtag, deren Existenz und/oder Höhe ungewiss, aber hinreichend wahrscheinlich sind.[10] Nach dem Periodisierungsprinzip sind sie einer bereits abgelaufenen Rechnungsperiode zuzuordnen. Verbindlichkeitsrückstellungen sind bspw. Rückstellungen für Pensionen, Schadensersatzverpflichtungen, rechtliche Gewährleistungen und Steuern. Es wird die gesamte Verpflichtung passiviert. Aufwandsrückstellungen i.S.v. § 249 Abs. 1 S. 2 Nr. 1 HGB sind hingegen Rückstellungen ohne Außenverpflichtung.[11] Sie umfassen Aufwendungen für im Geschäftsjahr unterlassene Instandhaltung und unterlassene Abraumbeseitigung, die im folgenden Geschäftsjahr nachgeholt werden. Aufwendungen für unterlassene Instandhaltung sind passivierungspflichtig, sofern sie in den ersten drei Monaten nachgeholt werden, andernfalls sind sie passivierungsfähig.

- **Periodisierungsprinzip (§ 252 Abs. 1 Nr. 5 HGB):** Für den Ausweis von Erträgen ist der Zeitpunkt maßgeblich, dem die Leistung, die dem Umsatz zugrunde liegt, wirtschaftlich zuzuordnen ist. Auf den Zuflusszeitpunkt der zugehörigen Zahlungen kommt es daher nicht an. Für Aufwendungen gilt das Periodisierungsprinzip entsprechend, somit richtet sich auch der Zeitpunkt, zu dem die Aufwendungen zu berücksichtigen sind, nach ihrer wirtschaftlichen Verursachung.

  Beispiel: Anzahlungen auf einen Kaufpreis sind bei Zufluss nicht als gewinnwirksamer Ertrag zu erfassen, sondern stellen zunächst eine Verbindlichkeit gegenüber dem Geschäftspartner dar, die erst im Leistungszeitpunkt mit der Restzahlung verrechnet wird und ggf. einen entsprechenden Ertrag realisiert.

- **Imparitätsprinzip (§ 252 Abs. 1 Nr. 4 HGB):** Während erwartete Gewinne nicht antizipiert werden dürfen, sind zukünftige Verluste schon zu berücksichtigen, sobald sie vorhersehbar sind.[12] Aus dem Imparitätsprinzip

---

[7] *Wüstemann* Bilanzierung S. 60 f.
[8] ADS § 252 HGB Rz. 82; *Berberich* Ein Framework für das DRSC, S. 259 f.; *Moxter* Bilanzrechtsprechung, S. 49 ff.
[9] Beck HdR/*Ballwieser* B 105, Rz. 33.
[10] MünchKomm.HGB/Bd. 4/*Ballwieser*, § 249 Rz. 11.
[11] ADS § 249 HGB Rz. 166.
[12] ADS § 252 HGB Rz. 92.

leiten sich namentlich Höchst- und Niederstwertprinzip sowie die Bildung von Rückstellungen für drohende Verluste ab. Drohverlustrückstellungen i.S.v. § 249 Abs. 1 S. 1 HGB können nur für Verluste aus schwebenden Geschäften gebildet werden. Schwebende Geschäfte sind zweiseitig verpflichtende Verträge, die auf einen Leistungsaustausch gerichtet sind, der durch die zur vertragscharakteristischen Leistung verpflichteten Partei noch nicht vollständig erfüllt ist.[13] Verluste aus schwebenden Geschäften drohen, wenn der Wert der Leistung den Wert der Gegenleistung überschreitet.[14] Kenntnis bezüglich des möglichen Verlusteintritts und bewusstes Eingehen des Geschäfts schaden nicht. Der Verpflichtungsüberschuss wird durch Saldierung der zu erwartenden künftigen Ausgaben mit künftigen Einnahmen ermittelt. Dieser sog. „Kompensationsbereich" ist dabei „nach wirtschaftlichen Gesichtspunkten zu bestimmen", mithin sind alle Haupt- und Nebenleistungen und sonstigen wirtschaftlichen Vorteile zu berücksichtigen.[15] Nur die sich so ergebende Differenz ist zu passivieren.

- **Höchst- und Niederstwertprinzip, Anschaffungswertprinzip (§ 253 HGB):** Schulden sind mit ihrem Rückzahlungsbetrag (§ 253 Abs. 1 S. 2 HGB), wie er am Bilanzstichtag zu leisten wäre, mindestens jedoch mit ihren historischen Anschaffungskosten zu bilanzieren („Höchstwertprinzip"). Vermögensgegenstände des Umlaufvermögens sind hingegen mit dem niedrigeren Wert aus fortgeführten (d. h. um die Abschreibungen geminderten) historischen Anschaffungs- oder Herstellungskosten („Anschaffungswertprinzip", § 253 Abs. 1 S. 1 HGB) und Marktwert anzusetzen („(Strenges) Niederstwertprinzip"). Kommt es zu einem Sinken des Marktwertes des Aktivvermögens unter die fortgeführten Anschaffungs- oder Herstellungskosten, ist für den Bilanzansatz nur der niedrigere der beiden Werte maßgeblich. Steigt der Marktwert des Vermögensgegenstands hingegen über die fortgeführten Anschaffungs- oder Herstellungskosten, bleiben die fortgeführten Werte maßgeblich und die Wertsteigerung wird nicht ausgewiesen. Das Anschaffungswertprinzip stellt sich mithin als konkretisierende Ausprägung des Realisationsprinzips dar.[16]

    Beispiel: Von der AG gehaltene Anteile an anderen börsennotierten Unternehmen dürfen höchstens mit den historischen Anschaffungskosten bilanziert werden, selbst wenn der Kurswert diese bei weitem übersteigt.

- **Grundsatz der Vollständigkeit (§ 246 Abs. 1 HGB):**
    Es sind alle Vermögensgegenstände, Schulden, Rechnungsabgrenzungsposten, Aufwendungen und Erträge zu erfassen, die dem Kaufmann wirtschaftlich zuzurechnen sind;[17] alle erkennbaren Risiken sind zu erfassen („Inventur der Risiken"). Jede geschäftliche Transaktion, die Umfang oder Struktur des Vermögens ändert, ist daraufhin zu prüfen, ob ein buchungspflichtiger Geschäftsvorfall vorliegt.[18]

---

[13] BFH GrS 2/93 v. 23.6. 1997, BStBl. II 1997, 735; *Berberich* Ein Framework für das DRSC S. 205.
[14] MünchKomm.HGB/Bd. 4/*Ballwieser*, § 249 Rz. 59.
[15] BFH GrS 2/93 v. 23.6. 1997, BStBl. II 1997, 735 (Apotheken-Urteil); konkretisierend IDW RS 4, Rz. 25 f.
[16] ADS § 253 HGB Rz. 32.
[17] *Berberich* Ein Framework für das DRSC S. 173 ff.
[18] *Baetge/Kirsch/Thiele* Konzernabschlüsse S. 123.

B. Die Aufstellung des Jahresabschlusses

b) Aufstellung des Einzelabschlusses und Lageberichts

Die Aufstellung des Jahresabschlusses und Lageberichts (§§ 242 Abs. 1, 264 Abs. 1 HGB) obliegt als Geschäftsführungsmaßnahme[19] dem Vorstand (§ 91 Abs. 1 AktG) und stellt den **periodischen Abschluss der Führung der Handelsbücher** dar.[20] Die Pflicht zur Aufstellung trifft alle Vorstandsmitglieder gleichermaßen, selbst wenn für die Buchführung und Abschlussaufstellung durch interne Arbeitsteilung nicht alle Mitglieder zuständig sind.[21] Jahresabschluss und Lagebericht jeder mittelgroßen oder großen AG im Sinne des § 267 Abs. 1 HGB sind gem. § 316 Abs. 1 HGB von einem Abschlussprüfer zu prüfen (vgl. Rz. 68 ff.).[22]

Um seiner öffentlich-rechtlichen Rechnungslegungspflicht nachzukommen, hat der Vorstand im Rahmen der handelsrechtlichen Beurteilungsmöglichkeiten Ansatz- und Bewertungswahlrechte sachgerecht auszuüben, um ein den tatsächlichen Verhältnissen entsprechendes Bild der Vermögens-, Finanz- und Ertragslage (§ 264 Abs. 2 S. 1 HGB) zu ermitteln und darzustellen. Der vom Vorstand aufgestellte Jahresabschluss ist dabei zunächst lediglich ein **Entwurf**, der erst mit der **Feststellung** durch Vorstand und Aufsichtsrat rechtliche Wirkung entfaltet (vgl. Rz. 88 ff.). Bei der Aufstellung des Jahresabschlusses hat der Vorstand seine bilanzpolitischen Gestaltungsspielräume unter Abwägung der zum Teil gegensätzlichen **Interessen aller Gesellschafter** zu nutzen.[23] Diese Interessen lassen sich im Wesentlichen in vier Kategorien zusammenfassen:

1) Unternehmensinteresse (dauerhafter Bestand des Unternehmens und hohe EK-Rentabilität)
2) Selbstfinanzierungsinteresse (möglichst hoher EK-Anteil bei Ersatz- oder Neuinvestitionen)
3) Dividendeninteresse der Gesellschafter
4) Langfristige Position der Gesellschaft am Kapitalmarkt (Interesse der Anteilseigner am (Börsen-)Wert der AG („Shareholder Value"))

Allerdings steht die sog. organschaftliche Treuebindung bzw. Treuepflicht (welche über das Gebot von Treu und Glauben gem. § 242 BGB hinausgeht)[24] der Vorstände gegenüber der Gesellschaft über den Gesellschafterinteressen, sie ist also ggf. auch zuungunsten der Anteilseigner zu beachten.[25] Die Treuepflicht der Vorstände ergibt sich zum einen aus gesetzlichen Bestimmungen (z. B. Wettbewerbsverbot § 88 AktG oder Verschwiegenheitspflicht § 93 AktG), zum anderen aus dem Grundgedanken des Gesellschaftsrechts, dass die Geschäftsführung die Interessen der Gesellschaft wahrzunehmen hat. Der Deutsche Corporate Governance Kodex (DCGK, vgl. Rz. 43 ff.) führt hierzu aus: „Kein Mitglied des Vorstands darf bei seinen Entscheidungen persönliche Interessen verfolgen und Geschäftschancen, die dem Unternehmen zustehen, für sich nutzen."[26]

---

[19] OLG Stuttgart v. 26.10.1994 4 U 44/94 BB 1995, 560 f.
[20] *Hüffer* AktG § 172 Rz. 2.
[21] *Baumbach/Hopt* § 238 HGB Rz. 8.
[22] BeckBil-Komm./*Förschle/Küster* § 316 Rz. 3.
[23] *Winnefeld* Bilanzhandbuch S. 1411.
[24] Hierzu *Hüffer* AktG § 84 Rz. 9 mit Verweis auf die Treupflicht bei Personenhandelsgesellschaften nach HGB.
[25] *Winnefeld* Bilanzhandbuch S. 1411 f.
[26] Deutscher Corporate Governance Kodex in der Fassung vom 6. Juni 2008, BMJ vom 8. August 2008, www.ebundesanzeiger.de, Ziff. 4.3.3 DCGK.

11 Der Jahresabschluss ist bei AG in den ersten **drei Monaten** des neuen Geschäftsjahres für das vorangegangene Geschäftsjahr aufzustellen (§ 264 Abs. 1 S. 2 HGB). Da ein Jahresabschluss zum Zwecke der Offenlegung zunächst aufgestellt werden muss, kann auch das Versäumnis einer rechtzeitigen Aufstellung des Abschlusses für das Ordnungsgeldverfahren i.R.d. Offenlegung ursächlich sein (so auch ausdrücklich § 335 Abs. 1 S. 3 HGB).[27]

c) Aufstellung des Konzernabschlusses

12 Der Konzernabschluss bildet den gesamten Konzern als Einheit ab. Leitgedanke hierzu ist die sog. „**Einheitsfiktion**" des § 297 Abs. 3 HGB, nach der die Ergebnisse aller Einzelabschlüsse des Konsolidierungskreises eines Konzerns in einem Abschluss zusammenzufassen sind.[28] Die Rechnungslegung für Konzerne ist vorgeschrieben für rechtlich selbstständige, jedoch wirtschaftlich zusammengeschlossene Unternehmen. Konzerne haben damit keine eigene Rechtspersönlichkeit. Bereits im Regierungsentwurf zum Aktiengesetz wurde darauf hingewiesen, dass „der Konzernabschluss den Einzelabschluss nicht ersetzen kann und nicht ersetzen will".[29] Der Einzelabschluss eines wirtschaftlich selbstständigen Unternehmens, das nicht unter der einheitlichen Leitung eines Mutterunternehmens steht, hat sowohl Zahlungsbemessungsfunktion (Anteilseigner, Fiskus) als auch Informationsfunktion. Der Konzernabschluss hat hingegen nach h. M. ausschließlich **Informations- bzw. Rechenschaftsfunktion**,[30] denn mangels eigener Rechtspersönlichkeit kann ein Konzern keine Ausschüttung an seine Anteilseigner vornehmen. Die Ermittlung eines ausschüttungsfähigen Gewinns ist somit auch nicht Zweck des Konzernabschlusses.[31]

Weil die wirtschaftliche Lage der Konzern-Muttergesellschaft auch von jener der Tochtergesellschaften abhängig ist, lässt nur ein konsolidierter Abschluss auf die Bestandssicherheit des Gesamtkonzerns schließen (Ausgleich von Informationsdefiziten des Einzelabschlusses).[32]

13 Gem. § 290 HGB besteht grundsätzlich die **Pflicht zur Aufstellung** eines Konzernabschlusses, wenn die dort genannten Voraussetzungen erfüllt sind. Diese Pflicht entfällt jedoch, wenn der Konzern die Bilanzsummen-, Umsatz-, und Arbeitnehmergrenzen des § 293 HGB unterschreitet und es sich nicht um ein kapitalmarktorientiertes Unternehmen i.S.v. § 293 Abs. 5 HGB handelt. Die §§ 291, 292 HGB befreien unter den dort genannten Voraussetzungen von der Pflicht zur Aufstellung von Teilkonzernabschlüssen. Auch im Konzernabschluss sind die GoB zu beachten (§ 297 Abs. 2 S. 2 HGB), hierdurch wird auch eine Vergleichbarkeit mit anderen Kapitalgesellschaften ermöglicht. Daneben nennt das HGB weitere ergänzende Konzernrechnungslegungsvorschriften (§§ 290–315 HGB).

---

[27] *Stollwerk/Krieger*, GmbHR 2008, S. 575 f.
[28] Beck HdR/*Ebeling* C 200, Rz. 4.
[29] BT-Drucksache 4/171, S. 241.
[30] *Berberich* Ein Framework für das DRSC S. 76; *Ebenroth/Boujong/Joost/Strohn* Handelsgesetzbuch, § 297 Rz. 3 f.; anderer Auffassung sind *Kühnberger/Schmidt* BB 1998, 1627.
[31] ADS, Vorbem. zu § 290 ff. HGB Rz. 16; *Berberich* Ein Framework für das DRSC S. 77.
[32] *Baetge/Kirsch/Thiele* Konzernabschlüsse S. 41.

B. Die Aufstellung des Jahresabschlusses 14–18 § 10

Wird ein Konzernabschluss nach international anerkannten Rechnungslegungsvorschriften – namentlich den **IFRS** – aufgestellt, so muss kein Konzernabschluss nach den § 290 ff. HGB mehr erstellt werden (§ 315a HGB). Näheres hierzu in Rz. 15 ff.).

2. Wesentliche Bestandteile

Der handelsrechtliche Jahresabschluss der AG setzt sich aus der Bilanz, der 14
Gewinn- und Verlustrechnung und dem Anhang zusammen (§ 264 Abs. 1 S. 1 HGB). Mittelgroße und große AG haben darüber hinaus gem. § 264 Abs. 1 S. 1, 3 HGB einen Lagebericht zu erstellen.

a) Die Bilanz

Die Bilanz soll die **Vermögenslage** des Unternehmens vermitteln. Sie ist in 15
Kontenform zu erstellen (§ 266 Abs. 1 S. 1 HGB) und beinhaltet auf der Aktivseite sämtliches Anlage- und Umlaufvermögen sowie die (aktiven) Rechnungsabgrenzungsposten (§ 266 Abs. 2 HGB). Auf der Passivseite sind neben dem Eigenkapital (zu welchem auch Jahresgewinne bzw. Verluste sowie Gewinn- bzw. Verlustvorträge gehören) die Schulden, welche sich aus Verbindlichkeiten und Rückstellungen zusammensetzen, sowie die (passiven) Rechnungsabgrenzungsposten (§ 266 Abs. 3 HGB) auszuweisen.

Als **Vermögensgegenstände** werden dabei jene Güter des Unternehmens 16
bezeichnet, welche einen Vermögenswert aus Sicht des Unternehmens darstellen (selbständig bewertbares Gut oder wirtschaftlich nutzbarer Vermögensvorteil), greifbar und einzeln bewertbar sind. Die Abgrenzung von Greifbarkeit und selbständiger Bewertbarkeit ist dabei nicht immer einfach, insbesondere bedingen sie sich nicht gegenseitig. Greifbarkeit stellt im Wesentlichen darauf ab, ob ein Gut oder Vermögensvorteil geschaffen wurde, für welchen das Unternehmen im Veräußerungsfall (einzeln oder im Rahmen einer Unternehmensveräußerung) eine Gegenleistung erhalten würde, während Einzelbewertbarkeit auf die reine Quantifizierung des Wertes abstellt.[33]

Beispiel: Ein Werbefeldzug ist zwar selbständig bewertbar, der aus ihm erwachsende Vorteil ist jedoch nicht hinreichend greifbar, somit nicht bilanzierbar.[34]

Als **Schulden** sind alle konkreten und wahrscheinlichen Außenverpflich- 17
tungen (Verpflichtungen gegenüber Dritten) und bestimmte wirtschaftliche Innenverpflichtungen des Kaufmanns zu bilanzieren, die das Vermögen des Kaufmanns belasten und bis zum Bilanzstichtag verursacht wurden. Als **Verbindlichkeitsrückstellungen** (§ 249 HGB) werden – im Gegensatz zu Verbindlichkeiten – solche Verpflichtungen bilanziert, für welche die Leistungspflicht einer Gesellschaft besteht, über deren Höhe und/oder den Zeitpunkt der zu erbringenden Leistung aber noch Ungewissheit herrscht. Drohverlustrückstellungen dienen der Antizipation drohender Verluste aus schwebenden Geschäften.

Ein aktiver **Rechnungsabgrenzungsposten** (ARAP) ist immer dann zu 18
bilden, wenn vor dem Bilanzstichtag Ausgaben getätigt wurden, die Aufwand für eine bestimmte Zeit nach dem Stichtag darstellen (§ 250 Abs. 1 S. 1 HGB).

---

[33] *Wüstemann* Bilanzierung S. 15 f.
[34] *Moxter* Bilanzrechtsprechung S. 14.

§ 10   19, 20   Rechnungslegung

Beispiel: Eine AG zahlt die KFZ-Steuer für ein KFZ im August. Der Anteil, der pro rata temporis auf das kommende Jahr entfällt, ist als aktiver RAP anzusetzen.

Passive Rechnungsabgrenzungsposten (PRAP) sind zu bilden, wenn es zu Einnahmen vor dem Stichtag kommt, die Ertrag für eine bestimmte Zeit nach diesem Tag darstellen (§ 250 Abs. 2 HGB).

Beispiel: Die AG vermietet ein Gebäude. Im Dezember erhält sie eine Mietvorauszahlung für das erste Quartal des kommenden Jahres. Die Mietvorauszahlung ist als passiver RAP anzusetzen.

Der Ansatz eines RAP dient also der periodengerechten Zuordnung von Aufwendungen und Erträgen.

19 Für die Bilanz einer AG gelten zwingend die **Gliederungsvorschriften** des § 266 HGB (auf Vereinfachungen für kleine Gesellschaften i.S.v. § 267 Abs. 1 HGB wird in § 266 Abs. 1 S. 3 HGB verwiesen). Gem. § 265 Abs. 5 HGB darf die vorgeschriebene Gliederung bei Bedarf jedoch erweitert werden; ggf. können vorgegebene Bezeichnungen geändert werden, wenn dies sachdienlich erscheint (§ 265 Abs. 4 HGB). Auf die Ausweisung von Leerposten darf verzichtet werden (§ 265 Abs. 8 HGB). Für das Grundkapital gelten besondere Bezeichnungs- und Gliederungsvorschriften (§ 152 Abs. 1 AktG). Veränderungen der Posten Kapital- und Gewinnrücklage sind im Anhang zu erläutern (§ 152 Abs. 2, 3 AktG).

b) Die GuV

20 Die GuV soll die **Ertragslage** des Unternehmens vermitteln, indem Erträge und Aufwendungen eines Geschäftsjahres zur Ermittlung des Jahresergebnisses gegenübergestellt werden. Funktional betrachtet stellt die GuV ein Unterkonto des Eigenkapitalkontos dar. Ihr Saldo spiegelt die Veränderung des Eigenkapitals durch die Geschäftsvorfälle des abgelaufenen Geschäftsjahres wider, mindert bzw. vermehrt also das Vermögen der Gesellschaft. Das Jahresergebnis ist identisch mit der Differenz zwischen den Reinvermögen des abgelaufenen Geschäftsjahres und dem diesem vorangegangenen Geschäftsjahr. § 4 Abs. 1 S. 1 EStG spricht bei der Gewinnermittlung bilanzierender Unternehmen daher auch vom „Betriebsvermögensvergleich".

Auch für die GuV bestehen zwingende **Gliederungsvorschriften** (§ 275 HGB). Anders als die Bilanz, welche in Kontenform zu erstellen ist, wird für AG bei der GuV die Staffelform vorgeschrieben (§ 275 Abs. 1 S. 1 HGB). Die GuV darf entweder nach dem Gesamtkostenverfahren (§ 275 Abs. 2 HGB) oder dem Umsatzkostenverfahren (§ 275 Abs. 3 HGB) gegliedert werden. Das zu ermittelnde Ergebnis – also der Gewinn bzw. Verlust – der Berechnungen ist nach beiden Verfahren identisch, lediglich die Darstellung in der GuV unterscheidet sich, was Einfluss auf die Art der Informationen hat, welche dem Leser zur Verfügung gestellt werden. Das Gesamtkostenverfahren berücksichtigt sämtliche Aufwendungen und Erträge einer Periode, also auch die von hergestellten, aber noch nicht abgesetzten Erzeugnissen. Das Umsatzkostenverfahren hingegen berücksichtigt nur die Umsatzerlöse des laufenden Berichtsjahres sowie deren zugehörige Aufwendungen. Während die Gliederung des Aufwands beim Gesamtkostenverfahren nach Aufwandsarten erfolgt, werden beim Umsatzkostenverfahren die Aufwendungen nach Funktionsbereichen (Herstellung, Vertrieb und allgemeine Verwaltung) gegliedert. Das Umsatz-

B. Die Aufstellung des Jahresabschlusses   21, 22   § 10

kostenverfahren ist besonders im angelsächsischen Wirtschaftsraum verbreitet, in Abschlüssen nach deutschem Handelsrecht dominiert dagegen das Gesamtkostenverfahren. Auch in der GuV dürfen ggf. neue Posten eingefügt oder die Bezeichnung bestehender Posten geändert werden, denn § 265 HGB bezieht sich auch auf die GuV.

c) Der Anhang

Der Anhang ist ein gleichwertiger und notwendiger Bestandteil des Jahresabschlusses,[35] mithin spricht man in der Praxis auch vom dritten Teil des Jahresabschlusses. Wie Bilanz und GuV unterliegt auch der Jahresabschluss den Grundsätzen einer gewissenhaften und getreuen Rechnungslegung,[36] allerdings bestehen für den Anhang keine spezifischen Gliederungsvorschriften, verlangt wird lediglich eine klare und übersichtliche Gliederung.[37] Wesentliche Vorgaben über den Inhalt des Anhangs ergeben sich aus den §§ 284, 285 HGB, für die AG sind zusätzlich Angaben gem. §§ 58, 152, 158 und 160 AktG aufzuführen (vgl. Rz. 59 ff.). Der Anhang dient der Erläuterung und Entlastung sowie der Ergänzung der Bilanz, um durch den Jahresabschluss ein den tatsächlichen Verhältnissen entsprechendes Bild der Finanz-, Vermögens- und Ertragslage zu vermitteln. Er enthält zudem Angaben über nicht bilanzierungsfähige Sachverhalte, die für die Beurteilung der wirtschaftlichen Lage von Bedeutung sind.[38]

d) Der Lagebericht

Der Lagebericht nach § 289 HGB dient neben dem Jahresabschluss als ergänzendes Instrument zur Beurteilung der Unternehmenslage. Er soll den Adressaten losgelöst von einzelnen Posten des Jahresabschlusses ein Gesamtbild über die tatsächliche Unternehmensentwicklung im abgelaufenen Geschäftsjahr vermitteln (**Rechenschaftsfunktion**) und die zukünftige Entwicklung darstellen (**Informationsfunktion**). Des Weiteren soll er den Jahresabschluss um wichtige Informationen ergänzen, die nicht in der Bilanz, GuV oder dem Anhang enthalten sind (Komplementärfunktion).[39] Jedoch ist es nicht Aufgabe des Lageberichtes, den Jahresabschluss zu korrigieren.

Nach dem Wortlaut des § 289 Abs. 1 HGB ist im Lagebericht mindestens auf **Geschäftsverlauf und Lage der Gesellschaft** einchließlich deren Geschäftsergebnis (S.1) sowie deren voraussichtliche Entwicklungen mit wesentlichen Chancen und Risiken (S. 4) einzugehen. Dabei sind die bedeutsamsten finanziellen Leistungsindikatoren einzubeziehen. Nach der Gesetzesbegründung[40] sind die Grundlagen zukunftsbezogener Aussagen (§ 289 Abs. 1 S. 4 HGB), welche der Lagebericht trifft, in diesem zu verdeutlichen. § 289 HGB wird konkretisiert durch die Deutschen Rechnungslegungs-Standards (DRS) 5, 15 und 15a.[41] DRS 15 formuliert fünf Grundsätze für den Lagebericht: Vollständigkeit, Verlässlichkeit, Klarheit und Übersichtlichkeit, Vermittlung der Sicht der Un-

---

[35] ADS § 284 HGB Rz. 5 f.
[36] BeckBil-Komm./*Ellrott* § 284 HGB Rz. 10.
[37] WPH/Bd. I, 2006, F, Rz. 563.
[38] ADS § 284 HGB Rz. 10 ff.; BeckBil-Komm./*Ellrott* § 284, Rz. 6.
[39] ADS § 289 HGB Rz. 17.
[40] BT-Drs. 15/3419, S. 30.
[41] DRS 5 S. 9; DRS 15 S. 9; DRS 15a S. 9.

§ 10 23, 24

ternehmensleitung und Konzentration auf nachhaltige Wertschaffung.[42] Deshalb sind neben bestandsgefährdenden Risiken auch wesentliche Gefährdungspotentiale für Vermögens-[43], Finanz-[44] und Ertragslage[45] aufzuzeigen. Diese Analyse beschränkt sich nicht auf betriebliche Vorgänge, sondern soll auch externe Faktoren wie politische oder gesellschaftliche Entwicklungen berücksichtigen.[46] Ergänzend sollen in den Lagebericht Angaben nach den Vorschriften zur Berichterstattung über die Vergütung von Organmitgliedern, §§ 314 Abs. 1 Nr. 6a, 315 Abs. 2 Nr. 4 HGB (erstmals anzuwenden auf Geschäftsjahre beginnend nach dem 31. 12. 2007) aufgenommen werden. Konkretisiert durch DRS 17 sollen börsennotierte AG die Angaben zur individualisierten Vergütung und Beschreibung der Grundzüge des Vergütungssystems in einem Vergütungsbericht als Teil des Konzernlageberichts darstellen.[47]

Aufgrund der Ergänzungs- und Vervollständigungsfunktion außerhalb des Jahresabschlusses unterliegt der Lagebericht nicht den Einschränkungen der GoB. Daher bleiben bspw. das Stichtags- und Imparitätsprinzip unberücksichtigt. Dennoch gelten die allgemeinen Grundsätze der Berichterstattung.[48]

e) Bestandteile des Konzernabschlusses

23 Der Konzernabschluss besteht aus Konzernbilanz, Konzern-GuV, Konzernanhang, Kapitalflussrechnung und Konzerneigenkapitalspiegel (§ 297 Abs. 1 S. 1 HGB). Er kann um eine Segmentberichterstattung ergänzt werden (§ 297 Abs. 1 S. 2 HGB). Der Konzernlagebericht ist obligatorisch (§ 315 HGB).

Durch den Verweis in § 342 HGB[49] erfahren die kodifizierten Vorschriften zur Konzernrechnungslegung Konkretisierung durch die Verlautbarungen des Deutschen Rechnungslegungs Standards Committee (DRSC)[50]: DRS 2, 2-10, 2-20 (Kapitalflussrechnung), DRS 3, 3-10, 3-20 (Segmentberichterstattung), DRS 4 (Unternehmenserwerbe im Konzernabschluss), DRS 7 (Konzerneigenkapital und Konzerngesamtergebnis), DRS 8 (Bilanzierung von Anteilen an assoziierten Unternehmen im Konzernabschluss), DRS 9 (Bilanzierung von Anteilen im Konzernabschluss) und DRS 10 (latente Steuern im Konzernabschluss DRS 12 (Immaterielle Vermögenswerte des Anlagevermögens), DRS 13 (Grundsatz der Stetigkeit und Berichtigung von Fehlern), DRS 14 (Währungsumrechnung) und DRS 17 (Berichterstattung über die Vergütung der Organmitglieder).

24 Die **Kapitalflussrechnung**[51] („cash-flow-statement") soll Informationen hinsichtlich der Zahlungsströme im Konzern liefern, insbesondere über die Fähigkeit des Unternehmens, zukünftig positive Einzahlungsüberschüsse zu erwirtschaften, seine Verpflichtungen zu erfüllen und Dividenden zu zahlen sowie

---

[42] DRS 15 S. 9.
[43] Vgl. Interpretation DRS 15 Rz. 77 f.
[44] Vgl. Interpretation DRS 15 Rz. 61 f.
[45] Vgl. Interpretation DRS 15 Rz. 50 f.
[46] *Baumbach/Hopt* HGB § 289, Rz. 1; D.R.S. 15 Rz. 45 f.
[47] Vgl. Interpretation DRS 17 Rz. 12.
[48] Beck Bil-Komm./*Ellrott* § 289, Rz. 8.
[49] *Berberich* Ein Framework für das DRSC S. 125 ff.
[50] Zur Institution des DRSC umfassend *Berberich* Ein Framework für das DRSC S. 44 ff.
[51] Vgl. Interpretation DRS 2 Rz. 7 f.

B. Die Aufstellung des Jahresabschlusses 25, 26 § 10

der Notwendigkeit externer Finanzierung. Aufgabe des Eigenkapitalspiegels[52] ist es, die Abschlussadressaten über die gesamten Eigenkapitalveränderungen in der Periode zu informieren. Besondere Bedeutung kommt hierbei jenen Eigenkapitalveränderungen zu, welche direkt mit dem Eigenkapital verrechnet werden und die nicht auf Transaktionen mit den Eigenkapitalgebern zurückzuführen sind, da sie aus dem restlichen Teil des Konzernabschlusses nicht ersichtlich sind (erfolgsneutrale Eigenkapitalveränderungen).[53] Gesonderte Vorschriften zum Aufbau des Konzernabschlusses gibt es nicht, § 298 Abs. 1 HGB verweist insoweit auf die Vorschriften des Einzelabschlusses (§§ 265, 266, 275 und 277 HGB), ausgenommen den Bestimmungen zum Anhang. Für den Konzernanhang bestehen zusätzliche Vorschriften (§§ 313, 314 HGB). Für Konzerne gelten immer die Gliederungsvorschriften für große Kapitalgesellschaften,[54] Vorräte dürfen aber in einem Posten zusammengefasst werden (§ 298 Abs. 2 HGB).

III. Maßgebliche Rechnungslegungsvorschriften

1. Relevanz nationaler Rechnungslegungsvorschriften

a) Das derzeitige HGB

Die Bestimmungen des Handelsrechts dienen mehreren Zwecken:[55]   25
- Schutz der Gläubiger
- Schutz der Anteilseigner
- Beweissicherung
- Selbstinformation des Kaufmanns
- Vermögens- und Gewinnverteilung (Ausschüttungsbemessung)
- Rechenschaft gegenüber Dritten
- Ermittlung von Steuerbemessungsgrundlagen

Dabei treten die übrigen Zwecke bislang vor dem **Schutz der Gläubiger** zurück,[56] der Schutzgedanke dominiert die deutschen Rechnungslegungsvorschriften von jeher (sog. „allgemeines Vorsichtsprinzip"). So wird die Bedienung der Gläubiger im Handelsrecht vorrangig gegenüber der Ausschüttung an die Eigentümer eines Unternehmens behandelt. Die dem Zwecke der Kapitalerhaltung dienenden Vorschriften zum Jahresabschluss sollen über die Ausschüttungsbemessungsfunktion aber auch eine „Sicherung der Verdienstquelle" bewirken.

Für die Gläubiger der AG hat die Kapitalerhaltung besondere Bedeutung, 26
denn für AG gilt – im Gegensatz zu den Personengesellschaften – das sog. Haftungsprivileg (§ 1 Abs. 1 S. 2 AktG). Demgemäß ist die Haftung auf das Vermögen der Gesellschaft, mithin das von den Aktionären eingelegte Kapital sowie die thesaurierten Gewinne beschränkt. Die Gewinnverwendung der AG ist aus diesem Grund weiteren Ausschüttungsrestriktionen unterworfen (vgl. Rz. 31 ff.). Der ermittelte Periodenerfolg ist Grundlage der Ausschüttungsbemessung an die Anteilseigner.[57]

---

[52] Vgl. Interpretation DRS 7 Rz. 1a f.
[53] *Wohlgemuth* Jahres- und Konzernabschluss Rz. 312.
[54] *Baumbach/Hopt* HGB § 298 Rz. 1.
[55] MünchKomm.HGB/Bd. 2/*Ballwieser,* § 238 Rz. 1.
[56] *Ebenroth/Boujong/Joost/Strohn/Wiedemann* Handelsgesetzbuch § 242 Rz. 3.
[57] *Baetge/Kirsch/Thiele* Bilanzen S. 103.

§ 10

27 Nach den Vorschriften des HGB ordnungsgemäß und mangelfrei geführte Bücher gelten als **Beweismittel** in zivilrechtlichen, steuerrechtlichen und insolvenzrechtlichen Sachverhalten, wobei es sich im Wesentlichen um Schadenersatzfragen (gegen Gesellschafter oder im Insolvenzfall gegen die Vorstände) und den Nachweis von Besteuerungsgrundlagen handelt. Aufzeichnungen des Rechnungswesens sind daneben auch bei strafrechtlicher Verfolgung in Insolvenzfällen Beweismittel.[58]

28 Die Pflicht zur Aufstellung des Jahresabschlusses dient dem Vorstand zur **Selbstinformation** über das Ausmaß des Schuldendeckungspotentials („aproximative Insolvenzprüfung") des Vermögens und trägt damit mittelbar zum Gläubigerschutz bei.[59] Dies geht in erster Linie mit der Pflicht des Vorstands einher, bei der Feststellung eines Verlusts in Höhe der Hälfte des Grundkapitals die Hauptversammlung einzuberufen (§ 92 Abs. 1 AktG). Bei Überschuldung hat der Vorstand die Eröffnung des Insolvenzverfahrens zu beantragen (§ 92 Abs. 2 AktG).[60]

29 Da bei einer AG Eigentümer und Verwalter einer Vermögensmasse häufig nicht identisch sind, ist der Verwalter des Vermögens gegenüber dem Eigentümer zur Rechenschaft verpflichtet (Principal/Agent-Verhältnis).[61] Diese **Rechenschaftspflicht** ergibt sich für AG u.a. aus § 325 Abs. 1 HGB, welcher die AG zur Einreichung ihres Jahresabschlusses beim Betreiber des elektronischen Bundesanzeigers, also der Veröffentlichung im Unternehmensregister, verpflichtet.

30 Aus § 5 Abs. 1 S. 1 EStG folgt das Prinzip der **Maßgeblichkeit der Handelsbilanz für die steuerliche Gewinnermittlung** (vgl. Rz. 96 ff.). Wie bereits die o.g. GoB erkennen lassen, hat sich der nach HGB Bücher führende Kaufmann, zum Schutz der Gläubiger, grundsätzlich „armzurechnen". Dies ist naturgemäß nicht i.S.d. Fiskus, da niedrige Gewinne auch mit geringen Steuereinnahmen einhergehen. Der Maßgeblichkeitsgrundsatz nach § 5 EStG wird daher insoweit durchbrochen, als dass steuerliche Vorschriften eine andere Behandlung von Geschäftsvorfällen vorsehen.

b) Änderungen durch das Bilanzrechtsmodernisierungsgesetz

31 Der Gesetzgeber verfolgt mit Umsetzung des BilMoG das Ziel, den handelsrechtlichen Jahresabschluss zu einer den IFRS gleichwertigen, aber einfacheren und kostengünstigeren Rechnungslegung zu entwickeln, so die Begründung des Regierungsentwurfs vom 21. Mai 2008.[62] Unmittelbare (gewollte) Folge ist eine **Stärkung der Informationsfunktion** durch „... die Beseitigung handelsrechtlicher Ansatz-, Ausweis- und Bewertungswahlrechte". Die Begründung verweist auf die Absicht der Bundesregierung, gerade für kleine und mittelständische Unternehmen (KMU) Rechnungslegungsvorschriften zu etablieren, welche den Informationsgehalt von Jahresabschlüssen erhöhen, jedoch ohne die Komplexität der Vorschriften der IFRS.

---

[58] *Winnefeld* Bilanzhandbuch S. 183.
[59] Becksches Handbuch der Rechnungslegung/Bd. I/*Hinz* B100, Rz. 13.
[60] Zum „neuen" Überschuldungsbegriff in § 19 Abs. 2 InsO idF. des Finanzmarktstabilisierungsgesetzes (FMStG) vom 18. 10. 2008 vergleiche Becksches Handbuch der GmbH/*Erle/Helm* § 16 Rz. 17.
[61] *Kleindiek* ZGR 1998, 466 f.
[62] RegE zum BilMoG S. 67.

B. Die Aufstellung des Jahresabschlusses

Deutlich wird dies z. B. an den Änderungen zu § 249 HGB, für welchen im BilMoG die **Streichung der Wahlrechte** des Abs. 1 S. 3 und Abs. 2 zur Rückstellungsbildung vorgesehen ist. Dies schränkt Gestaltungsspielräume bei der Erstellung des Abschlusses ein und dient somit der Anhebung der Informationsqualität.

Mit dem Verrechnungsgebot nach § 246 Abs. 2 S. 2 HGB erfolgt eine Annäherung an den international verwendeten Begriff des „Planvermögens". Danach sollen Vermögensgegenstände, welche ausschließlich der Erfüllung bestimmter Schulden dienen, mit diesen saldiert werden. Unter Informationsaspekten spricht in diesen Fällen nichts gegen eine Verrechnung, da so nur die Belastung ausgewiesen wird, die das Unternehmen tatsächlich noch wirtschaftlich trifft.

Der **Geschäfts- oder Firmenwert** wird nach dem neuen § 246 Abs. 1 S. 4 HGB ausdrücklich als Vermögensgegenstand eingeordnet. Bei der Bewertung von **Rückstellungen** sollen auch zukünftige Preissteigerungen berücksichtigt werden (§ 253 Abs. 1 S. 2 HGB, Ansatz mit dem „Erfüllungsbetrag"). Die Neufassung des § 255 Abs. 2 HGB bestimmt, dass auch angemessene Teile der Gemeinkosten fortan Pflichtbestandteil der **Herstellungskosten** sind. Ein Aktivierungswahlrecht besteht demgemäß nur noch für: Verwaltungskosten und Kosten für soziale Einrichtungen, freiwillige soziale Leistungen und betriebliche Altersvorsorge.

Das Vorsichtsprinzip bleibt weiterhin von besonderer Bedeutung, wird jedoch anders gewichtet. So wird zwar das Verbot der **Aktivierung selbst geschaffener immaterieller Wirtschaftsgüter** (z. B. Software, Patente) durch ein Wahlrecht (§ 248 Abs. 2 HGB) und eine Aktivierungspflicht der auf die Entwicklungsphase entfallenden Herstellungskosten (§ 255 Abs. 2a HGB) ersetzt, gleichzeitig bestimmt § 268 Abs. 8 HGB jedoch eine Ausschüttungssperre in Höhe dieser aktivierten Aufwendungen.

Gem. § 253 Abs. 5 HGB wird die **Wertaufholung** für alle Unternehmen vorgeschrieben, die **außerplanmäßige Abschreibung** bei vorübergehender Wertminderung wird auf Finanzanlagen beschränkt (§ 253 Abs. 3 S. 4 HGB).

Eine weitere Änderung betrifft die **Abschaffung der gesonderten Bewertungsvorschriften für Kapitalgesellschaften** (§§ 279–283 HGB). Im Ergebnis werden damit die bislang nur für Kapitalgesellschaften geltenden Vorschriften auf alle Kaufleute ausgedehnt.

Aufgehoben wird zudem der **Grundsatz der umgekehrten Maßgeblichkeit** (§ 5 Abs. 1 S. 2 EStG, vgl. Rz. 96 ff.) und die zugehörigen Vorschriften des HGB (§ 247 Abs. 3, §§ 254, 273, 279 Abs. 2, §§ 280, 281, 285 S. 1 Nr. 5 HGB). Der Gesetzgeber macht damit einen weiteren Schritt weg von der sog. Einheitsbilanz und hin zu einer eigenständigen steuerlichen Gewinnermittlung.

Die Richtlinie 2006/43/EG des Europäischen Parlaments und des Rates vom 17. Mai 2006 über Abschlussprüfungen von Jahresabschlüssen und konsolidierten Abschlüssen sollte von allen Mitgliedstaaten bis zum 29. Juni 2008 in nationales Recht umgesetzt werden. Zahlreiche Regelungen der Abschlussprüferrichtlinie sind in Deutschland bereits geltendes Recht, weitere Regelungen sind durch das BilMoG gefolgt.

2. Relevanz internationaler Rechnungslegungsvorschriften

36 Infolge der im deutschen Handelsrecht dominierenden Grundsätze der Vorsicht und des Gläubigerschutzes (vgl. Rz. 7 f.) sind Daten, welche aus handelsrechtlichen Abschlüssen gewonnen werden können, nur in geringerem Umfang für die Einschätzung der tatsächlichen Wirtschaftskraft eines Unternehmens durch externe Adressaten geeignet.[63] Mithin fällt es schwer, ausländische Investoren anhand des handelsrechtlichen Abschlusses davon zu überzeugen, sich an deutschen Unternehmen zu beteiligen. Die Lage des Unternehmens wird durch den Jahresabschluss häufig schlechter dargestellt als es tatsächlich der Fall ist, nicht zuletzt wegen der Möglichkeit, aufgrund handelsrechtlicher Vorschriften stille Reserven zu bilden. Diesem Problem soll durch die Anwendung angelsächsisch beeinflusster Rechnungslegungsgrundsätze wie **IFRS** und **US-GAAP** entgegengewirkt werden. Denn jene orientieren sich traditionell wesentlich stärker an der Leistungsfähigkeit eines Unternehmens und bieten zugleich weniger Gestaltungsspielräume (in Form von Wahlrechten) bei der Aufstellung des Jahresabschlusses.

a) IFRS

37 Die International Financial Reporting Standards (IFRS) werden durch ein privates Rechnungslegungsgremium, der International Accounting Standards Committee Foundation (IASC), vertreten durch das International Accounting Standards Board (IASB), entwickelt und verabschiedet.[64] Eine Verordnung[65] der EU verpflichtet einerseits bestimmte kapitalmarktorientierte Unternehmen zur Anwendung der IFRS (vgl. Rz. 135) und ermöglicht den Mitgliedstaaten darüber hinaus ein Wahlrecht einzuführen, welches den Unternehmen erlaubt, ihren Konzernabschluss freiwillig nach IFRS zu erstellen. Dieses Wahlrecht wurde mit § 315a Abs. 3 HGB in deutsches Recht umgesetzt und befreit von der Pflicht zur Aufstellung des originär handelsrechtlichen Konzernabschlusses nach § 290 HGB. Anzuwenden sind gem. Art. 3 der Verordnung nur IFRS die zuvor durch die EU „genehmigt" („endorsed") sowie im Amtsblatt der EU veröffentlicht wurden und dadurch zu gesetzesgleichen Rechtsnormen erstarkt sind.[66] Der Verweis auf § 315a Abs. 1 HGB regelt, welche Vorschriften der §§ 294 bis 315 HGB bei der Konzernrechnungslegung nach übernommenen IFRS zusätzlich zu beachten bzw. nicht zu beachten sind.[67]

38 Darüber hinaus können Jahresabschlüsse – freilich nur zu Informationszwecken und ergänzend zu einem ohnehin bestehenden HGB-**Jahresabschluss** – ebenfalls freiwillig nach IFRS erstellt werden.

39 Wie bereits erwähnt soll der IFRS-Abschluss v.a. dem breiten Anlagepublikum einen besseren Einblick in die tatsächliche Wirtschaftskraft der AG vermitteln (Vermittlung eines „true and fair view"). Denn im Gegensatz zum

---

[63] *Winnefeld* Bilanzhandbuch S. 4 f.
[64] KPMG, IFRS Handbuch, 3. Aufl. Rz. 20, 24.
[65] Verordnung Nr. 1606/2002 des Europäischen Parlaments und des Rates vom 19. 7. 2002 betreffend die Anwendung internationaler Rechnungslegungsstandards, ABl. EG Nr. L 243 S. 1.
[66] KPMG, IFRS Handbuch, 3. Aufl., Rz. 55.
[67] *Küting/Gattung/Kessler*, DStR 2006, 579 f.

B. Die Aufstellung des Jahresabschlusses 40–42 § 10

HGB-Abschluss ist der IFRS-Abschluss wesentlich stärker auf die Informationsvermittlung als Grundlage von Investitionsentscheidungen und weniger am Gläubigerschutz ausgerichtet, was sich als Leitfaden durch die gesamten IFRS zieht. Die IFRS-Bilanzierungsregeln sind im Gegensatz zum HGB durch eine zum Teil überbordende Detailregelung gekennzeichnet. Auch das Bilanzierungskonzept weicht erheblich vom HGB ab. Wesentliche Abweichungen ergeben sich z. B.:

Beim **Ansatz** selbst geschaffener immaterieller Vermögenswerte. Während 40 nach § 248 Abs. 2 HGB für selbst geschaffene immaterielle Vermögensgegenstände ein Aktivierungsverbot besteht, sind nach IFRS unter bestimmten Voraussetzungen die direkt zurechenbaren Kosten der Entwicklungsphase zu aktivieren.[68] Die Kosten aus der Forschung dürfen nicht angesetzt werden (IAS 38.54).

Die **Folgebewertung** kann außer der planmäßigen Abschreibung nach IAS 38.74 auch mit dem beizulegenden Zeitwert (sog. „fair value") bewertet werden, wenn ein aktiver Markt besteht.[69]

Eine weitere Besonderheit stellt auch der derivative Geschäfts- oder Firmenwert („Goodwill") dar, der im Rahmen von Unternehmenszusammenschlüssen entsteht. Nach IFRS 3.51 besteht eine **Ansatzpflicht**.[70] Nach Handelsrecht besteht ein Aktivierungswahlrecht.[71,68] Die **Folgebewertung** des erworbenen Geschäfts- oder Firmenwertes ist nach IFRS 3.54 – nicht wie nach § 255 Abs. 4 HGB planmäßig – sondern ausschließlich bei einer tatsächlichen Wertminderung abzuschreiben („impairment test").

Erhebliche Unterschiede bestehen ferner bei der **Gewinnrealisierung** von 41 Fertigungsaufträgen (Langfristfertigung). IAS 11 schreibt für Fertigungsaufträge grundsätzlich eine **Teilgewinnrealisierung** entsprechend dem Grad der Fertigung vor („percentage of completion method"). Dabei werden die Erträge unabhängig davon vereinnahmt, ob bereits ein rechtlich durchsetzbarer Anspruch auf die Geltendmachung einer entsprechenden Forderung besteht. Auf die Abnahme entsprechender Teilleistungen kommt es nicht an.[72] Hingegen ist nach HGB grundsätzlich nur die sog. Completed-Contract Methode zulässig.[73]

Aufgrund des Informationsschwerpunkts der IFRS werden andere Zwecke des Abschlusses, wie die vorsichtige Ermittlung eines ausschüttungsfähigen Gewinns, zurückgedrängt. Auf Grund dessen bildet der IFRS-Abschluss in Deutschland weder die Grundlage für die Besteuerung einer AG, noch für die Ausschüttung ihrer Dividenden.[74]

b) US-GAAP

United States Generally Accepted Accounting Principles (US-GAAP) ist die 42 Bezeichnung für die US-amerikanischen Vorschriften der Rechnungslegung, welche die Buchführung sowie den Jahresabschluss von Unternehmen regeln,

---

[68] KPMG, IFRS im Vergleich zu Deutscher Rechnungslegung S. 81.
[69] KPMG, IFRS im Vergleich zu Deutscher Rechnungslegung S. 87.
[70] KPMG, IFRS im Vergleich zu Deutscher Rechnungslegung S. 83.
[71] KPMG, IFRS im Vergleich zu Deutscher Rechnungslegung S. 83.
[72] ADS Int. Rechnungslegung, Abschnitt 16, Rz. 39.
[73] KPMG, IFRS im Vergleich zu Deutscher Rechnungslegung S. 234.
[74] ADS Int. Rl, Rz. 42.

die in den USA börsennotiert sind oder für in den USA ansässige Gesellschaften, die bestimmte Größengrenzen überschreiten.[75] Wie die IFRS orientieren sich auch die US-GAAP an den Interessen bestehender bzw. potentieller Eigenkapitalgeber und liefern Grundlagen für Investitionsentscheidungen („decision usefulness"). Der Investor, welcher sowohl Eigen- als auch Fremdkapitalgeber sein kann, soll über die Fähigkeit des Unternehmens informiert werden, in den kommenden Geschäftsjahren positive Zahlungsströme zu erwirtschaften („future cash flows").[76] Die wahrheitsgemäße Darstellung der wirtschaftlichen Lage des Unternehmens ist Generalnorm der US-GAAP („overriding principle").[77] Ebenso wie der IFRS-Abschluss ist auch der US-GAAP-Abschluss keine Grundlage für die Besteuerung (keine Maßgeblichkeit der Handelsbilanz für die Steuerbilanz) des Unternehmens oder die Bemessung der auszuschüttenden Dividende. In den USA wird dem Gläubigerschutz bei der Rechnungslegung traditionell weniger Bedeutung beigemessen, es gibt daher u.a. keine gesetzlichen Beschränkungen zur Gewinnausschüttung. Das Geschäftsführungsorgan angelsächsischer Unternehmen trägt die Bezeichnung Board of Directors. Dieses allein entscheidet, wieviel Dividende an die Anteilseigner ausgeschüttet wird (kein gesetzlicher Ausschüttungsanspruch), die Aktionäre können das Ausschüttungsverhalten jedoch indirekt beeinflussen, da sie auf der jährlichen Hauptversammlung die Mitglieder des Boards i.d.R. nur für ein Jahr wählen.[78]

IV. Aktienrechtliche Sonderregelungen im Überblick

1. Dotierung von Rücklagen

a) Rücklagen nach HGB

43 Rücklagen wie das gezeichnete Kapital sind Bestandteile des Eigenkapitals von AG. Das HGB kennt gem. §§ 266 Abs. 3, 272 HGB zwei Grundarten von Rücklagen:
1. Kapitalrücklage
2. Gewinnrücklagen, dazu gehören die gesetzliche Rücklage, Rücklagen für eigene Anteile, satzungsmäßige Rücklagen und andere Gewinnrücklagen.

44 Die **Kapitalrücklage** umfasst Beträge, die der Gesellschaft von außen zugeführt werden und nicht aus dem erwirtschafteten Ergebnis stammen.[79] Dabei handelt es sich um das Agio bei der Ausgabe von Anteilen einschließlich Bezugsanteilen, das Agio bei der Ausgabe von Schuldverschreibungen für Wandlungsrechte und Optionsrechte, Zuzahlungen der Gesellschafter gegen Gewährung eines Vorzugs für ihre Anteile und andere Zuzahlungen der Gesellschafter in das EK (§ 272 Abs. 2 HGB).

45 Die **Gewinnrücklagen** (§ 272 Abs. 3 S. 1 HGB) unterscheiden sich von der Kapitalrücklage durch die Herkunft der eingestellten Beträge. Jene stammen, im Gegensatz zu den Beträgen in der Kapitalrücklage, stets aus dem Jahresüberschuss des Geschäftsjahres oder aus früheren Geschäftsjahren. Die Gewinnrück-

---

[75] *Schildbach* BB 1999, 359 ff.
[76] KPMG, US-GAAP S. 15.
[77] *Winnefeld* Bilanzhandbuch S. 32.
[78] *Winnefeld* Bilanzhandbuch S. 31.
[79] ADS § 272 HGB Rz. 75.

B. Die Aufstellung des Jahresabschlusses

lagen bestehen aus der gesetzlichen Rücklage, der Rücklage für eigene Anteile, der satzungsmäßigen Rücklage und den anderen Gewinnrücklagen. Nicht zu den Rücklagen gehört hingegen der Sonderposten mit Rücklagenanteil gem. §§ 247 Abs. 3, 273 HGB.[80]

Die **gesetzliche Rücklage** ist unter den Voraussetzungen des § 150 AktG **46** durch den Vorstand verpflichtend zu bilden. Darüber hinaus kann die HV freiwillige Einstellungen in die gesetzliche Rücklage beschließen. Die **Rücklage für eigene Anteile** (§ 272 Abs. 4 HGB) dient als Ausschüttungssperre und damit dem Kapital- und Gläubigerschutz. Um sicherzustellen, dass der Erwerb eigener Anteile nicht zur Rückzahlung von Grundkapital führt und das Haftungskapital reduziert, mindert die Bildung der Rücklage das Bilanzergebnis der Erwerbsperiode der eigenen Anteile.[81] **Satzungsmäßige Rücklagen** sind durch den Vorstand aufgrund der Satzung der AG aus dem Jahresüberschuss zu bilden und können einer Zweckbestimmung unterliegen. Alle übrigen Gewinnrücklagen gehören zu den **anderen, sog. „freien" Rücklagen**. D.h. sie sind nicht aufgrund von gesetzlicher oder satzungsmäßiger Verpflichtung des Vorstandes zu bilden, sondern aufgrund gesetzlicher oder satzungsmäßiger Ermächtigung oder aufgrund satzungsmäßiger Verpflichtung[82] oder Entscheidung der Hauptversammlung (§ 58 Abs. 1 und 2 AktG).[83]

b) Rücklagen nach Aktiengesetz

Gem. § 150 Abs. 1 AktG ist eine **gesetzliche Rücklage** im Rahmen der Bi- **47** lanzaufstellung durch den Vorstand zwingend zu bilden. Der sog. „Reservefonds" aus gesetzlicher Rücklage und Kapitalrücklage dient im Verlustfall als Puffer vor dem Grundkapital und damit dem Gläubigerschutz.[84] So sind jährlich 5% des um einen Verlustvortrag geminderten Jahresüberschusses in die gesetzliche Rücklage einzustellen, bis die Summe aus gesetzlicher Rücklage und Kapitalrücklage gem. § 272 Abs. 2 Nr. 1 bis 3 HGB 10% des Grundkapitals oder den höheren in der Satzung bestimmten Teil erreicht (§ 150 Abs. 2 AktG). Die gesetzliche Rücklagenbildung in Höhe von 5% hat mithin schon bei Aufstellung der Bilanz durch den Vorstand zu erfolgen.[85] Darüber hinaus kann die Hauptversammlung jedoch im Rahmen der Verwendung des Bilanzgewinns weitere Einstellungen in die gesetzliche Rücklage beschließen, um so möglichst rasch die vorgeschriebene 10%-Grenze zu erreichen.[86]

Die gesetzliche Rücklage unterliegt einer **Ausschüttungssperre**, auch **48** wenn die 10%-Grenze oder der in der Satzung bestimmten Teil überschritten ist. Die zulässigen Verwendungen von gesetzlicher Rücklage und Kapitalrücklage gem. § 272 Abs. 2 Nr. 1 bis 3, nicht jedoch Nr. 4,[87] HGB ergeben sich aus § 150 Abs. 3 und 4 AktG. Demnach dürfen jene unterhalb o.g. Grenzen nur zum Ausgleich eines Jahresfehlbetrages oder eines Verlustvortrags verwendet werden, wenn dieser nicht durch einen Gewinnvortrag oder Jahresüberschuss

---

[80] BeckBil-Komm./*Förschle/Hoffmann* § 272 Rz. 86.
[81] MünchKomm./AktG/Bd. 5/*Kropff* § 272 HGB Rz. 117 f.
[82] ADS § 272 HGB Rz. 153.
[83] BeckBil-Komm/*Förschle/Hoffmann* § 272, Rz. 97.
[84] ADS § 150 AktG Rz. 16 f.
[85] *Hüffer* AktG § 150 Rz. 4.
[86] MünchHdb. GesR Bd. 4/*Hoffmann/Becking* § 43 Rz. 3.
[87] ADS § 272 HGB Rz. 134.

gedeckt ist und nicht durch die Auflösung anderer Gewinnrücklagen ausgeglichen werden kann (§ 150 Abs. 3 AktG). Ist die o.g. Grenze überschritten, dürfen gesetzliche Rücklage und Kapitalrücklage insoweit auch zum Ausgleich eines nicht durch Gewinnvortrag gedeckten Jahresfehlbetrags oder zum Ausgleich eines nicht durch Jahresüberschuss gedeckten Verlustvortrags verwendet werden, ohne dass zuvor andere Gewinnrücklagen aufgelöst wurden (§ 150 Abs. 4 S. 1 Nr. 1 bis 2 AktG). Diese Gewinnrücklagen dürfen entsprechend dem Zweck der Ausschüttungsperre im Fall der Verwendung der gesetzlichen Rücklagen oder der Kapitalrücklage nicht ausgeschüttet werden (§ 150 Abs. 4 S. 2 AktG). Darüber hinaus darf der übersteigende Betrag jedoch nach § 150 Abs. 4 S. 1 Nr. 3 AktG auch zur Kapitalerhöhung aus Gesellschaftsmitteln verwendet werden. Gem. § 324 Abs. 1 AktG gelten die Regelungen zur gesetzlichen Rücklage und Kapitalrücklage nicht für eingegliederte Gesellschaften. Besondere Vorschriften gelten mit § 300 AktG aber für Gesellschaften, die vertraglich ihren Gewinn abführen oder mit denen ein Beherrschungsvertrag geschlossen wurde. Jene haben den Gewinn ohne die Gewinnabführung zu ermitteln und über fünf Geschäftsjahre gleiche Beträge einzustellen, so dass die 10%-Grenze erreicht wird.

49 Neben der gesetzlichen Rücklage können Vorstand und Aufsichtsrat im Rahmen der Feststellung des Jahresabschlusses (vgl. Rz. 88 ff.) gem. § 58 Abs. 2 S. 1 AktG einen Teil des Jahresüberschusses, wie er sich nach Verrechnung mit einem Verlustvortrag aus dem Vorjahr und nach Bildung der gesetzlichen Rücklagen ergibt (§ 58 Abs. 2 S. 4 AktG), höchstens jedoch die Hälfte, in **andere Gewinnrücklagen** einstellen. Dabei können Vorstand und Aufsichtsrat jedoch nicht durch die Satzung gezwungen werden, über das gesetzlich vorgeschriebene Maß hinaus Rücklagen zu bilden. Allerdings bestimmt § 58 Abs. 2 S. 2 AktG, dass die Satzung Vorstand und Aufsichtsrat zur Einstellung eines größeren Teils des Jahresabschlusses in die anderen Gewinnrücklagen ermächtigen kann. Auch kann die Wahlfreiheit von Vorstand und Aufsichtsrat zur Rücklagenbildung durch die satzungsmäßige Ermächtigung, nur einen kleineren Teil als die Hälfte einzustellen, begrenzt werden (§ 58 Abs. 2 S. 2 AktG).[88] Insgesamt kann die Satzung die Wahlfreiheit zur Rücklagenbildung mithin grundsätzlich von 0% bis 100% regulieren. Die Möglichkeit, durch die Satzung die Rücklagenbildung von Vorstand und Aufsichtsrat zu beeinflussen, findet jedoch ihre Grenze in Satz 3 der Vorschrift. Demnach dürfen Vorstand und Aufsichtsrat aufgrund von Satzungsbestimmungen keine Einstellung in andere Gewinnrücklagen vornehmen, wenn die anderen Gewinnrücklagen die Hälfte des Grundkapitals übersteigen oder nach der Einstellung übersteigen würden. Allerdings betrifft diese Einschränkung nur die Bildung von Rücklagen aufgrund entsprechender Satzungsbestimmung, jedoch nicht die gesetzliche Ermächtigung nach Satz 1 der Vorschrift.

50 Im Falle eines **Jahresfehlbetrags** besteht grundsätzlich keine Pflicht, diesen auszugleichen, denn er kann auch ins nächste Geschäftsjahr vorgetragen werden.[89] Beschließt der Vorstand, den Verlust auszugleichen, so hat er zunächst die anderen Gewinnrücklagen und die satzungsmäßige Rücklage aufzubrauchen, bevor die gesetzliche Rücklage und Kapitalrücklage nach § 150 AktG verwendet werden dürfen (vgl. oben). Die anderen Gewinnrücklagen unter-

---

[88] MünchHdb. GesR/Bd. 4/*Hoffmann-Becking* § 46 Rz. 4.
[89] MünchKomm.AktG/Bd. 5/1/*Kropff* § 150 Rz. 28.

B. Die Aufstellung des Jahresabschlusses 51, 52 § 10

liegen hingegen keinen Beschränkungen, sie können also auch über den Ausgleich eines Verlustes hinaus aufgelöst werden, um den Aktionären trotz des Jahresfehlbetrags einen Bilanzgewinn im Wege der Ausschüttung zukommen zu lassen oder im Falle eines Jahresüberschusses durch Auflösung von Rücklagen das Ausschüttungspotential weiter zu erhöhen.[90]

In bestimmten Fällen obliegt der **Hauptversammlung** die Feststellung des 51
Jahresabschlusses (vgl. Rz. 91 ff.). Nur für diesen Fall kann eine Satzungsbestimmung vorschreiben, dass die Hauptversammlung einen bestimmten Teil des Jahresüberschusses, wie er sich nach Verrechnung mit einem Verlustvortrag aus dem Vorjahr und nach Bildung der gesetzlichen Rücklagen ergibt, höchstens jedoch die Hälfte, in die anderen Rücklagen einzustellen hat (§ 58 Abs. 1 S. 1, 2 AktG). Der einzustellende Anteil vom Jahresüberschuss muss dabei entweder absolut oder prozentual in der Satzung vorbestimmt sein. Weitere Rücklagen darf die Hauptversammlung gem. § 173 Abs. 2 S. 3 AktG nicht mit der Feststellung des Jahresabschlusses, sondern erst im Rahmen des anschließenden Beschlusses über die Verwendung des Bilanzgewinns bilden. Im Hinblick auf die Auflösung von Rücklagen im Rahmen der Feststellung durch die Hauptversammlung gelten die gleichen Bestimmungen wie für die Feststellung durch den Vorstand.[91] Demnach kann die Hauptversammlung andere Gewinnrücklagen und satzungsmäßige Rücklagen auflösen, um trotz eines Jahresfehlbetrags Ausschüttungen herbeizuführen oder um den für Ausschüttungen zur Verfügung stehenden Bilanzgewinn zu erhöhen. Im Hinblick auf die Verwendung von Kapitalrücklage und gesetzlicher Rücklage hat auch die Hauptversammlung die Einschränkungen von § 150 AktG zu berücksichtigen.

2. Spezielle Ausweisregelungen

a) Ausweisregeln für die Bilanz

Gem. § 152 AktG gelten besondere bilanzielle Ausweisregelungen für das Ei- 52
genkapital der AG. Diese dienen der rechtsformspezifischen Ergänzung der §§ 266, 272 HGB und der Verbesserung der internationalen Vergleichbarkeit.[92] So ist das **Grundkapital**, das nach § 7 AktG mindestens € 50.000 betragen muss, einheitlich als gezeichnetes Kapital auszuweisen (§ 152 Abs. 1 S. 1 AktG). § 152 Abs. 1 S. 2–4 AktG regelt weitere Vermerkpflichten bezüglich unterschiedlicher Aktiengattungen und des bedingten Kapitals. Danach sind die jeweiligen Beträge des Grundkapitals, die auf unterschiedliche Aktiengattungen entfallen, getrennt anzugeben. Das Gesetz unterscheidet dabei zwischen Stammaktien (§ 12 Abs. 1 S. 1 AktG) und stimmrechtslosen Vorzugsaktien (§ 12 Abs. 1 S. 2 AktG).[93] Das bedingte Kapital (§ 192 AktG) ist mit seinem Nennbetrag zu vermerken, wenn die Hauptversammlung die bedingte Kapitalerhöhung beschlossen hat (§ 152 Abs. 1 S. 3 AktG). Dadurch soll bezweckt werden, den Betrag, um den sich das Grundkapital möglicherweise und ohne Einflussnahme der Hauptversammlung erhöhen wird, ersichtlich zu machen.[94]

---

[90] MünchHdb. GesR/Bd. 4/*Hoffmann-Becking* § 46 Rz. 1b.
[91] MünchKomm.AktG/Bd. 5/1/*Kropff* § 173 Rz. 32.
[92] *Hüffer* AktG § 152 Rz. 1.
[93] ADS § 152 AktG Rz. 5 f.
[94] *Hüffer* AktG § 152 Rz. 4.

53 Gem. § 152 Abs. 2 AktG sind die Veränderungen der **Kapitalrücklage** wahlweise in der Bilanz oder im Anhang gesondert anzugeben. Zunächst ist der während des Geschäftsjahres zugeführte Betrag auszuweisen (§ 152 Abs. 2 Nr. 1 AktG, § 270 Abs. 1 S. 1 HGB). Entsprechendes gilt gem. § 152 Abs. 2 Nr. 2 AktG für Verwendungen der Kapitalrücklage während des Geschäftsjahres, insb. auch bei Kapitalerhöhung aus Gesellschaftsmitteln.[95] Für die Verwendung der Kapitalrücklage sind stets die einschränkenden Vorschriften nach § 150 Abs. 3 und 4 AktG zu beachten (vgl. Rz. 31 ff.).

54 § 152 Abs. 3 AktG regelt die Angabepflichten für die **Gewinnrücklagen**. In Bilanz oder Anhang sind demnach die Beträge auszuweisen, deren Einstellung die HV aus dem Bilanzgewinn des Vorjahres beschlossen hat (§§ 152 Abs. 3 Nr. 1, 58 Abs. 3 AktG). Ferner sind nach Nr. 2 der Vorschrift die Beträge anzugeben, die durch den Vorstand im Rahmen der Aufstellung des Jahresabschlusses des laufenden Jahres gem. § 58 Abs. 1, 2 und 2a AktG gebildet wurden. Abschließend sind nach § 152 Abs. 3 Nr. 3 AktG sämtliche Entnahmen, die im laufenden Jahr aus den Gewinnrücklagen getätigt wurden, anzugeben.

b) Ausweisregeln für die GuV

55 Mit § 158 AktG bestehen spezifische, das Gliederungsschema des § 275 HGB ergänzende, Vorschriften, um die ganze oder teilweise **Verwendung des Jahresüberschusses** durch den Vorstand darzustellen. So sind nach dem Posten „Jahresüberschuss/-fehlbetrag" in der GuV oder wahlweise im Anhang (§ 158 Abs. 1 S. 2 AktG) wie folgt auszuweisen:

1. Gewinnvortrag/Verlustvortrag aus dem Vorjahr
2. Entnahmen aus der Kapitalrücklage
3. Entnahmen aus Gewinnrücklagen (aufgeschlüsselt nach den vier Arten der Gewinnrücklage, vgl. oben 1. a)
   (4.) Erträge aus der Kapitalherabsetzung (§ 240 S. 1 AktG)
   (5.) Einstellung in die Kapitalrücklage nach den Vorschriften über die vereinfachte Kapitalherabsetzung (§§ 229 Abs. 1, 232 AktG)
4. (6.) Einstellungen in die Gewinnrücklagen (aufgeschlüsselt wie die Entnahmen nach 3.)
5. (7.) Bilanzgewinn/-verlust

Einstellungen in die Kapitalrücklage, wie ein bei der Aktienausgabe erzieltes Agio, werden nicht in der GuV ausgewiesen, sondern sind erfolgsneutral nur in der Bilanz zu zeigen.[96] Ebenso wird die Verwendung von Kapitalrücklage oder Gewinnrücklage zur Kapitalerhöhung aus Gesellschaftsmitteln nicht im Rahmen der GuV-Gliederung ausgewiesen, da es sich nicht um eine Entnahme, sondern um eine Umbuchung innerhalb des Eigenkapitals handelt.[97] Wird von o.g. Ausweiswahlrecht Gebrauch gemacht, müssen die Angaben vollständig und nach der Gliederung des § 158 Abs. 1 AktG im Anhang erscheinen; ein teilweiser Ausweis in GuV und/oder Anhang ist unzulässig.[98]

56 Gem. § 240 S. 1 AktG ist der aus der **Kapitalherabsetzung** gewonnene Betrag nach dem Posten „Entnahmen aus Gewinnrücklagen" in der GuV als „Er-

---

[95] *Küting/Weber* § 152 AktG Rz. 11.
[96] MünchHdb. GesR/Bd. 4/*Hoffmann-Becking* § 43 Rz. 11.
[97] ADS § 158 AktG Rz. 10
[98] *Hüffer* AktG § 158 Rz. 7.

B. Die Aufstellung des Jahresabschlusses 57–60 § 10

trag aus der Kapitalherabsetzung" auszuweisen. Nach dem Wortlaut bezieht sich das Wahlrecht des § 158 Abs. 1 S. 2 AktG nicht auf die Angaben nach § 240 S. 1 AktG. Demnach ist der alleinige Ausweis im Anhang nicht hinreichend, sondern der Ausweis muss in der Bilanz erfolgen.[99] Nach S. 2 der Vorschrift ist darüber hinaus die Einstellung in die Kapitalrücklage nach §§ 229 Abs. 1, 232 AktG als „**Einstellung in die Kapitalrücklage nach den Vorschriften über die vereinfachte Kapitalherabsetzung**" gesondert auszuweisen. Das Gesetz schweigt jedoch darüber, an welcher Stelle die Angaben erfolgen sollen. Nach herrschender Meinung erfolgt der Ausweis im Anschluss an die „Erträge aus Kapitalherabsetzung".[100]

Analog ist bei **Einziehung der Aktien** gem. § 237 Abs. 5 AktG zu verfahren. Der „Ertrag aus der Kapitalherabsetzung" ist demnach mit einem Posten „Einstellung in die Kapitalrücklage nach den Vorschriften über die vereinfachte Kapitalherabsetzung durch Einziehung von Aktien" zu neutralisieren.[101] 57

Bezieht ein herrschendes Unternehmen Erträge aus einem Gewinnabführungsvertrag, so sind die an Minderheitsgesellschafter zu zahlenden **Ausgleichszahlungen** abzusetzen. Das positive Ergebnis ist entsprechend als Ertrag auszuweisen, während ein Überschuss an Ausgleichszahlungen unter den Aufwendungen aus Verlustübernahme in der GuV auszuweisen ist (§ 158 Abs. 2 S. 1 AktG). Es kommt somit ausnahmsweise zu einer Saldierung von Aufwendungen und Erträgen vor dem GuV-Ausweis. Weitere Saldierungen, insbesondere von Erträgen oder Verlustübernahmen aus verschiedenen Gesellschaften, sind gem. S. 2 der Vorschrift unzulässig.[102] 58

3. Der Anhang

a) Pflichtangaben nach HGB

Der Anhang ist Teil des Jahresabschlusses (§ 264 Abs. 1 S. 1 HGB) und dient der Erläuterung der GuV und Bilanz zur Vermittlung eines den tatsächlichen Verhältnissen entsprechenden Bildes der Finanz-, Vermögens- und Ertragslage i.S.v. § 264 Abs. 2 S. 1 HGB.[103] Auch auf den Anhang sind mithin die GoB, die allgemeinen Grundsätze einer gewissenhaften und getreuen Rechnungslegung, der Klarheit und Übersichtlichkeit sowie der formellen Stetigkeit anzuwenden.[104] Über die gesetzlichen Pflichtangaben hinaus steht es der Gesellschaft frei, weitere Angaben zu machen, soweit diese nicht irreführend sind. Begrenzung findet die Verpflichtung zu Angaben im Anhang allerdings durch den Grundsatz der Wesentlichkeit.[105] 59

Gem. § 284 Abs. 1 HGB sind in den Anhang die Angaben aufzunehmen, die zu den einzelnen **Posten** nach HGB oder AktG gesetzlich vorgeschrieben sind oder die in den Anhang aufzunehmen sind, weil sie in Ausübung eines Wahl- 60

---

[99] *Hüffer* AktG § 158 Rz. 7; MünchKomm.AktG/Bd. 7/*Oechsler* § 240 Rz. 3; a.A.: *Küting/Weber* § 158 AktG Rz. 22.
[100] *Hüffer* AktG § 158 Rz. 8; *Küting/Weber* § 158 AktG Rz. 24; MünchKomm.AktG/ *Oechsler* § 240 Rz. 3.
[101] MünchKomm.AktG/*Oechsler* § 240 Rz. 6.
[102] *Küting/Weber* § 158 AktG Rz. 27 f.
[103] MünchKomm. HGB/Bd. 4/*Lange* § 284 Rz. 9.
[104] BeckBil-Komm./*Ellrott* § 284 Rz. 10 f.
[105] ADS § 284 HGB Rz. 23.

rechts nicht in die Bilanz oder GuV aufgenommen wurden. Darüber hinaus zählt Abs. 2 der Vorschrift eigene Angabepflichten zu Bilanzierungs- und Bewertungsmethoden auf. Darzustellen ist insb. wie im konkreten Fall Wahlrechte ausgeübt und Ermessensspielräume ausgefüllt wurden.[106] Kleine Kapitalgesellschaften haben die Angaben nach Nr. 4 der Vorschrift nicht zu machen (§ 288 HGB).

61 **Weitere Angabepflichten** nennt § 285 HGB. Hierbei ist zu beachten, dass der Geltungsbereich über die Nrn. 1–19 uneinheitlich ist. So haben nur börsennotierte AG oder kapitalmarktorientierte Unternehmen die Nrn. 9a S. 5–9, 10 S. 1 letzter Teilsatz, 11 2. Halbsatz, 16 (Angaben zur Entsprechenserklärung, vgl. Rz. 137) und 17 anzuwenden. Des Weiteren gibt es hierzu ebenfalls Erleichterungen für kleine und mittelgroße KapGes gem. § 288 HGB. Gesellschaften dürfen außerdem unter den in § 286 HGB genannten Voraussetzungen von bestimmten Angaben des § 285 HGB absehen.

62 Durch die Umsetzung des **BilMoG** ergeben sich verschiedene Änderungen zu den sonstigen Pflichtangaben nach § 285 HGB. Neben Neufassungen und Änderungen der bestehenden Pflichten treten die Nrn. 20 bis 28 neu hinzu. Sie sollen u. A. für folgende Angaben eine Regelung treffen: Grundlagen der Bewertung von Finanzanlagen zum beizulegenden Zeitwert, marktunüblichen Geschäften mit nahestehenden Gesellschaften und Personen, kostenmäßiger Umfang der Forschungs- und Entwicklungstätigkeit, Bildung von Bewertungseinheiten, Berechnung von Pensionsrückstellungen, Werte der nach § 246 Abs. 2 Satz 2 HGB miteinander verrechneten Vermögensgegenstände und Schulden, Gründe für das Vorliegen von Eventualverbindlichkeiten und zu Erträgen, deren Ausschüttung (z. B. bei der Aktivierung selbsterstellter Vermögensgegenstände) von der Ausschüttung gesperrt ist. Aufgehoben wird insbesondere die Angabepflicht nach Nr. 5 der Vorschrift, die sich auf die handelsrechtlichen Öffnungsklauseln bezieht. In diesem Zusammenhang entfallen auch die Angabepflichten nach §§ 280 Abs. 3, 281 HGB. Näheres zum Hintergrund in Rz. 9 ff. und Rz. 105 ff.

b) Zusatzangaben nach AktG

63 Für den Anhang der AG gelten weitere **Angabepflichten gem. § 160 Abs. 1 AktG**. So ist im Anhang über Bestand, Zugang und Verwertung von Aktien (sog. Vorratsaktien) zu berichten, die ein Aktionär oder ein verbundenes Unternehmen im Rahmen einer bedingten Kapitalerhöhung für Rechung der AG oder eines verbundenen Unternehmens übernommen hat (§ 160 Abs. 1 Nr. 1 AktG). Nr. 2 der Vorschrift verlangt Angaben über den Bestand, Erwerb und die Veräußerung von eigenen Aktien durch die AG, abhängige Unternehmen oder die Dritte für Rechnung der AG erworben haben. So sind deren Zahl, der Anteil am Grundkapital prozentual und absolut sowie die Aktiengattung anzugeben.[107] Des Weiteren sind gem. Nr. 3 Angaben zu Zahl und Nennbetrag der Aktien jeder Aktiengattung zu machen, sofern sich diese Informationen nicht bereits aus der Bilanz ergeben. Zum genehmigten Kapital i.S.v. Nr. 4 anzugeben ist, in welchem Umfang zum Bilanzstichtag unverwendetes genehmigtes Kapital besteht.[108] Falls im Geschäftsjahr von der Ermächtigung über

---

[106] BeckBil-Komm./*Ellrott* § 284 Rz. 85.
[107] ADS § 160 AktG Rz. 23 f.
[108] MünchHdb. GesR/Bd. 4/*Hoffmann-Becking* § 43 Rz. 16.

B. Die Aufstellung des Jahresabschlusses   64, 65 § 10

das genehmigte Kapital bereits ganz oder teilweise Gebrauch gemacht wurde, sind für die gezeichneten Aktien die Angaben nach Nr. 3 zu machen. Gem. § 160 Abs. 1 Nr. 5 AktG sind die Art und Zahl der an Arbeitnehmer, Vorstandsmitglieder oder Geschäftsführer verbundener Unternehmen gewährten Aktienoptionsrechte (§ 192 Abs. 2 Nr. 3 AktG), Wandelschuldverschreibungen und vergleichbaren Wertpapieren unter Angabe der Rechte, die sie verbriefen im Anhang aufzuführen.[109] Werden jene Aktienoptionen ausgeübt, so fallen die gezeichneten Aktien ebenfalls unter die Angabepflicht nach Nr. 3 der Vorschrift. Genussrechte und Besserungsscheine oder ähnliche Gläubigerrechte zu Lasten des Unternehmens sind durch Nr. 6 erfasst. Anzugeben sind Art und Zahl der jeweiligen Rechte, wobei Neuzugänge separat auszuweisen sind. Nr. 7 verlangt die Nennung von Unternehmen, mit denen wechselseitige Beteiligungen bestehen. Berichtspflichtig ist schließlich gem. Nr. 8 das Bestehen von Beteiligungen, die nach den Vorschriften § 20 Abs. 1 und Abs. 4 AktG oder nach § 21 Abs. 1 und 1a WpHG mitgeteilt wurden. Dazu ist ebenfalls der Inhalt der jeweils veröffentlichten Pflichtbekanntmachung anzugeben.

4. Der Abhängigkeitsbericht bei verbundenen Unternehmen

Der Abhängigkeitsbericht[110] nach § 312 AktG soll Beziehungen der abhän- 64
gigen Gesellschaft zu beherrschenden Unternehmen darstellen, die nicht über einen Beherrschungsvertrag verfügen. Dazu erfasst er alle Rechtsgeschäfte und sonstige Maßnahmen mit dem gemäß § 312 Abs. 1 S. 2 AktG verbundenen Unternehmen. Zu den Rechtsgeschäften mit verbundenen Unternehmen gehören nicht nur Geschäfte unmittelbar mit dem beherrschenden Unternehmen, sondern auch Geschäfte mit einem Unternehmen das wiederum mit dem beherrschenden Unternehmen verbunden ist. Des Weiteren werden auch Geschäfte mit Dritten erfasst, falls diese vom beherrschenden Unternehmen veranlasst worden sind.[111] Nach § 312 Abs. 1 S. 1 AktG soll der Bericht vom Vorstand in Gesamtverantwortung[112] auf den Stichtag des Jahresabschlusses in den ersten drei Monaten des neuen Geschäftsjahres erstellt werden.

5. Regelungen und Empfehlungen im Corporate Governance Kodex

Im Auftrag des Bundesjustizministeriums hat die eingesetzte Regierungs- 65
kommission den Deutschen Corporate Governance Kodex entwickelt und am 26. Februar 2002 verabschiedet.[113]

„Der (...) Deutsche Corporate Governance Kodex (der Kodex) stellt wesentliche gesetzliche Vorschriften zur Leitung und Überwachung deutscher **börsennotierter Gesellschaften** (Unternehmensführung) dar und enthält international und national anerkannte Standards guter und verantwortungsvoller Unternehmensführung. Der Kodex soll das deutsche Corporate Governance System transparent und nachvollziehbar machen. Er will das Vertrauen der internationalen und nationalen Anleger, der Kunden, der Mit-

---

[109] ADS § 160 AktG Rz. 51 f.
[110] Vgl. im Detail Kapitel § 15 Rz. 79 ff.
[111] *Hüffer* AktG § 312 Rz. 18 f.
[112] MünchKomm. AktG/Bd. 8/*Kropff* § 312 Rz. 51 f.
[113] http://www.corporate-governance-code.de

arbeiter und der Öffentlichkeit in die Leitung und Überwachung deutscher börsennotierter Gesellschaften fördern. (...) Der Kodex richtet sich in erster Linie an börsennotierte Gesellschaften. Auch nicht börsennotierten Gesellschaften wird die Beachtung des Kodex empfohlen."[114]

Der Terminus **Corporate Governance**[115] stammt aus dem angelsächsischen Sprachgebrauch und kommt ausweichlich einer wörtlichen Übersetzung den deutschen Begriffen „(Materielle-) Unternehmensverfassung"[116] oder „Führungsgrundsätze"[117] am nächsten. Somit bezeichnet Corporate Governance das System der Kompetenzen (Rechte und Pflichten) der Organe Vorstand und Aufsichtsrat und der Hauptversammlung sowie deren Verhältnis untereinander.[118]

66 Der Kodex führt mithin Grundsätze der guten Unternehmensleitung und Unternehmensführung auf. Hierzu behandelt der Kodex die unterschiedlichen Organe der AG sowie deren Verhältnis untereinander, zu den Aktionären und der Abschlussprüfung.

Die einzelnen Abschnitte wiederum bestehen sowohl aus rechtsbeschreibenden Teilen, welche die geltende Rechtslage wiedergeben sollen, als auch aus den **Empfehlungs- und Anregungsteilen**. Die Verwendung des Wortes „soll" kennzeichnet dabei stets eine Empfehlung, während Anregungen durch Verwendung der Begriffe „sollte" oder „kann" formuliert sind.[119] Diese Unterscheidung ist für börsennotierte AG von großer Bedeutung, da sich jene gem. § 161 AktG über nicht befolgte Empfehlungen zu erklären haben (vgl. hierzu Rz. 137). Der im Kodex verwendete Begriff „Unternehmen" bezeichnet neben der Gesellschaft selbst auch ihre Konzernunternehmen i.S.d. § 18 Abs. 1 AktG.[120] Neben grundlegenden Erläuterungen stellt die Präambel den Aufbau und die Funktion der AG-Organe knapp und überblicksartig dar und hebt das „true-and-fair-view-Prinzip" im Sinne der Vermittlung eines den tatsächlichen Verhältnissen entsprechenden Bilds der Finanz-, Vermögens- und Ertragslage (§ 264 Abs. 2 S. 1 HGB) hervor.

67 Obgleich die **Rechtsqualität des Kodex** selbst zum Teil noch umstritten ist,[121] steht zumindest fest, dass ihm keine eigene Rechtsnormqualität zukommt, insbesondere da der Kodex nicht durch den parlamentarischen Gesetzgeber erlassen wurde.[122] Vielmehr handelt es sich, abgesehen von der Wiedergabe des Gesetzeswortlauts, um bloße Wohlverhaltensempfehlungen und Anregungen, die durch die Kodex-Kommission im Auftrag des Justizministe-

---

[114] Aus der Präambel des Deutschen Corporate Governance Kodex in der Fassung vom 14. Juni 2007, BMJ vom 20. Juli 2007, www.bundesanzeiger.de. Hervorhebung stammt von den Autoren.
[115] Überblick über Entstehung u. aktuelle Entwicklungen bei *Küting/Pfitzer/Weber/ Hommelhoff* S. 281 ff. mwN.
[116] Deutscher Corporate Governance Kodex/*Ringleb/Kremer/Lutter/v.Werder* S. 11; MünchKomm.AktG/Bd. 5/1/*Semler* § 161 Rz. 2
[117] *Hüffer* AktG § 161 Rz. 2.
[118] *Hommelhoff/Schwab* Handbuch Corporate Governance S. 57; MünchKomm.AktG/ Bd. 5/1/*Semler* § 161 Rz. 2.
[119] *Küting/Weber* Bd. 1, Kap. 8, Rz. 27.
[120] *Ringleb/Kremer/Lutter/v.Werder* Deutscher Corporate Governance Kodex S. 52.
[121] *Kort* AG 2008 S. 137.
[122] *Hommelhoff/Schwab* Handbuch Corporate Governance S. 57; *Ulmer* ZHR 166 (2002), 151; KölnKomm/*Lutter* § 161 Rz. 11.

riums erarbeitet wurden und unter laufender Überarbeitung stehen.[123] Häufig wird der Kodex deshalb auch als „soft law" bezeichnet.[124] Zwar steht es formell jedem Unternehmen frei, sich für oder wider die Einhaltung der Empfehlungen zu entscheiden,[125] jedoch entwickelt sich in Folge der nach § 161 AktG von börsennotierten AG zu veröffentlichenden Entsprechungserklärung eine besondere Beurteilung durch den Kapitalmarkt, welche die Haltung der Geschäftsführung gegenüber den Empfehlungen zu beeinflussen vermag[126] und mitunter auch faktischen Druck[127] auf die Unternehmen ausüben kann. So lässt sich auch erklären, dass die Befolgungsquote unter den börsennotierten AG im März 2008 insgesamt bei fast 84 % und bei den DAX-gelisteten Unternehmen bei rund 95 % lag.[128]

C. Die Prüfung des Jahresabschlusses

I. Die Jahresabschlussprüfung gem. §§ 316 ff. HGB

Sinn und Zweck der gesetzlichen Abschlussprüfung ist „die Gewährleistung der Schutzfunktion der Rechnungslegung durch Feststellung der Gesetz- und Ordnungsmäßigkeit des Jahres- bzw. Konzernabschlusses".[129] Und mithin die Sicherung der Jahresabschlusszwecke (vgl. Rz. 7 f.), namentlich der Ermittlung eines ausschüttungsfähigen Gewinns und der Vermittlung eines den tatsächlichen Verhältnissen entsprechenden Bildes der Vermögens-, Finanz- und Ertragslage, sowie die Unterstützung der Prüfungstätigkeit des Aufsichtsrates.

Gem. § 316 Abs. 1 S. 1 HGB trifft die gesetzliche **Prüfungspflicht** jede mittelgroße oder große AG im Sinne des § 267 Abs. 2 u. 3 HGB. Die Prüfung des Abschlusses ist zwingend[130]: Hat eine Prüfung nicht stattgefunden, so kann der Jahresabschluss nicht festgestellt und der Konzernabschluss nicht gebilligt werden (§ 316 Abs. 1 S. 2, Abs. 2 S. 1 HGB). Ein entgegen dem gesetzlichen Feststellungsverbot festgestellter Jahresabschluss ist nichtig (§ 256 Abs. 1 Nr. 2 AktG). Das Fehlen der Prüfung hat somit die gleichen Sanktionen zur Folge wie das Fehlen des Jahresabschlusses selbst (vgl. Rz. 9 ff.).

Neben der gesetzlichen Prüfungspflicht können Unternehmen ein Interesse daran haben, sich **freiwillig** prüfen zu lassen, um z. B. satzungsmäßigen Bestimmungen oder dem Verlangen von Kreditgebern nachzukommen oder wenn es bei beabsichtigten Unternehmensverkäufen vom Käufer verlangt wird. Soll die Prüfung mit einem Bestätigungsvermerk abgeschlossen werden,

---

[123] Die jeweils aktuelle Fassung kann unter www.corporate-governance-code.de abgerufen werden.
[124] *Kort* AG 2008, 138; *Schüppen* ZIP 2002, 1278; MünchKomm.AktG/Bd. 5/1/*Semler* § 161 Rz. 28.
[125] *Hommelhoff/Schwab* Handbuch Corporate Governance, S. 54; *Ringleb/Kremer/Lutter/v.Werder* Deutscher Corporate Governance Kodex S. 27 ff.
[126] MünchKomm.AktG/Bd. 5/1/*Semler* § 161 Rz. 10.
[127] *Küting/Weber* Handbuch der Rechnungslegung, Bd. 4, § 161 AktG Rz. 9.
[128] *v. Werder/Talaulicar* DB 2008, 832.
[129] *Wüstemann* Wirtschaftsprüfung S. 17.
[130] BeckBil-Komm./*Förschle/Küster* § 316 Rz. 20 ff.

so hat diese nach Art und Umfang der gesetzlichen Prüfung nach § 316 ff. HGB zu entsprechen.[131]

Wird der Jahres- oder Konzernabschluss, der Lagebericht oder der Konzernlagebericht nach Vorlage des Prüfungsberichts geändert (zur Änderung des festgestellten Jahresabschlusses vgl. Rz. 108 ff.), so hat der Abschlussprüfer diese Unterlagen erneut zu prüfen, soweit es die Änderung erfordert (sog. „Nachtragsprüfung", § 316 Abs. 3 S. 1 HGB).

70 Der **Abschlussprüfer** wird von der Hauptversammlung (§§ 119 Abs. 1 Nr. 4 AktG, 318 Abs. 1 S. 1 HGB) auf Vorschlag des Aufsichtsrates (§ 124 Abs. 3 AktG) gewählt. Er ist verpflichtet, an den Verhandlungen des Aufsichtsrates oder eines Ausschusses über den Jahres- und Konzernabschluss teilzunehmen, und hat dort über die wesentlichen Ergebnisse seiner Abschlussprüfung mündlich zu berichten (§ 171 Abs. 1 S. 2 AktG).

Gem. § 111 Abs. 2 S. 3 AktG ist der gewählte Abschlussprüfer vom Aufsichtsrat zu beauftragen. Werden mehrere Personen zum Abschlussprüfer bestellt, sind sie gemeinsam der Prüfer im Sinne der gesetzlichen Vorschriften. Das Ergebnis der Abschlussprüfung setzt sich aus den Prüfungsurteilen der bestellten Personen zusammen, diese werden die Prüfung i.d.R. gemeinsam durchführen (sog. Gemeinschaftsprüfung oder. Joint Audit).[132]

§ 319 HGB nennt Gründe, nach denen die finanzielle oder persönliche **Unabhängigkeit des Prüfers** gefährdet ist und die mithin zum Ausschluss des Abschlussprüfers von der Prüfung eines Unternehmens führen können.

Gem. § 321 Abs. 1 S. 1 HGB hat der Prüfer über Art und Umfang sowie über das Prüfungsergebnis mit gebotener Sorgfalt schriftlich zu berichten. Der Bericht soll den Organen der Gesellschaft das Prüfungsergebnis näher erläutern,[133] vor allem soll er dem Aufsichtsrat unabhängige Informationen für dessen Überwachungstätigkeiten liefern.[134] Hierzu ist ein **Prüfungsbericht** anzufertigen, dessen Inhalt durch § 321 HGB bestimmt wird.

71 Daneben hat der Prüfer einen **Bestätigungsvermerk** (§ 322 HGB) in den Bericht mit aufzunehmen (§ 322 Abs. 7 S. 2 HGB). Jener kann als eine Kurzfassung von Teilen des Prüfungsberichtes verstanden werden und enthält darüber hinaus ein Gesamturteil über das Ergebnis der Prüfung.[135] Der uneingeschränkte Bestätigungsvermerk ist zu erteilen, wenn nach Abschluss der Prüfung keine wesentlichen Beanstandungen zu erheben sind und keine besonderen Umstände vorliegen, aufgrund derer bestimmte wesentliche abgrenzbare oder nicht abgrenzbare Teile der Rechnungslegung nicht mit hinreichender Sicherheit beurteilt werden können (sog. „Prüfungshemmnisse").[136] Andernfalls ist der Vermerk einzuschränken oder zu versagen (§ 322 Abs. 4 HGB). Der Bestätigungsvermerk ist – ebenso wie der Versagungsvermerk – unter Angabe von Ort und Datum durch den Wirtschaftsprüfer eigenhändig zu unterzeichnen (§ 322 Abs. 7 S. 1 HGB) und nach § 48 Abs. 1 WPO zu siegeln. Im Gegensatz zum Prüfungsbericht, dessen Adressaten insbesondere die Organe der AG sind, dient der Bestätigungsvermerk der Unterrichtung der Öffentlichkeit,

---

[131] IDW PS 400 Rz. 5.
[132] IDW PS 208 Rz. 4.
[133] ADS § 321 HGB Rz. 19.
[134] ADS § 321 HGB Rz. 32 ff.
[135] Beck'sches Handbuch der Rechnungslegung/*Hellberg* Bd. II, B 600, Rz. 95.
[136] IDW PS 400 Rz. 400, Rz. 42.

C. Die Prüfung des Jahresabschlusses

denn die Gesellschaft ist verpflichtet, den Bestätigungsvermerk beim Betreiber des elektronischen Bundesanzeigers einzureichen (§ 325 Abs. 1 S. 2, Abs. 2a, Abs. 2b u. Abs. 3 HGB) und den Wortlaut im Rahmen der Veröffentlichung des Jahres- und Konzernabschlusses vollständig wiederzugeben (§ 328 Abs. 1 Nr. 1 S. 3 HGB).[137]

1. Gegenstand der Abschlussprüfung

Der Gegenstand der Abschlussprüfung ist sowohl für Einzel- als auch Konzernabschlüsse in §§ 316, 317 HGB normiert: Neben Bilanz und GuV sind auch der Anhang und Lagebericht sowie die Buchführung der AG in die Prüfung einzubeziehen. Die Kostenrechnung hingegen ist nur insoweit Prüfungsgegenstand, als sie die Grundlage des Ansatzes und der Bewertung von Bilanzposten darstellt.[138]

Im Rahmen der Konzernabschlussprüfung sind neben Konzernbilanz, Konzern-GuV, Konzernanhang und Konzernlagebericht auch die Kapitalflussrechnung und der Eigenkapitalspiegel zu prüfen (§ 316 Abs. 2 S. 1 HGB). Erfolgt eine freiwillige Segmentberichterstattung, so ist diese ebenfalls prüfungspflichtig.[139]

Durch den Verweis in § 315a HGB erstreckt sich der Prüfungsgegenstand analog auf die Bestandteile des freiwillig und befreiend (vgl. Rz. 37 ff.) oder verpflichtend (vgl. Abschn. F. I.) aufgestellten Konzernabschlusses nach den IFRS.

2. Umfang der Abschlussprüfung

Der Umfang der Prüfung richtet sich nach § 317 Abs. 1 S. 2 und 3 HGB. Demnach hat sich die Prüfung darauf zu erstrecken, „ob die **gesetzlichen Vorschriften** und sie ergänzende **Bestimmungen** des Gesellschaftsvertrags oder **der Satzung** beachtet worden sind" (S. 2 der Vorschrift). Diese Formulierung schließt die Grundsätze ordnungsgemäßer Buchführung (GoB, vgl. Rz. 7 f.) mit ein. Denn durch den Verweis auf die GoB in §§ 238 und 264 HGB sind jene als „gesetzliche Vorschriften" bereits erfasst, „ohne dass es ihrer ausdrücklichen Erwähnung bedarf".[140] Daneben richtet sich der Umfang auch nach den in den §§ 321 f. HGB geforderten Aussagen des Abschlussprüfers.[141]

Durch zusätzliche Bestimmungen in der Satzung kann der Prüfungsumfang über die gesetzlichen Vorgaben hinaus ausgeweitet werden. Zudem kann eine **Erweiterung des Prüfungsauftrags** durch den Aufsichtsrat erfolgen.[142]

Gem. S. 3 der Vorschrift ist die Prüfung „so anzulegen, dass **Unrichtigkeiten und Verstöße** gegen die in S. 2 aufgeführten Bestimmungen, die sich auf die Darstellung des sich nach § 264 Abs. 2 ergebenden Bildes der Vermögens-, Finanz- und Ertragslage wesentlich auswirken, bei gewissenhafter Berufsausübung erkannt werden". Konzeption ist mithin die Aufdeckung von Unrichtigkeiten, als unbeabsichtigt falsche Angaben, und Verstößen, als falsche Angaben, die auf einem beab-

---

[137] *Erle* Der Bestätigungsvermerk des Abschlussprüfers, S. 39 und 43 f.
[138] ADS § 317 HGB Rz. 16.
[139] BeckBil-Komm/*Förschle/Küster* § 317 HGB Rz. 30.
[140] Entwurf des KonTraG, BR-Drucks. 872/97 v. 7. 11. 1997, S. 71.
[141] *Küting/Weber* Bd. 3, § 317 Rz. 13.
[142] *Hüffer* AktG § 317 Rz. 4.

sichtigten Verstoß gegen Vorschriften beruhen.[143] Auf die Aufdeckung und Aufklärung strafrechtlicher Tatbestände (z. B. Unterschlagungen) außerhalb der Rechnungslegung ist die gesetzliche Abschlussprüfung ihrem Wesen nach jedoch nicht ausgerichtet. Demgegenüber stehen die Erwartungen der Öffentlichkeit, die kaum zu begrenzen sind und namentlich ein Urteil über die wirtschaftliche Lage des Unternehmens[144] oder die Ordnungsmäßigkeit der Geschäftsführung umfassen.[145] Diese Erwartungen können und sollen durch die Abschlussprüfung nicht befriedigt werden, was zu der vieldiskutierten „Erwartungslücke" führt.

75 Für die Abschlussprüfung relevant sind Unrichtigkeiten oder Verstöße, die auf Grund ihrer Größenordnung oder Bedeutung einen Einfluss auf den Aussagewert der Rechnungslegung aus Sicht der Abschlussadressaten haben (**Grundsatz der Wesentlichkeit**).[146] Sie können sich sowohl quantitativ in einem Grenzwert, als auch qualitativ in einer Eigenschaft ausdrücken, der/die geeignet ist, das Entscheidungsverhalten der Abschlussadressaten zu beeinflussen. Unterschiedliche Wesentlichkeitsgrenzen können auch durch gesetzliche und aufsichtsbehördliche Anforderungen (z. B. § 13 KWG) entstehen.[147]

76 Bei der Vorbereitung und Durchführung der Prüfung sowie bei der Berichterstattung hat der Prüfer die **Grundsätze ordnungsmäßiger Abschlussprüfung** (GoA) zu beachten, um zu einer dem gesetzlichen Zweck entsprechenden Abschlussprüfung zu gelangen.[148] Jene GoA können als Grundsätze guter und gewissenhafter Berufsausübung verstanden werden und umfassen die Gesamtheit der gesetzlich normierten Prüfungsvorschriften und Berufsgrundsätze (namentlich §§ 317–324 HGB, §§ 43, 44 und 49 WPO), sowie die Regelungen des Berufsstandes der Wirtschaftsprüfer, allem voran die Rechnungslegungs- und Prüfungsstandards des IDW.[149] Das HGB enthält kaum Vorschriften im Hinblick auf den sachlichen Umfang der gesetzlichen Prüfungspflicht und keine Bestimmungen zur konkreten Prüfungstechnik.[150] Daher kommt den IDW-Prüfungsstandards gerade in der Praxis erhebliche Bedeutung zu und sogar Instanzgerichte verwenden zur Beurteilung der Ordnungsmäßigkeit von Prüfungen die Verlautbarungen des IDW.[151]

77 Das IDW und die WPK sind zwei von 157 Mitgliedern der International Federation of Accountants (IFAC).[152] Jene verfolgt u.a. das Ziel der Vereinheitlichung internationaler Prüfungsgrundsätze[153] und veröffentlicht die International Standards on Auditing (**ISA**). Das IDW ist als Mitglied zur Transformation der ISA verpflichtet, so dass die IDW Prüfungsstandards heute mit den ISA

---

[143] IDW PS 210 Rz. 7; ADS § 317 Rz. 136 ff.; BeckBil-Komm/*Förschle/Küster* § 317 Rz. 15.
[144] *Erle* Der Bestätigungsvermerk des Abschlussprüfers S. 2.
[145] WP Handbuch 2006, Bd. I, R, Rz. 4 f.
[146] IDW PS 250, Rz. 4.
[147] IDW PS 250 Rz. 6 ff.
[148] MünchKomm.HGB/Bd. 4/*Ebke* § 317, Rz. 15; *Wüstemann* Wirtschaftsprüfung, S. 19 f.
[149] *Niemann/Sradj/Wohlgemuth* Jahres- und Konzernabschluss, Rz. 150. Hier findet sich auch eine Auflistung der IDW PS und PH, welche die GoA umschreiben.
[150] BeckBil-Komm./*Förschle/Küster* § 317 Rz. 10.
[151] LG Frankfurt v. 8. 4. 1997, BB 1997, 1684.
[152] www.ifac.org, About IFAC, Membership, Zugriff: 31. 10. 2008.
[153] www.ifac.org, About IFAC, Zugriff: 31. 10. 2008.

C. Die Prüfung des Jahresabschlusses

weitgehend übereinstimmen. Durch Umsetzung des **BilMoG** werden Abschlussprüfer fortan gesetzlich verpflichtet, die ISA anzuwenden, „die von der Europäischen Kommission in dem Verfahren (sog. „Komitologieverfahren", Anm. der Verf.) nach Artikel 26 Abs. 1 der Richtlinie (...) über Abschlussprüfungen von Jahresabschlüssen und konsolidierten Abschlüssen angenommen worden sind" (§ 317 Abs. 5 HGB).

Die Abschlussprüfung beginnt schließlich damit, dass sich der Prüfer detaillierte Informationen über die Geschäftstätigkeit und das wirtschaftliche Umfeld des zu prüfenden Unternehmens beschafft, um solche Ereignisse, Geschäftsvorfälle und Gepflogenheiten erkennen und verstehen zu können, die sich wesentlich auf den Prüfungsgegenstand auswirken können.[154] Sodann macht sich der Prüfer mit den einzelnen Prozessen, insb. mit dem internen Kontrollsystem (IKS), des Unternehmens vertraut.[155] Dies versetzt den Prüfer in die Lage, das Fehlerrisiko einzuschätzen und unter dessen Berücksichtigung eine **Prüfungsstrategie und ein Prüfungsprogramm** zu entwickeln.[156]

78

Bestandteil der Prüfung ist im Verlauf ferner die detaillierte Prüfung des rechnungslegungsbezogenen internen Kontrollsystems der AG. Die sog. Funktionsprüfung dient der Beurteilung der Wirksamkeit des IKS.[157] Die Durchführung der Funktionsprüfungen hat sich insbesondere darauf zu erstrecken, ob das interne Kontrollsystem während des zu prüfenden Geschäftsjahres kontinuierlich bestanden hat und wirksam war.[158]

Grundsätzlich zu unterscheiden sind die Begriffe des **IKS**, des **Risikomanagement Systems (RMS)** und des **Risikofrüherkennungssystems** nach § 91 Abs. 2 AktG. Eine gesetzliche Pflicht zur Einrichtung besteht nur für Letzteres,[159] die Einrichtung des weitergehenden RMS und IKS steht hingegen im Leitungsermessen des Vorstands.[160] Gem. § 91 Abs. 2 AktG sind Maßnahmen zu treffen, namentlich ein Überwachungssystem einzurichten, um bestandsgefährdende Entwicklungen frühzeitig zu **erkennen** (Risikofrüherkennungssystem). Der Begriff des RMS geht darüber hinaus[161] und umfasst, im Unterschied zum Überwachungssystem, Regelungen zum **Umgang** mit identifizierten Risiken, namentlich zu deren **Steuerung und Bewältigung.**[162] Das IKS umfasst alle von der Unternehmensleitung festgelegten Grundsätze, Maßnahmen und Verfahren, die gerichtet sind auf die Kontrolle und Sicherung der Wirksamkeit und Wirtschaftlichkeit der Geschäftsführung, der Ordnungsmäßigkeit der Rechnungslegung und der Einhaltung der für das Unternehmen maßgeblichen rechtlichen Vorschriften und schließt daher das RMS und mithin das Überwachungssystem nach § 91 Abs. 2 AktG ein.[163] Durch das **BilMoG** werden die Berichtspflichten des Abschlussprüfers gegenüber dem Aufsichtsrat oder dem Prüfungsausschuss (vorher: Ausschuss) im Hinblick auf das IKS und RMS konkretisiert. So hat der Abschlussprüfer nun

79

---

[154] IDW PS 230 Rz. 5, 9 f; IDW PS 261, Rz. 5.
[155] IDW PS 261 Rz. 35 ff.
[156] IDW PS 240 Rz. 15.
[157] IDW PS 300 Rz. 17.
[158] IDW PS 300 Rz. 17.
[159] MünchKomm.AktG/Bd. 3/*Hefermehl/Spindler* § 91 Rz. 15.
[160] So eindeutig RegE zum BilMoG S. 168; *Hüffer* AktG § 91 Rz. 9.
[161] IDW PS 340 Rz. 4 f.; *Marten/Quick/Ruhnke* Wirtschaftsprüfung, S. 499.
[162] *Marten/Quick/Ruhnke* Wirtschaftsprüfung S. 499.
[163] *Marten/Quick/Ruhnke* Wirtschaftsprüfung S. 256.

im Rahmen der Darstellung seiner Prüfungsergebnisse insbesondere wesentiche Schwächen des IKS- und des RMS bezogen auf den Rechnungslegungprozess zu berichten (§ 171 Abs. 1 S. 2 AktG). Dies dient der Umsetzung von Artikel 41 Abs. 4 der Abschlussprüferrichtlinie.[164]

80 In Abhängigkeit der identifizierten Fehlerrisiken und deren Auswertung entscheidet der Abschlussprüfer, in welchem Umfang **aussagenbezogene Prüfungshandlungen** durchzuführen sind.[165] Hierzu zählen:

- **Analytische Prüfungshandlungen:** Trend- und Kennzahlenanalysen und einfache Rechenmodelle, mit deren Hilfe der Prüfer die Plausibilität der Abschlusszahlen und namentlich Abweichungen zu Vorjahresdaten, unternehmens- oder branchenspezifischen Erwartungen feststellen kann.[166] Analytische Prüfungshandlungen können während der Prüfung dazu dienen den Umfang der erforderlichen Belegprüfungen einzuschränken.[167]

- **Einzelfallprüfungen**: Hierzu untersucht der Prüfer unter Berücksichtigung der mit der Prüfungsplanung festgelegten Prüfungsschwerpunkte stichprobenartig ausgewählte Geschäftsvorfälle. Zu diesem Zweck kommen u.a. Einsichtnahmen in Unterlagen, die Inaugenscheinnahme von Vermögensgegenständen sowie die Befragung von Mitarbeitern und Dritten – insb. die Bestätigung von Guthaben bei Kreditinstituten – in Betracht.[168]

Der Prüfer sollte auch bei der Inventur anwesend sein, sofern die Vorräte absolut oder relativ von Bedeutung sind.[169]

81 Bereits in der Planungsphase der Abschlussprüfung ist abzuschätzen, ob erhebliche Zweifel an der Fortführung der Unternehmenstätigkeit bestehen.[170] Die Kenntnis über die Bestandskraft ist insbesondere für die Beurteilung der Risikoeinschätzung im **Lagebericht** notwendig, denn es sind auch solche Risiken berichtspflichtig, die eine deutliche Gefährdung des Unternehmens erkennen lassen, sich aber noch nicht in den aktuellen Zahlen wiederfinden. Bei der Prüfung des Lageberichts hat der Prüfer festzustellen, ob das **Bild der Vermögens-, Finanz- und Ertragslage**, welches der Lagebericht vermittelt, mit dem übereinstimmt, welches durch die Informationen des Jahresabschlusses bzw. die durch dessen Prüfung gewonnenen Erkenntnisse dargestellt wird („**Einklangprüfung**") und ob der Lagebericht insgesamt eine zutreffende Darstellung der Lage des Unternehmens vermittelt.[171] Erhält der Abschlussprüfer im Verlauf der Prüfung Einsicht in ein vorliegendes Rating und erachtet er die Ergebnisse als plausibel, können auch Ratinganalysen zur Einklangprüfung beitragen; sie liefern dann einen ersten Überblick über die Bonität bzw. Bestandssicherheit des Unternehmens.[172] Der Abschlussprüfer hat ferner festzustellen ob **Chancen und Risiken** der künftigen Entwicklung zutreffend dargestellt wurden (§ 317 Abs. 2 S. 2 HGB i.V.m. § 289 Abs. 1 HGB).

---

[164] Vgl. Reg-E zum BilMoG S. 231.
[165] IDW PS 261 Rz. 80; WP-Handbuch 2006, Bd. I, R, Rz. 39.
[166] IDW PS 312 Rz. 5, 7.
[167] WP-Handbuch 2006, Bd. I, R, Rz. 389, 391.
[168] IDW PS 300 Tz. 27 ff.
[169] IDW PS 301 Tz. 7.
[170] IDW PS 270 Tz. 15.
[171] IDW PS 350 Tz. 6.
[172] *Fiebiger/Lenz* WPg 2007, 283.

C. Die Prüfung des Jahresabschlusses   82–85   § 10

II. Die Jahresabschlussprüfung durch den Aufsichtsrat

1. Vorlage an den Aufsichtsrat

Der Vorstand hat dem Aufsichtsrat den **Jahresabschluss und Lagebericht** **82**
unverzüglich nach Aufstellung **vorzulegen** (§ 170 Abs. 1 S. 1 AktG). Die Bestimmung soll v.a. die Prüfung des Jahresabschlusses durch den Aufsichtsrat
(§ 171 AktG) vorbereiten.
  Gem. § 170 Abs. 2 AktG hat der Vorstand dem Aufsichtsrat außerdem einen
Vorschlag über die Verwendung des Bilanzgewinns vorzulegen. Der Vorschlag ist, sofern er keine andere Gliederung bedingt, wie folgt zu gliedern:
1. Verteilung an die Aktionäre (Dividende pro Aktie)
2. Einstellung in die Gewinnrücklage
3. Gewinnvortrag
4. Bilanzgewinn (gem. GuV)
  Die Summe der Vorschlagsposten Nr. 1 bis 3 muss dem Bilanzgewinn entsprechen, denn einerseits haben die Aktionäre einen grundsätzlichen Anspruch
auf den vollen Bilanzgewinn (§ 58 Abs. 4 AktG), andererseits darf aber auch
nicht mehr als der Bilanzgewinn verteilt werden (§ 57 Abs. 3 AktG).[173]
  Durch § 170 Abs. 3 AktG hat jedes Aufsichtsratsmitglied das Recht, von den **83**
Vorlagen und Prüfungsberichten Kenntnis zu nehmen. Hierfür sind jene Unterlagen jedem Aufsichtsrat oder, soweit der Aufsichtsrat dies beschlossen hat, den
Mitgliedern eines Ausschusses, namentlich dem Audit Committee (vgl. Abschn.
F. IV), zu übermitteln. Jedes einzelne Aufsichtsratsmitglied wird mithin in die
Lage versetzt, sich ein eigenes Urteil über Vorlagen des Vorstands zu bilden.[174]

2. Prüfung durch den Aufsichtsrat

Der Aufsichtsrat hat den Jahresabschluss, den Lagebericht und den Vorschlag **84**
für die Verwendung des Bilanzgewinns (§ 171 Abs. 2 S. 1 AktG) sowie die Buchhaltung (§ 111 Abs. 2 AktG) zu prüfen.
  Die dem Aufsichtsrat aufgegebene **Rechtmäßigkeitsprüfung** im Hinblick
auf die Einhaltung der gesetzlichen Vorschriften und Satzungsbestimmungen
überschneidet sich inhaltlich mit den Aufgaben des Abschlussprüfers. Dies ist
kein Mangel, sondern gesetzlich so gewollt, denn die Abschlussprüfung soll
den Aufsichtsrat auf dem Gebiete des Bilanzwesens unterstützen.[175] Darüber
hinaus obliegt dem Aufsichtsrat auch die **Prüfung der Zweckmäßigkeit** der
Ausübung von Bilanzierungswahlrechten und Ermessensentscheidungen
durch den Vorstand in Bezug auf die Interessen des Unternehmens. Hierzu gehört auch die Beurteilung der Ausschüttungs- bzw. Dividendenpolitik.
  Die dem Aufsichtsrat aufgegebene Prüfung ist Pflicht des Organs und damit **85**
Amtspflicht jedes einzelnen Mitglieds. Zwar kann die Prüfung der Rechnungslegung nach § 107 Abs. 2 S. 2 AktG nicht zur endgültigen Wahrnehmung
an einen Ausschuss überwiesen werden, zulässig und sinnvoll ist es jedoch, dass
namentlich der **Prüfungsausschuss** (vgl. Abschn. F. V) die Meinungsbildung
des Aufsichtsrates vorbereitet und an ihn berichtet.[176]

---

[173] *Hüffer* AktG § 170 Rz. 7–10.
[174] *Hüffer* AktG § 170 Rz. 1.
[175] *Hüffer* AktG § 171 Rz. 5.
[176] *Schmidt/Lutter/Drygala* § 171 Rz. 3; *Bürger/Körber/Schulz* § 171 Rz. 2.

Die Teilnahme des Abschlussprüfers an der Bilanzsitzung des Aufsichtsrates ist obligatorisch (§ 171 Abs. 1 S. 2 AktG). Mithin handelt der Aufsichtsrat pflichtwidrig, wenn er die Teilnahme des Abschlussprüfers ausschließt. Auf die Gültigkeit des festgestellten Jahresabschlusses ist die unterbliebene Teilnahme dagegen ohne Einfluss.[177]

86 Der Aufsichtsrat hat der Hauptversammlung vom Ergebnis seiner Prüfung schriftlich zu **berichten** (§ 171 Abs. 2 S. 1 AktG). Weiterhin hat der Aufsichtsrat auch darüber Stellung zu nehmen, in welcher Art und in welchem Umfang er die Gesellschaft während des Geschäftsjahres geprüft hat (S. 2 der Vorschrift). Ggf. hat der Aufsichtsrat über das Ergebnis der Prüfung durch den Abschlussprüfers zu berichten. Der Bericht schließt mit dem **Endergebnis**, ob Einwendungen vorliegen oder nicht. Einwendungen ergeben sich aus wesentlichen Mängeln, die auch zur Einschränkung oder dem Versagen des Bestätigungsvermerks führen.[178] Abschließend hat der Aufsichtsrat zu verkünden, ob er den Jahresabschluss billigt (zur Billigung und Feststellung vgl. Rz. 73 ff.). Der Aufsichtsrat hat seinen Bericht dem Vorstand innerhalb von einem Monat nach Zugang der Vorlagen vorzulegen. Bei Überschreitung hat der Vorstand eine Nachfrist von nicht mehr als einem Monat zu gewähren. Wird diese ebenfalls nicht eingehalten, gilt der Jahresabschluss als vom Aufsichtsrat nicht gebilligt (§ 171 Abs. 3 AktG).

D. Die Feststellung des Jahresabschlusses

87 Die Feststellung des Jahresabschlusses schließt dessen Aufstellung ab und erklärt die Verbindlichkeit des Jahresabschlusses für die Organe der AG und das Verhältnis zu und zwischen den Aktionären sowie im generellen Außenverhältnis zu Banken, Lieferanten, etc.

Im Regelfall stellen Vorstand und Aufsichtsrat den Jahresabschluss fest (§ 172 AktG). Nur wenn der Aufsichtsrat den Jahresabschluss nicht billigt oder wenn Vorstand und Aufsichtsrat dies beschließen, geht die Kompetenz zur Feststellung des Jahresabschlusses auf die Hauptversammlung über (§ 173 AktG).

I. Die Feststellung des Jahresabschlusses durch die Gremien der AG

1. Feststellung durch Vorstand und Aufsichtsrat

88 Der Vorstand trifft im Rahmen der Jahresabschlussaufstellung Entscheidungen über die Bilanzpolitik und, soweit ihn Gesetz oder Satzung dazu ermächtigen, auch über die Gewinnverwendung. Die Feststellung des Jahresabschlusses beendet den Prozess der Aufstellung.[179]

Der Akt der Feststellung verläuft dabei als **korporationsrechtliches Rechtsgeschäft** in zwei Schritten[180]: Zunächst erklärt der Vorstand konkludent sein Einverständnis, indem er dem Aufsichtsrat seinen Vorschlag eines endgültigen

---

[177] Schmidt/Lutter/Drygala § 171 Rz. 9; Lutter/Krieger Aufsichtsrat S. 73 Rz. 84.
[178] Bürger/Körber/Schulz § 171 Rz. 7.
[179] MünchKomm.AktG/Bd. 5/1/Kropff § 172 Rz. 17.
[180] ADS § 172 AktG Rz. 10, 13; MünchHdb.GesR/Bd. 4/Hoffmann-Becking § 45 Rz. 1; Hüffer AktG § 172 Rz. 3; MünchKomm.AktG/Bd. 5/1/Kropff § 172 Rz. 3, 18.

D. Die Feststellung des Jahresabschlusses §10

Jahresabschlusses übergibt. Der Aufsichtsrat erklärt sein Einverständnis durch Billigung des Vorschlags und schließt so die Feststellung im Sinne des Gesetzeswortlauts ab.

Um seinen Anteil an der Feststellung des Jahresabschlusses zu erfüllen, muss der **Vorstand** den Jahresabschluss zunächst verabschieden, indem er beschließt, dass der Jahresabschluss in dieser Form Gesetz und Satzung entspricht und dass er so durch den Aufsichtsrat festgestellt werden soll.[181] Da die **Beschlussfassung** im Rahmen der Geschäftsführung stattfindet, gilt für sie die nach der Vorstandsgeschäftsordnung erforderliche Mehrheit, andernfalls ist der Beschluss gem. § 77 Abs. 1 AktG einstimmig zu fassen.[182] Durch die anschließende Zuleitung des Jahresabschlusses an den Aufsichtsrat teilt der Vorstand seinen Beschluss mit und fordert den Aufsichtsrat zur Billigung und mithin zum Abschluss der Feststellung auf.[183]

Nach § 245 HGB hat der Kaufmann – im Fall der AG also der Vorstand als gesetzlicher Vertreter – den Jahresabschluss zu unterzeichnen.[184] Die Unterzeichnungspflicht trifft alle Mitglieder des Vorstands gleichermaßen. Obwohl die Unterzeichnung Bedeutung insb. als Beweismittel erfährt, ist sie von der Feststellung unabhängig;[185] insb. dient die Unterzeichnung nicht der Feststellung.

Die **Billigung** des vom Vorstand übergeleiteten Jahresabschlusses erfolgt durch **Beschluss des Aufsichtsratsplenums** und kann gem. § 107 Abs. 3 S. 2 AktG nicht auf einen Ausschuss übertragen werden. Der Beschluss bedarf der einfachen Mehrheit.[186] Im Regelfall nimmt der Vorstand an der Bilanzsitzung des Aufsichtsrats teil, in welcher die Beschlussfassung erfolgt, wodurch jener über die Billigung unmittelbar Kenntnis erlangt. Andernfalls hat der Aufsichtsrat den Vorstand spätestens mit dem Bericht über seine Abschlussprüfung (vgl. Abschnitt C. II. 2) über die Billigung zu informieren, so dass der Vorstand seiner Pflicht zur Einberufung der Hauptversammlung (§ 175 Abs. 1 S. 1 AktG) nachkommen kann.

Nach überwiegender Meinung kann die Billigung durch den Aufsichtsrat nicht inhaltlich beschränkt erfolgen oder an Änderungsauflagen gebunden werden.[187] Etwas anderes kann gelten, wenn der Aufsichtsrat zwar mit dem Jahresabschluss inhaltlich einverstanden ist, der Hauptversammlung aber die Feststellung überlassen möchte, da die Dotierung von Rücklagen erheblichen Einfluss auf die Dividenden der Aktionäre hat. In diesem Fall kann der Aufsichtsrat den Jahresabschluss unter der Auflage billigen, dass der Vorstand der Feststellung durch die Hauptversammlung durch Fassung eines entsprechenden Beschlusses zustimmt.[188] Lehnt der Aufsichtsrat die Billigung vollständig ab, so liegt die Kompetenz zur Feststellung des Jahresabschlusses gem. § 173 Abs. 1 S. 1 AktG ebenfalls bei der **Hauptversammlung**. Wenn der Bericht des

---

[181] MünchKomm.AktG/Bd. 5/1/*Kropff* § 172 Rz. 20.
[182] *Schmidt/Lutter/Drygala* § 172 Rz. 13.
[183] ADS § 172 AktG Rz. 11; MünchHdb.GesR/Bd. 4/*Hoffmann-Becking* § 45 Rz. 1; *Hüffer* AktG § 172 Rz. 3; MünchKomm.AktG/Bd. 5/1/*Kropff* § 172 Rz. 21.
[184] *Erle* WPg 1987, 637.
[185] OLG Frankfurt v. 10. 5. 1988, BB 1989, S. 395.
[186] *Bürger/Körber/Schulz* § 172 Rz. 3.
[187] *Hüffer* AktG § 172 Rz. 4; *Küting/Weber* § 172 AktG Rz. 3; MünchKomm.AktG/Bd. 5/1/*Kropff* § 172 Rz. 25.
[188] *Bürger/Körber/Schulz* § 173 Rz. 1.

Aufsichtsrats über die Prüfung des Jahresabschlusses nicht innerhalb von maximal zwei Monaten nach Zugang der Vorlage an den Vorstand zugeleitet wird (§ 171 Abs. 3 S. 1 und 2 AktG), gilt der Jahresabschluss als durch den Aufsichtsrat nicht gebilligt, wodurch die Feststellungskompetenz ebenfalls auf die Hauptversammlung übergeht.

Anders als der Jahresabschluss wird der **Konzernabschluss** nach der Terminologie des § 173 Abs. 1 S. 2 AktG nicht festgestellt, sondern lediglich durch den Aufsichtsrat gebilligt, da der Konzernabschluss als reines Informationsinstrument keine Rechtswirkung zwischen der AG und ihren Aktionären entfaltet.[189]

2. Feststellung durch die Hauptversammlung

91 Abweichend von der Regel, dass Vorstand und Aufsichtsrat den Jahresabschluss feststellen, kann die Feststellung unter bestimmten Voraussetzungen durch die Hauptversammlung vorzunehmen sein. Dies ist gem. § 173 Abs. 1 S. 1 AktG der Fall, wenn entweder Vorstand und Aufsichtsrat beschlossen haben, die Feststellung der Hauptversammlung zu überlassen, oder der Aufsichtsrat den Jahresabschluss nicht gebilligt hat.

Zwar dürfte der Hauptversammlung regelmäßig die erforderliche Sachkunde fehlen, um die Beurteilung des Jahresabschlusses an Stelle des Aufsichtsrats vorzunehmen, jedoch werden Vorstand und Aufsichtsrat ihre Standpunkte, welche der Billigung im Wege standen, zu erläutern haben (§ 176 Abs. 1 S. 2 AktG). Darüber hinaus kann die Hauptversammlung bei prüfungspflichtigen Gesellschaften durch den anwesenden Abschlussprüfer beraten werden.[190] Eine Auskunftspflicht besteht jedoch nicht.

92 Strittig ist, ob und inwieweit die Hauptversammlung zwischen Bilanzstichtag und Tag der Bilanzaufstellung gewonnene Erkenntnisse wertaufhellend berücksichtigen muss. Da die Hauptversammlung jedoch die für die Aufstellung geltenden Vorschriften anzuwenden hat und die Bilanzaufstellung erst mit der Feststellung abgeschlossen ist, werden **Wertaufhellungen** im Zweifel zu berücksichtigen sein, freilich vor dem Hintergrund der Wesentlichkeit und Effizienz der Rechnungslegung auf erhebliche Umstände beschränkt.[191]

Da die Hauptversammlung mit der Feststellung die für die Aufstellung geltenden Vorschriften anzuwenden hat, obliegt ihr auch die **Dotierung der Rücklagen**, welche sonst durch den Vorstand im Rahmen der Aufstellung des Jahresabschlusses vorzunehmen ist. § 173 Abs. 2 S. 2 AktG bestimmt für diesen Fall, dass die Hauptversammlung nur die Beträge in die Gewinnrücklagen einstellen darf, die nach Gesetz oder Satzung einzustellen sind. Nur für die Hauptversammlung – nicht für die Feststellung durch Vorstand und Aufsichtsrat – kann die Satzung gem. § 58 Abs. 1 S. 1 AktG vorschreiben, dass im Rahmen der Feststellung bestimmte Beträge – höchstens jedoch die Hälfte des Jahresabschlusses – verpflichtend in die anderen Rücklagen einzustellen sind. Ermächtigungen, die sich durch § 58 Abs. 2 AktG aus Gesetz und Satzung ergeben, gelten jedoch nur für die Aufstellung durch den Vorstand, nicht aber für die Feststellung durch die Hauptversammlung. Weitere Einstellungen in die Rück-

---

[189] MünchHdb.GesR/Bd. 4/ *Hoffmann-Becking* § 44 Rz. 6.
[190] *Schmidt/Lutter/Drygala* § 173 Rz. 4.
[191] MünchKomm.AktG/Bd. 5/1/*Kropff* § 173 Rz. 27 f.

D. Die Feststellung des Jahresabschlusses

lagen dürfen mithin erst im Rahmen der Verwendung des Bilanzgewinns durch die Hauptversammlung erfolgen.[192]

Nimmt die Hauptversammlung im Rahmen der Feststellung Änderungen am bereits geprüften Jahresabschluss vor, so ist gem. § 316 Abs. 3 HGB eine **Nachtragsprüfung** vorzunehmen. Der Beschluss über die Feststellung und der Gewinnverwendungsbeschluss werden erst wirksam, wenn ein uneingeschränkter Bestätigungsvermerk erteilt worden ist (§ 173 Abs. 3 S. 1 AktG). Geschieht dies nicht innerhalb von zwei Wochen nach Beschlussfassung, werden die Beschlüsse gem. § 173 Abs. 3 S. 2 AktG nichtig.

Ebenfalls nur im Ausnahmefall obliegt der Hauptversammlung die Billigung des **Konzernabschlusses**. Voraussetzung ist, dass der Aufsichtsrat den Konzernabschluss nicht gebilligt hat (§ 173 Abs. 1 S. 2 AktG) oder er als nicht gebilligt gilt, weil der Aufsichtsrat die maximal zweimonatige Vorlagefrist seines Berichtes versäumt hat (§ 171 Abs. 3 S. 3 AktG).

II. Die Bedeutung des festgestellten Jahresabschlusses im Gesellschafts- und Bilanzrecht

Die Feststellung des Jahresabschlusses ist die formelle Erklärung, dass der Jahresabschluss die vom Gesetz geforderte und gesellschaftsrechtlich maßgebliche Rechnungslegung ist. Mithin wird erklärt, dass die AG den kaufmännischen Pflichten aus § 242 HGB nachgekommen ist und alle gesetzlichen Vorschriften und Satzungsbestimmungen eingehalten wurden.[193]

Die Feststellung schließt die Aufstellung des Jahresabschlusses ab und begründet seine Verbindlichkeit für die Organe der AG und das Verhältnis zu und zwischen den Aktionären, namentlich durch Entstehen des einklagbaren[194] **Anspruchs auf Herbeiführung des Beschlusses** über die Verwendung eines Bilanzgewinns.[195] Erst mit dem Wirksamwerden des Gewinnverwendungsbeschlusses der Hauptversammlung, durch den eine Ausschüttung beschlossen wurde, entsteht der konkrete Dividendenanspruch des Aktionärs.[196]

Die Hauptversammlung ist bei der Beschlussfassung an den festgestellten Jahresabschluss und mithin an den darin ausgewiesenen **Bilanzgewinn** gebunden (§ 174 Abs. 1 S. 2 AktG).

Der festgestellte Jahresabschluss entfaltet auch **Wirkung gegenüber Dritten**, soweit die Rechtsbeziehungen vom Jahresabschluss oder darin ausgewiesenen Zahlen abhängen und nichts Abweichendes vereinbart ist.[197] Namentlich ist dies bei Tantiemenansprüchen der Fall.

Mit der Feststellung des Jahresabschlusses werden die im Rahmen der Aufstellung durch den Vorstand ausgeübten bilanzpolitischen Maßnahmen und Rücklagendotierungen wirksam. Durch die in § 252 Abs. 1 Nr. 1 und 6 HGB kodifizierten Prinzipien der **Bilanzidentität** und **Bewertungsstetigkeit** erlangen diese Entscheidungen Bindungswirkung auch für die Zukunft.[198] Mit-

---

[192] Küting/Weber § 172 Rz. 13.
[193] KölnerKomm./Claussen § 172 Rz. 4.
[194] Hüffer AktG § 58 Rz. 26.
[195] MünchKomm.AktG/Bd. 5/1/Kropff § 172 Rz. 9 f.
[196] MünchKomm.AktG/Bd. 5/1/Kropff § 174 Rz. 38.
[197] MünchKomm.AktG/Bd. 5/1/Kropff § 172 Rz. 10.
[198] Hüffer AktG § 172 Rz. 5.

hin wird der Vorstand in seinen Bewertungsentscheidungen weitgehend an den festgestellten Jahresabschluss des Vorjahres gebunden.

III. Die Bedeutung des festgestellten Jahresabschlusses im Steuerrecht

1. Maßgeblichkeit der Handelsbilanz für die Steuerbilanz

96 Gem. § 5 Abs. 1 S. 1 EStG haben Gewerbetreibende, die aufgrund gesetzlicher Vorschriften verpflichtet sind, Bücher zu führen und regelmäßige Abschlüsse zu erstellen, das Betriebsvermögen anzusetzen, das nach den handelsrechtlichen GoB auszuweisen ist. Mithin bildet die nach GoB aufgestellte Handelsbilanz auch die Grundlage für die steuerliche Gewinnermittlung. Dieses Verhältnis zwischen Handels- und Steuerbilanz bezeichnet man als „materielle Maßgeblichkeit der Handelsbilanz für die Steuerbilanz" („**materielle Maßgeblichkeit**").

97 § 5 Abs. 1 S. 2 EStG schreibt weiter vor, dass steuerrechtliche Wahlrechte bei der Gewinnermittlung in Übereinstimmung mit den Wahlrechten in der Handelsbilanz auszuüben sind. Dieses Verhältnis bezeichnet man daher als „**umgekehrte Maßgeblichkeit**" oder „formelle Maßgeblichkeit"[199] (zur Aufhebung durch das BilMoG vgl. Rz. 105 ff.). Da die AG als Körperschaft nach § 8 Abs. 2 KStG gewerbliche Einkünfte erzielt, findet das Maßgeblichkeitsprinzip auch Anwendung auf die Bilanzen der AG.

Die so verknüpften Bilanzen dienen im Wesentlichen der Feststellung eines steuerlichen Gewinns, der nicht allzu sehr vom handelsrechtlichen Ergebnis abweicht. Dem liegt der Gedanke zugrunde, dass der Gewinnanspruch des Fiskus als „stiller Teilhaber" des Unternehmens nicht höher zu bemessen ist als der der übrigen Gesellschafter (sog. Gleichstellungsthese).[200] Dass der Gewinn in der Steuerbilanz dennoch regelmäßig höher auszuweisen sein wird, begründet sich durch steuerliche Spezialvorschriften und die Rechtsprechung des BFH.

98 Durch § 5 Abs. 1 S. 1 EStG sollen die GoB auch für die Steuerbilanz Berücksichtigung finden, sofern ihnen keine expliziten steuerrechtlichen Regelungen entgegenstehen. Dies bezieht sich zunächst auf die formellen Anforderungen an die Buchführung (vgl. auch § 158 AO), den Ansatz und die Bewertung von Bilanzposten, aber auch auf die Aufstellungsfristen und die äußere Form des Jahresabschlusses, namentlich auf dessen Gliederung.[201]

99 Durch den materiellen Maßgeblichkeitsgrundsatz gilt jedes handelsrechtliche Aktivierungs- oder Passivierungsgebot oder -verbot auch für den **Ansatz** in der Steuerbilanz.[202] Auch über handelsrechtliche Ansatzwahlrechte kann der Steuerpflichtige in der Steuerbilanz nicht frei verfügen. Nach der Rechtsprechung des BFH folgt aus einem handelsrechtlichen Aktivierungswahlrecht stets eine Ansatzpflicht und aus einem Passivierungswahlrecht stets ein Passivierungsverbot.[203] Da der Wert in der Steuerbilanz durch diesen Grundsatz un-

---

[199] *Schmidt/Weber-Grellet* § 5 Rz. 40.
[200] *Winnefeld* Bilanzhandbuch, C Rz. 537 mwN.
[201] *Schmidt/Weber-Grellet* § 5 Rz. 29.
[202] BeckBil.-Komm./*Förschle* § 243 Rz. 113.
[203] Vgl. die grundlegende Entscheidung des BFH GrS 2/68 v. 3.2.1969, BStBl. II 1969, 293.

D. Die Feststellung des Jahresabschlusses 100–104 § 10

abhängig von der Ausübung des Wahlrechts in der Handelsbilanz festgelegt wird, spricht man von einer „Einschränkung der Maßgeblichkeit".[204]

Die Maßgeblichkeit des handelsrechtlichen Ansatzes tritt jedoch auch vor den originär steuerlichen Vorschriften „leges speciales" in den Hintergrund. Durch die in § 5 Abs. 2 bis 5 EStG kodifizierten steuerlichen Sondervorschriften und den Bewertungsvorbehalt in § 5 Abs. 6 EStG wird die Maßgeblichkeit mithin durchbrochen, soweit jene bestehende handelsrechtliche Vorschriften nicht bestätigen (**Durchbrechung der Maßgeblichkeit**). 100

Die materielle Maßgeblichkeit erstreckt sich auch auf die **Bewertung**. Nach herrschender Meinung gelten trotz Ermangelung einer entsprechenden Grundlagenentscheidung hierbei die gleichen einschränkenden Grundsätze wie für den Bilanzansatz.[205] Demgemäß ist bei handelsrechtlichen Bewertungswahlrechten für die Aktiva jeweils der höhere Wert in der Steuerbilanz anzusetzen, während bei Bewertungswahlrechten für die Passiva jeweils der niedrigere Wert zu bilanzieren ist. Einfach ausgedrückt: Man muss sich für den Fiskus im Zweifel reich rechnen. Zahlreiche Durchbrechungen der Maßgeblichkeit ergeben sich durch steuerliche Sondervorschriften, insbesondere durch den steuerlichen Bewertungsvorbehalt in § 5 Abs. 6 EStG, § 6 EStG und § 7 EStG. Steht jedoch einer handelsrechtlich verpflichtenden Vorschrift ein steuerliches Wahlrecht gegenüber, so gilt das Maßgeblichkeitsprinzip fort und der handelsrechtliche Wert ist auch für steuerliche Zwecke zu übernehmen.[206] 101

Aus § 5 Abs. 1 S. 2 EStG folgt das **Prinzip der umgekehrten Maßgeblichkeit**. Demgemäß sind steuerrechtliche Wahlrechte bei der Gewinnermittlung in Übereinstimmung mit den entsprechenden Wahlrechten in der handelsrechtlichen Jahresbilanz auszuüben. Der Bilanzierende hat also insoweit schon durch die Wahlrechtsausübung in der Handelsbilanz über den Ansatz und die Bewertung in der Steuerbilanz zu entscheiden. 102

Das Prinzip der umgekehrten Maßgeblichkeit gewinnt insb. durch die sog. „**handelsrechtlichen Öffnungsklauseln**" (§§ 247 Abs. 3, 254, 273, 279 Abs. 2 und 280 Abs. 2 HGB) an Bedeutung. Jene erlauben es bisher, originär steuerliche Wertansätze auch in die Handelsbilanz zu übernehmen. Bei diesen Sondervorschriften handelt es sich regelmäßig um Vergünstigungen zum Zweck steuerlicher Subvention, welche unter bestimmten Voraussetzungen eine Sonderabschreibung oder die Bildung einer Rücklage ermöglichen. Durch das Wahlrecht, diese steuerlichen Vorschriften auch in der Handelsbilanz ausüben zu dürfen, ergibt sich unter Berücksichtigung des Prinzips der umgekehrten Maßgeblichkeit die Pflicht, jene Wahlrechte handels- und steuerbilanziell gleich auszuüben. 103

Nicht immer müssen handels- und steuerrechtliche Wahlrechte vollständig deckungsgleich sein. Insb. existieren handelsrechtliche Wahlrechte, die über den Umfang des entsprechenden steuerrechtlichen Wahlrechts hinausreichen. Die umgekehrte Maßgeblichkeit erstreckt sich in diesen Fällen nur auf den **korrespondierenden Bereich des Wahlrechts**. Wird handelsrechtlich ein Ansatz außerhalb des steuerlichen Wahlrechtsumfangs gewählt, so kommt in der Steuerbilanz nur der Grundtatbestand in Betracht.[207] 104

---

[204] *Winnefeld* Bilanzhandbuch C Rz. 570.
[205] *Schmidt/Weber-Grellet* § 5 Rz. 35.
[206] BeckBil.-Komm./*Förschle* § 243 Rz. 120.
[207] *Schmidt/Weber-Grellet* § 5 Rz. 43.

2. Änderungen durch das Bilanzrechtsmodernisierungsgesetz

105 Durch Umsetzung des BilMoG sollen das Prinzip der umgekehrten Maßgeblichkeit (§ 5 Abs. 1 S. 2 EStG) und die korrespondierenden Öffnungsklauseln (vgl. Rz. 96 ff.) aufgehoben werden.

Die Annäherung an die IFRS soll der Anhebung des Informationsniveaus dienen und erfordere grundsätzlich die Beseitigung bestehender handelsrechtlicher Ansatz-, Bewertungs- und Ausweiswahlrechte (vgl. Rz. 9 ff.).[208] Hierzu zählen bisher an erster Stelle die handelsrechtlichen Öffnungsklauseln und die grundsätzliche Verknüpfung von Wahlrechten mit der Steuerbilanz, denn die Berücksichtigung nur steuerrechtlich zulässiger – regelmäßig subventionspolitisch motivierter – Vorschriften im Handelsrecht habe eine **erhebliche Verzerrung** in der Darstellung der Finanz- Vermögens- und Ertragslage zur Folge, so die Begründung zum Regierungsentwurf.[209] Darüber hinaus war der für die umgekehrte Maßgeblichkeit vorgebrachte Grund, sie sei notwendig, um eine Ausschüttungssperre bei Inanspruchnahme von Steuervergünstigungen zu erreichen, nicht überzeugend, da Ausschüttungssperren für die meisten betroffenen Steuerpflichtigen gar nicht greifen.[210] Für die Abschaffung wurde daher im Vorfeld bereits seit längerem von verschiedenen Seiten plädiert.

106 Im Kontext der Maßgeblichkeit sollen die handelsrechtlichen **Öffnungsklauseln** §§ 247 Abs. 3, 254, 273, 279 Abs. 2 und 280 Abs. 2 HGB in ihrer geltenden Fassung aufgehoben werden.[211] In Hinblick auf die Aufhebung der §§ 247 Abs. 3 und 273 HGB soll den betroffenen Unternehmen ein Übergangswahlrecht gewährt werden: Gem. Abschn. 29, Art. 67 Abs. 3 E-EGHGB dürfen bestehende Sonderposten mit Rücklageanteil beibehalten werden oder ertragsneutral in die Gewinnrücklage gebucht werden. Entsprechend sind Sonderabschreibungen nach §§ 254 und 279 Abs. 2 HGB beizubehalten oder ertragsneutral gegen die Gewinnrücklage zuzuschreiben (Abschn. 29, Art. 67 Abs. 3 E-EGHGB).

107 Im Zuge der **Aufhebung der umgekehrten Maßgeblichkeit** wird § 5 Abs. 1 S. 2 EStG neu gefasst: Voraussetzung für die Ausübung steuerlicher Wahlrechte soll zukünftig die Aufnahme jener Wirtschaftsgüter, die nicht mit dem handelsrechtlichen Wert in der steuerlichen Gewinnermittlung ausgewiesen werden, in besondere, laufend zu führende Verzeichnisse sein.

IV. Die Änderung des festgestellten Jahresabschlusses

108 Bis zur Billigung des Jahresabschlusses durch den Aufsichtsrat kann der Vorstand seinen Jahresabschluss-Entwurf nach Belieben ändern. In diesem Zeitraum hat der Vorstand auch Wertaufhellungen zu berücksichtigen, denn erst mit Feststellung des Jahresabschlusses endet der Prozess der Bilanzaufstellung.[212]

In der Phase zwischen vollzogener Feststellung und Einberufung der Hauptversammlung ist eine Änderung des Jahresabschlusses nach herrschender Mei-

---

[208] RegE zum BilMoG S. 71.
[209] RegE zum BilMoG S. 130.
[210] Handelsrechtsausschuss des Deutschen Anwaltvereins, NZG 2008, 183 f.
[211] RegE zum BilMoG S. 75.
[212] MünchKomm. AktG/Bd. 5/1/*Kropff* § 172 Rz. 17.

D. Die Feststellung des Jahresabschlusses

nung nur im Einvernehmen zwischen Vorstand und Aufsichtsrat möglich.[213] Es können neben der Verpflichtung zur Berichtigung rechtlicher Mängel und Berücksichtigung von Wertaufhellungen auch neue bilanzpolitische Entscheidungen ohne Einschränkung vorgenommen werden.[214]

Etwas anderes gilt, wenn die Öffentlichkeit bereits zuvor wesentliche Zahlen – aus Presseveröffentlichungen o. ä. – erfahren hat. Ab diesem Zeitpunkt ist eine Änderung des fehlerhaften oder fehlerfreien Abschlusses nur noch aus **bedeutenden wirtschaftlichen oder rechtlichen Gründen** zulässig, da durch die Bekanntgabe der Zahlen vor der Einberufung bereits ein schützenswertes Vertrauen der Rechnungslegungsadressaten besteht.[215]

Entgegen dem missverständlichen Wortlaut des § 175 Abs. 4 AktG, nach welchem Vorstand und Aufsichtsrat an die in dem Bericht des Aufsichtsrats enthaltenen Erklärungen über den Jahresabschluss gebunden sind, bezieht sich diese Bindung nach herrschender Meinung[216] nicht auf den Inhalt des Jahresabschlusses, sondern vielmehr nur darauf, dass jene nicht mehr beschließen können, die Feststellung des Jahresabschlusses der Hauptversammlung zu überlassen.

Ist ein **fehlerhafter Jahresabschluss** mit Mängeln behaftet, die gem. § 256 AktG die Nichtigkeit des Abschlusses begründen, so gilt der Abschluss aufgrund seiner Nichtigkeit als nicht festgestellt. Eine Änderung ist daher Teil der neuen Aufstellung und erstmaligen Feststellung dieses Abschlusses.[217]

Begründen die Mängel des Jahresabschlusses nicht dessen Nichtigkeit, so kann jener geändert werden, sofern die Fehler von wesentlichem Gewicht sind und der Vorstand die Mängel bereits zum Zeitpunkt der Feststellung des Jahresabschlusses kannte oder erkennen konnte.[218] Es kommt auf die subjektive Kenntnis des Vorstands an. Lag diese nicht vor, ist der Abschluss insoweit rechtlich fehlerfrei festgestellt und eine Korrektur, namentlich aufgrund einer nachträglichen Wertaufhellung, nur nach den Regeln über die Änderung eines fehlerfreien Jahresabschlusses möglich.[219]

Gleichwohl können Fehler auch in laufender Rechnung behoben werden, sofern die Informationsvermittlung durch den fehlerhaften Jahresabschluss nicht beeinträchtigt ist.[220] In der Praxis dürften daher nur wenige Fehler eine Änderung des Jahresabschlusses rechtfertigen. Letztlich bleibt zwischen Fehlern, deren geringe Auswirkung auf die Darstellung der Finanz,- Vermögens- und Ertragslage eine Änderung in laufender Rechnung induziert, und schwerwiegenden Fehlern, die eine Nichtigkeit begründen, nur ein denkbar schmales Band.[221]

Die **Änderung des rechtlich fehlerfrei festgestellten Jahresabschlusses** ist nur zulässig, wenn wirtschaftliche Gründe vorliegen, die so bedeutsam sind,

---

[213] *Hüffer* AktG § 172 Rz. 10.
[214] MünchHdb. GesR / Bd. 4/Hoffmann-Becking § 45 Rz. 13.
[215] MünchKomm. AktG/Bd. 5/1/*Kropff* § 172 Rz. 40.
[216] MünchHdb.GesR/Bd. 4/*Hoffmann-Becking* § 45 Rz. 14; *Hüffer* AktG § 172 Rz. 10; MünchKomm.AktG/Bd. 5/1/*Kropff* § 175 Rz. 42 f.
[217] MünchHdb.GesR/Bd. 4/*Hoffmann-Becking* § 45 Rz. 15.
[218] IDW RS 6 Rz. 14; BeckBil-Komm./*Ellrott/Ring* § 253 Rz. 805.
[219] MünchKomm.AktG/Bd. 5/1/*Kropff* § 172 Rz. 66.
[220] IDW RS 6 Rz. 21; MünchKomm.AktG/Bd. 5/1/*Kropff* § 172 Rz. 67.
[221] IDW RS 6 Rz. 21; MünchKomm.AktG/Bd. 5/1/*Kropff* § 172 Rz. 67.

dass bei verständiger Würdigung das Interesse der Öffentlichkeit an der Aufrechterhaltung des festgestellten Jahresabschluss zurück tritt.[222]

Ein solcher Grund liegt vor, wenn über bereits zum Bilanzstichtag vorliegende erhebliche Tatsachen erst nach der Feststellung des Jahresabschlusses bessere Kenntnis erlangt wird: Konnte der Vorstand trotz pflichtmäßiger Sorgfalt die erheblichen Tatsachen nicht erkennen, so ist ihm nichts vorzuwerfen. Der festgestellte Abschluss ist rechtlich fehlerfrei. Weist der ursprüngliche Bilanzgewinn unter Berücksichtigung der neuen Erkenntnisse jedoch einen zu hohen Gewinn aus, über dessen Ausschüttung noch nicht beschlossen wurde, so liegen wirtschaftliche Gründe vor, welche die Änderung des festgestellten Jahresabschlusses rechtfertigen.[223]

Bedeutsame Gründe können auch steuerlicher Art sein. So etwa die Ausnutzung von Verlustvor- oder Verlustrückträgen oder die Berichtigungen und Änderungen der Steuerbilanz (§ 4 Abs. 2 EStG) im Anschluss an eine Betriebsprüfung, um die Einheit von Handels- und Steuerbilanz beizubehalten.[224]

112 Der **Gewinnverwendungsbeschluss**, der aufgrund eines fehlerhaften, jedoch nicht nichtigen Jahresabschlusses getroffen wurde, ist wirksam. Da auch die spätere Änderung eines Abschlusses dessen Wirksamkeit nicht beeinträchtigt, darf jene nur so weit erfolgen, dass der Bilanzgewinn für die beschlossene Ausschüttung noch ausreicht.[225] Eine weitergehende Änderung ist nur möglich, wenn gleichzeitig in entsprechender Höhe Gewinnrücklagen aufgelöst werden oder die Gesellschafter zugunsten der Berichtigung auf einen Teil ihrer Ausschüttung verzichten, indem sie einstimmig einen neuen Ausschüttungsbeschluss herbeiführen.[226] Ergibt sich durch die Änderung hingegen ein höherer Jahresüberschuss, können Vorstand und Aufsichtsrat mit der späteren Feststellung über diese Beträge nach den allgemeinen Regeln verfügen. Auch kann die Hauptversammlung einen neuen Ausschüttungsbeschluss treffen.

113 **Ansprüche Dritter**, die an die Höhe von Jahresabschlusszahlen gebunden sind (Tantiemen, Genussscheine, Lizenzen u.a.), beeinflussen die Änderungsmöglichkeiten des fehlerhaften oder fehlerfreien Jahresabschlusses nicht. Wenn sich durch die Änderung aus Sicht des Anspruchsberechtigten schlechtere Zahlen ergeben, so sind die Ansprüche dennoch auch in der geänderten Bilanz in ursprünglicher Höhe zu passivieren.[227] Im umgekehrten Fall, wenn die Änderungen zugunsten des Anspruchsberechtigten wirken, wird die Gesellschaft regelmäßig den geänderten Abschluss auch im Verhältnis zu Dritten, und damit zu deren Gunsten, als richtige Bezugsgröße gelten lassen müssen.[228]

114 Im Zuge der Änderung des Jahresabschlusses kann es erforderlich sein, neben den originären Korrekturen, die sich nach vorstehenden Kriterien ergeben haben, auch **weitere Posten mit zu ändern**. Dies ist namentlich dann der Fall, wenn der Bilanzgewinn durch die Korrektur verringert wird, so dass die ursprünglich durch die Hauptversammlung beschlossene Ausschüttung nicht mehr vorgenommen werden kann. In diesem Fall kommt neben der Auflösung

---

[222] MünchHdb.GesR/Bd. 4/*Hoffmann-Becking* § 45 Rz. 16.
[223] MünchKomm.AktG/Bd. 5/1/*Kropff* § 172 Rz. 60.
[224] BeckBil-Komm./*Ellrott/Ring* § 253 Rz. 835.
[225] IDW RS 6 Rz. 14.
[226] MünchKomm.AktG/Bd. 5/1/*Kropff* § 172 Rz. 63.
[227] *Bürger/Körber/Schulz* § 172 Rz. 15.
[228] MünchKomm.AktG/Bd. 5/1/*Kropff* § 172 Rz. 64.

D. Die Feststellung des Jahresabschlusses　　　　　115–117　§ 10

von Rücklagen auch eine Änderung von Ermessensentscheidungen und Bilanzierungswahlrechten in Betracht.[229]

Darüber hinaus sind nachträgliche Erkenntnisse über bereits am Bilanzstichtag bestehende bilanzerhebliche Umstände (**Wertaufhellungen**) im Rahmen einer Bilanzänderung mit zu berücksichtigen, denn schließlich soll der endgültig maßgebliche Abschluss die Lage der Gesellschaft möglichst zutreffend wiedergeben. **115**

Durch die Änderung des festgestellten Jahresabschlusses wird die **ursprüngliche Feststellung aufgehoben**. Daher ist für den geänderten Jahresabschluss das gleiche Feststellungsverfahren wie bei dem ersten Feststellungsbeschluss geboten.[230] Gem. § 316 Abs. 3 HGB erfordert die Änderung des Jahresabschlusses bei prüfungspflichtigen AG auch eine entsprechende nachträgliche Prüfung sämtlicher Änderungen durch den Abschlussprüfer.[231] Dieser hat über diese sog. **Nachtragsprüfung** zu berichten und dem geänderten Jahresabschluss ein Testat zu erteilen, das den bisherigen Bestätigungsvermerk ergänzt (§ 316 Abs. 3 S. 2 HGB).

Der **Konzernabschluss** hat zwar für die Ausschüttungsbemessung keine Funktion, doch stellt er für große AG regelmäßig ein bedeutenderes Informationsinstrument als der Einzelabschluss dar. Da auch das Vertrauen des Kapitalmarkts in einen veröffentlichten Konzernabschluss schutzwürdig ist, sind auf ihn die gleichen Grundsätze wie auf die Änderung des Jahresabschlusses anzuwenden.[232] Demnach kommt eine Änderung ebenfalls nur aufgrund schwerwiegender Fehler oder wirtschaftlicher Gründe in Betracht. Steuerliche Gründe scheiden hierbei naturgemäß aus. **116**

V. Offenlegung

Nach § 325 ff. HGB ist die AG zur Offenlegung bestimmter Bestandteile der Rechnungslegung verpflichtet. Die Offenlegung erfolgt durch elektronische Einreichung der Unterlagen beim Betreiber des elektronischen Bundesanzeigers (§ 325 Abs. 1 S. 1 HGB). Die Rechnungslegung wird damit nur gegenüber dem Betreiber des elektronischen Bundesanzeigers unmittelbar publik gemacht, ist dort jedoch der Allgemeinheit zugänglich (urspr. „Registerpublizität", da Offenlegung früher gegenüber dem Handelsregister erfolgte). Dies ist geboten, um aktuellen und potenziellen Gläubigern, Arbeitnehmern und der Allgemeinheit die Möglichkeit zu geben sich ein Bild über die Lage und Entwicklung der AG zu verschaffen.[233] **117**

Verantwortlich für die Offenlegung ist der Vorstand als gesetzlicher Vertreter der AG.[234] Er hat die Unterlagen unmittelbar nach Vorlage des Jahresabschlusses an die Aktionäre, spätestens jedoch zwölf Monate nach dem Abschlussstichtag, einzureichen.

---

[229] MünchKomm.AktG/Bd. 5/1/*Kropff* § 172 Rz. 72.
[230] BeckBil-Komm./*Ellrott/Ring* § 253 Rz. 808. Zum Verfahren der Feststellung s. oben Abschn. D. I).
[231] *Küting/Weber* § 172 Rz. 11.
[232] *Bürger/Körber/Schulz* § 172 Rz. 15.
[233] MünchKomm.HGB/Bd. 4/*Fehrenbacher* § 325 HGB Rz. 4.
[234] ADS § 325 HGB Rz. 16.

118 Gemäß § 325 Abs. 1 HGB gehören zu den offenlegungspflichtigen **Unterlagen**:
- Der Jahresabschluss,
- der Lagebericht,
- der Bestätigungsvermerk,
- der Bericht des Aufsichtsrates,
- die Entsprechenserklärung nach § 161 AktG und
- der Vorschlag und der Beschluss über die Verwendung des Bilanzgewinns, soweit sich dies nicht aus dem Jahresabschluss ergibt.

Wurde der festgestellte Jahresabschluss geändert, so sind auch die Änderungen offenzulegen (§ 325 Abs. 1 S. 6 HGB). Ist die AG verpflichtet einen **Konzernabschluss** aufzustellen, so ist dieser ebenfalls einzureichen (§ 325 Abs. 3 HGB).

Für kleine und mittelgroße AG bestehen Erleichterungen: Kleine AG sind nur verpflichtet Bilanz und Anhang offenzulegen (§ 326 HGB). Mittelgroße AG können die Bilanz nach den Vorschriften für kleine KapGes (§ 266 Abs. 1 S. 3 HGB) gliedern, sie haben jedoch bestimmte Posten gesondert auszuweisen (§ 327 HGB).

Gemäß § 325 Abs. 1 S. 2 HGB hat der Vorstand die o.g. Unterlagen unverzüglich nach Einreichung im elektronischen Handelsregister bekannt machen zu lassen.

119 Durch das Gesetz über elektronische Handelsregister und Genossenschaftsregister sowie das Unternehmensregister (**EHUG**) vom 1.1.2007 ist das zuständige Registergericht gem. § 335 HGB von Amts wegen dazu verpflichtet, ein Ordnungsgeldverfahren gegen den Vorstand einzuleiten, wenn dieser den gesetzlichen Offenlegungspflichten nicht nachkommt. Diese sanktionsbewehrte Offenlegungspflicht gilt für alle Geschäftsjahre, die nach dem 31.12.2005 beginnen. Dabei ist zunächst ein Zwangsgeld i.H.v. € 2.500 – € 25.000 anzudrohen, mit der Auflage, den Verpflichtungen zur Aufstellung und Offenlegung innerhalb von sechs Wochen nachzukommen. Bereits durch die Androhung entstehen, wenn auch verhältnismäßig geringe, Verfahrenskosten (§ 335 Abs. 3 S. 2 HGB; i.d.R. ein Betrag von € 53,50).

E. Der Beschluss über die Verwendung des Bilanzgewinns

120 Über die Verwendung des Bilanzgewinns entscheidet die Hauptversammlung.

Im Rahmen der Feststellung des Jahresabschlusses obliegt dem Vorstand die Dotierung der gesetzlichen Rücklage und der Gewinnrücklage aus dem Jahresüberschuss im Rahmen der gesetzlichen und satzungsmäßigen Vorschriften (vgl. Rz. 47 ff.). Der verbleibende Betrag wird als **Bilanzgewinn** bezeichnet und im geprüften und festgestellten Jahresabschluss, der der Hauptversammlung zugeleitet wird, ausgewiesen.[235]

Wenn der Hauptversammlung selbst die Feststellung des Jahresabschlusses obliegt, hat sie die gesetzliche und ggf. die satzungsmäßige Rücklage zu dotieren, beschließt dann über die Feststellung des Jahresabschlusses und kann im Anschluss – ggf. unter Berücksichtigung entsprechender Satzungsbestimmungen – über den vollen Restbetrag als Bilanzgewinn verfügen (vgl. Rz. 31 ff.).

---

[235] *Hüffer* AktG § 174 Rz. 2.

E. Der Beschluss über die Verwendung des Bilanzgewinns 121–123 § 10

Sowohl Vorstand als auch Hauptversammlung können im Rahmen ihrer Feststellungskompetenz andere Gewinnrücklagen und, soweit die Satzung dies vorsieht, satzungsmäßige Rücklagen auflösen, um einen positiven Bilanzgewinn zu erzielen oder zu erhöhen.

I. Zuständigkeit der Hauptversammlung

Gem. § 174 Abs. 1 S. 1 AktG beschließt die Hauptversammlung über die 121 Verwendung des Bilanzgewinns. Hierfür haben Vorstand und Aufsichtsrat mit dem festgestellten Jahresabschluss auch ihren Vorschlag über die Verwendung des Bilanzgewinns vorzulegen (§ 170 Abs. 2 S. 1 AktG). Die Hauptversammlung ist an den Vorschlag von Vorstand und Aufsichtsrat nicht gebunden, wohl aber an den festgestellten Jahresabschluss und mithin an den ausgewiesenen Bilanzgewinn (§ 174 Abs. 1 S. 2 AktG). Dies gilt im Positiven wie im Negativen: Die Hauptversammlung kann keinen höheren oder niedrigeren Bilanzgewinn als den im festgestellten Jahresabschluss ausgewiesenen Betrag verwenden.[236]

Der Hauptversammlung steht es nach §§ 174 Abs. 2 und 58 Abs. 3 S. 1 AktG 122 frei, den Bilanzgewinn ganz oder teilweise
– an die Aktionäre auszuschütten,
– in die Gewinnrücklagen einzustellen oder
– als Gewinn vorzutragen.[237]

Die Satzung kann den Entscheidungsspielraum der Hauptversammlung erweitern, indem sie auch eine Verwendung für andere als die genannten Zwecke einräumt (§ 58 Abs. 3 S. 2 AktG), aber umgekehrt kann das Ermessen nach Abs. 4 der Vorschrift auch durch Satzungsbestimmungen eingeschränkt werden. Dabei besteht ein weiter Regelbereich, denn die Satzung kann ausschließen, bestimmte Beträge an die Aktionäre auszuschütten oder vorschreiben, dass bestimmte Beträge auszuschütten oder in die satzungsmäßigen Rücklagen einzustellen sind.[238]

Der Beschluss der Hauptversammlung über die Gewinnverwendung bedarf 123 der **einfachen Mehrheit** (§ 133 Abs. 1 AktG).[239] Nach § 120 Abs. 3 S. 1 AktG sollen die Verhandlungen über die Gewinnverwendung mit der Verhandlung über die Entlastung von Aufsichtsrat und Vorstand und – im Falle der Feststellung des Jahresabschlusses durch die Hauptversammlung – mit der Verhandlung über die Feststellung verbunden werden (§ 175 Abs. 3 S. 2 AktG). Die Anwesenheit des Abschlussprüfers bei der Hauptversammlung ist vorgeschrieben (§ 176 Abs. 2 AktG), er unterliegt jedoch keiner Auskunftspflicht gegenüber den Aktionären (§ 176 Abs. 2 S. 3 AktG). Auf Fragen von Aktionären kann er antworten und wird dies in der Regel auch tun, wenn der Vorstand ihn dazu im Einzelfall oder generell ermächtigt; eine Rechtspflicht besteht jedoch auch in diesem Fall nicht.[240]

---

[236] MünchKomm.AktG/Bd. 5/1/*Kropff* § 174 Rz. 8.
[237] MünchHdb.GesR/Bd. 4/*Hoffmann-Becking* § 46 Rz. 14.
[238] MünchHdb.GesR/Bd. 4/*Hoffmann-Becking* § 46 Rz. 16.
[239] MünchKomm.AktG/Bd. 5/1/*Kropff* § 174 Rz. 17.
[240] *Hüffer* AktG § 176 Rz. 9.

124 Im **Beschluss** ist die Verwendung des Bilanzgewinns im Einzelnen darzulegen, namentlich sind anzugeben (§ 174 Abs. 2 AktG):
1. der Bilanzgewinn
2. der an die Aktionäre auszuschüttende Betrag oder Sachwert
3. die in Gewinnrücklagen einzustellenden Beträge
4. ein Gewinnvortrag
5. der zusätzliche Aufwand aufgrund des Beschlusses

Beschließt die Hauptversammlung, den Bilanzgewinn ganz oder teilweise an die Aktionäre auszuschütten, so erfolgt die **Ausschüttung** regelmäßig in Geldbeträgen. Im Gewinnverwendungsbeschluss sollte neben dem Ausschüttungsbetrag auch der Betrag angegeben werden, der auf die einzelne Aktie entfällt, so dass die Aktionäre erkennen können, auf welchen Betrag sie Anspruch haben. Sofern die Satzung dies vorsieht, kann gem. § 58 Abs. 5 AktG auch eine Sachausschüttung beschlossen werden. In diesem Fall ist der auszuschüttende Gegenstand eindeutig zu bezeichnen, der Wert der Ausschüttung und der auf den einzelnen Aktionär entfallende Anteil im Beschluss über die Verwendung des Bilanzgewinns anzugeben.[241]

125 Die Hauptversammlung kann auch beschließen, den Bilanzgewinn in die **Gewinnrücklagen** einzustellen. Ihr steht es frei, die gesetzliche Rücklage höher zu dotieren, um damit möglichst rasch die gesetzlich vorgeschriebene 10%-Grenze zu erreichen (vgl. Abschn. B. III. 1. b), oder Einstellungen in die anderen Gewinnrücklagen vorzunehmen.

126 Beschließt die Hauptversammlung, den **Bilanzgewinn vorzutragen**, so erhöht der Gewinnvortrag den Bilanzgewinn und damit die Ausschüttungsmöglichkeiten des kommenden Geschäftsjahrs,[242] denn bei der Dotierung der Rücklagen durch den Vorstand bleibt ein Gewinnvortrag ohne Berücksichtigung (§ 58 Abs. 1 S. 3, Abs. 2 S. 4 AktG, vgl. Rz. 31 ff.).

Zwar legt das Gesetz nach § 58 Abs. 3 AktG keine Höchstgrenzen für die Thesaurierung durch die Hauptversammlung fest, doch können Aktionäre den Gewinnverwendungsbeschluss **gem. § 254 AktG anfechten**, wenn die Rücklagenbildung oder der Gewinnvortrag bei vernünftiger kaufmännischer Beurteilung nicht erforderlich war und nicht mindestens eine Dividende von 4% ausgeschüttet wurde.

Durch Satzungsbestimmung kann der Vorstand ermächtigt werden, nach Ablauf des Geschäftsjahrs einen **Abschlag** auf den voraussichtlichen Bilanzgewinn an die Aktionäre zu leisten (§ 59 AktG). Im Rahmen der Verfügung über den Bilanzgewinn hat die Hauptversammlung jene Abschlagszahlungen zu berücksichtigen. Die Zahlungen sind als (vorweggenommene) Ausschüttungen zu berücksichtigen, demgemäß können in dieser Höhe keine Einstellungen in die Gewinnrücklagen oder Gewinnvorträge mehr vorgenommen werden.[243]

127 **Zusätzlicher Aufwand**, der sich aufgrund des Beschlusses über die Gewinnverwendung ergibt, ist im Beschluss über die Gewinnverwendung zu berücksichtigen (§ 174 Abs. 2 Nr. 5 AktG). Er mindert den Bilanzgewinn und damit den Betrag, über den die Hauptversammlung verfügen kann.

128 Der **Gewinnverwendungsbeschluss** selbst führt **nicht zu einer Änderung des festgestellten Jahresabschlusses** (§ 174 Abs. 3 AktG). Vielmehr sind

---
[241] MünchKomm.AktG/Bd. 5/1/*Kropff* § 174 Rz. 22.
[242] MünchKomm.AktG/Bd. 5/1/*Kropff* § 174 Rz. 27.
[243] MünchHdb.GesR/Bd. 4/*Hoffmann-Becking* § 46 Rz. 18.

E. Der Beschluss über die Verwendung des Bilanzgewinns

etwaige Rücklagendotierungen erst im Jahresabschluss des folgenden Geschäftsjahres auszuweisen.

Der Gewinnverwendungsbeschluss entfaltet wesentliche Wirkung auf das Verhältnis Gesellschaft/Gesellschafter, denn während die Feststellung des Jahresabschlusses den Anspruch des Aktionärs auf Verwendung des Bilanzgewinns durch die Hauptversammlung generiert (vgl. Rz. 94 f.), entsteht mit jenem Beschluss der Hauptversammlung, durch den eine Ausschüttung beschlossen wurde, der **Dividendenanspruch des Aktionärs**.[244] Der Zahlungsanspruch wird fällig, sobald der Gewinnverwendungsbeschluss wirksam ist. Ist aufgrund von Änderungen des Jahresabschlusses eine Nachtragsprüfung erforderlich (vgl. Rz. 108 ff.), so wird der Beschluss gem. § 173 Abs. 3 AktG erst wirksam, wenn hinsichtlich der Änderungen ein uneingeschränkter Bestätigungsvermerk erteilt wird. Auch kann die Hauptversammlung beschließen, dass der Anspruch erst zu einem späteren Zeitpunkt fällig wird oder die Auszahlung in Raten erfolgt.[245]

II. Gewinnverteilungsmaßstab

1. Die gesetzliche Regelung

Beschließt die Hauptversammlung den Bilanzgewinn ganz oder teilweise an die Aktionäre auszuschütten, so richtet sich die Gewinnverteilung in Ermangelung abweichender satzungsmäßiger Bestimmungen nach dem **Verhältnis der Aktiennennbeträge** (§ 60 Abs. 1 AktG). Da demgemäß der Anteil der Beteiligung am Grundkapital maßgeblich ist, ist bei Stückaktien das Grundkapital durch die Zahl der Aktien zu dividieren.[246]

Sind bis zum Zeitpunkt der Beschlussfassung durch die Hauptversammlung **nicht alle Einlagen** im selben Verhältnis **geleistet**, so erhält jeder Aktionär gem. § 60 Abs. 2 S. 1 AktG vorab eine Dividende von 4% auf die bisher ins Grundkapital geleistete Einlage aus dem von der Hauptversammlung zur Ausschüttung bestimmten Bilanzgewinn. Nur der Restbetrag wird im Anschluss nach dem Verhältnis der Aktiennennbeträge (Abs. 1 der Vorschrift) verteilt.[247]

Fielen die Einlagen während dem Geschäftsjahr **zeitlich** auseinander, so sind sie für die Gewinnverteilung nur zeitanteilig zu berücksichtigen (§ 60 Abs. 2 S. 3 AktG). Dabei ist Abs. 2 S. 1 der Vorschrift anzuwenden, indem zunächst pro rata temporis eine Dividende von 4% auf die geleistete Einlage gezahlt wird.[248] Der Restbetrag wird im Anschluss nach Abs. 1 verteilt.

Verpflichtet sich eine AG ihren gesamten Gewinn an ein anderes Unternehmen abzuführen (Gewinnabführungsvertrag, § 291 Abs. 1 AktG), sind die nach § 301 AktG vorgeschriebenen Höchstbeträge, die eine übermäßige Gewinnabführung vermeiden und damit das bilanzielle Eigenkapital erhalten sollen zu beachten.[249] Gemäß § 301 AktG wird die Gewinnabführung der Höhe nach auf den fiktiven (ohne die Gewinnabführung bestehenden) Jahresüberschuss,

---

[244] Schmidt/Lutter/Drygala § 174 Rz. 12.
[245] MünchKomm.AktG/Bd. 5/1/Kropff § 174 Rz. 40.
[246] Hüffer AktG § 60 Rz. 2.
[247] MünchHdb.GesR/Bd. 4/Hoffmann-Becking § 46 Rz. 20.
[248] MünchKomm.AktG/Bd. 2/Bayer § 60 Rz. 12.
[249] MünchKomm.AktG/Bd. 8/Altmeppen § 301 AktG Rz. 2 ff.

vermindert um den Abzug eines etwaigen Verlustvortrags sowie den Abzug von Zuweisungen zur gesetzlichen Rücklage (§ 300 AktG) begrenzt. Andere Gewinnrücklagen dürfen nach § 301 S. 2 AktG nur insoweit abgeführt werden, als sie während der Dauer des Vertrages gebildet wurden.

2. Abweichende Gewinnverteilungsabreden

130   Verschiedene **Aktiengattungen** können gem. § 11 Abs. 1 AktG auch verschiedene Rechte gewähren, namentlich können sie eine andere Art der Gewinnverteilung bestimmen.[250]

131   Hierzu zählen die sog. „**Tracking Stocks**" – im Deutschen „Spartenaktien" oder „Geschäftsbereichsaktien" genannte Wertpapiere, die im idealtypischen Fall nicht Anteile am Gewinn einer ganzen AG, sondern nur an einem Teilbereich des Unternehmens, der sog. „Tracked Unit", verbriefen.

Gleichwohl Tracking Stocks in den letzten Jahren auf den internationalen Finanzmärkten an Popularität gewinnen, liegen in Deutschland noch keine langfristigen praktischen Erfahrungen mit dieser Aktiengattung vor.

Voraussetzung für die Ausgabe von Tracking Stocks ist die strikte operative Trennung der Tracked Unit von der übrigen Geschäftstätigkeit. Der Gewinn, der als Dividende auf die Tracking Stocks entfällt, ermittelt sich dann aus der wirtschaftlichen Entwicklung jener Sparte, als ob die Tracked Unit eine selbständige Gesellschaft wäre.[251]

132   Die Dividendenzahlungen sind mithin zunächst von der Performance des als Tracked Unit definierten Geschäftsbereichs abhängig: Erzielt die Tracked Unit Verluste können i.d.R. keine Dividenden ausgeschüttet werden, auch wenn die Gesamtgesellschaft Gewinne erwirtschaftet.[252]

Allerdings sind auch die Regularien des Aktienrechts zu berücksichtigen, nach denen nur der Bilanzgewinn an die Aktionäre ausgeschüttet werden kann (§ 57 Abs. 3 AktG). Erzielt die Gesamtgesellschaft im umgekehrten Fall keinen positiven Bilanzgewinn, obgleich der Geschäftsbereich der Tracked Unit Gewinne erwirtschaftet, so entfällt daher auch die Dividende auf die Tracking Stocks.[253] Um in diesem Zusammenhang eine Schlechterstellung der Tracking Stocks-Aktionäre zu verhindern, können Vorkehrungen getroffen werden, wonach in den Folgejahren bei einer Gewinnverteilung vorweg die Gesellschafter berücksichtigt werden, die in Vorjahren trotz positiver Ergebnisse ihrer Tracked Units in Ermangelung eines verteilungsfähigen Gesamtgewinns keine Dividenden erhalten konnten.[254]

133   Die Satzung kann auch die Ausgabe von **Vorzugsaktien** vorsehen. Jene genießen bei der Gewinnverwendung Priorität, indem sie einen höheren Anteil am Gewinn oder einen Vorweganteil erhalten.[255]

Abweichend vom Regelfall der gesetzlichen Gewinnverteilung kann die **Satzung** eine andere Gewinnverteilung bestimmen (§ 60 Abs. 3 AktG). Namentlich kann der Verteilungsmaßstab geändert werden, nicht voll eingezahlte

---

[250] *Hüffer* AktG § 11 Rz. 4.
[251] *Fuchs* ZGR 2003, 178 ff.
[252] *Natusch* DB 1997, 1145 f.
[253] *Fuchs* ZGR 2003, 172.
[254] *Böhm* BWNotZ 2002, 78.
[255] MünchKomm. AktG/Bd. 2/*Bayer* § 60 Rz. 20.

F. Besonderheiten bei der kapitalmarktorientierten AG   134, 135 § 10

Aktien völlig vom Gewinn ausgeschlossen oder umgekehrt vollständig am Gewinn beteiligt werden.[256] Bei der Nebenleistungs-AG (§ 55 AktG) kommt insb. auch die Gewinnverteilung nach dem Verhältnis der von den Aktionären angelieferten Warenmengen in Betracht.[257]

III. Rechtsfolgen eines unwirksamen Gewinnverwendungsbeschlusses

Gem. § 253 Abs. 1 AktG führt die Nichtigkeit des Jahresabschlusses zur **134** Nichtigkeit des Gewinnverwendungsbeschlusses. Weitere Nichtigkeitsgründe können insbesondere sein: Die Beschlussfassung vor Nachtragsprüfung, wenn nicht innerhalb von 2 Wochen ein uneingeschränkter Bestätigungsvermerk hinsichtlich der Änderungen erteilt wird. (§ 173 Abs. 3 S. 2 AktG), mangelnde rechtzeitige Eintragung des Beschlusses zur Kapitalerhöhung (§ 217 Abs. 2 S. 4 AktG) oder Gründe nach § 241 AktG. Ein nichtiger Gewinnverwendungsbeschluss entfaltet keine Rechtswirkung.[258] Der Anspruch der Aktionäre auf Auszahlung der Dividende entsteht damit nicht. Hinsichtlich der an bösgläubige Aktionäre (§ 62 Abs. 1 S. 2 AktG) ausgezahlten Dividenden besteht nach § 62 AktG ein Rückzahlungsanspruch der AG.[259] Vorstands- und Aufsichtsratsvergütungen werden ebenfalls nicht ausgezahlt, soweit sie von der Dividendenzahlung abhängen; ausgezahlte Vergütungen können als ohne Rechtsgrund geleistete Zahlungen nach § 812 BGB zurückgefordert werden. Trotz Nichtigkeit bleibt der Gewinnverwendungsbeschluss aber Verjährungsbeginn etwaiger Schadensersatzansprüche gegen den Abschlussprüfer.[260]

F. Besonderheiten bei der kapitalmarktorientierten AG

I. Konzernabschluss nach IFRS

Durch die sog. IAS-Verordnung[261] der EU haben AG, deren Wertpapiere am **135** jeweiligen Bilanzstichtag in einem beliebigen Mitgliedstaat zum Handel in einem geregelten Markt zugelassen sind, seit 2005 ihren **Konzernabschluss** nach **IFRS** aufzustellen (Umsetzung in deutsches Recht durch § 315a Abs. 1 HGB).[262] Anzuwenden sind gem. Art. 3 der Verordnung jedoch nur IFRS die zuvor durch die EU „freigeschaltet" („endorsed"), sowie im Amtsblatt der EU veröffentlicht wurden und dadurch zu Rechtsnormen erstarkt sind.[263] Mutterunternehmen, die nach § 315a Abs. 1 oder 2 HGB einen Konzernabschluss nach IFRS verpflichtend erstellen, sind von der Aufstellungspflicht nach HGB be-

---

[256] MünchKomm.AktG/Bd. 2/*Bayer* § 60 Rz. 21.
[257] *Hüffer* AktG § 60 Rz. 7.
[258] MünchKomm.AktG/Bd. 7/*Hüffer* § 253 Rz. 11.
[259] *Erle* Der Bestätigungsvermerk des Abschlussprüfers, S. 71 f.; *Weilep/Weilep* BB 2006, 151.
[260] MünchKomm.AktG/Bd. 7/*Hüffer* § 253 Rz. 11.
[261] Verordnung Nr. 1606/2002 des Europäischen Parlaments und des Rates vom 19.7.2002 betreffend die Anwendung internationaler Rechnungslegungsstandards, ABl. EG Nr. L 243 S. 1.
[262] *Ebenroth/Boujong/Joost/Strohn* Handelsgesetzbuch Rz.1.
[263] *Heuser/Theile* IFRS Handbuch Rz. 55.

§ 10 136, 137 Rechnungslegung

freit. § 315a Abs. 1 HGB regelt, welche Vorschriften der §§ 294 bis 315 HGB bei der Konzernrechnungslegung nach IFRS zusätzlich zu beachten bzw. nicht zu beachten sind;[264] so sind etwa die Vorschriften über den Konzernlagebericht weiter anzuwenden, da die IFRS ein derartiges Instrument nicht kennen. Zu den IFRS vgl. auch Rz. 37 ff.

II. Ergänzende Anhangsangaben

136 Im Hinblick auf die Angabepflichten im Anhang haben nur börsennotierte AGs die § 285 Nrn. 9a S. 5–9 (Nennung der Bezüge der einzelnen Vorstandsmitglieder), 10 S. 1 letzter Teilsatz (Nennung der Mitglieder des Vorstands und Aufsichtsrats, sowie deren Mitgliedschaft in Aufsichtsräten und weiteren Kontrollgremien anderer AG), 11 2. Halbsatz (Nennung aller Beteiligungen an Kapitalgesellschaften deren Stimmrecht 5 % überschreiten), 16 (Angaben zur Entsprechenserklärung, vgl. nachfolgend) HGB anzuwenden. Nr. 17 der Vorschrift (Nennung des Honorars des Abschlussprüfers) ist hingegen für alle kapitalmarktorientierten Unternehmen einschlägig. Nach § 286 Abs. 4 und 5 HGB können vorstehende Angaben unter bestimmten Voraussetzungen unterbleiben.

III. Ergänzende Lageberichtsangaben

137 Durch das BilMoG wird der neue § 289 Abs. 5 HGB eingeführt. Dieser schreibt vor, dass kapitalmarktorientierten Unternehmen, die ein internes Kontrollsystem (IKS) oder internes Risikomanagementsystem (RMS) (vgl. Rz. 81) eingerichtet haben, fortan eine Beschreibung der wesentlichen Merkmale dieser Instrumente in den Lagebericht aufzunehmen haben.[265] Dies ist durchaus wörtlich zu verstehen: Aus § 289 Abs. 5 HGB folgt keine rechtliche Pflicht zur Einrichtung eines IKS oder RMS oder eine Bestimmung, wie ein solches auszugestalten sei.[266] Jedoch zeichnet sich eine Anreizwirkung ab, das IKS oder RMS über die gesetzliche Verpflichtung hinaus zu intensivieren und sich stärker als bisher mit ihrer Effektivität auseinanderzusetzen.

Es sollen die wesentlichen Merkmale im Bezug auf den Prozess der Rechnungslegung erläutert werden. Wesentliche Merkmale sind in diesem Zusammenhang die markanten Strukturen und Prozesse, soweit diese vorhanden sind.[267]

Der § 289 Abs. 5 HGB wird ergänzt durch § 315 Abs. 2 Nr. 5 HGB, welcher eine Konzernverpflichtung konstatiert sofern das Mutterunternehmen oder eines der konsolidierten Tochterunternehmen kapitalmarktorientiert i.S.d. § 264d HGB sind.[268]

---

[264] *Küting/Gattung/Kessler* DStR 2006, 579 f.
[265] RegE zum BilMoG S. 168; Vgl. auch *Hommelhoff/Mattheus* BB 2007, 2788.
[266] ReG zum BilMoG S. 168.
[267] Vgl. f. RMS: *Melcher/Mattheus* DB 2008, Beil. 1, 52 ff.
[268] *Burwitz* NZG 2008, 699.

F. Besonderheiten bei der kapitalmarktorientierten AG 138–141 § 10

IV. Die Entsprechungserklärung zum Corporate Governance Kodex

Gem. § 161 AktG, welcher durch das Gesetz zur weiteren Reform des **138** Aktien- und Bilanzrechts, zu Transparenz und Publizität vom 19. Juli 2002[269] eingeführt wurde, haben Vorstand und Aufsichtsrat der börsennotierten AG jährlich zu erklären, dass sie den Empfehlungen der „Regierungskommission Deutscher Corporate Governance Kodex", die im amtlichen Teil des elektronischen Bundesanzeigers bekannt gemacht wurden, entsprochen haben und entsprechen, oder welche Empfehlungen nicht angewendet wurden. Die Erklärungspflicht des § 161 AktG hat den Zweck, die Adressaten über die Einhaltung des Kodex zu informieren.

Gem. §§ 285 Nr. 16 und 314 Abs. 1 Nr. 8 HGB ist im Anhang zum Jahresabschluss und zum Konzernabschluss anzugeben, dass die Entsprechungserklärung abgegeben und den Aktionären zugänglich gemacht wurde.

Die vorgeschriebene Entsprechungserklärung umfasst ausdrücklich nur die **139** Empfehlungen des Kodex. Die Darstellungen der gegenwärtigen Rechtslage und insb. die Anregungen sind hingegen nicht Gegenstand der Entsprechungserklärung. Eine **positive Entsprechungserklärung** ist abzugeben, wenn im Sinne einer Zeitraumbetrachtung allen Wohlverhaltensempfehlungen des Kodex im vergangenen Geschäftsjahr entsprochen wurde und in Zukunft entsprochen werden soll. Nachfolgend ein Formulierungsbeispiel für eine positive Entsprechungserklärung ähnlich der Begründung zum Regierungsentwurf:[270]

Beispiel: Den im amtlichen Teil des elektronischen Bundesanzeigers bekannt gemachten Empfehlungen der „Regierungskommission Deutscher Corporate Governance Kodex" wurde im Jahr xy entsprochen und soll auch zukünftig entsprochen werden.[271]

Weichen Vorstand und/oder Aufsichtsrat in gewichtiger Weise negativ von den Vorgaben des Kodex ab, ist in der Entsprechungserklärung anzugeben, welche Empfehlungen nicht angewendet werden.[272]

Eine Begründung der **Abweichung** ist nicht vorgeschrieben, kann jedoch **140** im eigenen Interesse freiwillig erfolgen, um den Erwartungen des Kapitalmarkts gerecht zu werden. Insofern ist die häufig zitierte angelsächsische Formel „comply or explain" etwas zu weit gegriffen.

Adressaten der Vorschrift sind nach ihrem Wortlaut Vorstand und Aufsichts- **141** rat der börsennotierten Gesellschaft. Die **Beschlussfassung** erfolgt jeweils nach den Organen Vorstand und Aufsichtsrat getrennt[273] und nach den für sie geltenden Regeln als Kollegialorgan, denn ein gemeinschaftliches Verwaltungsorgan gibt es in Deutschland nicht.[274] Mithin entscheidet der Vorstand einstimmig, sofern Satzung oder Geschäftsordnung nichts Abweichendes festlegen, während der Aufsichtsrat die Beschlussfassung mit einfacher Mehrheit treffen kann, soweit auch hier nichts Abweichendes geregelt ist.[275] Es ergeben

---

[269] BGBl. I 2002, 2681.
[270] BT-Drucks. 14/8769, S. 21.
[271] Formulierung in Anlehnung an *Happ* S. 759 und MünchKomm.AktG/Bd. 5/1/ *Semler* § 161 Rz. 132.
[272] *Happ* S. 758 f., MünchKomm.AktG/Bd. 5/1/*Semler* § 161 Rz. 135.
[273] *Ringleb/Kremer/Lutter/v.Werder* Deutscher Corporate Governance Kodex S. 302; MünchKomm.AktG/Bd. 5/1/*Semler* § 161 Rz. 76 f.
[274] MünchKomm.AktG/Bd. 5/1/*Semler* § 161 Rz. 83.
[275] *Ringleb/Kremer/Lutter/v.Werder* Deutscher Corporate Governance Kodex S. 305.

sich damit zwei autonome Beschlüsse und Erklärungen im Innenverhältnis. In der Regel werden jene zu einer einheitlichen Erklärung im Außenverhältnis zusammengefasst. Vertreten Vorstand und Aufsichtsrat unterschiedliche Auffassungen über die Einhaltung der Kodexempfehlungen und kommt es mithin zu abweichenden Beschlüssen, ist theoretisch denkbar, dass Vorstand und Aufsichtsrat jeweils eigene Erklärungen veröffentlichen.[276]

142 Vorstandsmitglieder und Aufsichtsratsmitglieder haben bei ihrer Tätigkeit die Sorgfalt eines ordentlichen und gewissenhaften Geschäftsleiters anzuwenden (§§ 93 Abs. 1 S. 1, 116 S. 1 AktG). Wird durch die Organmitglieder eine falsche Entsprechenserklärung abgegeben, die Abgabe vollständig unterlassen oder die Entsprechenserklärung nicht dauerhaft zugänglich gemacht, liegt eine Verletzung jener Sorgfaltspflichten vor.[277]

143 Die Entsprechenserklärung ist den Aktionären **dauerhaft zugänglich zu machen** (§ 161 S. 2 AktG). Hierfür ist die Einstellung auf der Internetseite des Unternehmens bereits hinreichend.[278] Im Jahresabschluss ist verpflichtend anzugeben, dass die Entsprechenserklärung den Aktionären zugänglich gemacht wurde (§ 285 Nr. 16 HGB). Stellt das Unternehmen darüber hinaus einen Konzernabschluss auf, so betrifft die Angabepflicht gem. § 314 Abs. 1 Nr. 8 HGB jede einzelne in den Abschluss einbezogene börsennotierte Gesellschaft. Die Entsprechenserklärung ist mit der Offenlegung des Jahresabschlusses beim Betreiber des elektronischen Bundesanzeigers einzureichen und unverzüglich im elektronischen Bundesanzeiger bekannt zu machen (§ 325 Abs. 1 S. 3 und Abs. 2 HGB). Die Verletzung der Angabepflichten in Jahres- und Konzernabschluss ist gem. § 334 Abs. 1 Nr. 1 lit. d und Nr. 2 lit. f HGB durch Bußgeld sanktioniert. Ebenso kann ein Ordnungsgeld gegen die Vorstandsmitglieder festgesetzt werden, wenn die Entsprechenserklärung nicht nach § 325 HGB offengelegt wurde (§ 335a Abs. 1 Nr. 1 HGB).

144 Im Rahmen der **Abschlussprüfung** hat der Abschlussprüfer sich zu vergewissern, dass den Angabepflichten im Anhang nach § 285 Nr. 16 HGB, bzw. § 314 Abs. 1 Nr. 8 HGB entsprochen wurde.[279] Festzustellen ist mithin, ob die Entsprechenserklärung abgegeben wurde, vollständig ist und den Aktionären dauerhaft zugänglich gemacht wurde. Ist dies nicht der Fall, wird der Abschlussprüfer den Bestätigungsvermerk einschränken müssen.[280] Da die Entsprechenserklärung selbst jedoch keinen Teil des Jahresabschlusses darstellt, ist ihre sachliche Richtigkeit, respektive ob die Organe den Empfehlungen der Kodex-Kommission tatsächlich entsprechen, nicht Gegenstand der gesetzlichen Abschlussprüfung.[281]

145 Durch die Umsetzung des **BilMoG** ergeben sich auch einige wesentliche Änderungen im Bereich der Corporate Governance (kapitalmarktorientierter) AG und den diesbezüglichen Berichtspflichten. Der Gesetzentwurf sieht zunächst die Neufassung des § 161 AktG vor. So ist zukünftig neben der bloßen Nennung der nicht angewendeten Kodexempfehlungen auch verpflichtend zu erklären, warum jene nicht angewendet wurden oder werden (§ 161 Abs. 1 S. 1

---

[276] Happ S. 758; ablehnend: *Küting/Weber* Bd. 4, § 161 AktG Rz. 15.
[277] Happ S. 763.
[278] *Küting/Weber* Bd. 4, § 161 AktG Rz. 23.
[279] *Ringleb/Kremer/Lutter/v.Werder* Deutscher Corporate Governance Kodex S. 317
[280] MünchKomm.AktG/Bd. 5/1/*Semler* § 161 Rz. 170.
[281] IDW PS 345 Rz. 22; *Küting/Weber* Bd. 4, § 161 AktG Rz. 21.

F. Besonderheiten bei der kapitalmarktorientierten AG 146–148 § 10

AktG). Darüber hinaus soll es zu einer Erweiterung des Adressatenkreises kommen, indem neben börsennotierten AG zukünftig auch Unternehmen die andere Wertpapiere als Aktien, z. B. Schuldverschreibungen, zum Handel an einem organisierten Markt zugelassen haben und deren Aktien aber gleichzeitig über ein multilaterales Handelssystem (Freiverkehr) gehandelt werden, eine Entsprechenserklärung aufzustellen haben (§ 161 Abs. 1 S. 2 AktG). Die Entsprechenserklärung soll gem. § 161 Abs. 1 S. 2 AktG auf der Internetseite des Unternehmens veröffentlicht werden. Dies ist gegenwärtig bereits die Regel.

Weiterhin wird durch das BilMoG mit § 289a HGB eine neue Vorschrift zur Lageberichterstattung in das HGB aufgenommen. Demnach sollen börsennotierte AG, sowie AG, deren Aktien über ein multilaterales Handelssystem (Freiverkehr) gehandelt werden, die andere Wertpapiere zum Handel an einem organisierten Markt zugelassen haben, eine Erklärung zur Unternehmensführung in ihren Lagebericht aufnehmen, die dort einen gesonderten Abschnitt bildet (§ 289a Abs. 1 S. 1 HGB). Alternativ kann die Erklärung unter Bezugnahme im Lagebericht auf der Internetseite des Unternehmens zugänglich gemacht werden (§ 289a Abs. 1 S. 2 u. 3 HGB). In der Erklärung zur Unternehmensführung sollen nach Abs. 2 der Vorschrift anzugeben sein: Die Entsprechenserklärung nach § 161 AktG, relevante Angaben zu Unternehmensführungspraktiken, die über die gesetzlichen Anforderungen hinausgehend angewendet werden, nebst Hinweis wo sie öffentlich zugänglich sind und eine Beschreibung zur Arbeitsweise von Vorstand und Aufsichtsrat sowie zur Zusammensetzung und Arbeitsweise von deren Ausschüssen. 146

Durch § 289a Abs. 1 S. 1 HGB steht es den Unternehmen frei, die Erklärung zur Unternehmensführung und mithin die Entsprechenserklärung in den Lagebericht aufzunehmen. Wird davon Gebrauch gemacht, so wird durch den neu eingeführten § 317 Abs. 2 S. 3 HGB sichergestellt, dass die Erklärung der Unternehmensführung und mithin die Entsprechenserklärung weiterhin nicht der gesetzlichen Abschlussprüfung unterliegt. 147

Die Angabepflicht nach § 285 Nr. 16 HGB wird erweitert, da künftig auch anzugeben sein wird, wo die Entsprechenserklärung veröffentlicht wurde.

V. Besonderheiten bei der Prüfung börsennotierter Aktiengesellschaften

Bei einer börsennotierten AG ist das nach § 91 Abs. 2 AktG vom Vorstand einzurichtende **Risikofrüherkennungssystem** in die Prüfung mit einzubeziehen (§ 317 Abs. 4 HGB). Die Prüfung ist eine Systemprüfung.[282] Danach ist festzustellen, ob der Vorstand die ihm nach § 91 Abs. 2 AktG obliegenden Maßnahmen in einer geeigneten Form getroffen hat und ob das danach einzurichtende System seine Aufgaben erfüllen kann. Der IDW-Prüfungsstandard PS 340 legt aus der Sicht des Abschlussprüfers fest, aus welchen Komponenten ein Frühwarn- und Überwachungssystem bestehen muss.[283] Der Wirtschaftsprüfer hat sich namentlich davon zu vergewissern, ob das Risiko der Zahlungsunfähigkeit mit Hilfe einer Finanzplanung erkannt werden kann, ob ein ausreichender Versicherungsschutz besteht, ob im Einzelfall Kunden- und Liefe- 148

---

[282] IDW PS 340 Rz. 19.
[283] *Theusinger* NZG 2008, 289 f.

rantenkonzentration, Termintreue, Reklamationsraten, Preisentwicklungen, Wechselkurs- und Zinsentwicklungen, gegebenenfalls Ratingrisiken bei der Finanzierung und beim Personal die Fluktuationsrate und insbesondere die Personalkosten-Umsatzschere zu einer besonderen Risikobewertung Anlass geben.[284] Die Prüfung des Überwachungssystems ist auch im Bestätigungsvermerk anzugeben, da sie Teil des Gegenstandes der Prüfung ist (§ 322 Abs. 1 S. 1 HGB).[285]

149 § 319a HGB zählt Gründe auf, die zu einem Ausschluss des Prüfers von der Prüfung kapitalmarktorientierter Unternehmen führen können. Hierzu gehören bestimmte finanzielle Beziehungen (§ 319a Abs. 1 Nr. 1 HGB).

Der Abschlussprüfer darf neben der Prüfungstätigkeit grundsätzlich auch weitgehende Steuerberatungsleistungen an denselben Mandant erbringen.[286] Gewisse Einschränkungen gelten jedoch für kapitalmarktorientierte Unternehmen: Gem. § 319a Abs. 1 Nr. 2 HGB darf eine AG keinen Prüfer beauftragen, welcher Rechts- oder Beratungsleistungen erbracht hat, die über das Aufzeigen von Gestaltungsalternativen hinausgehen und die sich auf die Darstellung der Unternehmenslage in dem zu prüfenden Jahresabschluss unmittelbar und nicht nur unwesentlich auswirken.[287] Dies ergibt sich aus dem sog. „Selbstprüfungsverbot".

Vor diesem Hintergrund schließt § 319a Abs. 1 Nr 3 HGB auch den Prüfer aus, der in dem zu prüfenden Geschäftsjahr an der Entwicklung, Errichtung und Einführung von Rechnungslegungsinformationssystemen mitgewirkt hat, sofern es sich nicht um eine Tätigkeit von untergeordneter Bedeutung handelt.

150 Zudem ist eine Prüfung von Unternehmen von öffentlichem Interesse durch den unterzeichnenden Abschlussprüfer maximal sieben Jahre in Folge möglich (§ 319a Abs. 1 S. 1 Nr. 4 HGB). Die Vorschrift kodifiziert das Prinzip der „internen Rotation"[288] der Prüfer, bezieht sich jedoch nicht auf die sonstigen Mitglieder des Prüfungsteams oder gar die Wirtschaftsprüfungsgesellschaft an sich.

Im **Bericht des Abschlussprüfers** muss das Ergebnis der Prüfung des Überwachungssystems in einem eigenen Berichtsteil enthalten sein (§ 321 Abs. 4 HGB).

Nach § 323 Abs. 1 HGB haftet der Abschlussprüfer für Schäden, die er durch vorsätzliche oder fahrlässige Pflichtverletzung verursacht hat. Keine Ansprüche geschädigter Aktionäre ergeben sich jedoch in dem Fall, dass diese ihre Kaufentscheidung auf einen im Zusammenhang mit einem geplanten Börsengang erteilten und in einem Verkaufsprospekt veröffentlichten Bestätigungsvermerk stützen, welchen die AG nach § 30 Abs. 1 Börsenzulassungs-Verordnung vorlegen muss.

---

[284] *Ehlers* NZI 2008, 211.
[285] *Ebenroth/Boujong/Joost/Strohn* Handelsgesetzbuch § 322 Rz. 12.
[286] Vgl. Darstellung von *Erle* in FS Röhricht S. 862 f.
[287] *Erle* in FS Röhricht S. 867 f. und 871 f.; *Ebenroth/Boujong/Joost/Strohn* Handelsgesetzbuch, § 319a Rz. 6.
[288] BeckBilKomm./*Förschle/Schmidt* § 319a Rz. 32 ff.

F. Besonderheiten bei der kapitalmarktorientierten AG 151–153 § 10

VI. Aufgaben des Audit Committee (Prüfungsausschuss)

1. Bisherige Rechtslage

Nach deutschem Recht besteht **bislang keine gesetzliche Verpflichtung** zur Bildung von Prüfungsausschüssen. Dennoch folgen alle DAX-Gesellschaften freiwillig der Empfehlung des Deutschen Corporate Governance Kodex (DCGK, vgl. Rz. 65 ff.) in Tz. 5.3.2, einen Prüfungsausschuss einzurichten.[289]
Der Prüfungsausschuss ist nicht mit dem Audit Committee im angloamerikanischen Raum zu verwechseln. Dennoch wird der Begriff „Audit Committee" in Deutschland gleichbedeutend mit dem Begriff „Prüfungsausschuss" verwendet und meint den Ausschuss i.S.d. EU-Richtlinie bzw. des DCGK.[290]
Während der Sarbanes-Oxley-Act (SOA) vom 30.7.2002 die Unabhängigkeit der Kontrolleure bei US-amerikanischen Unternehmen durch vorgeschriebene Audit Committees sicherstellen soll,[291] obliegt die (unternehmensinterne) Prüfung des Jahresabschlusses nach deutschem Aktienrecht allein dem Aufsichtsrat (§ 171 Abs. 1 AktG). Die dualistische Struktur deutscher AG mit der Trennung von Geschäftsführung (Vorstand) und Kontrolle (Aufsichtsrat) erfordert keine einheitliche Umsetzung des Konzepts des SOA zum Audit Committee auf die deutsche AG,[292] denn es beruht auf der monistischen Führungsstruktur von US-Unternehmen.
Nach § 107 Abs. 3 S. 1 AktG entscheidet der Aufsichtsrat über die aus seiner Mitte zu bildenden Ausschüsse. Eine Abwälzung der Prüfungspflicht durch den Aufsichtsrat auf einen Ausschuss lässt das Aktienrecht jedoch nicht zu (§ 107 Abs. 3 S. 2 AktG i.V.m. § 171 Abs. 1 AktG). Die Aufgaben des Prüfungsausschusses deutscher Unternehmen sind daher nur vorbereitender und beratender Natur (Stabsfunktion).
Die Aufgaben des Ausschusses werden in Art. 41 der Richtlinie 2006/43/EG (Abschlussprüferrichtlinie) der EU beschrieben. Daneben konkretisiert die vom Berlin Center of Corporate Governance (BCCG)[293] Roundtable aufgestellte Richtlinie über Gestaltung der Tätigkeit des Prüfungsausschusses Aufgabenfelder, Funktion und seine Zusammensetzung.[294]
Nach Art. 53 Abs. 1 der Abschlussprüferrichtlinie mussten alle Mitgliedstaaten die in der Richtlinie genannten Vorschriften bis zum 29. Juni 2008 in nationales Recht umsetzen. Art. 41 der Richtlinie kodifiziert die **Aufgaben des Prüfungsausschusses**, die u.a. darin bestehen

- den Rechnungslegungsprozess zu überwachen; dabei kann der Ausschuss auf die Ergebnisse der Abschlussprüfung zurückgreifen. Die Finanzberichterstattung ist zu prüfen, ob sie im Einklang mit den Rechnungslegungsvor-

---

[289] *Werder/Talaulicar* DB 2007, 869 f.
[290] *Ringleb/Kremer/Lutter/v.Werder* Deutscher Corporate Governance Kodex Rz. 990.
[291] *Nagel* NZG 2007, 166 f.
[292] *Pohle/Werder* DB 2005, 237 f.
[293] Das Berlin Center of Corporate Governance wurde im Jahr 2002 an der Technischen Universität Berlin gegründet. Der Roundtable diskutiert auf Vorstands- und Aufsichtsratsebene aktuelle Fragen der Corporate Governance und erarbeitet Vorschläge zur Steigerung der Corporate Governance-Effizienz, die unter anderem durch Veröffentlichungen zur Diskussion gestellt werden (www.bccg.tu-berlin.de).
[294] Im Wesentlichen zusammengefasst aus den Ausführungen von *Nonnenmacher/ Pohle/Werder* DB 2007, 2412 f.

schriften steht. Hierfür sind auch die Zwischenberichte zu berücksichtigen. Gegenstand der Überwachung ist insbesondere die Angemessenheit der angewandten Bilanzierungs- und Bewertungsmethoden,
- die Wirksamkeit des IKS, des Revisionssystems und des Risikomanagementsystems zu überwachen. Hierzu gehört auch eine Analyse über den Umgang des Vorstands mit der Risikoerkennung, ihrer Steuerung und Kommunikation (Tz. 4.2.1 Anhang I EU-Empfehlung[295]). Überwacht werden soll zudem die Wirksamkeit der internen Revision. Der Prüfungsausschuss kann dazu den Leiter der internen Revision in Abwesenheit des Vorstandes befragen,
- eine Empfehlung zum Wahlvorschlag des Abschlussprüfers an den Aufsichtsrat auszusprechen und
- die Qualität der Abschlussprüfung, die Unabhängigkeit des Abschlussprüfers und insbesondere dessen zusätzlich erbrachte Leistungen zu überprüfen und zu überwachen.

154 Offen bleibt sowohl im DCGK als auch in Art. 41 der Richtlinie, wie der Prüfungsausschuss seine Aufgaben im Einzelnen erfüllen soll. Lediglich eine unverbindliche Empfehlung der zuständigen EU-Kommission[296] enthält konkrete Vorgaben über **Zusammensetzung** (siehe dazu nachfolgend 3.) **und Arbeitsweise**: Demnach legt der Aufsichtsrat die Arbeitsweise des Prüfungsausschusses fest. „Überwachung" als Aufgabe des Prüfungsausschusses in Art. 41 Abs. 2 der Richtlinie meint einen allgemeinen Soll-Ist-Vergleich.[297] Kontroll- und Managementsysteme sollen hinsichtlich ihrer Funktionsfähigkeit hinterfragt werden. Der Ausschuss hat von dem Bericht des Abschlussprüfers und den Prüfungsergebnissen der internen Revision Kenntnis zu nehmen und sie zu würdigen.

155 Die dem Prüfungsausschuss angehörenden Aufsichtsratsmitglieder sollen als Gruppe über das erforderliche **Fachwissen** über vom Unternehmen angewandte
- Rechnungslegungsstandards,
- internen Kontrolsysteme und
- Risikomanagementsysteme

verfügen sowie Kenntnisse der wesentlichen rechtlichen oder regulatorischen Rahmenbedingungen des Unternehmens haben. Die Mitglieder sollen **unabhängig** sein. Dies bedeutet
- Unabhängigkeit vom Vorstand, d.h. keine persönliche Abhängigkeit von Vorstandsmitgliedern, z.B. durch persönliche oder familiäre Bindungen, aber auch langjährige Vorstandsmitgliedschaft.[298]
- Interessenunabhängigkeit, d.h. Überwachung unabhängig von Einzelinteressen bestimmter Stakeholder, z.B. durch Doppelrollen als Aufsichtsratsmitglied und einer Führungsposition bei einem Stakeholder (z.B. Banken, Lieferanten, Arbeitnehmern) oder persönlichen Interessen (kasuistische Integritätskonflikte), z.B. durch eigene Geschäfte mit der Gesellschaft.[299]

---

[295] Amtsblatt der EU, 2005/162/EG, L52/51 ff.
[296] Amtsblatt der EU, 2005/162/EG, L52/51 ff.
[297] *Nonnenmacher/Pohle/Werder* DB 2007, 2412 f.
[298] *Huwer* Der Prüfungsausschuss des Aufsichtsrats S. 218 ff.
[299] *Werder/Wieczorek* DB 2007, 299 f.

F. Besonderheiten bei der kapitalmarktorientierten AG 156–158 § 10

Als weitere Aufgabe nennt die Richtlinie des BCCG die **Überwachung der Wirksamkeit des Compliance-Systems**. Liegen wesentliche Verstöße oder Verdachtsmomente vor, soll sich der Prüfungsausschuss hiermit auseinandersetzen. Dazu kann der Prüfungsausschuss den Chief Compliance Officer in Abwesenheit des Vorstandes befragen.

Des Weiteren obliegt dem Prüfungsausschuss die Überwachung der sachgerechten Behandlung von Mitteilungen oder Beschwerden über mutmaßliche Unregelmäßigkeiten im Unternehmen, „**Whistleblowing**" genannt (Tz. 4.3.8, Anhang I EU-Empfehlung).   156

Der Prüfungsausschuss soll mindestens viermal jährlich mit angemessenem Vorlauf zu Finanzberichterstattung, Prüfungszyklus und Aufsichtsratssitzungen tagen. Der Vorsitzende des Prüfungsausschusses soll dem Aufsichtsrat in der jeweils folgenden Sitzung über die Ausschusssitzung berichten, das Sitzungsprotokoll soll allen Aufsichtsratsmitgliedern zugänglich gemacht werden.[300]

Bei Aufsichtsräten mit nur 3–6 Mitgliedern wird die Bildung von Prüfungsausschüssen nicht empfohlen.[301]

2. Gesetzliche Festschreibung durch das BilMoG

Mit Umsetzung des BilMoG wird Art. 41 der EU-Richtlinie zum Prüfungsausschuss im HGB und AktG normiert. Aufgrund der dualistischen Struktur deutscher AG verzichtet der Regierungsentwurf zum BilMoG auf eine grundsätzliche Pflicht zur Einrichtung eines Prüfungsausschusses für alle Unternehmen in Deutschland. Dies ermöglicht Artikel 41 Abs. 5 der EU-Richtlinie, welcher den Mitgliedstaaten erlaubt, die Aufgaben des Prüfungsausschusses durch ein anderes Gremium wahrnehmen zu lassen.[302] Umstritten ist, ob der Aufsichtsrat ein solches Gremium sein kann.[303] Um ein richtlinienkonformes Aktienrecht zu schaffen, muss der Gesetzgeber beachten, dass einem solchen Gremium mindestens ein **fachlich qualifiziertes Mitglied** i.S.d. Artikels 41 Abs. 1 der EU-Richtlinie angehört. Nach § 100 Abs. 5 AktG müssen daher **kapitalmarktorientierte Unternehmen** den Aufsichtsrat mit mindestens einem Mitglied besetzen, welches über den erforderlichen Sachverstand verfügt. Dies ist bei Mitgliedern gegeben, die beruflich mit Rechnungslegung oder Abschlussprüfung befasst sind oder waren und wird in der Regel bei Finanzvorständen, leitenden Angestellten aus den Bereichen Rechnungswesen und Controlling, Wirtschaftsprüfern, vereidigten Buchprüfern oder Steuerberatern anzunehmen sein.[304]   157

Durch die Änderungen des BilMoG (§ 107 Abs. 3 S. 2 AktG) werden die Anforderungen des DCGK und des Art. 41 der EU-Richtlinie in das AktG übernommen. Der Gesetzgeber geht dabei davon aus, dass ein Ausschuss die ihm übertragenen Aufgaben grundsätzlich rascher, effizienter und professioneller erledigen kann als das Gesamtgremium.[305] Dabei stellt der Gesetzgeber mit der Begründung zur Neufassung des § 107 Abs. 3 AktG[306] klar, dass er die Be-   158

---

[300] *Nonnenmacher/Pohle/Werder* DB 2007, 2412 f.
[301] *Ringleb/Kremer/Lutter/v.Werder* Deutscher Corporate Governance Kodex Rz. 988
[302] So auch die Begründung zum RegE zum BilMoG S. 203.
[303] *Habersack* AG 2008, 100.
[304] RegE zum BilMoG S. 225.
[305] *Hucke* ZCG 2008, 125.
[306] RegE zum BilMoG S. 226.

schlusskompetenzen des Aufsichtsrates nicht neu verteilen will: „Der **Aufsichtsrat bleibt**, auch wenn er Aufgaben auf den Prüfungsausschuss überträgt, **in vollem Umfang verantwortlich**."[307] Dies zeigt sich auch im Bezug auf die Pflichten des Aufsichtsrats. Der Aufsichtsrat hat de lege lata bereits einen allgemeinen Überwachungsauftrag nach § 111 Abs. 1 AktG.[308] Mit Verabschiedung des BilMoG wird seine Prüfungspflicht durch §§ 107 Abs. 3 S. 2, 171 Abs. 1 S. 2 AktG konkretisiert und stärker betont. § 107 Abs. 3 S. 2 AktG beschreibt zwar das Aufgabenspektrum des Prüfungsausschusses, entfaltet Wirkung aber gleichermaßen für den Aufsichtsrat, da dieser nur solche Aufgaben auf den Prüfungsausschuss übertragen kann, die ihm selbst obliegen.[309] Die Wirksamkeitsüberwachung der unternehmerischen Kontrollsysteme durch den Aufsichtsrat ist vom Gesetzgeber umfassend angelegt worden.[310] Die kodifizierte Prüfungspflicht umfasst die Überwachung des Rechnungslegungsprozesses, der Wirksamkeit des IKS, RMS und des internen Revisionssystems sowie die Überwachung der Abschlussprüfung bzw. der Unabhängigkeit des Prüfers und der von ihm erbrachten Leistungen. Der Aufsichtsrat sollte sich daher zur pflichtgemäßen und selbstständigen Überprüfung und Überwachung der Kontrollsysteme eigene angemessene Informationen etwa durch Kommunikation mit dem Vorstand und anderen Überwachungshandlungen beschaffen. Erforderlichenfalls muss der Aufsichtrat notwendige Verbesserungen von diesem verlangen. Daher wird neben einer Bestandsaufnahme der bestehenden Prozesse vor allem eine ausreichende Dokumentation im Unternehmen unabdingbar.

3. Zusammensetzung des Prüfungsausschusses

159 Die personelle **Zusammensetzung** des Prüfungsausschusses ist nicht gesetzlich geregelt, sie wird vom Aufsichtsrat entschieden.[311] Nach h. M. sollten dem Prüfungsausschuss mindestens 3 Mitglieder angehören, die gem. § 107 Abs. 3 S. 1 AktG Aufsichtsratsmitglieder sein müssen.[312] Eine empirische Untersuchung aller DAX 30-Unternehmen durch die Verfasser im Vorfeld dieser Veröffentlichung ergibt eine durchschnittliche Mitgliederzahl von 4,9 Mitgliedern.[313] Die Spanne reicht von 3 bis 6 Mitgliedern.

160 Die Rolle bzw. Anzahl der **Arbeitnehmervertreter** im Prüfungsausschuss ist in den DAX 30-Unternehmen unterschiedlich. Regelungen entsprechend den §§ 4, 5, 9 MontanMitbestG, § 4 DrittelbG und § 7 MitbestG über den Aufsichtsrat finden sich für den Prüfungsausschuss nicht. Im Schnitt sind von

---

[307] RegE zum BilMoG S. 226.
[308] Vgl. die Überwachungspflichten des Aufsichtsrats aus § 91 Abs. 2 AktG, bspw. bei *Hüffer* AktG § 91 Rz. 8.
[309] *Preußner* NZG 2008, 574; *Hommelhof/Mattheus* BB 2007, 2787 (2789), schlagen rechtssystematisch eine Verlagerung der Konkretisierungen des § 107 Abs. 3 S. 2 AktG in den § 111 Abs. 1 AktG vor.
[310] Vgl. RegE zum BilMoG S. 226.
[311] BGHZ 83, 106, 114 f.
[312] Mit Nachweisen: *Höller/Koprivica* ZCG 2008, 25, 26 f.
[313] Quelle: Geschäftsberichte 2007 und Auskünfte aller DAX 30-Unternehmen; siehe auch Untersuchungen von *Höller/Koprivica* ZCG 2008, 25, 31 (für 2005: 4,7 Mitglieder).

F. Besonderheiten bei der kapitalmarktorientierten AG　　　161　§ 10

ca. 5 Mitgliedern ca. 2 Arbeitnehmervertreter. Insgesamt sind bei den DAX 30-Unternehmen 17 (60,71%[314]) Prüfungsausschüsse paritätisch besetzt. Die Prüfungsausschüsse der übrigen DAX30-Unternehmen verfügen zumeist über ein 3:2-Verhältnis.
Die Zusammensetzung des Prüfungsausschusses sollte sich an der besonderen fachlichen Qualifikation seiner Mitglieder orientieren.[315] **Fachliche Qualifikation** kann sowohl bei den Anteilseignern als auch bei den Arbeitnehmervertretern vorhanden sein.[316] Parität wird nicht verlangt.[317] Eine alleinige Besetzung mit Anteilseignern ist jedoch nur ausreichend, wenn sich keine qualifizierten Arbeitnehmervertreter finden lassen. Andernfalls vermutet der BGH eine Diskriminierung der Arbeitnehmervertreter.[318]

VII. Besonderheiten bei der Offenlegung

Kapitalmarktorientierte Unternehmen haben nach § 325 Abs. 1 HGB neben den weiteren Unterlagen auch die Entsprechenserklärung nach § 161 AktG beim Betreiber des elektronischen Handelsregisters einzureichen.
Ferner verkürzt sich die Frist zur Einreichung der o. g. Unterlagen von zwölf auf vier Monate, wenn die AG einen organisierten Markt i.S.v. § 2 Abs. 5 WpHG durch von ihr ausgegebene Wertpapiere nach § 2 Abs. 1 S. 1 WpHG (u. A. Aktien) innerhalb der EU oder des EWR in Anspruch nimmt (§ 325 Abs. 4 HGB). Dies gilt jedoch nicht, wenn es sich bei den ausgegebenen Wertpapieren ausschließlich um Schuldtitel nach § 2 Abs 1 S. 1 Nr. 3 WpHG mit einer Mindeststückelung von € 50.000 handelt (§ 327a HGB).

---

[314] Nicht beachtet werden die Merck KGaA (Prüfungsausschuss nicht in der KGaA, in E. Merck OHG) und die Hypo Real Estate (Holding AG nicht mitbestimmt).
[315] *Habersack* AG 2008, S. 103.
[316] *Huwer* Der Prüfungsausschuss des Aufsichtsrats, S. 241.
[317] *Kirsten* BB 2004, 173, 174 f.
[318] BGHZ 122, S. 342, 361f.; für den Prüfungsausschuss: *Habersack* ZHR 168 (2004), 373, 376.

§ 11 Ergebnisermittlung und Ergebnisverwendung

Bearbeiter: Prof. Dr. Thomas Rödder

Übersicht

	Rz.
A. Handelsbilanzielle Varianten der Ergebnisermittlung der AG und Zusammenhänge mit der Steuerbilanz	1–16
I. Handelsbilanzielle Varianten der Ergebnisermittlung der AG	1, 2
II. Zusammenhänge mit der Steuerbilanz	3–10
1. De lege lata	3–6
2. BilMoG	7–10
III. Ergebnisermittlung nach IFRS	11, 12
IV. Perspektive der steuerlichen Gewinnermittlung	13–16
B. Ansatz und Bewertung von Aktiva	17–128
I. Ansatz	17–45
1. Vermögensgegenstand/Wirtschaftsgut und persönliche Zurechnung	17–25
a) HGB und Steuerbilanz de lege lata	17–22
b) BilMoG	23, 24
c) IFRS	25
2. Aktivierungsverbote und -wahlrechte	26–45
a) HGB und Steuerbilanz de lege lata	26–31
b) BilMoG	32–43
c) IFRS	44, 45
II. Bewertung	46–108
1. Allgemeine Bewertungsgrundsätze	46–49
a) HGB und Steuerbilanz de lege lata	46, 47
b) BilMoG	48
c) IFRS	49
2. Anschaffungs- bzw. Herstellungskosten	50–73
a) HGB und Steuerbilanz de lege lata	50–60
b) BilMoG	61–66
c) IFRS	67–73
3. Abschreibungen und Zuschreibungen	74–100
a) HGB und Steuerbilanz de lege lata	74–92
b) BilMoG	93–96
c) IFRS	97–100
4. Bewertungsvereinfachungen	101–108
a) HGB und Steuerbilanz de lege lata	101–106
b) BilMoG	107
c) IFRS	108
III. Sicherungsgeschäfte	109–116
1. HGB und Steuerbilanz de lege lata	109–112
2. BilMoG	113, 114
3. IFRS	115, 116
IV. Latente Steuern	117–128
1. HGB de lege lata	117–124
2. BilMoG	125–127
3. IFRS	128

§ 11 Ergebnisermittlung und Ergebnisverwendung

- C. Ansatz und Bewertung von Passiva 129–163
  - I. Ansatz 129–149
    1. Passiva-Kategorien 129–135
       - a) HGB und Steuerbilanz 129–134
       - b) IFRS 135
    2. Rückstellungen 136–149
       - a) HGB und Steuerbilanz de lege lata 136–147
       - b) BilMoG 148
       - c) IFRS 149
  - II. Bewertung 150–161
    1. HGB und Steuerbilanz de lege lata 150–157
    2. BilMoG 158, 159
    3. IFRS 160, 161
  - III. Sicherungsgeschäfte 162
  - IV. Latente Steuern 163

- D. Besondere steuerbilanzielle Regelungen zu Entnahmen und Einlagen sowie Bilanzänderungen 164–173
  - I. Entnahmen und Einlagen 164–168
  - II. Bilanzänderungen 169–173

- E. Ergebnisverwendung und Ausweis des Eigenkapitals der AG 174–198
  - I. Ergebnisverwendung 174–180
  - II. Ausweis des Eigenkapitals 181–198

- F. Konzernrechnungslegung der AG 199–235
  - I. Aufstellungspflicht und Konsolidierungskreis 201–205
    1. HGB 201–204
    2. IFRS 205
  - II. Konzernsummenbilanz 206–210
    1. HGB 206–209
    2. IFRS 210
  - III. Kapitalkonsolidierung 211–226
    1. Vollkonsolidierung 211–219
       - a) HGB 211–218
       - b) IFRS 219
    2. Quotenkonsolidierung 220–222
       - a) HGB 220, 221
       - b) IFRS 222
    3. Equity-Methode 223–226
       - a) HGB 223–225
       - b) IFRS 226
  - IV. Schuldenkonsolidierung und Zwischenergebniseliminierung mit Aufwands- und Ertragskonsolidierung . . 227–235
    1. Schuldenkonsolidierung 227–230
       - a) HGB 227–229
       - b) IFRS 230
    2. Zwischenergebniseliminierung mit Aufwands- und Ertragskonsolidierung 231–235
       - a) HGB 231–234
       - b) IFRS 235

A. Handelsbilanzielle Varianten der Ergebnisermittlung der AG und Zusammenhänge mit der Steuerbilanz

I. Handelsbilanzielle Varianten der Ergebnisermittlung der AG

Die AG hat de lege lata ihren handelsrechtlichen Einzelabschluss nach den in §§ 238 ff., 264 ff. HGB sowie §§ 150 ff. AktG vorgesehenen handelsbilanzrechtlichen Regeln zu erstellen. Die wesentliche Funktion dieses Abschlusses ist die Ausschüttungsbemessungsfunktion, dh. sie ist Grundlage für die Ergebnisverwendungsentscheidung. Außerdem ist die Handelsbilanz de lege lata der Ausgangspunkt für die Ermittlung des steuerbilanziellen Ergebnisses der AG, also der Kerngröße ihrer ertragsteuerlichen Bemessungsgrundlagen.

Daneben hat der handelsbilanzielle Einzelabschluss eine Informationsfunktion für die Aktionäre, die Gläubiger und die ansonsten interessierte Öffentlichkeit.[1] Allerdings hat insoweit in praxi die Konzernrechnungslegung eine sehr viel größere Bedeutung.[2] Sie folgt gegenwärtig zwar noch häufig den in §§ 290 ff. HGB vorgesehenen Vorgaben. Mit § 315 a HGB ist indessen insoweit für bestimmte „größere" Fälle die Zugrundelegung des internationalen Rechnungslegungsstandards IFRS obligatorisch bzw. wahlweise ermöglicht worden. Danach haben am Kapitalmarkt agierende Unternehmen ihren Konzernabschluss zwingend nach IFRS zu erstellen, während im Übrigen ein entsprechendes Unternehmenswahlrecht besteht. De facto haben fast alle größeren Unternehmen ihren Konzernabschluss inzwischen auf IFRS umgestellt. HGB-Konzernabschlüsse werden im Wesentlichen noch durch die kleineren Konzerne (die allerdings zahlenmäßig dominieren) aufgestellt. Es ist davon auszugehen, dass davon auf Sicht auch der handelsrechtliche Einzelabschluss der AG und auch das Steuerbilanzrecht der AG nicht unberührt bleiben werden. Das soeben verabschiedete BilMoG ist ein erster wichtiger entsprechender Schritt.[3] Siehe auch weiter unter Rz. 13 ff.

II. Zusammenhänge mit der Steuerbilanz

1. De lege lata

Die Ergebnisermittlung nach deutschem HGB ist derzeit vor allem durch das Realisations- und das Imparitätsprinzip (Konkretisierungen des Vorsichtsprinzips) als wesentliche GoB geprägt (§ 252 Abs. 1 Nr. 4 HGB). Wichtigste Ausprägung des Realisationsprinzips ist die generelle Vorgabe der Bewertung nicht über Anschaffungs- bzw. Herstellungskosten so lange, bis der Gewinn quasi sicher ist (Anschaffungskostenprinzip). Vermögenszuwächse/Gewinne sind an realisierte Umsätze gebunden. Nach dem Imparitätsprinzip sind dagegen die in der Zukunft erwarteten Risiken und Verluste schon in der Gegenwart zu antizipieren. Grundgedanke ist es, die Vorgänge in der Zukunft verlustfrei zu stellen (Kapitalerhaltung; Gläubigerschutz). Diese Vorgabe findet bspw. ihren Niederschlag im Niederstwertprinzip bei der Bewertung von Aktiva

---

[1] Auf die Prüfungs- und Publizitätspflicht nach HGB wird hier nicht eingegangen.
[2] Auch insoweit bleibt die Prüfungs- und Publizitätspflicht hier außer Betracht.
[3] BGBl. I 2009, 1102. Der größte Teil der Änderungen durch das BilMoG tritt am 1. 1. 2010 in Kraft.

§ 11 4, 5   Ergebnisermittlung und Ergebnisverwendung

bzw. im Höchstwertprinzip bei der Bewertung von Passiva sowie in der Passivierung von Rückstellungen, insbesondere von Drohverlustrückstellungen. Ausdruck des Vorsichtsprinzips ist auch bspw. das Aktivierungsverbot für selbsterstellte immaterielle Anlagegüter.

4   Vor diesem Hintergrund schreibt gegenwärtig § 5 Abs. 1 Satz 1 EStG die (materielle) Maßgeblichkeit der handelsrechtlichen GoB und solcher Vorschriften, die GoB zum Ausdruck bringen, für die steuerliche Gewinnermittlung vor, soweit dem nicht zwingende steuerrechtliche Vorschriften entgegenstehen. Darüber hinaus bestimmt § 5 Abs. 1 Satz 2 EStG nach hM (auch) die sog. formelle Maßgeblichkeit. Das heißt, nicht nur die abstrakten handelsrechtlichen Normen, sondern auch die konkret getroffenen Bilanzansatz- und Bewertungsentscheidungen in der tatsächlich erstellten Handelsbilanz für ein Wirtschaftsjahr[4] sind für die Steuerbilanz maßgeblich, soweit sie handelsrechtlich zulässig sind und dem nicht zwingende steuerrechtliche Vorschriften entgegenstehen.

5   Ausdrücklich regelt § 5 Abs. 1 Satz 2 EStG, dass steuerrechtliche Wahlrechte, die handelsbilanziell abbildbar sind, nur in Übereinstimmung mit der Handelsbilanz genutzt werden können. In Folge dieser sog. umgekehrten Maßgeblichkeit wird die Ausübung steuerlicher Wahlrechte von einer korrespondierenden Vorgehensweise in der Handelsbilanz sogar dann abhängig gemacht, wenn entsprechende Ansätze/Werte den GoB widersprechen.[5] Andererseits schlagen handelsrechtliche Wahlrechte nicht ohne weiteres auf die Steuerbilanz durch. So gilt der Grundsatz,[6] dass handelsrechtliche Aktivierungswahlrechte zu einem steuerrechtlichen Aktivierungsgebot und handelsrechtliche Passivierungswahlrechte zu einem steuerrechtlichen Passivierungsverbot führen. Überdies sind zB in den § 5 Abs. 2–6 EStG sowie den §§ 6 ff. EStG spezifische steuerrechtliche Regelungen enthalten, die einen von der Handelsbilanz abweichenden steuerbilanziellen Ansatz/Wert vorsehen, der den handelsrechtlichen Bilanzansatz/-wert verdrängt und nicht mit den GoB in Einklang stehen muss.[7]

---

[4] Für Gewerbetreibende ist auch steuerlich das Wirtschaftsjahr gleich dem Kalenderjahr, sofern sie nicht nach handelsrechtlichen Vorschriften regelmäßig Abschlüsse für einen anderen Zeitraum machen. In letzterem Fall gilt der Gewinn des Wirtschaftsjahrs als in dem Kalenderjahr bezogen, in dem das Wirtschaftsjahr endet (§ 4a EStG). Ein Wirtschaftsjahr von weniger als zwölf Monaten ist grundsätzlich nur dann möglich, wenn ein Betrieb eröffnet, erworben, aufgegeben oder veräußert wird oder wenn von einem Wirtschaftsjahr (z. B. 1.7.–30.6.) auf ein anderes (z. B. 1.1.–31.12.) übergegangen wird. Die Umstellung des Wirtschaftsjahres auf einen vom Kalenderjahr abweichenden Zeitraum ist steuerlich nur wirksam, wenn sie im Einvernehmen mit dem Finanzamt vorgenommen wird.

[5] Betroffen sind davon vor allem subventionelle Steuervergünstigungen (Sonderabschreibungen, sonstige erhöhte Absetzungen, gewinnmindernde Rücklagen). Der Ansatz dieser Werte in der Handelsbilanz wird durch Öffnungsklauseln im HGB (§§ 254, 279 Abs. 2, 247 Abs. 3, 273, 280 Abs. 2, 281 HGB) ermöglicht.

[6] BFH GrS 2/68 v. 3. 2. 1969, BStBl. II 1969, 291 ff.

[7] Neben den besonderen Ansatz- und Bewertungsregeln des Steuerbilanzrechts sind nach §§ 4 Abs. 1 S. 8, 5 Abs. 6 EStG u.a. auch die besonderen steuerlichen Regeln über Entnahmen und Einlagen, Betriebsausgaben und die Bilanzänderung zu beachten. S. dazu w.u. unter Rz. 164 ff. sowie zu den besonderen Regeln betr. Betriebsausgaben § 12 Rz. 119 ff.

A. Handelsbilanzielle Varianten der Ergebnisermittlung der AG   6–8   § 11

Seit längerem steht die im vorstehenden Sinne verstandene Maßgeblichkeit   6
der Handels- für die Steuerbilanz heftig in der Kritik. Sie richtet sich überwiegend gegen die umgekehrte Maßgeblichkeit, da dadurch rein steuerrechtlich motivierte, GoB-fremde Ansätze Eingang in die Handelsbilanz finden. Die Abschaffung nur der formellen Maßgeblichkeit könnte Handels- und Steuerbilanz entflechten, ohne bei der Steuerbilanz auf handelsrechtliche Grundsätze zu verzichten. Würde man dagegen auch auf die materielle Maßgeblichkeit verzichten, so bedürfte es eines völlig eigenständigen Steuerbilanzrechts.

2. BilMoG

Die handelsrechtlichen Vorschriften zur Rechnungslegung werden durch   7
das sog. BilMoG umfassend reformiert.[8] Der entsprechende RegE war zwar schon am 21. 5. 2008 durch das Bundeskabinett beschlossen worden. Die Verabschiedung erfolgte aber nach Vornahme wesentlicher Änderungen erst im April 2009. Der wesentliche Teil der Vorschriften tritt mit Wirkung ab 1. 1. 2010 in Kraft.[9] Das Reformvorhaben verfolgt das Ziel, das deutsche Bilanzrecht zu einer dauerhaften und im Verhältnis zu den internationalen Rechnungslegungsstandards vollwertigen, aber kostengünstigeren und einfacheren Alternative weiterzuentwickeln, ohne die Eckpunkte des HGB-Bilanzrechts aufzugeben. Hintergrund ist vor allem die Ablehnung der IFRS durch den Mittelstand. Die HGB-Bilanz soll zwar auch in Zukunft Grundlage der Ausschüttungsbemessung und der steuerlichen Gewinnermittlung bleiben. Der Informationsfunktion soll aber eine deutlich stärkere Bedeutung als bisher zukommen. Dementsprechend wird es trotz der im BilMoG vorgesehenen Abschaffung nicht mehr zeitgemäßer Wahlrechte und der damit einhergehenden Annäherung der Handelsbilanz an die Steuerbilanz aufgrund anderer vorgesehener Neuregelungen[10] zusätzliche Unterschiede zwischen Handels- und Steuerbilanz geben (wobei insgesamt Steuerneutralität der handelsbilanziellen Änderungen angestrebt ist). Die insoweit im Detail vorgesehenen Änderungen werden w.u. im Einzelnen dargestellt.

Grundsätzlich bedeutsam ist insoweit, dass nach dem BilMoG zwar der   8
Maßgeblichkeitsgrundsatz beibehalten, das bisher in § 5 Abs. 1 Satz 2 EStG verankerte Prinzip der umgekehrten Maßgeblichkeit aber aufgehoben wird. Der bisher in § 5 Abs. 1 S. 2 EStG enthaltene Satz, dass steuerrechtliche Wahlrechte bei der Gewinnermittlung in Übereinstimmung mit der handelsrechtlichen Jahresbilanz auszuüben sind, entfällt und stattdessen wird § 5 Abs. 1 S. 1 EStG wie folgt gefasst[11]: „Bei Gewerbetreibenden ist für den Schluss des Wirtschaftsjahres das Betriebsvermögen anzusetzen ..., das nach den handelsrechtlichen Grundsätzen ordnungsmäßiger Buchführung auszuweisen ist,[12] es sei

---

[8] BGBl. I 2009, 1102.
[9] Zur Übergangsregelung s. im Einzelnen Art. 66 und 67 EGHGB. Wichtig ist, dass für die Abschaffung der umgekehrten Maßgeblichkeit keine Übergangsregelung vorgesehen ist, so dass sie schon in 2009 wirksam sein könnte.
[10] Bei denen teilweise eine Abkehr vom Realisations-, Anschaffungskosten- und Vorsichtsprinzip gegeben ist.
[11] Möglicherweise schon mangels Übergangsregelung nicht erst mit Wirkung ab 1. 1. 2010, sondern schon mit Wirkung in 2009.
[12] Wegen der stärkeren Betonung der Informationsfunktion der Handelsbilanz im BilMoG stellt sich die Frage, ob die GoB einen im Detail veränderten Inhalt bekommen

denn, im Rahmen der Ausübung eines steuerlichen Wahlrechts wird oder wurde ein anderer Ansatz gewählt."[13] Zugleich fallen die bislang zur Umsetzung der umgekehrten Maßgeblichkeit erforderlichen handelsrechtlichen Öffnungsklauseln wie beispielsweise §§ 247 Abs. 3, 254, 273, 279 Abs. 2, 280 Abs. 2, 281 HGB weg.

9   Steuerrechtliche Wahlrechte könnten danach prinzipiell unabhängig von der Handelsbilanz ausgeübt werden.[14] Betroffen davon sind bspw. Rücklagenbildungen nach §§ 6b, 4 Abs. 8, 4g EStG bzw. nach R 6.5 und 6.6 EStR sowie die Inanspruchnahme erhöhter steuerlicher Absetzungen. Dass die Ausübung steuerlicher Wahlrechte die Handelsbilanz (von latenten Steuern abgesehen) nicht mehr beeinflusst, ist ein wesentlicher Aspekt zur Verbesserung des Informationsgehalts der Handelsbilanz.

10   Die umgekehrte Maßgeblichkeit ist auch aus steuerrechtlicher Sicht nicht mehr zwingend geboten. Mit der umgekehrten Maßgeblichkeit sollte u.a. sichergestellt werden, dass handelsrechtlich nicht Gewinne ausgeschüttet werden, die aufgrund besonderer Vorgaben des Steuergesetzgebers nicht oder später besteuert werden. Dies unterstellt, dass der handelsrechtliche Gewinn ohne die umgekehrte Maßgeblichkeit höher ist als der steuerrechtliche Gewinn. Hiervon kann aber nicht mehr ausgegangen werden, weil steuerrechtliche Sonderregelungen die Maßgeblichkeit durchbrechen und dazu führen, dass der steuerrechtliche Gewinn regelmäßig ohnehin höher ist als der handelsrechtliche Gewinn (z. B. Verbot einer Rückstellung für Drohverluste, für Jubiläumszuwendungen, Abzugsverbote für bestimmte Betriebsausgaben etc.). Für eine Sicherstellung der späteren Besteuerung „unversteuerter Gewinne" besteht mithin kein wirkliches Bedürfnis mehr, zumal in der Handelsbilanz dann auch grds. latente Steuern zu passivieren sind.

III. Ergebnisermittlung nach IFRS

11   Die Ergebnisermittlung nach **IFRS** ist anders als die nach HGB nicht vorrangig vom Vorsichts-, Realisations- und Imparitätsprinzip geprägt. Vielmehr ist – an dem Ziel bestmöglicher Information ausgerichtet – zentraler Grundsatz der Grundsatz der periodengerechten verursachungsgemäßen Zuordnung und Verrechnung von Aufwands- und Ertragsgrößen. Der periodengerechten

---

werden, der dann über den Maßgeblichkeitsgrundsatz auch Auswirkungen auf die Steuerbilanz haben könnte.

[13] Der Unternehmer muss für den Fall, dass er steuerrechtliche Wahlrechte in Anspruch nehmen will, ein gesondertes Verzeichnis führen (§ 5 Abs. 1 S. 2 u. 3 EStG nF). Es ist danach Voraussetzung für die Ausübung steuerlicher Wahlrechte, dass die Wirtschaftsgüter, die nicht mit dem handelsrechtlich maßgeblichen Wert in der steuerlichen Gewinnermittlung ausgewiesen werden, in besondere, laufend zu führende Verzeichnisse aufgenommen werden, in denen der Tag der Anschaffung der Herstellung, die Anschaffungs- oder Herstellungskosten, die Vorschrift des ausgeübten steuerlichen Wahlrechts und die vorgenommenen Abschreibungen nachzuweisen sind.

[14] Wenn nicht vertreten wird, dass die umgekehrte Maßgeblichkeit nur für die steuerrechtlichen Wahlrechte abgeschafft wird, die den GoB widersprechen. Die Rechtslage ist nicht wirklich klar. Kann z. B. in der Steuerbilanz degressiv abgeschrieben werden, wenn in der Handelsbilanz linear abgeschrieben wird? Auch stellt sich die entscheidende Frage, was ein steuerrechtliches Wahlrecht ist (Hinweis z. B. auf die Regelung der Teilwertabschreibung und § 6a EStG (s. dort aber auch das Nachholverbot).

A. Handelsbilanzielle Varianten der Ergebnisermittlung der AG 12–14 § 11

Gewinnermittlung wird in Konfliktfällen mit dem Vorsichtsprinzip der Vorrang eingeräumt. Dementsprechend wird ein bewusstes Legen stiller Reserven durch Unterbewertung von Aktiva und/oder Überbewertung von Passiva als unzulässig angesehen. Für die Vereinnahmung von Erträgen reicht die hinreichend sichere Realisierbarkeit aus. Die Erfassung von Aufwendungen erfolgt grundsätzlich erst in der Periode, in der auch der entsprechende Ertrag aus dem gleichen Vorgang realisiert werden kann.[15]

Steuerliche Einflüsse über Maßgeblichkeit und umgekehrte Maßgeblichkeit 12
oÄ sind bei der Ergebnisermittlung nach IFRS nicht gegeben.[16]

IV. Perspektive der steuerlichen Gewinnermittlung

Auch nach der Umsetzung des BilMoG wird die Handelsbilanz zwar z.T. 13
der Steuerbilanz angenähert, teilweise werden die Unterschiede aber auch ausgeweitet sein. Im Detail bleibt das Verhältnis unklar. Auch sind die rechtlichen Grundlagen für die steuerliche Gewinnermittlung von Unternehmen unverändert zersplittert (aufgrund des Maßgeblichkeitsgrundsatzes) im HGB und im EStG geregelt. Die Situation ist auch nach dem BilMoG überdies deshalb unverändert unbefriedigend, weil die Zukunft der HGB-Bilanzierung immer noch ungewiss ist (dazu auch sogleich), weil im SEStEG der Maßgeblichkeitsgrundsatz für alle Umstrukturierungsvorhaben aufgegeben worden ist und weil der Steuergesetzgeber in der Vergangenheit in das steuerliche Gewinnermittlungsrecht stets nur punktuell ohne eine nachvollziehbare Leitlinie eingegriffen hat. Vor diesem Hintergrund mehren sich die Stimmen, wonach es einer grundsätzlichen Neuregelung der steuerlichen Gewinnermittlung bedarf.[17] Teilweise wird das BilMoG wegen seiner im Sinne der Informationsfunktion vorgesehenen partiellen Durchbrechungen des Realisations-, Anschaffungskosten- und Vorsichtsprinzips sogar als „Katalysator" für eine eigene steuerliche Gewinnermittlung angesehen.

Dabei spricht zwar aus Sicht der Unternehmen im Grundsatz für die Bei- 14
behaltung eines wie auch immer ausgestalteten Maßgeblichkeitsgrundsatzes, dass Ausschüttungs- und Steuerbemessung ähnlichen teleologischen Wertungen unterliegen und mit dem Maßgeblichkeitsgrundsatz die Einflussmöglichkeiten des Steuergesetzgebers auf die steuerliche Gewinnermittlung im Ergebnis in Grenzen gehalten werden können. Es ist aber dennoch wahrscheinlich, dass die Gewinnermittlung nach HGB mittelfristig als mögliche Kerngröße für die steuerliche Gewinnermittlung im Sinne eines Maßgeblichkeitsgrundsatzes ausscheiden wird. Dies wird schon durch die Diskussion verdeutlicht, ob und inwieweit die HGB-Gewinnermittlung nachhaltig weiter als Ausschüttungsbemessungsgrundlage dienen kann. International nimmt der Druck zu, die Ausschüttungsbegrenzung (ggf. auch) auf Grund eines sog. „solvency test" vorzunehmen. Die internationalen Rechnungslegungsnormen IFRS, die für die Konzernbilanzen größerer Unternehmen inzwischen obligatorisch sind, werden sich mittel- und langfristig auch auf die Einzelabschlüsse jedenfalls von

---

[15] Vgl. IAS 18.19.
[16] Lediglich im sog. Eigenkapital-Escape der Zinsschranke können sich IFRS-Regeln niederschlagen.
[17] Das auf europäischer Ebene betriebene Projekt der sog. CCCTB hat aus heutiger Sicht hingegen keine realistische Umsetzungsperspektive.

Großunternehmen auswirken, und die Gewinnermittlung nach HGB wird zunehmend an die nach IFRS angeglichen werden. Das BilMoG ist ja gerade Ausdruck dieser Entwicklung (auch wenn durch die gegenwärtige Finanzmarkt- und Wirtschaftskrise temporär eine eher retardierende Diskussionstendenz ausgelöst werden könnte).

15 Auch eine Maßgeblichkeit der internationalen Rechnungslegungsnormen IFRS für die steuerliche Gewinnermittlung ist aus vielen Gründen kaum vorstellbar. Vor allem wird insoweit die völlig unterschiedliche Funktion der IFRS-Rechnungslegung einerseits (Kapitalmarktfunktion) und der steuerlichen Gewinnermittlung andererseits (Ermittlung eines für Steuerzahlungen zur Verfügung stehenden realisierten Gewinns) ins Feld geführt. Noch wichtiger aber dürfte aus Sicht des deutschen Steuergesetzgebers sein, dass bei einer Maßgeblichkeit der IFRS-Rechnungslegung in noch deutlich größerem Umfang als bei einer HGB-Maßgeblichkeit Fremdbestimmtheit bestehen würde (von der Frage der staatlichen Legitimation eines Verweises auf die IFRS trotz „endorsement" und den Problemen der Auslegungskompetenz einmal abgesehen). Schließlich ist eine handelsrechtliche IRFS-Gewinnermittlung für kleine Unternehmen nicht realistisch absehbar.[18]

16 Deshalb ist zu erwarten, dass mittelfristig ein eigenes nationales steuerliches Gewinnermittlungsrecht ohne Maßgeblichkeit handelsrechtlicher Rechnungslegungswerke etabliert werden wird.

B. Ansatz und Bewertung von Aktiva

I. Ansatz

1. Vermögensgegenstand/Wirtschaftsgut und persönliche Zurechnung

a) HGB und Steuerbilanz de lege lata

17 Gem. § 246 Abs. 1 S. 1 HGB muss der Jahresabschluss u.a. alle Vermögensgegenstände (und Schulden) enthalten, soweit gesetzlich nichts anderes bestimmt ist. Vermögensgegenstände dürfen dabei nicht mit Schulden saldiert werden (§ 246 Abs. 2 HGB).

18 Handelsrechtlich ist der Vermögensgegenstand (steuerrechtlich das Wirtschaftsgut)[19] weiter definiert als der zivilrechtliche Gegenstand (Sachen und Rechte). Der Begriff des Vermögensgegenstands umfasst auch tatsächliche Zustände, konkrete Möglichkeiten sowie sonstige vermögenswerte Vorteile, deren Erlangung sich der Kaufmann „etwas kosten lässt".

---

[18] Umgekehrt zeigt das BilMoG, dass bei Kleinunternehmen zunehmend ganz auf Bilanzierung verzichtet wird. § 241a HGB nF regelt eine neue Befreiung von der Pflicht zur Buchführung und Erstellung eines Inventars. Danach brauchen Einzelkaufleute, die an den Abschlussstichtagen von zwei aufeinanderfolgenden Geschäftsjahren nicht mehr als 500.000 € Umsatzerlöse und 50.000 € Jahresüberschuss aufweisen, nicht zu bilanzieren. Es handelt sich tendenziell um eine Angleichung an § 141 AO. Danach wird es mithin drei Gruppen von Gewinnermittlern geben: (1) Die Großunternehmen, die HGB- und IFRS-Doppelbilanzierer sind; (2) die mittelgroßen Unternehmen, die nur nach HGB bilanzieren; (3) die kleinen Gewerbetreibenden, die gar nicht bilanzieren, sondern ihren Gewinn nach § 4 Abs. 3 EStG ermitteln.

[19] Wenn nachstehend von Vermögensgegenstand die Rede ist, ist regelmäßig auch das Wirtschaftsgut gemeint.

B. Ansatz und Bewertung von Aktiva 19–22 § 11

Der Vermögensgegenstand muss durch Aufwendungen erlangt worden sein, einen wesentlichen Nutzen über die Periode hinaus erbringen und nach der Verkehrsauffassung selbstständig bewertungsfähig sein. Letzteres meint nicht notwendig Einzelveräußerbarkeit. Vielmehr muss der wirtschaftliche Wert als Einzelheit so von Bedeutung sein, dass ein gedachter Erwerber des ganzen Betriebs dafür im Rahmen des Gesamtkaufpreises ein besonderes Entgelt ansetzen würde. Dementsprechend sind bspw. auch Mietereinbauten, der Firmenwert uÄ Vermögensgegenstände. 19

Die Abgrenzung des Umfangs der bilanziellen Einheit Vermögensgegenstand erfolgt durch die Frage nach dem Vorliegen eines einheitlichen Nutzungs- und Funktionszusammenhangs. So wird bspw. ein Gebäude mit Heizungsanlagen, Beleuchtungsanlagen, Treppen etc. bilanziell als eine Einheit angesehen.[20] Davon separiert werden dagegen Betriebsvorrichtungen. Diese sind zwar Bestandteile des Gebäudes (nicht selten sind sie auch zivilrechtlich wesentliche Bestandteile), sie stehen aber in einem anderen Nutzungs- oder Funktionszusammenhang und sind deshalb ein separater Vermögensgegenstand (z. B. Lastenaufzüge, Rolltreppe). Auch Grundstück und Gebäude sind zwei getrennte Vermögensgegenstände. 20

Liegt ein Vermögensgegenstand vor, so muss er der AG persönlich zuzurechnen sein, um von dieser aktiviert werden zu können. Dies ist bei Innehaben des wirtschaftlichen Eigentums der Fall, was vom Innehaben des rechtlichen Eigentums abweichen kann. Übt ein anderer als der (rechtliche) Eigentümer die tatsächliche Herrschaft über einen Vermögensgegenstand in der Weise aus, dass er den Eigentümer im Regelfall für die gewöhnliche Nutzungsdauer von der Einwirkung auf den Vermögensgegenstand wirtschaftlich ausschließen kann, so ist ihm der Vermögensgegenstand zuzurechnen (§ 39 Abs. 2 AO). Dementsprechend sind bei Lieferung unter Eigentumsvorbehalt die Vermögensgegenstände vom Käufer zu bilanzieren, bei Sicherungsübereignung vom Sicherungsgeber und bei Kommissionsgeschäften vom Kommittenten (s. auch § 246 Abs. 1 S. 2 u. 3 HGB). 21

Nutzung und Eigentum fallen (auch) auseinander bei Nießbrauch sowie bei Miet-, Pacht- und Leasingverhältnissen. Auch insoweit kann sich die Frage nach dem wirtschaftlichen Eigentum stellen. Wird bspw. mit dem Leasingnehmer im Leasingvertrag die Nutzung des Vermögensgegenstands für (nahezu) die gesamte mögliche Nutzungsdauer vereinbart, so steht er, was die betrieblichen Einsatzmöglichkeiten betrifft, dem Käufer gleich, der den Erwerb des Vermögensgegenstands über einen Kredit finanziert hat. Dementsprechend 22

---

[20] Die nutzungsabhängige steuerbilanzielle Wirtschaftsgüterdefinition bei Gebäuden hat für die AG keine Bedeutung. Die Problematik (dazu auch R 4.2 Abs. 3 u. 4 EStR) ist darauf zurückzuführen, dass zum Kreis der in der Steuerbilanz zu bilanzierenden Wirtschaftsgüter solche Werte nicht gehören, die der privaten Sphäre des Unternehmens zuzurechnen sind (zum notwendigen Betriebsvermögen gehören Wirtschaftsgüter, die objektiv geeignet sind und tatsächlich dazu verwendet werden, den Betrieb zu fördern; ist ein Wirtschaftsgut geeignet, dem Betrieb zu dienen, und hat der Steuerpflichtige es in seiner Bilanz als Betriebsvermögen erfasst, so ist es gewillkürtes Betriebsvermögen). Für die Steuerbilanz einer AG stellt sich diese Abgrenzungsproblematik jedoch nicht. Bei ihr gibt es keine private Sphäre. Bei Beteiligung der AG an Mitunternehmerschaften kann sich aber die Frage nach der Bilanzierungskonkurrenz zwischen eigenem Betriebsvermögen und Sonderbetriebsvermögen ergeben. Insoweit ist der grds. Vorrang des Sonderbetriebsvermögens zu beachten.

Rödder 793

regeln die Leasingerlasse der Finanzverwaltung, die üblicherweise auch handelsbilanziell zugrunde gelegt werden, dass bei einer Grundmietzeit über 90% der betriebsgewöhnlichen Nutzungsdauer die Zurechnung des Vermögensgegenstands regelmäßig zum Leasingnehmer zu erfolgen hat.[21]

b) BilMoG

23 Nach § 246 Abs. 1 Satz 2 HGB nF sind Vermögensgegenstände zwar grds. in die Bilanz des Eigentümers aufzunehmen; ist ein Vermögensgegenstand jedoch nicht dem Eigentümer, sondern einem anderen wirtschaftlich zuzurechnen, hat dieser ihn in seiner Bilanz auszuweisen. Damit wird das Prinzip der wirtschaftlichen Zurechnung erstmals im Handelsrecht gesetzlich verankert. Ursprünglich war geplant, mit dem BilMoG keine dem § 39 Abs. 2 Nr. 1 AO entsprechende Regelung einzuführen, sondern eine Annäherung an die nach IFRS übliche Betrachtungsweise („substance over form"). Dies hätte im Einzelfall zu verstärkten Abweichungen zwischen der Zuordnung von Vermögensgegenständen bzw. Wirtschaftsgütern nach Handels- und Steuerrecht führen können. Nun ist jedoch, wie gezeigt, vorgesehen, die Definition des wirtschaftlichen Eigentums in § 39 Abs. 2 Nr. 1 AO und die bisherigen standardisierten Zurechnungskriterien, die z. B. in den Leasingerlassen der Finanzverwaltung dargelegt sind, grds. auch für handelsbilanzielle Zwecke beizubehalten.[22]

24 Neu ist, dass in bestimmten Fällen handelsrechtlich eine Verrechnung von Vermögensgegenständen mit Schulden erfolgt.[23] Die Verrechnungsverpflichtung betrifft Vermögensgegenstände, die ausschließlich der Erfüllung von Schulden aus Altersversorgungsverpflichtungen oder vergleichbaren langfristig fälligen Verpflichtungen dienen, die gegenüber Arbeitnehmern eingegangen wurden, und die dem Zugriff aller übrigen Gläubiger entzogen sind (§ 246 Abs. 2 Satz 2 HGB nF).[24] Übersteigt der beizulegende Zeitwert der Vermögensgegenstände den Betrag der Schulden, ist der übersteigende Betrag unter einem gesonderten Posten zu aktivieren. Steuerbilanzrechtlich erfolgt diese Verrechnung nicht; in der Steuerbilanz dürfen Posten der Aktivseite unverändert nicht mit Posten der Passivseite verrechnet werden (§ 5 Abs. 1a EStG nF).[25]

c) IFRS

25 Die Definitionen eines Asset nach IFRS haben eher einen dynamischen Charakter und gehen über den Begriff des Vermögensgegenstands hinaus. Assets sind auf vergangenen Ereignissen beruhende, in der Verfügungsmacht

---

[21] Entsprechendes gilt bei einer Relation Grundmietzeit zu betriebsgewöhnlicher Nutzungsdauer von unter 40%. Dazu und zu den Fällen mit verschiedenen Optionsvarianten uam. siehe BMF v. 19. 4. 1971, BStBl. I 1971, 264; BMWF v. 21. 3. 1972, BStBl. I 1972, 188; BMF v. 22. 12. 1975; BMF v. 23. 12. 1991, BStBl. I 1992, 13.

[22] Die im Detail möglichen Abweichungen zwischen dem Zurechnungsverständnis für handels- und steuerbilanzielle Zwecke bleiben vom BilMoG unberührt.

[23] Entsprechend ist mit den zugehörigen Aufwendungen und Erträgen zu verfahren.

[24] Betroffen sind vor allem sog. CTA-Konstruktionen, die insolvenzsichernde Separierung von sog. Planvermögen für Altersversorgungsverpflichtungen.

[25] Bei einer Saldierung auch für Steuerbilanzzwecke wäre die Frage besonders interessant gewesen, wie mit Bewertungsdifferenzen zwischen Planvermögen und § 6a EStG-Rückstellung umgegangen werden soll.

B. Ansatz und Bewertung von Aktiva 26–29 § 11

des Unternehmens stehende Potenziale künftigen wirtschaftlichen Nutzens, das meint vor allem künftigen Zuflusses an liquiden oder zahlungsmittelähnlichen Mitteln (bzw. einer entsprechenden Abflussverminderung).[26] Es ist eine überwiegende Wahrscheinlichkeit des Nutzenzuflusses und eine ausreichende Verlässlichkeit der Abgrenzung des Nutzenpotenzials erforderlich.[27] Auch nach IFRS richtet sich die persönliche Zuordnung von Wirtschaftsgütern nach dem wirtschaftlichen Eigentum, im Detail kann die Zurechnung zum vom rechtlichen abweichenden wirtschaftlichen Eigentümer aber eher als nach HGB erfolgen (zB in Leasingfällen[28]). In CTA-Fällen kann eine Saldierung von Assets und Liabilities erfolgen.[29]

2. Aktivierungsverbote und -wahlrechte

a) HGB und Steuerbilanz de lege lata

Für immaterielle Vermögensgegenstände des Anlagevermögens, die nicht entgeltlich erworben wurden, besteht ein Aktivierungsverbot (§ 248 Abs. 2 HGB, § 5 Abs. 2 EStG). Die Tatsache, dass eigene Herstellungskosten getätigt worden sind, reicht für eine Aktivierung nicht aus.[30] Betroffen sind bspw. Markenname, Software, Patente, Kundenstamm, Firmenwert etc. Hier wird zusätzlich der entgeltliche Erwerb gefordert, weil der Wert dieser Vermögensgegenstände als unsicher und kaum messbar angesehen wird.[31] Die Erwerbsanforderung gilt demgegenüber nicht für immaterielle Vermögensgegenstände des Umlaufvermögens. 26

Das Aktivierungsverbot für nichtentgeltlich erworbene (vor allem: selbst erstellte) immaterielle Anlagegüter bedeutet, dass auch für Forschungs- und Entwicklungskosten meist keine Möglichkeit der Aktivierung besteht.[32] Dem wird in praxi bisweilen dadurch begegnet, dass selbständige Forschungsgesellschaften innerhalb des Konzerns gebildet werden, die dann die selbst erstellten immateriellen Vermögensgegenstände an andere Konzerngesellschaften verkaufen. 27

Entgeltlich erworbene immaterielle Vermögensgegenstände sind zu aktivieren. Ein Wahlrecht existiert lediglich für den derivativen Geschäfts- oder Firmenwert (§ 255 Abs. 4 Satz 1 HGB; steuerrechtlich Aktivierungspflicht). 28

Das HGB sieht Aktivierungswahlrechte auch für bestimmte Bilanzierungshilfen vor, zB für Aufwendungen für die Ingangsetzung und Erweiterung des 29

---

[26] Vgl. Tz. 49 (a) des Rahmenkonzepts.
[27] Vgl. Tz. 89 des Rahmenkonzepts.
[28] Auch für die Frage der Gewinnrealisierung beim Sale-and-lease-back sind restriktivere Bedingungen als nach HGB zu beachten.
[29] Vgl. IAS 19.54 (d).
[30] Die Grenze zwischen Anschaffung (entgeltlichem Erwerb) und Herstellung ist allerdings oft fließend. Beispiel: Erwerb von Softwarekomponenten, die zu einem speziellen Softwareprogramm für das Unternehmen modifiziert werden. Entscheidend ist, ob ein neuer Vermögensgegenstand im Vergleich zum vorherigen Vermögensgegenstand entsteht.
[31] Steuerlich verbietet § 5 Abs. 2 EStG den Ansatz auch nicht bei Einbringungs- und Einlagevorgängen, diese Vorgänge werden also dem entgeltlichen Erwerb gleichgestellt.
[32] Zur Frage des Einbezugs in die Herstellungskosten anderer Vermögensgegenstände siehe aber auch Rz. 56.

Rödder 795

Geschäftsbetriebs (§ 269 HGB)³³ sowie für (aktive) latente Steuern.³⁴ Außerdem ergeben sich Aktivierungswahlrechte zB nach § 250 Abs. 1 Satz 2 Nr. 1 und 2 HGB (spezielle aktive Rechnungsabgrenzungsposten) sowie nach § 250 Abs. 3 Satz 1 HGB. Nach der letztgenannten Norm darf unter den aktiven Rechnungsabgrenzungsposten der Unterschiedsbetrag zwischen höherem Rückzahlungsbetrag und Ausgabebetrag von Verbindlichkeiten angesetzt werden.³⁵

30 Bei den Rechnungsabgrenzungsposten handelt es sich gem. § 250 Abs. 1 Satz 1 HGB bzw. § 5 Abs. 5 Satz 1 Nr. 1 EStG um Ausgaben vor dem Abschlussstichtag, soweit sie Aufwand für eine bestimmte Zeit nach diesem Tag darstellen. Das Abstellen auf eine „bestimmte Zeit" verhindert, dass bspw. Ausgaben für einen Werbefeldzug aktiviert werden können (obwohl auch in diesem Fall die Ausgaben ihre Wirkung erst in zukünftigen Perioden entfalten).³⁶

31 Bei einer AG sind eigene Anteile oder Anteile eines herrschenden oder eines mit Mehrheit beteiligten Unternehmens grds. auszuweisen.³⁷ Dann ist in gleicher Höhe auch eine Rücklage für eigene Anteile unter den Gewinnrücklagen auszuweisen (§ 272 Abs. 4 HGB).³⁸ Die Rücklage für eigene Anteile ist insoweit voll oder teilweise aufzulösen, als sich der Bilanzwert der eigenen Anteile durch Veräußerung, Einziehung, Ausgabe oder Abschreibung ermäßigt.

b) BilMoG

32 § 246 Abs. 1 S. 4 HGB nF regelt erstmals ausdrücklich den derivativen Geschäftswert als zeitlich begrenzt nutzbaren Vermögensgegenstand. Das bisherige Ansatzwahlrecht in § 255 Abs. 4 HGB entfällt. In der Steuerbilanz bestand insoweit wegen § 5 Abs. 2 EStG immer schon ein Aktivierungsgebot, die Handelsbilanz wird insoweit also an die Steuerbilanz angeglichen.

33 Weiter wird das bislang durch § 248 Abs. 2 HGB normierte Aktivierungsverbot für selbst geschaffene immaterielle Vermögensgegenstände des Anlagevermögens mit der Folge aufgehoben, dass ein Aktivierungswahlrecht für die bei der Entwicklung eines selbst geschaffenen immateriellen Vermögensgegen-

---

³³ Gründungs- und Eigenkapitalbeschaffungskosten dürfen dagegen nicht aktiviert werden (§ 248 Abs. 1 HGB). Gleiches gilt für Aufwendungen für den Abschluss von Versicherungsverträgen (§ 248 Abs. 3 HGB).
³⁴ Zu Letzteren siehe auch Rz. 117 ff. Steuerbilanziell kommen die beiden genannten Bilanzierungshilfen nicht zum Ansatz.
³⁵ Steuerbilanziell besteht für die § 250 HGB-Wahlrechte ein Aktivierungsgebot; siehe auch § 5 Abs. 5 EStG.
³⁶ Nach Auffassung des BFH sind Ausgaben vor dem Abschlussstichtag für eine zeitlich nicht befristete Dauerleistung allerdings bereits dann aktiv abzugrenzen, wenn sie rechnerisch Aufwand für einen bestimmten Mindestzeitraum nach diesem Tag darstellen (so zumindest für den passiven RAP BFH v. 9.12.1993, BStBl. 1995 II, 202).
³⁷ Dies gilt jedenfalls für solche eigenen Aktien, die nicht nach § 71 Abs. 1 Nr. 6 oder 8 AktG zur Einziehung erworben worden sind (bzw. diesen Fällen nach § 272 Abs. 1 Satz 5 HGB gleichgestellt) sind. Denn diese werden gem. § 272 Abs. 1 Satz 4 bis 6 HGB iHd. des Nennbetrags bzw. des rechnerischen Werts offen vom gezeichneten Kapital abgesetzt, und der übersteigende Kaufpreis wird mit den anderen Gewinnrücklagen verrechnet.
³⁸ Einstellungen in die und Entnahmen aus der Rücklage für eigene Anteile sind bereits bei der Aufstellung des Jahresabschlusses vorzunehmen (§ 272 Abs. 4 Satz 3 HGB). Die Rücklage für eigene Anteile kann entweder zu Lasten des Ergebnisses, eines vorhandenen Gewinnvortrages oder frei verfügbarer Gewinnrücklagen gebildet werden (§ 272 Abs. 4 Satz 3 HGB). Nach überwiegender Auffassung kann auch die Kapitalrücklage, soweit sie nach § 272 Abs. 2 Nr. 4 HGB dotiert wurde, verwendet werden.

B. Ansatz und Bewertung von Aktiva 34–37 § 11

standes des Anlagevermögens angefallenen Herstellungskosten begründet wird (§§ 248 Abs. 2 S. 1, 255 Abs. 2a HGB nF).[39] Entwicklung ist nach § 255 Abs. 2a S. 2 HGB nF „die Anwendung von Forschungsergebnissen oder von anderem Wissen für die Neuentwicklung von Gütern oder Verfahren oder die Weiterentwicklung von Gütern oder Verfahren mittels wesentlicher Änderungen". Forschung ist demgegenüber die eigenständige und planmäßige Suche nach neuen wissenschaftlichen oder technischen Erkenntnissen oder Erfahrungen allgemeiner Art, über deren technische Verwertbarkeit und wirtschaftliche Erfolgsaussichten grds. keine Aussagen gemacht werden können. Bei Abgrenzungsproblemen zwischen Forschungs- und Entwicklungskosten ist eine Aktivierung ausgeschlossen. Korrespondierend sieht § 268 Abs. 8 HGB nF eine Ausschüttungssperre vor.[40]

Die Änderung hat keine steuerlichen Auswirkungen, da nach dem unverändert geltenden § 5 Abs. 2 EStG eine Aktivierung immaterieller Wirtschaftsgüter des Anlagevermögens auch in Zukunft nur dann zulässig ist, wenn diese entgeltlich erhoben wurden. Somit kann § 248 HGB nF künftig zu einer vom Steuerrecht abweichenden handelsrechtlichen Bilanzierung führen. 34

Nach dem BilMoG werden auch die handelsbilanziellen Regelungen für erworbene eigene Anteile deutlich geändert. Sie sind grds. (s. aber auch zu § 272 Abs. 4 HGB nF w.u.) nicht mehr zu aktivieren.[41] Korrespondierend damit ist § 265 Abs. 3 S. 2 HGB aufgehoben worden, der den gesonderten Ausweis eigener Anteile im Umlaufvermögen vorsah. 35

Nach § 272 Abs. 1a HGB nF ist der Nennbetrag oder, falls ein solcher nicht vorhanden ist, der rechnerische Wert von erworbenen eigenen Anteilen in der Vorspalte offen von dem Posten „Gezeichnetes Kapital" abzusetzen. Der Unterschiedsbetrag zwischen dem Nennbetrag oder dem rechnerischen Wert und den Anschaffungskosten der eigenen Anteile ist mit den frei verfügbaren Rücklagen zu verrechnen. Aufwendungen, die Anschaffungsnebenkosten sind, sind Aufwand des Geschäftsjahres. 36

Bei der Veräußerung eigener Anteile entfällt der Ausweis gem. § 272 Abs. 1a S. 1 HGB nF (§ 272 Abs. 1b HGB nF). Ein den Nennbetrag oder den rechnerischen Wert übersteigender Differenzbetrag aus dem Veräußerungserlös ist bis zur Höhe des mit den frei verfügbaren Rücklagen verrechneten Betrages in die 37

---

[39] Der ursprüngliche Plan der Einführung eines Aktivierungsgebots ist aufgegeben worden. Ein Aktivierungsverbot besteht weiterhin für Marken, Drucktitel, Verlagsrechte, Kundenlisten oder vergleichbare immaterielle Vermögensgegenstände des Anlagevermögens, die nicht entgeltlich erworben wurden (§ 248 Abs. 2 S. 2 HGB nF).

[40] Eine Ausschüttung ist nur möglich, wenn die nach der Ausschüttung verbleibenden frei verfügbaren Rücklagen abzüglich des Verlustvortrages oder zzgl. eines Gewinnvortrages dem Gesamtbetrag der Erträge abzgl. der dafür gebildeten passiven latenten Steuern entsprechen. Der Gesetzgeber trägt durch die Einführung einer Ausschüttungssperre der Unsicherheit Rechnung, dass immateriellen Vermögensgegenständen Herstellungskosten regelmäßig nicht eindeutig zugerechnet werden können und ihnen bezüglich ihrer künftigen Nutzungsdauer ein objektiver Wert nur schwer zugewiesen werden kann.

[41] Gleichwohl ist nach § 71 Abs. 2 Satz 2 AktG nF der Erwerb ua. nur dann zulässig, wenn die Gesellschaft im Zeitpunkt des Erwerbs eine Rücklage in Höhe der Aufwendungen für den Erwerb bilden könnte, ohne das Grundkapital oder eine nach Gesetz oder Satzung zu bildende Rücklage zu mindern, die nicht zur Zahlung an die Aktionäre verwandt werden darf (s.a. § 71a Abs. 1 Satz 2 AktG nF, § 33 Abs. 2 Satz 1 GmbHG nF).

Rödder

§ 11 38–44   Ergebnisermittlung und Ergebnisverwendung

jeweiligen Rücklagen, darüber hinaus in die Kapitalrücklage einzustellen. Die Nebenkosten der Veräußerung sind Aufwand des Geschäftsjahres.

38   Demgegenüber regelt § 272 Abs. 4 HGB nF, dass für Anteile an einem herrschenden oder mit Mehrheit beteiligten Unternehmen eine Rücklage zu bilden ist. In diesem Fall geht das BilMoG also offensichtlich nach wie vor von der Aktivierung der erworbenen Aktien am Mutterunternehmen aus. In die Rücklage ist ein Betrag einzustellen, der dem auf der Aktivseite der Bilanz für die Anteile an dem herrschenden oder mit Mehrheit beteiligten Unternehmen angesetzten Betrag entspricht.[42] Die Rücklage ist aufzulösen, soweit die Anteile an dem herrschenden oder mit Mehrheit beteiligten Unternehmen veräußert, ausgegeben oder eingezogen werden oder auf der Aktivseite ein niedrigerer Betrag angesetzt wird.

39   Die neue Regelung führt bei der Kapitalgesellschaft, die eigene Anteile erwirbt, dazu, dass steuerrelevante Ergebnisse bei einer späteren Veräußerung nicht mehr gegeben sein können. Zu Belastungen nach § 8b KStG kann es nicht mehr kommen (auch Chancen und Risiken nach § 8b Abs. 7 KStG sind nicht mehr gegeben), wenn nicht „freiwillig" über eine Tochtergesellschaft erworben wird.

40   Beim Gesellschafter sollten unverändert normale steuerrelevante Veräußerungsvorgänge gegeben sein. D.h., dass – anders als bisweilen vertreten – auch nach dem BilMoG auf Gesellschafterebene keine Behandlung wie eine Teilliquidation gegeben sein sollte.

41   Das BilMoG sieht weiter vor, dass das Wahlrecht der Aktivierung von Aufwendungen für die Ingangsetzung und Erweiterung des Geschäftsbetriebs in § 269 HGB aufgehoben wird. Steuerlich war diese Bilanzierungshilfe ohnehin nie ansetzbar.

42   Auch die Sonderfälle des aktiven Rechnungsabgrenzungspostens in § 250 Abs. 1 S. 2 HGB (bestimmte Zölle und Verbrauchsteuern sowie Umsatzsteuer auf bestimmte Anzahlungen) entfallen. Steuerlich bleibt es insoweit bei der gem. § 5 Abs. 5 EStG gegebenen Aktivierungspflicht.

43   § 246 Abs. 3 HGB nF schreibt vor, dass die im letzten Jahresabschluss angewandten Ansatzmethoden beizubehalten sind (§ 252 Abs. 2 HGB gilt entsprechend). Steuerlich dürfte kaum eine Bedeutung dieser Regelung gegeben sein, da steuerlich schon bisher ein Willkürverbot galt und überdies ohnehin im neuen Handelsbilanzrecht kaum noch Ansatzwahlrechte gegeben sind.

c) IFRS

44   Nach IFRS sind immaterielle Vermögenswerte zu aktivieren, wenn sie identifizierbar sind, dem Unternehmen der erwartete künftige wirtschaftliche Nutzen mit einer Wahrscheinlichkeit von mehr als 50% zufließen wird und die Anschaffungs- oder Herstellungskosten des Veögenswertes verlässlich bewertet werden können.[43] Dann sind grundsätzlich auch selbst geschaffene Immaterialwirtschaftsgüter aktivierbar (nicht: der selbst geschaffene Firmenwert

---

[42] Die Rücklage, die bereits bei der Aufstellung der Bilanz zu bilden ist, darf aus vorhandenen frei verfügbaren Rücklagen gebildet werden.
[43] Vgl. IAS 38.21 ff. Das Merkmal der Identifizierbarkeit ist Bestandteil der Definition eines immateriellen Vermögenswertes, vgl. IAS 38.8. Für immaterielle Vermögenswerte, die im Rahmen eines Unternehmenszusammenschlusses erworben wurden, gelten besondere Ansatzvoraussetzungen, vgl. IAS 38.34.

B. Ansatz und Bewertung von Aktiva 45–47 § 11

uÄ[44]). Forschungsaufwand ist allerdings grundsätzlich nicht zu aktivieren, sondern als Periodenaufwand zu behandeln.[45] Entwicklungskosten dagegen müssen aktiviert werden, wenn sie separat identifizierbar sind, die technische Realisierbarkeit des entwickelten Produkts nachgewiesen werden kann, dieses entweder selbst genutzt oder auf dem Markt abgesetzt werden soll und ausreichend Ressourcen existieren, die es erlauben, das Projekt zu vollenden.[46]

Die IFRS kennen keine Bilanzierungshilfen und Rechnungsabgrenzungsposten.[47] Aufwendungen für die Unternehmensgründung, die Eigenkapitalbeschaffung und die Ingangsetzung und Erweiterung des Geschäftsbetriebs dürfen grundsätzlich nicht aktiviert werden.[48] Es gibt grundsätzlich nur Assets, für die eine Aktivierungspflicht besteht, wenn die Voraussetzungen dafür erfüllt sind. Assets umfassen dabei, wie bereits erläutert,[49] auch Sachverhalte, die nach HGB keinen Vermögensgegenstand darstellen. 45

II. Bewertung

1. Allgemeine Bewertungsgrundsätze

a) HGB und Steuerbilanz de lege lata

§ 252 HGB regelt folgende allgemeine Bewertungsgrundsätze, die grds. auch ins Steuerbilanzrecht durchschlagen: 46

Die Wertansätze in der Eröffnungsbilanz des Geschäftsjahrs müssen mit denen der Schlussbilanz des vorhergehenden Geschäftsjahrs übereinstimmen.

Bei der Bewertung ist von der Fortführung der Unternehmenstätigkeit auszugehen, sofern dem nicht tatsächliche oder rechtliche Gegebenheiten entgegenstehen.

Die Vermögensgegenstände und Schulden sind zum Abschlussstichtag einzeln zu bewerten.

Es ist vorsichtig zu bewerten, namentlich sind alle vorhersehbaren Risiken und Verluste, die bis zum Abschlussstichtag entstanden sind, zu berücksichtigen, selbst wenn diese erst zwischen dem Abschlussstichtag und dem Tag der Aufstellung des Jahresabschlusses bekanntgeworden sind; Gewinne sind zu berücksichtigen, wenn sie am Abschlussstichtag realisiert sind.

Aufwendungen und Erträge des Geschäftsjahrs sind unabhängig von den Zeitpunkten der entsprechenden Zahlungen im Jahresabschluss zu berücksichtigen.

Die auf den vorhergehenden Jahresabschluss angewandten Bewertungsmethoden sollen beibehalten werden.

Von den vorstehend genannten Grundsätzen darf nur in begründeten Ausnahmefällen abgewichen werden. 47

---

[44] Vgl. das explizite Verbot in IAS 38.48.
[45] Vgl. IAS 38.54 ff.
[46] Vgl. IAS 38.57 ff.
[47] Geleistete Anzahlungen sind unter die sonstigen Vermögenswerte zu subsumieren.
[48] Vgl. IAS 38.69. Eigenkapitalbeschaffungskosten sind nach IFRS grds. als Abzug vom Eigenkapital zu bilanzieren; vgl. IAS 32.37.
[49] Rz. 25.

Rödder

b) BilMoG

48 Das BilMoG behält die Regelung des § 252 HGB zu den allgemeinen Bewertungsgrundsätzen bei, ändert aber die Soll-Vorgabe zur Bewertungsstetigkeit in § 252 Abs. 1 Nr. 6 HGB in eine Muss-Vorgabe. Steuerlich sollten daraus keine merkbaren Änderungen resultieren, zumal es unverändert bei der Ausnahmeregelung des § 252 Abs. 2 HGB bleibt.

c) IFRS

49 Siehe bereits w. o. Rz. 11.

2. Anschaffungs- bzw. Herstellungskosten

a) HGB und Steuerbilanz de lege lata

50 Als Ausgangswerte für Vermögensgegenstände gelten gemäß § 253 Abs. 1 HGB die Anschaffungs- bzw. Herstellungskosten. Sie dürfen nur dann überschritten werden, wenn der auf diese Weise zum Ausdruck gelangende Gewinn nach dem Realisationsprinzip als verwirklicht anzusehen ist.

51 Die Anschaffungskosten sind der Ausgangswert für alle von Dritten bezogenen Vermögensgegenstände. Anschaffungskosten sind nach § 255 Abs. 1 HGB die Aufwendungen, die geleistet werden, um einen Vermögensgegenstand zu erwerben und ihn in einen betriebsbereiten Zustand zu versetzen, soweit sie dem Vermögensgegenstand einzeln zugeordnet werden können.[50] Zu den Anschaffungskosten gehören auch die Nebenkosten (ggf. einschließlich innerbetrieblicher Aufwendungen) sowie die nachträglichen Anschaffungskosten. Anschaffungspreisminderungen sind abzusetzen.

52 Anschaffungsvorgänge sind neben dem Kauf auch der Tausch, die Einlage und bestimmte gesellschaftsrechtliche Vorgänge.[51] Der Anschaffungsvorgang ist beendet, wenn der betriebsbereite Zustand erreicht worden ist. Damit gehören bspw. auch Kosten für Probeläufe etc. noch zu den Anschaffungskosten.

53 Zu den Anschaffungsnebenkosten können zB Maklergebühren, Verkehrssteuern,[52] Abbruchkosten etc. zählen. Nachträgliche Anschaffungskosten können bspw. aufgrund von Erschließungsbeiträgen uÄ für Grundstücke und steuerlich aufgrund von verdeckten Einlagen hinsichtlich Beteiligungen an

---

[50] Bei einer Anschaffung in ausländischer Währung erfolgt die Umrechnung grundsätzlich zum Stichtagskurs im Anschaffungszeitpunkt.

[51] Für steuerliche Zwecke ordnet § 6 Abs. 1 Nr. 5 EStG bei (verdeckten) Einlagen für die übernehmende AG als fiktive Anschaffungskosten den Teilwert der eingelegten Wirtschaftsgüter an. Unklar ist, ob auch die Begrenzung des § 6 Abs. 1 Nr. 5 a) EStG auf höchstens die (ggf. fortgeführten) Anschaffungs- bzw. Herstellungskosten des eingelegten Wirtschaftsguts anwendbar ist, wenn das Wirtschaftsgut innerhalb der letzten 3 Jahre vor der Einlage angeschafft bzw. hergestellt worden ist. Zu den Anschaffungskosteneffekten beim Einlegenden s. § 6 Abs. 6 Satz 2 u. 3 EStG (Relevanz des Teilwerts). Beim Tausch bemessen sich die Anschaffungskosten jeweils nach dem gemeinen Wert des hingegebenen Wirtschaftsguts (§ 6 Abs. 6 Satz 1 EStG), handelsrechtlich wird in solchen Fällen dagegen auch eine Abbildung zu Buchwerten (bzw. zu bestimmten Zwischenwerten) für möglich gehalten. Bestimmte tauschähnliche gesellschaftsrechtliche Vorgänge unterliegen grds. den gleichen Vorgaben wie der Tausch.

[52] Zum Beispiel GrESt. Zur USt s. § 9 b EStG.

B. Ansatz und Bewertung von Aktiva

Kapitalgesellschaften[53] anfallen. Anschaffungskostenminderungen sind zB Preisnachlässe und steuerlich vereinnahmte Ausschüttungen, die aus dem Einlagekonto der Kapitalgesellschaft finanziert werden.[54] Anteilige Gemeinkosten dürfen den Anschaffungskosten nicht hinzugerechnet werden. Finanzierungskosten sind grundsätzlich keine Anschaffungskosten.

Erhält der Investor einen Ertrags- bzw. Betriebskostenzuschuss, so hat dies keinen Bezug zum Anschaffungsvorgang, der Zuschuss ist erfolgswirksam zu vereinnahmen (es kann sich allerdings die Frage nach einem Rechnungsabgrenzungsposten stellen). Erhält der Investor dagegen einen Investitionszuschuss, so besteht ein Wahlrecht zwischen einer Verbuchung als Minderung der Anschaffungskosten oder einer Vereinnahmung als Ertrag.[55]

Wird für den Erwerb mehrerer Vermögensgegenstände ein einheitlicher Gesamtkaufpreis gezahlt, ist dieser auf die einzelnen Vermögensgegenstände aufzuteilen. Insoweit gilt die sog. Stufentheorie (zuerst Verteilung der Anschaffungskosten auf die bereits beim Veräußerer aktivierten Vermögensgegenstände bis zu deren Teilwert, dann ggf. Aktivierung bisher noch nicht aktivierter immaterieller Vermögensgegenstände und dann ggf. Ausweis des verbleibenden Betrags als Firmenwert [nur in seltenen Ausnahmefällen bleibt noch ein Rest übrig, der sofort abzugsfähigen Aufwand darstellt]).[56]

Herstellungskosten iSv. Aufwendungen durch Verbrauch von Gütern oder Inanspruchnahme von Diensten sind zugrunde zu legen, wenn Vermögensgegenstände vom Unternehmen selbst hergestellt oder bearbeitet oder wenn vorhandene Vermögensgegenstände erweitert oder über ihren ursprünglichen Zustand hinaus wesentlich verbessert werden. Der Umfang der zu aktivierenden Herstellungskosten in Handelsbilanz (§ 255 Abs. 2 u. 3 HGB) und Steuerbilanz (R 6.3 EStR) weicht voneinander ab. Für Materialeinzelkosten, Fertigungseinzelkosten und Sonderkosten der Fertigung besteht in beiden Bilanzen Aktivierungspflicht. Für notwendige Materialgemeinkosten, notwendige Fertigungsgemeinkosten und den Wertverzehr des Anlagevermögens besteht in der Handelsbilanz ein Aktivierungswahlrecht, in der Steuerbilanz besteht Aktivierungspflicht. Für allgemeine Verwaltungskosten, soziale Aufwendungen und Fremdkapitalzinsen (in Sonderfällen) besteht in beiden Bilanzen ein Aktivierungswahlrecht.

Kalkulatorische Kosten werden nicht in die Herstellungskosten einbezogen. Kosten der Unterbeschäftigung (daraus resultierender erhöhter Fixkostenanteil, der auf die produzierten Erzeugnisse entfällt) dürfen nicht aktiviert werden. Entwicklungskosten oder Vorlaufkosten, die noch keinen Bezug zu einem konkreten Vermögensgegenstand haben, können nur über den Gemeinkostenzuschlag Eingang in die Herstellungskosten finden. Zielgerichtete, zum Zwecke der Herstellung getätigte Entwicklungs-, Planungs- und Vorbereitungskosten gehören dagegen zu den direkten Herstellungskosten.

Der Herstellungsvorgang endet mit Fertigstellung des Erzeugnisses. Die sich anschließende Veräußerung hat keinen Bezug zur Herstellung. Vertriebskosten sind dementsprechend keine Herstellungskosten. Demgegenüber kön-

---

[53] Dazu nochmals Hinweis auf § 6 Abs. 6 Satz 2 u. 3 EStG.
[54] Zur Minderung der Anschaffungskosten bei Abzug von § 6b EStG-Potentialen siehe § 6b Abs. 6 EStG.
[55] Siehe auch R 6.5 EStR.
[56] Dazu näher § 13 Rz. 542 ff.

nen nicht nur erstmalige, sondern auch nachträgliche Herstellungskosten zum aktivierungspflichtigen Umfang gehören.

59 Bei Investitionen, die an bereits vorhandenen Vermögensgegenständen durchgeführt werden, stellt sich die Frage der Abgrenzung von (nachträglichem) Herstellungsaufwand und Erhaltungsaufwand. Wird etwas hinzugefügt, dh. wird die Substanz wesentlich vermehrt, so handelt es sich um Herstellungsaufwand (Bsp.: Anbau an Gebäude; dagegen nicht: neue Heizung). Entsteht etwas anderes, ist also eine erhebliche Wesens- bzw. Zweckveränderung gegeben, so handelt es sich ebenfalls um Herstellungsaufwand (Bsp.: Personentransporter wird in LKW umgebaut). Und: Herstellungsaufwand ist auch dann gegeben, wenn ein neuwertiger, ein zweiter Vermögensgegenstand entsteht. In allen anderen Fällen liegt sofort aufwandswirksamer Erhaltungsaufwand vor. Die Abgrenzung der Vermögensgegenstände voneinander nach dem einheitlichen Nutzungs- und Funktionszusammenhang hat dementsprechend große Bedeutung auch für die Abgrenzung von Herstellungs- und Erhaltungsaufwand.[57]

60 Das Realisationsprinzip verbietet grundsätzlich eine Teilgewinnrealisierung im Rahmen einer langfristigen Fertigung, so dass die Gewinnrealisierung grundsätzlich vollständig in dem Geschäftsjahr erfolgt, in dem der Risikoübergang stattfindet (completed contract-method). Bei Großprojekten mit einer Projektdauer von mehr als 12 Monaten wird allerdings eine Teilgewinnrealisierung für zulässig erachtet, sofern abrechnungsfähige Teilleistungen vorliegen und eine insgesamt gewinnbringende Abwicklung als sicher gilt. In der Praxis behilft man sich auch mit der Aufteilung eines Großauftrages in mehrere Teilaufträge, bei denen eine Teilabnahme möglich ist.

b) BilMoG

61 Die Bewertung von Vermögensgegenständen höchstens mit den (ggf. fortgeführten) Anschaffungs- oder Herstellungskosten wird grds. beibehalten (§ 253 Abs. 1 S. 1 HGB nF).[58]

62 Nach § 253 Abs. 1 Satz 3 HGB-E sollten generell zu Handelszwecken erworbene Finanzinstrumente mit ihrem beizulegenden Zeitwert angesetzt werden. Finanzinstrumente sind z. B. Aktien, Schuldverschreibungen und Fondsanteile; erfasst sind auch schwebende Geschäfte wie z. B. Derivate. Der beizulegende

---

[57] Gem. § 6 Abs. 1 Nr. 1a EStG gehören zu den Herstellungskosten eines Gebäudes auch Aufwendungen für Instandsetzungs- und Modernisierungsmaßnahmen, die innerhalb von drei Jahren nach der Anschaffung des Gebäudes durchgeführt werden, wenn die Aufwendungen ohne die Umsatzsteuer 15 % der Anschaffungskosten des Gebäudes übersteigen (anschaffungsnahe Herstellungskosten). Zu diesen Aufwendungen gehören nicht die Aufwendungen für Erweiterungen im Sinne des § 255 Abs. 2 Satz 1 HGB sowie Aufwendungen für Erhaltungsarbeiten, die jährlich üblicherweise anfallen.
[58] Gem. § 256a HGB nF zur Währungsumrechnung ist künftig für auf fremde Währung lautende Vermögensgegenstände und Verbindlichkeiten eine Umrechnung am Abschlussstichtag zum Devisenkassamittelkurs vorzunehmen. Dabei soll bei einer Laufzeit von mehr als einem Jahr das Anschaffungskostenprinzip zu berücksichtigen sein, bei einer Laufzeit von weniger als einem Jahr nicht. Zumindest Letzteres dürfte steuerlich nicht mit vollzogen werden, da dort unverändert das Anschaffungskostenprinzip gilt. Unklar ist darüber hinaus, ob Auswirkungen in den Fällen gegeben sind, in denen steuerlich die Anwendung der Zeitbezugsmethode für möglich gehalten wird (z. B. bei der Ermittlung von Betriebsstättenergebnissen).

B. Ansatz und Bewertung von Aktiva 63–67 § 11

Zeitwert entspricht gem. § 255 Abs. 4 HGB nF dem Marktpreis. Soweit kein aktiver Markt besteht, anhand dessen sich der Marktpreis ermitteln lässt, ist der beizulegende Zeitwert mit Hilfe allgemein anerkannter Bewertungsmethoden zu bestimmen.[59] Nun ist eine entsprechende Regelung in § 253 Abs. 1 S. 3 HGB nF, mit der insoweit das Realisationsprinzip und der Grundsatz der Nichtbilanzierung von schwebenden Geschäften aufgegeben werden, nur noch für Kreditinstitute etc. vorgesehen; es ist eine Ausschüttungssperre vorgesehen (§ 268 Abs. 8 HGB nF).[60]

Steuerrechtlich hätte ohnehin der Bewertungsvorbehalt des § 5 Abs. 6 63 i.V. mit § 6 Abs. 1 Nr. 2 Satz 1 EStG einer Übernahme der handelsrechtlichen Bewertung zu Zeitwerten in die Steuerbilanz entgegen gestanden. Nach § 6 Abs. 1 Nr. 2 Satz 1 EStG bilden die Anschaffungs- oder Herstellungskosten die Wertobergrenze der Wirtschaftsgüter des Umlaufvermögens und der nicht abnutzbaren Wirtschaftsgüter des Anlagevermögens. Bei Kreditinstituten etc. erfolgt der Ansatz mit dem beizulegenden Zeitwert abzüglich eines Risikoabschlags künftig aber auch in der Steuerbilanz (vgl. § 6 Abs. 1 Nr. 2b EStG nF).

Überdies ist in § 253 Abs. 1 S. 4 HGB nF eine Zeitwertbewertung von gem. 64 § 246 Abs. 2 S. 2 HGB nF zu verrechnenden Vermögensgegenständen (Planvermögen) vorgesehen. S. dazu schon w.o. Rz. 24. Insoweit gilt ohnehin der steuerliche Vorbehalt in § 5 Abs. 1a EStG nF.

Die Definition der aktivierungsfähigen Herstellungskosten in § 255 Abs. 2 65 Satz 2 und 3 HGB nF ist weitgehend an die schon bestehende steuerbilanzielle Regelung angeglichen. Nach dem Gesetzestext fallen darunter Materialkosten, Fertigungskosten und Sonderkosten der Fertigung sowie angemessene Teile der Materialgemeinkosten, der Fertigungsgemeinkosten und des Werteverzehrs des Anlagevermögens, soweit dieser durch die Fertigung veranlasst ist. Zudem dürfen angemessene Teile der Kosten der allg. Verwaltung sowie angemessene Aufwendungen für soziale Einrichtungen des Betriebs, für freiwillige soziale Leistungen und für die betriebliche Altersversorgung einbezogen werden, soweit diese auf den Zeitraum der Herstellung entfallen. Forschungs- und Vertriebskosten dürfen unverändert nicht einbezogen werden.

Zur Aktivierung von Herstellungskosten bei der Entwicklung von immate- 66 riellen Vermögensgegenständen des Anlagevermögens s. § 255 Abs. 2a HGB nF und bereits w.o. Rz. 33.

c) IFRS

Nach IFRS stellen die Anschaffungs- und Herstellungskosten nicht in jedem 67 Fall die Obergrenze der Bewertung dar. Der Ansatz des Zeitwerts, der in bestimmten Fällen möglich ist (bestimmte Sachanlagen, bestimmte Beteiligungen, Finanzinstrumente), kann durchaus über den Anschaffungs- und Herstellungskosten liegen. Der damit ggf. ausgewiesene Gewinn gilt als hinreichend sicher „realisierbar" (zT erfolgt aber eine Neutralisierung über eine Neubewertungsrücklage).[61]

---

[59] Ist auch das nicht möglich, sind subsidiär die (ggf. fortgeführten) Anschaffungs- bzw. Herstellungskosten relevant.
[60] S. dazu näher w.o. Fn. 40.
[61] Vgl. bspw. IAS 16.39.

Rödder 803

§ 11 68–73   Ergebnisermittlung und Ergebnisverwendung

68   Im Bereich des Finanzanlagevermögens schreiben die IFRS für „Trading Securities" eine Bewertung zum Fair Value vor.[62] Wertveränderungen werden nach unten und nach oben erfolgswirksam verbucht.[63] Gleiches gilt im Grundsatz auch für „Available for Sale Securities".[64] Allerdings sind die aus der Fair Value-Bewertung resultierenden Gewinne und Verluste unmittelbar im Eigenkapital zu erfassen.[65] Für „Held-to-Maturity-Securities" ist eine erfolgswirksame Abwertung und Aufwertung nur zu einem unter den Anschaffungskosten liegenden Fair Value möglich.[66]

69   Für Beteiligungen an Tochterunternehmen, gemeinsam geführten Unternehmen und assoziierten Unternehmen sehen die IFRS im separaten Einzelabschluss ein Wahlrecht zur Bilanzierung zu Anschaffungskosten bzw. zur Bilanzierung in Übereinstimmung mit IAS 39 vor.[67]

70   Für Vermögenswerte des Sachanlagevermögens sowie für immaterielle Vermögenswerte, die auf einem aktiven Markt gehandelt werden, besteht jeweils ein Wahlrecht zur Anwendung der sog. Neubewertungsmethode.[68]

71   Die IFRS verwenden einen ähnlichen Anschaffungskostenbegriff wie das HGB. Grundsätzlich gehören ebenfalls alle direkt mit der Anschaffung eines assets und seiner Versetzung in einen betriebsbereiten Zustand verbundenen Aufwendungen zu den Anschaffungskosten.[69] Allerdings bestehen Unterschiede im Detail, zB hinsichtlich der Einbeziehung von Gemeinkosten sowie von Fremdkapitalzinsen in bestimmten Fällen.

72   Herstellungskosten sind nach IFRS die Kosten des Herstellungsvorganges sowie sonstige Kosten, um den Gegenstand in einen betriebsbereiten Zustand zu versetzen.[70] Auch hier werden nur aufwandsgleiche Kosten angesetzt. Anders als nach HGB ist allerdings eine Bewertung nur zu den Einzelkosten nicht zulässig. Vielmehr sind auch die Material- und Fertigungsgemeinkosten, die Abschreibungen sowie die Verwaltungskosten und soziale Aufwendungen (sofern herstellungsbezogen) obligatorischer Bestandteil der Herstellungskosten. Fremdkapitalzinsen, die in Zusammenhang mit sog. qualifizierten Vermögenswerten stehen, sind ebenfall verpflichtend anzusetzen.[71] Für nicht herstellungsbezogene allgemeine Verwaltungskosten und Vertriebskosten besteht dagegen ein Aktivierungsverbot.

73   Bei langfristiger Fertigung ist nach IFRS die percentage of completion-Methode anzuwenden, dh. die Gewinnrealisierung erfolgt entsprechend dem Leistungsfortschritt, wenn der Ertrag zuverlässig zu ermitteln ist.[72]

---

[62] Vgl. IAS 39.45.
[63] Vgl. IAS 39.55 (a).
[64] Vgl. IAS 39.45.
[65] Vgl. IAS 39.55 (b).
[66] Vgl. IAS 39.63 und IAS 39.65.
[67] Vgl. IAS 27.37. Zur Behandlung im Konzernabschluss vgl. Rz. 219, Rz. 222 bzw. Rz. 226.
[68] Vgl. IAS 16.29 bzw. IAS 38.72.
[69] Vgl. IAS 2.10.
[70] Vgl. IAS 2.10. Der Anschaffungs- und Herstellungskostenbegriff ist in den IFRS übergreifend definiert.
[71] Vgl. IAS 23.8.
[72] Vgl. IAS 11.22.

B. Ansatz und Bewertung von Aktiva

3. Abschreibungen und Zuschreibungen
a) HGB und Steuerbilanz de lege lata

Bei abnutzbaren Vermögensgegenständen werden deren Ausgangswerte (Anschaffungs- bzw. Herstellungskosten) im Zeitablauf durch Abschreibungen (und ggf. Zuschreibungen) weiterentwickelt. Die Abschreibungen dienen grundsätzlich der Aufwandsverteilung und der Abbildung des Wertverlusts. Sie werden im Normalfall als planmäßige Abschreibungen über die betriebsgewöhnliche Nutzungsdauer vorgenommen.

Die betriebsgewöhnliche Nutzungsdauer entspricht dem Zeitraum, in dem der Vermögensgegenstand seiner Zweckbestimmung entsprechend voraussichtlich genutzt werden kann.[73] Für steuerliche Zwecke ist sie für die meisten Wirtschaftsgüter in AfA-Tabellen zusammengestellt worden. Bei Abweichung ist eine besondere Begründung erforderlich. Für Firmenwert- und Gebäudeabschreibungen gibt es steuerlich überdies feste Vorgaben in § 7 Abs. 1 Satz 3 und Abs. 4 EStG. Der Restwert (Restverkaufserlös) wird handelsrechtlich bei der Abschreibungsbemessung normalerweise nicht berücksichtigt (Wahlrecht). Steuerlich kommt der Ansatz eines Restwertes insbesondere bei Wirtschaftsgütern in Betracht, bei denen dieser von erheblicher Bedeutung ist.

Als planmäßige Abschreibungsmethode ist zunächst die lineare Abschreibung (in gleich bleibenden Jahresbeträgen) zu nennen. Sie ist steuerlich zulässig bei allen abnutzbaren Anlagegütern (§ 7 Abs. 1 EStG).[74] Für immaterielle Anlagegüter ist sie die einzig zulässige planmäßige Abschreibungsmethode.[75]

Die degressive Abschreibung (in fallenden Jahresbeträgen) ist handelsbilanziell in verschiedenen Varianten zulässig. Steuerlich zulässig ist nur die geometrisch-degressive Abschreibung, und zwar bei allen beweglichen abnutzbaren Anlagegütern (§ 7 Abs. 2 EStG).[76] Die Regelung war zwar durch die Unternehmensteuerreform 2008 abgeschafft worden, soll aber nun wegen der Finanzmarkt- und Wirtschaftskrise mit einem 25 %igen Abschreibungssatz wieder eingeführt werden. Die arithmetisch-degressive Abschreibung ist steuerlich nicht zulässig. Eine degressive Abschreibung mit fallenden Staffelsätzen ist steuerlich nur bei bestimmten Gebäuden vorgesehen (§ 7 Abs. 5 EStG). Eine progressive Abschreibung mit steigenden Jahresbeträgen ist steuerlich nicht zulässig (auch handelsrechtlich ist sie wohl nur im Ausnahmefall anwendbar).

Die sog. Leistungsabschreibung ist steuerlich zulässig bei Nachweis des Umfangs der auf ein Jahr entfallenden Leistung (§ 7 Abs. 1 Satz 5 EStG). Eine Abschreibung für Substanzverringerung ist zulässig bei Bergbau, Steinbrüchen, Kiesgruben etc. (§ 7 Abs. 6 EStG).

---

[73] Die wirtschaftliche Nutzungsdauer entspricht demgegenüber dem Zeitraum, in dem es wirtschaftlich sinnvoll ist, eine Anlage zu nutzen.

[74] Die Abschreibung erfolgt im Jahr der Anschaffung oder Herstellung pro rata temporis. Zu den normierten AfA-Sätzen bei Gebäudeabschreibungen erneut Hinweis auf § 7 Abs. 4 EStG.

[75] Der Geschäfts- oder Firmenwert kann handelsbilanziell gem. § 255 Abs. 4 HGB allerdings auch in Höhe von mindestens 25% (beginnend mit dem dem Erwerb folgenden Geschäftsjahr) abgeschrieben werden (alternativ zur linearen Abschreibung über die betriebsgewöhnliche Nutzungsdauer). Steuerrechtlich ist nur die lineare Abschreibung über fünfzehn Jahre zulässig.

[76] Wegen des Übergangs zur linearen AfA siehe § 7 Abs. 3 EStG.

§ 11 79–82   Ergebnisermittlung und Ergebnisverwendung

79   Außerplanmäßige Abschreibungen dienen der Erfassung außergewöhnlicher Wertminderungen von Vermögensgegenständen. Handelsrechtlich sind dabei verschiedene Varianten zu unterscheiden: die Niederstwertabschreibung auf den niedrigeren beizulegenden Wert gemäß § 253 Abs. 2 Satz 3 und Abs. 3 Satz 1 und 2 HGB, die Abschreibungen auf einen niedrigeren Zukunftswert gem. § 253 Abs. 3 S. 3 HGB (Umlaufvermögen) und die steuerrechtlichen Mehrabschreibungen gemäß § 254 HGB (umgekehrte Maßgeblichkeit).[77] Steuerbilanziell sind bei abnutzbaren Wirtschaftsgütern des Anlagevermögens wegen außergewöhnlicher technischer oder wirtschaftlicher Abnutzung sog. AfaA möglich (§ 7 Abs. 1 Satz 6 EStG). Außerdem sind bei allen Wirtschaftsgütern wegen gesunkener Wiederbeschaffungskosten bzw. Einzelveräußerungspreise bei voraussichtlich dauernder Wertminderung Teilwertabschreibungen zulässig (§ 6 Abs. 1 Nr. 1 Satz 2 und Nr. 2 Satz 2 EStG).

80   Handelsbilanziell besteht für abnutzbare und nicht abnutzbare Vermögensgegenstände des Anlagevermögens gem. § 253 Abs. 2 Satz 3 HGB bei dauernder Wertminderung Abschreibungspflicht (strenges Niederstwertprinzip), bei vorübergehender Wertminderung[78] ein Abschreibungswahlrecht (gemildertes Niederstwertprinzip; bei Kapitalgesellschaften allerdings nur für Finanzanlagevermögen).[79] Für Umlaufvermögen gilt handelsbilanziell gem. § 253 Abs. 3 HGB das strenge Niederstwertprinzip, dh. es ist zwingend abzuschreiben, wenn am Abschlussstichtag ein niedrigerer Tageswert gegeben ist.

81   Bei einer absatzmarktorientierten Bewertung kommt man einer verlustfreien Bewertung im Sinne des Imparitätsprinzips am nächsten: die Bewertung wird aus dem am Bilanzstichtag erzielbaren Verkaufswert bzw. retrograd ermittelten Nettoveräußerungserlös abgeleitet. Eine derartige Bewertung kommt vor allem für das Umlaufvermögen in Betracht (vgl. auch § 253 Abs. 3 Satz 1 HGB). Eine beschaffungsmarktorientierte Bewertung bietet sich für Anlagegegenstände bzw. Gegenstände des Umlaufvermögens an, die nicht selbst veräußert werden sollen (da sie zB in der Produktion aufgehen), da in diesen Fällen ein Bezug zum Absatzmarkt kaum hergestellt werden kann. Bei Handelswaren werden in der Praxis häufig beide Werte verglichen, und es wird der niedrigere Wert als maßgeblich erachtet. Ist weder eine beschaffungs- noch eine absatzorientierte Bewertung möglich (keine entsprechenden Märkte vorhanden), so kann der niedrigere beizulegende Wert hilfsweise mit einem Ertragswert ermittelt werden. Eine solche Bewertung kommt vor allem für Beteiligungen und immaterielle Vermögensgegenstände in Frage.

82   § 254 HGB (iVm. § 279 Abs. 2 HGB und § 5 Abs. 1 Satz 2 EStG) erlaubt die Übernahme nur steuerrechtlich zulässiger Abschreibungen in die Handelsbilanz. Dabei geht es vor allem um steuerliche Sonderabschreibungen (zB §§ 7 f, 7 g EStG), erhöhte Absetzungen (zB §§ 7 b, 7 c, 7 d, 7 h, 7 i, 7 k EStG), steuerliche Übertragungen von stillen Reserven (§ 6 b EStG, R 6.5 und 6.6 EStR)

---

[77] Die Ermessensabschreibungen gemäß § 253 Abs. 4 HGB (Wertabschläge für allgemeine Risiken im Rahmen vernünftiger kaufmännischer Beurteilung) sind für Kapitalgesellschaften nicht möglich.
[78] Zur Abgrenzung der vorübergehenden von der voraussichtlich dauerhaften Wertminderung nach Auffassung der Finanzverwaltung siehe BMF v. 25. 2. 2000, BStBl. I 2000, 372. S. überdies aber auch – zT abweichend – BFH v. 14. 3. 2006. BStBl. II 2006, 680; v. 26. 9. 2007, DStR 2008, 187 und nun auch BMF v. 26. 3. 2009, DStR 2009, 693.
[79] Für alle anderen Vermögensgegenstände gilt bei Kapitalgesellschaften bei nur vorübergehender Wertminderung ein Abschreibungsverbot.

B. Ansatz und Bewertung von Aktiva　　　　83　§ 11

und besondere steuerliche Bewertungsvereinfachungen. Sonderabschreibungen können zusätzlich zur Abschreibung (AfA) in Anspruch genommen werden, erhöhte Absetzungen anstelle der normalen Abschreibung. Besondere steuerliche Abschreibungsregeln aus Vereinfachungsgründen sind die sofortige Abschreibung geringwertiger Wirtschaftsgüter (§ 6 Abs. 2 EStG)[80] und die Regeln zur sog. Poolabschreibung (§ 6 Abs. 2a EStG).[81]

Nach § 6b EStG können Steuerpflichtige, die Grund und Boden oder Gebäude [1.1.2006–31.12.2010: oder Binnenschiffe] veräußern, im Wirtschaftsjahr der Veräußerung von den Anschaffungs- oder Herstellungskosten der nachfolgend genannten Wirtschaftsgüter, die im Wirtschaftsjahr der Veräußerung oder im vorangegangenen Wirtschaftsjahr angeschafft oder hergestellt worden sind, einen Betrag bis zur Höhe des bei der Veräußerung entstandenen Gewinns abziehen. Der Abzug ist zulässig bei den Anschaffungs- oder Herstellungskosten von Grund und Boden, soweit der Gewinn bei der Veräußerung von Grund und Boden entstanden ist, oder Gebäuden, soweit der Gewinn bei der Veräußerung von Grund und Boden oder Gebäuden entstanden ist oder [1.1.2006–31.12.2010:] Binnenschiffen, soweit der Gewinn bei der Veräußerung von Binnenschiffen entstanden ist.[82] 　　83

---

[80] Nach § 6 Abs. 2 EStG sind die Anschaffungs- oder Herstellungskosten von abnutzbaren beweglichen Wirtschaftsgütern des Anlagevermögens, die einer selbständigen Nutzung fähig sind, im Wirtschaftsjahr der Anschaffung oder Herstellung des Wirtschaftsguts in voller Höhe als Betriebsausgaben abzusetzen, wenn die Anschaffungs- oder Herstellungskosten, vermindert um einen darin enthaltenen Vorsteuerbetrag (§ 9b Abs. 1 EStG), für das einzelne Wirtschaftsgut 150 € nicht übersteigen.

[81] Gem. § 6 Abs. 2a EStG ist für abnutzbare bewegliche Wirtschaftsgüter des Anlagevermögens, die einer selbständigen Nutzung fähig sind, im Wirtschaftsjahr der Anschaffung oder Herstellung des Wirtschaftsguts ein Sammelposten zu bilden, wenn die Anschaffungs- oder Herstellungskosten, vermindert um einen darin enthaltenen Vorsteuerbetrag (§ 9b Abs. 1 EStG), für das einzelne Wirtschaftsgut 150 €, aber nicht 1000 € übersteigen. Der Sammelposten ist im Wirtschaftsjahr der Bildung und den folgenden vier Wirtschaftsjahren mit jeweils einem Fünftel gewinnmindernd aufzulösen. Scheidet ein Wirtschaftsgut aus dem Betriebsvermögen aus, wird der Sammelposten nicht vermindert.

[82] Soweit Steuerpflichtige den erläuterten Abzug nicht vorgenommen haben, können sie im Wirtschaftsjahr der Veräußerung eine den steuerlichen Gewinn mindernde Rücklage bilden. Bis zur Höhe dieser Rücklage können sie von den Anschaffungs- oder Herstellungskosten der genannten Wirtschaftsgüter, die in den folgenden vier Wirtschaftsjahren angeschafft oder hergestellt worden sind, im Wirtschaftsjahr ihrer Anschaffung oder Herstellung einen Betrag unter Berücksichtigung der o.a. Einschränkungen abziehen. Die Frist von vier Jahren verlängert sich bei neu hergestellten Gebäuden auf sechs Jahre, wenn mit ihrer Herstellung vor dem Schluss des vierten auf die Bildung der Rücklage folgenden Wirtschaftsjahres begonnen worden ist. Die Rücklage ist in Höhe des abgezogenen Betrags gewinnerhöhend aufzulösen. Ist eine Rücklage am Schluss des vierten auf ihre Bildung folgenden Wirtschaftsjahres noch vorhanden, so ist sie in diesem Zeitpunkt gewinnerhöhend aufzulösen, soweit nicht ein Abzug von den Herstellungskosten von Gebäuden in Betracht kommt, mit deren Herstellung bis zu diesem Zeitpunkt begonnen worden ist; ist die Rücklage am Schluss des sechsten auf ihre Bildung folgenden Wirtschaftsjahres noch vorhanden, so ist sie in diesem Zeitpunkt gewinnerhöhend aufzulösen. Soweit eine § 6b-Rücklage gewinnerhöhend aufgelöst wird, ohne dass ein entsprechender Betrag abgezogen wird, ist der Gewinn des Wirtschaftsjahres, in dem die Rücklage aufgelöst wird, für jedes volle Wirtschaftsjahr, in dem die Rücklage bestanden hat, um 6 % des aufgelösten Rücklagenbetrags zu erhöhen.

§ 11 84–87   Ergebnisermittlung und Ergebnisverwendung

84   Voraussetzung für die Anwendung des § 6b EStG ist u. a., dass die veräußerten Wirtschaftsgüter im Zeitpunkt der Veräußerung mindestens sechs Jahre ununterbrochen zum Anlagevermögen einer inländischen Betriebsstätte gehört haben, die angeschafften oder hergestellten Wirtschaftsgüter zum Anlagevermögen einer inländischen Betriebsstätte gehören, der bei der Veräußerung entstandene Gewinn bei der Ermittlung des im Inland steuerpflichtigen Gewinns nicht außer Ansatz bleibt und der Abzug und die Bildung und Auflösung der Rücklage in der Buchführung verfolgt werden können.[83]

85   Gem. R 6.6 EStR kann die Gewinnverwirklichung durch Aufdeckung stiller Reserven in bestimmten Fällen der Ersatzbeschaffung vermieden werden. Voraussetzung ist, dass ein Wirtschaftsgut des Anlage- oder Umlaufvermögens infolge höherer Gewalt oder infolge oder zur Vermeidung eines behördlichen Eingriffs gegen Entschädigung aus dem Betriebsvermögen ausscheidet und innerhalb einer bestimmten Frist ein funktionsgleiches Wirtschaftsgut (Ersatzwirtschaftsgut) angeschafft oder hergestellt wird, auf dessen Anschaffungs- oder Herstellungskosten die aufgedeckten stillen Reserven übertragen werden, und in dem handelsrechtlichen Jahresabschluss entsprechend verfahren wird.[84]

86   Höhere Gewalt liegt vor, wenn das Wirtschaftsgut infolge von Elementarereignissen wie z. B. Brand, Sturm oder Überschwemmung sowie durch andere unabwendbare Ereignisse wie z. B. Diebstahl oder unverschuldeten Unfall ausscheidet. Fälle eines behördlichen Eingriffs sind z. B. Maßnahmen zur Enteignung oder Inanspruchnahme für Verteidigungszwecke.

87   Außergewöhnliche Abnutzung iSd. steuerlichen AfaA liegt vor, wenn die wirtschaftliche Nutzbarkeit eines Wirtschaftsguts durch außergewöhnliche Umstände gesunken ist, die eine außergewöhnliche technische Abnutzung (erhöhter Verschleiß oder Substanzverzehr, Mehrinanspruchnahme etc.) und/ oder eine außergewöhnliche wirtschaftliche Abnutzung (Einschränkung oder Fortfall von Nutzungsmöglichkeiten wegen technischen Fortschritts etc.) verursacht haben. Eine AfaA kommt für abnutzbare Wirtschaftsgüter des Anlage-

---

[83] Ist ein Betrag nach § 6b EStG abgezogen worden, so tritt für die Absetzungen für Abnutzung oder Substanzverringerung oder in den Fällen des § 6 Abs. 2 und Abs. 2a EStG im Wirtschaftsjahr des Abzugs der verbleibende Betrag an die Stelle der Anschaffungs- oder Herstellungskosten. Zur Besonderheit des § 6b Abs. 10 EStG s. § 13 Rz. 479.

[84] Soweit am Schluss des Wirtschaftsjahrs, in dem das Wirtschaftsgut aus dem Betriebsvermögen ausgeschieden ist, noch keine Ersatzbeschaffung vorgenommen wurde, kann in Höhe der aufgedeckten stillen Reserven eine steuerfreie Rücklage gebildet werden, wenn zu diesem Zeitpunkt eine Ersatzbeschaffung ernstlich geplant und zu erwarten ist. Die Nachholung der Rücklage für Ersatzbeschaffung in einem späteren Wirtschaftsjahr ist nicht zulässig. Eine Rücklage, die auf Grund des Ausscheidens eines beweglichen Wirtschaftsguts gebildet wurde, ist am Schluss des ersten auf ihre Bildung folgenden Wirtschaftsjahrs gewinnerhöhend aufzulösen, wenn bis dahin ein Ersatzwirtschaftsgut weder angeschafft oder hergestellt noch bestellt worden ist. Die Frist von einem Jahr verdoppelt sich bei einer Rücklage, die auf Grund des Ausscheidens eines Grundstücks oder Gebäudes gebildet wurde. Die Frist von einem oder zwei Jahren kann im Einzelfall angemessen verlängert werden, wenn der Steuerpflichtige glaubhaft macht, dass die Ersatzbeschaffung noch ernstlich geplant und zu erwarten ist, aber aus besonderen Gründen noch nicht durchgeführt werden konnte. Im Zeitpunkt der Ersatzbeschaffung ist die Rücklage durch Übertragung auf die Anschaffungs- oder Herstellungskosten des Ersatzwirtschaftsguts aufzulösen.

B. Ansatz und Bewertung von Aktiva 88–90 § 11

vermögens in Betracht. Sie setzt regelmäßig eine Beeinträchtigung der Nutzung voraus; sie dient dagegen nicht der Berücksichtigung von gesunkenen Wiederbeschaffungskosten (oder Einzelveräußerungspreisen).

Bei Sinken der Wiederbeschaffungskosten (oder des Einzelveräußerungspreises) kommt steuerbilanziell bei allen Wirtschaftsgütern eine Teilwertabschreibung in Betracht, also auch bei nicht abnutzbaren Wirtschaftsgütern des Anlagevermögens (Grund und Boden, Beteiligungen, Wertpapiere) und bei den Wirtschaftsgütern des Umlaufvermögens (bei denen eine planmäßige AfA [oder eine AfaA] nach § 7 EStG nicht möglich ist). Eine Teilwertabschreibung setzt eine voraussichtlich dauernde Wertminderung voraus (§ 6 Abs. 1 Nr. 1 Satz 2 EStG). Die Anforderung wirft sowohl im Anlagevermögen als auch im Umlaufvermögen erhebliche Probleme auf.[85] In diesem Zusammenhang sind auch Abweichungen vom handelsrechtlichen Niederstwertprinzip möglich.[86] 88

Gemäß § 6 Abs. 1 Nr. 1 Satz 3 EStG ist Teilwert „der Betrag, den der Erwerber des ganzen Betriebes im Rahmen des Gesamtkaufpreises für das einzelne Wirtschaftsgut ansetzen würde; dabei ist davon auszugehen, dass der Erwerber den Betrieb fortführt." Durch den Teilwert soll grds. der Mehrwert erfasst werden, den ein Wirtschaftsgut wegen seiner Zugehörigkeit zu einem bestimmten Betriebsvermögen im Unterschied zum gemeinen Wert besitzt. 89

Die Rechtsprechung hat sich bei der Lösung des Zurechnungsproblems mit Teilwertgrenzen und Teilwertvermutungen geholfen. Danach sind Teilwert-Obergrenze die Wiederbeschaffungskosten und Teilwert-Untergrenze der Einzelveräußerungspreis. Die Teilwertvermutungen gehen im Zeitpunkt der Anschaffung bzw. Herstellung dahin, dass der Teilwert den tatsächlichen Anschaffungs- bzw. Herstellungskosten entspricht. Bei nicht abnutzbaren Anlagegütern gilt diese Vermutung auch für spätere Bilanzstichtage. Bei abnutzbaren Anlagegütern wird der Teilwert in Höhe der fortgeführten Anschaffungs- bzw. Herstellungskosten vermutet (Anschaffungs- bzw. Herstellungskosten vermindert um [grds. lineare] AfA), bei Wirtschaftsgütern des Umlaufvermögens iHd. aktuellen Wiederbeschaffungskosten. Will der Steuerpflichtige davon abweichen, so muss er die Teilwertvermutungen widerlegen durch Nachweis gesunkener Wiederbeschaffungskosten bzw. mangelnder Rentabilität einzelner Wirtschaftsgüter (Fehlmaßnahme, Fehlinvestition). Demgegen- 90

---

[85] Erneut Hinweis auf BMF v. 25. 2. 2000, BStBl. I 2000, 372, v. 26. 3. 2009, DStR 2009, 693, sowie BFH v. 14. 3. 2006, BStBl. II 2006, 680; v. 26. 9. 2007, DStR 2008, 187.

[86] Die Teilwertabschreibung ist grundsätzlich ein steuerrechtliches Wahlrecht. In den Fällen, in denen handelsrechtlich das gemilderte Niederstwertprinzip gilt (bei einer AG, wie erwähnt, nur im Bereich des Finanzanlagevermögens denkbar), darf steuerlich wegen der nur vorübergehenden Wertminderung kein niedrigerer Teilwert angesetzt werden. Das handelsrechtliche Wahlrecht findet damit steuerlich insoweit keine Entsprechung. Auch bei Wirtschaftsgütern des Umlaufvermögens, die keiner dauerhaften Wertminderung (im steuerlichen Sinne) unterliegen, gilt handelsrechtlich das strenge Niederstwertprinzip, während steuerlich keine Teilwertabschreibung möglich ist. Demgegenüber gilt bei Wirtschaftsgütern des Anlage- und des Umlaufvermögens, die einer dauerhaften Wertminderung unterliegen, handelsrechtlich das strenge Niederstwertprinzip, und es gibt auch eine steuerliche Teilwertabschreibungsmöglichkeit. Der wahlweise steuerliche Ansatz des niedrigeren Teilwerts wird über das Maßgeblichkeitsprinzip mithin in diesen Fällen grundsätzlich obligatorisch.

über ist die mangelnde Rentabilität des ganzen Betriebes nach Auffassung des BFH nicht geeignet, einen niedrigeren Teilwert einzelner Wirtschaftsgüter zu begründen. Vielmehr äußert sich die Teilwertermittlung grundsätzlich in der marktgerechten Bewertung der einzelnen Wirtschaftsgüter (Wiederbeschaffungskosten).[87]

91 Wurde handelsbilanziell eine außerplanmäßige Abschreibung vorgenommen und fallen später die Gründe für diese Abschreibung weg, so stellt sich die Frage nach einer Zuschreibung, einer Wertaufholung. Für Kapitalgesellschaften besteht gemäß § 280 Abs. 1 HGB ein generelles Wertaufholungsgebot.[88] Infolge des steuerrechtlichen Wertaufholungsgebots greift § 280 Abs. 2 HGB nicht. Obergrenze der Wertaufholung sind die – ggf. um planmäßige Abschreibungen fortgeführten – Anschaffungs- bzw. Herstellungskosten.[89]

92 Steuerbilanziell besteht seit dem VZ 1999 die Pflicht, ein Wirtschaftsgut mit den fortgeführten Anschaffungskosten zu bewerten, es sei denn, der Steuerpflichtige weist nach, dass zum Bilanzstichtag ein niedrigerer Teilwert vorliegt (§ 6 Abs. 1 Nr. 1 Satz 4, Abs. 1 Nr. 2 Satz 3 EStG). Im Ergebnis bedeutet dies in den Fällen, in denen nach einer Teilwertabschreibung die Wertminderung ganz oder teilweise entfallen ist, eine Wertaufholungspflicht.[90] Auch für die AfaA besteht ein Wertaufholungsgebot, soweit die Gründe für diese Abschreibung entfallen sind (§ 7 Abs. 1 Satz 6 EStG). Im Einzelnen bestehen vor allem aufgrund der Unterschiede zwischen außerplanmäßigen Abschreibungen und Teilwertabschreibungen bzw. AfaA auch Unterschiede zwischen handels- und steuerrechtlichem Wertaufholungsgebot.[91]

b) BilMoG

93 Die bisher für den derivativen Geschäftswert wahlweise vorgesehene 25%-Abschreibung entfällt. D.h., dass auch insoweit nur noch eine Schätzung der Nutzungsdauer ohne eine alternative feste Vorgabe vorgesehen ist. Steuerlich bleibt es dagegen bei der Vorgabe einer festen 15-jährigen Abschreibungsdauer.

94 Nach § 253 Abs. 3 Satz 3 HGB nF gilt künftig ein Verbot für außerplanmäßige Abschreibungen bei nur vorübergehenden Wertminderungen von Vermögensgegenständen des Anlagevermögens. Eine Ausnahme ist in § 253 Abs. 3 Satz 4 HGB nF für Finanzanlagen vorgesehen (so bisher schon § 279 Abs. 1 S. 2 HGB). Insoweit sind außerplanmäßige Abschreibungen nach wie vor auch bei voraussichtlich nicht dauernder Wertminderung möglich. Die Neuregelung hat keine steuerlichen Auswirkungen, da gem. § 6 Abs. 1 Nr. 1 Satz 2 und Nr. 2

---

[87] Eigentlich müsste sich dementsprechend die mangelnde Rentabilität des gesamten Betriebs in einem negativen Firmenwert ausdrücken. Auch ein solcher Ansatz wird aber durch die Rechtsprechung abgelehnt. Siehe auch § 13 Rz. 559 f.

[88] Nicht-Kapitalgesellschaften können dagegen den niedrigen Wertansatz beibehalten (§§ 253 Abs. 5, 254 Satz 2 HGB), es kann aber auch eine Zuschreibung erfolgen (Wertaufholungswahlrecht).

[89] Zu § 58 Abs. 2a AktG, der für die Eigenkapitalanteile (dh. den Nettobetrag nach Steuern) von Wertaufholungen bei Vermögensgegenständen eine erweiterte Gewinnverwendungskompetenz der Verwaltung vorsieht, siehe auch Rz. 195.

[90] Siehe dazu auch BMF v. 25. 2. 2000, BStBl. I 2000, 372.

[91] Weiterhin könnte nach handelsrechtlicher Auffassung eine Wertaufholung nur dann vorzunehmen sein, wenn die konkreten Gründe für die ursprüngliche Abschreibung weggefallen sind (unklar). Steuerrechtlich ist demgegenüber unabhängig von der Ursache jede Werterholung Grund für eine Wertaufholung.

B. Ansatz und Bewertung von Aktiva   95–98 § 11

Satz 2 EStG Teilwertabschreibungen ohnehin nur bei voraussichtlich dauernden Wertminderungen zulässig sind. Der Kreis möglicher Abweichungen zwischen Handels- und Steuerbilanz wird auf Finanzanlagen eingeschränkt.[92] Ee entfällt auch das bisher für Vermögensgegenstände des Umlaufvermögens in § 253 Abs. 3 S. 3 HGB vorgesehene Wahlrecht der außenplanmäßigen Abschreibung nach vernünftiger kaufmännischer Beurteilung auf den sog. Wertschwankungswert (arg. § 253 Abs. 4 HGB nF). Gleiches gilt für die bislang generell in § 253 Abs. 4 HGB (vorbehaltlich § 279 Abs. 1 S. 1 HGB) vorgesehene Möglichkeit der Abschreibungen im Rahmen vernünftiger kaufmännischer Beurteilung. In der Steuerbilanz sind insoweit schon immer keine Teilwertabschreibungsmöglichkeiten gegeben gewesen. 95

§ 253 Abs. 5 Satz 1 HGB nF sieht ein rechtsformunabhängiges Wertaufholungsgebot vor, wenn die Gründe für den niedrigeren Wertansatz aufgrund einer außerplanmäßigen Abschreibung entfallen sind (so bisher schon § 280 Abs. 1 HGB). Eine Ausnahme ist nach § 253 Abs. 5 Satz 2 HGB nF lediglich für einen derivativen Geschäfts- oder Firmenwert vorgesehen, bei dem ein niedriger Wertansatz aufgrund einer außerplanmäßigen Abschreibung verpflichtend beizubehalten ist. Insoweit bleibt eine Abweichung zwischen der Handels- und Steuerbilanz bestehen.[93] In der Sache stellt allerdings auch in der Steuerbilanz eine Wertaufholung bei einem derivativen Geschäfts- oder Firmenwert eine eigentlich (verbotene) Aktivierung eines selbst geschaffenen Geschäfts- oder Firmenwertes dar. 96

c) IFRS

Nach IFRS sind grundsätzlich die gleichen Verfahren der planmäßigen Abschreibung zulässig wie nach HGB, da es sich um allgemein anerkannte Verfahren handelt, die den voraussichtlichen Nutzungsverlauf des Vermögensgegenstandes abbilden.[94] Allerdings werden die Nutzungsdauern häufig länger als nach HGB angesetzt. 97

Auch sind nach IFRS außerplanmäßige Abschreibungen vorzunehmen. Dabei besitzt die absatzmarktorientierte Bewertung tendenziell eine größere Bedeutung als nach HGB. Eine Unterscheidung in dauerhafte und nur vorübergehende Wertminderungen wird nicht vorgenommen. Im Anlagevermögen erfolgt grundsätzlich keine außerplanmäßige Abschreibung, solange der Veräußerungs- oder Gebrauchswert des Gegenstandes über dem Buchwert liegt.[95] Im Bereich des Umlaufvermögens sind nach IFRS außerplanmäßige Abschreibungen vorzunehmen, wenn der Nutzen der Vorräte für das Unternehmen (erwarteter Veräußerungserlös abzgl. Fertigstellungs- und Verkaufskosten) den Buchwert unterschreitet.[96] Fallen die Gründe für eine außerplanmäßige Abschreibung weg, so muss auch nach IFRS idR eine Wertaufholung bis zur Höhe der fortgeführten Anschaffungs- bzw. Herstellungskosten erfol- 98

---

[92] S. aber auch das sog. Infineon-Urteil des BFH v. 26. 9. 2007, DStR 2008, 187, wonach bei notierten Aktien grds. jeder Kursverlust als voraussichtlich dauernd angesehen werden kann (ggf. ab Überschreiten einer sog. Erheblichkeitsschwelle). S. auch BMF v. 26. 3. 2009, DStR 2009, 693.
[93] Aber auch darüber hinaus erneut Hinweis auf Fn. 91.
[94] Vgl. IAS 16.60.
[95] Vgl. IAS 36.59.
[96] Vgl. IAS 2.9.

§ 11 99–106   Ergebnisermittlung und Ergebnisverwendung

gen.[97] Auch im Umlaufvermögen ist nur in einigen Fällen eine Wertaufholung möglich.[98]

99 Der Firmenwert ist nach IFRS nur außerplanmäßig, nicht aber planmäßig abzuschreiben.[99]

100 Zu den möglichen Zuschreibungen bei bestimmten Sachanlagen, Beteiligungen und Finanzinstrumenten s. bereits Rz. 70.

4. Bewertungsvereinfachungen

a) HGB und Steuerbilanz de lege lata

101 Nach § 256 HGB kann, soweit es den GoB entspricht, für den Wertansatz gleichartiger Vermögensgegenstände des Vorratsvermögens unterstellt werden, dass die zuerst oder die zuletzt angeschafften oder hergestellten Vermögensgegenstände zuerst oder in einer sonstigen bestimmten Folge verbraucht oder veräußert worden sind (Verbrauchsfolgeverfahren). Außerdem ist die Festbewertung und die Gruppenbewertung zulässig. Jeweils handelt es sich um eine Ausnahme vom allgemeinen Grundsatz der Einzelbewertung (§ 252 Abs. 1 Nr. 3 HGB).

102 Eine Festbewertung ist möglich bei Vermögensgegenständen des Sachanlagevermögens und bei Roh-, Hilfs- und Betriebsstoffen, wenn die Vermögensgegenstände regelmäßig ersetzt werden, der Gesamtwert von nachrangiger Bedeutung ist, der Bestand in seiner Größe nur geringen Änderungen unterliegt, nur geringe Änderungen im Wert der Güter aufweist und auch nur geringen Änderungen in seiner Zusammensetzung ausgesetzt ist. Ein Festwert darf nur zur Erleichterung der Inventur und Bewertung angesetzt werden, nicht jedoch zum Ausgleich von Preisschwankungen, insbesondere von Preissteigerungen. Erfolgt eine wesentliche Änderung des Wertes des Bestandes, so muss eine Fortschreibung des Festwertes vorgenommen werden.[100]

103 Eine Gruppenbewertung ist möglich bei Vermögensgegenständen des Vorratsvermögens und anderen beweglichen Vermögensgegenständen, wenn die Vermögensgegenstände gleichartig (Vorratsvermögen) oder gleichartig oder annähernd gleichwertig sind (andere bewegliche Vermögensgegenstände). Bei der Gruppenbewertung werden die Vermögensgegenstände in Gruppen zusammengefasst und mit dem gewogenen Durchschnittswert angesetzt.

104 Steuerlich sind die Festbewertung gem. R 5.4 Abs. 4 EStR und die Gruppenbewertung gem. R 6.8 Abs. 4 EStR zulässig.

105 Der Kreis der handelsbilanziell zulässigen Verbrauchsfolgeverfahren ist weit gezogen (Lifo, Fifo, Hifo etc.). Nur in Ausnahmefällen wird die GoB-Entsprechung abgelehnt. Steuerbilanziell ist demgegenüber gem. § 6 Abs. 1 Nr. 2a EStG nur die Lifo-Methode für gleichartige Gegenstände des Vorratsvermögens zulässig.

106 Beim permanenten Lifo-Verfahren werden die Zu- und Abgänge permanent während des gesamten Wirtschaftsjahres einzeln erfasst und wertmäßig fortgeschrieben. Dabei werden die Zugänge mit ihren tatsächlichen Anschaffungs-

---

[97] Vgl. IAS 36.114.
[98] Vgl. IAS 2.34.
[99] Vgl. IFRS 3.54.
[100] Zur regelmäßig alle 3 Jahre erforderlichen körperlichen Bestandsaufnahme und zur sog. 10 %-Grenze siehe R 5.4 Abs. 4 EStR.

B. Ansatz und Bewertung von Aktiva

kosten angesetzt, während die Abgänge der Lifo-Fiktion entsprechend mit den Wertansätzen der letzten Zugänge bewertet werden. Beim Perioden-Lifo wird dagegen am Ende der Periode der mengenmäßige Bestand ermittelt und mit dem Anfangsbestand verglichen. Die Zuordnung der Werte zum Verbrauch erfolgt nach Maßgabe der Lifo-Fiktion. Damit resultieren rechnerisch einfache Ergebnisse, wenn der mengenmäßige Endbestand dem mengenmäßigen Anfangsbestand entspricht oder diesen unterschreitet. Überschreitet dagegen der mengenmäßige Endbestand den mengenmäßigen Anfangsbestand, so sind nicht alle Zugänge des Wirtschaftsjahres fiktiv verbraucht. Für die Bewertung bieten sich zB Durchschnittspreise der Periode an.[101]

b) BilMoG

Die Änderung in § 256 Satz 1 HGB nF beschränkt die Bewertungsvereinfachungsverfahren auf das Lifo- und das Fifo-Verfahren. Steuerlich ist nach § 6 Abs. 1 Nr. 2a Satz 1 EStG unverändert nur das Lifo-Verfahren zulässig.

c) IFRS

Auch nach IFRS sind Lifo und Fifo und Gruppenbewertungen bei der Vorratsbewertung zulässig. Eine Festwertbildung ist grundsätzlich nicht zulässig.[102]

III. Sicherungsgeschäfte

1. HGB und Steuerbilanz de lege lata

Sicherungsgeschäfte werden häufig mit Hilfe (derivativer) Finanzinstrumente vorgenommen. Es kann sich um unbedingte Termingeschäfte (Forward, Futures) und um bedingte Termingeschäfte (Optionsgeschäfte, Swaps) handeln.

Das wesentliche Problem in der bilanziellen Abbildung dieser Fälle liegt in der Aufteilung eines zusammenhängenden wirtschaftlichen Sachverhaltes in mehrere dem Einzelbewertungsgrundsatz unterliegende bilanzielle Einheiten. Sicherungsgeschäfte sind im Verhältnis zum Basisgeschäft grundsätzlich rechtlich selbständig und damit einzeln zu bewerten, auch wenn durch die Kombination Risiken vermindert bzw. ausgeschlossen werden, die bei isolierter Betrachtung bestehen. Sie resultieren nach HGB, da und wenn es sich um schwebende Geschäfte handelt, grundsätzlich nicht in einem Bilanzansatz. Normalerweise ist lediglich die Aktivierung entgeltlich erworbener Rechte, die Passivierung erhaltener Entgelte oder die Bildung von Drohverlustrückstellungen denkbar. Die bilanzielle Abbildung des Basisgeschäfts bleibt davon unberührt.

Ausnahmsweise kann das Problem der Bilanzierung und Bewertung von Sicherungsgeschäften mit Hilfe von (derivativen) Finanzinstrumenten durch die Bildung von Bewertungseinheiten, auf die als Einheit das Realisations- und das Imparitätsprinzip angewendet werden, gelöst werden. Die Annahme einer Bewertungseinheit aufgrund von Sicherungszusammenhängen (Hedge Accounting) wird nach HGB bisher grundsätzlich nur im Fall des sog. Micro-Hedge (direkter Sicherungszusammenhang zwischen Grund- und Sicherungs-

---

[101] S. a. R 6.9 Abs. 4 EStR.
[102] Vgl. IAS 2.25. Zwar wurde das LIFO-Verfahren im Rahmen der Überarbeitung des Standards im Jahr 2003 als fiktives Verbrauchsfolgeverfahren explizit gestrichen; es bleibt jedoch anwendbar, sofern die tatsächliche Verbrauchsfolge entsprechend erfolgt.

geschäft; Betrags-, Währungs- und Fristenidentität; entsprechende Dokumentation) unstreitig für zulässig gehalten. Im Fall des sog. Macro-Hedge (weiterer Sicherungszusammenhang) bzw. des Portfoliohedge (abstrakter Sicherungszusammenhang) ist die Annahme einer Bewertungseinheit demgegenüber nach HGB zumindest nicht unproblematisch.

112 Die Ergebnisse der in der handelsrechtlichen Rechnungslegung zur Absicherung finanzwirtschaftlicher Risiken gebildeten Bewertungseinheiten sind auch für die steuerliche Gewinnermittlung maßgeblich (§ 5 Abs. 1a EStG).[103] In einem solchen Fall gilt steuerbilanziell das Ansatzverbot für Drohverlustrückstellungen für Ergebnisse nach § 5 Abs. 1a EStG nicht (§ 5 Abs. 4a S. 2 EStG).

2. BilMoG

113 Durch § 254 HGB nF wird die Möglichkeit der Bildung von Bewertungseinheiten in der Handelsbilanz gesetzlich verankert. Danach können Vermögensgegenstände, Schulden, schwebende Geschäfte oder mit hoher Wahrscheinlichkeit erwartete Transaktionen zum Ausgleich gegenläufiger Wertänderungen oder Zahlungsströme aus dem Eintritt vergleichbarer Risiken mit Finanzinstrumenten zu einer Bewertungseinheit zusammengefasst werden. Als abgesicherte Geschäfte kommen mithin nicht nur Finanzinstrumente, als absichernde Geschäfte hingegen nur Finanzinstrumente in Betracht.[104] Erfasst sein können Mikro-, Makro- und Portfolio-Hedges. Die Zielsetzung der Risikoabsicherung setzt eine ausreichende Dokumentation über die gebildete Bewertungseinheit voraus. Bei Erfüllung aller Voraussetzungen ist auf den Ausweis nicht realisierter Verluste aufgrund korrespondierender nicht realisierter Gewinne in dem Umfang und für den Zeitraum zu verzichten, in dem die gegenläufigen Wertänderungen oder Zahlungsströme sich ausgleichen.

114 Die neue Regelung wirkt sich steuerlich aus, da handelsrechtliche Bewertungseinheiten gem. dem unveränderten § 5 Abs. 1a EStG auch in der Steuerbilanz zu bilden sind. Bedeutsam für die steuerliche Gewinnermittlung ist die Einbeziehung geplanter Transaktionen in die Bewertungseinheiten, was bei einem Verpflichtungsüberschuss auch zu nach dem ebenfalls unveränderten § 5 Abs. 4a Satz 2 EStG zulässigen Rückstellungen führen kann.

3. IFRS

115 Nach IFRS werden grundsätzlich auch alle Derivate bilanziell angesetzt. Entsprechende Rechte werden als Assets und Verpflichtungen als Liabilities qualifiziert. Die Bewertung erfolgt erfolgswirksam zum „Fair Value".[105] Lediglich für Derivate, deren Fair Value nicht zuverlässig bestimmt werden kann, sind die Anschaffungskosten die Wertobergrenze.

116 Dementsprechend sehen die IFRS beim sog. Fair-Value-Hedge (Sicherungsgeschäfte gegen Marktwertänderungen) eine ergebniswirksame Neutralisation durch Fair-Value-Ansatz sowohl des Derivates als auch der risikobezogenen

---

[103] Unklar sind vor allem Fragen der Auflösung einer Bewertungseinheit, wenn die einbezogenen Positionen nur zT für § 8b KStG qualifizieren.

[104] Als Finanzinstrumente gelten auch Termingeschäfte über den Erwerb oder die Veräußerung von Waren.

[105] Derivate zählen gem. IAS 39.9 grds. zur Kategorie der erfolgswirksam zum beizulegenden Zeitwert zu bilanzierenden Finanzinstrumente.

B. Ansatz und Bewertung von Aktiva 117–121 § 11

Wertänderungen des Grundgeschäftes vor.[106] Beim sog. Cashflow-Hedge (Sicherungsgeschäfte gegen Schwankungen künftiger Zahlungsströme) erfolgt ebenfalls ein Fair-Value-Ansatz des Derivates, die Veränderungen werden aber ergebnisneutral im Eigenkapital verbucht.[107] Eine ergebniswirksame Verbuchung erfolgt nur, soweit sich auch Wertänderungen des Grundgeschäftes erfolgswirksam auswirken. Entsprechende Regeln wie beim Cashflow-Hedge gelten im Grundsatz auch beim Foreign Currency Hedge (Sicherungsgeschäfte gegen Währungskursschwankungen).[108]

IV. Latente Steuern

1. HGB de lege lata

Grundsätzlich sind, wie bereits erläutert, Handels- und Steuerbilanz durch die Maßgeblichkeit eng miteinander verknüpft. Unterschiede ergeben sich jedoch aus den Einschränkungen und Durchbrechungen der Maßgeblichkeit. **117**

Damit der Steueraufwand in der Periode in einem nachvollziehbaren Zusammenhang mit dem handelsrechtlichen Ergebnis steht, erfolgt ein Ansatz latenter Steuern. Es soll grundsätzlich eine Steuerbelastung ausgewiesen werden, die sich ergeben würde, wenn das handelsrechtliche Ergebnis auch Grundlage der Ertragsbesteuerung wäre. Übersteigt der steuerliche Gewinn das handelsrechtliche Ergebnis, so kommt es grundsätzlich zum Ausweis aktiver latenter Steuern, liegt der steuerliche Gewinn unter dem handelsrechtlichen Ergebnis, so kommt es grundsätzlich zum Ausweis passiver latenter Steuern. **118**

Permanente Differenzen entstehen zB durch steuerliche Abzugsverbote für bestimmte Aufwendungen oder durch steuerfreie Erträge. Dem stehen die zeitlich begrenzten Differenzen gegenüber. Hier werden Aufwendungen und Erträge sowohl handelsrechtlich als auch steuerrechtlich erfasst, allerdings in verschiedenen Perioden (zB unterschiedliche Abschreibungsverläufe, Bewertungsunterschiede beim Umlaufvermögen uÄ). Derartige Differenzen gleichen sich über einen mehrperiodigen Zeitraum vollständig aus. Quasi-permanente Differenzen gleichen sich zwar ebenfalls formal im Zeitablauf aus, es bedarf dazu jedoch besonderer unternehmerischer Dispositionen bzw. der Unternehmensauflösung (zB Bewertungsunterschiede beim nichtabnutzbaren Anlagevermögen). **119**

Die latente Steuerabgrenzung nach HGB für Kapitalgesellschaften ist in § 274 HGB geregelt. Danach dürfen latente Steuern lediglich dann bilanziert werden bzw. sind zu bilanzieren, wenn sich die Unterschiede zwischen handelsrechtlichem und steuerrechtlichem Ergebnis voraussichtlich in den folgenden Perioden ausgleichen. Quasi-permanente oder permanente Differenzen können nach § 274 HGB nicht zur latenten Steuerabgrenzung führen. **120**

Für passive latente Steuern besteht gem. § 274 Abs. 1 HGB in Höhe der voraussichtlichen Steuerbelastung nachfolgender Geschäftsjahre Passivierungspflicht (als Rückstellung). Aktive latente Steuern sind demgegenüber nach HGB-Verständnis kein Vermögensgegenstand.[109] Dementsprechend sieht § 274 Abs. 2 **121**

---

[106] Vgl. IAS 39.89.
[107] Vgl. IAS 39.95.
[108] Vgl. IAS 39.102.
[109] Auch ein steuerlicher Verlustvortrag stellt keinen Vermögensgegenstand dar (keine selbständige Bewertungsfähigkeit).

Rödder 815

§ 11 122–126 Ergebnisermittlung und Ergebnisverwendung

HGB für aktive latente Steuern in Höhe der voraussichtlichen Steuerentlastung nachfolgender Geschäftsjahre im Einzelabschluss lediglich ein Aktivierungswahlrecht als Bilanzierungshilfe vor. Der Ausweis führt zu einer Ausschüttungssperre für den entsprechenden Betrag (§ 274 Abs. 2 Satz 3 HGB).

122 § 274 HGB geht von einer Gesamtbetrachtung aus. Deshalb sind alle auf einzelnen Sachverhalten beruhenden Ergebnisunterschiede zu einer Saldogröße zusammenzufassen. Es erfolgt damit auch eine Saldierung aktiver und passiver latenter Steuern.

123 Bei der Berechnung aktiver bzw. passiver latenter Steuern nach HGB ist nach überwiegender Auffassung der künftige Steuersatz maßgeblich (es geht um die Steuerbe- und Steuerentlastung nachfolgender Geschäftsjahre). Es wird so lange der aktuelle Steuersatz verwendet, wie nicht hinreichend konkrete Erwartungen über Steuersatzänderungen bestehen. Ändert sich der Steuersatz später, so muss eine Anpassung der latenten Steuern erfolgen. Eine Abzinsung erfolgt nicht.

124 Eine Auflösung aktiver bzw. passiver latenter Steuern erfolgt, wenn die Steuerentlastung/-belastung eintritt oder mit ihr voraussichtlich nicht mehr zu rechnen ist.

2. BilMoG

125 Nach § 274 HGB nF erfolgt ein Übergang zum „temporary" Konzept. Das heißt, dass im Grundsatz nicht nur zeitlich begrenzte Differenzen, sondern auch alle quasi-permanenten Abweichungen erfasst werden. Vergleichsweise überzahlte Steuern führen zu aktiven latenten Steuern, vergleichsweise wenig gezahlte Steuern zu passiven latenten Steuern. Für beide Größen war eine Ansatzpflicht geplant, für aktive latente Steuern ist nun aber doch ein Aktivierungswahlrecht vorgesehen worden. Aktive und passive latente Steuern sollten nicht mehr zu saldieren und separat auszuweisen sein, nun ist aber ein Verrechnungs- und Saldierungswahlrecht eingeräumt worden. Die Berücksichtigung aktiver latenter Steuern auf Verlustvorträge ist nur i.H.d. erwarteten Verrechnung in den nächsten fünf Jahren möglich. Eine Abzinsung hat nicht zu erfolgen. Der Ausschüttungssperre nach § 268 Abs. 8 HGB nF unterliegt ein evtl. Überhang aktiver latenter Steuern.

126 Im Einzelnen führt § 274 HGB nF Folgendes aus:[110] Bestehen zwischen den handelsrechtlichen Wertansätzen von Vermögensgegenständen, Schulden und Rechnungsabgrenzungsposten und ihren steuerlichen Wertansätzen Differenzen, die sich in späteren Geschäftsjahren voraussichtlich abbauen, so ist eine sich daraus insgesamt ergebende Steuerbelastung als passive latente Steuer in der Bilanz anzusetzen. Eine sich daraus insgesamt ergebende Steuerentlastung kann als aktiv latente Steuer in der Bilanz angesetzt werden. Die sich ergebende Steuerbe- und die sich ergebende Steuerentlastung können auch unverrechnet angesetzt werden. Steuerliche Verlustvorträge sind bei der Berechnung aktiver latenter Steuern in Höhe der innerhalb der nächsten fünf Jahre zu erwartenden Verlustverrechnung zu berücksichtigen. Die Beträge der sich ergebenden künftigen Steuerbe- und -entlastung sind mit den unternehmensindividuellen Steuersätzen im Zeitpunkt der Umkehrung der Differenz zu bewerten und nicht abzuzinsen. Sie sind aufzulösen, sobald die Steuerbe- oder -entlastung eintritt oder mit ihr nicht mehr zu rechnen ist.

---

[110] Zur Konkretisierung der Ausschüttungssperre in § 268 Abs. 8 HGB nF s. bereits Fn. 40.

B. Ansatz und Bewertung von Aktiva

Damit erhalten die latenten Steuern im HGB-Abschluss wohl doch nicht ganz das erwartete Gewicht. Allerdings bedarf es anders als bisher stets aufwändiger Einzelermittlungen. Ob die Spielräume zur Ergebnisbeeinflussung größer oder kleiner als bisher sind, ist unklar.[111] Auch viele wesentliche Details sind noch unklar (z. B.: Wer hat im Organschaftsfall latente Steuern zu bilden? Wie ist bei Personengesellschaften vorzugehen?).[112]

3. IFRS

Den IFRS liegt für die latente Steuerabgrenzung im Gegensatz zum HGB (aber in Entsprechung zum BilMoG) das bilanzorientierte Temporary-Konzept zugrunde.[113] Vergleichsweise überzahlte Steuern werden als Forderung interpretiert (Deferred Tax Assets), der umgekehrte Fall als Verbindlichkeit (Deferred Tax Liability). Folglich kommt es grundsätzlich darauf an, dass die abstrakten und konkreten Voraussetzungen zur Bilanzierung eines Assets bzw. einer Liability gegeben sind. Konkret setzt bspw. die Aktivierung eines Deferred Tax Assets voraus, dass mit mehr als 50%iger Wahrscheinlichkeit ein künftiger Vorteil in Form einer verminderten Steuerzahlung eintritt. Gegenstand der Bilanzierung latenter Steuern sind darüber hinaus auch steuerliche Verlustvorträge.[114] Hierunter fallen auch vortragsfähige Zinsaufwendungen im Rahmen der sog. Zinsschrankenregelung (§ 4h EStG). Im Fall einer Verlusthistorie sind besondere Anforderungen an die Aktivierung latenter Steuern auf steuerliche Verlustvorträge zu stellen.[115] Eine Begrenzung des Prognosezeitraums ist IAS 12 nicht zu entnehmen. Für aktive und passive latente Steuern besteht eine grundsätzliche Ansatzpflicht.[116] Die Bewertung latenter Steuern erfolgt anhand zukünftiger Steuersätze.[117] Eine Abzinsung erfolgt nicht.[118] Die Ergebniswirksamkeit der Erfassung latenter Steuern richtet sich nach der Ergebniswirksamkeit des zugrunde liegenden Geschäftsvorfals, dh die Steuerwirkung eines ergebniswirksamen Geschäftsvorfals wird ergebniswirksam, die Steuerwirkung eines ergebnisneutralen Geschäftsvorfals ergenisneutral erfasst.[119] Für aktive und passive latente Steuern besteht ein Saldierungsgebot, soweit bestimmte Voraussetzungen erfüllt sind.[120]

---

[111] Große Spielräume wären gegeben, wenn das Saldierungs- und das Aktivierungswahlrecht frei miteinander kombiniert werden könnten. Zutreffend ist aber wohl die Ansicht, dass die Entscheidung für die Nichtsaldierung wohl auch eine Entscheidung gegen das Aktivierungswahlrecht bedeutet. Auch dürfte sich das Aktivierungswahlrecht nicht auf jeden Einzelsachverhalt beziehen, sondern auf den Saldo insgesamt.

[112] Im Organschaftsfall dürften auch die auf die Organgesellschaft entfallenden latenten Steuern beim Organträger zu bilden sein (mit besonderen Folgefragen bei Beendigung der Organschaft). Bei Personengesellschaften sind nur latente Gewerbesteuern zu bilanzieren. Ergänzungsbilanzen dürften dabei zu berücksichtigen sein, die Behandlung von Sonderbetriebsvermögen ist dagegen schwierig zu präzisieren (bei der Personengesellschaft und beim bilanzierenden Mitunternehmer).

[113] Vgl. IAS 12.IN1.
[114] Vgl. IAS 12.34.
[115] Vgl. IAS 12.35.
[116] Zu den Ausnahmen vgl. IAS 12.15 und IAS 12.24 sowie IAS 12.38 ff.
[117] Vgl. IAS 12.47 f.
[118] Vgl. IAS 12.53.
[119] Vgl. IAS 12.57.
[120] Vgl. IAS 12.74.

C. Ansatz und Bewertung von Passiva

I. Ansatz

1. Passiva-Kategorien

a) HGB und Steuerbilanz

129 Das Fremdkapital umfasst die Verpflichtungen der AG gegenüber Dritten. Es steht – im Gegensatz zum Eigenkapital – dem Unternehmen nur zeitlich begrenzt zur Verfügung und nimmt grds. nicht bis zur vollen Höhe am Verlust teil. In der HGB-Bilanz ist das Fremdkapital in die bilanziellen Kategorien Verbindlichkeiten, Rückstellungen und passive Rechnungsabgrenzungsposten unterteilt.

130 Verbindlichkeiten sind wirtschaftlich belastende Verpflichtungen gegenüber Dritten, deren Bestehen, Wert und Fälligkeit am Abschlussstichtag gewiss ist. Die wirtschaftliche Verpflichtung bedeutet idR das Erbringen einer Geld-, Sach- oder Dienstleistung; eine wirtschaftliche Belastung liegt vor, wenn der Leistungsverpflichtung aus einem Sachverhalt nicht eine mindestens gleichwertige Gegenleistungsverpflichtung des Gläubigers gegenübersteht. Eine Verpflichtung besteht dann gewiss, wenn das Unternehmen juristisch zu ihrer Erfüllung gezwungen werden kann. Liegt eine Verbindlichkeit vor, so besteht handelsbilanziell (und steuerbilanziell) eine Ansatzpflicht.[121]

131 Die Passivierung von Rückstellungen dem Grunde nach ist in § 249 Abs. 1 und 2 HGB geregelt. Handelsrechtlich gibt es Rückstellungen für ungewisse Verbindlichkeiten, Rückstellungen für drohende Verluste aus schwebenden Geschäften sowie bestimmte Aufwandsrückstellungen. Rückstellungen für ungewisse Verbindlichkeiten („Verbindlichkeitsrückstellungen") erfassen wirtschaftlich belastende Verpflichtungen des Unternehmens zum Bilanzstichtag, die zwar ausreichend sicher, in einem oder mehreren Merkmalen (Bestehen, Höhe, Fälligkeit) jedoch ungewiss sind. Drohverlustrückstellungen bilden künftige Verpflichtungsüberschüsse aus schwebenden Geschäften ab. Aufwandsrückstellungen erfassen Aufwendungen (also keine Verpflichtungen gegenüber Dritten), die vor dem Bilanzstichtag wirtschaftlich verursacht sind, jedoch erst in Zukunft zu einer Auszahlung führen. Zu Rückstellungen und vor allem zu den steuerlichen Besonderheiten siehe näher Rz. 136 ff.

132 Passive Rechnungsabgrenzungsposten sind gem. § 250 Abs. 2 HGB bzw. § 5 Abs. 5 Satz 1 Nr. 2 EStG zu bilden wegen Einnahmen, die Ertrag für eine bestimmte Zeit nach dem Abschlussstichtag darstellen.[122]

133 Bei verschiedenen Finanzierungsinstrumenten stellt sich handelsbilanzrechtlich die Frage, ob es sich um Fremd- oder um Eigenkapital handelt. So ist aufgrund schuldrechtlicher Vereinbarungen gegen Gewährung von Genussrechten überlassenes Genussrechtskapital beim Emittenten als Eigenkapital einzustufen, wenn folgende Kriterien kumulativ erfüllt sind:[123] Nachrangig-

---

[121] Zum Sonderfall des § 5 Abs. 2 a EStG siehe Fn. 134.
[122] Nach BFH v. 9. 12. 1993, BStBl. II 1995, 202, sind Einnahmen vor dem Abschlussstichtag für eine zeitlich nicht befristete Dauerleistung bereits dann passiv abzugrenzen, wenn sie rechnerisch Ertrag für einen bestimmten Mindestzeitraum nach diesem Tag darstellen. Zu den Sonderfällen des § 250 Abs. 1 Satz 2 HGB aF ist darauf hinzuweisen, dass diese durch das BilMoG entfallen sind.
[123] Nähere Einzelheiten enthält die HFA-Stellungnahme 1/1994.

C. Ansatz und Bewertung von Passiva 134–136 § 11

keit, Erfolgsabhängigkeit der Vergütung und Teilnahme am Verlust bis zur vollen Höhe sowie Längerfristigkeit der Kapitalüberlassung.

Steuerlich steht dagegen bei Genussrechten normalerweise weniger die Abgrenzung zwischen Eigen- und Fremdkapital im Vordergrund als die Frage, ob die Bedienung von Genussrechten zu Betriebsausgaben oder verdeckten Gewinnausschüttungen führt. Diese Prüfung wird unter Zuhilfenahme von § 8 Abs. 3 Satz 2 2. Hs. KStG vorgenommen. Danach ist es für die Annahme einer verdeckten Gewinnausschüttung bei der Bedienung von Genussrechten entscheidend, ob die Genussrechte nicht nur eine Beteiligung am Gewinn, sondern auch am Liquidationserlös (einschließlich stiller Reserven) gewähren. Letzeres soll auch vorliegen, wenn eine Rückzahlung vor Liquidation des Unternehmens (bzw. vor Ablauf von 30 Jahren) nicht verlangt werden kann; und in diesem besonderen Fall soll steuerlich mglw. auch eine Einlage statt Fremdkapital gegeben sein.[124] **134**

b) IFRS

Die IFRS kennen anders als das HGB nur einen einheitlich definierten Oberbegriff für anzusetzende Passiva, nämlich den der Liabilities. Liabilities meint alle gegenwärtigen Verpflichtungen gegenüber Dritten, die aus vergangenen Ereignissen resultieren und in Zukunft voraussichtlich zu einem Abfluss wirtschaftlicher Ressourcen führen.[125] Zu den Liabilities gehören grds. auch Rückstellungen sowie passive transitorische Abgrenzungen.[126] Die konkrete Passivierungsfähigkeit von Liabilities ist dann gegeben, wenn der damit verbundene Abfluss wirtschaftlicher Ressourcen wahrscheinlich und die zuverlässige Bewertung des Sachverhalts möglich ist.[127] Ansonsten gilt ein Bilanzierungsverbot. Nicht passivierungspflichtig sind damit bspw. auch sog. Contingent Liabilities, die die Voraussetzungen von Liabilities (noch) nicht erfüllen.[128] Da zur Passivierung eine Außenverpflichtung gegenüber Dritten gegeben sein muss, besteht nach IFRS grundsätzlich ein Passivierungsverbot für Aufwandsrückstellungen.[129] **135**

2. Rückstellungen

a) HGB und Steuerbilanz de lege lata

§ 249 HGB sieht grundsätzlich eine Passivierungspflicht für Rückstellungen vor. Ausnahmen gelten für bestimmte Aufwandsrückstellungen, für die ein Passivierungswahlrecht besteht. Auch steuerbilanziell gilt grundsätzlich Passivierungspflicht. Allerdings besteht ein Ansatzverbot für Drohverlustrückstellungen (§ 5 Abs. 4 a EStG)[130], für bestimmte Verbindlichkeitenrückstellungen **136**

---

[124] BMF v. 8. 12. 1986 u. v. 27. 12. 1995, BStBl. I 1996, 49. Dagegen bleiben auch kapitalersetzende Darlehen steuerlich Fremdkapital.
[125] Vgl. Tz. 49 (b) des Rahmenkonzepts.
[126] Zur Abgrenzung vgl. IAS 37.11.
[127] Vgl. Tz. 91 des Rahmenkonzepts.
[128] Vgl. IAS 37.27. Sofern die Möglichkeit eines Abflusses von Ressourcen mit wirtschaftlichem Nutzen nicht unwahrscheinlich ist, sind bestimmte Anhangangaben erforderlich, vgl. IAS 37.86.
[129] Vgl. IAS 37.20.
[130] Zur Ausnahme bei Bewertungseinheiten s. dort S. 2 und Rz. 112.

Rödder

gibt es einschränkende Ansatzvoraussetzungen,[131] und hinsichtlich des Ansatzes von Aufwandsrückstellungen gilt, dass eine handelsrechtliche Ansatzpflicht grundsätzlich auch eine steuerrechtliche Ansatzpflicht bedeutet und handelsrechtliche Wahlrechte ein steuerliches Ansatzverbot bewirken.

137 Rückstellungen für ungewisse Verbindlichkeiten zeichnen sich dadurch aus, dass eine Verbindlichkeit besteht oder das künftige Entstehen wahrscheinlich ist, der Schuldner mit einer Inanspruchnahme ernsthaft rechnen muss (Wahrscheinlichkeit der Inanspruchnahme) und die wirtschaftliche Verursachung der Verbindlichkeit in der Zeit vor dem Bilanzstichtag liegt.[132]

138 Die Verpflichtung muss grundsätzlich Schuldcharakter haben und gegenüber Dritten bestehen (Außenverpflichtung). Es werden sowohl privatrechtliche als auch öffentlich-rechtliche Verpflichtungen abgebildet. Nicht notwendig ist, dass eine rechtliche Verpflichtung besteht; auch faktische Verpflichtungen können nach bisheriger Auffassung zur Rückstellungsbildung führen (zB Gewährleistungen, die ohne rechtliche Verpflichtung erbracht werden).

139 Die Voraussetzung der Wahrscheinlichkeit der Inanspruchnahme ist erfüllt, wenn mehr Gründe für als gegen das Be- oder künftige Entstehen einer Verbindlichkeit sprechen. Insoweit geht es vor allem um die Wahrscheinlichkeit der Geltendmachung der Forderung durch den Gläubiger, wobei es idR ausreichend ist, wenn der Gläubiger seine Ansprüche kennt oder die Kenntnisnahme mit hoher Wahrscheinlichkeit zu erwarten ist.[133]

140 Die wirtschaftliche Verursachung ist nach bisher überwiegend vertretener Auffassung gegeben, wenn alle wesentlichen Tatbestandsmerkmale erfüllt sind und das rechtliche Entstehen der Verbindlichkeit nur noch von unwesentlichen Tatbestandsmerkmalen abhängt. Demgegenüber wird in jüngerer Zeit auch stärker am Realisationsprinzip orientiert vertreten, dass immer schon dann, wenn Umsätze der Vergangenheit betroffen sind, wirtschaftliche Verursachung vorliegt. Diese Auffassung führt im Einzelfall zu einer leichteren Rückstellungsbildung. Sie könnte aber auch bedeuten, dass eine Rückstellungsbildung dann nicht erfolgen darf, wenn am Bilanzstichtag zwar eine Verbindlichkeit rechtlich gegeben ist, die wirtschaftliche Verursachung jedoch in der Zukunft liegt, weil die zukünftigen Ausgaben unzweifelhaft zukünftige Umsätze alimentieren (Beispiel: Anpassungsverpflichtungen für bestimmte technische Anlagen). Tendenziell dürfte Letzteres de lege lata zu weit gehen. Die (steuerliche) Rechtslage betr. das Merkmal der wirtschaftlichen Verursachung ist aber gegenwärtig nicht völlig klar.

141 Rückstellungen, deren Bilanzierung zu aktivierungspflichtigem Aufwand führen würde, dürfen nicht passiviert werden. Für steuerbilanzielle Zwecke ist dies ausdrücklich in § 5 Abs. 4 b Satz 1 EStG geregelt worden. Die Norm wäre deklaratorisch, wenn man – wie bereits diskutiert – die wirtschaftliche Verursachung so versteht, dass sie bei Zusammenhang mit zukünftigen Umsätzen und Kosten der zukünftigen Produktion nicht vorliegt.[134]

---

[131] Siehe dazu Rz. 141 f.

[132] Zur Abgrenzung zur Verbindlichkeit (eines oder mehrere der drei Merkmale Bestehen, Höhe, Fälligkeit ist ungewiss) siehe schon Rz. 130 f.

[133] Bspw. Rückstellungen für Produzentenhaftungen bzw. Garantieverpflichtungen können danach ansatzpflichtig sein, auch wenn die möglichen Gläubiger ihre Ansprüche noch nicht kennen.

[134] Weitere spezielle steuerliche Rückstellungsansatzrestriktionen enthält § 5 Abs. 2 a bis 4 EStG. Danach sind für Verpflichtungen, die nur zu erfüllen sind, soweit künftig

C. Ansatz und Bewertung von Passiva 142–144 § 11

Für öffentlich-rechtliche Verpflichtungen hat die Rechtsprechung zusätz- **142** liche Voraussetzungen für eine Passivierung aufgestellt, da solche Verpflichtungen häufig nicht erfüllt würden (zB wegen fehlender Sanktionen). Danach ist eine hinreichende Konkretisierung der Verpflichtung erforderlich durch eine Verfügung der zuständigen Behörde oder unmittelbar durch Gesetz, wenn dieses in sachlicher Hinsicht ein inhaltlich genau bestimmtes Handeln und in zeitlicher Hinsicht ein Handeln innerhalb einer bestimmten Nähe zum betreffenden Wirtschaftsjahr vorsieht und das Handlungsgebot sanktionsbewehrt und damit durchsetzbar ist (Beispiel: Altlastensanierung).[135]

Pensionsrückstellungen bilden Verpflichtungen gegenüber den Arbeitneh- **143** mern ab, die das Unternehmen aufgrund von vertraglichen Zusagen, betriebliche Alters- bzw. Invalidenrenten zu zahlen, eingegangen ist. Der Arbeitsvertrag ist zwar ein schwebendes Geschäft, hinsichtlich der erworbenen Pensionsansprüche für die abgelaufenen Kalenderjahre hat der Arbeitnehmer jedoch seine Leistungspflicht erbracht, und der Arbeitgeber befindet sich im Erfüllungsrückstand. Das Unternehmen muss auch mit einer Inanspruchnahme aus der Verpflichtung rechnen, der Arbeitnehmer hat einen entsprechenden Anspruch. Obwohl mithin eigentlich eine passivierungspflichtige Rückstellung für ungewisse Verbindlichkeiten vorliegt, besteht handelsrechtlich Passivierungspflicht nur für direkte Neuzusagen, dh. Rechtsansprüche, die von den Pensionsberechtigten nach dem 31.12.1986 erworben wurden. Soweit die Rechtsansprüche vor dem 1.1.1987 erworben wurden, besteht dagegen für die sog. Altzusagen und deren Erhöhungen ein Passivierungswahlrecht (Art. 28 Abs. 1 Satz 1 EGHGB).

Steuerbilanziell darf nach § 6a Abs. 1 EStG für eine Pensionsverpflichtung **144** eine Rückstellung nur gebildet werden, wenn eine rechtsverbindliche Pensionsverpflichtung vorliegt, es sich um eine unabdingbare Verpflichtung handelt (ein schädlicher Vorbehalt liegt vor allem vor, wenn der Arbeitgeber die Pensionszusage nach freiem Belieben widerrufen kann) und bei der Pensionszusage die Schriftform eingehalten wurde. Obwohl der Ansatz steuerrechtlich als Wahlrecht ausgestaltet ist, wird bei Erfüllung der Voraussetzungen des § 6a Abs. 1 EStG der Ansatz aufgrund des Maßgeblichkeitsprinzips grundsätzlich

---

Einnahmen oder Gewinne anfallen, Rückstellungen erst anzusetzen, wenn die Einnahmen oder Gewinne angefallen sind. Rückstellungen wegen Verletzung fremder Patent-, Urheber- oder ähnlicher Schutzrechte dürfen erst gebildet werden, wenn der Rechtsinhaber Ansprüche wegen der Rechtsverletzung geltend gemacht hat oder mit einer Inanspruchnahme wegen der Rechtsverletzung ernsthaft zu rechnen ist (eine nach der zweiten Variante gebildete Rückstellung ist spätestens in der Bilanz des dritten auf ihre erstmalige Bildung folgenden Wirtschaftsjahres gewinnerhöhend aufzulösen, wenn Ansprüche nicht geltend gemacht worden sind). Rückstellungen für die Verpflichtung zu einer Zuwendung anlässlich eines Dienstjubiläums dürfen nur gebildet werden, wenn das Dienstverhältnis mindestens zehn Jahre bestanden hat, das Dienstjubiläum das Bestehen eines Dienstverhältnisses von mindestens 15 Jahren voraussetzt, die Zusage schriftlich erteilt ist und soweit der Zuwendungsberechtigte seine Anwartschaft nach dem 31.12.1992 erworben hat.

[135] § 5 Abs. 4b Satz 2 EStG enthält darüber hinaus folgende Sonderregelung: Rückstellungen für die Verpflichtung zur schadlosen Verwertung radioaktiver Reststoffe sowie ausgebauter oder abgebauter radioaktiver Anlagenteile dürfen nicht gebildet werden, soweit Aufwendungen im Zusammenhang mit der Bearbeitung oder Verarbeitung von Kernbrennstoffen stehen, die aus der Aufarbeitung bestrahlter Kernbrennstoffe gewonnen worden sind und keine radioaktiven Abfälle darstellen.

auch zur Pflicht. Für Altzusagen, die handelsrechtlich einem Wahlrecht unterliegen, müssen im Rahmen des Maßgeblichkeitsprinzips allerdings das handelsrechtliche und steuerrechtliche Ansatzwahlrecht einheitlich ausgeübt werden.

145 Grundsätzlich ist bei Erteilung der Pensionszusage mit dem Aufbau einer Pensionsrückstellung zu beginnen. Für steuerliche Zwecke muss der Arbeitnehmer allerdings mindestens 28 Jahre alt sein (handelsrechtlich kann eine Pensionsrückstellung auch vor dem 28. Lebensjahr gebildet werden). Eine Rückstellung muss spätestens bei Eintritt des Versorgungsfalles gebildet werden.

146 Handelsrechtlich ist eine Rückstellung für drohende Verluste aus schwebenden Geschäften zu bilden, wenn sich das schwebende Geschäft als ein Verlustgeschäft herausstellt, dh. wenn der Wert der eigenen Verpflichtung größer als der Anspruch auf die Gegenleistung wird (Verpflichtungsüberschuss).[136] Dabei ergeben sich naturgemäß besondere Probleme bei der Abgrenzung des Saldierungsbereiches von Ansprüchen und Verpflichtungen (Beispiel: Ausbildungsverträge).[137] Steuerrechtlich ist der Ansatz von Drohverlustrückstellungen grds. unzulässig (§ 5 Abs. 4 a EStG).[138]

147 Im Bereich der Aufwandsrückstellungen gilt gem. § 249 Abs. 1 Satz 2 Nr. 1 HGB für Rückstellungen für unterlassene Instandhaltung (bei Nachholung innerhalb von drei Monaten) oder Abraumbeseitigung (bei Nachholung innerhalb eines Jahres) handels- und steuerbilanziell Passivierungspflicht. Bei allen anderen in § 249 Abs. 1 Satz 3 und Abs. 2 HGB genannten Aufwandsrückstellungen besteht handelsrechtlich ein Passivierungswahlrecht und steuerlich ein Passivierungsverbot. Es handelt sich vor allem um die in § 249 Abs. 2 HGB vorgesehenen Aufwandsrückstellungen, die gebildet werden können für in ihrer Eigenart nach genau umschriebene Aufwendungen (keine allgemeinen Unternehmensrisiken etc.), die dem Geschäftsjahr oder einem früheren Geschäftsjahr zuzuordnen und die am Abschlussstichtag wahrscheinlich oder sicher sind. Die Höhe der Ausgaben oder der Zeitpunkt des Eintrittes können im Fall des § 249 Abs. 2 HGB unbestimmt sein.

b) BilMoG

148 Die bislang in § 249 Abs. 2 HGB geregelten Aufwandsrückstellungen sind nicht mehr zulässig. Gleiches gilt für die bisher in § 249 Abs. 1 S. 3 HGB geregelten Rückstellungen für unterlassene Instandhaltung bei Nachholung innerhalb des Geschäftsjahres. Da insoweit in der Steuerbilanz ohnehin Passivierungsverbote bestehen, erfolgt insoweit mithin eine Anpassung der Handels- an die Steuerbilanz.

---

[136] Am Absatzmarkt ist ein Verpflichtungsüberschuss gegeben, wenn die Leistung (zu Selbstkosten) höher als der Verkaufserlös ist. Daneben stellt sich die Frage, ob auch für Drohverluste auf der Beschaffungsseite die Rückstellung gebildet werden kann. In der Sache führt eine Bejahung der Frage zu einer Antizipation in der Zukunft anfallenden Wertminderungen/Abschreibungen bei den betroffenen Vermögensgegenständen.

[137] Der BFH hatte die Bildung einer Drohverlustrückstellung im Fall von Ausbildungsverträgen abgelehnt, weil in den Saldierungsbereich der Ansprüche und Verpflichtungen auch der Vorteil aus der späteren Weiterbeschäftigung, der Auswahlvorteil und die Ansehenssicherung und -erhöhung einzubeziehen sei. Ähnlich der sog. Apothekerfall (ein Apotheker hatte unter Einstand an einen Arzt weiter vermietet): der BFH bezog den Standortvorteil in den Saldierungsbereich ein (BFH v. 23. 6. 1997, BStBl. II 1997, 735).

[138] Zur Ausnahme im Rahmen von Bewertungseinheiten s. Rz. 112.

C. Ansatz und Bewertung von Passiva 149–154 § 11

c) IFRS

Nach IFRS setzt eine Rückstellungsbildung abgeleitet aus dem Begriff der 149
Liability und den allgemeinen Ansatzkriterien des Framework voraus eine gegenwärtige Verpflichtung aufgrund eines zurückliegenden Ereignisses, das Vorliegen einer (bezüglich ihrer Fälligkeit oder Höhe ungewissen) Außenverpflichtung, die wirtschaftliche Verursachung bzw. rechtliche Entstehung sowie die ausreichende Wahrscheinlichkeit der Inanspruchnahme und die verlässliche Schätzbarkeit.[139] Nach IFRS müssen auch Rückstellungen für drohende Verluste aus schwebenden Geschäften gebildet werden.[140] Zur Passivierung einer Drohverlustrückstellung müssen aber die gleichen Kriterien wie bei Verbindlichkeitsrückstellungen erfüllt sein. Aufwandsverpflichtungen sind nach IFRS grundsätzlich nicht passivierungsfähig.[141]

II. Bewertung

1. HGB und Steuerbilanz de lege lata

Ausgangswerte für die handelsrechtliche Bewertung der verschiedenen Pas- 150
siva-Kategorien sind gem. § 253 Abs. 1 Satz 2 HGB für Verbindlichkeiten der Rückzahlungsbetrag, für Rentenverpflichtungen der Barwert und für Rückstellungen der Betrag, der nach vernünftiger kaufmännischer Beurteilung notwendig ist.

Der „Rückzahlungsbetrag" entspricht normalerweise dem Erfüllungsbetrag, 151
dh. dem Betrag, den der Schuldner für die Begleichung der Verbindlichkeit aufwenden muss. Der Betrag, der nach „vernünftiger kaufmännischer Beurteilung notwendig ist", ist der geschätzte Erfüllungsbetrag (bei Verbindlichkeitsrückstellungen und Drohverlustrückstellungen).

Eine Abzinsung von langfristigen Schulden ist handelsrechtlich grundsätz- 152
lich nur dann möglich, wenn der Erfüllungsbetrag der Schuld einen Zinsanteil enthält (zB weil der zu leistende Betrag vertraglich einen Tilgungs- und einen Zinsbetrag umfasst). Rentenverpflichtungen sind ausdrücklich mit ihrem Barwert anzusetzen (§ 253 Abs. 1 Satz 2 HGB). Für die Bewertung von Sachleistungsverpflichtungen ist grundsätzlich ein Vollkostenansatz (ohne Abzinsung) maßgeblich, bei Drohverlustrückstellungen kommt aber möglicherweise auch ein Teilkostenansatz in Frage.

Dem Niederstwert auf der Aktivseite entspricht grundsätzlich das Höchst- 153
wertprinzip auf der Passivseite. Es besteht eine Pflicht zur aufwandswirksamen Aufwertung bei einem gestiegenen beizulegenden Wert der Verpflichtung. Unklar ist, ob bei sinkendem Wert der Verpflichtung in jedem Fall eine Abwertung des Verpflichtungsbetrages (bis zum Zugangswert) zwingend ist; jedenfalls bei Rückstellungen wird aber eine Pflicht zur Abwertung angenommen.

Die steuerrechtliche Bewertung von Schulden folgt im Grundsatz dem 154
Handelsrecht (Maßgeblichkeit). Allerdings gibt es im Detail vielfältige Abweichungen. Insbesondere sind Verbindlichkeiten und Rückstellungen steuerrechtlich grundsätzlich mit 5,5% abzuzinsen (§ 6 Abs. 1 Nr. 3 und 3 a lit. e)

---

[139] Vgl. IAS 37.14.
[140] Vgl. IAS 37.66 ff.
[141] Vgl. IAS 37.20.

EStG). Das Abzinsungsgebot gilt unabhängig davon, ob eine Geldleistungsverpflichtung oder eine Sachleistungsverpflichtung besteht. Nur in den Fällen, in denen die Verpflichtung am Bilanzstichtag eine Laufzeit von weniger als 12 Monaten hat, es sich um eine verzinsliche Verpflichtung handelt oder die Verpflichtung auf einer Anzahlung oder Vorausleistung beruht, ist keine Abzinsung vorzunehmen.[142]

155 Auch Pensionsrückstellungen sind handelsrechtlich in Höhe des Betrages anzusetzen, der nach vernünftiger kaufmännischer Beurteilung notwendig ist. Die Wertuntergrenze stellt der versicherungsmathematisch ermittelte Teilwert gem. § 6a EStG dar, der steuerbilanziell maßgebend ist. Laufende Renten- sowie Versorgungsverpflichtungen gegenüber ausgeschiedenen Anwärtern sind mit ihrem Barwert zu bewerten.

156 Der Teilwert der Pensionsverpflichtung für noch tätige Versorgungsanwärter ist die Differenz zwischen dem Barwert der künftigen Pensionsverpflichtung am Abschlussstichtag und dem Barwert betragsmäßig gleichbleibender Jahresbeiträge für die verbleibenden Perioden bis zur Rentenzahlung. Jedes Jahr trägt den gleichen Grundbetrag zum Deckungskapital bei, jeweils zuzüglich Zinsen auf die bereits angesparten Beträge. Daraus resultiert für die Rückstellung ein exponentieller Aufbau, da der Zinsanteil im Zeitablauf steigt. Steuerrechtlich wird mit einem Zinssatz von 6 % gerechnet, handelsrechtlich dagegen mit 3 % bis 6 %. Als Altersgrenze für den Eintritt in die Pension ist 65 Jahre zugrunde zu legen.

157 Nach § 6a Abs. 3 Nr. 1 Satz 4 EStG dürfen Erhöhungen oder Verminderungen der Pensionsleistungen nach dem Bilanzstichtag, die ungewiss sind, steuerbilanziell nicht berücksichtigt werden. Erst wenn das Gehalt und/oder die Rente erhöht wird, wird die Pensionsrückstellung angepasst. Tendenziell wird so die bis zum Abschlussstichtag verursachte Verpflichtung unterzeichnet.[143]

---

[142] Weitere besondere steuerrechtliche Bewertungsvorgaben für Rückstellungen enthält § 6 Abs. 1 Nr. 3a EStG wie folgt: Bei Rückstellungen für gleichartige Verpflichtungen ist auf der Grundlage der Erfahrungen in der Vergangenheit aus der Abwicklung solcher Verpflichtungen die Wahrscheinlichkeit zu berücksichtigen, dass der Steuerpflichtige nur zu einem Teil der Summe dieser Verpflichtungen in Anspruch genommen wird. Rückstellungen für Sachleistungsverpflichtungen sind mit den Einzelkosten und den angemessenen Teilen der notwendigen Gemeinkosten zu bewerten. Künftige Vorteile, die mit der Erfüllung der Verpflichtung voraussichtlich verbunden sein werden, sind, soweit sie nicht als Forderung zu aktivieren sind, bei ihrer Bewertung wertmindernd zu berücksichtigen. Rückstellungen für Verpflichtungen, für deren Entstehen im wirtschaftlichen Sinne der laufende Betrieb ursächlich ist, sind zeitanteilig in gleichen Raten anzusammeln. Rückstellungen für gesetzliche Verpflichtungen zur Rücknahme und Verwertung von Erzeugnissen, die vor In-Kraft-Treten entsprechender gesetzlicher Verpflichtungen in Verkehr gebracht worden sind, sind zeitanteilig in gleichen Raten bis zum Beginn der jeweiligen Erfüllung anzusammeln. Rückstellungen für die Verpflichtung, ein Kernkraftwerk stillzulegen, sind ab dem Zeitpunkt der erstmaligen Nutzung bis zum Zeitpunkt, in dem mit der Stilllegung begonnen werden muss, zeitanteilig in gleichen Raten anzusammeln; steht der Zeitpunkt der Stilllegung nicht fest, beträgt der Zeitraum für die Ansammlung 25 Jahre. Für die Abzinsung von Rückstellungen für Sachleistungsverpflichtungen ist der Zeitraum bis zum Beginn der Erfüllung maßgebend. Für die Abzinsung von Rückstellungen für die Verpflichtung, ein Kernkraftwerk stillzulegen, ist der vorstehend beschriebene Zeitraum maßgebend.

[143] Auch Hinweis auf das in § 6a Abs. 4 EStG enthaltene sog. Nachholverbot.

2. BilMoG

158 Nach § 253 Abs. 1 Satz 2 HGB nF werden Rückstellungen mit dem nach vernünftiger kaufmännischer Beurteilung notwendigen Erfüllungsbetrag angesetzt, so dass künftige Preis- und Kostensteigerungen bereits bei der Rückstellungsbewertung berücksichtigt werden.[144] In Zusammenhang damit steht die Neuregelung des § 253 Abs. 2 HGB nF, nach der Rückstellungen mit einer Restlaufzeit von mehr als einem Jahr in der Handelsbilanz mit dem ihrer Laufzeit entsprechenden durchschnittlichen Marktzinssatz der vergangenen sieben Geschäftsjahre abzuzinsen sind. Abweichend davon dürfen Rückstellungen für Altersversorgungsverpflichtungen oder vergleichbare langfristig fällige Verpflichtungen pauschal mit dem durchschnittlichen Marktzinssatz abgezinst werden, der sich bei einer angenommenen Laufzeit von 15 Jahren ergibt.[145] Vorstehendes gilt entsprechend für auf Rentenverpflichtungen beruhende Verbindlichkeiten, für die eine Gegenleistung nicht mehr zu erwarten ist. Der anzuwendende Abzinsungszinssatz wird von der Deutschen Bundesbank nach Maßgabe einer Rechtsverordnung ermittelt und monatlich bekannt gegeben.

159 Wegen der in §§ 6 Abs. 1 Nr. 3a und 6a EStG enthaltenen Spezialvorschriften haben diese Änderungen keine steuerlichen Auswirkungen. Steuerbilanziell wird die Einbeziehung von künftigen Preis- und Kostensteigerungen schon bisher unter Verweis auf das Stichtagsprinzip abgelehnt. § 6 Abs. 1 Nr. 3a f) EStG nF regelt nun aber auch ausdrücklich, dass bei der Bewertung die Wertverhältnisse am Bilanzstichtag maßgebend sind und künftige Preis- und Kostensteigerungen nicht berücksichtigt werden dürfen. Nach § 6 Abs. 1 Nr. 3a EStG sind Rückstellungen mit einem festen Zinssatz von 5,5 % abzuzinsen; gem. § 6a EStG werden Pensionsrückstellungen mit einem Zinssatz von 6 % abgezinst. Handels- und Steuerbilanz weichen daher insoweit voneinander ab.[146]

3. IFRS

160 Für die Bewertung von Rückstellungen nach IFRS ist im Rahmen des „best estimate" der Wert maßgeblich, den das Unternehmen am Bilanzstichtag zur Erfüllung der Verpflichtung oder zur Übertragung der Verpflichtung auf einen Dritten zahlen müsste.[147] Im Fall eines Massenrisikos kann zur bestmöglichen Schätzung des Erfüllungs- bzw. Ablösebetrages auf die Erwartungsmethode

---

[144] Auch für Verbindlichkeiten sieht § 253 Abs. 1 Satz 2 HGB nF die Bewertung mit dem Erfüllungsbetrag vor.

[145] Nach Art. 67 Abs. 1 EGHGB nF darf, soweit aufgrund der geänderten Rückstellungsbewertung eine Zuführung zu den Rückstellungen für laufende Pensionen oder Anwartschaften auf Pensionen erforderlich ist, dieser Betrag bis spätestens zum 31.12.2024 in Jahresraten angesammelt werden. Soweit sich die Höhe von Altersversorgungsverpflichtungen ausschließlich nach dem beizulegenden Zeitwert von Wertpapieren bestimmt, sind Rückstellungen hierfür zum beizulegenden Zeitwert dieser Wertpapiere anzusetzen, soweit er einen garantierten Mindestbetrag übersteigt.

[146] Es ist allerdings nicht folgerichtig, zukünftige Verpflichtungen mittels Abzinsung zum Barwert anzusetzen, ohne gleichzeitig künftige Preis- und Kostensteigerungen zu berücksichtigen. Eine Abzinsung wäre allenfalls zu rechtfertigen, wenn sie zum Realzins erfolgen würde. Diesem Erfordernis entspricht aber die Zugrundelegung eines gesetzlich fixierten Zinssatzes von 5,5 % bzw. 6 % nicht.

[147] Insofern wird zwischen einer internen und einer externen Betrachtung unterschieden, vgl. IAS 37.36 f.

zurückgegriffen werden.[148] Im Fall einer einzelnen Verpflichtung ist demgegenüber grundsätzlich von dem Wert mit der höchsten Eintrittswahrscheinlichkeit auszugehen.[149] Für längerfristige Rückstellungen ist ein Barwertansatz geboten.[150] Sachleistungsverpflichtungen sind grundsätzlich mit den auftragsbezogenen Vollkosten anzusetzen, wobei absehbare Erhöhungen des Erfüllungsbetrages zu antizipieren sind.[151]

161 Bei Pensionsrückstellungen in Zusammenhang mit leistungsorientierten Versorgungszusagen ist nach IFRS der versicherungsmathematische Barwert der laut Leistungsplan erdienten Pensionsanwartschaften zum Bewertungsstichtag zu passivieren.[152] Bei dieser Berechnung müssen auch Annahmen hinsichtlich dynamischer Rechnungsgrundlagen (zB Rentenanpassungen, die erwartete durchschnittliche Gehaltserhöhung etc.) berücksichtigt werden.[153] Als Kapitalisierungszinsfuß wird idR der aktuelle Kapitalmarktzins hochqualitativer festverzinslicher Wertpapiere (deren Laufzeit äquivalent zur Pensionsverpflichtung ist) genutzt.[154]

III. Sicherungsgeschäfte

162 Siehe dazu schon Rz. 109 ff.

IV. Latente Steuern

163 Siehe dazu schon Rz. 117 ff.

D. Besondere steuerbilanzielle Regelungen zu Entnahmen und Einlagen sowie Bilanzänderungen

I. Entnahmen und Einlagen

164 Nach § 4 Abs. 1 S. 1 EStG ist steuerbilanzieller Gewinn der Unterschiedsbetrag zwischen dem Betriebsvermögen am Schluss des Wirtschaftsjahres und dem Betriebsvermögen am Schluss des vorangegangenen Wirtschaftsjahres, vermehrt um den Wert der Entnahmen und vermindert um den Wert der Einlagen.

---

[148] Vgl. IAS 37.39.
[149] Soweit jedoch andere mögliche Ereignisse größtenteils über oder unter dem wahrscheinlichsten Wert liegen, sind entsprechende Anpassungen vorzunehmen, vgl. IAS 37.40.
[150] Vgl. IAS 37.45 f. Bei der Bestimmung des Diskontierungszinssatzes sind die Grundsätze der Risiko-, Laufzeit- und Kaufkraftäquivalenz zu beachten, vgl. IAS 37.47.
[151] Dies folgt aus der allgemeinen Vorgabe des IAS 37.36.
[152] Hierbei ist die Methode der laufenden Einmalprämien (projected unit credit method) anzuwenden, vgl. IAS 19.64. Der Barwert der leistungsorientierten Verpflichtung ist ggf. um bestimmte versicherungsmathematische Gewinne oder Verluste, bisher noch nicht erfassten nachzuverrechnenden Dienstleistungsaufwand sowie den beizulegenden Zeitwert des Planvermögens zu modifizieren, vgl. IAS 19.54.
[153] Vgl. IAS 19.83 ff.
[154] Vgl. IAS 19.78.

D. Besondere steuerbilanzielle Regelungen 165–168 § 11

Entnahmen sind alle Wirtschaftsgüter (Barentnahmen, Waren, Erzeugnisse, Nutzungen und Leistungen), die der Steuerpflichtige dem Betrieb für sich, für seinen Haushalt oder für andere betriebsfremde Zwecke im Laufe des Wirtschaftsjahres entnommen hat. Einer Entnahme für betriebsfremde Zwecke steht gem. § 4 Abs. 1 S. 3 EStG der Ausschluss oder die Beschränkung des Besteuerungsrechts der Bundesrepublik Deutschland hinsichtlich des Gewinns aus der Veräußerung oder der Nutzung eines Wirtschaftsguts gleich.[155] **165**

Nach § 6 Abs. 1 Nr. 4 EStG sind Entnahmen des Steuerpflichtigen mit dem Teilwert anzusetzen;[156] in den Fällen des § 4 Abs. 1 Satz 3 EStG ist die Entnahme mit dem gemeinen Wert anzusetzen. Wird ein Wirtschaftsgut unmittelbar nach seiner Entnahme einer nach § 5 Abs. 1 Nr. 9 KStG von der Körperschaftsteuer befreiten Körperschaft etc. oder einer sonstigen juristischen Person des öffentlichen Rechts zur Verwendung für steuerbegünstigte Zwecke im Sinne des § 10b Abs. 1 Satz 1 EStG unentgeltlich überlassen, so kann die Entnahme mit dem Buchwert angesetzt werden. Dies gilt nicht für die Entnahme von Nutzungen und Leistungen. **166**

Einlagen sind alle Wirtschaftsgüter (Bareinzahlungen und sonstige Wirtschaftsgüter), die der Steuerpflichtige dem Betrieb im Laufe des Wirtschaftsjahres zugeführt hat; einer Einlage steht die Begründung des Besteuerungsrechts der Bundesrepublik Deutschland hinsichtlich des Gewinns aus Veräußerung eines Wirtschaftsguts gleich (§ 4 Abs. 1 S. 7 EStG). **167**

Einlagen sind nach § 6 Abs. 1 Nr. 5 EStG mit dem Teilwert für den Zeitpunkt der Zuführung anzusetzen; sie sind jedoch höchstens mit den Anschaffungs- oder Herstellungskosten anzusetzen,[157] wenn das zugeführte Wirtschaftsgut innerhalb der letzten drei Jahre vor dem Zeitpunkt der Zuführung angeschafft oder hergestellt worden ist, ein Anteil an einer Kapitalgesellschaft ist und der Steuerpflichtige an der Gesellschaft im Sinne des § 17 Abs. 1 oder 6 EStG beteiligt ist, oder ein Wirtschaftsgut im Sinne des § 20 Abs. 2 EStG ist.[158] In den Fällen des § 4 Abs. 1 Satz 7 zweiter Halbsatz EStG ist das Wirtschaftsgut gem. § 6 Abs. 1 Nr. 5a EStG mit dem gemeinen Wert anzusetzen. **168**

---

[155] Dies gilt nicht für Anteile an einer Europäischen Gesellschaft etc. in den Fällen einer Sitzverlegung nach bestimmten europäischen Rechtsnormen. Dann gilt ggf. § 15 Abs. 1a EStG. S. im Übrigen in den Fällen der Entnahme nach § 4 Abs. 1 Satz 3 EStG die Möglichkeit der Bildung eines steuerlichen Ausgleichspostens nach § 4g EStG.

[156] Die private Nutzung eines Kraftfahrzeugs, das zu mehr als 50 % betrieblich genutzt wird, ist für jeden Kalendermonat mit 1 % des inländischen Listenpreises im Zeitpunkt der Erstzulassung zuzüglich der Kosten für Sonderausstattung einschließlich Umsatzsteuer anzusetzen. Die private Nutzung kann abweichend mit den auf die Privatfahrten entfallenden Aufwendungen angesetzt werden, wenn die für das Kraftfahrzeug insgesamt entstehenden Aufwendungen durch Belege und das Verhältnis der privaten zu den übrigen Fahrten durch ein ordnungsgemäßes Fahrtenbuch nachgewiesen werden.

[157] Die Anwendbarkeit dieser Sonderfälle für die AG ist unklar.

[158] Ist die Einlage ein abnutzbares Wirtschaftsgut, so sind die Anschaffungs- oder Herstellungskosten um AfA zu kürzen, die auf den Zeitraum zwischen der Anschaffung oder Herstellung des Wirtschaftsguts und der Einlage entfallen. Ist die Einlage ein Wirtschaftsgut, das vor der Zuführung aus einem Betriebsvermögen des Steuerpflichtigen entnommen worden ist, so tritt an die Stelle der Anschaffungs- oder Herstellungskosten der Wert, mit dem die Entnahme angesetzt worden ist, und an die Stelle des Zeitpunkts der Anschaffung oder Herstellung der Zeitpunkt der Entnahme.

II. Bilanzänderungen

169 Nach § 4 Abs. 2 EStG darf der Steuerpflichtige die Vermögensübersicht (Bilanz) auch nach ihrer Einreichung beim Finanzamt ändern, soweit sie den Grundsätzen ordnungsmäßiger Buchführung unter Befolgung der Vorschriften des EStG nicht entspricht; diese Änderung ist nicht zulässig, wenn die Vermögensübersicht (Bilanz) einer Steuerfestsetzung zugrunde liegt, die nicht mehr aufgehoben oder geändert werden kann. Darüber hinaus ist eine Änderung der Vermögensübersicht (Bilanz) nur zulässig, wenn sie in einem engen zeitlichen und sachlichen Zusammenhang mit einer Änderung in vorstehendem Sinne steht und soweit die Auswirkung dieser Änderung auf den Gewinn reicht.

170 § 4 Abs. 2 EStG umfasst unter dem Oberbegriff der „Änderung" mithin nicht nur die nicht im Gesetz als solche bezeichnete „Bilanzberichtigung", sondern auch die „Bilanzänderung". Bei der Bilanzberichtigung wird ein „falscher" Bilanzansatz eines Wirtschaftsguts – soweit möglich – an der Fehlerquelle durch den „richtigen" ersetzt, also mit Gewinnauswirkung „storniert".[159] Im Gegensatz zur Bilanzberichtigung liegt bei einer Bilanzänderung ein Austausch „richtiger" Bilanzansätze vor, bei der ein „richtiger" Bilanzansatz durch einen anderen „richtigen" Bilanzansatz ersetzt wird.[160] Neben den vorstehend genannten Voraussetzungen ist dabei – jedenfalls de lege lata – der Grundsatz der umgekehrten Maßgeblichkeit (§ 5 Abs. 1 S. 2 EStG) zu beachten, insbesondere also auch ggf. die Notwendigkeit einer geänderten Wahlrechtsausübung in der Handelsbilanz, was de facto die Wahlrechtsausübung zusätzlich einschränken kann.[161]

171 Nach jüngerer Ansicht des BFH[162] ist ein Bilanzansatz „fehlerhaft", wenn er objektiv gegen ein handelsrechtliches oder steuerrechtliches Bilanzierungsgebot oder -verbot verstößt (es darf also kein Wahlrecht bestehen) und der Stpfl. diesen Verstoß nach den im Zeitpunkt der Bilanzaufstellung bestehenden Erkenntnismöglichkeiten über die zum Bilanzstichtag gegebenen objektiven Verhältnisse bei pflichtgemäßer und gewissenhafter Prüfung und unter Berücksichtigung des Wertaufhellungsprinzips erkennen konnte. War diese subjektive Erkenntnismöglichkeit bei Bilanzaufstellung nicht gegeben, so ist die Bilanz nicht „fehlerhaft" i.S.v. § 4 Abs. 2 S. 1 EStG. Dabei ist, wenn eine bestimmte Bilanzierungsfrage nicht durch die Rechtsprechung abschließend geklärt ist, jede der kaufmännischen Sorgfalt entsprechende Bilanzierung als „richtig" anzusehen.

---

[159] § 4 Abs. 2 EStG richtet sich an den Stpfl., nicht an das FA. Hält das FA eine Bilanz für fehlerhaft, darf es diese Bilanz der Besteuerung nicht zugrunde legen und muss eine eigene Gewinnermittlung durch Betriebsvermögensvergleich mit ggf. auf der Grundlage der Bilanz abgeänderten Werten vornehmen. Übernimmt der Stpfl. anschließend die vom FA ermittelten Werte, führt er selbst eine Bilanzberichtigung durch. Eine sog. „Prüferbilanz" ist dementsprechend keine „Bilanz" iSv. § 4 Abs. 2 EStG.

[160] Die Finanzverwaltung ist nicht berechtigt, einen richtigen Bilanzansatz durch einen anderen richtigen Bilanzansatz zu ersetzen.

[161] Die Anforderungen nach BilMoG und die dort vorgesehene Aufhebung der umgekehrten Maßgeblichkeit sind noch zu erörtern.

[162] Vgl. BFH v. 5.4.2006, BStBl. II 2006, 688; BFH v. 5.6.2007, BStBl. II 2007, 818; BFH v. 23.1.2008, DStR 2008, 1180.

E. Ergebnisverwendung und Ausweis des Eigenkapitals

Diese Aussage hat große praktische Bedeutung. Sie gilt auch dann, wenn der Stpfl. bei unsicherer Rechtslage zunächst eine eher ungünstige Auffassung in der Steuerbilanz (als Anlage zur Steuererklärung) zugrunde legt und eine rechtliche Klärung in der Betriebsprüfung bzw. in einem anschließenden Rechtsbehelfsverfahren sucht; da die Bilanz subjektiv richtig ist, wird dem Stpfl. auch bei einer späteren günstigeren erstmaligen höchstrichterlichen Rechtsprechung die Berichtigung seiner Bilanz verwehrt. Für den Stpfl. folgt daraus, dass er bei fehlender höchstrichterlicher Rechtsprechung in den Steuerbilanzen für das entsprechende Rechtsproblem immer die Auffassung zugrunde legen wird, die im Rahmen kaufmännischer Sorgfalt zu seinen Gunsten gerade noch vertretbar ist. Dabei ist die Maßgeblichkeit der Handelsbilanz für die Steuerbilanz zu beachten. Ist die Verwaltungsauffassung restriktiver, sollte die abweichende eigene Auffassung zumindest in einer Anlage zur Steuerbilanz deutlich gemacht werden.

Über die vorstehend erläuterte, für den Stpfl. häufig nachteilige Konsequenz hinaus könnte die neuere Rechtsprechung zur Bilanzberichtigung bei unsicherer Rechtslage möglicherweise auch weit reichende Auswirkungen auf die künftige Veranlagungs- und Betriebsprüfungspraxis (und ggf. auch Klageverfahren) zugunsten des Stpfl. haben. Zwar ist Adressat der Norm des § 4 Abs. 2 EStG nur der Stpfl., und die Entscheidungen des BFH betreffen die Auslegung dieser Norm (und sprechen dementsprechend auch von einer „richtigen" oder „falschen" Bilanz i.S. dieser Vorschrift). Es stellt sich aber sehr die Frage, ob eine Bilanz nur für Zwecke des § 4 Abs. 2 EStG „richtig" oder „falsch" sein oder ob diese Feststellung nicht nur mit einem Absolutheitsanspruch getroffen werden kann, was dazu führen würde, dass die i.o.S. subjektiv richtige Bilanz auch zu einer Bindung der Finanzverwaltung (und auch der Finanzgerichte) führen könnte.

E. Ergebnisverwendung und Ausweis des Eigenkapitals der AG

I. Ergebnisverwendung

Die Aktionäre haben Anspruch auf den Bilanzgewinn,[163] soweit er nicht nach Gesetz oder Satzung, durch Hauptversammlungsbeschluss oder als zusätzlicher Aufwand aufgrund des Gewinnverwendungsbeschlusses[164] von der Verteilung unter die Aktionäre ausgeschlossen ist (§ 58 Abs. 4 AktG). Die Anteile der Aktionäre am Gewinn bestimmen sich im Normalfall nach ihren Anteilen am Grundkapital (§ 60 AktG[165]).

---

[163] Zur Herleitung aus dem Jahresüberschuss siehe § 158 Abs. 1 AktG. Siehe auch die Erläuterungen der relevanten Entnahmen aus und Einstellungen in Rücklagen in Rz. 177 ff.

[164] Ein bspw. in Folge der Einstellung in Gewinnrücklagen entstehender zusätzlicher Aufwand (zB früher weniger Körperschaftsteuerminderung) erscheint nicht in der GuV, sondern mindert den zur Verwendung anstehenden Bilanzgewinn und führt zu einer Erhöhung der Steuerrückstellungen in der Bilanz des Folgejahres. Im Unterschied dazu ist ein zusätzlicher Ertrag (z.B. früher mehr Körperschaftsteuerminderung) als Folge einer vom Gewinnverwendungsvorschlag abweichenden höheren Gewinnverwendung im Folgejahr stets erfolgswirksam zu vereinnahmen.

[165] Siehe dort auch zu abweichend geregelten bzw. (in der Praxis wichtiger) in der Satzung abweichend regelbaren Sonderfällen.

§ 11 175–180   Ergebnisermittlung und Ergebnisverwendung

175   Die Hauptversammlung beschließt über die Verwendung des Bilanzgewinns, dh. über den an die Aktionäre auszuschüttenden Betrag,[166] die in Gewinnrücklagen einzustellenden Beträge, den Gewinnvortrag und den zusätzlichen Aufwand aufgrund des Beschlusses (§ 174 Abs. 2 AktG). Sie ist hierbei an den festgestellten Jahresabschluss gebunden. Der Beschluss führt nicht zu einer Änderung des festgestellten Jahresabschlusses.

176   Die Feststellung des Jahresabschlusses erfolgt normalerweise durch den Aufsichtsrat, dem der Vorstand den Jahresabschluss unverzüglich nach seiner Aufstellung vorzulegen hat (§ 170 Abs. 1 AktG). Die Feststellung erfolgt, indem der Aufsichtsrat den Jahresabschluss billigt, sofern nicht Vorstand und Aufsichtsrat beschließen, die Feststellung der Hauptversammlung zu überlassen (§ 172 Abs. 1 Satz 1 AktG). Im Fall der Nichtbilligung oder der Überlassung stellt die Hauptversammlung den Jahresabschluss fest (§ 173 Abs. 1 AktG).

177   Stellen Vorstand und Aufsichtsrat den Jahresabschluss fest, so können sie gemäß § 58 Abs. 2 Satz 1 AktG nach freiem Ermessen bis zur Hälfte des Jahresüberschusses in andere Gewinnrücklagen einstellen (nach Abzug von Beträgen, die in die gesetzliche Rücklage einzustellen sind,[167] und von Verlustvorträgen). Die Satzung kann zur Einstellung eines größeren oder kleineren Teils als der Hälfte des Jahresüberschusses ermächtigen. Allerdings kann von einer solchen Ermächtigung dann kein Gebrauch gemacht werden, wenn die anderen Gewinnrücklagen die Hälfte des Grundkapitals übersteigen oder soweit sie nach der Einstellung die Hälfte übersteigen würden (§ 58 Abs. 2 Satz 3 AktG).[168]

178   Für den Fall, dass die Hauptversammlung den Jahresabschluss feststellt, kann die Satzung bestimmen, dass Beträge aus dem Jahresüberschuss in andere Gewinnrücklagen einzustellen sind. Aufgrund einer solchen Satzungsbestimmung kann höchstens die Hälfte des Jahresüberschusses (abzüglich Dotierung der gesetzlichen Rücklage und Verlustvortrag) in andere Gewinnrücklagen eingestellt werden (§ 58 Abs. 1 AktG).

179   Die Hauptversammlung kann im Beschluss über die Verwendung des Bilanzgewinns weitere Beträge in Gewinnrücklagen einstellen oder als Gewinn vortragen (§ 58 Abs. 3 AktG). Allerdings gewährt § 254 AktG ein besonderes Anfechtungsrecht, wenn eine Verteilung von mindestens 4 % des Grundkapitals ohne ausreichende Begründung unterbleibt.

180   Besonderheiten gelten bei Vorliegen von Gewinnabführungsverträgen. Nach § 301 AktG darf als Gewinn höchstens der ohne die Gewinnabführung sonst entstehende Jahresüberschuss, vermindert um einen Verlustvortrag sowie um den in die gesetzliche Rücklage einzustellenden Betrag,[169] abgeführt wer-

---

[166] Die Satzung kann den Vorstand ermächtigen, nach Ablauf des Geschäftsjahres auf den voraussichtlichen Bilanzgewinn einen Abschlag an die Aktionäre zu zahlen (§ 59 AktG). Der Vorstand darf einen Abschlag nur zahlen, wenn ein vorläufiger Abschluss für das vergangene Geschäftsjahr einen Jahresüberschuss ergibt. Als Abschlag darf höchstens die Hälfte des Betrags gezahlt werden, der von dem Jahresüberschuss nach Abzug der Beträge verbleibt, die nach Gesetz oder Satzung in Gewinnrücklagen einzustellen sind. Außerdem darf der Abschlag nicht die Hälfte des vorjährigen Bilanzgewinns übersteigen. Die Zahlung eines Abschlags bedarf der Zustimmung des Aufsichtsrats. Zur Möglichkeit der Sachausschüttung siehe § 58 Abs. 5 AktG.

[167] Dazu Rz. 187.

[168] Zu § 58 Abs. 2 a AktG siehe überdies Rz. 195.

[169] Dazu Rz. 187. Nach § 301 Satz 1 AktG nF idF des BilMoG darf auch der Betrag der nach § 268 Abs. 8 HGB nF ausschüttungsgesperrten Erträge nicht abgeführt werden.

E. Ergebnisverwendung und Ausweis des Eigenkapitals   181–186   § 11

den. Andere Gewinnrücklagen dürfen nur insoweit abgeführt werden, als sie während der Dauer des Vertrages gebildet wurden (§ 301 Satz 2 AktG). Dadurch ist die Auflösung und Abführung vorvertraglicher anderer Gewinnrücklagen ausgeschlossen, nicht aber deren Auflösung und Ausschüttung. Insoweit gelten die vorstehenden Überlegungen zur Bilanzgewinnverwendung entsprechend.[170]

II. Ausweis des Eigenkapitals

Bilanziell wird bei Kapitalgesellschaften und damit auch bei einer AG das Eigenkapital in gezeichnetes Kapital, Kapitalrücklagen, Gewinnrücklagen, Gewinnvortrag/Verlustvortrag und Jahresüberschuss/-fehlbetrag unterteilt. **181**

Das gezeichnete Kapital ist das Kapital, auf das die Haftung der Gesellschafter für die Verbindlichkeiten des Unternehmens gegenüber den Gläubigern beschränkt ist. Bei der AG und der KGaA ist dies das Grundkapital (§ 152 Abs. 1 Satz 1 AktG). Maßgebend ist grundsätzlich der im Handelsregister eingetragene Betrag. Sind bei einer AG verschiedene Aktiengattungen ausgegeben (§ 11 AktG), so ist nach § 152 Abs. 1 Satz 2 AktG der auf jede Aktiengattung entfallende Betrag des Grundkapitals gesondert anzugeben. **182**

Soweit das gezeichnete Kapital noch aussteht, sind die ausstehenden Einlagen auf der Aktivseite vor dem Anlagevermögen gesondert auszuweisen; die davon eingeforderten Einlagen sind zu vermerken (§ 272 Abs. 1 Satz 2 HGB). Nicht eingeforderte ausstehende Einlagen können auch von dem Posten „Gezeichnetes Kapital" offen abgesetzt werden (§ 272 Abs. 1 Satz 3 HGB).[171] **183**

Eine Kapitalherabsetzung wird grundsätzlich erst mit Eintragung berücksichtigt.[172] Auch Kapitalerhöhungen gegen Einlagen bzw. aus Gesellschaftsmitteln können nicht vor dem Zeitpunkt bilanziert werden, in dem die Durchführung der Kapitalerhöhung eingetragen ist (§§ 189, 211 Abs. 1 AktG). Erfolgt die Kapitalerhöhung durch Ausgabe von Bezugsaktien (bedingtes Kapital), so ist der Zeitpunkt der jeweiligen Ausgabe entscheidend (§ 200 AktG). **184**

Nach § 286 Abs. 2 Satz 1 AktG sind bei KGaA die Kapitalanteile der persönlich haftenden Gesellschafter nach dem Posten „Gezeichnetes Kapital" gesondert auszuweisen. **185**

Als Kapitalrücklage sind nach § 272 Abs. 2 HGB auszuweisen der Betrag, der bei der Ausgabe von Anteilen einschließlich von Bezugsanteilen über den Nennbetrag oder – bei Stückaktien – über den rechnerischen Wert hinaus erzielt wird (Nr. 1), der Betrag, der bei der Ausgabe von Schuldverschreibungen für Wandlungsrechte und Optionsrechte zum Erwerb von Anteilen erzielt wird (Nr. 2), der Betrag von Zuzahlungen, die Gesellschafter gegen Gewährung eines Vorzugs für ihre Anteile leisten (Nr. 3), und der Betrag von anderen Zuzahlungen, die Gesellschafter in das Eigenkapital leisten (Nr. 4). Bei dem Fall des § 272 Abs. 2 Nr. 1 HGB betr. Wandel- und Optionsanleihen handelt es sich um ein vereinbartes Agio bei der Ausgabe von Anteilen. Die Bestimmung **186**

---

[170] Aufgelöste Gewinnrücklagen gehen in den Bilanzgewinn ein.
[171] Nach § 272 Abs. 1 HGB nF idF des BilMoG sind eingeforderte ausstehende Einlagen gesondert unter den Forderungen auszuweisen und nicht eingeforderte ausstehende Einlagen offen vom gezeichneten Kapital abzusetzen.
[172] Anderes ist lediglich bei vereinfachter Kapitalherabsetzung denkbar (§§ 234 Abs. 1, 235 Abs. 1 AktG).

in § 272 Abs. 2 Nr. 2 HGB betr. Wandel- und Optionsanleihen erfasst neben einem über den Rückzahlungsbetrag hinausgehenden Aufgeld auch ein verdecktes Aufgeld in Form eines unter dem Kapitalmarktzins liegenden Zinssatzes.[173] Unter die Beträge nach § 272 Abs. 2 Nr. 3 HGB fallen Zuzahlungen zur Erlangung gesellschaftsrechtlicher Vorzugsrechte (zB nach § 11 AktG). Beträge nach § 272 Abs. 2 Nr. 4 HGB sind Zuzahlungen von Gesellschaftern, die ohne eine Gegenleistung der Gesellschaft geleistet werden und die nach dem Willen des Leistenden zu einer Erhöhung des Rücklagekapitals führen sollen. Bei verdeckten Einlagen oder verlorenen Zuschüssen muss ein in diese Richtung zielender Wille des leistenden Gesellschafters erkennbar sein (ansonsten erfolgt die Vereinnahmung handelsbilanziell ertragswirksam).

187   Die Kapitalrücklage unterliegt bei der AG hinsichtlich ihrer Verwendung und Auflösung insoweit Beschränkungen, als es sich um Beträge nach § 272 Abs. 2 Nr. 1 bis 3 HGB handelt. Nach § 150 Abs. 3 und 4 AktG gilt insoweit Folgendes: Übersteigen die gesetzliche Rücklage[174] und die Kapitalrücklagebeträge nach § 272 Abs. 2 Nr. 1 bis 3 HGB zusammen nicht 10 % oder den in der Satzung bestimmten höheren Teil des Grundkapitals, so dürfen sie nur verwandt werden zum Ausgleich eines Jahresfehlbetrags, soweit er nicht durch einen Gewinnvortrag aus dem Vorjahr gedeckt ist und nicht durch Auflösung anderer Gewinnrücklagen ausgeglichen werden kann, und zum Ausgleich eines Verlustvortrags aus dem Vorjahr, soweit er nicht durch einen Jahresüberschuss gedeckt ist und nicht durch Auflösung anderer Gewinnrücklagen ausgeglichen werden kann. Übersteigen dagegen die gesetzliche Rücklage und die Kapitalrücklagebeträge nach § 272 Abs. 2 Nr. 1 bis 3 HGB zusammen 10 % oder den in der Satzung bestimmten höheren Teil des Grundkapitals, so darf der übersteigende Betrag der Kapitalrücklagebeträge nach § 272 Abs. 2 Nr. 1 bis 3 HGB und der gesetzlichen Rücklage verwandt werden zum Ausgleich eines Jahresfehlbetrags, soweit er nicht durch einen Gewinnvortrag aus dem Vorjahr gedeckt ist, und zum Ausgleich eines Verlustvortrags aus dem Vorjahr, soweit er nicht durch einen Jahresüberschuss gedeckt ist (vorausgesetzt, dass nicht gleichzeitig Gewinnrücklagen zur Gewinnausschüttung aufgelöst werden).

188   Abgesehen davon kann über Kapitalrücklagebeträge frei verfügt werden, dh. Kapitalrücklagebeträge nach § 272 Abs. 2 Nr. 4 HGB können uneingeschränkt zur Erhöhung des Bilanzgewinns entnommen und damit letztlich auch zur Gewinnausschüttung herangezogen werden. Einstellungen in die Kapitalrücklage und deren Auflösung sind bereits bei der Aufstellung der Bilanz vorzunehmen (§ 270 Abs. 1 Satz 1 HGB) und in der Bilanz (oder im Anhang) anzugeben (§ 152 Abs. 2 AktG).

189   Die Gewinnrücklagen sind aufgeteilt in gesetzliche Rücklage, Rücklage für eigene Anteile, satzungsmäßige Rücklagen und andere Rücklagen (§ 266 Abs. 3 HGB). Gemeinsam ist ihnen, dass sie nur Beträge enthalten dürfen, die aus dem Ergebnis gebildet worden sind (§ 272 Abs. 3 HGB).[175]

---

[173] Ist bei der Ausübung des Bezugsrechts aus einer Optionsanleihe ein weiteres Aufgeld zu leisten, ist dieses in die Kapitalrücklage gem. § 272 Abs. 2 Nr. 1 HGB einzustellen.
[174] Dazu Rz. 187.
[175] Aber: Die Rücklage für eigene Anteile kann bei Vorliegen der entsprechenden Voraussetzungen auch aus vorhandenen Gewinnrücklagen gebildet werden (§ 272 Abs. 4 HGB). Siehe auch Rz. 192.

E. Ergebnisverwendung und Ausweis des Eigenkapitals 190–197 § 11

Für die AG ist die Bildung einer gesetzlichen Rücklage nach § 150 Abs. 1 AktG 190
obligatorisch. In sie sind so lange 5 % des um einen Verlustvortrag aus dem Vorjahr geminderten Jahresüberschusses einzustellen, bis die gesetzliche Rücklage und die Kapitalrücklagen nach § 272 Abs. 2 Nr. 1 bis Nr. 3 HGB zusammen 10 % oder den in der Satzung bestimmten höheren Teil des Grundkapitals erreichen (§ 150 Abs. 2 AktG). Entnahmen aus der gesetzlichen Rücklage sind nur in den bereits erläuterten Fällen des § 150 Abs. 3 und 4 AktG möglich.[176]

Bei Gewinnabführungsverträgen mindert der abzuführende Gewinn den 191
Jahresüberschuss. § 300 AktG enthält daher im Interesse des Gläubigerschutzes sowie des Schutzes der Gesellschaft für die Dotierung der gesetzlichen Rücklage Sondervorschriften. Sie erfassen auch andere Fälle von Unternehmensverträgen. Nach § 324 Abs. 1 AktG sind die Vorschriften über die Bildung einer gesetzlichen Rücklage nicht auf eingegliederte Gesellschaften anzuwenden.

Werden bei einer AG auf der Aktivseite eigene Anteile oder Anteile eines 192
herrschenden oder eines mit Mehrheit beteiligten Unternehmens ausgewiesen, so ist in gleicher Höhe eine Rücklage für eigene Anteile unter den Gewinnrücklagen auszuweisen (§ 272 Abs. 4 HGB). S. dazu und zu den insoweit durch das BilMoG vorgesehenen Änderungen bereits w. o. Rz. 35 ff.

Sieht die Satzung zwingend die Bildung bestimmter, in ihrer Verwendung 193
ggf. beschränkter Rücklagen vor, so sind diese Rücklagen innerhalb der Gewinnrücklagen gesondert auszuweisen (s. auch § 272 Abs. 3 Satz 2 HGB). Die Auflösung richtet sich ebenfalls nach Satzung bzw. subsidiär bei Fehlen entsprechender Bestimmungen nach der Entscheidung des den Jahresabschluss feststellenden Organs.

Als andere Gewinnrücklagen sind alle anderen bei Aufstellung der Bilanz oder 194
im Rahmen der Gewinnverteilung gebildeten Gewinnrücklagen auszuweisen. Dazu gehören auch die in § 58 Abs. 1, Abs. 2 und Abs. 3 AktG vorgesehenen Gewinnrücklagendotierungen.[177] Über die Auflösung anderer Gewinnrücklagen entscheidet grundsätzlich das für die Bilanzfeststellung zuständige Organ.[178]

Unter den anderen Gewinnrücklagen auszuweisen sind auch solche Rücklagen, die aufgrund des Wahlrechts nach § 58 Abs. 2 a AktG gebildet worden 195
sind (Eigenkapitalanteil von Wertaufholungen bei Vermögensgegenständen des Anlage- und Umlaufvermögens).[179]

Zu den nach BilMoG vorgesehenen neuen Ausschüttungs- und Abführungssperren s. § 268 Abs. 8 HGB nF und § 301 AktG nF. 196

Soweit die Bilanz unter Berücksichtigung der vollständigen oder teilweisen 197
Verwendung des Jahresergebnisses aufgestellt wird (§ 268 Abs. 1 Satz 1 HGB), sind Entnahmen aus bzw. Einstellungen in Gewinnrücklagen, die nach Gesetz oder Satzung vorzunehmen oder aufgrund solcher Vorschriften beschlossen worden sind, bereits bei Aufstellung der Bilanz zu berücksichtigen (§ 270 Abs. 2 HGB). Überdies sind gem. § 152 Abs. 3 AktG in der Bilanz (oder im Anhang) jeweils gesondert anzugeben die Beträge, die die Hauptversammlung aus dem Bilanzgewinn des Vorjahres eingestellt hat, die Beträge, die aus dem Jah-

---

[176] Rz. 187.
[177] Dazu s. o. Rz. 177 f.
[178] Ausnahme: § 272 Abs. 1 Satz 6 HGB beim Rückkauf eigener Aktien gem. § 71 Abs. 1 Nr. 6 oder Nr. 8 AktG zwecks Einziehung.
[179] Siehe auch Rz. 91 f. Die zweite Fallgruppe des § 58 Abs. 2 a AktG hat gegenwärtig keinen praktischen Anwendungsbereich (§ 273 Satz 1 HGB iVm. § 5 Abs. 1 Satz 2 EStG). Die Auswirkungen des BilMoG sind noch zu überprüfen.

§ 11   198–201   Ergebnisermittlung und Ergebnisverwendung

resüberschuss des Geschäftsjahres eingestellt werden, und die Beträge, die für das Geschäftsjahr entnommen werden. Auch in der Gewinn- und Verlustrechnung erfolgt nach § 158 Abs. 1 AktG eine ähnlich untergliederte Darstellung.

198 Ist das buchmäßige Eigenkapital durch Verluste aufgebraucht, so muss ein Überschuss der Passivposten über die Aktivposten nach § 268 Abs. 3 HGB am Schluss der Bilanz auf der Aktivseite gesondert unter der Bezeichnung „Nicht durch Eigenkapital gedeckter Fehlbetrag" ausgewiesen werden. Übersteigt bei einer KGaA der auf den Kapitalanteil eines persönlich haftenden Gesellschafters entfallende Verlust dessen Kapitalanteil[180] und besteht insoweit keine Zahlungsverpflichtung des Gesellschafters (sonst gesonderter Ausweis als Forderung), so ist der übersteigende Betrag als „Nicht durch Vermögenseinlagen gedeckter Verlustanteil persönlich haftender Gesellschafter" zu bezeichnen und am Schluss der Bilanz auf der Aktivseite auszuweisen (§ 286 Abs. 2 Satz 3 AktG).

F. Konzernrechnungslegung der AG

199 Der Konzernabschluss nach HGB hat die Aufgabe, ein den tatsächlichen Verhältnissen entsprechendes Bild der Vermögens-, Finanz- und Ertragslage einer wirtschaftlich als geschlossene Einheit zu betrachtenden Gruppe rechtlich selbständiger Unternehmen zu vermitteln (§ 297 Abs. 2 Satz 2 HGB), so als wären sie ein einziges Unternehmen (§ 297 Abs. 3 HGB, sog. Einheitstheorie). Der Konzernabschluss hat de lege lata eine reine Informationsfunktion. Auch insoweit soll das BilMoG zu Verbesserungen führen (s. auch schon Rz. 7 ff.).

200 § 315 a HGB verpflichtet Mutterunternehmen, die mit durch von ihm oder einem seiner Tochterunternehmen ausgegebenen Wertpapieren einen organisierten Markt iSd. Wertpapierhandelsgesetzes in Anspruch nehmen, einen Konzernabschluss nach international anerkannten Rechnungslegungsstandards (also nicht nach HGB), die im Einklang mit der 7. EU-Richtlinie stehen, aufzustellen.[181] Insoweit kommen vor allem die IFRS in Betracht. Überdies enthält § 315a HGB weitere Fälle verpflichtender oder wahlweise entsprechender Konzernabschlüsse. Auch die Konzernrechnungslegung nach IFRS wird von der Einheitstheorie dominiert.

I. Aufstellungspflicht und Konsolidierungskreis

1. HGB

201 Nach § 290 HGB sind zur Aufstellung eines Konzernabschlusses alle inländischen Kapitalgesellschaften verpflichtet, die Mutterunternehmen eines Konzerns sind. Das Mutterunternehmen muss entweder einheitliche Leitung auf das Tochterunternehmen ausüben, an dem eine Beteiligung iSd. § 271 Abs. 1 HGB besteht (§ 290 Abs. 1 HGB),[182] oder nach dem „Control-Konzept" zu-

---

[180] Auf den Kapitalanteil eines persönlich haftenden Gesellschafters entfallende Verluste sind von seinem Kapitalanteil abzuschreiben (§ 286 Abs. 2 Satz 2 AktG).
[181] Siehe auch schon Rz. 1.
[182] Die Beteiligungsvoraussetzung wird durch das BilMoG gestrichen, dh. allein die Möglichkeit der unmittel- oder mittelbaren Ausübung eines beherrschenden Einflusses reicht aus; das Tragen der Mehrheit der Risiken und Chancen eines Unternehmens bei wirtschaftlicher Betrachtung genügt (wichtig im Hinblick auf sog. Zweckgesellschaften).

F. Konzernrechnungslegung der AG 202–205 § 11

mindest die Möglichkeit zur Ausübung der einheitlichen Leitung haben (dh. nach § 290 Abs. 2 HGB die Mehrheit der Stimmrechte innehaben oder das Recht, die Geschäftsleitung bzw. Führungs- und Kontrollorgane zu bestellen oder abzuberufen, oder beherrschenden Einfluss aufgrund Vertrags oder einer Satzungsbestimmung).

Die Verpflichtung zur Erstellung von Teilkonzernabschlüssen (das Mutterunternehmen ist gleichzeitig auch Tochterunternehmen eines übergeordneten Unternehmens) entfällt, wenn das Mutterunternehmen einen Konzernabschluss aufstellen muss und dieser bestimmte Bedingungen erfüllt, die in den §§ 291, 292 HGB geregelt sind. Insbesondere muss der befreiende Konzernabschluss den Vorschriften der 7. EU-Richtlinie entsprechen (bzw. gleichwertig sein) und alle Unternehmen einbeziehen, die auch in den Konzernabschluss des zu befreienden Tochterunternehmens einzubeziehen wären. Überdies sind aus Vereinfachungsgründen kleine Konzerne gemäß den Kriterien des § 293 Abs. 1 HGB von der Aufstellung eines Konzernabschlusses entbunden. Die Befreiungen gelten (mit Unterschieden im Detail) nicht für börsennotierte Unternehmen (§ 291 Abs. 3, § 293 Abs. 5 HGB). 202

Der Konsolidierungskreis umfasst alle von einem Mutterunternehmen mittels (Voll-)Konsolidierung in den Konzernabschluss einzubeziehenden Tochterunternehmen, das sind grundsätzlich alle unmittelbaren und mittelbaren Tochterunternehmen unabhängig von deren Rechtsform und Sitz (Weltabschlussprinzip), über die eine einheitliche Leitung tatsächlich ausgeübt wird bzw. über die nach dem Control-Konzept[183] die Möglichkeit dazu besteht (§ 294 Abs. 1 HGB). 203

Ein Verzicht auf die Einbeziehung ist möglich (§ 296 HGB), wenn erhebliche oder andauernde Beschränkungen die Ausübung der Rechte der Muttergesellschaft in Bezug auf das Vermögen oder die Geschäftsführung des Unternehmens nachhaltig beeinträchtigen oder die für die Aufstellung des Konzernabschlusses erforderlichen Angaben nicht ohne unverhältnismäßig hohe Kosten zu erhalten sind oder die Anteile an dem Tochterunternehmen ausschließlich zum Zwecke der Weiterveräußerung gehalten werden oder die Einbeziehung von untergeordneter Bedeutung ist. 204

2. IFRS

Nach IFRS bestimmen sich die Konzernabschlusserstellungspflicht und der Konsolidierungskreis allein nach dem Control-Konzept, dh. konzernrechnungslegungspflichtig ist grds. jedes Unternehmen, das die Möglichkeit zur Ausübung eines beherrschenden Einflusses auf mindestens ein anderes Unternehmen hat.[184] Einzubeziehen sind damit alle Unternehmen, deren Finanz- und Geschäftspolitik die Mutter steuern kann, um aus deren Tätigkeit Nutzen zu ziehen.[185] Bei unmittelbarem oder mittelbarem Besitz von mehr als 50 % der Stimmrechte besteht eine widerlegbare Vermutung für ein Beherrschungsverhältnis.[186] Gemäß IFRS bestehen keine Konsolidierungswahlrechte uÄ. 205

---

[183] Siehe Rz. 201.
[184] Vgl. IAS 27.9.
[185] Vgl. IAS 27.12. Zur Definition des für die Konsolidierung zentralen Begriffs der Beherrschung vgl. IAS 27.4.
[186] Vgl. IAS 27.13. Auch ohne die Mehrheit der Stimmrechte kann ein Beherrschungsverhältnis begründet werden, vgl. hierzu die in IAS 27.13 genannten Indikatoren sowie die für Zweckgesellschaften maßgeblichen Vorschriften von SIC-12.

Allerdings ist für Teilkonzerne unter bestimmten Voraussetzungen eine Befreiung vorgesehen, wenn die Zwischenholding bereits in einen Konzernabschluss nach IFRS einbezogen ist.[187] In Weiterveräußerungsabsicht erworbene Tochterunternehmen sind in die Konsolidierung einzubeziehen, allerdings gelten die besonderen Bilanzierungsvorschriften des IFRS 5.[188] Bei erheblicher Rechtebeschränkung ist der Fortbestand des Beherrschungsverhältnisses und damit die Entkonsolidierung zu prüfen.[189]

Hervorzuheben ist, dass sich die Frage, ob ein konsolidierter Abschluss aufzustellen ist, aus Sicht deutscher und EU-Anwender nicht nach den Vorschriften der IFRS, sondern ausschließlich nach infolge der 7. EG-RL erlassenem nationalen Recht richtet, dh die Konzernabschlusserstellungspflicht ist anhand §§ 290 ff. HGB zu beantworten.[190]

II. Konzernsummenbilanz

1. HGB

206 Bei der Aufstellung des Konzernabschlusses werden vor den eigentlichen Konsolidierungsmaßnahmen zunächst die zusammenzufassenden Einzelabschlüsse der einzubeziehenden Unternehmen (Handelsbilanzen I) einheitlich an die Ansatz- und Bewertungsvorschriften des Mutterunternehmens und die konzerneinheitlichen Bilanzierungsrichtlinien angepasst. Dabei ist auch die Anforderung der Einheitlichkeit der Stichtage zu beachten. Darüber hinaus werden die ausländischen Einzelabschlüsse in die Konzernwährung umgerechnet. Aus diesen Anpassungen resultieren die Handelsbilanzen II. Anschließend werden die Handelsbilanzen II (die darin enthaltenen Posten) aufaddiert. Ergebnis dieser Addition ist die Konzernsummenbilanz.

207 In den §§ 297, 300 und 308 HGB hat der Gesetzgeber den Grundsatz der Maßgeblichkeit der Bilanzierungs- und Bewertungsregeln des Mutterunternehmens und den Grundsatz der konzerneinheitlichen Bewertung geregelt. Das bedeutet, dass alle Bilanzansätze, die in der Konzernbilanz nach dem Recht des Mutterunternehmens bilanzierungspflichtig sind, in die Handelsbilanzen II aufgenommen werden müssen. Nach dem Recht des Mutterunternehmens gegebene Bilanzierungsverbote und -wahlrechte sind auch für ausländische Tochterunternehmen zu beachten. Wahlrechte sind dabei in konzerneinheitlicher Weise auszuüben (wobei für die Konzernbilanz abweichend vom Einzelabschluss verfahren werden kann). Auch die Bewertung hat grundsätzlich konzerneinheitlich zu erfolgen. Ausnahmen von dieser Vorgabe sind allerdings insbesondere für bestimmte Branchen sowie für unwesentliche Wertabweichungen vorgesehen.[191]

---

[187] Vgl. hierzu die in IAS 27.10 genannten Kriterien.
[188] Vgl. IAS 27.12.
[189] Vgl. IAS 27.21.
[190] Vgl. Art. 4 IAS-VO. Ist gem. §§ 290 ff. HGB ein konsolidierter Abschluss zu erstellen, hat die Aufstellung in Übereinstimmung mit den (von der EU im Rahmen des Endorsement-Verfahrens übernommenen) IFRS zu erfolgen.
[191] Die Bildung latenter Steuern aufgrund der Bilanzierungs- und Bewertungsanpassungen in den Handelsbilanzen II richtet sich nach § 298 Abs. 1 iVm. § 274 HGB. Die Behandlung latenter Steuern aufgrund erfolgswirksamer Konsolidierungsmaßnahmen

F. Konzernrechnungslegung der AG 208–211 §11

Konzernabschlussstichtag ist der der Muttergesellschaft (§ 299 Abs. 1 HGB). **208**
Bei abweichenden Bilanzstichtagen ist auf den Konzernbilanzstichtag ein Zwischenabschluss für die betroffenen Tochtergesellschaften zu erstellen. Einzelabschlüsse dürfen jedoch auch dann in den Konzernabschluss einbezogen werden, wenn ihr Stichtag um nicht mehr als drei Monate vor dem Stichtag des Konzernabschlusses liegt (§ 299 Abs. 2 HGB).

Für ausländische Tochterunternehmen, die ihren Jahresabschluss in einer **209** Fremdwährung erstellen, besteht die Notwendigkeit, die Wertansätze in € umzurechnen. Bei der Stichtagskursmethode werden alle Positionen von Bilanz und Gewinn- und Verlustrechnung mit dem Devisen-Mittelkurs am Bilanzstichtag umgerechnet. Bei der modifizierten Stichtagskursmethode wird als Besonderheit das Eigenkapital mit dem historischen Kurs bei Erwerb der Beteiligung umgerechnet. Die sich aus Kursänderungen ergebende Umrechnungsdifferenz wird als Sonderposten im Eigenkapital ausgewiesen. Demgegenüber werden bei der Währungsumrechnung nach der Zeitbezugsmethode historische Werte mit dem historischen Kurs und Gegenwartswerte mit den Stichtagskursen umgerechnet.[192]

2. IFRS

Nach IFRS ist ebenfalls einheitlich zu bewerten.[193] Es ist grundsätzlich für **210** alle Konzernunternehmen auf den Stichtag der Mutter zu bilanzieren bzw. ein Zwischenabschluss zu erstellen.[194] Liegen zwischen dem Abschlussstichtag des Mutterunternehmens und dem Abschlussstichtag des Tochterunternehmens weniger als drei Monate, kann auf die Aufstellung eines Zwischenabschlusses verzichtet werden, soweit dessen Erstellung undurchführbar (impracticable) ist.[195] Die Währungsumrechnung erfolgt bei wirtschaftlich selbständigen Töchtern nach der Stichtagskursmethode und bei wirtschaftlich integrierten Töchtern nach der Zeitbezugsmethode.[196]

III. Kapitalkonsolidierung

1. Vollkonsolidierung

a) HGB

Kennzeichen der Kapitalkonsolidierung in Form der Vollkonsolidierung ist, **211** dass der im Einzelabschluss der Muttergesellschaft ausgewiesene Beteiligungsbuchwert an der in den Konzernabschluss aufzunehmenden Tochtergesellschaft gegen das Eigenkapital der Tochter aufzurechnen ist. Dabei wird das Vermögen der Tochter grundsätzlich in vollem Umfang erfasst, auch wenn es konzernfremde Minderheitsgesellschafter gibt. Der auf außenstehende Gesellschafter

---

regelt § 306 HGB. Auch § 306 HGB wird durch das BilMoG geändert (ähnlich § 274 HGB nF; darüber hinaus u.a. keine Abbildung sog. outside basis differences).
[192] Siehe nun aber auch § 308 a HGB nF im BilMoG.
[193] Vgl. IAS 27.28.
[194] Vgl. IAS 27.26.
[195] Vgl. IAS 27.26 f.
[196] Die Unterscheidung zwischen wirtschaftlich selbständigen Töchtern und wirtschaftlich integrierten Töchtern ist gem. der in IAS 21.9 ff. genannten Kriterien vorzunehmen.

§ 11 212–217 Ergebnisermittlung und Ergebnisverwendung

entfallende Anteil am Eigenkapital wird als „Anteile im Fremdbesitz" gezeigt (§ 307 HGB).

212 Die Kapitalkonsolidierung erfolgt grundsätzlich nach der sog. Erwerbsmethode (§ 301 HGB). Es wird unterstellt, dass beim Erwerb der Beteiligung an der Tochter (bzw. der erstmaligen Einbeziehung in den Konsolidierungskreis)[197] deren Vermögensgegenstände erworben werden. Die dabei (bei der Erstkonsolidierung) den Vermögensgegenständen zugeordneten stillen Reserven werden in den Folgeperioden erfolgswirksam abgeschrieben bzw. aufgelöst. Der Ansatz des Vermögens der Tochter incl. der stillen Reserven im Zuge der Erstkonsolidierung ist grds. durch die Anschaffungskosten der Mutter für die Beteiligung an der Tochter begrenzt.[198]

213 Das für die Erstkonsolidierung maßgebende Eigenkapital der Tochter kann nach Maßgabe der sog. Buchwertmethode (§ 301 Abs. 1 Satz 2 Nr. 1 HGB) oder der sog. Neubewertungsmethode (§ 301 Abs. 1 Satz 2 Nr. 2 HGB) ermittelt werden.[199] Bei der Buchwertmethode wird zunächst von den Buchwerten gem. Handelsbilanz II ausgegangen. Bei der Neubewertungsmethode wird das konsolidierungspflichtige Kapital dagegen zunächst mit dem Betrag angesetzt, der sich aus dem Ansatz der in den Konzernabschluss aufzunehmenden Vermögensgegenstände und Schulden etc. der Tochter zu Zeitwerten ergibt.

214 Übersteigt auf dieser Basis der Betrag der Anschaffungskosten für die Beteiligung den Wert des Eigenkapitals der Tochter, so liegen bei Anwendung der Buchwertmethode im Saldo stille Reserven vor, die mit dem Kaufpreis für die Beteiligung vergütet wurden. Die Aufdeckung der stillen Reserven erfolgt für die einzelnen Bilanzpositionen, bis der positive Unterschiedsbetrag verbraucht ist (§ 301 Abs. 1 Satz 3 HGB). Übersteigt der positive Unterschiedsbetrag die vorhandenen stillen Reserven, so ist insoweit in der Konzernbilanz ein Geschäftswert auszuweisen (§ 301 Abs. 3 HGB). Gleiches gilt, wenn bei Anwendung der Neubewertungsmethode ein positiver Unterschiedsbetrag verbleibt.

215 Unterschreitet demgegenüber der Betrag der Anschaffungskosten für die Beteiligung den Wert des Eigenkapitals der Tochter (liegt also ein negativer Unterschiedsbetrag vor), so ist bei Anwendung der Buchwertmethode der Ansatz überbewerteter Aktiva bzw. unterbewerteter Passiva zu korrigieren, bei negativen Zukunftserwartungen (Badwill) mglw. eine Rückstellung zu bilden (str.) und im Übrigen der negative Unterschiedsbetrag gesondert auf der Passivseite auszuweisen. Bei Anwendung der Neubewertungsmethode ist die Aufdeckung der stillen Reserven nicht rückgängig zu machen, es erfolgt grds. ein Ausweis eines negativen Unterschiedsbetrags auf der Passivseite.[200]

216 Stehen Anteile im Fremdbesitz, so werden bei der Buchwertmethode die stillen Reserven nur entsprechend dem Anteil der Konzernmutter aufgelöst, während bei der Neubewertungsmethode alle stillen Reserven aufgelöst werden.

217 Nach der Erstkonsolidierung, also im Zuge der Folgekonsolidierung, sind alle laufenden Veränderungen des Eigenkapitals der Tochter dem Konzern als

---

[197] Dies ist nach BilMoG der allein maßgebliche Zeitpunkt.
[198] Aber auch Hinweis darauf, dass diese Begrenzung bei der sogleich zu beschreibenden Neubewertungsmethode nicht gilt.
[199] Beide Methoden werden als Formen der sog. Erwerbsmethode bezeichnet. Nach dem BilMoG ist nur noch die Neubewertungsmethode zulässig.
[200] Siehe auch Fn. 199.

eigene zuzurechnen. Dabei ist für die Ermittlung der Eigenkapitalveränderung nicht allein die Handelsbilanz II der Tochter maßgeblich, sondern es sind auch die Wertansätze für Vermögensgegenstände und Schulden gemäß Erstkonsolidierung Ausgangspunkt für den Ansatz in den Folgeperioden. Die bei der Erstkonsolidierung aufgedeckten stillen Reserven werden erfolgswirksam abgeschrieben bzw. aufgelöst. Ein Geschäftswert ist nach § 309 Abs. 1 HGB in der Regel in jedem folgenden Geschäftsjahr zu mindestens einem Viertel abzuschreiben, die Abschreibung kann aber auch planmäßig über die Nutzungsdauer erfolgen, und der Geschäftswert kann auch offen mit den Rücklagen verrechnet werden (erfolgsneutrale Behandlung).[201] Ein negativer Unterschiedsbetrag ist dann erfolgswirksam aufzulösen, wenn sich die ihm zugrunde liegenden Ursachen verwirklicht haben (§ 309 Abs. 2 HGB).

Eine besondere Variante der Vollkonsolidierung ist die Methode der Interessenzusammenführung (Pooling of Interests). Sie ist nach § 302 Abs. 1 HGB zulässig,[202] wenn dem Mutterunternehmen mindestens 90 % der Anteile der Tochter gehören, die Gegenleistung bei dem Erwerb der Tochter im Wesentlichen aus Anteilen am Mutterunternehmen oder anderen Konzernunternehmen bestand und eine zusätzliche Barabfindung 10 % des Nennbetrages oder des rechnerischen Werts der ausgegebenen Anteile nicht überstiegen hat. Liegen diese Voraussetzungen vor und wird die Methode der Interessenzusammenführung gewählt, so wird der Buchwert der Beteiligung mit dem gezeichneten Kapital der Tochter verrechnet, und die verbleibende Aufrechnungsdifferenz, ob aktiv oder passiv, wird mit den Rücklagen verrechnet. Die Kapitalkonsolidierung ist in diesem Fall also nicht erfolgswirksam. Der Konzerngewinn wird in den Folgejahren nicht durch zusätzliche Abschreibungen (insbesondere des Geschäftswertes) belastet.

b) IFRS

Auch nach IFRS werden Tochterunternehmen grundsätzlich vollkonsolidiert. Die Kapitalkonsolidierung erfolgt nach der Erwerbsmethode.[203] Die Pooling-of-Interests-Methode ist nicht zulässig. Anders als im HGB im Fall der Buchwertmethode ist die Aufdeckung von stillen Reserven nicht auf die Anschaffungskosten der Mutter beschränkt.[204] Bleibt nach der Neubewertung des Vermögens ein positiver Unterschiedsbetrag zwischen den Anschaffungskosten für die Beteiligung und dem Zeitwert des Vermögens, ist dieser als Goodwill zu aktivieren.[205] Insoweit besteht nur die Möglichkeit der außerplanmäßigen Abschreibung.[206]

---

[201] Nach dem BilMoG ist nur noch eine planmäßige Abschreibung über die voraussichtliche Nutzungsdauer möglich.
[202] Nach dem BilMoG ist die Abschaffung dieser Vollkonsolidierungsvariante vorgesehen.
[203] Vgl. IFRS 3.14.
[204] Gem. IFRS 3.36 sind die erworbenen Vermögenswerte und Schulden grds. zum beizulegenden Zeitwert zu bewerten.
[205] Vgl. IFRS 3.51 ff.
[206] Vgl. IFRS 3.54 f. Die Regelungen zur außerplanmäßigen Abschreibung des Goodwill befinden sich in IAS 36.

2. Quotenkonsolidierung

a) HGB

220 Gemeinschaftsunternehmen sind solche Unternehmen, die von einem in den Konzernabschluss einbezogenen Konzernunternehmen gemeinsam mit einem oder mehreren nicht in den Konzernabschluss einbezogenen Unternehmen geführt werden (also keine einheitliche Leitung durch ein Unternehmen, sondern gemeinsame Führung).

221 Bei Gemeinschaftsunternehmen ist die Quotenkonsolidierung zulässig (ansonsten Bewertung nach Equity-Methode). Das bedeutet, dass im Gegensatz zur Vollkonsolidierung nur der Anteil an den Bilanzposten des Gemeinschaftsunternehmens in die Konzernbilanz übernommen wird, der der Beteiligungsquote des Konzerns an dieser Gesellschaft entspricht (§ 310 HGB). Es findet eine quotale Konsolidierung statt. Dabei entsprechen die methodischen Vorgaben weitgehend denen der Vollkonsolidierung (§ 310 Abs. 2 HGB).[207] Die Kapitalkonsolidierung ist nur nach der Erwerbsmethode zulässig.

b) IFRS

222 Nach IFRS ist bei Gemeinschaftsunternehmen sowohl die Quotenkonsolidierung als auch die Equity-Methode anwendbar.[208]

3. Equity-Methode

a) HGB

223 Ein typisches assoziiertes Unternehmen ist gem. § 311 HGB dadurch gekennzeichnet, dass ein in den Konzernabschluss einbezogenes Unternehmen auf dieses Unternehmen einen maßgeblichen Einfluss tatsächlich ausübt. Dies wird widerlegbar vermutet bei Stimmrechten von mindestens 20 % (§ 311 Abs. 1 Satz 2 HGB).[209]

224 Bei assoziierten Unternehmen ist die Equity-Methode anzuwenden. Dabei handelt es sich nicht um eine weitere Konsolidierungsvariante, sondern um eine besondere Form der Beteiligungsbewertung, in die allerdings konsolidierungsähnliche Rechenoperationen einfließen. Für Zwecke der Ermittlung des Beteiligungswerts wird nämlich dem Beteiligungsbuchwert am assoziierten Unternehmen zunächst das entsprechende anteilige Eigenkapital der einzubeziehenden Gesellschaft gegenübergestellt und ein positiver bzw. negativer Unterschiedsbetrag auf die Aktiva und Passiva verteilt (§ 312 Abs. 1 und 2 HGB). In den folgenden Jahren werden dem (ursprünglichen) Wertansatz der Beteiligung bei der Muttergesellschaft die anteiligen Jahresergebnisse des assoziierten Unternehmens hinzugerechnet bzw. von diesen abgezogen und wird der Unterschiedsbetrag fortgeschrieben (§ 312 Abs. 2 bis 4 HGB). Der Buchwert der

---

[207] Dies gilt auch für die noch zu beschreibenden anderen Bestandteile der Konsolidierung neben der Kapitalkonsolidierung, also die Schuldenkonsolidierung, die Zwischenergebniseliminierung sowie die Aufwands- und Ertragskonsolidierung.

[208] Vgl. IAS 31.31 und IAS 31.38. Allerdings wird derzeit die Abschaffung der Quotenkonsolidierung diskutiert.

[209] Auch Beteiligungen an Gemeinschaftsunternehmen, bei denen von dem Wahlrecht zur Quotenkonsolidierung kein Gebrauch gemacht wird, sind regelmäßig Beteiligungen an einem assoziierten Unternehmen.

F. Konzernrechnungslegung der AG 225–230 § 11

Beteiligung orientiert sich somit am anteiligen Eigenkapital des assoziierten Unternehmens unter zusätzlicher Berücksichtigung der Effekte aus der Fortschreibung des Unterschiedsbetrags.

Anteile an Unternehmen, auf die kein maßgeblicher Einfluss ausgeübt wird und die deshalb kein assoziiertes Unternehmen sind, sind mit ihren nach normalen bilanziellen Grundsätzen ermittelten Buchwerten zu bewerten. 225

b) IFRS

Auch nach IFRS werden Beteiligungen an assoziierten Unternehmen nach der Equity-Methode bewertet.[210] Anteile an Unternehmen, auf die weder ein beherrschender Einfluss noch ein maßgeblicher Einfluss ausgeübt wird, fallen als Finanzinstrumente unter den Anwendungsbereich von IAS 39 und sind zum Fair Value zu bewerten, soweit dieser verlässlich bestimmbar ist. 226

IV. Schuldenkonsolidierung und Zwischenergebniseliminierung mit Aufwands- und Ertragskonsolidierung

1. Schuldenkonsolidierung

a) HGB

Im Konzernabschluss sind alle Forderungen, Rückstellungen und Verbindlichkeiten zwischen den zu konsolidierenden Unternehmen wegzulassen, soweit sie nicht nur von untergeordneter Bedeutung sind (§ 303 HGB). Bei Wertübereinstimmung geschieht dies durch eine reine Saldierung der entsprechenden Posten; bei Auseinanderfallen der Werte erfolgt die Schuldenkonsolidierung dagegen grundsätzlich ergebniswirksam (nur ausnahmsweise erfolgt sie erfolgsneutral über Kapital). 227

Echte Aufrechnungsdifferenzen entstehen dann, wenn sich konzerninterne Ansprüche und Verpflichtungen aufgrund von zwingenden Ansatz- und Bewertungsvorschriften in unterschiedlicher Höhe gegenüberstehen (zB im Falle einer Abschreibung oder Abzinsung von Forderungen oder bei Rückstellungen für ungewisse Verbindlichkeiten und Gewährleistungen). Solche Aufrechnungsdifferenzen werden regelmäßig erfolgswirksam berücksichtigt. 228

Stichtagsbedingte Aufrechnungsdifferenzen können aus § 299 Abs. 2 Satz 2 HGB resultieren, wonach die Jahresabschlüsse nicht zwingend auf den gleichen Stichtag aufzustellen sind, sondern die Stichtage der Tochterunternehmen innerhalb von drei Monaten vor dem Stichtag der Muttergesellschaft liegen können. Sie spiegeln dann grundsätzlich nur zeitliche Buchungsunterschiede wider. Üblicherweise erfolgt eine erfolgsneutrale Korrektur. 229

b) IFRS

Auch nach IFRS erfolgt eine Schuldenkonsolidierung.[211] Die Frage, welche Posten in die Schuldenkonsolidierung einzubeziehen sind, wird in IAS 27 nicht näher angesprochen. Aus der allgemeinen Zielsetzung des Konzernabschlusses nach IFRS ergibt sich jedoch, dass sämtliche konzerninterne Ansprü- 230

---

[210] Vgl. IAS 28.13.
[211] Vgl. IAS 27.24.

che und Schulden sowie die dazugehörigen Angaben aus der Konzernbilanz zu eliminieren sind. Die Behandlung von Aufrechnungsdifferenzen ist ebenfalls nicht explizit geregelt und dementsprechend nach der allgemeinen Zielsetzung des Konzernabschlusses nach IFRS zu beantworten. Zu beachten ist, dass echte Aufrechnungsdifferenzen im Bereich der IFRS sowohl erfolgswirksam als auch erfolgsneutral entstehen können.[212] Die Eliminierung der Aufrechnungsdifferenzen ist im Einklang mit ihrer Entstehung vorzunehmen, d.h. erfolgswirksam entstandene echte Aufrechnungsdifferenzen sind erfolgswirksam und erfolgsneutral zu eliminieren. Stichtagsbedingte Aufrechnungsdifferenzen sind grundsätzlich erfolgsneutral zu eliminieren.

2. Zwischenergebniseliminierung mit Aufwands- und Ertragskonsolidierung

a) HGB

231 Nach dem Realisationsprinzip dürfen Geschäfte zwischen Konzerngesellschaften im Konzernabschluss nicht ergebniswirksam sein. § 304 Abs. 1 HGB schreibt dementsprechend die Eliminierung aller auf innerkonzernlichen Lieferungen und Leistungen beruhenden Zwischenerfolge vor, soweit diese nicht bereits gegenüber fremden Dritten realisiert sind. Die betroffenen Vermögensgegenstände sind (unter Berücksichtigung der Vorgabe der konzerneinheitlichen Bewertung) mit demjenigen Wert anzusetzen, der auch in einem rechtlich einheitlichen Unternehmen zum Ausweis käme. Damit bilden die fortgeführten (Konzern-)Anschaffungs- oder Herstellungskosten die Wertobergrenze für die Bewertung von nur innerkonzernlich bewegten Vermögensgegenständen.

232 Auf eine Zwischenergebniseliminierung kann nur bei untergeordneter Bedeutung verzichtet werden (§ 304 Abs. 2 HGB).

233 Die zusätzlich zur Zwischenergebniseliminierung gem. § 305 HGB vorzunehmende Aufwands- und Ertragskonsolidierung, die nur die Konzerngewinn- und Verlustrechnung betrifft, sorgt dafür, dass diese frei von Erfolgskomponenten ist, die aus Geschäften zwischen einbezogenen Konzernunternehmen resultieren. Dementsprechend werden alle aus konzerninternen Lieferungen und Leistungen resultierenden Aufwendungen und Erträge eliminiert.

234 Ein Verzicht auf die Aufwands- und Ertragskonsolidierung kommt gem. § 305 Abs. 2 HGB nur bei untergeordneter Bedeutung in Betracht.

b) IFRS

235 Eine Zwischenergebniseliminierung mit Aufwands- und Ertragskonsolidierung findet auch nach IFRS statt.[213] Im Fall eines Zwischenverlustes ist zu überprüfen, ob eine Wertminderung des konzerninternen übertragenen Vermögenswerts vorliegt. Ist dies der Fall, ist der Zwischenverlust nicht zu eliminieren, sondern entsprechend umzugliedern.

---

[212] Ursache für eine erfolgsneutrale Entstehung kann beispielsweise die erfolgsneutrale Fair Value-Bewertung eines Finanzinstruments gem. IAS 39 sein.
[213] Vgl. IAS 27.25 bzw. IAS 27.24.

§ 12 Laufende Besteuerung

Bearbeiter: Prof. Dr. Thomas Rödder

Übersicht

	Rz.
A. Körperschaftsteuerrecht	1–104
I. Persönliche Steuerpflicht	1–3
II. Verhältnis der Körperschaft zur Einkommensteuer	4–7
III. Ermittlung des zu versteuernden Einkommens	8–85
1. Ausgangsgröße und Übersicht	8–12
2. Steuerfreie Einnahmen und damit zusammenhängende Betriebsausgaben/Verluste	13–34
a) Gewinnausschüttungen und damit zusammenhängende Betriebsausgaben/Verluste	13–19
b) Anteilsveräußerungsgewinne und Wertverluste in Anteilen	20–32
c) Einkünfte aus ausländischen Betriebsstätten	33
d) Investitionszulagen	34
3. Aufgrund der Zinsschranke nicht abzugsfähige Zinsaufwendungen	35–41
4. Andere nichtabziehbare Betriebsausgaben/Spenden	42–45
5. Verdeckte Gewinnausschüttungen und verdeckte Einlagen	46–74
a) Verdeckte Gewinnausschüttungen	46–63
aa) Übersicht	46–52
bb) Veranlassung im Gesellschaftsverhältnis	53–58
cc) Wert der verdeckten Gewinnausschüttung	59
dd) Korrespondenzprinzip	60–63
b) Verdeckte Einlagen	64–68
c) Fallgruppen	69–74
6. Verlustverrechnung	75–85
a) Verlustabzug	75–77
b) Voller oder teilweiser Ausschluss der Verlustverrechnung im Fall des § 8c KStG	78–85
IV. Steuerliches Eigenkapital und Verwendungsreihenfolge bei Ausschüttungen	86–95
V. Folgen der Abschaffung des Anrechnungsverfahrens	96–102
VI. Körperschaftsteuer-Tarifbelastung	103, 104
B. Einkommensteuerrecht (relevante Ausschnitte)	105–206
I. Persönliche Steuerpflicht	105, 106
II. Ermittlung des zu versteuernden Einkommens	107–179
1. Übersicht	107, 108
2. Einkünfte	109–123
a) Grundsätze	109–112
b) Einkünfteermittlung für die Gewinneinkunftsarten	113–121
c) Einkünfteermittlung für die Überschusseinkunftsarten	122, 123
3. Einkunftsarten	124–141
a) Grundsätze	124, 125

b) Einkünfte aus Gewerbebetrieb 126–131
				c) Einkünfte aus Kapitalvermögen 132–138
				d) Einkünfte aus der Veräußerung von Privatvermögen 139–141
			4. Verlustverrechnung 142–144
			5. Besonderheiten bei Mitunternehmerschaften 145–175
				a) Grundsätze 145
				b) Einkunftsartenbestimmung 146–153
				c) Einkünfteermittlung 154–162
				d) § 15a EStG 163–168
				e) Stille Gesellschaft 169–171
				f) Erbengemeinschaft 172–175
			6. Betriebsaufspaltung 176–179
		III. Einkommensteuertarif, besondere Steuersätze und Steuerermäßigungen 180–197
			1. Einkommensteuertarif 181, 182
			2. Besonderer Steuersatz für außerordentliche Einkünfte 183–185
			3. Besonderer Thesaurierungssteuersatz 186–193
			4. Steuerermäßigung bei Gewerbesteuerpflicht 194–197
		IV. Abgeltungssteuer 198–206
			1. Grundsätze 198–200
			2. Erfasste Kapitaleinkünfte 201–203
			3. Werbungskostenabzug und Verlustberücksichtigung 204, 205
			4. Ausnahmen 206

C. **Gewerbesteuerrecht** 207–256
	I. Grundlagen 207–209
	II. Steuerpflicht 210, 211
	III. Ermittlung des Gewerbeertrags 212–252
		1. Ausgangsgröße und Übersicht 212–216
		2. Hinzurechnungen und Kürzungen 217–244
			a) Finanzierungsaufwendungen 217–229
			b) Streubesitzdividenden/Schachtelerträge/ausschüttungsbedingte Teilwertabschreibungen . . 230–235
			c) Verlustanteile/Gewinnanteile aus Mitunternehmerschaften 236, 237
			d) Spenden 238
			e) Grundbesitz-Abzüge 239, 240
			f) Gewerbeertrag nicht im Inland belegener Betriebsstätten/ausländische Steuern 241, 242
			g) Bezüge des KGaA-Komplementärs 243, 244
		3. Verlustverrechnung 245–252
	IV. Gewerbesteuer-Ermittlung 253–256

D. **Doppelbesteuerungsrecht** 257–287
	I. Methoden zur Vermeidung der Doppelbesteuerung . . . 257–260
	II. Unilaterale Doppelbesteuerungsregeln 261–266
	III. Doppelbesteuerungsabkommen 267–287
		1. Anwendungsbereich 268, 269
		2. Normenkonkurrenz 270
		3. Einkünfte aus unbeweglichem Vermögen 271
		4. Unternehmensgewinne 272–276
		5. Gewinnberichtigungen 277
		6. Dividenden 278–281
		7. Zinsen 282, 283

8. Lizenzgebühren 284, 285
9. Veräußerungsgewinne 286
10. Verständigungsverfahren 287

A. Körperschaftsteuerrecht

I. Persönliche Steuerpflicht

Die AG ist nach § 1 Abs. 1 Nr. 1 KStG Körperschaftsteuersubjekt. Sie ist unbeschränkt körperschaftsteuerpflichtig, wenn sie ihre Geschäftsleitung (§ 10 AO) oder ihren Sitz (§ 11 AO) im Inland hat. Geschäftsleitung ist nach § 10 AO der Mittelpunkt der geschäftlichen Oberleitung, dh. der Ort, an dem die leitenden Personen den wesentlichen, die Leitung im Tagesgeschäft betreffenden Willen bilden; entscheidend sind hierbei die tatsächlichen Verhältnisse. Der Sitz ist ein rechtliches Merkmal, das im Normalfall durch die Satzung bestimmt wird. Die unbeschränkte Körperschaftsteuerpflicht erstreckt sich auf sämtliche (inländischen und ausländischen) Einkünfte, dh. es gilt das Welteinkommensprinzip (§ 1 Abs. 2 KStG).[1] Beschränkt körperschaftsteuerpflichtig ist eine AG, die weder ihren Sitz noch ihre Geschäftsleitung im Inland hat, mit ihren inländischen Einkünften (§ 2 Nr. 1 KStG iVm. § 49 EStG).[2]

Die Steuerpflicht beginnt bei einer AG nicht erst mit Eintragung in das Handelsregister, sondern bereits mit dem Abschluss des notariellen Gesellschaftsvertrags bzw. der notariellen Feststellung der Satzung.[3] Die dadurch entstehende Vorgesellschaft (AG in Gründung) wird grundsätzlich als mit der durch Eintragung entstehenden AG identisches (einheitliches) Steuerrechtssubjekt behandelt. Anderes gilt für die Vorgründungsgesellschaft, die durch die Vereinbarung der künftigen Gesellschafter über die Gründung einer AG entsteht. Insoweit wird davon ausgegangen, dass der Zweck der Vorgründungsgesellschaft in der Gründung einer anderen Gesellschaft besteht. Dementsprechend ist die Vorgründungsgesellschaft grundsätzlich kein körperschaftsteuerpflichtiges Gebilde; ihre Einkünfte werden vielmehr – einer Personengesellschaft entsprechend – unmittelbar bei den Gründungsgesellschaftern erfasst.[4]

Die Steuerpflicht der AG endet mit der Liquidation oder der Umwandlung der Gesellschaft.[5]

II. Verhältnis der Körperschaft zur Einkommensteuer

Zahlreiche Vorschriften des Einkommensteuerrechts gelten (über § 8 Abs. 1 KStG) auch für die Körperschaftsteuer, insbesondere die Vorschriften über die

---

[1] Siehe aber auch zur Vermeidung der Doppelbesteuerung Rz. 257 ff.
[2] Beschränkt steuerpflichtig sind auch sonstige nicht unbeschränkt körperschaftserpflichtige Körperschaften, Personenvereinigungen und Vermögensmassen mit solchen inländischen Einkünften, von denen ein Steuerabzug vorzunehmen ist (§ 2 Nr. 2 1. Hs. KStG). Zu den inländischen Einkünften zählen gem. § 2 Nr. 2 2. Hs. lit. a)–c) KStG auch Leihgebühren und Kompensationszahlungen für temporär überlassene Anteile an inländischen Kapitalgesellschaften (zur Wertpapierleihe s. auch § 8b Abs. 10 KStG).
[3] H 2 KStR.
[4] H 2 KStR.
[5] Dazu näher § 13 Rz. 343 ff. und 629 f.

Gewinnermittlung (§§ 4 ff. EStG).[6] Wesentliche Unterschiede zur Einkommensteuer liegen in besonderen Einkommensermittlungsregeln, in der Tarifstruktur und der Nichtberücksichtigung der persönlichen Leistungsfähigkeit.

5 Die nebeneinander stattfindende Erhebung von Körperschaftsteuer bei Kapitalgesellschaften und Einkommensteuer bei natürlichen Personen führt grundsätzlich zu Doppelbelastungen, wenn eine Kapitalgesellschaft ihre bereits mit Körperschaftsteuer belasteten Gewinne an ihre Anteilseigner ausschüttet und die Ausschüttung bei den Anteilseignern der Einkommensteuer unterliegt (ein entsprechendes Doppelbelastungsproblem existiert auch bei Ausschüttung an körperschaftsteuerpflichtige Anteilseigner). Zur Vermeidung bzw. Milderung dieser Doppelbelastung galt in Deutschland bis zur Unternehmenssteuerreform 2001 das Anrechnungsverfahren, seitdem gilt das Halbeinkünfteverfahren (das ab 1.1.2009 zum Teileinkünfteverfahren weiterentwickelt und durch die neue Abgeltungssteuer ergänzt wurde).

6 Das Anrechnungsverfahren wurde in Deutschland am 1.1.1977 eingeführt. Es bewirkte, dass die Doppelbelastung durch die Anrechnung der Körperschaftsteuer auf die Einkommensteuer (bzw. Körperschaftsteuer) des (unbeschränkt steuerpflichtigen) Anteilseigners beseitigt wurde, so dass im Ergebnis grundsätzlich nur eine Einmalbelastung ausgeschütteter Gewinne auf der Ebene des Gesellschafters eintrat, und zwar in Höhe des individuellen Einkommensteuersatzes des Anteilseigners (bzw. des Körperschaftsteuersatzes bei Kapitalgesellschaften als Anteilseigner). Technisch gesehen wurde im Normalfall eine tarifliche Körperschaftsteuer von (zuletzt) 40 % auf das erzielte zu versteuernde Einkommen erhoben, für ausgeschüttete Gewinne wurde die Belastung auf 30 % des ausgeschütteten Gewinns vor Körperschaftsteuer gesenkt (Herstellung der Ausschüttungsbelastung), die 30 %ige Ausschüttungsbelastung zählte zu den Einnahmen des Anteilseigners aus Kapitalvermögen (so dass die steuerpflichtige Einnahme auf der Ebene des Anteilseigners 100 % des ausgeschütteten Gewinns vor Körperschaftsteuer der Kapitalgesellschaft betrug), und die 30 %ige Ausschüttungsbelastung wurde auf die persönliche Einkommen- oder Körperschaftsteuerschuld des Anteilseigners angerechnet. Im Rahmen des Anrechnungsverfahrens wurde also die Körperschaftsteuerbelastung bei Ausschüttung vollständig abgebaut, und an ihre Stelle trat die Besteuerung des Gewinns auf der Ebene des Anteilseigners; eine Doppelbelastung fand nicht statt.[7]

7 Mit der Unternehmenssteuerreform 2001 (dem StSenkG[8]) wurde das Anrechnungsverfahren zugunsten der Einführung eines klassischen Systems (Halbeinkünfteverfahren) aufgegeben. Die Körperschaftsteuer auf das erzielte zu versteuernde Einkommen iHv. seinerzeit 25 % und nun 15 % wird nicht mehr abgebaut, sondern bleibt definitiv. Im Gegenzug werden die Dividenden beim empfangenden Gesellschafter hälftig von der Einkommensteuer (§ 3

---

[6] Siehe auch die Übersicht in R 32 KStR.

[7] Es ist jedoch zu beachten, dass grundsätzlich nur unbeschränkt ertragsteuerpflichtige Steuersubjekte zur Anrechnung der Körperschaftsteuer berechtigt waren. Außerdem bedeutete der Anrechnungsverfahrensmechanismus bei fehlender steuerlicher Vorbelastung auf Ebene der Kapitalgesellschaft letztlich eine vollumfängliche Nachversteuerung der ausgeschütteten steuerfreien Einkommensteile beim Anteilseigner (technisch gesehen zum Teil [sog. EK02 und EK03] mit und zum Teil [sog. EK01] ohne vorherige Herstellung der Ausschüttungsbelastung auf Ebene der ausschüttenden Kapitalgesellschaft).

[8] BGBl. I 2000, 1433.

A. Körperschaftsteuerrecht   8–10 § 12

Nr. 40 EStG; betr. die natürliche Person als Gesellschafter) oder zu 95 % von der Körperschaftsteuer (§ 8 b Abs. 1 KStG; betr. die Kapitalgesellschaft als Gesellschafter) freigestellt.[9] Ab 1.1.2009 beläuft sich die Dividendenfreistellung bei einkommensteuerpflichtigen Anteilseignern auf 40 % (bzw. es greift die neue Abgeltungssteuer).

III. Ermittlung des zu versteuernden Einkommens

1. Ausgangsgröße und Übersicht

Grundlage der Besteuerung der AG ist das zu versteuernde Einkommen (§ 7 Abs. 1 KStG), welches gemäß § 7 Abs. 2 KStG iVm. § 8 Abs. 1 KStG nach den Vorschriften des EStG und des KStG zu ermitteln ist. Die Vorschriften des EStG sind allerdings nur anzuwenden, soweit sie nicht ausschließlich auf natürliche Personen zugeschnitten (zB Sonderausgaben und außergewöhnliche Belastungen) oder durch Sondervorschriften des KStG ersetzt sind.[10] Außerdem ist zu beachten, dass eine AG nicht Einkünfte aus den verschiedenen Einkunftsarten des EStG erzielen kann; § 8 Abs. 2 KStG legt fest, dass bei unbeschränkt Körperschaftsteuerpflichtigen iSd. § 1 Abs 1 Nr. 1–3 KStG (und damit auch bei AG) alle Einkünfte als Einkünfte aus Gewerbebetrieb zu behandeln sind.   8

Der Veranlagungszeitraum zur Ermittlung des zu versteuernden Einkommens der AG ist das Kalenderjahr (§ 7 Abs. 3 KStG). Der Gewinn der AG, der die Ausgangsgröße für das zu versteuernde Einkommen darstellt, ist demgegenüber nach dem Wirtschaftsjahr zu ermitteln, für das sie regelmäßig Abschlüsse macht (§ 7 Abs. 4 Satz 1 KStG).[11] Im Fall des kalenderjahrgleichen Wirtschaftsjahres fallen Ermittlungszeitraum und Veranlagungszeitraum zusammen. Sofern eine AG jedoch ein vom Kalenderjahr abweichendes Wirtschaftsjahr hat, ist gemäß § 7 Abs. 4 S. 2 KStG der Gewinn in dem Kalenderjahr zu versteuern, in dem das Wirtschaftsjahr endet.[12]   9

Ausgangsgröße für die Ermittlung des steuerlichen Gewinns einer AG ist der handelsrechtliche Jahresüberschuss (oder Jahresfehlbetrag) des Wirtschaftsjahres. Für die Ermittlung des steuerlichen Gewinns gilt grundsätzlich das Maßgeblichkeitsprinzip gem. § 5 Abs. 1 EStG (nach dem soeben verabschiedeten BilMoG gilt nur die sog. umgekehrte Maßgeblichkeit nicht mehr).[13] Da jedoch die Zwecke der handelsrechtlichen und steuerrechtlichen Gewinnermittlung nicht deckungsgleich sind,[14] enthält das Steuerrecht in den §§ 4 ff. EStG auch eigene Vorschriften zur Gewinnermittlung, die an die Stelle der handels-   10

---

[9] Siehe auch die Darstellung in § 13 Rz. 9 ff.
[10] R 32 KStR enthält eine Auflistung der aus dem EStG anzuwendenden Vorschriften.
[11] Das Wirtschaftsjahr muss regelmäßig einen Zeitraum von 12 Monaten umfassen, vgl. § 8 b Satz 1 EStDV. Zu Abweichungen und dem Entstehen eines Rumpfwirtschaftsjahres vgl. § 8 b Satz 2 EStDV.
[12] Siehe auch § 7 Abs. 4 Satz 3 KStG zum FA-Einvernehmenserfordernis bei Umstellung auf ein vom Kalenderjahr abweichendes Wirtschaftsjahr.
[13] Siehe dazu im Einzelnen § 11 Rz. 7 ff.
[14] Während im Handelsbilanzrecht des HGB die vorsichtige Ermittlung eines ausschüttungsfähigen Gewinns im Mittelpunkt steht, zielt das Steuerrecht auf eine Besteuerung nach der wirtschaftlichen Leistungsfähigkeit. Siehe auch § 11 Rz. 1 ff.

§ 12   11–13   Laufende Besteuerung

11 rechtlichen Vorschriften treten. Daraus resultieren vielfältige Abweichungen der Steuer- von der Handelsbilanz.[15]
Die darüber hinaus erforderlichen Korrekturen zur Ermittlung des zu versteuernden Einkommens, zB aufgrund von steuerfreien Einnahmen und nichtabziehbaren Betriebsausgaben sowie von durch das Gesellschaftsverhältnis veranlassten Vorgängen (verdeckte Gewinnausschüttungen und erfolgswirksam erfasste Einlagen), sind außerbilanziell vorzunehmen.

12 Folgendes Schema fasst die wesentlichen Schritte zur Ermittlung des zu versteuernden Einkommens einer AG zusammen:[16]

	(handelsrechtlicher) Jahresüberschuss/Jahresfehlbetrag
+	Gewinnerhöhungen aus steuerbilanziellen Korrekturen
–	Gewinnminderungen aus steuerbilanziellen Korrekturen
=	Steuerbilanzergebnis
–	steuerfreie in- und ausländische Betriebseinnahmen und Gewinne (insb. gem. § 8 b KStG)
+	nichtabziehbare Betriebsausgaben gem. § 3c Abs. 1 EStG
+	nichtabziehbare Betriebsausgaben gem. § 4 Abs. 5 EStG, § 4 h EStG, § 8 a KStG, § 10 KStG etc.
–	Erträge aus Erstattung nichtabziehbarer Betriebsausgaben
+	verdeckte Gewinnausschüttungen gem. § 8 Abs. 3 Satz 2 KStG
–	offene und verdeckte Einlagen gem. § 4 Abs. 1 EStG (soweit erfolgswirksam erfasst)
=	Summe der Einkünfte
–	abziehbare Spenden gem. § 9 Abs. 1 Nr. 2 KStG
+	zuzurechnendes Einkommen von Organgesellschaften (gem. § 14 KStG)
=	Gesamtbetrag der Einkünfte
–	Verlustabzug gem. § 10 d EStG
=	zu versteuerndes Einkommen

2. Steuerfreie Einnahmen[17] und damit zusammenhängende Betriebsausgaben/Verluste

a) Gewinnausschüttungen und damit zusammenhängende Betriebsausgaben/Verluste

13 Gemäß § 8 b Abs. 1 KStG bleiben Bezüge im Sinne des § 20 Abs. 1 Nr. 1, 2, etc. EStG bei der Ermittlung des Einkommens der AG außer Ansatz. Dabei handelt es sich im Wesentlichen um (offene oder verdeckte) Ausschüttungen von anderen Kapitalgesellschaften, ausgenommen die sog. Einlagenrückge-

---

[15] Siehe dazu im Einzelnen § 11 Rz. 17 ff. Die Aufstellung einer eigenen Steuerbilanz ist allerdings keine Pflicht. Sofern nur die Handels- und keine Steuerbilanz erstellt wird, können die steuerlichen Änderungen auch gesondert erfasst werden (Überleitungsrechnung).

[16] Vgl. auch im Einzelnen abweichend R 29 KStR.

[17] Zu beachten ist, dass die Steuerfreiheit von Einnahmen (inländischen und ausländischen Ursprungs) letztlich auf die Ebene der AG beschränkt ist. Werden steuerfreie Einnahmen an natürliche Personen ausgeschüttet, unterliegt die Ausschüttung dort im Rahmen des Halbeinkünfteverfahrens (ab dem 1.1.2009 des Teileinkünfteverfahrens bzw. der Abgeltungssteuer) der Einkommensteuer.

A. Körperschaftsteuerrecht   14–16 § 12

währ.[18] § 8 b Abs. 1 KStG wird deshalb auch als Dividendenfreistellung bezeichnet. Die Dividendenfreistellung erfasst auch Einnahmen aus der Veräußerung von Dividendenscheinen. Ferner fallen unter § 8 b Abs. 1 KStG Bezüge, die bei einer Kapitalherabsetzung oder als Liquidationserlös bei der Auflösung einer Gesellschaft gezahlt werden, soweit sie nach § 20 Abs. 1 Nr. 2 EStG Einnahmen aus Kapitalvermögen darstellen, weil sie nicht Rückzahlung von Nennkapital oder Einlagekonto sind, oder die aus der Umwandlung thesaurierter Gewinne in Nennkapital stammen.[19] § 8 b Abs. 1 KStG erfasst nicht Kompensationszahlungen für Dividenden bspw. bei der Wertpapierleihe.[20]

§ 8 b Abs. 1 KStG soll verhindern, dass bei Gewinnausschüttungen über mehrere Beteiligungsstufen (zB im Konzern) eine kumulative Körperschaftsteuerbelastung entsteht. Die Norm ist eine das Halb- bzw. Teileinkünfteverfahren prägende Vorschrift. Eine Mindestbeteiligungshöhe oder -behaltefrist ist für die Freistellung der Bezüge nach § 8 b Abs. 1 KStG nicht erforderlich. Gemäß § 8 b Abs. 6 KStG ist es für die Freistellung der Gewinnausschüttungen (generell für die Anwendung des § 8 b KStG) auch unerheblich, ob sie unmittelbar bei der AG anfallen oder über eine zwischengeschaltete Mitunternehmerschaft bezogen werden.[21] **14**

Auch dann, wenn eine inländische AG an einer ausländischen Kapitalgesellschaft beteiligt ist, greift für Ausschüttungen § 8b KStG. Die Einkünfte der ausländischen Kapitalgesellschaft werden grundsätzlich nur bei dieser selbst besteuert.[22] Die inländische AG ist grundsätzlich nur durch Gewinnausschüttungen steuerlich tangiert. § 8 b Abs. 1 KStG unterscheidet nicht zwischen inländischen und ausländischen Bezügen, stellt also auch Ausschüttungen von ausländischen Kapitalgesellschaften bei der empfangenden AG (ohne Mindestbeteiligungshöhe oder -behaltefrist) steuerfrei. Es kommt insoweit auch nicht darauf an, ob mit dem jeweiligen ausländischen Staat ein DBA besteht oder nicht; auch die Erfüllung der Voraussetzungen von evtl. DBA-Schachtelprivilegien wie zB Mindestbeteiligungshöhen und Aktivitätsklauseln ist irrelevant. Insbesondere ist auch eine ausreichende Vorbelastung bzw. Besteuerung auf der Ebene der ausschüttenden ausländischen Kapitalgesellschaft grds. nicht Voraussetzung für die Steuerbefreiung.[23] **15**

Bei Bezügen iSd. § 20 Abs. 1 Nr. 1 S. 2 EStG (das sind vor allem verdeckte Gewinnausschüttungen) ist es allerdings generell (d. h. sowohl bei ausschütten- **16**

---

[18] Von steuerlichem Einlagekonto iSd. § 27 KStG. Soweit steuerliches Einlagekonto bei einer Ausschüttung als verwendet gilt (dazu Rz. 86 ff.), wird es gegen den Beteiligungsbuchwert gerechnet; bei Überschreiten ist § 8 b Abs. 2 KStG anwendbar. Siehe BMF v. 28. 4. 2003, DStR 2003, 881. Zu den Bedingungen der steuerlichen Anerkennung disproportionaler Gewinnausschüttungen s. BMF v. 7. 12. 2000, BStBl. I 2001, S. 47.
[19] Beträge iSd. § 28 Abs. 1 Satz 3 KStG.
[20] BMF v. 28. 4. 2003, DStR 2003, 881.
[21] Für vermögensverwaltende und nicht gewerblich geprägte Personengesellschaften mit Kapitalgesellschaften als Gesellschaftern (sog. Zebragesellschaften) gilt § 8 b Abs. 6 KStG nicht. Bei diesen erfolgt eine anteilige Zurechnung der von der Personengesellschaft gehaltenen Anteile nach § 39 Abs. 2 Nr. 2 AO und damit auch eine anteilige unmittelbare Anwendung der Dividendenfreistellung.
[22] Siehe aber auch zur Hinzurechnungsbesteuerung § 13 Rz. 315 ff.
[23] Nach dem Entwurf des sog. Steuerhinterziehungsbekämpfungsgesetzes kann allerdings die Erfüllung bestimmter Nachweis- und Mitwirkungspflichten gefordert werden, wenn der betreffende ausländische Staat eine Auskunftserteilung nach OECD-Standard verweigert (sog. schwarze Liste).

den inländischen wie auch bei ausschüttenden ausländischen Kapitalgesellschaften) Voraussetzung für die Anwendung der Dividendenfreistellung, dass eine Besteuerung des ausgeschütteten Betrags auf der Ebene der ausschüttenden Kapitalgesellschaft stattgefunden hat. Daher erfolgt eine Freistellung von verdeckten Gewinnausschüttungen gemäß § 8b Abs. 1 S. 2–4 KStG nur, wenn diese das Einkommen der leistenden Kapitalgesellschaft nicht gemindert haben (sog. Korrespondenzprinzip).[24/25]

17 § 3c Abs. 1 EStG ist auf Aufwendungen der AG, die mit steuerfrei vereinnahmten Dividenden unmittelbar wirtschaftlich zusammenhängen, nicht anwendbar.[26] Das heißt, bei einer AG sind auch Ausgaben, die in unmittelbarem wirtschaftlichem Zusammenhang mit steuerfreien inländischen Ausschüttungserträgen stehen, grds. (also vorbehaltlich anderer Abzugsverbote) als Betriebsausgaben abziehbar.[27]

18 Allerdings wird sozusagen als Kompensation die Steuerfreiheit von Dividendenerträgen der AG durch § 8b Abs. 5 KStG faktisch auf 95 % der Dividenden reduziert. § 8b Abs. 5 KStG bestimmt, dass 5 % der körperschaftsteuerbefreiten Dividenden als Betriebsausgaben gelten, die mit den Einnahmen in unmittelbarem wirtschaftlichem Zusammenhang stehen. Die Fiktion gilt unabhängig davon, ob und in welcher Höhe die empfangende AG tatsächlich entsprechende Ausgaben (zB zur Finanzierung der Beteiligung) getätigt hat.[28] Im Gegenzug ist, wie bereits erläutert, § 3 c Abs. 1 EStG auf die tatsächlichen Betriebsausgaben der AG, die mit Dividenden unmittelbar wirtschaftlich zusammenhängen, nicht anwendbar.

19 Von der Anwendung des § 8b (Abs. 1) KStG sind gemäß § 8b Abs. 7 KStG Anteile ausgenommen, die bei Kreditinstituten und Finanzdienstleistungsinstituten nach § 1a KWG dem Handelsbuch zuzurechnen sind, bzw. die von Finanzunternehmen iSd. des KWG mit dem Ziel der kurzfristigen Erzielung eines Eigenhandelserfolges erworben werden.[29] Entsprechend sind auf diese Anteile entfallende Ausschüttungen, die die AG vereinnahmt, normal steuerpflichtig.[30] Eine weitere Ausnahme von der Anwendung des § 8b (Abs. 1) KStG enthält § 8b Abs. 8 KStG für Kapitalanlagen von Lebens- und Krankenversicherungsunternehmen sowie Pensionsfonds.[31]

---

[24] Es gilt auch für die Anwendung des DBA-Schachtelprivilegs.

[25] Die Versagung der Dividendenfreistellung gilt indessen auch dann nicht, soweit die vGA das Einkommen einer dem Stpfl. nahestehenden Person erhöht hat.

[26] § 8b Abs. 3 S. 3 KStG betrifft laufende Aufwendungen nicht.

[27] Nach der hier vertretenen Auffassung ist dies steuersystematisch zutreffend. Wegen der Körperschaftsteuerbelastung auf Ebene der ausschüttenden Kapitalgesellschaft und des Telos des § 8 b Abs. 1 KStG sind die Dividendenerträge eigentlich gar nicht steuerfrei.

[28] Ob § 8b Abs. 5 KStG auch bei Anwendbarkeit des DBA-Schachtelprivilegs und tatsächlich fehlenden unmittelbar wirtschaftlich zusammenhängenden Betriebsausgaben die 5 %-Steuerpflicht begründen kann, ist unklar.

[29] Dazu im Einzelnen BMF v. 25. 7. 2002, BStBl. I 2002, 712.

[30] Die Ausnahmeregelung des § 8 b Abs. 7 KStG für Kreditinstitute und Finanzdienstleister sollte nach ihrer ursprünglichen Ratio die steuerliche Ergebnisverrechnung zwischen den insoweit voll steuerpflichtigen Aktiengeschäften (und Dividenden) des kurzfristigen Eigenhandels und den mit diesen Geschäften zusammenhängenden Termingeschäften ermöglichen, deren Ergebnisse nicht steuerbefreit sind und auch nicht der eingeschränkten Verlustverrechnung des § 15 Abs. 4 Satz 3 bis 5 EStG unterliegen.

[31] Siehe auch die Rückausnahme von § 8b Abs. 7 u. 8 KStG in § 8b Abs. 9 KStG. Zu § 8b Abs. 10 KStG betr. die Wertpapierleihe s. § 13 Rz. 661 ff.

A. Körperschaftsteuerrecht   20–24 § 12

b) Anteilsveräußerungsgewinne und Wertverluste in Anteilen

Mit der im Ergebnis 95%igen Steuerfreiheit von Gewinnausschüttungen 20
korrespondiert nach der Wertentscheidung des StSenkG auch die 95%ige Freistellung der Gewinne der AG aus der Veräußerung von Kapitalgesellschaftsanteilen.[32] Der Veräußerungspreis bildet schon vorhandene bzw. künftige Dividendenpotenziale ab und soll dementsprechend steuerlich im Grundsatz wie die Dividende behandelt werden. Im Einzelnen stellt § 8 b Abs. 2 i.V.m. Abs. 3 S. 1 KStG die folgenden Gewinne zu 95% steuerfrei:[33] Gewinne aus der Veräußerung bzw. verdeckten Einlage von Anteilen an Kapitalgesellschaften, Gewinne aus der Auflösung von Kapitalgesellschaften oder der Herabsetzung ihres Nennkapitals (soweit insoweit nicht § 8 b Abs. 1 KStG anzuwenden ist) sowie Gewinne, die durch eine Wertaufholung einer Beteiligung an einer Kapitalgesellschaft (den Ansatz des in § 6 Abs. 1 Satz 1 Nr. 2 Satz 3 EStG bezeichneten Wertes) entstehen. Auch Gewinnrealisierungen betr. Kapitalgesellschaftsanteile aufgrund verdeckter Gewinnausschüttung und Umwandlung sind von § 8 b Abs. 2 KStG erfasst.[34]

Allerdings erfolgt die Freistellung der Anteilsveräußerungsgewinne etc. der 21
AG nicht in jedem Fall. So wird nach § 8 b Abs. 2 Satz 4 KStG die Steuerfreiheit nicht gewährt, soweit der Anteil in früheren Jahren steuerwirksam auf den niedrigeren Teilwert abgeschrieben und die Gewinnminderung seitdem nicht (ebenso steuerwirksam) durch den Ansatz eines höheren Wertes ausgeglichen wurde.

Gleiches gilt gemäß § 8b Abs. 2 S. 5 KStG für steuerwirksam vorgenom- 22
mene Abzüge nach § 6b EStG und ähnliche Abzüge (z. B. nach § 30 Bergbau-RatG).

Zwei weitere wichtige Ausnahmen von der Steuerfreistellung von Anteils- 23
veräußerungsgewinnen der AG sind in § 8b Abs. 4 KStG a.F. geregelt. Sie knüpfen an bestimmte vor SEStEG vorgenommene Einbringungen an. Die Steuerbefreiung des § 8 b Abs. 2 KStG wird danach grundsätzlich nicht gewährt, soweit die Anteile
– einbringungsgeboren im Sinne des § 21 UmwStG a.F. sind (§ 8 b Abs. 4 Satz 1 Nr. 1 KStG a.F.) oder
– durch eine Kapitalgesellschaft unmittelbar oder mittelbar über eine Mitunternehmerschaft von einem Einbringenden, der nicht zu den von § 8 b Abs. 2 KStG begünstigten Steuerpflichtigen gehört, zu einem Wert unter dem Teilwert erworben wurden (§ 8 b Abs. 4 Satz 1 Nr. 2 KStG a.F.).

§ 8 b Abs. 4 Satz 1 Nr. 1 KStG a.F. sollte verhindern, dass Kapitalgesellschaf- 24
ten (AGs) zB einen Teilbetrieb oder einen Mitunternehmeranteil (deren Veräußerung steuerpflichtig wäre) zunächst (nach § 20 Abs. 1 Satz 1 UmwStG a.F.) steuerneutral in eine (andere) Kapitalgesellschaft einbringen konnten, um anschließend die Anteile an dieser Kapitalgesellschaft steuerfrei zu veräußern. Die Ausnahme von der Steuerbefreiung greift nicht, wenn die Veräußerung der einbringungsgeborenen Anteile später als sieben Jahre nach ihrem Erwerb

---

[32] Einschließlich eigener Aktien sowie steuerlich als Eigenkapital behandelter Genussrechte. Siehe auch BMF v. 28. 4. 2003, DStR 2003, 881.
[33] Zu weiteren Einzelheiten s. BMF v. 28. 4. 2003, DStR 2003, 881.
[34] Auch die über den Beteiligungsbuchwert hinausgehende Einlagenrückgewähr. Siehe auch BMF v. 28. 4. 2003, DStR 2003, 881.

stattfindet (Rückausnahme des § 8 b Abs. 4 Satz 2 Nr. 1 KStG a.F.). Außerdem greift die Ausnahme von der Steuerbefreiung nicht, wenn Einbringungsgegenstand begünstigte Kapitalanteile waren und Einbringender eine Kapitalgesellschaft war (§ 8 b Abs. 4 Satz 2 Nr. 2 KStG a.F.).[35]

25 § 8 b Abs. 4 Satz 1 Nr. 2 KStG a.F. sollte Gestaltungen von natürlichen Personen verhindern, die die – für sie nicht anwendbare – Vorschrift des § 8 b Abs. 2 KStG nutzen wollten, indem sie eine Beteiligung an einer Kapitalgesellschaft (deren Veräußerung für sie zur Hälfte steuerpflichtig gewesen wäre) zu Buchwerten (nach § 20 Abs. 1 Satz 2 UmwStG a.F.) in eine (andere) Kapitalgesellschaft einbrachten, um diese Beteiligung dann von der (anderen) Kapitalgesellschaft aus steuerfrei (an einen Dritten) veräußern zu können.[36]

26 Zum für Einbringungen nach SEStEG geregelten sog. Einbringungsgewinn-Konzept s. § 13 Rz. 387 ff.

27 Nach Auffassung des Gesetzgebers korrespondiert es mit der grundsätzlichen Steuerfreistellung der Gewinne gemäß § 8 b Abs. 2 KStG, dass Verluste der AG aus Kapitalgesellschaftsanteilen ebenso steuerlich unbeachtlich bleiben. Nach § 8 b Abs. 3 S. 3 KStG sind daher Gewinnminderungen, die im Zusammenhang mit den in § 8 b Abs. 2 KStG genannten Anteilen stehen, bei der Gewinnermittlung nicht zu berücksichtigen.[37] Die Nichtberücksichtigung der Gewinnminderung erfolgt allerdings – anders als im Gewinnfall – nicht nur zu 95 %, sondern zu 100 %.[38] Auf Grund seiner allgemeinen Formulierung erfasst § 8b Abs. 3 S. 3 KStG neben Veräußerungsverlusten insbesondere auch Teilwertabschreibungen auf Anteile an Kapitalgesellschaften.[39] Die Regelung gilt auch in den Fällen des § 8 b Abs. 4 KStG a.F.[40]

28 Für im (unmittelbaren wirtschaftlichen) Zusammenhang mit der Veräußerung stehende Betriebsausgaben (die sog. Veräußerungskosten) folgt aus § 8b Abs. 3 S. 2 KStG und der Definition des Veräußerungsgewinns gem. § 8b Abs. 2 S. 2 KStG, dass die Veräußerungskosten im Gewinnfall lediglich zu 5 % auf das steuerliche Ergebnis durchschlagen (im Verlustfall teilen sie das Schicksal der vollständigen steuerlichen Irrelevanz).

29 Nach § 8b Abs. 3 S. 4–8 KStG sind auch Gewinnminderungen nicht mit steuerlicher Wirkung abziehbar, die im Zusammenhang mit einem Darlehen

---

[35] Siehe auch im Einzelnen BMF v. 28. 4. 2003, DStR 2003, 881.

[36] Da eine spätere Ausschüttung des steuerfreien Veräußerungsgewinns der Kapitalgesellschaft an den Anteilseigner dem Halbeinkünfteverfahren unterlag, dh. die Einbringung insoweit nur zu einer verzögerten Besteuerung geführt hätte, ist es allerdings zweifelhaft, ob diese Regelung wirklich sachgerecht war. Auch zu dieser Regelung wegen weiterer Einzelheiten s. BMF v. 28. 4. 2003, DStR 2003, 881.

[37] Die Regelung betr. nur Gewinnminderungen, die den Anteil selbst betreffen. Für laufende mit dem Anteil zusammenhängende Aufwendungen gilt § 8b Abs. 5 KStG.

[38] Dies ist offensichtlich steuersystematisch problematisch. Deutlich wird dies bspw. bei einer steuerlich irrelevanten Teilwertabschreibung und einer anschließenden Wertaufholung. Auch hier ist die Teilwertabschreibung gänzlich irrelevant, die Wertaufholung hingegen zu 5 % belastet.

[39] Des Weiteren werden z. B. Gewinnminderungen aus der Auflösung der Gesellschaft, bei Herabsetzung des Nennkapitals der Kapitalgesellschaft, aus der Auflösung eines aktiven Ausgleichspostens auf Grund handelsrechtlicher Minderabführungen im Rahmen einer Organschaft, im Zusammenhang mit der verdeckten Gewinnausschüttung eines Anteils und bei Sachdividenden von § 8b Abs. 3 S. 3 KStG erfasst.

[40] So jedenfalls BMF v. 28. 4. 2003, DStR 2003, 881. Die steuersystematische Legitimation dieser Auffassung ist zweifelhaft.

stehen (bspw. ausgelöst durch einen Forderungsverzicht oder eine Teilwertabschreibung), welches ein wesentlich beteiligter Anteilseigner seiner Kapitalgesellschaft hingegeben hat. Die Vorschrift soll insbesondere Gestaltungsmaßnahmen entgegenwirken, die darauf abzielen, die Abzugsverbote von § 8b KStG zu vermeiden, um so etwaige Verluste der Beteiligungsgesellschaft auf die Ebene des Gesellschafters zu transferieren. Damit eine nicht abziehbare Gewinnminderung iSd. Vorschrift vorliegen kann, muss eine Gewinnminderung im Zusammenhang mit einem Darlehen oder aus der Inanspruchnahme von Sicherheiten, die für ein Darlehen hingegeben wurden, vorliegen, und der körperschaftsteuerpflichtige Darlehens- oder Sicherheitengeber muss zu mehr als 25 % unmittelbar oder mittelbar am Grund- und Stammkapital der Körperschaft, der das Darlehen gewährt wurde, beteiligt (gewesen) sein (wesentlich beteiligter Anteilseigner).[41] Der körperschaftsteuerliche Gesellschafter kann jedoch den Gegenbeweis dafür erbringen, dass auch ein fremder Dritter das Darlehen bei sonst gleichen Umständen gewährt oder noch nicht zurückgefordert hätte; dabei sind nur die eigenen Sicherungsmittel der Gesellschaft zu berücksichtigen (sog. Drittvergleich gem. § 8b Abs. 3 S. 6 KStG). In diesem Fall ist die Gewinnminderung steuerlich anzuerkennen. Ist das Abzugsverbot anwendbar und entsteht auf Grund einer wiedererlangten Werthaltigkeit der Forderung in der Zukunft ein Wertaufholungsgewinn, ist dieser gem. § 8b Abs. 3 S. 8 KStG steuerfrei.

Wie für Ausschüttungen ist es auch für die steuerliche Beurteilung von Ergebnissen der AG aus der Veräußerung von Kapitalgesellschaftsanteilen im Grundsatz irrelevant, ob sie unmittelbar von der AG selbst oder über eine zwischengeschaltete Mitunternehmerschaft realisiert werden (§ 8 b Abs. 6 KStG).[42] **30**

Ebenfalls wie von § 8b Abs. 1 KStG sind auch von der Steuerbefreiung des § 8 b Abs. 2 KStG sowie der Anordnung der Irrelevanz von Gewinnminderungen gem. § 8 b Abs. 3 KStG gemäß § 8 b Abs. 7 KStG Anteile ausgenommen, die bei Kreditinstituten und Finanzdienstleistungsinstituten nach § 1a KWG dem Handelsbuch zuzurechnen sind bzw. die von Finanzunternehmen iSd. des KWG mit dem Ziel der kurzfristigen Erzielung eines Eigenhandelserfolges erworben werden.[43] Entsprechend unterliegen auch auf diese Anteile entfallende Veräußerungsgewinne bei Kreditinstituten und Finanzdienstleistern der „normalen" Besteuerung und sind damit in voller Höhe steuerpflichtig. Korrespondierend damit sind Gewinnminderungen im Zusammenhang mit diesen Anteilen steuerlich anzuerkennen. **31**

Ähnliches gilt (allerdings mit weiteren Besonderheiten) für Anteile, die von Lebens- und Krankenversicherungsunternehmen sowie von Pensionsfonds als Kapitalanlagen gehalten werden (§ 8b Abs. 8 KStG).[44] **32**

---

[41] Die Voraussetzungen des wesentlich beteiligten Anteilseigners liegen auch dann vor, wenn es sich bei dem Darlehens- oder Sicherheitengeber um eine dem wesentlich beteiligten Anteilseigner nahestehende Person iSd. § 1 Abs. 2 AStG handelt oder der Fall eines rückgriffsberechtigten Dritten vorliegt, der auf den wesentlich beteiligten Gesellschafter oder eine diesem nahestehende Person zurückgreifen kann.
[42] Siehe auch schon Rz. 14.
[43] Siehe auch schon Rz. 19.
[44] Die Regelung des § 8b Abs. 8 KStG trägt den Besonderheiten der steuerlichen Gewinnermittlung bei den genannten Steuerpflichtigen Rechnung. Diese dürfen nach § 21 KStG Rückstellungen für Beitragserstattungen bilden, wobei die Zuführungen zu dieser Rückstellung mit steuerlicher Wirkung abziehbar sind. Gewinnausschüttungen

c) **Einkünfte aus ausländischen Betriebsstätten**

33 Wird eine unbeschränkt steuerpflichtige AG über eine Betriebsstätte (§ 12 AO)[45] im Ausland tätig, unterliegt sie mit ihren dortigen Einkünften regelmäßig auch im Ausland der beschränkten Steuerpflicht, so dass die Einkünfte aus der Tätigkeit im Ausland sowohl der deutschen als auch der ausländischen Besteuerung unterliegen. Eine Doppelbesteuerung wird jedoch meist durch zwischenstaatliche DBA vermieden, und zwar aus Sicht Deutschlands in der Regel durch Freistellung der ausländischen Einkünfte von der inländischen Steuer (Freistellungsmethode). Dementsprechend sind dann steuerbefreite ausländische Betriebsstätteneinkünfte außerbilanziell zu korrigieren, dh. Gewinne sind zu kürzen und Verluste zuzurechnen.[46]

d) **Investitionszulagen**

34 Eine AG kann steuerfreie Investitionszulagen nach dem Investitionszulagengesetz erhalten. Der steuerfreie Ertrag ist außerbilanziell abzuziehen.

3. Aufgrund der Zinsschranke nicht abzugsfähige Zinsaufwendungen

35 Im Zuge der Unternehmensteuerreform 2008 hat der Gesetzgeber u.a. eine umfassende Zinsabzugsbeschränkung – die sog. Zinsschranke – eingeführt, um Finanzierungsgestaltungen effizienter entgegenwirken zu können, die auf eine Einkommensverlagerung ins niedriger besteuernde Ausland abzielen.[47]

---

bzw. Gewinne aus Anteilsveräußerungen erhöhen die Zuführung der Rückstellung. Gewinnminderungen aus Anteilen mindern diese entsprechend. Bei Anwendung des Halb- bzw. Teileinkünfteverfahrens käme es mithin im Gewinnfall – wegen der steuerfreien Vereinnahmung einerseits sowie der abzugsfähigen Zuführung zur Rückstellung andererseits – zu einem doppelten Abzug. Im Verlustfall käme es hingegen – in Folge der steuerlichen Irrelevanz der Gewinnminderung einerseits und der Reduzierung der Zuführung zur Rückstellung andererseits – zu einer doppelten Hinzurechnung.

[45] Siehe zur DBA-Betriebsstätte auch Rz. 274.

[46] Siehe auch näher Rz. 272 ff. Neben der Freistellungsmethode ist eine weitere Möglichkeit zur Vermeidung bzw. Milderung der Doppelbesteuerung die Anrechnungsmethode, bei der die ausländische Steuer auf die inländische Steuer, die auf die Einkünfte aus diesem Staat entfällt, angerechnet wird; im Gegensatz zur Freistellungsmethode bleiben die ausländischen Einkünfte hier also nicht außer Ansatz, sondern fließen in das zu versteuernde Einkommen ein. Die Anrechnungsmethode kommt vor allem dann zur Anwendung, wenn zwischen Deutschland und dem Staat, in dem die Betriebsstätte belegen ist, kein DBA besteht; die Anrechnung erfolgt in diesen Fällen nach § 26 Abs. 1 KStG 8 (s. auch Rz. 261 ff.). Außerdem können § 50d Abs. 9 EStG und § 20 Abs. 2 AStG dazu führen. Im Verlustfall ist § 2a Abs. 1 Satz 1 Nr. 2 EStG zu beachten, wonach negative Einkünfte aus einer in einem ausländischen Staat belegenen Betriebsstätte ggf. nur mit positiven Einkünften derselben Art und aus demselben Staat verrechnet werden dürfen (gilt gem. § 2a Abs. 2 EStG grds. nur noch in Drittstaatenfällen). Statt der Anrechnung kann die ausländische Steuer auch nach § 34c Abs. 2 EStG auf Antrag bei der Ermittlung der Einkünfte abgezogen werden, zB wenn die ausländische Steuer die auf die ausländischen Einkünfte entfallende deutsche Steuer übersteigt (die Anrechnung ist insoweit beschränkt; s.a. Rz. 265).

[47] § 8a KStG in der bis einschließlich 2007 gültigen Fassung wurde insbesondere in Rückgriffsfällen als ineffizient eingestuft.

A. Körperschaftsteuerrecht   36–40   § 12

Ihr Anwendungsbereich geht allerdings darüber hinaus und erfasst grds. alle Zinsaufwendungen unabhängig von ihrem Inlands- oder Auslandsbezug. Auch wird grundsätzlich nicht zwischen Dritt- und Gesellschafterfremdfinanzierung unterschieden, sodass grds. alle Zinsaufwendungen unabhängig von der Mittelherkunft als schädlicher und nicht abziehbarer Aufwand qualifiziert werden können.

Der Grundtatbestand der Zinsschranke ist in § 4h Abs. 1 EStG geregelt und   36
erfasst grundsätzlich jene Betriebe,[48] deren Zinsergebnis[49] negativ ist und 30 % des maßgeblichen Gewinns[50] vor Abschreibungen[51] und Zinsergebnis (sog. steuerliches EBITDA)[52] übersteigt. Sofern diese Voraussetzungen erfüllt sind, ist der übersteigende Zinsaufwand temporär nicht abzugsfähig und geht in den sog. Zinsvortrag ein, welcher in zukünftigen Veranlagungszeiträumen nur insoweit genutzt werden kann, als der maximale Zinsabzug nach Maßgabe der Zinsschranke unterschritten wird (§ 4h Abs. 1 S. 2 f. EStG).

Die vorgenannten einkommensteuerlichen Regelungen finden über § 8   37
Abs. 1 KStG auch Eingang in die Ermittlung des körperschaftsteuerlichen Einkommens, jedoch wird für die Anwendung des § 4h Abs. 1 EStG der maßgebliche Gewinn durch das maßgebliche Einkommen ersetzt (§ 8a Abs. 1 S. 1, 2 KStG).

Kleine und mittlere Unternehmen sollen nicht durch die Zinsschranke be-   38
lastet werden. Daher ist in § 4h Abs. 2 S. 1 lit. a) EStG eine Freigrenze implementiert, die jeden Betrieb von der Zinsschranke ausnimmt, dessen negativer Zinssaldo € 1.000.000 unterschreitet.

Da finanzierungsgesteuerte Einkommensverlagerungen insbesondere inner-   39
halb eines multinationalen Konzerns stattfinden, greifen die Rechtsfolgen der Zinsschranke ebenfalls dann nicht, wenn der betrachtete Betrieb nicht oder nur anteilmäßig zu einem Konzern gehört (sog. Stand-Alone-Escape gem. § 4h Abs. 2 S. 1 lit. b) EStG). Für die Annahme eines Konzerns im Sinne dieser Klausel sind die Voraussetzungen des § 4h Abs. 3 S. 5, 6 EStG zu prüfen; sofern diese Merkmale verneint werden können, entfaltet die Konzern-Klausel befreiende Wirkung. Daneben tritt der sog. EK-Escape. Er soll gewährleisten, dass Betriebe mit einer konzernweit üblichen Kapitalstruktur nicht der Zinsschranke unterliegen. Eine übliche Kapitalstruktur des Betriebs wird nach dem Wortlaut des § 4h Abs. 2 S. 1 lit. c) EStG dann angenommen, wenn die Eigenkapitalquote des Betriebs nicht um mehr als 1 Prozentpunkt von der des Konzerns nach unten abweicht.

Sofern eine Kapitalgesellschaft dem Grundtatbestand der Zinsschranke un-   40
terliegt und die Anwendung eines Befreiungstatbestandes (Stand-Alone- oder EK-Escape-Klausel) begehrt, muss sie zusätzlich nachweisen, dass auch die Tatbestände des § 8a Abs. 2, 3 KStG nicht einschlägig sind; andernfalls können die

---

[48] Als Betrieb im Sinne dieser Vorschrift gilt grds. der Gewerbebetrieb gem. § 15 Abs. 2 EStG. Auch eine Kapitalgesellschaft bildet grds. einen solchen Betrieb.
[49] Das für Zwecke der Zinsschranke maßgebliche Zinsergebnis setzt sich aus dem Zinsaufwand und Zinsertrag iSd. Sätze 2 bis 4 des § 4h Abs. 3 EStG zusammen.
[50] Maßgeblicher Gewinn im Sinne dieser Norm ist der steuerliche Gewinn, der sich vor Anwendung der Zinsschranke ergeben würde (§ 4h Abs. 3 S. 1 EStG).
[51] Erfasst werden Abschreibungen iSd. § 7 EStG und gem. § 6 Abs. 2, 2a EStG.
[52] Earnings before Interest, Taxes, Depreciation and Amortization. Dieser Begriff hat sich herausgebildet, obgleich er von seinem steuerlichen Verständnis her nicht mit der bilanzanalytischen Kennzahl gleichgesetzt werden kann.

Rödder   855

Befreiungstatbestände nicht in Anspruch genommen werden. Diese Rückausnahmetatbestände sind von ihrer Ausgestaltung her darauf gerichtet, die Gesellschafterfremdfinanzierung von Kapitalgesellschaften und Konzerngesellschaften einzudämmen; sie greifen ein, wenn das Verhältnis der Gesellschafterfremdfinanzierung zu dem gesamten Fremdfinanzierungsvolumen einen bestimmten Schwellenwert des Zinsaufwandssaldos (sog. 10%-Grenze) überschreitet.

41 Zur Zinsschranke im Einzelnen s. § 13 Rz. 244 ff.

4. Andere nichtabziehbare Betriebsausgaben/Spenden

42 Aufgrund einkommensteuerlicher Normen dürfen (über § 8 Abs. 1 KStG) insbesondere die in § 4 Abs. 5 EStG genannten Betriebsausgaben (trotz ihrer betrieblichen Veranlassung) den Gewinn der AG nicht mindern.[53]

43 Nach § 10 KStG sind darüber hinaus die folgenden Aufwendungen der AG nicht abziehbar:[54]
- § 10 Nr. 2 KStG: Die Steuern vom Einkommen und sonstige Personensteuern. Hierzu zählen die Körperschaftsteuer, einbehaltene Kapitalertragsteuer und der Solidaritätszuschlag.[55] Das Abzugsverbot des § 10 Nr. 2 KStG erstreckt sich auch auf die mit den Steuern verbundenen Nebenleistungen.[56] Unter das Abzugsverbot fallen auch ausländische Personensteuern (zB ausländische Quellensteuer) sowie eine evtl. Erbschaftsteuer.[57]
- § 10 Nr. 3 KStG: In einem Strafverfahren festgesetzte Geldstrafen, sonstige Rechtsfolgen vermögensrechtlicher Art, bei denen der Strafcharakter überwiegt, und Leistungen zur Erfüllung von Auflagen oder Weisungen, soweit Letztere nicht lediglich der Wiedergutmachung des durch die Tat verursachten Schadens dienen.[58] Ausgenommen von dem Abzugsverbot sind die Verfahrenskosten, insbesondere Gerichts- und Anwaltskosten.[59]
- § 10 Nr. 4 KStG: Die Hälfte der Vergütungen, die als Entgelt an die mit der Überwachung der Geschäftsführung beauftragten Personen (vor allem also

---

[53] Siehe dazu Rz. 119. Auch Hinweis auf den Entwurf des sog. Steuerhinterziehungsbekämpfungsgesetzes. Danach kann in bestimmten Fällen der Betriebsausgabenabzug von der Erfüllung bestimmter Nachweis- und Mitwirkungspflichten abhängig gemacht werden, wenn der involvierte ausländische Staat eine Auskunftserteilung nach OECD-Standard verweigert (sog. schwarze Liste).

[54] § 10 Nr. 1 KStG hat für die AG keine praktische Bedeutung.

[55] Ebenfalls nichtabziehbar ist die Umsatzsteuer auf Umsätze, die Entnahmen oder verdeckte Gewinnausschüttungen sind, und die Vorsteuerbeträge auf Aufwendungen, für die das Abzugsverbot des § 4 Abs. 5 Satz 1 Nr. 1 bis 4 und 7 oder Abs. 7 des EStG gilt.

[56] Nach § 3 Abs. 4 AO sind dies ua.: Verspätungszuschläge (§ 152 AO), Säumniszuschläge (§ 240 AO) und Zinsen (§§ 233 bis 237 AO), wozu ua. Nachforderungszinsen (§ 233a AO), Stundungszinsen (§ 234 AO) und Aussetzungszinsen (§ 237 AO) gehören.

[57] Vgl. auch H 48 KStR.

[58] Zwar sind nach deutschem Strafrecht Geldstrafen sowie Auflagen oder Weisungen gegenüber juristischen Personen nicht zulässig (dh. die Vorschrift läuft insoweit leer), das Abzugsverbot greift jedoch bei ausländischen Geldstrafen (sofern die Strafe bzw. Sanktion nicht den wesentlichen Grundsätzen der deutschen Rechtsordnung widerspricht; in diesem Fall sind die Aufwendungen abziehbar) und sonstigen (auch inländischen) Rechtsfolgen vermögensrechtlicher Art, bei denen der Strafcharakter überwiegt (zB Einziehung von Gegenständen).

[59] Vgl. auch R 49 KStR.

A. Körperschaftsteuerrecht

an den Aufsichtsrat einer AG) für diese Tätigkeit gezahlt werden. Soweit jedoch einem einzelnen Aufsichtsratsmitglied der aus der Wahrnehmung seiner Tätigkeit erwachsene tatsächliche Aufwand gesondert erstattet wird, unterliegt dieser Aufwand nicht dem Abzugsverbot des § 10 Nr. 4 KStG.[60]
Werden nichtabziehbare Betriebsausgaben erstattet, ist der entsprechende Ertrag steuerfrei (Reflex der vorherigen Nichtabziehbarkeit der Betriebsausgaben). **44**

Da eine AG steuerlich gesehen keine außerbetriebliche Sphäre hat und es sich bei Spenden um besondere nicht betrieblich veranlasste Ausgaben (eine besondere Form der Einkommensverwendung) handelt, ist deren Behandlung in § 9 Abs. 1 Nr. 2 KStG besonders geregelt.[61] Danach werden bestimmte Spenden[62] als abziehbare Aufwendungen anerkannt. Ein Abzug ist möglich, wenn die Ausgabe zur Förderung mildtätiger, kirchlicher, religiöser, wissenschaftlicher oder als besonders förderungswürdig anerkannter gemeinnütziger Zwecke[63] erfolgt, eine entsprechende (Spenden-)Bescheinigung vorliegt und der Abzugshöchstbetrag nicht überschritten wird. Der Höchstbetrag ermittelt sich alternativ entweder mit 0,4‰ der Summe der gesamten Umsätze und der im Kalenderjahr aufgewendeten Löhne und Gehälter oder mit 20 % des Einkommens (nach § 9 Abs. 2 KStG).[64/65] **45**

5. Verdeckte Gewinnausschüttungen und verdeckte Einlagen

a) Verdeckte Gewinnausschüttungen

aa) Übersicht. Ausschüttungen stellen für die AG Einkommensverwendung dar. Dementsprechend ist es nach § 8 Abs. 3 Satz 1 KStG für die Ermittlung des Einkommens ohne Bedeutung, ob das Einkommen verteilt wird. Dies gilt für offene ebenso wie für verdeckte Gewinnausschüttungen (§ 8 Abs. 3 Satz 2 KStG).[66] Während jedoch offene Gewinnausschüttungen ohnehin nicht als Aufwand erfasst werden (und daher auch nicht bei der Ermittlung des Ein- **46**

---

[60] Vgl. auch R 50 KStR. Auch die Vergütungen, die eine Gesellschaft an vom Aufsichtsrat zur Unterstützung seiner Kontrollfunktion beauftragte Sachverständige (auditcommittee, Wirtschaftsprüfer) zahlt, unterliegen nicht dem Abzugsverbot. Zur Frage der – regelmäßig nicht gegebenen – LSt-Pflicht von Prämien für D&O-Versicherungen s. FM Bayern v. 22. 2. 2002, FN-IDW 2002 S. 474.
[61] Die Sonderregelung greift nicht, wenn in Wahrheit abziehbare Betriebsausgaben vorliegen, weil die AG in Erwartung eines besonderen Vorteils oder einer konkreten Gegenleistung eigennützig (und damit betrieblich) tätig wird (zB Sponsoring).
[62] Das Gesetz verwendet nicht den Begriff Spende, sondern den umfassenderen Begriff Zuwendungen. Siehe dazu auch R 47 KStR.
[63] Spenden der AG an politische Parteien sind nicht steuerlich abzugsfähig.
[64] Empfänger können sein eine inländische juristische Person des öffentlichen Rechts oder eine inländische öffentliche Dienststelle oder eine nach § 5 Abs. 1 Nr. 9 KStG steuerbefreite Körperschaft, Personenvereinigung oder Vermögensmasse. Als Einkommen gilt gem. § 9 Abs. 2 KStG das Einkommen vor Abzug der Spenden und vor einem Abzug nach § 10 d EStG.
[65] Zu beachten ist auch die Vortragsfähigkeit von Spendenüberhängen.
[66] Wie vGA behandelt werden nach § 8 Abs. 3 Satz 2 KStG auch Ausschüttungen jeder Art auf Genussrechte, mit denen das Recht auf Beteiligung am Gewinn und am Liquidationserlös der Kapitalgesellschaft verbunden ist. Zur Abgrenzung der EK-Genussrechte von normalen Gläubigerrechten s. BMF v. 8. 12. 1986, BB 1987, S. 667 und vom 19. 1. 1994, BStBl. I 1996, S. 49.

kommens korrigiert werden müssen), ist bei verdeckten Gewinnausschüttungen eine außerbilanzielle Hinzurechnung erforderlich, wenn sie zunächst als Aufwand bzw. Betriebsausgabe den Jahresüberschuss gemindert haben. Da die Korrektur außerbilanziell erfolgt, bleibt bspw. eine vGA-betroffene aufwandswirksam passivierte Verbindlichkeit in der Steuerbilanz bestehen, und nur der Aufwand wird bei der Einkommensermittlung wieder hinzugerechnet.[67] Außerdem greift auf Gesellschafterebene – ggf. zeitversetzt – im Normalfall eine entsprechende veränderte Einkünftequalifikation.[68]

47 Da § 8 Abs. 3 Satz 2 KStG den Begriff der verdeckten Gewinnausschüttungen nicht definiert, ist diese Definition detailliert durch die Rechtsprechung herausgearbeitet worden. Danach liegt eine verdeckte Gewinnausschüttung im Sinne des § 8 Abs. 3 Satz 2 KStG vor, wenn:[69]
– bei der AG eine Vermögensminderung oder verhinderte Vermögensmehrung gegeben ist,
– die durch das Gesellschaftsverhältnis veranlasst ist,
– sich auf die Höhe des Unterschiedsbetrags iSd. § 4 Abs. 1 S. 1 EStG auswirkt und
– nicht auf einem gesellschaftsrechtlichen Gewinnverteilungsbeschluss beruht.

48 Maßstab für das Vorliegen einer Vermögensminderung oder verhinderten Vermögensmehrung ist das bilanzielle Vermögen der AG vor und nach der vorgenommenen bzw. unterlassenen Handlung. Nicht erforderlich ist es demgegenüber, dass das Vermögen bei der AG bereits abgeflossen (bzw. dem Anteilseigner bereits ein Vorteil zugeflossen) ist.[70] Beispiel: Unangemessen hohe Pensionszusage und daraus resultierende -rückstellung für den Gesellschafter-Vorstand der AG.[71]

49 Da eine verdeckte Gewinnausschüttung das Einkommen nicht mindern darf, ist ein weiteres Kriterium der vGA die Auswirkung auf den Unterschiedsbetrag nach § 4 Abs. 1 S. 1 EStG bei der Kapitalgesellschaft. Der Unterschiedsbetrag entspricht dabei im Wesentlichen dem Steuerbilanzgewinn der Gesellschaft, welcher ein Zwischenergebnis bei der Ermittlung des Einkommens darstellt. Vorgänge, die nicht zu einer Minderung des Steuerbilanzgewinns führen und daher auch nicht bei der Einkommensermittlung korrigiert werden

---

[67] Zur Technik der Korrektur s.a. BMF v. 28. 5. 2002, DStR 2002, 910. Danach gilt allerdings auch, dass bei vGA-betroffenen Posten der Aktivseite beim empfangenden Gesellschafter eine Aktivierung mit dem fremdüblichen Preis vorzunehmen ist.

[68] Zwar kommt es für das Vorliegen einer vGA auf der Ebene der AG nicht darauf an, ob oder in welcher Höhe sie zu einer Einnahme oder einem Kapitalertrag beim Anteilseigner führt; allerdings muss die Ergebnisminderung für den Fall ihres Abflusses bei der AG die Eignung haben, beim Gesellschafter einen Beteiligungsertrag iSd. § 20 Abs. 1 Nr. 1 EStG auszulösen. S. BFH I R 2/02 v. 7. 8. 2002, DB 2002, 2686. Die veränderte Einkünftequalifikation auf Gesellschafterebene führt regelmäßig zu einem Steuerfreiheitseffekt (gegenläufig zum Effekt auf Gesellschaftsebene). Ist vGA-Gegenstand ein durch den Gesellschafter zu billig erworbenes Wirtschaftsgut, tritt der Entlastungseffekt allerdings erst zeitlich verzögert ein. Die veränderte Einkünftequalifikation auf Gesellschafterebene kann bei diesem darüber hinaus nicht nur Steuerfreiheits-, sondern zB auch § 3 c Abs. 2 EStG-Konsequenzen auslösen. Dies kann auch zu beachten sein (je nach Veranlassungszusammenhang), wenn Gegenstand der vGA Nutzungen sind, die beim Gesellschafter als verbraucht gelten.

[69] Vgl. R 36 Abs. 1 S. 1 KStR.

[70] Anderes gilt aber für die Folgen auf Gesellschafterebene (Zufluss erforderlich).

[71] Siehe dazu auch die Detailerläuterungen in BMF v. 28. 5. 2002, DStR 2002, 910.

müssen, stellen keine verdeckten Gewinnausschüttungen dar. Das Abstellen auf eine Ergebnisgröße vor außerbilanziellen Korrekturen (und nicht erst auf eine Ergebnisgröße danach wie bspw. das Einkommen) ist von Bedeutung, da andernfalls eine außerbilanzielle Steuerbefreiung dazu führen könnte, dass keine verdeckte Gewinnausschüttung mehr anzunehmen wäre. Dies wäre aber im Hinblick auf die Besteuerung beim Gesellschafter unzutreffend. Dies wird deutlich am Beispiel der Übertragung von Anteilen an einer (anderen) Kapitalgesellschaft auf den Anteilseigner zu einem unter dem Teilwert liegenden Wert.[72]

Überdies liegt nur dann eine verdeckte Gewinnausschüttung vor, wenn es sich **nicht** um eine offene Gewinnausschüttung als Folge eines gesellschaftsrechtlichen Beschlusses zur Gewinnverwendung handelt (als aktienrechtlich ausnahmsweise im Rahmen des § 59 AktG zulässige Vorabausschüttung oder als ordentliche Ausschüttung im Anschluss an die Hauptversammlung).

Eine Veranlassung durch das Gesellschaftsverhältnis schließlich ist anzunehmen, wenn ein ordentlicher und gewissenhafter Geschäftsleiter (Vorstand der AG) die Vermögensminderung oder verhinderte Vermögensmehrung gegenüber einem Nichtgesellschafter unter sonst gleichen Umständen nicht hingenommen hätte.[73] Das Kriterium des ordentlichen und gewissenhaften Geschäftsleiters entspricht weitgehend der Orientierung am sog. Fremdvergleich, also an dem, was fremde Dritte untereinander vereinbart hätten. Beurteilungsmaßstab zur Abgrenzung zwischen schuldrechtlicher und gesellschaftsrechtlicher Veranlassung ist demnach im Normalfall die in diesem Sinne verstandene Angemessenheit der getroffenen Vereinbarung. Allerdings existieren Besonderheiten für Geschäfte, die nur mit den Gesellschaftern abgeschlossen werden können, für beherrschende Gesellschafter und in bestimmten Fällen angemessener, aber unüblicher Vereinbarungen.

Eine verdeckte Gewinnausschüttung kann nicht durch Rückgewähr rückgängig gemacht werden (auch nicht, wenn die Rückgewähransprüche auf entsprechenden Satzungsklauseln beruhen). Die Rückgewähr ist vielmehr Einlage.[74]

bb) Veranlassung im Gesellschaftsverhältnis. Unangemessenheit/Verstoß gegen Fremdvergleichsgrundsatz. Verdeckte Gewinnausschüttungen aufgrund unangemessener Vereinbarungen (gemessen am Fremdvergleichsgrundsatz, also an dem, was fremde Dritte untereinander vereinbart hätten) können bspw. in folgenden Fällen gegeben sein:[75]

– **Dienstverhältnisse:** Ist die Gehaltszahlung an den Anteilseigner in seiner Funktion als Angestellter der AG unangemessen hoch, stellt der die Angemessenheitsgrenze übersteigende Teil eine verdeckte Gewinnausschüttung dar. Maßgebend ist dabei die Höhe der Gesamtvergütung (laufendes Gehalt, Tantiemen, Pensionsansprüche).[76]

---

[72] Obwohl der Veräußerungsgewinn nach § 8b Abs. 2 KStG steuerfrei wäre, liegt eine verhinderte Vermögensmehrung und damit eine vGA iSd. § 8 Abs. 3 Satz 2 KStG vor (die durch die vGA ausgelöste Einkommenserhöhung unterfällt indessen § 8b Abs. 2 KStG). Auch auf der Ebene des Anteilseigners ist in Höhe des zugewendeten Vorteils eine vGA gegeben. Siehe auch BMF v. 28. 4. 2003, DStR 2003, 881.
[73] Vgl. H 36 KStR.
[74] Siehe auch H 37 KStR.
[75] Siehe auch H 36 KStR.
[76] Bei Pensionszusagen an Gesellschafter-Geschäftsführer ist zunächst zu prüfen, ob die steuerbilanzrechtlichen Voraussetzungen des § 6a EStG erfüllt sind. Erst in einem

§ 12 54   Laufende Besteuerung

- **Darlehensverhältnisse:**[77] Der Anteilseigner erhält von der AG ein zinsloses oder niedrig verzinsliches Darlehen oder der Anteilseigner gewährt der AG ein unangemessen hoch verzinsliches Darlehen; die Differenz zwischen der tatsächlichen Zinszahlung und der angemessenen Verzinsung ist eine verdeckte Gewinnausschüttung. Darüber hinausgehend wird das Darlehen als solches nicht anerkannt, wenn die AG dem Anteilseigner ein Darlehen gewährt und bereits bei Hingabe des Darlehens die Rückzahlung unwahrscheinlich ist.

- **Veräußerungsgeschäfte:** Die AG liefert an den Anteilseigner Waren oder andere Wirtschaftsgüter zu einem zu niedrigen Preis oder sie erwirbt zu einem überhöhten Preis.

- **Rechtsverzichte:** Die AG verzichtet auf gegenüber dem Anteilseigner bestehende Schadensersatzansprüche (wenn nicht schon der Schadensersatzanspruch ein Anspruch auf Rückgewähr einer verdeckten Gewinnausschüttung ist).[78] Dies kann zB in den Fällen der §§ 311 ff. AktG von Interesse sein. Erfolgt die Nachteilszufügung mit Zusage eines Nachteilsausgleichs, kann im Normalfall erst ein späterer Anspruchsverzicht zu einer vGA führen. Erfolgt die Nachteilszufügung dagegen ohne Zusage eines Nachteilsausgleichs, resultiert im Normalfall sofort eine vGA, und ein späterer Anspruchsverzicht kann keine vGA mehr sein. Betätigen sich die AG und der beherrschende Gesellschafter oder der Gesellschafter-Vorstand trotz eines bestehenden Wettbewerbsverbots gleichartig, so entstehen der Gesellschaft grundsätzlich Schadensersatzansprüche.[79] Verzichtet die AG (durch das Gesellschaftsverhältnis veranlasst) auf die Geltendmachung des entstandenen Schadensersatzanspruchs, resultiert daraus eine verdeckte Gewinnausschüttung.

54   Das hinter der vorstehend illustrierten Angemessenheitsprüfung stehende Bild des ordentlichen und gewissenhaften Geschäftsleiters kann nicht als Maßstab herangezogen werden, wenn Vereinbarungen bzw. Rechtsgeschäfte zu beurteilen sind, die nur mit den Anteilseignern abgeschlossen werden können.[80] In solchen Fällen (zB bei der Erstausstattung der AG oder der Gewährung von Leistungen unter Verstoß gegen das handelsrechtliche Verbot der Einlagenrückgewähr) reduziert sich die Prüfung auf die Frage, ob die Gestaltung darauf abstellt, den Gewinn der AG nicht über eine angemessene Verzinsung des

---

zweiten Schritt ist zu prüfen, ob die Pensionszusage auf einer vGA beruht; dabei sind insbesondere die Aspekte Ernsthaftigkeit, Erdienbarkeit und Angemessenheit zu prüfen. Die Erdienbarkeit einer Pensionszusage ist grundsätzlich nicht gegeben, wenn der Zeitraum zwischen dem Zeitpunkt der Zusage der Pension und dem vorgesehenen Zeitpunkt des Eintritts in den Ruhestand (bei beherrschenden Gesellschaftern) weniger als zehn Jahre beträgt oder wenn dieser Zeitraum (bei nicht beherrschenden Gesellschaftern) zwar mindestens drei Jahre beträgt, der Gesellschafter-Geschäftsführer dem Betrieb aber weniger als zwölf Jahre angehört (BMF v. 7.3.1997, BStBl. I 1997, S. 637; s. auch BMF v. 14.5.1999, BStBl. I 1999, S. 512). Hinsichtlich der Ernsthaftigkeit besteht bei einer vertraglichen Altersgrenze von weniger als 60 Jahren die Vermutung, dass keine ernsthafte Vereinbarung vorliegt. Siehe auch R 38 und H 38 KStR.

[77] Entsprechendes gilt für andere Nutzungsüberlassungen.
[78] Denn ein solcher Rückgewähranspruch ist steuerlich eine Einlageforderung, und der Verzicht auf eine Einlageforderung ist keine vGA iSd. § 8 Abs. 3 Satz 2 KStG.
[79] Es empfiehlt sich deshalb, eine klare und eindeutige Aufgabenabgrenzung vorzunehmen oder im Vorhinein eine Befreiung vom Wettbewerbsverbot klar und eindeutig (in der Satzung) zu vereinbaren.
[80] Vgl. H 36 KStR.

A. Körperschaftsteuerrecht 55–57 § 12

Nennkapitals hinaus zu steigern (im Falle der Erstausstattung),[81] oder es ist (bei handelsrechtlich unzulässigen Leistungen) von vorneherein von gesellschaftsrechtlicher Veranlassung auszugehen.

Besonderheiten beim beherrschenden Gesellschafter. Bei beherrschenden Gesellschaftern[82] ist eine Veranlassung durch das Gesellschaftsverhältnis unabhängig von der Frage der Angemessenheit der Vergütung auch in den Fällen gegeben, in denen es an einer zivilrechtlich wirksamen, klaren und im Voraus abgeschlossenen Vereinbarung fehlt.[83] Zwischen dem beherrschenden Gesellschafter und der AG muss im Voraus,[84] klar und zivilrechtlich wirksam vereinbart werden, ob ein schuldrechtlicher oder gesellschaftsrechtlicher Ausgleich erfolgt. Fehlt es an einer solchen Vereinbarung, so liegt auch in den Fällen, in denen die Vergütung angemessen ist, in voller Höhe eine verdeckte Gewinnausschüttung vor (zumindest wird die gesellschaftsrechtliche Veranlassung so stark indiziert, dass sie nur noch im Ausnahmefall widerlegt werden kann; die Nachweispflicht obliegt dem Steuerpflichtigen). 55

Üblichkeit der Vereinbarung. In Einzelfällen vertritt der BFH die Auffassung, dass eine Veranlassung durch das Gesellschaftsverhältnis auch allein deshalb gegeben sein kann, weil die Vereinbarung zwischen der AG und dem Anteilseigner unüblich ist. Die Unüblichkeit einer Vereinbarung soll dann trotz Angemessenheit zur Annahme einer verdeckten Gewinnausschüttung führen. Beispiele für vom BFH grds. angenommene relevante Unüblichkeit:[85] Vergütung eines Gesellschafter-Vorstandes durch eine Nur-Pensionszusage; Tantiemevereinbarungen mit Gesellschafter-Vorständen,[86] wenn der erfolgsabhängige Bestandteil an den Jahresgesamtbezügen eines Gesellschafter-Vorstandes 25 % übersteigt (dh., die Jahresgesamtbezüge bestehen zu weniger als 75 % aus einem festen Bestandteil) oder eine Umsatztantieme vereinbart wird. 56

Besonderheiten bei Vorteilszuwendungen an nahestehende Personen bzw. Dritte. Eine verdeckte Gewinnausschüttung kann auch dann gegeben sein, wenn nicht unmittelbar der Anteilseigner der AG, sondern eine ihm nahestehende Person (natürliche Person und/oder Gesellschaft) bzw. ein Dritter den Vorteil erhält.[87] Eine verdeckte Gewinnausschüttung an eine dem Gesellschafter nahestehende Person setzt nicht voraus, dass die Zuwendung einen Vorteil für den Gesellschafter selbst zur Folge hat; bei einer Vorteilsgewährung an Dritte ist dagegen vorausgesetzt, dass für den Anteilseigner selbst damit ein Vorteil verbunden ist.[88] Ein solcher Vorteil kann zB darin bestehen, dass durch 57

---

[81] Dürfte wegen des steuerlich anerkannten Grundsatzes der Finanzierungsfreiheit nur sehr selten problematisch sein.
[82] Ein Gesellschafter hat grundsätzlich eine beherrschende Stellung, wenn er über die Mehrheit der Stimmrechte verfügt und somit den Abschluss des zu beurteilenden Rechtsgeschäfts erzwingen kann. In Ausnahmefällen kann eine Beteiligung von weniger als 50 % ausreichend sein, wenn besondere Umstände hinzutreten, die eine Beherrschung der AG begründen. Vgl. H 36 KStR.
[83] Vgl. H 36 KStR.
[84] Rückwirkende Vereinbarungen zwischen der AG und dem beherrschenden Gesellschafter sind steuerlich unbeachtlich, dh. eine rückwirkende Vereinbarung kann das Vorliegen einer vGA nicht mehr verhindern (Rückwirkungsverbot).
[85] Ausgangspunkt war BFH I R 2/92 v. 16. 12. 1992, BStBl. II 1993, 455.
[86] Vgl. dazu auch R 39 KStR sowie BMF v. 1. 2. 2002, BStBl. I 2002, 219.
[87] Vgl. H 36 KStR.
[88] BFH I R 139/94 v. 18. 12. 1996, BStBl. II 1997, 301.

die Vorteilsgewährung der AG eine Verpflichtung des Anteilseigners gegenüber dem Dritten erfüllt wird, eine freiwillige Leistung des Anteilseigners an den Dritten erbracht wird oder die Leistung der AG an den Dritten aus anderen Gründen wirtschaftlich dem Anteilseigner zugute kommt.

58 Nach Vorstehendem können auch Rechtsgeschäfte zwischen Konzern-Schwestergesellschaften zu verdeckten Gewinnausschüttungen an die gemeinsame Mutter führen.[89] Bei zu günstiger Veräußerung von Wirtschaftsgütern folgt steuerlich der vGA der veräußernden Schwester an die Mutter eine verdeckte Einlage der Mutter in die erwerbende Schwester nach. Bei zu günstiger Nutzungsüberlassung kommt es bei der Mutter zu einem „vGA-Verbrauch".[90]

59 **cc) Wert der verdeckten Gewinnausschüttung.** Zur Bemessung der Höhe der Einkommenskorrektur ist bei der Hingabe von Wirtschaftsgütern von deren gemeinem Wert und bei Nutzungsüberlassungen von der erzielbaren Vergütung auszugehen. Soweit als Gegenleistung Zahlungen geleistet werden, sind diese vom anzusetzenden Betrag abzuziehen. Außerdem sind bei übertragenen Wirtschaftsgütern für Zwecke des § 8 Abs. 3 Satz 2 KStG die wegfallenden Buchwerte dagegenzusetzen.[91]

60 **dd) Korrespondenzprinzip.** Die Frage, ob eine verdeckte Gewinnausschüttung vorliegt, ist im Rahmen der Veranlagung der Kapitalgesellschaft und des Gesellschafters eigenständig zu prüfen. Daher könnte sich das verfahrensrechtliche Problem ergeben, dass bei der Gesellschaft eine verdeckte Gewinnausschüttung aufgedeckt wird, die Veranlagung des Gesellschafters nach den Vorschriften der AO aber nicht mehr geändert werden kann. In diesem Fall würde eine Doppelbesteuerung von Einkünften eintreten, da die verdeckte Gewinnausschüttung auf der Gesellschaftsebene außerbilanziell hinzugerechnet würde, während beim Gesellschafter nicht das Halb- bzw. Teileinkünfteverfahren (§ 3 Nr. 40 lit. d) EStG für natürliche Personen[92]) bzw. § 8b Abs. 1, 5 KStG für Kapitalgesellschaften als Gesellschafter zur Anwendung kommt.

61 Umgekehrt steht dem Gesellschafter bei Vorliegen einer verdeckten Gewinnausschüttung grundsätzlich das Halb- bzw. Teileinkünfteverfahren (§ 3 Nr. 40 lit. d) EStG[93]) bzw. § 8b Abs. 1, 5 KStG auch dann zu, wenn auf der Ebene der Gesellschaft eine Hinzurechnung der verdeckten Gewinnausschüttung zu Recht[94] oder zu Unrecht nicht erfolgt ist. In diesem Fall würden „weiße Einkünfte" entstehen. Denn auf der Gesellschaftsebene hätte die verdeckte Gewinnausschüttung das Einkommen der Kapitalgesellschaft wegen unterbliebener Hinzurechnung gemindert, während der Gesellschafter die vGA nur

---

[89] Siehe dazu vor allem BFH GrS 2/86 v. 26. 10. 1987, BStBl. II 1988, 348.

[90] Ein § 3 c Abs. 2 EStG-Problem kann sich daraufhin bei einer einkommensteuerpflichtigen Mutter im Hinblick auf teilweise steuerfreie Beteiligungserträge aus der begünstigten Schwester ergeben (besondere Probleme sind auch i.R.d. Abgeltungssteuer denkbar).

[91] Was aber naturgemäß für Zwecke der Ermittlung des Ausschüttungsertrags beim Gesellschafter keine Rolle spielt.

[92] Bzw. die Abgeltungssteuer.

[93] Bzw. die Abgeltungssteuer.

[94] Zu Recht kann die Einkommenskorrektur zB unterblieben sein, wenn die vGA von einer ausländischen Tochtergesellschaft stammt und das ausländische Steuerrecht diesen Vorgang nicht als vGA qualifiziert.

A. Körperschaftsteuerrecht

hälftig bzw. zu 60 % (natürliche Person[95]) oder faktisch zu 5 % (Kapitalgesellschaft) versteuern müsste.

Die vorstehend beschriebene Situation, dass sich verdeckte Gewinnausschüttungen nicht deckungsgleich auf der Ebene der Kapitalgesellschaft und auf der Ebene des Gesellschafters auswirken, sollen § 32a KStG und § 8b Abs. 1 S. 2–4 KStG (bzw. § 3 Nr. 40 lit. d) S. 2, 3 EStG) beseitigen und damit eine korrespondierende steuerliche Behandlung bei den Beteiligten sicherstellen (sog. Korrespondenzprinzip).[96] **62**

Kann die Veranlagung der Kapitalgesellschaft zwecks Einkommenskorrektur nach § 8 Abs. 3 S. 2 KStG noch geändert werden, kann[97] nach § 32 a Abs. 1 KStG auch die Veranlagung des Anteilseigners zwecks korrespondierender Erfassung der vGA geändert werden.[98] Kann die Veranlagung der Kapitalgesellschaft allerdings nicht mehr geändert werden und hat die verdeckte Gewinnausschüttung den Gewinn gemindert, so sind gem. § 3 Nr. 40 lit. d) S. 2 EStG bzw. § 8b Abs. 1 S. 2 ff. KStG beim Anteilseigner die Vorschriften des Halb- bzw. Teileinkünfteverfahrens bzw. des § 8b Abs. 1 KStG nicht anzuwenden.[99] Ist der Anteilseigner eine (Mutter-)Kapitalgesellschaft, bedeutet dies, dass eine zugeflossene vGA gem. § 8b Abs. 1 KStG nur dann zu 95 % steuerfrei ist, wenn die vGA bei der leistenden (Tochter-)Kapitalgesellschaft das Einkommen nicht gemindert hat.[100] **63**

b) Verdeckte Einlagen

Einlagen der Anteilseigner in die AG sind gesellschaftsrechtlich veranlasst und dürfen daher das steuerliche Einkommen der AG nicht erhöhen. Während offene (handelsrechtliche) Einlagen grundsätzlich erfolgsneutral verbucht werden und daher keiner Ergebniskorrektur bedürfen, sind verdeckte Einlagen idR handelsrechtlich als Ertrag zu behandeln und deshalb bei der Ermittlung des steuerlichen Einkommens außerbilanziell zu kürzen. **64**

Wie bei verdeckten Gewinnausschüttungen ist auch insoweit die Abgrenzung zwischen der gesellschaftsrechtlichen und der schuldrechtlichen Veranlassung der Vorteilszuwendung (hier: an die AG) die entscheidende Frage. **Eine** gesellschaftsrechtliche Veranlassung liegt vor, wenn ein Nichtgesellschafter bei Anwendung der Sorgfalt eines ordentlichen Kaufmanns den Vermögensvorteil der AG nicht eingeräumt hätte. Die Zuwendung des Vermögensvorteils kann unmittelbar durch den Anteilseigner selbst (zu Lasten seines Vermögens) oder mittelbar durch eine dem Anteilseigner nahestehende (natürliche oder juristische) Person (im Interesse des Anteilseigners) erfolgen. **65**

Allerdings ist es – insoweit abweichend von der verdeckten Gewinnausschüttung – Voraussetzung für eine (verdeckte) Einlage, dass mit ihr eine Er- **66**

---

[95] Bzw. nach Maßgabe der Abgeltungsteuer.
[96] Allerdings ist es zweifelhaft, ob dem Gesetzgeber eine vollumfängliche Umsetzung des Korrespondenzprinzips gelungen ist.
[97] Eine zwingende Änderung der Veranlagung des Gesellschafters ist nicht vorgesehen. Das Finanzamt muss nach pflichtgemäßem Ermessen entscheiden, ob es eine Änderung durchführt oder nicht.
[98] Es erscheint indes fraglich, ob § 32a Abs. 1 KStG auch eine Rechtsgrundlage für die Änderung der Veranlagung einer natürlichen Person als Anteilseignerin darstellen kann.
[99] Unklar ist, ob es ggf. bei der Anwendung der Abgeltungsteuer bleibt.
[100] Zu § 8b Abs. 1 S. 4 KStG s. auch Rz. 16.

höhung der Aktiva oder eine Verminderung der Passiva der AG verbunden ist, dass also der zugewendete Vermögensvorteil ein bilanzierungsfähiges (einlagefähiges) materielles oder immaterielles[101] Wirtschaftsgut ist bzw. die Verminderung eines bilanzierungsfähigen Passivums. Dies ergibt sich aus § 4 Abs. 1 Sätze 1 und 7 EStG, der auch bei Einlagen in Kapitalgesellschaften zur Anwendung kommt. Demnach sind bloße Überlassungen von Wirtschaftsgütern zum Gebrauch oder zur Nutzung sowie unentgeltliche Dienstleistungen nicht einlagefähig,[102] es sei denn, der Vermögensvorteil ist im Zeitpunkt der Zuwendung bereits bilanziell konkretisiert (Beispiel: Es wird auf ein Nutzungsentgelt verzichtet, das zum Zeitpunkt des Verzichts bereits als Verbindlichkeit auszuweisen wäre, wenn eine Bilanz erstellt würde).

67 Neben der außerbilanziellen Kürzung des Einkommens (auf der zweiten Stufe der Gewinnermittlung) bei der Gesellschaft, in die die verdeckte Einlage erfolgt ist, hat ebenfalls eine Korrektur der Anschaffungskosten respektive des Buchwertes der Anteile bei dem Gesellschafter zu erfolgen. In Höhe der verdeckten Einlage sind die Anschaffungskosten oder der Buchwert der Beteiligung an der Gesellschaft zu erhöhen.

68 Wie bei der verdeckten Gewinnausschüttung sieht das Körperschaftsteuerrecht auch hinsichtlich der Behandlung von verdeckten Einlagen eine korrespondierende Behandlung bei der Kapitalgesellschaft und beim Anteilseigner vor (§ 8 Abs. 3 S. 4 KStG, § 32a Abs. 2 KStG). Wird beim Anteilseigner eine verdeckte Einlage festgestellt und kann die Veranlagung beim Anteilseigner noch geändert werden, sieht § 32a Abs. 2 KStG eine Änderung der Veranlagung der Kapitalgesellschaft zwecks korrespondierender Erfassung der verdeckten Einlage vor. Kann die Veranlagung des Anteilseigners nicht mehr geändert werden und ist bei diesem eine Gewinnminderung eingetreten, ist die verdeckte Einlage bei der Kapitalgesellschaft gemäß § 8 Abs. 3 S. 4 KStG als Betriebseinnahme zu erfassen.[103]

c) Fallgruppen

69 Der Verkauf eines Wirtschaftsgutes zu einem unangemessenen niedrigen Preis von der Gesellschaft an den Gesellschafter führt zu einer vGA. Das Einkommen der Gesellschaft ist (auf der zweiten Stufe der Gewinnermittlung) außerbilanziell in Höhe der Differenz zwischen dem gemeinen Wert des hingegebenen Wirtschaftsgutes und dem gegebenenfalls erzielten Entgelt zu korrigieren. Bei dem Gesellschafter ist das erworbene Wirtschaftsgut mit den Anschaffungskosten zu erfassen, die dem Drittvergleichspreis des Wirtschaftsgutes entsprechen. Der dem Gesellschafter zugeflossene Vorteil in Form des über den gezahlten Kaufpreis hinausgehenden Mehrwertes bei dem Wirtschaftsgut ist als Ertrag aus der verdeckten Gewinnausschüttung zu behandeln.

70 Der Kauf eines Wirtschaftsgutes zu einem unangemessen hohen Preis durch die Gesellschaft von dem Gesellschafter führt ebenfalls zu einer vGA. Das erworbene Wirtschaftsgut ist in der Steuerbilanz der Gesellschaft mit den unter fremdem Dritten üblichen Anschaffungskosten zu aktivieren. In Höhe der Differenz zum tatsächlich gezahlten Betrag kommt es zu einer durch das Gesell-

---

[101] Das Aktivierungsverbot für nicht entgeltlich erworbene immaterielle Wirtschaftsgüter (§ 5 Abs. 2 EStG) ist insoweit ohne Bedeutung.
[102] Siehe vor allem BFH GrS 2/86 v. 26.10.1987, BStBl. II 1988, 348.
[103] Siehe auch die ergänzenden Fälle des § 8 Abs. 3 S. 5 u. 6 KStG.

A. Körperschaftsteuerrecht

schaftsverhältnis veranlassten Ergebnisminderung, die als verdeckte Gewinnausschüttung gilt. Bei dem Gesellschafter ist der unangemessene Teil des Kaufpreises als verdeckte Gewinnausschüttung zu behandeln. Falls die Veräußerung durch den Gesellschafter ein steuerlich relevanter Vorgang ist, ist als Veräußerungspreis nur der angemessene Teil des Kaufpreises anzusetzen.

Auch die Erbringung einer sonstigen Leistung (Mietleistung, Dienstleistung, Darlehen etc.) zu einem unangemessen niedrigen Entgelt oder ohne Entgelt von der Gesellschaft an den Gesellschafter führt zu einer vGA auf Gesellschafterebene. Das Einkommen der Gesellschaft ist (auf der zweiten Stufe der Gewinnermittlung) außerbilanziell in Höhe der Differenz zwischen der erzielbaren Vergütung und dem erzielten Entgelt zu erhöhen. Bei dem Gesellschafter ist der zugeflossene Vorteil als Ertrag aus der verdeckten Gewinnausschüttung zu behandeln. Zusätzlich ist zu beachten, dass bei einem angemessenen Entgelt für die sonstige Leistung das Vermögen des Gesellschafters entsprechend gemindert wäre; der Gesellschafter hat sich insoweit Aufwendungen erspart. Hinsichtlich der Behandlung der ersparten Aufwendungen ist danach zu differenzieren, ob sie im Zusammenhang mit einer steuerlich relevanten Einkünfteerzielung getätigt worden sind oder nicht. Im ersten Fall müssen die ersparten Aufwendungen abzugsfähig sein: Der zugeflossene Vorteil gilt dann entsprechend als verbraucht. Im zweiten Fall betreffen sie die Privatsphäre des Steuerpflichtigen und sind demnach nicht zu berücksichtigen.

Eine vGA kann auch bei einer Erbringung einer sonstigen Leistung (Mietleistung, Dienstleistung, Darlehen etc.) zu einem unangemessen hohen Entgelt durch den Gesellschafter an die Gesellschaft vorliegen. Das Einkommen der Gesellschaft ist dabei (auf der zweiten Stufe der Gewinnermittlung) außerbilanziell in Höhe der Differenz zwischen dem geleisteten und dem angemessenen Entgelt zu erhöhen. Bei dem Gesellschafter ist das den angemessenen Betrag übersteigende Entgelt für die erbrachte Leistung in einen vGA-Ertrag umzuqualifizieren.

Falls im Zusammenhang mit den zuvor geschilderten vGA-Fallgruppen der Vorteil in die umgekehrte Richtung, also vom Gesellschafter an die Gesellschaft gewährt wird, liegt grundsätzlich eine verdeckte Einlage in die Gesellschaft vor. Lediglich im Falle der Leistungserbringung durch den Gesellschafter an die Gesellschaft liegt mangels einlagefähigen Wirtschaftsguts keine verdeckte Einlage vor; die vGA durch die Überpreisleistung des Gesellschafters findet daher im Falle der Vorteilsgewährung in Form einer Unterpreisleistung des Gesellschafters an die Gesellschaft kein Pendant.[104] In den Fällen, in denen ein Wirtschaftsgut Gegenstand der Vorteilsgewährung ist, hat auch bei der verdeckten Einlage – neben der Einkommenskorrektur auf Gesellschaftsebene und der Korrektur der Anschaffungskosten/des Buchwertes der Beteiligung an der Gesellschaft auf Gesellschafterebene – ggfs. zusätzlich eine Wertkorrektur des Wirtschaftsgutes beim Erwerber desselben zu erfolgen.

Bei der Vorteilsgewährung zwischen Schwestergesellschaften kommt es zunächst zu einer vGA von der vorteilsgewährenden Gesellschaft an die gemein-

---

[104] Ein weiterer grundlegender Unterschied zwischen vGA und verdeckter Einlage, der dazu führt, dass beide Konstrukte nicht spiegelbildlich anzuwenden sind, betrifft die Besonderheiten für beherrschende Gesellschafter bei der vGA. Für die Prüfung der gesellschaftsrechtlichen Veranlassung im Rahmen der verdeckten Einlage ist es irrelevant, ob es sich um einen beherrschenden Gesellschafter handelt oder nicht.

same Muttergesellschaft (Empfänger der vGA ist immer der Gesellschafter; hier mithin die Muttergesellschaft). Für die weitere Behandlung ist danach zu unterscheiden, ob es sich um eine Unterpreisleistung durch die vorteilsgewährende Gesellschaft handelt oder nicht. Im letzteren Fall liegt – neben der vGA von der vorteilsgewährenden Gesellschaft an die gemeinsame Muttergesellschaft – zudem eine verdeckte Einlage der Muttergesellschaft in die vorteilsempfangende (Schwester-)Gesellschaft vor. Im ersten Fall kann dagegen mangels einlagefähigen Wirtschaftsguts keine Korrektur als verdeckte Einlage der Muttergesellschaft in die vorteilsempfangende Gesellschaft erfolgen. Hier kommt es zu einem (aufwandswirksamen) fiktiven Verbrauch des Vorteils auf Ebene der Muttergesellschaft.

6. Verlustverrechnung

a) Verlustabzug

75 Wegen § 8 Abs. 2 KStG (wonach eine AG ausschließlich Einkünfte aus Gewerbebetrieb erzielt) stellt sich bei einer AG die Frage des Verlustausgleichs nicht. Allerdings stellt sich die Frage des Verlustabzugs. Sie ist zunächst im Grundsatz wie in der Einkommensteuer geregelt. Dementsprechend können die Verluste eines Veranlagungszeitraums grds. nach § 10d EStG (iVm. § 8 Abs. 1 KStG) wahlweise bis zur Höhe von 511 500 €[105] in den unmittelbar vorangegangenen Veranlagungszeitraum zurückgetragen (Verlustrücktrag) oder in folgende Veranlagungszeiträume vorgetragen werden (Verlustvortrag).

76 Während der Verlustvortrag selbst grundsätzlich zeitlich unbegrenzt ist, wird die Verrechnung des Verlustvortrags durch § 10d Abs. 2 S. 1 EStG ggf. der Höhe nach eingeschränkt. Danach darf der (positive) Gesamtbetrag der Einkünfte nur bis zum Betrag von 1 Mio. € (sog. Sockelbetrag) in voller Höhe durch die Verrechnung mit dem Verlustvortrag gemindert werden. Ein den Sockelbetrag übersteigender Gesamtbetrag der Einkünfte darf hingegen nur zu 60 % mit einem Verlustvortrag verrechnet werden. Anders als bei einem gänzlich unbeschränkten Verlustvortrag kann es daher auch dann zu einer Nichtverrechenbarkeit von Verlusten im betreffenden Veranlagungszeitraum kommen, wenn zwar grundsätzlich ein den Verlustvortrag erreichender oder sogar übersteigender Gesamtbetrag der Einkünfte zur Verfügung steht, der Verlustvortrag jedoch betragsmäßig größer als der Sockelbetrag von 1 Mio. € zzgl. 60 % des den Sockelbetrag übersteigenden Gesamtbetrags der Einkünfte ist.

77 Das Resultat dieser Verlustverrechnungsbegrenzung ist die Besteuerung von 40 % des Gesamtbetrags der Einkünfte, soweit der Sockelbetrag i.H.v. 1 Mio. € überschritten ist. Bei Überschreiten des Sockelbetrags ist es mithin i.d.R. nicht möglich, das steuerliche Ergebnis auf Null zu reduzieren (Mindestbesteuerung).[106]

---

[105] Maximal jedoch bis zur Höhe des Gesamtbetrags der Einkünfte im Verlustrücktragsjahr.

[106] Die Regelung entspricht der einkommensteuerlichen Mindestbesteuerung. Dazu und zu besonderen einkommensteuerlichen Verlustverrechnungsbeschränkungen, die auch in der Körperschaftsteuer gelten, vgl. Rz. 142 ff.

b) Voller oder teilweiser Ausschluss der Verlustverrechnung im Fall des § 8c KStG

Die durch die Unternehmensteuerreform 2008 neu eingeführte Verlustabzugsbeschränkung des § 8c KStG schließt im Fall eines sog. schädlichen Beteiligungserwerbs die Verrechnung von bis zum Beteiligungserwerb entstandenen Verlusten der betroffenen Kapitalgesellschaft in zwei Stufen ganz oder teilweise aus.

Ein quotaler Verlustuntergang liegt vor, wenn innerhalb eines Zeitraums von 5 Jahren mittelbar oder unmittelbar mehr als 25 % der Anteile[107] an einen Erwerber oder eine ihm nahestehende Person übertragen werden (schädlicher Beteiligungserwerb iSd. § 8c Abs. 1 S. 1 KStG). Im Falle der mittelbaren Anteilsübertragung ist die auf die Verlustgesellschaft durchgerechnete Beteiligungsquote zugrunde zu legen. Werden im Fünfjahreszeitraum mehr als 50 % der Anteile mittelbar oder unmittelbar im vorstehenden Sinne übertragen, gehen der gesamte Verlustvortrag bzw. die bis zum Beteiligungserwerb entstandenen Verluste unter (§ 8c Abs. 1 S. 2 KStG).

Ein schädlicher Beteiligungserwerb liegt auch dann vor, wenn Anteile lediglich in einem Konzern „umgehängt" werden und sich dementsprechend auf mittelbarer Beteiligungsebene (z. B. Verhältnis Mutter- und Enkelgesellschaft) die Besitzverhältnisse nicht ändern. Kapitalerhöhungen gelten ebenfalls als schädlich (§ 8c Abs. 1 S. 4 KStG), da über die Ausgabe neuen Eigenkapitals die Beteiligungsquote beeinflusst und ein Beteiligungserwerb im Ergebnis erzielt werden könnte.[108]

Die Voraussetzung, dass schädliche Beteiligungserwerbe stets im Zusammenhang mit einem Erwerber[109] zu sehen sind, könnte in der Weise umgangen werden, dass ein Erwerber mittels mehrerer Akquisitionsvehikel Anteile von jeweils 25 % erwirbt. Aus diesem Grund erfasst § 8c Abs. 1 S. 1 KStG auch Erwerbe durch nahestehende Personen. Ferner wäre es denkbar, dass ein Kreis von nicht nahestehenden Erwerbern seine Interessen bündelt und die Verlust-Kapitalgesellschaft erwirbt. Auch dieser Form der Vermeidung von § 8c Abs. 1 S. 1, 2 KStG schiebt der Gesetzgeber einen Riegel vor, indem er eine Erwerbergruppe mit gleichgerichteten Interessen[110] als einen Erwerber iSd. Verlustabzugbeschränkung fingiert (§ 8c Abs. 1 S. 3 KStG).

Der Abzugsbeschränkung unterliegt der Verlustvortrag, der auf den Schluss des dem ersten schädlichen Beteiligungserwerb vorangehenden Veranlagungszeitraums festgestellt wurde, sowie der laufende Verlust im Veranlagungszeitraum bis zum Zeitpunkt des Beteiligungserwerbs.

Die Regelungen des § 8c KStG gelten gem. § 8a Abs. 1 S. 3 KStG ebenfalls für den Zinsvortrag iSd. § 4h Abs. 1 S. 2 EStG.[111]

---

[107] Die Übertragung muss sich entweder auf das gezeichnete Kapital, die Mitgliedschaftsrechte, die Beteiligungsrechte oder die Stimmrechte der Körperschaft beziehen. Es ist grds. unerheblich, ob die Übertragung entgeltlich oder unentgeltlich erfolgt.

[108] Änderungen der Besitzverhältnisse aufgrund von Kapitalherabsetzungen dürften hierüber ebenfalls erfasst werden.

[109] Das Tatbestandsmerkmal „an einen Erwerber" (oder eine ihm nahestehende Person) soll dem fragwürdigen gesetzgeberischen Gedanken Rechnung tragen, dass sich die wirtschaftliche Identität der Kapitalgesellschaft durch einen solchen Gesellschafterwechsel zwangsläufig ändert.

[110] Die Finanzverwaltung muss die Gleichgerichtetheit der Interessen nachweisen.
[111] Siehe auch § 4h Abs. 5 S. 3 EStG.

84 Zu § 8c KStG im Einzelnen s. § 13 Rz. 213 ff.

85 Die alte Mantelkaufregelung (§ 8 Abs. 4 KStG a.F.)[112] findet letztmalig Anwendung, wenn mehr als die Hälfte der Anteile an einer Kapitalgesellschaft innerhalb eines Zeitraumes von 5 Jahren, der vor dem 1.1.2008 beginnt, übertragen werden, und die wirtschaftliche Identität der Kapitalgesellschaft vor dem 1.1.2013 entfällt. Durch diese Übergangsregelung wird ab dem 1.1.2008 ein zeitlich bis zum 31.12.2012 befristetes Nebeneinander der Alt- und Neuregelung geschaffen.[113]

IV. Steuerliches Eigenkapital und Verwendungsreihenfolge bei Ausschüttungen

86 Das steuerliche Eigenkapital einer AG setzt sich aus den Einlagen der Anteilseigner einerseits und aus den Gewinnen der AG andererseits zusammen. Entsprechend können Ausschüttungen der AG an die Anteilseigner Ausschüttung von Gewinnen oder Rückzahlung von Einlagen sein. Da die Rückzahlung geleisteter Einlagen andere Steuerfolgen als die Gewinn-Ausschüttung hat,[114] muss eine entsprechende Feststellung für die konkrete Ausschüttung erfolgen.

87 Zu diesem Zweck hat die AG gem. § 27 KStG das sog. Einlagekonto zu führen, in dem der jeweilige Bestand der Einlagen (ohne Nennkapital) erfasst wird. Zum Schluss eines jeden Wirtschaftsjahrs wird der Bestand des steuerlichen Einlagekontos nach § 27 Abs. 2 Satz 1 KStG gesondert festgestellt. Ausgehend von dem Bestand zum Schluss des vorangegangenen Wirtschaftsjahrs[115] ist das steuerliche Einlagekonto um die jeweiligen Zu- und Abgänge im Wirtschaftsjahr fortzuschreiben (§ 27 Abs. 1 Satz 2 KStG). Als Einlagen iSd. § 27 KStG sind insbesondere verdeckte Einlagen sowie alle offenen Zuführungen zur Kapitalrücklage im Sinne des § 272 HGB (zB ein Agio oder freiwillige Zuzahlungen der Anteilseigner in das Eigenkapital der AG) zu erfassen. Die Einlagen werden erst berücksichtigt, wenn sie tatsächlich geleistet sind.[116]

---

[112] Der Verlustabzug nach § 10d EStG setzt danach voraus, dass die AG nicht nur rechtlich, sondern auch wirtschaftlich mit der AG identisch ist, die den Verlust erlitten hat (§ 8 Abs. 4 Satz 1 KStG). Nach § 8 Abs. 4 Satz 2 KStG ist die wirtschaftliche Identität insbesondere dann nicht gegeben, wenn mehr als 50 % der Anteile an der AG übertragen werden und die AG ihren Geschäftsbetrieb mit überwiegend neuem Betriebsvermögen fortführt oder wieder aufnimmt (und außerdem nicht die Sanierungsausnahme des § 8 Abs. 4 Satz 3 KStG erfüllt ist).

[113] Siehe dazu näher auch Rz. 237 ff.

[114] Eine Ausschüttung von Gewinn führt zu Einnahmen iSd. § 20 Abs. 1 Nr. 1 EStG, eine Ausschüttung aus dem steuerlichen Einlagekonto hingegen nicht (§ 20 Abs. 1 Nr. 1 Satz 3 EStG). Die Ausschüttung aus dem Einlagekonto wird gegen die Anteilsanschaffungskosten bzw. den Anteilsbuchwert gerechnet und ist erst nach vollständiger Verrechnung ggf. steuerrelevant (bei Kapitalgesellschaften als Gesellschaftern ist § 8b Abs. 2 KStG zu prüfen).

[115] Beim Systemwechsel ergab sich der Anfangsbestand mit einem positiven Restbestand von EK 04.

[116] BMF v. 4.6.2003, DB 2003, 1352, spricht vom Zuflusszeitpunkt (unklar ist, ob auch bei steuerlich rückwirkenden Einbringungen etc. der Einlagekontozugang nicht rückwirkend erfasst werden soll).

A. Körperschaftsteuerrecht

Demgegenüber werden die dem steuerlichen Eigenkapital zugeführten Gewinne der AG nicht ausdrücklich als gesonderte Position des (steuerlichen) Eigenkapitals geführt und fortgeschrieben. Dieser Betrag, der sog. „ausschüttbare Gewinn" der AG (zT auch als sog. „neutrales Vermögen" bezeichnet), ergibt sich vielmehr im Normalfall als Differenz zwischen dem steuerbilanziellen Eigenkapital und dem Nennkapital sowie dem Stand des Einlagekontos (§ 27 Abs. 1 Satz 5 KStG).

Nach § 27 Abs. 1 Satz 3 KStG sind Ausschüttungen (Leistungen der Kapitalgesellschaft mit Ausnahme der Rückzahlung von Nennkapital iSd. § 28 Abs. 2 Satz 2 KStG) primär aus dem ausschüttbaren Gewinn zu bedienen. Denn die Norm bestimmt zur Verwendungsreihenfolge bei Leistungen der AG, dass das steuerliche Einlagekonto nur gemindert wird, soweit die Summe der im Wirtschaftsjahr erbrachten Leistungen den auf den Schluss des vorangegangenen Wirtschaftsjahrs ermittelten ausschüttbaren Gewinn übersteigt. Die damit steuerlich angeordnete nachrangige Verwendung des steuerlichen Einlagekontos gilt unabhängig von der handelsrechtlichen Einordnung der Leistungen.[117] Gemäß § 27 Abs. 1 S. 4 KStG kann der Bestand des steuerlichen Einlagekontos grundsätzlich nicht negativ werden.[118]

Besonders zu beachten ist, dass bezüglich der Verwendungsreihenfolge auf die Bestände zum Schluss des vorangegangenen Wirtschaftsjahrs abgestellt wird. Die Einlagen des Wirtschaftsjahres, in dem die Ausschüttungen erfolgen, werden somit ebenso wenig bei der Berechnung berücksichtigt wie der Gewinn dieses Wirtschaftsjahrs. Letzteres kann z. B. in Gründungsjahren dazu führen, dass gemessen an der grds. gesetzgeberischen Wertung tendenziell zu früh Einlagenrückgewähr angenommen wird.[119]

Bedeutsam ist des Weiteren, dass wegen der unterschiedlichen Besteuerungsfolgen die Verwendung der steuerlichen Eigenkapitalteile den Anteilseignern mitgeteilt werden muss und dass die Bescheinigung (dazu § 27 Abs. 3 u. 4 KStG) eigentlich zu korrigieren wäre, wenn sich Änderungen in Folge einer steuerlichen Betriebsprüfung oÄ ergeben. Die praktische Problematik einer solchen Änderung läge allerdings insbesondere bei Publikumsgesellschaften auf der Hand. Deshalb sieht § 27 Abs. 5 KStG insoweit besondere Regelungen vor.

Danach ist mit der Erteilung der Bescheinigung die Verwendung des steuerlichen Einlagekontos festgeschrieben, sofern die Minderung des Einlagekontos zu niedrig bescheinigt worden ist, d. h. die der Bescheinigung zugrunde gelegte Verwendung bleibt gemäß § 27 Abs. 5 S. 1 KStG unverändert, auch wenn sich die Ausgangsgrundlagen im Nachhinein, z. B. auf Grund einer steuerlichen Be-

---

[117] Das bedeutet, dass auch eine Auskehrung an die Anteilseigner, die handelsrechtlich eine Rückzahlung aus der Kapitalrücklage darstellt, für steuerliche Zwecke als Leistung iSd. § 27 Abs. 1 KStG zu behandeln ist. Durch diesen Zusatz ist der Gesetzgeber der BFH-Rechtsprechung entgegengetreten, wonach sich bei ausländischen Kapitalgesellschaften die Frage, ob eine an inländische Anteilseigner erbrachte Leistung für steuerliche Zwecke als Einlagenrückgewähr zu beurteilen ist, nach ausländischem Handelsrecht beantwortet. Im Hinblick auf Leistungen ausländischer (EU-)Kapitalgesellschaften s. nun die Regelung des § 27 Abs. 8 KStG.

[118] Ausnahme: in organschaftlicher Zeit verursachte Mehrabführungen (§ 27 Abs. 6 KStG).

[119] Vor allem Hinweis auf verdeckte Gewinnausschüttungen sowie auf Vorabausschüttungen (Letztere sind bei AGs allerdings wegen § 59 AktG nicht so „fehleranfällig" wie bei GmbHs).

triebsprüfung, ändern.[120] Ist die Verwendung des steuerlichen Einlagekontos (irrtümlich oder vorsätzlich) zu hoch bescheinigt worden, kann (aber muss nicht) die den Anteilseignern ausgestellte Bescheinigung hinsichtlich der Einlagenrückgewähr berichtigt werden (§ 27 Abs. 5 S. 5 KStG). Unabhängig davon, ob die ausgestellte Steuerbescheinigung berichtigt wird, haftet die Kapitalgesellschaft in diesem Falle gemäß § 27 Abs. 5 S. 4 KStG in Höhe der auf den überhöht ausgewiesenen Betrag der Einlagenrückgewähr entfallenden Kapitalertragsteuer.

93 Eine weitergehende Aufteilung der Bestandteile des steuerlichen Eigenkapitals kann erforderlich werden, wenn die Kapitalgesellschaft ihr Nennkapital durch Umwandlung von (handelsrechtlichen) Rücklagen erhöht, d. h. eine Kapitalerhöhung aus Gesellschaftsmitteln durchgeführt hat. Nach § 28 Abs. 1 S. 1 KStG ist in diesen Fällen (steuerlich) zunächst der positive Bestand des steuerlichen Einlagekontos zu verwenden bzw. umzuwandeln; das steuerliche Einlagekonto wird entsprechend seiner Verwendung gemindert. Maßgeblich ist dabei gemäß § 28 Abs. 1 S. 2 KStG der sich vor Anwendung von Satz 1 ergebende Bestand des steuerlichen Einlagekontos zum Schluss des Wirtschaftsjahrs der Rücklagenumwandlung. Soweit der positive Bestand des steuerlichen Einlagekontos für die Nennkapitalerhöhung nicht ausreicht, ist der Restbetrag (nachrangig) dem ausschüttbaren Gewinn zu entnehmen. Dieser Teil des Nennkapitals ist dann von dem übrigen Nennkapital getrennt auszuweisen und gesondert festzustellen (Sonderausweis nach § 28 Abs. 1 S. 3 KStG) sowie unter Berücksichtigung der Zu- und Abgänge der Wirtschaftsjahrs fortzuschreiben (§ 28 Abs. 1 S. 4 i.V.m. § 27 Abs. 2 KStG). Der Sonderausweis nach § 28 KStG verringert sich, soweit nach der Umwandlung von Rücklagen (offene oder verdeckte) Einlagen der Anteilseigner erfolgen, da § 28 Abs. 3 KStG zum Schluss eines jeden Wirtschaftsjahrs eine Umbuchung bzw. Verrechnung des positiven Bestands des steuerlichen Einlagekontos mit dem Bestand des Sonderausweises vorsieht.

94 Erfolgt (zu einem späteren Zeitpunkt) eine Kapitalherabsetzung (oder die Auflösung der Kapitalgesellschaft), wird gemäß § 28 Abs. 2 S. 1 KStG zunächst der zum Schluss des vorangegangenen Wirtschaftsjahrs (noch) vorhandene Sonderausweis entsprechend gemindert. Ein übersteigender Betrag ist (nachrangig) dem steuerlichen Einlagekonto iSd. § 27 KStG gutzuschreiben, soweit die Einlage in das Nennkapital geleistet ist; d. h. insoweit wird (reziprok zur Kapitalerhöhung) „echtes" Nennkapital in Beträge auf dem steuerlichen Einlagekonto umgewandelt. Erfolgt (auch) eine Rückzahlung des (ehemaligen) Nennkapitals an die Anteilseigner, so gilt die Rückzahlung in Höhe der Minderung des Sonderausweises als Gewinnausschüttung, die beim Anteilseigner zu Bezügen iSd. § 20 Abs. 1 Nr. 2 EStG führt; ein übersteigender Betrag ist vom Bestand des steuerlichen Einlagekontos abzuziehen (und stellt gemäß § 20 Abs. 1 Nr. 1 S. 3 EStG keine Einnahme dar).[121] Eine den positiven Bestand

---

[120] Gem. § 27 Abs. 5 S. 2 KStG gilt in bestimmten Fällen der Nichtbescheinigung der Betrag der Einlagenrückgewähr als mit 0 € bescheinigt.

[121] Soweit im Rahmen einer Herabsetzung des Nennkapitals eine Rückzahlung erfolgt, die höher als der Sonderausweis ist, wird damit – unabhängig von der Höhe des ausschüttbaren Gewinns – vorrangig das steuerliche Einlagekonto verwendet. Die Rückzahlung im Rahmen einer Herabsetzung des Nennkapitals folgt insofern einer von der Verwendungsfiktion bei Gewinnausschüttungen abweichenden Verwendungsreihenfolge.

A. Körperschaftsteuerrecht 95–98 § 12

des steuerlichen Einlagekontos übersteigende Kapitalrückzahlung gilt gem. § 28 Abs. 2 S. 4 KStG als Gewinnausschüttung, die beim Anteilseigner zu Bezügen iSd. § 20 Abs. 1 S. 1 Nr. 2 EStG führt.

Bezüglich des Verlustabzugs und seiner Wirkungen auf das steuerliche Eigenkapital ist zwischen dem Jahr der Verlustentstehung und dem Jahr des Verlustabzugs zu differenzieren. Im Jahr seiner Entstehung mindert der Verlust das steuerliche Eigenkapital (und dort den ausschüttbaren Gewinn) der AG. Ein Verlustvortrag führt im Verlustabzugsjahr zu einer steuerfreien Mehrung des steuerlichen Eigenkapitals (Erhöhung des ausschüttbaren Gewinns um die nicht angefallene Steuer). Bei einem Verlustrücktrag verringert sich zwar das zu versteuernde Einkommen im Rücktragsjahr. Die Mehrung des steuerlichen Eigenkapitals (des ausschüttbaren Gewinns) aufgrund der Körperschaftsteuererstattung erfolgt jedoch erst zum Schluss des Verlustentstehungsjahrs, da der Erstattungsanspruch erst mit Ablauf des Verlustentstehungsjahrs entsteht. 95

V. Folgen der Abschaffung des Anrechnungsverfahrens

Im Anrechnungsverfahren betrug die tarifliche Körperschaftsteuer (bzw. die Körperschaftsteuer auf einbehaltene Gewinne) 40 % bzw. 45 %,[122] wohingegen die Belastung für ausgeschüttete Gewinne auf 30 % des ausgeschütteten Gewinns vor Körperschaftsteuer gesenkt wurde. Wurden mit tariflicher Körperschaftsteuer belastete Gewinne ausgeschüttet, erhielt die Kapitalgesellschaft eine entsprechende Steuererstattung (in Höhe von 10 bzw. 15 Prozentpunkten). Der Erhalt der Steuererstattung wurde technisch dadurch gewährleistet, dass die mit 40 % (bzw. 45 %) tariflicher Körperschaftsteuer vorbelasteten Gewinne in das sog. EK 40 (bzw. EK 45) eingestellt wurden. Das EK 40 repräsentierte damit jenen Teil des Eigenkapitals der Kapitalgesellschaft, der mit 40 % vorbelastet war und für den der Kapitalgesellschaft bei Ausschüttung eine entsprechende Steuererstattung zu gewähren war. 96

Mit dem Übergang vom Anrechnungs- zum Halbeinkünfteverfahren wurde die Systematik der Anrechnung der körperschaftsteuerlichen Vorbelastung auf die Einkommensteuer des Anteilseigners durch die Definitivbelastung auf Kapitalgesellschaftsebene ersetzt. Gleichzeitig wurde die Tarifspreizung zwischen einbehaltenen und ausgeschütteten Gewinnen aufgegeben. Um den Kapitalgesellschaften dennoch die Möglichkeit einer Steuererstattung in Höhe von 10 Prozentpunkten für Bestände des alten EK 40 einzuräumen, wurde aus dem EK 40 zum 31.12.2001 in Höhe von $1/_6$ des Endbestands des EK 40 ein Körperschaftsteuerguthaben ermittelt. Sobald die Kapitalgesellschaft das Körperschaftsteuerguthaben in der Folge realisieren konnte, ergab sich damit insoweit sozusagen nachträglich eine Senkung der Körperschaftsteuerbelastung von 40 % auf die anvisierten 30 %. 97

Bis zum 31.12.2006 erfolgte die Realisation des Körperschaftsteuerguthabens dadurch, dass offene Gewinnausschüttungen zu einer Minderung der Körperschaftsteuer um $1/_6$ des Ausschüttungsbetrags (und gleichzeitiger Reduktion des Körperschaftsteuerguthabens) führten. Mit Wirkung zum 31.12.2006 wurde die ausschüttungsabhängige Realisation des Körperschaftsteuerguthabens aufgegeben und durch ein System der ratierlichen Auszahlung 98

---

[122] Von 1994 bis 1998 betrug die tarifliche Körperschaftsteuer 45 %, ab 1999 40 %.

ersetzt. Hiernach hat die Kapitalgesellschaft innerhalb eines Auszahlungszeitraums von 2008 bis 2017 einen unverzinslichen Anspruch auf Auszahlung des zum 31. 12. 2006 festgestellten Körperschaftsteuerguthabens in zehn gleichen Jahresbeträgen (§ 37 Abs. 5 KStG).

99 Der Anspruch auf Auszahlung des Körperschaftsteuerguthabens stellt eine sonstige Forderung dar und ist in der Handels- und Steuerbilanz mit dem Barwert zu bilanzieren. Handels- und steuerbilanziell führte dies im Zeitpunkt des Bilanzansatzes zur Realisation eines Ertrags. Dieser Ertrag ist systemgerecht nach § 37 Abs. 7 KStG im Rahmen der Einkommensermittlung außerbilanziell zu kürzen (d. h. der Ertrag aus der Aktivierung des Anspruchs auf Auszahlung des Körperschaftsteuerguthabens ist steuerfrei), da die Auszahlung des Körperschaftsteuerguthabens lediglich eine Vereinnahmung vormals zuviel entrichteter Körperschaftsteuer darstellt. Gleichfalls ist in den Jahren 2008 bis 2017 die bilanzielle Gewinnrealisierung infolge der Aufzinsung des Auszahlungsanspruchs außerbilanziell zu kürzen.

100 Nach dem Übergang vom Anrechnungs- zum Halbeinkünfteverfahren sollten des Weiteren bestimmte steuerfreie Vermögensmehrungen (sog. Alt-EK 02, d. h. bestimmte nicht mit Körperschaftsteuer (vor-)belastete Eigenkapitalbestandteile) bei Ausschüttung definitiv mit 30 % belastet werden. Diese Beträge gingen beim Systemwechsel zum Halbeinkünfteverfahren in den sog. Teilbetrag iSd. § 38 KStG über. Sofern eine Ausschüttung aus dem Teilbetrag iSd. § 38 KStG erfolgte, musste die ausschüttende Kapitalgesellschaft eine Körperschaftsteuererhöhung in Höhe von $^3/_7$ der Verwendung des Teilbetrags iSd. § 38 KStG tragen.

101 Mit Wirkung zum 31. 12. 2006 wurde die ausschüttungsabhängige Nachbelastung dieser Eigenkapitalbestandteile aufgegeben und durch eine ratierliche Fälligstellung ersetzt. Hiernach hat die Kapitalgesellschaft grundsätzlich 3 % des zum 31. 12. 2006 festgestellten Endbestands des Teilbetrags iSd. § 38 KStG (= Körperschaftsteuererhöhungsbetrag) innerhalb eines Zeitraums von 2008 bis 2017 in zehn gleichen Jahresbeträgen zu entrichten.[123]

102 Die Verpflichtung zur Zahlung des Körperschaftsteuererhöhungsbetrags ist in der Handels- und Steuerbilanz der Kapitalgesellschaft unter Abzinsung mit einem Zinssatz von 5,5 % zu passivieren. Der sich aus der Passivierung des Auszahlungsanspruchs ergebende Aufwand ist gemäß § 38 Abs. 10 KStG i.V.m § 37 Abs. 7 KStG als Gewinnminderung im Zusammenhang mit dem Körperschaftsteuererhöhungsbetrag außerbilanziell zu neutralisieren (d. h. hinzuzurechnen). Gleichfalls sind in den Jahren 2008 bis 2017 Gewinnminderungen aus der Aufzinsung der Zahlungsverpflichtung außerbilanziell hinzuzurechnen.

VI. Körperschaftsteuer-Tarifbelastung

103 Der Körperschaftsteuertarif ist unabhängig von der Höhe des zu versteuernden Einkommens konstant und beträgt gemäß § 23 Abs. 1 KStG 15 %.[124]

104 Im Fall anrechenbarer ausländischer Steuern, zB bei Betriebsstätteneinkünften aus einem Staat, mit dem kein DBA oder ein DBA mit Anrechnungs-

---

[123] Nichtvorhandensein ggf. gegenläufigen negativen ausschüttbaren Gewinns unterstellt. Siehe auch § 38 Abs. 7 KStG zur wahlweisen Entrichtung des mit 5,5 % abgezinsten Einmalbetrags.
[124] Bis zum VZ 2007 belief er sich auf 25 %.

B. Einkommensteuerrecht (relevante Ausschnitte)

methode besteht,[125] ergibt sich eine (von der 15%igen Belastung) abweichende körperschaftsteuerliche Tarifbelastung.[126]

B. Einkommensteuerrecht (relevante Ausschnitte)

I. Persönliche Steuerpflicht

Steuersubjekt iSd. Einkommensteuer können nur natürliche Personen sein. Die unbeschränkte Steuerpflicht nach § 1 Abs. 1 EStG setzt voraus, dass die natürliche Person einen Wohnsitz iSd. § 8 AO oder ihren gewöhnlichen Aufenthalt iSd. § 9 AO im Inland hat. Hat ein Steuerpflichtiger mehrere Wohnsitze, so reicht es für die unbeschränkte Steuerpflicht aus, dass einer dieser Wohnsitze im Inland liegt. Die unbeschränkte Steuerpflicht bezieht sich grds. auf sämtliche Einkünfte einer natürlichen Person, unabhängig davon, wo die Einkommensquellen belegen sind (Welteinkommensprinzip grds. sowohl für positive als auch für negative Einkünfte). Natürliche Personen, die im Inland weder einen Wohnsitz noch ihren gewöhnlichen Aufenthalt haben, sind nur dann und insoweit beschränkt nach § 1 Abs. 4 EStG steuerpflichtig, wenn und wie sie inländische Einkünfte im Sinne des § 49 EStG erzielen, wie z. B. Einkünfte aus einer im Inland belegenen gewerblichen Betriebsstätte.[127] Neben der Beschränkung der sachlichen Steuerpflicht auf die inländischen Einkünfte besteht der Unterschied der beschränkten zur unbeschränkten Steuerpflicht darin, dass die persönlichen Verhältnisse des Steuerpflichtigen weitgehend unberücksichtigt bleiben. Dies obliegt dem Wohnsitzstaat.

II. Ermittlung des zu versteuernden Einkommens

1. Übersicht

Die wirtschaftlichen Tätigkeiten, deren Ergebnisse der Einkommensbesteuerung unterliegen, sind in § 2 Abs. 1 EStG abschließend aufgezählt. Nur Vorgänge, die unter die dort genannten sieben Einkunftsarten fallen, sind steuerbar.[128]

---

[125] Bzw. wenn § 50d Abs. 9 EStG oder § 20 Abs. 2 AStG greift.
[126] Siehe auch R 30 KStR.
[127] Die beschränkte Steuerpflicht nach § 1 Abs. 4 EStG wird durch §§ 2 und 5 AStG für solche Personen erweitert, die innerhalb der letzten zehn Jahre vor Beendigung ihrer unbeschränkten Steuerpflicht insgesamt mindestens fünf Jahre lang als deutsche Staatsangehörige unbeschränkt steuerpflichtig waren, in ein Land mit niedriger Besteuerung ausgewandert sind und auch danach noch wesentliche wirtschaftliche Interessen im Inland haben. Solche Personen sind bis zum Ablauf von zehn Jahren nach Abschluss des Jahres der Beendigung der unbeschränkten Steuerpflicht über die (normale) beschränkte Steuerpflicht iSd. Einkommensteuergesetzes hinaus beschränkt einkommensteuerpflichtig mit allen Einkünften iSd. § 2 Abs. 1 Satz 1 Nr. 1–7 EStG, die nicht ausländische Einkünfte im Sinne des § 34c Abs. 1 EStG iVm. § 34d EStG sind. Die Höhe des Steuersatzes richtet sich dabei nicht nach dem Inlands-, sondern nach dem Welteinkommen (Progressionsvorbehalt). Der erweitert beschränkt Steuerpflichtige wird insoweit wie ein unbeschränkt Steuerpflichtiger behandelt.
[128] Dabei ist zu beachten, dass die Einkunftsart Nr. 7 („sonstige Einkünfte" iSd. § 22 EStG) nicht als Auffangtatbestand oder Residualgröße für alle solchen Einkünfte dient, die nicht unter die Nummern 1 bis 6 fallen. Was unter sonstigen Einkünften zu verstehen ist, wird vielmehr enumerativ in § 22 EStG aufgeführt.

§ 12   108, 109   Laufende Besteuerung

Die Aufsummierung der Einkünfte aus den sieben Einkunftsarten ergibt die Summe der Einkünfte. Nach einem ggf. möglichen Abzug unbedeutender Entlastungsbeträge erhält man den **Gesamtbetrag der Einkünfte**. Das Einkommen ist in § 2 Abs. 4 EStG definiert als Gesamtbetrag der Einkünfte, vermindert um die Sonderausgaben und außergewöhnlichen Belastungen.

108   Im Überblick stellt sich die Ermittlung des zu versteuernden Einkommens in den wesentlichen Positionen wie folgt dar:[129]

1. Einkünfte aus Land- und Forstwirtschaft
2. Einkünfte aus Gewerbebetrieb
3. Einkünfte aus selbständiger Arbeit
4. Einkünfte aus nichtselbständiger Arbeit
5. Einkünfte aus Kapitalvermögen
6. Einkünfte aus Vermietung und Verpachtung
7. sonstige Einkünfte im Sinne des § 22

= **Summe der Einkünfte**
− Altersentlastungsbetrag (§ 24a EStG)
− Entlastungsbetrag für Alleinerziehende (§ 24b EStG)
− Freibetrag für Land- und Forstwirte (§ 13 Abs. 3 EStG)

= **Gesamtbetrag der Einkünfte (§ 2 Abs. 3 EStG)**
− Verlustabzug nach § 10d EStG
− Sonderausgaben (§§ 10 ff. EStG)
− außergewöhnliche Belastungen (§§ 33 ff. EStG)

= **Einkommen (§ 2 Abs. 4 EStG)**
− Freibeträge für Kinder (§§ 31, 32 Abs. 6 EStG)

= **zu versteuerndes Einkommen (§ 2 Abs. 5 EStG)**

2. Einkünfte

a) Grundsätze

109   Einkünfte sind eine Überschussgröße. Aufwendungen, die zur Erzielung der in den Einkunftsarten erfassten Erträge entstehen, sind somit von den Erträgen zu kürzen. Gemäß dem objektiven Nettoprinzip ist für die Steuerzahlung der Teil der erwirtschafteten Bezüge nicht disponibel, der im Zusammenhang mit der Erwerbstätigkeit aufgewendet werden muss. Demgegenüber ist gemäß § 12 EStG die Einkommensverwendung der Privatsphäre zuzurechnen und damit steuerlich grds. irrelevant.[130/131]

---

[129] Siehe auch R 2 Abs. 1 EStR.
[130] Bei einer Mischveranlassung von Aufwendungen (auf der einen Seite beruflich/betrieblich, auf der anderen Seite privat) findet bei eindeutiger Trennbarkeit in beruflich/betrieblichen und privaten Anteil eine anteilige Aufteilung der Aufwendungen und ein entsprechend anteiliger Abzug statt. Ist eine eindeutige Trennung nicht möglich, sind die Aufwendungen grundsätzlich in voller Höhe nicht abzugsfähig, gegebenenfalls kann jedoch eine schätzweise Aufteilung zulässig bzw. vorzunehmen sein.
[131] Es ist jedoch zu berücksichtigen, dass im Rahmen des subjektiven Nettoprinzips bei der Ermittlung des zu versteuernden Einkommens die Einkommensverwendung in Grenzen zu berücksichtigen ist. Zu nennen sind hier insb. Sonderausgaben und außergewöhnliche Belastungen und die Steuerfreistellung des Existenzminimums.

B. Einkommensteuerrecht (relevante Ausschnitte) 110–113 § 12

Nach dem Prinzip der Abschnittsbesteuerung gemäß § 2 Abs. 7 EStG sind **110** grundsätzlich nur die Vorgänge innerhalb des Einkünfteermittlungszeitraums für die Höhe der Einkünfte relevant; abgestellt wird dabei auf das Kalenderjahr (wobei bei der Gewinnermittlung ein vom Kalenderjahr abweichender Gewinnermittlungszeitraum denkbar ist[132]).

Die Einkünfte des § 2 Abs. 1 Nr. 1 bis 3 EStG, d. h. die Einkünfte aus Land- **111** und Forstwirtschaft, die Einkünfte aus Gewerbebetrieb und die Einkünfte aus selbstständiger Arbeit, werden als Gewinneinkünfte bezeichnet. Die Einkünfte dieser Einkunftsarten sind der Gewinn (§ 2 Abs. 2 Nr. 1 EStG). Die Einnahmen werden hier als Betriebseinnahmen und die Ausgaben als Betriebsausgaben bezeichnet. Der Gewinnbegriff basiert auf der Reinvermögenszugangstheorie, nach der das Einkommen als Vermögenszuwachs während einer gegebenen Periode zu verstehen ist. Zur Ermittlung des Gewinns bzw. Verlusts einer Periode ist demzufolge das Reinvermögen am Ende der Periode mit dem Reinvermögen zu Beginn der Periode zu vergleichen (Vermögensvergleich).

Demgegenüber werden die Einkünfte der Nr. 4 bis 7 des § 2 Abs. 1 EStG, **112** d. h. die Einkünfte aus nichtselbstständiger Arbeit, die Einkünfte aus Kapitalvermögen, die Einkünfte aus Vermietung und Verpachtung und die sonstigen Einkünfte, grds.[133] als Überschuss der Einnahmen über die Werbungskosten ermittelt (§ 2 Abs. 2 Nr. 2 EStG). Entsprechend werden diese Einkunftsarten als Überschusseinkunftsarten bezeichnet. Dieser Einkünfteermittlung liegt grds. die Quellentheorie zugrunde. Einkünfte sind danach nur das, was aus einer Quelle fließt. Der theoretische Unterschied zwischen Gewinn- und Überschusseinkunftsarten liegt somit in der unterschiedlichen Behandlung des Wertzuwachses (und Wertverlustes) im Vermögen; in der praktischen Umsetzung der Quellentheorie im EStG wird dieser Unterschied jedoch durch bedeutsame Ausnahmen (wie z. B. Spekulationsfristen bei Grundbesitz und Wertpapieren oder Beteiligungsgrenzen bei Anteilsbesitz an Kapitalgesellschaften) durchbrochen bzw. nivelliert, so dass auch Vermögensänderungen im Bereich der Überschusseinkunftsarten zu einkommensteuerpflichtigen Einkünften führen können. Mit der Einführung der Abgeltungssteuer ist die Quellentheorie ab dem VZ 2009 in Bezug auf Einkünfte aus Kapitalvermögen und die Veräußerung der Titel, die diese Einkünfte vermitteln, sogar ganz aufgegeben worden.

b) Einkünfteermittlung für die Gewinneinkunftsarten

Die Einkünfteermittlung für die Gewinneinkunftsarten stellt sich grds. wie **113** folgt dar:

	Unterschiedsbetrag iSd. §§ 4 Abs. 1 S. 1, 5 Abs. 1 EStG (= Steuerbilanzgewinn)
+	Entnahmen iSd. § 4 Abs. 1 S. 1, 2 EStG
−	Einlagen iSd. § 4 Abs. 1 S. 7 EStG
=	steuerlicher Gewinn iSd. § 4 Abs. 1 S. 1 EStG
−/+	außerbilanzielle Korrekturen (steuerfreie Gewinne [bspw. § 3 Nr. 40 EStG]; nicht abziehbare Betriebsausgaben [bspw. § 4 Abs. 5, Abs. 5b EStG, § 4h EStG])
=	steuerpflichtiger Gewinn

---

[132] Siehe im Einzelnen § 4a EStG.
[133] Besonderheiten gelten insbesondere im Rahmen der Abgeltungssteuer.

Im Einzelnen s. zur Ermittlung des steuerlichen Gewinns i.S.d. § 4 Abs. 1 S. 1 EStG die Erläuterungen in § 11 Rz. 1–173.

114 Hinsichtlich der für alle Formen der Gewinnermittlung erforderlichen Zuordnung von Wirtschaftsgütern zum Betriebsvermögen ist steuerlich grundsätzlich zwischen notwendigem Betriebsvermögen, gewillkürtem Betriebsvermögen und (notwendigem) Privatvermögen zu unterscheiden. Wirtschaftsgüter (mit Ausnahme von Grund und Boden und Gebäuden) sind dabei vollständig jeweils einem dieser Bereiche zuzuordnen. Gemischt genutzte bewegliche Wirtschaftsgüter sind entweder Betriebsvermögen oder Privatvermögen. Allerdings sind die steuerlichen Folgen der Zurechnung eines Wirtschaftsguts zum Betriebs- oder Privatvermögen für die laufenden Aufwendungen entsprechend ihrer Veranlassung durch Nutzungs- und Leistungsentnahmen bzw. -einlagen zu korrigieren. Im Falle der Veräußerung oder Entnahme eines gemischt genutzten Wirtschaftsguts erfolgt dagegen die Zurechnung der stillen Reserven, d. h. ihre Aufdeckung und Versteuerung, zu dem Vermögensbereich, zu dem das Wirtschaftsguts gehört. Eine der Nutzung entsprechende Aufteilung der stillen Reserven kommt nicht in Betracht.

115 Eine Zuordnung zum Betriebsvermögen ist zwingend vorgeschrieben, wenn die beweglichen Wirtschaftsgüter zu mehr als 50 % betrieblich genutzt werden. (Notwendiges) Privatvermögen liegt vor, wenn die Wirtschaftsgüter zu weniger als 10 % betrieblich genutzt werden. Beträgt der betriebliche Nutzungsanteil mindestens 10 % aber nicht mehr als 50 %, hat der Steuerpflichtige ein Wahlrecht, das Wirtschaftsgut dem Privatvermögen zuzurechnen oder als gewillkürtes Betriebsvermögen zu behandeln. Die Zuordnung von Immobilien erfolgt nach Maßgabe der verschiedenen Nutzungs- und Funktionszusammenhänge.

116 Betriebseinnahmen sind Erträge, die durch den Betrieb veranlasst sind. Betriebsausgaben sind nach § 4 Abs. 4 EStG durch den Betrieb veranlasste Aufwendungen; die Notwendigkeit und Zweckmäßigkeit dieser Aufwendungen ist steuerlich grundsätzlich unbeachtlich. Erforderlich ist jedoch, wie bereits erwähnt, eine Abgrenzung zu den gemäß § 12 (Nr. 1) EStG nicht abzugsfähigen Kosten der Lebensführung.[134]

117 § 3 EStG enthält einen umfangreichen Katalog (partiell) steuerfreier Einnahmen. Damit korrespondiert das Abzugsverbot des § 3c Abs. 1 EStG, wonach ein Betriebsausgabenabzug (oder Werbungskostenabzug) nicht in Betracht kommt, soweit Ausgaben in unmittelbarem wirtschaftlichem Zusammenhang mit steuerfreien Einnahmen stehen (Vermeidung einer doppelten Begünstigung). Voraussetzung für einen unmittelbaren wirtschaftlichen Zusammenhang ist die sachliche und zeitliche Beziehung zwischen den Ausgaben und Einnahmen. Fehlt diese Beziehung, z. B. weil die Ausgaben in einem VZ anfallen, in dem keine entsprechenden steuerfreien Einnahmen vorliegen, greift das Abzugsverbot nicht. Soweit die Ausgaben die steuerfreien Einnahmen (in einem VZ) übersteigen, greift das Abzugsverbot ebenso nicht, d. h. der Ausgabenüberhang ist abziehbar.

118 Aus systematischer Sicht ist bei den steuerfreien Einnahmen insbesondere § 3 Nr. 40 EStG von Bedeutung, da hier einnahmenseitig insbesondere für Gewinnausschüttungen einer Kapitalgesellschaft oder Gewinne aus der Veräußerung von Kapitalanteilen das Halbeinkünfteverfahren bzw. ab 2009 das

---

[134] Hinweis auch auf die weiteren in § 12 EStG genannten Abzugsverbote.

B. Einkommensteuerrecht (relevante Ausschnitte) §12

Teileinkünfteverfahren kodifiziert ist.[135] Damit der hälftigen (bzw.: vierzigprozentigen) Steuerbefreiung der Einnahmen nicht ein vollständiger Abzug der Ausgaben gegenübersteht, erlaubt § 3c Abs. 2 S. 1 EStG nur einen hälftigen (bzw. sechzigprozentigen) Abzug der Ausgaben, die mit solchen Einnahmen (oder Betriebsvermögensmehrungen) in wirtschaftlichem Zusammenhang stehen. Im Gegensatz zu § 3c Abs. 1 EStG ist für das Abzugsverbot des § 3c Abs. 2 EStG dabei das Vorliegen eines unmittelbaren wirtschaftlichen Zusammenhangs nicht erforderlich, d. h. die Abzugsfähigkeit der Ausgaben ist u.a. unabhängig davon auf die Hälfte (bzw.: 60 %) beschränkt, in welchem Veranlagungszeitraum die (in wirtschaftlichem Zusammenhang stehenden) Einnahmen anfallen.

Für einige besondere Betriebsausgaben schließen die Absätze 5 bis 7 des § 4 EStG den Betriebsausgabenabzug aus. Als solche nichtabziehbare Betriebsausgaben nennt das Gesetz beispielsweise:[136]

- Aufwendungen für Geschenke an Personen, die nicht Arbeitnehmer des Steuerpflichtigen sind, deren Wert (Anschaffungs- oder Herstellungskosten) im Wirtschaftsjahr 35 € übersteigt;
- Aufwendungen für die Bewirtung von Personen aus geschäftlichem Anlass außerhalb von 70 % der angemessenen und nachgewiesenen Aufwendungen;
- von einem Gericht oder einer Behörde im Geltungsbereich dieses Gesetzes oder von Organen der Europäischen Gemeinschaften festgesetzte Geldbußen, Ordnungsgelder und Verwarnungsgelder. Das Abzugsverbot für Geldbußen gilt nicht, soweit der wirtschaftliche Vorteil, der durch den Gesetzesverstoß erlangt wurde, abgeschöpft worden ist, wenn die Steuern vom Einkommen und Ertrag, die auf den wirtschaftlichen Vorteil entfallen, nicht abgezogen worden sind;
- organschaftliche Ausgleichszahlungen, die an außenstehende Anteilseigner geleistet werden;
- die Zuwendung von Vorteilen sowie damit zusammenhängende Aufwendungen, wenn die Zuwendung der Vorteile eine rechtswidrige Handlung darstellt, die den Tatbestand eines Strafgesetzes oder eines Gesetzes verwirklicht, das die Ahndung mit einer Geldbuße zulässt;
- die Gewerbesteuer die und darauf entfallende Nebenleistungen.

Schuldzinsen sind gem. § 4 Abs. 4a EStG nicht abziehbar, wenn sog. Überentnahmen getätigt worden sind. Eine Überentnahme ist der Betrag, um den die Entnahmen die Summe des Gewinns und der Einlagen des Wirtschaftsjahres übersteigen. Die nicht abziehbaren Schuldzinsen werden typisiert mit 6 % der Überentnahme des Wirtschaftsjahres zuzüglich der Überentnahmen vorangegangener Wirtschaftsjahre und abzüglich der Beträge, um die in den voran-

---

[135] Im Einzelfall wichtig ist auch § 3 Nr. 40a EStG, wonach nur die Hälfte (ab 2009: 60 %) des in § 18 Abs. 1 Nr. 4 EStG genannten erhöhten Gewinnanteils (Carried Interest) des Managements oder der Initiatoren von Private Equity-Fonds, deren Zweck im Erwerb, Halten und in der Veräußerung von Anteilen an Kapitalgesellschaften besteht, steuerpflichtig ist. Die Manager oder Initiatoren erhalten den erhöhten Gewinnanteil, der über ihren Anteil am Fondskapital hinausgeht, bspw. für ihr Know-how, womit der individuelle Einsatz für die erfolgreiche Entwicklung der finanzierten Unternehmen und des Fonds kompensiert werden soll.
[136] Zu einem besonderen Betriebsausgabenabzugsverbot im Entwurf des sog. Steuerhinterziehungsbekämpfungsgesetzes s. schon oben Fn. 53.

gegangenen Wirtschaftsjahren der Gewinn und die Einlagen die Entnahmen überstiegen haben (Unterentnahmen), ermittelt; bei der Ermittlung der Überentnahme ist vom Gewinn ohne Berücksichtigung der nach Maßgabe des § 4 Abs. 4a EStG nicht abziehbaren Schuldzinsen auszugehen. Der sich dabei ergebende Betrag, höchstens jedoch der um 2.050 € verminderte Betrag der im Wirtschaftsjahr angefallenen Schuldzinsen, ist dem Gewinn hinzuzurechnen. Der Abzug von Schuldzinsen für Darlehen zur Finanzierung von Anschaffungs- oder Herstellungskosten von Wirtschaftsgütern des Anlagevermögens bleibt unberührt.

121   Des Weiteren sind bei Vorliegen anderer Tatbestandsvoraussetzungen die Zinsaufwendungen eines Betriebs nur eingeschränkt abziehbar (sog. Zinsschranke iSd. § 4h EStG[137]).

c) Einkünfteermittlung für die Überschusseinkunftsarten

122   Nach § 8 Abs. 1 EStG sind Einnahmen alle Güter, die in Geld oder Geldeswert (geldwerter Vorteil) bestehen, wenn der Zufluss innerhalb der Einkunftsarten Nr. 4 bis 7 des § 2 Abs. 1 EStG stattfindet. Der Zeitpunkt der Vereinnahmung richtet sich gemäß § 11 Abs. 1 EStG nach dem Zufluss iSd. Erlangung der wirtschaftlichen Verfügungsmacht.[138] Das Erlangen einer Forderung ist nicht ausreichend. Einnahmen, die nicht in Geld bestehen (Sachbezüge bzw. geldwerte Vorteile), müssen in Geld umgerechnet werden.

123   Werbungskosten sind gem. § 9 EStG Aufwendungen, die zur Erwerbung, Sicherung und Erhaltung der Einnahmen erbracht werden. Wie bei den Betriebsausgaben sind Zweckmäßigkeit, Angemessenheit oder Nützlichkeit der Aufwendungen unbeachtlich. Berücksichtigungsfähig sind die Werbungskosten im Zeitpunkt des Abflusses (§ 11 Abs. 2 EStG).[139] Eine Ausnahme gilt für Absetzungen für Abnutzung, für Substanzverringerung und erhöhte Absetzungen gemäß § 9 Abs. 1 Nr. 7 EStG. Weist der Steuerpflichtige keine höheren tatsächlichen Werbungskosten nach, kann er ggf. Pauschbeträge ansetzen, die sich aus § 9a EStG ergeben. Nach § 9 Abs. 5 EStG gelten die meisten Vorschriften über nichtabziehbare Betriebsausgaben sinngemäß auch im Rahmen der Überschusseinkunftsarten und schränken damit auch die Abzugsfähigkeit von Werbungskosten ein.[140]

3. Einkunftsarten

a) Grundsätze

124   Die Zuordnung von Einkünften zu einer der sieben Einkunftsarten ist aus verschiedenen Gründen von Bedeutung. Zum einen sind Einkünfte nur dann steuerbar, wenn sie einer der Einkunftsarten zugeordnet werden können. Zum zweiten bestimmt sich aus der Zuordnung zu einer Einkunftsart die Methode, nach der die Einkünfte zu ermitteln sind (s. dazu Rz. 111f.). Verschiedene Frei-

---

[137] Siehe dazu näher Rz. 35 ff. sowie § 13 Rz. 244 ff.
[138] Vgl. § 11 Abs. 1 Satz 2 EStG für regelmäßig wiederkehrende Einnahmen sowie Satz 3 für Einnahmen bei einer Nutzungsüberlassung von mehr als fünf Jahren.
[139] Siehe aber § 11 Abs. 2 Satz 2 EStG für regelmäßig wiederkehrende Ausgaben und Satz 3 für Vorauszahlungen bei einer Nutzungsüberlassung von mehr als fünf Jahren.
[140] Zu einer wichtigen Besonderheit im Rahmen der Abgeltungsteuer s. auch Rz. 204.

B. Einkommensteuerrecht (relevante Ausschnitte)   125–129   § 12

beträge und Freigrenzen kommen nur bei bestimmten Einkunftsarten zur Anwendung. Schließlich unterliegt der Gewerbesteuer grundsätzlich nur der Gewinn aus Gewerbebetrieb. Je nachdem, welcher Einkunftsart Einkünfte zuzurechenbar sind, kann sich somit für den Steuerpflichtigen eine unterschiedliche Steuerbelastung ergeben.

Auf Grund einer möglichen Zuordnungskonkurrenz sind die Einkunftsarten in Haupt- und Nebeneinkunftsarten unterteilt. Erfüllt ein Vorgang die Kriterien für mehrere Einkunftsarten, wird über Subsidiaritätsregeln die eindeutige Zuordnung des Vorgangs zu einer Einkunftsart gewährleistet (§§ 20 Abs. 3 [ab 1.1.2009: Abs. 8], 21 Abs. 3, 22 Nr. 1 und 3 und 23 Abs. 2 EStG).   **125**

b) Einkünfte aus Gewerbebetrieb

Die hier besonders interessierenden Einkünfte aus Gewerbebetrieb stellen die allgemeine Gewinneinkunftsart dar.   **126**

Zu den von § 15 EStG erfassten Einkünften aus Gewerbebetrieb zählen: **127**
- § 15 Abs. 1 S. 1 Nr. 1 EStG: Einkünfte aus Einzelunternehmen.
- § 15 Abs. 1 S. 1 Nr. 2 EStG: Einkünfte aus Mitunternehmerschaften. Das sind Einkünfte der Gesellschafter einer OHG, einer KG oder einer anderen Gesellschaft, bei der der Gesellschafter als (Unternehmer) Mitunternehmer anzusehen ist. Gemäß dieser Vorschrift wird somit durch die Personengesellschaft auf die dahinter stehenden Gesellschafter durchgegriffen. Die Personengesellschaft ist also nicht selbst Steuersubjekt bei der Einkommensteuer; vielmehr sind die Gesellschafter Steuersubjekt.[141]
- § 15 Abs. 1 S. 1 Nr. 3 EStG: Einkünfte der persönlich haftenden Gesellschafter einer KGaA. Bei einer KGaA handelt es sich grds. um eine juristische Person, sodass eine Besteuerung im Rahmen der Körperschaftsteuer erfolgt. Da die Gesellschaft jedoch auch persönlich haftende Gesellschafter hat, ist die KGaA steuerlich aufzuspalten. Soweit die Komplementäre Einkünfte erzielen, sind diese über § 15 Abs. 1 S. 1 Nr. 3 EStG zu erfassen.[142]

Die steuerliche Definition des Gewerbebetriebs findet sich in § 15 Abs. 2 EStG. Danach sind vorausgesetzt Selbstständigkeit, Nachhaltigkeit, Gewinnerzielungsabsicht und Beteiligung am allgemeinen wirtschaftlichen Verkehr. Darüber hinaus ist Voraussetzung für das Vorliegen eines Gewerbebetriebs, dass keine Land- und Forstwirtschaft iSd. § 13 EStG vorliegt, keine selbstständige Arbeit iSd. § 18 EStG gegeben ist und keine reine Vermögensverwaltung betrieben wird. Das letztgenannte Kriterium resultiert aus der Bestimmung des § 14 AO, nach der ein wirtschaftlicher Geschäftsbetrieb nur vorliegt, wenn die Betätigung über den Rahmen einer Vermögensverwaltung hinausgeht.   **128**

Bei einer reinen Vermögensverwaltung liegt lediglich Fruchtziehung aus vorhandener Substanz vor. Wenn die Umschichtung der Substanz gegenüber der Fruchtziehung in den Vordergrund tritt, kann ein Übergang zum Gewerbebetrieb gegeben sein. Die Abgrenzung zwischen Vermögensverwaltung und Gewerbebetrieb wird je nach Art des zugrunde liegenden Vermögens uneinheitlich gehandhabt. Während bei Veräußerung von (eigenen) Wertpapieren auch im Falle zahlreicher Transaktionen grundsätzlich noch von reiner Vermögensverwaltung ausgegangen wird, erfolgt bei der Veräußerung von Grundstücken und Gebäuden die Abgrenzung zwischen privaten Grundstücksgeschäften (Ver-   **129**

---

[141] Siehe auch näher Rz. 145 ff.
[142] Siehe dazu auch näher § 13 Rz. 700 ff.

mögensverwaltung) und gewerblichem Grundstückshandel (Gewerbebetrieb) nach der so genannten Drei-Objekt-Theorie bzw. Drei-Objekt-Grenze.

130 Zu den Einkünften aus Gewerbebetrieb zählen auch die Gewinne aus der Veräußerung oder der Aufgabe eines ganzen Gewerbebetriebs, eines Teilbetriebs oder eines gesamten Mitunternehmeranteils (§ 16 EStG). § 16 EStG erweitert nicht den Umfang der steuerlich zu erfassenden Vorgänge. Vielmehr wird der Zweck verfolgt, die genannten Veräußerungsgewinne von den „normalen" Einkünften iSd. § 15 EStG zu trennen und einer begünstigten Besteuerung zuzuführen (Freibetrag nach § 16 Abs. 4 EStG sowie besondere Tarifvorschrift des § 34 EStG).[143]

131 Nach § 17 EStG gelten auch die Gewinne aus der Veräußerung von Anteilen an einer Kapitalgesellschaft als Einkünfte aus Gewerbebetrieb, wenn der Veräußerer (zu einem Zeitpunkt) innerhalb der letzten fünf Jahre am Kapital der Gesellschaft unmittelbar oder mittelbar zu mindestens 1 % beteiligt war. Erfasst werden nur Beteiligungen im Privatvermögen. § 17 Abs. 3 EStG sieht einen Freibetrag vor. Darüber hinaus ist zu berücksichtigen, dass die Besteuerung im Rahmen des § 17 EStG nach dem Halbeinkünfteverfahren (bzw. ab 1.1.2009: Teileinkünfteverfahren) erfolgt (§ 3 Nr. 40 lit. c) EStG). Eine Tarifbegünstigung nach § 34 EStG wird hier nicht gewährt, da eine doppelte Begünstigung sowohl durch das Halb- bzw. Teileinkünfteverfahren als auch durch die Anwendung des § 34 EStG vermieden werden soll.

c) Einkünfte aus Kapitalvermögen

132 Die Einkünfte aus Kapitalvermögen sind in § 20 EStG geregelt. Es geht grds.[144] um die Erfassung von Einnahmen, welche sämtlich Früchte aus der Anlage von Geldkapitalvermögen sind, um Zinsen und zinsähnliche Erträge sowie Dividenden und dividendenähnliche Erträge.

133 Bei den als Dividenden und dividendenähnlichen Erträgen bezeichneten Einnahmen handelt es sich allgemein um Leistungen von (körperschaftsteuerpflichtigen) Kapitalgesellschaften etc. iSd. § 1 Abs. 1 Nr. 1 KStG (vor allem Ausschüttungen), neben diesen Leistungen oder an deren Stelle gewährte Entgelte oder Vorteile sowie Erträge aus der Abtretung oder Veräußerung von Ansprüchen durch den Inhaber des Stammrechts (z. B. Aktie), wenn das Stammrecht nicht mitveräußert wird. Erfasst sind offen an die Anteilseigner ausgeschüttete Gewinnanteile (Dividenden) ebenso wie verdeckte Gewinnausschüttungen (§ 20 Abs. 1 Nr. 1 EStG). Zu den Erträgen aus der Beteiligung an einer Kapitalgesellschaft gehören auch solche Bezüge, die nach der Auflösung (Liquidation) einer Kapitalgesellschaft anfallen und nicht in der Rückzahlung von Nennkapital oder Einlagenkonto bestehen, sowie Bezüge, die auf Grund einer Kapitalherabsetzung oder nach der Auflösung der Gesellschaft anfallen und die als Gewinnausschüttung iSd. § 28 Abs. 2 S. 2 KStG gelten (§ 20 Abs. 1 Nr. 2 EStG); dies ist der Anteil des gezeichneten Kapitals bzw. des Nennkapitals, der (i.R. einer handelsrechtlichen Kapitalerhöhung aus Gesellschaftsmitteln) durch Umwandlung von thesaurierten Gewinnen entstanden ist (und nicht zwischenzeitlich durch Umbuchungen vom Einlagenkonto ausgeglichen worden) ist.

---

[143] § 34 EStG sieht unter bestimmten Voraussetzungen zum einen die Möglichkeit der Besteuerung mit 56 % des durchschnittlichen Steuersatzes (Abs. 3) sowie zum anderen die sog. Fünftelungsregelung (Abs. 1) vor. S. Rz. 183 ff.

[144] Siehe nun aber auch die w. u. erläuterte Ausweitung durch die Abgeltungssteuer (Rz. 138, 198 ff.).

B. Einkommensteuerrecht (relevante Ausschnitte)   134–137   § 12

Dividenden oder Kapitalrückzahlungen sind grds. keine Einnahmen aus Ka- **134**
pitalvermögen, soweit sie aus Ausschüttungen einer Körperschaft stammen, für
die Beträge aus dem steuerlichen Einlagekonto iSd. § 27 KStG als verwendet
gelten (§ 20 Abs. 1 Nr. 1 S. 3 EStG). Auf dem steuerlichen Einlagekonto iSd.
§ 27 KStG werden nicht in das Nennkapital geleistete Einlagen der Gesellschafter verbucht. Die Rückgewähr von Einlagen ist jedoch keineswegs unbeachtlich für die Einkommensbesteuerung; vielmehr kann in diesem Fall z. B.
§ 17 Abs. 4 EStG einschlägig sein. Außerdem ist ggf. ab 1. 1. 2009 die Abgeltungssteuer zu beachten (s. Rz. 138, 198 ff.).

Im Rahmen des Halbeinkünfteverfahrens wurden die Ausschüttungen etc. **135**
nur zur Hälfte den steuerpflichtigen Einnahmen aus Kapitalvermögen zugerechnet; die andere Hälfte wurde steuerfrei gestellt (§ 3 Nr. 40 S. 1 lit. d) EStG).[145]
Entsprechend waren die Werbungskosten, die mit den Einnahmen in wirtschaftlichem Zusammenhang stehen, nur zur Hälfte abziehbar, und zwar unabhängig
davon, in welchem Veranlagungszeitraum die Einnahmen anfielen (§ 3c Abs. 2
S. 1 EStG). Ab 1. 1. 2009 ist das Halbeinkünfteverfahren für private Dividendeneinnahmen durch die Abgeltungssteuer ersetzt worden[146] (s. Rz. 138, 198 ff.).

Zu den Zinsen und zinsähnlichen Erträgen zählen neben Erträgen aus (ty- **136**
pisch) stillen Beteiligungen und partiarischen Darlehen (§ 20 Abs. 1 Nr. 4
EStG)[147] vor allem Zinsen aus (anderen) Kapitalanlagen aller Art, bei denen die
Hingabe von Kapital nicht mit Gesellschaftsrechten verbunden ist, wie z. B.
Zinsen aus Hypotheken und Grundschulden (§ 20 Abs. 1 Nr. 5 EStG), Erträge
aus Lebensversicherungen in Kapitalauszahlungsfällen (§ 20 Abs. 1 Nr. 6 EStG)
oder Diskontbeträge (§ 20 Abs. 1 Nr. 8 EStG). § 20 Abs. 1 Nr. 7 EStG erfasst als
Auffangvorschrift Zinsen bzw. Erträge aus sonstigen Kapitalforderungen jeder
Art unabhängig von der Bezeichnung oder zivilrechtlichen Ausgestaltung der
Kapitalanlage, wenn die Rückzahlung des Kapitalvermögens oder ein Entgelt
für die Überlassung des Kapitalvermögens zur Nutzung zugesagt oder gewährt
worden ist, auch wenn die Höhe des Entgelts von einem ungewissen Ereignis
abhängt. Auch bei Zinsen und zinsähnlichen Erträgen wurde bisher grds. nur
die Vergütung für die Hingabe von Kapital besteuert. Veräußerungsgewinne,
wie z. B. der Tilgungsgewinn bei Erwerb einer Bundesanleihe unter ihrem
Nennwert bzw. Rückzahlungsbetrag waren daher bisher (zur Abgeltungssteuer
ab 1. 1. 2009 s. aber Rz. 138, 198 ff.) grundsätzlich nicht zu erfassen. Soweit allerdings Erträge auf dem Umweg über die Veräußerung von Ertragsanrechten
erzielt wurden, z. B. im Fall von Einnahmen aus der Veräußerung oder Abtretung von Zinsscheinen oder in Rechnung gestellter Stückzinsen, stellten diese
Erträge ebenso Einkünfte aus Kapitalvermögen dar (vgl. § 20 Abs. 2 S. 1 Nr. 1,
Nr. 2 lit. b), Nr. 3, Nr. 4 sowie Abs. 2 S. 2 und 3 EStG a. F.).

Zinsen und zinsähnliche Erträge unterlagen nicht dem Halbeinkünfte- **137**
verfahren, d. h. die (steuerpflichtigen) Einnahmen waren bis zum 31. 12. 2008

---

[145] Voraussetzung für die Anwendung des Halbeinkünfteverfahrens bei vGA war
allerdings, dass diese das Einkommen der leistenden Körperschaft nicht gemindert
haben (§ 3 Nr. 40 lit. d) Satz 2 EStG, sog. Korrespondenzprinzip).
[146] Es ist unklar, ob das in Fn. 145 erläuterte Korrespondenzprinzip bei der vGA auch
bei der Abgeltungssteuer gilt.
[147] Bei Erträgen aus stillen Beteiligungen und partiarischen Darlehen ist zu beachten,
dass diese nur dann Einkünfte aus Kapitalvermögen darstellen, wenn der stille Gesellschafter oder Darlehensgeber nicht als Mitunternehmer anzusehen ist und dementsprechend keine Einkünfte aus Gewerbebetrieb hat.

§ 12   138, 139   Laufende Besteuerung

in voller Höhe anzusetzen, und die entsprechenden Werbungskosten konnten ebenso in voller Höhe abgezogen werden[148,149] Nun gilt auch für privat vereinnahmte Zinsen die neue Abgeltungssteuer.

138 Mit Wirkung zum 1.1.2009 hat der Gesetzgeber die sog. Abgeltungssteuer eingeführt, die alle Kapitalerträge iSd. § 20 EStG eines Privatanlegers pauschal mit 25 % Einkommensteuer (zzgl. Solidaritätszuschlag und ggf. KiSt) belastet. Dabei erstreckt sich die Besteuerung nicht nur auf die laufenden Einnahmen (bspw. Zinsen und Dividenden), sondern auch auf etwaige private Veräußerungsgewinne betr. Kapitalanlagen (insbes. aus Wertpapiergeschäften). Die Regelungen des Halbeinkünfteverfahrens (§§ 3 Nr. 40, 3c Abs. 2 EStG) und die Behandlung von Wertpapiergeschäften im Rahmen der privaten Veräußerungsgeschäfte (§ 22 Nr. 2 i.V.m. § 23 EStG; dazu Rz. 139 f.) waren nur noch bis zum 31.12.2008 anwendbar. Ferner sind Werbungskosten zur Refinanzierung der Titel, die obige Einnahmen vermitteln, nicht mehr in voller Höhe abzugsfähig. Ab 1.1.2009 wird nur noch der Sparerpauschbetrag gewährt, der etwaige korrespondierende Aufwendungen des Steuerpflichtigen im Zusammenhang mit der Einnahmeerzielung pauschal berücksichtigt (§ 20 Abs. 9 EStG). Selbst bei Überschreiten des Sparerpauschbetrags sind tatsächlich entstandene Werbungskosten damit insoweit nicht mehr abzugsfähig. Für Veräußerungen von Kapitalgesellschaftsanteilen, an denen der Privatanleger zu mindestens 1 % beteiligt ist, gelten die Regelungen des § 17 EStG unverändert. S. auch näher Rz. 198 ff.

d) Einkünfte aus der Veräußerung von Privatvermögen

139 Die Verwertung von Privatvermögen, also solchem Vermögen, das entweder im Rahmen einer Überschusseinkunftsart zum Einsatz kommt oder mit keiner Einkunftsart zusammenhängt, ist außerhalb der Abgeltungssteuer ab 1.1.2009 (s. dazu Rz. 198 ff.) grundsätzlich steuerlich irrelevant (betrifft sowohl Gewinne als auch Verluste). Eine Ausnahme gilt für private Veräußerungsgeschäfte (§ 23 Abs. 1 EStG), bei denen ein bestimmter Zeitraum zwischen Anschaffung und Veräußerung nicht überschritten wird.[150] Dieser Zeitraum beträgt bei Grundstücken und grundstücksgleichen Rechten zehn Jahre, es sei denn, das Wirtschaftsgut wurde im Zeitraum zwischen Anschaffung oder Fertigstellung und Veräußerung oder im Jahr der Veräußerung und den beiden vorangegangenen Jahren zu eigenen Wohnzwecken genutzt. Bei anderen Wirtschaftsgütern beträgt die Frist ein Jahr; insoweit greift nun ab 1.1.2009 meist die Abgeltungssteuer. Darüber hinaus gelten als private Veräußerungsgeschäfte solche Veräußerungen, bei denen die Veräußerung früher erfolgt als der Erwerb: Maßgebend ist das Verpflichtungsgeschäft.

---

[148] Gem. § 9a Satz 1 Nr. 2 EStG war ein Werbungskosten-Pauschbetrag anzusetzen, wenn nicht höhere Werbungskosten nachgewiesen und soweit die Einkünfte durch den Pauschbetrag nicht negativ wurden. Darüber hinaus gewährte § 20 Abs. 4 EStG einen Sparer-Freibetrag, soweit der Abzug nicht zu negativen Einkünften führte.

[149] Auf Grund des Halbeinkünfteverfahrens konnten sich ggf. bzgl. des Abzugs von Werbungskosten Abgrenzungs- bzw. Aufteilungsprobleme ergeben, zB wenn Zins- und Dividendenpapiere nebeneinander in einem Wertpapierdepot unterhalten wurden. Da unter Kapitalvermögen jede einzelne Kapitalanlage zu verstehen ist, waren die Werbungskosten nach ihrer jeweiligen Veranlassung der einzelnen Kapitalanlage zuzuordnen.

[150] Zu § 17 EStG s. überdies bereits Rz. 131.

B. Einkommensteuerrecht (relevante Ausschnitte) 140–144 § 12

Verluste aus privaten Veräußerungsgeschäften können nur mit Gewinnen **140**
aus privaten Veräußerungsgeschäften des gleichen Kalenderjahrs ausgeglichen
werden; ein Verlustabzug nach Maßgabe des § 10d EStG kommt für sie nur
insoweit in Betracht, als die Verluste im Abzugsjahr Gewinne aus privaten Veräußerungsgeschäften mindern.[151] Der Besteuerung unterliegt der Saldo aus
Veräußerungsgewinnen und -verlusten eines Kalenderjahrs unter Berücksichtigung der geringfügigen Freigrenze des § 23 Abs. 3 S. 5 EStG.
Zur Abgeltungsteuer ab 1.1. 2009 s. w.u. Rz. 198 ff. **141**

4. Verlustverrechnung

Verluste bzw. negative Einkünfte aus einer Einkunftsquelle sind im Zuge der **142**
Ermittlung der Summe der Einkünfte grds. (unbeschränkt) mit positiven Einkünften weiterer Einkunftsquellen verrechenbar (Verlustausgleich).

Wenn die negativen Einkünfte nicht (vollumfänglich) innerhalb eines VZ **143**
verrechnet werden können, ist ein periodenübergreifender Verlustabzug möglich. Hierbei können die negativen Einkünfte zunächst nach § 10d Abs. 1 EStG
bis zu € 511.500 (bei zusammenveranlagten Ehegatten bis zu € 1.023.000) in den
vorangegangenen VZ zurückgetragen und vom Gesamtbetrag der Einkünfte
gekürzt werden (Verlustrücktrag). Im Übrigen wird der Verlust zeitlich und
betragsmäßig unbegrenzt in die folgenden VZ vorgetragen und dort von dem
jeweiligen Gesamtbetrag der Einkünfte gekürzt (Verlustvortrag). Dabei ist
allerdings die Kürzung durch § 10d Abs. 2 S. 1 EStG eingeschränkt. Danach darf
der (positive) Gesamtbetrag der Einkünfte nur bis zum Betrag von 1 Mio. € in
voller Höhe durch die Verrechnung mit dem Verlustvortrag gemindert werden,
der übersteigende Gesamtbetrag der Einkünfte hingegen nur zu 60 %. Mithin
kann es auch dann zu einer Nichtverrechenbarkeit von Verlusten im betreffenden VZ kommen, wenn zwar grundsätzlich ein Verlustvortrag erreichener
bzw. übersteigender Gesamtbetrag der Einkünfte zur Verfügung steht, der Verlustvortrag jedoch betragsmäßig größer ist als 1 Mio. € zzgl. 60 % des 1 Mio. €
übersteigenden Gesamtbetrags der Einkünfte (sog. Mindestbesteuerung).

Die beschriebene Vorgehensweise der inner- und interperiodischen Verlust- **144**
verrechnung gilt grundsätzlich für sämtliche Einkünfte bzw. sämtliche Einkunftsarten. In einigen Fällen schränkt das EStG jedoch ausdrücklich die Verlustverrechnungsmöglichkeit (weiter) ein. Dies betrifft z. B.:
- Verluste aus bestimmten Auslandsengagements (so sind gem. § 2a Abs. 1 und 2 EStG bestimmte Nicht-EU-Auslandsverluste nur mit positiven ausländischen Einkünften der jeweils selben Art aus demselben Staat verrechenbar);
- Verluste aus gewerblicher Tierzucht oder gewerblicher Tierhaltung (§ 15 Abs. 4 S. 1 EStG);
- Verluste aus bestimmten Termingeschäften (§ 15 Abs. 4 S. 3–5 EStG); ausgenommen sind Termingeschäfte, die der Absicherung von Geschäften des gewöhnlichen Geschäftsbetriebs dienen (weil das Termingeschäft und das Grundgeschäft eine wirtschaftliche Einheit bilden), sowie die zum gewöhnlichen Geschäftsbetrieb der Kreditinstitute und Finanzdienstleister gehörenden Termingeschäfte; davon besteht wiederum insoweit eine Rückausnahme, wie es sich um Geschäfte zur Absicherung von Aktiengeschäften handelt, bei

---

[151] Zu einer besonderen Berücksichtigungsmöglichkeit von Verlustvorträgen gem. § 23 EStG iRd. Abgeltungsteuer s. Rz. 205.

denen der Veräußerungsgewinn im Rahmen des Halb- bzw. Teileinkünfteverfahrens teilweise (oder zu 95 % im Bereich des KStG) steuerfrei bleibt;[152]
- Verluste aus (typisch oder atypisch) stillen Gesellschaften, Unterbeteiligungen oder sonstigen Innengesellschaften an Kapitalgesellschaften, soweit sie nicht auf eine natürliche Person als Gesellschafter oder Beteiligten entfallen (§ 15 Abs. 4 S. 6–8 EStG ggf. i.V.m. § 20 Abs. 1 Nr. 4 EStG);[153]
- Verluste bei beschränkter Haftung (§ 15a Abs. 1 ggf. i.V.m. §§ 13 Abs. 7, 18 Abs. 4 S. 2, 20 Abs. 1 Nr. 4 S. 2, 21 Abs. 1 S. 2 EStG); auch hier ist nur eine Verrechnung mit Gewinnen in späteren Wirtschaftjahren vorzunehmen, jedoch allein mit Gewinnen aus der jeweiligen Beteiligung an der Kommanditgesellschaft; eine Verrechnung mit Gewinnen aus anderen Engagements mit beschränkter Haftung ist nicht möglich (s. auch näher Rz. 163 ff.);[154]
- Verluste im Zusammenhang mit Steuerstundungsmodellen (§ 15b ggf. i.V.m. §§ 13 Abs. 7, 18 Abs. 4 S. 2, 20 Abs. 1 Nr. 4 S. 2, 21 Abs. 1 S. 2, 22 Nr. 1 S. 1 EStG);[155]
- Verluste aus der Veräußerung von Anteilen an Kapitalgesellschaften iSd. § 17 EStG, wenn bestimmte Voraussetzungen nicht vorliegen (§ 17 Abs. 2 S. 6 EStG);
- Verluste aus privaten Veräußerungsgeschäften (§ 23 Abs. 3 S. 7 ff. EStG; zur Behandlung von Verlusten i.R.d. Abgeltungssteuer s. w.u. Rz. 204).

5. Besonderheiten bei Mitunternehmerschaften

a) Grundsätze

145 Steuerpflichtiger ist bei der Einkommensteuer immer die einzelne natürliche Person. Dies gilt auch, wenn sich mehrere Personen zu einer gemeinsam wirtschaftenden Personengruppe zusammenschließen (zB in einer Personengesellschaft). Steuersubjekt ist dann nicht die Gesellschaft als solche, sondern jeder Gesellschafter. Da aber die Besteuerungsgrundlagen aus Praktikabilitätsgründen bei der Personengesellschaft ermittelt werden (müssen), müssen sie auf die einzelnen Steuersubjekte aufgeteilt werden (gem. §§ 179, 180 AO erfolgt deshalb eine sog. einheitliche und gesonderte Feststellung der gemeinsam erwirtschafteten Besteuerungsgrundlagen).

b) Einkunftsartenbestimmung

146 Für die Einkunftsartenbestimmung und die Einkünfteermittlung kommt der Personengesellschaft eine beschränkte Steuerrechtsfähigkeit (sog. Teilrechtsfähigkeit) zu. Danach sind die Einkünfte von Gesellschaftern einer Personengesellschaft zweistufig zu ermitteln und ist die Einkunftsart in einer zweistufigen Prüfung zu bestimmen. Auf der ersten Stufe bzw. Vorstufe ist zu prüfen, welche Gewinne oder Überschüsse die Personengesellschaft erzielt hat

---

[152] Die Verlustverrechnung soll bei Kreditinstituten und Finanzdienstleistern insoweit nur zwischen den voll steuerpflichtigen Aktiengeschäften des kurzfristigen Eigenhandels (vgl. § 3 Nr. 40 Satz 3 EStG) und den mit diesen Geschäften zusammenhängenden Termingeschäften möglich sein; d. h. ausgeschlossen werden sollen Gestaltungen, Verluste aus Sicherungsgeschäften steuerlich geltend zu machen, während Gewinne aus Grundgeschäften mit Aktien hälftig (oder voll) steuerfrei bleiben.
[153] Siehe auch ab 1. 1. 2009 zur Abgeltungssteuer Rz. 204.
[154] Siehe auch ab 1. 1. 2009 zur Abgeltungssteuer Rz. 204.
[155] Siehe auch § 20 Abs. 2 b EStG a.F. sowie ab 1. 1. 2009 zur Abgeltungssteuer Rz. 204.

B. Einkommensteuerrecht (relevante Ausschnitte) 147–150 § 12

und welcher Einkunftsart die gemeinsame Betätigung zuzuordnen ist. Danach werden die Einkünfte den einzelnen Gesellschaftern zugerechnet, wobei die Frage nach der Qualifikation der Einkünfte bei den Gesellschaftern erneut zu stellen ist.[156]

Zunächst bestimmt also die Tätigkeit der Personengesellschaft die einschlägige Einkunftsart. Zu prüfen ist das Vorliegen einer gewerblichen Tätigkeit auf der Ebene der Personengesellschaft.[157] Die Einkünftequalifikation erfolgt grds. nach den auch für natürliche Personen relevanten Kriterien (s. Rz. 124 ff.). Allerdings gibt es auch Besonderheiten. **147**

So gilt nach § 15 Abs. 3 Nr. 1 EStG eine mit Einkünfteerzielungsabsicht ausgeübte Tätigkeit einer OHG, KG oder einer anderen Personengesellschaft in vollem Umfang als Gewerbebetrieb, wenn die Gesellschaft auch eine gewerbliche Tätigkeit ausübt oder gewerbliche Einkünfte aus der Beteiligung an einer anderen Mitunternehmerschaft bezieht. Auch eine geringfügige gewerbliche Tätigkeit infiziert die übrigen nichtgewerblichen Einkünfte gewerblich (Abfärbe- oder Infektionstheorie; nur ein äußerst geringer Anteil bzw. eine besonders geringfügige gewerbliche Betätigung soll keine Abfärbewirkung haben). **148**

Daneben gilt die (mit Einkünfteerzielungsabsicht ausgeübte) Tätigkeit einer Personengesellschaft in vollem Umfang als Gewerbebetrieb, wenn die Voraussetzungen des § 15 Abs. 3 Nr. 2 EStG vorliegen (sog. gewerblich geprägte Personengesellschaft). Eine gewerblich geprägte Personengesellschaft übt gar keine (oder nur eine besonders geringfügige) gewerbliche Tätigkeit aus, sondern eine Tätigkeit zB im Bereich der Vermögensverwaltung. Wenn jedoch bei einer solchen Personengesellschaft ausschließlich eine oder mehrere Kapitalgesellschaften (oder gewerblich geprägte Personengesellschaften[158]) persönlich haftende Gesellschafter sind und nur diese oder Personen, die nicht Gesellschafter sind, zur Geschäftsführung befugt sind, liegen stets gewerbliche Einkünfte vor. Typische Form einer gewerblich geprägten Personengesellschaft ist die typische GmbH & Co. KG. Durch die variable Ausgestaltung von persönlicher Haftung und Geschäftsführungsbefugnis besteht praktisch ein Wahlrecht von nicht gewerblich tätigen Personengesellschaften zum Eintritt in die gewerbliche Prägung. **149**

Mitunternehmer kann grundsätzlich nur sein, wer zivilrechtlich Gesellschafter einer Personengesellschaft ist. In Ausnahmefällen reicht auch eine einem Gesellschafter einer Personengesellschaft wirtschaftlich vergleichbare Stellung aus, zB als Beteiligter an einer Erbengemeinschaft oder als Beteiligter einer „fehlerhaften Gesellschaft" iSd. Zivilrechts. Ausreichend für ein Gesellschaftsverhältnis ist auch das Vorliegen einer Innengesellschaft, d. h. einer Gesellschaft, die nicht (in dieser Form) nach außen auftritt (wie etwa die stille Gesellschaft; s. Rz. 169). **150**

---

[156] So kann es zB sein, dass eine Personengesellschaft lediglich eine vermögensverwaltende Tätigkeit ausübt, jedoch einem Gesellschafter Einkünfte aus Gewerbebetrieb zuzurechnen sind, weil er kraft Rechtsform oder wegen der Zugehörigkeit des Gesellschaftsanteils zu einem eigenen Gewerbebetrieb gewerbliche Einkünfte erzielt (Zebragesellschaft).
[157] Eine Mitunternehmerschaft kann auch mit juristischen Personen (zB GmbH & Co. KG) oder nur aus juristischen Personen bestehen.
[158] § 15 Abs. 3 Nr. 2 Satz 2 EStG stellt die gewerblich geprägte Personengesellschaft insoweit der Kapitalgesellschaft gleich (doppel- oder mehrstöckige gewerblich geprägte Personengesellschaft).

151 Außerdem muss der Gesellschafter, um gewerbliche Einkünfte zu erzielen, die Möglichkeit zur Wahrnehmung von Unternehmerfunktionen haben. Dies macht sich zum einen im Mitunternehmerrisiko und zum anderen in der Mitunternehmerinitiative fest. Beide Merkmale müssen grundsätzlich nebeneinander vorliegen. Sie können sich jedoch teilweise substituieren, sodass eine geringe Erfüllung eines Merkmals durch eine besonders ausgeprägte Erfüllung des anderen Merkmals ausgeglichen werden kann.

152 Mitunternehmerrisiko bedeutet, dass der Gesellschafter am Erfolg und Misserfolg des Unternehmens teilhat. Dies drückt sich in einer Beteiligung am Gewinn und Verlust des Unternehmens sowie an den stillen Reserven einschließlich eines etwaigen Geschäfts- oder Firmenwerts aus. Mitunternehmerinitiative kann derjenige entfalten, der das Recht zur Teilhabe an unternehmerischen Entscheidungen hat (durch Mitwirkung oder durch Verweigerung der Zustimmung). Mitunternehmerinitiative wird bereits dann angenommen, wenn ein Gesellschafter nach dem Gesellschaftsvertrag und tatsächlich annähernd die Stimm-, Kontroll- und Widerspruchsrechte hat, die nach dem Regelstatut des HGB (§§ 161 ff. HGB) einem Kommanditisten zustehen.

153 Gem. § 15 Abs. 1 S. 1 Nr. 2 S. 2 EStG steht der mittelbar über eine oder mehrere Personengesellschaften beteiligte Gesellschafter dem unmittelbar beteiligten Gesellschafter gleich. Er ist als Mitunternehmer des Betriebs der Personengesellschaft anzusehen, an der er mittelbar beteiligt ist. Voraussetzung dafür ist, dass er Mitunternehmer der Obergesellschaft und die Obergesellschaft als Mitunternehmer der Untergesellschaft anzusehen ist (doppelstöckige Personengesellschaft) bzw. dass er und die Personengesellschaften, die seine Beteiligung vermitteln, jeweils als Mitunternehmer des Betriebs der Personengesellschaft anzusehen sind, an denen sie unmittelbar beteiligt sind (mehrstöckige Personengesellschaft).

c) Einkünfteermittlung

154 Zu den gewerblichen Einkünften aus der Mitunternehmerschaft gehören alle Einkünfte, die ein Mitunternehmer aus diesem Verhältnis erzielt. Gemäß § 15 Abs. 1 S. 1 Nr. 2 EStG zählen hierzu nicht nur der Gewinnanteil, sondern auch Vergütungen, die ein Gesellschafter aus Leistungsbeziehungen (Tätigkeit im Dienst der Gesellschaft und Überlassung von Darlehen und Wirtschaftsgütern) zwischen ihm und der Gesellschaft erhält.[159]

155 Hauptbestandteil der aus der Beteiligung an der Mitunternehmerschaft resultierenden Einkünfte ist der dem Gesellschafter – entsprechend dem im Gesellschaftsvertrag festgelegten Gewinnverteilungsschlüssel – zustehende (Anteil am) Gewinn bzw. Verlust iSd. auf der Ebene der Gesellschaft ermittelten Ergebnisses. Das Ergebnis der Gesellschaft wird aus der Handelsbilanz unter Berücksichtigung der steuerlichen Gewinnermittlungsvorschriften ermittelt. Die Handels- und Steuerbilanz der Gesellschaft umfasst das Gesamthands-

---

[159] Mit der Zuweisung der (Sonder-)Vergütungen des § 15 Abs. 1 S. 1 Nr. 2 EStG zu den gewerblichen Einkünften wird das Ziel verfolgt, Sondervergütungen und Gewinnverteilungsabreden steuerlich gleich zu behandeln, dh. für die Gesellschafter ist es grds. steuerlich ohne Bedeutung, ob sie sich ihre Leistungen an die Gesellschaft auf Grund eigenständiger schuldrechtlicher Beziehungen oder als Gewinnvorab entgelten lassen; im Rahmen der Anwendung des § 15a EStG kommt der Differenzierung jedoch Bedeutung zu (s. Rz. 163 ff.).

vermögen der Gesellschaft. Bei der Gewinnermittlung auf Gesellschaftsebene werden die Vertragsbeziehungen zwischen Gesellschaft und Gesellschaftern anerkannt. Der sich nach dem Gewinnverteilungsschlüssel ergebende Anteil der Gesellschafter am Gesellschaftsergebnis wird diesen dann einzeln zugerechnet. Die Zurechnung des Gewinns zum Mitunternehmer im Gewinnentstehungsjahr ist unabhängig davon, ob er (von dem Gesellschafter) entnommen oder thesauriert wird.[160]

Sog. steuerliche Ergänzungsbilanzen sind ebenfalls der ersten Stufe der Gewinnermittlung zuzuordnen. Ergänzungsbilanzen enthalten Wertkorrekturen zu den Ansätzen in der Steuerbilanz der Personengesellschaft, die einzelne Gesellschafter betreffen. Wichtigster Anwendungsfall für die Erstellung von Ergänzungsbilanzen ist der Gesellschafterwechsel wegen der bei dieser Gelegenheit durch den neuen Gesellschafter im Vergleich mit seinem Kapitalkonto bezahlten Mehr- oder Minderwerte.[161] Die Ergänzungsbilanz ist um eine Ergänzungs-GuV zu erweitern. Beide sind in den Folgeperioden weiterzuentwickeln. Dadurch ergeben sich in den Folgeperioden idR vor allem Abschreibungen auf die Mehrwerte, die zu Aufwand in der Ergänzungs-GuV des eingetretenen Gesellschafters führen (grds. unter Zugrundelegung der gleichen Abschreibungsmethoden und der gleichen Restnutzungsdauer wie in der Gesamthandsbilanz).

Auf der zweiten Stufe werden die Vergütungen, die der einzelne Gesellschafter auf Grund schuldrechtlicher Beziehungen (zB aus Miet- oder Darlehensverträgen) von der Gesellschaft empfangen hat, dem Gewinnanteil hinzugerechnet[162] (sog. Sondervergütungen). Da Sondervergütungen bei den Mitunternehmern Bestandteil der Einkünfte aus der Mitunternehmerschaft sind, sind sie im Ergebnis bei der steuerlichen Gewinnermittlung nicht als Betriebsausgaben abzugsfähig. Sie sind bei der (steuerlichen) Gewinnverteilung den Empfängern wie Vorabgewinn zuzurechnen.[163] Sondervergütungen sind auch bei mittelbaren Mitunternehmern denkbar.[164]

---

[160] Allerdings kann unter bestimmten Voraussetzungen für nicht entnommene Gewinne eine Begünstigung nach § 34a EStG in Anspruch genommen werden. S. dazu Rz. 186 ff.

[161] Steuerlich erwirbt ein neu eintretender Gesellschafter keinen Anteil an der Gesellschaft, sondern einen Anteil am Gesamthandsvermögen, was im Kapitalkonto zum Ausdruck kommt. Regelmäßig zahlt der neue Gesellschafter einen Kaufpreis für seinen Anteil, der höher oder niedriger ist als das ihm zuerkannte Kapitalkonto. Dies rührt daher, dass in der Bilanz der Personengesellschaft stille Reserven (ggf. stille Lasten) sowie ein originärer Firmenwert nicht enthalten sind, diese jedoch vom Erwerber mit im Kaufpreis vergütet werden. Da der neue Gesellschafter das erworbene Betriebsvermögen mit seinen Anschaffungskosten bilanzieren muss, sind die Buchwerte des übernommenen anteiligen Betriebsvermögens bis zur Höhe des gezahlten Kaufpreises für die Beteiligung aufzustocken bzw. bei einem unter dem Kapitalkonto liegenden Kaufpreis entsprechend abzustocken. Die Auf- bzw. Abstockung der Buchwerte und die Bilanzierung des Mehr- oder Minderwertes erfolgen in der Ergänzungsbilanz. Eine Auf- oder Abstockung des Kapitalkontos in der Gesellschaftsbilanz würde zu einer unzutreffenden Darstellung des Beteiligungsverhältnisses bzw. der Anteile der Gesellschafter an den Wirtschaftsgütern und stillen Reserven des Gesamthandsvermögens führen.

[162] Letztlich dient dieses zweistufige Verfahren vor allem dazu, den Gewinn entsprechend den erbrachten Leistungen auf die Gesellschafter zu verteilen, was über den Gewinnverteilungsschlüssel allein nicht möglich ist.

[163] Sondervergütungen und Vorabgewinne sollen im Grundsatz gleich behandelt werden. Während jedoch Vorabgewinne den Steuerbilanzgewinn der Gesellschaft nicht

158 Erlangt der Mitunternehmer Erträge aus der Mitunternehmerschaft durch den Einsatz von Wirtschaftsgütern, ist für ihn eine Sonderbilanz zu erstellen. In der Sonderbilanz des einzelnen Mitunternehmers sind alle Wirtschaftsgüter zu erfassen, die im rechtlichen oder wirtschaftlichen Eigentum des Gesellschafters stehen und dem Betrieb der Personengesellschaft zu dienen geeignet und bestimmt sind (sog. SBV I) oder zur Begründung oder Stärkung der Beteiligung an der Personengesellschaft eingesetzt werden (sog. SBV II). Zum SBV I gehören vor allem solche Wirtschaftsgüter, die der Mitunternehmer der Gesellschaft zur Nutzung überlässt, zB ein Gebäude oder eine Lizenz (= positives SBV I); ebenso zum SBV I gehören die im Zusammenhang mit diesen Wirtschaftsgütern stehenden Verbindlichkeiten, zB Darlehen (= negatives SBV I). Als negatives SBV II ist insbesondere ein vom Gesellschafter aufgenommenes Darlehen zur Finanzierung seiner Einlage zu nennen. Zum positiven SBV II gehören zB die GmbH-Anteile eines Kommanditisten einer GmbH & Co. KG, da die GmbH-Anteile seiner Beteiligung an der KG dienen. Sonderbilanzen unterscheiden sich von der Gesamthandsbilanz und den Ergänzungsbilanzen dadurch, dass Letztere nur Wirtschaftsgüter enthalten, die im Eigentum der Personengesellschaft selbst stehen.[165]

159 Sonderbetriebseinnahmen sind alle in § 15 Abs. 1 S. 1 Nr. 2 EStG aufgeführten Sondervergütungen sowie Einnahmen, die mit Wirtschaftsgütern des Sonderbetriebsvermögens oder der Mitunternehmerstellung wirtschaftlich im Zusammenhang stehen. Sonderbetriebsausgaben sind alle Ausgaben, die wirtschaftlich durch die Beteiligung verursacht sind. Dabei werden im Rahmen eines Betriebsvermögensvergleichs auch Veräußerungsgewinne oder -verluste sowie Teilwertabschreibungen von Wirtschaftsgütern des Sonderbetriebsvermögens erfasst.

160 Die Steuerbilanz der Gesellschaft, die Ergänzungsbilanzen und die Sonderbilanzen der Gesellschafter können wie folgt zu einer umfassenden steuerlichen Gesamtbilanz zusammengefasst werden:

	Steuerbilanz der Gesellschaft (Gesamthandsbilanz)
+	Ergänzungsbilanzen
+	Sonderbilanzen I und II
=	steuerliche Gesamtbilanz der Mitunternehmerschaft

161 Der Gesamtgewinn der Mitunternehmerschaft setzt sich entsprechend wie folgt zusammen:

---

mindern, sind Sondervergütungen in der Steuerbilanz der Gesellschaft als Aufwand angesetzt worden und müssen daher zur Korrektur bei den Gesellschaftern zeit- und betragskonform als Ertrag angesetzt werden. Dies geschieht in den Sonderbilanzen bzw. Sonder-GuV der Gesellschafter.

[164] In diesem Fall sind die Sondervergütungen (bspw. Geschäftsführungsvergütungen), die die Untergesellschaft einem Gesellschafter der Obergesellschaft für unmittelbare Leistungen gewährt, beim mittelbar Beteiligten als Sonderbetriebseinnahmen zu erfassen und zählen damit zu seinen Einkünften aus Gewerbebetrieb.

[165] Unterhält ein Mitunternehmer auch einen eigenen Gewerbebetrieb, stellt sich die Frage, ob ein hieraus der Mitunternehmerschaft zur Nutzung überlassenes Wirtschaftsgut im Rahmen des Sonderbetriebsvermögens oder des eigenen Gewerbebetriebs zu erfassen ist. Nach Auffassung der Rspr. ist eine vorrangige Zuordnung zum Gewerbebetrieb der Gesellschaft respektive dem Sonderbetriebsvermögen vorzunehmen.

B. Einkommensteuerrecht (relevante Ausschnitte) 162–167 § 12

```
  Gewinn der Personengesellschaft gemäß der aus der Handelsbilanz abgeleiteten
  Steuerbilanz
+ Ergebnis etwaiger Ergänzungsbilanzen für einzelne Mitunternehmer
+ Sondervergütungen einzelner Mitunternehmer
+ sonstige Sonderbetriebseinnahmen einzelner Mitunternehmer
– Sonderbetriebsausgaben einzelner Mitunternehmer
= steuerlicher Gesamtgewinn/-verlust der Mitunternehmerschaft
```

Auf dieser Ermittlung fußend erfolgt die Gewinnverteilung auf die einzelnen Gesellschafter (Mitunternehmer). 162

d) § 15a EStG

Gem. § 15a EStG ist der Verlustausgleich und Verlustabzug mit anderen Einkünften (auch anderen gewerblichen Einkünften) des beschränkt haftenden Kommanditisten bzw. in den vergleichbaren Fällen des § 15a Abs. 5 EStG grundsätzlich auf den Haftungsbetrag beschränkt; weitergehende Verluste können nur mit späteren Gewinnen aus derselben Beteiligung verrechnet werden. Begründet wird diese Einschränkung damit, dass Verluste, die über den Haftungsbetrag hinausgehen, den Steuerpflichtigen im Jahr der Verlustentstehung weder rechtlich noch wirtschaftlich belasten; eine wirtschaftliche Belastung tritt nur dann ein, wenn und soweit spätere Gewinne entstehen. 163

Da der Kommanditist grds. nur mit seiner Einlage haftet, sind dem Kommanditisten zugerechnete Verluste somit grds. nur bis zur Höhe der Einlage, d. h. bis zur Höhe seines Kapitalkontos, in voller Höhe ausgleichsfähig und nach § 10d EStG abzugsfähig (ausgleichsfähige Verluste). Soweit der dem Kommanditisten zugerechnete Verlust dagegen über seine Einlage hinausgeht, d. h. soweit sein Kapitalkonto negativ wird, ist der Verlust weder ausgleichs- noch abzugsfähig. Solche Verluste werden ohne zeitliche Begrenzung mit Gewinnanteilen späterer Jahre aus der Beteiligung[166] verrechnet (verrechenbare Verluste). 164

Das Kapitalkonto eines Kommanditisten für Zwecke des § 15a EStG setzt sich zusammen aus seinem Kapitalkonto laut Steuerbilanz der Gesellschaft einschließlich seiner Ergänzungsbilanz, jedoch ohne seine Sonderbilanzen. 165

Der unter die Regelung des § 15a EStG fallende Verlustanteil des Kommanditisten umfasst entsprechend der Ermittlung des Kapitalkontos den Verlustanteil aus der Steuerbilanz der Gesellschaft saldiert mit dem Ergebnis der steuerlichen Ergänzungsbilanz. Demnach fallen Verluste aus Sonderbetriebsvermögen nicht unter die Verlustverrechnungsbeschränkung des § 15a EStG. Gewinne aus Sonderbetriebsvermögen werden entsprechend bei der Ermittlung des Verlustanteils nicht berücksichtigt. 166

Der Kommanditist kann einen ihm zugerechneten Verlust auch insoweit ausgleichen oder abziehen, als durch ihn ein negatives Kapitalkonto entsteht oder sich erhöht, soweit der Kommanditist am Bilanzstichtag den Gläubigern unmittelbar über seine geleistete Einlage hinaus haftet. Dies trifft insbesondere dann zu, wenn der Kommanditist eine geringere Einlage geleistet hat als die im Handelsregister eingetragene Hafteinlage (so genannte erweiterte Außenhaftung). In diesem Fall können die auf den Kommanditisten entfallenden Verluste bis zur Höhe des Betrages, um den die im Handelsregister eingetragene 167

---

[166] Dh. aus dem Gesellschaftsvermögen (einschließlich Ergänzungsbilanz), nicht dagegen mit Gewinnen aus dem Sonderbetriebsvermögen oder mit Sondervergütungen.

168 Einlage des Kommanditisten seine geleistete Einlage übersteigt, auch insoweit ausgeglichen oder abgezogen werden, als durch den Verlust ein negatives Kapitalkonto entsteht oder sich erhöht (§ 15a Abs. 1 S. 2 EStG).
Entnahmen (sowie Haftungsminderungen) können die sich aus dem Kapitalkonto und der erweiterten Haftung nach § 15a Abs. 1 S. 2 EStG ergebende Verlustverrechnungsgrundlage reduzieren. Falls darüber hinaus in den vergangenen Jahren Verluste vorgelegen haben und diese als ausgleichsfähig qualifiziert worden sind, kann eine Situation eintreten, in der rückblickend Verluste in einem die Haftungsgrundlage übersteigenden Maße ausgeglichen worden sind. Hier wäre lediglich ein verrechenbarer Verlust festzustellen gewesen. Zur Vermeidung der Inanspruchnahme der zunächst höheren Haftungsgrundlage und der anschließenden Reduzierung im Wege der Entnahme (oder Haftungsminderung) bestimmt § 15a Abs. 3 EStG daher, dass Einlage- und Haftungsminderungen, die die Haftungsgrundlage reduzieren, als Gewinne anzusehen sind, die in den letzten 10 Jahren (ausgleichsfähige) Verluste korrigieren. Diese Einlage- und Haftungsminderungen sind dabei als fiktiver laufender Gewinn des Jahres der Einlage- und Haftungsminderung zu versteuern; gleichzeitig wird der früher ausgleichs- oder abzugsfähige Verlust in einen verrechenbaren Verlust umgewandelt.[167]

e) Stille Gesellschaft

169 Eine stille Gesellschaft ist dann als Mitunternehmerschaft zu behandeln, wenn der stille Gesellschafter als Mitunternehmer anzusehen ist (sog. atypisch stille Gesellschaft). Ein atypisch stilles Gesellschaftsverhältnis liegt vor allem dann vor, wenn der stille Gesellschafter am Gewinn und Verlust sowie wirtschaftlich am Zuwachs des Vermögens einschließlich der stillen Reserven und eines Geschäftswerts beteiligt ist (Mitunternehmerrisiko) und er Mitunternehmerinitiative durch Ausübung von Kontrollrechten nach § 233 HGB entfalten kann.

170 In der Regel liegt dagegen nur ein typisch stilles Gesellschaftsverhältnis vor, wenn der Stille nur am laufenden Geschäftserfolg, nicht aber an den Wertveränderungen des Vermögens einschließlich stiller Reserven und eines Geschäftswerts beteiligt ist (bei der Auflösung des Gesellschaftsverhältnisses erhält der Stille nur seine Einlage in Höhe des Nominalbetrages zurück, also keinen Anteil an den Wertveränderungen des Vermögens). Da der Stille dann kein Mitunternehmerrisiko trägt, ist er (grundsätzlich) kein Mitunternehmer, sondern

---

[167] Umgekehrt führen Einlagen, die ein negatives Kapitalkonto ausgleichen oder vermindern und damit die Haftgrundlage erweitern, nicht dazu, dass in der Vergangenheit lediglich verrechenbare Verluste in ausgleichsfähige Verluste umgewandelt werden (Fall der nachgelagerten Einlage). Besonderheiten sind zudem im Falle von vorgezogenen Einlagen zu beachten. Dies sind Einlagen, die einem Verlustentstehungsjahr vorangehen. Werden diese Einlagen nicht bereits im Verlustentstehungsjahr verbraucht, führen sie in späteren Verlustjahren bis zu ihrem Verbrauch zu ausgleichsfähigen Verlusten. Nach dem Wortlaut des § 15a Abs. 1 Satz 1 EStG gilt dies allerdings nicht, wenn Einlagen zum Ausgleich eines negativen Kapitalkontos geleistet werden. Zwar sollte nach jüngerer BFH-Rspr. der Verbrauch der Einlage in diesen Fällen auch dann zu ausgleichsfähigen Verlusten führen, wenn durch den Verlust ein negatives Kapitalkonto entsteht oder sich erhöht. Der neue § 15 Abs. 1a EStG idF des JStG 2009 schließt dies indessen nun wieder aus.

B. Einkommensteuerrecht (relevante Ausschnitte)

erzielt aus der Beteiligung Einkünfte aus Kapitalvermögen iSd. § 20 Abs. 1 Nr. 4 EStG.[168] Unabhängig davon, ob es sich bei der stillen Gesellschaft um eine typisch oder um eine atypisch stille Gesellschaft handelt, wird in solchen Fällen, in denen eine Kapitalgesellschaft stiller Gesellschafter an einer Kapitalgesellschaft ist, die Verlustverrechnung nach § 15 Abs. 4 S. 6–8 EStG ggf. i.V.m. § 20 Abs. 1 Nr. 4 EStG eingeschränkt.[169]

f) Erbengemeinschaft

Die Erbengemeinschaft wird bis zu ihrer Auseinandersetzung als Bruchteilsgemeinschaft behandelt, soweit Überschusseinkünfte erzielt werden, bzw. als Mitunternehmerschaft, soweit Gewinneinkünfte erzielt werden. Die Einkünftequalifikation ist damit abhängig von der Vermögensstruktur des Nachlasses.

Laufende Überschuss- oder Gewinneinkünfte sind den Erben nach ihren Erbquoten zuzurechnen. Umfasst ein Nachlass neben einem Gewerbebetrieb auch ertragbringendes Privatvermögen, erzielen die Miterben nebeneinander Gewinn- und Überschusseinkünfte, die Abfärberegelung des § 15 Abs. 3 Nr. 1 EStG findet in diesem Fall keine Anwendung.

Beim Übergang von Betriebsvermögen werden die Erben unabhängig von der (ggf. nur sehr kurzen) Dauer des Bestehens der Erbengemeinschaft zu „geborenen" Mitunternehmern. Die „automatische" Mitunternehmerschaft tritt indessen nicht ein, wenn zum Nachlass ein Anteil an einer Personengesellschaft gehört und die im Gesellschaftsvertrag vereinbarte Nachfolgeklausel abweichende Bestimmungen enthält. Im Fall einer qualifizierten Nachfolgeklausel beispielsweise sind nur die qualifizierten Miterben als Mitunternehmer anzusehen. Da im Gegensatz zum Gesellschaftsanteil das Sonderbetriebsvermögen grds. auf die Erbengemeinschaft insgesamt übergeht, kommt es hier zur Problematik der anteiligen Entnahme von Sonderbetriebsvermögen, soweit dieses auf nicht qualifizierte Miterben entfällt, und ggf. zur Realisierung eines dem Erblasser zuzurechnenden Entnahmegewinns. Im Fall der Übertragung des gesamten Gewerbebetriebs durch ein Sachvermächtnis direkt auf einen Nachfolgeerben sind die zwischen Erbfall und Erfüllung des Vermächtnisses angefallenen Einkünfte ausschließlich dem Vermächtnisnehmer zuzurechnen.

Mit der Erbauseinandersetzung endet die Einkünfteerzielung der Erbengemeinschaft. Die laufenden Einkünfte können rückwirkend dem Miterben zugerechnet werden, der die Einkunftsquelle übernimmt, wenn innerhalb einer Frist von 6 Monaten ab dem Erbfall eine klare und rechtlich bindende Vereinbarung über die Auseinandersetzung vorliegt. Bei der Erbauseinandersetzung kommen die Regeln über die Realteilung von Mitunternehmerschaften und das Ausscheiden von Mitunternehmern zur Anwendung.[170] Um eine Realteilung handelt es sich dann, wenn die Erbengemeinschaft nicht durch Liquidation aufgelöst wird, sondern vielmehr eine Zuteilung der einzelnen

---

[168] Ausnahmsweise ist der Stille indessen auch dann ein atypisch stiller Gesellschafter, wenn ein nur schwach ausgeprägtes Mitunternehmerrisiko (keine Beteiligung an den stillen Reserven einschließlich Geschäftswert) durch eine besonders stark ausgebildete Mitunternehmerinitiative ausgeglichen wird.
[169] Für die typisch stille Beteiligung überdies ab 1.1. 2009 Hinweis auf die Abgeltungssteuer (s. Rz. 198 ff.).
[170] Zur Realteilung s. a. § 13 Rz. 412.

Vermögensgegenstände an die einzelnen Erben vorgenommen wird. Die Auseinandersetzung kann auch dergestalt erfolgen, dass Teilbetriebe oder Mitunternehmeranteile Gegenstand der Übertragung sind. Hingegen liegt eine Sachabfindung vor, wenn ein oder mehrere Erben gegen eine Abfindung, die aus Einzelwirtschaftsgütern besteht, aus der Erbengemeinschaft ausscheiden, und die anderen Erben diese weiterführen. Erfolgt eine reale Teilung des Nachlasses entsprechend den Erbquoten, ohne dass es zu Ausgleichszahlungen kommt, liegt ein vollständig unentgeltlicher Vorgang vor. Erlangt ein Miterbe jedoch mehr, als ihm nach seiner Erbquote zusteht, und leistet er für diesen Mehrerwerb Zahlungen oder Abfindungszahlungen an weichende Erben, liegt insoweit ein entgeltlicher Erwerb vor. Die Zahlungen führen beim übernehmenden Erben zu Anschaffungskosten und beim weichenden Erben zu einem Veräußerungsgewinn, dessen Steuerpflicht in Abhängigkeit von der Vermögensart zu beurteilen ist.

6. Betriebsaufspaltung

176 Eine Betriebsaufspaltung liegt bei kumulativer Erfüllung folgender Voraussetzungen vor:

177 Das Besitzpersonenunternehmen überlässt dem Betriebsunternehmen (einer Kapitalgesellschaft) mindestens ein Wirtschaftsgut zur Nutzung, das als eine (funktional) wesentliche Betriebsgrundlage des Betriebsunternehmens anzusehen ist.[171] Wesentliche Betriebsgrundlage ist ein Wirtschaftsgut, das nach dem Gesamtbild der wirtschaftlichen Verhältnisse zur Erreichung des Betriebszwecks erforderlich ist und ein für die Betriebsführung besonderes wirtschaftliches Gewicht besitzt.[172] Neben Grundstücken können dies vor allem auch Maschinen und immaterielle Wirtschaftsgüter (Patente, gewerbliche Schutzrechte, Kundenstamm, Geschäftswert) sein, nicht hingegen grds. Darlehensgewährungen oder bloße Dienstleistungen.

178 Eine Person oder eine Personengruppe muss sowohl das Besitzunternehmen als auch das Betriebsunternehmen in der Weise beherrschen, dass sie in beiden Unternehmen einen einheitlichen geschäftlichen Betätigungswillen entfalten kann. Ein einheitlicher geschäftlicher Betätigungswille liegt vor, wenn die Person oder die Personengruppe, die das Besitzunternehmen tatsächlich beherrscht, auch in der Betriebsgesellschaft ihren Willen durchsetzen kann. Davon ist grundsätzlich auszugehen bei Beteiligungsidentität. Beherrschungsidentität reicht jedoch in der Regel aus; sie liegt vor, wenn eine Person oder eine Personengruppe in beiden Unternehmen über die Mehrheit der Stimmrechte verfügt und die Beteiligungsverhältnisse nicht extrem konträr sind.[173] Beherrschungsidentität kann grds. auch über eine mittelbare Beteiligung her-

---

[171] Ob das Wirtschaftsgut für das Besitzunternehmen ebenfalls eine wesentliche Betriebsgrundlage darstellt, ist ohne Bedeutung.

[172] Von diesen funktional wesentlichen Betriebsgrundlagen sind die quantitativ wesentlichen Betriebsgrundlagen zu unterscheiden. Letztere sind funktional für den Betrieb nicht erforderlich, enthalten aber erhebliche (und insoweit wesentliche) stille Reserven und werden daher zB im Rahmen des § 16 EStG den funktional wesentlichen Betriebsgrundlagen gleichgestellt.

[173] So reicht ein Beteiligungsverhältnis innerhalb der beherrschenden Personengruppe von 45:44 und 55:45 aus, nicht möglich ist hingegen 95:5 und 5:95.

B. Einkommensteuerrecht (relevante Ausschnitte)

gestellt werden. Eine Zusammenrechnung von Ehegattenanteilen kommt grundsätzlich nicht in Betracht.[174]

Liegen die Voraussetzungen der im vorstehenden Sinne verstandenen sachlichen und personellen Verflechtung vor, so ist die primäre Rechtsfolge, dass die Gewerblichkeit des Betriebsunternehmens dem Besitzunternehmen zugerechnet wird, das Besitzunternehmen also trotz seiner eigentlich vermögensverwaltenden Tätigkeit gewerbliche Einkünfte erzielt. Damit sind die Miet- oder Pachtzinsen gewerbliche Einkünfte und die überlassenen Wirtschaftsgüter sind – ebenso wie die Beteiligung an dem Betriebsunternehmen – Betriebsvermögen. Es erzielen alle an der Besitzgesellschaft beteiligten Personen gewerbliche Einkünfte, auch wenn sie nicht am Betriebsunternehmen beteiligt sind. Zudem zählen Wirtschaftsgüter, die dem Betriebsunternehmen von Gesellschaftern der Besitzgesellschaft zur Nutzung überlassen werden, bei diesen zum Sonderbetriebsvermögen. Ebenso gehören Anteile am Betriebsunternehmen, die im Eigentum der Anteilseigner der Besitzgesellschaft stehen, zu deren Sonderbetriebsvermögen. Entsprechend stellen Ausschüttungen der Betriebskapitalgesellschaft (Sonder-)Betriebseinnahmen dar.

III. Einkommensteuertarif, besondere Steuersätze und Steuerermäßigungen

Grundsätzlich fließen sämtliche Einkünfte gleichwertig in das zu versteuernde Einkommen ein und werden mit einem einheitlichen Tarif besteuert (synthetischer Einkommensbegriff). Ausnahmen sind neben den außerordentlichen Einkünften (§ 34 EStG) auch „nicht entnommene Gewinne" (sog. Thesaurierungsoption iSd. § 34a EStG); für diese gelten besondere Tarifvorschriften. Außerdem sind wichtige Steuerermäßigungen – vor allem § 35 EStG – relevant.[175]

1. Einkommensteuertarif

Auf das zu versteuernde Einkommen ist der Einkommensteuertarif anzuwenden. Daraus resultiert die tarifliche Einkommensteuer.

Der Normaltarif gem. § 32a Abs. 1 EStG lässt sich (grob) in drei Teilbereiche unterteilen: In Höhe des Grundfreibetrags von € 7.834 bleibt das zu versteuernde Einkommen steuerfrei. Zu versteuernde Einkommen zwischen € 7.835 und € 52.151 unterliegen ansteigenden Steuersätzen. Ab einem Betrag von € 52.152 unterliegt das zu versteuernde Einkommen einem einheitlichen Steuersatz von 42 %, der für ein zu versteuerndes Einkommen von über € 250.400 nochmals auf 45 % angehoben wird. Um die geringere Belastung in den vorangehenden Stufen zu berücksichtigen, werden von dem Betrag von 45 % des zu versteuernden Einkommens € 15.576 abgezogen, sodass der tatsächliche Durchschnittssteuersatz niemals exakt 45 % erreicht.

---

[174] Diese Auffassung liefert die Grundlage des sog. Wiesbadener Modells, wonach keine Betriebsaufspaltung anzunehmen ist, wenn das Besitzunternehmen dem einen, das Betriebsunternehmen dem anderen Ehegatten gehört.
[175] Siehe überdies zur Abgeltungssteuer ab 1. 1. 2009 Rz. 198 ff.

2. Besonderer Steuersatz für außerordentliche Einkünfte

183 Zu unterscheiden sind folgende außerordentliche Einkünfte (§ 34 Abs. 2 EStG):
- Gewinne aus der Veräußerung oder Aufgabe von Betriebsvermögen i.S.v. § 16 EStG mit Ausnahme des steuerpflichtigen Teils der Veräußerungsgewinne, die nach dem Halb- bzw. Teileinkünfteverfahren (§ 3 Nr. 40 S. 1 lit. b) i.V.m. § 3c Abs. 2 EStG) teilweise steuerbefreit sind,[176]
- Entschädigungen iSd. § 24 Nr. 1 EStG,
- für einen Zeitraum von mehr als drei Jahren nachgezahlte Nutzungsvergütungen und Zinsen iSd. § 24 Nr. 3 EStG,
- Vergütungen für mehrjährige Tätigkeiten.

184 Soweit nach diesen Vorschriften außerordentliche Einkünfte vorliegen, wird die Steuer nach einem besonderen Verfahren errechnet. § 34 Abs. 1 EStG sieht hierzu grundsätzlich (von Amts wegen) die Anwendung der so genannten Fünftelungsregelung vor, bei der die außerordentlichen Einkünfte rechnerisch auf fünf Jahre verteilt werden. Für nicht dem Spitzensteuersatz unterliegende Einkünfte soll dadurch ein „Progressionssprung" durch den geballten Anfall von Einkünften in einem Kalenderjahr vermieden werden.[177]

185 Abweichend von der Fünftelungsregelung des § 34 Abs. 1 EStG kann der Steuerpflichtige für Gewinne aus Betriebsveräußerungen und -aufgaben (§ 34 Abs. 2 Nr. 1 EStG) ggf. einmal im Leben nach § 34 Abs. 3 EStG die Besteuerung mit einem ermäßigten Steuersatz beantragen. Es kann nur von Steuerpflichtigen in Anspruch genommen werden, die das 55. Lebensjahr vollendet haben oder im sozialversicherungsrechtlichen Sinne dauernd berufsunfähig sind. Die Anwendung des ermäßigten Steuersatzes ist nur für Gewinne bis 5 Mio. € möglich.[178] Der ermäßigte Steuersatz beträgt 56 % des durchschnittlichen Steuersatzes, der sich ergäbe, wenn die tarifliche Einkommensteuer nach dem gesamten zu versteuernden Einkommen (zzgl. der dem Progressionsvorbehalt unterliegenden Einkünfte) zu bemessen wäre, mindestens jedoch 15 % (Eingangssteuersatz).

3. Besonderer Thesaurierungssteuersatz

186 Aus den unterschiedlichen Besteuerungsprinzipien von Personenunternehmen, die der Einkommensteuer unterliegen, und Kapitalgesellschaften, die mit

---

[176] Soweit in dem veräußerten Betriebsvermögen Anteile an Kapitalgesellschaften enthalten sind, liegen keine außerordentliche Einkünfte iSd. § 34 Abs. 2 EStG vor und werden die hierauf entfallenden Gewinne nach dem Halb- bzw. Teileinkünfteverfahren besteuert.

[177] Bei der Fünftelregelung wird zunächst die Einkommensteuer für das Einkommen ohne die außerordentlichen Einkünfte ermittelt. Danach wird dem Einkommen ohne die außerordentlichen Einkünfte ein Fünftel der außerordentlichen Einkünfte hinzugerechnet und die entsprechende Einkommensteuer ermittelt. Zuletzt wird die Differenz aus den beiden Einkommensteuerbeträgen gebildet, mit fünf multipliziert und der so ermittelte Betrag wird der Einkommensteuer für das Einkommen ohne die außerordentlichen Einkünfte hinzugerechnet. Liegt der Steuerpflichtige bereits mit seinen „ordentlichen" Einkünften oberhalb der Progressionszone, bleibt der besondere Tarif des § 34 Abs. 1 EStG ohne Auswirkung.

[178] Für den übersteigenden Betrag kann die Fünftelregelung des § 34 Abs. 1 EStG angewendet werden.

Körperschaftsteuer belastet werden, resultiert eine Steuerbelastungsdifferenz. Zur Abmilderung dieser Ungleichbehandlung, die im Bereich des Einkommensteuerspitzensatzes zu einer Schlechterstellung des thesaurierenden Personenunternehmens im Vergleich zu einer thesaurierenden Kapitalgesellschaft führt, können bilanzierende Personenunternehmen, die Gewinneinkünfte erzielen, einen Teil des zu versteuernden Gewinns (den sog. nicht entnommenen Gewinn) einem ermäßigten Einkommensteuersatz unterwerfen (§ 34a EStG). Diese Tarifbegünstigung wird als Thesaurierungsoption bezeichnet.[179]

Der (steuer-)bilanziell ermittelte und nicht entnommene Gewinn, der im zu versteuernden Einkommen enthalten ist, kann danach auf Antrag des Steuerpflichtigen ganz oder teilweise mit einem ermäßigten Einkommensteuersatz von 28,25 % belegt werden (§ 34a Abs. 1 EStG), soweit für diesen Gewinn u.a. nicht der Freibetrag nach § 16 Abs. 4 EStG oder die Steuerermäßigung nach § 34 Abs. 3 EStG in Anspruch genommen wird. **187**

Die Ermittlung des nicht entnommenen Gewinns wird in einem ersten Schritt aus dem Unterschiedsbetrag bzw. Steuerbilanzgewinn iSd. §§ 4 Abs. 1 S. 1, 5 EStG, der gegebenenfalls noch um Entnahmen und Einlagen erhöht bzw. vermindert werden muss, abgeleitet. Somit sind im nicht entnommenen Gewinn von Personengesellschaften etwaige Korrekturen auf Grund von Ergänzungs- und Sonderbilanzen enthalten. Ferner ist der nicht entnommene Gewinn nicht um außerbilanzielle Korrekturen (nicht abziehbare Betriebsausgaben z.B. iSd. § 4 Abs. 5 und Abs. 5b EStG sowie steuerfreie Einkünfte) modifiziert.[180] Als Obergrenze des nicht entnommenen Gewinns ist jedoch der steuerpflichtige Gewinn des Personenunternehmens maßgeblich. D. h., dass steuerfreie Erträge den nicht entnommenen Gewinn nicht beeinflussen können. **188**

In einem zweiten Schritt wird der steuerpflichtige Gewinn um den positiven Saldo der Entnahmen[181] und Einlagen vermindert. Beachtliche Entnahmen sind bspw. auch zur Begleichung von Einkommensteuervorauszahlungen denkbar. **189**

Nach der Ermittlung des nicht entnommenen Gewinns entscheidet der Unternehmer, in welcher Höhe er den nicht entnommenen Gewinn einer begünstigten Besteuerung unterwerfen möchte; der Teil, für den er den Antrag auf begünstigte Besteuerung stellt, wird als Begünstigungsbetrag bezeichnet (§ 34a Abs. 3 EStG). **190**

§ 34a Abs. 4 EStG sieht eine Nachversteuerung ehemals begünstigter und dann entnommener Gewinne vor, sodass die Entlastung nur temporär wirkt und einen Zinsvorteil in Form einer Steuerstundung herbeiführt. **191**

Konkret: Sofern in Folgeperioden die Entnahmen den Gewinn iSd. § 4 Abs. 1 EStG und die Einlagen übersteigen (sog. Überentnahmen bzw. Entnahmeüberschuss), muss der sog. nachversteuerungspflichtige Betrag mit einem Einkommensteuersatz in Höhe von 25 % nachversteuert werden. Die Entnahme von steuerfreien Einnahmen kann zwar keine Nachversteuerung auslösen, da steuer- **192**

---

[179] Während Einzelunternehmer die Thesaurierungsoption unabhängig von Gewinngrenzen in Anspruch nehmen können, ist dies Mitunternehmern von Personengesellschaften nur dann möglich, wenn sie zu mehr als 10 % beteiligt sind oder ihr Gewinnanteil €10.000 übersteigt (§ 34a Abs. 1 Satz 3 EStG).

[180] Nach Auffassung der Finanzverwaltung wird die Gewerbesteuer außerbilanziell hinzugerechnet und mindert mithin den Steuerbilanzgewinn.

[181] Entnahmen iSd. § 34a EStG sind die Entnahmen nach § 4 Abs. 1 Satz 2 iVm. § 6 Abs. 1 Nr. 4 EStG. Es wird nicht zwischen Bar-, Sach- und Nutzungsentnahmen unterschieden.

§ 12   193–197   Laufende Besteuerung

193 freie Einnahmen auch nicht den begünstigt besteuerten Gewinn erhöht haben. Allerdings gelten sie als nachrangig entnommen, wenn sie nicht schon im Jahr ihrer Entstehung entnommen worden sind.[182]
Auf Grund der späteren Nachversteuerungspflicht des per Antrag begünstigt besteuerten und nicht entnommenen Gewinns muss dieser gesondert festgestellt werden (§ 34a Abs. 3 S. 3 EStG). Der Begünstigungsbetrag wird dabei um die Einkommensteuerzahlung (28,25 % zzgl. Solidaritätszuschlag) vermindert und als sog. nachversteuerungspflichtiger Betrag in zukünftige Veranlagungszeiträume vorgetragen.

4. Steuerermäßigung bei Gewerbesteuerpflicht

194 Gewerbliche Einkünfte unterliegen neben der Einkommensteuer grundsätzlich auch der Gewerbesteuer. Durch diese Zusatzbelastung ergibt sich insgesamt eine Benachteiligung gewerblicher Einkünfte gegenüber nichtgewerblichen Einkünften. Diese Ungleichbehandlung wird sowohl für gewerbliche Einzelunternehmer als auch für Mitunternehmer einer gewerblichen Personengesellschaft durch die Anrechnung der Gewerbesteuer des Personenunternehmens auf die Einkommensteuer nach § 35 EStG tendenziell beseitigt (Anteilseigner von Kapitalgesellschaften und Kapitalgesellschaften als Mitunternehmer dürfen keine entsprechende Anrechnung der durch die Gesellschaft geleisteten Gewerbesteuer vornehmen).

195 Die tarifliche Einkommensteuer ermäßigt sich danach um das 3,8-fache des (jeweils für den dem Veranlagungszeitraum entsprechenden Erhebungszeitraum) für das Unternehmen festgesetzten Gewerbesteuer-Messbetrags, soweit die tarifliche Einkommensteuer anteilig auf im zu versteuernden Einkommen enthaltene gewerbliche Einkünfte entfällt. Der Abzug des Steuerermäßigungsbetrages ist auf die tatsächliche Höhe der (ggf. anteilig) gezahlten Gewerbesteuer begrenzt. Die Gewerbesteuer wird also nicht betragsgleich angerechnet, sondern mindert mit einem typisierten Faktor die Einkommensteuer, so dass eine vollständige Entlastung nur in bestimmten Fällen erreicht werden kann.

196 Während bei Einkünften aus gewerblichen Einzelunternehmen der jeweils festgesetzte Gewerbesteuer-Messbetrag unmittelbar zur Berechnung der Steuerermäßigung nach § 35 EStG verwendet werden kann (§ 35 Abs. 1 S. 1 Nr. 1 EStG), muss der Gewerbesteuer-Messbetrag einer Mitunternehmerschaft anteilig den einzelnen Mitunternehmern zugerechnet werden (§ 35 Abs. 1 S. 1 Nr. 2 EStG). Dies erfolgt nach § 35 Abs. 2 EStG in einer gesonderten und einheitlichen Feststellung, wobei sich der Anteil eines Mitunternehmers am Gewerbesteuer-Messbetrag des Unternehmens nach seinem Anteil am Gewinn der Mitunternehmerschaft (nach Maßgabe des allgemeinen Gewinnverteilungsschlüssels) bestimmt: Vorabgewinnanteile bzw. Sondervergütungen sind dabei nicht zu berücksichtigen.[183]

197 Da es sich bei § 35 EStG um eine Steuerermäßigung handelt, setzt die Anwendung der Vorschrift den Anfall tariflicher Einkommensteuer voraus. Wenn

---

[182] Siehe auch im Einzelnen zu § 34a EStG die Darstellung in § 13 Rz. 72 ff.
[183] Da in die Bemessungsgrundlage der Gewerbesteuer auch die Ergebnisse der Ergänzungs- und Sonderbilanzen eingehen, wird für den einzelnen Mitunternehmer die auf seinem Gewinnanteil lastende Gewerbesteuer regelmäßig nicht seinem Anteil am Gesamtgewinn der Mitunternehmerschaft entsprechen, so dass sich die Frage eines entsprechenden Ausgleichs der Gewerbesteuerbelastung unter den Mitunternehmern stellt.

B. Einkommensteuerrecht (relevante Ausschnitte) 198–200 § 12

also keine oder nur eine geringe tarifliche Einkommensteuer anfällt, zB weil das z.v.E. durch den Verlustausgleich mit anderen Einkünften, durch die Verrechnung von Verlustvorträgen nach § 10d EStG oder durch den Abzug von Sonderausgaben und außergewöhnlichen Belastungen reduziert ist, oder aber erhebliche (anteilige) Gewerbesteuermessbeträge nur geringen oder keinen gewerblichen Einkünften bei der Einkommensteuer gegenüberstehen (zB infolge gewerbesteuerlicher Hinzurechnungen), dann läuft die Entlastung von der Gewerbesteuer ins Leere. Da die für einen Erhebungszeitraum festgesetzten Gewerbesteuer-Messbeträge nur im entsprechenden Veranlagungszeitraum der Einkommensteuer zu einer Steuerermäßigung führen können, verfallen potenzielle Ermäßigungsbeträge ersatzlos (Anrechnungsüberhang); die Möglichkeit eines Vor- oder Rücktrags von Anrechnungsüberhängen besteht nicht.[184]

IV. Abgeltungssteuer

1. Grundsätze

Ab 2009 ist eine Abgeltungssteuer auf Kapitaleinkünfte eingeführt worden, 198
d. h.: Für private Kapitaleinkünfte (vor allem i.S. von Zinsen, Dividenden und Gewinnen aus der Veräußerung von privaten Kapitalanlagen) ist ein einheitlicher Einkommensteuersatz von 25% eingeführt worden, der grundsätzlich durch Einbehalt einer Kapitalertragsteuer mit abgeltender Wirkung erhoben wird (§§ 32d EStG, 43 Abs. 5 S. 1 EStG).[185] Im Gegenzug sind Werbungskosten im Zusammenhang mit privaten Kapitaleinkünften generell nicht mehr steuerlich abzugsfähig.

Die Zielrichtung der Einführung einer Abgeltungssteuer auf Kapitalein- 199
künfte ist eine ähnliche wie die der Absenkung der Steuersätze im Bereich der Unternehmensbesteuerung: Es sollte attraktiver werden, seine Einkünfte in Deutschland zu versteuern. Außerdem sollten durch eine umfassendere Besteuerung von Wertzuwächsen unsystematische Verwerfungen beseitigt werden, und es sollte ganz allgemein die Bemessungsgrundlage für Kapitaleinkünfte verbreitert werden.

Die Neuregelungen gelten ausschließlich für den Bereich der privaten Ka- 200
pitaleinkünfte. Vor allem Einkünfte aus Gesellschafterdarlehen i.w.S. sind allerdings auch im Privatvermögen von der Abgeltungssteuer ausgeschlossen (s. Rz. 206). Außerdem können private Einkünfte aus Beteiligungen an Kapitalgesellschaften in bestimmten Fällen wahlweise von der Abgeltungssteuer ausgenommen werden (s. Rz. 206). Gehören Kapitaleinkünfte zB zu den Einkünften aus Gewerbebetrieb, so sind sie dort zu erfassen (§ 20 Abs. 8 EStG). Der einheitliche abgeltende Steuersatz von 25% (§ 32d Abs. 1 EStG) ist dann nicht anwendbar (§ 43 Abs. 5 S. 2 EStG).[186]

---

[184] Siehe auch die Darstellung zu § 35 EStG in § 13 Rz. 72 ff.
[185] Anrechenbare ausländische Quellensteuern bleiben allerdings anrechenbar.
[186] Auch wird die Veräußerung wesentlicher Beteiligungen an Kapitalgesellschaften iSv. § 17 EStG weiterhin als Einkünfte aus Gewerbebetrieb qualifiziert und unterliegt daher nicht der Abgeltungssteuer. Keine korrespondierenden Änderungen gibt es auch im Bereich der Körperschaftsteuer. § 8b Abs. 1 und 2 KStG sind systematisch unverändert geblieben. Korrespondierend zur Erfassung privater Kapitaleinkünfte ist im betrieblichen Bereich das bisherige Halbeinkünfteverfahren durch ein Teileinkünfteverfahren ersetzt worden, bei dem nur noch 40% der Dividenden und Veräußerungsge-

2. Erfasste Kapitaleinkünfte

201 Der Katalog der laufenden Einkünfte aus Kapitalvermögen ist in § 20 Abs. 1 EStG erweitert und leicht modifiziert worden. Dies dient der Tatbestandsausweitung und der Konzentration aller Kapitaleinkünfte in § 20 EStG sowie der gezielteren Regelung des Kapitalertragsteuerabzugs.

202 Wichtiger ist indessen, dass korrespondierend zur Besteuerung der laufenden Einkünfte aus Kapitalvermögen nun umfassend auch Wertzuwächse beim Kapitalvermögen erfasst werden. § 20 Abs. 2 EStG ist dementsprechend gegenüber der bisherigen Rechtslage deutlich ausgeweitet worden.[187] Bedeutsam ist vor allem § 20 Abs. 2 Nr. 1 EStG. Danach wird nun u.a. jede Veräußerung[188] von privat gehaltenen Anteilen an (in- und ausländischen) Kapitalgesellschaften etc. erfasst unabhängig von der jeweiligen Haltedauer, wenn der Gesellschafter zu weniger als 1% beteiligt ist, es sich also nicht um eine wesentliche Beteiligung iSv. § 17 EStG handelt. Abgeltungssteuerpflichtig ist jeweils (bei nachgewiesenen Anschaffungskosten) der Veräußerungsgewinn, nicht der Veräußerungserlös (§§ 20 Abs. 4, 43 a Abs. 2 EStG).

203 Ausgenommen von der Neuregelung sind solche Anteile, die vor dem 1.1.2009 angeschafft wurden. Für diese gilt der bisherige § 23 EStG weiter, so dass ein Verkauf nach Ablauf der zwölfmonatigen Haltefrist steuerfrei ist. Maßgeblicher Anschaffungszeitpunkt für die Anwendungsvorschrift ist der Abschluss des schuldrechtlichen Geschäfts.[189]

3. Werbungskostenabzug und Verlustberücksichtigung

204 Grundsätzlich dürfen, wie bereits erwähnt, gem. § 20 Abs. 9 EStG bei den der Abgeltungssteuer unterliegenden Kapitalerträgen keine Werbungskosten abgezogen werden, da es sich um eine pauschalierte Besteuerung handelt.[190] Das Werbungskostenabzugsverbot kann insbesondere bei fremdfinanzierten Kapitalanlagen zu einer Übermaßbesteuerung führen. Je nach Höhe der Zinsaufwendungen wird trotz nur geringfügiger positiver Erträge oder sogar wirtschaftlicher Verluste die abgeltende 25%ige Kapitalertragsteuer erhoben. Es ist auch nicht möglich, durch die Wahl einer freiwilligen Veranlagung zu einem

---

winne steuerbefreit sind. Entsprechend wird in § 3c Abs. 2 EStG festgelegt, dass auch nur noch 40% der Aufwendungen im Zusammenhang mit Einkünften iSd. § 3 Nr. 40 EStG vom steuerlichen Abzug ausgeschlossen sind. Siehe bereits Rz. 7 und 135.

[187] Vor allem für private Grundstücksveräußerungen iRd. sog. Spekulationsgewinnbesteuerung, aber auch für § 23 EStG im Übrigen ändert sich dagegen nichts. S. auch Rz. 139. § 23 EStG ist gegenüber § 20 Abs. 2 EStG nachrangig.

[188] Bei einer verdeckten Einlage in eine Kapitalgesellschaft gilt der gemeine Wert im Zeitpunkt der Einlage als Veräußerungspreis. Nicht zu einer Versteuerung von Wertzuwächsen führt dagegen die Einlage einer Kapitalforderung iSv. § 20 Abs. 2 EStG in ein Betriebsvermögen. Für eine solche Einlage sieht § 6 Abs. 1 Nr. 5 c) EStG generell eine Einlage zu den Anschaffungskosten vor. Damit rutschen in diesem Fall die Wertzuwächse, die unter dem Regime der 25%igen Abgeltungssteuer entstanden sind, in die normale Besteuerung hinein.

[189] Auch Hinweis auf besondere Übergangsregelungen in § 52a Abs. 10 Satz 8 EStG.

[190] Zum Abzug kommt lediglich ein zusammengefasster Sparer-Pauschbetrag, der den bisherigen Werbungskosten-Pauschbetrag und den Sparerfreibetrag ersetzt. Zu einem Verlust darf der Sparer-Pauschbetrag nicht führen.

Werbungskostenabzug zu gelangen. Denn auch bei der freiwilligen Veranlagung (siehe dazu Rz. 206) bleibt es beim Werbungskostenabzugsverbot. Im Bereich von § 20 Abs. 1 EStG (laufende Kapitalerträge) können sich wegen des fehlenden Werbungskostenabzugs nur selten Verluste ergeben (zB wenn gezahlte Stückzinsen als negative Einnahmen aus Kapitalvermögen anzusehen sind). Im Bereich von § 20 Abs. 2 EStG treten dann Verluste ein, wenn die Anschaffungskosten zuzüglich der Veräußerungskosten den Veräußerungserlös übersteigen. Für entsprechende Verluste sieht § 20 Abs. 6 EStG eine Verlustausgleichs- und -abzugsbeschränkung vor. Hiernach dürfen solche Verluste nur mit positiven Einkünften aus Kapitalvermögen verrechnet werden (wobei für Verluste aus Aktienveräußerungen noch eine besondere Schedule gebildet werden muss, § 20 Abs. 6 S. 4 EStG). Entsprechendes gilt für evtl. Kapitaleinkünfte-Verlustvorträge.[191]

205

4. Ausnahmen

Bei bestimmten Sachverhalten ist abweichend vom Abgeltungssteuerregime zwingend oder auf freiwilliger Basis eine Veranlagung durchzuführen:

- Bei normalen Darlehensverhältnissen, partiarischen Darlehen und stillen Beteiligungen zwischen nahestehenden Personen ist generell eine zwingende Veranlagung zum normalen Einkommensteuertarif vorgesehen. Dies soll vermeiden, dass sich zB Eheleute oder Eltern und Kinder Darlehen gewähren und die Zinsen beim Gläubiger nur mit 25 % erfasst werden, während der Schuldner den Zinsaufwand zum vollen Steuersatz geltend machen kann. Eine entsprechende Veranlagungspflicht gilt für Zinszahlungen einer Kapitalgesellschaft an ihre Gesellschafter bzw. an den Gesellschaftern nahestehende Personen, wenn die Beteiligung mindestens 10 % beträgt. Erfasst werden können auch sog. back-to-back-Darlehensverhältnisse, bei denen ein Dritter ein Darlehen gewährt.[192] Im Falle einer solchen Zwangsveranlagung gelten die Regelungen zu den Verlustausgleichsbeschränkungen sowie zum Werbungskostenabzugsverbot nicht. Es findet also eine ganz normale Veranlagung zum individuellen Einkommensteuertarif statt.

- Auf Antrag können Einkünfte gem. § 20 Abs. 1 Nr. 1 u. 2 EStG aus einer Beteiligung an einer Kapitalgesellschaft nicht der Abgeltungssteuer unterworfen werden, wenn der Steuerpflichtige unmittelbar oder mittelbar zu mindestens 25 % an der Kapitalgesellschaft beteiligt ist oder zu mindestens 1 % und zusätzlich beruflich für diese tätig ist (§ 32 d Abs. 2 Nr. 3 EStG). Insoweit finden dann § 3 Nr. 40 S. 2 und § 20 Abs. 6 und 9 EStG keine Anwendung.

- Bei eigentlich abgeltungssteuerpflichtigen Kapitaleinkünften, die aber nicht dem Kapitalertragsteuerabzug unterliegen (können), soll es gleichwohl zur Anwendung des Pauschalsteuersatzes kommen. Dies gilt zB für Gewinne aus dem Verkauf von GmbH-Anteilen, Zinsen auf Darlehen von natürlichen Personen oder Kapitalerträge, die von ausländischen Banken ausgezahlt werden. Derartige Einkünfte sind in die normale Veranlagung aufzunehmen, unterliegen aber dem pauschalen Einkommensteuersatz von 25 % (§ 32d Abs. 3 EStG).

206

---

[191] Für Alt-Spekulationsverlustvorträge enthält § 23 Abs. 3 letzter Satz EStG im Hinblick auf Veräußerungsgewinne iSd. § 20 Abs. 2 EStG eine Sonderregelung.
[192] Siehe dazu die einschränkenden gesetzlichen Voraussetzungen.

- Jeder Steuerpflichtige hat gem. § 32d Abs. 4 EStG das Recht, besondere Umstände, die sich beim Kapitalertragsteuerabzug nicht ausgewirkt haben, im Rahmen einer Veranlagung der Kapitaleinkünfte zu berücksichtigen (zB bei nicht zutreffender Berücksichtigung des Sparerpauschbetrags, von relevanten Verlusten oder von ausländischer Quellensteuer). Auch dann, wenn der persönliche Einkommensteuersatz unterhalb der 25% liegt, kann der Steuerpflichtige beantragen, auf Basis seines individuellen Tarifs veranlagt zu werden (§ 32d Abs. 6 EStG). Wichtig ist indessen, dass auch bei dieser Veranlagungsform kein Werbungskostenabzug erlaubt ist. Auch greift das Teileinkünfteverfahren in diesem Fall nicht.

C. Gewerbesteuerrecht

I. Grundlagen

207 Die Gewerbesteuer (Gewerbeertragsteuer) belastet den Gewerbeertrag des Steuerobjekts Gewerbebetrieb und damit auch den Gewerbeertrag einer AG. Sie ist eine Gemeindesteuer.

208 Die Gewerbesteuer ermittelt sich im Wesentlichen durch Anwendung des gemeindlichen Hebesatzes auf den Gewerbesteuermessbetrag, der sich (im Normalfall) durch Multiplikation der Messzahl von 3,5 % mit dem Gewerbeertrag ergibt. Die Gewerbesteuer ist nicht (mehr) als Betriebsausgabe abzugsfähig (§ 4 Abs. 5b EStG).

209 Für Gewerbebetriebe, die nicht als Körperschaft, sondern als Einzelunternehmen oder Personengesellschaft (mit natürlichen Personen als Gesellschaftern) geführt werden, ist die Gewerbesteuer infolge der pauschalierten Anrechnung auf die Einkommensteuer gemäß § 35 EStG im Idealfall kein wesentlicher eigenständiger Kostenfaktor. Da die Anrechnung jedoch pauschaliert geregelt ist, kommt es wegen der unterschiedlich hohen Hebesätze selten zu einer exakten Kompensation der Belastung mit Gewerbesteuer (s. auch Rz. 194 ff.).

II. Steuerpflicht

210 Gegenstand der Gewerbesteuer ist nach § 2 Abs. 1 Sätze 1 und 3 GewStG jeder stehende Gewerbebetrieb, soweit er im Inland betrieben wird, dh. für ihn im Inland eine Betriebsstätte iSd. § 12 AO unterhalten wird. Während als Gewerbebetrieb kraft Betätigung durch § 2 Abs. 1 Satz 2 GewStG rechtsformunabhängig jedes gewerbliche Unternehmen iSd. Einkommensteuerrechts qualifiziert wird (einschließlich der gewerblich tätigen und der nach § 15 Abs. 3 Nr. 1 EStG gewerblich infizierten Personengesellschaften),[193] gilt die Tätigkeit von Kapitalgesellschaften (und damit auch die einer AG) nach § 2 Abs. 2 Satz 1 GewStG „stets und in vollem Umfang" als Gewerbebetrieb (Gewerbebetrieb kraft Rechtsform).[194] Die gewerbliche Tätigkeit einer AG in

---

[193] Eine Ausnahme von diesem Grundsatz ergibt sich allerdings aus § 2a GewStG für bestimmte Arbeitsgemeinschaften. Eine weitere Ausnahme ergibt sich für die Betriebsverpachtung (vgl. auch R 11 Abs. 3 GewStR).

[194] Gleiches gilt im Ergebnis für eine iSd. § 15 Abs. 3 Nr. 2 EStG gewerblich geprägte Personengesellschaft.

verschiedenen Gewerbezweigen gilt immer als einheitlicher Gewerbebetrieb.[195]

Schuldner der Gewerbesteuer ist der Unternehmer. Unternehmer ist nach § 5 Abs. 1 Satz 2 GewStG derjenige, für dessen Rechnung das Gewerbe betrieben wird, also im hier interessierenden Fall die AG.

III. Ermittlung des Gewerbeertrags

1. Ausgangsgröße und Übersicht

Der nach den Vorschriften des EStG oder des KStG zu ermittelnde Gewinn aus Gewerbebetrieb ist gem. § 7 GewStG die Ausgangsgröße der Gewerbeertragsermittlung.

Für eine AG heißt das, dass ihre gewerbesteuerliche Ausgangsgröße grundsätzlich mit ihrem körperschaftsteuerlichen zu versteuernden Einkommen vor Verlustabzug identisch ist.[196] Das bedeutet bspw., dass Gewinne der AG aus der Veräußerung eines Anteils an einer anderen Kapitalgesellschaft, die bei der Einkommensermittlung gemäß § 8 b Abs. 2 KStG zu 95 % außer Ansatz bleiben, insoweit auch nicht in die Ausgangsgröße für die Gewerbeertragsermittlung eingehen. Gleiches gilt für alle anderen § 8 b KStG-Erträge. Umgekehrt schlagen auch bspw. die Abzugsverbote des § 8 b Abs. 3 KStG und des § 4 Abs. 5–7 EStG sowie des § 4h EStG in die gewerbesteuerliche Ausgangsgröße durch.

Gewinne (Verluste) aus einem Anteil an einer Personengesellschaft sind grundsätzlich[197] in der Ausgangsgröße für die Gewerbeertragsermittlung der AG enthalten, obwohl die Personengesellschaft selbständig gewerbesteuerpflichtig ist. Der für Personengesellschaften und natürliche Personen geltende (wenn nun auch durch § 7 Satz 2 GewStG deutlich aufgeweichte) Grundsatz, dass gewerbesteuerlich nur der aus dem laufenden Gewerbebetrieb entstehende laufende Erfolg erfasst werden soll,[198] gilt für die AG nicht. Auch für eine im Konzern zwischengeschaltete Mitunternehmerschaft gilt nach § 7 Satz 2 GewStG, dass alle Betriebs-, Teilbetriebs- und Mitunternehmeranteilsveräußerungsgewinne in der gewerbesteuerlichen Ausgangsgröße der Mitunternehmerschaft enthalten sind. Außerdem ist für diesen Fall bedeutsam, dass § 8 b Abs. 6 KStG gem. § 7 S. 4 GewStG auch in die Ausgangsgröße für die Gewerbeertragsermittlung der Personengesellschaft durchschlägt, wenn und soweit an dieser Kapitalgesellschaften

---

[195] Was den Beginn und das Ende der Steuerpflicht der AG angeht, gelten die Aussagen zur Körperschaftsteuer entsprechend.
[196] R 40 GewStR.
[197] Wenn und soweit nicht bspw. § 8 b Abs. 6 KStG greift.
[198] Er resultiert darin, dass Einkünfte aus Gewerbebetrieb nach § 16 Abs. 1 Nr. 1 Satz 1, Nr. 2, Nr. 3 und Abs. 3 Satz 1 EStG, also außerordentliche Einkünfte aus der Veräußerung oder Aufgabe von Betrieben, Teilbetrieben oder Mitunternehmeranteilen, bei diesen Gewerbetreibenden grundsätzlich nicht in die Ausgangsgröße für die Berechnung des Gewerbeertrags eingehen. Veräußerungs- oder Aufgabegewinne unterliegen jedoch als laufender Gewinn der Gewerbesteuer, soweit auf der Seite des Veräußerers und des Erwerbers dieselben Personen Unternehmer bzw. Mitunternehmer sind, § 16 Abs. 2 Satz 3, Abs. 3 Satz 5 EStG. Gewinne aus der Veräußerung oder Aufgabe eines Betriebs bzw. Teilbetriebs einer Personengesellschaft oder eines Anteils an einer Personengesellschaft bleiben überdies in der gewerbesteuerlichen Ausgangsgröße enthalten, soweit sie nicht auf eine unmittelbar als Mitunternehmer beteiligte natürliche Person entfallen (§ 7 Satz 2 GewStG). Für den Verlustfall sollte jeweils Entsprechendes gelten.

beteiligt sind (Entsprechendes gilt für §§ 3 Nr. 40, 3c Abs. 2 EStG bei anderen Mitunternehmern).[199]

215 Der Gewinn (Verlust) aus Gewerbebetrieb bei AGs darf für gewerbesteuerliche Zwecke nicht um einen Verlustabzug nach § 10 d EStG gemindert werden, da gewerbesteuerlich mit § 10 a GewStG eine eigene Regelung zur Ermittlung und Verrechnung negativer Gewerbeerträge besteht. Auch die Regelung des § 15a EStG zur Verlustverrechnung bei beschränkter Haftung sowie die Vorschrift des § 15 Abs. 4 EStG sind für Zwecke der Gewerbesteuer nicht anzuwenden.

216 Basierend auf der Ausgangsgröße „Einkommen vor Verlustabzug" wird der Gewerbeertrag der AG durch Addition von Hinzurechnungen und Subtraktion von Kürzungen ermittelt. In der Übersicht stellt sich dies wie folgt dar:

Gewinn aus Gewerbebetrieb (Einkommen vor Verlustabzug)
+ 25 % der Summe aus
    Entgelten für Schulden (auch Skonti)
+ Renten und dauernden Lasten
+ Gewinnanteilen stiller Gesellschafter
+ 20 % der Miet- und Pachtzinsen, Leasingraten bewegliche WG
+ 65 % der Miet- und Pachtzinsen, Leasingraten unbewegliche WG
+ 25 % der Lizenzaufwendungen
./. Freibetrag i. H. v. EUR 100.000
+ Dividenden aus Streubesitz
+ Verlustanteile aus Mitunternehmerschaften
+ Spenden iSd. § 9 Abs. 1 Nr. 2 KStG
+ Ausschüttungsbedingte Teilwertabschreibungen
+ Ausländische Steuern
+ Bezüge des KGaA-Komplementärs
./. Grundbesitz-Abzüge
./. Gewinnanteile aus Mitunternehmerschaften
./. Schachtelerträge
./. Anteile nicht im Inland belegener Betriebsstätten
./. Spenden iSv. § 9 Nr. 5 GewStG
= Gewerbeertrag vor Verlustabzug und Freibetragskürzung

2. Hinzurechnungen und Kürzungen

a) Finanzierungsaufwendungen[200]

217 Um das Steueraufkommen der Kommunen unabhängiger von der wirtschaftlichen Entwicklung der Unternehmen zu machen, hat die Unternehmensteuerreform 2008 zu einer erheblichen Ausweitung der gewerbesteuerlichen Hinzurechnungsvorschriften für Finanzierungsaufwendungen geführt. Im Grundsatz dürfen alle Aufwendungen, die ein Finanzierungselement im weitesten Sinne beinhalten, nur noch eingeschränkt bei der Ermittlung des Gewerbeertrages abgezogen werden.

---

[199] Für Dividenden sind auf der Ebene der Mitunternehmerschaft die gewerbesteuerlichen Schachtelprivilegien zu prüfen.
[200] Dazu s.a. Ländererlass v. 4. 7. 2008, Ubg 2008, 507.

C. Gewerbesteuerrecht

Hinzugerechnet wird ein Viertel der Summe aus folgenden Positionen:[201] **218**
Entgelte für Schulden (§ 8 Nr. 1 a) GewStG): Bisher waren nur sog. **219**
Dauerschuldentgelte relevant. Erfasst werden nunmehr auch Entgelte für kurzfristige Schulden einschließlich der nicht dem gewöhnlichen Geschäftsverkehr entsprechenden gewährten Skonti oder sonstigen wirtschaftlich vergleichbaren Vorteile im Zusammenhang mit Forderungen aus Lieferungen und Leistungen. Eine Ausnahme für sog. durchlaufende Kredite ist nicht vorgesehen. Einbezogen werden auch Abschläge aus der Veräußerung von Wechsel- oder sonstigen Geldforderungen, insbesondere aus der Forfaitierung von Forderungen.[202] Nicht erfasst werden dagegen Aufzinsungsaufwendungen bei unverzinslichen Verbindlichkeiten und Rückstellungen, aktivierte Bauzeit- und Erbbauzinsen, Aufwand aus der Abwertung von Forderungen sowie grds. Aufwendungen für Zins-Swap-Geschäfte. Der Entgeltsbegriff unterliegt einem sehr weiten Verständnis.[203]

Es werden nur solche Beträge hinzugerechnet, die den Gewerbeertrag ge- **220**
mindert haben. Zinsen, die zB wegen der Zinsschranke nicht abzugsfähig sind, unterfallen damit auch nicht der Hinzurechnung.[204] Unsystematisch ist, dass nur die Entgelte für Schulden und nicht etwa der Saldo zwischen Zinsaufwand und Zinsertrag angesetzt wird. Diese Saldierung wird im Bereich der Ermittlung der Zinsschranke gem. § 4h EStG durchgeführt. Hinzurechnen sind auch gem. § 4h Abs. 1 EStG vorgetragene Zinsaufwendungen, sobald sie in späteren Wirtschaftsjahren den Gewerbeertrag mindern.

Renten und dauernde Lasten (§ 8 Nr. 1 b) GewStG): Bislang kam es nur **221**
dann zu einer solchen Hinzurechnung, wenn die Renten im Zusammenhang mit der Gründung oder dem Erwerb eines Betriebes standen und beim Empfänger nicht der Gewerbesteuer unterlagen. Diese beiden Voraussetzungen sind entfallen. Klargestellt ist, dass Pensionszahlungen aufgrund einer unmittelbar erteilten Versorgungszusage nicht unter die Hinzurechnung fallen.[205]

Gewinnanteile des (typisch) stillen Gesellschafters (§ 8 Nr. 1 c) Gew- **222**
StG): Auch hier werden – wohl aus europarechtlichen Erwägungen – nun auch solche Gewinnanteile hinzugerechnet, die beim Empfänger der Gewerbesteuer unterliegen. Es kommt mithin ggf. zu einer gewerbesteuerlichen Zweifachbesteuerung der Gewinnanteile.

20% der Miet- und Pachtzinsen für bewegliche Wirtschaftsgüter **223**
(§ 8 Nr. 1 d) GewStG): Der Prozentsatz (effektiv 25% von 20% = 5%) erklärt sich aus dem geschätzten Finanzierungsanteil der Mieten (ohne Betriebskosten). Voraussetzung für die Hinzurechnung ist bei zutreffenden Verständnis wie bisher, dass die beweglichen Wirtschaftsgüter, stünden sie im wirtschaftlichen Eigentum des Mieters, bei diesem dem Anlagevermögen zuzuordnen wären. Kurzfristige Mietverhältnisse fallen also nicht unter die Hinzurechnung. Korrespondierend zum neuen § 8 Nr. 1d) GewStG ist die Kürzung nach § 9 Nr. 4 GewStG a.F. gestrichen worden. Dies entspricht dem Konzept des Ge-

---

[201] Aber auch Hinweis auf § 19 GewStDV.
[202] Siehe auch § 8 Nr. 1a) S. 3 GewStG.
[203] R 46 GewStR.
[204] Auch auf mitunternehmerische Sondervergütungen ist § 8 Nr. 1 GewStG deshalb nicht anwendbar.
[205] Zur – sinnvollerweise nicht abschließenden – Ausweitung auf andere Varianten der betrieblichen Altersversorgung s. Länderlass v. 4. 7. 2008, Ubg 2008, 507 Rz. 27.

setzgebers, die Hinzurechnungsbeträge zweifach, einmal beim Mieter und einmal beim Vermieter zu erfassen.

224 Insbesondere für Leasing-Unternehmen kann dies sehr nachteilig wirken. Bei Sale-and-lease-back-Maßnahmen ergibt sich eine weitere Sonderbelastung dadurch, dass einerseits der Veräußerungsgewinn gewerbesteuerlich erfasst wird und andererseits der spätere Leasingaufwand der gewerbesteuerlichen Hinzurechnung unterliegt.[206]

225 Bei sog. gemischten Verträgen ist bei Trennbarkeit der verschiedenen Leistungskomponenten das Entgelt ggf. nach Schätzung aufzuteilen. Bei fehlender Trennbarkeit ist auf das prägende Leistungselement abzustellen.[207]

226 **65% der Miet- und Pachtzinsen für unbewegliche Wirtschaftsgüter (§ 8 Nr. 1 e) GewStG):** Neu eingeführt worden ist, dass auch Mieten/Pachten für Grundbesitz der Hinzurechnung unterliegen. Wegen des geringeren Werteverzehrs hielt der Gesetzgeber hier einen höheren Hinzurechnungssatz als bei beweglichen Wirtschaftsgütern für gerechtfertigt (effektiv 25% von 65% = 16,25%). Auch hier ist es bei zutreffendem Verständnis Voraussetzung für die Hinzurechnung, dass das unbewegliche Wirtschaftsgut beim Mieter/Pächter dessen Anlagevermögen hätte zugeordnet werden müssen.

227 **25% der Aufwendungen für die zeitlich befristete Überlassung von Rechten, insbesondere Konzessionen und Lizenzen, mit Ausnahme von Lizenzen, die ausschließlich dazu berechtigen, daraus abgeleitete Rechte Dritten zu überlassen (§ 8 Nr. 1 f) GewStG):** Auch diese Hinzurechnungsvorschrift ist vollständig neu. Der Gesetzgeber ist offensichtlich von der Vorstellung geleitet worden, dass auch bei der Überlassung von Rechten, wie zB für die Nutzung von Software oder bei Konzessionsabgaben, ein Zinsanteil mit abgegolten wird (effektiv 25% von 25% = 6,25%).

228 Um kleinere Unternehmen von den Hinzurechnungsbestimmungen auszunehmen, ist ein **Freibetrag** von € 100.000 vorgesehen, so dass nur der übersteigende Betrag unter die Neuregelung fällt. Der Freibetrag bezieht sich auf die fiktiv angenommenen Finanzierungsbestandteile in den genannten Aufwendungen (Zinsen, stille Beteiligungen, Renten 100%, Mieten bewegliche Wirtschaftsgüter 20%, Mieten unbewegliche Wirtschaftsgüter 65%, Lizenzen 25%).

229 Grundsätzlich sind die Hinzurechnungsvorschriften auch auf konzerninterne Leistungsbeziehungen anwendbar. Das bedeutet, dass sich hier Kaskadeneffekte und Mehrfachbelastungen ergeben können. Dies gilt auch für Betriebsaufspaltungssituationen. Allerdings kommt es innerhalb von Organschaftsverhältnissen nicht zu einer Hinzurechnung, da die jeweilige Organgesellschaft als Betriebsstätte des Organträgers gilt.[208] Hieran hat die Änderung von § 8 GewStG nichts geändert. Im Fall der Organschaft wird der Freibetrag von € 100.000 jedem Mitglied des Organkreises gewährt.

---

[206] Leasing ohne Übertragung des wirtschaftlichen Eigentums unterstellt. Bei Leasing mit Übergang des wirtschaftlichen Eigentums stellen sich grds. Fragen des § 8 Nr. 1a) GewStG.
[207] R 53 GewStR.
[208] R 41 Abs. 1 Satz 5 GewStR.

b) Streubesitzdividenden/Schachtelerträge/ausschüttungsbedingte Teilwertabschreibungen

§ 8b Abs. 1 KStG ordnet für die AG an, dass Dividenden in- und ausländischer Kapitalgesellschaften bei der Ermittlung des Einkommens zu 95 % außer Ansatz bleiben. Damit sind Dividenden in der Ausgangsgröße der AG für die Ermittlung des Gewerbeertrags insoweit nicht enthalten. Mithin stellt sich für die AG die Frage der Anwendung des gewerbesteuerlichen Schachtelprivilegs des § 9 Nr. 2a und Nr. 7 GewStG zunächst nicht.[209]

Allerdings kommt wegen § 8 Nr. 5 GewStG den gewerbesteuerlichen Schachtelprivilegien auch für die AG Bedeutung zu.[210] Die Norm ordnet die gewerbesteuerliche Hinzurechnung der nach § 8b Abs. 1 KStG[211] außer Ansatz bleibenden Gewinnanteile (Dividenden) und der diesen gleichgestellten Bezüge und erhaltenen Leistungen aus Anteilen an einer Kapitalgesellschaft an, soweit sie nicht die Voraussetzungen des § 9 Nr. 2a oder 7 GewStG erfüllen, nach Abzug der mit diesen Einnahmen, Bezügen und erhaltenen Leistungen in wirtschaftlichem Zusammenhang stehenden Betriebsausgaben, soweit sie nach § 8b Abs. 5 KStG[212] unberücksichtigt bleiben. Nur bei vereinfachter Ausdrucksweise ist damit eine gewerbesteuerliche Belastung von sog. Streubesitzdividenden aus in- und ausländischen Kapitalgesellschaften angeordnet.

Vielmehr bedeutet die **Bezugnahme auf § 9 Nr. 2a GewStG** für Inlandsdividenden präzise, dass die Beteiligung an der ausschüttenden Gesellschaft mindestens 15 % „zu Beginn des Erhebungszeitraums" betragen haben muss. Es ist also auch auf die zeitliche Voraussetzung des § 9 Nr. 2a GewStG zu achten.[213] Des Weiteren können im Hinzurechnungsfall auch die Aufwendungen, die mit den in § 8 Nr. 5 GewStG genannten Dividenden zusammenhängen, zu berücksichtigen sein.[214]

Für den Fall von **Auslandsdividenden** sollte die Anwendung von § 8 Nr. 5 GewStG dann unzulässig sein, wenn für die Dividenden auch ein DBA-Schachtelprivileg vorgesehen ist (regelmäßig bei Ausschüttungen an Kapital-

---

[209] Anders als bei Mitunternehmerschaften und Organgesellschaften als Dividendenempfängern. Bei steuerlich selbständigen AGs kann sich nur im Fall des § 8b Abs. 7 oder 8 KStG Abweichendes ergeben. Bei Gewerbetreibenden, die Dividendenerträge nach § 3 Nr. 40 EStG teilweise steuerpflichtig vereinnahmen, stellt sich insoweit die Frage der Anwendung des Schachtelprivilegs.

[210] Entsprechendes gilt für Gewerbetreibende, die Dividendenerträge nach § 3 Nr. 40 EStG teilweise steuerfrei vereinnahmt haben.

[211] Bzw. nach § 3 Nr. 40 EStG.

[212] Bzw. § 3c Abs. 2 EStG.

[213] Auch Hinweis auf die umwandlungssteuerlichen Besitzzeitanrechnungen.

[214] Siehe insoweit neben der schwierigen Formulierung in § 8 Nr. 5 GewStG auch § 9 Nr. 2a Satz 3 u. 4 GewStG. Danach sind von den zu kürzenden Gewinnanteilen die damit in unmittelbarem Zusammenhang stehenden Aufwendungen abzuziehen (§ 9 Nr. 2a Satz 3 GewStG), dh. Aufwendungen im Zusammenhang mit gewerbesteuerbefreiten Schachtelbeträgen sind im Ergebnis gewerbesteuerlich nicht abzugsfähig. § 9 Nr. 2a S. 4 GewStG bestimmt ausdrücklich, dass die nach § 8b Abs. 5 KStG pauschaliert als nicht abziehbare Betriebsausgaben geltenden 5 % der Dividende keine Gewinne aus Anteilen iSd. Vorschrift sind und daher nicht gekürzt werden können. Verweise auf diese Vorschrift finden sich in § 9 Nr. 7 Satz 3 und Nr. 8 Satz 3 GewStG. Handelt es sich bei den Aufwendungen um nach § 8 Nr. 1 lit. a) GewStG hinzuzurechnende Entgelte für Schulden, unterbleibt insoweit eine Hinzurechnung nach § 8 Nr. 1 lit. a) GewStG.

gesellschaften [AGs] mit mindestens 25 % Beteiligungsquote; ggf. sind DBA-Aktivitätsklauseln uam. zu beachten). Das ergibt sich schon aus § 2 AO und daraus, dass ein wirksames treaty overriding deshalb nicht vorliegt, weil der entsprechende gesetzgeberische Wille nirgends zum Ausdruck gekommen ist. Überdies könnte sich auch § 9 Nr. 8 GewStG über R 65 Abs. 2 GewStR hinzurechnungsverhindernd auswirken (was insbesondere wegen der Absenkung der Mindestbeteiligungsquotenanforderung auf 10 % von Bedeutung wäre); ausdrücklich wird § 9 Nr. 8 GewStG in § 8 Nr. 5 GewStG allerdings nicht genannt. Die in § 9 Nr. 7 GewStG genannte Ausnahme für Ausschüttungen aus ausländischen Tochtergesellschaften, die unter die EU-Mutter-Tochter-Richtlinie fallen, ist bei Annahme der Unzulässigkeit einer Hinzurechnung nach § 8 Nr. 5 GewStG in Fällen des DBA-Schachtelprivilegs nur in vergleichsweise wenigen Fällen (evtl. abweichende Quotenerfordernisse, Aktivitätsklauseln, Mutterpersonenunternehmen) von Bedeutung. Andernfalls wäre sie in praxi allerdings sehr bedeutsam.

234 Für alle anderen Fälle von Auslandsdividenden gilt, dass es unverständlich ist, dass §§ 8 Abs. 1 Nr. 8 und 9 AStG keinen Niederschlag in § 9 Nr. 7 GewStG gefunden haben, auf den § 8 Nr. 5 GewStG verweist. Denn unschädlich ist nach § 9 Nr. 7 GewStG außerhalb der DBA-Schachtelprivilegs- und der EU-Mutter-Tochter-Richtlinien-Fälle nur (mindestens 15%ige Beteiligung seit Beginn des Erhebungszeitraums unterstellt) die Ausschüttung aus ausländischen Gesellschaften, die entweder ausschließlich oder fast ausschließlich Bruttoerträge aus unter § 8 Abs. 1 Nr. 1 bis 6 AStG fallenden Tätigkeiten beziehen oder Landes- oder Funktionsholding iSd. § 8 Abs. 2 AStG aF sind.[215]

235 Gemäß § 8 Nr. 10 GewStG sind **Gewinnminderungen,** die durch den Ansatz eines niedrigeren Teilwerts einer Schachtelbeteiligung oder im Zusammenhang mit der Veräußerung oder Entnahme einer Schachtelbeteiligung oder bei Auflösung oder Herabsetzung des Kapitals einer Schachteltochter entstehen, dem Gewinn aus Gewerbebetrieb wieder hinzuzurechnen, soweit der Ansatz des niedrigeren Teilwerts oder die sonstige Gewinnminderung auf Gewinnausschüttungen der Kapitalgesellschaft[216] zurückzuführen ist, um die der Gewerbeertrag nach § 9 Nr. 2a, 7 oder 8 GewStG zu kürzen ist. Diese Norm kann für die AG normalerweise nicht relevant sein, da gem. § 8b Abs. 3 KStG die entsprechenden Gewinnminderungen schon bei der Ermittlung der Ausgangsgröße nicht abzugsfähig und auch die Gewinnausschüttungen gem. § 8b Abs. 1 KStG nicht in der gewerbesteuerlichen Ausgangsgröße enthalten sind.[217]

---

[215] Darüber hinaus sieht § 9 Nr. 7 GewStG in einem mehr als zweistufigen Konzernaufbau eine Begünstigung der laufenden Beteiligungserträge aus einer Holdingtochtergesellschaft vor, soweit diese aus im gleichen Wirtschaftsjahr von einer aktiv tätigen Enkelgesellschaft an die Tochtergesellschaft ausgeschütteten Gewinnen gespeist werden (§ 9 Nr. 7 Satz 2ff. GewStG). Eine ähnliche Begünstigung ist bei einem mehr als dreistufigen Konzernaufbau nicht vorgesehen.

[216] Oder auf organschaftliche Gewinnabführungen.

[217] Nur im Einzelfall kann sich wegen § 8b Abs. 7 KStG oder bei Organgesellschaften etwas Abweichendes ergeben. Überdies Hinweis auf die besondere Situation bei Mitunternehmerschaften.

C. Gewerbesteuerrecht 236–240 § 12

c) Verlustanteile/Gewinnanteile aus Mitunternehmerschaften

Gehört zum Betriebsvermögen der AG eine Beteiligung an einer gewerblichen Mitunternehmerschaft, erhöhen die auf die AG als Mitunternehmer entfallenden anteiligen Gewinne aus der Beteiligung bzw. vermindern die anteiligen Verluste die Ausgangsgröße der AG für die Ermittlung ihres Gewerbeertrags. Da aber die gewerbliche Mitunternehmerschaft selbst der GewSt unterliegt, sind bei der Gewerbeertragsermittlung der AG, um eine Doppelerfassung zu vermeiden, Verlustanteile, die den Gewinn gemindert haben, hinzuzurechnen (§ 8 Nr. 8 GewStG), und Gewinnanteile, die den Gewinn erhöht haben, zu kürzen (§ 9 Nr. 2 GewStG). **236**

Die Hinzurechnung von Verlustanteilen und Kürzung von Gewinnanteilen erfolgt wegen der Inlandsbeschränkung der GewSt auch bei Beteiligungen an ausländischen Mitunternehmerschaften. **237**

d) Spenden

Nach § 9 Abs. 1 Nr. 2 KStG sind bei der AG bestimmte Spenden in beschränkter Höhe abziehbar, so dass die Ausgangsgröße für die Ermittlung des Gewerbeertrags um diese abziehbaren Spendenbeträge gemindert ist. Anders ist dies bei Personenunternehmen, bei denen Spenden erst auf der Ebene der Sonderausgaben zu berücksichtigen sind. § 8 Nr. 9 GewStG ordnet deshalb für die AG die Hinzurechnung der Spendenabzüge iSd. § 9 Abs. 1 Nr. 2 KStG zum Gewinn aus Gewerbebetrieb an. Daran anknüpfend regelt § 9 Nr. 5 GewStG den gewerbesteuerlichen Spendenabzug rechtsformunabhängig einheitlich.[218] **238**

e) Grundbesitz-Abzüge

§ 9 Nr. 1 GewStG ordnet im Normalfall eine Kürzung des Gewerbeertrags um 1,2 % des 1,4fachen Einheitswertes des zum Betriebsvermögen gehörenden Grundbesitzes an (§ 9 Nr. 1 Satz 1 GewStG). **239**

Daneben sieht die Norm eine Spezialkürzung (§ 9 Nr. 1 Sätze 2 ff. GewStG) bei sog. Grundstücksunternehmen in Höhe der auf die Grundbesitznutzung fallenden Gewerbeerträge vor.[219] Grundstücksunternehmen sind solche, die ausschließlich eigenen Grundbesitz verwalten und nutzen (oder daneben eigenes Kapitalvermögen verwalten und nutzen oder Wohnungsbauten betreuen oder Einfamilienhäuser, Zweifamilienhäuser oder Eigentumswohnungen errichten und veräußern). Die Idee der Spezialkürzung ist, dass Unternehmen, bei denen die Verwaltung und Nutzung des eigenen Grundbesitzes für sich betrachtet keine gewerbliche Tätigkeit ist, da der Rahmen einer Vermögensverwaltung insoweit nicht überschritten wird, die aber aufgrund ihrer Rechtsform gewerbesteuerpflichtig sind, Personenunternehmen gleichgestellt werden sollen, die nur die Verwaltung und Nutzung eigenen Grundbesitzes betreiben und damit nicht der Gewerbesteuer unterliegen. Deshalb scheidet die Spezialkürzung bspw. für gewerbliche Grundstückshändler oder in Betriebsaufspaltungsfällen aus. In praxi entscheidend ist überdies regelmäßig die Rückausnahme, dass der Grundbesitz nicht dem Gewerbebetrieb eines Gesellschafters dienen darf.[220] Außerdem sieht § 9 Nr. 1 S. 5 u. 6 GewStG weitere Ausnahmen vor. **240**

---

[218] Siehe auch R 55 und 64 GewStR.
[219] Siehe auch im Einzelnen R 60 GewStR.
[220] Siehe dazu R 60 Abs. 4 GewStR.

f) Gewerbeertrag nicht im Inland belegener Betriebsstätten/ausländische Steuern

241 Dem Inlandscharakter der Gewerbesteuer entsprechend bestimmt § 9 Nr. 3 GewStG, dass der auf ausländische Betriebsstätten entfallende Teil des Gewerbeertrags der AG von der Ausgangsgröße zu kürzen ist.

242 Die nach § 34c Abs. 2 EStG (iVm. § 8 Abs. 1 KStG) bei der Ermittlung der Einkünfte abziehbaren, auf ausländische Einkünfte erhobenen Steuern mindern die Ausgangsgröße für die Ermittlung des Gewerbeertrags der AG. Werden die ausländischen Einkünfte zugleich nicht zur Gewerbesteuer herangezogen, etwa weil die Voraussetzungen für die Kürzung bei der Gewerbeertragsermittlung nach § 9 Nr. 3, 7 oder 8 GewStG vorliegen, wäre eine zweifache Minderung des Gewerbeertrags die Folge (zum einen durch den Abzug der ausländischen Steuer bei der Einkünfteermittlung, zum anderen durch die Kürzung beispielsweise des ausländischen Betriebsstättenergebnisses bzw. der ausländischen Dividende mit dem Bruttobetrag). Deshalb sind sie nach § 8 Nr. 12 GewStG hinzuzurechnen.

g) Bezüge des KGaA-Komplementärs

243 Die KGaA ist handelsrechtlich eine Kapitalgesellschaft, ertragsteuerlich hingegen ein Zwittergebilde. Der Komplementär der KGaA bezieht nach § 15 Abs. 1 Nr. 3 EStG Einkünfte aus Gewerbebetrieb, bei der Ermittlung des körperschaftsteuerlichen Einkommens der KGaA sind Gewinnanteile und sonstige Bezüge der Komplementäre nach § 9 Abs. 1 Nr. 1 KStG entsprechend zu kürzen.

244 Für die Ermittlung des Gewerbeertrags des Steuergegenstandes „Gewerbebetrieb der KGaA" ordnet § 8 Nr. 4 GewStG wiederum an, die Bezüge (Gewinnanteile, Vergütungen für gegenwärtige oder frühere Geschäftsführertätigkeit) persönlich haftender Gesellschafter einer KGaA hinzuzurechnen. Die Hinzurechnung wird durch die Kürzungsvorschrift § 9 Nr. 2b GewStG allerdings teilweise wieder neutralisiert.

3. Verlustverrechnung

245 Resultiert nach der Modifikation der gewerbesteuerlichen Ausgangsgröße der AG um die Hinzurechnungen und Kürzungen ein Fehlbetrag, ist dieser gesondert festzustellen und auf die folgenden Erhebungszeiträume vorzutragen und zu verrechnen, sobald und soweit positive Gewerbeerträge der AG entstehen. Ein Rücktrag ist, anders als körperschaftsteuerlich, gewerbesteuerlich nicht vorgesehen.

246 Der Verlustvortrag ist wie in der Körperschaftsteuer begrenzt auf 60 % des 1 Mio. € übersteigenden maßgebenden Gewerbeertrags (Mindestbesteuerung).

247 Voraussetzung für eine gewerbesteuerliche Verlustverrechnung bei Einzelunternehmen und Personengesellschaften ist, dass sowohl Unternehmensidentität als auch Unternehmeridentität vorliegt. Bei Kapitalgesellschaften setzt die Verlustverrechnung voraus, dass die Vorschrift des § 8c KStG nicht zur Anwendung kommt.

248 Unternehmensidentität bedeutet, dass der Gewerbebetrieb, bei dem der Verlust entstanden ist, identisch mit dem Gewerbebetrieb ist, mit dessen Ertrag

C. Gewerbesteuerrecht

der Verlust verrechnet werden soll.[221] Ob rechtliche und wirtschaftliche Unternehmensidentität vorliegt, ist nach dem Gesamtbild zu beurteilen, welches sich aus den wesentlichen Merkmalen wie Art der Betätigung, Kunden-/Lieferantenkreis, Geschäftsleitung, Umfang und Zusammensetzung des Aktivvermögens etc. ergibt.

Unternehmeridentität[222] meint, dass der Gewerbetreibende, der den Verlustabzug in Anspruch nehmen will, den Gewerbeverlust zuvor in eigener Person erlitten haben muss. Bei Kapitalgesellschaften ist diese Voraussetzung unproblematisch, da Steuerobjekt und Steuerschuldner auch bei Gesellschafterwechsel identisch sind. Bei Mitunternehmerschaften dagegen ist bei Ein- oder Austritt von Gesellschaftern oder Gesellschafterwechsel Unternehmeridentität (zum Teil) nicht mehr gegeben. Die Unternehmeridentität setzt zwar nicht voraus, dass sich die Mitunternehmerschaft im Jahr der Verlustverrechnung aus denselben Personen zusammensetzt wie im Jahr der Verlustentstehung, die Höhe des vortragsfähigen Gewerbeverlustes wird jedoch auf die Anteile am Gewerbeverlust der Gesellschafter beschränkt, die bereits im Jahr der Verlustentstehung die Gesellschafterstellung innehatten. Geht der Gewerbebetrieb im Ganzen auf einen anderen Unternehmer über, ist ein Gewerbeverlust insgesamt nicht mehr verrechenbar.[223]

249

Gem. § 10a S. 8 GewStG sind die Vorschriften des § 8c KStG auch auf den gewerbesteuerlichen Verlustvortrag anzuwenden. Mit der Unternehmensteuerreform 2008 wurde die bisherige Vorschrift des § 8 Abs. 4 KStG gestrichen und durch § 8c KStG ersetzt. Danach gilt Folgendes:

250

Werden innerhalb von fünf Jahren mehr als 25 % der Anteile an einer Kapitalgesellschaft unmittelbar oder mittelbar von einem Erwerber oder diesem nahestehenden Personen erworben, so geht der entsprechende Anteil des Verlustvortrages (genauer: der zum Zeitpunkt des Beteiligungserwerbs bestehende Verlust) verloren. Ist sogar mehr als die Hälfte der Kapitalgesellschaftsanteile Gegenstand des Erwerbs, so wird der gesamte nicht genutzte Verlust nicht mehr abziehbar. Dabei ist unerheblich, ob der Erwerb der Anteile in einem oder in mehreren Geschäften vonstatten geht und ob die Geschäftstätigkeit der Gesellschaft von dem Wechsel im Gesellschafterbestand berührt wird. Im Einzelnen s. dazu § 13 Rz. 213 ff.

251

Neben dem § 8c KStG bleibt die Altregelung des § 8 Abs. 4 KStG bis zum 1. Januar 2013 in Kraft.

252

IV. Gewerbesteuer-Ermittlung

Der nach evtl. Gewerbeverlustvortragsverrechnung verbleibende positive Gewerbeertrag der AG wird durch Multiplikation mit 3,5 % in den Gewerbesteuermessbetrag überführt.[224]

253

---

[221] Vgl. R 67 GewStR. S. auch zu einer schädlichen Teilbetriebsausgliederung BFH v. 7.8.2008, DStR 2008, 2014.

[222] Vgl. R 68 GewStR.

[223] Bringt ein Einzelunternehmer seinen mit einem gewerbesteuerlichen Verlustvortrag behafteten Gewerbebetrieb gem. § 24 UmwStG in eine Personengesellschaft ein, geht der Gewerbeverlust grds. auf die Personengesellschaft über.

[224] Der in § 11 GewStG geregelte Freibetrag ist nur für Personenunternehmen relevant.

254 Die Gemeinde erhebt dann die Gewerbesteuer durch Anwendung des von ihr festzulegenden Hebesatzes (§ 16 GewStG) auf den Gewerbesteuermessbetrag. Die Hebesätze der Gemeinden differieren erheblich. Der durchschnittliche **Hebesatz** liegt etwa bei 400 %.[225]

255 Berührt ein Gewerbebetrieb verschiedene hebeberechtigte Gemeinden,[226] ist eine Aufteilung des einheitlichen Gewerbesteuermessbetrages (sog. **Zerlegung**, die in einem Zerlegungsbescheid erfolgt) notwendig, um den einzelnen Gemeinden als Steuergläubiger die entsprechenden Teile der Bemessungsgrundlage zuweisen zu können. Zerlegungsmaßstab ist nach § 29 Abs. 1 GewStG im Normalfall das Verhältnis der Arbeitslöhne, die in einer Betriebsstätte gezahlt wurden, zur Gesamtsumme der Arbeitslöhne aller Betriebsstätten.[227]

256 Unter Berücksichtigung der Zerlegung wird durch die berechtigten Gemeinden die Gewerbesteuer festgesetzt.

D. Doppelbesteuerungsrecht

I. Methoden zur Vermeidung der Doppelbesteuerung

257 Doppelbesteuerung im juristischen Sinne liegt dann vor, wenn derselbe Steuerschuldner im Hinblick auf denselben Steuergegenstand von mehreren Staaten gleichzeitig zu einer gleichen oder gleichartigen Steuer herangezogen wird.[228] Die wesentliche Ursache der Doppelbesteuerung ist die Kollision zwischen unbeschränkter Steuerpflicht in einem Staat und beschränkter Steuerpflicht in einem anderen Staat. Es können aber auch Fälle mehrfacher unbeschränkter bzw. beschränkter Steuerpflicht gegeben sein.

258 In der Praxis wird die Doppelbesteuerung vor allem durch die Befreiungsmethode oder durch die Anrechnungsmethode vermieden bzw. gemildert. Unilateral kommt praktisch nur, wenn man von der Dividendenfreistellung absieht, die Anrechnungsmethode zur Anwendung. Auf bilateraler Ebene (DBAs) ist von Deutschland und anderen kontinental-europäischen Ländern bisher die Freistellungsmethode bevorzugt worden. Die angloamerikanischen Länder haben sich dagegen schon frühzeitig für die Steueranrechnung als Regelmethode entschieden.

259 Nach der **Befreiungsmethode** werden die Steuerobjekte entweder dem Wohnsitzstaat oder dem Quellenstaat zugewiesen. Bei Zuweisung zum Quellenstaat unterliegt der Wohnsitzstaat der Verpflichtung zur Befreiung z.T. auch

---

[225] Gem. § 16 Abs. 4 Satz 2 GewStG muss der Hebesatz mindestens 200 % betragen. Diese Regelung wurde eingeführt, um Steueroasen in Deutschland mit sehr niedrigen Hebesätzen (in Ausnahmefällen kamen Hebesätze von 0 % vor) entgegenzuwirken.

[226] Ein Gewerbebetrieb unterhält in mehreren Gemeinden Betriebsstätten, die Betriebsstätte eines Gewerbebetriebes erstreckt sich über mehrere Gemeinden, die Betriebsstätte wird innerhalb eines Erhebungszeitraumes in eine andere Gemeinde verlegt.

[227] Für Sonderfälle sehen die §§ 30, 33 GewStG vor, dass die Zerlegung nach Lage der örtlichen Verhältnisse und nach durch die Betriebsstätte verursachten Gemeindelasten zu erfolgen hat oder nach einem Zerlegungsmaßstab, der die tatsächlichen Verhältnisse besser berücksichtigt.

[228] Wirtschaftlich ist dagegen Doppelbesteuerung auch dann gegeben, wenn derselbe Vorgang in zwei oder mehreren Staaten besteuert wird, jedoch nicht bei demselben Steuerpflichtigen.

D. Doppelbesteuerungsrecht

dann, wenn im Quellenstaat eine Besteuerung nicht erfolgt. Es gibt aber auch Fälle, in denen der Wohnsitzstaat besteuern darf, wenn der Quellenstaat die Besteuerung unterlässt; entsprechend gibt es Regelungen, dass der Quellenstaat Steuerbefreiungen oder Steuerermäßigungen nur unter der Voraussetzung einer Besteuerung im Wohnsitzstaat gewährt (sog. subject-to-tax-Klauseln).[229] Im deutschen Recht sind insoweit auch § 50 Abs. 9 EStG und § 20 Abs. 2 AStG bedeutsam. Greift die Befreiungsmethode, sind auch betroffene negative ausländische Einkünfte nicht zu berücksichtigen.[230]

Nach der **Anrechnungsmethode** rechnet der Wohnsitzstaat die im Quellenstaat erhobene Steuer auf seine eigene an. Diese Anrechnung ist regelmäßig so ausgestaltet, dass der Wohnsitzstaat die Steuer des Quellenstaates nur bis zur Höhe der eigenen auf das Steuerobjekt entfallenden Steuer anrechnet. Letzteres führt dazu, dass die Gesamtsteuerbelastung sich am höheren Steuerniveau der beteiligten Staaten orientiert.[231] Greift die Anrechnungsmethode, gehen betroffene negative ausländische Einkünfte grundsätzlich in die Bemessungsgrundlage ein.[232]

II. Unilaterale Doppelbesteuerungsregeln

In § 26 Abs. 1 KStG ist die Anrechnung ausländischer Steuern, zu denen eine unbeschränkt steuerpflichtige AG herangezogen worden ist, auf ihre inländische Körperschaftsteuer geregelt. Bei den von der unbeschränkt steuerpflichtigen AG erzielten und mit ausländischer Steuer belasteten Einkünften handelt es sich vor allem um Betriebsstätteneinkünfte. Auch bei Lizenzen und Zinsen kann es zur Steueranrechnung kommen. Dabei greift § 26 Abs. 1 KStG nur ein, wenn mit dem ausländischen Staat, aus dem die Einkünfte stammen, kein DBA vereinbart ist (§ 26 Abs. 6 KStG iVm. § 34 c Abs. 6 EStG), bzw. soweit die Doppelbesteuerungsabkommen die Steueranrechnung vorsehen und keine eigenen Regelungen über die Ausgestaltung der Steueranrechnung haben.[233] S. a. § 50d Abs. 9 EStG[234] und § 20 Abs. 2 AStG, die unilateral eigentlich in

---

[229] Dazu sowie zu Rückfallklauseln und switch-over-Klauseln siehe zB OFD Düsseldorf v. 18. 7. 2005, EStG-Kartei NRW DBA Allgemeines Nr. 802; BFH v. 17. 10. 2007, DStR 2008, 477.
[230] Obwohl man daran nach dem Sinn der DBA, nationale Besteuerungsrechte zu begrenzen, Zweifel haben könnte. Die Befreiungsmethode steht in aller Regel unter Progressionsvorbehalt, was aber für Kapitalgesellschaften ohne Bedeutung ist.
[231] Um gleichwohl wenig entwickelten Staaten den Investitionsanreiz einer niedrigen Steuerbelastung zu belassen, ist allerdings in Abkommen mit solchen Staaten nicht selten eine fiktive Steueranrechnung vereinbart. Damit kommt jene Steuer zur Anrechnung, die im Quellenstaat hätte bezahlt werden müssen, wenn es dort keine Steuervergünstigungen gegeben hätte.
[232] Allerdings Hinweis auf § 2 a EStG für Drittstaatenverluste.
[233] Überdies kann eine Steueranrechnung in Betracht kommen, wenn das DBA die Doppelbesteuerung nicht beseitigt oder sich nicht auf die fragliche Steuer des anderen Staates bezieht (§ 26 Abs. 6 KStG iVm. § 34 c Abs. 6 Satz 4 EStG).
[234] § 50d Abs. 9 EStG führt Folgendes aus: „Sind Einkünfte eines unbeschränkt Steuerpflichtigen nach einem Abkommen zur Vermeidung der Doppelbesteuerung von der Bemessungsgrundlage der deutschen Steuer auszunehmen, so wird die Freistellung der Einkünfte ungeachtet des Abkommens nicht gewährt, wenn 1. der andere Staat die Bestimmungen des Abkommens so anwendet, dass die Einkünfte in diesem Staat von

DBA vorgesehene Steuerbefreiungen im Wege eines Treaty Override zu einem Fall der Anrechnungsmethode machen können.[235]

262 Die Steueranrechnung steht grundsätzlich nur unbeschränkt steuerpflichtigen Kapitalgesellschaften zu, soweit diese selbst auch im Ausland zur Steuer herangezogen worden sind.[236] Nach § 34 c Abs. 1 EStG (iVm. § 26 Abs. 1 KStG) kann nur diejenige ausländische Steuer angerechnet werden, die auf die ausländischen Einkünfte erhoben worden ist. Die ausländischen Einkünfte iSd. § 34 c EStG sind in § 34 d EStG aufgezählt. Im Wesentlichen handelt es sich hierbei um eine Umkehrung des § 49 EStG.[237] Nur die Steuern, die in dem Staat, aus dem die ausländischen Einkünfte stammen, erhoben werden, sind anrechenbar, nicht auch in Drittstaaten auf diese Einkünfte erhobene Steuern.[238] Anrechenbar ist nur eine der deutschen Körperschaftsteuer entsprechende Steuer, und zwar die tatsächlich im Ausland festgesetzte und gezahlte und keinem Ermäßigungsanspruch mehr unterliegende Steuer.

263 Die ausländische Steuer ist auf die deutsche Körperschaftsteuer anzurechnen, die auf die Einkünfte aus dem betreffenden ausländischen Staat entfällt. Der damit vorgesehene Anrechnungshöchstbetrag berechnet sich wie folgt: Deutsche Steuer × ausländische Einkünfte : Summe der Einkünfte. Die Berechnung der ausländischen Einkünfte und der Summe der Einkünfte hat dabei nach deutschem Steuerrecht zu erfolgen. Daraus folgt, dass aufgrund des Anrechnungshöchstbetrags Anrechnungsüberhänge nicht nur deshalb entstehen können, weil der Steuersatz im Ausland höher ist, sondern auch deshalb, weil nach dortigem Recht die Bemessungsgrundlagen höher sind.[239] Zu Anrechnungsüberhängen beitragen kann auch, dass die für die Ermittlung des Anrechnungshöchstbetrags zugrunde zu legenden ausländischen Einkünfte gem. § 34 c Abs. 1 Satz 3 ff. EStG zu ermitteln sind. Danach gilt zB, dass dann, wenn ausländische Einkünfte (der in § 34 d Nr. 3, 4, 6, 7 und 8 Buchstabe c genannten Art) zum Gewinn eines inländischen Betriebs gehören, bei ihrer Ermittlung Betriebsausgaben und Betriebsvermögensminderungen abzuziehen sind, die

---

der Besteuerung auszunehmen sind oder nur zu einem durch das Abkommen begrenzten Steuersatz besteuert werden können, oder 2. die Einkünfte in dem anderen Staat nur deshalb nicht steuerpflichtig sind, weil sie von einer Person bezogen werden, die in diesem Staat nicht auf Grund ihres Wohnsitzes, ständigen Aufenthalts, des Ortes ihrer Geschäftsleitung, des Sitzes oder eines ähnlichen Merkmals unbeschränkt steuerpflichtig ist. Nummer 2 gilt nicht für Dividenden, die nach einem Abkommen zur Vermeidung der Doppelbesteuerung von der Bemessensgrundlage der deutschen Steuer auszunehmen sind, es sei denn, die Dividenden sind bei der Ermittlung des Gewinns der ausschüttenden Gesellschaft abgezogen worden. Bestimmungen eines Abkommens zur Vermeidung der Doppelbesteuerung, die die Freistellung von Einkünften in einem weitergehenden Umfang einschränken, sowie § 20 Abs. 2 des Außensteuergesetzes bleiben unberührt."

[235] Siehe dazu näher § 13 Rz. 316.
[236] In den Fällen, in denen wegen § 42 AO die Einkünfte von Basisgesellschaften im Ergebnis bei den hinter diesen Gesellschaften stehenden Personen erfasst werden, verneint der BFH v. 24. 2. 1976, BStBl. II 1977, 265 eine Subjektsidentität und damit die Anrechenbarkeit der von der Gesellschaft gezahlten Steuern.
[237] Problematisch ist bspw., dass der sog. Liefergewinn teilweise von ausländischen Staaten erfasst wird, aber nicht zum ausländischen Betriebsstättenergebnis zählt. Siehe auch Fn. 250.
[238] Insoweit kann aber der Steuerabzug gem. § 34 c Abs. 3 EStG eingreifen.
[239] VZ-Identität dürfte demgegenüber für die Anrechnung ausländischer Steuern nicht erforderlich sein.

D. Doppelbesteuerungsrecht

mit den diesen Einkünften zugrunde liegenden Einnahmen in wirtschaftlichem Zusammenhang stehen. Auf die Unmittelbarkeit des Zusammenhangs kommt es nicht an. Außerdem wird angeordnet, dass bei der Ermittlung der ausländischen Einkünfte die ausländischen Einkünfte nicht zu berücksichtigen sind, die in dem Staat, aus dem sie stammen, nach dessen Recht nicht besteuert werden (§ 34 c Abs. 1 Satz 3 EStG).[240]

Eine weitere Begrenzung ergibt sich dadurch, dass bei der Berechnung des Anrechnungshöchstbetrages jeweils auf die Steuer des betreffenden Staates abzustellen, der Höchstbetrag also für jeden ausländischen Staat gesondert zu berechnen ist (per-country-limitation). Überdies ist festzuhalten, dass nach § 34 c Abs. 1 EStG (iVm. § 26 Abs. 1 KStG) auch nicht die Möglichkeit besteht, die Anrechnungsüberhänge zurück- bzw. vorzutragen.

Gem. § 26 Abs. 6 KStG sind auch die Vorschriften des § 34 c Abs. 2 und 3 EStG entsprechend anzuwenden. Der gem. § 34 c Abs. 2 EStG wahlweise mögliche Abzug der ausländischen Steuer bei der Ermittlung der Einkünfte (soweit die ausländische Steuer auf ausländische Einkünfte entfällt, die nicht steuerfrei sind) ist vor allem günstiger bei Inlandsverlusten oder relativ hohen Auslandssteuern (im Vergleich zu den nach deutschem Steuerrecht ermittelten Auslandseinkünften). Ein Überhang an Auslandssteuern kann beim Steuerabzug über den Verlustvortrag steuerlich wirksam gemacht werden. Das Wahlrecht gem. § 34 c Abs. 2 EStG kann für alle Einkünfte aus einem bestimmten Staat nur einheitlich ausgeübt werden. Für ausländische Einkünfte aus verschiedenen Staaten kann das Wahlrecht dagegen unterschiedlich ausgeübt werden. Außerdem ist es jedes Jahr neu ausübbar.

Der Steuerabzug gem. § 34 c Abs. 3 EStG kommt in Betracht, wenn und soweit eine Steueranrechnung misslingt, weil die ausländische Steuer nicht der deutschen Körperschaftsteuer entspricht oder die ausländische Steuer nicht in dem Staat erhoben wird, aus dem die Einkünfte stammen, oder keine ausländischen Einkünfte vorliegen.

III. Doppelbesteuerungsabkommen

Die juristische Doppelbesteuerung kann, wie bereits erwähnt, in drei Fällen auftreten: Unbeschränkte Steuerpflicht in beiden Vertragsstaaten; beschränkte Steuerpflicht in beiden Vertragsstaaten; unbeschränkte Steuerpflicht in dem einen und beschränkte Steuerpflicht in dem anderen Vertragsstaat. Der erste Fall wird in DBA über die Regelung der Ansässigkeit gelöst. Der zweite Fall ist in den DBA nicht geregelt und kann regelmäßig nur über Verständigungsverfahren gelöst werden. Der dritte Fall wird durch Verzicht entweder des Wohnsitzstaates oder des Quellenstaates gelöst. Nach der Systematik des OECD-MA wird der Verzicht des Quellenstaates stets in den Kollisionsnormen, der des Wohnsitzstaates in den Doppelbesteuerungsvermeidungsnormen ausgesprochen. Verzichtet

---

[240] Für den Fall der Steueranrechnung in einem DBA-Fall gelten diese Verschärfungen gem. § 34 c Abs. 6 EStG grundsätzlich entsprechend. Darüber hinaus sieht § 34 c Abs. 6 EStG vor, dass § 34 c Abs. 1 Satz 3 EStG auch dann entsprechend gilt, wenn die Einkünfte in dem ausländischen Staat nach dem DBA mit diesem Staat nicht besteuert werden können. Weiter wird angeordnet, dass bei nach dem Abkommen als gezahlt geltenden ausländischen Steuerbeträgen (fiktive Quellensteuer) § 34 c Abs. 1 Satz 3 EStG nicht anzuwenden ist.

der Quellenstaat nicht, so wird die Doppelbesteuerung durch den Wohnsitzstaat entweder durch Befreiung oder durch Anrechnung vermieden.

1. Anwendungsbereich

268 Der persönliche Anwendungsbereich der Doppelbesteuerungsabkommen erfasst neben natürlichen auch juristische Personen, die in einem der oder in beiden Vertragsstaaten ansässig sind (Art. 1 OECD-MA). Ansässigkeit meint dabei zunächst regelmäßig die Erfassung als unbeschränkt Steuerpflichtige in einem der beiden Vertragsstaaten (Art. 4 Abs. 1 OECD-MA). Ist dies in beiden Vertragsstaaten der Fall, ist bei Kapitalgesellschaften der tatsächliche Ort der Geschäftsleitung maßgeblich (Art. 4 Abs. 3 OECD-MA). Ist eine Kapitalgesellschaft in keinem der beiden Vertragsstaaten ansässig, so genießt sie auch keinen Abkommensschutz.[241] In einem Konfliktfall betr. die Steuersubjekteigenschaft (ist vor allem bei Personengesellschaften denkbar) entscheidet für die Qualifikation die Lage nach den Steuergesetzen des Staates, in dem der Rechtsträger errichtet worden ist.[242] Betriebsstätten als solche sind nicht abkommensberechtigt.

269 Nach Art. 2 OECD-MA sind von DBA regelmäßig ua. auch sowohl die Körperschaft- als auch die Gewerbesteuer erfasst. Ob die Steuer vom Vertragsstaat selbst oder von einer politischen Untergliederung (Land, Gemeinde etc.) erhoben wird, spielt grundsätzlich keine Rolle.

2. Normenkonkurrenz

270 Das Verhältnis der DBA-Kollisionsnormen zueinander und damit auch das Problem der DBA-rechtlichen Einkünftequalifizierung[243] wird in den DBA an verschiedenen Stellen angesprochen. So heißt es in Art. 7 Abs. 7 OECD-MA, dass Einkünfte, die zum Gewinn eines Gewerbebetriebs gehören, aber in anderen Artikeln des DBA behandelt sind, unter diese Vorschriften fallen (isolierende Betrachtungsweise ähnlich § 49 Abs. 2 EStG). Allerdings wird diese Aussage im Bereich der Artikel über die Besteuerung der Dividenden (Art. 10), Zinsen (Art. 11) und Lizenzgebühren (Art. 12) wieder insoweit eingeschränkt, als Art. 7 OECD-MA Vorrang erhält, wenn die vorbezeichneten Einkünfte im Rahmen

---

[241] Gegen sog. treaty shopping durch Zwischenschaltung in einem günstigen DBA-Staat ansässiger Kapitalgesellschaften gerichtet ist § 50 d Abs. 3 EStG, wonach ein Anspruch auf Entlastung von Quellensteuern für ausländische Gesellschaften versagt wird, soweit an ihnen Personen beteiligt sind, denen die Steuerentlastung nicht zustände, wenn sie die Einkünfte unmittelbar erzielten, und für die Einschaltung der ausländischen Gesellschaft wirtschaftliche oder sonst beachtliche Gründe fehlen und sie keine eigene Wirtschaftstätigkeit entfaltet.

[242] Weicht die Qualifikation in dem anderen Vertragsstaat hiervon ab, so bleibt dies für die Anwendung der Abkommensvorschriften unerheblich. Das hat zur Folge, dass bei der Frage der Steuerpflicht, die allein nach innerstaatlichem Recht zu beurteilen ist, in diesem Fall nur ein anderes Steuersubjekt abzustellen ist als bei Anwendung des DBA.

[243] Da alle DBA-Kollisionsnormen lediglich das Besteuerungsrecht zuweisen, hat die DBA-rechtliche Einkünftequalifikation auf die Einkünftequalifikation nach innerstaatlichem Recht keinen Einfluss. Die Einkünftequalifikation hat mithin immer auf zwei Ebenen zu erfolgen.

von Betriebsstätten anfallen (Betriebsstättenvorbehalt gem. Art. 10 Abs. 4, 11 Abs. 4 und 12 Abs. 3 OECD-MA).

3. Einkünfte aus unbeweglichem Vermögen

Einkünfte aus unbeweglichem Vermögen können nach Art. 6 Abs. 1 OECD-MA in dem Staat besteuert werden, in dem das Vermögen liegt. Die zusätzlich relevante Frage, ob auch der Wohnsitzstaat einen Besteuerungszugriff hat, wird durch die Methodenregel zur Vermeidung der Doppelbesteuerung entschieden (Art. 23A und 23B OECD-MA). Vorherrschend ist für Einkünfte aus unbeweglichem Vermögen die Befreiungsmethode.[244] Das Belegenheitsprinzip gilt nach Art. 6 Abs. 4 OECD-MA auch dann, wenn das unbewegliche Vermögen einer Betriebsstätte zuzuordnen ist.

4. Unternehmensgewinne

Unternehmensgewinne werden im **Ansässigkeitsstaat** des Unternehmers besteuert, es sei denn, dass in dem anderen Land eine Betriebsstätte unterhalten wird (Art. 7 Abs. 1 Satz 1 OECD-MA). Bei einer Personengesellschaft bestimmt sich der Ansässigkeitsstaat des Unternehmers nach der Ansässigkeit der Gesellschafter.

Unterhält das Unternehmen in dem anderen Vertragsstaat eine Betriebsstätte, so hat nach Art. 7 Abs. 1 Satz 2 OECD-MA auch der **Betriebsstättenstaat** das Besteuerungsrecht. Die Doppelbesteuerung wird in der Praxis der deutschen Doppelbesteuerungsabkommen durch Befreiung vermieden (Art. 23A OECD-MA).[245]

Nach Art. 5 OECD-MA ist **Betriebsstätte**[246] eine feste Geschäftseinrichtung, in der die Tätigkeit des Unternehmens ganz oder teilweise ausgeübt wird. Außerdem wird ein nicht abschließender Katalog von „Einrichtungen" geregelt, bei denen die Betriebsstätteneigenschaft als gegeben unterstellt wird (zB der Ort der Leitung; Zweigniederlassungen; Bauausführungen und Montagen, wenn deren Dauer zwölf Monate überschreitet). Auch für das Unternehmen tätige abhängige Vertreter begründen Betriebsstätten. Überdies enthält Art. 5 OECD-MA einen Ausnahmekatalog (zB gelten Auslieferungslager und Einkaufsstellen nicht als Betriebsstätten). Unterhält eine Mitunternehmerschaft

---

[244] Nur wenige DBA sehen dagegen insoweit ganz oder zum Teil die Anrechnungsmethode vor.

[245] Es können dabei besondere Fragen der Behandlung von in einer Betriebsstätte vereinnahmten Dividenden und Anteilsveräußerungsgewinnen gegeben sein. Siehe auch Fn. 248 sowie BFH v. 7. 8. 2002, BStBl. II 2002, 848. S. überdies erneut § 50d Abs. 9 EStG und § 20 Abs. 2 AStG.

[246] Der Begriff nach DBA unterscheidet sich im Detail von den im § 12 AO unilateral definierten Betriebsstättenbegriff. Nach § 12 AO ist Betriebsstätte jede feste Geschäftseinrichtung oder Anlage, die der Tätigkeit eines Unternehmens dient. Als Betriebsstätten sind insbesondere anzusehen: die Stätte der Geschäftsleitung, Zweigniederlassungen, Geschäftsstellen, Fabrikations- oder Werkstätten, Warenlager, Ein- oder Verkaufsstellen, Bergwerke, Steinbrüche oder andere stehende, örtlich fortschreitende oder schwimmende Stätten der Gewinnung von Bodenschätzen, Bauausführungen oder Montagen, auch örtlich fortschreitende oder schwimmende, wenn die einzelne Bauausführung oder Montage oder eine von mehreren zeitlich nebeneinander bestehenden Bauausführungen oder Montagen oder mehrere ohne Unterbrechung aufeinander folgende Bauausführungen oder Montagen länger als sechs Monate dauern.

eine feste Geschäftseinrichtung, so hat zugleich auch jeder Mitunternehmer eine Betriebsstätte.[247]

275 Der Betriebsstätte sind die Ergebnisse zuzurechnen, die Resultat der in dieser vorgenommenen Geschäfte sind, sowie die Aufwendungen, die im Zusammenhang mit den Aktivitäten der Betriebsstätte stehen. Entsprechendes gilt für die Wirtschaftsgüter, wobei vielfältige unklare Zuordnungsfragen gegeben sind.[248] Nach Art. 7 Abs. 2 OECD-MA sind einer Betriebsstätte diejenigen **Gewinne zuzurechnen**, die diese Betriebsstätte erzielt hätte, wenn sie statt mit dem Stammhaus mit einem völlig fremden Unternehmen zu den Bedingungen und Preisen des freien Marktes in Geschäftsbeziehungen gestanden hätte (= dealing-at arm's-length-Prinzip).[249] In praxi sind auch insoweit Zuordnungskonflikte denkbar.[250] Besondere Fragen stellen sich für Sondervergütungen bei Personengesellschaften.[251] Eine sog. Attraktivkraft der Betriebsstät-

---

[247] Näher zu Qualifikationsproblemen und daraus resultierenden Folgen bei Beteiligungen an ausländischen Gesellschaften s. z.B. BMF v. 19. 3. 2004, BStBl. I 2004, 411.

[248] Dies gilt vor allem für die Zuordnung von Anteilen an Kapitalgesellschaften zu ausländischen Betriebsstätten mit besonderen Fragen bei ausländischen Personengesellschaften. S. dazu jüngst BFH v. 17. 10. 2007, DStR 2008, 659; BFH v. 19. 12. 2007, BFH/NV 2008, 893; BFH v. 13. 2. 2008, DStR 2008, 1025. Darüber hinaus s. zur Zuordnung von Wirtschaftsgütern und zum sog. Dotationskapital BMF v. 24. 12. 1999, IStR 1/2000. Bei der Zuordnung von Finanzmitteln und Beteiligungen kommt der Zentralfunktion des Stammhauses besondere Bedeutung zu. Bei der Frage des Dotationskapitals soll neben dem äußeren und internen Fremdvergleich auch der Stammhaus-Kapitalspiegel relevant sein können.

[249] Zinsen, Mieten und Lizenzgebühren werden zwischen Stammhaus und Betriebsstätte grundsätzlich nicht anerkannt.

[250] Bspw. ist bei Montagebetriebsstätten aus deutscher Sicht der auf die Montage selbst entfallende Gewinn als Betriebsstättengewinn zu qualifizieren, während der Gewinn aus der Lieferung der Montagegegenstände seitens des Stammhauses an die betreffenden Auftraggeber Gewinn (sog. Liefergewinn) des Stammhauses ist. Aus der Sicht des ausländischen Staates kann der Liefergewinn aber auch Teil des Betriebsstättengewinns sein.

[251] Sondervergütungen eines inländischen Gesellschafters einer ausländischen Personengesellschaft und eines ausländischen Gesellschafters einer inländischen Personengesellschaft waren nach Auffassung der Finanzverwaltung (BMF v. 24. 12. 1999, IStR 1/2000) generell als Unternehmensgewinne im Sinne der DBA (vgl. Art. 7 OECD-MA) zu behandeln, auch wenn das Abkommen im DBA keine ausdrückliche Regelung in diesem Sinne enthält. Sie wurden jedoch nach Auffassung der Finanzverwaltung im ersten Fall nach dem Methodenartikel des anzuwendenden DBA nicht von der deutschen Bemessungsgrundlage ausgenommen, wenn der andere Staat sie abweichend vom deutschen Steuerrecht qualifizierte, zB als Zinsen oder Lizenzgebühren, und sie aufgrund dieser Qualifikation nach dem DBA von der Steuer zu befreien oder nur ermäßigt zu besteuern hatte. S.a. erneut § 50d Abs. 9 EStG und § 20 Abs. 2 AStG. Demgegenüber wurden nach Auffassung des BFH Sondervergütungen (zB Zinsen) unter die einschlägigen Abkommensartikel (zB Art. 11 OECD-MA) subsumiert, mit der Konsequenz, dass Sondervergütungen des inländischen Gesellschafters einer ausländischen Personengesellschaft in Deutschland stets uneingeschränkt steuerpflichtig waren. Etwas anderes galt nur, wenn die den Sondervergütungen zugrunde liegenden Vermögenswerte (zB Forderungen) tatsächlich (nicht: nur rechtlich) zu einer im Ausland belegenen Betriebsstätte des gewerblich tätigen Gesellschafters gehörten. Nun ist der Streit in JStG 2009 durch den Gesetzgeber in § 50d Abs. 10 EStG entschieden worden. Die Norm lautet: „Sind auf Vergütungen im Sinne des § 15 Abs. 1 Satz 1 Nr. 2 Satz 1 zweiter Halbsatz und Nr. 3 zweiter Halbsatz (EStG) die Vorschriften eines Abkommens zur Vermeidung der Doppelbesteuerung

D. Doppelbesteuerungsrecht   276–280   § 12

te, wonach automatisch alle Einkunftsquellen im Betriebsstättenstaat der Betriebsstätte zuzuordnen sind, gibt es grundsätzlich nicht. Erzielt die Betriebsstätte auch Einkünfte außerhalb des Betriebsstättenstaates, kann eine Doppelbesteuerung häufig nicht vermieden werden. Das liegt letztlich daran, dass Betriebsstätten nicht abkommensberechtigt sind.

Zur **Überführung von Wirtschaftsgütern** aus dem deutschen Stammhaus in eine Betriebsstätte et vice versa s. § 13 Rz. 361, 363, 439.[252] 276

5. Gewinnberichtigungen

Im Hinblick auf Geschäftsbeziehungen zwischen verbundenen Unternehmen enthält Art. 9 OECD-MA eine Gewinnkorrekturregel (vereinbaren verbundene Unternehmen bei ihren kaufmännischen und finanziellen Beziehungen Bedingungen, die von denen abweichen, die voneinander unabhängige Unternehmen miteinander vereinbaren würden, so dürfen Gewinne, die eines der Unternehmen ohne diese Bedingungen erzielt hätte, wegen dieser Bedingungen aber nicht erzielt hat, dem Gewinn dieses Unternehmens hinzugerechnet und entsprechend besteuert werden). Die Bedeutung dieser Norm liegt in der Begrenzung der Reichweite der Gewinnkorrekturklauseln des nationalen Rechts.[253] 277

6. Dividenden

Das Besteuerungsrecht für Dividenden hat grundsätzlich der Wohnsitzstaat des Dividendenempfängers (Art. 10 OECD-MA). Allerdings ist der Quellenstaat in beschränktem Umfang berechtigt, eine Quellensteuer zu erheben. Diese ist nach Art. 10 Abs. 2 OECD-MA auf 5 % in Fällen einer Schachtelbeteiligung und auf 15 % in den übrigen Fällen begrenzt; in den konkreten DBA sind allerdings auch davon deutlich abweichende Quellensteuersätze vorgesehen. Für Schachteldividenden innerhalb der EU scheidet ein Kapitalertragsteuerabzug wegen der EU-Mutter-Tochter-Richtlinie aus.[254] 278

Stammen die Dividenden nicht aus sog. Schachtelbeteiligungen, so gilt im Wohnsitzstaat regelmäßig die Anrechnungsmethode. Einige DBA sehen eine fiktive Anrechnung von Quellensteuern vor. 279

Für Beteiligungen von Kapitalgesellschaften von idR über 25 % gewährt der Wohnsitzstaat meist das **internationale Schachtelprivileg**.[255] Einige DBA machen das internationale Schachtelprivileg zusätzlich davon abhängig, dass die deutsche Muttergesellschaft bei Nichtbestehen eines DBA nach deutschem Steuerrecht eine Anrechnung der auf den Gewinn der ausländischen Gesellschaft entfallenden ausländischen Steuern nach § 26 Abs. 2 KStG aF beanspruchen könnte (damit werden letztlich Dividenden aus bestimmten Zwischengesellschaften iSd. AStG vom Schachtelprivileg ausgenommen). Andere DBA setzen voraus, dass die Dividenden auch tatsächlich im Quellenstaat einer Ab- 280

---

anzuwenden und enthält das Abkommen keine solche Vergütungen betreffende ausdrückliche Regelung, gelten diese Vergütungen für Zwecke der Anwendung des Abkommens ausschließlich als Unternehmensgewinne. § 50d Absatz 9 Nr. 1 EStG bleibt unberührt."
[252] Siehe auch jüngst BFH v. 17. 7. 2008, DStR 2008, 2001.
[253] Dazu § 13 Rz. 273 ff.
[254] In Deutschland siehe § 43b EStG.
[255] Eine evtl. einbehaltbare Quellensteuer ist dann nicht anrechenbar.

zugssteuer unterworfen worden sind (sog. subject-to-tax-Klausel).[256] Im Übrigen gibt es aber nur wenige Fälle, in denen das internationale Schachtelprivileg nicht gewährt wird (zB gilt im DBA/Luxemburg das in Art. 20 Abs. 2 verankerte Schachtelprivileg gemäß Nr. 1 des Schlussprotokolls nicht für Dividenden aus bestimmten luxemburgischen Holdinggesellschaften).[257]

281 Art. 10 Abs. 3 OECD-MA enthält eine Dividendendefinition.[258] Nach Art. 10 Abs. 4 OECD-MA sind Dividenden, falls die entsprechenden Beteiligungen zu einer im Staat der zahlenden Gesellschaft belegenen Betriebsstätte des Dividendenempfängers gehören, als Betriebsstättengewinn zu qualifizieren.[259]

7. Zinsen

282 Für Zinsen[260] liegt das Besteuerungsrecht grundsätzlich beim Wohnsitzstaat des Gläubigers (Art. 11 OECD-MA). Der Quellenstaat darf allerdings bis zu 10 % des Bruttobetrages der Zinsen Quellensteuer erheben.[261] Im Wohnsitzstaat wird diese Quellensteuer angerechnet.

283 Eine eigenständige Zinsen-Definition findet sich in Art. 11 Abs. 3 OECD-MA. Auch für Zinsen gilt der Betriebsstätten-Vorbehalt (Art. 11 Abs. 4 OECD-MA).

8. Lizenzgebühren

284 Nach Art. 12 OECD-MA hat für Lizenzgebühren[262] ausschließlich der Wohnsitzstaat des Lizenzgebers das Besteuerungsrecht. Eine Quellenbesteuerung ist nicht vorgesehen. Allerdings wird in der Abkommenspraxis nicht selten ein Quellenbesteuerungsrecht eingeräumt (zB auf 10 %). Dann wird die Doppelbesteuerung durch Anrechnung vermieden. Mitunter erfolgt auch eine fiktive Anrechnung.

285 Der Begriff der Lizenzgebühren ist sehr weit gefasst (Art. 12 Abs. 2 OECD-MA). Auch Art. 12 Abs. 3 OECD-MA enthält einen Betriebsstättenvorbehalt.

9. Veräußerungsgewinne

286 Gewinne aus der Veräußerung unbeweglichen Vermögens können nach Art. 13 Abs. 1 OECD-MA im Belegenheitsstaat besteuert werden.[263] Soweit bewegliches Vermögen veräußert wird, das einer Betriebsstätte dient, greift

---

[256] Siehe auch erneut § 50d Abs. 9 EStG.
[257] Siehe auch die besondere Problematik in BFH v. 4. 6. 2008, DStRE 2008, 1332.
[258] Als Dividenden sind danach anzusehen Einkünfte aus Aktien, Genussrechten oder Genussscheinen, Kuxen, Gründeranteilen oder anderen Rechten – ausgenommen Forderungen – mit Gewinnbeteiligungen sowie aus sonstigen Gesellschaftsanteilen stammende Einkünfte, die nach dem Recht des Staates, in dem die ausschüttende Gesellschaft ansässig ist, den Einkünften aus Aktien steuerlich gleichgestellt sind.
[259] Siehe dazu auch Rz. 273 u. 275.
[260] Soweit sie in angemessener Höhe vereinbart sind (Art. 11 Abs. 6 OECD-MA).
[261] In den deutschen DBA sind auch Quellensteuersätze bis zu 25 % üblich. Im Verhältnis zu einigen Industriestaaten ist die Besteuerung der Zinsen ausschließlich dem Wohnsitzstaat zugewiesen. Außerdem Hinweis auf die Beschränkungen durch die EU-Zinsrichtlinie.
[262] Soweit sie in angemessener Höhe vereinbart sind (Art. 12 Abs. 4 OECD-MA).
[263] Ausnahmen enthalten nur wenige DBAs.

D. Doppelbesteuerungsrecht

Art. 13 Abs. 2 OECD-MA ein mit der Folge, dass der Betriebsstättenstaat besteuern darf. Jeweils erfolgt im Wohnsitzstaat normalerweise eine Freistellung.[264] Dasjenige Vermögen, das weder von Art. 13 Abs. 1 noch von Art. 13 Abs. 2 OECD-MA erfasst wird, darf nach Art. 13 Abs. 4 OECD-MA lediglich vom Wohnsitzstaat besteuert werden. Darunter fallen vor allem die Gewinne aus der Veräußerung von Anteilen an einer Kapitalgesellschaft.

10. Verständigungsverfahren

Mangels Rechtsmittelinstanz, die für beide Staaten die Abkommensanwendung verbindlich regeln könnte, sehen die DBA zur Beseitigung von Konflikten bei ihrer Anwendung Verständigungsverfahren vor (vgl. Art. 25 OECD-MA). Ein derartiges Verständigungsverfahren kann auf Anregung des Steuerpflichtigen in jedem Stadium des Besteuerungsverfahrens eingeleitet werden. Es handelt sich zwar um eine Sollvorgabe, der Steuerpflichtige hat aber grds. keinen Rechtsanspruch auf Beseitigung der Doppelbesteuerung; ein Verständigungsverfahren kann auch scheitern.[265]

287

---

[264] Siehe auch Rz. 273 u. 275. Außerdem erneut Hinweis zB auf § 50d Abs. 9 EStG und § 20 Abs. 2 AStG.

[265] Zum teilweise vorgesehenen Schiedsverfahren für Verrechnungspreisfragen s. § 13 Fn. 234.

§ 13 Besonderheiten der Besteuerung

Bearbeiter: Prof. Dr. Thomas Rödder

Übersicht

	Rz.
A. Besteuerung der AG im Vergleich mit anderen Rechtsformen	1–139
I. AG versus Personengesellschaft	1–130
1. Laufende Ertragsbesteuerung	1–109
a) Überblick	1–8
b) Besteuerung von AGs (Kapitalgesellschaften)	9–71
aa) Inlandsgewinne der AG Kapitalgesellschaft	9–57
(1) Natürliche Personen als Anteilseigner	9–40
(2) Kapitalgesellschaften als Anteilseigner	41–57
bb) Auslandsgewinne der AG	58–65
(1) Besteuerungsfolgen im Normalfall	58–64
(2) Hinzurechnungsbesteuerung	65
cc) Laufende Verluste und Ergebnisverrechnung (Organschaft)	66–71
(1) Laufende Verluste	66
(2) Ergebnisverrechnung (Organschaft)	67–71
c) Besteuerung von Personengesellschaften	72–101
aa) Inlandsgewinne der Personengesellschaft	72–96
(1) ESt-Spitzensätze und pauschalierte GewSt-Anrechnung	72–89
(2) Vergleich mit der Besteuerung von AGs	90–94
(3) Kapitalgesellschaften als Mitunternehmer und Kapitalgesellschaftsbeteiligungen in der Mitunternehmerschaft	95, 96
bb) Auslandsgewinne der Personengesellschaft	97–99
cc) Laufende Verluste und Ergebnisverrechnung	100, 101
d) Besteuerung von Rechtsformkombinationen	102–109
2. Ertragsbesteuerung von Unternehmensverkauf und Unternehmenskauf	110–130
a) Aktien (Kapitalgesellschaftsanteile)	110–124
aa) Natürliche Person als Anteilsverkäufer	111–115
bb) Kapitalgesellschaft als Anteilsverkäufer	116–121
cc) Personengesellschaft als Anteilsverkäufer	122, 123
dd) Behandlung des Anteilskäufers	124
b) Personengesellschaftsanteile	125–127
c) Betriebe und Teilbetriebe	128
d) GrESt	129, 130
II. AG versus GmbH	131–133
III. AG versus KGaA	134–139
B. Organschaft und Unternehmensverträge	140–212
I. Organschaftsvoraussetzungen im Normalfall	141–151
1. Körperschaftsteuerliche Organschaft	141–150
2. Gewerbesteuerliche Organschaft	151
II. Rechtsfolgen der Organschaft im Normalfall	152–162

§ 13   Besonderheiten der Besteuerung

    1. Körperschaftsteuerliche Organschaft 152–157
    2. Gewerbesteuerliche Organschaft 158–162
 III. Sonderprobleme der Organschaft 163–194
    1. Mehr-/Minderabführungen 163–178
    2. § 8b KStG-Potenziale bei der Organgesellschaft . . 179–182
    3. Organschaft und § 8c KStG 183
    4. Zinsschranke bei Organschaft 184
    5. Verkauf von Organbeteiligungen 185
    6. Mehrmütterorganschaft 186–188
    7. Berücksichtigung eines negativen Organträger-Einkommens im Ausland 189–193
    8. Lebens- und Krankenversicherer 194
 IV. Unternehmensverträge 195–212
    1. Gewinnabführungsverträge 195–198
    2. Beherrschungsverträge 199–202
    3. Gewinngemeinschaftsverträge 203, 204
    4. Betriebspachtverträge 205–208
    5. Betriebsüberlassungsverträge 209
    6. Betriebsführungsverträge 210–212

C. Verlustabzug nach § 8c KStG 213–243
  I. Überblick 213–215
 II. Schädlicher Beteiligungserwerb 216–223
 III. Ein Erwerber, nahe stehende Personen oder eine Erwerbergruppe 224–228
 IV. Fünf-Jahres-Frist/quotaler oder vollständiger Verlustuntergang 229–231
  V. Betroffene Verluste 232–236
 VI. Erstmalige Anwendung des § 8c KStG und Weitergeltung des § 8 Abs. 4 KStG 237–240
 VII. Der neue § 8c Abs. 2 KStG 241–243

D. Zinsschranke 244–272
  I. Ausgangspunkt und Überblick 244–246
 II. Zinsschranken-Grundregel 247–254
 III. Rechtsfolge und Wirkungen der Zinsschranke 255, 256
 IV. Zinsvortrag 257–259
  V. Ausnahmen von der Zinsschranke 260–272
    1. Freigrenze 261
    2. Keine Konzernzugehörigkeit/Nichtvorliegen schädlicher Gesellschafterfremdfinanzierung 262–266
    3. Konzernzugehörigkeit/Eigenkapitalvergleich und Nichtvorliegen schädlicher Gesellschafterfremdfinanzierung 267–272
      a) Eigenkapitalvergleich 268–270
      b) Nichtvorliegen schädlicher Gesellschafterfremdfinanzierung 271, 272

E. Verrechnungspreise/Funktionsverlagerung 273–314
  I. Grundsätze zur Ermittlung angemessener Verrechnungspreise 273–275
 II. Verrechnungspreismethoden und Anwendungsbeispiele 276–282
 III. Die Korrekturnorm des § 1 AStG 283–291
 IV. Funktionsverlagerung 292–310
    1. Allgemeine Grundsätze und Anwendungsbeispiele 292–299

Übersicht

§ 13

  2. § 1 Abs. 3 S. 9 AStG 300–310
 V. Dokumentationspflichten 311–314

F. **Hinzurechnungsbesteuerung** 315–342
 I. Beteiligungsvoraussetzung, Einkünfte aus passivem
  Erwerb, Niedrigbesteuerung 317–330
  1. Beteiligungsvoraussetzung 317–319
  2. Einkünfte aus passivem Erwerb 320–325
  3. Niedrigbesteuerung 326–330
 II. Cadbury-Schweppes-Schutz 331–333
 III. Rechtsfolgen 334–339
 IV. Besonderheiten bei nachgeschalteten Zwischengesellschaften 340–342

G. **Umwandlungen und Reorganisationen** 343–449
 I. Grundprinzipien des UmwStG 344–347
 II. Umwandlung von Kapitalgesellschaften 348–381
  1. Umwandlung von Kapital- in bzw. auf Personengesellschaften 348–366
   a) Steuerfolgen bei der übertragenden Kapitalgesellschaft 349
   b) Steuerfolgen bei der übernehmenden Personengesellschaft 350, 351
   c) Steuerfolgen bei den Gesellschaftern der umgewandelten Kapitalgesellschaft 352–356
   d) Europäische Umwandlungen 357–366
  2. Umwandlung von Kapital- in bzw. auf Kapitalgesellschaften 367–381
   a) Verschmelzungen 367–372
    aa) Steuerfolgen bei der übertragenden und der übernehmenden Kapitalgesellschaft 368, 369
    bb) Steuerfolgen bei den Gesellschaftern der umgewandelten Kapitalgesellschaft 370–372
   b) Ab- und Aufspaltungen 373, 374
   c) Europäische Umwandlungen 375–381
 III. Einbringungen 382–408
  1. Einbringungen in Kapitalgesellschaften 382–404
   a) Sacheinlagen 383–389
    aa) Steuerfolgen beim Einbringenden 384, 385
    bb) Steuerfolgen bei der übernehmenden Kapitalgesellschaft 386
    cc) Sperrfristkonzeption 387–389
   b) Anteilstausch 390–393
   c) Europäische Einbringungen 394–404
  2. Einbringungen in Personengesellschaften 405–408
 IV. Regelungen außerhalb des UmwStG 409–418
  1. Möglichkeiten steuerneutralen Reserventransfers .. 409–414
  2. Möglichkeiten steuerfreier Reservenrealisierung .. 415–418
 V. Nicht vom Anwendungsbereich des UmwStG erfasste europäische Umwandlungen sowie grenzüberschreitende und ausländische Umwandlungen mit Drittstaatenbezug 419–431
  1. Umwandlungen von Kapitalgesellschaften 420–427
   a) Umwandlung in bzw. auf Personengesellschaften 420–423
   b) Umwandlung in bzw. auf Kapitalgesellschaften . 424–427
  2. Einbringungen 428–431

§ 13 Besonderheiten der Besteuerung

      a) Einbringung in Kapitalgesellschaften 428–430
      b) Einbringung in Personengesellschaften 431
  VI. Umwandlungen in der Hinzurechnungsbesteuerung . . 432–436
 VII. Umwandlungen und Wegzug 437–449
     1. „Richtige" Umwandlungsreihenfolge bei geplantem Wegzug von Gesellschaftern deutscher Familienunternehmen 437–444
     2. „Richtige" Vorgehensweise bei geplanter grenzüberschreitender Sitzverlegung deutscher Konzernobergesellschaften 445–449

H. Unternehmensverkauf/Unternehmenskauf 450–611
   I. Steuerrecht des Unternehmensverkaufs 450–538
     1. Steuerliche Ziele des Unternehmensverkäufers . . . 450–452
     2. Der Steuerstatus des Unternehmensverkäufers – Differenzierungen im deutschen Steuerrecht 453–494
        a) Überblick und laufende Besteuerung 453–459
        b) Verkauf von Wirtschaftsgütern bzw. Personengesellschaftsanteilen 460–468
        c) Verkauf von Anteilen an Kapitalgesellschaften . 469–490
        d) Zusammenfassende Übersicht 491–494
     3. Gestaltungsbeispiele für die Verbesserung des Steuerstatus 495–536
        a) Vorbereitende Einbringung in Kapitalgesellschaften 496–505
        b) Kapitalerhöhungs- und Spaltungsgestaltungen . 506–511
        c) Vorbereitende „Umwandlung" in Beteiligungen ohne deutsches Besteuerungsrecht 512–514
        d) Vorbereitende Einbringung in Personengesellschaften 515–518
        e) Vorbereitende Umwandlung einer Kapital- in eine Personengesellschaft 519, 520
        f) Vorbereitende Ausschüttungen 521, 522
        g) Personelle Verlagerung von stillen Reserven . . . 523–525
        h) Terminverkäufe und Optionsgestaltungen 526–536
     4. Wahlrecht zwischen Sofort- und Zuflussversteuerung 537
     5. Nachträgliche Kaufpreisänderungen 538
  II. Steuerrecht des Unternehmenskaufs 539–599
     1. Steuerliche Ziele des Unternehmenskäufers 539–541
     2. Kaufpreisaufteilung beim Kauf von Wirtschaftsgütern bzw. Personengesellschaftsanteilen 542–564
        a) Stufentheorie und modifizierte Stufentheorie . . 542, 543
        b) Selbständig aktivierbare originäre immaterielle Wirtschaftsgüter 544–551
        c) Bilanzierung eines Firmenwerts und sofort abzugsfähige Betriebsausgaben 552–558
        d) Problematik des negativen Firmenwertes 559–564
     3. Gewinnung von Abschreibungssubstrat nach dem Kauf von Anteilen an Kapitalgesellschaften 565–569
     4. Verwertung miterworbener Verlustvorträge 570–574
        a) § 10a GewStG 570
        b) § 8c KStG 571–574
     5. Steuerorientierte Kaufpreisfinanzierung 575–582
     6. Wertverluste nach Unternehmenskauf 583–589

Übersicht § 13

    a) Voraussetzungen einer Teilwertabschreibung . . 583–585
    b) Steuer(un)wirksamkeit von Teilwertabschrei-
       bungen 586–589
  7. Verkauf von Anteilen an Organgesellschaften 590–594
  8. Verkehrsteuern 595–599
III. Grenzüberschreitender Unternehmensverkauf/Unter-
    nehmenskauf 600–611
  1. Asset Deal 600–605
  2. Share Deal 606–611

I. **Kapitalmaßnahmen und Kapitalmarkttransaktionen** . 612–699
  I. Kapitalerhöhung, Kapitalherabsetzung, Erwerb eigener
    Aktien und Liquidation 612–630
    1. Kapitalerhöhung durch Einlage 612–615
    2. Kapitalerhöhung aus Gesellschaftsmitteln 616–619
    3. Kapitalherabsetzung 620–622
    4. Erwerb eigener Aktien 623–628
    5. Liquidation 629, 630
  II. Besondere Anleiheformen mit Aktienbezug 631–644
    1. Wandelanleihen 631–634
    2. Optionsanleihen 635–637
    3. Umtauschanleihen 638–641
    4. Aktienanleihen 642–644
  III. Besondere Aktientransaktionen 645–668
    1. Normaler Aktientausch 645
    2. Umwandung von Vorzugsaktien in Stammaktien
       und andere Änderungen der Ausstattung von Aktien 646, 647
    3. Aktiensplit 648, 649
    4. Verschmelzung von Kapitalgesellschaften 650, 651
    5. Spaltung von Kapitalgesellschaften 652–654
    6. Anteilsübertragung auf Aktionäre (Sachdividende) . 655
    7. Abfindung von Minderheits-Aktionären bei Über-
       nahmevorgängen 656
    8. Bezug von Bonus-Aktien 657
    9. Kauf von Wertpapieren nach vorherigem Verkauf
       von Wertpapieren derselben Art 658
    10. Girosammelverwahrung/ADRs 659, 660
    11. Wertpapierleihe 661–663
    12. Wertpapierpensionsgeschäfte 664–668
  IV. Going Public und Going Private 669–699
    1. Going Public 669–690
       a) IPO im Konzern 671–681
          aa) Einbringung in Tochter-AG mit anschlie-
             ßender Kapitalerhöhung sowie Sukzessiv-
             veräußerung der Anteile 672–676
          bb) Verhältniswahrende Abspaltung auf
             Schwester-AG 677–679
          cc) Ausgabe von Genussrechten bzw. Vorzugs-
             aktien betr. Ergebnisse aus „IPO-Sparte" . . 680, 681
       b) Going Public von Familienunternehmen 682–684
       c) Going Public und Mitarbeiterbeteiligungen . . . 685–690
    2. Going Private 691–699
       a) Delisting auf Antrag 691–693
       b) Verschmelzung/Aufspaltung/Formwechsel . . . 694–697
       c) Eingliederung 698, 699

J. KGaA	700–713
I. Besonderheiten bei der laufenden Besteuerung	700–707
II. Unternehmensverkauf/Unternehmenskauf und Umwandlung	708–713
K. Grunderwerbsteuer	714–747
I. Anwendungsfragen der §§ 5 und 6 GrEStG	716–727
II. Anwendungsfragen des § 1 Abs. 3 GrEStG	728–739
III. Anwendungsfragen des § 1 Abs. 2 a GrEStG	740–747
L. Unternehmenserbschaftsteuerrecht	748–775
I. Eckpunkte des neuen Unternehmenserbschaftsteuerrechts	748–750
II. Begünstigtes Vermögen	751–754
III. Verwaltungsvermögenstest	755–758
IV. Lohnsummenfrist	759–763
V. Behaltefrist	764–768
VI. Ermittlung des erbschaftsteuerlich relevanten Verkehrswerts und des Steuersatzes	769–775

A. Besteuerung der AG im Vergleich mit anderen Rechtsformen

I. AG versus Personengesellschaft

1. Laufende Ertragsbesteuerung

a) Überblick

1 AGs (Kapitalgesellschaften) sind selbst körperschaftsteuerpflichtig. Demgegenüber unterliegen bei einer Personengesellschaft ausschließlich die Gesellschafter, denen die Einkünfte über eine gesonderte und einheitliche Feststellung zugerechnet werden, der Einkommensteuer (oder der Körperschaftsteuer). Gewerbesteuerpflichtig sind sowohl die AG (Kapitalgesellschaft) als auch die Personengesellschaft.

2 Bei einer Personengesellschaft werden Gewinne den Gesellschaftern als Einkünfte aus Gewerbebetrieb im Jahre ihrer Entstehung zugerechnet, und zwar grds. unabhängig davon, ob die Gewinnanteile in der Personengesellschaft thesauriert oder ob sie entnommen werden. Sie unterliegen bei natürlichen Personen als Gesellschaftern der individuellen Einkommensteuer (unter Beachtung der Einkommensteuerermäßigung für gewerbliche Einkünfte nach § 35 EStG), bei Kapitalgesellschaften als Gesellschaftern der Körperschaftsteuer. Aufgrund der neuen sog. Thesaurierungsbegünstigung (§ 34a EStG) kann allerdings bei einkommensteuerpflichtigen Gesellschaftern im Thesaurierungsfall ein ermäßigter Einkommensteuersatz zur Anwendung kommen. Anteile am Gewinn aus der Beteiligung an einer Personengesellschaft werden bei einem gewerbesteuerpflichtigen Gesellschafter nicht erneut gewerbesteuerlich erfasst.

3 Gewinne einer AG (Kapitalgesellschaft) unterliegen unabhängig davon, ob sie thesauriert oder an die Anteilseigner ausgeschüttet werden, bei dieser neben der GewSt einem einheitlichen Körperschaftsteuersatz (derzeit 15 %). Soweit Gewinnausschüttungen erfolgen, ist nach Gesellschaftern zu differenzieren. Sind natürliche Personen als Gesellschafter beteiligt, sind bisher die Gewinnausschüttungen nach dem Halbeinkünfteverfahren zur Hälfte einkommen-

A. Besteuerung der AG im Vergleich mit and. Rechtsformen 4–7 § 13

steuerlich befreit (wobei im Privatvermögen grundsätzlich das Zuflussprinzip gilt und im Betriebsvermögen bilanzsteuerliche Grundsätze gelten); ab 1.1. 2009 greifen das sog. Teileinkünfteverfahren bzw. die sog. Abgeltungssteuer. Soweit Gewinnausschüttungen an Kapitalgesellschaften erfolgen, sind sie grds. zu 95 % körperschaftsteuerbefreit. Gewinnausschüttungen einer Kapitalgesellschaft unterliegen bei einem gewerbesteuerpflichtigen Gesellschafter grds. nur dann nicht erneut der Gewerbesteuer, wenn die Beteiligungsquote mindestens 15 % beträgt.

Bei Personengesellschaften sind Aufwendungen der Gesellschafter, die **4** durch die Beteiligung verursacht sind, als Sonderbetriebsausgaben grds. in voller Höhe steuerlich abzugsfähig (sie sind Teil des steuerlichen Ergebnisses der Personengesellschaft). Bei natürlichen Personen als Gesellschaftern einer AG (Kapitalgesellschaft) sind Aufwendungen, die in wirtschaftlichem Zusammenhang mit der Beteiligung an der Gesellschaft stehen, demgegenüber nur hälftig abzugsfähig bzw. ab 1.1. 2009 zu 40 % oder gar nicht. Bei Kapitalgesellschaften als Gesellschaftern resultiert an Stelle eines Abzugsverbots die bereits erwähnte 5 %ige Steuerpflicht der Dividenden.

Bei Personengesellschaften werden entstandene Verluste den Gesellschaftern **5** steuerlich grds. unmittelbar zugerechnet (Ausnahme: GewSt). Bei einer AG (Kapitalgesellschaft) werden die Verluste den Gesellschaftern (genauer: dem Mehrheitsgesellschafter) demgegenüber nur im Falle der Organschaft zugerechnet. Die bei einer AG (Kapitalgesellschaft) anfallenden Verluste können im Normalfall nur von der AG (Kapitalgesellschaft) selbst im Wege des Verlustabzugs verrechnet werden. Jeweils ist u.a. die sog. Mindestbesteuerung zu beachten.

Soweit Personengesellschaften steuerfreie Erträge erzielen, kommt die Steu- **6** erfreiheit den Gesellschaftern grds. unmittelbar zugute (wenn sie die Voraussetzungen für die Steuerfreiheit erfüllen). Bei einer AG (Kapitalgesellschaft) wirken sich Steuerbefreiungen demgegenüber grds. nur auf der Gesellschaftsebene aus. Soweit die entsprechenden Erträge an die Gesellschafter ausgeschüttet werden, erfolgt bei Ausschüttung an natürliche Personen eine hälftige Nachversteuerung bzw. eine 60 %ige Nachversteuerung bzw. eine Belastung mit Abgeltungssteuer.

Die (angemessenen) Vergütungen im Rahmen eines schuldrechtlichen Leis- **7** tungsaustauschs zwischen Gesellschafter und Gesellschaft (Leistungsvergütungen) sind bei einer AG (Kapitalgesellschaft) – vorbehaltlich besonderer Abzugsverbote (z.B. §§ 4h EStG, 8a KStG) – als Betriebsausgaben abzugsfähig. Sie führen bei den Gesellschaftern zu normal einkommensteuerlich (bzw. körperschaftsteuerlich) einzuordnenden und zu behandelnden Einkünften. Bei einer Personengesellschaft mindern die Leistungsvergütungen den steuerlichen Gewinn demgegenüber nicht. Sie gehören bei den Gesellschaftern zu den Einkünften aus Gewerbebetrieb. Leistungsvergütungen gehen bei einer Personengesellschaft demnach auch unmittelbar in den Gewerbeertrag ein; bei AGs (Kapitalgesellschaften) ist eine Erfassung demgegenüber lediglich im Rahmen der gewerbesteuerlichen Hinzurechnungen des § 8 GewStG denkbar. Aufwendungen, die beim Gesellschafter im Zusammenhang mit den Leistungsvergütungen entstehen, mindern bei der Personengesellschaft als Sonderbetriebsausgaben auch den Gewerbeertrag; bei der AG (Kapitalgesellschaft) kommt eine entsprechende Entlastung demgegenüber im Grundsatz nicht in Betracht (nur in der Gesellschafterspäre kann eine Abzugsfähigkeit gegeben sein).

8 Wirtschaftsgüter, die einer Personengesellschaft von einem Gesellschafter zur Nutzung überlassen werden oder die in qualifizierter Form die Mitunternehmerstellung des Gesellschafters stärken, gehören zum Sonderbetriebsvermögen des Gesellschafters als Teil des steuerlichen Betriebsvermögens der Personengesellschaft. Das hat vor allem zur Folge, dass bei Veräußerung dieser Wirtschaftsgüter der Veräußerungsgewinn, bei Beendigung der Nutzungsüberlassung der evtl. Entnahmegewinn zu versteuern ist. Auch entsprechende Verluste können steuerrelevant sein. Bei der Beteiligung an einer AG (Kapitalgesellschaft) können die entsprechenden Wirtschaftsgüter demgegenüber zum steuerlichen Privatvermögen des Gesellschafters gehören; Veräußerungsgewinne (und ggf. -verluste) werden dann nur in bestimmten Fällen erfasst.

b) Besteuerung von AGs (Kapitalgesellschaften)

aa) Inlandsgewinne der AG (Kapitalgesellschaft)

(1) Natürliche Personen[1] als Anteilseigner

Belastung bei Thesaurierung

9 Gem. § 23 Abs. 1 KStG wird die Thesaurierung von Inlandsgewinnen körperschaftsteuerlich mit 15% belastet. 15% KSt nebst 5,5% SolZ zzgl. GewSt (400% Hebesatz unterstellt) ergeben etwa 30% Gesamtbelastung des thesaurierten Inlandsgewinns.[2]

Gewinn vor Steuern	100,0
./. GewSt (400% HS)	14,0
./. KSt/SolZ	15,83
= Gewinn nach GewSt u. KSt	70,17
Steuerbelastungsquote	29,83%

10 Das Beispiel verdeutlicht die relative Bedeutung der GewSt. Sie beläuft sich bei einem Hebesatz von 400% auf ca. 47% der gesamten Thesaurierungsbelastung.

11 Der hohe Anteil der Gewerbesteuer bedeutet ein konzeptionelles Problem. Er führt u.a. zu einer relativ großen Hebesatzreagibilität der Gesamtertragsteuerbelastung[3] und zu Problemen bei der Anrechnung ausländischer Steuern sowie im Hinblick auf die Niedrigbesteuerungsgrenze bei der Hinzurechnungsbesteuerung, die bei 25% liegt. Denkt man an die Parallelsituation der niedrigbesteuerten Personengesellschaft resp. Betriebsstätte im Ausland und den für diesen Fall in § 20 Abs. 2 AStG angeordneten switch over von der Freistellungs- zur Anrechnungsmethode (ohne gewerbesteuerliche Erfassung der entsprechenden Einkünfte), so wird die Unhaltbarkeit der Situation offensichtlich.

---

[1] Bzw. Personengesellschaften mit natürlichen Personen als Gesellschaftern. Für diesen Fall gelten die Ausführungen für (gewerbesteuerpflichtige) natürliche Personen weitgehend entsprechend. Auch § 3 Nr. 40 EStG ist im Personengesellschaftsfall anwendbar. Besondere Fragen stellen sich aber vor allem hinsichtlich der GewSt sowie im Organschaftsfall.

[2] Naturgemäß hängt die Richtigkeit dieser Aussage vom anzuwendenden Gewerbesteuerhebesatz ab.

[3] Die Steuerbelastung beläuft sich bei 200% Hebesatz auf 22,83% und bei 600% Hebesatz auf 36,83%. Hinweis auch auf die besondere Belastungssituation im Inland gewerbesteuerfreier Kapitalgesellschaften.

A. Besteuerung der AG im Vergleich mit and. Rechtsformen   12–15   § 13

Thesaurierter Gewinn versus Leistungsvergütungen/Bedeutung der Steuersatzspreizung
Vergleicht man die Steuerbelastung des thesaurierten Gewinns mit der von   12
Leistungsvergütungen, so ist die Leistungsvergütung jedenfalls dann steuerlich ungünstiger, wenn sich der Gesellschafter im Spitzensteuersatzbereich (47,48 %)[4] bewegt. In diesem Fall resultiert zB aus einem Gesellschafterdarlehen (Nichteingreifen der Zinsschranke und der Abgeltungssteuer unterstellt) ein relativ niedriger Entlastungseffekt auf Gesellschafts- und eine relativ hohe Belastung auf Gesellschafterebene (29,8 % versus 47,5 %).[5] Bei geringen Belastungsniveaus auf Gesellschafterebene sieht das Belastungsgefälle zwischen Leistungsvergütung und Thesaurierung allerdings umgekehrt aus.

Aufgrund der Steuersatzspreizung (KSt-Satz versus ESt-Spitzensatz) stellen   13
sich für hochbelastete Gesellschafter auch folgende Fragen: Ist es sinnvoll, Leistungen über eine eigene Kapitalgesellschaft des Gesellschafters zu erbringen? Ist es nicht auch sinnvoll, Darlehen aus der Kapitalgesellschaft an den Gesellschafter zu geben, wenn dieser damit einkünfteerzielendes Privatvermögen (außerhalb der Abgeltungssteuer und des Halb- bzw. Teileinkünfteverfahrens) anschafft (Steuerarbitrage)?

Belastung bei Ausschüttung
Führt man das vorstehende Rechenbeispiel so fort, dass eine Ausschüttung   14
des in der Kapitalgesellschaft erzielten Gewinns an eine natürliche Person als Gesellschafter erfolgt, so kommt es zu einer Nachbelastung nach Maßgabe des Halbeinkünfteverfahrens (die Hälfte der Dividenden ist einkommensteuerpflichtig, die andere Hälfte ist ohne Progressionsvorbehalt steuerfrei gestellt; vgl. § 3 Nr. 40 Satz 1 lit. d) und e) sowie § 3 Nr. 40 Satz 2 EStG).[6] Mit anderen Worten: Neben die definitive KSt tritt eine präferenzierte ESt. Im Ergebnis erfolgt dabei nur eine Annäherung an die einkommensteuerliche Belastung anderer Einkünfte. Ab 1.1.2009 tritt an die Stelle des Halbeinkünfteverfahrens die Abgeltungssteuer (private Kapitalerträge) bzw. das Teileinkünfteverfahren (betriebliche Ausschüttungserträge).

Bei einer spitzenbelasteten natürlichen Person als Anteilseigner resultiert bei   15
Eingreifen der Abgeltungssteuer bzw. des Teileinkünfteverfahrens insgesamt auf beiden Besteuerungsebenen eine Belastung von 48,4 bzw. 49,8 %.

Gewinn aus der Kapitalgesellschaft nach KSt u. GewSt/Dividende	70,17
Steuerpflichtige Einnahmen (Abgeltungssteuer)	70,17
./. ESt/SolZ	18,51[7]
= Dividende nach ESt	51,66
Steuerbelastungsquote in %	26,38
Steuerbelastungsquote in % gesamt	48,34

[4] Nicht berücksichtigt sind evtl. Auswirkungen einer Gewerbesteuerpflicht auf Ebene der natürlichen Person bei Gegenrechnung der Effekte der pauschalierten GewSt-Anrechnung gem. § 35 EStG.

[5] Zu der genannten Belastungsdifferenz kommt konkret beim Gesellschafterdarlehen auch noch ggf. die gewerbesteuerliche 25 %-Hinzurechnung auf Gesellschaftsebene hinzu.

[6] Die Halb- bzw. Teileinkünftebesteuerung erfolgt auch dann, wenn auf Ebene der Kapitalgesellschaft die Gewinnerzielung ausnahmsweise steuerunbelastet erfolgt ist (Verlustvortrag, Investitionszulage etc.). Allerdings auch Hinweis auf das sog. Korrespondenzprinzip bei verdeckten Gewinnausschüttungen.

[7] Eingreifen der Abgeltungssteuer unterstellt. Beim 60 %-Teileinkünfteverfahren beläuft sich die Steuerbelastung auf 19,99 (ESt-Satz 45 %).

16 Das Beispiel verdeutlicht, dass die Nachbelastung bei Gewinnausschüttungen wertvernichtend wirkt. Die fehlende Gewinnverwendungsneutralität ist ein Kernproblem des gegenwärtigen Körperschaftsteuersystems. Denn: Begünstigt wird, wer nicht alles ausschütten muss.[8]

17 Vernachlässigt worden ist im vorstehend gezeigten Beispiel die KapESt. Sie beläuft sich auf 20 % und ist voll anrechenbar, auch wenn nur die Hälfte der Dividenden steuerpflichtig ist. In der Sache bedeutet eine 20 %ige KapESt wegen der nur hälftigen Steuerpflicht der Dividenden eine 40 %ige einkommensteuerliche Vorbelastung. Die KapESt auf Ausschüttungen wird mit Wirkung für alle Kapitalerträge, die nach dem 31. 12. 2008 zufließen, von 20 % auf 25 % angehoben.

18 Bei geringer ESt-Belastung des Gesellschafters ist die wesentliche Belastung die definitive GewSt- und KSt-Belastung auf Ebene der Kapitalgesellschaft, wenn nicht die Abgeltungssteuer greift. Eine bedeutende ESt-Belastung auf Ebene des die Ausschüttung empfangenden Gesellschafters tritt dann nicht hinzu. Dies wird besonders offensichtlich, wenn man die Belastung einer Dividende an eine natürliche Person betrachtet, die einem Nullsteuersatz unterliegt (zB wegen des Sparerfreibetrags oder aufgrund von Verlustverrechnungspotenzialen):[9]

Dividende (s.o.)	70,17
Steuerpflichtige Einnahmen (Teileinkünfteverfahren)	42,10
./. ESt 0 %	0
= Dividende nach ESt	70,17
Steuerbelastungsquote	29,83 %

19 Griffe dagegen die Abgeltungssteuer, käme es zu der o.a. Nachbelastung trotz des eigentlich gegebenen Nullsteuersatzes (deshalb kann auch in bestimmten Fällen eigentlich gegebener Abgeltungssteuerpflicht für die [dann allerdings volle] normale Steuerpflicht der Dividenden optiert werden).[10]

Mit Dividenden zusammenhängende Aufwendungen

20 Mit der Halbeinkünftebesteuerung von Dividenden geht einher, dass auch die mit den Dividendeneinnahmen zusammenhängenden Betriebsausgaben bzw. Werbungskosten (zB Zinsen aus der Finanzierung des Beteiligungserwerbs) nur zur Hälfte in die Bemessungsgrundlage eingehen, und zwar gem. § 3 c Abs. 2 EStG unabhängig von einem „unmittelbaren" wirtschaftlichen und zeitlichen Zusammenhang der Einnahmen mit den Aufwendungen (§ 3 c Abs. 2 EStG verlangt nur, dass die Aufwendungen mit den unter § 3 Nr. 40 EStG fallenden Einnahmen in wirtschaftlichem Zusammenhang stehen, unabhängig davon, in welchem Veranlagungszeitraum die Einnahmen anfallen).

21 Mit der für im Privatvermögen gehaltene Anteile an Kapitalgesellschaften ab 1.1. 2009 eingeführten Abgeltungssteuer i.H.v. 25 % zzgl. SolZ geht da-

---

[8] Provoziert werden zB folgende Fragen: Ist es sinnvoll, dass Kapitalgesellschaften den Konsum ihrer Gesellschafter durch Darlehen finanzieren? Drohen vGA-Diskussionen wegen Überkapitalisierung von Kapitalgesellschaften? Droht die Gefahr einer nationalen Hinzurechnungsbesteuerung mit Differenzierung zwischen „guten" und „bösen" Einkünften einer deutschen Kapitalgesellschaft?

[9] S. auch § 32d Abs. 4 EStG.

[10] S. auch neben § 32d Abs. 4 EStG vor allem auch § 32d Abs. 2 Nr. 3 EStG.

A. Besteuerung der AG im Vergleich mit and. Rechtsformen   22–26   § 13

gegen einher, dass mit Dividenden zusammenhängende Werbungskosten steuerlich nicht mehr abzugsfähig sind (§ 20 Abs. 9 EStG). Dagegen funktioniert das für Anteile im Betriebsvermögen von Einkommensteuerpflichtigen ab 1.1. 2009 eingeführte 60%-Teileinkünfteverfahren im Grundsatz wie das bisherige Halbeinkünfteverfahren. Mit der Freistellung von 40 % der Dividendeneinnahmen korrespondiert, dass damit wirtschaftlich zusammenhängende Betriebsausgaben nur zu 60 % abzugsfähig sind (§ 3c Abs. 2 EStG).

Diese gesetzlichen Anordnungen bewirken Streitfragen und Gestaltungsüberlegungen hinsichtlich der Zuordnung von Aufwendungen. So ist fraglich, ob „wirtschaftlicher Zusammenhang" heißt, dass nicht nur die unmittelbar den § 3 Nr. 40 EStG-Einnahmen zuzuordnenden Aufwendungen, sondern auch alle nicht unmittelbar anderen Einnahmen zuzuordnenden Aufwendungen anteilig auch den § 3 Nr. 40 EStG-Einnahmen zuzuordnen sind.[11] Sicher dürfte demgegenüber sein, dass auch Aufwendungsüberschüsse nur hälftig (60 %ig) wirken, da der Zusammenhang zwischen Einnahmen und Aufwendungen nicht VZ-bezogen zu prüfen ist.[12] 22

Darüber hinaus führt § 3 c Abs. 2 EStG dazu, dass die hälftige bzw. 60 %ige Steuerbefreiung der Dividenden de facto wieder beseitigt bzw. sogar verschlechternd überkompensiert werden kann, wie folgendes Beispiel exemplarisch verdeutlicht: 23

Dividende (s. o.)	70,17
./. Werbungskosten	50,0
Steuerpflichtige Einnahmen (Teileinkünfteverfahren)	42,1
Abzugsfähige Werbungskosten	30,0
Steuerpflichtige Einkünfte	12,1
./. ESt 47,5 %	5,75
= Dividende nach Werbungskosten und ESt	14,42
Steuerbelastungsquote[13]	71,16 %

Das Beispiel und die Überlegung, dass Aufwendungen in der Kapitalgesellschaft statt auf Gesellschafterebene voll abzugsfähig bleiben, verdeutlichen, dass es zutreffend gewesen wäre, wenn es trotz der Halbeinkünferegelung/des Teileinkünfteverfahrens für die Einnahmen beim vollen Werbungskostenabzug verblieben wäre.[14] 24

Noch deutlich erhöhte Gestaltungsanforderungen und -fragen stellen sich bei Eingreifen der Abgeltungssteuer. 25

Gewerbesteuerpflichtiger Anteilseigner
Vorstehende Aussagen zur Belastung von Dividenden und zur Entlastungswirkung damit zusammenhängender laufender Aufwendungen nach den Regeln des Halbeinkünfteverfahrens bzw. Teileinkünfteverfahrens gelten im Grundsatz auch dann, wenn der Gesellschafter, der dem Halb- bzw. Teileinkünfteverfahren unterliegt, gewerbesteuerpflichtig ist und eine Organschaft 26

---

[11] Im letzteren Sinne BMF v. 12.6. 2002, DStR 2002, 1093, zu Depotgebühren u. Ä. Nach der hier vertretenen Auffassung ist dies aber zweifelhaft. Richtigerweise hat das Fehlen des Wortes „unmittelbar" nur Bedeutung im Hinblick auf die Irrelevanz des zeitlichen Zusammenhangs.
[12] Besondere Zuordnungsprobleme können sich aber bei ausnahmsweise voll (statt hälftig) steuerpflichtigen Anteilsveräußerungen im Zeitablauf ergeben.
[13] Bezogen auf die tatsächlichen Nettoeinkünfte von 100 ./. 50 = 50.
[14] Ausnahme im Betriebsvermögen: Ausschüttungsbedingte Teilwertabschreibungen.

Rödder 931

§ 13   27–32   Besonderheiten der Besteuerung

nicht gegeben ist. Das heißt, dass auch bei der Ermittlung des Gewerbeertrags iSd. § 7 GewStG steuerfreie Einnahmen iSd. § 3 Nr. 40 EStG nicht zu berücksichtigen sind. Auch § 3 c Abs. 2 EStG ist bei der Ermittlung des Gewerbeertrages des Gesellschafters anzuwenden.

27   § 9 Nr. 2 a GewStG bleibt neben § 3 Nr. 40 EStG anwendbar und führt ab einer Beteiligungsquote von 15 %[15] bei Erfüllung der Mindestbesitzzeit zu einer völligen gewerbesteuerlichen Freistellung von Dividenden an die gewerbesteuerpflichtige natürliche Person.[16] Umgekehrt folgt aus § 8 Nr. 5 GewStG, dass es bei Nichterfüllung der Voraussetzungen des § 9 Nr. 2 a GewStG zu einer vollen gewerbesteuerlichen Erfassung der vereinnahmten Dividende kommt. Die Berücksichtigung von Beteiligungsaufwendungen in diesem Zusammenhang ist sehr kompliziert geregelt.[17]

Abgrenzung der Dividenden von Kapitalrückzahlungen

28   Um Dividenden mit der Konsequenz der Halbeinkünfteregelung des § 3 Nr. 40 EStG und der Anwendung des § 3 c Abs. 2 EStG von Kapitalrückzahlungen (der Rückgewähr von Einlagen) zu unterscheiden, enthält § 27 KStG Reihenfolgeregelungen, die im Ergebnis darauf hinauslaufen, dass zuerst der ausschüttbare Gewinn und dann erst das Einlagekonto als ausgekehrt gilt (Verrechnung mit dem Stand am Ende des Jahres vor dem Ausschüttungsjahr).

29   Die Regelungen sind wegen des Belastungssprungs bei Ausschüttungen (s.o.) besonders bedeutsam.[18] Interessant sind vor diesem Hintergrund auch die Regeln zur Kapitalerhöhung aus Gesellschaftsmitteln und zur Kapitalherabsetzung.

Ausgeschütteter Gewinn versus Leistungsvergütungen

30   Vergleicht man die Steuerbelastung des ausgeschütteten Gewinns mit der einer Leistungsvergütung, so resultiert nur eine leichte Besserstellung der Leistungsvergütung, wenn man Spitzenbelastung auf Gesellschafterebene unterstellt (47,5 %[19] versus 48,4 %). Bei niedrigen Belastungsniveaus auf Gesellschafterebene schneidet die Leistungsvergütung allerdings deutlich besser als die Dividende ab. Außerdem ist auf den ggf. zusätzlich aus Pensionsrückstellungen resultierenden Zinseffekt hinzuweisen.

Leistungsvergütungen und Abgeltungssteuer

31   Zu beachten ist auch, dass Zinserträge grds. der Abgeltungssteuer unterliegen können.

32   Hinsichtlich der wirtschaftlichen Wirkung der Abgeltungssteuer wird offenkundig, dass die Vorteilhaftigkeit der Gewährung von Fremdkapital gegenüber der Eigenkapitalausstattung gestiegen ist. Während Ausschüttungen bzw. Entnahmen auf Eigenkapital einer Gesamtsteuerbelastung von bis zu 48,5 %

---

[15] Vorbehaltlich der EU-Mutter-Tochter-Richtlinie und – nach zutreffender Auffassung – niedrigerer Quoten in DBA.
[16] Evtl. Auswirkungen der GewSt-Pflicht im Rahmen des § 35 EStG werden hier nicht näher analysiert.
[17] S. die entsprechenden Anforderungen in § 8 Nr. 5 GewStG und § 9 Nr. 2 a GewStG.
[18] Gleiches gilt für die steuerliche Behandlung des Rückkaufs eigener Anteile.
[19] Allerdings wiederum Hinweis z. B. auf die evtl. gewerbesteuerliche 25 %-Hinzurechnung bei Gesellschafterdarlehen. Auch Hinweis auf das im Einzelfall denkbare Eingreifen der Abgeltungssteuer; s. Rz. 31 ff.

A. Besteuerung der AG im Vergleich mit and. Rechtsformen   33–38   § 13

unterliegen (400 % Hebesatz unterstellt), wird die Verzinsung von Fremdkapital bei Eingreifen der Abgeltungssteuer in der Gesamtbetrachtung mit etwas mehr als der Hälfte versteuert.

ESt-/SolZ-Spitzensatz	47,48 %
Thesaurierungsbelastung	29,83 %
Belastung des ausgeschütteten Gewinns	48,34 %
Belastung von vereinnahmten Zinsen	26,38 %[20]

Vor diesem Hintergrund erklärt sich, dass bestimmte Vergütungen von Gesellschafterdarlehen aus dem Anwendungsbereich der Abgeltungssteuer ausgenommen werden.[21] **33**

Außerdem ergeben sich – wie bereits erläutert – krasse Unterschiede hinsichtlich des Abzugs der mit den Kapitaleinkünften zusammenhängenden Aufwendungen, die entsprechende Verhaltensreaktionen auslösen werden: **34**

Refinanzierte private Kapitalanlage	Abgeltungssteuer und kein WK-Abzug
Refinanzierte GmbH-Beteil. im PV[22]	Abgeltungssteuer und kein WK-Abzug[23]
Refinanziertes Gesellschafterdarl. im PV	normale ESt-Pflicht und normaler WK-Abzug[24]
Refinanzierte betriebl. Kapitalanlage	normale ESt-Pflicht und normaler BA-Abzug
Refinanzierte GmbH-Beteil. im BV	60 % ESt-Pflicht und 60 % BA-Abzug
Refinanziertes Gesellschafterdarl. im BV	normale ESt-Pflicht und normaler BA-Abzug

Folgen verdeckter Gewinnausschüttungen
Die Umqualifizierung einer Leistungsvergütung in eine verdeckte Gewinnausschüttung hat nicht nur den og. Belastungsanstieg von 47,5 % auf 48,4 % zur Folge, da beim Gesellschafter der gesamte vGA-Betrag, dh. ohne Abzug der aus der Einkommenshinzurechnung gem. § 8 Abs. 3 S. 2 KStG entstehenden Steuerbelastung auf Ebene der Gesellschaft, der Halb- bzw. Teileinkünftebesteuerung bzw. der Abgeltungssteuer unterliegt: **35**

Eine Leistungsvergütung in Höhe von 100,0 unterliegt beim Gesellschafter grds. einer ESt von 47,5 %, die Steuerbelastung beträgt somit 47,5. Wird die Vergütung als vGA eingestuft, so erhöht sich der Gewinn der Gesellschaft um 100,0 und die Steuerlast der Gesellschaft um 29,83. Beim Gesellschafter unterliegt die verdeckte Gewinnausschüttung einer ESt von 28,5 (60,0 × 47,5 %). Die Steuerbelastung beträgt somit insgesamt 58,33 (58,33 %).

Wichtig ist, dass, falls nach der typisierten Reihenfolgeregelung des § 27 Abs. 1 KStG keine ausschüttungsfähigen steuerlichen Gewinne mehr vorhanden sind, auch eine vGA als Einlagenrückgewähr behandelt wird (Vorhandensein von Einlagenkonto unterstellt). **36**

Besonders ausgeprägte Belastungseffekte kann eine vGA zB bei einer zu günstigen Veräußerung eines Wirtschaftsguts an den Gesellschafter auslösen. **37**

Dividenden an Steuerausländer als Anteilseigner
Bei Ausschüttung an ausländische natürliche Personen als Gesellschafter ohne Zuordnung der Anteile zu einer Inlandsbetriebsstätte tritt aus deren Sicht **38**

---

[20] Ggf. zzgl. Belastung bei der finanzierten Gesellschaft (s. vor allem § 8 Nr. 1 GewStG).
[21] S. vor allem § 32d Abs. 2 Nr. 1 EStG.
[22] Im Veräußerungsfall wg. § 17 EStG wie GmbH-Beteiligung im BV.
[23] S. aber auch § 32d Abs. 2 Nr. 3 EStG.
[24] Eingreifen von § 32d Abs. 2 Nr. 1 EStG unterstellt.

Rödder   933

§ 13   39–42   Besonderheiten der Besteuerung

zur definitiven GewSt- und KSt-Belastung ggf. lediglich KapESt hinzu (abhängig von den Regelungen in ggf. einschlägigen DBA).

Dividende (s.o.)	70,17
1. Alt.: ./. 0 % KapESt	0
= Div. nach KapESt	70,17
2. Alt.: ./. 15 % KapESt	10,53
= Div. nach KapESt	59,64
3. Alt.: ./. 20 % KapESt	14,03
= Div. nach KapESt	56,14
4. Alt.: ./. 25 % KapESt	17,55
= Div. nach KapESt	52,62

39 Bei Ausschüttung an eine ausländische natürliche Person bei Zuordnung der Anteile zu einer Inlandsbetriebsstätte kommt es zu einer Nachbelastung nach Maßgabe des Halbeinkünfte- bzw. Teileinkünfteverfahrens (die Hälfte der Dividenden ist bzw. 60 % sind einkommensteuerpflichtig, die andere Hälfte ist bzw. 40 % sind ohne Progressionsvorbehalt steuerfrei gestellt, vgl. § 3 Nr. 40 EStG).[25] Die KapESt ist auch für den steuerausländischen Gesellschafter mit einer Inlandsbetriebsstätte voll anrechenbar, auch wenn nur die Hälfte (60 %) der Dividenden steuerpflichtig ist. Mit anderen Worten: Die Zwischenschaltung einer inländischen Betriebsstätte kann den Anfall definitiver Dividenden-KapESt ersparen.

40 Bei einer Gesellschafterfremdfinanzierung aus der Sicht von Steuerausländern ist die unterschiedliche Belastung von Zinsen und Dividenden im Ausland mit zu berücksichtigen. Da im Inland steuerlich unbelastete Fremdfinanzierungsentgelte[26] für den ausländischen Anteilseigner jedoch auch unter Berücksichtigung dieser Effekte nicht selten attraktiver als definitiv besteuerte Dividendenerträge sind, ist die steuerlich anerkannte Leistungsvergütung für diese Gesellschaftergruppe besonders relevant. Insoweit kommt den Begrenzungen durch § 4h EStG i.V.m. § 8a KStG besondere Bedeutung zu.

(2) Kapitalgesellschaften als Anteilseigner

Belastung bei Ausschüttung

41 Ausschüttungen von inländischen Kapitalgesellschaften werden auf der Ebene von empfangenden Kapitalgesellschaften grds. zu 95 % freigestellt.[27] Mindestbeteiligungsquoten, Mindestbesitzzeiten, bestimmte Aktivitäten oÄ. sind nicht vorausgesetzt.[28] Die entsprechende Regelung ist in § 8b Abs. 1 KStG enthalten.[29]

42 Aufgrund der Dividendenfreistellung bleibt die relativ niedrige Belastung bei Thesaurierung auch im Fall der Ausschüttung im Konzern weitgehend erhalten:

---

[25] Zur GewSt s.o. zum gewerbesteuerpflichtigen Anteilseigner.
[26] Wiederum Hinweis auf die 25 %-Hinzurechnung.
[27] Gewerbesteuerlich gilt die Freistellung allerdings nur unter den Voraussetzungen des § 8 Nr. 5 GewStG.
[28] Gewerbesteuerlich allerdings nochmals Hinweis auf § 8 Nr. 5 GewStG.
[29] Die Dividendenfreistellung erfolgt auch dann, wenn auf Ebene der Tochterkapitalgesellschaft die Gewinnerzielung ausnahmsweise steuerunbelastet erfolgt ist (Verlustvortrag, Investitionszulage etc.). Allerdings auch Hinweis auf das sog. Korrespondenzprinzip bei verdeckten Gewinnausschüttungen.

A. Besteuerung der AG im Vergleich mit and. Rechtsformen   43–49   § 13

Dividende (s.o.)	70,17
zu versteuern (95 % Freistellung)	3,51
./. KSt/GewSt	1,05
= Dividende nach KSt/GewSt	69,12
Steuerbelastungsquote	30,88 %

Die 95 %ige Dividendenfreistellung ändert allerdings nichts an der Definitivbelastung auf Ebene der ausschüttenden Gesellschaft. Dies gilt auch dann, wenn der Gesellschafter über einen geringen Steuersatz verfügt, wenn also die Dividende an eine Kapitalgesellschaft als Gesellschafterin mit Nullsteuersatz.[30] ausgeschüttet wird, wie folgende Berechnung zeigt: **43**

Dividende (s.o.)	70,17
zu versteuern (95 % Freistellung)	3,51
./. KSt 0 %	0
= Dividende nach KSt	70,17
Steuerbelastungsquote	29,83 %

Dieser Effekt kann durch eine körperschaftsteuerliche Organschaft vermieden werden. **44**

Mit Dividenden zusammenhängende Betriebsausgaben
Die Dividendenfreistellung im Kapitalgesellschaftskonzern hat bis vor einigen Jahren die Problematik des § 3 c EStG für den Abzug der mit den Dividenden zusammenhängenden Betriebsausgaben mit sich gebracht. Nach § 3 c Abs. 1 EStG dürfen „Ausgaben ..., soweit sie mit steuerfreien Einnahmen in unmittelbarem wirtschaftlichem Zusammenhang stehen, nicht als Betriebsausgaben ... abgezogen werden." **45**

Richtigerweise darf die Vorschrift jedoch nicht auf die mit den steuerfrei vereinnahmten (Inlands-)Dividenden zusammenhängenden Aufwendungen angewendet werden. Die Dividendenfreistellung ist nur ein technisches Vehikel zur Vermeidung einer mehrfachen Körperschaftsteuerbelastung im Konzern, mehr nicht. Die Freistellung ist kein Privileg. Dies wird schon deutlich, wenn man unterstellt, dass die Aufwendungen in der Tochtergesellschaft anfallen; denn dann stünde ihre Abzugsfähigkeit außer Frage. **46**

Seit einigen Jahren hat der Gesetzgeber dies eingesehen und wendet § 3c Abs. 1 EStG in diesem Fall nicht mehr an. Vielmehr hat die 5 %-Steuerpflicht der Dividenden insoweit Abgeltungscharakter. **47**

Allerdings kann die Dividendenfreistellung vor allem in Holdingfällen für den Aufwandsabzug auch deshalb zu Nachteilen führen, weil einfach keine steuerpflichtigen Erträge da sind, gegen die die Aufwendungen gerechnet werden könnten. Eine Erstattung der Körperschaftsteuer der ausschüttenden Tochtergesellschaft wegen Verlusten der Holding ist nicht möglich. Außerdem kann in Höhe der anfallenden KapESt ein zinsloser Dauerkredit an den Fiskus ausgelöst werden. **48**

Die Probleme können durch eine körperschaftsteuerliche Organschaft vermieden werden. **49**

---

[30] Zum Beispiel wegen anderweitiger Verluste in der die Dividende empfangenden Kapitalgesellschaft.

§ 13   50–57   Besonderheiten der Besteuerung

Dividendenfreistellung, mit Dividenden zusammenhängende Betriebsausgaben und GewSt

50   Die 95 %ige Dividendenfreistellung des § 8 b Abs. 1 KStG gilt über § 7 GewStG auch bei der Ermittlung des Gewerbeertrags. Allerdings ist – wie bereits erwähnt – die Hinzurechnungsregel des § 8 Nr. 5 GewStG zu beachten, die greift, wenn die Voraussetzungen des § 9 Nr. 2 a GewStG nicht erfüllt sind.[31]

Zwischengeschaltete Personengesellschaft

51   § 8 b Abs. 1 KStG ist nach § 8 b Abs. 6 KStG auch dann anzuwenden, wenn in einer Kapitalgesellschaftskette eine Personengesellschaft (ohne Organschaft) zwischengeschaltet ist. Dies ist zutreffend; andernfalls würde in der Kette eine Kumulativbelastung eintreten.

52   § 8 b Abs. 6 KStG hat auch gewerbesteuerlich für die zwischengeschaltete Personengesellschaft selbst Bedeutung. Dies war streitig, ist nun aber in § 7 Satz 4 GewStG geregelt.[32]

53   § 8 b KStG ist auch anzuwenden, soweit eine Kapitalgesellschaft an einer vermögensverwaltenden und nicht gewerblich geprägten Personengesellschaft beteiligt ist. Zwar bezieht sich § 8 b Abs. 6 KStG nur auf Mitunternehmerschaften. Es bedarf jedoch im Falle einer „Zebragesellschaft" keiner gesonderten Regelung, da in diesem Fall eine anteilige Zurechnung der von der Personengesellschaft gehaltenen Anteile nach § 39 Abs. 2 Nr. 2 AO erfolgt.[33]

Folgen verdeckter Gewinnausschüttungen

54   Aufgrund der Feststellung einer verdeckten Gewinnausschüttung im Verhältnis Tochter-/Mutterkapitalgesellschaft wird die Ertragsteuerbelastung von der Mutter- auf die Tochterkapitalgesellschaft verlagert, ohne dass es zu Mehrbelastungen kommen muss (von der 5 %-Steuerpflicht abgesehen). Im Fall des Wegfalls gewerbesteuerlicher Hinzurechnungen kann die Feststellung von verdeckten Gewinnausschüttungen im Verhältnis Tochter-/Mutterkapitalgesellschaft sogar zu Entlastungen führen. Allerdings können auch Mehrbelastungen entstehen, zB bei Verlusten in der Mutter und Gewinnen in der Tochter.

55   Besonders ausgeprägte Belastungseffekte kann eine vGA zB bei einer zu günstigen Veräußerung eines Wirtschaftsguts an die Mutterkapitalgesellschaft auslösen.

Ausländische Kapitalgesellschaft als Anteilseigner

56   Die Konsequenzen einer Dividendenausschüttung, wenn die Anteile nicht einer Inlandsbetriebsstätte der Mutterkapitalgesellschaft zugeordnet werden, sind bereits oben beschrieben worden (s. Rz. 38).[34]

57   Bei Zuordnung der Anteile zu einer Inlandsbetriebsstätte ist von Bedeutung, dass nicht nur auf der Ebene von empfangenden inländischen Kapitalgesellschaften, sondern auch bei empfangenden ausländischen Kapitalgesellschaften Dividenden gem. § 8 b Abs. 1 KStG zu 95 % freigestellt werden. Mindestbeteiligungsquoten, Mindestbesitzzeiten, bestimmte Aktivitäten oä. sind nicht vor-

---

[31] Gewerbesteuerlich kann aus § 8 Nr. 5 GewStG und § 9 Nr. 2a GewStG eine besondere Problematik der Behandlung von Beteiligungsaufwendungen resultieren.
[32] Für Dividenden greift ggf. § 9 Nr. 2 a GewStG.
[33] So auch BMF v. 28. 4. 2003, DStR 2003, 881.
[34] S. auch § 43b EStG (und § 50d Abs. 3 EStG).

A. Besteuerung der AG im Vergleich mit and. Rechtsformen   58–61   § 13

ausgesetzt.³⁵ Entsprechendes gilt gem. § 8 b Abs. 6 KStG auch bei Halten der Anteile über eine (inländische) Personengesellschaft.

bb) Auslandsgewinne der AG

(1) Besteuerungsfolgen im Normalfall

Belastung bei Thesaurierung
Solange die inländische AG (Kapitalgesellschaft) gem. DBA steuerbefreite ausländische Betriebsstättengewinne thesauriert, tritt zur ausländischen Steuerbelastung keine weitere deutsche Steuerbelastung hinzu.³⁶   58

Dies gilt im Grundsatz entsprechend bei der Vereinnahmung steuerfreier Auslandsdividenden, wobei zu berücksichtigen ist, dass die 95 %ige Dividendenfreistellung des § 8 b Abs. 1 KStG im Grundsatz auch für alle Auslandsdividenden gilt.³⁷ Engere Voraussetzungen der DBA-Schachtelprivilegien wirken sich nicht aus.³⁸ § 8 b Abs. 1 KStG gilt auch für Ausschüttungen von Kapitalgesellschaften, die in Nicht-DBA-Ländern ansässig sind.³⁹ Gewerbesteuerlich ist allerdings § 8 Nr. 5 GewStG zu beachten. Danach unterbleibt eine gewerbesteuerliche Hinzurechnung der eigentlich steuerfreien Auslandsdividenden nur dann, wenn die Voraussetzungen des § 9 Nr. 7 GewStG (oder eines DBA-Schachtelprivilegs) erfüllt sind.   59

Vernachlässigt man dies und vernachlässigt man auch § 8 b Abs. 5 KStG zunächst der Einfachheit halber (unterstellt man also bspw. steuerbefreite Betriebsstätteneinkünfte)⁴⁰, so stellt sich die Steuerbelastung bei Thesaurierung von Auslandsgewinnen exemplarisch wie folgt dar: 60

Gewinn vor Steuern	100,0
./. ausländische Steuern (angenommen)	18,0
= Gewinn nach ausld. Steuern	82,0
./. GewSt und KSt	0
= Gewinn nach GewSt u. KSt	82,0

Belastung bei Ausschüttung
Werden diese Einkünfte nun an natürliche Personen als Gesellschafter ausgeschüttet, so greift – wie bei Ausschüttung von Inlandsgewinnen – das Halbeinkünfteverfahren bzw. Teileinkünfteverfahren bzw. die Abgeltungssteuer ein.⁴¹   61

Dividende (s.o.)	82,0
zu versteuern	49,20
./. ESt 47,5 %	23,97
= Dividende nach ESt	58,63

---

³⁵ Aber erneut Hinweis auf § 8 Nr. 5 GewStG.
³⁶ Zur Frage der Anwendbarkeit der Freistellungsmethode vs. Anrechnungsmethode im konkreten Fall s. § 12 Rz. 258 ff.
³⁷ Evtl. im Ausland einbehaltene KapESt kann im Inland nicht angerechnet werden.
³⁸ Aber auch Hinweis auf den Entwurf eines Steuerhinterziehungsbekämpfungsgesetzes.
³⁹ Aber auch erneut Hinweis auf die vorangehende Fn.
⁴⁰ Es ist unklar, ob die 5 %-Steuerpflicht auch bei DBA-Schachteldividenden greifen kann.
⁴¹ Auch im Fall der Anrechnung ausländischer Steuern auf Ebene der Kapitalgesellschaft ist bei Weiterausschüttung der Auslandseinkünfte das Halbeinkünfteverfahren bzw. Teileinkünfteverfahren bzw. die Abgeltungssteuer anwendbar.

Rödder

62 Wenn die Kapitalgesellschaft die steuerbefreiten Auslandsgewinne an natürliche Personen mit Nullsteuersatz oder an Kapitalgesellschaften auskehrt, tritt zur ausländischen Steuer keine weitere deutsche Steuer hinzu[42] (Ausnahme: Eingreifen der Abgeltungssteuer, s.o.).

Mit Auslandsdividenden zusammenhängende Betriebsausgaben

63 Auch hinsichtlich des Betriebsausgabenabzugs bei freigestellten Auslandsdividenden auf Ebene der empfangenden Kapitalgesellschaft gilt die Regelung des § 8 b Abs. 5 KStG. Die Anordnung des § 8 b Abs. 5 KStG (5 % steuerpflichtiger Anteil mit Abgeltungswirkung für Zwecke des § 3 c EStG) gilt für alle nach § 8 b Abs. 1 KStG steuerfrei gestellten Dividenden.[43]

64 Auch bei Weiterausschüttung der vereinnahmten Auslandsdividenden an eine andere Kapitalgesellschaft geht es wieder um die Anwendung des § 8 b Abs. 1 KStG iVm. 5 %-Steuerpflicht (bei Ausschüttung an natürliche Personen um § 3 Nr. 40 EStG iVm. § 3 c Abs. 2 EStG bzw. die Abgeltungssteuer mit Aufwandsabzugsverbot).

(2) Hinzurechnungsbesteuerung

65 Die Steuerfreistellung des § 8 b Abs. 1 KStG wird ebenso wie das Halbeinkünfte- bzw. Teileinkünfteverfahren bzw. die Abgeltungssteuer für empfangene Auslandsdividenden auch bei einer niedrigen Steuerbelastung im Ausland gewährt. Sie ist nicht von einer bestimmten Vorbelastung im Ausland abhängig.[44] Allerdings ist für passive Einkünfte, die in § 8 AStG definiert sind, das Instrumentarium der Hinzurechnungsbesteuerung nach §§ 7 ff. AStG zu beachten. Werden sie im Ausland niedrig besteuert und besteht eine als ausreichend definierte deutsche Beteiligung an der ausländischen Kapitalgesellschaft und greift nicht der sog. Cadbury-Schweppes-Schutz, so wird ein entsprechender Hinzurechnungsbetrag zum Bestandteil der deutsch-steuerlichen Bemessungsgrundlage des Gesellschafters.

cc) Laufende Verluste und Ergebnisverrechnung (Organschaft)

(1) Laufende Verluste

66 Die ertragsteuerliche Bemessungsgrundlage wird für die Kapitalgesellschaft und ihre Gesellschafter separat ermittelt, so dass auch Verluste der Kapitalgesellschaft nicht mit Gewinnen (positiven Einkünften) der Gesellschafter verrechnet werden können et vice versa (zur Organschaft s. sogleich). Nicht verrechnete Verluste sind (vor allem vorbehaltlich des § 8c KStG) betragsmäßig und zeitlich unlimitiert vortragsfähig.[45] Die Mindestbesteuerung ist allerdings zu beachten.

---

[42] Dies gilt – abgesehen von einer evtl. KapESt-Belastung – auch für die Dividende an einen Steuerausländer.
[43] S. aber auch erneut Fn. 40.
[44] Allerdings erneut Hinweis auf das sog. Korrespondenzprinzip bei verdeckten Gewinnausschüttungen und den Entwurf des Steuerhinterziehungsbekämpfungsgesetzes.
[45] Außerdem ist ein einjähriger Verlustrücktrag bis zu € 511.500 möglich. Zu wichtigen Detail-Verlustverrechnungsbeschränkungen s. überdies bspw. § 2 a EStG, § 15 Abs. 1 Satz 3 ff. EStG, § 15 a EStG und § 15 Abs. 4 Satz 6 EStG.

(2) Ergebnisverrechnung (Organschaft)

Bedeutung der Organschaft mit Kapitalgesellschaften als Organträger
Nur die Organschaft ermöglicht eine umfassende Ergebnisverrechnung zwischen verschiedenen Gesellschaften (wobei auch die Verrechnung von Gewinnen der Tochter mit Verlusten der Mutter, also nicht nur die Verrechnung von Verlusten der Tochter mit Gewinnen der Mutter, nur durch die Organschaft gewährleistet wird). Darüber hinaus ist insbesondere als gewerbesteuerlicher Vorteil der Organschaft die Vermeidung von Doppelerfassungen aufgrund gewerbesteuerlicher Hinzurechnungen zu nennen. Und auch für Zwecke der Zinsschranke ist ein Vorteil wegen der zusammengefassten Betrachtung des Organkreises denkbar.

Weitere Vorteile der Organschaft speziell im Kapitalgesellschaftskonzern liegen in der grundsätzlichen Vermeidung der 5%-Steuerpflicht sowie in der Zusammenführung von Aufwendungen mit steuerpflichtigen (statt steuerfreien) Einnahmen und in der Vermeidung von Kapitalertragsteuerüberhängen.

Die körperschaftsteuerliche und gewerbesteuerliche Organschaft hat mithin jedenfalls im Kapitalgesellschaftskonzern eine große Bedeutung.

Bedeutung der Organschaft mit Personenunternehmen als Organträger
Auch bei Organträger-Personenunternehmen sind die Vorteile hinsichtlich Ergebnisausgleich, Zinsschranke sowie der Vermeidung gewerbesteuerlicher Doppelerfassungen und des § 3 c EStG bedeutsam.[46] Allerdings ist auch zu berücksichtigen, dass im Gewinnfall die Organschaft zu Organträger-Personenunternehmen zur sofortigen Belastung mit ESt (statt mit 15 % KSt) führt, was nachteilig sein kann (vorteilhaft nur ausnahmsweise bei geringen Steuersätzen der Gesellschafter des Organträgers; tendenziell neutral bei nachhaltiger Nutzbarkeit der Thesaurierungsbegünstigung).

Voraussetzungen der körperschaft- und der gewerbesteuerlichen Organschaft
Sowohl für Zwecke der körperschaftsteuerlichen Organschaft als auch für Zwecke der gewerbesteuerlichen Organschaft ist vorausgesetzt, dass der Organträger[47] an der Organgesellschaft vom Beginn ihres Wirtschaftsjahrs an ununterbrochen in einem solchen Maße beteiligt ist, dass ihm die Mehrheit der Stimmrechte aus den Anteilen an der Organgesellschaft zusteht (finanzielle Eingliederung). Außerdem muss bis zum Ende des ersten Jahres, für das Organschaft gelten soll, ein bestimmte Anforderungen erfüllender Ergebnisabführungsvertrag zwischen Organträger und Organgesellschaft abgeschlossen und wirksam geworden sein.

---

[46] Wegen der Formulierung des § 3 c Abs. 2 EStG sind die § 3 c EStG-Vorteile allerdings unsicher.

[47] Es ist ein gewerbliches Organträgerunternehmen erforderlich (bei einer Organträger-Personengesellschaft „echte" Gewerblichkeit und Zuordnung der Anteile an der Organgesellschaft zum Gesamthandsvermögen).

c) Besteuerung von Personengesellschaften

aa) Inlandsgewinne der Personengesellschaft

(1) ESt-Sätze und pauschalierte GewSt-Anrechnung

72 Gewinne aus der eigenen gewerblichen Tätigkeit im Inland unterliegen auf Ebene der Personengesellschaft der Gewerbesteuer. Für die ESt gilt das Transparenzprinzip, so dass diese auf Ebene der Mitunternehmer anfällt. Der ESt-Tarif ist grds. progressiv. Der Spitzensteuersatz beläuft sich auf 45 % (sog. „Reichensteuer"). Die Anrechnung der GewSt auf die ESt beläuft sich auf das 3,8-fache des Gewerbesteuermessbetrages, allerdings der Höhe nach auf die tatsächliche GewSt-Zahlung begrenzt (§ 35 EStG).

73 Die Ermäßigung der ESt um die GewSt soll die zusätzliche Belastung gewerblicher Einkünfte mit GewSt beseitigen, so dass im Ergebnis nur die normale ESt-Belastung bestehen bleibt. Die konkret gewählte Technik (pauschalierte GewSt-Anrechnung) kann jedoch zu Abweichungen von diesem „Wunschergebnis" führen.

74 Im Einzelnen ermäßigt sich gem. § 35 EStG die tarifliche Einkommensteuer, soweit sie anteilig auf im zu versteuernden Einkommen enthaltene gewerbliche Einkünfte entfällt,
- bei Einkünften aus gewerblichen Unternehmen iSd. § 15 Abs. 1 Satz 1 Nr. 1 EStG um das 3,8-fache des jeweils für den dem Veranlagungszeitraum entsprechenden Erhebungszeitraum für das Unternehmen festgesetzten Gewerbesteuer-Messbetrags,
- bei Einkünften aus Gewerbebetrieb als Mitunternehmer iSd. § 15 Abs. 1 Satz 1 Nr. 2 und 3 EStG um das 3,8-fache des jeweils für den dem Veranlagungszeitraum entsprechenden Erhebungszeitraum festgesetzten anteiligen Gewerbesteuer-Messbetrags.

75 Die pauschalierte Gewerbesteueranrechnung erfolgt hebesatzunabhängig. D. h., dass nur einem kritischen Hebesatz von 360 % die gesetzgeberische Intention, die Gesamtbelastung der gewerblichen Einkünfte der Steuerbelastung anderer (nicht gewerbesteuerbelasteter) Einkünfte anzunähern, bei idealtypischer Betrachtung exakt erreicht wird. Liegt der Hebesatz über dem „kritischen" Niveau, bleibt die Entlastung auch bei idealtypischer Betrachtung unvollständig. Umgekehrt führt die pauschale Ermäßigung der ESt bei einem niedrigeren Hebesatz nicht zu einer geringeren Gesamtbelastung der gewerblichen Einkünfte im Vergleich zu anderen Einkünften, da die Anrechnung der Höhe nach auf die tatsächliche Zahlung begrenzt ist.

76 Wenn keine ESt gezahlt wird, läuft die pauschalierte GewSt-Anrechnung ins Leere. Anrechnungsüberhänge werden weder erstattet noch sind sie vortragsfähig. Letzteres ist auch deshalb besonders bedeutsam, weil nach dem Gesetzeswortlaut nur verrechenbares ESt-Volumen zur Verfügung steht, soweit die ESt anteilig auf im zvE enthaltene gewerbliche Einkünfte entfällt. Damit soll vermieden werden, dass eine Ermäßigung vorzunehmen ist, obwohl die gewerblichen Einkünfte keine ESt ausgelöst haben.

77 Die vorstehend genannten Beschränkungen führen in vielen Fällen dazu, dass zwar GewSt zu zahlen ist, aber eine Steuerermäßigung unterbleibt (gewerbesteuerliche Hinzurechnungen, mehrere Gewerbebetriebe mit positiven und negativen Ergebnissen, andere einkommensteuerliche Verlust- bzw. Abzugsquellen uam.).

A. Besteuerung der AG im Vergleich mit and. Rechtsformen   78–81   § 13

Bei Mitunternehmerschaften muss der GewSt-Messbetrag der Mitunterneh- 78
merschaft auf die Mitunternehmer zum Zwecke der Ermittlung der individuellen ESt-Ermäßigung aufgeteilt werden. Insoweit ist gem. § 35 Abs. 3 EStG das Verhältnis des dem Mitunternehmer zuzurechnenden Gewinnanteils zu der Summe aller Gewinnanteile nach Maßgabe des allgemeinen Gewinnverteilungsschlüssels maßgebend. Vorabgewinnanteile sind nicht zu berücksichtigen. Auch dies kann dazu führen, dass zwar GewSt zu zahlen ist, eine Anrechnung aber nicht erfolgen kann.

Bei Versteuerung ohne Inanspruchnahme der Thesaurierungsbegünstigung 79
ergibt danach sich bei einer Personenunternehmung bei 400 % Hebesatz eine Steuerbelastung i. H. v. 47,44 %.[48]

steuerl. Gewinn		100,00
GewSt		14,00
ESt	45 %	45,00
GewSt-Anrechnung		– 13,30
Verbleibende ESt		31,70
SolZ	5,50 %	1,74
ESt + SolZ		33,44
Steuern gesamt		47,44

Für nicht entnommene Gewinne kommt auf Antrag ein ermäßigter Ein- 80
kommensteuersatz zum Tragen, um Kapitalgesellschaften und Personenunternehmen in der Steuerbelastung weitgehend aneinander anzunähern (sog. Thesaurierungsbegünstigung des § 34a EStG).[49] Die Thesaurierungsbegünstigung des § 34a EStG ist eine tarifäre Begünstigung für Einkommensteuerpflichtige.[50] Danach ist auf Antrag die Einkommensteuer ganz oder teilweise mit 28,25 % zu berechnen, soweit im zvE nicht entnommene Gewinne aus den Gewinneinkunftsarten enthalten sind.[51] Gewinnermittlung durch Bestandsvergleich ist vorausgesetzt. Der – bis zur Unanfechtbarkeit des ESt-Bescheids rücknehmbare – Antrag ist für jeden Betrieb oder Mitunternehmeranteil für jeden VZ gesondert beim ESt-FA zu stellen.[52] § 34a EStG gilt nicht für ESt-Vorauszahlungszwecke (§ 37 Abs. 3 S. 6 EStG).

Bei mehrstufigen Mitunternehmerschaften ist es denkbar, jeden Mitunter- 81
nehmeranteil aus Sicht des ESt-Pflichtigen für Zwecke des § 34a EStG gesondert zu betrachten. Es ist aber wohl sachgerechter, insoweit nur auf die Oberpersonengesellschaft abzustellen und in den Gewinnanteil aus dieser den Gewinnanteil aus der Unterpersonengesellschaft einfließen zu lassen.[53] Entsprechendes gilt für einem Einzelunternehmen zugeordnete Mitunternehmeranteile. Schwestermitunternehmerschaften sind dagegen in jedem Fall separat zu betrachten.

---

[48] Bei 200 % Hebesatz beläuft sich die Belastung auf 47,09 %, bei 600 % Hebesatz auf 54,44 %.
[49] Der progressive ESt-Tarif ist dann auf das restliche zvE anwendbar.
[50] Auch für beschränkt Einkommensteuerpflichtige. In diesem Fall dürfte die Rz. 87 f. erläuterte Nachsteuer wohl unter den DBA-Betriebsstättenartikel fallen.
[51] Ohne solche i. S. v. § 18 Abs. 1 Nr. 4 EStG und solche, für die §§ 16 Abs. 4 oder 34 Abs. 3 EStG in Anspruch genommen werden.
[52] Bei Mitunternehmerschaften ist eine 10 % Beteiligungsquote oder ein Gewinnanteil von > 10.000 € vorausgesetzt.
[53] Dies entspricht auch der Auffassung der Finanzverwaltung.

Rödder 941

§ 13   82–86   Besonderheiten der Besteuerung

82   Auf den ersten Blick ergibt sich danach bei Vollthesaurierung (und 400% Hebesatz) folgende Thesaurierungsbelastung (s. allerdings die wichtigen Modifikationen sogleich):

steuerl. Gewinn		100,00
GewSt		14,00
Entnommener Gewinn		0,00
Nicht entnommener Gewinn		100,00
ESt gem. § 34a EStG	28,25 %	28,25
ESt auf entnommenen Gewinn	45 %	0,00
Summe ESt		28,25
GewSt-Anrechnung		– 13,30
Verbleibende ESt		14,95
SolZ	5,50 %	0,82
ESt + SolZ		15,77
Steuern gesamt		29,77

83   Nach § 34a Abs. 2 EStG ist der „nicht entnommene Gewinn des Betriebs oder Mitunternehmeranteils der nach § 4 Abs. 1 Satz 1 oder § 5 ermittelte Gewinn vermindert um den positiven Saldo der Entnahmen und Einlagen des Wirtschaftsjahres". Der auf Antrag in einem VZ mit dem besonderen ESt-Satz besteuerte nicht entnommene Gewinn wird als „Begünstigungsbetrag" bezeichnet.[54] Sind die Entnahmen nicht größer als die Einlagen, kann der gesamte Gewinn ermäßigt besteuert werden. In Höhe des Überschusses der Entnahmen über die Einlagen unterliegt der Gewinn dagegen der regulären ESt.

84   Aufgrund des Abstellens auf den steuerbilanziellen Gewinn gehören außerbilanzielle Hinzurechnungen nicht zum möglichen Begünstigungsbetrag. Steuerfrei gestellte Gewinnbestandteile gehören ebenfalls nicht dazu, weil sie nicht im zvE enthalten sind. Auch Einkommenszurechnungen aus Organgesellschaften können zum nicht entnommenen Gewinn zählen.[55] Bei Mitunternehmerschaften ermittelt sich der steuerbilanzielle Gewinn(anteil) unter Einbezug von Sonder- und Ergänzungsbilanzen. Gewinnanteile aus Unterpersonengesellschaften gehen nach der Spiegelbildmethode in das steuerbilanzielle Ergebnis der Oberpersonengesellschaft ein (was auch dafür spricht, sie für Zwecke des § 34a EStG zusammengefasst zu betrachten, s.o.).

85   Entnahmen sind nach dem üblichen ertragsteuerlichen Verständnis zu ermitteln. Bei Mitunternehmerschaften kommt es nach zutreffendem Verständnis darauf an, ob das mitunternehmerische Betriebsvermögen verlassen wird (nicht bei bloßer Gutschrift auf Gesellschafterdarlehenskonten). Einlagen sind ebenfalls nach dem üblichen ertragsteuerlichen Verständnis zu ermitteln. Bei Mitunternehmerschaften kommt es auf die von außen erfolgende Zufuhr in das mitunternehmerische Betriebsvermögen an. Vermögenstransfers zwischen der Ober- und der Unterpersonengesellschaft bei doppelstöckigen Mitunternehmerschaften sollten bei sachgerechtem Verständnis i.S.d. § 34a EStG nicht als Entnahmen und Einlagen zu werten sein.

86   Nach der Gesetzesbegründung soll die auf Ebene der Personenunternehmung anfallende GewSt (ebenso wie andere nicht abzugsfähige Betriebsausgaben)

---

[54] Gem. § 34a Abs. 8 EStG dürfen negative Einkünfte nicht mit ermäßigt besteuerten Gewinnen verrechnet werden. Im zvE sind begünstigungsfähige Einkünfte allerdings ohnehin nur nach Verrechnung mit anderen negativen Einkünften enthalten. Nur der verbleibende Betrag ist begünstigungsfähig.

[55] Jedenfalls soweit sie mit der bilanziellen Gewinnabführung korrespondieren.

nicht zum nicht entnommenen Gewinn iSv § 34a Abs. 2 EStG gehören, weil sie nicht entnahmefähig ist.[56] Der Thesaurierungssteuersatz erhöht sich damit grds. um die auf die GewSt entfallende ESt. Bei 400% Hebesatz ergibt sich danach eine Thesaurierungsbelastung i.H.v. 32,25%. Wird überdies derjenige Betrag entnommen, der zur Entrichtung von ESt und SolZ notwendig ist, dann ergibt sich bei 400% Hebesatz grds. eine Thesaurierungsbelastung i.H.v. 36,16%.

steuerl. Gewinn		100,00
GewSt		14,00
Entnommener Gewinn (GewSt+ESt+SolZ)		36,16
Nicht entnommener Gewinn		63,84
ESt gem. § 34a EStG	28,25 %	18,03
ESt auf entnommenen Gewinn	45 %	16,27
Summe ESt		34,31
GewSt-Anrechnung		– 13,30
Verbleibende ESt		21,01
SolZ	5,50 %	1,16
ESt + SolZ		22,16
Steuern gesamt		36,16

Werden ermäßigt besteuerte Gewinne einer Personenunternehmung in nachfolgenden Wirtschaftsjahren entnommen, so erfolgt eine Nachversteuerung iHv 25% (§ 34a Abs. 4 EStG) zzgl. SolZ.

Der nachversteuerungspflichtige Betrag ist nach § 34a Abs. 3 EStG der ermäßigt besteuerte Gewinn abzgl. der Thesaurierungs-ESt zzgl. SolZ. Er wird zum Ende eines jeden VZ für jeden Betrieb oder Mitunternehmeranteil gesondert festgestellt (incl. eines evtl. Vortrags eines nachversteuerungspflichtigen Betrags aus dem Vorjahr abzgl. eines evtl. realisierten Nachversteuerungsbetrags).[57] Zu einer Nachversteuerung des nachversteuerungspflichtigen Betrags (der auf das Ende des vorangegangenen VZ festgestellt worden ist) kommt es, wenn der positive Saldo der Entnahmen und Einlagen des Wirtschaftsjahres bei einem Betrieb oder Mitunternehmeranteil den Gewinn lt. Steuerbilanz (incl. der steuerfreien Gewinnanteile) übersteigt (§ 34a Abs. 4 S. 1 EStG).[58] Entnahmeüberschüsse (über Einlagen und steuerbilanziellen Gewinn) sind also vorrangig zu Lasten des nachversteuerungspflichtigen Betrags zu tätigen. Es ergibt sich bei Fortführung des vorstehenden Beispiels folgende Steuerbelastung:[59]

---

[56] Trotz der missglückten Gesetzesformulierung dürfte die GewSt als nichtabzugsfähige Betriebsausgabe zu betrachten sein.

[57] Zu bestimmten Übertragungsmöglichkeiten des nachversteuerungspflichtigen Betrags s. § 34a Abs. 5 EStG (betr. die Fälle des § 6 Abs. 5 S. 1 bis 3 EStG). S. auch § 34a Abs. 7 EStG zum Übergang des nachversteuerungspflichtigen Betrags in den Fällen des § 6 Abs. 3 EStG und des § 24 UmwStG.

[58] Den nachversteuerungspflichtigen Betrag übersteigende Entnahmen (nach Abzug des lfd. steuerbilanziellen Gewinns und der Einlagen) führen nicht zu einer Nachsteuer. In der Sache werden dann regelbesteuerte Gewinne oder thesaurierte steuerfreie Gewinne oder Altgewinne entnommen. Entnahmen von ErbSt anlässlich der Übertragung eines Betriebs oder Mitunternehmeranteils lösen keine Nachsteuer aus, mindern aber auch nicht den nachversteuerungspflichtigen Betrag.

[59] Wobei zu beachten ist, dass Entnahmen so lange voll die Nachsteuer auslösen, bis der nachversteuerungspflichtige Betrag aufgebraucht ist.

§ 13   89, 90   Besonderheiten der Besteuerung

Entnahme in nachfolgenden WJ		63,83
Nachversteuerungspflichtiger Betrag		44,81
Nachversteuerung ESt	25,00 %	11,20
Nachversteuerung SolZ	5,50 %	0,62
ESt + SolZ (Nachversteuerung)		11,82
Steuern gesamt		47,99

89   Gem. § 32a Abs. 6 EStG ist eine Nachversteuerung des nachversteuerungspflichtigen Betrags auch durchzuführen in den Fällen der Betriebsveräußerung oder -aufgabe im Sinne der §§ 14, 16 Abs. 1 und 3 sowie des § 18 Abs. 3 EStG oder in den Fällen der Einbringung eines Betriebs oder Mitunternehmeranteils[60] in eine Kapitalgesellschaft sowie in den Fällen des Formwechsels einer Personengesellschaft in eine Kapitalgesellschaft oder wenn der Gewinn nicht mehr durch Bestandsvergleich ermittelt wird oder wenn der Steuerpflichtige dies beantragt.[61]

(2) Vergleich mit der Besteuerung von AGs

90   In der nachstehenden Tabelle werden die vorstehenden wesentlichen ertragsteuerlichen Belastungsaussagen zur Personenunternehmung im Vergleich zur Kapitalgesellschaftsbelastung noch einmal zusammengefasst. Dabei wird bei Personenunternehmen eine notwendige „Entnahme" von GewSt, ESt und SolZ unterstellt:

	PersG Thesaurierung (Gewinn € 100)		KapG
	nicht (€ 0)	voll ohne Steuern (€ 36,16)	
Steuerl. Gewinn	100,0	100,0	100,0
./. GewSt	−14,00	−14,00	−14,00
./. KSt			−15,00
./. ESt (regulärer Tarif 45 %)	−45,00	−16,27	
./. ESt (Thesaurierungstarif 28,25 %)		−18,03	
+ GewSt-Anrechnung	13,30	13,30	
./. SolZ	−1,74	−1,16	−0,83
Verbleiben	52,56	63,84	70,17
Steuerbelastung	47,44	36,16	29,83
Ausschüttung			70,17
nachzuversteuernde Entnahme	0,00	63,84	
./. darauf gezahlte ESt (Tarif 28,25 %)		−18,03	
./. darauf gezahlter SolZ		−0,99	
Nachversteuerungsbetrag	0,00	44,81	
./. ESt auf den Nachversteuerungsbetrag	0,00	−11,20	
./. ESt auf Ausschüttung			−17,54
./. SolZ	0,00	−0,62	−0,97
Steuerbelastung der Ausschüttung/ Entnahme	0,00	11,82	18,51
Gesamtsteuerbelastung	47,44	47,99	48,34

---

[60] Der Teilbetrieb und der Teil eines Mitunternehmeranteils sind im Gesetz nicht genannt.
[61] In den beiden erstgenannten Fällen ist die Nachsteuer auf Antrag des Steuerpflichtigen oder seines Rechtsnachfolgers in regelmäßigen Teilbeträgen für einen Zeitraum von höchstens zehn Jahren seit Eintritt der ersten Fälligkeit zinslos zu stunden, wenn ihre alsbaldige Einziehung mit erheblichen Härten für den Steuerpflichtigen verbunden wäre.

A. Besteuerung der AG im Vergleich mit and. Rechtsformen 91–94 § 13

Die vorstehende Berechnung zeigt, dass bei Thesaurierungsabsicht und Spitzensteuersatzverhältnissen die Personenunternehmung i.d.R. nicht das Belastungsniveau der Kapitalgesellschaft erreichen kann. Anders ist die Situation nur dann, wenn die Personenunternehmung über nennenswerte steuerfreie Einkünfte (vor allem DBA-Betriebsstätteneinkünfte[62]) verfügt. Obwohl dies das Gesetz nicht zweifelsfrei zum Ausdruck bringt, können diese Einkünfte im Jahr ihrer Erzielung vorrangig „unschädlich" entnommen werden.[63] Reicht das Volumen aus, um die ESt etc. auf die steuerpflichtigen Einkünfte zu zahlen, kann eine knapp 30 %ige Thesaurierungsbelastung (bei 400 % Hebesatz 29,77 %) auch bei Personenunternehmen erreicht werden. 91

Gravierend kann im Einzelfall auch die Erkenntnis sein, dass bei Personenunternehmen die Nachversteuerung nicht nur bei Entnahme, sondern auch bei bestimmten Veräußerungs- und Umstrukturierungsmaßnahmen ausgelöst werden kann. Insbesondere dann, wenn mittel- bzw. langfristig ein Wechsel in die Kapitalgesellschaft nicht ausgeschlossen werden kann, kann die drohende Zwangsnachversteuerung entscheidend gegen die Rechtsform der Personengesellschaft sprechen (zumal unklar ist, ob die Nachversteuerung dann durch Aufrechterhaltung von Gesellschafter-Personengesellschaften vermieden werden könnte).[64] 92

Wichtig ist überdies im Vergleich der Ertragsteuerbelastung von Personenunternehmen und Kapitalgesellschaften, dass eine unterschiedliche Abhängigkeit von unterschiedlichen Hebesätzen gegeben ist.[65] 93

Außerdem können – wie bereits erwähnt – nach wie vor steuerfreie Einkünfte nur bei Personenunternehmen ohne Nachsteuer entnommen werden, und es bleiben die übrigen rechtsformabhängigen ertragsteuerlichen Besteuerungsunterschiede. Erbschaftsteuerlich ist dagegen – anders als bisher – nach der ErbSt-Reform weitgehende Rechtsformneutralität gegeben.[66] Die nachstehende Übersicht fasst die wesentlichen Unterschiede noch einmal zusammen: 94

	PersG	KapG
Ertragsteuersatz bei Thesaurierung[67]	0 % bis ca. 47,5 % bzw. ca. 30 % bis ca. 36 %	ca. 30 %
Latente Nachsteuerbelastung bei Entn./Div.	Hochschleusung auf ca. 48 % (Nachsteuer)	Hochschleusung auf ca. 48,5 % (Teileinkünfteverfahren bzw. Abgeltungssteuer)

---

[62] Nach – str. – Auffassung sind inländisches Stammhaus und ausländische Betriebsstätte als ein Betrieb i.S.d. § 34a EStG zu betrachten.

[63] Auch dann, wenn steuerfreie Einkünfte nicht im Jahr ihrer Erzielung entnommen werden, lösen sie bei späterer Entnahme keine Nachsteuer aus (sie bleiben also steuerfrei), sie gelten aber – wie Altgewinne und regelbesteuerte Gewinne – als nachrangig entnommen.

[64] Zwar gilt auch bei umgekehrter Umwandlungsrichtung, dass grds. eine Nachversteuerung stattfindet (§ 7 UmwStG). Bei großen Familienunternehmen ist aber mittel- und langfristig die Notwendigkeit, in die Kapitalgesellschaft zu gehen, deutlich wahrscheinlicher als der umgekehrte Fall.

[65] So steht bspw. der o.a. „Ideal"-Thesaurierungsbelastung von 29,77 % bei 400 % Hebesatz eine solche i.H.v. 29,42 % bei 200 % Hebesatz bzw. von 36,77 % bei 600 % Hebesatz gegenüber. Zur Kapitalgesellschaftsbelastung in Abhängigkeit vom Hebesatz s. schon Fn. 3.

[66] S. dazu näher Rz. 748 ff.

[67] Bei 400 % Hebesatz.

	PersG	KapG
Steuerfreie Gewinne Verwendungsreihenfolge bei Ausschüttung	ohne latente Nachsteuer Altrücklagen und steuerfreie Gewinne nur bei entspr. Gestaltung vorrangig	mit latenter Nachsteuer Altrücklagen nur bei entspr. Gestaltung vorrangig
Bet.-aufwand beim Gesellschafter	grds. voll abzugsfähig	ggf. § 3c Abs. 2 EStG bzw. Abzugsverbot (Abgeltungssteuer)
Abgeltungssteuer auf Gesellschafterdarlehenszinsen	nein	im Einzelfall erreichbar
Veräußerungsgewinne auf Gesellschafterebene	grds. voll stpfl.	Teileinkünfteverfahren bzw. Abgeltungssteuer
Steuerl. Step up bei Erwerb	ja	nein
Anerkennung Leistungsvergütung an Gesellschafter (incl. Pensionszusage)	nein	ja
Verlustrechnung	–estl. + –gewstl. ./. – keine Organschaftsfähigkeit	– estl. ./. – kstl. und gewstl. ./. –aber: Organschaftsfähigkeit
Zinsschranke	pro PersG gesondert	pro KapG gesondert, aber: Organschaftsfähigkeit
Gewstl. Hinzurechnungen	ggf. durch GewSt-Anrechnung vermeidbar	nicht durch GewSt-Anrechnung vermeidbar
interne Leistungsbeziehungen	partielle gewstl. Mehrfachbelastungen schwerer vermeidbar (trotz SonderBV), aber ggf. GewSt-Anrechnung	partielle gewstl. Mehrfachbelastungen besser vermeidbar wg. Organschaft
Div.besteuerung in der Gesellschaft	Teileinkünfteverf.	grds. 95 % Div.-freistellung
Bet.-aufwand in der Gesellschaft	§ 3c Abs. 2 EStG	grds. voll abzugsfähig (aber 5 % Fiktion)
Anteilsveräußerungsgewinne in der Gesellschaft	Teileinkünfteverf.	grds. 95 % Freistellung
ErbSt	Begünstigung ggf. erreichbar	Begünstigung ggf. etwas schwerer erreichbar
Unternehmerische Mitbestimmung	vermeidbar	nur schwer vermeidbar
Publizität	vermeidbar bzw. auf PublG begrenzbar	HGB

(3) Kapitalgesellschaften als Mitunternehmer und Kapitalgesellschaftsbeteiligungen in der Mitunternehmerschaft

95   Für eine Kapitalgesellschaft als Mitunternehmer existiert keine pauschalierte GewSt-Anrechnungsmöglichkeit und greift nicht der besondere Thesaurierungs-ESt-Satz. Der steuerliche Gewinnanteil wird bei der Mitunternehmerschaft der GewSt und bei der Kapitalgesellschaft der KSt unterworfen.[68]

---

[68] Dies gilt auch für steuerausländische Kapitalgesellschaften als Mitunternehmer. Aus Sicht einer ausländischen Kapitalgesellschaft werden inländische Tochterkapitalgesellschaft und Tochterpersonengesellschaft bzw. Betriebsstätte mit dem gleichen Steuersatz belastet. Falls bei Ausschüttungen Kapitalertragsteuer anfällt, ist die Tochterpersonengesellschaft unter Steuersatzgesichtspunkten vorteilhaft.

A. Besteuerung der AG im Vergleich mit and. Rechtsformen 96–102 § 13

Zu Kapitalgesellschaftsbeteiligungen in der Mitunternehmerschaft vgl. die 96
Ausführungen w. o. Rz. 51 ff. (insbesondere zu § 3 Nr. 40 EStG und zu § 8 b
Abs. 6 KStG).

bb) Auslandsgewinne der Personengesellschaft

Für Personengesellschaften (und deren Gesellschafter) besteht – anders als 97
für Kapitalgesellschaften (und deren Gesellschafter) – die Möglichkeit der
steuerfreien Durchleitung ausländischer (steuerfreier) Betriebsstätteneinkünfte
(bzw. mittels Organschaft auch ausländischer Betriebsstätteneinkünfte, die
eine Tochterkapitalgesellschaft erzielt) bis in die Gesellschaftersphäre, was bei
natürlichen Personen als Gesellschaftern endgültige Steuerfreiheit bedeutet
(mit Progressionsvorbehalt).[69] Steuerfreie Betriebsstätteneinkünfte können im
Jahr ihrer Erzielung bei Inanspruchnahme der ESt-Thesaurierungsbegünstigung vorrangig entnommen werden.

Dividenden ausländischer Kapitalgesellschaften unterliegen gem. § 3 Nr. 40 98
EStG dem Halbeinkünfte- bzw. Teileinkünfteverfahren unter Anwendung des
§ 3 c Abs. 2 EStG. Zur Vermeidung einer Doppelbesteuerung ist wie bei der inländischen Kapitalertragsteuer eine vollständige Anrechnung ausländischer
(Quellen-)Steuern bis zur Höhe der deutschen Einkommensteuer möglich.

Zur Hinzurechnungsbesteuerung nach den §§ 7 ff. AStG s. bereits oben. 99

cc) Laufende Verluste und Ergebnisverrechnung

Im Grundsatz sind Personengesellschaften ertragsteuerlich transparent, so 100
dass eine Verrechnung von Verlusten der Personengesellschaft mit Gewinnen
(positiven Einkünften) des Gesellschafters et vice versa möglich ist.[70] Gewerbesteuerlich gilt diese Aussage allerdings nicht; insoweit ist die Personengesellschaft selbständiges Steuerobjekt, so dass die beschriebene Ergebnisverrechnung gewerbesteuerlich nicht gelingt.[71] Auch für Zwecke der Zinsschranke ist
die Personengesellschaft separat zu betrachten.

Im Übrigen kann zur Verlustverrechnung im Zeitablauf und zur Organ- 101
schaft auf die Ausführungen oben verwiesen werden.[72]

d) Besteuerung von Rechtsformkombinationen

Rechtsformkombinationen, die Elemente der Kapitalgesellschafts- und der 102
Personengesellschaftsbesteuerung miteinander vereinen, sind die GmbH & Co.
KG und die Kapitalgesellschaft & atypisch Still. Auch Betriebsaufspaltungsfälle
können „rechtsformkombinierend" ausgestaltet sein (Verpachtung des Betriebs
durch eine Besitzpersonengesellschaft an eine Betriebskapitalgesellschaft [sog.
klassische Betriebsaufspaltung] oder Verpachtung des Betriebs durch eine Be-

---

[69] Zu Fragen der Anwendbarkeit der Freistellungs- und der Anrechnungsmethode im konkreten Fall s. § 12 Rz. 258 ff.
[70] Zu einzelnen Verlustverrechnungsbeschränkungen s. aber auch schon oben Rz. 66.
[71] Unter anderem deshalb ist die Abgrenzung des steuerlichen Ergebnisses der Personengesellschaft vom steuerlichen Ergebnis der Gesellschafter und dabei bspw. der Vorrang der Zuordnung zum Sonderbetriebsvermögen bei der Mitunternehmerschaft vor der Zuordnung zum eigenen Betriebsvermögen von besonderem Interesse.
[72] Rz. 66 ff.

Rödder

§ 13 103–106   Besonderheiten der Besteuerung

sitzkapitalgesellschaft an eine Betriebspersonenunternehmung [sog. umgekehrte Betriebsaufspaltung]).

103 Bei einer GmbH & Co. KG gelten im Grundsatz bei der KG die Besteuerungsregeln für Personengesellschaften und bei der Komplementär-GmbH diejenigen für Kapitalgesellschaften. Es kann also die sofortige Einkommensbesteuerung von durchgeleiteten Gewinnanteilen unter pauschalierter GewSt-Anrechnung und die Inanspruchnahme der Thesaurierungsbegünstigung sowie die unmittelbare Verlustzurechnung resultieren, es kann aber auch im Einzelfall die Komplementär-GmbH zur nachhaltigen Gewinnthesaurierung genutzt werden.[73] Was die Einordnung der in einer GmbH & Co. KG erzielten Einkünfte in eine konkrete Einkunftsart angeht, enthält § 15 Abs. 3 Nr. 2 EStG für die gewerblich geprägte GmbH & Co. KG eine Besonderheit. Für die Verlustverrechnung ist § 15 a EStG zu beachten. Die Anteile an der Komplementär-GmbH sind normalerweise Sonderbetriebsvermögen II bei der KG.[74]

104 Bei einer stillen Gesellschaft gem. §§ 230 ff. HGB in Form der Beteiligung am Handelsgewerbe einer GmbH oder AG leistet der stille Gesellschafter eine Einlage in das Vermögen der Kapitalgesellschaft und erhält dafür einen Anspruch auf Gewinnbeteiligung. Während bei der typischen stillen Gesellschaft die Vereinbarung dem handelsrechtlichen Typus weitgehend entspricht und regelmäßig nicht über eine Kapitalbeteiligung mit gewinnabhängiger Verzinsung hinausgeht,[75] hat der atypisch stille Gesellschafter entweder maßgeblichen Einfluss auf die Geschäftsführung und/oder Anspruch auf eine Beteiligung an den realisierten stillen Reserven.[76] Die atypisch stille Gesellschaft wird daher im Gegensatz zur typischen stillen Gesellschaft als Mitunternehmerschaft angesehen.[77] Auch in der Kapitalgesellschaft & Still kann für Thesaurierungen der niedrigere Körperschaftsteuersatz genutzt und der auf den Stillen entfallende Gewinn nach einkommensteuerlichen Regeln belastet werden.

105 Für die atypisch stille Gesellschaft gelten als Mitunternehmerschaft die Ausführungen zur Besteuerung von Personengesellschaften grds. entsprechend.[78] Für Kapitalgesellschaften als atypisch stille Gesellschafter einer Kapitalgesellschaft ist § 15 Abs. 4 Satz 6 EStG als besondere Verlustverrechnungsbeschränkung zu beachten (§ 15 a EStG gilt ohnehin). Gewerbesteuerlich ist zwar allein der Inhaber des Handelsgeschäfts Steuerschuldner. Objektiv gewerbesteuerpflichtig sind aber die Mitunternehmer mit ihrer Mitunternehmerschaft.

106 Im Fall der typisch stillen Beteiligung sind die Gewinnanteile des typischen stillen Gesellschafters bei der Kapitalgesellschaft grds. als Betriebsausgaben ab-

---

[73] Wenn und soweit sie auch vermögensmäßig an der KG beteiligt ist. Auch Hinweis auf die im Einzelfall gegebene Möglichkeit der Vereinnahmung von Leistungsvergütungen aus der Komplementär-GmbH (soweit es sich nicht um Sondervergütungen handelt).

[74] Sonderbetriebsvermögen liegt allerdings nur dann vor, wenn sich die GmbH auf die Geschäftsführung für die KG beschränkt oder wenn ein daneben bestehender Gewerbebetrieb von ganz untergeordneter Bedeutung ist.

[75] Allerdings ist auch bei einer typisch stillen Beteiligung eine Verlustbeteiligung denkbar.

[76] Die Erfordernisse im Einzelnen sind unscharf.

[77] Allerdings ist erbschaftsteuerlich zweifelhaft, ob begünstigtes unternehmerisches Vermögen gegeben ist (bejahend nun wohl die Finanzverwaltung).

[78] Auch § 8 b Abs. 6 KStG sollte bei Kapitalgesellschaften als stillen Gesellschaftern und § 8 b KStG-Erträgen in der stillen Gesellschaft grundsätzlich einschlägig sein.

A. Besteuerung der AG im Vergleich mit and. Rechtsformen   107–109   § 13

zugsfähig. Beim stillen Gesellschafter führen die Gewinnanteile im Jahr des Zuflusses zu Einkünften aus Kapitalvermögen, laufende Verluste, die sich aufgrund gesellschaftsrechtlicher Verlustbeteiligung ergeben können, sind bis zur Höhe der Einlage als Werbungskosten abzugsfähig.[79] Im Betriebsvermögen gelten bilanzsteuerliche Grundsätze. Gewerbesteuerlich werden die Gewinnanteile des stillen Gesellschafters nach Maßgabe des § 8 Nr. 1 GewStG erfasst. Die erwähnte besondere Verlustverrechnungsbeschränkung gilt auch für die als typisch stiller Gesellschafter an einer Kapitalgesellschaft beteiligte Kapitalgesellschaft (§ 15 a EStG gilt ohnehin entsprechend).

Im Fall der klassischen Betriebsaufspaltung werden wie bei einem Personenunternehmen Verluste der Besitzgesellschaft den Gesellschaftern unmittelbar zugerechnet und Gewinne einkommensteuerlich (unter Beachtung des § 35 EStG und des § 34a EStG) der Einkommensteuer unterworfen. Wie bei jeder anderen Kapitalgesellschaft auch sind die Geschäftsführungsvergütungen der Betriebsgesellschaft auch an Gesellschafter-Geschäftsführer abzugsfähig. Der niedrige Körperschaftsteuersatz bietet Vorteile für Gewinnthesaurierungen in der Betriebs-Kapitalgesellschaft.   107

Eine (vorstehend bereits vorausgesetzte) Besonderheit besteht bei der klassischen Betriebsaufspaltung für die Bestimmung der Einkunftsart auf Ebene des Besitzunternehmens und deren Gesellschaftern. Bei personeller und sachlicher Verflechtung zwischen Besitz- und Betriebsunternehmen[80] liegt nämlich steuerlich keine Vermögensverwaltung vor. Vielmehr erzielt das Besitzunternehmen, da es sich über die Kapitalgesellschaft am allgemeinen wirtschaftlichen Verkehr beteiligt, mit seinen Pachteinnahmen gewerbliche Einkünfte. Da die Anteile an der Betriebskapitalgesellschaft unmittelbar der gewerblichen Betätigung des Besitzunternehmens dienen, gehören sie bei der Besitzpersonengesellschaft idR ebenso zum Sonderbetriebsvermögen wie die Wirtschaftsgüter, die ein Gesellschafter des Besitzunternehmens dem Betriebsunternehmen unmittelbar überlässt. Auch Leistungsvergütungen an Gesellschafter können im Einzelfall als Sondervergütungen zu erfassen sein, gehören aber grds. nicht dazu.   108

Bei der Vereinbarung von Leistungsvergütungen besteht auch in Fällen von Rechtsformkombinationen die Gefahr der „Besteuerung von Aufwand", wenn sie unabhängig von der Erfolgssituation der Gesellschaft geschuldet werden und einen Verlust auf Gesellschaftsebene erhöhen, andererseits aber auf der Gesellschafterebene zu positiven Einkünften führen. Insbesondere in Betriebsaufspaltungsfällen kann dieses Problem beachtliche Ausmaße annehmen.[81]   109

---

[79] Allerdings sind die Besonderheiten i.R.d. Abgeltungssteuer zu beachten.

[80] Eine sachliche Verflechtung von Besitz- und Betriebsunternehmen liegt dann vor, wenn mindestens eines der überlassenen Wirtschaftsgüter für die Betriebsgesellschaft eine der wesentlichen Betriebsgrundlagen ist. Die personelle Verflechtung ist dann gegeben, wenn die an Besitz- und Betriebsunternehmen beteiligten natürlichen Personen einen einheitlichen geschäftlichen Betätigungswillen haben, dh. wenn die Personen, die das Besitzunternehmen beherrschen, in der Lage sind, ihren Willen auch in der Betriebsgesellschaft durchzusetzen.

[81] Sollten deshalb Nutzungsüberlassungen teil- bzw. unentgeltlich erfolgen, ist überdies auf die Gefahr der Anwendung des § 3c Abs. 2 EStG auf den mit der Nutzungsüberlassung zusammenhängenden Aufwand zu achten.

2. Ertragsbesteuerung von Unternehmensverkauf und Unternehmenskauf

a) Aktien (Kapitalgesellschaftsanteile)

110 Seit der Unternehmenssteuerreform 2000 ist zutreffenderweise angeordnet, dass Veräußerungsgewinne aus der Veräußerung von Kapitalgesellschaftsanteilen im Grundsatz steuerlich so behandelt werden wie Ausschüttungen. Korrespondierend damit kann der Anteilskäufer keinen steuerlich unbelasteten Stepup herbeiführen.

aa) Natürliche Person als Anteilsverkäufer

111 Für eine natürliche Person als Veräußerer[82] regelt § 3 Abs. 40 Buchst. a), b), c) und j) EStG iVm. § 3 c Abs. 2 EStG im Grundsatz, dass auch für steuerbare Anteilsveräußerungsgewinne die Halbeinkünfte- bzw. ab dem 1.1.2009 Teileinkünftebesteuerung gilt (soweit nicht frühere steuerwirksame Teilwertabschreibungen rückgängig gemacht werden). Es kommt nicht darauf an, ob es sich um eine inländische oder eine ausländische Tochtergesellschaft handelt. Die Regelung betrifft sowohl Veräußerungsgewinne in einem steuerlichen Betriebsvermögen als auch Veräußerungen einbringungsgeborener Anteile als auch die Fälle des § 17 EStG bzw. des § 23 EStG (ab 1.1.2009 ist auch im Einzelfall die Abgeltungssteuer zu beachten).[83] Die Regelung des § 3 Nr. 40 EStG gilt auch ggf. für die Ermittlung des Gewerbeertrags.

112 Die Halb- bzw. Teileinkünftebesteuerung der Anteilsveräußerungsgewinne schließt die Anwendung des § 34 EStG aus (§ 34 Abs. 2 Nr. 1 EStG). Ggf. kann anstelle des § 3 Nr. 40 EStG auch eine Neutralisierung und Übertragung eines Anteilsveräußerungsgewinns gem. § 6 b Abs. 10 EStG möglich sein.[84]

113 Wesentliche Einschränkungen des Grundsatzes der Halbeinkünfte-Veräußerungsgewinnbesteuerung enthält § 3 Nr. 40 S. 3–5 EStG a. F. Danach ist im Gewinnfall insbesondere[85] als Voraussetzung für die hälftige Steuerbefreiung in bestimmten Fällen das Verstreichen einer siebenjährigen Sperrfrist vorausgesetzt.[86] Diese betrifft im Privat- oder im Betriebsvermögen gehaltene alteinbringungsgeborene Anteile iSd. § 21 UmwStG a. F., es sei denn, die einbringungsgeborenen Anteile resultierten aus der Einbringung von Kapitalgesellschaftsanteilen (und auch diese sind nicht aus einer Betriebs-, Teilbetriebs- oder Mitunternehmeranteilseinbringung entstanden).[87]

114 Mit der Halbeinkünfte- bzw. Teileinkünftebesteuerung von Veräußerungsgewinnen korrespondiert, dass in diesen Fällen auch Veräußerungsverluste im Grundsatz nur hälftig bzw. zu 60 % steuerlich verwertbar sind. In Abgeltungssteuerfällen gelten weitere Besonderheiten.

---

[82] Bzw. die natürliche Person als Organträger, wenn die Organkapitalgesellschaft veräußert. Siehe § 15 Satz 1 Nr. 2 KStG.
[83] Siehe auch näher Rz. 469 ff.
[84] Siehe auch näher Rz. 480.
[85] Zur Ausnahme für Finanzunternehmen iSd. KWG u. Ä. Hinweis auf Rz. 118 entsprechend.
[86] Bei Verstoß gegen diese Voraussetzungen ist evtl. § 34 EStG anwendbar. Allerdings Hinweis auf den Ausschluss von § 17 EStG aus dem Anwendungsbereich des § 34 EStG.
[87] Siehe auch näher Rz. 117.

A. Besteuerung der AG im Vergleich mit and. Rechtsformen 115–121 § 13

Die Regelungen zur Besteuerung von Anteilsveräußerungsgewinnen in § 3 **115**
Abs. 40 EStG gelten auch für ausländische Anteilseigner. Sind die Kapitalgesellschaftsanteile keiner inländischen Betriebsstätte des steuerausländischen Gesellschafters zugeordnet, ist ein Veräußerungsgewinn in Deutschland allerdings nur ausnahmsweise steuerrelevant, wenn § 17 EStG erfüllt ist und kein DBA entgegensteht.

bb) Kapitalgesellschaft als Anteilsverkäufer

Gemäß § 8 b Abs. 2 KStG ist der Anteilsveräußerungsgewinn einer beteilig- **116**
ten Kapitalgesellschaft[88] wie auch die Dividende im Grundsatz unabhängig davon zu 95 % steuerfrei, ob es sich um inländische oder ausländische Tochterkapitalgesellschaften handelt (soweit nicht frühere steuerwirksame Teilwertabschreibungen rückgängig gemacht werden). Auch auf Mindestbeteiligungsquoten, die Erfüllung von Aktivitätsklauseln, das Vorliegen von DBAs uä. kommt es nicht an.[89] Auch Anteile an körperschaftsteuerlichen Organtöchtern werden durch § 8 b Abs. 2 KStG erfasst.

Allerdings ist in den von § 8 b Abs. 4 KStG a. F. geregelten Fällen eine sie- **117**
benjährige Sperrfrist einzuhalten. Die Sperrfrist betrifft 2 Fälle:[90] Zum einen alt-einbringungsgeborene Anteile im Sinne des § 21 UmwStG aF, und zum anderen den Fall, in dem die Kapitalgesellschaft aufgrund einer vor SEStEG vorgenommenen Einbringung die veräußerten Anteile zu einem Wert unter Teilwerten unmittelbar oder mittelbar über eine Mitunternehmerschaft von einem Einbringenden erworben hat, der nicht zu den von § 8 b Abs. 2 KStG begünstigten Steuerpflichtigen gehört. Ausnahme: Für alt-einbringungsgeborene Anteile gilt dann keine Sperrfrist, wenn die Anteile aufgrund eines Einbringungsvorgangs nach § 20 Abs. 1 Satz 2 UmwStG a. F. erworben worden sind, es sei denn, die Anteile sind unmittelbar oder mittelbar auf eine Einbringung im Sinne des § 20 Abs. 1 Satz 1 oder des § 23 Abs. 1 bis 3 UmwStG a. F. innerhalb der 7-Jahres-Frist zurückzuführen.

Eine weitere wichtige Ausnahme von der Anwendung des § 8 b Abs. 2 KStG **118**
enthält § 8 b Abs. 7 KStG. Danach ist der gesamte § 8 b KStG nicht auf solche Anteile anzuwenden, die bei Kreditinstituten etc. dem sog. Handelsbuch zuzurechnen sind bzw. die sog. Finanzunternehmen iSd. KWG mit dem Ziel der kurzfristigen Erzielung eines Eigenhandelserfolgs erworben haben.[91]

Mit der 95 %-Steuerfreiheit von Veräußerungsgewinnen korrespondiert **119**
gem. § 8 b Abs. 3 KStG die steuerliche Irrelevanz von Veräußerungsverlusten. In den Fällen des § 8 b Abs. 7 KStG sind dagegen auch Veräußerungsverluste steuerrelevant.[92]

Die Regelung des § 8 b Abs. 2 KStG gilt gem. § 7 GewStG auch bei der Er- **120**
mittlung des Gewerbeertrags.

§ 8 b Abs. 2 KStG greift auch für ausländische Kapitalgesellschaften als **121**
Anteilsverkäufer. Dies gilt unabhängig davon, ob die Anteile über eine deutsche Betriebsstätte der ausländischen Kapitalgesellschaft gehalten werden oder

---

[88] Dies kann auch eine Organkapitalgesellschaft sein, wenn der Organträger seinerseits Kapitalgesellschaft ist. Siehe § 15 Satz 1 Nr. 2 KStG.
[89] S. nun aber auch das Gesetz zur bekämpfung der Steuerhinterziehung v. 29. 7. 2009, BGBl. I S. 2301.
[90] Siehe auch näher BMF v. 28. 4. 2003, DStR 2003, 881.
[91] Näher dazu BMF v. 25. 7. 2002, DStR 2002, 1448.
[92] S. auch die Besonderheiten des § 8b Abs. 8 KStG.

nicht. Im letzten Fall spielt § 17 EStG bzw. die Zuweisung des Besteuerungsrechts qua DBA demnach im Ergebnis im Normalfall keine größere Rolle.[93]

cc) Personengesellschaft als Anteilsverkäufer

122 Veräußern Personengesellschaften Kapitalgesellschaftsanteile, so sind die beschriebenen Regeln des § 3 Nr. 40 EStG i.V. m. § 3 c Abs. 2 EStG bzw. des § 8 b Abs. 2 ff. KStG je nach steuerlicher Qualität des Personengesellschafters anwendbar (s. auch § 8 b Abs. 6 KStG). Gleiches gilt, wenn Personengesellschaftsanteile veräußert werden, soweit der Gewinn/Verlust auf in der Personengesellschaft (im mitunternehmerischen Betriebsvermögen) gehaltene Kapitalgesellschaftsanteile entfällt.[94]

123 Diese Aussage gilt auch gewerbesteuerlich, § 7 Satz 4 GewStG.

dd) Behandlung des Anteilskäufers

124 Die Anteilserwerber haben keine Möglichkeit zu einem steuerfreien Step-up.[95] Ausschüttungsbedingte Teilwertabschreibungen können nicht (§ 8 b Abs. 3 KStG) oder nur unter den Restriktionen des § 3 c Abs. 2 EStG steuerlich geltend gemacht werden. Ein Übernahmeverlust wird nach § 4 Abs. 6 UmwStG steuerlich nicht (mehr) berücksichtigt. Eine Erstattung der bei einem internen asset-deal anfallenden Körperschaftsteuer ist nach Wegfall des Anrechnungsverfahrens nicht mehr möglich. Dies ist sachgerecht, wenn es im Ergebnis nur zu einer Einmalbesteuerung der von der Kapitalgesellschaft erzielten Gewinne kommt. Allerdings gelten die Regeln zur Versagung des Step-up auch dann, wenn der Anteilsveräußerungsgewinn nicht präferenziert besteuert wird. Dies ist nicht gerechtfertigt.

b) Personengesellschaftsanteile

125 Gewinne aus der Veräußerung von Anteilen an Personengesellschaften durch Kapitalgesellschaften sind voll körperschaft- und gewerbesteuerpflichtig.[96]

126 Veräußern natürliche Personen Anteile an Personengesellschaften, findet im Grundsatz ebenfalls eine volle Versteuerung des Gewinns statt (Ausnahme im Grundsatz: GewSt).[97] Besonderheit: Wenn eine natürliche Person die Anteile veräußert und das 55. Lebensjahr vollendet hat bzw. dauernd berufsunfähig ist, wird für bis zu € 5 Mio. Veräußerungsgewinn für einen Veräußerungsvorgang einmal im Leben[98] unter bestimmten weiteren Voraussetzungen die Anwen-

---

[93] Allerdings kann davon natürlich zumindest die 5 %-Steuerpflicht abhängen.
[94] Ebenfalls gilt Gleiches in den Fällen der Organträger-Personengesellschaft bei Anteilsveräußerung aus der Organkapitalgesellschaft heraus.
[95] Auf Ebene des Anteilskäufers stehen demgemäß Finanzierungsüberlegungen und Maßnahmen zur Sicherung der Verwertbarkeit miterworbener Verlustvorträge bzw. der Steuerrelevanz etwaiger Wertverluste im Vordergrund. Siehe dazu näher Rz. 539 ff.
[96] Zur Gewerbesteuer s. auch § 7 Satz 2 GewStG. Zu § 8 b Abs. 6 KStG bereits oben Rz. 51 ff.
[97] Gewerbesteuerfreiheit ist allerdings nur bei unmittelbar beteiligten natürlichen Personen und außerhalb der Fälle des § 18 Abs. 4 UmwStG sowie des § 16 Abs. 2 Satz 3 EStG sowie bei Veräußerung des gesamten Mitunternehmeranteils denkbar. Siehe auch Rz. 460 ff. Zu § 3 Nr. 40 EStG nochmals Hinweis auf die Ausführungen oben Rz. 111.
[98] Die frühere Nutzung des alten § 34 EStG ist insoweit unschädlich.

A. Besteuerung der AG im Vergleich mit and. Rechtsformen 127–134 § 13

dung des auf 56 % des normalen reduzierten durchschnittlichen ESt-Satzes gewährt (§ 34 Abs. 3 EStG).[99]
Der Erwerber hat Ergänzungsbilanzabschreibungen gegen voll versteuerte Einkünfte. 127

c) Betriebe und Teilbetriebe

Auch hier gilt im Grundsatz die volle Besteuerung der Veräußerungsgewinne (Ausnahme im Grundsatz bei veräußernden natürlichen Personen für die GewSt) und der Gewinnung von Abschreibungssubstrat für den Käufer. Besonderheit: Wiederum kann ausnahmsweise unter den beschriebenen Voraussetzungen in der beschriebenen Höhe durch eine natürliche Person der ermäßigte Steuersatz in Anspruch genommen werden. 128

d) GrESt

Ein Gesellschafterwechsel unterliegt grds. sowohl bei einer Personengesellschaft als auch bei einer AG (Kapitalgesellschaft) der Grunderwerbsteuer, wenn ein inländisches Grundstück zum Gesellschaftsvermögen gehört und mindestens 95% der Anteile übergehen (allerdings sind § 1 Abs. 2a GrEStG und § 1 Abs. 3 GrEStG im Detail unterschiedlich ausgestaltet[100]). 129

Auch Grundstückstransaktionen zwischen Gesellschaft und Gesellschafter et vice versa lösen im Normalfall rechtsformunabhängig GrESt aus. Bei Transaktionen zwischen einer Personengesellschaft und ihren Gesellschaftern et vice versa wird die Steuer jedoch, anders als bei Kapitalgesellschaften, insoweit grundsätzlich nicht erhoben, als die Gesellschafter am Vermögen der Gesamthand beteiligt sind (§§ 5, 6 GrEStG).[101] 130

II. AG versus GmbH

Die AG und die GmbH werden ertragsteuerlich und erbschaftsteuerlich im Grundsatz identisch besteuert. 131

Besteuerungsunterschiede im Detail können allerdings aus steuerlichen Folgewirkungen unterschiedlicher gesellschaftsrechtlicher Gegebenheiten resultieren (zB: Annahme verbotener Einlagerückgewähr mit vGA-Konsequenzen [insoweit Hinweis auch auf das MoMiG]; Trennbarkeit sperrfristbehafteter von nicht sperrfristbehafteten Anteilen; Anforderungen an einen wirksamen EAV zur Herstellung einer Organschaft; Zulässigkeit bzw. Unzulässigkeit von Vorabausschüttungen uam.). 132

Auch kann naturgemäß die erbschaftsteuerliche Bemessungsgrundlage Kurswert nur für Aktien, nicht aber für GmbH-Anteile einschlägig sein. 133

III. AG versus KGaA

Steuerlich gesehen ist die KGaA ein Zwitter. Sie ist zwar als solche eine im Grundsatz normale KSt- und GewSt-pflichtige Kapitalgesellschaft (und insoweit einer AG vergleichbar), weshalb auch die Kommanditaktionäre steuerlich 134

---

[99] Siehe auch Rz. 462.
[100] Dazu näher Rz. 728 ff.
[101] Dazu näher Rz. 716 ff.

im Grundsatz wie normale Aktionäre behandelt werden (jedenfalls aus Sicht des deutschen Steuerrechts; aus Sicht ausländischer Steuerrechte mag das anders aussehen). Besonders ist allerdings der steuerliche Status des Komplementärs, woraus sich auch Besonderheiten für die Besteuerung der KGaA ergeben.[102]

135 Der Komplementär wird im Grundsatz „wie ein Mitunternehmer" (also ein Gesellschafter einer Personengesellschaft) besteuert (allerdings ohne dass eine wirkliche Mitunternehmerschaft mit einem zweiten Mitunternehmer besteht). Er erzielt mit seinem Gewinnanteil nebst Sondervergütungen Einkünfte gem. § 15 Abs. 1 Satz 1 Nr. 3 EStG (es hat wohl auch eine echte Sonderbilanzierung zu erfolgen). Damit korrespondiert, dass dieser Betrag nicht mehr bei der KGaA körperschaftsteuerpflichtig sein kann. Deshalb wird bei dieser das KSt-Einkommen gem. § 9 Abs. 1 Nr. 1 KStG um den Gewinnanteil des Komplementärs gekürzt. Die Sondervergütungen des Komplementärs sind bei der KGaA sowieso Betriebsausgabe, so dass es einer Kürzung insoweit nicht mehr bedarf – allerdings ist die genaue Abstimmung von § 15 Abs. 1 Satz 1 Nr. 3 EStG und § 9 Abs. 1 Nr. 1 KStG umstritten (die Vergütung für die Geschäftsführung des Komplementärs wird wie der Gewinnanteil des Komplementärs behandelt).

136 Gewerbesteuerlich wird dagegen der Gewinnanteil (nicht: die Sondervergütungen außerhalb der Geschäftsführungsvergütung) des Komplementärs gem. § 8 Nr. 4 GewStG dem Gewerbeertrag der KGaA wieder hinzugerechnet; die Besteuerung des Komplementärs „wie ein Mitunternehmer" gilt insoweit nicht (womit eine Kürzung des Gewinnanteils aus dem Gewerbeertrag des Komplementärs gem. § 9 Nr. 2b GewStG korrespondiert).

137 Auch erbschaftsteuerlich wird der Komplementär wie ein Mitunternehmer einer Personengesellschaft besteuert (wegen der grds. rechtsformunabhängigen Besteuerung nach der ErbSt-Reform ist dies allerdings nicht mehr so bedeutsam).

138 Soweit der Komplementär auch über Kommanditaktien verfügt, erfolgt die steuerliche Behandlung getrennt; die Kommanditaktien sind auch kein Sonderbetriebsvermögen des Komplementärs.

139 Im Detail sind allerdings viele wesentliche Fragen der Besteuerung einer KGaA noch ungeklärt.[103] Insbesondere in den Fällen, in denen der Komplementär über eine nennenswerte vermögensmäßige Beteiligung an der KGaA verfügt, bestehen gravierende steuerliche Unsicherheiten. Es existiert kaum Rechtsprechung zur KGaA, auch gibt es kaum Verwaltungsanweisungen. Auch das steuerliche Schrifttum ist eher rudimentär.

B. Organschaft und Unternehmensverträge

140 Da auch im Konzern jede Kapitalgesellschaft einzeln unter Zugrundelegung ihres zu versteuernden Einkommens zur Körperschaftsteuer zu veranlagen ist, findet zwischen verschiedenen Konzerngesellschaften keine steuerliche Ergebnisverrechnung (und schon gar keine Zwischenergebniseliminierung) statt. Dies ist angesichts der wirtschaftlichen Unselbständigkeit der Konzerngesell-

---

[102] Dazu näher Rz. 700 ff. Besonderheiten bestehen auch i.R.d. Zinsschranke.
[103] Näher dazu Rz. 700 ff.

schaften problematisch. Dem Problem wird im gegenwärtigen Ertragsteuerrecht nur durch das Instrument der Organschaft Rechnung getragen.[104]

I. Organschaftsvoraussetzungen im Normalfall

1. Körperschaftsteuerliche Organschaft

Die Voraussetzungen der körperschaftsteuerlichen Organschaft sind in § 14 KStG geregelt. Danach kommt als Organgesellschaft nur eine Kapitalgesellschaft mit Sitz und Geschäftsleitung im Inland in Betracht. In § 14 Abs. 1 KStG sind zwar lediglich die AG und die KGaA genannt, nach § 17 KStG kann aber auch eine GmbH Organgesellschaft sein.[105]

Organträger kann grundsätzlich jedes inländische gewerbliche Unternehmen (§ 14 Abs. 1 KStG) sein. Nach § 14 Abs. 1 S. 1 Nr. 2 Satz 1 KStG kann es sich dabei um eine unbeschränkt steuerpflichtige natürliche Person oder eine nicht steuerbefreite Körperschaft, Personenvereinigung oder Vermögensmasse iSd. § 1 KStG oder eine Personengesellschaft iSd. § 15 Abs. 1 Satz 1 Nr. 2 EStG mit Geschäftsleitung im Inland handeln.[106]

Im Fall einer Personengesellschaft iSd. § 15 Abs. 1 Satz 1 Nr. 2 EStG mit Geschäftsleitung im Inland als Organträger müssen gemäß § 14 Abs. 1 Satz 1 Nr. 2 Satz 3 KStG in jedem Fall ausreichende Anteile an der Organgesellschaft im Gesamthandsvermögen der Personengesellschaft gehalten werden. Außerdem bestehen besondere Anforderungen an die gewerbliche Aktivität einer Personengesellschaft als Organträger, eine gewerbliche Prägung reicht nicht aus. Vielmehr kann nach § 14 Abs. 1 Satz 1 Nr. 2 KStG eine Personengesellschaft iSd. § 15 Abs. 1 Nr. 2 EStG mit Geschäftsleitung im Inland nur dann Organträger sein, wenn sie eine Tätigkeit iSd. § 15 Abs. 1 Nr. 1 EStG ausübt.[107]

Darüber hinaus setzt ein Organschaftsverhältnis voraus, dass die Organgesellschaft in den Organträger finanziell eingegliedert ist und sich durch einen Gewinnabführungsvertrag iSd. § 291 Abs. 1 AktG für mindestens fünf Jahre verpflichtet, ihren ganzen Gewinn an den Organträger abzuführen, und auch entsprechend verfährt.

Finanzielle Eingliederung bedeutet (§ 14 Abs. 1 S. 1 Nr. 1 KStG), dass der Organträger an der Organgesellschaft vom Beginn ihres Wirtschaftsjahrs an ununterbrochen in einem solchen Maße beteiligt ist, dass ihm die Mehrheit der Stimmrechte aus den Anteilen an der Organgesellschaft zusteht.[108] Mittelbare

---

[104] Zusammen bilden Organträger und Organgesellschaft den Organkreis, wobei zum Organkreis des Organträgers auch mehrere Organgesellschaften gehören können. Zur möglichen Berechnung von Steuerumlagen (nur GewSt oder GewSt und KSt) und den Auswirkungen s. vor allem BMF v. 12. 9. 2002, DStR 2002, 1716, auch zu den möglichen Schlussrechnungszwängen bei Belastung nach der Stand-alone-Methode.

[105] § 17 KStG formuliert insoweit bestimmte Voraussetzungen durch Verweisung auf das AktG. Dies erklärt sich aus der Anknüpfung des § 14 KStG an den aktienrechtlichen Gewinnabführungsvertrag iSd. § 291 Abs. 1 AktG; andere Kapitalgesellschaften unterliegen nicht dem AktG.

[106] Außerdem Hinweis auf den hier nicht weiter vertieften Sonderfall des § 18 KStG.

[107] Es stellt sich die Frage des notwendigen Umfangs der gewerblichen Aktivität, der Anerkennung einer geschäftsleitenden Holding uam.

[108] Zur Zurechnung der finanziellen Eingliederung in den Rechtsvorgänger zum Rechtsnachfolger in Umwandlungsfällen s. Tz. Org.02 ff. UmwStErl.

Rödder 955

146 Beteiligungen sind zu berücksichtigen, wenn die Beteiligung an der vermittelnden Gesellschaft die Mehrheit der Stimmrechte gewährt (unter dieser Voraussetzung können also die Stimmrechte aus einer unmittelbaren und aus mittelbaren Beteiligungen addiert werden, aber auch eine mittelbare Beteiligung allein kann beachtlich sein).[109]

146 Mit einem Gewinnabführungsvertrag iSd. § 291 Abs. 1 AktG verpflichtet sich die abhängige AG, ihren ganzen Gewinn an den Organträger abzuführen. Die Abführung ist nach § 301 AktG auf den während der Laufzeit des Gewinnabführungsvertrags erwirtschafteten Gewinn der AG beschränkt.[110] Vororganschaftliche Rücklagen dürfen nicht abgeführt werden, denn nach § 301 AktG ist höchstens der ohne die Gewinnabführung entstehende Jahresüberschuss, vermindert um einen Verlustvortrag aus dem Vorjahr und um den Betrag, der (nach § 300 AktG) in die gesetzliche Rücklage einzustellen ist, abzuführen. Im Gegenzug zur Gewinnabführung hat der Organträger nach § 302 Abs. 1 AktG jeden während der Vertragsdauer sonst entstehenden Jahresfehlbetrag bei der Organgesellschaft (AG) auszugleichen. Der Ausgleich ist jedoch insoweit nicht erforderlich, wie der Jahresfehlbetrag durch Entnahme von Beträgen aus den Gewinnrücklagen ausgeglichen wird, die während der Vertragsdauer in sie eingestellt worden sind.

147 Da nicht völlig klar ist, inwieweit die wiedergegebenen Vorschriften des Aktienrechts für andere Kapitalgesellschaften als Organgesellschaft gelten, ist ihr Inhalt in § 17 KStG als weitere Voraussetzungen für eine anerkannte steuerliche Organschaft mit einer GmbH als Organgesellschaft aufgeführt (wirksame Verpflichtung zur Abführung des ganzen Gewinns, die Gewinnabführung überschreitet nicht den in § 301 AktG genannten Betrag, Vereinbarung einer Verlustübernahme entsprechend § 302 AktG).[111]

148 Um körperschaftsteuerlich anerkannt zu werden, muss der Gewinnabführungsvertrag nach § 14 Abs. 1 S. 1 Nr. 3 KStG auf mindestens fünf Jahre abgeschlossen und während seiner gesamten Geltungsdauer tatsächlich durchgeführt werden. Das bedeutet im Grundsatz auch volle Abführung des in § 301 AktG genannten maximalen Abführungsbetrags. Es ist der abhängigen Kapitalgesellschaft allerdings erlaubt, während der Laufzeit des Gewinnabführungsvertrags Beträge in die Gewinnrücklagen (nach § 272 Abs. 3 HGB) einzustellen, soweit dies bei vernünftiger kaufmännischer Beurteilung wirtschaftlich begründet ist (§ 14 Abs. 1 S. 1 Nr. 4 KStG); diese eingestellten Beträge dürfen (später) wieder aufgelöst und als Gewinn an den Organträger abgeführt werden.

149 Gemäß § 14 Abs. 1 Satz 2 KStG ist das Einkommen der Organgesellschaft dem Organträger erstmals für das Kalenderjahr zuzurechnen, in dem das Wirtschaftsjahr der Organgesellschaft endet, in dem der Gewinnabführungsvertrag wirksam wird. Dies hat zur Konsequenz, dass die Eintragung des Gewinnabführungsvertrags bis zum Ende des Wirtschaftsjahres herbeigeführt werden muss, für das die Organschaftsfolgen erstmals eintreten sollen. Es hängt damit von der Geschwindigkeit des formalen Procederes (Abschluss des Gewinnab-

---

[109] Nicht klar ist, ob die mittelbare Beteiligung, wenn sie einzubeziehen ist, nur durchgerechnet oder voll zu berücksichtigen ist. Wahrscheinlich dürfte die mittelbare Beteiligung nur durchgerechnet zu berücksichtigen sein.

[110] Innerorganschaftlich gebildete Kapitalrücklagen sind auszuschütten; vgl. BFH v. 8. 8. 2001, DB 2002, 408.

[111] Nicht nur Vereinbarung von § 302 Abs. 1 AktG, sondern Vereinbarung von § 302 AktG insgesamt ist erforderlich.

B. Organschaft und Unternehmensverträge

führungsvertrags, Zustimmungsbeschlüsse, HR-Anmeldung und Eintragung) ab, ob die Organschaftsentscheidung relativ spät im laufenden Jahr getroffen werden kann oder nicht.[112]

Eine vorzeitige Beendigung des Gewinnabführungsvertrags ist nur unschädlich, wenn ein wichtiger Grund die Kündigung rechtfertigt.[113] Eine Kündigung oder Aufhebung des Gewinnabführungsvertrags auf einen Zeitpunkt während des Wirtschaftsjahres der Organgesellschaft wirkt auf den Beginn dieses Wirtschaftsjahres zurück (§ 14 Abs. 1 S. 1 Nr. 3 KStG).

2. Gewerbesteuerliche Organschaft

Gewerbesteuerlich gelten die erläuterten körperschaftsteuerlichen Voraussetzungen für die Organschaft entsprechend. § 2 Abs. 2 Satz 2 GewStG knüpft die gewerbesteuerliche Organschaft daran an, dass eine Kapitalgesellschaft Organgesellschaft iSd. §§ 14 und 17 KStG ist.[114]

II. Rechtsfolgen der Organschaft im Normalfall

1. Körperschaftsteuerliche Organschaft

Liegen die Voraussetzungen des § 14 KStG vor, ist das Einkommen der Organgesellschaft (soweit sich aus § 16 KStG nichts anderes ergibt) dem Organträger zuzurechnen. Im Gegenzug wird der bilanziell vereinnahmte Gewinnabführungsertrag bei der Einkommensermittlung des Organträgers gekürzt.[115]

Die Einkommenszurechnung bedeutet vor allem eine Ergebnisverrechnung zwischen den Einkommen der Organgesellschaft(en) und des Organträgers.[116] Außerdem ist für Zwecke der Zinsschranke ein Betrieb gegeben. Darüber hinaus folgt aus der Einkommenszurechnung, dass die Gewinnabführung nicht als Dividende begriffen werden kann, was insbesondere zur Vermeidung der Dividendensteuerpflicht führt, aber auch im Hinblick auf § 3 c Abs. 2 EStG Bedeutung haben kann.[117] Bei Organträger-Personenunternehmen (mit natürlichen

---

[112] Börsennotierte Gesellschaften als Organträger müssen regelmäßig schon die relativ früh im Jahr liegende Hauptversammlung mit dem Gewinnabführungsvertrag befassen (wenn nicht ausnahmsweise nur wegen des Gewinnabführungsvertrags eine außerordentliche Hauptversammlung anberaumt werden soll). Es gibt Fälle, in denen die Eintragung im Handelsregister nicht rechtzeitig erreicht werden kann. Dann können die Steuerfolgen eines „vorlaufenden" Gewinnabführungsvertrags entstehen, dh. eines Gewinnabführungsvertrags, der schon für ein Jahr gilt, in dem steuerlich noch keine Organschaft gegeben ist. Gewinnabführungen sind dann verdeckte Gewinnausschüttungen, Verlustübernahmen verdeckte Einlagen (Hinweis auch auf § 15 Satz 1 Nr. 1 KStG).

[113] Siehe dazu auch näher R 60 Abs. 6 KStR.

[114] Auch insoweit zusätzlich Hinweis auf den Sonderfall des § 18 KStG.

[115] Diese Rechtsfolge ist zwar nicht explizit im Gesetz, ist aber selbstverständlich. Siehe zB BFH v. 18. 12. 2002, BStBl. II 2005, 49.

[116] Dies war zu Zeiten des Anrechnungsverfahrens vor allem ein Vorteil wegen der Verrechnung von Verlusten der Organgesellschaft mit Gewinnen des Organträgers und von Verlusten und Gewinnen mehrerer Organgesellschaften untereinander. Nach neuem KSt-System ist die Verrechnung von Gewinnen der Organgesellschaft mit Verlusten des Organträgers als neuer Organschaftsvorteil hinzugekommen.

[117] Zu beachten ist insoweit auch ein Organschaftsvorteil, der in der Vermeidung von Kapitalertragsteuereinbehalten liegt. Überdies wird die „Gefahr" belastender Folgen

Personen als Gesellschaftern) ist aber auch zu beachten, dass durch Organschaft die günstige KSt-Sphäre verlassen wird; das zugerechnete Einkommen unterliegt der Einkommensteuer.[118] Außerdem können auch noch andere wichtige Steuerwirkungen der Organschaft im Vergleich zum Nichtorganschaftsfall zu beachten sein.[119]

154 Das Einkommen der Organgesellschaft ist wie bei einer selbständigen Kapitalgesellschaft nach den allgemeinen Regeln zu ermitteln, insbesondere findet keine Eliminierung von Zwischengewinnen aus Leistungsbeziehungen im Organkreis statt. Allerdings sind die besonderen Vorschriften des § 15 KStG zu beachten. Das bedeutet, dass ein Verlustabzug iSd. des § 10 d EStG bei der Organgesellschaft nicht zulässig ist; vororganschaftliche Verlustvorträge der Organgesellschaft sind also in der Organschaftszeit nicht verrechenbar (§ 15 Satz 1 Nr. 1 KStG).[120] Soweit es um die Steuerfreiheit von Einnahmen bzw. Gewinnen (bzw. korrespondierend die Nichtberücksichtigung von Aufwand und Verlusten) nach § 8 b KStG geht, findet diese Vorschrift bei der Einkommensermittlung der Organgesellschaft gem. § 15 Satz 1 Nr. 2 KStG keine Anwendung.[121] Sie ist auf die entsprechenden zugerechneten Einkommensteile bei der Einkommensermittlung des Organträgers anzuwenden, wenn der Organträger zu den durch diese Vorschrift begünstigten Steuerpflichtigen gehört (so soll vermieden werden, dass die Einnahmen bzw. Gewinne von einem nicht § 8 b KStG-berechtigten Organträger unberechtigterweise einkommensteuerfrei vereinnahmt werden können). Für die Anwendung der Zinsschranke regelt § 15 Satz 1 Nr. 3 KStG, dass alle Zinsaufwendungen und -erträge (sowie Abschreibungen) dem Organträger zuzurechnen sind.

155 Der Gewinnabführungsvertrag muss über den ganzen Gewinn der Organgesellschaft abgeschlossen und durchgeführt werden. Deshalb haben außenstehende Gesellschafter, die neben dem Organträger an der Organgesellschaft beteiligt sind, nach § 304 AktG einen Anspruch auf einen angemessenen Ausgleich für ihren Vermögensverlust in Folge der Abführung des ganzen Gewinns

---

einer Aufdeckung verdeckter Gewinnausschüttungen in vielen Fällen beseitigt, weil innerhalb eines körperschaftsteuerlichen Organkreises die verdeckte Gewinnausschüttung wie eine vorweggenommene Gewinnabführung behandelt wird (s. auch R 61 Abs. 4, 62 Abs. 2 KStR; aber auch Hinweis auf die auch bei vGA im Organkreis denkbaren Nachteile bei Wirtschaftsgüterübertragungen mangels zeitgleicher Kompensation der Ergebniseffekte).

[118] Allerdings ist auch der Vorteil geblieben, dass inländische Organträgerpersonenunternehmen mit Hilfe der körperschaftsteuerlichen Organschaft nach dem DBA-Betriebsstättenartikel in Deutschland steuerbefreite Einkünfte endgültig steuerbefreit vereinnahmen können bei gleichzeitiger Nutzung des (im Vergleich zum dortigen ESt-Satz häufig relativ niedrigen) ausländischen KSt-Satz-Niveaus.

[119] Nicht ganz klar ist die Behandlung des Organeinkommens bei der neuen Thesaurierungsbegünstigung (soweit jedenfalls auch bilanziell ein Gewinnabführungsertrag gegeben ist, sollte sie aber eingreifen). Zu Zeiten des Anrechnungsverfahrens war es wesentlich, dass bei dauerhaft defizitären Unternehmen durch ein (körperschaftsteuerliches) Organschaftsverhältnis die Möglichkeiten verringert bzw. sogar verspielt wurden, den Verlust auf zwei Ebenen (Gesellschafts- und Gesellschafterebene) steuerlich geltend zu machen (Aufbau eines Verlustvortrags in der Tochter und Teilwertabschreibung auf die Anteile. Insbesondere wegen § 8b Abs. 3 KStG spielt dieser Aspekt allerdings keine Rolle mehr.

[120] Nach Finanzverwaltung gilt Entsprechendes für Zinsvorträge.
[121] Ausnahme nach JStG 2009: § 8b Abs. 7 KStG.

B. Organschaft und Unternehmensverträge 156–160 § 13

an den Organträger.[122] Die wiederkehrende Ausgleichszahlung hat sich grundsätzlich an der bisherigen Ertragslage sowie den künftigen Ertragsaussichten der Organgesellschaft zu orientieren.[123] Die Ausgleichszahlungen dürfen nach § 4 Abs. 5 Nr. 9 EStG weder den Gewinn der Organgesellschaft noch den des Organträgers mindern. Überdies sieht § 16 KStG vor, dass die Organgesellschaft 20/17 der geleisteten Ausgleichszahlungen als eigenes Einkommen zu versteuern hat. Die Erhöhung des Einkommens um 3/17 der tatsächlich geleisteten Ausgleichszahlungen korrespondiert mit der angestrebten 15 %igen Vorbelastung mit Körperschaftsteuer. Das dem Organträger zuzurechnende Einkommen wird entsprechend gekürzt. Hintergrund dieser Regelung ist, dass nur so steuersystematisch korrekt die Ausgleichszahlungen auch dann beim außenstehenden Gesellschafter als Dividende besteuert werden können, wenn ein ESt-Pflichtiger Organträger ist (ansonsten wäre keine körperschaftsteuerpflichtige Vorbelastung des ausgeschütteten Gewinns gegeben). Die Organgesellschaft hat die Ausgleichszahlungen auch dann iHv. 20/17 als eigenes Einkommen zu versteuern, wenn sie nicht von ihr, sondern vom Organträger geleistet werden. **156**

Die Zurechnung des Einkommens der Organgesellschaft zum Organträger erfolgt unabhängig von der handelsrechtlichen Gewinnabführung. Da die handelsrechtlichen Vorschriften zur Gewinnermittlung von denen zur steuerlichen Einkommensermittlung abweichen, kann der Betrag der Gewinnabführung sowohl höher als auch niedriger als die steuerliche Einkommenszurechnung ausfallen. Auch zwischen handelsrechtlicher Gewinnabführung und steuerbilanziellem Ergebnis sind regelmäßig Unterschiede gegeben. Übersteigt das steuerbilanzielle Ergebnis der Organgesellschaft den abgeführten Gewinn, liegt eine Minderabführung vor, ist der abgeführte Gewinn höher als das steuerbilanzielle Ergebnis, eine Mehrabführung. Siehe dazu auch näher Rz. 163 ff. **157**

2. Gewerbesteuerliche Organschaft

Liegen die Organschaftsvoraussetzungen vor, gilt die Organgesellschaft im Gewerbesteuerrecht als Betriebsstätte des Organträgers (§ 2 Abs. 2 Satz 2 GewStG). Die Gewerbeerträge von Organträger und Organgesellschaft sind allerdings getrennt zu ermitteln, innerorganschaftliche Gewinnrealisierungen sind nicht zu eliminieren. Der Gewerbeertrag der Organgesellschaft ist dann dem Organträger zuzurechnen. **158**

Für vororganschaftliche Verluste der Organgesellschaft gilt gewerbesteuerlich § 10a S. 3 GewStG, der § 15 Satz 1 Nr. 1 KStG gewerbesteuerlich etwa entspricht. § 16 KStG ist gewerbesteuerlich nicht von Bedeutung. **159**

Wegen der (allerdings wie erläutert nur „gebrochen" verstandenen) Betriebsstättenfiktion dürfen sich aus der Zusammenrechnung der separat ermittelten Gewerbeerträge weder doppelte gewerbesteuerliche Belastungen noch ungerechtfertigte Entlastungen ergeben. Dementsprechend entfällt zB eine Hinzurechnung von Zinsen für Verbindlichkeiten zwischen den zum Organkreis gehörenden Unternehmen.[124] Der Vermeidung von Doppelerfassungen dient **160**

---

[122] Bei Vertragsabschluss ist ebenfalls ein Abfindungsangebot zu gewähren. Die Anwendbarkeit des § 304 AktG auf eine abhängige GmbH ist unklar.
[123] Zu weiteren Einzelheiten und anderen Bemessungsvarianten s. BMF v. 13. 9. 1991, DB 1991, 2110.
[124] R 41 Abs. 1 GewStR.

auch die gewerbesteuerliche Irrelevanz von Gewinnen aus der Veräußerung einer Organbeteiligung, soweit in der Organgesellschaft thesaurierte, aber bereits im Organkreis versteuerte Gewinne den Veräußerungsgewinn erhöht haben (für Verluste vice versa).[125]

161 Der einheitliche Steuermessbetrag des Organträgers ist nach Maßgabe des Zerlegungsschlüssels des § 29 GewStG auf die Gemeinden zu verteilen, in denen sich Betriebsstätten der am Organkreis beteiligten Gesellschaften befinden. Bei Hebesatzdifferenzen und/oder Differenzen in den Relationen der Gewerbeerträge und der Arbeitslöhne können aus gewerbesteuerlicher Organschaft Änderungen in der absoluten Höhe der Gewerbesteuerbelastung resultieren. Außerdem kann die Verteilung der Gewerbesteuer auf die beteiligten Gemeinden beeinflusst werden.

162 Besteht eine körperschaftsteuerliche und gewerbesteuerliche Organschaft zu einem ESt-pflichtigen Organträger, ist, da das Einkommen der Organgesellschaft beim Organträger ungemildert der Einkommensteuer unterliegt, bei diesem die Gewerbesteueranrechnung gem. § 35 EStG auch aus dem Messbetragsteil, der aus dem von der Organgesellschaft zugerechneten Gewerbeertrag resultiert, zu gewähren.

III. Sonderprobleme der Organschaft

1. Mehr-/Minderabführungen

163 Nach allgemeinem Verständnis liegen Mehr- oder Minderabführungen vor, wenn der steuerbilanzielle Gewinn bzw. Verlust der Organgesellschaft, der Ausgangswert für die Ermittlung des dem Organträger zuzurechnenden Organeinkommens ist, von der handelsrechtlichen Gewinnabführung bzw. Verlustübernahme abweicht.[126] Vorvertraglich verursacht sind die Mehr- oder Minderabführungen, wenn in vertraglicher Zeit die Gewinnabführung und der Steuerbilanzgewinn der Organgesellschaft deshalb auseinanderfallen, weil in der vorvertraglichen Zeit eine abweichende Bewertung von Positionen in der Handels- und in der Steuerbilanz erfolgt ist und dadurch Erträge oder Aufwendungen lt. Handelsbilanz für steuerliche Zwecke aus der vertraglichen in die vorvertragliche Zeit oder umgekehrt verlagert wurden; die Abweichung ist dann auf eine Ursache aus der Zeit vor dem Wirksamwerden des im Wirtschaftsjahr der Abweichung wirksamen Ergebnisabführungsvertrags (genauer: auf eine Ursache aus der Zeit vor Beginn der Organschaft) zurückzuführen.

Beispiel:
Am 1.1.01 aktiviert T in HB und StB ein Wirtschaftsgut mit 1.000, das in der HB über 5 Jahre und in der StB über 10 Jahre linear abgeschrieben wird (von vornherein oder auf Grund späterer BP-Feststellungen).[127] Das Wirtschaftsgut wird am 1.1.02 veräußert.

---

[125] R 41 Abs. 1 GewStR. Wegen der Gleichschaltung der gewerbesteuerlichen mit den körperschaftsteuerlichen Organschaftsvoraussetzungen sind rein gewerbesteuerliche Ausgleichsposten im Sinne des R 41 Abs. 1 GewStR allerdings nur noch als Vorträge aus der Vergangenheit denkbar. Gegenwärtig greift schon § 14 Abs. 4 KStG.

[126] Das Vorliegen nichtabzugsfähiger Betriebsausgaben oder von Steuerbefreiungen führt nicht zu Mehr- oder Minderabführungen in diesem Sinne.

[127] Weitere Beispiele: Aktivierung in der StB, in der HB Erhaltungsaufwand. Passivierung Rückstellung (z. B. Drohverlustrückstellung) in der HB, nicht aber in der StB. In der StB niedrigere Bewertung von Rückstellung für Pensionen, Jubiläumsgelder, Al-

B. Organschaft und Unternehmensverträge　　　　　　164–167　§ 13

In O2 wird T an M organschaftlich angebunden. T erzielt in O2 ein handelsrechtliches Ergebnis (vor Ergebnisabführung) i.H. von 200 (bzw. 50 bzw. ./. 100). In O2 ist aus Gründen, die mit der unterschiedlichen Abschreibung des Wirtschaftguts in O1 „gelegt" worden sind, das Ergebnis in der HB um 100 höher als in der StB. Entsprechend ist in O2 grds. eine vororganschaftlich verursachte Mehrabführung i.S. des § 14 Abs. 3 KStG von T an M gegeben.[128]

Dabei wird von Seiten der Finanzverwaltung davon ausgegangen, dass insoweit jeder Geschäftsvorfall einzeln zu betrachten ist[129], dass also weder mehrere vororganschaftlich verursachte Mehr- und Minderabführungseffekte noch vor- und innerorganschaftlich verursachte Mehr- und Minderabführungseffekte gegeneinander saldiert werden können.[130] **164**

Nach § 14 Abs. 3 KStG gelten Mehrabführungen, die ihre Ursache in vororganschaftlicher Zeit haben, als Gewinnausschüttungen der Organgesellschaft an den Organträger (§ 14 Abs. 3 Satz 1 KStG). Vororganschaftlich verursachte Minderabführungen sind als Einlage durch den Organträger in die Organgesellschaft zu behandeln (§ 14 Abs. 3 Satz 2 KStG). **165**

Der Gesetzgeber hat damit eine Regelung gegen die anders lautende BFH-Rechtsprechung[131] etabliert, die die Wertung vororganschaftlicher Mehrabführungen als Ausschüttungen gegen R 59 Abs. 4 Satz 3 KStR 1995 ausdrücklich abgelehnt hat.[132] **166**

Auf Ebene der Organgesellschaft ist eine vororganschaftlich verursachte Mehrabführung wie eine normale Ausschüttung mit deren steuerlichem Eigenkapital zu verrechnen.[133] Gemäß § 14 Abs. 3 Satz 3 KStG gelten vororganschaftlich verursachte Mehr- und Minderabführungen in dem Zeitpunkt als erfolgt, in dem das Wirtschaftsjahr der Organgesellschaft endet (wohl: für das die Mehr- bzw. Minderabführungen erfolgen). Damit dürfte gemäß § 27 Abs. 1 Satz 3 KStG auf das Eigenkapital zum Ende des Wirtschaftsjahres abzustellen sein, das vor dem Wirtschaftsjahr liegt, für das die Mehrabführung erfolgt. **167**

---

tersteilzeit, Urlaub, Entsorgungen etc. (insoweit sind z.T. in der Praxis die vor- und innerorganschaftlich verursachten Abweichungen wegen fortlaufender Auflösungen und Zuführungen im Zeitablauf nur qua Schätzung ermittelbar).

[128] Unklar ist dies allerdings dann, wenn der Betrag der Gewinnabführung niedriger als der der vororganschaftlich verursachten Ergebnisdifferenz ist (s. die Varianten im Beispiel).

[129] So jedenfalls zu R 59 Abs. 4 Satz 3 KStR 1995 BMF v. 28. 10. 1997, DStR 1997, 1892.

[130] Außerdem wird davon ausgegangen, dass in mehrstufigen Organschaftsverhältnissen eine Mehr- bzw. eine Minderabführung aus verschiedenen Beteiligungsstufen unterschiedlich als vorvertraglich bzw. als in vertraglicher Zeit verursacht einzustufen sein kann. Solche Situationen sollen bei unterschiedlichem Beginn der verschiedenen Organschaftsverhältnisse möglich sein. Es soll die vor- oder innerorganschaftliche Verursachung jeweils aus Sicht der jeweiligen Organschaftsstufe mit Blick auf den letztlich die Mehr- bzw. Minderabführung auslösenden Geschäftsvorfall geprüft werden.

[131] BFH v. 18. 12. 2002, BStBl. II 2005, 49.

[132] Zur von der Finanzverwaltung eingeräumten Wahlmöglichkeit, für die Vergangenheit R 59 Abs. 4 Satz 3 KStR 1995 anzuwenden, s. BMF v. 22. 12. 2004, DStR 2005, 69.

[133] Dass eine vororganschaftlich verursachte Mehrabführung steuerlich nicht abzugsfähig ist, war auch schon vor § 14 Abs. 3 KStG geltende Rechtslage (Behandlung wie die Gewinnabführung insgesamt). Die gesetzliche Regelung einer Ausschüttungsfiktion hat daran jedenfalls im Ergebnis nichts geändert.

168 Subsidiär zur Verrechnung mit ausschüttbarem Gewinn ist bei einer normalen Ausschüttung auch eine Verrechnung mit dem Einlagekonto der Organgesellschaft denkbar. § 27 Abs. 6 Satz 4 KStG bringt zum Ausdruck, dass § 27 Abs. 6 KStG nur für organschaftlich verursachte Mehr- und Minderabführungen gilt.

169 Nicht geregelt hat der Gesetzgeber, ob auch bei dem die Mehrabführung empfangenden Organträger die Ausschüttungsfiktion des § 14 Abs. 3 KStG anzuwenden ist. Es handelt sich bei § 14 Abs. 3 KStG erkennbar zunächst nur um eine Ausschüttungsfiktion (die Fiktion einer Ausschüttung der Organgesellschaft an den Organträger), die im Körperschaftsteuerrecht mit Wirkung für die Ebene der Organgesellschaft geregelt ist. Eine korrespondierende Regelung in § 20 Abs. 1 Satz 1 Nr. 1 oder 2 EStG existiert nicht. Allerdings signalisiert die KapESt-Regelung in § 44 Abs. 7 EStG die Absicht des Gesetzgebers, dass die Ausschüttungsfiktion auch beim Mehrabführungsempfänger zum Anfall von Kapitalerträgen führen soll.

170 Geht man davon aus, dass auch beim Mehrabführungsempfänger die Ausschüttungsfiktion von Bedeutung ist, so sind dort (soweit nicht Einlagekonto als verwendet gilt) insoweit § 3 Nr. 40 EStG (i.V.m. § 3c Abs. 2 EStG) bzw. § 8b Abs. 1 und 5 KStG zu beachten.[134] D.h., dass zusätzliche Steuerbelastungen anfallen. Die auf die fingierte Ausschüttung entfallende Kapitalertragsteuer entsteht gemäß § 44 Abs. 7 EStG im Zeitpunkt der Feststellung des Jahresabschlusses der Organgesellschaft, spätestens acht Monate nach Ablauf des Wirtschaftsjahres der Organgesellschaft[135] (bei der Verwendung von Einlagekonto fällt keine Kapitalertragsteuer an).

171 Bei vororganschaftlich verursachten Mehr- und Minderabführungen werden keine steuerlichen Ausgleichsposten beim Organträger gebildet.[136]

172 Wenn dagegen von Minder- bzw. Mehrabführungen die Rede ist, die ihre Verursachung in organschaftlicher Zeit haben, geht es vor allem um die sog. organschaftlichen Ausgleichsposten. Die organschaftlichen Ausgleichsposten haben den Sinn und Zweck, eine doppelte bzw. eine Nichtbesteuerung des in vertraglicher Zeit erwirtschafteten Einkommens der Organgesellschaft zu verhindern. Auch angesichts des Systemwechsels vom früheren Anrechnungs-

---

[134] Beim Organträger ist dann auch nicht mehr der ganze Gewinnabführungsertrag außerbilanziell nach Organschaftsgrundsätzen zu kürzen, sondern nur noch der Gewinnabführungsertrag abzüglich der vororganschaftlich verursachten Mehrabführung. Für den Betrag der vororganschaftlich verursachten Mehrabführung sind die genannten Steuerbefreiungsvorschriften für Ausschüttungen anzuwenden (sollte die vororganschaftlich verursachte Mehrabführung bei der Organgesellschaft mit dem Einlagekonto verrechnet werden, wäre beim Organträger eine Verrechnung mit dem Buchwert der Organbeteiligung vorzunehmen).

[135] Schuldner der KapESt ist gemäß § 44 Abs. 1 EStG wie auch sonst der Gläubiger der Kapitalerträge; die Pflicht zur Einbehaltung und Abführung der KapESt jedoch trifft die Organgesellschaft. Die KapESt ist an dem auf den Entstehungstag folgenden Werktag an das für die Einkommensbesteuerung der Organgesellschaft zuständige Finanzamt abzuführen. D.h., dass die Steuersituation bei Feststellung des Jahresabschlusses geklärt sein muss. Wenn sich vororganschaftlich verursachte Mehrabführungen als Ergebnis einer später durchgeführten steuerlichen Außenprüfung ergeben, dürfte in der Praxis auf die nachträgliche Einbehaltung der KapESt verzichtet werden (Vorrang des Veranlagungs- vor dem Abzugsverfahren; s. auch BMF v. 28.10.1997, DStR 1997, 1892).

[136] Zutreffend BMF v. 22.12.2004, DStR 2005, 69.

B. Organschaft und Unternehmensverträge 173–175 § 13

zum Halbeinkünfteverfahren und der damit verbundenen Einführung der in § 8b Abs. 2 KStG geregelten (zunächst) 100 %igen Steuerbefreiung für Anteilsveräußerungsgewinne wurden die organschaftlichen Ausgleichsposten beibehalten.

Nachdem der BFH[137] die für den Fall des passiven Ausgleichspostens die in R 63 Abs. 3 KStR niedergelegte Verwaltungsauffassung, wonach organschaftliche Ausgleichsposten im Fall der Veräußerung der Organbeteiligung gewinnwirksam aufzulösen sind, ablehnte, ist im Rahmen des JStG 2008 in § 14 Abs. 4 KStG die frühere Verwaltungsauffassung „klarstellend" festgeschrieben worden. **173**

Danach ist für Minder- und Mehrabführungen, die ihre Ursache in organschaftlicher Zeit haben, in der Steuerbilanz des Organträgers ein besonderer aktiver oder passiver Ausgleichsposten i.H. des Betrags zu bilden, der dem Verhältnis der Beteiligung des Organträgers am Nennkapital der Organgesellschaft entspricht. Im Zeitpunkt der Veräußerung der Organbeteiligung sind die besonderen Ausgleichsposten aufzulösen. Dadurch erhöht oder verringert sich das Einkommen des Organträgers. § 3 Nr. 40, § 3c Abs. 2 EStG und § 8b KStG sind anzuwenden. Der Veräußerung gleichgestellt sind insbesondere die Umwandlung der Organgesellschaft auf eine Personengesellschaft oder eine natürliche Person, die verdeckte Einlage der Beteiligung an der Organgesellschaft und die Auflösung der Organgesellschaft. Minder- oder Mehrabführungen im vorstehenden Sinne liegen insbesondere vor, wenn der an den Organträger abgeführte Gewinn von dem Steuerbilanzgewinn der Organgesellschaft abweicht und diese Abweichung in organschaftlicher Zeit verursacht ist. **174**

Die in der Steuerbilanz des Organträgers zu bildenden besonderen organschaftlichen Ausgleichsposten haben – wie bereits erwähnt – den Sinn, eine doppelte bzw. eine Nichtbesteuerung des in organschaftlicher Zeit erwirtschafteten Einkommens der Organgesellschaft zu verhindern. Zu einer solchen Doppel- oder Nichtbesteuerung käme es bei idealtypischer Annahme ohne die Bildung eines Ausgleichspostens immer dann, wenn in dem Zeitpunkt der Veräußerung der Organbeteiligung die Ursache für die Bildung des Ausgleichspostens noch fortbesteht. **175**

Beispiel: Im Jahr 1 hat die Organgesellschaft ein dem Organträger (natürliche Person, Alleingesellschafter) zuzurechnendes Einkommen von 500.000 € erzielt, wegen Bildung einer zulässigen Rücklage jedoch nur eine Gewinnabführung von 200.000 € vorgenommen.

Im Jahr 3 veräußert der Organträger seine Beteiligung und erzielt wegen der nach wie vor bei der Organgesellschaft vorhandenen Rücklage einen um 300.000 € höheren Veräußerungserlös.

Im Jahr 1 wurde das Organeinkommen i.H. von 500.000 € beim Organträger der ESt unterworfen. Ohne (erfolgsneutrale) Bildung und gewinnmindernde Auflösung eines aktiven Ausgleichspostens müsste der Organträger einen c.p. um 300.000 € höheren Veräußerungsgewinn der Halb- bzw. Teileinkünftebesteuerung unterwerfen, obwohl er diesen Betrag bereits versteuert hat.[138]

---

[137] BFH v. 7. 2. 2007, BStBl. II 2007, 796. S. dazu auch den Nichtanwendungserlass im BMF-Schreiben vom 5. 10. 2007, BStBl. I 2007, 743.
[138] Wegen der steuerlichen Behandlung der organschaftlichen Ausgleichsposten vor der Regelung in § 14 Abs. 4 KStG bei § 8b Abs. 2 KStG s. BMF v. 28. 4. 2003, BStBl. I 2003, 292, Rn. 16, 26, und vom 26. 8. 2003, BStBl. I 2003, S. 437, Rn. 43. Weiter s. OFD Frankfurt/M. v. 8. 11. 2005, DB 2005, 2408. S. auch erneut Fn. 137.

176 Der passive Ausgleichsposten war vor Inkrafttreten des SEStEG ein seltener Ausnahmefall. Wegen des Wegfalls des Maßgeblichkeitsgrundsatzes in Umwandlungsfällen ist dies nun häufiger möglich. So kommt es, wenn bei einer Sach- oder Anteilseinbringung durch eine bereits bestehende Organgesellschaft in das Vermögen einer anderen Kapitalgesellschaft das eingebrachte Vermögen in der Handelsbilanz mit dem Verkehrswert, steuerlich jedoch mit dem Buchwert angesetzt wird, i.h. der Wertdifferenz zu einer in organschaftlicher Zeit verursachten Mehrabführung an den Organträger.

177 Die Bildung eines organschaftlichen Ausgleichspostens hat in der Steuerbilanz des Organträgers einkommensneutral[139] zu erfolgen, d. h. die in der Bilanz eintretende Gewinnauswirkung ist außerbilanziell zu neutralisieren. Einkommenswirksam ist die Auflösung eines Ausgleichspostens insbes. im Fall der Veräußerung der Organbeteiligung. Die Beendigung der Organschaft führt bei fortbestehender Beteiligung nicht zur Auflösung eines organschaftlichen Ausgleichspostens.[140] Der Ausgleichsposten ist nur in dem Verhältnis zu bilden, in dem der Organträger am Nennkapital der Organgesellschaft beteiligt ist.

178 Ungeregelt geblieben sind die besonderen Fragen der Bildung bzw. Auflösung von Ausgleichsposten bei stufenüberspringender (mittelbarer) Organschaft.

2. § 8 b KStG-Potenziale bei der Organgesellschaft

179 Die Anwendung des § 8 b Abs. 1 bis 6 KStG bei einer Organgesellschaft bei bestehender körperschaftsteuerlicher Organschaft ist nach § 15 S. 1 Nr. 2 KStG generell ausgeschlossen.[141] Soweit in dem Einkommen der Organgesellschaft, das dem Organträger zugerechnet wird, Erträge und Gewinne iSd. § 8 b KStG[142] und mit solchen Beträgen zusammenhängende Ausgaben bzw. Verluste iSd. § 8 b Abs. 3 KStG enthalten sind, ist § 8 b KStG bei der Ermittlung des Einkommens des Organträgers anzuwenden, wenn dieser dafür qualifiziert; ansonsten kommt § 3 Nr. 40 EStG iVm. § 3 c Abs. 2 EStG zur Anwendung. Diese „Bruttomethode" ermöglicht eine einheitliche Einkommensermittlung bei der Organgesellschaft und eine Berücksichtigung der Verhältnisse des Organträgers bei diesem. Dies dürfte insb. bei einer Personengesellschaft als Organträger, an der sowohl Kapitalgesellschaften als auch natürliche Personen beteiligt sind, eine Vereinfachung darstellen.

180 § 15 Satz 1 Nr. 2 KStG gilt entsprechend für Gewinnanteile aus der Beteiligung an einer ausländischen Gesellschaft, die nach DBA-Vorschriften von der Besteuerung auszunehmen sind.[143]

---

[139] I.d.S. s. R 63 Abs. 1 Satz 3 KStR.
[140] Siehe R 63 Abs. 3 Satz 3 KStR.
[141] § 8b Abs. 7 KStG ist auf Ebene der Organgesellschaft anzuwenden (im JStG 2009 klargestellt).
[142] Dies schließt auch solche Gewinne etc. ein, die von der Organgesellschaft über eine Personengesellschaft erzielt werden, da auch diese in deren Einkommen enthalten sind. Die Anwendung des § 8 b Abs. 6 KStG erfolgt (körperschaftsteuerlich) erst bei dem Organträger.
[143] Damit umfasst der Geltungsbereich des § 15 Satz 1 Nr. 2 KStG als Beteiligungserträge alle inländischen und ausländischen Dividendenerträge, Anteilsveräußerungsgewinne und Anteilsveräußerungsverluste, ggf. mit den Erträgen zusammenhängende Aufwendungen sowie Übernahmegewinne iSd. § 4 Abs. 7 UmwStG. Die Norm ist unabhängig davon relevant, ob eine Organträger-Kapitalgesellschaft oder ein Organträger-

B. Organschaft und Unternehmensverträge 181–184 § 13

§ 15 Satz 1 Nr. 2 KStG ist eine körperschaftsteuerliche Norm. Ob und inwie- 181
weit sie auch gewerbesteuerlich im Rahmen der gewerbesteuerlichen Organschaft einschlägig ist, ist nicht völlig klar.[144] Nach der hier vertretenen Auffassung ist jedoch nicht erkennbar, warum § 15 Satz 1 Nr. 2 KStG nicht auch
vollumfänglich gewerbesteuerliche Geltung haben sollte. § 7 Satz 1 GewStG
verweist auf den Gewinn, der (auch) nach körperschaftsteuerlichen Vorschriften zu ermitteln ist. Zu diesen Vorschriften gehört auch § 15 Satz 1 Nr. 2 KStG.
Es ist zwar richtig, dass § 15 Satz 1 Nr. 1 KStG und § 16 KStG gewerbesteuerlich
nicht anwendbar sind. Dies hat aber besondere Gründe[145] und kann deshalb
nicht für die Frage der gewerbesteuerlichen Anwendbarkeit des § 15 Satz 1
Nr. 2 KStG von Bedeutung sein. Auch die Finanzverwaltung hält offensichtlich § 15 Satz 1 Nr. 2 Satz 1 KStG auch gewerbesteuerlich für anwendbar,[146] will
aber bei der Ermittlung des Gewerbeertrags der Organgesellschaft die gewerbesteuerlichen Schachtelprivilegien zur Anwendung bringen.[147]

Die in § 15 Satz 1 Nr. 2 KStG geregelte Anwendung des § 3 c Abs. 2 EStG 182
beim Organträger kann sich zwar nur auf Ausgaben beziehen, die in dem zugerechneten Einkommen der Organgesellschaft enthalten sind. Ausgaben, die
mit der Organbeteiligung zusammenhängen (zB Finanzierungskosten für den
Erwerb der Beteiligung an einer Organgesellschaft, die wiederum Erträge iSd.
§ 8 b KStG erzielt), sind davon nicht betroffen. Fraglich ist jedoch, ob auf solche Ausgaben bei Personengesellschaften als Organträgern § 3 c Abs. 2 EStG
anwendbar ist, soweit von der Organgesellschaft zugerechnete Dividenden
beim Organträger gem. § 3 Nr. 40 EStG teilweise freigestellt werden.[148]

3. Organschaft und § 8c KStG

Siehe dazu im Einzelnen Rz. 213 ff. 183

4. Zinsschranke bei Organschaft

Der Organkreis gilt als ein Betrieb für Zwecke der Zinsschranke. Siehe dazu 184
im Einzelnen Rz. 244 ff.

Personenunternehmen gegeben ist (allerdings können sich in Abhängigkeit davon die
Rechtsfolgen unterscheiden).
[144] § 2 Abs. 2 Satz 2 GewStG sagt darüber nichts aus, da die dort in Bezug genommenen körperschaftsteuerlichen Normen nur die Voraussetzungen der Organschaft regeln,
nicht aber die Frage, wie der Gewerbeertrag der Organgesellschaft zu ermitteln ist, bei
dem Organträger zuzurechnen ist, und wie der zugerechnete Gewerbeertrag ggf. beim
Organträger behandelt werden soll.
[145] Besonderes gewerbesteuerliches Verlustregime anstelle von § 15 Satz 1 Nr. 1 KStG;
offensichtliches Abstellen des § 16 KStG darauf, dass die Versteuerung eigenen Einkommens bei der Organgesellschaft nur körperschaftsteuerlich erfolgen soll.
[146] BMF v. 26. 8. 2003, BStBl. I 2003, 437.
[147] Was auch für den Aufwandsabzug bei Auslandsdividenden von Bedeutung sein
kann.
[148] Wenn eine körperschaftsteuerliche Organschaft besteht, werden aus der Gewinnabführung keine freigestellten Dividenden mehr erzielt, sondern es findet eine Zurechnung des Einkommens der Organgesellschaft zum Organträger statt und auf einen Teil
des zugerechneten Einkommens wird § 3 Nr. 40 EStG angewendet (die Gewinnabführung selbst kann nicht als steuerfreie Einnahme des Organträgers begriffen werden,
auch wenn sie technisch aus dem Gewinn des Organträgers zu kürzen ist; die vertretene
gegenteilige Auffassung ist unzutreffend).

5. Verkauf von Organbeteiligungen

185 Es geht um die unschädliche Beendigung und ggf. die nahtlose Fortführung der Organschaft. Siehe dazu Rz. 590 ff.

6. Mehrmütterorganschaft

186 Nach § 14 Abs. 2 KStG a. F. war eine Mehrmütterorganschaft möglich, wenn mehrere gewerbliche Unternehmen, die organträgerfähig iSd. § 14 Abs. 1 Nr. 2 KStG a.F. waren, ein gewerbliches Unternehmen unterhielten und sich gemeinsam im Verhältnis zur Organgesellschaft lediglich zum Zweck der einheitlichen Willensbildung gegenüber der Organgesellschaft zusammenschlossen. Die Personengesellschaft war dann als gewerbliches Unternehmen anzusehen und Zurechnungsempfänger für das zuzurechnende zu versteuernde Einkommen, wenn außerdem:
- jeder Gesellschafter der Personengesellschaft an der Organgesellschaft vom Beginn ihres Wirtschaftsjahres an ununterbrochen beteiligt war und den Gesellschaftern die Mehrheit der Stimmrechte an der Organgesellschaft zustand,
- die Personengesellschaft von Beginn des Wirtschaftsjahres der Organgesellschaft an ununterbrochen bestand,
- der Gewinnabführungsvertrag mit der Personengesellschaft abgeschlossen war[149] und im Verhältnis zu dieser Gesellschaft die Voraussetzungen des § 14 Abs. 1 Nr. 3 KStG a. F. erfüllt waren und
- durch die Personengesellschaft gewährleistet war, dass der koordinierte Wille der Gesellschafter in der Geschäftsführung der Organgesellschaft tatsächlich durchgesetzt wurde.

187 Weiterhin ordnete § 2 Abs. 2 Satz 3 GewStG a. F. an, dass im Fall des § 14 Abs. 2 KStG a. F. auch gewerbesteuerlich die Personengesellschaft Organträger war. Diese Regelung sollte auch gewerbesteuerlich gewährleisten, dass im Fall der Mehrmütterorganschaft der Organkreis bei der Mehrmütter-GbR endete (so dass gewerbesteuerlich die Ergebnisse der Organgesellschaft nicht den GbR-Gesellschaftern zugerechnet werden konnten).

188 Ohne inhaltliche Begründung und offenkundig allein aus Aufkommensgründen sind durch das StVergAbG § 14 Abs. 2 KStG a. F. und § 2 Abs. 2 Satz 3 GewStG a. F. aufgehoben worden. Eine Mehrmütterorganschaft ist somit ertragsteuerlich nicht mehr möglich.

7. Berücksichtigung eines negativen Organträger-Einkommens im Ausland

189 Durch den durch das UntStFG eingefügten § 14 Abs. 1 S. 1 Nr. 5 KStG soll verhindert werden, dass Verluste im In- und Ausland doppelt oder aufgrund entsprechender nationaler Regelungen (zB in den USA) stets zu Lasten Deutschlands berücksichtigt werden. Ein negatives Einkommen des Organträgers bleibt danach im Rahmen der inländischen Besteuerung[150] unberücksich-

---

[149] Diese Anforderung stand im Widerspruch zur herrschenden gesellschaftsrechtlichen Auffassung, wonach ein solcher Vertragsabschluss mit einer Innengesellschaft gar nicht möglich war.

[150] Unklar ist, ob die Norm auch gewerbesteuerlich gilt.

B. Organschaft und Unternehmensverträge

tigt, soweit es in einem ausländischen Staat im Rahmen einer der deutschen Besteuerung des Organträgers entsprechenden Besteuerung berücksichtigt wird.

Negatives Einkommen des Organträgers ist ein steuerlicher Verlust, der sich als Ergebnis der Einkommensermittlung ergibt. Unklar ist, ob das Einkommen des Organträgers vor oder nach Zurechnung der Einkommen der Organgesellschaften gemeint ist.[151]

Fraglich ist des Weiteren, wann das negative Einkommen in einem ausländischen Staat im Rahmen einer der deutschen Besteuerung des Organträgers entsprechenden Besteuerung berücksichtigt wird.

Die Berücksichtigung des negativen Einkommens des Organträgers in einem ausländischen Staat setzt voraus, dass die Verluste des Organträgers im Ausland tatsächlich in die Einkommensermittlung einbezogen werden. Ausreichend dürfte es insoweit sein, dass durch die Berücksichtigung von Verlusten des Organträgers im ausländischen Staat ein negatives Einkommen entsteht, das sich erst durch einen Verlustvortrag auswirkt. Jeweils dürfte der tatsächlich nach ausländischem Steuerrecht berücksichtigte Betrag, nicht der nach deutsch-steuerlichen Grundsätzen ermittelte Verlustbetrag relevant sein.[152] Wirken sich allerdings die Verluste tatsächlich auch periodenübergreifend nicht mehr im ausländischen Staat aus, ist dies nicht ausreichend.[153] Keine relevante Verlustberücksichtigung im Ausland ist auch eine Teilwertabschreibung auf die Anteile am Organträger.

Eine der deutschen Besteuerung des Organträgers entsprechende ausländische Besteuerung meint offenbar eine der Organschaft entsprechende Besteuerung, zB die group taxation im Rahmen von consolidated returns in den USA, der group relief in UK, die der Organschaft entsprechende Regelung in Frankreich etc. Es ist entscheidend für die praktische Bedeutung der Norm, ob eine Verlustverrechnung bei der betreffenden Gesellschaft allein reicht oder ob – wie hier vertreten – die Verluste der Gesellschaft in einer ausländischen Gruppenbesteuerung berücksichtigt werden müssen. Es ist weiter entscheidend für die praktische Bedeutung der Norm, ob sie nur doppelt ansässige Gesellschaften erfasst (so hier vertreten) oder auch solche mit Sitz und Ort der Geschäftsleitung in Deutschland (wichtig zB bei ausländischen Gruppenbesteuerungssystemen, die auch ausländische Töchter einbeziehen). Noch nicht klar ist damit auch, ob und wann ggf. die Anwendung von check-the-box-rules auf den Organträger § 14 Abs. 1 S. 1 Nr. 5 KStG auslösen kann und wie bei Personengesellschaften als Organträger verfahren werden soll etc. Sind diese Fälle generell irrelevant (so hier vertreten)? Sind sie dann relevant, wenn das ausländische „Stammhaus" selbst wieder in eine Gruppenbesteuerung einbezogen ist? Die durch § 14 Abs. 1 S. 1 Nr. 5 KStG geschaffene Rechtsunsicherheit ist unvertretbar.

---

[151] Für das Abstellen auf das Organträger-Einkommen vor Zurechnung der Organeinkommen könnte der Zweck der Norm sprechen, eine doppelte Verlustnutzung bei doppelt ansässigen Gesellschaften zu verhindern, wenn nur das Organträger-Einkommen ohne Zurechnung die diese „Gefahr" birgt (aber: wie ist zB das Verhältnis zu den US-check-the-box-rules?).

[152] Letzterer ist aber naturgemäß in der Rechtsfolge des § 14 Abs. 1 S. 1 Nr. 5 KStG die Obergrenze der Nichtberücksichtigung in Deutschland.

[153] Ist wohl auch dann der Fall, wenn der Verlust im Ergebnis aufgrund entsprechender nationaler Rückverweis-Regelungen des ausländischen Staates – Beispiel USA – dort nicht berücksichtigt wird.

Rödder

8. Lebens- und Krankenversicherer

194 Gem § 14 Abs. 2 KStG war § 14 Abs. 1 KStG „auf Organgesellschaften, die Lebens- oder Krankenversicherungsunternehmen sind", nicht anzuwenden.[154] Es ist wahrscheinlich, dass dieses einmalige benachteiligende Organschaftssonderrecht für eine bestimmte Branche einer verfassungsgerichtlichen Prüfung nicht standhalten wird.[155] Nun ist dieses besondere Organschaftsverbot durch das JStG 2009 aufgehoben worden.

IV. Unternehmensverträge

1. Gewinnabführungsverträge

195 Fällt ein Gewinnabführungsvertrag mit einer steuerlich anerkannten Organschaft zusammen, gelten die vorstehenden Ausführungen. Ansonsten (zB in Fällen einer gescheiterten Organschaft) sind die Gewinnabführungen aus steuerlicher Sicht verdeckte Gewinnausschüttungen und die Verlustübernahmen verdeckte Einlagen.[156]

196 Scheiden nach Abschluss eines Gewinnabführungsvertrags Minderheitsgesellschafter gegen Abfindung aus, entstehen steuerliche Folgen, die von seinem steuerlichen Status abhängig sind.[157] Im Einzelnen s. dazu Rz. 469 ff.

197 Erfolgt ein Aktientausch gegen Aktien an der Obergesellschaft, so kann dieser grds. gem. § 21 UmwStG als ertragsteuerneutraler Aktientausch durchgeführt werden, wenn der Tausch gegen Gewährung neuer Gesellschaftsrechte erfolgt und die Obergesellschaft ggf. die bilanziellen Anforderungen des § 21 UmwStG beachtet.[158]

198 Eventuelle Ausgleichszahlungen an außenstehende Gesellschafter sind Ausschüttungen der Tochtergesellschaft (wenn die Mutter sie trägt, liegen insoweit verdeckte Einlagen vor). § 16 KStG findet keine Anwendung.

2. Beherrschungsverträge

199 Der alleinige Beherrschungsvertrag, durch den eine AG die Leitung ihrer Gesellschaft einem anderen Unternehmen unterstellt, kann anders als ein Gewinnabführungsvertrag (im Falle von Organschaft) nicht zu einer steuerlichen Zurechnung des Einkommens der beherrschten AG zu dem herrschenden Unternehmen führen. Er reicht für die Annahme einer Organschaft nicht aus.

---

[154] Der Wortlaut war in sich widersprüchlich, weil bei Nichtanwendung des § 14 Abs. 1 KStG überhaupt keine Organgesellschaft existiert.

[155] Im Vermittlungsverfahren zum StVergAbG hatte die Bundesregierung ausgeführt, § 14 Abs. 2 KStG sei eine Reaktion darauf, dass es bei Lebens- und Krankenversicherungsunternehmen dadurch zu einer doppelten steuerlichen Begünstigung komme, dass Dividendenerträge und Gewinne aus der Veräußerung von Aktien steuerfrei vereinnahmt würden und die Zuführungen zur Rückstellung für Beitragsrückerstattung steuerlich abziehbar seien.

[156] Teilgewinnabführungsverträge qualifizieren nicht für eine steuerliche Organschaft. Auch Teilgewinnabführungen sind dementsprechend verdeckte Gewinnausschüttungen und Teilverlustübernahmen verdeckte Einlagen.

[157] Besondere Steuerfragen können sich überdies bei Nachbesserungen in einem Spruchverfahren ergeben.

[158] Siehe auch Rz. 390 ff.

B. Organschaft und Unternehmensverträge

Allerdings ist auch bei einem Beherrschungsvertrag das herrschende Unternehmen für die Dauer des Vertrages zum Ausgleich eines Jahresfehlbetrags verpflichtet (soweit nicht ein Verlustausgleich durch die Auflösung während der Vertragsdauer gebildeter freier Rücklagen bei dem beherrschten Unternehmen möglich ist). Es liegt dann insoweit eine verdeckte Einlage vor. **200**

Überdies muss auch bei einem Beherrschungsvertrag außenstehenden Aktionären als angemessener Ausgleich ein bestimmter jährlicher Gewinnanteil garantiert werden. Erfolgen deshalb Zahlungen, sind diese steuerlich als Ausschüttungen der beherrschten Gesellschaft zu behandeln. Evtl. Zahlungen der herrschenden Gesellschaft in diesem Zusammenhang sind Einlagen in die beherrschte Gesellschaft. § 16 KStG findet keine Anwendung. **201**

Der Beherrschungsvertrag muss schließlich auch die Verpflichtung enthalten, die Aktien eines außenstehenden Aktionärs gegen eine Abfindung zu erwerben.[159] **202**

3. Gewinngemeinschaftsverträge

Ein steuerlich anerkannter Gewinngemeinschaftsvertrag (Poolvertrag) erlaubt den steuerlichen Ausgleich von Gewinnen und Verlusten der beteiligten Unternehmen. Der zum Ausgleich weitergegebene Gewinnanteil ist Betriebsausgabe beim Leistenden und beim Empfänger in voller Höhe Betriebseinnahme.[160] **203**

Gewinnpoolungsverträge werden steuerlich anerkannt, wenn sie im betrieblichen Interesse der betroffenen Gesellschaften und nicht bloß im Interesse der Gesellschafter abgeschlossen worden sind. Der Verteilungsschlüssel muss leistungsgerecht, dh. hinsichtlich der gegenseitigen Rechte und Verpflichtungen ausgeglichen, und es muss Angemessenheit der gegenseitigen Leistungen im Rahmen des Gewinnpoolungsvertrags gegeben sein. Gewinnpoolungsverträge werden unter diesen Voraussetzungen auch zwischen Konzerngesellschaften anerkannt. **204**

4. Betriebspachtverträge

Die Erfolgszurechnung aus dem Betrieb des gepachteten Unternehmens erfolgt zum Pächter, der den gepachteten Betrieb im eigenen Namen auf eigene Rechnung betreibt. Das verpachtende Unternehmen, der Verpächter, erzielt Betriebseinnahmen aus dem Pachtzins. **205**

Der Verpächter hat im Normalfall die Wirtschaftsgüter des verpachteten Anlagevermögens zu bilanzieren, ihm steht daher auch die AfA zu.[161] Dies gilt sowohl für die von Anfang an überlassenen Wirtschaftsgüter als auch für Ersatzwirtschaftsgüter unabhängig von der personellen Zuordnung der Substanzerhaltungspflicht. Eine Bilanzierung beim Pächter setzt den Übergang des wirtschaftlichen Eigentums voraus. Dies führt zu einer Realisierung der stillen Reserven, ist aber bei Betriebsverpachtung normalerweise nicht gegeben.[162] **206**

---

[159] Zu den Steuerfolgen s. bereits Rz. 196 f.
[160] Abweichungen können sich ua bei Annahme einer Mitunternehmerschaft im Rahmen der GewSt ergeben.
[161] Aber auch Hinweis darauf, dass ein steuerlich anerkannter Betriebspachtvertrag grds. die Rückübertragbarkeit des gepachteten Betriebs voraussetzt.
[162] S. aber nochmals die vorangehende Fn. Zur Frage der Zuordnung des Firmenwerts s. BFH v. 27. 3. 2001, BStBl. II 2001, 771.

Ein evtl. Anspruch gegen den Pächter auf Substanzerhaltung ist durch den Verpächter laufend am jeweiligen Bilanzstichtag nutzungsdauerabhängig zu den jeweils geltenden Wiederbeschaffungskosten auszuweisen.[163] Der Pächter hat eine entsprechende Erneuerungsrückstellung zu bilden.[164] Im Fall der Ersatzbeschaffung werden die Anschaffungs- bzw. Herstellungskosten des Ersatzgutes beim Verpächter mit dem Anspruch verrechnet. Entsprechend erfolgt beim Pächter in Höhe der Rückstellung eine Verrechnung mit dieser. Ein übersteigender Betrag wird als Anspruch auf Wertausgleich aktiviert bzw. passiviert.

207 Werden Gegenstände des Umlaufvermögens dem Pächter darlehensweise überlassen, ist das gesamte Umlaufvermögen im Normalfall allein vom Pächter zu aktivieren. Der Verpächter aktiviert den Rückgabeanspruch. Dabei erfolgt die Bewertung des Rückgabeanspruchs zu dem Buchwert im Zeitpunkt der Hingabe des Umlaufvermögens. Der Pächter hat eine entsprechende Sachwertschuld zu passivieren, und zwar mit den jeweils vorhandenen Anschaffungskosten.

208 Ist eine abhängige Gesellschaft Verpächterin des Betriebs ihres Unternehmens an das herrschende Unternehmen als Pächter, so hat das herrschende Unternehmen jeden entstehenden Jahresfehlbetrag auszugleichen, soweit die vereinbarte Gegenleistung das angemessene Entgelt nicht erreicht. Bei fehlender Vorwegvereinbarung des Ausgleichs liegt eine verdeckte Gewinnausschüttung vor, der dann bei Verlustübernahme eine Gesellschaftereinlage nachfolgt.

5. Betriebsüberlassungsverträge

209 Ein Betriebsüberlassungsvertrag ist dadurch gekennzeichnet, dass die überlassende Gesellschaft ihren Betrieb nicht mehr selbst betreibt, sondern dem anderen Vertragsteil zur Nutzung überlässt (wobei der Nutzer regelmäßig zwar in fremdem Namen, aber auf eigene Rechnung agiert [sog. „Innenpacht"]). Für ihn gelten die Ausführungen zum Betriebspachtvertrag weitgehend entsprechend.

6. Betriebsführungsverträge

210 Kennzeichen echter Betriebsführungsverträge ist, dass der Betriebsführer im Namen des Geschäftsherrn und für dessen Rechnung handelt. Bei der unechten Betriebsführung handelt der Betriebsführer im eigenen Namen, jedoch ebenfalls für Rechnung des auftraggebenden Unternehmens.

211 Die Einkünftezurechnung erfolgt in beiden Fällen im Normalfall zum Geschäftsherrn.

212 Das Betriebsführungsentgelt stellt beim Betriebsführer Ertrag und beim Auftraggeber eine abzugsfähige Betriebsausgabe dar.

---

[163] BFH v. 17. 2. 1998, BStBl. II 1998, 505.
[164] BFH v. 17. 2. 1998, BStBl. II 1998, 505. Siehe aber auch § 6 Abs. 1 Nr. 3a Buchst. e) EStG.

C. Verlustabzug nach § 8c KStG

I. Überblick

Die Neuregelung des § 8c KStG[165] führt nach dem sog. MoRaKG[166] in seinem Absatz 1 Folgendes aus: Werden innerhalb von fünf Jahren mittelbar oder unmittelbar mehr als 25 % des gezeichneten Kapitals, der Mitgliedschaftsrechte, Beteiligungsrechte oder der Stimmrechte an einer Kapitalgesellschaft an einen Erwerber oder diesem nahe stehende Personen übertragen oder liegt ein vergleichbarer Sachverhalt vor (schädlicher Beteiligungserwerb), sind insoweit die bis zum schädlichen Beteiligungserwerb nicht ausgeglichenen oder abgezogenen negativen Einkünfte (nicht genutzte Verluste) nicht mehr abziehbar. Unabhängig davon sind bis zum schädlichen Beteiligungserwerb nicht genutzte Verluste vollständig nicht mehr abziehbar, wenn innerhalb von fünf Jahren mittelbar oder unmittelbar mehr als 50 % des gezeichneten Kapitals, der Mitgliedschaftsrechte, Beteiligungsrechte oder der Stimmrechte an einer Kapitalgesellschaft an einen Erwerber oder diesem nahe stehende Personen übertragen werden oder ein vergleichbarer Sachverhalt vorliegt. Als ein Erwerber gilt auch eine Gruppe von Erwerbern mit gleichgerichteten Interessen.

§ 8c Abs. 1 KStG stellt mithin anders als § 8 Abs. 4 KStG nur noch auf den Anteilseignerwechsel, den Beteiligungserwerb, ab. Auf die Zuführung überwiegend neuen Betriebsvermögens kommt es nicht mehr an. Damit ist § 8c KStG im Kern auch keine Missbrauchsregelung. Die Verlustabzugsbeschränkung dient wohl vor allem der Produktion von Steuermehraufkommen. In Abhängigkeit vom Umfang des Anteilserwerbs erfolgt entweder ein teilweiser oder ein vollständiger Verlustuntergang. Im Unterschied zu § 8 Abs. 4 KStG enthält die Neuregelung keine Sanierungsklausel. Nach der Regierungsbegründung kommt hierfür eine Billigkeitsmaßnahme in Betracht.[167] Nach dem MoRaKG ist auch bei Verlusten von sog. Wagniskapitalbeteiligungsgesellschaften in bestimmten Fällen eine Ausnahme von der Regelung des § 8c Abs. 1 KStG möglich (§ 8c Abs. 2 KStG).

Die Neuregelung ist äußerst problematisch. Es ist nicht erkennbar, warum sich die steuerliche Leistungsfähigkeit einer Verlustkapitalgesellschaft, die ein eigenständiges Körperschaftsteuersubjekt darstellt, durch einen bloßen Anteilseignerwechsel in der Form eines Beteiligungserwerbs (ggf. sogar einen nur mittelbaren) verändern sollte. Es handelt sich um einen eklatanten Verstoß gegen das Trennungs- und das Nettoprinzip.[168] Dies ist umso problematischer, als § 8c KStG zur Mindestbesteuerung und zum Untergang von Verlustvorträgen bei Umwandlungsvorgängen hinzutritt.

---

[165] Sie gilt auch für die Gewerbesteuer, s. § 10a S. 9 GewStG. Seit dem JStG 2009 gilt § 8c KStG auch für den gewerbesteuerlichen Fehlbetrag einer Mitunternehmerschaft, soweit dieser einer Kapitalgesellschaft unmittelbar oder über eine Mitunternehmerschaft mittelbar zuzurechnen ist.
[166] BGBl. I 2008, 1672. Insoweit steht die Genehmigung der EU-Kommission noch aus.
[167] Siehe auch BMF v. 27. 3. 2003, BStBl. I 2003, 240. Wegen der Wirtschaftskrise wird gegenwärtig die Einführung einer Sanierungsklausel im Gesetz erwogen. S. auch den Sonderfall des § 14 Abs. 3 FMStFG.
[168] Bezeichnend ist § 14 Abs. 3 FMStFG.

II. Schädlicher Beteiligungserwerb

216 Schädlich sind der unmittelbare oder mittelbare Erwerb von Anteilen am gezeichneten Kapital, Mitgliedschaftsrechten, Beteiligungsrechten oder Stimmrechten an einer Kapitalgesellschaft oder vergleichbare Sachverhalte. Dabei müssen, damit § 8c Abs. 1 KStG eingreift, innerhalb von fünf Jahren unmittelbar oder mittelbar mehr als 25 % bzw. mehr als 50 % der Anteile erworben werden (zu diesem quantitativen Element und zu den vom Erreichen der beiden Schwellenwerte abhängigen Rechtsfolgen s. auch unter Rz. 229 ff.; zur Notwendigkeit des Erwerbs durch einen [einzigen] Erwerber oder ihm nahe stehende Personen oder eine Erwerbergruppe mit gleichgerichteten Interessen s. Rz. 224 ff.).

217 Der Erwerb von Anteilen am gezeichneten Kapital, Mitgliedschaftsrechten oder Beteiligungsrechten ist bei einer Kapitalgesellschaft zunächst relativ leicht konkretisierbar. Es sind regelmäßig die jeweiligen Anteile am Stamm- oder Grundkapital relevant. Dabei kommt es auf den Erwerb des wirtschaftlichen Eigentums an.[169] Die steuerliche Rückbeziehung eines Beteiligungserwerbs nach § 2 UmwStG soll nach umstrittener Verwaltungsauffassung keine Rolle spielen.[170]

218 Erörtert wird, ob bei dem Erwerb von Anteilen am gezeichneten Kapital etc. immer auch ein Übergang von Stimmrechten gefordert ist (was bspw. dazu führen würde, dass Erwerbe von stimmrechtslosen Vorzugsaktien irrelevant wären). Nach dem Wortlaut des § 8c Abs. 1 KStG ist diese Anforderung allerdings zweifelhaft. Danach sind der Erwerb von Anteilen am gezeichneten Kapital und die Übertragung von Stimmrechten alternativ zu verstehen.

219 Sind neben stimmberechtigten Anteilen auch stimmrechtslose Anteile vorhanden, ist bei der Quotenermittlung nach Verwaltungsauffassung im Regelfall für Erstere nur auf das stimmberechtigte Kapital und für Letztere auf das gesamte Kapital abzustellen. Werden zugleich Anteile am gezeichneten Kapital und Stimmrechte übertragen, ist derjenige Erwerb relevant, der den größten Umfang hat.[171] Diese Aussage ist „gefährlich", weil sie zu überraschenden Ergebnissen führen kann.[172]

Beispiel: Es werden 21 % des Grundkapitals einer AG auf einen Erwerber übertragen. Das Grundkapital teilt sich auf zu 70 % in Stammaktien und zu 30 % in stimmrechtslose Vorzugsaktien. Es liegt nach Verwaltungsauffassung ein schädlicher Erwerb von 30 % der Stimmrechte vor. Werden zusätzlich 2/3 der stimmrechtslosen Vorzugsaktien auf diesen Erwerber übertragen, so ist unklar, ob insgesamt ein Erwerb von 50 % vorliegt.

220 Vergleichbare Sachverhalte sollen nach umstrittener Verwaltungsauffassung z. B. sein[173] der Erwerb von Genussrechten i.S.d. § 8 Abs. 3 S. 2 KStG oder Stimmrechtsvereinbarungen, -bindungen und -verzichte.[174] Kapitalersetzende

---

[169] Nach BMF v. 4.7.2008, BStBl. I 2008, 736 Rz. 6 ist ein Zwischenerwerb durch eine Emissionsbank im Rahmen eines Börsengangs unbeachtlich.
[170] Dies ist nicht nur im Zusammenhang mit der erstmaligen Anwendung des § 8c KStG relevant, sondern auch bei der normalen Anwendung des § 8c KStG, weil Voraussetzungen und Rechtsfolgen an den schädlichen Anteilserwerbszeitpunkt anknüpfen.
[171] BMF v. 4.7.2008, BStBl. I 2008, 736 Rz. 5 und 8.
[172] Auch Hinweis auf den Fall eigener Anteile.
[173] BMF v. 4.7.2008, BStBl. I 2008, 736 Rz. 7.
[174] Auch Kombinationen verschiedener Sachverhalte sollen zu einem schädlichen Beteiligungserwerb führen können.

C. Verlustabzug nach § 8c KStG

Darlehen, Fremdkapital-Genussrechte und stille Beteiligungen sind nicht mit Anteilen am gezeichneten Kapital vergleichbar. Bei zutreffendem Verständnis sollten auch der Abschluss eines Beherrschungsvertrags oder eines Poolvertrags im Hinblick auf das neue Erbschaftsteuerrecht nicht als einer Stimmrechtsübertragung vergleichbare Sachverhalte anzusehen sein (jedenfalls Letzteres ist allerdings unklar). Offen ist die Bedeutung des Erwerbs von Optionsrechten auf spätere Anteilserwerbe.

Auch Kapitalerhöhungen gelten als relevante Anteilserwerbe, soweit sie zu einer Veränderung der Beteiligungsquoten führen (§ 8c Abs. 1 Satz 4 KStG). Angesprochen sind damit disquotale Kapitalerhöhungen.[175] Sie können auch umstrukturierungsbedingt sein. Auch Übertragungen mit steuerlicher Rechtsnachfolge nach UmwStG sollen nach umstrittener Verwaltungsauffassung relevante Anteilserwerbe sein.[176] Die Verwaltung will auch Übertragungen auf eine zwischengeschaltete Mitunternehmerschaft incl. Übertragungen gem. § 6 Abs. 5 S. 3 EStG aus dem Sonderbetriebsvermögen ins Gesamthandsvermögen et vice versa erfassen.[177] Überführungen gem. § 6 Abs. 5 S. 2 EStG sollten dagegen genauso irrelevant sein wie Anwachsungsvorgänge[178] (Letzteres ist allerdings str.).

Jeweils sind unmittelbare wie auch mittelbare Erwerbe erfasst.[179] D.h., dass alle genannten Formen der Anteilserwerbe auch dann schädlich sein können (sollen), wenn sie mittelbar erfolgen. Ggf. ist durchzurechnen. Wird mit einem unmittelbaren Anteilserwerb gleichzeitig auch ein mittelbarer Anteilserwerb verwirklicht, wird bei der Ermittlung der Quotenänderung grds. nur der unmittelbare Erwerb berücksichtigt.

Der unmittelbare Erwerb soll auch schädlich sein, wenn er mittelbar zu keiner Quotenänderung führt.[180] Mittelbare Änderungen sollen auch schädlich sein, wenn sich aus Sicht der Konzernobergesellschaft keine Änderung ergibt.[181] Dass es sich dabei regelmäßig um Erwerbe innerhalb nahe stehender Personen oder innerhalb von Erwerbergruppen i.S.d. § 8c Abs. 1 KStG handeln wird, soll ebenfalls keine Rolle spielen.

Beispiel: M ist zu jeweils 100 % an T 1 und T 2 beteiligt. T 1 ist an E zu 100 % beteiligt, die ihrerseits wiederum an VV (Kapitalgesellschaft mit Verlustvortrag) eine Beteiligung von 60 % hält. T 1 überträgt 60 % der Anteile an E auf T 2.

---

[175] Die Quotenveränderung ist auf das Kapital nach der Kapitalerhöhung zu beziehen. Als weiterer vergleichbarer Sachverhalt wird bspw. auch der disquotale Erwerb eigener Anteile angesprochen. Auch aus einer disquotalen Kapitalherabsetzung kann eine Quotenänderung resultieren.
[176] Nicht erfasst sind dagegen nach Verwaltungsauffassung voll unentgeltliche Übertragungen im Wege der vorweggenommenen Erbfolge sowie Anteilsübertragungen auf natürliche Personen durch Erbfall einschließlich der voll unentgeltlichen Erbauseinandersetzung; vgl. BMF v. 4. 7. 2008, BStBl. I 2008, 736 Rz. 4.
[177] BMF v. 4. 7. 2008, BStBl. I 2008, 736 Rz. 11.
[178] Bei Zugrundelegung OFD Berlin v. 19. 7. 2002, DStR 2002, 1811.
[179] Bei den in § 8c Abs. 1 Satz 4 KStG genannten Kapitalerhöhungen könnte allerdings aufgrund des Gesetzeswortlauts die Erfassung mittelbarer Erwerbe fraglich sein.
[180] BMF v. 4. 7. 2008, BStBl. I 2008, 736 Rz. 11.
[181] Dies ist insbesondere bei erfolgsneutralen konzerninternen Umstrukturierungen (sowie insbesondere bei der Verkürzung von Beteiligungsketten im Konzern) sehr problematisch. Die Verwaltung hat es indessen abgelehnt, eine ähnliche Regelung wie in BMF v. 16. 4. 1999, BStBl. I 1999, 455 Rz. 28 zu akzeptieren.

Durch die Übertragung der Anteile an E erfolgt keine Änderung der unmittelbaren Beteiligungsverhältnisse an VV. Aus der Sicht der übertragenden T 1 tritt allerdings eine Änderung der mittelbaren Beteiligungsverhältnisse an VV ein. Aus der Sicht der M ändert sich dagegen auch hinsichtlich der mittelbaren Beteiligungsverhältnisse nichts. § 8c Abs. 1 KStG enthält keine Aussage zu der Frage, auf wen abzustellen ist. Stellt man mit der Finanzverwaltung auf die Sichtweise der übertragenen T 1 ab, erfolgt ein schädlicher Erwerb i.H.v. 36 %, so dass insoweit ein (quotaler) Untergang des Verlustvortrages bei VV eintritt.

Beispiel: Gegeben sei folgende Struktur:

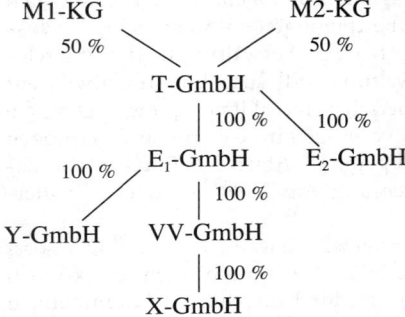

Schädlich sollen in dieser Struktur sein u.a. die Verschmelzung der E$_1$-GmbH auf die T-GmbH et vice versa, die Verschmelzung der M1-KG auf die M2-KG et vice versa oder die Übertragung von T-GmbH-Anteilen aus der M1-KG oder der M2-KG in Sonderbetriebsvermögen ihrer Gesellschafter et vice versa. Ein Formwechsel eines Anteilseigners[182] soll dagegen nach Verwaltungsauffassung keinen mittelbaren Anteilserwerb bedeuten (unklar ist, ob und warum ggf. ein Formwechsel des unmittelbaren Anteilseigners schädlich sein soll).

Schädlich wären nach Verwaltungsauffassung auch bspw. eine Verschmelzung der E$_1$-GmbH auf die VV-GmbH, eine Verschmelzung der E1-GmbH auf die E2-GmbH, eine Einbringung der Anteile an E1-GmbH in E2-GmbH, eine Einbringung von Betriebsvermögen von E2-GmbH in VV-GmbH u.Ä.m. Dagegen wären bspw. der side-stream-merger der Y-GmbH auf die VV-GmbH und der up-stream-merger der X-GmbH auf die VV-GmbH unschädlich.

III. Ein Erwerber, nahe stehende Personen oder eine Erwerbergruppe

224 Erfasst werden nur Anteilserwerbe durch einen (einzigen) Erwerber oder diesem nahe stehende Personen. Die Erfassung auch der Erwerbergruppe mit gleichgerichteten Interessen soll einen „Mantelkauf neuer Prägung" verhindern (andernfalls wäre der Erwerb eines Verlustmantels durch vier voneinander unabhängige Erwerber unschädlich möglich gewesen).

225 Erwerber kann jede natürliche oder juristische Person oder Mitunternehmerschaft sein (dagegen erfolgt eine anteilige Zurechnung bei vermögensverwaltenden Personengesellschaften). Auch ein bereits beteiligter Anteilseigner ist möglicher Erwerber. Für das Nahestehen soll nach umstrittener Verwaltungsauffassung jede rechtliche oder tatsächliche Beziehung zu einer anderen

---

[182] Wohl auch ein sog. kreuzender Formwechsel.

C. Verlustabzug nach § 8c KStG

Person i.S.d. entsprechenden Grundsätze zur verdeckten Gewinnausschüttung ausreichen, die bereits vor oder unabhängig von dem Anteilserwerb besteht.[183] Dies können auch Beziehungen in einem Unternehmensverbund sein.

Von einer Erwerbergruppe mit gleichgerichteten Interessen soll nach umstrittener Verwaltungsauffassung regelmäßig auszugehen sein, wenn eine Abstimmung zwischen den Erwerbern stattgefunden hat, wobei das Vorliegen eines Vertrags nicht nötig sein soll.[184] Das Verfolgen eines gemeinsamen gesellschaftsrechtlichen Zwecks soll ausreichend, aber nicht nötig sein. Ein Zusammenwirken zur gemeinsamen Willensbildung soll ausreichen. Die gemeinsamen Interessen sollen sich nicht notwendig auf den Erhalt des Verlustvortrags beziehen müssen.

Auch Umwandlungen auf oder Einbringungen in eine Verlustgesellschaft mit disquotaler Kapitalerhöhung zugunsten eines Erwerberkreises können damit nach Verwaltungsauffassung schädlich sein. Unklar ist insoweit allerdings, ob die bloße gemeinsame Gesellschafterstellung einen Erwerberkreis i.S.d. § 8c KStG begründen kann.

Beispiel: Die börsennotierte A-AG wird auf die börsennotierte B-AG mit Verlustvortrag verschmolzen. Es erfolgt in der B-AG eine Kapitalerhöhung zugunsten der Aktionäre der A-AG. Es ist zu befürchten, dass die Finanzverwaltung eine schädliche Erwerbergruppe annehmen will.

Beispiel: Die börsennotierte A-AG verfügt über einen Verlustvortrag. Streubesitzaktionäre halten über 50%. Die Streubesitzaktien werden innerhalb eines Fünf-Jahres-Zeitraums einmal vollständig umgeschlagen. Hier kann sinnvollerweise trotz der gemeinsamen Aktionärsstellung der Streubesitz-Erwerber in der A-AG keine schädliche Erwerbergruppe angenommen werden.

Dass insbesondere bei konzerninternen Erwerben der Erwerber regelmäßig selbst nahe stehende Person des Veräußerers bzw. mit diesem Teil einer potentiellen Erwerbergruppe i.S.d. § 8c Abs. 1 KStG ist, soll für die Erwerbereignung nach Verwaltungsauffassung keine Rolle spielen (s. auch schon Rz. 223).

IV. Fünf-Jahres-Frist/quotaler oder vollständiger Verlustuntergang

Die Rechtsfolgen des § 8c KStG sind auf einen quotalen bzw. vollständigen Verlustuntergang abhängig vom Umfang des schädlichen Beteiligungserwerbs innerhalb eines Fünf-Jahres-Zeitraums gerichtet. Ein quotaler Verlustuntergang wird ausgelöst, wenn innerhalb eines Zeitraums von fünf Jahren unmittelbar oder mittelbar mehr als 25% der Anteile an einen (einzigen) Erwerber oder ihm nahe stehende Personen oder an eine Erwerbergruppe mit gleichgerichteten Interessen übertragen werden (schädlicher Beteiligungserwerb). Dabei ist dem Beteiligungserwerb eine retrospektive Betrachtung zu Grunde zu legen. Der Fünf-Jahres-Zeitraum beginnt mit dem ersten unmittelbaren

---

[183] Es ist unklar, ob der Begriff des Nahestehens i.S.d. § 1 Abs. 2 AStG oder i.S.d. allgemeinen Grundsätze zur verdeckten Gewinnausschüttung oder normspezifisch zu verstehen ist. Das BMF möchte auf H 36 KStH 2006 abstellen (BMF v. 4.7.2008, BStBl. I 2008, 736 Rz. 25). Unklar ist auch der Fall, wenn bei einem Anteilserwerb in mehreren Tranchen das Nahestehen erst zwischen den Tranchenerwerben entsteht.
[184] BMF v. 4.7.2008, BStBl. I 2008, 736 Rz. 27.

§ 13 230, 231 Besonderheiten der Besteuerung

oder mittelbaren Anteilserwerb.[185] Sobald innerhalb eines Fünf-Jahres-Zeitraums die Schwelle von 25 % Beteiligungserwerb überschritten wird, werden die Rechtsfolgen des § 8c Abs. 1 Satz 1 KStG ausgelöst[186]; anschließend beginnt ein neuer Fünf-Jahres-Zeitraum.[187] Wird innerhalb eines Fünf-Jahres-Zeitraums die Schädlichkeitsgrenze von 50 % durch unmittelbare oder mittelbare Anteilsübertragungen an einen Erwerber etc. überschritten, tritt ein vollständiger Verlustuntergang ein. Relevante Anteilserwerbe können erst ab dem 1. 1. 2008 gegeben sein (s. näher Rz. 237).

230 Die Rechtsfolge tritt jeweils im Wirtschaftsjahr des schädlichen Ereignisses ein, also sobald die 25 %-Grenze bzw. die 50 %-Grenze überschritten wird. Nach dem Erreichen der 25 %- und vor dem Erreichen der 50 %-Grenze können weitere Anteilserwerbe nicht Anlass einer weiteren (quotalen) Kürzung des Verlustvortrages nach § 8c Abs. 1 Satz 1 KStG sein.[188] Sobald allerdings nachfolgend die Schädlichkeitsgrenze von 50 % überschritten wird, geht der Verlustvortrag vollends unter (§ 8c Abs. 1 Satz 2 KStG).[189]

Beispiel: A ist zu 100 % an T beteiligt, die einen Verlustvortrag i.H.v. €10 Mio. hat. A überträgt auf B 30 % der Anteile an T im Wj. 1 und sodann anschließend im Wj. 2 weitere 10 %.
Da der Anteilserwerb im Wj. 1 bereits die Schädlichkeitsgrenze von 25 % überschreitet, führt die Übertragung im Wj. 2 zu keiner weiteren Kürzung des Verlustvortrags nach § 8c Abs. 1 Satz 1 KStG. Hieraus folgt, dass im Wj. 1 ein quotaler Verlustuntergang i.H.v. 30 %, also i.H.v. €3 Mio. erfolgt. Der Verlustvortrag bleibt im Übrigen i.H.v. €7 Mio. erhalten. Hätte A bereits im Wj. 1 40 % der Anteile auf B übertragen, wäre ein Verlustuntergang i.H.v. €4 Mio. im Wj. 1 zu beklagen gewesen. Hätte A im Wj. 1 10 % und erst im Wj. 2 die weiteren 30 % der Anteile auf B übertragen, wäre die schädliche Anteilsübertragung im Wj. 2 eingetreten, mit der Folge, dass ein Verlust i.H.v. 40 % (€4 Mio.) untergegangen wäre. Überträgt A im Wj. 2 weitere 25 % der Anteile auf B, erfolgt im Wj. 1 ein quotaler Verlustuntergang i.H.v. 30 %, also i.H.v. €3 Mio. Im Wj. 2 wird durch die weitere Übertragung von 25 % die Schädlichkeitsgrenze von 50 % überschritten, so dass im Wj. 2 der Verlustvortrag in vollem Umfang untergeht. Hätte A 55 % seiner Anteile bereits im Wj. 1 auf B übertragen, wäre bereits zu diesem Zeitpunkt ein totaler Verlustuntergang eingetreten.

231 Mehrfache Erwerbe desselben Anteils können zwar einen mehrfachen quotalen Verlustuntergang auslösen, sie werden aber nicht in dem Sinne aufaddiert, dass dadurch ein totaler Verlustuntergang ausgelöst werden könnte. Dabei können nach Verwaltungsauffassung mehrfache Erwerbe auch in einer Konzernstruktur gegeben sein.[190]

---

[185] BMF v. 4. 7. 2008, BStBl. I 2008, 736 Rz. 17. Danach muss zu diesem Zeitpunkt noch kein Verlustvortrag der späteren Verlustgesellschaft gegeben sein. Dies ist bedeutsam, weil damit nach Verwaltungsauffassung auch ein minimaler Anteilserwerb nach Verlustentstehung schädlich sein kann, wenn schon vor Verlustentstehung relevante Anteilserwerbe gegeben gewesen sind.
[186] Wenn auch ein betroffener Verlust gegeben ist.
[187] Unabhängig davon, ob ein Verlust betroffen war.
[188] Mehrere Erwerbe durch einen Erwerber sollen allerdings bei einem Gesamtplan zusammengefasst zu betrachten sein, was bei einem Auseinanderfallen von weniger als einem Jahr widerlegbar vermutet werden soll. Vgl. BMF v. 4. 7. 2008, BStBl. I 2008, 736 Rz. 19.
[189] Unklar ist der Fall, wenn bei einem Erwerb in mehreren Tranchen die erste Tranche vor dem Erwerb der zweiten Tranche schon wieder weiterveräußert worden ist.
[190] BMF v. 4. 7. 2008, BStBl. I 2008, 736 Rz. 22.

C. Verlustabzug nach § 8c KStG 232–234 § 13

Beispiel: E-GmbH erwirbt 30 % an VV-GmbH von A. Anschließend erwirbt M-AG die 30 % von ihrer Enkelgesellschaft E-GmbH. Es liegt 2 x ein 30 %iger Verlustvortragsuntergang vor.

V. Betroffene Verluste

§ 8c KStG führt dazu, dass die bis zum schädlichen Beteiligungserwerb 232 nicht ausgeglichenen oder abgezogenen negativen Einkünfte (nicht genutzte Verluste) nicht mehr abziehbar sind.[191] Die Rechtsfolge des § 8c KStG erfasst damit den Verlustausgleich und -vortrag der betroffenen Kapitalgesellschaft.[192] Ob auch, wie die Finanzverwaltung meint, der Verlustrücktrag erfasst ist, ist angesichts des Wortlauts des § 8c Abs. 1 KStG zweifelhaft.

Bei unterjährigem Beteiligungserwerb[193] ist der bis zur relevanten Anteils- 233 übertragung entstandene laufende Verlust betroffen. Der Einfachheit halber kann nach Verwaltungsauffassung eine zeitanteilige Einkünfteermittlung erfolgen; es kann aber auch eine bilanzielle Ergebnisabschichtung vorgenommen werden.[194] Dieses faktische Wahlrecht sollte je nach Ergebnisentwicklung im Jahr des schädlichen Beteiligungserwerbs beachtet werden.[195]

Beispiel: Schädlicher Beteiligungserwerb Mitte des Jahres. Die Ergebnisverteilung in diesem Jahr stellt sich alternativ wie folgt dar:

	1	2
1. Halbjahr	+ 100	– 150
2. Halbjahr	– 150	+ 100

zu 1.: Bei zeitanteiliger Betrachtung gehen von dem Gesamtergebnis (–50) 6/12 unter (zvE des Jahres = 0); es verbleibt ein Verlustvortrag in Höhe von 25. Bei einer Abschichtungsbilanz verbleibt ein Verlustvortrag in Höhe von 50 (zvE = 0).

zu 2.: Bei einer zeitanteiligen Betrachtung gehen von dem Gesamtergebnis (–50) 6/12 unter (zvE = 0); es verbleibt ein Verlustvortrag in Höhe von 25. Bei einer Abschichtungsbilanz verbleibt kein Verlustvortrag und es resultiert ein zvE = 100.

Besondere Fragen ergeben sich, wenn unterjährig ein schädlicher Beteili- 234 gungserwerb bei einem Organträger gegeben ist.[196] Der Rechtsfolge des § 8c Abs. 1 KStG sollen in diesem Fall nach Verwaltungsauffassung auch noch nicht zugerechnete anteilige negative Organeinkommen ausgesetzt sein.[197] Die Problematik ist vielschichtig.

---

[191] Unklar ist die Behandlung der Fälle, in denen ein bestehender Verlust vorab durch Forderungsverzicht mit Besserungsschein beseitigt worden ist.
[192] Die Rechtsfolge des § 8c KStG erfasst auch den gewerbesteuerlichen Verlustvortrag und -ausgleich, s. § 10a Satz 9 GewStG (seit dem JStG 2009 auch gewerbesteuerliche Verlustvorträge einer Mitunternehmerschaft, soweit diese unmittelbar oder mittelbar von einer Kapitalgesellschaft gehalten wird).
[193] Ein Erwerb auf die sog. Mitternachtssekunde ist kein unterjähriger Erwerb.
[194] BMF v. 4. 7. 2008, BStBl. I 2008, 736 Rz. 32 (dort ist neben der zeitlichen Aufteilung eine andere wirtschaftlich begründete Aufteilung erwähnt).
[195] Es ist besonders auch im Zusammenhang mit dem durch das JStG 2009 eingeführten § 2 Abs. 4 UmwStG zu beachten.
[196] Beim Erwerb von Anteilen an einer Organgesellschaft kann dagegen nur ein evtl. vororganschaftlicher Verlustvortrag und ein laufender Verlust der Organgesellschaft betroffen sein.
[197] BMF v. 4. 7. 2008, BStBl. I 2008, 736 Rz. 33.

Beispiel: OT ist zu 100 % an OG beteiligt. Bei OT liegt unterjährig Mitte des Jahres ein schädlicher Beteiligungserwerb vor. Die Jahresergebnisse sehen alternativ wie folgt aus (gleichmäßige Entwicklung über die Zeit unterstellt):

	1	2
OT	100	./. 100
OG	./. 100	+ 100

Im Fall 1 resultiert nach Verwaltungsauffassung, dass von den ./. 100 Organeinkommen dem OT nur ./. 50 zuzurechnen sind, weil Mitte des Jahres hinsichtlich OG ein schädlicher mittelbarer Beteiligungserwerb gegeben sein soll. Im Fall 2 stellt sich die Frage, ob bei der zeitanteiligen Betrachtung auf das OT-Einkommen vor oder nach Zurechnung des OG-Einkommens abzustellen ist (bei der ersten Betrachtung, die wegen des Abstellens auf die „Einkünfte" des OT von der Verwaltung angenommen werden könnte[198], würde ein Verlustuntergang von 50 resultieren; bei der zweiten – sinnvollen – Betrachtung käme es dagegen zu keinem Verlustuntergang).

235 Überdies soll es nach umstrittener Verwaltungsauffassung zu den Rechtsfolgen des § 8c Abs. 1 KStG bei einem schädlichen unterjährigen Beteiligungserwerb gehören, dass ein unterjährig bis zum Anteilserwerb erzielter Gewinn nicht mit noch nicht genutzten Verlustvorträgen verrechnet werden können soll.[199]

236 Auch spezielle Verlustvorträge einer Kapitalgesellschaft (z. B. §§ 2a EStG, 15a EStG) sollen nach Verwaltungsauffassung von § 8c Abs. 1 KStG erfasst sein.[200] Darüber hinaus betrifft § 8c Abs. 1 KStG durch ausdrückliche Verweisung in § 8a Abs. 1 Satz 2 KStG auch den Zinsvortrag gem. § 4h Abs. 1 Satz 2 EStG.[201]

VI. Erstmalige Anwendung des § 8c KStG und Weitergeltung des § 8 Abs. 4 KStG

237 Nach § 34 Abs. 7b KStG (s. auch § 36 Abs. 9 GewStG) ist § 8c Abs. 1 KStG erstmals für den VZ 2008 und auf Anteilsübertragungen (Übergang des wirtschaftlichen Eigentums) nach dem 31. 12. 2007 anzuwenden. Die beiden Voraussetzungen müssen kumulativ vorliegen.

238 Die erstmalige Anwendung des § 8c Abs. 1 KStG ist im Zusammenhang mit dem Auslaufen des bisherigen § 8 Abs. 4 KStG zu sehen. Dabei werden die betroffenen Steuerpflichtigen mit einer deutlichen „Überlappungsphase" konfrontiert. Nach § 34 Abs. 6 KStG ist § 8 Abs. 4 KStG neben § 8c Abs. 1 KStG letztmals anzuwenden, wenn mehr als die Hälfte der Anteile an einer Kapitalgesellschaft innerhalb eines Zeitraums von fünf Jahren übertragen werden, der vor dem 1. 1. 2008 beginnt, und der Verlust der wirtschaftlichen Identität vor dem 1. 1. 2013 eintritt.

239 Nach der alten Regelung des § 8 Abs. 4 KStG war und ist ein Verlustabzug nur bei rechtlicher und wirtschaftlicher Identität der Kapitalgesellschaft zulässig, wobei eine wirtschaftliche Identität insbesondere dann nicht vorliegt, wenn mehr als die Hälfte der Anteile an einer Kapitalgesellschaft übertragen wird und die Kapitalgesellschaft ihren Geschäftsbetrieb mit überwiegend

---

[198] Wobei sich dann auch noch die Frage stellen könnte, ob insoweit die körperschaftsteuerliche und die gewerbesteuerliche Sicht unterschieden werden müsste.
[199] BMF v. 4. 7. 2008, BStBl. I 2008, 736 Rz. 31.
[200] BMF v. 4. 7. 2008, BStBl. I 2008, 736 Rz. 2.
[201] Siehe auch den durch das JStG 2009 eingeführten § 4h Abs. 5 S. 3 EStG.

C. Verlustabzug nach § 8c KStG

neuem Betriebsvermögen fortführt oder wieder aufnimmt (und die sog. Sanierungsausnahme nicht greift).[202] Diese sog. „Mantelkaufregelung" ist hinsichtlich des Verständnisses ihrer wesentlichen Tatbestandsmerkmale bei Anteilseignerwechsel und Betriebsvermögenszuführung umstritten.[203] Was den notwendigen Zusammenhang zwischen Anteilsübertragung und Betriebsvermögenszuführung angeht, ist auch in der „Auslaufphase" des § 8 Abs. 4 KStG für die Praxis das kürzlich von der Finanzverwaltung publizierte Verständnis von Bedeutung[204] (danach ist grds. eine schädliche Betriebsvermögenszuführung innerhalb von zwei Jahren nach dem schädlichen Anteilseignerwechsel erforderlich [vor Ablauf von zwei Jahren soll eine Beweislastumkehr zu Lasten des Stpfl. gegeben sein]; der Verlustuntergang nach § 8 Abs. 4 KStG erfolgt dann – so die neue Sichtweise der Finanzverwaltung – rückwirkend auf den Zeitpunkt des schädlichen Anteilseignerwechsels[205]).

Je nach Fallkonstellation können in den Jahren 2008 bis 2013 § 8c Abs. 1 KStG und § 8 Abs. 4 KStG nebeneinander anzuwenden sein.

VII. Der neue § 8c Abs. 2 KStG

Nach dem durch das sog. MoRaKG eingefügten neuen § 8c Abs. 2 KStG[206] kann ein nach § 8c Abs. 1 KStG nicht abziehbarer Verlust im Falle eines unmittelbaren schädlichen Beteiligungserwerbs an einer Zielgesellschaft i. S. d. § 2 Abs. 3 des Wagniskapitalbeteiligungsgesetzes durch eine Wagniskapitalbeteiligungsgesellschaft (§ 2 Abs. 1 des Wagniskapitalbeteiligungsgesetzes) anteilig abgezogen werden, soweit er auf stille Reserven des steuerpflichtigen inländischen Betriebsvermögens der Zielgesellschaft entfällt (abziehbarer Verlust).[207] Der danach abziehbare Verlust kann im Jahr des schädlichen Beteiligungserwerbs zu einem Fünftel im Rahmen des Verlustabzugs nach § 10d EStG abgezogen werden; dieser Betrag erhöht sich in den folgenden vier Jahren um je ein weiteres Fünftel.

Auch ein nach der o. a. Übergangsregel zu § 8 Abs. 4 KStG nicht abziehbarer Verlust kann im Fall einer Übertragung von mehr als der Hälfte der Anteile an

---

[202] Die insoweit bedeutsame Fünfjahresfrist kann ggf. eine Beobachtung bis Ende 2017 erfordern.
[203] Siehe z. B. BFH v. 5. 6. 2007, DStR 2007, 1765, 2152; v. 22. 8. 2006, DStR 2006, 2076; v. 14. 3. 2006, DStR 2006, 1076; v. 20. 8. 2003, BStBl. II 2004, 614; v. 20. 8. 2003, BStBl. II 2004, 616; v. 8. 8. 2001, BStBl. II 2002, 392; BMF v. 17. 6. 2002, BStBl. I 2002, 629; v. 2. 8. 2007, DStR 2007, 1440; BVerfG v. 15. 1. 2008, DStR 2008, 56.
[204] BMF v. 2. 8. 2007, DStR 2007, 1440.
[205] BMF v. 4. 7. 2008, BStBl. I 2008, 736 Rz. 38 Bsp. 7.
[206] Er gilt entsprechend auch für die Gewerbesteuer.
[207] Gleiches gilt im Falle eines unmittelbaren schädlichen Beteiligungserwerbs an einer Zielgesellschaft von einer Wagniskapitalbeteiligungsgesellschaft durch einen Erwerber, der keine Wagniskapitalbeteiligungsgesellschaft ist, wenn die Zielgesellschaft bei Erwerb der Beteiligung ein Eigenkapital von nicht mehr als 20 Mio. € aufweist oder die Zielgesellschaft bei Erwerb der Beteiligung ein Eigenkapital von nicht mehr als 100 Mio. € aufweist und die den Betrag von 20 Mio. € übersteigende Erhöhung des Eigenkapitals auf den Jahresüberschüssen der der Veräußerung vorangegangenen vier Geschäftsjahre beruht; der Zeitraum zwischen Anschaffung und Veräußerung der Beteiligung an der Zielgesellschaft durch die Wagniskapitalbeteiligungsgesellschaft darf vier Jahre nicht unterschreiten.

einer Zielgesellschaft im vorstehenden Sinne durch einen Erwerber im vorstehenden Sinne anteilig abgezogen werden, soweit er auf stille Reserven des steuerpflichtigen inländischen Betriebsvermögens der Zielgesellschaft entfällt. Auch insoweit greift die vorstehend genannte Fünftelungsregelung.

243 Auch § 8c Abs. 2 KStG ist erstmals für den VZ 2008 und auf Anteilsübertragungen nach dem 31. 12. 2007 anzuwenden.

D. Zinsschranke

I. Ausgangspunkt und Überblick

244 Ein bedeutender Bestandteil der Unternehmensteuerreform 2008 war die Einführung der sog. Zinsschranke (Einführung von § 4h EStG und eines neuen § 8a KStG unter Wegfall des bisherigen § 8a KStG).[208] Durch die Zinsschranke sind die steuerlichen Rahmenbedingungen für die Unternehmensfinanzierung in ihren Grundfesten verändert worden.[209]

245 Ausgangspunkt der Zinsschrankenregelung war die finanzpolitische Einschätzung, dass – idealtypisch gesehen – mehrere Fallgruppen der Unternehmens- und Konzernfinanzierung aus fiskalischer Sicht als problematisch einzustufen sind, weil sie einen Verlust an Steuersubstrat für den deutschen Fiskus auslösen (übermäßige Down-stream-Inboundfinanzierung durch Gesellschafter[210], Up-stream-Inboundfinanzierung durch ausländische Tochtergesellschaften, Refinanzierung von Outboundinvestments). Trotz des Abzielens auf diese Fallkonstellationen erfasst die Zinsschranke alle Zinsaufwendungen, also auch die aus normalen in- und ausländischen Bankfinanzierungen von Inlandsinvestments. Die Zinsschranke regelt ein (idealiter nur temporär wirkendes) Betriebsausgabenabzugsverbot, eine Umqualifizierung in eine verdeckte Gewinnausschüttung findet nicht statt.

246 Im Überblick ist bei der Prüfung der Zinsschranke wie folgt vorzugehen:

Erste Prüfungsschritte
- Identifizierung des relevanten Betriebs (vor allem: Personengesellschaft, Kapitalgesellschaft, Organkreis).
- Feststellung der Konzernfreiheit bzw. Konzernzugehörigkeit des relevanten Betriebs (anhand des zinsschrankenspezifischen weiten Konzernbegriffs). Siehe auch nachfolgendes Prüfschema.

II. Zinsschranken-Grundregel

247 Die Zinsschranken-Grundregel ist in § 4h Abs. 1 Satz 1 EStG enthalten, greift also (auch) für Personenunternehmen. Danach sind Zinsaufwendungen eines Betriebs abziehbar in Höhe des Zinsertrags (insoweit erfolgt also zunächst

---

[208] Flankierende Änderungen sind in § 15 Satz 1 Nr. 3 KStG und in die §§ 4 Abs. 2 Satz 2, 20 Abs. 9 und 24 Abs. 6 UmwStG aufgenommen worden.

[209] Zur Frage der gewerbesteuerlichen Hinzurechnung, wenn und soweit die Zinsschranke nicht greift, s. den neuen § 8 Nr. 1 GewStG sowie Gleichlaut. Erlass der Obersten Finanzbehörden der Länder v. 4. 7. 2008, DStR 2008, 1439.

[210] Auch Hinweis auf die Fälle der Finanzierung durch nahe stehende Personen sowie die Fälle der Rückgriffsfinanzierung.

D. Zinsschranke § 13

Prüfschema für den Nichtkonzernfall

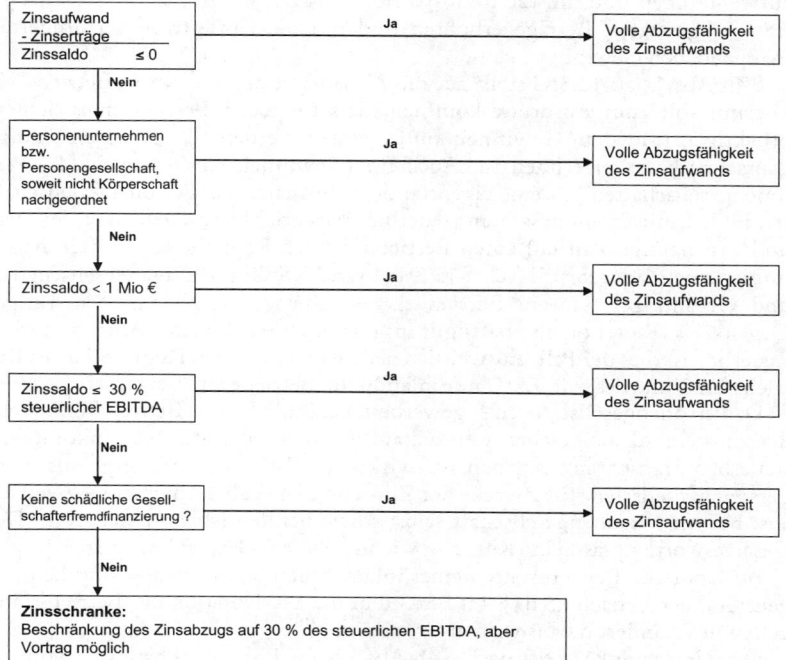

Prüfschema für den Konzernfall

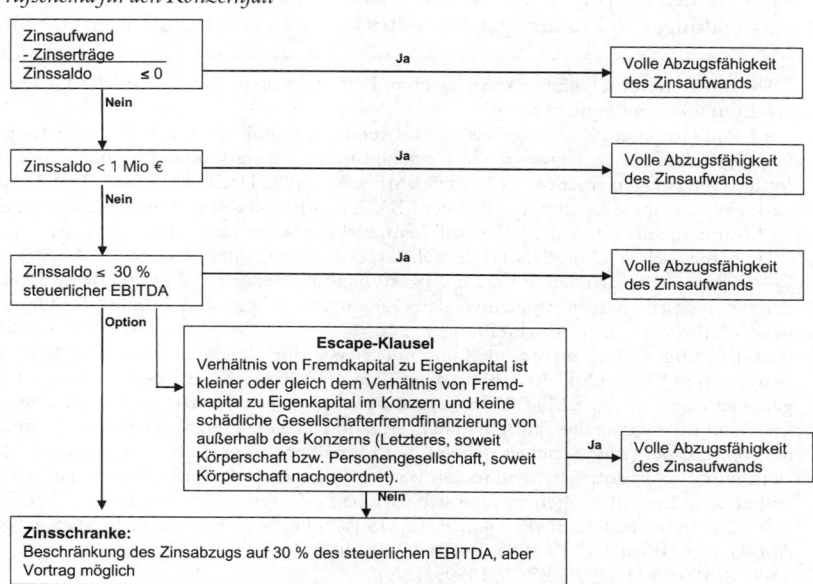

eine Saldierung), darüber hinaus nur bis zur Höhe von 30 % des um die Zinsaufwendungen und um die nach § 6 Abs. 2 Satz 1, § 6 Abs. 2a Satz 2 und § 7 EStG abgesetzten Beträge erhöhten und um die Zinserträge verminderten maßgeblichen Gewinns.

248 § 4h Abs. 1 Satz 1 EStG stellt auf die Zinsaufwendungen eines „Betriebs" ab. Hiermit soll zum Ausdruck kommen, dass für jeden Betrieb eines Steuerpflichtigen (mit dem Gewinneinkünfte erzielt werden[211]) eine eigenständige Zinsschranke zu errechnen ist. Auch für (Gewinneinkünfte erzielende) Personengesellschaften gilt eine eigenständige Zinsschranke. Personengesellschaften bilden mit ihrem gesamten steuerlichen Betriebsvermögen (incl. Sonder- und Ergänzungsbilanzen) einen Betrieb.[212] Auch Kapitalgesellschaften haben immer einen Betrieb.[213] Nach § 15 Satz 1 Nr. 3 KStG sind Organgesellschaften und Organträger wie ein Betrieb zu behandeln.[214] Auch ein mehrstufiger Organkreis (Kettenorganschaft) gilt insgesamt als ein Betrieb. Auch gewerbesteuerlich ist dies der Fall. Ausweislich der Begründung des RegE sollen als Betriebe im Sinne des § 4h EStG nur inländische Betriebe anzusehen sein.

249 Da Personengesellschaften – gewerbesteuerähnlich – als Betrieb für Zwecke der Zinsschranke angesehen werden, auf der anderen Seite aber einkommensteuerlich Transparenz gegeben ist, wirkt sich das steuerliche Ergebnis einer Personengesellschaft für Zwecke der Zinsschranke – überschießend – zweifach aus: bei der Personengesellschaft selbst sowie bei den Mitunternehmern. Der Gesetzeswortlaut lässt eine Kürzung wie in § 9 Nr. 2 GewStG nicht zu.[215]

250 Ausländische Betriebsstätten eines inländischen Stammhauses sind kein eigenständiger Betrieb i.S.d. § 4 h EStG. Für die EK-Dotation der Betriebsstätte gelten unverändert die bisherigen Grundsätze.[216]

251 Die Zinsschranke greift nach § 4h Abs. 1 Satz 1 EStG unabhängig davon, ob die Zinsen an einen Gesellschafter oder beispielsweise an eine fremde Bank gezahlt werden.[217] Von der Zinsschranke ist der Zinsaufwandssaldo (i.S.v. Zinsaufwendungen ./. Zinserträge) des „Betriebs" erfasst. Über die Zinserträge hin-

---

[211] Ein Einzelunternehmer kann mehrere Betriebe haben. Auf die Art der Gewinnermittlung kommt es nicht an.

[212] Auf Grund des Einbezugs der Zinsaufwendungen und -erträge im Sonderbetriebsvermögen können sich gravierende fremdbestimmte Steuerwirkungen und besondere Verrechnungsfragen ergeben. Siehe dazu BMF v. 4.7.2008, DStR 2008, 1427 Rz. 52, wonach ein unter die Zinsschranke fallender SBA-Zinsaufwand den steuerlichen Gewinn aller Mitunternehmer quotal erhöhen soll (entsprechendes Entstehen eines Zinsvortrags).

[213] Siehe auch den Sonderfall (inld. Objektgesellschaften) des § 8a Abs. 1 S. 4 KStG.

[214] Hierzu wird sich der Technik der Bruttomethode bedient: § 4h EStG ist auf Ebene der Organgesellschaft nicht anzuwenden; Zinsaufwendungen und -erträge der Organgesellschaft (sowie auch Abschreibungen; s. BMF v. 4.7.2008, DStR 2008, 1427 Rz. 45) sind dem Organträger zuzurechnen und unterliegen dort den Schranken des § 4h EStG bzw. des § 8a KStG. Unklar ist, ob in den Fällen des § 16 KStG das Einkommen der Organgesellschaft in das EBITDA des Organkreises eingeht. Finanzierungen im Organkreis sind für Zwecke der Zinsschranke irrelevant. Auch die Freigrenze und die Prüfung des sog. Escapes (s. u.) beziehen sich auf den Organkreis insgesamt. Ist eine inländische Betriebsstätte Organträger, wird in den Betrieb Organkreis das ausld. Stammhaus nicht einbezogen. Besonderheiten ergeben sich auch beim Zinsvortrag (s.Rz. 257 und 259).

[215] Siehe aber anders BMF v. 4.7.2008, DStR 2008, 1427, Rz. 42. Siehe auch zu § 4 Abs. 4a EStG BMF v. 17.11.2005, BStBl. I 2005, 1019 Rz. 8.

[216] BMF v. 24.12.1999, BStBl. I 1999, 1076.

[217] Zu der Bedeutung einer Konzernzugehörigkeit vgl. jedoch Rz. 262 ff.

D. Zinsschranke 252, 253 § 13

ausgehende Zinsaufwendungen sind nur bis zur Höhe von 30% des um die Zinsaufwendungen und die Abschreibungen i.S.v. §§ 6 Abs. 2 Satz 1, 6 Abs. 2a S. 2 und § 7 EStG erhöhten und um die Zinserträge verminderten „maßgeblichen Gewinns" des „Betriebs" abziehbar. Nach § 4h Abs. 3 Satz 1 EStG ist dieser „maßgebliche Gewinn" definiert als steuerpflichtiger Gewinn, der nach den Vorschriften des EStG mit Ausnahme des § 4h Abs. 1 EStG zu ermitteln ist. Die Zinsschranke knüpft daher im Ergebnis an ein „steuerliches EBITDA" an. Durch das Abstellen auf den steuerpflichtigen Gewinn kann sich das steuerliche EBITDA von dem in der Betriebswirtschaftslehre üblicherweise verwendeten EBITDA drastisch unterscheiden.

Für Kapitalgesellschaften ist die Zinsschranke in § 8a Abs. 1 Sätze 1 und 2 KStG geregelt. § 4h Abs. 1 Satz 1 EStG ist danach mit der Maßgabe anzuwenden, dass anstelle des maßgeblichen Gewinns das maßgebliche Einkommen zu berücksichtigen ist. Maßgebliches Einkommen ist das nach den Vorschriften des EStG und KStG ermittelte Einkommen mit Ausnahme der §§ 4h und 10d EStG und § 9 Abs. 1 Nr. 2 KStG. Bei Kapitalgesellschaften wird somit nicht auf den Gewinn, sondern auf das Einkommen abgestellt, was nach der Begründung des RegE bspw. zur Folge haben soll, dass Einkommenserhöhungen aufgrund von verdeckten Gewinnausschüttungen das steuerliche EBITDA und damit das Zinsausgleichsvolumen erhöhen. Wesentlich ist diese Weichenstellung auch im Hinblick auf § 8b KStG. Denn sie bedeutet, dass bspw. aus Gewinnausschüttungen nur 5% für eine Erhöhung des Zinsausgleichsvolumens zur Verfügung stehen, was insbesondere bei Holdinggesellschaften zu Problemen führt.[218] **252**

Welche Zinsaufwendungen und -erträge (die „betriebsbezogen" zu ermitteln sind) von der Zinsschranke erfasst werden, wird von § 4h Abs. 3 Satz 2 bis 4 EStG geregelt. Danach sind Zinsaufwendungen Vergütungen für Fremdkapital (i.S. von Geldkapital), die den maßgeblichen Gewinn gemindert haben. Zinserträge sind Erträge aus Kapitalforderungen (in Geld) jeder Art, die den maßgeblichen Gewinn erhöht haben. Durch das Abstellen auf „Fremdkapital" und „Kapitalforderungen" gilt im Grundsatz ein enger Zinsbegriff. Erfasst sind z. B. Vergütungen von Darlehen, partiarischen Darlehen, typisch stillen Beteiligungen, Gewinnschuldverschreibungen und Genussrechtskapital, das nicht von § 8 Abs. 3 S. 2 KStG erfasst wird. Ein Damnum, bestimmte Provisionen und Vorfälligkeitsentschädigungen können ebenfalls dazu gehören. Nach der Begründung zum RegE sollen dagegen bspw. Dividenden, Zinsen nach § 233 ff. AO, Skonti und Boni nicht von der Zinsschranke erfasst werden. § 4h Abs. 3 Satz 4 EStG dehnt den Zinsbegriff auch auf rechnerische Zinsen in unverzinslichen und niedrig verzinslichen Verbindlichkeiten/Kapitalforderungen aus. Die Auf- und Abzinsung unverzinslicher oder niedrig verzinslicher Verbindlichkeiten oder Kapitalforderungen führen mithin ebenfalls zu Zinserträgen oder Zinsaufwendungen.[219] Aufzinsungen von Rückstellungen zählen nach der Gesetzesformulierung nicht zu den Zinsaufwendungen. Auch Erb- **253**

---

[218] Für Holdinggesellschaften kommt erschwerend hinzu, dass im Rahmen der Escapeklausel eine Beteiligungsbuchwertkürzung vorgesehen ist, ohne eine Ausnahme für Holdinggesellschaften vorzusehen. Vgl. hierzu Rz. 268 ff.

[219] Nach BMF v. 4.7.2008, DStR 2008, 1427 Rz. 27 allerdings nicht der Ertrag aus der Abzinsung von Passiva gem § 6 Abs. 1 Nr. EStG, wohl aber der anschließende Aufzinsungsaufwand.

§ 13 254, 255   Besonderheiten der Besteuerung

bauzinsen und in den Herstellungskosten aktivierte Bauzeitzinsen sollen nicht erfasst sein.[220] Zinserträge in gehaltenen Investmentfonds sind relevante Zinserträge (§ 2 Abs. 2a InvStG).

254   Es gibt keine Bereichsausnahme der Zinsschranke für Banken etc. Dies kann problematisch sein, wenn Zinsaufwendungen Erträge gegenüberstehen, die nicht als Zinserträge im vorstehenden Sinne qualifiziert werden können. Entsprechendes gilt z. B. auch bei Leasingunternehmen.[221]

III. Rechtsfolge und Wirkungen der Zinsschranke

255   Rechtsfolge der Zinsschranke ist die (idealiter nur temporäre) Nichtabziehbarkeit der Zinsen auf Ebene des Zinszahlenden (zum Zinsvortrag siehe sogleich). Eine Umqualifizierung auf der Ebene des Zinsempfängers bzw. Anteilseigners findet – anders als dies nach der Verwaltungsauffassung zu § 8a KStG der Fall war[222] – nicht statt. Die folgenden Beispiele stellen die Steuerwirkungen der Zinsschranke für den Einperiodenfall bei Fehlen von Abschreibungen dar.[223]

Variante 1

Steuerl. EBIT(DA)[224]	100,00
./. Zinsen	100,00
Ergebnis nach Zinsen	0,00
MindestBMG	70,00
GewSt-Hinzur.	7,50
./. GewSt	10,85
./. KSt/SolZ	11,09
Ergebnis nach Steuern	–21,94
Steuersatz in %	21,94/0,00

Variante 2

Steuerl. EBIT(DA)[224]	50,00
./. Zinsen	100,00
Ergebnis nach Zinsen	–50,00
MindestBMG	35,00
GewSt-Hinzur.	3,75
./. GewSt	5,43
./. KSt/SolZ	5,54
Ergebnis nach Steuern	–60,97
Steuersatz in %	10,97/–50,00

---

[220] Wohl grds. auch nicht Swapprämien wg. Kurssicherungen bei Fremdwährungsdarlehen sowie Erträge aus Kompensationszahlungen bei Wertpapierleihe (s. aber auch BMF v. 4. 7. 2008, DStR 2008, 1427 Rz. 24).
[221] Siehe auch BMF v. 4. 7. 2008, DStR 2008, 1427 Rz. 26, wonach beim Leasing ohne Übergang des wirtschaftlichen Eigentums auf gemeinsamen Antrag von Leasinggeber und -nehmer eine korrespondierende Behandlung von in den Leasingraten enthaltenen Zinsbestandteilen als Zinsertrag und -aufwand möglich ist. Siehe dort auch zu besonderen Fragen beim Factoring.
[222] Vgl. BMF v. 5. 7. 2004, BStBl. I 2004, 593 Rz. 11.
[223] Unter Zugrundelegung von § 8 Nr. 1 GewStG sowie der Ertragsteuerbelastung bei einem Hebesatz von 400 %.
[224] Nichtvorhandensein von Abschreibungen unterstellt.

D. Zinsschranke

Variante 3

Steuerl. EBIT(DA)*	100,00
./. Zinsen	50,00
Ergebnis nach Zinsen	50,00
MindestBMG	70,00
GewSt-Hinzur.	7,50
./. GewSt	10,85
./. KSt/SolZ	11,09
Ergebnis nach Steuern	28,06
Seuersatz in %	43,88

Vorstehend wird deutlich, in welchem Umfang durch die Zinsschranke gegen das Nettoprinzip verstoßen werden kann. Gerade bei nicht prosperierenden Unternehmen kann sie sich drastisch auswirken. Dass ein Zinsvortrag gewährt wird, wird häufig nicht helfen. Es wird sich gerade angesichts der aktuellen Finanzmarkt- und Wirtschaftskrise zeigen, ob die Verwerfungen in der Praxis so groß sind, dass die Zinsschranke geändert werden muss. **256**

IV. Zinsvortrag

Nach § 4h Abs. 1 Satz 2 und 3 EStG sind Zinsaufwendungen, die nicht abgezogen werden dürfen, in die folgenden Wirtschaftsjahre vorzutragen (Zinsvortrag). Sie erhöhen die Zinsaufwendungen dieser Wirtschaftsjahre, nicht aber den maßgeblichen Gewinn. Von der Zinsschranke erfasste Zinsaufwendungen sind mithin grds. nur temporär als nicht abzugsfähige Betriebsausgaben zu qualifizieren. Sie können in folgende Wirtschaftsjahre vorgetragen und dort unter Beachtung der Regelung zur Zinsschranke gegebenenfalls abgezogen werden.[225] Ist die Abzugsfähigkeit der Zinsen in Folgeperioden wahrscheinlich (was allerdings bei der gegenwärtigen Gesetzesfassung nur eher selten der Fall sein wird; s.u.), können in der Rechnungslegung nach IFRS bzw. nach HGB im Jahr des Greifens der Zinsschranke aktive latente Steuern gebildet werden, so dass in diesen Fällen die Zinsschranke idealiter keinen Einfluss auf die effektive Steuerquote haben sollte. **257**

Der Zusammenhang des Zinsvortrags mit der Mindestbesteuerung wird im Gesetz nicht explizit geregelt. Aus der Gesetzessystematik ergibt sich aber, dass zunächst die Verrechnung von Zinsvorträgen im Rahmen der Zinsschranke zur Anwendung kommt, bevor der Mindestbesteuerungsmechanismus bei der Verrechnung von Verlustvorträgen greift. Sollte der Zinsvortrag aufgrund des Greifens einer Escapeklausel oder aus anderen Gründen in einem Vortragsjahr zu abzugsfähigen Zinsaufwendungen führen, die einen Verlust verursachen oder erhöhen, würde der Betrag dementsprechend in den normalen Mindestbesteuerungsmechanismus der Verlustvortragsverrechnung einbezogen. **258**

Zu der Frage des Schicksals des Zinsvortrags bei Unternehmensumstrukturierungen sieht das Gesetz Folgendes vor: Ein nicht verbrauchter Zinsvortrag **259**

---

* Nichtvorhandensein von Abschreibungen unterstellt.

[225] Der Zinsvortrag ist jährlich gesondert festzustellen; vgl. § 4h Abs. 4 EStG. Im Organschaftsfall handelt es sich um einen Vortrag auf Ebene des Organträgers. Vororganschaftliche Zinsvorträge der Organgesellschaft sollen bei der Organschaft „eingefroren" sein (BMF v. 4.7.2008, DStR 2008, 1427 Rz. 48).

§ 13 260–262 Besonderheiten der Besteuerung

geht bei einer Betriebsaufgabe oder -übertragung unter (§ 4h Abs. 5 Satz 1 EStG).[226] Bei dem Ausscheiden aus einer Mitunternehmerschaft kommt es zu einem quotalen Untergang (§ 4h Abs. 5 Satz 2 EStG).[227] Nach § 8a Abs. 1 Satz 3 KStG findet die neue Vorschrift des § 8c KStG auch auf den Zinsvortrag Anwendung.[228] Auch bei Umwandlungen teilt der Zinsvortrag grds. das Schicksal des Verlustvortrags und geht dementsprechend unter, bzw. nicht auf die Übernehmerin über (§§ 4 Abs. 2 Satz 2, 20 Abs. 9, 24 Abs. 6 UmwStG).[229]

V. Ausnahmen von der Zinsschranke

260 § 4h Abs. 2 Satz 1 EStG enthält drei Ausnahmen von der Zinsschranke (Freigrenze, fehlende Konzernzugehörigkeit und Escapeklausel). Diese werden für Kapitalgesellschaften im Hinblick auf die Möglichkeit der Gesellschafterfremdfinanzierung nach § 8a Abs. 2 KStG (Ausnahme im Fall fehlender Konzernzugehörigkeit) und § 8a Abs. 3 KStG (Escapeklausel bei Konzernzugehörigkeit) modifiziert.[230]

1. Freigrenze

261 § 4h Abs. 2 Satz 1 Bst. a EStG enthält eine Freigrenze, wonach die Zinsschranke nicht greift, wenn der die Zinserträge übersteigende Zinsaufwand weniger als 1 Mio. € beträgt.[231] Demnach kommt es für übersteigende Zinsaufwendungen ab 1 Mio. € zu einem vollen Zugriff der Zinsschranke, während sie bei übersteigenden Zinsaufwendungen bis zu 999.999,99 € nicht greift. Die Freigrenze greift für jeden Betrieb; sie ist auch auf Körperschaftsteuerpflichtige anwendbar.[232]

2. Keine Konzernzugehörigkeit/Nichtvorliegen schädlicher Gesellschafterfremdfinanzierung

262 Nach § 4h Abs. 2 Satz 1 Bst. b EStG ist die Zinsschranke nicht auf Betriebe anzuwenden, die nicht zu einem Konzern gehören. Hier wird die Zielsetzung

---

[226] Bei Kapitalgesellschaften sollte eine Betriebsaufgabe oder -übertragung ausgeschlossen sein, da sie immer einen Betrieb behält. Allerdings soll dies mglw. bei einer Betriebseinbringung anders zu sehen sein. Außerdem soll auch die Aufgabe bzw. Übertragung von Teilbetrieben schädlich sein, obwohl der Gesetzeswortlaut dies nicht hergibt. Nach BMF v. 4. 7. 2008, DStR 2008, 1427 Rz. 47 soll als partiell schädliche Aufgabe eines Teilbetriebs auch das Ausscheiden einer Organgesellschaft aus dem Organkreis gelten.
[227] Hierbei sollen nach der Begründung des RegE die bei § 10a GewStG geltenden Grundsätze entsprechend anwendbar sein.
[228] Siehe auch § 4h Abs. 5 S. 3 EStG i.d.F. des JStG 2009, wonach § 8c KStG auch auf den Zinsvortrag einer Mitunternehmerschaft entsprechend anzuwenden sein soll, soweit an dieser unmittelbar oder mittelbar eine Kapitalgesellschaft als Mitunternehmer beteiligt ist.
[229] Z.T. könnte die Rechtslage sogar schärfer als bei Verlustvorträgen sein, weil auch bei Einbringungen der Untergang des Zinsvortrags droht. Siehe schon Fn. 226.
[230] Siehe auch § 4h Abs. 3 Satz 2 EStG für einer Körperschaft nachgeordnete Mitunternehmerschaften.
[231] Derzeit angesichts der Wirtschaftskrise in Diskussion ist eine Erhöhung der Freigrenze auf 3 Mio. €.
[232] Sie gilt auch für den Organkreis (anders als der Freibetrag nach § 8 Abs. 1 GewStG) nur einmal (BMF v. 4. 7. 2008, DStR 2008, 1427 Rz. 57).

D. Zinsschranke　　　　　　　　　　　　　　　263–265　§ 13

der Zinsschranke als Regelung zur Missbrauchsvermeidung deutlich. Das Gesetz geht zumindest im Grundsatz davon aus, dass in den Fällen, in denen ein Betrieb nicht einem Konzern zugehörig ist, keine missbräuchliche Darlehensgewährung erfolgen kann. Dieser Gedanke gilt allerdings nur stark eingeschränkt, da das Gesetz einen „erweiterten Konzernbegriff"[233] verwendet und für die Gesellschafterfremdfinanzierung von Kapitalgesellschaften in § 8a Abs. 2 KStG Einschränkungen enthält.

Nach § 4h Abs. 3 Satz 5 EStG gehört ein Betrieb zu einem Konzern, wenn er 263 nach dem für die Anwendung des § 4h Abs. 2 Satz 1 Bst. c EStG zugrunde gelegten Rechnungslegungsstandard (IFRS, subsidiär Handelsrecht eines EU-Mitgliedstaats, ggf. US-GAAP[234]) mit einem oder mehreren anderen Betrieben konsolidiert wird oder werden könnte.[235] Der handelsrechtlich (größt-)mögliche Konsolidierungskreis entfaltet somit unmittelbare steuerliche Wirkung. Ein Betrieb soll nach § 4h Abs. 3 Satz 6 EStG auch dann zu einem Konzern gehören, wenn seine Finanz- oder Geschäftspolitik mit einem oder mehreren anderen Betrieben einheitlich bestimmt werden kann. Ausweislich der Begründung zum RegE soll hiermit eine Anlehnung an das Beherrschungsverhältnis nach IAS 27 erfolgen.

Der weite Konzernbegriff der Zinsschranke soll nach str. Auffassung auch 264 zur Erfassung von „Gleichordnungskonzernen" i.w.S. führen.[236] Die Einzelheiten sind allerdings noch unklar. Die klassische Betriebsaufspaltung soll nach der Gesetzesbegründung nicht zur Annahme eines Konzern führen. Diskutiert wird dagegen – unverständlicherweise – die Konzerneigenschaft einer einfachen GmbH & Co. KG.[237] Eine nur anteilsmäßige Konsolidierung reicht nicht aus, um eine Konzernbeziehung i. S. d. § 4h EStG zu begründen. Die Behandlung assoziierter Unternehmen ist str. Unklar ist auch die Behandlung von PPP-Gesellschaften, von SPVs im Rahmen von ABS-Gestaltungen[238] etc. Im Ergebnis werden in praxi Nichtkonzerne im vorstehenden Sinne eher selten gegeben sein.[239]

Die Nichtanwendung der Zinsschranke bei fehlender Konzernzugehörigkeit 265 nach § 4h Abs. 2 Satz 1 Bst. b EStG ist – wie bereits erwähnt – bei Kapitalgesellschaften nach § 8a Abs. 2 KStG in Fällen der Gesellschafterfremdfinan-

---

[233] Vgl. Begründung zum RegE.
[234] Das Vorliegen und die Abgrenzung eines Konzerns nach IFRS wird grds. nach dem sog. Control-Konzept vorgenommen (es genügt die Möglichkeit der Beherrschung). Das HGB stellt dagegen grds. auf die einheitliche Leitung ab (s. aber nun zu den Änderungen durch das BilMoG § 11 Fn. 182).
[235] Konsolidierungswahlrechte führen also nicht zum Nichtvorliegen eines Konzerns.
[236] Die Begründung zum RegE erwähnt die Möglichkeit, dass natürliche Personen an einer Konzernspitze stehen können. So soll ein Konzern im Sinne des § 4h EStG beispielsweise auch dann vorliegen, wenn eine natürliche Person beherrschend an zwei Kapitalgesellschaften beteiligt ist bzw. wenn sie neben einem Einzelunternehmen auch eine Beteiligung an einer Kapitalgesellschaft beherrschend hält.
[237] Siehe im Einzelnen BMF v. 4. 7. 2008, DStR 2008, 1427 Rz. 63, 66.
[238] Die nach der Begründung des RegE nicht zu einem Konzern gehören sollen.
[239] Besteht allerdings neben dem Organkreis, der als ein Betrieb gilt, kein weiterer Betrieb, liegt kein Konzern vor (BMF v. 4. 7. 2008, DStR 2008, 1427 Rz. 65). Aber: Jede relevante Beteiligung an Kapital- oder Personengesellschaften außerhalb des Organkreises führt genauso zum Entstehen eines Konzerns wie entsprechende Beziehungen zu Gesellschafter(n) des Organträgers.

zierung eingeschränkt.[240] Danach ist § 4h Abs. 2 Satz 1 Buchstabe b) EStG nur anzuwenden, wenn die Vergütungen für Fremdkapital an einen zu mehr als einem Viertel am Grund- oder Stammkapital unmittelbar oder mittelbar beteiligten Anteilseigner, eine diesem nahe stehende Person (§ 1 Abs. 2 AStG) oder einen Dritten, der auf den zu mehr als einem Viertel am Grund- oder Stammkapital beteiligten Anteilseigner oder eine diesem nahe stehenden Person zurückgreifen kann, nicht mehr als 10 % der die Zinserträge übersteigenden Zinsaufwendungen der Körperschaft im Sinne des § 4h Abs. 3 EStG betragen und die Körperschaft dies nachweist.[241] Werden mehr als 10 % der die Zinserträge übersteigenden Zinsaufwendungen aufgrund von Gesellschafterdarlehen i.o.S. gezahlt, so ist die Zinsschranke (mit Relevanz für alle Zinsaufwendungen, nicht nur die Gesellschafterdarlehenszinsen) auch bei einer nicht zu einem Konzern gehörigen Gesellschaft anwendbar.[242]

266 Während die Finanzverwaltung bei dem alten § 8a KStG den Rückgriff nur eingeschränkt definierte[243], spricht sich die Begründung des RegE im Rahmen des neuen § 8a KStG – unter Anlehnung an die alte Verwaltungsauffassung zu § 8a KStG[244] – für eine sehr weite Rückgriffsdefinition aus. So soll ein schädlicher Rückgriff bereits dann vorliegen, wenn der Anteilseigner/Nahestehende dem Dritten gegenüber faktisch für die Erfüllung der Schuld einsteht; ein konkreter rechtlich durchsetzbarer Anspruch soll keine Voraussetzung für einen schädlichen Rückgriff sein.

3. Konzernzugehörigkeit/Eigenkapitalvergleich und Nichtvorliegen schädlicher Gesellschafterfremdfinanzierung

267 Eine weitere Ausnahme von der Zinsschranke enthält § 4h Abs. 2 Satz 1 Bst. c EStG. Die Regelung gilt grundsätzlich auch für Kapitalgesellschaften, wird insoweit aber nach § 8a Abs. 3 KStG ebenfalls für die Gesellschafterfremdfinanzierung eingeschränkt.[245]

a) Eigenkapitalvergleich

268 Hiernach greift die Zinsschranke nicht, wenn die Eigenkapitalquote des Betriebs[246] nicht schlechter ist als die des Konzerns, wobei eine Toleranz von lediglich einem Prozentpunkt gewährt wird. Der Eigenkapitalvergleich ist anhand der Bilanzen auf das Ende des vorangegangenen Wirtschaftsjahres zu führen.[247] Grundsätzlich sind die Eigenkapitalquoten sowohl für den Betrieb als

---

[240] Ist eine Gesellschaft, bei der der Gesellschafter als Mitunternehmer anzusehen ist, unmittelbar oder mittelbar einer Körperschaft nachgeordnet, gilt für die Gesellschaft § 8a Abs. 2 und 3 KStG entsprechend (§ 4h Abs. 3 Satz 2 EStG).
[241] Höhere Zinserträge können insoweit also c.p. schädlich sein.
[242] Im Organschaftsfall ist die schädliche Gesellschafterfremdfinanzierung aus Sicht des Organkreises zu prüfen (obwohl der Gesetzeswortlaut insoweit unpräzise ist).
[243] Vgl. BMF vom 15. 7. 2004, BStBl. I 2004, 593 i.V.m. BMF vom 22. 7. 2005, BStBl. I 2005, 820.
[244] Vgl. BMF v. 15. 12. 1994, BStBl. I 1995, 25 (ber. 176) Rz. 21.
[245] Siehe auch bereits Fn. 240.
[246] Ggf.: des Organkreises.
[247] Siehe auch BMF v. 15. 12. 1994, BStBl. I 1995, 25 Rz. 29. Die Escapeklausel erfordert, dass der maßgebliche Abschluss des Betriebs mit einer „prüferischen Durchsicht" zu versehen und auf Verlangen durch einen Abschlussprüfer zu testieren ist.

D. Zinsschranke   269, 270 § 13

auch für den Konzern nach IFRS zu bestimmen.[248] Falls keine IFRS-Rechnungslegung zu publizieren ist und auch kein IFRS-Abschluss erstellt wird resp. wurde, kann hilfsweise auf die Rechnungslegung nach dem Handelsrecht eines EU-Mitgliedstaats abgestellt werden. Wenn auch hiernach kein zu publizierender Abschluss vorliegt, kann unter bestimmten Voraussetzungen auf die Rechnungslegung nach US-GAAP abgestellt werden.

Nach § 4h Abs. 2 Satz 1 Bst. c Satz 5 EStG ist das Eigenkapital des Betriebs **269** um die im Einzelabschluss des Betriebs ausgewiesenen Anteile an anderen Konzerngesellschaften zu kürzen. Ob es sich um in- oder ausländische Konzerngesellschaften (Kapital- oder Personengesellschaften) handelt, ist genauso irrelevant wie die Finanzierung des Beteiligungserwerbs. Konsequenterweise muss dann auch die Bilanzsumme um diese Beteiligungsbuchwerte gekürzt werden. Anders als der alte § 8a Abs. 4 Satz 1 KStG sieht das Gesetz keine Ausnahme von der Beteiligungsbuchwertkürzung für Holdinggesellschaften vor. Dem Eigenkapital hinzuzurechnen ist dagegen u.a. ein im Konzernabschluss enthaltener Firmenwert, soweit er auf den inländischen Betrieb entfällt. Das Eigenkapital ist auch um Eigenkapital zu kürzen, das keine Stimmrechte vermittelt (Ausnahme: Vorzugsaktien).[249] Die Bilanzsumme ist um innerkonzernliche Kapitalforderungen und die damit korrespondierenden Verbindlichkeiten zu kürzen. Weitere Korrekturen regelt § 4h Abs. 2 Buchst. c) S. 5 ff. EStG.[250]

Aufgrund des niedrigen Prozentsatzes des frei verrechenbaren Zinsauf- **270** wandsüberschusses wird die Escapeklausel häufig über die Frage des steuerwirksamen Zinsabzugs entscheiden. Dafür ist die Klausel aber ungeeignet. Sie ist sehr komplex und wird in vielen praktischen Fällen schon aus formalen Gründen nicht beansprucht werden können (so ist es z. B. problematisch, dass mglw. nicht auf die konkrete Konzernabgrenzung laut Konzernbilanz abgestellt werden soll[251], es müssen für Organkreise nicht existierende Teilkonzernabschlüsse erstellt werden etc.). Aber auch unabhängig davon sind mindestens zwei in diesem Zusammenhang im Gesetz getroffene Wertungen nicht nachvollziehbar. Zum einen ist vorgesehen, dass der Escape dann nicht gelingt, wenn die EK-Quote des inländischen Betriebs die des Konzerns um mehr als einen Prozentpunkt unterschreitet. Das damit verbundene „Alles-oder-Nichts"-Prinzip widerspricht der dogmatischen Basis der Escapeklausel. Diese geht im Ergebnis dahin, dass in den grds. von der Zinsschranke betroffenen Fällen für Finanzierungsaufwendungen nicht mehr eine an Rechtsform und Fremdvergleich orientierte Betrachtungsweise akzeptiert wird, sondern nur noch eine Konzernbetrachtung mit einer Aufteilung von Fremdkapital nach einem grds. an der Bilanzsumme orientierten Schlüssel. Dann muss aber auch die Fremdkapitalquote lt. Konzern auch für den inländischen Rechtsträger akzeptiert werden, und zwar unabhängig davon, um wieviel Prozent dessen tatsäch-

---

[248] Für den Organkreis ist ggf. ein Teilkonzernabschluss zu erstellen. Das IAS 32-Problem von Personengesellschaften berücksichtigt das Gesetz, indem bei gesellschaftsrechtlichen Kündigungsrechten mindestens das EK anzusetzen ist, das sich nach den Vorschriften des HGB ergeben würde. Sonderbetriebsvermögen ist dem Betrieb der Mitunternehmerschaft zuzuordnen, soweit es im Konzernvermögen enthalten ist. Die entsprechenden Detailfragen sind unklar.
[249] Erfasst sind also vor allem bestimmte Varianten sog. Mezzaninekapitals.
[250] Wobei im Einzelnen nicht klar geregelt ist, wann Auswirkungen für das Eigenkapital und wann Auswirkungen für die Bilanzsumme gegeben sind.
[251] Insoweit eher großzügig indessen BMF v. 4.7.2008, DStR 2008, 1427 Rz. 72.

liche Fremdkapitalquote die Konzernfremdkapitalquote übersteigt. Zumindest müsste die Toleranz von einem Prozentpunkt deutlich erweitert werden. Zum zweiten ist die durchgängig vorgesehene volle Beteiligungsbuchwertkürzung bei der Ermittlung des Eigenkapitals des inländischen Betriebs in den meisten Fällen nicht gerechtfertigt. Zwar ist es im Grundsatz verständlich, dass aus der Sicht des Gesetzgebers ungewünschte Eigenkapitalkaskadeneffekte verhindert werden sollen. Im Inland wird aber der Organkreis als ein Betrieb betrachtet, so dass in den praktisch besonders relevanten Fällen gar kein Kaskadeneffekt erreicht werden kann. Und: Jedenfalls im Hinblick auf Auslandsbeteiligungen ist ein Kaskadeneffekt nicht denkbar. Gegen die Kürzung des Beteiligungsbuchwerts spricht weiter, dass die Erträge aus erworbenen Beteiligungen nur zu 5 % den für die Zinsschranke maßgeblichen Gewinn erhöhen, so dass Holdingaktivitäten ein zweites mal „bestraft" würden. Überdies trifft die Kürzung des Beteiligungsbuchwerts – wirtschaftspolitisch problematisch – vor allem Inlands- und Outboundinvestments. Und zu beanstanden ist auch, dass aus der Sicht einer inländischen Mutter die Kürzung unterstellt, dass die Tochtergesellschaften vollumfänglich mit Eigenkapital finanziert wurde. Eine Eigenkapitalfinanzierung lediglich in Höhe der konzernweiten Eigenkapitalquote wird nicht akzeptiert. Auch stellt sich die Frage, warum nicht nach dem Vorbild des alten § 8a KStG eine Holdingregelung vorgesehen ist. Die vorgesehene anteilige Berücksichtigung eines im Konzernabschluss vorhandenen Firmenwerts bei der Ermittlung des Eigenkapitals des Betriebs[252] lässt die Problematik der Beteiligungsbuchwertkürzung nicht entfallen.

b) Nichtvorliegen schädlicher Gesellschafterfremdfinanzierung

271 § 8a Abs. 3 KStG enthält für Kapitalgesellschaften auch für den Konzern-Escape in Fällen einer Gesellschafterfremdfinanzierung eine Verschärfung. Danach scheidet die Möglichkeit des Eigenkapitalvergleichs aus, wenn eine schädliche Gesellschafterfremdfinanzierung gegeben ist, wobei nach § 8a Abs. 3 Satz 1 KStG die gleiche 10 %-Grenze anzuwenden ist wie in § 8a Abs. 2 KStG (vgl. hierzu Rz. 265). Nach § 8a Abs. 3 Satz 2 KStG gilt diese Einschränkung nur für Zinsaufwendungen aus Verbindlichkeiten gegenüber Anteilseignern oder Nahestehenden oder rückgriffsberechtigten Dritten, die in der voll konsolidierten Konzernbilanz nach § 4h Absatz 2 Buchstabe c EStG ausgewiesen sind. Nach letzterer Einschränkung greift die Verschärfung für die Gesellschafterfremdfinanzierung im Ergebnis mithin nur für Darlehen, die von Konzernfremden gegeben werden, da nur diese in der voll konsolidierten Konzernbilanz auszuweisen sind (konzerninterne Darlehen unterliegen der Schuldenkonsolidierung). Darlehen von Rückgriffsberechtigten sind zwar nicht zu konsolidieren, sind aber nur schädlich, wenn der Rückgriff gegen einen nicht zum Konzern gehörenden Gesellschafter oder eine diesem nahe stehende Person besteht. Allerdings ist nach dem Willen des Gesetzgebers nicht nur eine Gesellschafterfremdfinanzierung der betrachteten Kapitalgesellschaft, sondern auch eine solche eines anderen demselben Konzern zugehörenden Rechtsträgers auch für die betrachtete Kapitalgesellschaft schädlich.[253] Es soll eine Art „Gruppenhaftung" resultieren.

---

[252] Siehe überdies BMF v. 4. 7. 2008, DStR 2008, 1427 Rz. 75 f.
[253] Siehe auch BMF v. 4. 7. 2008, DStR 2008, 1427 Rz. 80. Die Beteiligungsgrenzen und die 10 %-Grenze sollen sich wohl auch im Konzernfall auf den jeweiligen fremd-

E. Verrechnungspreise/Funktionsverlagerung　　272–274　§ 13

Da Gesellschafterfremdfinanzierung – anders als nach altem Recht – sehr weit verstanden werden soll, stellt sich die Frage, wie der Nachweis technisch erbracht werden soll. Die früher übliche Bankenbescheinigung allein kann wohl nicht reichen. Nicht nur deshalb sollte erwogen werden, Rückgriffsfälle unverändert nur in back-to-back-Fällen zu erfassen. Nicht nachvollziehbar ist auch die Aussage, dass die schädliche Gesellschafterfremdfinanzierung irgendeiner Konzerngesellschaft für alle Gesellschaften im Konzern schädlich sein soll. Es bedarf einer Konzentration auf den betreffenden Rechtsträger. Zumindest muss bei einer Gesellschafterfremdfinanzierung ausländischer Konzerneinheiten nachgewiesen werden können, dass die Darlehensmittel nicht an inländische Betriebe weitergeleitet worden sind. Außerdem darf im Konzernfall nur ein Rückgriff auf außerhalb des Konzerns befindliche nahe stehende Personen schädlich sein (was wahrscheinlich gewollt ist; der Wortlaut ist aber nur für die Gesellschafter, nicht auch für die nahe stehende Person, klar). Schließlich ist die Ausgestaltung der 10 %-Grenze als Alles-oder-Nichts-Prinzip nicht nachvollziehbar; es bedarf auch insoweit einer „Soweit"-Regelung. Möglicherweise bedarf es auch der Zulassung eines entlastenden Drittvergleichs.

E. Verrechnungspreise/Funktionsverlagerung

I. Grundsätze zur Ermittlung angemessener Verrechnungspreise

Unter Verrechnungspreisen versteht man Wertansätze für Güter und Dienstleistungen, die innerhalb eines Unternehmensverbundes ausgetauscht werden. Die Festsetzung der Verrechnungspreise hat ua. großen Einfluss auf die Verteilung des Konzerngewinns zwischen inländischen Konzerngesellschaften einerseits und ausländischen Konzerngesellschaften andererseits. Dies erklärt das besondere Interesse der betroffenen Fiski an der Überprüfung von Verrechnungspreisen auf ihre steuerliche Angemessenheit. Für international operierende Unternehmen steht die Sorge, mit ihren Gewinnen einer Doppelbesteuerung zu unterliegen, im Vordergrund. Dies ist denkbar, wenn der deutsche und der ausländische Fiskus uneins über die Angemessenheit eines Verrechnungspreises sind.[254]

Zwischen den Industriestaaten besteht grundsätzlich Einigkeit, dass ein Verrechnungspreis steuerlich zu akzeptieren ist, wenn er dem Preis entspricht, den fremde Dritte unter gleichen oder ähnlichen Bedingungen vereinbart hätten, wenn er also dem Fremdvergleichspreis entspricht. Die steuerrechtlichen Korrekturnormen, die aus deutscher Sicht einschlägig sein können, wenn dieser Preis verfehlt wird, sind neben der verdeckten Gewinnausschüttung und der

---

finanzierten Rechtsträger (im Organschaftsfall auf den Organkreis) beziehen. Allerdings ist der Wortlaut insoweit unklar. Er bezieht sich auf 10 % des negativen Zinssaldos des Rechtsträgers i.S.d. § 4h Abs. 3 EStG. Außerdem formuliert das Gesetz „oder", obwohl offensichtlich „und" gemeint ist. Und auch die Sinnhaftigkeit des wohl gewollten Verständnisses ist mehr als fraglich.

[254] Zum sog. Verständigungsverfahren s. Tz. 1. 2. 2. ff. BMF v. 23. 2. 1983, BStBl. I 1983, 218, sowie BMF v. 12. 4. 2005, BStBl. I 2005, 570, Tz. 6. Auch Hinweis auf die EU-Schiedskonvention und die Schiedsklausel im neuen DBA-USA.

verdeckten Einlage § 1 AStG[255] und – mit begrenzender Funktion – Art. 9 OECD-Musterabkommen.[256]

275 Ein Verstoß gegen den Fremdvergleichsgrundsatz liegt grds. vor, wenn Bedingungen vereinbart werden, die von denen abweichen, die zwei ordentliche und gewissenhafte Geschäftsleiter unter gleichen oder ähnlichen Verhältnissen miteinander vereinbart hätten. Dabei ist auf das Sollverhalten unabhängiger Unternehmen abzustellen, die Leistungsbeziehungen zum Zwecke der Erzielung eines möglichst hohen Gewinns unterhalten. Es geht also um eine Orientierung an dem in diesem Sinne verstandenen „betriebswirtschaftlich Vernünftigen". Dieses Konzept ist zwar theoretisch vergleichsweise leicht fassbar, seine Anwendung in der Praxis ist jedoch im Einzelfall außerordentlich schwierig.[257] Bei Anerkennung des tatsächlich getätigten Geschäfts sind alle wesentlichen preisbildungsrelevanten Umstände des Einzelfalls zu berücksichtigen (Gegenstand und Dauer der Geschäftsbeziehung, Art, Umfang und Bedeutung der ausgeübten Funktionen, übernommenen Risiken und eingesetzten Mittel [Funktionsanalyse], wirtschaftliche Rahmenbedingungen, Geschäftsstrategien, Kompetenz des Managements, Existenz und Vorteilhaftigkeit von alternativen Geschäftsbeziehungen, vertragliche Bedingungen, getroffene Vereinbarungen etc.).[258]

II. Verrechnungspreismethoden und Anwendungsbeispiele[259]

276 Die internationale Praxis hat eine Reihe von Methoden zur Ermittlung und Überprüfung steuerlich angemessener Verrechnungspreise entwickelt. Es wird zwischen traditionellen transaktionsorientierten Methoden (Preisvergleichsmethode, Wiederverkaufspreismethode, Kostenaufschlagsmethode als Standardmethoden) einerseits und gewinnorientierten Methoden andererseits unterschieden.

277 Nach der Preisvergleichsmethode wird der Verrechnungspreis in der Höhe festgesetzt, wie er bei vergleichbaren Geschäften zwischen Fremden für das gleiche oder ein ähnliches Produkt im Markt vereinbart worden ist. Diese Methode ist grds. vorrangig geeignet; allerdings ist sie in der Praxis oft nicht einsetzbar, da vergleichbare Marktdaten fehlen. Anwendungsbeispiele:

---

[255] Mit der Einkünftekorrektur gem. § 1 AStG korrespondiert die Bildung einer Art steuerlicher Ausgleichsposten zur Beteiligung, Tz. 5.5.2. BMF v. 12. 4. 2005, BStBl. I 2005, 570. Zur möglichen EU-Rechtswidrigkeit des § 1 AStG siehe BFH I B 141/00 v. 21. 6. 2001, DStR 2001, 1290.

[256] Wenn international verbundene Unternehmen „in ihren kaufmännischen oder finanziellen Beziehungen an vereinbarte oder auferlegte Bedingungen gebunden sind, die von denen abweichen, die unabhängige Unternehmen miteinander vereinbaren würden, so dürfen die Gewinne, die eines der Unternehmen ohne diese Bedingungen erzielt hätte, wegen dieser Bedingung aber nicht erzielt hat, den Gewinnen dieses Unternehmens zugerechnet und entsprechend versteuert werden".

[257] Zur Absicherung durch sog. APAs siehe OFD Koblenz v. 16. 2. 1995, IDW-FN 1995, 200; FM Bayern v. 9. 1. 1995, IStR 1995, 241.

[258] Ein Vorteilsausgleich ist allerdings grds. nur in zweiseitigem Verhältnis unter engen Voraussetzungen möglich. Im Einzelnen s. Tz. 2.3 BMF v. 23. 2. 1983, BStBl. I 1983, 218.

[259] Entnommen aus BMF v. 23. 2. 1983 BStBl. I 1983, 218.

E. Verrechnungspreise/Funktionsverlagerung § 13

Liefert ein Unternehmen Güter oder Waren an ein nahe stehendes Unternehmen, so ist Fremdvergleichspreis derjenige Preis, den Fremde für Lieferungen gleichartiger Güter oder Waren in vergleichbaren Mengen in den belieferten Absatzmarkt auf vergleichbarer Handelsstufe und zu vergleichbaren Lieferungs- und Zahlungsbedingungen unter den Verhältnissen wirtschaftlich vergleichbarer Märkte vereinbart hätten.

Gewährt ein Unternehmen einem nahe stehenden Unternehmen Kredite, so ist Fremdpreis der Zins, zu dem Fremde unter vergleichbaren Bedingungen den Kredit am Geld- oder Kapitalmarkt gewährt hätten. Bei der Prüfung ist von den Zinssätzen auszugehen, zu denen Banken unter vergleichbaren Verhältnissen Fremden Kredite gewähren (str.; zum Teil wird der angemessene Zins zwischen Soll- und Habenzins angesiedelt).[260]

Die Wiederverkaufspreismethode geht von dem Preis aus, zu dem eine bei einem Konzernunternehmen gekaufte Ware an einen unabhängigen Abnehmer weiterveräußert wird. Von dem Preis aus dem Weiterverkauf wird auf den Preis zurückgerechnet, der für die Lieferungen zwischen den Konzernunternehmen anzusetzen ist. Dazu wird der Wiederverkaufspreis um marktübliche Abschläge berichtigt, die der Funktion und dem Risiko des Wiederverkäufers entsprechen (marktübliche Handelsspanne des Wiederverkäufers). Die Wiederverkaufspreismethode hat ihren Anwendungsbereich überwiegend in Fällen, in denen kein vergleichbarer Preis mittels der Preisvergleichsmethode ermittelt werden kann und der Wiederverkäufer den Wert des jeweiligen Gutes nur unwesentlich erhöht (vor allem Ausübung von Vertriebsfunktionen).

278

Liefert ein Konzernunternehmen an ein nahe stehendes Vertriebsunternehmen, das als Eigenhändler auftritt, Fertigwaren, für deren Lieferung vom Produzenten an Großhändler kein Marktpreis festzustellen ist und mit deren Vertrieb im betreffenden Absatzgebiet ausschließlich das nahe stehende Vertriebsunternehmen betraut ist, so wird im Allgemeinen die Wiederverkaufspreismethode anzuwenden sein.

Dabei ist zu berücksichtigen, dass für die Einführung von Produkten bei Herstellungs- und deren Vertriebsunternehmen während des Einführungszeitraums häufig erhöhte Kosten oder Mindererlöse entstehen. Unter Fremden werden sie in der Regel vom Vertriebsunternehmen nur insoweit getragen, als ihm aus der Geschäftsverbindung ein angemessener Betriebsgewinn verbleibt.[261] Kosten und Erlösminderungen, die dadurch entstehen, dass ein Unternehmen durch Kampfpreise oder ähnliche Mittel seinen Marktanteil wesentlich erhöhen oder verteidigen will, sind grundsätzlich vom Hersteller zu tragen.[262]

---

[260] Schaltet ein inländisches Unternehmen einen ausländischen Nahestehenden bei der Aufnahme von Mitteln auf einem ausländischen Markt ein und handelt der Nahestehende als Agent oder Kommissionär, so ist die Aufnahme der Mittel im Ausland unmittelbar dem inländischen Unternehmen zuzurechnen. Ein Handeln des Nahestehenden als Agent soll insbesondere dann anzunehmen sein, wenn er in eigenem Namen für das inländische Unternehmen Mittel auf zinsgünstigen Kapitalmärkten aufnimmt. Der Nahestehende hat dann lediglich einen seiner Tätigkeit angemessenen Provisionsanspruch gegen das inländische Unternehmen. Bei Übernahme einer Bürgschaft oÄ ist eine angemessene Avalprovision zu erheben. Wegen der Formulierung des § 1 Abs. 5 AStG müssen Avalprovisionen und Zinsen auch dann berechnet werden, wenn durch die zugrunde legenden Rechtsbeziehungen überhaupt erst eine funktionsgerechte Eigenkapitalausstattung gewährleistet wird (wobei die Bestimmung der fremdüblichen Zinsen gerade in solchen Fällen Schwierigkeiten bereiten kann).
[261] S. auch Rz. 282.
[262] Damit korrespondiert, dass in der Anlaufphase ein inländisches Produktionsunternehmen dem ausländischen Vertriebsunternehmen zu Lasten des inländischen Ergebnisses erhebliche Unterstützungsleistungen zuwenden kann, und zwar entweder in Form niedriger Verrechnungspreise oder durch Werbekosten- bzw. Marktschließungskosten-Zuschüsse.

Rödder

279 Die Kostenaufschlagsmethode geht bei Lieferungen oder Leistungen zwischen Konzernunternehmen von den Kosten des Herstellers oder Leistenden aus. Zur Ermittlung des Verrechnungspreises wird den Vollkosten[263] ein betriebs- oder branchenüblicher Gewinnzuschlag hinzugerechnet. Theoretisch ist dieser Ansatz zwar eher unbefriedigend, er ist in der Praxis aber häufig allein anwendbar, zB für Halbfabrikate und für spezielle Dienstleistungen, bei langfristigen Liefer- und Abnahmekontrakten etc.

Wenn ein Konzernunternehmen Halbfertigfabrikate an ein verbundenes Herstellungsunternehmen auf einer nachgeordneten Herstellungsstufe liefert und ein Markt für derartige Produkte nicht besteht, wird im Allgemeinen die Kostenaufschlagsmethode anzuwenden sein. Die grundsätzliche Anwendbarkeit der Kostenaufschlagsmethode gilt auch, wenn ein Unternehmen spezielle Teile seiner Fertigung auf eine ausländische Tochtergesellschaft auslagert und die Produktion durch die ausländische Gesellschaft in enger Anbindung an den Betrieb des inländischen Unternehmens erfolgt und von der Muttergesellschaft langfristig abgenommen wird; unter Fremden wäre in diesem Fall die Produktion in Lohnfertigung übertragen worden.[264]

Bei gewerblichen Dienstleistungen sind branchenübliche Preise meist nur bei vertretbaren Leistungen oder auf Sondergebieten festzustellen. Wenn Vergleichspreise fehlen, ist in der Regel die Kostenaufschlagsmethode anzuwenden. Stehen Dienstleistungen im Zusammenhang mit Warenlieferungen, so können sie nicht gesondert verrechnet werden, wenn sie üblicherweise zwischen Dritten durch den Warenpreis abgegolten sind.

Bei der Dienstleistungsverrechnung besteht ein besonderer Bedarf, zwischen gesellschaftsrechtlich und schuldrechtlich veranlassten Leistungsbeziehungen zu unterscheiden. Nicht verrechenbar sind: Gesellschafteraufwand, Organisation des Konzerns, Konzernplanung und -steuerung, Überwachungsmaßnahmen, „Rückhalt im Konzern". Verrechenbar sind grundsätzlich:[265] Gewerbliche Dienstleistungen, Beratungsleistungen, Managementleistungen, F+E etc., ggf. auch der Firmenname als „Marke".[266] Dienstleistungsverrechnungen können auch im Wege der Kostenumlage erfolgen.[267]

Betreibt ein Unternehmen im Auftrag eines anderen Unternehmens Forschung und Entwicklung (Auftragsforschung), so kommen die Ergebnisse nicht dem forschenden, sondern dem auftraggebenden Unternehmen zugute. Auch in diesen Fällen ist für die Bestimmung des Leistungsentgelts regelmäßig die Kostenaufschlagsmethode anzuwenden.

280 Bei deutschen Unternehmen verbreitet ist darüber hinaus eine Kombination der Standardmethoden, etwa in der Weise, dass bei Lieferungen an ausländische Vertriebsunternehmen seitens des inländischen Herstellers sowohl die Wiederverkaufspreismethode als auch die Kostenaufschlagsmethode angewendet wird.

---

[263] Diese sind jedenfalls im Normalfall als Plankosten zugrunde zu legen.

[264] Soweit Standortvorteile des ausländischen Produktionsunternehmens in staatlichen Investitionszuschüssen oÄ auf das Anlagevermögen bestehen, fließen diese in die Preisgestaltung in der Weise ein, dass die Vorteile zwischen dem Auftraggeber und dem Produzenten aufgeteilt werden, wobei das Risiko der Tragung von Abweichungen verursachungsgerecht zuzuordnen ist. Dies gilt auch und gerade bei der Lohnfertigung. Effizienzvorteile verbleiben hingegen beim Produzenten. S. aber auch Rz. 285 ff.

[265] Zwischen Fremden würde ein Entgelt für Dienstleistungen allerdings nur gewährt, wenn sie eindeutig abgrenzbar und messbar sind und im Interesse der empfangenden Person erbracht werden (dh. einen Vorteil erwarten lassen und eigene Kosten einsparen). Leistungen können nicht verrechnet werden, wenn eine Tochtergesellschaft sie nur mit Rücksicht auf die Verhältnisse der Muttergesellschaft entgegennimmt, sie aber als unabhängiges Unternehmen nach ihren eigenen Verhältnissen nicht in Anspruch nehmen würde.

[266] BFH v. 9. 8. 2000, DB 2001, 176.

[267] Dazu BMF v. 30. 12. 1999, BStBl. I 1999, 1122.

E. Verrechnungspreise/Funktionsverlagerung   281–284   § 13

Zu den transaktionsbezogenen gewinnorientierten Methoden rechnen insbesondere die Gewinnaufteilungsmethode (profit-split) und die Gewinnvergleichsmethode. Bei Ersterer wird versucht, den Transaktionsgewinn auf die beteiligten Gesellschaften sachgerecht aufzuteilen. Letztere zeichnet sich dadurch aus, dass sie die Angemessenheit eines Verrechnungspreises durch einen Vergleich des Gewinns ermittelt, den das Konzernunternehmen aus dem konzerninternen Geschäft erzielt hat, mit dem Gewinn, den ein konzernungebundenes Unternehmen aus einem gleichen oder ähnlichen Geschäft erzielt hat. Von der deutschen und den meisten europäischen Finanzverwaltungen werden gewinnorientierte Methoden nur als nachrangig anwendbar beurteilt. Sie dürften im Wesentlichen nur zu Verprobungszwecken zur Aufdeckung weiteren Prüfungsbedarfes eingesetzt werden. **281**

Die Praxis der (in- und ausländischen) Betriebsprüfung zeigt jedoch ein anderes Bild. Insbesondere bei Vertriebsgesellschaften lässt sich beobachten, dass im Falle von Dauerverlusten die Angemessenheit der Verrechnungspreise mit der ausschließlichen Begründung verneint wird, dass ein unabhängiges Vertriebsunternehmen nicht bereit wäre, über einen Zeitraum von mehreren Jahren Verluste aus dem Weiterverkauf von Produkten des konzernverbundenen Herstellers zu tragen.[268] **282**

Auch bei der Überlassung von immateriellen Wirtschaftsgütern spielen gewinnorientierte Überlegungen eine Rolle. Die Fremdpreise für die Überlassung immaterieller Wirtschaftsgüter zur Nutzung sind zwar grundsätzlich durch den Ansatz von Nutzungsentgelten aufgrund einer sachgerechten Bemessungsgrundlage (zB Umsatz, Menge etc.) zu verrechnen. Lässt sich die Angemessenheit der vereinbarten Lizenzgebühr nach der Preisvergleichsmethode aber nicht hinreichend beurteilen, so ist bei der Prüfung davon auszugehen, dass eine Lizenzgebühr von dem ordentlichen Geschäftsleiter eines Lizenznehmers regelmäßig nur bis zu der Höhe gezahlt wird, bei der für ihn ein angemessener Betriebsgewinn aus der Nutzung der Lizenz, zB bei der Erstellung eines Produkts, verbleibt.[269] Die Verrechnung von Nutzungsentgelten ist steuerlich nicht anzuerkennen, wenn die Nutzungsüberlassung im Zusammenhang mit Lieferungen oder Leistungen steht, bei denen unter Fremden die Überlassung der immateriellen Wirtschaftsgüter im Preis der Lieferung oder Leistung mit abgegolten ist.

III. Die Korrekturnorm des § 1 AStG

§ 1 AStG ist durch die Unternehmensteuerreform 2008 drastisch verschärft worden. Die Neuregelungen ergänzen die vorstehenden, schon länger geltenden allgemeinen Grundsätze. **283**

Nach § 1 Abs. 1 S. 1 u. 3 AStG sind, wenn Einkünfte eines Steuerpflichtigen aus einer Geschäftsbeziehung zum Ausland mit einer ihm nahe stehenden Person dadurch gemindert werden, dass er seiner Einkünfteermittlung andere Bedingungen, insbesondere Preise (Verrechnungspreise), zu Grunde legt, als sie voneinander unabhängige Dritte unter gleichen oder vergleichbaren Verhältnissen vereinbart hätten (Fremdvergleichsgrundsatz), seine Einkünfte un- **284**

---

[268] Siehe auch BFH v. 17. 2. 1993, BStBl. II 1993, 193.
[269] S. aber auch Rz. 285 ff.

beschadet anderer Vorschriften so anzusetzen, wie sie unter den zwischen voneinander unabhängigen Dritten vereinbarten Bedingungen angefallen wären. Führt die Anwendung des Fremdvergleichsgrundsatzes zu weitergehenden Berichtigungen als die anderen Vorschriften, sind die weitergehenden Berichtigungen neben den Rechtsfolgen der anderen Vorschriften durchzuführen.

Der Programmsatz zum Fremdvergleichsgrundsatz ist als solcher zu akzeptieren. § 1 AStG ist nach seinem Wortlaut subsidiär gegenüber anderen Korrekturnormen (z. B. verdeckte Gewinnausschüttung, Entnahme und (verdeckte) Einlage; zu den durch das SEStEG eingeführten Entstrickungsnormen s. z. B. auch Rz. 309). Bei weitergehenden Rechtsfolgen des § 1 AStG ist dieser insoweit anwendbar (was z. B. wegen der Unterschiede zwischen Teilwert/gemeinem Wert und Fremdvergleichspreis, aber auch wegen eines unterschiedlichen Verständnisses von Angemessenheit von Bedeutung sein kann).[270]

285 § 1 Abs. 3 S. 1 ff. AStG ergänzt, dass für eine Geschäftsbeziehung im vorstehenden Sinne der Verrechnungspreis vorrangig nach der Preisvergleichsmethode, der Wiederverkaufspreismethode oder der Kostenaufschlagsmethode zu bestimmen ist, wenn Fremdvergleichswerte ermittelt werden können, die nach Vornahme sachgerechter Anpassungen im Hinblick auf die ausgeübten Funktionen, die eingesetzten Wirtschaftsgüter und die übernommenen Chancen und Risiken (Funktionsanalyse) für diese Methoden uneingeschränkt vergleichbar sind; mehrere solche Werte bilden eine Bandbreite. Sind solche Fremdvergleichswerte nicht zu ermitteln, sind eingeschränkt vergleichbare Werte nach Vornahme sachgerechter Anpassungen der Anwendung einer geeigneten Verrechnungspreismethode zu Grunde zu legen. Sind mehrere eingeschränkt vergleichbare Fremdvergleichswerte feststellbar, ist die sich ergebende Bandbreite einzuengen.

Dass für die Ableitung angemessener Verrechnungspreise zunächst auf den tatsächlichen Fremdvergleich abgestellt und nur dann der hypothetische Fremdvergleich herangezogen wird, wenn der tatsächliche Fremdvergleich keine verwertbaren Informationen liefert, ist gängige Praxis. Der Vorrang der Standardmethoden ist allgemein anerkannt.[271] Es ist auch schlüssig, uneingeschränkt vergleichbare Werte „vorrangig" heranzuziehen und erst als nächste Stufe zu prüfen, ob der Verrechnungspreis aus eingeschränkt vergleichbaren Werten abgeleitet werden kann.

286 Uneingeschränkte Vergleichbarkeit wird in den VWG-Verfahren 2005[272] allerdings sehr eng definiert und kommt danach wohl nur bei Lieferungen und Leistungen homogener Wirtschaftsgüter in Betracht. Ansonsten soll nur eingeschränkte Vergleichbarkeit vorliegen. Letztlich hängt an dieser Unterscheidung, ob eine ermittelte Bandbreite vollumfänglich ausgeschöpft werden kann oder – entgegen der BFH-Rechtsprechung[273] – nicht. Im Fall nur eingeschränkter Vergleichbarkeit soll – so die Gesetzesbegründung – die Einengung der Bandbreite insbesondere nach Maßgabe der sog. „Interquartile Marge"[274] erfolgen (sowohl das untere als auch das obere Viertel der ermittelten Preisbandbreite soll unberücksichtigt bleiben). Motiviert ist die Regelung durch die Absicht, den Steuerpflichtigen von einer vorteilhaften Verrechnungspreisfest-

---

[270] Außerdem Hinweis auf die ansonsten nicht erfolgende Korrektur sog. Nutzungseinlagen.
[271] Vgl. auch BFH v. 17. 10. 2001, BStBl. II 2004, 171.
[272] BMF v. 12. 4. 2005, BStBl. I 2005, 570, Tz. 3.4.12.7.
[273] BFH v. 17. 10. 2001, BStBl. II 2004, 171.
[274] BMF v. 12. 4. 2005, BStBl. I 2005, 570, Tz. 3.4.12.5.

E. Verrechnungspreise/Funktionsverlagerung

legung in der Nähe des für ihn günstigen Rands der Bandbreite abzuhalten. Vereinbar mit dem Fremdvergleichsgrundsatz ist das indessen nicht.

Liegen die vom Steuerpflichtigen für seine Einkünfteermittlung verwendeten Werte außerhalb der Bandbreite oder der eingeengten Bandbreite, ist nach § 1 Abs. 3 S. 4 AStG der sog. Median maßgeblich.

Der Median ist weder Mittelwert noch Durchschnitt. Er ist so definiert, dass mindestens 50 % aller Merkmalswerte kleiner oder gleich und mindestens 50 % alle Merkmalswerte auch größer oder gleich diesem Wert sind (es handelt sich um den sog. „häufigsten" Wert).

Wenn weder uneingeschränkt noch eingeschränkt vergleichbare Fremdvergleichswerte festgestellt werden können, also kein Fremdvergleich anhand tatsächlicher Daten vorgenommen werden kann, ist gem. § 1 Abs. 3 S. 5 ff. AStG ein hypothetischer Fremdvergleich durchzuführen. Es wird eine Preisverhandlung zwischen fremden Dritten simuliert. Dazu hat der Steuerpflichtige aufgrund einer Funktionsanalyse und innerbetrieblicher Planrechnungen den Mindestpreis des Leistenden und den Höchstpreis des Leistungsempfängers zu ermitteln (Einigungsbereich); der Einigungsbereich wird von den jeweiligen Gewinnerwartungen (Gewinnpotenzialen) bestimmt.[275] Es ist der Preis im Einigungsbereich der Einkünfteermittlung zu Grunde zu legen, der dem Fremdvergleichsgrundsatz mit der höchsten Wahrscheinlichkeit entspricht; wird kein anderer Wert glaubhaft gemacht, ist der Mittelwert des Einigungsbereichs zu Grunde zu legen.

Beispiel: Deutsche Muttergesellschaft D ist Inhaberin einer selbstgeschaffenen, nicht bilanzierten Marke und will diese an ihre ausländische Tochtergesellschaft verkaufen. Wegen der Nichtvergleichbarkeit der Marke sind die Standardmethoden zur Preisbemessung nicht anwendbar. Bei einem Verkauf an Fremde würde D mindestens einen Preis von 7 verlangen, der Fremde höchstens 10 bezahlen. Wenn nichts anderes glaubhaft gemacht wird, ist der Mittelwert, also 8,5, zugrundezulegen.[276]

Bei der hälftigen Teilung des Einigungsbereiches[277] handelt es sich um eine widerlegbare Vermutung. Wie aber die Vermutung widerlegt werden soll, ist nur schwer erkennbar (es handelt sich ja um eine Vermutung für den hypothetischen Fremdvergleich). Außerdem ist darauf hinzuweisen, dass im täglichen Massengeschäft die Ermittlung hypothetischer Einigungsbereiche nicht machbar zu sein scheint.[278]

---

[275] Dies ist für manche Wirtschaftsgüter eine passende Vorstellung, insbesondere natürlich für Unternehmen oder bestimmte immaterielle Wirtschaftsgüter, deren Wert sich aus ihrem zukünftigen Nutzen (Gewinn) ergibt. Die Mehrzahl der international gehandelten Wirtschaftsgüter dürfte jedoch nicht in diese Kategorie fallen.
[276] Welche Rechtsfolge gilt, wenn es keinen Einigungsbereich unter Fremden gibt (der Verkäufer verlangt mindestens zehn, der Käufer will höchstens acht bezahlen), sagt das Gesetz nicht. Zwischen Fremden findet ein solches Geschäft nicht statt, zwischen Nahestehenden kann es sehr wohl stattfinden.
[277] Die auch im BFH v. 19.1.1994, BStBl. II 1994, 725, sowie in FG Münster v. 16.3.2006, IStR 2006, 794, anklingt.
[278] In der Begründung des Regierungsentwurfs wird ausgeführt, dass die Verrechnungspreise bei Geschäftsbeziehungen zwischen einem Entrepreneuer und einem Routineunternehmen auch weiterhin allein anhand innerbetrieblicher Planrechnungen des Routineunternehmens unter Ansatz eines fremdüblichen Gewinns ermittelt werden können.

Rödder

§ 13   290, 291   Besonderheiten der Besteuerung

Es dürfte nicht selten vorkommen, dass die Finanzverwaltung den von dem Steuerpflichtigen vorgetragenen Einigungsbereich für falsch hält und einen anderen Einigungsbereich ermittelt. Im obigen Beispiel könnte die Finanzverwaltung etwa statt des Einigungsbereiches zwischen sieben und zehn einen Einigungsbereich zwischen acht und zwölf annehmen. In diesem Falle müsste normalerweise der Preis mit der höchsten Wahrscheinlichkeit, mangels Glaubhaftmachung der Mittelwert, zu Grunde gelegt werden, hier also zehn. Für diesen Fall erlaubt es ausnahmsweise § 1 Abs. 3 S. 8 AStG, dass auf eine Einkünfteberichtigung verzichtet werden kann, wenn der vom Steuerpflichtigen zu Grunde gelegte Wert nicht nur innerhalb des Steuerpflichtigen-Einigungsbereiches liegt, sondern auch des Verwaltungs-Einigungsbereiches. Im Beispiel lag der Mittelwert des Steuerpflichtigen bei 8,5. 8,5 liegt ebenfalls im Einigungsbereich der Finanzverwaltung von acht bis zwölf. Also kann 8,5 der hier maßgebende Fremdvergleichspreis sein.

290   Für die Anwendung des Fremdvergleichsgrundsatzes ist nach § 1 Abs. 1 S. 2 AStG davon auszugehen, dass die voneinander unabhängigen Dritten alle wesentlichen Umstände der Geschäftsbeziehung kennen und nach den Grundsätzen ordentlicher und gewissenhafter Geschäftsleiter handeln. Diese Regelung (sog. Transparenzklausel) ist problematisch, weil sie dazu führen kann, dass Fremdvergleichspreise gerade negiert werden. Die neue Vorschrift verstößt deshalb gegen die Gewinnberichtigungsvorschriften der DBA. Ein wirksames sog. Treaty-Override liegt nicht vor. Die Klausel verstößt auch gegen den Fremdvergleichsgrundsatz in Art. 4 der EU-Schiedskonvention.

Auch für den hypothetischen Fremdvergleich ist die Transparenzklausel nicht akzeptabel und widerspricht dem Fremdvergleichsgrundsatz.

291   Sind in den Fällen des hypothetischen Fremdvergleichs wesentliche immaterielle Wirtschaftsgüter und Vorteile Gegenstand einer Geschäftsbeziehung und weicht die tatsächliche spätere Gewinnentwicklung erheblich von der Gewinnentwicklung ab, die der Verrechnungspreisbestimmung zu Grunde lag, ist gem. § 1 Abs. 3 S. 11 f. AStG widerlegbar zu vermuten, dass zum Zeitpunkt des Geschäftsabschlusses Unsicherheiten im Hinblick auf die Preisvereinbarung bestanden und unabhängige Dritte eine sachgerechte Anpassungsregelung vereinbart hätten. Wurde eine solche Regelung nicht vereinbart und tritt innerhalb der ersten zehn Jahre nach Geschäftsabschluss eine erhebliche Abweichung ein, ist für eine deshalb vorzunehmende Berichtigung nach § 1 Abs. 1 S. 1 AStG einmalig ein angemessener Anpassungsbetrag auf den ursprünglichen Verrechnungspreis der Besteuerung des Wirtschaftsjahres zu Grunde zu legen, das dem Jahr folgt, in dem die Abweichung eingetreten ist.

§ 1 Abs. 3 S. 11 f. AStG hat damit ein neues Rechtsinstitut des deutschen Internationalen Steuerrechts kreiert, nämlich die nachträgliche Korrektur eines zunächst „richtigen", sich dann aber als „falsch" erweisenden Verrechnungspreises. Es ist nahe liegend, dass die Vereinbarkeit dieser Regelung mit dem international anerkannten Grundsatz des Fremdvergleichs sehr zweifelhaft ist. Zwar finden sich in der Unternehmenspraxis durchaus Anpassungsklauseln, insbesondere bei Unternehmensverkäufen. Sie stellen allerdings nicht den Normal-, sondern den Ausnahmefall dar. In diesem Zusammenhang ist auch darauf hinzuweisen, dass die Finanzverwaltung nachträgliche Preisanpassungen bislang nur unter eingeschränkten Bedingungen als fremdvergleichskonform angesehen hat.[279]

---

[279] Vgl. BMF v. 12. 4. 2005, BStBl. I 2005, 570, Tz. 3.4.12.8.

IV. Funktionsverlagerung

1. Allgemeine Grundsätze und Anwendungsbeispiele

Von einer Funktionsverlagerung spricht man, wenn ein Unternehmen bestimmte unternehmerische Funktionen[280] auf ein nahe stehendes Unternehmen überträgt bzw. diesem überlässt. Die Verlagerung als solche bedarf keiner steuerlichen Anerkennung. Mit der Verlagerung einer geschäftlichen Aktivität (Funktion) kann aber auch eine Verlagerung von Ertragspotentialen, Geschäftschancen, Risiken und eingesetzten Mitteln einhergehen, was steuerlichen Korrekturbedarf auslösen kann.

Hat ein inländisches Unternehmen Funktionen verlagert und stehen ihm hieraus zivilrechtlich Entschädigungs- bzw. Entgeltsansprüche zu, so sind diese zu aktivieren. Sind solche Ansprüche in der Steuerbilanz nicht aktiviert worden, sind sie – soweit noch möglich – durch eine (Nach-)Aktivierung gewinnerhöhend zu erfassen (wenn es sich nicht bereits um eine Rückgängigmachung einer verdeckten Gewinnausschüttung handelt; dann liegt insoweit eine verdeckte Einlage vor). Die Zustimmung der Gesellschafter zu dem mit einer Funktionsverlagerung verbundenen Verlust einer Rechts- und Vermögensposition kann zwar zivilrechtlich das Entstehen von Schadensersatzansprüchen des verlagernden gegenüber dem aufnehmenden verbundenen Unternehmen verhindern, sie muss jedoch nicht die Annahme einer verdeckten Gewinnausschüttung iSd. § 8 Abs. 3 Satz 2 KStG bzw. eine sonstige steuerliche Korrektur, z. B. nach den Grundsätzen der verdeckten Einlage, ausschließen.

Die Notwendigkeit einer steuerlichen Korrektur ist vor allem denkbar, wenn mit dem Aufgabenbereich auch Geschäftschancen und damit verbundene Ertragspotentiale übertragen werden. Bei Geschäftschancen kann es sich um singuläre oder um dauerhafte Chancen handeln. Sie können auch dann bestehen, wenn sie rechtlich nicht abgesichert sind. Allerdings muss die Geschäftschance dem Unternehmen, das die Geschäftschance abgibt, zuzurechnen sein. Es muss in den Händen dieses Unternehmens liegen, die Chance wahrzunehmen. Für die Beurteilung, ob konkret bewertbare Geschäftschancen vorliegen, ist ausschließlich auf die tatsächlichen Verhältnisse sowie die Erkenntnismöglichkeiten und Ermessensspielräume des ordentlichen und gewissenhaften Geschäftsleiters im Zeitpunkt des Vertragsabschlusses über die Geschäftschancenübertragung bzw. -überlassung abzustellen.[281]

Die Fremdpreisbandbreite für Geschäftschancen orientiert sich an den zukünftigen Ergebnisbeiträgen, mit denen das bisher tätige sowie das die Funktion übernehmende Unternehmen bei vorsichtiger Prognose rechnen konnte. Für die Bestimmung des Fremdpreises innerhalb dieses Preisbandes ist auf die Markt-

---

[280] Als Funktionen kommen bspw. die Produktion von Wirtschaftsgütern oder Grundstoffen, die Montage von Fertigungserzeugnissen, die Bearbeitung oder Veredelung von Produkten, der Vertrieb, die Materialbeschaffung, die Verpackung, die Erbringung von Forschungs- und Entwicklungsleistungen, die Zufügungstellung von Kapital, die Verwertung von Patenten und Know-how, die Qualitätskontrolle, Transport, Marketing, Kundendienst, Organisation und Verwaltung oder die Unternehmensberatung in Betracht.

[281] Aus den nach der Übertragung bzw. Überlassung erzielten Verlusten bzw. Gewinnen darf nicht ohne weiteres auf das (Nicht-)Vorliegen von Geschäftschancen geschlossen werden.

position und Wettbewerbsstellung der beteiligten Unternehmen abzustellen. Außerdem ist zu beachten, dass kein ordentlicher Geschäftsleiter den aus einer übernommenen Geschäftsaktivität zu erzielenden Ergebnisbeitrag für immer dem zuvor tätigen Unternehmen zugestehen und sich mit bloßen zusätzlichen Ergebnisbeiträgen (zB aus Synergieeffekten oder Kosteneinsparungen) begnügen würde. Anwendungsbeispiele:

296 Baut ein ausländisches verbundenes Unternehmen in Eigenregie eine Produktionsstätte neu auf, so werden üblicherweise keine materiellen Wirtschaftsgüter und insbesondere auch keine Geschäftschancen übertragen, wenn ein ordentlicher und gewissenhafter Geschäftsleiter die Produktion auch auf einen fremden Dritten ohne Entgelt übertragen haben würde (zB bei ausgelasteten Kapazitäten, drohendem Marktverlust, Kündigung von Verträgen). Allerdings werden beim Aufbau einer neuen Fertigungsstätte im Ausland häufig immaterielle Wirtschaftsgüter (zB Produktions-Know-how) übertragen und überlassen, sei es in Form von Plänen, Mustern etc. oder durch die Entsendung von Spezialisten.[282] Insoweit kann nach allgemeinen Grundsätzen eine Vergütungspflicht gegeben sein.

297 Lagert ein Unternehmen seine Produktionstätigkeit oder einen speziellen Teil davon auf einen verbundenen Lohnfertiger aus, bleibt dies nach allgemeinen Grundsätzen normalerweise ohne Steuerfolgen. Einem Lohnfertiger werden regelmäßig keine Geschäftschancen übertragen. Anders kann der Fall liegen, wenn die Verlagerung auf ein ausländisches Produktionsunternehmen erfolgt, das über die notwendige Sach-, Personal- und Finanzausstattung verfügt, um Fertigungs-Know-how zu entwickeln bzw. zu schaffen, hergestellte Produkte in Eigenregie zu vermarkten und typische Vertriebsrisiken (Risiken aus der Nichtabnahme von Gütern, aus Preis- und Wechselkursverfall) zu tragen. Dann ist ihm auch steuerlich die Position eines unabhängigen Produzenten (Eigenproduzent) einzuräumen. Entsprechend ist dem ausländischen Unternehmen das Gewinn- bzw. Verlustpotenzial des Produkts zuzuordnen. Es ist dann auf den ausländischen Eigenproduzenten verlagert worden.

298 Zivilrechtlich wird einer Vertriebsgesellschaft mit einer Eigenhandelsfunktion für die Überlassung des Kundenstamms ein Ausgleichsanspruch in analoger Anwendung von § 89 b HGB zuerkannt. Dies ist dann der Fall, wenn der Vertragshändler wie ein Handelsvertreter in die Absatzorganisation des Herstellers eingegliedert ist, so dass er wirtschaftlich betrachtet in erheblichem Umfang Aufgaben übernimmt, die mit denen des Handelsvertreters vergleichbar sind, und der Vertragshändler verpflichtet ist, den von ihm geworbenen Kundenstamm bei Beendigung der Lieferbeziehung auf den Hersteller zu übertragen. Aber auch in Fällen, die nicht unmittelbar unter § 89 b HGB fallen, können nach allgemeinen Grundsätzen entsprechende Überlegungen anzustellen sein. Ausgangspunkt für die Berechnung des analogen Ausgleichsanspruchs einer Konzernvertriebsgesellschaft mit Eigenhändlerfunktion ist die Rohgewinnmarge aus ihrer Funktion als Eigenhändler. Die Rohgewinnmarge ist allerdings um alle Vergütungselemente zu schmälern, die auf Funktionen und Risiken entfallen, die ein Handelsvertreter typischerweise nicht übernimmt. Die sinngemäße Anwendung des § 89 b HGB auf einen Eigenhändler bedeutet zudem, dass der Ausgleichsanspruch aufgrund der Begrenzungsregelung des § 89 b Abs. 2 HGB höchstens dem im Verlauf der letzten fünf Jahre durchschnittlich erzielten – angepassten – Rohgewinn entspricht. Nur in Ausnahmefällen kann nach allgemeinen Grundsätzen eine Entschädigung für die Übertragung des Kundenstamms steuerlich nicht gefordert werden. Beispiele: Sogwirkung bei Markenartikeln; Monopolstellung des Produzenten; Abnehmer sind ausschließlich konzernzugehörig.

299 Überträgt eine bisher als Eigenhändler tätige inländische Vertriebsgesellschaft bestimmte Funktionen (Lagerhaltung, Transport, Garantie etc.) auf ein ausländisches verbundenes Unternehmen und wird sie anschließend als Kommissionär bzw. Handelsvertreter tätig, ist nach allgemeinen Grundsätzen zunächst zu prüfen, ob zwischen fremden

---

[282] Zur Arbeitnehmerentsendung s. BMF v. 9. 11. 2001, BStBl. I 2001, 796.

E. Verrechnungspreise/Funktionsverlagerung

Dritten wegen der Funktionsabschmelzung eine Entschädigung vereinbart worden wäre (zB wegen der Übertragung von Geschäftschancen, wegen vorzeitiger Beendigung eines Vertriebsvertrages mit einer vertraglich fixierten Mindestlaufzeit, wegen nicht amortisierter Investitionen etc.). Hierbei ist zu beachten, dass durch die Funktionsabschmelzung bei dem Eigenhändler zwar einerseits Gewinnchancen, andererseits aber auch die mit den abgegebenen Funktionen verbundenen Kosten und Risiken (zB Forderungsausfälle, Wertverlust des Warenbestandes, Garantieleistungen etc.) entfallen. Sofern die zum Kommissionär bzw. Handelsvertreter umgewandelte Vertriebsgesellschaft den Ausgleichsanspruch nach § 89 b HGB behält und eine Mitteilungsverpflichtung bezüglich der Kunden ausgeschlossen wird, entsteht durch die Umwandlung kein Ausgleichsanspruch nach § 89 b HGB, weil die Vertriebsgesellschaft in ihrer Eigenschaft als Kommissionär bzw. Handelsvertreter weiterhin in vollem Umfang den Kundenstamm nutzen und weiterhin ihre bisherigen Abnehmer bewerben darf.

2. § 1 Abs. 3 S. 9 AStG

Zu den vorstehenden, schon länger geltenden allgemeinen Grundsätzen ist durch die Unternehmensteuerreform 2008 eine drastisch verschärfte Neuregelung in § 1 Abs. 3 S. 9 AStG getreten. Danach hat der Steuerpflichtige, wenn eine Funktion einschließlich der dazugehörigen Chancen und Risiken und der mit übertragenen oder überlassenen Wirtschaftsgüter und sonstigen Vorteile verlagert wird (Funktionsverlagerung) und weder uneingeschränkt noch eingeschränkt vergleichbare Fremdvergleichswerte vorliegen, den Einigungsbereich für Zwecke des sog. hypothetischen Fremdvergleichs (s. dazu schon Rz. 288 ff.) auf der Grundlage einer Verlagerung der Funktion als Ganzes (Transferpaket) unter Berücksichtigung funktions- und risikoadäquater Kapitalisierungszinssätze zu bestimmen. In diesen Fällen ist die Bestimmung von Verrechnungspreisen für alle betroffenen einzelnen Wirtschaftsgüter und Dienstleistungen nach Vornahme sachgerechter Anpassungen nur anzuerkennen, wenn der Steuerpflichtige glaubhaft macht, dass keine wesentlichen immateriellen Wirtschaftsgüter und Vorteile mit der Funktion übergegangen sind oder zur Nutzung überlassen wurden, oder dass das Gesamtergebnis der Einzelpreisbestimmungen, gemessen an der Preisbestimmung für das Transferpaket als Ganzes, dem Fremdvergleichsgrundsatz entspricht.

Funktion i.S.d. § 1 Abs. 3 S. 9 AStG meint eine Geschäftstätigkeit, die aus einer Zusammenfassung gleichartiger betrieblicher Aufgaben besteht, ohne dass ein Teilbetrieb im steuerlichen Sinne vorliegen muss (§ 1 Abs. 1 FunktionsverlagerungsVO). Als Funktionen kommen in Betracht: Geschäftsleitung, Materialbeschaffung, Produktion, Design, Verpackung, Vertrieb, Lagerhaltung, Montage, Bearbeitung von Produkten, Qualitätskontrolle, Finanzierung, Transport, Organisation, Verwaltung, Marketing, Werbung, Kundendienstforschung, Entwicklung etc.

Eine Funktionsverlagerung im Sinne des § 1 Abs. 3 Satz 9 AStG liegt vor, wenn ein Unternehmen (verlagerndes Unternehmen) einem anderen, nahe stehenden Unternehmen (übernehmendes Unternehmen) Wirtschaftsgüter und sonstige Vorteile sowie die damit verbundenen Chancen und Risiken überträgt oder zur Nutzung überlässt, damit das übernehmende Unternehmen eine Funktion ausüben kann, die bisher von dem verlagernden Unternehmen ausgeübt worden ist, und dadurch die Ausübung der betreffenden Funktion durch das verlagernde Unternehmen eingeschränkt wird (§ 1 Abs. 2 FunktionsverlagerungsVO).

303 Zu differenzieren sind: Funktionsausgliederung (vollständige Übertragung einer Funktion mit den dazugehörigen Chancen und Risiken einschließlich Wirtschaftsgütern), Funktionsabschmelzung (Übertragung eines Teils einer Funktion mit den dazugehörigen Chancen und Risiken einschließlich Wirtschaftsgütern), Funktionsabspaltung (Übertragung [eines Teils] einer Funktion unter Beibehaltung der dazugehörigen Chancen und Risiken) und Funktionsverdoppelung bzw. Funktionsvervielfältigung (Verdoppelung bzw. Vervielfältigung einer im Inland weiterhin ausgeübten Funktion mit den dazugehörigen Chancen und Risiken einschließlich Wirtschaftsgütern).

304 Während die Funktionsausgliederung und (wahrscheinlich auch) die Funktionsabschmelzung in Übereinstimmung mit der Definition einer Funktionsverlagerung gemäß § 1 Abs. 3 S. 9 AStG stehen, ist bei einer Funktionsabspaltung keine Funktionsverlagerung in diesem Sinne gegeben.[283] Auch reine Personalentsendungen ohne Übertragung von Aufgaben und Wirtschaftsgütern sind keine Funktionsverlagerung.

305 Nach dem Gesetzeswortlaut sollte auch eine Funktionsverdoppelung bzw. Funktionsvervielfältigung keine Funktionsverlagerung im Sinne des § 1 Abs. 3 Satz 9 AStG darstellen. Es heißt im Gesetz ausdrücklich „verlagert". Bei einer Funktionsverdoppelung verbleiben die Funktionen und die aus ihnen resultierenden Chancen und Risiken weiterhin im Inland. In § 1 Abs. 6 FunktionsverlagerungsVO heißt es allerdings, dass bei einer Funktionsverdoppelung § 1 Abs. 3 S. 9 AStG nur dann nicht anzuwenden ist, wenn es innerhalb von 5 Jahren nach Aufnahme der Funktion durch das nahestehende Unternehmen nicht zu einer Einschränkung der Ausübung der betroffenen Funktion bei dem inländischen Unternehmen kommt.

306 Liegt eine Funktionsverlagerung i.S.d. § 1 Abs. 3 S. 9 AStG vor, muss der Steuerpflichtige den o.a. Einigungsbereich (Rz. 288 ff., 300) in ganz bestimmter Weise ermitteln. Er hat ihn „auf der Grundlage einer Verlagerung der Funktion als Ganzes (Transferpaket) unter Berücksichtigung funktions- und risikoadäquater Kapitalisierungssätze zu bestimmen".[284]

Diese Methode der Fremdvergleichspreisbestimmung ist allerdings nur anwendbar, wenn keine uneingeschränkt oder eingeschränkt vergleichbaren Fremdvergleichswerte festgestellt werden können und ein hypothetischer Fremdvergleich stattfinden muss. Lässt sich für die verlagerte Funktion dagegen ein Fremdvergleichspreis feststellen, dann ist dieser maßgebend. Letzteres wird im Einzelfall der Fall sein (Routinefunktionen).

307 Auf Grund der Begriffe „Planrechnungen" und „Gewinnpotenziale" in § 1 Abs. 3 S. 6 AStG wird deutlich, dass es letztlich gewollt ist, einen Ertragswert für das jeweilige Transferpaket zu ermitteln, und zwar aus Sicht sowohl des verlagernden als auch des übernehmenden Unternehmens. Diese Ertragswerte

---

[283] Dies bestätigt auch § 2 Abs. 2 FunktionsverlagerungsVO, der keine Funktionsverlagerung annimmt, wenn „das übernehmende Unternehmen die übergehende Funktion ausschließlich gegenüber dem verlagernden Unternehmen ausübt und das Entgelt, das für die Ausübung der Funktion und die Einbringung der entsprechenden Leistungen anzusetzen ist, nach der Kostenaufschlagsmethode zu ermitteln ist".
[284] Die Gesamtbewertung darf, wie bereits erwähnt, in zwei speziellen Situationen durch eine Einzelbewertung der betroffenen Wirtschaftsgüter und Dienstleistungen ersetzt werden (§ 1 Abs. 3 S. 10 AStG): Mit der Funktion sind keine wesentlichen immateriellen Wirtschaftsgüter und Vorteile übergegangen oder zur Nutzung überlassen worden, oder das Gesamtergebnis der Einzelpreisbestimmungen entspricht, gemessen an der Preisbestimmung für das Transferpaket als Ganzes, dem Fremdvergleichsgrundsatz.

E. Verrechnungspreise/Funktionsverlagerung   308, 309   § 13

bestimmen den Einigungsbereich.[285] Es sind insoweit insbesondere die folgenden Fragen zu klären (die die typischen Fragen im Rahmen der Bewertung immaterieller Wirtschaftsgüter sind): Isolierung und Prognose der Gewinne, die allein auf das Transferpaket entfallen, Bestimmung der Nutzungsdauer für das Transferpaket und Ableitung eines angemessenen Kapitalisierungszinssatzes. Letztlich beruht das Konzept der Funktionsverlagerung mit dem gewollten Abstellen auf Ertragswerte auf der Annahme, dass dort mehr als die Summe der transferierten Wirtschaftsgüter übertragen wird. Es ist zwar auch ein Geschäftswert regelmäßig Resultat einer Ertragswertermittlung. Dem Geschäftswert wird aber Wirtschaftsgutsqualität zuerkannt.

Richtigerweise kann nur derjenige Gewinn im Rahmen einer Funktions- **308** verlagerung bzw. eines Transferpakets erfasst werden, der den sog. Funktionsgewinn der übertragenen Funktion übersteigt. Der Funktionsgewinn ist ein Äquivalent für die von dem Übernehmenden ausgeübten Funktionen und getragenen Risiken. Es ist danach nicht gerechtfertigt, die gesamte Veränderung des Gewinns vor und nach der Funktionsverlagerung zu betrachten. Korrigierend müsste vielmehr berücksichtigt werden, dass mit der Funktionsverlagerung auch das für die jeweilige Funktion investierte Kapital im Ausland eingesetzt wird. Wenn das entsprechende Kapital im Inland nicht mehr verwendet wird, folgt daraus zwangsläufig, dass auch der jeweilige Gewinn – also der Funktionsgewinn – wegfällt. Die o.a. Überlegungen zur Funktionsabspaltung bestätigen diese Sichtweise.

Auch lässt sich nicht nachvollziehen, warum mit der Transferpaket-Bewer- **309** tung auch durch das ausländische Unternehmen realisierte Vorteile (Synergieeffekte usw.) im Ausland für die Besteuerung in Deutschland (im Zweifel zu 50 %) maßgebend sein sollen. Jedenfalls handelt es sich dabei nicht um im Inland geschaffene Werte, die insofern auch nicht in Deutschland besteuert werden sollten.[286] Auch die Aussage, dass im Zweifel ein unbegrenzter Kapitalisierungszeitraum zu Grunde zu legen sei, ist so unzutreffend.[287]

Im Zusammenhang mit Funktionsverlagerungen ist auch zu beachten, dass die durch das SEStEG in das EStG und das KStG eingeführten Entstrickungsnormen (vor allem § 12 Abs. 1 KStG) dem § 1 AStG vorrangig sind. Diese sind jedenfalls nach dem Verständnis des Gesetzgebers (des SEStEG) nicht nur bei Überführungen in ausländische Betriebsstätten, sondern auch bei Rechtsträgerwechseln anwendbar und sollen offensichtlich auch die Entstrickung eines Geschäftswerts erfassen. Das (und die Vorrangigkeit der Grundsätze der verdeckten Einlage und der verdeckten Gewinnausschüttung) bedeutet aber, dass in den Fällen der Verlagerung eines Geschäftswerts § 1 AStG gar nicht zur Anwendung kommt, sondern es bei der Transferpaket-Betrachtung nur um die Erfassung von Vorteilen gehen kann, die nicht schon als Geschäftswert gewertet werden können. Umgekehrt ist bei Verstrickungen nach der allgemeinen Verstrickungsregel des SEStEG (wie auch ggf. nach den Grundsätzen der verdeckten Einlage und der verdeckten Gewinnausschüttung) ein Geschäftswert steuerbilanziell einzubuchen. Die Nichtanwendung des § 1 AStG bei einer Funktionsverlagerung vom Ausland ins Inland bedeutet

---

[285] Siehe dazu auch die vielfältigen Detailvorgaben in der FunktionsverlagerungsVO.
[286] S. aber auch schon Fn. 264.
[287] Bei einer Funktionsverlagerung ist zu klären, ob ein Transferpaket überlassen oder befristet zur Nutzung überlassen wurde. Nur im erstgenannten Fall stellt sich die Frage der Sofortrealisation. Ansonsten muss es zu einer Lizenzierung kommen. Nach § 4 Abs. 2 FunktionsverlagerungsVO soll im Zweifel von einer Nutzungsüberlassung auszugehen sein.

Rödder   1003

dann, dass nur die übertragenen (immateriellen) Wirtschaftsgüter einschließlich eines Geschäftswerts, nicht dagegen das etwaige umfassendere Transferpaket Gegenstand der Bilanzierung und in der Folge Gegenstand der (ergebnismindernden) Abschreibungen sein soll.

310 Die Regelung zu Funktionsverlagerungen in § 1 Abs. 3 S. 9 AStG ist fragwürdig, weil ihre Vereinbarkeit mit dem international anerkannten Grundsatz des Fremdvergleichs sehr zweifelhaft ist. Dieser Grundsatz gilt entsprechend Art. 9 OECD-MA in den von Deutschland abgeschlossenen DBA sowie auch gemäß Art. 4 EU-Schiedskonvention. Letztlich ist die Regelung des § 1 Abs. 3 S. 9 AStG ein Ausdruck dafür, dass mit dem Abstellen auf „Gewinnpotenziale" „eine Besitzstandsabsicherung für alle jemals in Deutschland getätigten Investitionen und die daraus resultierenden Immaterialpositionen" geschaffen werden soll. Demgegenüber wird in Fällen der Funktionsverlagerung international der Fremdvergleichsgrundsatz sehr viel stärker einzelwirtschaftsgüterorientiert angewendet. Deshalb erscheint es unwahrscheinlich, dass die „Transferpaket-Regelung" international durchsetzbar ist.

V. Dokumentationspflichten

311 § 90 Abs. 3 AO ordnet an, dass der Steuerpflichtige bei Sachverhalten, die Vorgänge mit Auslandsbezug betreffen, über die Art und den Inhalt seiner Geschäftsbeziehungen mit nahe stehenden Personen iSd. § 1 Abs. 2 AStG Aufzeichnungen zu erstellen hat. Die Aufzeichnungspflicht umfasst auch die wirtschaftlichen und rechtlichen Grundlagen für eine den Grundsatz des Fremdvergleichs beachtende Vereinbarung von Preisen und anderen Geschäftsbedingungen mit den Nahestehenden. Bei außergewöhnlichen Geschäftsvorfällen sind die Aufzeichnungen zeitnah zu erstellen. Zur weiteren Detaillierung von Art, Inhalt und Umfang der zu erstellenden Aufzeichnungen gilt eine Rechtsverordnung.[288] Die Finanzbehörde soll die Vorlage von Aufzeichnungen in der Regel nur für die Durchführung einer Außenprüfung verlangen. Sie hat ohne Beachtung der Voraussetzungen des § 90 Abs. 2 AO jeweils auf Anforderung innerhalb einer Frist von 60 Tagen (bei außergewöhnlichen Geschäftsvorfällen: 30 Tagen) zu erfolgen, die nur in begründeten Einzelfällen verlängert werden kann.

Die Aufzeichnungspflichten gelten entsprechend für Steuerpflichtige, die für die inländische Besteuerung Gewinne zwischen ihrem inländischen Unternehmen und dessen ausländischer Betriebsstätte aufzuteilen oder den Gewinn der inländischen Betriebsstätte ihres ausländischen Unternehmens zu ermitteln haben.

312 Für den Fall, dass ein Steuerpflichtiger seine Mitwirkungspflichten nach § 90 Abs. 3 AO dadurch verletzt, dass er die Aufzeichnungen nicht vorlegt, oder vorgelegte Aufzeichnungen im Wesentlichen unverwertbar sind, oder festgestellt wird, dass der Steuerpflichtige Aufzeichnungen iSd. § 90 Abs. 3 AO nicht zeitnah erstellt hat, sieht § 162 Abs. 3 AO zwei Sanktionen vor.[289] Zum einen wird widerlegbar vermutet, dass die im Inland steuerpflichtigen Einkünfte des Steuerpflichtigen, zu deren Ermittlung die Aufzeichnungen iSd.

---

[288] Sog. Gewinnabgrenzungsaufzeichnungsverordnung.
[289] S. auch bei Verstößen gegen § 90 Abs. 2 AO die Regelung in § 162 Abs. 2 AO sowie § 1 Abs. 4 AStG. S. auch § 162 Abs. 3 S. 3 AO.

F. Hinzurechnungsbesteuerung 313–316 § 13

§ 90 Abs. 3 AO dienen, höher als die von ihm erklärten Einkünfte sind.[290] Zum anderen kann, wenn in solchen Fällen die Finanzbehörde eine Schätzung vorzunehmen hat und diese Einkünfte nur innerhalb eines bestimmten Rahmens, insbesondere nur aufgrund von Preisspannen bestimmt werden können, dieser Rahmen zu Lasten des Steuerpflichtigen ausgeschöpft werden.

Des Weiteren ist, wenn ein Steuerpflichtiger Aufzeichnungen iSd. § 90 Abs. 3 AO nicht vorlegt oder vorgelegte Aufzeichnungen im Wesentlichen unverwertbar sind, gem. § 162 Abs. 4 AO ein Zuschlag festzusetzen (der Zuschlag ist steuerliche Nebenleistung iSd. § 3 Abs. 4 AO; er stellt wohl gem. § 10 Nr. 2 KStG steuerlich eine nicht abzugsfähige Betriebsausgabe dar). Der Zuschlag beläuft sich grundsätzlich auf 5000 €. Er beträgt allerdings in Fällen der Schätzung nach § 162 Abs. 3 AO mindestens 5 % und höchstens 10 % des Mehrbetrags der Einkünfte, der sich nach einer Berichtigung aufgrund der Anwendung des § 162 Abs. 3 AO ergibt,[291] wenn sich danach ein Zuschlag von mehr als 5000 € ergibt. Bei verspäteter Vorlage von verwertbaren Aufzeichnungen beträgt der Zuschlag bis zu 1 Mio. € (mindestens jedoch 100 € für jeden vollen Tag der Fristüberschreitung). 313

Soweit den Finanzbehörden Ermessen hinsichtlich der Höhe des Zuschlags eingeräumt ist, sind neben dessen Zweck, den Steuerpflichtigen zur Erstellung und fristgerechten Vorlage der Aufzeichnungen iSd. § 90 Abs. 3 AO anzuhalten, insbesondere die von ihm gezogenen Vorteile und bei verspäteter Vorlage auch die Dauer der Fristüberschreitung zu berücksichtigen. Von der Festsetzung eines Zuschlags ist abzusehen, wenn die Nichterfüllung der Pflichten nach § 90 Abs. 3 AO entschuldbar erscheint oder ein Verschulden nur geringfügig ist. Der Zuschlag ist regelmäßig nach Abschluss der Außenprüfung festzusetzen. 314

F. Hinzurechnungsbesteuerung

Die Hinzurechnungsbesteuerung setzt voraus, dass unbeschränkt Steuerpflichtige[292] in – weiter unten definiertem – ausreichendem Umfang an einer ausländischen Gesellschaft[293] beteiligt sind, dass die ausländische Gesellschaft Einkünfte aus passivem Erwerb erzielt und dass diese Einkünfte im Ausland einer niedrigen Besteuerung unterliegen. Außerdem darf kein sog. Cadbury-Schweppes-Schutz gegeben sein. 315

Für den Fall, dass diese Voraussetzungen erfüllt sind, durchbricht die Hinzurechnungsbesteuerung die Abschirmwirkung einer ausländischen Kapitalgesellschaft und führt unabhängig von einer Ausschüttung zur Besteuerung bestimmter von der ausländischen Gesellschaft erzielter Einkünfte beim deutschen Gesellschafter.[294] Dies erfolgt vor dem Hintergrund, dass Gewinnausschüttungen ausländischer Kapitalgesellschaften aufgrund § 8 b Abs. 1 KStG 316

---

[290] Die Beweislast für die Unangemessenheit der Verrechnungspreise liegt aber nach wie vor bei der Finanzverwaltung. Bei Erfüllung der gesetzlichen Dokumentationspflichten gilt auch die Vermutungsregelung nicht.
[291] Auf das Entstehen einer Mehrsteuer kommt es nicht an.
[292] Natürliche Personen oder Kapitalgesellschaften.
[293] Praktisch relevant ist die ausländische Kapitalgesellschaft.
[294] Einkünfteerzielungssubjekt ist dabei die ausländische Gesellschaft; BFH v. 2. 7. 1997, BStBl. II 1998, 176.

bei inländischen Kapitalgesellschaften steuerfrei sind.[295] Zweck der Hinzurechnungsbesteuerung ist deshalb nicht (wie noch zu Zeiten des Anrechnungsverfahrens) eine erzwungene vorweggenommene Dividendenbesteuerung. Es geht vielmehr vor allem um die Beseitigung von Steuervorteilen aus „nicht gewollten" Einkünfteverlagerungen ins niedrig besteuernde Ausland.

Parallel zur Hinzurechnungsbesteuerung wird die DBA-Freistellung eines Betriebsstättengewinns bei niedrig besteuerten passiven Einkünften versagt (§ 20 Abs. 2 AStG). Über die Aktivitätsklausel eines DBA bzw. § 50d Abs. 9 EStG hinaus erfolgt danach eine Beseitigung der Doppelbesteuerung nur noch durch Anrechnung der ausländischen Steuern, falls die Betriebsstätteneinkünfte als Zwischeneinkünfte steuerpflichtig wären, wenn die Betriebsstätte eine ausländische Kapitalgesellschaft wäre. Ein wichtiger Unterschied zur Tochterkapitalgesellschaft verbleibt allerdings immer noch hinsichtlich der bei einer Betriebsstätte nicht möglichen Gewerbesteuerbelastung.[296] Außerdem wird im Fall des § 20 Abs. 2 AStG kein Cadbury-Schweppes-Schutz gewährt.

I. Beteiligungsvoraussetzung, Einkünfte aus passivem Erwerb, Niedrigbesteuerung

1. Beteiligungsvoraussetzung

317 Nach der „normalen" Beteiligungsvoraussetzung für die Hinzurechnungsbesteuerung (§ 7 Abs. 2 AStG) ist es erforderlich, dass unbeschränkt Steuerpflichtige zu mehr als der Hälfte an einer ausländischen Kapitalgesellschaft beteiligt sind. Sowohl die mittelbare Beteiligung über ausländische Kapitalgesellschaften[297] als auch über in- oder ausländische Personengesellschaften wird gem. § 7 Abs. 1 Satz 2 und Abs. 3 AStG anhand der durchgerechneten anteiligen Beteiligungsquote bei der Prüfung der Beteiligungsvoraussetzung berücksichtigt. Die Beteiligungen unbeschränkt Steuerpflichtiger werden bei der Prüfung der „normalen" Beteiligungsvoraussetzung aufsummiert.

318 Maßgebender Zeitpunkt für die Feststellung der Beteiligungsquote ist das Ende des Wirtschaftsjahres der ausländischen Gesellschaft, in dem diese die Einkünfte aus passivem Erwerb bezogen hat. Die Beteiligungsquote während des Wirtschaftsjahres der ausländischen Gesellschaft ist nicht von Bedeutung.[298]

319 Hinsichtlich sog. Kapitalanlageeinkünfte ist gem. § 7 Abs. 6 AStG für eine Hinzurechnungsbesteuerung eine Beteiligung unbeschränkt Steuerpflichtiger zu mehr als der Hälfte nicht erforderlich. Es ist ausreichend, dass ein unbeschränkt Steuerpflichtiger (oder mehrere jeweils) unmittelbar oder mittelbar[299] zu mindestens 1 % an der ausländischen Kapitalgesellschaft beteiligt ist.

---

[295] Allerdings gelten gem. § 8b Abs. 5 KStG 5 % der Dividenden pauschal als nicht abziehbare Betriebsausgaben, so dass im Ergebnis nur 95 % der Dividenden steuerfrei sind. Überdies Hinweis auf § 8 Nr. 5 GewStG.

[296] Fraglich ist, ob § 20 Abs. 2 AStG auch zur Verlustberücksichtigung führen kann. Siehe aber auch § 2a EStG (nach dem JStG 2009 nur noch auf Drittstaaten-Einkunftsquellen begrenzt).

[297] Inländische Kapitalgesellschaften unterliegen selbst der Hinzurechnungsbesteuerung.

[298] Dies bedeutet, dass man sich bei unterjährigem Anteilserwerb in Hinzurechnungsbesteuerungsprobleme „einkaufen" kann et vice versa. Auch Hinweis auf die insoweit problematische Norm des § 21 Abs. 3 AStG.

[299] Auch insoweit bejahend BMF v. 14.5.2004, BStBl. I 2004 Sondernummer 1, Tz. 7.1.2. und 14.0.4.

Wenn die ausländische Gesellschaft ausschließlich oder fast ausschließlich (dh. zu mindestens 90%) Einkünfte mit Kapitalanlagecharakter erzielt, gilt sogar überhaupt keine Mindestbeteiligung (Ausnahme: Börsennotierung der ausländischen Zwischengesellschaft). Damit sollen Kapitalanlagemodelle im niedrig besteuernden Ausland verhindert werden. Es darf angezweifelt werden, ob die tatsächliche Durchsetzung der Hinzurechnungsbesteuerung in solchen Fällen praktikabel ist.[300]

Einkünfte mit Kapitalanlagecharakter sind Einkünfte aus dem Halten, der Verwaltung, der Werterhaltung oder Werterhöhung von Zahlungsmitteln, Forderungen, Wertpapieren, Beteiligungen oder ähnlichen Vermögenswerten. Solche Einkünfte sind regelmäßig passiv (Ausnahme: funktionale Zugehörigkeit zu aktiven Tätigkeiten der ausländischen Zwischengesellschaft oder aktive Beteiligungserträge nach § 8 Abs. 1 Nr. 8, 9 und 10 AStG).

2. Einkünfte aus passivem Erwerb

Der in § 8 Abs. 1 AStG enthaltene Tätigkeitskatalog definiert die unschädlichen, „aktiven" Tätigkeiten, die nicht zu einer Hinzurechnungsbesteuerung führen. Alle anderen Tätigkeiten sind „passiv" und können der Hinzurechnungsbesteuerung unterliegen.

Bei der Einstufung der Tätigkeiten sind wirtschaftlich zusammengehörende Tätigkeiten einheitlich zu behandeln (funktionale Betrachtungsweise). Dabei ist die Tätigkeit maßgebend, auf der nach der allgemeinen Verkehrsauffassung das wirtschaftliche Schwergewicht liegt.[301] Danach sind im Rahmen einer aktiven Tätigkeit anfallende Nebenerträge (zB Zinsen aus der Anlage von betrieblicher Liquidität) den Einkünften aus der aktiven Tätigkeit zuzuordnen.[302] Ist die ausländische Gesellschaft an einer Personengesellschaft beteiligt, so sind für Zwecke des § 8 AStG die aus dem Beteiligungsverhältnis fließenden Einkünfte so zu behandeln, als habe die ausländische Gesellschaft die Tätigkeiten der Personengesellschaft selbst ausgeübt.[303]

Die Abgrenzung aktiver und passiver Einkünfte ist teilweise außerordentlich komplex und kann nachfolgend nur skizziert werden:
- In jedem Fall aktiv sind gem. § 8 Abs. 1 Nr. 1 und 2 AStG nur Land- und Forstwirtschaft und industrielle Tätigkeiten (Herstellung, Bearbeitung, Verarbeitung oder Montage von Sachen, Energieerzeugung sowie Aufsuchen und Gewinnung von Bodenschätzen).[304]
- Der Betrieb von Kreditinstituten und Versicherungsunternehmen ist gem. § 8 Abs. 1 Nr. 3 AStG zwar grds. aktiv, wenn diese einen für ihre Geschäfte in kaufmännischer Weise eingerichteten Geschäftsbetrieb unterhalten, er ist aber passiv, wenn sie ihre Geschäfte überwiegend (d. h. zu mehr als 50%) mit unbeschränkt Steuerpflichtigen, die gem. § 7 AStG an ihnen beteiligt

---

[300] Siehe auch die besonderen Regeln des § 7 Abs. 7 u. 8 AStG.
[301] BFH v. 16. 5. 1990, BStBl. II 1990, 1049.
[302] BMF v. 14. 5. 2004, BStBl. I 2004 Sondernummer 1, Tz. 8.0.2.
[303] BFH v. 16. 5. 1990, BStBl. II 1990, 1049.
[304] Zu diesen Einkünften gehört zwangsläufig auch der Gewinn aus der Veräußerung der hergestellten Produkte etc. und gegebenenfalls des für die Tätigkeit eingesetzten Vermögens. Bei der Be- oder Verarbeitung von Waren liegt industrielle Tätigkeit vor, wenn dadurch ein Gegenstand anderer Marktgängigkeit entstanden ist. Anderenfalls kann Handel iSd. § 8 Abs. 1 Nr. 4 AStG vorliegen.

sind, oder diesen nahe stehenden Personen iSd. § 1 Abs. 2 AStG betreiben.[305]
- Handelstätigkeiten sind gem. § 8 Abs. 1 Nr. 4 AStG zwar grds. aktiv, sie sind aber dann passiv, wenn ein unbeschränkt steuerpflichtiger Gesellschafter oder eine diesem nahe stehende Person der ausländischen Gesellschaft die Verfügungsmacht an den gehandelten Gütern oder Waren verschafft bzw. die ausländische Gesellschaft einen solchen Steuerpflichtigen oder einer solchen nahe stehenden Person die Verfügungsmacht an den Gütern oder Waren verschafft.[306] Rückausnahme: Die ausländische Gesellschaft unterhält einen angemessenen Geschäftsbetrieb ohne Mitwirkung eines unbeschränkt steuerpflichtigen Gesellschafters oder einer diesem nahe stehenden Person und beteiligt sich am allgemeinen wirtschaftlichen Verkehr.
- Dienstleistungstätigkeiten sind gem. § 8 Abs. 1 Nr. 5 AStG zwar grds. aktiv, sie sind aber dann passiv, wenn sich die ausländische Gesellschaft für die Dienstleistung eines unbeschränkt steuerpflichtigen Gesellschafters oder einer diesem nahe stehenden Person, die mit den Einkünften aus ihrem Leistungsbeitrag in Deutschland steuerpflichtig ist, bedient[307] oder die Dienstleistung gegenüber einem unbeschränkt steuerpflichtigen Gesellschafter oder einer diesem nahe stehenden Person, die in Deutschland steuerpflichtig ist, erbringt. Im letzteren Fall gilt die gleiche Rückausnahme wie bei Handelstätigkeiten.
- Die Vermietung und Verpachtung ist zwar grds. aktiv. Die Überlassung der Nutzung von Rechten, Know-how etc. ist aber gem. § 8 Abs. 1 Nr. 6 lit. a AStG grds. passiv, wenn nicht nachgewiesen wird, dass die ausländische Gesellschaft die Ergebnisse eigener Forschungs- und Entwicklungstätigkeit auswertet, die ohne Mitwirkung des unbeschränkt steuerpflichtigen Gesellschafters oder einer diesem nahe stehenden Person unternommen worden ist. Auch die Vermietung und Verpachtung von Grundstücken ist gem. § 8 Abs. 1 Nr. 6 lit. b AStG grds. passiv, wenn sie nicht bei unmittelbarer Tätigkeit der unbeschränkt steuerpflichtigen Gesellschafter nach einem DBA steuerfrei gewesen wäre (wie in den meisten deutschen DBA geregelt). Und auch die Vermietung und Verpachtung von beweglichen Sachen ist gem. § 8 Abs. 1 Nr. 6 lit. c AStG grds. passiv; es gilt aber eine vergleichbare Ausnahme wie bei Handelstätigkeiten.
- Die Aufnahme und darlehensweise Vergabe von Kapital ist gem. § 8 Abs. 1 Nr. 7 AStG aktiv, wenn nachgewiesen wird, dass es ausschließlich auf ausländischen Kapitalmärkten und nicht bei einer dem unbeschränkt steuerpflichtigen Gesellschafter oder der Gesellschaft nahe stehenden Person aufgenommen wurde und als Darlehen ausschließlich Betrieben oder Betriebsstätten zugeführt wird, die im Ausland belegen sind und ihre Bruttoerträge ausschließlich oder fast ausschließlich (dh. zu mindestens 90 %)[308] aus Tätig-

---

[305] Eine Person ist gem. § 1 Abs. 2 AStG insbesondere dann nahe stehend, wenn der Steuerpflichtige an ihr zu mindestens 25 % beteiligt ist oder umgekehrt sie an dem Steuerpflichtigen zu mindestens 25 % beteiligt ist oder eine dritte Person an beiden zu jeweils mindestens 25 % beteiligt ist.
[306] Handel zwischen nahe stehenden Personen des Anteilseigners, die nicht im Inland steuerpflichtig sind, kann keine passiven Einkünfte begründen.
[307] Das heißt diesem Personenkreis Aufgaben überträgt, zu deren Erfüllung die ausländische Gesellschaft im Außenverhältnis verpflichtet ist.
[308] BFH v. 30. 8. 1995, BStBl. II 1996, 122.

F. Hinzurechnungsbesteuerung

keiten iSd. § 8 Abs. 1 Nr. 1 bis 6 AStG beziehen oder die in Deutschland belegen sind.
Bis auf den in § 8 Abs. 1 Nr. 7 AStG aufgeführten Sonderfall führen grundsätzlich sämtliche Kapitalanlagen zu passivem Erwerb. Dies betrifft insbesondere Zinsen und damit zusammenhängende Veräußerungsgewinne, aber auch Einkünfte aus derivativen Finanzprodukten uam. Allerdings sind „Gewinnausschüttungen von Kapitalgesellschaften" aktiv (§ 8 Abs. 1 Nr. 8 AStG) und können auch Einkünfte aus der „Veräußerung des Anteils an einer anderen Gesellschaft sowie aus deren Auflösung oder der Herabsetzung ihres Kapitals" (§ 8 Abs. 1 Nr. 9 AStG) aktiv sein.[309]

Letzteres ist insoweit der Fall, als der Veräußerungsgewinn betr. Kapitalanteile auf Wirtschaftsgüter entfällt, die nicht Tätigkeiten mit Kapitalanlagecharakter iSd. § 7 Abs. 6 a AStG dienen und der Steuerpflichtige dies nachweist. Mit anderen Worten: Ein Anteilsveräußerungsgewinn ist zwar grds. aktiv. Er ist aber dann und insoweit passiv, wenn und wie der Steuerpflichtige nicht nachweist, dass der Veräußerungsgewinn auf Wirtschaftsgüter der veräußerten Gesellschaft entfällt, die anderen als den in § 7 Abs. 6 a AStG bezeichneten Tätigkeiten mit Kapitalanlagecharakter dienen; das gilt entsprechend, soweit der Gewinn auf derartige Wirtschaftsgüter einer Gesellschaft entfällt, an der die veräußerte Gesellschaft beteiligt ist. Eine Verrechnung von Veräußerungsverlusten[310] mit positiven passiven Erträgen ist dementsprechend nur dann möglich, wenn der Steuerpflichtige nachweist, dass sie auf Wirtschaftsgüter zurückzuführen sind, die Tätigkeiten mit Kapitalanlagecharakter dienen.[311]

Unabhängig davon, dass es nicht vertretbar ist, dass § 8 Abs. 1 Nr. 9 AStG enger als § 8 b Abs. 2 KStG gefasst ist,[312] birgt § 8 Abs. 1 Nr. 9 AStG eine Vielzahl von Verständnisproblemen im Detail, zB: Setzt § 8 Abs. 1 Nr. 9 AStG die Niedrigbesteuerung der veräußerten Gesellschaft voraus? Erfasst die Norm auch den Fall mehrstufiger Holdingstrukturen im Ausland? Erfasst sie auch den Fall der Veräußerung deutscher Beteiligungen aus einer ausländischen Zwischenholding? Welche Beteiligungsvoraussetzung gilt für § 8 Abs. 1 Nr. 9 AStG? Wie soll der Veräußerungsgewinn Kapitalanlageaktivitäten (den diesen dienenden Wirtschaftsgütern) zugeordnet werden? Ist die Relation des Werts der Wirtschaftsgüter oder die Relation der stillen Reserven in den Wirtschaftsgütern relevant? Wie ist vorzugehen, wenn die stillen Reserven im Anteil von denen in der Gesellschaft abweichen?

Schließlich sind aktive Einkünfte gem. § 8 Abs. 1 Nr. 10 AStG auch solche aus Umwandlungen, die ungeachtet des § 1 Abs. 2 und 4 UmwStG zu Buchwerten erfolgen könnten; das gilt nicht, soweit eine Umwandlung den Anteil an einer Kapitalgesellschaft erfasst, dessen Veräußerung nicht die Voraussetzungen des § 8 Abs. 1 Nr. 9 AStG erfüllen würde. Die Norm ist i.V.m. § 10 Abs. 3 S. 4 AStG zu sehen, wonach bei Ermittlung der dem Hinzurechnungsbetrag

---

[309] Die Herausnahme der Einkünfte iSd. § 8 Abs. 1 Nr. 8 und 9 AStG aus den Einkünften mit Kapitalanlagecharakter in § 7 Abs. 6 a AStG ist ohne inhaltliche Bedeutung und nur klarstellend, da aktive Einkünfte von der Hinzurechnungsbesteuerung nicht betroffen sind.
[310] Einbezogen werden müssen auch Verluste aus Auflösung oder Kapitalherabsetzung.
[311] BMF v. 14. 5. 2004, BStBl. I 2004, Sondernummer 1, Tz. 8.1.9.
[312] Wegen der Irrelevanz der Einschränkungen des § 8 b Abs. 2 KStG ist er allerdings auch partiell weiter gefasst.

zugrundeliegenden Einkünfte die Vorschriften des UmwStG nicht anzuwenden sind, soweit Einkünfte aus einer Umwandlung nach § 8 Abs. 1 Nr. 10 AStG hinzuzurechnen sind.[313]

3. Niedrigbesteuerung

326 Nach § 8 Abs. 3 AStG liegt eine niedrige Besteuerung vor, wenn die in Frage stehenden Einkünfte der ausländischen Gesellschaft einer Belastung mit Ertragsteuern von weniger als 25 % unterliegen.

327 Die Finanzverwaltung hat als Anlage zum AStG-Anwendungsschreiben Zusammenstellungen der Gebiete veröffentlicht, die für die Anwendung der §§ 7 ff. AStG besonders in Betracht kommen bzw. in denen ein „normaler" Ertragsteuersatz gilt.[314] Diese Aufstellung hat jedoch nur Informationscharakter und schränkt die Prüfung durch die Finanzverwaltung nicht ein. Vielmehr erfolgt die Prüfung der niedrigen Besteuerung nicht allein anhand des ausländischen Steuersatzes, sondern anhand einer Berechnung der tatsächlichen Belastung.

328 Hierbei sind die Einkünfte grundsätzlich nach den Regelungen des deutschen Steuerrechts zu ermitteln. Bloße zeitliche Verschiebungen aufgrund von im Ausland üblichen Abschreibungssätzen oder ähnlichen Regelungen, die sich in überschaubarer Zeit ausgleichen, können dabei unberücksichtigt bleiben.[315] Auch eine Minderung der Steuerbelastung aufgrund eines Verlustausgleichs mit anderen Einkünften oder eines Verlustvortrags führt nicht zu einer niedrigen Besteuerung (§ 8 Abs. 3 S. 1 AStG bezeichnet eine Niedrigbesteuerung als unschädlich, die auf einem Ausgleich mit Einkünften aus anderen Quellen beruht).[316]

329 Auch die von Drittstaaten (zB von einem Betriebsstättenstaat) erhobenen Ertragsteuern (auch evtl. im Drittstaat einbehaltene Quellensteuern) können in die Prüfung der niedrigen Besteuerung einbezogen werden. Nicht völlig klar ist, ob die Ertragsteuern bei der ausländischen Gesellschaft selbst erhoben werden müssen oder ob bspw. in Fällen einer Organschaftsbesteuerung oÄ im Ausland die auf die Einkünfte einer Gesellschaft entfallenden Steuern des Organträgers mit zu berücksichtigen sind. Letzteres ist naturgemäß die einzig vernünftige Betrachtung.[317]

330 Die Prüfung der tatsächlichen Belastung führt bspw. dazu, dass auch Steuervergünstigungen in ansonsten hoch besteuernden Ländern zu einer niedrigen Besteuerung iSd. § 8 Abs. 3 AStG führen können.[318]

---

[313] S. auch Rz. 432 ff.
[314] BMF v. 14. 5. 2004, BStBl. I 2004 Sondernummer 1, Tz. 8.3.2.2 iVm. Anlage 1 u. 2.
[315] BMF v. 14. 5. 2004, BStBl. I 2004 Sondernummer 1, Tz. 8.3.1.1.
[316] BMF v. 14. 5. 2004, BStBl. I 2004 Sondernummer 1, Tz. 8.3.2.5.
[317] S. auch BMF v. 14. 5. 2004, BStBl. I 2004, Sondernummer 1, Tz. 8.3.1.2. Allerdings sind die Probleme der Prüfung der Niedrigbesteuerung in Fällen ausländischer Konzernbesteuerungssysteme noch nicht wirklich gelöst. Probleme sind auch denkbar, wenn die Qualifikation von Sachverhalten nach ausländischem Steuerrecht von derjenigen nach deutschem Steuerrecht abweicht.
[318] BFH v. 20. 4. 1988, BStBl. II 1988, 983.

II. Cadbury-Schweppes-Schutz

Der EuGH hat in seiner Entscheidung Cadbury-Schweppes die britischen **331**
CFC-Rules als europarechtswidrig eingestuft.[319] Der deutsche Gesetzgeber hat
daraufhin § 8 Abs. 2 AStG eingeführt, der dazu führt, dass die Hinzurechnungsbesteuerung ggf. auch dann nicht greift,[320] wenn die vorstehend unter 1.
erläuterten Voraussetzungen (Deutschbeherrschung, passive Einkünfte, Niedrigbesteuerung) gegeben sind. Danach ist eine Gesellschaft, die ihren Sitz oder
ihre Geschäftsleitung in einem Mitgliedstaat der Europäischen Union oder
einem Vertragsstaat des EWR-Abkommens hat, nicht Zwischengesellschaft für
Einkünfte, für die unbeschränkt Steuerpflichtige, die im Sinne des § 7 Abs. 2
AStG an der Gesellschaft beteiligt sind, nachweisen, dass die Gesellschaft insoweit einer tatsächlichen wirtschaftlichen Tätigkeit in diesem Staat nachgeht.[321]

Die Frage, ob eine niedrigbesteuerte EU/EWR-Gesellschaft einer „tatsäch- **332**
lichen wirtschaftlichen Tätigkeit in diesem Staat nachgeht", soll nach dem Willen des Gesetzgebers der zentrale Maßstab für die Frage sein, ob die Anwendung der Hinzurechnungsbesteuerung im europäischen Raum zulässig ist. Die
Begriffe wurden aus der EuGH-Rechtsprechung Cadbury-Schweppes übernommen, aber auch dort nicht näher definiert. Der EuGH gibt jedoch einige
Hinweise, die insoweit als „Richtschnur" heranzuziehen sein dürften, wann
diese Voraussetzungen gegeben sind:[322]

- Stabile und kontinuierliche Teilnahme am Wirtschaftsleben eines anderen
  Mitgliedstaates und entsprechende Nutzenziehung.
- Tatsächliche Ansiedlung der betreffenden Gesellschaft und tatsächliche Ausübung einer wirtschaftlichen Tätigkeit mittels einer festen Einrichtung in
  diesem Staat auf unbestimmte Zeit.
- Feststellbarkeit dieser Voraussetzungen auf der Grundlage von objektiven,
  von dritter Seite nachprüfbaren Anhaltspunkten, die sich u. a. auf das Ausmaß des greifbaren Vorhandenseins der ausländischen Gesellschaft in Form
  von Geschäftsräumen, Personal und Ausrüstungsgegenständen beziehen.

Weitere Voraussetzung ist, dass zwischen der Bundesrepublik Deutschland **333**
und dem betroffenen ausländischen Staat auf Grund der Richtlinie 77/799/
EWG des Rates vom 19. 12. 1977 über die gegenseitige Amtshilfe oder einer vergleichbaren zwei- oder mehrseitigen Vereinbarung Auskünfte erteilt werden,
die erforderlich sind, um die Besteuerung durchzuführen. Der Cadbury-Schweppes-Schutz gilt nicht für Zwischeneinkünfte, die einer Betriebsstätte
der Gesellschaft außerhalb der Europäischen Union oder der Vertragsstaaten
des EWR-Abkommens zuzurechnen sind.

---

[319] EuGH v. 12. 9. 2006, DB 2006, 2045.
[320] Gleichwohl bestehen die Erklärungspflichten nach § 18 Abs. 3 AStG.
[321] Der tatsächlichen wirtschaftlichen Tätigkeit der Gesellschaft sind nur Einkünfte der Gesellschaft zuzuordnen, die durch diese Tätigkeit erzielt werden und dies nur insoweit, als der Fremdvergleichsgrundsatz (§ 1 AStG) beachtet worden ist.
[322] Entsprechend sollte auch nicht nur die deutsche Gesetzesbegründung bzw. das BMF-Schreiben vom 8. 1. 2007, BStBl. I 2007, 99, für die Auslegung herangezogen werden, indem tendenziell vertreten wird, dass für Konzernfinanzierungseinkünfte der Nachweis gem. § 8 Abs. 2 AStG nicht erbracht werden können soll.

III. Rechtsfolgen

334 Die passiven Einkünfte sind gem. § 7 Abs. 1 AStG bei jedem der unbeschränkt steuerpflichtigen Gesellschafter mit dem Teil steuerpflichtig, der auf die ihm zuzurechnende Beteiligung am Nennkapital der ausländischen Gesellschaft entfällt.[323] Eine Beteiligung am Nennkapital iSd. § 7 Abs. 1 AStG ist nur eine unmittelbare Beteiligung.[324] Die bei der Prüfung der Beteiligungsvoraussetzung einbezogene mittelbare Beteiligung über eine ausländische Kapitalgesellschaft führt daher nicht direkt zu einer Hinzurechnung, sondern wird nur im Rahmen der Zurechnung nach § 14 AStG berücksichtigt (dazu Rz. 340 ff.).

335 Die steuerpflichtigen Einkünfte sind gem. § 10 Abs. 3 Satz 1 AStG in entsprechender Anwendung des deutschen Steuerrechts zu ermitteln.[325] § 8 b KStG, nach dem Dividenden und Gewinne aus der Veräußerung von Anteilen an Kapitalgesellschaften bei der Ermittlung des Einkommens (in- und ausländischer) Kapitalgesellschaften zu 95 % außer Ansatz bleiben, ist dabei allerdings nicht anzuwenden. Gleiches gilt für die Regelungen zur Zinsschranke sowie ggf. für die Normen des Umwandlungssteuerrechts (s.o.).

336 Nach § 10 Abs. 1 AStG sind die passiven Einkünfte nach Abzug der Steuern, die zu Lasten der ausländischen Gesellschaft von diesen Einkünften erhoben worden sind, anzusetzen (Hinzurechnungsbetrag). Auf Antrag des Steuerpflichtigen kann diese Steuer gem. § 12 Abs. 1 AStG jedoch unter gleichzeitiger Erhöhung des Hinzurechnungsbetrags um diese Steuer auf die Körperschaftsteuer angerechnet werden, die auf den Hinzurechnungsbetrag entfällt.

337 Der Hinzurechnungsbetrag gilt gem. § 10 Abs. 2 Satz 1 AStG unmittelbar nach Ablauf des Wirtschaftsjahrs der ausländischen Gesellschaft als zugeflossen. Die 95 %ige Steuerbefreiung für Gewinnausschüttungen (§ 8 b Abs. 1 KStG) ist gem. § 10 Abs. 2 Satz 3 AStG auf den Hinzurechnungsbetrag nicht anzuwenden.[326] Er ist als Teil der gewerblichen Einkünfte normal der KSt und der GewSt zu unterwerfen[327] (wobei der Hinzurechnungsbetrag auch wieder durch Verlustausgleich mit anderen Einkünften verrechnet werden kann).

338 Wenn die Zwischengesellschaft Veräußerungsgewinne erzielt, die nicht aktiv iSd. § 8 Abs. 1 Nr. 9 AStG sind (dazu s.o.), besteht die Möglichkeit einer doppelten Besteuerung, soweit der Veräußerungsgewinn auf thesaurierte Einkünfte mit Kapitalanlagecharakter entfällt. Daher sieht § 11 AStG vor, dass der Veräußerungsgewinn insoweit vom Hinzurechnungsbetrag auszunehmen ist, als Einkünfte mit Kapitalanlagecharakter der Gesellschaft, deren Anteile veräußert werden,[328] für das gleiche Kalenderjahr oder Wirtschaftsjahr oder für

---

[323] Zum „Verlustvortrag" negativer passiver Einkünfte § 10 Abs. 1 Satz 3 und Abs. 3 Satz 5 und 6 AStG.
[324] BFH v. 30. 8. 1995, BStBl. II 1996, 122; BFH v. 26. 10. 1983, BStBl. II 1984, 258.
[325] Dies korrespondiert mit der grundsätzlichen Anwendung deutschen Steuerrechts bei der Prüfung, ob eine Niedrigbesteuerung vorliegt.
[326] Gleiches gilt ggf. für § 3 Nr. 40 EStG und § 32d EStG.
[327] Gem. § 12 Abs. 1 AStG unter Anrechnung der Steuern der ausländischen Gesellschaft. Mindermeinung: Keine GewSt gem. § 9 Nr. 3 GewStG.
[328] Da die Einstufung des Veräußerungsgewinns als passiv auch durch Einkünfte mit Kapitalanlagecharakter nachgeschalteter Gesellschaften verursacht sein kann, ist es konsequenterweise erforderlich, auch die auf diese entfallenden Hinzurechnungsbeträge bei

F. Hinzurechnungsbesteuerung 339–341 § 13

die vorangegangenen sieben Kalenderjahre oder Wirtschaftsjahre als Hinzurechnungsbetrag der Besteuerung unterlegen haben und keine Ausschüttung dieser Einkünfte erfolgte. Diese Voraussetzungen sollen vom Steuerpflichtigen nachgewiesen werden. Dies dürfte insbesondere dann schwierig sein, wenn die Gesellschaft auch andere Einkünfte erzielt und Teile des Gewinns ausgeschüttet wurden.[329]

Die der Hinzurechnungsbesteuerung ggf. später nachfolgende tatsächliche Ausschüttung ist nach § 8 b Abs. 1 KStG zu 95 % steuerfrei. Doppelbesteuerungskonsequenzen können sich allerdings wegen § 8 b Abs. 5 KStG und § 8 Nr. 5 GewStG, wegen fehlender Anrechnung evtl. Quellensteuern sowie bei ausnahmsweise (zB gem. § 8 b Abs. 4 KStG a. F.) steuerpflichtigen Gewinnen aus der Veräußerung von Anteilen an der ausländischen Zwischengesellschaft ergeben.[330] 339

IV. Besonderheiten bei nachgeschalteten Zwischengesellschaften

Im Fall nachgeschalteter Gesellschaften nach § 14 AStG erfolgt die Hinzurechnungsbesteuerung hinsichtlich der passiven Einkünfte der Untergesellschaft nicht direkt, sondern zweistufig (bzw. mehrstufig bei weiteren nachgeschalteten Gesellschaften gem. § 14 Abs. 3 AStG). Die Einkünfte einer Untergesellschaft, die nicht aus aktiven Tätigkeiten iSd. § 8 Abs. 1 Nr. 1 bis 10 AStG stammen[331] und die niedrig besteuert sind, werden der Obergesellschaft zu dem Teil zugerechnet, der auf ihre Beteiligung am Nennkapital der Untergesellschaft entfällt.[332] Wesentliche Ausnahme von der Zurechnung der passiven Einkünfte nach § 14 AStG gem. § 14 Abs. 1 Satz 1 AStG letzter Halbsatz: Die Zurechnung unterbleibt, soweit nachgewiesen wird, dass die Zwischeneinkünfte der Untergesellschaft aus Tätigkeiten oder Gegenständen stammen, die mit einer unter § 8 Abs. 1 Nr. 1–6 AStG fallenden eigenen Tätigkeit der ausländischen Obergesellschaft in unmittelbarem Zusammenhang stehen. Es handelt sich um eine besondere Ausprägung der funktionalen Betrachtungsweise. Von dieser sind allerdings alle Einkünfte i.S.d. § 7 Abs. 6a AStG ausgenommen (§ 14 Abs. 1 Satz 2 AStG). 340

Zum Cadbury-Schweppes-Schutz bei nachgeschalteten Zwischengesellschaften führt § 8 Abs. 2 AStG aus, dass er nicht gilt für die der Gesellschaft nach § 14 AStG zuzurechnenden Einkünfte einer Untergesellschaft, die weder Sitz noch Geschäftsleitung in einem Mitgliedstaat der Europäischen Union oder einem Vertragsstaat des EWR-Abkommens hat. 341

---

der Vermeidung einer doppelten Besteuerung zu berücksichtigen. Dies dürfte auch mit dem Wortlaut des § 11 AStG vereinbar sein, da die Einkünfte der Gesellschaft, deren Anteile veräußert werden, aufgrund der Zurechnung nach § 14 AStG auch die Einkünfte der nachgeschalteten Zwischengesellschaften enthalten.

[329] Hier sollte zugunsten des Steuerpflichtigen unterstellt werden, dass vorrangig die anderen Einkünfte ausgeschüttet wurden.

[330] Für Einkommensteuerpflichtige s. § 3 Nr. 41 EStG.

[331] Das Stammen aus aktiven Tätigkeiten muss der Steuerpflichtige nachweisen, was ihm häufig rein praktisch gar nicht möglich sein wird.

[332] Für den Fall der normalen Beteiligungsvoraussetzung ist eine Mehrheitsbeteiligung unbeschränkt Steuerpflichtiger an der Ober- und der Untergesellschaft und ggf. durchgerechnet erforderlich. Zur Beteiligungsvoraussetzung bei Kapitalanlageeinkünften im Fall von § 14 AStG s. schon Rz. 319.

342 Die Zurechnung nach § 14 AStG geht der Hinzurechnung logisch voran. Der Hinzurechnungsbetrag der ausländischen (Ober-)Gesellschaft enthält somit auch diese Einkünfte. Die Zurechnung der passiven Einkünfte der Untergesellschaft erfolgt am Ende des Wirtschaftsjahres der Untergesellschaft[333] und kann auch einen negativen Betrag umfassen.[334]

G. Umwandlungen und Reorganisationen

343 Die ertragsteuerlichen Folgen von Umwandlungen werden vor allem im UmwStG geregelt. §§ 1–19 UmwStG regeln die Ertragsteuerfolgen der Umwandlungen von Kapitalgesellschaften (Ausnahme: Ausgliederungen aus Kapitalgesellschaften). §§ 20 ff. UmwStG regeln die Ertragsteuerfolgen der Einbringungen in Kapital- und Personengesellschaften, wobei das Institut der „Einbringung" auch die umwandlungsrechtliche Ausgliederung sowie die Verschmelzung von sowie die Ab- bzw. Aufspaltung aus Personengesellschaften mit umfasst.[335] Allerdings existieren auch ertragsteuerliche Normen außerhalb des UmwStG, die für die Besteuerung von Umwandlungen von Bedeutung sind.

I. Grundprinzipien des UmwStG

344 Das UmwStG kennt einige Grundprinzipien, die sich wie ein „roter Faden" durch alle Regelungsbereiche ziehen:
- Gegenstand der Umwandlung muss jeweils das ganze Unternehmen des übertragenden Rechtsträgers oder ein Betrieb, ein Teilbetrieb, ein Mitunternehmeranteil (bzw. ein Teil eines Mitunternehmeranteils) oder (grds.) eine 100%-Beteiligung an einer Kapitalgesellschaft sein; im Bereich des Anteilstauschs kommt zusätzlich (bei angestrebter Buchwerteinbringung) die mehrheitsvermittelnde Beteiligung als Übertragungsgegenstand in Betracht.
- Grundsätzlich ist das übergehende Vermögen mit dem gemeinen Wert anzusetzen. Auf Antrag kann stattdessen der Buchwert oder ein Zwischenwert angesetzt werden, wobei grundsätzlich die weitere nichtbeschränkte Besteuerung der stillen Reserven in Deutschland sichergestellt sein muss (mit Ausnahmen vor allem beim Anteilstausch) und entweder keine Gegenleistung oder eine nur in Gesellschaftsrechten bestehende Gegenleistung vorliegen darf (lediglich in den Einbringungsfällen des Sechsten Teils des UmwStG sind unschädlich weitergehende andere Gegenleistungen möglich). Die Bewertung durch den einen Rechtsträger ist für den anderen grundsätzlich maßgeblich (Wertverknüpfung – mit Ausnahmen bei grenzüberschreitenden Sachverhalten), wobei das Bewertungswahlrecht im Zweiten bis Fünften Teil des UmwStG beim übertragenden Rechtsträger und in den Fällen des Sechsten bis Achten Teils beim übernehmenden Rechtsträger liegt.
- Der übernehmende Rechtsträger tritt grundsätzlich in die steuerliche Rechtsstellung des übertragenden Rechtsträgers ein, z. B. bezüglich der wei-

---

[333] Zu diesem Zeitpunkt muss, damit § 14 AStG greifen kann, auch die Beteiligungsvoraussetzung erfüllt sein.
[334] BFH v. 28. 9. 1988, BStBl. II 1989, 13.
[335] Tz. 20.02, 24.01 UmwSt-Erlass.

G. Umwandlungen und Reorganisationen   345–348   § 13

teren Abschreibungen und der Berücksichtigung von Vorbesitzzeiten. Dagegen ist der Verlustübergang im UmwStG generell ausgeschlossen.
• Umwandlungen i.S.d. Zweiten bis Fünften Teils des UmwStG sind auf den steuerlichen Übertragungsstichtag zurückzubeziehen; Einbringungen i.S.d. Sechsten bis Achten Teils können auf Antrag ebenfalls zurückbezogen werden (Ausnahme: Anteilstausch und Einzelrechtsnachfolgeeinbringungen in Personengesellschaften).

Grenzüberschreitende und ausländische Umwandlungen sind nur dann in 345
Deutschland ertragsteuerrelevant, wenn auf Ebene des übergehenden Vermögens deutsches Besteuerungsrecht besteht bzw. geschaffen wird und/oder eine entsprechende Situation auf Gesellschafterebene gegeben ist. Im Einzelfall kommt insoweit den Regeln der beschränkten Steuerpflicht (z. B. § 49 Abs. 1 Nr. 2a) und 2e) EStG) und in einschlägigen DBA (s. z. B. Art. 7, 10, 13 Abs. 2 und 5 OECD-MA) eine besondere Bedeutung zu. Als relevante Fallgruppen können insoweit Hinausumwandlungen, Hereinumwandlungen, Auslandsumwandlungen mit Inlandsberührung und Inlandsumwandlungen mit Auslandsberührung unterschieden werden.

Seit dem SEStEG werden auch den inländischen Umwandlungen vergleichbare 346
„europäische" Umwandlungen vom Anwendungsbereich des UmwStG erfasst. Es gelten grds. die entsprechenden Regelungen. Allerdings kommt vor allem Entstrickungs- und Verstrickungsfragen in diesem Zusammenhang eine besondere Bedeutung zu. Auch eine steuerlich erfolgsneutrale „europäische" Umwandlung setzt grundsätzlich voraus, dass das deutsche Besteuerungsrecht nicht beschränkt wird (anders als in bestimmten „laufenden" Entstrickungssituationen wird bei umwandlungsbedingter Entstrickung keine Stundung gewährt).

Grenzüberschreitende und ausländische Umwandlungen mit Drittstaaten- 347
bezug (wie auch den deutschen Umwandlungen nicht vergleichbare „europäische" Umwandlungen) werden dagegen nicht vom Anwendungsbereich des UmwStG erfasst. Für sie gelten grundsätzlich die normalen ertragsteuerlichen Regeln. Besonderheiten sieht insoweit lediglich § 12 Abs. 2 KStG für Drittstaatenverschmelzungen von beschränkt steuerpflichtigen Körperschaften und § 24 UmwStG wegen seines globalen Anwendungsbereichs vor.

II. Umwandlung von Kapitalgesellschaften

1. Umwandlung von Kapital- in bzw. auf Personengesellschaften[336]

Die Umwandlung einer Kapital- in bzw. auf eine Personengesellschaft ist in 348
§§ 3 ff. UmwStG geregelt.[337] Sie wird gem. § 2 UmwStG steuerlich auf den Stichtag der Bilanz zurückbezogen, die dem Vermögensübergang zu Grunde liegt (steuerlicher Übertragungsstichtag).[338]

---
[336] Bzw. auf eine natürliche Person.
[337] Gewerbesteuerlich gilt Nachstehendes gem. § 18 UmwStG entsprechend. Für die gewerbesteuerliche Behandlung der Übernahmeergebnisse s. § 18 Abs. 2 UmwStG. Zu § 7 UmwStG s. § 9 Nr. 2a GewStG und § 18 Abs. 2 S. 2 UmwStG. Für künftige Veräußerungsgewinne ergeben sich gewerbesteuerliche Besonderheiten aus § 18 Abs. 3 UmwStG.
[338] Das JStG 2009 hat insoweit einen neuen § 2 Abs. 4 UmwStG (vor allem im Hinblick auf § 8c KStG) eingeführt, den es bei Realisierung eines Übertragungsgewinns zu beachten gilt.

a) Steuerfolgen bei der übertragenden Kapitalgesellschaft

349 Die übertragende Kapitalgesellschaft hat in ihrer steuerlichen Schlussbilanz grds. die gemeinen Werte der übergehenden Wirtschaftsgüter (einschließlich nicht entgeltlich erworbener und selbst geschaffener immaterieller Wirtschaftsgüter) anzusetzen (§ 3 Abs. 1 UmwStG).[339] Bei Vorliegen bestimmter Voraussetzungen kann aber auch auf Antrag einheitlich der Buchwert der übergehenden Wirtschaftsgüter oder ein Zwischenwert angesetzt werden (§ 3 Abs. 2 UmwStG). Dabei handelt es sich insbesondere darum,[340] dass die übergehenden Wirtschaftsgüter Betriebsvermögen der übernehmenden Personengesellschaft werden müssen und sichergestellt sein muss, dass sie später der Besteuerung mit Einkommensteuer oder Körperschaftsteuer unterliegen, dass eine Gegenleistung nicht gewährt wird oder in Gesellschaftsrechten besteht und dass das Recht der Bundesrepublik hinsichtlich der Besteuerung des Gewinns aus der Veräußerung der übertragenen Wirtschaftsgüter bei den Gesellschaftern der übernehmenden Personengesellschaft nicht ausgeschlossen oder beschränkt wird (zu der letztgenannten Voraussetzung s. näher Rz. 360 ff.). Der Antrag kann unabhängig davon gestellt werden, welcher Wert in der Handelsbilanz angesetzt wird.[341]

b) Steuerfolgen bei der übernehmenden Personengesellschaft

350 Die übernehmende Personengesellschaft führt die Buchwerte aus der Schlussbilanz fort (§ 4 Abs. 1 S. 1 UmwStG)[342] und tritt grundsätzlich in die steuerliche Rechtsstellung der Übertragerin ein (§ 4 Abs. 2 UmwStG). Als wesentliche Ausnahme dazu ist allerdings geregelt, dass steuerliche Verlustvorträge der Übertragerin (sowie verrechenbare Verluste und nicht ausgeglichene negative Einkünfte) im Zuge der Umwandlung untergehen.[343]

351 Weitere steuerliche Folgen ergeben sich bei der übernehmenden Personengesellschaft aus der sog. steuerlichen Übernahmeergebnisermittlung, die aus der steuerlichen Behandlung der Gesellschafter der umgewandelten Kapitalgesellschaft resultiert (vgl. Rz. 353 ff.).

c) Steuerfolgen bei den Gesellschaftern der umgewandelten Kapitalgesellschaft

352 Allen Gesellschaftern der umgewandelten Kapitalgesellschaft werden als Folge der Umwandlung gem. § 7 UmwStG in Höhe des auf sie entfallenden ausschüttbaren Gewinns der Kapitalgesellschaft (Eigenkapital abzgl. Einlagekonto nach Anwendung des § 29 Abs. 1 KStG) Einkünfte aus Kapitalvermögen

---

[339] Für die Bewertung von Pensionsrückstellungen gilt § 6a EStG.
[340] Im Ab- bzw. Aufspaltungsfall ist überdies insbesondere die Erfüllung der doppelten Teilbetriebsbedingung in § 15 UmwStG vorausgesetzt (vgl. § 16 UmwStG).
[341] Die Ausführungen in BMF v. 25.3.1998, BStBl. I 1998, 268, Tz. 03.01 und 14.02 sind überholt.
[342] Auch in den Fällen der handelsbilanziellen Aufstockung nach Maßgabe des § 24 UmwG. Auch insoweit gilt kein Maßgeblichkeitsgrundsatz. Die Auffassung in BMF v. 25.3.1998, BStBl. I 1998, 268, 444, Tz. 03.02, wonach in einem Sonderfall der Maßgeblichkeitsgrundsatz auch steuerlich zu einem phasenverschobenen Aufstockungszwang führte, ist überholt.
[343] Gleiches gilt für evtl. Zinsvorträge.

G. Umwandlungen und Reorganisationen   353, 354 § 13

zugewiesen. Sie werden wie eine Gewinnausschüttung besteuert und unterliegen dem Kapitalertragsteuerabzug.³⁴⁴

Darüber hinaus gelten steuerverstrickte (d. h. der Veräußerungsbesteuerung 353
unterliegende) Anteile an der Übertragerin als zu Buchwerten resp. Anschaffungskosten in die übernehmende Personengesellschaft eingelegt (soweit sie nicht schon sowieso von der Übernehmerin gehalten werden),³⁴⁵ um das Übernahmeergebnis durch Vergleich des Anteilsbuchwerts mit dem (anteiligen) Buchwert des übernommenen Betriebsvermögens ermitteln zu können (§ 4 Abs. 4 ff., § 5 Abs. 2 u. 3 UmwStG). Das Übernahmeergebnis wird dabei gem. § 4 Abs. 5 Satz 2 UmwStG um den separat besteuerten Dividendenteil gekürzt.³⁴⁶ Zu beachten ist, dass vor Ermittlung des Übernahmeergebnisses gem. § 4 Abs. 1 Sätze 2 u. 3 UmwStG ein steuerpflichtiger Gewinn entstehen kann, soweit der Buchwert der Anteile an der übertragenden Kapitalgesellschaft auf Grund steuerwirksamer Abschreibungen oder auf Grund von Abzügen nach § 6b EStG o. Ä. unter dem gemeinen Wert liegt (sog. „erweiterte Wertaufholung").³⁴⁷

Übersteigt der Anteilsbuchwert den (anteiligen) Buchwert des übernom- 354
menen Betriebsvermögens (abzüglich des separat besteuerten Dividendenteils), resultiert ein Übernahmeverlust. Dieser ist nach § 4 Abs. 6 UmwStG grds. steuerirrelevant; d. h., in diesem Fall werden steuerliche Anschaffungskosten des Gesellschafters der umgewandelten Kapitalgesellschaft qua Umwandlung vernichtet.³⁴⁸ Lediglich bei Einkommensteuerpflichtigen sowie in den Fällen des § 8b Abs. 7 und 8 KStG³⁴⁹ ist zur Vermeidung einer Überbesteuerung durch die gesonderte Erfassung der Gewinnrücklagen nach § 7 UmwStG ein Übernahmeverlust bis zur Höhe der steuerpflichtigen Bezüge i. S. des § 7 UmwStG abziehbar. Auch dies gilt allerdings nicht in den Fällen des § 17 Abs. 2

---

³⁴⁴ Für die nicht in die Übernahmeergebnisermittlung einbezogenen Gesellschafter kann ab 1. 1. 2009 die Abgeltungssteuer greifen.

³⁴⁵ Abweichende Folgen treten insbesondere für nicht wesentlich im Privatvermögen beteiligte Gesellschafter der Übertragerin und für bestimmte steuerausländische Gesellschafter ein (vgl. dazu Rz. 356).

³⁴⁶ Eine weitere Besonderheit besteht in sog. § 50c EStG-Fällen; die Regelung läuft aber aus. Zu § 4 Abs. 4 Satz 2 UmwStG s. Rz. 366.

³⁴⁷ Entsprechende Regelung in § 5 Abs. 3 UmwStG.

³⁴⁸ Die Anordnung der Irrelevanz von Übernahmeverlusten bei der Umwandlung einer Kapital- in bzw. auf eine Personengesellschaft ist Ausdruck einer rechtsträgerübergreifenden Sichtweise, die daran anknüpft, dass Übernahmeverluste regelmäßig nach vorherigem Anteilskauf entstehen können, und die Besteuerung des Anteilsveräußerers in die Betrachtung mit einbezieht. Danach ist die Anordnung der Irrelevanz von Übernahmeverlusten dann im Grundsatz systemgerecht, wenn der Anteilsverkäufer seine Anteile steuerfrei bzw. halbeinkünftebesteuert veräußert hat. Denn ein umwandlungsbedingter Step up beim Anteilskäufer (wie im UmwStG 1995) würde in diesem Fall dazu führen, dass in der Kapitalgesellschaft gebildete stille Reserven nicht mit (Gewerbesteuer und) Körperschaftsteuer (bzw. voller Einkommensteuer) belastet werden. Der verbleibende zwiespältige Eindruck deshalb, weil der Anteilskäufer für den Anteilsverkäufer steuerlich „mitbezahlt" (bei der Umwandlung werden die Anschaffungskosten des Anteilskäufers steuerlich „vernichtet"), muss demgegenüber zurückstehen. Anders sieht die Situation allerdings dann aus, wenn der Anteilsveräußerungsgewinn ausnahmsweise voll steuerpflichtig ist; dann besteht für die Nichtberücksichtigung des Übernahmeverlustes keine Veranlassung.

³⁴⁹ Bzw. den entsprechenden Fällen in § 3 Nr. 40 EStG.

Rödder   1017

Satz 6 EStG und nicht, soweit Anteile an der umgewandelten Kapitalgesellschaft innerhalb der letzten fünf Jahre erworben wurden.

355 Ein Übernahmegewinn entsteht auf Grund der separaten Besteuerung des Dividendenanteils nur noch in seltenen Fällen. Die nach § 4 Abs. 7 UmwStG erfolgende Anwendung der Regelungen des § 8b KStG bzw. der §§ 3 Nr. 40, 3c Abs. 2 EStG (je nach „Mitunternehmerqualität") auf Übernahmegewinne hat daher geringe praktische Bedeutung.

356 Im steuerlichen Sinne nicht wesentlich beteiligte Gesellschafter der Kapitalgesellschaft nehmen an der Übernahmeergebnisermittlung nicht teil[350] (vgl. auch zu steuerausländischen Gesellschaftern Rz. 365). Sie treten mit dem anteiligen steuerlichen Eigenkapital (Buchwert des übernommenen Betriebsvermögens) der Personengesellschaft in die steuerliche Mitunternehmerstellung ein.

d) Europäische Umwandlungen

357 Der Anwendungsbereich des UmwStG ist durch das SEStEG europäisiert worden. Europäisierung des UmwStG heißt bei der Umwandlung von Kapitalgesellschaften in bzw. auf Personengesellschaften, dass grundsätzlich nach dem Recht eines EU/EWR-Staates[351] gegründete Gesellschaften mit Sitz und Ort der Geschäftsleitung in der EU bzw. dem EWR an der Umwandlung beteiligt sein können (§ 1 Abs. 2 UmwStG; übernehmender Rechtsträger kann in bestimmten Fällen auch eine natürliche Person mit steuerlicher Ansässigkeit in der EU bzw. dem EWR sein). Bei Umwandlungsvorgängen nach ausländischem Recht ist überdies die Vergleichbarkeit mit dem entsprechenden deutschen Umwandlungsvorgang erforderlich (§ 1 Abs. 1 Satz 1 UmwStG).

358 Ist danach das UmwStG auf die europäische Umwandlung einer Kapitalgesellschaft in bzw. auf eine Personengesellschaft anwendbar, gelten die §§ 3 ff. UmwStG zunächst im Grundsatz ganz normal.

359 Allerdings gelten auch einige Besonderheiten.[352] Diese ergeben sich schon daraus, dass bei europäischen Umwandlungen abhängig von der Ansässigkeit der Übertragerin und der Art und Belegenheit der übertragenen Wirtschaftsgüter Deutschland ggf. gar kein Besteuerungsrecht für einen evtl. Übertragungsgewinn hat.[353] Gleiches kann je nach Ansässigkeit der Gesellschafter auch für die Einkünfte i.S.d. § 7 UmwStG[354] bzw. für die Besteuerung des Übernahmegewinns der Fall sein[355] (s. auch Rz. 365).

360 Noch wichtiger ist aber aus Sicht des deutschen Fiskus das Problem, dass Deutschland im Zuge einer solchen europäischen Umwandlung ein vorher bestehendes Besteuerungsrecht verlieren oder dass ein solches Besteuerungsrecht durch die europäische Umwandlung beschränkt werden kann. Das SEStEG hat dieser „Gefahr" Rechnung getragen, in dem angeordnet worden ist, dass der Ansatz der übergehenden Wirtschaftsgüter unterhalb des gemeinen Werts nur erfolgen darf, wenn das deutsche Besteuerungsrecht für die stillen

---

[350] Siehe dazu BMF v. 25. 3. 1998, BStBl. I 1998, 268, Tz. 05.08 ff.
[351] Neben den 27 EU-Staaten sind also auch die EWR-Staaten Norwegen, Island und Liechtenstein erfasst.
[352] Siehe auch § 2 Abs. 3 UmwStG.
[353] Siehe z. B. § 49 Abs. 1 Nr. 2a) EStG und Art. 7, 13 Abs. 2 OECD-MA.
[354] Siehe z. B. § 49 Abs. 1 Nr. 5a) EStG und Art. 10 OECD-MA.
[355] Siehe z. B. § 49 Abs. 1 Nr. 2a) und 2e) EStG und Art. 7, 13 Abs. 2 und 5 OECD-MA.

G. Umwandlungen und Reorganisationen   361, 362 § 13

Reserven in dem bei der Umwandlung übertragenen Betriebsvermögen (genauer: für Gewinne aus der Veräußerung der übertragenen Wirtschaftsgüter) bei der übernehmenden Personengesellschaft weder ausgeschlossen noch beschränkt wird.

D. h., dass die fehlende Entstrickung Voraussetzung für die Möglichkeit einer Buchwertfortführung hinsichtlich des übertragenen Vermögens ist. Ansonsten kommt es zwangsweise zum Ansatz des gemeinen Werts.[356] Der durch das SEStEG eingeführte Entstrickungsbegriff ist dabei sehr weit formuliert, jede Beschränkung des deutschen Besteuerungsrechts reicht aus. Eine Entstrickungsbesteuerung soll dementsprechend auch dann erfolgen, wenn zwar das deutsche Besteuerungsrecht für Veräußerungsgewinne betr. die übertragenen Wirtschaftsgüter erhalten bleibt, aber – anders als vor der Umwandlung – nach der Umwandlung eine Anrechnung ausländischer Steuern resultieren kann. Beim Übergang inländischen Betriebsvermögens ist damit zur Vermeidung einer Besteuerung der stillen Reserven regelmäßig ein Verbleib der betroffenen Wirtschaftsgüter in einer deutschen Betriebsstätte der Übernehmerin nötig (was Zuordnungsfragen vor allem bei Beteiligungen, dem Geschäftswert und anderen immateriellen Wirtschaftsgütern aufwirft).[357] **361**

Zu beachten ist, dass nicht nur bei dem Umwandlungsvorgang selbst, sondern auch in der Folgezeit eine Beschränkung des deutschen Besteuerungsrechts für stille Reserven, die unter deutscher Besteuerungshoheit gebildet wurden, vermieden werden muss. Denn das SEStEG hat für Wirtschaftsgüter des Betriebsvermögens auch allgemeine Entstrickungstatbestände in §§ 4 Abs. 1, 6 Abs. 1 EStG und § 12 Abs. 1 KStG eingeführt mit dem Grundsatz, dass bei Ausschluss oder Beschränkung des deutschen Besteuerungsrechts eine fiktive Entnahme bzw. eine fiktive Veräußerung zum gemeinen Wert der Besteuerung unterliegt.[358] Auch nach der Umwandlung muss also eine grenzüberschreitende Überführung vom inländischen Stammhaus in eine ausländische Betriebsstätte bzw. umgekehrt von einer inländischen Betriebsstätte ins ausländische Stammhaus vermieden werden.[359]

Ist ein Fall der Entstrickung gegeben, ist in der steuerlichen Schlussbilanz der übertragenden Kapitalgesellschaft der Ansatz des gemeinen Werts obligatorisch. Eine Stundungsregelung sieht das UmwStG nicht vor. Lediglich für die Überführung von Anlagevermögen durch einen unbeschränkt Steuerpflichtigen in eine Betriebsstätte in einem anderen EU-Mitgliedstaat außerhalb von Umwandlungsfällen (also z. B. bei nachfolgenden Überführungen von Wirtschaftsgütern) enthält § 4g EStG eine Sonderregelung. Die Regelung ermöglicht eine zeitliche Streckung der Besteuerung durch Bildung eines Ausgleichspostens in Höhe des Unterschiedsbetrags zwischen dem gemeinen Wert und dem Buchwert, der im Jahr der Überführung und den vier fol-   **362**

---

[356] Der Ansatz des gemeinen Wertes (nicht des Teilwertes) bei Entstrickung führt zu Folgefragen insbesondere bei der Entstrickung von Sachgesamtheiten und der Existenz stiller Lasten (auch Hinweis auf den bei Umwandlungsvorgängen vorgeschriebenen Ansatz von Pensionsrückstellungen mit dem Wert nach § 6a EStG).
[357] Siehe aber auch zum Fall der Überführung von Wirtschaftsgütern in eine DBA-Freistellungs-Betriebsstätte die aktuelle Entscheidung des BFH v. 17. 7. 2008, DStR 2008, 2001, wonach das bisherige Entstrickungsverständnis sehr zweifelhaft geworden ist.
[358] Wobei nicht nur das Besteuerungsrecht für Veräußerungsgewinne, sondern sogar für Nutzungserträge eine Rolle spielt. Im letztgenannten Fall resultiert daraus der Ansatz eines fiktiven Nutzungsentgelts.
[359] Indessen auch erneut Hinweis auf Fn. 357.

363 genden Wirtschaftsjahren zu jeweils einem Fünftel gewinnerhöhend aufzulösen ist.[360]

363 Wird durch die Umwandlung einer Kapital- in bzw. auf eine Personengesellschaft erstmals deutsches Besteuerungsrecht für durch die Umwandlung bewegte stille Reserven begründet, wird die Übertragerin zweckmäßigerweise keinen Antrag auf Buchwertansatz stellen. Allerdings kann der Antrag nur einheitlich gestellt werden, so dass sich die Frage stellt, ob eine Verstrickung von stillen Reserven auch dann vermieden werden kann, wenn das übertragene Vermögen vor der Umwandlung nur teilweise nicht, teilweise aber eben doch in Deutschland steuerverstrickt war.

In diesem Zusammenhang ist auch zu beachten, dass bei einer das deutsche Besteuerungsrecht hinsichtlich des Gewinns aus der Veräußerung eines Wirtschaftsguts begründenden Überführung eines Wirtschaftsguts in eine deutsche Betriebsstätte nach dem Umwandlungsvorgang die allgemeine Regelung des § 4 Abs. 1 Satz 7 EStG greift. Danach steht ein solcher Vorgang einer Einlage gleich und führt gem. § 6 Abs. 1 Nr. 5a EStG unabhängig von einer Besteuerung im Ausland stets zum Ansatz mit dem gemeinen Wert.

364 Für die Einkünfte i.S.d. § 7 UmwStG gelten bei ausländischen Gesellschaftern grds. die normalen Regeln für Dividendenerträge. Sie unterliegen dem – ggf. durch DBA ausgeschlossenen oder begrenzten – Kapitalertragsteuerabzug, wenn eine deutsche Kapitalgesellschaft umgewandelt wird.[361] Bei der Umwandlung einer ausländischen Kapitalgesellschaft wird die Ermittlung deren ausschüttbaren Gewinns besondere Probleme aufwerfen, wenn die Einkünfte i.S.d. § 7 UmwStG für inländische Gesellschafter bestimmt werden sollen.

365 Ausländische Gesellschafter nehmen an der Übernahmeergebnisermittlung nur teil, wenn sie ihre Anteile an der umgewandelten Kapitalgesellschaft in einem inländischen Betriebsvermögen halten oder wenn sie wesentlich beteiligt sind und Deutschland nicht durch ein DBA sein Besteuerungsrecht für Anteilsveräußerungsgewinne aufgegeben hat.[362] Auch soweit inländische Gesellschafter an umgewandelten ausländischen Kapitalgesellschaften beteiligt sind, ist die Übernahmeergebnisermittlung nach den normalen Regelungen durchzuführen.[363]

366 Bei der Übernahmeergebnisermittlung selbst ist zu beachten, dass das nicht der deutschen Besteuerung unterliegende ausländische Betriebsstättenvermögen gem. § 4 Abs. 4 Satz 2 UmwStG für Zwecke der Übernahmeergebnisermittlung (also nicht: in der Schlussbilanz der Übertragenden) mit dem gemeinen Wert angesetzt wird.

---

[360] Eine an den Grundsätzen der EuGH-Rechtsprechung („de Lasteyrie de Saillant", „N") orientierte Stundungslösung ist im Übrigen nur zu § 6 AStG vorgesehen worden. Die Steuerfestsetzung erfolgt in den dort geregelten Fällen auf der Basis des gemeinen Werts mit zinsloser Stundung im Zeitpunkt des Wegzugs und Widerruf der Stundung insbesondere bei späterer Veräußerung oder Wegzug aus der EU bzw. dem EWR. Einzuräumen ist allerdings, dass sich vielfältige Schwierigkeiten ergeben würden, wollte man auch im Fall von Betriebsvermögen eine „de Lasteyrie"-konforme Stundungsklausel vorsehen.

[361] § 43b EStG gilt allerdings nicht. Siehe auch z. B. § 49 Abs. 1 Nr. 5a) EStG und Art. 10 OECD-MA.

[362] So jedenfalls BMF v. 25. 3. 1998, BStBl. I 1998, 268, Tz. 05.72.

[363] Siehe aber auch z. B. § 49 Abs. 1 Nr. 2a) und 2e) EStG und Art. 7, 13 Abs. 2 und 5 OECD-MA. Doppelbesteuerungsrechtlich sind Übernahmegewinne Veräußerungsgewinne, die Einlagefiktion des § 5 Abs. 2 UmwStG hat insoweit keine Bedeutung.

G. Umwandlungen und Reorganisationen

2. Umwandlung von Kapital- in bzw. auf Kapitalgesellschaften
a) Verschmelzungen

Für die Umwandlung von Kapital- in bzw. auf Kapitalgesellschaften gehen die §§ 11 ff. UmwStG von einem teilweise abweichenden konzeptionellen Ansatz als die §§ 3 ff. UmwStG aus.[364] Auch in diesen Fällen erfolgt eine steuerliche Rückbeziehung der Umwandlung nach § 2 UmwStG.[365]

aa) Steuerfolgen bei der übertragenden und der übernehmenden Kapitalgesellschaft. Den §§ 3 ff. UmwStG etwa vergleichbar ist die Behandlung der Übertragerin und der Übernehmerin: Die Übertragerin setzt in ihrer steuerlichen Schlussbilanz grds. die gemeinen Werte der übergehenden Wirtschaftsgüter (einschließlich nicht entgeltlich erworbener oder selbst geschaffener immaterieller Wirtschaftsgüter) an (§ 11 Abs. 1 UmwStG)[366]. Sie kann aber auf Antrag für die übergehenden Wirtschaftsgüter einheitlich die Buchwerte beibehalten bzw. einen Zwischenwert ansetzen[367], wenn sichergestellt ist, dass die übergehenden stillen Reserven bei der Übernehmerin der Körperschaftsteuer unterliegen, wenn und soweit außer Gesellschaftsrechten keine Gegenleistung gewährt wird und wenn das deutsche Besteuerungsrecht für Gewinne aus der Veräußerung der übergehenden Wirtschaftsgüter bei der Übernehmerin weder ausgeschlossen noch beschränkt wird[368] (§ 11 Abs. 2 UmwStG; vgl. zur letztgenannten Voraussetzung näher Rz. 377 ff.).

Die übernehmende Kapitalgesellschaft führt die Buchwerte aus der Schlussbilanz fort (§ 12 Abs. 1 UmwStG)[369] und tritt grundsätzlich in die steuerliche Rechtsstellung der Überträgerin ein (§ 12 Abs. 3 UmwStG).[370] Als wesentliche Ausnahme dazu gilt auch hier, dass dies nicht für einen steuerlichen Verlustvortrag (sowie verrechenbare Verluste und nicht ausgeglichene negative Einkünfte) der Übertragerin gilt.[371] Weitere steuerliche Folgen ergeben sich bei der übernehmenden Kapitalgesellschaft aus der steuerlichen Übernahmeergeb-

---

[364] Gewerbesteuerlich greifen entsprechende Regelungen in § 19 UmwStG.
[365] Insoweit auch erneut Hinweis auf den durch das JStG 2009 eingeführten § 2 Abs. 4 UmwStG.
[366] Für die Bewertung von Pensionsrückstellungen gilt § 6a EStG.
[367] Der Maßgeblichkeitsgrundsatz gilt insoweit nicht. BMF v. 25. 3. 1998, BStBl. I 1998, 268, Tz. 11.01 ist überholt.
[368] Zur ausnahmsweise möglichen „erweiterten Wertaufholung" im Fall des Downstream-Merger vgl. § 11 Abs. 2 Sätze 2 u. 3 UmwStG. Wenn bei einem Downstream-Merger wegen des Übergangs von Schulden ein Verschmelzungsverlust entsteht, liegt keine verdeckte Gewinnausschüttung vor, soweit der Übergang der Schulden gesellschaftsrechtlich zulässig ist, insbesondere nicht zu einem Verstoß gegen §§ 30, 31 GmbHG führt (s. dazu nun auch die Änderungen durch das MoMiG).
[369] Grundsätzlich auch in den Fällen der handelsbilanziellen Aufstockung nach Maßgabe des § 24 UmwG. Auch insoweit gilt der Maßgeblichkeitsgrundsatz nicht. BMF v. 25. 3. 1998, BStBl. I 1998, 268, Tz. 11.02 ist überholt.
[370] Auch der Stand des steuerlichen Einlagekontos wird der Übernehmerin zugerechnet (§§ 29, 40 KStG). Zu den Auswirkungen auf bestehende Organschaftsverhältnisse siehe BMF v. 25. 3. 1998, BStBl. I 1998, 268, Tz. Org.02 ff.
[371] Insoweit ist es durch das SEStEG zu einer Verschärfung gekommen; bis dahin war gem. § 12 Abs. 3 Satz 2 UmwStG ein Verlustvortragsübergang möglich. Auch ein evtl. Zinsvortrag geht nicht über.

nisermittlung, wenn die Übernehmerin an der umgewandelten Kapitalgesellschaft beteiligt ist (vgl. Rz. 371 ff.).

370 bb) Steuerfolgen bei den Gesellschaftern der umgewandelten Kapitalgesellschaft. Konzeptionell abweichend von §§ 3 ff. UmwStG sind die Steuerfolgen bei den Gesellschaftern der auf eine andere Kapitalgesellschaft umgewandelten Kapitalgesellschaft geregelt. Insoweit ordnet § 13 Abs. 1 UmwStG grds. einen Anteilstausch zu gemeinen Werten an (Veräußerungs- und Anschaffungsfiktion zum gemeinen Wert ohne Übergang steuerlicher Merkmale). Der Anteilstausch kann aber auch unter bestimmten Voraussetzungen auf Antrag zu Buchwerten bzw. Anschaffungskosten erfolgen (§ 13 Abs. 2 UmwStG). Dafür ist entweder vorausgesetzt, dass das deutsche Besteuerungsrecht für Anteilsveräußerungsgewinne nicht ausgeschlossen oder beschränkt wird, oder dass ein Fall des Art. 8 FusionsRL vorliegt (dazu näher Rz. 379). Erfolgt danach ein Anteilstausch zu Buchwerten, treten die Anteile an der übernehmenden Kapitalgesellschaft steuerlich an die Stelle der Anteile an der übertragenden Kapitalgesellschaft.

371 In den Fällen, in denen die Übernehmerin tatsächlich Anteile an der Übertragerin hält, kann ein Übernahmeverlust resp. Übernahmegewinn resultieren (Unterschiedsbetrag zwischen dem Beteiligungsbuchwert und dem Wert, mit dem die übergegangenen Wirtschaftsgüter zu übernehmen sind). Dieser bleibt gem. § 12 Abs. 2 Satz 1 UmwStG steuerlich außer Ansatz. Gem. § 12 Abs. 2 Satz 2 UmwStG ist die Regelung des § 8b KStG anzuwenden, soweit der Übernahmegewinn dem Anteil der übernehmenden Kapitalgesellschaft an der übertragenden Kapitalgesellschaft entspricht.[372] Die Vorschrift setzt eine Aufwärtsverschmelzung (Upstream-Merger) voraus. Wenn die übernehmende Kapitalgesellschaft nicht an der übertragenden Kapitalgesellschaft beteiligt ist (Seitwärtsverschmelzung, Downstream-Merger), ist § 12 Abs. 2 Satz 2 UmwStG nicht anwendbar.

372 Eine Steuerbelastung der Verschmelzung kann sich überdies daraus ergeben, dass die übernehmende an der übertragenden Kapitalgesellschaft beteiligt ist und auf die Anteile an der Überträgerin eine steuerwirksame Teilwertabschreibung oder Abzüge nach § 6b EStG o. Ä. vorgenommen wurden. Wenn dadurch der Buchwert der Anteile an der Überträgerin unter dem gemeinen Wert liegt, kommt es zu einer Besteuerung der Differenz zwischen dem gemeinen Wert und dem Buchwert (sog. „erweiterte Wertaufholung", vgl. § 12 Abs. 1 Satz 2 i.V.m. § 4 Abs. 1 Satz 2 u. 3 UmwStG).[373]

---

[372] Der Gesetzgeber unterstellt also offenkundig, dass als Übernahmegewinn i.S.d. § 12 Abs. 2 Satz 1 UmwStG auch Vermögensmehrungen zu erfassen sind, die nicht mit der Beteiligungsquote an der übertragenden Kapitalgesellschaft korrespondieren. Dies gilt insbesondere im Fall einer Seitwärtsverschmelzung, bei der im Grundsatz ein Einlagevorgang in die übernehmende Kapitalgesellschaft vorliegt. Die Anwendung des § 8b KStG auf einen (ggf. anteiligen) Übernahmegewinn dürfte zwar dazu führen, dass 5 vH des (ggf. anteiligen) Übernahmegewinns gem. § 8b Abs. 3 Satz 1 KStG als nicht abziehbare Betriebsausgaben gelten. Fraglich ist aber, ob auch die Vorschriften des § 8b Abs. 4, 7 oder 8 KStG anwendbar sind (mit besonderen Fragen bei Verschmelzung auf die Organgesellschaft).

[373] Eine weitergehende Besteuerung wie nach § 12 Abs. 2 Satz 2 UmwStG a. F. erfolgt nicht mehr, so dass eine frühere steuerwirksame Teilwertabschreibung auf die Anteile an der Tochtergesellschaft nicht zu berücksichtigen ist, wenn der Buchwert der Anteile nicht unter dem gemeinen Wert liegt.

G. Umwandlungen und Reorganisationen   373, 374   § 13

b) Ab- und Aufspaltungen

Im Fall der Ab- bzw. Aufspaltung von Kapital- auf Kapitalgesellschaften **373**
setzt die Anwendung der vorstehend für die Verschmelzung beschriebenen
Reglungen der §§ 11 Abs. 2 und 13 Abs. 2 UmwStG über die vorstehend geschilderten Voraussetzungen hinaus voraus, dass die Teilbetriebsbedingung des
§ 15 Abs. 1 UmwStG erfüllt ist. Übertragen werden (und im Fall der Abspaltung verbleiben) muss danach mit allen wesentlichen Betriebsgrundlagen ein
Teilbetrieb[374], ein Mitunternehmeranteil (bzw. Teil eines Mitunternehmeranteils)[375] oder eine 100 vH-Kapitalgesellschaftsbeteiligung.

Die Ertragsteuerneutralität der Spaltung für die Übertragerin (also die An- **374**
wendung des § 11 Abs. 2 UmwStG) erfordert außerdem die Einhaltung der
sog. Nach-Spaltungs-Veräußerungssperre des § 15 Abs. 2 Satz 4 UmwStG
(schädlich ist, wenn innerhalb von fünf Jahren nach dem steuerlichen Übertragungsstichtag Anteile an einer an der Spaltung beteiligen Kapitalgesellschaft veräußert werden, die mehr als 20 % der vor Spaltung an der Kapitalgesellschaft bestehenden Anteile ausmachen), die Unterlassung schädlicher
Vorbereitungshandlungen zum Zwecke der Kreierung von fiktiven Teilbetrieben vor Spaltung (§ 15 Abs. 2 Satz 1 UmwStG) und im Fall der Spaltung
zur Trennung von Gesellschafterstämmen die Einhaltung bestimmter Behaltefristen (§ 15 Abs. 2 Satz 5 UmwStG)[376]. Die Anwendung des § 13 Abs. 2
UmwStG auf Gesellschafterebene hängt dagegen nur von der Erfüllung des
§ 15 Abs. 1 UmwStG ab. D. h., das Vorliegen von Teilbetrieben gem. § 15 Abs. 1

---

[374] Dazu näher BMF v. 25.3.1998, BStBl. I 1998, 268, Tz. 15.07 ff. Nach Auffassung
der Finanzverwaltung sind die Voraussetzungen eines Teilbetriebs im Wesentlichen nach
den von der Rechtsprechung und der Finanzverwaltung zu § 16 EStG entwickelten
Grundsätzen zu beurteilen. D. h., dass ein mit einer gewissen Selbstständigkeit ausgestatteter (die Betätigung des Teilbetriebs muss sich von der übrigen gewerblichen Betätigung abheben und unterscheiden), organisch geschlossener Teil des Gesamtbetriebs gegeben sein muss, der für sich lebensfähig ist, und dass sämtliche wesentlichen Betriebsgrundlagen des Teilbetriebs Übertragungsgegenstand sein müssen. Zur Beurteilung der
Frage, ob die betreffenden unternehmerischen Einheiten die Voraussetzungen eines Teilbetriebs (Lebensfähigkeit, gewisse Selbstständigkeit, organisch geschlossener Teil) nach
dem Gesamtbild der Verhältnisse erfüllen, werden vielfältige Abgrenzungskriterien herangezogen. Auch ein sog. „Teilbetrieb im Aufbau", der eine werbende Tätigkeit noch
nicht aufgenommen hat, soll ausreichend sein. Ein im Aufbau befindlicher Teilbetrieb
liegt vor, wenn die wesentlichen Betriebsgrundlagen bereits vorhanden sind und bei
zielgerechter Weiterverfolgung des Aufbauplans ein selbstständig lebensfähiger Organismus zu erwarten ist. Für das Vorliegen wesentlicher Betriebsgrundlagen im UmwStG
kommt es darauf an, ob das betreffende Wirtschaftsgut von seiner Funktion her betrachtet für den Betrieb wesentlich ist. Das Vorhandensein von stillen Reserven im Wirtschaftsgut ist demgegenüber und abweichend von § 16 EStG kein für die Wesentlichkeit
sprechender Umstand. Regelmäßig ist die Voraussetzung der Übertragung sämtlicher
wesentlichen Betriebsgrundlagen die entscheidende. Angesichts des restriktiven Rechtsprechungsverständnisses der wesentlichen Betriebsgrundlage und der These von der
Schädlichkeit der gemischt genutzten wesentlichen Betriebsgrundlage kann sie für die
Erfüllung die Teilbetriebsvoraussetzung in der Praxis ein beachtliches Hindernis bedeuten.
[375] Dazugehörige wesentliche Betriebsgrundlagen können sich auch im Sonderbetriebsvermögen befinden.
[376] Siehe dazu im Einzelnen BMF v. 25.3.1998, BStBl. I 1998, 268, Tz. 15.13 ff.

UmwStG ist Voraussetzung für die Ertragsteuerneutralität auf Gesellschafterebene.[377]

c) Europäische Umwandlungen

375   Die Europäisierung des UmwStG durch das SEStEG ist auch für die Umwandlung von Kapitalgesellschaften in bzw. auf Kapitalgesellschaften von Bedeutung. Sie unterfallen danach dem Anwendungsbereich des UmwStG, wenn an ihnen nach dem Recht eines EU/EWR-Staates gegründete Gesellschaften mit Sitz und Ort der Geschäftsleitung in EU/EWR beteiligt sind (§ 1 Abs. 2 UmwStG). Bei Umwandlungsvorgängen nach ausländischem Recht ist überdies die Vergleichbarkeit mit dem entsprechenden deutschen Umwandlungsvorgang erforderlich (§ 1 Abs. 1 Satz 1 UmwStG). Ist danach das UmwStG auf die europäische Umwandlung einer Kapital- in bzw. auf eine andere Kapitalgesellschaft anwendbar, gelten die §§ 11 ff. UmwStG zunächst im Grundsatz ganz normal.

376   Allerdings gelten auch für die europäische Umwandlung von Kapital- in bzw. auf Kapitalgesellschaften einige Besonderheiten. Diese ergeben sich schon daraus, dass bei europäischen Umwandlungen abhängig von der Ansässigkeit der Übertragerin und der Art und Belegenheit der übertragenen Wirtschaftsgüter Deutschland mglw. gar kein Besteuerungsrecht für einen evtl. Übertragungsgewinn hat.[378] Gleiches kann auch für Einkünfte i.S.d. § 13 UmwStG aus dem auf Gesellschafterebene stattfindenden Anteilstausch bzw. für die Besteuerungsfolgen eins möglichen Übernahmegewinns der Fall sein[379] (s. auch Rz. 381).

377   Insbesondere kommt es aber auch bei diesen Umwandlungsvorgängen darauf an, dass das Besteuerungsrecht für bei der Umwandlung bewegte stille Reserven nicht durch die Umwandlung beschränkt wird. Sonst kann die Umwandlung nicht zu Buchwerten erfolgen (s. schon Rz. 368). D.h., dass auch in diesem Fall die fehlende Entstrickung, die weit verstanden wird, Voraussetzung für die Möglichkeit einer Buchwertfortführung hinsichtlich des übertragenen Vermögens ist. Ansonsten kommt es zwangsweise zum Ansatz des gemeinen Werts. Beim Übergang inländischen Betriebsvermögens ist damit zur Vermeidung einer Besteuerung der stillen Reserven regelmäßig ein Verbleib der betroffenen Wirtschaftsgüter in einer deutschen Betriebsstätte nötig. Dies gilt wegen der allgemeinen Entstrickungsregel in § 12 Abs. 1 KStG nicht nur für den Umwandlungsvorgang selbst, sondern auch für die Folgezeit, in der eine grenzüberschreitende Überführung vom inländischen Stammhaus in eine ausländische Betriebsstätte bzw. umgekehrt von einer inländischen Betriebsstätte in das ausländische Stammhaus vermieden werden muss.[380] Ist ein Fall der Ent-

---

[377] Abweichend vom Rechtsstand vor SEStEG führt die Verletzung der Teilbetriebsvoraussetzung allerdings nicht mehr zur Einstufung einer Auf- oder Abspaltung als Liquidation oder Sachausschüttung, sondern (nur) zur Nichtanwendbarkeit der §§ 11 Abs. 2 und 13 Abs. 2 UmwStG. Somit hat die übertragende Kapitalgesellschaft in diesem Fall entsprechend § 11 Abs. 1 UmwStG den gemeinen Wert der übertragenen Wirtschaftsgüter anzusetzen, und beim Gesellschafter liegt entsprechend § 13 Abs. 1 UmwStG ein fiktiver Anteilstausch zum gemeinen Wert vor.

[378] Siehe z. B. § 49 Abs. 1 Nr. 2a) EStG und Art. 7, 13 Abs. 2 OECD-MA.

[379] Siehe z. B. § 49 Abs. 1 Nr. 2a) und 2e) EStG und Art. 7, 13 Abs. 2 und 5 OECD-MA.

[380] Siehe aber auch Fn. 357.

strickung gegeben, erfolgt grundsätzlich eine sofortige Besteuerung der stillen Reserven. Insoweit ist in der steuerlichen Schlussbilanz der übertragenden Kapitalgesellschaft der Ansatz des gemeinen Werts obligatorisch. Die Sonderregelung des § 4g EStG für die Überführung von Anlagevermögen durch einen unbeschränkt Steuerpflichtigen in eine Betriebsstätte in einem anderen EU-Mitgliedstaat, die eine zeitliche Verteilung der Besteuerung auf fünf Jahre ermöglicht, gilt nicht in Umwandlungsfällen (s. auch schon Rz. 362).

Wird durch die Umwandlung einer Kapital- in bzw. auf eine andere Kapitalgesellschaft erstmals deutsches Besteuerungsrecht für durch die Umwandlung bewegte stille Reserven begründet, wird die Übertragerin zweckmäßigerweise keinen Antrag auf Buchwertansatz stellen. Allerdings kann der Antrag nur einheitlich gestellt werden, so dass sich insoweit besondere Fragen stellen können (s. schon Rz. 363). Wenn dagegen das deutsche Besteuerungsrecht hinsichtlich des Gewinns aus der Veräußerung eines Wirtschaftsguts durch Überführung eines Wirtschaftsguts in eine deutsche Betriebsstätte erst nach dem Umwandlungsvorgang begründet wird, greift die allgemeine Regelung des § 4 Abs. 1 Satz 7 EStG, wonach ein solcher Vorgang einer Einlage gleichsteht und gem. § 6 Abs. 1 Nr. 5a EStG unabhängig von einer Besteuerung im Ausland stets zum Ansatz mit dem gemeinen Wert führt.

Auch auf Anteilseignerebene schließt § 13 Abs. 2 UmwStG grds. die Möglichkeit des Anteilstauschs zu Buchwerten (oder Zwischenwerten) aus, wenn das Besteuerungsrecht Deutschlands für Gewinne aus der Veräußerung von Anteilen an der Übernehmerin beschränkt wird. Allerdings erfolgt auch in diesem Fall ein Verzicht auf die Sofortbesteuerung, wenn beim Anteilseigner einer Kapitalgesellschaft wegen einer grenzüberschreitenden Verschmelzung zwar grundsätzlich eine Entstrickung vorliegt, eine Besteuerung jedoch nach Art. 8 oder 10d FusionsRL unzulässig wäre. In diesen Fällen wird eine spätere Gewinnrealisierung hinsichtlich der Anteile so besteuert, wie es ohne den Vorgang der Fall gewesen wäre (§ 13 Abs. 2 Nr. 2 UmwStG).[381]

Führt die Umwandlung dagegen auf Anteilseignerebene zu einer Verstrickung, so dürfte grds. kein Antrag auf Buchwertansatz nach § 13 Abs. 2 UmwStG gestellt werden. Außerhalb des eigentlichen Umwandlungsvorgangs gelten auch insoweit, soweit Anteile im Betriebsvermögen betroffen sind, §§ 4 Abs. 1 Satz 7, 6 Abs. 1 Nr. 5a EStG. Bei einer Verstrickung von Anteilen i.S. des § 17 EStG dagegen tritt außerhalb des eigentlichen Umwandlungsvorgangs der Wert an die Stelle der Anschaffungskosten, der im Zeitpunkt der Begründung der unbeschränkten Steuerpflicht im Ausland einer dem § 6 AStG vergleichbaren Besteuerung unterlegen hat (§ 17 Abs. 2 Satz 3 EStG).

Im Übrigen kann auf Anteilseignerebene bei ausländischen Gesellschaftern mangels beschränkter Steuerpflicht oder auf Grund eines DBA auch vor und nach der Umwandlung kein deutsches Besteuerungsrecht gegeben sein. Ein evtl. Übernahmeergebnis wird doppelbesteuerungsrechtlich ebenfalls wie ein Anteilsveräußerungsvorgang gewertet, so dass auch insoweit aus den vorstehend genannten Gründen das deutsche Besteuerungsrecht fehlen kann.[382]

---

[381] Dies ist begleitet worden von einer Erweiterung der beschränkten Steuerpflicht für Einkünfte i.S.d. § 17 EStG aus solchen Anteilen an Kapitalgesellschaften.
[382] Siehe zum Beispiel § 49 Abs. 1 Nr. 2a) und 2e) EStG und Art. 7, 13 Abs. 2 und 5 OECD-MA.

Beispiel: *Grenzüberschreitende Verschmelzung*[383]

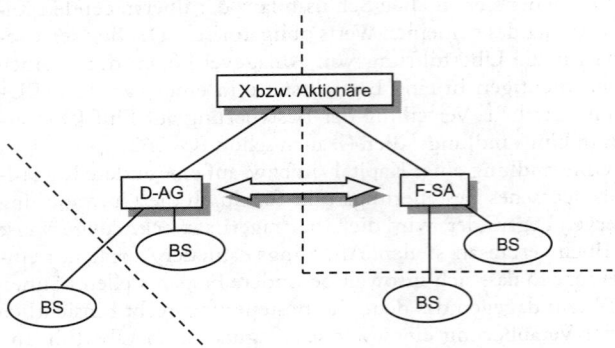

Sowohl die Verschmelzung der D-AG auf die F-SA als auch die Verschmelzung der F-SA auf die D-AG kann unter den Anwendungsbereich der §§ 11–13 UmwStG fallen, so dass bei Erfüllung der dort geregelten Voraussetzungen die Buchwerte fortgeführt werden können. Je nach Belegenheit des Vermögens und Ansässigkeit der Aktionäre kann deutsches Besteuerungsrecht beschränkt oder begründet werden. Inländisches Betriebsvermögen muss grds. einer inländischen Betriebsstätte zugeordnet bleiben.[384] Auf Anteilseignerebene droht im schlechtesten Fall ein Treaty Override für spätere Anteilsveräußerungsgewinne.

Beispiel: *EU-Abspaltung mit Inlandsvermögen*

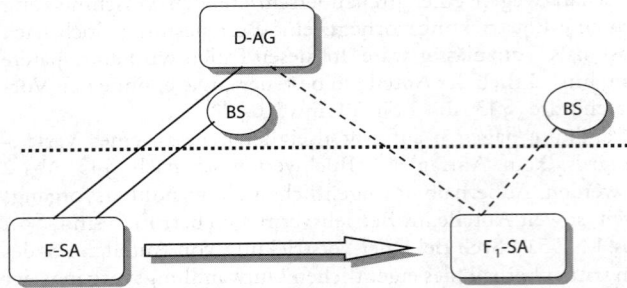

Auf die Abspaltung der deutschen Betriebsstätte von der F-SA auf die F_1-SA ist § 15 UmwStG anwendbar, so dass bei Erfüllung der dort geregelten Voraussetzungen (insbesondere Vorliegen von Teilbetrieben) auf Ebene der D-AG und der F-SA Buchwerte fortgeführt werden können. Inländisches Betriebsvermögen muss grds. einer inländischen Betriebsstätte zugeordnet bleiben.[385] Auf Ebene der D-AG kann gem. § 13 Abs. 2 UmwStG der Buchwert fortgeführt werden.

---

[383] Zum Beispiel nach Art. 17 SE-VO oder nach §§ 122a ff. UmwG.
[384] S. aber erneut Fn. 357.
[385] S. aber erneut Fn. 357.

G. Umwandlungen und Reorganisationen 382–384 § 13

III. Einbringungen

1. Einbringungen in Kapitalgesellschaften

Einbringungen in inländische Kapitalgesellschaften (im Wege der Einzelrechtsnachfolge oder aus dem Kreis der Umwandlungen qua Ausgliederung in Kapitalgesellschaften oder qua Verschmelzung resp. Spaltung von Personen- auf Kapitalgesellschaften; vgl. überdies zum Formwechsel § 25 UmwStG) sind unter den Voraussetzungen der §§ 20 ff. UmwStG ertragsteuerneutral durchführbar. Seit dem SEStEG differenziert das UmwStG dabei zwischen Sacheinlagen (§ 20 UmwStG betr. die Einbringung von Betrieben, Teilbetrieben und Mitunternehmeranteilen einschl. von Teilen an Mitunternehmeranteilen) und dem Anteilstausch (§ 21 UmwStG). 382

a) Sacheinlagen

Damit Sacheinlagen von § 20 UmwStG erfasst werden, muss Einbringungsgegenstand ein Betrieb, ein Teilbetrieb oder ein Mitunternehmeranteil (bzw. Teil eines Mitunternehmeranteils) mit allen wesentlichen Betriebsgrundlagen[386] (vgl. Rz. 373) sein. Die Einbringung muss gegen Gewährung von neuen Gesellschaftsrechten an der übernehmenden Kapitalgesellschaft erfolgen (vgl. § 20 Abs. 1 UmwStG). Sacheinlagen in diesem Sinne können steuerlich gem. § 20 Abs. 5 u. 6 UmwStG zurückbezogen werden (bei Umwandlungen im Sinne des UmwG auf den handelsrechtlichen Schlussbilanzstichtag, im Übrigen auf einen Tag, der höchstens acht Monate vor dem Tag des Abschlusses des Einbringungsvertrags und des Betriebsvermögensübergangs liegt).[387] 383

aa) Steuerfolgen beim Einbringenden. Auch eine unter § 20 UmwStG fallende Sacheinlage erfolgt grds. zum gemeinen Wert (§ 20 Abs. 2 Satz 1 UmwStG)[388], so dass im gesetzgeberischen „Normalfall" der Einbringende einen Einbringungsgewinn realisiert. Der Ansatz des eingebrachten Betriebsvermögens mit dem gemeinen Wert bei der Übernehmerin gilt für den Einbringenden als Veräußerungspreis und als Anschaffungskosten der Anteile (§ 20 Abs. 3 Satz 1 UmwStG). Damit bei der Übernehmerin das übernommene Betriebsvermögen auf Antrag einheitlich mit dem Buchwert (oder einem Zwischenwert) angesetzt (und dadurch beim Einbringenden das Entstehen eines Einbringungsgewinns vermieden) werden kann, müssen mehrere Voraussetzungen erfüllt sein (§ 20 Abs. 2 Sätze 2 u. 4 UmwStG): Der Buchwert des eingebrachten Betriebsvermögens darf nicht negativ sein, der Wert anderer Gegenleistungen als (neuer) Gesellschaftsrechte darf nicht über dem Buchwert des Einbringungsgegenstandes liegen, es muss sichergestellt sein, dass das übernommene Betriebsvermögen später bei der Übernehmerin der Körperschaftsteuer unterliegt, und es darf das deutsche Besteuerungsrecht für Gewinne aus der Veräußerung des eingebrachten Betriebsvermögens bei der Übernehmerin weder ausgeschlossen noch beschränkt werden (dazu Rz. 397). Die Übernehmerin übt das Wahlrecht aus, d. h. in ihrer Steuerbilanz müssen die übernom- 384

---

[386] Dazu näher BMF v. 25. 3. 1998, BStBl. I 1998, 268, Tz. 20.08 ff.
[387] Siehe auch dort die Verweise auf § 2 Abs. 3 u. 4 UmwStG.
[388] Dies betrifft das eingebrachte Betriebsvermögen; für die Bewertung von Pensionsrückstellungen gilt allerdings § 6a EStG.

menen Wirtschaftsgüter mit ihren Buchwerten (oder Zwischenwerten) angesetzt werden.[389]

385 Erfolgt danach die Einbringung zu Buchwerten (oder Zwischenwerten), gelten auch die im Gegenzug erhaltenen Anteile an der übernehmenden Kapitalgesellschaft als zu diesen Werten (ggf. abzüglich anderer Gegenleistungen) angeschafft, d. h. es verdoppeln sich die eingebrachten stillen Reserven. Sie sind nun auch in den Anteilen an der Übernehmerin enthalten und bleiben aufgrund gesetzgeberischer Anordnung dem Grunde nach steuerverhaftet (§ 17 Abs. 6 EStG).[390]

386 bb) **Steuerfolgen bei der übernehmenden Kapitalgesellschaft.** Die übernehmende Kapitalgesellschaft übernimmt das eingebrachte Betriebsvermögen in ihre Steuerbilanz wie in Rz. 384 beschrieben. Gem. § 23 Abs. 1 u. 3 UmwStG wird dies bei Buch- bzw. Zwischenwertansatz weitgehend begleitet von dem Eintritt der Übernehmerin in die steuerliche Rechtsstellung des Einbringenden (dies gilt allerdings nicht für einen evtl. steuerlichen Verlustvortrag).[391]

387 cc) **Sperrfristkonzeption.** Die nach Sacheinlagen-Einbringungen unterhalb der gemeinen Werte eingreifende Sperrfristkonzeption ist durch das SEStEG grundlegend geändert worden. Bis zum SEStEG war die Veräußerung einbringungsgeborener Anteile innerhalb von sieben Jahren nach der Einbringung voll steuerpflichtig (§ 8b Abs. 4 KStG, § 3 Nr. 40 Satz 3 u. 4 EStG)[392], und es resultierte daraus mangels Aufstockung bei der übernehmenden Kapitalgesellschaft eine Doppelbesteuerung. Nunmehr führt eine Veräußerung der als Gegenleistung für eine Sacheinlagen-Einbringung unter dem gemeinen Wert erhaltenen Anteile oder die Realisierung eines Ersatztatbestandes nach § 22 Abs. 1 Satz 6 UmwStG[393] gem. § 22 Abs. 1 UmwStG zu einer rückwirkenden Besteuerung des sog. Einbringungsgewinns I beim Einbringenden.[394] Der

---

[389] Der Maßgeblichkeitsgrundsatz gilt nicht. BMF v. 25. 3. 1998, BStBl. I 1998, 268, Tz. 20.23 ff. ist überholt.

[390] Umfasst das eingebrachte Betriebsvermögen auch einbringungsgeborene Anteile i.S.d. § 21 UmwStG a. F., gelten die erhaltenen Anteile insoweit auch als einbringungsgeborene Anteile i.S.d. § 21 UmwStG a. F. (§ 20 Abs. 3 Satz 4 UmwStG). Für nach altem Recht entstandene einbringungsgeborene Anteile gilt das alte Recht fort; §§ 27 Abs. 3 Nr. 3 UmwStG, 52 Abs. 4b Satz 2 EStG, 34 Abs. 7a KStG.

[391] Sowie einen evtl. Zinsvortrag (der evtl. sogar nicht nur beim Einbringenden bleibt, sondern dort ganz oder anteilig untergeht). Zu Organschaftskonsequenzen s. BMF v. 25. 3. 1998, BStBl. I 1998, 268, Tz. Org.07 ff.

[392] Für nach altem Recht entstandene einbringungsgeborene Anteile gilt das alte Recht fort.

[393] Insoweit besteht derzeit z. B. bei der Einlagenrückgewähr noch große Rechtsunsicherheit.

[394] Von erheblicher praktischer Bedeutung ist, dass der Einbringende gem. § 22 Abs. 3 Satz 1 Nr. 1 UmwStG innerhalb der Siebenjahresfrist jeweils bis zum 31. Mai den Nachweis zu erbringen hat, wem die erhaltenen Anteile zuzurechnen sind. Wenn der Nachweis nicht rechtzeitig erbracht wird, gelten die Anteile als veräußert, und der entsprechende Einbringungsgewinn I ist zu besteuern. Nach dem Gesetzeswortlaut ist diese Rechtsfolge bei Fristverletzung zwar zwingend, es ist aber fraglich, ob wirklich eine Ausschlussfrist vorliegt. Eine spätere „heilende" Nachholung sollte möglich sein. Nach der systematischen Stellung der Regelung gilt die Veräußerungsfiktion nur für die Anwendung des § 22 UmwStG und führt nicht etwa auch zur Besteuerung des Gewinns aus einer fiktiven Veräußerung.

G. Umwandlungen und Reorganisationen

Einbringungsgewinn I entspricht der Differenz zwischen dem gemeinen Wert im Einbringungszeitpunkt und dem bei der Einbringung angesetzten Buch- oder Zwischenwert, vermindert um jeweils ein Siebtel für jedes seit dem Einbringungszeitpunkt abgelaufene Zeitjahr (es können sich besondere Fragen bei einer teilweisen Veräußerung der Anteile an der übernehmenden Kapitalgesellschaft stellen; zur gesetzlichen Verankerung der sog. „Wertabspaltungstheorie" vgl. § 22 Abs. 7 UmwStG). Der Einbringungsgewinn I gilt gem. § 22 Abs. 1 Satz 4 UmwStG als nachträgliche Anschaffungskosten der erhaltenen Anteile, mindert also den Gewinn aus der Anteilsveräußerung (auf den § 8b Abs. 2 KStG oder § 3 Nr. 40 i.V.m. § 3c Abs. 2 EStG anzuwenden ist).

Des Weiteren ist bei der übernehmenden Kapitalgesellschaft gem. § 23 Abs. 2 Satz 1 u. 2 UmwStG auf Antrag im Jahr der Veräußerung – also nicht rückwirkend – und bei Nachweis der Entrichtung der Steuer auf den Einbringungsgewinn[395] in Höhe des versteuerten Einbringungsgewinns ein „Erhöhungsbetrag" gewinnneutral anzusetzen. Dies gilt jedoch nur, wenn das eingebrachte Betriebsvermögen entweder noch zum Betriebsvermögen der Kapitalgesellschaft gehört oder zum gemeinen Wert übertragen wurde, d. h. nicht bei einer Weiterübertragung unter dem gemeinen Wert. Aus dem Ansatz des Erhöhungsbetrags folgt eine wirtschaftsgutbezogene Buchwertaufstockung (also die Schaffung steuerbilanziellen Abschreibungspotentials) bzw. bei erfolgter Weiterübertragung zum gemeinen Wert sofort abziehbarer Aufwand.

Beispiel: Im Jahr 2008 bringt die Kapitalgesellschaft A einen Teilbetrieb im Wege der Sachgründung zu Buchwerten in die Kapitalgesellschaft B ein, der Buchwert beläuft sich auf 100 und der gemeine Wert auf 800. Im Jahr 2010 verkauft A sämtliche Anteile an B für 1.500. Nach dem Rechtszustand vor SEStEG erzielte A einen steuerpflichtigen Anteilsveräußerungsgewinn i.H. von 1.400, und in B blieb es bei den (fortgeführten) Buchwerten von 100. Nun kommt es zu einem steuerpflichtigen Einbringungsgewinn I von 500 (700 ./. 2/7 * 700) und einem Anteilsveräußerungsgewinn i.H.v. 900 (1.500 ./. [100 + 500]), der zu 95 vH freigestellt ist. Bei B erfolgt unter den genannten Voraussetzungen eine Buchwertaufstockung i.H.v. 500 oder auch (teilweise) ein Betriebsausgabenabzug.

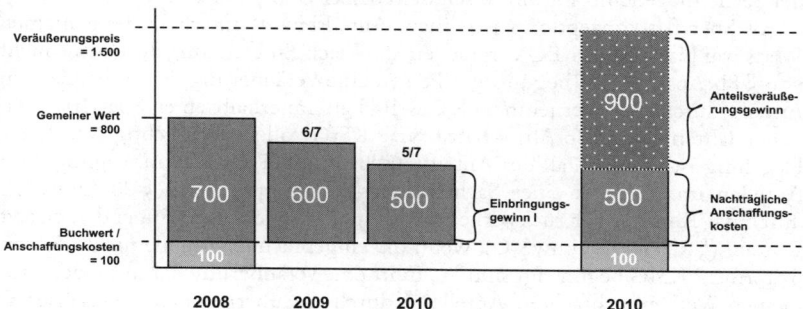

Variante: Der Anteilsveräußerungspreis im Jahr 2010 beträgt 10. Nach altem Recht hätte A einen steuerirrelevanten Veräußerungsverlust i.H.v. 90 erlitten, bei B bliebe es bei (fortgeführten) Buchwerten i.H.v. 100. Nun kommt es zu einem steuerpflichtigen Einbringungsgewinn I von 500, einem steuerirrelevanten Anteilsveräußerungsverlust von 590 sowie zu einer Buchwertaufstockung in B i.H.v. 500.

---

[395] Dabei sollte auch die Minderung eines Verlustvortrags ausreichend sein, auch wenn insoweit nicht sofort Steuern tatsächlich „entrichtet" werden.

389 Das Konzept des Einbringungsgewinns I gilt gem. § 22 Abs. 1 Satz 5 UmwStG grundsätzlich nicht, soweit das eingebrachte Betriebsvermögen Anteile an Kapitalgesellschaften enthält; insoweit kommt die Regelung für den Anteilstausch in § 22 Abs. 2 UmwStG zur Anwendung (dazu Rz. 393).

b) Anteilstausch

390 § 21 UmwStG regelt die Einbringung von Anteilen an Kapitalgesellschaften in andere Kapitalgesellschaften gegen Gewährung neuer Anteile an der übernehmenden Kapitalgesellschaft (sog. Anteilstausch). Auch der Anteilstausch erfolgt grds. zum gemeinen Wert (§ 21 Abs. 1 S. 1 UmwStG). Voraussetzung für den Ansatz des Buch- oder Zwischenwerts ist, dass die übernehmende Gesellschaft nach der Einbringung unmittelbar Anteile mit der Mehrheit der Stimmrechte an der erworbenen Gesellschaft hält (§ 21 Abs. 1 Satz 2 UmwStG; sog. qualifizierter Anteilstausch) und nicht über den eingebrachten Buch- bzw. Zwischenwert hinausgehende andere Gegenleistungen gewährt werden (§ 21 Abs. 1 Satz 3 UmwStG; zu den Fällen, in denen für die eingebrachten bzw. für die als Gegenleistung gewährten Anteile das deutsche Besteuerungsrecht beschränkt ist, s. Rz. 401).

391 Bei einer Einbringung in eine inländische Kapitalgesellschaft, bei der das deutsche Besteuerungsrecht an den eingebrachten Anteilen unverändert fortbesteht und auch für die als Gegenleistung gewährten neuen Anteile das deutsche Besteuerungsrecht weder ausgeschlossen noch beschränkt ist, ist der Wertansatz bei der übernehmenden Gesellschaft für die Besteuerung des Einbringenden maßgeblich (§ 21 Abs. 2 Satz 1 UmwStG). Auch beim Anteilstausch tritt die übernehmende Gesellschaft bei Buch- oder Zwischenwertansatz hinsichtlich der eingebrachten Anteile in die steuerliche Rechtsstellung des Einbringenden ein (§ 23 Abs. 1 u. 3 UmwStG).[396]

392 Eine steuerliche Rückbeziehung des Anteilstauschs ist – anders als im Fall der Sacheinlageneinbringung – seit dem SEStEG nicht mehr möglich.

393 Als Sperrfristkonzeption nach einem Anteilstausch unterhalb des gemeinen Werts war bis zum SEStEG vorgesehen, dass nach Einbringung durch eine nicht von § 8b Abs. 2 KStG begünstigte Person eine Veräußerung der eingebrachten Anteile durch die übernehmende Gesellschaft innerhalb einer Sperrfrist von sieben Jahren gem. § 8b Abs. 4 Satz 1 Nr. 2 KStG voll steuerpflichtig war. Diese Regelung ist für den Fall des Anteilstauschs und bei der Miteinbringung von Anteilen im Rahmen einer Sacheinlagen-Einbringung nach § 20 UmwStG durch das Konzept der rückwirkenden Besteuerung des Einbringenden ersetzt worden (§ 22 Abs. 2 UmwStG). Wenn die eingebrachten Anteile nicht i.S. von § 8b Abs. 2 KStG begünstigt sind[397], führt eine Veräußerung der unter dem gemeinen Wert eingebrachten Anteile[398] durch die übernehmende Gesellschaft

---

[396] Klarstellung durch das JStG 2009. Bis dahin war der Wortlaut des § 23 Abs. 1 u. 3 UmwStG unklar, da er von „eingebrachtem Betriebsvermögen" sprach. Für den Fall der Einbringung einbringungsgeborener Anteile i.S.d. § 21 UmwStG a.F. enthält § 21 Abs. 2 Satz 6 i.V.m. § 20 Abs. 3 Satz 4 UmwStG eine Sonderregelung.

[397] Bis zum JStG 2009 wurde darauf abgestellt, ob der Einbringende eine von § 8b Abs. 2 KStG begünstigte Person war oder nicht.

[398] Nach dem JStG 2009 soll auch eine mittelbare Veräußerung durch die Übernehmerin schädlich sein.

G. Umwandlungen und Reorganisationen

innerhalb von sieben Jahren[399] zu einer rückwirkenden Besteuerung des sog. Einbringungsgewinns II beim Einbringenden. Der Einbringungsgewinn II ist als Gewinn aus der Veräußerung von Anteilen zu versteuern[400] und entspricht der Differenz zwischen dem gemeinen Wert der eingebrachten Anteile im Einbringungszeitpunkt und dem bei der Einbringung angesetzten Buch- oder Zwischenwert, vermindert um jeweils ein Siebtel für jedes seit dem Einbringungszeitpunkt abgelaufene Zeitjahr. Der Einbringungsgewinn II gilt gem. § 22 Abs. 2 Satz 4 UmwStG als nachträgliche Anschaffungskosten der erhaltenen Anteile. Gem. § 23 Abs. 2 Satz 3 UmwStG erhöht er bei Nachweis der Steuerentrichtung die Anschaffungskosten der eingebrachten Anteile bei der übernehmenden Gesellschaft und mindert deren Gewinn aus der Anteilsveräußerung (auf den normalerweise § 8b Abs. 2 KStG anzuwenden ist). § 22 Abs. 2 UmwStG ist nicht anwendbar, wenn die eingebrachten Anteile von § 8b Abs. 2 KStG begünstigt sind (damit sind besondere Fragestellungen verbunden). Die Norm greift überdies nicht, soweit der Einbringende die erhaltenen Anteile bereits veräußert hat (§ 22 Abs. 2 S. 5 UmwStG).

c) Europäische Einbringungen

Auch der Anwendungsbereich des UmwStG für die Einbringung von Betrieben, Teilbetrieben und Mitunternehmeranteilen (also von Sacheinlagen) in eine Kapitalgesellschaft (§ 20 UmwStG) sowie für den entsprechend gewerteten Formwechsel (§ 25 UmwStG) ist europäisiert worden. Europäisierung bedeutet in diesem Zusammenhang, dass das UmwStG anwendbar ist, wenn der Einbringende eine EU/EWR-Gesellschaft oder eine in der EU/EWR ansässige natürliche Person und der übernehmende Rechtsträger eine EU/EWR-Kapitalgesellschaft ist (§ 1 Abs. 4 UmwStG). Auf die Steuerverhaftung der als Gegenleistung gewährten Anteile kommt es in diesen Fällen bei der Frage nach dem möglichen Buchwertansatz nicht an (abweichend von § 20 Abs. 3 UmwStG i.d.F. vor dem SEStEG). Bei Einbringungen durch Personengesellschaften sind diese für die Prüfung der Anwendbarkeit des UmwStG als transparent anzusehen, d.h. es ist auf den Status ihrer Gesellschafter abzustellen (§ 1 Abs. 4 Satz 1 Nr. 2 lit. a, aa UmwStG).

Beispiel: *Formwechsel einer KG mit EU-Gesellschaftern*

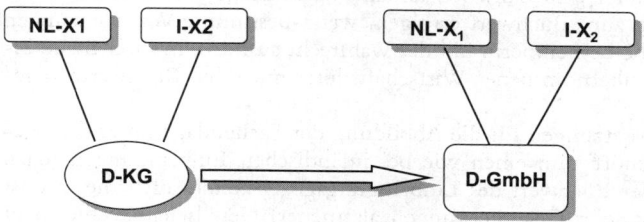

Auf den Formwechsel sind gem. § 25 UmwStG die Sacheinlagen-Einbringungsregelungen der §§ 20 ff. UmwStG entsprechend anzuwenden. Anders als nach § 20 Abs. 3 UmwStG a. F. führt die Ansässigkeit der Gesellschafter im EU-Ausland nicht zwingend

---

[399] Zu den Nachweispflichten betr. die Nichtveräußerung s. bereits Fn. 394.

[400] Der Gesetzeswortlaut ist unscharf, weil keine Besteuerung der Veräußerung der konkret eingebrachten Anteile angeordnet wird.

zur Gewinnrealisierung. Die Einbringung kann auch dann gem. § 20 UmwStG (zu Buchwerten) vorgenommen werden, wenn Deutschland für die als Gegenleistung ausgekehrten Anteile an D-GmbH auf Grund entsprechender DBA-Regelungen kein Besteuerungsrecht hat.

395 Aber auch auf die Einbringung durch in Drittstaaten ansässige Einbringende (z. B. Einbringung eines Teilbetriebs durch eine Personengesellschaft mit Drittstaatengesellschaftern) ist nach § 1 Abs. 4 Satz 1 Nr. 2 lit. b UmwStG § 20 UmwStG anwendbar, wenn das deutsche Besteuerungsrecht hinsichtlich der Besteuerung des Gewinns aus der Veräußerung der als Gegenleistung erhaltenen Anteile nicht ausgeschlossen oder beschränkt ist (entspricht insoweit im Ergebnis der Regelung des § 20 Abs. 3 UmwStG i.d.F. vor dem SEStEG).

Beispiel: *Teilbetriebseinbringung durch Personengesellschaft mit Drittstaatengesellschaftern*

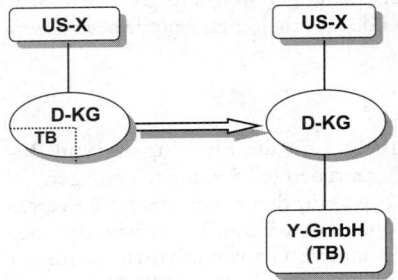

Die Einbringung des Teilbetriebs durch die D-KG in die Y-GmbH kann gem. § 20 UmwStG (zu Buchwerten) erfolgen, wenn Gewinne aus der Veräußerung der Anteile an der Y-GmbH dem deutschen Besteuerungsrecht unterliegen (tatsächliche Zugehörigkeit der Anteile zur deutschen Betriebsstätte der US-X in Form der D-KG erforderlich).

396 Auch im Fall einer „europäischen" Sacheinlage setzt die Anwendbarkeit des § 20 UmwStG voraus, dass Einbringungsgegenstand mit allen wesentlichen Betriebsgrundlagen ein Betrieb, ein Teilbetrieb oder ein Mitunternehmeranteil (bzw. Teil eines Mitunternehmeranteils) ist. Ist auch diese Voraussetzung erfüllt, kann die unter § 20 UmwStG fallende Sacheinlage statt zum gemeinen Wert auf Antrag zum Buchwert erfolgen, wenn bestimmte Voraussetzungen erfüllt sind. Die Übernehmerin übt das Wahlrecht aus, d. h. in ihrer Steuerbilanz müssen die übernommenen Wirtschaftsgüter mit ihren Buchwerte angesetzt werden.[401]

397 Zu den Voraussetzungen für die Abbildung der Sacheinlage unter dem gemeinen Wert gehört zum einen wie bei inländischen Einbringungen (dazu Rz. 384), dass der Buchwert des Einbringungsgegenstandes nicht negativ ist und der Wert anderer Gegenleistungen als (neuer) Gesellschaftsrechte nicht über dem Buchwert des Einbringungsgegenstandes liegt. Zum anderen darf das deutsche Besteuerungsrecht für die eingebrachten stillen Reserven nicht

---

[401] Ist dagegen auf Grund fehlender beschränkter Steuerpflicht oder auf Grund von DBA gar kein deutsches Besteuerungsrecht für den Sacheinlagengegenstand gegeben, ist aus deutscher Sicht stets eine Einbringung zum gemeinen Wert opportun. Siehe auch zum Beispiel § 49 Abs. 1 Nr. 2a) EStG und Art. 7, 13 Abs. 2 OECD-MA. Siehe aber auch § 20 Abs. 3 S. 2 UmwStG.

G. Umwandlungen und Reorganisationen

beschränkt werden. D. h., dass auch in diesem Fall die fehlende Entstrickung, die weit verstanden wird (dazu Rz. 360 ff.), Voraussetzung für die Möglichkeit einer Buchwertfortführung hinsichtlich des übertragenen Vermögens ist. Ansonsten kommt es zwangsweise zum Ansatz des gemeinen Werts. Beim Übergang inländischen Betriebsvermögens ist damit zur Vermeidung einer Besteuerung der stillen Reserven grds. ein Verbleib der betroffenen Wirtschaftsgüter in einer deutschen Betriebsstätte nötig.[402] Dies gilt nicht nur für den Einbringungsvorgang selbst, sondern auch für die Folgezeit, in der eine grenzüberschreitende Überführung vom inländischen Stammhaus in eine ausländische Betriebsstätte bzw. umgekehrt von einer inländischen Betriebsstätte in das ausländische Stammhaus vermieden werden muss. Ist ein Fall der Entstrickung gegeben, erfolgt grundsätzlich eine sofortige Besteuerung der stillen Reserven. Insoweit ist der Ansatz des gemeinen Werts bei der Sacheinlage obligatorisch. Die Sonderregelung des § 4g EStG für die Überführung von Anlagevermögen durch einen unbeschränkt Steuerpflichtigen in eine Betriebsstätte in einem anderen EU-Mitgliedstaat, die eine zeitliche Verteilung der Besteuerung auf fünf Jahre ermöglicht, gilt nicht in Umwandlungsfällen (dazu Rz. 362).

Sind sämtliche genannten Voraussetzungen erfüllt, ist nicht nur die Einbringung zu Buchwerten möglich, sondern es gelten auch die im Gegenzug erhaltenen Anteile als zu diesen Buchwerten (ggf. abzüglich anderer Gegenleistungen) angeschafft, d. h. es verdoppeln sich die eingebrachten stillen Reserven. Sie sind nun auch auf der Ebene der Anteile an der Übernehmerin enthalten. Allerdings ist es – wie erläutert – in den Fällen des § 1 Abs. 4 Satz 1 Nr. 2 Buchst a) EStG für eine erfolgsneutrale Sacheinlagen-Einbringung nicht erforderlich, dass hinsichtlich der Anteile an der Übernehmerin deutsches Besteuerungsrecht gegeben ist (s. Rz. 394).

398

Die nach Sacheinlagen-Einbringungen unterhalb der gemeinen Werte eingreifende Sperrfristkonzeption des sog. Einbringungsgewinns I (dazu Rz. 387) gilt auch nach europäischen Sacheinlagen. D. h., dass eine Veräußerung der als Gegenleistung für eine Einbringung unter dem gemeinen Wert erhaltenen Anteile gem. § 22 Abs. 1 UmwStG zu einer rückwirkenden Besteuerung des Einbringungsgewinns I beim Einbringenden führt, wobei sich der mögliche Einbringungsgewinn I um jeweils ein Siebtel für jedes seit dem Einbringungszeitpunkt abgelaufene Zeitjahr vermindert. Der Einbringungsgewinn I gilt gem. § 22 Abs. 1 Satz 4 UmwStG als nachträgliche Anschaffungskosten der erhaltenen Anteile, mindert also den Gewinn aus der Anteilsveräußerung (auf den § 8b Abs. 2 KStG oder §§ 3 Nr. 40, 3c Abs. 2 EStG anzuwenden ist, wenn insoweit überhaupt ein deutsches Besteuerungsrecht besteht).[403] Des Weiteren ist bei der übernehmenden Kapitalgesellschaft gem. § 23 Abs. 2 Satz 1 u. 2 UmwStG auf Antrag im Jahr der Veräußerung – also nicht rückwirkend – und bei Nachweis der Entrichtung der Steuer auf den Einbringungsgewinn ein „Erhöhungsbetrag" gewinnneutral anzusetzen.[404] Bei übernehmenden ausländischen Kapitalgesellschaften dürfte der Erhöhungsbetrag grds. in der Steuerbilanz der übernommenen deutschen Betriebsstätte zu erfassen sein, jedenfalls

399

---

[402] S. aber auch Fn. 357.
[403] Siehe zum Beispiel § 49 Abs. 1 Nr. 2a), 2e) EStG und Art. 7, 13 Abs. 2 und 5 OECD-MA.
[404] Dies gilt jedoch nur, wenn das eingebrachte Betriebsvermögen entweder noch zum Betriebsvermögen der Kapitalgesellschaft gehört oder zum gemeinen Wert übertragen wurde, d. h. nicht bei einer Weiterübertragung unter dem gemeinen Wert.

soweit er auf im Inland steuerverstricktes Vermögen entfällt. Das Konzept des Einbringungsgewinns I gilt gem. § 22 Abs. 1 Satz 5 UmwStG grundsätzlich nicht, soweit das eingebrachte Betriebsvermögen Anteile an Kapitalgesellschaften enthält; insoweit kommt die Regelung für den Anteilstausch in § 22 Abs. 2 UmwStG zur Anwendung.[405]

400 Beim Anteilstausch (Einbringung von Anteilen an einer Kapitalgesellschaft in eine Kapitalgesellschaft nach § 21 UmwStG) ist es für die Anwendbarkeit des UmwStG nur erforderlich, dass der übernehmende Rechtsträger eine EU/EWR-Kapitalgesellschaft ist (§ 1 Abs. 4 Satz 1 Nr. 1 UmwStG). Auf die Person des Einbringenden und deren Ansässigkeit kommt es nicht an.

401 Beim grenzüberschreitenden Anteilstausch kommt es regelmäßig zum Ausschluss oder Beschränkung des deutschen Besteuerungsrechts hinsichtlich der eingebrachten Anteile. Dennoch ist auch in diesem Fall beim Einbringenden auf Antrag ein Buchwert- oder Zwischenwertansatz möglich, wenn das deutsche Besteuerungsrecht für die erhaltenen Anteile nicht ausgeschlossen oder beschränkt wird oder eine Besteuerung nach Art. 8 FusionsRL nicht zulässig ist[406] (§ 21 Abs. 2 Satz 3 UmwStG[407]). Dabei ist der Antrag – anders als beim inländischen Anteilstausch – unabhängig vom Wertansatz bei der übernehmenden Gesellschaft, d.h. die Buchwerteinbringung setzt eine grenzüberschreitende Buchwertverknüpfung (anders als vor dem SEStEG) nicht voraus. Außerdem ist wie beim inländischen Anteilstausch Grundvoraussetzung für den Ansatz des Buch- oder Zwischenwerts, dass die übernehmende Gesellschaft nach der Einbringung unmittelbar Anteile mit der Mehrheit der Stimmrechte an der erworbenen Gesellschaft hält; dazu Rz. 390). Damit ist auch die erfolgsneutrale Einbringung von Beteiligungen an Drittstaatsgesellschaften nicht nur (wie vor dem SEStEG) in inländische Kapitalgesellschaften möglich, sondern darüber hinaus auch in andere EU/EWR-Kapitalgesellschaften.

Beispiel: *Einbringung einer Drittstaatenbeteiligung*

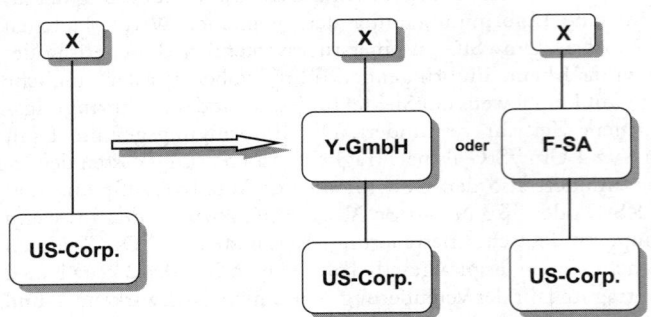

[405] Die Regeln zum Einbringungsgewinn I gelten in diesen Fällen aber zusätzlich zu den Regeln betr. den Einbringungsgewinn II, wenn das Besteuerungsrecht Deutschlands hinsichtlich der erhaltenen Anteile ausgeschlossen oder beschränkt ist.

[406] Liegt beim Anteilstausch zwar grundsätzlich eine Entstrickung vor, ist aber eine Besteuerung nach Art. 8 FusionsRL unzulässig, wird eine spätere Gewinnrealisierung hinsichtlich der Anteile so besteuert, wie es ohne den Vorgang der Fall gewesen wäre (§ 21 Abs. 2 Satz 3 Nr. 2 UmwStG).

[407] Ist dagegen auf Grund fehlender beschränkter Steuerpflicht oder auf Grund von DBA gar kein deutsches Besteuerungsrecht für die eingebrachten Anteile gegeben, ist aus deutscher Sicht stets eine Einbringung zum gemeinen Wert opportun.

G. Umwandlungen und Reorganisationen 402–405 § 13

Die Einbringung der Beteiligung an der US-Corp. durch den Inländer X in die Y-GmbH fällt unter die Regelung zum Anteilstausch (§ 21 UmwStG). Nach dem SEStEG ist auch die Einbringung der Beteiligung an der US-Corp. in die F-SA in § 21 UmwStG geregelt. Jeweils kann die Einbringung bei Entstehen mehrheitsvermittelnder Anteile zu Buchwerten erfolgen.

Zwar tritt auch beim grenzüberschreitenden Anteilstausch die überneh- **402** mende Gesellschaft bei Buch- oder Zwischenwertansatz hinsichtlich der eingebrachten Anteile in die steuerliche Rechtsstellung des Einbringenden ein. Tatsächlich ist insoweit aber auf Grund der einschlägigen DBA regelmäßig kein deutsches Besteuerungsrecht mehr gegeben. Eine steuerliche Rückbeziehung des Anteilstauschs ist auch bei Grenzüberschreitung nicht möglich.

Die Sperrfristkonzeption des Einbringungsgewinns II (dazu Rz. 393) gilt **403** auch nach einem grenzüberschreitenden Anteilstausch unterhalb des gemeinen Werts. Wenn die eingebrachten Anteile nicht i.S.v. § 8b Abs. 2 KStG begünstigt sind, führt eine Veräußerung der unter dem gemeinen Wert eingebrachten Anteile durch die übernehmende Gesellschaft innerhalb von sieben Jahren zu einer rückwirkenden Besteuerung des sog. Einbringungsgewinns II beim Einbringenden, wobei sich der mögliche Einbringungsgewinn II um jeweils ein Siebtel für jedes seit dem Einbringungszeitpunkt abgelaufene Zeitjahr vermindert. Der Einbringungsgewinn II gilt gem. § 22 Abs. 2 Satz 4 UmwStG als nachträgliche Anschaffungskosten der erhaltenen Anteile auf der Ebene des Einbringenden. Gem. § 23 Abs. 2 Satz 3 UmwStG erhöht er bei Nachweis der Steuerentrichtung die Anschaffungskosten der eingebrachten Anteile bei der übernehmenden Gesellschaft und mindert deren Gewinn aus der Anteilsveräußerung (auf den grds. § 8b Abs. 2 KStG anzuwenden ist).[408]

Die Regelung ist nicht anwendbar, wenn die eingebrachten Anteile i.S. von **404** § 8b Abs. 2 KStG begünstigt sind. Anders als nach § 26 Abs. 2 Satz 1 UmwStG i.d.F. bis zum SEStEG führt somit auch die Veräußerung der eingebrachten Anteile durch eine übernehmende ausländische EU/EWR-Gesellschaft nicht zur rückwirkenden Besteuerung des Einbringenden, wenn die eingebrachten Anteile von § 8b Abs. 2 KStG begünstigt waren.

2. Einbringungen in Personengesellschaften

Einbringungen in Personengesellschaften (im Wege der Einzelrechtsnach- **405** folge sowie aus dem Kreis der Umwandlungen qua Ausgliederung in Personengesellschaften oder qua Verschmelzung resp. Spaltung von Personen- auf Personengesellschaften) werden von § 24 UmwStG erfasst[409], wenn Einbringungsgegenstand mit allen wesentlichen Betriebsgrundlagen ein Betrieb, ein Teilbetrieb, ein Mitunternehmeranteil (bzw. Teil eines Mitunternehmeranteils) oder ein (im Betriebsvermögen gehaltener) 100 vH-Kapitalgesellschaftsanteil ist[410] und der Einbringende Mitunternehmer wird bzw. ist. Die Zuordnung

---

[408] Das ist nur relevant, wenn auf dieser Ebene überhaupt ein deutsches Besteuerungsrecht besteht.
[409] Zur steuerlichen Rückbeziehbarkeit s. § 24 Abs. 4 UmwStG (nur bei Einbringungen im Wege der Gesamtrechtsnachfolge).
[410] Der BFH geht in einer aktuellen Entscheidung allerdings davon aus, dass die 100%-Beteiligung an einer Kapitalgesellschaft nicht erfasst ist; vgl. BFH v. 17.7.2008, DStR 2008, 2001.

Rödder 1035

§ 13 406–408 Besonderheiten der Besteuerung

406 von Teilen des Einbringungsgegenstandes zum steuerlichen Sonderbetriebsvermögen bei der übernehmenden Personengesellschaft reicht aus.[411] Von § 24 UmwStG erfasste Einbringungen sind gem. § 24 Abs. 2 UmwStG zwar grds. zum gemeinen Wert[412], sie sind aber auch zum Buch- bzw. Zwischenwert durchführbar. Ein Ansatz unter dem gemeinen Wert setzt voraus, dass das deutsche Besteuerungsrecht für das eingebrachte Betriebsvermögen weder ausgeschlossen noch beschränkt wird (vgl. Rz. 360 ff.). Der Buchwert des Einbringungsgegenstandes darf negativ sein, andere Gegenleistungen als „Gesellschaftsrechte" sind grundsätzlich nicht erlaubt.[413] Der Wert, mit dem das eingebrachte Betriebsvermögen bei der Personengesellschaft angesetzt wird, gilt für den Einbringenden als Veräußerungspreis (§ 24 Abs. 3 Satz 1 UmwStG). Die Übernehmerin kann den Buchwertansatz in ihrer Steuerbilanz durch steuerliche Ergänzungsbilanzen sicherstellen.[414] Sie tritt grds. in die steuerliche Rechtsstellung des Einbringenden ein (§§ 24 Abs. 4, 23 Abs. 1 u. 3 UmwStG).[415]

407 § 24 Abs. 5 UmwStG sieht für den Fall der (Mit-)Einbringung von Anteilen an einer Kapitalgesellschaft unter dem gemeinen Wert durch eine nicht von § 8b Abs. 2 KStG begünstigte Person eine entsprechende Anwendung der Regelungen zur Besteuerung des Einbringungsgewinns II vor, soweit der Gewinn aus einer Veräußerung der eingebrachten Anteile innerhalb von sieben Jahren auf einen von § 8b Abs. 2 KStG begünstigten Mitunternehmer entfällt.[416]

408 Bei der Einbringung in Personengesellschaften bestehen für die Anwendbarkeit des § 24 UmwStG keine Ansässigkeitsvoraussetzungen (§ 1 Abs. 4 Satz 2 UmwStG). D.h., dass Einbringungen in Personengesellschaften auch als „europäische" Einbringungen wie auch als Drittstaateneinbringungen unter den Voraussetzungen des § 24 UmwStG ertragsteuerneutral durchführbar sind (soweit – etwa nach § 49 Abs. 1 Nr. 2a) EStG und Art. 7, 13 Abs. 2 OECD-MA - für den Einbringungsgegenstand überhaupt ein deutsches Besteuerungsrecht besteht). Danach muss Einbringungsgegenstand ein Betrieb, ein Teilbetrieb, ein Mitunternehmeranteil (bzw. Teil eines Mitunternehmeranteils) oder ein (im Betriebsvermögen gehaltener) mit allen wesentlichen Betriebsgrundlagen oder ein 100 vH-Kapitalgesellschaftsanteil sein. Die Zuordnung von Teilen des Einbringungsgegenstandes zum steuerlichen Sonderbetriebsvermögen bei der übernehmenden Personengesellschaft reicht aus. Der Buchwert des Einbringungsgegenstandes darf negativ sein, und es sind andere Gegenleistungen als „Gesellschaftsrechte" grundsätzlich nicht erlaubt. Die Übernehmerin kann den Buchwertansatz in ihrer Steuerbilanz auch durch steuerliche Ergänzungsbilanzen sicherstellen. § 24 Abs. 5 UmwStG ist auch bei grenzüberschreitenden Einbringungen in Personengesellschaften zu beachten.

---

[411] Siehe dazu BMF v. 25.3.1998, BStBl. I 1998, 268, Tz. 24.06.
[412] Für die Bewertung von Pensionsrückstellungen gilt § 6a EStG.
[413] Dazu BMF v. 25.3.1998, BStBl. I 1998, 268, Tz. 24.05 und 24.08 ff.
[414] § 24 Abs. 3 Satz 1 UmwStG sowie BMF v. 25.3.1998, BStBl. I 1998, 268, Tz. 24.13 ff. Es gilt keine Maßgeblichkeit.
[415] Dies gilt nicht für evtl. Zinsvorträge.
[416] Wenn bei der Einbringung die bestehenden stillen Reserven in den Anteilen dem nicht von § 8b Abs. 2 KStG begünstigten Einbringenden durch die Erstellung von Ergänzungsbilanzen zugeordnet werden, gibt es keine Notwendigkeit für die Anwendung der Regelung.

G. Umwandlungen und Reorganisationen 409–412 § 13

IV. Regelungen außerhalb des UmwStG

1. Möglichkeiten steuerneutralen Reserventransfers

Das Ertragsteuerrecht sieht auch außerhalb des UmwStG in verschiedenen 409
Normen Buchwertübertragungsmöglichkeiten vor, die im Einzelfall auch auf
Umwandlungs- und andere Umstrukturierungsvorgänge Anwendung finden
können. Dabei geht es insbesondere um Vorgänge unter Beteiligung von Personenunternehmen.[417]

So ermöglicht § 6 Abs. 3 EStG die unentgeltliche Buchwertübertragung von 410
Betrieben, Teilbetrieben und Mitunternehmeranteilen (mit Besonderheiten für
Teile von Mitunternehmeranteilen); auch bestimmte Fälle der Anwachsung
werden unter § 6 Abs. 3 EStG subsumiert.

In § 6 Abs. 5 Satz 3 ff. EStG ist geregelt, dass Einzelwirtschaftsgüter zu Buch- 411
werten übertragen werden können, wenn die Übertragung unentgeltlich oder
gegen Gewährung bzw. Minderung von Gesellschaftsrechten aus einem Mitunternehmer-Betriebsvermögen (bzw. Sonderbetriebsvermögen) in das Gesamthandsvermögen oder umgekehrt[418] bzw. unentgeltlich zwischen verschiedenen Mitunternehmer-Sonderbetriebsvermögen erfolgt. Allerdings gibt es
zwei wichtige Ausnahmen von der Buchwertübertragungsmöglichkeit in diesen
Fällen: Zum einen ist die Veräußerung bzw. Entnahme des übertragenen Wirtschaftsguts innerhalb von drei Jahren nach Steuererklärungsabgabe für den
Übertragungs-VZ schädlich (löst also rückwirkend eine Übertragung zum Teilwert aus), wenn nicht die stillen Reserven durch steuerliche Ergänzungsbilanz
dem Übertragenden zugeordnet worden sind. Zum anderen ist es (rückwirkend)
schädlich, soweit durch die Übertragung oder innerhalb einer nachfolgenden
7-Jahres-Periode der Anteil einer Kapitalgesellschaft an dem übertragenen
Wirtschaftsgut unmittelbar oder mittelbar begründet wird oder sich erhöht.

§ 16 Abs. 3 Satz 2 ff. EStG regelt die Voraussetzungen für die Realteilung ei- 412
ner Mitunternehmerschaft zu Buchwerten. Soweit Teilbetriebe, Mitunternehmeranteile (oder Teile von Mitunternehmeranteilen) Übertragungsgegenstand
sind, existieren keine besonderen Einschränkungen (natürlich muss bei dem
übernehmenden Mitunternehmer die Besteuerung der stillen Reserven sichergestellt sein). Soweit es dagegen um die Übertragung von Einzelwirtschaftsgütern geht, ist eine Buchwertübertragung auf Kapitalgesellschaften generell
ausgeschlossen. Außerdem entfällt die Buchwertübertragungsmöglichkeit ex

---

[417] Würde man Mitunternehmerschaften auch für Zwecke umwandlungsbedingter
Vermögensübertragungen ertragsteuerlich im Grundsatz als transparent ansehen, so
wäre die Mitunternehmerschaft, soweit an ihr der Mitunternehmer beteiligt ist, für umwandlungsbedingte Vermögensübertragungen (solche gegen Gewährung bzw. Minderung von Gesellschaftsrechten) schon kein anderes Steuersubjekt als der Mitunternehmer. Dann wäre der Erfolgsneutralität umwandlungsbedingter Übertragungsvorgänge
vom Mitunternehmer auf die Mitunternehmerschaft et vice versa insoweit ohne jede
weitere Voraussetzung – von der Notwendigkeit der unveränderten Steuerverhaftung
der stillen Reserven abgesehen – zu gewähren (s. auch den Gedanken des § 6 Abs. 5 Satz
1 EStG). Das derzeitige Ertragsteuerrecht geht aber von einer anderen Vorstellung, der
grds. Eigenständigkeit der Mitunternehmerschaft für Reservenrealisationsfragen, aus.

[418] Erfasst ist auch der Fall der Übertragung aus dem Sonderbetriebsvermögen einer
Mitunternehmerschaft in das Gesamthandsvermögen einer anderen Mitunternehmerschaft und umgekehrt.

tunc, wenn übertragene Einzelwirtschaftsgüter, die wesentliche Betriebsgrundlagen darstellen, innerhalb von drei Jahren nach Steuererklärungsabgabe für den Übertragungs-VZ veräußert oder entnommen werden. Überdies enthält § 16 Abs. 5 EStG eine § 24 Abs. 5 UmwStG entsprechende Regelung für die Realteilung, bei der Teilbetriebe übertragen werden (zu § 24 Abs. 5 UmwStG s. Rz. 407).

413   Nach § 6 Abs. 1 Nr. 5 Satz 1 Buchst. a) EStG sind Einlagen höchstens mit den (ggf. fortgeführten) Anschaffungs- bzw. Herstellungskosten anzusetzen, wenn das zugeführte Wirtschaftsgut innerhalb der letzten drei Jahre vor dem Zeitpunkt der Zuführung angeschafft oder hergestellt worden ist.[419] Gem. § 6 Abs. 6 Satz 3 EStG hat die Vorschrift zwar auch Bedeutung für verdeckte Einlagen in Kapitalgesellschaften, es ist aber unklar, ob und ggf. in welchen Fällen sie auch für verdeckte Einlagen aus einem Betriebsvermögen gilt.

414   Für Zwecke der Abgeltungssteuer hat das JStG 2009 einen neuen § 20 Abs. 4a EStG eingeführt, der Bedeutung für intenationale Umstrukturierungen hat. Werden Anteile an einer Kapitalgesellschaft, die weder ihre Geschäftsleitung noch ihren Sitz im Inland hat, gegen Anteile an einer anderen Kapitalgesellschaft, die weder ihre Geschäftsleitung noch ihren Sitz im Inland hat, getauscht und wird der Tausch auf Grund gesellschaftsrechtlicher Maßnahmen vollzogen, die von den beteiligten Unternehmen ausgehen, treten abweichend von § 20 Abs. 2 S. 1 EStG und § 13 Abs. 2 UmwStG die übernommenen Anteile steuerlich an die Stelle der bisherigen Anteile, wenn das Recht der Bundesrepublik Deutschland hinsichtlich der Besteuerung des Gewinns aus der Veräußerung der erhaltenen Anteile nicht ausgeschlossen oder beschränkt ist oder Artikel 8 der Fusionsrichtlinie anzuwenden ist; in diesem Fall ist der Gewinn aus einer späteren Veräußerung der erworbenen Anteile ungeachtet der Bestimmungen eines DBA in der gleichen Art und Weise zu besteuern, wie die Veräußerung der Anteile an der übertragenden Kapitalgesellschaft zu besteuern wäre, und § 15 Abs. 1a S. 2 EStG entsprechend anzuwenden. Erhält der Steuerpflichtige in diesen Fällen zusätzlich zu den Anteilen eine Gegenleistung, gilt diese als Ertrag im Sinne des § 20 Abs 1 Nr. 1 EStG.

2. Möglichkeiten steuerfreier Reservenrealisierung

415   Ertragsteuerneutralität von Umwandlungen (oder anderen Umstrukturierungsvorgängen) kann nicht nur (wie im UmwStG oder nach Maßgabe der Rz. 409 ff. genannten Regelungen) durch Regelungen sichergestellt werden, die Buchwertfortführung anordnen. Denkbar ist auch die Behandlung als realisierender Akt, wenn der realisierte Gewinn zumindest weitgehend steuerfrei gestellt wird oder durch Rücklagenbildung auf andere Wirtschaftsgüter übertragen werden kann. Beide Mechanismen sieht das gegenwärtige Ertragsteuerrecht vor allem für Anteile an Kapitalgesellschaften vor.

416   Zentrale Bedeutung hat insoweit § 8 b Abs. 2 KStG, der Gewinne aus der Veräußerung und verdeckten Einlage von Kapitalanteilen, die Kapitalgesellschaften erzielen, grundsätzlich zu 95 vH steuerfrei stellt.[420] Das heißt auch für

---

[419] Vgl. auch § 6 Abs. 1 Nr. 5 Satz 1 Buchst. b) EStG, wonach grds. Entsprechendes für die Einlage wesentlicher Beteiligungen i.S.d. § 17 EStG gilt.

[420] Dass die Möglichkeit der (weitgehend) steuerfreien Reservenrealisierung in Kapitalanteilen gegeben ist, basiert vor allem darauf, dass das Ertragsteuerrecht zwar vom Steuersubjektprinzip dominiert wird, aber im Bereich der Kapitalgesellschaftsbesteue-

G. Umwandlungen und Reorganisationen

Umwandlungen (oder andere Umstrukturierungsvorgänge), dass dann, wenn und soweit im Zuge eines solchen Vorgangs Anteile an Kapitalgesellschaften durch Kapitalgesellschaften[421] übertragen werden, eine zu 95 vH steuerfreie Realisation gem. § 8 b Abs. 2 KStG in Betracht kommt.[422] Zu beachten ist dabei – wie bei allen Anteilsveräußerungen –, dass keine i.S.d. § 8 b Abs. 4 KStG a.F. schädlichen „alten" einbringungsgeborenen Anteile gegeben sind, für die die 7-Jahres-Frist noch nicht abgelaufen ist (außerdem darf nicht vorher auf die veräußerten Kapitalanteile eine steuerwirksame Teilwertabschreibung vorgenommen worden sein und es darf kein Fall des § 8 b Abs. 7 oder 8 KStG gegeben sein). Mit der grundsätzlichen Anwendbarkeit des § 8 b Abs. 2 KStG auf den umwandlungs- bzw. umstrukturierungsbedingten Anteilsveräußerungsgewinn korrespondiert, dass umwandlungs- bzw. umstrukturierungsbedingt realisierte Wertverluste in Anteilen nicht geltend gemacht werden können (§ 8 b Abs. 3 KStG – auch insoweit eine Kapitalgesellschaft als betroffene Gesellschafterin unterstellt).[423]

Bedeutung hat auch § 6 b Abs. 10 EStG, der für alle Personenunternehmen mit letztlich einkommensteuerpflichtigen Gesellschaftern die Möglichkeit vorsieht, Gewinne aus der Veräußerung von Anteilen an Kapitalgesellschaften (und damit auch aus jeder umwandlungs- und umstrukturierungsbedingten Anteilsveräußerung) bis zu einem Betrag von € 500 000 auf Investitionen in Anteile an Kapitalgesellschaften (oder bestimmte andere begünstigte Reinvestitionsgüter) zu übertragen. Vorausgesetzt ist hinsichtlich der veräußerten Kapitalanteile (neben der „Veräußerung") insbesondere eine mindestens sechsjährige Zugehörigkeit der veräußerten Anteile zum inländischen Anlagevermögen des Veräußerers. Außerdem dürfen sie nicht schädlich „alt"-einbringungsgeboren iSd. § 3 Nr. 40 Sätze 3 und 4 EStG sein.

Außerdem ist auf die „normale" § 6b EStG-Regelung betr. Grund und Boden und Gebäude und die sog. Rücklage für Ersatzbeschaffung hinzuweisen.

---

rung auch einen rechtsträger-übergreifenden steuersystematischen Ansatz verfolgt. Danach soll jeder in einer deutschen Kapitalgesellschaft mit deutschen Anteilseignern erzielte Gewinn letztlich einmal mit Körperschaftsteuer (Gewerbesteuer) und Teileinkünfte-Einkommensteuer bzw. Abgeltungsteuer belastet werden, woraus bei Dividendenvereinnahmung durch zwischengeschaltete Kapitalgesellschaften die (95vHige) Dividendenfreistellung resultiert. Diese Wertentscheidung hat der Gesetzgeber auch auf den Fall des Anteilsveräußerungsgewinns erstreckt, weil ein Gewinn aus der Veräußerung eines Anteils an einer Tochterkapitalgesellschaft letztlich auf die Bildung von Gewinnrücklagen und stillen Reserven auf der Ebene der Tochterkapitalgesellschaft zurückzuführen ist. Die Gewinnrücklagen und die stillen Reserven der Tochterkapitalgesellschaft sind aber im Regelfall schon bei dieser Körperschaftsteuer (und Gewerbesteuer) belastet worden bzw. werden in Zukunft mit diesen Steuerbelastungen versehen werden.

[421] Bzw. Personengesellschaften mit Kapitalgesellschaften als Gesellschaftern (§ 8 b Abs. 6 KStG); vgl. im Übrigen auch § 15 Satz 1 Nr. 2 KStG.

[422] Die Finanzverwaltung vertrat in der Vergangenheit, dass bei einer Realisation durch übertragende Umwandlung i.S.d. §§ 1–19 UmwStG die Norm mangels „Veräußerung" nicht anwendbar sei. Siehe nun aber BMF v. 28.4.2003, BStBl. I 2003, 292, Tz. 23.

[423] Allerdings – insoweit unsystematisch – zu 100 vH, nicht nur zu 95 vH.

V. Nicht vom Anwendungsbereich des UmwStG erfasste europäische Umwandlungen sowie grenzüberschreitende und ausländische Umwandlungen mit Drittstaatenbezug

419 Der Anwendungsbereich des UmwStG ist durch das SEStEG europäisiert worden. D.h., dass unter bestimmten Voraussetzungen nicht nur inländische, sondern auch „europäische" Umwandlungen vom UmwStG erfasst werden (s. dazu Rz. 357). Allerdings gibt es nach wie vor auch nicht vom Anwendungsbereich des UmwStG erfasste europäische Umwandlungen, z. B. solche, bei denen es an der Vergleichbarkeit des ausländischen Umwandlungsvorgangs mit dem entsprechenden deutschen Umwandlungsvorgang mangelt.[424] Außerdem sind grenzüberschreitende und ausländische Umwandlungen mit Drittstaatenbezug weitestgehend nicht erfasst.[425] Greift für solche Umwandlungen das UmwStG nicht, sind grundsätzlich die normalen ertragsteuerlichen Regeln anwendbar.

1. Umwandlungen von Kapitalgesellschaften

a) Umwandlung in bzw. auf Personengesellschaften

420 Bei einer Hinausumwandlung (inländische Kapitalgesellschaft wird auf eine ausländische Personengesellschaft umgewandelt) sind bei der übertragenden Gesellschaft §§ 11 und 12 Abs. 3 KStG zwar ihrem Wortlaut nach nicht anwendbar (die Anwendbarkeit des § 11 KStG scheitert daran, dass es nicht zu einer Abwicklung kommt, § 12 Abs. 3 KStG ist deshalb nicht einschlägig, weil die inländische Kapitalgesellschaft nicht Sitz und Geschäftsleitung ins Ausland verlegt). Dennoch wird das Vorliegen eines Realisationstatbestandes auf Ebene der umgewandelten Kapitalgesellschaft bei einer Hinausumwandlung bejaht. Hinsichtlich des übertragenen Vermögens wird eine Realisation wegen einer liquidationsähnlichen Sachauskehrung angenommen.[426]

421 Beim Gesellschafter der umgewandelten Kapitalgesellschaft liegt entweder eine liquidationsähnliche Sachdividende oder eine Art Anteilstausch vor. Da der Gesellschafter durch die Umwandlung aus deutscher Sicht unmittelbar am Vermögen der Personengesellschaft beteiligt wird, scheint auch aus Gesellschaftersicht eine Wertung als liquidationsähnlicher Vorgang naheliegender als

---

[424] In diesem Zusammenhang stellt sich auch die Frage, ob und wann ggf. Ersatzkonstruktionen für grenzüberschreitende Umwandlungen vergleichbar sind.

[425] Die Anknüpfung der wesentlichen ertragsteuerlichen Sonderregeln für Umwandlungen an inländische oder europäische Umwandlungsvorgänge und inländische oder europäische Rechtsträger ist in der Sache nicht gerechtfertigt. Es besteht kein Grund, dass das UmwStG nicht globalisiert werden könnte. Auch das Streben nach ausreichender Rechtssicherheit, das bisweilen als Begründung vorgebracht wird, genügt als Rechtfertigung nicht. Der Gesetzgeber hat dies selbst mit § 12 Abs. 2 KStG exemplarisch verdeutlicht. Hinweis auch auf § 24 UmwStG

[426] Dafür spricht, dass hier stille Reserven von einem auf das andere Steuersubjekt überwechseln, was nach deutschem Steuerrecht eigentlich nur in besonders zugelassenen Fällen ohne Realisation erfolgen darf. Fakt ist auch, dass man bei Verneinung eines Realisationstatbestands implizit die Aussage treffen würde, dass § 3 UmwStG im Fall der Inlandsumwandlung jedenfalls für den Fall der gewünschten Buchwertbeibehaltung überflüssig wäre. Denn auf Ebene der umgewandelten Gesellschaft wäre ja ohnehin kein Realisationstatbestand gegeben.

G. Umwandlungen und Reorganisationen 422–426 § 13

der des Anteilstauschs. Die Steuerfolgen sind abhängig vom Gesellschafterstatus und dessen Ansässigkeit sowie von der Höhe des Beteiligungsbuchwerts, also den relevanten Anschaffungskosten.

Bei einer Hereinumwandlung bzw. einer Auslandsumwandlung stellt sich auf Gesellschaftsebene ebenfalls die Realisierungsfrage, wenn und soweit durch die Umwandlung eine inländische Betriebsstätte einer ausländischen Kapitalgesellschaft (oder sonstiges in Deutschland verhaftetes Vermögen) auf eine Personengesellschaft übertragen wird. § 12 Abs. 2 KStG greift in diesem Fall nicht. Auf der Ebene der Anteilseigner der übertragenden Kapitalgesellschaft ist auch in diesem Fall eine Wertung als liquidationsähnlicher Vorgang naheliegend. 422

Beim Formwechsel einer ausländischen Kapitalgesellschaft in eine Personengesellschaft ist zunächst zu hinterfragen, ob es sich gesellschaftsrechtlich um einen identitätswahrenden Akt oder um einen Übertragungsvorgang handelt. Bei Vorliegen eines Übertragungsvorgangs gelten die vorstehenden Aussagen entsprechend. Im Fall der Identitätswahrung ist unklar, ob es aus deutscher ertragsteuerlicher Sicht zu einer Realisation kommt.[427] Es spricht aber Einiges dafür, dass dies wegen der auch im Fall der Identitätswahrung gegebenen ertragsteuerlichen Veränderung von der selbstständig steuerpflichtigen Kapitalgesellschaft zur grds. transparenten Personengesellschaft der Fall ist. 423

b) Umwandlung in bzw. auf Kapitalgesellschaften

Bei einer Hinausumwandlung (inländische Kapitalgesellschaft wird auf ausländische Kapitalgesellschaft umgewandelt) sind bei der übertragenden Gesellschaft §§ 11 und 12 Abs. 1 KStG zwar ihrem Wortlaut nach nicht anwendbar (s. Rz. 420). Dennoch wird auf Ebene der umgewandelten Kapitalgesellschaft hinsichtlich des übertragenen Vermögens eine Realisation wegen einer liquidationsähnlichen Sachauskehrung angenommen. Bei einem side-stream-merger kommt dann noch die Annahme hinzu, dass die Gesellschafter das an sie ausgekehrte Vermögen der Übertragerin anschließend in die Übernehmerin gegen Gewährung von Anteilen übertragen. Bei einer Spaltung gilt Entsprechendes. Beim Gesellschafter liegt danach entweder eine liquidationsähnliche Sachdividende oder eine Art Anteilstausch vor. Die Steuerfolgen sind abhängig vom Gesellschafterstatus und dessen Ansässigkeit sowie von der Höhe des Beteiligungsbuchwerts (den relevanten Anschaffungskosten).[428] 424

Bei einer Hereinverschmelzung gilt Entsprechendes. 425

Bei einer Auslandsumwandlung stellt sich auf Gesellschaftsebene ggf. die Frage des § 12 Abs. 2 Satz 1 KStG, wenn und soweit durch die Umwandlung eine inländische Betriebsstätte einer ausländischen Kapitalgesellschaft als Ganzes auf einen anderen übertragen wird. § 12 Abs. 2 Satz 1 KStG erfasst allerdings nur die ausländische Verschmelzung auf eine andere Kapitalgesellschaft desselben ausländischen Staates, wenn die Verschmelzung einer deutschen Verschmelzung vergleichbar ist und das deutsche Besteuerungsrecht nicht beschränkt wird.[429] Auf der Ebene der Gesellschafter ist in diesem Fall auch § 13 426

---

[427] Vgl. BFH v. 22. 2. 1989, BStBl. II 1989, 794.
[428] Siehe auch den neuen § 20 Abs. 4a EStG für Zwecke der Abgeltungssteuer.
[429] Warum § 12 Abs. 2 KStG auf eine Verschmelzung statt allgemein auf eine Umwandlung abstellt, ist nicht erklärbar (so müsste z. B. auch eine ausländische Spaltung unschädlich sein; vgl. insoweit auch die Regelung einer ertragsteuerneutralen grenzüberschreitenden Abspaltung in der geänderten FusionsRL v. 17. 2. 2005).

UmwStG zu beachten, der gem. § 12 Abs. 2 Satz 2 KStG auch bei Verschmelzungen von Drittstaatsgesellschaften gilt, die Vorgänge i.S.d. § 12 Abs. 2 Satz 1 KStG darstellen.[430]

427 Im Übrigen gelten die vorstehenden Aussagen zu Hinaus- und Hereinumwandlungen auch für Auslandsumwandlungen entsprechend. Bei Drittstaatenspaltungen bleibt es in jedem Fall bei der Behandlung als Liquidation bzw. Sachausschüttung.[431]

2. Einbringungen

a) Einbringung in Kapitalgesellschaften

428 Einbringungen in Kapitalgesellschaften sind nach allgemeinem Steuerrecht ein realisierender tauschähnlicher Vorgang.

429 Bei Einbringung von Unternehmensteilen durch einen Inländer in eine ausländische Kapitalgesellschaft besteht regelmäßig deutsches Besteuerungsrecht nach DBA (Ausnahme: Zuordnung zu einer ausländischen DBA-Betriebsstätte[432]). Bei Einbringung eines Unternehmensteils durch einen Ausländer in eine inländische Kapitalgesellschaft ist deutsches Besteuerungsrecht normalerweise nur bei Einbringung einer Inlandsbetriebsstätte gegeben. Auch bei Einbringung von Unternehmensteilen durch Ausländer in eine ausländische Kapitalgesellschaft ist normalerweise deutsche Steuerrelevanz nur denkbar, wenn eine Inlandsbetriebsstätte bewegt wird.

430 Beim Anteilstausch bei Einbringung durch einen Inländer in eine ausländische Kapitalgesellschaft kommt es auf Grund der Annahme eines tauschähnlichen Vorgangs zu einer steuerbaren Reservenrealisation (im steuerlichen Privatvermögen nicht durchgängig der Fall),[433] ggf. kann aber eine anteilige Steuerbefreiung greifen (vgl. § 3 Nr. 40 EStG und § 8b Abs. 2 KStG).[434] Bei Einbringung von Anteilen durch einen Ausländer in eine inländische Kapitalgesellschaft ist nur ausnahmsweise deutsche Steuerbarkeit und deutsches Besteuerungsrecht nach DBA gegeben (bei beschränkter Steuerpflicht im DBA-Fall normalerweise nur bei Zuordnung der Anteile zu einer Inlandsbetriebsstätte).[435] Auch bei Einbringung von Anteilen durch Ausländer in eine ausländische Kapitalgesellschaft ist normalerweise deutsche Steuerrelevanz nur denkbar, wenn die bewegten Anteile einer Inlandsbetriebsstätte zuzuordnen sind.

b) Einbringung in Personengesellschaften

431 Da § 24 UmwStG als einzige Norm des UmwStG einen globalen Anwendungsbereich hat, kann auf die Ausführungen Rz. 405 ff. verwiesen werden.

---

[430] Anders als § 12 Abs. 2 Satz 1 KStG, der eine Buchwertübertragung von Inlandsvermögen bei grenzüberschreitenden Drittstaatsverschmelzungen nicht zulässt, soll § 12 Abs. 2 Satz 2 KStG auch bei grenzüberschreitenden Verschmelzungen gelten. Siehe auch den neuen § 20 Abs. 4a EStG für Zwecke der Abgeltungsteuer.

[431] Siehe auch den neuen § 20 Abs. 4a EStG für Zwecke der Abgeltungsteuer.

[432] Siehe zum Beispiel § 49 Abs. 1 Nr. 2a) EStG und Art. 7, 13 Abs. 2 OECD-MA.

[433] S. aber auch ab 1.1.2009 die Neuregelungen zur Abgeltungsteuer.

[434] Vgl. auch § 6b Abs. 10 EStG.

[435] Siehe zum Beispiel § 49 Abs. 1 Nr. 2a) und 2e) EStG und Art. 7, 13 Abs. 2 und 5 OECD-MA.

G. Umwandlungen und Reorganisationen

VI. Umwandlungen in der Hinzurechnungsbesteuerung

Bis zum SEStEG konnte die Übertragung passiver Wirtschaftsgüter durch eine Umwandlung im Ausland eine Hinzurechnungsbesteuerung nach §§ 7 ff. AStG auslösen, selbst wenn eine niedrige Besteuerung nur durch eine den deutschen umwandlungssteuerlichen Regelungen vergleichbare Buchwertfortführung im Ausland begründet wurde. Auf Grund der Europäisierung des UmwStG wäre eine Anwendung der umwandlungssteuerlichen Regelungen im Rahmen der Ermittlung des Hinzurechnungsbetrags von EU/EWR-Gesellschaften konsequent gewesen, zumal §§ 7 ff. AStG nach den Grundsätzen der EuGH-Entscheidung „Cadbury-Schweppes"[436] ohnehin unter den Vorbehalt des § 8 Abs. 2 AStG gestellt worden sind.

Beispiel: *Auslandsverschmelzung und Hinzurechnungsbesteuerung*

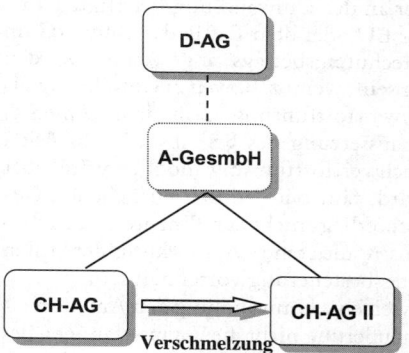

Sowohl auf Ebene der CH-AG als auch auf Ebene der A-GesmbH kommt es durch die Verschmelzung nach allgemeinen deutschen ertragsteuerlichen Regeln grundsätzlich zu einer Gewinnrealisierung. Diese kann bei der CH-AG zu passiven Einkünften führen, wenn zum übertragenen Vermögen Wirtschaftsgüter gehören, die der Erzielung von passiven Einkünften dienen. Bei der A-GesmbH liegen passive Einkünfte vor, wenn die Voraussetzungen des § 8 Abs. 1 Nr. 9 AStG nicht gegeben sind.

Das SEStEG hat vor diesem Hintergrund eine Regelung in § 8 Abs. 1 Nr. 10 AStG eingeführt, die eine Besteuerung in bestimmten Fällen vermeiden soll. Danach liegen keine passiven Einkünfte vor, denn diese stammen „aus Umwandlungen, die ungeachtet des § 1 Abs. 2 und 4 UmwStG zu Buchwerten erfolgen könnten; das gilt nicht, soweit eine Umwandlung den Anteil an einer Kapitalgesellschaft erfasst, dessen Veräußerung nicht die Voraussetzungen der Nr. 9 erfüllen würde". Des Weiteren bleiben nach dem neu gefassten § 10 Abs. 3 Satz 4 AStG die Vorschriften des UmwStG bei der Ermittlung des Hinzurechnungsbetrags unberücksichtigt, „soweit Einkünfte aus einer Umwandlung nach § 8 Abs. 1 Nr. 10 hinzuzurechnen sind".

Entscheidend ist mithin, ob die ausländische Umwandlung ungeachtet der Voraussetzung einer Ansässigkeit innerhalb der EU oder dem EWR nach dem UmwStG zu Buchwerten erfolgen könnte. Es müssen somit die Voraussetzun-

---

[436] EuGH v. 12. 9. 2006, DStR 2006, 1686; dazu s. auch BMF v. 8. 1. 2007, DStR 2007, 112, sowie Rz. 331 ff.

gen des UmwStG für eine Buchwertfortführung gegeben sein. Nach den Vorschriften des UmwStG ist eine Buchwertfortführung nur insoweit möglich, als das deutsche Besteuerungsrecht für Gewinne aus der Veräußerung der übertragenen Wirtschaftsgüter nicht ausgeschlossen oder beschränkt wird. Bei der Prüfung dieser Voraussetzung im Rahmen des § 8 Abs. 1 Nr. 10 AStG dürfte darauf abzustellen sein, ob eine Entstrickung erfolgen würde, wenn die übertragende ausländische Gesellschaft im Inland ansässig wäre. Bei einer rein nationalen Umwandlung im Ausland sollte diese Voraussetzung somit immer erfüllt sein.

435 Rechtsfolge der Bejahung einer fiktiven Buchwertansatzmöglichkeit ist allerdings keine Buchwertfortführung für Zwecke der Hinzurechnungsbesteuerung. § 8 Abs. 1 Nr. 10 AStG setzt vielmehr gerade voraus, dass Einkünfte entstehen, mithin nicht der Buchwert angesetzt wird. Dies scheint in einem gewissen Widerspruch zu dem neu gefassten § 10 Abs. 3 Satz 4 AStG zu stehen, aus dem sich ergeben dürfte, dass bei Vorliegen aktiver Einkünfte i.S. des § 8 Abs. 1 Nr. 10 AStG und Ansässigkeit der an der Umwandlung beteiligten ausländischen Gesellschaften innerhalb der EU oder dem EWR das UmwStG im Rahmen der Ermittlung des Hinzurechnungsbetrags angewendet werden kann. Dies könnte dann von Bedeutung sein, wenn z. B. wegen Gewährung einer anderen Gegenleistung eine Buchwertfortführung nach dem UmwStG nicht möglich wäre und daher die Voraussetzung des § 8 Abs. 1 Nr. 10 AStG nicht vorliegt. Wenn hingegen eine Buchwertfortführung möglich wäre, aber kein entsprechender Antrag gestellt wird, fällt der dadurch entstehende Gewinn unter § 8 Abs. 1 Nr. 10 AStG und unterliegt nicht der Hinzurechnungsbesteuerung. Im Regelfall wird die daraus resultierende Aufdeckung der stillen Reserven für Zwecke der Hinzurechnungsbesteuerung vorteilhaft sein.

436 Aktive Einkünfte liegen nicht vor, soweit eine Umwandlung den Anteil an einer Kapitalgesellschaft erfasst, dessen Veräußerung nicht die Voraussetzungen des § 8 Abs. 1 Nr. 9 AStG erfüllen würde. Dies betrifft Anteile an Kapitalgesellschaften, die Zwischeneinkünfte mit Kapitalanlagecharakter erzielen. Damit dürfte zum einen der Fall angesprochen sein, dass ein Anteil an einer solchen Kapitalgesellschaft zum übertragenen Vermögen gehört (im obigen Beispiel: CH-AG hält Anteile an einer Gesellschaft, die Zwischeneinkünfte mit Kapitalanlagecharakter erzielt). Zum anderen könnte nach dem Wortlaut auch eine ausländische Gesellschaft besteuert werden, die einen Anteil an einer solchen Kapitalgesellschaft hält, wenn Letztere verschmolzen oder gespalten wird (im obigen Beispiel: Ebene der A-GesmbH, wenn CH-AG Zwischeneinkünfte mit Kapitalanlagecharakter erzielt). Die Übertragung des Kapitalanlagevermögens selbst durch eine Umwandlung (im obigen Beispiel: Ebene der CH-AG, wenn diese Zwischeneinkünfte mit Kapitalanlagecharakter erzielt) dürfte hingegen zu aktiven Einkünften i.S. des § 8 Abs. 1 Nr. 10 AStG führen, wenn sie bei Ansässigkeit der übertragenden Gesellschaft im Inland zu Buchwerten erfolgen könnte.

VII. Umwandlungen und Wegzug

1. „Richtige" Umwandlungsreihenfolge bei geplantem Wegzug von Gesellschaftern deutscher Familienunternehmen

437 Die w. o. erläuterten Rahmenbedingungen für grenzüberschreitende Umwandlungen aus Sicht des UmwStG spielen in der Praxis auch eine besondere Rolle im Zusammenhang mit geplanten Wegzügen von Gesellschaftern deut-

G. Umwandlungen und Reorganisationen 438–441 § 13

scher Familienunternehmen. Neben den umwandlungssteuerlichen Regeln sind dabei insbesondere die Regeln zur sog. Wegzugsbesteuerung und die Vorgaben betr. die Erbschaftsteuerpflicht in Deutschland wesentlich.

Bei den Regeln zur sog. Wegzugsbesteuerung ist zu beachten, dass die steuerrechtliche Situation für Gesellschafter einer Personengesellschaft vollständig anders ist als für solche einer Kapitalgesellschaft (bei Halten der Anteile im steuerlichen Privatvermögen). **438**

Für den Gesellschafter einer Personengesellschaft gilt die Entstrickungsregel des § 4 Abs. 1 Satz 3 EStG: Danach wird bei Ausschluss oder Beschränkung des deutschen Besteuerungsrechts hinsichtlich des Gewinns aus der Veräußerung oder der Nutzung eines Wirtschaftsguts eine gewinnrealisierende Entnahme für betriebsfremde Zwecke fingiert.[437] Das bedeutet, dass eine solche Entstrickung vermieden werden kann, wenn trotz Wegzugs die Zuordnung von Wirtschaftsgütern zu einer deutschen Betriebsstätte auch im doppelbesteuerungsrechtlichen Sinne erhalten bleibt.[438] **439**

Für den Gesellschafter einer Kapitalgesellschaft mit (wesentlichen) Anteilen im steuerlichen Privatvermögen gilt dagegen die Wegzugsbesteuerungsregel des § 6 AStG. Danach ist bei einer natürlichen Person, die insgesamt mindestens zehn Jahre in Deutschland unbeschränkt steuerpflichtig war, im Zeitpunkt des Wegzugs (der entsprechenden Wohnsitzaufgabe in Deutschland bzw. dem Entfall der inländischen doppelbesteuerungsrechtlichen Ansässigkeit) eine fiktive Anteilsveräußerung anzunehmen. In EU-/EWR-Wegzugsfällen[439] ist die fiktive Veräußerungsgewinnsteuer zinslos und ohne Sicherheitsleistung zu stunden. Voraussetzung ist, dass zwischen Deutschland und dem Zuzugsstaat die Amtshilfe und die gegenseitige Unterstützung bei der Beitreibung der geschuldeten Steuer gewährleistet sind. Die zinslose Stundung wird bei echter Veräußerung und im Fall bestimmter Ersatztatbestände widerrufen. Der Rückzug nach Deutschland kann die Wegzugssteuer in bestimmten Fällen wieder entfallen lassen. **440**

Die deutsche Erbschaftsteuerpflicht können Gesellschafter deutscher Familienunternehmen nur dann vermeiden, wenn die gesamte Familie der Gesellschafter ihre persönlichen Anknüpfungspunkte in Deutschland aufgegeben hat[440] und auch keine Übertragung von Inlandsvermögen festzustellen ist oder auf Grund eines DBA das deutsche Besteuerungsrecht entfällt. Wenn kein DBA existiert, müssen durch einen Wegzug die persönlichen und die sachlichen Anknüpfungspunkte des deutschen ErbStG vermieden werden. Dabei ist bei den sachlichen Anknüpfungspunkten wichtig, dass Anteile an einer deutschen Personengesellschaft und an einer deutschen Kapitalgesellschaft (bei letzteren bei **441**

---

[437] Gem. § 4g EStG kann bei einer Entnahme nach § 4 Abs. 1 Satz 3 EStG ein unbeschränkt Steuerpflichtiger in Höhe des realisierten Gewinns bei Anlagegütern auf Antrag einen Ausgleichsposten bilden, soweit Entnahmegrund eine Überführung des Wirtschaftsguts in eine EU-Betriebsstätte desselben Steuerpflichtigen war. Der Ausgleichsposten ist im Wirtschaftsjahr der Bildung und in den vier folgenden Wirtschaftsjahren zu jeweils einem Fünftel gewinnerhöhend aufzulösen.
[438] Siehe nun aber auch BFH v. 17. 7. 2008, DStR 2008, 2001.
[439] Wegziehender ist ein EU-/EWR-Staatsbürger, der in einen EU-/EWR-Staat wegzieht und dort einer der deutschen unbeschränkten ESt-Pflicht vergleichbaren Steuerpflicht unterliegt.
[440] Voraussetzung sind jeweils in den meisten Fällen die Wohnsitzaufgabe des Schenkers und des Beschenkten in Deutschland seit mehr als 5 Jahren.

Rödder 1045

§ 13 442, 443 Besonderheiten der Besteuerung

einer Beteiligungsquote von mindestens 10 %) grds. erbschaftsteuerlich relevantes Inlandsvermögen darstellen, Anteile an einer ausländischen Kapitalgesellschaft hingegen grds. nicht.[441]

Unbeschränkte Erbschaftsteuerpflicht mit der Folge der Erfassung des gesamten Vermögensanfalls besteht gem. § 2 Abs. 1 Nr. 1 ErbStG dann, wenn der Schenker/Erblasser oder der Erwerber im Inland einen Wohnsitz oder gewöhnlichen Aufenthalt hat (oder deutscher Staatsangehöriger ist und sich nicht länger als fünf Jahre dauernd im Ausland aufgehalten hat, ohne im Inland einen Wohnsitz zu haben). Beschränkte Erbschaftsteuerpflicht besteht gem. § 2 Abs. 1 Nr. 3 ErbStG bei einem Anfall von Inlandsvermögen i.S.d. § 121 Abs. 2 BewG, also im hier interessierenden Zusammenhang insbesondere von inländischem Betriebsvermögen (Anteilen an inländischen Personengesellschaften) oder Anteilen an einer inländischen Kapitalgesellschaft, wenn der Erblasser/Schenker unmittelbar oder mittelbar mit 10 % allein oder zusammen mit nahe stehenden Personen beteiligt ist.[442] Der Kreis des beschränkt steuerpflichtigen Inlandsvermögens kann gem. § 4 AStG in den Fällen des § 2 AStG (bestimmter Wohnsitzwechsel des Erblassers/Schenkers in einkommensteuerlich niedrig besteuernde Gebiete) bei niedriger ausländischer ErbSt im Zuzugsstaat bis zu 10 Jahre erweitert werden.

442   Vor dem damit im Zusammenhang mit geplanten Wegzügen von Gesellschaftern deutscher Familienunternehmen relevanten dreifachen Hintergrund – UmwStG, Wegzugsbesteuerung und ErbStG – drängt sich jedenfalls aus deutscher Sicht die „richtige" Umwandlungsreihenfolge geradezu auf:
- Der Gesellschafter sollte zu einem Zeitpunkt (in einen EU-Staat) wegziehen, indem er an einer deutschen Personengesellschaft beteiligt ist (ggf. nach Anreicherung der Personengesellschaft mit Substanz, um auch doppelbesteuerungsrechtlich eine Zuordnung der Wirtschaftsgüter der Personengesellschaft einschließlich von Anteilen an nachgeschalteten Kapitalgesellschaften zu einer deutschen Betriebsstätte der Personengesellschaft zu erreichen).
- Dann sollte die deutsche Personengesellschaft in eine Kapitalgesellschaft umgewandelt werden.
- Und schließlich sollten die im Zuge der vorangehenden Umwandlung erhaltenen Anteile an der entstandenen deutschen Kapitalgesellschaft in eine ausländische Kapitalgesellschaft eingebracht werden.

443   Im Ergebnis werden bei dieser Vorgehensweise jedenfalls auf der geschaffenen zweiten Besteuerungsebene (Anteile an der aus der Umwandlung entstehenden deutschen Kapitalgesellschaft) die stillen Reserven aus deutscher Sicht steuerfrei ins Ausland überführt (auf Gesellschaftsebene bleiben die stillen Reserven natürlich in der deutschen Kapitalgesellschaft verhaftet) und wird die deutsche ErbSt (jedenfalls nach Ablauf von fünf Jahren) vermieden.

Beim Wegzug greift weder eine Anwendung von § 6 AStG (keine Anteile i.S.v § 17 EStG) noch eine Anwendung von § 4 Abs. 1 Satz 3 EStG (bei doppelbesteuerungsrecht-

---

[441] Jedenfalls für den Fall der mittelbaren Beteiligung an einer inländischen Kapitalgesellschaft fordert die Finanzverwaltung für das Nichtvorliegen beschränkter Steuerpflicht allerdings, dass für die Zwischenschaltung der ausländischen Kapitalgesellschaft wirtschaftliche oder sonst beachtliche Gründe gegeben sind und sie eine eigene Wirtschaftstätigkeit entfaltet. Vgl. R 4 Abs. 3 ErbStR.

[442] Für die Berechnung der Beteiligungsquote ist auch die mittelbare Beteiligung relevant. Der beschränkten ErbSt-Pflicht unterliegt aber nur die unmittelbare Beteiligung. Vgl. R 4 Abs. 3 ErbStR.

licher Zuordnung der Wirtschaftsgüter der Personengesellschaft zu einer inländischen Betriebsstätte), d. h. es erfolgt keine Entstrickungsbesteuerung.[443]
Die Umwandlung der deutschen Personengesellschaft in eine Kapitalgesellschaft ist zu Buchwerten möglich, obwohl Deutschland für die erhaltenen Anteile kein Besteuerungsrecht hat (s. dazu schon Rz. 394). Sie führt überdies dazu, dass die Anteile nach Ablauf der 7-Jahres-Sperrfrist (§ 22 Abs. 1 UmwStG) auch ohne steuerschädliche Wirkung für die Umwandlung außerhalb der deutschen Steuerverhaftung veräußert werden können.
Die Einbringung der Anteile in die ausländische Kapitalgesellschaft ist aus deutscher Sicht ebenfalls zu Buchwerten und unschädlich für die Steuerneutralität der Umwandlung im zweiten Schritt möglich (§ 22 Abs. 1 S. 6 Nr. 2 UmwStG). Mit ihr entfällt für Nicht-Inländer grds. auch die beschränkte Erbschaftsteuerpflicht in Deutschland (§ 2 Abs. 1 Nr. 3 ErbStG).[444]

Demgegenüber würde bei einer Umwandlung der deutschen Personengesellschaft in eine Kapitalgesellschaft vor Wegzug aufgrund des nachfolgenden Wegzugs die o. a. Wegzugssteuer gem. § 6 AStG wie bei einer fiktiven Anteilsveräußerung festgesetzt (auch mit allen Unsicherheiten bzgl. der Festlegung eines fiktiven Veräußerungspreises). Sie würde zwar grds. bis zu einer echten Anteilsveräußerung zinslos gestundet. Allerdings wäre der drohende Widerruf der zinslosen Stundung der Wegzugssteuer grds. ad infinitum gegeben,[445] und es wären vor allem auch die zahlreichen Ersatztatbestände zu beachten (weshalb z. B. ein Wegzug in einen Drittstaat oder eine unentgeltliche Übertragung auf Rechtsnachfolger in einem Drittstaat zwingend vermieden werden müsste[446]; auch steuerliche Einlagerückgewährungen können problematisch sein[447]). Die nach dem Wegzug erfolgende Buchwert-Einbringung der Anteile in eine ausländische Kapitalgesellschaft wäre allerdings kein Widerrufsgrund.[448]

2. „Richtige" Vorgehensweise bei geplanter grenzüberschreitender Sitzverlegung deutscher Konzernobergesellschaften

Im Fall einer identitätswahrenden grenzüberschreitenden Sitzverlegung einer deutschen Konzernobergesellschaft[449] ist es auf Gesellschaftsebene grds.

---

[443] Eine Entstrickung nach § 4 Abs. 1 Satz 3 EStG ist mglw. auch dann nicht gegeben, wenn eine funktionale Zuordnung nachgeordneter Beteiligungen zu einer geschäftsleitenden Holdingfunktion der deutschen Personengesellschaft gegeben ist (vgl. BFH v. 19. 12. 2007, BFH/NV 2008, 893). Mglw. kann auch argumentiert werden, dass der Begriff „Betriebsvermögen" i.S.v. Art. 13 Abs. 2 OECD-MA nach dem Recht des Anwendestaates zu bestimmen ist; auch kann vorliegend ins Feld geführt werden, dass neben der deutschen gar keine ausländische Betriebsstätte der deutschen Personengesellschaft existiert (s. auch BFH v. 13. 2. 2008, DStR 2008, 1025). Ggf. ist auch eine Bescheinigung des ausländischen Fiskus hilfreich, dass er die Zuordnung der Beteiligungen zur deutschen Betriebsstätte akzeptiert. S. im Übrigen BFH v. 17. 7 2008, DStR 2008, 2001.
[444] Zu den Anforderungen s. nochmals R 4 Abs. 3 ErbStR.
[445] Das Problem erledigt sich also nicht bspw. nach 10 Jahren.
[446] Für die 7-Jahresfrist nach Umwandlung s. überdies § 22 Abs. 1 S. 6 Nr. 6 UmwStG.
[447] § 6 Abs. 5 S. 4 Nr. 1 AStG i.V.m. § 17 Abs. 4 EStG. Für die 7-Jahresfrist nach Umwandlung s. überdies § 22 Abs. 1 S. 6 Nr. 3 UmwStG.
[448] Kein Widerrufsgrund iSv § 6 Abs. 5 S. 4 Nr. 1 wg. S. 5 AStG, weil ein unbeschränkt Steuerpflichtiger zu Buchwerten hätte einbringen können (§ 21 Abs. 2 S. 3 Nr. 1 UmwStG). Der „widerrufsbefangene" Anteil setzt sich im Anteil an der ausländischen Kapitalgesellschaft fort.
[449] Zum Beispiel nach der SE-VO. Zur grenzüberschreitenden Verschmelzung als Alternative zur Sitzverlegung s. bereits Rz. 381.

wesentlich, dass nicht gem. § 12 Abs. 1 KStG aufgrund des Verlusts oder der Beschränkung des deutschen Besteuerungsrechts hinsichtlich des Gewinns aus der Veräußerung oder der Nutzung eines Wirtschaftsguts eine fiktive Veräußerung dieses Wirtschaftsguts zum gemeinen Wert angenommen wird.[450] Dies kann indessen nur dann erreicht werden, wenn alle Wirtschaftsgüter der ehemals deutschen Kapitalgesellschaft auch mit doppelbesteuerungsrechtlicher Wirkung auch nach der Sitzverlegung einer deutschen Betriebsstätte zugeordnet bleiben – eine insbesondere für Immaterialwirtschaftsgüter und den Firmenwert wie auch für Beteiligungen kaum rechtssicher zu bewerkstelligende Aufgabe (die deutsche Finanzverwaltung will insoweit im Zweifel eine Zuordnung zu dem dann ja ausländischen Stammhaus vornehmen[451]).[452]

446 Deshalb kann bei langfristiger Planung der Sitzverlegung einer deutschen Konzernobergesellschaft eine vorbereitende Veränderung der Obergesellschaft zu einer deutschen Holding-Kapitalgesellschaft sinnvoll und notwendig sein (nach Ablauf von sieben Jahren hat die Sitzverlegung keinen negativen Effekt mehr auf die Steuerneutralität der Einbringung von Teilbetrieben in Tochterkapitalgesellschaften der Holding). Dann würde zwar auch eine Entstrickungsbesteuerung bei Wegzug einsetzen. Es würde aber die Steuerbefreiung des § 8b KStG genutzt, so dass der fiktive Anteilsveräußerungsgewinn zu 95 % steuerbefreit wäre. Dies kann eine noch akzeptable Exit Tax darstellen.

Zwar besteht eine gewisse Unklarheit, ob bei einer reinen Holding neben den stillen Reserven in Beteiligungen weitere voll steuerpflichtig zu besteuernde stille Reserven, z. B. in Form eines Firmenwerts der Holding, gegeben sein könnten. Bei zutreffendem Verständnis sollte dies aber dann nicht der Fall sein, wenn sich alle Synergien in den Beteiligungswerten niederschlagen.

447 Auf Gesellschafterebene führt die grenzüberschreitende Sitzverlegung grds. nur in Entstrickungsfällen zu einem Realisationsproblem. Allerdings verhindert in bestimmten Fällen § 4 Abs. 1 S. 4 EStG auch bei Entstrickung eine Besteuerung in Deutschland; bei späterer echter Veräußerung ist dann allerdings auch die Treaty Override-Regel des § 15 Abs. 1a EStG zu beachten (s. auch § 17 Abs. 5 EStG).

448 Nach der Sitzverlegung kann die dann ausländische Konzernobergesellschaft konzerninterne Dienstleistungen an die deutschen Tochtergesellschaften einbringen (z. B. Holding- und Zentralfunktionen sowie Finanzierung i.R.d. Zinsschranke), um ggf. Steuersatzgefälle nutzbar zu machen etc. (ggf. ist allerdings auch noch nach dem Wegzug der Konzernobergesellschaft die Hinzurechnungsbesteuerung zu beachten, sofern qualifizierende Gesellschafter der Konzernobergesellschaft nach wie vor in Deutschland ansässig sind).

449 Die grenzüberschreitende Sitzverlegung kann damit im Einzelfall eine echte Alternative zu dem Weg des grenzüberschreitenden Anteilstauschs sein (s. dazu schon Rz. 400 f.).

---

[450] § 4g EStG gilt entsprechend.
[451] BMF v. 24.12.1999, BStBl. I 1999, 1076 Tz. 2.2.
[452] S. nun aber auch BFH v. 17.7.2008, DStR 2008, 2001.

H. Unternehmensverkauf/Unternehmenskauf

I. Steuerrecht des Unternehmensverkaufs

1. Steuerliche Ziele des Unternehmensverkäufers

Für die steuerrechtliche Betrachtung des Unternehmensverkaufs (und des Unternehmenskaufs) ist es sinnvoll, die Fallgruppen des asset deal und des share deal etwas anders als im zivilrechtlichen Bereich zu definieren. Als asset deal wird danach aus steuerlicher Sicht nicht nur der Kauf und Verkauf von Wirtschaftsgütern bzw. Wirtschaftsgütergesamtheiten, sondern auch der Kauf respektive der Verkauf von Personengesellschaftsanteilen (Mitunternehmeranteilen) bezeichnet. Share deal im steuerlichen Sinne ist demgegenüber lediglich der Kauf bzw. Verkauf von Kapitalgesellschaftsanteilen.

Steuerliches Hauptziel des Unternehmensverkäufers ist es regelmäßig, eine Versteuerung des beim Unternehmensverkauf erzielten Veräußerungsgewinns zu vermeiden. Dieses Ziel erreicht der Unternehmensverkäufer, wenn und soweit der Veräußerungsgewinn nicht steuerbar bzw. steuerbefreit ist. Ist die Steuerpflichtigkeit des Veräußerungsgewinns nicht zu vermeiden, geht das steuerliche Ziel des Unternehmensverkäufers dahin, für den Veräußerungsgewinn eine möglichst begünstigte Besteuerung zu erreichen.

Umgekehrt ist im Veräußerungsverlustfall naturgemäß die möglichst ungeschmälerte Steuerrelevanz des Verlusts beabsichtigt.

2. Der Steuerstatus des Unternehmensverkäufers – Differenzierungen im deutschen Steuerrecht

a) Überblick und laufende Besteuerung

Der Steuerstatus des Unternehmensverkäufers[453] kann insbesondere an folgenden steuerlichen Effekten festgemacht werden: der Steuerfreiheit bzw. Präferenzierung von Veräußerungsgewinnen (nicht wesentliche Beteiligungen im Privatvermögen,[454] § 3 Nr. 40 EStG, § 6b EStG, § 34 EStG, § 8b Abs. 2 KStG), ihrer fehlenden oder gegebenen Gewerbesteuerbelastung (ggf. unter Berücksichtigung des § 35 EStG), im Fehlen oder Gegebensein des deutschen Besteuerungsrechts bei Eingreifen von DBAs sowie – ggf. – in der Relevanz von Veräußerungsverlusten.

Die Möglichkeiten, die Nichtbesteuerung bzw. die ermäßigte Besteuerung eines Veräußerungsgewinns zu erreichen, sind seit der Unternehmenssteuerreform 2001 in erheblichem Umfang gegeben. Damit korrespondiert, dass Veräußerungsverluste nach der Unternehmenssteuerreform 2001 häufig steuerlich überhaupt nicht bzw. nur eingeschränkt berücksichtigungsfähig sind.

Darüber hinaus ist naturgemäß die Entwicklung der normalen ESt- und KSt-Sätze im Zeitablauf relevant. Nach der derzeitigen Gesetzeslage beläuft sich der ESt-Spitzensatz bei Anwendung des progressiven ESt-Tarifs auf 45 % (in besonderen Fällen, in denen trotz des Unternehmensverkaufs die sog.

---

[453] Nachfolgend wird unbeschränkte Steuerpflicht des Unternehmensverkäufers in Deutschland unterstellt. Fragen der Belastung mit und ggf. der Anrechnung von ausländischen Steuern werden nicht thematisiert. S. aber auch Rz. 600ff.
[454] Ab 1.1.2009 ist insoweit die Abgeltungssteuer bedeutsam.

456 Thesaurierungsbegünstigung in Anspruch genommen werden kann, greift ein proportionaler ESt-Satz von 28,25 %) und der KSt-Satz auf 15 %.

Bei natürlichen Personen (bzw. Personengesellschaften mit natürlichen Personen als Gesellschaftern) wird die Einkommensteuerbelastung um den SolZ sowie ggf. um die KiSt und die GewSt-Belastung ergänzt. Nach der pauschalierten GewSt-Anrechnung des § 35 EStG ermäßigt sich die tarifliche ESt, soweit sie anteilig auf im zvE enthaltene gewerbliche Einkünfte entfällt, um das 3,8-fache des für das gewerbliche Unternehmen festgesetzten (ggf. anteilig auf den Mitunternehmer entfallenden) GewSt-Messbetrags.

457 Ohne Thesaurierungsbegünstigung ergibt sich danach insgesamt bei 400 % Hebesatz eine Spitzenbelastung von 47,44 %.[455] Mit Thesaurierungsbegünstigung ergibt sich auf den ersten Blick bei Vollthesaurierung (und 400 % Hebesatz) eine Thesaurierungsbelastung von 29,77 %. Wird aber berücksichtigt, dass die auf Ebene der Personenunternehmung anfallende GewSt (ebenso wie andere nicht abzugsfähige Betriebsausgaben) nicht zum nicht entnommenen Gewinn iSv § 34a Abs. 2 EStG gehört, weil sie nicht entnahmefähig ist, und wird überdies derjenige Betrag entnommen, der zur Entrichtung von ESt und SolZ notwendig ist, dann ergibt sich bei 400 % Hebesatz grds. eine Thesaurierungsbelastung i.H.v. 36,16 %. Werden ermäßigt besteuerte Gewinne einer Personenunternehmung in nachfolgenden Wirtschaftsjahren entnommen, so erfolgt eine Nachversteuerung iHv starr 25 % zzgl. SolZ (§ 34a Abs. 4 EStG) und es resultiert eine Gesamtbelastung von 47,99 %.

458 Bei Kapitalgesellschaften (bzw. Personengesellschaften mit Kapitalgesellschaften als Gesellschaftern) tritt zur Körperschaftsteuerbelastung ggf. die GewSt-Belastung und die SolZ-Belastung hinzu. Legt man einen 400 %igen Hebesatz zugrunde, so ergibt sich auf Gesellschaftsebene eine Gesamtbelastung von 29,83 %.[456]

459 Die Körperschaftsteuerbelastung ist definitiv. Damit korrespondiert, dass die Dividenden auf der Ebene von natürlichen Personen zur Hälfte bzw. ab 1.1.2009 zu 40 % (§ 3 Nr. 40 EStG) und auf der Ebene von Kapitalgesellschaften zu 95 % (§ 8 b Abs. 1 KStG) steuerbefreit bleiben.[457] Ab 1.1.2009 greift bei privat gehaltenen Kapitalgesellschaftsanteilen grds. die Abgeltungssteuer ein. Daraus resultiert auf Gesellschafterebene eine Belastung von 18,51 %[458] bezogen auf den Gewinn der Gesellschaft vor Steuern und eine Gesamtbelastung von 48,34 %.

b) Verkauf von Wirtschaftsgütern bzw. Personengesellschaftsanteilen

460 Der Gewinn aus dem Verkauf von Wirtschaftsgütern bzw. Personengesellschaftsanteilen ist in Deutschland eigentlich ausnahmslos einkommen- bzw. körperschaftsteuerpflichtig (es sei denn, dass aufgrund von bestehenden Doppelbesteuerungsabkommen insoweit kein deutsches Besteuerungsrecht besteht).

---

[455] Bei 200 % Hebesatz beläuft sich die Belastung auf 47,09 %, bei 600 % Hebesatz auf 54,44 %.
[456] Die Steuerbelastung auf Gesellschaftsebene beläuft sich bei 200 % Hebesatz auf 22,83 % und bei 600 % Hebesatz auf 36,83 %.
[457] Aber auch Hinweis auf die Einschränkung der hälftigen bzw. 95 %igen gewerbesteuerlichen Freistellung von sog. „Streubesitzdividenden" durch § 8 Nr. 5 GewStG.
[458] Eingreifen der Abgeltungssteuer unterstellt. Beim 60 %-Teileinkünfteverfahren beläuft sich die Steuerbelastung auf 19,99 % (ESt-Satz 45 %).

H. Unternehmensverkauf/Unternehmenskauf 461–465 § 13

Partiell kann eine de facto-Steuerfreiheit jedoch über § 6 b EStG erreichbar **461** sein.[459] § 6 b EStG ist auf bestimmte Gewinne aus der Veräußerung von Grund und Boden und Gebäuden sowie auf bestimmte Kapitalanteilsveräußerungsgewinne natürlicher Personen anwendbar. Zur letztgenannten Regelung sowie zur ggf. partiellen oder vollständigen Steuerbefreiung gem. § 3 Nr. 40 EStG und § 8 b KStG, wenn sich in der veräußerten asset-Gesamtheit auch Kapitalgesellschaftsanteile befinden, siehe unten Rz. 469 ff.

Von den in Rz. 455 ff. erläuterten normalen Steuerbelastungen abweichend **462** wird der sog. ermäßigte Steuersatz gem. §§ 16, 34 EStG gewährt, wenn Gegenstand der Veräußerung ein Betrieb, Teilbetrieb oder Mitunternehmeranteil ist[460] und wenn Veräußerer eine natürliche Person ist,[461] die das 55. Lebensjahr vollendet hat bzw. dauernd berufsunfähig ist. Der ermäßigte Steuersatz beläuft sich auf 56 % des durchschnittlichen Steuersatzes, der sich normalerweise ergäbe. Er wird in den genannten Fällen bis zu € 5 Mio. Veräußerungsgewinn für einen Veräußerungsvorgang einmal im Leben gewährt (§ 34 Abs. 3 EStG).[462]

Im Bereich der Veräußerung von Mitunternehmeranteilen ist insoweit ins- **463** besondere dem evtl. Vorhandensein von Sonderbetriebsvermögen (vor allem dort befindlichen wesentlichen Betriebsgrundlagen) Rechnung zu tragen; diese Wirtschaftsgüter sind grundsätzlich mitzuveräußern, um in den Anwendungsbereich des ermäßigten Steuersatzes zu gelangen. Auch bei Betriebs- und Teilbetriebsveräußerungen bedarf es der Mitveräußerung aller wesentlichen Betriebsgrundlagen. Außerdem muss ggf. bei Teilbetriebsveräußerungen die vorher betriebene Tätigkeit eingestellt werden. Schließlich ist zu beachten, dass der Veräußerungsgewinn als laufender (nicht begünstigter) Gewinn gilt, soweit auf der Seite des Veräußerers und auf der Seite des Erwerbers dieselben Personen Unternehmer oder Mitunternehmer sind (§ 16 Abs. 2 S. 3 EStG).

Liegen zwar Veräußerungsgegenstände iSd. §§ 16, 34 EStG vor, sind aber die **464** Voraussetzungen für die Anwendung des ermäßigten Steuersatzes gem. § 34 Abs. 3 EStG nicht erfüllt, kann auf Antrag eine Regelung angewendet werden, die zu einer Progressionsmilderung führen kann (danach beträgt die ESt auf außerordentliche Einkünfte das Fünffache der Differenz der Steuer auf das zvE ohne die außerordentlichen Einkünfte und der Steuer auf das zvE, indem ein Fünftel der außerordentlichen Einkünfte enthalten ist – sog. Fünftelungsregelung).

Die Gewinne aus der Veräußerung von Mitunternehmeranteilen sind in den **465** Fällen des § 18 Abs. 4 UmwStG und des § 16 Abs. 2 S. 3 EStG stets gewerbesteuerpflichtig. Außerhalb dieser Fälle ist nach § 7 S. 2 GewStG ein solcher Gewinn immer dann gewerbesteuerpflichtig, wenn er nicht auf eine unmittelbar als Mitunternehmer beteiligte natürliche Person entfällt. Überdies dürfte auch ein Teil-Mitunternehmeranteilsveräußerungsgewinn der natürlichen Person im Normalfall gewerbesteuerpflichtig sein. Das bedeutet umgekehrt: Nur der Gewinn aus der Veräußerung eines gesamten Mitunternehmeranteils durch eine unmittelbar beteiligte natürliche Person ist (außerhalb des § 18 Abs. 4 UmwStG und des § 16 Abs. 2 S. 3 EStG) gewerbesteuerfrei.

---

[459] Auch Hinweis auf die im Einzelfall denkbare Rücklage für Ersatzbeschaffung.
[460] Der Teil-Mitunternehmeranteil ist nach § 16 Abs. 1 S. 2 EStG nicht begünstigt.
[461] Ist auch bei Veräußerung durch eine Personengesellschaft mit natürlichen Personen als Gesellschaftern erfüllt, nicht dagegen im Organschaftsfall.
[462] Hinweis auf die Einschränkung des § 34 Abs. 2 Nr. 1 EStG, soweit sich im § 16 EStG-Veräußerungsgewinn auch halb- bzw. teileinkünftebesteuerte Teile betr. Kapitalgesellschaftsanteile befinden.

Rödder 1051

§ 13 466–473   Besonderheiten der Besteuerung

466 Auch der Gewinn aus der Veräußerung von Betrieben und Teilbetrieben ist nur für natürliche Personen[463] gewerbesteuerfrei (Ausnahmen: § 18 Abs. 4 UmwStG und § 16 Abs. 2 S. 3 EStG). Bei Kapitalgesellschaften unterliegt dieser Veräußerungsgewinn uneingeschränkt der Gewerbesteuer. Gleiches gilt für veräußernde Personengesellschaften, soweit an ihr nicht unmittelbar natürliche Personen beteiligt sind (§ 7 S. 2 GewStG).

467 Zu beachten ist jeweils, dass die Gewerbesteuerpflichtigkeit des Veräußerungsgewinns bei veräußernden natürlichen Personen (bzw. Personengesellschaften mit natürlichen Personen als Gesellschaftern) im Rahmen des § 35 EStG neutralisiert werden kann, dass dies aber nicht so sein muss (Hinweis auf die w. o. skizzierte Wirkungsweise der pauschalierten GewSt-Anrechnung [Rz. 456]). Nur idealiter wird also in diesem Fall eine evtl. GewSt-Belastung durch eine entsprechend geringere ESt-Belastung neutralisiert.[464] Im Fall der GewSt-Pflicht nach § 18 Abs. 4 UmwStG ist die pauschalierte GewSt-Anrechnung ausgeschlossen (§ 18 Abs. 4 S. 3 UmwStG).

468 Zu beachten ist auch stets, dass die bei Veräußerung von Personengesellschaftsanteilen ausgelöste GewSt von der Personengesellschaft, nicht aber vom veräußernden Gesellschafter geschuldet wird.

c) Verkauf von Anteilen an Kapitalgesellschaften

Verkauf durch natürliche Personen

469 Werden Kapitalgesellschaftsanteile durch natürliche Personen[465] veräußert, so ist (wenn und soweit Deutschland überhaupt nach einschlägigen DBA das Besteuerungsrecht zusteht) wie folgt zu differenzieren:

470 Hält eine veräußernde natürliche Person die Anteile im steuerlichen Privatvermögen und ist der Veräußerer an der Gesellschaft zu mindestens 1 % unmittelbar oder mittelbar beteiligt (bzw. war er in den letzten fünf Jahren entsprechend beteiligt), so ist eine wesentliche Beteiligung im Privatvermögen gegeben, die nach Maßgabe des § 17 EStG besteuert wird.

471 Vergleichbares gilt im steuerlichen Privatvermögen unabhängig von der Beteiligungsquote, wenn sog. alt-einbringungsgeborene Anteile iSd. § 21 UmwStG a. F. gegeben sind. Liegen derartige Anteile vor,[466] ist der Veräußerungsgewinn immer steuerbar und steuerpflichtig. Entsprechendes kann bei Einbringungsvorgängen nach SEStEG aus § 17 Abs. 6 EStG resultieren.

472 Werden Kapitalgesellschaftsanteile durch eine natürliche Person aus einem steuerlichen Betriebsvermögen heraus veräußert, ist der Veräußerungsgewinn ohne Ausnahme steuerbar.

473 Werden die Anteile im steuerlichen Privatvermögen gehalten und ist der Veräußerer an der Gesellschaft in den letzten fünf Jahren nicht zu mindestens 1 % unmittelbar oder mittelbar beteiligt und liegen keine einbringungsgeborenen Anteile vor, so war der Veräußerungsgewinn nach bisherigem Recht

---

[463] Oder Personengesellschaften als Verkäufer, soweit natürliche Personen unmittelbar als Mitunternehmer beteiligt sind (§ 7 S. 2 GewStG).

[464] In praxi können sich gerade bei gewerbesteuerpflichtigen Anteilsveräußerungen Probleme von Anrechnungsüberhängen ergeben.

[465] Oder eine Personengesellschaft mit natürlichen Personen als Gesellschaftern.

[466] Sie konnten vor SEStEG entstehen als Gegenleistung aus Einbringungsvorgängen in Kapitalgesellschaften gem. § 20 UmwStG a. F., wenn die Einbringung unter Teilwerten vorgenommen wurde.

grds. nicht steuerbar (arg. § 17 EStG). Es handelt sich um eine sog. nicht wesentliche Beteiligung.

Eine Ausnahme von der Nichtsteuerbarkeit der Gewinne aus der Veräußerung nicht wesentlicher Beteiligungen sah bisher lediglich § 23 EStG vor: Danach war auch ein Gewinn aus der Veräußerung nicht wesentlicher Beteiligungen steuerbar, wenn der Zeitraum zwischen Anschaffung[467] und Veräußerung der Anteile nicht mehr als zwölf Monate betrug. **474**

Ab 1. 1. 2009 greift nun allerdings grds. für alle Gewinne aus der Veräußerung privat gehaltener Kapitalgesellschaftsanteile außerhalb des § 17 EStG und einbringungsgeborener Anteile die Abgeltungssteuerpflicht ein.[468] **475**

Seit dem StSenkG werden Gewinne aus der Veräußerung von Kapitalgesellschaftsanteilen im Grundsatz steuerlich so behandelt wie Ausschüttungen, soweit die Kapitalgesellschaftsanteile steuerverhaftet sind. Für eine natürliche Person als Veräußerer[469] regelt dementsprechend § 3 Abs. 40 Buchst. a), b), c) und j) EStG iVm. § 3 c Abs. 2 EStG im Grundsatz, dass wie für Dividenden auch für steuerbare Anteilsveräußerungsgewinne die Halb- bzw. nun Teileinkünftebesteuerung (also eine 50 %ige bzw. nun 40 %ige Steuerbefreiung) gilt (soweit nicht frühere steuerwirksame Teilwertabschreibungen rückgängig gemacht werden).[470] Es kommt nicht darauf an, ob es sich um eine inländische oder eine ausländische Tochtergesellschaft handelt. Die Regelung betrifft sowohl Veräußerungsgewinne in einem steuerlichen Betriebsvermögen (einschließlich der Gewinne aus der Veräußerung von Organbeteiligungen) als auch Veräußerungen einbringungsgeborener Anteile als auch die Fälle des § 17 EStG bzw. – bisher – des § 23 EStG. Sie gilt auch ggf. für GewSt-Zwecke.[471] Die Halb- bzw. Teileinkünftebesteuerung der Anteilsveräußerungsgewinne schließt die Anwendung des § 34 EStG aus (§ 34 Abs. 2 Nr. 1 EStG). **476**

Der erläuterte Grundsatz der Halb- bzw. Teileinkünfte-Veräußerungsgewinnbesteuerung gilt allerdings nicht durchgängig. So sieht § 3 Nr. 40 S. 3–5 EStG a. F. im Gewinnfall als Voraussetzung für die hälftige bzw. nun 40 %ige Steuerbefreiung für sog. alt-einbringungsgeborene Anteile das Verstreichen ei- **477**

---

[467] Bzw. Entnahme von Wertpapieren bzw. Antragsversteuerung gem. § 21 Abs. 2 Nr. 1 UmwStG a. F.
[468] Auf die besonderen Übergangsregelungen wird hier nur hingewiesen.
[469] Bzw. Personengesellschaften mit natürlichen Personen als Gesellschaftern. Für diesen Fall gelten die Ausführungen für natürliche Personen weitgehend entsprechend. Auch § 3 Nr. 40 EStG ist im Personengesellschaftsfall anwendbar (auch gewerbesteuerlich). Besondere Fragen können sich vor allem hinsichtlich des Abzugs von Veräußerungskosten sowie für die w. u. erläuterte Sperrfrist stellen. Für den Organschaftsfall Hinweis auf § 15 Satz 1 Nr. 2 KStG.
[470] Diese Ausnahme ist nur in § 3 Nr. 40 Buchst. a) EStG, nicht aber in § 3 Nr. 40 Buchst. b) EStG genannt.
[471] Der Gewinn aus der Veräußerung von Anteilen an Kapitalgesellschaften aus dem steuerlichen Betriebsvermögen heraus unterliegt grundsätzlich hälftig auch dann der Gewerbesteuer, wenn eine 100 %ige Beteiligung veräußert wird. Ausnahmsweise ist der Gewinn allerdings mglw. dann gewerbesteuerfrei, wenn alt-einbringungsgeborene Anteile aus der Einbringung von Mitunternehmeranteilen vor Einführung des § 7 S. 2 GewStG veräußert werden. In besonderen Fällen kann auch einmal bei der Veräußerung von Organbeteiligungen (ganz oder anteilig) Gewerbesteuerfreiheit wegen besonderer gewerbesteuerlicher Ausgleichsposten gegeben sein.

ner siebenjährigen Sperrfrist vor.[472] Die Sperrfrist betrifft im Privat- oder im Betriebsvermögen gehaltene alt-einbringungsgeborene Anteile iSd. § 21 UmwStG a. F. aus Einbringungen vor SEStEG, es sei denn, die alt-einbringungsgeborenen Anteile resultieren aus der Einbringung von Kapitalgesellschaftsanteilen (und auch diese sind nicht aus einer Betriebs-, Teilbetriebs- oder Mitunternehmeranteilseinbringung entstanden). Außerdem regeln § 3 Nr. 40 S. 3 u. 4 EStG bestimmte Ausnahmen für Kreditinstitute und Finanzdienstleistungsunternehmen (s. auch Rz. 489).

478 Mit Wirkung ab 1. 1. 2009 greift überdies – wie bereits erwähnt – für Gewinne aus der Veräußerung aller nicht betrieblich gehaltenen oder § 17 EStG bzw. § 21 UmwStG a. F. unterfallenden Anteile die 25 %ige Abgeltungssteuer.

479 Die völlige steuerliche Neutralisierung von Anteilsveräußerungsgewinnen natürlicher Personen kommt gem. § 6 b Abs. 10 EStG in Betracht. Danach können alle bilanzierenden Steuerpflichtigen, die keine Kapitalgesellschaften sind,[473] den bei einer Veräußerung von Anteilen an Kapitalgesellschaften erzielten Gewinn bis zu € 500 000 ganz oder anteilig von den Anschaffungskosten für dem Anlagevermögen zugehörige Anteile an Kapitalgesellschaften bzw. abnutzbare bewegliche Wirtschaftsgüter bzw. Gebäude im gleichen Wirtschaftsjahr abziehen (offen ist, ob auch von den Anschaffungskosten im vorangegangenen Wirtschaftsjahr angeschaffter Reinvestitionsgüter). Das Halb- bzw. Teileinkünfteverfahren ist dann insoweit nicht anzuwenden. Erfolgt die Reinvestition nicht im gleichen Wirtschaftsjahr wie die Anteilsveräußerung, kann eine § 6 b-EStG-Rücklage gebildet werden, die in den folgenden zwei Jahren (Gebäude: vier Jahren) auf eine geeignete Reinvestition übertragen werden muss. Ansonsten (d. h. nach vier Jahren ohne geeignete Reinvestition) ist die Rücklage gewinnerhöhend aufzulösen, wobei dann auf den aus der Auflösung der Rücklage entstehenden Gewinn das Halb- bzw. Teileinkünfteverfahren Anwendung findet. Außerdem gilt die bekannte Verzinsungspflicht für den steuerpflichtigen Auflösungsertrag.

480 Von den einzelnen in § 6 b Abs. 10 EStG genannten Voraussetzungen dürften in der Praxis insb. die vorausgesetzte vorherige 6-jährige Mindestbesitzzeit (die bei Mitunternehmerschaften gesellschafterbezogen zu prüfen ist) und das Nichtvorliegen schädlicher (sperrfristbehafteter) alt-einbringungsgeborener Anteile entscheidend sein. Wesentlich ist darüber hinaus die Begrenzung des begünstigten Veräußerungsgewinns auf € 500 000. Bei veräußernden Mitunternehmerschaften ist die Begrenzung aufgrund der gesellschafterbezogenen Betrachtungsweise pro Mitunternehmer zu rechnen. Die betragliche Begrenzung dürfte sich auf den übertragbaren Gewinn pro Wirtschaftsjahr (evtl. auch pro Veräußerungsvorgang) beziehen.

---

[472] Bei Verstoß gegen diese Voraussetzungen ist evtl. § 34 EStG anwendbar. Allerdings Hinweis auf den Ausschluss von § 17 EStG aus dem Anwendungsbereich des § 34 EStG. Gewinne iSd. § 21 UmwStG a. F. können unter bestimmten Voraussetzungen unter § 34 EStG fallen.

[473] Natürliche Personen und Mitunternehmerschaften, soweit an diesen keine Kapitalgesellschaften beteiligt sind. Durchgriff wohl auch bei doppel- bzw. mehrstöckigen Personengesellschaften. Noch offen ist, ob im Organschaftsfall nur die Rechtsform des Organträgers relevant ist (Gedanke des § 15 Satz 1 Nr. 2 KStG). Im Rücklagenbildungsfall dürfte die spätere Umwandlung eines Berechtigten in eine Kapitalgesellschaft unschädlich sein.

H. Unternehmensverkauf/Unternehmenskauf

Wird in Anteile an Kapitalgesellschaften reinvestiert, so wird der Gewinn **481**
– einschließlich des steuerfreien Teils – in voller Höhe auf die neu erworbenen
Anteile übertragen, weil auch für diese das Halb- bzw. Teileinkünfteverfahren
gilt. Wird in Gebäude oder bewegliche Wirtschaftsgüter reinvestiert, so wird
lediglich der steuerpflichtige Teil des Gewinns auf das Gebäude bzw. das bewegliche Wirtschaftsgut übertragen.

Mit der grundsätzlichen Halbeinkünftebesteuerung von Veräußerungsgewinnen korrespondiert, dass in diesen Fällen auch Veräußerungsverluste im **482**
Grundsatz nur hälftig steuerlich verwertbar sind. Entsprechendes gilt für das ab
1.1.2009 geltende Teileinkünfteverfahren. In Sperrfristfällen, also bei Veräußerung alt-einbringungsgeborener Anteile ist ein Veräußerungsverlust ebenfalls
– unzutreffend – nur anteilig berücksichtigungsfähig (§ 3c Abs. 2 S. 3 EStG
a. F.). In Fällen des § 17 EStG können zusätzliche Voraussetzungen für die
Steuerrelevanz von Veräußerungsverlusten zu beachten sein. Im – bisher denkbaren – Fall des § 23 EStG wie auch im Fall der Abgeltungssteuer resultieren
ggf. spezielle Schedulen-Verlustvorträge.

Verkauf durch Kapitalgesellschaften
Seit dem StSenkG werden auch von Kapitalgesellschaften erzielte Gewinne **483**
aus der Veräußerung von Kapitalgesellschaftsanteilen im Grundsatz steuerlich
so behandelt wie Ausschüttungen. Gem. § 8b Abs. 2 KStG ist dementsprechend der Anteilsveräußerungsgewinn einer beteiligten Kapitalgesellschaft[474]
wie auch die Dividende zu 95% unabhängig davon steuerfrei (körperschaftsteuerfrei und gewerbesteuerfrei), ob es sich um inländische oder ausländische
Tochtergesellschaften handelt (soweit nicht frühere steuerwirksame Teilwertabschreibungen rückgängig gemacht werden). Auch Gewinne aus der Veräußerung von Organbeteiligungen fallen unter § 8b Abs. 2 KStG. Auch auf
Mindestbeteiligungsquoten, die Erfüllung von Aktivitätsklauseln, das Vorliegen von DBAs u. Ä. kommt es nicht an.[475]

In den von § 8b Abs. 4 KStG a. F. geregelten Fällen ist eine siebenjährige **484**
Sperrfrist einzuhalten. Die Sperrfrist betrifft 2 Fälle: Zum einen alt-einbringungsgeborene Anteile im Sinne des § 21 UmwStG a. F. aus Einbringungen
vor SEStEG, und zum anderen den Fall, in dem die Kapitalgesellschaft die veräußerten Anteile aus einer Einbringung vor SEStEG zu einem Wert unter Teilwerten unmittelbar oder mittelbar über eine Mitunternehmerschaft von einem
Einbringenden erworben hat, der nicht zu den von § 8b Abs. 2 KStG begünstigten Steuerpflichtigen gehörte.

Allerdings gilt in der ersten Fallgruppe die Sperrfrist nur dann, wenn die Anteile unmittelbar oder mittelbar auf einer Einbringung im Sinne des § 20 Abs. 1 **485**
Satz 1 oder des § 23 Abs. 1 bis 3 UmwStG a. F. innerhalb der Siebenjahresfrist beruhten. Letztlich führte damit die Einbringung von Betrieben, Teilbetrieben

---

[474] Dies gilt auch im Fall des § 8b Abs. 6 KStG (an einer veräußernden Personengesellschaft sind Kapitalgesellschaften beteiligt). Entsprechendes gilt, wenn nicht die Mitunternehmerschaft einen Kapitalanteil veräußert, sondern der Mitunternehmeranteil veräußert wird. § 8b Abs. 6 KStG wirkt sich auch gewerbesteuerlich aus (§ 7 S. 4 GewStG). Im Zusammenhang mit Anteilsveräußerungen stellen sich bei Anwendung des § 8b Abs. 6 KStG besondere Fragen hinsichtlich einer evtl. Sperrfrist sowie hinsichtlich der Veräußerungskosten. Für den Organschaftsfall Hinweis auf § 15 Satz 1 Nr. 2 KStG.
[475] Aber auch Hinweis auf den Entwurf eines Steuerhinterziehungsbekämpfungsgesetzes.

oder Mitunternehmeranteilen zu einem Wert unter dem Teilwert zu einer siebenjährigen Veräußerungssperre für die unmittelbar oder mittelbar resultierenden alt-einbringungsgeborenen Anteile.[476] Die aus einer Einbringung nach § 20 Abs. 1 S. 2 oder § 23 Abs. 4 UmwStG a. F. resultierenden alt-einbringungsgeborenen Anteile sind demgegenüber grundsätzlich nicht sperrfristbehaftet.[477]

486 In der zweiten Fallgruppe sind im Ergebnis durch eine natürliche Person in eine Kapitalgesellschaft (unter Teilwerten) eingebrachte Anteile bei dieser sperrfristbehaftet.

487 Zur neuen Sperrfristkonzeption bei Einbringungen in eine Kapitalgesellschaft nach SEStEG s. Rz. 499.

488 Mit der Steuerfreiheit von Veräußerungsgewinnen korrespondiert gem. § 8 b Abs. 3 KStG die steuerliche Irrelevanz von Veräußerungsverlusten (bzw. von Teilwertabschreibungen) sowie aller anderen den Anteil selbst betreffenden Gewinnminderungen. Dies gilt – unzutreffenderweise – auch bei Verlusten innerhalb der Sperrfrist.[478]

489 Zu beachten ist weiterhin, dass der gesamte § 8 b KStG und damit auch § 8 b Abs. 2 KStG und § 8 b Abs. 3 KStG nicht auf solche Anteile anzuwenden ist, die bei Kreditinstituten etc. dem sog. Handelsbuch zuzurechnen sind bzw. die sog. Finanzunternehmen iSd. KWG mit dem Ziel der kurzfristigen Erzielung eines Eigenhandelserfolgs erworben haben (§ 8 b Abs. 7 KStG).[479] Siehe überdies § 8b Abs. 8 KStG.

490 Greift § 8b KStG nicht, unterliegt der Veräußerungsgewinn grundsätzlich (vorbehaltlich von DBA-Regelungen) ohne jede Präferenzierung der Körperschaftsteuer und der Gewerbesteuer. Lediglich im Falle der Veräußerung von alt-einbringungsgeborenen Anteilen, die aus der Einbringung eines Mitunternehmeranteils vor Einführung des § 7 S. 2 GewStG entstanden sind, kann mglw. Gewerbesteuerfreiheit des Veräußerungsgewinns gegeben sein. Besonderheiten sind des Weiteren bei der Veräußerung von Organbeteiligungen bei Vorliegen alter gewerbesteuerlicher Ausgleichsposten denkbar.

d) Zusammenfassende Übersicht

491 Die nachstehende Übersicht gibt noch einmal einen Überblick über die im deutschen Steuerrecht vorgesehenen Steuerstatus-Differenzierungen für den Unternehmensverkäufer (Gewinnfall und deutsches Besteuerungsrecht unterstellt):[480]

---

[476] Dabei wird die Frist ab der ursprünglichen Einbringung laufen und wird durch weitere Einbringungen der einbringungsgeborenen Anteile nicht verlängert.

[477] Es sei denn, die eingebrachten Anteile stammen aus einer Betriebseinbringung etc. innerhalb der Siebenjahresfrist.

[478] Nicht gerechtfertigt ist auch die Nichtberücksichtigung von Liquidationsverlusten in bestimmten Fällen. Zur Neuregelung betr. bestimmte Gesellschafterdarlehen s. Rz. 589.

[479] Inzwischen geklärt ist, dass auch bspw. Industrieholdings als Finanzunternehmen iSd. KWG erfasst werden können.

[480] Für den Verlustfall gilt: Die Steuerbarkeit und ungeschmälerte Steuerpflicht von Veräußerungsgewinnen korrespondiert grds. mit der Steuerrelevanz von Veräußerungsverlusten (aber: § 17 Abs. 2 S. 4 EStG, § 2a EStG und andere Verlustverrechnungsbeschränkungen beachten). Umgekehrt gilt, dass dann, wenn der Gewinn ganz oder anteilig befreit ist, regelmäßig auch ein Verlust ganz oder anteilig nicht berücksichtigt werden kann. Zu den Besonderheiten gem. §§ 3 Nr. 40, 3 c Abs. 2 EStG und § 8 b Abs. 3 KStG s.o. Rz. 482, 488. In den Fällen des § 23 EStG (bisher) bzw. der Abgeltungsteuer kön-

H. Unternehmensverkauf/Unternehmenskauf 492–494 § 13

- Verkauf von Mitunternehmeranteilen[481] 492
- ermäßigter Steuersatz (56 % des durchschnittlichen Steuersatzes) bis zu € 5 Mio. Gewinn pro Steuerpflichtigen einmal im Leben, wenn natürliche Person oder Personengesellschaft mit natürlichen Personen als Gesellschafter Verkäufer ist (Organschaftsfall ist nicht begünstigt) und Steuerpflichtiger 55 Jahre alt oder dauernd berufsunfähig ist und soweit nicht § 16 Abs. 2 S. 3 EStG bzw. § 34 Abs. 2 Nr. 1 2. Hs. EStG erfüllt ist. Ansonsten höchstens im Einzelfall Auswirkung der sog. Fünftelungsregelung bzw. von § 6 b EStG. Im Übrigen normale ESt- bzw. KSt-Belastung.
- Gewerbesteuerfreiheit nur, wenn natürliche Person als unmittelbar beteiligter Mitunternehmer veräußert und kein Fall des § 18 Abs. 4 UmwStG oder des § 16 Abs. 2 S. 3 EStG gegeben ist. In allen anderen Fällen Gewerbesteuerpflicht. Wenn GewSt-Pflicht, bei natürlichen Personen § 35 EStG beachten (Ausnahme: § 18 Abs. 4 UmwStG).
- Verkauf von Betrieben und Teilbetrieben 493
- grundsätzlich wie Verkauf von Mitunternehmeranteilen
- Gewerbesteuerfreiheit nur, wenn natürliche Person Verkäufer ist oder Personengesellschaft, soweit an ihr natürliche Personen unmittelbar als Mitunternehmer beteiligt sind (Ausnahmen jeweils: § 18 Abs. 4 UmwStG und § 16 Abs. 2 S. 3 EStG).
- Verkauf von Kapitalgesellschaftsanteilen 494
- Verkäufer ist natürliche Person oder Personengesellschaft mit natürlichen Personen als Gesellschaftern (für den Organschaftsfall Hinweis auf § 15 Nr. 2 KStG):
  - bisher nicht steuerbar (steuerfrei), wenn nicht wesentliche Beteiligung im PV und weder § 23 EStG noch § 17 EStG noch § 21 UmwStG a. F. Nichtwesentlichkeitsgrenze: nicht „mindestens 1 %" einmal in den letzten fünf Jahren
  - bisher grundsätzlich hälftige Steuerbefreiung (Halbeinkünfteverfahren), wenn:
    - wesentliche Beteiligung im PV (mindestens 1 % einmal in den letzten fünf Jahren)
    - 23 EStG erfüllt (Spekulationsfrist zwölf Monate)
    - Anteile im BV
    - alt-einbringungsgeborene Anteile im PV oder im BV (grds. unabhängig von der Beteiligungsquote)
    - Ausnahmen von hälftiger Steuerbefreiung: vorausgegangene steuerwirksame Teilwertabschreibung, siebenjährige Sperrfrist bei bestimmten alt-einbringungsgeborenen Anteilen, „KWG".
  - Ab 1.1.2009 Ersetzung des Halbeinkünfte- durch das Teileinkünfteverfahren. Außerdem generelle Steuerbarkeit auch außerhalb des BV,

---

nen besonderes Schedulen-Verlustvorträge resultieren. Bei fehlendem deutschen Besteuerungsrecht für Veräußerungsgewinne aufgrund eines DBAs (Zuweisung des Besteuerungsrechts zum ausländischen Wohnsitzstaat oder Freistellung in Deutschland als Wohnsitzstaat) sind nach der BFH-Rechtsprechung auch Veräußerungsverluste in Deutschland bei der Ermittlung der Steuerbemessungsgrundlagen nicht relevant.

[481] Veräußerung vollständiger Mitunternehmeranteile (also nicht nur von Teil-Mitunternehmeranteilen) unterstellt. Soweit im mitunternehmerischen Betriebsvermögen Kapitalgesellschaftsanteile enthalten sind, gilt im Grundsatz Rz. 494.

§ 13   495–498   Besonderheiten der Besteuerung

§ 17 EStG und des § 21 UmwStG a. F. nach Maßgabe der Abgeltungssteuer.
– Bei 100 %-Beteiligung im BV und alt-einbringungsgeborenen Anteilen im Einzelfall subsidiär (nicht: kumulativ) auch Anwendung des ermäßigten Steuersatzes gem. § 34 Abs. 3 EStG denkbar. Auch im Einzelfall Fünftelungsregelung relevant.
– Besonderheit: Anteilsveräußerungsgewinn bis zu € 500 000 kann unter bestimmten Voraussetzungen steuerlich vollständig durch Übertragung auf geeignete Reinvestitionen neutralisiert werden (§ 6 b Abs. 10 EStG).
– Evtl. Halb- bzw. Teileinkünftebesteuerung schlägt ins Gewerbesteuerrecht durch. Ggf. Auswirkungen auf § 35 EStG beachten.
– Verkäufer ist Kapitalgesellschaft (oder Personengesellschaft mit Kapitalgesellschaften als Gesellschafter; für den Organschaftsfall Hinweis auf § 15 Nr. 2 KStG):
  – Zu 95 % steuerfrei (§ 8 b Abs. 2 KStG [ggf. iVm. § 8 b Abs. 6 KStG]). Ausnahmen: Vorausgegangene steuerwirksame Teilwertabschreibung, siebenjährige Sperrfrist bei bestimmten alt-einbringungsgeborenen und bei bestimmten vor SEStEG schädlich von Nichtkapitalgesellschaften unter Teilwert „übernommenen" Anteilen, „KWG".
  – Evtl. Steuerfreiheit gem. 8 b Abs. 2 KStG schlägt ins Gewerbesteuerrecht durch.

3. Gestaltungsbeispiele für die Verbesserung des Steuerstatus

495   Generell stehen die nachstehend skizzierten exemplarischen Gestaltungsüberlegungen für den Unternehmensverkäufer unter dem Vorbehalt, dass good-business-reasons für das konkrete Vorgehen gegeben sein müssen, dass also die Grenze des § 42 AO nicht überschritten werden darf, und dass generell die steueroptimale Vorbereitung eines Verkaufsvorgangs Zeit erfordert, also langfristig vorzubereiten ist (bloß kurzfristige Gestaltungsreaktionen auf konkrete Verkaufsabsichten sind regelmäßig zum Scheitern verurteilt). Ggf. ist es auch ratsam, eine verbindliche Auskunft der Finanzverwaltung einzuholen.

a) Vorbereitende Einbringung in Kapitalgesellschaften

496   Die Regelungen betreffend die laufende Besteuerung (insbesondere die aus der definitiven KSt resultierenden Ergebnisverrechnungsprobleme) sprechen für eine möglichst wenig zergliederte Konzernstruktur, idealiter für das Einheitsunternehmen. Ist dies nicht möglich, besteht ein steuerlicher Incentive für die Etablierung körperschaftsteuerlicher Organschaften.

497   Demgegenüber fordert § 8 b Abs. 2 KStG eine möglichst weitgehende Zergliederung der Konzernstruktur geradezu heraus. Jede Aktivität, die irgendwann einmal zur Veräußerung anstehen könnte, sollte am besten in einer eigenen Kapitalgesellschaft gehalten werden. Dies ist bei der Etablierung oder Akquisition neuer Engagements zu berücksichtigen. Ggf. bedarf es vorbereitender Einbringungen in Kapitalgesellschaften. Diese lösen allerdings regelmäßig eine siebenjährige Sperrfrist aus.

498   Auch aus der Sicht von natürlichen Personen bzw. Personengesellschaften mit natürlichen Personen als Gesellschaftern sind die vorstehenden Überlegun-

H. Unternehmensverkauf/Unternehmenskauf § 13

gen relevant. Vorbereitende Einbringungen in Kapitalgesellschaften führen zur Gewinnung des Halb- bzw. Teileinkünfteverfahrens bzw. des § 8 b Abs. 2 KStG.[482] Auch insoweit gilt eine siebenjährige Sperrfrist.

Die nach Sacheinlagen-Einbringungen unterhalb der gemeinen Werte eingreifende Sperrfristkonzeption ist durch das SEStEG grundlegend geändert worden. Bis zum SEStEG war die Veräußerung einbringungsgeborener Anteile innerhalb von sieben Jahren nach der Einbringung voll steuerpflichtig (§ 8b Abs. 4 KStG a. F., § 3 Nr. 40 Satz 3 u. 4 EStG a. F.)[483], und es resultierte daraus mangels Aufstockung bei der übernehmenden Kapitalgesellschaft eine Doppelbesteuerung. Nunmehr führt eine Veräußerung der als Gegenleistung für eine Sacheinlagen-Einbringung unter dem gemeinen Wert erhaltenen Anteile oder die Realisierung eines Ersatztatbestandes nach § 22 Abs. 1 Satz 6 UmwStG gem. § 22 Abs. 1 UmwStG zu einer rückwirkenden Besteuerung des sog. Einbringungsgewinns I beim Einbringenden.[484] Der Einbringungsgewinn I entspricht der Differenz zwischen dem gemeinen Wert im Einbringungszeitpunkt und dem bei der Einbringung angesetzten Buch- oder Zwischenwert, vermindert um jeweils ein Siebtel für jedes seit dem Einbringungszeitpunkt abgelaufene Zeitjahr (es stellen sich Fragen bei einer teilweisen Veräußerung der Anteile an der übernehmenden Kapitalgesellschaft; zur gesetzlichen Verankerung der sog. „Wertabspaltungstheorie" vgl. § 22 Abs. 7 UmwStG). Der Einbringungsgewinn I gilt gem. § 22 Abs. 1 Satz 4 UmwStG als nachträgliche Anschaffungskosten der erhaltenen Anteile, mindert also den Gewinn aus der Anteilsveräußerung (auf den § 8b Abs. 2 KStG oder § 3 Nr. 40 i.V.m. § 3c Abs. 2 EStG anzuwenden ist).

Des Weiteren ist bei der übernehmenden Kapitalgesellschaft gem. § 23 Abs. 2 Satz 1 u. 2 UmwStG auf Antrag im Jahr der Veräußerung – also nicht rückwirkend – und bei Nachweis der Entrichtung der Steuer auf den Einbringungsgewinn[485] in Höhe des versteuerten Einbringungsgewinns ein „Erhöhungsbetrag" gewinnneutral anzusetzen. Dies gilt jedoch nur, wenn das eingebrachte Betriebsvermögen entweder noch zum Betriebsvermögen der Kapitalgesellschaft gehört oder zum gemeinen Wert übertragen wurde, d. h. nicht bei einer Weiterübertragung unter dem gemeinen Wert. Aus dem Ansatz des Erhöhungsbetrags folgt eine wirtschaftsgutbezogene Buchwertaufstockung (also

---

[482] Auch Hinweis auf § 15 Satz 1 Nr. 2 KStG, wenn bei bestehender Organschaft aus der Organgesellschaft heraus Anteile verkauft werden sollen. In diesem Fall kann das Halb- bzw. Teileinkünfteverfahren ausnahmsweise ohne Sperrfrist in die Anwendbarkeit des § 8 b Abs. 2 KStG überführt werden (durch Beendigung des EAV).

[483] Für nach altem Recht entstandene einbringungsgeborene Anteile gilt das alte Recht fort.

[484] Von erheblicher praktischer Bedeutung ist, dass der Einbringende gem. § 22 Abs. 3 Satz 1 Nr. 1 UmwStG innerhalb der Siebenjahresfrist jeweils bis zum 31. Mai den Nachweis zu erbringen hat, wem die erhaltenen Anteile zuzurechnen sind. Wenn der Nachweis nicht rechtzeitig erbracht wird, gelten die Anteile als veräußert, und der entsprechende Einbringungsgewinn I ist zu besteuern. Nach dem Gesetzeswortlaut ist diese Rechtsfolge bei Fristverletzung zwar zwingend, es ist aber fraglich, ob wirklich eine Ausschlussfrist vorliegt. Nach zutreffendem Verständnis kann der Nachweis „heilend" nachgeholt werden. Nach der systematischen Stellung der Regelung gilt die Veräußerungsfiktion nur für die Anwendung des § 22 UmwStG und führt nicht etwa auch zur Besteuerung des Gewinns aus einer fiktiven Veräußerung.

[485] Dabei sollte auch die Minderung eines Verlustvortrags ausreichend sein, auch wenn insoweit nicht sofort Steuern tatsächlich „entrichtet" werden.

die Schaffung steuerbilanziellen Abschreibungspotentials) bzw. bei erfolgter Weiterübertragung zum gemeinen Wert sofort abziehbarer Aufwand.

501 Das Konzept des Einbringungsgewinns I gilt gem. § 22 Abs. 1 Satz 5 UmwStG grundsätzlich nicht, soweit das eingebrachte Betriebsvermögen Anteile an Kapitalgesellschaften enthält; insoweit kommt die Regelung für den Anteilstausch in § 22 Abs. 2 UmwStG zur Anwendung.

502 Als Sperrfristkonzeption nach einem Anteilstausch unterhalb des gemeinen Werts war bis zum SEStEG vorgesehen, dass nach Einbringung durch eine nicht von § 8b Abs. 2 KStG begünstigte Person eine Veräußerung der eingebrachten Anteile durch die übernehmende Gesellschaft innerhalb einer Sperrfrist von sieben Jahren gem. § 8b Abs. 4 Satz 1 Nr. 2 KStG voll steuerpflichtig war. Diese Regelung ist für den Fall des Anteilstauschs und bei der Miteinbringung von Anteilen im Rahmen einer Sacheinlagen-Einbringung nach § 20 UmwStG durch das Konzept der rückwirkenden Besteuerung des Einbringenden ersetzt worden (§ 22 Abs. 2 UmwStG). Wenn der Einbringende keine von § 8b Abs. 2 KStG begünstigte Person ist,[486] führt eine Veräußerung der unter dem gemeinen Wert eingebrachten Anteile durch die übernehmende Gesellschaft innerhalb von sieben Jahren[487] zu einer rückwirkenden Besteuerung des sog. Einbringungsgewinns II beim Einbringenden. Der Einbringungsgewinn II ist als Gewinn aus der Veräußerung von Anteilen zu versteuern[488] und entspricht der Differenz zwischen dem gemeinen Wert der eingebrachten Anteile im Einbringungszeitpunkt und dem bei der Einbringung angesetzten Buch- oder Zwischenwert, vermindert um jeweils ein Siebtel für jedes seit dem Einbringungszeitpunkt abgelaufene Zeitjahr. Der Einbringungsgewinn II gilt gem. § 22 Abs. 2 Satz 4 UmwStG als nachträgliche Anschaffungskosten der erhaltenen Anteile. Gem. § 23 Abs. 2 Satz 3 UmwStG erhöht er bei Nachweis der Steuerentrichtung die Anschaffungskosten der eingebrachten Anteile bei der übernehmenden Gesellschaft und mindert deren Gewinn aus der Anteilsveräußerung (auf den normalerweise § 8b Abs. 2 KStG anzuwenden ist). § 22 Abs. 2 UmwStG ist nicht anwendbar, wenn der Einbringende eine von § 8b Abs. 2 KStG begünstigte Person ist (nach dem JStG 2009: wenn die eingebrachten Anteile nach § 8b Abs. 2 KStG begünstigt sind). Die Norm greift überdies nicht, soweit der Einbringende die erhaltenen Anteile bereits veräußert hat (§ 22 Abs. 2 S. 5 UmwStG).

503 Sind Anteile mit siebenjähriger Sperrfrist gegeben, so kann das mit Kapitalerhöhungen verbundene Verschieben von stillen Reserven zwischen Alt- und Neuanteilen in der Praxis zu erheblichen Anwendungsproblemen führen. Dem ist bei der Ausgestaltung von Kapitalerhöhungsvorgängen Rechnung zu tragen. Gleiches gilt für Spaltungen und Verschmelzungen, die auch einbringungsgeborene Anteile betreffen.

504 Überhaupt kann es Sinn machen, Sperrfristanteile ganz bewusst von nicht mit einer Sperrfrist behafteten Anteilen zu trennen, um einen steuerunschädlichen Anteilsverkauf in Stufen überhaupt erst möglich zu machen. Das Vorgehen ähnelt insoweit der schon immer gängigen Praxis, bewusst Anteile mit

---

[486] Nach dem JStG 2009 kommt es auf die § 8b Abs. 2 KStG-Fähigkeit der eingebrachten Anteile an.
[487] Zu den Nachweispflichten betr. die Nichtveräußerung s. bereits Fn. 484.
[488] Der Gesetzeswortlaut ist unscharf, weil keine Besteuerung der Veräußerung der konkret eingebrachten Anteile angeordnet wird.

hohem Buchwert separat von Anteilen mit niedrigem Buchwert zu halten (also eine Buchwertvermischung zu vermeiden). Jeweils stellt sich die Frage, ob sicherheitshalber zwei Rechtsträger als Anteilsinhaber erforderlich sind. Nach der hier vertretenen Auffassung sollte jedenfalls Identifizierbarkeit der Anteile ausreichen.

Interessant kann auch im Einzelfall – je nach Ergebnissituation in Mutter und Tochter – die Überlegung sein, durch steuerlich nicht zu korrigierende Nutzungseinlagen den Wert steuerfrei veräußerbarer Kapitalanteile zu mehren.

b) Kapitalerhöhungs- und Spaltungsgestaltungen

Die Kapitalerhöhung in einer Kapitalgesellschaft unter Ausschluss bzw. Verzicht auf die Ausübung des Bezugsrechts kann als solche für die Altgesellschafter bereits aus wirtschaftlicher Sicht einen teilweisen Unternehmensverkauf (ggf. – bei einer Sachkapitalerhöhung – gepaart mit einem teilweisen Unternehmenserwerb) bedeuten. Er führt bei diesen jedoch nicht zu einer Veräußerungsgewinnbesteuerung. Die Altgesellschafter realisieren insoweit weder einen Vermögenswert, denn ihnen ist nichts zugeflossen, noch ist der Wert ihrer Geschäftsanteile gestiegen. Die Aufgeldzahlung durch die Neugesellschafter gleicht nur aus, was an stillen Reserven auf die Neugesellschafter übergeht bzw. was die Altgesellschafter durch die Übernahme der neuen Geschäftsanteile durch die Neugesellschafter verloren haben. Etwas anderes gilt nur dann, wenn und soweit die Altgesellschafter ihre Bezugsrechte gegen Entgelt veräußern würden.

Entgeltlich kann die Verfügung über die im Bezugsrecht verkörperte „Anwartschaft" allerdings nicht nur bei einer unmittelbaren Zahlung des Neugesellschafters an den Altgesellschafter sein, sondern auch, soweit der Neugesellschafter ein Aufgeld an die Kapitalgesellschaft zahlt und dieses in engem zeitlichem Zusammenhang (auch) an den Altgesellschafter ausgezahlt wird, ohne dass dafür eigene good business reasons gegeben sind. Denn dies spricht dafür, dass die Ausschüttung von vornherein beabsichtigt war und die Ein- und Auszahlungen bei der Kapitalgesellschaft nur die Zahlung eines Entgelts verdecken sollten, das vom Neugesellschafter unmittelbar an den Altgesellschafter geleistet werden sollte.[489] Insoweit ist also Vorsicht angebracht.[490]

Darüber hinaus ist die Einbringung eines Unternehmens in eine bestehende Kapitalgesellschaft auch aus der Sicht des Einbringenden als eine Art Unternehmensverkauf interpretierbar. Die aufnehmende Gesellschaft „bezahlt" im letztgenannten Fall für das erworbene Unternehmen mit eigenen Anteilen (ggf. zusätzlich auch mit anderen Gegenleistungen bis zur Höhe des Buchwerts der eingebrachten Gegenstände).

Davon abgesehen wäre ein steuerneutraler Unternehmensverkauf nach einer Kapitalerhöhung in einer resp. einer Einbringung in eine Kapitalgesellschaft allerdings naturgemäß erst mit einer anschließenden Spaltung der Kapitalgesellschaft vollständig bewirkt. Insoweit wirken zwar vor allem die Teilbetriebsvoraussetzungen des § 15 Abs. 1 UmwStG sowie das Erfordernis einer mindestens fünfjährigen Vorbesitzzeit bei einer Trennung von Gesellschafterstämmen

---

[489] So unter Berufung auf § 42 AO BFH v. 13.10.1992, BStBl. II 1993, 477 ff.
[490] Bei Ausschüttung des eingebrachten Agios im Einlagejahr ist grds. noch keine schädliche Einlagenrückgewähr i.S.d. § 22 Abs. 1 S. 6 Nr. 3 UmwStG gegeben.

(§ 15 Abs. 3 S. 5 UmwStG) restriktiv, im Grundsatz ist aber eine steuerneutrale Sequenz von Kapitalerhöhungs- und Spaltungsvorgängen denkbar.[491]

510 Entsprechendes gilt für die Kombination von Einbringungen in Personengesellschaften mit deren späterer Realteilung (bzw. Aufspaltung). Auch insoweit ist jedoch Vorsicht angebracht, weil nicht fallübergreifend gesagt werden kann, wo in derartigen Fällen die Grenzen für die Anerkennung einer erfolgsneutralen Einbringung und Realteilung bzw. für die Anwendung des § 42 AO zu ziehen sind.[492]

511 Bei Spaltungen ist es evtl. auch möglich, bewusst die in § 15 Abs. 2 S. 2 UmwStG geregelte 20 %-Grenze auszunutzen. Es ist denkbar, dass in einem solchen Fall auch dann keine schädliche Anteilsveräußerung angenommen werden kann, wenn die sich innerhalb der 20 %-Grenze bewegende Anteilsveräußerung von vorneherein geplant war.[493]

c) Vorbereitende „Umwandlung" in Beteiligungen ohne deutsches Besteuerungsrecht

512 Die in §§ 20 und 21 UmwStG zugelassenen steuerneutralen Einbringungsvorgänge in ausländische EU-Kapitalgesellschaften können dazu führen, dass zu realisierende stille Reserven aus dem Zugriffsbereich des deutschen Fiskus verlagert werden. Der Anwendungsbereich derartiger Überlegungen hat sich zwar mit Einführung des § 8 b Abs. 2 KStG beträchtlich reduziert. Sie können aber dennoch im Einzelfall von großem Interesse sein.

513 Bspw. kann eine Mehrheitsbeteiligung an einer inländischen, europäischen oder Drittstaaten-Kapitalgesellschaft mit Hilfe des § 21 UmwStG ertragsteuerneutral in eine ausländische (hier: EU-)Kapitalgesellschaft eingebracht werden.[494] Der danach denkbaren, nach dem Steuerrecht des anderen EU-Staates ggf. steuerunschädlichen Weiterveräußerung der erhaltenen Anteile nach der Einbringung kann allerdings aus deutsch-steuerlicher Sicht für sieben Jahre § 22 Abs. 2 UmwStG entgegenstehen (wenn nicht schon die eingebrachten Anteile für § 8b Abs. 2 KStG qualifizieren).

514 Außerdem kann sich bei einer Realisation von Veräußerungsgewinnen im Ausland im Einzelfall ein Problem aufgrund des AStG ergeben.[495]

d) Vorbereitende Einbringung in Personengesellschaften

515 Es ist bereis oben (Rz. 465) erläutert worden, dass die grundsätzliche Gewerbesteuerfreiheit von Mitunternehmeranteilsveräußerungsgewinnen nur noch für verkaufende unmittelbar beteiligte natürliche Personen gilt. Diese Steuerrechtslage kann es sinnvoll machen, durch vorbereitende Reorganisation mittelbare in unmittelbare Beteiligungen zu verwandeln. Sinnvoll kann es auch

---

[491] Wenn man bei Buchwertspaltung – zu Recht – auch keinen schädlichen Fall i.S.d. § 22 UmwStG annimmt.
[492] Auch Hinweis auf die Regelungen in §§ 6 Abs. 5 und 16 Abs. 3 EStG.
[493] Siehe auch BFH v. 3. 8. 2005, BStBl. II 2006, 391.
[494] Dies wird man naturgemäß besonders dann in Erwägung ziehen, wenn nicht schon die Einbringung gem. § 8 b Abs. 2 KStG zu 95 % steuerfrei gewinnrealisierend erfolgen kann (Sperrfristfälle oder einbringende natürliche Personen). Allerdings kann auch einmal die Vermeidung der 5 %-Steuerpflicht angestrebt sein.
[495] Normalerweise wegen § 8 Abs. 1 Nr. 9 AStG aber nicht.

sein, kurz- bzw. mittelfristig beabsichtigte Unternehmensverkäufe durch Einbringungen der zum Verkauf vorgesehenen Gegenstände in Tochterpersonengesellschaften vorzubereiten.⁴⁹⁶

Vorbereitende Einbringungen in Personengesellschaften können im Einzelfall auch im Hinblick auf § 6 b Abs. 10 EStG von Interesse sein (vorausgesetzt, dass die 500 000 €-Grenze gesellschafterbezogen zu verstehen ist). **516**

Eine solche Einbringung ist zu Buchwerten nach den Regeln des § 24 UmwStG möglich, wenn es sich um eine 100%-Kapitalbeteiligung⁴⁹⁷ oder um eine Anteilseinbringung im Rahmen einer Betriebs- oder Teilbetriebseinbringung handelt. Allerdings bleiben in diesem Fall die stillen Reserven aufgrund der erforderlichen Ergänzungsbilanzbildung dem Einbringenden zugeordnet, so dass ein § 6 b Abs. 10 EStG-Effekt nur durch den Zuwachs neuer Reserven zugunsten aller Mitunternehmer ausgelöst werden kann. Außerdem ist die in § 6 b Abs. 10 EStG vorausgesetzte sechsjährige Mindestbesitzzeit gesellschafterbezogen zu prüfen, müsste also nach der Einbringung abgewartet werden. **517**

Letzteres ist – neben der Beachtung des § 6 Abs. 5 S. 5 u. 6 EStG – auch wesentlich, wenn Kapitalanteile unter 100% gem. § 6 Abs. 5 S. 3 EStG in eine Mitunternehmerschaft eingebracht werden. Bei einer Einbringung auf dieser Rechtsgrundlage besteht die Besonderheit, dass – außerhalb der Fälle des § 6 Abs. 5 S. 4 EStG – die stillen Reserven nicht mitunternehmertreu zugeordnet werden müssen. **518**

e) Vorbereitende Umwandlung einer Kapital- in eine Personengesellschaft

In bestimmten Fällen kann es – trotz § 18 Abs. 4 UmwStG⁴⁹⁸ – Sinn machen, dass der Unternehmensverkäufer vor dem geplanten Unternehmensverkauf seine Kapitalgesellschaft in eine Personengesellschaft umwandelt und dann die Personengesellschaftsanteile veräußert. **519**

Nach derzeitigem Recht ist die Sinnhaftigkeit dieser Überlegung im Fall ohnehin nicht präferenzierter Veräußerungsgewinnbesteuerung (also vor allem im Alt-Sperrfrist-Fall) naheliegend, da der Erwerber von Kapitalanteilen keinerlei Step up-Möglichkeiten mehr hat. Denn: So erhält er sowohl körperschaft- als auch gewerbesteuerrelevantes Abschreibungssubstrat.⁴⁹⁹ Allerdings dürfen beim Veräußerer durch die Umwandlung keine Anschaffungskosten und es darf nicht eine GewSt-Anrechnungs-Berechtigung vernichtet werden, sonst kann die vorbereitende Umwandlung wieder nachteilig sein. Außerdem sind alle anderen steuerlichen Folgen der vorbereitenden Umwandlung im Einzelfall zu hinterfragen. **520**

---

⁴⁹⁶ Allerdings auch Hinweis auf die Effekte des § 35 EStG und darauf, dass natürliche Personen auch Betriebe und Teilbetriebe normalerweise gewerbesteuerfrei veräußern können. Für den Fall der Einbringung von Einzelwirtschaftsgütern auch Hinweis auf § 6 Abs. 5 Satz 4 und Satz 5 u. 6 EStG.
⁴⁹⁷ S. aber auch Fn. 410.
⁴⁹⁸ Nochmals Hinweis auf die insoweit resultierende Schlechterstellung des § 18 Abs. 4 UmwStG im Hinblick auf § 35 EStG.
⁴⁹⁹ Bei einbringungsgeborenen Anteilen nach SEStEG kann dagegen ein Step up auch bei schädlicher Kapitalanteilsveräußerung resultieren (s. Rz. 500).

f) Vorbereitende Ausschüttungen

521 Es bieten sich immer dann vorherige § 8 b Abs. 1 KStG- (bzw. § 3 Nr. 40 EStG-)Dividenden an, wenn der Anteilsveräußerungsgewinn nicht gem. § 8 b Abs. 2 KStG (bzw. § 3 Nr. 40 EStG) präferenziert ist, wohl aber die Ausschüttung (also vor allem in den Alt-Sperrfristfällen;[500] aber auch Hinweis auf besondere Gestaltungsfragen z. B. in Wertaufholungssituationen). Auch kann die bewusste Produktion sog. innerorganschaftlicher Mehrabführungen wegen der steuerlich erfolgsneutralen Abbildung in sog. passiven organschaftlichen Ausgleichposten in Einzelfällen von Interesse sein.

522 Außerhalb der Alt-Sperrfristfälle ist allerdings auch zu beachten, dass § 8 Nr. 5 KStG nur für Dividenden, nicht aber auch für Veräußerungsgewinne greift. Und auch im Fall des § 6 b Abs. 10 EStG kann eine vorbereitende Ausschüttung durchaus auch einmal nachteilig sein.

g) Personelle Verlagerung von stillen Reserven

523 Die Besteuerung des bei einer Unternehmensveräußerung erzielten Veräußerungsgewinns hängt neben dem Steuerstatus auch von der Höhe der stillen Reserven ab. Da die Besteuerung den einzelnen Steuerpflichtigen betrifft, ist auch die personelle Zuordnung gebildeter stiller Reserven relevant.

524 Das deutsche Steuerrecht kennt zwar den Grundsatz der Personenidentität von stillen Reserven, d. h., dass grundsätzlich der Steuerpflichtige die stillen Reserven zu versteuern hat, bei dem sie gebildet worden sind. Dieser Grundsatz erfährt allerdings Ausnahmen, die in Einzelfällen genutzt werden können, wenn in der Person eines Steuerpflichtigen ein potentieller Veräußerungsgewinn verringert und/oder ein günstigerer Steuerstatus eines anderen Steuerpflichtigen fruchtbar gemacht werden soll.

525 Hinzuweisen ist insoweit bspw. auf die zugelassene personelle Verlagerung von stillen Reserven in den Fällen des § 6 Abs. 3 EStG, des § 16 Abs. 3 S. 2 EStG, des § 17 Abs. 2 S. 3 EStG, des § 21 Abs. 1 S. 1 UmwStG a. F. und bei teilentgeltlichen Veräußerungsvorgängen im Rahmen des § 16 EStG (sog. Einheitstheorie). Darüber hinaus ist ein Reserventransfer gem. § 6 Abs. 5 S. 3 EStG bei unentgeltlichen Übertragungen von Wirtschaftsgütern aus dem Sonderbetriebsvermögen eines Mitunternehmers in das Sonderbetriebsvermögen eines anderen Mitunternehmers derselben Personengesellschaft sowie für den Fall der Überführung von Wirtschaftsgütern aus dem Gesamthandsvermögen in das Sonderbetriebsvermögen eines Mitunternehmers et vice versa im Grundsatz akzeptiert.[501]

h) Terminverkäufe und Optionsgestaltungen[502]

526 Der Veräußerungsbegriff selbst ist nicht legal definiert. Nach allgemeinen Auslegungsregeln ist auf den Übergang des wirtschaftlichen Eigentums im Sinne des § 39 Abs. 2 Nr. 1 AO abzustellen, so dass der Abschluss eines schuld-

---

[500] Nach SEStEG-Einbringungen beeinflussen Ausschüttungen dagegen nicht die Höhe möglicher Einbringungsgewinne. Sie können aber geeignet sein, Ersatzrealisationstatbestände i.S.d. § 22 UmwStG zu vermeiden.

[501] Umkehrbeschluss aus § 6 Abs. 5 S. 4 EStG (aber auch Hinweis auf § 6 Abs. 5 S. 5 u. 6 EStG).

[502] Im Einzelfall z. B. im Hinblick auf eine laufende Sperrfrist oder bei Steuersatzverringerungen einsetzbar.

H. Unternehmensverkauf/Unternehmenskauf 527–532 § 13

rechtlichen Verpflichtungsgeschäftes bereits vor einem als kritisch angesehenen Stichtag dann unschädlich ist, wenn der wirtschaftliche Eigentumsübergang nicht vor diesem Stichtag erfolgt.

Fraglich ist, wie sich Optionsgestaltungen und Terminverkäufe auf den Übergang des wirtschaftlichen Eigentums auswirken. **527**

Nach einer Grundsatzentscheidung des BFH kann unabhängig von einer zeitlich später festgelegten dinglichen Übertragung der Anteile das wirtschaftliche Eigentum bereits vorher jedenfalls unter folgenden kumulativ zu erfüllenden Voraussetzungen übergehen:[503] **528**

- Es besteht für den Erwerber aufgrund eines bürgerlich-rechtlichen Rechtsgeschäftes eine Rechtsposition, die ihm gegen seinen Willen nicht mehr entzogen werden kann,
- das Risiko einer Wertminderung und die Chance einer Wertsteigerung sind auf den Erwerber übergegangen, und
- auch die mit den Anteilen verbundenen wesentlichen Rechte (insb. Gewinnbezugsrecht und Stimmrecht) sind bereits auf den Erwerber übergegangen.

In dem vom BFH entschiedenen Fall, der GmbH-Anteile betraf, führte ein Terminverkauf zu wirtschaftlichem Eigentum des Erwerbers, weil das Gewinnbezugsrecht für das laufende Jahr mit übergegangen war und der Veräußerer sich verpflichtet hatte, keine Gesellschafterbeschlüsse zu fassen, die nicht bereits im Veräußerungsvertrag festgelegt waren. Außerdem war nicht nur die schuldrechtliche, sondern auch die dingliche Übertragung bereits aufschiebend befristet erfolgt (was bei GmbH-Anteilen gem. § 163 BGB dazu führt, dass ein gutgläubiger Erwerb der Anteile durch einen Dritten nicht mehr erfolgen kann). **529**

Idealerweise erhält nur der potentielle Veräußerer eine Verkaufsoption (Put). In diesem Fall hat der potentielle Erwerber keinen Einfluss auf die Übertragung der Anteile und könnte daher vor der Ausübung nicht wirtschaftlicher Eigentümer werden. Es handelt sich nur um eine Absicherungsmaßnahme für den Gesellschafter. **530**

Auch eine Kaufoption (Call) des potentiellen Erwerbers führt grundsätzlich nicht dazu, dass dieser wirtschaftliches Eigentum erwirbt. Dies könnte nur dann anders zu beurteilen sein, wenn „nach dem typischen und für die wirtschaftliche Betrachtung maßgeblichen Geschehensablauf tatsächlich mit einer Ausübung des Optionsrechts gerechnet werden kann".[504] Diese Ausführungen des BFH gehen zurück auf die Rechtsprechung zum Finanzierungsleasing, bei dem es für den Leasingnehmer wirtschaftlich zwingend sein kann, seine Kaufoption auszuüben.[505] Im Fall eines Verkaufs von Gesellschaftsanteilen erscheint wirtschaftliches Eigentum des Erwerbers aufgrund eines Calls ohne Hinzutreten weiterer Umstände (insbesondere Überlassung der Ausübung der Gesellschafterrechte) allerdings eher unwahrscheinlich und würde auch der Rechtsprechung zum Terminverkauf widersprechen. **531**

Auch eine Kombination eines Calls und eines Puts allein führt unter Zugrundelegung der bisherigen Rechtsprechung nicht zu wirtschaftlichem Eigentum des potentiellen Erwerbers. Im Extremfall (gleiche Ausübungstermine, gleicher Ausübungspreis) liegt – von unterschiedlichen individuellen **532**

---

[503] BFH v. 10.3.1988, BStBl. II 1988, 832.
[504] BFH v. 15.12.1999, DStR 2000, 462 für den Sonderfall einer Rückkaufsoption.
[505] BFH v. 26.1.1970, BStBl. II 1970, 264.

Wertvorstellungen abgesehen – wirtschaftlich ein Terminverkauf vor. Es käme somit wiederum entscheidend darauf an, dass die wesentlichen Gesellschafterrechte bis zur dinglichen Übertragung dem potentiellen Veräußerer zustehen. Außerdem dürfte es hilfreich sein, das dingliche Geschäft vom schuldrechtlichen Geschäft abzukoppeln (wohl auch bei Inhaber-Aktien und Personengesellschaftsanteilen, obwohl insoweit der Rz. 529 [angesprochene Effekt des § 163 BGB nicht eintreten kann]).

533 Darüber hinaus würde eine gewisse Unsicherheit hinsichtlich der Übertragung der Anteile und damit hinsichtlich der Wertrisiken und -chancen geschaffen, wenn die Ausübungstermine des Calls und des Puts nicht identisch sind. Das FG Hamburg[506] hat den Übergang des wirtschaftlichen Eigentums in einem Fall verneint, in dem der Ausübungstermin für den Call nach acht Jahren und der für den Put nach zwölf Jahren lag. In ähnlicher Weise hat die Finanzverwaltung in Leasingfällen die gleichzeitige Vereinbarung eines Calls und eines Puts akzeptiert, wenn die Frist zwischen den Ausübungsterminen mindestens 50 % der Frist bis zur ersten Option betrug. An dieser Relation könnte man sich bei der Festlegung der Ausübungstermine für Call und Put orientieren. Gleichzeitig sollte erwogen werden, zumindest in gewissen Bandbreiten einer Unsicherheit über den Kaufpreis zu schaffen.[507]

534 Relevant sind die Einflussmöglichkeiten des potentiellen Erwerbers bis zur Ausübung einer der beiden Optionen. Die Aktivitäten der Zielgesellschaft dürfen nicht vorher in das Unternehmen des potentiellen Erwerbers integriert werden. Die wesentlichen Gesellschafterrechte, d. h. insbesondere Stimmrecht und Gewinnbezugsrecht, sollten in der Interimsphase möglichst ohne Einschränkungen weiterhin dem potentiellen Veräußerer zustehen.[508]

535 Ein gesellschaftsrechtlicher Einfluss des potentiellen Erwerbers könnte allerdings mittels einer Beteiligung durch Kapitalerhöhung an der Zielgesellschaft oder an einer Zwischenholding, in die die Beteiligung an der Zielgesellschaft eingebracht wird, hergestellt werden (sog. Kapitalerhöhungsmodell). Auch in diesen Fällen ist ein reiner put für die verbliebenen Anteile regelmäßig unproblematisch. Gleiches gilt für einen reinen call (Hinweis auf die Ausführungen in Rz. 530 ff.). Im Fall einer Doppeloption ist dagegen auch und gerade in diesen Fällen die sorgfältige Ausgestaltung im Einzelfall entscheidend.[509] Außerdem ist darauf zu achten, dass keine verdeckte Veräußerung aufgrund einer zeitnahen Auskehrung eines geleisteten Agios angenommen werden kann.[510]

---

[506] Urteil v. 24. 9. 1987, EFG 1988, 475.
[507] Auch Hinweis auf die aktuellen Entscheidungen BFH v. 19. 12. 2007, BStBl. II 2008, 475; v. 11. 7. 2006, BStBl. II 2007, 296.
[508] Erneut Hinweis auf die vorstehende Fn.
[509] Hinweis: Zwar existiert eine BFH-Entscheidung zu § 17 EStG, in der eine Absenkung der Beteiligungsquote durch Kapitalerhöhung unter die Wesentlichkeitsgrenze in Verbindung mit einer Kaufoption und einer Erwerbspflicht des neu eintretenden Gesellschafters – im Ergebnis also einer Doppeloption – hinsichtlich der restlichen Anteile nach Ablauf der Fünfjahresfrist des § 17 Abs. 1 S. 1 EStG als missbräuchlich iSd. § 42 AO angesehen wird (BFH v. 27. 1. 1977, BStBl. II 1977, 754). Rechtsfolge der Anwendung des § 42 AO war aber nicht die Annahme einer Veräußerung im Zeitpunkt des Abschlusses der Optionsvereinbarungen, sondern die Besteuerung der späteren tatsächlichen Veräußerung ohne Beachtung der Absenkung der Beteiligungsquote. Rückschlüsse auf die Frage des Übergangs des wirtschaftlichen Eigentums können daraus nicht gezogen werden.
[510] BFH v. 13. 10. 1992, BStBl. II 1993, 477 ff. Dazu auch näher Rz. 507.

H. Unternehmensverkauf/Unternehmenskauf 536–539 § 13

In Einzelfällen kann auch eine der Veräußerung vorgeschaltete Wertpapierleihe (Sachdarlehen, das für den Verleiher nicht realisierend ist – Surrogatgedanke – und dem Entleiher Anschaffungskosten iHd. Verkehrswertes der entliehenen Wertpapiere vermittelt) oder eine Betriebsverpachtung (Betrieb muss bei Pachtende zurückübertragen werden können) ein Problemlöser sein. Gleiches gilt für sog. umgekehrte Umtauschanleihen (Reverse Convertibles), die dem Emittenten bei Fälligkeit der Anleihe ein Tilgungsrecht wahlweise in bar oder in Aktien gewähren (Abwandlungen auch mit call des Anleihezeichners sind denkbar). Die genaue Ausgestaltung muss in jedem Einzelfall sorgfältig abgewogen werden. 536

4. Wahlrecht zwischen Sofort- und Zuflussversteuerung

Veräußert ein Steuerpflichtiger seinen ganzen Gewerbebetrieb oder einen Teilbetrieb gegen wiederkehrende Bezüge bzw. Leistungen, hat er nach Auffassung der Finanzverwaltung[511] unter bestimmten Voraussetzungen ein Wahlrecht zwischen einer Versteuerung eines (ggf. nach §§ 16, 34 EStG begünstigten) Veräußerungsgewinns im Zeitpunkt der Veräußerung[512] oder einer Versteuerung nichtbegünstigter nachträglicher Einkünfte aus Gewerbebetrieb im Zuflusszeitpunkt nach § 15 Abs. 1 iVm. § 24 Nr. 2 EStG (in voller Höhe, nicht etwa nur mit einem Ertragsanteil), sobald und soweit diese in der Summe den Buchwert iSv. § 16 Abs. 2 S. 2 EStG zuzüglich Veräußerungskosten übersteigen. 537

5. Nachträgliche Kaufpreisänderungen

Fällt der Unternehmensverkäufer nach Vollzug der Unternehmensveräußerung mit seiner Forderung auf Kaufpreiszahlung aus, so stellt dies nach Auffassung des Großen Senats des BFH[513] ein Ereignis mit steuerlicher Rückwirkung auf den Zeitpunkt der Veräußerung dar (§ 175 Abs. 1 S. 1 Nr. 2 AO). Die den Veräußerungsgewinn betreffende Steuerfestsetzung ist mithin zu ändern, der zu versteuernde Veräußerungsgewinn verringert sich. Entsprechendes gilt bei Kaufpreisminderung, Eingreifen von Earn-out-Klauseln u. Ä. Auch für Anteilsveräußerungsfälle i.S.d. § 8b Abs. 2 KStG hat die Finanzverwaltung das im Grundsatz akzeptiert.[514] 538

II. Steuerrecht des Unternehmenskaufs

1. Steuerliche Ziele des Unternehmenskäufers

Die steuerorientierte Gestaltung eines Unternehmenskaufs wird zum einen durch die Zielsetzung des Käufers geprägt, die Anschaffungskosten für das (Ziel-)Unternehmen in größtmöglichem Umfang und in einem möglichst kurzen Zeitraum in steuerlich wirksame Abschreibungen umzusetzen. Denn 539

---

[511] R 16 Abs. 11 EStR.
[512] Veräußerungspreis ist bei Sofortversteuerung der nach den Vorschriften des Bewertungsgesetzes ermittelte Barwert der Rente. Die in den laufenden Rentenzahlungen enthaltenen Ertragsanteile sind als sonstige Einkünfte i.S.d. § 22 Nr. 1 S. 3 lit. a) Doppelbuchstabe bb) EStG zu versteuern.
[513] BStBl. II 1993, 897.
[514] BStBl. I 2008, 506.

die Abschreibungsoptimierung trägt wegen der damit verbundenen Steuerersparnisse zu einer Verbesserung des Cash-flow bei und stellt somit eine wesentliche Komponente bei der Finanzierung des Unternehmenskaufs dar.

540 Zum zweiten interessiert bei fremdfinanzierten Unternehmenskäufen insbesondere die Sicherstellung der steuerlichen Abzugsfähigkeit der Zinsaufwendungen.

541 Regelmäßig ist des Weiteren beim Kauf von Anteilen an Kapitalgesellschaften die Verwertung steuerlicher Verlustvorträge angestrebt, wenn diese miterworben worden sind, sowie die Sicherung der Steuerrelevanz evtl. zukünftiger Wertverluste.

2. Kaufpreisaufteilung beim Kauf von Wirtschaftsgütern bzw. Personengesellschaftsanteilen

a) Stufentheorie und modifizierte Stufentheorie

542 Der Kauf von Wirtschaftsgütern bzw. Personengesellschaftsanteilen führt ohne weiteres zu der Möglichkeit, auf die Anschaffungskosten Abschreibungen vorzunehmen. Denn der gezahlte Kaufpreis wird nach den Grundsätzen der sog. Stufentheorie auf die einzelnen Wirtschaftsgüter aufgeteilt und unterliegt dort der planmäßigen Abschreibung nach den Regeln des § 7 EStG.

543 Als Stufentheorie wird die Rechtsprechung des BFH bezeichnet, nach der beim Erwerb ganzer Unternehmen auf der Grundlage des § 6 Abs. 1 Nr. 7 EStG für Zwecke der Kaufpreisaufteilung verschiedene widerlegbare tatsächliche Vermutungen zu berücksichtigen sind. Danach ist die Aufteilung des Kaufpreises auf die einzelnen Wirtschaftsgüter in folgenden Stufen vorzunehmen:

(1) Die übernommenen (beim Verkäufer) bilanzierten Wirtschaftsgüter werden mit ihrem jeweiligen Teilwert aktiviert.

(2) Die immateriellen Wirtschaftsgüter, die beim Verkäufer als selbstgeschaffene immaterielle Wirtschaftsgüter nicht bilanziert wurden, sind als entgeltlich erworbene immaterielle Wirtschaftsgüter anzusetzen.[515]

(3) Ein danach verbleibender Betrag (Residualgröße) ist als Geschäfts- oder Firmenwert zu aktivieren.

(4) Ausnahmsweise ist, soweit ein Firmenwert nachweislich nicht existiert, ein dann noch verbleibender Mehrbetrag als Betriebsausgabe sofort abzugsfähig (oder es ist insoweit ggf. ein aktiver Ausgleichsposten anzusetzen).[516]

b) Selbständig aktivierbare originäre immaterielle Wirtschaftsgüter

544 Die Trennung der ersten von der zweiten Stufe infolge der Stufentheorie ist dann von Bedeutung, wenn der gezahlte Kaufpreis die Summe der Teilwerte der Wirtschaftsgüter aus den ersten beiden Stufen unterschreitet und damit unterhalb des Substanzwerts des Unternehmens angesiedelt ist. Denn dann führt die zweistufige Kaufpreisverteilung dazu, dass originäre immaterielle Wirt-

---

[515] Es ist nicht ganz eindeutig, inwieweit die Unterscheidung zwischen der 1. und der 2. Stufe durch den BFH gestützt ist. Deshalb wird auch die Zusammenfassung der ersten und der zweiten Stufe vertreten. Die hM geht allerdings von einer Trennung der ersten und der zweiten Stufe aus.

[516] Hierbei und im Folgenden generell wird unterstellt, dass die Kaufpreiszahlungen ausschließlich betrieblich veranlasst sind. Zum Sofortabzug von Betriebsausgaben s. auch näher Rz. 553 ff.

schaftsgüter gar nicht oder nur nocht partiell aktiviert werden können.[517] Dies ist nachteilig, wenn die originären immateriellen Wirtschaftsgüter tendenziell eine kürzere Restnutzungsdauer aufweisen als die beim Verkäufer bilanzierten Wirtschaftsgüter der 1. Stufe.

Beispiel: Ein Unternehmen verfügt nachweislich über stille Reserven in Grundstücken iHv. 80, in Gebäuden iHv. 20 und in originären immateriellen Wirtschaftsgütern iHv. 100 (durchschnittliche Nutzungsdauer der letztgenannten Wirtschaftsgüter = 5 Jahre). Gleichwohl ergab sich als Kaufpreis ein Betrag, der nur 50 über Buchwert lag. Nach den Regeln der Stufentheorie ist der Mehrkaufpreis nur auf die beim Verkäufer bilanzierten Wirtschaftsgüter zu verteilen, und zwar (bei Aufstockung nach dem Verhältnis der stillen Reserven)[518] iHv. 40 Punkten auf die Grundstücke und iHv. 10 Punkten auf die Gebäude. Würde man dagegen die erste und zweite Stufe zusammenfassen, entfielen bei entsprechender Verteilungsregel auf die Grundstücke 20 Punkte, auf die Gebäude 5 Punkte und auf die originären immateriellen Wirtschaftsgüter 25 Punkte.

Insoweit, wie originäre immaterielle Wirtschaftsgüter in der zweiten Stufe bilanziert werden können, mindert sich die Residualgröße Geschäftswert. Dies ist regelmäßig vorteilhaft. Denn der Geschäftswert kann einheitlich nur über 15 Jahre abgeschrieben werden, während die Nutzungsdauer der übrigen immateriellen Wirtschaftsgüter vielfach wesentlich kürzer ist.

Als originäre immaterielle Wirtschaftsgüter der zweiten Stufe in Betracht zu ziehen sind beispielsweise Patente, Konzessionen, EDV-Software, Filmrechte, Belieferungsrechte u. Ä. Außerdem kommen im Einzelfall wirtschaftliche Vorteile in Betracht, die eine gewisse Nähe zum Firmenwert haben. Sie gehen zwar regelmäßig als unselbständiger Bestandteil des Firmenwertes in diesen ein. Jedoch kann unter Umständen auch eine gesonderte Aktivierung und Abschreibung dieser Werte geboten sein.

Besonders praxisrelevant sind in diesem Zusammenhang die folgenden immateriellen Wirtschaftsgüter:
- Wettbewerbsverbot
  Bei der Vereinbarung eines Wettbewerbsverbots ist zu unterscheiden, ob es sich nur um eine unselbständige Nebenabrede oder um eine wesentliche Grundlage der Geschäftsübernahme handelt. Im ersten Fall ist das Wettbewerbsverbot unselbständiger Teil des Geschäftswerts. Im letzteren Fall kann das Wettbewerbsverbot als eigenständiges Wirtschaftsgut aktiviert werden.[519] Nutzungsdauer ist dann die vertraglich vereinbarte Laufzeit des Wettbewerbsverbots.
- Know-how
  Know-how iSv. technischem Spezialwissen ist grundsätzlich nur dann als eigenständiges immaterielles Wirtschaftsgut denkbar, wenn es in Lizenz vergeben wird oder in anderer Weise entgeltlich zur Nutzung überlassen wird.[520] Als Nutzungsdauer werden regelmäßig drei bis fünf Jahre angenommen.
- Auftragsbestand
  Übernimmt der Käufer – wie üblich – auch einen vorhandenen Auftragsbestand und beinhaltet dieser Auftragsbestand Gewinnerwartungen, so kön-

---

[517] Zur Beziehung dieser Frage zum Thema „negativer Geschäftswert" Rz. 559.
[518] Annahme: Die Buchwert-/Teilwert-Relation ist bei den betroffenen Wirtschaftsgütern vergleichbar. Sollte dies nicht der Fall sein, ist im Zweifel nach dem Verhältnis der Teilwerte und nicht nach dem Verhältnis der stillen Reserven zu verteilen.
[519] Vgl. z. B. BFH v. 26. 7. 1989, BFH/NV 1990, 442.
[520] Vgl. bspw. BFH v. 23. 11. 1988, BStBl. II 1989, 82.

nen diese Gewinnerwartungen nach der Rechtsprechung des BFH selbständig bilanzierbare Wirtschaftsgüter darstellen.[521] Den Gewinnerwartungen im Auftragsbestand muss eine eigenständige wirtschaftliche Bedeutung zukommen. Sachgerecht ist insoweit eine differenzierte Berechnung auf der Basis der dem jeweiligen Einzelauftrag zugrundeliegenden Kalkulation. Denkbar ist es aber auch, die Gewinnerwartungen aus den Ergebnissen der Vergangenheit abzuleiten. Abzuschreiben ist das Wirtschaftsgut Auftragsbestand nach Maßgabe der Abwicklung der einzelnen Aufträge. Da dies bedeutet, dass der Auftragsbestand regelmäßig schon im folgenden Wirtschaftsjahr aufwandswirksam aufzulösen ist, ist die Aktivierung von Gewinnerwartungen im Auftragsbestand besonders vorteilhaft.

c) Bilanzierung eines Firmenwerts und sofort abzugsfähige Betriebsausgaben

552 Wird für das Unternehmen mehr als die Summe der Teilwerte der übernommenen Wirtschaftsgüter bezahlt, ist regelmäßig ein Firmenwert zu aktivieren. Der Firmenwert ist mithin grundsätzlich eine rein rechnerische Residualgröße. Nur wenn und soweit ausnahmsweise die Existenz eines Firmenwertes wirtschaftlich ausgeschlossen werden kann, scheidet seine Aktivierung aus. Dann ist zu prüfen, wofür der Mehrpreis gezahlt worden ist und ob nicht insoweit ein sofortiger Betriebsausgabenabzug nach Maßgabe der vierten Stufe möglich ist.

553 Dies ist z. B. denkbar, wenn das Zielunternehmen nur zum Zwecke der Stilllegung bspw. deshalb erworben wird, weil man so einen Konkurrenten ausschalten will. Der gezahlte Mehrbetrag ist in diesem Fall als nicht aktivierungsfähiger Aufwand auf den eigenen Firmenwert des Erwerbers anzusehen, so dass ein Sofortabzug zwingend geboten ist.[522]

554 Des Weiteren können beispielsweise Abfindungen für das vorzeitige Ausscheiden der Geschäftsführer oder anderer Angestellter, Zahlungen für betriebsbezogene Gutachten sowie Zahlungen für die Entlassung aus einem nachteiligen Vertrag dem laufenden Betriebsgeschehen zuzuordnen und als sofort abzugsfähige Betriebsausgabe aus dem Kaufpreis auszugliedern sein. Auch etwa vereinbarte Beraterhonorare an den Veräußerer sind sofort abziehbar, wenn sie sich nicht als versteckte Kaufpreisbestandteile erweisen.

555 Ein Sofortabzug ist ansonsten nur in seltenen Einzelfällen, wie beispielsweise im Zusammenhang mit dem Ausscheiden eines lästigen Gesellschafters, zulässig. Hierzu hat der Erwerber nicht nur den Nachweis zu erbringen, dass ein lästiger Gesellschafter abgefunden werden soll, sondern darüber hinaus, dass eine Verteilung der Gegenleistung auf die ersten drei Stufen nicht oder nicht in voller Höhe in Frage kommt.[523]

556 Schließlich kommt, wenn die Existenz eines Firmenwertes ausgeschlossen werden kann und eine Betriebsausgabe im vorstehenden Sinne nicht vorliegt, nach Auffassung des BFH die Bildung eines aktiven Ausgleichspostens in Betracht, der zukünftig gewinnmindernd mit Gewinnanteilen des Erwerbers zu

---

[521] Vgl. z. B. BFH v. 1. 2. 1989, BFH/NV 1989, 778; BFH v. 15. 12. 1993, BFH/NV 1994, 543.
[522] Vgl. z. B. BFH v. 25. 1. 1979, BStBl. II 1979, 369.
[523] Zum Thema „lästiger Gesellschafter" siehe z. B. BFH v. 7. 6. 1984, BStBl. II 1984, 584.

verrechnen ist.[524] Denkbar ist dies insbesondere dann, wenn der Käufer ein negatives Kapitalkonto vom Verkäufer übernimmt, aber mangels stiller Reserven in den Wirtschaftsgütern und mangels Existenz eines Firmenwerts keine Aufstockung in der Ergänzungsbilanz des Käufers vorgenommen werden kann. Der Ausgleichsposten ist zukünftig gegen Gewinnanteile des Käufers zu verrechnen, was wirtschaftlich den Konsequenzen eines verrechenbaren Verlustes gem. § 15 a EStG gleichkommt.[525]

Beispiel: A kauft den Kommanditanteil des B (Kapitalkonto: ./. 1 000 000) für 1. Stille Reserven sind in den Wirtschaftsgütern der KG nicht vorhanden. Auch ein Firmenwert kann nicht festgestellt werden. Nach Ansicht des BFH ist ein positiver Ausgleichsposten in Höhe von 1 000 001 zu bilden und gegen zukünftige Gewinnanteile zu verrechnen. Ein sofortiger Erwerbsverlust wird nicht realisiert.

Diese Überlegung leitet über zur Problematik des negativen Firmenwerts.

d) Problematik des negativen Firmenwertes

Wenn der Kaufpreis für das Unternehmen unter der Summe der Teilwerte der erworbenen Wirtschaftsgüter liegt, ist zumindest rechnerisch ein negativer Firmenwert gegeben. Zwar kommt nach der Stufentheorie zunächst die Abstockung der Bilanzansätze der erworbenen Wirtschaftsgüter in Betracht. Jedoch wurde auch erwogen, ob in einem solchen Fall die erworbenen Wirtschaftsgüter mit ihren Teilwerten anzusetzen sind und in Höhe der (negativen) Differenz zwischen dem Kaufpreis und den höheren Teilwerten ein negativer Firmenwert zu passivieren ist. Die Abstockung hat zur Konsequenz, dass die Abschreibungsbasis reduziert wird, während bei Bilanzierung eines negativen Firmenwertes die zukünftigen Abschreibungen auf Basis der ungekürzten Teilwerte der Wirtschaftsgüter vorgenommen würden und die Frage zu beantworten wäre, wie der negative Firmenwert aufzulösen ist.

Der BFH hatte bereits im Jahr 1981 die Bilanzierung eines negativen Firmenwertes abgelehnt, also eine anteilige Abstockung von den Teilwerten der Wirtschaftsgüter verlangt.[526] Das FG Niedersachsen[527] hatte diese Grundsätze zwar zwischenzeitlich in Zweifel gezogen, der BFH hat jedoch an seiner Auffassung festgehalten:[528] Nach dem Anschaffungskostenprinzip sei eine Bilanzierung der erworbenen Wirtschaftsgüter nur in Höhe des anteiligen Kaufpreises und gerade nicht in Höhe der Teilwerte zulässig.

S. nochmals das w. o. geschilderte Beispiel (stille Reserven in Wirtschaftsgütern iHv. 200, Kaufpreis jedoch nur 50 über Buchwert). Eine Passivierung eines negativen Firmenwertes kommt nicht in Betracht.

Indessen gibt es Fälle, in denen eine Abstockung der Buchwerte/Teilwerte der erworbenen Wirtschaftsgüter nicht sinnvoll möglich ist.

---

[524] Vgl. BFH v. 21. 4. 1994, BStBl. II 1994, 745.
[525] BFH v. 14. 6. 1994, BStBl. II 1995, 246, kommt zu vergleichbaren Ergebnissen unter Verwendung eines „Merkpostens außerhalb der Bilanz". Siehe auch BFH v. 12. 12. 1996, BStBl. II 1998, 180.
[526] BFH v. 19. 2. 1981, BStBl. II 1981, 730.
[527] Urteil Nds. FG v. 24. 10. 1991, EFG 1993, 15.
[528] Vgl. BFH v. 21. 4. 1994, BStBl. II 1994, 745 sowie BFH v. 12. 12. 1996 BStBl. II 1998, 180.

§ 13 563–567   Besonderheiten der Besteuerung

Beispiel: Erworben wird ein Unternehmen mit einem positiven Kapitalkonto zum symbolischen Kaufpreis von 1. Zum Unternehmen gehört ein Kassenbestand von 1 000 001. Fraglich ist, ob wegen der hinsichtlich des Kassenbestandes nicht sinnvoll möglichen Abstockung ein Erwerbsgewinn iHv. 1 000 000 entsteht.

563 Der IV. Senat des BFH hat dies in einem erheblich komplizierteren, insoweit aber vergleichbaren Fall abgelehnt.[529] Danach ist in einem solchen Fall ein passiver Ausgleichsposten anzusetzen. Der Ausgleichsposten darf in der Zukunft nur mit Verlustanteilen des Käufers aus der Beteiligung verrechnet werden. Kommt es zukünftig nicht zu Verlusten, bleibt der Ausgleichsposten dauerhaft bestehen und wird erst bei der Veräußerung der Beteiligung gewinnhöhend aufgelöst. Der I. Senat des BFH hat sich dem angeschlossen.[530]

564 Zu entscheiden bleibt in diesem Zusammenhang des Weiteren, welche Wirtschaftsgüter nicht abgestockt werden können. Neben Bargeldbeständen kommen grundsätzlich auch Buchgeldforderungen, Kontokorrentguthaben, Termingelder, auf ausländische Währungen lautende Barmittel, börsennotierte Aktien etc. in Betracht. Sicherheit besteht bei der entsprechenden Abgrenzung allerdings (noch) nicht.

3. Gewinnung von Abschreibungssubstrat nach dem Kauf von Anteilen an Kapitalgesellschaften

565 Seit der Unternehmensteuerreform 2001 werden – wie erläutert – Veräußerungsgewinne aus der Veräußerung von Kapitalgesellschaftsanteilen im Grundsatz steuerlich so behandelt wie Ausschüttungen. Korrespondierend damit kann der Anteilskäufer einen steuerlich unbelasteten Step-up nicht mehr herbeiführen.[531]

566 Ausschüttungsbedingte Teilwertabschreibungen können nicht (§ 8b Abs. 3 KStG) oder nur unter den Restriktionen des § 3c Abs. 2 EStG (erwerbende natürliche Personen) steuerlich geltend gemacht werden. Übernahmeverluste sind grds. steuerirrelevant. Der sog. interne asset-deal wie auch das sog. Umwandlungsmodell funktionieren nicht mehr.

567 Grundlage für die Anwendung des Umwandlungsmodells war die vor der Unternehmensteuerreform 2001 gegebene Besteuerungskonzeption, die das UmwStG für die Umwandlung von Kapital- in Personengesellschaften vorgesehen hatte. Danach wurde im Fall eines nach dem Anteilskauf erfolgenden Umwandlung entstehenden Übernahmeverlusts die von der Personengesellschaft angesetzten Buchwerte der übergegangenen Wirtschaftsgüter anschließend erfolgsneutral bis zu ihrem jeweiligen Teilwert aufgestockt (§ 4 Abs. 6 UmwStG aF). Soweit dann immer noch ein Übernahmeverlust verblieb, waren die bisher nicht bilanzierten immateriellen Wirtschaftsgüter einschließlich eines Firmenwertes zu aktivieren. War der Übernahmeverlust schließlich auch dann noch nicht vollständig verbraucht, erfolgte eine Verteilung des Differenzbetrages auf 15 Jahre. M.a.W.: Die Umwandlung einer erworbenen Kapitalgesellschaft in bzw. auf eine Personengesellschaft führte nach der seinerzeitigen UmwSt-Konzeption zur Realisierung einer Hauptzielset-

---

[529] BFH v. 21.4.1994, BStBl. II 1994, 745. Möglicherweise eher zur Annahme von Erwerbsgewinnen tendierend BFH v. 7.2.1995, DStR 1995, 2197. Siehe aber auch BFH v. 12.12.1996, BStBl. II 1998, 180 sowie nun BFH v. 26.4.2006, DStR 2006, 113.
[530] BFH v. 26.4.2006, DStR 2006, 113.
[531] Ausweichgestaltungen, wie z.B. das sog. KGaA-Modell, sind problematisch. Auf Ebene des Anteilskäufers stehen demgemäß Finanzierungsüberlegungen und Überlegungen zur Sicherung der Steuerrelevanz von Verlustvorträgen und möglichen künftigen Wertverlusten im Vordergrund.

H. Unternehmensverkauf/Unternehmenskauf 568–571 § 13

zung des Unternehmenskäufers, der Umsetzung der aufgewendeten Anschaffungskosten in steuerliches Abschreibungssubstrat (Ausnahme allerdings: GewSt).[532] Kombinationsmodell hieß, dass der Erwerber zunächst die Beteiligung an einer Kapitalgesellschaft kaufte (share deal). Im Anschluss an diesen Beteiligungskauf erwarb er oder ein dazu ausersehenes Unternehmen die Wirtschaftsgüter dieser Kapitalgesellschaft (interner asset deal) und kam so in den Genuss des Abschreibungspotentials. Die Kapitalgesellschaft schüttete den entstandenen Gewinn an den Erwerber aus, der dann seinerseits eine ausschüttungsbedingte Teilwertabschreibung auf die Anteile an der entleerten Kapitalgesellschaft vornahm. Mit der Teilwertabschreibung wurde der durch den internen asset deal entstandene Gewinn körperschaftsteuerlich bzw. einkommensteuerlich neutralisiert. Gewerbeertragsteuerlich wirkte sich die ausschüttungsbedingte Teilwertabschreibung wegen § 8 Nr. 10 GewStG allerdings nicht neutralisierend aus, weil die für die Teilwertminderung ursächliche Gewinnausschüttung beim Anteilseigner schachtelprivilegiert zugeflossen war.[533] Gleiches galt im Ergebnis auch, wenn Erwerber und Zielkapitalgesellschaft vor Realisierung des Kombinationsmodells durch eine körperschaftsteuerliche Organschaft verbunden worden waren.[534] Auch das Kombinationsmodell konnte somit nicht zur Gänze steuerneutral, sondern nur um den Preis einer gewerbeertragsteuerlichen Einmalbelastung des Step up-Betrages realisiert werden.

568

Die Versagung des Step-up ist sachgerecht, wenn es im Ergebnis nur zu einer Einmalbesteuerung der von der Kapitalgesellschaft erzielten Gewinne kommt. Die Besteuerung des Veräußerers mit step-up durch den Erwerber wird durch die unveränderte laufende Besteuerung der Kapitalgesellschaft ersetzt. Allerdings gelten die Regeln zur Versagung des Step-up auch dann, wenn der Anteilsveräußerungsgewinn nicht präferenziert wird (also vor allem im Alt-Sperrfrist-Fall beim Anteilsverkäufer). Dies ist nicht gerechtfertigt. Im Übrigen können die Folgen der Versagung der steuerlichen Anerkennung der ausschüttungsbedingten Teilwertabschreibung einerseits und die der Versagung der Nutzung des Übernahmeverlustes andererseits unterschiedlich sein.

569

4. Verwertung miterworbener Verlustvorträge

a) § 10a GewStG

Beim Erwerb von Anteilen an Personengesellschaften gehen evtl. gewerbesteuerliche Verlustvorträge der Personengesellschaft (§ 10 a GewStG) wegen ihrer Mitunternehmerbezogenheit partiell unter. Gestaltungen, die dies verhindern könnten, sind nicht ersichtlich.[535]

570

b) § 8c KStG

Wenn miterworbene Verlustvorträge nach dem Kauf von Anteilen an Kapitalgesellschaften verwertet werden sollen, ist insbesondere der neue § 8c KStG relevant.

571

---

[532] Wesentliche Ausnahmefälle, in denen das Umwandlungsmodell nicht funktionierte: Erwerbe von nicht wesentlich beteiligten Steuerinländern und von Steuerausländern innerhalb einer Zehnjahresfrist (§ 50 c Abs. 1 und Abs. 11 EStG).
[533] Wenn das gewerbesteuerliche Schachtelprivileg nicht griff, löste bereits die Ausschüttung Gewerbeertragsteuer aus.
[534] § 8 Nr. 10 GewStG erfasst(e) nicht nur ausschüttungsbedingte, sondern auch abführungsbedingte Gewinnminderungen.
[535] S. nun auch § 10a S. 10 GewStG i. d. F. des JStG 2009.

Rödder 1073

572 Die Neuregelung des § 8c KStG[536] führt (nach dem sog. MoRaKG in seinem Absatz 1) Folgendes aus: Werden innerhalb von fünf Jahren mittelbar oder unmittelbar mehr als 25 % des gezeichneten Kapitals, der Mitgliedschaftsrechte, Beteiligungsrechte oder der Stimmrechte an einer Kapitalgesellschaft an einen Erwerber oder diesem nahe stehenden Personen übertragen oder liegt ein vergleichbarer Sachverhalt vor (schädlicher Beteiligungserwerb), sind insoweit die bis zum schädlichen Beteiligungserwerb nicht ausgeglichenen oder abgezogenen negativen Einkünfte (nicht genutzte Verluste) nicht mehr abziehbar. Unabhängig davon sind bis zum schädlichen Beteiligungserwerb nicht genutzte Verluste vollständig nicht mehr abziehbar, wenn innerhalb von fünf Jahren mittelbar oder unmittelbar mehr als 50 % des gezeichneten Kapitals, der Mitgliedschaftsrechte, Beteiligungsrechte oder der Stimmrechte an einer Körperschaft an einen Erwerber oder diesem nahe stehenden Personen übertragen werden oder ein vergleichbarer Sachverhalt vorliegt. Als ein Erwerber gilt auch eine Gruppe von Erwerbern mit gleichgerichteten Interessen.

573 § 8c Abs. 1 KStG stellt mithin anders als der bisherige § 8 Abs. 4 KStG nur noch auf den Anteilseignerwechsel, den Beteiligungserwerb, ab. Auf die Zuführung überwiegend neuen Betriebsvermögens kommt es nicht mehr an.

574 Im Einzelnen dazu s. Rz. 213 ff.

5. Steuerorientierte Kaufpreisfinanzierung

575 Bei der Finanzierung des Anteilskaufs ist die Frage der Höhe des Einsatzes von Eigen- und Fremdkapital und die Frage, ob die Finanzierung im Inland oder im Ausland allokiert werden sollte, auch unter steuerlichen Aspekten zu entscheiden. Primäre steuerliche Zielsetzung ist dabei die Erlangung eines möglichst steuerwirksamen Zinsabzugs (Vermeidung steuerlicher Abzugsverbote, Steuersatzvergleich, Sicherheit ausreichend hoher steuerlicher Bemessungsgrundlagen vor Zinsaufwandsabzug, Beachtung von Gesellschafterfremdfinanzierungsregeln etc.).

576 Erfolgt die Anteilsakquisition und deren Finanzierung durch eine natürliche Person bzw. eine Personengesellschaft mit natürlichen Personen als Gesellschaftern, ist die Abzugsbeschränkung des § 3 c Abs. 2 EStG zu beachten.

577 Im Zentrum der inländischen steuerlichen Überlegungen zur Kaufpreisfinanzierung steht aber – neben der 25 %igen gewerbesteuerlichen Hinzurechnung – die neue sog. Zinsschranke.[537]

578 Die Zinsschranken-Grundregel ist in § 4h Abs. 1 Satz 1 EStG enthalten, greift also (auch) für Personenunternehmen. Danach sind Zinsaufwendungen eines Betriebs abziehbar in Höhe des Zinsertrags (insoweit erfolgt also zunächst eine Saldierung), darüber hinaus nur bis zur Höhe von 30 % des um die Zinsaufwendungen und um die nach § 6 Abs. 2 Satz 1, § 6 Abs. 2a Satz 2 und § 7 EStG abgesetzten Beträge erhöhten und um die Zinserträge verminderten maßgeblichen Gewinns. Die Zinsschranke greift unabhängig davon, ob die Zinsen an einen Gesellschafter oder bspw. an eine fremde Bank gezahlt werden.

579 Rechtsfolge der Zinsschranke ist die (idealiter nur temporäre) Nichtabziehbarkeit der Zinsen auf Ebene des Zinszahlenden. Eine Umqualifizierung auf

---

[536] Sie gilt auch für die Gewerbesteuer, s. § 10a S. 9 GewStG. Auch Hinweis auf die in FMStFG vorgesehene Ausnahmeregelung.
[537] Siehe dazu BMF v. 4.7.2008, DStR 2008, 1427.

der Ebene des Zinsempfängers bzw. Anteilseigners findet – anders als dies nach der Verwaltungsauffassung zu § 8a KStG der Fall war[538] – nicht statt.

Nach § 4h Abs. 1 Satz 2 und 3 EStG sind Zinsaufwendungen, die nicht abgezogen werden dürfen, in die folgenden Wirtschaftsjahre vorzutragen (Zinsvortrag). Sie erhöhen die Zinsaufwendungen dieser Wirtschaftsjahre, nicht aber den maßgeblichen Gewinn. Von der Zinsschranke erfasste Zinsaufwendungen sind mithin grds. nur temporär als nicht abzugsfähige Betriebsausgaben zu qualifizieren. Sie können in folgende Wirtschaftsjahre vorgetragen und dort unter Beachtung der Regelung zur Zinsschranke gegebenenfalls abgezogen werden. **580**

§ 4h Abs. 2 Satz 1 EStG enthält drei Ausnahmen von der Zinsschranke (Freigrenze, fehlende Konzernzugehörigkeit und Escapeklausel). Diese werden für Kapitalgesellschaften im Hinblick auf die Möglichkeit der Gesellschafterfremdfinanzierung nach § 8a Abs. 2 KStG (Ausnahme im Fall fehlender Konzernzugehörigkeit) und § 8a Abs. 3 KStG (Escapeklausel bei Konzernzugehörigkeit) modifiziert. **581**

Im Einzelnen zur Zinsschranke s. Rz. 244 ff. **582**

6. Wertverluste nach Unternehmenskauf

a) Voraussetzungen einer Teilwertabschreibung

Wurden Anteile an einer Kapitalgesellschaft erworben, so kann das erwerbende Unternehmen eine Teilwertabschreibung auf die Anschaffungskosten der Beteiligung vornehmen, **583**
– wenn sich der Erwerb von vornherein als Fehlmaßnahme erweist,
– wenn sich später gravierende Verluste einstellen oder
– wenn die Beteiligungsgesellschaft in zusammengeballter Form Gewinnausschüttungen vornimmt,
und wenn in der Beteiligung eine voraussichtlich dauernde Wertminderung eingetreten war.

Der Beteiligungserwerb erweist sich als Fehlmaßnahme, wenn sich der Erwerber hinsichtlich maßgebender wertbestimmender Faktoren geirrt hat oder die mit der Anschaffung verbundenen wirtschaftlichen Erwartungen nicht erfüllt werden. Anlaufverluste beweisen nach Auffassung der Rechtsprechung noch keine Fehlmaßnahme, insbesondere dann nicht, wenn der Erwerber der Beteiligungsgesellschaft in der Anlaufphase zur Sanierung neue Mittel zugeführt hat (der Nachschuss, für den wiederum die Teilwertvermutung galt, soll die Werthaltigkeit der gesamten Beteiligung bestätigen, so dass die spätere Entwicklung abzuwarten sein soll). Als Anlaufphase gelten für eine inländische Beteiligung drei Jahre, für eine ausländische Beteiligung fünf Jahre. **584**

Auch später eintretende Verluste sollen normalerweise erst berücksichtigt werden können, wenn ein großer Teil des Kapitals verloren und ein alsbaldiger Ausgleich unwahrscheinlich ist. Eine Verlustabschreibung auf die erworbene Beteiligung wird in den meisten Fällen auch dann versagt, wenn das Mutterunternehmen mit dem Beteiligungsunternehmen ein Organschaftsverhältnis begründet hat. In diesem Fall geht die Rechtsprechung grundsätzlich davon aus, dass der Ergebnisabführungsvertrag den Erhalt des Eigenkapitals der Gesellschaft sichert (garantierter Substanzwert) und deshalb einer verlustbedingten Teilwertabschreibung Grenzen gesetzt sind. **585**

---

[538] Vgl. BMF v. 5. 7. 2004, BStBl. I 2004, 593 Rz. 11.

b) Steuer(un)wirksamkeit von Teilwertabschreibungen

586 Seit der Unternehmenssteuerreform 2001 ist jeglicher Wertverlust von Kapitalgesellschaften in Beteiligungen für Kapitalgesellschaften gem. § 8 b Abs. 3 KStG steuerlich nicht berücksichtigungsfähig (die Vorschrift gilt auch für Organbeteiligungen).

587 Entsprechendes gilt anteilig bei erwerbenden natürlichen Personen im Hinblick auf § 3 c Abs. 2 EStG.

588 Dies legt es nahe, ein für die Akquisition aufgenommenes Fremddarlehen über eine Konzernstufe als Gesellschafterdarlehen weiterzuleiten, um auf diese Weise bei schlechter wirtschaftlicher Entwicklung der Zielgesellschaft eine steuerwirksam abschreibbare Position zu haben (Gesellschafterdarlehen statt Beteiligung).

589 Allerdings ist insoweit nun neben vielen insoweit ohnehin bestehenden Zweifelsfragen auch der neue § 8b Abs. 3 S. 4 ff. KStG zu beachten. Danach gehören zu den (steuerunwirksamen) Gewinnminderungen im Sinne des § 8b Abs. 3 S. 3 KStG auch Gewinnminderungen im Zusammenhang mit einer Darlehensforderung oder aus der Inanspruchnahme von Sicherheiten, die für ein Darlehen hingegeben wurden, wenn das Darlehen oder die Sicherheit von einem Gesellschafter gewährt wird, der zu mehr als einem Viertel unmittelbar oder mittelbar am Grund- oder Stammkapital der Kapitalgesellschaft, der das Darlehen gewährt wurde, beteiligt ist oder war.[539] Dies gilt auch für diesen Gesellschafter nahestehende Personen im Sinne des § 1 Abs. 2 AStG oder für Gewinnminderungen aus dem Rückgriff eines Dritten auf den zu mehr als einem Viertel am Grund- oder Stammkapital beteiligten Gesellschafter oder eine diesem nahestehende Person auf Grund eines der Gesellschaft gewährten Darlehens. Beides gilt nicht, wenn nachgewiesen wird, dass auch ein fremder Dritter das Darlehen bei sonst gleichen Umständen gewährt oder noch nicht zurückgefordert hätte; dabei sind nur die eigenen Sicherungsmittel der Gesellschaft zu berücksichtigen.

7. Verkauf von Anteilen an Organgesellschaften

590 Nicht selten ist es das Interesse des Erwerbers, mit der erworbenen Tochterkapitalgesellschaft mit Wirkung ab dem Anteilserwerb eine Organschaft zu begründen. Aus Sicht des Verkäufers dagegen soll regelmäßig – damit korrespondierend – eine bestehende Organschaft exakt mit der Anteilsveräußerung abgeschlossen werden.

591 Vor dem Hintergrund der zeitlichen Vorgaben des § 14 Abs. 1 Satz 1 Nr. 1 S. 1 KStG – die Eingliederungsvoraussetzung muss vom Beginn des Wirtschaftsjahres der Organgesellschaft an gegeben sein – drängt sich insoweit die sog. „Mitternachtsregelung" als Gestaltungsmöglichkeit auf,[540] die im Einzelfall einen bruchlosen Übergang der zeitlichen Organschaftsvoraussetzungen vom Veräußerer auf den Erwerber durch eine Veräußerung zum Jahreswechsel möglich macht. Auch die Beendigung des bestehenden und der Abschluss eines neuen Ergebnisabführungsvertrags sind in diesem Fall steuerlich un-

---

[539] Forderungen aus Rechtshandlungen, die einer Darlehensgewährung wirtschaftlich vergleichbar sind, sind dieser gleichgestellt.
[540] Siehe auch R 59 Abs. 2 S. 1, 2 KStR.

problematisch.[541] Im Einzelfall kann insoweit auch durch eine Umstellung des Wirtschaftsjahres der Organgesellschaft nachgeholfen werden[542] (dem dann auch wieder eine Rückumstellung des Wirtschaftsjahres der Organgesellschaft im Jahr der Organschaftsbegründung durch den Erwerber nachfolgen kann). Darauf zu achten ist in diesem Zusammenhang, dass die erforderlichen Satzungsänderungen vor dem jeweils vorgesehenen Ende des Rumpfwirtschaftsjahres in das Handelsregister eingetragen sind.[543]

Ist eine unterjährige Veräußerung von Anteilen an einer Organgesellschaft unvermeidbar, so ist zu beachten, dass nach § 14 Abs. 1 Nr. 3 Satz 4 KStG die auf einen Zeitpunkt während des laufenden Wirtschaftsjahres der Organgesellschaft ausgesprochene Kündigung oder Aufhebung des Gewinnabführungsvertrags auf den Beginn dieses Wirtschaftsjahres zurückwirkt.

Zivilrechtlich kann ein Gewinnabführungsvertrag durch ordentliche Kündigung, durch eine einvernehmliche Aufhebungsvereinbarung (§ 296 Abs. 1 AktG) oder durch außerordentliche Kündigung aus wichtigem Grund (§ 297 Abs. 1 AktG) beendet werden. Eine ordentliche Kündigung (die ohnehin erst nach Ablauf der von § 14 Abs. 1 Nr. 3 KStG geforderten, vertraglich vereinbarten Mindestlaufzeit zulässig ist) bzw. eine Aufhebungsvereinbarung können allerdings nur zum Ende des Geschäftsjahres wirksam werden (vgl. § 296 Abs. 1 AktG) und scheiden daher für die Beendigung des Unternehmensvertrages bei wirtschaftlich gewollter unterjähriger Anteilsveräußerung regelmäßig aus. Darüber hinaus stellt nach Auffassung des OLG Düsseldorf[544] die Veräußerung von Anteilen an einer Organschaft handelsrechtlich auch keinen wichtigen Grund für eine außerordentliche Kündigung des Gewinnabführungsvertrages dar. Die außerordentliche Kündigung aufgrund einer unterjährigen Veräußerung der Organbeteiligung muss daher im Gewinnabführungsvertrag vorgesehen werden.

Aber auch dann können wegen des extunc-Effektes des § 14 Abs. 1 Satz 1 Nr. 3 Satz 4 KStG Probleme aus dem Auseinanderfallen von steuerlicher und gesellschaftsrechtlicher Wirksamkeit eines Ergebnisabführungsvertrags entstehen.

8. Verkehrsteuern

Die Übertragung von Unternehmen bzw. Unternehmensteilen im Wege des asset deals unterliegt gem. § 1 Abs. 1 a UStG nicht der Umsatzsteuer. Dabei ist der umsatzsteuerliche Begriff des Unternehmensteiles im Grundsatz ähnlich dem ertragsteuerlichen Begriff des Teilbetriebes auszulegen, im Detail kann er aber auch deutlich weiter sein.

Auch der Erwerb von Gesellschaftsrechten unterliegt nicht der Umsatzsteuer (§ 4 Nr. 8 f UStG).

---

[541] Gemäß R 60 Abs. 6 Satz 2 KStR sieht die Finanzverwaltung die Veräußerung der Anteile an einer Organgesellschaft stets als wichtigen Grund für die Beendigung der steuerlichen Organschaft an.
[542] Vgl. R 59 Abs. 2 S. 3, Abs. 3 KStR.
[543] Ist die neue Organgesellschaft selbst Organträgerin für nachgeordnete Organgesellschaften, so berührt die Umstellung des Wirtschaftsjahres die nachgeordneten Organschaftsverhältnisse nicht.
[544] Urt. v. 19. 8. 1994, DB 1994, 2125.

§ 13   597–601   Besonderheiten der Besteuerung

597 Der Erwerb von Grundstücken im Rahmen eines asset deal unterfällt gem. § 1 Abs. 1 GrEStG der Grunderwerbsteuer, die in den meisten Bundesländern 3,5 % der Gegenleistung für das erworbene Grundstück beträgt.

598 Durch § 1 Abs. 2 a GrEStG wird eine Grunderwerbsteuerpflicht im Hinblick auf das Grundvermögen einer Personengesellschaft auch dann ausgelöst, wenn innerhalb von fünf Jahren 95 % der Anteile dieser Personengesellschaft, zu deren Vermögen Grundstücke gehören, auf neue Gesellschafter übergehen (auch ein mittelbarer Gesellschafterwechsel kann GrESt auslösen). Bemessungsgrundlage der Grunderwerbsteuer ist in diesen Fällen der Grundbesitzwert (§ 138 Abs. 3 BewG).

599 Und § 1 Abs. 3 GrEStG bestimmt, dass Grunderwerbsteuer auch dann anfällt, wenn sich im Betriebsvermögen der erworbenen Gesellschaft Grundstücke befinden und der Erwerb zur sog. Anteilsvereinigung in einer Hand führt. Dabei führt schon eine 95 %ige Anteilsvereinigung zur Steuerbarkeit. Bemessungsgrundlage für die Erhebung der Grunderwerbsteuer ist auch im Falle der Anteilsvereinigung nicht die Gegenleistung (d. h. der Teil des Kaufpreises, der für das Grundstück gezahlt worden ist), sondern der nach § 138 Abs. 3 BewG festzustellende typisierte Grundbesitzwert.

III. Grenzüberschreitender Unternehmensverkauf/Unternehmenskauf

1. Asset Deal

600 Wenn ausländische Betriebsstätten oder Anteile an ausländischen Personengesellschaften.[545] durch inländische Veräußerer veräußert werden, kann hierfür ggf. nach Maßgabe der einschlägigen DBA eine Steuerbefreiung in Anspruch genommen werden.[546] Steht die abkommensrechtliche Steuerbefreiung unter Aktivitätsvorbehalt, wird der Verkäufer versuchen, zum Zeitpunkt der Veräußerung die für die Steuerbefreiung maßgeblichen Aktivitätserfordernisse zu erfüllen. Dies gilt jedenfalls dann, wenn das Steuerbelastungsniveau im Ausland geringer ist als im Inland und nicht ausnahmsweise ein Fall des § 20 Abs. 2 AStG bzw. des § 50d Abs. 9 EStG gegeben ist. Die abkommensrechtliche Steuerbefreiung für Betriebsstättenveräußerungsgewinne erfasst auch Anteile an in- und ausländischen Kapitalgesellschaften, soweit diese tatsächlich zum Betriebsvermögen der ausländischen Betriebsstätte bzw. Personengesellschaft gehören. Sie greift auch im Verlustfall (wirkt dann also negativ abschirmend).[547]

601 Die DBA-Steuerbefreiung für Gewinne aus der Veräußerung von ausländischen Betriebsstätten gilt für im Inland ansässige natürliche Personen und Kapitalgesellschaften. Im Fall der Kapitalgesellschaft gilt sie naturgemäß nur für diese selbst, nicht aber für deren Gesellschafter im Falle der Weiterausschüttung. Auch für die Ausschüttung von nach Abkommensrecht freigestellten Veräußerungsgewinnen gilt das Halb- bzw. Teileinkünfteverfahren bzw. die Abgeltungsteuer. Dieser Nachversteuerungseffekt kann dann vermieden werden,

---

[545] Beteiligungen an Personengesellschaften gelten als Betriebsstätten. Greift bei der Veräußerung ausländischer Unternehmen durch einen inländischen Veräußerer keine DBA-Freistellung ein, ist der Gewinn in Deutschland normal steuerpflichtig, und es greift die Anrechnungsmethode.
[546] Art. 7 Abs. 1, 13 Abs. 2, 23 A OECD-Musterabkommen.
[547] Subsidiär auch Hinweis auf § 2a EStG (inkl. der Änderungen durch das JStG 2009).

H. Unternehmensverkauf/Unternehmenskauf   602–607   § 13

wenn die den Gewinn aus der Veräußerung der ausländischen Betriebsstätte erzielende inländische Kapitalgesellschaft mittels ertragsteuerlicher Organschaft an eine gewerbliche Personengesellschaft mit natürlichen Personen als Gesellschaftern angebunden ist.

Beim Erwerb ausländischer Betriebsstätten bzw. beim Erwerb von Anteilen an ausländischen Personengesellschaften stehen in der Praxis folgende steuerliche Gestaltungsziele im Vordergrund: **602**

– Nutzung der Anschaffungskosten als Abschreibungspotential,
– steuerliche Abzugsfähigkeit von Finanzierungskosten,
– Vermeidung abkommensrechtlicher Qualifikationskonflikte,
– steuerliche Nutzung von Verlusten,
– Sicherstellung der abkommenrechtlichen Betriebsstättenfreistellung.

Was die Nutzung des in Form der Anschaffungskosten gegebenen Abschreibungspotentials angeht, gelten zwar grundsätzlich die für den inländischen Asset Deal erläuterten Überlegungen in vergleichbarer Form. Kommen allerdings DBA zur Anwendung, die für Betriebsstättengewinne eine Steuerfreistellung in der Bundesrepublik Deutschland vorsehen (s.o.), sind die Abschreibungswirkungen nur im Betriebsstättenstaat gegeben.[548] Nur in Fällen, in denen solche DBA nicht eingreifen oder bspw. die Steuerfreistellung an einem Aktivitätsvorbehalt scheitert oder bzw. § 20 Abs. 2 AStG bzw. § 50d Abs. 9 EStG eingreifen, wirken sich die Abschreibungen steuerlich auch im Inland aus. **603**

Entsprechendes gilt grundsätzlich auch für den Finanzierungskostenabzug bei einem fremdfinanzierten Unternehmenskauf. Ob die entsprechenden Finanzierungskosten im Ausland bei der ausländischen Betriebsstätte oder als Sonderbetriebsausgaben bei der ausländischen Personengesellschaft abziehbar sind, richtet sich danach, ob im Betriebsstättenstaat Rechtsstrukturen bestehen, die in etwa denen des deutschen Steuerrechts entsprechen.[549] **604**

Erfolgt der Asset Deal durch eine „deutsch-beherrschte" ausländische Tochterkapitalgesellschaft des inländischen Erwerbers, ist darauf zu achten, dass man sich in Hinzurechnungsbesteuerungsprobleme hineinkaufen kann.[550] **605**

2. Share Deal

Bei Veräußerung von Anteilen an ausländischen Kapitalgesellschaften durch inländische Veräußerer ergeben sich aus Sicht des deutschen Steuerrechts im Grundsatz keine Besonderheiten im Vergleich zur Veräußerung von Anteilen an inländischen Kapitalgesellschaften. Daran ändert sich auch in Abkommensfällen nicht, weil hiernach bei Deutschland als Wohnsitzstaat grundsätzlich das alleinige Besteuerungsrecht verbleibt.[551] **606**

Beim Erwerb von Anteilen an ausländischen Kapitalgesellschaften stehen folgende steuerliche Zielsetzungen im Vordergrund: **607**

– Transformation von Anschaffungskosten in Abschreibungspotential;
– Reduktion von Quellensteuern;
– Vermeidung einer Hinzurechnungsbesteuerung;
– steuerliche Abzugsfähigkeit von Finanzierungskosten;

---

[548] Die konkreten Abschreibungsmöglichkeiten und -wirkungen richten sich dann nach ausländischem Steuerrecht.
[549] S. auch den neuen § 50d Abs. 10 EStG i. d. F. des JStG 2009.
[550] Entsprechend Hinweis auf § 20 AStG bei unmittelbaren Betriebsstättenerwerb.
[551] Art. 13 Abs. 5 OECD-Musterabkommen.

§ 13 608–613 Besonderheiten der Besteuerung

- steuerliche Nutzung von Verlusten;
- Vermeidung bzw. Reduktion ausländischer Verkehrsteuerbelastungen.

608 Die Möglichkeiten der Schaffung von Abschreibungspotential hängen von den Vorgaben und Gegebenheiten des ausländischen Rechts ab. Gleiches gilt für die Bedingungen der Nutzbarkeit bestehender Verlustvorträge und das Anfallen resp. die Vermeidbarkeit evtl. ausländischer Verkehrsteuerbelastungen.

609 Werden die Anteile an ausländischen Kapitalgesellschaften von einer inländischen Kapitalgesellschaft erworben, geht es des Weiteren um die Sicherstellung von Quellensteuerreduzierung.[552] Ggf. ist ein Zwischenerwerb durch eine ausländische Holding in Betracht zu ziehen.

610 Handelt es sich bei der erworbenen ausländischen Kapitalgesellschaft um eine Zwischengesellschaft im Sinne von § 7 Abs. 1 AStG, sind Überlegungen zur Vermeidung einer Hinzurechnungsbesteuerung erforderlich (Umstrukturierung des ausländischen Beteiligungsbesitzes, Neuorientierung der geschäftlichen Aktivitäten etc.). Zu berücksichtigen ist auch, dass man sich in eine schon bestehende Hinzurechnungsbesteuerungslage einkaufen kann.

611 Zur steuerlichen Abzugsfähigkeit der durch den Anteilskauf ausgelösten Finanzierungskosten gelten die unter Rz. 575 ff. erläuterten Überlegungen entsprechend.

I. Kapitalmaßnahmen und Kapitalmarkttransaktionen

I. Kapitalerhöhung, Kapitalherabsetzung, Erwerb eigener Aktien und Liquidation

1. Kapitalerhöhung durch Einlage

612 Erhöht eine Aktiengesellschaft ihr Nennkapital gegen Bareinlage, so ist das im Grundsatz sowohl für die AG als auch für den zeichnenden Aktionär ein ertragsteuerneutraler Sachverhalt: Mit der Einlage auf Ebene der AG (Zugang beim Einlagekonto, soweit die Einlage nicht in das Grundkapital geleistet wird)[553] korrespondieren Aktien-Anschaffungskosten beim Aktionär.

613 Auch führt die Zuteilung der Bezugsrechte nicht zu Einkünften aus Kapitalvermögen beim bisherigen Aktionär. Durch die Gewährung der Bezugsrechte erwirbt der Aktionär einen Anspruch auf entgeltlichen Erwerb der neuen („jungen") Aktien. Diese Bezugsrechte werden dabei allerdings nicht vom Aktionär im steuerlichen Sinne angeschafft; sie sind Bestandteile seines Aktionärsrechts, die mit der Zuteilung der Bezugsrechte aus der Substanz der bisherigen Aktien ausscheiden. Die Kapitalerhöhung gegen Einlage in das Nennkapital führt zu einer Abspaltung der in den Stammaktien verkörperten Substanz und dementsprechend zu einer Abspaltung eines Teils der ursprünglichen Anschaffungskosten. Die bisherigen Anschaffungskosten der Stammaktien vermindern sich um den Teil, der durch die Abspaltung auf die Bezugsrechte entfällt. Dieser Wert ist im Fall einer börsennotierten AG nach dem Verhältnis

---

[552] Die Sicherstellung des Eingreifens von DBA-Schachtelprivilegien ist demgegenüber seit Einführung des § 8b Abs. 1 KStG regelmäßig weniger wichtig geworden. Aber auch Hinweis auf § 8 Nr. 5 GewStG i.V.m. § 9 Nr. 7 GewStG.

[553] Zu einer besonderen Auswirkung auf die Höhe des ausschüttbaren Gewinns, wenn eine Kapitalerhöhung zwar beschlossen, die Einlage aber noch nicht geleistet ist, vgl. BMF v. 4.6.2003, DStR 2003, S. 1027.

des Börsenkurses der Bezugsrechte am ersten Handelstag zum Börsenschlusskurs der Stammaktien am letzten Tag vor dem Bezugsrechtshandel zu ermitteln.[554] Die Ausübung von Bezugsrechten gegen Zuzahlung ist auch nicht als Veräußerung der Bezugsrechte anzusehen.[555] Mit der Ausübung des Bezugsrechts werden die bezogenen Aktien angeschafft. Zu den Anschaffungskosten dieser Aktien gehören auch die auf die Bezugsrechte abgespaltenen Anschaffungskosten. Davon zu unterscheiden ist ein evtl. Gewinn aus der Veräußerung von Bezugsrechten aus einer Kapitalerhöhung.[556]

Im Fall einer Sachkapitalerhöhung handelt es sich für den einbringenden Aktionär im Grundsatz um einen ertragsteuerlich gewinnrealisierenden Vorgang. Allerdings können sich wegen § 20 UmwStG bzw. § 21 UmwStG Besonderheiten ergeben, die dann grds. auch Auswirkungen für den steuerrelevanten Ansatz bei der AG haben.[557]

Die Kosten der Kapitalerhöhung sind grundsätzlich als Betriebsausgaben abzugsfähig.

2. Kapitalerhöhung aus Gesellschaftsmitteln

Erhöht eine Aktiengesellschaft ihr Nennkapital aus Gesellschaftsmitteln, so gilt für die Verrechnung im steuerlichen Eigenkapital der AG folgende Verwendungsreihenfolge: Zunächst gilt Einlagekonto (solange positiv) zum Schluss des Wirtschaftsjahres der Rücklagenumwandlung als verwendet, danach ausschüttbarer Gewinn. In letzterem Fall entsteht ein steuerlicher Sonderausweis zum Nennkapital (§ 28 Abs. 1 KStG).[558] Neue Positivsalden des Einlagekontos zum Schluss folgender Wirtschaftsjahre verringern den Sonderausweis (was mit einer Verringerung des Einlagekontos und einer Erhöhung des ausschüttbaren Gewinns korrespondiert), vgl. § 28 Abs. 3 KStG.

Für den Aktionär führt die Zuteilung der neuen Anteilsrechte (Gratisaktien) nach § 1 KapErhStG nicht zu Einkünften aus Kapitalvermögen. Dasselbe gilt bei einer Kapitalerhöhung aus Gesellschaftsmitteln durch ausländische Gesellschaften, wenn die Voraussetzungen des § 7 Abs. 1 KapErhStG vorliegen.

Durch die Ausgabe von Gratisaktien erwirbt der Aktionär zwar einen Anteil am Vermögen der Gesellschaft; dies korrespondiert aber mit einer entsprechenden Vermögenswertreduzierung seiner bisherigen Aktien. Die Gratisaktien werden vom Aktionär nicht im Zeitpunkt ihrer Ausgabe angeschafft. Die bisherigen Anschaffungskosten/Buchwerte der Aktien vermindern sich um den Teil, der nach dem Verhältnis der Anteile am Nennkapital auf die Gratisaktien entfällt (§ 3 KapErhStG).

---

[554] Siehe auch BFH v. 21.1.1999, BStBl. II 1999, S. 638.
[555] Siehe aber auch BFH v. 21.9.2004, BStBl. II 2006, 12, zu § 23 EStG (dazu auch BMF, BStBl. I 2006, 8). Auch Hinweis auf den neuen § 20 Abs. 4a EStG für Zwecke der Abgeltungssteuer.
[556] Siehe BFH v. 21.1.1999, BStBl. II 1999, S. 638 mwN. Zur zu verneinenden Frage der Anwendbarkeit des § 8b Abs. 2 KStG auf einen Gewinn aus einer Bezugsrechtsveräußerung s. BMF v. 28.4.2003, DStR 2003, S. 881; BFH v. 23.1.2008, DStR 2008, 862. Wird ohne Entgelt auf die Ausübung des Bezugsrechts verzichtet, resultiert kein Veräußerungsgewinn. Zu einem Sonderfall des sog. „durchgeleiteten Agios" s. aber auch BFH v. 13.10.1992, BStBl. II 1993, S. 477.
[557] Dazu Rz. 382 ff.
[558] Siehe auch BMF v. 4.6.2003, DStR 2003, S. 1027.

619 Fällt die Kapitalerhöhung aus Gesellschaftsmitteln nicht unter die Vorschriften des KapErhStG, stellt die Zuteilung der Gratisaktien Einkünfte iSd. § 20 Abs. 1 Nr. 1 EStG dar. Die Höhe der Kapitalerträge bemisst sich nach dem Kurs der Gratisaktien. Dieser Wert gilt dann zugleich als Anschaffungskosten der Gratisaktien.

3. Kapitalherabsetzung

620 Bei Kapitalherabsetzung ohne Auskehrung von Mitteln gilt im steuerlichen Eigenkapital der AG folgende Verwendungsreihenfolge: Zunächst wird ein Sonderausweis zum Schluss des vorangegangenen Wirtschaftsjahres ausschüttbarer Gewinn. Danach wird sonstiges herabgesetztes Nennkapital zu Einlagekonto (§ 28 Abs. 2 Satz 1 KStG).

621 Bei einer Kapitalherabsetzung mit Auskehrung von Mitteln wird ebenfalls primär ein evtl. Sonderausweis verwendet; insoweit liegt beim Aktionär eine Dividende vor. Für eine darüber hinausgehende Auskehrung gilt Einlagekonto als verwendet (§ 28 Abs. 2 Satz 2 KStG).[559] Insoweit ist das dem Gesellschafter zurückgewährte Kapital nicht als Einkünfte aus Kapitalvermögen nach § 20 Abs. 1 Nr. 2 EStG zu behandeln, sondern es erfolgt eine Minderung der Anschaffungskosten/Buchwerte der Anteile an der Kapitalgesellschaft. Übersteigt die so zu behandelnde Kapitalrückzahlung diese Beträge, kann ein ggf. steuerrelevanter Anteilsveräußerungsgewinn resultieren.[560]

622 Bei einer Kapitalherabsetzung nach einer Kapitalerhöhung aus Gesellschaftsmitteln gelten die allgemeinen Grundsätze. §§ 5, 6, 8a KapErhStG sind außer Kraft getreten.[561]

4. Erwerb eigener Aktien

623 Eigene Aktien, die entgeltlich erworben werden, sind handelsbilanziell entweder zu aktivieren (mit Rücklagenbildung nach § 272 Abs. 4 HGB) oder vom Eigenkapital einschließlich der Gewinnrücklagen abzusetzen.[562] Letzteres ist insbesondere der Fall, wenn die Aktien zur Einziehung erworben werden.[563] Werden eigene Aktien, die zunächst zu aktivieren sind, später aufgrund eines Einziehungsbeschlusses eingezogen, führt dies zur Ausbuchung der eigenen Aktien sowie zur gleichzeitigen Auflösung der nach § 272 Abs. 4 HGB gebildeten Rücklage. Die Einziehung der eigenen Aktien vollzieht sich nach den Bestimmungen für eine Kapitalherabsetzung (§ 237 AktG). Auch die Einziehung eigener Aktien, die nach den dargestellten Grundsätzen nicht zu aktivieren sind, unterliegt den Regeln des § 237 Abs. 3 bis 5 AktG.

624 Die in der Handelsbilanz aktivierten eigenen Aktien sind nach dem Grundsatz der Maßgeblichkeit der Handelsbilanz auch in der Steuerbilanz anzuset-

---

[559] Siehe auch im Einzelnen BMF v. 4. 6. 2003, DStR 2003, S. 1027.
[560] Bei § 23 EStG sind Besonderheiten zu beachten; nun auch Hinweis auf die Besonderheiten der Abgeltungssteuer.
[561] Für den entsprechenden Vorgang in einer ausländischen Gesellschaft ist § 7 Abs. 2 KapErhStG zu beachten.
[562] Zu den Änderungen durch das BilMoG s. § 11 Rz. 35 ff.
[563] Eine Aktivierung ist auch unzulässig, wenn die Ermächtigung zum Eigenerwerb unter dem Vorbehalt steht, dass eine Rückgabe an den Markt eines weiteren Hauptversammlungsbeschlusses bedarf (§ 272 Abs. 1 Satz 5 HGB).

zen, und zwar mit ihren Anschaffungskosten.[564] Für den Aktionär stellt der Erwerb eigener Aktien durch die AG ein Veräußerungsgeschäft dar, das nach allgemeinen Grundsätzen der Besteuerung unterliegt.[565]

Durch den Erwerb von Aktien, die nach handelsbilanziellen Grundsätzen und wegen des Maßgeblichkeitsgrundsatzes auch steuerbilanziell nicht zu aktivieren sind, verringert sich das in der Steuerbilanz der AG auszuweisende Betriebsvermögen. Diese Vermögensminderung beruht auf einem Rechtsvorgang, der gesellschaftsrechtlich veranlasst ist und sich nicht auf den steuerlichen Gewinn der AG auswirken darf. Soweit der Kaufpreis den als Nennkapitalrückzahlung zu behandelnden Betrag übersteigt, ist das Einlagekonto, evtl. auch anteilig, der ausschüttbare Gewinn zu reduzieren. Entsprechendes gilt für den Fall der späteren Einziehung. **625**

Veräußerungsgewinne aus der Weiterveräußerung eigener Aktien, die nach handelsrechtlichen Grundsätzen zu aktivieren sind, unterliegen bei der AG der Besteuerung, wenn nicht § 8 b Abs. 2 KStG greift und die Anwendung des § 8 b Abs. 7 KStG vermieden werden kann. Veräußerungsverluste oder Aufwand aus einer Teilwertabschreibung sind steuerlich gem. § 8 b Abs. 3 KStG nicht zu berücksichtigen, es sei denn, dass § 8 b Abs. 7 KStG greift (und die Verluste oder die Teilwertabschreibung beruhen nicht allein auf Verlusten der AG).[566] **626**

Bei der Weiterveräußerung eigener Aktien, die nach handelsrechtlichen Grundsätzen nicht zu aktivieren sind, liegt steuerrechtlich eine Kapitalerhöhung vor. Das Nennkapital ist um den Nennbetrag oder den rechnerischen Wert der ausgegebenen Aktien zu erhöhen, und der den Nennbetrag oder rechnerischen Wert der Aktien übersteigende Verkaufspreis (Agio) ist in die Kapitalrücklage einzustellen und erhöht das Einlagekonto.[567] **627**

Im Fall des verbotenen Erwerbs von eigenen Aktien liegt eine Einlagenrückgewähr und damit steuerlich grundsätzlich eine verdeckte Gewinnausschüttung vor. **628**

5. Liquidation

Für die Auflösung und Abwicklung (Liquidation) einer unbeschränkt steuerpflichtigen AG schreibt § 11 KStG eine besondere Form der Gewinnermittlung vor. Danach ist insbesondere der Gewinnermittlungszeitraum bei der Liquidationsbesteuerung nicht das Wirtschaftsjahr, sondern der Liquidationszeitraum (Abwicklungszeitraum), der mit dem Zeitpunkt der Auflösung beginnt und mit der Schlussverteilung des Gesellschaftsvermögens endet (allerdings soll der Besteuerungszeitraum drei Jahre nicht überschreiten).[568] Der **629**

---

[564] BMF v. 2.12.1998, DStR 1998, 2011. Bei Zahlung eines überhöhten Kaufpreises kann eine verdeckte Gewinnausschüttung iSd. § 8 Abs. 3 Satz 2 KStG anzunehmen sein. Zu den Änderungen durch das BilMoG s. § 11 Rz. 35 ff.
[565] Dies sollte auch nach den Änderungen durch das BilMoG so bleiben, s. § 11 Rz. 35 ff. Soweit im Einzelfall wegen eines überhöhten Kaufpreises eine verdeckte Gewinnausschüttung anzunehmen ist, ist dem Aktionär ein entsprechender Kapitalertrag zuzurechnen.
[566] Dazu BFH v. 6.12.1995, DStR 1996, 536. Zu den Änderungen durch das BilMoG s. § 11 Rz. 35 ff.
[567] BMF v. 2.12.1998, DStR 1998, 2011. Zu den Änderungen durch das BilMoG s. § 11 Rz. 35 ff.
[568] Der ggf. mehrjährige Besteuerungszeitraum nach § 11 Abs. 1 KStG wirft besondere Fragen auf. ZB können diese daraus resultieren, dass bei Änderungen des Steuerrechts während des Besteuerungszeitraums grds. das Steuerrecht anzuwenden ist, das zum Ende des Liquidationszeitraums gilt.

§ 13 630–634 Besonderheiten der Besteuerung

Abwicklungsgewinn ermittelt sich nach § 11 Abs. 2 KStG als Unterschiedsbetrag zwischen dem Abwicklungs-Endvermögen (§ 11 Abs. 3 KStG) und dem Abwicklungs-Anfangsvermögen (§ 11 Abs. 4 KStG). Abwicklungs-Endvermögen ist das insgesamt zur Verteilung kommende Vermögen (zu bewerten mit dem gemeinen Wert zum Zeitpunkt der Übertragung an die Anteilseigner) abzüglich der steuerfreien Vermögensmehrungen, die der AG im Abwicklungszeitraum zugeflossen sind. Das Abwicklungs-Anfangsvermögen (Buchvermögen aus der letzten Steuerbilanz vor der Auflösung) ist um Gewinnausschüttungen zu kürzen, die (während des Liquidationszeitraums) für ein Wirtschaftsjahr vor der Auflösung vorgenommen worden sind.

630 Da für die gezahlten Liquidationsraten steuerlich grundsätzlich nichts anderes gelten kann als für „normale" Ausschüttungen, sind die einzelnen Bestandteile der Liquidationsraten beim Anteilseigner entsprechend den allgemeinen Bestimmungen der Besteuerung zu unterwerfen. Soweit ausschüttbarer Gewinn vorliegt, sind dementsprechend gem. § 20 Abs. 1 Nr. 2 EStG Dividendeneinnahmen anzunehmen. Soweit Nennkapital (außerhalb der Fälle des § 28 Abs. 2 Satz 2 KStG) und steuerliches Einlagekonto ausgekehrt werden, kann ein steuerrelevanter, der Anteilsveräußerung ähnlicher Sachverhalt gegeben sein.

II. Besondere Anleiheformen mit Aktienbezug

1. Wandelanleihen

631 Bei einer Wandelanleihe besitzt der Investor das Recht, innerhalb einer bestimmten Frist die Anleihe in eine bestimmte Anzahl von Aktien des Emittenten umzutauschen. Mit dem Umtausch erlischt der Anspruch auf Rückzahlung des Nominalbetrags der Anleihe.

632 Mit der Anschaffung der Wandelanleihe hat der Investor bereits das Recht zum Erwerb der Aktien erlangt. Gleichwohl hat er bis zu einer evtl. Wandlung nur einen Vermögensgegenstand bzw. ein Wirtschaftsgut.[569] Übt der Inhaber der Anleihe das Wandlungsrecht aus, so entsteht durch die Wandlung weder ein Kapitalertrag aus der Anleihe noch ein Veräußerungsgewinn durch Tausch der Anleihe in Aktien (kein Realisationstatbestand). Die für den Erwerb der Anleihe aufgewendeten Anschaffungskosten gehören neben der ggf. zu leistenden Barzuzahlung zu den Anschaffungskosten der Aktien.[570]

633 Auf Seiten des Emittenten ist auch das für das Wandlungsrecht vereinnahmte Aufgeld nach bisheriger Auffassung zunächst als Fremdkapital zu passivieren. Die Zinsaufwendungen sind vollumfänglich Betriebsausgaben. Bei Ausübung des Wandlungsrechts wird das vereinnahmte Aufgeld steuerlich erfolgsneutral zu Eigenkapital (Gleiches gilt für evtl. Zuzahlungen). Wird das Wandlungsrecht nicht ausgeübt, ist das Aufgeld als Betriebseinnahme zu erfassen (unklar).[571]

634 Entsprechendes gilt im Grundsatz für sog. Pflicht-Wandelanleihen.

---

[569] Die laufenden Zinszahlungen sind normal steuerpflichtig (ggf. greift die Abgeltungssteuer).
[570] Ein Gewinn aus einer Veräußerung der Wandelanleihe vor Wandlung qualifiziert nicht für § 8 b Abs. 2 KStG, ist also normal steuerpflichtig.
[571] Vgl. OFD Düsseldorf v. 23. 3. 2001, DB 2001, S. 1337; BFH v. 18. 12. 2002, DStR 2003, 678. S. aber auch BFH v. 30. 11. 2006, BStBl. II 2008, 809, zu der entsprechenden Frage bei Optionsanleihen.

I. Kapitalmaßnahmen und Kapitalmarkttransaktionen 635–641 § 13

2. Optionsanleihen

Bei einer Optionsanleihe besitzt der Investor neben dem Recht auf Rückzahlung des Nominalbetrags ein in einem Optionsschein verbrieftes Recht, innerhalb der Optionsfrist eine bestimmte Anzahl von Aktien des Emittenten zu einem festgelegten Kaufpreis zu erwerben. Mit der Ausübung der Option erlischt der Anspruch auf Rückzahlung des Nominalbetrags der Anleihe nicht. Anleihe und Optionsschein können voneinander getrennt werden und sind sodann gesondert handelbar.[572] **635**

Wurde der Optionsschein zusammen mit der Anleihe erworben, sind die Anschaffungskosten der Optionsanleihe aufzuteilen, und zwar in Anschaffungskosten der Anleihe und Anschaffungskosten des Optionsrechts.[573] Übt der Inhaber des Optionsscheins das Optionsrecht aus, so gehören der Kaufpreis und die Anschaffungsnebenkosten des Optionsscheins zu den Anschaffungskosten der Aktien. Wird die Option nicht ausgeübt, ist das Optionsrecht aufwandswirksam auszubuchen. **636**

Auf Seiten des Emittenten ist das für das Optionsrecht vereinnahmte Entgelt ertragsteuerneutral zu vereinnahmen. Die Zinsaufwendungen sind Betriebsausgaben. Bei Ausübung der Option bleibt das vereinnahmte Aufgeld steuerlich erfolgsneutrales Eigenkapital, auch bei Nichtausübung wird es entgegen früherer Ansicht nicht zu einer steuerrelevanten Betriebseinnahme.[574] **637**

3. Umtauschanleihen

Bei einer Umtauschanleihe besitzt der Investor das Recht, bei Fälligkeit anstelle der Rückzahlung des Nominalbetrags der Anleihe vom Emittenten die Lieferung einer vorher festgelegten Anzahl von Aktien (im Unterschied zur Wandelanleihe nicht solchen des Emittenten) zu verlangen. Mit der Ausübung des Rechts erlischt der Anspruch auf Rückzahlung des Nominalbetrags der Anleihe. **638**

Macht der Investor von seinem Recht Gebrauch, so handelt es sich nach hM auf Gläubigerebene um einen realisierenden Vorgang.[575] Als Anschaffungskosten der Aktien sind der Börsenkurs der Aktien im Zeitpunkt der Fälligkeit der Anleihe zuzüglich Anschaffungsnebenkosten anzusetzen. **639**

Auf Seiten des Emittenten ist der Minderzins (verdecktes Aufgeld) nach hM steuerlich nicht gesondert zu behandeln, es wird einheitlich eine Verbindlichkeit passiviert. **640**

Der laufende Zins stellt eine normal abzugsfähige Betriebsausgabe dar. Verfügt der Emittent über einen Aktiendeckungsbestand, so bilden dieser und die Verbindlichkeit steuerlich eine Bewertungseinheit, so dass auch bei Kursveränderungen die Buchwerte beibehalten werden. Bei erfolgendem Umtausch werden dann sowohl der Buchwert der Aktien als auch der Buchwert der Verbind- **641**

---

[572] Ein Gewinn aus der Veräußerung des Optionsscheins qualifiziert nicht für § 8b Abs. 2 KStG.
[573] Die laufenden Zinszahlungen sind normal steuerpflichtig (ggf. greift die Abgeltungssteuer).
[574] So noch OFD Düsseldorf v. 23.3.2001, DB 2001, 1337, sowie BFH v. 18.12.2002, DStR 2003, 678. S. nun aber BFH v. 10.11.2006, BStBl. II 2008, 809.
[575] Die laufenden Zinszahlungen sind ebenfalls normal steuerpflichtig (ggf. greift die Abgeltungssteuer).

lichkeit ausgebucht. Ein sich ggf. buchmäßig ergebender Gewinn fällt unter § 8 b Abs. 2 KStG. Verfügt der Emittent demgegenüber über keinen Deckungsbestand, so hat er bei steigenden Kursen steuerwirksam eine Rückstellung für ungewisse Verbindlichkeiten zu passivieren. Ein späterer Umtausch erfolgt dann erfolgsneutral.

4. Aktienanleihen

642 Bei einer Hochzins- oder Aktienanleihe besitzt der Emittent das Recht, bei Fälligkeit dem Investor anstelle der Rückzahlung des Nominalbetrags der Anleihe eine vorher festgelegte Anzahl von Aktien (nicht solchen des Emittenten) anzudienen. Mit der Ausübung des Rechts erlischt die Verpflichtung zur Rückzahlung des Nominalbetrags der Anleihe.

643 Macht der Emittent der Anleihe von seinem Recht Gebrauch, so handelt es sich nach hM auf Gläubigerebene um einen realisierenden Vorgang.[576] Die Anschaffungskosten der Aktien bestimmen sich nach dem Börsenkurs der Aktien im Zeitpunkt der Fälligkeit der Anleihe.

644 Beim Emittenten wird nach hM eine einheitliche Verbindlichkeit passiviert, die laufenden Zinsen sind grundsätzlich vollumfänglich steuerlich abzugsfähige Betriebsausgaben. Verbindlichkeit und Aktiendeckungsbestand bilden eine Bewertungseinheit; bei Tilgung in Aktien werden jeweils die Buchwerte ausgebucht, ein evtl. sich ergebender Gewinn fällt unter § 8 b Abs. 2 KStG. Verfügt der Emittent dagegen nicht über einen Aktiendeckungsbestand, so ist ein evtl. Gewinn bei Tilgung in Aktien steuerpflichtig.

III. Besondere Aktientransaktionen

1. Normaler Aktientausch

645 Beim Tausch von Aktien eines Unternehmens gegen Aktien eines anderen Unternehmens werden die bisher gehaltenen Aktien veräußert und die erlangten Aktien erworben. Als Veräußerungserlös für die hingegebenen Aktien ist der Börsenkurs der erlangten Aktien im Zeitpunkt der Zuteilung anzusetzen.[577]

2. Umwandlung von Vorzugsaktien in Stammaktien und andere Änderungen der Ausstattung von Aktien

646 Vorzugsaktien sind im Unterschied zu Stammaktien nicht mit einem Stimmrecht ausgestattet. Als Ausgleich für das fehlende Stimmrecht wird ein vermögensrechtlicher Vorteil in Form einer Vorzugsdividende nach § 139 Abs. 1 AktG gewährt. Beschließt eine Aktiengesellschaft die Umwandlung von Vorzugs- in Stammaktien, hat dies lediglich eine Modifikation der bestehenden Mitgliedschaftsrechte der Aktionäre zur Folge. Die Umwandlung ist nicht als Tausch der Vorzugs- in Stammaktien anzusehen und führt weder zu einem Veräußerungsvorgang betr. die Vorzugsaktien noch zu einer Anschaffung der Stammaktien.[578]

---

[576] Die laufenden Zinszahlungen sind bis dahin normal steuerpflichtig (ggf. greift die Abgeltungssteuer).
[577] Für die Frage der Steuerfreiheit bzw. Steuerpflicht eines evtl. Gewinns gelten die normalen Regelungen.
[578] BFH v. 24. 9. 1974, BStBl. II 1975, 230, ist insoweit missverständlich.

I. Kapitalmaßnahmen und Kapitalmarkttransaktionen   647–652   § 13

Im Grundsatz keine Steuerfolgen hat auch die Umstellung von Nennbe- 647
trags- auf Stückaktien et vice versa, von Inhaber- auf Namensaktien et vice
versa, eine Vinkulierung bzw. deren Aufhebung uÄ.[579]

3. Aktiensplit

Aktiensplit ist die Aufteilung einer Aktie in zwei oder mehrere Aktien. Der 648
Gesellschaftsanteil, den der einzelne Aktionär an dem Unternehmen hält, sowie das Grundkapital der Gesellschaft sind vor und nach dem Aktiensplit
gleich. Das Grundkapital wird nur neu gestückelt.

Die im Rahmen eines Aktiensplits zugeteilten Aktien werden durch diesen 649
Vorgang nicht angeschafft, die bisherigen Aktien werden nicht veräußert. Die
Anschaffungskosten bzw. der Buchwert der Aktien sind nach dem Split-Verhältnis auf die neue Anzahl an Aktien aufzuteilen.

4. Verschmelzung von Kapitalgesellschaften

Bei der Verschmelzung zweier Kapitalgesellschaften iSd. §§ 11 ff. UmwStG 650
treten die Anteile an der übernehmenden an die Stelle der an der übertragenden
Kapitalgesellschaft, wenn der Antrag nach § 13 Abs. 2 UmwStG gestellt wird.
Ein steuerpflichtiger Veräußerungsgewinn entsteht insoweit nicht.

Die Verschmelzung von ausländischen Kapitalgesellschaften, bei der § 13 651
Abs. 2 UmwStG nicht genutzt werden kann,[580] ist beim Aktionär wahrscheinlich nach den Grundsätzen des Tauschs von Beteiligungen zu behandeln.[581]
Anschaffungskosten der Anteile der entstandenen Kapitalgesellschaft sind der
gemeine Wert der Anteile an der verschmolzenen Kapitalgesellschaft im Zeitpunkt der Durchführung der Verschmelzung.[582]

5. Spaltung von Kapitalgesellschaften

Bei der Abspaltung von einer auf eine andere Kapitalgesellschaft nach § 15 652
UmwStG[583] wird auf Aktionärsebene der dem wertmäßig abgespaltenen Teil
entsprechende Teil der Aktien an der abspaltenden Gesellschaft durch den
erhaltenen Anteil an der aufnehmenden Kapitalgesellschaft ersetzt. Gem. § 13
Abs. 2 UmwStG gehen, wenn auch die doppelte Teilbetriebsbedingung erfüllt
wird, die anteiligen Anschaffungskosten der bisherigen Beteiligung insoweit
über.[584]

---

[579] Anderes kann nur für evtl. Zuzahlungen gelten.
[580] Zu den Fallvarianten s. Rz. 424 ff.
[581] In Betracht kommt auch die Annahme einer Sachdividende, verbunden mit dem Verlust der Anteile an der Übertragerin, und gefolgt von einer unterstellten Einbringung in die Übernehmerin.
[582] Im Regelfall sollten für einen evtl. Gewinn betr. die untergehenden Anteile an der Übertragerin die normalen Veräußerungsgewinnbesteuerungsregeln einschlägig sein. S. auch für die Abgeltungssteuer § 20 Abs. 4a EStG.
[583] Auf die Erfüllung der Voraussetzungen der sog. doppelten Teilbetriebsbedingung und des § 15 Abs. 2 UmwStG kommt es insoweit nicht an.
[584] Dieser Zusammenhang gilt unabhängig davon, ob es bei der Übertragerin zu einer Kapitalherabsetzung kommt oder nicht. Die Aufteilung der bisherigen Anschaffungskosten ist unter sinngemäßer Anwendung der Tz. 15.42 und 15.43 des UmwSt-Erlasses vorzunehmen.

§ 13 653–657   Besonderheiten der Besteuerung

653   Liegen bei Abspaltung von einer inländischen Kapitalgesellschaft die Voraussetzungen des § 15 UmwStG nicht vor, ist die Spaltung wie eine Sachausschüttung an die Anteilseigner der übertragenden Kapitalgesellschaft zum gemeinen Wert der übertragenen Wirtschaftsgüter zu behandeln (Tz. 15.11 UmwSt-Erlass). Die Sachausschüttungen führen zu Einkünften aus Kapitalvermögen nach § 20 Abs. 1 Nr. 1 oder Nr. 2 EStG.[585] Es ist KapESt einzubehalten, dh. zusätzlich abzuführen. Ein Veräußerungsgeschäft liegt nicht vor. Die Anteile an der übernehmenden Kapitalgesellschaft gelten zum gemeinen Wert der übertragenen Wirtschaftsgüter als angeschafft.

654   Die Spaltung einer ausländischen Kapitalgesellschaft, bei der § 13 Abs. 2 UmwStG nicht angewendet werden kann,[586] ist auf Gesellschafterebene wahrscheinlich ebenfalls als Sachausschüttung zu behandeln.[587]

6. Anteilsübertragung auf Aktionäre (Sachdividende)

655   Überträgt eine Kapitalgesellschaft eine in ihrem Besitz befindliche Beteiligung ohne Kapitalherabsetzung und ohne dass eine Abspaltung gegeben ist im Wege der Sachausschüttung auf ihre Anteilseigner, ist auf Ebene der AG ein realisierender, ggf. gem. § 8 b Abs. 2 KStG begünstigter Vorgang gegeben und liegen beim Aktionär Einkünfte aus Kapitalvermögen nach § 20 Abs. 1 Nr. 1 EStG vor.[588] Es ist KapESt einzubehalten, dh. zusätzlich abzuführen. Die ausgekehrten Anteile gelten beim Aktionär als zum gemeinen Wert angeschafft.

7. Abfindung von Minderheits-Aktionären bei Übernahmevorgängen

656   Für die Annahme eines realisierenden Veräußerungsvorgangs ist es nach hM ohne Bedeutung, ob die Veräußerung freiwillig oder unter Zwang erfolgt. Das heißt: Auch dann, wenn bei oder nach einer Gesellschaftsübernahme die verbliebenen Minderheitsgesellschafter rechtlich oder wirtschaftlich gezwungen sind, ihre Anteile an den Übernehmenden zu übertragen, liegt eine Veräußerung der Anteile an den Übernehmenden vor. Die Differenz zwischen der gewährten Gegenleistung und den Anschaffungskosten/Buchwerten ist steuerlich als normaler Veräußerungsgewinn zu behandeln. Wird die Gegenleistung nicht in Geld geleistet (zB Lieferung eigener Aktien des Übernehmenden), ist als Veräußerungspreis der gemeine Wert der erhaltenen Wirtschaftsgüter anzusetzen.[589] Dies gilt auch bei der Übernahme von Kapitalgesellschaftsanteilen im Wege des sog. squeeze-out.

8. Bezug von Bonus-Aktien

657   In praxi werden in Einzelfällen Bonus-Aktien von der Aktiengesellschaft oder einem Dritten unentgeltlich an die Aktionäre ausgegeben, wenn eine bestimmte Voraussetzung erfüllt ist, zB das Einhalten einer Mindesthaltefrist für

---

[585] § 8b Abs. 1 KStG bzw. § 3 Nr. 40 EStG sind anwendbar. Ggf. greift die Abgeltungssteuer.
[586] Zu den Fallvarianten s. Rz. 424 ff.
[587] S. auch für die Abgeltungssteuer § 20 Abs. 4a EStG.
[588] § 8b Abs. 1 KStG bzw. § 3 Nr. 40 EStG sind anwendbar. Ggf. greift die Abgeltungssteuer.
[589] Wenn der Vorgang nicht ausnahmsweise als Buchwerteinbringung gem. § 21 UmwStG dargestellt werden kann.

bereits erworbene Aktien. Fraglich, aber von der Finanzverwaltung bejaht worden ist in diesem Fall die Frage, ob die Bonus-Aktien Einkünfte darstellen.[590] Als Anschaffungskosten der Bonusaktien soll der Wert anzusetzen sein, der bei ihrem Bezug als Einkünfte angesetzt wurde.

9. Kauf von Wertpapieren nach vorherigem Verkauf von Wertpapieren derselben Art

Werden Wertpapiere mit Verlust veräußert und kurze Zeit danach Wertpapiere derselben Art zurückerworben, ist darin jedenfalls dann kein Missbrauch rechtlicher Gestaltungsmöglichkeiten zu sehen, wenn der Steuerpflichtige wirtschaftliche Gründe für die erneute Anschaffung der Wertpapiere vorbringen kann.

10. Girosammelverwahrung/ADRs

Eine Besonderheit betrifft die Berechnung der Frist für private Veräußerungsgeschäfte von Wertpapieren gleicher Gattung in Sammelverwahrung.[591] Nach der BFH-Rechtsprechung[592] ist bei Wertpapieren in Sammeldepots[593] eine Kombination aus Fifo-Verfahren (First in – First out) und Durchschnittsverfahren anzuwenden. Danach wird bei Aktien, die zu unterschiedlichen Zeitpunkten ge- und anschließend verkauft worden sind, die Frage, ob dem Grunde nach ein privates Veräußerungsgeschäft vorliegt, nach dem Fifo-Verfahren beantwortet, während sich die Bewertung der Wertpapiere, die sich innerhalb der Ein-Jahres-Frist befinden, nach der Durchschnittsmethode richtet. Auch in anderen Fällen steuerbarer Anteilsveräußerungsvorgänge ist in Girosammelverwahrungsfällen nach der Durchschnittsmethode zu bewerten.[594]

Sog. American Depositary Receipts (ADRs) werden steuerlich wie Aktien behandelt bzw. vermitteln das wirtschaftliche Eigentum an den repräsentierten Aktien.

11. Wertpapierleihe

Bei einem Wertpapierleihgeschäft werden Wertpapiere mit der Verpflichtung übereignet, dass der „Entleiher" nach Ablauf der vereinbarten Zeit Papiere

---

[590] BMF v. 10.12.1999, BStBl. I 1999, 1129; OFD München v. 2.5.2003, FR 2003, 634.
[591] Nach Einführung der Abgeltungssteuer stellen sich insoweit grds. keine Steuerbarkeits-, sondern nur noch Bewertungsfragen.
[592] BFH v. 24.11.1993, BStBl. II 1994, 591.
[593] Bei der Girosammelverwahrung verliert der Wertpapierinhaber das Einzeleigentum an bestimmten Wertpapieren und wird statt dessen Bruchteilseigentümer an allen Papieren einer Art und Gattung, die gemeinsam im Girosammeldepot verwahrt werden. Nach Auffassung der Finanzverwaltung (OFD Ffm. v. 16.10.2000 StEK § 23 EStG Karte 5) gelten die Grundsätze des BFH v. 24.1.1993, BStBl. II 1994, 591 auch für Wertpapiere in Streifbandverwahrung. Bei der Streifbandverwahrung bleibt der Wertpapierinhaber Eigentümer der von ihm erworbenen Wertpapiere. Sie werden unter äußerlich erkennbarer Bezeichnung jedes Hinterlegers von den eigenen Beständen der Bank oder von denen Dritter verwahrt. Siehe auch OFD München v. 12.12.2000, DStR 2001, 661.
[594] Zur Relevanz bei der Abgeltungssteuer s. die vorstehende Fn.

§ 13   662–664   Besonderheiten der Besteuerung

gleicher Art, Güte und Menge zurückübereignet und für die Dauer der „Leihe" ein Entgelt entrichtet.[595]

662 Mit der zivilrechtlichen Übertragung des Eigentums sind die Wertpapiere auch steuerlich dem Darlehensnehmer („Entleiher") zuzurechnen, da er auch im wirtschaftlichen Sinne Eigentümer ist. Die Wertpapiere und eine Verbindlichkeit auf deren Rückübertragung sind bei diesen mit dem gemeinen Wert zu bilanzieren. Bei dem Darlehensgeber tritt an die Stelle der Wertpapiere eine Forderung auf Wertpapiere gleicher Art, Güte und Menge. Die Sachforderung ist das Surrogat für die Sache selbst. Im Hinblick darauf ist die Sachforderung mit dem Buchwert der hingegebenen Wertpapiere anzusetzen. Eine Gewinnrealisierung aufgrund der ggf. in den Wertpapieren enthaltenen stillen Reserven (zB durch Kurssteigerungen) tritt durch diesen Aktivtausch nicht ein.

663 Die Einkünfte aus den Wertpapieren sind dem Darlehensnehmer nach § 20 Abs. 2 a EStG zuzurechnen. Im Fall von Aktien erzielt also der Darlehensnehmer Dividenden nach § 8 b Abs. 1 KStG. Die an den Darlehensgeber geleistete Kompensationszahlung fällt bei diesem nicht unter § 8 b Abs. 1 KStG,[596] beim Darlehensnehmer stellt sich insoweit die Frage des neuen § 8b Abs. 10 KStG.

Der neue § 8b Abs. 10 KStG soll sog. Wertpapierleihgestaltungen unterbinden. Im Grundbeispiel entleiht ein Verleiher Aktien, deren Dividendenerträge bei ihm nicht unter die § 8b KStG-Steuerbefreiung fallen, an einen § 8b-fähigen Entleiher. Letzterer realisiert eine steuerfreie Dividende und eine abzugsfähige Kompensationszahlung, während Ersterer eine steuerpflichtige Dividende durch eine steuerpflichtige Kompensationszahlung ersetzt. Nach § 8b Abs. 10 KStG dürfen in derartigen Fällen[597] die für die Überlassung gewährten Entgelte bei der Entleiherin nicht als Betriebsausgabe abgezogen werden. Dies ist allerdings nur der „Programmsatz". Im Detail ist § 8b Abs. 10 KStG eine sehr komplizierte Vorschrift. Sie ist schon für den VZ 2007 anzuwenden (§ 34 Abs. 7 S. 9 KStG).

12. Wertpapierpensionsgeschäfte

664 Nach § 340b HGB sind Pensionsgeschäfte Verträge, durch die ein Kreditinstitut oder der Kunde eines Kreditinstituts (Pensionsgeber) ihm gehörende Vermögensgegenstände (zB Wertpapiere) einem anderen Kreditinstitut oder einem anderen Kunden (Pensionsnehmer) gegen Zahlung eines Betrages überträgt und in denen gleichzeitig vereinbart wird, dass die Vermögensgegenstände später gegen Rückzahlung des empfangenen Betrages oder gegen Entrichtung eines im Voraus vereinbarten anderen Betrags an den Pensionsgeber zurückübertragen werden müssen. Bei Wertpapierpensionsgeschäften ist zwischen echten (§ 340 b Abs. 2 HGB) und unechten (§ 340 b Abs. 3 HGB) Wertpapierpensionsgeschäften zu unterscheiden. Bei den echten Wertpapierpensionsgeschäften übernimmt der Pensionsnehmer die Verpflichtung, die erhaltenen Wertpapiere (bzw. gleichartige Wertpapiere) zu einem bestimmten oder vom Pensionsgeber zu bestimmenden Zeitpunkt zurückzuübertragen. Ist der Pensionsnehmer lediglich berechtigt, die Wertpapiere (bzw. gleichartige

---

[595] Zivilrechtlich liegt der Wertpapierleihe ein Vertrag über ein Sachdarlehen zugrunde.
[596] BMF v. 28. 4. 2003, DStR 2003, 881.
[597] S. auch §§ 2 Abs. 2 2. Halbs., 5 Abs. 2, 32 Abs. 3 KStG zu ähnlichen Fragen betr. Anteile in hoheitlichen Bereich.

Wertpapiere) zu einem vorher bestimmten oder von ihm noch zu bestimmenden Zeitpunkt zurückzuübertragen, so handelt es sich um ein unechtes Pensionsgeschäft.

Beim echten Wertpapierpensionsgeschäft sind nach § 340 b HGB die verpensionierten Wertpapiere weiterhin in der Bilanz des Pensionsgebers auszuweisen. Als Gegenposten zum erhaltenen Kaufpreis ist eine Verbindlichkeit gegenüber dem Pensionsnehmer zu passivieren. Da die verpensionierten Wertpapiere weiterhin beim Pensionsgeber bilanziert werden, wird kein Gewinn realisiert. Der wirtschaftliche Zweck von echten Pensionsgeschäften besteht darin, dass der Pensionsgeber liquide Mittel auf Zeit erhält. Die dafür hingegebenen Wertpapiere haben den Charakter einer Sicherheit. In der Bilanz des Pensionsnehmers ist in Höhe des gezahlten Kaufpreises eine Forderung gegenüber dem Pensionsgeber zu aktivieren.[598]

Demgegenüber sind die Wertpapiere bei unechten Pensionsgeschäften nach § 340 b Abs. 5 HGB nicht in der Bilanz des Pensionsgebers, sondern in der Bilanz des Pensionsnehmers auszuweisen. In diesen Fällen decken sich rechtliches und wirtschaftliches Eigentum.

Bei dem echten Wertpapierpensionsgeschäft sind die Erträge aus den in Pension gegebenen Wertpapieren dem Pensionsgeber und bei den unechten Pensionsgeschäften dem Pensionsnehmer zuzurechnen (§ 20 Abs. 2 a EStG). Ggf. ist § 8b Abs. 10 KStG zu beachten (s. Rz. 663).

Das Repo-Geschäft ähnelt dem echten Wertpapierpensionsgeschäft. Beim Repo-Geschäft erfolgt ein Kassaverkauf und ein Terminrückkauf. Wird der Kassaverkauf unmittelbar mit einer Rückkaufvereinbarung verbunden (Repurchase Agreement), entspricht dies zumindest wirtschaftlich dem echten Pensionsgeschäft. Beide Geschäfte (Kassaverkauf und Terminrückkauf) sind allerdings häufig nicht Teile eines einheitlichen Gesamtgeschäfts wie beim Pensionsgeschäft. Vielmehr werden Repo-Geschäfte häufig in zwei getrennten Geschäften außerhalb von Rahmenverträgen als separater Kassaverkauf und Terminrückkauf vereinbart, so dass ein wirtschaftlicher Zusammenhang beider Geschäfte nicht erkennbar ist. Dann werden solche Geschäfte als normale Wertpapierhandelsgeschäfte behandelt.

IV. Going Public und Going Private

1. Going Public

Der für ein Going Public (IPO), also das erstmalige Anbieten von Aktien an einen anonymen Aktionärskreis durch Börsennotierung, erforderliche Rechtsträger kann schon separiert sein, evtl. auch schon als AG/KGaA (sonst ist noch ein Formwechsel nötig). Es können aber auch noch vorbereitende Umstrukturierungen zur Bildung der IPO-Einheit nötig bzw. sinnvoll sein. Dann stellen sich insoweit vor allem ertragsteuerliche Fragen.[599]

---

[598] Zu dieser Auffassung – steuerliche Maßgeblichkeit des § 340 b HGB – tendiert jedenfalls die Finanzverwaltung. Werden Pensionsgeschäfte in zwei getrennten Geschäften außerhalb von Rahmenverträgen als separater Kassaverkauf und Terminrückkauf abgewickelt, ohne dass ein wirtschaftlicher Zusammenhang beider Geschäfte erkennbar ist, entsprechen solche Geschäfte in ihrer Abwicklung normalen Wertpapierhandelsgeschäften. Als Tauschgeschäfte führen sie dann zu einer Gewinnrealisierung.
[599] Zu evtl. GrESt-Fragen s. Rz. 714 ff.

670 Im Zuge des eigentlichen Börsengangs ergeben sich insbesondere ertragsteuerliche Fragen der Folgen von Kapitalerhöhungen sowie von Anteilsveräußerungen. In der Praxis ist ein IPO nicht selten der Einstieg in den Ausstieg aus der Beteiligung an der IPO-Gesellschaft. Besondere Fragen sind weiter dann denkbar, wenn eine Beteiligung von Mitarbeitern an den Expektanzen des Börsengangs vorgesehen werden soll.

a) IPO im Konzern

671 Nachstehend werden exemplarisch für den Fall, dass sich eine börsennotierte AG auf Sicht über einen IPO von einer Sparte trennen will, verschiedene IPO-Varianten illustriert.

672 **aa) Einbringung in Tochter-AG mit anschließender Kapitalerhöhung sowie Sukzessivveräußerung der Anteile.** Die Einbringung in eine deutsche Tochter-AG ist ertragsteuerneutral (dh. ohne Gewinnrealisierung) möglich, wenn die „IPO-Sparte" als Teilbetrieb dargestellt werden kann (§ 20 UmwStG = Verdoppelung von stillen Reserven). Dies kann insbesondere bei von verschiedenen Sparten „gemischt" genutzten wesentlichen Betriebsgrundlagen problematisch sein. Bei Einbringung von Mitunternehmeranteilen ist die ggf. mit wesentlichen Betriebsgrundlagen im steuerlichen Sonderbetriebsvermögen verbundene Problematik zu beachten.

673 Eine gewinnrealisierende Einbringung ist im Normalfall der Teilbetriebs- bzw. Mitunternehmeranteilseinbringung nicht sinnvoll vorstellbar, es sei denn, dass sowohl eine klare Wertsteigerungserwartung, die steuerlich vor Werte des Teilbetriebs noch nicht beeinflusst, als auch eine kurzfristige Aktienveräußerungsabsicht besteht (die Versteuerung bei Einbringung schafft sperrfristfreie Aktien).[600] Unter Umständen kann allerdings bis zur Höhe der eingebrachten Buchwerte eine andere Gegenleistung als Gesellschaftsrechte eingeräumt werden; insoweit handelt es sich dann um einen steuerfreien Teilverkauf.

674 Soweit mit dem Teilbetrieb auch § 8 b Abs. 2 KStG-Potenziale eingebracht werden (und keine vorangegangene Teilwertabschreibung und kein § 8 b Abs. 4 KStG a. F.- bzw. § 8 b Abs. 7 KStG-Fall gegeben sind), ist eine Einbringung zu Buchwerten allerdings ggf. nicht sinnvoll. Gegebenenfalls müsste insoweit vorab realisiert werden, soweit die betroffenen Kapitalgesellschaftsanteile einem Teilbetrieb oder einem Mitunternehmeranteil zugehörig sind.[601] Auch ein getrenntes Halten der Anteile an der aufnehmenden AG sollte ggf. in Betracht gezogen werden (Anteile aus der Buchwerteinbringung einerseits und aus der Verkehrswerteinbringung andererseits), um einen „Buchwertmix" bzw. auch einen „Sperrfristmix" zu verhindern.[602] Damit korrespondiert, dass, wenn die aufnehmende AG schon existiert und daran bereits Altanteile bestehen, eine Verlagerung von stillen Reserven zwischen Alt- und Neuanteilen vermieden werden sollte, weil sonst die Einbringungsgeborenheit und damit auch die

---

[600] In praxi wegen der Unsicherheit, des Bezugs zur Teilbetriebsbewertung und der Steuerzahlung ohne Liquidität allerdings nur selten vorstellbar.

[601] Da damit ein sachgerechtes Ergebnis erreicht wird, sollte dem Tz. 20.09 UmwSt-Erlass nicht entgegenstehen.

[602] Die steuerfreie Veräußerbarkeit eingebrachter Anteile aus der aufnehmenden AG hilft dem Einbringenden von Teilbetrieben bzw. Mitunternehmeranteilen bei einem IPO nicht. Er muss hohe Buchwerte bzw. Sperrfristfreiheit für die Anteile an der aufnehmenden AG erreichen.

I. Kapitalmaßnahmen und Kapitalmarkttransaktionen   675–677   § 13

Sperrfristverhaftung anteilig überspringt (§ 22 Abs. 7 UmwStG; Tz. 21.14 ff. UmwSt-Erlass). Ansonsten kann eine steuerfreie Teilveräußerungsmöglichkeit zerstört werden.

Der Schritt der Einbringung führt zwar zu einer rechtlichen Verselbständi- **675** gung der „IPO-Sparte". Der IPO dieser Sparte ist damit aber noch nicht erfolgt. Dies ist vielmehr erst dann der Fall, wenn nach der Einbringung eine Kapitalerhöhung in der aufnehmenden AG unter Ausschluss des Bezugsrechts der Mutter-AG stattfindet. Die Verwässerung der Beteiligungsquote an der aufnehmenden AG qua Kapitalerhöhung löst bei der Mutter-AG keinerlei ertragsteuerliche Konsequenzen aus (jedenfalls dann, wenn keine Veräußerung von Bezugsrechten stattfindet).[603] Allerdings bleibt aus der Sicht der Mutter-AG auch das identische Verkehrswertvolumen in der aufnehmenden AG investiert. Es findet weder eine Desinvestition aus Sicht der Mutter-AG statt, noch fließt ihr Liquidität zu.[604]

Der mit der Kapitalerhöhung in Gang gesetzte Prozess setzt sich modellhaft **676** mit dem Verkauf der Anteile an der aufnehmenden AG durch die Mutter-AG fort (ggf. findet bereits eine erzwungene Teilveräußerung einer ersten Tranche durch den sog. Green-shoe statt). Insoweit gilt aus ertragsteuerlicher Sicht, dass der Anteilsverkauf grundsätzlich gegen die sog. Einbringungsgewinn-I-Sperre verstößt, wenn und soweit ein Teilbetrieb und/oder ein Mitunternehmeranteil unmittelbar oder mittelbar mittelbar Einbringungsgegenstand waren.[605]

bb) Verhältniswahrende Abspaltung auf Schwester-AG.[606] Aus Sicht **677** der abspaltenden AG ist eine ertragsteuerneutrale (i. S. von eine Gewinnrealisierung vermeidende) Abspaltung auf die übernehmende AG deshalb nicht möglich, weil aufgrund des Börsenhandels der Aktien an der abspaltenden und der übernehmenden AG die Nach-Spaltungs-Veräußerungssperre des § 15

[603] Der Gewinn aus einer Veräußerung von Bezugsrechten unterfällt nicht § 8 b Abs. 2 KStG. Rechnerisch hat das Bezugsrecht einen Wert, wenn bei einer Kapitalerhöhung die neuen Aktien zu einem Bezugspreis ausgegeben werden, der unter dem Marktwert der Altaktien liegt. In einem solchen Fall wird ein Teil der Anschaffungskosten der Altaktien auf das Bezugsrecht „abgespalten" (kein eigener Anschaffungsvorgang). Fraglich ist, ob und wann es ggf. bei einem Verzicht der Altaktionäre auf ihr Bezugsrecht denkbar ist, dass eine steuerrelevante Reservenverlagerung von den Altaktionären auf die Neuaktionäre stattfindet und wie hier entgeltliche und unentgeltliche Reservenverlagerungen voneinander zu unterscheiden sind. Auch stellt sich die Frage, ob Bezugsrechte in die AG verdeckt einlegbar sind. Indessen: Im Normalfall wird selbst dann, wenn ein attraktiver Emissionspreis ermöglicht wird, insoweit ein steuerrelevanter Vorgang nicht gegeben sein.

[604] Siehe aber auch BFH v. 13.10.1992, BStBl. II 1993, 477: Voraussetzung für die Neutralität der Kapitalerhöhung ist, dass kein missbräuchliches Durchleiten des eingezahlten Agios an den Altgesellschafter vorliegt. Dabei meint Agiodurchleitung Ausschüttung, also etwas anderes als Tilgung von Verbindlichkeiten der aufnehmenden AG gegenüber der Mutter-AG (auch soweit diese erst im Zuge der Einbringung begründet worden sind). Dies ist unschädlich. Auch Hinweis auf den Ersatzrealisationstatbestand des § 22 Abs. 1 S. 6 Nr. 3 UmwStG.

[605] Nochmals Hinweis auf die Sinnhaftigkeit von Vorab-Anteilseinbringungen und auf die Notwendigkeit der klaren Trennung von Sperrfrist- und Nicht-Sperrfristanteilen.

[606] Da bei der Abspaltung der Mutter-AG keine Liquidität zufließt, ist der Fall ökonomisch der ersten IPO-Variante nur dann vergleichbar, wenn bei dieser die frei gewordene Liquidität an die Aktionäre ausgekehrt bzw. wenn der Abspaltung eine Kapitalerhöhung in der abspaltenden AG nachfolgen würde.

Abs. 2 Satz 4 UmwStG nicht eingehalten (bzw. deren Einhaltung jedenfalls nicht nachgewiesen) werden kann.[607] Dass mithin aus Sicht der abspaltenden AG die Abspaltung zwingend gewinnrealisierend ist, stellt nur dann kein Problem dar, wenn Spaltungsgegenstand im Wesentlichen § 8 b Abs. 2 KStG-Beteiligungen sind und der Übertragungsgewinn steuerfrei gestellt werden kann.[608]

678 Aus Sicht der Aktionäre der abspaltenden AG kann die Abspaltung (genauer: der daraus resultierende Bezug von Aktien an der übernehmenden AG) auch dann ertragsteuerneutral, dh. ein unter § 13 Abs. 2 UmwStG fallender Vorgang sein, wenn sich die Abspaltung für die AG selbst nicht ertragsteuerneutral darstellen sollte. Dies deshalb, weil § 13 Abs. 2 UmwStG schon dann anwendbar ist, wenn eine Abspaltung i.S.d. § 15 UmwStG und die doppelte Teilbetriebsbedingung gegeben ist, also unabhängig von der Frage der Erfüllung der Voraussetzungen des § 15 Abs. 2 UmwStG.[609]

679 Ist eine Spaltung i.S.d. § 15 UmwStG nicht gegeben, liegt eine Sachausschüttung an die Aktionäre der abspaltenden AG (gefolgt von einer Einlage in die übernehmende AG) vor.[610]

680 **cc) Ausgabe von Genussrechten bzw. Vorzugsaktien betr. Ergebnisse aus „IPO-Sparte":** Es werden nach dem Vorbild sog. Tracking Stocks-Genussscheine bzw. Vorzugsaktien geschaffen, die Ansprüche auf die Ergebnisse der „IPO-Sparte" repräsentieren.

681 Die steuerlichen Folgen dieser Gestaltungen sind noch wenig diskutiert. Die Abschaffung des körperschaftsteuerlichen Anrechnungsverfahrens sollte die steuerliche Anerkennung entsprechender Instrumente aber erleichtert haben. Dies gilt sowohl für die steuerliche Anerkennung der Schaffung der Tracking Stocks (und die damit ggf. verbundene Ausstattungsänderung von Aktien) als auch für die folgende laufende Besteuerung (Ergebnisverrechnung, Dividendenzurechnung etc.).[611]

---

[607] Es werden zwar Gestaltungen diskutiert, die die Anwendung des § 15 Abs. 2 Satz 4 UmwStG vermeiden sollen (Bsp.: Die Aktionäre einer börsennotierten AG tauschen aufgrund entsprechender verbundener Umtauschangebote ihre Aktien in einem ersten Doppelschritt gegen Aktien zweier neuer börsennotierter Mutter-AGs, die auf diese Weise die neuen Aktionäre der bisherigen AG werden [nicht tauschende Aktionäre bleiben an der bisherigen AG unmittelbar beteiligt]; dann Delisting der bisherigen AG und anschließend unter Beachtung des § 15 Abs. 2 Satz 5 UmwStG und des § 22 Abs. 2 UmwStG zur Trennung der Gesellschafter vorgenommene Abspaltung der bisherigen AG auf eine Tochter-GmbH einer neuen AG; alternativ: Formwechsel der AG in KG und anschließende Realteilung). Insoweit bestehen aber wohl in praxi meist keine wirklichen Realisationschancen.

[608] Die Finanzverwaltung hat Tz. 03.11 UmwSt-Erlass aufgegeben, vgl. BMF v. 28. 4. 2003, DStR 2003, 881.

[609] Es ist allerdings auch zu berücksichtigen, ob ein nennenswerter Teil der Aktionäre der abspaltenden AG die erhaltenen Aktien an der übernehmenden AG voraussichtlich kurzfristig veräußern wird. Ist dies der Fall, kommt der Ertragsteuerneutralität der Abspaltung auf Aktionärsebene nicht mehr so eine wesentliche Bedeutung zu.

[610] Zu den Folgen (vor allem Dividendenbesteuerung einschl. KapESt) Rz. 653.

[611] Zur Frage der Anerkennung disproportionaler Gewinnausschüttungen s. allgemein BMF v. 7. 12. 2000, BStBl. I 2001, 47.

b) Going Public von Familienunternehmen

682 Eine wesentliche Besonderheit des Going Public von Familienunternehmen gegenüber dem IPO im Konzern liegt vor allem in den damit verbundenen ErbSt-Folgen. Die Erbschaftsteuerrelevanz von Börsenkursen ist allerdings nach der ErbSt-Reform nicht mehr so gravierend, da ohnehin nun generell eine Verkehrswertbewertung vorgegeben ist (s. Rz. 769 ff.).

683 Auch hinsichtlich der Frage der Zweckmäßigkeit realisierender Einbringungen bestehen Besonderheiten. Dies einerseits, weil die Fälle einer Steuerfreiheit des Einbringungsgewinns eher seltener als bei einbringenden Kapitalgesellschaften sind (nicht-wesentliche Beteiligungen außerhalb der Spekulationsfrist und der Abgeltungssteuer, § 6 b EStG). Andererseits sind aber auch wesentliche Fälle einer begünstigten Besteuerung des Einbringungsgewinns denkbar (wenn das Halb- bzw. Teileinkünfteverfahren greift.[612] oder aber § 34 Abs. 3 EStG [ermäßigter Steuersatz bis zu € 5 Mio., einmal im Leben, wenn 55 Jahre oder dauernd berufsunfähig]).[613]

684 Im Einzelfall kann es schließlich interessant sein, steuerliche Mehrabschreibungen zur Kreierung eines Potentials von steuerfreien Ausschüttungen aus dem Einlagekonto zu nutzen und damit den Börsengang für die Aktionäre besonders interessant zu machen.[614] Wegen der vollen bzw. hälftigen Befreiung „echter" Dividenden ist dieser Ansatz allerdings nicht mehr so interessant wie noch zu Zeiten des Anrechnungsverfahrens.

c) Going Public und Mitarbeiterbeteiligungen

685 Überträgt die IPO AG eigene Aktien verbilligt auf Mitarbeiter, werden die Aktien mit dem Verkehrswert (= Börsenwert zum Übertragungszeitpunkt) angesetzt. In Höhe der Differenz zwischen diesem Bewertungsansatz und dem Abgabekurs an die Mitarbeiter entsteht auf Ebene der IPO AG eine steuerlich relevante Betriebsausgabe.[615] Überträgt der Altgesellschafter unentgeltlich, dh.

---

[612] Normalerweise werden dann aber auch Gewinne aufgrund der Veräußerung der erhaltenen Aktien im Buchwerteinbringungsfall halb- bzw. teileinkünftebesteuert.

[613] § 34 Abs. 3 EStG ist im Fall des § 20 UmwStG bei einer Einbringung zu gemeinen Werten anwendbar. Grds. schließt zwar § 34 Abs. 2 Nr. 1 EStG die Anwendung des halben Steuersatzes aus, soweit das Halbeinkünfteverfahren Anwendung findet.

[614] Beispiel: Die Umwandlung einer Personengesellschaft in die AG erfolgt zu Buchwerten, wobei wegen bestehender steuerlicher Ergänzungsbilanzen ein höherer steuerlicher als handelsbilanzieller Buchwert besteht. Das steuerliche Mehrkapital ist dem Einlagekonto zuzuordnen. In der Folge besteht ein erhöhtes steuerliches Abschreibungspotenzial, das die Generierung steuerfreier Cashflows erlaubt, ohne das Handelsbilanzergebnis zu belasten. Bei tendenziell vollständiger Gewinnausschüttung ist der handelsrechtliche Mehrgewinn steuerlich eine Auskehrung von Einlagekonto, was bei Anteilen im Betriebsvermögen steuerlich zu einer erfolgsneutralen Verrechnung bis zur Höhe des Beteiligungsbuchwerts führt; im Privatvermögen gilt Entsprechendes im Fall des § 17 EStG, ansonsten sind die Einlagekonto-Ausschüttungen generell steuerirrelevant (Ausn.: Abgeltungssteuer). Ggf. ist allerdings auch der Ersatzrealisationstatbestand des § 22 Abs. 1 Satz 6 Nr. 3 UmwStG zu beachten.

[615] Mit § 8 b Abs. 3 KStG hat dies entgegen zT geäußerten anderen Auffassungen nichts zu tun (wobei der insgesamt resultierende buchmäßige Ergebniseffekt mit dem den Mitarbeitern zugewendeten Vermögensvorteil ohnehin nicht übereinstimmen muss). Wegen der Realisierung von stillen Reserven bzw. stillen Lasten in den eigenen Anteilen im Übrigen auch Hinweis auf Rz. 623 ff.

ohne Gegenleistung der IPO AG, auf diese Aktien, damit sie diese an Mitarbeiter weitergeben kann, so ist darin eine verdeckte Einlage zu sehen. Die verdeckte Einlage stellt auf Ebene des Gesellschafters grundsätzlich einen gewinnwirksamen Vorgang dar.[616]

686 Auch bei unmittelbarer verbilligter Übertragung der Aktien von dem Altgesellschafter an die Mitarbeiter der IPO AG könnte angenommen werden, dass der Gesellschafter die Aktien zunächst fiktiv in die IPO AG verdeckt einlegt und diese die Aktien anschließend an die Mitarbeiter überträgt. Gegen die Fiktion einer Einlage spricht aber, dass der Altgesellschafter durch die verbilligte Überlassung der Aktien an die Mitarbeiter der IPO AG keine Lohnzahlungsverbindlichkeit der IPO AG tilgt. Deshalb wird in praxi von der Finanzverwaltung zum Teil von einer Veräußerung der Aktien des Gesellschafters an die Mitarbeiter der IPO AG ausgegangen. Die angenommene Gegenleistung soll dann neben dem aufgewendeten Betrag der Mitarbeiter für die Aktien in der Erbringung einer Arbeitsleistung bestehen (womit dann korrespondiert, dass die Zuwendung an die Mitarbeiter beim Altgesellschafter als Aufwand bei seinen Einkünften aus Kapitalvermögen berücksichtigt werden muss).[617] Die Arbeitsleistung als Gegenleistung für die Altgesellschafter zu begreifen, ist allerdings sehr zweifelhaft.

687 Stammen die verbilligten Mitarbeiteranteile aus einer Kapitalerhöhung, so entäußern sich die Altgesellschafter in diesen Fällen nicht ihrer Anteile, sondern nur des Bezugsrechts, das ihnen im Rahmen der Kapitalerhöhung zusteht. Folglich könnte argumentiert werden, dass auch die verdeckte Einlage eines Bezugsrechts zu einer Gewinnrealisierung führt. Dem steht jedoch entgegen, dass ein Bezugsrecht bereits aus gesellschaftsrechtlicher Sicht nicht Gegenstand einer Einlage sein kann. Noch offensichtlicher wird die Unrichtigkeit der Einlagefiktion, wenn die Mitarbeiter aus einer bedingten Kapitalerhöhung bedient werden, weil bei einer bedingten Kapitalerhöhung von vornherein kein Bezugsrecht bei den Altgesellschaftern entsteht. Allerdings hat auch in derartigen Fällen die Finanzverwaltung in praxi signalisiert, dass die Einlagefiktion Anwendung finden könne. Einlagegegenstand wäre dann wohl der Verzicht auf das Entstehen eines Bezugsrechts bei Abfassung des Beschlusses über die bedingte Kapitalerhöhung.[618] Sollte sich diese Auffassung durchsetzen, wären davon viele der bestehenden Mitarbeiterbeteiligungsprogramme betroffen. Steuerlich unschädlich für die Altgesellschafter wären dann nur noch Mitarbeiterbeteiligungen, die zu fremdüblichen Konditionen gewährt werden.[619]

688 Beim Mitarbeiter zählen die verbilligt oder unentgeltlich überlassenen Aktien als geldwerter Vorteil schon zum Zeitpunkt der Übertragung zum Arbeitslohn. Die Höhe des geldwerten Vorteils bemisst sich dabei nach der Differenz zwischen dem Erwerbspreis und dem Börsenkurs der IPO-Aktien. Wird

---

[616] Ggf. können das Halb- bzw. Teileinkünfteverfahren bzw. § 8b Abs. 2 KStG greifen.

[617] Hinweis auf die Besonderheiten im Bereich der Abgeltungssteuer.

[618] Und auf der Ebene der AG müsste iHd. fiktiv verbilligten Abgabe ein als Betriebsausgabe abzugsfähiger Personalaufwand gegeben sein.

[619] Nach bisher ganz überwiegender Auffassung löst dagegen der Verzicht der Altgesellschafter auf das Bezugsrecht keine verdeckte Einlage aus, es entsteht bei der AG kein Personalaufwand, und bei den Altgesellschaftern ist der Verwässerungseffekt steuerlich nicht berücksichtigungsfähig (bzw. erst bei steuerrelevanter späterer Aktienveräußerung in Form des reduzierten Veräußerungsgewinns).

I. Kapitalmaßnahmen und Kapitalmarkttransaktionen   689–692   § 13

ein Rückübertragungsrecht für den Fall sinkender Börsenkurse installiert, sollte die Ausübung des Rückübertragungsrechts ein rückwirkendes Ereignis iSv. § 175 Abs. 1 Nr. 2 AO darstellen.[620]

Werden den Mitarbeitern Stock Options gewährt, ist der lohnsteuerliche Zuflusszeitpunkt regelmäßig der Zeitpunkt der Ausübung des Optionsrechts. Der Zeitpunkt der Einräumung des Optionsrechts als Zuflusszeitpunkt ist nur bei voller Fungibilität des Optionsrechts denkbar.[621]   **689**

Bei Gewährung der Stock Options aufgrund bedingter Kapitalerhöhung entsteht auf Ebene der AG nach bisher ganz überwiegender Auffassung kein Personalaufwand, da der Verzicht auf das Bezugsrecht durch die Altaktionäre keine Einlage bedeutet, keine Einlagefähigkeit von zukünftig zu erbringenden Arbeitsleistungen gegeben und auch im Übrigen das Vermögen der Gesellschaft von der Gewährung der Optionsrechte nicht betroffen ist.[622] Auch bei den Altaktionären resultiert keine Abzugsfähigkeit des Verwässerungseffektes (nur mittelbar bei steuerrelevanter späterer Aktienveräußerung in Form des reduzierten Veräußerungsgewinns). Deshalb haben sog. Phantom stocks uÄ zunehmend Beachtung gefunden, sie führen aber auch zu einer Liquiditätsbelastung der AG.   **690**

2. Going Private

a) Delisting auf Antrag

Der Vorgang des Widerrufs der Börsenzulassung selbst löst keine steuerlichen Folgen aus.[623]   **691**

Nimmt ein Streubesitzaktionär das Abfindungsangebot des Großaktionärs bzw. der AG an, entstehen steuerliche Folgen, die von seinem steuerlichen Status abhängig sind.[624] Hat der Großaktionär das Abfindungsangebot unterbreitet, liegen bei ihm normale Anschaffungskosten für die erworbenen Aktien vor, die im Regelfall in seinen einheitlichen Beteiligungsbuchwert eingehen. Erwirbt die AG eigene Aktien, hängt die steuerliche Behandlung insbesondere davon ab, ob eine Einziehung geplant ist bzw. ob sie tatsächlich nachfolgt oder nicht.[625]   **692**

---

[620] Das heißt: Der Mitarbeiter wird bei Ausübung so gestellt, als hätte die IPO AG bzw. der Altgesellschafter die Aktien zu keiner Zeit auf den Mitarbeiter übertragen. Der steuerpflichtige geldwerte Vorteil entfällt und ebenso rückwirkend wie die Verpflichtung zur Entrichtung von Lohnsteuer. Ähnliche Überlegungen kommen zur Anwendung, wenn der Mitarbeiter vor Ablauf der Behaltefrist ausscheidet und die Anteile zurücküberträgt. Indessen: Es ist noch offen, ob die Finanzverwaltung diesen Einordnungen insbesondere mit Blick auf § 175 Abs. 1 Nr. 2 AO folgt.

[621] Im Einzelnen dazu s. FM NRW v. 27. 3. 2003, DB 2003, 747, und BMF v. 10. 3. 2003, DB 2003, 748.

[622] Siehe aber auch nochmals Rz. 687.

[623] Bei durch die börsennotierte AG gewährten Stock Options löst das Delisting grundsätzlich auch keine lohnsteuerlichen Konsequenzen aus. Im Einzelnen hängt das steuerliche Schicksal von Stock Options beim Delisting davon ab, was in einem solchen Fall konkret zivilrechtlich mit dem Optionsrecht passiert.

[624] Siehe dazu schon Rz. 110 f. Besondere Steuerfragen können sich überdies bei Nachbesserungen in einem Spruchverfahren ergeben.

[625] Siehe im Einzelnen Rz. 623 ff. Auch erneut Hinweis darauf, dass sich im Fall der Weiterveräußerung die Frage der Anwendbarkeit des § 8 b Abs. 7 KStG stellen kann. Überdies erneut Hinweis auf die Änderungen durch das BilMoG (§ 11 Rz. 35 ff.).

693 Die Statusveränderung von einer börsennotierten zu einer nicht börsennotierten AG kann die Rahmenbedingungen für die künftige Besteuerung auf Aktionärsebene ändern (auf Ebene der AG selbst sind demgegenüber keine relevanten Veränderungen der Besteuerungssituation erkennbar). Diese Veränderung betrifft vor allem die erbschaft- und schenkungsteuerliche Bewertung der Aktien.[626] Denn das Delisting bedeutet, dass bei Nichtvorliegen repräsentativer Anteilsverkäufe spätestens ein Jahr nach Widerruf der Börsenzulassung der erbschaft- und schenkungsteuerliche Bewertungsmaßstab Kurswert durch die anderen Bewertungsmaßstäbe (die allerdings nach der ErbSt-Reform ebenfalls den gemeinen Wert abbilden sollen) ersetzt wird.

b) Verschmelzung/Aufspaltung/Formwechsel

694 Sowohl der Formwechsel einer AG in eine Personengesellschaft als auch die Verschmelzung/Aufspaltung einer AG auf eine Personengesellschaft ist in §§ 3 ff. UmwStG geregelt. Die sich ergebenden Steuerwirkungen sind bereits oben beschrieben worden.[627] Im Ergebnis kann danach für die AG die Umwandlung im Regelfall ohne ertragsteuerliche Gewinnrealisierung durchgeführt werden (Problem ggf.: Zerstörung eines Verlustvortrags).[628] Für den (oder die) Hauptaktionär(e) droht jedoch die Vernichtung von steuerlichen Anschaffungskosten aufgrund der steuerlichen Irrelevanz von Übernahmeverlusten.[629] Auch für die Streubesitzaktionäre ist das Szenario regelmäßig wenig vorteilhaft: Sie müssen fiktive Ausschüttungen versteuern und finden sich anschließend in einer reserventrächtigen voll steuerverhafteten Mitunternehmerposition anstelle einer nicht oder nur anteilig steuerverhafteten Aktionärsposition. Nimmt ein Streubesitzaktionär ein Abfindungsangebot der Gesellschaft an, entstehen die oben bereits erläuterten Steuerfolgen.[630] Die erwerbende Gesellschaft wird so gestellt, als habe sie die Anteile am steuerlichen Umwandlungsstichtag erworben, nimmt also damit an der Übernahmeergebnisermittlung teil (so dass sich auch insoweit das Problem der Vernichtung von Anschaffungskosten stellt).

695 Außerdem ist zu berücksichtigen, dass sich die laufende Besteuerung einer AG (also einer Kapitalgesellschaft) grundlegend von der laufenden Besteuerung einer Personengesellschaft unterscheidet, dass sich also nachfolgend die laufende Besteuerung grundlegend verändert.[631]

696 Die formwechselnde Umwandlung der AG in eine GmbH als solche ist im Regelfall ertragsteuerlich irrelevant. Für die Verschmelzung resp. Aufspaltung der AG auf eine andere Kapitalgesellschaft gelten die §§ 11 ff. UmwStG. Auch insoweit sind die sich ergebenden Steuerwirkungen bereits oben beschrieben worden.[632] Im Ergebnis kann danach für die AG die Umwandlung im Regelfall ohne ertragsteuerliche Gewinnrealisierung durchgeführt werden (ggf. –

---

[626] Siehe dazu schon Rz. 769 ff.
[627] Siehe Rz. 348 ff.
[628] Weiteres Problem ggf. Abführung von KapESt.
[629] Deshalb kann die Sicherung der Anschaffungskosten durch vorbereitende Zwischenschaltung einer Holdingkapitalgesellschaft geboten sein.
[630] Rz. 110 f. Besondere Steuerfragen können sich überdies bei Nachbesserungen in einem Spruchverfahren ergeben.
[631] Siehe dazu im Einzelnen Rz 90 ff.
[632] Rz. 367 ff.

bei einem Formwechsel – kann die Umwandlung auch ohne Zerstörung eines Verlustvortrags erfolgen). Für den (oder die) Hauptaktionär(e) kann insbesondere die aus der Nichtberücksichtigung eines Übernahmeverlusts resultierende Anschaffungskostenvernichtung sowie das Entstehen eines steuerpflichtigen Beteiligungskorrekturgewinns nachteilig sein, wenn die Umwandlung auf den Hauptaktionär erfolgt. In anderen Fällen sowie für die Streubesitzaktionäre resultiert dagegen normalerweise ein ertragsteuerneutraler Anteilstausch. Nimmt ein Streubesitzaktionär ein Abfindungsangebot der Übernehmerin an, entstehen steuerliche Folgen, die von seinem steuerlichen Status abhängig sind.[633]

Hinsichtlich der Auswirkungen dieser Going-Private-Variante auf die laufende Besteuerung ist festzuhalten, dass die AG und die GmbH im Grundsatz identisch besteuert werden.[634] Unterschiede können sich demgegenüber zwischen AG und KGaA ergeben.[635]

c) Eingliederung

Der Eingliederungsvorgang selbst hat keine steuerlichen Auswirkungen.
Nimmt der Minderheitsaktionär ein Barabfindungsangebot des Hauptgesellschafters (des 95 %-Aktionärs) an, resultieren die bereits erläuterten Steuerkonsequenzen in Abhängigkeit vom Steuerstatus des Aktionärs. Erfolgt ein Aktientausch gegen Aktien an der Hauptgesellschaft, so kann dieser gem. § 21 UmwStG als ertragsteuerneutraler Aktientausch durchgeführt werden, wenn der Tausch gegen Gewährung neuer Gesellschaftsrechte erfolgt und die Hauptgesellschaft ggf. die bilanziellen Anforderungen des § 21 UmwStG beachtet.

J. KGaA

I. Besonderheiten bei der laufenden Besteuerung

Die KGaA ist ein steuerlicher Zwitter. Sie ist zwar als solche eine im Grundsatz normal KSt- und GewSt-pflichtige Kapitalgesellschaft. Dementsprechend werden die Kommanditaktionäre steuerlich wie normale Aktionäre behandelt (jedenfalls aus Sicht des deutschen Steuerrechts; aus Sicht ausländischer Steuerrechte mag das anders aussehen). Besonders ist allerdings der steuerliche Status des Komplementärs, woraus sich auch Besonderheiten für die Besteuerung der KGaA ergeben.

Der Komplementär wird „wie ein Mitunternehmer" besteuert (allerdings ohne dass eine wirkliche Mitunternehmerschaft mit einem zweiten Mitunternehmer besteht). Er erzielt mit seinem Gewinnanteil nebst Sondervergütungen Einkünfte gem. § 15 Abs. 1 Satz 1 Nr. 3 EStG (es hat wohl auch eine echte Sonderbilanzierung zu erfolgen). Damit korrespondiert, dass dieser Betrag nicht mehr bei der KGaA körperschaftsteuerpflichtig sein kann. Deshalb wird bei dieser das KSt-Einkommen gem. § 9 Abs. 1 Nr. 1 KStG um den Gewinnanteil des Komplementärs gekürzt (die Sondervergütungen des Komplementärs sind

---

[633] Siehe Rz. 110 ff. Auch für die Behandlung der Erwerberin Hinweis auf Ausführungen ebenda. Besondere Steuerfragen können sich überdies bei Nachbesserungen in einem Spruchverfahren ergeben.
[634] Siehe Rz. 131 ff.
[635] Dazu Rz. 134 ff.

§ 13   702–706   Besonderheiten der Besteuerung

bei der KGaA sowieso Betriebsausgaben, so dass es einer Kürzung insoweit nicht mehr bedarf).[636]

702 Gewerbesteuerlich wird dagegen der Gewinnanteil (nicht: die Sondervergütungen etc.) des Komplementärs gem. § 8 Nr. 4 GewStG dem Gewerbeertrag der KGaA wieder hinzugerechnet. Die Besteuerung des Komplementärs „wie ein Mitunternehmer" gilt insoweit nicht (womit eine Kürzung des Gewinnanteils aus dem Gewerbeertrag des Komplementärs gem. § 9 Nr. 2 b GewStG korrespondiert).

703 Soweit der Komplementär auch über Kommanditaktien verfügt, erfolgt die steuerliche Behandlung getrennt; die Kommanditaktien sind auch kein Sonderbetriebsvermögen des Komplementärs.

704 Vorstehendes bedeutet: Soweit eine Komplementärbeteiligung besteht, existiert bei vereinfachter Sichtweise im Ergebnis keine KSt-Pflicht der KGaA, und der Gesellschafter erhält auch keine Dividendeneinkünfte aus der KGaA. Vielmehr gilt insoweit im Wesentlichen ein ähnliches Besteuerungsregime wie bei Mitunternehmerschaften. Das heißt, dass insoweit ein steuerlicher Ergebnisausgleich stattfindet[637] und sich das Problem des § 3 c Abs. 2 EStG für die Abzugsfähigkeit von Finanzierungsaufwendungen etc. beim Gesellschafter grundsätzlich nicht stellt (sie sind Sonderbetriebsausgaben im Rahmen der Einkünfteermittlung gem. § 15 Abs. 1 Satz 1 Nr. 3 EStG).[638]

705 Für Zwecke der Zinsschranke geht die Finanzverwaltung allerdings von einer besonderen Behandlung der KGaA aus.[639]

706 Werden in der KGaA steuerfreie Einnahmen erzielt (insbes. Dividenden und Anteilsveräußerungsgewinne [ggf. auch über eine Organgesellschaft durchgeleitet – § 15 Satz 1 Nr. 2 KStG]), so stellt sich die Frage, ob es bei der Steuerfreiheit bleibt, soweit sie auf den Komplementär entfallen. Sichtweise 1: Die Einnahmen sind nur für die KGaA als solche steuerfrei. Dann erfolgt eine Kürzung nach § 9 Abs. 1 Nr. 1 KStG, die bei der KGaA zu einem steuerrelevanten Abzugsbetrag führt. Der Gewinnanteil des Komplementärs aus den „durchgeleiteten" steuerfreien Einnahmen der KGaA wäre dann steuerpflichtig. Die steuerfreien Einnahmen der KGaA wären nicht auf die Ebene des Komplementärs durchleitbar (auch wenn dieser eine Kapitalgesellschaft ist). Sichtweise 2 (hier vertreten): Die steuerfreien Einnahmen werden schon „an der Quelle", also auf Ebene der KGaA, direkt anteilig dem Komplementär zugeordnet. Dann stellt sich die Frage, was aus der Besteuerung „wie ein Mitunternehmer" resultiert. Es sollte nach der hier vertretenen Auffassung insoweit § 8 b Abs. 6

---

[636] Allerdings ist die genaue Abstimmung von § 15 Abs. 1 Satz 1 Nr. 3 EStG und § 9 Abs. 1 Nr. 1 KStG umstritten (die Vergütung für die Geschäftsführung des Komplementärs wird wie der Gewinnanteil des Komplementärs behandelt).

[637] Der steuerliche Ergebnisausgleich wird allerdings nur körperschaftsteuerlich, nicht auch gewerbesteuerlich erreicht (anders als im Organschaftsfall; auch zur Mitunternehmerschaft ergibt sich wegen der Sonderbetriebsausgaben gewerbesteuerlich ein Unterschied). Auch lösen (anders als im Organschafts- und im Mitunternehmerschaftsfall) Zinsen auf Darlehen der Mutter an die Tochter gewerbesteuerliche Hinzurechnungen bei der Tochter aus. Wichtig ist des Weiteren, dass der Komplementär unabhängig von der Höhe der konkreten Entnahmen den vollen auf ihn entfallenden Gewinnanteil versteuern muss, was zu einem Problem von Steuerumlagen oÄ führen kann.

[638] Es gelten ggf. auch §§ 34a und 35 EStG.

[639] BMF v. 4. 7. 2008, DStR 2008, 1427.

1100   Rödder

KStG bzw. § 3 Nr. 40 EStG⁶⁴⁰ greifen (die volle Steuerpflicht der an den Komplementär durchgeleiteten eigentlich steuerfreien Einnahmen der KGaA wäre in der Sache unvertretbar). Auch dann bliebe aber noch die Frage zu beantworten, ob sich ein Problem der Gewerbesteuerpflicht stellt oder ob insoweit der besondere gewerbesteuerliche Status der KGaA hilft.

Denkbar sind auch Unsicherheiten bzw. potenzielle Nachteile bspw. bei handelsrechtlich abgeschotteten Verlustanteilen aus Tochtermitunternehmerschaften der KGaA, bei Führung der steuerlichen Eigenkapitalpositionen auf Ebene der KGaA (nur anteilig, soweit Kommanditaktienkapital besteht?), bei Organschaft, bei §§ 4h EStG, 8 a KStG,⁶⁴¹ bei Anwendung von DBA-Schachtelprivilegien, der Mutter-Tochter- und der Fusionsrichtlinie etc.

II. Unternehmensverkauf/Unternehmenskauf und Umwandlung

Grds. handelt es sich bei Gewinnen und Verlusten aus der Veräußerung der Komplementär-Beteiligung um solche aus der Veräußerung einer mitunternehmerischen Beteiligung. Einkommensteuerlich können also auch §§ 16, 34 EStG zur Anwendung kommen. Ob § 8 b Abs. 6 KStG bzw. § 3 Nr. 40 EStG Anwendung finden, soweit die KGaA Kapitalgesellschaftsanteile hält, ist unklar (s. o. Rz. 706). Gewerbesteuerlich ist § 7 Satz 2 GewStG zu beachten (wobei anders als bei gem. § 7 Satz 2 GewStG gewerbesteuerpflichtigen „normalen" Mitunternehmeranteilsveräußerungsgewinnen im Fall der Veräußerung der KGaA-Komplementär-Beteiligung die Gewerbesteuerpflicht auf Ebene des Komplementärs eintreten dürfte; Hinweis auf die Ausnahme von der Gewerbesteuerpflicht bei einer unmittelbar als Komplementär beteiligten natürlichen Person). Der Erwerber wird wie der Erwerber eines Mitunternehmeranteils behandelt, hat also bei zutreffender rechtlicher Wertung auch Ergänzungsbilanzabschreibungen (die sich gewerbesteuerlich wohl auf Ebene der KGaA auswirken; natürlich resultiert kein laufender Entlastungseffekt im Fall mitbezahlter stiller Reserven in Kapitalgesellschaftsanteilen).

Für den Kommanditaktionär gelten die normalen Veräußerungsgewinn-Besteuerungsregeln, die auch für einen Gesellschafter einer Kapitalgesellschaft gelten. Gleiches gilt für den Erwerber von Kommanditaktien.

Im Fall der übertragenden Umwandlung auf eine bzw. von einer KGaA, an der auch ein Komplementär vermögensmäßig beteiligt ist bzw. wird, geht die wohl überwiegende Auffassung davon aus, dass eine sog. „Mischumwandlung" gegeben ist. Dh., dass bspw. bei einer Verschmelzung einer Kapitalgesellschaft auf eine KGaA, soweit an die Gesellschafter der Kapitalgesellschaft eine Komplementär-Beteiligung gewährt wird, §§ 3 ff. UmwStG, und soweit Kommanditaktien gewährt werden, §§ 11 ff. UmwStG anwendbar sind. Wird eine KGaA auf eine Kapitalgesellschaft verschmolzen, wird der „Komplementär-Teil" nach §§ 20 ff. UmwStG und der „Kommanditaktien-Teil" nach §§ 11 ff. UmwStG behandelt. Ausgliederungen gegen Gewährung einer KGaA-Komplementär-Beteiligung fallen unter § 24 UmwStG, solche gegen Gewährung von Kommanditaktien unter § 20 UmwStG. Dies uam. und vor allem auch die Einzelheiten sind allerdings unklar.

---

⁶⁴⁰ Sowie ggf. § 3c Abs. 2 EStG.
⁶⁴¹ S. erneut Fn. 639.

711 In der Praxis ist aus verschiedenen Gründen[642] erörtert worden, ob es Sinn macht kann, eine AG in eine atypisch ausgestaltete KGaA umzuwandeln, bei der die wesentliche vermögensmäßige Beteiligung als Komplementärbeteiligung gehalten wird. Besonderes Merkmal des Umwandlungsvorgangs ist dabei, dass er bezogen auf den bereits existierenden Rechtsträger unmittelbar in eine KGaA erfolgen soll.[643] Da aber beim Formwechsel einer AG in eine KGaA nur Kommanditaktien entstehen, bedarf es des weiteren Schrittes der Überführung von Kommanditaktienkapital in eine Komplementäreinlage. Dabei stellen sich offene Fragen, die im Übrigen immer dann auftreten können, wenn zwischen dem Kommanditaktien- und dem Komplementär-Teil der KGaA wie auch immer geartete Verschiebungen stattfinden. So ist bei der der Auskehrung von Rücklagen bzw. dem Rückkauf eigener Kommanditaktien folgenden Wiedereinlage der ausgekehrten Mittel als Komplementäreinlage zu fragen, mit welchem Nennwert die Komplementäreinlage zu bemessen ist und welche steuerlichen Folgen eine Wertverschiebung von dem Komplementär- in den Kommanditaktienbereich et vice versa hätte. Außerdem stellt sich die Frage, wie die Einzahlung des Komplementärs, die über den Nennwert der Komplementäreinlage hinausgeht, abzubilden ist, vollständig als Sonderrücklage des Komplementärs oder als KGaA-Rücklage. Geht man davon aus, dass sich der Komplementär „wie ein Mitunternehmer" in die Wirtschaftsgüter der KGaA einkauft, müsste eigentlich eine KGaA-Rücklage gebildet werden und der Komplementär eine positive steuerliche Ergänzungsbilanz bekommen. Allerdings stellt sich dann die Frage, wo die korrespondierende negative steuerliche Ergänzungsbilanz geführt werden soll. Oder bestünde gar ein Gewinnrealisierungsrisiko auf Ebene der KGaA? Oder droht mangels Bildung einer positiven Ergänzungsbilanz die Vernichtung von Anschaffungskosten?

712 Will man später die Komplementäreinlage in Kommanditaktien verwandeln, so dürfte das zwar im Ergebnis unter Anwendung des § 20 UmwStG ertragsteuerneutral möglich sein. Allerdings ist dann zu beachten, dass eine Sperrfrist nach § 22 Abs. 1 UmwStG resultiert, so dass eine baldige steuerbelastungsfreie Veräußerung der gewonnenen Kommanditaktien ausscheidet, wenn und soweit stille Reserven in der Komplementärbeteiligung vorhanden sind.

713 Abschließend ist festzustellen, dass insbesondere die atypische KGaA eine exotische Rechtsform ist, die schon deshalb regelmäßig gravierende steuerliche Unsicherheiten auslöst. Es existiert kaum Rechtsprechung zur KGaA, auch gibt es kaum Verwaltungsanweisungen. Auch das steuerliche Schrifttum ist eher rudimentär. Das Ausland kennt die Rechtsform der atypisch ausgestalteten KGaA nicht, weshalb auch aus ausländischer Steuersicht Unsicherheiten zu erwarten sind.

---

[642] Vor allem wegen der Suche nach einem Organschaftssubstitut und – nachfolgend zugrunde gelegt – der Möglichkeit eines Step-up nach Anteilskauf.

[643] Es soll also keine übertragende Umwandlung auf eine atypisch ausgestaltete KGaA stattfinden. Auch der Formwechsel zunächst in eine KG und von da in eine atypische KGaA kommt nicht in Betracht, da beim ersten Formwechselschritt die hier unterstellten hohen Anteilsanschaffungskosten vernichtet würden.

K. Grunderwerbsteuer

Grunderwerbsteuerfragen sind in praxi meist nicht besonders problematisch, wenn durch Vorgänge unmittelbar Grundbesitz übertragen wird.[644] Vor allem dann, wenn Fälle der §§ 5 und 6 GrEStG[645] gegeben sind, stellen sich allerdings auch insoweit besondere Fragen.

Darüber hinaus sind in praxi insbesondere die mit Anteilsübertragungen verbundenen GrESt-Fragen relevant. Seit der Neufassung der Absätze 2 a und 3 des § 1 GrEStG durch das StEntlG 1999/2000/2002[646] hat sich die Zahl der Fälle deutlich erhöht, in denen Anteilsübertragungen (unmittelbare oder mittelbare Übertragungen von Anteilen an grundbesitzhaltenden Gesellschaften) grunderwerbsteuerliche Konsequenzen nach sich ziehen können. Die Rechtslage ist unübersichtlich und komplex.[647]

I. Anwendungsfragen der §§ 5 und 6 GrEStG

§ 5 Abs. 1 und 2 GrEStG stellt die Überführung von Bruchteils- oder Alleineigentum in Gesamthandseigentum von der GrESt frei, soweit der Einbringende nach der Überführung im gleichen Verhältnis am Grundstück berechtigt ist wie vorher. Die GrESt ist also nur insoweit zu erheben, als die an der Gesamthand Beteiligten durch den Grundstücksübergang eine (anteilige) Berechtigung am Grundstück erhalten, die sie zuvor nicht innehatten.

Die Steuervergünstigung nach § 5 Abs. 1 und 2 GrEStG bleibt allerdings gem. § 5 Abs. 3 GrEStG nur erhalten, wenn bzw. soweit der grundstückseinbringende Gesamthänder seine – auf der Gesellschafterstellung beruhende – dingliche und vermögensmäßige (Mit-)Berechtigung an dem auf die Gesamthand übergegangenen Grundstück innerhalb von fünf Jahren nach dem Grundstücksübergang uneingeschränkt aufrechterhält (was auch bedeutet, dass es zu einem schädlichen Vorgang iSd. § 5 Abs. 3 GrEStG dann nicht mehr kommen kann, wenn die Gesamthand das übernommene Grundstück vorher veräußert hat). Für die Frage, ob der Einbringende seinen Anteil am Vermögen der Gesamthand innerhalb der Fünfjahresfrist vermindert hat, ist auf die tatsächliche Einschränkung der Gesellschafterstellung und der damit verbundenen dinglichen Mitberechtigung am Grundstück abzustellen. Der Zeitpunkt einer ggf. vorangegangenen schuldrechtlichen Einschränkung der Gesellschafterstellung ist nicht maßgeblich.

---

[644] Beim Formwechsel liegt keine grunderwerbsteuerrelevante Grundbesitzübertragung vor. Übertragende Umwandlungen erfüllen den Tatbestand des § 1 Abs. 1 Nr. 3 GrEStG.

[645] Sowie ggf. Fälle des § 1 Abs. 6 GrEStG.

[646] BGBl. I 1999, 402.

[647] Die Hoffnung, dass sich jedenfalls für Grundbesitz- und Anteilsübertragungen im Konzern die Situation entspannen könnte, ist leider nicht erfüllt worden, da § 1 Abs. 7 GrEStG-E im UntStFG nicht umgesetzt worden ist. S. aber aktuell § 14 Abs. 4 FMStFG. Siehe zur Erläuterung des § 1 Abs. 2 a und 3 GrEStG gleichlautende Ländererlasse vom 2. 12. 1999, DStR 1999, 2075, und vom 7. 2. 2000, DStR 2000, 383, Erlass FM Baden-Württemberg vom 26. 2. 2003, DB 2003, 907, und vom 14. 2. 2000, DStR 2000, 430, gleichlautende Ländererlasse v. 21. 3. 2007, BStBl. I 2007, 422 sowie OFD Münster vom 7. 12. 2000, UVR 2001, 366. Zur Erläuterung des § 5 GrEStG s. insb. FM Baden-Württemberg v. 14. 2. 2002, DStR 2002, 360, und FM Baden-Württemberg v. 28. 1. 1999, DStR 1999, 282.

§ 13   718–724   Besonderheiten der Besteuerung

718   Unter Verminderung des Anteils des Einbringenden am Vermögen der Gesamthand ist zB das Ausscheiden aus der Gesellschaft, die Herabsetzung der Beteiligung durch Verkauf, Übertragung usw. auf andere Gesellschafter und die Aufnahme neuer Gesellschafter zu verstehen. Auch die Umwandlung des grundstückseinbringenden Gesamthänders auf einen anderen Rechtsträger sowie die formwechselnde Umwandlung der erwerbenden Gesamthand in eine Kapitalgesellschaft führt zum Wegfall der Steuervergünstigung für den Einbringungsvorgang.

719   Wechselt dagegen der grundstückseinbringende Gesellschafter innerhalb von fünf Jahren nach der Einbringung des Grundstücks in die Gesamthand seine Rechtsform, liegen die Voraussetzungen des § 5 Abs. 3 GrEStG nicht vor, da zivilrechtlich die gesamthänderische Mitberechtigung des grundstückseinbringenden Gesamthänders unberührt bleibt. Auch mittelbare Gesellschafterwechsel sind für § 5 Abs. 3 GrEStG grundsätzlich irrelevant, da sich die dingliche und vermögensmäßige Berechtigung am Grundbesitz der Gesamthand nicht ändert (zur Besonderheit bei doppelstöckigen Personengesellschaften s. aber auch weiter unten).

720   § 5 Abs. 3 GrEStG gilt für alle Erwerbsvorgänge, die nach dem 31. 12. 1999 verwirklicht werden (für die davor liegenden Erwerbsvorgänge gilt die Gesamtplanrechtsprechung des BFH).[648]

721   § 6 Abs. 1 und 2 GrEStG nimmt die Überführung eines Grundstücks von einer Gesamthand in das (Mit- oder Allein-)Eigentum ihrer Gesamthänder von der GrESt aus, soweit der jeweilige Erwerber bereits vor dem Erwerb am Grundstück beteiligt war (umgekehrter Vorgang wie der in § 5 Abs. 1 und 2 GrEStG befreite). § 6 Abs. 2 GrEStG greift auch im Fall der Anwachsung.

722   Für die Befreiung nach § 6 Abs. 1 und 2 GrEStG ist gem. § 6 Abs. 4 GrEStG vorausgesetzt, dass der erwerbende Gesamthänder seinen Anteil an der Gesamthand nicht innerhalb von fünf Jahren vor dem Erwerbsvorgang durch Rechtsgeschäft unter Lebenden erworben hat. Bei der Berechnung der Fünfjahresfrist des § 6 Abs. 4 GrEStG werden auch solche Zeiten mitgerechnet, in denen der erwerbende Gesamthänder nur mittelbar (über eine weitere Personengesellschaft) an der übertragenden Gesamthand beteiligt war.

723   § 6 Abs. 4 GrEStG greift allerdings nicht schon deshalb, weil die übertragende Gesamthand noch keine fünf Jahre bestanden hat oder seit dem Erwerb des Grundstücks durch die übertragende Gesamthand noch keine fünf Jahre verstrichen sind. Es müssen in diesen Fällen nur seit Gründung resp. Erwerb des abgegebenen Grundstücks die Beteiligungsverhältnisse unverändert geblieben sein. § 6 Abs. 4 GrEStG greift auch nicht, wenn das relevante Rechtsgeschäft unter Lebenden seinerseits GrESt ausgelöst hat. Dagegen ist die Sperrfrist des § 6 Abs. 4 GrEStG nach einem – nicht steuerbaren – Formwechsel einer grundbesitzhaltenden Kapitalgesellschaft in eine Personengesellschaft einschlägig.

724   Für die Befreiung nach § 6 Abs. 1 und 2 GrEStG ist es dagegen ohne Bedeutung, ob der Erwerber an der übertragenden Gesamthand beteiligt bleibt.

---

[648] Nach der Rechtsprechung des Bundesfinanzhofs betr. die Zeit vor § 5 Abs. 3 GrEStG war die Einbringung eines Grundstücks in eine Gesamthand dann nicht nach § 5 Abs. 2 GrEStG begünstigt, wenn der Einbringende nach einem vorgefassten Plan in zeitlichem und sachlichem Zusammenhang mit der Grundstücksübertragung aus der Gesamthand ausschied oder seinen Anteil an ihr verringerte.

K. Grunderwerbsteuer

§ 6 Abs. 3 GrEStG stellt den Übergang eines Grundstücks von einer auf eine **725** andere Gesamthand von der GrESt frei, soweit bei beiden Gesamthandgemeinschaften Identität und deckungsgleiche Beteiligung ihrer Gesamthänder am Grundstückswert besteht. Damit bewirkt die Vorschrift im Ergebnis die Erhebung der GrESt nur, soweit ein Gesamthänder ein „Mehr" am Grundstück erwirbt, als ihm zuvor wertmäßig zustand. Auch im Fall des § 6 Abs. 3 GrEStG ist der Fortbestand der abgebenden Gesamthand nicht vorausgesetzt.

Die Befreiung gem. § 6 Abs. 3 Satz 1 GrEStG setzt nach § 6 Abs. 3 Satz 2 **726** GrEStG voraus, dass sich der Anteil des Gesamthänders am Vermögen der erwerbenden Gesamthand nicht innerhalb von fünf Jahren nach dem Übergang des Grundstücks von der einen auf die andere Gesamthand vermindert (die Norm ist auf alle nach dem 31.12. 2001 verwirklichten Erwerbsvorgänge anwendbar; davor gilt insoweit die Gesamtplanrechtsprechung des BFH). § 6 Abs. 3 Satz 2 GrEStG entspricht § 5 Abs. 3 GrEStG. Überdies gilt die geschilderte Voraussetzung des § 6 Abs. 4 GrEStG für die Beteiligung an der übertragenden Gesamthand. § 6 Abs. 3 GrEStG ist mithin gleichsam als Kombination von § 6 Abs. 1, 2 und 4 GrEStG einerseits und § 5 Abs. 1 bis 3 GrEStG andererseits zu begreifen.

Bei Übertragungen von einer Mutter- auf eine Tochtergesamthand ist nicht **727** § 5 Abs. 2 GrEStG, sondern § 6 Abs. 3 GrEStG anwendbar.

II. Anwendungsfragen des § 1 Abs. 3 GrEStG

Anteilsvereinigungen bzw. Anteilsübertragungen iSd. § 1 Abs. 3 Nrn. 1 bis **728** 4 GrEStG lösen Grunderwerbsteuer schon dann aus, wenn mindestens 95 % der Anteile unmittelbar oder mittelbar vereinigt oder übertragen werden. Vereinigungen in der Hand des Erwerbers iSd. § 1 Abs. 3 Nrn. 1 und 2 GrEStG können sowohl unmittelbar als auch mittelbar über eine andere Gesellschaft oder teilweise unmittelbar und teilweise mittelbar über eine andere Gesellschaft erfolgen.

Mittelbare Beteiligungen sind nur dann einem einzelnen Gesellschafter zu- **729** zurechnen, wenn dieser die vermittelnde Gesellschaft iSd. § 1 Abs. 3 GrEStG beherrscht. Demzufolge sind bei Anwendung des § 1 Abs. 3 GrEStG nur solche mittelbare Beteiligungen zu berücksichtigen, die zu mindestens 95 % gehalten werden (dh. wenn an der vermittelnden Gesellschaft mindestens eine 95 %ige Beteiligung besteht). Es liegt in der Konsequenz dieses Grundsatzes, dass mittelbare Beteiligungen vollständig zu berücksichtigen sind.

Darüber hinaus sind mittelbare Beteiligungen auch dann relevant, wenn die **730** vermittelnde Gesellschaft abhängig im Sinne des § 1 Abs. 4 Nr. 2 b) GrEStG ist (finanziell, wirtschaftlich und organisatorisch eingegliederte juristische Person). Dann ist der Organkreis grunderwerbsteuerliches Zurechnungssubjekt (es handelt sich wohl nicht um einen besonders geregelten Fall der mittelbaren Anteilsvereinigung in der Hand des herrschenden Unternehmens).

Die Begründung oder Erweiterung einer grunderwerbsteuerlichen Organ- **731** schaft iSd. § 1 Abs. 4 Nr. 2 b) GrEStG ohne gleichzeitigen Anteilserwerb kann keinen steuerbaren Vorgang nach § 1 Abs. 3 GrEStG auslösen. Wird jedoch im Rahmen eines Anteilserwerbs (unter 95 %) eine Organschaft mit der erworbenen Gesellschaft begründet, bewirkt die Gleichzeitigkeit von Anteilserwerb und Organschaftsbegründung einen steuerbaren Vorgang, sofern in der Hand

§ 13 732–738　　　　　　　　　　　　　　Besonderheiten der Besteuerung

des Organkreises mindestens 95 % der Anteile an einer (nachgeschalteten) grundbesitzenden Gesellschaft vereinigt werden (nicht dagegen für evtl. Grundbesitz in der Organgesellschaft).

732 Die Verstärkung einer schon bestehenden Anteilsvereinigung löst den Besteuerungstatbestand des § 1 Abs. 3 GrEStG nicht aus. Dies gilt auch dann, wenn mindestens 95 % der Anteile einer grundbesitzhaltenden Gesellschaft teils mittelbar und teils unmittelbar von einer Person gehalten werden. Die Ausnahme von der Besteuerung gilt nicht nur hinsichtlich derjenigen Grundstücke, die der Gesellschaft bereits in dem Zeitpunkt grunderwerbsteuerrechtlich zuzurechnen waren, in dem die teils unmittelbare, teils durch die beherrschte Gesellschaft vermittelte Anteilsvereinigung eintrat, sondern auch bezüglich weiterer in der Zwischenzeit erworbener Grundstücke. Unbeachtlich ist, ob die durch die vorausgegangene Anteilsvereinigung ausgelösten Erwerbsvorgänge besteuert oder durch diese Anteilsvereinigung Erwerbsvorgänge nicht verwirklicht wurden, weil die Gesellschaft zu diesem Zeitpunkt noch keinen Grundbesitz hatte oder das Beteiligungsverhältnis schon seit Gründung der Gesellschaft bestand.

733 Auch auf eine Anteilsübertragung von mindestens 95 % der Anteile an einer Gesellschaft mit Grundbesitz ist § 1 Abs. 3 GrEStG nicht anzuwenden, wenn dadurch eine in der Hand des Erwerbers schon bestehende Anteilsvereinigung lediglich verstärkt wird.

734 Eine grunderwerbsteuerlich unschädliche Anteilsverstärkung ist dagegen nicht gegeben beim Zuerwerb von Anteilen durch eine Konzerngesellschaft, wenn dadurch erstmalig unmittelbar und/oder mittelbar mindestens 95 % der Anteile einer Gesellschaft mit Grundbesitz in der Hand einer Konzerngesellschaft iSd. § 1 Abs. 3 Nr. 1 oder 2 GrEStG vereinigt werden.

735 Dabei ist zu berücksichtigen, dass die Vereinigung von Anteilen in der Hand des Organkreises von der Vereinigung von Anteilen in der Hand (des Organträgers oder) einer Organgesellschaft grundsätzlich unterschieden wird. Das bedeutet bspw., dass § 1 Abs. 3 GrEStG durch erstmalige Anteilsvereinigung in der Hand einer Organgesellschaft (oder des Organträgers) auch dann erfüllt wird, wenn die Anteile zuvor bereits in der Hand des Organkreises vereinigt waren. Demgegenüber erfüllen Anteilsverschiebungen innerhalb eines Organkreises, die dazu führen, dass die Anteile an einer grundbesitzenden Gesellschaft nicht mehr in der Hand einer einzelnen Organgesellschaft, sondern in der Hand von mehreren Organgesellschaften vereinigt werden, den Tatbestand des § 1 Abs. 3 GrEStG nicht, weil die Anteile bereits (auch) dem Organkreis zuzurechnen waren und sich insoweit kein Rechtsträgerwechsel vollzieht.

736 Nach § 1 Abs. 3 GrEStG kann auch bei Personengesellschaften Grunderwerbsteuerpflicht eintreten, soweit § 1 Abs. 2a GrEStG nicht vorgeht.

737 In den Fällen der Anteilsvereinigung nach § 1 Abs. 3 GrEStG bei Personengesellschaften ist nicht § 5 GrEStG, sondern § 6 GrEStG anwendbar, weil der fingierte Grundstückserwerb von einer Gesamthand erfolgt. Bei Anteilsübertragungsvorgängen iSd. § 1 Abs. 3 GrEStG (betr. Kapital- und Personengesellschaften) können §§ 5 und 6 GrEStG Anwendung finden. Die Idee ist die eines (fingierten) Erwerbs vom früheren Altgesellschafter bzw. qualifizierten Mehrheitsgesellschafter.

738 Folgt einem Vorgang iSd. § 1 Abs. 3 GrEStG ein Erwerb des Grundstücks aus der Gesellschaft durch denjenigen nach, in dessen Hand § 1 Abs. 3 GrEStG realisiert wurde, ist ein Fall des § 1 Abs. 6 Satz 2 GrEStG gegeben.

K. Grunderwerbsteuer 739–745 § 13

739 Sind bis zum 31.12.1999 bereits mindestens 95 % der Anteile einer Gesellschaft in einer Hand vereinigt und wird diese Beteiligung nach dem 31.12.1999 ganz oder teilweise aufgestockt, kann dadurch § 1 Abs. 3 Nrn. 1 und 2 GrEStG nicht mehr verwirklicht werden, da am 1.1.2000, dem Anwendungszeitpunkt der Neuregelung des § 1 Abs. 3 GrEStG, die Anteilsvereinigung in Höhe von mindestens 95 % bereits eingetreten war und der Erwerb eines weiteren Anteils keine erneute Verwirklichung des Tatbestandes des § 1 Abs. 3 GrEStG – und zwar auch nicht für die nach dem Überschreiten der 95 %-Grenze hinzuerworbenen Grundstücke – zur Folge hat.

III. Anwendungsfragen des § 1 Abs. 2 a GrEStG

740 Mindestens 95 % der (wie im Fall der §§ 5 und 6 GrEStG zu verstehenden) Anteile am Gesellschaftsvermögen einer Personengesellschaft müssen innerhalb eines Zeitraums von fünf Jahren unmittelbar oder mittelbar auf neue Gesellschafter übergehen. Mittelbare Veränderungen der Vermögensbeteiligungen sind nur dann zu berücksichtigen, wenn sich die Beteiligungsverhältnisse bei der Gesellschaft, die unmittelbar oder mittelbar an der grundbesitzenden Gesellschaft beteiligt ist, zu mindestens 95 % ändern. Bei mehrstufigen mittelbaren Beteiligungen ist die Prüfung, ob die 95 %-Grenze erreicht ist, für jede Beteiligungsebene gesondert vorzunehmen. Ist die 95 %-Grenze erreicht, dann ist die mittelbare Beteiligung in voller Höhe zu berücksichtigen (nicht nur iHv. 95 %).

741 Der Gesellschafterbestand kann sich nur durch Übergang von Anteilen an der Personengesellschaft auf neue Gesellschafter oder durch Erwerb von zusätzlichen Gesellschaftsanteilen durch neue Gesellschafter ändern. Änderungen der Beteiligung am Gesellschaftsvermögen der Altgesellschafter im Verhältnis zueinander sind nicht zu berücksichtigen. Altgesellschafter in diesem Sinn sind alle, die vor dem Beginn des Fünfjahreszeitraums des § 1 Abs. 2 a GrEStG (unmittelbar oder mittelbar) an der Gesellschaft beteiligt waren (bzw. die Gründungsgesellschafter sind bzw. die bereits vor dem Erwerb des Grundstücks durch die Gesellschaft an dieser [unmittelbar oder mittelbar] beteiligt waren).

742 Der zu § 1 Abs. 3 GrEStG akzeptierte Gedanke der unschädlichen Verstärkung einer schon bestehenden Anteilsvereinigung findet auch im Rahmen des § 1 Abs. 2 a GrEStG Anwendung.

743 Die Regelung des § 1 Abs. 2 a GrEStG betrifft diejenigen Grundstücke, die während des Zeitraums, in dem sich der Gesellschafterbestand um mindestens 95 % der Anteile ändert, durchgängig zum Vermögen der Personengesellschaft gehören bzw. dieser nach § 1 Abs. 3 GrEStG zuzurechnen sind (ggf. Korrektur der Abfolge von Gesellschafterbeitritt und Grundstückserwerb bei vorgefasstem Gesamtplan).

744 Die Fünfjahresfrist gilt für die Zusammenrechnung von sukzessiven Anteilsübertragungen. Übertragungen von mindestens 95 % der Anteile, die in einem Rechtsakt vollzogen werden, vollziehen sich in einer logischen Sekunde, also immer innerhalb eines Zeitraums von fünf Jahren. Der Fünfjahreszeitraum des § 1 Abs. 2 a GrEStG kann nicht vor dem 1.1.1997 begonnen haben.

745 In den Fällen des § 1 Abs. 2 a GrEStG kommt, da der Erwerb durch eine „neue" Personengesellschaft fingiert wird, die Steuerbefreiung nach § 6 Abs. 3 GrEStG in Betracht, sofern der Gesellschafterbestand nicht vollständig wech-

Rödder 1107

selt. Die Steuer wird (vorbehaltlich der nachstehend erläuterten Besonderheit) nicht erhoben, soweit der neue Anteil des in der Gesellschaft verbleibenden Gesellschafters dem Anteil entspricht, zu dem er am Vermögen der Gesamthand vor Gesellschafterwechsel beteiligt war. § 6 Abs. 4 GrEStG findet insoweit keine Anwendung.

746 Ist der Gesellschafterwechsel iSd. § 1 Abs. 2 a GrEStG gleichzeitig eine Verminderung des Anteils des Veräußerers am Vermögen der Gesamthand, die unter § 5 Abs. 3 GrEStG bzw. § 6 Abs. 3 Satz 2 GrEStG fällt, ist auf die für den Gesellschafterwechsel zu ermittelnde Bemessungsgrundlage die Bemessungsgrundlage für den Erwerbsvorgang anzurechnen, für den aufgrund des § 5 Abs. 3 GrEStG bzw. des § 6 Abs. 3 Satz 2 GrEStG die Steuervergünstigung des § 5 Abs. 2 GrEStG bzw. des § 6 Abs. 3 Satz 1 GrEStG zu versagen ist. Die Gesellschaft wird so behandelt, als sei der neue Gesellschafter bereits im Zeitpunkt des Erwerbs des Grundstücks durch die Personengesellschaft an dieser beteiligt gewesen (insoweit scheidet dann im Rahmen des § 1 Abs. 2 a GrEStG eine Anwendung des § 6 Abs. 3 Satz 1 GrEStG aus, weil sich sonst eine Doppelbegünstigung ergeben würde).

747 § 1 Abs. 2 a GrEStG geht der Anwendung des § 1 Abs. 3 GrEStG vor. Die Anwendung des § 1 Abs. 3 GrEStG wird durch § 1 Abs. 2 a GrEStG auch dann ausgeschlossen, wenn nach dessen Satz 3 oder einer Befreiungsvorschrift die Steuer nicht erhoben wird.

L. Unternehmenserbschaftsteuerrecht

I. Eckpunkte des neuen Unternehmenserbschaftsteuerrechts

748 Das neue, im Wesentlichen 2009 in Kraft tretende Unternehmenserbschaftsteuerrecht[649] ist davon geprägt, dass auch nicht notierte unternehmerische Beteiligungen mit dem – gegenüber dem bisherigen Erbschaftsteuerrecht regelmäßig höheren – Verkehrswert zu bewerten sind. Zwar ist der Erhalt eines 85 %igen bzw. ausnahmsweise sogar eines 100 %igen Bewertungsabschlags denkbar,[650] die Erfüllbarkeit der Voraussetzungen dieses Abschlags ist aber mit beachtlichen Unsicherheiten behaftet. Es muss festgestellt werden können, dass überhaupt begünstigtes Vermögen vorliegt und dass kein schädliches Verwaltungsvermögen (Grenze 50 % für den 85 %-Abschlag, 10 % für den 100 %-Abschlag) gegeben ist, und es muss der Erhalt von Arbeitsplätzen (Lohnsummen) über 7 bzw. 10 Jahre (650 % bzw. 1000 % der Ausgangslohnsumme) und eine qualifizierte Fortführung des Betriebs über 7 bzw. 10 Jahre gewährleistet werden können. Dies alles ist mit erheblichen Unsicherheiten verbunden. Wie deutlich werden wird, besteht das Risiko hoher ErbSt-Belastungen, wenn und soweit der 85 %ige bzw. 100 %ige Bewertungsabschlag nicht in Anspruch genommen werden kann.

---

[649] Zur unverändert gebliebenen Rechtslage betr. die Frage der persönlichen Erbschaftsteuerpflicht in Deutschland s. schon Rz. 441.

[650] Der Stpfl. muss sich bis zur erstmaligen bestandskräftigen ErbSt-Festsetzung unwiderruflich entscheiden, ob er den 85 %- oder den 100 %-Bewertungsabschlag (gem. § 13 b Abs. 4 bzw. § 13 a Abs. 8 Nr. 4 ErbStG) in Anspruch nehmen will.

L. Unternehmenserbschaftsteuerrecht

Die beiden genannten Elemente des neuen Unternehmenserbschaftsteuerrechts – durchgängige Verkehrswertbewertung von unternehmerischen Beteiligungen und möglicher Bewertungsabschlag i.H.v. 85% bzw. 100% auf begünstigtes Vermögen – sind in praxi für die Familienunternehmen das Entscheidende. Die weiteren Eckpunkte des neuen Unternehmenserbschaftsteuerrechts (Anhebung der Freibeträge für Ehegatten, Kinder, Enkel etc.; Abzugsbetrag von bis zu 150.000 € bei Betriebsvermögenserwerb iHv bis zu 450.000 €; höherer Steuersatz von bis zu 50% für die Steuerklassen II und III [Geschwister, Neffen und Nichten etc.], während es in Steuerklasse I bei bis zu 30% bleibt; Möglichkeit der Tarifentlastung [bei Erwerb begünstigten Vermögens durch natürliche Personen der Steuerklassen II und III gilt der Erwerb als in Steuerklasse I erfolgt]) haben regelmäßig jedenfalls bei größeren Familienunternehmen kein vergleichbares Gewicht (nur der Tarifentlastung kann im Einzelfall eine große Bedeutung zukommen).[651]

Aus den Eckpunkten des neuen Unternehmenserbschaftsteuerrechts ergibt sich für Familienunternehmen folgende Prüfungsreihenfolge: Ist begünstigtes Vermögen gegeben? Wird der Verwaltungsvermögenstest bestanden? Kann die Lohnsummenfrist eingehalten werden? Kann die Behaltefrist eingehalten werden? Wie hoch sind der erbschaftsteuerlich relevante Verkehrswert und der Steuersatz?

II. Begünstigtes Vermögen

Nur begünstigtes Vermögen gem. § 13 b Abs. 1 ErbStG kann für den 85%igen bzw. 100%igen Bewertungsabschlag qualifizieren. Was begünstigtes Vermögen ist, kann zusammenfassend wie folgt skizziert werden:
- EU-/EWR-Betriebsvermögen: Begünstigt ist der Erwerb von EU-/EWR-Betrieben und -Teilbetrieben oder eines Mitunternehmeranteils/Teils eines Mitunternehmeranteils an einer EU/EWR-Personengesellschaft (gemeint sind jeweils inländische Einheiten oder solche, die einer EU-/EWR-Betriebsstätte dienen). Auch Beteiligungen an Kapitalgesellschaften können im begünstigten Betriebsvermögen enthalten sein (auch Drittstaatenbeteiligungen).
- EU-/EWR-Kapitalgesellschafts-Beteiligungen: Vorausgesetzt sind für die Qualifikation als begünstigtes Vermögen Sitz oder Ort der Geschäftsleitung der Kapitalgesellschaft in einem EU-/EWR-Staat (auch mittelbare Drittstaatenbeteiligungen sind dann begünstigt). Vorausgesetzt ist weiter eine unmittelbare Beteiligung des Erblassers/Schenkers >25% oder bei einer unmittelbaren Beteiligung = 25%, dass durch einheitliche Verfügungs- und Stimmrechte zusammengerechnet eine Beteiligung >25% besteht (sog. Zusammenrechnungsklausel).

Für den Erwerb von Betrieben/Teilbetrieben und von Mitunternehmeranteilen/Teilen von Mitunternehmeranteilen sind – neben dem genannten EU-/EWR-Bezug – die schon aus dem bisherigen § 13a ErbStG bekannten Anforderungen zu beachten.[652] Alle wesentlichen Betriebsgrundlagen müssen grds. mitübertragen werden; für Sonderbetriebsvermögen bestehen Besonderhei-

---

[651] Sie bleibt nachstehend außerhalb der Betrachtung (die Besonderheiten auch bei den Nachlauffristen sind zu beachten).
[652] Vgl. R 51 ErbStR.

ten.[653] Auch gewerblich geprägte Personengesellschaften vermitteln grds. begünstigtes Vermögen. In einem begünstigten Betriebsvermögen gehaltene Kapitalgesellschaftsanteile sind Teil des begünstigten Vermögens. Dies gilt auch für Drittstaatenbeteiligungen.[654]

753 Für die > 25 %-Anforderung betr. unmittelbar „privat" gehaltene Anteile an Kapitalgesellschaften sollten ggf. im Privat-, Betriebs- und Sonderbetriebsvermögen gehaltene Anteile des Erblassers/Schenkers zusammengerechnet werden können. Die genannte Zusammenrechnungsklausel für Anteile an Kapitalgesellschaften von mehreren Gesellschaftern setzt voraus, dass der Erblasser oder Schenker und die weiteren Gesellschafter verpflichtet sind, über die Anteile nur einheitlich zu verfügen oder ausschließlich auf andere derselben Verpflichtung unterliegende Anteilseigner zu übertragen und das Stimmrecht gegenüber nichtgebundenen Gesellschaftern einheitlich auszuüben. Zu beachten ist, dass auch insoweit die Rz. 764 ff. erläuterte Behaltefrist gilt. Auch für unmittelbar im Privatvermögen gehaltene Anteile an Kapitalgesellschaften kommt es nur auf den EU-/EWR-Bezug dieser Kapitalgesellschaft an. Deren Töchter, Enkel etc. können dagegen unschädlich in Drittstaaten ansässig sein.

754 Begünstigtes Vermögen kann mithin immer dann relativ unproblematisch erreicht werden, wenn der zu schenkende bzw. zu vererbende Anteil an einer (EU-/EWR-)Oberpersonengesellschaft bzw. Gesellschafter-Personengesellschaft besteht (wenn auch die weiteren Anforderungen an den Übertragungsgegenstand beachtet werden). Bei Anteilen an einer (EU-/EWR-)Oberkapitalgesellschaft bzw. einer Gesellschafter-Kapitalgesellschaft kann dagegen – je nach Beteiligungsquote – der Abschluss einer Zusammenrechnungsvereinbarung im vorstehenden Sinne notwendig werden.

III. Verwaltungsvermögenstest

755 Der Verwaltungsvermögenstest soll sicherstellen, dass nicht im Gewand von eigentlich begünstigtem Vermögen als eigentlich nicht begünstigungswürdig angesehenes Vermögen in größerem Umfang erbschaftsteuerbegünstigt verschenkt oder vererbt werden kann. Wenn das Verwaltungsvermögen > 50 % (beim 85 %-Bewertungsabschlag, > 10 % beim 100 %-Bewertungsabschlag) des eigentlich begünstigten Betriebsvermögens beträgt, ist das Betriebsvermögen insgesamt nicht begünstigt. Wenn sich das Verwaltungsvermögen ≤ 50 % (bzw. ≤ 10 %) des eigentlich begünstigten Betriebsvermögens beläuft, ist das Betriebsvermögen grds. insgesamt begünstigt (Ausn.: In den letzten zwei Jahren zugeführtes Verwaltungsvermögen).

756 Als Verwaltungsvermögen gem. § 13 b Abs. 2 ErbStG qualifizieren u.a. Dritten zur Nutzung überlassene Grundstücke mit Ausnahmen vor allem für Sonderbetriebsvermögen und bestimmte Betriebsaufspaltungs-, Betriebsverpachtungs- und Konzernfälle, unmittelbare Beteiligungen am Nennkapital einer Kapitalgesellschaft ≤ 25 %, Anteile an Personengesellschaften oder Anteile > 25 % an Kapitalgesellschaften, soweit bei diesen Verwaltungsvermögen > 50 % vorhanden ist,[655] Wertpapiere und „vergleichbare Forderungen" (mit bestimmten Branchenausnahmen), Kunstgegenstände und Edelmetalle (mit

---

[653] R 51 Abs. 3 u. 4 ErbStR.
[654] Siehe auch bisher R 51 Abs. 4 S. 3 ErbStR.
[655] Wohl auch im Fall des 100 %-Abschlags.

L. Unternehmenserbschaftsteuerrecht 757–760 §13

bestimmten Branchenausnahmen).[656] Drittstaatenvermögen gehört nicht per se zum Verwaltungsvermögen.

Der Verwaltungsvermögenstest ist für den verschenkten bzw. vererbten Betrieb, Teilbetrieb oder Mitunternehmeranteil bzw. die Kapitalgesellschaft, deren Anteil verschenkt oder vererbt worden ist, durchzuführen.[657] Dabei ist ggf. bei mehrstufigen Strukturen durch die gesamte Gruppe „von oben nach unten" rechtsträgerbezogen durchzugehen. Hält also die Obergesellschaft einen Personengesellschaftsanteil oder eine >25%ige Beteiligung an einer nachgeschalteten Kapitalgesellschaft,[658] ist für deren Vermögen wieder der Verwaltungsvermögenstest durchzuführen etc. Unklar ist dabei, ob die 25%-Grenze für Kapitalgesellschaftsbeteiligungen aus Sicht der Obergesellschaft durchgerechnet oder von Stufe zu Stufe zu prüfen ist (der Wortlaut spricht eher für Letzteres).[659] 757

Für die Bewertung des Betriebsvermögens insgesamt gelten die Regeln Rz. 769 ff., es erfolgt grds. eine Gesamtbewertung der Bewertungseinheit (Betrieb, Teilbetrieb, Mitunternehmeranteil, qualifizierende Anteile an einer Kapitalgesellschaft). Für das Verwaltungsvermögen werden die gemeinen Werte der betroffenen Wirtschaftsgüter einzeln nach den entsprechenden bewertungsrechtlichen und erbschaftsteuerlichen Vorgaben ermittelt[660]; Schulden finden dabei keine Beachtung. Der Verwaltungsvermögenstest muss zum Zeitpunkt des Erbfalls/der Schenkung bestanden werden; es gibt keine Nachlauffrist. Ggf. sind vorbereitende Umstrukturierungen erforderlich. 758

IV. Lohnsummenfrist

Die in §13a Abs.1 ErbStG geregelte 7- bzw. 10-Jahres-Lohnsummenfrist (beim 85%- bzw. 100%-Bewertungsabschlag) soll den Erhalt des vollen erbschaftsteuerlichen Bewertungsabschlags an die Voraussetzung knüpfen, dass in einem 7- bzw. 10-Jahreszeitraum in den EU-/EWR-Rechtsträgern des Familienunternehmens (bei Kapitalgesellschaften ist auch insoweit eine Beteiligung >25% erforderlich.[661]) nicht in nennenswertem Umfang Arbeitsplätze abgebaut werden (Drittstaaten-Rechtsträger spielen keine Rolle). Dies wird an dem weitgehenden Erhalt des Lohnsummen-Volumens festgemacht. 759

Zusammenfassend kann diese Voraussetzung wie folgt skizziert werden: Die aufaddierte Lohnsumme in 7 bzw. 10 Jahren nach dem Erbfall/der Schenkung 760

---

[656] Für die Praxis besonders wesentlich ist weiter die Frage, ob Debitoren und Konzerndarlehen schädliches Verwaltungsvermögen sein können (was offensichtlich sinnwidrig wäre). Auch stellt sich die Frage, ob ein bloßer Aktivtausch zu einer schädlichen Zuführung von Verwaltungsvermögen innerhalb der o.a. 2-Jahresfrist führen kann u.V.a.m.

[657] Bei Mitunternehmerschaften ist Sonderbetriebsvermögen mit einzubeziehen.

[658] Auch bei der Prüfung dieser 25%-Grenze gilt die o.a. Zusammenrechnungsklausel.

[659] Da Kapitalgesellschaftsbeteiligungen ≤25% als Verwaltungsvermögen qualifizieren, zeitigt die Zuordnung solcher Beteiligungen zu einem begünstigten Vermögen nur dann einen ErbSt-entlastenden Effekt, wenn der Verwaltungsvermögenstest gleichwohl bestanden werden kann.

[660] Für Grundstücke bspw. gelten dabei die neu vorgesehenen Regeln für die Ermittlung des gemeinen Wertes von Grundbesitz.

[661] Insoweit gibt es aber keine Zusammenrechnungsklausel.

Rödder 1111

in den (bei Kapitalgesellschaften mit >25%) unmittelbar oder mittelbar gehaltenen EU-/EWR-Gesellschaften darf nicht unter 650% bzw. 1000% der indexierten Ausgangslohnsumme fallen. Die Ausgangslohnsumme ist die durchschnittliche Lohnsumme der letzten fünf Wirtschaftsjahre. Rechtsfolge bei Verstoß: Für jeden Prozentpunkt des Unterschreitens entfällt anteilig der Bewertungsabschlag. Die 7- bzw. 10-Jahres-Lohnsummenfrist gilt nicht für Unternehmen ohne Ausgangslohnsumme oder solche mit höchstens 10 Arbeitnehmern.

761 Jeweils müssen die für die Lohnsummenfrist relevanten EU-EWR-Rechtsträger festgestellt werden. Unklar ist, ob die >25%-Mindestbeteiligungsgrenze für die unmittelbar oder mittelbar gehaltenen EU-/EWR-Kapitalgesellschaften durchgerechnet oder von Stufe zu Stufe zu prüfen ist. Klar ist dagegen, dass die Lohnsumme bei Nicht-100%-Töchtern nur quotal einzubeziehen ist. Unklar ist dagegen wieder, ob die 10-Arbeitnehmer-Grenze unter Einbezug der o.a. qualifizierenden EU-/EWR-Rechtsträger zu prüfen ist oder nicht (auf keinen Fall relevant sind wohl Arbeitnehmer von Schwestergesellschaften der Obergesellschaft).

762 Wie optimistisch oder pessimistisch ein Familienunternehmen (deren Gesellschafter) die Chancen der Einhaltung der Lohnsummenfrist einschätzen kann, ist naturgemäß eine individuelle Frage. Dabei ist zu beachten, dass auch bei nicht erfolgendem Arbeitsplatzabbau die Verlagerung von Lohnsummen in Drittstaaten schädlich ist.

763 Die Möglichkeit der Einhaltung der Lohnsummenfrist wie auch der nachstehend geschilderten Behaltefrist ist von der zukünftigen Entwicklung abhängig und damit nicht unwesentlich spekulativer Natur. Schon dies ist problematisch. Es ist außerdem offenkundig, dass beide Fristen dazu führen, dass in einem bis zu 7 bzw. 10 Jahre währenden Zeitraum unternehmerisch gebotene Maßnahmen der Geschäftsführung in Konflikt zu erbschaftsteuerlichen Interessen der Gesellschafter treten können. Die ggf. provozierten Entscheidungssituationen können problematisch sein. Bei einer großen Zahl von Gesellschaftern des Familienunternehmens laufen die Fristen im schlechtesten Fall permanent.

V. Behaltefrist

764 Die in § 13a Abs. 5 ErbStG geregelte 7- bzw. 10-Jahres-Behaltefrist (beim 85%- bzw. beim 100%-Bewertungsabschlag) bringt zum Ausdruck, dass der Erhalt des vollen erbschaftsteuerlichen Bewertungsabschlags auch daran geknüpft werden soll, dass der Beschenkte/Erbe das Erlangte nicht ganz oder anteilig in einem 7- bzw. 10-Jahreszeitraum „versilbert" oder als schädlich angesehene Ersatzhandlungen vornimmt. Die Regelung ähnelt der schon bisher in § 13a Abs. 5 ErbStG allerdings für eine Fünf-Jahres-Behaltefrist vorgesehenen Voraussetzung für die Inanspruchnahme der in § 13a ErbStG geregelten ErbSt-Präferenzen.[662] Allerdings wirkt die Sanktion des neuen anders als die des alten § 13a Abs. 5 ErbStG nur zeitanteilig.

765 Der wesentliche Inhalt der Neuregelung kann wie folgt zusammenfassend skizziert werden: Schädlich sind für den 85% bzw. 100%igen Bewertungsab-

---

[662] Siehe dazu auch R 62 ff. ErbStR.

L. Unternehmenserbschaftsteuerrecht

schlag die Veräußerung eines Betriebs, Teilbetriebs, Anteils an einer Personengesellschaft und wesentlicher Betriebsgrundlagen innerhalb von 7 bzw. 10 Jahren nach Erwerb. Entsprechendes gilt für die Veräußerung von begünstigt erworbenen Anteilen an Kapital- bzw. Personengesellschaften. Im Übrigen besteht eine Reihe von Veräußerungs-Ersatztatbeständen (z. B. Überentnahmen bzw. -ausschüttungen, Entnahmen von wesentlichen Betriebsgrundlagen ins Privatvermögen, bestimmte Umstrukturierungen[663] und Kapitalherabsetzungen sowie die Aufhebung der o.a. Zusammenrechnungsvereinbarung). Unschädlich sind: Veräußerung von Teilbetrieben und wesentlichen Betriebsgrundlagen, wenn nicht eine Einschränkung des Betriebs resultiert und eine Verwendung des Veräußerungserlöses im betrieblichen Interesse erfolgt. Rechtsfolge bei Verstoß: Der Bewertungsabschlag entfällt zeitanteilig und Verkehrswert-anteilig. D.h. bspw., dass bei einer Veräußerung der Hälfte des Verkehrswerts im Jahr 5 der 85 %-Bewertungsabschlag zu 50 % x 3/7 (= 21 %) entfallen würde.

Überentnahmen resp. -ausschüttungen[664] ermitteln sich wie bisher als über den gesamten (7- bzw. 10-Jahres-)Zeitraum ermitteltes Mehr an Entnahmen resp. Ausschüttungen verglichen mit Gewinnen und Einlagen[665] (wohl bezogen auf den Rechtsträger, an dem die übertragene Beteiligung besteht). ErbSt-Entnahmen sind nach wie vor grds. schädliche Entnahmen.[666] Im Fall von Überentnahmen resp. -ausschüttungen ist nur nach Maßgabe des übernommenen Betrags in Relation zum Gesamtwert Schädlichkeit gegeben.

Unklar ist gegenwärtig vor allem noch, ob und wann ggf. bei Veräußerungen etc. in die Konzernstruktur des Familienunternehmens „hineingeschaut" werden kann (wann liegt eine Veräußerung durch den „Erwerber" vor?). Es ist offenkundig, dass die Beantwortung dieser Frage von großer praktischer Bedeutung ist. Jedenfalls eine Kapitalgesellschaft sollte insoweit abschirmend wirken können.

Unklar ist im Einzelfall auch noch, wie der wegfallende Anteil des Begünstigungsabschlags zu errechnen ist, wenn sowohl gegen die Lohnsummen- als auch gegen die Behaltefrist verstoßen wird.

VI. Ermittlung des erbschaftsteuerlich relevanten Verkehrswerts und des Steuersatzes

Für die erbschaftsteuerliche Bewertung von Betriebsvermögen bzw. nicht notierten Anteilen an Kapitalgesellschaften regeln §§ 11, 109, 199 ff. BewG die Einzelheiten der Konkretisierung des Verkehrswert-Bewertungs-Grundsatzes (für notierte Anteile an Kapitalgesellschaften bleibt es bei der Relevanz des Kurswertes, ggf. zzgl. eines Paketzuschlags[667]).

---

[663] Umstrukturierungen zu Buchwerten in Form von Einbringungen gem. §§ 20, 24 UmwStG können unverändert grds. unschädlich vorgenommen werden, solche nach §§ 3 ff. und § 11 ff. UmwStG nun aufgrund einer entsprechenden Gesetzesänderung ebenfalls.
[664] Diese sind neu relevant.
[665] Weshalb im Einzelfall vor Ablauf der Frist Einlagen vorgenommen werden sollten.
[666] Der Wertungswiderspruch zu § 34a EStG ist offensichtlich.
[667] Siehe dazu R 95 Abs. 6 ErbStR.

§ 13 770–774   Besonderheiten der Besteuerung

770 Die Essentials können zusammenfassend wie folgt skizziert werden: Die Bewertung erfolgt im Grundsatz rechtsformunabhängig mit dem gemeinen Wert (= Verkehrswert). Vorrangig erfolgt eine Ableitung aus Verkäufen unter fremden Dritten innerhalb des letzten Jahres. Ansonsten ist grds. eine Berücksichtigung der Ertragsaussichten bei der Bewertung vorgeschrieben, also eine Bewertung nach dem Ertragswertverfahren. Diese ist wahlweise typisiert[668]; ansonsten wird man im Zweifel auf IDW S 1 abstellen. Ggf. ist eine andere am Markt übliche Bewertungsmethode anzuwenden. Zu wählen ist die Methode, die ein Erwerber bei der Bemessung des Kaufpreises zugrundelegen würde.

771 Das erbschaftsteuerliche Abstellen auf den Verkehrswert bedeutet bei Unternehmen i.d.R. eine ertragsbezogene Gesamtbewertung, keine Bewertung einzelner Aktiva und Passiva. Bei Zugrundelegung des wahlweise wählbaren typisierten Bewertungsverfahrens in §§ 199 ff. BewG und einem 4,5 %igen Basiszins sowie dem vorgesehenen 4,5 %igen Zuschlag ist das 11,11-fache des (vergangenheitsbezogen ermittelten) Ergebnisses des gesamten Familienkonzerns nach Steuern relevant. Nach IDW S1 oder aufgrund entsprechender Marktgegebenheiten kann sich ein höherer oder ein niedriger Verkehrswert ergeben. Der Substanzwert soll die Wertuntergrenze sein.[669] Der Intervall möglicher ErbSt-Werte und damit auch die resultierende Unsicherheit sind immens.

772 Gesellschaftsvertraglich vorgesehenen Abfindungsbegrenzungen und Verfügungsbeschränkungen soll bei der Verkehrswertermittlung keine begrenzende Bedeutung zukommen.[670] Gezahlte Kaufpreise sind nur relevant, wenn die Verkäufe unter fremden Dritten erfolgt sind.[671]

773 Der Steuersatz ist ab 26 Mio. € steuerpflichtigem Erwerb (der sich ggf. unter Berücksichtigung des ganz oder anteilig möglichen Bewertungsabschlags errechnet) 30 % in Steuerklasse I (wenn diese Steuerklasse nicht erreicht würde: 50 %). Bei einem Verkehrswert des Familienunternehmens von mehr als gut 173 Mio. € greift bei einem Erwerber mithin auch unter Berücksichtigung des 85 %igen Bewertungsabschlags der Höchststeuersatz.[672]

774 Unterstellt man exemplarisch einen Verkehrswert des Familienunternehmens von 300 Mio. € und einen 30 %igen Steuersatz, beträgt die ErbSt auf den Übergang aller Anteile günstigstenfalls (85 %-Abschlag) 13,5 Mio. €, bei einem Verkehrswert von 600 Mio. € beläuft sie sich auf 27 Mio. €. Beide Verkehrswerte sollen exemplarisch die Grenzwerte des Intervalls möglicher Verkehrswerte sein. Schlechtestenfalls (voller Entfall des 85 %-Abschlags) resultiert eine ErbSt von 90 Mio. € bei 300 Mio. € Verkehrswert bzw. von 180 Mio. € bei 600 Mio. € Verkehrswert. D.h., dass in dem unterstellten Fall die mögliche ErbSt-Belastung zwischen 13,5 Mio. € und 180 Mio. € variiert. Welche ErbSt-

---

[668] Das Gesetz sieht den Vorbehalt offensichtlich unzutreffender Ergebnisse vor.
[669] Dies ist betriebswirtschaftlich unzutreffend. Richtig wäre der Liquidationswert.
[670] Vgl. § 9 Abs. 3 BewG und BFH v. 17.6.1998, DStRE 1998, 884.
[671] Ob im übrigen Verkäufe unter fremden Dritten ein Zustandekommen im gewöhnlichen Geschäftsverkehr voraussetzen, ist unklar. Zur bisherigen Sichtweise s. R 95 Abs. 3 ErbStR.
[672] Bei einer Schenkung unter Nießbrauchsvorbehalt wird anders nach bisherigem Recht (§ 25 ErbStG a. F.) wie folgt vorgegangen: Der Jahreswert des Nießbrauchs (die Dividende) wird mit dem Kapitalwertfaktor gem. § 14 Abs. 1 BewG-E multipliziert und vom Erwerb gekürzt (der Kürzungsumfang ist abhängig vom Umfang des für den Erwerb gewährten Bewertungsabschlags).

L. Unternehmenserbschaftsteuerrecht   § 13

Belastung eintritt, weiß man erst 7 Jahre nach der Schenkung bzw. dem Erbfall.

Ein Teilverkauf der Anteile am Familienunternehmen zur Finanzierung der ErbSt ist aus Sicht der Familienunternehmen normalerweise ein nicht denkbarer Weg. Er kann aber Ergebnis einer entsprechenden Zwangssituation sein und gerade dann einen (teilweisen) Wegfall des 85 %igen Bewertungsabschlag auslösen (z. B. bei einem deutlichen Ergebnis- und Verkehrswertrückgang nach dem Erbfall bzw. der Schenkung). Der Verkaufsdruck kann aber auch erst durch den aus anderen Gründen erfolgenden Wegfall des Bewertungsabschlags selbst ausgelöst werden. Jeweils resultiert eine kumulative ErbSt- und ESt-Belastung.[673] Besonders drastisch kann das dann wirken, wenn ein beschenkter bzw. erbender Gesellschafter nur zu einem vergleichsweise geringen Preis im Gesellschafter- bzw. Familienkreis veräußern kann, ohne dass dies für die Bestimmung der ErbSt-Bemessungsgrundlage Bedeutung hätte.

775

---

[673] Allerdings ist auch ein neuer § 35b EStG eingeführt worden. Danach erfolgt eine Anrechnung der ErbSt auf die ESt bei Erwerben von Todes wegen, wenn Einkünfte berücksichtigt werden, die im VZ oder in den vorangegangenen 4 VZ als Erwerb von Todes wegen der ErbSt unterlegen haben. Zu den entlastungsfähigen Einkünften gehören insbesondere auch Gewinne aus der Veräußerung geerbter Wirtschaftsgüter.

§ 14 Umwandlung der AG

Bearbeiter: Dr. Klaus Beckmann* und Prof. Dr. Andreas Schumacher**

Übersicht

	Rz.
A. Verschmelzung einer AG auf eine andere AG	1–125
I. Überblick	1–4
II. Voraussetzungen und Durchführung	5–35
1. Verschmelzungsvertrag (§ 4 UmwG)	5, 6
2. Verschmelzungsbericht (§ 8 UmwG)	7, 8
3. Verschmelzungsprüfung (§§ 9 bis 12, 60 UmwG)	9–11
4. Kapitalerhöhung (§§ 68, 69 UmwG)	12–17
5. Verschmelzungsbeschlüsse (§§ 13, 69, 76 UmwG)	18–21
a) Einberufung der Hauptversammlungen	18
b) Beschlussfassung der Hauptversammlungen	19–21
6. Anmeldung und Eintragung der Verschmelzung in das Handelsregister (§§ 16–20, 66 UmwG)	22–29
a) Anmeldung	22–25
b) Eintragung	26–28
c) Bekanntmachung	29
7. Anwendung der Nachgründungsvorschriften (§ 67 UmwG)	30–32
8. Besonderheiten in Neugründungsfällen	33, 34
9. Besonderheiten grenzüberschreitender Verschmelzungen	35
III. Handelsrechtliche Folgen	36–64
1. Rechtsfolgen der Verschmelzung	36, 37
2. Minderheitenrechte der Aktionäre	38–43
3. Handelsbilanzielle Abwicklung	44–64
a) Bilanzierung bei der Überträgerin	44–48
b) Bilanzierung bei der Übernehmerin	49–63
c) Bilanzierung beim Aktionär der Überträgerin	64
IV. Ertragsteuerliche Folgen	65–125
1. Ertragsteuerliche Folgen bei der Überträgerin	65–87
2. Ertragsteuerliche Folgen bei der Übernehmerin	88–99
3. Ertragsteuerliche Folgen bei den Aktionären der Überträgerin	100–105
4. Ertragsteuerliche Folgen der Verschmelzung auf bestehende Organschaftsverhältnisse	106–110
5. Grunderwerbsteuerliche Folgen der Verschmelzung	111–125
B. Verschmelzung einer AG auf eine GmbH	126–134
I. Überblick	126
II. Voraussetzungen und Durchführung	127–132
1. Inhalt des Verschmelzungsvertrags (§ 46 UmwG)	127
2. Unterrichtung der Gesellschafter (§ 47 UmwG)	128
3. Beschluss der Gesellschafterversammlung (§ 50 UmwG)	129

---

* Teil A. bis G.
** Teil H.

		4. Zusätzliche Zustimmungserfordernisse bei der übertragenden AG in Sonderfällen (§ 51 UmwG)	130, 131
		5. Anmeldung und Eintragung der Verschmelzung in das Handelsregister (§§ 16–20, 53 UmwG)	132
	III.	Handelsbilanzielle Abwicklung	133
	IV.	Steuerliche Folgen	134

C. **Verschmelzung einer AG unter Beteiligung einer KGaA** 141–143

D. **Verschmelzung einer AG auf eine Personengesellschaft** 151–194
    I. Überblick 151, 152
    II. Voraussetzungen und Durchführung 153–161
        1. Inhalt des Verschmelzungsvertrags (§ 40 UmwG) .. 153–157
        2. Verschmelzungsbericht (§ 41 UmwG) 158
        3. Unterrichtung der Gesellschafter (§ 42 UmwG) ... 159
        4. Beschluss der Gesellschafterversammlung (§ 43 UmwG) 160
        5. Prüfung der Verschmelzung (§ 44 UmwG) 161
    III. Handelsbilanzielle Abwicklung 162
    IV. Steuerliche Folgen 163–194
        1. Bewertungswahlrecht bei der übertragenden AG .. 164–177
        2. Steuerliche Rückwirkung 178, 179
        3. Wertfortführung durch die übernehmende Personenhandelsgesellschaft 180, 181
        4. Ermittlung des Übernahmeergebnisses 182–187
        5. Übernahmegewinnfolgen 188–190
        6. Gewerbesteuerliche Auswirkungen 191, 192
        7. Behandlung der nicht wesentlich Beteiligten 193
        8. Grunderwerbsteuer 194

E. **Formwechsel einer AG in eine GmbH** 200–218
    I. Überblick 200
    II. Voraussetzungen und Durchführung 201–212
        1. Inhalt des Umwandlungsbeschlusses (§§ 194, 243 iVm. 218 UmwG) 201–203
        2. Umwandlungsbericht (§ 192 UmwG) 204, 205
        3. Umwandlungsbeschluss (§§ 193, 238–240, 242, 244 UmwG) 206–209
        4. Anmeldung und Eintragung des Formwechsels in das Handelsregister (§§ 198, 246, 201 UmwG) 210–212
    III. Handelsrechtliche Folgen 213–217
        1. Rechtsfolgen des Formwechsels 213–215
        2. Minderheitenrechte der Aktionäre 216
        3. Handelsbilanzielle Abwicklung des Formwechsels . 217
    IV. Steuerliche Folgen 218

F. **Formwechsel einer AG in eine Personengesellschaft** .. 221–236
    I. Überblick 221–223
    II. Voraussetzungen und Durchführung 224–230
        1. Inhalt des Umwandlungsbeschlusses (§§ 193, 194, 232, 234 UmwG) 224
        2. Umwandlungsbericht (§ 192 UmwG) 225
        3. Umwandlungsbeschluss (§§ 193, 230–233 UmwG) . 226–228
        4. Anmeldung und Eintragung des Formwechsels in das Handelsregister (§§ 198, 235 UmwG) 229, 230

§ 14

III. Handelsrechtliche Folgen... 231–233
  1. Rechtsfolgen des Formwechsels ... 231
  2. Minderheitenrechte der Aktionäre ... 232
  3. Handelsbilanzielle Folgen ... 233
IV. Steuerliche Folgen... 234–236

G. **Verschmelzung einer AG auf eine natürliche Person** .. 237, 238

H. **Die Übertragung von Teilen des Vermögens einer AG durch Spaltung oder Einzelrechtsnachfolge** ... 251–355
  I. Überblick über die Arten der Spaltung und Alternativgestaltungen ... 251–256
  II. Auf- oder Abspaltung auf Kapitalgesellschaften... 257–304
    1. Gesellschaftsrechtliche Voraussetzungen und Rechtsfolgen ... 257–274
      a) Spaltungsvertrag oder -plan ... 257–263
      b) Spaltungsbericht und Spaltungsprüfung ... 264
      c) Spaltungsbeschlüsse ... 265, 266
      d) Kapitalmaßnahmen ... 267, 268
      e) Eintragung der Spaltung in das Handelsregister ... 269, 270
      f) Wirkung der Spaltung ... 271–274
    2. Handelsbilanzielle Darstellung ... 275–278
      a) Übertragende Aktiengesellschaft ... 275, 276
      b) Übernehmende Kapitalgesellschaft ... 277
      c) Bilanzierende Aktionäre ... 278
    3. Steuerrechtliche Behandlung ... 279–304
      a) Überblick ... 279
      b) Übertragende Aktiengesellschaft ... 280–300
        aa) Teilbetriebe als Voraussetzung für eine ertragsteuerneutrale Spaltung ... 280–292
        bb) Missbrauchsvorschriften ... 293–300
      c) Übernehmende Kapitalgesellschaft ... 301–303
      d) Aktionäre ... 304
  III. Auf- oder Abspaltung auf Personenhandelsgesellschaften ... 305–310
    1. Gesellschaftsrechtliche Voraussetzungen und Rechtsfolgen ... 305
    2. Handelsbilanzielle Darstellung ... 306
    3. Steuerrechtliche Behandlung ... 307–310
      a) Überblick ... 307
      b) Übertragende Aktiengesellschaft ... 308, 309
      c) Übernehmende Personenhandelsgesellschaft und Aktionäre ... 310
  IV. Ausgliederung auf Kapitalgesellschaften ... 311–330
    1. Gesellschaftsrechtliche Voraussetzungen und Rechtsfolgen ... 311, 312
    2. Handelsbilanzielle Darstellung ... 313–315
      a) Übertragende Aktiengesellschaft ... 313
      b) Übernehmende Kapitalgesellschaft ... 314
      c) Bilanzierende Aktionäre ... 315
    3. Steuerrechtliche Behandlung ... 316–330
      a) Übertragende Aktiengesellschaft ... 316–318
        aa) Überblick ... 316
        bb) Tatbestandsvoraussetzungen ... 317, 318
      b) Übernehmende Kapitalgesellschaft ... 319–326

aa) Bewertung des Einbringungsgegenstands
und Auswirkungen für die übertragende AG 319–321
bb) Gewährung anderer Wirtschaftsgüter 322
cc) Rückbeziehungsmöglichkeit 323, 324
dd) Sonstige Auswirkungen 325, 326
c) Anteilsveräußerung nach Ausgliederung 327–329
d) Aktionäre 330
V. Ausgliederung auf Personenhandelsgesellschaften 331–342
1. Gesellschaftsrechtliche Voraussetzungen und
Rechtsfolgen 331
2. Handelsbilanzielle Darstellung 332
3. Steuerrechtliche Behandlung 333–342
   a) Überblick 333
   b) Einbringung nach § 24 UmwStG 334–338
   c) Einbringung nach § 6 Abs. 5 Satz 3 EStG 339, 340
   d) Einbringung in eine Personenhandelsgesellschaft, die keine Mitunternehmerschaft ist 341, 342
VI. Übertragung von Teilen des Vermögens der AG auf
ausländische Rechtsträger 343–349
1. Überblick 343
2. Einbringung in ausländische Personengesellschaften 344, 345
3. Einbringung in ausländische Kapitalgesellschaften . 346–349
   a) Einbringung in Kapitalgesellschaften mit Sitz
außerhalb von EU/EWR 346
   b) Einbringung in EU/EWR-Kapitalgesellschaften 347–349
VII. Besonderheiten bei der KGaA 353–355
1. KGaA als übertragender Rechtsträger 353, 354
2. KGaA als übernehmender Rechtsträger 355

A. Verschmelzung einer AG auf eine andere AG

I. Überblick

1 In § 2 UmwG wird zwischen der Verschmelzung im Wege der Aufnahme (§ 2 Nr. 1 UmwG) und der Verschmelzung im Wege der Neugründung (§ 2 Nr. 2 UmwG) unterschieden. Bei der Verschmelzung zweier Aktiengesellschaften im Wege der **Aufnahme** erfolgt die Übertragung des Vermögens der einen AG (übertragender Rechtsträger) als Ganzes auf eine andere AG (übernehmender Rechtsträger) gegen Gewährung von Aktien an der übernehmenden AG. Die Überträgerin geht im Zuge der Verschmelzung als Rechtsperson unter, die Mitgliedschaften (Aktien) an der Überträgerin erlöschen und das Vermögen einschließlich der Verbindlichkeiten der Überträgerin geht im Wege der Gesamtrechtsnachfolge auf die Übernehmerin über.

2 Bei der Verschmelzung von Aktiengesellschaften im Wege der **Neugründung** übertragen mehrere Aktiengesellschaften (mindestens zwei) ihr Vermögen einschließlich Verbindlichkeiten auf eine im Zuge der Verschmelzung neu entstehende AG. Die übertragenden Aktiengesellschaften gehen verschmelzungsbedingt unter, die Mitgliedschaftsrechte an den Überträgerinnen erlöschen und die Aktionäre der übertragenden Aktiengesellschaften erhalten als Gegenleistung Aktien an der neu entstandenen Aktiengesellschaft.

3 Aus der Verschmelzung zweier Aktiengesellschaften durch Neugründung resultieren demnach zwei Vermögensübergänge, während die Verschmelzung

A. Verschmelzung einer AG auf eine andere AG 4, 5 § 14

zweier Aktiengesellschaften im Wege der Aufnahme nur einen Vermögensübergang erforderlich macht. Verfügen die beiden zu verschmelzenden Rechtsträger über umfangreichen Grundbesitz, ist die Verschmelzung durch Neugründung regelmäßig teurer, weil hier der gesamte Grundbesitz der beteiligten Rechtsträger bewegt wird und deshalb der Grunderwerbsteuer unterliegt (näheres hierzu s. unten). Dieser steuerliche Nachteil der Verschmelzung zur Neugründung wird jedoch zumindest bei Verschmelzungen von börsennotierten Aktiengesellschaften aus gesellschaftsrechtlichen Erwägungen oftmals in Kauf genommen. Denn: Während im Falle der Verschmelzung durch Aufnahme die Aktionäre der aufnehmenden AG eine Anfechtungsklage gegen den Verschmelzungsbeschluss auf ein zu niedrig bemessenes Umtauschverhältnis stützen können (sog. Bewertungsrüge) und sich hierdurch die Eintragung und damit die Wirksamkeit der Verschmelzung maßgeblich verzögert, steht in Neugründungsfällen den Aktionären der übertragenden Aktiengesellschaften ein solches die Wirksamkeit (dh. die Eintragung) der Verschmelzung hemmendes Anfechtungsrecht gem. § 14 Abs. 2 UmwG nicht zu.

Bis zur Entscheidung des EuGH in der Rechtssache SEVIC[1] ging die überwiegende Meinung davon aus, dass Umwandlungsmaßnahmen nach den Vorschriften des Umwandlungsgesetzes auf reine Inlandssachverhalte beschränkt sind. In dieser Entscheidung stellt der EuGH klar, dass grenzüberschreitende Verschmelzungen bereits de lege lata materiell zulässig sind, lässt jedoch offen, nach welchem Verfahren eine solche Strukturmaßnahme ablaufen soll. Durch das zweite Gesetz zur Änderung des Umwandlungsgesetzes vom 19. April 2007[2] wurde die Richtlinie 2005/56/EG vom 26. Oktober 2005 über die Verschmelzung von Kapitalgesellschaften aus verschiedenen Mitgliedstaaten (Verschmelzungsrichtlinie) nunmehr in deutsches Recht umgesetzt. Gemäß § 122a UmwG ist eine grenzüberschreitende Verschmelzung eine solche, bei der mindestens eine der beteiligten Gesellschaften dem Recht eines anderen Mitgliedstaates der Europäischen Union oder eines anderen Vertragsstaats des Abkommens über den Europäischen Wirtschaftsraum unterliegt. Auf die Beteiligung einer Kapitalgesellschaft an einer grenzüberschreitenden Verschmelzung sind gemäß § 122b UmwG die Vorschriften des Ersten Teils und des Zweiten, Dritten und Vierten Abschnitts des zweiten Teils des UmwG entsprechend anzuwenden, so weit sich aus dem für grenzüberschreitende Verschmelzungen eigens gebildeten zehnten Abschnitt nichts anderes ergibt.   4

II. Voraussetzungen und Durchführung

1. Verschmelzungsvertrag (§ 4 UmwG)

Grundlage einer beabsichtigten Verschmelzung ist der Verschmelzungsvertrag. Der Mindestinhalt des Verschmelzungsvertrags ist in § 5 UmwG gesetzlich vorgegeben. Es empfiehlt sich, den Wortlaut der Mindestangaben genau nach den gesetzlichen Vorgaben zu formulieren. Hiernach muss der Vertrag (Entwurf) mindestens folgende Angaben enthalten:
– Die **Firma und den Sitz** der an der Verschmelzung beteiligten Aktiengesellschaften. Darüber hinaus sollten über den Wortlaut des § 5 Abs. 1 Nr. 1   5

---

[1] EuGH C-411/03 (SEVIC) v. 13.12. 2005, DB 2005, 2804 ff.
[2] BGBl. 2007 S. 542 ff.

UmwG hinaus die Handelsregisterbezeichnungen der beteiligten Rechtsträger angegeben werden.
- Der Verschmelzungsvertrag muss die **Vereinbarung über die Übertragung** des Vermögens jeder übertragenden Aktiengesellschaft als Ganzes gegen Gewährung von Aktien an der übernehmenden respektive neu entstehenden Aktiengesellschaft, dh. die Tatbestandsmerkmale der Verschmelzung nennen. Die vertragliche Formulierung „Übertragung des Vermögens als Ganzes" besagt, dass es sich beim verschmelzungsbedingten Vermögensübergang um eine Gesamtrechtsnachfolge, (im Gegensatz zu einer Einzelrechtsübertragung) handelt, die mit der Eintragung im Register der übernehmenden Aktiengesellschaft wirksam wird (§ 20 Abs. 1 Nr. 1 UmwG).
- Das **Umtauschverhältnis** der Aktien für jede übertragende AG. Nicht erforderlich ist – anders als bei der GmbH – eine Zuordnung der zu gewährenden Aktien zu einzelnen Aktionären. Umstritten ist, ob Aktien gleicher Gattung gewährt werden müssen, oder ob auch Aktien anderer Gattung ausreichen (zB stimmrechtslose Vorzugsaktien gegen Stammaktien).[3] Durch das Umtauschverhältnis wird bestimmt, wie viele Aktien die Aktionäre der übertragenden AG für ihre verschmelzungsbedingt untergehenden Aktien an der übernehmenden respektive neuen AG erhalten. Zur Festlegung des Umtauschverhältnisses bedarf es einer Bewertung der übertragenden Aktiengesellschaft(en) und im Falle der Verschmelzung durch Aufnahme der übernehmenden Aktiengesellschaft.

Beispiel: Die A AG (Unternehmenswert: 20 Punkte) soll auf die B AG (Unternehmenswert 100 Punkte) verschmolzen werden; aus den Unternehmenswertrelationen 20 : 100 ergibt sich ein Umtauschverhältnis (gleiche Nennkapitalien und gleiche Aktiennennbeträge bei A AG und B AG unterstellt) von 1 : 5, dh. die Gesellschafter A AG erhalten für fünf Aktien der der A AG eine B AG-Aktie.

Nach welcher Methodik diese **Unternehmensbewertungen** zu erfolgen haben, ist gesetzlich nicht festgelegt. Allerdings entspricht es der hM, dass die im Zuge von Verschmelzungen erforderlichen Unternehmensbewertungen nach Maßgabe betriebswirtschaftlicher Grundsätze zu erfolgen haben, sowie sie in den einschlägigen HFA-Stellungnahmen zu den Grundsätzen ordnungsmäßiger Unternehmensbewertungen zusammengetragen worden sind.[4] Hiernach ist der Unternehmenswert entweder nach dem **Ertragswertverfahren** (diskontierte Ertragsüberschüsse) oder nach einem der gängigen **Discounted Cashflow-Verfahren** (diskontierte Einzahlungsüberschüsse) zu ermitteln. Beide Verfahren liefern vom Grundsatz her denselben Unternehmenswert, stehen mithin nicht in Konkurrenz zueinander. Eine substanzwertorientierte Unternehmenswertermittlung ist im Regelfall weder rechtlich noch betriebswirtschaftlich zulässig. Als Bewertungsstichtag gilt der Tag der über die Verschmelzung beschlussfassenden Hauptversammlung bei der Überträgerin. Im Verschmelzungsvertrag festgesetzte bare Zuzahlungen dürfen nicht 10 % des auf die gewährten Aktien der übernehmenden Aktiengesellschaft entfallenden anteiligen Betrags ihres Grundkapitals übersteigen (§ 68 Abs. 3 UmwG).

---

[3] Siehe Meinungsstand hierzu bei *Kallmeyer/Marsch-Barner* § 23 Rz. 4; Vgl. auch *Kiem*, ZIP 1997, 1627 (1630 ff.); aA *Rümker* WM 1994, 73 (77), unter Hinweis auf Art. 15 Fusionsrichtlinie, wonach Sonderrechte nur solche sind, die nicht Aktien sind.
[4] Vgl. IDW-HFA 2/1983 WPg. 1983, 468 sowie IDW/S1 WPg. 2005, 1303 ff.

A. Verschmelzung einer AG auf eine andere AG 5 § 14

- Gemäß § 5 Abs. 1 Nr. 4 UmwG müssen in den Verschmelzungsvertrag die **Einzelheiten über den Umtausch** der Aktien aufgenommen werden. Die übertragende AG hat einen Treuhänder für die zu gewährenden Aktien und baren Zuzahlungen zu bestellen (§ 71 Abs. 1 Satz 2 UmwG). Mit dem Treuhänder (in Frage kommen zB Banken, Notare oder Treuhandgesellschaften) ist außerhalb des Verschmelzungsvertrags ein Treuhandvertrag zu schließen. Die Bestellung des Treuhänders erfolgt zweckmässigerweise im Verschmelzungsvertrag. Die Verschmelzung darf erst in das Handelsregister eingetragen werden, wenn der Treuhänder dem Gericht angezeigt hat, dass er im Besitz der Aktien und der im Verschmelzungsvertrag festgesetzten baren Zuzahlung ist. Zu den Aufgaben des Treuhänders gehört es, die neuen Aktienurkunden und die baren Zuzahlungen gegen Vorlage der alten Aktienurkunden auszugeben und die ausgehändigten Aktienurkunden der übernehmenden Gesellschaft zu übergeben.[5]
- Im Verschmelzungsvertrag muss der **Zeitpunkt** festgesetzt werden, von dem an die gewährten Aktien gewinnberechtigt sind. Im Regelfall ist dies der Beginn des Geschäftsjahres der übernehmenden respektive neu gegründeten Aktiengesellschaft, der auf den Stichtag der letzten Jahresbilanz des übertragenden Rechtsträgers folgt. Denkbar ist aber auch ein späterer Zeitpunkt, wenn zB die Ausschüttung von Teilen der in der letzten Jahresbilanz der übernehmenden Aktiengesellschaft ausgewiesenen Rück lagen an ihren „alten" Aktionärskreis bei der Festlegung des Umtauschverhältnisses berücksichtigt worden ist.[6]
- Im Verschmelzungsvertrag ist auch der Zeitpunkt festzulegen, von dem an die Handlungen der übertragenden Aktiengesellschaft im Innenverhältnis als für Rechnung der übernehmenden Aktiengesellschaft vorgenommen gelten **(Verschmelzungsstichtag)**. Mit Ablauf des Verschmelzungsstichtags geht die Rechnungslegung auf die übernehmende Aktiengesellschaft über. Die übertragende Aktiengesellschaft hat deshalb auf den Verschmelzungsstichtag eine Schlussbilanz zu erstellen.
- In dem Verschmelzungsvertrag sind **Sonderrechte** anzugeben, die die übernehmende Aktiengesellschaft einzelnen Aktionären gewährt. Als relevante Beispiele nennt das Gesetz (§ 5 Abs. 1 Nr. 7 UmwG) Anteile ohne Stimmrecht, Vorzugsaktien, Schuldverschreibungen oder Genussrechte.
- Der Vertrag muss alle besonderen **Vorteile** angeben, die einem Mitglied des Vorstands oder einem Aufsichtsratsmitglied, dem Verschmelzungsprüfer oder einem Abschlussprüfer gewährt werden.
- Im Verschmelzungsvertrag sind die **Folgen** der Verschmelzung für die Arbeitnehmer und ihre Vertretungen sowie die insoweit vorgesehenen Maßnahmen anzugeben. Es sind nur die unmittelbar kraft Gesetzes eintretenden Konsequenzen anzugeben, wie zB Geltungen von Tarifbindungen, Fortbestand eines Aufsichtsrats, Auswirkungen der Verschmelzung auf die AN-Mitbestimmung etc., während mittelbare Folgen nicht anzugeben sind.[7] Ergänzt wird diese Regelung durch die in der Praxis äußerst bedeutsame **Fristenregelung** in § 5 Abs. 3 UmwG, wonach der Verschmelzungsvertrag oder sein Entwurf

---

[5] Vgl. *Kallmeyer/Marsch-Barner* § 71 Rz. 7.
[6] Vgl. grundlegend *Hoffmann-Becking* in FS Fleck S. 105 ff.
[7] Ebenso *Goutier/Knopf/Tuloch/Bermel/Hannapel* § 5 Rz. 97; *Drygala* ZIP 1996, 1365 (2368 ff.).

(in dem alle entscheidenden Angaben der Schlussfassung des Vertrags bereits enthalten sein müssen) spätestens einen Monat vor der Hauptversammlung, die über die Zustimmung zum Verschmelzungsvertrag beschließen soll, den zuständigen Betriebsräten zuzuleiten ist. Der Nachweis über die erfolgte rechtzeitige Zuleitung des Verschmelzungsvertrags an die zuständigen Betriebsräte (schriftliches Empfangsbekenntnis) ist **Eintragungsvoraussetzung** und ist daher zwingend der Anmeldung der Verschmelzung beim Handelsregister als Anlage beizufügen (§ 17 Abs. 1 UmwG).

– Handelt es sich beim übertragenden Rechtsträger nicht um eine Kapitalgesellschaft (sog. **Mischverschmelzung**), so muss die übernehmende Aktiengesellschaft gem. § 29 Abs. 1 Satz 1 UmwG im Verschmelzungsvertrag jedem Anteilsinhaber des übertragenden Rechtsträgers, der gegen den Verschmelzungsbeschluss Widerspruch zur Niederschrift erklärt, den Erwerb seiner Anteile gegen eine angemessene Barabfindung anbieten. Eine Mischverschmelzung liegt bei einer Verschmelzung zweier Aktiengesellschaften nicht vor, sodass insoweit § 29 Abs. 1 Satz 1 UmwG nicht eingreifen kann. Allerdings ist den Aktionären der übertragenden Aktiengesellschaft nach Satz 2 der Vorschrift auch dann ein Barabfindungsangebot zu machen, wenn die Anteile an der übernehmenden Aktiengesellschaft Verfügungsbeschränkungen unterliegen.

– Bei einer Verschmelzung zur Neugründung ist die **Satzung der neuen Aktiengesellschaft** notwendiger Bestandteil des Verschmelzungsvertrags (§ 37 UmwG). In die Satzung sind Festsetzungen über Sondervorteile, Gründungsaufwand, Sacheinlagen und Sachübernahmen, die in den Satzungen der untergehenden Aktiengesellschaften enthalten waren, grundsätzlich (vorbehaltlich § 26 Abs. 4 und 5 AktG) zu übernehmen.

6   Die Angaben über den Umtausch der Anteile (§ 5 Abs. 1 Nr. 2 bis 5 UmwG) entfallen, wenn eine 100 %ige Tochter-Aktiengesellschaft auf ihre Mutter-Aktiengesellschaft verschmolzen wird. Denn in diesem Fall verbietet § 68 Abs. 1 Nr. 1 UmwG eine Kapitalerhöhung bei der Muttergesellschaft, sodass sich kein Aktientausch ergibt.

2. Verschmelzungsbericht (§ 8 UmwG)

7   Ein Verschmelzungsbericht ist bei einer Verschmelzung von Aktiengesellschaften gem. § 8 Abs. 1 UmwG grundsätzlich immer erforderlich. Dies gilt gem. § 8 Abs. 3 UmwG ausnahmsweise dann nicht, wenn und so weit
– alle Aktien an der übertragenden Aktiengesellschaft sich in der Hand der übernehmenden Aktiengesellschaft befinden oder
– alle Aktionäre der an der Verschmelzung beteiligten Aktiengesellschaften in notariell beurkundeter Form auf die Erstellung verzichtet haben.

8   Ist ein Verschmelzungsbericht zu erstellen, so sind die Vorstände jeder der an der Verschmelzung beteiligten Aktiengesellschaften berichtspflichtig. Allerdings ist ein **gemeinsamer Bericht** aller an der Verschmelzung beteiligten Vorstände zulässig (§ 8 Abs. 1 Satz 1 letzter Halbsatz UmwG). Der Verschmelzungsbericht muss die Verschmelzung, den Verschmelzungsvertrag und insbesondere das Umtauschverhältnis der Aktien sowie die Höhe etwaiger Barabfindungen erläutern und begründen. Auf besondere Schwierigkeiten bei der Bewertung der Aktiengesellschaften und auf Folgen, insbesondere steuerliche Folgen, der Verschmelzung für die Aktionäre ist hinzuweisen. Um etwaige An-

A. Verschmelzung einer AG auf eine andere AG   9–12 § 14

fechtungsrisiken möglichst zu vermeiden, sollten die im Verschmelzungsbericht enthaltenen Angaben möglichst konkret und klar verständlich abgefasst werden und dadurch hinreichend nachvollziehbar sein. Allerdings brauchen in den Verschmelzungsbericht keine Tatsachen aufgenommen werden, deren Bekanntwerden geeignet ist, einem an der Verschmelzung beteiligten Unternehmen einen nicht unerheblichen Nachteil zuzufügen (§ 8 Abs. 2 UmwG).

3. Verschmelzungsprüfung (§§ 9 bis 12, 60 UmwG)

Gemäß § 60 UmwG ist eine Prüfung des Verschmelzungsvertrags ohne Rücksicht darauf, ob ein Aktionär dies verlangt, grundsätzlich durch einen sachverständigen Prüfer durchzuführen (Verschmelzungsprüfung). § 60 Abs. 2 UmwG schreibt vor, dass für jede an der Verschmelzung beteiligte Aktiengesellschaft mindestens ein Verschmelzungsprüfer zu bestellen ist. Eine Prüfung durch einen oder mehrere Verschmelzungsprüfer für alle beteiligten Aktiengesellschaften ist nur dann möglich, wenn dieser bzw. diese Prüfer auf gemeinsamen Antrag der Vorstände durch das zuständige Gericht bestellt werden (§ 60 Abs. 3 UmwG).[8] **9**

Eine Verschmelzungsprüfung ist indessen **nicht erforderlich**, wenn **10**
– alle Aktien an der übertragenden Aktiengesellschaft sich in der Hand der übernehmenden Aktiengesellschaft befinden und somit wegen § 68 Abs. 1 Nr. 1 UmwG eine Kapitalerhöhung sowie ein Aktientausch unterbleibt oder
– alle Aktionäre aller an der Verschmelzung beteiligten Aktiengesellschaften (dh. auch die ggf. zu einer Barabfindung berechtigten Aktionäre [§ 30 Abs. 2 UmwG]) in notariell beurkundeter Verzichtserklärung auf die Erstellung verzichten (§ 60 Abs. 1 iVm. §§ 9 Abs. 3 u. 8 Abs. 3).

Die Verschmelzungsprüfung erstreckt sich auf den Verschmelzungsvertrag **11**
oder seinen Entwurf (§ 9 Abs. 1 UmwG). Die Prüfung erfasst im Einzelnen die **Vollständigkeit und Richtigkeit** der vom Gesetz verlangten Angaben im Verschmelzungsvertrag und als Hauptaufgabe die Prüfung der Angemessenheit des Umtauschverhältnisses sowie die Prüfung der **Angemessenheit** etwaiger Barabfindungen (§ 30 Abs. 2 UmwG). Die Ergebnisse der Verschmelzungsprüfung sind durch die Verschmelzungsprüfer in einem Prüfungsbericht zusammenzufassen. Auf die Erstellung eines Prüfungsberichts kann unter den og. Voraussetzungen durch notariell beurkundete Erklärung verzichtet werden (§ 12 Abs. 3 iVm. § 8 Abs. 3 UmwG).

4. Kapitalerhöhung (§§ 68, 69 UmwG)

Im Falle der Verschmelzung durch Aufnahme stellt sich bei der übernehmenden Kapitalgesellschaft die Frage, ob Anteile im Zuge der Verschmelzung zu gewähren sind, und wenn ja, ob diese im Wege der Kapitalerhöhung neu zu schaffen sind. **Keine Anteilsgewährung darf** erfolgen so weit **12**
– die übernehmende Gesellschaft Anteile an der übertragenden Gesellschaft besitzt (sog. upstream-merger);
– die übertragende Gesellschaft eigene Anteile innehat;
– die übertragende Gesellschaft Anteile an der übernehmenden Gesellschaft besitzt, auf die die Einlage nicht voll geleistet ist.

---

[8] Vgl. *Bungert* BB 1995, 1399.

In diesen drei Fällen ist eine Kapitalerhöhung gesetzlich unzulässig (§ 68 Abs. 1 UmwG).

13 In allen übrigen Fällen sind durch die aufnehmende Gesellschaft Aktien zu gewähren, die grundsätzlich durch eine Kapitalerhöhung zu schaffen sind. Von einer Kapitalerhöhung kann jedoch dann abgesehen werden, wenn und so weit
– die übernehmende Gesellschaft eigene Aktien besitzt und diese im Zuge der Verschmelzung an die Gesellschafter der übertragenden Aktiengesellschaft auskehrt;
– die übertragende Aktiengesellschaft Aktien der übernehmenden besitzt, auf die die Einlagen bereits bewirkt sind (Fälle des sog. down-stream-mergers)
– alle Aktionäre der übertragenden Aktiengesellschaft in notarieller Form auf eine Aktiengewährung verzichten (§ 68 Abs. 1 Satz 3 UmwG.

14 Eine Ausnahme gilt für die Verschmelzung von 100 %-igen Tochter-Aktiengesellschaften. Hier kann auf eine Kapitalerhöhung bei der aufnehmenden Aktiengesellschaft gemäß § 68 Abs. 1 Satz 3 UmwG[9] verzichtet werden.

15 Zum Schutz der **Inhaber von Sonderrechten** (Vorzugsaktien, Wandelschuldverschreibungen, Gewinnschuldverschreibungen, Genussrechte) sieht § 23 UmwG vor, dass die übernehmende Aktiengesellschaft den Inhabern derartiger Sonderrechte gleichwertige Rechte zu gewähren hat.

16 Soweit zur Durchführung der Verschmelzung eine Kapitalerhöhung erforderlich ist, handelt es sich vom Grundsatz her um eine **Sachkapitalerhöhung**, für die nach § 69 UmwG aber insbesondere folgende Vorschriften über die Kapitalerhöhung des AktG nicht anzuwenden sind: § 182 Abs. 4 AktG, wonach das Grundkapital nicht erhöht werden soll, solange ausstehende Einlagen auf das bisherige Grundkapital noch erlangt werden können; § 184 Abs. 2 AktG, demzufolge in der Anmeldung anzugeben ist, welche Einlagen auf das bisherige Grundkapital noch nicht geleistet sind und warum sie nicht erlangt werden können; die Vorschriften über die Zeichnung der neuen Aktien sowie das vorrangige Bezugsrecht der Alt-Aktionäre sind ebenfalls nicht anwendbar (§§ 185, 186, 187 Abs. 1 AktG); schließlich ist § 188 Abs. 3 Nr. 1 AktG (Beifügung der Zweitschriften der Zeichnungsscheine bei der Anmeldung) ausgeschlossen und sind durch die Nichtanwendbarkeit von § 188 Abs. 2 AktG iVm. §§ 36 Abs. 2, 36 a, 37 Abs. 1 AktG weitere Anmelderleichterungen vorgesehen. Ansonsten sind die allgemeinen Vorschriften bei der Kapitalerhöhung anzuwenden (§§ 182 ff. AktG). Das heißt, es hat grundsätzlich eine Prüfung der Werthaltigkeit der Sacheinlage durch einen geeigneten Prüfer stattzufinden hat (§ 183 Abs. 3 AktG), da es sich, wie bereits erwähnt, um eine Sachkapitalerhöhung handelt. § 69 Abs. 1 UmwG schränkt aber den Anwendungsbereich des § 183 Abs. 3 AktG insoweit ein, dass bei einer Verschmelzung von Aktiengesellschaften eine Werthaltigkeitsprüfung nur dann erforderlich ist, wenn die übernehmende Aktiengesellschaft nicht die Buchwerte aus der Schlussbilanz der übertragenden Aktiengesellschaft fortführt, sondern das übernommene Vermögen neu bewertet (§ 24 UmwG) oder wenn das Gericht Zweifel hat, ob der Verkehrswert der Sacheinlage den Nennbetrag der dafür zu gewährenden Aktien erreicht.

17 Die Kapitalerhöhung bei der aufnehmenden Aktiengesellschaft wird im Regelfall in derselben Hauptversammlung beschlossen, in der die Aktionäre der

---

[9] Vgl. Gesetzesänderung BGB 2007 I S. 542.

A. Verschmelzung einer AG auf eine andere AG   18, 19   § 14

übernehmenden Aktiengesellschaft ihre Zustimmung zum Verschmelzungsvertrag erteilen. Nach § 182 Abs. 1 AktG muss der Kapitalerhöhungsbeschluss mit einer 3/4-Mehrheit, des bei der Beschlussfassung vertretenen Kapitals gefasst werden. Hinsichtlich Form und Frist der Einberufung der Hauptversammlung gelten die allgemeinen aktienrechtlichen Regeln (§§ 123, 183 Abs. 1, 124 Abs. 1 AktG).

Die Anmeldung der Kapitalerhöhung wird idR mit der Anmeldung der Verschmelzung verbunden (s. unten).

5. Verschmelzungsbeschlüsse (§§ 13, 69, 76 UmwG)

a) Einberufung der Hauptversammlungen

Für die Einberufung der Hauptversammlungen gelten allgemeine Grundsätze. Hiernach wird die Hauptversammlung jeweils durch den Vorstand einberufen, der darüber mit einfacher Mehrheit beschließt (§ 121 Abs. 2 AktG). Die Einberufung ist in den Gesellschaftsblättern bekannt zu machen (§ 121 Abs. 3 AktG). Hierbei sind Firma und Sitz der Gesellschaft, Zeit und Ort der Hauptversammlung und die Bedingungen anzugeben, von denen die Teilnahme an der Hauptversammlung und die Ausübung des Stimmrechts abhängen. Die Hauptversammlungen sind spätestens einen Monat vor dem Versammlungstag (bzw. Hinterlegungs- oder Anmeldetag, § 123 Abs. 3 und 4 AktG) in den Gesellschaftsblättern der jeweiligen Gesellschaft bekannt zu machen (Fristberechnung richtet sich nach §§ 187 Abs. 1, 188 Abs. 2 BGB). Von der Einberufung der Hauptversammlung an, sind in den Geschäftsräumen einer jeden an der Verschmelzung beteiligten Gesellschaft folgende **Unterlagen zur Einsicht der Aktionäre auszulegen** (§ 63 Abs. 1 UmwG):   18

(1) der Verschmelzungsvertrag oder sein Entwurf,
(2) die Jahresabschlüsse und die Lageberichte sämtlicher an der Verschmelzung beteiligter Rechtsträger der letzten drei Geschäftsjahre,
(3) falls sich der letzte Jahresabschluss auf ein Geschäftsjahr bezieht, dass mehr als sechs Monate vor Abschluss des Verschmelzungsvertrags oder Aufstellung des Entwurfs abgelaufen ist, ist eine Zwischenbilanz auf einen Stichtag zu erstellen, der nicht vor dem ersten Tag des dritten Monats liegt, der dem Abschluss des Verschmelzungsvertrags oder der Aufstellung des Entwurfs vorausgeht.

Beispiel: letzter Bilanzstichtag: 31. 12. 2007, Abschluss des Verschmelzungsvertrags: 16. Juli 2008; Zwischenbilanz (zB): 30. April 2008,

(4) Verschmelzungsberichte (so weit erforderlich),
(5) Prüfungsberichte (so weit erforderlich)

b) Beschlussfassung der Hauptversammlungen

Nach § 13 Abs. 1 UmwG ist Voraussetzung für die Wirksamkeit des Verschmelzungsvertrags, dass diesem in den Hauptversammlungen jeder der beteiligten Aktiengesellschaften zugestimmt wird. Nach § 65 Abs. 1 UmwG bedarf der Verschmelzungsbeschluss der Hauptversammlung einer Mehrheit, die **mindestens $^3/_4$ des** bei der Beschlussfassung **vertretenen Grundkapitals** umfasst. Darunter wird die einfache Mehrheit der abgegebenen Stimmen (§ 133 Abs. 1 AktG) und eine Kapitalmehrheit von $^3/_4$ des bei der Beschlussfas-   19 sung vertretenen Grundkapitals verstanden.[10] Die Satzung kann eine größere Mehrheit und weitere Erfordernisse bestimmen. Wenn mehrere Gattungen von Aktien vorhanden sind, haben die Aktionäre jeder Gattung einen **Sonderbeschluss** zu fassen, der zu seiner Wirksamkeit jeweils der $^{3}/_{4}$-Mehrheit des vertretenen Grundkapitals einer jeden Gattung bedarf (§ 65 Abs. 2 AktG).

20 Befinden sich mindestens 90 % des Grundkapitals einer übertragenden Aktiengesellschaft in der Hand der übernehmenden Aktiengesellschaft, bedarf es gem. § 62 Abs. 1 UmwG keines Verschmelzungsbeschlusses der übernehmenden Aktiengesellschaft zur Aufnahme der übertragenen Aktiengesellschaft.[11] Ein HV-Beschluss über die Verschmelzung ist bei der übernehmenden Gesellschaft jedoch trotz 90 %-Beteiligung dann erforderlich, wenn Aktionäre der übernehmenden Gesellschaft, die zumindest zu 5 % am Grundkapital beteiligt sind, dies verlangen (§ 62 Abs. 2 UmwG).

21 Die Verschmelzungsbeschlüsse und die Zustimmungsbeschlüsse müssen **notariell beurkundet** werden (§ 13 Abs. 3 Satz 1 UmwG). Den Verschmelzungsbeschlüssen ist der Verschmelzungsvertrag oder sein Entwurf als Anlage beizufügen.

6. Anmeldung und Eintragung der Verschmelzung in das Handelsregister (§§ 16–20, 66 UmwG)

a) Anmeldung

22 Gemäß § 66 AktG darf die Verschmelzung erst dann eingetragen werden, nachdem eine ggf. erforderliche Kapitalerhöhung bei der aufnehmenden Kapitalgesellschaft im Register eingetragen worden ist. In der Praxis werden Kapitalerhöhung und Verschmelzung gemeinsam zum Handelsregister angemeldet.

Die Anmeldung der Kapitalerhöhung ist durch alle Mitglieder des Vorstands der übernehmenden Aktiengesellschaft vorzunehmen (§ 188 Abs. 1 AktG). Die Anmeldung bedarf der **öffentlichen Beglaubigung** (§ 12 Abs. 1 HGB).

23 Nach § 69 Abs. 2 UmwG sind der **Anmeldung der Kapitalerhöhung** zum Handelsregister folgende Unterlagen beizufügen:
(1) Verschmelzungsvertrag,
(2) die Niederschriften der Verschmelzungsbeschlüsse in Ausfertigung oder öffentlich beglaubigter Abschrift,
(3) alle die Höhe der Gegenleistung betreffenden Nebenvereinbarungen (§ 188 Abs. 3 Nr. 2 AktG),
(4) eine Aufstellung aller der Übernehmerin durch die Ausgabe der neuen Aktien entstehenden Kosten (§ 188 abs. 3 Nr. 2 AktG),
(5) staatliche Genehmigungsurkunden (§ 188 Abs. 3 Nr. 4 AktG).

24 Die **Anmeldung der Verschmelzung** ist durch den Vorstand jeder der an der Verschmelzung beteiligten Aktiengesellschaften vorzunehmen. Der Vorstand der übernehmenden Aktiengesellschaft ist jedoch auch berechtigt, die Verschmelzung bei den Registern der übertragenen Rechtsträger anzumelden

---

[10] Vgl. *Kallmeyer/Zimmermann* § 65 Rz. 5.
[11] Siehe hierzu OLG Karlsruhe 15 U 127/90 v. 9. 8. 1991, AG 1992, 31; das OLG vertritt die Auffassung, dass eine vereinfachte Verschmelzung ohne Verschmelzungsprüfung nicht zulässig ist, wenn die übernehmende Aktiengesellschaft die restlichen Anteile zur Überschreitung der 90 %-Grenze erst im Wege einer Kapitalerhöhung gegen Sacheinlage unter Ausschluss des Bezugsrechts der Minderheitsaktionäre erwirbt.

A. Verschmelzung einer AG auf eine andere AG 25 § 14

(§ 16 Abs. 1 Satz 2 UmwG). Bei der Anmeldung der Verschmelzung haben die Vorstände folgende Erklärungen abzugeben:
- eine **Negativerklärung**, dass keine Klagen gegen die Wirksamkeit des Verschmelzungsbeschlusses anhängig sind (sog. Negativerklärung der Vertretungsorgane gem. § 16 Abs. 2 Satz 1 UmwG) oder
- eine **notariell beurkundete Erklärung** sämtlicher Aktionäre, dass diese auf ihr Klagerecht gegen den Verschmelzungsbeschluss verzichten (Verzichtserklärung der Aktionäre § 16 Abs. 2 Satz 2 UmwG).

Die Erhebung einer Klage gegen die Wirksamkeit des Verschmelzungsbeschlusses stellt grundsätzlich ein **Eintragungshindernis** dar. Ist die fristgerechte Klage gegen die Wirksamkeit des Verschmelzungsbeschlusses erhoben worden, kann der betroffene Rechtsträger in einem **gesonderten Verfahren** (§ 16 Abs. 3 UmwG) beim Prozessgericht einen Beschluss beantragen, in dem festgestellt wird, dass die Erhebung der Klage der Eintragung nicht entgegensteht. Der rechtskräftig gewordene Beschluss ersetzt die og. Negativerklärung der Vertretungsorgane.

Der Beschluss kann gem. § 16 Abs. 3 Satz 2 UmwG nur unter den folgenden Voraussetzungen ergehen:[12]
- die Klage ist unzulässig oder
- die Klage ist offensichtlich unbegründet oder
- eine Abwägung der Interessen von Kläger und Antragsteller durch das Prozessgericht ergibt, dass das alsbaldige Wirksamwerden der Verschmelzung zur Abwendung wesentlicher Nachteile für die Gesellschaften und ihre Gesellschafter gegenüber der Schwere der mit der Klage geltend gemachten Rechtsverletzungen vorrangig erscheint.[13]
- In Fällen des § 61 Abs. 1 AktG (aufnehmende AG hält 90 % der Aktien an der übertragenden AG): Erklärung des Vorstands der aufnehmenden AG, ob ein Antrag auf Einberufung einer Hauptversammlung gem. § 62 Abs. 2 UmwG gestellt worden ist.

Den Anmeldungen sind **folgende Anlagen** beizufügen (§§ 17, 62 UmwG) 25
(1) beglaubigte Abschrift oder Ausfertigung des notariell beurkundeten Verschmelzungsvertrags,
(2) beglaubigte Abschrift oder Ausfertigungen der Niederschriften über die Zustimmungsbeschlüsse (vorzulegen sind die Zustimmungsbeschlüsse *aller* an der Verschmelzung beteiligten Rechtsträger),
(3) Verschmelzungsbericht (so weit erforderlich),
(4) Verschmelzungsprüfungsbericht (so weit erforderlich),
(5) Nachweis über die Zuleitung des Verschmelzungsvertrags oder seines Entwurfs an den Betriebsrat,
(6) Genehmigungsurkunde, falls die Verschmelzung der staatlichen Genehmigung bedarf,
(7) Nachweis der Bekanntmachung der Verschmelzung,
(8) Schlussbilanz des übertragenden Rechtsträgers, die auf einen Stichtag höchstens acht Monate vor der Anmeldung aufgestellt sein darf. Die Schlussbilanz kann auch nachgereicht werden, wenn dies kurzfristig nach der Anmel-

---

[12] Zum Anwendungsbereich s. *Bayer* ZGR 1995, 613; *Ch. Schmidt* ZGR 1997, 493; *Riegger/Schockenhoff* ZIP 1997, 2105; *Decher* AG 1997, 388.
[13] LG Hanau 5 O 183/95 v. 5. 10. 1995, WM 1996, 66; OLG Stuttgart 12 W 44/96 v. 17. 12. 1996, ZIP 1997, 75; OLG Ffm. 10 W 12/97 (rkr.) v. 9. 6. 1997, ZIP 1997, 1291.

dung geschieht und wenn die Schlussbilanz zum Zeitpunkt der Anmeldung bereits erstellt war und hätte vorgelegt werden können.[14]

b) Eintragung

26 Die Verschmelzung darf in das Register des Sitzes des übernehmenden Rechtsträgers erst eingetragen werden, nachdem sie im Register des Sitzes jedes der übertragenden Rechtsträger eingetragen worden ist (§ 19 Abs. 1 UmwG). Bevor das Gericht die Verschmelzung jedoch in das Handelsregister einträgt, wird es neben der Prüfung der Vollständigkeit der Anmeldeunterlagen die **Gesetzmäßigkeit der Verschmelzung/Kapitalerhöhung** sowie die Werthaltigkeit der Sacheinlage prüfen.

27 Wird die og. Negativerklärung abgegeben, so prüft das Registergericht den Verschmelzungsbeschluss nur noch unter dem Gesichtspunkt der Nichtigkeit. Ist jedoch Anfechtungsklage erhoben worden, über die noch nicht rechtskräftig entschieden ist, kann die Verschmelzung grundsätzlich nicht eingetragen und damit nicht wirksam werden, es sei den, das Prozessgericht stellt innerhalb des besonderen Verfahrens nach § 16 Abs. 3 UmwG fest, dass die Klageerhebung der Eintragung nicht entgegensteht.

28 Die **Werthaltigkeit der Sacheinlage** wird vom Registergericht am Sitz der übernehmenden Aktiengesellschaft auf der Grundlage der eingereichten Schlussbilanz geprüft. Handelt es sich beim übertragenden Rechtsträger um eine mittelgroße oder große Kapitalgesellschaft müssen die eingereichten Schlussbilanzen von einem Abschlussprüfer geprüft sein (§ 17 Abs. 2 UmwG iVm. § 316 HGB). Sollten danach weiterhin Zweifel an der Werthaltigkeit verbleiben, kann das Registergericht weitere Nachweise verlangen (§ 69 Abs. 1 Satz 1 UmwG). Bei kleinen Kapitalgesellschaften wird in der Praxis als Werthaltigkeitsnachweis eine Werthaltigkeitsbescheinigung eines WP oder StB vorgelegt.

c) Bekanntmachung

29 Die Eintragung der Kapitalerhöhung wird durch das Registergericht der übernehmenden Aktiengesellschaft bekannt gemacht (§ 190 AktG). Die Bekanntmachung der Eintragung der Verschmelzung erfolgt gem. § 19 Abs. 3 UmwG von Amts wegen durch das Gericht am Sitz jedes der an der Verschmelzung beteiligten Aktiengesellschaften unter zusätzlichem Hinweis auf das Recht der Gläubiger, Sicherheiten verlangen zu können (§ 22 Abs. 1 Satz 3 UmwG). Eine Bekanntmachung der Schlussbilanz einer übertragenden Aktiengesellschaft braucht nicht zu erfolgen. Die Bekanntmachung der Verschmelzung gilt als mit Ablauf des Tages, an dem jeweils das Letzte der die Bekanntmachung enthaltenen Blätter (Bundesanzeiger und mindestens ein anderes Blatt) erschienen ist als für diesen Rechtsträger erfolgt. Der Zeitpunkt der Bekanntmachung ist deshalb von besonderer Bedeutung, weil durch ihn verschiedene Fristen, wie zB die Antragsfrist für das Spruchstellenverfahren (§ 305 UmwG) oder die Frist innerhalb derer eine Barabfindung gem. § 29 UmwG angenommen werden kann, in Gang gesetzt wird.

---

[14] LG Ffm. 3–11 T 81/97 v. 19. 12. 1997, DB 1998, 410.

A. Verschmelzung einer AG auf eine andere AG   30–33 § 14

7. Anwendung der Nachgründungsvorschriften (§ 67 UmwG)

Wenn der Verschmelzungsvertrag innerhalb der ersten beiden Jahre nach der **30** Eintragung der übernehmenden Aktiengesellschaft in das Handelsregister geschlossen wurde, und der gesamte Betrag der zu gewährenden Aktien 10 % des Grundkapitals übersteigt, sind die §§ 52 Abs. 3, 4, 7 bis 9 des Aktiengesetzes über die Nachgründung anzuwenden. In diesem Fall muss der Aufsichtsrat der übernehmenden Gesellschaft vor der Beschlussfassung der Hauptversammlung den Verschmelzungsvertrag prüfen und einen schriftlichen Bericht abstatten. Außerdem hat vor der Beschlussfassung eine **Prüfung des Verschmelzungsvertrags** durch einen oder mehrere Gründungsprüfer stattzufinden (§ 52 Abs. 4 AktG). Darüber hinaus muss der Verschmelzungsvertrag ausnahmsweise, und zwar noch vor der Eintragung der Verschmelzung, in das Handelsregister eingetragen werden (§ 52 Abs. 7, Abs. 6 AktG).

Die Regelungen zur Nachgründung wurden durch das Gesetz zur Namens- **31** aktie und zur Erleichterung der Stimmrechtsausübung – Namensaktiengesetz (NaStraG) vom 18. 1. 2001 (BGBl. I 2001, 123) – deutlich entschärft. Die Neuregelungen sind rückwirkend ab dem 1. 1. 2000 anzuwenden. Danach ist das Nachgründungsverfahren zukünftig nur noch dann anzuwenden, wenn und so weit **Verträge mit Gründern** oder mit mehr als 10 % des Grundkapitals beteiligten Aktionären geschlossen werden. Damit ist klargestellt, dass Verträge der Gesellschaft mit Dritten nicht mehr unter die Nachgründungsregeln fallen.

Eine für Verschmelzungsfälle praktisch bedeutsame Frage ist, ob ein im Zuge **32** der Verschmelzung erfolgender **Beitritt durch Kapitalerhöhung** die Eigenschaft als nennenswert beteiligter Aktionär begründen kann. Denkbar sind hierbei zwei Konstellationen: Zum einen könnte ein Aktionär bereits beteiligt sein und durch die Verschmelzung über die 10-Prozentgrenze hinwegkommen, oder zum anderen ein noch nicht Beteiligter erhält bei der Verschmelzung so viele Aktien, dass er künftig ein nennenswert beteiligter Aktionär ist. Der Wortlaut der neuen Bestimmung scheint eher auf die zuletzt genannte Gesetzesinterpretation hinzudeuten, während der Schutzzweck der Vorschrift beide Fälle umfasst.[15] In diesem Fall brächten die Neuregelungen zur Nachgründung für Verschmelzungsfälle indessen keine wesentlichen Erleichterungen.

8. Besonderheiten in Neugründungsfällen

Bei der Verschmelzung durch Neugründung wird die aufnehmende Gesell- **33** schaft erst mit der Verschmelzung errichtet. Die übertragenden Gesellschaften sind die Gründer der neuen Aktiengesellschaft. Die Gründung erfolgt hierbei im Verschmelzungsvertrag. Gemäss § 36 Abs. 2 Satz 1 UmwG ist, so weit sich aus den Besonderheiten des Verschmelzungsrechts nicht etwas anderes ergibt, das gesamte Gründungsrecht der Aktiengesellschaft anzuwenden (§§ 23 ff. AktG. Im Einzelnen ist von den Vorständen der Überträgerinnen für die neue Aktiengesellschaft eine **Satzung auf- und festzustellen** (die Satzung ist, wie bereits erwähnt, notwendiger Bestandteil des Verschmelzungsvertrags), es sind die aktienrechtlichen **Kapitalaufbringungsgrundsätze** zu beachten und es sind der Aufsichtsrat und der Abschlussprüfer der neuen Aktiengesellschaft zu bestellen. Der Vorstand der neuen Aktiengesellschaft bestellt den Aufsichtsrat.

---

[15] Vgl. *Priester* DB 2001, 467 (469).

Ein Gründungsbericht nebst Gründungsprüfung ist indessen, so weit Aktiengesellschaften übertragende Gesellschaften sind, nicht erforderlich (§ 74 UmwG).

34 Die neue Aktiengesellschaft ist gem. § 38 Abs. 2 UmwG durch den Vorstand der übertragenden Gesellschaft beim Handelsregister, in dessen Bezirk sie ihren Sitz haben soll, anzumelden. Der Inhalt der Anmeldung richtet sich nach den aktienrechtlichen Gründungsbestimmungen.

9. Besonderheiten grenzüberschreitender Verschmelzungen

35 Seit dem 25. 4. 2007 gelten die §§ 122 a ff. UmwG, die in Umsetzung der Richtlinie 2005/56/EG über die Verschmelzung von Kapitalgesellschaften aus verschiedenen Mitgliedstaaten[16] die grenzüberschreitende Verschmelzung von Aktiengesellschaften innerhalb der EU und der EWR regeln. Damit sind solche Umwandlungen rechtssicher durchführbar. Kerndokument der grenzüberschreitenden Verschmelzung ist der in § 122 c UmwG geregelte, von dem Vertretungsorgan einer an der Verschmelzung beteiligten Gesellschaft zusammen mit den Vertretungsorganen der übrigen beteiligten Gesellschaften gemeinsam aufzustellende Verschmelzungsplan.[17] Der Inhalt des gemeinsamen Verschmelzungsplans stimmt im Wesentlichen mit dem für rein innerdeutsche Verschmelzungen relevanten Verschmelzungsvertrag (§ 5 UmwG) überein. Es gibt aber auch Unterschiede. So verlangt § 122 c Nr. 10 UmwG Angaben zu dem Verfahren, nach dem die Einzelheiten über die Beteiligung der Arbeitnehmer an der Festlegung ihrer Mitbestimmungsrechte in der aus der grenzüberschreitenden Verschmelzung hervorgehenden Gesellschaft geregelt werden und § 122 c Nr. 11 UmwG Angaben zur Bewertung des Aktiv- und Passivvermögens, das auf die übernehmende oder neue Gesellschaft übertragen wird. Überdies ist der Verschmelzungsplan oder sein Entwurf einen Monat vor der Versammlung der Anteilsinhaber, die nach § 13 über die Zustimmung zum Verschmelzungsplan beschließen soll, zum Handelsregister einzureichen. Gemäß § 122 e Satz 3 UmwG kann – anders als bei rein innerdeutschen Verschmelzungen – auf die Erstellung eines Verschmelzungsberichts bei grenzüberschreitenden Verschmelzungen **nicht verzichtet** werden. Gemäß § 122 Abs. 3 UmwG hat das Gericht des Sitzes der übernehmenden oder neuen Gesellschaft den Tag der Eintragung der Verschmelzung von Amts wegen jedem Register mitzuteilen, bei dem eine der übertragenden Gesellschaften ihre Unterlagen zu hinterlegen hatte.

III. Handelsrechtliche Folgen

1. Rechtsfolgen der Verschmelzung

36 Die Verschmelzung wird im Zeitpunkt der Eintragung in das Register der übernehmenden Aktiengesellschaft zivilrechtlich wirksam (§ 20 Abs. 1 UmwG). Im Einzelnen hat die Eintragung der Verschmelzung folgende **konstitutive Wirkungen:**
– Das Vermögen der übertragenden Aktiengesellschaft einschließlich der Verbindlichkeiten geht ohne weitere Übertragungsakte auf die übernehmende

---

[16] ABl. EG Nr. L 310 v. 25. 11. 2005, 1 ff.
[17] Vgl. *Kallmeyer* AG 2007, S. 472 ff.

Aktiengesellschaft über. So weit zum Vermögen der übertragenden Aktiengesellschaft Grundstücke, grundstücksgleiche Rechte oder beschränkte dingliche Rechte gehören, wird das Grundbuch unrichtig und ist auf Antrag zu berichtigen.
- Die übertragende Aktiengesellschaft erlischt kraft Gesetzes (§ 20 Abs. 1 Nr. 2 UmwG); einer besonderen Löschung im Handelsregister bedarf es mithin nicht.
- Die Aktionäre der übertragenden Gesellschaft werden in dem im Verschmelzungsvertrag durch das Umtauschverhältnis festgelegten Umfang zu Aktionären der übernehmenden Aktiengesellschaft. Das gilt nicht, wenn und so weit die übernehmende Aktiengesellschaft (oder ein Dritter für deren Rechnung) an der übertragenden Aktiengesellschaft beteiligt ist oder die übertragende Aktiengesellschaft (oder ein Dritter für ihre Rechnung) eigene Aktien hält.
- Rechte Dritter an den Aktien der übertragenden Gesellschaft setzen sich an den an ihre Stelle tretenden Aktien der übernehmenden Gesellschaft fort.
- Für bestehende Unternehmensverträge iSv. § 291 AktG (Beherrschungsvertrag, Gewinnabführungsvertrag, Teilgewinnabführungsvertrag) mit der übertragenden Aktiengesellschaft als Vertragspartner gilt Folgendes: Ein zwischen der übertragenden und der übernehmenden Aktiengesellschaft bestehender Unternehmensvertrag erlischt.[18] Ein Unternehmensvertrag, den die übertragende Gesellschaft als abhängige Gesellschaft mit einem Dritten geschlossen hat erlischt ebenfalls.[19] Ein zwischen der Überträgerin als herrschendem Unternehmen und einem Dritten abgeschlossener Unternehmensvertrag geht indessen auf den übernehmenden Rechtsträger über.[20]
- Ein Mangel der notariellen Beurkundung des Verschmelzungsvertrags oder ggf. erforderlicher Zustimmungs- oder Verzichtserklärungen einzelner Aktionäre wird durch die Eintragung geheilt.

Sonstige Mängel lassen die voranstehend genannten Eintragungswirkungen unberührt (§ 20 Abs. 2 UmwG). Das heißt, auch das Fehlen der Eintragungsvoraussetzungen oder Mängel bei der Kapitalerhöhung lassen gleichwohl die Eintragungswirkungen eintreten. Eine Rückabwicklung der Verschmelzung durch Rückübertragung jedes einzelnen Vermögensgegenstandes (sog. Entschmelzung) findet demnach, wenn erst einmal eingetragen worden ist, nicht mehr statt. Es verbleiben insoweit nur Schadensersatzansprüche gem. §§ 25 bis 27 UmwG (Schadenersatz durch Organmitglieder).[21]

2. Minderheitenrechte der Aktionäre

Die Aktionäre der an der Verschmelzung beteiligten Gesellschaften können binnen eines Monats nach der Beschlussfassung Klage gegen die Wirksamkeit des Verschmelzungsbeschlusses erheben. Allerdings können die Aktionäre einer übertragenden Aktiengesellschaft ihre Klagen nicht auf die Unangemessenheit des Umtauschverhältnisses (§ 14 Abs. 2 UmwG) oder auf die Unangemessenheit der Barabfindung (§ 32 UmwG) stützen.

---

[18] Vgl. Schmitt/Hörtnagl/Stratz/Stratz § 20, Rz. 44; s. auch Müller BB 2002, 157.
[19] LG Mannheim 23 AktE 1/90 v. 30. 5. 1994, ZIP 1994, 1024.
[20] Vgl. Priester ZIP 1992, 293 ff. (301).
[21] Vgl. Knopf/Tulloch/Söffing/Bermel § 20 Rz. 61.

39 Aktionäre der übernehmenden Gesellschaft, die ein die Aktionäre der übertragenden Gesellschaft begünstigendes Umtauschverhältnis rügen, können hingegen das Umtauschverhältnis im Wege der **Anfechtungsklage** gerichtlich überprüfen lassen. Die Klage ist allerdings nicht gegen den Verschmelzungsvertrag, sondern **gegen den Kapitalerhöhungsbeschluss** zu richten.[22] Die Klage ist damit zu begründen, dass der Wert des qua Verschmelzung übertragenen Vermögens (Wert der Sacheinlage) hinter dem Wert der neuen Anteile zurückbleibt.

40 Den Aktionären einer übertragenden Aktiengesellschaft steht zur Durchsetzung ihres Anspruchs auf Verbesserung des Umtauschverhältnisses nur der Weg des **Spruchstellenverfahrens** (§§ 305 bis 321 UmwG) offen. Der entscheidende Unterschied zwischen Anfechtungsklage und Spruchstellenverfahren ist jedoch, dass nur die Anfechtungsklage die Eintragung und damit die Wirksamkeit der Verschmelzung (vorbehaltlich des og. Verfahrens nach § 16 Abs. 3 UmwG) hemmen kann.

41 Im Rahmen des Spruchstellenverfahrens **antragsberechtigt** ist jeder Aktionär der übertragenden Gesellschaft, der ohne den gesetzlichen Ausschluss des Anfechtungsrechts nach § 14 Abs. 2 UmwG zur Anfechtung berechtigt wäre und seinen Antrag innerhalb von zwei Monaten nach Bekanntmachung der Eintragung der Verschmelzung im Handelsregister der übernehmenden Gesellschaft stellt (§§ 15, 305 UmwG). Für das Spruchstellenverfahren zuständig ist das Landgericht, in dessen Bezirk die übertragende Gesellschaft ihren Sitz hat (§ 306 AktG).

42 Das Gericht entscheidet idR auf der Grundlage eines weiteren **Sachverständigengutachtens**, ob das der Verschmelzung zugrunde gelegte Umtauschverhältnis angemessen oder zu niedrig bemessen war. So weit erforderlich, ordnet das Gericht einen entsprechenden Ausgleich durch bare Zuzahlungen an, der gem. § 15 Abs. 2 UmwG mit jährlich 2 % über dem Diskontsatz seit Bekanntmachung der Verschmelzung im Handelsregister zu verzinsen ist. Die Entscheidung des Gerichts wirkt gem. § 311 UmwG für und gegen alle.

43 Eine Verpflichtung des übernehmenden Rechtsträgers nach § 29 UmwG den Aktionären des übertragenden Rechtsträgers ein Barabfindungsangebot zu machen besteht bei einer „sortenreinen" Verschmelzung zweier Aktiengesellschaften im Gegensatz zu einer Mischverschmelzung grundsätzlich nicht. Dies hindert aber den übernehmenden Rechtsträger respektive dessen Mehrheitsaktionär nicht daran, den Aktionären des übertragenden Rechtsträgers ein freiwilliges Barabfindungsangebot zu unterbreiten. Im Falle der Vinkulierung der vom übernehmenden Rechtsträger zu gewährenden Aktien ist allerdings ein Barabfindungsgebot gesetzlich angeordnet (§ 29 UmwG). Die Aktionäre einer übertragenden Gesellschaft können innerhalb von zwei Monaten nach Bekanntmachung der Eintragung der Verschmelzung in das Handelsregister der übernehmenden Gesellschaft nach § 19 III UmwG das Barabfindungsangebot annehmen (§ 31 UmwG). Die Aktionäre, die Widerspruch gegen den Umwandlungsbeschluss zur Niederschrift erklärt haben, können jedoch innerhalb der Zweimonatsfrist, statt der Annahme des Barabfindungsangebots, auch Antrag auf gerichtliche Bestimmung einer angemessenen Barabfindung stellen.

---

[22] BGH II ZB 1/90 v. 2.7. 1990, DB 1990, 1762; OLG Hamm 8 V 329/87 v. 20.6. 1988, DB 1988, 1842; LG Ffm. 3/11 T 62/89 v. 15.1. 1990, WM 1990, 592 anders *Hoffmann-Becking* in FS Fleck S. 105 (123 f.).

A. Verschmelzung einer AG auf eine andere AG 44–46 § 14

Mit Annahme des Barabfindungsangebotes entfällt die Antragsbefugnis für das Spruchstellenverfahren.[23] Die vom Gericht bestimmte Barabfindung kann innerhalb von zwei Monaten nach Bekanntmachung im Bundesanzeiger angenommen werden (§ 31 Satz 2 UmwG).

3. Handelsbilanzielle Abwicklung

a) Bilanzierung bei der Überträgerin

Nach § 5 Abs. 1 Nr. 6 UmwG ist im Verschmelzungsvertrag der Verschmel- 44 zungsstichtag festzulegen, dh. der „Zeitpunkt, von dem an die Handlungen des übertragenden Rechtsträgers als für Rechnung des übernehmenden Rechtsträgers vorgenommen gelten". Diese **Stichtagsregelung** dient der Erfolgszuordnung. Bis zum Verschmelzungsstichtag gilt das Ergebnis der Überträgerin als für eigene Rechnung, danach bis zum Zeitpunkt der zivilrechtlichen Wirksamkeit der Verschmelzung als für Rechnung der Übernehmerin erwirtschaftet.

Hierbei dient als Instrument zur Erfolgszuordnung die Schlussbilanz der 45 Überträgerin. Der Schlussbilanzstichtag liegt deshalb im Regelfall unmittelbar vor dem Umwandlungsstichtag. Wird zB als Umwandlungsstichtag der 1. Januar 00.00 Uhr vereinbart, werden die Geschäfte ab diesem Zeitpunkt für Rechnung der Übernehmerin geführt, sodass die Schlussbilanz auf den 31. Dezember 24.00 Uhr aufzustellen ist.

Nach § 17 Abs. 2 UmwG gelten für die Erstellung der Schlussbilanz die Vor- 46 schriften über die Jahresbilanz entsprechend. Um Anpassungen an die Bewertungsmethoden des übernehmenden Rechtsträgers bereits in der Schlussbilanz zu ermöglichen, wird in der Schlussbilanz der übertragenden Gesellschaft eine **Durchbrechung der Bewertungsstetigkeit** (§ 252 Abs. 2 HGB) für zulässig erachtet.[24] Mit anderen Worten, die Schlussbilanz kann mit der Bilanz zum letzten Abschlussstichtag übereinstimmen, muss es aber nicht. Es ist so zu bilanzieren, als ob es sich um eine aus Anlass eines Jahresabschlusses aufzustellende Bilanz handelt. Zuschreibungen sind nur zulässig, wenn Gründe, die zu außerplanmäßigen Abschreibungen geführt haben, weggefallen sind. Wegen des für nach dem 31. 12. 1998 endende Wirtschaftsjahre steuerlich eingeführten Wertaufholungsgebots ist jedoch nunmehr auch im handelsrechtlichen Jahresabschluss auf die planmäßig fortgeführten Anschaffungs- und Herstellungskosten zuzuschreiben, sodass sich insoweit keine Abweichungen zwischen der Schlussbilanz und der zum letzten Abschlussstichtag erstellten Bilanz ergeben dürften. Liegt der Schlussbilanzstichtag nach dem Stichtag des letzten Jahresabschlusses, entsteht bei der Überträgerin handelsrechtlich kein Rumpfwirtschaftsjahr (man braucht also auch für einen vom Wirtschaftsjahrende abweichenden Schlussbilanzstichtag auch keine Satzungsänderung).[25] Dementsprechend beschließt die HV auch nicht mehr über die Verwendung des Ergebnisses einer auf einen späteren Stichtag aufgestellten Schlussbilanz. Das Ergebnis der Schlussbilanz wird vielmehr später als Teilergebnis in das Jahresergebnis der aufnehmenden Gesellschaft für deren laufendes Geschäftsjahr übernommen.

---

[23] OLG Düsseldorf 19 W 1/00 AktE v. 6. 12. 2000, DB 2001, 189.
[24] IDW-HFA 2/1997, WPg. 1997, 235 Tz. 112.
[25] IDW-HFA 2/1997, WPg. 1997, 235 Tz. 11; s. auch WPH/Bd. II E Rz. 28.

47 Die Schlussbilanz ist, soweit es sich nicht um eine **kleine Kapitalgesellschaft** iSd. § 267 Abs. 1 HGB handelt, durch einen Abschlussprüfer zu prüfen (§ 316 Abs. 1 HGB). Eine Bekanntmachung der Schlussbilanz ist nicht erforderlich.

48 Die Pflicht der Überträgerin zur handelsrechtlichen Rechnungslegung, dh. insbesondere die Pflicht zur laufenden Verbuchung der vorgenommenen Geschäfte sowie die Pflicht zur Aufstellung eines Jahresabschlusses, bleibt als öffentlich-rechtliche Verpflichtung auch nach dem Verschmelzungsstichtag bis zum Wirksamwerden der Verschmelzung bestehen. Diese Verfahrensweise sichert auch die Erfüllung der umsatzsteuerlichen Aufzeichnungspflichten (§ 22 UStG). Allerdings soll nach Ansicht des IDW-HFA die Pflicht zur Jahresabschlusserstellung dann rückwirkend entfallen, wenn der Abschlussstichtag der Überträgerin zwar vor der Eintragung liegt, der Jahresabschluss bis zur Eintragung aber noch nicht aufgestellt ist.[26]

b) Bilanzierung bei der Übernehmerin

49 Der Vermögensübergang infolge der Verschmelzung stellt aus der Sicht des übernehmenden Rechtsträgers einen **Anschaffungsvorgang** dar. Im Rahmen des Anschaffungsvorgangs gehen die Vermögensgegenstände und Schulden der Überträgerin auf die übernehmende Aktiengesellschaft über.

50 Bei Verschmelzungen durch Aufnahme stellt sich der Vermögensübergang aus Sicht der Übernehmerin als **laufender Geschäftsvorfall** dar. Die Erstellung einer Übernahmebilanz ist demnach nicht erforderlich. Bei Verschmelzungen zur Neugründung hat die durch den Verschmelzungsvorgang entstehende Übernehmerin zu Beginn ihres Handelsgewerbes nach § 242 HGB eine Eröffnungsbilanz zu erstellen. Die Vermögensgegenstände und Schulden sind bei der Übernehmerin in beiden Fällen zu erfassen, sobald sie ihr zuzurechnen sind.

51 **Zivilrechtlich** erfolgt der Vermögensübergang von der übertragenden auf die übernehmende Gesellschaft erst im Zeitpunkt der Eintragung der Verschmelzung im Handelsregister am Sitz der Übernehmerin. Ab diesem Zeitpunkt endet auch die Rechnungslegungspflicht der – dann nicht mehr existenten – Überträgerin und ist deren Vermögen in der Handelsbilanz der Übernehmerin zu erfassen.

52 In **Ausnahmefällen** kommt es allerdings schon vor der Eintragung zum Übergang des für handelsbilanzielle Zwecke entscheidenden wirtschaftlichen Eigentums. Nach Ansicht des HFA hat der Übergang des wirtschaftlichen Eigentums bereits vor der Eintragung und vor dem die Bilanzierungsfrage auslösenden Abschlussstichtag stattgefunden, wenn folgende Voraussetzungen kumulativ erfüllt sind:[27]
(1) Zum Abschlussstichtag muss ein Verschmelzungsvertrag formwirksam abgeschlossen sein und es müssen die Verschmelzungsbeschlüsse und die Zustimmungsbeschlüsse der Aktionäre gefasst sein;
(2) der vereinbarte Verschmelzungsstichtag muss vor dem Abschlussstichtag liegen oder mit diesem zusammenfallen;
(3) die Eintragung muss bis zur Beendigung der Aufstellung des Jahresabschlusses erfolgt oder mit Sicherheit absehbar sein;

---

[26] IDW-HFA 2/1997, WPg. 1997, 235 Tz. 12.
[27] IDW-HFA 2/1997, WPg. 1997, 235 Tz. 21.

A. Verschmelzung einer AG auf eine andere AG

(4) es muss faktisch oder durch eine entsprechende Regelung im Verschmelzungsvertrag sicher gestellt sein, dass der übertragende Rechtsträger nur noch im Rahmen eines ordnungsgemäßen Geschäftsgangs oder mit Einwilligung der Übernehmerin über die ihm zivilrechtlich noch gehörenden Vermögensgegenstände verfügen kann.

Liegen die voranstehend genannten Voraussetzungen vor, so hat der übernehmende Rechtsträger die Verschmelzung am Abschlussstichtag in seinem handelsrechtlichen Jahresabschluss abzubilden. Das heißt, das Vermögen des übertragenden Rechtsträgers ist vom Zeitpunkt des Übergangs des wirtschaftlichen Eigentums beim Übernehmer zu bilanzieren. Ab diesem Zeitpunkt entstehen beim übernehmenden Rechtsträger aus diesem Vermögen originäre Aufwendungen und Erträge. Aus Vereinfachungsgründen ist es jedoch nach Meinung des HFA zulässig, in diesen Fällen das übergehende Vermögen nach den **Verhältnissen am Verschmelzungsstichtag** (und nicht erst ab Übergang des wirtschaftlichen Eigentums) beim Übernehmer einzubuchen und Veränderungen dieses Vermögens seit dem Verschmelzungsstichtag vollumfänglich wie eigene Geschäftsvorfälle abzubilden.

Sind die og. Voraussetzungen nicht erfüllt, dh. liegen wirtschaftliches und zivilrechtliches **Eigentum noch bei der Überträgerin**, hat diese bis zum Abschlussstichtag originäre Aufwendungen und Erträge. Ist der Saldo dieser Aufwendungen aus dem Zeitraum zwischen Umwandlungs- und Abschlussstichtag positiv, so ist dieser Saldo zweckmässigerweise durch eine aufwandswirksame Passivierung auszugleichen um dadurch eine **Ausschüttungssperre** zu erreichen (der Gewinn ist laut Vereinbarung im Verschmelzungsvertrag für Rechnung der Übernehmerin erwirtschaftet worden; eine Ausschüttung an die Anteilseigner der Überträgerin muss deshalb verhindert werden).[28] Der übernehmende Rechtsträger kann einen entsprechenden Ertrag erst mit der Eintragung der Verschmelzung ausweisen (§ 252 Abs. 1 Nr. 4 HGB). Ist der Saldo dagegen negativ, so hat die Übernehmerin grundsätzlich (wenn nicht aus der Verschmelzung selbst ein ausreichender Übernahmegewinn erzielt wird) eine Rückstellung zu bilanzieren (bei der Überträgerin kann ein entsprechendes Aktivum nicht bilanziert werden).[29]

Als **Gegenleistung** für den Erwerb des Vermögens der Überträgerin gewährt die Übernehmerin den Aktionären der Überträgerin entweder durch eine Kapitalerhöhung geschaffene neue Aktien ggf. unter Leistung barer Zuzahlungen (Verschmelzung mit Kapitalerhöhung), oder sie gibt eigene Aktien an die Gesellschafter der Überträgerin aus respektive gibt die durch die Verschmelzung übergehenden eigenen Aktien hin (Verschmelzung ohne Kapitalerhöhung).

In beiden Fällen gewährt § 24 UmwG der übernehmenden Gesellschaft ein **Wahlrecht**, das übernommene Vermögen mit den Buchwerten (Buchwertverknüpfung) der Überträgerin oder einem höheren Wert (Anschaffungskostenbilanzierung), höchstens zum Verkehrswert anzusetzen. Das Wahlrecht kann

---

[28] IDW-HFA 2/1997, WPg. 1997, 235 Tz. 22 b).
[29] Alternativ wird es vom IDW-HFA auch für zulässig erachtet, dass die Überträgerin das Vermögen und die Schulden und die erfolgswirksamen Geschäftsvorfälle unabhängig von dem Übergang des wirtschaftlichen Eigentums generell wie eigene erfasst und die Auswirkungen des abgeschlossenen Verschmelzungsvertrags (Führung der Geschäfte für Rechnung des übernehmenden Rechtsträgers) im Anhang erläutert.

nur einheitlich für alle übernommenen Vermögensgegenstände und Schulden ausgeübt werden.

57 **Anschaffungskostenbilanzierung:** Erfolgt die Verschmelzung mit Kapitalerhöhung, so besteht die Gegenleistung an die Aktionäre der übertragenden Gesellschaft in neuen Aktien der Übernehmerin. Die Höhe der für das übertragende Vermögen einzubuchenden Anschaffungskosten hängt in diesem Fall vom Umfang der Kapitalerhöhung laut Kapitalerhöhungsbeschluss und der vereinbarten Kapitalrücklagendotierung ab, wobei bare Zuzahlungen iSv. § 5 Abs. 1 Nr. 3 UmwG jeweils mit zu berücksichtigen sind.

58 Im Einzelnen:[30]
- Wird bei der Kapitalerhöhung ein Agio vereinbart, entsprechen die Anschaffungskosten dem Ausgabebetrag; um in diesem Fall die Rechtsfolgen der Anschaffungsbilanzierung (siehe sogleich) zu erzielen, jedoch das Gleiche bilanzielle Ergebnis, wie bei einer Buchwertverknüpfung herbeizuführen, muss der Ausgabebetrag genau dem Eigenkapital der Überträgerin laut Schlussbilanz entsprechen;
- wird bestimmt, dass die Differenz zwischen dem Zeitwert des Vermögens und dem Nennbetrag der neuen Anteile in die Kapitalrücklage eingestellt wird, entsprechen die Anschaffungskosten der Summe aus Nennbetrag und Rücklagendotierung;
- wird nur der Betrag der Nominalkapitalerhöhung festgelegt, ist durch Auslegung zu ermitteln, ob die Anschaffungskosten dem Nominalbetrag der Anteile oder dem Zeitwert des übertragenen Vermögens entsprechen.

59 Soweit dagegen die Übernehmerin Aktien an der Überträgerin hält (Kapitalerhöhungsverbot) oder die Verschmelzung gegen Hingabe eigener Aktien abgewickelt werden soll (Kapitalerhöhungswahlrecht), ist aus Sicht der übernehmenden Aktiengesellschaft ein **tauschähnlicher Vorgang** gegeben. Für die Ermittlung der Anschaffungskosten für das übernommene Vermögen besteht demnach ein Wahlrecht zwischen
- dem Buchwert der untergehenden bzw. hingegebenen Anteile
- dem Zeitwert der untergehenden bzw. hingegebenen Anteile oder
- einem erfolgsneutralen Zwischenwert.

60 Erfolgt die Übernahmebilanzierung nach dem **Anschaffungskostenprinzip** hat das die folgenden Konsequenzen:
- Das Aktivierungsverbot des § 248 Abs. 2 Satz 2 HGB für von der Überträgerin selbst erstellte immaterielle Vermögensgegenstände des Anlagevermögens findet keine Anwendung;
- Aus Anlass der Verschmelzung entstehende Aufwendungen (zB GrESt) sind als Anschaffungsnebenkosten zu aktivieren;
- Das in Art. 28 Abs. 1 EGHGB enthaltene Wahlrecht zur Passivierung von Pensionsverpflichtungen aus sog. Altzusagen ist nicht einschlägig;
- Keine Bindung an die vom übertragenden Rechtsträger getroffene Ausübung von Ansatz- und Bewertungsentscheidungen; es gelten vielmehr auch für das übergehende Vermögen einheitlich die Bilanzierungs- und Bewertungsprinzipien des übernehmenden Rechtsträgers;
- Beim übertragenden Rechtsträger aktivierte Bilanzierungshilfen sind vom übernehmenden Rechtsträger nicht fortzuführen.

---

[30] IDW-HFA 2/1997, WPg. 1997, 235 Tz. 32211.

A. Verschmelzung einer AG auf eine andere AG 61–65 § 14

Buchwertverknüpfung: Erfolgt die Verschmelzung mit Kapitalerhöhung 61
und ist das übergehende Reinvermögen zu Buchwerten höher als der Ausgabebetrag der Anteile, so ist der übersteigende Betrag unter Abzug barer Zuzahlungen als Kapitalrücklage gem. § 272 Abs. 2 Nr. 1 HGB auszuweisen. So weit bei der übertragenden Aktiengesellschaft ausschüttbare Gewinnrücklagen vorhanden waren, werden diese im Zuge der Verschmelzung ausschüttungsgesperrt (§ 150 Abs. 4 AktG). Dies kann vor allem dann nachteilig sein, wenn auf den durch die Verschmelzung übergehenden Rücklagenbeträgen umfangreiche KSt-Guthaben ruhen und es sich bei der übernehmenden Aktiengesellschaft um eine Organgesellschaft handelt. In diesem Fall lässt sich das „eingesperrte" KSt-Guthaben jedoch ggf. durch eine Organschaftspause im Ausschüttungswege resp. durch ein innerorganschaftliches Leg-ein-hol-zurück-Verfahren[31] mobilisieren.

Übersteigt der Ausgabebetrag der Anteile das übergehende Reinvermögen 62
zu Buchwerten, so entsteht ein sofort aufwandswirksam zu behandelnder **Verschmelzungsverlust.**

Erfolgt die Verschmelzung ohne Kapitalerhöhung, so resultiert aus der Differenz des Buchwerts der untergehenden respektive hingegebenen Anteile zum Buchwert des übergehenden Reinvermögens ein Verschmelzungsgewinn oder -verlust, der erfolgswirksam über die Gewinn- und Verlustrechnung zu verrechnen ist.

Bei **Fortführung der Buchwerte** tritt die Übernehmerin hinsichtlich der 63
Rechnungslegung in die Rechtsstellung der Überträgerin ein. Die Übernehmerin führt die von der Überträgerin getroffenen Bilanzierungsentscheidungen aus der Schlussbilanz fort. Dies gilt für die Ausübung sowohl von Ansatzwahlrechten als auch von Bewertungswahlrechten. Die Buchwertverknüpfung lässt konzeptionell die Aktivierung von durch den übertragenden Rechtsträger selbst erstellten immateriellen Vermögensgegenstände nicht zu. Auch können anlässlich der Verschmelzung entstehende Aufwendungen nicht als Anschaffungsnebenkosten aktiviert werden.

c) Bilanzierung beim Aktionär der Überträgerin

Beim Aktionär der Überträgerin stellt sich die Hingabe der Aktien an der 64
Überträgerin gegen Gewährung neuer respektive eigener Aktien der Übernehmerin sowie ggf. gegen den Erhalt von Abfindungszahlungen als **Tauschgeschäft** dar. Demnach kann er die erhaltenen Anteile nach allgemeinen Tauschgrundsätzen
- mit dem Buchwert der hingegebenen Aktien,
- mit dem Zeitwert der hingegebenen Aktien oder
- mit einem Zwischenwert
ansetzen.

IV. Ertragsteuerliche Folgen

1. Ertragsteuerliche Folgen bei der Überträgerin

Die übertragende AG hat auf den steuerlichen Übertragungsstichtag (§ 2 65
Abs. 1 UmwStG) auch eine steuerliche Schlussbilanz zu erstellen. Steuerlicher

---

[31] Vgl. BFH I R 25/00 v. 8. 8. 2001, DB 2002, 408.

Übertragungsstichtag ist der Tag, auf den die übertragende AG ihre handelsrechtliche Schlussbilanz erstellt hat.[32] Das Einkommen, das Vermögen und die Besteuerungsgrundlagen der Überträgerin sowie der übernehmenden Gesellschaft sind so zu ermitteln, als ob das Vermögen der Gesellschaft mit Ablauf des Stichtags der Bilanz, die dem Vermögensübergang zugrunde liegt, auf die übernehmende Gesellschaft übergegangen und die Überträgerin gleichzeitig aufgelöst worden wäre (§ 2 Abs. 1 UmwStG). Durch die Bezugnahme auf den Stichtag der handelsrechtlichen Schlussbilanz, der gem. § 17 Abs. 2 UmwG höchstens acht Monate vor der HR-Anmeldung zurückliegen darf, kann die Verschmelzung steuerlich im Ergebnis bis zu acht Monate zurückbezogen werden. Alle nach diesem Stichtag stattfindenden Geschäftsvorfälle, die sich zivilrechtlich bis zur Eintragung der Verschmelzung noch bei der Überträgerin ereignen, werden steuerlich grundsätzlich bereits der Übernehmerin zugerechnet. Für die Umsatzsteuer, die Grunderwerbsteuer und die Erbschaftsteuer gilt diese steuerliche Rückbeziehung allerdings nicht. Für diese Steuerarten wechselt das Steuersubjekt erst mit der Wirksamkeit der Verschmelzung.[33]

66 Nach dem Wortlaut des § 2 Abs. 1 UmwStG gilt die **steuerliche Rückwirkungsfiktion** nur für den übertragenden und den übernehmenden Rechtsträger, nicht jedoch für die Anteilseigner der übertragenden AG. Die FinVerw. hat diese gesetzliche Regelungslücke wie folgt geschlossen:[34] So weit Aktionäre der übertragenden Gesellschaft in der Zeit zwischen dem steuerlichen Übertragungsstichtag und dem Tag der Eintragung der Verschmelzung aus ihrer Gesellschaft (zB durch Veräußerung) ausscheiden, wird ihr Ausscheiden steuerlich **nicht zurückbezogen**; sie scheiden mithin steuerlich aus dem zivilrechtlich noch bestehenden übertragenden Rechtsträger aus. Der Erwerber erwirbt steuerlich rückwirkend zum steuerlichen Übertragungsstichtag.[35]

67 Aktionäre des übertragenden Rechtsträgers, die gegen den Verschmelzungsbeschluss Widerspruch zur Niederschrift erklärt haben und erst nach der Wirksamkeit der Verschmelzung gegen eine Barabfindung (§ 29 UmwG) aus der übernehmenden AG ausscheiden, werden steuerlich so behandelt, als ob sie noch aus dem übertragenden Rechtsträger ausgeschieden wären.[36] Weitere steuerliche **Sonderregelungen** gelten für Aufsichtsratvergütungen[37] und Gewinnausschüttungen.[38]

68 Die übertragende AG hat für steuerliche Zwecke nach § 11 Abs. 1 UmwStG eine steuerliche Schlussbilanz zu erstellen. In dieser steuerlichen Schlussbilanz sind die übergehenden Wirtschaftsgüter einschließlich nicht entgeltlich erworbener und selbst geschaffener immaterieller Wirtschaftsgüter der übertragenden AG grundsätzlich mit dem gemeinen Wert anzusetzen. Besondere Bewertungsregeln gelten für Pensionsrückstellungen, die gem. § 6a EStG zu bewerten sind.

69 Auf Antrag können die übergehenden Wirtschaftsgüter in der steuerlichen Schlussbilanz (Übertragungsbilanz) nach § 11 Abs. 2 Satz 1 UmwStG abwei-

---

[32] Vgl. BMF-Schreiben v. 25. 3. 1998 (UmwStErl.), BStBl. I 1998, 268 Rz. 02.03.
[33] Vgl. Dötsch/Jost/Pung/Witt/Dötsch § 2 UmwStG nF Tz. 15 mwE.
[34] UmwStErl., Tz. 02.09 ff.
[35] UmwStErl., Tz. 02.14.
[36] UmwStErl., Tz. 02.10.
[37] UmwStErl., Tz. 02.42.
[38] UmwStErl., Tz. 02.15 ff.

A. Verschmelzung einer AG auf eine andere AG   70–73 § 14

chend von dem vorbenannten Grundsatz **einheitlich** mit dem Buchwert oder einem höheren Wert, höchstens jedoch mit dem Wert nach § 11 Abs. 1 UmwStG angesetzt werden, so weit
- bei der übernehmenden AG deren spätere Besteuerung mit Körperschaftsteuer sichergestellt ist,
- das Recht der Bundesrepublik Deutschland hinsichtlich der Besteuerung des Gewinns aus der Veräußerung der übertragenden Wirtschaftsgüter bei der übernehmenden AG nicht ausgeschlossen oder beschränkt wird und
- keine Gegenleistung gewährt wird oder diese in Gesellschaftsrechten besteht.

Durch einen Ansatz der Buchwerte wird die Aufdeckung von stillen Reserven in der steuerlichen Schlussbilanz der übertragenden AG vermieden. Durch eine Bewertung über Buchwert entsteht auf Ebene der übertragenden AG ein Übertragungsgewinn. Dieser Gewinn unterliegt grundsätzlich der Körperschaftsteuer und der Gewerbesteuer. 70

Bei dem in § 11 Abs. 1 UmwStG kodifizierten Wertansatzwahlrecht handelt es sich um ein **allein steuerliches Wahlrecht**, dem kein entsprechendes handelsrechtliches Wahlrecht gegenübersteht. Denn, handelsrechtlich gelten, wie bereits ausgeführt (s. o.), für die Übertragungsbilanz auch für Bewertungsfragen die Vorschriften über die Jahresbilanz entsprechend (§ 17 Abs. 2 Satz 2 UmwG). Demnach bilden in der handelsrechtlichen Übertragungsbilanz die sog. fortgeführten Anschaffungs- respektive Herstellungskosten die Bewertungsobergrenze, während steuerlich – unabhängig davon, ob handelsrechtlich aufgestockt wird, oder nicht – bis zu den gemeinen Werten aufgestockt werden kann.[39] 71

Werden den Aktionären der übertragenden AG neben Aktien auch **andere Gegenleistungen** – dazu gehören auch in einem Spruchstellenverfahren festgesetzte Zuzahlungen – gewährt, so ist insoweit eine Aufstockung der im Zuge der Verschmelzung übergehenden Wirtschaftsgüter in der steuerlichen Schlussbilanz der Überträgerin gesetzlich vorgeschrieben (§ 11 Abs. 1 UmwStG). Der Aufstockungsbetrag umfasst nicht den gesamten Wert der Gegenleistung, sondern es ist nur insoweit aufzustocken, wie der Wert der auf das einzelne Wirtschaftsgut entfallenden Gegenleistung den entsprechenden Buchwertanteil übersteigt.[40] 72

Der sich im Zuge der steuerlichen Aufstockung ergebende Gewinn (Übertragungsgewinn) entsteht zum steuerlichen Übertragungsstichtag[41] (= Stichtag der Schlussbilanz) und unterliegt bei der Überträgerin der laufenden Besteuerung, ist mithin in dem Veranlagungszeitraum, in dem der steuerliche Übertragungsstichtag liegt gewerbe- und körperschaftsteuerpflichtig (Körperschaftsteuer-Regelsteuersatz zZ 15 %). Eine freiwillige steuerliche Aufstockung in der Übertragungsbilanz ist daher im Regelfall nicht empfehlenswert. **Vor-** 73

---

[39] Regierungsentwurf des SEStEG v. 12.7.2006, BT-Drs. 16/2710, 34, entgegen der h. M. u. a. bei *Knopf/Küting* BB 1995, 1023 (1028); *Rödder* DStR 1995, 322; *Thiel* DB 1995, 1196; *Schaumburg* FR 1995. 211 Fn. 21; *Herzig* FR 1997, 123 sowie *Weber-Grellet* BB 1997, 653, vertrat die Finanzverwaltung zum Umwandlungssteuergesetz 1995 die Auffassung (s. UmwStErl. Tz. 11.01), dass nach dem Grundsatz der Maßgeblichkeit der Handelsbilanz für die Steuerbilanz aufgrund der handelsrechtlichen Rechtslage auch in der steuerlichen Schlussbilanz der Überträgerin nur die in der Handelsbilanz zulässigen Werte angesetzt werden konnten, dh. grundsätzlich die Buchwerte.
[40] Vgl. im Einzelnen: *Rödder/Herlinghaus/van Lishaut/Rödder*, § 11 Rz. 147 (mit einem Beispiel zur Aufstockung).
[41] UmwStErl. Tz. 11.22.

teilhaft ist eine steuerliche Aufstockung aber dann, wenn die Überträgerin über steuerliche Verlustvorträge verfügt. Denn diese Verluste würden im Zuge der Verschmelzung untergehen. Die bisherige Regelung in § 12 Abs. 2 Satz 3 UmwStG, der zufolge die Verluste des übertragenen Rechtsträgers unter bestimmten Bedingungen vom übernehmenden Rechtsträger fortgeführt werden konnten, wurde im Rahmen des SEStEG ersatzlos gestrichen. Wird in diesem Fall unter **Verbrauch des bestehenden Verlustvortrags** bei der Überträgerin steuerneutral aufgestockt, kann der Verlustvortrag durch die Übernehmerin zukünftig zumindest in Form höherer Abschreibungen respektive geringerer Veräußerungsgewinne genutzt werden. Schwierigkeiten bereitet hierbei jedoch in der Praxis der Umstand, dass der gewerbesteuerliche Verlustvortrag (wegen vorangegangener gewerbesteuerlicher Hinzurechnungen) regelmäßig niedriger ist als der körperschaftsteuerliche Verlustvortrag, sodass einer steuerneutralen Aufstockung insoweit Grenzen gesetzt sind. Überdies ist im Rahmen der Aufstockung beim übertragenden Rechtsträger zu beachten, dass bei Aufstockungen ab einer Million die im § 10 d Abs. 2 UmwStG niedergelegte Mindestbesteuerung eingreift. Ärgerlicherweise hat es der Gesetzgeber in Verschmelzungsfällen nicht für erforderlich erachtet auf die Mindestbesteuerung zu verzichten. Dies führt im Ergebnis dazu, dass es insbesondere in den Fällen, in denen die stillen Reserven überwiegend im Firmenwert ruhen, zu einer Aufstockung über den Millionenbetrag hinaus beim übertragenden Rechtsträger oftmals nicht kommen wird (denn, in diesen Fällen dominiert die Ertragsteuer auf 40 % des Aufstockungsbetrags heute oftmals die über 15 Jahre gestreckte Mindersteuer auf das im Zuge der Aufstockung geschaffene Abschreibungssubstrat), und somit Verlustvorträge weitestgehend ungenutzt verloren gehen.

74 § 11 Abs. 2 Satz 1 Nr. 1 UmwStG gewährt das Buchwertprivileg nur dann, wenn sichergestellt ist, dass die in dem übergehenden Vermögen enthaltenen stillen Reserven später bei der übernehmenden AG der Körperschaftsteuer unterliegen. So weit dies nicht der Fall ist, sind in der Übertragungsbilanz gemeine Werte anzusetzen.

75 Das Übernahmeergebnis ermittelt sich mithin wie folgt:
Ansatz der übergegangenen Wirtschaftsgüter mit Buchwerten, Zwischenwerten oder gemeinen Werten (einschließlich Aufstockung nach § 11 Abs. 2 S 2 UmwStG)
./. Buchwert der übergehenden Wirtschaftsgüter
./. Kosten für den Vermögensübergang
= Übertragungsergebnis
./. GewSt auf Übertragungsgewinn (gemäß § 10 Abs. 2 KStG wieder hinzuzurechnen)
./. KSt auf Übertragungsgewinn (gemäß § 10 Abs. 2 KStG wieder hinzuzurechnen)
= Übertragungsergebnis

76 Bei reinen Inlandsverschmelzungen ohne Auslandsbezug, dh. bei einer Verschmelzung einer inländischen AG, die nur über inländisches Betriebsvermögen verfügt, auf eine andere inländische steuerpflichtige AG, kann sich durch die Verschmelzung keine Beschränkung des deutschen Besteuerungsrechts ergeben. § 11 Abs. 2 Satz 1 Nr. 2 UmwStG steht demnach einem antragsgemäßen Buchwertansatz in diesen Fällen nicht entgegen. Dasselbe gilt für eine inländische AG mit inländischen und ausländischen Betriebsstätten, die auf eine

A. Verschmelzung einer AG auf eine andere AG 77–80 § 14

andere inländische steuerpflichtige AG verschmolzen wird. Bei einer Hinausverschmelzung einer inländischen AG auf eine ausländische AG kommt es indessen zu einer für das Antragswahlrecht des § 11 Abs. 2 Satz 1 UmwStG schädlichen Beschränkung des deutschen Besteuerungsrechts, wenn übergehende Wirtschaftgüter verschmelzungsbedingt nicht einer deutschen Betriebsstätte, der Übernehmerin, sondern dem ausländischen Stammhaus zuzuordnen sind. Außerdem kommt es infolge einer Hinausverschmelzung zu einer Beschränkung des deutschen Besteuerungsrechtes hinsichtlich der Wirtschaftsgüter, die sich vor der Verschmelzung in einer ausländischen Nicht-DBA-Betriebsstätte oder in einer ausländischen DBA-Betriebsstätte mit Anrechnungsmethode befunden haben. Im Falle von EU-Betriebsstätten ist insoweit auch die in § 11 Abs. 3 iVm. § 3 Abs. 3 UmwStG enthaltene Regelung zur Steuerermäßigung bei der Übertragungsgewinnbesteuerung in Anrechnungsfällen zu beachten. Auch in diesem Fall ist demnach ein Buchwertansatz nicht möglich.

Bei der Hereinverschmelzung einer ausländischen AG mit steuerverhaftetem Inlandsvermögen auf eine inländische steuerpflichtige AG wird das inländische Besteuerungsrecht hinsichtlich des inländischen Vermögens im Regelfall verschmelzunsodassst nicht beschränkt, so dass das inländische Vermögen für Zwecke der deutschen Besteuerung auf Antrag mit dem Buchwert oder einem Zwischenwert angesetzt werden kann (§ 11 Abs. 2 Satz 1 Nr. 2 UmwStG). 77

Im Fall der Hereinverschmelzung erhält Deutschland erstmals hinsichtlich des ausländischen Vermögens einer ausländischen DBA-Anrechnungsbetriebsstätte sowie des Betriebsstättenvermögens in einem Nicht-DBA-Staat das Besteuerungsrecht. Das Auslandsvermögen wird mithin erstmals in Deutschland steuerverstrickt und ist für Zwecke der deutschen Besteuerung zu gemeinen Werten anzusetzen. Es besteht insoweit kein Anlass, einen Antrag gem. § 11 Abs. 2 Satz 1 UmwStG zu stellen. 78

Bei der Auslandsverschmelzung einer ausländischen AG auf eine andere ausländische AG gilt im Hinblick auf das inländische Betriebsstättenvermögen das Vorangehende entsprechend. Es muss, um § 11 Abs. 2 Satz 1 Nr. 2 UmwStG genüge zu tun, vermieden werden, dass verschmelzungsbedingt Wirtschaftsgüter statt einer inländischen einer ausländischen Betriebsstätte zugeordnet werden. 79

Gem. § 11 Abs. 2 Satz 1 Nr. 3 UmwStG darf das übergehende Betriebsvermögen nur insoweit mit dem Buchwert angesetzt werden, als eine Gegenleistung nicht gewährt wird oder in Gesellschaftsrechten besteht. So weit im Rahmen der Verschmelzung bzw. der Vermögensübertragung eine nicht in Gesellschaftsrechten bestehende Gegenleistung gewährt wird, kommt es zu einer zwingenden Aufdeckung stiller Reserven durch den Ansatz des gemeinen Wertes. Gem. § 54 Abs. 1 Satz 1 Nr. 1 UmwG bzw. nach § 68 Abs. 1 Satz 1 Nr. 1 UmwG darf die übernehmende Gesellschaft zur Durchführung einer Verschmelzung ihr Nennkapital nicht erhöhen, so weit sie Anteile eines übertragenden Rechtsträgers innehat. Dies ist regelmäßig bei der Verschmelzung einer Tochtergesellschaft auf ihre Muttergesellschaft der Fall. Der Wegfall der Anteile an der übertragenden AG ist keine Gegenleistung im Sinne von § 11 Abs. 2 Satz 1 Nr. 3 UmwStG.[42] Gegenleistungen im Sinne des § 11 Abs. 2 Satz 1 Nr. 3 UmwStG liegen nur vor, wenn und so weit die übernehmende AG etwas auf- 80

---

[42] Vgl. *Dötsch/Jost/Pung/Witt/Dötsch* § 11 UmwStG, Rz. 22, *Schmitt/Hörtnagl/Stratz/Schmitt* § 11 UmwStG, Rz. 83.

81 Eine Buchwertfortführung ist nach § 11 Abs. 2 Satz 1 Nr. 3 UmwStG erlaubt, wendet, um die Wirtschaftgüter der übertragenden AG zu erhalten und sich hierdurch eine Vermögensmehrung bei der übertragenden AG bzw. deren Anteilseigner ergibt.

81 Eine Buchwertfortführung ist nach § 11 Abs. 2 Satz 1 Nr. 3 UmwStG erlaubt, wenn die Gegenleistung in Anteilen bzw. Mitgliedschaftsrechten besteht. Dabei kann es sich um neue Anteile handeln, die im Zuge der mit der Verschmelzung einhergehenden Kapitalerhöhung entstanden sind oder um eigene Anteile der übernehmenden AG, die den Anteilseignern der übertragenden AG als Gegenleistung gewährt werden.

82 Eine im Sinne des § 11 Abs. 2 Satz 1 Nr. 3 UmwStG schädliche Gegenleistung liegt dann vor, wenn die übernehmende AG etwas aufwendet, um die Wirtschaftgüter der übertragenden AG zu erlangen. Die schädlichen Gegenleistungen können in bar oder durch Gewährung anderer Vermögenswerte erfolgen. So weit eine nicht in Gesellschaftsrechten bestehende schädliche Gegenleistung gewährt wird, kommt es zu einer zwingenden Aufdeckung stiller Reserven. Durch den Ansatz des gemeinen Wertes nach § 11 Abs. 1 UmwStG, dh. zu einem im Regelfall steuerpflichtigen Übertragungsgewinn. Die Gegenleistung führt hingegen nicht zu einer vollen Steuerpflicht, sondern nur insoweit, als sie die auf sie entfallenden Buchwerte übersteigt.

83 Kommt eine Aufstockung in Betracht, so stellt sich die Frage, ob die Wirtschaftsgüter in der steuerlichen Übertragungsbilanz gleichmäßig oder punktuell aufzustocken sind. § 11 Abs. 1 UmwStG lässt diese Frage offen. Allerdings ist nach der BFH-Rspr. in Fällen des Unternehmenskaufs eine gleichmäßige Aufstockung geboten (sog. Stufentheorie).[43]

84 Die Verschmelzung zweier Kapitalgesellschaften ist jedoch kein Fall des Unternehmenskaufs, sodass sich die og. BFH-Rspr. nicht unmittelbar übertragen lässt. Die nunmehr herrschende Meinung spricht sich für eine Aufteilung im Verhältnis der gemeinen Werte der übergehenden Wirtschaftsgüter aus.[44]

85 Ein Ansatz der übergehenden Vermögenswerte unterhalb des gemeinen Wertes setzt gem. § 11 Abs. 2 Satz 1 UmwStG eine Antragstellung voraus. Der Antrag ist bei dem für die Ertragsbesteuerung der übertragenden AG zuständigen inländischen Finanzamt zu stellen. Bei Körperschaften ist gem. § 20 AO für die Besteuerung nach dem Einkommen und Vermögen das Finanzamt örtlich zuständig, in dessen Bezirk sich die Geschäftsleitung befindet. Befindet sich die Geschäftsleitung nicht im Geltungsbereich des Gesetzes oder lässt sich der Ort der Geschäftsleitung nicht feststellen, so ist das Finanzamt örtlich zuständig, in dessen Bezirk die Steuerpflicht ihren Sitz haben. Ist weder die Geschäftsleitung noch der Sitz im Geltungsbereich des Gesetzes, so ist das Finanzamt örtlich zuständig, in dessen Bezirk sich das Vermögen der Steuerpflichtigen und, wenn dies für mehrere Finanzämter zutrifft, das Finanzamt, in dessen Bezirk sich der wertvollste Teil des Vermögens befindet.[45] Besonderheiten ergeben sich, wenn für die Besteuerung der übertragenden und der über-

---

[43] Vgl. BFH IV R 129/71 v. 12.6. 1975, BStBl. II, 807; BFH IV R 40/92 v. 18. 2. 1993, BStBl. II 1994, 224; ebenso in Gegenleistungsfällen die FinVerw.: UmwStErl. Tz. 11.20.

[44] Siehe h. M. bei *Rödder/Herlinghaus/van Lishaut/Rödder* § 11 UmwSt Rz. 147 s. auch *Suchan/Peykan* DStR 2003, 136 (137 f.); vgl. auch BMF-Schreiben v. 25. 3. 1998, BStBl. I 1998; Tz. 11.20.

[45] Vgl. *Rödder/Herlinghaus/van Lishaut/Rödder* § 11 UmwSt Rz. 96.

A. Verschmelzung einer AG auf eine andere AG 86, 87 § 14

nehmenden AG unterschiedliche Finanzämter zuständig sind. In diesen Fällen findet in dem Zeitpunkt, in dem eines der Finanzämter von der Verschmelzung erfährt ein Zuständigkeitswechsel statt (§ 26 Satz 1 AO). Dies gilt auch für die Antragstellung in Sinne des § 11 Abs. 2 Satz 1 UmwStG. Die für die übertragende Körperschaft zuständige Finanzbehörde kann im Fall der Verschmelzung lediglich ein bereits begonnenes Verwaltungsverfahren fortführen, wenn dies unter Wahrung der Interessen der Beteiligten der einfachen und zweckmäßigen Durchführung des Verfahrens dient und die nunmehr zuständige Finanzbehörde zustimmt (§ 26 Satz 2 AO). Außerdem kann in den Fällen der Zuständigkeitsvereinbarung nach § 27 AO eine andere Finanzbehörde zuständig sein.[46]

Nach Abgabe eines wirksamen Bewertungsantrags nach § 11 Abs. 2 Satz 1 UmwStG ist eine Änderung der Bewertung des Vermögens in der steuerlichen Schlussbilanz der Übertragerin nicht mehr möglich.[47] Eine Bilanzberichtigung ist dagegen durch den Steuerpflichtigen auch nach der Antragstellung im Rahmen des § 4 Abs. 2 Satz 1 EStG möglich, so weit die steuerliche Schlussbilanz, den GoB und den einschlägigen steuergesetzlichen Normen nicht entspricht und die auf der Schlussbilanz basierende Steuerfestsetzung noch aufgehoben respektive geändert werden kann. 86

Durch das SEStEG neu eingefügt wurde die Regelung in § 11 Abs. 2 Satz 2 UmwStG für Fälle der Abwärtsverschmelzung (sog. Downstream-Merger). § 11 Abs. 2 Satz 2 UmwStG regelt, dass Anteile an der übernehmenden AG in der steuerlichen Schlussbilanz mit dem Buchwert erhöht um Teilwertabschreibungen, die in früheren Jahren steuerwirksam vorgenommen und zwischenzeitlich nicht rückgängig gemacht worden sind, sowie um steuerwirksame Abzüge nach § 6 b EStG und ähnliche Abzüge, höchstens jedoch mit dem gemeinen Wert anzusetzen sind. Die Regelung bewirkt – ähnlich wie die für Fälle der Aufwärtsverschmelzung in § 12 Abs. 1 S. 2 UmwStG, getroffene Regelung (s. sogleich) – dass der Wegfall einer Beteiligungsebene durch die Verschmelzung down-stream insoweit wie eine Veräußerung der Anteile an die Tochtergesellschaft zum gemeinen Wert behandelt werden soll.[48] Auf einen etwaigen „Veräußerungsgewinn" findet § 11 Abs. 2 Satz 3 UmwStG iVm. § 8 b Abs. 2 Satz 4 und 5 KStG entsprechende Anwendung. Nach bisheriger Verwaltungsauffassung zum alten Recht sollten §§ 11 ff. UmwStG nur auf Antrag und im Billigkeitsweg auf Downstream-Merger anwendbar sein.[49] Es ist nunmehr davon auszugehen, dass das Antragserfordernis mit dem SEStEG entfallen ist.[50] 87

---

[46] Vgl. OFD Magdeburg v. 26. 4. 2001, DStR 2001, 1705, OFD Chemnitz v. 2. 10. 2001, DB 2001, 2323.
[47] So *Ley/Bodden*, Finanz-Rundschau 2007, 265 (270), *Winkeljohann/Fuhrmann*, Handbuch Umwandlungssteuerrecht, 749, andere Auffassung: *Schmitt* in *Schmitt/Hörtnagl/Stratz* § 11 UmwStG, Rz. 34.
[48] Vgl. *Rödder/Herlinghaus/van Lishaut/Rödder* § 11 UmwSt Rz. 171; *Dötsch/Jost/Pung/Witt/Dötsch* § 11 UmwStG, Rz. 56.
[49] Vgl. BMF-Schreiben v. 25. 3. 1998, BStBl. I 1998, 268, Tz. 11.24.
[50] Vgl. *Rödder/Schumacher*: DStR 2006, 1525, *Schaflitzl/Wittmeier*, DB Beilage 8/2007, 47 sowie *Benecke/Schnitter*, IStR 2006, 765 (774).

2. Ertragsteuerliche Folgen bei der Übernehmerin

88 Die übernehmende AG hat die in der steuerlichen Schlussbilanz der Überträgerin ausgewiesenen Wirtschaftsgüter mit den dort angesetzten Werten zu übernehmen. Die Übernahme des Vermögens und der Schulden erfolgt mit Wirkung zum steuerlichen Übertragungsstichtag (§ 2 Abs. 1 UmwStG). Zu übernehmen ist der gemeine Wert oder der nach § 11 Abs. 2 UmwStG von der übertragenden AG zulässig und wirksam gewählte Buchwert respektive Zwischenwert der übergegangenen Wirtschaftsgüter. Die gesetzlich geregelte steuerliche Werteverknüpfung gewährleistet, dass die spätere Besteuerung der in den übergegangenen Wirtschaftsgütern enthaltenen stillen Reserven bei der übernehmenden AG sichergestellt ist. Zwischen den steuerlichen Schlussbilanzwerten der Überträgerin und den bei der Übernehmerin steuerlich angesetzten Werten besteht demnach ein zwingender Wertezusammenhang.[51]

89 Dies gilt auch dann, wenn die übernehmende AG – unter Ausübung des in § 24 UmwG enthaltenen Wahlrechts – die Vermögensgegenstände der Überträgerin im Rahmen der **handelsrechtlichen** Übernahmebilanzierung zu Werten ansetzt, die oberhalb der in der Schlussbilanz der übertragenden AG ausgewiesenen Werten liegen. Denn die Ansätze in der Handelsbilanz der übernehmenden AG sind ohne Bedeutung für die steuerliche Übernahmebilanzierung, weil sich die steuerliche Bewertung Kraft ausdrücklicher gesetzlicher Regelung (§§ 12 Abs. 1, 4 Abs. 1 UmwStG) allein an der steuerlichen Schlussbilanz der Überträgerin auszurichten hat.[52]

90 Die Verschmelzung einer AG auf eine andere AG ist auf Ebene der übertragenden Gesellschaft grundsätzlich steuerneutral zu Buchwerten möglich. Für die übernehmende AG ist dies indessen im Regelfall dann nicht der Fall, so weit sie an der übertragenden AG beteiligt ist (Upstream-Merger). Dies ergibt sich daraus, dass mit der Verschmelzung (Upstream) eine Besteuerungsebene wegfällt, was nach dem SEStEG ähnliche Konsequenzen wie bei einer Liquidation der übertragenden AG zu dem nach § 11 UmwStG angesetzten Werten auslösen soll. Im Zuge der Verschmelzung (Upstream) entsteht auf der Ebene des übernehmenden Rechtsträgers ein sog. Übernahmeergebnis. Dieses Übernahmeergebnis wird durch Gegenüberstellung des Übernahmewertes der übergegangenen Wirtschaftsgüter und des (ggf. nach den Regelung § 12 Abs. 1 Satz 2 UmwStG) zu erhöhenden Buchwerts, der im Zuge der Verschmelzung wegfallenden Anteile an der übertragenden Körperschaft ermittelt. Von diesem Saldobetrag werden nach den neu eingeführten Regelungen des SEStEG die Kosten für den Vermögensübergang abgezogen. Das Übernahmeergebnis ermittelt sich mithin wie folgt:

Ansatz der übergegangenen Wirtschaftsgüter mit Buchwerten, Zwischenwerten oder gemeinen Werten (§ 12 Abs. 1 Satz 1 UmwStG)
./. Buchwert der Anteile an der übertragenden Körperschaft (ggf. nach Korrektur gem. §§ 12 Abs. 1 Satz 2, 4 Abs. 1 Satz 2 f.)
./. Kosten für den Vermögensübergang
= Übernahmeergebnis

Dieses Übernahmeergebnis bleibt gem. § 12 Abs. 2 Satz 1 UmwStG außer Ansatz. Es entsteht mit Ablauf des steuerlichen Übertragungsstichtages.[53] Das

---

[51] Vgl. Dötsch/Jost/Pung/Witt/Dötsch § 12 UmwStG nF Tz. 4 ff.
[52] Vgl. Dötsch/Jost/Pung/Witt/Dötsch § 12 UmwStG nF Tz. 7.
[53] Vgl. BMF-Schreiben v. 25. 3. 1998, BStBl. I 1998, 268 Tz. 12.05.

A. Verschmelzung einer AG auf eine andere AG 91–93 § 14

Übernahmeergebnis ist positiv, wenn und so weit der Wert der übergegangenen Wirtschaftsgüter abzüglich der Kosten für den Vermögensübergang höher ist als der Wert der untergehenden Anteile an der übertragenden AG (zB Gründungsfall). Bleibt der Wert der zu übernehmenden Wirtschaftsgüter unter dem Buchwert der Anteile an der übertragenden AG abzüglich der Kosten des Vermögensübergangs zurück, entsteht ein Übernahmeverlust. Dies ist normalerweise dann der Fall, wenn die übernehmende AG im Kaufpreis ihre Anteile an den stillen Reserven mitbezahlt hat, die in den Wirtschaftgütern der übertragenden AG ruhen und diese stillen Reserven auch im Rahmen der Verschmelzung in Anlehnung an § 11 UmwStG nicht aufgedeckt worden sind oder wenn die Anteile nach Erwerb durch Verluste der übertragenden AG oder in Folge der Verflüchtigung stiller Reserven im Wert gefallen sind und der Werteverfall bislang nicht durch eine Teilabschreibung geltend gemacht werden konnte, da es bei betrieblichen Anteilen an einer voraussichtlich dauernden Wertminderung im Sinne des § 6 Abs. 1 Satz 1 Nr. 2 Satz 2 EStG fehlte.[54]

Ein Übernahmeergebnis ist immer so weitu ermitteln, wenn und soweit der 91 übernehmende Rechtsträger am übertragenden Rechtsträger beteiligt ist. Dies gilt auch für Beteiligungen am übernehmenden Rechtsträger die unter 100% liegen. In diesem Zusammenhang verwundert, dass § 12 Abs. 2 UmwStG nicht eine zu § 4 Abs. 4 Satz 3 UmwStG entsprechende anteilige Übernahmegewinnermittlung vorsieht. Dies führt im Ergebnis dazu, dass bei der Verschmelzung auf beispielsweise eine zu 30% an der Überträgerin beteiligten AG 100% des übergehenden Vermögens in das Übernahmeergebnis einfließen. Im Rahmen der Übernahmeergebnisermittlung werden demnach zwei nicht vergleichbare Größen gegenübergestellt, m. a. W. es werden „Äpfel mit Birnen" verglichen.[55]

Wenn § 12 Abs. 2 Satz 1 UmwStG den gesamten Übernahmegewinn aus 92 einer Verschmelzung außer Ansatz lässt, trifft die damit verbundene Steuerfreistellung genau genommen zwei unterschiedliche Teilbeträge. So weit dem verschmelzungsbedingt übergehenden Betriebsvermögen eine wegfallende Beteiligung gegenübersteht, handelt es sich um eine Befreiung eines „echten" Übernahmegewinns (sog. Übernahmegewinn im engeren Sinne). So weit jedoch dem übergehenden Betriebsvermögen keine wegfallende Beteiligung gegenübersteht, regelt § 12 Abs. 2 Satz 1 UmwStG eine dem § 4 Abs. 1 Satz 1 EStG nachgebildete steuerliche Neutralisierung von Einlagen.[56] Ist die übernehmende AG nicht an der übertragenden AG beteiligt, kommt es folglich überhaupt nicht zu einem Übernahmegewinn bzw. -verlust im eigentlichen Sinne. § 12 Abs. 2 UmwStG ist auf diesen Fall nicht anwendbar.

Soweit aus einer Verschmelzung ein Übernahmegewinn resultiert, ist neben 93 § 12 Abs. 2 Satz 1 UmwStG auch § 12 Abs. 2 Satz 2 UmwStG zu beachten, der eine Anwendung des § 8 b KStG anordnet. Dabei wird der Satz 2 des § 12 Abs. 2 als Einschränkung der in Satz 1 geregelten globalen Steuerbefreiung verstanden.[57] Die erste Einschränkung ergibt sich daraus, dass die Steuerbefreiung

---

[54] Vgl. *Rödder/Herlinghaus/van Lishaut/Rödder* § 12 UmwStG, Rz. 66.
[55] Vgl. *Rödder/Herlinghaus/van Lishaut/Rödder* § 12 UmwStG, Rz. 64.
[56] So auch *Dötsch/Jost/Pung/Witt/Dötsch* § 12 UmwStG, Rz. 32 sowie *Rödder/Herlinghaus/van Lishaut/Rödder* § 12 UmwStG, Rz. 64, so auch *Schmitt/Hörtnagl/Stratz/Schmitt* § 12 UmwStG, Rz. 28.
[57] Vgl. *Dötsch/Jost/Pung/Witt/Dötsch* § 12 UmwStG, Rz. 33.

nach § 8 b KStG gem. § 12 Abs. 2 Satz 2 UmwStG nur insoweit zu gewähren ist, als die Übernehmerin an der Überträgerin beteiligt ist. Weitere Einschränkungen ergeben sich daraus, dass es durch den Globalverweis auf § 8 b Abs. 3 bzw. Abs. 5, Abs. 7 und Abs. 8 KStG zu einer Einschränkung der Steuerbefreiung des echten Übernahmegewinns führen kann. Nach diesem Rechtsverständnis ist im Rahmen des § 12 Abs. 2 UmwStG nach vorherrschender Meinung auch § 8 b Abs. 4 KStG aF anzuwenden, was dazu führt, dass im Falle einer Aufwärtsverschmelzung einer Gesellschaft mit sperrfristbehafteten Anteilen an der Überträgerin auf Ebene der Übernehmerin, der Übernahmegewinn im engeren Sinne nicht steuerfrei, sondern vollumfänglich steuerpflichtig ist.[58]

94 Eine weitere Besonderheit ergibt sich bei der Besteuerung des Übernahmegewinns im Falle einer bestehenden Organschaft. Wenn nämlich die übernehmende AG Organgesellschaft ist, ist § 8 b Abs. 1 bis 6 KStG bei ihr gem. § 15 Abs. 1 Nr. 2 Satz 1 KStG nicht anzuwenden. § 12 Abs. 2 Satz 1 UmwStG ist indessen in § 15 KStG nicht erwähnt. Dies führt im Ergebnis dazu, dass der Übernahmegewinn im Einkommen der Organgesellschaft regelmäßig nicht enthalten ist. Dies gilt auch dann, wenn der Organträger respektive dessen Gesellschafter nicht dem Regime der Körperschaftsteuer sondern der Einkommensteuer unterliegen. Somit kommt es in diesen Fällen zu einem vollständigen außer Ansatz bleiben des Übernahmegewinns, es greift nicht einmal die Fiktion von 5 % des Übernahmegewinns als nicht abzugsfähige Betriebsausgaben.[59]

95 Die übernehmende AG tritt gem. § 12 Abs. 3 UmwStG in die steuerliche Rechtsstellung der übertragenden AG ein. Dies gilt auch dann, wenn die übergegangenen Wirtschaftsgüter in der steuerlichen Schlussbilanz der übertragenden AG mit einem über dem Buchwert liegenden Wert angesetzt wurden. In § 12 Abs. 3 2. Halbsatz UmwStG wird ausgeführt, dass § 4 Abs. 2 und 3 UmwStG entsprechend gelten. Danach gilt generell, dass die übernehmende AG insbesondere bezüglich der Bewertung der übernommenen Wirtschaftsgüter der Absetzung für Abnutzung und den steuerlichen gewinnmindernden Rücklagen in die Rechtsstellung der übertragenden AG tritt. Ist die Dauer der Zugehörigkeit eines Wirtschaftsgutes zum Betriebsvermögen für die Besteuerung bedeutend, so ist der Zugehörigkeitszeitraum bei beiden AGs zusammenzurechnen. Verrechenbare Verluste, verbleibende Verlustvorträge vom übertragenden Rechtsträger, nicht ausgeglichene negative Einkünfte sowie Zinsvorträge gem. § 4 h Abs. 1 Satz 2 EStG gehen indessen nicht mit über, sondern verloren.

96 Auch im Hinblick auf die Eigenkapitalposition tritt eine quasi Rechtsnachfolge ein. Die steuerlichen Folgen der Kapitalveränderung sind in § 29 KStG geregelt. Hiernach wird zunächst das Nennkapital der übertragenden AG unter Beachtung des § 28 Abs. 2 Satz 1 KStG auf Null herabgesetzt (§ 29 Abs. 1 KStG). Das steuerliche Einlagenkonto der übernehmenden AG wird erhöht, so

---

[58] Vgl. Dötsch/Jost/Pung/Witt/Dötsch § 12 UmwStG, Rz. 33; a. A. mit beachtlicher Begründung Rödder/Herlinghaus/van Lishaut/Rödder § 12 UmwStG, Rz. 89 ff.

[59] So auch Rödder/Schumacher, DStR 2007, 369 (373), ausdrücklich zustimmend für Fälle, in denen natürliche Personen Organträger sind Dötsch/Jost/Pung/Witt/Dötsch vor § 15 UmwStG, Rz. 3 indessen andere Auffassung im Hinblick auf die Pauschalierung Dötsch/Jost/Pung/Witt/Dötsch § 12 UmwStG, Rz. 33a.

A. Verschmelzung einer AG auf eine andere AG   97–101   § 14

weit der Betrag der fiktiven Kapitalherabsetzung den Sonderausweis übersteigt und das Nennkapital eingezahlt ist. § 29 Abs. 2 KStG regelt, dass das steuerliche Einlagenkonto der übertragenden AG dem der übernehmenden AG hinzuzurechnen ist. Die Hinzurechnung unterbleibt in dem Maße, in dem die übernehmende AG an der übertragenden AG beteiligt ist.

Die steuerlichen Folgen einer Verschmelzung auf bestehendes altes EK 02   97
sind in § 40 KStG geregelt. Hiernach ist der EK 02-Bestand der Übertragerin dem der Übernehmerin zuzurechnen (§ 40 Abs. 1 KStG). Ist bei Verschmelzungen auf steuerbefreite AGs eine Vollausschüttung fingiert, kommt es zu einer entsprechenden Körperschaftsteuererhöhung gem. § 38 KStG.

Bei der Verschmelzung durch Aufnahme auf eine bereits bestehende AG ist   98
der Vermögenszugang für die AG steuerlich ein laufender Geschäftsvorfall. Einer besonderen steuerlichen Übernahmebilanz bedarf es insoweit nicht. Vielmehr wird der Vermögenszugang im nächst folgenden steuerlichen Jahresabschluss abgebildet. Bei einer Verschmelzung durch Neugründung ist dagegen auf den steuerlichen Übertragungsstichtag eine steuerliche Eröffnungsbilanz zu erstellen, die zugleich steuerliche Übernahmebilanz ist. Die Steuerpflicht der Übernehmerin beginnt dann auf diesen Tag.[60]

§ 12 Abs. 1 Satz 2 UmwStG verweist für die Anteile an der übertragenden   99
AG auf § 4 Abs. 1 Satz 2 und 3 UmwStG. Demzufolge sind die Anteile bei der Übernehmerin mit dem Buchwert, erhöht um Abschreibungen, die in früheren Jahren steuerwirksam vorgenommen und zwischenzeitlich nicht rückgängig gemacht worden sind, sowie um steuerwirksame Abzüge nach § 6 b EStG und ähnliche Abzüge, höchstens jedoch mit dem gemeinen Wert anzusetzen (sog. erweiterte Wertaufholung). Ein sich durch das Aufstockungsgebot ergebender Gewinn ist gem. § 8 b Abs. 2 Satz 4 KStG voll steuerpflichtig. In § 12 Abs. 1 Satz 2 UmwStG und § 4 Abs. 1 Satz 2 UmwStG ist die Nachfolgeregelung zu § 12 Abs. 2 Satz 2 UmwStG 1995 der eine sog. Beteiligungskorrekturgewinnregelung **ohne** Begrenzung auf den gemeinen Wert der Anteilte an der Übertragerin enthielt. Die zu begrüßende Änderung der Begrenzung der evtl. erweiterten Wertaufholung auf den gemeinen Wert der Anteile der Übernehmerin an die Überträgerin hängt damit zusammen, dass der Übergang von Verlustvorträgen nach § 12 Abs. 3 Satz 2 UmwStG 1995 i. d. F. des Gesetzes zur Fortsetzung der Unternehmenssteuerreform abgeschafft worden ist.[61]

3. Ertragsteuerliche Folgen bei den Aktionären der Übertragerin

Für die Aktionäre der Übernehmerin ist die Verschmelzung ertragsteuerlich   100
neutral. Dies folgt schon daraus, dass sie nach der Verschmelzung dieselben Aktien halten wie vor der Verschmelzung.

Soweit die Aktionäre der Übertragerin ihre Aktien in einem inländischen   101
Betriebsvermögen halten, gelten die Aktien infolge der Verschmelzung vom Grundsatz her als zum gemeinen Wert veräußert und die an ihre Stelle tretenden Aktien der aufnehmenden AG als mit diesem Wert angeschafft. Abweichend hiervon sind auf Antrag die Anteile an der übernehmenden AG mit dem Buchwert der Anteile an der übertragenden AG anzusetzen. Dies gilt auch für

---

[60] Vgl. BMF-Schreiben v. 25. 3. 1998, BStBl. I 1998, 268, Tz. 02.06 u. 02.08, siehe auch Dötsch/Jost/Pung/Witt/Dötsch § 12 UmwStG, Rz. 4.
[61] Vgl. Rödder/Herlinghaus/van Lishaut/ § 12 UmwStG, Rz. 51.

Zwecke der Gewerbesteuer. Ist ein entsprechender Antrag gestellt, so ist die Verschmelzung für die Aktionäre ertragsteuerneutral. Der Antrag kann bis zur Bestandskraft der Veranlagung des betroffenen Anteilseigners gestellt werden. Da es für die Antragstellung keine Formvorschriften gibt, kann der Antrag mit der Einreichung der Bilanz gestellt werden. Bilanzänderungen sind möglich.

102 Eine Antragstellung setzt voraus, dass
– das Recht der Bundesrepublik Deutschland hinsichtlich der Besteuerung der Anteile an der übernehmenden AG nicht ausgeschlossen oder beschränkt wird
– oder Deutschland als EU-Mitgliedsstaat bei der Verschmelzung Art. 8 der Fusionsrichtlinie anzuwenden hat.

103 Wird der Antrag zu Buchwertfortführung gestellt, treten die Anteile an der übernehmenden AG steuerlich an die Stelle der Anteile an der übertragenden AG. Es liegen weder ein Veräußerungs- noch ein Anschaffungsvorgang vor. Dementsprechend geht im Betriebsvermögen eine latente Wertaufholungsverpflichtung nach § 6 Abs. 1 Nr. 2 Satz 3 iVm. Nr. 1 Satz 4 EStG über und geht als Sperrbetrag mittels § 50c EStG auf die Anteile an der übernehmenden AG über. Ist die Besitzzeit der Anteile an der Übertragerin den Anteilen an der Übernehmerin hinzuzurechnen (bei Besitzzeit zB für Zwecke des § 9 Nr. 2a GewStG, § 6b Abs. 10 EStG), läuft die 7-Jahres-Frist des § 22 UmwStG weiter, erlangen die Anteile an der Übernehmerin den Steuerstatus nach § 17 EStG, wenn und soweit die Anteile der Übertragerin nach § 17 EStG steuerverhaftet waren, dies gilt auch dann, wenn der Aktionär nach der Verschmelzung zu weniger als 1 % beteiligt ist.

104 Voraussetzung für eine Antragstellung zum Ansatz des Buchwertes ist gem. § 13 Abs. 2 Satz 1 UmwStG, dass das deutsche Besteuerungsrecht nicht ausgeschlossen oder beschränkt wird. Bei reinen Inlandsverschmelzungen liegen diese Voraussetzungen regelmäßig vor. Auch bei einer grenzüberschreitenden Hinaus- und Hereinverschmelzung von AG wird bei in Deutschland ansässigen Anteilseignern das Recht Deutschlands auf Besteuerung des Gewinns aus der Veräußerung der Anteile im Regelfall nicht eingeschränkt, da die meisten DBAs das Besteuerungsrecht dem Wohnsitzstaat zuordnen (entsprechend Art. 13 Abs. 4 OECD-Musterabkommen). Nur in dem Ausnahmefall, in dem nach dem Doppelbesteuerungsabkommen abweichend von Art. 13 Abs. 5 OECD-Musterabkommen dem Ansässigkeitsstaat der Gesellschaft ein Besteuerungsrecht zukommt (DBA Tschechien), kommt es zu einer Einschränkung des deutschen Besteuerungsrechts und ist § 13 Abs. 2 UmwStG nicht anwendbar. So weit es sich aber hierbei um EU-Fälle handelt, greift § 13 Abs. 2 Nr. 2 UmwStG begünstigend ein.

105 Werden die Aktien der Übertragerin im **Privatvermögen** gehalten und ein entsprechender Antrag gem. § 13 Abs. 2 UmwStG gestellt, führt die Verschmelzung nicht zu einem steuerpflichtigen Spekulationsgewinn im Sinne des § 23 EStG. Vielmehr läuft die Spekulationsfrist für die Anteile an der Übernehmerin weiter, dh. es wird keine neue Spekulationsfrist in Gang gesetzt.[62]

---

[62] Vgl. Dötsch/Patt/Pung/Möhlenbrock/Dötsch, Umwandlungsteuerrecht, § 13 UmwStG (SEStEG), Rz. 30

A. Verschmelzung einer AG auf eine andere AG

4. Ertragsteuerliche Folgen der Verschmelzung auf bestehende Organschaftsverhältnisse

Wird eine Organträger-AG auf eine andere AG verschmolzen, so tritt zivilrechtlich der übernehmende Rechtsträger in einen bestehenden Ergebnisabführungsvertrag (EAV) ein.[63] Nach Ansicht der FinVerw. ist in diesem Fall die **lückenlose Fortsetzung** des (körperschaftsteuerlichen) Organschaftsverhältnisses durch die Übernehmerin dann gesichert, wenn der Gewinnabführungsvertrag von der Übernehmerin fortgeführt wird.[64] Voraussetzung für eine **lückenlose Fortsetzung** der gewerbesteuerlichen Organschaft ist, dass die Organgesellschaft ununterbrochen in das Unternehmen des bisherigen und anschließend des künftigen Organträgers finanziell eingegliedert ist. Eine im Rückwirkungszeitraum insoweit noch gegenüber der Überträgerin gegebene Eingliederung wird der Übernehmerin zugerechnet. 106

Fällt der steuerliche Übertragungsstichtag in das laufende Geschäftsjahr der Organgesellschaft, so ist bereits das gesamte Ergebnis dieses Jahres dem „neuen" Organträger (Übernehmerin) zuzurechnen. Fällt der steuerliche Übertragungsstichtag auf den letzten Tag des laufenden Wirtschaftsjahres der Organgesellschaft, so ist das Organschaftsverhältnis zur Übernehmerin erstmals für das kommende Jahr anzuerkennen.[65] 107

Wird eine durch EAV angebundene Organ-AG auf eine andere AG verschmolzen, so endet nach herrschender Zivilrechtsmeinung verschmelzungsbedingt der EAV.[66] Nach Ansicht der FinVerw. endet hierdurch auch die Organschaft, und zwar zum steuerlichen Übertragungsstichtag. Gemäß Abschn. 55 Abs. 7 Satz 2 KStR ist diese verschmelzungsbedingte EAV-Beendigung bei einem noch nicht fünf Jahre durchgeführten EAV jedoch als steuerlich unschädliche Beendigung aus wichtigem Grund einzustufen, sodass die steuerliche Organschaft für die Zeit bis zum steuerlichen Übertragungsstichtag trotz der vorzeitigen Beendigung weiterhin anerkannt wird.[67] 108

Wird eine AG auf eine mit EAV angebundene Organ-AG verschmolzen und sind nach der Verschmelzung erstmals außenstehende Aktionäre an der Organ-AG beteiligt, so endet der EAV kraft Gesetzes (§ 307 AktG). Da auch diese EAV-Beendigung verschmelzungsbedingt eintritt, bleibt hiervon gem. Abschn. 55 Abs. 7 Satz 2 KStR bei einem noch nicht fünf Jahre durchgeführten EAV die steuerliche Organschaft bis zum steuerlichen Übertragungsstichtag unberührt.[68] 109

Wird eine nicht organschaftlich angebundene außenstehende Gesellschaft auf eine Organgesellschaft verschmolzen und gewährt die Organgesellschaft eigene Anteile oder gibt die Organgesellschaft keine Anteile aus (Verschmelzung einer nicht organschaftlich angebundenen Enkelgesellschaft auf die Organgesellschaft), so unterliegt ein etwaiger sich ergebender Übernahmegewinn 110

---

[63] Vgl. OLG Karlsruhe 15 U 256/89 v. 7.12.1990, ZIP 1991, 101; Kölner Komm./*Koppensteiner* § 291 Rz. 50.
[64] Vgl. UmwStErl. Tz. Org.02.
[65] Vgl. UmwStErl. Tz. Org.02.
[66] Vgl. OLG Karlsruhe 15 W 19/94 v. 29.8.1994, ZIP 1994, 1529; Kölner Komm./*Koppensteiner* § 297 Rz. 21; *Geßler/Hefermehl/Geßler* § 297 AktG Rz. 49; ähnlich *Emmerich/Habersack* § 297 Rz. 38; *Lutter/Grunewald* § 20 Rz. 34; *Schmitt/Hörtnagl/Stratz/Stratz* § 20 Rz. 44; *Kallmeyer/Marsch-Barner* § 20 Rz. 21.
[67] So *Witt* Die Organschaft im Ertragsteuerrecht 1999 Rz. 236.
[68] Anderer Ansicht Ernst & Young/Bearbeiter § 14 KStG Rz. 726.

handelsrechtlich der Abführungspflicht an den Organträger.[69] Steuerlich ist hingegen ein aus der Verschmelzung resultierender Übernahmegewinn bzw. -verlust gem. § 12 Abs. 2 Satz 2 UmwStG außer Ansatz zu lassen, sodass es insoweit zu Abweichungen zwischen der handelsrechtlichen Gewinnabführung und der steuerlichen Ergebniszurechnung kommt. Diese Mehr- oder Minderabführungen sollen wie Mehr- oder Minderabführungen als Folgewirkungen aus Geschäftsvorfällen aus vororganschaftlicher Zeit abgewickelt werden, dh. im Falle der Mehrabführung wie eine Gewinnausschüttung im Falle der Minderabführung wie eine Einlage behandelt werden.[70]

5. Grunderwerbsteuerliche Folgen der Verschmelzung

111 Der verschmelzungsbedingte Übergang von Grundstücken löst Grunderwerbsteuer aus. Daneben sind die durch eine Verschmelzung hervorgerufenen Anteilsverschiebungen sowie Anteilsübertragungen von unmittelbar oder mittelbar grundstückshaltenden Gesellschaften grunderwerbsteuerlich beachtlich. Anteilsübertragung bedeutet hierbei die **Übertragung von mindestens 95 %** der Anteile an einer grundbesitzenden Tochtergesellschaft (Kapital- oder Personengesellschaft), während beim umwandlungsbedingten Übergang von weniger als 95 % von einer Anteilsverschiebung gesprochen wird.[71]

112 Beim verschmelzungsbedingten **unmittelbaren Übergang** von mindestens 95 % der Anteile an grundbesitzenden Tochterkapitalgesellschaften resultiert die Grunderwerbsteuerbarkeit aus § 1 Abs. 3 Nr. 4 GrEStG.[72]

113 Ein grunderwerbsteuerbarer Anteilsübergang liegt nicht nur bei der unmittelbaren verschmelzungsbedingten Übertragung aller Anteile an einer grundbesitzenden Tochterkapitalgesellschaft vor. Vielmehr fällt GrESt auch dann an, wenn eine mindestens 95 %ige Tochterkapitalgesellschaft, deren Anteile übergehen, 95 % an einer nachgeschalteten grundbesitzenden Enkelkapitalgesellschaft hält (mittelbare Anteilsübertragung).[73] Die Rechtsfigur der **mittelbaren Anteilsübertragung** ist aus dem in § 1 Abs. 3 Satz 1 GrEStG verwendeten Merkmal „gehört" abzuleiten.[74] Demnach gehört ein Grundstück im Vermögen einer mittelbar zu 95 % beherrschten Enkelgesellschaft grunderwerbsteuerlich iSd. § 1 Abs. 3 GrEStG zur Muttergesellschaft. Besonderheiten gelten bei Anteilsübertragungen im Organkreis.[75]

115 Zusätzlich unterwirft § 1 Abs. 2 a GrEStG jene Verschmelzungen der Besteuerung, die dazu führen, dass innerhalb eines Zeitraums von 5 Jahren zumindest 95 % der Anteile am Gesellschaftsvermögen einer Personengesellschaft unmittelbar oder mittelbar auf neue Gesellschafter übergehen.[76] Hierbei liegt ein mittelbarer Gesellschafterwechsel nur dann vor, wenn auf jeder Zwischen-

---

[69] Vgl. *Dötsch* in FS Widmann, 275, *Erle/Sauter*, § 14 KStG, Rz. 706 m. w. N.
[70] Vgl. *Witt* Die Organschaft Rz. 24. Siehe aber auch BFH I R 51/01 v. 18.12. 2002, DStR 2003, 412., andere Auffassung *Erle/Sauter* § 14 KStG, Rz. 706, *Pfaar/Welke* in GmbHR 2002, 516 (517) sowie *Rödder/Herlinghaus/van Lishaut/Herlinghaus*, Anhang 3, Rz. 65.
[71] Zur Anteilsverschiebung bei Kapitalgesellschaften vgl. *Boruttau/Egly/Sigloch/Fischer* § 1 GrEStG Rz. 969. Siehe auch § 11 Rz. 300 ff.
[72] Vgl. *Hofmann* Grunderwerbsteuergesetz § 1 GrEStG, Rz. 92.
[73] Vgl. *Fleischer* DStR 1996, 1390 (1392).
[74] Vgl. *Pahlke/Franz* Grunderwerbsteuergesetz 2. Aufl. 1999 § 1 GrEStG Rz. 283.
[75] Vgl. Gleichlautendes. Ländererlass v. 21. 3. 2007, BStBl I S. 422).
[76] Vgl. hierzu § 11 Rz. 306 ff. sowie den gleich lautenden Ländererlass v. 24.6. 1998, BStBl. I 1998, 925; vgl. auch *Eggers/Fleischer/Wischott* DStR 1998, 593; *Fischer* DStR 1997,

A. Verschmelzung einer AG auf eine andere AG

stufe eine mindestens 95 %ige Beteiligungsquote besteht.[77] Wird zB eine Kapitalgesellschaft (Muttergesellschaft), die mindestens 95 % der Anteile an einer anderen Kapitalgesellschaft (Tochtergesellschaft) hält, die ihrerseits zu mindestens 95 % an einer grundbesitzenden Personengesellschaft (Enkelgesellschaft) beteiligt ist, auf eine andere Kapitalgesellschaft verschmolzen, so ist der Tatbestand des § 1 Abs. 2a GrEStG erfüllt.[78] § 1 Abs. 2a GrEStG ist grundsätzlich vorrangig vor den Regelungen des § 1 Abs. 3 GrEStG anzuwenden (§ 1 Abs. 3 Satz 1 GrEStG), sodass eine gleichzeitige Übertragung von 95 % der Anteile am Gesellschaftsvermögen an einer grundbesitzenden Personengesellschaft vorrangig von § 1 Abs. 2a GrEStG erfasst wird.

Bei Umwandlungen nach dem UmwG bemisst sich die **grunderwerbsteuerliche Bemessungsgrundlage** gem. § 8 Abs. 2 GrEStG nach dem – verglichen mit dem Verkehrswert – relativ niedrigen, dh. aus Sicht des Steuerpflichtigen günstigen Grundbesitzwert iSd. § 138 Abs. 2 BewG. Hiervon werden 3,5 % Grunderwerbsteuer erhoben (§ 11 GrEStG). Ertragsteuerlich kann die bei Verschmelzungen anfallende GrESt nach Meinung der FinVerw. als Betriebsausgabe geltend gemacht werden.[79]

Trotz der og. Ausweitung des Besteuerungstatbestandes auf mehrstufige Vorgänge, werden durch Anteilsübertragungen nicht alle Grundstücke im Eigentum von nachgeschalteten Kapitalgesellschaften von der GrESt erfasst. Anteilsübertragung bedeutet nämlich die Übertragung von mindestens 95 % der Anteile an einer grundbesitzenden Gesellschaft. Das heißt, dass in den Fällen keine Steuerpflicht vorliegt, in denen ein mehr als 5 %iger Splitteranteil an einer Grundstücksgesellschaft einem außenstehenden Dritten zuzurechnen ist oder ein Zwerganteil einer Gesellschaft des Konzernverbunds gehört, die nicht als Glied einer Beteiligungskette im og. Sinn anzusehen ist.

Diese **Begrenzung des Besteuerungstatbestands** könnte zB bei einer geplanten Verschmelzung in einer vorbereitenden Maßnahme dadurch ausgenutzt werden, dass die Beteiligungsverhältnisse an Grundstückskapitalgesellschaften so gestaltet werden, dass Zwerganteile (außerhalb von § 8 b Abs. 2 KStG unter Inkaufnahme von ertragsteuerlichen Konsequenzen) gezielt in die Hände Außenstehender oder nicht organschaftlich verbundener Konzerngesellschaften überführt werden.[80] Ein **Missbrauch rechtlicher Gestaltungsmöglichkeiten** ist hierin nicht zu sehen.[81] Bei Grundstückspersonengesellschaften lässt sich ein verschmelzungsbedingter Anfall von GrESt ggf. dadurch vermeiden, dass die Beteiligungsquote von sog. Altgesellschaftern (das sind zB Gründungsgesellschafter) noch vor der Verschmelzung auf über 5 % angehoben wird. Denn eine Änderung der Beteiligungsverhältnisse zwischen Altgesellschaftern stellt keinen schädlichen Gesellschafterwechsel iSv. § 1 Abs. 2 a GrEStG[82] dar.

1745; *Spelthann* DB 1997, 2571; *Schmidt* DB 1997, 846; *Pagels* UVR 1997, 165; *Hilker/Bunzeck* DStR 1997, 97; *Felix* ZIR 1997, 10; *Korn/Strahl* KÖSDI 1997, 11010.
[77] Vgl. FM NRW v. 7. 2. 2000, GmbHR 2000, 895.
[78] Vgl. *Boruttau/Egly/Sigloch/Fischer* § 1 GrEStG Rz. 830.
[79] Vgl. UmwStErl. Tz. 03.13 u. 04.43; aA BFH I R 22/96 v. 15. 10. 1997, BStBl. II 1998, 168; vgl. auch *Orth* GmbHR 1998, 511 (515 f.).
[80] Vgl. *Fleischer* DStR 1996, 1390 (1392); *Eder* DStR 1994, 735 (736); *Grotherr* BB 1994, 1970 (1972).
[81] Vgl. *Pahlke/Franz/Pahlke* Grunderwerbsteuergesetz 2. Aufl. 1999 § 1 GrEStG Rz. 278; so ausdrücklich auch BFH II R 157/88 v. 31. 7. 1991, BFH/NV 1992, 57.
[82] Vgl. FM NRW v. 7. 2. 2000, GmbHR 2000, 895.

119 Die Verpflichtung zur Übertragung von mindestens 95 % der Anteile an einer grundbesitzenden Gesellschaft löst nach einem Aussetzungsbeschluss des BFH auch dann Grunderwerbsteuer aus, wenn diese auf einen vom Übertragenden zu 95 % beherrschten Rechtsträger erfolgt.[83]

120 Im Gegensatz zur Auffassung des BFH wurde es im **Schrifttum** bislang als Grundprinzip der grunderwerbsteuerlichen Zuordnung angesehen, dass ein Grundstück, das zivilrechtlich dem letzten Glied einer 95 %igen Beteiligungskette zustand, für grunderwerbsteuerliche Zwecke dem obersten Glied, dh. der Muttergesellschaft gehört.[84]

Bei diesem aufgrund der og. BFH-Rechtsprechung überholten Rechtsverständnis könnte ein bloßes verschmelzungsbedingtes „Umhängen" einer 95 %igen Beteiligung unter eine ebenfalls zu 95 % beherrschte Tochter mangels veränderter Grundstückszuordnung kein weiteres Mal GrESt auslösen. Allein die Doppelbelastung dadurch, dass das Grundstück sowohl dem letzten Glied (der grundbesitzenden Gesellschaft) durch § 1 Abs. 1 GrEStG als auch der Muttergesellschaft (§ 1 Abs. 3 Nr. 1 respektive Nr. 2 GrEStG) zugerechnet wird, erschien bislang gewollt.[85] Diese Sichtweise erfährt durch die og. BFH-Rechtsprechung eine deutliche Korrektur.[86]

121 Es ist nicht auszuschließen, dass die Grundsätze der og. BFH-Rechtsprechung auch dann gelten, wenn abweichend zum BFH-Fall, die Anteile an der grundbesitzenden Gesellschaft nicht sidestep, auf eine zu 95 % beherrschte Schwestergesellschaft, sondern **upstream**, auf eine zu 95 % beherrschte Zwischengesellschaft erfolgt.

Denn auch hier kommt es **zur erstmaligen grunderwerbsteuerlichen Zuordnung** eines Grundstücks bei einem neuen Rechtsträger (der Zwischengesellschaft T_1). Legt man daher die Maßstäbe der og. BFH-Rechtsprechung an,[87] so steht auch in diesem Fall der Steuerbarkeit der Anteilsübertragung nicht im Wege, dass das Grundstück vor und nach der Verschmelzung aufgrund einer 95 %igen Beteiligungskette zur Konzernmutter nach allgemeinen grunderwerbsteuerlichen Zuordnungsregeln unverändert der Konzernmutter gem. § 1 Abs. 3 GrEStG zuzuordnen ist. Es ist daher nicht auszuschließen, dass der BFH die og. upstream-Verschmelzung auch dann für steuerbar erklärt, wenn zuvor eine steuerbare (mittelbare) Anteilsvereinigung bei der Konzernmutter vorgelegen hat. Denn: der grunderwerbsteuerlichen Zuordnung eines Grundstücks gemäß § 1 Abs. 3 GrEStG zur Konzernmutter steht nach Ansicht des BFH eine erstmalige steuerbare Zuordnung bei einer zu 100 % beherrschten Tochtergesellschaft nicht entgegen.

Der BFH misst demnach der im Schrifttum geäußerten und auf eine wirtschaftliche Betrachtungsweise zurückzuführenden Auffassung,[88] dass Anteilsübertragungen innerhalb eines Konzerns zwar zu einer zivilrechtlich geänder-

---

[83] Vgl. BFH II B 110/96 v. 4.12. 1996, BFH/NV 1997, 440; vgl. auch *Stoschek* BB 1997, 1929.

[84] Vgl. *Eder* DStR 1994, 735 (738); so ähnlich auch *Wienands* DB 1997, 1362 (1364).

[85] So *Boruttau/Egly/Sigloch/Fischer* § 1 GrEStG Rz. 912.

[86] Auf dieser Linie liegend: FG Niedersachsen VII (III) 14/96 v. 1.6. 1999 (nrkr.); EFG 2000, 1087.

[87] Siehe Fn. 83.

[88] Diese vertreten von *Eder* DStR 1994, 735 (738); so ähnlich auch *Wienands* DB 1997, 1362 (1364).

A. Verschmelzung einer AG auf eine andere AG 122–124 § 14

ten Zuordnung des Grundstücks, nicht aber zu einer geänderten grunderwerbsteuerrechtlichen Zuordnung führen, offenbar keine Bedeutung bei.

Werden zeitlich aufeinander folgend **verschiedene** in § 1 GrEStG normierte **Tatbestände vom selben Erwerber** erfüllt, so wird die Grunderwerbsteuer gem. § 1 Abs. 6 Satz 2 GrEStG ggf. anteilig nicht erhoben. Die Vorschrift kann jedoch in den voranstehenden Beispielfällen schon allein deshalb nicht unmittelbar begünstigend eingreifen, weil die Steuer nach dem Gesetzeswortlaut nur dann nicht erhoben wird, wenn und so weit es zu einer Aufeinanderfolge von in verschiedenen Absätzen normierten Steuertatbeständen beim selben Erwerber kommt. Im BFH-Fall ergibt sich die Steuerbarkeit jedoch jeweils aus § 1 Abs. 3 GrEStG, mit anderen Worten resultiert aus ein und demselben Absatz des § 1 GrEStG. Zudem entsteht die Steuer bei verschiedenen Steuerpflichtigen. Auch eine sinngemäße Anwendung für den Fall, dass die Anteilsübertragung der Anteilsvereinigung nachfolgt, lässt sich aus der jüngsten BFH-Rechtsprechung nicht entnehmen.[89] **122**

Keine Steuerbarkeit ergibt sich bei Anteilsübertragungen rechtssicher allein in dem Fall, bei dem im Ergebnis eine mittelbare 100%-Beteiligung in eine unmittelbare Beteiligung beim selben Rechtsträger umstrukturiert wird.[90] Hierbei geht es um die Beurteilung der Frage, ob eine zweifache grunderwerbsteuerliche Erfassung desselben Grundstücks durch § 1 Abs. 3 GrEStG beim selben Rechtsträger zulässig ist. Der BFH hat dies verneint.[91] **123**

Beispiel: Ausgangslage wie im Bsp. (1). Abweichend wird nunmehr T_2 auf M verschmolzen.

In einem hierzu ähnlich gelagerten Fall hat der BFH entschieden, dass die einer mittelbaren Anteilsvereinigung nachfolgende unmittelbare Vereinigung aller Anteile in der Hand des ehemals teils unmittelbar, teils nur mittelbar Beteiligten, keine GrESt mehr auslösen kann.[92] Dies gilt nach der BFH-Rechtsprechung selbst dann, wenn die Steuer auf den ersten Vereinigungstatbestand irrtümlich nicht erhoben wurde.[93]

Die BFH-Urteile[94] vom 20. 10. 1993 und 12. 1. 1994 behandeln zwar Fälle, in denen durch eine **Verstärkung einer Anteilsvereinigung** die Tatbestände des § 1 Abs. 3 Nr. 1 und 2 GrEStG nicht verwirklicht werden. Die Urteile betreffen indessen nach Ansicht der FinVerw. auch Rechtsgeschäfte, die den Anspruch auf Übertragung aller Anteile einer Gesellschaft mit Grundbesitz begründen (§ 1 Abs. 3 Nr. 3 GrEStG), und sind ebenso auf den rechtsgeschäftslosen Übergang aller Anteile an einer grundbesitzenden Gesellschaft anzuwenden (§ 1 Abs. 3 Nr. 4 GrEStG). Die genannten Urteile erstrecken sich mithin auch auf Fälle von Anteilsübertragungen, wenn dadurch eine in der Hand des Erwerbers schon bestehende mittelbare Anteilsvereinigung lediglich verstärkt wird.[95] **124**

---

[89] Vgl. auch Boruttau/Egly/Sigloch/Fischer § 1 GrEStG Rz. 975; offensichtlich für eine entsprechende Anwendung des § 1 Abs. 6 Satz 2 GrEStG *Wienands* DB 1997, 1362 (1364).
[90] Vgl. dazu *Wienands* DB 1997, 1362 (1363).
[91] BFH II R 116/90 v. 20. 10. 1993, BStBl. II 1994, 121; BFH II R 130/91 v. 12. 1. 1994, BStBl. II, 408.
[92] Am angegebenen Ort (Fn. 32).
[93] BFH II R 116/90 v. 20. 10. 1993, BStBl. II 1994, 121.
[94] Am angegebenen Ort (Fn. 32).
[95] Vgl. koord. Ländererl. Baden-Württemberg, v. 6. 11. 1995, DB 1995, 2294; aA *Eder* DStR 1994, 735 (738 f.); *Wienands* DB 1997, 1362 (1364) sowie *Stoschek* BB 1997, 1929.

125 Es bleibt daher festzuhalten, dass derzeit einzig jene Anteilsübertragungsfälle, bei denen sämtliche Anteile an mittelbar über eine Kette mindestens 95 %iger Beteiligungen gehaltenen grundbesitzenden Tochterkapitalgesellschaften upstream auf die Konzernmutter übertragen werden, rechtssicher **keine Grunderwerbsteuer** auslösen.
Werden hingegen sämtliche Anteile auf eine zu mindestens 95 % beherrschte Hand übertragen, so ist dieser Vorgang grundsätzlich grunderwerbsteuerbar. Dies gilt aller Voraussicht nach unabhängig davon, ob die Anteilsübertragung sidestep auf eine Schwestergesellschaft oder up-stream auf eine Zwischengesellschaft erfolgt.

B. Verschmelzung einer AG auf eine GmbH

I. Überblick

126 Die Verschmelzung einer AG auf eine GmbH ist gem. § 2 Nr. 1 und 2 iVm. § 3 Abs. 1 Nr. 2 UmwG sowohl durch Aufnahme als auch durch Neugründung zulässig. Für die Verschmelzung einer AG auf eine GmbH gelten neben den Allgemeinen Vorschriften zur Verschmelzung (§§ 2 bis 35 UmwG) die für die beteiligten Rechtsträger rechtsformspezifischen besonderen Vorschriften, also für die übertragende AG die bereits erörterten §§ 60 bis 72 UmwG (s. o.) und für die übernehmende GmbH die §§ 46 bis 55 UmwG. Es kann daher handelsrechtlich weitestgehend auf die zur Verschmelzung zweier AGs gemachten Ausführungen verwiesen werden. Nachfolgend werden demnach nur diejenigen Voraussetzungen und Rechtsfolgen ergänzend erläutert, die sich aus den für die übernehmende oder neu gegründete GmbH geltenden besonderen Vorschriften ergeben, so weit sich diese von den für die AG geltenden Vorschriften unterscheiden.

II. Voraussetzungen und Durchführung

1. Inhalt des Verschmelzungsvertrags (§ 46 UmwG)

127 Abweichend zu § 5 Abs. 1 Nr. 3 UmwG reicht im Fall der Verschmelzung einer AG auf eine GmbH die Angabe des Umtauschverhältnisses der Anteile nicht aus. Vielmehr verlangt § 46 Abs. 1 Satz 1 weiter gehend die Angabe, welche nach ihrem Nennbetrag bezeichneten Geschäftsanteile jeder Aktionär der übertragenden AG an der übernehmenden GmbH erhält. So weit dies möglich ist, müssen die Aktionäre der Überträgerin namentlich genannt werden.[96] Bei einer Publikums-AG mit Inhaber-Aktien genügt indessen für die **Zuordnung der Geschäftsanteile** die Angabe der Nummern der Aktienurkunden.[97] Bei Girosammelverwahrung der Aktienurkunden ist eine Angabe der Stückelung der neuen Geschäftsanteile gegenüber den bisherigen Aktien ausreichend.[98] Wenn die den Aktionären der übertragenden AG zu gewährenden Geschäftsanteile mit anderen Rechten und Pflichten als sonstige Geschäftsanteile ausgestattet werden sollen, so muss dies nach § 46 Abs. 2 UmwG ausdrücklich im

---

[96] Vgl. *Lutter/Winter* UmwG § 46 Rz. 4.
[97] Vgl. *Knopf/Tulloch/Söffing/Bermel* UmwG § 46 Rz. 7.
[98] Vgl. MünchVertragsHdb./Bd. 1/*Hoffmann-Becking* Formular IX 24 Anm. 6.

B. Verschmelzung einer AG auf eine GmbH 128–131 § 14

Verschmelzungsvertrag vorgesehen werden. Sieht der Verschmelzungsvertrag indessen keine Sonderausstattung der neuen Geschäftsanteile vor, so sind sie in gleicher Weise rechtlich auszustatten, wie die bestehenden Geschäftsanteile.[99] Sollen den Aktionären der übertragenden AG nicht durch eine Kapitalerhöhung neu geschaffene, sondern bereits vorhandene Geschäftsanteile gewährt werden, so sind die Anteilsinhaber und die Nennbeträge der Geschäftsanteile, die sie erhalten sollen, im Verschmelzungsvertrag anzugeben.

2. Unterrichtung der Gesellschafter (§ 47 UmwG)

Der Verschmelzungsvertrag oder sein Entwurf sowie der Verschmelzungsbericht sind den Gesellschafts o weit übernehmenden GmbH, soweit die Satzung keine längere Einladungsfrist für Gesellschaftsversammlungen vorsieht, spätestens eine Woche vor der Gesellschafterversammlung zuzüglich der üblicherweise zu erwartenden Zustellungszeit zu übersenden (§ 51 Abs. 1 Satz 2 GmbHG). Diese Frist wird jedoch im Schrifttum zT als unzureichend eingestuft.[100] Stattdessen wird im Interesse einer reibungslosen Abwicklung der Verschmelzung empfohlen, den Gesellschaftern der übernehmenden GmbH die Verschmelzungsunterlagen geraume Zeit vor der Einberufung der Versammlung zuzuleiten und sie aufzufordern, ein evtl. Prüfungsverlangen innerhalb angemessener Frist zu stellen.[101] 128

3. Beschluss der Gesellschafterversammlung (§ 50 UmwG)

Der Verschmelzungsbeschluss bedarf einer Mehrheit von 3/4 der abgegebenen Stimmen. Anders als bei der AG (§ 65 UmwG), wird also nicht auf eine bestimmte Kapitalmehrheit abgestellt. Die Satzung kann eine höhere Mehrheit oder weitere Erfordernisse bestimmen. Gezählt werden nur die abgegebenen Ja- und Nein-Stimmen. Enthaltungen bleiben unberücksichtigt. Hinsichtlich der Inhaber von Sonderrechten und der Formbedürftigkeit des Verschmelzungsbeschlusses gilt das bei der AG Gesagte entsprechend. 129

4. Zusätzliche Zustimmungserfordernisse bei der übertragenden AG in Sonderfällen (§ 51 UmwG)

Bestehen bei der übernehmenden GmbH offene Einlagen, so muss der Verschmelzungsbeschluss bei der übertragenden AG nicht mit $^3/_4$-Mehrheit, sondern von allen bei der Beschlussfassung anwesenden Aktionären, dh. einstimmig gefasst werden. Stimmenthaltungen wirken in diesem Fall wie Nein-Stimmen und verhindern somit einen positiven Beschluss.[102] Inhaber stimmrechtloser Vorzugsaktien müssen gem. § 13 Abs. 3 UmwG ihre Zustimmung in einem Sonderbeschluss erklären. Wird die Zustimmung versagt, sind der Verschmelzungsbeschluss und damit auch der Verschmelzungsvertrag endgültig unwirksam. 130

Darüber hinaus bedarf es einer gesonderten Zustimmung eines Aktionärs der übertragenden AG, wenn die **Nennbeträge** der ihm zu gewährenden Geschäftsanteile **nicht mindestens Euro 50** betragen und durch 10 teilbar sind 131

---

[99] Vgl. *Scholz/Priester* Anh. § 21 KapErhG Rz. 21.
[100] Vgl. *Kallmeyer/Müller* § 47 UmwG Rz. 3.
[101] So etwa *Müller* a.a.O. § 47 Rz. 3.
[102] Vgl. *Kallmeyer/Zimmermann* § 51 Rz. 2.

und er sich nicht mit dem Gesamtnennbetrag seiner Aktien beteiligen kann, dh. durch die von § 46 Abs. 1 Satz 3 UmwG abweichende Festsetzung der Nennbeträge Beteiligungsverluste erleidet.[103] Keine Zustimmung ist hingegen geboten, wenn der Aktionär der übertragenden AG Beteiligungsverluste nur deshalb erleidet, weil der in § 46 Abs. 1 Satz 3 vorgegebene Mindestnennwert von Euro 50 und die Teilbarkeit durch 10 eingehalten worden sind.

5. Anmeldung und Eintragung der Verschmelzung in das Handelsregister (§§ 16–20, 53 UmwG)

132 Es kann weitgehend auf die Erläuterungen zur Verschmelzung mehrerer AG verwiesen werden. Bei der Verschmelzung einer AG auf eine GmbH handelt es sich jedoch abweichend zur Verschmelzung zweier AG um eine Mischverschmelzung, sodass den Aktionären, die Widerspruch gegen den Umwandlungsbeschluss zur Niederschrift erklärt haben, in jedem Fall ein Barabfindungsangebot zu unterbreiten ist (§ 29 UmwG).

III. Handelsbilanzielle Abwicklung

133 Insoweit gelten keine Besonderheiten (vgl. daher oben Rz. 41–60).

IV. Steuerliche Folgen

134 Insoweit gelten keine Besonderheiten (vgl. daher oben Rz. 61–113).

C. Verschmelzung einer AG unter Beteiligung einer KGaA

141 Ist bei einer Verschmelzung eine KGaA beteiligt, so gelten insoweit die besonderen Vorschriften über die Beteiligung von Aktiengesellschaften entsprechend (§§ 60 bis 77 UmwG). Dies gilt gleichermaßen für eine Verschmelzung durch Aufnahme und eine Verschmelzung durch Neugründung. Besonderheiten bestehen insoweit, als der Verschmelzungsbeschluss zusätzlich noch der **Zustimmung der persönlich haftenden Gesellschafter** bedarf (§ 78 Satz 3 UmwG). Sie ist gem. § 13 Abs. 3 Satz 1 UmwG notariell zu beurkunden. So weit das Gesetz von AG spricht, tritt an deren Stelle die KGaA; die vom Gesetz für den Vorstand vorgesehenen Funktionen obliegen bei der KGaA den persönlich haftenden Gesellschaftern. Ist eine KGaA als übertragender Rechtsträger an einer Verschmelzung beteiligt, so erlischt mit der Eintragung der Verschmelzung ins Handelsregister nicht nur die Gesellschaft, sondern auch die Organstellung der Komplementäre.

142 Die Verschmelzung einer AG mit einer KGaA stellt **keine Mischverschmelzung** iSd. der §§ 29, 34 UmwG dar, sodass grundsätzlich im Verschmelzungsvertrag keine Barabfindung nach § 29 Abs. 1 Satz 1 UmwG angeboten werden muss. Etwas anderes gilt nur dann, wenn und so weit die Anteile am übernehmenden Rechtsträger Verfügungsbeschränkungen unterliegen (§ 29 Abs. 1 Satz 2 UmwG).

---

[103] Vgl. *Widmann/Mayer* § 51 UmwG Rz. 26.

D. Verschmelzung einer AG auf eine Personengesellschaft 143–151 § 14

Eine **Verschmelzung einer KGaA auf eine AG** ohne vermögensmäßige 143
Beteiligung des Komplementärs ist umwandlungssteuerrechtlich nach den og.
Regeln der §§ 11 ff. UmwStG abzuwickeln. Insoweit bestehen keine Besonderheiten. Liegt eine vermögensmäßige Beteiligung des Komplementärs vor und
scheidet der Komplementär im Zuge der Verschmelzung nicht aus, ist steuerlich
insoweit ein Einbringungsfall gegeben, der nach den Regeln des § 20 UmwStG
abzuwickeln ist. Im umgekehrten Fall, dh. bei einer **Verschmelzung einer AG
auf eine KGaA** ist zu unterscheiden: So weit die Aktionäre der übertragenden
AG Kommanditaktionäre bei der übernehmenden KGaA werden sind ebenfalls
die Vorschriften der §§ 11 ff. UmwStG uneingeschränkt anzuwenden.[104] Nicht
anwendbar sind die §§ 11 ff. UmwStG indessen, wenn und so weit den Aktionären der übertragenden AG bei der übernehmenden KGaA eine Komplementärstellung eingeräumt wird. Denn die Komplementäre einer KGaA werden wie
Mitunternehmer besteuert. In diesem Fall handelt es sich wegen der steuerlich
hybriden Konstruktion der KGaA um eine **Mischumwandlung**. Insoweit sind
die §§ 3 ff. UmwStG anzuwenden, da insoweit die steuerliche Behandlung des
Komplementärs als gewerblicher Unternehmer[105] für die steuerlichen Umwandlungsfolgen maßgeblich ist.[106] Die voranstehend genannten Rechtsfolgen
einer Verschmelzung unter Beteiligung einer KGaA sind jedoch in die endgültige Fassung des Umwandlungssteuererlasses nicht mit eingeflossen, sodass insoweit eine gewisse Rechtsunsicherheit verbleibt, die in der Praxis durch die Einholung einer verbindlichen Auskunft beseitigt wird.[107]

D. Verschmelzung einer AG auf eine Personengesellschaft

I. Überblick

Die Verschmelzung einer AG auf eine Personenhandelsgesellschaft ist gem. 151
§§ 2 Nr. 1 und 2 iVm. 3 Abs. 1 Nr. 1 u. 2 UmwG entweder durch Aufnahme
oder durch Neugründung möglich. Die Verschmelzung ist für alle Formen der
Personenhandelsgesellschaften (KG, OHG) eröffnet, also auch für solche, an
denen juristische Personen als persönlich haftende Gesellschafter beteiligt sind.
Das früher geltende Verbot der Verschmelzung auf eine GmbH & Co. KG (§ 1
Abs. 2 UmwG 1969) ist ua. wegen der bestehenden Umgehungsmöglichkeiten
aufgehoben worden.[108] Neben den Personenhandelsgesellschaften können
nach § 3 Abs. 1 Nr. 1 UmwG auch **Partnerschaftsgesellschaften** als übertragende, übernehmende oder neue Rechtsträger an einer Verschmelzung beteiligt sein. Aufgrund der nur sehr geringen praktischen Bedeutung wird hierauf
jedoch im Folgenden nicht weiter eingegangen.[109] Die Gesellschaft bürger-

---

[104] Vgl. *Haritz* DStR 1996, 1192 (1193); *Dötsch/von Lishaut/Wochinger* DB Beilage 7/98,
2; *Lishaut/Nurmann* GmbHR 98, 397, 399.
[105] Vgl. *Blümich/Sondergeld* § 9 KStG Anm. 21.
[106] Vgl. *Schaumburg* DStZ 1998, 525.
[107] Vgl. auch *Bogenschütz* in FS Widmann, 163 (172).
[108] Begr. UmwBerGE, BT-Drs. 12/6699, 98.
[109] Die geringe praktische Bedeutung ergibt sich insbesondere aus dem gemäß § 45 c
UmwG sehr eingeschränkten Anwendungsbereich. Anteilsinhaber der übertragenen
Aktiengesellschaft und der übernehmenden Partnerschaftsgesellschaft dürfen nur Freiberufler sein.

§ 14 152–155   Umwandlung der AG

lichen Rechts ist in § 3 UmwG nicht enthalten, und ist somit kein verschmelzungsfähiger Rechtsträger.[110]

152   Für die Verschmelzung einer AG auf eine Personenhandelsgesellschaft gelten neben den Allgemeinen Vorschriften zur Verschmelzung (§§ 2 bis 35 UmwG) die rechtsformspezifischen Vorschriften der an der Verschmelzung beteiligten Rechtsträger, dh. für die übertragende AG die §§ 60 bis 72 UmwG (s. o.) und für die übernehmende Personenhandelsgesellschaft die §§ 39 bis 45 UmwG. Es kann daher handelsrechtlich weitestgehend auf die zur Verschmelzung zweier AGs gemachten Ausführungen verwiesen werden, sodass insoweit nachfolgend nur diejenigen Voraussetzungen und Rechtsfolgen ergänzend erläuterungsbedürftig sind, die sich aus den für die übernehmende oder neu gegründete Personenhandelsgesellschaft geltenden besonderen Vorschriften ergeben.

II. Voraussetzungen und Durchführung

1. Inhalt des Verschmelzungsvertrags (§ 40 UmwG)

153   In den Verschmelzungsvertrag ist neben den von § 5 UmwG geforderten Mindestangaben zusätzlich für jeden Aktionär der übertragenden AG mit anzugeben, ob er in der übernehmenden oder neuen Personenhandelsgesellschaft die **Stellung** eines persönlich haftenden Gesellschafters oder eines Kommanditisten erhält (§ 40 Abs. 1 Satz 1 UmwG). Überdies muss der **Betrag seiner Einlage** festgesetzt werden (§ 40 Abs. 1 Satz 2 UmwG). In Fällen der Neugründung ergibt sich dies bereits aus § 37 UmwG. Fehlen diese Angaben im Verschmelzungsvertrag, so darf die Verschmelzung nicht im Handelsregister eingetragen werden.

154   Dem bisher nicht persönlich haftenden Aktionär der übertragenden AG ist grundsätzlich die Stellung eines **Kommanditisten** zu verschaffen (§ 40 Abs. 2 Satz 1 UmwG). Eine hiervon abweichende Festsetzung im Verschmelzungsvertrag ist nur möglich, wenn der betroffene Aktionär dem Verschmelzungsbeschluss zustimmt. Der Eintritt als Kommanditist setzt jedoch voraus, dass die Verschmelzung so gestaltet wird, dass für den einzelnen Aktionär eine persönliche Haftung nach § 171 Abs. 1, 2. Halbs. HGB, dh. eine persönliche Haftung mangels geleisteter Einlage von vornherein ausgeschlossen ist. Andernfalls ist ebenfalls die Zustimmung des betroffenen Aktionärs zum Verschmelzungsbeschluss nach § 40 Abs. 2 UmwG geboten. Es ist also erforderlich, dass der Verkehrswert des Vermögens der übertragenden AG die den ehemaligen Aktionären eingeräumten Kapitaleinlagen (Hafteinlagen) deckt. Dies kann problematisch sein, wenn die KG das übergehende Vermögen zu einem über den Buchwerten liegenden Wert bilanziert und sich nachträglich herausstellt, dass die auf dieser Grundlage dotierten Festkapitalkonten die Verkehrswerte des übergegangenen Vermögens nicht abdecken.[111]

155   Um in der übernehmenden Personenhandelsgesellschaft die Stellung eines **persönlich haftenden Gesellschafters** zu erlangen, bedarf es der ausdrücklichen Zustimmung der betroffenen Aktionäre (§ 40 Abs. 2 Satz 2 UmwG). Die für die Übernahme der persönlichen Haftung erforderliche Zustimmung ist eine Zustimmung zum Verschmelzungsbeschluss der übertragenden AG. Die

---

[110] Siehe auch UmwBerGE, BT-Drs. 12/6699, 97.
[111] Vgl. *Widmann/Mayer* § 40 Rz. 360.

D. Verschmelzung einer AG auf eine Personengesellschaft

Zustimmungserklärung ist nach § 13 Abs. 3 Satz 1 UmwG notariell zu beurkunden. Stimmen nicht alle Aktionäre der übertragenden AG der Übernahme der persönlichen Haftung in der übernehmenden oder neuen Personenhandelsgesellschaft zu, kann die übernehmende oder neue Personenhandelsgesellschaft nur eine KG sein. Die Verschmelzung einer AG auf eine OHG im Wege der Aufnahme ist in diesem Falle also nur durch gleichzeitige Umwandlung der übernehmenden OHG in eine KG möglich. Dieser Formwechsel der übernehmenden OHG vollzieht sich außerhalb des UmwG nach den allgemeinen Vorschriften (§ 190 Abs. 2 UmwG).[112]

Mit der Einlage eines Kommanditisten ist die im Handelsregister einzutragende **Hafteinlage** gemeint.[113] Beim persönlich haftenden Gesellschafter ist das feste Kapitalkonto gemeint, nach dem sich entsprechend den gesellschaftsvertraglichen Vereinbarungen die Vermögensrechte des Gesellschafters richten.

Die neuen Kommanditisten und der Betrag ihrer Hafteinlagen gemäß Verschmelzungsvertrag sind zusammen mit der Verschmelzung im Handelsregister der übernehmenden KG einzutragen. Die **Eintragung** wirkt nach § 172 Abs. 1 HGB für die Haftungsbeschränkung konstitutiv. Allerdings kann es in Verschmelzungsfällen für die Aktionäre der übertragenden AG nicht zu einer persönlichen Haftung nach § 176 Abs. 2 HGB kommen, da die neuen Kommanditisten erst im Zeitpunkt des Wirksamwerdens der Verschmelzung in die übernehmende Gesellschaft eintreten. Zu diesem Zeitpunkt ist ihr Eintritt als Kommanditist aber bereits im Handelsregister eingetragen.

2. Verschmelzungsbericht (§ 41 UmwG)

Auch ohne notariell beurkundete Verzichtserklärung (§ 8 Abs. 3 UmwG) der Gesellschafter der aufnehmenden Personenhandelsgesellschaft muss ein Verschmelzungsbericht nicht erstellt werden, wenn alle Gesellschafter der aufnehmenden Personenhandelsgesellschaft zur Geschäftsführung berechtigt sind. Die Voraussetzungen können nicht nur bei einer OHG, sondern auch bei einer KG zutreffen, denn auch die Kommanditisten können aufgrund des Gesellschaftsvertrags wie ein persönlich haftender Gesellschafter zur Geschäftsführung berechtigt sein.[114] Weil es indessen zu einer tatsächlichen Befreiung im Ergebnis nur dann kommt, wenn zusätzlich noch sämtliche Aktionäre der übertragenden AG auf die Erstattung eines Verschmelzungsberichts in notariell beurkundeter Form verzichten (§ 8 Abs. 3 UmwG), führt § 41 UmwG in der Regel zu keiner praktischen Erleichterung.

3. Unterrichtung der Gesellschafter (§ 42 UmwG)

Der Verschmelzungsvertrag oder sein Entwurf sowie so weitschmelzungsbericht, soweit erforderlich, sind den von der Geschäftsführung ausgeschlossenen Gesellschaftern der übernehmenden Personengesellschaft spätestens zusammen mit der Einberufung zu der über die Verschmelzung beschlussfassenden Gesellschafterversammlung zu übersenden. Es genügt die Übersendung von einfachen Abschriften bzw. Fotokopien.[115] Die Verpflichtung trifft die zur

---

[112] Vgl. *Schmidt* ZGR 1990, 580 (590 ff.).
[113] Vgl. *Kallmeyer/Kallmeyer* § 40 Rz. 3 sowie *Naraschewski* DB 1995, 1265; aA *Lutter/Schmidt* UmwG § 40 Rz. 10.
[114] Vgl. *Schlegelberger/Martens* § 164 HGB Rz. 33 ff.
[115] Vgl. *Kallmeyer/Zimmermann* § 42 Rz. 4.

Geschäftsführung berechtigten Gesellschafter. Um dem Registergericht den rechtzeitigen Zugang der og. Unterlagen nachweisen zu können, empfiehlt sich die Aufnahme einer Empfangsbestätigung aller nicht geschäftsführenden Gesellschafter in das notarielle Versammlungsprotokoll.[116]

4. Beschluss der Gesellschafterversammlung (§ 43 UmwG)

160 Der Verschmelzungsbeschluss muss in der Gesellschafterversammlung der übernehmenden Personenhandelsgesellschaft grundsätzlich einstimmig gefasst werden (§ 43 Abs. 1 UmwG). Auch die nicht erschienenen Gesellschafter müssen der Verschmelzung vom Grundsatz her zustimmen. Etwas anderes gilt allerdings dann, wenn der Gesellschaftsvertrag für Verschmelzungen eine Mehrheitsentscheidung vorsieht. In diesem Fall reicht eine Zustimmung von $^3/_4$ der abgegebenen Stimmen aus. Im Falle der Mehrheitsentscheidung ist einem der Verschmelzung widersprechenden persönlich haftenden Gesellschafter der übernehmenden Personenhandelsgesellschaft die Stellung eines Kommanditisten zu gewähren. Im Falle des Widerspruchs ist der Verschmelzungsvertrag entsprechend zu ändern und muss eine aufnehmende OHG in eine KG umgewandelt werden.[117]

5. Prüfung der Verschmelzung (§ 44 UmwG)

161 Erfolgt die Verschmelzung auf der Grundlage eines gesellschaftsvertraglich verankerten Mehrheitsbeschlusses, so ist der Verschmelzungsvertrag auf Verlangen eines Gesellschafters der Personenhandelsgesellschaft nach den §§ 9 bis 12 UmwG zu prüfen. Das Verlangen kann ggf. noch in der über die Verschmelzung beschlussfassenden Gesellschafterversammlung gestellt werden, auch wenn dadurch das Verschmelzungsverfahren in seinem Ablauf neu organisiert werden muss.[118]

III. Handelsbilanzielle Abwicklung

162 Insoweit gelten keine Besonderheiten (vgl. daher oben Rz. 44 ff.).

IV. Steuerliche Folgen

163 Die steuerlichen Konsequenzen der Verschmelzung einer AG auf eine Personenhandelsgesellschaft sind in den §§ 2, 3 bis 10, 17 und 18 des UmwStG enthalten. Hierbei sind die wesentlichen Rechtsfolgen in § 4 UmwStG niedergelegt. Insbesondere sind dort in den Absätzen 4 ff. die Übernahmeergebnisermittlung sowie die Konsequenzen eines Übernahmeergebnisses geregelt.

1. Bewertungswahlrecht bei der übertragenden AG

164 Gem. § 3 Abs. 1 UmwStG hat die übertragende AG in ihrer steuerlichen Schlussbilanz die übergehenden Wirtschaftgüter grundsätzlich mit den gemeinen Werten anzusetzen. Eine Besonderheit besteht bei Pensionsrückstellungen,

---

[115] So *Widmann/Mayer* § 42 UmwG Rz. 19, 21.
[117] Vgl. *Kallmeyer/Zimmermann* § 43 Rz. 27.
[118] Vgl. *Knopf/Tulloch/Söffing/Bermel* § 43 UmwG Rz. 8.

D. Verschmelzung einer AG auf eine Personengesellschaft

die mit dem Wert nach § 6a EStG anzusetzen sind. Auf Antrag können die übergehenden Wirtschaftgüter durch die übertragende AG nach § 3 Abs. 2 UmwStG einheitlich mit dem Buchwert oder einem höheren Wert höchstens jedoch mit dem gemeinen Wert angesetzt werden, so weit
- diese Betriebsvermögen des übernehmenden Rechtsträgers werden und ihre spätere Besteuerung mit Einkommen oder Körperschaftsteuer sichergestellt ist,
- das Recht der Bundesrepublik Deutschland hinsichtlich der Besteuerung des Gewinns aus der Veräußerung der übergehenden Wirtschaftsgüter bei den Gesellschaftern der übernehmenden Personengesellschaft oder bei der natürlichen Person nicht ausgeschlossen oder beschränkt wird und
- keine Gegenleistung gewährt wird oder diese in Gesellschaftsrechten besteht.

In den Fällen der reinen Inlandsumwandlungen ohne Auslandsbezug hat die übertragende Kapitalgesellschaft demnach ein antragsgebundenes Wahlrecht in ihrer Schlussbilanz die steuerlichen Buchwerte beizubehalten, was ex definitione einen Übertragungsgewinn vermeidet.[119] Handelsrechtlich gelten für die Übertragungsbilanz die Vorschriften über die Jahresbilanz und deren Prüfungen entsprechend (§ 17 Abs. 2 Satz 2 UmwG), sodass ein über dem Buchwert liegender Wertansatz nur eingeschränkt möglich ist. Entgegen der h. M.[120] vertrat die Finanzverwaltung[121] zum Umwandlungssteuergesetz 1995 die Auffassung, dass nach dem Grundsatz der Maßgeblichkeit der Handelsbilanz für die Steuerbilanz (§ 5 Abs. 1 EStG) aufgrund der handelsrechtlichen Rechtslage auch in der steuerlichen Übertragungsbilanz nur die in der Handelsbilanz zulässigen Werte angesetzt werden konnten, dh. mit dem um Wertaufholungssachverhalte einbezogenen Buchwert. Der BFH sieht dies im Fall des Formwechsels einer Personengesellschaft in eine Kapitalgesellschaft anders. Hiernach kann das Betriebsvermögen nach § 25 Satz 1 iVm. § 20 Abs. 2 Satz 1 UmwStG a. F. mit seinem Buchwert oder mit einem höheren Wert angesetzt werden.[122] Das FG München hat sich in einem rechtskräftigen Aussetzungsbeschluss für den umgekehrten Fall der formwechselnden Umwandlung einer Personengesellschaft in eine Kapitalgesellschaft ebenfalls gegen die Anwendbarkeit des Maßgeblichkeitsgrundsatzes ausgesprochen. Auf die Bedeutung dieses Urteils für die Anwendung des Bewertungswahlrechtes nach § 3 UmwStG a. F. geht der BFH in seinem Urteil indes nicht ein. Auch nach Veröffentlichung des BFH-Urteils vom 19.10.2005 hält die Finanzverwaltung außerhalb des § 25 UmwStG für die Zeit vor Inkrafttreten des UmwStG in der Form des SEStEG weiterhin an ihrer Auffassung zum Maßgeblichkeitsgrundsatzes fest.[123] Auch ohne expliziten Hinweis findet der Maßgeblichkeitsgrundsatz im Rahmen des § 3 UmwStG in Form des SEStEG nunmehr keine Anwendung.[124] Vielmehr ist das übergehende Vermögen in der steuerlichen Schlussbilanz der übertragenden AG nach § 3 Abs. 1

---

[119] In fast allen praktischen Fällen ist die Beibehaltung der Buchwerte vorteilhaft bzw. jedenfalls nicht nachteilig; vgl. *Rödder*, StbKongrRep. 1996, 160 ff.
[120] Vgl. h. M. bei *Widmann/Mayer* § 3 UmwStG, Rz. 48 u. 304.
[121] Vgl. BMF-Schreiben v. 25.3.1998, BStBl. I 1998, 268, Tz. 03.01.
[122] Vgl. BFH v. 19.10.2005, I R 38/04, BStBl. I 2006, 268; FG München, Beschl. v. 5.10.2000–7 V 3797/00, EFG 2001, 32/rkr.
[123] Vgl. Kurzinformation der OFD Münster v. 28.8.2006, BB 2006, 2130.
[124] Vgl. auch Regierungsentwurf des SEStEG v. 12.7.2006, BT-Drs. 16/2710 zum 1. bis 5. Teil des UmwStG sowie zu § 3 UmwStG.

§ 14   166, 167   Umwandlung der AG

Satz 1 UmwStG grds. mit dem gemeinen Wert anzusetzen (mit Ausnahme von Pensionsrückstellungen). Auf Antrag können die übergehenden Wirtschaftsgüter bei Vorliegen der in § 3 Abs. 2 Satz 1 UmwStG genannten Voraussetzungen auf Ebene der Überträgerin auch mit den Buchwerten oder einem unterhalb des gemeinen Werts liegenden Zwischenwert angesetzt werden. Diese Ansatzwahlrechte können unabhängig von der Bilanzierung in der Handelsbilanz ausgeübt werden.[125] Abweichend zum bisherigen Recht ist nunmehr auch die Aktivierung selbst geschaffener immaterieller Wirtschaftsgüter sowie eines Firmenwertes zulässig. Dies wurde gem. § 3 Abs. 2 Satz 1 UmwStG a. F. von der Finanzverwaltung und dem BFH noch abgelehnt.[126]

166 Bei der bis zum 31. 12. 2000 geltenden Steuerrechtslage war eine **Buchwertaufstockung** allerdings auch nur im Ausnahmefall steuerlich vorteilhaft, weil durch eine Aufstockung nach § 4 Abs. 6 UmwStG aF vergleichbare Auswirkungen erreicht werden konnten. Durch die ab 2001 eingeführte steuerliche Nicht-Berücksichtigung des Übernahmeverlusts (näheres Rz. 188 ff.) hat sich indessen die Steuerrechtslage grundlegend geändert, sodass es sich insbesondere beim Vorhandensein steuerlicher Verlustvorträge lohnen kann, eine Aufstockung in der Steuerbilanz der übertragenden AG – beschränkt durch die Regelungen der Mindestbesteuerung (vgl. § 8 Abs. 1 KStG iVm. § 10 d Abs. 1 und 2 EStG, § 10 a Satz 2 GewStG) – vorzunehmen. Dies dient der Ausnutzung noch vorhandener Verlustvorträge zur steuerfreien Schaffung von erhöhtem Abschreibungsvolumen auf Ebene des übernehmenden Rechtsträgers (§ 4 Abs. 1 und 2 Satz 1 UmwStG), das in Abhängigkeit von der Restnutzungsdauer des jeweiligen Wirtschaftsguts realisiert werden kann. Dabei ist jedoch zu berücksichtigen, dass die Erhöhung des Vermögens in der steuerlichen Schlussbilanz wegen der in § 4 Abs. 1 UmwStG verankerten Wertverknüpfung auf Seiten des übernehmenden Rechtsträgers einen entsprechend höheren Übernahmegewinn sowie für die beteiligten Anteilseigner erhöhte Einnahmen aus Kapitalvermögen im Sinne des § 7 UmwStG iVm. § 20 Abs. 1 Nr. 1 EStG zur Folge hat. Dies ist kein Nachteil, so weit eine Verrechnung mit dem Übernahmeverlust nach § 4 Abs. 6 Satz 2 bis 4 UmwStG möglich ist.

167 Im Zusammenhang mit der Ausübung des Wahlrechts nach § 3 Abs. 2 Satz 1 UmwStG sind jeweils die Gesamtumstände des Einzelfalls (insbesondere: Höhe von Verlustvorträgen, Abnutzbarkeit, Abschreibungszeitraum der aufgestockten Wirtschaftsgüter, voraussichtliche künftige Steuerbelastung in der Abschreibungsphase nach § 7 UmwStG) zu berücksichtigen.[127] Auch im Zusammenhang mit ansonsten untergehenden Zinsvorträgen können besondere Überlegungen geboten sein. Erfolgt der Ansatz der übergehenden Wirtschaftsgüter mit einem oberhalb des Buchwerts liegenden Werts (gemeiner Wert, Zwischenwert), so entsteht auf Ebenen der übertragenden AG ein Übertragungsgewinn. Dieser unterliegt als laufender Gewinn der Körperschaftsteuer und der Gewerbesteuer, so weit für einzelne Wirtschaftsgüter nicht Sonder-

---

[125] So auch *Dötsch/Pung*, DB 2006, 2704 (2708).
[126] Vgl. BMF-Schreiben v. 25. 3. 1998, BStBl. I 1998, 268; BFH III R 45/98 v. 16. 5. 2002, BStBl. II 2003, 10; *Wochinger/Dötsch* DB-R 14/1994, 6; anderer Auffassung *Widmann/Mayer* § 3 UmwStG, Rz. 307 (367), *Haritz/Benkert/Brinkhaus* § 3 UmwStG, Rz. 38.
[127] Vgl. *Förster/van Lishaut*, Finanz-Rundschau 2000, 1189; *Meiterth*, BB 1995, 1980; *Thiel* DB 1995, 1196.

D. Verschmelzung einer AG auf eine Personengesellschaft   168, 169   § 14

regelungen gelten (zB § 8 b Abs. 2 KStG, Freistellung nach DBA).[128] Die der AG zuzuordnenden, mit der Umwandlung im wirtschaftlichen Zusammenhang stehenden Aufwendungen (zB Notargebühren, Gerichtskosten) mindern den Gewinn der Überträgerin als sofort abziehbare Betriebsausgaben. Ein Übertragungsgewinn kann durch einen Verlustausgleich unbeschränkt und einen Verlustabzug im Rahmen der Beschränkung der Mindestbesteuerung (§ 8 Abs. 1 KStG iVm. § 10 d Abs. 2 EStG) gemindert werden. Auf den Teil des Übertragungsgewinns, der auf eine ausländische Betriebsstätte in einem Staat ohne DBA mit Freistellungsmethode entfällt, ist für gewerbesteuerliche Zwecke § 9 Nr. 3 GewStG entsprechend anzuwenden. Ausländische Steuern sind eventuell auf den Übertragungsgewinn anzurechnen (Anrechnung läuft bei Buchwertansatz leer).

Die Voraussetzung für einen antragsgemäßen Ansatz des übergehenden Vermögens mit dem Buch- oder Zwischenwert sind für jeden Mitunternehmer der übernehmenden Personengesellschaft getrennt zu prüfen.[129] Dabei ist auf die Beteiligungsverhältnisse im Zeitpunkt des Wirksamwerdens der Umwandlung abzustellen. Die Betriebsvermögenseigenschaft nach § 3 Abs. 2 Satz 1 Nr. 1 UmwStG muss spätestens ab dem steuerlichen Übertragungsstichtag erfüllt sein. Darüber hinaus setzt die Antragstellung voraus, dass das deutsche Besteuerungsrecht hinsichtlich des Gewinns aus einer Veräußerung der übertragenen Wirtschaftsgüter bei den Gesellschaftern der übernehmenden Personengesellschaft oder bei der übernehmenden natürlichen Person nicht ausgeschlossen oder beschränkt wird. Eine Beschränkung des deutschen Besteuerungsrechts ist dabei gegeben, wenn zB 168

– zwar das deutsche Besteuerungsrecht grundsätzlich erhalten bleibt, aber eine ausländische Steuer auf die deutsche Steuer anzurechnen ist,
– die Doppelbesteuerung aufgrund eines DBA (Aktivitätsvorbehalt) oder einer vergleichbaren Regelung (§ 20 Abs. 2 AStG) vor der Umwandlung durch Anrechnung und nach der Umwandlung des übernehmenden Rechtsträgers durch Freistellung vermieden wird.[130]

Eine Beschränkung des deutschen Besteuerungsrechts setzt naturgemäß voraus, dass zuvor ein solches Besteuerungsrecht überhaupt bestanden hat. Das Besteuerungsrecht wird in den Fällen nicht beschränkt, in denen Deutschland bereits bei der übertragenden AG (zB durch ein DBA mit Freistellungsmethode) an der Besteuerung der stillen Reserven gehindert war. Bei dem Übergang inländischen Betriebsvermögens auf einen ausländischen Rechtsträgers anlässlich einer grenzüberschreitenden Umwandlung ist zur Vermeidung einer Entstrickung der stillen Reserven grundsätzlich der Verbleib der entsprechenden Wirtschaftsgüter in einer deutschen Betriebsstätte erforderlich. In diesem Zusammenhang kommt der Zuordnung der Wirtschaftsgüter zur deutschen Betriebsstätte oder zum ausländischen Stammhaus besondere Bedeutung zu, insbesondere bezüglich Beteiligungen, Firmenwert u. a. immateriellen Wirtschaftsgütern.

Soweit bezüglich der stillen Reserven der Wirtschaftsgüter des übergehenden Vermögens der übertragenden Körperschaft das deutsche Besteuerungs- 169

---

[128] Vgl. *Dötsch/Patt/Pung/Möhlenbrock/Dötsch/Pung*, § 3 UmwStG (SEStEG), Rz. 2.
[129] Vgl. *Förster/Felchner*, DB 2006, 1072 (1073); Regierungsentwurf des SEStEG v. 12. 7. 2006, BT-Drs. 16/2710 zu § 3 Abs. 2 UmwStG.
[130] Vgl. *Schaflitzl/Wittmeyer*, DB Beilage 8/2006, 32 (40).

recht durch die Umwandlung ausgeschlossen oder beschränkt wird, sind diese Wirtschaftsgüter in der steuerlichen Schlussbilanz mit dem gemeinen Wert anzusetzen (§ 3 Abs. 1 UmwStG). Hinsichtlich der dabei aufzudeckenden stillen Reserven kommt es zu einer Sofortbesteuerung. Eine Stundungslösung wie zB nach § 6 Abs. 5 AStG ist im UmwStG in diesem Zusammenhang nicht vorgesehen – auch nicht bei einer Umwandlung innerhalb der EU bzw. des EWR.[131] Ein Ausgleichsposten nach § 4g EStG kann bezüglich der stillen Reserven mangels einer Entnahme nach § 4 Abs. 1 Satz 3 EStG ebenfalls nicht gebildet werden.[132]

170 Bei einer Hereinverschmelzung sind die Wirtschaftgüter des übergehenden Vermögens der übertragenden AG, die im Zuge der Umwandlung erstmals steuerverstrickt werden (neu verstrickte Wirtschaftsgüter) oder weiterhin nicht steuerverstrickt sind, von dem Grundsatz der einheitlichen Bewertung mit dem Buchwert oder einem unterhalb des gemeinen Werts liegenden Zwischenwert nach § 3 Abs. 2 Satz 1 1. Halbsatz UmwStG erfasst. Um hier steuerliche Nachteile zu vermeiden, könnte ggf. eine Vorabübertragung (dh. eine Übertragung vor der Umwandlung) der betroffenen Wirtschaftsgüter zum gemeinen Wert sinnvoll sein.

171 Nach § 3 Abs. 2 Satz 1 Nr. 3 UmwStG kommt es zu einer zwingenden Aufdeckung stiller Reserven durch den Ansatz des gemeinen Wertes nach § 3 Abs. 1 UmwStG, so weit im Rahmen der Umwandlung eine nicht in Gesellschaftsrechten bestehende Gegenleistung gewährt wird. Diese Regelung, die § 11 Abs. 1 Satz 1 Nr. 2 UmwStG a. F. sowie § 11 Abs. 2 Satz 1 Nr. 3 UmwStG entspricht, war in § 3 UmwStG a. F. noch nicht enthalten.[133] Die schädlichen Gegenleistungen im Sinne des § 3 Abs. 2 Satz 1 Nr. 3 1. Alternative UmwStG können in bar oder durch Gewährung anderer Vermögenswerte erfolgen. So weit eine nicht in Gesellschaftsrechten bestehende Gegenleistung gewährt wird, kommt es insoweit zu einer zwingenden Aufdeckung stiller Reserven durch den Ansatz des gemeinen Wertes nach § 3 Abs. 1 UmwStG.

172 Unschädlich ist nach § 3 Abs. 2 Satz 1 Nr. 3 2. Alternative UmwStG die Gutschrift auf einem Eigenkapitalkonto bei der übernehmenden Personengesellschaft, schädlich ist hingegen die Gutschrift auf einem Gesellschafterdarlehenskonto.[134] Für die Abgrenzung zwischen Kapitalkonto und Darlehenskonto ist auf die zu § 24 UmwStG[135] und § 15a EStG[136] entwickelten Kriterien abzustellen.[137]

173 Die Wahlrechtsausübung nach § 3 Abs. 2 UmwStG, die steuerlich ausschließlich der übertragenden AG zusteht und sich auf die steuerliche Schlussbilanz auswirkt, ist nicht nur für die mögliche Entstehung eines Übertragungsgewinns auf Ebene der AG von Bedeutung, sondern bindet gleichzeitig den

---

[131] Vgl. *Rödder/Schumacher*, DStR 2006, 1525 (1528).
[132] Vgl. *Dötsch/Pung*, DB 2006, 2704 (2705), *Rödder/Schumacher*, DStR 2007, 143 (148 f.).
[133] Vgl. *Dötsch/Pung*, DB 2006, 2704 (2708 f.).
[134] Vgl. *Dötsch/Pung*, DB 2006, 2704 (2709).
[135] Vgl. BFH v. 18. 10. 1999 – GrS 2/98, BStBl. II 2000, 123, m. w. N. in BFH III R 38/00 v. 16. 12. 2004, BStBl. II 2005, 554, m. w. N.; s. auch BMF-Schreiben v. 25.31998, BStBl. I 1998, 268 Tz. 24.01 ff.
[136] Vgl. BFH VIII R 30/99 v. 23. 1. 2001, BStBl. II 2001, 621; BFH I R 81/00 v. 5. 6. 2002, BStBl. II 2004, 344; BMF-Schreiben v. 30. 5. 1997, BStBl. I 1997, 627, m. w. N.
[137] So auch *Dötsch/Patt/Pung/Möhlenbrock/Dötsch/Pung*, § 3 UmwStG (SEStEG), Rz. 48.

D. Verschmelzung einer AG auf eine Personengesellschaft

übernehmenden Rechtsträger, der die übergegangenen Wirtschaftsgüter mit dem in der steuerlichen Schlussbilanz der AG gewählten Ansatz zu übernehmen hat (§ 4 Abs. 1 UmwStG). Ausgehend von dem übergehenden Vermögen ist auf Ebenen der Übernehmerin nach § 4 Abs. 4 und 5 UmwStG ein Übernahmegewinn bzw. ein -verlust zu ermitteln. Des Weiteren wirkt sich der Wertansatz in der steuerlichen Schlussbilanz der Überträgerin auch auf die Höhe der fiktiven Gewinnausschüttung im Sinne des § 7 UmwStG aus. Im Rahmen der teilweisen Aufdeckung der stillen Reserven nach § 3 Abs. 2 Satz 1 UmwStG ist nach vorherrschender Meinung die Anwendung der Stufentheorie[138] ebenso wie die sog. modifizierte Stufentheorie[139] abzulehnen. Die – ggf. modifizierte Stufentheorie – geht davon aus, dass ein Geschäfts-/Firmenwert erst aufzustocken ist, nachdem zuvor die bilanzierten sowie die nicht bilanzierten materiellen/immateriellen Wirtschaftsgüter um ihre gesamten stillen Reserven bis zu deren gemeinen Wert aufgestockt worden sind. Nach dieser Auffassung wird ein Geschäfts-/Firmenwert entsprechend der handelsrechtlichen Regelung in § 246 Abs. 1 Satz 4 HGB als Residualgröße gesehen.[140] Im Rahmen des § 3 UmwStG gilt es hingegen nicht einen Kaufpreis auf die erworbenen Wirtschaftsgüter zu verteilen und einen eventuellen Geschäftswert als Differenzbetrag zu ermitteln. Vielmehr wird bei einem Zwischenwertansatz in der steuerlichen Schlussbilanz der AG nach § 3 UmwStG ein gleichmäßiger Prozentsatz stiller Reserven sämtlicher übergehender Wirtschaftsgüter aufgedeckt. Gegen eine entsprechende stufenweise Aufstockung der übergehenden Wirtschaftsgüter spricht darüber hinaus, dass § 3 UmwStG keine dem § 4 Abs. 6 UmwStG a. F. entsprechende Regelung enthält.

Eine höhere Bewertung einzelner Wirtschaftsgüter in der steuerlichen Schlussbilanz der übertragenden AG im Rahmen der Wertaufholung nach den § 253 Abs. 5 HGB stellt keinen Zwischenwertansatz dar. Die Möglichkeit einer Wertaufholung besteht in der Jahresbilanz unabhängig vom Wertansatzwahlrecht nach § 3 Abs. 2 UmwStG. Somit bedarf es im Falle der Wertaufholung nicht einer entsprechenden Aufdeckung stiller Reserven auch bei den anderen Wirtschaftsgütern, zumal die ggf. zu einem zwingenden Ansatz der übrigen Wirtschaftsgüter mit dem gemeinen Wert führen würde. Auch die Verteilung der im Wege der Wertaufholung aufgedeckten stillen Reserven auf sämtliche übergehende Wirtschaftsgüter stünde im krassen Widerspruch zum Prinzip der Wertaufholung bei einzelnen Wirtschaftsgütern nach § 253 Abs. 5 HGB.

Der Antrag auf Bewertung des übergehenden Vermögens ist nach § 3 Abs. 2 Satz 2 UmwStG spätestens zur erstmaligen Abgabe der steuerlichen Schlussbilanz bei dem für die Besteuerung der übertragenden AG zuständigen Finanzamt zu stellen. Der Antrag ist neben den übrigen Voraussetzungen Vorbedingung für den Ansatz des übergehenden Vermögens mit einem unterhalb des gemeinen Wertes liegenden Betrag. Wird dieser Antrag nicht gestellt, so ist das Vermögen in der steuerlichen Schlussbilanz der übertragenden AG zwingend mit dem gemeinen Wert anzusetzen. Es findet von Amts wegen keine Günstigerprüfung o. Ä. statt. Die Antragstellung für die Wirtschaftsgüter, die die Voraussetzung des § 3 Abs. 2 Satz 1 UmwStG erfüllen, muss einheitlich erfolgen.[141] Dh. dass diese

---

[138] Vgl. Ley/KÖSDI 1992, 9158, KÖSDI 2001, 12982.
[139] *Wacker* in *Schmitt* § 16 UmwStG, Rz. 490.
[140] Vgl. *HHR/Stobbe* § 6 EStG, Rz. 725.
[141] So auch *Schaflitzl/Wittmeyer*, DB Beilage 8/2006, 36 (40).

Wirtschaftsgüter in der entsprechenden Schlussbilanz der übertragenden AG entweder mit dem Buchwert, dem gemeinen Wert oder einem Zwischenwert anzusetzen sind. Beim Zwischenwertansatz sind nach h. M. die stillen Reserven aller Wirtschaftsgüter um den gleichen Prozentsatz aufzudecken.[142]

176 Soweit das Bewertungswahlrecht eröffnet ist, ist weder eine selektive Aufstockung einzelner Wirtschaftsgüter noch eine unterschiedliche Wahlrechtsausübung bzgl. verschiedener Anteilseigner möglich. Das Gebot des einheitlichen Ansatzes sämtlicher Wirtschaftsgüter, die unter den Anwendungsbereich des § 3 Abs. 2 Satz 1 UmwStG fallen, hat zur Folge, dass auch Wirtschaftsgüter, die erst nach der Umwandlung im Inland steuerverstrickt werden (neu verstrickte Wirtschaftsgüter), sowie Wirtschaftsgüter, die einer Freistellungsbetriebsstätte zuzuordnen sind, mit dem einheitlich anzusetzenden Buchwert oder Zwischenwert anzusetzen sind.[143] Auch wenn es sich bei dem übernehmenden Rechtsträger um eine Personengesellschaft mit mehreren Gesellschaftern handelt, kann der Antrag nur gesellschaftsbezogen ausgeübt werden. Für den Antrag nach § 3 Abs. 2 UmwStG bestehen keine besonderen Formvorschriften, dh. er kann schriftlich aber auch mündlich oder auch konkludent (zB durch Einreichung der Steuerbilanz) gestellt werden.[144] Das Wahlrecht nach § 3 Abs. 2 UmwStG wird – zumindest bis zur Handelsregistereintragung der Umwandlung, von dem für die Bilanzaufstellung zuständigen Organen der übertragenden AG (Vorstand) ausgeübt. Der Antrag ist bei dem für die Ertragsbesteuerung der übertragenden AG zuständigen inländischen Finanzamt zu stellen. Bei der Verschmelzung einer AG auf eine Personengesellschaft ist für die Besteuerung der untergehenden AG nach Eintragung der Umwandlung im Handelsregister das Finanzamt zuständig, das für die Besteuerung des übernehmenden Rechtsträger zuständig ist bzw. wird.[145] Sind für die Besteuerung des übertragenden und des übernehmenden Rechtsträgers unterschiedliche Finanzämter zuständig, so tritt in dem Zeitpunkt, in dem eines der Finanzämter von der Verschmelzung erfährt, ein Zuständigkeitswechsel ein (§ 26 Abs. 1 AO).[146] Dies gilt auch für Zeiträume, die vor den zuständigkeitsändernden Ereignissen liegen.

177 Der übernehmende Rechtsträger tritt bei der Verschmelzung als Gesamtrechtsnachfolger (§ 54 AO) der untergehenden AG in vollem Umfang insodasssechsstellung ein, so dass auch für die Beurteilung der örtlichen Zuständigkeit ausschließliche Verhältnisse der Übernehmerin als verbleibende des Steuerpflichtigen maßgeblich sind. Nach Abgabe eines wirksamen Bewertungsantrags nach § 3 Abs. 2 Satz 1 UmwStG ist eine Änderung der Bewertung des Vermögens in der steuerlichen Schlussbilanz der Überträgerin nicht mehr möglich.[147]

---

[142] Vgl. *Widmann/Mayer* § 3 UmwStG, Rz. 457 ff., *Dötsch/Patt/Pung/Möhlenbrock/Dötsch/Pung* § 3 UmwStG (SEStEG), Rz. 29, anderer Auffassung *Haritz/Benkert/Brinkhaus* § 3 UmwStG, Rz. 64 ff.
[143] So auch *Hagemann/Jakob/Ropohl/Viebrock*, NWB-Sonderheft 1/2007, 21.
[144] Vgl. *Förster/Felchner*, DB 2006, 1072 (1073), vgl. auch Regierungsentwurf des SEStEG v. 12.7.2006, BT-Drs. 16/2710 zu § 3 Abs. 2 UmwStG.
[145] Vgl. FG Nürberg v. 27.11.1984-II 10/82, EFG 1985, 273/rkr., FG Hamburg v. 13.4.1989-II 7/87, EFG 1989, 490/rkr.
[146] Vgl. OFD Chemnitz v. 12.10.2001, StEK AO 1977 § 26 Nr. 27 AO.
[147] So auch BFH I R 34/04 v. 19.10.2005; BFH/NV 2006, 1099 zu § 11 Abs. 1 Satz 2 iVm. § 3 UmwStG a. F.; BFH I R 191/77 v. 9.4.1981, BStBl. II 1981, 620, so wohl auch *Widmann/Mayer* § 3 UmwStG, Rz. 63.1.

D. Verschmelzung einer AG auf eine Personengesellschaft § 14

Eine geänderte Wahlrechtsausübung unter Änderung einer beim zuständigen Finanzamt eingereichten steuerlichen Schlussbilanz der übertragenden AG wäre nach § 4 Abs. 2 Satz 2 EStG nur möglich, so weit ein enger zeitlicher und sachlicher Zusammenhang mit einer Bilanzberichtigung besteht. Eine Bilanzberichtigung im Rahmen des § 4 Abs. 2 Satz 1 UmwStG ist hingegen grundsätzlich möglich.

2. Steuerliche Rückwirkung

Der steuerliche Umwandlungsstichtag ist grundsätzlich der Tag, auf den der übertragende Rechtsträger die Schlussbilanz aufzustellen hat[148] (Tz. 02.03 UmwStErl.). Dies ist der Tag, der dem handelsrechtlichen Umwandlungsstichtag vorangeht. Bei einer Verschmelzung auf den 1.1.2008 ist steuerlicher Umwandlungsstichtag zwingend also der 31.12.2007. Der steuerliche Umwandlungsstichtag kann nach § 2 Abs. 1 iVm. § 17 Abs. 2 UmwG bis zu acht Monate vor der Anmeldung der Verschmelzung zur Eintragung in das HR liegen.

Wird auf den 1.1.2008 umgewandelt, so ist im Wirtschaftsjahr 2007 für die übernehmende Personengesellschaft im Falle der Neugründung nur ein Geschäftsvorfall gegeben, nämlich die Umwandlung. Dies bedeutet, dass in der entsprechenden Feststellungserklärung für den VZ 2007 ein laufendes Ergebnis der KG iHv. € 0 zu deklarieren ist und etwaige KSt-Erhöhungsbeträge noch für den VZ 2007 von der übertragenden AG zu zahlen sind.

Ab dem steuerlichen Übertragungsstichtag unterliegt die umgewandelte Kapitalgesellschaft den Besteuerungsregeln für Personengesellschaften, dh., dass auch die steuerlichen Nachteile zu vergegenwärtigen sind, die sich aus der Rechtsform der Personengesellschaft ergeben können (ggf. keine Schachtelprivilegien kein § 8 b Abs. 2 KStG, Anwendung des § 15 Abs. 1 Satz 1 Nr. 2 EStG etc.).

Die steuerliche Rückbeziehung hat darüber hinaus auch **Konsequenzen** für im Rückbeziehungszeitraum erfolgte Ausschüttungen.

Vor dem oben angenommenen steuerlichen **Übertragungsstichtag** 31.12.2007 beschlossene ordentliche Gewinnausschüttungen für das Jahr 2006 oder Vorjahre (Wirtschaftsjahr gleich Kalenderjahr) sind noch mit dem EK der übertragenden AG zu verrechnen.

Nach dem steuerlichen **Übertragungsstichtag** bei der übertragenden AG beschlossene Ausschüttungen gelten als Entnahmen der verbleibenden Gesellschafter.[149]

Besonderheiten gelten für Ausschüttungen an Anteilseigner, die im Rückwirkungszeitraum aus der übertragenden AG ausscheiden.[150] Für Ausschüttungen an diese Anteilseigner-Gruppe gilt die Rückwirkungsfiktion nicht, sodass diese Ausschüttungen steuerlich noch der übertragenden AG zugerechnet werden und mit deren EK (unmittelbar vor der Umwandlung) zu verrechnen sind.

---

[148] BMF-Schreiben v. 25.31998, BStBl. I 1998, 268 Tz. 02.03.
[149] BMF-Schreiben v. 25.31998, BStBl. I 1998, 268 Tz. 02.03 Tz. 02.29.
[150] BMF-Schreiben v. 25.31998, BStBl. I 1998, 268 Tz. 02.03 Tz. 02.33.

3. Wertfortführung durch die übernehmende Personenhandelsgesellschaft

180 Die übernehmende Personenhandelsgesellschaft hat die im Zuge der Verschmelzung auf sie übergehenden Wirtschaftsgüter mit dem in der steuerlichen Schlussbilanz der AG enthaltenen Wert zu übernehmen (§ 4 Abs. 1 UmwStG). Sie tritt insbesondere für Bewertungsfragen in die steuerliche Rechtsstellung der übertragenden AG ein (§ 4 Abs. 2 UmwStG). Ein im Zeitpunkt des steuerlichen Wirksamwerdens der Verschmelzung auf Ebene der AG vorhandener Verlustabzug iSd. §§ 10 d, § 15 Abs. 4 oder § 15 a EStG geht jedoch nicht verschmelzungsbedingt auf die Personenhandelsgesellschaft mit über. Ebenso findet bei auf Ebene der AG vorhandenen gewerbesteuerlichen Verlustvorträgen kein verschmelzungsbedingter Übergang auf die Personenhandelsgesellschaft statt (§ 18 Abs. 1 Satz 2 UmwStG). Durch eine Aufstockung der Buchwerte auf Ebene der übertragenden AG (bei der allerdings zu beachten ist, dass die körperschaftsteuerlichen und gewerbesteuerlichen Verlustvorträge idR divergieren; ebenso sind die Regelungen der Mindestbesteuerung zu beachten) noch vor der Verschmelzung könnten indessen vorhandene Verluste steuerlich ausgenutzt werden. Derartige Aufstockungen sollten dann ernsthaft erwogen werden, wenn und so weit die Übernahmeergebnisermittlung zu einem Verlust führt oder ein etwaiger Gewinn steuerfrei gestellt ist.[151]

181 Bei der Verschmelzung durch Aufnahme auf eine bereits bestehende Personengesellschaft ist der Vermögenszugang für die Personengesellschaft steuerlich wie handelsrechtlich ein laufender Geschäftsvorfall. Einer besonderen Übernahmebilanz bedarf es insoweit grundsätzlich nicht. Der Vermögenszugang wird im nächst folgenden Jahresabschluss dargestellt. Die Gegenbuchung erfolgt auf den Kapitalkonten, die für die ehemaligen Gesellschafter der übertragenden AG und nunmehrigen Mitunternehmer einzurichten bzw. entsprechend zu erhöhen sind. Bei der Verschmelzung durch Neugründung ist auf den Übertragungsstichtag eine steuerliche Eröffnungsbilanz zu erstellen, die zugleich Übernahmebilanz ist. Bei der Verschmelzung durch Aufnahme erhalten die Gesellschafter der untergehenden übertragenden AG Anteile an der übernehmenden Personengesellschaft. Sie treten der Personengesellschaft also als neue Gesellschafter bei oder erhalten, wenn die zuvor schon beteiligt waren, eine Aufstockung ihres Gesellschaftsanteils. Der Wertansatz nach § 4 Abs. 1 Satz 1 UmwStG ist in der Gesamthandsbilanz und in etwaig aufzustellenden Ergänzungsbilanzen so abzubilden, dass die Wertverhältnisse zwischen den Altgesellschaftern der Übernehmerin und den neu Betretenden oder ihre Beteiligung verstärkenden Gesellschaftern zutreffend dargestellt sind. Nehmen die Beteiligten hingegen aus Freigiebigkeit oder aus gesellschaftsrechtlicher Veranlassung Wertverschiebungen hin, kann dies zu Schenkungsteuer oder zur Annahme einer verdeckten Gewinnausschüttung bzw. verdeckten Einlage führen.[152] Des Weiteren müssen die stillen Reserven den Gesellschaftern jeweils in der Summe zutreffend zugeordnet sein.

---

[151] Vgl. *Förster/v. Lishaut* FR 2000, 1189 (1195).
[152] *Rödder/Herlinghaus/van Lishaut/van Lishaut,* § 4, Rz. 11.

D. Verschmelzung einer AG auf eine Personengesellschaft 182–184 § 14

4. Ermittlung des Übernahmeergebnisses

Für die Anteilseigner der übertragenden AG stellt sich die Frage, ob der Übernahmegewinn/-verlust einheitlich, gesellschafterübergreifend oder ob er gesellschafterindividuell, personenbezogen ermittelt werden muss. Entgegen dem Wortlaut des § 4 UmwStG sprechen sich die Literaturmeinung[153] und die Fin-Verw. zu Recht für eine **personenbezogene Übernahmegewinnermittlung** aus.[154] Dies ist von besonderer Bedeutung bei unterschiedlich hohen Anschaffungskosten sowie für die Berücksichtigung von bis zur körperschaftsteuerlichen Systemumstellung entstandenen § 50 c EStG Sperrbeträgen. 182

Soweit die Anteile der Aktionäre der übertragenden AG einem **inländischen Betriebsvermögen** zuzuordnen sind oder **wesentliche Beteiligungen** (außerhalb v. § 17 Abs. 2 Satz 4 EStG) im Privatvermögen bzw. einbringungsgeborene Anteile (gemäß § 27 Abs. 3 Nr. 1 UmwStG gilt § 5 Abs. 4 UmwStG aF fort) eines unbeschränkt steuerpflichtigen Aktionärs vorliegen, gelten sie als in das Betriebsvermögen der übernehmenden Personengesellschaft eingelegt (§ 5 Abs. 2 bis 4 UmwStG), damit auf der Ebene der Übernehmerin der Übernahmegewinn bzw. -verlust ermittelt werden kann. Der Übernahmegewinn bzw. -verlust ermittelt sich aus der Gegenüberstellung des steuerlich relevanten Werts (Buchwert, Anschaffungskosten) der Kapitalgesellschaftsanteile einerseits und der (in ihrer Höhe von der Wahlrechtsausübung bei der Überträgerin abhängigen) Summe der Buchwerte der übergehenden Wirtschaftsgüter andererseits. Des Weiteren findet ggf. eine ergebniserhöhende Korrektur des Übernahmeergebnisses um einen § 50 c EStG-Sperrbetrag statt. 183

Der Übernahmegewinn oder -verlust für steuerverstrickte Anteile berechnet sich wie folgt:[155]

Wert der übergehenden Wirtschaftsgüter (§ 4 Abs. 1 Satz 1 UmwStG), soweit sie auf steuerverstrickte Anteile entfallen (§ 4 Abs. 4 Satz 3 UmwStG)
./. Buchwert der betreffenden Anteile an der übertragenden AG, ggf. nach Korrektur gem. § 4 Abs. 1 Satz 2 f. UmwStG (Beteiligungskorrekturgewinn) und § 4 Abs. 2 Satz 5 UmwStG (Sonderfall der Umwandlung einer Unterstützungskasse)
./. Kosten für den Vermögensübergang
= **Übernahmeergebnis 1. Stufe** (§ 4 Abs. 4 Satz 1 UmwStG)
+ Zuschlag für neutrales Vermögen (§ 4 Abs. 4 Satz 2 UmwStG)
+ Sperrbetrag im Sinne des § 50 c EStG iVm. § 52 Abs. 59 EStG
./. Anteilige offene Rücklagen, die als Einnahmen aus Kapitalvermögen gem. § 7 UmwStG iVm. § 20 Abs. 1 Nr. 1 EStG zu versteuern sind
= Verbleibendes Übernahmeergebnis

Die Übernahmegewinnermittlung nach Maßgabe des SEStEG ordnet an, dass nunmehr auch die anteiligen offenen Rücklagen aus dem Übernahmeergebnis herauszurechnen sind und gem. § 7 UmwStG iVm. § 20 Abs. 1 Nr. 1 EStG, § 43 Abs. 1 Nr. 1 EStG gesondert als Kapitaleinkünfte zu besteuern sind. Dies hat zur Konsequenz, dass das Übernahmeergebnis in der Regel Null oder negativ ist. 184

---

[153] Vgl. *Thiel* DB 1995, 1198 sowie *Haritz/Benkert/Benkert* § 4 UmwStG Rz. 164 ebenso *Rödder/Herlinghaus/van Lishaut/van Lishaut*, § 4, Rz. 74 ff.
[154] Vgl. BMF-Schreiben v. 25.31998, BStBl. I 1998, 268 Tz. 04.07.
[155] Vgl. *Rödder/Herlinghaus/van Lishaut/van Lishaut*, § 4, Rz. 75.

185 Nach § 4 Abs. 4 Satz 3 UmwStG bleibt bei Übernahmegewinn-/Übernahmeverlustermittlung der Wert der **übergegangenen Wirtschaftsgüter** insoweit außer Ansatz, wie er auf Anteile an der übertragenden Kapitalgesellschaft entfällt, die am steuerlichen Übertragungsstichtag nicht zum Betriebsvermögen der übernehmenden Personengesellschaft gehören. Dies ist für alle nicht wesentlichen, im Privatvermögen gehaltenen Beteiligungen an der übertragenden AG der Fall, denn insoweit enthält § 5 UmwStG keine Einlagefiktion.

186 Ob eine wesentliche Beteiligung besteht oder nicht, richtet sich nach der **Rechtslage am Umwandlungsstichtag**.
Wesentliche Beteiligungen, bei deren (gedanklicher) Veräußerung ein Veräußerungsverlust nach § 17 Abs. 2 Satz 4 EStG nicht zu berücksichtigen wäre (das sind im Grundfall Beteiligungen, die innerhalb der letzten 5 Jahre von einer nicht wesentlichen auf eine wesentliche Beteiligung aufgestockt wurden) werden wie nicht wesentliche Beteiligungen behandelt.

187 Ebenfalls (nach Ansicht der FinVerw.) nicht in die Übernahmeergebnisrechnung einzubeziehen sind wesentliche Beteiligungen eines an der Umwandlung teilnehmende **Steuerausländers**, der in einem DBA-Staat ansässig ist, falls der DBA-Normalfall gegeben ist, wonach das Besteuerungsrecht für Anteilsveräußerungsgewinne dem ausländischen Wohnsitzstaat des Anteilseigners zusteht[156] (Tz. 05.12 UmwStErl.).

5. Übernahmegewinnfolgen

188 Gemäß § 4 Abs. 7 Satz 1 UmwStG bleibt ein Übernahmegewinn außer Ansatz, so weit er auf eine Kapitalgesellschaft als Mitunternehmerin der übernehmenden Personengesellschaft entfällt. Diese Freistellung entspricht dem in § 8 b Abs. 1 und 2 KStG verankerten Veräußerungsprivileg, durch das eine Mehrfachbelastung mit Körperschaftsteuer im Ergebnis vermieden werden soll.

189 Der Übernahmegewinn unterliegt dem **Teileinkünfteverfahren**, dh. er ist zu 60 % einkommensteuerpflichtig, so weit er auf eine natürliche Person entfällt (§ 4 Abs. 7 Satz 2 UmwStG).
Infolge des Abzugs der offenen Rücklage bei der Übernahmegewinnermittlung wird sich indes im Regelfall kein Übernahmegewinn mehr ergeben. Vielmehr wird sich im Regelfall ein Übernahmeverlust einstellen. Ein Übernahmeverlust entsteht zum einen, wenn der Wert der untergehenden Anteile nach Abzug der Übernahmekosten höher ist als der Wert des zugehörigen übergehenden und gem. § 4 Abs. 5 Satz 2 UmwStG gekürzten Vermögens und der Fehlbetrag auch nicht durch die Korrekturen nach § 4 Abs. 4 Satz 2 und Abs. 5 Satz 1 UmwStG ausgeglichen wird. Dies kann der Fall sein, wenn der Gesellschafter im Kaufpreis seiner Anteile stille Reserven mitbezahlt hat, die in den Wirtschaftsgütern der Gesellschaft ruhen und diese stillen Reserven auch im Rahmen der Umwandlung bei Anwendung des § 3 UmwStG nicht aufgedeckt worden sind oder wenn die Anteile nach Erwerb durch Verluste der Gesellschaft oder infolge der Verflüchtigung stiller Reserven im Wert verfallen sind und der Wertverfall bislang nicht durch eine Teilwertabschreibung geltend zu machen war, da es bei betrieblichen Anteilen an einer voraussichtlich dauern-

---

[156] BMF-Schreiben v. 25.31998, BStBl. I 1998, 268 Tz. 05.12.

D. Verschmelzung einer AG auf eine Personengesellschaft   190–192   § 14

den Wertminderung im Sinne des § 6 Abs. 1 Satz 1 Nr. 2 Satz 2 EStG fehlte oder es sich um privat gehaltene Anteile im Sinne des § 21 UmwStG und § 17 EStG handelt, die einer Teilwertabschreibung nicht zugänglich sind.
Gem. § 4 Abs. 6 Satz 1 UmwStG in der Form des SEStEG bleibt der Abzug des Übernahmeverlusts weiterhin grundsätzlich ausgeschlossen. Es gibt aber betragsmäßig begrenzte Ausnahmen. Der Abzug des Übernahmeverlustes ist gem. § 4 Abs. 6 Satz 2 bis 4 UmwStG gedeckelt bis zur Höhe der Kapitaleinkünfte im Sinne des § 7 UmwStG möglich, wenn der Gesellschafter eine natürliche Person ist oder wenn er eine Körperschaft ist, die die Anteile an der Überträgerin gem. § 8 Abs. 7 oder Abs. 8 KStG anwendet.[157] Eine derartige gedeckelte Übernahmeverlustberücksichtigung ist indessen in den Fällen dann ausgeschlossen, so weit bei einer gedachten Veräußerung des Anteils an der übertragenden AG ein Veräußerungsverlust nach § 17 Abs. 2 Satz 5 EStG nicht zu berücksichtigen wäre (§ 4 Abs. 6 Satz 5 Variante 1 UmwStG, davon betroffen sind insbesondere die kurzfristige Zusammenführung von privaten Streubesitzanteilen zu einer wesentlichen Beteiligung und die Anteile an der übertragenden AG, die innerhalb von fünf Jahren vor dem Übertragungsstichtag erworben worden sind).

Damit bringt das UmwStG zum Ausdruck, dass ein Übernahmegewinn der Sache nach eine **Vollausschüttung** der in der umgewandelten AG gespeicherten Gewinnrücklagen bedeutet. Würden die Gewinnrücklagen nämlich durch die umzuwandelnde AG vorab ausgekehrt, wäre die Gewinnausschüttung bei Kapitalgesellschaften als Anteilseigner (vorbehaltlich einer Nachversteuerung aus § 37 Abs. 3 KStG) gem. § 8 b Abs. 1 KStG steuerfrei, bei natürlichen Personen als Anteilseigner gemäß § 3 Nr. 40 EStG zu 40 % steuerbefreit vereinnahmt worden.[158] Diese Behandlung wird in Umwandlungsfällen auf das positive Übernahmeergebnis übertragen.[159]   190

6. Gewerbesteuerliche Auswirkungen

Wie nach bisheriger Rechtslage unterliegt der Übernahmegewinn nicht der Gewerbesteuer (§ 18 Abs. 2 UmwStG). Ein **Übernahmeverlust** ist übereinstimmend zu der durch das Steuerentlastungsgesetz 1999/2000/2002 hergestellten Rechtslage auch in Zukunft nicht berücksichtigungsfähig.   191

Wird der Betrieb der Personengesellschaft innerhalb von fünf Jahren nach der Verschmelzung aufgegeben oder veräußert, unterliegt ein **Auflösungs- oder Veräußerungsgewinn** der Gewerbesteuer (§ 18 Abs. 4 UmwStG). Dieselben Rechtsfolgen treten ein, soweit ein Teilbetrieb oder ein Anteil an der Personengesellschaft aufgegeben oder veräußert wird. Vom Sinn und Zweck des § 18 Abs. 4 UmwStG beschränkt sich das Nachversteuerungserfordernis aber auf stille Reserven in den Wirtschaftsgütern, die verschmelzungsbedingt von der AG auf die Personenhandelsgesellschaft übergegangen sind, sodass stille Reserven in Wirtschaftsgütern, die der aufnehmenden Personengesellschaft schon vor der Verschmelzung gehörten, nicht von § 18 Abs. 4 UmwStG erfasst werden dürfen.[160] Die Rechtslage gilt auf der Grundlage des BFH-   192

---

[157] Vgl. *Rödder/Herlinghaus/van Lishaut/van Lishaut*, § 4, Rz. 113.
[158] Vgl. *Schaumburg/Rödder* Unternehmenssteuerreform 2001 S. 686.
[159] Zur Unterscheidung beachte die Begrenzungen der Realisierung von Körperschaftsteuerguthaben die durch das StVergAbG eingeführt worden sind.
[160] A. A. BMF-Schreiben v. 21. 8. 2001, BStBl. I 2001, 268.

Beckmann

Urteils v. 20.11. 2006 (DStRE 2007, 551) für Verschmelzungen, die hier zum 31.12. 2007 beim Handelsregister angemeldet worden sind. Durch die Neuregelung in § 18 Abs. 3 Satz 1 UmwStG gilt für Verschmelzungen, die nach dem 31.12. 2007 beim Handelsregister angemeldet worden sind (vgl. § 27 Abs. 6 UmwStG), die bisherige Auffassung der Finanzverwaltung kraft Gesetzesänderung. Der aus einem gewerbesteuerpflichtigen Vorgang iSd. § 18 Abs. 4 UmwStG resultierende Teil des Gewerbesteuer-Messbetrags ist im Rahmen des § 35 EStG (Gewerbesteueranrechnung) nicht zu berücksichtigen.

7. Behandlung der nicht wesentlich Beteiligten

193 Die bisher vorgetragenen Überlegungen zur Umwandlung einer AG in eine Personengesellschaft gelten für nicht wesentliche und für bestimmte wesentliche im Privatvermögen gehaltene Beteiligungen (solche iSd. § 17 Abs. 2 Satz 4 EStG) nicht. Denn diese Anteile gelten nicht als zum Übertragungsstichtag in das Betriebsvermögen der übernehmenden Personengesellschaft eingelegt und nehmen deshalb auch an der Übernahmegewinn-/Übernahmeverlustermittlung nicht teil (§ 5 UmwStG; § 4 Abs. 4 Satz 3 UmwStG).

Der nicht wesentlich beteiligte Anteilseigner bekommt vielmehr unabhängig von der Höhe seiner Anschaffungskosten für die GmbH-Anteile und ohne Liquiditätszufluss gemäss § 7 UmwStG das auf ihn entfallende in der Steuerbilanz der AG ausgewiesene Eigenkapital (ohne gez. Kapital und ohne steuerliches Einlagenkonto iSv. § 27 KStG) der Aktiengesellschaft als Einkünfte aus Kapitalvermögen zugerechnet, die er nach Maßgabe des Teileinkünfteverfahrens zu versteuern hat. Außerdem tritt er mit dem anteiligen Buchkapital in die Mitunternehmerstellung ein.

8. Grunderwerbsteuer

194 Insoweit kann auf die Erläuterungen zur Verschmelzung mehrerer AG verwiesen werden.

E. Formwechsel einer AG in eine GmbH

I. Überblick

200 Der Formwechsel einer AG in eine GmbH ist gem. § 226 UmwG gesetzlich zugelassen und in den §§ 190–213 (allgemeine Vorschriften), 226 u. 238–250 (besondere Vorschriften) UmwG im Einzelnen geregelt. Durch den Formwechsel in eine GmbH wird die Identität des Rechtsträgers nicht berührt, es findet lediglich eine Änderung des „Rechtskleides" statt. Die Umwandlung einer AG in eine GmbH durch Formwechsel ist ein in der Praxis häufig gewählter Typ der formwechselnden Umwandlung, weil er personenbezogenen AGs den Wechsel von den zwingenden und formstrengen aktienrechtlichen Regeln zu den flexibleren, weil größtenteils abdingbaren Vorschriften des GmbHG ermöglicht. Außerdem lässt sich durch diese Form der Umwandlung ohne einen zweiten Rechtsträger auf vergleichsweise einfachem Weg das Delisting einer börsennotierten AG herbeiführen (sog. „kaltes" Delisting).[161] Eine sachliche

---

[161] Vgl. *Steck* AG 1998, 460.

E. Formwechsel einer AG in eine GmbH

Rechtfertigung des Formwechsels bedarf es im Allgemeinen nicht; er unterliegt jedoch der Missbrauchskontrolle.[162]

II. Voraussetzungen und Durchführung

1. Inhalt des Umwandlungsbeschlusses (§§ 194, 243 iVm. 218 UmwG)

Durch den Umwandlungsbeschluss soll der Inhalt des Gesellschaftsvertrags der GmbH nach Wirksamkeit des Formwechsels dokumentiert werden. Aus diesem Grund ist der gesamte Gesellschaftsvertrag der GmbH (§ 243 iVm. § 218 Abs. 1 UmwG) notwendiger Bestandteil des Umwandlungsbeschlusses. Der **Gesellschaftsvertrag** muss den Mindestanforderungen des § 3 GmbHG entsprechen. Es sind daher zumindest folgende Angaben zu machen:
- Gründungsgesellschafter
- Firma (§ 4 GmbHG; § 200 UmwG)
- Sitz der Gesellschaft
- Gegenstand des Unternehmens
- Stammkapital der Gesellschaft (mindestens Euro 25 000)
- Betrag der von jedem Gesellschafter übernommenen Stammeinlage (mindestens Euro 50 und durch 10 teilbar, § 243 Abs. 3 Satz 2 UmwG)
- Festsetzungen etwaiger Sondervorteile, Gründungsaufwand, Sacheinlagen oder Sachübernahmen

Darüber hinaus sind in die Entwurfsfassung des Umwandlungsbeschlusses etwaige **Sonderrechte**, die einzelnen Personen gewährt werden sollen sowie Angaben über die **Folgen des Formwechsels** für die Arbeitnehmer mit aufzunehmen. Überdies muss der Umwandlungsbeschluss ein **Abfindungsangebot** an widersprechende Aktionäre enthalten, sofern nicht sämtliche Aktien in einer Hand sind. Der Entwurf des Umwandlungsbeschlusses ist dem zuständigen Betriebsrat der AG spätestens einen Monat vor der Hauptversammlung, die über den Formwechsel beschließen soll, zuzuleiten (§ 194 Abs. 2 UmwG). Wesentliche Änderungen der Entwurfsfassung des Umwandlungsbeschlusses nach der Zuleitung an den Betriebsrat lösen eine erneute Zuleitungspflicht aus.[163]

Eine Prüfung des Entwurfs des Umwandlungsbeschlusses durch einen externen Prüfer findet grundsätzlich nicht statt. Allerdings ist die **Angemessenheit der Barabfindung** zu überprüfen (§ 208 iVm. § 30 Abs. 2 UmwG), soweit die Berechtigten nicht auf eine solche Prüfung in notariell zu beurkundender Form verzichten.

2. Umwandlungsbericht (§ 192 UmwG)

Ein Umwandlungsbericht ist nach § 192 Abs. 3 UmwG nicht erforderlich, wenn nur ein Aktionär an der AG beteiligt ist oder wenn sämtliche Aktionäre in notariell beurkundeter Erklärung auf seine Erstellung verzichten. In den übrigen Fällen hat der Vorstand der AG einen Umwandlungsbericht mit folgendem **Inhalt** zu erstatten:[164]

---

[162] Vgl. OLG Naumburg 7 U 236/96 v. 6.2.1997, DB 1998, 251; *A. Meyer-Landrut/Kiem* WM 1997, 1361 u. 1413.
[163] Vgl. im Einzelnen OLG Naumburg 7 U 236/96 v. 6.2.1997, DB 1998, 251.
[164] Zu weiteren Einzelheiten s. LG Heidelberg 99 O 178/96 v. 7.8.1996, DB 1996, 1768.

– Rechtliche und wirtschaftliche **Begründung des Formwechsels**. Das erfordert die ausführliche Darstellung und Abwägung der rechtlichen und wirtschaftlichen Vor- und Nachteile, die der Formwechsel für den Rechtsträger und dessen Aktionäre mit sich bringt; hierzu gehört auch ein Darstellen und Abwägen der steuerlichen Folgen.[165] Vom Gesetz verlangt wird insbesondere die Erläuterung der künftigen Beteiligung der Aktionäre an der GmbH. Zur Erläuterung des Formwechsels gehört auch die Stellungnahme dazu, ob die Voraussetzungen für bare Zuzahlungen iSv. § 196 UmwG vorliegen. Überdies ist die Höhe der für widersprechende Aktionäre anzubietenden Barabfindung zu erläutern, die regelmäßig eine Unternehmensbewertung erforderlich macht.[166] Es brauchen keine für die AG nachteiligen Tatsachen angegeben werden (§ 192 Abs. 1 Satz 2 iVm. § 8 Abs. 2 UmwG).

– Angaben über alle für den Formwechsel wesentlichen Angelegenheiten von mit der formumzuwandelnden AG verbundenen Unternehmen iSd. § 15 AktG.

– Entwurf des Umwandlungsbeschlusses.

205 Die Beifügung einer in § 192 Abs. 2 UmwG genannten **Vermögensaufstellung**, in der die Gegenstände und Verbindlichkeiten der umzuwandelnden AG mit dem wirklichen Wert anzusetzen wären, ist gemäß § 238 Satz 2 UmwG **nicht erforderlich**. Diese auf den Vorschlag des Rechtsausschusses in das Gesetz aufgenommene Ausnahmeregelung erscheint vertretbar, weil sich die Rechtsstellung der Aktionäre im Zuge des Formwechsels in eine andere Kapitalgesellschaft (GmbH) nicht grundlegend ändert.[167]

Der Umwandlungsbericht oder die Erklärung über den Verzicht auf seine Erstellung sind der Registeranmeldung des Formwechsels beizufügen.[168]

3. Umwandlungsbeschluss (§§ 193, 238–240, 242, 244 UmwG)

206 Die über den Formwechsel beschließende Hauptversammlung wird durch den Vorstand einberufen. Im Einzelnen sind

(1) der Umwandlungsbeschlusses und die GmbH-Satzung (§ 124 Abs. 2 Satz 2 AktG)[169] sowie das Abfindungsangebot (§ 238 Satz 1 iVm. § 231 UmwG) bekannt zu geben,

(2) der Umwandlungsbericht in den Geschäftsräumen der AG zur Einsichtnahme auszulegen (§ 238 Satz 1 iVm. § 230 Abs. 2 UmwG),

(3) die Aktionäre aufzufordern, ihren Aktienbesitz unter Namensnennung der Gesellschaft anzuzeigen.[170]

Zur Durchführung der Hauptversammlung sind

(1) der Umwandlungsbericht auszulegen

(2) und ist der Entwurf des Umwandlungsbeschlusses durch den Vorstand mündlich zu erläutern und sind Auskünfte über die vorgeschlagene Barabfin-

---

[165] Vgl. *Schmitt/Hörtnagl/Stratz/Stratz*, § 192 UmwG Rz. 11 u. 13.
[166] Vgl. KG 99 O 178/96 v. 27.11.1998, DB 1999, 86 (nrkr.); aA LG Berlin 99 O 178/96 v. 26.2.1997, DB 1997, 969 (970).
[167] Begr. Rechtsausschuss, BT-Drucks. 12/7850, 144.
[168] Kritisch: *Schulze-Osterloh* ZGR 1993, 420 (443) sowie *Priester* DNotZ 1995, 427 (449).
[169] LG Hanau 50 149/95 v. 2.11.1995, ZIP 1996, 422 (nrkr.).
[170] Vgl. BayObLG 3 Z BR 114/96 v. 5.7.1996, DB 1996, 1814.

E. Formwechsel einer AG in eine GmbH

dung sowie über den Bericht über die Angemessenheitsprüfung Auskünfte zu erteilen.

Der Beschluss der Hauptversammlung bedarf einer Mehrheit, die mindestens $^3/_4$ des bei der Beschlussfassung vertretenen Grundkapitals umfasst (§ 240 Abs. 1 UmwG). Darunter ist eine doppelte Mehrheit zu verstehen.[171] Zum einen wird die einfache Mehrheit der abgegebenen Stimmen im Sinne des § 133 AktG verlangt, wobei ggf. vorhandene Mehrstimmrechtsaktien mit ihrer Stimmenmacht zählen. Darüber hinaus ist eine Kapitalmehrheit von $^3/_4$ des bei der Beschlussfassung vertretenen Grundkapitals erforderlich. Die Satzung kann eine größere Mehrheit sowie weitere Erfordernisse (zB geheime Abstimmung) bestimmen.[172] Sind mehrere Gattungen stimmberechtigter Aktien vorhanden, muss jede Gruppe in gesonderter Abstimmung mit der jeweils erforderlichen qualifizierten Mehrheit zustimmen.

Weichen die Nennbeträge der Geschäftsanteile von dem Nennbetrag der Aktien einzelner Aktionäre ab und können sich Aktionäre nicht entsprechend dem Gesamtnennbetrag ihrer Aktien beteiligen, ist grundsätzlich ihre Zustimmung zur Festsetzung **abweichender Nennbeträge** der Geschäftsanteile erforderlich (§ 242 UmwG). Kein Zustimmungserfordernis besteht allerdings dann, wenn die Abweichung durch die nach § 243 Abs. 3 Satz 2 UmwG vorgeschriebene Mindeststückelung bedingt ist, dh. wenn ein Aktionär allein deshalb keinen Geschäftsanteil erhält, weil die Summe seiner Aktiennennbeträge insgesamt kleiner als der in § 243 Abs. 3 Satz 2 UmwG für einen GmbH-Geschäftsanteil festgesetzte Mindestnennbetrag von Euro 50 ist.[173]

Der Umwandlungsbeschluss und die Zustimmungserklärungen einzelner Aktionäre bedürfen der **notariellen Beurkundung** (§ 193 Abs. 3 UmwG). Es ist weder eine Unterzeichnung des im Umwandlungsbeschluss enthaltenen Gesellschaftsvertrags durch die Aktionäre erforderlich (§ 244 Abs. 2 UmwG), noch ist ein Sachgründungsbericht geboten (§ 245 Abs. 4 UmwG).

4. Anmeldung und Eintragung des Formwechsels in das Handelsregister (§§ 198, 246, 201 UmwG)

Die Anmeldung der formwechselnden Umwandlung ist durch den Vorstand der AG bei dem Register, in dem die AG eingetragen ist vorzunehmen. Gegenstand der Anmeldung sind
(1) die neue Rechtsform des Rechtsträgers (GmbH),
(2) die Geschäftsführer der GmbH.

Bei der Anmeldung des Formwechsels hat der Vorstand folgende Erklärungen/Beschlüsse abzugeben:
– eine **Negativerklärung**, dass keine Klagen gegen die Wirksamkeit des Umwandlungsbeschlusses anhängig sind (§ 198 Abs. 3 iVm. § 16 Abs. 2 UmwG)[174] oder
– **Beschluss des Prozessgerichts**, dass eine Klage gegen die Wirksamkeit des Umwandlungsbeschlusses der Eintragung nicht entgegensteht (§ 198 Abs. 3 iVm. § 16 Abs. 3 UmwG)

---

[171] Vgl. Kölner Komm./*Kraft* § 340 c AktG Rz. 16.
[172] Zur Wahrung des Bestimmtheitsgrundsatzes vgl. *Bayer* ZIP 1997, 1613 (1622).
[173] Vgl. *Kallmeyer/Dirksen* § 242 Rz. 3.
[174] Vgl. LG Hanau 5 O 183/95 v. 5.10.1995, ZIP 1995, 1820; LG Freiburg 11 T 1/96 v. 26.11.1997, AG 1998, 536; *Timm* ZGR 1996, 247 (257 ff.).

§ 14 Umwandlung der AG

212 Der Anmeldung sind folgende **Anlagen** beizufügen (§ 199 UmwG)
(1) Niederschrift des Umwandlungsbeschlusses,
(2) Zustimmungserklärungen einzelner Aktionäre, die nach dem UmwG erforderlich sind,
(3) Umwandlungsbericht respektive Verzichtserklärung,
(4) Nachweis über die Zuleitung des Umwandlungsbeschlusses an den Betriebsrat,
(5) Genehmigungsurkunde, falls Formwechsel der staatlichen Genehmigung bedarf.

Nach dem der Formwechsel im Handelsregister eingetragen worden ist, hat das zuständige Gericht die Eintragung in der in § 201 UmwG vorgeschriebenen Form bekannt zu machen.

III. Handelsrechtliche Folgen

1. Rechtsfolgen des Formwechsels

213 Folgende Rechtsfolgen resultieren aus der formwechselnden Umwandlung, die mit der Eintragung der neuen Rechtsform in das Handelsregister wirksam werden (§ 202 UmwG):
(1) Die AG besteht in der Rechtsform der GmbH weiter (**Identität** des Rechtsträgers),
(2) die bisherigen Aktionäre werden zu GmbH-Gesellschaftern (Kontinuität der Mitgliedschaft) und das Grundkapital wird zum Stammkapital,
(3) Rechte Dritter an den Aktien setzen sich an den Geschäftsanteilen fort,
(4) der Mangel der notariellen Beurkundung des Umwandlungsbeschlusses oder ggf. erforderlicher Zustimmungs- oder Verzichtserklärungen einzelner Aktionäre wird geheilt. Neben den Beurkundungsmängeln lassen auch sonstige Mängel die Wirkung der Eintragung unberührt

214 Die Mitglieder eines bei der AG vorhandeso weitfsichtsrats bleiben, soweit bei der GmbH in gleicher Weise ein Aufsichtsrat zu bilden ist, für den Rest ihrer Wahlzeit als Mitglieder des Aufsichtsrats der GmbH im Amt, sofern die Anteilseignerseite für die ihr zuzurechnenden AR-Mitglieder nichts anderes bestimmt (§ 203 UmwG).

215 Zum **Schutz der Gläubiger** wird ihnen nach § 204 iVm. § 22 UmwG grundsätzlich das Recht eingeräumt, innerhalb von 6 Monaten nach Bekanntmachung des Formwechsels Sicherheitsleistung zu verlangen. Dieses Recht steht den Gläubigern allerdings nur dann zu, wenn sie glaubhaft machen, dass durch den Formwechsel die Erfüllung ihrer Forderung gefährdet wird, was bei einem Formwechsel zwischen Kapitalgesellschaften nur selten der Fall sein dürfte.

2. Minderheitenrechte der Aktionäre

216 Die Aktionäre können binnen eines Monats nach der Beschlussfassung Klage gegen die Wirksamkeit des Umwandlungsbeschlusses erheben (§§ 195, 210 UmwG). Eine Klage kann allerdings nicht auf einen zu niedrig bemessenen Geschäftsanteil gestützt werden. Überdies können Aktionäre, die gegen den Umwandlungsbeschluss Widerspruch zur Niederschrift erklärt haben, innerhalb von zwei Monaten nach Bekanntmachung der Eintragung des Form-

F. Formwechsel einer AG in eine Personengesellschaft

wechsels im Handelsregister das Barabfindungsangebot annehmen (§ 207 UmwG) oder aber innerhalb der Zweimonatsfrist einen Antrag auf gerichtliche Bestimmung einer angemessenen Barabfindung stellen (212 UmwG). Der Antrag ist im Spruchverfahren geltend zu machen (§§ 305–312 UmwG). Die vom Gericht bestimmte Barabfindung kann von den Aktionären, die gegen den Umwandlungsbeschluss Widerspruch zur Niederschrift erklärt haben, innerhalb von zwei Monaten nach Bekanntmachung im Bundesanzeiger angenommen werden (§ 209 UmwG).

3. Handelsbilanzielle Abwicklung des Formwechsels

Nach § 202 Abs. 1 Nr. 1 UmwG besteht der formwechselnde Rechtsträger in der in dem Umwandlungsbeschluss bestimmten Rechtsform weiter, sodass beim Formwechsel **kein Vermögensübergang** stattfindet, sondern lediglich das Rechtskleid (die Verfassung) geändert wird. Mangels Vermögensübergang sind handelsrechtlich aus Anlass des Formwechsels keine gesonderten Bilanzen aufzustellen.[175]

IV. Steuerliche Folgen

Der Formwechsel führt auf **Ebene der Kapitalgesellschaft** zu keinen steuerlichen Rechtsfolgen. Dies deshalb, weil kein Vermögensübergang stattfindet, Personenidentität zwischen AG und GmbH als Rechtsträger besteht und auch steuerlich kein Rechtsträgerwechsel vorliegt.

Auch auf **Anteilseignerebene** führt der Formwechsel vom Grundsatz her zu keinen steuerlichen Rechtsfolgen. Insbesondere stellt die im Rahmen des Formwechselprozederes erforderliche Hingabe von Aktien gegen Gewährung von GmbH-Geschäftsanteilen wegen der insoweit gewahrten Kontinuität der Mitgliedschaft keinen gewinnrealisierenden Tausch dar. Ein steuerpflichtiger Veräußerungsgewinn kann allerdings dann entstehen, wenn widersprechende Gesellschafter ihre nach §§ 17, 23 EStG, § 21 UmwStG aF steuerverhafteten oder im Betriebsvermögen gehaltenen Anteile veräußern oder gegen Barabfindung auf die Gesellschaft übertragen.

Der Formwechsel löst auch weder umsatzsteuerlich – mangels Leistungsaustausch – noch grunderwerbsteuerlich, weil kein Vermögensübergang stattfindet, irgendwelche Konsequenzen aus.

F. Formwechsel einer AG in eine Personengesellschaft

I. Überblick

Der Formwechsel (§ 190 UmwG) unterscheidet sich, wie bereits oben ausgeführt, erheblich von der Verschmelzung, da an ihm nur ein Rechtsträger beteiligt ist, der unter Wahrung der Identität und ohne Vermögensübertragung in einen Rechtsträger anderer Rechtsform umgewandelt wird. Der Rechtsträger wechselt also lediglich sein Rechtskleid. Daraus folgt, dass der Formwechsel eine strikte Gesellschafteridentität voraussetzt. In diesem Zusammenhang noch

---

[175] Vgl. IDW-HFA 1/1996, WPg. 1996, 507 (508).

ungeklärt ist die Frage, ob der Formwechsel zB in eine GmbH & Co. KG noch vor dem Formwechsel den Beitritt der Komplementär-GmbH als GmbH-Gesellschafterin erfordert (wohl hM) oder ob dieser Gesellschafterwechsel – wie dies § 194 Abs. 1 Nr. 4 UmwG für den Formwechsel in eine KGaA vorsieht – auch im Umwandlungszeitpunkt zulässig ist.[176] Die Praxis löst dieses Problem durch Veräußerung oder treuhänderischer Übertragung eines Splittergeschäftsanteils an eine ggf. neu zu gründende, gering kapitalisierte Komplementär GmbH im Vorfeld des Formwechsels.

222 Bei einem Formwechsel einer AG in eine Personengesellschaft stehen gemäß § 191 Abs. 2 UmwG die OHG, die KG (dazu zählen auch die Kapitalgesellschaft & Co.-Konstruktionen, also insbesondere die GmbH & Co.[177]) sowie die GbR als **Rechtsträger neuer Rechtsform** zur Verfügung. Ferner kann die Partnerschaftsgesellschaft Rechtsträger neuer Rechtsform sein. Einzelunternehmen sind hingegen nicht in dem Katalog möglicher neuer Rechtsträger enthalten, sodass für eine Umwandlung einer AG in ein Einzelunternehmen nur der Verschmelzungsweg offen steht (§§ 120–122 UmwG).

223 Der Wechsel in die Rechtsform der **Personenhandelsgesellschaft** ist nso weit möglich, wenn und soweit sie ihrem Zweck nach als OHG gegründet werden kann (§ 228 Abs. 1 HGB). Hierzu ist der Betrieb eines Handelsgewerbes seit der Neufassung des § 105 Abs. 2 HGB durch das Handelsrechtsreformgesetz nicht mehr zwingende Voraussetzung.[178] Es reicht vielmehr aus, wenn die AG nur eigenes Vermögen verwaltet (§ 105 Abs. 2 HGB). Hat die AG jedoch bislang nur die Verwaltung fremden Vermögens betrieben, so kommt als neue Rechtsform allein die GbR in Betracht. Falls Zweifel hinsichtlich der OHG-Tauglichkeit des Unternehmensgegenstandes bestehen, empfiehlt es sich hilfsweise im Umwandlungsbeschluss die Rechtsform der GbR vorzusehen, um zu vermeiden, dass die beabsichtigte Umwandlung in eine Personenhandelsgesellschaft im Ergebnis fehlschlägt.

II. Voraussetzungen und Durchführung

1. Inhalt des Umwandlungsbeschlusses (§§ 193, 194, 232, 234 UmwG)

224 Der Umwandlungsbeschluss muss folgende **Mindestangaben** enthalten:
– Der **Sitz** der Gesellschaft ist zu bestimmen (§ 234 Nr. 1 UmwG), weil dadurch das für die Anmeldung des Formwechsels zuständige Handelsregister festgelegt wird (gilt auch für GbR, obgleich diese nicht in das Handelsregister eingetragen wird). Hierbei gilt als Sitz der Gesellschaft der Ort der tatsächlichen Geschäftsführung, nicht ein willkürlich durch den Formwechselbeschluss festgelegter Ort.[179]
– **Firma** der Personenhandelsgesellschaft (§ 200 Abs. 1–4 UmwG); durch den Formwechsel in eine GbR erlischt die Firma der AG.
– **Beteiligung** der Gesellschafter an der Personengesellschaft. Die Kommanditisten sind mit Namen, Vornamen, Geburtsdatum und Wohnort zu be-

---

[176] Zum Meinungsstand vgl. *Priester* DB 1997, 560; *Kallmeyer* GmbHR 1996, 80 sowie *K. Schmidt* GmbHR 1995, 693.
[177] Vgl. Begr. UmwBerGE, BT-Drs. 12/6699, 158.
[178] Vgl. *Schaefer* DB 1998, 1269 (1273 f.).
[179] Vgl. *Baumbach/Hopt* § 106 HGB Rz. 8.

F. Formwechsel einer AG in eine Personengesellschaft

zeichnen (§§ 162 Abs. 2, 106 Abs. 2 Nr. 1 HGB). Sind Inhaberaktien ausgegeben, hat die Gesellschaft bei der Einberufung der Hauptversammlung die Aktionäre aufzufordern, ihre Beteiligungen unter Angabe von Namen, Vornamen, Stand, Wohnort und Namen der Aktienurkunden mitzuteilen. Bleiben dennoch Aktionäre unbekannt, sind im Umwandlungsbeschluss die der Gesellschaft bekannten Aktionäre im Versammlungsprotokoll namentlich aufzuführen und die unbekannten Aktionäre mit ihrer Aktienurkunde – möglichst nach Nummern und bei unterschiedlichen Nennbeträgen auch nach Nennbeträgen – aufzuführen. Sind Namensaktien ausgegeben, gelten gem. § 67 Abs. 2 AktG diejenigen als Aktionäre, die im Aktienbuch eingetragen sind. Sie sind im Umwandlungsbeschluss als Kommanditisten anzugeben. Fehlen die voranstehend genannten zwingenden Angaben, ist der Umwandlungsbeschluss unwirksam und muss entweder neu gefasst oder ergänzt werden.

– **Zahl, Art und Umfang** der Gesellschaftsanteile; bei einer Umwandlung in eine KG ist insbesondere die Hafteinlage, dh. der Betrag, mit dem der Kommanditist im Außenverhältnis haftet, anzugeben.
– Etwaige **Sonderrechte**, die einzelnen Gesellschaftern oder anderen Personen im Zuge des Formwechsels gewährt werden sollen.
– **Abfindungsangebot** an widersprechende Aktionäre, sofern der Beschluss nicht einstimmig zu treffen ist (keine Einstimmigkeit nur bei einer Umwandlung in eine KG).
– **Folgen** des Formwechsels für die Arbeitnehmer und ihre Vertretungen sowie die im Zuge des Formwechsels insoweit vorgesehenen Maßnahmen.

Der Entwurf des Umwandlungsbeschlusses ist spätestens einen Monat vor der beschlussfassenden Hauptversammlung dem zuständigen Betriebsrat der AG zuzuleiten. Er bedarf keiner Prüfung durch einen externen Sachverständigen.

2. Umwandlungsbericht (§ 192 UmwG)

Ein Umwandlungsbericht ist nicht erforderlich, wenn alle Aktionäre durch notariell beurkundete Erklärung auf seine Erstattung verzichten (§ 192 Abs. 3 UmwG). Andernfalls hat der Vorstand einen ausführlichen Umwandlungsbericht in dem der Formwechsel und insbesondere die künftige Beteiligung der Anteilsinhaber an dem Rechtsträger Rechtlich und wirtschaftlich erläutert und begründet werden, zu erstatten. Der Umwandlungsbericht muss auch einen Entwurf des Umwandlungsbeschlusses und eine Vermögensaufstellung enthalten, in der die Gegenstände und Verbindlichkeiten des formwechselnden Rechtsträgers mit dem wirklichen Wert anzusetzen sind, der ihnen am Tage der Berichterstellung beizulegen ist. Eine Vermögensaufstellung ist nicht erforderlich, wenn auf die Erstattung eines Umwandlungsberichts formgültig verzichtet wird (§ 192 Abs. 3 UmwG). Darüber hinaus sind im Umwandlungsbericht alle für den Formwechsel wesentlichen Angelegenheiten der mit der AG verbundenen Unternehmen iSd. § 15 AktG anzugeben. Für die AG nachteilige Tatsachen brauchen indessen nicht in den Umwandlungsbericht mit aufgenommen werden (§ 192 Abs. 1 Satz 2 iVm. § 8 Abs. 2 UmwG).

3. Umwandlungsbeschluss (§§ 193, 230–233 UmwG)

Nach § 193 Abs. 1 UmwG ist bei einem Formwechsel der Beschluss der Anteilsinhaber der formwechselnden AG erforderlich. Hierbei ist gesetzlich vorgegeben (§ 193 Abs. 1 Satz 2 UmwG), dass der Formwechselbeschluss in der Hauptversammlung gefasst werden muss; eine andere Form der Beschlussfassung (zB getrennte Beurkundung von Zustimmungserklärungen sämtlicher Aktionäre, vgl. aber § 233 Abs. 1 c E. UmwG) kann daher auch nicht satzungsmäßig vorgesehen werden.

227 Im Zusammenhang mit der Einberufung der Hauptversammlung, die über den Formwechsel beschließt, ist
– der Formwechsel als Gegenstand der Beschlussfassung schriftlich anzukündigen,
– der Umwandlungsbericht den Aktionären zu übersenden,
– das Abfindungsangebot zu übersenden oder bekannt zu machen.

Für die **Durchführung der Hauptversammlung** gelten zunächst die allgemeinen Vorschriften des AktG. Außerdem bestimmt § 232 Abs. 2 AktG dass der Entwurf des Umwandlungsbeschlusses vom Vorstand der AG zu Beginn der Verhandlung mündlich zu erläutern ist. Darüber hinaus ist der Umwandlungsbericht in der beschlussfassenden Hauptversammlung auszulegen.

228 Der Umwandlungsbeschluss bedarf im Falle einer Umwandlung in eine OHG, Partnerschaftsgesellschaft oder GbR gemäß § 233 Abs. 1 UmwG der Zustimmung aller Aktionäre (alle anwesenden und nicht erschienenen Aktionäre müssen zustimmen). Soll hingegen **in eine KG** umgewandelt werden, ist eine Beschlussfassung mit Zustimmung von mindestens $^3/_4$ der in der Hauptversammlung abgegebenen Stimmen möglich, sofern die Satzung keine größere Mehrheit oder weitere Erfordernisse vorsieht. Überdies müssen auch alle künftigen Komplementäre der Umwandlung zustimmen (§ 233 Abs. 2 UmwG).

Der Umwandlungsbeschluss und die Zustimmungserklärungen (einschließlich der nicht erschienen Aktionäre, so weit deren Zustimmung vom UmwG verlangt wird) bedürfen, um wirksam zu sein, der notariellen Beurkundung.

4. Anmeldung und Eintragung des Formwechsels in das Handelsregister (§§ 198, 235 UmwG)

229 Die Anmeldung der formwechselnden Umwandlung ist durch den Vorstand der AG bei dem Register, in dem die AG eingetragen ist vorzunehmen. Gegenstand der Anmeldung ist die neue Rechtsform des Rechtsträgers (OHG, KG, Partnerschaftsgesellschaft); beim Formwechsel in eine GbR ist stattdessen die Umwandlung der Gesellschaft zur Eintragung in das Handelsregister anzumelden (§ 235 Abs. 1 UmwG), weil eine GbR nicht in einem Register eingetragen werden kann.

230 Bei der Anmeldung des Formwechsels hat der Vorstand folgende Erklärungen/Beschlüsse abzugeben:
– Eine **Negativerklärung**, dass keine Klagen gegen die Wirksamkeit des Umwandlungsbeschlusses anhängig sind (§ 198 Abs. 3 iVm. § 16 Abs. 2 UmwG) oder
– **Beschluss des Prozessgerichts**, dass eine Klage gegen die Wirksamkeit des Umwandlungsbeschlusse ggf. der Eintragung nicht entgegensteht (§ 198 Abs. 3 iVm. § 16 Abs. 3 UmwG)

Der Anmeldung sind folgende **Anlagen** beizufügen (§ 199 UmwG):
(1) Niederschrift des Umwandlungsbeschlusses,
(2) Zustimmungserklärungen einzelner Aktionäre, die nach dem UmwG erforderlich sind,

F. Formwechsel einer AG in eine Personengesellschaft 231, 232 § 14

(3) Umwandlungsbericht respektive Verzichtserklärung,
(4) Nachweis über die Zuleitung des Umwandlungsbeschlusses an den Betriebsrat,
(5) Genehmigungsurkunde, falls Formwechsel der staatlichen Genehmigung bedarf.

Nach dem der Formwechsel im Handelsregister eingetragen worden ist, hat das zuständige Gericht die Eintragung in der in § 201 UmwG vorgeschriebenen Form bekannt zu machen.

III. Handelsrechtliche Folgen

1. Rechtsfolgen des Formwechsels

Die Eintragung des Formwechsels hat folgende Rechtsfolgen:
(1) Die AG besteht in der Rechtsform der Personengesellschaft weiter (**Identität** des Rechtsträgers),[180]
(2) die Aktionäre der AG sind als Gesellschafter an der Personengesellschaft beteiligt (**Kontinuität** der Mitgliedschaft),
(3) Rechte Dritter an den Aktien bestehen an den Gesellschaftsanteilen weiter,
(4) ein etwaiger Mangel der notariellen Beurkundung des Umwandlungsbeschusses oder ggf. erforderlicher Zustimmungs- oder Verzichtserklärungen einzelner Aktionäre wird geheilt. Neben den Beurkundungsmängeln lassen auch sonstige Mängel die Wirkung der Eintragung unberührt,
(5) Mängel des Formwechsels lassen die voranstehend genannten Wirkungen der Eintragung der OHG, KG, Partnerschaftsgesellschaft respektive der Umwandlung in eine GbR unberührt.[181]

2. Minderheitenrechte der Aktionäre

Die Aktionäre die Widerspruch zur Niederschrift erklärt haben, können gegen die Wirksamkeit des Umwandlungsbeschlusses binnen eines Monats nach der Beschlussfassung klagen (§§ 195, 210 UmwG). In den Fällen der §§ 155 Abs. 2 und 210 UmwG haben sie einen im Spruchstellenverfahren geltend zu machenden Anspruch auf Verbesserung des Beteiligungsverhältnisses durch bare Zuzahlung (§ 196 UmwG) bzw. auf gerichtliche Bestimmung einer angemessenen Barabfindung (nur bei KG denkbar; setzt erklärten Widerspruch zur Niederschrift des Antragstellers gegen den Umwandlungsbeschluss voraus.) Es besteht natürlich auch die Möglichkeit der Annahme des Barabfindungsangebots (§ 207 Abs. 1 Satz 2 UmwG) innerhalb von 2 Monaten nach Bekanntmachung der Eintragung des Formwechsels in das Handelsregister gegen Ausscheiden aus der KG (setzt wiederum erklärten Widerspruch zur Niederschrift des Antragstellers gegen den Umwandlungsbeschluss voraus). Im Übrigen gel-

---

[180] Siehe auch OLG Köln 2 Wx 9/96 v. 6. 5. 1996, GmbHR 1996, 773 (Prokura braucht nach Formwechsel nicht neu angemeldet zu werden); OLG Düsseldorf 3 Wx 461/96 v. 5. 3. 1997, DB 1997, 973 (zur Grundbuchfähigkeit einer aus einem Formwechsel hervorgegangenen GbR).

[181] Durch diese Einschränkung der Nichtigkeit sollen die mit der ansonsten erforderlichen Rückabwicklung des Formwechsels verbundenen Schwierigkeiten vermieden werden; s. Begr. UmwBerGE, BT-Drs. 12/6699, 144.

ten die hinsichtlich der Minderheitenrechte beim Formwechsel einer AG in eine GmbH erfolgten Ausführungen entsprechend.

3. Handelsbilanzielle Folgen

233 Mangels Vermögensübergang ist keine handelsrechtliche Schlussbilanz der AG aufzustellen. Es fehlt insoweit auch ein Verweis in §§ 190 ff. UmwG auf § 17 Abs. 2 UmwG.

IV. Steuerliche Folgen

234 Ertragsteuerlich stellt der Formwechsel einer AG in eine Personengesellschaft einen **relevanten Vermögensübergang** dar. Das Vermögen der Kapitalgesellschaft wird ertragsteuerlich auf die Aktionäre der umgewandelten AG übertragen und ist anschließend gesamthänderisch gebunden, während sich die Aktionäre im Gegenzug formwechselbedingt ihrer Aktien begeben. Die übertragende AG hat deshalb für steuerliche Zwecke gem. § 14 Satz 2 eine Übertragungsbilanz aufzustellen. Die Übertragungsbilanz ist vom Grundsatz her auf den Zeitpunkt aufzustellen, in dem der Formwechsel wirksam wird (§ 14 Satz 2 UmwStG). Stichtag der Übertragungsbilanz ist demnach grundsätzlich der Zeitpunkt der Eintragung der neuen Rechtsform in das Handelsregister. Die steuerliche Übertragungsbilanz kann aber auch auf einen Stichtag aufgestellt werden, der höchstens 8 Monate vor der Anmeldung des Formwechsels zur Eintragung in das Handelsregister liegt (§ 14 Satz 3 UmwStG). Hierdurch wird eine steuerliche Rückbeziehung des Formwechsels auf den Stichtag des letzten handelsrechtlichen Jahresabschlusses ermöglicht.

235 Zweck der steuerlichen Übertragungsbilanz ist die **Gewinnabgrenzung** zwischen der AG und der Personengesellschaft auf die das Steuerrecht ebenso wie bei einer Verschmelzung einer personenidentischen AG auf eine Personengesellschaft wegen der unterschiedlichen Regelungen über die Besteuerung von Kapital- und Personengesellschaften nicht verzichten kann. Auch ansonsten wird der Formwechsel einer AG in eine Personengesellschaft ertragsteuerlich wie eine Verschmelzung einer AG auf eine Personengesellschaft behandelt, sodass insoweit auf die oben bereits erfolgten Ausführungen verwiesen werden kann.

236 Obwohl aus ertragsteuerlicher Sicht im Zuge des Formwechsels der AG in eine Personengesellschaft ein Vermögensübergang stattfindet, löst er weder umsatzsteuerlich – mangels Leistungsaustausch – noch grunderwerbsteuerlich irgendwelche Konsequenzen aus.[182]

---

[182] Vgl. BFH X R 119/92 v. 24.7. 1996, BStBl. II 1997, 6; so nach „zähem Ringen" schließlich auch koord. Ländererl. FM Baden-Württemberg v. 18.9. 1997, DB 1997, 2002; jedoch löst eine an sich gemäß § 5 Abs. 2 GrEStG steuerbefreite Einbringung eines Grundstücks in eine Personengesellschaft nach vorgefasstem Plan in zeitlichem und sachlichem Zusammenhang mit einem Formwechsel nach Ansicht der FinVerw. GrESt aus, vgl. FM Baden-Württemberg v. 10.7. 1998, DB 1998, 1491.

G. Verschmelzung einer AG auf eine natürliche Person

Voraussetzung für die Verschmelzung einer AG auf eine natürliche Person ist, dass sämtliche Aktien der AG in der Hand der natürlichen Personen vereinigt sind (unmittel bare Beteiligung). Eigene Aktien der AG werden insoweit dem Alleingesellschafter zugerechnet.
Die Verschmelzung erfolgt gem. § 120 UmwG mit dem Vermögen des Alleingesellschafters und ist als Verschmelzung durch Aufnahme ausgestaltet. Nicht erforderlich ist, dass der Alleingesellschafter ein Handelsgewerbe ausübt. Betreibt auch die AG kein Handelsgewerbe, so treten die in § 20 UmwG aufgeführten Wirkungen der Verschmelzung seit der Neufassung des § 122 UmwG durch das Handelsrechtsreformgesetz durch die Eintragung der Verschmelzung in das Handelsregister am Sitz der übertragenden AG ein (§ 122 Abs. 2 UmwG).[183] **237**

Für die übertragende AG gelten neben den allgemeinen Vorschriften zur Verschmelzung (§§ 2 bis 38 UmwG) die rechtsformspezifischen Vorschriften der §§ 60–72 UmwG (s. o.). Hierbei sind für die Verschmelzung auf den Alleingesellschafter, der Vertragspartner des mit der AG zu schließenden Verschmelzungsvertrags wird, folgende Erleichterungen gesetzlich vorgesehen: **238**
a) Verschmelzungsbericht und Verschmelzungsprüfung sind nicht erforderlich (§ 8 Abs. 3, § 9 Abs. 2 u. 3 UmwG).
b) Beim Verschmelzungsvertrag entfallen die Angaben nach § 5 Abs. 1 bis 5 UmwG bzgl. der Anteile (§ 5 Abs. 2 UmwG)
c) Ein Zustimmungsbeschluss wird mangels weiterer Anteilsinhaber nicht verlangt

Steuerlich ist die Verschmelzung einer AG auf den Alleingesellschafter nach den Vorschriften, die für den Vermögensübergang von einer Körperschaft auf eine Personengesellschaft gelten, dh. nach den §§ 3 bis 10 u. § 18 UmwStG abzuwickeln.

H. Die Übertragung von Teilen des Vermögens einer AG durch Spaltung oder Einzelrechtsnachfolge

I. Überblick über die Arten der Spaltung und Alternativgestaltungen

Während die Verschmelzung auf das Zusammenführen des Vermögens der AG mit dem Vermögen eines anderen Rechtsträgers gerichtet ist, führt die Spaltung in erster Linie zu einer **Aufteilung des Vermögens der AG** mit Übertragung durch partielle Gesamtrechtsnachfolge auf einen oder mehrere Rechtsträger (und ggf. zu einer Zusammenführung der übertragenen Vermögensteile mit dem vorhandenen Vermögen der aufnehmenden Rechtsträger). Die Spaltung kann daher zu einer rechtlichen Verselbständigung von unternehmerischen Teilaktivitäten der AG genutzt werden. **251**
Eine AG kann gem. § 123 UmwG
– ihr gesamtes Vermögen durch Übertragung von Vermögensteilen jeweils als Gesamtheit auf (mindestens zwei) andere Rechtsträger übertragen gegen

---

[183] Vgl. *Schaefer* DB 1998, 1268 (1275).

Gewährung von Anteilen an diesen Rechtsträgern an die Aktionäre der AG (**Aufspaltung**)
- einen Teil oder mehrere Teile ihres Vermögens auf einen oder mehrere Rechtsträger übertragen gegen Gewährung von Anteilen an diesen Rechtsträgern an die Aktionäre der AG (**Abspaltung**)
- einen Teil oder mehrere Teile ihres Vermögens auf einen oder mehrere Rechtsträger übertragen gegen Gewährung von Anteilen an diesen Rechtsträgern an die AG (**Ausgliederung**).

Dabei ist zu beachten, dass eine Spaltung – außer der Ausgliederung zur Neugründung – gem. § 141 UmwG ausgeschlossen ist, wenn die AG noch nicht zwei Jahre im Handelsregister eingetragen ist.

Bei einer Aufspaltung wird die AG ohne Abwicklung aufgelöst, während sie bei einer Abspaltung oder Ausgliederung bestehen bleibt. Der Unterschied zwischen Abspaltung und Ausgliederung liegt in dem Empfänger der zu gewährenden Anteile an der übernehmenden Gesellschaft. Bei der Abspaltung erhalten die Aktionäre der AG Anteile an der übernehmenden Gesellschaft, bei der Ausgliederung erhält die AG selbst die Anteile.

252 Wie die Verschmelzung können alle Formen der Spaltung zur **Aufnahme** auf bestehende Rechtsträger oder zur **Neugründung** auf durch die Spaltung gegründete Rechtsträger erfolgen. Auch bei einer Spaltung sind grundsätzlich sämtliche Umwandlungsrichtungen möglich („sidestream", „downstream" oder „upstream").[184]

Übernehmende oder neue Rechtsträger bei der Spaltung einer AG können gem. § 124 Abs. 1 iVm. § 3 Abs. 1 UmwG neben Kapitalgesellschaften und Personenhandelsgesellschaften auch eingetragene Genossenschaften, eingetragene Vereine, genossenschaftliche Prüfungsverbände und Versicherungsvereine auf Gegenseitigkeit sein. Die nachfolgende Darstellung beschränkt sich auf die praktisch bedeutsamsten Fälle der Spaltung einer AG auf Kapitalgesellschaften oder Personenhandelsgesellschaften.

253 Eine Auf- oder Abspaltung kann **verhältniswahrend** erfolgen, dh. den Aktionären der AG werden dabei die Anteile an den beteiligten Rechtsträgern entsprechend ihrer Beteiligungsquote an der AG zugeteilt. Es ist jedoch auch eine **nicht verhältniswahrende** Auf- oder Abspaltung möglich, bei der den Aktionären die Anteile an den übernehmenden Rechtsträgern nicht in dem Verhältnis zugeteilt werden, das ihrer Beteiligung an der übertragenden AG entspricht. Im Extremfall („Spaltung zu Null") werden bestimmte Aktionäre überhaupt nicht an einer übernehmenden Gesellschaft beteiligt.[185] Dadurch kann eine **Trennung von Gesellschafterstämmen** erreicht werden.

254 Zu sämtlichen Formen der Spaltung bestehen zivilrechtliche **Alternativgestaltungen**. So kann eine **Aufspaltung** im Ergebnis durch die Einbringung des Vermögens der AG im Rahmen einer Sachgründung oder Sachkapitalerhöhung in (mindestens zwei) Tochtergesellschaften und nachfolgende Liquidation der AG unter Auskehrung der Anteile an diesen Tochtergesellschaften an die Aktionäre verwirklicht werden. Eine **Abspaltung** kann durch Einbringung eines Teils der Vermögens der AG in eine Tochtergesellschaft mit nachfolgender Auskehrung dieser Anteile im Rahmen einer Kapitalherabsetzung oder

---

[184] Überblick über die denkbaren Varianten bei *Sagasser/Bula/Brünger/Sagasser/Sickinger* Kap. N Rz. 2 ff.
[185] Zur Zulässigkeit LG Essen 42 T 1/02 v. 15. 3. 2002, ZIP 2002, 893.

H. Spaltung oder Einzelrechtsnachfolge 255, 256 § 14

Sachdividende erreicht werden. Der jeweils zweite Schritt führt grundsätzlich zu einer steuerlichen Realisierung der stillen Reserven des übertragenen Vermögens. Diese Alternativgestaltungen zur Auf- oder Abspaltung führen daher steuerlich zwingend zur Gewinnrealisierung und scheiden bei Existenz erheblicher stiller Reserven aus.

Zur **Ausgliederung** nach dem UmwG besteht die Alternative der Übertragung von Vermögensteilen der AG auf eine Tochterkapitalgesellschaft oder Tochterpersonengesellschaft im Rahmen einer Sachgründung oder Sachkapitalerhöhung. Diese Übertragung durch **Einzelrechtsnachfolge** kann wie eine Ausgliederung nach dem UmwG unter bestimmten Voraussetzungen ertragsteuerneutral erfolgen und ist daher auch in der Praxis eine echte Alternative. Die gesellschaftsrechtlichen Anforderungen bestimmen sich im Wesentlichen nach den für den aufnehmenden Rechtsträger geltenden Vorschriften.[186] 255

Daher ist im Einzelfall zwischen der Übertragung im Wege der Einzelrechtsnachfolge (Vorteil: Zustimmung der Hauptversammlung der AG nur bei Übertragung „wesentlicher" Vermögensteile erforderlich,[187] sonst reine Geschäftsführungsmaßnahme) und der Ausgliederung nach UmwG (Vorteil: erleichterte Übertragung von Aktiva und Passiva sowie Vertragsverhältnissen durch partielle Gesamtrechtsnachfolge) abzuwägen.[188]

Während das Handelsrecht keine Anforderungen an die Zusammensetzung des durch eine Spaltung übertragenen Vermögens stellt, ist eine der Voraussetzungen für eine **Ertragsteuerneutralität** einer Spaltung die Einstufung des übertragenen Vermögens als Betrieb oder **Teilbetrieb** (bei der Abspaltung muss auch das bei der AG verbleibende Vermögen zu einem Teilbetrieb gehören). Insbesondere für die Auf- oder Abspaltung ist die Erfüllung weiterer Voraussetzungen erforderlich, um eine Aufdeckung der stillen Reserven zu vermeiden. 256

Das Recht der Spaltung in §§ 123 ff. UmwG baut weitgehend auf den Vorschriften über die Verschmelzung auf (Verweisung in § 125 UmwG). Dies gilt hinsichtlich der Auf- und Abspaltung auch für die steuerrechtlichen Regelungen (Verweisungen in § 15 Abs. 1 und § 16 UmwStG). Dementsprechend wird in der nachfolgenden Darstellung der Schwerpunkt auf die nur für die Spaltung geltenden Sonderregelungen gelegt.

Von der Verweisung in § 125 UmwG ausdrücklich ausgenommen sind die Regelungen zur grenzüberschreitenden Verschmelzung in §§ 122 a ff. UmwG, sodass nach UmwG – wie auch nach SE-VO – eine **grenzüberschreitende Spaltung nicht möglich** ist. Ausgehend von der Rechtsprechung des EuGH zur Verschmelzung[189] dürfte dies innerhalb der EU einen **Verstoß gegen die Niederlassungsfreiheit** (Art. 43, 48 EGV) darstellen. Daher müssen auch grenzüberschreitende **Herein- und Hinausspaltungen** umwandlungsrecht-

---

[186] Zu Sacheinlagen bei einer AG s. o. § 9 Rz. 27 ff.; bei einer GmbH Beck Hdb. GmbH/*Schwaiger* § 2 Rz. 105 ff.; bei einer Personenhandelsgesellschaft Beck Hdb. PersG/*Müller* § 4 Rz. 50 ff. Bei ausländischen Rechtsträgern sind die dortigen Vorschriften zu beachten.
[187] BGH II ZR 174/80 v. 25. 2. 1982, BGHZ 83, 122 („Holzmüller"); BGH II ZR 155/02 v. 26. 4. 2004, BGHZ 159, 30 („Gelatine"). Siehe a. § 5 Rz. 25 ff.
[188] Zum Vergleich zwischen der Ausgliederung durch partielle Gesamtrechtsnachfolge oder Einzelrechtsnachfolge zB *Engelmeyer* AG 1999, 263; *Veil* ZIP 1998, 361.
[189] EuGH v. 13. 12. 2005 – C-411/03 („Sevic Systems AG"), NJW 2006, 425, Rz. 19; s. a. Kantonsgericht Amsterdam v. 29. 1. 2007 – EA 06-3338166, DB 2007, 677.

lich zugelassen werden.[190] Dies gilt im Ergebnis auch für die umwandlungssteuerlichen Regelungen.[191] Vor einer gesetzlichen Regelung dürfte die grenzüberschreitende Spaltung – anders als die **grenzüberschreitende Einbringung** im Wege der Einzelrechtsnachfolge – jedoch kaum praktische Relevanz erlangen.

II. Auf- oder Abspaltung auf Kapitalgesellschaften

1. Gesellschaftsrechtliche Voraussetzungen und Rechtsfolgen

a) Spaltungsvertrag oder -plan

257 Grundlage für eine Auf- oder Abspaltung zur Aufnahme ist der Spaltungs- und Übernahmevertrag zwischen der übertragenden AG und der übernehmenden Kapitalgesellschaft (AG, GmbH oder KGaA). Dieser Vertrag wird von dem Vorstand der AG und den Vertretungsorganen der übernehmenden Kapitalgesellschaften abgeschlossen (§ 125 iVm. § 4 Abs. 1 UmwG). Im Falle einer Spaltung zur Neugründung tritt mangels Vertragspartner gemäß § 136 UmwG der Spaltungsplan, der vom Vorstand der übertragenden AG aufzustellen ist, an die Stelle des Spaltungsvertrags. Spaltungsvertrag bzw. -plan müssen notariell beurkundet werden (§ 125 iVm. § 6 UmwG).

258 Der **Mindestinhalt** des Spaltungs- und Übernahmevertrags bzw. Spaltungsplans ist in § 126 UmwG weitgehend deckungsgleich mit § 5 UmwG geregelt (s. o. Rz. 5 u. 127):[192]
– Firma und Sitz der an der Spaltung beteiligten Rechtsträger (§ 126 Abs. 1 Nr. 1 UmwG)
– Vereinbarung der Übertragung der Teile des Vermögens der übertragenden AG jeweils als Gesamtheit gegen Gewährung von Anteilen an den übernehmenden Rechtsträgern (§ 126 Abs. 1 Nr. 2 UmwG). Diese Formulierung knüpft an die in § 131 Abs. 1 Nr. 1 UmwG geregelte **partielle Gesamtrechtsnachfolge** an (im Gegensatz zu einer Übertragung im Wege der Einzelrechtsnachfolge).
– Umtauschverhältnis der Anteile und ggf. Höhe der baren Zuzahlung (§ 126 Abs. 1 Nr. 3 UmwG) sowie Einzelheiten über die Übertragung der Anteile des bzw. der übernehmenden Rechtsträger (§ 126 Abs. 1 Nr. 4 UmwG)
– Beginn der Gewinnberechtigung der Anteile des bzw. der übernehmenden Rechtsträger (§ 126 Abs. 1 Nr. 5 UmwG)
– Der Zeitpunkt, von dem an die Handlungen der übertragenden AG als für Rechnung jedes der übernehmenden Rechtsträger vorgenommen gelten (§ 126 Abs. 1 Nr. 6 UmwG; **Spaltungsstichtag**). Die Besonderheit im Vergleich zur Verschmelzung liegt darin, dass jeweils nur ein Teil der Handlungen der AG, nämlich so weit sie das übertragene Vermögen betreffen, einem übernehmenden Rechtsträger zugerechnet werden.
– Rechte, die die übernehmenden Rechtsträger einzelnen Anteilsinhabern oder Inhabern besonderer Rechte gewähren (§ 126 Abs. 1 Nr. 7 UmwG).

---

[190] *Kallmeyer/Kappes,* AG 2006, 224 (234); *Gesell/Krömker,* DB 2007, 679 (680); *Weiss/Wöhlert,* WM 2007, 580 (584)
[191] *Rödder/Herlinghaus/van Lishaut/Schumacher* § 15 UmwStG Rz. 48.
[192] Auch hinsichtlich der rechtsformspezifischen Unterschiede zwischen einer AG oder GmbH kann im Wesentlichen auf die Ausführungen zur Verschmelzung verwiesen werden.

H. Spaltung oder Einzelrechtsnachfolge   259   § 14

- Besondere Vorteile, die von den übernehmenden Rechtsträgern einem Mitglied eines Vertretungs- oder Aufsichtsorgans der beteiligten Rechtsträger, einem geschäftsführenden Gesellschafter, einem Partner, einem Abschlussprüfer oder einem Spaltungsprüfer gewährt werden (§ 126 Abs. 1 Nr. 8 UmwG)
- Die genaue **Bezeichnung und Aufteilung** der Gegenstände des Aktiv- und Passivvermögens der AG, die an jeden der übernehmenden Rechtsträger übertragen werden, sowie der übergehenden **Betriebe und Betriebsteile** unter Zuordnung zu den übernehmenden Rechtsträgern (§ 126 Abs. 1 Nr. 9 UmwG; dazu ausführlich Rz. 259 ff.).
- Die Aufteilung der Anteile jedes der beteiligten Rechtsträger auf die Anteilsinhaber des übertragenden Rechtsträgers sowie der Maßstab für die Aufteilung (§ 126 Abs. 1 Nr. 10 UmwG).
Diese Angabe betrifft die Beteiligungsverhältnisse nach der Auf- oder Abspaltung. Sie geht über die Bestimmung des Umtauschverhältnisses in § 126 Abs. 1 Nr. 3 UmwG hinaus, da bei einer nichtverhältniswahrenden Auf- oder Abspaltung die Beteiligungsverhältnisse bei den übernehmenden Rechtsträgern von denen bei der übertragenden AG abweichen können.[193] Bei einer nichtverhältniswahrenden Abspaltung können sich auch die Beteiligungsverhältnisse bei der übertragenden AG ändern (deswegen spricht das Gesetz von den „beteiligten" und nicht nur von den „übernehmenden" Rechtsträgern). Für die Neuordnung der Beteiligungsverhältnisse bei der übertragenden AG ist daher keine gesonderte Übertragung von Aktien zwischen den Aktionären erforderlich. Sie erfolgt mit dinglicher Wirkung im Rahmen des Spaltungsvorgangs (s. a. § 131 Abs. 1 Nr. 3 UmwG).[194]
- Die Folgen der Spaltung für die Arbeitnehmer und ihre Vertretungen sowie die insoweit vorgesehenen Maßnahmen (§ 126 Abs. 1 Nr. 11 UmwG).
Es gelten grundsätzlich die Ausführungen zur Verschmelzung (s. o. Rz. 5), allerdings mit der Besonderheit, dass bei einer Abspaltung regelmäßig nur ein Teil der Arbeitsverhältnisse betroffen ist.
- Im Falle einer Spaltung zur Neugründung ist die Satzung bzw. der Gesellschaftsvertrag des neuen Rechtsträgers Bestandteil des Spaltungsplans (§§ 135 Abs. 1 Satz 1, 125 iVm. § 37 UmwG).

Die **Zuordnung von Teilen des Vermögens der AG** auf den oder die   259 übernehmenden Rechtsträger ist das Kernelement des Spaltungsvertrags und sein wesentlicher Unterschied zu einem Verschmelzungsvertrag. Bei der Bezeichnung der Gegenstände des Aktiv- und Passivvermögens[195] sind gemäß § 126 Abs. 2 Satz 1 und 2 UmwG die Regelungen für die Bezeichnung von Gegenständen im Falle der Einzelrechtsnachfolge anzuwenden, § 28 der Grundbuchordnung ist zu beachten. Somit gilt der **sachenrechtliche Bestimmtheitsgrundsatz** auch bei der Ausgliederung. Im Übrigen kann gemäß § 126 Abs. 2 Satz 3 UmwG auf Urkunden wie Bilanzen und Inventare Bezug genommen werden, die eine Zuweisung der einzelnen Gegenstände ermöglichen und

---

[193] Bei einer Spaltung zur Aufnahme ist diese Abweichung der Beteiligungsverhältnisse bezogen auf die insgesamt an die Aktionäre gewährten Anteile an dem übernehmenden Rechtsträger zu prüfen.
[194] *Lutter/Priester* § 126 UmwG Rz. 75; *Widmann/Mayer* § 126 UmwG Rz. 277.
[195] „Gegenstände" des Passivvermögens iSd. § 126 Abs. 1 Nr. 9 UmwG sind (gewisse und ungewisse) Verbindlichkeiten (s. a. § 131 Abs. 1 Nr. 1 Satz 1 UmwG).

als Anlagen beigefügt werden. Entscheidend für die Anforderung an die Kennzeichnung einzelner Gegenstände im Rahmen von Sachgesamtheiten sollte sein, dass die Beteiligten oder ein sachkundiger Dritter in der Lage sind, eine zweifelsfreie Zuordnung vorzunehmen.[196] In jedem Fall sollte der Spaltungsvertrag oder -plan eine sog. **All-Klausel** enthalten, nach der sämtliche Vermögensgegenstände, Verbindlichkeiten etc., die wirtschaftlich zu dem übertragenen Betriebsteil gehören, dem übernehmenden Rechtsträger zugewiesen werden.[197] Auch ist eine Regelung erforderlich, nach der **Surrogate**, die bis zur Eintragung der Spaltung an die Stelle des zugeordneten Vermögens treten (zB Eingang einer Forderung), mit übertragen werden.[198]

Neben den bilanzierten Gegenständen und Verbindlichkeiten müssen insbesondere auch die **nicht bilanzierungsfähigen Gegenstände** (zB selbst geschaffene immaterielle Vermögensgegenstände des Anlagevermögens, schwebende Vertragsverhältnisse) aufgeführt werden, so weit sie übertragen werden sollen.

260 Auch eine **Teilung von Gegenständen**, zB Forderungen, anlässlich der Spaltung ist möglich.[199] Allerdings ist umstritten, ob auch eine **Teilung von Verbindlichkeiten** und gegenseitigen Verträgen, insbesondere Dauerschuldverhältnissen, zulässig ist. Ein praktisches Bedürfnis besteht insbesondere für eine „horizontale" Teilung von Vertragsverhältnissen, die mehrere Unternehmensbereiche der AG betreffen, wie zB Kreditverträge und Miet- oder Pachtverträge. Nach zutreffender Auffassung ist eine solche Teilung zulässig.[200] Auch können durch die Spaltung **Nutzungsrechte** (zB Miete, Pacht, Lizenz) begründet werden, zB um bei der Nutzung eines Gegenstands durch mehrere Rechtsträger nach der Spaltung einem Rechtsträger das Eigentum und einem anderen Rechtsträger ein Nutzungsrecht zuzuweisen.[201] Möglich ist auch die Begründung eines Treuhandverhältnisses im Rahmen der Spaltung, sodass zB das zivilrechtliche Eigentum an einem Gegenstand mit der Maßgabe bei der übertragenden AG verbleiben kann, dass sie den Gegenstand als **Treuhänder** für einen übernehmenden Rechtsträger verwaltet, der durch die Abspaltung Treugeber wird.

261 Grundsätzlich können sämtliche Aktiva und Passiva frei zugeordnet werden. § 132 UmwG, der diese freie Zuordnung unter den Vorbehalt allgemeiner Vorschriften hinsichtlich der Übertragbarkeit stellte, ist durch das Zweite Gesetz zur Änderung des Umwandlungsgesetzes aufgehoben worden.[202] Bei **ausländischen Vermögensgegenständen** müssen die nach dortigem Recht geltenden Voraussetzungen für die Übertragung beachtet werden.

262 Zu beachten sind auch die umstrittenen **Besonderheiten bei Unternehmensverträgen**. Nach zutreffender Auffassung kann eine AG als herrschendes Unternehmen den Unternehmensvertrag (zusammen mit der Beteiligung an dem beherrschten Unternehmen) auf einen übernehmenden Rechtsträger

---

[196] *Lutter/Priester* § 126 UmwG Rz. 55; *Widmann/Mayer* § 126 UmwG Rz. 204. In der Praxis ist eine Abstimmung mit dem zuständigen Registergericht sinnvoll.
[197] Zur Zulässigkeit BGH XII ZR 50/02 v. 8.10. 2003, NZG 2003, 1173.
[198] *Widmann/Mayer* § 126 UmwG Rz. 314.
[199] *Kallmeyer/Kallmeyer* § 126 UmwG Rz. 22 ff.
[200] *Lutter/Priester* § 126 UmwG Rz. 64; *Widmann/Mayer* § 126 UmwG Rz. 227 ff.; differenzierend *Kallmeyer/Kallmeyer* § 126 UmwG Rz. 25.
[201] *Kallmeyer/Kallmeyer* § 126 UmwG Rz. 22 f.
[202] Ausgenommen von der freien Zuordnung dürften weiterhin höchstpersönliche Rechte und Pflichten sein; so die Gesetzesbegründung in BT-Drs. 16/2919.

H. Spaltung oder Einzelrechtsnachfolge

übertragen.[203] Bei einer Auf- oder Abspaltung einer AG als abhängiges Unternehmen kann sich der Unternehmensvertrag wohl allenfalls im Fall einer Spaltung zur Neugründung auf einen der übernehmenden Rechtsträger erstrecken.[204]

Eine freie Zuordnung von **Arbeitsverhältnissen** kann nicht erfolgen, wenn ein Betrieb oder Betriebsteil isd. § 613a BGB übertragen wird. In diesem Fall tritt der übernehmende Rechtsträger unabhängig von der vertraglichen Zuordnung in sämtliche Rechte und Pflichten aus den bei Eintragung bestehenden Arbeitsverhältnissen ein (§ 324 UmwG). Daher gehen insbesondere auch die **Versorgungsverpflichtungen** über, sodass der übernehmende Rechtsträger auch die dafür gebildeten **Pensionsrückstellungen** passivieren muss. Versorgungsverpflichtungen gegenüber Rentnern und ausgeschiedenen Arbeitnehmern sind von dem Betriebsübergang nach § 613a BGB nicht betroffen. Sie können frei zugeordnet werden und damit auch auf einem übernehmenden Rechtsträger zugewiesen werden. § 4 BetrAVG steht dem nicht entgegen.[205]

Der Spaltungs- und Übernahmevertrag bzw. der Spaltungsplan oder sein Entwurf ist gem. § 126 Abs. 2 UmwG spätestens einen Monat vor dem Tag der Hauptversammlung der AG, die den Zustimmungsbeschluss fassen soll (dazu unten Rz. 265) dem zuständigen Betriebsrat (ggf. Gesamtbetriebsrat) zuzuleiten (schriftlicher Bestätigung zwecks Nachweis bei Anmeldung erforderlich; § 125 iVm. § 17 Abs. 1 UmwG). Entsprechendes gilt bei einer Spaltung zur Aufnahme für die übernehmenden Rechtsträger.

b) Spaltungsbericht und Spaltungsprüfung

Für den Spaltungsbericht und die Prüfung der Spaltung gilt gem. §§ 127, 125 iVm. §§ 9, 60 UmwG im Grundsatz das Gleiche wie bei Verschmelzung (s. o. Rz. 7 ff.). Von besonderem praktischen Interesse sind die Fälle, in denen weder Spaltungsbericht noch -prüfung erforderlich sind:

– Notariell beurkundeter Verzicht aller Aktionäre und aller Gesellschafter der übernehmenden Rechtsträger (§ 127 Satz 2 iVm. § 8 Abs. 3, § 125 iVm. 9 Abs. 3 UmwG).[206]

– Alle Anteile eines übertragenden Rechtsträgers befinden sich in der Hand des übernehmenden Rechtsträgers (up-stream-Spaltung; § 127 Satz 2 iVm. § 8 Abs. 3, § 125 iVm. 9 Abs. 3 UmwG). Hinsichtlich der Spaltungsprüfung ist zwar § 9 Abs. 2 der diesen Fall ausdrücklich regelt, gem. § 125 UmwG nicht entsprechend anwendbar.[207] Auf Grundlage einer teleologischen Reduktion des Wortlauts der Vorschrift sollte jedoch im Ergebnis eine Spal-

---

[203] Kallmeyer/Kallmeyer § 126 UmwG Rz. 26; Widmann/Mayer § 126 UmwG Rz. 232. Falls man mit Lutter/Priester § 126 UmwG Rz. 65 bei einer Spaltung zur Aufnahme eine Zustimmung der Gesellschafter der abhängigen Gesellschaft für erforderlich hält, ist diese in der Zustimmung zum Spaltungsvertrag zu sehen.
[204] Kallmeyer/Kallmeyer § 126 UmwG Rz. 26; weiter gehender Widmann/Mayer § 126 UmwG Rz. 233; restriktiver (zwingendes Erlöschen des Unternehmensvertrags) Lutter/Priester § 126 UmwG Rz. 65.
[205] IDW-HFA 1/1998, WPg. 1998, 508 Tz. 5.; Kallmeyer/Willemsen § 324 Rz. 64.
[206] Entsprechendes gilt zum Verzicht auf die Prüfung eines Barabfindungsangebots gemäß § 125 iVm. § 30 Abs. 2 Satz 3 UmwG.
[207] Die Gesetzesbegründung (BR-Drs. 75/94), nach der bei einer Auf- oder Abspaltung zwangsläufig ein Anteilstausch stattfindet, ist unzutreffend. Bei einer Up-stream-

tungsprüfung nicht erforderlich sein.[208] Es ist allerdings ratsam, im Vorfeld mit dem Registergericht abzuklären, ob dieses angesichts der gesetzlichen Regelung diese Auffassung teilt.

c) **Spaltungsbeschlüsse**

265   Der Spaltungsvertrag bzw. Spaltungsplan wird gem. §§ 125, 135 iVm. 13 Abs. 1 UmwG nur wirksam, wenn die **Hauptversammlung** der übertragenden AG und im Falle einer Spaltung zur Aufnahme die entsprechende Gesellschafterversammlung der übernehmenden Rechtsträger ihm durch Beschluss zustimmen. Für diese Beschlüsse gelten hinsichtlich der Mehrheitserfordernisse, Form etc. grundsätzlich die Ausführungen zur Verschmelzung entsprechend (s. o. Rz. 18 ff. u. 129 ff.). Für den Beschluss der Hauptversammlung der übertragenden AG ist somit eine Mehrheit von mindestens drei Viertel des bei der Beschlussfassung vertretenen Grundkapitals erforderlich (§ 125 iVm. § 65 Abs. 1 Satz 1 UmwG). Zu Minderheitenrechten s. o. Rz. 38 ff.

Vor der Beschlussfassung hat der Vorstand der übertragenden AG deren Aktionäre gem. § 143 Satz 1 UmwG über **wesentliche Veränderungen** des Vermögens der AG seit dem Abschluss des Spaltungsvertrages oder dessen Entwurfs zu unterrichten.[209] Dies soll einer aktuellen Information der Aktionäre über die Wertverhältnisse bei Spaltung dienen. Gemäß § 143 Satz 2 UmwG sind diese Informationen unabhängig von der Rechtsform der aufnehmenden Rechtsträger über deren Vertretungsorgane auch deren Anteilsinhabern zu übermitteln.

266   Bei einer **nichtverhältniswahrenden Spaltung** ist gem. § 128 UmwG ein einstimmiger Zustimmungsbeschluss bei der übertragenden AG erforderlich. Nicht erschienene Aktionäre müssen ihre Zustimmung in notariell beurkundeter Form erklären (§ 125 iVm. § 13 Abs. 3 Satz 1 UmwG). Das Zustimmungserfordernis gilt dabei auch für die Inhaber stimmrechtsloser Vorzugsaktien.[210]

Eine nichtverhältniswahrende Spaltung liegt bei einer Spaltung zur Neugründung vor, wenn die Aktionäre an den neu gegründeten Rechtsträgern nicht im gleichen Verhältnis beteiligt sind wie an der übertragenden AG. Bei einer Spaltung zur Aufnahme ist die aufgrund der Spaltung gewährte Beteiligungsquote wegen des bei dem übernehmenden Rechtsträger vorhandenen Vermögens zwangsläufig niedriger als bei der übertragenden AG. Daher ist gem. § 128 Satz 2 UmwG auf das Beteiligungsverhältnis hinsichtlich des zu übertragenden Teils des Vermögens abzustellen.

d) **Kapitalmaßnahmen**

267   Falls bei einer Abspaltung eine Herabsetzung des Kapitals der übertragenden AG erforderlich ist, kann diese gem. § 145 UmwG auch in vereinfachter Form

---

Spaltung ist eine Kapitalerhöhung bei der übernehmenden Kapitalgesellschaft gerade nicht zulässig (§ 125 iVm. §§ 54 Abs. 1 Satz 1 Nr. 1 bzw. 68 Abs. 1 Satz 1 Nr. 1 UmwG).

[208] *Widmann/Mayer* § 125 UmwG Rz. 45; aA *Kallmeyer/Kallmeyer* § 125 UmwG Rz. 9. Hinzu kommt, dass die anwendbare Vorschrift des § 9 Abs. 3 UmwG auch hinsichtlich der Spaltungsprüfung auf § 8 Abs. 3 UmwG (Verzicht durch die Anteilsinhaber) verweist.

[209] Die Regelung gilt entsprechend für einen Spaltungsplan; *Widmann/Mayer* § 143 UmwG Rz. 3.

[210] *Lutter/Priester* § 128 UmwG Rz. 18.

H. Spaltung oder Einzelrechtsnachfolge § 14

erfolgen. Nach zutreffender Auffassung liegt eine Rechtsfolgenverweisung vor, sodass die Voraussetzungen des § 229 AktG nicht vorliegen müssen.[211] Die **Kapitalherabsetzung** ist erforderlich, wenn der buchmäßige Saldo der abgespaltenen Aktiva und Passiv positiv ist und dieser Buchwertabgang die anderen Eigenkapitalteile übersteigt.[212] In diese Berechnung sind Kapitalrücklage (§ 272 Abs. 2 HGB) und gesetzliche Rücklage (§ 150 AktG) einzubeziehen (allerdings erst nach der Auflösung anderer verfügbarer Rücklagen), nicht aber Eigenkapitalteile, die als passivische Korrekturposten einer Ausschüttungssperre unterliegen (§§ 268 Abs. 8, 272 Abs. 4 HGB).[213]

Die Erforderlichkeit einer Kapitalherabsetzung ist aus der Sicht des Zeitpunkts der Anmeldung der Spaltung zum Handelsregister zu beurteilen (s. § 146 Abs. 1 Satz 2 UmwG). Somit sind von der Schlussbilanz ausgehend Eigenkapitalveränderungen (zB Einlagen und Gewinnausschüttungen) bis zur Anmeldung zu berücksichtigen.[214]

Bei den übernehmenden Kapitalgesellschaften im Rahmen einer Spaltung **268** zur Aufnahme ist neben dem Spaltungsbeschluss grundsätzlich auch ein Kapitalerhöhungsbeschluss erforderlich. Eine **Kapitalerhöhung** ist wie bei einer Verschmelzung nur in bestimmten Fällen unzulässig oder entbehrlich (§ 125 iVm. § 54 bzw. 68 UmwG; insbesondere up-stream- und down-stream-Spaltung oder Verzicht durch alle Aktionäre der AG). Zu Einzelheiten s. o. Rz. 12 ff.

Hinsichtlich der Kapitalerhöhungen bei einer übernehmenden AG gelten die Erleichterungen des § 69 UmwG gem. § 142 Abs. 1 UmwG mit der Maßgabe entsprechend, dass anders als bei einer Verschmelzung stets, also auch im Falle einer AG als übertragender Rechtsträger, eine **Sacheinlageprüfung** vorgeschrieben ist. Die Vorschrift dient dem Schutz der Gläubiger und Altaktionäre der übernehmenden AG. Falls ein Spaltungsbericht erstattet wird, ist in diesem gem. § 142 Abs. 2 UmwG auf den Bericht über die Sacheinlageprüfung hinzuweisen.

Ebenfalls abweichend von einer Verschmelzung (§ 75 Abs. 2 UmwG) ist bei Neugründung einer AG durch Spaltung ein **Gründungsbericht** und eine **Gründungsprüfung** gem. § 144 UmwG stets und damit auch bei Spaltung einer AG auf eine AG erforderlich (entsprechendes gilt gem. § 138 UmwG für eine Spaltung auf eine GmbH).

e) Eintragung der Spaltung in das Handelsregister

Die Spaltung ist gem. §§ 125 bzw. 135 iVm. §§ 16 bzw. 38 UmwG zur Ein- **269** tragung in das Handelsregister anzumelden. Zur Anmeldung der Spaltung beim Register des Sitzes der übertragenden AG ist gem. § 129 UmwG auch das Vertretungsorgan jedes der übernehmenden Rechtsträger berechtigt (die Vorschrift ergänzt § 16 Abs. 1 Satz 2 UmwG). Anmeldungen, die beim Register des

---

[211] Lutter/Schwab § 145 UmwG Rz. 8; aA Widmann/Mayer § 145 UmwG Rz. 15.
[212] Kallmeyer/Kallmeyer § 145 UmwG Rz. 1 iVm. § 139 UmwG Rz. 2.
[213] IDW-HFA 1/1998, WPg. 1998, 508 Tz. 2. Nach Lutter/Schwab § 145 UmwG Rz. 15 f., ist die vereinfachte Kapitalherabsetzung nur insoweit zulässig, als bei der übernehmenden Kapitalgesellschaft gebundenes Eigenkapital entsteht (Grund- oder Stammkapital oder bei einer aufnehmenden AG Kapitalrücklage, die nach § 150 Abs. 3, 4 AktG gebunden ist). So auch zur vergleichbaren Frage bei der Abspaltung von einer GmbH (§ 139 UmwG) AG Charlottenburg 99 AR 3278/08 v. 28. 5. 2008, GmbHR 2008, 993.
[214] Ausführlich zu den denkbaren Fallkonstellationen IDW-HFA a.a.O..

Sitzes eines anderen übernehmenden Rechtsträgers vorzunehmen sind, sind davon allerdings nicht betroffen.[215]

Bei der Anmeldung einer **Abspaltung** muss der Vorstand der AG gem. § 146 Abs. 1 UmwG auch erklären, dass die gesetzlichen oder satzungsmäßigen Voraussetzungen für die Gründung der AG auch unter Berücksichtigung der Abspaltung vorliegen. Diese – nach § 313 Abs. 2 UmwG strafbewehrte – Erklärung bezieht sich auf die Deckung des Grundkapitals der AG durch das nach Abspaltung verbleibende Nettovermögen.[216]

270 Die der Anmeldung beizufügenden **Anlagen** entsprechen gem. §§ 125, 135 iVm. § 17 UmwG den bei einer Verschmelzung erforderlichen Anlagen (s. o. Rz. 22 ff.). Die nach § 146 Abs. 2 UmwG erforderliche Beifügung von Spaltungsbericht und im Falle der Abspaltung auch Prüfungsbericht ergibt sich bereits aus § 125 iVm. § 17 UmwG.

Erfolgt eine Kapitalerhöhung bei einem übernehmenden Rechtsträger, so ist diese ebenfalls anzumelden. Ihre Eintragung ist gem. § 125 iVm. §§ 53 bzw. 66 UmwG Voraussetzung für die Eintragung der Spaltung. Entsprechendes gilt gem. § 145 Abs. 2 im Falle einer Kapitalherabsetzung bei der übertragenden AG.

Die **Reihenfolge der Eintragungen** bei einer Spaltung weicht von der einer Verschmelzung ab. Gemäß § 130 Abs. 1 UmwG ist die Spaltung erst in das Register der übertragenden AG einzutragen, wenn sie im Register jedes der übernehmenden Rechtsträger eingetragen ist. Wirksam wird die Spaltung gem. § 131 Abs. 1 UmwG erst mit der Eintragung in das Register der übertragenden AG (s. a. § 130 Abs. 1 Satz 2 UmwG; auch zur tagggleichen Eintragung).[217]

f) Wirkung der Spaltung

271 Die Eintragung der Spaltung hat nach § 131 UmwG folgende Wirkungen:
– Entsprechend der im Spaltungsvertrag bzw. -plan vorgesehenen Aufteilung geht das Vermögen bzw. bei Abspaltung die abgespaltenen Teile des Vermögens einschließlich der Verbindlichkeiten jeweils als Gesamtheit auf die übernehmenden Rechtsträger über (§ 131 Abs. 1 Nr. 1 UmwG; **partielle Gesamtrechtsnachfolge**).
– Bei Aufspaltung erlischt der übertragende Rechtsträger ohne besondere Löschung (§ 131 Abs. 1 Nr. 2 UmwG).
– Die Aktionäre der übertragenden AG werden entsprechend der im Spaltungsvertrag bzw. -plan vorgesehenen Aufteilung Anteilsinhaber der beteiligten Rechtsträger. Dies betrifft sowohl die **Gewährung von Anteilen** an den übernehmenden Rechtsträgern als auch im Falle einer nichtverhältniswahrenden Abspaltung eine eventuelle Neuordnung der Beteiligungsverhältnisse beim übertragenden Rechträger (s. o. Rz. 258). Auch letztere erfolgt mit dinglicher Wirkung durch die Eintragung der Spaltung. (Dingliche) Rechte Dritter an den Aktien bestehen an den an ihre Stelle tretenden Anteilen fort.[218]

---

[215] *Lutter/Priester* § 129 UmwG Rz. 2.
[216] *Lutter/Schwab* § 146 UmwG Rz. 9.
[217] Übersicht zum Ablauf des Registerverfahrens bei *Widmann/Mayer* § 129 UmwG Rz. 3.
[218] Dies gilt nicht für schuldrechtliche Rechte; *Lutter/Teichmann* § 131 UmwG Rz. 75.

H. Spaltung oder Einzelrechtsnachfolge

– Ein Mangel der notariellen Beurkundung des Spaltungsvertrags oder -plans oder ggf. erforderlicher Zustimmungs- oder Verzichtserklärungen einzelner Anteilsinhaber wird geheilt.

Nicht zugeordnete, „vergessene" Gegenstände bleiben im Falle einer Abspaltung bei der übertragenden AG. Bei einer Aufspaltung geht der Gegenstand gem. § 131 Abs. 3 UmwG anteilig auf alle übernehmenden Rechtsträger über (bei unteilbaren Gegenständen Begründung von Bruchteilseigentum oder gesamthänderischem Eigentum).[219]

Unabhängig von der Zuordnung der Verbindlichkeiten haften die an der Spaltung beteiligten Rechtsträger gem. § 133 Abs. 1 UmwG gemeinsam für die Verbindlichkeiten, die vor dem Wirksamwerden der Spaltung begründet wurden.[220] Eine Verpflichtung der übertragenden AG zur Sicherheitsleistung nach § 125 iVm. § 22 UmwG bleibt davon unberührt. Die Rechtsträger, denen eine Verbindlichkeit im Spaltungs- und Übernahmevertrag bzw. Spaltungsplan nicht zugewiesen ist, haften nur insoweit, als die Verbindlichkeit innerhalb von fünf Jahren nach der Bekanntmachung der Eintragung der Spaltung fällig ist und Ansprüche daraus gegen sie gerichtlich geltend gemacht werden bzw. durch sie schriftlich anerkannt werden (§ 133 Abs. 3–5 UmwG; die Frist beträgt zehn Jahre für Versorgungsverbindlichkeiten auf Grund des Betriebsrentengesetzes). Im Innenverhältnis ist regelmäßig davon auszugehen, dass die Zuordnung einer Verbindlichkeit eine Freistellung der anderen an der Spaltung beteiligten Rechtsträger durch den Rechtsträger, dem die Verbindlichkeit zugewiesen ist, beinhaltet.[221] Zur Klarstellung empfiehlt sich eine ausdrückliche Regelung.[222]

Bei einer Spaltung, die mit einer Betriebsaufspaltung in einer Anlage- und eine Betriebsgesellschaft verbunden ist, an der im Wesentlichen dieselben Personen beteiligt sind, gilt gem. § 134 UmwG eine gesamtschuldnerische Haftung auch für bestimmte Forderungen der Arbeitnehmer der Betriebsgesellschaft, die innerhalb von fünf Jahren nach dem Wirksamwerden der Spaltung begründet werden (die Enthaftung nach § 133 Abs. 3 u. 4 UmwG tritt wegen des nach § 134 Abs. 3 UmwG um fünf Jahre verschobenen Fristbeginns erst zehn Jahre nach der Bekanntmachung der Eintragung der Spaltung ein).

Mängel der Spaltung lassen die Wirkungen der Eintragung gem. § 131 Abs. 2 unberührt. Eine Rückabwicklung der Spaltung kommt daher in keinem Fall in Betracht.

2. Handelsbilanzielle Darstellung

a) Übertragende Aktiengesellschaft

Gemäß § 125 iVm. § 17 Abs. 2 UmwG ist der Anmeldung der Spaltung zum Register der übertragenden AG eine Schlussbilanz der AG beizufügen, für die die Vorschriften über den Jahresabschluss entsprechend gelten. Diese Bilanz

---

[219] *Lutter/Teichmann* § 131 UmwG Rz. 86 ff.; wenn eine solche Zuteilung nicht möglich ist, ist der Gegenstand zu veräußern und der Erlös zu verteilen.

[220] Gleiches gilt gemäß § 133 Abs. 2 UmwG für die Erfüllung der Verpflichtung nach § 125 iVm. § 223 UmwG (Gewährung gleichwertiger Rechte für Inhabern von stimmrechtslosen Rechten in der AG).

[221] *Lutter/Schwab* § 133 UmwG Rz. 146 ff.; *Kallmeyer/Kallmeyer* § 133 UmwG Rz. 11.

[222] *Widmann/Mayer* § 126 UmwG Rz. 322.

Schumacher

kann gem. § 17 Abs. 2 Satz 3 UmwG auf einen Stichtag aufgestellt werden, der höchstens acht Monate vor der Anmeldung liegt (in der Praxis liegt dieser Stichtag einen Tag vor dem Spaltungsstichtag[223]). Zu Einzelheiten siehe die entsprechend geltenden Ausführungen zur Verschmelzung in Rz. 44 ff.

Die Besonderheit der Spaltung im Gegensatz zur Verschmelzung ist die Übertragung von Teilen des Vermögens der AG auf einen oder mehrere übernehmende Rechtsträger. Daher ist eine (Gesamt-)Schlussbilanz nur eingeschränkt aussagefähig. Sinnvoll ist vielmehr die Aufstellung einer oder mehrerer **Teilschlussbilanzen** für die jeweils zu übertragenden Teile des Vermögens. Dies erleichtert auch dem Registergericht die Prüfung der Werthaltigkeit der Sacheinlage bei einer ggf. beim übernehmenden Rechtsträger vorzunehmenden Kapitalerhöhung. Dem Gesetz kann allerdings keine Verpflichtung zur Aufstellung von Teilbilanzen entnommen werden.[224] Bei einer Abspaltung kann auf die Einreichung einer Gesamtbilanz verzichtet werden, wenn Teilbilanzen für das zu übertragende und das verbleibende Vermögen eingereicht werden.[225] Fraglich ist allerdings, ob bei einer Abspaltung allein die Aufstellung einer Teilbilanz für das zu übertragende Vermögen ausreicht.[226] Dies sollte ggf. vorab mit dem Registergericht abgestimmt werden.

276 Bei einer **Abspaltung** existiert die übertragende AG weiter und muss den abspaltungsbedingten Vermögensabgang in ihrem dem Abspaltungsstichtag folgenden Jahresabschluss darstellen.[227] Dieser gesellschaftsrechtliche Vorgang berührt nicht den Jahresüberschuss der AG.[228] Bei einem nach Buchwerten positiven Vermögenssaldo und damit einer abspaltungsbedingten Vermögensminderung bei der AG ist diese in der Ergänzung der Gewinn- und Verlustrechnung gem. § 158 Abs. 1 AktG nach dem Posten „Jahresüberschuss/Jahresfehlbetrag" gesondert als „Vermögensminderung durch Abspaltung" auszuweisen. Ebenfalls in Ergänzung der Gewinn- und Verlustrechnung ist die Auflösung von Rücklagen und ggf. eine Kapitalherabsetzung auszuweisen (§§ 158 Abs. 1, 240 AktG). Die Abspaltung eines zu Buchwerten negativen Vermögenssaldos ist als andere Zuzahlung der Gesellschafter in der Kapitalrücklage nach § 272 Abs. 2 Nr. 4 HGB auszuweisen.

b) Übernehmende Kapitalgesellschaft

277 Für die übernehmende Kapitalgesellschaft gelten hinsichtlich der Vermögens- und Erfolgszuordnung und der Bewertung des auf sie übertragenen Vermögens die Ausführungen zur Verschmelzung entsprechend (s. o. Rz. 49 ff.). Sie hat gem. § 24 UmwG das Wahlrecht, die Anschaffungskosten (Zeitwert) oder

---

[223] IDW-HFA 2/1997, WPg. 1997, 235 Tz. 111; UmwStErl. Tz. 02.02. Nach dem Wortlaut des Gesetzes ist dies jedoch nicht zwingend; *Widmann/Mayer* § 24 UmwG Rz. 64 ff. Offen in BFH IV R 69/05 v. 24. 4. 2008 BFH/NV 2008, 1550.
[224] IDW-HFA 1/1998, WPg. 1998, 508 Tz. 11.
[225] IDW-HFA a.a.O.; *Budde/Förschle/Winkeljohann/Klingberg* Kap. I Rz. 300 f.
[226] Bejahend *Widmann/Mayer* § 24 UmwG Rz. 163 f.; verneinend *Sagasser/Bula/Brünger/Bula/Schlössser* Kap. O Rz. 4; differenzierend IDW-HFA a.a.O.: nur im Falle der Unwesentlichkeit des zu übertragenden Vermögens.
[227] Nach Übergang des wirtschaftlichen Eigentums an dem abgespaltenen Vermögen ist ein Ausweis bei der übertragenden AG nicht mehr möglich. Anders als bei Verschmelzung genügt eine Erläuterung der Auswirkungen der Abspaltung im Anhang nicht; IDW-HFA a.a.O. Tz. 122.
[228] IDW-HFA a.a.O. Tz. 122; *Budde/Förschle/Winkeljohann/Klingberg* Kap. I Rz. 331 f.

H. Spaltung oder Einzelrechtsnachfolge §14

die in der Schlussbilanz der übertragenden AG angesetzten Werte (Buchwert) anzusetzen. Derjenige Rechtsträger, dem im Spaltungsvertrag oder -plan eine Verbindlichkeit wirksam zugewiesen ist, hat diese in seiner Bilanz auszuweisen. Die anderen an der Spaltung beteiligten und gem. §§ 133, 134 UmwG als Gesamtschuldner haftenden Rechtsträger sind regelmäßig konkludent oder ausdrücklich im Innenverhältnis freigestellt und haben dieses Haftungsverhältnis nur gem. § 251 HGB zu vermerken. Eine (anteilige) Passivierung kommt nur in Betracht, wenn mangels Werthaltigkeit dieser Freistellung eine Inanspruchnahme wahrscheinlich ist.[229]

c) Bilanzierende Aktionäre

Bei einer Aufspaltung gehen die Aktien an der übertragenden AG unter, an ihre Stelle treten Anteile an mindestens einer der übernehmenden Kapitalgesellschaften. Die durch diesen tauschähnlichen Vorgang erworbenen Anteile sind unter Anwendung allgemeiner Tauschgrundsätze zu bewerten.[230] Sie können daher mit dem Buchwert der untergegangenen Aktien oder einem höheren Wert, höchstens mit dem Zeitwert, bewertet werden.

Bei einer Abspaltung bleiben die Aktien an der übertragenden AG bestehen und der Aktionär erhält grundsätzlich zusätzlich Anteile an den übernehmenden Rechtsträgern.[231] Durch die Abspaltung vermindert sich der Zeitwert der Aktien an der übertragenden AG, sodass auch der Buchwert im Verhältnis des Zeitwerts des abgespaltenen zum ursprünglichen Vermögen zu mindern ist. Die Anteile an den übernehmenden Rechtsträgern sollen ebenfalls nach Tauschgrundsätzen bewertet werden können.[232]

3. Steuerrechtliche Behandlung

a) Überblick

Die Auf- oder Abspaltung wird unter bestimmten Voraussetzungen steuerrechtlich wie eine (Teil-)Verschmelzung behandelt. Gemäß §§ 1 Abs. 1 Satz 1 Nr. 1, 15 iVm. §§ 11 ff. UmwStG können Auf- und Abspaltungen iSd. § 123 UmwG für die AG, die Aktionäre und die übernehmenden Kapitalgesellschaften **ertragsteuerneutral** ohne Aufdeckung der stillen Reserven erfolgen, so weit folgende Voraussetzungen erfüllt sind:
– Die in dem übergehenden Vermögen enthaltenen stillen Reserven unterliegen bei den übernehmenden Gesellschaften der Körperschaftsteuer, das Recht der Bundesrepublik Deutschland hinsichtlich der Besteuerung des Gewinns aus der Veräußerung der übertragenen Wirtschaftsgüter wird nicht ausgeschlossen oder beschränkt, und es wird außer Gesellschaftsrechten keine Gegenleistung gewährt (§ 11 Abs. 2 Satz 1 UmwStG; zu diesen Voraussetzungen s. o. Rz. 69 ff.).

---

[229] IDW-HFA a.a.O. Tz. 5.
[230] IDW-HFA a.a.O. Tz. 42. Abgesehen vom Sonderfall einer nichtverhältniswahrenden Aufspaltung zu Null müssen Anteile an mindestens zwei Kapitalgesellschaften bewertet werden. Die Aufteilung des Gesamtwerts der untergehenden Aktien auf diese hat nach Zeitwertrelationen zu erfolgen.
[231] Ausnahme ggf. bei einer nichtverhältniswahrenden Abspaltung zu Null.
[232] IDW-HFA a.a.O.; *Budde/Förschle/Winkeljohann/Klingberg* Kap. I Rz. 360.

- Auf die übernehmenden Kapitalgesellschaften gehen **Teilbetriebe** über (§ 15 Abs. 1 Satz 2 UmwStG). Als Teilbetrieb gilt gem. § 15 Abs. 1 Satz 3 UmwStG auch ein Mitunternehmeranteil oder eine 100 %ige Beteiligung an einer Kapitalgesellschaft („**fiktive Teilbetriebe**").
- Im Falle einer Abspaltung verbleibt bei der übertragenden AG ein – originärer oder fiktiver – Teilbetrieb (§ 15 Abs. 1 Satz 2 UmwStG).
- Übertragene oder zurückbehaltene fiktive Teilbetriebe iSd. § 15 Abs. 1 Satz 3 UmwStG sind nicht innerhalb von drei Jahren vor dem steuerlichen Übertragungsstichtag durch Übertragung von Wirtschaftsgütern, die kein Teilbetrieb sind, erworben und aufgestockt worden (§ 15 Abs. 2 Satz 1 UmwStG).
- Die Abspaltung dient nicht dem Vollzug oder der Vorbereitung einer **Veräußerung an außenstehende Personen** (§ 15 Abs. 2 Satz 2–4 UmwStG).
- Bei einer **Trennung von Gesellschafterstämmen** haben die Beteiligungen an der übertragenden AG mindestens fünf Jahre vor dem steuerlichen Übertragungsstichtag bestanden (§ 15 Abs. 2 Satz 5 UmwStG).

So weit **ausländisches Vermögen** übertragen wird, müssen mögliche steuerliche Folgen nach ausländischem Recht überprüft werden.

b) Übertragende Aktiengesellschaft

280 aa) **Teilbetriebe als Voraussetzung für eine ertragsteuerneutrale Spaltung.** Die übertragende AG hat eine Steuerbilanz auf den steuerlichen Übertragungsstichtag (§ 2 Abs. 1 UmwStG; zu der damit verbundenen **Rückwirkungsfiktion** s. o. Rz. 65 ff.) aufzustellen. In dieser Bilanz gilt für die Bewertung des zu übertragenden Vermögens unter bestimmten Voraussetzungen die Bewertungsvorschrift des § 11 Abs. 2 Satz 1 UmwStG, nach der die steuerrechtlichen Buchwerte fortgeführt werden können und eine Gewinnrealisierung vermieden wird.

Grundvoraussetzung für die Ertragsteuerneutralität der Spaltung ist die Teilbetriebseigenschaft der Vermögensteile. In der Praxis wird daher die umwandlungsrechtliche Freiheit bei der **Bestimmung der Spaltungsgegenstände** ganz erheblich eingeengt.

281 Nach Auffassung der Finanzverwaltung sind die Voraussetzungen eines (originären) **Teilbetriebs** iSd. § 15 Abs. 1 Satz 1 UmwStG nach den zu § 16 EStG entwickelten Grundsätzen zu beurteilen.[233] Ein Teilbetrieb ist ein mit einer gewissen Selbständigkeit ausgestatteter, organisch geschlossener Teil des Gesamtbetriebes, der für sich betrachtet alle Merkmale eines Betriebes iSd. EStG aufweist und als solcher lebensfähig ist.[234] Da die Regelungen zur Spaltung nach dem Willen des Gesetzgebers „im Grundsatz materiell unverändert" in das durch das SEStEG neu gefasste UmwStG übernommen werden sollten,[235] dürfte dieser Teilbetriebsbegriff jedenfalls insoweit auch weiterhin den Vorrang vor dem **Teilbetriebsbegriff der Fusionsrichtlinie** haben, als Letzterer enger sein sollte.[236]

282 Die **gewisse Selbständigkeit** liegt dann vor, wenn die dem Teilbetrieb gewidmeten Wirtschaftsgüter in ihrer Zusammenfassung einer Betätigung dienen, die sich im Rahmen des Gesamtunternehmens von der übrigen Tätigkeit

---

[233] UmwStErl. Tz. 15.02.
[234] R 16 Abs. 3 Satz 1 EStR.
[235] BT-Drs. 16/2710, 35.
[236] Ausführlich *Rödder/Herlinghaus/van Lishaut/Schumacher* § 15 UmwStG Rz. 123 ff.

H. Spaltung oder Einzelrechtsnachfolge

deutlich abhebt.[237] Ob die erforderliche organisatorische sachliche und personelle Selbständigkeit vorliegt, ist nach dem Gesamtbild der Verhältnisse zu entscheiden. Abgrenzungsmerkmale sind zB räumliche Trennung, eigenes Personal, gesonderte Buchführung, eigenes Anlagevermögen, eigene Verwaltung, selbständige Organisation (insbesondere als Profitcenter), ungleichartige betriebliche Tätigkeit, eigener Kundenstamm. Diesen Abgrenzungsmerkmalen kommt nach der Art des Betriebs unterschiedliches Gewicht zu. Sie brauchen auch nicht alle erfüllt sein, da der Teilbetrieb nur eine gewisse Selbständigkeit gegenüber dem Hauptbetrieb erfordert.[238] Insbesondere ist keine völlige organisatorische Trennung mit eigener Buchführung ist erforderlich.[239] Unwesentliche Überschneidungen in der Tätigkeit der Teilbetriebe und allgemeine Verwaltungsarbeiten, die für mehrere Teilbetriebe erbracht werden, stehen der Selbständigkeit der Teilbetriebe nicht entgegen.[240]

Die Voraussetzung der **eigenständigen Lebensfähigkeit** ist erfüllt, wenn der betreffende Unternehmensteil seiner Struktur nach eine eigenständige betriebliche Tätigkeit ausüben kann.[241] Dies ist insbesondere der Fall, wenn ein eigener Kundenkreis und eigene Einkaufsbeziehungen vorliegen.[242]

Auch bei reinen **Holdinggesellschaften** ohne eigene operative Tätigkeit können – neben fiktiven Teilbetrieben in Form von Beteiligungen (dazu unten) – originäre Teilbetriebe existieren.[243] Dies setzt voraus, dass die Tätigkeit der Holding als gewerblich einzustufen ist, weil sie die einheitliche Leitung über mehrere Tochtergesellschaften ausübt (geschäftsleitende Holding).[244] In diesem Fall können auch Geschäftsfelder, die durch Beteiligungen an mehreren Tochtergesellschaften verkörpert werden, bei entsprechender organisatorischer Selbständigkeit Teilbetriebe darstellen.

Die Voraussetzungen des § 15 Abs. 1 UmwStG sind bereits dann erfüllt, wenn **Teilbetriebe im Aufbau** vorliegen.[245] Dies ist der Fall, wenn die wesentlichen Betriebsgrundlagen vorhanden sind und bei zielgerichteter Weiterverfolgung des Aufbauplanes ein selbständig lebensfähiger Organismus zu erwarten ist.[246]

Da die Teilbetriebe erst im **Zeitpunkt des Spaltungsbeschlusses** vorliegen müssen,[247] können auch nach dem steuerlichen Übertragungsstichtag Maßnahmen organisatorischer Art getroffen werden, die die notwendige Verselbständigung herstellen.

---

[237] BFH VIII R 39/92 v. 13.12.1996, BStBl. II 1996, 409.
[238] BFH VIII R 31/95 v. 10.3.1998, BFH/NV 1998, 1209 mwN.
[239] BFH IV R 120/88 v. 24.8.1989, BStBl. II 1990, 55; R 139 Abs. 3 Satz 2 EStR.
[240] BFH X R 1/86 v. 23.11.1988, BStBl. II 1989, 376; BFH IV R 120/88 v. 24.8.1989, BStBl. II 1990, 55.
[241] BFH X R 1/86 v. 23.11.1988, BStBl. II 1989, 376.
[242] FG Köln 2 K 2847/94 v. 27.11.1998 rkr., EFG 1999, 470 mwN.
[243] *Widmann/Mayer* § 15 UmwStG Rz. 19; *Frotscher/Maas* § 15 UmwStG Rz. 29.
[244] Zu dieser Einstufung im Hinblick auf die wirtschaftliche Eingliederung im Rahmen einer Organschaft nach altem Recht BFH I 252/64 v. 17.12.1969, BStBl. II 1970, 257; A 50 Abs. 2 Nr. 2 KStR 1995.
[245] UmwStErl. Tz. 15.10.
[246] BFH IV R 50/90 v. 7.11.1991, BStBl. II 1992, 380; BFH VIII R 33/85 v. 1.2.1989, BStBl. II 1989, 458.
[247] UmwStErl. Tz. 15.10.

285 Wenn der betrieblichen Struktur nach Teilbetriebe oder zumindest Teilbetriebe im Aufbau zu bejahen sind, ist bei der Zuordnung der Wirtschaftsgüter im Rahmen der Spaltung zu beachten, dass die Wirtschaftsgüter, die **wesentliche Betriebsgrundlagen** darstellen, für die Teilbetriebe konstitutiv sind und diesen im Rahmen der Spaltung zugewiesen werden müssen.[248] Nach der Rechtsprechung des BFH ist dabei der Begriff der wesentlichen Betriebsgrundlage im Rahmen des § 15 UmwStG anders auszulegen als im Rahmen des § 16 EStG.[249] Ein Wirtschaftsgut ist bei der Anwendung des § 15 UmwStG nicht allein deshalb eine wesentliche Betriebsgrundlage, weil in ihm erhebliche stille Reserven ruhen.[250]

286 Nach der für die Teilbetriebsabgrenzung bei Umwandlungsvorgängen allein maßgebenden **funktionalen Betrachtungsweise** stellen nur Wirtschaftsgüter, die zur Erreichung des Betriebszwecks erforderlich sind und denen ein besonderes wirtschaftliches Gewicht für die Betriebsführung zukommt, wesentliche Betriebsgrundlagen dar.[251] Unter diese Begriffsbestimmung können nur die zur Herstellung der am Markt angebotenen Leistung unmittelbar verwendeten Wirtschaftsgüter fallen, insbesondere die im Teilbetrieb genutzten Grundstücke[252] und Produktionsanlagen.[253] Auch immaterielle Wirtschaftsgüter, wie zB Marken und Patente können wesentliche Betriebsgrundlagen sein, wenn die Tätigkeit des Teilbetriebs in erheblichem Umfang auf ihnen beruht.[254] Eine solche Verbindung mit einem Teilbetrieb ist nicht gegeben, wenn eine (Dach-)Marke in erster Linie dem Gesamtbetrieb dient. Wirtschaftsgüter, die nur unterstützende Funktion haben (insbesondere die der allgemeinen Verwaltung dienenden Wirtschaftsgüter), kommt kein besonderes wirtschaftliches Gewicht für die Betriebsführung zu. Auch sind kurzfristig wieder beschaffbare Wirtschaftsgüter des Anlagevermögens, insbesondere solche von geringem Wert, keine wesentlichen Betriebsgrundlagen.[255] Gleiches gilt für Forderungen und Finanzmittel.

Die wesentlichen Betriebsgrundlagen müssen mit dem jeweiligen Teilbetrieb übertragen werden (bzw. im Falle einer Abspaltung bei ihm verbleiben), eine bloße Nutzungsüberlassung reicht nicht aus.[256] Diejenigen Wirtschaftsgüter, die keine wesentlichen Betriebsgrundlagen darstellen, können hingegen jedem der Teilbetriebe zur Kapitalverstärkung zugeordnet werden (neutrales Vermögen).[257]

---

[248] UmwStErl. Tz. 15.07.
[249] BFH IV R 84/96 v. 2.10.1997, BStBl. II 1998, 104.
[250] Tz. 15.02 des Umwandlungssteuererlasses ist insoweit überholt; BMF v. 16.8. 2000 IV C 2 – S 1909–23/00, BStBl. I 2000, 1253.
[251] BFH VIII R 2/95 v. 17.4.1997, BStBl. II 1998, 388 mwN.
[252] Nachweise bei *Dötsch/Jost/Pung/Witt/Patt* § 20 UmwStG (SEStEG) Rz. 52 ff. Im Einzelfall kann die Grundstücksverwaltung jedoch auch selbst einen Teilbetrieb darstellen; BFH XI R 24/97 v. 12.11.1997, BFH/NV 1998, 690.
[253] BFH XI R 56, 57/95 v. 12.6.1996, BStBl. II 1996, 527. Auch diese können jedoch im Einzelfall aufgrund geringer wirtschaftlicher Bedeutung für den Teilbetrieb unwesentlich sein; BFH IV R 116/76 v. 26.4.1979, BStBl. II 1979, 557.
[254] BFH XI R 12/87 v. 6.11.1991, BStBl. II 1992, 415; BFH XI R 72/97 v. 23.9.1998 BStBl. II 1999, 281.
[255] BFH X R 39/04 v. 11.10.2007, BStBl. II 2008, 220.
[256] BFH I R 183/94 v. 16.2.1996, BStBl. II 1996, 342 zu dem vergleichbaren Problem in § 20 UmwStG.
[257] UmwStErl. Tz. 15.08.

H. Spaltung oder Einzelrechtsnachfolge

In der Praxis problematisch sind insbesondere Wirtschaftsgüter, die von mehreren Teilbetrieben genutzt werden und für mehr als einen Teilbetrieb eine wesentliche Betriebsgrundlage darstellen. Die Finanzverwaltung verlangt in diesem Fall bei Grundstücken grundsätzlich eine zivilrechtliche reale Teilung, nur bei Unzumutbarkeit derselben soll eine ideelle Teilung (Bruchteilseigentum) ausreichen.[258] Diese Sichtweise überzeugt nicht, da die steuerliche Zurechnung von Wirtschaftsgütern sich vorrangig nach dem wirtschaftlichen Eigentum iSd. § 39 Abs. 2 Nr. 1 AO richtet. Dies gilt auch im Rahmen des § 15 UmwStG.[259] Daher ist es auch ausreichend, wenn im Rahmen einer Spaltung nur das **wirtschaftliche Eigentum** an einem Wirtschaftsgut übertragen wird. Dies kann durch die **Einräumung eines Nutzungsrechts** im Rahmen der Spaltung erreicht werden,[260] wenn das Wirtschaftsgut nach Ablauf der unkündbaren Überlassungsdauer technisch oder wirtschaftlich abgenutzt ist.[261] Eine weitere Möglichkeit zur Übertragung des wirtschaftlichen Eigentums ist die **Begründung eines Treuhandverhältnisses** iSd. § 39 Abs. 2 Nr. 1 Satz 2 AO an einem Wirtschaftsgut.[262] Auch Bruchteilseigentum in Verbindung mit einer verbindlichen Nutzungsregelung führt zu wirtschaftlichem (Mit-) Eigentum.[263]

Die Zuordnung der Schulden der übertragenden AG kann grundsätzlich frei erfolgen. Schulden sind nämlich regelmäßig keine wesentlichen Betriebsgrundlagen. Sie können daher auch im Rahmen des § 15 UmwStG frei zugeordnet werden.[264] Die Pensionsrückstellungen sind allerdings zwangsläufig von den übernehmenden Rechtsträgern zu bilden, auf die die Arbeitsverhältnisse nach § 613 a BGB übergehen. Pensionsverpflichtungen gegenüber ausgeschiedenen Mitarbeitern können auch steuerlich frei zugeordnet werden.

Als Teilbetrieb gilt gem. § 15 Abs. 1 Satz 3 UmwStG auch ein Mitunternehmeranteil und eine Beteiligung an einer Kapitalgesellschaft, die das gesamte Nennkapital der Gesellschaft umfasst. Diese **fiktiven Teilbetriebe** können somit selbst Spaltungsgegenstand bzw. zurückbleibendes Vermögen bei einer Abspaltung sein.[265] Nach Auffassung der Finanzverwaltung zum UmwStG vor SEStEG konnten einem fiktiven Teilbetrieb nur diejenigen Wirtschaftsgüter und Schulden im Billigkeitswege zugeordnet werden, die in unmittelbarem wirtschaftlichen Zusammenhang mit ihm stehen.[266] Auf Grund der Änderung des Wortlauts des § 15 Abs. 1 Satz 2 UmwStG ist dies nach SEStEG anders zu

---

[258] UmwStErl. Tz. 15.07.
[259] Zutreffend *Dötsch/Jost/Pung/Witt/Dötsch/Pung* § 15 UmwStG (SEStEG) Rz. 85 zu beweglichen Wirtschaftsgütern.
[260] Zur Zulässigkeit s. Rz. 260
[261] BFH III R 4/76 v. 2.6. 1978, BStBl. II 1978, 507; zu Schutzrechten BFH III B 9/87 v. 22.1. 1988, BStBl. II 1988, 537 mwN.
[262] Erforderlich ist insb. die weisungsgebundene Tätigkeit des Treuhänders im Interesse des Treugebers und seine jederzeitige Verpflichtung zur Aushändigung des Treuguts; BFH I R 69/97 v. 20.1. 1999, BStBl. II 1999, 514; BFH VIII R 56/93 v. 15.7. 1997, BStBl. II 1998, 152.
[263] BFH I R 180/80 v. 26.5. 1982, BStBl. II 1982, 695 zu Gebäudeteilen.
[264] OFD Hannover S 1978–43-StO 243 v. 30.1. 2007, DB 2007, 716; aA *Frotscher/Maas* § 15 UmwStG Rz. 26.
[265] Eine Teilbetriebsfiktion enthält auch § 6 Abs. 2 EnWG; hierzu *Rödder/Herlinghaus/van Lishaut/Schumacher* § 15 UmwStG Rz. 58.
[266] UmwSt-Erlass Rn. 15.09.

289 Ein **Mitunternehmeranteil** ist die Beteiligung an einer gewerblich tätigen oder gewerblich geprägten Personengesellschaft iSd. § 15 Abs. 1 Nr. 2 EStG (neben Personengesellschaften mit Gesamthandsvermögen insbesondere auch die atypisch stille Gesellschaft). Begünstigt ist auch die Abspaltung des Teils eines Mitunternehmeranteils.[269] Ein Mitunternehmeranteil ist ertragsteuerlich kein Bestandteil des Betriebs der AG[270] und kann damit auch keine wesentliche Betriebsgrundlage eines Teilbetriebs sein.

290 Ein Mitunternehmeranteil umfasst neben dem Anteil an der Personengesellschaft auch das **Sonderbetriebsvermögen**. Sonderbetriebsvermögen sind Wirtschaftsgüter, die im Eigentum eines Gesellschafters (Mitunternehmers) stehen und dem Betrieb der Personengesellschaft (Sonderbetriebsvermögen I) oder der Beteiligung des Gesellschafters an der Personengesellschaft (Sonderbetriebsvermögen II, zB Beteiligungen an wirtschaftlich verflochtenen Kapitalgesellschaften) dienen.[271] Wenn Sonderbetriebsvermögen als wesentliche Betriebsgrundlage der Mitunternehmerschaft einzustufen ist, muss es mit dem Mitunternehmeranteil übertragen werden (bzw. mit ihm bei der AG verbleiben).[272] Da auch gewillkürtes Sonderbetriebsvermögen gebildet werden kann,[273] ist im Grundsatz eine Zuordnung von neutralem Vermögen zu dem Mitunternehmeranteil weitgehend möglich (ertragsteuerneutral gem. § 6 Abs. 5 Satz 2 EStG).[274]

291 Eine **Beteiligung an einer** (in- oder ausländischen) **Kapitalgesellschaft** gilt als Teilbetrieb, wenn sie das gesamte Nennkapital umfasst (dh. 100 % der Anteile [außer eigenen Anteilen], unabhängig davon, ob mit ihnen Stimmrechte verbunden sind). Die Anteile müssen nicht im zivilrechtlichen Eigentum der AG stehen, wirtschaftliches Eigentum, zB aufgrund einer Stellung als Treugeber iSd. § 39 Abs. 2 Nr. 1 Satz 2 AO reicht aus.[275] Eine 100 %-Beteiligung kann im Einzelfall auch eine wesentliche Betriebsgrundlage eines originären Teilbetriebs darstellen.[276] In diesem Fall verliert sie nach Auffassung der Finanzverwaltung ihre Eigenschaft als eigenständiger fiktiver Teilbetrieb, weil das übrige Vermögen keinen Teilbetrieb mehr darstellt.[277] Unter welchen Voraussetzungen eine Beteiligung eine wesentliche Betriebsgrundlage darstellt, ist

---

[267] Ausführlich *Rödder/Herlinghaus/van Lishaut/Schumacher* § 15 UmwStG Rz. 114, 167 u. 175.
[268] *Dötsch/Jost/Pung/Witt/Dötsch/Pung* § 15 UmwStG (SEStEG) Rz. 59 a; zur Diskussion s. auch *Schumacher/Neumann*, DStR 2008, 325.
[269] UmwStErl. Tz. 15.04.
[270] *Dötsch/Jost/Pung/Witt/Dötsch/Pung* § 15 UmwStG (SEStEG) Rz. 76.
[271] *Schmidt/Wacker* § 15 EStG Rz. 506 mwN.
[272] Ob bei Teilung eines Mitunternehmeranteils auch die wesentlichen Betriebsgrundlagen im Sonderbetriebsvermögen geteilt werden müssen, ist umstritten; bejahend *Dötsch/Jost/Pung/Witt/Dötsch/Pung* § 15 UmwStG (SEStEG) Rz. 73; zutreffend verneinend *Schmitt/Hörtnagl/Stratz/Hörtnagl* § 15 UmwStG Rz. 94.
[273] Nachweise bei *Schmidt/Wacker* § 15 EStG Rz. 527.
[274] Allerdings unter Umständen mit der Rechtsfolge des § 15 Abs. 3 Satz 1 UmwStG; dazu nachfolgend Rz. 293.
[275] Zivilrechtlich werden insoweit bei der Spaltung die Ansprüche gegen den Treuhänder zugeordnet; *Haritz/Benkert/Haritz* § 15 UmwStG Rz. 56.
[276] BFH X R 49/06 v. 4. 7. 2007, BStBl. II 2007, 772.
[277] UmwStErl. Tz. 15.06.

nicht durch Rechtsprechung geklärt. Eine Orientierung bietet die Rechtsprechung zu der Frage, wann eine Beteiligung notwendiges Betriebsvermögen darstellt.[278] Dies ist der Fall, wenn sie dazu bestimmt ist, die gewerbliche Betätigung des Steuerpflichtigen entscheidend zu fördern oder sie dazu dienen soll, den Absatz von Produkten zu gewährleisten.[279] Die Unterhaltung von Geschäftsbeziehungen, wie sie üblicherweise auch mit anderen Unternehmen bestehen, ist nicht ausreichend, selbst wenn die Geschäftsbeziehungen besonders intensiv sind und sich die Gesellschaften in derselben Branche betätigen. Nur wenn eine besondere wirtschaftliche Verflechtung derart besteht, dass die Kapitalgesellschaft eine wesentliche wirtschaftliche Funktion des Betriebs bzw. Teilbetriebs erfüllt, liegt notwendiges Betriebsvermögen vor[280] und könnte auch eine wesentliche Betriebsgrundlage bejaht werden.

Die Prüfung der Teilbetriebseigenschaft der Vermögensteile erfordert größte Sorgfalt. Auf eine Spaltung, die unter **Verletzung dieser Voraussetzung** erfolgt, sind gem. § 15 Abs. 1 Satz 2 UmwStG die Regelungen der §§ 11 Abs. 2 u. 13 Abs. 2 UmwStG nicht anwendbar (wohl aber gem. § 15 Abs. 1 Satz 1 UmwStG die übrigen Vorschriften der §§ 11–13 UmwStG und die steuerliche Rückwirkung nach § 2 Abs. 1 UmwStG). Es findet also nicht nur eine **Aufdeckung der stillen Reserven** des übertragenen Vermögens durch Ansatz des gemeinen Wertes gem. § 11 Abs. 1 UmwStG bei der AG statt, sondern auch eine Besteuerung der Aktionäre aufgrund einer (anteiligen) Veräußerung ihrer Aktien zum gemeinen Wert gem. § 13 Abs. 1 UmwStG. Angesichts dieser steuerlichen Folgen ist regelmäßig die Absicherung der Teilbetriebseigenschaft durch eine **verbindliche Auskunft** gem. § 89 Abs. 2 AO geboten.

Wenn die Teilbetriebsvoraussetzung des § 15 Abs. 1 UmwStG erfüllt ist, gelten – vorbehaltlich der nachfolgend erläuterte Missbrauchsvorschriften – auch §§ 11 Abs. 2, 13 Abs. 2 UmwStG entsprechend. Die übertragende AG kann auf Antrag in ihrer Steuerbilanz unabhängig von der Handelsbilanz auf den steuerlichen Übertragungsstichtag gem. § 11 Abs. 2 Satz 1 UmwStG unter den dort genannten Voraussetzungen wie bei einer Verschmelzung die Buchwerte des zu übertragenden Vermögens ansetzen (d. h. insbesondere so weit keine andere Gegenleistung als Gesellschaftsrechte, insbesondere bare Zuzahlungen, gewährt wird; s. o. Rz. 69 ff.).

Wenn die übertragende Körperschaft an der übernehmenden Körperschaft beteiligt ist und auf die Anteile an der übernehmenden Körperschaft steuerwirksame Teilwertabschreibungen oder Abzüge nach § 6b EStG o. ä. vorgenommen wurden, kann es zu einer (anteiligen) steuerpflichtigen Hinzurechnung gem. §§ 15 Abs. 1, 11 Abs. 2 Satz 2 UmwStG kommen (s. o. Rz. 87).[281]

Verbleibt nach Verrechnung mit einem etwaigen Übertragungsgewinn bei der übertragenden AG ein **Verlustvortrag** i. S. d. § 10d EStG, so **vermindert sich** dieser – wie auch verrechenbare Verluste, nicht ausgeglichene negative Einkünfte und ein Zinsvortrag i. S. des § 4h Abs. 1 Satz 2 EStG – in dem Ver-

---

[278] Aus dem Vorliegen notwendigen Betriebsvermögens folgt allerdings nicht zwingend die Einstufung als wesentliche Betriebsgrundlage; *Dötsch/Jost/Pung/Witt/Patt* § 20 UmwStG (SEStEG) Rz 60.

[279] BFH XI R 45/97 v. 4. 2. 1998, BStBl. II 1998, 301; BFH XI R 18/93 v. 8. 12. 1993, BStBl. II 1994, 296.

[280] BFH VIII R 66/96 v. 3. 3. 1998, BStBl. II 1998, 383.

[281] Zu Einzelheiten *Rödder/Herlinghaus/van Lishaut/Schumacher* § 15 UmwStG Rz. 181 f.

hältnis, in dem bei Zugrundelegen des gemeinen Wertes Vermögen auf die übernehmende Kapitalgesellschaft übergeht (§ 15 Abs. 3 UmwStG). Dies gilt entsprechend für vortragsfähige Gewerbesteuerverluste i. S. v. § 10 a GewStG (§ 19 Abs. 2 UmwStG).

293 **bb) Missbrauchsvorschriften.** § 15 Abs. 2 UmwStG enthält mehrere spezielle Missbrauchsvorschriften, deren Rechtsfolge jeweils die Nichtanwendung des § 11 Abs. 2 UmwStG auf das übertragene Vermögen ist. Da dieses dann nicht mit seinem Buchwert, sondern mit dem gemeinen Wert anzusetzen ist, werden als **Rechtsfolge** die in ihm enthaltenen stillen Reserven bei der übertragenden AG besteuert. Unmittelbare Auswirkungen auf die übrigen Rechtsfolgen der Spaltung ergeben sich nicht.[282]

Die erste Fallgruppe innerhalb der Missbrauchsvorschriften ist der **Erwerb oder die Aufstockung von fiktiven Teilbetrieben** innerhalb eines Zeitraums von drei Jahren vor dem steuerlichen Übertragungsstichtag durch Übertragung von Wirtschaftsgütern, die kein Teilbetrieb sind (§ 15 Abs. 2 Satz 1 UmwStG). Hintergrund der Regelung ist die Möglichkeit, einzelne Wirtschaftsgüter auf Mitunternehmerschaften oder Kapitalgesellschaften ohne Aufdeckung der stillen Reserven zu übertragen. Dies betrifft insbesondere die Überführung von Wirtschaftsgütern in das Sonderbetriebsvermögen einer Mitunternehmerschaft (§ 6 Abs. 5 Satz 2 EStG) und die Einbringung einer mehrheitsvermittelnden, aber weniger als 100 % des Nennkapitals umfassenden Beteiligung an einer Kapitalgesellschaft in eine andere Kapitalgesellschaft (§ 21 Abs. 1 Satz 2 UmwStG, dazu unten Rz. 318).

Der Wortlaut des § 15 Abs. 2 Satz 1 UmwStG ist missglückt und führt zu verschiedenen Unklarheiten. Nach Auffassung der Finanzverwaltung ist § 11 Abs. 1 UmwStG auf das gesamte übertragene Vermögen nicht anzuwenden, wenn in ihm oder im verbleibenden Vermögen ein schädlich erworbener oder aufgestockter fiktiver Teilbetrieb vorhanden ist.[283] Dies gilt jedoch nicht, wenn der fiktive Teilbetrieb Bestandteil eines originären Teilbetriebs ist, da die Aufstockung dann nicht zu einer Umgehung der Teilbetriebsvoraussetzung führen kann.[284] Nach zutreffender Auffassung führt nur eine Übertragung von Wirtschaftsgütern durch die zu spaltende AG auf die Mitunternehmerschaft oder Kapitalgesellschaft zu einem Wert unter dem gemeinen Wert zur Anwendbarkeit der Vorschrift, nicht hingegen die Übertragung mit Aufdeckung aller stillen Reserven.[285]

294 Die zweite Fallgruppe in § 15 Abs. 2 UmwStG ist die Veräußerung oder Vorbereitung der Veräußerung an außenstehende Personen durch die Spaltung (§ 15 Abs. 2 Satz 2–4 UmwStG). Veräußerung ist die entgeltliche Übertragung des wirtschaftlichen Eigentums.[286] Aus § 15 Abs. 2 Satz 4 UmwStG geht hervor, dass sich die Regelungen insgesamt auf die **Veräußerung von Anteilen**

---

[282] UmwStErl. Tz. 15.21 u. 15.32.
[283] UmwStErl. Tz. 15.21; zur Kritik – nach dem Wortlaut bezieht sich die Vorschrift nur auf die Anwendung des § 11 Abs. 2 UmwStG auf übertragene fiktive Teilbetriebe – *Rödder/Herlinghaus/van Lishaut/Schumacher* § 15 UmwStG Rz. 196 ff. mwN.
[284] *Dötsch/Jost/Pung/Witt/Dötsch/Pung* § 15 UmwStG (SEStEG) Rz. 97.
[285] *Haritz/Benkert/Haritz* § 15 UmwStG Rz. 86; so auch UmwStErl. Tz. 15.17 (Einlage von Wirtschaftsgütern, die stille Reserven enthalten) u. Tz. 15.18 (Unschädlichkeit der verdeckten Einlage in Kapitalgesellschaften); kritisch *Dötsch/Jost/Pung/Witt/Dötsch/Pung* UmwStG (SEStEG) § 15 Rz. 103.
[286] *Dötsch/Jost/Pung/Witt/Dötsch/Pung* § 15 UmwStG (SEStEG) Rz. 111.

H. Spaltung oder Einzelrechtsnachfolge 295–297 § 14

an den an der Spaltung beteiligten Körperschaften bezieht (nicht etwa auf das Vermögen der Gesellschaften).[287] Diese Körperschaften sind die übertragende AG und die übernehmenden Rechtsträger, nicht aber Anteilseigner der übertragenden AG, die Körperschaften sind, oder Körperschaften, deren Anteile im Rahmen der Spaltung übertragen werden. Spaltungen sollen nicht begünstigt werden, wenn sie einer gegenüber der Veräußerung von Teilen des Vermögens der Gesellschaft steuerlich begünstigten Veräußerung von Anteilen dienen, die dieses Vermögen wirtschaftlich verkörpern.

Außenstehende Personen sind nur solche, die nicht an der übertragenden AG beteiligt sind. Das Tatbestandsmerkmal der „außenstehenden Person" gilt über § 15 Abs. 2 Satz 2 UmwStG hinaus auch für § 15 Abs. 2 Satz 3 u. 4 UmwStG.[288] Veränderungen der Beteiligungsverhältnisse zwischen den Altgesellschaftern erfüllen daher nicht den Tatbestand des § 15 Abs. 2 Satz 2–4 UmwStG.[289] 295

Durch die Spaltung selbst kann eine Veräußerung iSd. § 15 Abs. 2 Satz 2 UmwStG allenfalls dann vollzogen werden, wenn Aktionäre der übertragenden AG nicht in einem angemessenen Verhältnis an den beteiligten Rechtsträgern beteiligt werden und dadurch andere, außenstehende Anteilseigner der übernehmenden Rechtsträger wirtschaftlich begünstigt werden und hierfür direkt ein Entgelt an diese Aktionäre zahlen.[290]

Diese Regelungen zur **Vorbereitung einer Veräußerung** durch die Spaltung in § 15 Abs. 2 Satz 3 u. 4 UmwStG sind von erheblicher praktischer Bedeutung. Nach § 15 Abs. 2 Satz 4 UmwStG ist von der Vorbereitung einer Veräußerung auszugehen, wenn innerhalb von fünf Jahren nach dem steuerlichen Übertragungsstichtag Anteile an den aufnehmenden Rechtsträgern und im Falle der Abspaltung auch an der übertragenden AG veräußert werden, die mehr als 20 % der Anteile ausmachen, die vor der Spaltung an der übertragenden AG bestanden haben. Nach der Rechtsprechung des BFH enthält § 15 Abs. 2 Satz 4 UmwStG eine unwiderlegbare Fiktion.[291] Die Vorschrift bezieht sich nur auf die unmittelbare Veräußerung der Anteile, nicht auf die Veräußerung von Anteilen an einer Kapitalgesellschaft, die an einer der an der Spaltung beteiligten Körperschaften beteiligt ist.[292] Die Fünfjahresfrist ist abschließend, sodass Veräußerungen nach ihrem Ablauf in jedem Fall unschädlich sind.[293] 296

Bei jeder der Spaltung nachfolgenden Veränderung der Beteiligungsverhältnisse bei den an der Spaltung beteiligten Körperschaften muss ihre Auswirkung auf § 15 Abs. 2 Satz 3 u. 4 UmwStG geprüft werden. Auch nachfolgende Umstrukturierungen der an der Spaltung beteiligten Körperschaften, die zu einem Tausch von Anteilen an diesen im Rahmen einer Verschmelzung, Spaltung 297

---

[287] Dötsch/Jost/Pung/Witt/Dötsch/Pung § 15 UmwStG (SEStEG) Rz. 110.
[288] Dötsch/Jost/Pung/Witt/Dötsch/Pung § 15 UmwStG (SEStEG) Rz. 126; Haritz/Benkert/Haritz UmwStG § 15 Rz. 113; ebenso wohl UmwStErl. Tz. 15.22; aA Widmann/Mayer § 15 UmwStG Rz. 295.
[289] Dötsch/Jost/Pung/Witt/Dötsch/Pung § 15 UmwStG (SEStEG) Rz. 114.
[290] Haritz/Benkert/Haritz § 15 UmwStG Rz. 103. Dötsch/Jost/Pung/Witt/Dötsch/Pung § 15 UmwStG (SEStEG) Rz. 122 wollen auch in diesem Fall Satz 3 anwenden.
[291] BFH I R 62/04 v. 3. 8. 2005, BStBl. II 2006, 391.
[292] Die FinVerw. sieht mittelbare Veräußerungen als schädlich an, wenn dadurch § 15 Abs. 3 Satz 3 u. 4 UmwStG umgangen wird; Dötsch/Jost/Pung/Witt/Dötsch/Pung § 15 UmwStG (SEStEG) Rz. 131 f.
[293] UmwStErl. Tz. 15.31.

oder Einbringung in eine Kapitalgesellschaft führen, können als Veräußerung iSd. § 15 Abs. 2 Satz 3 u. 4 UmwStG anzusehen sein.[294] Nach Auffassung der Finanzverwaltung sind nur **Umstrukturierungen innerhalb von verbundenen Unternehmen** iSd. § 271 Abs. 2 HGB keine schädliche Veräußerung.[295] Eine Verschmelzung oder Spaltung eines Anteilseigners, die zur Übertragung von Anteilen einer der Spaltgesellschaften führt, ist nur in dem Sonderfall schädlich, dass die von dem übernehmenden Rechtsträger ausgegebenen neuen Anteile an außenstehende Personen fallen.[296]

298 Die Anwendung des § 15 Abs. 2 Satz 4 UmwStG erfordert die Feststellung, wann die Veräußerung von Anteilen die Quote von 20 % erfüllt. Dies ist – entsprechend der Aufteilungsregel in § 15 Abs. 3 UmwStG – nach dem Verhältnis der Verkehrswerte des übertragenen Vermögens zu dem bei der AG vor der Spaltung vorhandenen Vermögen zu bestimmen[297] Bei einer Spaltung zur Aufnahme stellt sich die Frage, ob auch die Veräußerung der bereits vor der Spaltung bestehenden Anteile an der aufnehmenden Gesellschaft schädlich sein kann. Im Extremfall – Spaltung zur Aufnahme auf die 100 %ige Muttergesellschaft – erfolgt bei dem übernehmenden Rechtsträger überhaupt keine Kapitalerhöhung. In diesem Fall kann die Spaltung auch nicht der Vorbereitung einer Veräußerung dienen. Daher ist die Veräußerung von Anteilen an einem übernehmenden Rechtsträger grundsätzlich nur insoweit schädlich, als diese Anteile durch eine spaltungsbedingte Kapitalerhöhung geschaffen wurden.[298]

Durch § 15 Abs. 2 Satz 4 UmwStG bilden die Gesellschafter der an der Spaltung beteiligten Körperschaften eine „Schicksalsgemeinschaft", zumal die Veräußerung von Anteilen durch einen Gesellschafter zu einer Besteuerung zu Lasten der übertragenden Körperschaft und damit wirtschaftlich zu Lasten anderer Gesellschafter führen kann. Daher wird im Rahmen von Spaltungen regelmäßig die Übernahme der durch eine Veräußerung verursachten Steuerbelastung der Spaltung durch den oder die veräußernden Gesellschafter vereinbart. Im Falle der Börsennotierung einer oder mehrerer der an der Spaltung beteiligten Körperschaften ist die vertragliche Sicherung der Vermeidung des § 15 Abs. 2 Satz 4 UmwStG hingegen unmöglich. Die ertragsteuerneutrale Spaltung börsennotierter Gesellschaften mit einem Streubesitz von mehr als 20 % wird dadurch faktisch verhindert.[299]

299 Während § 15 Abs. 2 Satz 4 UmwStG Veränderungen der Beteiligungsverhältnisse nach der Spaltung sanktioniert, stellt § 15 Abs. 2 Satz 5 UmwStG bei der **Trennung von Gesellschafterstämmen** für die Anwendung des § 11 Abs. 1 UmwStG die zusätzliche Bedingung auf, dass die Beteiligungen an der übertragenden AG mindestens fünf Jahre vor dem steuerlichen Übertragungsstichtag bestanden haben. Auch durch diese Vorschrift soll ein steuerneutraler Verkauf eines Teilbetriebs – durch Beteiligung des Erwerbers mittels Kapital-

---

[294] UmwStErl. Tz. 15.24; zur notwendigen Differenzierung *Rödder/Herlinghaus/van Lishaut/Schumacher* § 15 UmwStG Rz. 228 ff.
[295] UmwStErl. Tz. 15.26.
[296] OFD Nürnberg S 1978 b – 3 – St 31 v. 9. 2. 2000, DB 2000, 697.
[297] UmwStErl. Tz. 15.28 mit Beispiel in Tz. 15.29.
[298] Zu Einzelheiten *Rödder/Herlinghaus/van Lishaut/Schumacher* § 15 UmwStG Rz. 236 f. mwN.
[299] Zu Beweislastfragen *Dötsch/Jost/Pung/Witt/Dötsch/Pung* § 15 UmwStG (SEStEG) Rz. 127.

H. Spaltung oder Einzelrechtsnachfolge 300–302 § 14

erhöhung und nachfolgende nichtverhältniswahrende Spaltung zu Null – verhindert werden. Nach Auffassung der Finanzverwaltung ist § 15 Abs. 2 Satz 5 UmwStG auch dann anwendbar, wenn bei einer Trennung von Gesellschafterstämmen die übertragende AG noch keine fünf Jahre bestanden hat.[300] Eine Trennung von Gesellschafterstämmen iSd. § 15 Abs. 2 Satz 5 UmwStG liegt nur vor, wenn nach vollzogener Spaltung an allen beteiligten Körperschaften nicht mehr alle Aktionäre der übertragenden AG beteiligt sind.[301] Unschädlich ist eine Verschiebung von Beteiligungsquoten der Gesellschafter untereinander sowohl im Fünfjahreszeitraum vor der Spaltung[302] als auch durch die nichtverhältniswahrende Spaltung, solange an mindestens einer der Nachfolgegesellschaften alle Aktionäre der übertragenden AG beteiligt sind. Hierbei reicht eine geringfügige Beteiligung aus, da auch diese eine „Trennung" im Sinne der Vorschrift verhindert.[303]

Anders als im Rahmen des § 15 Abs. 2 Satz 2–4 UmwStG sind Übertragungen zwischen verbundenen Unternehmen nach Auffassung der Finanzverwaltung im Rahmen des § 15 Abs. 2 Satz 5 UmwStG schädlich (keine Anrechnung der Vorbesitzzeit).[304] Nach zutreffender Auffassung erfolgt jedenfalls in Fällen der Gesamtrechtsnachfolge (zB Erbfall, Verschmelzung) eine **Anrechnung der Vorbesitzzeit**.[305] Dies folgt bei inländischen Umwandlungen unmittelbar aus § 4 Abs. 2 Satz 3 UmwStG. **300**

c) Übernehmende Kapitalgesellschaft

Bei der übernehmenden Kapitalgesellschaft gilt § 12 UmwStG gem. § 15 **301** Abs. 1 Satz 1 UmwStG entsprechend. Im Grundsatz gelten die Ausführungen zur Verschmelzung entsprechend (s. o. Rz. 88 ff.).

Die übernehmende Körperschaft hat die auf sie übergehenden Wirtschaftsgüter gem. § 12 Abs. 1 Satz 1 UmwStG mit dem Wert aus der steuerlichen Schlussbilanz der übertragenden AG zu übernehmen. § 12 Abs. 1 Satz 2, Abs. 2 u. 4 UmwStG (Hinzurechnung früherer steuerwirksamer Teilwertabschreibungen etc., Erfassung eines Übernahmegewinns und Übernahmefolgegewinns) können im Falle einer up-stream Spaltung von Relevanz sein.[306]

Die übernehmende Kapitalgesellschaft tritt gem. § 15 Abs. 1 iVm. § 12 Abs. 3 **302** UmwStG hinsichtlich des auf sie übertragenen Vermögens in die steuerliche Rechtsstellung der AG ein. Die verbleibenden körperschaftsteuerlichen und gewerbesteuerlichen **Verlustvorträge** etc. der AG gehen jedoch nicht auf die übernehmende Körperschaft über (§§ 15 Abs. 1, 12 Abs. 3, 4 Abs. 2 Satz 2, 18 Abs. 1 Satz 2 UmwStG; s. o. Rz. 95).

---

[300] UmwStErl. Tz. 15.37; aA *Haritz/Benkert/Haritz* § 15 UmwStG Rz. 146. Zur Anrechnung einer Vorbesitzzeit bei Umwandlung einer Personengesellschaft in eine Kapitalgesellschaft UmwStErl. Tz. 15.39.
[301] UmwStErl. Tz. 15.36.
[302] UmwStErl. Tz. 15.35.
[303] *Haritz/Benkert/Haritz* § 15 UmwStG Rz. 139 f.; aA *Widmann/Mayer* § 15 UmwStG Rz. 456.
[304] UmwStErl. Tz. 15.39; kritisch zu diesem Widerspruch *Dötsch/Jost/Pung/Witt/ Dötsch/Pung* § 15 UmwStG (SEStEG) Rz. 157.
[305] *Dötsch* a.a.O..
[306] Zur anteiligen Anwendung des § 12 Abs. 2 Satz 2 UmwStG *Rödder/Herlinghaus/ van Lishaut/Schumacher* § 15 UmwStG Rz. 82 ff.

303 Das bei der übertragenden AG zum steuerlichen Übertragungsstichtag vorhandene Einlagekonto iSd. § 27 KStG geht gem. § 29 Abs. 3 KStG (mit Einschränkungen bei up-stream und down-stream Spaltungen) im Verhältnis der gemeinen Werte auf die übernehmende Kapitalgesellschaft über.

Wenn die AG Organträgerin war und durch die Auf- oder Abspaltung die Mehrheitsbeteiligung an einer Organgesellschaft auf eine übernehmende Kapitalgesellschaft übertragen wird, kann diese die Organschaft fortsetzen.[307]

So weit Grundstücke (§ 1 Abs. 1 Nr. 3 GrEStG) übertragen werden oder durch die Übertragung von Anteilen an grundbesitzhaltenden Kapital- oder Personengesellschaften die Tatbestände des § 1 Abs. 2 a, Abs. 3 Nr. 2 oder 4 GrEStG erfüllt werden, führt die Spaltung zum Anfall von **Grunderwerbsteuer** (dazu ausführlich oben Rz. 111 ff.).

d) Aktionäre

304 Wenn die Teilbetriebsvoraussetzung erfüllt ist, richtet sich die Besteuerung der Aktionäre nach § 15 Abs. 1 Satz 2 iVm. § 13 Abs. 2 UmwStG (anderenfalls zwingend anteilige Veräußerung der Anteile zum gemeinen Wert). Die Spaltung kann daher für sie ertragsteuerneutral sein, selbst wenn auf der Ebene der AG wegen § 15 Abs. 2 UmwStG eine Gewinnrealisierung erfolgt (zur Fortführung der Buchwerte beim Anteilseigner s. Rz. 100 ff.).

Im Gegensatz zur Verschmelzung besteht bei der Spaltung die Besonderheit, dass die Buchwerte bzw. Anschaffungskosten der Aktien regelmäßig auf Anteile an mindestens zwei Gesellschaften verteilt werden müssen (Ausnahme: nichtverhältniswahrende Spaltung zu Null). Mangels gesetzlicher Regelung erfolgt dies nach Auffassung der Finanzverwaltung nach dem in § 15 Abs. 3 UmwStG enthaltenen Aufteilungsschlüssel.[308]

III. Auf- oder Abspaltung auf Personenhandelsgesellschaften

1. Gesellschaftsrechtliche Voraussetzungen und Rechtsfolgen

305 Besondere Vorschriften für die Spaltung unter Beteiligung von Personenhandelsgesellschaften existieren nicht. Hinsichtlich der gesellschaftsrechtlichen Regelungen kann daher auf die Ausführungen zur Auf- oder Abspaltung auf Kapitalgesellschaften (s. o. Rz. 257 ff.) und hinsichtlich der rechtsformspezifischen Besonderheiten auf die Ausführungen zur Verschmelzung einer AG auf eine Personenhandelsgesellschaft verwiesen werden (s. Rz. 151 ff.).

2. Handelsbilanzielle Darstellung

306 Die handelsbilanzielle Darstellung unterscheidet sich nicht von der Auf- oder Abspaltung auf eine Kapitalgesellschaft (s. Rz. 275 ff.).

---

[307] UmwStErl. Tz. Org.08 iVm. Org.02 ff. Siehe auch oben Rz. 106 ff. Dem sollte auch die restriktive Haltung der Finanzverwaltung zur finanziellen Eingliederung bei Ausgliederung nicht entgegenstehen; dazu unten Rz. 328.

[308] UmwStErl. Tz. 15.51.

H. Spaltung oder Einzelrechtsnachfolge 307–310 § 14

3. Steuerrechtliche Behandlung

a) Überblick

Für die steuerrechtliche Behandlung einer Auf- oder Abspaltung von einer AG auf eine gewerbliche Personenhandelsgesellschaft[309] gelten gem. § 16 UmwStG die §§ 3–8, und 15 UmwStG entsprechend. Somit wird hinsichtlich der Voraussetzungen für eine ertragsteuerneutrale Spaltung auf § 15 UmwStG verwiesen, während die Rechtsfolgen denen einer Verschmelzung einer AG auf eine Personenhandelsgesellschaft entsprechen (dazu oben Rz. 163 ff.). Diese Verweisung hat gem. § 15 Abs. 1 Satz 1 UmwStG („vorbehaltlich des § 16") Vorrang vor der dortigen Verweisung auf §§ 11–13 UmwStG. 307

b) Übertragende Aktiengesellschaft

Aus dem Verweis in § 16 UmwStG auf § 15 UmwStG folgt, dass die Auf- oder Abspaltung von einer AG auf eine Personenhandelsgesellschaft nur dann ertragsteuerneutral möglich ist, wenn die in § 15 Abs. 1 Satz 2 UmwStG enthaltene Teilbetriebsvoraussetzung vorliegt.[310] Anderenfalls erfolgt bei der AG ein Ansatz der übergehenden Wirtschaftsgüter zum gemeinen Wert entsprechend § 3 Abs. 1 UmwStG und der dadurch entstehende Gewinn erhöht die von den Aktionären gem. § 7 UmwStG zu versteuernde fiktive Gewinnausschüttung. 308

Die **Missbrauchstatbestände** des § 15 Abs. 2 UmwStG (s. Rz. 293 ff.) führen bei entsprechender Anwendung zu einer Versagung des Bewertungswahlrechts nach § 3 Abs. 2 UmwStG. Nach Sinn und Zweck der Regelungen sollten sich die Regelungen zur **Veräußerung von Anteilen** in § 15 Abs. 2 Satz 2–4 UmwStG allerdings bei einer Abspaltung nur auf die Aktien an der AG und nicht auf die Anteile an der übernehmenden Personenhandelsgesellschaft beziehen.[311]

Das Einlagekonto der AG iSd. § 27 KStG mindert sich gem. §§ 29 Abs. 3 Satz 4 KStG in dem Verhältnis der übergehenden Vermögensteile zu dem bei der AG vor der Spaltung bestehenden Vermögen. **Verlustvorträge** etc. der übertragenden AG mindern sich gem. §§ 16, 15 Abs. 3, 18 Abs. 1 UmwStG in dem Verhältnis, in dem Vermögen auf die Personenhandelsgesellschaft übergeht. 309

c) Übernehmende Personenhandelsgesellschaft und Aktionäre

Bei der übernehmenden Personengesellschaft wird die Auf- oder Abspaltung von der AG wie eine partielle Verschmelzung behandelt. Die (anteiligen) Gewinnrücklagen der AG werden von den Gesellschaftern gem. § 7 UmwStG als fiktive Ausschüttung versteuert und es wird ein (anteiliger) Übernahmegewinn oder -verlust ermittelt und in begrenztem Umfang steuerlich berücksichtigt. Die Ausführungen zur Verschmelzung gelten entsprechend (s. Rz. 182 ff.). 310

---

[309] Im Sonderfall der Auf- oder Abspaltung auf eine Personenhandelsgesellschaft ohne steuerliches Betriebsvermögen ist das übergehende Vermögen gem. § 3 Abs. 1, 2 Satz 1 Nr. 1 UmwStG zwingend mit dem gemeinen Wert anzusetzen.
[310] Dötsch/Jost/Pung/Witt/Dötsch § 16 UmwStG (SEStEG) Rz. 6.
[311] Zu Einzelheiten Rödder/Herlinghaus/van Lishaut/Schumacher § 16 UmwStG Rz. 17.

IV. Ausgliederung auf Kapitalgesellschaften

1. Gesellschaftsrechtliche Voraussetzungen und Rechtsfolgen

311 Durch eine Ausgliederung kann die AG gem. § 123 Abs. 3 UmwG einen Teil oder mehrere Teile ihres Vermögens auf bestehende oder dadurch neu gegründete Rechtsträger gegen Gewährung von Anteilen oder Mitgliedschaften dieser Rechtsträger an die AG übertragen. Danach ist auch eine sog. **Totalausgliederung** zulässig, durch die sämtliches Vermögen der AG auf eine oder mehrere Kapitalgesellschaften übergeht und die AG zu reinen **Holding** wird.[312] In jedem Fall verändert sich das Vermögen der AG durch eine Ausgliederung mit angemessener Gewährung von Anteilen nur in seiner Zusammensetzung, nicht aber in seinem Wert. Auch die Zusammensetzung des bilanziell ausgewiesenen Eigenkapitals der AG verändert sich nicht.[313]

312 Die Ausgliederung wird als Unterfall der Spaltung gesellschaftsrechtlich wie eine Auf- oder Abspaltung behandelt, sodass grundsätzlich auf die entsprechenden Ausführungen verwiesen werden kann (s. Rz. 257 ff.). Die Besonderheit der Ausgliederung liegt darin, dass die übertragende AG selbst und nicht ihre Aktionäre Anteile an der aufnehmenden Kapitalgesellschaft erhalten. Im Ausgliederungsvertrag entfallen daher die Angaben zum Umtausch der Anteile nach § 126 Abs. 1 Nr. 3, 4 u. 10 UmwG. Auch sind verschiedene auf den Anteilstausch bezogene Vorschriften bei der Ausgliederung nicht entsprechend anzuwenden.[314] Insbesondere findet gem. § 125 Satz 2 UmwG eine Prüfung der Ausgliederung nach §§ 9–12 UmwG nicht statt.

Zu beachten ist des Weiteren, dass § 125 für die Ausgliederung nicht auf §§ 54, 68 UmwG verweist. Die in §§ 54 Abs. 4, 68 Abs. 3 UmwG festgelegte Obergrenze für die Gewährung barer Zuzahlungen und die Ausnahmen von der Erforderlichkeit einer Kapitalerhöhung gelten somit nicht für die Ausgliederung.[315]

Wie bereits oben erläutert (Rz. 255), besteht zu einer Ausgliederung nach dem UmwG mit der Übertragung durch **Einzelrechtsnachfolge** im Rahmen einer Sachgründung oder Sachkapitalerhöhung eine auch in der Praxis relevante Alternative.

2. Handelsbilanzielle Darstellung

a) Übertragende Aktiengesellschaft

313 Aus Sicht der übertragenden AG handelt es sich bei der Ausgliederung um einen **Tauschvorgang**. Die als Gegenleistung für das übertragene Vermögen gewährten Anteile sind nach den für Tauschgeschäfte entwickelten Regeln zu bewerten, dh. mindestens mit dem Buchwert des übertragenen Vermögens und

---

[312] *Lutter/Teichmann* § 123 UmwG Rz. 25; *Kallmeyer/Kallmeyer* § 123 UmwG Rz. 12.
[313] Es besteht auch kein Bedarf für eine Kapitalherabsetzung. Die Regelung in § 145 UmwG läuft daher grds. ins Leere; *Lutter/Schwab* § 145 UmwG Rz. 4.
[314] So gelten §§ 14 Abs. 2, 15 UmwG (keine Anfechtung des Beschlusses wegen eines zu niedrig bemessenen Umtauschverhältnisses) nicht entsprechend, da die Aktionäre von der Ausgliederung nicht unmittelbar betroffen sind; *Lutter/Teichmann* § 125 UmwG Rz. 10.
[315] *Kallmeyer/Kallmeyer* § 125 UmwG Rz. 60 u. 76; zur Zulässigkeit eines Verzichts auf eine Kapitalerhöhung *Lutter/Priester* § 126 UmwG Rz. 26.

H. Spaltung oder Einzelrechtsnachfolge   314–316   § 14

höchstens mit dessen Zeitwert.³¹⁶ Im Falle eines negativen Buchwerts des übertragenen Vermögens sind die gewährten Anteile mindestens mit einem Merkposten anzusetzen, ein negativer Wert ist nicht zulässig.

b) Übernehmende Kapitalgesellschaft

Die übernehmende Kapitalgesellschaft hat gem. § 24 UmwG wie bei einer Auf- und Abspaltung das Wahlrecht, als Anschaffungskosten den Zeitwert der Gegenleistung (der gewährten Anteilen) oder die Buchwerte aus der Schlussbilanz der übertragenden AG anzusetzen (s. Rz. 49 ff.).³¹⁷ Ein über den Nennbetrag der gewährten Anteile hinausgehender Betrag ist in die Kapitalrücklage nach § 272 Abs. 2 Nr. 1 HGB einzustellen.   **314**

c) Bilanzierende Aktionäre

Die Aktionäre halten nach der Ausgliederung die selben Aktien wie davor, auch deren Wert ändert sich durch eine Ausgliederung mit angemessener Gewährung von Anteilen als Gegenleistung nicht.³¹⁸ Es ergeben sich daher für sie keine handelsbilanziellen Folgen.   **315**

3. Steuerrechtliche Behandlung

a) Übertragende Aktiengesellschaft

aa) Überblick. Die Ausgliederung wird steuerlich – wie ihre gesellschaftsrechtliche Alternative der Sacheinlage im Rahmen einer Sachgründung oder Sachkapitalerhöhung – als Einbringung in eine Kapitalgesellschaft gegen Gewährung von Gesellschaftsrechten und damit als **Veräußerung** (tauschähnlicher Vorgang) gewertet.³¹⁹ Sie führt grundsätzlich gem. § 6 Abs. 6 Satz 1 EStG zu einer **Gewinnrealisierung**.³²⁰ Diese Gewinnrealisierung kann unter den Voraussetzungen der §§ 20, 21 UmwStG vermieden werden.   **316**

Nach diesen Vorschriften können Betriebe, Teilbetriebe, Mitunternehmeranteile und bestimmte Anteile an Kapitalgesellschaften bei Erfüllung weiterer Voraussetzungen zu Buchwerten in eine Kapitalgesellschaft eingebracht werden. Die Besonderheit der Vorschrift liegt darin, dass die steuerliche Behandlung der ausgliedernden AG entscheidend auch von der steuerlichen Bewertung des ausgegliederten Vermögens bei der übernehmenden Kapitalgesellschaft abhängt. Die nachfolgenden Ausführungen gelten entsprechend für die Übertragung im Wege der Einzelrechtsnachfolge.

So weit **ausländisches Vermögen** übertragen wird, müssen mögliche steuerliche Folgen nach ausländischem Recht überprüft werden.

---

³¹⁶ IDW-HFA 1/1998, WPg. 1998, 508 Tz. 123.; *Budde/Förschle/Winkeljohann/Klingberg* Kap. I Rz. 335.
³¹⁷ Ein vergleichbares Wahlrecht gilt nach überwiegender Meinung auch im Falle einer Sachgründung oder Sachkapitalerhöhung; *ADS* § 255 HGB Rz. 97 mwN.; Darstellung der bestehenden Meinungsvielfalt bei *Widmann/Mayer* a.a.O. § 24 UmwG Rz. 288 f.
³¹⁸ *Budde/Förschle/Winkeljohann/Klingberg* Kap. I Rz. 365.
³¹⁹ BFH VIII R 69/95 v. 19.10.1998, BStBl. II 2000, 230; BFH XI R 15/90 v. 11.9.1991, BStBl. II 1992, 404.
³²⁰ Gleiches gilt gemäß § 6 Abs. 6 Satz 2 EStG für eine Übertragung ohne Gegenleistung (verdeckte Einlage).

§ 14 317, 318 Umwandlung der AG

317 **bb) Tatbestandsvoraussetzungen** der §§ 20 Abs. 1, 21 Abs. 1 UmwStG Voraussetzung für die Anwendung der §§ 20, 21 UmwStG ist die Einbringung (ob durch Ausgliederung oder Einzelrechtsnachfolge) bestimmter begünstigter **Unternehmensteile oder Anteile** gegen **Gewährung neuer Anteile** an der aufnehmenden Kapitalgesellschaft (hier durch die Kapitalerhöhung im Rahmen der Ausgliederung). Folgende Einbringungsgegenstände sind gem. § 20 Abs. 1 Satz 1 u. 2 UmwStG begünstigt:
- Der **Betrieb** der AG,
- ein oder mehrere **Teilbetriebe**[321] der AG,
- ein oder mehrere **Mitunternehmeranteile** (Anteile an gewerblichen Personengesellschaften iSd. § 15 Abs. 1 Satz 1 Nr. 2 EStG),[322] oder
- **Anteile an Kapitalgesellschaften**, wenn die übernehmende Kapitalgesellschaft nach der Ausgliederung unmittelbar mehr als die Hälfte der Stimmrechte an der Gesellschaft hält, deren Anteile eingebracht wurden („**qualifizierter Anteilstausch**"; § 21 Abs. 1 Satz 2 UmwStG).

318 Wie bei Auf- oder Abspaltung müssen dem Teilbetrieb oder Mitunternehmeranteil **sämtliche wesentlichen Betriebsgrundlagen** zugeordnet und mit ihm übertragen werden.[323] Dabei reicht die Übertragung des wirtschaftlichen Eigentums auf die aufnehmende Kapitalgesellschaft aus (zB aufgrund entsprechend ausgestalteter Nutzungsrechte oder Treuhandvereinbarungen).[324] Anders als bei einer Auf- oder Abspaltung kann auch der gesamte Betrieb der AG – mit allen wesentlichen Betriebsgrundlagen – Gegenstand einer ertragsteuerneutralen Ausgliederung sein. Es ist nicht erforderlich, dass Wirtschaftsgüter, die bei der AG zurückbleiben, einen Teilbetrieb bilden. Sie dürfen jedoch keine wesentlichen Betriebsgrundlagen des ausgegliederten Betriebs oder Teilbetriebs darstellen. Falls die Anteile an der Kapitalgesellschaft, in die ausgegliedert wird, wesentliche Betriebsgrundlagen der auszugliedernden Betriebs, Teilbetriebs oder Mitunternehmeranteils sind, müssen sie nicht in die Ausgliederung einbezogen werden.[325]

Anders als bei Auf- oder Abspaltung ist nicht nur die Übertragung einer 100 %igen Beteiligung an einer Kapitalgesellschaft begünstigt. Vielmehr muss es sich gem. § 21 Abs. 1 Satz 2 UmwStG nur um sog. **mehrheitsvermittelnde Anteile** handeln. Dabei ist es nicht erforderlich, dass eine Beteiligung mit Stimmrechtsmehrheit Gegenstand der Ausgliederung ist. Vielmehr reicht es aus, dass die übernehmende Kapitalgesellschaft nach der Einbringung unmittelbar die Stimmrechtsmehrheit an der Gesellschaft hält, deren Anteile eingebracht wurden. Somit kann die AG auch eine geringere Anteilsquote nach § 21

---

[321] Zum Begriff des Teilbetriebs s. Rz. 280 ff.
[322] Begünstigt ist wie bei einer Spaltung auch ein Teil eines Mitunternehmeranteils; UmwStErl. Tz. 20.13. Dies ergibt sich auch aus § 20 Abs. 4 Satz 1 UmwStG. Zum Sonderbetriebsvermögen s. Rz. 290.
[323] UmwStErl. Tz. 20.08. Zu den Begriffen Teilbetrieb, Mitunternehmeranteil und wesentliche Betriebsgrundlage s. Rz. 280.
[324] Dies gilt auch bei einer Übertragung im Wege der Einzelrechtsnachfolge; *Schumacher/Neumann*, DStR 2008, 325 (330); a. A. *Dötsch/Jost/Pung/Witt/Patt* § 20 UmwStG (SEStEG) Rz. 7. Die Forderung nach einer zivilrechtlichen Übertragung in BFH I R 183/94 v. 16. 2. 1996, BStBl. II 1996, 342, ist nur als Abgrenzung zu einer bloßen Vermietung oder Verpachtung zu verstehen.
[325] UmwStErl. Tz. 20.11; zur Fortgeltung dieser Grundsätze nach SEStEG *Schumacher/Neumann*, DStR 2008, 325 (331 f.).

H. Spaltung oder Einzelrechtsnachfolge

Abs. 1 Satz 2 UmwStG übertragen, wenn die übernehmende Kapitalgesellschaft bereits Anteile hält oder durch einen gleichzeitig stattfindenden Einbringungsvorgang von anderen Einbringenden Anteile erhält und danach insgesamt die Stimmrechtsmehrheit hält.[326]

Wenn die Tatbestandvoraussetzungen des §§ 20 Abs. 1, 21 Abs. 1 UmwStG durch eine Ausgliederung erfüllt werden, hängt die Vermeidung einer Gewinnrealisierung bei der ausgliedernden AG von der Bewertung des ausgegliederten Vermögens bei der übernehmenden Kapitalgesellschaft ab.

b) Übernehmende Kapitalgesellschaft

aa) Bewertung des Einbringungsgegenstands und Auswirkungen für die übertragende AG. Wenn die Tatbestandsvoraussetzungen der §§ 20 Abs. 1, 21 Abs. 1 UmwStG erfüllt sind, hat die übernehmende Kapitalgesellschaft – nicht die ausgliedernde AG – ein **Wahlrecht**, das eingebrachte Betriebsvermögen bzw. die eingebrachten Anteile auf Antrag mit dem bisherigen **Buchwert** oder einem höheren Wert anzusetzen, höchstens mit dem nach §§ 20 Abs. 2 Satz 1, 21 Abs. 1 Satz 1 UmwStG grundsätzlich anzusetzenden gemeinen Wert (§§ 20 Abs. 2 Satz 2, 21 Abs. 1 Satz 2 UmwStG). Der **Antrag** ist gem. §§ 20 Abs. 2 Satz 3, 21 Abs. 1 Satz 2 UmwStG spätestens bis zur Abgabe der steuerlichen Schlussbilanz (des Wirtschaftsjahres, in das der steuerliche Übertragungsstichtag fällt) bei dem für die Besteuerung der übernehmenden Kapitalgesellschaft zuständigen Finanzamt zu stellen. Die antragsgebundenen Bewertungswahlrechte werden unabhängig von der Handelsbilanz ausgeübt, das Maßgeblichkeitsprinzip des § 5 Abs. 1 EStG gilt nicht.[327]

Das antragsgebundene Wahlrecht bei der **Einbringung von Unternehmensteilen** iSv § 20 Abs. 1 UmwStG besteht gem. § 20 Abs. 2 Satz 2 UmwStG nur, **so weit**

- sichergestellt ist, dass das übergehende Betriebsvermögen später bei der übernehmenden Kapitalgesellschaft der Besteuerung mit Körperschaftsteuer unterliegt (d. h. insbesondere Einbringung in nicht steuerbefreite Kapitalgesellschaft),
- die Passivposten des übergehenden Betriebsvermögens (ohne Berücksichtigung des Eigenkapitals) die Aktivposten nicht übersteigen (d. h. der steuerliche **Buchwert** des ausgegliederten Betriebsvermögens nicht **negativ** ist), und
- das Recht der Bundesrepublik Deutschland hinsichtlich der Besteuerung des Gewinns aus der Veräußerung des eingebrachten Betriebsvermögens bei der übernehmenden Gesellschaft nicht ausgeschlossen oder beschränkt wird (hat im Inlandsfall keine Bedeutung; zur Einbringung in ausländische Kapitalgesellschaften s. u. Rz. 346 ff.).

Der **Wertansatz** bei der übernehmenden Kapitalgesellschaft gilt gem. §§ 20 Abs. 3 Satz 1, 21 Abs. 2 Satz 1 UmwStG als **Veräußerungspreis** für die ausgliedernde AG und als Anschaffungskosten der erhaltenen Anteile. Im Falle eines Buchwertansatzes erfolgt bei der ausgliedernden AG ein Tausch des ausgegliederten Vermögens gegen Anteile an der übernehmenden Kapitalgesellschaft zu Buchwerten, sodass bei der AG kein Veräußerungsgewinn entsteht.

---

[326] UmwStErl. Tz. 20.15.
[327] BT-Drs. 16/2710, 43; *Dötsch/Jost/Pung/Witt/Patt* § 20 UmwStG (SEStEG) Rz. 210; *Rödder/Herlinghaus/van Lishaut/Herlinghaus* § 20 UmwStG Rz. 147.

Ein **Veräußerungsgewinn**, der aufgrund eines höheren Wertansatzes entsteht, unterliegt bei der ausgliedernden AG grundsätzlich der Körperschaftsteuer und auch der Gewerbesteuer. So weit Anteile an Kapitalgesellschaften ausgegliedert werden, ist der Gewinn nach § 8 b Abs. 2 KStG grundsätzlich zu 95 % steuerfrei.[328]

322 **bb) Gewährung anderer Wirtschaftsgüter.** Für die Anwendung des § 20 UmwStG ist nicht erforderlich, dass die Gegenleistung für die Einbringung ausschließlich aus neuen Anteilen der übernehmenden Kapitalgesellschaft besteht. Eine andere Gegenleistung liegt zB in der Einräumung einer Darlehensforderung für die einbringende AG, die auch im Rahmen einer Ausgliederung möglich ist.[329]

Nach §§ 20 Abs. 2 Satz 4, 21 Abs. 1 Satz 3 UmwStG muss die übernehmende Kapitalgesellschaft das eingebrachte Betriebsvermögen bzw. die eingebrachten Anteile mindestens mit dem **gemeinen Wert** der als zusätzliche Gegenleistung gewährten anderen Wirtschaftsgüter ansetzen. Soweit dieser den Buchwert des eingebrachten Vermögens übersteigt, ist eine gewinnrealisierende Aufstockung vorzunehmen.

Die Anschaffungskosten der erhaltenen Anteile bei der ausgliedernden AG vermindern sich gem. §§ 20 Abs. 3 Satz 3, 21 Abs. 2 Satz 6 UmwStG um den gemeinen Wert der anderen Gegenleistung.

323 **cc) Rückbeziehungsmöglichkeit** Während bei Auf- oder Abspaltung in jedem Fall gem. § 2 Abs. 1 UmwStG ein Vermögensübergang zum Stichtag der Schlussbilanz iSd. § 17 Abs. 2 UmwG (steuerlicher Übertragungsstichtag) fingiert wird, gilt dies gem. § 20 Abs. 5, 6 Satz 2 UmwStG im Fall der Ausgliederung von Unternehmensteilen nur auf **Antrag** der übernehmenden Kapitalgesellschaft. Bei der Ausgliederung von Anteilen sieht § 21 UmwStG keine Rückbeziehungsmöglichkeit vor.

Die Rückbeziehungsmöglichkeit besteht auch, wenn die übernehmende Kapitalgesellschaft zu diesem Zeitpunkt zivilrechtlich noch nicht bestanden hat.[330] Das Einkommen und das Vermögen der ausgliedernden AG und der übernehmenden Kapitalgesellschaft sind so zu ermitteln, als ob das eingebrachte Betriebsvermögen mit Ablauf des steuerlichen Übertragungsstichtags auf die AG übergegangen sei. Somit existiert ab diesem Zeitpunkt die AG und unterliegt der Körperschaftsteuerpflicht. Nach Auffassung der Finanzverwaltung ist es jedoch nicht möglich, auch Verträge zwischen dem Einbringenden und der übernehmenden Kapitalgesellschaft auf diesen Zeitpunkt zurückzubeziehen.[331]

324 Eine körperschaftsteuerliche und gewerbesteuerliche **Organschaft zu der übernehmenden Kapitalgesellschaft** ist nach Auffassung der Finanzverwaltung unabhängig von einer steuerlichen Rückbeziehung bei einer **Ausgliederung zur Neugründung** erst ab dem Wirtschaftsjahr möglich, das nach der Eintragung der Kapitalgesellschaft in das Handelsregister beginnt (kein Rückbezug der finanziellen Eingliederung).[332]

---

[328] Zu der Steuerbefreiung von Veräußerungsgewinnen nach § 8 b Abs. 2 KStG s. § 12 Rz. 20 ff.
[329] *Kallmeyer/Kallmeyer* § 125 UmwG Rz. 60.
[330] UmwStErl. Tz. 20.20 iVm. Tz. 02.08.
[331] UmwStErl. Tz. 20.21.
[332] BMF IV A 2 – S 2770–15/04 v. 24. 5. 2004, BStBl. I 2004, 549; a. A. zutreffend *Rödder/Herlinghaus/van Lishaut/Herlinghaus* Anh. 3 Rz. 49. Siehe auch zur finanziellen Eingliederung einer Kapitalgesellschaft, deren Beteiligung im Rahmen der Ausgliede-

H. Spaltung oder Einzelrechtsnachfolge 325–327 § 14

Trotz der Rückwirkungsfiktion müssen die Voraussetzungen des Betriebs oder Teilbetriebs nicht am steuerlichen Übertragungsstichtag, sondern (erst) zum Zeitpunkt des Beschlusses der Hauptversammlung über die Zustimmung zu der Ausgliederung vorliegen.[333] Somit können auch nach dem steuerlichen Übertragungsstichtag insbesondere in organisatorischer Hinsicht Maßnahmen zur Herstellung der erforderlichen Selbständigkeit eines Teilbetriebs umgesetzt werden.

dd) Sonstige Auswirkungen. Die übernehmende Kapitalgesellschaft tritt bei einer Ausgliederung unter dem gemeinen Wert in die **steuerliche Rechtsstellung** der ausgliedernden AG ein (§ 23 Abs. 1 iVm. §§ 12 Abs. 3, 4 Abs. 2 Satz 3, UmwStG; dazu Rz. 95). Bei einer **Einbringung zu Zwischenwerten** gilt dies gem. § 23 Abs. 3 UmwStG mit der Maßgabe, dass die AfA-Bemessungsgrundlage um den Aufstockungsbetrag erhöht wird. Entsprechendes gilt bei einem **Ansatz des gemeinen Wertes** im Falle einer Ausgliederung (allerdings ohne Besitzzeitanrechnung),[334] während bei einer Übertragung im Wege der Einzelrechtsnachfolge (Sachgründung oder Sachkapitalerhöhung) die eingebrachten Wirtschaftsgüter als angeschafft gelten (§ 23 Abs. 4 UmwStG). 325

Unabhängig von der Ausübung des Ansatzwahlrechts gehen bei der ausgliedernden AG bestehende körperschaftsteuerliche und gewerbesteuerliche **Verlustvorträge** nicht auf die übernehmende Kapitalgesellschaft über (klarstellend § 22 Abs. 4 UmwStG zum gewerbesteuerlichen Verlustvortrag), sondern verbleiben bei der AG und können – auch im Rahmen einer Organschaft zu der übernehmenden Kapitalgesellschaft – von der AG genutzt werden.[335] Ein Zinsvortrag iSv. § 4h Abs. 1 Satz 2 EStG geht gem. § 20 Abs. 9 UmwStG ebenfalls nicht über; bei Übertragung des Betriebs geht er gem. § 4h Abs. 5 Satz 1 EStG unter. Darüber hinaus vertritt die Finanzverwaltung die Auffassung, ein Zinsvortrag gehe bei Übertragung eines Teilbetriebs anteilig unter.[336] 326

So weit **Grundstücke** (§ 1 Abs. 1 Nr. 3 GrEStG) übertragen werden oder durch die Übertragung von Anteilen an grundbesitzhaltenden Kapital- oder Personengesellschaften die Tatbestände des § 1 Abs. 2a, Abs. 3 Nr. 2 oder 4 GrEStG erfüllt werden, führt die Ausgliederung zum Anfall von **Grunderwerbsteuer** (dazu ausführlich oben Rz. 111 ff.).

c) Anteilsveräußerung nach Ausgliederung

Durch das SEStEG wurde die **frühere Konzeption** der Besteuerung **einbringungsgeborener Anteile** und bestimmter eingebrachter Anteile (§ 21 UmwStG, § 8b Abs. 4 KStG, § 3 Nr. 40 Satz 3 und 4 EStG) durch eine **rückwirkende Besteuerung** des zugrunde liegenden **Einbringungsvorgangs** in bestimmten Fällen ersetzt.[337] Danach führt eine Veräußerung der als Gegen- 327

---

rung übertragen werden OFD Frankfurt S 1978 A-19-St II 1.02 v. 21. 11. 2005, DStR 2006, 41; zur Kritik Schumacher, DStR 2006, 124.
[333] UmwStErl. Tz. 20.19.
[334] Dötsch/Jost/Pung/Witt/Patt § 23 UmwStG (SEStEG) Rz. 83.
[335] Zum gewerbesteuerlichen Verlustvortrag Abschn. 68 Abs. 4 Satz 5 GewStR. Unternehmensidentität ist bei einer Kapitalgesellschaft nicht Voraussetzung für die Anwendung des § 10a GewStG; BFH I R 318–319/83 v. 29. 10. 1986, BStBl. II 1987, 310.
[336] BMF IV C 7 – S 2743a/07/10001 v. 4. 7. 2008, BStBl. I 2008, 718, Rz. 47.
[337] Zur Fortgeltung des § 21 UmwStG a. F. und der Regelungen der §§ 3 Nr. 40 Satz 3 u. 4 EStG a. F., 8b Abs. 4 KStG a. F. s. hinsichtlich der Einbringung §§ 20 Abs. 3 Satz 4,

leistung für eine Einbringung unter dem gemeinen Wert erhaltenen Anteile innerhalb von sieben Jahren gem. § 22 Abs. 1 UmwStG zu einer rückwirkenden Besteuerung des sog. **Einbringungsgewinns I** beim Einbringenden. § 22 Abs. 1 Satz 6 UmwStG enthält eine Vielzahl von **Ersatztatbeständen** zur Vermeidung von Besteuerungslücken, insbesondere im Hinblick auf **verdeckte Einlagen in Kapitalgesellschaften** und **Ketteneinbringungen**.[338] Erhebliche Rechtsunsicherheit besteht derzeit insbesondere im Hinblick auf der Einbringung nachfolgende **Umstrukturierungen** und **Ausschüttungen aus dem steuerlichen Einlagekonto**.[339]

328 Der **Einbringungsgewinn I** entspricht der Differenz zwischen dem gemeinen Wert des eingebrachten Betriebsvermögens und dem bei der Einbringung angesetzten Buch- oder Zwischenwert (abzüglich Umwandlungskosten), vermindert um jeweils ein Siebtel für jedes seit dem Einbringungszeitpunkt abgelaufene Zeitjahr. Der Einbringungsgewinn I gilt gem. § 22 Abs. 1 Satz 4 UmwStG als **nachträgliche Anschaffungskosten der erhaltenen Anteile**, mindert also den Gewinn der AG aus der Anteilsveräußerung (auf den § 8b Abs. 2 KStG anzuwenden ist). Des Weiteren ist bei der übernehmenden Kapitalgesellschaft gem. § 23 Abs. 2 Satz 1 u. 2, Abs. 3 Satz 2 UmwStG auf Antrag zum Beginn des Wirtschaftsjahrs der Veräußerung – also nicht rückwirkend – und bei Nachweis der Entrichtung der Steuer auf den Einbringungsgewinn durch den Einbringenden ein „**Erhöhungsbetrag**" gewinnneutral anzusetzen. Dies gilt jedoch nur, wenn das eingebrachte Betriebsvermögen entweder noch zum Betriebsvermögen der Kapitalgesellschaft gehört oder zum gemeinen Wert übertragen wurde, d. h. nicht bei einer Weiterübertragung unter dem gemeinen Wert. Aus dem Ansatz des Erhöhungsbetrags dürfte eine **wirtschaftsgutbezogene Buchwertaufstockung** bzw. bei erfolgter Weiterübertragung zum gemeinen Wert sofort abziehbarer Aufwand folgen.[340]

329 Das Konzept des Einbringungsgewinns I gilt gem. § 22 Abs. 1 Satz 5 UmwStG grundsätzlich nicht, so weit das eingebrachte Betriebsvermögen **Anteile an Kapitalgesellschaften** enthält; insoweit kommt die Regelung für den Anteilstausch in § 22 Abs. 2 UmwStG zur Anwendung. Soweit im Einbringungszeitpunkt ein Gewinn aus der Veräußerung der Anteile beim Einbringenden nicht nach § 8b Abs. 2 KStG steuerfrei gewesen wäre,[341] führt eine **Veräußerung der** unter dem gemeinen Wert **eingebrachten Anteile** durch die übernehmende Gesellschaft innerhalb von sieben Jahren zu einer **rückwirkenden Besteuerung** des sog. Einbringungsgewinns II beim Einbringenden. Der **Einbringungsgewinn II** ist als Gewinn aus der Veräußerung von Anteilen zu versteuern und entspricht der Differenz zwischen dem gemeinen Wert und dem bei der Einbringung angesetzten Buch- oder Zwischenwert (abzüglich Umwandlungskosten), vermindert um jeweils ein Siebtel für jedes seit dem Einbringungszeitpunkt abgelaufene Zeitjahr. Der Einbringungsgewinn II gilt gem. § 22 Abs. 2 Satz 4 UmwStG als nachträgliche Anschaffungskosten der

21 Abs. 2 Satz 6 UmwStG sowie die Übergangsregelungen in § 27 Abs. 3 u. 4 UmwStG; hierzu *Dötsch/Jost/Pung/Witt/Pung* § 27 UmwStG Rz. 12 ff.
[338] Zu Einzelheiten *Rödder/Herlinghaus/van Lishaut/Stangl* § 22 UmwStG Rz. 101 ff.
[339] Dazu *Schumacher/Neumann*, DStR 2008, 325 (332 ff.).
[340] BT-Drs. 16/2710, 50.
[341] Neben der Einbringung durch natürliche Personen betrifft dies nach der Änderung durch das JStG 2009 auch Anteile, die bei einer einbringenden Körperschaft nicht nach § 8b Abs. 2 KStG steuerfrei sind, z.B. wegen § 8b Abs. 4 KStG a.F.

H. Spaltung oder Einzelrechtsnachfolge

erhaltenen Anteile. Gem. § 23 Abs. 2 Satz 3 UmwStG erhöht er bei Nachweis der Steuerentrichtung die Anschaffungskosten der eingebrachten Anteile bei der übernehmenden Gesellschaft und mindert deren Gewinn aus der Anteilsveräußerung (auf den § 8 b Abs. 2 KStG anzuwenden ist).

d) Aktionäre

Die Aktionäre der ausgliedernden AG sind von der Ausgliederung auch steuerlich grundsätzlich nicht betroffen. In bestimmten Konstellationen – Ausgliederung auf eine Kapitalgesellschaft, an der auch Aktionäre der AG beteiligt sind – könnte sich bei einer unangemessen hohen oder niedrigen Festlegung der für die Ausgliederung gewährten Anteile die Frage einer verdeckten Gewinnausschüttung oder verdeckten Einlage stellen.[342]   330

V. Ausgliederung auf Personenhandelsgesellschaften

1. Gesellschaftsrechtliche Voraussetzungen und Rechtsfolgen

Besondere Vorschriften für die Ausgliederung auf Personenhandelsgesellschaften (offene Handelsgesellschaft, Kommanditgesellschaft) existieren nicht. Hinsichtlich der gesellschaftsrechtlichen Regelungen kann daher auf die Ausführungen zur Ausgliederung auf Kapitalgesellschaften (s. Rz. 311) und hinsichtlich der rechtsformspezifischen Besonderheiten auf die Ausführungen zur Verschmelzung einer AG auf eine Personenhandelsgesellschaft verwiesen werden (s. Rz. 153 ff.).   331

Alternative zur Ausgliederung ist auch bei der Übertragung auf Personengesellschaften die Einbringung durch Einzelrechtsnachfolge im Rahmen einer Gründung oder Kapitalerhöhung.

2. Handelsbilanzielle Darstellung

Es gelten die Ausführungen zur Ausgliederung auf Kapitalgesellschaften entsprechend (s. Rz. 313).[343] Insbesondere wird der Anteil an einer Personenhandelsgesellschaft in der Handelsbilanz so behandelt wie der Anteil an einer Kapitalgesellschaft.[344]   332

3. Steuerrechtliche Behandlung

a) Überblick

Auch die Ausgliederung auf eine Personenhandelsgesellschaft wird steuerlich als Veräußerung (tauschähnlicher Vorgang) gewertet,[345] die gem. § 6 Abs. 6 Satz 1 EStG grundsätzlich zu einer Gewinnrealisierung auf Ebene der AG führen würde.[346] Diese Gewinnrealisierung wird jedoch vermieden, wenn   333

---

[342] Allerdings ist noch nicht geklärt, ob solche Vorgänge von der Reichweite des § 22 Abs. 7 UmwStG – Verlagerung stiller Reserven auf andere Anteile – erfasst sein könnten.
[343] Siehe auch IDW-HFA 1/1991, WPg. 1991, 334 Tz. 2.
[344] BeckBil.-Komm/*Ellrott/Brendt* § 255 HGB Rz. 158.
[345] BFH VIII R 69/95 v. 19. 10. 1998, BStBl. II 2000, 230.
[346] Die Aktionäre sind wie bei der Ausgliederung auf eine Kapitalgesellschaft steuerlich grds. nicht betroffen (s. Rz. 330).

§ 14   334, 335   Umwandlung der AG

- eine Einbringung des Betriebs der AG, eines oder mehrerer Teilbetriebe der AG oder von Mitunternehmeranteilen nach § 24 UmwStG erfolgt, oder
- eine Übertragung von einzelnen Wirtschaftsgütern gegen Gewährung von Gesellschaftsrechten iSd. § 6 Abs. 5 Satz 3 Nr. 1 oder 2 EStG vorliegt, oder
- die Personenhandelsgesellschaft steuerlich keine Mitunternehmerschaft iSd. § 15 Abs. 1 Satz 1 Nr. 2, Abs. 3 EStG darstellt.

Bei einer Übertragung von Grundstücken oder von mindestens 95 % der Anteile an grundbesitzhaltenden Kapitalgesellschaften auf eine Personengesellschaft wird die **Grunderwerbsteuer** in Höhe der Beteiligungsquote der AG an der Personengesellschaft nicht erhoben, so weit diese mindestens fünf Jahre nicht vermindert wird (§ 5 Abs. 2, 3 GrEStG).[347]

b) Einbringung nach § 24 UmwStG

334   Voraussetzung für die Anwendung des § 24 UmwStG ist die Einbringung (ob durch Ausgliederung oder Einzelrechtsnachfolge)
- des Betriebs der AG,
- eines oder mehrere Teilbetriebe der AG, oder
- ein oder mehrere Mitunternehmeranteile

gegen Einräumung oder Aufstockung einer Mitunternehmerstellung bei der Personengesellschaft. Hinsichtlich der Auslegung der Begriffe Betrieb, Teilbetrieb, Mitunternehmeranteile und der für sie wesentlichen Betriebsgrundlagen gelten die Ausführungen zur Ausgliederung auf Kapitalgesellschaften entsprechend (s. Rz. 317). Anders als in § 20 UmwStG ist die Einbringung sog. mehrheitsvermittelnder Anteile an Kapitalgesellschaften nicht begünstigt. Entsprechend § 16 Abs. 1 Nr. 1 Satz 2 EStG gilt allerdings nach bisheriger Verwaltungsauffassung eine im Betriebsvermögen der AG gehaltene 100 %-Beteiligung an einer Kapitalgesellschaft als Teilbetrieb.[348]

335   Eine Einbringung iSd. § 24 UmwStG liegt auch vor, wenn die Wirtschaftsgüter (teilweise) in das **Sonderbetriebsvermögen** der Personengesellschaft eingebracht werden.[349] Im Gegensatz zu einer Einbringung in eine Kapitalgesellschaft reicht daher auch die bloße **Nutzungsüberlassung** (ohne Begründung wirtschaftlichen Eigentums der Gesellschaft) einer wesentlichen Betriebsgrundlage aus, da diese dadurch zu notwendigem Sonderbetriebsvermögen I wird. Die Begründung eines Mietvertrags durch die Ausgliederung ist somit ausreichend. Auch werden zB Beteiligungen an Kapitalgesellschaften, die wesentliche Betriebsgrundlagen darstellen und nicht in das Gesamthandsvermögen der Personengesellschaft übertragen werden, zwangsläufig zu notwendigem Sonderbetriebsvermögen II. Dies führt zu einer größeren Flexibilität bei der Bestimmung des zivilrechtlichen Ausgliederungsumfangs als bei der Ausgliederung auf eine Kapitalgesellschaft.

---

[347] Zur Anwendung der Vorschrift auf die Tatbestände des § 1 Abs. 3 GrEStG BFH II R 53/06 v. 2. 4. 2008, BFH/NV 2008, 1268.
[348] UmwStErl. Tz. 24.03; *Dötsch/Jost/Pung/Witt/Patt* § 24 UmwStG (SEStEG) Rz. 95; anders jedenfalls zur Rechtslage vor SEStEG BFH I R 77/06 v. 17. 7. 2008, BFH/NV 2008, 1941.
[349] UmwStErl. Tz. 24.06; zum Begriff des Sonderbetriebsvermögens s. Rz. 290; aA nach SEStEG für Einbringungen im Wege der Einzelrechtsnachfolge *Dötsch/Jost/Pung/Witt/Patt* § 24 UmwStG (SEStEG) Rz. 16.

H. Spaltung oder Einzelrechtsnachfolge

Mitunternehmer einer Personengesellschaft sind deren Gesellschafter, sofern sie Mitunternehmerrisiko tragen, dh. am wirtschaftlichen Erfolg teilhaben, und Mitunternehmerinitiative entfalten können, dh. an den unternehmerischen Entscheidungen teilhaben. Beide Merkmale müssen kumulativ in mehr oder weniger ausgeprägter Form gegeben sein.[350] § 24 UmwStG ist auch anwendbar, wenn die AG bereits Mitunternehmer ist und ihren Mitunternehmeranteil durch die Einbringung aufstockt.[351] Nach Auffassung der Finanzverwaltung ist ein Ansatz zu Buchwerten nur insoweit möglich, als die Gegenleistung für die Einbringung in Gesellschaftsrechten, dh. der Gutschrift auf einem **Kapitalkonto** besteht.[352]

Die Personengesellschaft kann das eingebrachte Betriebsvermögen gem. § 24 Abs. 2 Satz 2 UmwStG statt mit dem gemeinen Wert auf **Antrag** mit dem **Buchwert** (auch wenn er negativ ist),[353] oder einem Zwischenwert ansetzen, so weit das Recht der Bundesrepublik Deutschland hinsichtlich der Besteuerung des Gewinns aus der Veräußerung des eingebrachten Betriebsvermögens bei der übernehmenden Gesellschaft nicht ausgeschlossen oder beschränkt wird (hat im Inlandsfall keine Bedeutung; zur Einbringung in ausländische Personengesellschaften s. Rz. 344). Dieser Ansatz bei der Personengesellschaft gilt gem. § 24 Abs. 3 Satz 1 UmwStG für die einbringende AG als Veräußerungspreis. Voraussetzung der Ertragsteuerneutralität ist somit wie bei der Einbringung in eine Kapitalgesellschaft der Ansatz des Buchwerts bei der aufnehmenden Personengesellschaft. Allerdings kann der Buchwertansatz „einschließlich der **Ergänzungsbilanzen** für die Gesellschafter" erfolgen.[354] Eine Maßgeblichkeit der Handelsbilanz besteht wiederum nicht.

Hinsichtlich der übrigen Besteuerungsfolgen bei der übernehmenden Personengesellschaft gilt § 22 Abs. 1, 3, 4, 6 u. 9 UmwStG (dazu oben Rz. 327 u. 328 zum Zinsvortrag) gem. § 24 Abs. 4 u. 6 UmwStG entsprechend. Anders als bei einer Einbringung in eine Kapitalgesellschaft ist gem. § 24 Abs. 4 iVm. § 20 Abs. 5, 6 UmwStG eine **Rückbeziehung** der Einbringung nur bei Gesamtrechtsnachfolge dh. auch bei **Ausgliederung**, nicht aber bei Einzelrechtsnachfolge möglich. § 24 Abs. 4 UmwStG verweist nicht auf § 22 Abs. 4 UmwStG, sodass ein **gewerbesteuerlicher Verlustvortrag** der AG bei Einbringung des Betriebs der AG bei der Personengesellschaft fortgeführt werden kann.[355]

c) Einbringung nach § 6 Abs. 5 Satz 3 EStG

Wenn kein Betrieb, Teilbetrieb oder Mitunternehmeranteil, sondern einzelne Wirtschaftsgüter Gegenstand der Ausgliederung auf eine Personenhandelsgesellschaft sind, ist § 24 UmwStG nicht anwendbar. Dennoch kommt es

---

[350] BFH VIII R 12/94 v. 1. 8. 1996, BStBl. II 1997, 272.
[351] UmwStErl. Tz. 24.02.
[352] UmwStErl. Tz. 24.08; BFH VIII R 52/04 v. 25. 4. 2006, BStBl. II 2006, 847 (851).
[353] UmwStErl. Tz. 24.05.
[354] Ergänzungsbilanzen beinhalten Korrekturen zu den Wertansätzen der Wirtschaftsgüter des Gesamthandsvermögens; BFH IV R 57/94 v. 28. 9. 1995, BStBl. II 1996, 68.
[355] Abschn. 68 Abs. 2 Satz 2 GewStR. Im Fall der Einbringung eines Teilbetriebs dürfte eine anteilige Fortführung durch die Personengesellschaft erfolgen, wenn eine rechnerische Zuordnung möglich ist; zur vergleichbaren Frage bei einer Realteilung BFH X R 20/89 v. 5. 9. 1990, BStBl. II 1991, 25. Anderenfalls verbleibt der gewerbesteuerliche Verlustvortrag vollumfänglich bei der AG.

§ 14   340, 341   Umwandlung der AG

unter den Voraussetzungen des § 6 Abs. 5 Satz 3 EStG nicht zu einer Gewinnrealisierung, da in diesen Fällen zwingend der Buchwert anzusetzen ist.

Nach dieser Vorschrift erfolgt unter anderem die Übertragung eines Wirtschaftsguts aus dem Betriebsvermögen eines Mitunternehmers in das Gesamthandsvermögen einer Mitunternehmerschaft gegen Gewährung von Gesellschaftsrechten bzw. ohne Entgelt grundsätzlich zu Buchwerten (§ 6 Abs. 5 Satz 3 Nr. 1 EStG). Diese Regelung geht nach § 6 Abs. 6 Satz 4 EStG den allgemeinen Regelungen zur Gewinnrealisierung in § 6 Abs. 6 EStG vor.

Eine Ausgliederung stellt eine Übertragung gegen Gewährung von Gesellschaftsrechten dar und fällt daher unter § 6 Abs. 5 Satz 3 EStG. Zu beachten ist allerdings, dass es nach Auffassung der Finanzverwaltung erforderlich ist, dass ausschließlich Gesellschaftsrechte gewährt werden. Ein anderes Entgelt, das auch in der Übernahme von Schulden bestehen kann, soll danach zur anteiligen Gewinnrealisierung führen.[356]

340 Die **Buchwertfortführung** ist gem. § 6 Abs. 3 Satz 4 UmwStG nicht möglich, wenn die bis zur Übertragung entstandenen stillen Reserven nicht durch eine Ergänzungsbilanz der übertragenden AG zugeordnet werden und das übertragende Wirtschaftsgut innerhalb einer Sperrfrist von drei Jahren nach der Abgabe der Steuererklärung für den Veranlagungszeitraum der Übertragung veräußert oder entnommen wird.

Eine steuersystematisch nicht nachvollziehbare weitere **Einschränkung** enthält § 6 Abs. 5 Satz 5 u. 6 EStG. Danach ist insoweit zwingend der Teilwert anzusetzen, als an dem übertragenen Wirtschaftsgut durch die Übertragung oder aus einem anderen Grund innerhalb von sieben Jahren nach der Übertragung der Anteil einer Körperschaft, Personenvereinigung oder Vermögensmasse unmittelbar oder mittelbar begründet oder sich erhöht. Diese Regelungen werden von der Finanzverwaltung ihrem Wortlaut entsprechend auch angewendet, wenn der übertragende Mitunternehmer eine Kapitalgesellschaft ist.[357] Ihre Anwendung kann nicht durch die Zuordnung der stillen Reserven mittels einer Ergänzungsbilanz verhindert werden. Falls somit an der übernehmenden Personengesellschaft neben der AG noch eine andere Kapitalgesellschaft unmittelbar oder mittelbar beteiligt ist oder innerhalb von sieben Jahren beteiligt wird, kommt es nach dem Wortlaut der Vorschrift in Höhe ihrer Beteiligungsquote zwangsläufig zu einer **Aufdeckung der stillen Reserven**.

d) Einbringung in eine Personenhandelsgesellschaft, die keine Mitunternehmerschaft ist

341 Einen Sonderfall stellt die Einbringung in eine Personenhandelsgesellschaft dar, die keine Mitunternehmerschaft iSd. § 15 Abs. 1 Satz 1 Nr. 2, Abs. 3 EStG ist und an deren Vermögen die ausgliedernde Körperschaft zu 100 % beteiligt ist. Dies kann zum einen der Fall sein, wenn die Personenhandelsgesellschaft weder gewerblich tätig noch iSd. § 15 Abs. 3 Nr. 2 EStG gewerblich geprägt ist (zB Vermietungs-KG mit einem geschäftsführenden Kommandisten).[358] Bei der AG als Gesellschafterin sind die Einkünfte aus der Personengesellschaft in

---

[356] BMF-Schreiben v. 7. 6. 2001, BStBl. I 2001, 367 Tz. 5.
[357] OFD Frankfurt a. M. v. 3. 9. 2004, GmbHR 2004, 1414.
[358] Zur Vermeidung der gewerblichen Prägung s. R 138 Abs. 6 EStR.

1220   Schumacher

H. Spaltung oder Einzelrechtsnachfolge

Einkünfte aus Gewerbebetrieb iSd. § 15 EStG umzuqualifizieren.[359] Daher auch ist die AG und nicht die Personengesellschaft gewerbesteuerpflichtig.[360] Die AG ist über ihren Gesellschaftsanteil anteilig an den Wirtschaftsgütern der Gesellschaft beteiligt (**Bruchteilsbetrachtung** gem. § 39 Abs. 2 Nr. 2 AO), diese stellen bei ihr Betriebsvermögen dar.[361] Aus der Bruchteilsbetrachtung folgt auch, dass bei der Einbringung insoweit **keine Gewinnrealisierung** vorliegt, als die einbringende AG an der vermögensverwaltenden Personengesellschaft beteiligt ist[362] Das von der AG eingebrachte Vermögen gehört vor und nach der Einbringung zum Betriebsvermögen der AG, ein Rechtsträgerwechsel findet aus steuerlicher Sicht nicht statt.

Gleiches gilt im Ergebnis, wenn die Personenhandelsgesellschaft zwar gewerblich tätig oder geprägt ist, jedoch mangels Mitunternehmerstellung des zweiten Gesellschafters keine Mitunternehmerschaft gegeben ist (kein Mitunternehmer ist zB ein Kommanditist, der seinen Anteil treuhänderisch für die AG hält).[363] Nach Auffassung der Finanzverwaltung ist die Personenhandelsgesellschaft allerdings in diesem Fall eigenständig gewerbesteuerpflichtig.[364] Dennoch liegt kein gesonderter Einbringungsvorgang für gewerbesteuerliche Zwecke vor.[365]

Erwogen werden sollte die Nutzung einer solchen Personengesellschaft insbesondere dann, wenn eine Gewinnrealisierung anlässlich der Einbringung sonst nicht vermieden werden kann (insbesondere Übertragung von einzelnen Wirtschaftsgütern mit gleichzeitiger Übernahme von Schulden).

VI. Übertragung von Teilen des Vermögens der AG auf ausländische Rechtsträger

1. Überblick

Das Umwandlungsgesetz enthält keine Regelung für die grenzüberschreitende Spaltung. Zwar gelten die steuerlichen Regelungen für die Spaltung gem. § 1 Abs. 1 Satz 1 Nr. 1, Abs. 3 Nr. 2 UmwStG auch für ausländische Vorgänge, die der Spaltung nach UmwG vergleichbar sind. Mangels umwandlungsrechtlicher Regelungen dürfte eine grenzüberschreitende Spaltung auch innerhalb der EU jedoch (noch) nicht ohne Rechtsstreit praktisch durchführbar sein (s. Rz. 256).

---

[359] Nach bisheriger Auffassung der FinVerw. erfolgt die Umqualifizierung verfahrensrechtlich grds. nicht auf der Ebene der Gesellschaft, sondern auf der Ebene des jeweiligen betrieblich beteiligten Gesellschafters (BMF-Schreiben v. 8.6.1999, BStBl. I 1999, 592 iVm. BMF-Schreiben v. 29.4.1994, BStBl. I 1994, 282, Tz. 2). Nach der Rechtsprechung des BFH hat die Umqualifizierung hingegen auf Gesellschaftsebene zu erfolgen (zuletzt BFH IV R 77/99 v. 21.9.2000, BFH/NV 2001, 254).
[360] BFH IV R 31/83 v. 7.2.1985, BStBl. II 1985, 372.
[361] BFH III R 14/96 v. 11.12.1997, BStBl. II 1999, 401; BFH IV R 103/94 v. 11.7.1996, BStBl. II 1997, 39; BMF-Schreiben v. 29.4.1994 a.a.O. Rz. 5.
[362] BFH IX R 68/01 v. 6.10.2004, BStBl. II 2005, 131; zum anteiligen Tausch bei Beteiligung anderer Personen BFH IX R 18/06 v. 2.4.2008, BStBl. II 2008, 679.
[363] In diesem Fall erfolgt keine einheitliche und gesonderte Gewinnfeststellung; BFH IV R 130/90 v. 1.10.1992, BStBl. I 1993, 574.
[364] OFD Hannover 1400–430-StO 254 v. 22.3.2005, DB 2005, 858; ebenso FG Düsseldorf 16 K 4489/06 G v. 19.4.2007, EFG 2007, 1097, Rev. IV R 26/07.
[365] OFD Münster v. 16.3.2005, DStR 2005, 744 (ohne Az.).

Hingegen kann die Einbringung von Teilen des Vermögens der AG in ausländische Rechtsträger gegen Gewährung von Anteilen an die AG unter bestimmten Voraussetzungen ertragsteuerneutral vollzogen werden. Die gesellschaftsrechtlichen Anforderungen an diese Sacheinlagen bestimmen sich nach dem jeweiligen ausländischen Recht. Bei Übertragung ausländischen Vermögens – zB Einbringung einer ausländischen Betriebsstätte der AG in eine im Ausland ansässige Gesellschaft – sind mögliche Steuerfolgen nach ausländischem Recht zu prüfen.

2. Einbringung in ausländische Personengesellschaften

344 Sowohl § 24 UmwStG als auch § 6 Abs. 5 Satz 3 EStG sind bei der Einbringung in ausländische Personengesellschaften, die Mitunternehmerschaften iSd. § 15 Abs. 1 Satz 1 Nr. 2 EStG sind, anwendbar.[366] Die Ertragsteuerneutralität hinsichtlich inländischen Vermögens ist allerdings nur gegeben, wenn das Besteuerungsrecht Deutschlands für das eingebrachte Vermögen nach der Einbringung nicht durch ein Doppelbesteuerungsabkommen ausgeschlossen oder beschränkt wird (zur Freistellung von Betriebsstättengewinnen nach den DBA siehe § 15 Rz. 36 ff.). In jedem Fall möglich ist unter den übrigen Voraussetzungen der §§ 24 UmwStG, 6 Abs. 5 Satz 3 EStG die ertragsteuerneutrale Einbringung in eine **inländische Betriebsstätte** der ausländischen Personengesellschaft.

345 Bei der Einbringung **ausländischen Vermögens** der AG ist zunächst danach zu differenzieren, ob ein Besteuerungsrecht Deutschlands besteht oder durch ein Doppelbesteuerungsabkommen ausgeschlossen ist. Im ersten Fall gelten die Ausführungen zu inländischem Betriebsvermögen entsprechend. Im zweiten Fall entsteht selbst bei Annahme einer Gewinnrealisierung keine deutsche Steuerbelastung.
Zu beachten sind die Rechtsfolgen nach ausländischem Steuerrecht.

3. Einbringung in ausländische Kapitalgesellschaften

a) Einbringung in Kapitalgesellschaften mit Sitz außerhalb von EU/EWR

346 Mangels Anwendbarkeit des UmwStG oder anderer besonderer Regelungen ist die Einbringung in eine Kapitalgesellschaft, die nicht in einem Mitgliedstaat der EU ansässig ist, als tauschähnlicher Vorgang gem. § 6 Abs. 6 Satz 1 EStG immer gewinnrealisierend. Bei der Einbringung von Anteilen an Kapitalgesellschaften kann unter den Voraussetzungen des § 8 b Abs. 2 KStG eine Steuerbelastung in Deutschland weitgehend vermieden werden. Bei der Einbringung ausländischer Betriebsstätten besteht im DBA-Fall regelmäßig kein Besteuerungsrecht Deutschlands.
In jedem Fall ist eine Prüfung der Rechtsfolgen nach ausländischem Steuerrecht unerlässlich.

b) Einbringung in EU/EWR-Kapitalgesellschaften

347 Gem. § 1 Abs. 3 Nr. 4 u. 5, Abs. 4 Satz 1 UmwStG gelten §§ 20, 21 UmwStG auch für die Einbringung von Vermögen der AG in Kapitalgesellschaften, die

---

[366] § 1 Abs. 4 Satz 2 UmwStG; *Schmidt/Glanegger* § 6 EStG Rz. 530.

nach dem Recht eines Mitgliedstaats der EU oder des EWR gegründet wurden und deren Sitz und Ort der Geschäftsleitung sich innerhalb der EU oder des EWR befindet (EU/EWR-Kapitalgesellschaft). Somit gelten die Ausführungen zur Ausgliederung auf eine inländische Kapitalgesellschaft grundsätzlich entsprechend (s. oben Rz. 316 ff.).

Bei der Einbringung von Unternehmensteilen gem. § 20 UmwStG in eine EU/EWR-Gesellschaft hat die Voraussetzung des § 20 Abs. 2 Satz 2 Nr. 3 UmwStG entscheidende Bedeutung hinsichtlich der Vermeidung eines Einbringungsgewinns. Denn die Buchwertfortführung durch die EU/EWR-Gesellschaft, die gem. § 20 Abs. 3 Satz 1 UmwStG[367] einen Veräußerungsgewinn bei der AG vermeidet, ist nur möglich, so weit das Recht der Bundesrepublik Deutschlands hinsichtlich der Besteuerung des Gewinns aus der Veräußerung des eingebrachten Betriebsvermögens bei der übernehmenden Gesellschaft nicht ausgeschlossen oder beschränkt wird. Dies erfordert nach den Doppelbesteuerungsabkommen regelmäßig den Verbleib der Wirtschaftsgüter in einer deutschen Betriebsstätte (Art. 13 OECD-MA; s. oben Rz. 76).[368]

So weit **Anteile an Kapitalgesellschaften** in eine EU/EWR-Kapitalgesellschaft eingebracht werden, verliert Deutschland regelmäßig sein Besteuerungsrecht, während es das uneingeschränkte Besteuerungsrecht hinsichtlich der von der AG erhaltenen Anteile an der EU/EWR-Kapitalgesellschaft hat (s. Art. 13 OECD-MA; Ausnahme in EU zB Art. 13 Abs. 3 DBA-Tschechien). Gem. § 21 Abs. 2 Satz 2 UmwStG gilt bei Vorliegen der Voraussetzungen des § 21 Abs. 1 Satz 2 UmwStG unabhängig von dem Wertansatz bei der EU/EWR-Kapitalgesellschaft grundsätzlich der gemeine Wert der eingebrachten Anteile als Veräußerungspreis. Auf **Antrag** der AG gilt jedoch gem. § 21 Abs. 2 Satz 3 UmwStG der **Buchwert** oder Zwischenwert als Veräußerungspreis der eingebrachten Anteile und als Anschaffungskosten der erhaltenen Anteile, wenn

– das Besteuerungsrecht Deutschlands hinsichtlich des Gewinns aus der Veräußerung der erhaltenen Anteile nicht ausgeschlossen oder beschränkt ist (Regelfall; s. o.), oder

– der Anteilstausch gem. Art. 8 der EU-Fusionsrichtlinie nicht besteuert werden darf (dies erfordert, dass erworbene und übernehmende Gesellschaft in unterschiedlichen Mitgliedstaaten ansässig sind). In diesem Fall besteuert Deutschland einen späteren Veräußerungsgewinn unabhängig von den Regelungen eines Doppelbesteuerungsabkommens.[369]

VII. Besonderheiten bei der KGaA

1. KGaA als übertragender Rechtsträger

Bei der **Aufspaltung** einer KGaA oder der Abspaltung von Teilen des Vermögen der KGaA ist wie bei einer Verschmelzung zu beachten, dass aufgrund der besonderen steuerlichen Behandlung dieser Rechtsform[370] eine Misch-

---

[367] Zur Einbringung ausländischen Vermögens ohne deutsches Besteuerungsrecht s. § 20 Abs. 3 Satz 2 UmwStG.
[368] Zu Einzelheiten *Rödder/Herlinghaus/van Lishaut/Herlinghaus* § 20 UmwStG Rz. 165 ff.
[369] Zu Einzelheiten *Rödder/Herlinghaus/van Lishaut/Rabback* § 21 UmwStG Rz. 111 ff.
[370] Der persönlich haftende Gesellschafter wird wie ein Mitunternehmer behandelt; s. § 13 Rz. 700 ff.

umwandlung vorliegt. So weit die Beteiligung der persönlich haftenden Gesellschafter betroffen ist, sind die Regelungen für Personengesellschaften anzuwenden (s. Rz. 143).[371] Bei Auf- oder Abspaltung auf eine Kapitalgesellschaft sind partiell § 15 UmwStG und partiell § 20 UmwStG anzuwenden. Bei Auf- oder Abspaltung auf eine Personenhandelsgesellschaft sind partiell § 16 UmwStG und partiell § 24 UmwStG anzuwenden. Mangels Rechtsprechung und Äußerung der Finanzverwaltung zur Behandlung der KGaA bei Umwandlungsvorgängen ist die Absicherung durch eine verbindliche Auskunft unerlässlich.

354 Bei einer Übertragung von Teilen des Vermögens der KGaA durch **Ausgliederung** oder Einzelrechtsnachfolge gegen Gewährung von Anteilen durch den übernehmenden Rechtsträger an die KGaA bestehen keine Besonderheiten im Vergleich zur AG (zur KGaA als übernehmender Rechtsträger sogleich).

2. KGaA als übernehmender Rechtsträger

355 Auf eine Einbringung in eine KGaA gegen Gewährung von Kommanditaktien ist § 20 UmwStG anwendbar. Erfolgt die Einbringung hingegen gegen Gewährung einer Vermögenseinlage durch den persönlich haftenden Gesellschafter, so ist nach hM § 24 UmwStG einschlägig.[372] Bei Auf- oder Abspaltung von einer AG auf eine KGaA sind partiell § 15 UmwStG und partiell § 16 UmwStG anzuwenden.

Wiederum ist darauf hinzuweisen, dass eine Absicherung der Ertragsteuerneutralität durch eine verbindliche Auskunft erforderlich ist.

---

[371] Dötsch/Jost/Pung/Witt/Dötsch Vor §§ 11–13 UmwStG (SEStEG) Rz. 25.
[372] Dötsch/Jost/Pung/Witt/Patt § 20 UmwStG (SEStEG) Rz. 185 m. w. N.

§ 15 Konzernrecht

Bearbeiter: Dr. Thomas Liebscher

Übersicht

	Rz.
A. Grundlagen	1–32
I. Rechtstatsächliche Bedeutung der AG als Konzernbaustein	2
II. Konzernrechtliche Grundprobleme	3–7
1. Abhängiges Unternehmen	4,5
2. Herrschendes Unternehmen	6,7
III. Konzernrechtliche Grundbegriffe	8–32
1. Unternehmensbegriff	9–15
a) Charakterisierung der „anderweitigen Interessenbindung"	12, 13
b) Maßgebliche Beteiligung an einer anderen Gesellschaft	14, 15
2. Mehrheitsbeteiligung	16, 17
3. Abhängigkeit iSd. § 17 AktG	18–25
a) Abhängigkeitsbegriff und -vermutung	19–22
b) Mehrmütterherrschaft	23–25
4. Konzern iSd. § 18 AktG	26–28
5. Wechselseitige Beteiligungen	29–32
B. Konzernbildungskontrolle	33–69
I. Abhängiges Unternehmen	34–41
1. Schutz vor der Entstehung einer Abhängigkeitslage	35–37
2. Mitteilungspflichten	38
3. Schutz durch das Übernahmerecht	39, 40
4. Exkurs: Vermeidung von Konzernkonflikten durch Squeeze out	41
II. Herrschendes Unternehmen	42–69
1. Geschriebene Hauptversammlungszuständigkeiten	43–45
2. Ungeschriebene Hauptversammlungszuständigkeiten	46–68
a) „Holzmüller"-Entscheidung	47, 48
b) Dogmatische Herleitung	49
c) Fallgruppen und allgemeine Anforderungen	50–52
d) Wesentlichkeit der Maßnahme	53–55
e) Im Rahmen der Maßnahme zu beachtende Förmlichkeiten	56–63
aa) Zustimmungsbeschluss	57–59
bb) Informationspflichten im Hinblick auf die Maßnahme	60–63
f) Rechtsfolgen und Rechtsschutz	64–68
aa) Vertretungsmacht des Vorstandes und denkbare Sanktionen	65
bb) Denkbare Rechtsbehelfe zugunsten opponierender Aktionäre	66, 67
cc) Nachholbarkeit des Holzmüller-Beschlusses	68
3. Informationsrechte	69

§ 15

C. Faktische Konzerne 70–101
  I. Nachteilsausgleich. 72–78
    1. Veranlassung von Rechtsgeschäften und
       Maßnahmen 73
    2. Nachteilsermittlung 74–76
    3. Pflichten des Vorstandes des abhängigen Unternehmens 77
    4. Kompensation von Nachteilen 78
  II. Abhängigkeitsbericht. 79–86
    1. Berichtspflicht und Sanktionen im Falle der Nichterfüllung 80, 81
    2. Inhalt des Berichts 82, 83
    3. Prüfung des Berichts 84–86
  III. Verantwortlichkeit der Beteiligten 87
  IV. Existenzvernichtungshaftung 88–101
    1. Entwicklung der Rechtsprechung 88–90
    2. Grundsätze der höchstrichterlichen Rechtsprechung 91–101
      a) Haftungsvoraussetzungen 92–98
      b) Anspruchsberechtigte und Anspruchsgegner .. 99
      c) Beweislast 100
      d) Verjährung 101

D. Vertragskonzern 102–183
  I. Unternehmensverträge 103–120
    1. Rechtsnatur 104, 105
    2. Inhalt 106–113
      a) Beherrschungsvertrag 107
      b) Gewinnabführungsvertrag 108
      c) Sonstige Unternehmensverträge 109–113
    3. Fehlerhafte Unternehmensverträge 114–116
    4. Die steuerliche Organschaft 117–120
      a) Körperschaft- und Gewerbesteuer 118, 119
      b) Umsatz- und Grunderwerbsteuer 120
  II. Abschluss von Unternehmensverträgen 121–129
    1. Form und Mindestinhalt des Vertrages 122
    2. Zustimmung der Hauptversammlung 123–125
    3. Informationsrechte 126–128
    4. Wirksamwerden des Unternehmensvertrages ... 129
  III. Leitungsmacht des herrschenden Unternehmens 130–139
    1. Beherrschungsvertragliches Weisungsrecht 131–137
      a) Ausübung des Weisungsrechts 132, 133
      b) Schranken des Weisungsrechts 134–137
    2. Gewinnabführungspflicht 138
    3. Verantwortlichkeit 139
  IV. Sicherung des abhängigen Unternehmens und seiner Gläubiger. 140–145
    1. Gesetzliche Rücklage 141
    2. Verlustübernahmepflicht 142–144
    3. Sicherheitsleistung 145
  V. Sicherung der außenstehenden Aktionäre 146–166
    1. Angemessener Ausgleich 147–152
      a) Anspruchsvoraussetzung 148
      b) Anspruchsinhalt 149–151
      c) Mehrstufige Unternehmensverbindungen 152
    2. Angemessene Abfindung 153–160

A. Übersicht § 15

  a) Anspruchsvoraussetzungen 154–156
  b) Art und Höhe der Abfindung 157–160
 3. Berechnung des Unternehmenswertes 161–163
 4. Gerichtliche Überprüfung der Angemessenheit . . . 164–166
VI. Änderung von Unternehmensverträgen 167–171
 1. Änderungsvereinbarung 168
 2. Zustimmungserfordernis und Wirksamwerden der
  Vertragsänderung 169–171
VII. Beendigung von Unternehmensverträgen 172–183
 1. Beendigungsgründe 173–181
  a) Aufhebungsvertrag 174
  b) Ordentliche Kündigung 175–177
  c) Außerordentliche Kündigung 178, 179
  d) Weitere Beendigungsgründe 180, 181
 2. Wirksamwerden und Rechtsfolgen der Vertragsbeendigung 182, 183

E. **Eingliederung** 184–207
 I. Eingliederung nach § 319 AktG 185–191
  1. Voraussetzungen und Verfahren 186–189
  2. Wirksamwerden 190, 191
 II. Mehrheitseingliederung nach § 320 AktG 192–198
  1. Voraussetzungen und Verfahren 193–195
  2. Abfindungsangebot 196, 197
  3. Wirksamwerden der Eingliederung 198
 III. Gläubigerschutz 199, 200
 IV. Wirkung der Eingliederung 201–205
  1. Weisungsrecht 202, 203
  2. Vermögenszugriff und Verlustausgleichspflicht . . . 204, 205
 V. Beendigung. 206, 207

Schrifttum: *Altmeppen* Abschied vom „Durchgriff" im Kapitalgesellschaftsrecht, NJW 2007, 2657; *Bayer* Herrschaftsveränderungen im Vertragskonzern, ZGR 1993, 599 ff.; *Bungert* Unternehmensvertragsbericht und Unternehmensvertragsprüfung gem. §§ 293 a ff. AktG, DB 1995, 1384 ff., 1449 ff.; *Decher* Personelle Verflechtungen im Aktienkonzern 1990; *Ebenroth* Konzernbildungs- und Konzernleitungskontrolle 1987; *Emmerich/Habersack* Aktien- und GmbH-Konzernrecht, 5. Aufl. 2008; *Emmerich/Habersack* Konzernrecht, 8. Aufl. 2005; *Exner* Beherrschungsvertrag und Vertragsfreiheit 1984; *Fleischer* Ungeschriebene Hauptversammlungszuständigkeiten im Aktienrecht: Von „Holzmüller" zu „Gelatine", NJW 2004, 2335 ff.; *Gansweid* Gemeinsame Tochtergesellschaften im deutschen Konzern- und Wettbewerbsrecht 1976; *Götz* Die Sicherung der Rechte der Aktionäre bei der Konzernobergesellschaft bei Konzernbildung und Konzernleitung, AG 1984, 85 ff.; *Hentzen* Der Entherrschungsvertrag im Aktienrecht, ZHR 157 1993, 65 ff.; *Hirte* Bezugsrechtsausschluss und Konzernbildung 1986; *Hommelhoff* Die Konzernleitungspflicht 1982; *ders.* Der Beitritt zum Beherrschungsvertrag und seine Auswirkung auf die Sicherung außenstehender Aktionäre in Festschrift Claussen 1997 S. 129 ff.; *Huber* Betriebsführungsverträge zwischen konzernverbundenen Unternehmen, ZHR 152 1988, 1 ff.; *Köhler* Rückabwicklung fehlerhafter Unternehmenszusammenschlüsse, ZGR 1985, 307 ff.; *Konzen* Arbeitnehmerschutz im Konzern, RdA 1984, 65 ff.; *Koppensteiner* Unternehmenseigenschaft im Konzerngesellschaftsrecht, ZHR 131 1968, 289 ff.; *ders.* Über wirtschaftliche Abhängigkeit in Festschrift Stimpel 1985 S. 811 ff.; *ders.* Abhängige Aktiengesellschaften aus rechtspolitischer Sicht in Festschrift Steindorff 1990 S. 79 ff.; *Krieger* Inhalt und das Zustandekommen von Beherrschungs- und Gewinnabführungsverträgen im Aktien- und GmbH-Recht, DStR 1992, 432 ff.; *Kropff* Zur Konzernleitungspflicht, ZGR 1984, 112 ff.; *ders.* Konzerneingangskontrolle bei der qualifiziert-konzerngebundenen Aktiengesellschaft in Festschrift Goerdeler 1987, S. 259 ff.; *Liebscher* Konzernbildungskontrolle 1995; *ders.* Unge-

§ 15 1, 2   Konzernrecht

schriebene Hauptversammlungszuständigkeiten im Lichte von Holzmüller, Macroton und Gelatine, ZGR 2005, 1 ff.; *ders.* Die Erfüllung des Verlustausgleichsanspruchs nach § 302 AktG, ZIP 2006, 1221 ff.; *Lutter* Die Rechte der Gesellschafter beim Abschluss fusionsähnlicher Unternehmensverbindungen, DB 1973, Beil. Nr. 21 zu Heft 46; *ders.* Teilfusionen im Gesellschaftsrecht in Festschrift Barz 1974, S. 199 ff.; *ders.* Theorie der Mitgliedschaft, AcP 180 1980, S. 84 ff.; *ders.* Organzuständigkeit im Konzern in Festschrift Stimpel 1985, S. 825 ff.; *ders.* Zur Vorbereitung und Durchführung von Grundlagenbeschlüssen in Aktiengesellschaften in Festschrift Fleck 1988, S. 169 ff.; *Lutter/Grunewald* Zur Umgehung von Vinkulierungsklauseln in Satzungen von Aktiengesellschaften und Gesellschaften mbH, AG 1989, 109 ff.; *Mecke* Konzernstruktur und Aktionärsentscheid 1992; *Marchand* Abhängigkeit und Konzernzugehörigkeit von Gemeinschaftsunternehmen 1985; *Miegel* Der Unternehmensbegriff des Aktiengesetzes 1965, 1970; *Mülbert* Aktiengesellschaft, Unternehmensgruppe und Kapitalmarkt, 2. Aufl. 1996; *Reichert* Ausstrahlungswirkungen der Ausgliederung nach UmwG auf andere Strukturänderungen in: Habersack/Koch/Winter (Hrsg.): Die Spaltung im neuen Umwandlungsrecht und ihre Rechtsfolgen 1999, S. 25 ff.; *Seydel*, Konzernbildungskontrolle bei der Aktiengesellschaft 1995; *Sieger/Hasselbach* Die Holzmüller-Entscheidung im Unterordnungskonzern, AG 1999, 241 ff.; *K. Schmidt* Aktionärs- und Gesellschafterzuständigkeiten bei der Freigabe vinkulierter Aktien- und Geschäftsanteile; Festschrift Beusch 1993, S. 759 ff.; *ders.* Die konzernrechtliche Verlustübernahmepflicht als gesetzliches Dauerschuldverhältnis, ZGR 1983, 513 ff.; *Sonnenschein* Der aktienrechtliche Vertragskonzern im Unternehmensrecht, ZGR 1981, 429 ff.; *ders.* Organschaft und Konzerngesellschaftsrecht unter Berücksichtigung des Wettbewerbsrechts und des Mitbestimmungsrechts 1976; *Strohn* Die Fassung der AG im faktischen Konzern 1977; *Sura*, Fremdeinfluss und Abhängigkeit im Aktienrecht 1980; *Tieves* Der Unternehmensgegenstand der Kapitalgesellschaft 1998; *Timm* Die Aktiengesellschaft als Konzernspitze 1980; *ders.* Grundfragen des qualifiziert-faktischen Konzerns im Aktienrecht, NJW 1987, 977 ff.; *ders.* Rechtsfragen der Änderung und Beendigung von Unternehmensverträgen in Festschrift Kellermann 1991, S. 461 ff.; *Westermann* Organzuständigkeit bei Bildung, Erweiterung und Umorganisation des Konzerns, ZGR 1984, 352 ff.; *Wiedemann* Die Unternehmensgruppe im Privatrecht 1988; *Würdinger* Aktienrecht und das Recht der verbundenen Unternehmen, 4. Aufl. 1981.

A. Grundlagen

1   Gegenstand des Konzernrechts ist es, den gesellschaftsrechtlichen Gefahren einer Verbindung mehrerer selbständiger Unternehmen zu einer neuen wirtschaftlichen Einheit zu begegnen. Das Konzernrecht ist vor allem Schutzrecht zugunsten der Minderheitsgesellschafter und Gläubiger der Untergesellschaft.[1] Konzernrechtliche Probleme entstehen jedoch auch auf der Ebene der Obergesellschaft.[2]

I. Rechtstatsächliche Bedeutung der AG als Konzernbaustein

2   Das Aktienrecht behindert die Konzernbildung kaum. Dies hat dazu geführt, dass die meisten AGs über einen **Großaktionär** verfügen;[3] es domi-

---

[1] *Hüffer* AktG § 15 Rz. 3; *Raiser/Veil* § 50 Rz. 13; krit. dazu etwa *Mülbert* ZHR 163 (1999) 1 ff.
[2] Grundlegend *Lutter* DB 1973, Beilage Nr. 21 zu Heft 46; *ders.* in FS Barz S. 199 ff.; *ders.* in FS Westermann S. 347 ff.; siehe auch: *Hommelhoff* Konzernleitungspflicht; *Timm* Die AG als Konzernspitze.
[3] *Emmerich/Habersack* Konzernrecht § 1 II 1 schätzen, dass ca. 75 % aller AGs und 50 % aller GmbHs konzernverbunden sind.

A. Grundlagen

3–5 **§ 15**

nieren mehrstufige Unternehmensverbindungen, bei denen der Großaktionär seinerseits wiederum im Mehrheitsbesitz eines Dritten steht. Weit verbreitet sind daneben wechselseitige und ringförmige Beteiligungen zwischen Banken, Versicherungen und Großunternehmen, die zu einem komplizierten – verbreitet als „Deutschland AG" bezeichneten – Geflecht von Beteiligungen und „Einflusskanälen" geführt haben.

Auch die **herrschende AG** ist eine vertraute Erscheinung der Konzernpraxis. Vor allem der Weg in eine Unternehmensstruktur, in der das Unternehmen (auch) über Tochtergesellschaften tätig wird, durch Ausgliederung unternehmerischer Aktivitäten oder durch Hinzuerwerb von Beteiligungen, wirft die „klassischen" konzernrechtlichen Probleme auf der Ebene der Obergesellschaft auf.

II. Konzernrechtliche Grundprobleme

Der Zusammenschluss selbständig am Markt operierender Unternehmen zu einer Unternehmensgruppe hat nicht nur Vorteile, sondern beschwört auch schwerwiegende **Gefahren** herauf. Denn das Gesellschaftsrecht ist auf unabhängige Gesellschaften zugeschnitten; idealtypisch konkurrieren im Wirtschaftsleben Gesellschaften, deren Organe autonom über die Geschäftspolitik entscheiden.   3

1. Abhängiges Unternehmen

Primärziel des Konzernrechts ist es, die Untergesellschaft, ihre Minderheitsaktionäre und Gläubiger vor Übergriffen des Mehrheitsaktionärs zu schützen. Es gibt zwei **typische Situationen**, in denen eine AG in Abhängigkeit eines Unternehmensgesellschafters gerät: Zum einen die Erlangung einer Kontrollposition durch ein anderweitig unternehmerisch engagiertes Unternehmen und zum anderen die – realiter seltener anzutreffende – Situation, dass der (private) Mehrheitsaktionär ein anderweitiges unternehmerisches Engagement begründet. Ausgangspunkt ist daher meist der Erwerb einer Beteiligung an dem in den Unternehmensverbund zu integrierenden Unternehmen (abhängige Gesellschaft), die die Ausübung der Kontrolle über diese Gesellschaft durch den Erwerber (herrschendes Unternehmen) gestattet (sog. **Kontrollakquisition**). Dieser faktischen Konzernierung folgt gelegentlich die Absicherung der Einflussnahme durch Abschluss eines Unternehmensvertrages; die Einbeziehung in den Verbund kann bis zur Eingliederung oder Verschmelzung führen. Die **Gruppenbildung** ist mithin Teil eines sich stufenweise vollziehenden Prozesses,[4] der regelmäßig mit dem Erwerb von Anteilen an einem Unternehmen durch ein anderes beginnt und über verschiedene dezentrale Verbundsformen bis hin zur Schaffung eines rechtlich einheitlichen Unternehmens führen kann, aber nicht muss.   4

Leitmodell des Aktienkonzernrechts ist die unternehmensvertraglich legitimierte Konzernherrschaft. Nach Vorstellung des Gesetzgebers sollen Konzerne regelmäßig als Vertragskonzerne auf der Basis eines Beherrschungsvertrages organisiert werden;[5] indes kommt es realiter meist nur zur faktischen Konzer-   5

---

[4] Vgl. zu diesem Prozess: *Liebscher* Konzernbildungskontrolle 1995 S. 14 f.; *Lutter/Timm* NJW 1982, 409, 412 f.; *Timm* Die AG als Konzernspitze S. 57 ff.
[5] Vgl. RegBegr. zum AktG 1965 abgedr. bei *Kropff* S. 374.

Liebscher

nierung, und bereits diese begründet erhebliche **Gefahren für die Untergesellschaft**. Denn die Obergesellschaft betreibt eine eigenständige Unternehmenspolitik und bezieht die abhängige Gesellschaft in diese Konzernpolitik ein, sodass die idealiter vorhandene Interesseneinheit zwischen den Teilhabern in Frage gestellt wird. Auch wenn das herrschende Unternehmen regelmäßig nicht beabsichtigt, die Tochter auszuplündern oder zu schädigen, ist Entscheidungsmaßstab der Tochter-Geschäftsführung nicht mehr allein das Tochter-Eigeninteresse, sondern auch das vom Konzernherrn vorgegebene **Konzerninteresse**. Die konzernfreie Minderheit ist nicht mehr ohne weiteres in der Lage, eine allein den Interessen der Muttergesellschaft dienende Unternehmensleitung und Gewinnverwendung zu verhindern. Hauptanliegen des Konzernrechts ist es, diesen Interessenkonflikt zu lösen. Ferner will es die Gläubiger des abhängigen Unternehmens schützen. Als Haftungsmasse steht diesen nämlich allein das Tochter-Vermögen zur Verfügung; auf das Vermögen des herrschenden Unternehmens haben sie keinen Zugriff. Den Gläubigern droht daher die Gefahr, dass das ihnen haftende Vermögen infolge der Einflussnahme des herrschenden Unternehmens ausgehöhlt und geschmälert wird.[6]

2. Herrschendes Unternehmen

6 Die Ausgangsentscheidung zur Konzernbildung innerhalb der künftigen Konzernspitze ist stets eine „Beteiligungsentscheidung" des nach der inneren Kompetenzordnung zuständigen Gesellschaftsorgans. Insoweit gibt es zwei typische Wege, die dazu führen, dass eine Gesellschaft zum herrschenden Unternehmen wird: einerseits den Erwerb einer einflussbegründenden Beteiligung **(Beteiligungserwerb)**, andererseits die Gründung einer Tochtergesellschaft, wobei vielfach auf diese bestimmte Aktivitäten, die die Gesellschaft bisher selbst wahrgenommen hat, übertragen werden **(Ausgliederung)**.[7] Neben diesen Hauptformen sind jedoch noch andere Situationen denkbar. In Betracht kommt die Verstärkung des aus einer Minderheitsbeteiligung fließenden Einflusses derart, dass es zur Abhängigkeit der Untergesellschaft kommt; in diesem Zusammenhang sind beispielsweise die Besetzung von Organpositionen mit Vertretern des herrschenden Unternehmens (personelle Verflechtung) sowie der Fall des Zusammenschlusses mit anderen Gesellschaftern des (dann) abhängigen Unternehmens zwecks gemeinsamer Beherrschung zu nennen (Poolbildung).

7 Im Zuge der Entstehung einer Unternehmensverbindung kommt es auf der Ebene des herrschenden Unternehmens zu einem **Kompetenzkonflikt**.[8] Es stellt sich nämlich die Frage, wer befugt ist, die im Rahmen der Gruppenbildung erforderlichen Maßnahmen zu veranlassen (Konzernbildung) und die Leitungsrechte gegenüber der Tochter auszuüben (Konzernleitung). Die Konfliktlinie verläuft formal zwischen Vorstand einerseits und den übrigen Gesellschaftsorganen andererseits. Der Erwerb von Beteiligungen, die Gründung

---

[6] RegBegr. zum AktG 1965 abgedr. bei *Kropff* S. 373 ff.

[7] *Hommelhoff* Die Konzernleitungspflicht S. 400; *Timm* AG als Konzernspitze S. 69; *ders.* ZHR 153, 60, 66; *Wiedemann* Unternehmensgruppe im Privatrecht S. 42.

[8] Grundlegend *Lutter* DB 1973, Beilage Nr. 21 zu Heft 46; *ders.* in FS Barz S. 199 ff.; *ders.* in FS Westermann S. 347 ff.; zusammenfassend *Emmerich/Habersack* Konzernrecht § 7 I 2; Kölner Komm./*Koppensteiner* Vorbem. § 15 Rz. 9; *Liebscher* Konzernbildungskontrolle 1995 S. 13, 37 ff.

A. Grundlagen

8, 9 § 15

von Tochtergesellschaften sowie die Wahrnehmung und die Verstärkung bestehender Beteiligungsrechte sind nach herkömmlichem Verständnis reine **Geschäftsführungsmaßnahmen**, die nach allgemeinen Grundsätzen allein dem Vorstand obliegen (§§ 111 Abs. 4 Satz 1, 119 Abs. 2 AktG). Durch die Entstehung einer Unternehmensverbindung kommt es indes zu schwerwiegenden Rückwirkungen auf der Ebene der Obergesellschaft, sodass sich stets die Frage stellt, ob und inwieweit die übrigen Organe des (künftig) herrschenden Unternehmens in Beteiligungsentscheidungen einzubeziehen sind.[9] Dies deshalb, weil infolge der Begründung eines Konzernverhältnisses die Kontroll- und Mitverwaltungsrechte, insb. der Hauptversammlung der Obergesellschaft mediatisiert werden. Der Vorstand gewinnt teilweise (zum Beispiel bei Maßnahmen in beherrschten Gesellschaften, die, wären sie in der Obergesellschaft erfolgt, der Mitwirkung anderer Organe bedurft hätten) Einfluss auf Entscheidungen, die ohne eine solche Struktur der Zustimmung der Hauptversammlung bedurft hätten. Beispiele für die **Mediatisierung des Gesellschaftereinflusses** sind die Rücklagenbildung (Thesaurierung) in Tochtergesellschaften,[10] Kapitalerhöhungsmaßnahmen, die (sonstige) Aufnahme Dritter sowie (sonstige) Änderungen der Struktur auf Tochterebene (Begründung eines Vertragskonzerns, Verschmelzung, Formwechsel, Spaltung, Vermögensübertragung, Auflösung, grundlegende Satzungsänderungen).[11]

III. Konzernrechtliche Grundbegriffe

Die §§ 15 bis 19 AktG definieren verschiedene Tatbestände der Verbindung rechtlich selbständiger Unternehmen. Die Regelung geht von dem Grundbegriff der **„verbundenen Unternehmen"** (§ 15 AktG) als der zusammenfassenden Bezeichnung aller im AktG geregelter Unternehmensverbindungen aus. Hierzu zählen im Mehrheitsbesitz stehende Unternehmen (§ 16 AktG), abhängige und herrschende Unternehmen (§ 17 AktG), Konzernunternehmen (§ 18 AktG) und die Vertragsteile eines Unternehmensvertrages (§§ 15, 291 ff. AktG); hinzu kommen wechselseitige Beteiligungen (§ 19 AktG) und Eingliederungskonzerne (§§ 319 ff. AktG).[12]

8

1. Unternehmensbegriff

Von besonderer Bedeutung ist der konzernrechtliche Unternehmensbegriff. Denn dieser eröffnet die **Anwendbarkeit des Konzernrechts**. Den §§ 15 ff., 291 ff., 311 ff. AktG liegt der konzernrechtliche Unternehmensbegriff zugrunde, ohne dass dieser Begriff gesetzlich definiert worden ist. Heute wird ganz überwiegend eine zweckbezogene (teleologische) Interpretation des Unternehmensbegriffs vertreten.

9

---

[9] Vgl hierzu Rz. 42 ff.
[10] BGH II ZR 174/80 v. 25. 2. 1982, BGHZ 83, 122, 136 f. (Holzmüller); MünchHdb. GesR/Bd. 4/*Hoffmann-Becking* § 46 Rz. 9 f.
[11] Zusammenfassend MünchHdb. GesR/Bd. 4/*Krieger* § 69 Rz. 41 ff.; *Liebscher* Konzernbildungskontrolle S. 48 ff.
[12] Die Begriffsbestimmungen der §§ 15 ff. AktG sind rechtsformneutral formuliert. Sie beanspruchen allgemein – quasi als allgemeiner Teil des Konzernrechts – Geltung: *Emmerich/Habersack* Konzernrecht § 33 III 1; MünchHdb. GesR/Bd. 4/*Krieger* § 68 Rz. 2; *Sudhoff/Liebscher* GmbH & Co. KG § 50 Rz. 6.

Liebscher 1231

10 „Herrschendes Unternehmen" ist daher jeder Gesellschafter des abhängigen Unternehmens, bei dem zu seiner Beteiligung wirtschaftliche Interessenbindungen außerhalb der Gesellschaft hinzukommen, die stark genug sind, die ernste Besorgnis zu begründen, er könne seinen Einfluss zur Verfolgung gesellschaftsfremder Ziele einsetzen.[13] Entscheidend ist ein **unternehmerisches Doppelengagement** des maßgebenden Teilhabers. Denn hieraus resultiert die konzerntypische Konfliktlage, nämlich die Gefahr, dass dieser Unternehmensgesellschafter seinen Einfluss zur Verfolgung anderweitiger unternehmerischer Interessen auf Kosten der Untergesellschaft einsetzt (sog. **Konzernkonflikt**); auf die Rechtsform des Unternehmensgesellschafters kommt es nicht an.[14] Auslösendes Element des konzernrechtlichen Regelungsbedarfs ist mithin die durch ein unternehmerisches Doppelengagement verursachte abstrakte Gefahr der Ergebnisverlagerung von der abhängigen Gesellschaft zum herrschenden Unternehmen zulasten der konzernfreien Minderheit und der Gläubiger der Untergesellschaft, wobei unerheblich ist, ob tatsächlich nachteilige Maßnahmen zur Förderung anderweitiger unternehmerischer Interessen veranlasst werden. Demgegenüber richten sich die Rechte und Pflichten eines Gesellschafters, der nicht Unternehmen im konzernrechtlichen Sinne ist (sog. Privatgesellschafter), dh. der nur eine Beteiligung hält, ohne weitere wirtschaftliche Interessen zu verfolgen, ausschließlich nach allgemeinem Gesellschaftsrecht.

11 Der Unternehmenscharakter der Untergesellschaft ist nach dem Schutzzweck des Konzernrechts anders zu bestimmen als der des herrschenden Unternehmens.[15] Als **abhängiges Unternehmen** kommt daher **jede Personenvereinigung** bzw. jede rechtlich besonders organisierte Vermögenseinheit in Betracht, da der sog. Konzernkonflikt in jeder Personengruppe eintreten kann.

a) Charakterisierung der „anderweitigen Interessenbindung"

12 Nicht abschließend geklärt ist, wie stark die gesellschaftsextern verfolgten Interessen sein müssen, damit wegen der Gefahr kollidierender Interessen die konzernrechtlichen Schutzvorschriften zum Tragen kommen. Allgemein gilt: Die fremdunternehmerischen Interessen des maßgebenden Teilhabers müssen **nach Art und Intensität geeignet** sein, den beschriebenen **Konzernkonflikt heraufzubeschwören**. Hieraus wird abgeleitet, dass die Fremdinteressen unternehmerischen Charakter haben müssen; altruistische Zielsetzungen genügen grundsätzlich nicht.[16] Jedoch ist die Unternehmenseigenschaft juristi-

---

[13] Sog. teleologische Unternehmensbegründung: BGH II ZR 123/76 v. 13.10. 1977, BGHZ 69, 334, 337 (VEBA/Gelsenberg); KVR 1/78, v. 8.5. 1979, BGHZ 74, 359, 365 (WAZ); I ZR 88/80 v. 29.9. 1982, BGHZ 85, 84, 90 f. (ADAC); II ZR 275/84 v. 16.9. 1985, BGHZ 95, 330, 337 (Autokran); II ZR 135/90 v. 23.9. 1991, 115, 186, 190 (Video); II ZB 3/96 v. 17.3. 1997, BGHZ 135, 107, 113 (VW) (st. Rspr.); s. auch *Emmerich/Habersack* Konzernrecht § 2 II 1; Kölner Komm./*Koppensteiner* § 15 Rz. 20; MünchHdb. GesR/ Bd. 4/*Krieger* § 68 Rz. 6 ff.
[14] BGH II ZR 123/76 v. 13.10. 1977, BGHZ 69, 334, 338 (VEBA/Gelsenberg); *Emmerich/Habersack* Konzernrecht § 2 II 1; Kölner Komm./*Koppensteiner* § 15 Rz. 55 ff.
[15] *Emmerich/Habersack* Konzernrecht § 2 II 5; *Hüffer* § 15 Rz. 14; Kölner Komm./*Koppensteiner* § 15 Rz. 86 f.; *Liebscher* Konzernbildungskontrolle 1995 S. 18; *Raiser/Veil* § 51 Rz. 3 (allg. M.).
[16] Eine Unternehmenseigenschaft kraft Rechtsform oder kraft gemeinnütziger Zielsetzung wird überwiegend abgelehnt: *Kohl* NJW 1992, 1922, 1923 rechte Spalte; *Kropff* BB 1965, 1281, 1285 – aA allerdings *Schwintowski* NJW 1991, 2736, 2740 rechte Spalte.

A. Grundlagen

scher Personen des öffentlichen Rechts trotz nicht wirtschaftlicher Zielsetzung nicht generell zu verneinen, sondern vielmehr wegen der Gefahr der einseitigen Förderung öffentlicher Aufgaben bereits dann zu bejahen, wenn eine öffentlich-rechtliche Gebietskörperschaft (Bund/Länder/Gemeinden) lediglich ein privatrechtlich organisiertes Unternehmen beherrscht.[17]

Der umgekehrte Fall, dass eine Person, die anderweitige wirtschaftliche Interessen verfolgt, nicht als Unternehmen im konzernrechtlichen Sinne anzusehen ist, weil die Interessenbindung, nach „Art und Intensität" nicht stark genug ist, die „ernsthafte Besorgnis" zu begründen, wird indes nicht eingehend erörtert. Der Interessenkonflikt muss mE dergestalt sein, dass die §§ 57, 117, 243 Abs. 2 AktG, die verdeckte Leistungen an Aktionäre bzw. die unzulässige Verfolgung von Sondervorteilen durch einen Aktionär betreffen, und die flankierenden mitgliedschaftlichen Treubindungen zu seiner Bewältigung nicht ausreichen, sodass bei objektiver Betrachtung im Falle einer Beherrschung iSd. § 17 AktG berichtspflichtige Vorgänge iSd. § 312 AktG zu erwarten sind.[18] Hieraus folgt, dass der konzerntypische Interessenkonflikt „institutionalisiert" sein muss, dh. dass die anderweitige Betätigung die nicht fern liegende Gefahr konzernspezifischer Vermögensverlagerungen begründen muss. Aus dem Erfordernis der „Institutionalisierung" des konzerntypischen Interessenkonflikts folgt mE insbesondere, dass **rein vermögensverwaltende andere Betätigungen** des maßgebenden Aktionärs grundsätzlich nicht ausreichen, um die konzerntypische Gefährdungslage zu begründen.[19]

Indes ist die Unternehmenseigenschaft regelmäßig zu bejahen, wenn das herrschende Unternehmen unmittelbar selbst **unternehmerische Interessen** verfolgt,[20] es zB eine (teil-)rechtsfähige Personenvereinigung ist, die einen eigenen Geschäftsbetrieb unterhält. Auch Einzelpersonen können etwa als Einzelkaufleute oder Freiberufler selbst unternehmerische Interessen verfolgen oder sich die unternehmerische Betätigung einer anderen Gesellschaft zurechnen lassen müssen, sodass auch eine natürliche Person „herrschendes Unternehmen" iSd. Konzernrechts sein kann.[21]

---

[17] Vgl. BGH II ZB 3/96 v. 17. 3. 1997, BGHZ 135, 107, 113 f. (VW/Niedersachsen); *Emmerich/Habersack* Konzernrecht § 2 III 2; Kölner Komm./*Koppensteiner* § 15 Rz. 70 ff. – ähnlich für Gewerkschaften und Religionsgemeinschaften: *Hüffer* § 15 Rz. 13.

[18] Vgl. etwa LG Heidelberg O 95/98 KfH I v. 1. 12. 1998, AG 1999, 135, 136 f. (MLP); *Hüffer* § 15 Rz. 19 a. E..

[19] Auch iRd Vermögensverwaltung sind schädigende Eingriffe denkbar (zB Zugriff auf Ressourcen der AG). Indes begründet die bloße Möglichkeit zur Schadensstiftung keine Unternehmenseigenschaft, denn diesen Fall erfassen die allgemeinen Haftungstatbestände. Daher macht es keinen Unterschied, ob eine solche Entgleisung eines einflussreichen Aktionärs nur seinen privaten Interessen zugute kommt (zB Pflege des selbstgenutzten Wohnanwesens) oder dem Vermögensinteressen iRd. Vermögensverwaltung befördert werden (etwa Pflege vermieteten Eigentums).

[20] *Emmerich/Habersack* Konzernrecht, § 2 II 1; MünchKomm. AktG/Bd. 1/*Bayer* § 15 Rz. 15; *Raiser/Veil* § 51 Rz. 4 ff.; *Schmidt* § 31 II 1.

[21] BGH II ZR 123/76 v. 13. 10. 1977, BGHZ 69, 334, 338 (VEBA/Gelsenberg); II ZR 275/84 v. 16. 9. 1985, 95, 330, 337 (Autokran); II ZR 135/90 v. 23. 9. 1991, BGHZ 115, 187, 189 ff. (Video); II ZR 265/91 v. 29. 3. 1992, BGHZ 122, 123, 127 f. (TBB); BGH II ZR 212/99 v. 18. 6. 2001, DB 2001, 1768 ff. (MLP); *Emmerich/Habersack* § 15 Rz. 11 a; *Hüffer* § 15 Rz. 11; Kölner Komm./*Koppensteiner* § 15 Rz. 30 ff.; MünchHdb. GesR/Bd. 4/ *Krieger* § 68 Rz. 10; *Raiser/Veil* § 51 Rz. 6 f.

b) Maßgebliche Beteiligung an einer anderen Gesellschaft

14 Auch die Beteiligung an einem dritten Unternehmen kann den Konzernkonflikt heraufbeschwören. Evident ist dies bei einer 100%igen Beteiligung des herrschenden Unternehmens an einer anderen Gesellschaft, da in diesen Fällen wirtschaftliche Interessenidentität besteht. Ausgehend vom Sinn und Zweck der Regelung der §§ 15 ff. AktG genügt jedoch auch eine „maßgebliche" Beteiligung. Im Hinblick auf die Charakterisierung einer hinreichenden Beteiligung lassen sich im Wesentlichen zwei Meinungen unterscheiden: Während es nach der einen darauf ankommen soll, ob der betreffende Gesellschafter tatsächlich leitend (iSd. des § 18 Abs. 1 AktG) auf das andere Unternehmen einwirkt,[22] begnügt sich die herrschende Meinung bereits mit einer Beteiligung, die die **Möglichkeit einer Einflussnahme** (iSd. § 17 AktG) eröffnet.[23] Nach herrschender Meinung genügt daher grds. eine Mehrheitsbeteiligung (§§ 16, 17 Abs. 2 AktG).

15 Strittig ist, inwieweit eine nicht mehrheitliche Beteiligung geeignet ist, eine Unternehmenseigenschaft zu begründen. Vorherrschend ist die Auffassung, Minderheitsbeteiligungen, auch wenn sie eine Sperrminorität vermitteln, seien nicht ausreichend,[24] es sei denn, dass sie dem Aktionär einen maßgeblichen Einfluss auf die Besetzung der Leitungsorgane oder auf die Geschäftsführung der Drittgesellschaft eröffnen; Gleiches soll gelten, wenn der Aktionär dort Geschäftsführungsfunktionen auf der Grundlage seiner Beteiligung wahrnimmt.[25]

2. Mehrheitsbeteiligung

16 Die Mehrheitsbeteiligung gem. § 16 AktG gewinnt ihre wesentliche Bedeutung als Grundlage der Abhängigkeits- und Konzernvermutung gem. §§ 17 Abs. 2, 18 Abs. 1 Satz 3 AktG. Eigenständige Bedeutung erlangt die Vorschrift im Rahmen des Verbots der Zeichnung sowie des Haltens eigener Aktien (§§ 56 Abs. 2, 71d Satz 2 AktG). Darüber hinaus knüpfen die §§ 160 Abs. 1 Nr. 1, 2 und 8, 305 Abs. 2 Nr. 1 und 2 AktG an einen bloßen Mehrheitsbesitz an. Gleiches gilt für die Mitteilungspflichten gem. §§ 20 Abs. 4 und 5, 21 Abs. 2 und 3 AktG sowie die Nachweispflichten gem. § 22 AktG.

17 Die Berechnungs- und Zurechnungsregeln des § 16 AktG dienen dazu, Rechtsklarheit im Hinblick auf die Anwendbarkeit der konzernrechtlichen Regeln, die über die Abhängigkeits- und Konzernvermutung regelmäßig mit einer Mehrheitsbeteiligung einhergehen, zu schaffen.[26] Nach § 16 Abs. 1 AktG liegt eine Mehrheitsbeteiligung vor, wenn einem Unternehmen die **Anteils-**

---

[22] Geßler/Hefermehl/*Geßler* § 15 Rz. 25 ff.; *Kort* DB 1986, 1909, 1911 f.; *Zöllner* ZGR 1976, 1, 16.
[23] *Emmerich/Habersack* Konzernrecht § 2 II 2; Kölner Komm./*Koppensteiner* § 15 Rz. 35 ff.; MünchKomm. AktG/Bd. 1/*Bayer* § 15 Rz. 22; MünchHdb. GesR/Bd. 4/*Krieger* § 68 Rz. 7.
[24] *Hüffer* § 15 Rz. 9; MünchHdb. GesR/Bd. 4/*Krieger* § 68 Rz. 7 – aA Großkomm. AktG/*Windbichler* § 15 Rz. 38 ff.
[25] *Emmerich/Habersack* Konzernrecht § 2 II 2; MünchHdb. GesR/Bd. 4/*Krieger* § 68 Rz. 7.
[26] Vgl. hierzu und zu weiteren Einzelheiten MünchHdb. GesR/Bd. 4/*Krieger* § 68 Rz. 18 ff.; *Emmerich/Habersack* Konzernrecht § 3 I; *Raiser/Veil* § 51 Rz. 11 ff.

A. Grundlagen

18, 19 § 15

oder **Stimmenmehrheit** in einem anderen rechtlich selbständigen Unternehmen zukommt. § 16 Abs. 2 Satz 1, Abs. 3 Satz 1 AktG enthalten Berechnungsregeln für die Anteils- bzw. Stimmenmehrheit. Die wichtigste praktische Bedeutung kommt indes den **Zurechnungsregeln** zu. Nach § 16 Abs. 2 Satz 2 und 3 sowie Abs. 3 Satz 2 dürfen bei der Berechnung eigene Anteile der Gesellschaft, die die Gesellschaft selbst oder mittelbar ein anderer für sie hält, nicht berücksichtigt werden. Ferner sind gem. § 16 Abs. 4 AktG diejenigen Anteile zusätzlich in Ansatz zu bringen, die zwar nicht dem Mehrheitsgesellschafter selbst, aber einem von diesem abhängigen Unternehmen oder einem mittelbaren Stellvertreter des Mehrheitsaktionärs gehören.

3. Abhängigkeit iSd. § 17 AktG

Der Abhängigkeitsbegriff ist von zentraler Bedeutung. Denn die Rechtsbehelfe zum Schutz der Untergesellschaft im faktischen Konzern knüpfen an diesen Tatbestand an (§§ 311 ff. AktG). Nach § 17 AktG ist ein Unternehmen abhängig, wenn ein anderes Unternehmen auf dieses beherrschenden Einfluss ausüben kann. Es genügt die Möglichkeit der Einflussnahme; von dieser Möglichkeit muss nicht Gebrauch gemacht werden. Ein **beherrschender Einfluss** ist anzunehmen, wenn dem beherrschenden Unternehmen langfristig Mittel zur Verfügung stehen, um die Geschäftsleitung des abhängigen Unternehmens dazu zu bewegen, den Willen der Konzernspitze zu befolgen, dh. wenn diese einem **fremdunternehmerischen Willen unterworfen** ist.[27]

18

Allerdings schützt das Konzernrecht die abhängige Gesellschaft nur vor gesellschaftsrechtlichen Einflussnahmen, nicht jedoch vor rein marktwirtschaftlichen Gefahren. Daher setzt Abhängigkeit stets eine **gesellschaftsrechtlich bedingte Einflussnahmemöglichkeit** voraus.[28] Herrschendes Unternehmen ist daher stets ein Gesellschafter der Untergesellschaft, wobei gerade seine Beteiligung ihm die Möglichkeit zur Herrschaft vermitteln muss.

a) Abhängigkeitsbegriff und -vermutung

Abhängigkeit wird im Falle einer Mehrheitsbeteiligung eines Unternehmens an einem anderen vermutet (§ 17 Abs. 2 AktG iVm. § 16 AktG), da der Mehrheitsgesellschafter regelmäßig maßgebenden Einfluss auf die Personalpolitik der beherrschten Gesellschaft auszuüben vermag, sodass sich die Geschäftsführungsorgane der abhängigen Gesellschaft im Zweifel – schon im Interesse ihrer eigenen Wiederwahl – nach den Weisungen des herrschenden Unternehmens richten werden. Entscheidend ist mithin die **Personalhoheit**, die idealtypisch durch eine Mehrheitsbeteiligung vermittelt wird, also die Möglichkeit, die Gesellschaftsorgane mit „eigenen Leuten" zu besetzen.[29]

19

---

[27] BGH II ZR 89/72 v. 4. 3. 1974, BGHZ 62, 193, 197 ff. (Seitz); enger hingegen RG II 128/40 v. 21. 3. 1941, RGZ 167, 40, 48 ff. (Thega); *Emmerich/Habersack* Konzernrecht § 3 II 2; Kölner Komm./*Koppensteiner* § 17 Rz. 21 ff.

[28] So genügt es nicht, wenn ein Unternehmen seine marktbeherrschende Stellung oder langfristige Liefer- und Kreditbeziehungen zu Einflussnahmen ausnutzt. Ein solcher Eingriff unterfällt dem Wettbewerbs- und nicht dem Konzernrecht: vgl. BGH II ZR 171/83 v. 26. 3. 1984, BGHZ 90, 381, 395 f. (BuM); *Koppensteiner* in FS Stimpel S. 811, 812 ff.; MünchHdb. GesR/Bd. 4/*Krieger* § 68 Rz. 40; *Raiser/Veil* § 51 Rz. 23; *Emmerich/ Habersack* § 17 Rz. 15 f.

[29] *Emmerich/Habersack* § 17 Rz. 7.; *Hüffer* § 17 Rz. 9.

20 Die Vermutung des § 17 Abs. 2 AktG ist widerlegbar. Die **Widerlegung der Abhängigkeitsvermutung** muss an dem Rechtsgrund der Vermutungsregel ansetzen. Eine Mehrheitsbeteiligung zieht daher dann keine Abhängigkeit nach sich, wenn sie ausnahmsweise nicht die Möglichkeit verleiht, unmittelbar die Zusammensetzung des Aufsichtsrates und damit mittelbar die des Vorstandes zu beeinflussen. Dieser Nachweis ist schwer zu führen, da das Vorhandensein sämtlicher abhängigkeitsbegründender Einflussmöglichkeiten ausgeschlossen sein muss.[30] In Anbetracht dieser Schwierigkeiten werden in der Praxis häufig sog. **Entherrschungsverträge** geschlossen, die darauf gerichtet sind, den Mehrheitsaktionär an der Ausübung der Mehrheitsherrschaft zu hindern. Entherrschungsverträge bedürfen der Schriftform und müssen eine Mindestlaufzeit von 5 Jahren haben, um nachhaltig die Ausübung der Personalhoheit in der Untergesellschaft auszuschließen.[31] Da der Vorstand grundsätzlich zur Konzernleitung verpflichtet ist und der Entherrschungsvertrag dies unmöglich macht und den Vorstand auf kapitalistische Beteiligungsverwaltung beschränkt, wird überwiegend eine entsprechende Satzungsermächtigung für den Entherrschungsvertrag verlangt.[32] Stattdessen wird zum Teil eine Zustimmung der Hauptversammlung analog § 293 AktG gefordert, was die herrschende Meinung jedoch ablehnt.[33]

21 Abhängigkeit setzt nicht zwingend eine Mehrheitsbeteiligung voraus. Sie kann auch durch eine **Minderheitsbeteiligung** begründet werden, sofern diese durch weitere rechtliche oder tatsächliche – hier auch rein wirtschaftliche – Umstände (wie zB Stimmbindungsverträge, personelle Verflechtungen zwischen den Leitungsorganen der beteiligten Unternehmen, satzungsmäßige Sonderrechte, Leistungsaustauschverträge uÄ) derart verstärkt wird, dass sie dem Unternehmensgesellschafter den nötigen Einfluss sichert. Allerdings müssen die Umstände nichtgesellschaftsrechtlicher Natur gerade die aus der Beteiligung folgenden Einwirkungsmöglichkeiten auf die Geschäftsführung der Untergesellschaft verstärken.[34] Bei (börsennotierten) AGs mit zersplittertem Aktienbesitz ist zudem die **durchschnittliche Hauptversammlungspräsenz** von Bedeutung. Hier kann eine Minderheitsbeteiligung dann zur Abhängigkeit führen, wenn sich die Hauptversammlungspräsenz üblicherweise auf einem Niveau bewegt, das dazu führt, dass die Minderheitsbeteiligung eine sichere Hauptversammlungsmehrheit gewährleistet.[35]

---

[30] MünchKomm. AktG/Bd. 1/*Bayer* § 17 Rz. 95; *Emmerich/Habersack* § 17 Rz. 35 ff.; *Hüffer* § 17 Rz. 19; MünchHdb. GesR/Bd. 4/*Krieger* § 68 Rz. 58.
[31] OLG Köln 22 U 72/92 v. 24.11.1992, AG 1993, 86, 87 (Winterthur/Nordstern); LG Mainz 10 HO 57/89 v. 16.10.1990, AG 1991, 30, 32; MünchHdb. GesR/Bd. 4/*Krieger* § 68 Rz. 61; *Emmerich/Habersack* § 17 Rz. 42 ff.; *Hüffer* § 17 Rz. 22.
[32] MünchHdb. GesR/Bd. 4/*Krieger* § 68 Rz. 62; MünchKomm. AktG/Bd. 1/*Bayer* § 17 Rz. 109.
[33] Zur hM vgl. LG Mainz 10 HO 57/89 v. 16.10.1990, AG 1991, 30, 32; Großkomm. AktG/*Windbichler* § 17 Rz. 82; Kölner Komm./*Koppensteiner* § 17 Rz. 115 – aA *Jäger* DStR 1995, 1113, 1117.
[34] BGH II ZR 171/83 v. 26.3.1984, BGHZ 90, 381, 397 (BuM); MünchHdb. GesR/ Bd. 4/*Krieger* § 68 Rz. 40.
[35] BGH II ZR 123/76 v. 13.10.1977, BGHZ 69, 334, 347 (VEBA/Gelsenberg; Beteiligung von 43,74 % bei 80 % Präsenz); BGH II ZB 3/96 v. 17.3.1997, BGHZ 135, 107, 114 f. sowie in der Vorinstanz OLG Braunschweig 2 W 166/95 v. 27.2.1996, AG 1996, 271, 273 (VW; Beteiligung von 20 % bei 37 % Präsenz im mehrjährigen Durchschnitt); aA erst-

A. Grundlagen

Auch **mittelbare Abhängigkeitsverhältnisse** werden von § 17 Abs. 1 AktG erfasst, sodass Enkel-, Mutter- und Großmuttergesellschaften usw. in den Anwendungsbereich der konzernrechtlichen Schutzvorschriften einbezogen werden.[36]

b) Mehrmütterherrschaft

Schließlich kann der Abhängigkeitstatbestand auch im Zusammenwirken mit anderen verwirklicht werden. Eine solche „Mehrmütterherrschaft" ist insb. im Hinblick auf Gemeinschaftsunternehmen von großer praktischer Relevanz. Unter **Gemeinschaftsunternehmen** versteht man gemeinsame „Tochtergesellschaften" verschiedener Unternehmen, der sog. „Mütter", die dem Zweck dienen, Aufgaben zum gemeinsamen Nutzen der „Mütter" zu erfüllen.[37] Die konzernrechtliche Beurteilung der Herrschaftsverhältnisse hängt von der **Ausgestaltung der Mutter-Tochter-Beziehung** ab. Ausgangspunkt ist, dass Abhängigkeit iSd. § 17 AktG nicht gegeben ist, wenn ein beherrschender Einfluss nur mithilfe anderer ausgeübt werden kann, deren Mitwirkung nicht gesichert ist. Daher wird die Annahme abgelehnt, bei paritätischen (50:50) Gemeinschaftsunternehmen sei wegen des faktischen Einigungszwangs der Partner stets ein Abhängigkeitsverhältnis gegenüber beiden zu 50 % beteiligten Unternehmen gegeben oder tatsächlich zu vermuten.[38] Übernimmt hingegen ein Gesellschafter die Führung, indem er vor allem durch vertragliche Absprachen auf die Einflusspotenziale anderer Gesellschafter zugreifen kann, so ist das Gemeinschaftsunternehmen allein von dieser Mutter abhängig.[39] Andererseits ist es auch möglich, dass eine Abhängigkeit ausnahmsweise ganz fehlt, wenn die „Mütter" selbständig gegenüber der Gesellschaft vorgehen und hierdurch ihre Einflussnahmemöglichkeiten gegenseitig blockieren und sich so wechselseitig neutralisieren.[40] Demgegenüber werden die „Mütter" häufig ihren Einfluss koordinieren, um gemeinsam auf das Gemeinschaftsunternehmen Einfluss ausüben zu können; diese Situation bildet realiter den Ideal- und Regelfall, insb. wenn von zwei ungefähr gleichgewichtigen und wirtschaftlich gleich starken Partnern ein Gemeinschaftsunternehmen gegründet wird, und wirft die Frage nach der Zulässigkeit einer mehrfachen Abhängigkeit auf.

---

instanzlich AG Wolfsburg 2 HRB 215 v. 13. 3. 1995, AG 1995, 238 f.; vgl. weiterhin LG Berlin 99 O 126/95 v. 13. 11. 1995, AG 1996, 230, 231 f. und 99 O 173/96 v. 2. 12. 1996, AG 1997, 183, 184 f. (Brau und Brunnen; Beteiligung von 34 % bei einer Durchschnittspräsenz von 83 %, wovon 20 % auf eine Gesellschaft entfallen, an der das zu 34 % beteiligte Unternehmen paritätisch beteiligt war); *Emmerich/Habersack* § 17 Rz. 19; *Hüffer* § 17 Rz. 9; MünchHdb. GesR/Bd. 4/*Krieger* § 68 Rz. 42.

[36] *Emmerich/Habersack* Konzernrecht § 3 II 4; *Hüffer* § 17 Rz. 6; MünchHdb. GesR/ Bd. 4/*Krieger* § 68 Rz. 48 f.; *Raiser/Veil* § 51 Rz. 20.

[37] Typisch sind Einkaufs- oder Verkaufsgemeinschaften, gemeinsame Forschungseinrichtungen und sonstige „Töchter", die zur Erfüllung gemeinsamer Zwecke der Unternehmen gegründet werden. Vgl. *Emmerich/Habersack* Konzernrecht § 3 III 1; *Hüffer* § 17 Rz. 13; *Raiser/Veil* § 51 Rz. 21 f.

[38] BGH KVR 1/78 v. 8. 5. 1979, BGHZ 74, 359, 366 (WAZ); KVR 9/85 v. 18. 11. 1986, WM 1987, 326, 327; MünchKomm. AktG/Bd. 1/*Bayer* § 17 Rz. 81; *Hüffer* § 17 Rz. 16; Kölner Komm./*Koppensteiner* § 17 Rz. 93; MünchHdb. GesR/Bd. 4/*Krieger* § 68 Rz. 52; *Raiser/Veil* § 51 Rz. 21.

[39] Vgl. BGH KVR 9/85 v. 18. 11. 1986, BGHZ 99, 126, 131 ff. (Hussel/Mara); *Emmerich/Habersack* Konzernrecht § 3 III 1.

[40] *Emmerich/Habersack* Konzernrecht § 3 III 1; *Raiser/Veil* § 51 Rz. 21.

24 Die Möglichkeit einer gemeinsamen Herrschaftsausübung ist allgemein anerkannt.[41] Erforderlich ist, dass das Zusammenwirken auf Dauer gesichert ist, sodass es darauf ankommt, ob für die gemeinsame Beherrschung eine ausreichend sichere Grundlage besteht. Als Mittel zur **dauerhaften Sicherung einer gemeinsamen Beherrschung** kommen außer der Gründung einer gemeinsamen Gesellschaft der Herrschaftsträger namentlich Konsortial- und Stimmbindungsverträge sowie sonstige Verträge in Betracht, die eine langfristige gemeinsame Herrschaft gewährleisten.[42] Neben vertraglichen Vereinbarungen können auch rechtliche und tatsächliche Umstände sonstiger Art genügen. Betrachtet man das Meinungsspektrum, so werden teilweise sehr geringe Anforderungen gestellt; insb. soll bereits eine lediglich rein faktische Koordination der Beteiligungsrechte von mehreren Personen in unterschiedlichen Gesellschaften ausreichen, soweit es sich um keine zufällige, sondern um eine bewusste, gewollte und zielgerichtete Zusammenarbeit mit einer hinreichenden Stabilität und Kontinuität handelt.[43]

25 Erkennt man die Möglichkeit einer mehrfachen Abhängigkeit an, stellt sich weiter die Frage, wer in dieser Situation als **Obergesellschaft** anzusehen ist. Während das ältere Schrifttum allein eine von den koordiniert vorgehenden Herrschaftsträgern ggf. begründete Holding-BGB-Gesellschaft als herrschendes Unternehmen ansah, wird heute überwiegend davon ausgegangen, dass **die ihre Interessen bündelnden Großaktionäre** selbst als herrschende Unternehmen anzusehen sind.[44]

4. Konzern iSd. § 18 AktG

26 Ein Konzern liegt vor, wenn ein oder mehrere Unternehmen unter der **einheitlichen Leitung** eines anderen Unternehmens zusammengefasst sind. Das Gesetz setzt nicht voraus, dass zugleich ein Abhängigkeitsverhältnis iSd. § 17 AktG vorliegt. Existiert keine Abhängigkeitsbeziehung, spricht man von einem Gleichordnungskonzern (vgl. § 18 Abs. 2 Akt).[45] Besteht eine solche

---

[41] BGH II ZR 89/72 v. 4.3. 1974, BGHZ 62, 193, 196 (Seitz); KVR 1/78 v. 8.5. 1979, 74, 359, 363 (WAZ); II ZR 168/79 v. 16.2. 1981, BGHZ 80, 69, 73 (Süssen); II ZR 275/84 v. 16.9. 1985, BGHZ 95, 330, 349 (Autokran); KVR 8/85 v. 30.9. 1986, BGHZ 99, 1, 3 ff.; MünchKomm. AktG/Bd. 1/*Bayer* § 17 Rz. 77; *Emmerich/Habersack* Konzernrecht § 3 III 1; *Hüffer* § 17 Rz. 13 ff.; Kölner Komm./*Koppensteiner* § 17 Rz. 83 ff.; MünchHdb. GesR/ Bd. 4/*Krieger* § 68 Rz. 50 ff.; Großkomm./*Windbichler* § 17 Rz. 60 (entgegen *Würdinger* in der Vorauflage Rz. 11).

[42] BGH II ZR 89/72 v. 4.3. 1974, BGHZ 62, 193, 195 (Seitz); *Emmerich/Habersack* Konzernrecht § 3 III 1; *Hüffer* § 17 Rz. 15; Kölner Komm./*Koppensteiner* § 17 Rz. 90; *Raiser/Veil* § 51 Rz. 21.

[43] Vgl. BGH II ZR 89/72 v. 4.3. 1974, BGHZ 62, 193, 199 ff. (Seitz); KVR 1/78 v. 8.5. 1979, 74, 359, 368 ff. (WAZ); II ZR 168/79 v. 16.2. 1981, BGHZ 80, 69, 73 (Süssen); zust. *Emmerich/Habersack* Konzernrecht § 3 III 1; MünchHdb. GesR/Bd. 4/*Krieger* § 68 Rz. 52; *Raiser/Veil* § 51 Rz. 21 aE. – enger *Hüffer* § 17 Rz. 16; Kölner Komm./*Koppensteiner* § 17 Rz. 92.

[44] BGH II ZR 89/72 v. 4.3. 1974, BGHZ 62, 193, 195 ff. (Seitz); *Emmerich/Habersack* Konzernrecht § 3 III 2; *Hüffer* § 17 Rz. 14; MünchHdb. GesR/Bd. 4/*Krieger* § 68 Rz. 53 ff.; Kölner Komm./*Koppensteiner* § 17 Rz. 86 ff. – aA etwa *Koppensteiner* ZHR 131 (1968) 289, 298 ff., mwN.

[45] Gleichordnungskonzerne basieren idR auf vertraglichen Vereinbarungen, durch die eine BGB-Gesellschaft begründet wird; faktische Gleichordnungskonzerne sind hingegen selten: vgl. *Emmerich/Habersack* Konzernrecht § 4 IV 2 b; MünchHdb. GesR/ Bd. 4/*Krieger* § 68 Rz. 79 ff.; *Raiser/Veil*: 56 Rz. 1 f.

A. Grundlagen

hingegen, wie im Regelfall, so bezeichnet man diese Unternehmensgruppe als Unterordnungskonzern (§ 18 Abs. 1 AktG).

Die Bedeutung des Leitungsbegriffs ist strittig:[46] Eine Konzernierung ist jedenfalls dann anzunehmen, wenn die Konzernspitze **Einfluss auf die zentralen unternehmerischen Bereiche der Untergesellschaft**, vor allem die Finanzpolitik, nimmt (konzernweite Finanzplanung).[47] Es genügt jedoch auch die Wahrnehmung unternehmerischer Leitungsfunktionen in anderen Grundsatzfragen der Unternehmenspolitik bzw. eine teilweise Koordination der Unternehmenstätigkeiten von abhängigem und herrschendem Unternehmen, sofern dem Konzernunternehmen hierdurch eine eigenständige Planung und Entscheidung weitgehend unmöglich gemacht wird (weiter Konzernbegriff).[48] Zur Konzernierung des abhängigen Parts kommt es mithin dann, wenn das herrschende Unternehmen die abhängigkeitsstiftenden Einflusspotenziale einsetzt, um die Geschäftspolitik der Untergesellschaft auf seine anderweitigen unternehmerischen Interessen hin abzustimmen. Charakteristisch ist die **zielgerichtete Herrschaftsausübung**. Unerheblich sind die Mittel, mit der die Steuerung der Unternehmensgruppe bewirkt wird (zB personelle Verflechtungen, Weisungen, Ratschläge uÄ).[49]

Da der Nachweis einheitlicher Leitung allein schon aufgrund der begrifflichen Schwierigkeiten nicht einfach zu führen ist, wird eine Konzernlage gem. § 18 Abs. 1 Satz 2 und 3 AktG im Falle einer Abhängigkeit iSd. § 17 AktG widerlegbar, bei Vorliegen eines Beherrschungsvertrages (§ 291 AktG) sowie im Falle einer Eingliederung (§ 319 AktG) dagegen unwiderlegbar vermutet. Zur **Widerlegung** der an den Abhängigkeitstatbestand anknüpfenden **Konzernvermutung** muss nachgewiesen werden, dass trotz der Abhängigkeit seitens des herrschenden Unternehmens realiter keine einheitliche Leitung der verbundenen Unternehmen praktiziert wird. Ausgehend vom weiten Konzernbegriff wird ein solcher Nachweis selten gelingen.[50]

Die Konzernvermutung des § 18 Abs. 1 Satz 3 AktG greift auch in Fällen mehrfacher Abhängigkeit ein, sodass insb. bei Gemeinschaftsunternehmen auch eine **mehrfache Konzernzugehörigkeit** möglich ist; hierdurch wird die Anwendbarkeit der konzernrechtlichen Schutzvorschriften insb. im Bereich der Konzernpublizität im Verhältnis zu beiden Muttergesellschaften gewährleistet.[51]

5. Wechselseitige Beteiligungen

Das Hauptproblem der in § 19 AktG geregelten wechselseitigen Beteiligungen liegt in der Gefahr der **Umgehung der Kapitalaufbringungs- und**

---

[46] Der Begriff wurde bewusst offen gelassen: vgl. RegBegr. zum AktG 1965, abgedruckt bei *Kropff* S. 33.
[47] LG Mainz 10 HO 57/89 v. 16. 10. 1990, AG 1991, 30, 31 (ASKO/Massa).
[48] *Emmerich/Habersack* § 18 Rz. 10 ff; MünchHdb. GesR/Bd. 4/*Krieger* § 68 Rz. 71. Die im Vordringen befindliche Auffassung verlangt demgegenüber, dass durch die einheitliche Leitung eine neue wirtschaftliche Einheit entstehen müsse (enger Konzernbegriff), vgl. *Hüffer*, AktG § 18 Rz. 10 f.; Kölner Komm./*Koppensteiner* § 18 Rz. 25 ff.
[49] MünchKomm. AktG/Bd. 1/*Bayer* § 18 Rz. 34 ff.; *Hüffer* § 18 Rz. 12.
[50] Vgl. *Emmerich/Habersack* Konzernrecht § 4 III 3 b; MünchHdb. GesR/Bd. 4/*Krieger* § 68 Rz. 74.
[51] *Emmerich/Habersack* Konzernrecht § 4 III 2 a; *Hüffer* § 18 Rz. 16; Kölner Komm./*Koppensteiner* § 18 Rz. 34; MünchHdb. GesR/Bd. 4/*Krieger* § 68 Rz. 77.

-erhaltungsregeln, da die verflochtenen Gesellschaften jeweils mittelbar an sich selbst beteiligt sind; insoweit besteht das Grundkapital in einer wertlosen Beteiligung an sich selbst. Hinzu kommt die Gefahr einer **Verselbständigung des Managements**, da die Vorstände der verflochtenen Unternehmen die Stimmrechte aus der Beteiligung an der anderen Gesellschaft in deren Hauptversammlung ausüben und sich so wechselseitig selbst kontrollieren. Hierdurch wird die Balance zwischen der Gruppe der Aktionäre als Eigentümer der Gesellschaft einerseits und der Verwaltung der Gesellschaft empfindlich gestört.[52]

30 Das AktG kennt zwei Formen wechselseitiger Beteiligungen: Die qualifizierte, bei der zugleich ein Abhängigkeitsverhältnis besteht und die Rechtsfolgen des faktischen Konzerns gelten (§ 19 Abs. 2 bis 4 AktG), sowie die einfache wechselseitige Beteiligung, bei der gem. § 328 AktG Besonderheiten zu beachten sind. Der Grundtatbestand einer **einfachen wechselseitigen Beteiligung** nach § 19 Abs. 1 AktG setzt eine gegenseitige Kapitalbeteiligung zweier inländischer Kapitalgesellschaften in Höhe von mehr als 25 % voraus. § 328 Abs. 1 AktG sieht zur Verhinderung einer Selbstkontrolle der Vorstände der beteiligten Unternehmen einen **Rechtsverlust** für diejenigen Anteile vor, die über 25 % hinaus bestehen. Das Verbot betrifft alle Mitgliedschaftsrechte einschließlich des Stimmrechts, des Rechts auf Gewinn und des Bezugsrechts mit Ausnahme des Anrechts auf neue Aktien im Falle einer nominellen Kapitalerhöhung (§ 328 Abs. 1 Satz 2 AktG). Hierdurch soll die wechselseitige Beteiligung wirtschaftlich unattraktiv gemacht und erreicht werden, dass Anteile von mehr als 25 % alsbald veräußert werden.[53] Nach § 328 Abs. 3 AktG besteht außerdem bei börsennotierten Gesellschaften ein Stimmverbot bei der Wahl des Aufsichtsrates, um der befürchteten Verselbständigung des Managements entgegenzuwirken.

Darüber hinaus sind die **Mitteilungspflichten** des § 328 AktG, die auf §§ 20, 21 AktG aufbauen, zu beachten. Die komplizierte Regelung fußt auf dem Grundsatz der zeitlichen Priorität. Hat eine Gesellschaft eine mehr als 25 %ige Beteiligung an einer anderen Gesellschaft erworben, muss sie dies gem. §§ 20 Abs. 1 bis 3, 21 Abs. 1 AktG der anderen AG mitteilen; diese Pflicht betrifft bereits die Gründungsaktionäre.[54] Solange die Mitteilung nicht erfolgt ist, ruhen sämtliche Mitgliedschaftsrechte aus den erworbenen Anteilen (§§ 20 Abs. 7, 21 Abs. 4 AktG). Die Nachholung der Mitteilung führt zum vollständigen Wiederaufleben der Rechte aus den Beteiligungen. Erwirbt nunmehr die andere Gesellschaft ebenfalls eine Beteiligung von mehr als 25 % an der erstgenannten Gesellschaft, so kann die andere Gesellschaft ihre Mitgliedschaftsrechte aus dieser Beteiligung nicht ausüben, soweit die Beteiligung über 25 % hinausgeht. Handelt indes die zweite Gesellschaft im Zeitpunkt des Erwerbs der Beteiligung in Unkenntnis der 25 %igen Beteiligung der anderen Gesellschaft und kommt sie dieser mit der Mitteilung nach §§ 20 Abs. 1 bis 3, 21 Abs. 1 AktG zuvor, so kann diese ihre Mitgliedschaftsrechte voll wahrnehmen,

---

[52] Vgl. zu den Gefahren wechselseitiger Beteiligungen: *Emmerich/Habersack* Konzernrecht § 5 I; *Hüffer* § 19 Rz. 1; *Raiser/Veil* § 51 Rz. 42 ff.; MünchHdb. GesR/Bd. 4/*Krieger* § 68 Rz. 94.
[53] RegBegr. zum AktG 1965, abgedr. bei *Kropff* S. 433 f.; *Emmerich/Habersack* Konzernrecht § 5 IV 1; *Raiser/Veil* § 51 Rz. 47.
[54] BGH II ZR 30/05 v. 24. 4. 2006, NZG 2006, 505 ff.

B. Konzernbildungskontrolle

während die erste im Rahmen ihrer Rechtsausübung auf diejenigen Anteile beschränkt wird, die 25 % nicht überschreiten.[55]

Im Falle einer qualifiziert wechselseitigen Beteiligung gelten indes nach § 19 Abs. 2 bis 4 AktG die allgemeinen Regeln. § 19 Abs. 2 AktG definiert den Tatbestand der **einseitig qualifizierten wechselseitigen Beteiligung** dahin, dass eines der wechselseitig beteiligten Unternehmen entweder eine Mehrheitsbeteiligung (§ 16 Abs. 1 AktG) an dem anderen innehat oder einen beherrschenden Einfluss auf dieses ausüben kann. Rechtsfolge ist die **unwiderlegliche gesetzliche Vermutung** des Vorliegens eines **Abhängigkeitsverhältnisses**. Die wichtigste Rechtsfolge der hierdurch ausgelösten Anwendbarkeit der Regeln des faktischen Konzerns sind die Beschränkungen der §§ 56 Abs. 2, 71 ff. AktG: Dem abhängigen Unternehmen stehen gem. §§ 71 d S. 4, 71 b AktG keinerlei Mitgliedschaftsrechte im herrschenden Unternehmen zu, und ihm ist ein Hinzuerwerb weiterer Aktien des herrschenden Unternehmens gem. §§ 56 Abs. 2, 71 Abs. 1 Nr. 1 bis 5, 7 und 8, Abs. 2, 71 d Satz 2 AktG nur in Ausnahmefällen gestattet. Ferner ist das abhängige Unternehmen verpflichtet, seinen Aktienbestand binnen drei Jahren bis auf einen Rest von 10 % gem. §§ 71 d Satz 2 und 4, 71 c Abs. 2 AktG abzubauen.[56] 31

Für den Fall der **beidseitig qualifizierten wechselseitigen Beteiligung** haben beide wechselseitig beteiligten Unternehmen eine Mehrheits- oder eine Herrschaftsstellung inne (§ 19 Abs. 3 AktG). Ist dies gegeben, werden beide Gesellschaften sowohl als herrschendes als auch als abhängiges Unternehmen angesehen (unwiderlegliche Vermutung), sodass die hieran geknüpften Rechtsfolgen für jede von ihnen eingreifen. Die vorerwähnten Beschränkungen gelten mithin für beide Gesellschaften, sodass insb. keine von ihnen aus den Aktien an der anderen Gesellschaft Mitgliedschaftsrechte ausüben kann (§§ 71 d Satz 2 und 4, 71 b AktG). Darüber hinaus muss der beiderseitige Anteilsbesitz von beiden Gesellschaften nach §§ 71 d Satz 2 und 4, 71 c Abs. 2 AktG binnen drei Jahren bis auf eine Restbeteiligung von 10 % abgebaut werden.[57] 32

B. Konzernbildungskontrolle

In den letzten Jahren ist die Frage nach einem effektiven konzernrechtlichen Präventivschutz ins Zentrum der konzernrechtlichen Diskussion gerückt. 33

I. Abhängiges Unternehmen

Es stellt sich vor allem die Frage, ob die Begründung der Abhängigkeit einer AG oder ihre Konzerneinbindung eine Mitwirkung der (konzernfreien) Aktionäre des abhängigen Unternehmens erfordert, sodass diese bereits die Entstehung der Unternehmensverbindung abwehren oder ihre Zustimmung von geeigneten Vereinbarungen abhängig machen können, die sie (vermögensmä- 34

---

[55] Vgl. hierzu und zu weiteren Einzelheiten MünchHdb. GesR/Bd. 4/*Krieger* § 68 Rz. 99 ff. *Emmerich/Habersack* Konzernrecht § 5 IV 2; *Raiser/Veil* § 51 Rz. 47 f.
[56] *Emmerich/Habersack* Konzernrecht § 5 III 1; *Hüffer* § 19 Rz. 6; MünchHdb. GesR/ Bd. 4/*Krieger* § 68 Rz. 113; *Raiser/Veil* § 51 Rz. 49.
[57] MünchHdb. GesR/Bd. 4/*Krieger* § 68 Rz. 113; MünchKomm. AktG/Bd. 1/*Bayer* § 19 Rz. 51; *Emmerich/Habersack* Konzernrecht § 5 III 2 – aA Kölner Komm./*Lutter* § 71 d Rz. 48; *Hüffer* § 19 Rz. 8.

ßig) vor etwaigen negativen Folgen einer Abhängigkeits- und Konzernbeziehung schützen. Sofern eine **effektive Konzernbildungskontrolle** stattfindet, würde zugleich die Notwendigkeit der Entwicklung weitergehender Schutzinstrumente zum Schutz des abhängigen Unternehmens und seiner Gesellschafter weitgehend entfallen. Denn wer sich selbst zu schützen vermag, den braucht die Rechtsordnung nicht umfänglich zu schützen.

1. Schutz vor der Entstehung einer Abhängigkeitslage

35   Dem Zeitpunkt der Gruppenbildung durch Entstehung einer Abhängigkeitslage kommt entscheidende Bedeutung zu; dieser Zeitpunkt wird deshalb als „archimedischer Punkt des Konzernrechts" bezeichnet.[58] In aller Regel wird eine AG als unabhängiges Unternehmen gegründet. Sofern schon bei der Gründung ein beherrschender Unternehmensgesellschafter vorhanden sein sollte, ist dies unter dem Gesichtspunkt des Minderheitsschutzes unproblematisch. Niemand ist gezwungen, Gründungsaktionär einer originär abhängigen Gesellschaft zu sein. Problematisch ist allein die nachträgliche Begründung der Abhängigkeit einer bis dato selbständigen AG, da diese die Grundlagen des bisherigen Gesellschaftsverhältnisses tangiert:

Die Schaffung eines effektiven konzernrechtlichen Präventivschutzsystems auf der Ebene des (zukünftig) abhängigen Unternehmens wird vornehmlich als Aufgabe der **Satzungsgestaltung** angesehen. Allerdings sind der **Fantasie** durch den Grundsatz der Satzungsstrenge (§ 23 Abs. 5 AktG) **enge Grenzen gesetzt**. Primär kommen Maßnahmen zur Verhinderung einer Herrschaftsbegründung, insb. eine Erschwerung der Anteilsübertragung durch Schaffung vinkulierter Namensaktien (§ 68 Abs. 2 AktG) in Betracht. Darüber hinaus ist an Stimmrechtsregelungen wie die Einführung von Höchststimmrechten (§ 134 Abs. 1 AktG) bei nicht börsennotierten Gesellschaften und die Verschärfung der Mehrheitserfordernisse für bestimmte Beschlussgegenstände zu denken. Demgegenüber kann ein anderweitiges unternehmerisches Engagement eines maßgebenden Teilhabers allenfalls durch eine statutarische Regelung, die die Gesellschaft zur Zwangseinziehung von dessen Aktien berechtigt (§ 237 Abs. 1 AktG), sanktioniert werden.[59] Die nachträgliche Einführung der Vinkulierung und der Möglichkeit zur Zwangseinziehung bedarf der Zustimmung aller Aktionäre, wohingegen Höchststimmrechte und höhere Mehrheitserfordernisse im Wege der Satzungsänderung eingeführt werden können.[60] Ein **Wettbewerbsverbot** zulasten des Mehrheitsaktionäres wird überwiegend angesichts der Sonderregelung des § 88 AktG, der (ausschließlich) Vorstandsmitglieder einem Konkurrenzverbot unterwirft, generell abgelehnt; etwas anderes kommt jedoch bei personalistisch strukturierten AGs in Betracht.[61]

---

[58] *Behrens* ZGR 1975, 433, 440 f.; *Hirte* Bezugsrechtsausschluss und Konzernbildung, 1986 S. 146; *Kropff* FS Goerdeler S. 257, 262; *Lutter/Timm* NJW 1982, 409, 411; *Wiedemann* ZGR 1978, 477, 487.
[59] Vgl. zu entsprechenden Schutzklauseln *Emmerich/Habersack* Vor § 311 Rz. 2 f.; MünchHdb. GesR/Bd. 4/*Krieger* § 69 Rz. 17 ff.; *Liebscher* Konzernbildungskontrolle 1995 S. 352 ff.
[60] *Liebscher* Konzernbildungskontrolle 1995 S. 363 f. mit zahlr. Nachw.
[61] Sehr strittig: Generell ablehnend etwa MünchKomm. AktG/Bd. 8/*Kropff* Vorbem. § 311 Rz. 85 f. – bejahend für personalistisch strukturierte AGs *Liebscher* Konzernbildungskontrolle 1995 S. 386 ff., ähnlich *Emmerich/Habersack* Vor § 311 Rz. 8.

B. Konzernbildungskontrolle 36–38 § 15

Neben den Fällen, in denen eine statutarische Schutzklausel eingreift, **36** kommt eine **Hauptversammlungszuständigkeit** im Rahmen des Gruppenaufbaus nur **in Ausnahmefällen** in Betracht. Da die AG als **konzernoffene Gesellschaft** ausgestaltet ist, steht die Herrschaftsbegründung, welche im Regelfall über den Erwerb einer Mehrheitsbeteiligung durch (Zu-)Kauf von Aktien über die Börse erfolgt, grds. außerhalb des Einflusses der Gesellschaft und ihrer Aktionäre. Auch der Versuch, **Verhaltensmaßstäbe im Rahmen des Anteilshandels** – unter Rückgriff auf treuepflichtbedingte Rücksichtnahmepflichten veräußerungswilliger Aktionäre, die Forderung nach Abgabe einer „Konzernierungserklärung" durch das ein Aktienpaket erwerbende (zukünftig) herrschende Unternehmen,[62] die Annahme von Mitverkaufsrechten oder der Verpflichtung des Erwerbers zur Übernahme der Aktien der außenstehenden Aktionäre – zu kreieren, scheitert an der Konzeption des Aktienrechts. Ein ausgeklügeltes Schutzsystem zu ihren Gunsten greift erst beim Übergang zum Vertragskonzern ein. Der Schutz bei der Entstehung eines faktischen Konzerns ist jedoch durch das WpÜG vom 20. 12. 2001 deutlich verbessert worden (vgl. dazu unten Rz. 39 f.). Im Übrigen bestehen im Rahmen des Gruppenaufbaus nur extrem selten Zuständigkeiten der Hauptversammlung, etwa wenn die Herrschaftsbegründung im Wege der Begründung eines Entsendungsrechts nach § 101 Abs. 2 AktG erfolgt, sowie in den Fällen einer Abhängigkeitsbegründung im Rahmen einer Kapitalerhöhung mit Bezugsrechtsausschluss.[63]

Bedarf die Begründung einer Abhängigkeitslage ausnahmsweise der Zu- **37** stimmung der Hauptversammlung der (zukünftig) abhängigen Gesellschaft, fragt es sich, welche Anforderungen an derartige „Konzernierungsbeschlüsse" zu stellen sind. Überwiegend wird davon ausgegangen, dass sämtliche Beschlüsse, denen die Gefahr einer Abhängigkeit der Gesellschaft immanent ist, einer **gerichtlichen Inhaltskontrolle** unterliegen.[64] Hiernach fehlt es an der sachlichen Rechtfertigung des Beschlusses, wenn dieser die Gesellschaft in eine faktische Konzernierung führt oder er diese verstärkt, wohingegen umgekehrt davon ausgegangen wird, dass Gesellschafterbeschlüsse, die der Abwehr von Fremdeinflüssen und somit der Erhaltung der Selbständigkeit der Gesellschaft dienen, in aller Regel sachlich gerechtfertigt seien.[65]

2. Mitteilungspflichten

Daneben begründen die §§ 20 ff. AktG eine **Offenlegungspflicht**, sobald **38** eine Beteiligung von mehr als 25 % und mehr als 50 % an einer anderen AG aufgebaut worden ist (§ 20 Abs. 1 und 4 AktG), bzw. sobald die genannten Schwellenwerte wieder unterschritten werden (§ 20 Abs. 5 AktG). Wird diese Mitteilungspflicht nicht erfüllt, so tritt gem. § 20 Abs. 7 Satz 1 AktG ein

---

[62] So *Hommelhoff* Die Konzernleitungspflicht, 1982 S. 408 – ablehnend MünchHdb. GesR/Bd. 4/*Krieger* § 69 Rz. 21.
[63] Vgl. *Liebscher* Konzernbildungskontrolle 1995 S. 349 ff.
[64] BGH II ZR 168/79 v. 16. 2. 1981, BGHZ 80, 69, 74 f. (Süssen); *Emmerich/Habersack* Vor § 311 Rz. 6; MünchHdb. GesR/Bd. 4/*Krieger* § 69 Rz. 19; *Liebscher* Konzernbildungskontrolle 1995 S. 378 ff.
[65] BGH II ZR 150/58 v. 6. 10. 1960, BGHZ 33, 175, 186 ff.; Kölner Komm./*Lutter* § 186 Rz. 71; *Hüffer* § 186 Rz. 32; aA *Hirte* Bezugsrechtsausschluss und Konzernbildung 1986 S. 43.

Rechtsverlust für die Dauer der Nichterfüllung der Mitteilungspflicht ein;[66] dieser Rechtsverlust gilt vor allem für die Verwaltungsrechte sowie das Bezugsrecht im Rahmen einer Kapitalerhöhung, wohingegen der Dividendenanspruch gem. § 20 Abs. 7 Satz 2 AktG lediglich ruht, soweit die vorgesehene Meldung nicht vorsätzlich unterlassen wurde. Die vorgenannten Vorschriften gelten gem. § 20 Abs. 8 AktG nicht für **börsennotierte Gesellschaften**, da für solche Gesellschaften gem. §§ 21 ff. WpHG eigenständige Mitteilungspflichten bei der Über- bzw. Unterschreitung von Schwellenwerten von 3, 5, 10, 15, 20, 25, 30, 50 und 75 % bestehen. Die Nichterfüllung der kapitalmarktrechtlichen Mitteilungspflichten führt gem. § 28 WpHG wiederum zu einem Verlust der Rechte aus den Aktien bzw. zu einem Ruhen des Dividendenanspruchs im Falle eines nicht vorsätzlichen Pflichtverstoßes.

3. Schutz durch das Übernahmerecht

39 Das WpÜG sieht ferner einen ergänzenden Schutz der Aktionäre börsennotierter Gesellschaften im Falle eines **Kontrollwechsels** vor. Insoweit ist zunächst im Falle eines öffentlichen Angebots zum Erwerb von Wertpapieren, insb. im Falle eines Übernahmeangebots, gesetzlich ein **formalisiertes Übernahmeverfahren** angeordnet worden, welches der Gestaltungsfantasie des Bieters im Rahmen der Ausgestaltung der Angebotsbedingungen und des Verfahrensablaufs enge Grenzen setzt (vgl. §§ 10 ff., 29 ff. WpÜG). Das Gesetz hat das Ziel, ein faires, geordnetes und durchschaubares Übernahmeverfahren zu gewährleisten und für die gebotene Gleichbehandlung der Aktionäre der Zielgesellschaft und deren umfassende Information zu sorgen. Die Verfahrensregeln nehmen dem Übernahmeangebot des Bieters weitgehend den Überraschungseffekt und verwehren es diesem, den auf den Aktionären im Falle einer Unternehmensübernahme im Wege eines öffentlichen Übernahmeangebots lastenden Entscheidungsdruck durch geschickte Gestaltungen der Angebotsbedingungen zu verschärfen. Er muss nicht nur ein klar strukturiertes, schnell erfassbares, an alle Aktionäre gerichtetes Angebot unterbreiten, sondern zugleich dessen Finanzierung, die wirtschaftlichen Folgen der Übernahme für seine Vermögens- und Ertragslage sowie seine Pläne mit der Zielgesellschaft offen legen.[67] Nach der Veröffentlichung der Entscheidung zur Abgabe eines Übernahmeangebots darf allerdings der Vorstand der Zielgesellschaft gem. § 33 Abs. 1 WpÜG nichts unternehmen, was den Erfolg des Angebots verhindern könnte. Ausnahmen gelten für übliche Handlungen eines ordentlichen und gewissenhaften Geschäftsleiters, für die Suche nach einem weiteren Interessenten und für Handlungen mit Zustimmung des Aufsichtsrates. Ferner kann nach § 33 Abs. 2 WpÜG die Hauptversammlung mit Dreiviertelmehrheit den Vorstand im Vorhinein zu hinreichend bestimmten Maßnahmen, die in ihre Zuständigkeit fallen und den Erfolg von Übernahmeangeboten verhindern sollen, befristet ermächtigen.[68] Auch dann bedarf der Vorstand für seine Handlungen aber zusätzlich noch der Zustimmung des Aufsichtsrates.

---

[66] *Emmerich/Habersack* § 20 Rz. 38 ff.; *Hüffer* § 20 Rz. 12 ff.
[67] Vgl. zu Einzelheiten des Übernahmeverfahrens nach dem WpÜG: *Liebscher* ZIP 2001, 853 ff.
[68] Alternativ kann mittlerweile aber das sog. „Europäische Verhinderungsverbot" des § 33a WpÜG durch Satzungsregelung statt des § 33 WpÜG für anwendbar erklärt werden.

B. Konzernbildungskontrolle   40, 41 § 15

Von besonderer Bedeutung sind ferner die Regelungen über das sog. 40
"Pflichtangebot". Gemäß §§ 35 ff. WpÜG ist derjenige, der in anderer Weise
als durch öffentliches Übernahmeangebot die Kontrolle über eine börsennotierte Gesellschaft erlangt, zur Veröffentlichung dieser Tatsache unter Angabe
seines Stimmrechtsanteils und zur Abgabe eines öffentlichen Erwerbsangebots
verpflichtet. Die Regelung beruht auf dem Gedanken, dass derjenige, der die
Kontrolle über eine börsennotierte AG erlangt, verpflichtet sein soll, allen Aktionären ein Angebot zur Übernahme ihrer Aktien zu unterbreiten, da mit
einem **Kontrollwechsel** grundlegende Änderungen der Unternehmenspolitik
und der Geschäftsgrundlage des Investments verbunden sein können. In Anbetracht der traditionell niedrigen Hauptversammlungspräsenz börsennotierter
AGs definiert das WpÜG **30 % der Stimmrechte** der börsennotierten Gesellschaft als Kontrollschwelle (§ 29 Abs. 2 WpÜG), sodass das Pflichtangebot bei
Erwerb einer entsprechenden Beteiligungsquote abzugeben ist,[69] wobei der
Schwellenwert gem. § 30 WpÜG auch durch Hinzurechnung von Anteilen
Dritter überschritten werden kann.[70]

4. Exkurs: Vermeidung von Konzernkonflikten durch Squeeze out

Schließlich wird einem mit 95 % des Grundkapitals beteiligten Gesellschaf- 41
ter die Befugnis eingeräumt, Minderheitsaktionäre gegen Gewährung einer
Abfindung aus der Gesellschaft auszuschließen (§§ 327a ff. AktG). Die Vorschriften über den Squeeze out lehnen sich an die Regelungen über die Mehrheitseingliederung der §§ 320 ff. AktG an. Allerdings sind zwei sehr wichtige
Unterschiede vorgesehen: Zum einen setzen die §§ 327a ff. AktG nicht voraus,
dass es sich bei dem Hauptaktionär um eine inländische AG handelt; darüber
hinaus muss der Hauptaktionär auch nicht 95 % des Aktienkapitals in eigenen
Händen halten, da § 327a Abs. 2 AktG die Geltung der Zurechnungsvorschrift
des § 16 Abs. 4 AktG, die Aktien, die von abhängigen Unternehmen gehalten
werden, betrifft, anordnet. Der Squeeze out ist probates Mittel, um bei extrem
hohen Beteiligungsquoten den Konzernkonflikt durch Beseitigung der Minderheit zu bereinigen.[71] Daher kann es sich in Sonderfällen auch für Gesellschaften anderer Rechtsformen mit Minderheiten von 5 % oder weniger
anbieten, eine formwechselnde Umwandlung in eine AG vorzunehmen und
anschließend in der Hauptversammlung die Übertragung der Aktien der Minderheitsaktionäre zu beschließen. Gemäß § 327b AktG legt der Hauptaktionär
die Barabfindung aufgrund der Verhältnisse der Gesellschaft im Zeitpunkt der
Beschlussfassung der Hauptversammlung (Bewertungsstichtag) fest. Über die
Übertragung der Aktien der Minderheitsaktionäre beschließt[72] dann nach

---

[69] Vgl. zum Pflichtangebot nach dem neuen Übernahmerecht *Liebscher* ZIP 2001, 843, 866 *Altmeppen* ZIP 2001, 1073; *Mülbert* ZIP 2001, 1221; kritisch *Zietsch/Holzborn* WM 2001, 1753.
[70] Vgl. hierzu *Liebscher* ZIP 2002, 1005 ff.
[71] Vgl. zu den Neuregelungen des Squeeze out: *Kiem* RWS-Forum Gesellschaftsrecht 2001, S. 329; *Halm* NZG 2000, 1162; *Ehricke/Roth* DStR 2001, 1120; *Habersack* ZIP 2001, 1230. Zu den steuerlichen Folgen s. § 13 Rz. 656.
[72] Zur Frage der rechtspolitischen Begründbarkeit des Beschlusserfordernisses vgl. befürwortend *Ehricke/Roth* DStR 2001, 1120, 1124 f.; *Kiem* RWS-Forum Gesellschaftsrecht 2001 S. 335 ff.; ablehnend *Habersack* ZIP 2001, 1230, 1236 ff.; *Vetter* ZIP 2000, 1817, 1819 ff.

§ 327a Abs. 1 AktG die Hauptversammlung mit einfacher Mehrheit,[73] wobei der Hauptaktionär stimmberechtigt ist. Mit der Eintragung des Übergangsbeschlusses ins Handelsregister gehen die Aktien der Minderheitsaktionäre auf den Hauptaktionär über (§ 327e AktG). Schuldner der Barabfindung ist der Hauptaktionär (vgl. dazu auch § 327b Abs. 3 AktG). Der Übertragungsbeschluss ist grundsätzlich nach § 243 Abs. 1 AktG anfechtbar; über die Angemessenheit der Barabfindung kann dagegen nur im Spruchverfahren entschieden werden (§ 327f Abs. 1 Satz 2; vgl. auch Satz 3).

II. Herrschendes Unternehmen

42 Der für den herrschenden Einfluss iSd. § 17 Abs. 1 AktG erforderliche Beteiligungserwerb stellt grundsätzlich eine Geschäftsführungsmaßnahme des Vorstands dar (vgl. Rz. 6, 7). Der Beteiligungserwerb birgt jedoch für die Beteiligten, insbesondere die Gesellschafter des herrschenden Unternehmens, Gefahren: Mit der Gruppenbildung geht eine **Änderung der Leitungs- und Kontrollbedingungen** hinsichtlich des in die Beteiligung verlagerten Vermögens einher. Der Einfluss des herrschenden Unternehmens auf die Tochtergesellschaft unterliegt nämlich selbst im Vertragskonzern und erst recht im faktischen Konzernverhältnis rechtlichen und tatsächlichen Beschränkungen, und der Geschäftsführung des Tochterunternehmens verbleiben Freiräume, in die die Konzernspitze nicht lenkend eingreifen kann und darf (sog. **Teilautonomie des Tochtermanagements**).[74] Weiterhin kommt es infolge der Gruppenbildung und Beteiligungsverwaltung zu einer Kompetenzverschiebung innerhalb des herrschenden Unternehmens, die schlagwortartig als „Mediatisierung des Gesellschaftereinflusses" bezeichnet wird. Es stellt sich daher die Frage, inwieweit der Vorstand bei der Ausübung der Beteiligungsverwaltung Beschränkungen unterliegt, insbesondere ob und inwieweit die Gesellschafter des herrschenden Unternehmens an der Gruppenbildung (Konzernbildungskontrolle) sowie später an der Konzernleitung durch die Geschäftsführung der herrschenden Gesellschaft (Konzernleitungskontrolle) zu beteiligen sind und inwieweit sich die Informationsrechte der Aktionäre auf Angelegenheiten von Tochter- und Beteiligungsunternehmen erstrecken; dies deshalb, weil sich – wie dargelegt – durch den Aufbau eines Konzernverbundes die Gegebenheiten innerhalb der nunmehr als Obergesellschaft fungierenden AG, insb. die „Kompetenzbereiche" der Organe, ändern.

1. Geschriebene Hauptversammlungszuständigkeiten

43 Maßnahmen zur Gruppenbildung bzw. -verwaltung erfordern eine Mitwirkung der Hauptversammlung nach der gesetzlichen Kompetenzordnung nur dann, wenn die Voraussetzungen einer der im AktG enumerativ aufgeführten Hauptversammlungszuständigkeiten erfüllt sind. Im Zusammenhang mit der Verlagerung von Unternehmensvermögen in Tochtergesellschaften kommt eine Hauptversammlungspflichtigkeit gem. § 179a AktG bzw. gem. §§ 23

---

[73] Vgl. hierzu *Hüffer* § 327a Rz. 11.
[74] *Liebscher* Konzernbildungskontrolle 1995 S. 44f.; *Lutter* in FS Stimpel S. 825, 838f.; *Wiedemann* Die Unternehmensgruppe im Privatrecht 1988 S. 12f.

B. Konzernbildungskontrolle 44, 45 § 15

Abs. 3 Nr. 2, 179 AktG in Betracht. Nach § 179 a AktG bedarf ein Vertrag, durch den sich eine AG zur **Übertragung** ihres **Vermögens** verpflichtet, einer Zustimmung der Hauptversammlung. Das Unternehmen muss sich nicht seines vollständigen Vermögens begeben, sodass einer Anwendung von § 179 a AktG nicht entgegensteht, wenn unwesentliches Vermögen zurückbleibt. Es kommt darauf an, ob die AG mit dem übrigen Betriebsvermögen ihre satzungsmäßig definierten Unternehmensziele auch zukünftig – wenngleich in eingeschränktem Umfang – weiterverfolgen kann.[75] Zu beachten ist, dass im Anwendungsbereich des § 179 a AktG die Zustimmung der Hauptversammlung Wirksamkeitserfordernis des Übertragungsvertrages ist, sodass **ohne Befassung der Hauptversammlung** dem Vorstand im Rahmen des Abschlusses des Vertrages die **Vertretungsmacht fehlt**.[76]

Bei der Führung der Geschäfte der Gesellschaft ist der Vorstand an den in der Satzung festgelegten **Unternehmensgegenstand** gebunden. Der Unternehmensgegenstand beansprucht konzernweit Geltung, sodass der (Konzern-)Vorstand sowohl hinsichtlich der unmittelbaren Betätigung des Unternehmens, als auch bezüglich der mittelbaren Zweckverfolgung über Tochtergesellschaften an das satzungsmäßige Betätigungsspektrum gebunden ist. Die Tätigkeitsfelder, auf denen die Töchter agieren, müssen daher dem Unternehmensgegenstand des herrschenden Unternehmens entsprechen, da diesem die Tochter-Aktivitäten als eigene zugerechnet werden. Betätigt sich der Konzern-Vorstand hingegen (mittelbar über Tochter- und Beteiligungsgesellschaften) außerhalb des statutarisch definierten Tätigkeitsprofils, indem er dieses (dauerhaft[77]) über- oder unterschreitet, so verhält er sich kompetenzwidrig.[78] Hieraus ergibt sich die Notwendigkeit einer Beteiligung der Aktionäre, da in dem Beteiligungserwerb in diesem Fall eine **(faktische) Änderung** des statutarischen **Unternehmensgegenstandes** liegt. Streitig ist insoweit, ob die begleitende Satzungsänderung vor dem Geschäft erfolgen muss.[79] 44

Weiterhin wird verbreitet für ein mittelbares Tätigwerden der Gesellschaft eine satzungsmäßige Ermächtigung in Form einer sog. **Konzernklausel**, die in der Satzungsbestimmung über den Unternehmensgegenstand enthalten sein muss, gefordert;[80] zudem wird überwiegend davon ausgegangen, dass Satzungsklauseln, die zum Beteiligungserwerb ermächtigen, im Zweifel eng aus- 45

---

[75] BGH II ZR 174/80 v. 25. 2. 1982, BGHZ 83, 122 (Holzmüller); OLG München 24 U 1036/93 v. 10. 11. 1994, AG 1995, 232 rechte Spalte (EKATIT/Riedinger); *Emmerich/Habersack* Vor § 311 Rz. 32; *Hüffer* § 179 a Rz. 5; *Reichert* ZHR Beiheft 68 S. 25, 42 – aA (für eine wertmäßige Betrachtung) *Mertens* in FS Zöllner (Bd. I) S. 385, 386 ff.
[76] Insoweit unterscheidet sich der Fall des § 179 a AktG grdl. von „faktischen" Satzungsänderungen und den Grundsätzen der Holzmüller-Doktrin; derartige Kompetenzverstöße lassen nach hM die Vertretungsmacht des Vorstandes unberührt (vgl. unten Rz. 64).
[77] Vgl. zur Dauerhaftigkeit einer Unterschreitung des Unternehmensgegenstandes OLG Stuttgart 20 U 1/05 v. 13. 7. 2005, ZIP 2005, 1415 ff.
[78] *Emmerich/Habersack* Vor § 311 Rz. 31; *Lutter/Leinekugel* ZIP 1998, 225, 227 f.; *Priester* ZHR 162 (1998), 187, 193; MünchHdb. GesR/Bd. 4/*Krieger* § 69 Rz. 5.
[79] Bejahend: *Lutter/Leinekugel* ZIP 1998, 225, 228; MünchHdb. GesR/Bd. 4/*Krieger* § 69 Rz. 6 – verneinend: OLG Stuttgart 20 U 1/05 v. 13. 7. 2005, ZIP 2005, 1415 ff.
[80] OLG Ffm. 20 W 391/86, GmbHR 1987, 231 v. 12. 11. 1986 (zur GmbH); OLG Köln 22 U 72/92 v. 24. 11. 1992, ZIP 1993, 110, 114 (Winterthur/Nordstern); *Emmerich/Habersack* Konzernrecht § 9 I 1; Kölner Komm./*Koppensteiner* Vorbem. § 291 Rz. 36 ff.; *Liebscher* Konzernbildungskontrolle 1995 S. 68 ff.; MünchHdb. GesR/Bd. 4/*Wiesner* § 9 Rz. 16 –

zulegen seien.[81] Auch die Eingehung rein kapitalistischer Beteiligungen für langfristige Anlagezwecke, dh. der Erwerb von Beteiligungen, die keinen beherrschenden Einfluss gewähren, muss von einer Satzungsermächtigung gedeckt sein, sofern es sich nicht um Bagatellfälle oder einen bloßen Annex der unternehmerischen Betätigung der Gesellschaft (beispielsweise zwecks Bildung einer Liquiditätsreserve) handelt.[82] Darüber hinaus wird vereinzelt – indes in Anbetracht der Zurechnung der Tochteraktivitäten zur Muttergesellschaft zu Unrecht – vertreten, dass die Umgestaltung eines operativ tätigen Unternehmens in eine reine Holdinggesellschaft eine statutarische Ermächtigung erfordere.[83]

2. Ungeschriebene Hauptversammlungszuständigkeiten

46 Jenseits dieser Fälle scheint angesichts der aktienrechtlichen Kompetenzordnung, die auf enumerativen gesetzlichen Zuständigkeitskatalogen fußt, für Hauptversammlungszuständigkeiten im Rahmen der Konzernbildung und -leitung kein Raum zu sein. Daher wurden solche „Beteiligungsentscheidungen" nach traditioneller Auffassung als bloße Änderungen der formellen Organisationsstruktur des Unternehmens aufgefasst, die keine Mitwirkung der Hauptversammlung erfordern, da insoweit gesetzlich keine Hauptversammlungszuständigkeit begründet ist.[84]

a) „Holzmüller"-Entscheidung

47 Gleichwohl hat der BGH in der Holzmüller-Entscheidung entschieden, dass „bei schwerwiegenden Eingriffen in die Rechte und Interessen der Aktionäre, wie zB durch **Ausgliederung einer Betriebsabteilung, die den wertvollsten Teil des Gesellschaftsvermögens bildet**, auf eine Tochtergesellschaft" ein Hauptversammlungsbeschluss erforderlich sei. Ferner sei die **Zustimmung** der Hauptversammlung der Muttergesellschaft **zu konzernleitenden Maßnahmen** wegen der Gefahr, „dass die Mitgliedschaft (der Gesellschafter der Konzernspitze) beeinträchtigt, der Wert ihrer Beteiligung verwässert und ihre Bezugsrechte ausgehöhlt werden", dann erforderlich, wenn in einer durch Ausgliederung wesentlicher Betriebsteile entstandenen Tochter das Kapital erhöht werden soll; den Gesellschaftern gehe „die Chance (verloren), ihre Beteiligung qualitativ und wertmäßig dadurch zu verbessern, dass sie selbst weiteres

---

aA indes etwa Kölner Komm./*Mertens* § 76 Rz. 51; *Mülbert* Aktiengesellschaft, Unternehmensgruppe und Kapitalmarkt 2. Aufl. 1996 S. 380 f.

[81] *Emmerich/Habersack* Konzernrecht § 9 I 2.
[82] MünchHdb. GesR/Bd. 4/*Krieger* § 69 Rz. 7; *Hommelhoff* Die Konzernleitungspflicht 1982 S. 45 ff.; *Liebscher* Konzernbildungskontrolle 1995 S. 67 ff. – Kölner Komm./ *Koppensteiner* Vorbem. § 291 Rz. 40 sieht dagegen aus Gründen der Rechtssicherheit auch in Bagatellfällen den Bedarf einer Satzungsermächtigung.
[83] Für das Erfordernis einer Holdingklausel: *Emmerich/Habersack* Vor § 311 Rz. 31 aE; *Groß* AG 1994, 266, 269 f.; Geßler/Hefermehl/*Bungeroth* § 179 Rz. 99 – aA *Götz* AG 1984, 87, 90; *Hommelhoff* Die Konzernleitungspflicht 1982 S. 273; Kölner Komm./ *Mertens* § 76 Rz. 51.
[84] RG II 403/25 v. 19.11.1926, RGZ 115, 246, 250; LG Mainz 11 HO 4/77 v. 1.4.1977, WM 1977, 904, 906; wohl auch BGH II ZR 150/75 v. 4.7.1977, WM 1977, 1221, 1223; *Kropff* in FS Geßler S. 111, 119 f.; *Mertens* AG 1978, 309, 311 f.

B. Konzernbildungskontrolle   48–50   § 15

Kapital in ihrem Unternehmen anlegen".[85] Als weitere Beispiele werden der Abschluss von Unternehmensverträgen mit solchen Tochtergesellschaften, die Weiterübertragung des Gesellschaftsvermögens gem. § 361 aF AktG (heute § 179a) und ein Auflösungsbeschluss (§§ 262 Abs. 1, 2, 289 Abs. 4 AktG) genannt.

Eine wichtige Konkretisierung und zugleich Beschränkung hat die Holz-   48
müller-Rechtsprechung des BGH durch die sog. **Gelatine-Entscheidungen** erfahren.[86] Diese hatten die Einbringung von unmittelbaren Beteiligungen einer Konzernholding in andere unmittelbare Tochtergesellschaften zum Gegenstand, also eine Umstufung von Tochter- in Enkelgesellschaften.

b) Dogmatische Herleitung

Die dogmatische Herleitung der ungeschriebenen Kompetenz der Haupt-   49
versammlung war in Rechtsprechung und Schrifttum sehr umstritten. Gegenüber standen sich im Wesentlichen zwei Modelle: Eine Auffassung ging in Anschluss an die Grundsätze der Holzmüller-Entscheidung davon aus, dass die Zuständigkeit aus einer Vorlagepflicht gemäß § 119 Abs. 2 AktG resultiere, da sich das Ermessen des Vorstands auf Null reduziere.[87] Die Gegenansicht favorisierte eine Gesamtanalogie zu den aktien- und umwandlungsrechtlichen Vorschriften über Strukturmaßnahmen.[88] Diesem Streit, der insbesondere wegen seiner Folgen für die notwendige Beschlussmehrheit[89] nicht rein akademischer Natur war, ist durch die Gelatine-Entscheidungen der Wind aus den Segeln genommen worden. Denn der BGH stützt die Holzmüller-Zuständigkeit seither auf eine offene Rechtsfortbildung.

c) Fallgruppen und allgemeine Anforderungen

Originäres Anwendungsgebiet der Holzmüller-Doktrin ist die **Ausgliede-** 50
rung wesentlicher unternehmerischer Aktivitäten aus einem bestehenden Unternehmen in eine Tochter **im Wege eines „Asset-Deals".** Diese Rechtsprechung wurde durch die Gelatine-Entscheidungen bekräftigt, in welchen der BGH entschied, dass auch die **Übertragung unmittelbar gehaltener Beteiligungen** auf eine Tochter eine ungeschriebene Hauptversamlunszuständigkeit auslösen könne. Begründet wird dies jeweils mit der Mediatisierung der Aktionärsrechte und der Gefahr der Verwässerung ihrer Beteiligungen. Berücksichtigt man diesen Schutzzweck, dürfte ein Zustimmungserfordernis bei Umstufungen auf tieferen Konzernebenen ausscheiden.[90] Wird etwa

---

[85] BGH II ZR 174/80 v. 25. 2. 1982, BGHZ 83, 122, 130 ff. (Holzmüller; teilweise auch als „Seehafen-Entscheidung" bezeichnet). In dem konkreten Fall waren von einer Ausgliederungsmaßnahme ca. 60 bis 80 % der Aktiva der Gesellschaft betroffen.
[86] BGH II ZR 155/02 v. 26. 4. 2004, BGHZ 159, 30 ff. (Gelatine I); BGH II ZR 154/02 v. 26. 4. 2004, ZIP 2004, 1001 ff. (Gelatine II).
[87] *Groß* AG 1996 111, 112 f.; *Großfeld/Brondics* JZ 1982, 589, 591; *Hüffer* § 119 Rz. 18; *Joost* ZHR 163 (1999), 164, 179 f.; *Reichert* ZHR-Sonderheft 68 S. 25, 45 f.
[88] *Emmerich/Habersack* Vor § 311 Rz. 39 f.; *Liebscher* Konzernbildungskontrolle 1995 S. 84 f.
[89] Siehe zu der erforderlichen Beschlussmehrheit nach den Gelatine-Entscheidungen Rz. 57.
[90] MünchHdb. GesR/Bd. 4/*Krieger* § 69 Rz. 10.

eine Enkel- in eine Urenkelgesellschaft umgestuft, lassen sich Mediatisierungseffekte nur bedingt feststellen.

51 Umstritten ist, ob weitere Maßnahmen, die mit einer **Konzernbildung**[91] im Zusammenhang stehen oder vergleichbaren strukturellen Charakter haben, hauptversammlungspflichtig sind: Teilweise wird der **Erwerb von Beteiligungen** als hauptversammlungspflichtig angesehen, da die Holzmüller-Entscheidung Ausfluss einer generellen Konzernbildungskontrolle bei der Obergesellschaft sei.[92] Demgegenüber wird vor allem im jüngeren Schrifttum verbreitet eine Hauptversammlungspflichtigkeit eines bloßen Beteiligungserwerbs mangels Mediatisierung der Mitverwaltungsrechte der Aktionäre abgelehnt; dem Schutzbedürfnis der Aktionäre werde durch das Erfordernis einer satzungsmäßigen Ermächtigung zum Beteiligungserwerb hinreichend Rechnung getragen.[93] Dasselbe Problem stellt sich im Fall der Bargründung einer Tochtergesellschaft. Ferner wird vertreten, dass die Holzmüller-Grundsätze auf den Fall der **Veräußerung von Unternehmensteilen**[94] anwendbar seien, da es sich um eine „Grundsatzentscheidung" handele, mit der ein Herrschaftsverlust über wesentliche Betriebsgrundlagen verbunden sei.[95] Auch dies wird indes bestritten, da auslösendes Element der Holzmüller-Doktrin die Gefahren der Konzernbildung (vor allem die Mediatisierung des Gesellschaftereinflusses) seien, die durch einen Beteiligungsverkauf entfallen.[96] Neben den vorgenannten Fällen werden in weiteren Situationen ungeschriebene Hauptversammlungszuständigkeiten diskutiert.[97]

52 Im Rahmen der **Konzernleitung**[98] sind solche Tochterentscheidungen zustimmungspflichtig, die sich wesentlich auf die rechtlichen und wirtschaftlichen Verhältnisse der Obergesellschaft und ihrer Aktionäre auswirken (sog. Strukturentscheidungen).[99] Daher ist nicht jede Maßnahme, die in der Tochtergesellschaft einem qualifizierten Mehrheitserfordernis unterliegt, zustimmungspflichtig; zustimmungsfrei sind zB eine Sitzverlegung oder Firmenänderung der Untergesellschaft.[100] Als legitimationsbedürftig werden hingegen Kapitalmaßnahmen auf Tochterebene, bei denen das Bezugsrecht der Muttergesellschaft ganz oder teilweise ausgeschlossen oder nicht voll ausgeübt werden soll (§ 186 Abs. 3 AktG), angesehen, da dann an der Untergesellschaft außenstehende Dritte beteiligt werden, wodurch mittelbar die Beteiligung der Ak-

---

[91] Vgl. hierzu auch § 5 Rz. 49.
[92] *Emmerich/Habersack* Vor § 311 Rz. 42; *Liebscher* Konzernbildungskontrolle 1995 S. 86.
[93] MünchHdb. GesR/Bd. 4/*Krieger* § 69 Rz. 10.
[94] Vgl. hierzu auch § 5 Rz. 53 ff.
[95] LG Ffm. 3/5 O 162/95 v. 29. 7. 1997, ZIP 1997, 1698; offen gelassen in OLG Ffm. 5 U 193/97 v. 23. 3. 1999, ZIP 1999, 842 ff.; BGH II ZR 124/99, v. 15. 1. 2001, ZIP 2001, 416 ff. (Altana/Milupa); *Lutter/Leinekugel* ZIP 1998, 225, 229 ff.; *Reichert* ZHR-Sonderheft 68 S. 25, 68 f (inzwischen aufgegeben, vgl. § 5 Rz. 53).
[96] OLG Stuttgart 20 U 1/05 v. 13. 7. 2005, AG 2005, 693 ff.; *Groß* AG 1994, 266, 275 f.; *Seydel* Konzernbildungskontrolle bei der Aktiengesellschaft 1995 S. 441, *Sünner* AG 1983, 169, 170; *Werner* ZHR 147 (1983), 429, 447; MünchHdb. GesR/Bd. 4/*Krieger* § 69 Rz. 10, der zudem auf § 179 a AktG verweist.
[97] Vgl. § 5 Rz. 48 ff.
[98] Vgl. hierzu auch § 5 Rz. 62 ff.
[99] *Emmerich/Habersack* Vor § 311 Rz. 48 f.; *Reichert* ZHR-Sonderheft 68 S. 25, 72.
[100] BGH II ZR 174/80 v. 25. 2. 1982, BGHZ 83, 122, 140 f. (Holzmüller); MünchHdb. GesR/Bd. 4/*Krieger* § 69 Rz. 41.

B. Konzernbildungskontrolle

tionäre der Muttergesellschaft verwässert wird.[101] Diese Grundsätze werden dahin verallgemeinert, dass ein verlängertes Mitspracherecht der Gesellschafter der Obergesellschaft für Konzernleitungsmaßnahmen auf der Stufe einer bedeutenden Tochtergesellschaft (nur) dann besteht, wenn im Zuge der Maßnahme in der Tochter Drittbeteiligungen begründet werden.[102] Hiernach kann die Zustimmung der Hauptversammlung etwa erforderlich sein für den Abschluss von Unternehmensverträgen der Tochter mit Dritten,[103] für sonstige Strukturmaßnahmen insb. nach dem UmwG, soweit (etwa im Rahmen einer Verschmelzung) hieran nicht konzernzugehörige Dritte beteiligt sind bzw. hierdurch unmittelbare oder mittelbare Drittbeteiligungen geschaffen werden,[104] für die Übertragung wesentlicher Teile des Vermögens der Untergesellschaft auf Dritte[105] und für die Auflösung der Tochtergesellschaft.[106] Im Ergebnis wird mithin eine die Konzernleitungskontrolle auslösende mittelbare Beeinträchtigung der Vermögens- und Beteiligungsinteressen der Aktionäre der Obergesellschaft bei allen **Maßnahmen mit Drittbezug** angenommen. Demgegenüber kann der „Konzernvorstand" bei konzerninternen Vorgängen autonom entscheiden, selbst wenn mit diesen eine Änderung der Gesellschaftsstruktur der Tochtergesellschaft einhergeht und dort ein qualifizierter Mehrheitsbeschluss zu fassen ist.[107] Die herrschende Meinung in der Literatur beschränkt die Grundsätze einer Konzernleitungskontrolle nicht auf Tochtergesellschaften, die durch Ausgliederung entstanden sind.[108] Kontrovers diskutiert wird weiterhin die Frage, ob einer Konzernbildungskontrolle Vorrang vor einer Konzernleitungskontrolle zu geben ist, sodass eine Konzernleitungskontrolle im Vertragskonzern allein deshalb nicht zum Tragen käme.[109]

d) Wesentlichkeit der Maßnahme

Weiterhin wird davon ausgegangen, dass die Holzmüller-Grundsätze nicht bei jeder unbedeutenden Transaktion innerhalb eines weit verzweigten Konzerns eingreifen. Vielmehr wird gefordert, dass es sich – gemessen am Gesamtkonzern – um eine wesentliche Maßnahme handeln muss. Anhand welcher Kriterien die Wesentlichkeit zu bestimmen ist, war weitgehend ungeklärt. Im

---

[101] *Emmerich/Habersack* Konzernrecht § 9 IV 2; *Liebscher* Konzernbildungskontrolle 1995 S. 50 f.; einschränkend Kölner Komm./*Koppensteiner* Vorbem. § 291 Rz. 102 – aA *Ebenroth* Konzernbildungs- und Konzernleitungskontrolle 1987 S. 40 ff.; *Götz* AG 1984, 85, 87 f.
[102] Vgl. BGH II ZR 174/80 v. 25. 2. 1982, BGHZ 83, 122, 140 (Holzmüller); LG Ffm. 315 O 162 195 v. 29. 7. 1997, ZIP 1997, 1698 (Altana/Milupa).
[103] *Emmerich//Habersack* Konzernrecht § 9 IV 2; *Mecke* Konzernstruktur und Aktionärsentscheid 1992 S. 271 ff.
[104] *Mecke* Konzernstruktur und Aktionärsentscheid 1992 S. 257.
[105] Vgl. BGH II ZR 174/80 v. 25. 2. 1982, BGHZ 83, 122, 140 (Holzmüller); *Raiser/Veil* § 53 Rz. 19.
[106] *Mecke* Konzernstruktur und Aktionärsentscheid 1992 S. 264 f.; *Raiser/Veil* § 53 Rz. 19 – aA *Westermann* ZGR 1984, 352, 373.
[107] *Emmerich/Habersack* Konzernrecht § 9 IV 2.
[108] Kölner Komm./*Koppensteiner* Vorbem. § 291 Rz. 88; einschränkend *Reichert* ZHR-Sonderheft 68 S. 25, 72 – aA OLG Köln 22 U 72/92 v. 24. 11. 1992, ZIP 1993, 110, 113 (Winterthur/Nordstern).
[109] *Martens* ZHR 147 (1983), 377, 425 ff.; *Reichert* ZHR-Sonderheft 68 S. 25, 72 – aA Kölner Komm./*Koppensteiner* Vorbem. § 291 Rz. 87.

Schrifttum wurde seit der Holzmüller-Entscheidung ein bunter Strauß von Aufgreifkriterien und darauf bezogenen Prozentzahlen genannt, so etwa 50%, 33%, 25%, 20% oder 10% der Aktiva (bezogen auf Bilanz-, Substanz- oder Ertragswerte) oder des Grundkapitals, des Umsatzes oder der Beschäftigtenzahl bzw. die historische Prägung des Unternehmens uÄ. Der BGH hat sich nun in den Gelatine-Entscheidungen gegen derart niedrige Anwendungsvoraussetzungen ausgesprochen; die Maßnahme müsse vielmehr in ihrer Intensität und Bedeutung die Ausmaße des der Holzmüller-Entscheidung zugrunde liegenden Sachverhalts erreichen. Dort ging es um die Ausgliederung von ca. 80% der in den Kernbereich der Unternehmenstätigkeit fallenden Aktiva. Die 80%-Marke kann allerdings nur als Richtgröße dienen.[110] Letztlich hat stets eine Analyse des Einzelfalls zu erfolgen.[111]

54 Welche Gesichtspunkte bei der Bewertung zu berücksichtigen sind, wurde in der Literatur sehr unterschiedlich bewertet. Es wurden der (Ertrags-)Wert der betroffenen Aktivität, die Bilanzsumme oder die bilanzmäßigen Aktiva, der Anteil am Eigenkapital, der Umsatz und die Mitarbeiterzahl als Gesichtspunkte genannt. Durch die Absage des BGH an feste Prozentgrenzen, wird es im Rahmen von Rechtsstreitigkeiten stets auf den Gesamteindruck ankommen, sodass bei einer Risikoeinschätzung alle genannten Kriterien in den Blick genommen werden sollten.[112]

55 Maßgebend sind nicht die Kennzahlen der Gesellschaft, sondern des gesamten Konzerns; nur so lässt sich das wirtschaftliche Gewicht der Maßnahme für die Aktionäre richtig beurteilen.[113]

Sofern mehrere Einzelmaßnahmen zeitlich zusammentreffen, wird man diese zusammenrechnen müssen, um die Wesentlichkeit zu bestimmen, soweit ein wirtschaftlicher Zusammenhang zwischen ihnen besteht.[114]

e) Im Rahmen der Maßnahme zu beachtende Förmlichkeiten

56 Im Zuge der Vorbereitung von Holzmüller-Beschlüssen sind erhebliche formelle Anforderungen zu beachten, die überwiegend dazu dienen, die Aktionäre so über die anstehende Maßnahme zu informieren, dass sie in der Lage sind, die Tragweite der Entscheidung abzuschätzen und die maßgeblichen Entscheidungsparameter hinreichend gegeneinander abzuwägen:

57 **aa) Zustimmungsbeschluss.** Der Beschluss bedarf einer Mehrheit **von 75% des vertretenen Grundkapitals**; die Satzung kann ein niedrigeres Quorum nicht festlegen.[115] Ob die Entscheidung der Hauptversammlung einer **materiellen Beschlusskontrolle** unterliegt in dem Sinne, dass es einer sachlichen Rechtfertigung der Maßnahme bedarf, ist umstritten.[116]

---

[110] OLG Stuttgart 20 U 1/05 v. 13.7. 2005, AG 2005, 693 ff.; MünchHdb. GesR/ Bd. 4/*Krieger* § 69 Rz. 11.
[111] OLG Stuttgart 20 U 1/05 v. 13.7. 2005, AG 2005, 693 ff.; *Liebscher* ZGR 2005, 1, 15 f.
[112] Vgl. hierzu auch § 5 Rz. 72.
[113] MünchHdb. GesR/Bd. 4/*Krieger* § 69 Rz. 11 – aA *Emmerich/Habersack* Vor § 311 Rz. 46.
[114] *Emmerich/Habersack* § 311 Rz. 47; MünchHdb. GesR/Bd. 4/*Krieger* § 69 Rz. 11.
[115] BGH II ZR 155/02 v. 26.4. 2004, BGHZ 159, 30 ff. (Gelatine I); dies war zuvor streitig, vgl. *Emmerich/Habersack* Vor § 311 Rz. 50 mwN.
[116] So MünchHdb. GesR/Bd. 4/*Krieger* § 69 Rz. 13; *Liebscher* Konzernbildungskontrolle 1995, S. 95 ff.; aA *Emmerich/Habersack* § 311 Rz. 51.

Weitgehend Einigkeit besteht hingegen insoweit, dass nicht nur eine konkrete Restrukturierungsmaßnahme im Wege eines „Zustimmungsbeschlusses" gebilligt werden kann; vielmehr ist es auch möglich, das der Gesamttransaktion zugrunde liegende Konzept in Form eines **„Konzeptbeschlusses"** zu genehmigen und den Vorstand zu dessen Durchführung zu ermächtigen.[117] Dies setzt aber voraus, dass die Essentialia der Restrukturierungsmaßnahme einschließlich der erforderlichen Einzelschritte feststehen, sodass Inhalt und Grenzen der Ermächtigung determiniert werden können.[118] Ein solcher Ermächtigungsbeschluss kann nicht als unzulässige Selbstentmachtung der Hauptversammlung qualifiziert werden. Bereits im Rahmen der gesetzlich geregelten Strukturentscheidungen erlaubt das AktG die Ermächtigung des Vorstandes, eine Strukturmaßnahme durchzuführen und deren Einzelheiten auszugestalten (§§ 58 Abs. 2, 202 Abs. 2, 204 Abs. 1 Satz 2, 221 Abs. 2 AktG).[119] Dies gilt erst recht im Bereich ungeschriebener Hauptversammlungszuständigkeiten, zumal auch der BGH in der Siemens/Nold-Entscheidung[120] dem Gesichtspunkt der Erhaltung der Flexibilität der Geschäftsleitung maßgebende Bedeutung beigemessen hat. Diesem Anliegen kann im Bereich ungeschriebener Kompetenzen nur durch die Zulässigkeit eines „Konzeptbeschlusses" Rechnung getragen werden.[121]

Verschiedentlich wird vertreten, dass in Ausgliederungsfällen stets analog §§ 125, 63 UmwG der Hauptversammlung ein konkreter Vertrag zur Zustimmung vorzulegen sei.[122] Die herrschende Meinung lehnt dieses Erfordernis indes zu Recht ab und bejaht die **Möglichkeit eines Ermächtigungsbeschlusses** zu einem Zeitpunkt, zu dem **noch keine schriftlich fixierten Vereinbarungen** über die geplante Strukturmaßnahme bestehen; hiernach kann der Vorstand ermächtigt werden, diese Verträge im Einzelnen auszuhandeln und umzusetzen.[123] Dies überzeugt: Ein Bedürfnis, konkrete Verträge vorzulegen, ist nicht ersichtlich. Der Umstand, dass das UmwG vertragliche Vereinbarungen voraussetzt, hängt in erster Linie mit der besonderen Art der dort geregelten Strukturmaßnahmen, ihren Rechtsfolgen und den damit verbundenen Publizitätspflichten zusammen; insoweit sind die umwandlungsgesetzlichen Vorschriften nicht verallgemeinerungsfähig. Zu beachten ist allerdings, dass dann, wenn ein konkreter Vertrag existiert und dieser bzw. die in ihm geregelte Transaktion der Aktionärsversammlung zur Zustimmung vorgelegt wird, auch der Vertrag selbst der Hauptversammlung vorgelegt werden muss.[124]

---

[117] Siehe hierzu auch § 5 Rz. 74 ff.
[118] MünchHdb. GesR/Bd. 4/*Krieger* § 69 Rz. 12; *Lutter/Leinekugel* ZIP 1998, 805, 811 ff.; *Reichert* ZHR-Sonderheft 68 S. 25, 59 f. – krit.: *Zeidler* NZG 1988, 91, 92.
[119] *Lutter/Leinekugel* ZIP 1998, 805, 812.
[120] Vgl. BGH II ZR 132/93 v. 23.6.1997, BGHZ 136, 133 ff. (Siemens/Nold), wo die Anforderungen an einen Bezugsrechtsausschluss im Rahmen eines genehmigten Kapitals aus Praktikabilitätsgründen abgemildert wurden, um dem Vorstand zu ermöglichen, auf sich bietende Gelegenheiten zur Unternehmenserweiterung rasch, flexibel und erfolgreich reagieren zu können.
[121] Ähnlich *Emmerich/Habersack* Vor § 311 Rz. 51; MünchHdb. GesR/Bd. 4/*Krieger* § 69 Rz. 12; *Lutter/Leinekugel* ZIP 1998, 805, 813.
[122] So etwa LG Karlsruhe O 43/97 KfH I v. 6.11.1997, ZIP 1998, 385 ff.
[123] *Emmerich/Habersack* Vor § 311 Rz. 53; MünchHdb. GesR/Bd. 4/*Krieger* § 69 Rz. 12; *Reichert* ZHR-Sonderheft 68 S. 25, 57.
[124] BGH II ZR 124/99 v. 15.1.2001, ZIP 2001, 416 ff. (Altana/Milupa).

60 bb) Informationspflichten im Hinblick auf die Maßnahme. Das Bestehen umfassender Bekanntmachungs- und Informationspflichten des Vorstandes im Zusammenhang mit legitimationsbedürftigen Strukturmaßnahmen kann nicht ernstlich bezweifelt werden. Dies ergibt sich bereits aus dem Gesetz. Gemäß § 124 Abs. 1 AktG besteht eine Pflicht zur Veröffentlichung des Gegenstandes der Tagesordnung. Hinzu kommt gem. § 124 Abs. 3 Satz 1 AktG die Notwendigkeit eines Beschlussvorschlages der Verwaltung. Weiterhin muss der wesentliche Inhalt der Maßnahme, zu deren Durchführung ermächtigt werden soll, umschrieben und in dieser Form der Hauptversammlung vorab bekannt gegeben werden; unabhängig von einem Rückgriff auf Vorschriften des UmwG wird insoweit eine analoge Anwendung des § 124 Abs. 2 Satz 2 AktG angenommen.[125] Neben der Wiedergabe des Konzeptes selbst müssen auch die grundlegenden Rahmenbedingungen und die Essenzialia etwaiger vertraglicher Vereinbarungen angegeben werden, da eine Generalermächtigung nicht zulässig ist.[126]

61 Darüber hinaus wird überwiegend analog §§ 186 Abs. 4; 293 a, 319 Abs. 3 Satz 2 AktG, §§ 8, 127 UmwG eine **Berichtspflicht** des Vorstandes angenommen. **Inhaltlich** muss der **Strukturbericht** die Aktionäre in die Lage versetzen, sich sachgerecht eine Meinung zu der Restrukturierung zu bilden.[127] Daher muss er Angaben zu allen Punkten enthalten, die für einen rational handelnden Aktionär bei seiner Entscheidungsfindung von Bedeutung sind: Insbesondere muss es dem Aktionär möglich sein, die Handlungsoptionen zu beurteilen, weshalb nicht nur die Strukturmaßnahme selbst präzisiert und ihre Konsequenzen für die Mitgliedschaft der Aktionäre sowie für die Bilanz und die Ertragskraft des Unternehmens dargestellt werden müssen. Es müssen vielmehr auch andere unternehmerische Konzeptionen als Alternative aufgezeigt und gegen die geplante Strukturänderung abgewogen werden. Soweit es um einen Ermächtigungsbeschluss geht, ist darüber hinaus unabdingbar, dass die zukünftig auf der Grundlage des Ermächtigungsbeschlusses zu treffenden Ent-

---

[125] BGH II ZR 124/99 v. 15. 1. 2001, ZIP 2001, 416, 417; OLG Ffm. 5 U 193/97 v. 23. 3. 1999, ZIP 1999, 842 ff.; LG Ffm. 3/5 O 162/95 v. 29. 7. 1997, ZIP 1997, 1698 (Altana/Milupa); ferner OLG München 24 U 1036/93 v. 10. 11. 1994, AG 1995, 232, 233 rechte Spalte (EKATIT/Riedinger); LG Karlsruhe O 43/97 KfH I, v. 6. 11. 1997, NZG 1998, 393 ff. (Badenwerk); LG München I 5 HKO 23950/00 v. 3. 5. 2001, ZIP 2001, 1148 ff. (Direkt Anlagebank/Self Trade); *Emmerich/Habersack* Vor § 311 Rz. 52; *Lutter/Leinekugel* ZIP 1998 805, 814; *Reichert* ZHR-Sonderheft 68 S. 25, 58 f.
[126] Es genügt allerdings die Umschreibung der Grobstruktur der Maßnahme, da diese Bekanntmachung Inhalt der Einladung zur Hauptversammlung ist und daher in den Gesellschaftsblättern abgedruckt werden muss.
[127] Vereinzelt wird das Erfordernis eines förmlichen Vorstandsberichts auch heute noch bestritten: Vgl. etwa LG Hamburg 402 O 122/96 v. 21. 1. 1997, AG 1997, 232, 238 rechte Spalte (Wünsche); *Hüffer* § 124 Rz. 11; *Priester* ZHR 163 (1999) S. 187, 200 f. Jedoch wurden bereits vor Inkrafttreten des UmwG die §§ 340 a, 340 b S. 2 Nr. 4, Abs. 4 und 5 Satz 1 AktG aF als allgemeines aktienrechtliches Prinzip aufgefasst, wonach der Vorstand verpflichtet ist, strukturändernde Maßnahmen eingehend zu erläutern, um die Aktionäre in die Lage zu versetzen, in voller Kenntnis der Tragweite der Entscheidung ihr Stimmrecht ausüben können. Vgl. grdl. *Lutter* in FS Fleck S. 169, 177. Die Verpflichtung zur Erstellung eines Strukturberichts wurde im Zuge des Erlasses des UmwG erweitert und auf sonstige strukturändernde Maßnahmen erstreckt, sodass der Gesetzgeber im Rahmen der Gesetzesnovelle das genannte allg. aktienrechtliche Prinzip bestätigt hat und dieses für vergleichbare Strukturentscheidungen in gleicher Weise gilt.

scheidungen, deren inhaltliche Ausgestaltung im Detail der Verwaltung zugewiesen werden soll, so exakt beschrieben werden, dass Inhalt und Grenzen der Verwaltungsermächtigung fixiert und die auf der Grundlage dieser Ermächtigung vorgenommenen Änderungen der Unternehmensstruktur hinreichend konkretisiert werden können.

Der Bericht ist analog §§ 293 f, 293 g AktG, 63, 125 S. 1 UmwG in der Hauptversammlung auszulegen und zu erörtern; soll die Zustimmung zu einem konkreten Vertrag erteilt werden, so ist auch dieser auszulegen.[128]

Eine bereits im Vorfeld der Hauptversammlung über einen detaillierten Strukturbericht hergestellte hohe Informationsdichte kann mE. bei der Bemessung der Reichweite des **Auskunftsrechts** der Aktionäre in der Hauptversammlung, in der über die Strukturmaßnahme Beschluss gefasst werden soll, nicht unberücksichtigt bleiben, sodass hierdurch das Risiko einer erfolgreichen Beschlussanfechtung wegen angeblicher Auskunftspflichtverletzungen erheblich abgemildert wird. Denn Zweck der im Kontext mit Strukturentscheidungen den Aktionären zu erteilenden Informationen ist es, den Aktionären eine Plausibilitätskontrolle[129] im Hinblick auf die anstehende Maßnahme zu ermöglichen; sind die Aktionäre hierzu durch einen detaillierten Strukturbericht bereits in die Lage versetzt, kommt etwaigen Auskunftspflichtverletzungen im Hinblick auf in der Hauptversammlung erfragte Detailinformationen keine Relevanz zu.

Weiter wird teilweise auch die **Auslegung von Jahresabschlüssen und Lageberichten** entsprechend §§ 63 Abs. 1 Nr. 2, 125 S. 1 UmwG und in bestimmten Situationen die Auslegung einer Zwischenbilanz entsprechend §§ 63 Abs. 1 Nr. 3, 125 S. 1 UmwG gefordert.[130] Die Forderung nach Auslegung von Bilanzen ist insb. auf Ausgliederungssituationen zugeschnitten. Sie kann allerdings auch bei Unternehmenszusammenschlüssen und einer „quasi-Verschmelzung" Bedeutung erlangen. Einer Prüfung analog §§ 293 b, 320 Abs. 3 AktG, 9 UmwG bedarf es hingegen nicht.[131]

f) Rechtsfolgen und Rechtsschutz

Auch die Rechtsfolgen, die eintreten, wenn „holzmüllerpflichtige" Maßnahmen ohne Befassung der Hauptversammlung verwirklicht werden, werden kontrovers diskutiert.

aa) Vertretungsmacht des Vorstandes und denkbare Sanktionen.
Sollte eine Befassung der Hauptversammlung erforderlich sein, wäre es dem Vorstand ohne Legitimation untersagt, solche Maßnahmen vorzunehmen. Setzt er sich über diese interne Schranke der Geschäftsführungsbefugnis eigenmächtig hinweg, handelt er kompetenzwidrig. Die Verletzung eines solchen Mitwirkungsrechts der Hauptversammlung ist nur für das Verhältnis zwischen den Organen bedeutsam, sodass rechtswidrig vollzogene **Rechtsgeschäfte**

---

[128] MünchHdb. GesR/Bd. 4/*Krieger* § 69 Rz. 14.
[129] *Lutter* UmwG § 8 Rz. 14; *Kallmeyer/Marsch-Barner* § 8 Rz. 6.
[130] LG Karlsruhe O 43/97 KfH I v. 6.11.1997, NZG 1998, 393, 394 f. (Badenwerk); *Emmerich/Habersack* Vor § 311 Rz. 52; einschränkend *Reichert* ZHR-Sonderheft 68 S. 25, 61.
[131] *Lutter/Krieger* Holding-Handbuch 1998 Rz. E 45; *Zimmermann/Pentz* in FS W. Müller S. 151, 170 f.

regelmäßig wirksam sind (§ 82 Abs. 1 AktG).[132] Dies ist sowohl im Hinblick auf etwaige aufgrund der Holzmüller-Entscheidung notwendige Hauptversammlungsbeschlüsse, als auch bei sog. „faktischen Satzungsänderungen" weitgehend anerkannt. Allerdings schlägt die Kompetenzverletzung in den Fällen des **Missbrauchs der Vertretungsmacht**, bei denen allen Beteiligten die Überschreitung der Geschäftsführungsbefugnis des Vorstandes bekannt ist, auf das Außenverhältnis durch; letzteres kommt namentlich bei konzerninternen Rechtsgeschäften, vor allem solchen gegenüber 100 %igen Töchtern, in Betracht.[133]

Die Überschreitung der Geschäftsführungsbefugnis durch den Vorstand kann jedoch ein wichtiger Grund zur **Abberufung** gem. § 84 Abs. 3 AktG oder zur Versagung der **Entlastung** gem. § 120 AktG sein. Weiterhin sind die Vorstandsmitglieder zum **Schadensersatz** verpflichtet, wenn der Gesellschaft infolge der Kompetenzüberschreitung ein Schaden entsteht und sie den Kompetenzverstoß zu vertreten haben (§§ 93 Abs. 2 Satz 1, 117 Abs. 2 AktG).[134] Der Einwand des rechtmäßigen Alternativverhaltens muss ausscheiden; der Vorstand soll sich nicht darauf berufen dürfen, dass er angesichts der Mehrheitsverhältnisse die erforderliche Mehrheit ohnehin erhalten hätte.[135] Daneben können sich auch die Mitglieder des Aufsichtsrates schadensersatzpflichtig machen, vor allem wenn der Aufsichtsrat nicht gegen ein kompetenzwidriges Verhalten des Vorstandes einschreitet (§§ 116, 117 Abs. 2 AktG).[136]

66 bb) **Denkbare Rechtsbehelfe zugunsten opponierender Aktionäre.** Gem. §§ 147, 148 AktG können Aktionäre, deren Anteile bestimmte Schwellenwerte überschreiten, die **Geltendmachung von Schadensersatzansprüchen** gegen Organmitglieder **erzwingen** bzw. gar selbst betreiben. Weiterhin kann angesichts der Kompetenzverletzung die **Entlastung** der Organe **angefochten** werden.[137]

67 Daneben kann die **Kompetenzverletzung selbst zum Gegenstand eines Rechtsstreits** gemacht werden. Zwar sind gesetzlich keine Klagrechte zugunsten der Aktionäre wegen Pflichtwidrigkeiten des Vorstandes vorgesehen.

---

[132] Vgl. BGH II ZR 174/80 v. 25. 2. 1982, BGHZ 83, 122, 132 f. (Holzmüller); BGH II ZR 155/02 v. 26. 4. 2004, BGHZ 159, 30 ff. (Gelatine I); OLG Celle 9 U 137/00 v. 7. 3. 2001, DB 2001, 804, 806; MünchHdb. GesR/Bd. 4/*Krieger* § 69 Rz. 15; *Liebscher* Konzernbildungskontrolle 1995 S. 104; *Mülbert* Aktiengesellschaft, Unternehmensgruppe und Kapitalmarkt 2. Aufl. 1996 S. 427. Die Richtigkeit dieser Grundsätze ist jedoch jüngst – allerdings ohne eingehende Begründung – in Zweifel gezogen worden; vgl. *Emmerich/Habersack* Vor § 311 Rz. 53.

[133] Vgl. *Emmerich/Habersack* Vor § 311 Rz. 53; *Liebscher* Konzernbildungskontrolle 1995 S. 104 in Fn. 117; so auch LG Hannover 26 O 79/98 v. 30. 5. 2000, DB 2000, 1607 rechte Spalte; anders hingegen die Folgeinstanz: OLG Celle 9 U 137/00 v. 7. 3. 2001, DB 2001, 804, 806; siehe allgemein zu den Grundsätzen des Missbrauchs der Vertretungsmacht: *Hüffer* § 82 Rz. 7 mwN.

[134] *Emmerich/Habersack* Vor § 311 Rz. 54; *Hüffer* § 82 Rz. 14; *Liebscher* Konzernbildungskontrolle 1995 S. 104.

[135] So zutreffend *Emmerich/Habersack* Vor § 311 Rz. 51.

[136] Denn es zählt zu der dem Aufsichtsrat obliegenden Überwachung der Geschäftsführung, Pflichtverstöße des Vorstandes wenn möglich zu verhindern bzw. jedenfalls hieraus resultierende Ersatzansprüche zu verfolgen; vgl. BGH II ZR 175/95 v. 21. 4. 1997, BGHZ 135, 244 (ARAG); MünchHdb. GesR/Bd. 4/*Krieger* § 69 Rz. 15; *Liebscher* Konzernbildungskontrolle 1995 S. 104.

[137] Vgl. § 6 Rz. 91.

Allerdings wird seit langem eine Erweiterung der Klagrechte der Aktionäre gefordert.[138] Diese Forderung hat der BGH in der Holzmüller-Entscheidung aufgegriffen. Es wurde die Zulässigkeit einer **Feststellungsklage** eines jeden Aktionärs gegen die Gesellschaft anerkannt, wenn rechtswidrig in dessen Mitgliedschaft eingegriffen wird. Ferner wurde die Zulässigkeit einer **Leistungsklage** eines Aktionärs gegen die AG, gerichtet auf Unterlassung einer bevorstehenden oder Rückgängigmachung einer kompetenzwidrig durchgeführten Maßnahme, bejaht. Da die Ansprüche auf dem mitgliedschaftlichen Rechtsverhältnis zwischen Gesellschaft und Gesellschafter bzw. dem Mitgliedschaftsrecht als „sonstigem Recht" iSd. § 823 Abs. 1 BGB beruhen, kann nur dort gegen Maßnahmen von Vorstand und/oder Aufsichtsrat vorgegangen werden, wo das Recht auf Entscheidungsteilhabe tangiert ist.[139] Die Aktionärsklage ist daher auf Kompetenzüberschreitungen, wie beispielsweise die Nichteinhaltung des Unternehmensgegenstandes oder die Verletzung des Mitwirkungsrechts der Aktionärsversammlung im Rahmen von wesentlichen unternehmerischen Beteiligungsentscheidungen, beschränkt.[140] Die Klage muss ohne unangemessene Verzögerung erhoben werden und es dürfen keine anderweitigen, ebenso effektiven Rechtsbehelfe zur Verfügung stehen, um das Rechtsschutzbedürfnis der Aktionäre zu befriedigen. Darüber hinaus steht die Aktionärsklage unter dem Vorbehalt, dass sie nicht rechtsmissbräuchlich unter Verletzung der der Gesellschaft geschuldeten Rücksicht ausgeübt werden darf.[141] Aktionäre können sich auch im Wege des einstweiligen Rechtsschutzes gegen unmittelbar bevorstehende kompetenzwidrige Maßnahmen der Geschäftsleitung zur Wehr setzen. Sie laufen allerdings Gefahr, sich gem. § 945 ZPO schadensersatzpflichtig zu machen, wenn sich eine erwirkte einstweilige Verfügung als von Anfang an unberechtigt erweist.

cc) Nachholbarkeit des Holzmüller-Beschlusses. Ein etwaiger Kompetenzverstoß kann nachträglich nach Vollzug der Restrukturierung durch **Nachholung der Hauptversammlungszustimmung** geheilt werden, wenn ein nach den vorgenannten Grundsätzen erforderlicher Beschluss der Hauptversammlung (versehentlich) nicht eingeholt wurde. Ein solcher nachträglicher Hauptversammlungsbeschluss ändert zwar nichts daran, dass sich der Vorstand kompetenzwidrig verhalten hat, sodass etwaige Sanktionen gegen den Vorstand bestehen bleiben, jedoch wird jedenfalls etwaigen gegen die Strukturmaßnahme gerichteten Beseitigungsansprüchen der Aktionäre durch Einholung eines nachträglichen Hauptversammlungsbeschlusses die Basis entzogen.[142]

3. Informationsrechte

Die Ausweitung der Entscheidungsbefugnisse der Hauptversammlung des herrschenden Unternehmens korrespondiert mit einer Erweiterung der den Organen der Obergesellschaft zustehenden Informationsrechte. Denn ohne

---

[138] *Knobbe-Keuk* in FS Ballerstedt S. 239 ff.; zustimmend *Flume* BGB AT, Band I 1983 2. Teil § 8 V 4; *Liebscher* Konzernbildungskontrolle 1995 S. 105 ff.
[139] Vgl. Emmerich/Habersack Vor § 311 Rz. 54.
[140] Vgl. BGH II ZR 174/80 v. 25. 2. 1982, BGHZ 83, 122, 133 ff. (Holzmüller).
[141] Vgl. BGH II ZR 174/80 v. 25. 2. 1982, BGHZ 83, 122, 134 ff. (Holzmüller); MünchHdb. GesR/Bd. 4/*Wiesner* § 18 Rz. 10; vgl. zu Klageantrag und -frist auch *Zimmermann/Pentz* in FS W. Müller S. 151, 171 ff.
[142] BGH II ZR 174/80 v. 25. 2. 1982, BGHZ 83, 122, 133 ff. (Holzmüller); *Bayer* NJW 2000, 2609, 2612; Emmerich/Habersack Vor § 311 Rz. 51.

hinreichende Kenntnisse der Tochterangelegenheiten ist eine sachverständige Beurteilung verbundrelevanter Maßnahmen nicht möglich. In die Informationsrechte der Aktionäre nach § 131 Abs. 1 AktG und des Aufsichtsrates nach § 90 Abs. 1 Satz 2, Abs. 3 AktG bezüglich der Angelegenheiten der Gesellschaft wird die **gesamte Konzerngeschäftsführung** einbezogen. Sie erstrecken sich auf deren Aktivitäten bei der Wahrnehmung von Beteiligungsrechten bzw. in Ausübung von Befugnissen aus Unternehmensverträgen. Die entsprechenden Auskunfts- und Einsichtsrechte beziehen sich insb. darauf, ob und wie der Vorstand Konzerninteressen der Konzernspitze wahrnimmt, und angesichts der Haftungsrisiken, die mit einer intensiven und schädigenden (faktischen) Konzernherrschaft einhergehen, auch darauf, inwieweit in diesem Zusammenhang auf Belange des Tochterunternehmens Rücksicht genommen wird.[143] Jedoch bleibt allein die **Verwaltung des herrschenden Unternehmens Überwachungsadressat**. Die Kontrollbefugnisse der Organe bestehen nicht gegenüber der Geschäftsführung des Tochterunternehmens, und es bestehen keine direkten Einsichts- und Auskunftsrechte gegenüber den Beteiligungsgesellschaften, da es sich insoweit um eigenständige Rechtssubjekte handelt.

C. Faktische Konzerne

70 Im faktischen Konzern, in dem die abhängige Gesellschaft vom herrschenden Unternehmen kraft tatsächlicher Herrschaftsmacht – regelmäßig aufgrund einer Mehrheitsbeteiligung – geleitet wird, soll nach der Grundkonzeption der §§ 311 ff. AktG die unternehmerische **Eigenständigkeit der abhängigen Gesellschaft grundsätzlich nicht tangiert** werden. Maßstab der Unternehmensführung bleibt das Eigeninteresse des beherrschten Unternehmens; diesem bleibt der herrschende Unternehmensaktionär bei seiner Einflussnahme auf die Geschäftsführung der Untergesellschaft (zumindest vermögensmäßig) verpflichtet. Daher verbietet § 311 Abs. 1 AktG dem herrschenden Unternehmen grundsätzlich, die abhängige Gesellschaft zu nachteiligen Rechtsgeschäften oder sonstigen nachteiligen Maßnahmen zu veranlassen. Allerdings weicht das Gesetz selbst dieses Verbot auf, indem es nachteilige Einflussnahmen zulässt, sofern die Obergesellschaft die Nachteile bis zum Geschäftsjahresende ausgleicht oder es der Tochtergesellschaft einen entsprechenden Rechtsanspruch einräumt (§ 311 Abs. 2 AktG).[144] Die Gestattung zur Ausübung der Leitungsmacht im Konzerninteresse zum Schaden der beherrschten AG korrespondiert nach den Grundsatznormen der faktischen Konzernbeziehung also mit der Pflicht zum Nachteilsausgleich.[145] Dieses auf **Ausgleich einzelner nachteiliger Leitungsmaßnahmen** angelegte Schutzsystem soll durch die

---

[143] Vgl. MünchHdb. GesR/Bd. 4/*Krieger* § 69 Rz. 47; *Liebscher* Konzernbildungskontrolle 1995 S. 95 f.

[144] Diese Regelung beruht auf Kompromissen im Gesetzgebungsverfahren; vgl. zur Gesetzgebungsgeschichte *Emmerich/Habersack* Konzernrecht § 24 III; Kölner Komm./*Koppensteiner* Vorbem. § 311 Rz. 1 ff.

[145] Aufgrund dieser Gesetzeskonstruktion war lange heftig umstritten, ob faktische Konzerne rechtmäßig sind. Heute hat sich die „salomonische" Formel durchgesetzt, dass das Gesetz sie zwar nicht legitimiere, aber doch dulde: vgl. Kölner Komm./*Koppensteiner* Vorbem. § 311 Rz. 10 ff.; *Hüffer* § 311 Rz. 7; *Raiser/Veil* § 53 Rz. 3.

C. Faktische Konzerne

Vorlage eines jährlich zu erstellenden Abhängigkeitsberichts, in dem die beherrschte Gesellschaft detailliert über ihre Beziehungen zu verbundenen Unternehmen Aufschluss geben muss (§§ 312 ff. AktG), und die persönliche Haftung der beteiligten Leitungsorgane bei Nichtdurchführung des Ausgleichs (§§ 317 f. AktG) abgesichert werden.

Die §§ 311 ff. AktG setzen das Bestehen eines Abhängigkeitsverhältnisses voraus; bei mehrfacher Abhängigkeit sind die Vorschriften im Verhältnis zu allen Muttergesellschaften anzuwenden.[146] Da die §§ 311 ff. AktG lediglich das faktische Konzernverhältnis regeln, sind die Vorschriften nicht (mehr) anwendbar, wenn ein qualifiziertes Beherrschungsverhältnis, also ein Beherrschungsvertrag oder ein Eingliederungskonzern besteht. Der Abschluss eines Gewinnabführungsvertrages führt indes lediglich zur Unanwendbarkeit der Regelungen über den Abhängigkeitsbericht (§ 316 AktG). Eine Einschränkung des **Anwendungsbereichs der §§ 311 ff. AktG** im Verhältnis zur 100%igen Tochtergesellschaft ist nicht angezeigt. Weiterhin ist zu berücksichtigen, dass die gesetzlichen Regeln des faktischen Konzernverhältnisses die allgemeinen Vorschriften des AktG in ihrem Anwendungsbereich verdrängen, wohingegen im Falle einer Überschreitung der von den §§ 311 ff. AktG gesetzten Grenzen Anspruchskonkurrenz besteht.[147]

I. Nachteilsausgleich

Die Vorschrift des § 311 AktG beinhaltet eines der **Grundprobleme** des Rechts der faktischen Konzernbeziehung, da das gesetzliche Schutzsystem auf dem Gedanken beruht, dass das abhängige Unternehmen von seinen Leitungsorganen grundsätzlich im Eigeninteresse geführt wird und das herrschende Unternehmen sich auf einzelne identifizierbare Eingriffe beschränkt, deren ggf. nachteilige Folgen dann zu kompensieren sind. Dieser Ausgleichsmechanismus wird jedoch vielfach als weitgehend ineffizient und unpraktikabel empfunden.[148]

1. Veranlassung von Rechtsgeschäften und Maßnahmen

§ 311 AktG zielt auf die **Herrschaftsausübung des herrschenden Unternehmens**; Anknüpfungspunkt ist der Versuch der Konzernspitze, Einfluss auf die abhängige Gesellschaft auszuüben, um sie zu einem für den Gesamtkonzern vorteilhaften Verhalten zu veranlassen. Daher umschreibt die gesetzliche Wendung „Rechtsgeschäfte und Maßnahmen" die Vornahme oder das Unterlassen sämtlicher Geschäftsführungsmaßnahmen, welche sich auf die Vermögens- und Ertragslage des abhängigen Parts auswirken.[149] Hiervon zu unterscheiden sind bloße „passive Konzerneffekte", die nicht auf einer konkreten Geschäfts-

---
[146] Gemäß § 28a EGAktG ist die Bundesanstalt für vereinigungsbedingte Sonderaufgaben jedoch aus dem Anwendungsbereich ausgenommen.
[147] MünchHdb. GesR/Bd. 4/*Krieger* § 69 Rz. 71 110; Kölner Komm./*Koppensteiner* § 317 Rz. 159 ff.
[148] Vgl. zur Kritik MünchKomm. AktG/Bd. 8/*Kropff* Vor § 311 Rz. 24 ff.; *Emmerich/Habersack* Konzernrecht § 24 II..
[149] *Hüffer* § 311 Rz. 24; MünchHdb. GesR/Bd. 4/*Krieger* § 69 Rz. 73; Kölner Komm./*Koppensteiner* § 311 Rz. 14.

Liebscher

führungsmaßnahme der abhängigen Gesellschaft beruhen.[150] Unerheblich ist, wie das herrschende Unternehmen seinen Einfluss ausübt. Ratschläge, Anregungen, Empfehlungen, (Konzern-)Richtlinien stellen mithin ebenso geeignete Einflussmittel dar wie die Anweisung zu einem konkreten Verhalten.[151] Gleichgültig sind auch Urheber und Adressat der Veranlassung. Der Konzernvorstand muss nicht tätig werden; es genügen auch Aktivitäten nachgeordneter Stellen.[152] Unerheblich ist ferner, ob das herrschende Unternehmen auf das Abstimmungsverhalten der Hauptversammlung der Untergesellschaft, deren Aufsichtsrat oder Vorstand einwirkt oder ob Angestellte der Tochter beeinflusst werden; auch personelle Verflechtungen zwischen den Leitungsorganen der beteiligten Unternehmen genügen.[153]

Angesichts der Weite des Veranlassungsbegriffs bietet dieser kaum praxisrelevante Schwierigkeiten. Probleme bereitet indes der Nachweis, dass eine bestimmte Entschließung der Untergesellschaft auf einer Veranlassung des herrschenden Unternehmens beruht. Denn Einflussnahmen zwischen verbundenen Unternehmen vollziehen sich typischerweise auf eher informellem Wege. In Anbetracht dieser Umstände droht der gesetzlich erstrebte Schutz der konzernrechtlichen Bezugsgruppen leer zu laufen, wenn man diesen keine **Erleichterungen der Darlegungs- und Beweislast** gewährt. Es wird daher eine widerlegbare Vermutung für die Veranlassung nachteiliger Rechtsgeschäfte oder Maßnahmen durch das herrschende Unternehmen befürwortet.[154] Strittig ist, ob diese Vermutung bereits bei einfacher Abhängigkeit eingreift oder das Bestehen eines Konzernverhältnisses, sprich die Ausübung der Einflusspotenziale durch das herrschende Unternehmen voraussetzt.[155] Strittig ist ferner, ob weitere Voraussetzung ist, dass das herrschende Unternehmen aus der nachteiligen Maßnahme für sich oder verbundene Unternehmen Vorteile gezogen hat.[156]

2. Nachteilsermittlung

74 Die Ermittlung der Nachteilhaftigkeit einer Maßnahme bereitet Schwierigkeiten. Denn diese ist anhand eines **Vergleichs der** infolge der Einflussnahme des herrschenden Unternehmens entstandenen **Vermögenslage** mit derjenigen Situation, die bestehen würde, wenn die abhängige Gesellschaft unabhän-

---

[150] Vgl. MünchHdb. GesR/Bd. 4/*Krieger* § 69 Rz. 73.; Kölner Komm./*Koppensteiner* § 311 Rz. 34 f.
[151] *Emmerich/Habersack* § 311 Rz. 23.
[152] *Emmerich/Habersack* § 311 Rz. 25; Kölner Komm./*Koppensteiner* § 311 Rz. 17 ff.; MünchHdb. GesR/Bd. 4/*Krieger* § 69 Rz. 75.
[153] *Emmerich/Habersack* § 311 Rz. 28.; *Emmerich/Habersack* Konzernrecht § 25 I 2; MünchHdb. GesR/Bd. 4/*Krieger* § 69 Rz. 73.
[154] MünchHdb. GesR/Bd. 4/*Krieger* § 69 Rz. 76; ähnlich Kölner Komm./*Koppensteiner* § 311 Rz. 10; *Emmerich/Habersack* § 311 Rz. 32 f., die von einem Prima-facie-Beweis ausgehen.
[155] Ein bloßes Abhängigkeitsverhältnis lassen genügen: *Emmerich/Habersack* § 311 Rz. 34; Kölner Komm./*Koppensteiner* § 311 Rz. 11 – aA (auf ein Konzernverhältnis abstellend): *Hüffer* § 311 Rz. 21; MünchHdb. GesR/Bd. 4/*Krieger* § 69 Rz. 76; MünchKomm. AktG/Bd. 8/*Kropff* § 311 Rz. 86.
[156] Bejahend MünchKomm. AktG/Bd. 8/*Kropff* § 311 Rz. 87; ähnlich *Emmerich/Habersack* § 311 Rz. 33; Kölner Komm./*Koppensteiner* § 311 Rz. 10 – aA *Hüffer* § 311 Rz. 21 aE; MünchHdb. GesR/Bd. 4/*Krieger* § 69 Rz. 76.

C. Faktische Konzerne

gig wäre, durchzuführen. Im Ergebnis kommt es darauf an, ob sich die Geschäftsführung einer unabhängigen Gesellschaft in der gegebenen Situation ebenso verhalten hätte oder nicht.[157] Dementsprechend ist ein Rechtsgeschäft in der Regel nachteilig, wenn zwischen Leistung und Gegenleistung ein Missverhältnis besteht, insb. wenn das Rechtsgeschäft nicht zu marktüblichen Konditionen abgeschlossen wurde; eine Maßnahme ist hingegen nachteilig, wenn sie mit erheblichen Risiken behaftet ist, ohne dass dem gleichwertige Chancen gegenüberstehen.[158] Auf die spätere Entwicklung kommt es für die Nachteilsermittlung indes nicht an. Denn maßgebend sind die Verhältnisse im Zeitpunkt der Vornahme der Maßnahme; das unternehmerische Risiko verbleibt stets beim abhängigen Unternehmen.[159]

Besondere Bedeutung kommt der Nachteilsfeststellung bei der Darlehensgewährung einer abhängigen Gesellschaft an ein herrschendes Unternehmen („**upstream loan**") zu. Die Darlehensgewährung zwischen Konzerngesellschaften spielt in der Praxis eine wichtige Rolle. Sie bildet das zentrale Instrument innerhalb sog. **Cash-Pooling-Systeme**. Bei diesen wird Liquidität, die bei einer Konzerngesellschaft vorhanden ist und bei dieser aktuell nicht benötigt wird, anderen konzernangehörigen Unternehmen systematisch darlehenshalber zur Verfügung gestellt.[160] Darlehen einer AG an einen ihrer Aktionäre sind indes wegen des **Verbots der Einlagenrückgewähr (§ 57 AktG)** problematisch.[161] Am Maßstab des § 57 AktG ist eine Darlehensgewährung einer AG an einen ihrer Aktionäre im Grundsatz nur dann zulässig, wenn sie den Anforderungen an ein neutrales Drittgeschäft entspricht. Die überwiegende Auffassung verlangte hierfür bisher, dass die Lage der Gesellschaft generell einen Liquiditätsabfluss zulässt, angemessene Zinsen bezahlt werden und die Rückerstattung voll besichert wird.[162] Allerdings steht mit § 311 AktG eine dem

---

[157] *Emmerich/Habersack* § 311 Rz. 39 ff.; *Hüffer* § 311 Rz. 25 ff.; Kölner Komm./*Koppensteiner* § 311 Rz. 57 ff.; MünchHdb. GesR/Bd. 4/*Krieger* § 69 Rz. 78.
[158] *Emmerich/Habersack* Konzernrecht § 25 II 3 *Hüffer* § 311 Rz. 30 ff.
[159] *Emmerich/Habersack* § 311 Rz. 44; *Hüffer* § 311 Rz. 28; Kölner Komm./*Koppensteiner* § 311 Rz. 39 f.; MünchHdb. GesR/Bd. 4/*Krieger* § 69 Rz. 79. Vgl. auch den Fall des OLG Köln 18 U 90/05 v. 27. 4. 2006, NZG 2006, 547 ff. (Veranlassung der Deutsche Telekom AG zur Ersteigerung von UMTS-Lizenzen durch die BRD).
[160] Damit wird die im Konzern vorhandene Liquidität effektiv eingesetzt, mit der sich anderenfalls regelmäßig nur geringe Erträge (etwa banktübliche Guthabenzinsen) erwirtschaften ließen.
[161] Vgl. zur Darlehensgewährung an Aktionäre und zur Teilnahme an Cash-Pool-Systemen § 8 Rz. 48 sowie Rz. 28 ff.
[162] Für zusätzliche Unsicherheit in Bezug auf Cash-Pooling-Systeme sorgte das zum GmbH-Recht ergangene sog. November-Urteil des BGH (BGH II ZR 101/01 v. 24. 11. 2003, BGHZ 157, 72 ff.), nach dem eine Darlehenauszahlung an einen Gesellschafter aus dem Stammkapital einer GmbH auch dann gegen die Kapitalerhaltungsvorschrift des § 30 Abs. 1 GmbHG verstieß, wenn bilanziell ein vollwertiger Rückgewähranspruch an die Stelle der als Darlehen ausgereichten Barmittel trat. Begründet wurde dies damit, dass bereits im Augenblick der Ausreichung eines Darlehens die Gesellschafter die Vermögenslage der Gesellschaft verschlechtert und damit die nach § 30 Abs. 1 GmbHG geschützte Haftungsmasse geschmälert werde. Übertragen auf das Aktienrecht führten die Grundsätze dieser BGH-Entscheidung wegen der gegenüber dem GmbH-Recht strikteren Kapitalerhaltungsvorschriften des Aktienrechts dazu, dass anzunehmen war, ein Darlehen an einen Aktionär oder einen ihm im Rahmen des § 57 AktG gleichstehenden Dritten aus dem vollumfänglich gebundenen AG-Vermögen dürfte auch dann

§ 57 AktG vorgehende Spezialregelung zur Verfügung;[163] der faktische Konzern ist – unter den Voraussetzungen des Nachteilsausgleichs – insoweit **privilegiert**. Im Schrifttum wird bisher teilweise bestritten, dass diese Spezialität speziell für das Cash Pooling durch Darlehensgewährung der Tochtergesellschaft an ein herrschendes Unternehmen gilt; stattdessen müsse eine Kreditgewährung immer den Voraussetzungen des § 57 AktG gerecht werden.[164] In einer neuen Grundsatzentscheidung[165] zum Recht des faktischen Konzerns hat der BGH nunmehr allerdings zum Ausdruck gebracht, dass die Spezialität des § 311 AktG auch besteht, soweit diese Vorschrift mit § 57 AktG gleich läuft, und damit auch hinsichtlich eines upstream-Darlehens nach § 311 AktG die Möglichkeit zu einem **zeitlich gestreckten Ausgleich** dergestalt gegeben ist, dass der Nachteil bis zum Ende des Geschäftsjahrs ausgeglichen oder aber bis dahin der abhängigen Gesellschaft ein Rechtsanspruch auf künftigen Nachteilsausgleich eingeräumt wird, der nicht notwendig besichert werden muss.[166] Nach dieser Entscheidung ist zudem davon auszugehen, dass die Gewährung eines unbesicherten, auch nur kurzfristig (nicht notwendig „sofort")[167] rückforderbaren **„upstream loan"** im faktischen Konzernverhältnis **nicht per se nachteilig** iSd. § 311 AktG ist, wenn die Rückzahlungsforderung im Zeitpunkt der Darlehensausreichung vollwertig ist. Dann liegt auch kein Verstoß gegen § 57 AktG vor. Die abweichende Rechtsprechungsauffassung des sog. November-Urteils[168] wird ausdrücklich aufgegeben. Den Vorstand und den Aufsichtsrat der abhängigen Gesellschaft trifft allerdings die aus § 93 Abs. 1 Satz 1 AktG (ggf. iVm. § 116 Satz 1 AktG) folgende (und insoweit nicht durch §§ 311, 318 AktG verdrängte) **Verpflichtung zur laufenden Überprüfung des jeweiligen Kreditrisikos und zur Reaktion** auf eine sich nach Darlehensausreichung andeutende Bonitätsverschlechterung beim darlehensnehmenden herrschenden Unternehmen. Dies kann durch eine Kreditkündigung oder die Anforderung von Sicherheiten geschehen. Werden solche Maßnahmen unterlassen, kann darin wiederum ein Nachteil im Sinne des § 311 AktG liegen;[169] es kommen dann Schadensersatzansprüche aus §§ 317, 318 AktG und – daneben – aus § 93 Abs. 2 AktG (ggf. iVm. § 116 Satz 1 AktG) in Betracht.

75   Die zur Nachteilsermittlung notwendige **Prognoseentscheidung** ist selbst dann schwer zu treffen, wenn sich die Obergesellschaft auf eine punktuelle

nicht erfolgen, wenn ein im Grundsatz vollwertiger Rückerstattungsanspruch gegeben wäre. Diese Entscheidung ist zu Recht auf Kritik gestoßen, vgl. § 8 Rz. 29. Die im November-Urteil aufgestellten Grundsätze sind nunmehr durch die Änderungen des MoMiG in § 57 Abs. 1 Satz 3 AktG und § 30 Abs. 1 Satz 2 GmbHG (vgl. näher hierzu Fn. 227) sowie durch BGH II ZR 102/07 v. 1. 12. 2008, NJW 2009, 850 ff. (MPS) (vgl. dazu sogleich im Text) obsolet geworden.
    [163] *Hüffer* § 311 Rz. 49; Kölner Komm./*Koppensteiner* § 311 Rz. 161 mwN, jeweils mwN, auch zur aA.
    [164] Insb. *Hüffer* § 311 Rz. 49a mwN; *ders.* § 57 Rz. 3b; MünchKomm. AktG/Bd. 1/ *Bayer* § 57 Rz. 149; aA (für Spezialität auch bei Darlehen und Cash Pooling) *Emmerich/ Habersack* § 311 Rz. 47 ff.
    [165] BGH II ZR 102/07 v. 1. 12. 2008, NJW 2009, 850 ff. (MPS); vgl. hierzu etwa *Kropff*, NJW 2009, 814 ff.; *Habersack*, ZGR 2009, 347 ff.
    [166] BGH II ZR 102/07 v. 1. 12. 2008, NJW 2009, 850, 851 (MPS).
    [167] Im konkreten Fall waren die Darlehen „jederzeit zum Monatsende" kündbar, vgl. BGH II ZR 102/07 v. 1. 12. 2008, NJW 2009, 850 (MPS).
    [168] Vgl. hierzu Fn. 3.
    [169] BGH II ZR 102/07 v. 1. 12. 2008, NJW 2009, 850, 852(MPS) mwN.

C. Faktische Konzerne   76, 77 § 15

Ausübung ihrer Herrschaftspotenziale beschränkt. Die **Schwierigkeiten** verschärfen sich, wenn diese zur einheitlichen Leitung der verbundenen Unternehmen übergeht. Je länger die Konzernbeziehung andauert und je intensiver sie ausgestaltet ist, desto schwieriger wird die Bestimmung der hypothetischen Situation der Untergesellschaft bei Fehlen eines fremdunternehmerischen Einflusses. Hinzu kommt, dass eine Vielzahl denkbarer Eingriffe der Konzernspitze einer solchen Bewertung ihrer Natur nach nicht zugänglich sind. Der Nachteilsausgleich gem. § 311 AktG kann allein die klassischen, rechtsgeschäftlich vermittelten Konzerngefahren wie Konzernverrechnungspreise und konzerninterne Kreditgeschäfte erfassen, nicht jedoch Maßnahmen, die die konzernstrategische Ausrichtung der Untergesellschaft zum Inhalt haben. Daher ist die Veranlassung zu nicht quantifizierbaren Nachteilen anerkanntermaßen im faktischen Konzern rechtswidrig und verpflichtet zum Schadensersatz nach § 317 AktG sowie den allgemeinen Vorschriften.[170]

Ein Nachteil kann auch in der Erhebung einer Konzernumlage liegen, die 76
die abhängige Gesellschaft an die Konzernleitung abführt.[171] Vergütet diese nur sog. „passive Konzerneffekte", dh. Veränderungen, die mit der Begründung eines Konzernrechtsverhältnisses als solchem verbunden sind, oder konzernbezogene Aufwendungen wie zB die allgemeine Konzernkontrolle, so hat die Umlage nachteiligen Charakter. Ein Nachteil entsteht dagegen nicht, wenn der Umlage konkrete – umlagefähige – Leistungen des herrschenden Unternehmens gegenüberstehen, beispielsweise die Einführung eines konzernweiten Cash Managements oder sonstige Dienstleistungen. Dann dürfen die Gesamtkosten sachgerecht auf die einzelnen Konzerngesellschaften umgelegt werden. Insbesondere gilt dies für Steuerumlagen: Wenn zwischen abhängiger und herrschender Gesellschaft ein Gewinnabführungsvertrag und damit trotz Anwendbarkeit der §§ 311, 317 f. AktG (vgl. § 316 AktG) eine Organschaft iSd. §§ 14 KStG, 2 Abs. 2 Satz 2 GewStG besteht, ist das Einkommen der abhängigen Gesellschaft der herrschenden zuzurechnen. Damit entfällt die Körperschafts- und Gewerbesteuerpflicht der abhängigen Gesellschaft, und der Organträger erlangt einen Ausgleichsanspruch entsprechend § 426 Abs. 1 BGB. Die Geltendmachung dieses tatsächlichen steuerlichen Mehraufwands durch das herrschende Unternehmen im Wege einer Konzernumlage stellt folglich keinen Nachteil iSd. § 311 AktG dar; ein Nachteil ist demgegenüber begründet, wenn die fiktive Steuerlast der abhängigen Gesellschaft zugrunde gelegt werden soll:[172] Die Vorteile, die sich aus der Saldierung der Gewinne mit den Verlusten anderer Konzerngesellschaften ergeben, stellen lediglich einen passiven Konzerneffekt dar. Zudem ist die abhängige Gesellschaft an konzernbedingten Synergieeffekten angemessen zu beteiligen.[173]

3. Pflichten des Vorstandes des abhängigen Unternehmens

§ 311 AktG gestattet nachteilige, dem Konzerninteresse dienende Einflussnah- 77
men auf den Tochter-Vorstand, sofern die von der Obergesellschaft verursachten

---

[170] BGH II ZR 312/97 v. 1. 3. 1999, BGHZ 141, 79 ff.; *Emmerich/Habersack* § 311 Rz. 43; *Hüffer* § 311 Rz. 25; Kölner Komm./*Koppensteiner* § 311 Rz. 54 ff.; MünchHdb. GesR/ Bd. 4/*Krieger* § 69 Rz. 80.
[171] MünchHdb. GesR/Bd. 4/*Krieger* § 69 Rz. 82.
[172] MünchHdb. GesR/Bd. 4/*Krieger* § 69 Rz. 82; vgl. auch *Simon* ZGR 2007, 71, 93 ff.
[173] Vgl. eingehend *Emmerich/Habersack* Konzernrecht § 25 II 2 c.

Nachteile ausgeglichen werden. Hierdurch wird indes **keine Folgepflicht** des Vorstandes der abhängigen Gesellschaft gegenüber dem Konzerninteresse dienenden Veranlassungen, seien diese nun vor- oder nachteilhaft, stipuliert.[174] Der Vorstand der Untergesellschaft ist daher nicht nur verpflichtet, sorgfältig die **Rechtmäßigkeit** der Einflussnahme des herrschenden Unternehmens zu **prüfen**, sondern auch, die **Vor- und Nachteile** der Maßnahme gegeneinander **abzuwägen**. Weiterhin muss er bei nachteiligen Maßnahmen stets prüfen, ob das herrschende Unternehmen willens und in der Lage ist, seiner Verpflichtung zum Nachteilsausgleich zu genügen. Ergibt sich, dass die Veranlassung die Schranken des „Weisungsrechts" überschreitet, etwa indem zu gesetz- oder sittenwidrigen Maßnahmen motiviert werden soll, ist der Vorstand der Untergesellschaft verpflichtet, die Maßnahme zu unterlassen. Gleiches gilt bei einer nachteilsstiftenden Maßnahme, deren Nachteile nicht durch korrespondierende Vorteile für den Konzern aufgewogen werden. Im Übrigen kann der Tochter-Vorstand die Weisung befolgen, muss dies allerdings nicht. Handelt es sich um eine nachteilsstiftende Veranlassung, muss der Vorstand der abhängigen Gesellschaft zugleich dafür Sorge tragen, dass am Geschäftsjahresende die vom Konzernherrn verursachten Vermögensnachteile ausgeglichen werden. Verweigert die Konzernspitze den Nachteilsausgleich, darf der Tochter-Vorstand künftigen Weisungen der Obergesellschaft nicht mehr Folge leisten, jedenfalls nicht ohne sofortigen Ausgleich sämtlicher bereits veranlasster Nachteile.[175]

4. Kompensation von Nachteilen

78 Ziel der §§ 311 ff. AktG ist die **bilanzielle Neutralisierung** der Nachteilszufügungen der Konzernspitze durch Gewährung korrespondierender Vorteile.[176] § 311 Abs. 2 AktG sieht einen tatsächlichen Ausgleich während des Geschäftsjahres oder die Bereinigung der Angelegenheit durch Begründung eines entsprechenden Rechtsanspruchs am Geschäftsjahresende vor. Der Vorteil kann in jeder vermögenswerten Leistung, also nicht nur in Geld, sondern auch in anderen Vermögensvorteilen, wie zB unentgeltlichen oder verbilligten Lieferungen oder Leistungen uÄ bestehen.[177] Als Kompensation genügen indes bloße allgemeine Vorteile der Konzerneinbindung (sog. passive Konzerneffekte) nicht, da hierdurch lediglich die allgemeinen Konzernnachteile ausgeglichen werden.[178] Die dem abhängigen Unternehmen zur Schadensbereinigung angebotenen Vorteile müssen nicht bilanzierungsfähig sein; es genügt, dass die bilanziellen Auswirkungen des Nachteils beseitigt werden.[179] Darüber hinaus wird ungeachtet der grundsätzlichen Unzulässigkeit der Veranlassung nicht quantifizierbarer Nachteile überwiegend davon ausgegangen, dass die Möglichkeit besteht, einen nicht quantifizierbaren Nachteil durch einen ebenso wenig quantifizierbaren Vorteil auszugleichen, etwa indem ein Verlustrisiko durch

---

[174] Vgl. *Emmerich/Habersack* Konzernrecht § 25 III 1; *Hüffer* § 311 Rz. 48.
[175] Grundlegend *Altmeppen* ZIP 1996, 663, 696 f.; zustimmend *Emmerich/Habersack* § 311 Rz. 79.
[176] Zu den steuerlichen Folgen s. § 53 Rz. 12.
[177] MünchHdb. GesR/Bd. 4/*Krieger* § 69 Rz. 86; *Raiser/Veil* § 53 Rz. 32.
[178] *Hüffer* § 311 Rz. 39; *Emmerich/Habersack* § 311 Rz. 62; Kölner Komm./*Koppensteiner* § 311 Rz. 116 ff.; MünchHdb. GesR/Bd. 4/*Krieger* § 69 Rz. 86.
[179] *Hüffer* § 311 Rz. 39; *Emmerich/Habersack* § 311 Rz. 63; Kölner Komm./*Koppensteiner* § 311 Rz. 111 ff.; MünchHdb. GesR/Bd. 4/*Krieger* § 69 Rz. 86.

C. Faktische Konzerne

Einräumung einer adäquaten Gewinnchance kompensiert wird.[180] Ferner soll es möglich sein, die abhängige Gesellschaft zur Eingehung nicht kalkulierbarer Risiken gegen Zusage eines späteren Ausgleichs entstehender Nachteile zu veranlassen.[181] Verletzt die Obergesellschaft ihre Pflicht zum Ausgleich verursachter Nachteile, tritt der Schadensersatzanspruch des § 317 AktG an die Stelle der Ausgleichspflicht des § 311 Abs. 2 AktG. Der Vorstand der abhängigen Gesellschaft ist verpflichtet, derartige Schadensersatzansprüche zu verfolgen.

II. Abhängigkeitsbericht

Die Einhaltung des gesetzlichen Schutzsystems soll flankierend abgesichert werden durch die Verpflichtung des Tochter-Vorstandes nach § 312 AktG, einen Abhängigkeitsbericht zu erstellen. Hiernach muss innerhalb der ersten drei Monate des Geschäftsjahres ein schriftlicher Bericht über die Beziehungen der Gesellschaft zu verbundenen Unternehmen erstellt werden. Der Bericht dient dazu, die **Einhaltung der Schranken der Leitungsmacht**, insb. die Erfüllung der Verpflichtung zum Nachteilsausgleich gem. § 311 Abs. 2 AktG, **sicherzustellen**. Der Abhängigkeitsbericht ist durch Abschlussprüfer (§ 313 AktG) und Aufsichtsrat (§ 314 AktG) zu prüfen; hinzu treten die Möglichkeit einer Sonderprüfung gem. § 315 AktG sowie empfindliche Sanktionen im Falle einer nicht ordnungsgemäßen Erfüllung der Berichts- und Prüfungspflichten. Trotz der durch Prüfung und Sanktionen im Falle von Zuwiderhandlungen abgesicherten Berichtspflicht wird die Effektivität der Präventiv- und **Kontrollwirkung des Abhängigkeitsberichts** überwiegend **kritisch beurteilt**. Die Kritik gründet sich überwiegend auf die mangelnde Publizität des Abhängigkeitsberichts. Denn nicht einmal im Prozess können die gefährdeten konzernrechtlichen Bezugsgruppen in den Bericht Einsicht nehmen.[182]

1. Berichtspflicht und Sanktionen im Falle der Nichterfüllung

Die Berichtspflicht gem. § 312 AktG setzt das Bestehen eines Abhängigkeitsverhältnisses voraus und entfällt mit Abschluss eines Beherrschungs- und/oder Gewinnabführungsvertrages (§§ 312 Abs. 1 Satz 1, 316 AktG) sowie bei Begründung eines Eingliederungsverhältnisses (§ 323 Abs. 1 Satz 3 AktG). Entsteht oder entfällt das für die Berichtspflicht konstitutive Abhängigkeitsverhältnis unterjährig, besteht die Berichtspflicht periodengerecht; Gleiches gilt im Falle des Wegfalls eines Vertragskonzerns bzw. eines Eingliederungsverhältnisses bei Fortbestehen der Abhängigkeit. Im umgekehrten Fall, wenn also die Gesellschaft im Laufe des Geschäftsjahres eingegliedert wird oder ein Beherrschungs- oder Gewinnabführungsvertrag geschlossen wird, entfällt die Berichtspflicht für das gesamte Geschäftsjahr.[183] Die Berichtspflicht besteht für jede inländische AG unabhängig davon, ob außenstehende Aktionäre vorhanden

---

[180] Kölner Komm./*Koppensteiner* § 311 Rz. 110; MünchKomm. AktG/Bd. 8/*Kropff* § 311 Rz. 241; MünchHdb. GesR/Bd. 4/*Krieger* § 69 Rz. 87 – aA ADS § 311 Rz. 59; *Hüffer* § 311 Rz. 4.
[181] *Emmerich/Habersack* § 311 Rz. 66; Kölner Komm./*Koppensteiner* § 311 Rz. 135 ff.
[182] Begr. RegE zum AktG 1965, abgedr. bei *Kropff* S. 411; *Hüffer* § 312 Rz. 38.
[183] MünchHdb. GesR/Bd. 4/*Krieger* § 69 Rz. 93; *Hüffer* § 312 Rz. 6.

sind oder nicht.[184] Auch in mehrdimensionalen Abhängigkeitsverhältnissen ist § 312 AktG strikt zu beachten. Somit hat jede abhängige Gesellschaft einer mehrstufigen Unternehmensverbindung einen eigenständigen Abhängigkeitsbericht zu erstatten, und im Abhängigkeitsbericht eines gemeinsam beherrschten Unternehmens muss über die Beziehungen zu jedem Mutterunternehmen berichtet werden.[185] Die Erstellung des Abhängigkeitsberichts fällt in die Gesamtverantwortung des Tochter-Vorstandes.[186] Gem. § 312 Abs. 1 Satz 1 AktG muss der Bericht in den ersten drei Monaten nach Geschäftsjahresende aufgestellt werden. Die Berichtspflicht entfällt nicht mit der Feststellung des Jahresabschlusses, sondern erst, wenn das Interesse an der Berichterstattung entfällt, was frühestens mit Ablauf der 5-jährigen Verjährungsfrist für Ersatzansprüche gem. §§ 317, 318 AktG in Betracht kommt.[187] Strittig ist, wer die Kosten des Abhängigkeitsberichts zu übernehmen hat.[188]

81   Die unterlassene oder **nicht ordnungsgemäße Erfüllung** der Berichtspflicht führt zu einer Haftung des Vorstandes der Untergesellschaft gem. § 318 AktG. Etwaige Mängel des Berichts sind darüber hinaus in den Berichten von Abschlussprüfer und Aufsichtsrat über die Prüfung des Abhängigkeitsberichts aufzuführen (§§ 313 Abs. 2, 314 Abs. 2 AktG). Darüber hinaus hat der Abschlussprüfer das Testat einzuschränken oder zu versagen (§ 313 Abs. 4 Satz 1 AktG); Gleiches gilt im Falle des gänzlichen Fehlens des Berichts (§ 322 Abs. 4 HGB). Auch der Aufsichtsrat muss das Fehlen des Abhängigkeitsberichts in seinem Bericht über die Prüfung des Jahresabschlusses vermerken. Zudem ist der Vorstand vom Registergericht durch Zwangsgeldfestsetzung zur Aufstellung des Abhängigkeitsberichts anzuhalten (§ 407 Abs. 1 AktG).[189] Weiterhin kann das Fehlen oder die Mangelhaftigkeit des Abhängigkeitsberichts aufgrund einer unterlassenen Aktivierung eines Schadensersatzanspruchs aus § 317 AktG zur Nichtigkeit des Jahresabschlusses gem. § 256 AktG führen.[190] Ferner führt das Fehlen des Abhängigkeitsberichts zur Anfechtbarkeit der Entlastung des Vorstandes.[191]

---

[184] *Emmerich/Habersack* § 312 Rz. 6; Kölner Komm./*Koppensteiner* § 312 Rz. 9; MünchHdb. GesR/Bd. 4/*Krieger* § 69 Rz. 91; MünchKomm. AktG/Bd. 8/*Kropff* § 312 Rz. 27 – krit. *Götz* AG 2000, 498 ff.
[185] *Emmerich/Habersack* § 312 Rz. 9; Kölner Komm./*Koppensteiner* § 312 Rz. 11 f.; MünchHdb. GesR/Bd. 4/*Krieger* § 69 Rz. 92.
[186] *Emmerich/Habersack* § 312 Rz. 14; *Hüffer* § 312 Rz. 2.
[187] BGH II ZB 3/96 v. 17. 3. 1997, BGHZ 135, 107, 111 f.; OLG Braunschweig 2 W 166/95, v. 27. 2. 1996, AG 1996, 271, 272; *Emmerich/Habersack* § 312 Rz. 16; *Hüffer* § 312 Rz. 10; MünchHdb. GesR/Bd. 4/*Krieger* § 69 Rz. 94; Kölner Komm./*Koppensteiner* § 312 Rz. 32 – aA *Mertens* AG 1996, 241, 247 ff.
[188] Gegen eine Kostentragungspflicht des herrschenden Unternehmens: *Emmerich/Habersack* § 312 Rz. 17; Kölner Komm./*Koppensteiner* § 312 Rz. 29; *Hüffer* § 312 Rz. 40 – aA *Bode* AG 1995, 261, 269 f.
[189] *Emmerich/Habersack* § 312 Rz. 18; MünchHdb. GesR/Bd. 4/*Krieger* § 69 Rz. 94.
[190] Vgl. BGH II ZR 235/92 v. 15. 11. 1993, BGHZ 124, 111, 121 f. (Vereinte Versicherung); OLG Köln 22 U 72/92 v. 24. 11. 1992, *Emmerich/Habersack* § 312 Rz. 20; MünchHdb. GesR/Bd. 4/*Krieger* § 69 Rz. 96.
[191] Grundlegend BGH II ZR 89/72 v. 4. 3. 1974, BGHZ 62, 193, 194 f. (Seitz); OLG Düsseldorf 6 U 84/92 v. 22. 7. 1993, ZIP 1993, 1791, 1793; *Hüffer* § 312 Rz. 10; MünchHdb. GesR/Bd. 4/*Krieger* § 69 Rz. 94.

2. Inhalt des Berichts

Der Abhängigkeitsbericht muss den Grundsätzen einer gewissenhaften und getreuen Rechenschaft entsprechen (§ 312 Abs. 2 AktG). Hieraus resultiert das Gebot der **Vollständigkeit, Klarheit, Übersichtlichkeit und Richtigkeit** des Berichts; seiner Funktion entsprechend sollen die Beziehungen der Gesellschaft zu allen verbundenen Unternehmen möglichst umfassend dokumentiert werden. Diesem Zweck dient, dass über alle Rechtsgeschäfte mit verbundenen Unternehmen ungeachtet ihrer Vor- und Nachteilhaftigkeit berichtet werden muss. Darüber hinaus ist über alle Rechtsgeschäfte und Maßnahmen zu berichten, die auf Veranlassung oder im Interesse der Obergesellschaft oder eines mit dieser verbundenen Unternehmens vorgenommen bzw. unterlassen wurden; insoweit wird teilweise sogar davon ausgegangen, dass die Berichtspflicht auch dann besteht, wenn die fragliche Entschließung zugleich im Interesse der abhängigen Gesellschaft selbst liegt.[192] Zu berichten sind alle Vorgänge des abgelaufenen Geschäftsjahres; bei Rechtsgeschäften ist der Zeitpunkt des Vertragsschlusses maßgebend, bei Maßnahmen der Zeitpunkt der abschließenden Entscheidung bzw., sofern dieser nicht feststellbar ist, der der ersten Ausführungshandlung.[193] Im Fall des Unterlassens sollte auf den Zeitpunkt abgestellt werden, in dem der Vorstand einer unabhängigen Gesellschaft gehandelt hätte.[194] Die Einzelangaben des Berichts müssen so detailliert sein, dass beurteilt werden kann, ob gem. § 311 AktG ausgleichspflichtige Nachteile zugefügt und diese kompensiert wurden. Bei Rechtsgeschäften sind daher Leistung und Gegenleistung sowie alle für die Beurteilung der Angemessenheit der vereinbarten Konditionen maßgebenden Umstände anzugeben. Ggf. ist die Angemessenheit der Konditionen zu begründen, oder es sind gar die Gründe des Geschäfts sowie seine Vor- und Nachteile darzulegen (§ 312 Abs. 1 Satz 3 und 4 AktG). Eine Geringfügigkeitsschwelle enthält § 312 AktG nicht, sodass auch über Bagatellgeschäfte (zusammenfassend) berichtet werden muss.[195]

Der Abhängigkeitsbericht ist mit einer **Schlusserklärung** des Vorstandes abzuschließen. Gemäß § 312 Abs. 3 AktG ist zu erklären, ob die AG im Rahmen der von ihr abgeschlossenen Rechtsgeschäfte eine angemessene Gegenleistung erhalten hat und ob sie durch sonstige vorgenommene oder unterlassene Maßnahmen benachteiligt worden ist sowie ob etwaige Nachteilszufügungen kompensiert wurden. Existieren keine berichtspflichtigen Vorgänge, ist ein Negativbericht zu erstatten.[196] Die Schlusserklärung ist der einzige Teil des Abhängigkeitsberichts, der publiziert wird; gem. § 312 Abs. 3 Satz 3 AktG ist sie in den Lagebericht aufzunehmen und wird so zur wesentlichen Informationsquelle der Außenseiteraktionäre über die konzerninternen Rechtsbeziehungen.

---

[192] In diesem Sinne *Emmerich/Habersack* § 312 Rz. 31; MünchHdb. GesR/Bd. 4/*Krieger* § 69 Rz. 102; Kölner Komm./*Koppensteiner* § 313 Rz. 50 – aA indes *ADS* § 312 Rz. 49, wonach eine Berichtspflicht nur bei überwiegendem Interesse des herrschenden Unternehmens besteht; ebenso MünchKomm. AktG/Bd. 8/*Kropff* § 312 Rz. 110.
[193] MünchHdb. GesR/Bd. 4/*Krieger* § 69 Rz. 103; *Hüffer* § 312 Rz. 17, 25.
[194] So zutreffend MünchHdb. GesR/Bd. 4/*Krieger* § 69 Rz. 103.
[195] MünchHdb. GesR/Bd. 4/*Krieger* § 69 Rz. 104 aE; *Emmerich/Habersack* § 312 Rz. 41.
[196] *Emmerich/Habersack* § 312 Rz. 13; Kölner Komm./*Koppensteiner* § 312 Rz. 13; MünchHdb. GesR/Bd. 4/*Krieger* § 69 Rz. 106; MünchKomm. AktG/Bd. 8/*Kropff* § 312 Rz. 28.

3. Prüfung des Berichts

84 Da der Abhängigkeitsbericht nicht publiziert wird, muss anderweitig sichergestellt werden, dass dieser nicht zu einer aussagelosen Pflichtübung degeneriert. Das Gesetz versucht, dies durch die Prüfungspflichten der §§ 313, 314 AktG sicherzustellen. Der **Abschlussprüfer** ist – außer im Falle kleiner AGs iSd. § 267 Abs. 1 HGB –[197] verpflichtet, den Bericht auf **inhaltliche Richtigkeit** hin zu prüfen. Dies umfasst auch die Prüfung der Angemessenheit der Leistungen der Gesellschaft im Rahmen von im Bericht aufgeführten Rechtsgeschäften und der hinreichenden Kompensation etwa zugefügter Nachteile (§ 313 Abs. 1 Satz 2 AktG). Indes ist die Vollständigkeit des Abhängigkeitsberichts nicht Gegenstand der Prüfung, über Unvollständigkeiten ist nur dann zu berichten, wenn sie gelegentlich der Prüfung aufgedeckt werden.[198] Um zu gewährleisten, dass der Abschlussprüfer die benötigten Informationen erlangt, steht ihm gegenüber der AG und gegenüber jedem konzernabhängigen oder herrschenden Unternehmen ein Auskunfts- und Einsichtsrecht zu (§ 313 Abs. 1 Satz 3 und 4 AktG iVm. § 320 Abs. 1 Satz 2, Abs. 2 Satz 1 und 2 HGB).[199] Der Abschlussprüfer kann dies durch registergerichtliche Zwangsgeldfestsetzung durchsetzen (§ 407 Abs. 1 AktG); darüber hinaus sind unrichtige oder verschleiernde Angaben strafbewehrt (§ 400 Abs. 1 Nr. 2 AktG). Zur Schlichtung von Meinungsverschiedenheiten zwischen Tochter-Vorstand und Abschlussprüfer kann nach § 324 HGB das Landgericht am Gesellschaftssitz angerufen werden.

85 Das Ergebnis der Recherchen des Abschlussprüfers wird in einem schriftlichen Prüfungsbericht niedergelegt (§ 313 Abs. 2 AktG), der dem Aufsichtsrat zugeleitet wird. Die **Prüfung des Aufsichtsrats** erstreckt sich auf Vollständigkeit und Richtigkeit des Abhängigkeitsberichts; allerdings muss der Aufsichtsrat grundsätzlich keine eigenen Prüfungshandlungen entfalten, sondern kann sich auf den Bericht des Abschlussprüfers stützen; lediglich wenn dieser oder sonstige Kenntnisse des Aufsichtsrates Anlass zu Beanstandungen oder weiteren Recherchen geben, sind weiter gehende Prüfungshandlungen geboten.[200] Über das Ergebnis seiner Prüfung hat der Aufsichtsrat der Hauptversammlung zu berichten (§§ 314 Abs. 2 Satz 1, 171 Abs. 2 AktG), wobei am Ende des Berichts darzulegen ist, ob Einwendungen gegen die Schlusserklärung des Vorstandes zu erheben sind (§ 314 Abs. 3 AktG). Der Bericht des Aufsichtsrates an die Hauptversammlung und der Bestätigungsvermerk des Abschlussprüfers (§ 313 Abs. 3 und 4 AktG) werden publiziert; demgegenüber handelt es sich sowohl beim Abhängigkeitsbericht als auch beim Prüfungsbericht des Abschlussprüfers um interne Unterlagen der Gesellschaft.

---

[197] Diese Ausnahme gilt als rechtspolitisch verfehlt, weshalb im Schrifttum vereinzelt ungeschriebene Prüfungspflichten oder Einsichtsrechte der Aktionäre einer kleinen AG in den Abhängigkeitsbericht befürwortet werden: Vgl. *Emmerich/Habersack* § 313 Rz. 6 f.; *Kropff* ZGR 1988, 558, 570 ff. – aA MünchHdb. GesR/Bd. 4/*Krieger* § 69 Rz. 107.

[198] *Emmerich/Habersack* § 313 Rz. 14; *Hüffer* § 313 Rz. 5; Kölner Komm./*Koppensteiner* § 313 Rz. 25; MünchHdb. GesR/Bd. 4/*Krieger* § 69 Rz. 108.

[199] Diese Rechte bestehen auch gegenüber ausländischen Unternehmen: Vgl. *Emmerich/Habersack* § 313 Rz. 24; *Hüffer* § 313 Rz. 13; Kölner Komm./*Koppensteiner* § 311 Rz. 16; MünchHdb. GesR/Bd. 4/*Krieger* § 69 Rz. 109.

[200] *Emmerich/Habersack* § 314 Rz. 12 f.; *Hüffer* § 314 Rz. 4; Kölner Komm./*Koppensteiner* § 314 Rz. 5 f.; MünchHdb. GesR/Bd. 4/*Krieger* § 69 Rz. 112.

C. Faktische Konzerne

Jeder Aktionär kann nach § 315 Satz 1 AktG eine **Sonderprüfung** der geschäftlichen Beziehungen der AG zu verbundenen Unternehmen beantragen, wenn Abschlussprüfer oder Aufsichtsrat den Abhängigkeitsbericht des Vorstandes beanstanden oder der Vorstand selbst erklärt, dass eine Benachteiligung oder ein fehlender Nachteilsausgleich vorliegt. Fehlt eine solche Erklärung und findet sich keine einfache Mehrheit für eine normale Sonderprüfung nach § 142 Abs. 1 Satz 1 AktG, dann ist die Möglichkeit einer Sonderprüfung an erhöhte Voraussetzungen geknüpft: Gemäß § 315 Satz 2 iVm. § 142 Abs. 2 AktG können Aktionäre, die 1% bzw. €100 000 des Grundkapitals repräsentieren und ihre Aktien seit mindestens drei Monaten halten, eine Sonderprüfung beantragen, wenn Tatsachen vorliegen, die den Verdacht einer pflichtwidrigen Nachteilszufügung rechtfertigen. Der Sonderprüfer wird durch das Landgericht – Kammer für Handelssachen – des Gesellschaftssitzes bestellt (§ 315 S. 3 AktG, §§ 71 Abs. 2 Nr. 4 lit b), 94, 95 Abs. 2 Nr. 2 GVG).[201] Für das (Gerichts-)Verfahren gelten die Vorschriften des FamFG (§ 315 S. 4 iVm. § 142 Abs. 8 AktG). Hat die Hauptversammlung zur Prüfung derselben Vorgänge Sonderprüfer bestellt, kann der Antrag gestellt werden, einen (oder mehrere) andere(n) Sonderprüfer zu bestellen, wenn dies aus einem in der Person des/der bestellten Sonderprüfer(s) liegenden Grundes geboten erscheint; ob diesen Antrag jeder Aktionär stellen kann, oder ob – sofern kein Fall des § 315 S. 1 AktG vorliegt – auch insoweit das besagte Quorum gilt, ist streitig[202] Gegenstand der Sonderprüfung sind die Beziehungen zu konkret vom Gericht bezeichneten verbundenen Unternehmen; die Prüfung umfasst sämtliche denkbaren Tatbestände, aus denen ein Verstoß gegen die §§ 311 ff. AktG resultieren könnte.[203] Die Durchführung der Prüfung folgt den §§ 142 bis 146 AktG.[204] Der Sonderprüfer hat über die Ergebnisse seiner Prüfung einen Bericht zu erstatten, der dem Vorstand und zum Handelsregister einzureichen ist; der Bericht ist beim Handelsregister allgemein zugänglich (§ 9 HGB).[205]

III. Verantwortlichkeit der Beteiligten

Das Schutzsystem der §§ 311 ff. AktG wird abgerundet durch Schadensersatzpflichten der Obergesellschaft sowie der Organmitglieder der beteiligten Gesellschaften im Falle einer nicht ordnungsgemäßen Erfüllung des Nachteilsausgleichs sowie der Berichts- und Prüfungspflichten. Voraussetzung einer **Schadensersatzpflicht des herrschenden Unternehmens und seiner gesetzlichen Vertreter** gem. § 317 AktG ist allein eine Nachteilszufügung iSd. § 311 AktG sowie die Nichterfüllung der hieraus resultierenden Verpflichtung zum Nachteilsausgleich; eines Verschuldens bedarf es nicht.[206] Sind diese Vor-

---

[201] Gemäß § 315 S. 5 iVm. § 142 Abs. 5 Satz 5, 6 AktG können die Länder durch Rechtsverordnung die Zuständigkeit bei einem oder mehreren Landgerichten konzentrieren.
[202] Für Ersteres entsprechend dem Wortlaut: *Hüffer* § 315 Rz. 4; MünchKommAktG/*Kropff* § 316 Rz. 38 – aA *Habersack/Emmerich* § 316 Rz. 22 Fn. 52; MünchHdb. GesR/*Krieger* § 69 Rz. 119: Entgegen dem Wortlaut soll der Antrag nur zulässig sein, wenn die Voraussetzungen des § 315 S. 2 AktG (Quorum) vorliegen (Redaktionsversehen).
[203] MünchHdb. GesR/*Krieger* § 69 Rz. 119.
[204] MünchHdb. GesR/*Krieger* § 69 Rz. 120.
[205] *Hüffer* § 315 Rz. 7; MünchHdb. GesR/*Krieger* § 69 Rz. 120.
[206] *Emmerich/Habersack* § 317 Rz. 5; *Hüffer* § 317 Rz. 5.

aussetzungen erfüllt, sind die Obergesellschaft und ihre gesetzlichen Vertreter zum Ersatz sämtlicher Schäden, die aus der nicht kompensierten Nachteilszufügung resultieren, verpflichtet; der Anspruch gem. § 317 AktG ist nicht auf den Betrag der unterbliebenen Nachteilskompensation beschränkt, sodass der Haftungsvorschrift auch Sanktionscharakter zukommt.[207] Der Schadensersatzanspruch zielt primär auf Naturalrestitution; sind die früheren Verhältnisse nicht mehr rekonstruierbar, besteht ein Geldanspruch. Daneben kommen Unterlassungs- und Beseitigungsansprüche und auch Ansprüche auf Rückgängigmachung konzernintegrativer Maßnahmen in Betracht.[208] Primärer Anspruchsinhaber ist das geschädigte abhängige Unternehmen, dessen Schaden auch von jedem einzelnen Aktionär geltend gemacht werden kann; es handelt sich um einen Fall der gesetzlichen Prozessstandschaft.[209] Daneben besteht ein eigener Ersatzanspruch der Aktionäre, falls diesen ein eigener, über die Minderung ihres Anteilsbesitzes hinausgehender Schaden entstanden ist (§ 317 Abs. 1 Satz 2 AktG). Ein Verzicht oder Vergleich über den Anspruch der Gesellschaft ist frühestens nach drei Jahren möglich; die Ansprüche verjähren in 5-jähriger Frist (§ 317 Abs. 4 iVm. § 309 Abs. 3, 5 AktG). Gleiches gilt für konkurrierende allgemeine Ansprüche aus §§ 57, 62, 117 AktG, 823, 826 BGB. Ferner haften gem. § 318 AktG **Vorstand und Aufsichtsrat des abhängigen Unternehmens**, soweit diese ihrer Berichts- und Prüfungspflicht gem. §§ 312, 314 AktG nicht ordnungsgemäß nachgekommen sind; die Ansprüche gegen die Organmitglieder der Untergesellschaft setzen ein Verschulden der Organwalter voraus.[210] Da auch im Unterlassen der Prüfung ursprünglich nicht nachteiliger Rechtsgeschäfte und maßnahmen ein Nachteil liegen kann,[211] kommt auch der Überwachung und der unternehmensinternen Erkennungssysteme wichtige Bedeutung zu.

IV. Existenzvernichtungshaftung

1. Entwicklung der Rechtsprechung

88 Die sog. Konzernhaftung im qualifiziert-faktischen Konzern ist seit Jahren ein Dauerbrenner der juristischen Diskussion, die nicht zur Ruhe kommt. Dies liegt nicht nur an den wiederholten Schwankungen der – insbesondere GmbH-rechtlichen – Rechtsprechung, sondern auch daran, dass ungeklärt ist, ob diese Judikatur uneingeschränkt auf das Aktienrecht übertragbar ist.

89 Wie dargelegt gestattet das Recht des faktischen Konzerns dem herrschenden Unternehmen nur isolierbare Eingriffe, die in ihren schädigenden Auswirkungen quantifizierbar sind; eine intensivere Leitung der Tochtergesellschaft ggf. zum Schaden derselben ist allein auf unternehmensvertraglicher Grundlage gestattet. Leitet nun der Konzernherr die Tochter gem. dem typischen Bild eines Beherrschungsvertrages, indem die Obergesellschaft die Geschäftsführung der abhängigen Gesellschaft dauernd und umfassend ausübt, führt dies dazu, dass das **Haftungssystem im faktischen Konzern kollabiert**. In diesem Falle lassen

---

[207] *Emmerich/Habersack* § 317 Rz. 15 ff.; MünchHdb. GesR/Bd. 4/*Krieger* § 69 Rz. 122.
[208] *Emmerich/Habersack* § 317 Rz. 19 f.; *Hüffer* § 317 Rz. 10.
[209] *Emmerich/Habersack* Konzernrecht § 27 II 1; *Hüffer* § 317 Rz. 16.
[210] MünchHdb. GesR/Bd. 4/*Krieger* § 69 Rz. 131, *Hüffer* § 318 Rz. 4.
[211] Vgl. hierzu oben Rz. 74, insb. zu Cash-Pooling-Systemen.

C. Faktische Konzerne   90 § 15

sich einzelne Veranlassungen der Konzernspitze wegen der Dichte der Leitungsmacht nicht länger isolieren, geschweige denn in ihren nachteiligen Auswirkungen monetär quantifizieren. Da in einem solchen Fall die Belange der Untergesellschaft und ihrer Gläubiger, insb. deren Vermögensinteressen, nachhaltig gefährdet werden, ohne dass dieses Phänomen durch die Schutzmechanismen des faktischen Konzerns angemessen bewältigt werden kann, stellt sich die Frage, ob sich das herrschende Unternehmen (insb. im Bereich des Gläubigerschutzes) so behandeln lassen muss, als wenn ein Vertragskonzern begründet worden wäre. Insoweit wurde geltend gemacht, dass die nicht unternehmensvertraglich kanalisierte und registerrechtlich verlautbarte, gleichwohl aber voll durchgeführte Beherrschungsbeziehung im Hinblick auf den Gläubigerschutz nicht laxer behandelt werden könne als die vertragskonzernrechtlich legalisierte Konzernherrschaft. Aufgrund dessen entwickelten Rechtsprechung und Schrifttum für das GmbH-Recht eine Ausfallhaftung der Obergesellschaft für Verbindlichkeiten einer qualifiziert-faktisch konzernierten Tochtergesellschaft gem. §§ 302, 303 AktG analog; diese Grundsätze – insbesondere die Anwendung von vertragskonzernrechtlichen Haftungsregeln im Wege der Analogie – wurden im juristischen Schrifttum verbreitet auch auf das Aktienrecht übertragen.[212]

Die etwaige Haftung des herrschenden Unternehmens gegenüber den Gläu-   90
bigern der Untergesellschaft in diesem sog. qualifiziert faktischen Konzern war und ist eine der zentralen konzernrechtlichen Streitfragen; allerdings ist die Frage für die AG wenig praktisch relevant geworden. Heute wird die Rechtsfigur des qualifiziert faktischen Konzerns zunehmend in Zweifel gezogen.[213] Insbesondere durch die Änderung der Rspr. zum Schutz einer abhängigen GmbH, die durch die Bremer-Vulkan-Entscheidung[214] eingeleitet und insbesondere durch das KBV-Urteil[215] und die Trihotel-Entscheidung[216] präzisiert wurde, ist auch für die abhängige AG fraglich geworden, ob die Haftungsgrundsätze, die sich bis zu der TBB-Entscheidung[217] herausgebildet hatten, weiterhin Bestand haben werden. Denn der BGH hat den qualifiziert faktischen Konzern in den genannten Entscheidungen für das GmbH-Recht aufgegeben und durch die sog. Existenzvernichtungshaftung ersetzt. Den Anspruch gegen die herrschende Gesellschaft stützt der BGH seit der Trihotel-Entscheidung auf § 826 BGB. Für das Aktienrecht ist seit der Bremer-Vulkan-Entscheidung sehr streitig, ob die Regeln über den qualifiziert faktischen Konzern weiterhin Geltung beanspruchen oder ob auch hier die Existenzvernichtungs-

---

[212] Grundlegend BGH II ZR 275/84 v. 16. 9. 1985, BGHZ 95, 330, 345 f. (Autokran); II ZR 167/88 v. 20. 2. 1989, BGHZ 107, 7, 16 ff. (Tiefbau); II ZR 135/90 v. 23. 9. 1991, BGHZ 115, 187, 192 ff. (Video); II ZR 287/90 v. 11. 11. 1991, BGHZ 116, 37, 42 (Stromlieferung); II ZR 265/91 v. 29. 3. 1992, BGHZ 122, 123, 126 ff. (TBB); II ZR 178/99 v. 17. 9. 2001, ZIP 2001, 1874 (Bremer Vulkan); siehe zum Meinungsstand in der Lit. *Emmerich/Habersack* Anh § 317 Rz. 5 mit zahlreichen Nachweisen.
[213] *Röhricht* in FS 50 Jahre BGH S. 83 ff.; vgl. auch *Mülbert* DStR 2001, 1937; *Reichert/Harbarth* GmbH-Vertrag S. 27 f.
[214] BGH II ZR 178/99 v. 17. 9. 2001, ZIP 2001, 1874 (Bremer Vulkan), dazu *Altmeppen* ZIP 2001, 1837, einerseits und *Ulmer* ZIP 2001, 2021, andererseits.
[215] BGH II ZR 300/00 v. 24. 6. 2002, ZIP 2002, 1578 (KBV), dazu *Altmeppen* ZIP 2002, 1553.
[216] BGH II ZR 3/04 v. 16. 7. 2007, NJW 2007, 2689 (Trihotel), dazu *Vetter* BB 2007, 1965; *Altmeppen* NJW 2007, 2657.
[217] BGH II ZR 265/91 v. 29. 3. 1992, BGHZ 122, 123, 126 ff. (TBB).

haftung Platz greift.[218] Da der Bundesgerichtshof die Aufgabe des qualifiziertfaktischen Konzerns im GmbH-Recht zunächst mit spezifisch GmbH-rechtlichen Erwägungen begründet hat,[219] wird die Auffassung vertreten, dass die Grundsätze für die AG aufrecht erhalten werden können. Diese Auffassung ist jedoch nach der Trihotel-Entscheidung nur noch schwerlich vertretbar, da der BGH den Schutz der abhängigen GmbH in dieser Entscheidung über § 826 BGB vollzieht, also eine Norm des allgemeinen Deliktsrechts. GmbH-rechtliche Erwägungen spielen mithin allenfalls nur noch im Zusammenhang mit der Feststellung der Sittenwidrigkeit der Schädigung eine Rolle. Allerdings fehlt für das Aktienrecht eine obergerichtliche Entscheidung. Gleichwohl dürfte die Rechtsfigur der Haftung im qualifiziert faktischen Konzern [220] auch im Aktienrecht endgültig der Vergangenheit angehören, weshalb im Folgenden ausschließlich auf die neuere Rspr. des BGH eingegangen wird.

2. Grundsätze der höchstrichterlichen Rechtsprechung

91   Bereits seit seinem Urteil in dem Verfahren Bremer Vulkan leitet der BGH den Schutz einer abhängigen GmbH gegen Eingriffe des Alleingesellschafters endgültig nicht mehr aus einer Analogie zu §§ 302 f. AktG her. Vielmehr soll der Schutz der abhängigen GmbH auf die Erhaltung ihres Stammkapitals und die Gewährleistung ihres Bestands beschränkt sein.[221] Diesen stützt der BGH seit dem KBV-Urteil auf den Gesichtspunkt des existenzvernichtenden Eingriffs, nach neuester Rspr. auf § 826 BGB („Existenzvernichtungshaftung").[222] Dies ist nach hier vertretener Auffassung auf die AG zu übertragen (siehe oben, Rz. 90).

a) Haftungsvoraussetzungen

92   § 826 BGB verbietet vorsätzliche Schädigungen des Gesellschaftsvermögens, die gegen die guten Sitten verstoßen. Dadurch ist der Tatbestand weiter gefasst als die Haftung für existenzvernichtenden Eingriff nach dem bisherigen Konzept. Dieses verstand sich als lückenfüllendes Schutzkonzept für Sachverhalte, die sich nicht nach den §§ 30, 31 GmbHG handhaben ließen, insbesondere in Bezug auf Eingriffe in das auch als Haftungsfonds für die Gläubiger dienende Gesellschaftsvermögen durch die Gesellschafter. Die daraus folgende Subsidiarität[223] des Haftungstatbestands gilt für den Anspruch aus § 826 BGB nicht mehr. Zwar ist es in erster Linie auch Aufgabe des Anspruchs aus § 826 BGB, die genannte Schutzlücke zu schließen; gleichwohl kann es zu Überschneidun-

---

[218] Für eine Anwendbarkeit der Grundsätze des qualifiziert faktischen Konzerns: *Emmerich/Habersack* Anh § 317 Rz. 5; MünchHdb. GesR/Bd. 4/*Krieger* § 69 Rz. 134 mwN. – aA etwa *Hüffer* § 1 Rz. 25.; zweifelnd auch OLG Stuttgart 20 U 12/06 v. 30. 5. 2007, ZIP 2007, 1210 ff.
[219] MünchHdb. GesR/Bd. 4/*Krieger* § 69 Rz. 134.
[220] Vgl. eingehend zur Entwicklung der Rechtsfigur *Liebscher* GmbH-KonzernR, Rz. 450 ff.
[221] BGH II ZR 178/99 v. 17. 9. 2001, ZIP 2001, 1874, 1876 (Bremer Vulkan). *Altmeppen* ZIP 2001, 1837, 1838 spricht von einer vollständigen Abwendung von konzernrechtlichen Haftungselementen; differenzierter *Schmidt* NJW 2001, 3577, 3580.
[222] BGH II ZR 3/04 v. 16. 7. 2007, NJW 2007, 2689 (Trihotel), dazu *Vetter* BB 2007, 1965; *Altmeppen* NJW 2007, 2657.
[223] BGH II ZR 300/00 v. 24. 6. 2002, ZIP 2002, 1578, 1580 l. Sp. (KBV); dazu *Ulmer* JZ 2002, 1049, 1051 f.

C. Faktische Konzerne

gen mit den §§ 30, 31 GmbHG kommen, was zur Anspruchsgrundlagenkonkurrenz führt.

Die Haftung nach § 826 BGB setzt voraus: **93**
- eine schadensstiftende Verletzung einer „Schutzpflicht der Respektierung" in Bezug auf das „im Gläubigerinteresse zweckgebundene Gesellschaftervermögen",[224]
- die Sittenwidrigkeit des Eingriffs,
- Vorsatz und
- einen bei der abhängigen Gesellschaft eingetretenen Schaden.

Der Eingriff in das Vermögen der Gesellschaft ist nicht nur dann **sittenwid-** **94** **rig**, wenn der Eingriff mit der Absicht geschieht, den Zugriff der Gesellschaftsgläubiger auf das Vermögen der Gesellschaft zu verhindern, sondern auch dann, „wenn die faktische dauerhafte Beeinträchtigung der Erfüllung der Verbindlichkeiten die voraussehbare Folge des Eingriffs ist."[225] Eine sittenwidrige Schädigung wird im Ergebnis immer dann vorliegen, wenn nach dem bisherigen Konzept der Haftung wegen existenzvernichtenden Eingriffs objektiv ein Missbrauch der Gesellschafterstellung, dh. die Ausübung der Konzernleitungsmacht zum Nachteil des abhängigen Unternehmens in einer Weise, die keine angemessene Rücksicht auf dessen Eigenbelange nimmt, anzunehmen war.

Die bloße dauernde und umfassende Ausübung der Mehrheitsmacht reicht **95** insoweit nicht aus. Auch ein Unterlassen hinreichender Kapitalausstattung im Sinne einer „Unterkapitalisierung" stellt keinen existenzvernichtenden Eingriff iSd Rechtsprechung des BGH dar.[226] Erforderlich ist eine Benachteiligung der Untergesellschaft zugunsten ihres herrschenden Gesellschafters, wobei entscheidend ist, dass diese im Konzerninteresse mit überwiegenden Risiken belastet wird, deren Eingehung eine unabhängige Gesellschaft vermieden hätte („Aschenputtel"-Lage). Diese Voraussetzung ist vor allem bei vom Konzernherrn veranlassten (gruppeninternen) Rechtsgeschäften zu unangemessenen Konditionen zu bejahen. Hierher gehören etwa Lieferungen und Leistungen zu marktunüblichen Bedingungen, insbesondere die Vereinbarung unangemessen niedriger Konzernverrechnungspreise, die Gewährung von hohen, ungesicherten Krediten an andere Konzernunternehmen, deren Liquidität nicht sichergestellt ist, und die Veranlassung des Tochterunternehmens zu einem Forderungsverzicht.

Gleiches gilt im Falle einer rigorosen Durchführung von Cash-Manage- **96** ment-Systemen, die der abhängigen Gesellschaft vollständig die Verfügung über ihre Liquidität entziehen,[227] und auch dann, wenn das herrschende Un-

---

[224] BGH II ZR 3/04 v. 16. 7. 2007, NJW 2007, 2689 (Trihotel); vgl. zu diesem Punkt auch *Schanze* NZG 2007, 681, 683.

[225] BGH II ZR 3/04 v. 16. 7. 2007, NJW 2007, 2689 (Trihotel); *Schanze* NZG 2007, 681, 683, sieht dies als Problem des Eingriffs, nicht der Sittenwidrigkeit.

[226] Dazu jüngst BGH II ZR 264/06 v. 28. 4. 2008 (GAMMA), NJW 2008, 2437; hierzu *Kleindiek* NZA 2008, 686.

[227] Änderungen im faktischen Konzern für das sog. Cash-Pooling, also das bei der Konzernfinanzierung gebräuchliche System zur Zusammenfassung flüssiger Mittel bei der Muttergesellschaft und Instrument zum Liquiditätsausgleich zwischen den Unternehmensbereichen im Konzern mittels Darlehensgewährung der Tochtergesellschaft an die Konzernmutter (sog. upstream loan; das Tochterunternehmen erhält im Gegenzug Rückzahlungsansprüche gegen die Mutter), ergeben sich durch das Gesetz zur Modernisierung des GmbH-Rechts und zur Bekämpfung von Missbräuchen (MoMiG) vom

ternehmen die abhängige Gesellschaft dazu veranlasst, Geschäftschancen zugunsten anderer Konzernunternehmen nicht wahrzunehmen. Auch andere Schädigungen der abhängigen Gesellschaft zugunsten eines Konzernunternehmens, etwa durch Abzug von Ressourcen oder durch Verringerung bzw. Einstellung der Geschäftstätigkeit, können zur Konzernhaftung führen. Schließlich kann eine Haftung auch durch eine Umstrukturierung der Untergesellschaft im Konzerninteresse begründet werden, falls die Restrukturierung den Tochter-Eigeninteressen widerspricht; als problematisch können sich etwa die vom herrschenden Unternehmen veranlasste Aufgabe oder Verlagerung von Geschäftsbereichen, die Abgabe von Ressourcen, die Zentralisierung von Unternehmensfunktionen, die Einstellung bestehender Aktivitäten, die Konzentrierung der Tochter auf ein bestimmtes sachliches oder regionales Geschäftsfeld uÄ erweisen.

97 Auch in einfachen Abhängigkeitsverhältnissen kommt eine Haftung in Betracht; zwischen den Unternehmen muss kein Konzernverhältnis bestehen. Auch eine dauernde und umfassende Führung der Geschäfte der Tochtergesellschaft durch das herrschende Unternehmen ist nicht der maßgebliche Haftungstatbestand.[228]

98 Der BGH lässt für das **Vorsatzerfordernis** genügen, dass „dem handelnden Gesellschafter bewusst ist, dass durch von ihm selbst oder mit seiner Zustimmung veranlasste Maßnahmen das Gesellschaftsvermögen sittenwidrig geschädigt wird.[229] Ausreichend soll insoweit sein, dass ihm die Tatsachen bekannt sind, aus denen sich die Sittenwidrigkeit des Eingriffs ergibt; ein Bewusstsein der Sittenwidrigkeit ist folglich nicht zu fordern. Ist die dauerhafte Beeinträchtigung der Erfüllung der Verbindlichkeiten die voraussehbare Folge des Eingriffes, genügt es dem Vorsatzerfordernis, wenn der „Gesellschafter diese Rechtsfolge in Erkenntnis ihres möglichen Eintritts billigend in Kauf genommen hat (Eventualdolus)."[230]

b) Anspruchsberechtigte und Anspruchsgegner

99 **Anspruchsberechtigt** ist die abhängige Gesellschaft. Denn die Haftung nach § 826 BGB ist eine Ersatzhaftung für die Herbeiführung der Insolvenzreife bzw. der Vertiefung der Insolvenz und damit **Innenhaftung**.[231] Während eines

---

23. Oktober 2008 (BGBl. I S. 2026). Dieses stellt das System des Cash-Pooling durch den neu eingeführten § 57 Abs. 1 S. 3 AktG auf eine gesetzliche Grundlage und schafft damit eine Ausnahme von der strengen Kapitalbindung des § 57 AktG, an dem nach altem Recht auch Cash-Management-Systeme zu messen waren. Dadurch und aufgrund der MPS-Entscheidung (vgl. dazu Rz. 74) sind nun etwa upstream loans im Rahmen des Cash-Pooling im Grundsatz rechtlich zulässig. Die Fälle des Liquiditätsentzugs, die bislang zum Bereich der Existenzvernichtungshaftung zählten, werden daher nach Einführung des MoMiG unter den neuen § 92 Abs. 2 S. 3 AktG subsumiert. Vgl. dazu *Knapp* DStR 2008, 2371, 2374.

[228] BGH II ZR 265/91 v. 29. 3. 1992, BGHZ 122, 123, 126 ff. (TBB): Damit hat der BGH, auch wenn er noch § 303 AktG analog und damit eine konzernrechtliche Anspruchsgrundlage heranzog, bereits im TBB-Urteil seine konzernrechtliche Begründung der Haftung der Mehrheitsgesellschafter der Sache nach für die GmbH aufgegeben.

[229] BGH II ZR 3/04 v. 16. 7. 2007, NJW 2007, 2689 (Trihotel).

[230] BGH II ZR 3/04 v. 16. 7. 2007, NJW 2007, 2689 (Trihotel).

[231] BGH II ZR 3/04 v. 16. 7. 2007, NJW 2007, 2689 (Trihotel); *Schanze* NZG 2007, 681, 685 ist der Auffassung, dass § 826 BGB nicht nur die Gesellschaft schütze, sondern

Insolvenzverfahrens werden die Forderungen durch den Insolvenzverwalter geltend gemacht (eine Analogie zu § 93 InsO[232] – wie bislang – ist nicht erforderlich, da es sich nunmehr um eine eigene Forderung der Gesellschaft handelt). **Gegner des Anspruchs** ist der Gesellschafter, der den Tatbestand des § 826 BGB erfüllt hat. Ist der Gesellschafter seinerseits eine Gesellschaft, wird ihm das Verhalten seiner Organe gemäß § 31 BGB zugerechnet. Als Gesamtschuldner neben der Gesellschaft kommt das verantwortliche Organmitglied in Betracht, das in seiner Person den Tatbestand des § 826 BGB verwirklicht hat.

c) Beweislast

Der BGH geht nunmehr davon aus, dass die Beweislast für den Schadensersatzanspruch der Kläger trage. Dies stellt im Vergleich zu dem bisherigen Haftungskonzept des BGH, das von einer Beweislastumkehr ausging, eine erhebliche Verschlechterung dar.[233] Allerdings wird zum Teil erwogen, eine Beweislastumkehr insoweit beizubehalten als es um die Höhe des Schadens gehe. Habe der Kläger den Haftungsgrund nachgewiesen, müsse der Gesellschafter sich hinsichtlich der Schadenshöhe entlasten. Er hafte „wegen des nahe liegenden und deshalb zu vermutenden Umfangs des Schadens in Höhe der gesamten Überschuldung bis zur restlosen Gläubigerbefriedigung".[234]

d) Verjährung

Nach dem bis zur Trihotel-Entscheidung geltenden Haftungskonzept war streitig, wie der Anspruch wegen existenzvernichtendem Eingriff verjährt. Da der BGH die Durchgriffshaftung dogmatisch mittels einer teleologischen Reduktion der Haftungsbeschränkung des § 13 Abs. 2 GmbHG begründete,[235] wurde vertreten, dass sich die Verjährung nach den Vorschriften richte, die für den durchgeleiteten Anspruch gelten, welcher gegen die Gesellschaft bestehe.[236] Nach anderer Auffassung sollte demgegenüber stets die Regelverjährung der §§ 195, 199 Abs. 1 BGB gelten.[237] Dieser Streit hat sich mit der dogmatischen Neuverordnung des Anspruchs erledigt. Denn für den Anspruch aus § 826 BGB gilt unstreitig die Regelverjährung der §§ 195, 199 Abs. 1 BGB. Hiernach verjährt der Anspruch nach drei Jahren, beginnend mit dem Schluss des Jahres, in welchem der Anspruch entstanden ist und der Gläubiger von den anspruchsbegründenden Umständen Kenntnis erlangt hat oder ohne grobe Fahrlässigkeit hätte erlangen müssen.

D. Vertragskonzern

Leitmodell des Aktienkonzernrechts ist die durch Rechtsakt legitimierte Konzernherrschaft. Konzerne sollen regelmäßig als Vertragskonzerne auf Basis

---

auch die Rechtsverfolgungsinteressen der Einzelgläubiger, weswegen auch diesen ein entsprechender Anspruch zuzustehen habe.
[232] So *Ulmer* JZ 2002, 1049, 1050.
[233] Dazu *Altmeppen* NJW 2007, 2657, 2660.
[234] *Altmeppen* NJW 2007, 2657, 2660.
[235] Vgl. etwa BGH II ZR 300/00 v. 24. 6. 2002 (KBV), BGHZ 151, 181, 187.
[236] Vgl. eingehend *Liebscher* GmbH-Konzernrecht Rz. 558.
[237] So etwa *Bruns* WM 2003, 815, 822.

eines Beherrschungsvertrages organisiert werden, da dann die Begründung der Konzernleitungsmacht durch Zustimmung der Hauptversammlungen legitimiert wird und zugleich die konzernrechtlichen Bezugsgruppen gesetzlich geschützt werden. Im Falle des Abschlusses eines solchen Unternehmens-, insb. Beherrschungsvertrages wird die abhängige AG dem Willen und dem unternehmerischen Sonderinteresse des herrschenden Unternehmens unterworfen. Der Beherrschungsvertrag legalisiert die umfassende Ausübung der Leitungsmacht über die beherrschte AG durch die Konzernspitze. Wegen dieser die Struktur der Tochter-AG ändernden Wirkung sieht das AktG für die Begründung eines Vertragskonzerns besondere Anforderungen vor. Der Vertragsschluss setzt die **Zustimmung der Hauptversammlung** der eingebundenen AG mit qualifizierter Mehrheit voraus (§ 293 Abs. 1 Satz 1 AktG). Diese Sonderregelung hat mittelbar gläubiger- und minderheitsschützende Wirkung; das Erfordernis eines Zustimmungsbeschlusses führt u. a. dazu, dass die Änderung des Tochterstatus publik gemacht wird und sämtliche Aktionäre über den geplanten Konzernverbund informiert werden (§§ 293 a ff. AktG). Ferner bedarf die Begründung des Vertragskonzerns wegen der hiermit für das herrschende Unternehmen verbundenen Lasten und der die Struktur der Obergesellschaft ändernden Wirkung der Zustimmung der Gesellschafterversammlung der Muttergesellschaft (§ 293 Abs. 2 AktG).

Da durch den Unternehmensvertrag auch Maßnahmen zum Nachteil der abhängigen AG legalisiert werden, sodass es zu einer Verletzung der Haftungsinteressen der Gläubiger und der Vermögensinteressen der Außenseiter kommen kann, gewährt das AktG diesen Bezugsgruppen **besondere Schutzrechte**. Die §§ 300 ff. AktG sichern den Erhalt des Gesellschaftsvermögens der beherrschten AG; hierdurch werden primär die Gläubiger des abhängigen Unternehmens, mittelbar jedoch zugleich die außenstehenden Aktionäre geschützt. Speziell zum Schutz der Minderheiten ist weiter vorgesehen, dass die Außenseiter die Wahl haben, ob sie in der Untergesellschaft verbleiben und dort einen angemessenen Ausgleich erhalten (§ 304 AktG) oder ob sie gegen eine angemessene Abfindung aus dem Unternehmen ausscheiden (§ 305 AktG); im Einzelnen:

I. Unternehmensverträge

103 Grundlage des Vertragskonzerns ist der Abschluss eines Unternehmensvertrages. Die erfassten Vertragstypen sind vielgestaltig. Das Gesetz spannt einen weiten Bogen von Beherrschungs- und/oder Ergebnisabführungsverträgen (BEAV), welche die wirtschaftliche Trennung zwischen den verbundenen Unternehmen partiell aufheben, bis zu sog. „sonstigen Unternehmensverträgen", wie Gewinngemeinschaften, sowie Betriebspacht- und Betriebsführungsverträgen, bei denen es sich um (weit reichende) schuldrechtliche Verträge handelt. Die §§ 293 ff. AktG enthalten allgemeine Regeln, die für alle Unternehmensverträge gelten, wohingegen die §§ 300 ff. AktG spezielle Schutzvorschriften für den Fall des Abschlusses eines BEAV beinhalten.

1. Rechtsnatur

104 Das Gesetz unterscheidet strikt zwischen BEAVs (§ 291 AktG) und „sonstigen Unternehmensverträgen" (§ 292 AktG), weil die beiden Vertragstypen ih-

D. Vertragskonzern

rer Rechtsnatur nach grundverschieden sind. Bei **Beherrschungs- und/oder Gewinnabführungsverträgen** handelt es sich um **gesellschaftsrechtliche Organisationsverträge**, die satzungsgleich die Verfassung der abhängigen Gesellschaft, insb. die wechselseitigen Rechte und Pflichten gegenüber den konzernrechtlichen Bezugsgruppen überlagern und modifizieren. Dem herrschenden Unternehmen werden weit reichende Eingriffsrechte um den Preis eines weitgehenden Schutzes der Außenseiter und Gläubiger der Untergesellschaft verliehen.[238]

Demgegenüber fasst das Gesetz die **„sonstigen" Unternehmensverträge** als **schuldrechtliche Austauschverträge** auf, deren Abschluss wegen ihres organisationsrechtlichen Einschlages dem Regime der §§ 293 ff. AktG unterstellt wird, mit denen allerdings keine unmittelbare Änderung der inneren Verfassung der abhängigen Gesellschaft einhergeht, weshalb die sonstigen Unternehmensverträge weitgehend von der Anwendung der Schutzregeln zugunsten der konzernrechtlichen Bezugsgruppen nach §§ 300 ff. freigestellt wurden.[239] Allerdings durchbricht das Gesetz diese strikte Unterscheidung, indem es einzelne Vertragstypen sonstiger Unternehmensverträge bestimmten Gläubigerschutzvorschriften unterwirft. So gilt die Verlustübernahmepflicht gemäß § 302 Abs. 2 AktG auch bei Vereinbarung eines nicht angemessenen Entgelts im Falle des Abschlusses eines Betriebspacht- oder Betriebsüberlassungsvertrages.

2. Inhalt

Bei den in §§ 291 f. AktG definierten Vertragstypen handelt es sich um die Wiedergabe der wesentlichen in Betracht kommenden Vertragsgestaltungen. Die gesetzliche Regelung begründet indes **keinen numerus clausus** der möglichen Vertragsgestaltungen.[240] Die vertragskonzernrechtlichen Regeln können auf ähnliche Vertragstypen analog angewandt werden und die Vertragsbedingungen im Rahmen der aktienrechtlichen (engen) Grenzen individuell ausgestaltet werden. Auch Kombinationen zwischen den bekannten Vertragstypen sind möglich; beispielsweise wird ein Beherrschungsvertrag typischerweise mit einem Gewinnabführungsvertrag kombiniert (sog. Organschaftsvertrag).

a) Beherrschungsvertrag

Durch einen Beherrschungsvertrag[241] wird die Leitung der abhängigen Gesellschaft dem herrschenden Unternehmen unterstellt; die Untergesellschaft wird auf das Konzerninteresse hin ausgerichtet. Die eigenverantwortliche Leitungsmacht des Tochter-Vorstandes gem. § 76 AktG und die aktienrechtliche

---

[238] Der Schwerpunkt des Vertrages liegt mithin nicht in der Begründung schuldrechtlicher Beziehungen zwischen den Beteiligten, sondern in der unmittelbaren Änderung der gesellschaftsrechtlichen Rechtsbeziehungen. *Emmerich/Habersack* § 291 Rz. 25 ff.; Kölner Komm./*Koppensteiner* Vorbem. § 291 Rz. 156 ff.; *Raiser/Veil* § 54 Rz. 9.
[239] Vgl. Begr. RegE, abgedr. bei *Kropff* S. 378 f.; MünchKomm. AktG/Bd. 8/*Altmeppen* § 292 Rz. 6 f.; *Emmerich/Habersack* § 292 Rz. 4 ff.; *Hüffer* § 292 Rz. 2; *Raiser/Veil* § 57 Rz. 2.
[240] *Emmerich/Habersack* § 292 Rz. 7; Kölner Komm./*Koppensteiner* Vorbem. § 291 Rz. 162; MünchHdb. GesR/Bd. 4/*Krieger* § 72 Rz. 4; *Raiser/Veil* § 57 Rz. 4; enger MünchKomm. AktG/Bd. 8/*Altmeppen* § 291 Rz. 40 f.
[241] Zu den steuerlichen Folgen s. § 13 Rz. 199 ff.

Vermögensbindung werden aufgehoben, indem dem Konzernherrn ein umfassendes Weisungsrecht (auch zum Nachteil der abhängigen Gesellschaft) eingeräumt wird und er als Aktionär der Tochtergesellschaft in deren Hauptversammlung (entgegen §§ 117, 243 Abs. 2 AktG) Konzerninteressen verfolgen darf. **Wesensmerkmal** eines jeden Beherrschungsvertrages ist das **Weisungsrecht** nach § 308 AktG. Dieses kann nach (zutreffender) herrschender Meinung zwar – etwa durch Ausschluss des Rechts zur Erteilung nachteiliger Weisungen – beschränkt, jedoch nicht vollkommen ausgeschlossen werden; auch weit gehende Einschränkungen des Weisungsrechts, die im Ergebnis dazu führen, dass der Unternehmensvertrag die wirtschaftliche Selbständigkeit der Tochtergesellschaft unberührt lässt, sind einem Beherrschungsvertrag wesensfremd und daher unzulässig.[242] Weiterhin müssen sich die vertraglichen Leitungsrechte des herrschenden Unternehmens auf mindestens eine wesentliche unternehmerische Funktion der Untergesellschaft (zB Vertrieb, Forschung, Finanzwesen uÄ) erstrecken; die Unterstellung einzelner Betriebe oder Betriebsteile unter die Leitung der Obergesellschaft genügt indes nicht.[243]

Inhaltliche Mindestanforderungen bestehen nur insoweit, als der Vertrag Minderheitsschutzregelungen iSd. §§ 304, 305 AktG enthalten muss; im Übrigen besteht Gestaltungsfreiheit.[244] Allerdings werden der Gestaltungsphantasie insoweit Grenzen gesetzt, als die aktiengesetzlichen Schutzvorschriften zugunsten der konzernrechtlichen Bezugsgruppen nicht zur Disposition stehen.[245] Ohne weiteres zulässig sind sinnvolle Ergänzungen des gesetzlichen Regelungskonzeptes wie Bestimmungen über die Laufzeit des Vertrages, die Definition wichtiger Kündigungsgründe, Bestimmungen über die Leitungsstrukturen und den zukünftigen Entscheidungsspielraum des Tochtervorstandes uÄ. Nicht erforderlich ist, dass der Vertrag selbst als Beherrschungsvertrag bezeichnet wird; selbst eine Falschbezeichnung eines Weisungsrechte begründenden Vertrages ist angesichts des Grundsatzes der falsa demonstratio unschädlich.[246]

Abhängiger Vertragsteil des Beherrschungsvertrages muss eine im Inland ansässige AG oder KGaA sein; für Gesellschaften anderer Rechtsform ist die entsprechende Anwendung der aktiengesetzlichen Regeln weitgehend anerkannt.[247] Der Vertragsschluss setzt nicht voraus, dass die Untergesellschaft vor

---

[242] *Emmerich/Habersack* § 291 Rz. 21; *Hüffer* § 291 Rz. 11; Kölner Komm./*Koppensteiner* § 291 Rz. 21 ff.; MünchHdb. GesR/Bd. 4/*Krieger* § 70 Rz. 6; aA indes MünchKomm. AktG/Bd. 8/*Altmeppen* § 291 Rz. 94 ff.
[243] MünchHdb. GesR/Bd. 4/*Krieger* § 70 Rz. 5; *Hüffer* § 291 Rz. 15; aA *Emmerich/Habersack* § 291 Rz. 19 f.; entgegen der Vorauflage auch MünchKomm. AktG/Bd. 8/*Altmeppen* § 291 Rz. 86 102 ff.
[244] BGH II ZR 238/91 v. 5. 4. 1993, BGHZ 122, 211, 217 ff. (SSI); *K. Schmidt* § 31 III 1 1a; enger *Emmerich/Habersack* Konzernrecht § 11 II 2, die auch Abreden über die Abfindung (§ 305 AktG) entbehrlich halten, da subsidiär das Spruchverfahren greife (§ 305 Abs. 5 AktG). Eine Abfindung (§ 304 AktG) muss jedoch in jedem Fall angeboten werden, da das Fehlen eines Angebots in diesem Fall zur Nichtigkeit führt (§ 304 Abs. 3 S. 1 AktG).
[245] *Emmerich/Habersack* § 291 Rz. 18; MünchKomm. AktG/Bd. 8/*Altmeppen* § 291 Rz. 29 ff.
[246] KG Berlin 14 U 8337/98 v. 30. 6. 1900, NZG 2000, 1132, 1133; LG Hamburg 402 O 121/90 v. 29. 1. 1991, AG 1991, 365; *Emmerich/Habersack* § 291 Rz. 17; *Hüffer* § 291 Rz. 13; MünchHdb. GesR/Bd. 4/*Krieger* § 70 Rz. 7.
[247] Vgl. zur GmbH BGH II ZB 7/88 v. 24. 10. 1988, BGHZ 105, 324 ff. (Supermarkt);

D. Vertragskonzern

Abschluss des Beherrschungsvertrages bereits von der Obergesellschaft abhängig war; es ist nicht einmal eine Beteiligung des herrschenden Unternehmens am abhängigen Unternehmen erforderlich. Irrelevant ist die Rechtsform des **herrschenden Vertragsteils**, der seinen Sitz auch im Ausland haben kann,[248] dem allerdings Unternehmensqualität zukommen muss.

b) Gewinnabführungsvertrag

Charakteristisches Merkmal eines Gewinnabführungsvertrages[249] ist die Verpflichtung der Untergesellschaft, ihren gesamten Gewinn – gemeint ist der **Bilanzgewinn**, der ohne BEAV erwirtschaftet worden wäre – an die Obergesellschaft abzuführen (zu Inhalt und Schranken der Gewinnabführungspflicht vgl. Rz. 138). Strittig ist, ob auch eine Gewinnabführung an Dritte vereinbart werden kann.[250] Dem Gewinnabführungsvertrag gleichgestellt ist der sog. Geschäftsführungsvertrag (§ 291 Abs. 1 Satz 2 AktG), durch den sich eine AG oder KGaA verpflichtet, ihr Unternehmen für Rechnung eines anderen Unternehmens zu führen.[251]

Die Gewinnabführungsverpflichtung erstreckt sich auf den gesamten Gewinn der Untergesellschaft; Teilgewinnabführungsverträge sind gesetzlich als eigenständiger Vertragstyp im Rahmen des § 292 Abs. 1 Nr. 2 AktG definiert. Neben der Gesamtgewinnabführungsverpflichtung muss der Vertrag als **Mindestinhalt** wiederum den Minderheitenschutz regeln; im Übrigen gelten im Hinblick auf Inhalt und Parteien die dargestellten beherrschungsvertraglichen Regeln. Insbesondere das gesetzliche Regelungsmodell ergänzende Vertragsbestimmungen, etwa Vereinbarungen über die Berechnung des abzuführenden Gewinns oder Abreden über die Dotierung von Rücklagen, sind ohne weiteres zulässig.[252]

Besonders zu beachten ist, dass der Abschluss eines Gewinnabführungsvertrages typischerweise einen steuerrechtlichen Hintergrund hat, da der Vertrag sowohl für die körperschaftsteuerliche als auch für die gewerbesteuerliche Organschaft notwendig ist (vgl. §§ 14 KStG, 2 Abs. 2 Satz 2 GewStG). Für die steuerliche Anerkennung des Vertrages müssen die §§ 14 ff. KStG beachtet werden, wonach insb. erforderlich ist, dass der Gewinnabführungsvertrag auf mindestens 5 Jahre abgeschlossen sowie dass er während der Vertragslaufzeit auch tatsächlich durchgeführt wird.[253]

Baumbach/Hueck/Zöllner SchlußAnhKonzernR Rz. 5; *Sudhoff/Liebscher* GmbH & Co. KG § 50 Rz. 2 ff.
[248] *Emmerich/Habersack* § 291 Rz. 33 ff.; *Hüffer* § 291 Rz. 8; Kölner Komm./*Koppensteiner* Vorbem. § 291 Rz. 183 f.; MünchHdb. GesR/Bd. 4/*Krieger* § 70 Rz. 9.
[249] Zu den steuerlichen Folgen s. § 13 Rz. 141 ff., 195 ff.
[250] Bejahend MünchHdb. GesR/Bd. 4/*Krieger* § 71 Rz. 5; *Raiser/Veil* § 54 Rz. 129; differenziert Kölner Komm./*Koppensteiner* § 291 Rz. 96 – aA *Emmerich/Habersack* § 291 Rz. 57 f.; *Hüffer* § 291 Rz. 25.
[251] Hintergrund dieser Gleichstellung ist der Umstand, dass der Geschäftsführungsvertrag die gleichen wirtschaftlichen Folgen wie ein Gewinnabführungsvertrag zeitigt, da erst gar kein Gewinn des abhängigen Unternehmens entsteht; in der Praxis ist dieser Vertragstyp indes bedeutungslos.
[252] MünchKomm. AktG/Bd. 8/*Altmeppen* § 291 Rz. 161; *Emmerich/Habersack* § 291 Rz. 53; *Hüffer* § 291 Rz. 23; MünchHdb. GesR/Bd. 4/*Krieger* § 71 Rz. 4.
[253] MünchHdb. GesR/Bd. 4/*Krieger* § 71 Rz. 12; wegen weiterer Einzelheiten s. § 11 Rz. 131 ff.

c) Sonstige Unternehmensverträge

109 Unter dem **Oberbegriff** „andere Unternehmensverträge" werden in § 292 Abs. 1 AktG die Gewinngemeinschaft, der Teilgewinnabführungsvertrag und der Betriebspacht- sowie Betriebsüberlassungsvertrag zusammengefasst. Weiterhin erfasst das Gesetz als ähnlichen Vertragstyp den sog. Betriebsführungsvertrag, obwohl dieser in der Vorschrift nicht genannt wird.[254] Eine Anwendbarkeit der Regeln für „andere Unternehmensverträge" setzt voraus, dass es sich bei dem verpflichteten Unternehmen um eine inländische AG oder KGaA handelt; unerheblich ist hingegen Rechtsform und Sitz des anderen Vertragsteils, sodass „sonstige Unternehmensverträge" auch von einem ausländischen Partner geschlossen werden können.[255] Dem anderen Vertragsteil muss allerdings bei der Gewinngemeinschaft Unternehmensqualität im konzernrechtlichen Sinne zukommen, wohingegen sonstige Unternehmensverträge im Übrigen auch mit Privatpersonen geschlossen werden können.[256]

Die „sonstigen" Unternehmensverträge unterliegen im Hinblick auf den Gläubiger- und Minderheitenschutz – wie dargelegt – weitgehend nicht dem Regime der für BEAVs geltenden Schutzvorschriften. Da angesichts des schuldrechtlichen Austauschcharakters die aktienrechtliche Vermögensbindung vollumfänglich bestehen bleibt, müssen die **vertraglich ausbedungenen Leistungen und Gegenleistungen in einem ausgeglichenen Verhältnis** zueinander stehen. Sonstige Unternehmensverträge werden indes häufig abgeschlossen, um ein bestehendes Abhängigkeitsverhältnis zu flankieren; dies zieht angesichts ungleichgewichtiger Vertragskonditionen häufig Ansprüche gem. §§ 311 Abs. 2, 317 f. AktG nach sich. Hinzu kommt bei Bestehen einer Beteiligung des anderen Vertragsteils am überlassenden Vertragspartner der Schutz der Kapitalerhaltungsregeln gem. §§ 57, 58, 60 AktG. Größere Schwierigkeiten bereitet der Schutz vor ungleichgewichtigen Vertragskonditionen, wenn die beteiligten Unternehmen beteiligungsmäßig nicht miteinander verbunden sind, da dann allenfalls eine Haftung der Organmitglieder gemäß §§ 93, 116 AktG in Betracht kommt.[257]

110 Eine **Gewinngemeinschaft**[258] iSd. § 292 Abs. 1 Nr. 1 AktG ist dadurch gekennzeichnet, dass sich mehrere Unternehmen wechselseitig verpflichten, ihren Gewinn (ganz oder teilweise) zwecks Aufteilung untereinander zusammenzulegen. Die verbundenen Unternehmen wirtschaften mithin „in einen Topf", sodass die erwirtschafteten Erträge vergemeinschaftet werden; eine Vergemeinschaftung der erlittenen Verluste ist nicht erforderlich, kann allerdings vereinbart werden. Die näheren Einzelheiten des „Gemeinschaftsverhältnisses", insb. über die Berechnung des Gewinns und die Festlegung des Schlüssels zur Gewinnverteilung, werden im Vertrag selbst geregelt. **Wesentlicher Inhalt** des Vertrages ist, dass der **Gewinn** der Unternehmen selbst oder einzelner Betriebe **gepoolt** wird. Die Teilung der Gewinne einzelner Geschäfte genügt

---

[254] *Raiser/Veil* § 57 Rz. 4; MünchHdb. GesR/Bd. 4/*Krieger* § 72 Rz. 2.
[255] *Emmerich/Habersack* § 292 Rz. 8; MünchHdb. GesR/Bd. 4/*Krieger* § 72 Rz. 5.
[256] Kölner Komm./*Koppensteiner* § 292 Rz. 5; MünchHdb. GesR/Bd. 4/*Krieger* § 72 Rz. 5.
[257] MünchHdb. GesR/Bd. 4/*Krieger* § 72 Rz. 13; *Raiser/Veil* § 57 Rz. 5 f.
[258] Es handelt sich bei der Gewinngemeinschaft um einen Sonderfall der vor dem Krieg verbreiteten Interessengemeinschaften; die faktische Bedeutung dieses Vertragstyps ist heute gering, vgl. *Emmerich/Habersack* Konzernrecht § 13 I 3.

D. Vertragskonzern

nicht; hierdurch unterscheidet sich die Gewinngemeinschaft von partiarischen Rechtsgeschäften.[259] Durch den Abschluss eines Gewinngemeinschaftsvertrages wird regelmäßig zwischen den Vertragsparteien eine Gesellschaft bürgerlichen Rechts begründet, sodass die §§ 705 ff. BGB ergänzend anzuwenden sind.[260] Steuerlich liegt eine Innengesellschaft vor, die auch zwischen Konzerngesellschaften grundsätzlich anzuerkennen ist. Die Vertragsteile werden nicht Mitunternehmer iSd. § 15 Abs. 1 Nr. 2 EStG, dh., es ist keine einheitliche und gesonderte Gewinnfeststellung vorzunehmen. Auch eine Organschaft iSd. § 14 KStG wird durch die Gewinngemeinschaft nicht begründet. Vielmehr stellt die Gewinnabführung an die Gemeinschaft eine Betriebsausgabe – und keine Gewinnverwendung –, der von der Gemeinschaft bezogene Gewinnanteil eine Betriebseinnahme dar, die zu einem originären Gewinn führt.[261]

Ein **Teilgewinnabführungsvertrag** iSd. § 292 Abs. 1 Nr. 2 AktG wird dadurch charakterisiert, dass nur ein Teil des Gewinns der „Untergesellschaft" abgeführt werden muss. Die Problematik dieses Vertragstyps liegt darin, dass dieser weitgehend von den für Gewinnabführungsverträge geltenden Schutzvorschriften freigestellt wird, es jedoch möglich ist, das Rechtsverhältnis so auszugestalten, dass beinahe der gesamte Gewinn der Untergesellschaft abzuführen ist. Die hieraus resultierenden Schutzlücken werden überwiegend hingenommen. Es wird weder ein Mindestgewinn, der der Untergesellschaft verbleiben muss, gefordert, noch werden die für Gewinnabführungsverträge geltenden Schutzvorschriften auf „missbräuchliche" Teilgewinnabführungsverträge erstreckt. Der Schutz der Untergesellschaft soll vielmehr allein durch das für die Vertragskonditionen geltende Angemessenheitspostulat verwirklicht werden.[262] Zu beachten ist, dass die Beteiligung eines Dritten an einer AG oder KGaA als stiller Gesellschafter einen Teilgewinnabführungsvertrag darstellt;[263] insbesondere in Fällen des Formwechsels erlangt so der Teilgewinnabführungsvertrag eine große praktische Bedeutung, da stille Gesellschaftsverhältnisse bei Gesellschaften anderer Rechtsform weit verbreitet sind und im Zuge der Umwandlung in einen Teilgewinnabführungsvertrag umgewandelt werden müssen.

Ferner erfasst § 292 Abs. 1 Nr. 3 AktG **Betriebspacht- und Betriebsüberlassungsverträge**.[264] Beim Betriebspachtvertrag überlässt der Verpächter dem Pächter sein Unternehmen zum Betrieb im eigenen Namen und auf eigene Rechnung, während beim Betriebsüberlassungsvertrag der Übernehmer das Unternehmen auf eigene Rechnung, aber im Namen der Eigentümergesell-

---

[259] MünchKomm. AktG/Bd. 8/*Altmeppen* § 292 Rz. 16; *Emmerich/Habersack* § 292 Rz. 11; *Raiser/Veil* § 57 Rz. 7.
[260] Vgl. BGH II ZR 250/55 v. 23. 5. 1957, BGHZ 24, 279, 293 ff.; OLG Ffm. 5 U 257/84 v. 21. 1. 1986, AG 1987, 43, 45; 9 U 80/84 v. 23. 3. 1988, AG 1988, 267, 269 f.; *Emmerich/Habersack* Konzernrecht § 13 II 3; *Raiser/Veil* § 57 Rz. 7.
[261] BFH VI 317/62 U v. 9. 10. 1964, BStBl. III 1965, 71 ff., vgl. ausführlich *Wagner* BB 1995, 1876, 1878 f.
[262] *Emmerich/Habersack* Konzernrecht § 14 II 2; MünchHdb. GesR/Bd. 4/*Krieger* § 72 Rz. 15, 23.
[263] BGH II ZR 109/02 v. 21. 7. 2003, NZG 2003, 1023 ff; OLG Celle 9 U 1/99 v. 22. 9. 1999, AG 2000, 280; *Emmerich/Habersack* § 292 Rz. 29 f.; MünchHdb. GesR/Bd. 4/ *Krieger* § 72 Rz. 18; *Raiser/Veil* § 57 Rz. 11.
[264] Zu den steuerlichen Folgen s. § 13 Rz. 205 ff.

schaft führt. Im Zuge der Begründung dieses Vertragsverhältnisses gibt die verpachtende bzw. überlassende Gesellschaft ihren eigenen Geschäftsbetrieb auf und wird zur „**Rentnergesellschaft**",[265] wobei sich die beiden Vertragstypen dadurch unterscheiden, dass bei der Pacht die Überlassung nach außen hin erkennbar wird, während sie im Falle der Betriebsüberlassung nur das Innenverhältnis zwischen den Beteiligten betrifft. Ähnlichen Charakter hat der **gesetzlich nicht geregelte Betriebsführungsvertrag**,[266] bei dem der Betriebsführer das Unternehmen für Rechnung der Eigentümergesellschaft leitet. Beim Betriebsführungsvertrag handelt es sich um einen Geschäftsbesorgungsvertrag mit Dienstleistungscharakter.[267] Für die genannten Vertragstypen ist die Gefahr unangemessener Vertragskonditionen und eine hierdurch bewirkte Aushöhlung der Haftungsmasse der Eigentümergesellschaft in besonderem Maße virulent, weshalb § 302 Abs. 2 AktG anordnet, dass bei ungleichgewichtigen Vertragskonditionen zwischen einem abhängigen und einem herrschenden Unternehmen vom herrschenden Unternehmen als Pächter bzw. Unternehmensführer die Differenz zwischen dem vereinbarten Entgelt und jedem während der Vertragsdauer entstandenen Jahresfehlbetrag auszugleichen ist.

113   Im Zusammenhang mit Betriebspacht-, Betriebsüberlassungs- und Betriebsführungsverträgen ergibt sich häufig das Problem, dass im Gewand dieser Vertragstypen Abreden getroffen werden, die dem anderen Vertragsteil beherrschungsvertragsähnliche oder -gleiche Eingriffsrechte verschaffen. Die Behandlung dieser als „Umgehungsfälle" oder „**verdeckte Beherrschungsverträge**" bezeichneten Problematik ist umstritten. Die herrschende Meinung hält die Parteien, um das Schutzanliegen des Konzernrechts zu verwirklichen, am „wahren" Charakter des Vertragsverhältnisses fest, sodass solche Vertragsgestaltungen im Ergebnis den für BEAVs geltenden Regeln unterworfen werden, dh. nichtig sind, wenn die unternehmensvertraglichen Schutzkautelen nicht eingehalten werden.[268]

3. Fehlerhafte Unternehmensverträge

114   Ein Unternehmensvertrag kann unter einer Vielzahl von Mängeln leiden. Denkbar sind die Verletzung allgemeiner vertragsrechtlicher Schranken (sog. Vertragsmängel) und Mängel der Zustimmungsbeschlüsse der Hauptversammlungen von Ober- und Untergesellschaft, die ebenfalls auf den Vertragsschluss selbst durchschlagen. Derartige Mängel müssen indes nicht offenkundig sein; häufig bleibt der Fehler den Beteiligten verborgen, sodass diese den fehlerhaften Unternehmensvertrag (womöglich über Jahre) praktizieren. Fällt ein Fehler erst nach vielen Jahren auf, sind die Verhältnisse häufig nicht mehr rekonstruierbar, sodass sich die Frage stellt, wie ein solcher fehlerhafter Unternehmensvertrag zu behandeln ist. Insoweit wird überwiegend eine **Parallele zur Lehre von der fehlerhaften Gesellschaft** gezogen und im Grundsatz anerkannt, dass ein durchgeführter Unternehmensvertrag unter Umständen für die Vergangenheit als wirksam behandelt wird und nur für die Zukunft aufgehoben

---

[265] *Raiser/Veil* § 57 Rz. 17.
[266] Zu den steuerlichen Folgen s. § 13 Rz. 210.
[267] *MünchKomm. AktG/Bd. 8/Altmeppen* § 292 Rz. 143 f.; *Emmerich/Habersack* § 292 Rz. 55 ff.; *MünchHdb. GesR/Bd. 4/Krieger* § 72 Rz. 45 ff.; Kölner Komm./*Koppensteiner* § 292 Rz. 79 ff.; *Raiser/Veil* § 57 Rz. 19.
[268] Vgl. *Hüffer* § 292 Rz. 23 f. mwN.

D. Vertragskonzern   115, 116   § 15

werden kann.²⁶⁹ Konsequenz der Regeln über fehlerhafte Unternehmensverträge ist, dass der **Vertragskonzern** trotz der Mängel **zunächst** vollumfänglich rechtlich **anzuerkennen** ist. Der mangelhafte Vertrag kann nur für die Zukunft (ex nunc) durch Kündigung beseitigt werden; dies setzt eine ausdrückliche Kündigung, zu der die Vorstände der beteiligten Unternehmen allerdings verpflichtet sind, voraus.²⁷⁰

Die Einzelheiten der Lehre vom fehlerhaften Unternehmensvertrag sind indes strittig: Ihre Anwendbarkeit ist im Falle eines Beherrschungsvertrages, der an einem **Vertragsmangel** leidet, anerkannt. Eine **Ausnahme** wird bei besonders schweren Vertragsmängeln, insb. Fällen sittenwidriger Schädigung oder einer Nichtigkeit des Vertrages wegen Verstoßes gegen zwingende Schutzvorschriften zugunsten der Außenseiter (§ 304 Abs. 3 Satz 1 AktG) gemacht.²⁷¹ Grundvoraussetzung für die Anwendung der Regeln über den fehlerhaften Unternehmensvertrag ist die **Invollzugsetzung** des Unternehmensvertrages; dies kann im Einzelfall sogar vor Eintragung des Vertrages in das Handelsregister der Fall sein, welche für sich allein die Invollzugnahme ohnehin nicht zu begründen vermag.²⁷² 115

Schwieriger zu beurteilen sind Fälle, in denen die **Beschlussfassung der Hauptversammlung** mit Mängeln behaftet ist. Dieses Problem stellt sich typischerweise bei erfolgreicher Anfechtung des Zustimmungsbeschlusses der Ober- oder Untergesellschaft, welche die Nichtigkeit des entsprechenden Beschlusses und damit zugleich die Unwirksamkeit des Unternehmensvertrages selbst nach sich zieht. Das Registergericht ist trotz Anfechtung nicht daran gehindert, den Unternehmensvertrag ins Handelsregister einzutragen, zumal die Beteiligten häufig ein ganz erhebliches wirtschaftliches Interesse an einem Vollzug der Handelsregistereintragung trotz Beschlussanfechtung haben und die Tragweite geltend gemachter Beschlussmängel häufig zu Beginn eines **Anfechtungsstreits** schwer abgeschätzt werden kann. Der Erfolg der Anfechtungsklage stellt sich erst Jahre später zu einem Zeitpunkt heraus, zu dem eine Rückabwicklung des durchgeführten Vertragskonzerns mangels Rekonstruierbarkeit der ursprünglichen Verhältnisse nicht mehr möglich ist. Dies spricht dafür, auch bei Mängeln der Beschlussfassung die Regeln über fehlerhafte Unternehmensverträge anzuwenden.²⁷³ Die Frage nach der Rückabwicklung des Unternehmensvertrages stellt sich mittlerweile dann nicht mehr, wenn ein 116

---

²⁶⁹ BGH II ZR 170/87 v. 14.12.1987, BGHZ 103, 1, 4f. (Familienheim); II ZR 255/87 v. 19.9.1988, BGHZ 105, 168, 182 (HSW); II ZR 287/99 v. 11.11.1991, BGHZ 116, 37, 39 (Stromlieferung); *Emmerich/Habersack* § 291 Rz. 28ff.; *Hüffer* § 291 Rz. 20f.; MünchHdb. GesR/Bd. 4/*Krieger* § 70 Rz. 19; zweifelnd Kölner Komm./*Koppensteiner* § 297 Rz. 52ff.

²⁷⁰ MünchHdb. GesR/Bd. 4/*Krieger* § 70 Rz. 19 mwN; aA *Emmerich/Habersack* Konzernrecht § 11 IV 2, wonach eine Berufung auf die Nichtigkeit ohne Kündigung ausreichen soll.

²⁷¹ LG Ingolstadt HKO 763 und 853/89 v. 12.6.1990, AG 1991, 24, 25; *Emmerich/Habersack* § 291 Rz. 31.

²⁷² So wohl die Tendenz des BGH, der dies im Fall von stillen Gesellschaftsverträgen (= Teilgewinnabführungsverträge) angenommen hat, vgl. BGH II ZR 6/03 v. 29.11. 2004, NZG 2005, 261ff.; BGH II ZR 140/03 v. 21.3.2005, AG 2005, 390ff.; ebenso *Emmerich/Habersack* § 291 Rz. 28b.

²⁷³ BGH II ZR 170/87 v. 14.12.1987, BGHZ 103, 1, 4ff.; MünchKomm. AktG/Bd. 8/ *Altmeppen* § 291 Rz. 207ff. – aA indes *Emmerich/Habersack* § 291 Rz. 30; *Hüffer* § 291 Rz. 21.

Liebscher   1283

Freigabeverfahren iSd. § 246 a AktG durchgeführt wurde. Denn der rechtskräftige Freigabebeschluss führt einen umfassenden Bestandsschutz der Eintragung herbei.[274]

4. Die steuerliche Organschaft

117 Vertragskonzerne werden meist aus steuerrechtlichen Gründen, nämlich um die Vorteile einer steuerlichen Organschaft zu nutzen, begründet. Die steuerliche Organschaft dient dazu, mehrere rechtlich selbständige Unternehmen, die wirtschaftlich als Einheit angesehen werden, auch steuerlich in gewissem Umfang als eine Einheit zu behandeln und die auf den verschiedenen Konzernebenen entstehenden Gewinne und Verluste miteinander zu saldieren. Organschaften gibt es im Körperschaft-, Gewerbe-, Umsatz- und Grunderwerbsteuerrecht. Beteiligte einer steuerlichen Organschaft sind eine oder mehrere Kapitalgesellschaften (Organgesellschaften), die wirtschaftlich nach bestimmten Kriterien einem anderen Unternehmen (Organträger) untergeordnet sind.

a) Körperschaft- und Gewerbesteuer

118 Die körperschaft- sowie die gewerbesteuerliche Organschaft setzt voraus, dass der Organträger mittelbar oder unmittelbar die Mehrheit der Stimmrechte an der Organgesellschaft hält (sog. finanzielle Eingliederung gem. § 14 Abs. 1 Nr. 1 KStG, § 2 Abs. 2 Satz 2 GewStG).[275] Die finanzielle Eingliederung muss ab Beginn des Wirtschaftsjahres der Organgesellschaft, für das die Organschaft erstmalig gelten soll, ununterbrochen vorliegen.[276]

Neben der finanziellen Eingliederung muss ein Gewinnabführungsvertrag zwischen Organträger und Organgesellschaft bestehen, der auf die Abführung des gesamten Gewinns der Organgesellschaft gerichtet ist (§ 14 Abs. 1 KStG). Er muss auf fünf Jahre abgeschlossen und während seiner gesamten Dauer tatsächlich durchgeführt werden (§ 14 Abs. 1 Nr. 3 KStG).[277] Wird der Gewinnabführungsvertrag vorzeitig ohne wichtigen Grund beendet oder aus anderen Gründen tatsächlich nicht für die Dauer von mindestens fünf Jahren durchgeführt (etwa durch Abführung nur eines Teilgewinns), wird die Organschaft von Anfang an nicht anerkannt (R 60 Abs. 8 KStR 2004). Eine Beendigung

---

[274] *Emmerich/Habersack* § 291 Rz. 28 a; vgl. allg. auch *Hüffer* § 246 a Rz. 1.

[275] Die Erfordernisse der wirtschaftlichen und organisatorischen Eingliederung wurden für das Körperschaftsteuerrecht mit dem Steuersenkungsgesetz v. 23. 10. 2000 (BGBl. I, 1433) aufgehoben. Für das Gewerbesteuerrecht wurden sie durch das Unternehmenssteuerfortentwicklungsgesetz v. 20. 12. 2001 (BGBl. I, 3858) abgeschafft, das gleichzeitig das Erfordernis eines Gewinnabführungsvertrags auch für die gewerbesteuerliche Organschaft einführte. Eine sog. isolierte gewerbesteuerliche Organschaft ohne Gewinnabführungsvertrag ist somit nicht mehr möglich. Vgl. auch MünchHdb. GesR/ Bd. 4/*Kraft* § 71 Rz. 58.

[276] Vgl. auch R 59 Abs. 1 KStR 2004. Aus diesem Grund müssen uU Rumpfwirtschaftsjahre für die Organgesellschaft gebildet werden. Nach § 7 Abs. 4 Satz 3 KStG ist für die Umstellung des Wirtschaftsjahres auf ein vom Kalenderjahr abweichendes Wirtschaftsjahr das Einvernehmen des Finanzamtes notwendig. Nach R 59 Abs. 3 Satz 1 KStR 2004 ist im Zusammenhang mit der Begründung einer Organschaft eine Zustimmung zu erteilen, ohne dass dem Finanzamt ein Ermessen zusteht.

[277] Eine Organschaft kann rückwirkend zum Beginn des Wirtschaftsjahres der Organgesellschaft begründet werden, in dem der Gewinnabführungsvertrag wirksam wird, § 14 Abs. 1 Satz 2 KStG.

D. Vertragskonzern　　　　　　　　　　　　　　　　　　　　　119　§ 15

aus einem steuerlich als wichtig anerkannten Grund ist dagegen unschädlich.[278] Der Gewinnabführungsvertrag wird ferner als nicht durchgeführt angesehen, wenn Gewinn- oder Kapitalrücklagen einer (nicht eingegliederten) Organgesellschaft, die *vor* Beginn der Organschaft gebildet wurden, aufgelöst und an den Organträger abgeführt werden (R 60 Abs. 4 Satz 1 KStR 2004). Gewinnrücklagen, die *während* der Organschaft gebildet wurden, können dagegen gem. § 301 Satz 2 AktG aufgelöst und abgeführt werden (vgl. R 60 Abs. 5 Satz 1 Nr. 2 KStR 2004); dies gilt jedoch nicht für in organschaftlicher Zeit gebildete und aufgelöste Kapitalrücklagen.[279]

Organgesellschaften können nur inländische Kapitalgesellschaften sein (§§ 14 Abs. 1, 17 Satz 1 KStG).[280] Organträger können dagegen grundsätzlich Kapital- und gewerblich tätige Personengesellschaften, die ihre Geschäftsleitung im Inland haben,[281] sowie unbeschränkt steuerpflichtige natürliche Personen sein (§ 14 Abs. 1 Nr. 2 KStG). Auch ausländische Unternehmen (unabhängig von der Rechtsform) werden mit ihren inländischen Zweigniederlassungen, die im Handelsregister eingetragen sind, als Organträger anerkannt (§ 18 KStG). Der Zusammenschluss mehrerer Gesellschaften zum Zwecke der einheitlichen Willensbildung gegenüber einer Organgesellschaft (sog. Mehrmütterorganschaft) wird nach dem Steuervergünstigungsabbaugesetz v. 16. 5. 2003 (BGBl. I, 660) nicht mehr als Organträger anerkannt.

Die körperschaft- und gewerbesteuerliche Organschaft hat allgemein zur　119 Folge, dass das Einkommen der Organgesellschaft dem Organträger steuerlich zugerechnet und somit auf Ebene des Organträgers versteuert wird (§§ 14 Abs. 1 KStG; 2 Abs. 2 Satz 2 GewStG). Die steuerliche Einkommenszurechnung kann dabei von der gesellschaftsrechtlichen Ergebnisabführung aufgrund von Unterschieden zwischen Handels- und Steuerbilanz abweichen.[282]

Der Vorteil der Organschaft liegt darin, dass Gewinne und Verluste innerhalb des Organkreises grundsätzlich ausgeglichen werden können.[283] Aller-

---

[278] Als wichtiger Grund werden insbesondere die Veräußerung oder Einbringung der Organbeteiligung sowie die Verschmelzung, Spaltung oder Liquidation des Organträgers oder der Organgesellschaft anerkannt; vgl. R 60 Abs. 6 KStR 2004.
[279] BFH I R 25/00 v. 8. 8. 2001, DB 2002, 408, entgegen der überwiegenden gesellschafts- und steuerrechtlichen Auffassung, vgl. *Hüffer* § 301 Rz. 8 mwN.
[280] Eine Sonderregelung besteht für Lebens- und Krankenversicherungsunternehmen, die nicht als Organgesellschaften anerkannt werden, § 14 Abs. 2 KStG.
[281] Aus diesem Grund können auch sogenannte *dual-residence* Gesellschaften (dh. Gesellschaften mit satzungsmäßigem Sitz im Ausland und Geschäftsleitung im Inland) Organträger sein. Hiervon zu trennen ist die Frage, ob derartige Gesellschaften im Inland zivilrechtlich als rechtsfähig angesehen werden, vgl. EuGH C-208/00 v. 5. 11. 2002 (Überseering), ZIP 2002, 2037 ff. und dem folgend BGH VII ZR 370/98 v. 13. 3. 2003, NJW 2003, 1461 f.; restriktiver noch BGH II ZR 380/00 v. 1. 7. 2002, ZIP 2002, 1763 ff.; zum Verhältnis zu den USA vgl. BGH VIII ZR 155/02 v. 29. 1. 2003, DB 2003, 818 f. Nach den Änderungen durch das Steuervergünstigungsabbaugesetz werden Personengesellschaften nur dann als Organträger anerkannt, wenn sie gewerblich tätig sind und die Beteiligung im Gesamthandsvermögen halten.
[282] Sog. Mehr- oder Minderabführungen. In diesen Fällen sind aktive oder passive Ausgleichsposten zu bilden, vgl. R 63 KStR 2004.
[283] Nach Abschaffung des Anrechnungsverfahrens durch das Steuersenkungsgesetz v. 23. 10. 2000 (BGBl. I, 2000, 1433) hat somit die Organschaft als Instrument einer konzerninternen Verrechnung von Gewinnen und Verlusten erheblich an Bedeutung gewonnen.

dings ist die Verrechnung von Verlustvorträgen der Organgesellschaft, die aus der Zeit vor Bestehen der Organschaft stammen, mit Gewinnen während der Organschaft körperschaftsteuerlich nicht zulässig (§ 15 Nr. 1 KStG).[284] Ferner gibt es Beschränkungen in Fällen, in denen negatives Einkommen des Organträgers auch im Ausland berücksichtigt wird (§ 14 Abs. 1 Nr. 5 KStG).[285]
Ausgleichszahlungen an außenstehende Aktionäre iSv. § 304 AktG dürfen weder den Gewinn der Organgesellschaft noch des Organträgers mindern (§ 4 Abs. 5 Satz 1 Nr. 9 EStG; R 61 Abs. 1 Satz 1 KStR 2004, Abschn. 41 Abs. 3 Satz 3 GewStR 1998). Körperschaftsteuerlich sind diese Ausgleichszahlungen in Höhe von $20/17$ der Ausgleichszahlungen als eigenes Einkommen der Organgesellschaft zu versteuern, gewerbesteuerlich werden sie beim Organträger erfasst (§ 16 KStG; R 61 Abs. 1 Satz 2 KStR 2004; Abschn. 41 Abs. 3 Satz 3 GewStR 1998).

b) Umsatz- und Grunderwerbsteuer

120 Im Gegensatz zur körperschaft- und gewerbesteuerlichen Organschaft setzen die Regelungen der umsatz- sowie der grunderwerbsteuerlichen Organschaft weiterhin neben der finanziellen auch eine sog. wirtschaftliche und organisatorische Eingliederung der Organgesellschaft voraus (§ 2 Abs. 2 Nr. 2 Satz 1 UStG; § 1 Abs. 4 Nr. 2. lit. b GrEStG).[286] Das Bestehen eines Gewinnabführungsvertrags ist nicht erforderlich.

Umsatzsteuerlich bewirkt die Organschaft, dass alle Handlungen der Organgesellschaft dem Organträger zugerechnet werden und Umsätze zwischen Organträger und Organgesellschaft als nicht steuerbare Innenumsätze angesehen werden (§ 2 Abs. 2 Nr. 2 UStG).[287]

Grunderwerbsteuerlich werden die zu einem Organkreis gehörenden Gesellschaften dagegen grundsätzlich nicht als Einheit behandelt, so dass Erwerbsvorgänge innerhalb der Organschaft grundsätzlich nicht von der Grunderwerbsteuer ausgenommen sind.[288] Die Bedeutung der grunderwerbsteuerlichen Organschaft liegt vielmehr darin, dass bestimmte grunderwerbsteuerlich relevante Erwerbsvorgänge seitens einer abhängigen Gesellschaft der herrschenden Gesellschaft zugerechnet werden. Hierdurch werden bestimmte Grunderwerbsteuertatbestände zum Zwecke der Missbrauchsvermeidung letztlich erweitert (§ 1 Abs. 4 Nr. 2 lit. b GrEStG).[289]

---

[284] Gewerbesteuerlich können dagegen vororganschaftliche Verluste der Organgesellschaft vom positiven Gewerbeertrag der Organgesellschaft abgezogen werden, vgl. Abschn. 68 Abs. 5 Satz 1 GewStR 1998.

[285] Diese Regelung soll insbesondere sog. *dual-residence* Gesellschaften als Organträger erfassen, BT-Drs. 14/6882, 37. Ihr Anwendungsbereich ist jedoch unklar, vgl. *Töben/ Schulte-Rummel* FR 2002, 425 ff.; *Löwenstein/Maier* IStR 2002, 185 ff.; *Meilicke* DB 2002, 911 ff.; *E. F. Hey* BB 2002, 915 ff.

[286] Wirtschaftliche Eingliederung bedeutet, dass die Organgesellschaft gemäß dem Willen des Organträgers im Rahmen des Gesamtunternehmens wirtschaftlich tätig ist, organisatorische Eingliederung liegt vor, wenn der Organträger organisatorisch sicherstellt, dass sein Wille in der Organgesellschaft tatsächlich ausgeführt wird; Abschn. 21 Abs. 5 und 6 UStR 2005.

[287] Vgl. auch *Bunjes/Geist/Heidner* UStG 8. Aufl. 2005 § 2 Rz. 111.

[288] BFH II R 81/85 v. 30. 3. 1988, BStBl. II 1988, 682.

[289] Dies betrifft den Erwerb von Anteilen an Gesellschaften iSv. § 1 Abs. 3 GrEStG, zu deren Vermögen ein inländisches Grundstück gehört, vgl. *Hofmann* Grunderwerbsteuergesetz 7. Aufl. 2001 § 1 Rz. 165 ff.

D. Vertragskonzern

II. Abschluss von Unternehmensverträgen

Die §§ 293 bis 294 AktG enthalten allgemeine Regeln zum Abschluss von Unternehmensverträgen. Die Regelungen sind auf alle Unternehmensverträge iSd. §§ 291, 292 AktG, an denen als herrschender und abhängiger Vertragsteil AGs und KGaAs beteiligt sind, anwendbar, soweit nicht ausdrücklich auf einen bestimmten Vertragstyp Bezug genommen wird. **121**

1. Form und Mindestinhalt des Vertrages

Sämtliche Unternehmensverträge bedürfen der **Schriftform** (§ 293 Abs. 3 AktG, § 126 BGB). Die Nichtbeachtung der gesetzlichen Form führt zur Nichtigkeit des Vertrages (§ 125 BGB) bzw. im Falle mündlicher Nebenabreden zur Unwirksamkeit derselben, wobei sich das Schicksal des Vertrages im Übrigen nach § 139 BGB richtet. Unternehmensverträge können **befristet und bedingt** abgeschlossen werden. Aufschiebende Bedingungen werden typischerweise im Hinblick auf Kartellrechts- und Gremienvorbehalte vereinbart. Auch die Vereinbarung einer auflösenden Bedingung wird überwiegend als zulässig erachtet.[290] Im Übrigen muss der Vertrag die **inhaltlichen Mindestanforderungen** des jeweiligen Vertragstyps abbilden. Rückwirkend können Gewinnabführungsverträge nur geschlossen werden, soweit sich die **Rückwirkung** auf das bei Vertragsschluss laufende Geschäftsjahr bezieht. Demgegenüber kann eine Rückwirkung des Inkrafttretens eines Beherrschungsvertrages nicht vereinbart werden.[291] **122**

2. Zustimmung der Hauptversammlung

Die **Vorbereitung des Vertragsschlusses** obliegt den Vorständen der Vertragsparteien, die hierzu von ihren Hauptversammlungen gem. § 83 Abs. 1 Satz 2 AktG angewiesen werden können. Von einer Zustimmung des Aufsichtsrates hängt die Vorbereitung und der Abschluss des Unternehmensvertrages grundsätzlich nicht ab; etwas anderes gilt im Anwendungsbereich des § 32 MitbestG sowie dann, wenn nach Maßgabe des § 111 Abs. 4 Satz 2 AktG ein entsprechender Zustimmungsvorbehalt existiert.[292] **123**

Der Vertrag wird indes nur mit Zustimmung der Hauptversammlung des **abhängigen Vertragsteils mit $^3/_4$-Mehrheit des anwesenden Kapitals** wirksam (§ 293 Abs. 1 AktG); zudem muss die einfache Stimmenmehrheit (§ 133 Abs. 1 AktG) gegeben sein.[293] Durch diese Regelung wird die Abschlussvollmacht des Vorstandes im Außenverhältnis beschränkt. Dem liegt die Erwägung zugrunde, dass die Einräumung umfassender Leistungsrechte augenscheinlich die **Grundlagen des Gesellschaftsverhältnisses tangiert**. Ein Stimmverbot zulasten des herrschenden Unternehmens, welches häufig Mehr- **124**

---

[290] BGH II ZR 238/91 v. 5. 4. 1993, BGHZ 122, 211, 217 ff. (SSI); MünchHdb. GesR/ Bd. 4/*Krieger* § 70 Rz. 16 – aA MünchKomm. AktG/Bd. 8/*Altmeppen* § 293 Rz. 26; *Emmerich/Habersack* § 293 Rz. 18; *Raiser/Veil* § 54 Rz. 19.
[291] *Emmerich/Habersack* Konzernrecht § 11 II 2, § 12 II 3; Kölner Komm./*Koppensteiner* § 294 Rz. 34.
[292] *Emmerich/Habersack* § 293 Rz. 34; *Hüffer* § 293 Rz. 25; MünchHdb. GesR/Bd. 4/ *Krieger* § 70 Rz. 14.
[293] MünchHdb. GesR/Bd. 4/*Krieger* § 70 Rz. 49; *Hüffer* § 293 Rz. 8.

heitsaktionär der Untergesellschaft ist, besteht nicht (arg. e § 136 AktG).[294] Der Zustimmungsbeschluss der Hauptversammlung muss sich auf einen konkreten Unternehmensvertrag beziehen, der der Hauptversammlung wenigstens in Entwurfsfassung vorliegen muss. Vor diesem Hintergrund ist es dann unerheblich, ob der Zustimmungsbeschluss dem (aufschiebend bedingten) Vertragsschluss vorangeht oder nachfolgt. Nach herrschender Meinung bedarf der Zustimmungsbeschluss der Hauptversammlung keiner sachlichen Rechtfertigung, da es sich um eine gesetzlich vorgeprägte Entscheidungssituation handelt, für die der Gesetzgeber durch die hohen Mehrheitsanforderungen sowie das Regime der vertragskonzernrechtlichen Schutzvorschriften eine Abwägung der widerstreitenden Interessen der Beteiligten vorgenommen hat, welche durch weitere Anforderungen nicht konterkariert werden darf.[295]

125 Auch die Hauptversammlung der **herrschenden** inländischen **AG** oder KGaA muss dem Abschluss eines Beherrschungs- und Gewinnabführungsvertrages **mit $^3/_4$-Kapitalmehrheit und einfacher Stimmenmehrheit zustimmen**, damit der Vertrag wirksam wird (§ 293 Abs. 2 AktG). Bei einem Mehrmütter-Vertragskonzern müssen die Hauptversammlungen aller Obergesellschaften zustimmen.[296] Im mehrstufigen Konzern kann ferner in Anwendung der vom BGH in der Holzmüller-Entscheidung entwickelten Grundsätze einer Konzernleitungskontrolle ein Zustimmungsbeschluss auf vorgelagerten Konzernebenen notwendig sein.[297] Bei „anderen" Unternehmensverträgen iSd. § 292 AktG besteht ein solches Zustimmungserfordernis der Hauptversammlung des anderen Vertragsteils dagegen nicht. Verschiedentlich wird für den Zustimmungsbeschluss beim herrschenden Unternehmen eine Inhaltskontrolle nach den vom BGH für Bezugsrechtsausschlüsse entwickelten Grundsätzen gefordert, soweit eine Abfindung in Aktien gem. § 305 Abs. 2 Nr. 1 AktG erforderlich ist.[298]

3. Informationsrechte

126 Nach §§ 293a ff. AktG sind die Aktionäre beider Vertragsteile im Zuge der Vorbereitung der Hauptversammlung umfassend über den Vorgang zu unterrichten; die Vorschriften dienen dazu, eine ausreichende Information der Aktionäre über die anstehende Entscheidung und deren Tragweite zu gewährleisten. Die **Vorstände** der beteiligten AGs müssen gem. § 293a Abs. 1 AktG an die Hauptversammlung einen **ausführlichen schriftlichen Bericht** erstatten. Dieser muss klar und übersichtlich strukturiert und informativ ausgestaltet sein. Es sollen insbesondere die rechtlichen und wirtschaftlichen Gründe für

---

[294] Kölner Komm./*Koppensteiner* § 293 Rz. 30; MünchHdb. GesR/Bd. 4/*Krieger* § 70 Rz. 49.

[295] *Emmerich/Habersack* Konzernrecht § 16 IV 3; *Hüffer* § 293 Rz. 6 f.; Kölner Komm./ *Koppensteiner* § 293 Rz. 62 ff.; MünchHdb. GesR/Bd. 4/*Krieger* § 70 Rz. 50 – aA indes *Hirte* Bezugsrechtsausschluss und Konzernbildung 1986 S. 191; *Timm* ZGR 1987, 403, 427 f.

[296] Kölner Komm./*Koppensteiner* § 293 Rz. 46; MünchHdb. GesR/Bd. 4/*Krieger* § 70 Rz. 23.

[297] Außerordentlich streitig; ähnlich wie hier MünchKomm. AktG/Bd. 8/*Altmeppen* § 293 Rz. 113 ff.; weiter als hier *Emmerich/Habersack* § 293 Rz. 12; enger als hier Kölner Komm./*Koppensteiner* § 293 Rz. 45; MünchHdb. GesR/Bd. 4/*Krieger* § 70 Rz. 23.

[298] MünchHdb. GesR/Bd. 4/*Krieger* § 70 Rz. 51; weitergehend *Emmerich/Habersack* § 293 Rz. 37.

D. Vertragskonzern

den Unternehmensvertrag in Abwägung der Vor- und Nachteile dargestellt werden. Einen weiteren Schwerpunkt bilden die wirtschaftlichen Grundlagen des Zusammenschlusses, die die Basis der Ausgleichs- und Abfindungsansprüche gem. §§ 304, 305 AktG darstellen. Bewertungsrelevante Informationen sind in einer Form auszubreiten, die den Aktionären eine Plausibilitätskontrolle ermöglicht.[299] Die Erläuterungs- und Begründungspflicht entfällt, soweit die Offenlegung für eines der beteiligten oder für ein mit ihnen verbundenes Unternehmen (§§ 15 ff. AktG) einen nicht unerheblichen Nachteil bedeuten kann (§ 293 a Abs. 2 AktG); allerdings sind in dem Bericht die Gründe für die Geheimhaltungsbedürftigkeit darzulegen.[300] Der Bericht ist entbehrlich, wenn alle Anteilsinhaber beider Unternehmen auf seine Erstattung durch öffentlich beglaubigte Erklärung verzichten (§ 293 a Abs. 3 AktG, § 129 BGB). Unterliegt eines der Unternehmen nicht den §§ 293 ff. AktG, etwa weil es sich um eine Auslandsgesellschaft handelt, so genügt mE. der Verzicht der Anteilsinhaber derjenigen Gesellschaft, auf die die Vorschriften des Vertragskonzernrechts Anwendung finden.

Der Unternehmensvertrag ist gem. § 293 b Abs. 1 AktG für die beteiligten Gesellschaften von einem (ggf. gemeinsamen) **Vertragsprüfer** zu prüfen. Zweck der Prüfungspflicht ist die Vermeidung unangemessener Vertragsbestimmungen über Ausgleich und Abfindung gem. §§ 304, 305 AktG, um spätere Spruchverfahren (vgl. § 1 Nr. 1 SpruchG) zu vermeiden. Der Prüfung bedarf es nicht, wenn sich alle Aktien der Untergesellschaft in der Hand des herrschenden Unternehmens befinden. Weiterhin ist die Prüfungspflicht ebenso wie die Berichtspflicht verzichtbar (§ 293 b Abs. 2 AktG iVm. § 293 a Abs. 3 AktG).

Die Vertragsprüfer werden auf Vorschlag der Vorstände der beteiligten Unternehmen vom Gericht (Landgericht – Kammer für Handelssachen – des Bezirks des Sitzes der abhängigen AG) ausgewählt und bestellt (§ 293 c Abs. 1 Satz 1 AktG). Auf gemeinsamen Antrag der Vorstände können die Prüfer für alle vertragsschließenden Gesellschaften gemeinsam bestellt werden (§ 293 c Abs. 1 Satz 2 AktG). Für die Auswahl, die Informationsrechte sowie die Verantwortlichkeit der Vertragsprüfer gelten im Wesentlichen die Bestimmungen des HGB über die Abschlussprüfung (vgl. § 293 d AktG). Insbesondere haften die Vertragsprüfers gegenüber beiden vertragschließenden Unternehmen und ihren Anteilseignern für schuldhaft fehlerhafte Bewertungen (§ 293 d Abs. 2 AktG iVm. § 323 HGB).

Um die umfassende Information der Aktionäre zu vervollständigen, ist mit Einberufung der Hauptversammlung der **wesentliche Vertragsinhalt bekannt zu machen** (§ 124 Abs. 2 Satz 2 AktG). Ferner sind der Unternehmensvertrag, die Berichte der Vorstände, der Prüfungsbericht des Vertragsprüfers und die Jahresabschlüsse und Lageberichte der vertragsschließenden Unternehmen für die letzten drei Geschäftsjahre in den Geschäftsräumen **auszulegen** sowie jedem Aktionär auf Verlangen unverzüglich in Abschrift zu **übermitteln** (§ 293 f AktG), allerdings entfällt diese Verpflichtung nunmehr dann, wenn die entsprechenden Unterlagen auf der Internetseite der Gesellschaft zugänglich gemacht werden (§ 293 f. Abs. 3 idF des Gesetzes zur Umsetzung der

---

[299] Emmerich/Habersack Konzernrecht § 17 II 2; MünchHdb. GesR/Bd. 4/*Krieger* § 70 Rz. 29 ff.

[300] Vgl. zu Beispielen für geheimhaltungsbedürftige Informationen: MünchHdb. GesR/Bd. 4/*Krieger* § 70 Rz. 33.

Aktionärsrichtlinie – ARUG –[301]). Darüber hinaus sind die genannten Unterlagen in der Hauptversammlung zugänglich zu machen[302] und der Unternehmensvertrag mündlich zu **erläutern** (§ 293 g Abs. 1 und 2 AktG). Im Rahmen dieser Erläuterungen ist nochmals auf die Gründe des Vertragsschlusses sowie die wirtschaftlichen und rechtlichen Auswirkungen der Begründung des Vertragskonzerns einzugehen. Weiterhin steht den Aktionären ein weitgehendes **Auskunfts- und Fragerecht** zu, welches durch § 293 g Abs. 3 AktG dahin erweitert wird, dass Auskünfte auch über alle für den Vertragsschluss wesentlichen Angelegenheiten des anderen Vertragsteils verlangt werden können, sodass sich der Vorstand in die Lage versetzen muss, entscheidungsrelevante Fragen, die den anderen Vertragsteil betreffen, beantworten zu können. Es spricht viel dafür, dass auf den erweiterten Auskunftsanspruch gem. § 293 g Abs. 3 AktG auch die Auskunftsverweigerungsgründe des § 131 Abs. 3 Satz 1 AktG anzuwenden sind.[303] Im Übrigen gilt der Grundsatz, dass das Auskunftsrecht über § 293 g Abs. 3 AktG nicht weiter gehen kann als das Auskunftsrecht der Aktionäre des jeweiligen Vertragspartners.[304] Abschließend ist darauf hinzuweisen, dass wegen Informationsmängeln, die sich auf bewertungsrelevante Gesichtspunkte beziehen, die Anfechtung ausgeschlossen ist, da gemäß § 243 Abs. 4 Satz 2 AktG in diesem Fall das Spruchverfahren vorgeht.[305]

4. Wirksamwerden des Unternehmensvertrages

129 Der Unternehmensvertrag wird erst mit **Eintragung im Handelsregister** des abhängigen Vertragsteils wirksam (§ 294 AktG). Der **Anmeldung** sind der Vertrag selbst sowie die Niederschriften der Hauptversammlungen, in denen die Zustimmungsbeschlüsse der Hauptversammlungen von herrschendem und abhängigem Vertragsteil gefasst wurden, und deren Anlagen in Urschrift, Ausfertigungen oder öffentlich-beglaubigter Abschrift beizufügen.

Die **registergerichtliche Prüfung** erstreckt sich auf die formelle und materielle Wirksamkeit des Unternehmensvertrages und der ihn billigenden Hauptversammlungsbeschlüsse. Allerdings hat das Registergericht die Beschlüsse – solange keine Anfechtungsklage erhoben ist – nicht auf etwaige Beschlussmängel hin zu überprüfen.[306] Die Anfechtung eines der Zustimmungsbeschlüsse löst keine Registersperre aus. Das Registergericht ist aber gem. § 21 Abs. 1 FamFG (bisher: § 125 FGG) berechtigt, im Falle einer Anfechtungsklage das Registerverfahren bis zum Abschluss des Anfechtungsprozesses auszusetzen. Es muss von dieser Aussetzungsmöglichkeit jedoch keinen Gebrauch machen, sondern kann sich auch nach pflichtgemäßem Ermessen für eine Eintragung des Unternehmensvertrages entschließen. Im Falle der Unzulässigkeit oder offensichtlichen Unbegründetheit der Anfechtungsklage sowie dann, wenn der Anfechtungsklage keine überwiegenden Erfolgsaussichten beizumessen sind und den Ver-

---

[301] Vom 30. Juli 2009, BGBl. I S. 2479 ff.
[302] Geändert durch das ARUG v. 30. 7. 2009, BGBl. I 2009, 2479; aF.: „auszulegen".
[303] MünchHdb. GesR/Bd. 4/*Krieger* § 70 Rz. 48; *Raiser/Veil* § 54 Rz. 22; differenzierend Kölner Komm./*Koppensteiner* § 293 g Rz. 16 – aA *Hüffer* § 293 g Rz. 22.
[304] So zutreffd MünchHdb. GesR/Bd. 4/*Krieger* § 70 Rz. 48.
[305] MünchHdb. GesR/Bd. 4/*Krieger* § 70 Rz. 53; vgl. zur Rechtslage vor Einführung des § 243 Abs. 4 AktG auch BGH II ZR 1/99 v. 18. 12. 2000, ZIP 2001, 199 (MEZ); II ZR 368/99 v. 29. 1. 2001, ZIP 2001, 412 (Aqua Butzke).
[306] MünchHdb. GesR/Bd. 4/*Krieger* § 70 Rz. 56 – aA *Hüffer* § 294 Rz. 12.

D. Vertragskonzern

tragspartnern aus einer Verzögerung der Eintragung erhebliche Nachteile drohen, besteht eine Verpflichtung des Registergerichts zur Eintragung.[307] Die bevorstehende Eintragung kann ggf. durch einstweilige Verfügung des Prozessgerichts (§ 16 Abs. 2 HGB) auf Antrag des Anfechtungsklägers unterbunden werden.[308] Umgekehrt steht es der Gesellschaft frei, bei dem nunmehr zuständigen Oberlandesgericht (§ 246a Abs. 1 Satz 3 AktG) den Antrag stellen, durch Beschluss festzustellen, dass die Erhebung der Klage der Eintragung nicht entgegensteht und Mängel des Hauptversammlungsbeschlusses die Wirkung der Eintragung unberührt lassen (§ 246a AktG).

III. Leitungsmacht des herrschenden Unternehmens

Wie dargelegt wird durch den Abschluss eines BEAV die aktiengesetzlich angeordnete Autonomie der Leitungsorgane des abhängigen Unternehmens (§ 76 AktG) und die aktienrechtliche Vermögensbindung weitgehend aufgehoben; das herrschende Unternehmen wird über das beherrschungsvertragliche Weisungsrecht berechtigt, innerhalb der abhängigen Gesellschaft umfassende Konzerninteressen zu verfolgen und durch nachteilige Weisungen, die indes im Konzerninteresse liegen müssen, Gewinne und Geschäftschancen der Untergesellschaft auf sich zu transferieren. Gleichwohl der Tochtergesellschaft verbleibende Gewinne werden über das Gewinnabführungsrecht des herrschenden Unternehmens abgeschöpft; im Einzelnen:

1. Beherrschungsvertragliches Weisungsrecht

Kern der gesetzlichen Regelung über die Leitungsmacht des herrschenden Unternehmens im Vertragskonzern ist § 308 AktG, wonach das herrschende Unternehmen befugt ist, dem Vorstand der abhängigen Gesellschaft hinsichtlich der Leitung nachteilige Weisungen zu erteilen, sofern diese nur insgesamt den Belangen des von der Obergesellschaft geführten Konzerns dienen. Entsprechende Weisungen sind für den Vorstand der abhängigen Gesellschaft grundsätzlich bindend, es sei denn, das herrschende Unternehmen überschreitet mit der Weisung die gesetzlich allgemein anerkannten Schranken des Beherrschungsvertrages. Verstöße gegen die Weisungsfolgepflicht sind schadensersatzbewehrt und zwar unmittelbar im Verhältnis herrschendes Unternehmen/Tochtervorstand; im Einzelfall kann sogar der Untreuetatbestand verwirklicht sein.[309] Um die Einhaltung der gesetzlichen Schranken der Leitungsbefugnisse der Obergesellschaft zu gewährleisten, ordnen die §§ 309, 310 AktG Schadensersatzpflichten des herrschenden Unternehmens sowie der Leitungsorgane der beteiligten Gesellschaften im Falle der Überschreitung dieser Grenzen an (vgl. Rz. 139).

a) Ausübung des Weisungsrechts

Inhaber des Weisungsrechts nach § 308 Abs. 1 Satz 1 und 2 AktG ist das herrschende Unternehmen, welches dieses durch seine Organe ausübt; diese werden

---

[307] BGH II ZB 1/90 v. 2.7.1990, BGHZ 112, 9, 23 f. (Deutsche Hypothekenbank/Pfälzische Hypothekenbank); ähnlich OLG Nürnberg 12 W 3317/95 v. 20.2.1996, AG 1996, 229; *Emmerich/Habersack* § 294 Rz. 21 f.; MünchHdb. GesR/Bd. 4/*Krieger* § 70 Rz. 57.
[308] MünchHdb. GesR/Bd. 4/*Krieger* § 70 Rz. 57.
[309] Vgl. *Liebscher* GmbH-Konzernrecht Rz. 704 ff.

sich insoweit allerdings der Mithilfe beliebiger Dritter bedienen.[310] Unzulässig ist indes die Übertragung des Weisungsrechts als solches durch das herrschende Unternehmen auf einen Dritten.[311] Den Konzernvorstand trifft im Verhältnis zu seiner eigenen Gesellschaft grundsätzlich eine **Konzernleitungspflicht**; hingegen existiert eine Konzernleitungspflicht gegenüber der abhängigen Gesellschaft nicht. Der Vorstand des herrschenden Unternehmens kann allerdings eigenverantwortlich entscheiden, ob er den Tochter-Vorstand autonom agieren lässt oder lenkend via Weisungsrecht in die Tochter-Geschäftsführung eingreift.[312]

Weisungsadressat ist der Tochtervorstand. Problematisch sind Gestaltungen, bei denen sich das herrschende Unternehmen unmittelbar an nachgeordnete Mitarbeiter der Tochter wendet.[313] Kann die Obergesellschaft auf nachgeordnete Hierachiestufen innerhalb des abhängigen Unternehmens unmittelbar einwirken, muss der Tochtervorstand sicherstellen, dass er über die entsprechenden Maßnahmen hinreichend informiert wird, damit er diese auf ihre Rechtmäßigkeit hin prüfen und ggf. die Befolgung rechtswidriger Einflussnahmen verhindern kann. Problematisch ist auch die Bevollmächtigung des herrschenden Unternehmens, für die Untergesellschaft zu handeln. Insoweit ist zu berücksichtigen, dass die Erteilung einer unbeschränkten Vollmacht unzulässig ist, da hierdurch die Kontrollfunktion des Tochtervorstandes gegenüber Weisungen der Mutter unterlaufen würde; demgegenüber sind Spezialvollmachten mit klar definierten Grenzen im Grundsatz zulässig.[314]

133 Der **Begriff der Weisung** wird in § 308 AktG nicht definiert. Er ist **weit zu verstehen**, sodass jegliche Handlung des herrschenden Unternehmens, welche die Geschäftsführung des abhängigen Unternehmens zu einem bestimmten Verhalten motivieren soll, als Weisung in diesem Sinne aufzufassen ist. Auf die äußere Einkleidung kommt es hierbei nicht an, sodass auch bloße „Ratschläge" oder „Empfehlungen" des herrschenden Unternehmens und sonstige Maßnahmen, die im Ergebnis zur Durchsetzung des Willens der Obergesellschaft führen, als Weisungen aufzufassen sind.[315]

b) Schranken des Weisungsrechts

134 Das Weisungsrecht erstreckt sich nach § 308 Abs. 1 Satz 1 AktG auf die „Leitung" der abhängigen Gesellschaft. Aus dieser gesetzlichen Umschreibung des Weisungsprogramms folgen bestimmte, stets zu beachtende Schranken der Befugnisse der Obergesellschaft. Die erste Schranke wird durch den **Vertrag** selbst begründet, sofern dieser Einschränkungen der Weisungsbefugnis enthält.

135 Die zweite Schranke des Weisungsrechts resultiert aus dessen Gegenstand. Das **Leitungsrecht** des herrschenden Unternehmens erstreckt sich auf den **Bereich der Geschäftsführung** einschließlich aller betriebsgewöhnlichen Maßnahmen, selbst wenn diese von ganz erheblichem Gewicht sind; hierzu

---

[310] *Hüffer* § 308 Rz. 4 f.; MünchHdb. GesR/Bd. 4/*Krieger* § 70 Rz. 152; einschränkend Kölner Komm./*Koppensteiner* § 308 Rz. 10 ff. – aA Geßler/Hefermehl/*Geßler* § 308 Rz. 162 f.
[311] *Emmerich/Habersack* Konzernrecht § 23 III 1 b; *Hüffer* § 308 Rz. 6.
[312] Vgl. § 6 Rz. 119.
[313] Einschränkend *Emmerich/Habersack* § 308 Rz. 19 f.; generell ablehnend Kölner Komm./*Koppensteiner* § 308 Rz. 16.
[314] *Emmerich/Habersack* § 308 Rz. 31 ff.; *Hüffer* § 308 Rz. 9; Kölner Komm./*Koppensteiner* § 308 Rz. 24; MünchHdb. GesR/Bd. 4/*Krieger* § 70 Rz. 154.
[315] *Emmerich/Habersack* § 308 Rz. 21 ff.; *Hüffer* § 308 Rz. 10; *Raiser/Veil* § 54 Rz. 37.

D. Vertragskonzern

136 § 15

gehören auch Maßnahmen im innerkorporativen Bereich.[316] Soweit Geschäftsführungsmaßnahmen allerdings nach Gesetz oder Satzung einer Zustimmung des Aufsichtsrates gem. § 111 Abs. 4 Satz 2 AktG unterliegen, bleibt dieses Mitwirkungsrecht grundsätzlich erhalten. Allerdings trifft § 308 Abs. 3 AktG eine Sonderregelung. Wird die Zustimmung nicht erteilt, dann kann sich das herrschende Unternehmen durch nochmalige Weisung hierüber hinwegsetzen, wobei allerdings dessen Aufsichtsrat, falls ein solcher dort besteht, der Wiederholung der Weisung zustimmen muss. **Nicht erfasst** vom Leitungsrecht des Konzernherrn werden dagegen der Bereich der sog. **Grundlagengeschäfte und Änderungen des Gesellschaftsvertrages**. Denn das Weisungsrecht gibt kein Recht, in die zwingenden Zuständigkeiten der Hauptversammlung einzugreifen.[317] Streitig ist, ob hierunter auch die sog. „Holzmüller"-Zuständigkeiten zu fassen sind. Hiergegen wird vorgebracht, dass die für die Hauptversammlungszuständigkeit maßgeblichen Mediatisierungseffekte und Mitwirkungsrechte der Aktionäre angesichts des Beherrschungsvertrages zu vernachlässigen seien.[318] Dem ist jedoch entgegenzuhalten, dass nach den „Gelatine"-Entscheidungen ungeschriebene Hauptversammlungszuständigkeiten nur noch in Ausnahmefällen in Betracht kommen, die der gesetzlichen Verfassungskompetenz der Hauptversammlung nahe stehen; in diesen Fällen liegt daher ein Eingriff in den Kernbereich der Mitgliedschaft der außenstehenden Aktionäre vor, der keinen Geschäftsführungscharakter mehr besitzt.[319] Die ungeschriebene Hauptversammlungszuständigkeit wird daher nicht von dem Unternehmensvertrag überlagert; eine Weisung ist insoweit unzulässig. Nach § 299 AktG ist schließlich auch die Anweisung zur Änderung des Beherrschungsvertrages unzulässig.

Weiterhin darf von der Befugnis zur Erteilung nachteilstiftender Weisungen nur im Interesse des vom herrschenden Unternehmen geführten Konzerns Gebrauch gemacht werden; das Verbundinteresse darf dem Eigeninteresse der abhängigen Gesellschaft vorangestellt werden, jedoch sind **willkürliche Weisungen unzulässig** (§ 308 Abs. 1 Satz 2 AktG). Es genügt, dass irgendein Konzernunternehmen – unabhängig davon, ob zu ihm ein faktisches oder ein Vertragskonzernverhältnis besteht – aus der nachteiligen Weisung einen Vorteil erlangt.[320] Allerdings sind solche Weisungen unzulässig, die – in Relation zum Nutzen für die Gesamtgruppe – eine **unverhältnismäßige Schädigung** darstellen[321] und/oder die Überlebensfähigkeit der Untergesellschaft gefährden.[322]

136

---

[316] BGH II ZB 9/96 v. 20. 5. 1997, BGHZ 135, 374, 377 (Guano); *Emmerich/Habersack* § 308 Rz. 40 f.; Kölner Komm./*Koppensteiner* § 308 Rz. 33; MünchHdb. GesR/Bd. 4/ *Krieger* § 70 Rz. 147 und 172 – aA *Kantzas* Das Weisungsrecht im Vertragskonzern 1988 S. 66 f.
[317] OLG Karlsruhe 15 U 256/89 v. 7. 12. 1990, AG 1991, 144, 146 (ASEA/BBC); MünchHdb. GesR/Bd. 4/*Krieger* § 70 Rz. 147.
[318] MünchHdb. GesR/Bd. 4/*Krieger* § 70 Rz. 172; *Arnold* ZIP 2005, 1573, 1579.
[319] *Liebscher* ZGR 2005, 1, 32 mwN.
[320] MünchKomm. AktG/Bd. 8/*Altmeppen* § 308 Rz. 106 ff.; *Hüffer* § 308 Rz. 18; MünchHdb. GesR/Bd. 4/*Krieger* § 70 Rz. 148; *Emmerich/Habersack* § 308 Rz. 47 f. – aA; Kölner Komm./*Koppensteiner* § 308 Rz. 44 f.
[321] *Emmerich/Habersack* Konzernrecht § 23 V 2 b; *Hüffer* § 308 Rz. 17; MünchHdb. GesR/Bd. 4/*Krieger* § 70 Rz. 148.
[322] Vgl. hierzu OLG Düsseldorf 19 W 13/86 v. 7. 6. 1990, AG 1990, 490, 492; *Emme-*

Liebscher 1293

137 Schließlich **sind gesetzes- und sittenwidrige Weisungen** dem herrschenden Unternehmen generell **nicht gestattet** (§§ 134, 138 BGB), sodass der Vorstand des abhängigen Unternehmens solche Weisungen nicht befolgen darf. Ebenso unzulässig sind Weisungen, die gegen zwingende gesetzliche Vorschriften verstoßen.[323]

2. Gewinnabführungspflicht

138 Auch die Gewinnabführungspflicht aufgrund eines Ergebnisabführungsvertrages unterliegt **gesetzlichen Schranken**, insb. wird der abschöpfbare Gewinn gem. § 301 Satz 1 AktG auf einen Höchstbetrag beschränkt; hiernach kann als Gewinn höchstens der ohne die Gewinnabführungspflicht entstehende Jahresüberschuss abgeführt werden, wobei dieser um einen etwaigen Verlustvortrag und denjenigen Betrag, der nach Maßgabe des § 300 AktG in die gesetzliche Rücklage einzustellen ist, vorab reduziert werden muss. § 301 Satz 2 AktG gestattet auch die Entnahme aus anderen Gewinnrücklagen, sofern diese während der Geltungsdauer des Ergebnisabführungsvertrages gebildet wurden. Demgegenüber sind Beträge aus der Auflösung gesetzlicher Rücklagen, Kapitalrücklagen und vorvertraglichen Gewinnrücklagen sowie aus einem vorvertraglichen Gewinnvortrag nicht an das herrschende Unternehmen abzuführen.[324] Hingegen erhöhen Erträge aus der Auflösung stiller Reserven den abzuführenden Gewinn, selbst wenn die stillen Reserven in vorvertraglicher Zeit entstanden sind.[325]

3. Verantwortlichkeit

139 Die **gesetzlichen Vertreter** der Obergesellschaft haben bei ihren Weisungen die Sorgfalt eines ordentlichen und gewissenhaften Geschäftsleiters anzuwenden. Sie haften bei Verletzung dieser Pflicht der abhängigen Gesellschaft auf Schadensersatz (§ 309 Abs. 1 und 2 AktG). Der Haftungsanspruch setzt eine pflichtwidrige Weisung voraus. Obwohl dies gesetzlich nicht ausdrücklich ausgesprochen ist, haftet neben den gesetzlichen Vertretern auch die **Obergesellschaft** selbst.[326] Ferner können sich auch die **Vorstände und Aufsichtsräte der abhängigen Gesellschaft** schadensersatzpflichtig machen, wenn sie unter Verletzung ihrer Pflichten rechtswidrige Weisungen befolgt haben bzw. gegen die Befolgung unzulässiger Weisungen nicht eingeschritten sind. Denn den Tochtervorstand trifft eine Prüfungs- und Kontrollpflicht im Rahmen der Umsetzung von Weisungen der Konzernspitze.[327]

---

rich/Habersack § 308 Rz. 60 ff.; Hüffer § 308 Rz. 19; MünchHdb. GesR/Bd. 4/Krieger § 70 Rz. 148; Emmerich/Habersack Konzernrecht § 23 V 4 c.
[323] Emmerich/Habersack § 308 Rz. 58 f.; Hüffer § 308 Rz. 14.
[324] Emmerich/Habersack § 301 Rz. 11 ff.; Kölner Komm./Koppensteiner § 301 Rz. 8 ff.
[325] OLG Düsseldorf 19 W 13/86 v. 7. 6. 1990, AG 1990, 490, 493 (DAB/Hansa); BGH II ZB 9/96 v. 20. 5. 1997, BGHZ 135, 374, 378 f. (Guano), Emmerich/Habersack § 301 Rz. 19; Kölner Komm./Koppensteiner § 301 Rz. 22.
[326] Emmerich/Habersack § 309 Rz. 20 f.; Hüffer § 309 Rz. 26 f.; Kölner Komm./Koppensteiner § 309 Rz. 37 ff.; MünchHdb. GesR/Bd. 4/Krieger § 70 Rz. 162.
[327] Ggf. trifft den Vorstand auch die Pflicht, das herrschende Unternehmen auf Nachteile hinzuweisen, wenn diese für das herrschende Unternehmen nicht ohne weiteres erkennbar sind, vgl. Hüffer § 308 Rz. 21.

D. Vertragskonzern

Die vorgenannten **Ersatzansprüche** der abhängigen Gesellschaft können von jedem Aktionär und von jedem mit seiner Forderung ausgefallenen Gläubiger geltend gemacht werden (§ 309 Abs. 4 AktG). In Anbetracht dieser minderheiten- und gläubigerschützenden Funktion der Ersatzansprüche ist ein **Verzicht oder Vergleich** gem. § 309 Abs. 3 AktG nur in engen Grenzen möglich und schließt den Gläubigern gegenüber gem. § 309 Abs. 4 S. 4 AktG die Ersatzpflicht nicht aus. Die Ersatzansprüche **verjähren** gem. § 309 Abs. 5 AktG in 5 Jahren.

IV. Sicherung des abhängigen Unternehmens und seiner Gläubiger

Zweck der §§ 300 bis 303 AktG ist es, das bilanzmäßige Vermögen der Untergesellschaft, wie es zum Zeitpunkt des Abschlusses des BEAV bestand, zu sichern. Daher sorgt § 300 AktG zunächst dafür, dass die gesetzliche Rücklage aufgefüllt wird. Ferner ist das herrschende Unternehmen nach § 302 AktG verpflichtet, sämtliche Bilanzverluste, welche das abhängige Unternehmen während der Vertragslaufzeit erleidet, auszugleichen. Schließlich ist die Obergesellschaft nach § 303 AktG zur Sicherheitsleistung für Verbindlichkeiten der Untergesellschaft bei Vertragsbeendigung verpflichtet.

1. Gesetzliche Rücklage

Die komplizierte Regelung des § 300 AktG zielt auf die **Auffüllung** der gesetzlichen sowie einer höheren satzungsmäßigen Rücklage **aus Jahresüberschüssen der Tochtergesellschaft**, um die nicht dem Gewinnabschöpfungsrecht des herrschenden Unternehmens unterliegende Haftungsbasis der Untergesellschaft im Interesse des Gläubigerschutzes zu stärken. Die Vorschrift differenziert zwischen Gewinnabführungsverträgen (§ 300 Nr. 1 AktG), Teilgewinnabführungsverträgen (§ 300 Nr. 2 AktG) und Beherrschungsverträgen (§ 300 Nr. 3 AktG) und bezweckt, die nach § 150 Abs. 2 AktG zu bildende gesetzliche Rücklage schneller als gesetzlich vorgesehen zu dotieren, indem der zur Dotierung erforderliche Betrag im Ergebnis von der Gewinnabführungsmöglichkeit ausgenommen und der Rücklage zugeführt wird.[328]

2. Verlustübernahmepflicht

§ 302 Abs. 1 AktG normiert einen Verlustausgleichsanspruch der unternehmensvertraglich konzernierten Gesellschaft gegen das herrschende Unternehmen und verpflichtet dieses zur Erhaltung der bei Vertragsschluss vorgefundenen Substanz des abhängigen Unternehmens. Die Vorschrift des § 302 Abs. 1 AktG ist dabei nicht allein Ausfluss der im Vertragskonzern aufgehobenen kapitalgesellschaftsrechtlichen Kapitalbindung. Der Schutzzweck der Norm geht weiter: Sie dient der Erhaltung der Lebensfähigkeit des abhängigen Unternehmens, die das herrschende Unternehmen trotz seiner Befugnis zur Verfolgung von Konzerninteressen stets bewahren muss, und vor allem dem Schutz der Gesellschaftsgläubiger, da durch die vertragliche Konzernierung das im gesetzlichen Regelfall bestehende Gläubigerschutzsystem aufgehoben wird. Im Ergebnis trägt das herrschende Unternehmen aufgrund seiner umfassenden

---

[328] Vgl. zu Einzelheiten: *Emmerich/Habersack* Konzernrecht § 20 II; MünchHdb. GesR/Bd. 4/*Krieger* § 71 Rz. 17.

Leitungsmacht mithin die **Ergebnisverantwortung für das abhängige Unternehmen**.[329]

143 Nach § 302 AktG ist jeder während der Vertragsdauer entstehende Jahresfehlbetrag auszugleichen, soweit dieser nicht durch die Auflösung von während der Vertragsdauer gebildeten Gewinnrücklagen gedeckt werden kann. Die **Ursache des Fehlbetrages spielt keine Rolle**. Die Obergesellschaft kann der Verlustausgleichspflicht insbesondere nicht dadurch entgehen, dass sie nachweist, dass zwischen den Verlusten der konzernierten Gesellschaft und der Konzernbegründung und -leitung kein Zusammenhang besteht und diese auf höherer Gewalt beruhen.[330] Der Anspruch richtet sich auf Geldersatz in Höhe des bilanzmäßigen Verlusts der Untergesellschaft.

Eine **Aufrechnung** des herrschenden Unternehmens gegen einen bereits entstandenen Anspruch der abhängigen Gesellschaft auf Verlustausgleich gemäß § 302 AktG ist zulässig.[331] Überwiegend wird einschränkend verlangt, dass die zur Aufrechnung gestellte Forderung werthaltig sein muss; die Beweislast hierfür trage das herrschende Unternehmen.[332] Letzteres begegnet Bedenken, da die vertragskonzernrechtlichen Verlustausgleichsregeln allein auf den Erhalt des bilanziellen Anfangsvermögens gerichtet sind; der bilanzielle Verlust kann aber generell durch die Saldierung des Verlustausgleichsanspruches mit Forderungen des herrschenden Unternehmens beseitigt werden.[333]

Die **Ausgleichspflicht beginnt** in demjenigen Geschäftsjahr, in dem der Unternehmensvertrag wirksam wird, sodass vorvertragliche Verluste nicht zu übernehmen sind. Für das Ende der Verlustausgleichspflicht ist der Zeitpunkt des Außerkrafttretens des Unternehmensvertrages maßgebend. **Endet** der Unternehmensvertrag auf einen Abrechnungsstichtag, so wird noch für den zu diesem Stichtag anfallenden Verlust gehaftet. Endet der Vertrag unterjährig, ist nach herrschender Meinung zeitanteilig der fiktive Fehlbetrag, der sich aus einer auf den Tag des Außerkrafttretens aufzustellenden Stichtagsbilanz ergibt, auszugleichen.[334] Demgegenüber ginge es zu weit, eine Verpflichtung der Konzernspitze zur angemessenen Kapitalausstattung zu bejahen und dem abhängigen Unternehmen einen Anspruch gegen das herrschende auf Versorgung mit der für die Erfüllung der aktuellen Verbindlichkeiten erforderlichen Liquidität über den Betrag des bilanzmäßigen Verlusts hinaus zu gewäh-

---

[329] Nichts anderes ist gemeint, wenn die Verlustübernahmepflicht als „Korrelat" für die aufgrund der vertraglichen Konzernierung gewonnene Leitungsmacht aufgefasst oder von dem „Gebot des Gleichlaufs von Herrschaft und Haftung" gesprochen wird. Vgl. etwa Begr. RegE zum AktG 1965, abgedruckt bei *Kropff* AktG 1965 S. 391; *Emmerich/Habersack* Konzernrecht § 20 V 1.
[330] *Emmerich/Habersack* Konzernrecht § 20 V 3 b; *Hüffer* § 302 Rz. 11; *Raiser/Veil* § 54 Rz. 53.
[331] BGH II ZR 238/04 v. 10.7. 2006, BGHZ 168, 285 ff.; aA noch die Vorinstanz OLG Jena 8 U 1187/03 v. 21.9. 2004, NZG 2005, 716 ff., das die Aufrechnung für generell unzulässig erklärte, hiermit aber überwiegend auf Kritik im Schrifttum stieß, vgl. *Liebscher* ZIP 2006, 1221 ff.
[332] BGH II ZR 238/04 v. 10.7. 2006, BGHZ 168, 285 ff.; MünchHdb. GesR/Bd. 4/ *Krieger* § 70 Rz. 71.
[333] *Liebscher* ZIP 2006, 1221, 1226; *Hentzen* AG 2006, 133 ff.
[334] BGH II ZR 170/87 v. 14.12. 1987, BGHZ 103, 1, 9 f. (Familienheim); II ZR 255/87 v. 19.9. 1988, 105, 168, 182 (HSW); *Emmerich/Habersack* Konzernrecht § 20 V 4 b; *Hüffer* § 302 Rz. 13; Kölner Komm./*Koppensteiner* § 302 Rz. 31 ff.

ren.³³⁵ Das vertragskonzernrechtliche Schutzsystem ist nämlich allein auf Substanzerhaltung und Schutz der Überlebensfähigkeit durch Verbot existenzgefährdender Leitungsmaßnahmen, nicht jedoch auf Schutz vor allgemeinen unternehmerischen Risiken bzw. auf Verhinderung von Liquiditätsengpässen gerichtet. Zulässig ist es gleichwohl, bereits im Voraus Geld- oder Sachleistungen zu erbringen, um eine künftige Verlustausgleichspflicht zu vermeiden.³³⁶

Der Anspruch auf Verlustausgleich ist vom Vorstand der abhängigen Gesellschaft geltend zu machen; Gläubiger der Gesellschaft sind grundsätzlich zur **Geltendmachung** nicht berechtigt, sodass sie Befriedigung gegenüber dem herrschenden Unternehmen nur suchen können, wenn sie den Verlustausgleichsanspruch gepfändet und sich zur Einziehung haben überweisen lassen. Strittig ist, ob die Außenseiter analog §§ 309 Abs. 4, 317 Abs. 4 AktG das Recht haben, den Anspruch geltend zu machen.³³⁷ Der Vorstand der Untergesellschaft ist verpflichtet, den Anspruch unverzüglich nach Fälligkeit, also mit Feststellung des Jahresabschlusses geltend zu machen; eine Stundung ist nicht gestattet.³³⁸ Ein Verzicht oder Vergleich über den Ausgleichsanspruch kommt nur unter den engen Voraussetzungen des § 302 Abs. 3 AktG in Betracht. Der Anspruch verjährt in zehn Jahren ab Bekanntmachung der Eintragung der Vertragsbeendigung in das Handelsregister (§ 302 Abs. 4 AktG).

3. Sicherheitsleistung

Der Vermögensschutz wird nach § 303 AktG komplettiert durch die Verpflichtung des herrschenden Unternehmens, im Falle der Beendigung des BEAV den Gläubigern für während der Vertragslaufzeit entstandene Forderungen **Sicherheit zu leisten**, soweit diese ihre Forderungen innerhalb von 6 Monaten nach Bekanntmachung der Eintragung der Beendigung des Vertrages anmelden. Hierdurch soll verhindert werden, dass die Gesellschaftsgläubiger mit ihren Forderungen im Zuge einer zeitnah nach Beendigung des Vertragskonzerns eintretenden Insolvenz der Untergesellschaft ausfallen; es soll so dem Umstand Rechnung getragen werden, dass die abhängige Gesellschaft häufig nach Beendigung des Vertragskonzerns nicht mehr selbständig lebensfähig ist.³³⁹ Weiterhin hat der BGH angenommen, dass sich der Anspruch auf Stellung von Sicherheiten im Falle der Vermögenslosigkeit der beherrschten Gesellschaft in einen **unmittelbaren Zahlungsanspruch** gegen die Obergesellschaft umwandelt, da es eine unnötige Förmelei wäre, von den Gläubigern zu verlangen, dass sie sich zunächst eine Sicherheit stellen lassen, wenn bereits feststeht, dass der Sicherungsfall eingetreten ist und ein entsprechender Zah-

---

³³⁵ Allgemein abl. zu einem Liquiditätsschutz etwa: Kölner Komm./*Koppensteiner* § 302 Rz. 57; *K. Schmidt* ZGR 1983, 513, 516 – aA *Kleindiek* Strukturvielfalt im Personengesellschafts-Konzern, S. 162 ff.
³³⁶ BGH II ZR 238/04 v. 10.7. 2006, BGHZ 168, 285 ff.; MünchHdb. GesR/Bd. 4/*Krieger* § 70 Rz. 74.
³³⁷ In diesem Sinne *Emmerich/Habersack* § 302 Rz. 44; Kölner Komm./*Koppensteiner* § 302 Rz. 41 – aA MünchKomm. AktG/Bd. 8/*Altmeppen* § 302 Rz. 76 ff.; MünchHdb. GesR/Bd. 4/*Krieger* § 70 Rz. 73.
³³⁸ Kölner Komm./*Koppensteiner* § 302 Rz. 27; MünchHdb. GesR/Bd. 4/*Krieger* § 70 Rz. 75 – aA *Emmerich/Habersack* § 302 Rz. 40; *Hüffer* § 302 Rz. 15, die der Ansicht sind, der Anspruch sei zum Geschäftsjahresende geltend zu machen.
³³⁹ *Emmerich/Habersack* Konzernrecht § 20 VI 1; Kölner Komm./*Koppensteiner* § 303 Rz. 2.

lungsanspruch gegen das herrschende Unternehmen entsteht wird.[340] Für die **Art der Sicherheitsleistung** sind die §§ 232 ff. BGB maßgebend, wobei jedoch das herrschende Unternehmen diese Verpflichtung auch durch Übernahme einer einfachen Bürgschaft erfüllen kann.

V. Sicherung der außenstehenden Aktionäre

146 Über den Vermögensschutz nach §§ 300, 302 AktG hinaus bedarf es einer zusätzlichen Sicherung der konzernfreien Minderheit, da deren Mitverwaltungs- und Vermögensrechte infolge der Eingriffsrechte des herrschenden Unternehmens im Vertragskonzern leer laufen. Dieser **zusätzliche Minderheitsschutz** wird gem. §§ 304, 305 AktG **in Form von Ausgleichs- und Abfindungsansprüchen** gewährt, die in den Beherrschungsvertrag aufgenommen werden müssen. Sie sollen eine volle Entschädigung für den durch Begründung des Vertragskonzerns eintretenden Wertverlust gewähren; das Gesetz gewährt allerdings dem Unternehmensvertrag auch bei Unangemessenheit der Ausgleichs- und Abfindungsregelungen Bestandskraft und eröffnet das sog. Spruchverfahren nach dem SpruchG, um den geschützten Außenseitern die Durchsetzung ihrer Ansprüche auf angemessenen Wertausgleich zu ermöglichen.

1. Angemessener Ausgleich

147 Für die in der Gesellschaft verbleibenden außenstehenden Aktionäre muss der Unternehmensvertrag nach § 304 Abs. 1 AktG einen angemessenen Ausgleich dafür vorsehen, dass wegen der Benachteiligungsmöglichkeit durch die herrschende Unternehmen die Gewinnerzielung durch die abhängige Gesellschaft nicht mehr durch objektive Umstände bestimmt wird bzw. bei einem Gewinnabführungsvertrag kein Bilanzgewinn mehr entstehen kann;[341] **fehlt eine Ausgleichsregelung,** ist der **Unternehmensvertrag** nach § 304 Abs. 3 Satz 1 AktG **nichtig.**

Die angemessene Höhe der Ausgleichszahlung kann nach § 304 Abs. 2 AktG auf zwei Weisen ermittelt werden. Grundsätzlich ist eine regelmäßig wiederkehrende Geldleistung als **(sog. fester) Ausgleich** vorgesehen, für dessen Bemessung der voraussichtliche durchschnittliche Gewinnanteil maßgeblich ist, der sich an der bisherigen Ertragslage und den zukünftigen Ertragsaussichten der Untergesellschaft – eine Unabhängigkeit unterstellt (going concern) – zu orientieren hat (§ 304 Abs. 2 Satz 1 AktG). Ist das herrschende Unternehmen eine AG oder eine KGaA, kann alternativ als **(sog. variabler) Ausgleich** auch der Betrag zugesichert werden, der sich bei Umrechnung der Aktien der abhängigen Gesellschaft in solche der herrschenden Gesellschaft nach deren jeweiligem Gewinnanteil ergibt (§ 304 Abs. 2 Satz 2 AktG).[342] Schließlich besteht bei sog. „isolierten" Beherrschungsverträgen gem. § 304 Abs. 1 Satz 2

---

[340] BGH II ZR 275/84 v. 16.9. 1985, BGHZ 95, 330, 347 (Autokran); II ZR 135/90 v. 23.9. 1991, BGHZ 115, 187, 200 (Video); II ZR 287/90 v. 11.11. 1991, BGHZ 116, 37, 42 (Stromlieferung); OLG Dresden 7 U 872/96 v. 19.12. 1996, AG 1997, 330, 333; *Emmerich/ Habersack* Konzernrecht § 20 VI 5; Kölner Komm./*Koppensteiner* § 303 Rz. 25 f.
[341] Zu den steuerlichen Folgen s. § 11 Rz. 138.
[342] Vgl. zu den potenziellen Gefahren: BVerfG 1 BvR 301/89 v. 8.9. 1999, AG 2000, 40 (Hartmann & Braun/Mannesmann).

D. Vertragskonzern 148, 149 § 15

AktG die Möglichkeit, dass die abhängige Gesellschaft weiterhin Gewinne erwirtschaftet und diese höher sind als die angemessenen Ausgleichsbeträge; in diesem Falle bilden diejenigen Beträge, die bei Abschluss eines Gewinnabführungsvertrages als fester oder variabler Ausgleich geschuldet wären, die Untergrenze der Ansprüche der Außenseiter. Für den Fall der Unangemessenheit der Ausgleichsregelung ist – wie bei der Abfindung nach § 305 AktG – eine **Anfechtung des Zustimmungsbeschlusses ausgeschlossen** (§ 304 Abs. 3 Satz 2 AktG) und auf Antrag (§ 3 Nr. 1 SpruchG) ein **Spruchverfahren** nach dem SpruchG durchzuführen.

a) Anspruchsvoraussetzung

Voraussetzung des Anspruchs gem. § 304 AktG ist lediglich der **Abschluss** **148** **eines Unternehmensvertrages**. Der Ausgleichsanspruch entsteht mit Wirksamwerden des Vertrages und erstreckt sich auf das gesamte Geschäftsjahr, in dessen Lauf der Vertragsschluss fällt. Die Ausgleichsverpflichtung entfällt mit Vertragsbeendigung, wobei Ausgleichszahlungen im (seltenen) Fall der unterjährigen Vertragsbeendigung nur zeitanteilig zu leisten sind.

Weitere Voraussetzung ist die **Existenz außenstehender Aktionäre** (§ 304 Abs. 1 Satz 3 AktG). Der Zeitpunkt des Aktienerwerbs spielt für die Anspruchsberechtigung keine Rolle; anspruchsberechtigt sind auch solche Außenseiter, die ihre Aktien nach Vertragsschluss erworben haben.[343] Ob neben den Außenseitern auch Gläubiger gewinnabhängiger Ansprüche (zB Genussrechtsinhaber) Ansprüche analog § 304 AktG haben, ist strittig.[344]

Schließlich bereitet die Bestimmung des Kreises der Außenseiter zuweilen Schwierigkeiten. Obwohl das Gesetz ausschließlich zwischen „dem anderen Vertragsteil" und den Außenseitern unterscheidet, werden dem herrschenden Unternehmen auch solche Aktionäre der Untergesellschaft gleichgestellt, die wirtschaftlich mit dem herrschenden Unternehmen identisch sind, sodass diese im Ergebnis ebenfalls an den Vorteilen des Vertragskonzerns partizipieren. Dementsprechend sind Aktionäre, die mit der Obergesellschaft durch eine ununterbrochene Kette qualifizierter Beherrschungsverhältnisse verbunden sind, und solche, die 100 %ige Tochter- bzw. Muttergesellschaft des herrschenden Vertragsteils sind, nicht als Außenseiter anzusehen.[345] **Schuldner des Ausgleichsanspruchs** ist allein das herrschende Unternehmen.[346]

b) Anspruchsinhalt

Der Ausgleichsanspruch gem. § 304 AktG enthebt die Außenseiter von allen **149** Chancen und Risiken; die Beteiligung degeneriert zu einem „Rentnerdasein", indem die vermögensmäßigen Rechte der Außenseiter für die Zukunft auf das

---

[343] OLG Nürnberg 12 U 2801/91 v. 17.1.1996, AG 1996, 228 f.; *Emmerich/Habersack* Konzernrecht § 21 II 1 b; *Hüffer* § 304 Rz. 2; Kölner Komm./*Koppensteiner* § 304 Rz. 17.
[344] Bejahend: *Emmerich/Habersack* Konzernrecht § 21 II 2; *Hüffer* § 221 Rz. 68 a – aA indes MünchKomm. AktG/Bd. 8/*Bilda* § 304 Rz. 2; Kölner Komm./*Koppensteiner* § 304 Rz. 18; MünchHdb. GesR/Bd. 4/*Krieger* § 63 Rz. 72.
[345] Begr. RegE zum AktG 1965, abgedr. bei *Kropff* S. 385; *Emmerich/Habersack* § 304 Rz. 15 ff.; *Hüffer* § 304 Rz. 3; MünchHdb. GesR/Bd. 4/*Krieger* § 70 Rz. 79; vgl. nunmehr auch BGH II ZR 27/05 v. 8.5.2006, BGHZ 167, 299 ff.
[346] LG Mannheim 23 AktE 1/90 v. 30.5.1994, AG 1995, 89, 90; *Emmerich/Habersack* § 304 Rz. 23; *Hüffer* § 304 Rz. 4; Kölner Komm./*Koppensteiner* § 304 Rz. 20 ff.; *Raiser/Veil* § 54 Rz. 67.

im Zeitpunkt des Vertragsschlusses bestehende Niveau festgeschrieben werden. Die Außenseiter sollen als Ausgleich denjenigen Betrag erhalten, den sie nach der bisherigen Ertragslage der Gesellschaft und ihren zukünftigen Ertragsaussichten als durchschnittlichen Gewinn vereinnahmt hätten, wenn der Unternehmensvertrag nicht bestünde. Maßgebend für die **Ermittlung des festen Ausgleichs** nach § 304 Abs. 1 Satz 1 AktG sind die zukünftigen, im Zeitpunkt der Beschlussfassung über den Vertragsschluss bestehenden Gewinnaussichten ausgehend von den in jüngerer Vergangenheit erzielten Unternehmensergebnissen. Basis der Abschätzung des Zukunftsertrages ist der in den vergangenen 3 bis 5 Jahren von der Untergesellschaft erzielte Ertrag unter Außerachtlassung etwaiger Gewinnthesaurierungen (Fiktion der Vollausschüttung gem. § 304 Abs. 2 Satz 1 AktG).[347] Der Zukunftsertrag ist nach der Ertragswertmethode zu ermitteln (dazu sogleich unter Rz. 161 ff). Konsequenz ist, dass ein Ausgleichsanspruch im Falle negativer Ertragsaussichten vollständig entfällt (sog. „**Nullausgleich**").[348] Der Anspruch auf festen Ausgleich gem. § 304 AktG und die Abfindung gem. § 305 AktG müssen sich im Übrigen wertmäßig nicht zwingend entsprechen, da der Ausgleich keine verrentete Abfindung und die Abfindung keinen kapitalisierten Ausgleich darstellt.[349] Beide Ansprüche beruhen zwar auf einer Bewertung der künftigen Ertragsaussichten der Untergesellschaft, unterscheiden sich jedoch im Einzelfall; so fließt beispielsweise der Liquidations- und Börsenwert nicht in die Ermittlung des Ausgleichs ein.[350] Der Zahlungsanspruch aus der festen Dividendengarantie wird mit dem Gewinnverwendungsbeschluss der abhängigen Gesellschaft fällig.[351]

150 Ist Obergesellschaft eine AG oder KGaA, kann als Ausgleich auch diejenige Dividende des herrschenden Unternehmens gewährt werden, die unter Berücksichtigung der Wertrelationen von herrschendem und abhängigem Unternehmen auf Aktien der Obergesellschaft mit gleichem Nennwert entfällt (sog. **variabler Ausgleich** iSd. § 304 Abs. 2 Satz 2 AktG). Bei dieser Abfindungsart werden im Ergebnis die zukünftigen Ertragsaussichten beider Unternehmen ermittelt und entsprechend der Verschmelzungswertrelationen zueinander ins Verhältnis gesetzt. In Anbetracht dieser Umstände ist eine Bewertung beider Unternehmen erforderlich, wobei vom „wahren Unternehmenswert" auszugehen ist. Aus der Wertrelation der Vertragsparteien resultiert das Umtausch-

---

[347] *Emmerich/Habersack* Konzernrecht § 21 III 1 a; *Hüffer* § 304 Rz. 11; Kölner Komm./*Koppensteiner* § 304 Rz. 50; MünchHdb. GesR/Bd. 4/*Krieger* § 70 Rz. 87; *Raiser/Veil* § 54 Rz. 68.
[348] BGH II ZR 392/03 v. 13. 2. 2006, BGHZ 166, 195 ff.; OLG Düsseldorf 19 W 3/93 v. 2. 4. 1998, WM 1998, 2058, 2061; BayObLG 9 U 59/94 v. 10. 5. 1995, AG 1995, 509, 511 f.; LG Ffm. 3–03 O 162/88 v. 19. 12. 1995, AG 1996, 187, 189; *Hüffer* § 304 Rz. 12; MünchHdb. GesR/Bd. 4/*Krieger* § 70 Rz. 89 – aA Kölner Komm./*Koppensteiner* § 304 Rz. 60 mwN, wonach der Betrag einer angemessenen Verzinsung des Gesellschaftsvermögens die Untergrenze des Ausgleichs bildet – *Emmerich/Habersack* § 304 Rz. 35; *Emmerich/Habersack* Konzernrecht § 21 II 1 c ebenfalls mwN, die der Auffassung sind, der „Null-Ausgleich" sei gem. §§ 313, 242 BGB regelmäßig auf seine Angemessenheit hin zu überprüfen.
[349] BGH II ZR 392/03 v. 13. 2. 2006, BGHZ 166, 195 ff.; *Hüffer* § 304 Rz. 11 a; aA Kölner Komm./*Koppensteiner* § 304 Rz. 60.
[350] *Emmerich/Habersack* § 304 Rz. 37 ff.; MünchHdb. GesR/Bd. 4/*Krieger* § 70 Rz. 92.
[351] *Hüffer* § 304 Rz. 13; Kölner Komm./*Koppensteiner* § 304 Rz. 9; MünchHdb. GesR/Bd. 4/*Krieger* § 70 Rz. 85 – aA *Emmerich/Habersack* § 304 Rz. 42 b, der Fälligkeit mit Geschäftsjahresende annimmt.

D. Vertragskonzern

verhältnis zwischen den Aktien beider Gesellschaften; ein variabler Ausgleich besteht dann in dem jährlichen Gewinnanteil, der auf die gem. der Umtauschrelation ermittelten Aktien der Obergesellschaft zukünftig jährlich entfällt. Problematisch ist, dass die Aktionäre der Untergesellschaft bei einem variablen Ausgleich zukünftig nicht nur vom tatsächlich erwirtschafteten Gewinn der Obergesellschaft, sondern zugleich auch von deren Ausschüttungsverhalten abhängig sind, ohne auf dieses Einfluss nehmen zu können. Insbesondere hat die Mutter die Möglichkeit, den Ausgleichsanspruch der Außenseiter durch konsequente Gewinnthesaurierung extrem niedrig zu halten. Gleichwohl ist davon auszugehen, dass die Obergesellschaft in ihrer Dividendenpolitik frei bleibt.[352] In Missbrauchsfällen kann der Rechtsgedanke des § 162 Abs. 1 BGB eingreifen oder ein Recht zur Kündigung des Unternehmensvertrages aus wichtigem Grund in Betracht kommen.[353] Der Anspruch aus der variablen Dividendengarantie wird mit dem Gewinnverwendungsbeschluss des herrschenden Unternehmens fällig.[354]

In den aufgezeigten Grenzen besteht im Hinblick auf den Ausgleichsanspruch **Gestaltungsfreiheit**. So sind die Parteien frei darin, einen höheren als den angemessenen Ausgleich festzusetzen.[355] Weiterhin kann in den Grenzen der Angemessenheit die Höhe des Ausgleichsanspruchs während der Vertragslaufzeit variiert bzw. gestaffelt werden.[356] Im Rahmen der für die Ausgleichsbemessung maßgeblichen Abschätzung der Zukunftserträge des abhängigen Unternehmens kommt es allein auf die Verhältnisse zum **Zeitpunkt des Zustimmungsbeschlusses** der Hauptversammlung der Untergesellschaft an; spätere Veränderungen dieser Verhältnisse bleiben demgegenüber unberücksichtigt, soweit sie nicht bereits in den Verhältnissen am Stichtag angelegt sind (sog. Wurzeltheorie; dazu noch im Einzelnen unten unter Rz. 162). Allerdings kann unter Umständen eine **Anpassung** des Ausgleichs geboten sein, um eine Verwässerung der Garantiedividendenansprüche der Außenseiteraktionäre zu verhindern. Weitgehend anerkannt ist die Notwendigkeit zur Anpassung der Ausgleichsregelung an veränderte Umstände insbesondere bei Erhöhung oder Herabsetzung des Grundkapitals bei abhängigem oder herrschendem Vertragsteil in unmittelbarer bzw. analoger Anwendung des § 216 Abs. 3 AktG.[357] Auch eine Neueinteilung des Grundkapitals (sog. Aktiensplit) soll zu

---

[352] BVerfG 1 BvR 301/89 v. 8.9.1999, AG 2000, 40 (Hartmann & Braun/Mannesmann); *Hüffer* § 304 Rz. 15; MünchHdb. GesR/Bd. 4/*Krieger* § 70 Rz. 96; MünchKomm. AktG/Bd. 8/*Bilda* § 304 Rz. 95 – aA indes *Emmerich/Habersack* § 304 Rz. 49; *Raiser/Veil* § 54 Rz. 71, die vertreten, den Außenseitern stünde ein Anteil am Jahresüberschuss der Obergesellschaft ohne Berücksichtigung von Gewinnrücklagen zu.
[353] MünchHdb. GesR/Bd. 4/*Krieger* § 70 Rz. 96; siehe auch BVerfG 1 BvR 301/89 v. 8.9.1999, AG 2000, 40 (Hartmann & Braun/Mannesmann).
[354] *Hüffer* § 304 Rz. 15; MünchHdb. GesR/Bd. 4/*Krieger* § 70 Rz. 85 – aA *Emmerich/Habersack* § 304 Rz. 55, wonach der Anspruch mit Feststellung des Jahresabschlusses der Obergesellschaft fällig wird.
[355] OLG Düsseldorf 19 W 1/81 v. 17.2.1984, WM 1984, 733, 735 ff. (Thyssen/Rheinstahl).
[356] *Emmerich/Habersack* § 304 Rz. 33; MünchHdb. GesR/Bd. 4/*Krieger* § 70 Rz. 90.
[357] Vgl. im Einzelnen *Emmerich/Habersack* § 304 Rz. 67 ff.; Kölner Komm./*Koppensteiner* § 304 Rz. 83 ff.; MünchHdb. GesR/Bd. 4/*Krieger* § 70 Rz. 102 ff. Im Falle einer Kapitalherabsetzung bei der Obergesellschaft ist wegen der damit einhergehenden Aufwertung eine Anpassung zweifelhaft, vgl. MünchHdb. GesR/Bd. 4/*Krieger* § 70 Rz. 103.

einer Anpassung führen,[358] wohingegen die Veränderung sonstiger wesentlicher Umstände allenfalls zu einer Kündigung des Unternehmensvertrages aus wichtigem Grund, nicht jedoch zu einer Anpassung des Ausgleichs berechtigen soll.[359] Der Anspruch auf Ausgleich ist **selbständig verkehrsfähig**. Er kann daher abgetreten, gepfändet oder verpfändet werden; mit Veräußerung der Aktie wechselt die Ausgleichsberechtigung.[360]

c) Mehrstufige Unternehmensverbindungen

152 Besondere Schwierigkeiten stellen sich im mehrstufigen Konzern, also im Verhältnis zwischen Mutter-, Tochter- und Enkelgesellschaft. Besteht eine **durchgängige Kette von Beherrschungsverträgen**, kann im Unternehmensvertrag zwischen Tochter- und Enkelgesellschaft kein variabler Ausgleich vereinbart werden, weil die insoweit maßgeblichen Tochtergewinne aufgrund des BEAVs Tochter/Mutter vollständig abgeschöpft werden, wobei allerdings nach der zeitlichen Abfolge zu differenzieren ist: Wird zuerst der Vertrag zwischen Mutter und Tochter geschlossen, ist eine variable Ausgleichsregelung im BEAV Tochter/Enkelin von vornherein unzulässig; es kann allenfalls an die Gewinnausschüttungen der Muttergesellschaft angeknüpft werden.[361] Wird hingegen der Beherrschungsvertrag zwischen Tochter und Enkelin zuerst mit einer variablen Ausgleichsregelung geschlossen, führt der BEAV zwischen Tochter und Mutter analog § 307 AktG zur Beendigung des Unternehmensvertrages zwischen Tochter und Enkelin.[362] Wird hingegen ein isolierter BEAV lediglich zwischen Mutter- und Enkelgesellschaft geschlossen, stellt sich die Frage, ob die „zwischengeschaltete" Tochtergesellschaft als Außenseiter ausgleichsberechtigt ist. Insoweit wird davon ausgegangen, dass dies – sofern es sich nicht um eine 100%ige Tochtergesellschaft handelt – der Fall ist. Unmittelbare Ausgleichsansprüche der Außenseiteraktionäre der Tochtergesellschaft kommen indes nicht in Betracht; diese werden vielmehr allein durch die §§ 311 ff. AktG, die im Verhältnis Mutter/Tochter anzuwenden sind, geschützt.[363] Besteht zwischen Mutter- und Tochtergesellschaft lediglich ein Abhängigkeitsverhältnis, zwischen Tochter- und Enkelgesellschaft aber ein Beherrschunsvertrag, ist die Tochtergesellschaft ebenfalls durch die §§ 311 ff. AktG geschützt. Die außenstehenden Aktionäre der Enkelgesellschaft können analog §§ 317 Abs. 4, 309 Abs. 4 AktG bestehende Ansprüche der Tochter- gegen die Muttergesellschaft geltend machen.[364]

---

[358] MünchHdb. GesR/Bd. 4/*Krieger* § 70 Rz. 104.
[359] MünchHdb. GesR/Bd. 4/*Krieger* § 70 Rz. 106 – aA indes *Emmerich/Habersack* § 304 Rz. 69; Kölner Komm./*Koppensteiner* § 304 Rz. 48, die eine Anpassung des Ausgleichsanspruchs nach den Grundsätzen des Wegfalls der Geschäftsgrundlage bei sog. „grundstürzenden" Veränderungen befürworten; ähnlich auch MünchKomm. AktG/ Bd. 8/*Altmeppen* § 304 Rz. 148 ff.
[360] Vgl. hierzu Hüffer AktG § 304 Rz. 13.
[361] OLG Düsseldorf 19 W 3/91 v. 12.2.1992, AG 1992, 200, 204; *Emmerich/Habersack* § 304 Rz. 56 f.; *Hüffer* § 304 Rz. 17; Kölner Komm./*Koppensteiner* § 304 Rz. 36; MünchHdb. GesR/Bd. 4/*Krieger* § 70 Rz. 99.
[362] *Emmerich/Habersack* § 304 Rz. 59; Kölner Komm./*Koppensteiner* § 304 Rz. 38; MünchHdb. GesR/Bd. 4/*Krieger* § 70 Rz. 99, 107 – aA *Raiser/Veil* § 54 Rz. 74, der eine Anpassung des Ausgleichs an die Gewinne der Mutter befürwortet.
[363] *Emmerich/Habersack* § 304 Rz. 60 ff.; Kölner Komm./*Koppensteiner* § 295 Rz. 44; MünchHdb. GesR/Bd. 4/*Krieger* § 70 Rz. 100.
[364] MünchHdb. GesR/Bd. 4/*Krieger* § 70 Rz. 101.

D. Vertragskonzern

2. Angemessene Abfindung

Das Gesetz bietet den Aktionären der abhängigen Gesellschaft neben der garantierten Ausgleichszahlung auch die Möglichkeit, ihr investiertes Kapital abzuziehen und aus der Gesellschaft auszuscheiden.[365] Nach § 305 Abs. 1 AktG muss der Unternehmensvertrag die Verpflichtung des herrschenden Unternehmens enthalten, auf Verlangen eines außenstehenden Aktionärs dessen Aktien gegen angemessene Abfindung zu erwerben. Als Abfindung wird nach § 305 Abs. 2 AktG im Falle einer autonomen herrschenden AG oder KGaA die Gewährung eigener Aktien der Obergesellschaft geschuldet. Ist die Obergesellschaft ihrerseits von einer inländischen AG oder KGaA abhängig, kommt die Gewährung von Aktien der Mutter oder eine Barabfindung in Betracht; in den übrigen Fällen ist allein eine Barabfindung möglich. Der Anspruch auf Abfindung ist **verkehrsfähig** und geht mit dem in der Aktie verbrieften Anteilsrecht auf den Erwerber über, sofern auch dieser außenstehender Aktionär ist.[366]

Für die Angemessenheit der Gewährung von Aktien einer anderen Gesellschaft verweist § 305 Abs. 3 Satz 1 AktG auf die Vorschriften, die für die Verschmelzung zweier Gesellschaften gelten. Das **Umtauschverhältnis** der neuen zu den alten Aktien richtet sich dabei nach dem Verhältnis des jeweiligen auf eine Aktie entfallenden Anteils am **Unternehmenswert** der beteiligten Gesellschaften. Für die **Barabfindung** sind nach § 305 Abs. 3 Satz 2 AktG die „Verhältnisse der Gesellschaft" im Zeitpunkt der Beschlussfassung der Hauptversammlung zu berücksichtigen. Auch hierzu ist eine Ermittlung des auf eine einzelne Aktie entfallenden Unternehmenswertes erforderlich.

Auch die Ausgleichsregelung muss im Unternehmensvertrag selbst niedergelegt werden, wobei jedoch das Fehlen der Ausgleichsregelung auf die Wirksamkeit des Vertrages ohne Einfluss ist. Eine **Anfechtung des Zustimmungsbeschlusses** zum Beherrschungsvertrag wegen Fehlens oder Unangemessenheit der Abfindungsregelung ist nach § 305 Abs. 5 AktG **nicht möglich**. Stattdessen ist auf Antrag jedes außenstehenden Aktionärs (vgl. dazu § 305 Abs. 5 AktG, §§ 1 Nr. 1, 3 Nr. 1 SpruchG) die Angemessenheit der Abfindung im Spruchstellenverfahren nach dem SpruchG zu überprüfen.

a) Anspruchsvoraussetzungen

Der Abfindungsanspruch gem. § 305 AktG steht den außenstehenden Aktionären des abhängigen Vertragsteils gegen den „anderen" Vertragsteil zu. Es besteht ein echtes **Wahlrecht der Außenseiter** zwischen Ausgleich und Abfindung. Im Grundsatz endet die Abfindungsverpflichtung erst mit wirksamer Beendigung des Unternehmensvertrages.[367] Allerdings kann die Obergesellschaft gem. § 305 Abs. 4 Satz 1 AktG das Abfindungsangebot **befristen**. Die Frist endet frühestens zwei Monate nach Eintragung des Unternehmensvertrages im Handelsregister (§ 305 Abs. 4 Satz 2 AktG), wobei sich die gesetzliche Mindestfrist im Falle der Einleitung eines Spruchstellenverfahrens auf mind. zwei Monate nach Bekanntmachung der gerichtlichen Entscheidung im elektronischen Bundesanzeiger verlängert (§ 305 Abs. 4 Satz 3 AktG).

---

[365] Zu den steuerlichen Folgen s. § 13 Rz. 195 f., 199 ff., 469 ff.
[366] Vgl. OLG Jena 7 U 391/03 v. 22.12.2004, AG 2005, 619 f.; *Hüffer* AktG § 305 Rz. 7.
[367] *Emmerich/Habersack* § 305 Rz. 27; Kölner Komm./*Koppensteiner* § 305 Rz. 20 ff.; MünchHdb. GesR/Bd. 4/*Krieger* § 70 Rz. 113.

155 Der Abfindungsanspruch wird mit Ausübung des Austrittsrechts durch Einreichung der Aktien beim herrschenden Unternehmen **fällig**. Barabfindungsansprüche sind vom Zeitpunkt des Wirksamwerdens des Vertrages an mit nunmehr fünf (vormals zwei) Prozentpunkten über dem jeweiligen Basiszinssatz (§ 247 BGB) **zu verzinsen** (§ 305 Abs. 3 Satz 3 1. Halbs. AktG). Fraglich ist, wie zwischenzeitlich **bezogene Ausgleichszahlungen**, die die außenstehenden Aktionäre bereits entgegengenommen haben, zu behandeln sind. Fest steht, dass die Entgegennahme von Ausgleichszahlungen vor Ausübung der Abfindungsoption keinen Verzicht auf das Abfindungsrecht darstellt.[368] Weiter besteht weitgehende Einigkeit, dass Ausgleichsansprüche, die vor Ausübung des Abfindungsrechts bezogen wurden, **anzurechnen** sind; nach hM erfolgt diese Anrechnung ausschließlich auf den Verzinsungsanspruch.[369]

156 Kontrovers diskutiert wird die Frage, ob und inwieweit die **Veränderung wesentlicher Umstände** auf der Ebene des herrschenden und des abhängigen Vertragsteils Auswirkungen auf den Abfindungsanspruch der außenstehenden Aktionäre hat oder sonstigen besonderen Rechtsregeln unterliegt. Nach zutreffender Ansicht löst weder die Einbeziehung des herrschenden Unternehmens in einen Vertrags- bzw. Eingliederungskonzern noch die Verschmelzung oder Spaltung der Obergesellschaft ein erneutes Abfindungsangebot aus, noch ist analog § 295 Abs. 2 AktG ein zustimmender Sonderbeschluss der außenstehenden Aktionäre der Untergesellschaft zu einer derartigen Strukturmaßnahme erforderlich. Es kommt vielmehr angesichts solcher Maßnahmen allenfalls eine Kündigung des Unternehmensvertrages aus wichtigem Grund in Betracht.[370]

b) Art und Höhe der Abfindung

157 **Regelabfindung** zugunsten der Aktionäre der Untergesellschaft ist die Abfindung in **Aktien des herrschenden Unternehmens** gem. § 305 Abs. 2 Nr. 1 AktG. Diese Abfindungsart ist zwingend, wenn die Obergesellschaft eine unabhängige AG oder KGaA mit Sitz in der EU bzw. im EWR ist. Maßgebend für die Ermittlung des Umtauschverhältnisses zwischen den Aktien des abhängigen und des herrschenden Vertragsteils sind die für das Verschmelzungsrecht geltenden Wertrelationen, wobei Spitzenbeträge bar auszugleichen werden können. Ferner ist zu berücksichtigen, dass bei Vorhandensein verschiedener Aktiengattungen auf der Ebene des abhängigen Unternehmens den Außenseitern Aktien gleicher Gattung anzubieten sind.[371] Die für die Abfindung benötigten Aktien der Obergesellschaft können durch eine bedingte Kapitalerhöhung geschaffen

---

[368] *Hüffer* § 305 Rz. 4; *Emmerich/Habersack* Konzernrecht § 22 II 1c.
[369] BGH II ZR 284/01 v. 16. 9. 2002, BGHZ 152, 29 ff.; BGH II ZB 17/01 v. 21. 7. 2003, BGHZ 156, 57 ff.; BGH II ZR 84/02 v. 2. 6. 2003, ZIP 2003, 1933 ff.; *Emmerich/Habersack* § 305 Rz. 33 a; *Hüffer* § 305 Rz. 26 b; *Liebscher* AG 1996, 455, 456 ff; aA MünchHdb. GesR/Bd. 4/*Krieger* § 70 Rz. 115 mwN, der darüber hinaus eine Anrechnung auch auf die Abfindung selbst befürwortet. In diesem Sinne auch die frühere Rspr., vgl. BayObLG 3 Z BR 67/89, v. 31. 5. 1995, AG 1995, 509, 511; 3 Z BR 17/90 v. 19. 10. 1996, AG 1995, 127, 131; 3 Z BR 36/91 v. 11. 12. 1995, AG 1996, 176, 180; LG München I 15 HKO 11066/96 v. 11. 6. 1997, AG 1998, 147.
[370] MünchHdb. GesR/Bd. 4/*Krieger* § 70 Rz. 116; *Pentz* Die Rechtsstellung der Enkel-AG in einer mehrstufigen Unternehmensverbindung 1994 S. 106 f.
[371] MünchKomm. AktG/Bd. 8/*Bilda* § 305 Rz. 42 ff.; *Emmerich/Habersack* § 305 Rz. 13; *Hüffer* § 305 Rz. 11; einschränkend MünchHdb. GesR/Bd. 4/*Krieger* § 70 Rz. 118.

werden (§ 192 Abs. 2 Nr. 2 AktG) oder von der Obergesellschaft am Markt zu Abfindungszwecken erworben werden (§ 71 Abs. 1 Nr. 3 AktG).

Ist herrschender Vertragsteil eine abhängige oder in Mehrheitsbesitz stehende AG oder KGaA und ist die Obergesellschaft des herrschenden Vertragsteils ebenfalls eine AG oder KGaA mit Sitz in der EU oder im EWR, sind als Abfindung **Aktien der Obergesellschaft des herrschenden Vertragsteils** oder eine **Barabfindung** anzubieten (§ 305 Abs. 2 Nr. 2 AktG). Die Vertragsteile des Unternehmensvertrages können frei wählen, welche Abfindungsart sie anbieten; es muss den Außenseitern kein Wahlrecht zwischen Aktien der Konzernspitze und einer Barabfindung eingeräumt werden.[372] Die Abfindungsverpflichtung trifft allerdings das unmittelbar herrschende Unternehmen, welches die ggf. als Abfindung anzubietenden Aktien seiner Obergesellschaft am Markt erwerben muss (§§ 71d Satz 1 und 2, 71 Abs. 1 Nr. 3 AktG) oder von der Obergesellschaft zur Verfügung gestellt bekommen kann (§§ 71 Abs. 1 Nr. 3, 192 Abs. 2 Nr. 2 AktG).[373]   **158**

In allen anderen Fällen (Obergesellschaften mit Sitz außerhalb der EU und des EWR bzw. die nicht AG oder KGaA sind) ist allein eine **Barabfindung** der Außenseiter möglich (§ 305 Abs. 2 Nr. 3 AktG). Strittig ist, ob auch in Fällen der Mehrmütterorganschaft lediglich eine Barabfindung zu gewähren ist oder ob jedes der herrschenden Unternehmen eine Abfindung nach den jeweils maßgeblichen Vorschriften anbieten muss.[374]   **159**

Die Abfindungsarten des § 305 Abs. 2 AktG sind zwingend, wobei den Außenseitern zusätzlich andere Abfindungsarten angeboten werden können.[375] Die Abfindungshöhe muss **angemessen** sein, sodass sie insb. den vollen Wert der Beteiligung des Außenseiters an dem abhängigen Unternehmen reflektieren muss. Fehlt eine Abfindungsregelung oder ist sie unangemessen, gilt wiederum, dass die Wirksamkeit des Unternehmensvertrages nicht tangiert, sondern die angemessene Abfindung auf Antrag im Spruchverfahren nach dem SpruchG gerichtlich zu bestimmen ist (§ 305 Abs. 5 Satz 2 AktG).   **160**

3. Berechnung des Unternehmenswertes

Hauptproblem der Ausgleichs- und Abfindungsansprüche gem. §§ 304, 305 AktG ist die diesen Ansprüchen zugrunde liegende Berechnung des Unternehmenswertes der abhängigen Gesellschaft. Ziel der Unternehmensbewertung ist es, im Wege einer nachvollziehbaren und nachprüfbaren Wertermittlung den Aktionären der Untergesellschaft den vollen Wert ihrer Beteiligung zu erhalten. Bewertungsziel ist mithin die **Identifizierung des „wahren" Wertes der Untergesellschaft**. Der Wert eines Unternehmens wird nach allg. Meinung in der Betriebswirtschaftslehre, im Berufsstand der Wirtschaftsprüfer   **161**

---

[372] MünchKomm. AktG/Bd. 8/*Bilda* § 305 Rz. 51; *Hüffer* § 305 Rz. 15; Kölner Komm./*Koppensteiner* § 305 Rz. 46; MünchHdb. GesR/Bd. 4/*Krieger* § 70 Rz. 119; krit. *Emmerich/Habersack* § 305 Rz. 15.
[373] MünchKomm. AktG/Bd. 8/*Bilda* § 305 Rz. 48; MünchHdb. GesR/Bd. 4/*Krieger* § 70 Rz. 119.
[374] Im erstgenannten Sinne die hM: *Emmerich/Habersack* § 305 Rz. 17; *Hüffer* § 305 Rz. 12; Kölner Komm./*Koppensteiner* § 305 Rz. 43; MünchKomm. AktG/Bd. 8/*Bilda* § 305 Rz. 54f.; MünchHdb. GesR/Bd. 4/*Krieger* § 70 Rz. 121 (entgegen der Vorauflage) – aA *Geßler/Hefermehl/Geßler* § 305 Rz. 24.
[375] Kölner Komm./*Koppensteiner* § 305 Rz. 48f.; MünchHdb. GesR/Bd. 4/*Krieger* § 70 Rz. 123; MünchKomm. AktG/Bd. 8/*Bilda* § 305 Rz. 56f.

und in der Rechtsprechung nach dem **Ertragswertverfahren**, also nach dem Barwert der erwarteten Nettoausschüttungen, unter Hinzurechnung des Wertes des gesondert zu bewertenden nicht betriebsnotwendigen Vermögens bestimmt.[376] Die wesentlichen Bewertungsgrundsätze wurden in dem am 28.6. 2000 verabschiedeten IDW-Standard S 1 (Neufassungen verabschiedet am 18.10. 2005[377] sowie – zur Anpassung an die Unternehmenssteuerreform 2008 – am 2.4. 2008[377a]), der die Stellungnahme des Instituts der Wirtschaftsprüfer (IDW) HfA 2/1983 ersetzt hat, zusammengefasst.[378]

Maßgebend ist mithin die Diskontierung der Zukunftserträge. Insoweit wird allein das Ertragspotenzial des Gesamtunternehmens ermittelt; der Wert einzelner Vermögensgegenstände spielt demgegenüber grds. keine Rolle. Etwas anderes gilt nur im Hinblick auf nicht betriebsnotwendiges Vermögen oder Kapital, welches bei der Bewertung gesondert zu berücksichtigen ist. Vermögensgegenstände und Kapitalbestandteile, die ohne Beeinträchtigung des operativen Ergebnisses der Gesellschaft einzeln übertragen werden können, werden mit den erzielbaren Überschüssen aus der Einzelverwertung (Verkehrswert) angesetzt und dem nach der Ertragswertmethode ermittelten Gesamtunternehmenswert des betriebsnotwendigen Vermögens hinzuaddiert.[379] Grundlage der **Ertragswertmethode** ist die Vorstellung, dass das Unternehmen, um seine Ertragspotenziale zu realisieren, fortgeführt wird.

In extrem seltenen Ausnahmefällen erweist es sich indes gegenüber der Unternehmensfortführung als vorteilhafter, die einzelnen Vermögensgegenstände oder in sich geschlossene Betriebsteile des Unternehmens getrennt voneinander zu veräußern, da die Summe der dadurch erzielbaren Veräußerungserlöse (Liquidationswert) höher ist als der Ertragswert des Gesamtunternehmens. Im Rahmen einer solchen Liquidationswertbetrachtung, die anerkanntermaßen die Wertuntergrenze des Unternehmens bildet, wird mithin nicht ein einzelner Vermögensgegenstand des Unternehmens, sondern es werden alle Vermögensgegenstände bzw. Sachgesamtheiten, die geschlossene Betriebsteile ergeben, unter dem Gesichtspunkt des Zerschlagungswertes bewertet.[380] Demgegenüber kommt der Bewertung der Unternehmenssubstanz unter Beschaffungsgesichtspunkten (Rekonstruktionswert) kein selbständiger Aussagewert zu. Dies ist in Rechtsprechung und Literatur unstreitig.[381]

---

[376] Vgl. etwa *Emmerich/Habersack* § 305 Rz. 53 a; *Großfeld* Unternehmens- und Anteilsbewertung 2002 S. 21 ff.; Kölner Komm./*Koppensteiner* § 305 Rz. 76 ff.; *Piltz* Die Unternehmensbewertung in der Rechtsprechung S. 136 ff.; jeweils mwN.

[377] Vgl. hierzu *Emmerich/Habersack* § 305 Rz. 52 a mwN.

[377a] Vgl. hierzu etwa *Wagner/Saur/Willershausen*, WPg 2008, 731 ff.

[378] In der betriebswirtschaftlichen Praxis ist demgegenüber die Discounted-Cash-Flow (DCF)-Methode im Vordringen, welche nicht nur auf die prognostizierten zukünftigen Gewinne und Erträge abstellt, sondern auch den Cash-Flow mit berücksichtigt und bei der es sich um eine Abwandlung des Ertragswertverfahrens handelt. Vgl. hierzu etwa *Aha* AG 1997, 26, 31; *Heurung* DB 1997 888, 889 ff.; *Habersack/Lüssow* NZG 1999, 629, 632 f.

[379] *Emmerich/Habersack* § 305 Rz. 72 ff.; *Großfeld* Unternehmens- und Anteilsbewertung S. 84 ff.; Kölner Komm./*Koppensteiner* § 305 Rz. 82 ff.; jeweils mwN insb. auch zur Rspr.

[380] *Emmerich/Habersack* § 305 Rz. 74; *Großfeld* Unternehmens- und Anteilsbewertung 2002 S. 107 ff.; Kölner Komm./*Koppensteiner* § 305 Rz. 89 f.; jeweils mwN insb. auch zur Rspr.

[381] *Großfeld* Unternehmens- und Anteilsbewertung 2002 S. 33 ff.; Kölner Komm./*Koppensteiner* § 305 Rz. 91; MünchHdb. GesR/Bd. 4/*Krieger* § 70 Rz. 130; jeweils mwN insb. auch zur Rspr.

D. Vertragskonzern

162, 163 § 15

Problematisch ist schließlich, inwieweit bei börsennotierten Gesellschaften die Börsenkapitalisierung eine Rolle spielt. Während früher allgemein anerkannt war, dass der Börsenkurs als leicht beeinflussbarer und flüchtiger Wertindikator unbeachtlich sei,[382] hat das BVerfG zwischenzeitlich entschieden, dass der Börsenwert bei der Ermittlung des Verkehrswertes als Maßstab für die volle Entschädigung der außenstehenden Aktionäre nicht außer Betracht bleiben dürfe; der Börsenkurs bildet daher grundsätzlich die Untergrenze der Bewertung der abhängigen Gesellschaft.[383] Vor diesem Hintergrund ist zwischenzeitlich der Durchschnittskurs der letzten Monate vor dem Stichtag als Wertuntergrenze der Unternehmensbewertung börsennotierter Gesellschaften weitgehend anerkannt; die Einzelheiten sind indes streitig.[384] Ausnahmsweise nicht zu berücksichtigen ist der Börsenkurs, wenn er den Verkehrswert nicht widerspiegelt, etwa weil eine besondere Marktenge besteht oder der Kurs manipuliert wurde.[385]

Die Unternehmensbewertung erfolgt **streng stichtagsbezogen**. Nach **162** § 305 Abs. 3 Satz 2 AktG muss die Abfindung der Außenseiter die Verhältnisse der Gesellschaft „im Zeitpunkt der Beschlussfassung ihrer Hauptversammlung über den Vertrag" nach § 293 AktG spiegeln.[386] Spätere Entwicklungen müssen außer Betracht bleiben. Etwas anderes gilt nur dann, wenn diese späteren Entwicklungen in den am Stichtag bestehenden Verhältnissen bereits angelegt und deshalb erkennbar waren (sog. Wurzeltheorie).[387] In Anbetracht dessen sind Verbundvorteile für das herrschende Unternehmen aus der Begründung eines Vertragskonzerns nicht zugunsten der Außenseiter zu berücksichtigen, sodass das abhängige Unternehmen „stand alone" zu bewerten ist.[388]

Grundlage der Ertragswertmethode ist die **Schätzung des Zukunftsertrags** der zu bewertenden Gesellschaft. Die Prognose der zukünftigen Entwicklung des Unternehmens erfolgt auf der Basis der **Planungsrechnungen** **163**

---

[382] BGH II ZR 142/76, v. 13. 3. 1978, BGHZ 71, 40, 51 (Kali & Salz); vgl. auch die zahlreichen Nachweise in Kölner Komm./*Koppensteiner* § 305 Rz. 51.

[383] Grundlegend BVerfG 1 BvR 1613/94 v. 27. 4. 1999, BVerfGE 100, 289, 305 ff. (DAT/Altana I); 1 BvR 1677/99 v. 10. 12. 1999, AG 2000, 178.

[384] BGH II ZB 15/00 v. 12. 3. 2001, BGHZ 147, 108 ff. hält einen Referenzzeitraum von drei Monaten für maßgeblich; dies wird vielfach als zu kurz erachtet; vgl. etwa *Hüffer* § 305 Rz. 24 f. mwN, der einen Referenzzeitraum von 6 Monaten befürwortet. Str. ist auch der Stichtag: Während der BGH a.a.O. den Tag der Hauptversammlung annimmt, sollen nach einer im Schrifttum verbreiteten Ansicht Kurse ab der (Ad-hoc-) Mitteilung, dass ein Vertragsschluss beabsichtigt ist, außer Betracht bleiben, vgl. *Hüffer* § 305 Rz. 24e. Vgl. im Überblick auch *Emmerich/Habersack* § 305 Rz. 45 ff.; MünchHdb. GesR/Bd. 4/*Krieger* § 70 Rz. 134 ff. mwN.

[385] MünchHdb. GesR/Bd. 4/*Krieger* § 70 Rz. 134.

[386] BGH II ZB 5/97 v. 4. 3. 1998, BGHZ 138, 136, 139 ff. (Asea/BBC II); OLG Düsseldorf 19 W 3/97 AktE v. 20. 11. 1997, AG 1998, 236, 237 rechte Spalte; *Emmerich/Habersack* § 304 Rz. 40; § 305 Rz. 56 ff.; *Hüffer* § 304 Rz. 10; Kölner Komm./*Koppensteiner* § 304 Rz. 47; § 305 Rz. 28; MünchHdb. GesR/Bd. 4/*Krieger* § 70 Rz. 131 (allg. Meinung).

[387] BGH II ZB 5/97 v. 4. 3. 1998, BGHZ 138, 136, 139 f. (Asea/BBC II); II ZR 190/97 v. 9. 11. 1998, BGHZ 140, 35, 38; *Emmerich/Habersack* § 305 Rz. 57; *Hüffer* § 304 Rz. 10; MünchHdb. GesR/Bd. 4/*Krieger* § 70 Rz. 131.

[388] BGH II ZB 5/97 v. 4. 3. 1998, BGHZ 138, 136, 139 f. (Asea/BBC II); *Hüffer* § 305 Rz. 22; Kölner Komm./*Koppensteiner* § 305 Rz. 65; aA MünchHdb. GesR/Bd. 4/*Krieger* § 70 Rz. 132 sowie *Emmerich/Habersack*, der insoweit auf den IDW S 1 von 2005 rekurriert.

des Unternehmens, die auf der Grundlage der bereinigten Vergangenheitsergebnisse während eines überschaubaren Vergangenheitszeitraums (in der Regel 3 bis 5 Jahre) plausibilisiert werden.[389] Weiterhin ist zu berücksichtigen, dass für die Ermittlung des Ertragswertes die zu erwartenden Zahlungsvorgänge zwischen Unternehmen und Unternehmensinhabern maßgebend sind. Geschätzt werden mithin auf der Grundlage der zu erwartenden Ergebnisse des Unternehmens die **künftigen Nettoausschüttungen**, wobei die Auswirkungen persönlicher Ertragsteuern der Gesellschafter ebenfalls zu berücksichtigen sind.[390] Bei der Wertermittlung wurde früher davon ausgegangen, dass die Jahresüberschüsse der Untergesellschaft vollständig ausgeschüttet werden und die zur Ertragserzielung notwendige Substanz erhalten bleibt (Vollausschüttungshypothese); durch den IDW S 1 von 2005 wurde dies aufgegeben zugunsten einer Orientierung an der bisherigen Ausschüttungspolitik des Unternehmens.[391] Da die Ertragswertrechnung eine unbegrenzte Unternehmensfortführung voraussetzt (going concern), müssen (ertragsmindernd) laufende Investitionen zur Instandhaltung und -setzung bzw. Erneuerung des ertragsbringenden Vermögens eingeplant werden.

Die erwarteten Nettoausschüttungen müssen schließlich mit einem geeigneten **Kapitalisierungszinssatz** auf den Bewertungsstichtag nach der Rentenformel abgezinst werden (Diskontierung). Soweit Gewinne thesauriert werden, sind sie intern gleichfalls mit dem Kapitalisierungszinssatz zu verzinsen und – den Unternehmenswert erhöhend – in die Rechnung einzustellen.[392] Die Berechnung des Kapitalisierungszinssatzes kann auf verschiedene Weise vorgenommen werden. Nach der sog. Risikoabschlagsmethode ist ein Basiszinssatz zu Grunde zu legen, von dem einerseits ein Abschlag für das Geldentwertungsrisiko und andererseits ein Zuschlag für das allgemeine Unternehmensrisiko gemacht wird. Der Basiszinssatz ist hier die günstigste alternative Kapitalanlagemöglichkeit; insoweit wird die Umlaufrendite risikoarmer Gläubigerpapiere der öffentlichen Hand zugrunde gelegt. Demgegenüber sehen der IDW S 1 von 2005 und der IDW S1 von 2008 die Anwendung des CAPM (Capital Asset Pricing Model) vor. Auch dieses Modell geht von einem Basiszinssatz aus, welcher sich aber an einem Aktienportfolio orientiert. Auch hier wird ein Risikozuschlag berechnet unter Berücksichtigung der Steuerbelastung der Aktionäre.[393]

4. Gerichtliche Überprüfung der Angemessenheit

164 Im sog. **Spruchverfahren** kann im Falle eines fehlenden Abfindungsangebots oder der Unangemessenheit des Ausgleichs oder der Abfindung von jedem Aktionär beantragt werden, die vertraglich geschuldete Leistungen gerichtlich bestimmen zu lassen (§§ 3 Nr. 1, 1 Nr. 1 SpruchG iVm. §§ 304, 305

---

[389] Die Praxis neigt – spätestens seit dem IDW S 1 von 2005 – insoweit zur Anwendung der sog. Phasenmethode, vgl. MünchKomm/Bd. 8/*Bilda* § 304 Rz. 81 ff.; *Emmerich/Habersack* § 305 Rz. 62.
[390] Vgl. zusammenfassend hierzu *Emmerich/Habersack* § 305 Rz. 63 ff.; *Piltz* Die Unternehmensbewertung in der Rechtsprechung 1994 S. 7 ff.
[391] IDW S 1 idF 2005 Tz. 45–47 (Wpg 2005, 1308), IDW S1 idF 2008 Tz. 35–37; vgl. auch *Emmerich/Habersack* § 305 Rz. 60a.
[392] So zutreffend *Emmerich/Habersack* § 305 Rz. 60a.
[393] Vgl. zu den Einzelheiten der Berechnung *Emmerich/Habersack* § 305 Rz. 69 ff.

D. Vertragskonzern 165, 166 § 15

AktG).³⁹⁴ Die erstinstanzliche Zuständigkeit im Spruchverfahren liegt beim Landgericht am Sitz der Gesellschaft und dort ausschließlich bei der Kammer für Handelssachen (§ 2 Abs. 1 Satz 1, Abs. 2 SpruchG).³⁹⁵
Antragsberechtigt ist jeder Außenseiter der abhängigen Gesellschaft, wobei es weder auf eine Mindestbesitzquote noch auf eine Mindestbesitzzeit ankommt. Entscheidend ist die Aktionärseigenschaft im Zeitpunkt der Antragstellung (§ 3 S. 2 SpruchG). Der Antrag muss innerhalb einer Frist von drei Monaten seit Bekanntmachung des Bestehens des Unternehmensvertrages (§ 10 HGB) gestellt werden (§ 4 Abs. 1 Nr. 1 SpruchG). Aktionäre des herrschenden Unternehmens können nicht im Spruchverfahren geltend machen, sie seien deshalb beeinträchtigt, weil Ausgleich und Abfindung unangemessen hoch festgesetzt worden seien; vielmehr haben diese lediglich die Möglichkeit, den Zustimmungsbeschluss ihrer Hauptversammlung (§ 293 Abs. 2 AktG) anzufechten. 165

Das Spruchverfahren wird nach den Vorschriften des SpruchG, ergänzend des FamFG (bisher: FGG), durchgeführt (§ 17 Abs. 1 SpruchG), was insb. zur Folge hat, dass der Amtsermittlungsgrundsatz (§ 26 FamFG (bisher: § 12 FGG)) gilt. Eine weitere verfahrensmäßige Besonderheit liegt darin, dass im Spruchverfahren mittelbar auch die Interessen der nicht als Antragsteller fungierenden (sonstigen) Außenseiteraktionäre zu berücksichtigen sind, weshalb vom Gericht zur Wahrung der Interessen der übrigen Außenseiter ein sog. „**gemeinsamer Vertreter**" zu bestellen ist. Der gemeinsame Vertreter verfügt über alle Rechte, die auch den Antragstellern zustehen; ihm steht sogar ein eigenständiges Fortführungsrecht nach § 6 Abs. 3 SpruchG zu, wenn die Antragsteller ihre Anträge zurückgenommen haben.

Das Gericht entscheidet im Spruchverfahren durch Beschluss. Im Rahmen seiner **Entscheidung** ist es an die im Vertrag vorgesehene Abfindungsart gebunden. Ferner kann es die im Vertrag festgesetzten Leistungen lediglich zugunsten der Außenseiteraktionäre verbessern; eine Verschlechterung ist nicht möglich, selbst wenn Ausgleich und/oder Abfindung unangemessen hoch festgelegt worden sind. Werden Ausgleich und Abfindung im Spruchstellenverfahren erhöht, ist das herrschende Unternehmen zur Leistung von Nachzahlungen für die Vergangenheit verpflichtet; für die Zukunft besteht die Möglichkeit, die nicht vorhergesehenen Mehrbelastungen durch Kündigung des Unternehmensvertrages binnen zwei Monaten nach Rechtskraft der Entscheidung abzuwenden (§§ 304 Abs. 4, 305 Abs. 5 Satz 4 AktG). Ferner ist zu berücksichtigen, dass zugunsten derjenigen Aktionäre, welche das ursprüngliche Abfindungsangebot angenommen haben, ein **Abfindungsergänzungsanspruch** besteht (§ 13 Satz 2 SpruchG).³⁹⁶ Gegen den erstinstanzlichen Be- 166

---

³⁹⁴ Nach OLG München 31 Wx 83/07 v. 24. 6. 2008, NZG 2008, 753 und OLG Schleswig 2 W 160/05 v. 27. 8. 2008, NZG 2008, 868 scheiden eine analoge Anwendung des Spruchverfahrens und des § 305 AktG auf faktische Beherrschungsverträge wegen der fehlenden planwidrigen Regelungslücke sowie der nicht vergleichbaren Interessenlage aus. Für den sog. qualifiziert faktischen Konzern wurde diese Frage offengelassen; zweifelnd aber das OLG Schleswig aaO; diese Frage verneinend *Balthasar* NZG 2008, 858, 861.
³⁹⁵ Nach § 71 Abs. 1 Nr. 4 lit. e), Abs. 4 GVG (vormals § 2 Abs. 4 SpruchG) können die Länder die Zuständigkeit bei bestimmten Landgerichten bündeln, vgl. insoweit die Übersicht in MünchHdb. GesR / Bd. 4/ *Krieger* § 70 Rz. 139.
³⁹⁶ So schon die früher hM, vgl. etwa BayObLG 3 Z BR 17/90 v. 19. 10. 1995, AG 1996, 127, 130 (Paulaner).

Liebscher

schluss des LG ist Beschwerde zum OLG zulässig (§ 12 Abs. 1 SpruchG, § 119 Abs. 1 Nr. 2 GVG).[397] Beschwerdeberechtigt sind nicht nur die Antragsteller und die abhängige Gesellschaft, sondern auch das herrschende Unternehmen und die Vertreter der außenstehenden Aktionäre. Die Kosten des Verfahrens hat grds. der Antragsgegner zu tragen; aus Billigkeitsgründen können die Verfahrenskosten ganz oder teilweise einem Antragsteller auferlegt werden (§ 15 Abs. 2 SpruchG), etwa im Fall von missbräuchlichen Anträgen. Soweit die abhängige Gesellschaft infolge Verschmelzung mit einem anderen Unternehmen erlischt, ist anerkannt, dass hierdurch das Spruchverfahren nicht berührt wird, sodass es ungeachtet des zwischenzeitlichen Erlöschens der abhängigen Gesellschaft fortzusetzen ist.[398]

VI. Änderung von Unternehmensverträgen

167 Um den gesetzlichen Schutz der konzernrechtlichen Bezugsgruppen zu gewährleisten kann ein Unternehmensvertrag nur unter Einhaltung der wesentlichen Voraussetzungen, die für den Abschluss des Vertrages erfüllt sein müssen, geändert werden.[399] Die Interessen außenstehender Aktionäre der Gesellschaft werden dadurch geschützt, dass die Änderung einer Vertragsbestimmung, die zur Leistung eines Ausgleichs an die außenstehenden Aktionäre oder zum Erwerb ihrer Aktien verpflichtet, eines Sonderbeschlusses der außenstehenden Aktionäre bedarf, um wirksam zu werden; im Einzelnen:

1. Änderungsvereinbarung

168 Gegenstand der Regelung des § 295 AktG ist die Änderung eines Unternehmensvertrages. Darunter versteht man eine zweiseitige rechtsgeschäftliche Vereinbarung der Parteien, die noch während der Laufzeit des Vertrages wirksam werden soll.[400] Es ist irrelevant, ob sich die Modifikation auf wesentliche oder unwesentliche Vertragsbestandteile bezieht, sodass die Erfordernisse des § 295 AktG auch für rein redaktionelle Änderungen gelten.[401]

Nicht erfasst wird hingegen die sog. „Änderungskündigung", weil sie ein einseitiges Rechtsgeschäft und kein Vertrag ist.[402] Bei Wechsel der Art des Unternehmensvertrages wird von einer Aufhebung des alten, verbunden mit dem Abschluss eines neuen Unternehmensvertrages ausgegangen.[403] Auch die Verlängerung eines befristeten Vertrages soll keine Vertragsänderung, sondern ein

---

[397] Nach § 12 Abs. 2 (vormals: § 12 Abs. 3) SpruchG können die Länder die Zuständigkeit bei bestimmten Oberlandesgerichten bündeln, vgl. insoweit die Übersicht in MünchHdb. GesR/Bd. 4/*Krieger* § 70 Rz. 142.
[398] BVerfG 1 BvR 1805/94 v. 27. 1. 1999, ZIP 1999, 532 (SEN).
[399] *Emmerich/Habersack* § 295 Rz. 1; *Raiser/Veil* § 54 Rz. 96.
[400] BGH II ZR 139/78 v. 7. 5. 1979, NJW 1979, 2103; *Emmerich/Habersack* § 295 Rz. 6; *Hüffer* § 295 Rz. 3.
[401] *Emmerich/Habersack* § 295 Rz. 6; *Hüffer* § 295 Rz. 3; MünchHdb. GesR/Bd. 4/*Krieger* § 70 Rz. 177.
[402] BGH II ZR 238/91 v. 5. 4. 1993, BGHZ 122, 211, 233 f. (SSI); OLG Düsseldorf 19 W 13/86 v. 7. 6. 1990, AG 1990, 490, 491 (DAB/Hansa); MünchHdb. GesR/Bd. 4/*Krieger* § 70 Rz. 177; *Hüffer* § 295 Rz. 3, 7; diff.: *Emmerich/Habersack* § 295 Rz. 8.
[403] *Hüffer* § 295 Rz. 7; MünchHdb. GesR/Bd. 4/*Krieger* § 70 Rz. 177; *Raiser/Veil* § 54 Rz. 105 mwN – aA *Emmerich/Habersack* § 295 Rz. 12; Kölner Komm./*Koppensteiner* § 295 Rz. 18.

D. Vertragskonzern 169, 170 § 15

Neuabschluss sein.[404] Als **Vertragsänderung** anzusehen ist demgegenüber ohne weiteres jede Änderung in der Person der Vertragspartner, also sowohl die Auswechslung eines Vertragspartners als auch der Vertragsbeitritt.[405] Das gilt allerdings wiederum nicht, wenn eine Veränderung in der Person eines Vertragspartners stattfindet, die auf einer Gesamtrechtsnachfolge, insb. einer Verschmelzung, beruht. Die Verschmelzung der Obergesellschaft führt zu einer Rechtsnachfolge kraft Gesetzes, weshalb § 295 AktG, der eine vertragliche Änderung voraussetzt, nicht erfüllt ist, während die Verschmelzung der Untergesellschaft das Erlöschen des Unternehmensvertrages bewirkt; entsprechendes gilt für die Eingliederung.[406]

Für das Zustandekommen der Änderungsvereinbarung gelten die allgemeinen Regelungen über Rechtsgeschäfte der §§ 145 ff. BGB. Aktiengesetzliche Besonderheiten sind insoweit nicht zu beachten.

2. Zustimmungserfordernis und Wirksamwerden der Vertragsänderung

Ebenso wie der Abschluss eines Unternehmensvertrages bedarf auch dessen Änderung der Zustimmung der Hauptversammlung des abhängigen Unternehmens, die mit einfacher Stimmenmehrheit sowie einer Mehrheit von drei Vierteln des vertretenen Grundkapitals beschlossen werden muss (§ 295 Abs. 1 AktG iVm. § 293 Abs. 1 AktG). Unter den besonderen Voraussetzungen des § 293 Abs. 2 AktG bedarf es darüber hinaus der Zustimmung der Hauptversammlung des herrschenden Unternehmens. Solange es an diesen Zustimmungen fehlt, ist die Vertretungsmacht des Vorstands der Gesellschaft beschränkt. Es gelten insoweit die für den Abschluss eines Unternehmensvertrages anerkannten Regeln entsprechend.[407]

Zusätzlich zu dem oder den Hauptversammlungsbeschlüssen bedarf es eines Sonderbeschlusses der außenstehenden Aktionäre der Untergesellschaft, wenn eine Ausgleichs- oder Abfindungsregelung des Vertrages geändert wird (§ 295 Abs. 2 AktG), gleichgültig, ob diese wesentlich oder unwesentlich, nachteilig oder begünstigend ist.[408] Auch die Auswechslung des herrschenden Vertragsteils durch Vertragsübernahme unterliegt § 295 Abs. 2 AktG, weil sich dadurch der Schuldner des Ausgleichs- oder Abfindungsanspruchs ändert.[409] Umgekehrt bewirkt der Vertragsbeitritt auf Seiten der herrschenden Gesellschaft keine Benachteiligung der außenstehenden Aktionäre, da sie hierdurch einen weiteren Schuldner gewinnen, weshalb es auch keines zustimmenden Sonderbeschlusses bedarf.[410]

---

[404] *Hüffer* § 295 Rz. 7; Kölner Komm./*Koppensteiner* § 295 Rz. 16; MünchHdb. GesR/ Bd. 4/*Krieger* § 70 Rz. 176; – aA *Emmerich/Habersack* § 295 Rz. 11.
[405] *Emmerich/Habersack* § 295 Rz. 13; *Hüffer* § 295 Rz. 5.
[406] *Emmerich/Habersack* Konzernrecht § 18 II 4; *Hüffer* § 295 Rz. 6; Kölner Komm./*Koppensteiner* § 295 Rz. 8.
[407] *Emmerich/Habersack* § 295 Rz. 18 ff.
[408] *Emmerich/Habersack* Konzernrecht § 18 IV 1; *Hüffer* § 295 Rz. 10; MünchHdb. GesR/Bd. 4/*Krieger* § 70 Rz. 180; – aA *Säcker* DB 1988, 271, 272.
[409] *Emmerich/Habersack* § 295 Rz. 27; *Hüffer* § 295 Rz. 11. Eine Ausnahme von diesem Grundsatz kann nur dann angenommen werden, wenn das bislang herrschende Unternehmen eine gesamtschuldnerische Mithaftung übernimmt, vgl. MünchHdb. GesR/ Bd. 4/*Krieger* § 70 Rz. 186.
[410] BGH II ZR 18/91 v. 15.6. 1992, BGHZ 119, 1, 7 ff. (Asea/BBC); *Hüffer* § 295

Ein Zustimmungsrecht durch Sonderbeschluss haben nur außenstehende Aktionäre, da Zweck des Sonderbeschlusses ist, eine Majorisierung der außenstehenden Aktionäre durch die Stimmenmehrheit des herrschenden Unternehmens zu verhindern. Wer vom anderen Vertragsteil abhängig ist, kann deshalb nicht an dem Sonderbeschluss teilnehmen. Auch solche außenstehenden Aktionäre, die zwar nicht abhängig, aber sonstwie an den anderen Vertragsteil gebunden sind, haben kein Sonderzustimmungsrecht.[411] Andernfalls könnte § 295 Abs. 2 AktG dadurch umgangen werden, dass mit den Stimmen gebundener außenstehender Aktionäre die ungebundenen außenstehenden Aktionäre übergangen werden. Dagegen ist stimmberechtigt, wer Aktien vom anderen Vertragsteil erworben hat, ohne von diesem abhängig oder ihm sonst zurechenbar zu sein.[412] Nicht (mehr) zur Teilnahme am Sonderbeschluss berechtigt ist, wer seine Aktien gegen Abfindung übertragen hat, da er im Zeitpunkt der Beschlussfassung nicht mehr Aktionär ist; dies gilt selbst dann, wenn später im Spruchverfahren eine höhere Abfindung festgesetzt wird.[413]

171 Das **Zustandekommen** des Sonderbeschlusses bedarf gem. §§ 138, 293 Abs. 1 Satz 2, 3, 295 Abs. 2 Satz 2 AktG neben der einfachen Stimmenmehrheit der außenstehenden Aktionäre einer Mehrheit von mindestens drei Vierteln des von ihnen vertretenen Grundkapitals. Der Sonderbeschluss ist Wirksamkeitsvoraussetzung für den die Vertragsänderung billigenden Beschluss und für den Änderungsvertrag selbst. Solange der Sonderbeschluss fehlt, ist die Vertragsänderung schwebend unwirksam und es besteht ein Eintragungshindernis.[414] Ebenso wie der Abschluss eines Unternehmensvertrages erst mit der Eintragung in das Handelsregister wirksam wird, bedarf es auch für die Wirksamkeit einer Vertragsänderung der konstitutiv wirkenden Eintragung in das Handelsregister.[415] Der Anmeldung zur Eintragung ist die Niederschrift des Sonderbeschlusses der Registeranmeldung analog § 294 Abs. 1 Satz 2 AktG beizufügen.

VII. Beendigung von Unternehmensverträgen

172 Die Vertragsbeendigung ist nur fragmentarisch geregelt. § 296 AktG betrifft die einverständliche Vertragsaufhebung, § 297 AktG die Vertragskündigung und § 307 AktG den Fall des Hinzutritts von Außenseitern in eine bisher 100%ige Tochtergesellschaft.

1. Beendigungsgründe

173 Weitere Regelungen enthält das Gesetz nicht, was allerdings nicht heißt, dass es keine weiteren Beendigungsgründe gibt; solche resultieren aus allgemeinen Überlegungen:

Rz. 11. – aA *Emmerich/Habersack* Konzernrecht § 18 IV 1 – differenzierend MünchHdb. GesR/Bd. 4/*Krieger* § 70 Rz. 187.
[411] LG Essen 47 O 212/94 v. 16.12. 1994, AG 1995, 189, 190 f. (RAG Immobilien AG); MünchKomm. AktG/Bd. 8/*Altmeppen* § 295 Rz. 45 ff.
[412] OLG Nürnberg 12 U 2801/96 v. 17.1. 1996, AG 1996, 228, 229 (Tücherbräu); *Emmerich/Habersack* Konzernrecht § 18 IV 2; MünchHdb. GesR/Bd. 4/*Krieger* § 295 Rz. 181.
[413] *Raiser/Veil* § 54 Rz. 98; MünchHdb. GesR/Bd. 4/*Krieger* § 295 Rz. 182.
[414] *Hüffer* § 295 Rz. 15.
[415] *Emmerich/Habersack* § 295 Rz. 18.

D. Vertragskonzern   174, 175   § 15

a) Aufhebungsvertrag

Ein Unternehmensvertrag kann jederzeit im allseitigen Einvernehmen **174**
aufgehoben werden. Allerdings sind gem. § 296 AktG besondere **Aufhebungsvoraussetzungen** zu beachten. Zunächst einmal kann ein Unternehmensvertrag **nur zum Ende des Geschäftsjahres** oder des sonst vertraglich
bestimmten Abrechnungszeitraums aufgehoben werden (§ 296 Abs. 1 S. 1
AktG). Verboten ist gem. § 296 Abs. 1 S. 2 AktG zudem die rückwirkende Aufhebung eines Unternehmensvertrages. Die Vereinbarung eines unzulässigen
Aufhebungszeitpunktes und ein Verstoß gegen das Rückwirkungsverbot
führen zur Nichtigkeit der Klausel gem. § 134 BGB und idR auch des Restvertrages nach § 139 BGB; strittig ist indes, ob die Angabe eines unzulässigen
Aufhebungszeitpunktes gem. § 140 BGB umgedeutet werden kann in eine
Aufhebung zum nächst zulässigen Termin.[416]
    Der Abschluss der Aufhebungsvereinbarung ist eine Geschäftsführungsmaßnahme, die grundsätzlich in die Zuständigkeit des Vorstandes fällt. Gemäß
§ 296 Abs. 1 Satz 3 AktG bedarf die Aufhebung eines Unternehmensvertrages
der **Schriftform**; ein Verstoß gegen dieses Formerfordernis führt zur Nichtigkeit des Aufhebungsvertrages gem. § 125 BGB. Schließlich bedarf es gem.
§ 296 Abs. 2 AktG für die Aufhebung von Unternehmensverträgen, die zur
Leistung eines Ausgleichs an außenstehende Aktionäre oder zum Erwerb ihrer
Aktien verpflichten, eines Sonderbeschlusses dieser außenstehenden Aktionäre.
Das Zustimmungserfordernis beschränkt die Vertragsmacht des Vorstandes, sodass der Aufhebungsvertrag, solange der Sonderbeschluss nicht gefasst ist,
schwebend unwirksam ist.[417] Wird der Sonderbeschluss erst nach dem vertraglich vorgesehenen Aufhebungszeitpunkt gefasst, dann soll nach verbreitet vertretener Ansicht ein Wirksamwerden des bis dahin schwebend unwirksamen
Aufhebungsvertrages zum vorgesehenen Stichtag nicht mehr möglich sein, da
das Rückwirkungsverbot des § 296 Abs. 1 Satz 2 AktG dem entgegenstehe; der
Vertrag wird dann, soweit kein entgegenstehender Wille der Vertragsschließenden erkennbar ist, zum nächsten Stichtag wirksam.[418] Während Abschluss und
Änderung eines Unternehmensvertrages der Mitwirkung der Hauptversammlung bedürfen, ist dies für die Aufhebung eines Unternehmensvertrages nicht
erforderlich.[419]

b) Ordentliche Kündigung

Die ordentliche Kündigung ist zwar im Gesetz nicht geregelt, jedoch wird **175**
ihre Zulässigkeit in § 297 Abs. 2 Satz 1 AktG vorausgesetzt.[420] Voraussetzung

---

[416] Bejahend: MünchHdb. GesR/Bd. 4/*Krieger* § 70 Rz. 190 – aA Kölner Komm./
Koppensteiner § 296 Rz. 16; *Hüffer* § 296 Rz. 3.
[417] *Emmerich/Habersack* § 296 Rz. 19 f.; *Hüffer* § 296 Rz. 7; *Raiser/Veil* § 54 Rz. 108.
[418] MünchHdb. GesR/Bd. 4/*Krieger* § 70 Rz. 191 – aA *Hüffer* § 296 Rz. 8; Kölner
Komm./*Koppensteiner* § 296 Rz. 21.
[419] Diese Rechtslage wird zwar verbreitet als rechtspolitisch fragwürdig angesehen,
weil die in die Selbständigkeit entlassene Gesellschaft nicht ohne weiteres existenzfähig
ist. Da sich der Gesetzgeber der Problematik jedoch bewusst war, wird davon ausgegangen, dass eine analoge Anwendung der die Zustimmung der Hauptversammlung
erfordernden Vorschriften nicht möglich ist. Vgl. *Emmerich/Habersack* Konzernrecht
§ 19 II 2 c; *Hüffer* § 296 Rz. 5; *Raiser/Veil* § 54 Rz. 108.
[420] *Hüffer* § 297 Rz. 10; *Emmerich/Habersack* § 297 Rz. 5; *Raiser/Veil* § 54 Rz. 111.

Liebscher

einer ordentlichen Kündigung ist eine entsprechende **Kündigungsklausel**, für deren Inhalt der Grundsatz der Gestaltungsfreiheit gilt. Fehlt eine Kündigungsklausel, gibt es nach herrschender Meinung kein Recht zur ordentlichen Kündigung,[421] soweit keine konkludente Vereinbarung eines ordentlichen Kündigungsrechts getroffen wurde.[422] Anderes gilt indes für andere Unternehmensverträge iSd. § 292 AktG, weil insoweit bei Fehlen vertraglicher Kündigungsklauseln die subsidiär anwendbaren Vorschriften des BGB zur Geltung kommen. Für Gewinngemeinschaften ist auf § 723 BGB, für Betriebspacht- oder Betriebsüberlassungsverträge auf § 584 BGB abzustellen, und die Kündigung von Betriebsführungsverträgen ist entweder nach § 621 BGB oder nach §§ 675, 671 BGB kraft Gesetzes zulässig.[423] Zu beachten ist, dass eine Teilkündigung nicht möglich ist, weil sie auf eine einseitige Inhaltsänderung hinausliefe.[424]

176 Ist in einem Beherrschungs- und Gewinnabführungsvertrag zwar das Recht zur ordentlichen Kündigung, aber keine **Kündigungsfrist** bestimmt, wird überwiegend eine Analogie zu § 132 HGB, also eine mindestens 6-monatige Kündigungsfrist, befürwortet.[425] Nach heute herrschender Meinung ist ein **Kündigungstermin** nicht einzuhalten; eine Analogie zu § 296 Abs. 1 AktG, wonach nur zum Ende des Geschäftsjahres oder Abrechnungszeitraums gekündigt werden kann, wird heute überwiegend abgelehnt.[426]

177 Die Kündigungserklärung, die vom Geschäftsführungs- und Vertretungsorgan des kündigenden Vertragsteils ausgesprochen wird, bedarf gem. § 297 Abs. 3 AktG der Schriftform. Eine Zustimmung der Hauptversammlung des kündigenden Vertragsteils ist nicht notwendig. Gemäß § 297 Abs. 2 AktG bedarf jedoch eine ordentliche Kündigung durch den abhängigen Vertragsteil eines **Sonderbeschlusses** der außenstehenden Aktionäre, wenn der gekündigte Unternehmensvertrag Ausgleichs- oder Abfindungsleistungen zu ihren Gunsten vorsieht. Insoweit gelten die Ausführungen zu dem Sonderbeschluss der außenstehenden Aktionäre bei Vertragsänderungen und -aufhebung entsprechend, sodass der Sonderbeschluss Wirksamkeitsvoraussetzung der ordentlichen Kündigung ist. Zu beachten ist, dass – trotz rechtspolitischer Kritik – das Erfordernis eines Sonderbeschlusses nicht eingreift, wenn die ordentliche Kündigung von dem anderen (herrschenden) Vertragsteil ausgesprochen wird.[427]

---

[421] *Gerth* BB 1978, 1497, 1498; *Hüffer* § 297 Rz. 12 mwN; MünchHdb. GesR/Bd. 4/ *Krieger* § 70 Rz. 192; aA *Baumbach/Hueck* AktG § 297 Rz. 5.
[422] *Hüffer* § 297 Rz. 13; *Raiser/Veil* § 54 Rz. 111.
[423] *Emmerich/Habersack* § 297 Rz. 5; *Hüffer* § 297 Rz. 14.
[424] OLG Karlsruhe 11 Wx 77/00 v. 12. 4. 2001, ZIP 2001, 1199 f.; MünchKomm. AktG/Bd. 8/*Altmeppen* § 297 Rz. 73; *Emmerich/Habersack* § 297 Rz. 13.
[425] MünchKomm. AktG/Bd. 8/*Altmeppen* § 297 Rz. 75 f.; *Emmerich/Habersack* Konzernrecht § 19 III 3 b; *Hüffer* § 297 Rz. 15; MünchHdb. GesR/Bd. 4/*Krieger* § 70 Rz. 193; KölnerKomm./*Koppensteiner* § 297 Rz. 6 (entgegen der Vorauflage, in der noch eine Analogie zu § 723 Abs. 2 BGB befürwortet wurde).
[426] *Emmerich/Habersack* § 297 Rz. 12; *Hüffer* § 297 Rz. 16 – aA *Baumbach/Hueck* AktG § 297 Rz. 6; Kölner Komm./*Koppensteiner* § 297 Rz. 5.
[427] BGH II ZR 238/91 v. 5. 4. 1993, BGHZ 122, 211, 233 (SSI); MünchKomm. AktG/ Bd. 8/*Altmeppen* § 297 Rz. 80 ff.; *Emmerich/Habersack* § 297 Rz. 9; *Hüffer* § 297 Rz. 18.

D. Vertragskonzern 178, 179 § 15

c) Außerordentliche Kündigung

Weiterhin kann ein Unternehmensvertrag nach § 297 Abs. 1 AktG aus wichtigem Grund ohne Einhaltung einer Kündigunsfrist gekündigt werden. Diesen Grundsatz, der auch ohne die gesetzliche Regelung gelten würde, da alle Dauerrechtsverhältnisse im Falle der Unzumutbarkeit der Vertragsfortsetzung außerordentlich beendbar sind, ergänzt § 297 Abs. 1 Satz 2 AktG durch ein Beispiel für einen wichtigen Kündigungsgrund. Danach liegt ein solcher insbesondere vor, wenn der andere Vertragsteil voraussichtlich nicht in der Lage sein wird, seine aufgrund des Vertrages bestehenden Verpflichtungen zu erfüllen. Für die Verwirklichung dieses Kündigungsgrundes genügt es, dass eine entsprechende Prognose im Hinblick auf die fehlende Leistungsfähigkeit des herrschenden Vertragsteils erstellt werden kann; es reicht nicht aus, dass sich der andere Teil lediglich in kurzfristigen Leistungsschwierigkeiten befindet.[428] Das Recht zur außerordentlichen Kündigung steht nach herrschender Meinung jedem Vertragsteil zu, also nicht nur der abhängigen Gesellschaft, sondern auch dem anderen (herrschenden) Vertragsteil.[429]

Weiterhin enthalten die §§ 304 Abs. 4, 305 Abs. 5 S. 4 AktG im Ergebnis einen weiteren wichtigen Kündigungsgrund zugunsten des herrschenden Unternehmens im Falle einer höheren Festsetzung von Ausgleich oder Abfindung im Spruchverfahren; darüber hinaus ist nach den Regeln der fehlerhaften Gesellschaft ein für die Vergangenheit als wirksam zu behandelnder, mit Mängeln behafteter Unternehmensvertrag nach Entdeckung des Fehlers außerordentlich kündbar.

178

Im Übrigen kommt es darauf an, ob dem kündigenden Vertragsteil angesichts von Umständen, die nicht in seine Risikosphäre fallen, eine Fortsetzung des Vertragsverhältnisses bis zum Ablauf der ordentlichen Kündigungsfrist oder bis zum vereinbarten Beendigungstermin unter Abwägung der widerstreitenden Interessen der Parteien zumutbar ist. Der Begriff des wichtigen Grundes wird im Zusammenhang mit der außerordentlichen Beendigung eines Vertragskonzerns in Anbetracht der wirtschaftlichen Abhängigkeit der Untergesellschaft tendenziell weit ausgelegt.[430] Vor diesem Hintergrund können im Unternehmensvertrag selbst wichtige Gründe, die zur Kündigung berechtigen, definiert werden.[431]

179

Unabhängig von einer Spezialregelung im Vertrag kommt **insbesondere in folgenden Situationen** eine außerordentliche Auflösung des Vertragsverhältnisses in Betracht: im Falle schwerwiegender Vertragsverletzungen, beispielsweise der wiederholten Erteilung unzulässiger Weisungen, im Falle der ernsthaften Besorgnis der nicht ordnungsgemäßen Erfüllung der Pflichten des herrschenden Unternehmens nach §§ 302, 304, 305 AktG, beispielsweise einer ernsthaften Erfüllungsverweigerung, bei Eröffnung des Insolvenzverfahrens

---

[428] *Emmerich/Habersack* § 297 Rz. 21; *Hüffer* § 297 Rz. 4; MünchHdb. GesR/Bd. 4/*Krieger* § 70 Rz. 196 – einschränkend MünchKomm. AktG/Bd. 8/*Altmeppen* § 297 Rz. 19 ff.
[429] *Emmerich/Habersack* § 297 Rz. 22; *Hüffer* § 297 Rz. 5; Kölner Komm./*Koppensteiner* § 297 Rz. 18; MünchHdb. GesR/Bd. 4/*Krieger* § 70 Rz. 196; MünchKomm. AktG/Bd. 8/ *Altmeppen* § 297 Rz. 16.
[430] *Emmerich/Habersack* § 297 Rz. 20.
[431] BGH II ZR 238/91 v. 5.4.1993, BGHZ 122, 211, 227 ff. (SSI); OLG München 23 U 4638/90 v. 14.6.1991, AG 1991, 358, 360; *Hüffer* § 297 Rz. 8; *Raiser/Veil* § 54 Rz. 115 – aA Kölner Komm./*Koppensteiner* § 307 Rz. 20.

über einen der Vertragspartner sowie bei kartellrechtlichen Untersagungsverfügungen uÄ.[432] Demgegenüber besteht nach herrschender – indes zu Recht in Zweifel gezogener – Meinung kein Recht zur außerordentlichen Vertragsbeendigung, wenn das herrschende Unternehmen seine Beteiligung an der Untergesellschaft veräußert.[433] Die außerordentliche Kündigung, die ebenfalls vom Geschäftsführungs- und Vertretungsorgan des kündigenden Vertragsteils zu erklären ist, bedarf der Schriftform (§ 297 Abs. 3 AktG). Es ist weder ein Zustimmungsbeschluss der Hauptversammlung des kündigenden Vertragsteils noch ein Sonderbeschluss der außenstehenden Aktionäre erforderlich.

d) Weitere Beendigungsgründe

180 Gemäß § 307 AktG endet ein Unternehmensvertrag spätestens mit Ablauf des Geschäftsjahres, in dem ein **außenstehender Aktionär beteiligt wird**, wenn die Gesellschaft im Zeitpunkt der Beschlussfassung ihrer Hauptversammlung über einen Beherrschungs- oder Gewinnabführungsvertrag **außenseiterfrei** war. Hintergrund der Bestimmung ist der Umstand, dass Ausgleichs- und Abfindungsregelungen im Unternehmensvertrag entbehrlich sind, wenn keine Außenseiter existieren (§ 304 Abs. 1 Satz 3 AktG); derartige Schutzvorschriften werden jedoch notwendig beim Hinzutritt von Außenseitern. Wie es zur nachträglichen Beteiligung außenstehender Aktionäre kommt, ist gleichgültig, es besteht zB die Möglichkeit des Aktienerwerbs vom bisher allein beteiligten anderen Vertragsteil oder die Erlangung der Außenseiterposition durch einen bisher nicht Außenstehenden.[434] Durch die Beteiligung eines außenstehenden Aktionärs endet der Beherrschungs- oder Gewinnabführungsvertrag gem. § 307 AktG spätestens zum Ende des laufenden Geschäftsjahres. Dies bedeutet, dass er auch früher enden kann, zB durch Aufhebung oder außerordentliche Kündigung.

181 Neben den gesetzlich bestimmten **Beendigungsgründen** kommen **weitere** Gründe in Betracht, die zu einem Vertragsende führen. Zu nennen sind insb. die Beendigung durch Zeitablauf bei befristeten Verträgen ohne Verlängerungsklausel, Beendigung durch Auflösung eines Vertragsteils (§ 262 AktG), insb. durch Insolvenzeröffnung, oder durch Wegfall der Unternehmenseigenschaft des anderen Vertragsteils.[435] Die Eingliederung des abhängigen Unternehmens in das herrschende führt zur Beendigung eines Beherrschungsvertrages, während ein Ergebnisabführungsvertrag und im Grundsatz auch sonstige Unternehmensverträge bestehen bleiben. Gleiches gilt im Grundsatz im Falle der Eingliederung der abhängigen Gesellschaft in ein drittes Unternehmen, es sei denn, es wird eine gemeinsame Herrschaft des bisher herrschenden Unter-

---

[432] MünchKomm. AktG/Bd. 8/*Altmeppen* § 297 Rz. 19 ff., 45; *Emmerich/Habersack* § 297 Rz. 21 ff.

[433] OLG Düsseldorf 3 Wx 178/94 v. 19.8.1994, AG 1995, 137, 138 (Rütgers Werke AG); LG Frankenthal 2 (HK) O 178/87 v. 4.8.1988, AG 1989, 253, 254; MünchKomm. AktG/Bd. 8/*Altmeppen* § 297 Rz. 37 ff.; *Emmerich/Habersack* § 297 Rz. 24; *Hüffer* § 297 Rz. 7 – aA LG Bochum 12 O 67/86 v. 1.7.1986, GmbHR 1987, 24, 25; MünchHdb. GesR/Bd. 4/*Krieger* § 70 Rz. 196.

[434] Kölner Komm./*Koppensteiner* § 307 Rz. 2; MünchHdb. GesR/Bd. 4/*Krieger* § 70 Rz. 199.

[435] Vgl. *Emmerich/Habersack* Konzernrecht § 19 V – IX; MünchHdb. GesR/Bd. 4/*Krieger* § 70 Rz. 201; *Raiser/Veil* § 54 Rz. 117 ff.

D. Vertragskonzern

nehmens und der zukünftigen Hauptgesellschaft vereinbart; in einem solchen Falle könnte – jedenfalls theoretisch – der Beherrschungsvertrag bestehen bleiben.[436]

Werden die Parteien des Unternehmensvertrages miteinander verschmolzen, endet der Unternehmensvertrag im Wege der Konfusion. Sollte einer der Vertragsparteien des Unternehmensvertrages indes auf einen dritten Rechtsträger verschmolzen werden, ist zu unterscheiden: Wird die Obergesellschaft verschmolzen, geht der bestehende Unternehmensvertrag im Wege der Universalsukzession auf den übernehmenden Rechtsträger über, und es kommt allenfalls eine Kündigung des Unternehmensvertrages durch die abhängige Gesellschaft aus wichtigem Grund in Betracht. Wird indes die abhängige Gesellschaft auf eine dritte Gesellschaft verschmolzen, endet ein Beherrschungs- und Ergebnisabführungsvertrag mit Untergang der Untergesellschaft, wohingegen andere Unternehmensverträge wegen ihres schuldrechtlichen Austauschcharakters unter Umständen wirksam bleiben.[437] Wird dagegen eine andere Gesellschaft auf die abhängige Gesellschaft verschmolzen, soll dies nach zutreffender hM, wenn nicht § 307 AktG eingreift, den Beherrschungsvertrag nicht berühren;[438] eine Kündigung aus wichtigem Grund bleibt hiervon unberührt.

Andere Formen der Umwandlung nach dem UmwG, insb. die Auf- und Abspaltung, die Ausgliederung und der Formwechsel lassen im Grundsatz, unabhängig davon, ob von der Strukturmaßnahme der herrschende oder der abhängige Vertragsteil betroffen ist, etwaige Unternehmensverträge unberührt; allenfalls kommt eine Kündigung aus wichtigem Grund in Betracht. Nach herrschender Meinung kann der Beherrschungsvertrag im Rahmen einer Spaltung des herrschenden Vertragsteils einem der übertragenden Rechtsträger zugewiesen werden, während die herrschende Meinung im Falle einer Aufspaltung der Untergesellschaft vom Erlöschen des Beherrschungsvertrages ausgeht.[439] Bei einem Formwechsel der herrschenden Gesellschaft kommt ein Erlöschen des Beherrschungsvertrages ausnahmsweise nur dann in Betracht, wenn das Recht der neuen Gesellschaftsform dem Vertrag entgegensteht.[440]

2. Wirksamwerden und Rechtsfolgen der Vertragsbeendigung

Nach § 298 AktG ist die Beendigung eines Unternehmensvertrages zum Handelsregister anzumelden. Die Eintragung der Vertragsbeendigung hat nur deklaratorische Bedeutung; weil das Bestehen des Unternehmensvertrages einzutragen ist, muss auch die Beendigung verlautbart werden, da das Register sonst unrichtig würde.[441]

---

[436] *Emmerich/Habersack* Konzernrecht § 19 VI 2; *Emmerich/Habersack* § 297 Rz. 35; MünchHdb. GesR/Bd. 4/*Krieger* § 70 Rz. 211; MüchKomm.AktG/Bd. 8/*Altmeppen* § 297 Rz. 142.
[437] Vgl. im Einzelnen MünchKomm. AktG/Bd. 8/*Altmeppen* § 297 Rz. 125 ff.; Münch Hdb. GesR/Bd. 4/*Krieger* § 70 Rz. 205.
[438] BayObLG 3Z BR 211/03 v. 22.10. 2003; MünchHdb. GesR/Bd. 4/*Krieger* § 70 Rz. 205; MünchKomm.AktG/Bd. 8/*Altmeppen* § 297 Rz. 133.
[439] MünchKomm. AktG/Bd. 8/*Altmeppen* Rz. 134 f.; *Emmerich/Habersack* § 297 Rz. 45 ff.; MünchHdb. GesR/Bd. 4/*Krieger* § 70 Rz. 206 ff.
[440] Vgl. OLG Düsseldorf 19 W 3/00 AktE, I-19 W v. 27.2. 2004, ZIP 2004, 753 ff.; MünchKomm.AktG/Bd. 8/*Altmeppen* § 297 Rz. 137.
[441] BGH II ZR 287/90 v. 11.11. 1991, BGHZ 116, 37, 43 f. (Stromlieferung); *Emmerich/Habersack* § 298 Rz. 1.

183 Mit Beendigung des Unternehmensvertrages erlöschen die unternehmensvertraglichen Bindungen, was zur Folge hat, dass der andere Vertragsteil weder künftige Verluste übernehmen noch weitere Ausgleichs- oder Abfindungsleistungen erbringen muss. Die Leitungsmacht gem. § 308 AktG geht mit Ende des Beherrschungsvertrags unter. Ausgleichsansprüche sind zeitanteilig bis zum Beendigungszeitpunkt zu leisten. Besonders zu beachten ist, dass bei Aufhebung von Beherrschungs- oder Gewinnabführungsverträgen gem. § 303 AktG eine Verpflichtung zur Sicherheitsleistung entsteht. Weitergehende Verpflichtungen des anderen Vertragsteils, der in die Selbständigkeit entlassenen Gesellschaft eine Art Wiederaufbauhilfe zu leisten, bestehen nicht.[442]

E. Eingliederung

184 Die engste Form einer Konzernverbindung ist die Eingliederung,[443] bei der die **abhängige Gesellschaft wie eine Betriebsabteilung geführt** werden kann. Das Eingliederungsrecht ist eine Besonderheit des deutschen Aktienrechts. Eingliederungen sind daher nur zwischen inländischen AGs möglich.[444] Die Befugnisse des herrschenden Unternehmens gehen über diejenigen im Vertragskonzern hinaus. Das Weisungsrecht der Hauptgesellschaft ist praktisch unbegrenzt (§ 323 Abs. 1 AktG) und die Vermögenssicherung der eingegliederten Gesellschaft wird noch weiter abgeschwächt (§§ 321, 324 AktG).

Die Eingliederung erfolgt gem. § 319 AktG durch Beschluss der Hauptversammlung der einzugliedernden AG. Die Eingliederungsvorschriften beruhen auf der Erwägung, dass ein **Minderheitenschutz (weitgehend) entbehrlich** ist, wenn sich (fast) alle Aktien der einzugliedernden Gesellschaft in der Hand der Obergesellschaft befinden. Minderheitsprobleme kommen lediglich bei der gem. § 320 AktG zulässigen Eingliederung durch Mehrheitsbeschluss (bei 95 %igem Aktienbesitz) in Betracht, bei der die Außenseiter gegen eine angemessene Abfindung aus der eingegliederten AG zwangsweise ausscheiden (§§ 320a und 320b AktG). Als schutzwürdige Gruppe bleiben dann lediglich die Gläubiger der Untergesellschaft; insoweit statuiert § 322 AktG eine **unmittelbare Haftung der Hauptgesellschaft gegenüber den Gläubigern** der eingegliederten AG.

I. Eingliederung nach § 319 AktG

185 Besitzt die zukünftige Hauptgesellschaft alle Aktien der einzugliedernden Gesellschaft, setzt der Vollzug der Eingliederung lediglich einen einstimmigen Beschluss der Hauptversammlung der einzugliedernden AG, einen Zustimmungsbeschluss der Hauptversammlung der künftigen Hauptgesellschaft mit einfacher Stimmenmehrheit sowie $^{3}/_{4}$-Mehrheit des vertretenen Grundkapitals und die Eintragung der Eingliederung in das für die eingegliederte Gesell-

---

[442] OLG Düsseldorf 19 W 13/86 v. 7.6.1990, AG 1990, 490, 492 (DAB/Hansa); *Priester* ZIP 1989 1301, 1305.
[443] Zu den steuerlichen Folgen s. § 13 Rz. 698 f.
[444] Selbst die KGaA hat der Gesetzgeber aus dem Anwendungsbereich des Eingliederungsrechts ausgenommen. *Emmerich/Habersack* § 319 Rz. 6 wollen demgegenüber auch die KGaA in den Anwendungsbereich einbeziehen.

E. Eingliederung

schaft zuständige Handelsregister voraus (§ 319 Abs. 1 Satz 1, Abs. 2 Satz 1 und 2, Abs. 4 AktG).

1. Voraussetzungen und Verfahren

Die Eingliederung nach § 319 AktG setzt insb. voraus, dass die Hauptgesellschaft dingliche Rechtsinhaberin aller Aktien der einzugliedernden Gesellschaft ist, sodass diese **unmittelbare Inhaberin aller Mitgliedschaftsrechte** sein muss; eine Zurechnung von Mitgliedschaftsrechten von Tochtergesellschaften oder auf Rechnung der Hauptgesellschaft gehaltenen Aktien erfolgt nicht.[445] Die Regelung ist streng anzuwenden, sodass eigene Aktien der einzugliedernden Gesellschaft ein Eingliederungshindernis begründen; umgekehrt sind schuldrechtliche Erwerbspositionen Dritter im Hinblick auf Aktien der einzugliedernden Gesellschaft (zB ein bereits erfolgter, noch nicht vollzogener Kauf der Aktien bzw. Rückübertragungsansprüche aus Sicherungsübereignung) irrelevant.[446] Befinden sich nicht alle Aktien der einzugliedernden Gesellschaft in der Hand der Hauptgesellschaft, ist der Eingliederungsbeschluss gem. § 241 Nr. 3 AktG nichtig.[447]

Für die Zustimmung der **Hauptversammlung der einzugliedernden Gesellschaft** sind besondere Formalien nicht vorgeschrieben. Im Ergebnis handelt es sich nach §§ 121 Abs. 6, 130 Abs. 1 Satz 3 AktG um eine Vollversammlung, in der eine Erklärung der Hauptgesellschaft als Alleingesellschafterin der einzugliedernden Gesellschaft, vertreten durch deren Vorstand, zum Hauptversammlungsprotokoll des Aufsichtsratsvorsitzenden der einzugliedernden Gesellschaft ausreichend ist; notarielle Beurkundung ist für den Eingliederungsbeschluss gem. § 121 Abs. 6 AktG nicht erforderlich.[448] Der Beschluss beschränkt sich auf die Anordnung der Eingliederung der Gesellschaft in die Hauptgesellschaft.[449]

Angesichts der Rückwirkungen der Eingliederung auf die Hauptgesellschaft (vgl. Rz. 199 ff.) muss auch die **Hauptversammlung der Hauptgesellschaft** der Eingliederung zustimmen. Der Eingliederungsbeschluss bedarf gem. § 319 Abs. 2 Satz 2 AktG der Stimmenmehrheit sowie der $^{3}/_{4}$-Mehrheit des bei der Beschlussfassung vertretenen Grundkapitals. Der Zustimmungsbeschluss der Hauptgesellschaft kann vor oder nach dem Eingliederungsbeschluss der einzugliedernden Gesellschaft eingeholt werden.[450] Inhalt des Zustimmungsbe-

---

[445] *Emmerich/Habersack* Konzernrecht § 10 II 1; MünchHdb. GesR/Bd. 4/*Krieger* § 73 Rz. 8 f.
[446] *Hüffer* § 319 Rz. 4; MünchHdb. GesR/Bd. 4/*Krieger* § 73 Rz. 8 – aA Kölner Komm./*Koppensteiner* Vorbem. § 319 Rz. 15.
[447] MünchKomm. AktG/Bd. 8/*Grunewald* § 319 Rz. 6; *Hüffer* § 319 Rz. 4; MünchHdb. GesR/Bd. 4/*Krieger* § 73 Rz. 8; *Emmerich/Habersack* § 319 Rz. 9.
[448] *Emmerich/Habersack* Konzernrecht § 10 II 2; MünchHdb. GesR/Bd. 4/*Krieger* § 73 Rz. 10.
[449] Weitere inhaltliche Anforderungen existieren nicht: Vgl. MünchKomm. AktG/Bd. 8/*Grunewald* § 319 Rz. 7 f.; Kölner Komm./*Koppensteiner* § 319 Rz. 5 f.; MünchHdb. GesR/Bd. 4/*Krieger* § 73 Rz. 9 – aA indes *Hommelhoff* Die Konzernleitungspflicht 1982 S. 349 ff., der fordert, jeder Eingliederungsbeschluss müsse Bestimmungen über die Organisationsstruktur des Konzernverbundes enthalten.
[450] OLG München 7 U 5382/92 v. 17.3.1993, AG 1993, 430 rechte Spalte (Siemens/Nixdorf); MünchHdb. GesR/Bd. 4/*Krieger* § 73 Rz. 11; Kölner Komm./*Koppensteiner* § 319 Rz. 8; *Emmerich/Habersack* § 319 Rz. 15.

schlusses ist die Billigung des Eingliederungsbeschlusses der einzugliedernden Gesellschaft. Es bestehen erhebliche **Informationspflichten** gegenüber den Aktionären der Hauptgesellschaft. Von zentraler Bedeutung ist der nach dem Vorbild der §§ 293 a AktG, 8 UmwG ausgestaltete Eingliederungsbericht, in dem die Eingliederung rechtlich und wirtschaftlich ausführlich erläutert und begründet werden muss (§ 319 Abs. 3 Satz 1 Nr. 3 AktG); insbesondere ist zu Vor- und Nachteilen sowie Auswirkungen der Eingliederung einschließlich der Risiken, zu denen in Anbetracht der Vorschrift des § 322 AktG auch die Verbindlichkeiten der einzugliedernden Gesellschaft zählen, sowie zu möglichen Handlungsalternativen Stellung zu nehmen.[451] Obwohl eine § 293 a Abs. 2 AktG entsprechende Regelung im Eingliederungsrecht fehlt, wird überwiegend davon ausgegangen, dass der Vorstand berechtigt ist, in dem Eingliederungsbericht solche Tatsachen auszuklammern, deren Bekanntwerden geeignet ist, den Beteiligten erhebliche Nachteile zuzufügen.[452] Darüber hinaus steht den Aktionären der Hauptgesellschaft ein über § 131 AktG hinausgehendes Auskunftsrecht zu, welches sich auf alle im Zusammenhang mit der Eingliederung wesentlichen Angelegenheiten der einzugliedernden Gesellschaft, einschließlich aller Informationen, die für die Beurteilung der Vermögens-, Ertrags- und Liquiditätslage der einzugliedernden Gesellschaft von Bedeutung sind, erstreckt (§ 319 Abs. 3 Satz 5 AktG).[453] Streitig ist, ob und inwieweit ein Auskunftsverweigerungsrecht entsprechend § 131 Abs. 3 Satz 1 Nr. 1 AktG gegeben ist.[454]

189 Weitere **Probleme** stellen sich **im mehrstufigen Eingliederungskonzern**. Insoweit ist im Falle der Eingliederung einer Enkelgesellschaft in eine Tochtergesellschaft streitig, ob die Hauptversammlung der Muttergesellschaft analog § 319 Abs. 2 Satz 1 AktG ebenfalls mit dem Eingliederungsvorgang befasst werden muss. Nach allgemeinen Grundsätzen, wonach eine Konzernleitungskontrolle insb. bei Maßnahmen mit Drittbezug zum Tragen kommt, kommt ein Mitwirkungserfordernis allenfalls bei einer Mehrheitseingliederung in Betracht, da in diesem Falle den Aktionären der einzugliedernden Gesellschaft gem. § 320 b AktG Aktien der Tochter als Abfindung zu gewähren sind. Ein solches Erfordernis hätte allenfalls im Innenverhältnis Bedeutung.[455]

---

[451] Vgl. ausführlich zum Inhalt des Eingliederungsberichts *Emmerich/Habersack* § 319 Rz. 20; *Hüffer* § 319 Rz. 11; MünchHdb. GesR/Bd. 4/*Krieger* § 73 Rz. 13.

[452] *Emmerich/Habersack* § 319 Rz. 20; MünchHdb. GesR/Bd. 4/*Krieger* § 73 Rz. 13.

[453] MünchKomm. AktG/Bd. 8/*Grunewald* § 319 Rz. 24; MünchHdb. GesR/Bd. 4/ *Krieger* § 73 Rz. 14; Kölner Komm./*Koppensteiner* § 319 Rz. 15; *Emmerich/Habersack* § 319 Rz. 22..

[454] Grdsl. bejahend: MünchKomm. AktG/Bd. 8/*Grunewald* § 319 Rz. 25; MünchHdb. GesR/Bd. 4/*Krieger* § 73 Rz. 14 – aA Kölner Komm./*Koppensteiner* § 319 Rz. 8; *Emmerich/ Habersack* § 319 Rz. 23.

[455] Die Frage ist außerordentlich umstritten: Ähnlich wie hier MünchKomm. AktG/Bd. 8/*Grunewald* § 319 Rz. 13; *Hüffer* § 319 Rz. 7; *Emmerich/Habersack* § 319 Rz. 16, die darauf abstellen, dass der Eingliederungsvorgang auf Tochterebene wesentliche Bedeutung für die Muttergesellschaft hat. – AA MünchHdb. GesR/Bd. 4/*Krieger* § 73 Rz. 15, der generell ein Zustimmungserfordernis auf Mutterebene ablehnt, einerseits und *Sonnenschein* BB 1975, 1088, 1091 f. andererseits, der ein Zustimmungserfordernis generell annimmt und sogar vertritt, dass die Zustimmung auf Mutterebene ins Außenverhältnis durchschlägt; ähnlich Kölner Komm./*Koppensteiner* § 319 Rz. 7, der allerdings dem Zustimmungserfordernis lediglich Bedeutung im Innenverhältnis beimisst.

2. Wirksamwerden

Die Eingliederung wird mit **Eintragung im Handelsregister** der einzugliedernden Gesellschaft wirksam (§ 319 Abs. 7 AktG). Der Anmeldung sind die Niederschriften der Hauptversammlungsbeschlüsse nebst Anlagen beizufügen (§ 319 Abs. 4 Satz 2 AktG); darüber hinaus muss der Vorstand erklären, dass eine Klage gegen die Wirksamkeit der Hauptversammlungsbeschlüsse nicht oder nicht fristgerecht erhoben bzw. eine solche Klage rechtskräftig abgewiesen oder zurückgenommen worden ist (sog. Negativerklärung nach § 319 Abs. 5 AktG). Daher bewirkt eine Anfechtung des Eingliederungsbeschlusses eine Registersperre. Diese wird sowohl durch Anfechtungs- als auch durch Nichtigkeitsklagen gegen einen der Hauptversammlungsbeschlüsse (§§ 243, 249 AktG) als auch durch sonstige **Klagen von Aktionären**, die die Feststellung der Unwirksamkeit des angegriffenen Hauptversammlungsbeschlusses zum Inhalt haben, ausgelöst.[456]

Die Registersperre kann im **Unbedenklichkeitsverfahren** gem. § 319 Abs. 6 AktG überwunden werden. Die Ausgestaltung dieses Verfahrens hat ebenso wie das Freigabeverfahren nach § 246a AktG umfangreiche Veränderungen durch das **Gesetz zur Umsetzung der Aktionärsrechterichtlinie (ARUG) vom 30. Juli 2009**[457] erfahren. Zuständig für die nunmehr gem. § 319 Abs. 6 Satz 9 AktG **unanfechtbare** Entscheidung ist das **Oberlandesgericht**, in dessen Bezirk die Gesellschaft ihren Sitz hat (§ 319 Abs. 6 Satz 7 AktG), und zwar als Senat ohne Güteverhandlung (§ 319 Abs. 6 Satz 8 AktG), in dringenden Fällen auch ohne mündliche Verhandlung (§ 319 Abs. 6 Satz 4 AktG). Der gerichtliche Beschluss, dass die Erhebung der Klage gegen den Hauptversammlungsbeschluss der Eintragung nicht entgegensteht (§ 319 Abs. 6 Satz 1 AktG), ergeht, wenn die Klage offensichtlich unzulässig oder offensichtlich unbegründet ist (§ 319 Abs. 6 Satz 3 Nr. 1 AktG), der Kläger nicht binnen einer Woche nach Zustellung des Antrags durch Urkunden nachgewiesen hat, dass er seit Bekanntmachung der Einberufung der Hauptversammlung einen Anteil von mindestens 1.000 Euro am Nennkapital hält (§ 319 Abs. 6 Satz 3 Nr. 2 AktG) oder das alsbaldige Wirksamwerden des Hauptversammlungsbeschlusses vorrangig erscheint, weil die von der Hauptgesellschaft dargelegten wesentlichen Nachteile für die einzugliedernde Gesellschaft und ihre Aktionäre nach freier Überzeugung des Gerichts die Nachteile für den Antragsgegner, der die Anfechtungsklage führt, überwiegen (wobei Letzteres ausnahmsweise dann nicht gilt, wenn eine besondere Schwere des Rechtsverstoßes gegeben ist, § 319 Abs. 6 Satz 3 Nr. 3 AktG). Die Gesellschaft muss ihren Tatsachenvortrag im Unbedenklichkeitsverfahren iSd. § 294 ZPO glaubhaft machen (§ 319 Abs. 6 Satz 6 AktG). Nach § 319 Abs. 6 Satz 1 AktG steht der rechtskräftige Unbedenklichkeitsbeschluss der Negativerklärung nach § 319 Abs. 5 AktG gleich, sodass er die Registersperre überwindet. Erweist sich die Anfechtungsklage als begründet, kann der Antragsgegner des Unbedenklichkeitsverfahrens Ersatz des Schadens verlangen, der ihm aus einer auf dem Beschluss beruhenden Eintragung entstanden ist. Eine erfolgreiche Beschlussanfechtung

---

[456] Hüffer § 319 Rz. 14; MünchHdb. GesR/Bd. 4/Krieger § 73 Rz. 18 – aA Emmerich/Habersack § 319 Rz. 27 im Hinblick auf Feststellungsklagen iSd. § 256 ZPO.
[457] BGBl. I S. 2479 ff. Das Gesetz dient der Umsetzung der RL 2007/36/EG.

führt indes anders als nach bisheriger Rechtslage[458] nicht mehr dazu, dass eine Verpflichtung zur Rückgängigmachung der Eingliederung besteht; die Rückgängigmachung kann auch nicht als Schadensersatz verlangt werden (§ 319 Abs. 6 Satz 11 AktG).

II. Mehrheitseingliederung nach § 320 AktG

192 Das Gesetz lässt in § 320 Abs. 1 Satz 1 AktG eine Eingliederung durch Mehrheitsbeschluss zu, wenn sich bereits 95 % der Aktien in der Hand der zukünftigen Hauptgesellschaft befinden. Die Regelung geht zurück auf das Feldmühle-Urteil des BVerfG[459] und ist mit Art. 14 GG vereinbar.

1. Voraussetzungen und Verfahren

193 Im Zuge der **Berechnung der 95 %igen Mehrheit der Hauptgesellschaft** ist – anders als bei Eingliederung 100 %iger Töchter – eigener Aktienbesitz der einzugliedernden Gesellschaft vom Grundkapital abzusetzen (§ 320 Abs. 1 Satz 2 AktG). Strittig ist, ob Aktien im Besitz von Töchtern der Hauptgesellschaft entsprechend § 71 d AktG wie eigene Aktien zu behandeln sind; überwiegend wird dies verneint, sodass solche Aktien nicht abzusetzen sind.[460] Darüber hinaus ist strittig, ob die künftige Hauptgesellschaft außer einer mindestens 95 %igen Kapitalmehrheit auch über eine entsprechende Stimmenmehrheit verfügen muss. Die herrschende Meinung verneint dies im Hinblick auf den eindeutigen Gesetzeswortlaut, sodass beim Besitz von stimmrechtslosen Vorzugs- oder Mehrstimmrechtsaktien allein auf die Kapitalziffer abzustellen ist.[461]

194 Im Grundsatz gelten für Mehrheitseingliederungen die gleichen verfahrensmäßigen Vorschriften wie für die Eingliederung einer 100 %igen Tochtergesellschaft (§ 320 Abs. 1 Satz 3 AktG). Dementsprechend bedarf es eines **Zustimmungsbeschlusses der Hauptgesellschaft** mit qualifizierter Mehrheit (§ 319 Abs. 2 AktG)[462] sowie eines Eingliederungsberichts (§ 319 Abs. 3 Satz 1 Nr. 3 AktG); darüber hinaus ist das erweiterte Auskunftsrecht der Aktionäre nach § 319 Abs. 3 Satz 5 AktG zu beachten.

Weiterhin existieren einige gesetzlich angeordnete **Besonderheiten**, die auf dem Umstand beruhen, dass bei der Eingliederung nach §§ 320 ff. AktG die Minderheitsaktionäre der einzugliedernden Gesellschaft zwangsweise ausscheiden: Im Eingliederungsbericht des Vorstandes der künftigen Hauptgesell-

---

[458] Vgl. hierzu etwa *Emmerich/Habersack* § 319 Rz. 40.

[459] BVerfG 1 BvR 16/60 v. 29. 11. 1961, BVerfGE 14, 263 (Feldmühle); s. auch BGH II ZR 109/72 v. 27. 5. 1974, WM 1974, 713, 716; OLG Celle 9 U 155/71 v. 28. 6. 1972, WM 1972, 1004, 1010.

[460] Ebenso *Emmerich/Habersack* § 320 Rz. 9; MünchKomm. AktG/Bd. 8/*Grunewald* § 320 Rz. 3; *Hüffer* § 320 Rz. 4; MünchHdb. GesR/Bd. 4/*Krieger* § 73 Rz. 31 – aA Kölner Komm./*Koppensteiner* § 320 Rz. 4 f.

[461] Vgl. *Emmerich/Habersack* Konzernrecht § 10 III 1 a; MünchKomm. AktG/Bd. 8/*Grunewald* § 320 Rz. 7; *Hüffer* § 320 Rz. 4; MünchHdb. GesR/Bd. 4/*Krieger* § 73 Rz. 31 a; offen gelassen: OLG Hamm 15 W 291/93 v. 8. 12. 1993, AG 1994, 376, 377 (Siemens/Nixdorf) – aA Kölner Komm./*Koppensteiner* § 320 Rz. 76; *von Godin/Wilhelmi* § 320 Anm. 3.

[462] Dem Tagesordnungspunkt ist das konkrete Abfindungsangebot beizufügen, vgl. § 320 Abs. 2 Satz 2 AktG.

E. Eingliederung

schaft ist Art und Höhe der der ausscheidenden Minderheit gewährten **Abfindung rechtlich und wirtschaftlich zu erläutern** sowie zu begründen; es ist insb. auf etwaige Schwierigkeiten bei der Bewertung der beteiligten Gesellschaften und etwaige hieraus resultierende Folgen für die Beteiligungen der Aktionäre hinzuweisen (§ 320 Abs. 4 Satz 2 AktG).

Weiterhin ist die Eingliederung durch einen auf Antrag des Vorstands der zukünftigen Hauptgesellschaft vom Gericht bestellten Eingliederungsprüfer zu prüfen (§ 320 Abs. 3 AktG). Zuständig ist das Landgericht, in dessen Bezirk die einzugliedernde Gesellschaft ihren Sitz hat (§§ 320 Abs. 3 Satz 3, 293 c Abs. 1 Satz 3 AktG), soweit keine Zuständigkeitskonzentration besteht. Auf die Prüfung sind die Vorschriften der §§ 293 a Abs. 3, 293 c bis 293 e AktG sinngemäß anzuwenden (§ 320 Abs. 3 Satz 3 AktG). Die **Eingliederungsprüfung** ist zwar entsprechend §§ 320 Abs. 3 Satz 3, 293 a Abs. 3 AktG verzichtbar; realiter kann ein solcher Verzicht allerdings nur in seltenen Fällen realisiert werden, da alle Aktionäre der beteiligten Gesellschaften den Verzicht öffentlich beglaubigt erklären müssen.[463] Der Eingliederungsprüfer hat das Eingliederungsvorhaben zu prüfen (§ 320 Abs. 3 AktG); dies erfordert Prüfungshandlungen im Hinblick auf die Erfüllung der gesetzlichen Voraussetzungen der Mehrheitseingliederung und die Angemessenheit der vorgeschlagenen Abfindung, nicht jedoch hinsichtlich der Zweckmäßigkeit der Maßnahme.[464] Strittig ist, ob Prüfungsgegenstand auch der Eingliederungsbericht des Vorstandes der Hauptgesellschaft ist.[465] Nach §§ 320 Abs. 3 Satz 3, 293 e AktG muss der Eingliederungsprüfer über das Ergebnis seiner Prüfungshandlungen schriftlich berichten.

Bei der Mehrheitseingliederung sind im Hinblick auf den **Eingliederungsbeschluss der einzugliedernden Gesellschaft** alle Förmlichkeiten betreffend Ladung und Durchführung einer Hauptversammlung einzuhalten; wegen der Existenz einer Minderheit, die mit Wirksamwerden der Eingliederung aus der Gesellschaft ausscheidet, kommt ein Verzicht auf die Förmlichkeiten gem. § 121 Abs. 6 AktG idR nicht in Betracht. Weiterhin enthält § 320 AktG einige **Besonderheiten**: So muss die Tagesordnung Firma und Sitz der zukünftigen Hauptgesellschaft sowie deren Abfindungsangebot enthalten (§ 320 Abs. 2 Satz 1 AktG); ein Fehlen des Angebots führt zur Anfechtbarkeit des Eingliederungsbeschlusses.[466] Weiterhin müssen von der Einberufung der Hauptversammlung an der Entwurf des Eingliederungsbeschlusses, die letzten drei Jahresabschlüsse und Lageberichte der beteiligten Gesellschaften, der Eingliederungsbericht des Vorstandes der Hauptgesellschaft und der Prüfbericht des Eingliederungsprüfers in den Geschäftsräumen beider beteiligter Gesellschaften (§ 320 Abs. 4 Satz 1 AktG) auslegen und in der Hauptversammlung selbst (§§ 320 Abs. 4 Satz 3, 319 Abs. 3 Satz 4 AktG) zugänglich gemacht werden; darüber hinaus muss jedem Aktionär, der dies wünscht, eine Abschrift dieser **Unterlagen** unverzüglich und kostenlos erteilt werden (§§ 320 Abs. 4

---

[463] Hüffer § 320 Rz. 10 aE; MünchHdb. GesR/Bd. 4/Krieger § 73 Rz. 33.
[464] Emmerich/Habersack § 320 Rz. 20; MünchHdb. GesR/Bd. 4/Krieger § 73 Rz. 35.
[465] Bejahend LG Berlin 99 O 126/95 v. 13.11.1995, AG 1996, 230, 232 rechte Spalte; Emmerich/Habersack § 320 Rz. 20; Hüffer § 320 Rz. 12; MünchHdb. GesR/Bd. 4/Krieger § 73 Rz. 35.
[466] MünchKomm. AktG/Bd. 8/Grunewald § 320 Rz. 5 f.; Hüffer § 320 Rz. 7 f.; Emmerich/Habersack § 320 Rz. 12 f.

Satz 1 und 3, 319 Abs. 3 Satz 2 AktG) es sei denn, die entsprechenden Unterlagen sind über die Internetseite der zukünftigen Hauptgesellschaft zugänglich. Der Eingliederungsbeschluss bedarf keiner sachlichen Rechtfertigung im Interesse der einzugliedernden Gesellschaft nach den vom BGH für die Fälle von Bezugsrechtsausschlüssen entwickelten Grundsätzen; es handelt sich um eine gesetzlich vorgeprägte Beschlusssituation, in der der Gesetzgeber die entsprechende Interessenabwägung bereits durch das hohe Kapitalmehrheitserfordernis vorgenommen hat.[467]

2. Abfindungsangebot

196 Die Eingliederung gem. §§ 320 ff. AktG bewirkt einen **Ausschluss der außenstehenden Aktionäre** der einzugliedernden Gesellschaft **gegen Abfindung durch Mehrheitsbeschluss**. Infolge der Eingliederung gehen die Mitgliedschaftsrechte der Außenseiter auf die neue Hauptgesellschaft kraft Gesetzes über, etwaige Aktienurkunden verbriefen nunmehr lediglich den Abfindungsanspruch (§ 320a AktG).

Der Verlust der Mitgliedschaft wird durch den Abfindungsanspruch des § 320b AktG kompensiert, der unter Zugrundelegung der **Verschmelzungswertrelation**, dh. desjenigen Umtauschverhältnisses, welches bei einer Verschmelzung der beiden Gesellschaften angemessen wäre, zu berechnen ist. Die Abfindung muss der Höhe nach dem „wirklichen" Wertverhältnis zwischen beiden Gesellschaften entsprechen; insoweit kommen die für die Abfindung bei Unternehmensverträgen entwickelten Grundsätze zum Tragen.[468] Als **Regelabfindung** ist gesetzlich die Gewährung von **Aktien der Hauptgesellschaft** vorgesehen (§ 320b Abs. 1 Satz 2 AktG); die entsprechenden Aktien kann sich die Hauptgesellschaft durch ein bedingtes Kapital (§ 192 Abs. 2 Nr. 2 AktG) oder den Erwerb eigener Aktien (§ 71 Abs. 1 Nr. 3 AktG) verschaffen, wobei im Rahmen der Stückelung der jungen Aktien umfassend Rücksicht auf die Interessen der abzufindenden Minderheitsaktionäre zu nehmen ist.[469] Falls die Hauptgesellschaft ihrerseits von einem Drittunternehmen abhängig ist (oder es sich um eine Gebietskörperschaft handelt[470]), gewährt § 320b Abs. 1 Satz 3 AktG den ausscheidenden Aktionären ein Wahlrecht zwischen Aktien der Hauptgesellschaft und einer angemessenen Barabfindung;[471] demgegenüber sieht das Gesetz in diesen Fällen keine Abfindung in Aktien des über die Hauptgesellschaft herrschenden Unternehmens vor, und auch eine analoge Anwendung des § 305 Abs. 2 Nr. 2 AktG wird überwiegend abgelehnt.[472] Allerdings geht die ganz herrschende Meinung davon aus, dass im Falle einer „**Ketteneingliederung**", dh. im Falle der Eingliederung einer Gesellschaft in eine

---

[467] *Emmerich/Habersack* § 320b Rz. 21; MünchKomm. AktG/Bd. 8/*Grunewald* § 320 Rz. 8; MünchHdb. GesR/Bd. 4/*Krieger* § 73 Rz. 39.
[468] Vgl. oben unter Rz. 157 ff.
[469] LG Berlin 99 O 126/95 v. 13. 11. 1995, AG 1996, 230, 232; *Emmerich/Habersack* Konzernrecht § 10 III 4 b.
[470] Vgl. BGH II ZR 123/76 v. 13. 10. 1977, BGHZ 69, 334 ff. (VEBA/Gelsenberg).
[471] Vgl. im Hinblick auf die Ausübung des Wahlrechts *Emmerich/Habersack* § 320b Rz. 11; Kölner Komm./*Koppensteiner* § 320b Rz. 15 und MünchHdb. GesR/Bd. 4/*Krieger* § 73 Rz. 44, 46.
[472] *Emmerich/Habersack* § 320b Rz. 9; MünchKomm. AktG/Bd. 8/*Grunewald* § 320b Rz. 5; *Hüffer* § 320b Rz. 6 – aA *Kamprad/Römer* AG 1990, 486, 487 f.

E. Eingliederung 197 § 15

ihrerseits eingegliederte Hauptgesellschaft, Aktien der Muttergesellschaft zu gewähren sind, um eine Beendigung des Eingliederungsverhältnisses auf der vorgelagerten Stufe gem. § 327 Abs. 1 Nr. 3 AktG zu vermeiden.[473] Für den Fall, dass eine börsennotierte Gesellschaft in eine nicht-börsennotierte Gesellschaft eingegliedert wird, wird vertreten, dass hier ebenfalls ein Wahlrecht bestehe, und zwar zwischen Barabfindung und Aktien der Hauptgesellschaft.[474] Durch die Eingliederung wird darüber hinaus die Rechtsposition der Inhaber von Optionen auf Aktien der eingegliederten Gesellschaft beeinträchtigt; nach herrschender Meinung sind derartige noch nicht ausgeübte bzw. noch nicht bediente Optionen analog §§ 320a, 320b AktG, 23, 26 Abs. 1 UmwG durch entsprechende Rechte gegen die Hauptgesellschaft zu ersetzen.[475]

Das Abfindungsangebot zugunsten der Minderheitsaktionäre der Untergesellschaft wird von der Hauptgesellschaft unterbreitet. Trotz Eingliederungsprüfung ist nicht sichergestellt, dass die angebotene Abfindung tatsächlich immer eine adäquate Kompensation des eintretenden Rechtsverlustes ist. Aufgrund dessen kann jeder ausgeschiedene Aktionär die gerichtliche **Überprüfung der Angemessenheit der Abfindung im Wege eines Spruchverfahrens** binnen drei Monaten seit dem Tag der Bekanntmachung der Eintragung der Eingliederung in das Handelsregister beantragen (§ 320b Abs. 2 Satz 2 AktG; § 4 Abs. 1 SpruchG). Zuständig ist das Landgericht – Kammer für Handelssachen – in dessen Bezirk die Gesellschaft ihren Sitz hat (§ 2 Abs. 1 SpruchG, § 95 Abs. 2 Nr. 2 GVG), wenn nicht eine Zuständigkeitskonzentration bei einem anderen Landgericht besteht (vgl. § 71 Abs. 2 Nr. 4 lit. e), Abs. 4 GVG). Die gerichtliche Bestimmung der Abfindung kann auch dann verlangt werden, wenn eine Abfindung gar nicht oder nicht ordnungsgemäß angeboten wurde und eine hierauf gestützte Anfechtungsklage innerhalb der Anfechtungsfrist nicht erhoben oder zurückgenommen oder rechtskräftig abgewiesen worden ist (§ 320b Abs. 2 Satz 3 AktG).

197

Modifikationen des Abfindungsangebots durch das Gericht wirken zugunsten aller abfindungsberechtiger Aktionäre und ihrer Rechtsnachfolger, sodass denjenigen Aktionären, die das Abfindungsangebot angenommen haben, ein **Abfindungsergänzungsanspruch** zusteht.[476] Schwierige verfahrensrechtliche Probleme im Rahmen des Spruchverfahrens treten im mehrstufigen Ein-

---

[473] BGH II ZB 5/97 v. 4.3. 1998, BGHZ 138, 224, 225 ff.; OLG Nürnberg 12 W 3317/95 v. 20.2. 1996, AG 1996, 229, 230; LG Dortmund 20 AktE 10/95 v. 19.7. 1995, AG 1995, 518, 519; 20 AktE 2/95 v. 13.5. 1996, AG 1996, 426, 427; *Emmerich/Habersack* § 320b Rz. 10; MünchKomm. AktG/Bd. 8/*Grunewald* § 320b Rz. 6; *Hüffer* § 320b Rz. 6; MünchHdb. GesR/Bd. 4/*Krieger* § 73 Rz. 45; Kölner Komm./*Koppensteiner* § 320b Rz. 7 (entgegen der Vorauflage).

[474] *Emmerich/Habersack* Konzernrecht § 10 4b, die dies damit begründen, dass die Eingliederung hier dieselbe Wirkung habe wie ein Delisting, für welches der BGH in der „Macroton"-Entscheidung einen Anspruch der (Minderheits-)Aktionäre auf Abfindung aus Art. 14 Abs. 1 GG hergeleitet hat, BGH II ZR 133/01 v. 25.11. 2002, BGHZ 153, 47 ff.

[475] BGH II ZR 117/97 v. 2.2. 1998, NJW 1998, 2146; OLG München 7 U 5382/92 v. 17.3. 1993, WM 1993, 1285, 1288; *Emmerich/Habersack* § 320b Rz. 8; MünchKomm. AktG/Bd. 8/*Grunewald* § 320b Rz. 13 – aA anscheinend OLG Hamm 15 W 291/93 v. 8.12. 1993, AG 1994, 376, 378 (Siemens/Nixdorf).

[476] Kölner Komm./*Koppensteiner* § 320b Rz. 19; MünchHdb. GesR/Bd. 4/*Krieger* § 73 Rz. 51.

Liebscher 1325

gliederungskonzern auf, wenn die eingegliederte Gesellschaft als Abfindungsschuldnerin an anderweitigen Spruchverfahren beteiligt ist.[477]

3. Wirksamwerden der Eingliederung

198 Im Hinblick auf das Wirksamwerden der Eingliederung durch deren **Eintragung** bestehen keine Besonderheiten, sodass die bereits im Zusammenhang mit einer Eingliederung einer 100%igen Tochtergesellschaft dargelegten Grundsätze zum Tragen kommen. Allerdings ist die drohende **Registersperre** gem. §§ 320 Abs. 1 Satz 3, 319 Abs. 5 AktG und das **Unbedenklichkeitsverfahren** gem. §§ 320 Abs. 1 Satz 3, 319 Abs. 6 AktG bei der Mehrheitseingliederung **von größerer praktischer Bedeutung**, da der Eingliederungsbeschluss der einzugliedernden Gesellschaft keine bloße Formalie ist und in Anbetracht des gesetzlich angeordneten Zwangsausscheidens der Minderheitsaktionäre mit Opposition zu rechnen ist.

Für die Geltendmachung von Mängeln des Eingliederungsbeschlusses kommen die allgemeinen Grundsätze zum Tragen. Ein Beschlussmangel, der zur Anfechtung des Eingliederungsbeschlusses berechtigt, besteht insb. dann, wenn die gesetzlichen Voraussetzungen einer Mehrheitseingliederung nach § 320 AktG nicht vorliegen[478] oder wenn das Abfindungsangebot, der Eingliederungsbericht oder der Prüfungsbericht der Eingliederungsprüfer mangelhaft ist.[479] Demgegenüber kann wegen der Verfolgung von Sondervorteilen (§ 243 Abs. 2 AktG) sowie wegen der Unangemessenheit der angebotenen Abfindung nicht angefochten werden (§ 320b Abs. 2 Satz 1 AktG); in Bezug auf Letzteres sind die Aktionäre der einzugliedernden Gesellschaft gem. § 320b Abs. 2 Satz 2 AktG auf das Spruchverfahren als einfacheren Rechtsbehelf verwiesen. Bei nicht oder nicht ordnungsgemäß angebotener Abfindung kommt aber grds. eine Anfechtung in Betracht; scheidet eine Anfechtung wegen Zeitablaufs aus, greift subsidiär das Spruchverfahren (vgl. § 320b Abs. 2 Satz 3 AktG; Rz. 197). Fraglich ist, ob die Verletzung von Auskunfts- und Berichtspflichten im Zusammenhang mit der nach § 320b AktG geschuldeten Abfindung zur Anfechtung berechtigt oder ob auch insoweit die Aktionäre der Untergesellschaft auf das Spruchverfahren zu verweisen sind; in Anbetracht der neueren Rechtsprechung des BGH zu dieser Frage spricht viel dafür, dass derartige abfindungsbezogene Informationspflichtverletzungen nicht mehr zur Anfechtung berechtigen.[480]

III. Gläubigerschutz

199 Gemäß § 322 AktG haftet die Hauptgesellschaft akzessorisch für sämtliche Alt- und Neuschulden der Untergesellschaft. Die herrschende Meinung nimmt die Hauptgesellschaft nicht nur monetär, sondern auch für die Er-

---

[477] Vgl. hierzu *Emmerich/Habersack* Konzernrecht § 10 III 5 d mwN.
[478] OLG Hamm, 15 W 314/78 v. 22. 5. 1979, AG 1980, 79 (GBAG/VEBA); 15 W 291/93 v. 8. 12. 1993, AG 1994, 376, 377 f. (Siemens/Nixdorf).
[479] BGH II ZR 123/76 v. 13. 10. 1977, BGHZ 69, 334, 335, 343 (VEBA/Gelsenberg), LG Berlin 99 O 126/95 v. 13. 11. 1995, AG 1996, 230, 232 (Brau & Brunnen AG).
[480] Vgl. BGH II ZR 1/99 v. 18. 12. 2000, ZIP 2001, 199 (MEZ); II ZR 368/99 v. 29. 1. 2001, ZIP 2001, 412 (Aqua Butzke); *Emmerich/Habersack* Konzernrecht § 10 III 2 b – aA *Hoffmann-Becking* RWS-Forum Gesellschaftsrecht 2001 S. 55, 67.

E. Eingliederung

füllung der sonstigen Verbindlichkeiten der eingegliederten Gesellschaft in die Pflicht.[481] Schwierigkeiten bereitet das gesetzlich angeordnete **Gesamtschuldverhältnis zwischen Haupt- und Untergesellschaft** im Hinblick auf Einwendungen. Im Ergebnis kann die für eine Verbindlichkeit der Tochter in Anspruch genommene Hauptgesellschaft alle **Einwendungen** geltend machen, die in ihrer eigenen Person und in der Person der Untergesellschaft begründet sind (§ 322 Abs. 2 AktG); §§ 423, 425 BGB, die teilweise Einreden nur demjenigen Gesamtschuldner gewähren, in dessen Person sie verwirklicht werden, finden keine Anwendung.[482] Weiterhin steht der Hauptgesellschaft ein Leistungsverweigerungsrecht gem. § 322 Abs. 3 AktG zu, solange die Untergesellschaft das der Verbindlichkeit zugrunde liegende Rechtsgeschäft anfechten kann oder gegen die Verbindlichkeit mit einer fälligen Gegenforderung aufgerechnet werden kann.

Im Übrigen gewährt § 321 Abs. 1 AktG einen **besonderen Schutz für Altgläubiger**, indem diese berechtigt sind, innerhalb von 6 Monaten nach Bekanntmachung der Eintragung der Eingliederung für ihre Forderung **Sicherheitsleistung** zu verlangen (soweit sie nicht ausnahmsweise schon iSd. § 321 Abs. 2 AktG gesichert sind); der Anspruch auf Sicherheitsleistung richtet sich primär gegen die eingegliederte Gesellschaft, kann jedoch wegen der akzessorischen Mithaftung der Hauptgesellschaft auch gegen diese verfolgt werden.[483] Selbständige Bedeutung kommt dem Anspruch bei Zweifeln an der Liquidität der Hauptgesellschaft zu.[484]

IV. Wirkung der Eingliederung

Die vollzogene Eingliederung ist durch das Fehlen schutzwürdiger Außenseiter und einen umfassenden Gläubigerschutz gekennzeichnet. Durch die Leistungen zugunsten der Außenseiter und der Gläubiger nimmt die Hauptgesellschaft erhebliche Lasten auf sich, deren Korrelat die umfassenden Leitungsbefugnisse und die weit gehende Dispositionsbefugnis der Hauptgesellschaft über das Vermögen der eingegliederten Gesellschaft sind.

1. Weisungsrecht

§ 323 Abs. 1 Satz 1 AktG gewährt der Hauptgesellschaft gegenüber dem Vorstand der eingegliederten Gesellschaft ein nahezu unbeschränktes Weisungsrecht. Die Schranken des beherrschungsvertraglichen Weisungsrechts gelten nicht, sodass auch Weisungen erteilt werden dürfen, die nicht durch Belange der Hauptgesellschaft bzw. von mit der Gesellschaft konzernverbundenen Unternehmen gedeckt sind[485] oder sogar (willkürlich) die Existenzfähigkeit der

---

[481] *Emmerich/Habersack* § 322 Rz. 6; *Hüffer* § 322 Rz. 4; MünchHdb. GesR/Bd. 4/*Krieger* § 73 Rz. 54 – aA Kölner Komm./*Koppensteiner* § 322 Rz. 7 ff., der nur von einer Einstandsverpflichtung ausgeht.
[482] Vgl. MünchHdb. GesR/Bd. 4/*Krieger* § 73 Rz. 55; *Emmerich/Habersack* § 322 Rz. 10 ff.
[483] *Emmerich/Habersack* Konzernrecht § 10 IV 1; MünchHdb. GesR/Bd. 4/*Krieger* § 73 Rz. 52.
[484] *Hüffer* § 321 Rz. 1.
[485] *Hüffer* § 323 Rz. 3; KölnerKomm/*Koppensteiner* § 323 Rz. 2; *Emmerich/Habersack* Konzernrecht § 10 V 1.

eingegliederten Gesellschaft in Frage stellen;[486] **unzulässig** sind lediglich **gesetzes- und sittenwidrige Weisungen**.[487] Spiegelbildlich zum umfassenden Weisungsrecht der Hauptgesellschaft besteht eine korrespondierende Folgepflicht des Tochter-Vorstandes.

Bei Verletzungen der Schranken der Leitungsmacht kommen **Schadensersatzpflichten der Organmitglieder** der beteiligten Gesellschaften gem. § 323 Abs. 1 Satz 2 AktG iVm. §§ 309, 310 AktG in Betracht. Hiernach haften die Mitglieder des Vorstandes der Hauptgesellschaft gegenüber der Untergesellschaft, wenn sie das Weisungsrecht unter Verletzung der Sorgfalt eines ordentlichen und gewissenhaften Geschäftsleiters ausüben; entsprechend haften die Mitglieder von Vorstand und Aufsichtsrat der eingegliederten Gesellschaft, wenn sie in diesem Zusammenhang ihre eigenen Pflichten verletzt haben.[488]

203   Darüber hinaus stellt sich die Frage, ob eine **Konzernleitungspflicht** der Hauptgesellschaft im Eingliederungskonzern besteht. Insoweit gelten die allgemeinen Grundsätze, sodass der Vorstand der Hauptgesellschaft seiner eigenen Gesellschaft gegenüber im Grundsatz verpflichtet ist, die ihm zur Verfügung stehenden Einflusspotenziale zu nutzen, wohingegen im Verhältnis zur eingegliederten Gesellschaft keine Verpflichtung zur Ausübung des Weisungsrechts existiert.[489]

2. Vermögenszugriff und Verlustausgleichspflicht

204   Im Eingliederungskonzern steht das Vermögen der eingegliederten Gesellschaft weitgehend zur freien Disposition der Hauptgesellschaft; durch § 323 Abs. 2 AktG werden die **Kapitalaufbringungs- und -erhaltungsregeln** der §§ 57, 58 und 60 AktG **verdrängt**. Darüber hinaus befreit § 324 Abs. 1 AktG von der Verpflichtung zur Bildung und Dotierung einer gesetzlichen Rücklage gem. § 150 AktG. Eine in der eingliederungsfreien Zeit gebildete gesetzliche Rücklage kann aufgelöst und frei verwandt werden, sofern keine statutarische Verpflichtung zur Rücklagenbildung besteht; existieren entsprechende Satzungsregelungen, setzt die Auflösung einer satzungsmäßigen Rücklage die Aufhebung der entsprechenden Satzungsbestimmung voraus, da das Eingliederungsverhältnis insoweit die Satzung der Gesellschaft nicht überlagert.[490] Als Korrelat dieser weitreichenden Zugriffsrechte ist die Hauptgesellschaft neben der Mithaftung für Verbindlichkeiten der Untergesellschaft im Außenverhältnis gem. § 324 Abs. 3 AktG verpflichtet, jeden Bilanzverlust der Tochter auszugleichen, soweit der Verlust durch Kapital- und Gewinnrücklagen nicht mehr gedeckt ist.

205   Aus steuerlichen Gründen besteht häufig neben dem Eingliederungsverhältnis ein **Gewinnabführungsvertrag**. § 324 Abs. 2 AktG enthält insoweit

---

[486] *Emmerich/Habersack* § 323 Rz. 2; *MünchHdb. GesR/Bd. 4/Krieger* § 73 Rz. 56; *Raiser/Veil* § 55 Rz. 11 – zweifelnd *Hüffer* § 323 Rz. 3.

[487] *Emmerich/Habersack* Konzernrecht § 10 V 1; *Hüffer* § 323 Rz. 3; *Kölner Komm./Koppensteiner* § 321 Rz. 4.

[488] Vgl. *Emmerich/Habersack* § 323 Rz. 8 ff.; *Kölner Komm./Koppensteiner* § 323 Rz. 13 ff.

[489] *Kölner Komm./Koppensteiner* § 323 Rz. 12; *MünchHdb. GesR/Bd. 4/Krieger* § 73 Rz. 58; *Emmerich/Habersack* Konzernrecht § 10 V 1.

[490] *Hüffer* § 324 Rz. 2; *MünchHdb. GesR/Bd. 4/Krieger* § 73 Rz. 64; *Emmerich/Habersack* § 324 Rz. 4; *MünchKomm. AktG/Bd. 8/Grunewald*; § 324 Rz. 2.

E. Eingliederung

Sonderbestimmungen, wonach ein entsprechender Gewinnabführungsvertrag durch die Eingliederung nicht aufgehoben wird, die vertragskonzernrechtlichen Schutzvorschriften zur Sicherung der Gesellschaft, der Außenseiter und Gläubiger unanwendbar sind sowie die Änderung und Aufhebung des Vertrages lediglich der Schriftform bedürfen.

V. Beendigung

Die Beendigung des Eingliederungsverhältnisses ist in § 327 AktG enumerativ geregelt, die Regelung ist nicht dispositiv;[491] im Ergebnis endet die Eingliederung immer dann, wenn eine der Eingliederungsvoraussetzungen nach §§ 319, 320 AktG entfallen ist.

Nach § 327 Abs. 1 Nr. 1 AktG endet die Eingliederung im Falle eines entsprechenden **Beschlusses der Hauptversammlung** der eingegliederten Gesellschaft, bei der es sich indes um die 100 %ige Tochtergesellschaft der Hauptgesellschaft handelt, sodass der Vorstand der Hauptgesellschaft über das Ende des Eingliederungsverhältnisses befindet. Eine Zustimmung der Hauptversammlung der Hauptgesellschaft ist gesetzlich nicht vorgesehen;[492] auch eine Zustimmungspflicht nach den Grundsätzen der Holzmüller-Entscheidung soll – soweit diese Frage im Schrifttum überhaupt diskutiert wird – nicht in Betracht kommen.[493] Unter den Voraussetzungen des § 111 Abs. 4 Satz 2 AktG ist jedoch die Zustimmung des Aufsichtsrats erforderlich.[494]

Da ein Eingliederungsverhältnis nur zwischen inländischen AGs möglich ist, endet das Eingliederungsverhältnis ferner gem. § 327 Abs. 1 Nr. 2 AktG im Falle einer **Änderung der Rechtsform** der Hauptgesellschaft und einer **Verlegung ihres Sitzes ins Ausland**; gleiches gilt im Falle einer Änderung der Rechtsform bzw. der Begründung eines Auslandssitzes der eingegliederten Gesellschaft.[495] Weiterhin endet die Eingliederung, wenn die **eingegliederte Gesellschaft nicht mehr 100 %ige Tochtergesellschaft** der Hauptgesellschaft ist (§ 327 Abs. 1 Nr. 3 AktG), wobei selbst der Anteilserwerb durch eine 100 %ige Tochtergesellschaft schädlich ist.[496] Schließlich endet die Eingliederung gem. § 327 Abs. 1 Nr. 4 AktG durch die **Auflösung** der Hauptgesellschaft; auch die Auflösung der eingegliederten Gesellschaft ist schädlich.[497]

Als problematisch erweist sich der Fall der Verschmelzung. Die Verschmelzung der Hauptgesellschaft wird von der (noch) herrschenden Meinung als eine Auflösung angesehen, während eine im Vordringen befindliche Meinung davon ausgeht, dass die Verschmelzung der Hauptgesellschaft auf eine andere

---

[491] Kölner Komm./*Koppensteiner* § 327 Rz. 5; *Hüffer* § 327 Rz. 2; MünchHdb. GesR/ Bd. 4/*Krieger* § 73 Rz. 69; *Emmerich/Habersack* § 327 Rz. 3.
[492] Kölner Komm./*Koppensteiner* § 327 Rz. 7; MünchKomm. AktG/Bd. 8/*Grunewald* § 327 Rz. 2; MünchHdb. GesR/Bd. 4/*Krieger* § 73 Rz. 70; *Emmerich/Habersack* § 327 Rz. 4.
[493] Vgl. *Emmerich/Habersack* § 327 Rz. 4.
[494] Vgl. MünchHdb. GesR/Bd. 4/*Krieger* § 73 Rz. 70; *Emmerich/Habersack* § 327 Rz. 4.
[495] *Emmerich/Habersack* § 327 Rz. 10 f.; MünchHdb. GesR/Bd. 4/*Krieger* § 73 Rz. 71; Kölner Komm./*Koppensteiner* § 327 Rz. 11 (entgegen der Vorauflage).
[496] Kölner Komm./*Koppensteiner* § 327 Rz. 12; MünchHdb. GesR/Bd. 4/*Krieger* § 73 Rz. 72; *Emmerich/Habersack* § 327 Rz. 6.
[497] Kölner Komm./*Koppensteiner* § 327 Rz. 16; MünchHdb. GesR/Bd. 4/*Krieger* § 73 Rz. 73 f.

AG den Übergang des Eingliederungsverhältnisses auf die übernehmende AG zur Folge hat.[498] Demgegenüber soll die Verschmelzung der eingegliederten Gesellschaft auf eine andere Gesellschaft stets zum Ende der Eingliederung führen.[499] Abspaltung und Ausgliederung von Vermögensteilen der Hauptgesellschaft berühren dagegen die Eingliederung nicht; das gilt auch für den Fall, dass das Eingliederungsverhältnis nebst der zugrundeliegenden Beteiligung selbst Gegenstand der Übertragung ist und eine Fortführung durch den Erwerber möglich ist.[500]

207 Mit Eintritt eines der vorgenannten Tatbestände endet das Eingliederungsverhältnis automatisch; die in § 327 Abs. 3 AktG vorgeschriebene **Eintragung der Beendigung** des Eingliederungsverhältnisses im Handelsregister hat **lediglich deklaratorische Bedeutung**. Ungeachtet der Beendigung des Eingliederungsverhältnisses haftet die Hauptgesellschaft für Altverbindlichkeiten der ehemals eingegliederten Gesellschaft fort.

Die Ansprüche gegen die frühere Hauptgesellschaft verjähren in fünf Jahren seit Bekanntmachung des Endes der Eingliederung (§ 327 Abs. 4 AktG). Die Mithaftung der Hauptgesellschaft für Ansprüche aus Dauerschuldverhältnissen besteht für diejenigen Verbindlichkeiten fort, die innerhalb des 5-Jahreszeitraums fällig und gerichtlich geltend gemacht werden.[501] Eine Verpflichtung der Hauptgesellschaft, Wiederaufbauhilfen für die eingegliederte Gesellschaft zu leisten, besteht selbst in einem rigoros durchgeführten Eingliederungsverhältnis nicht.[502]

---

[498] Im letzteren Sinne: MünchKomm. AktG/Bd. 8/*Grunewald* § 327 Rz. 8; Münch-Hdb. GesR/Bd. 4/*Krieger* § 73 Rz. 73; *Emmerich/Habersack* § 327 Rz. 8; Kölner Komm./ *Koppensteiner* § 327 Rz. 15 (entgegen der Vorauflage); tendenziell auch *Hüffer* § 327 Rz. 4 – aA Begr.RegE zu § 327 AktG, abgedr. bei *Kropff* S. 432.

[499] Kölner Komm./*Koppensteiner* § 327 Rz. 16; MünchHdb. GesR/Bd. 4/*Krieger* § 73 Rz. 74.

[500] MünchHdb. GesR/Bd. 4/*Krieger* § 73 Rz. 73; *Emmerich/Habersack* § 327 Rz. 9; MünchKomm. AktG/*Grunewald* § 327 Rz. 8 – aA Kölner Komm./*Koppensteiner* § 327 Rz. 16.

[501] *Hüffer* § 327 Rz. 7; *Emmerich/Habersack* § 327 Rz. 14; MünchHdb. GesR/Bd. 4/*Krieger* § 73 Rz. 76.

[502] MünchHdb. GesR/Bd. 4/*Krieger* § 73 Rz. 75.

§ 16 Auslandsaktivitäten inländischer und Inlandsaktivitäten ausländischer AG/KGaA

Bearbeiter: Julia Zehnpfennig*/Dr. Xaver Ditz**

Übersicht

	Rz.
A. Auslandsaktivitäten inländischer Gesellschaften (Outbound-Geschäfte)	1–113
I. Grenzüberschreitende Direktgeschäfte	2–4
II. Ausländische Betriebsstätte	5–50
1. Gründung einer Betriebsstätte	6–27
a) Begriff der Betriebsstätte	7–15
b) Kapitalausstattung, Zuordnung und Überführung von Wirtschaftsgütern in die Betriebsstätte	16–24
c) Vorbereitungs- und Gründungskosten	26, 27
2. Laufende Geschäftstätigkeit	28–50
a) Besteuerung im Ausland	28
b) Besteuerung im Inland	29–44
aa) Ermittlung des Betriebsstättenergebnisses	30–35
bb) Besteuerung des Betriebsstättenergebnisses	36–44
3. Beendigung der Betriebsstätte	46–50
a) Auflösung der Betriebsstätte	46–48
b) Umstrukturierung	49, 50
III. Beteiligung an einer ausländischen Personengesellschaft	51–71
1. Qualifikationsprobleme	51–54
2. Erwerb der Beteiligung bzw. Gründung der ausländischen Personengesellschaft	55–57
3. Laufende Geschäftstätigkeit	58–69
a) Besteuerung der ausländischen Personengesellschaft	58, 59
b) Besteuerung des inländischen Gesellschafters	60–69
aa) Besteuerung des Ergebnisanteils	60–68
bb) Sonstige Bezüge	69
4. Beendigung der Beteiligung	70, 71
a) Anteilsverkauf bzw. Auflösung der ausländischen Personengesellschaft	70
b) Umstrukturierung	71
IV. Beteiligung an einer ausländischen Kapitalgesellschaft	72–102
1. Qualifikationsprobleme	72
2. Erwerb der Beteiligung bzw. Gründung einer ausländischen Kapitalgesellschaft	73–76
3. Laufende Geschäftstätigkeit	77–100
a) Besteuerung der ausländischen Kapitalgesellschaft	77–82
b) Besteuerung des inländischen Gesellschafters	83–100
aa) Dividendenbezüge	83–89
bb) Hinzurechnungsbesteuerung	90–99
cc) Sonstige Bezüge	100

---

* Teil A. und B.
** Teil C.

    4. Beendigung der Beteiligung 101, 102
       a) Anteilsverkauf bzw. Auflösung der ausländischen
          Kapitalgesellschaft 101
       b) Umstrukturierung 102
  V. Wegzug einer inländischen Gesellschaft 103–110
    1. Auswirkung auf Gesellschaftsebene 103–108
       a) Zivilrechtliche Auswirkungen 103, 104
       b) Steuerrechtliche Auswirkungen 105–108
    2. Auswirkungen auf Gesellschafterebene 110
 VI. Besonderheiten bei einer inländischen KGaA 112, 113

B. **Inlandsaktivitäten ausländischer Gesellschaften (Inbound-Geschäfte)** 125–159
  I. Grenzüberschreitende Direktgeschäfte 126–130
 II. Inländische Betriebsstätte 131–141
    1. Gründung einer Betriebsstätte 132
    2. Laufende Besteuerung 133–137
    3. Beendigung der Betriebsstätte 138–141
       a) Auflösung der Betriebsstätte 138
       b) Umstrukturierung 139–141
 III. Beteiligung an einer inländischen Personengesellschaft . 142–147
    1. Qualifikationsprobleme 142
    2. Erwerb der Beteiligung bzw. Gründung der inländischen Personengesellschaft 143
    3. Laufende Geschäftstätigkeit 144–146
       a) Besteuerung der inländischen Personengesellschaft 144
       b) Besteuerung des ausländischen Gesellschafters . . 145, 146
    4. Beendigung der Beteiligung 147
 IV. Beteiligung an einer inländischen Aktiengesellschaft . . 148, 149
    1. Laufende Geschäftstätigkeit 148
       a) Besteuerung der inländischen Kapitalgesellschaft 148
       b) Besteuerung des ausländischen Gesellschafters . . 148
    2. Beendigung der Beteiligung 149
  V. Zuzug einer ausländischen Gesellschaft 150–157
    1. Auswirkung auf Gesellschaftsebene 150–155
       a) Zivilrechtliche Auswirkungen 150, 151
       b) Steuerrechtliche Auswirkungen 152–155
    2. Auswirkungen auf Gesellschafterebene 156, 157
 VI. Beteiligung an einer inländischen KGaA 158, 159

C. **Grenzüberschreitender Liefer- und Leistungsverkehr** . 176–241
  I. Begriff und Bedeutung des Verrechnungspreises 176–177
 II. Ermittlung von Verrechnungspreisen nach dem Fremdvergleichsgrundsatz 178–199
    1. Rechtsgrundlagen des Fremdvergleichs im deutschen Steuerrecht 178–192
       a) Überblick 178, 179
       b) Verdeckte Gewinnausschüttung 180, 181
       c) Verdeckte Einlage 182–184
       d) Einkünftekorrektur nach § 1 AStG 185–191
       e) Einkünftekorrektur auf Basis des Abkommensrechts (Art. 9 OECD-MA) 192
    2. Definition des Fremdvergleichsgrundsatzes 193–199
       a) Funktions- und Risikoanalyse als Ausgangspunkt 193, 194
       b) Bandbreitenbetrachtung 195

A. Auslandsaktivitäten inländischer Gesellschaften 1 § 16

        c) Arten des Fremdvergleichs 196–199
            aa) Tatsächlicher Fremdvergleich 196, 197
            bb) Hypothetischer Fremdvergleich 198, 199
   III. Methoden der Verrechnungspreisermittlung 200–219
      1. Standardmethoden 200–209
        a) Rangfolge der Standardmethoden 200
        b) Preisvergleichsmethode 201, 202
        c) Wiederverkaufspreismethode 203, 204
        d) Kostenaufschlagsmethode 205–209
      2. Gewinnorientierte Methoden 210–216
        a) Anerkennung gewinnorientierter Methoden
           durch die Finanzverwaltung 210, 211
        b) Geschäftsvorfallbezogene Nettomargen-
           methode (TNMM) 212–214
        c) Gewinnaufteilungsmethode (PSM) 215
        d) Gewinnvergleichsmethode (CPM) 216
      3. Konzernumlagen 217–219
   IV. Verrechnungspreisermittlung für ausgewählte
       Liefer- und Leistungsbeziehungen 220–235
      1. Produktlieferungen 220–226
        a) Lieferungen von Produktionsgesellschaften . . . 220–222
        b) Lieferungen an Vertriebsgesellschaften. 223–226
      2. Ermittlung von Zinssätzen für Finanzierungs-
        leistungen 227, 228
      3. Lizenzierung immaterieller Wirtschaftsgüter 229–231
      4. Verrechnung von Dienstleistungen 232–235
        a) Verrechnung dem Grunde nach 232
        b) Verrechnung der Höhe nach 233–235
   V. Dokumentationspflichten 236–241

Schrifttum: *Baumhoff/Ditz/Greinert* Auswirkungen des Unternehmensteuerreformgesetzes 2008 auf die Ermittlung internationaler Verrechnungspreise, DStR 2007, 1461; *dies.* Auswirkungen des Unternehmensteuerreformgesetzes 2008 auf die Besteuerung grenzüberschreitender Funktionsverlagerungen, DStR 2007, 1696; *dies.* Besteuerung von Funktionsverlagerungen nach der Funktionsverlagerungsverordnung vom 12. 8. 2008, DStR 2008, 1945; *Frotscher* Internationales Steuerrecht, 2. Aufl., München 2005; *Grotherr* (Hrsg.), Handbuch der internationalen Steuerplanung, Herne/Berlin 2000; *Haase* Internationales und Europäisches Steuerrecht, Heidelberg 2007; *Jacobs* Internationale Unternehmensbesteuerung, 6. Aufl. München 2007; *Kessler* (Hrsg.) Konzernsteuerrecht: National – International, 2. Aufl. München 2008; *Mössner* Steuerrecht international tätiger Unternehmen: Handbuch der Besteuerung von Auslandsaktivitäten inländischer Unternehmen und von Inlandsaktivitäten ausländischer Unternehmen. 3. Aufl., Bonn 2005; *Piltz/Schaumburg* (Hrsg.) Internationale Betriebsstättenbesteuerung, Köln 2001; *Pyszka/Brauer* Ausländische Personengesellschaften im Unternehmensteuerrecht, Herne 2004; *Schaumburg* Internationales Steuerrecht 2. Aufl. Köln 1998; *Wassermeyer/Andresen/Ditz* Betriebsstätten Handbuch, Köln 2006.

A. Auslandsaktivitäten inländischer Gesellschaften (Outbound-Geschäfte)

Beabsichtigt eine inländische Kapitalgesellschaft die Aufnahme einer Geschäftstätigkeit im Ausland, so hat sie die Wahl zwischen folgenden Gestaltungsalternativen: 1

Zehnpfennig 1333

§ 16   2, 3   Auslands-/Inlandsaktivitäten AG/KGaA

- Aufnahme grenzüberschreitender Direktgeschäfte
- Geschäftstätigkeiten über eine ausländische Betriebsstätte
- Beteiligung an einer ausländischen Personengesellschaft
- Beteiligung an einer ausländischen Kapitalgesellschaft

Aus diesen Geschäftstätigkeiten ergeben sich unterschiedlich enge wirtschaftliche Bindungen zum Ausland, wobei bei den Tochtergesellschaften die engsten Beziehungen, bei den Direktgeschäften die geringsten Bindungen bestehen. Die Auslandsaktivitäten haben daher unterschiedliche zivil- und steuerrechtlichen Folgen.

Steuerpflichtige Unternehmen, die Geschäftsleitung oder Sitz im Inland haben, sind verpflichtet, dem für sie zuständigen Finanzamt folgende Auslandssachverhalte mitzuteilen, da Auslandsbeziehungen einer besonderen Überwachung durch die Finanzverwaltung unterliegen:[1] die Gründung und den Erwerb von Betrieben und Betriebsstätten im Ausland, die Beteiligung an ausländischen Personengesellschaften oder deren Aufgabe oder Änderung, den Erwerb von Beteiligungen an einer Körperschaft, Personenvereinigung oder Vermögensmasse iSd. § 2 Nr. 1 KStG, wenn die unmittelbare Beteiligung mindestens 10 % bzw. eine mittelbare Beteiligung mindestens 25 % beträgt oder wenn die Summe der Anschaffungskosten aller Beteiligungen mehr als 150 000 € beträgt. Die Verletzung der Mitteilungspflicht kann als Ordnungswidrigkeit iSd. § 379 AO geahndet werden.

I. Grenzüberschreitende Direktgeschäfte

2   Grenzüberschreitende Direktgeschäfte sind dadurch gekennzeichnet, dass der gewerbliche Leistungsaustausch über die Grenze ohne festen Bezugspunkt im Abnehmerland stattfindet. Im Gegensatz zu den Direktinvestitionen über eine Betriebsstätte oder Tochtergesellschaft besteht bei Direktgeschäften eine unmittelbare Geschäftsbeziehung des inländischen Unternehmers zum ausländischen Abnehmer. Die Direktgeschäfte umfassen den Export von Waren, Dienstleistungen und Kapital sowie die Überlassung von Nutzungen. Zu den Direktgeschäften werden auch Beteiligungen an ausländischen Gesellschaften gezählt, die aufgrund der niedrigen Beteiligungsquote nicht zu den Direktinvestitionen gehören.[2]

3   Die aus dieser Tätigkeit bezogenen Einkünfte unterliegen nach nationalem Recht in vollem Umfang der inländischen Besteuerung. Aufgrund der unbeschränkten Steuerpflicht unterliegt die inländische Kapitalgesellschaft mit ihrem Welteinkommen der inländischen Körperschaftsteuer (einschl. Solidaritätszuschlag) sowie der Gewerbesteuer.[3]

Die Besteuerung im Ausland richtet sich nach den jeweiligen ausländischen steuerrechtlichen Regelungen. Die Kapitalgesellschaft wird mit ihren Gewinnen aus Warenlieferungen im Ausland idR. nicht steuerpflichtig, wenn sie dort keine Betriebsstätte begründet und ihre Tätigkeit nicht durch einen ständigen

---

[1] Gemäß § 138 Abs. 2 und 3 AO hat die Mitteilung innerhalb eines Monats nach dem meldepflichtigen Ereignis auf amtlich vorgeschriebenem Formular zu erfolgen.
[2] *Jacobs* S. 419.
[3] Vgl. § 1 Abs. 1 Nr. 1 KStG, § 7 Satz 1 GewStG. Korrekturvorschriften sieht das GewStG nur für Direktinvestitionen in Form von ausländischen Betriebsstätten sowie der Beteiligung an ausländischen Personen- oder Kapitalgesellschaften vor.

A. Auslandsaktivitäten inländischer Gesellschaften

Vertreter ausübt. Eine Steuerpflicht kann sich im Ausland jedoch dann ergeben, wenn die Kapitalgesellschaft im Ausland aus ihr unmittelbar zuzurechnenden Wirtschaftsgütern Einkünfte erzielt, die aus der Sicht des jeweiligen Quellenstaates als inländische Einkünfte der beschränkten Steuerpflicht unterliegen.[4] Diese knüpfen idR an eine territoriale Beziehung eines Steuerguts zum ausländischen Quellenstaat an (zB ein im Ausland belegenes Grundstück oder ein im Ausland genutztes Patent). Unterliegen die im Ausland erzielten Einkünfte dort der beschränkten Steuerpflicht, so kommt es zur **Doppelbesteuerung**. Diese wird nach nationalem Recht durch eine Steueranrechnung oder einen Abzug der Steuer von der inländischen Bemessungsgrundlage vermieden bzw. gemildert.[5] Bei Verlusten des inländischen Unternehmens ist die Abzugsmethode grundsätzlich vorteilhafter, da die Steueranrechnungsmethode in diesen Fällen ins Leere läuft.

Soweit Doppelbesteuerungsabkommen (DBA) anwendbar sind, wird die Doppelbesteuerung durch Anwendung der Freistellungs- oder der Anrechnungsmethode vermieden bzw. gemildert. Nach der Freistellungsmethode werden die der Doppelbesteuerung unterliegenden Einkünfte in einem der beteiligten Staaten von der Steuer freigestellt. Die Freistellung kann durch den Quellenstaat oder durch den Ansässigkeitsstaat erfolgen.[6] Beim reinen Leistungsexport ist das Besteuerungsrecht in vielen DBA dem Ansässigkeitsstaat des Leistenden zugewiesen (zB bei Zins- oder Lizenzeinkünften). Bei Anwendung der Anrechnungsmethode werden die im Ausland bezogenen Einkünfte in die Besteuerung des Ansässigkeitsstaates einbezogen. Die ausländische Steuer wird auf die inländische Körperschaftsteuer angerechnet, soweit diese auf die ausländischen Einkünfte entfällt.[7]

II. Ausländische Betriebsstätte

Im Unterschied zu grenzüberschreitenden Direktgeschäften wird durch die Begründung einer Betriebsstätte im Ausland ein fester Bezugspunkt hergestellt, von dem aus die unternehmerische Tätigkeit der inländischen AG entfaltet wird. Die ausländische Betriebsstätte ist eine feste Geschäftseinrichtung, die nicht mit rechtlicher Selbstständigkeit ausgestattet ist, sondern vielmehr einen unselbstständigen Teil eines Einheitsunternehmens darstellt (zB Lager, Niederlassung, Servicewerkstatt etc.). Steuerlich wird dagegen eine gewisse Selbstständigkeit der Betriebsstätte fingiert, woraus sich eine Reihe von Zuordnungsproblemen ergeben.

1. Gründung einer Betriebsstätte

Der erste rechtliche Schritt im Ausland ist eine Anmeldung oder Registrierung der vorgesehenen Tätigkeit, die im Einzelfall Voraussetzung für eine

---

[4] Es handelt sich dabei um Einkünfte, die denen im Katalog des § 49 EStG vergleichbar sind. Während der beschränkten Steuerpflicht unterliegenden Einkünfte in anderen Industriestaaten in etwa denen in Deutschland vergleichbar sind, ergeben sich im Verhältnis zu Entwicklungsländern größere Abweichungen. Vgl. dazu *Jacobs* S. 420.
[5] Vgl. § 26 Abs. 1 KStG, § 26 Abs. 6 KStG iVm. § 34 c EStG.
[6] *Frotscher* Internationales Steuerrecht 2. Aufl. S. 86.
[7] Vgl. § 26 Abs. 1 KStG, § 26 Abs. 6 KStG iVm. § 34 c Abs. 6 EStG; zu weiteren Einzelheiten s. Rz. 42.

Genehmigung und damit für den Beginn der Geschäftstätigkeit sein kann. Gründungssteuern fallen idR nicht an, allenfalls Registrierungsgebühren, die üblicherweise eher gering sind.[8]

a) Begriff der Betriebsstätte

7 An den Begriff der Betriebsstätte werden steuerliche Folgen sowohl im ausländischen Tätigkeitsstaat als auch im Inland geknüpft.
Durch eine Betriebsstätte im Ausland kann dort eine beschränkte Steuerpflicht begründet werden. Für die Beurteilung, ob im Ausland eine der beschränkten Steuerpflicht unterliegende Betriebsstätte vorliegt, ist allein das jeweilige ausländische Steuerrecht maßgeblich. In den meisten Industriestaaten knüpft der Betriebsstättenbegriff – wie auch im deutschen Recht – an eine nachhaltige, standortbezogene gewerbliche Tätigkeit an. Sie beinhaltet im Allgemeinen eine feste Geschäftseinrichtung. In Entwicklungsländern sind die Grenzen des Betriebsstättenbegriffs weiter gezogen als in den Industriestaaten.[9]
Einer Betriebsstätte gleichgestellt und damit eine beschränkte Steuerpflicht auslösend ist in vielen Fällen die Tätigkeit über eine ständige Vertretung im Ausland.
Für die Anwendung der nationalen Maßnahmen zur Vermeidung oder Milderung einer Doppelbesteuerung der Einkünfte aus einer ausländischen Betriebsstätte ist der deutsche Betriebsstättenbegriff von Bedeutung.[10] Der Begriff der „Betriebsstätte" ist im deutschen Steuerrecht in § 12 AO als feste Geschäftseinrichtung oder Anlage definiert, die der Tätigkeit eines Unternehmens dient. Als Betriebsstätte sind beispielsweise anzusehen: die Stätte der Geschäftsleitung, Zweigniederlassungen, Geschäftsstellen, Fabrikations- oder Werkstätten, Warenlager, Ein- oder Verkaufsstellen, länger als 6 Monate dauernde Bauausführungen oder Montagen.[11]

8 Soweit die Betriebsstätte in Ländern belegen ist, mit denen ein **DBA** geschlossen wurde, ist für die Besteuerung vorrangig der Betriebsstättenbegriff in dem jeweiligen DBA maßgeblich.[12] Die einzelnen deutschen DBA folgen weitgehend der Definition des Art. 5 OECD-Musterabkommen. Auch nach dieser Definition erfordert eine Betriebsstätte eine feste Geschäftseinrichtung, durch die die Tätigkeit eines Unternehmens ganz oder teilweise ausgeübt wird.

9 Nach gefestigter Meinung in Literatur und Rechtsprechung müssen grds. sowohl nach nationalem als auch nach DBA-Recht kumulativ vier Merkmale erfüllt sein, damit eine Betriebsstätte zu bejahen ist:[13]
– Vorliegen einer festen Geschäftseinrichtung,
– die feste Geschäftseinrichtung muss auf gewisse Dauer angelegt sein,
– die feste Geschäftseinrichtung muss dem Unternehmen dienen,
– das Unternehmen, dem diese Geschäftseinrichtung dient, muss über sie eine nicht nur vorübergehende Verfügungsmacht haben.

---

[8] Vgl. *Grotherr/Schoss* S. 50.
[9] Vgl. *Jacobs* S. 438.
[10] Vgl. § 34 c und d EStG iVm. § 26 KStG.
[11] Vgl. zu einer beispielhaften Aufzählung § 12 Satz 2 AO.
[12] BMF v. 24.12. 1999, BStBl. I 1999, 1076 (Betriebsstätten-Verwaltungsgrundsätze) Tz. 1.1.
[13] Zu einer Übersicht über die Entscheidungen des BFH und der FG zum Begriff der Betriebsstätte vgl. *Grützner* IWB F. 3 a Gr. 1, 957, 975 und 999.

A. Auslandsaktivitäten inländischer Gesellschaften

Der nationale und der abkommensrechtliche Betriebsstättenbegriff stimmen inhaltlich im Wesentlichen überein, bei einzelnen Abgrenzungskriterien gibt es jedoch Unterschiede. Tendenziell ist der Betriebsstättenbegriff nach nationalem Recht weiter gefasst als nach Abkommensrecht.

Die **feste Geschäftseinrichtung** muss örtlich fixiert sein und der Unternehmer muss darin seine gewerbliche Tätigkeit ausüben. Eine feste Verbindung mit der Erdoberfläche oder ihre Sichtbarkeit ist nicht erforderlich.[14] So kann beispielsweise unter bestimmten Bedingungen auch eine Pipeline oder ein Internet-Server eine Betriebsstätte begründen.[15]

Abkommensrechtlich gelten Geschäftseinrichtungen unterstützender oder vorbereitender Art, wie zB Warenlager oder Einkaufs- und Informationsstellen wegen ihres bloßen Hilfscharakters nicht als Betriebsstätten.[16] Zu diesen lediglich unterstützenden Geschäftseinrichtungen gehören auch Repräsentanz- oder Verbindungsbüros, die idR keine Betriebsstätte begründen, wenn dort keine Verkaufsverhandlungen geführt werden und keine Verträge unterzeichnet werden. Erbringt das Repräsentanzbüro nicht nur Leistungen gegenüber seinem Stammhaus, sondern auch gegenüber anderen Gesellschaften des Konzerns, führt dies zur Begründung einer Betriebsstätte.

Eine feste Geschäftseinrichtung muss auf **gewisse Dauer** angelegt sein. Ob dieses Kriterium erfüllt ist, hängt von den Gesamtumständen des Einzelfalls ab, die Zeitdauer ist nicht normativ vorgegeben. Besteht die Geschäftseinrichtung mindestens 6 Monate, so ist idR von einer gewissen Nachhaltigkeit auszugehen.[17] In den DBA ist die Mindestdauer von Bauausführungen und Montagen unterschiedlich geregelt, sie erfüllen teilweise erst dann den Betriebsstättenbegriff, wenn sie mindestens ein Jahr dauern.[18]

Während nach nationalem Recht die Betriebsstätte eine Geschäftseinrichtung oder Anlage ist, **die der Tätigkeit eines Unternehmens dient**, geht der Wortlaut des Art. 5 OECD-MA davon aus, dass in der Betriebsstätte eine Tätigkeit ausgeübt wird. Umstritten ist, ob daraus inhaltliche Unterschiede zwischen dem nationalen und dem abkommensrechtlichen Betriebsstättenbegriff abzuleiten sind, insbesondere, ob auf die in der Geschäftseinrichtung ausgeübte menschliche Tätigkeit abzustellen ist und somit eine Mindestpersonalausstattung gegeben sein muss.[19]

Eine Betriebsstätte liegt nach hM nur dann vor, wenn diese als feste Geschäftseinrichtung auch in der nicht nur vorübergehenden rechtlichen oder tatsächlichen Verfügungsmacht des Unternehmers steht.[20] Dem Merkmal der „**nicht nur vorübergehenden Verfügungsmacht**" wird nach nationalem und nach DBA-Recht unterschiedliche Bedeutung zugemessen. Grundsätzlich

---

[14] BMF v. 24.12.1999, BStBl. I 1999, 1076 (Betriebsstätten-Verwaltungsgrundsätze) Tz. 1.1.1.1 mwN.
[15] BFH II R 12/92 v. 30.10.1996, BStBl. II 1997, 12; zur Betriebsstätteneigenschaft eines Internet-Servers s. *Wassermeyer/Andresen/Ditz* S. 427 ff.
[16] Art. 5 Abs. 4 OECD-MA 92; (Betriebsstätten-Verwaltungsgrundsätze) Tz. 1.2.1.1.
[17] Die FinVerw. geht in (Betriebsstätten-Verwaltungsgrundsätzen) Tz. 1.1.1.1 und 1.2.1.1 von einer starren Mindestzeitspanne von 6 Monaten aus. Kritisch dazu *Göttsche/ Stangl* DStR 2000, 498 (499).
[18] BMF v. 24.12.1999, BStBl. I 1999, 1076 (Betriebsstätten-Verwaltungsgrundsätze) Tz. 1.2.1.2 und Anlage II.
[19] Zum Meinungsstreit s. *Piltz/Schaumburg/Wassermeyer/Runge* S. 70 f.
[20] *Piltz/Schaumburg/Schaumburg* S. 65.

wird keine Betriebsstätte begründet, wenn der inländische Unternehmer im Ausland für seinen Betrieb Räumlichkeiten nutzt, auf die er weder durch Kauf oder Miete einen Anspruch hat und für die auch kein Anspruch auf unentgeltliche Überlassung besteht (beispielsweise Mitnutzung von Räumlichkeiten anderer Konzernunternehmen). In jüngster Zeit sind jedoch für DBA-rechtliche Zwecke Tendenzen erkennbar, wonach auf die Erfüllung des Merkmals „Verfügungsmacht" verzichtet wird.[21] Der Betriebsstättenbegriff wird dadurch tendenziell erweitert auf Geschäftseinrichtungen, die zwar nicht nur kurze Zeit benutzt werden, über die der inländische Unternehmer jedoch keine rechtliche Verfügungsmacht hat.

14 Nach Abkommensrecht kann auch durch einen abhängigen Vertreter eine fiktive Betriebsstätte entstehen (**Vertreterbetriebsstätte**). Ein Vertreter begründet im Tätigkeitsstaat dann eine Betriebsstätte des vertretenen Unternehmens, wenn er rechtlich und wirtschaftlich von dem Unternehmen abhängig ist und aufgrund einer Vollmacht im Namen des vertretenen Unternehmens im Ausland Verträge abschließt oder alle Einzelheiten eines Vertrages verbindlich aushandelt.[22] Ausgenommen sind Hilfs- oder vorbereitende Tätigkeiten.[23] Die Abhängigkeit setzt kein persönliches Abhängigkeitsverhältnis (zB Angestelltenverhältnis) voraus.

Ein Makler, Kommissionär oder sonstiger unabhängiger Vertreter kann nach Art. 5 Abs. 6 OECD-MA 92 in Ausnahmefällen eine betriebsstättenbegründende Funktion haben, wenn er außerhalb seiner ordentlichen Geschäftstätigkeit handelt.[24]

15 Eine Tochtergesellschaft ist grundsätzlich nicht als betriebsstättenbegründender Vertreter der Muttergesellschaft oder einer anderen konzernzugehörigen Gesellschaft anzusehen.[25] Nach Auffassung der Finanzverwaltung kann jedoch in Ausnahmefällen auch durch eine Tochtergesellschaft eine Vertreterbetriebsstätte begründet werden, wenn sich die Vertreterstellung aus Umständen außerhalb der Beherrschung ergibt und nicht in ihrer ordentlichen Geschäftstätigkeit begründet ist.[26]

b) Kapitalausstattung, Zuordnung und Überführung von Wirtschaftsgütern in die Betriebsstätte

16 Die Fiktion der Selbstständigkeit und Unabhängigkeit der Betriebsstätte erfordert, dass das Stammhaus die ausländische Betriebsstätte so mit Kapital ausstattet, dass diese die ihr übertragenen Aufgaben erfüllen kann.[27]

Die zur Erfüllung ihres Geschäftszwecks erforderliche Kapitalausstattung der Betriebsstätte kann sowohl aus dauerhaft verwendbaren Eigenmitteln, dem so genannten **Dotationskapital**, als auch aus Darlehensmitteln bestehen, die entweder von außenstehenden Dritten als Fremddarlehen oder vom Stammhaus in Form eines Eigendarlehens zur Verfügung gestellt werden.[28]

---

[21] Piltz/Schaumburg/Wassermeyer/Buciek S. 66 f.
[22] Art. 5 Abs. 5 OECD-MA.
[23] Art. 5 Abs. 5 iVm. Abs. 4 OECD-MA.
[24] BFH I R 116/93 v. 14. 9. 1994, BStBl. II 1995, 238.
[25] Piltz/Schaumburg/Sieker S. 134.
[26] BMF v. 24. 12. 1999, BStBl. I 1999, 1076 (Betriebsstätten-Verwaltungsgrundsätze) Tz. 1.2.2.
[27] Piltz/Schaumburg/Runge S. 136.
[28] Piltz/Schaumburg/Runge S. 136.

A. Auslandsaktivitäten inländischer Gesellschaften   17–19   § 16

Das Dotationskapital kann in Form von Finanzmitteln und/oder Sachmitteln der Betriebsstätte überlassen werden.
Die erforderlichen Bar- bzw. Sachmittel sind der Betriebsstätte zuzuordnen und von dem Betriebsvermögen des Stammhauses zu separieren. Ein Übertragungsakt findet nicht statt, da die Betriebsstätte rechtlich unselbstständig ist.

Die ausländische Betriebsstätte kann wie folgt mit Barmitteln ausgestattet werden: **17**
– durch eigene, direkte Fremdkapitalaufnahme,
– durch Weiterleitung von Darlehensmitteln, die das Stammhaus unmittelbar für die Betriebsstätte aufgenommen hat,
– durch Zuweisung von Anteilen der Eigenmittel des Stammhauses an die Betriebsstätte sowie
– durch Zuweisung von Anteilen des Fremdkapitals des Stammhauses, das weder dem Stammhaus noch der Betriebsstätte unmittelbar zugewiesen werden kann.

Soweit die Betriebsstätte selbst Darlehen aufnimmt oder das Stammhaus aufgenommene Fremdmittel unmittelbar an die Betriebsstätte weiterleitet, sind diese Mittel (einschl. der darauf entfallenden Fremdkapitalzinsen) nach dem Grundsatz der wirtschaftlichen Zugehörigkeit der Betriebsstätte zuzuordnen.

Ist eine unmittelbare Zuordnung der Finanzmittel nicht möglich, so ist der **18** Eigenkapitalanteil der Betriebsstätte (**Dotationskapital**) derart zu bemessen, dass die Betriebsstätte die ihr übertragenen Aufgaben erfüllen kann. Dabei hat das Stammhaus einen gewissen Entscheidungsspielraum, der jedoch dort seine Grenzen findet, wo die Gestaltung als missbräuchlich anzusehen ist.[29] Nach den Betriebsstätten-Verwaltungsgrundsätzen ist das Dotationskapital nach Fremdvergleichsgrundsätzen zu ermitteln. Entspricht das Dotationskapital nicht dieser Voraussetzung, so sind der Gewinn und das Vermögen der Betriebsstätte so zu ermitteln, als ob ihr angemessenes Dotationskapital zur Verfügung gestellt wurde. Eine Dotierung der ausländischen Betriebsstätte, die über die wirtschaftlichen Erfordernisse hinausgeht, wird von der Finanzverwaltung nicht anerkannt und weiterhin als Inlandsvermögen behandelt.[30]

Vorrangig ist auf einen äußeren Fremdvergleich abzustellen, dh. auf unabhängige Unternehmen mit vergleichbaren Marktchancen und -risiken. Dabei ist dem Umfang der **Funktionen**, die von der Betriebsstätte erfüllt werden, Rechnung zu tragen (zB Produktion und/oder Vertrieb). Ist ein äußerer Fremdvergleich mangels vergleichbarer Unternehmen nicht durchführbar, kann das Eigenkapital des Gesamtunternehmens im Schätzwege entsprechend den ausgeübten Funktionen auf Stammhaus und Betriebsstätte aufgeteilt werden (interner Fremdvergleich).

Üben Stammhaus und Betriebsstätte die gleichen Funktionen aus, so kann **19** nach Auffassung der Finanzverwaltung die Eigenkapitalquote des Stammhauses als Anhaltspunkt für die Eigenkapitalausstattung der Betriebsstätte herangezogen werden (**Kapitalspiegeltheorie**).[31] Die Ausstattung der Betriebsstätte

---

[29] BFH II R 213/83 v. 25. 6. 1986, BStBl. II 1986, 785 und II R 186/80 v. 1. 4. 1987, BStBl. II 1987, 550.
[30] BMF v. 24. 12. 1999, BStBl. I 1999, 1076 (Betriebsstätten-Verwaltungsgrundsätze) Tz. 2.5.1; kritisch dazu *Kumpf/Roth* DB 2000, 787.
[31] BMF v. 24. 12. 1999, BStBl. I 1999, 1076 (Betriebsstätten-Verwaltungsgrundsätze) Tz. 2.5.1.

in demselben Verhältnis mit Eigenkapital und Fremdkapital wie das Gesamtunternehmen ist jedoch nur dann sinnvoll, wenn Stammhaus und Betriebsstätte gleiche oder annähernd gleiche Funktionen mit gleichen Marktrisiken und innerbetrieblichen Strukturen aufweisen. Diese Kriterien sind in der Praxis nur selten erfüllt.[32]

Probleme können sich ergeben, wenn der ausländische Staat der nach inländischen Grundsätzen vorgenommenen Eigenkapitalausstattung nicht folgt und Fremdkapital in Eigenkapital umqualifiziert. Die Gesamtsteuerbelastung kann sich dadurch erheblich erhöhen.

20 Der Betriebsstätte sind alle Wirtschaftsgüter zuzuordnen, die der Erfüllung der Betriebsstättenfunktion dienen (**funktionale Betrachtungsweise**). Dazu zählen vor allem die Wirtschaftsgüter, die zur ausschließlichen Verwertung und Nutzung durch die Betriebsstätte bestimmt sind. Wenn die Wirtschaftsgüter die ihnen im Rahmen des Gesamtunternehmens zugewiesene Funktion sowohl als Bestandteil im Betriebsvermögen des Stammhauses als auch einer Betriebsstätte erfüllen, hängt es von dem erkennbaren Willen der Geschäftsleitung ab, welchem Betriebsvermögen diese Wirtschaftsgüter zuzuordnen sind.[33] Die Wirtschaftsgüter können nur entweder dem Stammhaus oder der Betriebsstätte zugeordnet werden. Der buchmäßige Ausweis ist dabei nur Indiz, nicht Voraussetzung der Zuordnung.

21 Nach Auffassung der Finanzverwaltung kann eine Zuordnung von Wirtschaftsgütern zu einer ausländischen Betriebsstätte unterbleiben, wenn die Wirtschaftsgüter der Betriebsstätte nur vorübergehend überlassen werden und die Überlassung unter Fremden aufgrund eines Miet-, Pacht- oder ähnlichen Rechtsverhältnisses erfolgt wäre oder wenn es sich um Wirtschaftsgüter handelt, die von mehreren Betriebsstätten gleichzeitig oder nacheinander genutzt werden.

Mit der Begründung der Zentralfunktion des Stammhauses dürfen nach Auffassung der Finanzverwaltung bestimmte Wirtschaftsgüter nicht der Betriebsstätte zugeordnet werden. Zu den Wirtschaftsgütern, die zwingend dem Stammhaus zuzuordnen sind, gehören:[34]
- dem Gesamtunternehmen dienende Finanzmittel und
- Beteiligungen an Kapitalgesellschaften, wenn sie nicht einer in der Betriebsstätte ausgeübten Tätigkeit dienen.

22 Werden **Wirtschaftsgüter** von dem inländischen Stammhaus in eine ausländische Betriebsstätte **überführt**, kommt es gemäß § 12 Abs. 1 KStG grundsätzlich zu einer sofortigen Besteuerung der in den überführten Wirtschaftsgütern ruhenden stillen Reserven, wenn das deutsche Besteuerungsrecht hinsichtlich des Gewinns aus der Veräußerung oder der Nutzung eines Wirtschaftsguts ausgeschlossen oder beschränkt ist. Dies gilt unabhängig davon, ob die Wirtschaftsgüter in einen DBA-Staat überführt werden oder nicht.[35]

23 Werden Wirtschaftsgüter des Anlagevermögens des inländischen Stammhauses in eine innerhalb der EU belegene Betriebsstätte überführt, kann auf An-

---

[32] *Baumhoff/Leitner/Digerinimo* IWB F. 10 Gr. 2, 1433 (1445).
[33] BMF v. 24.12.1999, BStBl. I 1999, 1076 (Betriebsstätten-Verwaltungsgrundsätze) Tz. 2.3.2 mwN.
[34] BMF v. 24.12.1999, BStBl. I 1999, 1076 (Betriebsstätten-Verwaltungsgrundsätze) Tz. 2.4; kritisch dazu *Kumpf/Roth* DB 2000, 741 (746).
[35] Vgl. *Rödder/Herlinghaus/van Lishaut/Ritzer* Anh. 6 Rz. 32 ff.

A. Auslandsaktivitäten inländischer Gesellschaften   24–27   § 16

trag des Steuerpflichtigen die Differenz zwischen gemeinem Wert und Buchwert der überführten Wirtschaftsgüter (**Entstrickungsgewinn**) über 5 Jahre gestreckt versteuert werden. In diesem Fall ist der Entstrickungsgewinn in einen Ausgleichsposten einzustellen, der im Wirtschaftsjahr seiner Bildung und in den vier folgenden Wirtschaftsjahren zu jeweils einem Fünftel gewinnerhöhend aufzulösen ist.[36]

Die vorstehenden Grundsätze sind auch auf selbst geschaffene **immaterielle** 24 **Wirtschaftsgüter** anzuwenden. Diese Wirtschaftsgüter gelten als in die Betriebsstätte überführt, wenn sie zur Nutzung oder Verwertung durch die Betriebsstätte bestimmt sind (zB Fertigungs- und Produktions-Know-how, etc.). Ob bei Funktionsverlagerungen in eine ausländische Betriebsstätte auch Geschäftschancenübertragungen zur Aufdeckung stiller Reserven führen können, ist strittig.[37]

c) Vorbereitungs- und Gründungskosten

Die Zuordnung der Kosten, die in der Vorbereitungs- und Gründungsphase 26 einer neuen ausländischen Aktivität anfallen, hängt von dem wirtschaftlichen Veranlassungszusammenhang ab.[38] In der ersten Phase, die noch von Grundsatzüberlegungen und Erfolgschancenanalysen im Stammhaus geprägt ist und in der noch kein konkreter Investitionsbeschluss vorliegt, sind die Kosten dem Stammhaus zuzurechnen. Auch falls später eine Betriebsstätte begründet wird, handelt es sich insoweit um Betriebsausgaben des Stammhauses mit körperschaftsteuer- und gewerbeertragsteuermindernder Wirkung. Zu den vom Stammhaus zu tragenden Kosten gehören auch vergebliche Kosten bei Scheitern der Betriebsstättengründung (str.)[39] sowie Aufwendungen der Auftragsakquisition.

Vorbereitungskosten, die konkrete Planungsaufwendungen ab dem Zeitpunkt des offiziellen Investitionsbeschlusses darstellen, sind zulasten des Betriebsstättenergebnisses anzusetzen. Diese Aufwendungen führen zu negativen Betriebsstätteneinkünften.[40] Entscheidender Zeitpunkt für die Kostenzuordnung ist somit der Übergang vom Stadium der strategischen Planung zum konkreten Investitionsbeschluss, der zur Vermeidung von Abgrenzungsproblemen dokumentiert werden sollte.[41]

Liegt die Betriebsstätte in einem **Nicht-DBA-Land** oder in einem **DBA-** 27 **Land mit Anrechnungsverfahren**, so kann der Gründungsaufwand für die Betriebsstätte sofort in voller Höhe abgezogen werden, wenn eine aktive Tätigkeit iSd. § 2a Abs. 2 EStG ausgeübt wird. Anderenfalls sind die Verluste vortragsfähig und mit späteren Betriebsstättengewinnen zu verrechnen. Ge-

---

[36] Zu den Fällen einer Sofortauflösung des (restlichen) Ausgleichspostens siehe § 4g Abs. 2 Satz 2 EStG.
[37] Zur Funktionsverlagerung auf Tochtergesellschaften vgl. Rz. 74 und § 13 Rz. 294 ff. Vgl. auch *Grotherr/Baumhoff/Bodenmüller* S. 378.
[38] Vgl. *Wassermeyer/Andresen/Ditz* S. 314 ff.
[39] *Grotherr/Schoss* S. 54; *Kumpf/Roth* DB 2000, 787 (790); *Piltz/Schaumburg/Piltz* S. 8; aA die FinVerw., vgl. BMF v. 24.12.1999, BStBl. I 1999, 1076 (Betriebsstätten-Verwaltungsgrundsätze) Tz. 2.9.1: Zuordnung zur Betriebsstätte.
[40] BMF v. 24.12.1999, BStBl. I 1999, 1076 (Betriebsstätten-Verwaltungsgrundsätze) Tz. 2.9.1.
[41] *Grotherr/Schoss* S. 53.

werbeertragsteuerlich sind die der Betriebsstätte zuzurechnenden Vorbereitungskosten gem. § 9 Nr. 3 GewStG im Inland nicht abzugsfähig. Soweit der Aufwand in einem Jahr anfällt, in dem die Betriebsstätte bereits positive Ergebnisse erzielt, ist der Gründungsaufwand mit dem Betriebsstättenergebnis zu saldieren (Minderung des Anrechnungshöchstbetrages), anderenfalls berührt er unmittelbar den Aufwand des Stammhauses.[42]

Bei Vorliegen eines **DBA mit Freistellung** der Betriebsstätteneinkünfte werden Vorbereitungskosten weder für körperschaftsteuerliche noch für gewerbeertragsteuerliche Zwecke wirksam.[43]

2. Laufende Geschäftstätigkeit

a) Besteuerung im Ausland

28   Das Stammhaus wird grundsätzlich mit den der Betriebsstätte zuzuordnenden Gewinnen im Ausland beschränkt steuerpflichtig. Die Steuerbelastung der Betriebsstätte im Ausland hängt von den nationalen ausländischen Steuergesetzen ab. Die in den jeweiligen Ländern anfallenden Steuerarten sind im Einzelfall zu untersuchen, zB ob eine der Gewerbesteuer entsprechende Steuer erhoben wird, ob regionale Steuern auf Länder- oder Gemeindeebene, Substanzsteuern oder Verbrauch- und Verkehrsteuern erhoben werden.

Soweit Deutschland mit dem ausländischen Staat ein Doppelbesteuerungsabkommen abgeschlossen hat, werden dadurch die Besteuerungsvorschriften des ausländischen Staats nicht ersetzt, sondern es wird lediglich das Besteuerungsrecht einem der beiden Staaten zugewiesen. IdR hat der Staat das Besteuerungsrecht, in dem die Betriebsstätte belegen ist.[44]

b) Besteuerung im Inland

29   Das Ergebnis der Betriebsstätte ist nach Grundsätzen des deutschen Steuerrechts zu ermitteln. Für die Besteuerung dieses Ergebnisses ist zu unterscheiden zwischen Betriebsstätten in Staaten, mit denen ein DBA besteht, und Betriebsstätten in Nicht-DBA-Staaten.

30   **aa) Ermittlung des Betriebsstättenergebnisses.** Das Ergebnis der Betriebsstätte ist nach Grundsätzen des deutschen Steuerrechts unabhängig davon zu ermitteln, ob das Ergebnis aufgrund eines DBA im Inland von der Besteuerung freizustellen ist oder ob das Ergebnis einer Betriebsstätte in einem Nicht-DBA-Staat im Inland der vollen Besteuerung unterliegt.

Der Betriebsstätte sind die Gewinne zuzurechnen, die sie hätte erzielen können, wenn sie eine gleiche oder ähnliche Tätigkeit unter gleichen oder ähnlichen Bedingungen als selbstständiges Unternehmen ausgeübt hätte und im Verkehr mit dem Unternehmen, dessen Betriebsstätte sie ist, völlig unabhängig gewesen wäre (**Fremdvergleichsgrundsatz**).[45] Basis für die sachgerechte Abgrenzung des Unternehmensgewinns ist die Zuordnung der Wirtschaftsgüter

---

[42] *Piltz/Schaumburg/Piltz* S. 6.
[43] Zur Nachversteuerung von DBA-Betriebsstättenverlusten, die bis zum 31.12.1998 gem. § 2a Abs. 3 EStG bei der inländischen Besteuerung berücksichtigt worden sind, vgl. Fn. 63.
[44] Vgl. Art. 7 OECD-MA.
[45] Vgl. Art. 7 Abs. 2 OECD-MA.

A. Auslandsaktivitäten inländischer Gesellschaften 31, 32 § 16

nach dem Prinzip der wirtschaftlichen Zugehörigkeit und die Zuordnung der mit diesen Wirtschaftsgütern im Zusammenhang stehenden Betriebseinnahmen und -ausgaben nach dem Veranlassungsprinzip.[46]

Nach hM in Rechtsprechung und Schrifttum ist die Einkünftezuordnung **31** nach dem Fremdvergleichsgrundsatz nicht anzuwenden für die Nutzungsüberlassung von Geld- und Sachkapital sowie von immateriellen Wirtschaftsgütern. Zinsen, Mietentgelte oder Lizenzgebühren werden zwischen Stammhaus und Betriebsstätte nicht anerkannt.[47] Ausgenommen sind Vergütungen für Leistungen, die Gegenstand der ordentlichen Geschäftstätigkeit der leistenden Unternehmenseinheit sind und auf der Grundlage der Funktionsaufteilung zwischen Stammhaus und Betriebsstätte eine sachgerechte Einkommensabgrenzung dokumentieren. Dienstleistungen sind zB mit dem **Fremdvergleichspreis** anzusetzen, wenn die Erbringung von Dienstleistungen die Haupttätigkeit des leistenden Unternehmensteils ist.[48] Bei Kreditinstituten werden Zinsen für interne Darlehen anerkannt, da die Vergabe von Darlehen zur ordentlichen Geschäftstätigkeit einer Bankbetriebsstätte gehört.[49]

Die Aufteilung des Gesamtergebnisses auf Stammhaus und Betriebsstätte erfolgt entweder nach der direkten, der indirekten oder im Rahmen einer gemischten Methode der Gewinnabgrenzung. Das Abkommensrecht sowie das deutsche Steuerrecht räumen der direkten Gewinnermittlung den Vorrang ein, die direkte Methode gilt auch nach Auffassung der Finanzverwaltung als Normal- bzw. Regelmethode. In der Praxis findet jedoch die gemischte Methode am häufigsten Anwendung, da für bestimmte Erträge bzw. Aufwendungen eine direkte Zuordnung zum Stammhaus oder der Betriebsstätte nicht möglich ist (zB Kosten der Geschäftsführung, zentrale Werbeaufwendungen). Zu den Methoden im Einzelnen:

Direkte Methode: Bei der direkten Methode wird für Zwecke der Ge- **32** winnzurechnung die Betriebsstätte als selbstständiges Unternehmen behandelt (**Selbstständigkeitsfiktion**). Nach Auffassung der Finanzverwaltung ist die direkte Methode insb. dann anzuwenden, wenn Stammhaus und Betriebsstätte unterschiedliche Funktionen ausüben.[50] Für diese Beurteilung sind von Bedeutung: die Struktur, Organisation und Aufgabenteilung im Unternehmen sowie der Einsatz von Wirtschaftsgütern, einzelne Funktionen der Betriebsstätte (zB Herstellung, Montage, Forschung, Entwicklung) und in welcher Eigenschaft die Betriebsstätte diese Funktionen als selbstständiges Unternehmen erfüllt hätte (zB Eigenhändler oder Agent). Betriebseinnahmen und -ausgaben, die nicht eindeutig dem Stammhaus oder der Betriebsstätte zugeordnet werden können, sind im Wege der Schätzung sachgerecht aufzuteilen.

---

[46] BMF v. 24.12.1999, BStBl. I 1999, 1076 (Betriebsstätten-Verwaltungsgrundsätze) Tz. 2.2.
[47] Ebenso BMF v. 24.12.1999, BStBl. I 1999, 1076 (Betriebsstätten-Verwaltungsgrundsätze) Tz. 2.2.
[48] BMF v. 24.12.1999, BStBl. I 1999, 1076 (Betriebsstätten-Verwaltungsgrundsätze) Tz. 3.1.2; kritisch dazu *Kumpf/Roth* DB 2000, 741 (744).
[49] BMF v. 24.12.1999, BStBl. I 1999, 1076 (Betriebsstätten-Verwaltungsgrundsätze) Tz. 4.1.4; zu weiteren Fallgestaltungen, bei denen interne Leistungsbeziehungen anzuerkennen sind, vgl. *Kumpf/Roth* DB 2000, 741 (745).
[50] BMF v. 24.12.1999, BStBl. I 1999, 1076 (Betriebsstätten-Verwaltungsgrundsätze) Tz. 2.3.

Bei der direkten Methode wird der Gewinn der Betriebsstätte gesondert aufgrund der **Buchführung** und der deutschen Gewinnermittlungsvorschriften ermittelt. Es gelten die allgemeinen Buchführungs-, Aufzeichnungs-, Anzeige- und Aufbewahrungspflichten nach HGB und AO. Die Anwendung der direkten Methode bedeutet indessen nicht, dass zwischen den Unternehmensteilen Forderungen und Verbindlichkeiten fingiert werden, die rechtlich nicht bestehen.

Die Buchführung ist ohne Rücksicht auf eine Steuerfreistellung der ausländischen Betriebsstätteneinkünfte nach einem DBA und etwaigen ausländischen Buchführungs- und Aufzeichnungspflichten im Ausland grundsätzlich im Inland zu führen. Durch das JStG 2009 wird jedoch die Verlagerung der DV-gestützten Buchführung in EU-Staaten und bestimmte EWR-Staaten ermöglicht (§ 146 Abs. 2a und 2b AO). Ist die Betriebsstätte nach ausländischem Recht zur Buchführung verpflichtet, so kann das Ergebnis dieser Buchführung in die Buchführung des Stammhauses übernommen werden.[51] Dabei sind Anpassungen an die deutschen steuerrechtlichen Vorschriften vorzunehmen und kenntlich zu machen. Werden für ausländische Betriebsstätten die Bücher nicht gesondert geführt, so sind die Geschäftsvorfälle im Inland oder im EU-Ausland gesondert zu erfassen und ebenfalls kenntlich zu machen.[52]

33 Das in **ausländischer Währung** ermittelte ausländische Betriebsstättenergebnis ist in Euro umzurechnen.[53] Die Umrechnung darf nicht im Widerspruch zu den inländischen handelsrechtlichen Grundsätzen ordnungsgemäßer Buchführung und sonstiger steuerlicher Vorschriften stehen. Daher ist jeder Geschäftsvorfall mit dem maßgebenden Tageskurs (amtlich festgesetzter Devisenkurs) umzurechnen (Zeitbezugsmethode).[54] Bei nicht wesentlichen Kursschwankungen zwischen zwei Stichtagen ist auch eine Umrechnung auf Basis des Stichtagskursverfahren zulässig (Verwendung von Monats- oder Jahresdurchschnittskursen). Bei nur geringen Kursschwankungen ist nach Auffassung der Finanzverwaltung unter bestimmten Voraussetzungen auch eine Umrechnung des Betriebsstättenergebnisses zum Kurswert, der für den Bilanzstichtag gilt, nicht zu beanstanden.[55] Dabei sind Wirtschaftsgüter des Anlage- und Umlaufvermögens ebenso wie Verbindlichkeiten und Rückstellungen der ausländischen Betriebsstätte zum Briefkurs im Zeitpunkt des Zugangs umzurechnen. Erhaltene Anzahlungen und passive Rechnungsabgrenzungsposten sind zum Geldkurs bei Zahlungseingang, geleistete Anzahlungen und aktive Rechnungsabgrenzungsposten mit dem Briefkurs bei Zahlungsausgang anzusetzen. Nach Auffassung im Schrifttum lässt sich aus § 146 Abs. 2 AO eine wesentlich pauschalere Umrechnung des Betriebsstättenergebnisses ableiten.[56] Ob aufgrund eines Wechselkursverfalls die Voraussetzungen für eine Teilwertabschreibung erfüllt sind, ist im Einzelfall zu prüfen. Die Finanzverwaltung

---

[51] § 146 Abs. 2 bis 4 AO.
[52] § 145 Abs. 2 iVm. § 146 Abs. 2 AO.
[53] BMF v. 24.12.1999, BStBl. I 1999, 1076 (Betriebsstätten-Verwaltungsgrundsätze) Tz. 1.1.4.2 und 2.8.
[54] Abweichungen zwischen dem Betriebsvermögensvergleich und dem Ergebnis aufgrund der GuV-Rechnung sind erfolgswirksam mit dem Eigenkapital der Betriebsstätte zu verrechnen; vgl. BFH I R 43/95 v. 16.2.1996, BStBl. II 1997, 128.
[55] BMF v. 24.12.1999, BStBl. I 1999, 1076 (Betriebsstätten-Verwaltungsgrundsätze) Tz. 2.8.1.
[56] *Kumpf/Roth* DB 2000, 787 (790); *Baranowski* IWB F. 3 Deutschland Gr. 2, 834.

A. Auslandsaktivitäten inländischer Gesellschaften 34, 35 § 16

schließt allerdings eine wechselkursbedingte Teilwertabschreibung generell aus.[57] Umrechnungsbedingte Währungsgewinne oder -verluste sind den ausländischen Einkünften zuzuordnen. Währungsschwankungen des Dotationskapitals einer ausländischen Betriebsstätte wirken sich nach Auffassung der Finanzverwaltung auf den Gewinn des inländischen Stammhauses nicht aus.[58] Soweit Deckungsgeschäfte zur Kurssicherung abgeschlossen wurden, entfällt ebenfalls eine Berücksichtigung von wechselkursbedingten Wertänderungen. Aufwendungen für die Kurssicherung sind der ausländischen Betriebsstätte zuzuordnen.

Indirekte Methode: Bei der indirekten Methode ist der Gesamtgewinn des Unternehmens aufgrund eines sachgerechten Schlüssels zwischen Stammhaus und Betriebsstätte aufzuteilen. Eine gesonderte Betriebsstättenbilanz ist nicht aufzustellen. Die Anwendung der indirekten Methode setzt voraus, dass ein Aufteilungsschlüssel existiert, der nach dem Fremdvergleichsgrundsatz eine funktionsgerechte Gewinnaufteilung gewährleistet.[59] Die Ermittlung eines derartigen Schlüssels kann problematisch sein. Findet sich kein geeigneter Aufteilungsmaßstab, kann die indirekte Methode nicht angewendet werden.[60] Der Einsatz der indirekten Methode beschränkt sich daher auf Fälle, in denen Stammhaus und Betriebsstätte ähnliche Funktionen und Strukturen aufweisen. Beispielhaft werden in den Betriebsstätten-Verwaltungsgrundsätzen als sachgerechte Aufteilungsschlüssel im Handels- und Dienstleistungsbereich die Umsätze, im Versicherungsbereich die Prämieneinnahmen, im Bankbereich der Anteil am gesamten Betriebskapital und im Produktionsbereich Lohn- oder Materialkosten genannt.[61]

Wird der Gesamtgewinn durch außerordentliche Aufwendungen oder Erträge beeinflusst, so sind diese Beträge von der Schlüsselung auszunehmen und gesondert zu berücksichtigen.

Gemischte Methode: Im Rahmen der gemischten Methode werden in einem ersten Schritt das Vermögen, die Erträge und Aufwendungen dem Stammhaus bzw. der Betriebsstätte unmittelbar zugerechnet, soweit dies möglich ist. In einem zweiten Schritt werden die nicht direkt zurechenbaren Restbeträge nach den Regeln der indirekten Methode durch einen geeigneten Aufteilungsmaßstab auf die Unternehmensteile verteilt. Zu den Aufwendungen des Stammhauses für die Betriebsstätte, die nicht direkt zugeordnet werden können, gehören Finanzierungs-, Geschäftsführungs- und allgemeine Verwaltungskosten wie zB Kosten der Organe der Gesellschaft, der Hauptver-

---

[57] BMF v. 24.12.1999, BStBl. I 1999, 1076 (Betriebsstätten-Verwaltungsgrundsätze) Tz. 2.8.1. a.
[58] BMF v. 24.12.1999, BStBl. I 1999, 1076 (Betriebsstätten-Verwaltungsgrundsätze) Tz. 2.8.1. Fraglich ist jedoch, ob diese Auffassung im Hinblick auf das EuGH-Urteil vom 28. 2. 2008 C-293/06, IStR 2008, 224 (*Deutsche Shell GmbH*) aufrechterhalten werden kann, da nach Auffassung des EuGH Währungsverluste im Zusammenhang mit der Rückführung des Dotationskapitals im Inland zu berücksichtigen sind; vgl. dazu auch Urteilsanm. von *Strunk/Kaminski* Stbg 2008, 162, *de Weerth* IStR 2008, 226; *Ditz/Schönfeld*, DB 2008, 1458; *Hruschka*, IStR 2008, 499.
[59] Vgl. Art. 7 Abs. 4 OECD-MA.
[60] *Baumhoff/Leitner/Digerinimo* IWB F. 10 Gr. 2, 1433 (1438).
[61] BMF v. 24.12.1999, BStBl. I 1999, 1076 (Betriebsstätten-Verwaltungsgrundsätze) Tz. 2.3.2.

Zehnpfennig 1345

sammlung, der Koordination und Kontrolle. Sie sind der Betriebsstätte anteilig zuzuordnen. Für die Zuordnung der Aufwendungen ist unerheblich, ob die Aufwendungen im Inland oder im Ausland anfallen; entscheidend ist die unmittelbare oder mittelbare Veranlassung. Eine Verbuchung der der Betriebsstätte zugeordneten Aufwendungen ist ebenfalls nicht erforderlich.

Nach Auffassung der Finanzverwaltung sind bei der Zuordnung der Aufwendungen Erkenntnisse einer betrieblichen Kostenrechnung heranzuziehen, dabei soll die Kostenrechnung des Stammhauses und der Betriebsstätte nach gleichen oder vergleichbaren Kriterien erfolgen.[62] Die Aufwendungen/Erträge können auch pauschal oder nach Kostenblöcken aufgeteilt werden, wenn eine Einzelaufteilung nicht möglich oder unangemessen schwierig ist oder, wenn eine derartige Aufteilung einer funktionsgerechten Zuordnung dient und mit angemessener Genauigkeit zu den Ergebnissen führt, die sich bei einer Einzelaufteilung von Erträgen und Aufwendungen ergeben würden.

Werden durch Wirtschaftsgüter, die von Stammhaus und Betriebsstätte gemeinsam genutzt wurden, Erträge erwirtschaftet bzw. Aufwendungen verursacht, so sind diese entsprechend der tatsächlichen Nutzung zwischen Stammhaus und Betriebsstätte aufzuteilen.

36   **bb) Besteuerung des Betriebsstättenergebnisses.** Bei der Besteuerung des Betriebsstättenergebnisses ist danach zu unterscheiden, ob die Betriebsstättentätigkeit in einem Staat ausgeübt wird, mit dem ein DBA abgeschlossen wurde, oder ob die Gesellschaft in einem Nicht-DBA-Land tätig wurde.

Im Fall einer Betriebsstättentätigkeit im **DBA-Ausland** wird idR der in der ausländischen Betriebsstätte erzielte Gewinn von der deutschen Besteuerung freigestellt. Die Freistellung ist in einigen DBA allerdings an die Voraussetzung geknüpft, dass die Betriebsstätte im Ausland eine aktive Tätigkeit iSd. DBA ausübt (zB DBA Schweiz). Als Kehrseite der Gewinnfreistellung können Betriebsstättenverluste nicht für Zwecke der deutschen Besteuerung abgezogen werden, wenn im Betriebsstättenstaat eine (ggf. künftige) Verlustverrechnungsmöglichkeit besteht.[63] Ob aufgrund der Betriebsstättenverluste ein negativer Progressionsvorbehalt berücksichtigt werden kann, ist strittig.[64]

Kann eine etwaige DBA-Aktivitätsklausel nicht erfüllt werden, ist ggf. die Gründung einer ausländischen Kapitalgesellschaft zu erwägen, da deren Ergebnisse im Inland von einer Kapitalgesellschaft ohne weitere Bedingungen zu 95 % steuerfrei vereinnahmt werden können (vgl. § 8 b Abs. 1 iVm Abs. 5 KStG). Dabei sind jedoch die ausländische Vorbelastung und die Regeln der Hinzurechnungsbesteuerung (s. dazu Rz. 90 ff.) zu beachten.

---

[62] BMF v. 24.12.1999, BStBl. I 1999, 1076 (Betriebsstätten-Verwaltungsgrundsätze) Tz. 2.7.

[63] Bestätigt durch EuGH-Urteil vom 15.5.2008 C-414/06 (*Lidl Belgium*) DStR 2008, 1030. Zur grenzüberschreitenden Verlustverrechnung vgl. auch *Rehm/Nagler* IStR 2008, 129 und *Thömmes* IWB F. 11 A, 1185. Bis zum **31.12.1998** konnten Betriebsstättenverluste gem. § 2a Abs. 3 und 4 EStG aF unter bestimmten Voraussetzungen mit der Folge einer späteren Nachversteuerung von der inländischen Steuerbemessungsgrundlage abgezogen werden. Beträge, die bis zum Veranlagungszeitraum 1998 im Rahmen des Verlustabzugs berücksichtigt wurden, sind **zeitlich unbegrenzt** weiterhin nach § 2a Abs. 3, Abs. 4 EStG hinzuzurechnen. Vgl. § 52 Abs. 3 EStG.

[64] Vgl. *Schmidt/Heinicke* § 2a Rz. 46 mwN. Zur Verrechnung negativer Betriebsstätteneinkünfte mit positiven außerordentlichen Einkünften vgl. Verf. der OFD Rheinland und Münster vom 23.5.2008 IStR 2007, 447.

A. Auslandsaktivitäten inländischer Gesellschaften 37-41 § 16

Die im Inland von der Besteuerung freigestellten Betriebsstättengewinne 37 können idR ohne Quellensteuerbelastung[65] körperschaft- und gewerbesteuerfrei vereinnahmt werden, sie gehen bei der inländischen Kapitalgesellschaft in das sog. „neutrale Vermögen" ein.[66] Soweit diese Gewinne an Anteilseigner in der Rechtsform der Kapitalgesellschaft ausgeschüttet werden, bleibt die Steuerfreiheit erhalten.[67]

Werden die freigestellten Betriebsstättenergebnisse unmittelbar oder mittel- 38 bar über eine Personengesellschaft an eine natürliche Person ausgeschüttet, unterliegen sie dem Teileinkünfteverfahren und damit einer Nachbelastung auf Ebene des Anteilseigners. Mit der 40%igen[68] Freistellung der Dividende wird die Vorbelastung mit der ausländischen Steuer berücksichtigt, eine Doppelbelastung wird somit vermindert.[69] Werden die Anteile beim Gesellschafter des Stammhauses in einem Betriebsvermögen gehalten, so kann der zunächst steuerfreie Auslandsgewinn bei dem Anteilseigner in voller Höhe zusätzlich der inländischen Gewerbesteuer unterliegen, wenn die Voraussetzungen des gewerbesteuerlichen Schachtelprivilegs gem. § 9 Nr. 2 a GewStG (Beteiligung von mindestens 15%) nicht erfüllt sind.

Ist die inländische AG eine Organgesellschaft, so bleiben die ausländischen 39 Betriebsstättenergebnisse beim Organträger steuerfrei. Soweit natürliche Personen an dem Organträger beteiligt sind, unterliegen die anteiligen Betriebsstättenergebnisse dem Progressionsvorbehalt gem. § 32 b Abs. 1 Nr. 3 EStG.[70]

Fallen in einer ausländischen Betriebsstätte **passive Einkünfte** iSd. 40 § 8 AStG an (s. dazu Rz. 91) und wären sie steuerpflichtig, wenn die ausländische Betriebsstätte eine Kapitalgesellschaft wäre, so erfolgt ein Wechsel von der DBA-Freistellungsmethode zur Anrechnungsmethode (§ 20 Abs. 2 AStG). Gemäß § 9 Nr. 3 GewStG wird – im Gegensatz zu Hinzurechnungsbeträgen aus Beteiligungen an ausländischen Kapitalgesellschaften – keine Gewerbesteuer auf diesen Teil erhoben.

Wird die unternehmerische Tätigkeit durch eine Betriebsstätte in einem 41 **Nicht-DBA-Land** ausgeübt, unterliegt der in einer Betriebsstätte iSd. § 12 AO erzielte Gewinn sowohl im Ausland als auch in Deutschland der Steuerpflicht. Der Betriebsstättengewinn unterliegt jedoch nicht der Gewerbesteuer.[71] Zur Vermeidung oder Milderung einer Doppelbesteuerung von Betriebsstättengewinnen bestehen auf nationaler Ebene folgende Methoden:

---

[65] Die Gewinnabführung der Betriebsstätte an das Stammhaus unterliegt jedoch in einigen Staaten einer der Kapitalertragsteuer ähnlichen Steuer (zB wird in den USA eine Branch Profit Tax erhoben).
[66] Vgl. dazu § 12 Rz. 88. Das „neutrale Vermögen" setzt sich zusammen aus stpfl. und steuerfreien Gewinnen ab 2001 oder 2002 sowie aus den Altbeständen des EK 30, EK 01 und EK 03.
[67] Vgl. § 8 b Abs. 1 KStG sowie § 12 Rz. 13 ff.
[68] Bis zum Veranlagungszeitraum 2008 gilt das Halbeinkünfteverfahren mit hälftiger Freistellung.
[69] Vgl. Neu/Schiffers GmbHR 2001, 1005 (1006).
[70] Für diese Konstruktion an Stelle eines direkten Haltens der ausländischen Betriebsstätte durch die ESt-Pflichtigen können Steuersatzunterschiede im Ausland sprechen („Österreich-Modell").
[71] § 9 Nr. 3 GewStG. Werden die ausländischen Einkünfte durch die Bestellung eines ständigen Vertreters iSd. § 13 AO erzielt, so wird das Ergebnis nicht von der Bemessungsgrundlage der inländischen Gewerbesteuer ausgenommen.

- direkte Steueranrechnung
- Betriebsausgabenabzug von im Ausland entrichteten Steuern (Abzugsmethode)

42 Direkte Steueranrechnung: Die auf den Betriebsstättengewinn im Ausland gezahlten Steuern können unter den Voraussetzungen des § 26 Abs. 1 KStG auf die deutsche Steuer angerechnet werden, soweit diese der deutschen Körperschaftsteuer entsprechen.[72] Die Anrechnung ist begrenzt auf die Höhe der deutschen Körperschaftsteuer (Tarifbelastung), die auf die jeweiligen ausländischen Einkünfte entfällt.[73] Der Anrechnungshöchstbetrag ist länderbezogen vorzunehmen. Ungenutzte Anrechnungsbeträge für ein Land können nicht zum Ausgleich eines fehlenden Anrechnungsvolumens für ein anderes Land herangezogen werden. Derartige Überhänge bzw. Fehlbeträge erfordern daher eine langfristige, systematische Planung des Ergebnisses im Ausland, da Überhänge ansonsten verloren sind.[74] In Ausnahmefällen bei nur zeitlichen Verschiebungen aufgrund unterschiedlicher Gewinnrealisierungsvorschriften in den beteiligten Ländern hat die Finanzverwaltung einen Ausgleich über mehrere Jahre auf dem Erlasswege zugelassen (zB bei langfristigen Bauprojekten).[75]

Die Anrechnungsmethode führt idR zu dem Ergebnis, dass ein niedrigeres ausländisches Steuerniveau auf das höhere deutsche heraufgeschleust wird.

43 Abzugsmethode: Die Abzugsmethode mildert die Doppelbesteuerung, eine vollständige Vermeidung der Doppelbesteuerung ist dadurch jedoch nicht möglich. Die Methode kommt alternativ zur Steueranrechnung zur Anwendung oder in den Fällen, in denen die Steuer nicht anrechenbar ist.

Grundsätzlich hat das inländische Stammhaus das Wahlrecht, anstelle der Steueranrechnung die im Ausland auf das Betriebsstättenergebnis erhobenen Steuern bei der inländischen Besteuerung als Betriebsausgaben abzuziehen.[76] Der Abzug ist insbesondere bei Verlusten im Inland von Vorteil, da Anrechnungen in diesen Fällen ins Leere gehen. Bei Anwendung der Abzugsmethode wirken sich die Steuern über den Betriebsausgabenabzug wenigstens anteilig im Wege des Verlustrück- bzw. -vortrags aus.

Ist eine Steueranrechnung nicht möglich, so können die folgenden ausländischen Steuern von der deutschen Bemessungsgrundlage abgezogen werden:[77]
- nicht der deutschen Körperschaftsteuer entsprechende ausländische Steuern,
- ausländische Steuern vom Einkommen, die nicht in dem Staat erhoben wurden, aus dem die Einkünfte stammen,
- ausländische Steuern vom Einkommen auf Einkünfte, die nicht als ausländische Einkünfte anzusehen sind.

44 Die ausländischen **Verluste** einer Betriebsstätte in einem Staat ohne DBA sind im Inland abzugsfähig, wenn die Betriebsstätte eine aktive Tätigkeit iSd. § 2a Abs. 2 EStG ausübt. Anderenfalls sind die Verluste nur mit späteren Betriebsstättengewinnen aus demselben Land ausgleichsfähig. Bei der Gewerbeertragsteuer sind die ausländischen Verluste nicht berücksichtigungsfähig.[78]

---

[72] In der Anlage 6 der EStR sind die der deutschen Körperschaftsteuer entsprechenden ausländischen Steuern aufgeführt.
[73] § 26 Abs. 6 KStG iVm. § 34c Abs. 1 Satz 1 und 2 EStG.
[74] *Grotherr/Schoss* S. 64.
[75] FM NRW S 2106–11 – VB 1 v. 29. 1. 1963 (koord. Ländererlass).
[76] § 26 Abs. 6 KStG iVm. § 34c Abs. 2 EStG.
[77] Vgl. § 26 Abs. 6 KStG iVm. § 34c Abs. 3 EStG.
[78] § 9 Nr. 3 GewStG.

A. Auslandsaktivitäten inländischer Gesellschaften		45–48	§ 16

3. Beendigung der Betriebsstätte

Die Geschäftstätigkeiten über eine ausländische Betriebsstätte können beendet werden, indem 45
- die einzelnen Wirtschaftsgüter der Betriebsstätte entweder an Dritte veräußert werden oder in das inländische Stammhaus zurückgeführt werden (**Auflösung**), oder
- die ausländische Betriebsstätte als solche in einen in- oder ausländischen Rechtsträger eingebracht wird (**Umstrukturierung**).

a) Auflösung der Betriebsstätte

Bei der Auflösung der Betriebsstätte werden alle Wirtschaftsgüter entweder 46
veräußert oder in das Stammhaus zurückgeführt. Die Betriebsstätte gilt dann als aufgelöst, wenn keine feste Geschäftseinrichtung, Anlage oder Bauausführung mehr besteht. Eine vorübergehende Unterbrechung gilt nicht als Auflösung. Das längerfristige Ruhenlassen einer Betriebsstätte kann dagegen nach den Umständen des Einzelfalls als eine Auflösung zu betrachten sein.[79]

Die Steuerfolgen sind danach zu unterscheiden, ob die Betriebsstätte in einem DBA-Staat oder in einem Staat liegt, mit dem Deutschland kein DBA abgeschlossen hat.

Im Fall, dass ein **DBA vorliegt**, wird das Besteuerungsrecht dem Betriebsstättenstaat idR auch für das Ergebnis aus der **Veräußerung** der Wirtschaftsgüter der Betriebsstätte zugewiesen.[80] Für die Besteuerung des Ergebnisses gelten dieselben Grundsätze wie für die Besteuerung des laufenden Ergebnisses (vgl. Rz. 36). 47

Wurde **kein DBA** zwischen Deutschland und dem ausländischen Staat abgeschlossen, so wird der Gewinn aus der Veräußerung der Wirtschaftsgüter der Betriebsstätte grundsätzlich in dem Staat besteuert, in dem die Betriebsstätte liegt. Länderspezifisch kann dabei der volle oder ein ermäßigter Steuersatz zur Anwendung kommen. In einigen Ländern bleiben Veräußerungsgewinne sogar unbesteuert. Das Ergebnis aus der Veräußerung der Betriebsstätte ist daneben im Inland zu besteuern. Für die Besteuerung gelten ebenfalls die gleichen Grundsätze wie für das laufende Betriebsstättenergebnis (vgl. Rz. 41 ff.).

Wird ein Wirtschaftsgut aus einer ausländischen Betriebsstätte, für die das 48
deutsche Besteuerungsrecht zuvor ausgeschlossen gewesen ist, in das inländische Stammhaus **zurücküberführt**, ist der Vorgang gemäß § 4 Abs. 1 Satz 7 EStG wie eine Einlage in das Vermögen des Stammhauses zu behandeln, die mit dem gemeinen Wert des überführten Wirtschaftsguts anzusetzen ist (§ 6 Abs. 1 Nr. 5 a. EStG iVm. § 8 Abs. 1 KStG). Dies soll bei DBA-Betriebsstätten sowohl bei Anwendung der Freistellungs- als auch der Anrechnungsmethode gelten.[81]

Für den Fall, dass ein Wirtschaftsgut des Anlagevermögens aus einer Betriebsstätte im EU-Ausland innerhalb von höchstens fünf Jahren seit der Ver-

---

[79] BMF v. 24.12.1999, BStBl. I 1999, 1076 (Betriebsstätten-Verwaltungsgrundsätze) Tz. 2.9.2.
[80] Einzelne DBA, zB mit Australien, Pakistan, Polen und Rumänien, enthalten jedoch keine ausdrückliche Regelung des Besteuerungsrechts, vgl. *Grotherr/Schoss* S. 69.
[81] Vgl. *Kramer* DB 2007, 2338 (2341); *Schmidt/Heinicke* § 4 Rz. 331; *Benecke* NWB Fach 3, 14733.

bringung ins inländische Stammhaus zurücküberführt wird, sind die Sonderregelungen des § 4 g Abs. 3 EStG zu beachten.

Liegt die Betriebsstätte in einem Nicht-DBA-Staat, so ist der Buchwert anzusetzen.

Zur Abgrenzung der nachlaufenden Aufwendungen und Erträge soll nach Auffassung der Finanzverwaltung spätestens bis zum Ende des Wirtschaftsjahres, das auf das Jahr der Auflösung der Betriebsstätte folgt, eine „Liquidationsbilanz" aufgestellt werden.[82] Nur bis dahin entstandene Betriebseinnahmen und -ausgaben sollen der Betriebsstätte zugeordnet werden, danach sind sie beim Stammhaus zu berücksichtigen. Unabhängig davon, ob tatsächlich eine Liquidationsbilanz erstellt wird, ist ab diesem Stichtag das Vermögen der Betriebsstätte dem Stammhaus zuzuordnen.

b) Umstrukturierung

49 Zur Beendigung der ausländischen Geschäftstätigkeit kann die ausländische Betriebsstätte als solche in einen in- oder ausländischen Rechtsträger eingebracht werden. Infolge der Einbringung des ausländischen Betriebsvermögens können sich Steuerfolgen sowohl nach ausländischem als auch nach inländischem Steuerrecht ergeben. Die Steuerfolgen im Ausland sind nach dem jeweils anzuwendenden ausländischen Steuerrecht zu prüfen.

Liegt die einzubringende Betriebsstätte im DBA-Ausland, so hat Deutschland idR kein Besteuerungsrecht für die in der Betriebsstätte enthaltenen stillen Reserven (s. Rz. 36).

(1) Einbringung in einen inländischen Rechtsträger

50 Ist das Besteuerungsrecht Deutschlands nicht durch ein DBA eingeschränkt, so kann die ausländische Betriebsstätte unter den Voraussetzungen der §§ 20 bzw. 24 UmwStG im Inland ertragsteuerneutral in eine inländische Kapital- oder Personengesellschaft eingebracht werden.

(2) Einbringung in einen ausländischen Rechtsträger

Bei der Einbringung einer in einem Nicht-DBA-Staat belegenen Betriebsstätte in eine ausländische Kapitalgesellschaft kommt es grundsätzlich zur Aufdeckung der in der Betriebsstätte enthaltenen stillen Reserven. Ggf. anfallende ausländische Steuer kann auf die inländische Steuerschuld angerechnet oder davon abgezogen werden.[83] Ist der ausländische aufnehmende Rechtsträger eine Kapitalgesellschaft, so sind die von ihr gewährten Anteile bei dem inländischen Stammhaus mit dem gemeinen Wert der übertragenen Wirtschaftsgüter zu bewerten. Ein sich dabei ergebender Buchgewinn ist in Deutschland von der Steuer freigestellt, wenn die Betriebsstätte im DBA-Ausland mit Anwendung der Freistellungsmethode liegt.[84]

Betriebsstätten im EU-Ausland können idR auch nach ausländischem Recht steuerneutral eingebracht werden. Bei DBA-Betriebsstätten mit Anwendung der Anrechnungsmethode sowie bei Betriebsstätten ohne DBA ist eine steuerneutrale Übertragung in ausländische EU/EWR-Kapitalgesellschaften

---

[82] Kritisch dazu *Kumpf/Roth*, DB 2000, 787 (791), wonach das Erfordernis einer Liquidationsbilanz einer Rechtsgrundlage entbehrt.
[83] Vgl. *Jacobs* S. 1197.
[84] Vgl. *Jacobs* S. 1199.

A. Auslandsaktivitäten inländischer Gesellschaften

nicht möglich, da das deutsche Besteuerungsrecht hinsichtlich des Betriebsstättenvermögens durch die Übertragung ausgeschlossen bzw. beschränkt wird (§ 20 Abs. 2 Satz 2 Nr. 3 UmwStG). Gemäß § 20 Abs. 7 iVm. § 3 Abs. 3 UmwStG ist auf die im Inland anfallende Körperschaftsteuer die auf den Gewinn einer gedachten Veräußerung der Betriebsstätte anfallende fiktive ausländische Steuer nach § 26 KStG anzurechnen.[85]

Ist das Besteuerungsrecht Deutschlands nicht durch ein DBA ausgeschlossen, so kann die ausländische Betriebsstätte unter Anwendung von § 24 UmwStG ertragsteuerneutral in eine ausländische Personengesellschaft eingebracht werden (vgl. § 14 Rz. 345).[86]

III. Beteiligung an einer ausländischen Personengesellschaft

1. Qualifikationsprobleme

Die zivilrechtliche und steuerrechtliche Qualifikation einer Personengesellschaft kann in den einzelnen Staaten unterschiedlich sein. In Deutschland wird die Personengesellschaft zivilrechtlich als partiell rechtsfähig angesehen. Steuerlich wird der Gewinn der Personengesellschaft einheitlich und gesondert ermittelt, besteuert wird er jedoch unmittelbar bei den Gesellschaftern (**Transparenzprinzip**).[87] Für die Umsatz- und Gewerbesteuer ist die Personengesellschaft hingegen selbst steuerpflichtig.

Personengesellschaften können nach ausländischem Recht ebenfalls nach dem Transparenzprinzip besteuert werden, in einigen Staaten unterliegen Personengesellschaften jedoch wie Kapitalgesellschaften dem **Trennungsprinzip**.[88] Möglich ist auch, dass ein Wahlrecht besteht, ob die Besteuerung nach dem Transparenz- oder nach dem Trennungsprinzip erfolgen soll.[89]

Aus den unterschiedlichen Besteuerungskonzepten in den einzelnen Staaten können Qualifikationskonflikte und Doppelbesteuerungsprobleme entstehen, wenn das Transparenz- und das Trennungsprinzip kollidieren.[90] Sind die Gewinne der ausländischen Personenvereinigung im Ansässigkeitsstaat – nach dem Trennungsprinzip – steuerpflichtig und folgt der Wohnsitzstaat des Gesellschafters dem Transparenzprinzp, wird der Gewinn doppelt besteuert. Ob in diesen Fällen eine Doppelbesteuerung vermeidbar ist, hängt davon ab, ob ein DBA zwischen den beiden Staaten besteht und falls ja, wie die einzelnen Regelungen ausgestaltet sind.

Beteiligt sich ein Inländer an einer ausländischen Personenvereinigung, ist zunächst zu prüfen, ob es sich aus deutscher Sicht um die Beteiligung an einer Personengesellschaft oder an einer Kapitalgesellschaft handelt. Ob eine inlän-

---

[85] Vgl. Rödder/Herlinghaus/van Lishaut § 20 Rz. 168 iVm. 242 f.
[86] Soweit durch die Einbringung eine Verpflichtung zur Anrechnung ausländischer Steuer entsteht, kann es zu einer Beschränkung des deutschen Besteuerungsrechts kommen, die einer Ertragsteuerneutralität entgegenstehen könnte; vgl. dazu Rödder/Herlinghaus/van Lishaut/Rasche § 24 Rz. 84.
[87] Vgl. § 180 Abs. 1 Nr. 2 a AO.
[88] Zur Qualifikation in den einzelnen Ländern vgl. Jacobs S. 516 und 519 f.
[89] So zB in den USA im Rahmen des **Check-the-Box-Verfahrens**. Auch in Frankreich besteht ein Optionsrecht zur Besteuerung einer Personengesellschaft nach Kapitalgesellschaftsgrundsätzen.
[90] Frotscher Internationales Steuerrecht 2. Aufl. S. 170 f.

dische oder eine ausländische Personenvereinigung vorliegt, richtet sich nach dem Ort der Geschäftsleitung. Der Sitz der Personengesellschaft ist grundsätzlich ohne Bedeutung. Die Prüfung des Gesellschaftstyps ist anhand eines Typenvergleichs vorzunehmen. Dabei ist zu bestimmen, ob die ausländische Personenvereinigung nach ihrem im Ausland geregelten rechtlichen Aufbau und ihrer Struktur mehr einer deutschen Personengesellschaft oder einer deutschen Kapitalgesellschaft entspricht.[91] Nach dem Ergebnis dieser Prüfung werden die Beteiligungserträge für Zwecke der Besteuerung sowohl nach inländischem Steuerrecht als auch für Abkommenszwecke eingeordnet. Inwieweit deutsches innerstaatliches Steuerrecht zur Auslegung der DBA herangezogen werden darf, ist strittig.[92]

53 • Wird die ausländische Gesellschaft von beiden Staaten als **gewerbliche Personengesellschaft** eingestuft, ist dem inländischen Beteiligten eine (anteilige) ausländische Betriebsstätte zuzuordnen.[93] Die Besteuerungsfolgen sind danach zu differenzieren, ob zwischen den beiden Staaten ein DBA besteht. **DBA-Fall:** Das Besteuerungsrecht ist dem Quellenstaat zuzuordnen, dh. demjenigen Staat, in dem die Personengesellschaft ihre Tätigkeit ausübt (Betriebsstättenprinzip).[94] **Kein DBA:** Die Einkünfte aus der ausländischen Personengesellschaft unterliegen nach Maßgabe des Welteinkommensprinzips – idR neben der Besteuerung im Ausland – der Besteuerung in Deutschland.

54 • Wird die ausländische Gesellschaft von einem der beiden Staaten als Kapitalgesellschaft, von dem anderen dagegen als gewerbliche Personengesellschaft eingestuft, liegt eine sog. **hybride Gesellschaft** vor. Für die Besteuerung ist wie folgt zu differenzieren:

• Die Gesellschaft wird im ausländischen Quellenstaat als Kapitalgesellschaft, im Inland dagegen als Personengesellschaft angesehen:
 – Bezogen auf die Ebene der Gesellschaft ist das als Kapitalgesellschaft eingeordnete Unternehmen mit seinen Einkünften im ausländischen Quellenstaat steuerpflichtig.
 – Da aus deutscher Sicht das Transparenzprinzip anzuwenden ist, wird dem Gesellschafter anteilig eine ausländische Betriebsstätte zugerechnet, obwohl die Gesellschaft im Ausland als juristische Person besteuert wird. Gewinnausschüttungen der ausländischen Gesellschaft werden im Ausland – ggf. unter Quellensteuereinbehalt – als Dividende angesehen, aus deutscher Sicht sind sie nicht steuerbare Entnahmen, die abkommensrechtlich von der Besteuerung freigestellt werden.[95]

---

[91] Vgl. BFH IX R 182/87 v. 23.6. 1992, BStBl. II, 972. Dem BMF v. 24.12.1999, BStBl. I 1999, 1076, 1114) ist als Tabelle 1 ein Rechtsformenvergleich internationaler Unternehmen (außer Osteuropa) beigefügt. Siehe auch BMF v. 19.3. 2004, BStBl. I 2004, 411 Abschn. IV.
[92] Vgl. Entwurf eines BMF-Schreibens zur Anwendung der DBA auf Personengesellschaften (Stand 10.5. 2007) sowie kritische Anmerkungen dazu von *Wassermeyer* IStR 2007, 413; *Haun/Reiser* GmbHR 2007, 915; *Lang* IStR 2007, 606.
[93] Vgl. BFH I R 15/89 v. 27.2. 1991, BStBl. II, 444 f.; BMF v. 24.12.1999, BStBl. I 1999, 1076 (Betriebsstätten-Verwaltungsgrundsätze) Tz. 1.1.5.1.
[94] Vgl. Art. 7 Abs. 1 OECD-MA.
[95] Vgl. BMF IV C 5 – S 1301 Spa – 2/98 v. 28.5. 1998, BStBl. I 1998, 557 Tz. 2 zu Personengesellschaften spanischen Rechts.

A. Auslandsaktivitäten inländischer Gesellschaften

- Die Gesellschaft wird im ausländischen Quellenstaat als gewerbliche Personengesellschaft, im Inland dagegen als Kapitalgesellschaft angesehen:
  – Der ausländische Staat weist die Besteuerung der durch die ausländische Gesellschaft erzielten Gewinne dem inländischen Gesellschafter zu.
  – Aufgrund der Anwendung des Trennungsprinzips im Inland werden die Gewinne nicht unmittelbar der deutschen Besteuerung unterworfen, sondern nur soweit Gewinnausschüttungen erfolgen. Gewinnentnahmen durch die in Deutschland ansässigen Gesellschafter werden grundsätzlich in Dividenden umqualifiziert, die gem. § 8 b KStG von der Körperschaftsteuer befreit sind. Bei Beteiligungen unter 15 % kann unter bestimmten Bedingungen Gewerbesteuer auf die als Dividenden umqualifizierten Entnahmen anfallen.[96]
- Kommt es aufgrund eines Qualifikationskonflikts jedoch zu einer „Keinmalbesteuerung" von Einkünften (sog. „weiße" Einkünfte), greift § 50d Abs. 9 EStG ein, der eine Nichtbesteuerung verhindert, s. dazu Rz. 67.

2. Erwerb der Beteiligung bzw. Gründung der ausländischen Personengesellschaft

Erwirbt die inländische Kapitalgesellschaft einen Anteil an einer ausländischen Personengesellschaft, liegt zivilrechtlich zwar ein Kauf von Gesellschaftsrechten vor, steuerlich wird er jedoch wie ein Erwerb von Wirtschaftsgütern (asset deal) behandelt. Entsprechend den Regelungen für den Erwerb von Anteilen an inländischen Personengesellschaften sind die Anschaffungskosten, soweit sie über die anteiligen Buchwerte für die in der Gesamthandsbilanz erfassten Wirtschaftsgüter hinausgehen, in einer Ergänzungsbilanz zu erfassen.

Finanzierungskosten für die Beteiligung mindern nach deutschem Besteuerungskonzept als Sonderbetriebsausgaben die Einkünfte des inländischen Gesellschafters aus seiner Beteiligung an der ausländischen Personengesellschaft. Wird das Besteuerungsrecht jedoch aufgrund eines DBA dem ausländischen Staat zugewiesen, ist ein Abzug der Fremdkapitalzinsen im Inland nicht zulässig. Ob ein Abzug im Ausland möglich ist, richtet sich nach den jeweiligen DBA-rechtlichen Regelungen. Häufig droht infolge eines Qualifikationskonflikts auch die vollständige Nichtberücksichtigung der Aufwendungen.[97] Mit Einfügung des § 50d Abs. 10 EStG durch das JStG 2009 wird das Besteuerungsrecht für Sondervergütungen i. S. des § 15 Abs. 1 Satz 1 Nr. 2 EStG für Zwecke der Abkommensanwendung dem Betriebsstättenstaat zugewiesen, soweit das Abkommen keine die Sondervergütung betreffende ausdrückliche Regelung enthält.

---

[96] § 8 Nr. 5 iVm. § 9 Nr. 7 GewStG. Zu den Voraussetzungen s. Rz. 86 und § 12 Rz. 230 ff.

[97] Vgl. *Jacobs* S. 959. Für eine Zuordnung des Besteuerungsrechts von Sondervergütungen sind nach der BFH-Rechtsprechung (vgl. BFH I R 15/89 v. 27. 2. 1991, BStBl II 1991, 444) grundsätzlich die spezielleren abkommensrechtlichen Artikel vorrangig vor einer Qualifikation nach dem Recht des Quellenstaates; vgl. *Hölscher* IWB 2007, F 3, 1361 (1366); ggf. andere Auffassung der Finanzverwaltung gemäß Tz. 5.1, 2.2.1 des Entwurfs des BMF-Schreibens zur Anwendung der DBA bei Personengesellschaften vom 10. 5. 2007, vgl. dazu *Salzmann* IWB Gr. 3 F. 3, 1539 (1540); *Beinert/Benecke* Ubg 2008, 169 (173 f.).

Zehnpfennig

56 Leistet die inländische Kapitalgesellschaft eine Sacheinlage gegen Gewährung von Gesellschaftsrechten an der ausländischen Personengesellschaft, so gelten für die Überführung eines Einzelwirtschaftsguts aus dem inländischen Betriebsvermögen in die ausländische Personengesellschaft (einschließlich Sonderbetriebsvermögen) die gleichen Grundsätze wie bei der Überführung von Wirtschaftsgütern in eine ausländische Betriebsstätte (s. Rz. 22 ff.).

57 Zur Aufdeckung stiller Reserven kommt es auch bei der Einbringung eines Betriebs, Teilbetriebs oder Mitunternehmeranteils in die ausländische Personengesellschaft, wenn das Besteuerungsrecht Deutschlands für das eingebrachte Vermögen nach der Einbringung durch ein DBA ausgeschlossen oder beschränkt ist. Einbringungen in ausländische Personengesellschaften sind allerdings dann unter Anwendung von § 24 UmwStG zum Buchwert möglich, wenn die nach ausländischem Recht errichtete Gesellschaft nach deutschen Rechtsvorschriften als Mitunternehmerschaft iSd. § 15 Abs. 1 Satz 1 Nr. 2 EStG zu qualifizieren ist und das deutsche Besteuerungsrecht hinsichtlich des eingebrachten Vermögens weder ausgeschlossen noch beschränkt ist.[98]

Bei der Eigenkapitalausstattung der ausländischen Personengesellschaft sind die für Betriebsstätten geltenden steuerlichen Grundsätze über ein angemessenes Dotationskapital entsprechend zu beachten.[99]

3. Laufende Geschäftstätigkeit

a) Besteuerung der ausländischen Personengesellschaft

58 Findet bei der ausländischen Personengesellschaft das Transparenzprinzip Anwendung, so ist die Personengesellschaft idR nach ausländischem Steuerrecht nicht selbst ertragsteuerpflichtig, sondern lediglich ihr Gesellschafter mit seinem Gewinnanteil.[100] Wird die ausländische Personengesellschaft nach ausländischem Steuerrecht als Steuersubjekt anerkannt, sind sie und ihre Gesellschafter nach dem für Kapitalgesellschaften bestehenden Regelungen zu besteuern.

Die Qualifikation der Personengesellschaft nach ausländischem Recht hat Auswirkung auf den Geltungsbereich der DBA, insbesondere auf die Frage, ob die Personengesellschaft den von den DBA gewährten Abkommensschutz zur Vermeidung einer Doppelbesteuerung in Anspruch nehmen kann oder ob dieser nur ihren Gesellschaftern zugute kommt.

59 Nach dem OECD-MA kann eine Personengesellschaft grundsätzlich abkommensberechtigt sein. Dies setzt jedoch voraus, dass die Personengesellschaft als solche in dem Staat ihrer Ansässigkeit der unbeschränkten Steuerpflicht unterliegt. Wenden beide Vertragsstaaten das Transparenzprinzip an, so ist der Abkommensschutz wegen der fehlenden Steuersubjekteigenschaft nicht auf die Gesellschaft selbst, sondern auf die Gesellschafter anzuwenden. Die Anwendbarkeit des Abkommens ist daher von der Ansässigkeit der einzelnen Mitunternehmer abhängig. Sind die Gesellschafter einer transparenten Personengesellschaft in verschiedenen Ländern ansässig, so sind zur Bestimmung des Besteuerungsrechts der von der Personengesellschaft erzielten Einkünfte meh-

---

[98] Ob § 12 Abs. 1 KStG anwendbar ist, ist strittig; vgl. *Dötsch/Jost/Pung/Witt* KStG Vor § 12 Rz. 6 mwN. Vgl. auch § 14 Rz. 344.

[99] BMF v. 24.12.1999, BStBl. I 1999, 1076 (Betriebsstätten-Verwaltungsgrundsätze) Tz. 2.5.1.

[100] Zu Ausnahmen bei beschränkter Haftung des Gesellschafters s. *Jacobs* S. 540.

rere Abkommen heranzuziehen. Die fehlende Abkommensberechtigung der Personengesellschaft selbst kann zu Doppelbesteuerungen führen, die auf Basis des nationalen Rechts häufig nicht beseitigt werden können und spezieller Vereinbarungen der Vertragsstaaten bedürfen.[101]

Zu Qualifikationsproblemen bei Anwendung des Kapitalgesellschaftskonzepts auf die ausländische Personengesellschaft s. oben Rz. 54.[102]

b) Besteuerung des inländischen Gesellschafters

aa) Besteuerung des Ergebnisanteils. Wird die ausländische Gesellschaft **60** sowohl nach deutschem als auch nach ausländischem Recht als **transparente gewerbliche Personengesellschaft** qualifiziert, so ist der inländische Gesellschafter mit seinem Gewinnanteil im **Ausland** (beschränkt) steuerpflichtig.[103] Im Rahmen eines Veranlagungsverfahrens des Gesellschafters werden die Nettoeinkünfte aus der Beteiligung an der Personengesellschaft besteuert. Dabei werden idR jedoch nur solche Einkünfte erfasst, die aus Quellen im Sitzstaat der Personengesellschaft stammen, originäre Einkünfte aus Drittstaaten (zB Betriebsstätteneinkünfte) werden für diese Zwecke eliminiert.[104]

Im **Inland** erzielt die inländische Kapitalgesellschaft aus ihrer Beteiligung **61** an der ausländischen Personengesellschaft gewerbliche Einkünfte, die der unbeschränkten Steuerpflicht unterliegen. Für Zwecke der inländischen Besteuerung des Gewinnanteils aus der Beteiligung an der ausländischen Gesellschaft ist zunächst auf den nach ausländischem Handelsrecht ermittelten Gewinnanteil zurückzugreifen. Der inländische Gesellschafter ist nach deutschem Handelsrecht nicht zur Buchführung verpflichtet.[105] Das Ergebnis der ausländischen Buchführung ist zu übernehmen, jedoch anschließend an die Vorschriften des inländischen Handels- und Steuerrechts anzupassen.[106] Der inländische Gesellschafter hat Abweichungen zu den innerstaatlichen Bilanzierungs- und Bewertungsvorschriften kenntlich zu machen.[107] IdR kann allerdings in den Fällen, in denen der Sitzstaat der Personengesellschaft ein dem deutschen Recht vergleichbares Mitunternehmerkonzept anwendet, das Ergebnis aus der ausländischen Gesamthands- und Sonderbilanz weitgehend übernommen werden. Korrekturen können insbesondere bei den Sondervergütungen erforderlich werden, da die Einkunftsqualifikation dieser Vergütungen im internationalen Vergleich oft differiert (s. dazu Rz. 65 ff.).

---

[101] Zu Einzelheiten vgl. *Jacobs* S. 522.
[102] Vgl. auch *Jacobs* S. 523 ff.
[103] Zur Besteuerung von Ergebnissen der ausländischen Gesellschaft, die aufgrund eines Qualifikationskonflikts als Kapitalgesellschaft anzusehen ist, s. Rz. 77 ff.
[104] Die Besteuerung ist idR vergleichbar der deutschen Besteuerung beschränkt Steuerpflichtiger, die nur mit ihren inländischen Einkünften gem. § 49 EStG im Inland steuerpflichtig sind. Zu Problemen einer Doppelbesteuerung, wenn Drittstaateneinkünfte sowohl im Drittstaat als auch im Sitzstaat der ausländischen Personengesellschaft besteuert werden, vgl. *Jacobs* S. 541 ff.
[105] BFH I R 117/87 v. 13.9.1989, BStBl. II 1990, 57. Ausnahmen können bestehen, wenn das ausländische Recht für die ausländische Gesellschaft keine Buchführungspflicht vorsieht.
[106] Vgl. § 146 Abs. 2 AO. Zur steuerlichen Ergebnisermittlung einer ausländischen Personen(handels)gesellschaft für deutsche Besteuerungszwecke s. *Schmidt/Heinz* GmbHR 2008, 581.
[107] Vgl. § 90 Abs. 2 AO.

62 Die aus der gleichzeitigen Steuerpflicht im In- und Ausland resultierende Doppelbesteuerung wird grundsätzlich durch die Anrechnungsmethode (§ 26 Abs. 1 KStG) oder die Abzugsmethode vermieden bzw. gemildert. S. dazu Rz. 42 ff.[108]
Wendet hingegen der Sitzstaat der ausländischen Personengesellschaft das **Trennnungsprinzip**[109] an, so unterliegen die Einkünfte der Gesellschaft im Ausland der unbeschränkten Steuerpflicht. Der Gesellschafter wird im Rahmen der beschränkten Steuerpflicht nur mit der an ihn ausgeschütteten Dividende im Ausland steuerpflichtig. Für Zwecke der inländischen Besteuerung kann es erforderlich sein, für die inländischen Mitunternehmer nach Inlandsrecht ermittelte Sonderbilanzen aufzustellen.

63 Ergibt sich aus der Beteiligung an der ausländischen Personengesellschaft nach Anpassung an die innerstaatlichen Gewinnermittlungsvorschriften ein **Verlust**, so ist die inländische begrenzte Verlustverrechnung gem. § 15 a EStG zu beachten, wenn die Haftung des inländischen Gesellschafters für die Schulden der ausländischen Gesellschaft in vergleichbarer Weise beschränkt ist.[110]

64 Besteht ein **Doppelbesteuerungsabkommen** zwischen dem Sitzstaat der Personengesellschaft und dem Ansässigkeitsstaat des Gesellschafters, so ist für die Zuweisung des Besteuerungsrechts das Abkommensrecht vorrangig anzuwenden. Abkommensrechtlich ist das in Art. 7 des OECD-MA normierte Betriebsstättenprinzip auf sämtliche Gewinnanteile der Gesellschafter anzuwenden, wenn beide Vertragsstaaten das (transparente) Mitunternehmerkonzept anwenden und die ausländische Personengesellschaft gewerbliche Einkünfte erzielt. In diesen Fällen kann nur der Sitzstaat der Gesellschaft den Gewinnanteil besteuern.[111] In Deutschland ist der Gewinn von der Besteuerung freigestellt.[112] Bei der Zurechnung des Betriebsstättenerfolgs sind die jeweiligen abkommensrechtlichen Regelungen zu beachten.[113] Besteuert der ausländische Staat die Personengesellschaft dagegen wie eine Kapitalgesellschaft, so unterliegt der Gewinn – wie im Nicht-DBA-Fall – zunächst der ausländischen Körperschaftsteuer. Der ausgeschüttete Gewinnanteil wird wie eine Dividende behandelt und einem Quellensteuerabzug unterworfen (idR 15 %).

Die abkommensrechtliche Behandlung der Einkünfte aus einer Personengesellschaft, die im Ausland nach dem Kapitalgesellschaftskonzept besteuert wird, ist strittig.[114]

65 Besonderheiten gelten im Hinblick auf Sonderbetriebseinnahmen und -ausgaben. Nach deutschem Steuerrecht gehören **Sondervergütungen** zu den Einkünften aus der Personengesellschaft.[115] Ist eine inländische Gesellschaft an einer ausländischen Personengesellschaft beteiligt, die von beiden Staaten als transparent betrachtet wird, und erhält sie im Zusammenhang mit dieser Beteiligung Sondervergütungen, sind die Steuerfolgen danach zu differenzieren, ob

---

[108] Zu Besonderheiten hinsichtlich der Vermeidung der Doppelbesteuerung infolge der nicht einheitlichen Behandlung von Personengesellschaften in den verschiedenen Staaten s. *Jacobs* S. 547 f.
[109] So zB in Belgien, Japan, Portugal, Spanien und einigen südamerikanischen Staaten.
[110] Vgl. *Jacobs* S. 530.
[111] Zu Problemen bei Drittstaateneinkünften s. *Jacobs* S. 541 f.
[112] Vgl. Art. 23 A OECD-MA.
[113] Vgl. *Jacobs* S. 559.
[114] Vgl. *Jacobs* S. 532 ff.
[115] Vgl. § 15 Abs. 1 Satz 1 Nr. 2 EStG.

A. Auslandsaktivitäten inländischer Gesellschaften 66 § 16

mit dem Ansässigkeitsstaat der ausländischen Personengesellschaft ein DBA abgeschlossen wurde oder nicht. Die abkommensrechtliche Qualifikation von Einkünften kann von der deutschen Beurteilung abweichen. Strittig ist, ob die innerstaatlichen Rechtswertungen oder die abkommensrechtlichen Auslegungen vorrangig sind.[116] Die BFH-Rechtsprechung geht sowohl in Outbound- als auch in Inbound-Situationen vom Vorrang der abkommensrechtlichen Einkünftequalifikation aus.[117] Demgegenüber weist die Finanzverwaltung Sondervergütungen grundsätzlich entsprechend den nationalen Vorschriften dem Betriebsstättengewinn der Personengesellschaft zu.[118] Mit Einfügung des § 50d Abs. 10 EStG durch das JStG 2009 wurde die Auffassung der Finanzverwaltung gesetzlich kodifiziert. Demgemäß ist die innerstaatliche Wertung des § 15 Abs. 1 Satz 1 Nr. 2 EStG für die Abkommensanwendung zu übernehmen, soweit das Abkommen keine die Sondervergütungen betreffende ausdrückliche Regelung enthält.

- Besteht zwischen Deutschland und dem ausländischen Staat **kein DBA**, sind die Sondervergütungen als Teil des Betriebsstättengewinns aufgrund des Welteinkommensprinzips in Deutschland steuerpflichtig.
- Besteht zwischen Deutschland und dem ausländischen Staat **ein DBA** ergeben sich die Besteuerungsfolgen wie folgt:
  - **Grundsätzlich** sind Sonderbetriebseinnahmen und -ausgaben nicht dem Gewinn der Personengesellschaft zuzuordnen, wenn sie in anderen Artikeln des jeweiligen DBA ausdrücklich behandelt werden (zB als Einkünfte aus Vermietung, Zinsen oder Lizenzgebühren).[119] Sondervergütungen sind nur dann – subsidiär – Teil des Unternehmensgewinns, wenn in den anderen Artikeln des DBA keine abweichende Bestimmung getroffen wird.[120]
  Gewährt ein inländischer Gesellschafter einer ausländischen Personengesellschaft ein verzinsliches Darlehen, so rechnen die Zinsen abkommensrechtlich grundsätzlich nicht zum Unternehmensgewinn der ausländischen Personengesellschaft, wenn das Besteuerungsrecht für Zinsen dem Wohnsitzstaat zugewiesen wird.[121] Sie sind im Inland steuerpflichtig, dem Quellenstaat steht jedoch idR ein Recht zum Steuereinbehalt zu.[122] Die im Ausland etwaig erhobene Quellensteuer ist – nach herrschender Meinung – im Inland gem. § 26 Abs. 1 KStG auf die deutsche Körperschaftsteuer anrechenbar.[123] Ebenso sind Lizenzgebühren, die die ausländische Personengesellschaft an den inländischen Gesellschafter zahlt, im Inland steuerpflichtig.[124]

---

[116] Vgl. *Jacobs* S. 535 mwN.
[117] BFH I R 15/89 v. 27.2.1991, BStBl. II 1991, 444; BFH I R 5/06 v. 17.10.2007, IStR 2008, 300; *Salzmann* IStR 2008, 399.
[118] Vgl. Entwurf des BMF-Schreibens vom 10.5.2007 zur Anwendung der Doppelbesteuerungsabkommen (DBA) auf Personengesellschaften, Tz. 5.1.; vgl. *Salzmann* IWB Gr. 3 F 3, 1539.
[119] Vgl. zB Art. 6, 11 und 12 OECD-MA; *Schaumburg* Internationales Steuerrecht 2. Aufl. 1998 § 16 Rz. 16 231.
[120] Vgl. Art. 7 Abs. 7 OECD-MA; *Boller/Sliwka* DB 2008, 1003.
[121] Vgl. Art. 11 Abs. 1 OECD-MA.
[122] Vgl. *Vogel/Pöllath* Art 11. Rz. 6; *Wassermeyer* IStR 1998, 493.
[123] Vgl. *Jacobs* S. 547; BFH I R 15/89 v. 27.2.1991, BStBl. II 1991, 444.
[124] Vgl. Art. 12 Abs. 1 OECD MA.

Zehnpfennig

67 – **Ausnahmen** von diesem Grundsatz und damit Zuordnung der Sondervergütungen zu den ausländischen Unternehmensgewinnen bestehen in folgenden Fällen:
– Das DBA sieht ausdrücklich vor, dass Sondervergütungen wie Unternehmensgewinne behandelt werden (zB im DBA mit der Schweiz und mit Kasachstan).[125] Gemäß § 50d Abs. 10 EStG sind Sondervergütungen jedoch grundsätzlich als Unternehmensgewinne iSd. DBA zu behandeln, auch wenn das einschlägige DBA keine ausdrückliche Regelung in diesem Sinne vorsieht.[126]
• Das DBA sieht keine Subsidiaritätsklausel vor, wonach Einkünfte nur dann aus dem Unternehmensgewinn herausgelöst werden, wenn sie in anderen Artikeln des DBA behandelt werden (so zB im DBA Österreich,[127] Irland, Luxemburg, Niederlande). In diesen Fällen richtet sich die Einkünfteermittlung nach deutschem Recht. Danach sind die Sondervergütungen dem im Ausland zu besteuernden Gewinn der Personengesellschaft zuzurechnen.[128]
• Das DBA sieht eine Subsidiaritätsklausel entsprechend Art. 7 Abs. 7 OECD-MA vor. Eine Zuordnung der Sondervergütungen zum ausländischen Unternehmensgewinn kommt – im Wege der Rückausnahme – jedoch nur dann in Betracht, wenn die den Zahlungen zugrunde liegenden Vermögenswerte tatsächlich zur ausländischen Betriebsstätte gehören. Diese abkommensrechtlichen Grundsätze werden durch § 50d Abs. 10 EStG verdrängt. Der BFH nimmt eine tatsächliche Zuordnung der Vermögenswerte nur im Ausnahmefall an, während die Finanzverwaltung die Zugehörigkeit als Regelfall unterstellt.[129] Ein Wirtschaftsgut gehört nach Auffassung des BFH nur dann „tatsächlich" zum Vermögen einer Betriebsstätte, wenn es in einem **funktionalen Zusammenhang** mit der in der Betriebsstätte ausgeübten unmittelbar unternehmerischen Tätigkeit steht, so dass es sich bei den damit erzielten Erträgen um Nebenerträge jener Tätigkeit handelt.[130] Die bloße Nutzung einer Darlehensvaluta in der Betriebsstätte als Fremdkapital genügt hierfür nicht.[131] Etwas anderes kann dann gelten, wenn die der Personengesellschaft gewährten Darlehensmittel auch zivilrechtlich als Eigenkapital der Personengesellschaft anzusehen sind. Eine tatsächliche Zuordnung zur ausländischen Betriebsstätte ist demgemäß nur dann vorzunehmen, wenn das Stammrecht, für das die Zinsen gezahlt werden, zum Vermögen der Betriebsstätte gehört. Dies ist nicht der Fall, wenn das Ergebnis der ausländischen Personengesellschaft nicht um Zinserträge erhöht, sondern vielmehr um Aufwendungen gekürzt wurde.[132] Ent-

---

[125] Vgl. Art. 7 Abs. 7 Satz 2 DBA Schweiz und Art. 7 Abs. 6 Satz 2 DBA Kasachstan.
[126] Vgl. *Beinert/Benecke* Ubg 2008, 169 (173f.); *Salzmann* IwB Gr. 3 F. 3, 1539 (1540).
[127] Vgl. BFH I R 114/97 v. 24.3.1999, BStBl. II 2000, 399 (402), der im Fall einer doppelstöckigen Personengesellschaft Darlehensverluste zu den in Österreich zu besteuernden gewerblichen Einkünften rechnete; eine Einkommensminderung im Inland war nicht möglich.
[128] Vgl. § 15 Abs. 1 Satz 1 Nr. 2 EStG.
[129] Vgl. BFH I R 15/89 v. 27.2.1991, BStBl. II, 444 (447); BFH I R 85/91 v. 26.2.1992, BStBl. II, 937 (939); BFH I R 74/93 v. 31.5.1995, BStBl. II, 683 (685); *Krabbe* IWB F 3 Gr. 2, 863 (866).
[130] Vgl. BFH I R 85/91 v. 26.2.1992, BStBl. II, 937 (939); BFH I R 63/06 v. 13.2. 2008 DStR 2008, 1025 (1029); BFH I R 66/06 v. 19.12.2007 BB 2008, 1209.
[131] Vgl. *Salzmann* IStR 2008, 399; BFH I R 5/06 v. 17.10.2007 IStR 2008, 300.
[132] BFH I R 74/93 v. 31.5.1995, BStBl. II, 683 (685).

A. Auslandsaktivitäten inländischer Gesellschaften   68, 69   § 16

sprechend kommt für Lizenzzahlungen ebenfalls keine Zurechnung zur ausländischen Betriebsstätte in Betracht, wenn die ausländische Personengesellschaft insoweit handelsrechtlichen Aufwand hat und das überlassene Recht nicht als Aktivvermögen der Auslandsgesellschaft gehalten wird.

Gehören Sondervergütungen nach den vorstehenden Grundsätzen zum ausländischen Unternehmensgewinn, so sind sie für Zwecke der Besteuerung des inländischen Gesellschafters freizustellen. Für den Fall, dass es aufgrund von abkommensrechtlichen Qualifikationskonflikten in beiden Staaten zu keiner Besteuerung käme („weisse Einkünfte"), sieht § 50d Abs. 9 EStG eine unilaterale **Rückfallklausel** vor. Demnach unterliegen Einkünfte, die nach einem DBA freizustellen wären, der deutschen Besteuerung (**treaty override**), wenn die beiden Vertragsstaaten die Einkünfte nicht unter den gleichen Abkommensartikel subsumieren, die DBA-Norm nicht gleich auslegen oder bei der Auslegung auf ihr nationales Recht zurückgreifen und dadurch die Einkünfte nicht oder nur mit einem niedrigeren Steuersatz besteuert würden (§ 50d Abs. 9 Nr. 1 EStG).[133] Die Rückfallklausel ist auch dann anwendbar, wenn das Besteuerungsrecht nach dem DBA dem anderen Vertragsstaat zugewiesen ist, dieses dort jedoch aufgrund von nationalen Vorschriften nicht ausgeübt werden kann (§ 50d Abs. 9 Nr. 2 EStG).

Bei **hybriden Gesellschaften**, die nach deutschem Recht als Personengesellschaft, nach ausländischem Recht jedoch als Kapitalgesellschaft anzusehen sind, mindern die Sondervergütungen als Betriebsausgabe die steuerliche Bemessungsgrundlage im Ausland, sie sind im Inland steuerpflichtig. Eine Steuerpflicht in Deutschland entsteht auch in den Fällen der tatsächlichen Zugehörigkeit der Sondervergütungen zur ausländischen Betriebsstätte, da anderenfalls nicht besteuerte weiße Einkünfte entstehen würden.[134] In diesen Fällen soll der Qualifikationskonflikt dadurch gelöst werden, dass der Wohnsitzstaat in seiner Beurteilung dem Quellenstaat folgt.[135]   68

Werden im Ausland aufgrund einer Betriebsprüfung die abzugsfähigen Betriebsausgaben gemindert, stellt sich das Problem, ob die deutsche Finanzverwaltung der Behandlung des ausländischen Fiskus folgt, so dass sich die in Deutschland steuerpflichtigen Sondervergütungen entsprechend mindern und als nicht steuerbare Entnahmen umqualifiziert werden. Offen ist, ob Deutschland einer Qualifikationsverknüpfung der ausländischen Einordnung folgt.[136]

bb) Sonstige Bezüge. Erhält die inländische Kapitalgesellschaft aus grenzüberschreitenden Geschäftsbeziehungen mit der ausländischen Personengesellschaft Vergütungen, so müssen diese grundsätzlich den zwischen unabhängigen Dritten vereinbarten Bedingungen entsprechen. Zu Einzelheiten s. Rz. 176 ff.   69

4. Beendigung der Beteiligung

Das Engagement an der ausländischen Personengesellschaft kann beendet werden, indem die ausländische Personengesellschaft aufgelöst wird oder indem die Beteiligung verkauft oder in eine Tochtergesellschaft eingebracht wird. Die Besteuerungsfolgen einer Auflösung entsprechen denen einer Anteilsveräußerung.

---

[133] Vgl. *Jacobs* S. 539; *Flick/Wassermeyer/Baumhoff/Schönfeld* § 50d Abs. 9 EStG Rz. 51 ff.
[134] Vgl. *Strahl* KÖSDI 2001, 12 963 mwN; *Krabbe* IWB F. 3 Gr. 2, 768 (771), OECD-Bericht v. 21. 1. 1999 zur Personengesellschaft.
[135] Vgl. *Strahl* KÖSDI 2001, 12 964 mwN.
[136] Offen lassend *Krabbe* IWB F. 3 Gr. 2, 765.

Zehnpfennig   1359

a) Anteilsverkauf bzw. Auflösung der ausländischen Personengesellschaft

70 Wird die ausländische Personengesellschaft sowohl aus inländischer als auch aus ausländischer Sicht als transparent betrachtet, so stellt die Veräußerung der Beteiligung aus inländischer Sicht die Veräußerung eines Mitunternehmeranteils dar, die im Rahmen der Welteinkommensbesteuerung zu erfassen ist. Im ausländischen Staat wird idR die anteilige Veräußerung von Gesellschaftsvermögen angenommen, die ggf. im Ausland der beschränkten Steuerpflicht des Gesellschafters unterliegt.

Abkommensrechtlich stellt die Veräußerung der Beteiligung die Veräußerung einer Betriebsstätte dar. Das Besteuerungsrecht steht dem ausländischen Staat zu, während der Gewinn im Inland regelmäßig freigestellt wird. Wurde in der Vergangenheit die Vorschrift des § 2 a Abs. 3 EStG in Anspruch genommen, so kommt es zu einer Nachversteuerung.[137]

Im Ergebnis entsprechen die Rechtsfolgen weitestgehend denen der Besteuerung der laufenden Ergebnisse. Auf die entsprechenden Ausführungen wird daher verwiesen.

b) Umstrukturierung

71 Die Beteiligung an der ausländischen Personengesellschaft kann in eine in- oder ausländische Tochtergesellschaft eingebracht werden. Die Besteuerungsfolgen entsprechen denen, die sich bei Einbringung einer ausländischen Betriebsstätte ergeben (vgl. Rz. 49 f.).

IV. Beteiligung an einer ausländischen Kapitalgesellschaft

1. Qualifikationsprobleme

72 Ob es sich bei dem ausländischen Unternehmen aus deutscher Sicht um eine Kapitalgesellschaft oder eine Personengesellschaft handelt, ist im Rahmen eines Typenvergleichs zu ermitteln (s. dazu oben unter Rz. 52).

Darüber hinaus ist für Zwecke der Besteuerung festzustellen, ob es sich um eine inländische oder um eine ausländische Kapitalgesellschaft handelt. Nach deutschem Recht unterliegt eine Kapitalgesellschaft der unbeschränkten Steuerpflicht, wenn sie entweder Sitz oder Geschäftsleitung im Inland hat.[138] Soll eine unbeschränkte Steuerpflicht vermieden werden, ist somit sicherzustellen, dass sich Sitz und Geschäftsleitung der ausländischen Kapitalgesellschaft im Ausland befinden.

2. Erwerb der Beteiligung bzw. Gründung einer ausländischen Kapitalgesellschaft

73 Die Gesellschaft ist entsprechend den jeweiligen nationalen Vorschriften durch Abschluss eines Gesellschaftsvertrages und Registrierung zu gründen. Die Kapitalgesellschaft erlangt dadurch ihre zivilrechtliche Selbstständigkeit.

---

[137] Vgl. BMF v. 24.12.1999, BStBl. I 1999, 1076 (Betriebsstätten-Verwaltungsgrundsätze) Tz. 1.1.4.2 und 2.8.
[138] Vgl. § 1 Abs. 1 KStG; s. a. § 12 Rz. 2.

A. Auslandsaktivitäten inländischer Gesellschaften 74 § 16

Das ausländische Gesellschaftsrecht sieht idR ein bestimmtes Mindesteigenkapital vor.

Neben den Kosten für die formale Gründung (Notar- und Eintragungskosten) erheben einige Länder **Gründungssteuern**, die idR in Abhängigkeit vom eingezahlten Kapital erhoben werden. Gründungssteuern werden zB noch in Belgien, Japan, Mexiko, Niederlande, Österreich und der Schweiz erhoben.

Bei der Kapitalausstattung kann das Verhältnis von Eigen- zu Fremdkapital von Bedeutung sein, wenn das Land, in dem die Tochtergesellschaft gegründet wird, „thin capitalisation rules" anwendet. Danach wird ein Zinsaufwand für steuerliche Zwecke nur in einem begrenztem Umfang anerkannt.[139]

74

Werden Einzelwirtschaftsgüter aus der Muttergesellschaft auf die ausländische Tochtergesellschaft übertragen, kommt es zu einem Wechsel des Eigentümers, der durch den zwingenden Ansatz von Fremdvergleichspreisen eine Gewinnrealisierung im Inland auslöst (§ 1 Abs. 1 AStG). Die Ermittlung des Fremdvergleichspreises (Verrechnungspreis) ist in § 1 Abs. 3 AStG näher bestimmt (vgl. dazu Rz. 178 ff.).

Wird eine Funktion einschl. der dazugehörigen Chancen und Risiken und der damit übertragenen oder überlassenen Wirtschaftsgüter und sonstigen Vorteile auf die ausländische Tochterkapitalgesellschaft verlagert (**Funktionsverlagerung**), kann es zu einer Versteuerung des darin enthaltenen Gewinnpotenzials kommen.[140] Die Voraussetzungen eines steuerlichen Teilbetriebs müssen dafür nicht vorliegen. Lässt sich kein Fremdvergleichspreis feststellen, ist das der Einkünfteberichtigung zugrunde zu legende (hypothetische) Entgelt für die verlagerte Funktion auf Basis einer Gesamtbewertung der der Funktion zuzurechnenden Wirtschaftsgüter (**Transferpaket**) unter Berücksichtigung funktions- und risikoadäquater Kapitalisierungszinssätze zu bestimmen. Dabei sind grundsätzlich die mit der verlagerten Funktion verbundenen Gewinnerwartungen (Ertragswerte) sowohl aus Sicht des verlagernden als auch des empfangenden Unternehmens zu berücksichtigen.[141] Diese Ertragswerte bestimmen den Einigungsbereich für die Festlegung des Fremdvergleichspreises (vgl. dazu Rz. 198).[142] Zu einer einmaligen Sofortversteuerung des Gewinnpotenzials kommt es, wenn das wirtschaftliche Eigentum an dem Transferpaket übertragen wird. Wird der ausländischen Tochtergesellschaft dagegen nur die Nutzung des Transferpakets überlassen, hat das Mutterunternehmen die darin enthaltenen stillen Reserven erst im Zeitablauf über die Realisierung der Lizenzerträge zu versteuern. Bestehen Zweifel, ob eine Übertragung oder eine Nutzungsüberlassung vorliegt, soll auf Antrag des Steuerpflichtigen von einer Nutzungsüberlassung auszugehen sein.[143]

---

[139] Vgl. dazu *Jacobs* S. 954 ff.
[140] Vgl. § 1 Abs. 3 Sätze 9 bis 12 AStG; Funktionsverlagerungsverordnung – FVerlV vom 23. 5. 2008; *Kroppen/Rasch* IWB F. 3, Gr. 1, 2339; zum Begriff der „Funktion" vgl. *Borstell/Schäperclaus* IStR 2008, 275.
[141] Zur Kritik, u. a. Problemen der Doppelbesteuerung und Konflikten mit internationalen Grundsätzen, vgl. *Schaumburg/Rödder/Greinert* Unternehmensteuerreform 2008, S. 558 ff.; *Rödder* DStR 2007, Beihefter zu Heft 40, 15 ff.; *Wassermeyer* FR 2008, 67; *Strahl* KÖSDI 2008, 15862; *Roser* EStB 2008, 35.
[142] Zur Kollision der Regelungen zur Funktionsverlagerung mit den Regelungen zur **Entstrickung** gemäß § 12 Abs. 1 KStG vgl. *Rödder* DStR 2007, Beihefter zu Heft 40, 16; *Wassermeyer* IStR 2008, 176 (177).
[143] Vgl. § 1 Abs. 2 Funktionsverlagerungsverordnung – FVerlV vom 12. 8. 2008, BGBl. I 2008, 1680.

Stellt sich innerhalb von 10 Jahren nach der Funktionsverlagerung heraus, dass die tatsächliche Gewinnentwicklung erheblich von der Gewinnentwicklung abweicht, die dem Entgelt für das Transferpaket zugrunde lag, und haben die beteiligten Unternehmen keine sachgerechte Anpassungsregelung getroffen, ist eine Einkünfteberichtigung vorzunehmen, indem einmalig ein angemessener **Anpassungsbetrag** auf den ursprünglichen Verrechnungspreis der Besteuerung des Wirtschaftsjahres zugrunde zu legen ist, das dem Jahr folgt, in dem die Abweichung eingetreten ist (§ 1 Abs. 3 Sätze 11 und 12 AStG).

Werden nicht einzelne Wirtschaftsgüter, sondern inländische Betriebe oder Teilbetriebe einer deutschen Kapitalgesellschaft in eine in der EU ansässige Tochtergesellschaft gegen Gewährung von Gesellschaftsrechten eingebracht, so lässt sich eine Gewinnrealisierung unter bestimmten Voraussetzungen vermeiden (zu den einzelnen Voraussetzungen siehe § 14 Rz. 347 ff.). Einbringungen von inländischen Betrieben oder Teilbetrieben in Kapitalgesellschaften mit Sitz außerhalb der EU sind nur gewinnrealisierend möglich (vgl. § 14 Rz. 346).

75 **Vorprüfungskosten**, die in der ersten Phase der Grundsatzüberlegungen und Erfolgschancenanalyse anfallen, sind noch der Muttergesellschaft zuzuordnen. Ab dem Zeitpunkt des Gründungsakts (Abschluss des Gesellschaftsvertrages) sind die Vorbereitungskosten der ausländischen Tochtergesellschaft zuzuordnen. Diese Kosten sowie etwaige Anlaufverluste können nur mit späteren Gewinnen der Tochtergesellschaft ausgeglichen werden. Kommt es nicht zur Gründung der Tochtergesellschaft, so sind die vergeblichen Aufwendungen abzugsfähige Betriebsausgaben bei der Muttergesellschaft.

76 Erwirbt die inländische Kapitalgesellschaft Anteile an einer bestehenden ausländischen Kapitalgesellschaft, so ist zu prüfen, ob sich durch postakquisitorische Umstrukturierungsmodelle nach ausländischem Recht eine **Kaufpreisabschreibung** erreichen lässt. Wird der Erwerb der Anteile fremdfinanziert, so sind die Zinsen im Inland unter Beachtung der Einschränkungen gemäß § 4h EStG und § 8a KStG abzugsfähig. Bei Ausschüttungen werden 5 % der Dividenden als nicht abzugsfähige Betriebsausgaben fingiert und der Besteuerung unterworfen, unabhängig davon, ob und in welcher Höhe die Anteile fremdfinanziert wurden.[144] Der tatsächlich anfallende Zinsaufwand kann unter Berücksichtigung der o. g. Regelungen zur Zinsschranke im Inland abgezogen werden.

3. Laufende Geschäftstätigkeit

a) Besteuerung der ausländischen Kapitalgesellschaft

77 Die Tochtergesellschaft ist in dem Land, in dem sie Sitz oder Geschäftsleitung hat, idR mit ihrem Welteinkommen unbeschränkt steuerpflichtig. Die Höhe der Steuerbelastung ist anhand der jeweiligen nationalen Vorschriften zu ermitteln, dabei ist insbesondere zu erkunden, welche Steuerarten erhoben werden, wie hoch die Steuersätze sind und wie die Steuerbemessungsgrundlage zu ermitteln ist.

Die Gewinnermittlung erfolgt idR auf Basis der Handelsbilanz, auf die spezielle steuerliche Korrekturvorschriften anzuwenden sind (zB besondere Abschreibungsregelungen, Hinzurechnung nicht abzugsfähiger Betriebsausgaben).

---

[144] § 8 b Abs. 5 KStG; vgl. auch § 12 Rz. 18.

A. Auslandsaktivitäten inländischer Gesellschaften 78–82 § 16

Soweit die ausländische Kapitalgesellschaft Einkünfte in Staaten erzielt, mit denen der ausländische Staat ein Doppelbesteuerungsabkommen abgeschlossen hat, kann das Besteuerungsrecht des ausländischen Staates eingeschränkt sein.

Bei internationalen Rechts- und Leistungsbeziehungen zwischen der ausländischen Tochtergesellschaft und mit ihr verbundenen Unternehmen sind die jeweiligen besonderen steuerlichen Korrekturvorschriften zu beachten, die der internationalen Gewinnverlagerung zwischen verbundenen Unternehmen entgegenwirken sollen; vgl. dazu Rz. 178 ff. **78**

Vorschriften die nach ausländischem Recht der **verdeckten Gewinnausschüttung** vergleichbar sind, dienen der Korrektur von Zuwendungen der Tochter- an die Muttergesellschaft. Wird die Gewinnkorrektur von der inländischen Finanzverwaltung dem Grunde nach anerkannt, kommt es im Inland nur insoweit zu einer Steuerfreistellung der verdeckten Gewinnausschüttung als sie das Einkommen der ausländischen Kapitalgesellschaft nicht gemindert hat (§ 8b Abs. 1 Satz 2 KStG).[145] **79**

Die Korrekturvorschriften der **verdeckten Einlage** und die Berichtigungsvorschrift des § 1 AStG sollen Zuwendungen der deutschen Muttergesellschaft an ihre ausländische Tochtergesellschaft erfassen. Beide Korrekturvorschriften erhöhen den Gewinn der inländischen Muttergesellschaft. Die verdeckte Einlage setzt ein einlagefähiges Wirtschaftsgut voraus. Nach § 1 AStG dagegen können auch Aufwendungen und Erträge berichtigt werden. Eine verdeckte Einlage hat die gewinnrealisierende Erhöhung des Beteiligungsbuchwerts zur Folge, eine Berichtigung gem. § 1 AStG erfolgt dagegen außerbilanziell im Rahmen der Einkommensermittlung; vgl. Rz. 182 ff. sowie § 12 Rz. 64 ff. **80**

Verluste der ausländischen Tochtergesellschaft können grundsätzlich bei der Gewinnermittlung des inländischen Anteilseigners nicht abgezogen werden. Nach den jeweiligen nationalen Vorschriften ist zu prüfen, inwieweit in der ausländischen Tochtergesellschaft ein Verlustvor- bzw. -rücktrag möglich ist. **81**

Eine **grenzüberschreitende Organschaft** dergestalt, dass die ausländische Kapitalgesellschaft durch einen Ergebnisabführungsvertrag Organgesellschaft der inländischen Gesellschaft wird, ist nicht möglich (vgl. auch § 13 Rz. 141 ff.). Falls es für Zwecke der Konzernbesteuerung nach innerstaatlichen Regelungen zur Durchbrechung des Trennungsprinzips kommt und die Regelungen zur Konzernbesteuerung auf inländische Tochtergesellschaften begrenzt werden, kann die Nichtberücksichtigung von Verlusten ausländischer Tochtergesellschaften nach EU-rechtlicher Wertung eine Beschränkung der Niederlassungsfreiheit darstellen, die zumindest dann nicht gerechtfertigt ist, wenn die Tochtergesellschaft ihre Verluste endgültig nicht mehr verwerten kann.[146] Hat die nach ausländischem Recht gegründete Kapitalgesellschaft nur ihren Sitz im Ausland und ihre Geschäftsleitung im Inland (sog. doppelansässige Gesellschaft, s. dazu Rz. 104, 108), so kann sie im Inland Organträgerin sein.[147] Voraussetzung ist, dass sie einen Ergebnisabführungsvertrag mit einer inländischen Kapitalgesellschaft abgeschlossen hat, die Sitz und Geschäftsleitung im **82**

---

[145] Vgl. *Dallwitz/Mattern/Schnitger* DStR 2007, 1697 (1701); *Pung* Ubg 2008, 254 (256).
[146] Vgl. EuGH-Urteil v. 13.12. 2005 Rs. C-446/03 (*Marks & Spencer*) IStR 2006, 19; EuGH-Urteil v. 18.7. 2007 Rs. C-231/05 (*Oy AA*), IStR 2007, 631; *Jacobs* S. 249f.; *Schnitger* IWB Gr. 2 F 11, 829; *Kußmaul/Niehren* IStR 2008, 81 (83f.); *Dörfler/Ribbrock* BB 2008, 304.
[147] § 14 Abs. 1 Nr. 2 KStG; zu Einzelheiten s. *Orth* IStR 2002, Beihefter 9 S. 3.

Zehnpfennig 1363

Inland hat.[148] Die Gewinne des Organträgers und der Organgesellschaft unterliegen in diesen Fällen der deutschen Besteuerung. Ergibt die Einkommensermittlung des Organträgers jedoch ein negatives Einkommen und wird dieses negative Einkommen im ausländischen Staat in einer der deutschen Besteuerung des Organträgers entsprechenden Besteuerung berücksichtigt, so bleiben die Verluste im Inland unberücksichtigt.[149]

b) Besteuerung des inländischen Gesellschafters

83 **aa) Dividendenbezüge.** Die Gewinne der ausländischen Tochtergesellschaft werden im Wege der Gewinnausschüttung an die inländische Muttergesellschaft transferiert. Der Ansässigkeitsstaat der Tochtergesellschaft erhebt idR eine Quellensteuer auf die Dividendenzahlung. Dies gilt jedoch nicht für Dividendenzahlungen innerhalb der EU. Die sog. Mutter-Tochter-Richtlinie verbietet die Erhebung von Quellensteuern auf Dividenden, die an Kapitalgesellschaften fließen, unabhängig von einer bestimmten Beteiligungshöhe. Soweit Nicht-EU-Länder Quellensteuer erheben, ist die Höhe davon abhängig, ob ein DBA und ob eine wesentliche Beteiligung vorliegt.

Die DBA, die dem OECD-MA folgen, sehen idR einen Quellensteuersatz von 15 % vor, der sich auf 5 % ermäßigt, wenn eine Schachtelbeteiligung von mindestens 10 % gegeben ist.[150]

84 Gehören die Anteile an der ausländischen Tochtergesellschaft zu einer Betriebsstätte der Muttergesellschaft im Ansässigkeitsstaat der Tochtergesellschaft, so werden die Dividenden Bestandteil der Gewinnermittlung der Betriebsstätte und fließen mit deren sonstigen Gewinnen an das inländische Stammhaus.[151] Die Zwischenschaltung einer Betriebsstätte könnte dann vorteilhaft sein, wenn keine Quellensteuern auf die Repatriierung von Betriebsstättengewinnen, wohl dagegen auf Dividenden erhoben werden. In einigen Ländern sind jedoch auch Quellensteuern auf Betriebsstättengewinne zu entrichten.

85 Die ausländischen Dividenden sind bei der inländischen Muttergesellschaft grundsätzlich gem. § 8b Abs. 1 KStG von der inländischen Körperschaftsteuer freigestellt. Dies gilt unabhängig von der Beteiligungshöhe, der Besitzzeit sowie von Aktivitäten der Tochtergesellschaft und dem Bestehen eines DBA. Von den Dividenden werden jedoch 5 % als nicht abziehbare Betriebsausgaben fingiert, sodass es im Ergebnis zu einer Freistellung der Dividende iHv. 95 % kommt.[152] Die 5 %ige Steuerpflicht hat Abgeltungswirkung für die gem. § 3c EStG nicht abzugsfähigen Betriebsausgaben. Betriebsausgaben, die in unmittelbarem wirtschaftlichen Zusammenhang mit den steuerfreien Dividenden stehen, können daher grundsätzlich in voller Höhe abgezogen werden;[153] zu

---

[148] § 14 Abs. 1 Nr. 1 KStG.
[149] § 14 Abs. 1 Nr. 5 KStG. Vgl. dazu § 13 Rz. 189 ff. sowie *Hey* BB 2002, 915; *Meilicke* DB 2002, 911 (912); *Orth* IStR 2002, Beihefter 9 S. 10.
[150] Zu einer Übersicht der Quellensteuersätze der einzelnen Staaten s. *Jacobs* S. 490 f.
[151] Zu den Voraussetzungen siehe Rz. 67.
[152] § 8b Abs. 5 KStG. Zu einer etwaigen Versagung der Steuerbefreiung der Dividenden s. Referentenentwurf eines Gesetzes zur Bekämpfung schädlicher Steuerpraktiken und der Steuerhinterziehung v. 13.1.2009.
[153] Vgl. BFH v. 9.8. 2006 BFH/NV 2006, 2379 mit kritischer Würdigung des pauschalen Betriebsausgabenabzugs für den Fall, dass tatsächlich keine Beteiligungsaufwendungen entstanden sind; siehe auch § 12 Rz. 18.

A. Auslandsaktivitäten inländischer Gesellschaften   86–90 § 16

beachten sind jedoch etwaige andere Beschränkungen des Betriebsausgabenabzugs, insbesondere die Regelungen zur Zinsschranke.

Die von der Körperschaftsteuer befreiten Dividenden unterliegen der Gewerbesteuer, soweit sie nicht die Befreiungsvoraussetzungen des § 9 Nr. 7 GewStG erfüllen (Mindestbeteiligung von 15 % an einer aktiven Gesellschaft oder 10 % an einer Gesellschaft, die unter die EU-Mutter-Tochter-Richtlinie fällt, seit Beginn des Erhebungszeitraums; bei Drittstaatenbeteiligungen ist eine ununterbrochene Beteiligung von 12 Monaten erforderlich).[154] Von den ausländischen Dividenden sind die mit diesen Einnahmen in wirtschaftlichem Zusammenhang stehenden Betriebsausgaben abzuziehen, soweit sie nach § 8 b Abs. 5 KStG unberücksichtigt bleiben. Zu einer gewerbesteuerlichen Belastung kommt es nicht, soweit die Anwendung des DBA-Schachtelprivilegs gegenüber der Anwendung des § 8 b Abs. 1 KStG vorrangig anwendbar sein sollte (str.).[155] Die gewerbesteuerliche Befreiung umfasst auch laufende Beteiligungserträge aus einer ausländischen Holdingtochtergesellschaft, soweit diese aus Gewinnen gespeist werden, die im gleichen Wirtschaftsjahr von einer aktiv tätigen Enkelgesellschaft an die Tochtergesellschaft ausgeschüttet werden.[156] Eine entsprechende Begünstigung ist bei einem mehr als dreistufigen Konzernaufbau nicht vorgesehen. Bei Beteiligung an einer passiven Tochtergesellschaft, die ihre Erträge aus Dividenden ihrer Enkelgesellschaft bezieht (im Verhältnis zur inländischen Muttergesellschaft handelt es sich um die Ur-Enkelgesellschaft), unterliegen die von der ausländischen Tochtergesellschaft ausgeschütteten Dividenden im Inland – unabhängig von der Beteiligungsquote und auch im Fall aktiver Tätigkeiten der Enkelgesellschaft – der Gewerbesteuer.

Im Ausland erhobene **Quellensteuern** können infolge der inländischen   87
Freistellung der Dividenden nicht mehr angerechnet werden.[157]

Schüttet die inländische AG die aus dem Ausland bezogenen Dividenden an ihre Aktionäre aus, so ergeben sich keine Besonderheiten gegenüber der Ausschüttung von im Inland erzielten Gewinnen.

Ist die inländische AG eine **Organgesellschaft** so sind die ausländischen   88
Dividendenbezüge nicht bei der Ermittlung des Organergebnisses zu eliminieren. Die Vorschriften über die Steuerbefreiung (§ 8 b KStG) sind erst auf Ebene der Organträgerin anzuwenden (Bruttomethode).[158] Entsprechendes gilt auch für eine evtl. Anwendung eines DBA-Schachtelprivilegs.[159]

Laufende Verluste der ausländischen Kapitalgesellschaft wirken sich im In-   89
land nicht aus. Soweit **Teilwertabschreibungen** auf die Beteiligung erforderlich werden, wirken sich diese ebenfalls nicht im Inland aus.[160]

bb) Hinzurechnungsbesteuerung. Durch die im AStG (§§ 7 ff.) geregelte   90
Hinzurechnungsbesteuerung wird die Abschirmwirkung einer ausländischen Kapitalgesellschaft aufgehoben. Dies bedeutet, dass Teile des Einkommens oder auch das gesamte Einkommen der ausländischen Tochterkapitalgesellschaft der inländischen Besteuerung der Muttergesellschaft unterliegt, ohne

---

[154] Siehe auch § 8 Nr. 5 GewStG; sowie § 12 Rz. 230 ff.
[155] Vgl. *Prinz/Simon* DStR 2002, 149 (150); *Grotherr* IWB 2002, F. 3 Gr. 1, 1903 (1909) vgl. auch § 12 Rz. 233.
[156] § 9 Nr. 7 Satz 2 ff. GewStG.
[157] Vgl. *Jacobs* S 494 f.
[158] Vgl. § 15 Nr. 2 KStG.
[159] Siehe näher dazu auch § 13 Rz. 179.
[160] Vgl. § 8 b Abs. 3 KStG.

dass eine Gewinnausschüttung stattgefunden hat. Ausländische Tochterkapitalgesellschaften, die der Hinzurechnungsbesteuerung unterliegen, werden als **Zwischengesellschaften** bezeichnet,[161] die der Hinzurechnungsbesteuerung unterliegenden Einkünfte sind sog. **Zwischeneinkünfte**. Zweck der Hinzurechnungsbesteuerung ist die Vermeidung von Gewinnverlagerungen von deutschbeherrschten Gesellschaften in das niedrig besteuerte Ausland.[162]

91 (1) **Voraussetzungen der Hinzurechnungsbesteuerung.** Für die Anwendbarkeit der Hinzurechnungsbesteuerung müssen folgende Voraussetzungen kumulativ erfüllt sein:
- Mehr als 50 % der Anteile an der ausländischen Kapitalgesellschaft müssen unmittelbar oder mittelbar in der Hand von einer oder mehreren (natürlichen oder juristischen) Personen liegen, die im Inland unbeschränkt steuerpflichtig sind.[163] Bei Beteiligung an einer Gesellschaft mit Zwischeneinkünften mit Kapitalanlagecharakter reicht eine Beteiligungsquote von 1 %, wenn der Umfang dieser Zwischeneinkünfte bestimmte Grenzwerte überschreitet.[164] Zu den Zwischeneinkünften mit Kapitalanlagecharakter gehören Einkünfte der ausländischen Zwischengesellschaft, die aus dem Halten, der Verwaltung, Werterhaltung oder Werterhöhung von Zahlungsmitteln, Forderungen, Wertpapieren, Beteiligungen oder ähnlichen Vermögenswerten stammen.[165] Ausgenommen sind solche Einkünfte, die einer eigenen aktiven Tätigkeit dienen. Die Hinzurechnungsbesteuerung ist auch bei einer Beteiligung von weniger als 1 % an der ausländischen Zwischengesellschaft anwendbar, wenn die Zwischengesellschaft (fast) ausschließlich Einkünfte mit Kapitalanlagecharakter erzielt, es sei denn, es handelt sich um eine börsennotierte Publikumsgesellschaft.[166] Die Vorschriften des Investmentsteuergesetzes gehen allerdings vor, es sei denn Ausschüttungen oder ausschüttungsgleiche Erträge wären nach einem DBA von der inländischen Besteuerungsgrundlage auszunehmen.[167] Diese betreffen die Besteuerung von Erträgen aus der Beteiligung an einem ausländischen Investmentvermögen iSd. § 1 Abs. 1 InvStG. Die Einnahmen des Investmentvermögens unterliegen unter bestimmten Voraussetzungen im Inland der Besteuerung, auch wenn keine Ausschüttungen erfolgen.
- Die ausländische Gesellschaft unterliegt im Ausland einer Besteuerung von weniger als 25 % ohne Berücksichtigung der Minderung der Bemessungsgrundlage durch einen Ausgleich von Verlusten. Eine niedrige Besteuerung liegt auch dann vor, wenn Ertragsteuern von mindestens 25 % zwar rechtlich geschuldet, jedoch nicht tatsächlich erhoben werden.[168] Steuern dritter Staaten, die zulasten der ausländischen Gesellschaft von deren Einkünften

---

[161] Vgl. § 8 Abs. 1 AStG.
[162] Zur Hinzurechnungsbesteuerung siehe auch § 13 Rz. 315 ff.
[163] Vgl. § 7 Abs. 1 AStG.
[164] Vgl. § 7 Abs. 6 AStG: mindestens 10 % der gesamten Zwischeneinkünfte und mehr als 80 000 €.
[165] Vgl. § 7 Abs. 6 a AStG.
[166] Vgl. § 7 Abs. 6 Satz 3 AStG. Die Voraussetzung kann als erfüllt angesehen werden, wenn die Zwischeneinkünfte mit Kapitalanlagecharakter mindestens 90 % der Gesamterträge ausmachen; vgl. analog R 76 Abs. 9 Satz 2 KStR, BFH I R 77/94 v. 30. 8. 1995, BStBl. II 1996, 122; *Kessler/Dorfmueller/Philipp* PIStB 2001, 318 (326).
[167] Vgl. § 7 Abs. 7 AStG.
[168] Vgl. § 8 Abs. 3 AStG.

A. Auslandsaktivitäten inländischer Gesellschaften

erhoben werden, sind bei der Ermittlung der Belastungshöhe zu berücksichtigen. Bei der Belastungsrechnung sind nur Steuern zu berücksichtigen, mit denen die passiven Einkünfte der Gesellschaft belastet sind.[169] Nicht zu berücksichtigen ist die Körperschaftsteuer, die eine der Zwischengesellschaft nachgeschaltete Untergesellschaft auf ihre Gewinne zu entrichten hat.[170]
- Die ausländische Gesellschaft erzielt passive Einkünfte iSd. § 8 Abs. 1 AStG. Das sind alle Einkünfte, die dort nicht ausdrücklich als aktive Einkünfte aufgeführt sind. Zu den aktiven Tätigkeiten gehören zB Einkünfte aus der Land- und Forstwirtschaft, der Herstellung, Bearbeitung, Verarbeitung oder Montage von Sachen, der Erzeugung von Energie, dem Betrieb von Kreditinstituten und Versicherungsunternehmen sowie aus dem Handel und Dienstleistungen. Gewinnausschüttungen von Kapitalgesellschaften sowie Einkünfte aus Beteiligungsveräußerungen zählen ebenfalls zu den aktiven Einkünften, unabhängig davon, ob die Gesellschaften, von denen die Gewinnausschüttungen stammen, selbst Einkünfte aus aktiven oder passiven Tätigkeiten erzielen.[171] Ohne Bedeutung ist auch, ob die Gewinne der ausschüttenden Gesellschaften niedrig besteuert wurden. Die passiven Einkünfte von nachgeschalteten Untergesellschaften werden jedoch durch übertragende Zurechnung im Rahmen der Hinzurechnungsbesteuerung gem. § 14 Abs. 1 und 3 AStG bei der inländischen Besteuerung erfasst, unabhängig davon, ob eine Ausschüttung erfolgt (s. dazu Rz. 95).

Zu den begünstigten Anteilsveräußerungsgewinnen können auch Gewinnrealisierungen aufgrund von Umwandlungsvorgängen im Ausland gehören[172] sowie Gewinne aus der Auflösung oder Liquidation der Beteiligungsgesellschaft. Allerdings zählen Veräußerungs-, Liquidations- und Kapitalherabsetzungsgewinne insoweit zu den passiven Zwischeneinkünften, als der Gewinn auf Wirtschaftsgüter entfällt, die bei einer niedrig besteuerten Untergesellschaft der Erzielung von Einkünften mit Kapitalanlagecharakter oder der Vermietung von Grundstücken einer REIT-Gesellschaft dienen. Ein Anteilsveräußerungsgewinn ist somit aufzuteilen, wobei jedoch die Wirtschaftsgüter, die der Erzielung von Einkünften mit Kapitalanlagecharakter dienen (zB Zahlungsmittel, Forderungen, Wertpapiere), idR keine stillen Reserven enthalten. Gewinne aus der Veräußerung von Anteilen an niedrig besteuerten Kapitalanlagegesellschaften unterliegen jedoch dann nicht der Hinzurechnungsbesteuerung, wenn die Zwischeneinkünfte mit Kapitalanlagecharakter im Rahmen der nachgelagerten Hinzurechnungsbesteuerung gem. § 14 AStG im laufenden Jahr oder innerhalb der vorangegangenen letzten 7 Jahre bereits der Hinzurechnungsbesteuerung unterlegen haben und diese Einkünfte thesauriert wurden.[173] Durch diese Rückausnahme wird eine Doppelbesteuerung beim inländischen Steuerpflichtigen vermieden.[174]

---

[169] Vgl. *Grotherr* IWB F. 3 Gr. 1, 1883 (1889).
[170] Vgl. *Rättig/Protzen* DStR 2002, 242; aA *Kessler/Dorfmueller/Schmitt* PIStB 2001, 318 (320).
[171] § 8 Abs. 1 Nr. 8 und 9 AStG; *Grotherr* IWB 2002, F 3 Gr. 1, 1883 (1885). Allerdings enthält § 8 Abs. 1 Nr. 9 AStG bestimmte Ausnahmen. Für Beteiligungen an REIT-Gesellschaften gelten ebenfalls Besonderheiten. Siehe auch § 13 Rz. 320 ff.
[172] Vgl. § 8 Nr. 10 UmwStG.
[173] Vgl. § 11 Abs. 1 AStG.
[174] Vgl. Prüfungsschema bei *Kessler/Dorfmueller/Philipp*, PIStB 2001, 318 (319).

Zehnpfennig

Mit Urteil vom 12.9.2006 in der Rs. *Cadbury Schweppes*[175] hat der EuGH entschieden, dass die Hinzurechnungsbesteuerung der Niederlassungsfreiheit zuwider läuft, wenn sie auch auf Beteiligungen angewendet wird, bei denen es sich nicht um rein künstliche Gestaltungen zur Steuervermeidung handelt. Im Hinblick auf diese Entscheidung wurde durch das JStG 2008 die Vorschrift des § 8 Abs. 2 AStG neu eingefügt, um die deutsche Hinzurechnungsbesteuerung europarechtskonform zu gestalten. Demgemäß kommt es unter den dort genannten Voraussetzungen für Einkünfte einer Tochtergesellschaft mit Sitz oder Geschäftsleitung im EU-/EWR-Raum nicht zur Hinzurechnungsbesteuerung, wenn die inländische Muttergesellschaft nachweist, dass die ausländische Gesellschaft einer **tatsächlichen wirtschaftlichen Tätigkeit** nachgeht.[176]

92 **(2) Hinzurechnungsbetrag und -steuersatz.** Die im Inland steuerpflichtigen ausländischen Einkünfte sind mit dem Betrag anzusetzen, der sich nach Abzug der entrichteten ausländischen Steuern ergibt (Hinzurechnungsbetrag).[177] Der Hinzurechnungsbetrag ist in entsprechender Anwendung der Vorschriften des deutschen Steuerrechts zu ermitteln.[178] Steuerliche Vergünstigungen, die an eine inländische Steuerpflicht anknüpfen, die Vorschriften zur Zinsschranke (§ 4h EStG, § 8a KStG), die Freistellungen gem. § 8b Abs. 1 und 2 KStG und – dazu korrespondierend – die Abzugsverbote gem. § 3c EStG und § 8 Abs. 5 KStG sind auf den Hinzurechnungsbetrag nicht anwendbar.[179] Dies gilt auch für die Vorschriften des UmwStG, soweit Einkünfte aus einer Umwandlung nach § 8 Abs. 1 Nr. 10 AStG hinzuzurechnen sind. Ein DBA-Schutz besteht für die Hinzurechnungsbesteuerung nicht.

93 Der Hinzurechnungsbetrag gehört zu den Einkünften aus Gewerbebetrieb und erhöht den körperschaft- und gewerbesteuerlichen Gewinn der inländischen AG für das Wirtschaftsjahr, das nach dem Ablauf des Wirtschaftsjahres der ausländischen Gesellschaft endet.[180] Eine Verrechnung des Hinzurechnungsbetrags mit inländischen Verlusten ist möglich. Die gewerbesteuerliche Kürzungsvorschrift des § 9 Nr. 7 GewStG kommt idR nicht zum Tragen, da diese Vorschrift bei der ausländischen Gesellschaft Einkünfte aus aktivem Erwerb voraussetzt.

Auf Antrag des Steuerpflichtigen werden auf die Körperschaftsteuer, die auf den Hinzurechnungsbetrag entfällt, die Steuern angerechnet, die nach § 10 Abs. 1 AStG abziehbar sind.[181] In diesem Fall ist der Hinzurechnungsbetrag um diese Steuern zu erhöhen.

95 Bei **mehrstufigen Beteiligungsstrukturen** im Ausland werden die passiven Zwischeneinkünfte von nachgeschalteten Zwischengesellschaften anteilig der ausländischen (Ober-) Gesellschaft als passive Einkünfte zugewiesen. Ausschüttungen von nachgeschalteten Gesellschaften und Gewinne aus der Ver-

---

[175] EuGH-Urteil v. 12.9.2006 C-196/04 BB 2006, 2118.
[176] Vor Einfügung des § 8 Abs. 2 AStG sollte die Europarechtskonformität der deutschen Hinzurechnungsbesteuerung durch das BMF-Schreiben vom 8.1.2007 BStBl. I 2007, 99 hergestellt werden. Zur Kritik an diesem Schreiben und weiterhin bestehenden Europarechtswidrigkeiten des § 8 Abs. 2 AStG vgl. *Sedemund* BB 2008, 696; *Schmidt/Schwind* NWB F 2, 9713; *Flick/Wassermeyer/Baumhoff/Schönfeld* Vor §§ 7–14.
[177] Vgl. § 10 Abs. 1 Satz 1 AStG.
[178] Vgl. § 10 Abs. 3 Satz 1 AStG.
[179] Vgl. § 10 Abs. 3 Satz 4 AStG.
[180] Vgl. § 10 Abs. 2 AStG.
[181] Vgl. § 12 Abs. 1 AStG.

A. Auslandsaktivitäten inländischer Gesellschaften

äußerung solcher Gesellschaften gehören – wie im Grundfall unter den Voraussetzungen des § 8 Abs. 1 Nr. 8 und 9 AStG (vgl. dazu Rz. 91) – ebenfalls nicht zu den passiven Einkünften.[182] Die Höhe des Hinzurechnungsbetrages wird durch einen Feststellungsbescheid bestimmt.[183] Dabei muss für mehrstufige Konzerne für jede Stufe ein gesonderter Bescheid erlassen werden.[184]

(3) Besteuerungsfolgen der Gewinnausschüttung durch die ausländische Zwischengesellschaft. Die Gewinnausschüttung der ausländischen Zwischengesellschaft an die inländische Muttergesellschaft unterliegt den normalen Besteuerungsgrundsätzen. Die Ausschüttungen sind somit gem. § 8 b Abs. 1 KStG von der Körperschaftsteuer freigestellt. In Höhe von 5 % der Gewinnausschüttung kommt es zu einer Doppelbesteuerung, wenn in dieser Höhe gem. § 8 b Abs. 5 KStG fiktiv nicht abzugsfähige Betriebsausgaben angenommen und der Besteuerung unterworfen werden, obwohl die zuvor hinzugerechneten Zwischeneinkünfte bereits in voller Höhe besteuert worden sind.[185]

Sofern von den Gewinnausschüttungen der ausländischen Zwischengesellschaft eine Quellensteuer erhoben wird,[186] kann diese auf Antrag auf die Körperschaftsteuer der inländischen Muttergesellschaft angerechnet werden, die auf den Hinzurechnungsbetrag entfällt.[187]

Sofern die Körperschaftsteuerbefreiung der Gewinnausschüttungen der ausländischen Zwischengesellschaft aus § 8 b Abs. 1 KStG abgeleitet wird, ist die Gewinnausschüttung gem. § 8 Nr. 5 GewStG für gewerbesteuerliche Zwecke wieder hinzuzurechnen, wenn die Voraussetzungen des gewerbesteuerlichen Schachtelprivilegs gem. § 9 Nr. 7 GewStG nicht erfüllt sind (vgl. Rz. 86). Die Anwendung des Schachtelprivilegs scheitert idR an der Erfüllung der Aktivitätsklausel. Folglich kommt es zu einer gewerbesteuerlichen Doppelbelastung, da zuvor auch der Hinzurechnungsbetrag der Gewerbesteuer unterlegen hat (Ausnahme ggf.: DBA-Schachtelprivileg und bestimmte EU-Fälle).

In einem mehr als dreistufigen grenzüberschreitenden Konzern unterliegen durchgereichte Ausschüttungen der Untergesellschaften der Gewerbesteuer auch dann, wenn die Einkünfte aus aktiven Gesellschaften stammen, da das gewerbesteuerliche Schachtelprivileg des § 9 Nr. 7 GewStG nicht an das außensteuerliche Holdingprivileg des § 8 Abs. 1 Nr. 8 und 9 AStG angepasst wurde.[188]

(4) Besteuerungsfolgen der Veräußerung der Anteile an der ausländischen Zwischengesellschaft. Die Ergebnisse aus der Veräußerung der Anteile an der ausländischen Zwischengesellschaft unterliegen den normalen Besteuerungsgrundsätzen für Gewinne aus der Veräußerung von Kapitalgesellschaften (s. Rz. 101).

cc) Sonstige Bezüge. Erhält die inländische Kapitalgesellschaft aus grenzüberschreitenden Geschäftsbeziehungen mit der ausländischen Kapitalgesellschaft Vergütungen, so müssen diese grundsätzlich den zwischen unabhängigen Dritten vereinbarten Bedingungen entsprechen. Zu Einzelheiten s. Abschn. C.

---

[182] Vgl. § 14 Abs. 1 und 3 AStG.
[183] Vgl. § 18 AStG.
[184] BFH I R 62/00 v. 18.7.2001, BFH/NV 2002, 89.
[185] Kritisch dazu *Jacobs* S. 498.
[186] ZB 5 % bzw. 15 % bei Ansässigkeit der ausländischen Zwischengesellschaft in einem außereuropäischen DBA-Staat oder 25 % in einem Nicht-DBA-Staat.
[187] Vgl. § 12 Abs. 3 AStG.
[188] *Prinz/Simon* DStR 2002, 149 (152).

4. Beendigung der Beteiligung

Das Engagement an der ausländischen Kapitalgesellschaft kann beendet werden, indem die ausländische Kapitalgesellschaft aufgelöst oder indem die Beteiligung verkauft oder in eine Tochtergesellschaft eingebracht wird. Die Besteuerungsfolgen einer Liquidation entsprechen denen einer Anteilsveräußerung.

a) Anteilsverkauf bzw. Auflösung der ausländischen Kapitalgesellschaft

101 Wird bei der Veräußerung der Anteile an der ausländischen Tochterkapitalgesellschaft ein **Gewinn** erzielt, so ist dieser gem. § 8 b Abs. 2 KStG von der Körperschaftsteuer der inländischen Muttergesellschaft befreit, soweit keine siebenjährige steuerschädliche Veräußerungssperre zu beachten ist.[189] Der Veräußerungsgewinn ist auch von der Gewerbesteuer befreit, da § 8 Nr. 5 GewStG nur für Gewinnausschüttungen eine Hinzurechnung vorsieht. Insofern kann die Veräußerung thesaurierter Gewinne vorteilhafter als eine Gewinnausschüttung sein.

Von dem Veräußerungsgewinn gelten 5 % als nicht abziehbare Betriebsausgaben. Tatsächlich angefallene Betriebsausgaben, die mit der steuerfreien Veräußerung in Zusammenhang stehen, können grundsätzlich abgezogen werden.[190]

Ergibt sich aus der Veräußerung der Beteiligung ein **Verlust**, so wirkt sich dieser – als Kehrseite der Steuerbefreiung von Veräußerungsgewinnen – im Inland nicht steuermindernd aus.[191]

Ob durch den Verkauf der Anteile im Ausland ein Steuertatbestand ausgelöst wird, ist anhand des ausländischen Steuerrechts und des Abkommensrechts im Einzelfall zu prüfen.[192]

b) Umstrukturierung

102 Die Beteiligung an der ausländischen Kapitalgesellschaft kann in eine in- oder ausländische Tochtergesellschaft eingebracht werden. Die Steuerfolgen im Ausland sind nach dem jeweiligen ausländischen Steuerrecht zu prüfen.

Bei der Einbringung gegen Gewährung von Gesellschaftsrechten handelt es sich grundsätzlich um einen gewinnrealisierenden Tausch (§ 6 Abs. 6 EStG). Das Ergebnis aus diesem Tausch bzw. tauschähnlichen Vorgang unterliegt gem. § 8 b Abs. 2 KStG nicht der inländischen Besteuerung, soweit die weiteren Voraussetzungen für eine steuerfreie Anteilsveräußerung gem. § 8 b KStG erfüllt sind (s. dazu § 12 Rz. 20 ff.). Falls diese Voraussetzungen nicht erfüllt sind, ist wie folgt zu differenzieren:

(1) Einbringung in einen inländischen Rechtsträger

Ist die aufnehmende Tochtergesellschaft eine inländische Kapitalgesellschaft können die Anteile an der ausländischen Kapitalgesellschaft gem. § 21 UmwStG

---

[189] Vgl. § 12 Rz. 23 ff.
[190] § 3 c Abs. 1 EStG iVm. § 8 Abs. 1 KStG.
[191] Vgl. § 8 b Abs. 3 KStG.
[192] ZB. kann durch den Verkauf von Anteilen an einer US-amerikanischen Kapitalgesellschaft in den USA eine Steuerpflicht entstehen, wenn es sich um eine US Real Property Holding Company handelt.

zum Buchwert eingebracht werden, wenn es sich um mehrheitsvermittelnde Anteile handelt. Bei Einbringungen in eine Personengesellschaft (Mitunternehmerschaft) können nur 100 %ige Beteiligungen gem. § 24 UmwStG steuerneutral eingebracht werden.[193]

(2) Einbringung in einen ausländischen Rechtsträger

Werden die Anteile in eine ausländische Kapitalgesellschaft mit Sitz außerhalb der EU eingebracht, so ist dieser Vorgang immer gewinnrealisierend. Anteile an einer EU- Kapitalgesellschaft oder Drittstaatenbeteiligung können unter bestimmten Voraussetzungen gem. § 21 UmwStG ertragsteuerneutral in eine andere EU-Kapitalgesellschaft eingebracht werden (vgl. § 14 Rz. 349). Eine steuerneutrale Einbringung unter Anwendung von § 24 UmwStG in eine ausländische Personengesellschaft ist nur möglich, wenn es sich um eine 100 %ige Beteiligung handelt und das Besteuerungsrecht Deutschlands nicht durch ein DBA ausgeschlossen oder beschränkt ist (vgl. § 14 Rz. 344).

V. Wegzug einer inländischen Gesellschaft

1. Auswirkung auf Gesellschaftsebene

a) Zivilrechtliche Auswirkungen

Nach der für das deutsche Zivilrecht geltenden Sitztheorie richtet sich die Rechtsfähigkeit einer Gesellschaft nach dem Recht des Staates, in dem die Gesellschaft ihren **tatsächlichen Verwaltungssitz** hat.[194] Der tatsächliche Verwaltungssitz liegt dort, wo die grundlegenden Entscheidungen der Unternehmensleitung effektiv in laufende Geschäftsführungsakte umgesetzt werden.

Verlegt die Gesellschaft ihren Verwaltungssitz ins Ausland, so verliert sie ihre Rechtsfähigkeit.[195] Umstritten ist, ob die Sitztheorie mit der Niederlassungsfreiheit gem. Art. 43 und 48 EGV vereinbar ist. Die Frage war Gegenstand mehrerer EuGH-Entscheidungen. Der EuGH hat im „Überseering"-Urteil vom 5. 11. 2002 entschieden, dass für den Fall, dass eine in einem EU-Mitgliedstaat gegründete Gesellschaft ihren tatsächlichen Verwaltungssitz nach Deutschland verlegt, die Gesellschaft entsprechend der Gründungstheorie als ausländische juristische Person anzuerkennen ist. Ob dieses für einen Zuzugsfall ergangene Urteil auch auf einen Wegzugsfall anwendbar ist, ist offen.[196]

---

[193] Vgl. BMF v. 25. 3. 1998, BStBl. I 1998, 268 Tz. 24.03; a. A. *Rödder/Herlinghaus/van Lishaut/Rasche* § 24 Tz. 42.
[194] Vgl. auch § 2 Rz. 334 ff.
[195] Infolge der Änderung des § 4a GmbHG durch das **MoMiG** ergibt sich eine Möglichkeit zur grenzüberschreitenden Verlegung des Verwaltungssitzes ohne Auflösungsfolgen; vgl. dazu *Peters* GmbHR 2008, 245 (249).
[196] Vgl. dazu EuGH-Verfahren in der Rs. C-210/06 *Cartesio,* Schlussanträge v. 22. 5. 2008, IStR 2008, S. 478; *Binz/Mayer* GmbHR 2003, 249 (255); eine Auflösung im Wegzugsfall bejahend *Forsthoff* DB 2000, 1109 und BB 2002, 318; vgl. auch *Meilicke* GmbHR 2000, 693. Die nationale Rspr. ist uneinheitlich: vgl. OLG Düsseldorf 3 Wx 88/01 v. 26. 3. 2001, BB 2001, 901; OLG Hamm 15 W 390/00 v. 1. 2. 2001, RIW 2001, 461. LG Frankenthal 1 HK T 9/02 v. 6. 12. 2002, GmbHR 2003, 300 (gegen „Überseering"); vgl. auch *Peters* GmbHR 2008, 245 (247). Die Frage erübrigt sich für „Europäische Gesellschaften" (vgl. dazu § 1 Rz. 48 ff.). Gemäß der Verordnung vom 8. 10. 2001 über das Statut der **Europäischen Gesellschaft (SE)** bleibt bei nach diesem Statut

Aus dem „Centros"-Urteil[197] ist nach Literaturmeinung abzuleiten, dass eine nach deutschem Recht gegründete Gesellschaft ihre Rechtsfähigkeit nicht verliert, wenn sie nur ihren Verwaltungssitz ins europäische Ausland verlegt. Bei einer Sitzverlegung ins außereuropäische Ausland ist nach deutschem Recht weiterhin davon auszugehen, dass die Gesellschaft mit der Sitzverlegung ihre Rechtsfähigkeit verliert. Für die Begründung der Rechtsfähigkeit im Ausland ist dort eine Neugründung erforderlich, wenn der andere Staat ebenfalls die Sitztheorie anwendet. Bei einem Wegzug in Staaten, die die Gründungstheorie anwenden (zB in den Niederlanden, Spanien, Schweiz, Liechtenstein, Länder in angloamerikanischen Rechtskreisen), bleibt die Rechtsfähigkeit aus Sicht des anderen Staates auch bei Verlegung der Geschäftsleitung dorthin bestehen. Ist der satzungsmäßige Sitz einer Gesellschaft in einer anderen Jurisdiktion angesiedelt als ihr Verwaltungssitz, so spricht man **von doppelansässigen (dual resident) Gesellschaften.**

b) Steuerrechtliche Auswirkungen

Eine inländische AG ist in Deutschland unbeschränkt körperschaftsteuerpflichtig, wenn sie Sitz oder Geschäftsleitung im Inland hat.

105 Den **Sitz** hat eine Kapitalgesellschaft gem. § 11 AO an dem Ort, der durch die Satzung bestimmt ist. Der statutarische Sitz richtet sich nicht nach den tatsächlichen Umständen, sondern nach den rechtlichen Gegebenheiten.[198]

106 Der **Ort der Geschäftsleitung** befindet sich gem. § 10 AO dort, wo der Mittelpunkt der geschäftlichen Oberleitung ist, dh. an dem Ort, an dem die zur Vertretung befugten Personen die tatsächlichen, organisatorischen und rechtsgeschäftlichen Handlungen vornehmen, die der gewöhnliche Betrieb iSd. Tagesgeschäfts der Gesellschaft mit sich bringt. Werden die laufenden Geschäftsführungsaufgaben an verschiedenen Orten ausgeübt, so sind sie zu gewichten.[199] Der Ort der Geschäftsleitung entspricht im Wesentlichen dem zivilrechtlichen Verwaltungssitz, die beiden Begriffe sind jedoch nicht deckungsgleich.[200] Unterschiede können sich insofern ergeben, als für den steuerlichen Begriff des Orts der Geschäftsleitung darauf abzustellen ist, von wo aus die leitenden Weisungen gegeben werden, während für den zivilrechtlichen Verwaltungssitz maßgeblich ist, wo die Anordnungen faktisch umgesetzt werden.[201]

107 Siedelt eine Gesellschaft mit ihrem statutarischen Sitz und der Geschäftsleitung ins Ausland um, so entfällt die unbeschränkte Steuerpflicht gem. § 1 Abs. 1 KStG. Der Wegfall der unbeschränkten Steuerpflicht löst jedoch für sich

---

gegründeten Europäischen Gesellschaften die Rechtsfähigkeit trotz Sitzverlegung bestehen. Die EU-Kommission hat am 25. 6. 2008 einen ersten Entwurf für ein Statut für eine Europäische Privatgesellschaft (**EPS** bzw. **SPE**) vorgelegt. Es handelt sich dabei um eine supranationale Gesellschaft mit beschränkter Haftung, die ebenfalls einen grenzüberschreitenden Rechtsverkehr erlauben soll; vgl. dazu *Hommelhoff/Teichmann* DStR 2008, 925.
[197] EuGH v. 9. 3. 1999 (Rs. C-212/97 – „*Centros*"), RIW 1999, 447 m. Komm. *Cascante* NJW 1999, 2027.
[198] Vgl. BayOLG 3Z BR 380/01, BB 2002, 907 (908).
[199] Vgl. FG Köln 2 V 6196/00 v. 13. 11. 2000, DStRE 2001, 206 (rkr.).
[200] Vgl. BFH IX R 182/87 v. 23. 6. 1992, BStBl. II, 972 (973).
[201] Vgl. *Eilers/Wienands* IStR 1999, 289 (292); *Schmidt/Sedemund* DStR 1999, 2057 (2060) mwN.

A. Auslandsaktivitäten inländischer Gesellschaften

allein keine Liquidationsbesteuerung aus. Es ist lediglich gemäß § 12 Abs. 1 KStG wirtschaftsgutbezogen zu prüfen, inwieweit das deutsche Besteuerungsrecht ausgeschlossen oder beschränkt wird.[202] Sofern die (inländischen) Wirtschaftsgüter der wegziehenden Gesellschaft einer im Inland zurückbleibenden Betriebsstätte zugeordnet werden können, kommt es weder zu einem Ausschluss noch zu einer Beschränkung des deutschen Besteuerungsrechts.

Wird die Geschäftsleitung oder der Sitz in das außereuropäische Ausland verlegt und fällt die Gesellschaft dadurch aus der unbeschränkten Steuerpflicht, kommt es gemäß § 12 Abs. 3 KStG unter Aufdeckung der stillen Reserven zur Liquidationsbesteuerung (§ 11 KStG).[203]

Verlegt eine deutsche AG, die ihren statutarischen Sitz und ihre Geschäftsleitung zunächst im Inland hat, nur die Geschäftsleitung ins Ausland, so ist sie gem. § 1 Abs. 1 KStG weiterhin im Inland unbeschränkt steuerpflichtig. Die **doppelte Ansässigkeit** einer Gesellschaft hat grundsätzlich zur Folge, dass sie mit ihren in- und ausländischen Einkünften in zwei Staaten der unbeschränkten Steuerpflicht unterliegt. Handelt es sich bei der Gesellschaft um eine Holding, so kommt es vielfach nicht zu einer Doppelbesteuerung, wenn die Beteiligungserträge im Ausland und im Inland von der Besteuerung freigestellt sind. Eine Doppelbesteuerung wird grundsätzlich auch dann vermieden, wenn ein DBA anwendbar ist. Die Regelungen der DBA gehen davon aus, dass nur ein Staat der Ansässigkeits-, der andere Staat dagegen der Quellenstaat ist. Anknüpfungspunkt für die Entscheidung über die Ansässigkeit ist der Ort der tatsächlichen Geschäftsleitung.[204]

2. Auswirkungen auf Gesellschafterebene

Ist der Gesellschafter an einer inländischen Kapitalgesellschaft wesentlich iSd. § 17 EStG beteiligt, hat die Sitzverlegung idR keine Besteuerung der stillen Reserven in den Anteilen zur Folge, wenn das Besteuerungsrecht beim Wohnsitzstaat des Gesellschafters verbleibt. Verlegt die inländischen Kapitalgesellschaft jedoch (identitätswahrend) ihren Sitz oder ihren Ort der Geschäftsleitung in das außereuropäische Ausland und kommt es dadurch zu einem Ausschluss oder einer Beschränkung des deutschen Besteuerungsrechts hinsichtlich des Gewinns aus der Veräußerung der Anteile, gelten die Anteile als zum gemeinen Wert veräußert (§ 17 Abs. 5 EStG).[205]

VI. Besonderheiten bei einer inländischen KGaA

Die Kommanditgesellschaft auf Aktien (KGaA) ist gesellschaftsrechtlich eine Mischform zwischen einer Personen- und einer Kapitalgesellschaft.[206] Diese duale Struktur hat zur Folge, dass die KGaA selbst dem Steuerregime für

---

[202] Vgl. Rödder/Herlinghaus/van Lishaut/Ritzer Anh. 5 Tz. 116 f.
[203] Strittig ist, ob dies auch gilt, wenn die Wirtschaftsgüter in einer inländischen Betriebsstätte steuerverhaftet bleiben; vgl. Rödder/Herlinghaus/van Lishaut/Ritzer Anh. 5 Tz. 214 mwN.
[204] Vgl. Art. 4 Abs. 3 OECD-MA.
[205] Ausgenommen ist die Beteiligung an einer **SE** (§ 17 Abs. 5 Satz 2 bis 4 EStG). Vgl. auch Rödder/Herlinghaus/van Lishaut/Ritzer Anh. 5 Tz. 173 f.
[206] Vgl. auch § 1, § 2 Rz. 490 ff. sowie Hageböke „Das KGaA-Modell", Düsseldorf 2008, 69 ff.

Zehnpfennig

Kapitalgesellschaften unterliegt, während für die Komplementäre die Regelungen für Mitunternehmerschaften anzuwenden sind.[207]
Die hybride Rechtsform der KGaA ist im Ausland weitgehend unbekannt. Daher ergeben sich auf Ebene der Doppelbesteuerungsabkommen weitreichende Qualifikationsprobleme. Diese können zuweilen nur in zeitaufwendigen Verständigungsverfahren behoben werden. Grenzüberschreitende Geschäftsbeziehungen können daher insbesondere für mittelständische Unternehmen problematisch sein und sollten daher eher über Kapitalgesellschaften abgewickelt werden.[208] Soweit Doppelbesteuerungsabkommen eingreifen, sind sowohl die KGaA selbst als auch die Komplementäre abkommensberechtigt, wenn sie in einem der beiden Vertragsstaaten ansässig sind.[209]

113 Aus der dualen Struktur ergeben sich folgende steuerlichen Besonderheiten in Zusammenhang mit einem Auslandsbezug:
- Beteiligt sich eine inländische KGaA an einer **ausländischen Zwischengesellschaft**,[210] so ist für die Frage, ob unbeschränkt Steuerpflichtige zu mehr als 50 % an dieser Gesellschaft iSd. § 7 Abs. 1 AStG beteiligt sind, aufgrund der dualen Struktur wie folgt zu unterscheiden: Im Hinblick auf den Anteil, der prozentual auf das Grundkapital entfällt, ist auf die unbeschränkte Steuerpflicht der KGaA selbst abzustellen. Soweit die Beteiligung an der Zwischengesellschaft prozentual auf die Vermögenseinlage der Komplementäre entfällt, ist auf deren Steuerpflicht abzustellen.[211]
- Unterhält die inländische KGaA eine **ausländische Betriebsstätte**, unterliegen beschränkt steuerpflichtige Komplementäre mit diesen (anteiligen) Betriebsstätteneinkünften nicht der beschränkten Steuerpflicht.[212]
- Soweit inländische Komplementäre als natürliche Personen an einer KGaA beteiligt sind, die ausländische Einkünfte iSd. § 34 d EStG erzielt, kann eine Doppelbesteuerung nach nationalem Recht durch eine Steueranrechnung gem. § 34 c EStG vermieden werden. Eine direkte Steueranrechnung ist auch für Komplementäre in der Rechtsform einer inländischen Kapitalgesellschaft möglich.[213]
- Soweit die KGaA an ausländischen Kapitalgesellschaften beteiligt ist, sind die Dividenden und Veräußerungsgewinne von der Körperschaftsteuer befreit, soweit sie auf Kommanditaktionäre und auf Komplementäre in der Rechtsform einer Kapitalgesellschaft entfallen.[214] Die Dividenden sind in voller Höhe gewerbesteuerfrei, soweit die Voraussetzungen des § 8 Nr. 5 iVm. § 9 Nr. 7 GewStG erfüllt sind, da diese Vergünstigung rechtsformunabhängig ist.

---

[207] Vgl. *Schaumburg/Schulte* Die KGaA, Bonn/Frankfurt 2000 Rz. 161 S. 98 und § 13 Rz. 700 ff.
[208] Vgl. *Schaumburg/Schulte* Die KGaA, Bonn/Frankfurt 2000 Rz. 184 S. 104.
[209] Vgl. *Schaumburg/Schulte* Die KGaA, Bonn/Frankfurt 2000 Rz. 177 f. S. 101 f. mwN.
[210] Vgl. dazu Rz. 90 ff.
[211] Soweit eine Personengesellschaft als Komplementärin beteiligt ist, ist auf die dahinter stehenden Gesellschafter abzustellen.
[212] Vgl. BFH I R 95/84 v. 24. 2. 1988, BStBl. II, 663; *Schaumburg* Internationales Steuerrecht 2. Aufl. 1998 Rz. 5172.
[213] Vgl. § 26 Abs. 1 KStG.
[214] Vgl. für den auf den Komplementär entfallenden Anteil § 8 b Abs. 6 KStG; wegen weiterer Einzelheiten vgl. § 13 Rz. 706.

Falls Doppelbesteuerungsabkommen anwendbar sind, erzielen die KGaA selbst und die Komplementäre Unternehmensgewinne iSv. Art. 7 OECD-MA, für die abkommensrechtlich das Betriebsstättenprinzip gilt, dh. im Ausland erzielte Betriebsstättengewinne werden nur vom ausländischen Betriebsstättenstaat besteuert. In Deutschland wird die Doppelbesteuerung überwiegend durch Freistellung vermieden. Das gilt grundsätzlich auch für Gewinne aus der Veräußerung ausländischen Betriebsstättenvermögens.

B. Inlandsaktivitäten ausländischer Gesellschaften (Inbound-Geschäfte)

In Abhängigkeit von der beabsichtigten Intensität und der rechtlichen Ausgestaltung können Aktivitäten im Inland grundsätzlich wie folgt in Erscheinung treten:[215]
- Aufnahme grenzüberschreitender Direktgeschäfte
- Geschäftstätigkeiten über eine inländische Betriebsstätte
- Beteiligung an einer inländischen Personengesellschaft
- Beteiligung an einer inländischen Kapitalgesellschaft

Die wirtschaftlichen sowie die zivil- und steuerrechtlichen Bindungen zum Inland sind am stärksten bei einer Beteiligung an einer deutschen Tochtergesellschaft, bei Direktgeschäften sind sie am geringsten.

I. Grenzüberschreitende Direktgeschäfte

Grenzüberschreitende Direktgeschäfte sind dadurch gekennzeichnet, dass der gewerbliche Leistungsaustausch über die Grenze ohne festen Bezugspunkt im Abnehmerland stattfindet. Im Gegensatz zu den Direktinvestitionen über eine Betriebsstätte oder Tochtergesellschaft besteht bei Direktgeschäften eine unmittelbare Geschäftsbeziehung des ausländischen Unternehmers zum inländischen Abnehmer. Die Direktgeschäfte umfassen den Import von Waren, Dienstleistungen und Kapital sowie die Überlassung von Nutzungen. Zu den Direktgeschäften werden auch Beteiligungen an inländischen Gesellschaften gezählt, die aufgrund der niedrigen Beteiligungsquote nicht zu den Direktinvestitionen gehören.[216]

Der ausländische Unternehmer wird im Inland mit seinen gewerblichen Gewinnen nicht steuerpflichtig, wenn die Geschäftsaktivitäten nicht über eine inländische Betriebsstätte und nicht über einen ständigen Vertreter abgewickelt werden.[217] Eine Steuerpflicht kann sich im Inland jedoch dann ergeben, wenn der ausländische Unternehmer im Inland aus ihm unmittelbar zuzurechnenden Wirtschaftsgütern Einkünfte erzielt, die als **inländische Einkünfte** der beschränkten Steuerpflicht unterliegen. Der Begriff der inländischen Einkünfte ist durch eine abschließende Aufzählung in § 49 EStG (iVm. §§ 2 Nr. 1, 8 Abs. 1 KStG) definiert.[218] Zu den inländischen Einkünften gehören zB Einkünfte aus der Vermietung oder dem Verkauf von inländischen Grundstücken, Einkünfte

---

[215] *Jacobs* S. 297.
[216] *Jacobs* S. 299.
[217] Vgl. § 49 Abs. 1 Nr. 2 Buchst. a EStG iVm. § 2 Nr. 1 KStG.
[218] Zu einer Übersicht über die inländischen Einkünfte iSd. § 49 EStG s. *Jacobs* S. 301.

aus Kapitalvermögen, wenn der Schuldner im Inland ansässig ist, aus (Darlehens-)Forderungen, die durch inländischen Grundbesitz oder Rechte gesichert sind, oder Einkünfte aus der Überlassung von beweglichen Sachen oder von Rechten bzw. Know-how zur Nutzung im Inland. Bei der Bestimmung inländischer Einkünfte werden ausländische Besteuerungsmerkmale außer Acht gelassen, wenn bei ihrer Berücksichtigung inländische Einkünfte iSd. § 49 Abs. 1 EStG nicht angenommen werden könnten.[219] Folglich kann beispielsweise eine ausländische Kapitalgesellschaft durch die Verpachtung inländischen Grundbesitzes in Deutschland Einkünfte aus Vermietung und Verpachtung erzielen.[220] Gemäß § 49 Abs. 1 Nr. 2b) EStG sind Einkünfte aus der Vermietung oder dem Verkauf von inländischem Grundbesitz auch dann im Inland als gewerbliche Einkünfte steuerpflichtig, wenn die ausländische Kapitalgesellschaft im Inland keine Betriebsstätte unterhält.

128 Deutschland erhebt auf bestimmte Besteuerungstatbestände, die der beschränkten Steuerpflicht unterliegen, eine **Quellensteuer**. Diese beträgt ab 2009 bei Dividenden,[221] bei Einnahmen aus stiller Beteiligung und partiarischen Darlehen, Erträgen aus Wandelanleihen und Gewinnobligationen sowie Erträgen aus Genussrechten im Regelfall 25 %[222] (jeweils zuzüglich Solidaritätszuschlag). Bei Einkünften aus der Nutzungsüberlassung beweglicher Sachen und Rechte (zB bei Lizenzvergabe) wird eine Quellensteuer iHv. 15 % (zuzüglich Solidaritätszuschlag) auf die Bruttoeinnahmen einbehalten.[223] Der Abzugsteuer unterliegen die vollen Einnahmen (ggf. incl. USt) ohne vorherige Kürzung um Ausgaben. Die Quellensteuer hat grundsätzlich Abgeltungswirkung, wenn die Einkünfte nicht Betriebseinnahmen eines inländischen Betriebs sind.[224] Ein Verlustausgleich mit Einkünften, die nicht dem Steuerabzug unterliegen, ist nicht möglich.[225]

129 Bei den Besteuerungstatbeständen, die nicht der Abzugsteuer unterliegen, zB bei den Einkünften aus der Nutzung und Verwertung unbeweglichen Vermögens, erfolgt eine **Pflichtveranlagung**, bei der Ausgaben berücksichtigt werden können, soweit sie in wirtschaftlichem Zusammenhang mit den inländischen Einkünften stehen.[226] Die im Veranlagungsverfahren zu erhebende Körperschaftsteuer beträgt 15 % (zuzüglich Solidaritätszuschlag). Gewerbesteuer fällt nicht an.

130 Wenn der Sitzstaat der ausländischen Kapitalgesellschaft aufgrund der dort bestehenden unbeschränkten Steuerpflicht die in Deutschland besteuerten

---

[219] Vgl. § 49 Abs. 2 EStG (sog. „**isolierende Betrachtungsweise**").
[220] Vgl. § 49 Abs. 1 Nr. 6 EStG iVm. § 2 Nr. 1 KStG: Ohne Anwendung der isolierenden Betrachtungsweise würde die ausländische Kapitalgesellschaft gewerbliche Einkünfte iSd. § 15 EStG erzielen, die mangels einer Betriebsstätte im Inland nicht besteuert werden könnten.
[221] Ausgenommen sind Fälle, die unter die Mutter-Tochter-Richtlinie fallen.
[222] § 43 Abs. 1 Satz 1 Nr. 1 und Nr. 7 a) EStG iVm. § 43 a Abs. 1 Satz 1 Nr. 1, § 49 Nr. 5 EStG. Zu Fällen einer 15 %igen Quellensteuerbelastung siehe § 43 a Abs. 1 Satz 1 Nr. 2 EStG.
[223] Vgl. § 50 a Abs. 4 Satz 1 Nr. 3 iVm. Satz 4 EStG bzw. § 50 a Abs. 1 Nr. 3 EStG. Vgl. zur Neuregelung des Steuerabzugs bei beschränkt Steuerpflichtigen nach § 50 a EStG *Jahn* Praxis Internationale Steuerberatung 2008, 143.
[224] Vgl. § 32 KStG.
[225] Vgl. § 50 Abs. 2 EStG.
[226] Vgl. § 50 EStG.

B. Inlandsaktivitäten ausländischer Gesellschaften 131, 132 § 16

Einkünfte ebenfalls der Besteuerung unterwirft, entsteht eine **Doppelbesteuerung**, die ggf. durch unilaterale Maßnahmen des Heimatstaates beseitigt wird (beispielsweise durch Anrechnung der deutschen Steuer auf die ausländische Steuer). Soweit mit dem Ansässigkeitsstaat des ausländischen Geschäftspartners ein Doppelbesteuerungsabkommen abgeschlossen wurde, wird eine Doppelbesteuerung entweder durch die Anwendung der Freistellungsmethode oder die Anrechnungsmethode vermieden. Von den jeweiligen Vereinbarungen in den Doppelbesteuerungsabkommen hängt es ab, ob das nationale Recht auf den Einbehalt einer Quellensteuer eingeschränkt ist. Hat die beschränkt steuerpflichtige Kapitalgesellschaft Ermäßigungsansprüche, so muss sie diese in einem gesonderten Verfahren beim Bundesamt für Finanzen geltend machen (vgl. § 50 d EStG). Voraussetzung für eine Erstattung, einen Nichteinbehalt oder verminderten Einbehalt der Quellensteuer ist die Vorlage einer Freistellungsbescheinigung, die auf amtlich vorgeschriebenem Vordruck beim Bundesamt für Finanzen zu beantragen ist.

II. Inländische Betriebsstätte

Im Unterschied zu grenzüberschreitenden Direktgeschäften wird durch die Begründung einer Betriebsstätte im Inland ein fester Bezugspunkt hergestellt, von dem aus die unternehmerische Tätigkeit des Ausländers entfaltet wird. Die inländische Betriebsstätte ist eine feste Geschäftseinrichtung, die nicht mit rechtlicher Selbstständigkeit ausgestattet ist, sie stellt vielmehr den unselbstständigen Teil eines Einheitsunternehmens dar (zB Lager, Niederlassung, Servicewerkstatt etc.). Steuerlich wird dagegen eine gewisse Selbstständigkeit der Betriebsstätte fingiert, woraus sich eine Reihe von Zuordnungsproblemen ergeben. **131**

1. Gründung einer Betriebsstätte

Gem. § 138 Abs. 1 AO haben Steuerpflichtige, die im Inland eine Betriebsstätte eröffnen, die zuständige Gemeinde hiervon innerhalb eines Monats zu unterrichten. **132**

Ob das Tätigwerden eines Ausländers im Inland eine Betriebsstätte begründet, die eine beschränkte Steuerpflicht im Inland zur Folge hat, ist zunächst anhand des nationalen Betriebsstättenbegriffs zu prüfen. Soweit Doppelbesteuerungsabkommen anwendbar sind, ist für Zwecke der Zuweisung des Besteuerungsrechts der abkommensrechtliche Betriebsstättenbegriff von Bedeutung. Die Grundsätze der Betriebsstättenbestimmungen in Zusammenhang mit Outbound-Geschäften gelten auch für Inbound-Geschäfte. Das gilt sowohl für den nationalen als auch für den abkommensrechtlichen Betriebsstättenbegriff. Es wird daher auf die Ausführungen in Kap. A.II.1 a Rz. 7 ff. verwiesen.[227]

Werden Wirtschaftsgüter aus dem ausländischen Stammhaus in die inländische Betriebsstätte überführt, wird bezüglich des Gewinns aus der Veräußerung dieser Wirtschaftsgüter ein deutsches Besteuerungsrecht begründet (**Verstrickung**). Die Verstrickung wird gemäß § 4 Abs. 1 Satz 7 EStG einer Einlage

---

[227] Zu einem Prüfschema für inländische Betriebsstätten ausländischer Investoren vgl. *Jacobs* 6. Aufl. S 340.

gleichgestellt. Die überführten Wirtschaftsgüter sind gemäß § 6 Abs. 1 Nr. 5 a EStG mit dem gemeinen Wert anzusetzen.
Zur steuerlichen Berücksichtigung von Vorbereitungs- und Gründungskosten s. Rz. 26.

2. Laufende Besteuerung

133 Begründet eine ausländische Kapitalgesellschaft im Inland eine Betriebsstätte, so ist sie mit den aus der Betriebsstätte erzielten Einkünften im Inland beschränkt steuerpflichtig.[228] Das gilt idR auch, wenn mit dem Ansässigkeitsstaat des ausländischen Stammhauses ein DBA abgeschlossen wurde, da abkommensrechtlich regelmäßig der Staat das Besteuerungsrecht hat, in dem die Betriebsstätte belegen ist.

134 Mit der Aufnahme des Geschäftsbetriebs ergeben sich handelsrechtliche **Buchführungspflichten**, wenn die Betriebsstätte eine nach § 13 d HGB eingetragene Zweigniederlassung ist.[229] Falls die Betriebsstätte handelsrechtlich keine Zweigniederlassung darstellt, entsteht die Buchführungspflicht gem. § 141 AO erst nach Aufforderung durch das Finanzamt. Außerdem ergeben sich Aufzeichnungspflichten zum Wareneingang und -ausgang sowie für umsatzsteuerliche Zwecke.[230] Die Bücher sind grundsätzlich im Inland zu führen.[231] Erleichterungen können nach § 148 AO gewährt werden. Die erhöhten Aufklärungs- und Mitwirkungspflichten bei Auslandssachverhalten (§ 90 Abs. 2 AO) und die Offenlegungs- und Mitwirkungspflicht bei Geschäftsbeziehungen zu niedrig besteuernden Gebieten (§ 16 AStG) gelten auch für beschränkt Steuerpflichtige.

Der Gewinn der inländischen Betriebsstätte ist für Zwecke der deutschen Besteuerung in gleicher Weise wie der einer ausländischen Betriebsstätte zu ermitteln. Bezüglich der Grundsätze für die Aufteilung der Einkünfte und des Vermögens zwischen Stammhaus und Betriebsstätte wird daher auf die Ausführungen in Kap. A. II. 2 b Rz. 30 ff. verwiesen.[232]

135 Die Besteuerung der **Betriebsstätteneinkünfte** wird im Rahmen eines Veranlagungsverfahrens durchgeführt. Einkünfte der Betriebsstätte, die dem Kapitalertragsteuerabzug gem. § 43 EStG oder dem Steuerabzug nach § 50 a Abs. 4 EStG unterlegen haben, werden in die Veranlagung mit einbezogen, dabei können die einbehaltenen Steuerbeträge angerechnet werden.[233] Wenn die Voraussetzungen des **§ 50 g EStG** erfüllt sind, wird bei Zahlung von Zinsen oder Lizenzgebühren zwischen verbundenen Unternehmen innerhalb der EU (Beteiligungsquote von mindestens 25 %) keine inländische Quellensteuer erhoben. Erfolgt die Besteuerung durch Veranlagung, werden die Zinsen und Lizenzgebühren bei der Ermittlung der Einkünfte nicht erfasst.

---

[228] Vgl. § 2 Nr. 1 KStG iVm. § 49 Abs. 1 Nr. 2 a EStG. Das gilt entsprechend für Einkünfte, die durch die Tätigkeit eines ständigen Vertreters im Inland erzielt werden.
[229] Vgl. §§ 238 ff. HGB, § 140 AO.
[230] Vgl. §§ 143, 144 AO, § 22 UStG.
[231] Vgl. § 146 Abs. 2 AO. Durch das JStG 2009 wurde die Verlagerung der DV-gestützten Buchführung in EU-Staaten und bestimmte EWR-Staaten ermöglicht (§ 146 Abs. 2 a und 2 b AO); vgl. Rz. 32.
[232] Vgl. auch BMF v. 24. 12. 1999, BStBl. I 1999, 1076 (Betriebsstätten-Verwaltungsgrundsätze) Tz. 2.
[233] Zur Steueranrechnung bei Drittstaateneinkünften s. § 26 Abs. 6 Satz 1 KStG iVm. § 50 Abs. 6 EStG.

B. Inlandsaktivitäten ausländischer Gesellschaften

Enthält der Gewinn der inländischen Betriebsstätte auch Dividendenausschüttungen ausländischer Kapitalgesellschaften, so sind diese insoweit steuerfrei als sie auf einen ausländischen Gesellschafter in der Rechtsform der Kapitalgesellschaft entfallen.

Erzielt die Betriebsstätte Zinsen oder Dividenden, so sind sie abkommensrechtlich nur dann dem Betriebsstättenergebnis zuzurechnen, wenn die Beteiligungen oder Forderungen tatsächlich in einem funktionalen Zusammenhang mit der Tätigkeit der Betriebsstätte stehen.[234]

Der Betriebsstättengewinn beschränkt steuerpflichtiger Kapitalgesellschaften wird mit einem Steuersatz von 15 % (zzgl. Solidaritätszuschlag) besteuert. Der Gewinn unterliegt auch der Gewerbesteuer.[235]

Hat die Betriebsstätte einen **Verlust** erwirtschaftet, so kann dieser grundsätzlich im Rahmen des § 10 d EStG zurück- bzw. vorgetragen werden.[236]

Das ausländische Unternehmen kann im Rahmen einer Betriebsstätte, die als Zweigniederlassung eingetragen ist, **Organträger** sein, wenn der Gewinnabführungsvertrag mit der deutschen Organgesellschaft unter der Firma der Zweigniederlassung abgeschlossen wurde und die für die finanzielle Eingliederung erforderliche Beteiligung zum Betriebsvermögen der Zweigniederlassung gehört.[237]

3. Beendigung der Betriebsstätte

Die Geschäftstätigkeiten über eine inländische Betriebsstätte können beendet werden, indem
- die einzelnen Wirtschaftsgüter der Betriebsstätte entweder an Dritte veräußert werden oder in das ausländische Stammhaus zurücküberführt werden (**Auflösung**), oder
- die inländische Betriebsstätte in einen in- oder ausländischen Rechtsträger eingebracht wird (**Umstrukturierung**).

a) Auflösung der Betriebsstätte

Bei der Auflösung der Betriebsstätte werden alle Wirtschaftsgüter entweder veräußert oder in das Stammhaus zurücküberführt. Die Betriebsstätte gilt dann als aufgelöst, wenn keine feste Geschäftseinrichtung, Anlage oder Bauausführung mehr besteht. Eine vorübergehende Unterbrechung gilt nicht als Auflösung. Das längerfristige Ruhenlassen einer Betriebsstätte kann dagegen nach den Umständen des Einzelfalls als eine Auflösung zu betrachten sein.[238]

Sowohl nach nationalem Recht als auch überwiegend nach Abkommensrecht hat Deutschland als Betriebsstättenstaat das Besteuerungsrecht für das Ergebnis aus der **Veräußerung** der Wirtschaftsgüter der Betriebsstätte.[239] Für die Besteuerung des Ergebnisses aus der Veräußerung der Wirtschaftsgüter der Be-

---

[234] Vgl. Rz. 67.
[235] Gewinne aus der Tätigkeit eines ständigen Vertreters für einen beschränkt Steuerpflichtigen unterliegen dagegen nicht der Gewerbesteuer.
[236] Vgl. § 50 Abs. 1 Satz 2 EStG.
[237] Vgl. § 18 KStG.
[238] BMF v. 24.12.1999, BStBl. I 1999, 1076 (Betriebsstätten-Verwaltungsgrundsätze) Tz. 2.9.2.
[239] Einzelne DBA, zB mit Australien, Pakistan, Polen und Rumänien, enthalten jedoch keine ausdrückliche Regelung des Besteuerungsrechts; vgl. *Grotherr/Schoss* S. 69.

triebsstätte gelten dieselben Grundsätze wie für die Besteuerung des laufenden Ergebnisses (s. dazu unter Rz. 133 ff.).

Wirtschaftsgüter, die bei beschränkter Steuerpflicht aus der inländischen Betriebsstätte in das ausländische Stammhaus (oder dessen ausländische Betriebsstätte) **zurücküberführt** werden, scheiden aus der deutschen Besteuerungshoheit aus. Daher sind die stillen Reserven im Zeitpunkt der Überführung grundsätzlich zu versteuern. Eine Streckung der Besteuerung des Entstrickungsgewinns gemäß § 4 g EStG (vgl. Rz. 23) ist nicht möglich, da diese nur für unbeschränkt Steuerpflichtige gilt.

b) Umstrukturierung

139 Zur Beendigung der Betriebsstätte kann diese in einen in- oder ausländischen Rechtsträger eingebracht werden. Die Einbringung gegen Gewährung von Gesellschaftsrechten stellt grundsätzlich eine Veräußerung dar, die zur Gewinnrealisierung führt (§ 6 Abs. 6 Satz 1 EStG). Soweit die Voraussetzungen der folgenden Spezialvorschriften erfüllt sind, lässt sich ggf. eine Gewinnrealisierung vermeiden.

(1) Einbringung in einen inländischen Rechtsträger

140 Ist die inländische Betriebsstätte einer in den EU-/EWR-Staaten ansässigen Gesellschaft zuzurechnen, so kann die Betriebsstätte gemäß der §§ 20 bzw. 24 UmwStG im Inland ertragsteuerneutral in eine inländische Kapital- oder Personengesellschaft eingebracht werden.[240]

(2) Einbringung in einen ausländischen Rechtsträger

141 Wird die Betriebsstätte durch eine EU-Kapitalgesellschaft in eine andere EU-Kapitalgesellschaft eingebracht, so kann unter den Voraussetzungen des § 20 UmwStG eine Gewinnrealisierung vermieden werden. Bei Einbringung in eine Kapitalgesellschaft außerhalb der EU lässt sich eine Gewinnrealisierung grundsätzlich nicht vermeiden (vgl. auch § 14 Rz. 346). Wird die Betriebsstätte in eine ausländische Personengesellschaft eingebracht, so kann diese unter den Voraussetzungen des § 24 UmwStG erfolgsneutral durchgeführt werden, wenn das deutsche Besteuerungsrecht für das eingebrachte Betriebsvermögen nicht ausgeschlossen oder beschränkt wird.[241]

III. Beteiligung an einer inländischen Personengesellschaft

1. Qualifikationsprobleme

142 Deutschland wendet bei der Besteuerung einer inländischen Personengesellschaft das Transparenzprinzip an. Danach werden die Einkünfte zwar von der Personengesellschaft erzielt; sie sind jedoch von den Gesellschaftern der Personengesellschaft anteilig zu versteuern (§ 8 Abs. 1 KStG iVm. § 49 Abs. 1 Nr. 2 a und § 15 Abs. 1 Satz 1 Nr. 2 EStG). Die Personengesellschaft ist für Zwecke der Körperschaftsteuer kein Steuersubjekt, sondern Einkünfteerzielungssubjekt.

---

[240] Vgl. Rödder/Herlinghaus/van Lishaut/Herlinghaus § 20 Rz. 121. Falls eine ausländische Personengesellschaft die Betriebsstätte in eine inländische Kapitalgesellschaft einbringt, müssen die dahinter stehenden Gesellschafter ebenfalls im EU-/EWR-Raum ansässig sein. Zu weiteren Einzelheiten siehe auch § 14 Rz. 316 ff.

[241] Vgl. Rödder/Herlinghaus/van Lishaut/Rasche § 24 Rz. 50 f.

B. Inlandsaktivitäten ausländischer Gesellschaften 143–146 § 16

Der Ansässigkeitsstaat des ausländischen Gesellschafters kann jedoch eine andere Qualifikation vornehmen. Zu Einzelheiten der Qualifikationskonflikte s. Rz. 51 ff.

2. Erwerb der Beteiligung bzw. Gründung der inländischen Personengesellschaft

Erwirbt die ausländische Kapitalgesellschaft einen Anteil an einer inländischen Personengesellschaft, liegt zivilrechtlich zwar ein Kauf von Gesellschaftsrechten vor, steuerlich wird er jedoch wie ein Erwerb von Wirtschaftsgütern (asset deal) behandelt. Die Anschaffungskosten sind, soweit sie über die anteiligen Buchwerte der in der Gesamthandsbilanz ausgewiesenen Wirtschaftsgüter hinausgehen, in einer Ergänzungsbilanz zu erfassen. 143

Leistet die ausländische Kapitalgesellschaft eine Sacheinlage gegen Gewährung von Gesellschaftsrechten an der inländischen Personengesellschaft, so kommt es – wie bei der Betriebsstättengründung – zur **Verstrickung** der eingelegten Wirtschaftsgüter, die in der inländischen Personengesellschaft mit dem gemeinen Wert anzusetzen sind (vgl. Rz. 132).

3. Laufende Geschäftstätigkeit

a) Besteuerung der inländischen Personengesellschaft

Auf Ebene der Personengesellschaft wird der Gewinn gem. § 180 Abs. 1 Nr. 2 a AO einheitlich und gesondert festgestellt. Der Gewinnanteil wird den einzelnen Gesellschaftern zugewiesen und unmittelbar von diesen versteuert. 144

Erzielt die inländische Personengesellschaft nur inländische Einkünfte, so ist es nach nationalem Recht für die Gewinnermittlung und -verteilung grundsätzlich unerheblich, ob an der Gesellschaft Steuerausländer beteiligt sind. Der Gewinnanteil eines beschränkt Steuerpflichtigen ist auf der Grundlage der Steuerbilanz der Gesellschaft und etwaiger Ergänzungsbilanzen und Sonderbilanzen des Gesellschafters zu ermitteln. Erzielt die inländische Personengesellschaft auch Einkünfte aus einer ausländischen Betriebsstätte, so ist der Anteil, der auf den beschränkt Steuerpflichtigen entfällt, zu eliminieren, da er mangels Zugehörigkeit zu einer inländischen Betriebsstätte im Inland nicht steuerbar ist.[242]

b) Besteuerung des ausländischen Gesellschafters

Die ausländische Kapitalgesellschaft ist mit ihrem Gewinnanteil beschränkt steuerpflichtig gem. § 49 Abs. 1 Nr. 2 a EStG iVm. § 2 Nr. 1 KStG. Der Anteil an der Personengesellschaft gilt aus deutscher Sicht als Betriebsstätte. Die Besteuerungsfolgen entsprechen daher im Grundsatz der Betriebsstättenbesteuerung. Einzelheiten dazu s. oben unter Rz. 133 ff. 145

Besonderheiten können sich bei **Sonderbetriebseinkünften** ergeben. Nach nationalem Recht gehören zum gewerblichen Gewinn aus der Personengesellschaft und damit zum Betriebsstättengewinn iSd. § 49 Abs. 1 Nr. 2 a EStG auch die Vergütungen, die von der Gesellschaft an den Gesellschafter gezahlt werden (zB Zinsen, Mieten). Darüber hinaus mindern Aufwendungen des 146

---

[242] BMF v. 24.12.1999, BStBl. I 1999, 1076 (Betriebsstätten-Verwaltungsgrundsätze) Tz. 1.1.5.5.

Gesellschafters, die in Zusammenhang mit seiner Beteiligung stehen, den steuerlichen Gewinn der inländischen Personengesellschaft (zB **Finanzierungskosten**). Nach Abkommensrecht kann sich eine andere Qualifizierung ergeben. Vgl. dazu Rz. 55 ff.

4. Beendigung der Beteiligung

147 Die Beteiligung an der inländischen Personengesellschaft kann beendet werden, indem die Personengesellschaft aufgelöst wird oder indem die Anteile an der Personengesellschaft veräußert oder in eine Tochtergesellschaft eingebracht werden. Die Besteuerungsfolgen entsprechen im Wesentlichen denen bei Beendigung einer Betriebsstätte. Es wird daher auf die Ausführungen zu Rz. 138 ff. verwiesen.

IV. Beteiligung an einer inländischen Aktiengesellschaft

1. Laufende Geschäftstätigkeit

a) Besteuerung der inländischen Kapitalgesellschaft

148 Siehe § 12 Rz. 1 ff.

b) Besteuerung des ausländischen Gesellschafters

Die im Ausland ansässige Kapitalgesellschaft ist in Deutschland mit der ausgeschütteten *Dividende* beschränkt körperschaftsteuerpflichtig (§ 49 Abs. 1 Nr. 5 a iVm. § 20 Abs. 1 Nr. 1 EStG, § 2 Nr. 1 KStG). Von der Brutto-Dividende (ohne Abzug von damit in Zusammenhang stehenden Kosten) hat die inländische Kapitalgesellschaft grundsätzlich ab 2009 eine Kapitalertragsteuer iHv. 26,375 % einschl. Solidaritätszuschlag[243] einzubehalten und an das Finanzamt abzuführen (§ 43 a Abs. 1 Nr. 1 EStG). Die einbehaltene Kapitalertragsteuer hat abgeltende Wirkung. Der Gesellschafter unterliegt daher keiner weiteren Körperschaftsteuerpflicht (§ 32 Abs. 1 Nr. 2 KStG). Auf Grund der Abgeltungswirkung der Kapitalertragsteuer kommt die Befreiungsvorschrift des § 8 b Abs. 1 KStG nicht zur Anwendung, es sei denn, die Dividenden sind Betriebseinnahmen eines inländischen Betriebs.[244] Fließen dem ausländischen Gesellschafter verdeckte Gewinnausschüttungen zu, so unterliegen auch diese der inländischen Kapitalertragsteuerpflicht.

---

[243] Gemäß § 44 a Abs. 9 EStG werden auf Antrag zwei Fünftel der einbehaltenen und abgeführten Kapitalertragsteuer erstattet (verbleibende Belastung 15,825 %).

[244] Wird die Dividende im Rahmen eines inländischen Betriebs bezogen, so ergeben sich keine Besonderheiten zu einem inländischen Gesellschafter, vgl. dazu § 12 Rz. 13 ff. Die Europäische Kommission hat gegen die Bundesrepublik Deutschland ein Vertragsverletzungsverfahren eingeleitet, da Dividendenzahlungen an ausländische Unternehmen stärker als Dividendenzahlungen an inländische Unternehmen besteuert werden. Während bei inländischen Körperschaften Dividenden steuerfrei sind und eine vollständige Erstattung der Kapitalertragsteuer im Rahmen des inländischen Veranlagungsverfahrens erfolgt, entsteht bei in das Ausland gezahlten Dividenden aufgrund der Kapitalertragsteuer eine Definitivbelastung. Vgl. auch Urteil des FG Baden-Württemberg v. 18. 6. 2007 6 K 31/06 (Az. BFH I R 53/07); IStR 2008, 410; *Beinert/Benecke*, Ubg 2009, 169.

B. Inlandsaktivitäten ausländischer Gesellschaften 148 § 16

Soweit mit dem Ansässigkeitsstaat des ausländischen Gesellschafters ein Doppelbesteuerungsabkommen abgeschlossen wurde, ist der Quellensteuersatz idR auf 5 % bis 15 % reduziert.[245] Der beschränkt steuerpflichtige Dividendenempfänger hat gemäß § 31 Abs. 1 Satz 1 KStG iVm. § 50 d Abs. 1 Satz 2 EStG die Möglichkeit, in Höhe des den DBA-Quellensteuersatz übersteigenden Teils der einbehaltenen Kapitalertragsteuer eine Erstattung zu erhalten.[246]

Hat die Muttergesellschaft ihren Sitz in einem EU-Mitgliedsstaat, wird auf Dividendenausschüttungen dem Grunde nach keine inländische Quellensteuer erhoben (§ 43 b Abs. 1 EStG, Voraussetzungen: ununterbrochene Beteiligung seit mindestens einem Jahr zu mehr als 15 % bzw. 10 % im Rahmen der Gegenseitigkeitsklausel des § 43 b Abs. 3 EStG). Die Abstandnahme von einem Quellensteuereinbehalt setzt voraus, dass der ausländische Gesellschafter eine Freistellungsbescheinigung des Bundeszentralamtes für Steuern gemäß § 50 d Abs. 2 EStG vorlegt. Eine Freistellung oder alternativ mögliche Erstattung wird jedoch nur gewährt, wenn die ausländische Gesellschaft die Voraussetzungen des § 50 d Abs. 3 EStG erfüllt. Die Vorschrift des § 50 d Abs. 3 EStG dient der Vermeidung von Missbrauchsfällen, in denen ein ausländischer Gesellschafter die Beteiligung an der inländischen Kapitalgesellschaft mittelbar über eine substanz- bzw. funktionslose ausländische Kapitalgesellschaft hält, um dadurch eine Quellensteuerreduzierung zu erreichen („**treaty shopping**", „directive shopping").[247] Es handelt sich um Fälle, in denen an der ausländischen Gesellschaft Personen beteiligt sind, denen bei unmittelbarem Bezug der Einkünfte eine Erstattung oder Freistellung nach § 50 d Abs. 1 oder 2 EStG nicht zustände. Voraussetzung für die Anwendung der Vorschrift ist darüber hinaus, dass für die Einschaltung der ausländischen Gesellschaft keine wirtschaftlichen oder sonst beachtlichen Gründe vorliegen, die ausländische Gesellschaft nicht mehr als 10 % ihrer gesamten Bruttoerträge des betreffenden Wirtschaftsjahres aus eigener Wirtschaftstätigkeit erzielt oder die ausländische Gesellschaft nicht mit einem für ihren Geschäftszweck angemessen eingerichteten Geschäftsbetrieb am allgemeinen Verkehr teilnimmt.[248]

Die der Kapitalertragsteuer unterliegenden Dividenden können nicht mit Verlusten aus anderen Einkunftsarten ausgeglichen werden (§ 50 Abs. 2 EStG), es sei denn, die Einkünfte werden in einem inländischen Betrieb bezogen.

---

[245] Vgl. Quellensteuersätze in *Jacobs* S. 319 f. Tabelle 14 und S. 391 f.

[246] Zu einem Verstoß gegen die Kapitalverkehrsfreiheit in Fällen, in denen die Quellensteuer im Sitzstaat des Dividendenempfängers nicht angerechnet werden kann, vgl. *Patzner/Frank* IStR 2008, 344; *Rehm/Nagler* GmbHR 2008, 68 (69 f.). Vgl. auch EuGH-Urteil vom 8. 11. 2007 Rs. C-379/05 (*Amurta*) BB 2008, 88 mit Anm. *Balmes/Ribbrock*, wonach Regelungen, die eine Quellensteuer auf Dividenden an ausländische Anteilseigner vorsehen, ohne dass im vergleichbaren Inlandsfall eine solche Quellensteuer erhoben wird, nicht mit der Niederlassungs- bzw. Kapitalverkehrsfreiheit vereinbar sind.

[247] Zu Einzelheiten s. *Jacobs* S. 394 ff. *Flick/Wassermeyer/Baumhoff/Schönfeld* § 50 d Abs. 3 EStG; BMF v. 3. 4. 2007, BStBl. I 2007, 446 sowie v. 10. 7. 2007, IStR 2007, 555.

[248] Zum etwaigen Vorrang spezieller DBA-Missbrauchsvorschriften s. *Flick/Wassermeyer/Baumhoff/Schönfeld* § 50 d Abs. 3 EStG Rz. 32; BFH I R 21/07 v. 19. 12. 2007, BFH/NV 2008, 407. Zur etwaigen Europarechtswidrigkeit des § 50 d Abs. 3 EStG s. *Kessler/Eicke* IStR 2008, 367; *Rehm/Nagler* GmbHR 2008, 616. Zu einer etwaigen Verschärfung der Voraussetzungen für die Entlastung von Kapitalertragsteuer oder Abzugsteuern s. Referentenentwurf eines Gesetzes zur Bekämpfung schädlicher Steuerpraktiken und der Steuerhinterziehung v. 13. 1. 2009.

Aus *Leistungsbeziehungen* zwischen der inländischen Kapitalgesellschaft und ihrem ausländischen Gesellschafter kann sich im Inland ebenfalls eine beschränkte Steuerpflicht ergeben, die in Form von Quellensteuer erhoben wird (vgl. dazu Rz. 127 ff. und 135).

Verluste der inländischen Kapitalgesellschaft können beim ausländischen Gesellschafter nicht berücksichtigt werden und auch nicht mit anderen positiven inländischen Einkünften des Gesellschafters verrechnet werden. Eine Verlustverrechnung kann allenfalls dann in Betracht kommen, wenn der ausländische Gesellschafter im Inland eine im Handelsregister eingetragene Zweigniederlassung hat, die die Beteiligung an der inländischen Kapitalgesellschaft hält, und Organträgerin der Beteiligungsgesellschaft ist (§ 18 KStG). Zu den körperschaftsteuerlichen Voraussetzungen der Organschaft (§ 14 Abs. 1 Nr. 1 bis 4 KStG) und einer Einschränkung der Verlustverrechenbarkeit (§ 14 Abs. 1 Nr. 5 KStG) s. § 13 Rz. 141 ff., 189 ff. Zur EU-Widrigkeit der Versagung einer grenzüberschreitenden Verrechnung von definitiven Verlusten s. Rz. 82.

2. Beendigung der Beteiligung

149 Die Beteiligung an der inländischen Kapitalgesellschaft kann beendet werden, indem die Kapitalgesellschaft aufgelöst wird oder indem die Anteile an der Kapitalgesellschaft veräußert oder in eine Tochtergesellschaft eingebracht werden. Es wird diesbezüglich auf die Ausführungen in § 13 Rz. 629, § 13 Rz. 469 ff. und § 14 Rz. 343 ff. verwiesen.

V. Zuzug einer ausländischen Gesellschaft

1. Auswirkung auf Gesellschaftsebene

a) Zivilrechtliche Auswirkungen

150 Nach der für das deutsche Zivilrecht geltenden Sitztheorie richtet sich die Rechtsfähigkeit einer Gesellschaft nach dem Recht des Staates, in dem die Gesellschaft ihren **tatsächlichen Verwaltungssitz** hat. Der tatsächliche Verwaltungssitz liegt dort, wo die grundlegenden Entscheidungen der Unternehmensleitung effektiv in laufende Geschäftsführungsakte umgesetzt werden.

Verlegt eine nach ausländischem Recht gegründete Gesellschaft ihren Verwaltungssitz ins Inland, so muss sie zur Erlangung der Rechtsfähigkeit nach deutschem Recht neu gegründet und ins Handelsregister eingetragen werden. Mit dem „Überseering"-Urteil[249] hat der EuGH allerdings festgestellt, dass die Sitztheorie mit der Niederlassungsfreiheit gem. Art. 43 und 48 EGV nicht vereinbar ist (s. dazu Rz. 104 sowie § 1 Rz. 41 ff.).

151 Bei einer Sitzverlegung aus dem außereuropäischen Ausland ins Inland ist nach deutschem Recht weiterhin davon auszugehen, dass die Gesellschaft mit der Sitzverlegung ihre Rechtsfähigkeit verliert.

Ist der satzungsmäßige Sitz einer Gesellschaft in einer anderen Jurisdiktion angesiedelt als ihr Verwaltungssitz, so spricht man von **doppelansässigen** (dual resident) Gesellschaften.

---

[249] Urteil vom 5. 11. 2002 (Rs. C-208/00), GmbHR 2002, 1137; bestätigt durch BGH mit Urteil vom 13. 3. 2003 VII ZR 370/98, ZIP 2003, 718.

B. Inlandsaktivitäten ausländischer Gesellschaften 152–155 § 16

b) Steuerrechtliche Auswirkungen

Eine ausländische Kapitalgesellschaft, die in Deutschland weder den statutarischen Sitz noch den Ort der Geschäftsleitung hat, ist in Deutschland nur mit ihren inländischen Einkünften beschränkt körperschaftsteuerpflichtig.[250] 152
Siedelt eine Kapitalgesellschaft mit ihrem statutarischen Sitz oder der Geschäftsleitung ins Inland um, so wird sie unbeschränkt steuerpflichtig. Sofern der ausländischen Kapitalgesellschaft infolge der Begründung eines inländischen Verwaltungssitzes zivilrechtlich die Rechtsfähigkeit aberkannt wird, hat dies keine Auswirkung auf die unbeschränkte Körperschaftsteuerpflicht, wenn auch der steuerliche Ort der Geschäftsleitung ins Inland verlegt wird.[251] Es wechselt allenfalls die anzuwendende steuerliche Rechtsnorm (§ 1 Abs. 1 Nr. 5 KStG anstelle von § 1 Abs. 1 Nr. 1 KStG).

Begründet eine ausländische Kapitalgesellschaft durch die Verlagerung des 153
Sitzes oder des Orts der Geschäftsleitung ins Inland eine unbeschränkte Körperschaftsteuerpflicht, wird damit das deutsche Besteuerungsrecht hinsichtlich des Gewinns aus der Veräußerung eines Wirtschaftsguts der Gesellschaft begründet **(Verstrickung)**. Die Wirtschaftsgüter der ausländischen Kapitalgesellschaft sind in einer inländischen Steuerbilanz (Eröffnungsbilanz) mit den gemeinen Werten zu bilanzieren.[252]

Die **doppelte Ansässigkeit** einer Gesellschaft hat grundsätzlich zur Folge, 154
dass sie mit ihren in- und ausländischen Einkünften in zwei Staaten der unbeschränkten Steuerpflicht unterliegt (s. Rz. 109).

Vorteilhaft kann die doppelte Ansässigkeit sein, wenn eine inländische Kapitalgesellschaft eine Mehrheitsbeteiligung an einer ausländischen Tochtergesellschaft hält, die passive Einkünfte iSd. § 8 Abs. 1 AStG erzielt. Durch die Verlegung des Verwaltungssitzes ins Inland wird die ausländische Tochtergesellschaft unbeschränkt steuerpflichtig und die Regelungen der Hinzurechnungsbesteuerung (s. dazu Rz. 90 ff.) sind nicht anwendbar.

Die Begründung einer doppelten Ansässigkeit eröffnet einer ausländischen Gesellschaft auch die Möglichkeit, im Inland unter den Voraussetzungen des § 14 KStG Organträgerin zu werden und die Ergebnisse ihrer deutschen Tochtergesellschaften mit den eigenen Einkünften zu verrechnen (zur Ausnahme bei negativem Einkommen des Organträgers s. § 14 Abs. 1 Nr. 5 KStG). Organgesellschaft kann nur eine inländische Kapitalgesellschaft mit Sitz und Geschäftsleitung im Inland sein (s. auch § 13 Rz. 141).

Gemäß Art. 24 OECD-MA dürfen Staatsangehörige eines Vertragsstaates im 155
anderen Vertragsstaat keiner Besteuerung unterworfen werden, die anders oder belastender ist als die Besteuerung, denen Staatsangehörige des anderen Staates unter gleichen Verhältnissen, insbesondere hinsichtlich der Ansässigkeit, unterworfen werden können. Der DBA-Schutz gem. Art. 24 Abs. 1 OECD-MA wird nach hM durch die doppelte Ansässigkeit nicht berührt.[253]

Wird die Doppelansässigkeit einer im Inland bereits unbeschränkt steuerpflichtigen Kapitalgesellschaft beendet, indem der Verwaltungssitz bzw. der

---

[250] § 2 Nr. 1 KStG.
[251] Zur Abgrenzung der Begriffe des steuerlichen Orts der Geschäftsleitung und des zivilrechtlichen Verwaltungssitzes s. Rz. 106.
[252] Vgl. § 4 Abs. 1 Satz 7, 2. Hs EStG iVm. § 6 Abs. 1 Nr. 5 a. EStG.
[253] Vgl. *Schmidt/Sedemund* DStR 1999, 2057 (2064) mwN; *Eilers/Wienands* IStR 1999, 289 (291) mwN; aA *Debatin/Wassermeyer/Wassermeyer* MA Art. 24 S. 36 Rz. 14.

Zehnpfennig 1385

Satzungssitz ins Inland verlagert wird, so ist dieser Vorgang nicht mit einer Realisierung der im Inland belegenen stillen Reserven verbunden, auch wenn mit dem Zuzug gesellschaftsrechtlich eine Neugründung und eine Liquidation des alten Rechtsträgers verbunden sein sollte. Der Zuzug ist zu Buchwerten möglich, da das inländische Betriebsvermögen steuerverhaftet bleibt.[254]

2. Auswirkungen auf Gesellschafterebene

156 Ist eine inländische AG an einer ausländischen Kapitalgesellschaft beteiligt, die durch Verlegung des Orts ihrer Geschäftsleitung zu einer inländischen Gesellschaft wird, so ist für die Anwendung des gewerbesteuerlichen Schachtelprivilegs nur noch die Mindestbeteiligung von 15 % gem. § 9 Nr. 2a GewStG von Bedeutung, die Erfüllung der Aktivitätsklausel gem. § 9 Nr. 7 GewStG entfällt. Im Übrigen ergeben sich auf Ebene der inländischen AG keine steuerlichen Auswirkungen, da die Befreiungsvorschriften des § 8b Abs. 1 und 2 KStG sowohl für inländische als auch für ausländische Beteiligungsgesellschaften gelten.

157 Sind inländische Einkommensteuerpflichtige an einer ausländischen Kapitalgesellschaft beteiligt, deren Anteile gem. § 17 EStG steuerverstrickt sind, und verlegt die ausländische Gesellschaft den statutarischen Sitz und den Ort der Geschäftsleitung ins Inland, kommt es bei der Gesellschaft zur Liquidationsbesteuerung mit der Folge, dass die stillen Reserven in den Anteilen im Zeitpunkt des Zuzugs zu versteuern sind.

Der Zuzug kann für beschränkt einkommensteuerpflichtige Anteilseigner den Eintritt in die Steuerverhaftung der Anteile nach § 49 Abs. 1 Nr. 2 lit e) EStG bzw. § 49 Abs. 1 Nr. 8 EStG bewirken. Dafür reicht es aus, dass entweder der Satzungssitz oder der Ort der Geschäftsleitung ins Inland verlegt wird.

VI. Beteiligung an einer inländischen KGaA

158 Die Kommanditgesellschaft auf Aktien (KGaA) ist gesellschaftsrechtlich eine Mischform zwischen einer Personen- und einer Kapitalgesellschaft. Während die KGaA selbst dem Steuerregime für Kapitalgesellschaften unterliegt, sind für die Komplementäre die Regelungen für Mitunternehmerschaften anzuwenden.[255] Die unilateralen und die bilateralen Maßnahmen zur Vermeidung einer Doppelbesteuerung können sowohl von der KGaA selbst als auch von den Komplementären nach Maßgabe ihrer Beteiligung an der Gesellschaft in Anspruch genommen werden.[256] Darüber hinaus haben im Falle der Ausschüttung grundsätzlich auch die Kommanditaktionäre Anspruch auf Vermeidung der Doppelbesteuerung, soweit ein DBA einschlägig ist.

159 Es ergeben sich folgende steuerlichen Besonderheiten:
– Beschränkt steuerpflichtige **Komplementäre** erzielen mit ihren Gewinnanteilen an der inländischen KGaA Einkünfte aus Gewerbebetrieb gem. § 49 Abs. 1 Nr. 2a EStG. Die steuerliche Behandlung des Komplementärs wie ein Mitunternehmer vermittelt diesem eine inländische Betriebsstätte, soweit die KGaA eine solche im Inland unterhält.[257] Sondervergütungen der Kom-

---

[254] Rödder/Herlinghaus/van Lishaut/Ritzer Anh. 5 Rz. 182.
[255] Zu Einzelheiten s. § 13 Rz. 700 ff.
[256] Siehe Rz. 112.
[257] Vgl. Schaumburg/Schulte Die KGaA, Bonn/Frankfurt 2000 S. 98 Rz. 166 mwN.

plementäre, die von § 15 Abs. 1 Satz 1 Nr. 3 EStG erfasst werden, sind abkommensrechtlich den besonderen Verteilungsnormen zuzuordnen (s. dazu Rz. 65 ff.).
- Beschränkt einkommensteuerpflichtige **Kommanditaktionäre**, die ihre Anteile im Privatvermögen halten, erzielen mit ihren Dividenden Einkünfte aus Kapitalvermögen gem. § 49 Abs. 1 Nr. 5 a EStG, für die die Abgeltungswirkung gem. § 50 Abs. 5 Satz 1 EStG gilt. Soweit beschränkt steuerpflichtige EU-Kapitalgesellschaften als Kommanditaktionäre beteiligt sind, entfällt unter den Voraussetzungen des § 43 b EStG die Kapitalertragsteuer. Soweit EU-Kapitalgesellschaften als Komplementäre beteiligt sind, besteht ebenfalls keine Kapitalertragsteuerpflicht, da diese inländische Betriebsstättengewinne erzielen.

C. Grenzüberschreitender Liefer- und Leistungsverkehr

I. Begriff und Bedeutung des Verrechnungspreises

Auf Grund der zunehmenden Globalisierung und Internationalisierung der Wirtschaft wird ein Großteil des Welthandels zwischen international verbundenen Unternehmen abgewickelt.[258] Als international verbundene Unternehmen sind rechtlich selbstständige, in verschiedenen Staaten ansässige Unternehmen zu verstehen, die einem Konzernverbund angehören. Die einzelnen Unternehmen (insbesondere in Form von Konzerngesellschaften) sind als juristische Personen eigenständige Steuersubjekte und unterliegen in ihren jeweiligen Ansässigkeitsstaaten der unbeschränkten Steuerpflicht mit ihren weltweiten Einkommen.[259] Dabei ist – nach dem Trennungsprinzip – für jedes einzelne verbundene Unternehmen nach den jeweiligen Gewinnermittlungsvorschriften seines Ansässigkeitsstaates die steuerliche Bemessungsgrundlage zu ermitteln. Diese wird maßgeblich durch konzerninterne Liefer- und Leistungsverrechnungen determiniert. Denn im Unterschied zum internationalen Einheitsunternehmen zwischen Stammhaus und Betriebsstätte ist der Liefer- und Leistungsaustausch zwischen den (rechtlich selbstständigen) Einheiten eines internationalen Konzerns auf schuldrechtlicher Basis möglich und auch steuerlich anzuerkennen.

Das für diese konzerninternen Liefer- und Leistungsbeziehungen angesetzte Entgelt wird als Verrechnungspreis bzw. Transferpreis bezeichnet. Im Gegensatz zum Marktpreis, der sich im freien Wettbewerb am Markt durch das Zusammenwirken von Angebot und Nachfrage ergibt, ist der Verrechnungspreis das Ergebnis zweckorientierter Leistungsbewertung innerhalb eines Konzerns.[260]

---

[258] Vgl. *Boos/Rehkugler/Tucha* DB 2000, 2389.
[259] Vgl. z. B. für Deutschland § 1 Abs. 1 Nr. 1 und Abs. 2 KStG.
[260] Davon zu unterscheiden sind Verrechnungspreise zwischen Kostenstellen eines Unternehmens bzw. zwischen Stammhaus und Betriebsstätte. Vgl. dazu im Einzelnen *Ditz* Internationale Gewinnabgrenzung bei Betriebsstätten 2004 S. 261 ff.

II. Ermittlung von Verrechnungspreisen nach dem Fremdvergleichsgrundsatz

1. Rechtsgrundlagen des Fremdvergleichs im deutschen Steuerrecht

a) Überblick

178 Im Rahmen der steuerlichen Gewinnermittlung von Konzerngesellschaften werden konzerninterne Liefer- und Leistungsbeziehungen mit steuerlicher Wirkung grundsätzlich anerkannt. Die für die Abrechnung der Liefer- und Leistungsbeziehungen der Höhe nach angesetzten Verrechnungspreise werden indessen durch die Finanzbehörden nur dann akzeptiert, wenn sie dem Grundsatz des Fremdvergleichs entsprechen. Der Fremdvergleichsgrundsatz ist im deutschen Steuerrecht in den folgenden Vorschriften kodifiziert:
- verdeckte Gewinnausschüttung im Sinne des § 8 Abs. 3 Satz 2 KStG;
- verdeckte Einlage im Sinne des § 8 Abs. 3 Satz 3 KStG;
- § 1 AStG sowie
- den Art. 9 OECD-MA entsprechenden Vorschriften der deutschen Doppelbesteuerungsabkommen.

179 Den vorstehenden Vorschriften ist es gemeinsam, dass sie im Hinblick auf die steuerliche Prüfung von Verrechnungspreisen auf den Maßstab des Fremdvergleichs verweisen und dabei dem Zweck dienen, eine von diesem abweichende Verrechnungspreisfestsetzung zu korrigieren. In diesem Zusammenhang hat die Finanzverwaltung bereits in 1983 „Grundsätze für die Prüfung der Einkunftsabgrenzung bei international verbundenen Unternehmen"[261] (sog. VWG 1983) veröffentlicht, in denen die oben genannten Einkünftekorrekturvorschriften einerseits und der Grundsatz des Fremdvergleichs als Bewertungsmaßstab der Verrechnungspreisermittlung andererseits aus Sicht der Finanzverwaltung konkretisiert werden. Die VWG 1983 werden gegenwärtig durch das BMF grundlegend überarbeitet, wobei die Themengebiete der Kostenumlage (sog. Umlage-VWG),[262] der Arbeitnehmerentsendung (sog. VWG-Arbeitnehmerentsendung)[263] und zur Dokumentation der Verrechnungspreisermittlung (sog. VWG-Verfahren[264]) verabschiedet wurden. Darüber hinaus sind weitere BMF-Schreiben zur Besteuerung grenzüberschreitender Funktionsverlagerungen gem. § 1 Abs. 3 Satz 9 AStG i. d. F. des UntStRefG 2008[265] und zu den Themen „Immaterielle Wirtschaftsgüter" sowie „Ertragsschwache Unternehmen" geplant.

b) Verdeckte Gewinnausschüttung

180 Nach der ständigen Rechtsprechung des BFH, die auch von der Finanzverwaltung akzeptiert wird,[266] ist eine verdeckte Gewinnausschüttung eine Vermögensminderung oder verhinderte Vermögensmehrung, die durch das Ge-

---

[261] Vgl. BMF IV C 5 – S 1341–4/83 v. 23. 2. 1983, BStBl. I 1983, 218.
[262] Vgl. BMF IV B 4 – S 1341–14/99 v. 30. 12. 1999, BStBl. I 1999, 1122.
[263] Vgl. BMF IV B 4 – S 1341–20/01 v. 9. 11. 2001, BStBl. I 2001, 796.
[264] Vgl. BMF IV B 4 – S 1341–1/05 v. 12. 4. 2005, BStBl. I 2005, 570.
[265] Vgl. UntStRefG v. 14. 8. 2007, BGBl. I 2007, 1912. Zur Besteuerung grenzüberschreitender Funktionsverlagerungen vgl. auch FVerlV v. 12. 8. 2008, BGBl. I 2008, 1680; *Baumhoff/Ditz/Greinert* DStR 2008, 1945 ff.
[266] Vgl. R 36 KStR.

sellschaftsverhältnis veranlasst ist, sich auf die Höhe des Unterschiedsbetrages i. S. d. § 4 Abs. 1 Satz 1 EStG auswirkt und nicht auf einem den gesellschaftsrechtlichen Vorschriften entsprechenden Gewinnverteilungsbeschluss beruht.[267] Für eine verdeckte Gewinnausschüttung müssen folglich drei Voraussetzungen erfüllt sein:

(1) Bei der Kapitalgesellschaft muss eine Vermögensminderung[268] oder verhinderte Vermögensmehrung vorliegen, die sich auf den Unterschiedsbetrag i. S. d. § 4 Abs. 1 Satz 1 EStG auswirkt. Gegenstand der Vermögensminderung bzw. der verhinderten Vermögensmehrung kann jeder vermögenswerte Vorteil sein. Dazu gehören neben der Übertragung von materiellen und immateriellen Wirtschaftsgütern auch Nutzungsüberlassungen und Dienstleistungen oder der Verzicht auf Geschäftschancen.[269]

(2) Die Vermögensminderung bzw. verhinderte Vermögensmehrung muss durch das Gesellschaftsverhältnis veranlasst sein. Dies ist nach ständiger Rechtsprechung des BFH dann der Fall, wenn die Kapitalgesellschaft ihrem Gesellschafter oder einer ihm nahestehenden Person[270] einen Vermögensvorteil zuwendet, den sie bei Anwendung der Sorgfalt eines ordentlichen und gewissenhaften Geschäftsleiters einem Nichtgesellschafter nicht gewährt hätte. Dabei ist nach der neueren Rechtsprechung des BFH nicht nur die Sicht des ordentlichen und gewissenhaften Geschäftsleiters der Kapitalgesellschaft, sondern auch dessen Vertragspartner einzubeziehen (sog. „Theorie des doppelten ordentlichen Geschäftsleiters").[271] Ferner ist nach der Rechtsprechung des BFH eine Veranlassung durch das Gesellschaftsrecht anzunehmen, wenn es – bei einem beherrschenden Gesellschaftsverhältnis – an einer klaren und von vornherein abgeschlossenen Vereinbarung darüber fehlt, ob und in welcher Höhe ein Entgelt von der Kapitalgesellschaft bezahlt werden soll.[272] Allerdings ist das Fehlen einer solchen Vereinbarung im Vorhinein nur als Indiz für eine gesellschaftsrechtliche Veranlassung anzusehen.[273] Bei Dauerschuldverhältnissen kann etwa aus dem regelmäßigen Leistungsaustausch und dem engen zeitlichen Zusammenhang von Leistung und Gegenleistung eine entsprechende Vereinbarung abgeleitet werden. Ferner ist im Zusammenhang mit der Anwendung dieses sog.

---

[267] Vgl. ständige Rechtsprechung des BFH, z. B. BFH I R 85/01 v. 18. 12. 2002, BFH/NV 2003, 822 mwN.; BFH I R 12/99 v. 9. 8. 2000, BStBl. II 2001, 140; BFH I R 24/99 v. 19. 1. 2000, BStBl. II 2000, 545. Zur Entwicklung der Definition der verdeckten Gewinnausschüttung vgl. *Wassermeyer* DB 1994, 1105; *Wassermeyer* GmbHR 1998, 158.

[268] In seiner neueren Rechtsprechung spricht der I. Senat des BFH auch von einer „Unterschiedsbetragsminderung", vgl. etwa BFH I R 2/02 v. 7. 8. 2002, DB 2002, 2686.

[269] Vgl. dazu im Einzelnen *Ditz* DStR 2006, 1625 ff. mwN. zur Rechtsprechung.

[270] Auch Zuwendungen an Schwestergesellschaften können nach ständiger Rechtsprechung eine verdeckte Gewinnausschüttung begründen, da insofern über die gemeinsame Muttergesellschaft eine gesellschaftsrechtliche Verflechtung besteht, vgl. BFH GrS 2/86 v. 26. 10. 1987, BStBl. II 1988, 348.

[271] Vgl. BFH I R 147/93 v. 17. 5. 1995, BStBl. II 1996, 204; BFH I R 88/94 v. 6. 12. 1995, BStBl. II 1996, 383; BFH I R 36/97 v. 19. 5. 1998, BStBl. II 1998, 689; BFH I R 18/01 v. 24. 4. 2002, DStR 2002, 1614; *Baumhoff* in FS Flick S. 739; *Wassermeyer* IStR 2001, 636; *Ditz* Internationale Gewinnabgrenzung bei Betriebsstätten 2004 S. 187 ff.

[272] Vgl. etwa BFH I R 103/86 v. 2. 3. 1988, BStBl. II 1988, 786; BFH I R 9/85 v. 22. 2. 1989, BStBl. II 1989, 631; BFH I R 27/03 v. 9. 11. 2005, BStBl. II 2006, 564; *Eigelshoven/Nientimp* DB 2003, 2307 ff.

[273] Vgl. BFH I R 71/95 v. 23. 10. 1996, BStBl. II 1999, 35; BFH I R 36/97 v. 19. 5. 1998, BStBl. II 1998, 689; *Wassermeyer* StbJb 1997/98, 93.

„formellen Fremdvergleichs" zu berücksichtigen, dass eine darauf aufbauende Verrechnungspreiskorrektur an den Vorgaben des Abkommensrechts (konkret: den Art. 9 OECD-MA nachgebildeten Abkommensvorschriften) scheitern kann.[274]

(3) Die Vermögensminderung bzw. verhinderte Vermögensmehrung darf nicht im Zusammenhang mit einer offenen Gewinnausschüttung stehen. Voraussetzung für eine verdeckte Gewinnausschüttung ist folglich, dass sie nicht auf Grundlage eines Gewinnverteilungsbeschlusses im Sinne des § 174 AktG steht, sondern bei der Kapitalgesellschaft (zunächst) als Betriebsausgabe bzw. als entgangener Ertrag behandelt wurde.[275]

Vor dem Hintergrund der vorstehend dargestellten Tatbestandsvoraussetzungen sind verdeckte Gewinnausschüttungen in Bezug auf Liefer- und Leistungsbeziehungen zwischen der (in- oder ausländischen) Mutter- und ihrer (in- oder ausländischen) Tochtergesellschaft in den folgenden Fällen möglich:

(1) Die Tochtergesellschaft erwirbt von der Muttergesellschaft Wirtschaftsgüter zu einem unangemessen hohen Entgelt.

(2) Die Tochtergesellschaft empfängt Dienstleistungen oder nutzt Kapital (z. B. auf Basis von Darlehensverträgen) oder Wirtschaftsgüter (z. B. auf Basis von Pacht- oder Lizenzverträgen) der Muttergesellschaft gegen ein unangemessen hohes Entgelt.

(3) Die Tochtergesellschaft veräußert Wirtschaftsgüter an die Muttergesellschaft unentgeltlich oder gegen ein unangemessen niedriges Entgelt.

(4) Die Tochtergesellschaft erbringt an die Muttergesellschaft Dienstleistungen bzw. überlässt dieser Kapital oder Wirtschaftsgüter unentgeltlich oder gegen ein unangemessen niedriges Entgelt zur Nutzung.

181 Rechtsfolge der verdeckten Gewinnausschüttung auf Ebene der inländischen Tochtergesellschaft ist, dass die verdeckte Gewinnausschüttung gem. § 8 Abs. 3 Satz 2 KStG den Gewinn der Tochtergesellschaft nicht mindern darf. Die verdeckte Gewinnausschüttung ist dabei mit dem Fremdvergleichspreis (gemeiner Wert) zu bewerten[276] und außerhalb der Bilanz hinzuzurechnen.[277] Darüber hinaus hat die inländische Tochtergesellschaft für die verdeckte Gewinnausschüttung Kapitalertragsteuer für Rechnung der Muttergesellschaft abzuführen, soweit bei dieser ein Zufluss des Vermögensvorteils zu bejahen ist.[278] Im Zusammenhang mit der Bemessung der Kapitalertragsteuer der Höhe nach ist das einschlägige Doppelbesteuerungsabkommen zu beachten. Ist die Muttergesellschaft in einem EU-Mitgliedsstaat ansässig, wird die Kapitalertragsteuer unter bestimmten Voraussetzungen nach der Mutter-Tochter-Richtlinie nicht erhoben (§ 43 b Abs. 1 und 2 EStG).

---

[274] Vgl. dazu im Einzelnen FG Köln v. 22. 8. 2007 13 K 647/03, EFG 2008, 161; *Baumhoff/Greinert* IStR 2008, 353; BFH I R 27/03 v. 9.11. 2005, BStBl. II 2006, 564 mwN.; *Eicker/Röhrbein* WPg 2006, 1358 ff.; *Jacobs* S. 696 f.

[275] Vgl. BFH I R 56/78 v. 21. 7. 1982, BStBl. II 1982, 761.

[276] Vgl. BFH I R 70/04 v. 23. 2. 2005, BStBl. II 2005, 882; BMF IV B 4 – S 1341–1/05 v. 12. 4. 2005, BStBl. I 2005, 570, Tz. 5.3.1.

[277] Vgl. BFH I R 137/93 v. 29. 6. 1994, BStBl. II 2002, 366; BMF IV A 2 – S 2742–32/02 v. 28. 5. 2002, BStBl. I 2002, 603, Tz. 3.

[278] Vgl. § 43 Abs. 1 EStG sowie BFH GrS 2/86 v. 26. 10. 1987, BStBl. II 1988, 348.

C. Grenzüberschreitender Liefer- und Leistungsverkehr 182–184 § 16

c) Verdeckte Einlage

Von der verdeckten Einlage i. S. d. § 8 Abs. 3 Satz 3 KStG werden Zuwendungen des Gesellschafters an seine Kapitalgesellschaft erfasst, ohne dass der Gesellschafter hierfür Gesellschaftsrechte erwirbt. Dies betrifft insbesondere Vermögensübertragungen von der Muttergesellschaft an ihre Tochter-, Enkel- oder Urenkelgesellschaft. Nach der Rechtsprechung des BFH liegt eine verdeckte Einlage vor, wenn ein Gesellschafter seiner Kapitalgesellschaft Vermögensvorteile zuwendet und diese Zuwendung ihre Ursache im Gesellschaftsverhältnis hat.[279] Eine gesellschaftsrechtliche Veranlassung ist gegeben, wenn ein Nichtgesellschafter bei Anwendung der Sorgfalt eines ordentlichen und gewissenhaften Kaufmanns den Vermögensvorteil der Gesellschaft nicht gewährt hätte. Die gesellschaftsrechtliche Veranlassung wird folglich auch in Bezug auf die verdeckte Einlage auf Basis des Fremdvergleichs konkretisiert und durch das Verhalten zweier ordentlicher und gewissenhafter Geschäftsleiter geprüft.[280]

182

Gegenstand einer verdeckten Einlage kann nur die Übertragung von materiellen und immateriellen Wirtschaftsgütern sein.[281] Eine Verrechnungspreiskorrektur auf Basis der verdeckten Einlage kann sich folglich nur auf die unentgeltliche bzw. verbilligte Übertragung von Wirtschaftsgütern einer Muttergesellschaft an eine ihr untergeordnete Gesellschaft (z. B. Tochter- oder Enkelgesellschaft) beziehen. Dagegen wird die unentgeltliche bzw. verbilligte Erbringung von Dienstleistungen und die Nutzungsüberlassung von materiellen oder immateriellen Wirtschaftsgütern von der verdeckten Einlage nicht erfasst.[282] Hier kann allenfalls § 1 AStG einschlägig sein.[283]

183

Als Rechtsfolge der verdeckten Einlage sind bei der Muttergesellschaft die Anschaffungskosten der Beteiligung an der Tochtergesellschaft um den Teilwert der verdeckten Einlage zu erhöhen.[284] Der Teilwert des Wirtschaftsgutes (z. B. ermitelt auf Basis der Teilwertvermutungen des BFH) muss dabei nicht dem Fremdvergleichspreis entsprechen. Folglich kommt es auf Ebene der Muttergesellschaft zu einer Gewinnrealisierung in Höhe der Differenz zwischen dem Teilwert der verdeckt eingelegten Wirtschaftsgüter und deren Buchwert. Eine Realisierung der stillen Reserven in Bezug auf das übertragene Wirtschaftsgut erfolgt allerdings nicht, wenn das verdeckt eingelegte Wirtschaftsgut innerhalb von drei Jahren vor seiner Übertragung auf die Tochtergesellschaft von der Muttergesellschaft angeschafft oder hergestellt wurde.[285] Die auf Ebene der Tochtergesellschaft aus der verdeckten Einlage resultierende

184

---

[279] Vgl. z. B. BFH VIII R 100/87 v. 16. 4. 1991, BStBl. II 1992, 234; R 40 KStR.
[280] Vgl. BFH I R 24/67 v. 19. 2. 1970, BStBl. II 1970, 442; R 40 Abs. 3 KStR; *Weber-Grellet* DB 1998, 1537.
[281] Nach dem Beschluss des Großen Senats GrS 2/86 v. 26. 10. 1987, BStBl. II 1987, 348, kann Gegenstand einer verdeckten Einlage grundsätzlich nur sein, „was auch Bestandteil des Vermögensvergleichs nach § 4 Abs. 1 Satz 1 EStG sein kann. Hierzu zählen nur Wirtschaftsgüter, die in eine Bilanz aufgenommen werden können".
[282] Zur daraus resultierenden unterschiedlichen Behandlung der verdeckten Einlage und der verdeckten Gewinnausschüttung kritisch *Groh* DB 1988, 514 ff.; *Jacobs/Spengel* IStR 1994, 104; *Parczyk* BB 1988, 925 f.
[283] Vgl. dazu Rz. 185 ff.
[284] Vgl. § 6 Abs. 6 Satz 2 EStG iVm. § 8 Abs. 1 KStG.
[285] Vgl. § 6 Abs. 6 Satz 3 iVm. § 6 Abs. 1 Nr. 5 Buchst. a) EStG. Vgl. dazu im Einzelnen *Füger/Rieger* DStR 2003, 628 ff.

Vermögensmehrung darf gem. § 8 Abs. 3 Satz 3 KStG deren Einkommen nicht erhöhen. Die erfolgsneutrale Behandlung der verdeckten Einlage bei der Tochtergesellschaft wird durch eine außerbilanzielle Kürzung oder durch eine erfolgsneutrale Buchung im Eigenkapital ohne Berührung der Gewinn- und Verlustrechnung sichergestellt. In beiden Fällen ist die verdeckte Einlage mit ihrem Teilwert zu bewerten (§ 6 Abs. 1 Nr. 5 EStG i. V. m. § 8 Abs. 1 KStG).

d) Einkünftekorrektur nach § 1 AStG

185 Nach § 1 Abs. 1 Satz 1 AStG sind Einkünfte aus grenzüberschreitenden Geschäftsbeziehungen mit nahestehenden Personen zu berichtigen, wenn sie dadurch gemindert wurden, dass der Steuerpflichtige mit der nahestehenden Person Bedingungen vereinbart hat (insbesondere Preise), die von denen abweichen, die unabhängige Dritte unter gleichen oder ähnlichen Verhältnissen vereinbart hätten. Ist dies der Fall, so sind die Einkünfte „unbeschadet anderer Vorschriften" so anzusetzen, wie sie unter den zwischen unabhängigen Dritten vereinbarten Bedingungen angefallen wären. Grundlage einer Einkünftekorrektur nach § 1 Abs. 1 AStG ist folglich der Fremdvergleichsgrundsatz. Wie der Fremdvergleichsgrundsatz im Sinne des § 1 AStG konkret auszulegen und umzusetzen ist, wurde durch den Gesetzgeber durch das UntStRefG 2008[286] konkretisiert.[287] Inwieweit diese in § 1 Abs. 1 und Abs. 3 AStG n. F. aufgenommenen Grundsätze auch für die verdeckte Gewinnausschüttung bzw. die verdeckte Einlage gelten sollen, ist allerdings offen.

Die Durchführung einer Einkünftekorrektur nach § 1 Abs. 1 AStG setzt die Erfüllung der folgenden drei Tatbestandsvoraussetzungen voraus:

(1) Es muss eine „Geschäftsbeziehung zum Ausland" vorliegen (§ 1 Abs. 1 i. V. m. Abs. 5 AStG).

(2) Die Geschäftsbeziehung muss zwischen einem inländischen Steuerpflichtigen und einer ihm „nahestehenden Person" bestehen (§ 1 Abs. 1 i. V. m. Abs. 2 AStG).

(3) Die in Bezug auf die Geschäftsbeziehung vereinbarten Bedingungen (insbesondere Verrechnungspreise) müssen zu einer Einkünfteminderung des inländischen Steuerpflichtigen geführt haben.

186 Nach § 1 Abs. 5 AStG[288] ist eine Geschäftsbeziehung jede den Einkünften zu Grunde liegende schuldrechtliche Beziehung, die keine gesellschaftsvertragliche Vereinbarung ist und entweder beim Steuerpflichtigen oder bei der nahestehenden Person Teil einer Tätigkeit ist, auf die §§ 13, 15, 18 oder 21 EStG anzuwenden sind oder im Fall eines ausländischen Nahestehenden anzuwenden wären, wenn die Tätigkeit im Inland vorgenommen werden würde. Eine Geschäftsbeziehung i. S. d. § 1 Abs. 1 AStG ist folglich immer dann anzunehmen, wenn es sich um eine auf schuldrechtlichen Vereinbarungen beruhende Beziehung handelt.[289] Nach der Begründung des StVergAbG v. 16. 5. 2003,[290]

---

[286] Vgl. UntStRefG v. 14. 8. 2007, BGBl. I 2007, 1912.
[287] Zu Einzelheiten vgl. *Baumhoff/Ditz/Greinert* DStR 2007, 1461 ff. und 1649 ff.
[288] In der Fassung des UntStRefG v. 14. 8. 2007, BGBl. I 2007, 1912.
[289] Vgl. die Begründung zur Neufassung des § 1 Abs. 4 AStG aF durch das StVergAbG v. 16. 5. 2003, BGBl. I 2003, 660 (BT-Drs. 15/119 v. 2. 12. 2002, 53). Die damalige Neufassung des § 1 Abs. 4 AStG aF war eine Reaktion des Gesetzgebers auf das sog. „Patronatsurteil" des BFH I R 85/99 v. 29. 11. 2000 (BStBl. II 2002, 720).
[290] Vgl. StVergAbG v. 16. 5. 2003, BGBl. I 2003, 660.

durch welches die „Geschäftsbeziehung" neu definiert wurde, gehören auch verbindliche Kreditgarantien, zinslose oder zinsbegünstigte Darlehen sowie die unentgeltliche oder teilentgeltliche Gewährung anderer Leistungen (z. B. Dienstleistungen oder Nutzungsüberlassungen) einer inländischen Kapitalgesellschaft an ihre ausländische Tochtergesellschaft zu den „Geschäftsbeziehungen". Die Zuführung von Nominalkapital in eine ausländische Tochtergesellschaft in Form einer gesellschaftsrechtlichen Einlage kann jedoch keine Geschäftsbeziehung i. S. d. § 1 Abs. 5 AStG begründen. Dies gilt ferner für weiche Patronatserklärungen.[291]

Nach dem Wortlaut des § 1 Abs. 1 AStG muss die Geschäftsbeziehung „zum Ausland" bestehen. Maßgeblich ist dabei, dass die Geschäftsbeziehung einerseits im Inland zu einer Einkünfteminderung führt und es andererseits im Ausland zu einer korrespondierenden Einkünfteerhöhung kommt. Tritt die Einkünfteminderung hingegen im Ausland ein, findet § 1 AStG keine Anwendung.[292]

Die Geschäftsbeziehung zum Ausland muss zu einer „nahestehenden Person" bestehen. Als nahestehende Personen bezeichnet § 1 Abs. 2 AStG insbesondere solche natürlichen und juristischen Personen, die auf Basis einer unmittelbaren oder mittelbaren wesentlichen Beteiligung, d. h. mindestens zu 25 %, oder durch beherrschenden Einfluss mit dem Steuerpflichtigen verflochten sind (§ 1 Abs. 2 Nr. 1 AStG). Dazu gehören auch Schwestergesellschaften.[293]

Sind die Voraussetzungen des § 1 Abs. 1 AStG erfüllt, so sind die Einkünfte des Steuerpflichtigen in der Höhe anzusetzen, wie sie zwischen unabhängigen Dritten erzielt worden wären. Die Einkünftekorrektur ist nach h. M. außerhalb der Steuerbilanz vorzunehmen.[294]

Nach dem Wortlaut des § 1 Abs. 1 Satz 1 AStG tritt seine Rechtsfolge „unbeschadet anderer Vorschriften" ein. Daraus folgt, dass § 1 AStG die Rechtsfolgen anderer Einkünftekorrekturvorschriften (z. B. verdeckte Gewinnausschüttung und verdeckte Einlage) nicht ausschließt. In welchem Konkurrenzverhältnis allerdings § 1 AStG zu anderen Einkünftekorrekturvorschriften steht, ist umstritten. Nach bislang herrschender Auffassung, der die Finanzverwaltung indessen nicht gefolgt ist,[295] ist § 1 AStG subsidiär zu den Einkünftekorrekturvorschriften der verdeckten Gewinnausschüttung und der verdeckten Einlage anzuwenden.[296] Nach dieser sog. „Subsidiaritätstheorie" gehen die verdeckte

---

[291] Vgl. *Schnitger* IStR 2003, 76; *Korn* KÖSDI 2003, 13729.
[292] Insoweit würde nämlich eine Geschäftsbeziehung „zum Inland" bestehen. Vgl. in diesem Zusammenhang auch BFH I R 5/02 v. 28. 4. 2004, BFH/NV 2004, 1442; BMF IV B 4 – S 1341–4/05 v. 22. 7. 2005, BStBl. I 2005, 818.
[293] Vgl. zur Definition der nahestehenden Person auch § 1 Abs. 2 Nr. 2 sowie § 1 Abs. 2 Nr. 3 AStG und dazu BFH I R 93/93 v. 19. 1. 1994, BStBl. II 1994, 725; BMF IV C 5 – S 1341–4/83 v. 23. 2. 1983, BStBl. I 1983, 218, Tz. 1.3.2.7.
[294] Vgl. BMF IV B 4 – S 1341–1/05 v. 12. 4. 2005, BStBl. I 2005, 570, Tz. 5.3.3.; BFH I R 97/88 v. 30. 5. 1990, BStBl. II 1990, 875; *Flick/Wassermeyer/Baumhoff/Wassermeyer* § 1 AStG Rz. 811; *Wassermeyer* IStR 2001, 634; aA *Baranowski* Besteuerung von Auslandsbeziehungen Rz. 769 ff.; *Döllerer* JbFSt 1980/81, 274.
[295] Vgl. BMF IV B 4 – S 1340–11/04 v. 14. 5. 2004, BStBl. I 2004, Sonder-Nr. 1/2004, 3, Tz. 1.1.2.; BMF IV B 4-S 1341–1/05 v. 12. 4. 2005, BStBl. I 2005, 570, Tz. 5.3.3.
[296] Vgl. *Schaumburg* Internationales Steuerrecht Rz. 18.68; *Wassermeyer* in Schaumburg, Steuerrecht und steuerorientierte Gestaltungen im Konzern 1997 Rz. 661; *Klein* BB 1995, 227; *Günkel* WPg 1996, 849; *Döllerer* Verdeckte Gewinnausschüttungen und verdeckte Einlagen bei Kapitalgesellschaften 1990 S. 241 ff.

Gewinnausschüttung bzw. die verdeckte Einlage dem § 1 AStG vor. Letztlich wird damit durch § 1 AStG nur der Bereich abgedeckt, der bei Geschäftsbeziehungen ins Ausland durch die verdeckte Gewinnausschüttung bzw. die verdeckte Einlage nicht erfasst wird. Hingegen geht die Finanzverwaltung von einer sog. „Ideal-Konkurrenz" aus.[297] Danach sind – neben den Rechtsfolgen der verdeckten Gewinnausschüttung bzw. der verdeckten Einlage - weitergehende Berichtigungen nach § 1 AStG vorzunehmen, soweit diese notwendig sind, um den Maßstab des Fremdverhaltens zu erfüllen (z. B. Bewertung einer Einkünftekorrektur mit dem Fremdvergleichspreis statt dem Teilwert). Ab 2008 wird diese Interpretation des Konkurrenzverhältnisses der Einkünftekorrekturvorschriften durch § 1 Abs. 1 Satz 3 AStG i. d. F. des UntStRefG 2008 gesetzlich kodifiziert.[298]

191 Nach dem Beschluss des BFH v. 21. 6. 2001 ist „ernstlich zweifelhaft", ob § 1 Abs. 1 AStG mit der Niederlassungs- und Kapitalverkehrsfreiheit des EGV vereinbar ist.[299] Hintergrund der Entscheidung ist die Tatsache, dass de lege lata für grenzüberschreitende Geschäftsbeziehungen mit § 1 AStG eine spezielle Einkünftekorrekturvorschrift existiert, die mit der Verpflichtung zur Verrechnung eines Fremdvergleichspreises zu einer höheren Besteuerung im Inland führen kann, als dies bei einem identischen, rein innerstaatlichen Vorgang der Fall wäre. In dieser Differenzierung sieht der I. Senat des BFH einen möglichen Verstoß gegen die Diskriminierungsverbote des EGV. Ein solcher wird mehrheitlich auch im Schrifttum gesehen.[300] In diesem Zusammenhang hat der Gesetzgeber die Chance vertan, § 1 AStG im Rahmen seiner Neufassung durch die Unternehmensteuerreform 2008 europarechtskonform auszugestalten. Vielmehr haben sich die europarechtlichen Probleme des § 1 AStG in seiner Neufassung durch das UntStRefG 2008 weiter verschärft.[301]

e) Einkünftekorrektur auf Basis des Abkommensrechts (Art. 9 OECD-MA)

192 Neben den nationalen Einkünftekorrekturvorschriften geben abkommensrechtlich die Art. 9 OECD-MA nachgebildeten Regelungen der deutschen Doppelbesteuerungsabkommen den Rahmen für Verrechnungspreiskorrekturen vor. Nach Art. 9 Abs. 1 OECD-MA sind Einkünftekorrekturen zulässig, wenn international verbundene Unternehmen (Mutter-, Tochter- und Schwestergesellschaften)[302] im Rahmen ihrer kaufmännischen oder finanziellen Be-

---

[297] Vgl. BMF IV B 4 – S 1340–11/04 v. 14. 5. 2004, BStBl. I 2004, Sonder-Nr. 1/ 2004, 3, Tz. 1.1.2.; BMF IV B 4 – S 1341–1/05 v. 12. 4. 2005, BStBl. I 2005, 570, Tz. 5.3.3.; *Menck* in Blümich, EStG § 1 AStG Rz. 14.
[298] UntStRefG v. 14. 8. 2007, BGBl. I 2007, 1912. Zur Neufassung des § 1 AStG im Zusammenhang mit der Unternehmensteuerreform 2008 vgl. *Baumhoff/Ditz/Greinert* DStR 2007, 1467 ff. und 1649 ff.
[299] Vgl. BFH I B 141/00 v. 21. 6. 2001, DStR 2001, 1290. Vgl. ferner FG Düsseldorf v. 19. 2. 2008, 17 K 894/05 E. EFG 2008, 1006; FG Münster v. 22. 2. 2008, 9 K 509/07 K, F, EFG 2008, 923.
[300] Vgl. *Wassermeyer* IStR 2001, 113 und 637; *Schaumburg* Der Konzern 2006, 499; *Scheuerle* IStR 2002, 789 ff.; *Eickers/Röhrbein* WPg 2006, 1357 ff.
[301] Vgl. *Baumhoff/Ditz/Greinert* DStR 2007, 1467 sowie DStR 2008, 1952.
[302] Art. 9 Abs. 1 OECD-MA unterscheidet zwei Fallgruppen verbundener Unternehmen: Einerseits die Beteiligung an einem Unternehmen des anderen Vertragsstaates (Mutter-Tochter-Verhältnis) und andererseits die unter gemeinsamer Kontrolle dersel-

ziehungen Bedingungen vereinbaren, die ein unabhängiges Unternehmen nicht akzeptieren würde. Auch abkommensrechtlich ist somit der Grundsatz des Fremdvergleichs („arm's-length"-Prinzip) der Maßstab, um die Angemessenheit von Verrechnungspreisen zu prüfen. Art. 9 Abs. 1 OECD-MA bildet dabei eine abkommensrechtliche Schranke, über den Fremdvergleichsgrundsatz hinausgehende innerstaatliche Einkünftekorrekturvorschriften anzuwenden. Praktisch kann dies z. B. im Rahmen des formellen Fremdvergleichs[303] bei verdeckten Gewinnausschüttungen oder bei der Besteuerung von (Funktionsverlagerungen) nach § 1 Abs. 3 Satz 9 AStG und der FVerlV v. 12. 8 2008[304] von Bedeutung sein. Dabei ist nach übereinstimmender Ansicht von Rechtsprechung,[305] Finanzverwaltung[306] und Schrifttum[307] davon auszugehen, dass die Art. 9 OECD-MA entsprechenden Abkommensvorschriften kein innerstaatliches Recht begründen oder erweitern, sondern dieses nur einschränken oder aufheben können. Den Art. 9 Abs. 1 OECD-MA nachgebildeten Vorschriften kommt damit keine sog. „self-executing"-Wirkung zu.

2. Definition des Fremdvergleichsgrundsatzes

a) Funktions- und Risikoanalyse als Ausgangspunkt

Die Durchführung eines Fremdvergleichs setzt im Rahmen der sog. Funktions- und Risikoanalyse eine detaillierte Untersuchung der von den verbundenen Unternehmen ausgeübten Funktionen, der von diesen getragenen Risiken sowie die Feststellung der jeweils eingesetzten materiellen und immateriellen Wirtschaftsgüter voraus.[308] Auf dieser Grundlage ist ein potenzielles Referenzunternehmen bzw. eine geeignete Referenztransaktion zwischen unabhängigen Dritten zu ermitteln, bei dem bzw. bei der eine vergleichbare oder ähnliche Verteilung von Funktionen und Risiken vorzufinden ist. Die Abrechnungsformen der potenziellen Referenzunternehmen bzw. die identifizierte Referenztransaktion werden dann zur Ableitung eines fremdvergleichskonformen Verrechnungspreises für die zu bewertende konzerninterne Liefer- oder Leistungsbeziehung herangezogen.

Die Verwendung der Funktions- und Risikoanalyse als Ausgangspunkt der Verrechnungspreisermittlung nach dem Grundsatz des Fremdvergleichs hat zur Folge, dass sich die Bemessung von Verrechnungspreisen maßgeblich an den von den verbundenen Unternehmen wahrgenommenen Funktionen und

---

ben Person(en) stehenden Unternehmen zweier Vertragsstaaten (Schwestergesellschaften). Vgl. dazu im Einzelnen *Debatin/Wassermeyer*, Doppelbesteuerung OECD-MA Art. 9 Rz. 41 ff.; *Rotondaro* IStR 2001, 761.
[303] Vgl. dazu Rz. 180.
[304] Vgl. *Baumhoff/Ditz/Greinert* DStR 2008, 1945 ff.
[305] Vgl. BFH I R 186/76 v. 12. 3. 1980, BStBl. II 1980, 531 zum DBA-Niederlande; BFH I R 153/77 v. 21. 1. 1981, BStBl. II 1981, 517 zum DBA-Frankreich.
[306] Vgl. BMF IV C 5 – S 1341-4/83 v. 23. 2. 1983, BStBl. I 1983, 218, Tz. 1.2.1.
[307] Vgl. *Flick/Wassermeyer/Baumhoff/Wassermeyer* § 1 AStG Rz. 99; *Ditz* IStR 2005, 39; *Debatin* RIW/AWD 1980, 3; *Pöllath/Rädler* DB 1982, 562; *Ritter* BB 1983, 1638; noch aA *Menck* DIStJ/A 1972, 68; *Bellstedt* Die Besteuerung international verflochtener Gesellschaften S. 431.
[308] Vgl. BMF IV C 5 – S 1341-4/83 v. 23. 2. 1983, BStBl. I 1983, 218, Tz. 2.1.3., 2.2.3., 2.4.4. Buchst. a), 2.2.4.; BMF IV B 4 – S 1341-1/05 v. 12. 4. 2005, BStBl. I 2005, 570, Tz. 3. 4. 11.4; Tz. 1.20 OECD-Guidelines 1995/96.

Risiken sowie der eingesetzten Wirtschaftsgüter ausrichtet. Hintergrund einer solchen Vorgehensweise ist der dem Fremdvergleich immanente Grundsatz, dass der von einem unabhängigen Unternehmen für eine Leistung geforderte Preis umso höher ist, je mehr Funktionen und Risiken von diesem wahrgenommen werden.[309] Im Ergebnis bilden damit der Umfang und die Art der wahrgenommenen Funktionen und die daraus resultierenden Risiken bzw. der damit einhergehende Kapitaleinsatz die den Verrechnungspreis determinierenden Faktoren.

b) Bandbreitenbetrachtung

195 In seinem Grundsatzurteil zu Verrechnungspreisen vom 17.10. 2001[310] kommt der BFH zum Ergebnis, dass es den „einen", richtigen Fremdvergleichspreis nicht gibt, sondern dass der Fremdvergleichspreis in der Regel aus einer Bandbreite von Preisen besteht. Auch nach Auffassung der Finanzverwaltung, ergibt sich bei der Ermittlung von Fremdvergleichspreisen „regelmäßig eine Reihe möglicher Werte".[311] Sowohl die Rechtsprechung des BFH als auch die Finanzverwaltung erkennen folglich an, dass die Ermittlung von Verrechnungspreisen nur innerhalb von Bandbreiten erfolgen kann. Dies ist insoweit zutreffend, als auch am Markt für vergleichbare Güter bzw. vergleichbare Dienstleistungen unterschiedliche Preise vereinbart werden.

c) Arten des Fremdvergleichs

196 **aa) Tatsächlicher Fremdvergleich.** Der tatsächliche Fremdvergleich orientiert sich zur Ermittlung von Verrechnungspreisen an tatsächlich am Markt feststellbaren Preisen, die zwischen gesellschaftsrechtlich nicht verbundenen Unternehmen unter vergleichbaren oder ähnlichen Verhältnissen getroffen wurden. Der tatsächliche Fremdvergleich lässt sich in Form eines innerbetrieblichen (internen) oder eines zwischenbetrieblichen (externen) Vergleichs durchführen. Ein innerbetrieblicher Vergleich ist immer dann möglich, wenn das verbundene Unternehmen die gleiche Lieferung bzw. Leistung sowohl mit verbundenen als auch mit unverbundenen Geschäftspartnern austauscht. Liefert beispielsweise eine Konzern-Produktionsgesellschaft die von ihr hergestellten Produkte sowohl an externe Händler als auch an eine Konzern-Vertriebsgesellschaft, kann der mit den externen Händlern vereinbarte Preis als Verrechnungspreis für die Lieferungen an die Konzern-Vertriebsgesellschaft herangezogen werden.[312] Dies allerdings nur, wenn beide vergleichbare Funktionen und Risiken wahrnehmen und über vergleichbare (insbesondere immaterielle) Wirtschaftsgüter verfügen.[313] Als Vergleichstatbestände im Rahmen des zwischenbetrieblichen Vergleichs dienen hingegen Vereinbarungen, die

---

[309] Vgl. Tz. 1.20 OECD-Guidelines 1995/96; BMF IV B 4 – S 1341–1/05 v. 12.4. 2005, BStBl. I 2005, 570, Tz. 3. 4. 10.2; *Ditz* IStR 2002, 211.

[310] Vgl. BFH I R 103/00 v. 17.10. 2001, BStBl. II 2004, 171 und dazu im Einzelnen *Wassermeyer* DB 2001, 2465 ff.; *Baumhoff* IStR 2003, 2; *Kuckhoff/Schreiber* IWB Fach 3 Deutschland Gruppe 1, 863 ff.

[311] BMF IV B 4 – S 1341–1/05 v. 12. 4. 2005, BStBl. I 2005, 570, Tz. 3. 4. 12.5 Buchst. a) und dazu im Einzelnen *Baumhoff/Ditz/Greinert* DStR 2005, 1554.

[312] Vgl. auch BFH I R 22/04 v. 6.4. 2005, IStR 2005, 598; *Baumhoff/Ditz/Greinert* IStR 2005, 592.

[313] Vgl. zur Funktionsanalyse Rz. 193.

C. Grenzüberschreitender Liefer- und Leistungsverkehr   197, 198   § 16

zwischen zwei unabhängigen Geschäftspartnern am Markt für eine vergleichbare Lieferung oder Leistung unter vergleichbaren Bedingungen vereinbart wurden. Der Unterschied zum innerbetrieblichen Vergleich liegt folglich darin, dass der Ursprung der zu Grunde zu legenden Vereinbarungen außerhalb des Einflussbereiches des Unternehmensverbundes liegt.

Werden durch einen tatsächlichen Fremdvergleich mehrere Werte festgestellt, so liegt eine Bandbreite angemessener Verrechnungspreise vor.[314] Welchen Wert der Steuerpflichtige aus dieser (Preis-)Bandbreite auswählen soll, ist nach § 1 Abs. 3 Satz 1 AStG davon abhängig, ob uneingeschränkt oder eingeschränkt vergleichbare Werte vorliegen.[315] Sofern mehrere Fremdvergleichswerte identifiziert werden und diese uneingeschränkt vergleichbar sind, kann die so ermittelte (Preis-)Bandbreite von dem Steuerpflichtigen in vollem Umfang ausgeschöpft werden. Der Steuerpflichtige darf also auch den aus seiner Sicht vorteilhaftesten Wert als Verrechnungspreis ansetzen.[316] In welchen Fällen indessen eine „uneingeschränkte Vergleichbarkeit" der am Markt identifizierten Liefer- oder Leistungsbeziehungen mit der konzerninternen Liefer- oder Leistungsbeziehung vorliegt, ist nicht eindeutig geklärt.[317]   **197**

Für den Fall, dass die durch einen tatsächlichen Fremdvergleich ermittelten Werte nur eingeschränkt vergleichbar sind, verlangt § 1 Abs. 3 Satz 3 AStG, die sich ergebene Bandbreite einzuengen.[318] Dies ist z. B. mit Datenbankanalysen zur Ermittlung von Gewinnaufschlägen oder sonstigen Renditekennziffern denkbar. Die Einengung der Preisbandbreite ist dabei nach Ansicht der Finanzverwaltung nach sog. statistischen Verfahren, insbesondere der Methode der „Interquartile Range", vorzunehmen.[319] Durch die Anwendung der Methode der „Interquartile Range" soll erreicht werden, dass sowohl das untere als auch das obere Viertel der Werte der ermittelten Preisbandbreite bei der Verrechnungspreisbildung unberücksichtigt bleiben. Für diese Vorgehensweise fehlt es allerdings an einer tragfähigen ökonomischen Begründung. Letztlich handelt es sich insoweit um eine willkürliche, durch nichts zu begründende pauschale Einengung der Bandbreite um 50%.[320]

bb) Hypothetischer Fremdvergleich. Dem tatsächlichen Fremdvergleich ist grundsätzlich Vorrang vor anderen Vergleichsverfahren einzuräumen.[321] Ein   **198**

---

[314] Zur Bandbreitenbetrachtung vgl. Rz. 195.
[315] Vgl. auch BMF IV B 4 – S 1341–1/05 v. 12.4. 2005, BStBl. I 2005, 570 Tz. 3. 4. 12.7; *Baumhoff/Ditz/Greinert* DStR 2007, 1462.
[316] Vgl. § 1 Abs. 3 Satz 3 AStG. Vgl. ferner BFH I R 103/00 v. 17.10. 2001, BStBl. II 2004, 171; *Ditz* DStR 2006, 1628; *Wassermeyer* WPg 2002, 15.
[317] Vgl. dazu BMF IV B 4 – S 1341–1/05 v. 12.4. 2005, BStBl. I 2005, 570, Tz. 3. 4. 12.7 Buchst. a).
[318] Diese Forderung steht im Widerspruch zur Rechtsprechung des BFH, wonach grundsätzlich jeder Wert innerhalb der Bandbreite angemessen ist und sich der Steuerpflichtige an dem für ihn günstigsten Rand der Preisbandbreite orientieren kann. Vgl. BFH I R 103/00 v. 17.10. 2001, BStBl. II 2004, 171; *Baumhoff/Ditz/Greinert* DStR 2005, 1554 mwN.
[319] Vgl. BMF IV B 4 – S 1341–1/05 v. 12.4. 2005, BStBl. I 2005, 570, Tz. 3. 4. 12.5.
[320] Vgl. dazu im Einzelnen *Baumhoff* in FS Wassermeyer S. 362 ff.; *Werra* IStR 2005, 21; *Finsterwalder* DStR 2005, 769; *Steuerfachausschuss des IDW* FN-IDW 2004, 787 f.
[321] Vgl. § 1 Abs. 3 Satz 1 AStG; Tz. 2.5 und 2.7 OECD-Guidelines 1995/96; *Baumhoff/Ditz/Greinert* DStR 2007, 1464; differenzierend *Ditz* Internationale Gewinnabgrenzung bei Betriebsstätten 2004 S. 190 ff.

tatsächlicher Fremdvergleich erweist sich allerdings immer dann als nicht durchführbar, wenn es an einer effektiven Vergleichsmöglichkeit am Markt zwischen unabhängigen Vertragspartnern fehlt. In diesem Fall besteht die Notwendigkeit, die Verrechnungspreisermittlung auf Basis eines hypothetischen Fremdvergleichs durchzuführen.[322] Dem hypothetischen Fremdvergleich liegt die sog. „Theorie des doppelten ordentlichen Geschäftsleiters" zu Grunde.[323] Danach ist ein Verrechnungspreis als angemessen anzusehen, wenn er für eine bestimmte Liefer- oder Leistungsbeziehung auch zwischen zwei ordentlichen und gewissenhaften Geschäftsleitern vereinbart worden wäre. Auch insofern ist eine Bandbreitenbetrachtung in Form der Ermittlung eines Einigungsbereichs durchzuführen. Dieser Einigungsbereich findet seine Untergrenze in dem Mindestpreis des liefernden oder leistenden Unternehmens und einem Höchstpreis des Lieferungs- oder Leistungsempfängers.

199 Zu der Frage, wie ein derart ermittelter Einigungsbereich zwischen den Vertragsparteien aufzuteilen ist, ordnet § 1 Abs. 3 Satz 7 AStG an, dass der Preis zu Grunde zu legen ist, der dem Fremdvergleichsgrundsatz „mit der höchsten Wahrscheinlichkeit" entspricht. Wird kein anderer Wert glaubhaft gemacht, ist der Mittelwert des Einigungsbereichs zu Grunde zu legen. Eine solche hälftige Aufteilung des Einigungsbereichs ergibt sich auch aus den sog. Zinsurteilen des BFH[324] sowie aus der Rechtsprechung zur Aufteilung von Standortvorteilen bei einem Lohnfertiger.[325]

III. Methoden der Verrechnungspreisermittlung

1. Standardmethoden

a) Rangfolge der Standardmethoden

200 Zur Bestimmung von Verrechnungspreisen nach dem Fremdvergleichsgrundsatz kommen in der Regel die drei Standardmethoden (Preisvergleichs-, Wiederverkaufspreis- und Kostenaufschlagsmethode) zur Anwendung.[326] Die Finanzverwaltung schreibt grundsätzlich keine bestimmte Rangfolge der Anwendung der Standardmethoden vor;[327] vielmehr sind die Standardmethoden als untereinander gleichrangig zu betrachten.[328] Infolgedessen ist die Metho-

---

[322] Vgl. § 1 Abs. 3 Satz 5 AStG.
[323] Vgl. § 1 Abs. 1 Satz 2 AStG sowie die Rechtsprechung des BFH zur verdeckten Gewinnausschüttung. Vgl. nur BFH I R 147/93 v. 17. 5. 1995, BStBl. II 1996, 204; BFH I R 88/94 v. 6. 12. 1995, BStBl. II 1996, 383; BFH I R 36/97 v. 19. 5. 1998, BStBl. II 1998, 689; BFH I R 18/01 v. 24. 4. 2002, DStR 2002, 1614.
[324] Vgl. BFH I R 93/93 v. 19. 1. 1994, BStBl. II 1994, 725; BFH I R 83/87 v. 28. 2. 1990, BStBl. II 1990, 649.
[325] Vgl. FG Münster 8 K 2348/02 E v. 16. 3. 2006, IStR 2006, 794; *Baumhoff/Greinert* IStR 2006, 789.
[326] Vgl. § 1 Abs. 3 Satz 1 AStG; BMF IV C 5 – S 1341–4/83 v. 23. 2. 1983, BStBl. I 1983, 218, Tz. 2.2.; BMF IV B 4 – S 1341–1/05 v. 12. 4. 2005, BStBl. I 2005, 570, Tz. 3. 4. 10.3. Buchst. a); Tz. 2.1 OECD-Guidelines 1995/96.
[327] Vgl. BMF IV C 5 – S 1341–4/83 v. 23. 2. 1983, BStBl. I 1983, 218, Tz. 2.4.1.
[328] Auch nach der BFH-Rechtsprechung stehen die Standardmethoden „gleichberechtigt nebeneinander"; vgl. BFH I R 103/00 v. 17. 10. 2001, BStBl. II 2004, 171; BFH I R 22/04 v. 6. 4. 2005, DStRE 2005, 1307; *Wassermeyer* WPg 2002, 14.

denwahl des Unternehmens von der Finanzverwaltung immer dann anzuerkennen, wenn diese nach Art und Anwendung in Bezug auf den betreffenden Sachverhalt sachgerecht war.[329] Sofern die Methodenwahl des Unternehmens zulässig ist, kann die Finanzverwaltung dieser nicht ihre eigene, davon abweichende Methodenwahl entgegensetzen.

b) Preisvergleichsmethode

Die Preisvergleichsmethode orientiert sich zur Bestimmung von Verrechnungspreisen an Entgelten, die bei vergleichbaren Geschäften zwischen unabhängigen Dritten am Markt vereinbart werden (sog. Marktpreise).[330] Entsprechend der Unterteilung des tatsächlichen Fremdvergleichs[331] in einen innerbetrieblichen und einen zwischenbetrieblichen Vergleich ist auch im Rahmen der Anwendung der Preisvergleichsmethode zwischen einem inneren Preisvergleich (betriebsindividuelle Preise) und einem äußeren Preisvergleich (markt- oder branchenübliche Preise) zu unterscheiden. Ein innerer Preisvergleich setzt voraus, dass ein Konzernunternehmen die gleiche Lieferung oder Leistung unter vergleichbaren Verhältnissen sowohl gegenüber verbundenen wie auch gegenüber unverbundenen Unternehmen erbringt bzw. sowohl von verbundenen wie auch unverbundenen Unternehmen erhält.

Der äußere Preisvergleich stellt demgegenüber im Rahmen eines zwischenbetrieblichen Vergleichs auf den Liefer- und Leistungsverkehr zwischen fremden Unternehmen (z. B. der gleichen Branche) ab. Der externe Preisvergleich kommt insbesondere für solche Marktpreise in Betracht, die anhand von Börsennotierungen, branchenüblichen Preisen oder Verträgen zwischen unabhängigen Dritten festgestellt werden können.

c) Wiederverkaufspreismethode

Die Wiederverkaufspreismethode ist anwendbar, wenn ein verbundenes Unternehmen an ein anderes verbundenes Unternehmen Lieferungen oder Leistungen erbringt und diese Lieferungen oder Leistungen danach an konzernexterne Dritte weiterveräußert werden.[332] Der Marktpreis bei Wiederverkauf der Lieferung oder Leistung an unabhängige Dritte bildet damit die Ausgangsbasis der Wiederverkaufspreismethode. Der angemessene Verrechnungspreis wird dann auf retrogradem Weg durch Subtraktion bestimmt:

Marktpreis bei Wiederverkauf an Fremde (Wiederverkaufspreis)
./. marktübliche Handelsspanne des Wiederverkäufers
= Verrechnungspreis

Die Handelsspanne kann anhand eines tatsächlichen oder – subsidiär hierzu – eines hypothetischen Fremdvergleichs bestimmt werden.[333] Nach dem tatsächlichen Fremdvergleich ist die Handelsspanne aus Handelsspannen, wie sie

---

[329] Vgl. BMF IV C 5 – S 1341–4/83 v. 23. 2. 1983, BStBl. I 1983, 218, Tz. 2.4.1. Satz 2.
[330] Vgl. BMF IV C 5 – S 1341–4/83 v. 23. 2. 1983, BStBl. I 1983, 218, Tz. 2.2.2.; Tz. 2.6 OECD-Guidelines 1995/96.
[331] Vgl. dazu Rz. 196.
[332] Vgl. BMF IV C 5 – S 1341–4/83 v. 23. 2. 1983, BStBl. I 1983, 218, Tz. 2.2.3.; Tz. 2.14 ff. OECD-Guidelines 1995/96.
[333] Zum tatsächlichen bzw. hypothetischen Fremdvergleich vgl. Rz. 196 ff.

bei Geschäften zwischen unabhängigen Dritten Anwendung findet, zu berechnen. Die Verrechnungspreispraxis zeigt allerdings, dass sowohl ein externer als auch ein interner Betriebsvergleich zur Ermittlung der angemessenen Handelsspanne in der Regel scheitert. Vor diesem Hintergrund kommt in der Verrechnungspreispraxis zur Ermittlung der Handelsspanne dem hypothetischen Fremdvergleich eine zentrale Bedeutung zu. Dabei wird die Handelsspanne aus den Kosten des Vertreibers zuzüglich einer angemessenen Umsatzrendite abgeleitet. Insoweit ist es zur Ermittlung der angemessenen Handelsspanne erforderlich, die Kosten – insbesondere in Form der Vertriebs- und allgemeinen Verwaltungskosten – des Vertreibers zu bestimmen und diese um eine angemessene Umsatzrendite des Vertreibers zu erhöhen. Eine solche Kombination der Wiederverkaufspreis- und der Kostenaufschlagsmethode ist unzweifelhaft zulässig.[334]

d) Kostenaufschlagsmethode

205 Bei der Kostenaufschlagsmethode wird der Verrechnungspreis dadurch bestimmt, dass zunächst die Selbstkosten des liefernden oder leistenden Unternehmens ermittelt und anschließend um einen angemessenen Gewinnaufschlag erhöht werden.[335] Die Kostenaufschlagsmethode findet insbesondere in solchen Fällen Anwendung, in denen für die konzerninterne Lieferung oder Leistung keine Marktpreise ermittelt werden können, und folglich weder die Preisvergleichsmethode[336] noch die Wiederverkaufspreismethode[337] angewendet werden können. In der Verrechnungspreispraxis kommt der Kostenaufschlagsmethode damit die Rolle der „ultima ratio" zu.[338] Sie gilt dabei insbesondere im Bereich der konzerninternen Dienstleistungen sowie bei der konzerninternen Lieferung von Halbfertigprodukten als Regelmethode.

206 Ausgangspunkt der Ermittlung der Kostenbasis sind die Vollkosten (Einzel- und Gemeinkosten), die durch die Herstellung und Lieferung des Produkts bzw. die Erbringung der Dienstleistung verursacht sind.[339] Denn der ordentliche und gewissenhafte Geschäftsleiter wird immer bestrebt sein, die Kosten seiner Lieferung oder Leistung in vollem Umfang zu decken und darüber hinaus einen Gewinn zu erwirtschaften. In bestimmten Ausnahmefällen kann die Kostenbasis allerdings auch auf Basis von Teilkosten – z. B. auf Grundlage einer Deckungsbeitragsrechnung – ermittelt werden, wenn dies betriebswirtschaftlich sinnvoll ist und auch ein ordentlicher und gewissenhafter Geschäftsleiter unter vergleichbaren Umständen lediglich Teilkosten verrechnet hätte. So widerspricht es z. B. nicht den Grundsätzen ordnungsmäßiger Geschäftsführung, wenn z. B. zur Erschließung neuer bzw. Erweiterung bestehender Märkte oder bei vorübergehender Unterbeschäftigung zur Ausnutzung freier Kapazitäten Teilkosten zur Maximierung des Deckungsbeitrags verrechnet

---

[334] Vgl. BFH I R 103/00 v. 17. 10. 2001, BStBl. II 2004, 171; BMF IV C 5 – S 1341–4/83 v. 23. 2. 1983, BStBl. I 1983, 218, Tz. 2.4.2.; Tz. 2.24 OECD-Guidelines 1995/96.
[335] Vgl. BMF IV C 5 – S 1341–4/83 v. 23. 2. 1983, BStBl. I 1983, 218, Tz. 2.2.4.; Tz. 2.32 ff. OECD-Guidelines 1995/96.
[336] Vgl. Rz. 201.
[337] Vgl. Rz. 203.
[338] Vgl. auch FG Saarland 1 K 257/94 v. 18. 12. 1996, EFG 1997, 485.
[339] Vgl. auch BMF IV C 5 – S 1341–4/83 v. 23. 2. 1983, BStBl. I 1983, 218, Tz. 2.2.4.

C. Grenzüberschreitender Liefer- und Leistungsverkehr

werden.[340] Sowohl im Rahmen der Vollkosten- als auch im Rahmen der Teilkostenrechnung steht es dem Steuerpflichtigen frei, ob er die Vollkosten auf Plan-, Ist- oder Normalkostenbasis ermittelt.[341] Auf Grund des Nachteils der Verrechnung von Ist-Kosten, dass Unwirtschaftlichkeiten bzw. Kosteneinsparungen des liefernden oder leistenden Unternehmens uneingeschränkt auf den Liefer- bzw. Leistungsempfänger übertragen werden, wird die Kostenaufschlagsmethode in der Verrechnungspreispraxis allerdings häufig auf Plan- bzw. Budgetkostenbasis umgesetzt.[342]

Hinsichtlich der Ermittlung des Gewinnaufschlags ist zu berücksichtigen, dass es den einen „richtigen" Gewinnaufschlag nicht gibt. Vielmehr ist die Höhe des Gewinnaufschlags – bezogen auf den Einzelfall – an den durch das liefernde oder leistende Unternehmen wahrgenommenen Funktionen und Risiken und den dabei eingesetzten (insbesondere immateriellen) Wirtschaftsgütern auszurichten. Zur Bestimmung eines angemessenen Gewinnaufschlags existieren mehrere methodische Ansätze:

- Innerer Betriebsvergleich (sog. betriebsübliche Gewinnaufschläge);
- Äußerer Betriebsvergleich (sog. branchenübliche Gewinnaufschläge);
- Angemessene Verzinsung des eingesetzten Eigenkapitals;
- Pauschale Aufschlagsätze.

Betriebsübliche Gewinnaufschläge, die über einen inneren Betriebsvergleich[343] ermittelt werden, orientieren sich an Gewinnspannen, die von den Unternehmen in Bezug auf vergleichbare Lieferungen oder Leistungen mit unabhängigen Dritten erzielt werden. Stehen solche vergleichbaren Gewinnspannen nicht zur Verfügung, so kann auf branchenübliche Gewinnaufschläge abgestellt werden. Zu deren Ermittlung wird in der Praxis z. B. auf Datenbanken zurückgegriffen.[344]

Ein anderer Vorschlag geht dahin, den Gewinnaufschlag so zu bemessen, dass – einschließlich kalkulatorischer Zinsen – mindestens eine Eigenkapitalrendite in Höhe der Kapitalmarktrendite erwirtschaftet wird.[345] Die Kapitalmarktrendite kommt jedoch nur als Untergrenze der Eigenkapitalrendite in Frage, da eine Kapitalmarktanlage (z. B. Anleihe oder Festgeld) gegenüber einer Geldanlage in einem Unternehmen, ein wesentlich geringeres Kapitalausfallrisiko hervorruft. Im Zusammenhang mit pauschalen, in Prozentpunkten angegebenen Gewinnaufschlägen beurteilt die Rechtsprechung einen Gewinnaufschlag von 10 % bis 15 % „nicht als unangemessen", ohne allerdings näher zu begründen, worauf diese Feststellung gestützt wird.[346] Im Übrigen hat das FG Saarland in seinem rechtskräftigen Urteil vom 18. 12. 1996 entschieden, dass ein Reingewinnzuschlag in Höhe von 5 % auf keine Bedenken

---

[340] Zur Verrechnung sog. „Cost-less"-Preise vgl. auch *Jonas* DStR 1983, 220; *Mössner*, Steuerrecht international tätiger Unternehmen, 3. Aufl. 2005 Rz. C352.
[341] Vgl. Tz. 2.42 OECD-Guidelines 1995/96; *Flick/Wassermeyer/Baumhoff/Baumhoff* § 1 AStG Rz. 486 ff.
[342] Vgl. auch *Oestreicher*, Internationale Verrechnungspreise 2003 S. 316; *Jacobs* S. 757.
[343] Vgl. dazu auch Rz. 196.
[344] Zum Einsatz von Datenbanken vgl. auch *Oestreicher/Duensing* IStR 2005, 134 ff.; *Scholz/Crüger* RIW 2005, 34 ff.; *Rehkugler/Vögele* BB 2002, 1937 ff.
[345] Vgl. § 1 Abs. 4 AStG; BFH I R 103/00 v. 17. 10. 2001, BStBl. II 2004, 171; BMF IV B 4 – S 1300–12/04 v. 26. 2. 2004, BStBl. I 2004, 270; *Scholz* IStR 2004, 209 ff.
[346] Vgl. BFH 3194/59 v. 2. 2. 1960, BB 1960, 731.

stoße.³⁴⁷ Diese Quantifizierung des Gewinnaufschlags steht auch im Einklang mit dem BFH-Urteil v. 12. 3. 1980, nach dem ein Reingewinn von 3 % bis 5 % des wirtschaftlichen Umsatzes die Annahme einer verdeckten Gewinnausschüttung nicht rechtfertige.³⁴⁸ In der Verrechnungspreispraxis hat sich indessen ein Gewinnaufschlag in Höhe von 5 % bis 10 % als in der Regel zweckmäßig erwiesen. Dieser Wert wird – von außergewöhnlichen Umständen abgesehen – von der deutschen Finanzverwaltung akzeptiert³⁴⁹ und ist auch als international üblich anzusehen. Gleichwohl darf nicht darüber hinweggesehen werden, dass es sich bei dieser Richtgröße um einen rein pragmatischen Ansatz handelt, dessen Anwendbarkeit im Einzelfall zu prüfen ist.

2. Gewinnorientierte Methoden

a) Anerkennung gewinnorientierter Methoden durch die Finanzverwaltung

210 Die Anerkennung gewinnorientierter Methoden durch die Finanzverwaltung war bis zur Veröffentlichung der sog. VWG-Verfahren³⁵⁰ umstritten. Denn das BMF hatte in einer Presseerklärung vom 13. 7. 1995 betont, dass es Gewinnmethoden – außer in Fällen der Schätzung und Verprobung – nicht anwenden werde.³⁵¹ Die Presseerklärung des BMF v. 13. 7. 1995 stand jedoch im Widerspruch zur Betriebsprüfungspraxis und den VWG 1983.³⁵²

211 Nunmehr stimmen allerdings die VWG-Verfahren der Verwendung gewinnorientierter Methoden in Form der geschäftsvorfallbezogenen Nettomargenmethode („Transactional Net Market Method") und der geschäftsvorfallbezogenen Gewinnaufteilungsmethode („Profit Split Method") explizit zu.³⁵³ Dies gilt gemäß § 1 Abs. 3 Satz 1 AStG jedoch nur, wenn die Standardmethoden der Verrechnungspreisermittlung³⁵⁴ nicht anwendbar sind.

b) Geschäftsvorfallbezogene Nettomargenmethode (TNMM)

212 Bei der geschäftsvorfallbezogenen Nettomargenmethode („Transactional Net Market Method" und kurz „TNMM") werden Nettomargen konzerninterner Liefer- und Leistungsbeziehungen – z. B. im Rahmen der Anwendung der Kostenaufschlagsmethode oder der Wiederverkaufspreismethode – aus den Nettomargen, die das verbundene Unternehmen bei vergleichbaren Geschäften mit fremden Dritten erzielt bzw. die von unabhängigen Unternehmen bei vergleichbaren Geschäften erwirtschaftet werden, abgeleitet. Die Nettomargen beziehen sich üblicherweise auf das Verhältnis einer Gewinngröße

---

³⁴⁷ Vgl. FG Saarland 1 K 257/94 v. 18. 12. 1996, EFG 1997, 485.
³⁴⁸ Vgl. BFH I R 186/76 v. 12. 3. 1980, BStBl. II 1980, 531.
³⁴⁹ Vgl. BMF IV B 4 – S 1300–111/99 v. 24.12. 1999, BStBl. I 1999, 1076, Tz. 3.1.2.; BMF IV B 4 – S 1341–14/99 v. 30. 12. 1999, BStBl. I 1999, 1122, Tz. 1.7.; *Schaumburg*, Internationale Verrechnungspreise zwischen Kapitalgesellschaften 1994, S. 150.
³⁵⁰ BMF IV B 4 – S 1341–1/05 v. 12. 4. 2005, BStBl. I 2005, 570.
³⁵¹ Vgl. Presseerklärung des BMF v. 13. 7. 1995, IStR 1995, 384 und dazu *Runge* IStR 1995, 509.
³⁵² Vgl. *Kuckhoff/Schreiber* Verrechnungspreise in der Betriebsprüfung 1997 Rz. 118 ff.
³⁵³ Vgl. BMF IV B 4 – S 1341–1/05 v. 12. 4. 2005, BStBl. I 2005, 570, Tz. 3. 4.10.3. b) und c).
³⁵⁴ Vgl. dazu im Einzelnen Rz. 200 ff.

(in der Regel Betriebsergebnis, Rohergebnis oder EBIT) zum Umsatz[355] zu den Voll- oder Teilkosten[356] oder zum betriebsnotwendigen Kapital.[357]

Die TNMM ist nur anwendbar, wenn Nettomargen (uneingeschränkt oder eingeschränkt) vergleichbarer Transaktionen zwischen unabhängigen Unternehmen identifiziert werden können. Insoweit kann ein innerer Betriebsvergleich durchgeführt werden, d. h. die Nettomarge wird aus vergleichbaren Geschäften, die das Unternehmen mit fremden Dritten ausführt, abgeleitet. Ferner ist ein äußerer Betriebsvergleich denkbar, bei dem sich die Nettomarge aus vergleichbaren Geschäften zwischen unabhängigen Dritten ermittelt.[358] Im Rahmen des äußeren Betriebsvergleichs wird in der Verrechnungspreispraxis häufig auf Datenbanken zurückgegriffen. Der Steuerpflichtige ist allerdings im Rahmen der Anwendung der TNMM nicht verpflichtet, eine Datenbankanalyse durchzuführen.[359]

Die deutsche Finanzverwaltung schränkt – im Gegensatz zur internationalen Vorgehensweise – die Anwendung der TNMM auf Unternehmen mit sog. „Routinefunktionen" ein.[360] Zu den Routinefunktionen gehören insbesondere verwaltungsbezogene Dienstleistungen (EDV, Rechnungswesen, Marketing), technische Dienstleistungen (Montage, Reparaturen), Aus- und Fortbildungen, Lohnfertigung, Auftragsforschung und -entwicklung sowie Vertriebsleistungen eines Handelsvertreters oder Kommissionärs. Ob auch Vertriebsgesellschaften, die als Eigen- bzw. Vertragshändler Produkte vertreiben, als Unternehmen mit Routinefunktionen zu qualifizieren sind, ist umstritten.[361] Dies ist insofern nicht unproblematisch, als die TNMM gerade in diesen Fällen international übliche Praxis ist. Vor diesem Hintergrund sollte auch die deutsche Finanzverwaltung die Anwendung der TNMM bei als Eigen- bzw. Vertragshändler organisierten Vertriebs-Konzerngesellschaften zulassen.

c) Gewinnaufteilungsmethode (PSM)

Nach der geschäftsvorfallbezogenen Gewinnaufteilungsmethode („Profit Split Method" und kurz „PSM") wird der aus einem Geschäftsvorfall für den Konzern erzielte Gesamtgewinn auf die an der Geschäftsbeziehung beteiligten Konzernunternehmen aufgeteilt.[362] Dabei ist im Rahmen einer „Ex-ante"-Betrachtung auf den aus dem einzelnen Geschäft erwarteten Gewinn abzustellen; auf den später tatsächlich realisierten Gewinn kommt es hingegen nicht an.[363]

---

[355] Sog. Umsatzrendite bzw. „Sales Margin".
[356] Sog. Kosten- oder Gewinnaufschlag bzw. „Profit Margin" oder „Berry Ratio" im Bereich der Vertriebsunternehmen. Die „Berry Ratio" setzt den Rohgewinn in das Verhältnis zu den Vertriebs- und Verwaltungskosten und den sonstigen betrieblichen Aufwendungen. Vgl. *Berry* Journal of Global Transfer Pricing June/July 1999 S. 45 ff.; *Oestreicher/Vormoor* IStR 2004, 103.
[357] Sog. „Return on Assets" oder „Return on Net Assets".
[358] Zum inneren und äußeren Betriebsvergleich vgl. auch Rz. 196.
[359] Vgl. BMF IV B 4 – S 1341–1/05 v. 12. 4. 2005, BStBl. I 2005, 570, Tz. 3. 4.12. Abs. 2.
[360] Vgl. BMF IV B 4 – S 1341–1/05 v. 12. 4. 2005, BStBl. I 2005, 570, Tz. 3. 4.10.3. Buchst. b) Abs. 2.
[361] Zu Einzelheiten vgl. *Baumhoff/Ditz/Greinert* DStR 2005, 1552 f.
[362] Vgl. Tz. 3.5 OECD-Guidelines 1995/96.
[363] Wohl a. A. *Jacobs* S. 768, nach dem auf den „realisierten Nettoerfolg" abzustellen ist.

Als Aufteilungsmaßstab der PSM fungieren die von den Konzernunternehmen ausgeübten Funktionen, getragenen Risiken und eingesetzten (immateriellen) Wirtschaftsgüter, die mittels einer Funktionsanalyse[364] zu erfassen sind. Insoweit soll im Rahmen der PSM in Bezug auf eine bestimmte konzerninterne Liefer- oder Leistungsbeziehung eine Gewinnaufteilung erreicht werden, wie sie zwischen unabhängigen Unternehmen bei vergleichbaren Funktionen und Risiken entstanden wäre. Für die Gewinnaufteilung sehen die OECD-Guidelines 1995/96[365] die Beitragsmethode („Contribution Analysis"),[366] die Restgewinnmethode („Residual Profit Split Method"),[367] die Methode des eingesetzten Kapitals („Capital Employed Method")[368] und die Methode der vergleichbaren Gewinnaufteilung („Comparable Profit Split Method")[369] vor.

d) Gewinnvergleichsmethode (CPM)

216 Im Rahmen der Gewinnvergleichsmethode („Comparable Profit Method" und kurz „CPM") wird der aus konzerninternen Geschäftsbeziehungen resultierende Betriebsgewinn („Operating Profit"[370]) mit den Betriebsgewinnen unabhängiger Unternehmen verglichen, die vergleichbare Geschäfte unter vergleichbaren Bedingungen ausführen. Insoweit besteht eine Parallele zur TNMM.[371] Während sich die TNMM allerdings auf die Gewinnmarge einer einzelnen Geschäftsbeziehung bezieht, stellt die CPM auf den gesamten Betriebsgewinn des Unternehmens ab. Dieser wird zunächst für die gesamte Tätigkeit des Unternehmens ermittelt und dann auf die einzelnen gruppeninternen Geschäftsbeziehungen „heruntergebrochen". Folglich findet die CPM ihren methodischen Ansatz nicht in einer einzelnen konzerninternen Geschäftsbeziehung und ist damit nicht geschäftsvorfallbezogen. Ferner führt die Anwendung der CPM zu einer nicht gerechtfertigten Soll-Gewinnbesteuerung. Vor diesem Hintergrund wird die CPM von der Finanzverwaltung – steuersystematisch zutreffend – abgelehnt.[372]

3. Konzernumlagen

217 Der Abrechnungsform der Konzernumlage – insbesondere bei Dienstleistungen z. B. im Bereich der EDV, des Rechnungswesens, des Marketings und der Forschung und Entwicklung – kommt in der Verrechnungspreispraxis eine große Bedeutung zu. Mit Veröffentlichung der Umlage-VWG ist im Rahmen von Konzernumlagen zwischen dem Leistungsaustauschkonzept (sog.

---

[364] Vgl. dazu im Einzelnen Rz. 193.
[365] Vgl. Tz. 3.15 ff. OECD-Guidelines 1995/96; *Eimermann* IStR 1994, 541; *Jacobs* S. 769 f.
[366] Vgl. Tz. 3.16 OECD-Guidelindes 1995/96; *Kuckhoff/Schreiber* Verrechnungspreise in der Betriebsprüfung 1997 Rz. 139 f.
[367] Vgl. Tz. 3.19 OECD-Guidelines 1995/96; *Gangemi* in FS Flick S. 627.
[368] Vgl. Tz. 3.24 OECD-Guidelines 1995/96.
[369] Vgl Tz. 3.25 OECD-Guidelines 1995/96.
[370] Der „Operating Profit" ist definiert als Umsatzerlöse abzüglich Herstellungskosten der verkauften Produkte und abzüglich der Betriebsaufwendungen.
[371] Vgl. dazu Rz. 212.
[372] Vgl. BMF IV B 4 – S 1341–1/05 v. 12.4. 2005, BStBl. I 2005, 570, Tz. 3.4.10.3. Buchst. d). Zu Einzelheiten vgl. auch Tz. 3.1 OECD-Guidelines 1995/96; *IDW* IDW-FN 1994, 514; *Jacobs* S. 774.

C. Grenzüberschreitender Liefer- und Leistungsverkehr

Leistungsumlage) einerseits und dem Poolkonzept (sog. Poolumlage) andererseits zu unterscheiden.[373] Bei der Leistungsumlage, die nicht in den Regelungsbereich der Umlage-VWG fällt, wird von einem leistungserbringenden Unternehmen eine Leistung bzw. ein ganzes Leistungsbündel gegenüber einem oder mehreren verbundenen Unternehmen im Rahmen eines schuldrechtlichen Leistungsaustausches erbracht. Dabei wird der Verrechnungspreis pauschal durch Umlage der beim Leistungserbringer entstandenen Kosten zzgl. eines Gewinnaufschlags mit Hilfe eines sachgerechten Schlüssels bestimmt.[374]

Bei der Poolumlage werden dagegen von einem, von mehreren oder von allen beteiligten Konzernunternehmen Leistungen bzw. Leistungsbündel im gemeinsamen Interesse und für gemeinschaftliches Risiko der Poolmitglieder erbracht.[375] Insoweit können an einer Poolumlage nur solche Unternehmen als Poolmitglieder teilnehmen, die gleichgerichtete Interessen verfolgen, d. h. sie müssen die Leistungen in wirtschaftlich gleicher Weise nutzen. Ein Pool bildet damit als Innengesellschaft (in Form einer BGB-Gesellschaft) eine Interessengemeinschaft wirtschaftlich gleichberechtigter Partner. Infolgedessen kommt es nicht zu Leistungsflüssen zwischen den Poolmitgliedern,[376] so dass die im Rahmen der Pooltätigkeit anfallenden Kosten – im Gegensatz zur Leistungsumlage – ohne Gewinnaufschlag unter den Poolmitgliedern verteilt werden. Der Pool stellt insofern eine Risikogemeinschaft dar, da dessen Mitglieder gemeinsam über die Kostenumlage die Risiken der Pooltätigkeit tragen. Dazu gehören insbesondere das Kostenrisiko sowie das Preisabweichungsrisiko.

Sowohl im Rahmen der Leistungsumlage als auch bei der Poolumlage ist der Umlageschlüssel auf Basis des erwarteten Nutzens der teilnehmenden Unternehmen abzuleiten.[377] Nach Ansicht der Finanzverwaltung können dabei z. B. die eingesetzten, hergestellten, verkauften oder zu erwartenden Einheiten einer Produktlinie, der Materialaufwand, die Maschinenstunden, die Anzahl der Arbeitnehmer, die Lohnsumme, die Wertschöpfung, das investierte Kapital, der Betriebsgewinn oder der Umsatz als Maßstab des Umlageschlüssels herangezogen werden.[378] Im Ergebnis sind demnach durch die Finanzverwaltung keine generell anwendbaren Schlüsselgrößen vorgegeben, sondern es wird dem Steuerpflichtigen ein erheblicher Entscheidungsspielraum im Rahmen der Festlegung des Umlageschlüssels eingeräumt.[379]

---

[373] Vgl. BMF IV B 4 – S 1341–14/99 v. 30.12.1999, BStBl. I 1999, 1122, Tz. 1.; *Baumhoff* IStR 2000, 693f.; *Kuckhoff/Schreiber* IStR 2000, 348; *Oestreicher* IStR 2000, 760f.

[374] Zur Ermittlung eines Umlageschlüssels auf Basis des Fremdvergleichsgrundsatzes vgl. *Ditz* DB 2004, 1949ff.

[375] Vgl. BMF IV B 4-S 1341–14/99 v. 30.12.1999, BStBl. I 1999, 1122, Tz.1.1.; Tz. 8.3f. OECD-Guidelines 1995/96.

[376] Unabhängig von der Negierung eines schuldrechtlichen Leistungsaustausches zwischen den Poolmitgliedern für ertragsteuerliche Zwecke ist das Poolkonzept einer umsatzsteuerlichen Würdigung zu unterziehen. Folglich können auch im Rahmen des Poolkonzepts umsatzsteuerlich zu erfassende Leistungsbeziehungen vorliegen. Vgl. dazu im Einzelnen *Förster/Mühlbauer* DStR 2002, 1470; *Eggers* IStR 2001, 308.

[377] Zu Einzelheiten vgl. *Ditz* DB 2004, 1949ff.

[378] Vgl. BMF IV B 4 – S 1341–14/99 v. 30.12.1999, BStBl. I 1999, 1122, Tz. 3.2. Abs. 2.

[379] Vgl. *Ditz* Internationale Gewinnabgrenzung bei Betriebsstätten 2004 S. 183ff.

IV. Verrechnungspreisermittlung für ausgewählte Liefer- und Leistungsbeziehungen

1. Produktlieferungen

a) Lieferungen von Produktionsgesellschaften

220 Die Produktionsfunktion kann durch ein verbundenes Unternehmen grundsätzlich in den Grundformen eines Eigenproduzenten und eines Lohnfertigers ausgeübt werden.[380] Während der Eigenproduzent Marktchancen und Marktrisiken übernimmt, ist die Lohnfertigung als nur eingeschränkte Funktionsausübung in Form einer Dienstleistung anzusehen.[381] Für einen Lohnfertiger sind insbesondere die folgenden Funktionen und Risiken charakteristisch:[382]
- Beschränkung der Produktion auf einzelne Teile, einzelne Bearbeitungsschritte oder Großserienprodukte;
- keine oder geringe unternehmerische Dispositionsfreiheiten, vielmehr bestimmt der Auftraggeber über die Produktpolitik und die Fertigungsschritte des Lohnfertigers;
- keine eigene Forschung und Entwicklung und kein Eigentum an den maßgeblichen immateriellen Vermögenswerten, vielmehr wird die Technologie in der Regel vom Auftraggeber zur Verfügung gestellt;
- nur eingeschränkte eigene Beschaffungsfunktion, vielmehr werden Rohstoffe häufig durch den Auftraggeber (kostenlos) beigestellt;
- geringe Lagerhaltung;
- kein eigener Vertrieb;
- kein bzw. ein nur geringes Absatzrisiko, da der Auftraggeber langfristig den Großteil seiner Produktion abnimmt;
- geringe Beschaffungs- und Lagerrisiken;
- kein oder nur geringes Forschungs- und Entwicklungsrisiko.

221 Ist eine Produktionsgesellschaft als Lohnfertiger zu qualifizieren, ist zunächst zu prüfen, ob der Verrechnungspreis auf Basis der Preisvergleichsmethode ermittelt werden kann. Ist dies nicht der Fall, ist der Verrechnungspreis nach der Kostenaufschlagsmethode[383] zu ermitteln.[384] Im Rahmen der Anwendung der Kostenaufschlagsmethode ist der Gewinnaufschlag des Lohnfertigers umso höher zu bemessen, je mehr Funktionen und Risiken durch ihn übernommen werden. Die Kostenbasis kann auf Ist-, Plan- oder Sollkostenbasis ermittelt werden[385] Entstehen dem Lohnfertiger Anlaufverluste (z. B. im Zusammenhang mit dem Aufbau oder der Erweiterung der Produktion), sind diese vom Auftraggeber zu tragen.

---

[380] Zur Funktionsanalyse im Allgemeinen vgl. Rz. 193.
[381] So ausdrücklich Tz. 7.40 OECD-Guidelines 1995/96.
[382] Vgl. auch BMF IV C 5 – S 1341–4/83 v. 23. 2. 1983, BStBl. I 1983, 218, Tz. 3.1.3. Beispiel 1. Tz. 2.4.7. OECD-Guidelines 1995/96; FG Münster 8 K 2348/02 E v. 16. 3. 2006, IStR 2006, 794; *Baumhoff/Greinert* IStR 2006, 789.
[383] Zu Einzelheiten vgl. Rz. 205 ff.
[384] Vgl. BMF IV C 5 – S 1341–4/83 v. 23. 2. 1983, BStBl. I 1983, 218, Tz. 3.1.3. Beispiel 3; Tz. 7.40 OECD-Guidelines 1995/96; FG Münster 8 K 2348/02 E v. 16. 3. 2006, IStR 2006, 794.
[385] Vgl. zur Zuordnung von Standortvorteilen im Einzelnen FG Münster 8 K 2348/02 E v. 16. 3. 2006, IStR 2006, 794; *Baumhoff/Greinert* IStR 2006, 789.

C. Grenzüberschreitender Liefer- und Leistungsverkehr 222–224 § 16

Im Gegensatz zum Lohnfertiger verfügt der Eigenproduzent über die volle 222 Dispositionsbefugnis der Produktion. In der Regel ist er daher als Strategieträger in Bezug auf das entsprechende Produkt bzw. die entsprechende Produktgruppe anzusehen.[386] Denn der Eigenproduzent bestimmt die wesentlichen strategischen und betriebswirtschaftlichen Entscheidungen und trägt demnach alle Marktchancen und Marktrisiken. Verrechnungspreise für Produktlieferungen eines Eigenproduzenten an eine Konzern-Vertriebsgesellschaft sind folglich idR auf Basis der Wiederverkaufspreismethode[387] oder der TNMM[388] zu ermitteln.

b) Lieferungen an Vertriebsgesellschaften

Bei der rechtlichen Organisation einer Vertriebsgesellschaft bestehen mit 223 dem Vertrags- bzw. Eigenhändler (Vertrieb im eigenen Namen auf eigene Rechnung), dem Kommissionär (Vertrieb im eigenen Namen auf fremde Rechnung) und dem Handelsvertreter (Vertrieb im fremden Namen auf fremde Rechnung) drei Gestaltungsalternativen.[389] Nur der Eigenhändler übt die volle Vertriebsfunktion aus; denn nur er erwirbt das Eigentum an den von ihm vertriebenen Produkten und vertreibt diese im eigenen Namen und auf eigene Rechnung. Folglich trägt der Eigenhändler sowohl die Lager- als auch die Absatzrisiken des Vertriebs und verfügt über weitgehende Dispositionsbefugnisse hinsichtlich der Ausgestaltung seiner Vertriebspolitik (z. B. Entscheidung über Vertriebswege, Marketing, Werbung, After Sales-Services etc.). Im Gegensatz zum Eigenhändler werden – nach dem gesetzlichen Grundmodell der §§ 84 und 383 HGB – weder der Kommissionär noch der Handelsvertreter Eigentümer der vertriebenen Waren. Der Kommissionär und der Handelsvertreter unterscheiden sich infolge dessen vom Eigenhändler in ihrem reduzierten Funktions- und Risikoumfang. Dieser resultiert insbesondere daraus, dass beide Vertriebsformen im Innenverhältnis auf Rechnung des Prinzipals tätig werden. Daher tragen sowohl der Kommissionär als auch der Handelsvertreter ein geringeres Vertriebsrisiko, so dass ihnen ein entsprechend geringerer Vertriebsgewinn zusteht.

Der BFH hat in seinem Urteil v. 17. 10. 2001 umfassend zur Verrechnungs- 224 preisermittlung bei Lieferungen an eine als Eigenhändler organisierte Vertriebsgesellschaft Stellung bezogen.[390] Danach ist der Verrechnungspreis für Produktlieferungen an einen Eigenhändler „regelmäßig" nach der Wiederverkaufspreismethode[391] zu ermitteln. Dies schließt allerdings nicht aus, dass auch die Preisvergleichsmethode Anwendung finden kann.[392] Ferner kommen in Bezug auf die Ermittlung von Verrechnungspreisen für Produktlieferungen an einen Eigenhändler auch die TNMM[393] und die Kostenaufschlagsmethode[394]

---

[386] Vgl. insoweit BMF IV B 4 – S 1341–1/05 v. 12. 4. 2005, BStBl. I 2005, 570, Tz. 3. 4. 10.2 Buchst. b); *Baumhoff/Ditz/Greinert* DStR 2005, 1551.
[387] Vgl. dazu Rz. 203.
[388] Vgl. dazu Rz. 212.
[389] Vgl. dazu im Einzelnen *Prinz* FR 1997, 519; *Grotherr/Baumhoff/Bodenmüller* S. 359 ff.
[390] Vgl. BFH I R 103/00 v. 17. 10. 2001, BStBl. II 2004, 171 und dazu *Baumhoff* IStR 2001, 751; *Kuckhoff/Schreiber* IWB Fach 3 Deutschland Gruppe 1, 863; *Wassermeyer* DB 2001, 2465.
[391] Vgl. dazu Rz. 203.
[392] Vgl. auch BMF IV B 4 – S 1300–12/04 v. 26. 2. 2004, BStBl. I 2004, 270.
[393] Vgl. dazu Rz. 212 ff.
[394] Vgl. dazu Rz. 205 ff.

in Betracht. Im Rahmen der Ermittlung von Verrechnungspreisen für Produktlieferungen an eine Vertriebsgesellschaft ist nach der Rechtsprechung des BFH ferner zu berücksichtigen, dass ein unabhängiger Vertreiber im Rahmen seiner Vertriebsfunktion keine nachhaltigen Verluste akzeptieren würde. Denn der ordentliche und gewissenhafte Geschäftsleiter einer Vertriebsgesellschaft würde auf Dauer[395] keine Produkte vertreiben, mit denen er nur Verluste erzielt. Vor diesem Hintergrund ist im Rahmen der Verrechnungsermittlung bei Vertriebsgesellschaften sicherzustellen, dass sie auf Dauer Gewinne erwirtschaften können. Als Untergrenze der Rendite soll dabei die angemessene Verzinsung des Eigenkapitals der Vertriebsgesellschaft (einschließlich Zinseszinsen und Risikozuschlag) fungieren.[396]

225 Der Kommissionär erwirbt im Gegensatz zum Eigenhändler kein Eigentum an den von ihm vertriebenen Produkten. Im Hinblick auf die Vergütung der (Vermittlungs-)Dienstleistung des Kommissionärs ist sowohl die Anwendung der Kostenaufschlagsmethode als auch die Gewährung einer umsatzabhängigen Kommission denkbar. In der Regel liegen die Provisionssätze zwischen 3 % und 7 % des Umsatzes, falls kein zusätzlicher Aufwandsersatz erfolgt. Werden Aufwendungen des Kommissionärs ersetzt, liegt die Provision in der Regel zwischen 0,5 % und 5 %.[397]

226 Der Handelsvertreter erhält lediglich eine Handelsvertretervergütung. Diese ist in der Regel anhand der Preisvergleichs- oder der Kostenaufschlagsmethode zu ermitteln. Sie ist auf Grund des geringeren Umfangs an übernommenen Funktionen und Risiken im Vergleich zur Handelsspanne des Eigenhändlers und zur Kommission des Kommissionärs geringer.

2. Ermittlung von Zinssätzen für Finanzierungsleistungen

227 Nach Auffassung der Finanzverwaltung ist für die Gewährung von Darlehen an verbundene Unternehmen der Zins anzusetzen, zu dem Fremde unter vergleichbaren Bedingungen das Darlehen am Geld- oder Kapitalmarkt gewährt hätten.[398] Dabei sind alle Umstände des Einzelfalls zu berücksichtigen, wie z. B. die Darlehenshöhe, die Laufzeit und Art des Darlehens, die Wechselkursrisiken sowie die allgemeinen Verhältnisse am Kapitalmarkt.[399] Nach der allgemeinen Bandbreiten-Betrachtung[400] kann sich der konzerninterne Zinssatz jedoch nicht nur einseitig am Soll-Zinssatz orientieren. Vielmehr ermittelt er sich innerhalb eines Zinsbandes, d. h. der Bandbreite zwischen Soll- und Haben-Zinssatz.[401] Der Soll-Zinssatz der Banken ist dann als Obergrenze des Zinsbandes anzusetzen, wenn sich die darlehensgewährende Konzerngesell-

---

[395] Die Verlustphase einer Vertriebsgesellschaft soll – abgesehen von besonderen Umständen des Einzelfalls – einen Zeitraum von drei Jahren nicht überschreiten. Ist dies dennoch der Fall, wird widerlegbar vermutet, dass gegenüber der Vertriebsgesellschaft unangemessene Verrechnungspreise verrechnet wurden. Zu Einzelheiten vgl. BFH I R 103/00 v. 17. 10. 2001, BStBl. II 2004, 171; BFH I R 3/92 v. 17. 11. 1993, BStBl. II 1993, 457; BFH I R 22/04 v. 6. 4. 2005, IStR 2005, 598; *Baumhoff/Ditz/Greinert* IStR 2005, 592.
[396] Vgl. BFH I R 103/00 v. 17. 10. 2001, BStBl. II 2004, 171.
[397] Vgl. *Flick/Wassermeyer/Baumhoff/Baumhoff*, Außensteuerrecht § 1 AStG Rz. 614.3.
[398] Vgl. BMF IV C 5 – S 1341–4/83 v. 23. 2. 1983, BStBl. I 1983, 218, Tz. 4.2.1.
[399] Vgl. BMF IV C 5 – S 1341–4/83 v. 23. 2. 1983, BStBl. I 1983, 218, Tz. 4.2.2.
[400] Vgl. dazu Rz. 195.
[401] Vgl. BFH I R 83/87 v. 28. 2. 1990, BStBl. II 1990, 649; BFH I R 93/93 v. 19. 1. 1994, BStBl. II 1994, 725.

C. Grenzüberschreitender Liefer- und Leistungsverkehr 228–231 § 16

schaft selbst über den Soll-Zinssatz einer Bank refinanzieren muss. Verfügt die darlehensgewährende Konzerngesellschaft demgegenüber über eigene Liquidität, ist der Haben-Zinssatz als Untergrenze des Zinsbandes maßgeblich.

Grundsätzlich entspricht nur eine verzinsliche Überlassung von Fremdkapital dem Grundsatz des Fremdvergleichs. Allerdings sind auch Fälle denkbar, in denen eine zinslose bzw. eine zinsbegünstigte Überlassung von Fremdkapital bei der darlehensgewährenden Konzerngesellschaft betrieblich veranlasst ist. Dies ist z. B. dann der Fall, wenn auch fremde Dritte keine Zinsen berechnen würden. Dies betrifft insbesondere Lieferantenkredite für Waren oder Dienstleistungen (z. B. zur eigenen Absatzförderung).   228

3. Lizenzierung immaterieller Wirtschaftsgüter

Werden immaterielle Wirtschaftsgüter (z. B. Marken, Patente, Know-how, Kundenstamm) einem verbundenen Unternehmen zur Nutzung überlassen, ist hierfür nach dem Fremdvergleichsgrundsatz ein angemessenes Entgelt in Form einer Lizenz zu verrechnen. Eine Lizenzgebühr ist allerdings nur dann verrechenbar, wenn sie für den Lizenznehmer einen betrieblichen Nutzen erwarten lässt.[402] Dies ist dann der Fall, wenn der Lizenznehmer aus der Nutzungsüberlassung des immateriellen Wirtschaftsguts einen wirtschaftlichen Vorteil erwartet.[403] Die Verrechnung von Lizenzgebühren ist in der Regel nicht möglich, wenn die Nutzungsüberlassung der immateriellen Wirtschaftsgüter im Zusammenhang mit Lieferungen und Leistungen steht und fremde Dritte ein Gesamtentgelt vereinbart hätten (sog. Verbot der Doppelverrechnung).[404]   229

Auch im Rahmen der Ermittlung von Lizenzgebühren haben die Standardmethoden der Verrechnungspreisermittlung Vorrang vor den gewinnorientierten Methoden. Dabei ist zuerst die Anwendung der Preisvergleichsmethode[405] zu prüfen.[406] Dieser sind jedoch im Rahmen der Ermittlung von angemessenen Lizenzgebühren in der Praxis enge Grenzen gesetzt, da häufig fremdübliche Vergleichslizenzsätze nicht ermittelbar sind. Da ferner die Wiederverkaufspreismethode und die Kostenaufschlagsmethode zur Bestimmung angemessener Lizenzgebühren als wenig praktikabel gelten, kommen den gewinnorientierten Methoden in diesem Zusammenhang eine übergeordnete Bedeutung zu. Denn es ist davon auszugehen, dass eine Lizenzgebühr von dem ordentlichen Geschäftsleiter eines Lizenzunternehmens nur bis zu der Höhe gezahlt wird, bei der für ihn ein angemessener Betriebsgewinn aus dem lizenzierten Produkt verbleibt. Ausgangspunkt für die Bestimmung der angemessenen Lizenzgebühr sind daher die Gewinnerwartungen aus der Überlassung des immateriellen Wirtschaftsguts.   230

Hinsichtlich der Frage, welcher Anteil des erwarteten Gewinns dem Lizenzgeber bzw. -nehmer zuzuordnen ist, bedient sich die Betriebsprüfungspraxis häufig der sog. „Knoppe-Formel".[407] Danach steht dem Lizenzgeber für die zur Nutzung überlassenen immateriellen Wirtschaftsgüter ein Anteil in Höhe von   231

---

[402] Vgl. BMF IV C 5 – S 1341–4/83 v. 23. 2. 1983, BStBl. I 1983, 218, Tz. 5.1.1.
[403] Vgl. Tz. 6.14 OECD-Guidelines 1995/96.
[404] Vgl. Tz. 6.17 OECD-Guidelines 1995/96; BMF IV C 5 – S 1341–4/83 v. 23. 2. 1983, BStBl. I 1983, 218, Tz. 5.1.2.
[405] Vgl. dazu Rz. 201.
[406] Vgl. BMF IV C 5 – S 1341–4/83 v. 23. 2. 1983, BStBl. I 1983, 218, Tz. 5.2.3.
[407] Vgl. *Böcker* StBp 1991, 80; *Jacobs* S. 1061; *Knoppe* BB 1967, 1117.

25 % bis 33 $^{1}/_{3}$ % des vorkalkulierten Gewinns des Lizenznehmers aus den Lizenzprodukten ohne Berücksichtigung der Lizenzgebühr zu. Die pauschale Ermittlung der Lizenzgebühr auf Basis der „Knobbe-Formel" nimmt keine Rücksicht auf die konzernspezifische Funktions- und Risikoverteilung des Einzelfalls und ist daher im Ergebnis abzulehnen;[408] vielmehr ist bezogen auf den konkreten Einzelfall eine geschäftsvorfallbezogene Gewinnaufteilung durchzuführen.[409] Dabei sind im Rahmen der Gewinnaufteilung die konkrete Funktions- und Risikoaufteilung der involvierten Konzernunternehmen und deren jeweilige Ertragsprognosen im Zusammenhang mit dem lizenzierten Wirtschaftsgut zu berücksichtigen. Darüber hinaus sind nach dem Grundsatz der „ex ante"-Betrachtung nur die Verhältnisse und Informationen zu Grunde zu legen, die zum Zeitpunkt des Vertragsabschlusses bekannt waren bzw. sich zu diesem Zeitpunkt abzeichneten.[410]

4. Verrechnung von Dienstleistungen

a) Verrechnung dem Grunde nach

232 Erbringt eine Muttergesellschaft gegenüber ihrer Tochtergesellschaft oder einer dieser gesellschaftsrechtlich nachgeordneten Gesellschaft Dienstleistungen, ist zunächst zu prüfen, ob die Leistungen auf gesellschaftsrechtlicher oder schuldrechtlicher Basis erbracht werden. Eine Verrechnung von Dienstleistungen dem Grunde nach ist nur möglich, wenn ein echter Dienstleistungsaustausch auf schuldrechtlicher Basis vorliegt, der zumindest mittelbar geeignet ist, die betrieblichen Interessen des dienstleistungsempfangenden Konzernunternehmens zu fördern. Denn auch nur in diesem Fall würden nach dem Grundsatz des Fremdvergleichs unabhängige Dritte eine Dienstleistung verrechnen bzw. nur in diesem Fall wäre ein ordentlicher Geschäftsleiter des leistungsempfangenden Unternehmens bereit, eine Dienstleistung gegen Entgelt anzunehmen.[411] Infolgedessen scheidet die Verrechnung eines Entgeltes immer dann aus, wenn die Leistung ihre Rechtsgrundlage in den gesellschaftsrechtlichen Beziehungen der beteiligten Unternehmen findet.[412] Zu den nicht verrechenbaren Dienstleistungen gehören insbesondere:[413]
– Leitung und Organisation des Konzerns, die Festlegung der Konzernpolitik sowie die Finanzplanung für den Gesamtkonzern (z. B. Aufwendungen für den Konzern-Vorstand, den Konzern-Aufsichtsrat sowie Gesellschafterversammlung der Konzernspitze);
– Planung von Investitions-, Produktions-, Forschungs- und Absatzmaßnahmen im Gesamtkonzernbereich sowie deren zentrale Koordination (z. B. Unternehmensplanung durch die Konzernspitze);

---

[408] Vgl. auch *Jacobs* S. 1062.
[409] Vgl. zur Anwendung der Gewinnaufteilungsmethode im Einzelnen Rz. 215.
[410] Vgl. jedoch die Neuregelung zur Preisanpassungsklausel in § 1 Abs. 3 Satz 11 ff. AStG.
[411] Vgl. Tz. 7.6, 7.14 und 7.29 OECD-Guidelines 1995/96; BMF IV C 5 – S 1341–4/83 v. 23. 2. 1983, BStBl. I 1983, 218, Tz. 6.2.1; *Becker* IWB Fach 10 International Gruppe 2, 1157.
[412] Vgl. BMF IV C 5 – S 1341–4/83 v. 23. 2. 1983, BStBl. I 1983, 218, Tz. 6.1.
[413] Vgl. Tz. 7.10 ff. OECD-Guidelines 1995/96; BMF IV C 5 – S 1341–4/83 v. 23. 2. 1983, BStBl. I 1983, 218, Tz. 6.3.2; *Flick/Wassermeyer/Baumhoff/Baumhoff* § 1 AStG, Rz. 636 ff.; *Schlagheck* StBp 2000, 84.

C. Grenzüberschreitender Liefer- und Leistungsverkehr 233–235 § 16

– Dokumentation der Konzernergebnisse sowie alle Kontrollmaßnahmen zur Überwachung der Untergesellschaften (z. B. Einführung und Überwachung eines einheitlichen Rechnungs- und Berichtswesens, Konsolidierung des Konzernergebnisses, Aufstellung Konzernabschluss);
– Rückhalt im Konzern (Vorteile aus der reinen Konzernzugehörigkeit, wie z. B. Kreditwürdigkeit, verbilligte Einkaufsmöglichkeiten, Risikostreuung, Recht auf Führung des Konzernnamens,[414] günstigere Absatzmöglichkeiten).

b) Verrechnung der Höhe nach

Im Rahmen der Einzelabrechnung wird für jede einzelne innerkonzernliche Dienstleistung ein Entgelt verrechnet. Dabei kommen grundsätzlich die drei Standardmethoden der Verrechnungspreisermittlung in Betracht. Nach der Preisvergleichsmethode können Verrechnungspreise für die Erbringung von Dienstleistungen durch einen inneren Preisvergleich ermittelt werden, wenn diese sowohl an verbundene wie auch an unverbundene Unternehmen erbracht werden. Zu denken ist hierbei insbesondere an konzerneigene Marketing-, F&E-, Verwaltungs-, Unternehmensberatungs- und Engineering-Gesellschaften.[415] Ein äußerer Preisvergleich, bei dem auf den Leistungsverkehr zwischen unabhängigen Unternehmen abgestellt wird, eignet sich hingegen nur für den Bereich der marktgängigen Dienstleistungen, da nur für diese eine vergleichbare Referenztransaktion zwischen unabhängigen Dritten identifiziert werden kann. Dazu gehören in erster Linie die sog. gewerblichen Dienstleistungen, wie z. B. Transport-, Versicherungs-, Überwachungs-, Reinigungs-, Wartungs-, Montage-, Reparatur- und Marketingdienstleistungen sowie Dienstleistungen im Bereich der EDV. Für den ebenfalls zu den Dienstleistungen zählenden Bereich der Auftragsforschung ist ebenfalls eine Marktpreisorientierung möglich. So können z. B. Vergleichsangebote von unabhängigen Forschungseinrichtungen (wie z. B. Universitätsinstitute) eingeholt werden.[416] Darüber hinaus kann ein Preisvergleich häufig im Bereich der freiberuflichen Dienstleistungen, wie z. B. der Rechts-, Steuer-, Unternehmens- und Ingenieurberatung durchgeführt werden.[417]

233

Der Kostenaufschlagsmethode kommt im Rahmen der Verrechnung konzerninterner Dienstleistungen eine große Bedeutung zu.[418] Dies betrifft insbesondere Fälle, in denen für eine konzerninterne Dienstleistung keine Marktpreise als Vergleichsmaßstab zur Verfügung stehen. Dies gilt beispielsweise für die Lohnfertigung[419] oder die Auftragsforschung.

234

Da sich die Einzelabrechnung von Dienstleistungen in der Verrechnungspreispraxis als sehr unpraktikabel erwiesen hat, werden konzerninterne Dienstleistungen häufig auch auf Basis einer Konzernumlage verrechnet.[420]

235

---

[414] Zur Verrechnung von konzernnamensgleichen Marken vgl. BFH I R 12/99 v. 9. 8. 2000, BStBl. II 2001, 140.
[415] Vgl. auch *Stock/Kaminski* IStR 1997, 451 ff.
[416] Vgl. auch BMF IV C 5 – S 1341–4/83 v. 23. 2. 1983, BStBl. I 1983, 218, Tz. 5.3.
[417] Vgl. dazu auch BFH I R 72/92 v. 23. 6. 1993, BStBl. II 1993, 801.
[418] Zur konkreten Ausgestaltung und Anwendung der Kostenaufschlagsmethode vgl. Rz. 205 ff.
[419] Vgl. dazu im Einzelnen Rz. 220.
[420] Zur Verrechnung von Konzernumlagen vgl. Rz. 217 ff.

Ditz

V. Dokumentationspflichten

236 Der BFH hat in seinem Grundsatzurteil vom 17. 10. 2001[421] sowie dem dazu ergangenen Beschluss v. 10. 5. 2001[422] ausführlich zu den Dokumentations- und Mitwirkungspflichten bei der Prüfung internationaler Verrechnungspreise Stellung bezogen.[423] Danach kommt der BFH zum Ergebnis, dass nach damals gültigem Recht außerhalb der Buchführungspflicht gem. §§ 238 ff. HGB und §§ 140 ff. AO keine verrechnungspreisspezifischen Dokumentationspflichten existierten. Auf die beiden Entscheidungen des BFH hat der Gesetzgeber reagiert und mit dem StVergAbG vom 16. 5. 2003[424] Regelungen zu Dokumentationspflichten im Rahmen der Verrechnungspreisermittlung in § 90 Abs. 3 AO aufgenommen,[425] die erstmals für Wirtschaftsjahre, die nach dem 31. 12. 2002 beginnen, anzuwenden sind.[426] Zur weiteren Konkretisierung der Dokumentationspflichten hat der Gesetzgeber die sog. Gewinnabgrenzungsaufzeichnungsverordnung vom 13. 11. 2003 (GAufzV)[427] erlassen sowie die Finanzverwaltung das BMF-Schreiben vom 12. 4. 2005 (sog. VWG-Verfahren)[428] veröffentlicht.

237 Die Aufzeichnungen sind nach § 90 Abs. 3 Satz 6 AO im Regelfall nur im Rahmen einer Außenprüfung vorzulegen.[429] Einer entsprechenden Anforderung durch die Finanzverwaltung hat der Steuerpflichtige innerhalb von 60 Tagen nachzukommen. Lediglich bei außergewöhnlichen Geschäftsvorfällen, zu denen nach § 3 Abs. 2 GAufzV z. B. Funktionsverlagerungen,[430] Umstrukturierungsmaßnahmen oder der Abschluss langfristiger Verträge mit besonderem Gewicht zählen, sind die erforderlichen Aufzeichnungen zeitnah, d. h. innerhalb von sechs Monaten nach Ablauf des Wirtschaftsjahres, in dem sich der Geschäftsvorfall ereignete, zu erstellen.[431]

238 Die nach § 90 Abs. 3 AO und der GAufzV zu erstellende Verrechnungspreisdokumentation ist an keine äußere Form gebunden und somit als (lose) Sammlung verschiedener Unterlagen zu Geschäftsbeziehungen mit nahestehenden Personen anzusehen. Die entsprechenden Unterlagen sind in schriftlicher oder

---

[421] Vgl. BFH I R 103/00 v. 17. 10. 2001, BStBl. II 2004, 171.

[422] Vgl. BFH I S 3/01 v. 10. 5. 2001, IStR 2001, 474.

[423] Vgl. dazu auch *Baumhoff* IStR 2001, 751; *Gosch* StBp 2001, 360; *Kuckhoff/Schreiber* IWB Fach 3 Deutschland Gruppe 1, 863; *Kaminiski/Strunk* IWB Fach 3 Deutschland Gruppe 1, 1831; *Wassermeyer* DB 2001, 2465; *Seer* FR 2002, 382; *Ditz* Internationale Gewinnabgrenzung bei Betriebsstätten 2004 S. 107 ff. und 351 ff.

[424] BGBl. I 2003, 660 sowie die Gesetzesbegründung in BR-Drs. 866/02, 83 ff.

[425] Zur möglichen Europarechtswidrigkeit dieser Regelung vgl. *Hahn/Suhrbier-Hahn* IStR 2003, 84; *Schnitger* IStR 2003, 75 f.; *Joecks/Kaminiski* IStR 2004, 65.

[426] Vgl. Art. 97 § 22 Einführungsgesetz zur AO.

[427] BGBl. I 2003, 2296. Zur GAufzV im Einzelnen vgl. *Baumhoff/Ditz/Greinert* DStR 2004, 157 ff.

[428] Vgl. BMF IV B 4 – S 1341–1/05 v. 12. 4. 2005, BStBl. II 2005, 570, und dazu im Einzelnen *Baumhoff/Ditz/Greinert* DStR 2005, 1549 ff.

[429] Dabei ist auch der digitale Datenzugriff der Finanzverwaltung gem. § 147 Abs. 6 AO zu beachten; vgl. dazu *Ditz* DStR 2005, 2038 ff.; *Schaumburg* DStR 2002, 833.

[430] Vgl. dazu im Einzelnen *Baumhoff/Ditz/Greinert* DStR 2007, 1649 ff. und DStR 2008, 1945 ff.

[431] Vgl. § 90 Abs. 3 Satz 3 AO; § 3 Abs. 1 GAufzV, BMF IV B 4 – S 1341–1/05 v. 12. 4. 2005, BStBl. I 2005, 570, Tz. 3.4.8.2.

elektronischer Form zu erstellen, in sachgerechter Ordnung zu führen und mindestens zehn Jahre[432] aufzubewahren. Darüber hinaus schreibt § 2 Abs. 1 GAufzV vor, dass die Aufzeichnungen es einem sachverständigen Dritten innerhalb einer angemessenen Frist ermöglichen müssen, festzustellen, welche Sachverhalte der Steuerpflichtige im Zusammenhang mit seinen Geschäftsbeziehungen zu nahestehenden Personen verwirklicht hat und ob und inwieweit er dabei den Grundsatz des Fremdvergleichs beachtet hat. Dabei muss sich der Steuerpflichtige „ernsthaft bemühen", seine Geschäftsbeziehungen zu nahestehenden Personen unter Beachtung des Fremdvergleichsgrundsatzes abzurechnen.[433]

Prinzipiell bietet es sich an, die Verrechnungspreis-Dokumentation an den Vorgaben der §§ 4 und 5 GAufzV auszurichten. In diesem Zusammenhang sind die folgenden Tatbestände zu dokumentieren, wobei für sog. „kleinere Unternehmen" Dokumentationserleichterungen bestehen:[434]

(1) Allgemeine Informationen über Beteiligungsverhältnisse, Geschäftsbetrieb und Organisationsaufbau der Unternehmensgruppe (z. B. Darstellung der Beteiligungsverhältnisse im Konzern und der organisatorischen Konzernstruktur, Beschreibung der Tätigkeitsbereiche des in Deutschland ansässigen verbundenen Unternehmens);

(2) Grenzüberschreitende Geschäftsbeziehungen zu verbundenen Unternehmen (z. B. Übersicht über Art und Umfang der Geschäftsbeziehungen, Darstellung der vertraglichen Grundlagen, Liste der wesentlichen immateriellen Wirtschaftsgüter);

(3) Funktions- und Risikoanalyse (z. B. Informationen über die von den verbundenen Unternehmen ausgeübten Funktionen, übernommenen Risiken und eingesetzten wesentlichen Wirtschaftsgüter, Informationen über die vereinbarten Vertragsbeziehungen, Informationen über die bedeutsamen Markt- und Wettbewerbsverhältnisse, Beschreibung der Wertschöpfungskette);

(4) Verrechnungspreisanalyse (z. B. Darstellung der angewandten Verrechnungspreismethode und deren Anwendung, Begründung der Geeignetheit der angewandten Methode, Unterlagen zur Anwendung der gewählten Verrechnungspreismethode, Aufbereitung der zum Vergleich herangezogenen Preise bzw. Finanzdaten unabhängiger Unternehmen);

(5) Ergänzende Angaben in besonderen Fällen (z. B. Informationen über Geschäftsstrategien, einen durchgeführten Vorteilsausgleich, zu Kostenumlagen, über Verrechnungspreiszusagen ausländischer Steuerbehörden, Aufzeichnungen über Preisanpassungen und zu Verlustursachen).

Kommt der Steuerpflichtige seinen Mitwirkungspflichten nach § 90 Abs. 3 AO und der GAufzV nicht nach, in dem
– er die in § 90 Abs. 3 AO und der GAufzV vorgeschriebenen Aufzeichnungen nicht vorlegt,
– die von ihm vorgelegten Aufzeichnungen im Wesentlichen unverwertbar sind oder

---

[432] Vgl. § 147 Abs. 3 und 4 AO; BMF IV B 4 – S 1341–1/05 v. 12.4. 2005, BStBl. I 2005, 570, Tz. 3.2.3.
[433] Vgl. § 1 Abs. 1 Satz 2 GAufzV.
[434] Zu den Dokumentationserleichterungen für kleinere Unternehmen vgl. § 6 GAufzV; *Baumhoff/Ditz/Greinert* DStR 2004, 162.

– Aufzeichnungen zu außergewöhnlichen Geschäftsvorfällen im Sinne des § 90 Abs. 3 Satz 3 AO nicht zeitnah erstellt wurden,

wird gem. § 162 Abs. 3 Satz 1 AO widerlegbar vermutet, dass die vom Steuerpflichtigen erklärten Einkünfte nicht auf der Grundlage eines Fremdvergleichs ermittelt wurden. Dies führt im Ergebnis zu einer Umkehr der Beweislast zu Lasten des Steuerpflichtigen, welche im Widerspruch zu den allgemeinen verfahrensrechtlichen Beweislastregeln einerseits und dem Amtsermittlungsgrundsatz des § 88 AO andererseits steht.[435] Kann der Steuerpflichtige auf Grund einer fehlenden oder im Wesentlichen unverwertbaren Verrechnungspreis-Dokumentation die Vermutung der Unangemessenheit seiner Verrechnungspreise nicht entkräften, ist das Finanzamt berechtigt, die Einkünfte aus den entsprechenden Geschäftsvorfällen zu schätzen. Können im Rahmen dieser Schätzung die Einkünfte nur innerhalb eines bestimmten Rahmens, z. B. in Form einer Bandbreite von Verrechnungspreisen,[436] ermittelt werden, kann das Finanzamt diesen Rahmen zu Lasten des Steuerpflichtigen ausschöpfen.[437]

241 Des Weiteren ist bei fehlenden bzw. im Wesentlichen nicht verwertbaren Aufzeichnungen des Steuerpflichtigen gem. § 162 Abs. 4 AO ein Zuschlag festzusetzen. Dieser ist als steuerliche Nebenleistung im Sinne des § 3 Abs. 4 AO zu qualifizieren und stellt folglich eine nicht abzugsfähige Betriebsausgabe dar.[438] Der Zuschlag beträgt 5 % bis 10 % des Mehrbetrags der Einkünfte, der sich auf Grund einer Verrechnungspreiskorrektur nach § 162 Abs. 3 AO ergibt, mindestens jedoch € 5000. Ferner sieht § 162 Abs. 4 Satz 3 AO einen Zuschlag bei verspäteter Vorlage von verwertbaren Aufzeichnungen in Höhe von bis zu € 1 Mio., mindestens jedoch € 100 für jeden vollen Tag der Fristüberschreitung, vor.

---

[435] Vgl. auch *Moebus* BB 2003, 1414.
[436] Vgl. dazu Rz. 195.
[437] Vgl. § 162 Abs. 3 Satz 2 AO. Insoweit ist fraglich, ob diese Vorgehensweise abkommensrechtlich gedeckt ist. Ebenso kritisch *Moebus* BB 2003, 1414.
[438] Vgl. § 10 Nr. 2 KStG; § 12 Nr. 3 EStG; BMF IV B 4 – S 1341–1/05 v. 12. 4. 2005, BStBl. I 2005, 570, Tz. 4.6.3; *Rödder/Schumacher* DStR 2003, 818.

§ 17 Die AG/KGaA in der Krise

Bearbeiter: Dr. Karsten Schmidt-Hern

Übersicht

	Rz.
A. Einführung	1–5
I. Der Begriff der Krise	1, 2
II. Rechtliche Bedeutung der Krise	3–5
1. Verhaltenspflichten	3, 4
2. Sanierung	5
B. Pflichten des Vorstands im Rahmen der Krise	6–58
I. Früherkennung der Krise	6–9
II. Anzeige bei Verlust in Höhe der Hälfte des Grundkapitals	10–17
1. Normzweck	10
2. Voraussetzung der Pflicht zur Einberufung	11–13
a) Begriff des Verlusts nach herrschender Meinung	12
b) Gegenansicht und Stellungnahme	13
3. Einberufung und Verlustanzeige	14, 15
4. Rechtsfolgen der Pflichtverletzung	16
5. Ad-hoc-Publizität	17
III. Pflichten bei Zahlungsunfähigkeit und Überschuldung	18–58
1. Zahlungsunfähigkeit	20–23
a) Tatbestandsvoraussetzungen	20–22
b) Zahlungseinstellung	23
2. Überschuldung	24–42
a) Fortführungsprognose	26–29
aa) Anforderungen an die Fortführungsprognose	26, 27
bb) Anwendungsprobleme	28, 29
b) Überschuldungsbilanz	30–42
aa) Ansatz von Vermögensgegenständen	31, 32
bb) Ansatz von Passivposten	33–37
cc) Bewertung bei positiver Fortführungsprognose	38–40
dd) Bewertung bei negativer Fortführungsprognose	41, 42
3. Die Pflicht zur Stellung des Insolvenzantrags	43–47
a) Entstehung und Dauer der Pflicht	43
b) Erfüllung der Antragspflicht	44–47
4. Rechtsfolgen des Verstoßes gegen die Antragspflicht	48–52
a) Haftung gegenüber den Gläubigern	48–51
b) Sonstige zivil- und strafrechtliche Haftung	52
5. Zahlungsverbot	53–56
6. Ad-hoc-Publizität	57
7. Besonderheiten bei Versicherungsunternehmen und Kreditinstituten	58
C. Auswirkungen der Krise auf die übrigen Beteiligten	60–69
I. Aufsichtsrat	60–66
1. Überwachung der Geschäftsführung	60–64
a) Risikofrüherkennung	60

b) „Verdichtung" der Überwachung in der Krise . . 61
c) Verlust in Höhe der Hälfte des Grundkapitals . . 62
d) Pflicht zur Stellung des Insolvenzantrags 63, 64
2. Haftung des Aufsichtsrats 65, 66
II. Aktionär 67–69
  1. Anspruch auf Auszahlung der Dividende bei
    Unterbilanz 67
  2. Haftung für Eingriffe in die Abwicklung der Krise . 68
  3. Recht zur Stellung eines Insolvenzantrags
    (nach MoMiG) 69
D. Sanierung 75–99
  I. Allgemeines 75, 76
  II. Pflichten im Rahmen der Sanierung 77–83
    1. Vorstand 78
    2. Aufsichtsrat 79
    3. Aktionär 80–83
      a) Allgemeines 80
      b) Treupflicht in der Sanierung 81
      c) Kritik 82, 83
  III. Sanierung durch Kapitalmaßnahmen 84–99
    1. Kapitalerhöhung 84–94
      a) Allgemeines 84
      b) Bezugsrechtsausschluss 85–87
      c) Vorleistung auf künftige Einlagepflicht 88–91
      d) Wertmäßiges Vorhandensein der Einlageleistung
        im Zeitpunkt der Anmeldung der Durchfüh-
        rung der Kapitalerhöhung 92, 93
      e) Forderungen gegen die AG als Einlageleistung . 94
    2. Kapitalherabsetzung 95, 96
    3. Auswirkung von Sanierungsmaßnahmen auf die
      Nutzung von Verlustvorträgen 97–99
      a) Allgemeines 97
      b) Die Neuregelung des § 8 c KStG 98
      c) Würdigung 99
E. Die Krise der KGaA 105

Schrifttum: *Bungert* Die Treuepflicht des Minderheitsaktionärs, DB 1995, 1749; *Buth/ Hermanns* Restrukturierung Sanierung Insolvenz; *Dahl* Die Änderung des Überschuldungsbegriffs durch Art. 5 des Finanzmarktstabilisierungsgesetzes (FMStG), NZI 2008, 719; *Dauner-Lieb* Zur Berechnung des Quotenschadens, ZGR 1998, 617; *Gehrlein* Die Behandlung von Gesellschafterdarlehen durch das MoMiG, BB 2008, 846; *Gottwald* Rechtliche Möglichkeiten der Unternehmenssanierung im Insolvenzfall, KTS 1984, 1; *ders.* (Hg.) Insolvenzrechts-Handbuch; *Heidinger* Neues zur Volleinzahlung bei der Kapitalerhöhung, DNotZ 2001, 341; *Häsemeyer* Obstruktion gegen Sanierungen und gesellschaftsrechtliche Treupflichten, ZHR 160 (1996) 109; *Hess/Fechner/Freund/Körner* Sanierungshandbuch; *Krieger* Beschlusskontrolle bei Kapitalherabsetzungen, ZGR 2000, 885; *W. Müller* Der Verlust der Hälfte des Grund- oder Stammkapitals, ZGR 1985, 193; *K. Müller* Überschuldung und Insolvenzantragspflicht nach dem Finanzmarktstabilisierungsgesetz, DB 2008, 2467; *K. Schmidt/Uhlenbruck* Die GmbH in der Krise, Sanierung und Insolvenz; *Thonfeld* Der „instabile Überschuldungsbegriff" des Finanzmarktstabilisierungsgesetzes, NZI 2009, 15; *Westpfahl/Janjuah* Zur Modernisierung des deutschen Sanierungsrechts, Beilage zu ZIP 3/2008.

A. Einführung

I. Der Begriff der Krise

Der Begriff „Krise der AG" bezeichnet eine **wirtschaftliche Notlage** der AG, in der ihre Existenz bedroht ist. Die Existenzbedrohung resultiert aus den Insolvenztatbeständen, bei deren Vorliegen der Vorstand verpflichtet ist und Gläubiger berechtigt sind, das Insolvenzverfahren einzuleiten, an dessen Ende die Vernichtung der AG als Rechtssubjekt steht.

Die Krise der AG ist die Krise des Unternehmens, dessen rechtlicher Träger die AG ist. Die Krise des Unternehmens wiederum beruht regelmäßig auf dem Verlust der Fähigkeit, die im Unternehmen gebündelten Ressourcen durch Investitions- und Finanzierungsentscheidungen so einzusetzen, dass Vermögenszuwächse erzielt werden.[1] Verliert das Unternehmen diese Fähigkeit dauerhaft, kommt es in der Folge zur Aufzehrung des Eigenkapitals und zur Verknappung der Liquidität bis hin zu Überschuldung und Zahlungsunfähigkeit.[2] Die Ursachen der Krise können innerhalb („endogen") wie außerhalb („exogen") des Unternehmens zu suchen sein. Endogene Krisenfaktoren sind etwa Managementfehler, schlechte Produkte oder unzureichende Vertriebssysteme; exogene Krisenfaktoren sind zB Rezession, technischer Fortschritt oder Mangel an qualifizierten Arbeitskräften.

II. Rechtliche Bedeutung der Krise

1. Verhaltenspflichten

Für den Vorstand der AG, aber auch für die übrigen Organe, den einzelnen Aktionär und den Abschlussprüfer stellt sich die Frage, welche besonderen Verhaltensanforderungen nach dem Gesetz in der Krise zu erfüllen sind. Da die Unternehmenskrise im vorstehenden Sinn kein Zustand ist, sondern ein Prozess, muss die Frage in jeder Phase der Krise neu beantwortet werden. Dabei zeigt sich, dass die anwendbaren Rechtsnormen jede Phase der Krise mit besonderen Verhaltenspflichten belegen. Diese Pflichten betreffen vorwiegend, aber nicht ausschließlich den Vorstand.

Im Überblick ergeben sich die folgenden rechtlichen Krisenphasen:

Phase	Rechtsnormen
Krisenfrüherkennung	§ 91 Abs. 2 AktG
„Unterbilanz", dh. Nettovermögen deckt Grundkapital plus gesetzliche Rücklage nicht mehr	§§ 150, 58 AktG
Kreditunwürdigkeit	§§ 57 ff. AktG, Regeln des Eigenkapitalersatzes
Verlust in Höhe der Hälfte des Grundkapitals	§ 92 Abs. 1 AktG
Überschuldung	§ 15a InsO
Zahlungsunfähigkeit	§ 15a InsO

---

[1] *Gottwald/Drukarczyk/Kippes* Insolvenzrechts-Handbuch § 2 Rz. 2.
[2] Diese Phasen der Krise werden mit den Stichworten „strategische Krise", „Erfolgskrise" und „Liquiditätskrise" belegt. Vgl. *Gottwald/Drukarczyk/Kippes* Insolvenzrechts-Handbuch § 2 Rz. 3; *Hess/Fechner/Freund/Körner* Sanierungshandbuch, Teil B Rz. 7.

2. Sanierung

5 Neben der gesetzlich gebotenen Reaktion auf die Krise ist von Interesse, was die Beteiligten tun können und ggf. auch tun müssen, um die Krise zu überwinden. Die Sanierung des Unternehmens, also die Wiederherstellung der Fähigkeit, Vermögenszuwächse zu erzielen, ist zuvörderst eine unternehmerische Aufgabe, die rechtlich nicht ohne weiteres zu greifen und zu beurteilen ist. Das Recht wirkt hier eher flankierend, und zwar in zweierlei Hinsicht: Zum einen regelt es, in welchem Umfang die Beteiligten verpflichtet sind, an einer Sanierung mitzuwirken; zum anderen stellt es Maßnahmen für die finanzielle Sanierung bereit, dh. für die Beseitigung der bisherigen Auswirkungen der Krise auf die Vermögens- und Finanzlage der AG.

B. Pflichten des Vorstands im Rahmen der Krise

I. Früherkennung der Krise

6 Mit dem KonTraG[3] wurde die Pflicht zur Früherkennung von Krisen durch ausdrückliche Aufnahme in das Aktiengesetz besonders hervorgehoben.[4] Gemäß § 91 Abs. 2 AktG hat der Vorstand geeignete Maßnahmen zu treffen, insb. ein **Überwachungssystem** einzurichten, damit den Fortbestand der Gesellschaft gefährdende Entwicklungen früh erkannt werden. Ziffer 4.1.4 des Deutschen Corporate Governance Kodex verlangt ein angemessenes Risikomanagement und Risikocontrolling. Jede Krise im eingangs beschriebenen Sinne ist definitionsgem. eine Bestandsgefährdung iSd. § 91 Abs. 2 AktG.[5] Frühzeitig erkannt wird eine bestandsgefährdende Entwicklung, wenn sie dem Vorstand als solche so rechtzeitig bekannt wird, dass noch geeignete Maßnahmen zur Sicherung des Fortbestandes der AG ergriffen werden können.[6] Im Konzern erstreckt sich die Pflicht zur Früherkennung auf die Unternehmen der nachgeordneten Tochtergesellschaften.[7] Bei börsennotierten AG (§ 3 Abs. 2 AktG) hat der Abschlussprüfer gem. § 317 Abs. 4 HGB zu prüfen, ob der Vorstand die Maßnahmen gem. § 91 Abs. 2 AktG in geeigneter Form getroffen hat und ob das Überwachungssystem seine Aufgaben erfüllen kann. Das Ergebnis ist gem. § 321 Abs. 4 HGB in einem besonderen Teil des Prüfungsberichts darzustellen.

7 Nach wie vor im Fluss ist die Diskussion über die Frage, welche **Maßnahmen** zur Früherkennung geeignet sind und wie das Überwachungssystem beschaffen sein muss.[8] Die inzwischen wohl überwiegende Auffassung neigt zu

---

[3] Gesetz zur Kontrolle und Transparenz im Unternehmensbereich, vom 27. 4. 1998 – BGBl. I 1998 S. 786.
[4] Grundsätzlich bestand sie bereits vor Erlass des KonTraG als Teil der Sorgfaltspflicht des Vorstands, *Claussen/Korth* in FS Lutter S. 327, 329.
[5] WPH/Bd. I P 12.
[6] RegBegr. BT-Drs. 13/9712, 15; *Hüffer* AktG § 91 Rz. 7.
[7] WPH/Bd. I P 19.
[8] Vgl. etwa aus betriebswirtschaftlicher Sicht *Brebeck/Hermann* WPg. 1997, 381 ff.; *Eggemann* BB 2000, 503 ff.; *IDW* WPg. 1998, 927 ff.; *Lück* DB 1998, 8 ff.; *ders.* DB 1998, 1925 ff.; aus juristischer Sicht *Claussen/Korth* in FS Lutter, S. 327 ff.; *Hüffer* AktG § 91 Rz. 6 ff.; *Drygala/Drygala* ZIP 2000, 297 ff.; *Preußner/Becker* NZG 2002, 846; *Preußner* NZG 2004, 303; ausführlich *Schmidt/Lutter/Krieger/Sailer*, § 91 Rn. 6 ff.; schließlich den

B. Pflichten des Vorstands 8, 9 § 17

einem engen Verständnis des § 91 Abs. 2 AktG und nimmt an, das Gesetz fordere kein allgemeines allumfassendes „Risk Management", sondern das Überwachungssystem sei lediglich auf die interne Einhaltung der eingeleiteten Maßnahmen bezogen.[9] Dies ist jedoch zweifelhaft. Es ist zwar richtig, dass der Wortlaut des § 91 Abs. 2 AktG nur zur Früherkennung bestandsgefährdender Risiken verpflichtet. Gleichwohl bleibt unklar, wie sich Risiken in der Praxis vorab in wesentliche und unwesentliche unterteilen lassen. Eine solche Differenzierung scheint auch nicht zweckmäßig zu sein, weil sich auch unwesentliche Einzelrisiken zu Bestandsgefährdungen kumulieren können. Es sollte daher ein effektives Überwachungssystem eingerichtet werden, das auf die Erkennung von Risiken im weiteren Sinne ausgerichtet ist. Soweit dies nicht schon von § 91 Abs. 2 AktG gefordert wird, kann sich seine Notwendigkeit – je nach den Umständen des Einzelfalles wie etwa der Größe der AG – auch aus der allgemeinen Sorgfaltspflicht der Vorstandsmitglieder gem. § 93 Abs. 1 AktG ergeben. Insoweit ist auf die Erkenntnisse der betriebswirtschaftlichen Forschung zurückzugreifen.

Risiken werden als mögliche negative Abweichung der Handlungsergebnisse von den Handlungszielen verstanden. Daher müssen zunächst die Unternehmensziele und die Faktoren, die maßgeblich sind für die Erreichung der Ziele, definiert werden. Die Ziele sind für jede Unternehmensebene auf konkrete Handlungsziele herunterzubrechen und im Unternehmen zu kommunizieren. Sodann ist zu analysieren, welche Entwicklungen innerhalb und außerhalb des Unternehmens die definierten Ziele und damit letztlich den Bestand der Gesellschaft gefährden können und welche tatsächlichen Umstände als **Frühwarnindikatoren** auf derartige Entwicklungen hindeuten.[10] Identifizierte Fehlentwicklungen sind zu analysieren und zu bewerten. Entwicklungen, die allein oder in Verbindung mit anderen Entwicklungen bestandsgefährdend sein können, müssen dann so kommuniziert werden, dass Maßnahmen zur Bewältigung der Fehlentwicklung noch rechtzeitig ergriffen werden können. Da der Vorstand das gesamte Unternehmen nicht ständig in eigener Person beobachten kann, muss er die Beobachtung delegieren. Dazu wird es erforderlich sein, den mit der Beobachtung betrauten Mitarbeitern konkret vorzugeben, welche Informationen sie aufzunehmen haben, worauf sie die Informationen prüfen müssen und unter welchen Voraussetzungen und in welcher Weise Informationen weiterzuleiten sind. Das resultierende System muss in sich schlüssig sein, dh. es muss dem Vorstand zeitnah diejenigen Entwicklungen zur Kenntnis bringen, die er im ersten Schritt als bestandsgefährdend definiert hat. Dieses System ist durch ein komplementäres System von Kontrollen und Prüfungen[11] zu überwachen. Schließlich muss der Vorstand seine Vorgaben für die Risikoerfassung regelmäßig überprüfen.[12]

Dieses Grundgerüst der Systemanforderungen muss der jeweilige Vorstand ausfüllen. Seine Pflicht erfüllt er dann, wenn das System grundsätzlich zur Früherkennung geeignet ist. Umgekehrt liegt eine Pflichtverletzung nicht al-

---

IDW Prüfungsstandard IDW PS 340, WPg. 1999, 658 ff. Siehe zum Ganzen auch § 6 Rz. 115 ff.
[9] Siehe nur *Hüffer* AktG § 91 Rz. 8 f.; MünchKomm. AktG/Bd. 3/*Hefermehl/Spindler* § 91 Rz. 23 ff.
[10] *Lück* DB 1998, 8, 11 f. mit Beispielen.
[11] Stichwort „Controlling" und „interne Revision".
[12] *Lück* DB 1998, 1925, 1926; *Eggemann* BB 2000, 503, 504.

Schmidt-Hern 1419

lein deswegen vor, weil eine konkrete Bestandsgefährdung unentdeckt blieb. Die Formulierung konkreter, auch empirisch erhärteter Anforderungen an das System im Einzelnen wird sicherlich noch einige Zeit brauchen.[13] Mit der Abwesenheit solcher „Grundsätze ordnungsmäßiger Früherkennung" korrespondiert ein Ermessensspielraum des Vorstands.

II. Anzeige bei Verlust in Höhe der Hälfte des Grundkapitals

1. Normzweck

10 § 92 Abs. 1 AktG ist die gesetzliche Normierung eines **Krisensignals**:[14] Bei einem Verlust in Höhe der Hälfte des Grundkapitals sollen die Aktionäre informiert und durch die Einberufung einer Hauptversammlung in die Lage versetzt werden, Sanierungsmaßnahmen zu ergreifen.[15] Die Vorschrift ist zugleich eine Konkretisierung des „Wohls der Gesellschaft" iSd. § 121 Abs. 1 AktG, welches den Vorstand ebenfalls zur Einberufung einer Hauptversammlung verpflichtet.[16]

2. Voraussetzung der Pflicht zur Einberufung

11 Die Pflicht zu Einberufung und Verlustanzeige tritt ein, wenn ein Verlust in Höhe der Hälfte des Grundkapitals besteht. Das Bestehen des Verlusts kann sich ergeben bei der Aufstellung der Jahresbilanz oder einer Zwischenbilanz. Die Pflicht greift zudem dann, wenn bei pflichtgemäßem Ermessen ein Verlust anzunehmen ist. Insgesamt ist der Vorstand nach hM verpflichtet, die wirtschaftliche Lage des Unternehmens laufend zu beobachten und sich bei Anzeichen einer krisenhaften Entwicklung durch Aufstellung einer Zwischenbilanz oder eines Vermögensstatus einen Überblick über den Vermögensstand zu verschaffen.[17]

a) Begriff des Verlusts nach herrschender Meinung

12 Nach hM liegt ein Verlust in Höhe der Hälfte des Grundkapitals iSd. § 92 Abs. 1 AktG erst dann vor, wenn das **Grundkapital** durch Verluste **zur Hälfte aufgezehrt** ist: Dem aufgelaufenen Bilanzverlust (Verlust und Verlustvortrag) ist das offen ausgewiesene Eigenkapital gegenüberzustellen, dh. Grundkapital, offene Rücklagen und ein Bilanzgewinn,[18] zudem der Eigenkapitalanteil in den Sonderposten mit Rücklagenanteil.[19] Die Rücklage für eigene Anteile darf hingegen nach hM nicht herangezogen werden.[20] Stille Reserven dürfen nur

---

[13] Vgl. *Reuter* BB 2003, 1797, 1798.
[14] *W. Müller* ZGR 1985, 193.
[15] *Hüffer* AktG § 92 Rz. 1.
[16] *Mertens* AG 1983, 173, 174.
[17] BGH II ZR 9/94 v. 20. 2. 1995, ZIP 1995, 560, 561; BGH II ZR 292/91 v. 6. 6. 1994, ZIP 1994, 1103, 1109 f. (beide zu § 49 GmbHG); MünchHdb. GesR/Bd. 4/*Wiesner* § 25 Rz. 55.
[18] BGH ZR 348/56 v. 9. 10. 1958, BB 1958, 1181; MünchHdb. GesR/Bd. 4/*Wiesner* § 25 Rz. 56; Großkomm. AktG/*Habersack* § 92 Rz. 12; *W. Müller* ZGR 1985, 193, 207.
[19] Die in voriger Fn. Genannten; aA *Baumbach/Hueck/Schulze-Osterloh* § 84 Rz. 12.
[20] Großkomm AktG/*Habersack* § 92 Rz. 12; *Hachenburg/Hüffer* § 49 Rz. 24; *Baumbach/Hueck/Schulze-Osterloh*, § 84 Rz. 12; aA *W. Müller* ZGR 1985, 193, 207; Kölner Komm. AktG/*Mertens* § 92 Rz. 13.

B. Pflichten des Vorstands

insoweit aufgelöst werden, wie dies auch im Jahresabschluss zulässig wäre.[21] Von den vorstehenden Modifizierungen abgesehen, sind für die Feststellung, ob ein Verlust iSd. § 92 Abs. 1 AktG vorliegt, die Ansatz- und Bewertungsvorschriften der Jahresbilanz maßgeblich.[22] Insbesondere ist das Vermögen so lange unter „going-concern"-Gesichtspunkten zu bewerten, wie der Vorstand bei pflichtgemäßem Ermessen den Fortbestand des Unternehmens annehmen darf.[23] Das gilt auch für die Passivposten der Bilanz: Darlehen sind stets als Fremdkapital auszuweisen, auch wenn sie kapitalersetzend sind oder der Gläubiger einen Rangrücktritt erklärt hat;[24] dies entspricht dem Charakter eines typisierten Krisensignals. Verpflichtungen aus einem bestehenden Interessenausgleich oder Sozialplan sind stets, Pensionsverpflichtungen dann zu passivieren, wenn die „going-concern"-Annahme nicht mehr gerechtfertigt ist.[25]

b) Gegenansicht und Stellungnahme

Nach der Gegenansicht[26] besteht die Pflicht zur Verlustanzeige dann, wenn in der laufenden Rechnungslegungsperiode ein **Fehlbetrag** entstanden ist, dessen Ziffer der Hälfte der Grundkapitalziffer entspricht. Der Wortlaut „Verlust *in Höhe* der Hälfte des Grundkapitals" spricht in der Tat dafür, dass das Grundkapital, anders als in § 49 Abs. 3 GmbHG, nicht tatsächlich verloren sein muss, sondern nur Bezugsgröße für die Höhe des meldepflichtigen Verlustes ist.[27] Hinzu kommt, dass § 92 Abs. 1 AktG in der Auslegung der hM seinen Zweck, die Aktionäre über eine Krise zu informieren, oftmals verfehlen wird: Wenn das Eigenkapital ausweislich der letzten Jahresbilanz bereits stark angegriffen ist, so genügt ein weiterer geringer Verlust, um die Pflicht zur Verlustanzeige zu begründen, obwohl die Aktionäre mit der Krise längst vertraut sind.[28] Ein Informationsbedürfnis der Aktionäre besteht hingegen bereits dann, wenn im Zeitraum zwischen zwei Jahresbilanzen ein wesentlicher Fehlbetrag aufläuft. Die Frage ist aber, ob ein Verlust in Höhe der Hälfte des Grundkapitals ein zutreffender Krisenindikator ist. Das ist zweifelhaft: Wenn eine AG zulässigerweise mit niedriger Grundkapitalziffer, aber hohen offenen Rücklagen und sonstigen Eigenkapitalpositionen arbeitet, ist ein Verlust in Höhe der Hälfte des Grundkapitals oftmals kein Ausdruck einer Krise.[29] Demnach sollte die zwingende Pflicht zur Verlustanzeige mit der hM auf den Fall beschränkt werden, dass das Grundkapital bis zur Hälfte aufgezehrt ist. Der Vorstand muss aber prüfen, ob bereits vorher, etwa wegen eines hohen kurzfristig aufgelaufenen Verlustes, ein Krisenstadium erreicht ist, in dem die Aktionäre tätig werden

---

[21] *Hüffer* AktG § 92 Rz. 4; MünchHdb. GesR/Bd. 4/*Wiesner* § 25 Rz. 56; *W. Müller* ZGR 1985, 193, 207; aA Münch Komm. AktG/Bd. 2/*Hefermehl/Spindler* § 92 Rz. 9 (siehe aber auch *ebenda* Rz. 10); unklar BGH ZR 348/56 v. 9. 10. 1958, BB 1958, 1181.
[22] *Hüffer* AktG § 92 Rz. 3 mwN.
[23] *Hüffer* AktG § 92 Rz. 4 mwN.
[24] Str.; wie hier MünchHdb. GesR/Bd. 4/*Wiesner* § 25 Rz. 56 mwN; *W. Müller* ZGR 1985, 193, 208; aA MünchKomm AktG/Bd. 2/*Hefermehl/Spindler* § 92 Rz. 10 mwN.
[25] Ausführlich *W. Müller* ZGR 1985, 193, 208 ff.
[26] Großkomm. AktG/*Habersack* § 92 Rz. 13 ff.
[27] So die Auffassung zur Vorläufervorschrift § 240 HGB: *Staub* HGB, 12./13. Aufl., 1927, § 240 Anm. 3 c.
[28] So auch Großkomm. AktG/*Habersack* § 92 Rz. 16.
[29] So auch vom Standpunkt der hM aus *Hüffer* AktG § 92 Rz. 2.

müssten.[30] Dann ergibt sich die Pflicht zur Einberufung der Hauptversammlung aus der allgemeinen Pflicht des § 121 AktG.

3. Einberufung und Verlustanzeige

14 Hat der Vorstand einen Verlust in Höhe der Hälfte des Grundkapitals festgestellt, so ist er verpflichtet, unverzüglich, dh. gem. § 121 Abs. 1 Satz 1 BGB ohne schuldhaftes Zögern,[31] eine Hauptversammlung einzuberufen und dort die Verlustanzeige zu erstatten. Die Pflicht trifft alle, auch fehlerhaft bestellte und stellvertretende Vorstandsmitglieder.[32] Jedenfalls die Verlustanzeige muss in die **Tagesordnung** aufgenommen werden.[33] Entgegen der hM[34] reicht die Ankündigung der Verlustanzeige aber nicht aus, um die Hauptversammlung in die Lage zu versetzen, zu diesem Punkt Beschlüsse zu fassen. Vielmehr bedarf es nach § 124 Abs. 4 AktG eines entsprechenden Tagesordnungspunktes, sofern die Hauptversammlung Maßnahmen zur Beseitigung der Krise, etwa Kapitalmaßnahmen beschließen können soll. Dementsprechend ist der Vorstand verpflichtet, einen Tagesordnungspunkt „Beseitigung des Verlustes" aufzunehmen, zu dem er gem. § 124 Abs. 3 Satz 1 AktG gemeinsam mit dem Aufsichtsrat Beschlussvorschläge unterbreiten muss.[35] An diese Vorschläge ist die Hauptversammlung indes nicht gebunden.

15 Der Vorstand kann die Erfüllung der Pflicht aus § 92 Abs. 1 AktG nicht mit dem Hinweis unterlassen, Einberufung und Verlustanzeige widersprächen dem Wohl der Gesellschaft.[36] § 92 Abs. 1 AktG legt gerade fest, dass die Einberufung zum Wohl der Gesellschaft erforderlich ist.[37] Fraglich kann nur sein, ob bei „aussichtsreichen, konkreten Sanierungsbemühungen" eine Einberufung nach Abschluss der Bemühungen noch unverzüglich ist.[38] Das ist allenfalls dann anzunehmen, wenn zu dem Zeitpunkt, zu dem die Voraussetzungen des § 92 Abs. 1 AktG erstmals vorliegen, Verhandlungen über geeignete Sanierungsmaßnahmen kurz vor dem Abschluss stehen und aller Wahrscheinlichkeit nach scheitern würden, wenn die Hauptversammlung einberufen würde.

---

[30] Nach BGH ZR 348/56 v. 9.10.1958, BB 1958, 1181, soll eine Krise regelmäßig erst vorliegen, wenn das Grundkapital zur Hälfte verloren ist; in dieser Richtung auch Münch Komm. AktG/Bd. 2/*Hefermehl/Spindler* § 92 Rz. 9. Das ist zweifelhaft.
[31] *Hüffer* AktG § 92 Rz. 5; leicht abweichend Großkomm. AktG/*Habersack* § 92 Rz. 20: „so bald wie möglich".
[32] Großkomm. AktG/*Habersack* § 92 Rz. 24; Kölner Komm. AktG/*Mertens* § 92 Rz. 21.
[33] Einhellige Meinung, s. nur *Hüffer* AktG § 92 Rz. 5; MünchHdb. GesR/Bd. 4/*Wiesner* § 25 Rz. 58.
[34] *Hüffer* AktG § 92 Rz. 5; Kölner Komm. AktG/*Mertens* § 92 Rz. 20; Großkomm. AktG/*Habersack* § 92 Rz. 22.
[35] Münch Komm. AktG/Bd. 2/*Hefermehl/Spindler* § 92 Rz. 14; ähnlich MünchHdb. GesR/Bd. 4/*Wiesner* § 25 Rz. 58.
[36] Für eine solche Ausnahme aber Kölner Komm. AktG/*Mertens* § 92 Rz. 20; ihm folgend W. *Müller* ZGR 1985, 193, 194 f.
[37] *Hüffer* AktG § 92 Rz. 6; Großkomm. AktG/*Habersack* § 92 Rz. 22.
[38] In diese Richtung Münch Komm. AktG/Bd. 2//*Hefermehl/Spindler* § 92 Rz. 12; *Hüffer* AktG § 92 Rz. 6; Großkomm. AktG/*Habersack* § 92 Rz. 22.

4. Rechtsfolgen der Pflichtverletzung

Unterlässt der Vorstand schuldhaft die pflichtgemäße Einberufung und Verlustanzeige, so ist er gem. § 93 Abs. 2 AktG der AG[39] schadensersatzpflichtig. Hingegen ist § 92 Abs. 1 kein Schutzgesetz iSd. § 823 Abs. 2 BGB, und zwar weder gegenüber den Gläubigern[40] noch, entgegen der hM,[41] gegenüber den Aktionären.[42] Zwar schützt § 92 Abs. 1 AktG auch die Interessen der Aktionäre; dies ist aber fast selbstverständlich, da das Aktienrecht das Organisationsrecht der Aktionäre ist. Dieses Organisationsrecht sanktioniert die Organpflichten des Vorstands, auch so weit sie gegenüber den Aktionären bestehen, durch die spezielle Schadensersatzpflicht nach § 93 Abs. 2. Daneben ist für die allgemeine deliktische Haftung nach § 823 BGB kein Raum. 16

Die Verletzung der Pflicht zur Verlustanzeige ist gem. § 401 Abs. 1 Nr. 1 AktG strafbar.

5. Ad-hoc-Publizität

Sind die Aktien der AG oder sonstige von ihr ausgegebene Wertpapiere zum Handel an einer inländischen Börse zugelassen, so ist der Verlust in Höhe der Hälfte des Grundkapitals nach § 15 Abs. 1 Satz 1 WpHG unverzüglich zu veröffentlichen.[43] Von dieser Pflicht ist der Emittent gem. § 15 Abs. 3 WpHG so lange befreit, wie es der Schutz seiner berechtigten Interessen erfordert, keine Irreführung der Öffentlichkeit zu befürchten ist und er die Vertraulichkeit der Insiderinformation gewährleisten kann. Ein berechtigtes Interesse ist gegeben, wenn das Ergebnis oder der Gang laufender Verhandlungen über Geschäftsinhalte von der Veröffentlichung wahrscheinlich erheblich beeinträchtigt werden würden (§ 6 S. 2 Nr. 1 WpAIV). Als Fallbeispiel nennt Art. 3 Abs. 1 lit. a Satz 1 der Durchführungs-Richtlinie[44] ausdrücklich Sanierungsverhandlungen. Im Falle des § 92 Abs. 1 AktG dürfte die Befreiung nur begrenzte Bedeutung haben, denn die Pflicht zur – regelmäßig öffentlichen – Einberufung der Hauptversammlung bleibt natürlich bestehen. 17

III. Pflichten bei Zahlungsunfähigkeit und Überschuldung

Gemäß § 15 a Abs. 1 InsO ist der Vorstand verpflichtet, Insolvenzantrag zu stellen, wenn die AG zahlungsunfähig oder überschuldet ist. Nach § 92 Abs. 2 AktG darf er in diesem Fall nur noch Zahlungen veranlassen, die mit der Sorgfalt eines ordentlichen und gewissenhaften Geschäftsleiters vereinbar sind. 18

Das MoMiG hat die Insolvenzantragspflicht aus dem alten § 92 Abs. 2 AktG in die InsO verschoben und dort in dem neuen § 15 a InsO für alle juristischen Personen (und für Personengesellschaften, bei der kein persönlich haftender Gesellschafter eine natürliche Person ist) vereinheitlicht und bei „führungs- 19

---

[39] Unstreitig, s. nur *Hüffer* AktG § 92 Rz. 15.
[40] BGH II ZR 211/76 v. 9.7.1979, DB 1979, 1694; *Hüffer* AktG § 92 Rz. 15 mwN.
[41] Münch Komm. AktG/Bd. 2/*Hefermehl/Spindler* § 92 Rz. 17; Großkomm. AktG/*Habersack* § 92 Rz. 27; MünchHdb. GesR/Bd. 4/*Wiesner* § 25 Rz. 59 mwN.
[42] *Hüffer* AktG § 92 Rz. 15; Kölner Komm. AktG/*Mertens* § 92 Rz. 24.
[43] Vgl. BAFin Emittentenleitfaden S. 44; *Assmann/Schneider/Kümpel* § 15 Rz. 53c.
[44] Richtlinie 2003/124/EG.

losen" AG auf die Mitglieder des Aufsichtsrats erweitert. Zugleich wird das Zahlungsverbot durch den neuen § 92 Abs. 2 Satz 3 AktG auf bestimmte Zahlungen an Aktionäre ausgedehnt.

1. Zahlungsunfähigkeit

a) Tatbestandsvoraussetzungen

20 Gemäß der Legaldefinition in § 17 Abs. 2 Satz 1 InsO liegt Zahlungsunfähigkeit vor, wenn der Schuldner nicht in der Lage ist, die fälligen Zahlungspflichten zu erfüllen. Für die Beurteilung maßgeblich sind demnach alle fälligen Geldschulden.[45] Fällig iSd § 17 Abs. 2 InsO ist eine Forderung regelmäßig nur dann, wenn eine Gläubigerhandlung feststeht, aus der sich der Wille, vom Schuldner Erfüllung zu verlangen, im Allgemeinen ergibt.[46] **Fälligkeit** iSd § 271 BGB allein reicht nicht aus, der Gläubiger muss die AG mindestens einmal zur Zahlung aufgefordert haben, wobei die Übersendung einer Rechnung ausreicht.[47] Willigt der Gläubiger hingegen in eine spätere oder nachrangige Befriedigung ein, darf seine Forderung nicht berücksichtigt werden, auch wenn keine rechtlich bindende Vereinbarung getroffen wurde, die Vereinbarung nur auf Einrede des Schuldners berücksichtigt würde oder der Gläubiger sie einseitig aufkündigen könnte.[48] Außer Betracht bleiben Zahlungsansprüche, deren Erfüllung eine verdeckte Einlagenrückgewähr wäre.[49] Nicht zu berücksichtigen sein dürften auch Forderungen von Gesellschaftern, wenn die entsprechende Zahlung zwingend zur Zahlungsunfähigkeit führen würde, so dass der Vorstand nach § 92 Abs. 2 Satz 3 AktG haften würde.[50]

21 Zahlungsunfähigkeit liegt nur dann vor, wenn die Unfähigkeit, fällige Verbindlichkeiten zu erfüllen, für einen gewissen, wenn auch eng begrenzten **Zeitraum** andauert; wird die Zahlungsfähigkeit innerhalb des fraglichen Zeitraums wieder hergestellt, handelt es sich um eine bloße Zahlungsstockung.[51] Diese Differenzierung ist dem Gesetz nicht direkt zu entnehmen; vielmehr hat der Gesetzgeber bewusst darauf verzichtet, die Dauerhaftigkeit in den Tatbestand der Zahlungsunfähigkeit aufzunehmen.[52] Die Differenzierung ist aber notwendig, um die unbegründete Einleitung von Insolvenzverfahren zu verhindern. Der für die Feststellung der Zahlungsunfähigkeit maßgebliche Zeit-

---

[45] BGH IX ZB 36/07 v. 19. 7. 2007, NZI 2007, 579; Großkomm. AktG/*Habersack* § 92 Rz. 37 mwN; *Baumbach/Hueck/Schulze-Osterloh* § 64 Rz. 6; aA *Roewedder/Roewedder* § 63 Rz. 4: auch zukünftige Schadensersatzpflichten infolge nicht erfüllter Lieferverbindlichkeiten.
[46] BGH IX ZB 36/07 v. 19. 7. 2007, NZI 2007, 579, 580; aA die bis zu der Entscheidung hM, vgl. die Nachweise aaO.
[47] BGH IX ZB 36/07 v. 19. 7. 2007, NZI 2007, 579, 580.
[48] BGH IX ZB 36/07 v. 19. 7. 2007, NZI 2007, 579, 580.
[49] Großkomm. AktG/*Habersack* § 92 Rz. 37, *Baumbach/Hueck/Schulze-Osterloh* § 6 Rz. 8 mwN.
[50] So auch *Spliedt* ZIP 2009, 149, 160 für die Liquiditätsplanung bei der Fortführungsprognose.
[51] Großkomm. AktG/*Habersack* § 92 Rz. 38; *Baumbach/Hueck/Schulze-Osterloh* § 64 Rz. 6 mwN.
[52] *Gottwald/Uhlenbruck* Insolvenzrechts-Handbuch § 6 Rz. 6; Großkomm. AktG/*Habersack* § 92 Rz. 38; unklar *Hüffer* AktG § 92 Rz. 8, der die Definition der Zahlungsunfähigkeit aus der Zeit vor der InsO wieder gibt.

raum beträgt nach der Rechtsprechung drei Wochen.[53] Der Antrag ist bereits vorher zu stellen, wenn keine Aussicht besteht, die Zahlungsunfähigkeit innerhalb der Frist zu beseitigen.[54] Die Frist beginnt, wenn die fälligen Verbindlichkeiten die Geldmittel erstmals übersteigen. Anders als bei der Antragsfrist des § 15 Abs. 1 InsO kommt es bei der Bestimmung der Zahlungsunfähigkeit nicht auf die Kenntnis des Vorstands an, weil die Insolvenzgründe keine subjektiven Tatbestandsmerkmale enthalten.

Ist die Liquiditätslücke innerhalb von drei Wochen nicht zu beseitigen, kommt es auf ihren Umfang an: Beträgt sie weniger als 10 % der fälligen Gesamtverbindlichkeiten, ist regelmäßig gleichwohl von Zahlungsfähigkeit auszugehen, wenn nicht bereits absehbar ist, dass die Lücke demnächst mehr als 10 % erreichen wird. Beträgt sie 10 % oder mehr, ist hingegen regelmäßig von Zahlungsunfähigkeit auszugehen, sofern nicht ausnahmsweise mit an Sicherheit grenzender Wahrscheinlichkeit zu erwarten ist, dass die Liquiditätslücke demnächst vollständig oder fast vollständig beseitigt werden wird.[55] Durch diese relativ großzügige Rechtsprechung soll vermieden werden, dass bloß vorübergehende oder geringfügige Liquiditätsengpässe einen Insolvenzgrund darstellen.

b) Zahlungseinstellung

Gemäß § 17 Abs. 2 Satz 2 InsO ist die Zahlungsunfähigkeit in der Regel anzunehmen, wird also vermutet, wenn der Schuldner seine Zahlungen eingestellt hat. „Zahlungseinstellung" ist ein nach außen erkennbares Verhalten des Schuldners, das den beteiligten Verkehrskreisen den berechtigten Eindruck vermittelt, der Schuldner könne einen nicht unwesentlichen Teil seiner fälligen und eingeforderten Verbindlichkeiten auf Grund eines objektiven, nicht nur vorübergehenden Mangels an Geldmitteln nicht bezahlen; vereinzelte Leistungen des Schuldners stehen der Zahlungsunfähigkeit nicht entgegen.[56] Es ist dann an der AG, darzutun und zu beweisen, dass sie tatsächlich zur Erfüllung in der Lage ist.

2. Überschuldung

Das FMStG hat den Begriff der Überschuldung für einen beschränkten Zeitraum neu definiert. Gem. § 19 Abs. 2 Satz 1 InsO in der bis 31. 12. 2010 maßgeblichen Fassung[57] liegt eine Überschuldung vor, wenn das Vermögen des Schuldners die bestehenden Verbindlichkeiten nicht mehr deckt, es sei denn, die Fortführung des Unternehmens ist nach den Umständen überwiegend wahrscheinlich. Nach der Gesetzesbegründung gilt damit wieder der

---

[53] BGH IX ZR 123/04 v. 24. 5. 2005, BGHZ 163, 134, 139; so grundsätzlich auch *Baumbach/Hueck/Schulze-Osterloh* § 64 Rz. 6.
[54] BGH II ZR 118/77 v. 9. 7. 1979, NJW 1979, 1823, 1827; *Baumbach/Hueck/Schulze-Osterloh* § 64 Rz. 51 mwN.
[55] BGH IX ZR 123/04 v. 24. 5. 2005, BGHZ 163, 134, 145.
[56] BGH IX ZR 6/00 v. 25. 1. 2001, NJW 2001, 1650, 1651; BGH IX ZR 38/04 v. 14. 2. 2008, NZI 2008, 299, 300; *Baumbach/Hueck/Schulze-Osterloh* § 64 Rz. 7; ähnlich, aber in Anlehnung an alte Definition der Zahlungsunfähigkeit Großkomm. AktG/*Habersack* § 92 Rz. 40.
[57] Siehe Art. 5 FMStG.

modifzierte zweistufige Überschuldungsbegriff, der in der Rspr. des BGH[58] bis zum Inkrafttreten der InsO galt. Damit liegt Überschuldung nur dann vor, wenn das Vermögen der Gesellschaft bei Ansatz von Liquidationswerten die bestehenden Verbindlichkeiten nicht decken würde (rechnerische Überschuldung) und die Finanzkraft der Gesellschaft mittelfristig nicht zur Fortführung des Unternehmens ausreicht.[59] Die positive Fortführungsprognose schließt damit die Überschuldung im rechtlichen Sinne aus, wenn die Gesellschaft zu Liquidationswerten rechnerisch überschuldet ist.

25 Ab dem 1.1.2011 gilt wieder die vorherige Fassung des § 19 Abs. 2 InsO:[60] Eine Überschuldung liegt vor, wenn das Vermögen des Schuldners die bestehenden Verbindlichkeiten nicht mehr deckt. Für die Frage, ob Überschuldung im Rechtssinne vorliegt, kommt es dann wieder allein auf die rechnerische Überschuldung an.[61] Die Fortführungsprognose ist gemäß § 19 Abs. 2 Satz 2 InsO in der dann geltenden Fassung nur für die Frage des Ansatzes und der Bewertung der Aktiva und Passiva von Bedeutung: Bei der Bewertung des Vermögens ist die Fortführung des Unternehmens zugrunde zu legen, wenn die Fortführung überwiegend wahrscheinlich ist. Eine bestimmte Prüfungsreihenfolge ist dem Gesetz nicht zu entnehmen:[62] Die AG kann entweder zunächst die Fortführungsprognose erstellen (Vorteil: es muss nur eine Überschuldungsbilanz aufgestellt werden) oder die Überschuldungsbilanz zu Liquidationswerten aufstellen (Vorteil: ergibt sich keine Überschuldung, so bedarf es keiner weiteren Prüfung).

a) **Fortführungsprognose**

26 aa) **Anforderungen an die Fortführungsprognose.** Um zu bestimmen, ob die Fortführung des Unternehmens nach den Umständen überwiegend wahrscheinlich ist, bedarf es einer Prognose über den weiteren Geschäftsverlauf des Unternehmens, der Fortführungsprognose. Für die Anforderungen an die Fortführungsprognose wird man grundsätzlich auf die hierzu bestehende Rspr. und Literatur sowohl zur KO wie auch zu InsO zurückgreifen müssen, weil die Gesetzesbegründung keine Anhaltspunkte enthält, dass ein neuartiges Konzept der Fortführungsprognose eingeführt werden soll. Ausgehend von der Rspr. des BGH setzt eine positive Fortführungsprognose den Willen des Schuldners zur Fortführung und die objektive Überlebensfähigkeit des Unternehmens voraus; die objektive Überlebensfähigkeit ist aus einem aussagekräftigen Unternehmenskonzept herzuleiten, das aus einen sorgfältig dokumentierten Finanz- und Ertragsplan bestehen muss.[63] Objektiv überlebensfähig ist die

---

[58] Rspr. seit BGH II ZR 269/91 v. 13.7.1992, NJW 1992, 2891; BGH II ZR 292/91 v. 6.6.1992, BGHZ 126, 181, 199; grundlegend *K. Schmidt* AG 1978, 334, 337 f.
[59] BGH aaO.
[60] Siehe Art. 6 Abs. 3 iVm. Artikel 7 Abs. 2 FMStG.
[61] BegrRegE BT-Drs. 12/2443, 115; *Hüffer* AktG § 92 Rz. 11 mwN; aA *K. Schmidt* ZGR 1998, 633, 652 ff.
[62] *Hüffer* AktG § 92 Rz. 12; Großkomm. AktG/*Habersack* § 92 Rz. 46; *Kübler/Prütting/Pape* InsO, § 19 Rz. 8; aA *Gottwald/Uhlenbruck* Insolvenzrechts-Handbuch § 6 Rz. 15: Überschuldungsstatus zu Liquidationswerten muss zuerst erstellt werden.
[63] BGH II ZR 303/05 v. 9.10.2006, NZI 2007, 44; OLG Naumburg GmbHR 2004, 361, 362; OLG Düsseldorf 15 U 10/07 v. 20.2.2008 (BeckRS 2008 06676); KG 7 U 49/05 v. 1.11.2005, GmbHR 2006, 374, 376; *Baumbach/Hueck/Schulze-Osterloh* § 64 Rz. 13 mwN.

B. Pflichten des Vorstands 27, 28 § 17

Gesellschaft, wenn ihre Finanzkraft mittelfristig zur Fortführung des Unternehmens ausreicht.[64] Dies wird nach ganz hM so verstanden, dass die AG in der Lage sein muss, im Prognosezeitraum die fälligen Verbindlichkeiten zu erfüllen.[65] Die Fortführungsprognose ist demnach Zahlungsfähigkeitsprognose.[66] Der Prognosezeitraum muss nach hM bis zum Ende des folgenden Geschäftsjahrs reichen.[67] Die Fortführungsprognose ist positiv, wenn es überwiegend wahrscheinlich ist, dass das **Finanzergebnis** für den Prognosezeitraum **zumindest ausgeglichen** ist.[68]

Für das Verfahren zur Erstellung der Prognose, insbesondere im Hinblick 27 auf den erforderlichen **Finanzplan** gilt, dass es nach sachgerechten Kriterien und für sachverständige Dritte nachvollziehbar sein muss.[69] Der Vorstand muss sich dabei gegebenenfalls fachkundig beraten lassen, wenn er nicht selbst über die zur Beurteilung erforderliche Sachkunde verfügt.[70] Die positive Prognose muss durch begründete Anhaltspunkte gerechtfertigt sein, reine Meinungen oder vage Hoffnungen reichen nicht aus; dem Vorstand steht aber ein gewisser Beurteilungsspielraum zu.[71] Letztlich sollten bei der Aufstellung des Finanzplans und der Fortführungsprognose die Grundsätze der Business Judgment Rule gem. § 93 Abs. 1 Satz 2 AktG Anwendung finden, denn die Aufstellung ist letztlich Planung, und Planung ist eine unternehmerische Entscheidung. Das ändert nichts daran, dass die Entscheidung über die Stellung des Insolvenzantrags nicht der Business Judgment Rule unterliegt.[72]

bb) Anwendungsprobleme. Die Ausfüllung der vorstehenden Elemente 28 ist in der Praxis schwierig, für den Vorstand aber wegen der damit verbundenen Haftungsfragen von großer Bedeutung. Eine Reihe von wesentlichen Fragen sind hier noch nicht ausreichend geklärt. Unklar und nur vereinzelt beleuchtet ist zunächst das Wahrscheinlichkeitsurteil selbst. Die überwiegende Wahrscheinlichkeit bezeichnet ein Beweismaß: Die positive Fortführungsprognose, dh die Richtigkeit der Aussage „Das Unternehmen wird am Ende des Prognosezeitraums zahlungsfähig sein" muss wahrscheinlicher sein als die Richtigkeit der Gegenaussage, dass das Unternehmen nicht zahlungsfähig sein wird, dh., es müssen mehr und gewichtigere Gründe für die Richtigkeit der positiven Fort-

---

[64] BGH II ZR 269/91 v. 13. 7. 1992, NJW 1992, 2891.
[65] *Hüffer* AktG § 92 Rz. 12; *Früh/Wagner* WPg 1998, 907, 911; *Drukarczyk/Schüler* Kölner Schrift zur InsO 2. Aufl. S. 127 Rz. 92. *Hirte/Knof/Mock* ZInsO 2008, 1217, 1222; Uhlenbruck InsO/*Uhlenbruck* § 19 Rz. 29; WP Handbuch Bd. II F Rn. 39;
[66] *Drukarczyk/Schüler* Kölner Schrift zur InsO 2. Aufl. S. 127 Rz. 92; MünchHdb. GesR/Bd. 4/*Wiesner* § 25 Rz. 67; *Baumbach/Hueck/Schulze-Osterloh* § 64 Rz. 13 mwN.
[67] Großkomm. AktG/*Habersack* § 92 Rz. 52; *Baumbach/Hueck/Schulze-Osterloh* § 64 Rz. 12 mwN; *Hirte/Knof/Mock*, ZInsO 2008, 1217, 1223; Heidelberger Komm. InsO/*Kirchhof* § 19 Rz. 12; ähnlich *Hüffer* AktG § 92 Rz. 12 (ein bis zwei Jahre).
[68] Dabei sind Verbundeffekte zwischen den Perioden innerhalb des Prognosezeitraums zu berücksichtigen: *Drukarczyk/Schüler* Kölner Schrift zur InsO 2. Aufl. S. 133 Rz. 109.
[69] Uhlenbruck InsO/*Uhlenbruck* § 19 Rz. 28. Ausführlich zur Erstellung der Fortführungsprognose *Groß/Amen* WPg 2002, 433.
[70] BGH II ZR 48/06 v. 14. 5. 2007, NZI 2007, 477, 478; BGH II ZR 292/91 v. 6. 6. 1994, NJW 1994, 2220, 2224; MünchHdb. GesR/Bd. 4/*Wiesner* § 26 Rz. 7.
[71] BGH II ZR 292/91 v. 6. 6. 1994, NJW 1994, 2220, 2224; OLG Düsseldorf 15 U 10/07 v. 20. 2. 2008 (BeckRS 2008 06676); OLG Koblenz 5 U 875/04 v. 5. 11. 2004, NZG 2005, 79, 80.
[72] *Hüffer* AktG § 93 Rz. 4f.

führungsprognose als dagegen sprechen.[73] Das Wahrscheinlichkeitsurteil ist demgemäß komparativ zu verstehen, nicht als prozentuale Eintrittswahrscheinlichkeit im Sinne der Wahrscheinlichkeitsrechnung.[74] Das Verständnis der überwiegenden Wahrscheinlichkeit in diesem Sinne ist anerkannt für die Glaubhaftmachung gemäß § 294 ZPO.[75]

29 Problematisch ist auch die Frage, wie wahrscheinlich Sanierungsbeiträge von Eigen- und Fremdkapitalgebern (Rangrücktritte, Verzichte, frische Liquidität) sein müssen, damit sie bei der Fortführungsprognose berücksichtigt werden dürfen. Die überwiegende Ansicht fordert hier einen hohen Grad an Sicherheit, der über eine überwiegende Wahrscheinlichkeit hinausgeht: Danach dürfen derartige Beiträge nur berücksichtigt werden, wenn sie rechtlich gesichert sind und ihre Durchführung mit hoher Wahrscheinlichkeit zu erwarten ist, gefestigte Realisierungschancen oder verbindliche Zusagen bestehen.[76] Dem ist nicht zu folgen. Auch für Beiträge von Kapitalgebern gilt der Maßstab der überwiegenden Wahrscheinlichkeit. Rechtsverbindliche Zusagen sind wünschenswert, aber nicht Bedingung, solange die überwiegende Wahrscheinlichkeit durch andere konkrete Anhaltspunkte nachgewiesen wird. Wegen des Risikos für den Vorstand ist hier allerdings Vorsicht geboten. Erforderlich dürfte sein, dass sich die Beteiligten einig sind über Art und Höhe der Sanierungsbeiträge, die wesentlichen kommerziellen Bedingungen ihrer Gewährung sowie die Voraussetzungen, die erfüllt sein müssen, damit die Sanierungsbeiträge geleistet werden; diese Einigung muss mindestens in einem Letter of Intent vereinbart sein. Zudem muss der Eintritt der vereinbarten Voraussetzungen überwiegend wahrscheinlich sein; Voraussetzungen, deren Erfüllung im Belieben des den Sanierungsbeitrag Versprechenden stehen, dürften regelmäßig schädlich sein.

b) Überschuldungsbilanz

30 Das Ergebnis der Prüfung der Fortführungsprognose hat für die Überschuldungsprüfung in der bis Ende 2010 geltenden Fassung des § 19 Abs. 2 InsO eine andere Bedeutung als in der ab 2011 geltenden Fassung. Für die bis Ende 2010 geltende Fassung gilt: Wenn die Fortführungsprognose positiv ist, besteht keine Überschuldung im Rechtssinne und auf eine Prüfung der rechnerischen Überschuldung kommt es nicht mehr an. Ist die Fortführungsprognose hingegen negativ, ist zu prüfen, ob bei Ansatz von Liquidationswerten das Vermögen die Verbindlichkeiten deckt; ist das nicht der Fall, liegt Überschuldung vor. Für die ab 2011 geltende Fassung gilt der vormals schon unter der InsO geltende Rechtszustand: Die Fortführungsprognose gibt nur darüber Auskunft, ob die Prüfung der rechnerischen Überschuldung Fortführungswerte (bei positiver Fortführungsprognose) oder Liquidationswerte (bei negativer

---

[73] *Groß/Amen* WPg 2002, 67, 73 ff.
[74] *Groß/Amen* WPg 2002, 67, 73 ff.; aA MünchKomm. InsO/*Drukarczyk* § 19 Rz. 58 ff.; *Drukarczyk/Schüler* Kölner Schrift zur InsO 2. Aufl. S. 129 Rz. 97 ff.
[75] BGH II ZB 15/97 v. 9.2.1998, NJW 1998, 1870; MünchKomm. ZPO/*Prütting* § 294 Rz. 24. Er liegt auch dem Begriff „voraussichtlich" in § 18 InsO bei der Feststellung drohender Zahlungsunfähigkeit zugrunde: BegrRegE InsO bei *Kübler/Prütting* Das neue Insolvenzrecht, 2. Aufl., S. 173.
[76] Heidelberger Komm. InsO/*Kirchhof* § 19 Rz. 12; WP Handbuch Bd. II L Rn. 237; MünchKomm. InsO/*Drukarczyk* § 19 Rz. 63.

Fortführungsprognose) zugrunde legen muss. Nach hM sind weder die Handelsbilanz noch die Regeln zu ihrer Aufstellung für die Überschuldungsbilanz maßgeblich, weil sie dem Normzweck des Überschuldungstatbestands widersprechen, das Potenzial des Gesellschaftsvermögens zur Schuldendeckung zu ermitteln.[77] Die Handelsbilanz wird jedoch regelmäßig Ausgangspunkt und Mengengerüst der Überschuldungsbilanz sein.[78]

aa) Ansatz von Vermögensgegenständen. Anzusetzen sind alle Vermögensgegenstände, die im Insolvenzverfahren zu den verwertbaren Bestandteilen der Masse gehören.[79] Insbesondere können unentgeltlich erworbene immaterielle Vermögensgegenstände abweichend von § 248 Abs. 2 HGB angesetzt werden.[80] Für die Firma der AG gilt dies indes nur, wenn die Veräußerung des Unternehmens in einem Umfang möglich erscheint, der die Voraussetzungen für die Fortführung der Firma durch den Erwerber erfüllt.[81] Ein originärer oder derivativer Geschäftswert darf nach hM angesetzt werden, wenn die Veräußerung des Unternehmens oder von Unternehmensteilen wahrscheinlich ist.[82] Im Kern ist dies eine Frage der zutreffenden Bewertung;[83] es geht mithin nicht um einen originären oder derivativen, sondern um den konkret erzielbaren **Geschäftswert**. Ein Geschäftswert entsteht, wenn der Ertragswert des betriebsnotwendigen Vermögens höher ist als sein Substanzwert. Es sind grundsätzlich sämtliche Forderungen der AG anzusetzen, die unabhängig von der Eröffnung des Insolvenzverfahrens bestehen, einschließlich Ansprüche gegen die Aktionäre aus ausstehenden Einlagen, gegen ein herrschendes Unternehmen auf Verlustausgleich nach § 302 AktG, Schadensersatzansprüche gegen Vorstand, Aufsichtsrat oder Aktionäre sowie Forderungen aus schwebenden Geschäften.[84] Die Aktivierung eigener Aktien ist nicht ausgeschlossen, ihnen dürfte aber regelmäßig kein Wert beizulegen sein.[85]

Nicht anzusetzen sind Bilanzierungshilfen wie die Kosten der Ingangsetzung und Erweiterung des Geschäftsbetriebs iSv. § 269 HGB, latente Steuern iSv. § 274 Abs. 2 HGB und aktive Rechnungsabgrenzungsposten; letztere sind jedoch darauf zu prüfen, ob sich aus ihnen ein Anspruch auf Rückzahlung oder auf eine ausstehende Gegenleistung ergibt, der dann anzusetzen ist.[86]

---

[77] BGH II ZR 138/03 v. 7.3. 2005, ZIP 2005, 807; BGH II ZR 60/93 v. 21.2.1994, NJW 1994, 1477, 1478; *Hüffer* AktG § 92 Rz. 11 mwN; *Baumbach/Hueck/Schulze-Osterloh* § 64 Rz. 14 mwN; aA Kölner Komm. AktG/*Mertens* § 92 Rz. 31.
[78] BGH II ZR 261/99 v. 2.4. 2001, ZIP 2001, 839 zur GmbH.
[79] BGH II ZR 269/91 v. 13.7.1992, NJW 1992, 2891, 2894; Großkomm. AktG/*Habersack* § 92 Rz. 47; *Baumbach/Hueck/Schulze-Osterloh* § 64 Rz. 15 mwN.
[80] Allgemeine Ansicht, s. nur *Hüffer* AktG § 92 Rz. 11; MünchHdb. GesR/Bd. 4/*Wiesner* § 25 Rz. 66, jeweils mwN.
[81] Großkomm. AktG/*Habersack* § 92 Rz. 47; *Baumbach/Hueck/Schulze-Osterloh* § 64 Rz. 16 mwN.
[82] Großkomm. AktG/*Habersack* § 92 Rz. 47 (nahe liegend); *Baumbach/Hueck/Schulze-Osterloh* § 64 Rz. 16 mwN (greifbare Aussichten); *Gottwald/Uhlenbruck* Insolvenzrechts-Handbuch § 6 Rz. 29 mwN (schuldrechtlicher Vertrag).
[83] Großkomm. AktG/*Habersack* § 92 Rz. 47.
[84] Großkomm. AktG/*Habersack* § 92 Rz. 48 f.; *Baumbach/Hueck/Schulze-Osterloh* § 64 Rz. 18 f., jeweils mwN.
[85] *Baumbach/Hueck/Schulze-Osterloh* § 64 Rz. 17 mwN.
[86] Großkomm. AktG/*Habersack* § 92 Rz. 48; *Baumbach/Hueck/Schulze-Osterloh* § 64 Rz. 16, 21, jeweils mwN.

33 bb) Ansatz von Passivposten. Auf der Passivseite sind **sämtliche Verbindlichkeiten** anzusetzen, einschließlich Verbindlichkeiten aus schwebenden Geschäften, Rückstellungen für ungewisse Verbindlichkeiten, so weit mit einer Inanspruchnahme zu rechnen ist,[87] Verbindlichkeiten aus einem vereinbarten Sozialplan[88] sowie Pensionsverpflichtungen und unverfallbare Pensionsanwartschaften.[89] Die Einstandspflicht des Pensionssicherungsvereins vermag hieran nichts zu ändern, weil die Verpflichtungen gem. § 9 Abs. 2 BetrAVG auf den Pensionssicherungsverein übergehen.

34 Nicht anzusetzen sind **Eigenkapitalpositionen** wie Grundkapital, Rücklagen, Gewinnvortrag, Jahresüberschuss oder der Rücklageanteil von Sonderposten mit Rücklageanteil.[90] Spezielle Finanzierungsformen, wie zB stille Gesellschaft oder Genusskapital, sind auf ihren Charakter als Eigen- oder Fremdkapital zu prüfen und um etwaige Eigenkapitalelemente zu kürzen, zB um verwirklichte Verlustbeteiligungen.[91] **Gesellschafterdarlehen** und Forderungen, die einem solchen Darlehen wirtschaftlich entsprechen, sind seit Inkrafttreten des MoMiG gemäß § 39 Abs. 1 Nr. 5 InsO stets nachrangig. Gleichwohl sind sie grundsätzlich zu passivieren, wie sich im Umkehrschluss aus dem neuen Satz 3 des § 19 Abs. 2 InsO ergibt.[92] Danach sind Gesellschafterdarlehen nur dann nicht anzusetzen, wenn für sie gemäß § 39 Abs. 2 der Nachrang hinter den Forderungen gemäß § 39 Abs. 1 Nr. 1 bis 5 InsO vereinbart wurde. Nicht mehr erforderlich ist demnach der bislang vom BGH geforderte „qualifizierte" Rangrücktritt, bei dem der Gesellschafter erklären musste, dass seine Forderung bis zur Behebung der Krise wie Eigenkapital zu behandeln ist, also nicht vor, sondern nur gleichzeitig mit Ansprüchen der Gesellschafter aus ihrer Einlage befriedigt werden soll.[93] Es wird jedoch vertreten, dass der Rangrücktritt entgegen dem Wortlaut des Gesetzes nicht nur für den Insolvenzfall erklärt werden darf, sondern für die Zeit während und bis zur Behebung der Krise vereinbart werden muss.[94] Unklar ist, welche Folgen sich aus dem neuen § 19 Abs. 2 Satz 3 InsO für den Rangrücktritt des Nichtgesellschafters ergeben. Nach bisher hM rechtfertigt es auch der Rangrücktritt des Nicht-Gesellschafters, die Forderung im Überschuldungsstatus außer Betracht zu lassen.[95] Nach wohl hM reichte dazu der Rangrücktritt hinter alle anderen Gläubiger, also vor dem, nicht im Gleichrang mit den Einlageforderungen der Gesellschafter,[96] wenngleich der qualifizierte Rangrücktritt aus Vorsichtsgründen geboten gewesen sein mag. Da § 19 Abs. 2 Satz 3 InsO die Forderung des Nichtgesellschafters nicht erwähnt, könnte man meinen, für den Nicht-Gesellschafter habe sich nichts geändert, so dass ggf. weiter der qualifzierte Rangrücktritt erforderlich wäre. Es ist jedoch kein nachvollziehbarer Grund erkennbar,

---

[87] Großkomm. AktG/*Habersack* § 92 Rz. 56.; *Baumbach/Hueck/Schulze-Osterloh* § 64 Rz. 22, jeweils mit mwN.
[88] *Baumbach/Hueck/Schulze-Osterloh* § 64 Rz. 26 mwN. Zu einem zu erwartenden Sozialplan siehe unten Rz. 32.
[89] *Baumbach/Hueck/Schulze-Osterloh* § 64 Rz. 26 mwN.
[90] *Hüffer* § 92 Rz. 11; MünchHdb. GesR/Bd. 4/*Wiesner* § 25 Rz. 66 mwN.
[91] Für stille Beteiligung *Baumbach/Hueck/Schulze-Osterloh* § 64 Rz. 25 mwN.
[92] *Haas* DStR 2009, 326.
[93] BGH II ZR 88/99 v. 8. 1. 2001, DStR 2001, 175, 176.
[94] *Haas* DStR 2009, 326, 327.
[95] *Budde/Förschle* Q Rz. 54 f. mwN
[96] *Budde/Förschle/Förschle/Hoffmann* Rz. Q 54 f. mit Nachweisen zum Streitstand.

B. Pflichten des Vorstands 35–38 § 17

weshalb der Nicht-Gesellschafter tiefer im Rang soll zurücktreten müssen als der Gesellschafter. Vielmehr bringt der Gesetzgeber mit der Neuregelung zum Ausdruck, dass der einfache Rangrücktritt den Interessen der übrigen Gläubiger an einem aussagekräftigen Überschuldungsstatus ausreichend Rechnung trägt, so dass auch für Nicht-Gesellschafter der einfache Rangrücktritt zukünftig ausreicht.

Unklar war schließlich, ob der Satz 3 des § 19 Abs. 2 InsO ab 1.1.2011 wieder entfällt, wie es sich an sich aus Art. 6 Abs. 3 FMStG ergäbe. Das war nicht gewollt,[97] die Fortgeltung des Satzes 3 soll durch Art. 4 des geplanten Finanzmarktstabilisierungsergänzungsgesetzes ausdrücklich angeordnet werden.[98] 35

Bei negativer Fortbestehensprognose sind für die **Kosten des Insolvenzverfahrens** Rückstellungen zu bilden.[99] Dies sind nicht die Kosten des Insolvenzverfahrens infolge der Überschuldung, sondern infolge der prognostizierten Zahlungsunfähigkeit: Diese Kosten drohen und sind deshalb für die Frage von Belang, ob die AG mit dem Insolvenzantrag warten darf, bis sie zahlungsunfähig ist, oder ob sie bereits jetzt den Antrag stellen muss. Dieselben Grundsätze gelten für Verbindlichkeiten aus einem zu erwartenden Sozialplan: Bei negativer Fortbestehensprognose sind sie in jedem Fall zu passivieren, bei positiver Fortbestehensprognose nur dann, wenn der Vorstand die Betriebsänderung beschlossen hat.[100] 36

Passive Rechnungsabgrenzungsposten sind anzusetzen, sofern Leistung oder Rückzahlung verlangt werden kann.[101] Wie bei den aktiven Rechnungsabgrenzungsposten dürfte nicht der Posten selbst, sondern die dahinter stehende Verpflichtung zu passivieren sein. 37

cc) Bewertung bei positiver Fortführungsprognose. Bei positiver Fortbestehensprognose ist das **Vermögen** mit Fortführungswerten anzusetzen. Die Vorschriften für die Handelsbilanz finden keine Anwendung.[102] Nach der hM ist aber der Grundsatz der Einzelbewertung maßgeblich.[103] Das kann jedoch nicht ausnahmslos, sondern nur als Regel gelten, wie die nachfolgenden Ausführungen zeigen.[104] Als Anhaltspunkt soll das Verfahren zur Bestimmung des steuerlichen Teilwerts, also die Überlegung dienen, welcher Anteil des Gesamtkaufpreises bei einer Veräußerung des Unternehmens auf den einzelnen Vermögensgegenstand entfallen würde.[105] Danach sind nach hM für betriebsnotwendige Vermögensgegenstände Wiederbeschaffungskosten maßgeblich,[106] für 38

---

[97] Dazu und mit demselben Ergebnis *Thonet* NZI 2009, 15, 18 f.
[98] RegE v. 18.2.2009.
[99] *Baumbach/Hueck/Schulze-Osterloh* § 64 Rz. 27 mwN; aA Großkomm. AktG/*Habersack* § 92 Rz. 56.
[100] *Baumbach/Hueck/Schulze-Osterloh* § 64 Rz. 20 mwN.
[101] *Baumbach/Hueck/Schulze-Osterloh* § 64 Rz. 29; *Budde/Förschle/Förschle/Hoffmann* Rz. N 115.
[102] *IDW-FAR* 1/1996 (4.2.), WPg 1997, 22, 25; *Budde/Förschle/Förschle/Hoffmann* Rz. N 103.
[103] *Baumbach/Hueck/Schulze-Osterloh* § 64 Rz. 31; Großkomm. AktG/*Habersack* § 92 Rz. 55; *Müller/Haas* in Kölner Schrift zur InsO 2. Aufl. Rz. P 100.
[104] So wohl auch WPH/Bd. I V 13.
[105] *IDW-FAR* 1/1996 (4.2.), WPg 1997, 22, 25; *Baumbach/Hueck/Schulze-Osterloh* § 64 Rz. 31 mwN.; Großkomm. AktG/*Habersack* § 92 Rz. 55.
[106] Großkomm. AktG/*Habersack* § 92 Rz. 55; *Müller/Haas* Kölner Schrift zur InsO 2. Aufl. S. 1807 Rz. 20; *Nerlich/Römermann/Mönning* InsO § 19 Rz. 26; aA *Budde/Förschle/Förschle/Hoffmann* Rz. P 106; Einzelliquidation, Werte, mindestens zulässige Werte der

nicht betriebsnotwendiges Vermögen hingegen Veräußerungswerte.[107] Ein Firmenwert, gleich ob originär oder derivativ,[108] ist nur anzusetzen, soweit eine konkrete Möglichkeit zur Veräußerung des Unternehmens oder von Unternehmensteilen nachgewiesen werden kann.[109] Im Übrigen bleiben Ertragswertgesichtspunkte bei der Ermittlung der Fortführungswerte außer Betracht. Zwar ist der Fortführungswert eines Vermögensgegenstandes an sich der Ertragswert, also der Wert, der dem Gegenstand im Rahmen des unternehmerischen Prozesses der Erzielung von Erträgen zukommt.[110] Der Ertragswert, dh. die Fähigkeit des Unternehmens, Erträge zu erzielen, wird aber im Rahmen der Fortführungsprognose geprüft. Daraus ist zu folgern, dass das Gesetz beim Überschuldungsstatus das Schuldendeckungspotential des Vermögens aus einer Verwertungsperspektive und nicht aus einer Ertragsperspektive betrachtet wissen will.[111] Irreführend sind Stellungnahmen, Ertragswertgesichtspunkte seien zu berücksichtigen und deshalb komme es auf die Wiederbeschaffungskosten an,[112] denn die Wiederbeschaffungskosten geben nur höchst mittelbar Auskunft darüber, welchen Ertragsbeitrag ein Vermögensgegenstand leistet.[113]

39 Den **Verbindlichkeiten** ist nach hM idR. unabhängig von ihrer Fälligkeit der Rückzahlungsbetrag beizulegen, wobei unverzinsliche, noch nicht fällige und wiederkehrende Verbindlichkeiten mit dem nach § 41 Abs. 2 und § 46 InsO berechneten Barwert anzusetzen seien, weil sie auch im Insolvenzverfahren nur mit diesem Wert berücksichtigt würden.[114]

40 Laufende **Pensionsverbindlichkeiten** sind versicherungsmathematisch zu ermitteln und sodann auf den Barwert abzuzinsen; dasselbe gilt für unverfallbare Pensionsanwartschaften.[115] So weit die Pensionsansprüche zulässigerweise gekürzt werden dürfen, sind die Verbindlichkeiten und Anwartschaften entsprechend zu korrigieren. Die hinter den passiven Rechnungsabgrenzungsposten stehenden Verpflichtungen sind in voller Höhe anzusetzen, sofern Leistung oder Rückzahlung verlangt werden kann.[116]

41 **dd) Bewertung bei negativer Fortbestehensprognose.** Bei negativer Fortbestehensprognose sind für die **Vermögensgegenstände** Liquidationswer-

---

Handelsbilanz für Roh-, Hilfs- und Betriebsstoffe *Gottwald/Uhlenbruck* Insolvenzrechts-Handbuch § 6 Rz. 34: Veräußerungswerte.
[107] WPH/Bd. I V 20.
[108] Weiter WPH/Bd. I V 20: Fortführung grundsätzlich zulässig.
[109] WPH/Bd. I V 20; *IDW-FAR* 1/1996 (4. 2.), WPg 1997, 22, 25.
[110] *Budde/Förschle/Förschle/Hoffmann* Rz. P 101; *Drukarczyk/Schüler* Kölner Schrift zur InsO 2. Aufl. S. 136 Rz. 119; ähnlich *Baumbach/Hueck/Schulze-Osterloh* § 64 Rz. 31.
[111] Ähnlich *Budde/Förschle/Förschle/Hoffmann* Rz. P 102.
[112] Großkomm. AktG/*Habersack* § 92 Rz. 55; *Nerlich/Römermann/Mönning* InsO, § 19 Rz. 26. Auch die Teilwertberechnung iSv. § 6 Abs. 1 Nr. 1 Satz 3 EStG hebt nicht auf den Ertragswert ab; die Formulierung ist allerdings missverständlich, denn der Käufer des gesamten Unternehmens würde idR. natürlich keine Wiederbeschaffungskosten, sondern eine Ertragswertberechnung zugrunde legen.
[113] MünchKomm InsO/*Drukarczyk* § 19 Rz. 113; *Drukarczyk/Schüler* Kölner Schrift zur InsO 2. Aufl. S. 127 Rz. 121.
[114] *Baumbach/Hueck/Schulze-Osterloh* § 64 Rz. 32; Großkomm. AktG/*Habersack* § 92 Rz. 60 jeweils mwN. IDW-FAR 1/1996 (4. 2.) WPg 1997, 22, 25.
[115] WPH/Bd. I/V 36 ff.
[116] *Baumbach/Hueck/Schulze-Osterloh* § 64 Rz. 29; *Budde/Förschle/Förschle/Hoffmann* Rz. N 115.

te anzusetzen, dh. das Vermögen ist unter der Annahme zu bewerten, dass die AG das Unternehmen nicht fortführt, sondern durch Veräußerung der Vermögensgegenstände verwertet. Der Liquidationswert eines Vermögensgegenstandes ist der Erlös ohne Umsatzsteuer, der voraussichtlich bei einer Veräußerung erzielt würde.[117] Grundsätzlich ist zu unterstellen, dass Vermögensgegenstände nur einzeln, dh. nicht als Teil des Unternehmens oder eines Unternehmensteils veräußert werden können, es sei denn, es gibt starke tatsächliche Anhaltspunkte für die Veräußerung des Unternehmens insgesamt oder in Teilen.[118] Für eine Veräußerung des Unternehmens insgesamt wird es dafür regelmäßig eines konkreten Kaufangebotes bedürfen; eine wie auch immer geartete Berechnung des Ertragswerts des Unternehmens wird die Annahme der Veräußerbarkeit nicht tragen. Forderungen sind auf Einbringlichkeit zu prüfen und ggf. wertzuberichtigen; wiederkehrende und sonstige noch nicht fällige Zahlungsansprüche sind mit dem Barwert anzusetzen.

Den **Verbindlichkeiten** ist in Übereinstimmung mit der hM idR. unabhängig von ihrer Fälligkeit der Rückzahlungsbetrag beizulegen,[119] unverzinslichen, noch nicht fälligen und wiederkehrenden Verbindlichkeiten hingegen der gem. § 41 Abs. 2 und § 46 InsO berechnete Barwert, weil sie auch im Insolvenzverfahren nur mit diesem Wert berücksichtigt werden.[120] Für die laufenden **Pensionsverbindlichkeiten** und unverfallbaren Pensionsanwartschaften gilt dem Grundsatz nach das unter Rz. 38 Gesagte. Unterschiede können sich bei der Frage ergeben, ob Pensionsansprüche gekürzt werden dürfen.[121] Die Rechnungsabgrenzungsposten sind mit dem Wert der dahinter stehenden Verpflichtungen anzusetzen.[122]

3. Die Pflicht zur Stellung des Insolvenzantrags

a) Entstehung und Dauer der Pflicht

Wird die AG zahlungsunfähig oder ergibt sich die Überschuldung, so muss der Vorstand gem. § 92 Abs. 2 AktG unverzüglich, spätestens aber drei Wochen nach Eintritt der Zahlungsunfähigkeit oder Feststellung der Überschuldung die Eröffnung des Insolvenzverfahrens beantragen. Nach heute hM entsteht die Pflicht, wenn der Insolvenzgrund für den Vorstand erkennbar war, wobei der Vorstand zu beweisen hat, dass der Insolvenzgrund nicht erkennbar war;[123] dieser Ansicht ist zu folgen. Nach ganz hM und nach § 91 Abs. 2 AktG ist der Vorstand verpflichtet, die Geschäftsentwicklung ständig auf kritische Entwicklungen hin zu beobachten, um nicht zuletzt seiner Insolvenzantragspflicht genügen

---

[117] Baumbach/Hueck/Schulze-Osterloh § 64 Rz. 31; Großkomm. AktG/Habersack § 92 Rz. 54.
[118] Baumbach/Hueck/Schulze-Osterloh § 64 Rz. 31; Großkomm. AktG/Habersack § 92 Rz. 54 jeweils mwN.
[119] Baumbach/Hueck/Schulze-Osterloh § 64 Rz. 32; Großkomm. AktG/Habersack § 92 Rz. 60 jeweils mwN.
[120] Baumbach/Hueck/Schulze-Osterloh § 64 Rz. 32; Großkomm. AktG/Habersack § 92 Rz. 60 jeweils mwN.
[121] Baumbach/Hueck/Schulze-Osterloh § 64 Rz. 26.
[122] Vgl. oben Rz. 36.
[123] Großkomm. AktG/Habersack § 92 Rz. 62 mwN; BGH II ZR 273/98 v. 29. 11. 1999, NJW 2000, 668 und BGH II ZR 370/99 v. 11. 9. 2000, NJW 2001, 304; zur GmbH Hüffer AktG § 32 Rz. 9.

zu können.[124] Er haftet dabei auch für fahrlässige Pflichtverstöße nach § 93 Abs. 2 AktG. Dann ist es jedoch ungereimt, den Verschuldensmaßstab ausgerechnet bei der Pflicht zu mildern, deren Einhaltung die vorgenannten Pflichten gerade sicherstellen sollen. Um die Ausnutzung der Drei-Wochen-Frist sicherzustellen, dürfen die Anforderungen an die Erkennbarkeit des Insolvenzgrundes, wie auch an die Pflicht zur laufenden Beobachtung, nicht überspannt werden: Der Vorstand ist nur dann zu eingehenderer Untersuchung verpflichtet, wenn ihm das ordnungsgemäße Frühwarnsystem[125] oder außerplanmäßige Vorgänge oder Berichte dafür Anhaltspunkte liefern; ein Insolvenzgrund ist erst erkennbar, wenn ein Zeitraum verstrichen ist, innerhalb dessen ein ordentlicher und gewissenhafter Geschäftsleiter ermittelt hätte, ob ein Insolvenzgrund tatsächlich gegeben ist; die Schwierigkeiten, insb. des Überschuldungstatbestands, verlangen, dass dieser Zeitraum nicht zu knapp bemessen wird. Der Vorstand verletzt seine Insolvenzantragspflicht nicht, wenn er bei fehlender eigener Sachkunde zur Klärung des Bestehens der Insolvenzreife der Gesellschaft den Rat eines unabhängigen, fachlich qualifizierten Berufsträgers einholt, diesen über sämtliche für die Beurteilung erheblichen Umstände ordnungsgemäß informiert und nach eigener Plausibilitätskontrolle der ihm daraufhin erteilten Antwort dem Rat folgt und von der Stellung eines Insolvenzantrags absieht.[126]

Die Pflicht zur Stellung des Antrags entfällt, wenn kein Insolvenzgrund mehr vorliegt.[127]

b) Erfüllung der Antragspflicht

44 Der Vorstand hat seine Antragspflicht gem. § 15a Abs. 1 InsO erfüllt, wenn mindestens ein Vorstandsmitglied[128] wirksam beim Insolvenzgericht[129] die Eröffnung des Verfahrens beantragt und den Antrag nicht zurückgenommen hat.[130] Stellen nicht alle Vorstandsmitglieder den Antrag, so ist der Insolvenzgrund nach § 15 Abs. 2 InsO unter Verwendung beliebiger Beweismittel glaubhaft zu machen.[131] Auch der falsch begründete Antrag erfüllt die Antragspflicht.[132] Der Antrag eines Gläubigers erfüllt die Antragspflicht nicht, solange das Insolvenzverfahren nicht eröffnet ist.[133]

45 Die Antragspflicht **trifft jedes Vorstandsmitglied**, einschließlich stellvertretender Vorstandsmitglieder,[134] sowie, wenn die AG aufgelöst ist, jeden Ab-

---

[124] BGH II ZR 9/94 v. 20.2.1995, ZIP 1995, 560, 561; MünchHdb. GesR/Bd. 4/*Wiesner* § 25 Rz. 55 mwN.
[125] Vgl. dazu oben Rz. 6 ff.
[126] BGH II ZR 48/06 v. 14.5.2007, NJW 2007, 2118.
[127] BGH 1 StR 132/60 v. 24.1.1961, NJW 1961, 740; Großkomm. AktG/*Habersack* § 92 Rz. 63 mwN.
[128] Nach § 15 Abs. 1 InsO ist jedes Mitglied des Vertretungsorgans einer juristischen Person antragsbefugt.
[129] §§ 2, 3 InsO, § 17 Abs. 1 ZPO.
[130] Großkomm. AktG/*Habersack* § 92 Rz. 67.
[131] *Baumbach/Hueck/Schulze-Osterloh* § 64 Rz. 42; vgl. § 4 InsO iVm. § 294 Abs. 1 ZPO.
[132] *Baumbach/Hueck/Schulze-Osterloh* § 64 Rz. 49 mwN.
[133] BGH 3 StR 140/56 v. 5.7.1956, BB 1957, 273; Großkomm. AktG/*Habersack* § 92 Rz. 67; *Baumbach/Hueck/Schulze-Osterloh* § 64 Rz. 52 mwN; aA *Scholz/K.Schmidt* GmbHG, § 64 Rz. 19.
[134] MünchHdb. GesR/Bd. 4/*Wiesner* § 25 Rz. 61; Großkomm. AktG/*Habersack* § 92 Rz. 31.

B. Pflichten des Vorstands   46, 47 § 17

wickler.[135] Sie trifft darüber hinaus nach hM auch fehlerhaft bestellte Vorstandsmitglieder[136] und Abwickler sowie jeden, der mit Duldung des Aufsichtsrats die Funktion eines Vorstandsmitglieds faktisch wahrnimmt.[137] Nach Abberufung oder Amtsniederlegung ist ein Vorstandsmitglied nicht mehr berechtigt und damit auch nicht mehr verpflichtet, den Antrag zu stellen; es bleibt jedoch verantwortlich für bereits begangene zivil- und strafrechtliche Pflichtverstöße[138] und muss dafür sorgen, dass die verbleibenden oder neuen Vorstandsmitglieder den Antrag stellen.[139] Darüber hinaus bleiben Recht und Pflicht zur Antragstellung nach hM bestehen, wenn die Niederlegung rechtsmissbräuchlich und damit unwirksam war.[140] Die Organstellung an den unsicheren Ausgang des Streits über den Missbrauch zu knüpfen, ist jedoch bedenklich[141] und unter Haftungsgesichtspunkten auch nicht erforderlich: Legt ein Vorstandsmitglied sein Amt in Kenntnis der Antragspflicht nieder, so verstößt es durch die Niederlegung vorsätzlich gegen die Antragspflicht, weil es sich deren Erfüllung endgültig unmöglich macht.

Die Drei-Wochen-Frist ist eine **Höchstfrist**, die nur ausgenutzt werden darf, soweit der Vorstand dadurch die Antragstellung nicht schuldhaft verzögert.[142] Erweist sich eine Sanierung vor Ablauf der Frist als aussichtslos, ist der Antrag sofort zu stellen.   46

Stellt der Vorstand den Antrag verfrüht, kann er damit seine Pflicht aus § 93 Abs. 1 AktG verletzen. Dies gilt idR jedenfalls dann, wenn er zur Stellung des Antrags weder nach § 15 a Abs. 1 AktG verpflichtet noch nach § 918 Abs. 1 InsO berechtigt war. Wenn die Antragsbefugnis nach § 918 Abs. 1 InsO begründet ist, wird der Vorstand prüfen müssen, ob die Stellung des Antrags für die AG und ihr Unternehmen vorteilhafter ist als das weitere Zuwarten. Stellt der Vorstand den Antrag, wird er ggf. darlegen müssen, weshalb eine Sanierung außerhalb des Insolvenzverfahrens nicht möglich oder nicht aussichtsreich war. Je nach Ausgestaltung des Katalogs zustimmungspflichtiger Geschäfte wird der Vorstand vor Stellung des Antrags die Zustimmung des Aufsichtsrats einholen müssen, in jedem Fall wird er den Aufsichtsrat informieren müssen.   47

---

[135] MünchHdb. GesR/Bd. 4/*Wiesner* § 25 Rz. 62; Großkomm. AktG/*Habersack* § 92 Rz. 34.
[136] Großkomm. AktG/*Habersack* § 92 Rz. 32; *Baumbach/Hueck/Schulze-Osterloh* § 64 Rz. 47 mwN zum GmbH-Geschäftsführer; wohl auch MünchHdb. GesR/Bd. 4/*Wiesner* § 20 Rz. 34.
[137] BGH II ZR 194/87 v. 21. 3. 1988, DB 1988, 1263, 1264; BGH 3 StR 287/82 v. 22. 9. 1982, NJW 1983, 240, 241; MünchHdb. GesR/Bd. 4/*Wiesner* § 25 Rz. 62, *Baumbach/Hueck/Schulze-Osterloh* § 64 Rz. 47 mwN; aA Großkomm. AktG/*Habersack* § 92 Rz. 33 mwN; Kölner Komm. AktG/*Mertens* § 92 Rz. 48: nur Pflicht, die Antragstellung herbeizuführen.
[138] Großkomm. AktG/*Habersack* § 92 Rz. 31.
[139] BGH 2 StR 368/51 v. 14. 12. 1952, NJW 1952, 554; MünchHdb. GesR/Bd. 4/*Wiesner* § 25 Rz. 61.
[140] Großkomm. AktG/*Habersack* § 92 Rz. 31, Fn. 49; aA *Baumbach/Hueck/Schulze-Osterloh* § 64 Rz. 48 mwN.
[141] Vgl. die Begründung des BGH gegen das Erfordernis eines wichtigen Grundes für die Amtsniederlegung: BGH II ZR 161/79 v. 14. 7. 1980, DB 1980, 1980, 1981; BGH II ZR 58/92 v. 8. 2. 1993, DB 1993, 830 ff.
[142] Unstr.; s. nur *Hüffer* AktG § 92 Rz. 9, 13.

4. Rechtsfolgen des Verstoßes gegen die Antragspflicht
a) Haftung gegenüber den Gläubigern

48 Nach ganz hM war § 92 Abs. 2 AktG Schutzgesetz iSv. § 823 Abs. 2 BGB zugunsten der Gläubiger der AG.[143] Dasselbe gilt für § 15 a Abs. 1 InsO. Die Gläubiger haben somit einen **Schadensersatzanspruch** gegen jedes Vorstandsmitglied, welches zumindest fahrlässig[144] gegen die Antragspflicht verstößt. Die Anspruchsvoraussetzungen sind grundsätzlich vom Gläubiger oder Insolvenzverwalter darzulegen und zu beweisen; es gelten aber bestimmte Darlegungs- und Beweiserleichterungen.[145] Das Verschulden der Vorstandsmitglieder ist bei Nichterfüllung der Antragspflicht zu vermuten.[146]

49 Soweit die Forderung eines Gläubigers begründet ist, bevor die Pflicht zur Antragstellung hätte erfüllt werden müssen,[147] hat der Gläubiger Anspruch auf den so genannten **Quotenschaden**. Der Anspruch besteht unabhängig vom Rechtsgrund der Forderung des so genannten *Altgläubigers*, erfasst also auch Deliktsansprüche.[148] Wird ein Insolvenzverfahren eröffnet, so ist es nach § 92 InsO allein Sache des Insolvenzverwalters, den Ersatzanspruch der Altgläubiger geltend zu machen.[149] Der Quotenschaden ist die Differenz zwischen der fiktiven Quote, die der Gläubiger bei rechtzeitiger Antragstellung erzielt hätte, und der Quote, die er tatsächlich erzielt hat.[150] Die fiktive Quote wird berechnet, indem die Masse, die zur Befriedigung der Altgläubiger zur Verfügung gestanden hätte, durch die Summe aller Forderungen von Altgläubigern geteilt wird.[151] Zur Ermittlung des Quotenschadens ist die fiktive Quote mit der Summe der tatsächlichen Forderungen aller in der Insolvenz noch vorhandenen Altgläubiger zu multiplizieren; von dem resultierenden Produkt ist sodann die tatsächlich vorhandene Masse abzuziehen, soweit sie auf die Altgläubiger entfällt; dieser Anteil der Altgläubiger an der Masse ergibt sich aus dem Ver-

---

[143] Zu § 64 Abs. 1 GmbHG ständige Rspr., zB. BGH II ZR 292/91 v. 6.6.1994, DB 1994, 1608, 1611; MünchHdb. GesR/Bd. 4/*Wiesner* § 26 Rz. 36 mwN; *Baumbach/Hueck/Schulze-Osterloh* § 64 Rz. 90 mwN; aA *Altmeppen/Wilhelm* NJW 1999, 673, 679; zweifelnd *Hüffer* AktG § 92 Rz. 16.
[144] BGH II ZR 292/91 v. 6.6. 1994, DB 1994, 1608, 1613; Großkomm. AktG/*Habersack* § 92 Rz. 76; aA *Baumbach/Hueck/Schulze-Osterloh* § 64 Rz. 97: Kenntnis der Insolvenzreife ist erforderlich.
[145] Großkomm. AktG/*Habersack* § 92 Rz. 76 mwN; ausführlich *Meyke* ZIP 1998, 1179; aA Kölner Komm. AktG/*Mertens* § 92 Rz. 34: Beweislastumkehr.
[146] BGH II ZR 273/98 v. 29.11. 1999, DStR 2000, 210 mwN zur Rspr. des BGH.
[147] Dh. nicht bereits bei Eintritt der Insolvenzreife – so aber offenbar Großkomm. AktG/*Habersack* § 92 Rz. 77; *Baumbach/Hueck/Schulze-Osterloh* § 64 Rz. 92 – und auch nicht, wenn die Insolvenzreife erkennbar wird, sondern erst zu dem Zeitpunkt, in dem die Antragstellung nicht mehr unverzüglich wäre, denn erst dann beginnt der Verstoß gegen die Antragspflicht.
[148] Großkomm. AktG/*Habersack* § 92 Rz. 77.
[149] Großkomm. AktG/*Habersack* § 92 Rz. 77 mwN; *Baumbach/Hueck/Schulze-Osterloh* § 64 Rz. 98 mwN.
[150] Grundlegend BGH VI ZR 245/57 v. 16.12. 1958, BGHZ 29, 100, 103 f.; BGH II ZR 146/96 v. 30.3. 1998, DB 1998, 978, 979; Großkomm. AktG/*Habersack* § 92 Rz. 77; *Baumbach/Hueck/Schulze-Osterloh* § 64 Rz. 95 mwN; *Hüffer* AktG § 92 Rz. 17.
[151] Zu Einzelheiten der Berechnung s. BGH II ZR 20/96 v. 28.4. 1997, ZIP 1997, 1542 ff.; *Dauner-Lieb* ZGR 1998, 617, 622 ff.

hältnis der Forderungen der Altgläubiger zur Summe aller Insolvenzforderungen.[152]

Gläubiger, deren Anspruch erst nach dem oben genannten Zeitpunkt, aber vor Stellung des Antrags auf Eröffnung des Insolvenzverfahrens begründet wird, so genannte **Neugläubiger**, haben nach hM Anspruch auf Ersatz des Schadens, der ihnen entstanden ist, weil sie mit der AG infolge des unterbliebenen Insolvenzantrags noch in Rechtsbeziehungen getreten sind; der Anspruch ist nicht auf den Quotenschaden beschränkt, sondern umfasst das gesamte **negative Interesse**.[153] Es ist streitig, ob der Ersatzanspruch nur für Gläubiger vertraglicher oder auch deliktischer und sonstiger gesetzlicher Ansprüche besteht.[154] Dies hängt letztlich davon ab, wie man den Schutzzweck des § 15 a Abs. 1 InsO abgrenzt: Wenn es darum geht, insolvenzreife Gesellschaften vom Geschäftsverkehr fern zu halten,[155] legt dies einen Schutz nur der vertraglichen Neugläubiger nahe; ist Schutzzweck hingegen, insolvente Rechtsträger aus dem Rechtsverkehr[156] zu entfernen, sind auch gesetzliche Gläubiger einzubeziehen. Die Verletzung der Antragspflicht wird jedenfalls für diejenigen gesetzlichen Ansprüche kausal sein, die nach dem Zeitpunkt begründet wurden, in dem das Insolvenzverfahren vermutlich eröffnet worden wäre, weil es sich dann nach § 55 Abs. 1 Nr. 1 InsO um Masseschulden gehandelt hätte.[157] Der Anspruch ist nicht vom Konkursverwalter, sondern von jedem betroffenen Neugläubiger geltend zu machen.[158] 50

Die vorstehend beschriebene Haftung wird sich durch die Verlagerung der Antragspflicht in die InsO nicht ändern. Auch der neue § 15 a Abs. 1 InsO wird als Schutzgesetz anzusehen sein.[159] 51

b) Sonstige zivil- und strafrechtliche Haftung

Neben dem unter a) beschriebenen Anspruch kommen Ansprüche der Gläubiger aus culpa in contrahendo (§§ 280 Abs. 1, 241 Abs. 2, 311 Abs. 2 BGB) so- 52

---

[152] BGH II ZR 146/96 v. 30. 3. 1998, DB 1998, 978, 979.
[153] BGH II ZR 292/91 v. 6. 6. 1994, DB 1994, 1608, 1611; BGH II ZR 159/98 v. 8. 3. 1999, GmbHR 1999, 715, 716; MünchHdb. GesR/Bd. 4/*Wiesner* § 26 Rz. 36; kritisch *Hüffer* AktG § 92 Rz. 19; *Baumbach/Hueck/Schulze-Osterloh* § 64 Rz. 92 mit umfassenden Nachweisen zum Meinungsstand.
[154] Gegen einen Anspruch des Sozialversicherungsträgers BGH II ZR 159/98 v. 8. 3. 1999, GmbHR 1999, 715, 716; gegen einen Anspruch von Gläubigern gesetzlicher Ansprüche allgemein *Hüffer* AktG § 92 Rz. 19; für einen solchen Anspruch Großkomm. AktG/*Habersack* § 92 Rz. 77 mwN.
[155] BGH II ZR 292/91 v. 6. 6. 1994, DB 1994, 1608, 1611 f.
[156] BGH II ZR 292/91 v. 6. 6. 1994, DB 1994, 1608, 1612; Großkomm. AktG/*Habersack* § 92 Rz. 80.
[157] AA BGH II ZR 159/98 v. 8. 3. 1999, GmbHR 1999, 715, 716, der vertritt, die Verletzung der Antragspflicht sei nicht kausal für den Schaden des Sozialversicherungsträgers, weil dieser keinen Einfluss auf die Entstehung des Anspruchs habe. Darauf kommt es jedoch, wie im Text gezeigt, nicht an. Im Übrigen ist auch bei Vertragsgläubigern die Verletzung der Antragspflicht nur dann ohne weiteres kausal, wenn der Vorstand verpflichtet ist, die Antragstellung jedem potenziellen neuen Vertragspartner mitzuteilen. Ohne eine solche Pflicht ist die Antragstellung nur dann kausal, wenn der Neugläubiger davon erfahren hätte.
[158] BGH II ZR 146/96 v. 30. 3. 1998, DB 1998, 978, 979; *Hüffer* AktG § 92 Rz. 18 mwN.
[159] *Gehrlein* BB 2008, 846, 847.

wie Ansprüche aus § 826 oder § 823 Abs. 2 BGB iVm. Vorschriften des StGB in Betracht.[160] Nach hM haften die Vorstandsmitglieder gem. § 93 Abs. 2 AktG auch der AG für den Schaden, der ihr aus der Verzögerung oder Unterlassung des Antrags entsteht.[161] Ein Schaden gerade aus der Verzögerung wird aber regelmäßig nicht vorliegen.[162] Gemäß § 15 a Abs. 4 und 5 InsO machen sich Vorstandsmitglieder strafbar, wenn sie vorsätzlich oder fahrlässig gegen die Antragspflicht verstoßen. Besondere Beachtung verdienen bei Insolvenzreife die Aufklärungspflichten gegenüber bestehenden und neuen Geschäftspartnern, bei deren Verletzung sich der Vorstand strafbar machen kann, insbesondere wegen Betrugs (§ 263 StGB), und zivilrechtlich auf Schadensersatz haftet (Haftung aus cic, § 823 Abs. 2 BGB iVm Schutzgesetzen, § 826 BGB). Bestehen und Umfang der Aufklärungspflichten bedürfen im Einzelfall genauer Prüfung. Zu beachten ist insbesondere, dass der Vorstand bei Insolvenzreife einen vorleistungspflichtigen Vertragspartner jedenfalls auf Nachfrage, grundsätzlich aber sogar ungefragt über die Lage der AG aufzuklären hat.[163] Allerdings hat der BGH im Zusammenhang mit § 826 BGB wiederholt entschieden, dass ein Geschäftsführungsorgan nicht sittenwidrig handelt, wenn es die Offenlegung einer Krise unterlässt, weil es die Krise den Umständen nach als überwindbar und darum Bemühungen um ihre Behebung durch einen Sanierungsversuch als lohnend und berechtigt ansehen durfte; für diese Umstände trägt das Organ die Beweislast.[164]

5. Zahlungsverbot

53   Gemäß § 92 Abs. 2 Satz 1 AktG darf der Vorstand, sobald Zahlungsunfähigkeit eingetreten oder Überschuldung sich ergeben hat, nur noch solche Zahlungen leisten, die auch nach diesem Zeitpunkt mit der Sorgfalt eines ordentlichen und gewissenhaften Geschäftsleiters vereinbar sind. Zweck der Vorschrift ist es, im Vorfeld des Insolvenzverfahrens die gleichmäßige Befriedigung der Gläubiger zu sichern.[165] Der Begriff der Zahlung ist dementsprechend weit auszulegen und auf die Leistung sonstiger Vermögensgegenstände auszudehnen.[166] Nicht erfasst ist hingegen die bloße Begründung masseschmälernder Verbindlichkeiten.[167]

---

[160] Einzelheiten bei Großkomm. AktG/*Habersack* § 92 Rz. 87 ff.
[161] Für den GmbH-Geschäftsführer *Baumbach/Hueck/Schulze-Osterloh* § 64 Rz. 88 mwN; zweifelnd BGH II ZR 2/72 v. 18. 3. 1974, NJW 1974, 1088, 1089.
[162] Großkomm. AktG/*Habersack* § 92 Rz. 74; tendenziell auch BGH II ZR 2/72 v. 18. 3. 1974, NJW 1974, 1088, 1089.
[163] BGH VIII ZR 325/81 v. 23. 2. 1983, NJW 1983, 1607, 1609; BGH 4 StR 323/97 v. 11. 12. 1997, NJW 1998, 767, 768 f.
[164] BGH VI ZR 231/o6 v. 18. 12. 2007, NZI 2008, 242, 243; BGH II ZR 118/77 v. 9. 7. 1979, NJW 1979, 1823, 1828.
[165] Großkomm. AktG/*Habersack* § 92 Rz. 91; *Baumbach/Hueck/Schulze-Osterloh* § 64 Rz. 78; wohl auch BGH II ZR 273/98 v. 29. 11. 1999, GmbHR 2000, 210 und BGH II ZR 88/99 v. 8. 1. 2001, DStR 2001, 175, 177.
[166] Großkomm. AktG/*Habersack* § 92 Rz. 93; ausführlich *Baumbach/Hueck/Schulze-Osterloh* § 64 Rz. 79 mwN; wohl auch BGH II ZR 273/98 v. 29. 11. 1999, DStR 2000, 210 (durch zustimmende Verweisung auf *Hachenburg/Ulmer* § 64 Rz. 40); *Hüffer* AktG § 92 Rz. 14 f. mwN.
[167] BGH II ZR 146/96 v. 30. 3. 1998, DB 1998, 978, 979; Großkomm. AktG/*Habersack* § 92 Rz. 93; *Baumbach/Hueck/Schulze-Osterloh* § 64 Rz. 79; aA *Scholz/K. Schmidt* GmbHG § 64 Rz. 23; *Altmeppen/Wilhelm* NJW 1999, 673, 678 ff.

B. Pflichten des Vorstands § 17

Zahlungen im vorstehenden Sinne entsprechen dann der Sorgfalt eines ordentlichen und gewissenhaften Geschäftsleiters, wenn sie vor Eröffnung des Insolvenzverfahrens erbracht werden und die **gleichmäßige Befriedigung der Gläubiger** unberührt lassen oder sogar fördern oder im Einzelfall größere Nachteile für die Masse abwenden.[168] Das Gesellschaftsinteresse oder genauer: das Interesse anderer Beteiligter als der Gesamtheit der Gläubiger vermag hier keine andere Beurteilung mehr zu rechtfertigen.[169] Insbesondere ist ein Vorstandsmitglied nicht berechtigt, zur Abwendung einer eigenen deliktischen Haftung Zahlungen zu leisten. Damit kommt es aber zu einem Normenkonflikt, denn nach der Rechtsprechung des 5. Strafsenats sowie des VI. Zivilsenats des BGH ist der Vorstand verpflichtet, Arbeitnehmerbeiträge zur Sozialversicherung abzuführen, sofern ihm noch ausreichende Finanzmittel zur Verfügung stehen oder auch nur bei entsprechender Disposition zur Verfügung hätten stehen können; tut er dies nicht, so ist er gem. § 266 a StGB strafbar und haftet gem. § 823 Abs. 2 BGB iVm. § 266 a StGB auf Schadensersatz,[170] allerdings erst nach Ablauf der Insolvenzantragsfrist; während der Frist handelt der Vorstand gerechtfertigt, wenn er die Beiträge nicht abführt. Dagegen hat der II. Zivilsenat des BGH diesen Konflikt bislang dadurch aufzulösen versucht, dass das Vorstandsmitglied keiner Haftung aus der Vorenthaltung von Sozialversicherungsbeiträgen unterliege, wenn es sich gem. dem spezielleren Normgebot des § 92 Abs. 3 Satz 1 AktG verhält, weil es insoweit am Verschulden fehle.[171] Inzwischen hält der II. Zivilsenat an dieser Rechtsprechung und der Annahme eines Vorrangs der in § 92 Abs. 2 Satz 1 AktG statuierten Pflichten nicht mehr fest. Im Leitsatz der Leitentscheidung[172] heißt es dazu, dass der Vorstand mit der Sorgfalt eines ordentlichen und gewissenhaften Geschäftsleiters handele, wenn er den sozial- oder steuerrechtlichen Normbefehlen folgend Arbeitnehmeranteile der Sozialversicherung oder Lohnsteuer abführe. Dieser Leitsatz beachtet nicht, dass der Konflikt mit der Rspr. des 5. Strafsenats erst nach Ablauf der Insolvenzantragsfrist begann, so dass es an sich keinen Grund gab, die Ausnahme vom Zahlungsverbot schon bei Insolvenzreife greifen zu lassen. In einer Folgeentscheidung hat der II. Senat denn auch schon vorsichtiger formuliert, dass ein Geschäftsführer sorgfaltsgemäß handelt, wenn er nach Ablauf der Antragsfrist die Beiträge abführt.[173] Inzwischen hat allerdings der BFH unter Berufung auf die geänderte Rspr. des II. Senats geurteilt, dass ein organschaftlicher Vertreter wegen Nichtabführung der Lohnsteuer nach § 34, 69 AO auch dann hafte, wenn die Nichtzahlung der fälligen Steuern in die Insolvenzantragsfrist falle, weil die Zahlung mit der Sorgfalt eines ordentlichen und gewissenhaften Ge-

---

[168] BGH II ZR 88/99 v. 8.1. 2001, DStR 2001, 175, 177; Bsp. bei *Baumbach/Hueck/Schulze-Osterloh* § 64 Rz. 81.
[169] Der Gesellschaft als juristischem Konstrukt kommt ohnehin kein Eigeninteresse zu.
[170] BGH 5 StR 16/02 v. 28. 5. 2002, NZ 2002, 454; BGH VI ZR 123/00 v. 11. 12. 2001, NZ 2002, 229; BGH VI ZR 90/99 v. 16. 5. 2000, ZIP 2000, 1339. Nach der Entscheidung haftet das Geschäftsführungsorgan unabhängig davon, ob an die Arbeitnehmer tatsächlich Löhne gezahlt worden sind.
[171] BGH II ZR 88/99 v. 8.1. 2001, DStR 2001, 175, 177. Der II. Senat spricht in der Entscheidung, wenn auch nur obiter die Divergenz zur Rspr. des VI. Senats ausdrücklich an.
[172] BGH II ZR 48/06 v. 14. 5. 2007, NJW 2007, 2118, 2120.
[173] BGH II ZR 162/07 vom 29. 9. 2008, NJW 2009, 295.

schäftsleiters vereinbar sei.[174] Das ist misslich, weil die Entscheidung des II. Senats diese Schlussfolgerung, wie gezeigt, nicht trägt. Zumindest für die Lohnsteuer wird man sich aber auf die Rspr. des BFH einrichten müssen. Für die Arbeitnehmer-Sozialbeiträge dürfte es derzeit jedenfalls zulässig sein, sie auch während der Insolvenzantragsfrist abzuführen.

55 Bei zumindest fahrlässigem[175] Verstoß gegen das Zahlungsverbot haften die Vorstandsmitglieder[176] der AG nach § 93 Abs. 3 Nr. 6 AktG auf **Erstattung der Zahlung oder Leistung**. Es ist keine Voraussetzung des Ersatzanspruchs, dass die Zahlung das Gesellschaftsvermögen verringert hat;[177] der Sache nach geht es um einen Erstattungsanspruch zum Zwecke der Auffüllung der Masse, nicht um Schadensersatz für die AG.[178] Auf den Ersatzanspruch anzurechnen ist eine noch in der Masse vorhandene Gegenleistung.[179] Nicht anzurechnen ist die Quote, die der Gläubiger erhalten hätte. Dem Vorstandsmitglied ist in einem Urteil lediglich vorzubehalten, gegen den Insolvenzverwalter nach Erstattung einen Anspruch zu verfolgen, der nach Rang und Höhe dem Betrag entspricht, den der begünstigte Gläubiger im Insolvenzverfahren erhalten hätte.[180]

56 Durch den neuen § 92 Abs. 2 Satz 3 AktG wird die Haftung des Vorstands ausgedehnt auf Zahlungen an die Aktionäre, so weit die Zahlungen zur Zahlungsunfähigkeit der Gesellschaft führen mussten, es sei denn, dies war auch bei Beachtung der in § 93 Abs. 1 Satz 1 AktG bezeichneten Sorgfalt nicht erkennbar. Nach der Regierungsbegründung musste eine Zahlung nur dann zur Zahlungsunfähigkeit führen, wenn sie allein, ohne weitere Umstände, die AG zahlungsunfähig werden ließ, dh. es sich bei Zahlung klar abzeichnet, dass die AG unter normalem Verlauf der Dinge ihre Verbindlichkeiten nicht mehr wird erfüllen können.[181] Zahlungen, durch die der Vorstand sich der Haftung aussetzen würde, muss und darf der Vorstand verweigern.[182]

6. Ad-hoc-Publizität

57 Sind die Aktien der AG oder sonstige von ihr ausgegebene Wertpapiere zum Handel an einer inländischen Börse zugelassen, so sind Zahlungsunfähigkeit

---

[174] BFH VII R 27/07 v. 23. 9. 2008, ZInsO 2009, 151.
[175] Ganz hM: BGH II ZR 273/98 v. 29. 11. 1999, DStR 2000, 210; Großkomm. AktG/*Habersack* § 92 Rz. 93; aA *Baumbach/Hueck/Schulze-Osterloh* § 64 Rz. 83 mwN zur hM.
[176] Und die ihnen gleichstehenden Organwalter: siehe Rz. 45.
[177] Das Vermögen der AG wird insb. dann nicht verringert, wenn mit der Zahlung eine Verbindlichkeit der AG erfüllt wird.
[178] Großkomm. AktG/*Habersack* § 92 Rz. 96; *Baumbach/Hueck/Schulze-Osterloh* § 64 Rz. 84; *Goette* DStR 2000, 211 f.
[179] BGH II ZR 2/72 v. 18. 3. 1974, NJW 1974, 1088, 1089; Großkomm. AktG/*Habersack* § 92 Rz. 99; aA *Baumbach/Hueck/Schulze-Osterloh* § 64 Rz. 84 mit – nicht überzeugendem – Hinweis auf den Zweck des Zahlungsverbots. Sind Gegenleistung und Zahlung gleichwertig, entfällt der Anspruch idR insgesamt, weil die Zahlung dann der Sorgfalt des ordentlichen und gewissenhaften Geschäftsleiters entsprach.
[180] BGH II ZR 88/99 v. 8. 1. 2001, DStR 2001, 175, 178 unter ausdrücklicher Aufgabe von BGH II ZR 273/98 v. 29. 11. 1999, DStR 2000, 210; OLG Jena 8 U 741/01 v. 11. 12. 2001, ZIP 2002, 986, 987 f.
[181] BegrRegE BT-Drs. 16/6140, 112.
[182] *Gehrlein* BB 2008, 846, 849 mwN.

und Überschuldung nach § 15 Abs. 1 Satz 1 WpHG unverzüglich zu veröffentlichen.[183] Eine Befreiung nach § 15 Abs. 3 WpHG dürfte für die Drei-Wochen-Frist des § 15a Abs.1 InsO zu bejahen sein, wenn der Erfolg von Sanierungsverhandlungen sonst gefährdet würde.[184]

7. Besonderheiten bei Versicherungsunternehmen und Kreditinstituten

Abweichend von § 15a Abs. 1 InsO hat der Vorstand einer Versicherungsaktiengesellschaft gem. § 88 Abs. 2 VAG die Zahlungsunfähigkeit und Überschuldung der Aufsichtsbehörde (BaFin) anzuzeigen, die allein gem. § 88 Abs. 1 VAG den Antrag auf Eröffnung des Insolvenzverfahrens stellen kann. Die gleiche Pflicht trifft die Geschäftsleiter eines Kreditinstituts gem. § 46b Abs. 1 Satz 1 KWG; auch hier kann nur die BAFin den Antrag auf Eröffnung des Insolvenzverfahrens stellen. Streitig ist, ob das Zahlungsverbot des § 92 Abs. 2 Satz 1 AktG bei Versicherungen und Kreditinstituten Anwendung findet oder durch die Sonderregelungen der §§ 46a, 46b KWG bzw. §§ 88, 89 VAG verdrängt wird.[185] Für eine solche Verdrängung spricht, dass die Vorschriften von KWG und VAG die Zulässigkeit von Zahlungen in der Krise eines Kreditinstitutes bzw. einer Versicherung sehr differenziert regeln. Dies trägt den Besonderheiten dieser volkswirtschaftlich bedeutsamen und deshalb regulierten Märkte Rechnung. Dieses System würde ausgehebelt, wenn das verhältnismäßig starre Zahlungsverbot des § 92 Abs. 2 Satz 1 AktG Anwendung fände. Für ein in sich geschlossenes Regelungssystem und damit für die Spezialität der KWG- und VAG-Normen spricht zudem, dass die BAFin auch ausschließlich zuständig ist für die Stellung eines Insolvenzantrags.[186]

58

C. Auswirkungen der Krise auf die übrigen Beteiligten

I. Aufsichtsrat

1. Überwachung der Geschäftsführung

a) Risikofrüherkennung

Die Pflicht des Aufsichtsrats, die Geschäftsführung des Vorstands zu überwachen, erfasst auch die Schaffung des Überwachungssystems nach § 91 Abs. 2 AktG, weil es sich dabei um eine Leitungsaufgabe des Vorstands handelt.[187] Der Aufsichtsrat wird die grundsätzliche Funktionsfähigkeit des Systems beurteilen müssen, aber auch, wiederkehrend, die sorgfältige Anwendung sowie die Frage, ob das einmal geschaffene System noch dem Stand der Erkenntnis entspricht.[188]

60

---

[183] Vgl. BAFin Emittentenleitfaden, S. 44; *Assmann/Schneider/Kümpel* § 15 Rz. 53c.
[184] Vgl. *Veith* NZG 2005, 254, 256.
[185] Dafür Großkomm. AktG/*Habersack* § 92 Rz. 11; dagegen *Wiesner*, in: MünchHdb. GesR/Bd. 4/*Wiesner* § 25 Rz. 52f.; *K. Schmidt/Lutter/Krieger/Sailer* AktG § 92 Rn. 2.
[186] Nach BGHZ 129, 236, 258 besteht die Ersatzpflicht nach § 93 Abs. 3 Nr. 6 AktG nur dann, wenn den Vorstand auch die Insolvenzantragspflicht trifft. Sofern diese Pflicht kraft Gesetzes nicht bestehe, bleibe auch für die Ersatzpflicht kein Raum.
[187] *Claussen/Korth* in FS Lutter, S. 327, 329 f.
[188] *Claussen/Korth* in FS Lutter, S. 327, 330 ff.

Der Deutsche Corporate Governance Kodex enthält Empfehlungen, wonach der Aufsichtsratsvorsitzende mit dem Vorstand regelmäßig u. a. das Risikomanagement beraten soll (Ziffer 5.2 Abs. 3); ferner soll der Aufsichtsrat einen Prüfungsausschuss (Audit Committee) einrichten, der sich insbesondere mit Fragen des Risikomanagements befasst (Ziffer 5.3.2). Dem Aufsichtsrat obliegt dabei insbesondere die Beobachtung jener Risiken, die sich aus der personellen Besetzung der Vorstands ergeben;[189] im Falle grober Pflichtverletzungen hat er ggf. Vorstandsmitglieder abzuberufen (§ 84 Abs. 3 AktG). Gem. Ziffer 5.6 des Kodex soll er regelmäßig die Effizienz seiner Tätigkeit überprüfen.

b) „Verdichtung" der Überwachung in der Krise

61 Nach hM verschärfen sich in der Krise der AG die Anforderungen an den sachlichen und zeitlichen Umfang, in dem der Aufsichtsrat seine Aufgabe wahrnehmen muss, die Geschäftsführung des Vorstands zu überwachen: Der Aufsichtsrat dürfe zwar nicht in die Geschäftsleitung eingreifen, müsse im Übrigen aber **alle ihm zur Verfügung stehenden Rechte ausschöpfen**, insb. zusätzliche Berichte anfordern, häufiger zu Sitzungen zusammentreten und dafür sorgen, dass der Vorstand mit Personen besetzt ist, die in der Lage sind, die Krise zu lösen.[190] Richtig ist, dass es zumeist nur in der Krise der AG Anlass geben wird, in die Unternehmensleitung korrigierend einzugreifen, etwa, indem Vorstandsmitglieder ersetzt werden. Der Aufsichtsrat darf indes keine Aktivität um ihrer selbst willen entfalten: Ob etwa der Vorstand personell verändert werden muss, hängt von den Ursachen der Krise ab. Auf die Erforschung der Ursachen sollte der Aufsichtsrat seine Aktivitäten daher zunächst konzentrieren. Offen ist, ob der Aufsichtsrat die Unternehmensleitung erst dann besonders intensiv überwachen, dh. vor allem beobachten und prüfen muss, wenn die AG in der Krise ist.[191] Es gibt bisher keine Grundsätze ordnungsmäßiger Überwachung im Sinne allgemein anerkannter und empirisch erhärteter Verhaltensanweisungen an Aufsichtsräte für die Überwachung der Geschäftsführung, aus denen sich eine solch gestufte Überwachung ableiten ließe.[192] Dagegen spricht, dass eine Krise umso schwieriger zu bekämpfen sein dürfte, je weiter sie fortgeschritten ist.

c) Verlust in Höhe der Hälfte des Grundkapitals

62 Grundsätzlich ist es Sache des Vorstands, die Voraussetzungen der Einberufungspflicht nach § 92 Abs. 1 AktG festzustellen und die Hauptversammlung einzuberufen. Der Aufsichtsrat hat aber die Pflicht, den Vorstand zur Erfüllung der Einberufungspflicht anzuhalten.[193] Daneben ist er nach § 111 Abs. 3 AktG berechtigt und verpflichtet, selbst die Hauptversammlung einzuberufen.[194] Da

---

[189] *Preußner* NZG 2004, 303, 306 f.
[190] *Hüffer* AktG § 111 Rz. 7; *Semler* Leitung und Überwachung in der Aktiengesellschaft Rz. 234; *Lutter/Krieger* Rechte und Pflichten des Aufsichtsrats Rz. 28.
[191] Kritisch *Claussen* AG 1984, 20 f.: kein Unterschied in der Intensität.
[192] MünchHdb. GesR/Bd. 4/*Hoffmann-Becking* § 29 Rz. 27 b. Ansätze zu solchen Grundsätzen insb. bei *Theisen* zB. in AG 1995, 193, 200 ff. und ZfbF 1996 Sonderheft 36 S. 75 ff.; vgl. dazu auch Bericht der Regierungskommission Corporate Governance.
[193] RG II 199/38 v. 7. 6. 1939, RGZ 161, 129, 133 ff. zur Konkursantragspflicht bei der GmbH; Großkomm. AktG/*Habersack* § 92 Rz. 25.
[194] Großkomm. AktG/*Habersack* § 92 Rz. 25.

C. Auswirkungen der Krise auf die übrigen Beteiligten 63–66 § 17

die Einberufung nach § 92 Abs. 1 AktG nur ein Sonderfall der allgemeinen Pflicht ist, die Hauptversammlung zum Wohl der Gesellschaft einzuberufen,[195] liegt der Tatbestand des § 111 Abs. 3 AktG in diesem Fall stets vor. Wegen der Spezialregelung des § 92 Abs. 1 AktG ist die Pflicht des Aufsichtsrats zur Einberufung subsidiär, sodass der Aufsichtsrat erst dann einberufen darf, wenn die Einberufung durch den Vorstand nicht mehr unverzüglich wäre.

d) Pflicht zur Stellung des Insolvenzantrags

Die Mitglieder des Aufsichtsrat haben, solange es einen Vorstand gibt, keine Pflicht zur Stellung des Insolvenzantrags aus § 92 Abs. 2 AktG.[196] Wiederum hat aber der Aufsichtsrat die Pflicht, den Vorstand zur Erfüllung seiner Pflicht anzuhalten.[197] Führen diese Bemühungen bei keinem Vorstandsmitglied zum Erfolg, so wird der Aufsichtsrat ein oder mehrere neue Vorstandsmitglieder bestellen müssen, die dann der Antragspflicht nachkommen. Die Weigerung der Vorstandsmitglieder, den Antrag zu stellen, ist als grobe Pflichtverletzung ein wichtiger Grund für ihre Abberufung nach § 84 Abs. 3 Satz 2, 1. Fall AktG; der Aufsichtsrat ist in diesem Fall zur Abberufung verpflichtet.[198] 63

Gemäß dem neuen § 15 a Abs. 3 InsO sind auch die Mitglieder des Aufsichtsrats verpflichtet, einen Insolvenzantrag zu stellen, wenn die AG führungslos ist, es sei denn, das Aufsichtsratsmitglied hatte keine Kenntnis von Führungslosigkeit und Überschuldung oder Zahlungsunfähigkeit. Führungslosigkeit meint nach der Legaldefinition im neuen Satz 2 zu § 78 Abs. 1 AktG den Fall, dass die AG keinen Vorstand hat. Es gibt aber bereits Stimmen, die Führungslosigkeit schon dann annehmen wollen, wenn der Vorstand nicht erreichbar oder nicht willig ist, den Antrag zu stellen.[199] 64

2. Haftung des Aufsichtsrats

Der Aufsichtsrat haftet bei der Verletzung seiner Pflichten nach den allgemeinen Vorschriften der §§ 116, 93 AktG. Haftet der Vorstand wegen vorsätzlicher[200] Insolvenzverschleppung gem. § 823 Abs. 2 BGB iVm. § 15 a Abs. 1 InsO, kommt eine Haftung der Aufsichtsratsmitglieder nach § 830 Abs. 2 BGB als Anstifter oder Gehilfe in Betracht. 65

Sofern der Aufsichtsrat nach § 15 a Abs. 3 InsO selbst zur Stellung des Insolvenzantrags verpflichtet ist, haften die betreffenden Mitglieder auch für Schäden aus einer Verschleppung des Insolvenzantrags nach denselben Grundsätzen wie Vorstandsmitglieder.[201] 66

---

[195] Siehe oben Rz. 10.
[196] BGH II ZR 118/77 v. 9. 7. 1979, DB 1979, 1689, 1691; Kölner Komm. AktG/*Mertens* § 92 Rz. 48.
[197] Siehe Nachweise in Fn. 193.
[198] Grundsätzlich für ein Ermessen bei der Abberufung aus wichtigem Grund Kölner Komm. AktG/*Mertens* § 84 Rz. 93; dagegen MünchHdb. GesR/Bd. 4/*Wiesner* § 20 Rz. 51.
[199] *Gehrlein* BB 2008, 846, 848 mwN.
[200] BGH II ZR 118/77 v. 9. 7. 1979, DB 1979, 1689, 1691; Großkomm. AktG/*Habersack* § 92 Rz. 84 mwN; aA *Scholz/K. Schmidt* GmbHG, § 64 Rz. 54: vorsätzliche Beteiligung an nicht vorsätzlicher Haupttat genügt.
[201] Siehe dazu Rz. 44 ff.

II. Aktionär

1. Anspruch auf Auszahlung der Dividende bei Unterbilanz

67 Der Anspruch des Aktionärs auf Auszahlung der Dividende ist grundsätzlich ein selbständiges Gläubigerrecht. Unklar ist, ob der Anspruch beeinträchtigt werden kann durch Verluste, die nach dem Bilanzstichtag eintreten.[202] Das AktG enthält keine Bestimmung, die, wie § 30 Abs. 1 GmbHG, Zahlungen an Aktionäre verbietet, wenn dadurch das Grundkapital, ggf. zuzüglich der gesetzlichen Rücklage, angegriffen würde. Dennoch soll § 57 AktG „materiell" verletzt sein, wenn auf Grundlage des Jahresabschlusses die Ausschüttung von Bilanzgewinn beschlossen wird, obwohl zum Zeitpunkt des Gewinnverwendungsbeschlusses das Grundkapital aufgezehrt oder angegriffen ist.[203] Ein gleichwohl gefasster Gewinnverwendungsbeschluss ist danach rechtswidrig, unter Umständen nichtig,[204] oder die Hauptversammlung muss nach pflichtgemäßem Ermessen entscheiden, in welchem Umfang sie den Bilanzgewinn, statt ihn auszuschütten, in Gewinnrücklagen einstellt, die zur Deckung der Verluste im Folgejahr entnommen werden könnten.[205] Dem ist nicht zu folgen. Die Rede vom materiellen Verstoß ist der Sache nach eine Analogie, deren Voraussetzungen jedoch nicht vorliegen. Zwar ist es richtig, dass die Kapitalerhaltung bei der AG in vielen Bereichen strenger ist als bei der GmbH; daraus folgt aber nicht, dass dies in jeder Hinsicht gilt. § 30 Abs. 1 GmbHG ist vielmehr das gesetzliche Korrektiv für die im Übrigen schwächere Vermögensbindung.[206] Lediglich, wenn der Vorstand durch eine Zahlung nach § 92 Abs. 2 Satz 3 AktG haften würde, wird er berechtigt und wohl auch verpflichtet sein, die Auszahlung zu verweigern.[207]

2. Haftung für Eingriffe in die Abwicklung der Krise

68 Die Aktionäre haben im Rahmen der Krise keine ausdrücklichen gesetzlichen Pflichten.[208] Sie können jedoch den Gläubigern und der Gesellschaft haften, wenn sie in unzulässiger Weise auf die ordnungsgemäße Abwicklung Einfluss nehmen. Gegenüber den Gläubigern kommt eine deliktsrechtliche Haftung gem. §§ 823 Abs. 2, 830 Abs. 2 BGB iVm. § 15 a Abs. 1 AktG in Betracht,[209] wenn ein Aktionär als Teilnehmer an einer vorsätzlichen Insolvenz-

---

[202] Sofern Verluste bereits vor dem Bilanzstichtag entstanden sind, aber im Jahresabschluss nicht berücksichtigt sind, entfällt der Dividendenanspruch, weil in diesem Fall nach § 256 Abs. 5 Satz 1 Nr. 1 AktG der Jahresabschluss und nach § 253 Abs. 1 Satz 1 AktG der Gewinnverwendungsbeschluss nichtig sind; dasselbe gilt, wenn Rückstellungen nicht oder zu niedrig angesetzt sind: Münch Komm. AktG/Bd. 1/*Bayer* § 58 Rz. 117.
[203] Kölner Komm. AktG/*Lutter* § 58 Rz. 106; Großkomm. AktG/*Henze* § 58 Rz. 101; aA Münch Komm. AktG/Bd. 1/*Bayer* § 58 Rz. 116 f.
[204] Kölner Komm. AktG/*Lutter* § 58 Rz. 106.
[205] Großkomm. AktG/*Henze* § 58 Rz. 102, der darüber hinaus a.a.O. annimmt, die Aktionäre seien durch die Treuepflicht an der Durchsetzung ihres Dividendenanspruchs gehindert, wenn sich ein Verlust nach dem Gewinnverwendungsbeschluss ergibt.
[206] Hachenburg/Goerdeler/*Müller* § 29 Rz. 95.
[207] *Spliedt* ZIP 2009, 149.
[208] Zu der Frage, ob sie eine Sanierung unterstützen müssen, s. u. Rz. 64 ff.
[209] Neben der allgemeinen Delikthaftung nach §§ 823 Abs. 2 BGB iVm. § 263 StGB und § 826 BGB.

verschleppung durch den Vorstand mitwirkt.[210] Der Gesellschaft kann ein Aktionär nach § 117 AktG, wegen Verletzung der Treuepflicht und unter Konzerngesichtspunkten haften. Jede dieser Anspruchsgrundlagen verlangt einen Schaden der AG; aus der Insolvenzverschleppung erleiden aber nur die Gläubiger einen Schaden, den die AG nicht geltend machen kann.[211] Nur wenn der Aktionär Verstöße gegen das Zahlungsverbot des § 92 Abs. 2 Satz 1 AktG veranlasst, kann eine Haftung begründet sein, weil die AG hier eine Art normativen Schaden erleidet.[212] Sofern die Voraussetzungen des § 117 Abs. 1 vorliegen, können die Gläubiger den Ersatzanspruch nach § 117 Abs. 5 auch selbst geltend machen.

3. Recht zur Stellung eines Insolvenzantrags (nach MoMiG)

Nach dem neuen § 15 Abs. 1 Satz 2 InsO ist numehr jeder Aktionär berechtigt, Insolvenzantrag zu stellen, wenn die AG führungslos ist.

D. Sanierung

I. Allgemeines

Mit dem Begriff der Sanierung lassen sich alle Maßnahmen zusammenfassen, die darauf gerichtet sind, die Krise der AG und ihres Unternehmens zu beseitigen. Oftmals spricht man von Sanierung allerdings nur bei Maßnahmen, die eine akute Existenzbedrohung durch Insolvenz beseitigen sollen.[213] Sanierungsmaßnahmen können und müssen in der Regel sowohl bei der operativen, unternehmerischen Tätigkeit, dh. auf der Investitionsseite des Unternehmens, als auch auf der Finanzierungsseite ansetzen. Jede Krise der AG ist zunächst eine Krise der Investitionsseite, wenn das Unternehmen der AG die Fähigkeit verliert, mit den Gütern und Leistungen, so wie sie im Unternehmen erstellt und erbracht werden, ausreichende Überschüsse zu erzielen; die Krise der Investitionsseite wird im Folgenden als „**operative Krise**" bezeichnet. Das Kernproblem jeder Sanierung ist es, die Gründe der operativen Krise zu analysieren und geeignete unternehmerische Maßnahmen zu ergreifen, um die Fähigkeit, Überschüsse zu erzielen, wieder herzustellen.[214] Die Krise der Finanzierungsseite, im Folgenden als „**finanzielle Krise**" bezeichnet, deren stärkster Ausdruck Zahlungsunfähigkeit und Überschuldung sind, ist eine Folge der operativen Krise. Oftmals allerdings werden die Beteiligten erst durch die finanzielle Krise auf die operative Krise aufmerksam.

Das Aktienrecht beantwortet in der Sanierung die Frage nach der Pflicht der Beteiligten, Sanierungsmaßnahmen zu ergreifen, sowie die Frage, welche aktienrechtlichen Maßnahmen zur Verfügung stehen, um die Krise zu beseitigen.

---

[210] Vgl. die Nachweise in Fn. 190.
[211] Großkomm. AktG/*Habersack* § 92 Rz. 85.
[212] Vgl. oben Rz. 50.
[213] Vgl. *Buth/Hermanns/Kraus/Gless* Restrukturierung, Sanierung, Insolvenz, § 4 Rz. 14 ff.
[214] Siehe dazu IDW ESG Rz. 7 ff.

II. Pflichten im Rahmen der Sanierung

77 Die gesetzliche Kompetenzordnung der AG bildet auch bei der Sanierung den Rahmen für die Pflichten von Vorstand, Aufsichtsrat und Aktionären. Die Beseitigung der operativen Krise ist eine Aufgabe der Leitung und Geschäftsführung und fällt als solche dem Vorstand zu, der dabei vom Aufsichtsrat überwacht wird. Hingegen ist es grundsätzlich Sache der Hauptversammlung, eine finanzielle Krise durch **Kapitalmaßnahmen** zu beheben. Der Beitrag des Vorstands besteht hier in der Vorbereitung derartiger Maßnahmen und ggf. in der Aufnahme von Fremdkapital zur Behebung einer Liquiditätskrise. Im Rahmen dieser Befugnisse stellt sich die Frage, ob die Beteiligten verpflichtet sind, die Befugnisse mit dem Ziel der Sanierung zu nutzen. Ein grundsätzliches Problem dabei ist, dass das Ziel „Sanierungserfolg" keinen eindeutigen Inhalt hat. Die AG kann bereits als saniert gelten, wenn eine akute Krise wie eingetretene oder drohende Überschuldung oder Zahlungsunfähigkeit überwunden ist, oder aber erst dann, wenn sie dauerhaft eine marktangemessene Eigenkapitalrendite erzielt. Dieser Unbestimmtheit ist bei der Formulierung konkreter Pflichten Rechnung zu tragen.

1. Vorstand

78 Der Vorstand ist grundsätzlich verpflichtet, dafür zu sorgen, dass die AG mit ihrem Unternehmen Gewinn erzielt. Darüber besteht, ungeachtet aller Streitfragen im Detail, weitgehend Einigkeit.[215] Um dieses Ziel zu erreichen, hat er die Pflicht, das Unternehmen sorgfältig zu führen.[216] Das gilt natürlich auch und gerade in der operativen Krise. Daher ist eine Pflicht zur Sanierung dem Grunde nach ohne weiteres zu bejahen. Die weitere Konkretisierung fällt bei dieser Pflicht aber ebenso schwer wie bei der Pflicht zur Gewinnerzielung und zu sorgfältiger Unternehmensführung im Allgemeinen.[217] Genau wie die Pflicht zur Gewinnerzielung kann die Pflicht zur Sanierung keine Pflicht sein, einen bestimmten Erfolg zu erzielen, sondern nur darin bestehen, das Verhalten an dem Ziel der Sanierung auszurichten und sich darum zu bemühen. Die Pflicht zu sorgfältiger Unternehmensführung in der Krise bleibt blass, solange es keine empirisch erhärteten Grundsätze ordnungsgemäßer Unternehmensführung gibt, aus denen sich eindeutige Vorgaben zur Bewältigung der Krise ableiten lassen. Demgemäß lassen sich zur Ausfüllung der Pflicht zur Sanierung allenfalls abstrakte Anforderungen formulieren: Der Vorstand muss sich bemühen, die Ursachen der Krise zu identifizieren und zu analysieren; sodann hat er auf dieser Grundlage einen geeignet erscheinenden Plan zur Behebung der Krise zu erstellen und umzusetzen, zB. durch Veränderung der strategischen Ausrichtung des Unternehmens, seiner Produkte und Märkte oder durch Optimierung der leistungswirtschaftlichen Aktivitäten. Für praktische Hilfestellungen zur Bewältigung dieser Aufgaben sei auf die einschlägigen Handbücher verwiesen;[218] normativer Charakter kommt diesen Ratgebern allerdings nicht zu.

---

[215] Vgl. *Hüffer* AktG § 76 Rz. 13; Kölner Komm. AktG/*Mertens* § 76 Rz. 22.
[216] MünchHdb. GesR/Bd. 4/*Wiesner* § 25 Rz. 7.
[217] Vgl. dazu etwa Großkomm. AktG/*Hopt* § 93 Rz. 80 ff.
[218] Vgl. zB. *Buth/Hermanns*, Restrukturierung Sanierung Insolvenz; *Hess/Fechner/Freund/Körner*, Sanierungshandbuch; *Schmidt/Uhlenbruck* Die GmbH in der Krise, Sanie-

2. Aufsichtsrat

Auch für die Pflicht des Aufsichtsrats zur Überwachung der Geschäftsführung des Vorstands gelten im Rahmen der Sanierung keine grundsätzlichen Besonderheiten. Eine ordnungsgemäße Überwachung muss sich selbstverständlich auch auf die Sanierungsaktivität des Vorstands richten. Entfaltet der Vorstand in dieser Hinsicht keine oder nicht ausreichende Aktivität, so hat ihn der Aufsichtsrat dazu anzuhalten. Der Aufsichtsrat ist aber weder berechtigt noch verpflichtet, durch eigene Sanierungsanstrengungen in die Leitung des Unternehmens einzugreifen; er kann nur beratend und sanktionierend tätig werden.

3. Aktionär

a) Allgemeines

Den Aktionär trifft auch im Rahmen der Sanierung keine Pflicht, über seine Einlage hinaus weitere Beiträge zu erbringen.[219] Gemäß § 54 Abs. 1 AktG ist seine Einlagepflicht auf den Ausgabebetrag der von ihm gehaltenen Aktien beschränkt; etwas anderes gilt nur in der so genannten Nebenleistungs-AG (§ 55 AktG). Die Schaffung zusätzlicher aktienrechtlicher Pflichten ist nicht möglich.[220] Natürlich ist kein Aktionär daran gehindert, freiwillig Mehrleistungen zu erbringen, um in der Sanierung den Bestand der AG sichern zu helfen. Es ist jedoch unzulässig, wenn die AG durch gesellschaftsrechtliche Sanktionen wirtschaftlichen Zwang ausübt, um den Aktionär zu derartigen Beiträgen zu veranlassen; entsprechende Hauptversammlungsbeschlüsse wären nach § 241 Nr. 3, Var. 1 AktG nichtig.[221] Nichtig ist insbesondere ein Beschluss, nach dem die Aktien eines Aktionärs in einem ungünstigeren Verhältnis zusammengelegt werden, wenn er eine bestimmte Zuzahlung nicht leistet.[222]

b) Treupflicht in der Sanierung

Soweit es indes nicht um einen Mehrbeitrag geht, ist der Aktionär nach hM durch die Treupflicht daran gehindert, eine „sinnvolle und mehrheitlich angestrebte Sanierung aus eigennützigen Gründen zu verhindern".[223] Sinnvoll ist die Sanierungsmaßnahme dann, wenn (1) bei Scheitern der Sanierungsmaßnahme der Zusammenbruch der Gesellschaft unvermeidlich und (2) im Falle des Zusammenbruchs die Stellung der einzelnen Gesellschafters ungünstiger ist als bei einem Austritt aus der fortbestehenden Gesellschaft durch Veräußerung seiner Beteiligung, (3) die Durchführung der Sanierungsmaßnahmen die Verfolgung des Gesellschaftszwecks nach objektiver Einschätzung nachhaltig sicherstellt und (4) keine schonendere Sanierung möglich ist.[224] Die zugrunde

---

rung und Insolvenz, 1. Teil: Krisenvermeidung, Krisenfrüherkennung und Krisenbewältigung.
[219] So auch BGH II ZR 205/94 v. 20. 3. 1995, BGHZ 129, 136, 151.
[220] Kölner Komm. AktG/*Lutter* § 54 Rz. 15.
[221] *Hüffer* AktG § 54 Rz. 9 mwN.
[222] RG III 242/02 v. 14. 10. 1902, RGZ 52, 287, 293 ff.; RG I 72/12 v. 18. 9. 1912, RGZ 80, 81, 85 ff.
[223] BGH II ZR 205/94 v. 20. 3. 1995, BGHZ 129, 136, 152 mwN.; *Bungert* DB 1995, 1749, 1753.
[224] BGH II ZR 205/94 v. 20. 3. 1995, BGHZ 129, 136, 153.

liegende „Girmes"-Entscheidung des BGH gilt als Leitentscheidung für die Treupflicht des Minderheitsaktionärs.[225] Die Unvermeidbarkeit des Zusammenbruchs, dh. der Insolvenz, beurteilt sich aus der ex ante-Perspektive des Aktionärs. Die Unvermeidbarkeit muss sich aus den Informationen ergeben, die der Aktionär auf der Hauptversammlung erhält, und der Aktionär darf keinen Anlass zu der Annahme haben, dass diese Informationen falsch oder nicht vollständig sind.[226] Nach hM kann sich die Unvermeidbarkeit insb. daraus ergeben, dass die Gläubiger die zu beschließende Sanierungsmaßnahme als Junktim mit ihrem notwendigen externen Sanierungsbeitrag verbunden haben.[227] Dem Aktionär ist aber ein weiter Beurteilungsspielraum bei der Frage zuzubilligen, wie unauflöslich dieses Junktim ist. Das Kriterium, die Sanierungsmaßnahme müsse die Verfolgung des Gesellschaftszwecks nach objektiver Einschätzung nachhaltig sicherstellen, erfordert eine Fortbestehensprognose, welche nach den Grundsätzen zu erstellen ist, die für die Fortbestehensprognose im Rahmen der Überschuldungsprüfung gelten.

c) Kritik

82 Entgegen dem Wortlaut der Girmes-Entscheidung kann es für eine Pflicht des Minderheitsaktionärs zur Zustimmung nicht darauf ankommen, ob die Sanierung „mehrheitlich", dh. von einer einfachen Mehrheit der Aktionäre gewollt ist. Die Treupflicht als Verhaltensgebot an den Aktionär, sich bei der Abstimmung in bestimmter Weise zu verhalten, verfehlt ihr Ziel, wenn sie von dem Ergebnis der Abstimmung abhängt, denn dann weiß der Aktionär immer erst im Nachhinein, wie er sich hätte verhalten müssen. Zudem hat die einfache Mehrheit keine legitimierende Wirkung, wenn das AktG diese einfache Mehrheit bei dem betroffenen Beschlussgegenstand gerade nicht für ausreichend hält, sondern eine qualifizierte Mehrheit fordert. Die Treupflicht kann demnach nur am Beschlussinhalt anknüpfen. Jeder Aktionär ist unabhängig von der Höhe seiner Beteiligung verpflichtet, einem Beschluss zuzustimmen, wenn er für eine Ablehnung keine legitimen Gründe hat.[228] Stimmt er gleichwohl gegen den Beschlussvorschlag,[229] verletzt er die Treupflicht. Ob der Beschluss dadurch verhindert wird oder nicht, ist keine Frage des Tatbestands der Treupflicht, sondern betrifft die Rechtsfolgen der Verletzung.

---

[225] Zustimmende Anmerkungen etwa von *Bungert* DB 1995, 1749; *Henssler* DZWir 1995, 430; *Lutter* JZ 1995, 1053; ablehnend *Flume* ZIP 1996, 161; zurückhaltend *Altmeppen* NJW 1995, 1749.

[226] Ähnlich *Häsemeyer* ZHR 160 (1996) 109, 115.

[227] BGH II ZR 205/94 v. 20. 3. 1995, BGHZ 129, 136, 156; *Timm* WM 1991, 481, 484: Die Minderheit darf nicht „pokern". In der „Girmes"-Entscheidung hatte das Gläubigerkonsortium verlangt, dass die Girmes AG eine Kapitalherabsetzung im Verhältnis 5:2 beschließt.

[228] So wohl auch *Henze* BB 1996, 489, 496.

[229] In der „Girmes"-Entscheidung urteilte der BGH, es habe keiner positiven Stimmabgabe, sondern nur einer Enthaltung bedurft; da Stimmenthaltungen bei der Stimmabgabe nicht mitgezählt würden, sei eine Zustimmung zur Erreichung der erforderlichen Mehrheit nicht notwendig gewesen: BGH II ZR 205/94 v. 20. 3. 1995, BGHZ 129, 136, 153. Das mag im konkreten Sachverhalt so gewesen sein, gilt aber nicht immer. Bsp.: 75 Aktionäre stimmen für, 26 gegen einen Beschluss, 10 enthalten sich. In diesem Fall verhindern natürlich auch die Enthaltungen den Beschluss, sodass dem Grundsatz nach eine Pflicht zur positiven Stimmabgabe besteht, wenn eine Ablehnung unzulässig ist.

D. Sanierung 83–85 § 17

Der hM ist zuzugeben, dass ein Aktionär wohl in der Tat keinen legitimen 83
Grund zur Ablehnung einer Sanierungsmaßnahme hat, wenn die Sanierungssituation die oben genannten Kriterien erfüllt. Das Problem ist, dass es nur selten möglich sein wird, das Vorliegen der Kriterien hinreichend verlässlich festzustellen. Alle Kriterien verlangen Prognosen. Da zukünftige Entwicklungen von einer Vielzahl von Faktoren abhängen, kann keine Prognose objektiv richtig in dem Sinne sein, dass sie die einzig mögliche Prognose ist. Sofern der Aktionär daher in der Hauptversammlung eine andere vertretbare Prognose geltend machen kann, ist eine Ablehnung legitim.[230] Wie vom AktG vorgesehen, sollten daher Meinungsverschiedenheiten über die Sinnhaftigkeit von Beschlüssen, wie hier von bestimmten Sanierungsmaßnahmen, dadurch gelöst werden, dass die erforderliche Mehrheit der Aktionäre in der Hauptversammlung von dem Sanierungsvorschlag überzeugt wird in einem ordnungsgemäßen Beschlussverfahren, in dem die verschiedenen Ansichten vorgebracht und bewertet werden können.

III. Sanierung durch Kapitalmaßnahmen

1. Kapitalerhöhung

a) Allgemeines

Das Aktienrecht stellt als Sanierungsinstrument die Kapitalmaßnahme bereit, insb. die Kapitalerhöhung. Die Barkapitalerhöhung ist grundsätzlich das am besten geeignete Instrument zur Beseitigung der finanziellen Krise: Sie verschafft der AG Liquidität und in der Überschuldungsbilanz ein zusätzliches Aktivum und kann so Zahlungsunfähigkeit und Überschuldung zugleich vermeiden oder beseitigen helfen. Natürlich ist es in der Krise schwierig, Eigenkapitalgeber zu finden. Für den unternehmerisch beteiligten, zum Sanierungsbeitrag entschlossenen Aktionär ist die Kapitalerhöhung indes vorteilhafter als eine anderweitige Zuwendung finanzieller Vorteile, die nachrangig wäre, ohne größere Steuerungen und Gewinnanteil zu gewähren. Da bei der Sanierung zumeist rasch gehandelt werden muss, kommt regelmäßig nur die Kapitalerhöhung aus vorhandenem genehmigtem Kapital in Betracht. Die Frist für die Einladung der Hauptversammlung von mindestens einem Monat macht die reguläre Kapitalerhöhung unpraktikabel, es sei denn, das Problem der Vorleistung auf die künftige Einlagepflicht ist befriedigend gelöst (dazu unten) oder der Aktionärskreis ermöglicht die Abhaltung einer Vollversammlung nach § 121 Abs. 6 AktG.

b) Bezugsrechtsausschluss

Die Kapitalerhöhung kann natürlich grundsätzlich mit Bezugsrechten 85
durchgeführt werden. In der akuten Krise kann allerdings die Bezugsfrist von mindestens zwei Wochen gem. § 186 Abs. 1 Satz 2 AktG die Sanierung ver-

---

[230] In der „Girmes"-Entscheidung wurden offenbar keine legitimen Gründe geltend gemacht, denn nach dem Sachverhalt war unerfindlich, warum die Minderheit auf der Herabsetzung im Verhältnis 5:3 statt 5:2 bestand. Ebenso schwer erklärlich war indes das Junktim des Gläubigerkonsortiums, den Sanierungsbeitrag nur leisten zu wollen, wenn die Girmes AG eine Kapitalherabsetzung im Verhältnis 5:2 beschlösse; s. dazu sehr pointiert *Wenger* ZIP 1992, 321, 323 ff.

eiteln,[231] insb. dann, wenn unsicher ist, ob Altaktionäre in ausreichender Zahl an der Kapitalerhöhung teilnehmen werden. Die hM hält den Bezugsrechtsausschluss im Rahmen der Sanierung für gerechtfertigt, wenn der potenzielle Kapitalgeber sein Engagement von einer bestimmten Beteiligungsquote abhängig macht[232] oder die AG durch die Abgabe „en bloc" einen besonders günstigen Ausgabebetrag erzielen kann.[233] Dasselbe muss gelten, wenn die Kapitalerhöhung bei Beachtung der Bezugsfrist nicht rechtzeitig durchgeführt werden kann. Schließlich ist auch in der Sanierung der Bezugsrechtsausschluss gem. § 186 Abs. 3 Satz 4 AktG möglich, dh. eine Erhöhung um nicht mehr als 10% zu einem Ausgabebetrag nah am Börsenkurs. Für börsennotierte AG dürfte sich eine Kapitalerhöhung um 10% oder mehr bereits wegen der damit verbundenen Pflicht verbieten, einen Prospekt zu veröffentlichen.[234]

86 Beim Ausschluss des Bezugsrechts im Rahmen der Erhöhung aus genehmigtem Kapital ergibt sich das Problem, dass die Sanierung als **Zweck** des Ausschlusses oftmals weder in der entsprechenden Satzungsbestimmung noch im Bericht des Vorstands nach §§ 203 Abs. 2, 186 Abs. 4 Satz 2 AktG enthalten sein wird. Nach hM ist es jedoch erforderlich, dass die Hauptversammlung zumindest in abstrakt-genereller Form über das Vorhaben in Kenntnis gesetzt wird, für das von dem genehmigten Kapital unter Ausschluss des Bezugsrechts Gebrauch gemacht werden soll.[235] Ohne die Zweckbestimmung der Sanierung ist der Vorstand nicht ermächtigt, vom genehmigten Kapital unter Ausschluss des Bezugsrechts Gebrauch zu machen.[236] Setzt sich der Vorstand darüber hinweg, so entstehen zwar die neuen Aktien mit Eintragung der Durchführung der Kapitalerhöhung wirksam in der Hand des Erwerbers; die Altaktionäre haben jedoch gegen die AG Anspruch auf Schadensersatz, während die AG Vorstand und Aufsichtsrat in Regress nehmen kann.[237]

87 Die von einem Teil der Literatur[238] angenommene Pflicht des Vorstands, die **Aktionäre** vor der Ausnutzung über den beabsichtigten Bezugsrechtsausschluss und dessen Gründe zu **informieren**, besteht nach der Rechtsprechung nicht.[239] Dem ist zu folgen, weil eine derartige Pflicht zum Schutz der Aktionäre nicht erforderlich ist und dem genehmigten Kapital die Flexibilität nähme, die ihm nach der Konzeption des Gesetzes zukommen soll. Der Vorstand ist aber gehalten, nach Inanspruchnahme der Ermächtigung über die

---

[231] Die Frist verlängert sich durch das Erfordernis des § 186 Abs. 2 AktG, die Bezugsfrist in den Gesellschaftsblättern, meist dem Bundesanzeiger, bekannt zu machen.
[232] LG Heidelberg O 6/88 KfH v. 16.3.1988, ZIP 1988, 1257; *Hüffer* AktG § 186 Rz. 31.
[233] BGH II ZR 55/81 v. 19.4.1982, NJW 1982, 2444, 2446; MünchHdb. GesR/Bd. 4/*Krieger* § 56 Rz. 83.
[234] Vgl. § 4 Abs. 2 Nr. 1 WpPG.
[235] BGH II ZR 132/93 v. 23.6.1997, BGHZ 136, 133, 139; *Hüffer* AktG § 203 Rz. 11.
[236] *Cahn* ZHR 163 (1999) 554, 567, der eine Umwidmung der Ermächtigung durch nicht eintragungspflichtigen Beschluss der Hauptversammlung vorschlägt.
[237] BGH II ZR 132/93 v. 23.6.1997, BGHZ 136, 133, 140f.; *Hüffer* AktG § 203 Rz. 38. Wenn die Durchführung der Kapitalerhöhung erforderlich ist, um die Insolvenz der AG abzuwenden, dürfte es an einem Schaden der Aktionäre fehlen.
[238] Kölner Komm. AktG/*Lutter* § 203 Rz. 30ff.
[239] BGH II ZR 148/03 v. 10.10.2005, BGHZ 164, 241, 244ff.; wohl auch schon BGH II ZR 132/93 v. 23.6.1997, BGHZ 136, 133, 140f.; *Hüffer* AktG § 203 Rz. 37; MünchHdb. GesR/Bd. 4/*Krieger* § 58 Rz. 45.

D. Sanierung

Einzelheiten seines Vorgehens auf der nächsten ordentlichen Hauptversammlung zu berichten und Rede und Antwort zu stehen.[240]

c) Vorleistung auf künftige Einlagepflicht

In der akuten Krise kann es vorkommen, dass die AG die neuen Mittel, die durch eine Kapitalerhöhung aufgebracht werden sollen, benötigt, noch bevor die Einlageverpflichtung durch Kapitalerhöhungsbeschluss und Zeichnung der Aktien entstanden ist. Umstritten ist, ob der zukünftige Aktionär mit befreiender Wirkung auf seine künftige Einlageschuld leisten kann. **88**

Eine echte Vorleistung liegt dabei nur dann vor, wenn die Einlageleistung nicht nur vor Entstehung der Einlageverpflichtung an die AG erbracht, sondern auch bereits „verbraucht",[241] also nicht mehr gegenständlich vorhanden ist. Kein Fall der Vorleistung ist es, wenn die Bareinlage bei Entstehung der Einlagepflicht noch als Betrag vorhanden ist.[242] Aus einer anderen BGH-Entscheidung scheint sich zu ergeben, dass auch dann keine Vorleistung anzunehmen ist, wenn der Einlagebetrag im Zeitpunkt des Antrags auf Eintragung der Durchführung der Kapitalerhöhung dem Werte nach zur freien Verfügung des Vorstands steht, weil mit dem Betrag eine Verbindlichkeit getilgt worden ist.[243] In einer späteren Entscheidung hat sich der BGH davon ausdrücklich distanziert.[244] Hingegen ist es eine Vorleistung, wenn zwar nach Fassung des Kapitalerhöhungsbeschlusses, aber vor Abschluss des Zeichnungsvertrags geleistet wird, denn die Einlageverpflichtung entsteht erst mit Abschluss des Zeichnungsvertrags.[245] **89**

Der BGH hat die Frage der Tilgungswirkung von Vorleistungen lange Zeit ausdrücklich offen gelassen,[246] sie unlängst aber unter sehr engen Voraussetzungen bejaht und sich insoweit der bisherigen, teils großzügigeren hM angeschlossen.[247] Die Voraussetzungen im Einzelnen:[248] **90**

(1) Die Vorleistung ist zur Bewältigung einer akuten Krise erforderlich. Das ist der Fall, wenn die AG bereits zahlungsunfähig oder überschuldet ist, darüber hinaus, wenn die Zahlungsunfähigkeit iSd. § 18 Abs. 2 InsO droht. Ferner muss der Gläubiger mit Sanierungswillen handeln, die Gesellschaft muss nach pflichtgemäßer Einschätzung eines objektiven Dritten objektiv sanierungsfähig und die Voreinzahlung objektiv geeignet sein, die Gesellschaft durchgreifend zu sanieren.

---

[240] BGH II ZR 148/03 v. 10.10. 2005, BGHZ 164, 241, 244; BGH II ZR 132/93 v. 23.6. 1997, BGHZ 136, 133, 140.
[241] Geßler/Hefermehl/Hefermehl/Bungeroth § 188 Rz. 16.
[242] BGH II ZR 365/98 v. 18.9. 2000, DStR 2000, 1963, 1964.
[243] BGH II ZR 98/95 v. 21.6. 1996, ZIP 1996, 1466, 1467; MünchHdb. GesR/Bd. 4/ Krieger § 56 Rz. 109.
[244] BGH II ZR 210/01 v. 5.3. 2004, BGHZ 158, 283, 285.
[245] MünchHdb. GesR/Bd. 4/Wiesner § 16 Rz. 3; vgl. BGH II ZR 365/98 v. 18.9. 2000, DStR 2000, 1963, 1964.
[246] Zuletzt BGH II ZR 365/98 v. 18.9. 2000, DStR 2000, 1963, 1964; BGH II ZR 210/01 v. 5.3. 2004, BGHZ 158, 283, 284.
[247] BGH II ZR 43/05 v. 26.6. 2006, BGHZ 168, 201.
[248] BGH II ZR 43/05 v. 26.6. 2006, BGHZ 168, 201, 204ff.; vgl. mit Unterschieden im Detail Hüffer AktG § 188 Rz. 7f.; MünchHdb. GesR/Bd. 4/Krieger § 56 Rz. 129 jeweils mwN; Heidinger DNotZ 2001, 341, 342; OLG München 17 U 6497/97 v. 10.8. 1998, NZG 1999, 84; OLG Karlsruhe 10 U 89/99 v. 20.8. 1999, GmbHR 1999, 1298, 1299.

(2) Der Einlagegegenstand wird gem. eindeutiger und für Dritte erkennbarer Zweckbestimmung auf die künftige Kapitalerhöhung geleistet.
(3) Die Kapitalerhöhung ist konkret in die Wege geleitet, etwa durch Einberufung der Gesellschafterversammlung, und wird nach der Vorleistung mit aller gebotenen Beschleunigung beschlossen und durchgeführt.
(4) Die Vorleistung wird im Kapitalerhöhungsbeschluss und in der Anmeldung offen gelegt.

91 Die Voraussetzungen sind sehr eng und wenig praxistauglich: So ist etwa die Sanierungsfähigkeit einer Gesellschaft nur mit hohem Zeitaufwand, ggf. durch das Gutachten eines Wirtschaftsprüfers ermittelbar; auch lässt sich ex ante kaum prognostizieren, ob eine konkrete Voreinzahlung zur Bewältigung der Krise erforderlich ist: Dies zeigt sich erst dann, wenn die Rettung der AG gelungen ist.[249]

d) Wertmäßiges Vorhandensein der Einlageleistung im Zeitpunkt der Anmeldung der Durchführung der Kapitalerhöhung

92 Jenseits des Problems der Vorleistung stellt sich in der Krise die Frage, für welche Zwecke die AG insb. Barleistungen in der Zeit bis zur Anmeldung der Durchführung der Kapitalerhöhung verwenden darf, etwa zur Begleichung von Bankschulden und „Aufwands"-Verbindlichkeiten wie Miete oder Löhne und Gehälter. Nach bisher hM muss das Geld bei Anmeldung nicht mehr gegenständlich vorhanden sein, sofern der AG durch die Verwendung der Mittel ein Wert zugeflossen ist, der im Zeitpunkt der Anmeldung noch vorhanden ist.[250] Ein Aktivtausch, dh. die wertneutrale Anschaffung aktivierungsfähiger Gegenstände des Anlage- oder Umlaufvermögens wahrt den Grundsatz der wertgleichen Deckung.[251] Die Tilgung bestehender Verbindlichkeiten führt nur dann zu einer wertgleichen Deckung, wenn die getilgte Forderung vollwertig war.[252] Vollwertig iSd. Kapitalaufbringung ist eine Forderung dann, wenn die AG nicht überschuldet ist. **Wertgleiche Deckung** bedeutet, dass die zusätzliche Haftungsmasse, die aus der Einlageleistung resultiert, der AG und ihren Gläubigern im Zeitpunkt der Anmeldung dem Werte nach noch zur Verfügung steht. Der **BGH** hat das Kriterium der wertgleichen Deckung in einer Änderung seiner Rechtsprechung inzwischen aufgegeben.[253] Die Einlagepflicht des Inferenten ist nunmehr erfüllt, wenn die Bareinlage zur freien Verfügung des Vorstands geleistet ist; von diesem Zeitpunkt an unterliegt der eingezahlte Betrag allein der unternehmerischen Verfügungsmacht des Vorstands, die dieser, wie stets, pflichtgemäß auszuüben hat.[254] Nicht ordnungsgemäß geleistet ist die Einlage lediglich dann, wenn die Einlageleistung an den Inferen-

---

[249] Krit. zu Recht *Ehlke,* ZIP 2007, 749 (750).
[250] BGH II ZR 263/91 v. 13.7. 1992, BGHZ 119, 177, 187f.; BGH II ZR 98/95 v. 21.6. 1996, ZIP 1996, 1466, 1467; *Hüffer* AktG § 188 Rz. 6; MünchHdb. GesR/Bd. 4/*Krieger* § 56 Rz. 129 jeweils mwN; unklar *Geßler/Hefermehl/Hefermehl/Bungeroth* § 188 Rz. 17: nur bestimmter Aufwand darf bezahlt werden; weitergehend *Priester* ZIP 1994, 599, 601 ff.
[251] Großkomm. AktG/*Röhricht* § 36 Rz. 88 mwN.
[252] Großkomm. AktG/*Röhricht* § 36 Rz. 89 mwN.; ohne diese Einschränkung BGH II ZR 98/95 v. 21.6. 1996, ZIP 1996, 1466, 1467. Für Sonderregeln im Rahmen der Sanierung plädiert *Hüffer* ZGR 1993, 474, 484.
[253] BGH II ZR 363/00 v. 18.3. 2002, BB 2002, 957 ff.; *Henze* BB 2002, 955 ff.; schon frühzeitig ebenso *Priester*, ZIP 1994, 599, 601.
[254] BGH a.a.O. (Fn. 253) S. 959; *Henze* BB 2002, 955, 956.

D. Sanierung 93–95 § 17

ten zurückfließt, sodass eine verdeckte Sacheinlage vorliegt; weiterhin dann, wenn unmittelbar an einen Gesellschaftsgläubiger geleistet wird, ohne dass der Vorstand auf die Verwendung der Einlage Einfluss nehmen kann.[255] Der BGH verlangt als Folge seiner Rechtsprechungsänderung einen geänderten Text für die von den Vorständen nach §§ 37 Abs. 1, 188 Abs. 2 AktG abzugebende Versicherung: Abweichend vom Gesetzestext[256] hat der Vorstand zu versichern, dass der Betrag der Einzahlung zur freien Verfügung des Vorstands für die Zwecke der Gesellschaft eingezahlt und auch in der Folge nicht an den Einleger zurückgezahlt worden ist.[257]

Wird die Einlage (nach dem Kapitalerhöhungsbeschluss und nach Zeichnungsvertrag) auf ein **debitorisches Konto** gezahlt, so ist das Kapital wirksam aufgebracht, wenn das Kreditinstitut eine abermalige Verfügung über den Einzahlungsbetrag (durch Verlängerung des Kredits oder Einräumung eines neuen Kredits) zugelassen hat und dieser somit zur freien Verfügung des Vorstands stand.[258] 93

e) Forderungen gegen die AG als Einlageleistung

Forderungen gegen die AG sind grundsätzlich tauglicher Gegenstand einer Sacheinlage.[259] Für die **Bewertung** einer solchen Forderung kommt es nicht auf den Nennwert an, sondern darauf, ob die AG diese Forderung erfüllen könnte.[260] Damit wird idR. kaum ein Gläubiger bereit sein, Forderungen gegen die AG in der Krise einzubringen, weil er Gefahr liefe, den Betrag der Kapitalerhöhung ganz oder teilweise in bar nachzahlen zu müssen. 94

2. Kapitalherabsetzung

Eine Kapitalherabsetzung, insb. die vereinfachte Kapitalherabsetzung nach §§ 229 ff. AktG, ermöglicht es, Verluste bilanziell zu beseitigen, so genannte **„Buchsanierung"**.[261] Sie ist daher für sich genommen nicht geeignet, eine Finanzierungskrise zu beseitigen, denn sie vollzieht lediglich die bereits eingetretene Aufzehrung des Grundkapitals der AG nach und beseitigt weder Schulden noch verschafft sie der AG Liquidität. Im Rahmen der Sanierung liegt die Bedeutung der Kapitalherabsetzung darin, die AG insb. für neue Eigenkapitalgeber attraktiv zu machen. Zum einen überwindet die AG schneller die **Ausschüttungssperre** für künftige Gewinne, die sich daraus ergibt, dass die AG aus dem Jahresüberschuss erst Verlustvorträge ausgleichen und die gesetzliche Rücklage dotieren muss, bevor sie Bilanzgewinn an die Aktionäre verteilen darf.[262] Zum andern macht die Kapitalherabsetzung eine nachfolgende Kapitalerhöhung unter Umständen überhaupt erst platzierbar, wenn die Aktien unter pari notieren, sodass kein Investor bereit ist, neue Aktien für den geringsten 95

---

[255] BGH a.a.O. (Fn. 253) S. 959; *Henze* BB 2002, 955, 956.
[256] Dem laut BGH eine historisch bedingte „überschießende Tendenz" innewohnt, die durch teleologische Reduktion zu beschränken ist: BGH a.a.O. (Fn. 253) S. 959.
[257] BGH a.a.O. (Fn. 253) S. 959; *Henze* BB 2002, 955, 956.
[258] BGH II ZR 362/02 v. 8. 11. 2004, BB 2005, 123.
[259] *Hüffer* AktG § 27 Rz. 25 mwN.
[260] BGH II ZR 164/88 v. 15. 1. 1990, BGHZ 110, 47, 61 f.; *Hüffer* AktG § 27 Rz. 25; Großkomm. AktG/*Röhricht* § 27 Rz. 81 mwN; aA *Karollus* ZIP 1994, 589, 595 mwN.
[261] *K. Schmidt* ZGR 1982, 519, 520.
[262] Vgl. § 158 Abs. 1 Nr. 1 und § 150 Abs. 2 AktG.

Ausgabebetrag iSd. § 9 Abs. 1 AktG zu übernehmen.[263] Ebenso ermöglicht die Herabsetzung die **Platzierung**, wenn ein Investor nur einen bestimmten absoluten Betrag investieren will, für diesen Betrag aber eine bestimmte Beteiligungsquote verlangt, die sich nur bei verringertem Grundkapital erzielen lässt.[264] Schließlich kann eine Kapitalerhöhung durch Zusammenlegung von Aktien nötig sein, weil der Investor sein Engagement davon abhängig macht, dass die Zahl der Aktien und damit tendenziell auch die Zahl der Aktionäre verringert wird.[265] Die Einzelheiten der Kapitalherabsetzung sind oben bei § 9 Rz. 121 ff. dargestellt, die steuerlichen Folgen bei § 11 Rz. 166 ff.

96 Nach hM bedarf der Beschluss über die Kapitalherabsetzung **keiner sachlichen Rechtfertigung**. Dies versteht sich von selbst, soweit die Kapitalherabsetzung sich darauf beschränkt, den (rechnerischen) Nennbetrag der Aktien zu reduzieren, denn hier bleiben die Rechte der Aktionäre unberührt. Aber auch dann, wenn Aktien zusammengelegt werden, ist eine besondere sachliche Rechtfertigung nach hM entbehrlich, weil die gesetzliche Regelung in § 222 Abs. 4 AktG eine abschließende Abwägung der Interessen der betroffenen Aktionäre dergestalt trifft, dass zunächst der Nennwert herabzusetzen ist und erst dann Aktien zusammengelegt werden können.[266] Damit allein wären die Interessen der Aktionäre indes nicht ausreichend berücksichtigt, sondern es bedarf darüber hinaus der Regelung über die Zusammenlegung und Verwertung der Spitzen, der zufolge der Aktionär einen Ausgleich für die verlorenen Aktien erhält.[267] Einer begleitenden Kapitalerhöhung mit Bezugsrecht der Aktionäre bedarf es nach Auffassung des BGH jedenfalls dann nicht, wenn dies die Sanierung scheitern ließe, weil zu erwarten ist, dass die Aktionäre die neuen Aktien nicht in ausreichendem Umfang zeichnen werden.[268] Offen ließ der BGH, ob eine derartige Kapitalerhöhung notwendig ist, wenn die Überschuldung[269] durch die Kapitalherabsetzung nicht vollständig beseitigt werden kann.[270] Die Frage dürfte indes eher sein, ob es nicht stets einer Rechtfertigung bedarf, wenn die **Kapitalherabsetzung** nicht **mit einer Kapitalerhöhung verbunden** wird.[271] Jedenfalls dann, wenn nach einer Kapitalherabsetzung auf Null eine Kapitalerhöhung durchgeführt wird, ist ein Mehrheitsaktionär durch die Treupflicht und den Grundsatz der Verhältnismäßigkeit gehalten, möglichst vielen Aktionären den Verbleib in der AG zu ermöglichen; daraus ergibt sich die Pflicht, unverhältnismäßig hohe Spitzen zu vermeiden, indem als (rechnerischer) Nennbetrag der neuen Aktien der gesetzliche Mindestbetrag festge-

---

[263] *Wenger* ZIP 1993, 321, 325; MünchHdb. GesR/Bd. 4/*Krieger* § 60 Rz. 10.
[264] Bsp: Grundkapital 150, Investor will 50 investieren und damit auf eine Beteiligungsquote von 50 % kommen: Dies würde eine Kapitalherabsetzung um 100 erfordern.
[265] Vgl. den Fall Sachsenmilch: BGH II ZR 278/96 v. 9. 2. 1998, ZIP 1998, 692.
[266] BGH II ZR 278/96 v. 9. 2. 1998, ZIP 1998, 692, 693; MünchHdb. GesR/Bd. 4/*Krieger* § 60 Rz. 9 mwN.; aA. die Vorinstanzen OLG Dresden 12 U 1727/95 v. 18. 9. 1996, ZIP 1996, 1780; LG Dresden 41 O 925/94 v. 15. 8. 1996, ZIP 1995, 1596.
[267] Vgl. dazu MünchHdb. GesR/Bd. 4/*Krieger* § 60 Rz. 52.
[268] BGH II ZR 278/96 v. 9. 2. 1998, ZIP 1998, 692, 694.
[269] Gemeint sein kann nur eine bilanzielle Überschuldung, denn die Überschuldung als Insolvenzgrund kann durch eine Kapitalherabsetzung überhaupt nicht beseitigt werden. Auch eine bilanzielle Überschuldung kann durch eine bloße Herabsetzung des Grundkapitals niemals vollständig beseitigt werden.
[270] So *Hüffer* AktG § 222 Rz. 14.
[271] So *Krieger* ZGR 2000, 885, 895.

D. Sanierung 97, 98 § 17

setzt wird.²⁷² Damit ist, streng genommen, noch nicht die Frage beantwortet, ob als Regel überhaupt eine Kapitalerhöhung durchgeführt werden muss, sodass eine Abweichung von dieser Regel einer Rechtfertigung bedürfte. Gleichwohl liegt der Schluss nahe: Nach dem Grundgedanken der Entscheidung²⁷³ haben Aktionäre ein Recht darauf, nach Möglichkeit in der AG zu verbleiben; dieses Recht wäre weitgehend sinnentleert, wenn es nur das „Wie", nicht aber das „Ob" einer Kapitalerhöhung beträfe.²⁷⁴ Zweifelhaft ist, ob den Aktionären der bloße Verbleib gesichert werden muss oder ob es nicht vielmehr darum geht, die Beteiligungsquote der Aktionäre so wenig wie möglich zu verringern, denn dies ist der eigentliche Eingriff in die Position eines Aktionärs. Ob die Verringerung dazu führt, dass er noch eine oder aber gar keine Aktie mehr hält, dürfte zumindest finanziell keine große Rolle mehr spielen.

3. Auswirkung von Sanierungsmaßnahmen auf die Nutzung von Verlustvorträgen

a) Allgemeines

Regelmäßig sind in einer sanierungsbedürftigen AG Verlustvorträge aufgelaufen, die einen erheblichen Umfang erreichen können. Sie verkörpern einen wirtschaftlichen Wert, sofern sie mit zukünftigen Gewinnen verrechnet werden können und so die Steuerlast der AG reduzieren. Konnte sich die AG nicht aus eigener Kraft sanieren, sondern brauchte dazu die Hilfe eines Investors, schränkte § 8 Abs. 4 KStG aF. die Nutzung von Verlustvorträgen stark ein: Die Nutzung erforderte entweder, dass die AG nach Beitritt des Investors „wirtschaftlich identisch" ist mit der AG vor dem Beitritt oder dass eine unschädliche Sanierung iSd. § 8 Abs. 4 Satz 3 aF. vorliegt. 97

b) Die Neuregelung des § 8 c KStG

Nach dem neuen § 8 c KStG²⁷⁵ kommt es hingegen ausschließlich auf den Umfang des Anteilserwerbs durch den Investor an. Erwirbt dieser innerhalb von fünf Jahren mehr als 25 %, aber nicht mehr als 50 % der Anteile, gehen die Verluste anteilig, wird die Schwelle von 50 % überschritten, gehen sie vollständig unter. Weggefallen ist das bisherige Sanierungsprivileg. Das BMF-Schreiben vom 27. 3. 2003²⁷⁶ ermöglicht jedoch die Verrechnung eines Sanierungsgewinns mit Verlusten aus sachlichen Billigkeitsgründen; die Fortgeltung dieser Grundsätze wurde durch das BMF-Schreiben vom 4. 7. 2008 ausdrücklich angeordnet.²⁷⁷ Eine Ausnahme von § 8 c KStG sieht ferner dessen 98

---

[272] BGH II ZR 126/98 v. 5.7. 1999, BGHZ 167, 170 f.; MünchKomm. AktG/Bd. 7/ *Oechsler* § 228 Rz. 5.
[273] BGH II ZR 126/98 v. 5.7. 1999, BGHZ 167, 170 f.
[274] Ähnlich *Krieger* ZGR 2000, 885, 894.
[275] Neu eingefügt durch das Unternehmensteuerreformgesetz 2008 v. 14.8. 2007, BGBl. I S. 1912. Zur Neuregelung ausführlich *Beußer* DB 2007, 1549; *Neyer* BB 2007, 1415; *Dörfler/Wittkowski* GmbHR 2007, 513. Die Finanzverwaltung hat mit BMF-Schreiben v. 4.7. 2008 – IV C 7 – S 2745-a/08/10001, BStBl. I 2008, S. 736 zur Neuregelung der Verlustabzugsbeschränkung für Körperschaften detailliert Stellung genommen.
[276] BMF-Schreiben vom 27. 3. 2003 – IV A 6 – S 2140 – 8/03, BGBl. I 2003, 240.
[277] BMF-Schreiben v. 4.7. 2008 – IV C 7 – S 2745-a/08/10001, BStBl. 2008, S. 736 (Tz. 34).

Abs. 2 (eingeführt durch das MoRaKG)[278] für den Fall vor, dass eine von der BaFin als solche anerkannte Wagniskapitalbeteiligungsgesellschaft Aktien an einer nicht börsennotierten „Zielgesellschaft" erwirbt.[279]

c) Würdigung

99 Die Neuregelung soll die Absenkung der Ertragsteuersätze gegenfinanzieren. Der Wegfall der Sanierungsklausel relativiert allerdings die steuerliche Entlastung durch die Unternehmensteuerreform vor allem für solche Unternehmen, die sich in der Krise befinden und der Entlastung besonders bedürfen.[280] Eine Begünstigung durch das BMF-Schreiben v. 27. 3. 2003 (BGBl. I 2003, 240) lässt sich im Einzelfall nicht sicher prognostizieren, zumal die einzelnen Finanzbehörden es kaum einheitlich anwenden werden.[281] Rechtspolitisch nicht überzeugend ist es ferner, die Ausnahme von § 8 c KStG auf den Beteiligungserwerb durch Venture Capital Gesellschaften zu beschränken. Insgesamt werden auch nach der Unternehmensteuerreform Sanierungen unterbleiben, die unter Einbeziehung der Möglichkeit des Verlustabzugs durchgeführt worden wären.

E. Die Krise der KGaA

105 In der KGaA ist die Geschäftsführung Sache der Komplementäre, soweit sie nicht von der Geschäftsführung ausgeschlossen sind, §§ 164, 114 HGB iVm. § 278 Abs. 2 AktG. Die geschäftsführenden **Komplementäre** sind demgemäß auch die Adressaten der **Pflichten im Rahmen von Krise und Sanierung**. Dies ergibt sich für die Pflicht zur Stellung des Insolvenzantrags unmittelbar aus § 283 Nr. 14 AktG, der die Vorschriften über den Antrag auf Eröffnung des Insolvenzverfahrens für anwendbar erklärt, während Komplementäre, die von der Geschäftsführung ausgeschlossen sind, nach § 15 Abs. 1 InsO berechtigt, aber nicht verpflichtet sind, Insolvenzantrag zu stellen.[282] Die Verweisung in § 283 Nr. 14 AktG erfasst darüber hinaus das Zahlungsverbot des § 92 Abs. 2 Satz 1 AktG.[283] Die Pflicht zur Verlustanzeige nach § 92 Abs. 1 AktG trifft die geschäftsführenden Komplementäre nach § 283 Nr. 6, demzufolge die Vorschriften über die Einberufung der Hauptversammlung Anwendung finden.[284] Die Pflicht zur Organisation der Krisenfrüherkennung gem. § 91 Abs. 2 AktG ergibt sich für die geschäftsführenden Komplementäre aus § 283 Nr. 3 AktG, der die Anwendung der Vorschriften über die Sorgfaltspflicht anordnet, denn § 91 Abs. 2 AktG normiert eine spezielle Sorgfaltspflicht des Vorstands.

---

[278] Gesetz zur Modernisierung der Rahmenbedingungen für Kapitalbeteiligungen v. 12. 8. 2008, BGBl. I S. 1672.

[279] *Regierer/Volkmann/Quentin* BB 2007, 1763, 1766 f.; *Watrin/Wittkowski/Pott* DB 2007, 1939, 1941 f.

[280] *Grube/Behrendt* BB 2007 Heft 33, Die erste Seite.

[281] *Beußer* DB 2007, 1549, 1551.

[282] Großkomm. AktG/*Assmann/Sethe* § 283 Rz. 38; MünchKomm. AktG/Bd. 8/*Semler/Perlitt* § 283 Rz. 42.

[283] Großkomm. AktG/*Assmann/Sethe* § 283 Rz. 38; MünchKomm. AktG/Bd. 8/*Semler/Perlitt* § 283 Rz. 42.

[284] Großkomm. AktG/*Assmann/Sethe* § 283 Rz. 26; MünchKomm. AktG/Bd. 8/*Semler/Perlitt* § 283 Rz. 43; nunmehr auch Kölner Komm. AktG/*Mertens/Cahn* § 283 Rz. 13.

§ 18 Auflösung und Abwicklung der AG/KGaA

Bearbeiter: Dr. Karsten Schmidt-Hern

Übersicht

	Rz.
A. Auflösung der AG	1–27
I. Allgemeines	1
II. Auflösungsgründe des § 262 Abs. 1 AktG	2–17
1. Zeitablauf (§ 262 Abs. 1 Nr. 1 AktG)	2
2. Auflösungsbeschluss der Hauptversammlung (Nr. 2)	3–6
3. Eröffnung des Insolvenzverfahrens (Nr. 3)	7
4. Ablehnung der Eröffnung des Insolvenzverfahrens mangels Masse (Nr. 4)	8
5. Feststellung eines Satzungsmangels (Nr. 5)	9–14
6. Löschung der Gesellschaft wegen Vermögenslosigkeit (Nr. 6)	15–17
III. Sonstige Auflösungsgründe	18–22
1. Spezialgesetzliche Auflösungsgründe	18
2. Satzungsmäßige Auflösungsgründe, insbesondere Kündigungsklauseln	19
3. Verlegung des Sitzes ins Ausland	20–22
4. Nichtigkeitsklage (§ 275 AktG) und Amtslöschung (§ 144 FGG)	25, 26
IV. Anmeldung, Eintragung und Bekanntmachung der Auflösung (§ 263 AktG)	27
B. Die Abwicklung	30–88
I. Begriff und Bedeutung	30, 31
II. Die Abwickler	32–50
1. Bestellung und Abberufung	32–38
a) Bestellung	32–34
b) Abberufung	35
c) Sonstige Beendigungsgründe	36
d) Anmeldung und Eintragung (§ 266 AktG)	37, 38
2. Aufgaben der Abwickler	39–42
a) Abwicklung durch Zerschlagung als gesetzliches Leitbild	39
b) Einstweilige Fortführung des Unternehmens und Abwicklung durch dessen (Teil-)Veräußerung	40, 41
c) Befriedigung der Gesellschaftsgläubiger	42
3. Die Rechtsstellung der Abwickler	43–50
a) Vertretung der Gesellschaft	43–46
b) Die Rechtsstellung innerhalb der AG	47, 48
c) Verhältnis zu anderen Organen	49, 50
III. Rechnungslegung, insbesondere § 270 AktG	51–64
1. Abschließende Rechnungslegung der werbenden Gesellschaft	51–53
2. Rechnungslegung der Abwicklungsgesellschaft	54–64
a) Eröffnungsbilanz und Erläuterungsbericht	54–58
b) Jahresabschluss und Lagebericht	59, 60
c) Abwicklungs-Schlussbilanz und Schlussrechnung	61–64
IV. Befriedigung und Sicherung der Gläubiger	65–71

§ 18 Auflösung und Abwicklung der AG/KGaA

  1. Gläubigeraufruf (§ 267 AktG) 65
  2. Durchführung der Gläubigerbefriedigung 66, 67
  3. Verteilungsverbot zugunsten der Gläubiger 68–71
   a) Inhalt 68
   b) Rechtsfolgen von Verstößen gegen das Verteilungsverbot 69–71
 V. Die Verteilung des Abwicklungsüberschusses 72–81
  1. Rechtsnatur, Entstehung und Ausschluss 72, 73
  2. Anspruchsinhalt 74
  3. Verteilungsmaßstab 75, 76
  4. Das Verteilungsverfahren 77–81
 VI. Schluss der Abwicklung und Nachtragsabwicklung . . . 82–88
  1. Schluss der Abwicklung 82, 83
  2. Nachtragsabwicklung (§ 273 Abs. 4 AktG) 84–88
   a) Funktion und Voraussetzungen 84, 85
   b) Rechtsnatur der Nachtrags-Abwicklungsgesellschaft 86
   c) Rechtsstellung der Nachtragsabwickler 87
   d) Registerrechtliche Behandlung der Abwicklungsgesellschaft 88

C. Die Auflösung und Abwicklung der KGaA 95–106
 I. Auflösung 95–105
  1. Auflösungsgründe gem. Verweisung auf HGB 95–99
   a) Zeitablauf (§ 131 Abs. 1 Nr. 1 HGB) 96
   b) Auflösung durch Beschluss der Gesellschafter (§ 131 Abs. 1 Nr. 2 HGB) 97
   c) Eröffnung des Insolvenzverfahrens über das Vermögen der KGaA (§ 131 Abs. 1 Nr. 3 HGB) 98
   d) Gerichtliche Entscheidung (§ 131 Abs. 1 Nr. 4 HGB) 99
  2. Auflösungsgründe gemäß Aktienrecht 100
  3. Tatbestände, die nicht zur Auflösung führen 101, 102
  4. Ausscheiden des einzigen Komplementärs 103, 104
  5. Eintragung der Auflösung 105
 II. Abwicklung 106

D. Steuerliche Behandlung der Abwicklung 110–119
 I. Ertragsteuern 110–114
  1. Besteuerungszeitraum 110
  2. Ermittlung des Abwicklungsgewinns (§ 11 KStG) . 111–113
   a) Abwicklungs-Anfangsvermögen 112
   b) Abwicklungs-Endvermögen 113
  3. Gewerbesteuer 114
 II. Umsatzsteuer. 115
 III. Besteuerung der Aktionäre 116–119
  1. Natürliche Personen 116–118
  2. Kapitalgesellschaften 119

Schrifttum: *Behme,* Der Weg deutscher Aktiengesellschaften ins Ausland – Goldene Brücke statt Stolperpfad, BB 2008, 70; *Henze,* Auflösung einer Aktiengesellschaft und Erwerb ihres Vermögens durch den Mehrheitsgesellschafter, ZIP 1995, 1473; *Jünger,* Liquidation und Halbeinkünfteverfahren, BB 2001, 69; *K. Schmidt,* Zur Gläubigersicherung im Liquidationsrecht der Kapitalgesellschaften, Genossenschaften und Vereine, ZIP 1981, 1; *Sethe,* Aktien ohne Vermögensbeteiligung?, ZHR 162 (1998) 474; *Triebel/von Hase,* Wegzug und grenzüberschreitende Umwandlungen von Gesellschaften nach Überseering und Inspire Art, BB 2003, 2409.

A. Auflösung der AG

I. Allgemeines

Mit der Auflösung ändert sich für die AG die Zielrichtung ihres Geschäftsbe- 1
triebs: Statt auf Fortsetzung ist er nunmehr auf Abwicklung gerichtet. Im
Rahmen der Abwicklung wird das Vermögen der AG versilbert und nach Berichtigung der Verbindlichkeiten unter die Aktionäre verteilt. Die Auflösung
tritt kraft Gesetzes ein, sobald ein Auflösungsgrund gegeben ist. Der Gesellschaftszweck der Gewinnerzielung bleibt grundsätzlich erhalten, darf aber nur
noch durch bestmögliche Verwertung verwirklicht werden.[1] Während der Abwicklung bleibt die AG als juristische Person bestehen, zur **Beendigung**, auch
Vollbeendigung oder Erlöschen genannt, kommt es erst mit dem Schluss der
Abwicklung. Auflösung und Beendigung fallen ausnahmsweise zusammen bei
der **Löschung** der AG wegen Vermögenslosigkeit durch das Registergericht
nach § 141a FGG, § 262 Abs. 1 Nr. 6 AktG sowie in den Fällen der Gesamtrechtsnachfolge durch Verschmelzung oder Aufspaltung der AG nach §§ 2, 123
Abs. 1 UmwG.

II. Auflösungsgründe des § 262 Abs. 1 AktG

1. Zeitablauf (§ 262 Abs. 1 Nr. 1 AktG)

Die AG wird durch Ablauf der in der Satzung bestimmten Zeit aufgelöst. 2
Die Dauer der AG muss nicht durch den Kalender bestimmt sein; nach hM
reicht es, wenn sie **bestimmbar** ist.[2] Entgegen der hM[3] kann jedoch keine
„Verlängerungsklausel" vorgesehen werden, die eine Fortdauer der Gesellschaft
von der Nichtausübung eines Kündigungsrechts abhängig macht, weil es sich
dabei der Sache nach um ein nicht zulässiges[4] Kündigungsrecht handelt.[5] Die
Zeitbestimmung muss nicht in der Gründungssatzung enthalten sein, sondern
kann durch **Satzungsänderung** eingefügt werden. Der Beschluss über die
Satzungsänderung bedarf in jedem Fall der in § 262 Abs. 1 Nr. 2 AktG vorgesehenen Mehrheit von mindestens drei Vierteln des vertretenen Grundkapitals, weil die Einführung der Befristung der Sache nach ein hinausgeschobener Auflösungsbeschluss ist.[6] Vor Zeitablauf kann die Befristung verlängert
oder aufgehoben werden. Der entsprechende satzungsändernde Beschluss bedarf nach hM nur der Mehrheit des § 179 Abs. 2 AktG; das zwingende Mehrheitserfordernis des § 274 Abs. 1 Satz 2 AktG ist vor Auflösung nicht anzuwen-

---

[1] Der Sache nach wohl ebenso die hM, wenngleich dort einfach von Zweckänderung gesprochen wird; vgl. *Hüffer* AktG § 262 Rz. 2; MünchHdb. GesR/Bd. 4/*Hoffmann-Becking* § 65 Rz. 1.
[2] HM; *Hüffer* AktG § 262 Rz. 8 mwN.
[3] *Hüffer* AktG § 262 Rz. 8; MünchKomm. AktG/Bd. 7/*Hüffer* § 262 Rz. 26 mwN.; ausdrücklich diese Art der Verlängerungsklausel zitierend *Godin/Wilhelmi* § 262 Anm. 11.
[4] Siehe unten Rz. 19.
[5] Die als Referenz zitierten Fälle des RG II 167/13 v. 17.6. 1913, RGZ 82, 395, 400 und II 438/31 v. 3.5. 1932, RGZ 136, 236, 241 betrafen GbR-Verträge mit derartigen Klauseln.
[6] *Hüffer* AktG § 262 Rz. 8; MünchHdb.GesR/Bd. 4/*Hoffmann-Becking* § 65 Rz. 2.

den.⁷ Nach Auflösung kann die AG nur durch Beschluss der Hauptversammlung nach § 274 Abs. 1 AktG fortgesetzt werden. Verzögerungen des Abwicklungsbeginns können Ansprüche aus §§ 93, 116 AktG nach sich ziehen. Jeder Aktionär kann die Abwicklung verlangen und klageweise durchsetzen.⁸

2. Auflösungsbeschluss der Hauptversammlung (Nr. 2)

3   Die AG kann jederzeit durch Beschluss der Hauptversammlung aufgelöst werden. Der Auflösungsbeschluss muss nicht als solcher bezeichnet werden, solange nur der **Auflösungswille** durch Auslegung ermittelt werden kann.⁹ Der Beschluss bedarf der sog. doppelten Mehrheit, nämlich der einfachen Stimmenmehrheit nach § 133 AktG und zudem gem. § 262 Abs. 1 Nr. 2 AktG einer Mehrheit von mindestens 75 % des vertretenen Grundkapitals. Die Satzung kann dieses Mehrheitserfordernis bis zur Einstimmigkeit verschärfen¹⁰ und weitere Erfordernisse für das Zustandekommen des Beschlusses aufstellen, etwa die Zustimmung bestimmter Aktionäre oder Aktionärsgruppen, nicht jedoch anderer Organe oder Dritter.¹¹ Eine Befristung nach § 262 Abs. 1 Nr. 1 AktG steht einem Auflösungsbeschluss nicht entgegen, denn sie bestimmt lediglich die Höchstdauer der werbenden Tätigkeit.¹²

4   Die Auflösung tritt, soweit nicht in dem Beschluss selbst oder in der Satzung etwas anderes vorgesehen ist, **mit Beschlussfassung** ein; die Eintragung nach § 263 AktG ist nur deklaratorisch.¹³ Bei aufschiebend bedingten oder befristeten Beschlüssen ist der Bedingungseintritt oder der Fristablauf maßgeblich. Liegt ein wirksamer Auflösungsbeschluss vor, ist die Fortsetzung wiederum nur aufgrund eines Beschlusses nach § 274 Abs. 1 AktG zulässig.

5   Der Auflösungsbeschluss als solcher bedarf **keiner sachlichen Rechtfertigung**.¹⁴ Nur unter besonderen Umständen kann der Beschluss wegen missbräuchlicher Stimmrechtsausübung anfechtbar sein, insbesondere nach § 243 Abs. 2 AktG, wenn die qualifizierte Mehrheit versucht, unter Verletzung ihrer Treuepflicht zum Schaden der Minderheitsaktionäre **Sondervorteile** zu erlangen.¹⁵ Ein Mehrheitsaktionär handelt aber nicht allein deshalb rechtsmissbräuchlich, weil er die Auflösung betreibt und im Rahmen der Abwicklung das Vermögen der AG ganz oder teilweise erwirbt.¹⁶ Ein Sondervorteil zum

---

7   *Hüffer* AktG § 262 Rz. 9; KölnerKomm. AktG/*Kraft* § 262 Rz. 11.
8   MünchKomm. AktG/Bd. 7/*Hüffer* § 262 Rz. 27.
9   *Hüffer* AktG § 262 Rz. 10.
10 KölnerKomm. AktG/*Kraft* § 262 Rz. 28; MünchKomm. AktG/Bd. 7/*Hüffer* § 262 Rz. 41; *Hüffer* AktG § 262 Rz. 12.
11 MünchKomm. AktG/Bd. 7/*Hüffer* § 262 Rz. 42; MünchHdb. GesR/Bd. 4/*Hoffmann-Becking* § 65 Rz. 12.
12 *Hüffer* AktG § 262 Rz. 12.
13 *Hüffer* AktG § 262 Rz. 10. Erweist sich der Auflösungsbeschluss tatsächlich als satzungsändernde Befristung, so bedarf es für die Auflösung der Eintragung dieser Satzungsänderung nach § 181 Abs. 3 AktG: MünchKomm. AktG/Bd. 7/*Hüffer* § 262 Rz. 39.
14 BGH II ZR 124/78 v. 28.1.1980, BGHZ 76, 352, 353; BGH II ZR 75/87 v. 1.2.1988, BGHZ 103, 184, 190; *Hüffer* AktG § 243 Rz. 28, § 262 Rz. 11; aA *Wiedemann*, ZGR 1980, 147, 156 f.
15 BGH II ZR 75/87 v. 1.2.1988, BGHZ 103, 184, 193 ff.; MünchHdb. GesR/Bd. 4/*Hoffmann-Becking* § 65 Rz. 5 mwN.
16 BGH II ZR 75/87 v. 1.2.1988, BGHZ 103, 184, 192; MünchHdb. GesR/Bd. 4/*Hoffmann-Becking* § 65 Rz. 5 mwN.

A. Auflösung der AG 6–8 § 18

Schaden der Aktionäre ist erst gegeben, wenn der Mehrheitsaktionär vor Fassung des Auflösungsbeschlusses den Erwerb des Vermögens mit dem Vorstand bereits so fest vereinbart hat, dass es weder Aktionären noch Dritten möglich ist, das Vermögen zu erwerben.[17] Eine solche Vereinbarung mit Ausschlusswirkung liegt indes nicht vor, wenn die Hauptversammlung dem Vertrag nach § 179 a AktG zustimmt und der für das Vermögen gezahlte Preis angemessen ist.[18]

Beschlussmängel sind nach den allgemeinen Regeln zu beurteilen. Ein nichtiger Auflösungsbeschluss wird nach § 242 Abs. 2 AktG analog geheilt.[19] Die AG wird bei der Anfechtungs- und Nichtigkeitsklage durch die Abwickler und den Aufsichtsrat vertreten.[20] Die Nichtigkeitsklage ist auch dann zulässig, wenn schon vor dem Urteil mit der Verteilung des Vermögens begonnen worden oder die Abwicklung bereits beendet ist. Die Löschung der AG hingegen führt zum Wegfall der beklagten Partei, sodass die Klage unzulässig wird.[21] 6

3. Eröffnung des Insolvenzverfahrens (Nr. 3)

Die AG wird des Weiteren durch die Eröffnung des Insolvenzverfahrens über ihr Vermögen aufgelöst. Maßgeblicher Zeitpunkt ist die im Eröffnungsbeschluss des Insolvenzgerichts angegebene Stunde, § 27 Abs. 2 Nr. 3 InsO. Fehlt diese Angabe, tritt die Auflösung um 12.00 Uhr des Tages in Kraft, an dem der Eröffnungsbeschluss erlassen wurde, § 27 Abs. 3 InsO. Die **Rechtskraft** des Eröffnungsbeschlusses ist **nicht erforderlich**.[22] Die spätere Einstellung des Insolvenzverfahrens macht die Auflösung nicht ungeschehen; die AG kann aber unter den Voraussetzungen des § 274 Abs. 2 Nr. 1, Abs. 1 AktG die Fortsetzung beschließen. 7

4. Ablehnung der Eröffnung des Insolvenzverfahrens mangels Masse (Nr. 4)

Das Insolvenzgericht lehnt einen Antrag auf Eröffnung des Insolvenzverfahrens ab, wenn weder eine die Kosten des Insolvenzverfahrens deckende Masse vorhanden ist (§ 26 Abs. 1 Satz 1 InsO) noch ein hierfür ausreichender Vorschuss geleistet wird (§ 26 Abs. 1 Satz 2 InsO). Die Auflösung tritt mit **formeller Rechtskraft** des Ablehnungsbeschlusses ein.[23] Gegen den Beschluss des Insolvenzgerichts findet nach §§ 6, 34 InsO die sofortige Beschwerde statt. Diese ist an eine Frist von zwei Wochen beginnend ab Verkündung oder Zustellung des Beschlusses gebunden, §§ 6 Abs. 2, 4 InsO iVm. § 569 Abs. 1 Satz 1 ZPO. Das 8

---

[17] BGH II ZR 75/87 v. 1. 2. 1988, BGHZ 103, 184, 193 ff.; MünchHdb. GesR/Bd. 4/ *Hoffmann-Becking* § 65 Rz. 5 mwN.
[18] OLG Stuttgart 10 U 48/93 v. 2.12. 1993, ZIP 1995, 1515; *Henze* ZIP 1995, 1473, 1478 f.; MünchHdb. GesR/Bd. 4/*Hoffmann-Becking* § 65 Rz. 5 mwN.
[19] MünchKomm. AktG/Bd. 7/*Hüffer* § 262 Rz. 44; KölnerKomm. AktG/*Kraft* § 262 Rz. 30. Eine direkte Anwendung scheitert daran, dass nicht der Auflösungsbeschluss, sondern die Auflösung selbst in das Handelsregister eingetragen wird.
[20] BGH II ZR 56/59 v. 10. 3. 1960, BGHZ 32, 114, 119; MünchKomm. AktG/Bd. 7/ *Hüffer* § 262 Rz. 46.
[21] BGH II ZR 73/78 v. 5. 4. 1979, BGHZ 74, 212; MünchKomm. AktG/Bd. 7/*Hüffer* § 262 Rz. 45.
[22] KölnerKomm. AktG/*Kraft* § 262 Rz. 38.
[23] *Hüffer* AktG § 262 Rz. 14.

5. Feststellung eines Satzungsmangels (Nr. 5)

9 Die AG ist aufgelöst, wenn durch Verfügung des Registergerichts gem. § 144 a FGG einer der dort genannten Satzungsmängel rechtskräftig festgestellt wurde. Eine solche Verfügung kann erlassen werden, wenn eine der dort genannten wesentlichen Bestimmungen fehlt oder nichtig ist.

10 Die Bestimmung der **Firma** (§ 23 Abs. 3 Nr. 1 AktG) in der Gründungssatzung ist bei einem Verstoß gegen zwingende Vorschriften des Firmenrechts, insbesondere der §§ 18 ff. HGB und § 4 AktG, nach § 134 BGB nichtig.[25] Dies gilt nach hM auch bei einem Verstoß gegen den Grundsatz der Unterscheidbarkeit nach § 30 Abs. 1 HGB.[26] Eine Satzungsbestimmung wird auch dann nichtig, wenn das Führen einer zunächst ordnungsgem. gebildeten Firma durch eine Änderung der tatsächlichen Verhältnisse unzulässig wird.[27] Dagegen führt die nachträgliche Firmenumbildung durch Satzungsänderung nicht zur Nichtigkeit und folglich auch nicht zur Amtsauflösung.[28] Vielmehr ist der satzungsändernde Beschluss seinerseits gem. § 241 Nr. 3 AktG nichtig, sodass die Eintragung der Satzungsänderung nicht das Erlöschen der bisherigen Firma bewirkt. Der nichtige Beschluss kann gem. § 144 Abs. 2 FGG gelöscht werden, ohne dass die AG firmenlos würde.

11 Die Bestimmung des **Sitzes** nach § 23 Abs. 3 Nr. 1 AktG in der Gründungssatzung ist nichtig, wenn sie den Anforderungen des § 5 AktG nicht genügt,[29] wie etwa bei der Wahl eines ausländischen Gesellschaftssitzes.[30] Nachträgliche Satzungsverstöße[31] und Veränderungen der tatsächlichen Verhältnisse[32] sind entsprechend den zur Firma gemachten Ausführungen zu behandeln. Auf eine

---

[24] MünchKomm. AktG/Bd. 7/*Hüffer* § 262 Rz. 53; KölnerKomm. AktG/*Kraft* § 262 Rz. 54; unklar Großkomm. AktG/*Wiedemann* § 262 Anm. 31 „durch den Vorstand".

[25] *Hüffer* AktG § 262 Rz. 16. Das Fehlen der Firma dürfte in der Praxis kaum vorkommen.

[26] *Hüffer* AktG § 262 Rz. 16; MünchKomm. AktG/Bd. 7/*Hüffer* § 262 Rz. 60 mwN; aA das Schrifttum zur GmbH: *Baumbach/Hueck/Hueck/Fastrich* § 4 Rz. 28; *Hachenburg/Heinrich* § 4 Rz. 95, 102; *Hachenburg/Ulmer* § 60 Rz. 46; *Scholz/K. Schmidt* § 60 Rz. 25.

[27] *Geßler/Hefermehl/Eckhardt* AktG § 4 Rz. 48; KölnerKomm. AktG/*Kraft* § 262 Rz. 74; MünchKomm. AktG/Bd. 7/*Hüffer* § 262 Rz. 62; aA BayObLG BReg. 3783/76 v. 29. 6. 1979, GmbHR 1980, 11; *Baumbach/Hueck/Hueck/Fastrich* § 4 Rz. 33.

[28] *Geßler/Hefermehl/Eckhardt* AktG § 4 Rz. 48; KölnerKomm. AktG/*Kraft* § 262, Rz. 75; MünchKomm. AktG/Bd. 7/*Hüffer* § 262 Rz. 61; Großkomm. AktG/*Wiedemann* § 262, Anm. 38.

[29] KölnerKomm. AktG/*Kraft* § 5 Rz. 11 ff. sowie § 262 Rz. 76; MünchKomm. AktG/Bd. 7/*Hüffer* § 262 Rz. 64.

[30] Dazu RG II 552/22 v. 29. 6. 1923, RGZ 107, 94, 97; BGH II AZR 1/55 v. 21. 11. 1955, BGHZ 19, 102, 105 f.; BGH II ZR 22/58 v. 19. 2. 1959, BGHZ 29, 320, 328.

[31] Vgl. *Hüffer* AktG § 262 Rz. 16; MünchKomm. AktG/Bd. 7/*Hüffer* § 262 Rz. 65; KölnerKomm. AktG/*Kraft* § 262 Rz. 76.

[32] Vgl. dazu *Hüffer* AktG § 5 Rz. 11; MünchKomm. AktG/Bd. 7/*Hüffer* § 262 Rz. 65; *Kraft* in KölnerKomm AktG § 262 Rz. 76; aA BayObLG 3 ZBR 380/01 v. 20. 2. 2002, DB 2002, 940; BayObLG BReg. 1 Z 71/81 v. 8. 3. 1982, BayObLGZ 1982, 140, 142 f.; OLG Ffm. 2 OW 831/78 v. 23. 3. 1979, RPfl. 1979, 339 f. Zur Verlegung des Sitzes ins Ausland s. u. Rz. 21.

A. Auflösung der AG

Änderung der tatsächlichen Verhältnisse kommt es nicht mehr an, nachdem als Teil des MoMiG § 5 Abs. 2 AktG gestrichen wurde.

Die **Amtsauflösung** ist ferner zulässig, wenn die Bestimmungen über die Zerlegung des Grundkapitals in Nennbetrags- oder Stückaktien, § 23 Abs. 3 Nr. 4 AktG, oder darüber, ob die AG Inhaber- oder Namensaktien hat (§ 23 Abs. 3 Nr. 5 AktG), fehlen oder nichtig sind, weiter, wenn die Bestimmung über die Höhe des Grundkapitals, § 23 Abs. 3 Nr. 3 AktG, nichtig ist. Fehlt die Bestimmung über die Höhe des Grundkapitals, so greift nicht das Amtsauflösungsverfahren, sondern das Verfahren der Nichtigkeitsklage gem. § 275 AktG. Schließlich muss die Satzung Anzahl der Vorstandsmitglieder oder die Regeln, nach denen diese Zahl festgelegt wird, bestimmen (§ 23 Abs. 3 Nr. 6 AktG).

Die **Heilung** des Satzungsmangels durch Satzungsänderung vor rechtskräftiger Feststellung schließt die Auflösung nach § 262 Abs. 2 Nr. 5 AktG aus. Zudem ist nach Auflösung gem. § 274 Abs. 2 Nr. 2, Abs. 1 AktG eine Fortsetzung der AG möglich, wenn der Satzungsmangel durch Beschluss geheilt und die Fortsetzung beschlossen wird.

Das Registergericht leitet das **Auflösungsverfahren** von Amts wegen ein, indem es die AG auffordert, innerhalb einer bestimmten Frist entweder den Mangel zu beseitigen oder ihre Untätigkeit durch Widerspruch zu rechtfertigen. Die Frist kann verlängert werden.[33] Hat die AG innerhalb der Frist dieser Aufforderung nicht Folge geleistet oder hat das Registergericht einen Widerspruch zurückgewiesen,[34] muss das Registergericht den Satzungsmangel durch Verfügung feststellen, § 144 a Abs. 2 Satz 1 FGG. Sowohl gegen die Zurückweisung des Widerspruchs als auch gegen die Feststellung des Satzungsmangels findet die sofortige Beschwerde statt (§ 144 a Abs. 3 FGG). Wird diese zurückgewiesen, ist die sofortige weitere Beschwerde möglich (§§ 27, 29 Abs. 2 FGG). Die Auflösung tritt mit Rechtskraft der den Satzungsmangel feststellenden Verfügung des Registergerichts ein. Eine **Amtslöschung** nach § 142 FGG kann nicht auf einen der vorgenannten Satzungsmängel gestützt werden, denn das Verfahren nach § 144 a FGG hat insoweit Vorrang.[35]

6. Löschung der Gesellschaft wegen Vermögenslosigkeit (Nr. 6)

Gemäß § 262 Abs. 1 Nr. 6 AktG tritt die Auflösung der AG schließlich ein, wenn sie gem. § 141 a FGG gelöscht worden ist. Die AG ist vermögenslos, wenn sie über keine zugunsten der Gläubiger verwertbaren Vermögensgegenstände verfügt.[36] Auch nicht bilanzierungsfähige, aber verwertbare Vermögensgegenstände schließen die Vermögenslosigkeit aus.[37] Ist die AG vermögenslos, so steht

---

[33] MünchKomm. AktG/Bd. 7/*Hüffer* § 262 Rz. 69.
[34] Auf die Rechtskraft der Zurückweisung kommt es nicht an, vgl. KölnerKomm. AktG/*Kraft* § 262 Rz. 80.
[35] *Hüffer* AktG § 262 Rz. 20; MünchKomm. AktG/Bd. 7/*Hüffer* § 262 Rz. 71 mwN. Nicht ausgeschlossen ist die Amtslöschung wegen eines schweren Verfahrensfehlers: *Hüffer* a.a.O.
[36] *Baumbach/Hueck/Schulze-Osterloh* Anh. § 77 Rz. 5 mwN. Oftmals wird auf Aktivierbarkeit oder Bilanzierbarkeit rekurriert, zB OLG Frankfurt 20 W 660/77 v. 7. 9. 1977, DB 1978, 628; BayObLG BReg. 3 Z 90/83 v. 20. 12. 1983, BB 84, 315; *Hüffer* AktG Anh. § 262 Rz. 4. Das ist abzulehnen, soweit damit gemeint sein sollte, dass zB selbsterstellte Immaterialgüterrechte unberücksichtigt bleiben. Ob die genannten Stellungnahmen so zu verstehen sind, ist nicht eindeutig.
[37] *Baumbach/Hueck/Schulze-Osterloh* Anh. § 77 Rz. 5 mwN.

die Löschung im **pflichtgemäßen Ermessen** des Registergerichts (§ 141 a Abs. 1 Satz 1 FGG),[38] wobei von der Löschung wohl nur ausnahmsweise abgesehen werden darf.[39] Das Registergericht hat bei der Feststellung der Vermögenslosigkeit keinen der Nachprüfung entzogenen Beurteilungsspielraum.[40] Die AG muss gelöscht werden, wenn nach Durchführung des Insolvenzverfahrens über das Gesellschaftsvermögen keine Anhaltspunkte für noch vorhandenes Vermögen vorliegen (§ 141 a Abs. 1 Satz 2 FGG). Entscheidend ist die Schlussverteilung gem. § 196 InsO; einer förmlichen Beendigung des Insolvenzverfahrens durch Aufhebung bedarf es nicht.[41] Vermögen ist insbesondere dann noch vorhanden, wenn gem. § 203 Abs. 1 InsO eine Nachtragsverteilung anzuordnen ist oder der Insolvenzverwalter Massegegenstände freigegeben hat. Maßgeblich für das Vorliegen der genannten Voraussetzungen ist jeweils der Zeitpunkt der Löschungsverfügung.[42] Der Löschung steht nicht entgegen, dass die AG noch Verbindlichkeiten hat[43] oder in ihrem Namen abzugebende Erklärungen ausstehen.[44] Andernfalls könnten die Organe der AG die Löschung durch Untätigkeit verhindern.

16 Die berechtigte Löschung bewirkt entgegen dem Wortlaut des § 262 Abs. 1 Nr. 6 AktG nicht die Auflösung, sondern die **Vollbeendigung** der AG, d. h. ihren Untergang als Träger von Rechten und Pflichten; die Schulden der AG erlöschen, anhängige Klagen gegen die AG werden unzulässig;[45] ein Abwicklungsverfahren findet gem. § 264 Abs. 2 AktG nicht statt. Ergibt sich nach der Löschung, dass doch verteilungsfähiges Vermögen vorhanden ist, so kommt es gem. § 264 Abs. 2 AktG zur Nachtragsabwicklung (siehe dazu unten Rz. 77 ff.).

17 Das **Löschungsverfahren** wird vom Registergericht von Amts wegen durchgeführt; Anträge sind lediglich als Anregungen aufzufassen.[46] Beabsichtigt das Registergericht aufgrund seiner Ermittlungen,[47] die AG wegen Ver-

---

[38] *Keidel/Winkler* FGG § 141 a Rz. 23; aA *Lutter/Hommelhoff* § 60 Rz. 16; MünchKomm. AktG/Bd. 7/*Hüffer* § 262 Rz. 98; *Hüffer* AktG Anh. § 262 Rz. 9; nicht eindeutig *Baumbach/Hueck/Schulze-Osterloh* Anh. § 77 Rz. 10 (mit Überblick zum Meinungsstand).

[39] So in der Sache auch Vertreter der Gegenauffassung, vgl. *Baumbach/Hueck/Schulze-Osterloh* Anh. § 77 Rz. 10.

[40] So aber *Hüffer* AktG Anh. § 262 Rz. 9.

[41] MünchKomm. AktG/Bd. 7/*Hüffer* § 262 Rz. 82.

[42] KölnerKomm. AktG/*Kraft* § 262 Rz. 62; MünchKomm. AktG/Bd. 7/*Hüffer* § 262 Rz. 80; *Scholz/K. Schmidt* Anh. § 60 Rz. 11.

[43] BGH II ZR 73/78 v. 5. 4. 1979, BGHZ 74, 212, 213; *Hachenburg/Ulmer* Anh. § 60 Rz. 15 a; MünchKomm. AktG/Bd. 7/*Hüffer* § 262 Rz. 77.

[44] MünchKomm. AktG/Bd. 7/*Hüffer* § 262 Rz. 77; *Hachenburg/Ulmer* Anh. § 60 Rz. 15 a in Fn. 20; aA OLG Ffm. 20 W 797/81 v. 15. 7. 1982, WM 1982, 1266 f. zu dem entsprechenden § 31 Abs. 2 Satz 2 HGB.

[45] *Hüffer* AktG Anh. § 262 Rz. 7; MünchKomm. AktG/Bd. 7/*Hüffer* § 262 Rz. 85 ff. mwN, dort auch umfassende Darstellung der Auffassungen zu den Folgen unberechtigter Löschung.

[46] *Jansen* § 144 FGG Anh. II Rz. 3; MünchKomm. AktG/Bd. 7/*Hüffer* § 262 Rz. 93; aA KölnerKomm. AktG/*Kraft* § 262 Rz. 63.

[47] Es gilt der Amtsermittlungsgrundsatz, § 12 FGG, vgl. BayObLG BReg. 1 Z 20/79 v. 18. 5. 1979, GmbHR 1979, 176 f.; OLG Ffm. 20 W 147/82 v. 13. 12. 1982, WM 1983, 281; Großkomm. AktG/*Wiedemann* § 262, Anm. 35; MünchKomm. AktG/Bd. 7/*Hüffer* § 262 Rz. 97.

A. Auflösung der AG 18, 19 § 18

mögenslosigkeit zu löschen, hat es der AG diesen Umstand bekannt zu machen und sie aufzufordern, innerhalb einer bestimmten Frist erforderlichenfalls Widerspruch zu erheben (§ 141a Abs. 2 Satz 1 FGG). Über den Widerspruch entscheidet das Gericht; gegen die den Widerspruch zurückweisende Verfügung findet die sofortige Beschwerde statt (§ 141 Abs. 3 iVm. § 141a Abs. 2 Satz 3 FGG). Die Löschung darf erst eingetragen werden, wenn kein Widerspruch erhoben oder die den Widerspruch zurückweisende Verfügung rechtskräftig ist (§ 141 Abs. 4 iVm. § 141a Abs. 2 Satz 3 FGG).

III. Sonstige Auflösungsgründe

1. Spezialgesetzliche Auflösungsgründe

Unter den sonstigen gesetzlichen Auflösungsgründen sind § 38 KWG und § 87 VAG hervorzuheben. Nach § 38 KWG kann die Bundesanstalt für Finanzdienstleistungsaufsicht (BaFin) durch Verwaltungsakt die Abwicklung eines Instituts, d. h. eines Kreditinstituts oder eines Finanzinstituts, anordnen, dessen Erlaubnis zum Betrieb von Bankgeschäften oder Finanzdienstleistungen (§ 1 Abs. 1 Satz 2, Abs. 2 Satz 2 KWG) gem. § 35 KWG zuvor erloschen oder aufgehoben worden ist. Diese Anordnung wirkt wie ein Auflösungsbeschluss, sodass sich eine Abwicklung nach §§ 264 ff. AktG anschließt;[48] allerdings kann die BaFin diesbezüglich allgemeine Weisungen erlassen (§ 38 Abs. 2 Satz 1 KWG). Das Registergericht hat auf Antrag der BaFin Abwickler zu bestellen, wenn die sonst zur Abwicklung berufenen Personen keine Gewähr für die ordnungsmäßige Abwicklung bieten; gegen die Verfügung des Registergerichts findet die sofortige Beschwerde statt (§ 38 Abs. 2 Sätze 2 und 3 KWG). Ist das Registergericht nicht zuständig, bestellt die BaFin den Abwickler, § 38 Abs. 2 Satz 4 KWG. Ebenfalls wie ein Auflösungsbeschluss wirkt der Widerruf der Geschäftserlaubnis durch die BaFin, sofern das Versicherungsunternehmen in der Rechtsform eines VVaG betrieben wird (§ 87 Abs. 5 Satz 1 VAG).[49]

18

2. Satzungsmäßige Auflösungsgründe, insbesondere Kündigungsklauseln

Die Satzung kann über § 262 Abs. 1 Nr. 1 AktG hinaus keine weiteren Auflösungsgründe vorsehen, insbesondere **kein Kündigungsrecht** einräumen.[50] Wie sich aus § 289 Abs. 4 AktG ergibt, lässt das AktG die „Kündigung" durch Aktionäre nur durch einen entsprechenden Beschluss zu, nicht durch einzelne Aktionäre.[51] Angesichts dieser Systematik ist es auch nicht möglich, die Kündigungsklausel als eine Art Befristung aufzufassen. Die Satzung kann aber ein Kündigungsrecht für die Dauer des Stadiums der Vor-AG vorsehen.[52] Zudem

19

---

[48] MünchKomm. AktG/Bd. 7/*Hüffer* § 262 Rz. 105; *Boos/Fischer/Schulte-Mattler* KWG § 38 Rz. 11.
[49] MünchKomm. AktG/Bd. 7/*Hüffer* § 262 Rz. 106.
[50] *Hüffer* AktG § 262 Rz. 7; KölnerKomm. AktG/*Kraft* § 262 Rz. 16 ff.; MünchHdb. GesR/Bd. 4/*Hoffmann-Becking* § 65 Rz. 3; aA die ältere Literatur: Großkomm. AktG/*Wiedemann* § 262 Anm. 39; *Godin/Wilhelmi* AktG § 262 Rz. 3.
[51] So auch MünchKomm. AktG/Bd. 7/*Hüffer* § 262 Rz. 21.
[52] BGH II ZR 162/05 v. 23. 10. 2006, BGHZ 169, 270, 274; MünchKomm. AktG/Bd. 7/*Hüffer* § 262 Rz. 24.

besteht in diesem Stadium, auch ohne Satzungsbestimmung, ein Recht zur Kündigung aus wichtigem Grund.[53] Die rechtskräftige Ablehnung des Eintragungsantrags führt automatisch zur Auflösung, ein sonstiges Scheitern der Gründung hingegen berechtigt nur zur Kündigung aus wichtigem Grund.[54]

3. Verlegung des Sitzes ins Ausland

20 Als zu bestimmender „Ort" des Sitzes der AG nach § 5 AktG kommt nur eine im Inland liegende politische Gemeinde in Betracht, nicht aber ein außerhalb des Staatsgebiets liegender Ort, weil mangels Zuständigkeit kein inländisches Registergericht eine solche Satzungsbestimmung eintragen könnte.[55] An dieser Rechtslage hat auch das MoMiG nichts geändert. Ein gleichwohl gefasster **Beschluss zur Verlegung des Satzungssitzes** ins Ausland ist nach hM ein Auflösungsbeschluss im Sinne von § 262 Abs. 1 Nr. 2 AktG.[56] Nach der Gegenansicht ist der Beschluss nichtig nach § 241 Nr. 3 AktG, denn einem solchen Beschluss könne gerade kein Auflösungswille entnommen werden, vielmehr solle ja gerade die werbende Tätigkeit fortgesetzt werden.[57] Der Gegenansicht ist für den Fall zu folgen, dass die AG tatsächlich die Sitzverlegung bezweckt, denn dies verstößt offenkundig gegen § 5 AktG. Etwas anderes mag gelten, wenn dem Beschluss der Wille zur Auflösung entnommen werden kann: Der Beschluss ist dann der erste Schritt in dem nach hM erforderlichen mehrstufigen Verfahren der Sitzverlegung.

21 Umstritten war die Rechtslage, wenn die AG ihren **tatsächlichen Verwaltungssitz** ohne Beschluss ins Ausland verlegt. Dies sollte nach hM grundsätzlich ein anderer gesetzlicher Auflösungsgrund im Sinne von § 262 Abs. 2 AktG sein.[58] Nach einigen Auffassungen sollte dies indes nur dann gelten, wenn es zu einem Statutenwechsel durch Verlegung in ein Land kommt, das ebenfalls der Sitztheorie folgt, wobei zum Teil vertreten wurde, dass ein solcher Statutenwechsel zumindest bei Wegzug in einen anderen EU-Staat nicht mehr stattfinden kann, weil dieser Staat nach der Rechtsprechung des EuGH das Gründungsrecht anwenden muss.[59] Die Gegenansicht lehnte die Auflösung als Folge der Verlegung des tatsächlichen Sitzes ab.[60] Dieser Streit ist hinfällig. Mit der Aufhebung von § 5 Abs. 2 AktG a.F. wollte der Gesetzgeber es einer AG er-

---

[53] BGH II ZR 162/05 v. 23.10. 2006, BGHZ 169, 270, 274 ff.; MünchHdb. GesR/ Bd. 4/*Hoffmann-Becking* § 5 Rz. 34.
[54] BGH II ZR 162/05 v. 23.10. 2006, BGHZ 169, 270, 274, 276 f.
[55] *K. Schmidt/Lutter/Zimmer* AktG § 5 Rz. 7; MünchKomm. AktG/Bd. 1/*Heider* § 5 Rz. 25 mwN; aA *Bungert* AG 1995, 489, 499 ff.; *Beitzke* ZHR 127 (1965) 1 ff.; *Süss* in FS Lewald 1953 S. 603 ff.
[56] RG II 552/12 v. 29.6. 1923, RGZ 107, 94; BayObLG 3 Z BR 14/92 v. 7.5. 1992, NJW-RR 1993, 43; *Knobbe-Keuk* ZHR 154, 325 ff.; Großkomm. AktG/*Wiedemann* § 262 Anm. 46. Die für die hM zitierten Entscheidungen RG V 293/15 v. 22.1. 1916, RGZ 88, 53 und BGH II ZR 318/55 v. 11.7. 1957, BGHZ 25, 134, 144 bezogen sich nicht auf Beschlüsse zur Verlegung des Satzungssitzes.
[57] MünchKomm. AktG/Bd. 7/*Hüffer* § 262 Rz. 36; KölnerKomm. AktG/*Kraft* § 45 Rz. 19 ff.; *Wiesner* § 8 Rz. 3; *Hüffer* AktG § 5 Rz. 12; *K. Schmidt/Lutter/Zimmer* AktG § 5 Rz. 23.
[58] BGH II ZR 318/55 v. 11.7. 1957, BGHZ 25, 134, 144; *Staudinger/Großfeld* BGB Int. GesR Rz. 610 mwN.
[59] *Schmidt/Lutter/Zimmer* § 45 Rz. 27.
[60] *Ulmer/Habersack/Winter* Einl. Rz. B 118; *Lutter/Hommelhoff/Bayer* § 4a Rz. 21.

A. Auflösung der AG

möglichen, ihre Geschäftstätigkeit vollständig ins Ausland zu verlagern und im Rahmen einer (Zweig-)Niederlassung, die alle Geschäftsaktivitäten erfasst, außerhalb des deutschen Hoheitsgebiets zu entfalten.[61] Der bisherigen hM ist damit die Grundlage entzogen. Inzwischen hat der EuGH klargestellt, dass die Niederlassungsfreiheit nach Art. 43, 48 EG-Vertrag Beschränkungen einer isolierten Verwaltungssitzverlegung durch den Heimatstaat der Gesellschaft nicht entgegensteht.[62] Der deutsche Gesetzgeber war zur Änderung von § 5 AktG a.F. daher nicht gemeinschaftsrechtlich verpflichtet.

Hat eine AG ihren Verwaltungssitz *vor* Inkrafttreten des MoMiG ins Ausland verlegt, führte dies nach bisher hM zur Auflösung und Liquidation. Da einem Auseinanderfallen von Satzungs- und Verwaltungssitz nach neuem Recht nichts mehr entgegensteht, muss es der AG möglich sein, die Liquidation zu beenden, indem sie einen Fortsetzungsbeschluss trifft. Die Zulässigkeit eines solchen Fortsetzungsbeschlusses ergibt sich aus einer Gesamtanalogie zu § 274 Abs. 2 AktG.

4. Nichtigkeitsklage (§ 275 AktG) und Amtslöschung (§ 144 FGG)

Die AG ist aufgelöst, wenn sie durch rechtskräftiges Urteil gem. § 275 AktG für nichtig erklärt oder gem. § 144 Abs. 1 FGG als nichtig gelöscht wurde. Dies ergibt sich aus § 277 Abs. 1 AktG, wenn auch nicht unmittelbar aus dem Wortlaut der Vorschrift.[63] Die Klage auf Nichtigerklärung gem. § 275 AktG kann ausschließlich[64] darauf gestützt werden, dass die Satzung **keine Bestimmungen über** die Höhe des Grundkapitals oder den Gegenstand des Unternehmens enthält oder dass die Bestimmung über den Unternehmensgegenstand nichtig ist. Nichtigkeit meint Gesetz- oder Sittenwidrigkeit iSd. § 241 Nr. 3 oder 4 AktG.[65] Spätere Beschlüsse zur Änderung des Unternehmensgegenstands in der Satzung sind ihrerseits nichtig und rechtfertigen daher keine Nichtigkeitsklage nach § 275 AktG.[66] Die tatsächliche Unternehmenstätigkeit bleibt bei der Beurteilung der Nichtigkeit außer Betracht. Nach einer Entscheidung des EuGH[67] meint die Richtlinie, die § 275 AktG zugrunde liegt,[68] mit „Unternehmensgegenstand" nur den im Errichtungsakt oder in der Satzung umschriebenen Unternehmensgegenstand, sodass die richtlinienkonforme Auslegung dazu zwingt, die tatsächliche Unternehmenstätigkeit zu ignorieren.[69] Die Einzelheiten der Nichtigkeitsklage ergeben sich aus § 275 Abs. 2 bis 4 AktG. Gemäß § 276 AktG kann ein Mangel des Unternehmensgegenstands, nicht aber das Fehlen des Grundkapitals durch Satzungsänderung geheilt werden. Nach hM ist die AG bereits mit Rechtskraft des für nichtig erklärenden

---

[61] Begr RegE BT-Drs. 16/6140 S. 68 u. 125.
[62] EuGH, Urteil v. 16. 12. 2008 – Rs. C-210/06 (Cartesio); siehe dazu *Behme/Nohlen* BB 2009, 13.
[63] *Hüffer* AktG § 277 Rz. 1.
[64] Vgl. § 275 Abs. 1 Satz 2 AktG.
[65] *Hüffer* AktG § 275 Rz. 11 mwN.
[66] *Hüffer* AktG § 275 Rz. 13 mwN; aA zur GmbH etwa *Lutter/Hommelhoff/Kleindiek* § 75 Rz. 3.
[67] EuGH Rs. C-106/89 v. 13. 11. 1990, DB 1991, 157, 158.
[68] Publizitätsrichtlinie v. 9. 3. 1969 (Abl. EG vom 14. 3. 1968 Nr. L 65 S. 8).
[69] MünchKomm. AktG/Bd. 7/*Hüffer* § 275 Rz. 22 f. mwN zum Meinungsstand.

26 Urteils aufgelöst, nicht erst mit der Eintragung des Urteils im Handelsregister, wie es der Wortlaut des § 277 Abs. 1 AktG nahe legt.[70]
Die Amtslöschung nach § 144 Abs. 1 FGG ist bei einem Satzungsmangel der in § 275 Abs. 1 AktG bezeichneten Art möglich, und zwar gem. § 275 Abs. 3 Satz 2 AktG auch über die Frist von drei Jahren nach Eintragung der AG in das Handelsregister hinaus. In diesem Fall ist die AG erst mit Eintragung der Amtslöschung im Handelsregister aufgelöst.[71]

IV. Anmeldung, Eintragung und Bekanntmachung der Auflösung (§ 263 AktG)

27 In den Fällen des § 262 Abs. 1 Nr. 1, 2 AktG hat der Vorstand die Auflösung unverzüglich zur Eintragung in das Handelsregister anzumelden; dabei sollte auch der Auflösungsgrund angegeben und im Falle der Nr. 2 der Auflösungsbeschluss beigefügt werden.[72] Zudem ist die Anmeldung in diesen Fällen mit der Anmeldung der Abwickler gem. § 266 AktG zu verbinden.[73] In den Fällen des § 262 Abs. 1 Nr. 3 bis 5 AktG trägt das Registergericht die Auflösung und deren Grund von Amts wegen ein. Im Falle der Löschung wegen Vermögenslosigkeit (§ 262 Abs. 1 Nr. 6 AktG) wird nur die Löschung, nicht aber die Auflösung eingetragen.

B. Die Abwicklung

I. Begriff und Bedeutung

30 An die Auflösung der AG schließt sich nach § 264 Abs. 1 AktG grundsätzlich die Abwicklung an. Sie dient der Umsetzung des Gesellschaftsvermögens in Geld, der Gläubigerbefriedigung sowie der Verteilung des verbleibenden Vermögens unter die Aktionäre. Entbehrlich ist die Abwicklung bei Vollbeendigung durch Löschung wegen Vermögenslosigkeit, § 262 Abs. 1 Nr. 6 AktG, sowie im Fall des § 262 Abs. 1 Nr. 3 AktG, da mit dem Insolvenzverfahren ein besonderes Abwicklungsverfahren stattfindet.

31 „Abwicklung" iSd. § 264 Abs. 1 AktG meint grundsätzlich das **Verfahren**, wie es in §§ 265 ff. AktG beschrieben ist. Die Abwicklungsvorschriften dienen primär dem Schutz der Gesellschaftsgläubiger[74] und stehen gem. § 23 Abs. 5 AktG nicht zur Disposition des Satzungsgebers. Im Abwicklungsverfahren finden zusätzlich die Vorschriften für die nicht aufgelöste AG Anwendung (§ 264 Abs. 3 AktG), sofern sich aus §§ 264 ff. AktG oder dem Zweck der Abwicklung nichts anderes ergibt. Insbesondere bleibt die AG rechts- und parteifähig, der Aufsichtsrat besteht fort, und es gelten weiterhin die Grundsätze der Kapitalerhaltung.[75] Soweit mit dem Zweck der Abwicklung vereinbar, kann die AG

---

[70] *Hüffer* AktG § 277 Rz. 2; *Schmidt/Lutter/Riesenhuber* § 277 Rz. 2 mwN.; aA Kölner-Komm. AktG/*Kraft* 277 Rz. 2.
[71] *Hüffer* AktG § 277 Rz. 2 mwN aA Kölner Komm. AktG/*Kraft* § 277 Rz. 2.
[72] MünchKomm. AktG/Bd. 7/*Hüffer* § 263 Rz. 9 f.
[73] MünchKomm. AktG/Bd. 7/*Hüffer* § 263 Rz. 4.
[74] *Hüffer* AktG § 264 Rz. 1.
[75] *Hüffer* AktG § 264 Rz. 16; MünchHdb. GesR/Bd. 4/*Hoffmann-Becking* § 66 Rz. 1.

B. Die Abwicklung

weiterhin Satzungsänderungen beschließen, insbesondere ihr Kapital gegen Einlagen erhöhen[76] oder es herabsetzen.[77] Ferner ist wegen des Interesses des Mehrheitsaktionärs an einer möglichst einfachen Unternehmensführung auch im Stadium der Liquidation ein Squeeze-Out (§§ 327a ff. AktG) möglich.[78] Zulässig ist schließlich ein Formwechsel, sofern die Fortsetzung beschlossen werden könnte (§ 191 Abs. 3 UmwG), sowie Verschmelzung oder Spaltung mit der AG als übertragendem, nicht aber als aufnehmendem[79] Rechtsträger (§ 3 Abs. 3, § 124 Abs. 2 UmwG).

II. Die Abwickler

1. Bestellung und Abberufung

a) Bestellung

Gemäß § 265 Abs. 1 AktG werden mit Auflösung der AG die zu diesem Zeitpunkt amtierenden Mitglieder des Vorstandes kraft Gesetzes zu Abwicklern, es sei denn, die Satzung oder ein Beschluss der Hauptversammlung treffen eine abweichende Regelung. Eines besonderen Bestellungsaktes seitens der AG oder einer Annahmeerklärung seitens der Vorstandsmitglieder bedarf es nicht, weshalb man von **geborenen Abwicklern** spricht. Dadurch sollen die Kenntnisse der Vorstandsmitglieder von den Verhältnissen der AG für eine effektive Abwicklung fruchtbar gemacht werden. Eine Pflicht zur Wahrnehmung des Abwicklermandats besteht nicht, kann sich aber aus dem Anstellungsvertrag ergeben.[80] § 265 Abs. 1 gilt auch für die Abwicklung einer aufgelösten Vor-AG.[81]

Gemäß § 265 Abs. 2 können die Abwickler auch in der Satzung oder durch Beschluss der Hauptversammlung bestimmt werden; man spricht dann von **gekorenen Abwicklern**. In Betracht kommen sowohl natürliche als auch juristische Personen, § 265 Abs. 2 Satz 3 AktG, sowie Personenhandelsgesellschaften.[82] Die Bestimmung in der Satzung ist lediglich formeller Satzungsbestandteil. Für ihre Änderung genügt ein mit einfacher Mehrheit gem. § 133 AktG gefasster Beschluss der Hauptversammlung; § 179 Abs. 2 AktG und § 181 Abs. 3 AktG finden keine Anwendung.[83] Die vorgesehenen Personen oder Personengesellschaften müssen in der Satzung konkret bezeichnet sein, denn die Ausübung des Bestimmungsrechts darf weder dem Aufsichtsrat noch Dritten übertragen werden.[84] Unabhängig von den Bestimmungen der Satzung kann die Hauptversammlung jederzeit mit einfacher Mehrheit gem. § 133 AktG die Abwickler bestimmen.[85] Die Hauptversammlung entscheidet nach hM auch

---

[76] BGH II ZR 250/55 v. 23. 5. 1957, BGHZ 24, 279, 288; *Hüffer* AktG § 264 Rz. 16.
[77] BGH II ZR 278/96 v. 9. 2. 1998, BGHZ 138, 71, 78 ff.; *Hüffer* AktG § 264 Rz. 16.
[78] BGH II ZR 225/04 v. 18. 9. 2006, NZG 2006, 905, 905 f.; *Hüffer* AktG § 327a Rz. 6.
[79] MünchHdb. GesR/Bd. 4/*Hoffmann-Becking* § 66 Rz. 2 mwN.
[80] MünchHdb. GesR/Bd. 4/*Hoffmann-Becking* § 66 Rz. 4.
[81] BGH II ZR 162/05 v. 23. 10. 2006, BGHZ 169, 270, 281; *Hüffer* AktG § 265 Rz. 2.
[82] *Hüffer* AktG § 265 Rz. 3.
[83] Arg. e § 265 Abs. 5; vgl. *Hüffer* AktG § 265 Rz. 5; MünchKomm. AktG/Bd. 7/*Hüffer* § 265 Rz. 8; aA. KölnerKomm. AktG/*Kraft* § 265 Rz. 6.
[84] *Hüffer* AktG § 265 Rz. 4 mwN.
[85] *Hüffer* AktG § 265 Rz. 5.

über die Anstellungsverträge der Abwickler, während die AG beim eigentlichen Vertragsabschluss nach § 112 AktG durch den Aufsichtsrat vertreten wird; dabei kann die Hauptversammlung dem Aufsichtsrat die Gestaltung des Vertrags überlassen.[86] Bei der Bestimmung gekorener Abwickler sind gem. § 265 Abs. 2 Satz 2 AktG die **persönlichen Bestellungshindernisse** des § 76 Abs. 3 AktG zu beachten. Verstöße führen zur Nichtigkeit der Satzungsbestimmung oder des Beschlusses der Hauptversammlung. Die Bestellung der Abwickler wird – anders als im Fall des § 265 Abs. 1 AktG – erst wirksam, wenn die betreffenden Personen das Amt angenommen, d. h. von dem gesellschaftsinternen Bestellungsakt erfahren und ihm zugestimmt haben.[87]

34 Auf **Antrag** und bei Vorliegen eines wichtigen Grundes im Sinne von § 265 Abs. 3 AktG hat das Registergericht Abwickler zu bestellen. Antragsberechtigt sind allein der Aufsichtsrat, der hierüber als Gesellschaftsorgan durch Beschluss entscheidet,[88] sowie eine qualifizierte Minderheit von Aktionären, die seit mindestens drei Monaten entweder mindestens 5 % des Grundkapitals auf sich vereinigen oder Aktien im Nennbetrag von mindestens 500 000 Euro halten. Ein wichtiger Grund liegt vor, wenn dauerhaft Abwickler fehlen oder wenn ihr Verbleib im Amt für die Minderheit unzumutbar ist, weil der Minderheit aus der weiteren Amtsführung Nachteile drohen, die den Abwicklungszweck gefährden.[89] Die gerichtliche Bestellung wird erst wirksam, wenn die betreffende Person von dem gerichtlichen Beschluss erfahren und das Amt angenommen hat. Eine Annahmepflicht besteht nicht. Der gerichtlich bestellte Abwickler hat gem. § 265 Abs. 4 AktG Anspruch auf Vergütung und Auslagenersatz.

b) Abberufung

35 Die Abwickler bleiben grundsätzlich im Amt, bis die Abwicklung beendet und die AG im Handelsregister gelöscht ist. Sie können aber vor diesem Zeitpunkt durch die Hauptversammlung oder das Gericht abberufen werden. Geborene und gekorene Abwickler können gem. § 265 Abs. 5 Satz 1 AktG jederzeit und ohne Angabe von Gründen durch einen mit einfacher Mehrheit nach § 133 Abs. 1 AktG gefassten **Beschluss der Hauptversammlung** abberufen werden. Dieses Recht kann durch die Satzung nicht eingeschränkt werden. Für das Anstellungsverhältnis gelten nach § 265 Abs. 5 Satz 2 AktG die allgemeinen Vorschriften. Das Registergericht kann jeden Abwickler unter den gleichen Voraussetzungen abberufen, unter denen es zur Bestellung befugt ist (§ 265 Abs. 3 Satz 1 AktG). Werden gerichtlich bestellte Abwickler abberufen, so verlieren sie mit Wirkung ex nunc Ansprüche auf Vergütung und Auslagenersatz; einer Kündigung bedarf es nicht, da nach zutreffender Auffassung kein Anstellungsverhältnis mit der AG besteht.[90] Über die Höhe der noch offenen Ansprüche entscheidet im Streitfall das Gericht. Die Abberufung wird mit Zugang des Beschlusses der Hauptversammlung oder des Registergerichts bei dem betreffenden Abwickler wirksam.

---

[86] MünchHdb. GesR/Bd. 4/*Hoffmann-Becking* § 66 Rz. 4; KölnerKomm. AktG/*Kraft* § 265 Rz. 32; aA MünchKomm. AktG/Bd. 7/*Hüffer* § 265 Rz. 12.
[87] MünchKomm. AktG/Bd. 7/*Hüffer* § 265 Rz. 12.
[88] *Hüffer* AktG § 265 Rz. 7.
[89] *Hüffer* AktG § 265 Rz. 8.
[90] *Hüffer* AktG § 265 Rz. 12; MünchKomm. AktG/Bd. 7/*Hüffer* § 265 Rz. 35.

B. Die Abwicklung 36–38 § 18

c) Sonstige Beendigungsgründe

Jeder Abwickler, auch wenn es sich um den einzigen handelt, hat das Recht 36
zur **Amtsniederlegung aus wichtigem Grund**. Gerichtlich bestellte Abwickler haben die Niederlegung gegenüber dem Gericht zu erklären, geborene und gekorene Abwickler gegenüber der AG, vertreten durch den Aufsichtsrat (§§ 112, 264 Abs. 3 AktG).[91] Die Amtsniederlegung ist analog § 84 Abs. 3 Satz 4 AktG bis zur Feststellung der Unwirksamkeit wirksam, auch wenn kein wichtiger Grund vorliegt und der Abwickler auch keinen wichtigen Grund geltend macht.[92] Die Rechtsprechung hat ihren gegenteiligen Standpunkt zur entsprechenden Problematik beim Geschäftsführer der GmbH[93] mittlerweile aufgegeben.[94]

d) Anmeldung und Eintragung (§ 266 AktG)

Die Bestellung der ersten geborenen oder gekorenen Abwickler samt ihrer 37
jeweiligen Vertretungsbefugnis ist vom bisherigen Vorstand zur Eintragung in das Handelsregister anzumelden. Anzumelden sind ferner jeder Wechsel der Abwickler und jede Änderung ihrer Vertretungsbefugnisse. Hierzu verpflichtet sind die verbleibenden und die neuen Abwickler; auch sie müssen in vertretungsberechtigter Zahl handeln. Ausgeschiedene Mitglieder sind zur Anmeldung weder berechtigt noch verpflichtet; sie können ihre Löschung lediglich nach Maßgabe des § 14 HGB anregen. Die Abwickler sind als solche entsprechend § 43 Nr. 4 HRV mit Vor- und Nachnamen unter Angabe von Geburtsdatum und Wohnort zu bezeichnen. Es genügt die Anmeldung der generellen Vertretungsregelung, soweit nicht einem Abwickler eine abweichende Vertretungsbefugnis eingeräumt worden ist.[95] Der Anmeldung sind die Urkunden über die Bestellung oder Abberufung der Abwickler sowie über ihre Vertretungsbefugnis beizufügen. Des Weiteren müssen die neu bestellten Abwickler gem. § 266 Abs. 3 AktG versichern, dass in ihrer Person kein Bestellungshindernis besteht und sie über ihre unbeschränkte Auskunftspflicht belehrt worden sind. Die Pflicht, die Namensunterschrift zur Aufbewahrung beim Registergericht zu zeichnen (§ 266 Abs. 5 AktG aF), ist im Zuge der Elektronisierung des Handelsregisters durch das EHUG vom 10. 11. 2006 (BGBl. I S. 2553) entfallen. Die Verletzung einer der vorgenannten Pflichten kann nach § 14 HGB zur Festsetzung eines Zwangsgeldes führen. Die Anmeldungen werden vom Registergericht nach Prüfung ihrer Voraussetzungen eingetragen und bekannt gemacht, § 10 HGB. Die Eintragungen sind zwar deklaratorisch, aber im Hinblick auf § 15 HGB von Bedeutung.

Das Registergericht hat die gerichtliche Bestellung und Abberufung der 38
Abwickler **von Amts wegen einzutragen**. Entsprechendes gilt für die Vertretungsbefugnis einschließlich ihrer Änderungen.[96] Die Pflichten zur Einreichung der in § 266 Abs. 2 AktG bezeichneten Urkunden sowie zur Abgabe der in § 266 Abs. 3 AktG genannten Versicherung bestehen nicht.

---

[91] Hüffer AktG § 265 Rz. 13.
[92] Hüffer AktG § 265 Rz. 13; MünchKomm. AktG/Bd. 7/Hüffer § 265 Rz. 36; Kölner Komm. AktG/Kraft § 265 Rz. 29.
[93] BGH II ZR 161/79 v. 14. 7. 1980, BGHZ 78, 82, 84.
[94] BGH II ZR 58/92 v. 8. 2. 1993, BGHZ 121, 257, 261.
[95] BGH II ZB 8/82 v. 28. 2. 1983, BGHZ 87, 59, 63; Hüffer AktG § 266 Rz. 2.
[96] Hüffer AktG § 266 Rz. 5.

2. Aufgaben der Abwickler

a) Abwicklung durch Zerschlagung als gesetzliches Leitbild

39 Nach der Vorstellung des Gesetzgebers vollzieht sich die Abwicklung durch unverzügliche Zerschlagung des Gesellschaftsvermögens, um auf diese Weise möglichst schnell die Verteilungsmasse herzustellen. Dazu haben die Abwickler die **laufenden Geschäfte** zu **beenden, Forderungen einzuziehen**, das **übrige Vermögen** der AG **in Geld umzusetzen**, § 268 Abs. 1 Satz 1 AktG. Neue Geschäfte dürfen sie eingehen, so weit die Abwicklung dies erfordert (§ 268 Abs. 1 Satz 2 AktG). Die laufenden Geschäfte sind zu beenden durch ordnungsgemäße Erfüllung der vor Auflösung eingegangenen Verpflichtungen der AG, kündbare Verträge sind zu kündigen; eine vorzeitige Beendigung ist allerdings nicht erforderlich.[97] Unter den Begriff der Geschäfte fallen nicht nur Rechtsgeschäfte, sondern alle Handlungen, die mit dem Unternehmensgegenstand in Zusammenhang stehen. Daher sind auch Verwaltungs- oder Gerichtsverfahren zu Ende zu führen. Die Abwickler haben über den Wortlaut des § 268 Abs. 1 AktG hinaus nicht nur Forderungen einzuziehen, sondern sämtliche Ansprüche der AG geltend zu machen und gerichtlich durchzusetzen unabhängig davon, welchen Inhalt sie haben, worauf sie beruhen und gegen wen sie gerichtet sind.[98] Sofern eine andere Form der Wertrealisierung wirtschaftlich sinnvoll ist, können die Abwickler auch auf sie ausweichen.[99]

b) Einstweilige Fortführung des Unternehmens und Abwicklung durch dessen (Teil-)Veräußerung

40 Ziel der Abwicklung ist es, eine möglichst große Verteilungsmasse zu erzielen. In der Regel wird man durch die Veräußerung des Unternehmens oder von Unternehmensteilen einen höheren Erlös erzielen als bei einer Einzelveräußerung von Vermögensgegenständen. Daher sind die Abwickler nicht auf die Zerschlagung verwiesen, sondern auch befugt, das Unternehmen der AG als Ganzes oder in Teilen zu veräußern.[100] Regelmäßig dürfte sogar die Pflicht bestehen, zunächst die Möglichkeit einer Gesamtveräußerung eingehend zu prüfen, bevor das Vermögen der AG zerschlagen wird. Generell müssen sich die Abwickler vor der Verwertung eine hinreichende Entscheidungsgrundlage schaffen, die ihnen erlaubt, die einzelnen in Betracht kommenden Verwertungsmethoden gegeneinander abzuwägen.[101] Ergibt die Abwägung, dass eine Abwicklungsmethode aus der *ex ante*-Sicht eines ordentlichen und gewissenhaften Geschäftsleiters zu einem besseren Verwertungserfolg führt, müssen die Abwickler diese Methode vorrangig verfolgen.[102] Die Zuwiderhandlung führt bei Verschulden zu einer Haftung nach §§ 93, 268 Abs. 2 AktG.

41 Solange die **Aussicht auf eine Gesamtveräußerung** besteht, sind die Abwickler verpflichtet, das Unternehmen der AG fortzuführen, also gerade nicht

---

[97] *Hüffer* AktG § 268 Rz. 4.
[98] *Hüffer* AktG § 268 Rz. 4.
[99] MünchKomm. AktG/Bd. 7/*Hüffer* § 268 Rz. 17.
[100] BGH II ZR 124/78 v. 28. 1. 1980, BGHZ 76, 352, 356 zur GmbH; BGH II ZR 75/87 v. 1. 2. 1988, BGHZ 103, 184, 192; *Hüffer* AktG § 268 Rz. 2; KölnerKomm. AktG/*Kraft* § 268 Rz. 3; *v. Godin-Wilhelmi* § 268 Anm. 4.
[101] OLG Hamm 15 W 287/54 v. 27. 7. 1954, BB 1954, 913.
[102] MünchKomm. AktG/Bd. 7/*Hüffer* § 268 Rz. 6.

B. Die Abwicklung

die in § 268 Abs. 1 AktG genannten Maßnahmen zu ergreifen.[103] Die Fortführung schließt grundsätzlich die Befugnis ein, das Unternehmen umzugestalten, wenn dies die Verwertung fördert. In Betracht kommen etwa Verschmelzung und Aufspaltung als übertragender Rechtsträger sowie Formwechsel, sofern die Fortsetzung noch beschlossen werden kann,[104] die Betriebsaufspaltung oder die Ausgliederung von Unternehmensteilen in eine andere Gesellschaft unter anschließender Veräußerung der Anteile.[105] Auch in der Abwicklung soll die vom BGH im **Holzmüller-Urteil**[106] begründete und im **Gelatine-Urteil**[107] präzisierte ungeschriebene Mitwirkungsbefugnis der Hauptversammlung Anwendung finden.[108] Das ist zumindest dann zweifelhaft, wenn die fragliche Strukturmaßnahme Teil einer Verwertungshandlung ist, etwa bei der Ausgliederung zum Zwecke der anschließenden Veräußerung. Außerhalb einer solchen Verwertungshandlung dürfte in der Regel ohnehin kein Bedürfnis für Ausgliederungen bestehen, sodass die Abwickler eine solche Maßnahme auch nicht vornehmen dürften.[109] Bereitet hingegen die Ausgliederung die Veräußerung vor, so kann es für die Frage, ob die Hauptversammlung zu befassen ist, nur auf die Veräußerung selbst, nicht auf die rein technische Maßnahme der vorgeschalteten Ausgliederung ankommen. Ob die Veräußerung von Unternehmensbeteiligungen eine zustimmungspflichtige Maßnahme sein kann, ist umstritten.[110] Jedenfalls im Rahmen der Abwicklung ist hier Zurückhaltung geboten, weil die Verwertung des Vermögens Kernaufgabe des Abwicklers ist. Hingegen findet bei Veräußerung des gesamten Unternehmens auch in der Abwicklung § 179a AktG Anwendung.[111]

c) Befriedigung der Gesellschaftsgläubiger

Die Abwickler haben die Gesellschaftsgläubiger zu befriedigen. Die Befriedigung erfolgt durch Erfüllung oder zulässige Erfüllungssurrogate. Zur Ermittlung und zum Schutz der Gesellschaftsgläubiger haben die Abwickler gem. § 267 AktG aufzufordern, ihre Ansprüche anzumelden und diese Aufforderung in den Gesellschaftsblättern dreimal unter Hinweis auf die Auflösung bekannt zu machen.

3. Die Rechtsstellung der Abwickler

a) Vertretung der Gesellschaft

Mit der Auflösung übernehmen die Abwickler die bis dahin dem Vorstand zukommende gerichtliche und außergerichtliche Vertretung der AG. Ihre Vertretungsmacht ist **unbeschränkt und unbeschränkbar**, § 269 Abs. 1, 5 AktG.

---

[103] MünchHdb. GesR/Bd. 4/*Hoffmann-Becking* § 66 Rz. 7.
[104] Siehe oben Rz. 25.
[105] *Hüffer* AktG § 268 Rz. 3; MünchKomm. AktG/Bd. 7/*Hüffer* § 268 Rz. 12.
[106] BGH II ZR 174/80 v. 25. 2. 1982, BGHZ 83, 122.
[107] BGHZ II ZR 155/02 v. 26. 4. 2004, BGHZ 159, 30, 36 ff.
[108] MünchKomm. AktG/Bd. 7/*Hüffer* § 268 Rz. 12. Siehe hierzu im Einzelnen § 5 Rz. 25 ff.
[109] MünchKomm. AktG/Bd. 7/*Hüffer* § 268 Rz. 12.
[110] Siehe etwa MünchHdb. GesR/Bd. 4/*Krieger* § 69 Rz. 10 mit Hinweisen zum Meinungsstand.
[111] Für die Anwendung die hM, *Hüffer* AktG § 268 Rz. 3; MünchKomm. AktG/Bd. 7/*Hüffer* § 268 Rz. 14; KölnerKomm. AktG/*Kraft* § 268 Rz. 12.

Auch Rechtsgeschäfte, welche die Abwickler unter Überschreitung ihrer Befugnis zur Abwicklung vorgenommen haben, sind wirksam; allenfalls haften die Abwickler nach §§ 268 Abs. 2 Satz 1, 93 AktG.[112]

44 Der gesetzlichen Regel zufolge sind bei Bestellung mehrerer Abwickler nur alle gemeinschaftlich zur Aktivvertretung befugt, während für die Passivvertretung Einzelvertretung gilt (§ 269 Abs. 2 AktG). Die Satzung oder die Hauptversammlung als „sonst zuständige Stelle"[113] kann aber hiervon abweichend für geborene und gekorene Abwickler Alleinvertretung oder unechte Gesamtvertretung vorsehen. Sieht die Satzung bestimmte Vertretungsregeln für die Vorstandsmitglieder vor, etwa Alleinvertretungsbefugnis oder Befreiung von § 181 BGB, enden diese Regeln mit der Auflösung, setzen sich also nicht als entsprechende Befugnisse der Abwickler fort; dies gilt sowohl für geborene als auch für gekorene Abwickler.[114] Der Aufsichtsrat kann nach § 269 Abs. 3 Satz 2 AktG durch die Satzung oder Beschluss der Hauptversammlung dazu ermächtigt werden, die Vertretungsbefugnis abweichend zu regeln. Fehlt eine abweichende Vertretungsregelung, so erstarkt die Gesamtvertretungsmacht eines von mehreren Abwicklern nicht zur Einzelvertretungsmacht, wenn die übrigen Abwickler aus dem Amt scheiden.[115] Für gerichtlich bestellte Abwickler kann allein das Registergericht eine von der gesetzlichen Regelung abweichende Vertretungsbefugnis anordnen. Gesamtvertretungsberechtigte Abwickler können einzelne von ihnen zur Vornahme bestimmter Geschäfte oder Arten von Geschäften ermächtigten (§ 269 Abs. 4 AktG).

45 Gemäß §§ 112, 264 Abs. 3 AktG vertritt der Aufsichtsrat die AG gegenüber den Abwicklern.[116] Nach hM soll jedoch die Vertretungsmacht des Aufsichtsrats gegenüber ausgeschiedenen Vorstandsmitgliedern[117] zumindest dann auf die Abwickler übergehen, wenn es sich bei ihnen nicht um ehemalige Vorstandsmitglieder handelt.[118] Dem ist nicht zu folgen. § 112 AktG schützt die Gesellschaft vor der abstrakten Gefahr eines Interessenkonfliktes, was aufgrund typisierender Betrachtung zu ermitteln ist. Da die Abwickler die Geschäftsführung nicht bei Null beginnen, sondern an die Geschäftsführung des Vorstands anknüpfen, lassen sich Interessenkonflikte nicht von vornherein ausschließen. Zudem lässt die hM offen, was gelten soll, wenn Dritte *und* ehemalige Vorstandsmitglieder zu Abwicklern bestellt sind.

46 Die **Zeichnung der Abwickler** für die AG besteht gem. § 269 Abs. 6 AktG aus der Firma, ihrer Namensunterschrift und einem die Abwicklung andeutenden Zusatz. Gebräuchlich sind die Zusätze „in Abwicklung", „in Liquidation", daneben auch „i. L.".

---

[112] MünchHdb. GesR/Bd. 4/*Hoffmann-Becking* § 66 Rz. 11.
[113] MünchHdb. GesR/Bd. 4/*Hoffmann-Becking* § 66 Rz. 11 a.
[114] BGH II ZR 255/07 v. 27.10.2008, NZG 2009, 72 f; MünchKomm. AktG/Bd. 7/*Hüffer* § 269 Rz. 17.
[115] BGH II ZR 62/92 v. 8.2.1993, BGHZ 121, 263, 264 f.; *Hüffer* AktG § 269 Rz. 3.
[116] *Hüffer* AktG § 269 Rz. 2.
[117] Hierzu BGH II ZR 151/90 v. 22.4.1991, ZIP 1991, 796; BGH II ZR 282/95 v. 28.4.1997, ZIP 1997, 1108.
[118] Brandenburgisches OLG 7 U 102/01 v. 24.10.2001, NZG 2002, 1024; OLG Köln 18 W 6/02 v. 12.6.2002, NZG 2002, 1062, 1063; *Hüffer* AktG § 269 Rz. 2; aA *Schwab*, ZIP 2006, 1478, 1480 f.

B. Die Abwicklung

b) Die Rechtsstellung innerhalb der AG

Innerhalb ihres Geschäftskreises haben die Abwickler gem. § 268 Abs. 2 Satz 1 AktG im Verhältnis zur AG die gleiche Rechtsstellung **wie der Vorstand**. Der Geschäftskreis wird durch die beschriebenen Aufgaben der Abwickler festgelegt. Aus dieser Verweisung folgt insbesondere, dass den Abwicklern unter Berücksichtigung des Verfahrenszwecks die eigenverantwortliche Leitung der AG zukommt (§ 76 Abs. 1 AktG). Mehrere Abwickler sind grundsätzlich gemeinschaftlich zur Geschäftsführung befugt (§ 77 Abs. 1 AktG). Beschränkungen ihrer Geschäftsführungsbefugnis haben sie nach Maßgabe von § 82 Abs. 2 AktG zu beachten. Die Abwickler berufen die Hauptversammlung ein, bereiten ihre Beschlüsse vor und führen diese aus (§§ 121 Abs. 2, 83 AktG). Die Abwickler haben die Pflicht, ggf. Insolvenzantrag zu stellen und in diesem Fall das Zahlungsverbot zu beachten (§ 92 Abs. 2 und 3 AktG). Eine Pflicht zur Einberufung der Hauptversammlung für den Fall, dass ein Verlust in Höhe der Hälfte des Grundkapitals eingetreten ist (§ 92 Abs. 1 AktG) soll nicht bestehen, weil die Bilanz gemäß § 270 AktG ohnehin der Hauptversammlung vorzulegen sei. Das ist zweifelhaft, weil die Pflicht nach § 92 Abs. 1 AktG jederzeit, nicht nur bei Aufstellung des Jahresabschlusses zu beachten ist.[119] Gemäß § 91 AktG führen die Abwickler die Bücher. Nach § 245 Nr. 4 und 5 AktG sind sie zur Anfechtung von Beschlüssen der Hauptversammlung befugt; umgekehrt vertreten die Abwickler zusammen mit dem Aufsichtsrat die AG gegen Anfechtungsklagen von Aktionären (§ 246 Abs. 2 AktG). Dem gesetzlichen Wettbewerbsverbot aus § 88 AktG unterliegen sie dagegen nicht (§ 268 Abs. 3 AktG). Abwickler können wegen der Unvereinbarkeitsregelung des § 105 AktG nicht zugleich Mitglieder des Aufsichtsrates sein. **Bezüge und Kredite** werden den Abwicklern aufgrund entsprechender Dienst- und Darlehensverträge unter Beachtung der §§ 87, 89 AktG gewährt.

Die Abwickler haben bei ihrer Geschäftsführung die Sorgfalt eines ordentlichen und gewissenhaften Geschäftsleiters anzuwenden und über vertrauliche Informationen der AG Stillschweigen zu wahren (§ 93 Abs. 1 AktG). Das umfasst auch die Pflicht zur Krisenfrüherkennung nach § 91 Abs. 2 AktG. Die **Haftung** für Pflichtverletzungen ergibt sich aus § 93 Abs. 2 bis 6 AktG. Nach hM kann die AG bereits vor Ablauf der Dreijahresfrist des § 93 Abs. 4 Satz 3 AktG auf Ersatzansprüche gegen die Abwickler verzichten oder sich über sie vergleichen. Nach der Gegenansicht bestehen keinerlei Beschränkungen, sodass der Aufsichtsrat einen Verzichts-Vergleich schließen kann.[120] Keiner der beiden Ansichten ist in dieser Allgemeinheit zu folgen. Grundsätzlich bleibt es bei der Anwendung von § 93 Abs. 4 AktG. Über eine Modifikation ist allenfalls bei Abschluss der Liquidation nachzudenken.[121] Nach § 270 Abs. 2 Satz 1 AktG ist allein die Hauptversammlung für die Entlastung der Abwickler zuständig.

c) Verhältnis zu anderen Organen

Die Abwickler unterliegen nach der klarstellenden Anordnung des § 268 Abs. 2 Satz 2 AktG der **Überwachung durch den Aufsichtsrat**. Zwar ist die-

---

[119] MünchKomm. AktG/Bd. 7/*Hüffer* § 268 Rz. 26 mwN.
[120] *v. Godin/Wilhelmi*, AktG, 4. Aufl. 1971, § 268 Anm. 7; Großkomm. AktG/*Wiedemann* § 268 Anm. 9.
[121] Siehe dazu Rz. 64.

ser während der Abwicklung nicht mehr für die Bestellung und Abberufung der Mitglieder des Leitungsorgans der AG zuständig; auch stellt er nicht mehr durch Billigung den Jahresabschluss fest. Im Übrigen aber bleibt die Rechtsstellung des Aufsichtsrats nach Maßgabe von § 264 Abs. 3 AktG erhalten. Um eine effektive Kontrolle zu ermöglichen, haben die Abwickler dem Aufsichtsrat in entsprechender Anwendung von § 90 AktG Bericht zu erstatten. Zudem kann der Aufsichtsrat von den Rechten aus § 111 AktG Gebrauch machen, einschließlich des Rechts (und der Pflicht), Geschäfte gem. § 111 Abs. 4 AktG seiner Zustimmung zu unterwerfen. Die Einberufung der Hauptversammlung gem. § 111 Abs. 3 AktG kommt insbesondere dann in Betracht, wenn die Abwickler nach Einschätzung des Aufsichtsrats ihre Aufgaben nicht ordnungsgemäß wahrnehmen. Erforderlichenfalls muss er nach § 265 Abs. 3 AktG die gerichtliche Abberufung und Neubestellung von Abwicklern beantragen.[122]

50 Die **Hauptversammlung** hat gegenüber den Abwicklern **keine Weisungsbefugnis**.[123] Dem steht bereits die Wertung des § 268 Abs. 2 AktG entgegen. Zudem ist in den §§ 265 Abs. 2 Satz 1, 270 Abs. 2 AktG im Einzelnen festgelegt, inwieweit sich aufgrund der Besonderheiten des Abwicklungsverfahrens die Rechtsstellung der Hauptversammlung zu anderen Organen verändert. Ein Weisungsrecht ist darin nicht vorgesehen. Auch die Art der Verwertung ist nur dann Sache der Hauptversammlung, wenn sich dies aus den gesetzlichen Vorschriften, etwa § 179 a AktG, ergibt.[124]

III. Rechnungslegung, insbesondere § 270 AktG

1. Abschließende Rechnungslegung der werbenden Gesellschaft

51 Die Abwickler haben auf den Tag vor Auflösung der AG eine Schlussbilanz samt Gewinn- und Verlustrechnung, Anhang und Lagebericht aufzustellen; das gilt auch dann, wenn die Auflösung während eines laufenden Geschäftsjahres eintritt.[125] Die Eröffnungsbilanz nach § 270 Abs. 1 AktG kann die Schlussrechnung der werbenden AG nicht ersetzen, denn trotz weitgehender Angleichung unterscheiden sich die Rechnungslegung der werbenden und der in Abwicklung befindlichen AG, so dass zB für Tantiemeansprüche nicht die Eröffnungsbilanz maßgeblich sein kann.[126]

52 Aufbau und Inhalt des Jahresabschlusses richten sich grundsätzlich nach den allgemeinen Vorschriften der §§ 242 ff., 264 ff., 284 ff. HGB. Sofern sich ein Bilanzgewinn ergibt, kann die Hauptversammlung nach Auflösung keine Ausschüttung mehr nach § 174 AktG beschließen; wegen des Verstoßes gegen das Verteilungsverbot des § 272 Abs. 1 AktG wäre ein entsprechender Beschluss

---

[122] MünchKomm. AktG/Bd. 7/*Hüffer* § 268 Rz. 30.
[123] *Hüffer* AktG § 268 Rz. 6; MünchKomm. AktG/Bd. 7/*Hüffer* § 268 Rz. 29; KölnerKomm. AktG/*Kraft* § 268 Rz. 4 ff., 21.; aA Großkomm. AktG/*Wiedemann* § 268 Anm. 5; mit Einschränkungen auch *v. Godin-Wilhelmi* AktG, 4. Aufl. 1971, § 268 Anm. 4.
[124] AA KölnerKomm. AktG/*Kraft* § 268 Rz. 5 mit nicht zutreffender Verweisung auf *Geßler/Hefermehl/Hüffer* § 268 Rz. 29.
[125] *Hüffer* AktG § 270 Rz. 3; MünchKomm. AktG/Bd. 7/*Hüffer* § 270 Rz. 8; KölnerKomm. AktG/*Kraft* § 270 Rz. 16; Großkomm. AktG/*Wiedemann* § 270 Anm. 1; aA MünchHdb. GesR/Bd. 4/*Hoffmann-Becking* § 66 Rz. 13; *v. Godin/Wilhelmi* AktG, 4. Aufl. 1971, § 270 Anm. 3.
[126] *Hüffer* AktG § 270 Rz. 3; *Baumbach/Hueck/Schulze-Osterloh* § 71 Rz. 2.

B. Die Abwicklung

nichtig.[127] Das Verteilungsverbot liefe leer, könnten die Aktionäre noch nach Auflösung Ansprüche auf Gewinnausschüttung begründen.[128] Maßgeblich ist allein der Zeitpunkt des Gewinnverwendungsbeschlusses; keine Rolle spielt, ob der zugrunde liegende Jahresabschluss bereits vor Auflösung festgestellt worden ist.

Die Pflicht zur **Aufstellung** des Jahresabschlusses trifft in entsprechender Anwendung von § 270 Abs. 1 AktG die Abwickler, da der Vorstand mit der Auflösung seine Kompetenzen als Organ der Unternehmensleitung verliert. Entsprechendes gilt nach hM für den Aufsichtsrat, sodass in Analogie zu § 270 Abs. 2 Satz 1 AktG die **Feststellung** des Jahresabschlusses der Hauptversammlung obliegt.[129] Darüber hinaus ist der Jahresabschluss gem. § 316 HGB zu prüfen. 53

2. Rechnungslegung der Abwicklungsgesellschaft

a) Eröffnungsbilanz und Erläuterungsbericht

Als bilanzielle Grundlage für das Abwicklungsverfahren[130] haben die Abwickler nach § 270 Abs. 1 AktG für den Beginn der Abwicklung eine Eröffnungsbilanz samt Erläuterungsbericht aufzustellen. Für die Eröffnungsbilanz sind nach § 270 Abs. 2 Satz 2 AktG die Vorschriften über den Jahresabschluss nur entsprechend anzuwenden, sodass aus dem Abwicklungszweck resultierende Besonderheiten über die ausdrücklichen Ausnahmen des § 270 Abs. 2 Satz 3 AktG hinaus berücksichtigt werden können. 54

Der maßgebliche **Bilanzstichtag** ist der Tag, an dem die Auflösung wirksam wird.[131] Für die **Gliederung** der Eröffnungsbilanz gelten die §§ 265 ff. HGB entsprechend.[132] Aus § 270 Abs. 2 Satz 3 AktG ergibt sich keine Notwendigkeit, die zur Veräußerung stehenden oder nicht mehr betriebsnotwendigen Gegenstände des Anlagevermögens unter dem Posten des Umlaufvermögens zu aktivieren.[133] Die Vorschrift verlangt keine Bewertung „als", sondern lediglich „wie" Umlaufvermögen und setzt damit schon dem Wortlaut nach die Beibehaltung der Zuordnung zum Anlagevermögen voraus. Das Eigenkapital wird gem. §§ 266 Abs. 3 Buchst. A, 272 HGB und damit nach der sog. Bruttomethode ausgewiesen,[134] denn auch die Abwicklungsgesellschaft kann ihr Kapital noch erhöhen oder herabsetzen, benötigt dazu aber das Grundkapital als Bezugsgröße.[135] 55

---

[127] *Hüffer* AktG § 270 Rz. 5; MünchKomm. AktG/Bd. 7/*Hüffer* § 270 Rz. 11 f.; KölnerKomm. AktG/*Kraft* § 270 Rz. 17; *Adler/Düring/Schmaltz* § 270 Rz. 14; aA Großkomm. AktG/*Wiedemann* § 270 Anm. 1; für volle Geschäftsjahre: *Baumbach/Hueck* AktG § 270 Rz. 3.
[128] MünchKomm. AktG/Bd. 7/*Hüffer* § 270 Rz. 13.
[129] *Hüffer* AktG § 270 Rz. 4.
[130] Großkomm. AktG/*Wiedemann* § 270 Anm. 1.
[131] MünchKomm. AktG/Bd. 7/*Hüffer* § 270 Rz. 16.
[132] *Hüffer* AktG § 270 Rz. 6.
[133] MünchKomm. AktG/Bd. 7/*Hüffer* § 270 Rz. 23; *Adler/Düring/Schmaltz* § 270 Rz. 62; aA *Scholz/K. Schmidt* § 71 Rz. 21.
[134] MünchKomm. AktG/Bd. 7/*Hüffer* § 270 Rz. 24 ff.; *Hachenburg/Hohner* § 71 Rz. 22; aA *Baumbach/Hueck/Schulze-Osterloh* § 71 Rz. 18: Zusammenfassung des Eigenkapitals, aber auch gegliederte Darstellung zulässig.
[135] So insb. MünchKomm. AktG/Bd. 7/*Hüffer* § 270 Rz. 26; *Scherrer/Heni* Liquidations-Rechnungslegung 2. Aufl. 1996, S. 90.

56 Nach der Verweisung in § 270 Abs. 2 Satz 2 AktG auf die §§ 252 ff., 279 ff. HGB gilt das Gebot, die Eröffnungsbilanz aus der Schlussbilanz der werbenden AG abzuleiten, sowie für die **Bewertung** des Gesellschaftsvermögens das **going-concern-Prinzip**,[136] solange die Fortführungsprognose sachlich gerechtfertigt ist. Daher soll eine Bewertung nach dem going-concern-Prinzip ausscheiden, wenn der Fortführung ein rechtliches Hindernis entgegensteht, insbesondere bei einer Auflösung nach § 262 Abs. 1 Nr. 3, 4, 6, § 396 AktG.[137] Dem ist zuzustimmen, obwohl die Unmöglichkeit, den Rechtsträger fortzuführen, nicht zwingend etwas über die Fortführung des Unternehmens besagt; in den genannten Fällen wird aber auch die Unternehmensfortführung in aller Regel ausgeschlossen sein. Wird die AG dagegen gem. § 262 Abs. 1 Nr. 1, 2, 5 AktG aufgelöst, soll es für die Fortführungsprognose auf den **zeitlichen Verlauf des Abwicklungsverfahrens** ankommen: Ist vor Jahresfrist mit dessen Schluss zu rechnen, scheide ein Ansatz zu Fortführungswerten von vornherein aus.[138] Dem ist nicht zu folgen; maßgeblich muss vielmehr die geplante Verwertung sein: Wenn eine Einzelverwertung beabsichtigt ist, besteht keine Veranlassung, das going-concern-Prinzip beizubehalten.[139] Ist hingegen geplant, das Unternehmen zu erhalten und als Ganzes oder in funktionierenden Teilen zu veräußern, ist regelmäßig die Fortführung des Unternehmens zugrunde zu legen, und zwar unabhängig davon, wann die Veräußerung durchgeführt wird.[140] § 270 Abs. 2 Satz 3 AktG findet danach nur Anwendung, wenn die Einzelveräußerung geplant ist. Ein absehbarer Zeitraum im Sinne dieser Norm umfasst dabei jedenfalls ein Geschäftsjahr.[141] In entsprechender Anwendung des § 253 Abs. 3 HGB ist dann der Niederstwert, also grundsätzlich der am Absatzmarkt voraussichtlich erzielbare Nettoveräußerungserlös anzusetzen.[142]

57 Der **Erläuterungsbericht** zur Eröffnungsbilanz tritt an die Stelle von Anhang und Lagebericht. Er dient vor allem dazu, Bewertungsunterschiede zwischen den bisherigen Jahresabschlüssen und der Eröffnungsbilanz verständlich zu machen.[143] Sein Inhalt ist wegen § 270 Abs. 2 Satz 2 AktG durch entsprechende Heranziehung der für den Anhang und Lagebericht des gewöhnlichen Jahresabschlusses geltenden Vorschriften, also insbesondere der §§ 284 ff. HGB zu konkretisieren.

58 Eröffnungsbilanz und Erläuterungsbericht sind entsprechend § 264 Abs. 1 Satz 2, 3 HGB innerhalb von drei Monaten nach Auflösung aufzustellen. Auch die Eröffnungsbilanz muss nach §§ 316 ff. HGB geprüft werden. Das Amtsgericht des Gesellschaftssitzes kann nach § 270 Abs. 3 AktG eine Befreiung

---

[136] *MünchKomm. AktG/Bd. 7/Hüffer* § 270 Rz. 29 ff.; *Adler/Düring/Schmaltz* § 270 Rz. 48 ff.; *KölnerKomm. AktG/Kraft* § 270, Rz. 7; aA *Baumbach/Hueck/Schulze-Osterloh* § 71 Rz. 16.
[137] *MünchKomm. AktG/Bd. 7/Hüffer* § 270 Rz. 31.
[138] *MünchKomm. AktG/Bd. 7/Hüffer* § 270 Rz. 32; aA *Baumbach/Hueck/Schulze-Osterloh* § 71 Rz. 16.
[139] *Baumbach/Hueck/Schulze-Osterloh* § 71 Rz. 16.
[140] So wohl auch *Baumbach/Hueck/Schulze-Osterloh* § 71 Rz. 16; für die GmbH *Peetz* GmbHR 2007, 858, 863.
[141] *Hüffer* AktG § 270 Rz. 8; *MünchKomm. AktG/Bd. 7/Hüffer* § 270 Rz. 40; *Adler/Düring/Schmaltz* § 270 Rz. 58.
[142] *MünchKomm. AktG/Bd. 7/Hüffer* § 270 Rz. 42.
[143] *Hüffer* AktG § 270 Rz. 9.

B. Die Abwicklung 59–61 § 18

erteilen, wenn die Prüfung angesichts der Überschaubarkeit der Gesellschaftsverhältnisse nicht geboten erscheint.[144] Die Abwickler haben in jedem Fall die Eröffnungsbilanz und den Erläuterungsbericht gem. § 170 Abs. 1 AktG unverzüglich dem Aufsichtsrat vorzulegen; dies gilt auch dann, wenn eine gerichtliche Befreiung von der Pflicht zur externen Prüfung erteilt worden ist.[145] Der Aufsichtsrat hat die Unterlagen zu prüfen und anschließend der Hauptversammlung über das Ergebnis dieser Prüfung Bericht zu erstatten (§ 171 Abs. 1, 2 AktG). Für die Feststellung der Eröffnungsbilanz ist gem. § 270 Abs. 2 Satz 1 AktG in Abweichung von § 172 AktG die Hauptversammlung zuständig, die auch über die Entlastung der Abwickler und des Aufsichtsrats entscheidet. Schließlich muss die Eröffnungsbilanz zusammen mit dem Erläuterungsbericht von den Abwicklern zum Handelsregister eingereicht werden. Für ihre Offenlegung und Bekanntmachung gelten die §§ 325 ff. HGB entsprechend.

b) Jahresabschluss und Lagebericht

Am Ende eines jeden Abwicklungsgeschäftsjahres haben die Abwickler 59 gem. § 270 Abs. 1 AktG einen Jahresabschluss samt Lagebericht aufzustellen, um in periodischen Abständen einen Überblick über das Voranschreiten der Liquidation und den Vermögensstand der Abwicklungsgesellschaft zu geben.[146] Gemäß §§ 242 Abs. 3, 264 Abs. 1 HGB iVm. § 264 Abs. 3 AktG besteht der Jahresabschluss aus Bilanz, Gewinn- und Verlustrechnung, Anhang und Lagebericht zusammen. **Stichtag** ist das Ende des jeweiligen Abwicklungsgeschäftsjahres. Das erste endet mit Ablauf eines Jahres ab dem für die Eröffnungsbilanz maßgeblichen Stichtag. Die Hauptversammlung kann die Rückkehr zum bisherigen Geschäftsjahr beschließen.[147]

Die **inhaltlichen Anforderungen** an die **Bilanz** des jeweiligen Abwick- 60 lungsgeschäftsjahres entsprechen denen an die Eröffnungsbilanz, mit der Bilanzkontinuität herzustellen ist. Die dortigen Ausführungen gelten hier entsprechend. Das gilt namentlich für die Annahme der Fortsetzung des Geschäftsbetriebs.[148] Der notwendige Inhalt der Gewinn- und Verlustrechnung ergibt sich aus §§ 275 ff. HGB und § 158 AktG. Für die Aufstellung des Anhangs gelten §§ 284 ff. HGB sowie § 160 AktG, der Lagebericht ist gem. § 289 HGB aufzustellen. Auf- und Feststellung sowie Prüfung und Offenlegung richten sich nach denselben Grundsätzen wie bei der Eröffnungsbilanz.

c) Abwicklungs-Schlussbilanz und Schlussrechnung

Die Abwickler müssen eine Abwicklungs-Schlussbilanz nebst Gewinn- und 61 Verlustrechnung und Anhang aufstellen wenn die Voraussetzungen für die Ver-

---

[144] § 270 Abs. 3 wird gem. § 155 Abs. 1 Satz 1 InsO im Insolvenzverfahren entsprechend angewandt, AG München HRB 44 551 v. 6. 10. 2004, ZIP 2004, 2110; zustimmend *Paulus*, EWiR 2005, 261 f.
[145] MünchKomm. AktG/Bd. 7/*Hüffer* § 270 Rz. 20; *Adler/Düring/Schmaltz* § 270 Rz. 88.
[146] MünchKomm. AktG/Bd. 7/*Hüffer* § 270 Rz. 53, 56; Großkomm. AktG/*Wiedemann* § 270 Anm. 2.
[147] MünchKomm. AktG/Bd. 7/*Hüffer* § 270 Rz. 54; KölnerKomm. AktG/*Kraft* § 270 Rz. 12.
[148] Ausführlich zur Frage, wann die Fortführungsprognose aufzugeben ist *Peetz* DB 2005, 565 ff.

Schmidt-Hern 1479

62 Da gem. § 270 Abs. 1 AktG während der Abwicklung regelmäßig Rechnung zu legen ist, reicht es aus, die abschließende Rechnungslegung auf den Zeitraum zu beschränken, über den die Abwickler bisher noch keine Rechenschaft abgelegt haben, also die Zeit seit dem Stichtag der Eröffnungsbilanz oder des letzten Jahresabschlusses während der Abwicklung.[150] Da die gesetzliche Buchführungspflicht der AG erst mit dem Ende der Abwicklung endet,[151] muss die abschließende Rechnungslegung mangels anderer Anhaltspunkte gemäß den gesetzlichen Buchführungs- und Bilanzvorschriften aufgestellt werden.[152] Somit sind in einer Gewinn- und Verlustrechnung die Vermögensveränderungen seit dem letzten Bilanzstichtag sowie in einer Bilanz die noch vorhandenen Vermögensgegenstände und Verbindlichkeiten aufzuführen und beides in einem Anhang ggf. zu erläutern.[153] Die abschließende Rechnungslegung unterliegt gem. §§ 316 ff. HGB der Prüfung, soweit das Gericht keine Befreiung gem. § 270 Abs. 3 AktG erteilt, und ist nach §§ 325 ff. HGB offen zu legen.[154] Die solchermaßen erstellte abschließende Rechnungslegung ist die Schlussrechnung iSd. § 273 Abs. 1 AktG; einer gesonderten Rechnungslegung gem. den §§ 259 ff. BGB bedarf es nicht.[155]

Vor Auszahlung des Liquidationsüberschusses.

teilung des Liquidationsüberschusses vorliegen, insbesondere das Verstreichen des Sperrjahres.[149]

63 Nach hM im Aktienrecht ist die Schlussrechnung hingegen eine **Rechenschaftslegung** im Sinne von § 259 BGB, die eine förmliche Schlussbilanz nicht erfordert und neben der Abwicklungs-Schlussbilanz aufzustellen ist; eine hinreichend gegliederte Aufstellung der Ausgaben und Einnahmen wird für ausreichend gehalten, was freilich eine bilanzförmige Aufstellung erfordern könne.[156]

64 Die Schlussrechnung im vorgenannten Sinne, nach hier vertretener Auffassung die Abwicklungs-Schlussbilanz, ist der Hauptversammlung zur Billigung vorzulegen; mit billigendem Beschluss der Hauptversammlung ist Rechnung „gelegt" iSd. § 273 Abs. 1 AktG.[157] Die Billigung ist nach hM keine Entlastung iSd. § 120 Abs. 2 AktG, sondern ein **Verzicht auf etwaige Ersatzansprüche** gegen Abwickler und Mitglieder des Aufsichtsrats, soweit diese Ansprüche bei sorgfältiger Prüfung der Schlussrechnung erkennbar waren; § 120 Abs. 2 Satz 2 AktG soll insoweit nicht gelten.[158] Darüber hinaus sollen die Abwickler und

---

[149] *Hüffer* AktG § 271 Rz. 3; MünchKomm. AktG/Bd. 7/*Hüffer* § 271 Rz. 10; *Baumbach/Hueck/Schulze-Osterloh* § 71 Rz. 28 mwN.; aA *Hachenburg/Hohner* § 71 Rz. 20.

[150] *Adler/Düring/Schmaltz* § 270 AktG Rz. 27; der Sache nach auch *Baumbach/Hueck/Schulze-Osterloh* § 71 Rz. 28; aA *Winnefeld* Bilanzhandbuch N Rz. 790: für den ganzen Liquidationszeitraum.

[151] *Baumbach/Hopt* HGB § 238 Rz. 17.

[152] *Baumbach/Hueck/Schulze-Osterloh* § 71 Rz. 28; aA *Hüffer* AktG § 273 Rz. 3.

[153] So auch *Baumbach/Hueck/Schulze-Osterloh* § 71 Rz. 28 mwN; einschränkend *Adler/Düring/Schmaltz* § 270 AktG Rz. 28; aA *Hüffer* AktG § 273 Rz. 3.

[154] *Baumbach/Hueck/Schulze-Osterloh* § 71 Rz. 30 mwN; aA *Adler/Düring/Schmaltz* § 270 AktG Rz. 28.

[155] *Baumbach/Hueck/Schulze-Osterloh* § 71 Rz. 29 mwN.

[156] *Hüffer* AktG § 273 Rz. 3; MünchHdb. GesR/Bd. 4/*Hoffmann-Becking* § 66 Rz. 15; KölnerKomm. AktG/*Kraft* § 273 Rz. 6.

[157] *Hüffer* AktG § 273 Rz. 3.

[158] *Hüffer* AktG § 273 Rz. 3; MünchKomm. AktG/Bd. 7/*Hüffer* § 273 Rz. 8 mwN; für die Entlastung des Geschäftsführers einer GmbH s. BGH II ZR 165/84 v. 20.5.1985, BGHZ 94, 324, 326.

B. Die Abwicklung 65, 66 § 18

Mitglieder des Aufsichtsrats Anspruch auf Erteilung dieser Billigung haben, wenn die Rechnungslegung ordnungsgemäß war.[159] Dem ist nicht zu folgen.[160] Wenn die Rechnungslegung ordnungsgemäß ist, bedarf es keiner Entlastung mit Verzichtswirkung; ist sie nicht ordnungsgemäß, lässt sich ein Anspruch auf Verzicht nicht rechtfertigen. Darüber hinaus gilt § 120 Abs. 2 Satz 2 AktG. Kein Argument für einen Verzicht ist es, dass nach Beendigung der AG § 93 Abs. 4 Satz 3 AktG ohne Anwendung bleibt, wonach es der AG gestattet ist, nach drei Jahren auf Ersatzansprüche zu verzichten.[161] Es bleibt dann eben bei der Verjährungsfrist von fünf Jahren gem. § 93 Abs. 6 AktG; dies ist den Abwicklern zuzumuten, weil ein Abwickler ohnehin nur ausnahmsweise im Rahmen der Nachtragsabwicklung auf Schadenersatz in Anspruch genommen werden wird.

IV. Befriedigung und Sicherung der Gläubiger

1. Gläubigeraufruf (§ 267 AktG)

Der Abwicklungsüberschuss, also das nach Berichtigung der Verbindlichkeiten verbleibende Vermögen der AG, wird gem. § 271 Abs. 1 AktG unter die Aktionäre verteilt. Dies setzt nach § 267 AktG zunächst voraus, dass die Abwickler die Gläubiger der AG unter Hinweis auf die Auflösung auffordern, ihre Ansprüche anzumelden, sog. Gläubigeraufruf. Diese Aufforderung muss zu drei verschiedenen Terminen in den Gesellschaftsblättern bekannt gemacht werden;[162] die Fristen des § 64 Abs. 2 Satz 3 AktG sind nicht anwendbar.[163] Die erstmalige Aufforderung darf frühestens nach Auflösung bekannt gemacht werden; die Auflösung muss aber noch nicht eingetragen sein. Im Gläubigeraufruf muss die AG eindeutig bezeichnet und ferner ersichtlich sein, dass die Aufforderung von den Abwicklern ausgeht; dagegen muss der Auflösungsgrund nicht genannt werden.[164] Ob die Abwickler bei der Aufforderung in vertretungsberechtigter Zahl handeln müssen,[165] ist zweifelhaft; die ordnungsgemäße Veröffentlichung auf Veranlassung mindestens eines Abwicklers sollte ausreichen. 65

2. Durchführung der Gläubigerbefriedigung

Die Abwickler haben die Aufgabe, die Gläubiger der AG zu befriedigen, § 268 Abs. 1 Satz 1 AktG. Dazu müssen die Abwickler feststellen, welche Gläubiger die AG hat und ob die **Ansprüche der Gläubiger berechtigt, fällig und liquide** sind. Diese Feststellungen sind mit der nach §§ 268 Abs. 2, 93 Abs. 1 AktG gebotenen Sorgfalt zu treffen.[166] Zu befriedigen sind dann alle Gesellschaftsverbindlichkeiten, deren Gläubiger bekannt sind, die dem Grunde 66

---

[159] Hüffer AktG § 273 Rz. 3; MünchKomm. AktG/Bd. 7/ Hüffer § 273 Rz. 8 mwN.
[160] Ebenso KölnerKomm. AktG/Kraft § 273 Rz. 9 f.
[161] So aber wohl MünchKomm. AktG/Bd. 7/ Hüffer § 273 Rz. 8.
[162] Hüffer AktG § 267 Rz. 2.
[163] KölnerKomm. AktG/Kraft § 267 Rz. 5.
[164] MünchKomm. AktG/Bd. 7/ Hüffer § 267 Rz. 3; KölnerKomm. AktG/Kraft § 267 Rz. 3.
[165] So Hüffer AktG § 267 Rz. 1.
[166] Vgl. K. Schmidt ZIP 1981, 1, 3.

und der Höhe nach unstreitig sind und die fällig und durchsetzbar sind.[167] Wenn sich ein bekannter Gläubiger nicht meldet, ist nach § 272 Abs. 2 AktG der geschuldete Betrag zu hinterlegen, sofern nach allgemeinen Regeln ein Recht hierzu besteht. Entgegen dem Wortlaut ist die **Hinterlegung** immer dann möglich, wenn sie nach § 372 BGB zulässig ist.[168] Hinterlegt werden kann also auch dann, wenn ein Gläubiger sich meldet, ebenso dann, wenn eine nach Grund und Höhe bekannte Forderung keinem Gläubiger zugeordnet werden kann. Liegen die Voraussetzungen der Hinterlegung vor, so dürfen die Abwickler nach hM nur hinterlegen, nicht aber Sicherheit leisten.[169]

67 Kann eine Verbindlichkeit vorübergehend nicht berichtigt werden oder ist sie streitig, muss dem vermeintlichen Gläubiger gem. § 272 Abs. 3 AktG vor der Vermögensverteilung **Sicherheit geleistet** werden. Eine Verbindlichkeit kann nicht berichtigt werden, wenn die Verbindlichkeit gegenwärtig nicht durch Erfüllung, Aufrechnung oder Hinterlegung zum Erlöschen gebracht werden kann oder muss,[170] insbesondere bei bedingten oder befristeten Forderungen.[171] Streitig ist eine Verbindlichkeit, soweit die Abwickler einen gerichtlich oder außergerichtlich geltend gemachten Anspruch nach Grund oder Höhe nicht anerkennen.[172] Ist der erhobene Anspruch nach pflichtgemäßer Einschätzung der Abwickler[173] offensichtlich unbegründet, muss keine Sicherheit geleistet werden.[174] Sicherheit ist nach Maßgabe der §§ 232ff. BGB zu leisten, wobei AG und Gläubiger abweichende Regelungen treffen dürfen.[175] Die Gläubiger haben **keinen Anspruch auf Sicherheitsleistung**, sondern nur darauf, dass es vor der Sicherheitsleistung nicht zur Verteilung des Vermögens an die Aktionäre kommt.[176] Bei Ansprüchen aus einer betrieblichen Altersversorgung (§ 1 BetrAVG) ist es nach hM möglich, statt Sicherheitsleistung eine Versicherung abzuschließen, welche die Ansprüche aufgrund versicherungsmathematischer Berechnung abdeckt.[177] Wegen § 4 Abs. 4 BetrAVG ist dies allerdings fraglich. Nach § 4 Abs. 4 BetrAVG können Altersversorgungsansprüche unter den dort genannten Voraussetzungen auf eine Pensionskasse oder eine Lebensversicherung übertragen werden. Sie sind dann mithin keine Verbindlichkeit der AG mehr und verhindern auch nicht mehr den Abschluss der Liquidation. Ziel der Norm ist es zu verhindern, dass reine „Rentnergesellschaften" fortgeführt werden müssen.[178] Dann aber liegt es nahe, den Abschluss der Liquidation eben nur dann zuzulassen, wenn die Altersversorgungsver-

---

[167] *K. Schmidt* ZIP 1981, 1, 3.
[168] *Hüffer* AktG § 272 Rz. 4; MünchKomm. AktG/Bd. 7/*Hüffer* § 272 Rz. 18; KölnerKomm. AktG/*Kraft* § 272 Rz. 8; *K. Schmidt* ZIP 1981, 1, 3.
[169] *Hüffer* AktG § 272 Rz. 4; MünchKomm. AktG/Bd. 7/*Hüffer* § 272 Rz. 19; KölnerKomm. AktG/*Kraft* § 272 Rz. 8; aA *K. Schmidt* ZIP 1981, 1, 3.
[170] *K. Schmidt* ZIP 1981, 1, 3.
[171] *Hüffer* AktG § 272 Rz. 5.
[172] *Hüffer* AktG § 272 Rz. 5.
[173] *K. Schmidt* ZIP 1981, 1, 3.
[174] MünchKomm. AktG/Bd. 7/*Hüffer* § 272 Rz. 21; KölnerKomm. AktG/*Kraft* § 272 Rz. 10; Großkomm. AktG/*Wiedemann* § 272 Anm. 4.
[175] MünchKomm. AktG/Bd. 7/*Hüffer* § 272 Rz. 24.
[176] MünchKomm. AktG/Bd. 7/*Hüffer* § 272 Rz. 22.
[177] MünchKomm. AktG/Bd. 7/*Hüffer* § 272 Rz. 20; *Baumbach/Hueck/Schulze-Osterloh* § 73 Rz. 7.
[178] *Blomeyer/Rolfs/Otto* BetrAVG, 4. Aufl. 2006, § 4 Rz. 141.

B. Die Abwicklung 68, 69 § 18

bindlichkeiten nach § 4 Abs. 4 BetrAVG übertragen worden sind, nicht aber schon dann, wenn eine Versicherung abgeschlossen wurde.

3. Verteilungsverbot zugunsten der Gläubiger
a) Inhalt

Gemäß § 271 Abs. 1 AktG darf unter die Aktionäre nur das Vermögen verteilt werden, dass nach Berichtigung der Verbindlichkeiten verbleibt. Berichtigt sind die Verbindlichkeiten, wenn sämtliche bekannten Verbindlichkeiten erfüllt oder durch Hinterlegung oder Sicherheitsleistung gesichert wurden. Vor Berichtigung ist die Verteilung unzulässig. Die Verteilung ist zudem unzulässig vor Ablauf des sog. **Sperrjahres**. Es beginnt gem. § 272 Abs. 1 AktG mit dem dritten ordnungsgemäßen Gläubigeraufruf.[179] Vor Ablauf des Sperrjahres und Berichtigung der Verbindlichkeiten sind alle Maßnahmen zu unterlassen, die das Gesellschaftsvermögen zugunsten der Aktionäre verringern. Ansprüche von Aktionären aus zulässigen Drittgeschäften können ohne Beschränkung erfüllt werden, ebenso Zahlungsansprüche aus dem Gesellschaftsverhältnis, die vor der Auflösung entstanden sind, insbesondere ein Anspruch auf Bilanzgewinn aus einem Gewinnverwendungsbeschluss, der vor Auflösung gefasst worden ist,[180] nach hM jedoch nur, soweit hierdurch das zur Erhaltung des Grundkapitals erforderliche Vermögen nicht berührt wird.[181] Dieser Einschränkung ist nicht zuzustimmen, weil das Aktiengesetz keine Bestimmung enthält, die dem § 30 Abs. 1 GmbHG vergleichbar ist. Ansprüche aus eigenkapitalersetzenden Leistungen sind nicht vor Verteilung zu berichtigen, sondern erhöhen nach hM lediglich den anteiligen Anspruch des Aktionärs auf den Abwicklungsüberschuss gem. § 271 AktG.[182] 68

b) Rechtsfolgen von Verstößen gegen das Verteilungsverbot

Gesellschaftsgläubiger können ihre jeweiligen Ansprüche im Wege des Arrests gegen die AG nach §§ 916ff. ZPO sichern.[183] Der Arrestgrund ist gegeben, sofern die Vermögensverteilung bereits begonnen hat oder unmittelbar bevorsteht. Durch einstweilige Verfügung nach §§ 935ff. ZPO können Gläubiger die Unterlassung rechtswidriger Verteilungsmaßnahmen erreichen; das Verfügungsverfahren kann dabei jedenfalls gegen die Abwickler selbst angestrengt werden, da auch sie selbst entsprechende Unterlassungspflichten haben.[184] Ein einstweiliges Verfügungsverfahren gegen die AG scheidet mangels Rechtsschutzinteresses aus, wenn der Anspruch des Gläubigers bereits durch Arrest gesichert ist.[185] 69

---

[179] MünchKomm. AktG/Bd. 7/*Hüffer* § 272 Rz. 3; KölnerKomm. AktG/*Kraft* § 272 Rz. 3.
[180] *Hüffer* AktG § 272 Rz. 3.
[181] Zu dieser Einschränkung MünchKomm. AktG/Bd. 7/*Hüffer* § 272 Rz. 10; *K. Schmidt* ZIP 1981, 1, 2.
[182] Vgl. hierzu MünchKomm. AktG/Bd. 7/*Hüffer* § 272 Rz. 12f.; auf alle Darlehensansprüche ausweitend *Scholz/K. Schmidt* § 73 Rz. 1f.
[183] *Hüffer* AktG § 272 Rz. 6.; *K. Schmidt* ZIP 1981, 1, 5.
[184] *Hüffer* AktG § 272 Rz. 6; MünchKomm. AktG/Bd. 7/*Hüffer* § 272 Rz. 27; *K. Schmidt* ZIP 1981, 1, 5.
[185] MünchKomm. AktG/Bd. 7/*Hüffer* § 272 Rz. 28; *K. Schmidt* ZIP 1981, 1, 5.

70 **Verteilungsgeschäfte** sind auch dann **wirksam**, wenn sie gegen aktienrechtliche Vorschriften, insbesondere gegen §§ 271, 272 AktG verstoßen, sofern nicht, wie namentlich in Fällen kollusiven Zusammenwirkens, zugleich die Voraussetzungen der Sittenwidrigkeit nach § 138 BGB erfüllt sind; unter den Voraussetzungen der §§ 264 Abs. 3, 62 Abs. 1 AktG führen sie aber zu **Rückgewähransprüchen** der AG gegen diejenigen Aktionäre, die verbotswidrige Leistungen erlangt haben.[186] Diese aktienrechtliche Regelung verdrängt die allgemeinen bereicherungsrechtlichen Vorschriften.[187] Die Rückgewähransprüche der AG können dabei nach § 62 Abs. 2 AktG auch von den Gesellschaftsgläubigern geltend gemacht werden, soweit sie wegen ihrer Ansprüche von der AG keine Befriedigung erlangen können. Allerdings können sie nur Leistung an die AG und nach deren Löschung an die dann zu bestellenden Nachtragsabwickler, nicht dagegen an sich selbst verlangen, weil dies zu einem mit dem Abwicklungszweck nicht zu vereinbarenden Wettlauf der Gläubiger führen würde.[188]

71 Neben Rückgewähransprüchen stehen der AG gegen die Abwickler und die Mitglieder des Aufsichtsrats unter den Voraussetzungen der §§ 93, 268 Abs. 2 AktG und §§ 93, 116, 264 Abs. 3 AktG **Schadensersatzansprüche** zu. Auch insoweit steht den Gläubigern, soweit sie von der AG keine Befriedigung erlangen können, ein eigener Anspruch gegen die Ersatzpflichtigen zu (§§ 93 Abs. 5, 116 AktG). Allerdings können sie auch in diesem Fall, solange die AG noch besteht, nicht Leistung an sich verlangen.[189]

V. Die Verteilung des Abwicklungsüberschusses

1. Rechtsnatur, Entstehung und Ausschluss

72 Das Recht auf den anteiligen Abwicklungsüberschuss ist seiner Rechtsnatur nach zunächst ein aus der Mitgliedschaft folgendes allgemeines Vermögensrecht des Aktionärs. Es konkretisiert sich zu einem selbständigen Anspruch, soweit und sobald ein Abwicklungsüberschuss vorhanden ist und die gesetzlichen Verteilungsvoraussetzungen vorliegen; eine förmliche Feststellung des Abwicklungsüberschusses durch die Hauptversammlung vollzieht sich nach hier vertretener Auffassung mittelbar durch die Billigung der Abwicklungs-Schlussbilanz.[190]

73 Die Gründungssatzung kann nach hM das allgemeine **Mitgliedschaftsrecht** auf den anteiligen Liquidationserlös **ausschließen** und dadurch die spätere Entstehung eines entsprechenden Anspruchs verhindern.[191] Angesichts des nach § 23 Abs. 5 AktG grundsätzlich zwingenden Charakters von § 271 Abs. 1 AktG setzt dies aber ein unabweisbares, in der aktienrechtlichen Regelung nicht berücksichtigtes Bedürfnis voraus, welches sich vornehmlich aus dem ab-

---

[186] *Hüffer* AktG § 272 Rz. 7 mwN.
[187] *Hüffer* AktG § 62 Rz. 10 mwN.; aA: *K. Schmidt* ZIP 1981, 1, 6.
[188] MünchKomm. AktG/Bd. 7/*Hüffer* § 272 Rz. 33; aA KölnerKomm. AktG/*Kraft* § 272 Rz. 18.
[189] MünchKomm. AktG/Bd. 7/*Hüffer* § 272 Rz. 34.
[190] Siehe oben Rz. 55 ff.; aA *Hüffer* AktG § 271 Rz. 3; MünchKomm. AktG/Bd. 7/*Hüffer* § 271 Rz. 3; KölnerKomm. AktG/*Kraft* § 271 Rz. 2.
[191] KölnerKomm. AktG/*Kraft* § 272 Rz. 3; *Sethe* ZHR 162 (1998) 474, 483 ff.

gabenrechtlichen Grundsatz der Vermögensbindung der §§ 51 ff., 55 AO ergeben kann.[192] Daher ist es im Einzelfall zulässig und geboten, dass die Satzung den Liquidationserlös gemeinnützigen Zwecken widmet.[193] Der Grundsatz der Satzungsstrenge dürfte darüber hinaus nicht entgegenstehen, den Anspruch auf Abwicklungsüberschuss individualisierter Aktionäre mit deren Zustimmung in der Satzung auszuschließen. Der nachträgliche Ausschluss durch Satzungsänderung ist dagegen nur mit Zustimmung aller Aktionäre möglich.[194] Ebenso steht der einmal entstandene Anspruch auf anteiligen Abwicklungsüberschuss **nicht** mehr **zur Disposition** der Hauptversammlung. Ein entsprechender Beschluss ist nur wirksam, wenn alle Aktionäre zustimmen;[195] darin dürfte der Sache nach ein Verzicht liegen. Zu beachten sind aber die allgemeinen Grundsätze für die Schaffung von Sonderrechten.

2. Anspruchsinhalt

Aus § 268 Abs. 1 Satz 1, 271 Abs. 1 AktG ergibt sich, dass der Anspruch grundsätzlich auf Geld gerichtet ist. Sieht die Satzung eine Verteilung in natura vor, entfaltet dies wegen § 23 Abs. 5 AktG keine Wirkung.[196] Ein entsprechender Beschluss der Hauptversammlung ist für die Abwickler ebenso wenig bindend, da es an einem entsprechenden Weisungsrecht fehlt. Dies schließt aber nicht aus, dass sich im Einzelfall aufgrund besonderer Umstände aus §§ 264 Abs. 3, 93 Abs. 1 AktG eine Verpflichtung der Abwickler zur Naturalteilung ergeben kann, etwa weil sich das verbleibende Vermögen als unverkäuflich erweist. Im Übrigen ist eine Inhaltsänderung des Anspruchs durch einen entsprechenden Vertrag zwischen der AG und dem jeweiligen Aktionär möglich, zu dessen Wirksamkeit es aber wegen ihrer Mitbetroffenheit der Zustimmung aller anderen Aktionäre bedarf.[197]

3. Verteilungsmaßstab

Die von § 53 a AktG gebotene Gleichbehandlung der Aktionäre wird im Verteilungsverfahren durch § 271 Abs. 2 AktG gewährleistet. Danach bestimmt sich die Höhe des Anspruchs auf den anteiligen Abwicklungsüberschuss grundsätzlich nach dem **Anteil** des jeweiligen Aktionärs **am Grundkapital**. Gemäß § 11 Satz 1 AktG können Aktien Vorzugsrechte bei der Vermögensverteilung gewähren. Sind solche Aktien vorhanden, werden nach § 271 Abs. 2 AktG zunächst diese Vorzugsrechte befriedigt, und lediglich das dann noch verbleibende Vermögen wird gem. § 271 Abs. 1 AktG verteilt. Vorzugsrechte können in der Ursprungssatzung begründet werden, sollen aber auch durch

---

[192] Hüffer AktG § 271 Rz. 2.
[193] Zu diesem einzigen praktisch bedeutsamen Fall besteht bei unterschiedlichen Auffassungen und Begründungsansätzen im übrigen Einigkeit: MünchKomm. AktG/Bd. 7/ Hüffer § 271 Rz. 6; KölnerKomm. AktG/Kraft § 271 Rz. 3; Sethe ZHR 162 (1998) 474, 483 ff.
[194] KölnerKomm. AktG/Kraft § 271 Rz. 4; Geßler/Hefermehl/Eckhardt § 11 Rz. 44; im Ergebnis auch MünchKomm. AktG/Bd. 7/Hüffer § 271 Rz. 7.
[195] Hüffer AktG § 271 Rz. 2.
[196] MünchKomm. AktG/Bd. 7/Hüffer § 271 Rz. 4; aA KölnerKomm. AktG/Kraft § 268 Rz. 7; GroßKomm. AktG/Wiedemann § 271 Anm. 2; v. Godin/Wilhelmi § 268 Anm. 4.
[197] MünchKomm. AktG/Bd. 7/Hüffer § 271 Rz. 4.

spätere Satzungsänderung begründet werden können.[198] Zu beachten sind aber die allgemeinen Anforderungen an die nachträgliche Schaffung neuer Aktiengattungen: Gewähren Aktien einer neuen Gattung mehr Rechte als bereits bestehende Aktien, so ist die Zustimmung der Hauptversammlung mit satzungsändernder Mehrheit allein nicht ausreichend; vielmehr muss jeder betroffene Aktionär zustimmen.[199] Dies gilt nach hM auch dann, wenn bereits mehrere Gattungen vorhanden sind und der Vorzug das Verhältnis dieser Gattungen zum Nachteil einer Gattung ändert, sodass ein Sonderbeschluss gemäß § 179 Abs. 3 AktG notwendig ist.[200]

76 Wurden die **Einlagen** nicht auf alle Aktien im selben Verhältnis geleistet, bestimmt sich die Anspruchshöhe nach § 271 Abs. 3 AktG. Reicht der Abwicklungsüberschuss zur Erstattung der Einlagen, werden diese zunächst zurückgewährt, um den unterschiedlichen Vermögenseinsatz auszugleichen. Erstattet wird nur der Nennwert der Einlagen, nicht aber Aufgelder und Nebenleistungen.[201] Anschließend wird ein verbleibender Überschuss nach dem Verhältnis der Anteile am Grundkapital verteilt. Vorzugsrechte bei der Verteilung sind vor der Erstattung der Einlagen zu bedienen.[202] Reicht das verbleibende Vermögen zur Erstattung der Einlagen nicht aus, tragen die Aktionäre den Verlust nach ihrem Anteil am Grundkapital (§ 271 Abs. 3 Satz 2 AktG). Dazu muss der auf jede Aktie anteilig entfallende Fehlbetrag mit dem Anspruch auf Erstattung der tatsächlich geleisteten Einlage verrechnet werden. Soweit der anteilige Fehlbetrag eines Aktionärs seinen Erstattungsanspruch übersteigt, muss der Aktionär seine noch ausstehende Einlage leisten.[203] Soweit ein Aktionär ausfällt, ist der eigentlich von ihm noch zu leistende Einlagebetrag dem Gesamtfehlbetrag hinzuzurechnen und auf die übrigen Aktionäre zu verteilen.[204]

4. Das Verteilungsverfahren

77 Das Verteilungsverfahren ist in §§ 262 ff. AktG nicht geregelt. Entsprechende Regelungen in der Satzung sind daher nach § 23 Abs. 5 Satz 2 AktG zwar möglich, in der Praxis aber selten. Maßstab und Leitbild für die Ausgestaltung des Verfahrens ist demnach der ordentliche und gewissenhafte Abwickler (§§ 264 Abs. 3, 93 Abs. 1 AktG).[205]

78 Zur **Feststellung der Verteilungsmasse** ist nach hM eine aus der Eröffnungsbilanz und den Jahresabschlüssen der Abwicklungsgeschäftsjahre abgeleitete Schlussbilanz einschließlich eines Verteilungsplanes aufzustellen.[206] Das

---

[198] MünchKomm. AktG/Bd. 7/*Hüffer* § 271 Rz. 22: unter Beachtung des Gleichbehandlungsgrundsatzes; KölnerKomm. AktG/*Kraft* § 271 Rz. 5.
[199] HM; MünchKomm. AktG/Bd. 1/*Heider* § 11 Rz. 42 mwN; KölnerKomm. AktG/ *Kraft* § 11 Rz. 37.
[200] KölnKomm. AktG/*Lutter* § 58 Rz. 93 mwN; vgl. auch BGH II ZR 208/55 v. 24. 1. 1957, BGHZ 23, 150, 154; aA MünchKomm. AktG/Bd. 1/*Heider* § 11 Rz. 50.
[201] MünchKomm. AktG/Bd. 7/*Hüffer* § 271 Rz. 25; Großkomm. AktG/*Wiedemann* § 271 Anm. 3.
[202] MünchKomm. AktG/Bd. 7/*Hüffer* § 271 Rz. 25.
[203] *Hüffer* AktG § 271 Rz. 7.
[204] *Hüffer* AktG § 271 Rz. 7; MünchKomm. AktG/Bd. 7/*Hüffer* § 271 Rz. 26; Großkomm. AktG/*Wiedemann* § 271 Anm. 3.
[205] *Hüffer* AktG § 271 Rz. 4.
[206] *Hüffer* AktG § 271 Rz. 3; MünchKomm. AktG/Bd. 7/*Hüffer* § 271 Rz. 10; KölnerKomm. AktG/*Kraft* § 271 Rz. 10.

B. Die Abwicklung 79–81 § 18

deckt sich mit der hier vertretenen Auffassung, dass die Schlussrechnung iSd. § 273 Abs. 1 AktG der letzte (Rumpf-)Jahresabschluss der AG ist.[207] Des Weiteren empfiehlt sich die **Unterrichtung der Aktionäre** über die beabsichtigte Verteilung, um auf diesem Wege die Anspruchsberechtigten zu ermitteln. Dies kann durch Bekanntmachung in den Gesellschaftsblättern geschehen und geschieht nach hier vertretener Auffassung im Rahmen der Einberufung der Hauptversammlung, die über den letzten Abschluss der AG befindet. Die Aktionäre sind oftmals nicht in der Lage festzustellen, ob und wann die gesetzlichen Voraussetzungen der Vermögensverteilung eingetreten sind.

Die **ordnungsgemäße Legitimation** als Anspruchsberechtigter ist Sache des jeweiligen Aktionärs. Sie ist von den Abwicklern vor Auszahlung zu überprüfen. Bei Namensaktien ist das Aktienbuch maßgebend (§ 67 Abs. 2 AktG). Inhaberaktien sind vorzulegen; die Vorlage einer Hinterlegungsbescheinigung genügt nur, wenn allein der Hinterlegende zur Geltendmachung des Anspruchs befugt ist.[208] Eine Aushändigung der Urkunde kann die AG aber auch bei voller Zahlung nicht verlangen.[209] Der Aktionär benötigt diese noch für die Ausübung verbleibender Mitgliedschaftsrechte. Mehrfachzahlungen kann dadurch hinreichend vorgebeugt werden, dass Auszahlungen auf der vorzulegenden Urkunde vermerkt werden und der Quittungsanspruch aus § 368 BGB geltend gemacht wird.[210] Bei Inhaberaktien sind zudem Namen und Adressen der jeweiligen Zahlungsempfänger fest zu halten, da nur so die Durchsetzung etwaiger Rückforderungsansprüche nach §§ 264 Abs. 3, 62 AktG wegen unrichtiger Verteilung gewährleistet ist.[211] 79

Die Ansprüche der Aktionäre auf den anteiligen Abwicklungsüberschuss **erlöschen** bei Inhaberaktien in entsprechender Anwendung von § 801 BGB, wenn sie nicht innerhalb der Ausschlussfrist von 30 Jahren unter Vorlegung der Urkunde oder Hinterlegungsbescheinigung geltend gemacht werden; wurde ordnungsgemäß vorgelegt, so schließt sich an die Ausschlussfrist eine Verjährungsfrist von zwei Jahren an.[212] Für die Ansprüche aus Namensaktien gilt nach § 195 BGB die Regelverjährung von drei Jahren ab Kenntnis des Anspruchs. Die Satzung kann grundsätzlich kürzere Fristen für die Verjährung vorsehen.[213] Die Frist beginnt frühestens, sobald die gesetzlichen Voraussetzungen der Vermögensverteilung eingetreten sind. 80

Soweit Aktionäre durch eine fehlerhafte Vermögensverteilung in ihren Rechten beeinträchtigt wurden, können sie ihren Anspruch auf den anteiligen Liquidationsüberschuss und ihren Anspruch auf Unterlassung einer rechtswid- 81

---

[207] Siehe oben Rz. 62.
[208] MünchKomm. AktG/Bd. 7/*Hüffer* § 271 Rz. 14; KölnerKomm. AktG/*Kraft* § 271 Rz. 20.
[209] KölnerKomm. AktG/*Kraft* § 271 Rz. 20; Großkomm. AktG/*Wiedemann* § 271 Anm. 6; LG München I 25 P 8448 v. 15. 4. 1958, WM 1958, 1111; aA MünchKomm. AktG/Bd. 7/*Hüffer* § 271 Rz. 15; *Schlegelberger/Quassowski* § 212 Rz. 11.
[210] *Hüffer* AktG § 271 Rz. 4.
[211] MünchKomm. AktG/Bd. 7/*Hüffer* § 271 Rz. 16; KölnerKomm. AktG/*Kraft* § 271 Rz. 21.
[212] *Hüffer* AktG § 271 Rz. 5; MünchKomm. AktG/Bd. 7/*Hüffer* § 271 Rz. 18; KölnerKomm. AktG/*Kraft* § 271, Rz. 22; Großkomm. AktG/*Wiedemann* § 271 Anm.2; aA: *v. Godin/Wilhelmi* § 271 Anm. 5.
[213] *Hüffer* AktG § 271 Rz. 5; MünchKomm. AktG/Bd. 7/*Hüffer* § 271 Rz. 18; KölnerKomm. AktG/*Kraft* § 271 Rz. 22.

rigen Verteilung des Überschusses in derselben Weise sichern wie ein Gesellschaftsgläubiger.[214]

VI. Schluss der Abwicklung und Nachtragsabwicklung

1. Schluss der Abwicklung

82   Sobald die Abwicklung beendet und die Schlussrechnung gelegt ist, haben die Abwickler gem. § 273 Abs. 1 Satz 1 AktG den Schluss der Abwicklung zur **Eintragung in das Handelsregister** anzumelden. Ist die Anmeldung formell und materiell ordnungsgem., verfügt das Amtsgericht die Eintragung des Abwicklungsschlusses und gem. § 273 Abs. 1 Satz 2 AktG die **Löschung der AG**. Sofern nicht die Voraussetzungen der Nachtragsliquidation vorliegen,[215] erlischt die AG als Rechtsträger spätestens mit Eintragung der Löschung: nach der Rechtsprechung bereits mit Vermögenslosigkeit,[216] nach hM in der Literatur durch die Eintragung der Löschung selbst.[217] Erst die Löschung und nicht etwa schon der Auflösungsbeschluss führt auch zum Erlöschen der Börsenzulassung einer börsennotierten AG wegen Erledigung (§ 43 Abs. 2 VwVfG).[218]

83   Nach § 273 Abs. 2 AktG sind die **Bücher und Schriften** der AG an einem registergerichtlich bestimmten sicheren Ort für zehn Jahre zu hinterlegen. Die Hinterlegung ist Aufgabe der Abwickler; bei einem Verstoß gegen § 273 Abs. 2 AktG kann gem. § 407 Abs. 1 Satz 1 AktG gegen sie ein Zwangsgeld verhängt werden. Zu hinterlegen sind alle Unterlagen im Sinne von § 257 HGB, ggf. das Aktienbuch sowie die im Rahmen der Abwicklung anzufertigenden Unterlagen. Mit Ausnahme von Eröffnungsbilanzen, Jahres- und Konzernabschlüssen können sie unter den Voraussetzungen des § 257 Abs. 3 HGB auch als Wiedergabe auf einem Bildträger oder auf anderen Datenträgern in digitaler Form aufbewahrt werden.[219] Aktionäre und Gläubiger der AG haben nach Beendigung der Abwicklung ein **Recht auf Einsichtnahme** in die Bücher und Schriften der AG, sofern sie hieran ein glaubhaft zu machendes berechtigtes Interesse haben.[220] Auch frühere Aktionäre, die im Zeitpunkt der Löschung oder gar während des Abwicklungsverfahrens keine Aktionäre mehr waren, sind einsichtsberechtigt.[221] Zur Durchsetzung der Einsichtnahme kann das Registergericht gem. § 33 FGG ein Zwangsgeld gegen den Verwahrer festsetzen.[222] Im

---

[214] MünchKomm. AktG/Bd. 7/*Hüffer* § 271 Rz. 28.
[215] Siehe dazu Rz. 84 ff.
[216] Vgl. BGH II ZB 5/69 v. 23. 2. 1970, BGH II ZR 73/78 v. 5. 4. 1979, BGHZ 53, 264, 266; BGHZ 74, 212, 213; BGH VIII ZR 342/83 v. 20. 3. 1985, BGHZ 94, 105, 108.
[217] *Hüffer* AktG § 273 Rz. 7; MünchKomm. AktG/Bd. 7/*Hüffer* § 273 Rz. 14 ff.; KölnerKomm. AktG/*Kraft* § 273 Rz. 36 ff.; auch die Lehre vom Doppeltatbestand: *Scholz/ K. Schmidt* Anh. § 60 Rz. 18 ff. sowie § 74 Rz. 14.
[218] *Groß* ZHR 165 (2001), 141, 150 f.
[219] Vgl. KölnerKomm. AktG/*Kraft* § 273 Rz. 15; MünchKomm. AktG/Bd. 7/*Hüffer* § 273 Rz. 18.
[220] *Hüffer* AktG § 273 Rz. 11; MünchKomm. AktG/Bd. 7/*Hüffer* § 273 Rz. 22; KölnerKomm. AktG/*Kraft* § 273 Rz. 21; Großkomm. AktG/*Wiedemann* § 273 Anm. 4.
[221] MünchKomm. AktG/Bd. 7/*Hüffer* § 273 Rz. 23; Großkomm. AktG/*Wiedemann* § 273 Anm. 4; aA *v. Godin/Wilhelmi* § 273 Anm. 7.
[222] *Hüffer* AktG § 273 Rz. 12; MünchKomm. AktG/Bd. 7/*Hüffer* § 273 Rz. 28; aA KölnerKomm. AktG/*Kraft* § 273 Rz. 23.

Übrigen besteht das allgemeine Einsichtsrecht aus § 810 BGB neben dem Einsichtsrecht des § 273 Abs. 3 AktG.[223]

2. Nachtragsabwicklung (§ 273 Abs. 4 AktG)

a) Funktion und Voraussetzungen

Die sog. Nachtragsabwicklung findet gem. § 273 Abs. 4 AktG auf Antrag eines Beteiligten statt, wenn sich nach Löschung der AG im Handelsregister herausstellt, dass **weitere Abwicklungsmaßnahmen notwendig** sind, weil noch verteilungsfähiges Vermögen vorhanden ist[224] oder weil für die gelöschte AG noch Erklärungen, namentlich Freigabeerklärungen im Hinterlegungsverfahren abzugeben sind; die Aufgabe der Abwickler erschöpft sich dann aber in deren Abgabe.[225] Sofern bloß weitere Verbindlichkeiten bekannt werden, ohne dass es noch verteilungsfähiges Vermögen gibt, kommt es nicht zur Nachtragsabwicklung.[226] 84

Antragsberechtigt sind alle Personen, die ein berechtigtes Interesse an der Durchführung der Nachtragsabwicklung haben. Das sind insbesondere die früheren Aktionäre, noch nicht befriedigte Gläubiger der gelöschten AG sowie frühere Organmitglieder, insbesondere die ehemaligen Abwickler.[227] Dabei hat der Antragsteller die Tatsachen glaubhaft zu machen, welche die Notwendigkeit eines Nachtragsverfahrens begründen.[228] 85

b) Rechtsnatur der Nachtrags-Abwicklungsgesellschaft

Die Rechtsnatur der Nachtrags-Abwicklungsgesellschaft bestimmt sich danach, ob man der Eintragung der Löschung konstitutive oder nur deklaratorische Wirkung beimisst. Nimmt man konstitutive Wirkung an, so wandelt sich die AG um in eine Gesamthandsgemeinschaft, bestehend aus den Aktionären zum Zeitpunkt der Löschung.[229] Für die Rechtsprechung, der zufolge allein die Vermögenslosigkeit zur Löschung führt, bleibt hingegen die AG zumindest parteifähig, solange nicht feststeht, dass sie vermögenslos ist.[230] Da die AG gem. § 41 Abs. 1 AktG mit ihrer Eintragung als juristische Person zu existieren beginnt, ist es systematisch folgerichtig, dass sie als juristische Person mit der Löschung der Eintragung endet. An ihre Stelle tritt, analog zur Vor-AG, eine Art „Nach-AG" in der Form einer Gesamthandsgemeinschaft. Diese 86

---

[223] MünchKomm. AktG/Bd. 7/*Hüffer* § 273 Rz. 24. Zum Teil aA KölnerKomm. AktG/*Kraft* § 273 Rz. 21.
[224] MünchKomm. AktG/Bd. 7/*Hüffer* § 273 Rz. 29 f., 32; KölnerKomm. AktG/*Kraft* § 273 Rz. 25.
[225] MünchKomm. AktG/Bd. 7/*Hüffer* § 273 Rz. 34 f.; KölnerKomm. AktG/*Kraft* § 273 Rz. 26.
[226] *Hüffer* AktG, § 273 Rz. 14.
[227] MünchKomm. AktG/Bd. 7/*Hüffer* § 273 Rz. 36; KölnerKomm. AktG/*Kraft* § 273 Rz. 28; Großkomm. AktG/*Wiedemann* § 273 Anm. 5.
[228] MünchKomm. AktG/Bd. 7/*Hüffer* § 273 Rz. 37.
[229] MünchKomm. AktG/Bd. 7/*Hüffer* § 273 Rz. 14 ff.; KölnerKomm. AktG/*Kraft* § 273 Rz. 37 ff.
[230] Vgl. BGH II ZB 5/69 v. 23. 2. 1970, BGH II ZR 73/78 v. 5. 4. 1979, BGHZ 53, 264, 266; BGHZ 74, 212, 213; BGH VIII ZR 342/83 v. 20. 3. 1985, BGHZ 94, 105, 108; BGH II ZR 159/93 v. 17. 10. 1994, WM 1995, 406, 407.

ist in Anlehnung an die jüngste BGH-Rechtsprechung[231] rechtsfähig. Ihre rechtlichen Verhältnisse werden durch die Anforderungen der Nachtragsabwicklung bestimmt, insbesondere handelt sie allein durch gerichtlich bestellte Nachtragsabwickler.[232] Die Nach-AG ist Trägerin der verbliebenen Rechte und Pflichten.

c) Rechtsstellung der Nachtragsabwickler

87 Nach Prüfung der formellen und materiellen Voraussetzungen hat das Registergericht gem. § 273 Abs. 4 AktG nach pflichtgemäßem Ermessen Nachtragsabwickler zu bestellen.[233] Es kann die bisherigen Abwickler, aber auch andere Personen beauftragen. Eine Pflicht zur Übernahme des Amtes besteht nicht.[234] Bei Annahme werden die Nachtragsabwickler von Amts wegen in das Handelsregister eingetragen und bekannt gemacht (§ 273 Abs. 4 Satz 2 AktG), es sei denn, die Nachtragsabwicklung erschöpft sich in der Abgabe einzelner Erklärungen.[235] Die Rechtsstellung der Nachtragsabwickler ist nur unvollständig geregelt. Ausdrücklich angeordnet ist in § 273 Abs. 4 Satz 2 AktG lediglich die Anwendbarkeit der Vergütungsregelung des § 265 Abs. 4 AktG. Im Übrigen ist es Aufgabe des Registergerichts, den Geschäftskreis sowie Rechte und Pflichten der Nachtragsabwickler unter Rückgriff auf die §§ 264 ff. AktG zu konkretisieren; unanwendbar sind aber §§ 267, 270, 272 AktG.[236] Zudem bestimmt sich die Vertretungsmacht nicht nach § 269 AktG, sondern beschränkt sich auf den Geschäftskreis, der im Bestellungsbeschluss festgelegt wurde.[237]

d) Registerrechtliche Behandlung der Abwicklungsgesellschaft

88 Die Durchführung der Nachtragsliquidation gem. § 273 Abs. 4 AktG führt nicht zur Wiedereintragung der AG als solcher in das Handelsregister. Durch die Eintragung der Nachtragsabwickler von Amts wegen wird die Nachtragsabwicklung hinreichend deutlich.[238] Zudem geht die AG nach hier vertretener Ansicht als juristische Person mit ihrer Löschung im Handelsregister unter, ohne dass es zusätzlich oder allein auf ihre Vermögenslosigkeit ankäme.

---

[231] BGH II ZR 331/00 v. 29. 1. 2001, NZG 2001, 311; bestätigt in BGH II ZR 331/00 v. 18. 2. 2002, NZG 2002, 322.

[232] Die gegenteilige Ansicht beruht auf der unzutreffenden Annahme einer nur deklaratorisch wirkenden Löschung der AG nach Beendigung des Abwicklungsverfahrens, vgl. BGH II ZR 159/93 v. 17. 10. 1994, WM 1995, 406, 407; BGH XI ZR 95/93 v. 18. 1. 1994, NJW-RR 1994, 542; BGH V ZR 40/660 v. 29. 9. 1967, BGHZ 48, 303, 307; *Scholz/K. Schmidt* § 74 Rz. 24.

[233] *Hüffer* AktG § 273 Rz. 16 mwN zur Rspr.

[234] MünchKomm. AktG/Bd. 7/*Hüffer* § 273 Rz. 39.

[235] Allgemeine Meinung, *Hüffer* AktG § 273 Rz. 16.

[236] *Hüffer* AktG § 273 Rz. 18; MünchKomm. AktG/Bd. 7/*Hüffer* § 273 Rz. 44; KölnerKomm. AktG/*Kraft* § 273 Rz. 35.

[237] *Hüffer* AktG § 273 Rz. 18.

[238] MünchKomm. AktG/Bd. 7/*Hüffer* § 273 Rz. 41 f.; *Hüffer* AktG § 273 Rz. 17; KölnerKomm. AktG/*Kraft* § 273 Rz. 34; *Hachenburg/Ulmer* Anh. zu § 60 Rz. 45.

C. Die Auflösung und Abwicklung der KGaA

I. Auflösung

1. Auflösungsgründe gem. Verweisung auf HGB

Nach § 289 Abs. 1 AktG bestimmen sich die Gründe für die Auflösung einer KGaA grundsätzlich nach dem Recht der KG. Dies erfasst über die Verweisung des § 161 Abs. 2 HGB die Auflösungsgründe des § 131 Abs. 1 HGB. 95

a) Zeitablauf (§ 131 Abs. 1 Nr. 1 HGB)

Für die Auflösung durch Zeitablauf gelten die Ausführungen zu § 262 Abs. 1 Nr. 1 AktG entsprechend. 96

b) Auflösung durch Beschluss der Gesellschafter (§ 131 Abs. 1 Nr. 2 HGB)

Die Auflösung durch Beschluss der Gesellschafter erfordert jeweils einen zustimmenden Beschluss der Kommanditaktionäre und der Komplementäre. Der Beschluss der Kommanditaktionäre bedarf nach § 289 Abs. 4 Satz 3 AktG einer Mehrheit von mindestens drei Vierteln des bei Beschlussfassung vertretenen Grundkapitals. Der Beschluss der Komplementäre muss einstimmig sein, so weit nicht die Satzung einen Mehrheitsbeschluss zulässt.[239] Die Zustimmung der Komplementäre muss gem. § 285 Abs. 3 Satz 2 AktG beurkundet werden, weil der Auflösungsbeschluss in das Handelsregister einzutragen ist. 97

c) Eröffnung des Insolvenzverfahrens über das Vermögen der KGaA (§ 131 Abs. 1 Nr. 3 HGB)

Hier gelten die Ausführungen zu § 262 Abs. 1 Nr. 3 AktG entsprechend. 98

d) Gerichtliche Entscheidung (§ 131 Abs. 1 Nr. 4 HGB)

Die KGaA wird schließlich aufgelöst durch gerichtliche Entscheidung über eine **Klage auf Auflösung aus wichtigem Grund** nach § 133 HGB. Die Klage können jeder Komplementär sowie die Kommanditaktionäre erheben. Ein derartiger Antrag der Kommanditaktionäre bedarf nach § 289 Abs. 4 Sätze 2 und 3 AktG eines Beschlusses, der mit einer Mehrheit von mindestens drei Vierteln des bei Beschlussfassung vertretenen Grundkapitals zu fassen ist. Bei der Klage selbst werden die Kommanditaktionäre gemäß § 287 Abs. 2 Satz 1 AktG durch den Aufsichtsrat vertreten; die Klage der Kommanditaktionäre ist gegen die Komplementäre zu richten, die Klage eines Komplementärs gegen die Gesamtheit der Kommanditaktionäre sowie gegen etwaige weitere Komplementäre. Nach hM sollen die Komplementäre gegen die KGaA klagen müssen, weil § 287 Abs. 2 AktG noch auf dem Konzept der nicht rechtsfähigen KG beruhe.[240] Dem ist nicht zuzustimmen. Eine Auflösungsklage ist ein gesell- 99

---

[239] MünchKomm AktG/Bd. 8/*Semler/Perlitt* § 289 Rz. 17; MünchHdb GesR/Bd. 4/ *Herfs* § 76 Rz. 31.
[240] Vgl. RG I 80/10 v. 24. 10. 1910, RGZ 74, 201, 303; MünchHdb GesR/Bd. 4/*Herfs* § 76 Rz. 34; *Hüffer* AktG § 287 Rz. 2.

schaftsinterner Streit, richtiger Beklagter sind die Mitgesellschafter, nicht die Gesellschaft, wie es zu § 133 HGB auch der hM entspricht.²⁴¹ In der KGaA entscheiden die Kommanditaktionäre gem. § 289 Abs. 4 Satz 1 AktG durch Beschluss, also in ihrer Gesamtheit. Daher ist es sinnvoll, dass § 287 Abs. 2 Satz 1 AktG von Streitigkeiten mit der Gesamtheit der Kommanditaktionäre spricht. Das Recht, die Auflösung aus wichtigem Grund zu verlangen, kann gem. § 133 Abs. 3 HGB, § 289 Abs. 1 AktG nicht ausgeschlossen oder den Vorschriften des HGB zuwider beschränkt werden. Die Satzung kann Komplementäre jedoch auf das Recht beschränken, gegen Abfindung zum vollen Wert aus der KGaA auszuscheiden.²⁴²

2. Auflösungsgründe gemäß Aktienrecht

100 § 289 Abs. 2 Nr. 1 bis 3 AktG führt drei weitere Tatbestände auf, die zur Auflösung der KGaA führen und den Auflösungsgründen des § 262 Abs. 1 Nr. 4 bis 6 AktG entsprechen, namentlich die Auflösung wegen rechtskräftiger Ablehnung der Eröffnung des Insolvenzverfahrens mangels Masse, die Feststellung eines Satzungsmangels sowie die Löschung der KGaA wegen Vermögenslosigkeit. Auf die Erläuterungen zu den Auflösungsgründen bei der AG wird verwiesen.

3. Tatbestände, die nicht zur Auflösung führen

101 § 289 Abs. 3 AktG führt ausdrücklich zwei Tatbestände auf, die nicht die Auflösung der KGaA nach sich ziehen: Nach Satz 1 wird die KGaA nicht aufgelöst durch die Eröffnung des Insolvenzverfahrens über das Vermögen eines Kommanditaktionärs; nach Satz 2 sind die Gläubiger eines Kommanditaktionärs nicht berechtigt, die KGaA zu kündigen. Die Vorschrift ist an sich überflüssig, seit das HRefG vom 22. 6. 1998²⁴³ die Auflösungsgründe des § 131 HGB neu gefasst hat.²⁴⁴

102 Über §§ 289 Abs. 1 AktG, 161 Abs. 2 HGB bestimmt § 131 Abs. 3 HGB für den Komplementär, dass eine Reihe von Tatbeständen, die zuvor die Auflösung zur Folge hatten, mangels anders lautender Regelung im Gesellschaftsvertrag nur noch zum Ausscheiden des betroffenen Komplementärs führen, namentlich Tod, Kündigung, Ausschließung des Komplementärs, Eröffnung des Insolvenzverfahrens über sein Vermögen und Kündigung durch seine Privatgläubiger. Umstritten ist, welche Folgen die Änderung des § 131 HGB für die Kündigung durch die **Gesamtheit der Kommanditaktionäre** hat. Nach einer Ansicht entfällt das Kündigungsrecht, weil die nach § 278 Abs. 3 AktG anzuwendenden Vorschriften des Aktiengesetzes kein Ausscheiden von Aktionären vorsehen; nach einer zweiten Ansicht besteht das Kündigungsrecht im Falle eines wichtigen Grundes fort und führt trotz der Änderung des § 131 HGB zur Auflösung der KGaA; nach der dritten Ansicht bewirkt die Kündigung das Ausscheiden der Gesamtheit der Kommanditaktionäre mit der Folge, dass dem einzigen Komplementär das Gesellschaftsvermögen anwächst

---

²⁴¹ MünchKomm HGB/Bd. 2/*Schmidt* § 133 Rz. 48 ff. mwN.
²⁴² MünchHdb GesR/Bd. 4/*Herfs* § 76 Rz. 35.
²⁴³ BGBl. I S. 1474.
²⁴⁴ *Hüffer* AktG § 289 Rz. 5.

C. Die Auflösung und Abwicklung der KGaA

und mehrere Komplementäre die Gesellschaft als OHG fortsetzen.[245] Ein Kündigungsrecht lässt sich nicht mit § 278 Abs. 3 AktG begründen, weil dieser den nachfolgenden Vorschriften, einschließlich § 289 AktG, den Vorrang einräumt und die über § 289 AktG anwendbaren HGB und BGB nach wie vor ein Kündigungsrecht vorsehen. Da § 289 Abs. 4 AktG zudem weiterhin auf den Kündigungsrechten für die KG aufsetzt und diese nur im Verfahren, nicht aber in der Rechtsfolge modifiziert, wird man annehmen müssen, dass die Kündigung zum Ausscheiden der Gesamtheit der Kommanditaktionäre führt. Als Folge haben die Kommanditaktionäre gem. § 738 BGB Anspruch auf eine Abfindung.

4. Ausscheiden des einzigen Komplementärs

Scheidet der einzige Komplementär aus der KGaA aus, so ist die KGaA nach hM aufgelöst.[246] Die KGaA kann nach dem Ausscheiden wieder zur werbenden Gesellschaft werden, wenn sie durch Satzungsänderung[247] einen neuen Komplementär aufnimmt und einen Fortsetzungsbeschluss in entsprechender Anwendung von § 274 Abs. 1 AktG fasst[248] oder die KGaA nach UmwG in eine AG formwechselnd umwandelt, sofern noch nicht mit der Verteilung des Vermögens begonnen wurde.[249] Nach der Gegenauffassung kommt es zu einer automatischen Umwandlung der KGaA in eine AG, weil das Geschäft der Gesamtheit der Kommanditaktionäre als letztem verbliebenem Mitglied der KGaA anwachse.[250] Diese Auffassung findet im Gesetz keine Stütze; auch wenn das AktG die Kommanditaktionäre im Innenverhältnis zur „Gesamtheit" zusammenfasst, bleibt doch gesellschaftsrechtlich jeder einzelne Kommanditaktionär Mitglied. Darüber hinaus will auch die Gegenauffassung keine Anwachsung auf die Kommanditaktionäre selbst, sondern Träger des Unternehmens soll natürlich die juristische Person bleiben, die nur ihr Rechtskleid mit dem einer AG vertauschen soll.

Die KGaA wird nicht allein deshalb aufgelöst, weil nur noch nicht geschäftsführungs- und vertretungsberechtigte Komplementäre vorhanden sind.[251] In diesem Fall ist auf Antrag eines Beteiligten vom Gericht ein Vertreter zu bestellen in entsprechender Anwendung von §§ 29 BGB, 85 AktG.[252] Sofern der Mangel dauerhaft nicht behoben wird, wird das Gericht den Vertreter wieder abberufen, sodass es dann doch zur Auflösung kommt.

---

[245] Für die erste Ansicht *Hüffer* AktG § 289 Rz. 6; für die zweite Ansicht MünchKomm. AktG/Bd. 8/*Semler/Perlitt* § 289 Rz. 37; für die dritte Ansicht MünchHdb GesR/Bd. 4/*Herfs* § 76 Rz. 37; Großkomm. AktG/*Assmann/Sethe* § 289 Rz. 75.
[246] Ganz hM, *Hüffer* AktG § 289 Rz. 9; MünchHdb GesR/Bd. 4/*Herfs* § 76 Rz. 28 b; MünchKomm AktG/Bd. 8/*Semler/Perlitt* § 289 Rz. 143.
[247] Vgl. nur MünchHdb GesR/Bd. 4/*Herfs* § 77 Rz. 46 mwN.
[248] MünchKomm AktG/Bd. 8/*Semler/Perlitt* § 289 Rz. 148.
[249] MünchKomm AktG/Bd. 8/*Semler/Perlitt* § 289 Rz. 149.
[250] Großkomm. AktG/*Assmann/Sethe* § 289 Rz. 147.
[251] *Hüffer* AktG § 289 Rz. 9; Großkomm. AktG/*Assmann/Sethe* § 289 Rz. 139; aA MünchKomm AktG/Bd. 8/*Semler/Perlitt* § 289 Rz. 147; wohl auch BGH II ZR 33/67 v. 9.12.1968, BGHZ 51, 198, 200 f.
[252] *Hüffer* AktG § 289 Rz. 9; Großkomm. AktG/*Assmann/Sethe* § 289 Rz. 139 mwN.

5. Eintragung der Auflösung

105 Die Auflösung ist gem. § 289 Abs. 6 Satz 1 AktG von allen Komplementären zur Eintragung in das Handelsregister anzumelden. Auch bei der KGaA ist die Eintragung nur deklaratorisch.[253]

II. Abwicklung

106 Die Abwicklung folgt grundsätzlich den Regeln, die für die AG gelten. An die Stelle der Vorstandsmitglieder treten als Abwickler alle Komplementäre sowie von der Hauptversammlung gewählte Personen, § 290 Abs. 1 AktG. Die Satzung kann die Bestellung abweichend regeln, insbesondere auch die Bestellung durch den Aufsichtsrat zulassen.[254] Nach § 290 Abs. 2 AktG kann jeder Komplementär die Bestellung und Abberufung von Abwicklern durch das Gericht beantragen. Die **Verteilung des Abwicklungsüberschusses** zwischen den Komplementären und der Gesamtheit der Kommanditaktionäre richtet sich nach §§ 155 Abs. 1, 161 Abs. 2 HGB, 278 Abs. 2 AktG. Der „Kapitalanteil" der Kommanditaktionäre iSd. § 155 Abs. 1 HGB ist das Grundkapital. Da die gesetzliche Rücklage keine Beiträge der Komplementäre enthält,[255] ist ein Betrag in Höhe der gesetzlichen Rücklage aus dem Abwicklungsüberschuss vorab den Kommanditaktionären zuzuweisen.[256] Die Satzung kann die Verteilung abweichend regeln. Der Teil des Abwicklungsüberschusses, der auf jede Gesellschaftergruppe entfällt, ist unter die Mitglieder dieser Gruppe nach den jeweils maßgebenden Regeln zu verteilen, also unter die Komplementäre nach § 155 HGB und unter die Kommanditaktionäre nach § 271 AktG.[257] Auch an die Komplementäre darf nach hM erst nach Ablauf des Sperrjahres des § 272 Abs. 1 AktG ein Abwicklungsüberschuss verteilt werden.[258] Gemäß § 290 Abs. 3 AktG hat unter den gleichen Voraussetzungen wie nach § 262 Abs. 2 AktG eine Nachtragsliquidation stattzufinden.

D. Steuerliche Behandlung der Abwicklung

I. Ertragsteuern

1. Besteuerungszeitraum

110 In der Abwicklung kommt es zu einem Wechsel des Veranlagungszeitraums. Ist vorher das Wirtschaftsjahr maßgeblich, so wird in der Abwicklung grundsätzlich der gesamte **Abwicklungszeitraum** veranlagt, § 11 Abs. 1 Satz 1 KStG. Der Abwicklungszeitraum beginnt mit der Auflösung und endet mit dem

---

[253] *Hüffer* AktG § 289 Rz. 10.
[254] MünchHdb GesR/Bd. 4/*Herfs* § 76 Rz. 44.
[255] Großkomm. AktG/*Assmann/Sethe* § 288 Rz. 3.
[256] Es erhöht sich nicht der Kapitalanteil der Kommanditaktionäre um diesen Betrag; so aber Großkomm. AktG/*Assmann/Sethe* § 290 Rz. 26 (Fußnote 29).
[257] MünchHdb GesR/Bd. 4/*Herfs* § 76 Rz. 44.
[258] MünchHdb GesR/Bd. 4/*Herfs* § 76 Rz. 44; Großkomm. AktG/*Assmann/Sethe* § 290 Rz. 27 ff.; aA MünchKomm AktG/Bd. 8/*Semler/Perlitt* § 290 Rz. 8 f.

Schluss der Abwicklung.²⁵⁹ Nach R 51 Abs. 1 Satz 2 KStR 2004 beginnt der Besteuerungszeitraum mit dem Wirtschaftsjahr, in das die Besteuerung fällt. Gemäß R 51 Abs. 1 Satz 2 und 3 KStR 2004 ist der Steuerpflichtige berechtigt, aber nicht verpflichtet, ein **Rumpfwirtschaftsjahr** zu bilden.²⁶⁰ Lässt die AG den Besteuerungszeitraum mit dem Wirtschaftsjahr, in das die Auflösung fällt, beginnen, wird ein Gewinn für den Zeitraum seit Beginn des Wirtschaftsjahres erst als Teil des Abwicklungsgewinns besteuert. Nach § 11 Abs. 1 Satz 2 UStG soll der Besteuerungszeitraum drei Jahre nicht übersteigen. Das Finanzamt entscheidet nach pflichtgemäßem Ermessen, ob es den Besteuerungszeitraum verlängert. Führt es eine Besteuerung durch, so kann es in der Folge zu einer jährlichen Veranlagung zurückkehren.²⁶¹ Streitig ist, ob eine Veranlagung während des Abwicklungszeitraums nur eine **Zwischenveranlagung** ist, die nach Abschluss der Abwicklung durch eine endgültige Veranlagung zu ersetzen ist,²⁶² oder ob es sich um eine endgültige Veranlagung handelt.²⁶³ Unabhängig davon kann das Finanzamt für den Abwicklungszeitraum Vorauszahlungen verlangen.²⁶⁴ Ein Überblick zur Liquidationsbesteuerung findet sich in § 11 Rz. 174.

2. Ermittlung des Abwicklungsgewinns (§ 11 KStG)

Der Abwicklungsgewinn ergibt sich aus der Gegenüberstellung von Abwicklungs-Anfangsvermögen und Abwicklungs-Endvermögen, § 11 Abs. 2 KStG. Die Vorschriften über die Ermittlung des Abwicklungsgewinns haben zum Ziel, neben den laufenden Erträgen die stillen Reserven des Gesellschaftsvermögens der Besteuerung zu unterwerfen.²⁶⁵

a) Abwicklungs-Anfangsvermögen

Gemäß § 11 Abs. 4 Satz 1 KStG gilt für das Abwicklungs-Anfangsvermögen der Bilanzzusammenhang: Maßgeblich ist das Betriebsvermögen, das am Schluss des der Auflösung vorangegangenen Wirtschaftsjahres der Veranlagung zugrunde gelegt wurde. Das Anfangsvermögen ist zu kürzen um Gewinne vorangegangener Wirtschaftsjahre, die im Abwicklungszeitraum ausgeschüttet werden (§ 11 Abs. 4 Satz 3 KStG).

b) Abwicklungs-Endvermögen

Abwicklungs-Endvermögen ist grundsätzlich das Vermögen, das an die Aktionäre verteilt werden kann, also das Vermögen nach Versilberung des Gesellschaftsvermögens und Befriedigung der Gläubiger.²⁶⁶ Sofern Vermögensgegenstände an Aktionäre übertragen werden, sind sie mit dem gemeinen Wert

---

²⁵⁹ MünchHdb. GesR/Bd. 4/*Kraft* § 67 Rz. 4; *Jünger* BB 2001, 69, 70.
²⁶⁰ Für eine Pflicht zur Bildung eines Rumpfgeschäftsjahres BFH I R 233/71 v. 17.7. 1974, BStBl. II 1974, 692.
²⁶¹ Beck GmbH Hdb./*Erle* § 16 Rz. 73; *Dötsch//Jost/Pung/Witt/Graffe* § 11 Rz. 18; aA *Ernst & Young/Wacht* § 11 Rz. 41.
²⁶² MünchHdb. GesR/Bd. 4/*Kraft* § 67 Rz. 6 mwN.
²⁶³ So *Dötsch//Jost/Pung/Witt/Graffe* § 11 Rz. 19.
²⁶⁴ MünchHdb. GesR/Bd. 4/*Kraft* § 67 Rz. 5.
²⁶⁵ MünchHdb. GesR/Bd. 4/*Kraft* § 67 Rz. 9.
²⁶⁶ *Dötsch/Jost/Pung/Witt/Graffe* KStG § 11 Rz. 25.

iSd. § 9 BewG anzusetzen.[267] Der Grundsatz der Maßgeblichkeit der Handelsbilanz findet keine Anwendung.[268] Ein Firmenwert geht in das Endvermögen ein, wenn und so weit er durch Veräußerung realisiert wurde.[269] Eigene Anteile sind mit Null anzusetzen; der Abzug darf den Gewinn des Abwicklungszeitraums aber nicht mindern.[270] Gemäß § 11 Abs. 3 KStG sind steuerfreie Vermögensmehrungen abzuziehen, die der AG während der Abwicklung zugeflossen sind, zB steuerfreie Einkünfte iSd. § 3 EStG oder des § 8 b KStG oder Einlagen der Aktionäre.[271] Gemäß § 11 Abs. 6 KStG sind die allgemeinen Vorschriften über die Gewinnermittlung anzuwenden. Das betrifft vor allem § 9 und 10 KStG mit der Folge, dass nicht abziehbare Aufwendungen dem Endvermögen hinzuzurechnen sind.[272] Ein Verlustabzug ist, im Rahmen des § 10 d EStG, sowohl als Verlustvortrag wie auch als Verlustrücktrag möglich.[273]

3. Gewerbesteuer

114 Die AG ist während der Abwicklung weiterhin gewerbesteuerpflichtig.[274] Maßgeblich für die Gewerbeertragsteuer ist der nach § 11 KStG ermittelte Abwicklungsüberschuss. Erstreckt sich der Abwicklungszeitraum über mehrere Jahre, so ist der Gewerbeertrag nach § 16 Abs. 1 GewStDV und Abschn. 44 Abs. 1 GewStR zeitanteilig auf die Jahre des Abwicklungszeitraums zu verteilen.[275]

II. Umsatzsteuer

115 Die AG ist auch während der Auflösung Unternehmer iSd. § 2 Abs. 1 UStG. Ihre Umsätze unterliegen gem. den gesetzlichen Vorschriften der Umsatzsteuer; umgekehrt bleibt die AG berechtigt zum Vorsteuerabzug. Umsatzsteuervoranmeldungen und die Umsatzsteuer-Jahreserklärung sind wie vor Auflösung abzugeben.

III. Besteuerung der Aktionäre

1. Natürliche Personen

116 Gemäß § 20 Abs. 1 Nr. 2 EStG idF des UntStFG gehören zu den Einkünften aus Kapitalvermögen sämtliche Bezüge, die nach Auflösung einer AG anfallen und nicht in der Rückzahlung von Nennkapital bestehen, es sei denn, bei dem Nennkapital handelt es sich um Beträge, die gemäß § 28 Abs. 2 Satz 2 KStG als Gewinnausschüttung gelten. Die Rückzahlung von Nennkapital aus Kapitalerhöhungen aus Gesellschaftsmitteln unterliegt dann der Besteuerung nach

---

[267] BFH I 246/62 U v. 14. 12. 1965, BStBl. III 1966, 152.
[268] BFH I 246/62 U v. 14. 12. 1965, BStBl. III 1966, 152.
[269] BFH VIII R 158/73 v. 14. 2. 1978, BStBl. II 1979, 99; *Streck* § 11 Rz. 8.
[270] MünchHdb. GesR/Bd. 4/*Kraft* § 67 Rz. Rz. 13.
[271] MünchHdb. GesR/Bd. 4/*Kraft* § 67 Rz. 14.
[272] MünchHdb. GesR/Bd. 4/*Kraft* § 67 Rz. 14.
[273] MünchHdb. GesR/Bd. 4/*Kraft* § 67 Rz. 14.
[274] MünchHdb. GesR/Bd. 4/*Kraft* § 67 Rz. 16.
[275] MünchHdb. GesR/Bd. 4/*Kraft* § 67 Rz. 17.

D. Steuerliche Behandlung der Abwicklung   117–119 § 18

dem Halbeinkünfteverfahren[276] (§ 3 Nr. 40 e EStG), wenn Beträge iSd. § 28 Abs. 1 Satz 1 KStG, dh. Nennkapital als verwendet gilt, das durch Kapitalerhöhungen aus Gesellschaftsmitteln geschaffen wurde.[277]
Bei **wesentlicher Beteiligung** gilt die Auflösung gemäß § 17 Abs. 4 Satz 1 EStG als Veräußerung nach § 17 Abs. 1 EStG. Gemäß § 17 Abs. 4 Satz 3 EStG gilt dies aber nur für den Teil des Liquidationserlöses, der nicht nach § 20 Abs. 1 Nr. 1 oder 2 zu den Einkünften aus Kapitalvermögen gehört. Veräußerungspreis iSd. § 17 Abs. 1 bis 3 EStG ist folglich der Teil des Liquidationserlöses, der auf das Grundkapital (ohne Kapital aufgrund von Kapitalerhöhungen aus Gesellschaftsmitteln) und das steuerliche Einlagekonto iSd. § 27 KStG entfällt.[278] Wesentlich beteiligt ist, wer innerhalb der letzten fünf Jahre zu mindestens 1 % am Kapital der AG beteiligt war, § 17 Abs. 1 Satz 1 EStG. Der Abwicklungsgewinn ist gem. § 3 Nr. 40 c EStG nach dem Halbeinkünfteverfahren zu versteuern.

117

Hält ein Aktionär Aktien im **Betriebsvermögen**, so entsteht in Höhe des Unterschiedsbetrags zwischen dem im Rahmen der Abwicklung zugeteilten oder zurückgezahlten Vermögen und dem Buchwert der Aktien ein Gewinn oder Verlust. Dieser ist bei Gewinnermittlung für Einkommensteuerzwecke zu berücksichtigen nach den Grundsätzen des Halbeinkünfteverfahrens, § 3 Nr. 40 b EStG.[279] Der Gewinn unterliegt der Gewerbesteuer, soweit er nicht bei der Gewinnermittlung außer Ansatz bleibt.[280]

118

2. Kapitalgesellschaften

Gemäß § 8 b Abs. 2 KStG ist ein Abwicklungsgewinn ab VZ 2004 im Ergebnis zu 95 % steuerfrei, sofern keine einbringungsgeborenen Anteile gemäß § 8 b Abs. 4 KStG iVm. § 21 UmwStG vorliegen.[281] Die Steuerfreiheit gilt nicht, soweit die die Aktien in früheren Jahren steuerwirksam auf den niedrigeren Teilwert abgeschrieben wurden und dies nicht durch Ansatz eines höheren Werts rückgängig gemacht worden ist, § 8 Abs. 2 Satz 4 KStG. Eigenkapitalanteile, welche die Körperschaftsteuer bei der AG nach § 37 Abs. 2 KStG gemindert haben, führen bei der beteiligten Kapitalgesellschaft zu einer Nachversteuerung nach § 37 Abs. 3 KStG.[282]

119

---

[276] Ab VZ 2009 sind nur noch 40 % der Bezüge steuerfrei, siehe § 52 Abs. 4 b EStG zur erstmaligen und weiteren Anwendung.
[277] MünchHdb. GesR/Bd. 4/*Kraft* § 67 Rz. 23.
[278] *Schmidt/Weber-Grellet* EStG § 17 Rz. 266 ff.
[279] MünchHdb. GesR/Bd. 4/*Kraft* § 67 Rz. 26.
[280] MünchHdb. GesR/Bd. 4/*Kraft* § 67 Rz. 26.
[281] MünchHdb. GesR/Bd. 4/*Kraft* § 67 Rz. 28..
[282] MünchHdb. GesR/Bd. 4/*Kraft* § 67 Rz. 28.

§ 19 Die europäische Aktiengesellschaft (SE)

Bearbeiter: Dr. Jan Christian Giedinghagen, LL.M. (Boston)

Übersicht

	Rz.
A. Einleitung	1
B. Übergeordnete Ziele der SE	2
C. Historische Entwicklung	3
D. Vor- und Nachteile der SE	7–9
I. Vorteile der SE	8
II. Nachteile der SE	9
E. Ermächtigungsgrundlage und Rechtsgrundlagen der SE	13–19
I. Ermächtigungsgrundlage der SE-VO und SE-RL	13
II. Die zentralen Rechtsgrundlagen der SE	14–19
1. SE-VO und SEAG	14–17
a) SE-VO	14–16
aa) Zeitraum bis zur wirksamen SE-Gründung	15
bb) Zeitraum nach wirksamer SE-Gründung	16
b) SEAG	17
2. SE-RL und SEBG	18, 19
a) SE-RL	18
b) SEBG	19
F. Gründung der SE	25–59
I. Allgemeines	25–27
1. Anwendbare Vorschriften	25
2. Gründungsberechtigung	26, 27
a) Grundlegende Voraussetzungen	26
b) Sinn und Zweck	27
II. Gründungsformen und Gründungsverfahren	28–47
1. SE-Gründung durch Verschmelzung	28–35
a) Gründungsform gem. Art. 2 Abs. 1 SE-VO	28–30
b) Gründungsverfahren gem. Art. 17 ff. SE-VO	31–35
aa) Anwendbare Vorschriften	31
bb) Ablauf des Verfahrens	32–34
cc) Schutz der Gläubiger und Minderheitsaktionäre	35
2. Gründung einer Holding-SE	36–39
a) Gründungsform gem. Art. 2 Abs. 2 SE-VO	36
b) Gründungsverfahren gem. Art. 32 ff. SE-VO	37–39
aa) Anwendbare Vorschriften	37
bb) Ablauf des Verfahrens	38
cc) Schutz der Gläubiger und Minderheitsgesellschafter	39
3. Gründung einer Tochter-SE	40–42
a) Gründungsform gem. Art. 2 Abs. 3 SE-VO	40
b) Gründungsverfahren	41, 42
aa) Anwendbare Vorschriften	41
bb) Ablauf des Verfahrens	42

§ 19 Die europäische Aktiengesellschaft (SE)

    4. Gründung einer SE im Wege eines Formwechsels . 43–45
       a) Gründungsform gem. Art. 2 Abs. 4 SE-VO ... 43
       b) Gründungsverfahren gem. Art. 37 SE-VO ... 44, 45
          aa) Anwendbare Vorschriften 44
          bb) Ablauf des Verfahrens 45
    5. Gründung einer Tochter-SE durch bestehende SE . 46, 47
       a) Gründungsform gem. Art. 3 Abs. 2 SE-VO ... 46
       b) Gründungsverfahren 47
  III. Abweichende Gestaltungsmöglichkeiten 48–51
  IV. Sonstige Gründungs- und Eintragungsvoraussetzungen 52–59
    1. Mindestkapital sowie Kapital und Aktien (Art. 4 und 5 SE-VO) 52
    2. Gründungsurkunde (Art. 6 SE-VO) 53
    3. Sitz (Art. 7 und 8 SE-VO) 54–56
       a) Sitz und Hauptverwaltung (Art. 7 SE-VO) ... 54, 55
       b) Grenzüberschreitende Sitzverlegung (Art. 8 SE-VO) 56
    4. Firma (Art. 11 SE-VO) 57
    5. Eintragung (Art. 12 SE-VO) 58, 59

G. Aufbau der SE (innere Organisation und Verfassung) . 75–102
   I. Management/Verwaltungsorgan 75–99
    1. Dualistisches System 75–85
       a) Leitungsorgan 76–80
          aa) Zahl der Mitglieder 76
          bb) Dauer und Bestellung 77
          cc) Grundsatz der Inkompatibilität 78
          dd) Abberufung 79
          ee) Geschäftsführung 80
          ff) Verschwiegenheitspflicht 80
       b) Aufsichtsorgan 81–85
          aa) Zahl der Mitglieder 81
          bb) Bestellung 82
          cc) Abberufung 83
          dd) Aufgaben des Aufsichtsorgans 84
          ee) Zustimmungsbedürftige Geschäfte 85
          ff) Vorsitzender 85
    2. Monistisches System 86–99
       a) Verwaltungsrat 87–93
          aa) Zahl der Mitglieder 87
          bb) Bestellung 88
          cc) Abberufung 89
          dd) Aufgabenbereich 90
          ee) Vorsitzender 91
          ff) Verschwiegenheitspflicht 92
          gg) Vorschriften des AktG für den Aufsichtsrat . 93
       b) Geschäftsführende Direktoren 94–99
          aa) Bestellung 95, 96
          bb) Abberufung 97
          cc) Aufgaben 98
          dd) Weisungen 99
  II. Hauptversammlung 100–102

H. Arbeitnehmerbeteiligung in der SE 110–132
   I. Ziele der SE-RL und des SEBG 110–113
  II. Geltungsbereich des SEBG 114

Übersicht   § 19

III. Regelungssystem des SEBG 115–132
1. Beteiligung der Arbeitnehmer kraft autonomer
   Vereinbarung, § 21 SEBG 118–120
   a) Mindestanforderungen an den Inhalt der Verein-
      barung zur Sicherung der Rechte der Arbeitneh-
      mer auf Unterrichtung und Anhörung, § 21 Abs. 1
      SEBG   118
   b) Mindestanforderungen an den Inhalt der Verein-
      barung zur Sicherung der Rechte der Arbeitneh-
      mer auf Mitbestimmung, § 21 Abs. 3 SEBG . . .   119
   c) Sonstige Regelungsmöglichkeiten   120
2. Beteiligung der Arbeitnehmer kraft Gesetzes, §§ 22
   bis 38 SEBG 121–128
   a) SE-Betriebsrat kraft Gesetzes, §§ 22 bis 33 SEBG   122–124
   b) Mitbestimmung kraft Gesetzes, §§ 34 bis 38
      SEBG 125–128
      aa) Besondere Voraussetzungen des § 34 SEBG .   126
      bb) Umfang der Mitbestimmung gem. § 35 SEBG   127
      cc) Rechtsstellung und innere Ordnung gem.
          § 38 SEBG   128
3. Grundsätze der Zusammenarbeit und Schutzvorschriften, §§ 40 ff. SEBG 129–132

Schrifttum: *Bachmann* Der Verwaltungsrat der monistischen SE ZGR 2008, 779 ff.; *Baums* Aktuelle Entwicklungen im Europäischen Gesellschaftsrecht AG 2007, 57 ff.; *Bayer/Schmidt* „Going European continues" – die Zahl der SE steigt weiter, AG-Report 2008, R 31 f.; *Blancke* Europäische Aktiengesellschaft ohne Arbeitnehmerbeteiligung? ZIP 2006, 789 ff.; *Blanquet* Das Statut der Europäischen Aktiengesellschaft (Societas Europaea SE) Ein Gemeinschaftsinstrument für die grenzübergreifende Zusammenarbeit im Dienste der Unternehmen ZGR 2002, 20 ff.; *Brandt* Ein Überblick über die Europäische Aktiengesellschaft (SE) in Deutschland BB 2005, 1 ff.; *Casper* Numerus Clausus und Mehrstaatlichkeit bei der SE-Gründung AG 2007, 96 ff.; *Casper* Die Vor-SE – nationale oder europäische Vorgesellschaft? Der Konzern 2007, 244 ff.; *DAV* Stellungnahme zum Diskussionsentwurf eines Gesetzes zur Ausführung der Verordnung (EG) Nr. 2157/ 2001 des Rates vom 8. 1. 2001 über das Statut der Europäischen Gesellschaft (SE) NZG 2004, 75 ff.; *DAV* Handelsrechtsausschuss des Deutschen Anwaltvereins: Stellungnahme zu dem Regierungsentwurf eines Gesetzes zur Einführung der Europäischen Gesellschaft (SEEG) NZG 2004, 957 ff.; *Eidenmüller* Mobilität und Restrukturierung von Unternehmen im Binnenmarkt Entwicklungsperspektiven des europäischen Gesellschaftsrechts im Schnittfeld von Gemeinschaftsgesetzgeber und EuGH JZ 2004, 24 ff.; *Eidenmüller/Engert/Hornuf* Die Societas Europaea: Empirische Bestandsaufnahme und Entwicklungslinien einer neuen Rechtsform, AG 2008, 721 ff.; *Enriques* Schweigen ist Gold: Die Europäische Aktiengesellschaft als Katalysator für regulative Arbitrage im Gesellschaftsrecht ZGR 2004, 735 ff.; *Fleischer* Der Einfluß der Societas Europaea auf die Dogmatik des deutschen Gesellschaftsrechts AcP 204 (2004), 502 ff.; *Förster/Lange* Grenzüberschreitende Sitzverlegung der Europäischen Aktiengesellschaft aus ertragsteuerlicher Sicht RIW 2002, 585 ff.; *Giedinghagen* Die Europäische Privatgesellschaft – eine Alternative zur GmbH? NJW-Spezial 2008, 751 f.; *Grobys* SE-Betriebsrat und Mitbestimmung in der Europäischen Gesellschaft NZA 2005 84 ff.; *Habersack* Schranken der Mitbestimmungsautonomie in der SE AG 2006, 345 ff.; *derselbe* Wandlungen des Aktienrechts, AG 2009, 1 ff.; *derselbe* Aufsichtsrat und Prüfungsausschuss nach dem BilMoG AG 2008, 98 ff.; *Heinze/Seifert/Teichmann* Verhandlungssache: Arbeitnehmerbeteiligung in der SE, BB 2005, 2524 ff.; *Heuschmid/Schmidt* Die europäische Aktiengesellschaft – auf dem Weg in die Karibik? NZG 2007, 54 ff.; *Hirte* Die europäische Aktiengesellschaft – ein Überblick nach In-Kraft-Treten der deutschen Ausführungsgesetze (Teil I) DStR

§ 19 Die europäische Aktiengesellschaft (SE)

2005, 653 ff.; *Hirte* Die europäische Aktiengesellschaft NZG 2002, 1 ff.; *Hommelhoff* Einige Bemerkungen zur Organisationsverfassung der Europäischen Aktiengesellschaft AG 2001, 279 ff.; *Hommelhoff/Helms* Neue Wege in die Europäische Privatgesellschaft 2001, 1 ff.; *Hommelhoff/Teichmann* Auf dem Weg zur Europäischen Privatgesellschaft (SPE) DStR 2008, 925 ff.; *dieselben* Eine GmbH für Europa: Der Vorschlag der EU-Kommission vor Societas Privata Europaea (SPE) GmbHR 2008, 897 ff.; *Hopt* Europäisches Gesellschaftsrecht – Krise und neue Anläufe ZIP 1998, 96 ff.; *Horn* Die Europa-AG im Kontext des deutschen und europäischen Gesellschaftsrechts DB 2005, 147 ff.; *Kallmeyer* Europa-AG – Strategische Optionen für deutsche Unternehmen AG 2003, 197 ff.; *Kallmeyer* Das monistische System in der SE mit Sitz in Deutschland ZIP 2003, 1531 ff.; *Kalss* Der Minderheitenschutz bei Gründung und Sitzverlegung der SE nach dem Diskussionsentwurf ZGR 2003, 593 ff.; *Knittel/Eble* Bilanzielle Auswirkungen der Sitzverlegung einer Europäischen Aktiengesellschaft BB 2008, 2283 ff.; *Kort* Corporate Gouvernance – Fragen der Größe und Zusammensetzung des Aufsichtsrats bei AG, GmbH und SE AG 2008, 137 ff.; *Köstler* Die Beteiligung der Arbeitnehmer in der Europäischen Aktiengesellschaft nach den deutschen Umsetzungsgesetzen DStR 2005, 745 ff.; *Kuck/Weiss* Der Initiativbericht des Europäischen Parlaments für eine Europäische Privatgesellschaft Der Konzern 2007, 498 ff.; *Leuering* Von Scheinauslandsgesellschaften hin zu „Gesellschaften mit Migrationshintergrund" ZRP 2008, 73 ff.; *Lutter/Hommelhoff/Bearbeiter* Die europäische Gesellschaft, 2005; *Marsch-Barner*, in: Liber amicorum Wilhelm Happ, 2006; *Maul/Röhricht* Die Europäische Privatgesellschaft – Überblick über eine neue supranationale Rechtsform BB 2008, 1574 ff.; *Merkt* Die monistische Unternehmensverfassung der SE im deutschen Recht ZGR 2003, 650 ff.; *Monti* Statut der Europäischen Aktiengesellschaft WM 1997, 607 ff.; *Mutter/Götze* Gedanken zur Corporate Governance des Vorstandes in SE und AG AG 2007, R 291 f.; *Nagel* Ist die Europäische Aktiengesellschaft (SE) attraktiv? DB 2004, 1299 ff.; *Neye/Teichmann* Der Entwurf für das Ausführungsgesetz zur Europäischen Aktiengesellschaft AG 2003, 169, 179; *Oechsler* Die Sitzverlegung der Europäischen Aktiengesellschaft nach Art. 8 SE-VO AG 2005, 373 ff.; *Oetker* Unternehmensmitbestimmung in der SE kraft Vereinbarung ZIP 1006, 1116 ff.; *Redeker* Die SE und ihr Erfolg in der Praxis – eine Zwischenbilanz AG 2006, R 343 ff.; *Reichert* Die SE als Gestaltungsinstrument für grenzüberschreitende Umstrukturierungen Der Konzern 2006, 821 ff.; *Reinhard* Zur Frage, ob die Handelsregistereintragung einer arbeitnehmerlosen Europäischen (Tochter-) Aktiengesellschaft zwingend eine Vereinbarung über die Arbeitnehmerbeteiligung voraussetzt RIW 2006, 68 ff.; *Ringe* Die Sitzverlegung der Europäischen Aktiengesellschaft, Tübingen 2006; *Rödder* Grundfragen der Besteuerung der Europäischen Aktiengesellschaft Der Konzern 2003, 522; *Rödder* Gründung und Sitzverlegung der Europäischen Aktiengesellschaft (SE) DStR 2005, 893; *Rödder/Schumacher* Das kommende SEStEG Teil I: Die geplanten Änderungen des EStG, KStG und AStG – Der Regierungsentwurf eines Gesetzes über steuerliche Begleitmaßnahmen zur Einführung der Europäischen Gesellschaft und zur Änderung weiterer steuerrechtlicher Vorschriften DStR 2006, 1481 ff.; *Rödder/Schumacher* Das kommende SEStEG Teil II: Das geplante neue Umwandlungssteuergesetz – Der Regierungsentwurf eines Gesetzes über steuerliche Begleitmaßnahmen zur Einführung der Europäischen Gesellschaft und zur Änderung weiterer steuerrechtlicher Vorschriften DStR 2006, 1525 ff.; *Rödder/Schumacher* Das SEStEG – Überblick über die endgültige Fassung und die Änderungen gegenüber dem Regierungsentwurf DStR 2007, 369 ff.; *Sanders* Vorentwurf eines Statuts für eine Europäische Aktiengesellschaft AG 1967, 344; *Sanders* Vorentwurf eines Statuts für europäische Aktiengesellschaften, in: Kommission der Europäischen Gemeinschaften, Kollektion Studien, Reihe Wettbewerb Nr. 6, Brüssel 1967; *(Schaumburg*, in: FS für Franz Wassermeyer zum 65. Geburtstag, 2005, 411 ff.); *Scheifele* Die Gründung einer Europäischen Aktiengesellschaft (SE) Frankfurt 2004; *Schlösser* Europäische Aktiengesellschaft und deutsches Strafrecht NZG 2008, 126 ff.; *Schroeter* Vinkulierte Namensaktien in der Europäischen Aktiengesellschaft (SE) AG 2007, 854 ff.; *Schulz/Geismar* Die Europäische Aktiengesellschaft DStR 2001, 1078 ff.; *Schwarz* Zum Statut der Europäischen Aktiengesellschaft ZIP 2001, 1847 ff.; *Seibt* Arbeitnehmerlose Societas Europaea ZIP 2005, 2248 ff.; *Simon/Rubner* Die Umsetzung der Richtlinie

1502 Giedinghagen

A. Einleitung

über grenzüberschreitende Verschmelzungen ins deutsche Recht Der Konzern 2006, 835 ff.; *Teichmann* Fortschritte bei der Europäischen Aktiengesellschaft. Fachtagung der EU-Kommission zu den wesentlichen Regelungsfragen GmbHR 2008, R 113 f.; *Teichmann* Die Einführung der Europäischen Aktiengesellschaft ZGR 2002, 383 ff.; *Thamm* Die Organisationsautonomie der monistischen Societas Europaea bezüglich ihrer geschäftsführenden Direktoren NZG 2008, 132 ff.; *Thibièrge* Le Statut des sociétés étrangères, in: 57 éme Congrès des notaires de France tenu à Tours 1959, Paris 1959, 270 ff., 360 ff.; *Thoma/Leuering* Die europäische Aktiengesellschaft – Societas Europaea NJW 2002, 1449 ff.; *Vossius* Gründung und Umwandlung der deutschen Europäischen Gesellschaft (SE) ZIP 2005, 741 ff.; *Wagner* Die Bestimmung des auf die SE anwendbaren Rechts NZG 2002, 985 ff.; *Wenz* Einsatzmöglichkeiten einer Europäischen Aktiengesellschaft in der Unternehmenspraxis aus betriebswirtschaftlicher Sicht AG 2003, 185 ff.; *Wiesner* Die grenzüberschreitende Verschmelzung und der neue Mitbestimmungskompromiss DB 2005, 91 ff.; *Winter* Planung und Vorbereitung einer grenzüberschreitenden Verschmelzung Der Konzern 2007, 24 ff.; *Wymeersch* The Transfer of the Company's Seat in European Company Law CMLR 2003, 661, 693; *Ziemons* Freie Bahn für den Umzug von Gesellschaften nach Inspire Art?! ZIP 2003, 1913 ff.; *Zwirner/Boecker* Wandlungsbedarf für Aufsichtsräte – Zusammensetzung eines Prüfungsausschusses DB 2008, 2781 ff.

A. Einleitung

Knapp ein halbes Jahrhundert nach den ersten Beratungen über die Rechtsform einer europäischen Aktiengesellschaft (SE) ist die SE den Kinderschuhen entwachsen und hat mittlerweile ihren eigenständigen Platz im Konzert der supranationalen Gesellschaftsformen innerhalb Europas gefestigt. Darüber hinaus hat sie nach anfänglichen Startschwierigkeiten inzwischen auch in Deutschland Fahrt aufgenommen, nicht zuletzt infolge ihrer Adoption durch immer mehr deutsche Großkonzerne.[1]

Seit der formellen Verabschiedung der notwendigen Rechtsgrundlagen für die SE – der Verordnung über das Statut der europäischen Gesellschaft (SE-VO)[2] und der Richtlinie zur Ergänzung des Statuts der Europäischen Gesellschaft hinsichtlich der Beteiligung der Arbeitnehmer (SE-RL)[3] – und deren Inkrafttreten zum 8.1.2004[4] gibt es neben der personalistisch geprägten, ersten

---

[1] Einen guten Überblick über sämtliche (offiziell) geplante, vollzogene sowie gescheiterte SE-Gründungen auf europäischer Ebene, einschließlich derer in Deutschland, vermittelt die Internetseite http://www.worker-participation.eu/european.company/se.companies. Mit Stand Januar 2008 waren danach europaweit 113 europäische Aktiengesellschaften registriert, davon 42 und somit der größte Anteil in Deutschland. Vgl. hierzu auch *Habersack* AG 2009, 1, 5; *Eidenmüller/Engert/Hornuf* AG 2008, 721 ff. und *Bayer/Schmidt* AG-Report 2008, R 31.
[2] Verordnung (EG) Nr. 2157/2001 des Rates v. 8.10.2001 über das Statut der Europäischen Gesellschaft (SE), ABl.EG L 294 v. 10.1.2001, 1 ff.
[3] Richtlinie 2001/86 EG des Rates v. 8.11.2001 zur Ergänzung des Statuts der Europäischen Gesellschaft hinsichtlich der Beteiligung der Arbeitnehmer (SE-RL), ABl.EG L 294 v. 10.10.2001, 22 ff.
[4] Vgl. Art. 70 SE-VO bzw. Art. 14 SE-RL. Die SE-RL ist in Deutschland auf Grundlage des in Art. 2 des Gesetzes zur Einführung der Europäischen Gesellschaft (SEEG), BT-Drs. 15/3405, geregelten und erst zum 22.11.2004 verabschiedeten sowie am 29.12.2004 in Kraft getretenen Gesetzes über die Beteiligung der Arbeitnehmer in einer Europäischen Gesellschaft (SEBG) verspätet in nationales Recht umgesetzt worden, vgl. BGBl. I 2004, 3675, 3686; *Köstler* DStR 2005, 745.

europaweit geschaffenen supranationalen Gesellschaftsform, der Europäischen Wirtschaftlichen Interessenvereinigung (EWIV),[5] und der der Europäischen Genossenschaft (SCE), deren Hauptzweck darin liegt, den Bedarf ihrer Mitglieder zu decken oder deren wirtschaftliche oder soziale Tätigkeiten zu fördern (Art. 1 Abs. 3 SCE-VO),[6] die Grundlagen zur Errichtung einer körperschaftlich organisierten, supranationalen Gesellschaftsform innerhalb Europas.

Wesensprägende Merkmale der supranationalen SE sind der **Numerus Clausus** ihrer Gründungsformen nebst dem in diesem Zusammenhang zu beachtenden **Grundsatz der Mehrstaatlichkeit**, die Möglichkeit ihrer **identitätswahrenden, grenzüberschreitenden Sitzverlegung**, die **Wahlfreiheit** hinsichtlich der Ausgestaltung ihrer inneren Organisation (dualistisches oder monistisches System) sowie die vom europäischen Gesetzgeber eingeräumte Flexibilität hinsichtlich der Ausgestaltung der **Arbeitnehmerbeteiligung**.[7]

B. Übergeordnete Ziele der SE

2   Ausweislich der **SE-VO** soll die Einführung der SE dazu beitragen, den Binnenmarkt zu verwirklichen und damit die wirtschaftliche und soziale Lage in der gesamten Gemeinschaft durch eine gemeinschaftsweite Reorganisation der Produktionsfaktoren zu verbessern (Erwägungsgrund Nr. 1 der SE-VO).[8] Der europäische Gesetzgeber sieht in ihr ein Instrument, das Wirtschaftspotenzial bereits bestehender Unternehmen mehrerer Mitgliedstaaten durch Konzentrations- und Fusionsmaßnahmen zusammenfassen zu können (Erwägungsgrund Nr. 2 der SE-VO). Mit ihr sollen rechtliche, steuerliche und auch psychologische Schwierigkeiten grenzüberschreitender Umstrukturierungs- und Kooperationsmaßnahmen von Unternehmen verschiedener Mitgliedstaaten aufgrund eines vereinheitlichten rechtlichen Rahmens vereinfacht werden

---

[5] EWIV-Verordnung (EWG) Nr. 2137/85 des Rates v. 25.7.1985, ABl.EG L 199 v. 31.7.1985, 1 ff.

[6] SCE-Verordnung (EG) Nr. 1435/2003 des Rates v. 22.7.2003, ABl.EG L 207 v. 18.8.2003, 1 ff.

[7] Im weiteren Verlauf bleiben Ausführungen zu steuerlichen, bilanziellen, insolvenzrechtlichen und konzernrechtlichen Aspekten außer Betracht. Zu bilanziellen Fragestellungen s. etwa *van Hulle/Maul/Drinhausen/Laufermann* 10. Abschn. Rz. 1 ff.; *Lutter/Hommelhoff/Ehricke* SE Art. 61 SE-VO Rz. 188; MünchKomm. AktG/Bd. 9/2/*Fischer* Art. 61 SE-VO Rz. 1 ff.; *Lutter/Hommelhoff/Lutter* SE Einl. SE-VO Rz. 47; zu insolvenzrechtlichen Aspekten vgl. *van Hulle/Maul/Drinhausen/Maul* 11. Abschnitt Rz. 1 ff.; *Lutter/Hommelhoff/Ehricke* SE Art. 63 SE-VO Rz. 188; *Lutter/Hommelhoff/Lutter* SE Einl. SE-VO Rz. 45; zur konzernrechtlichen Einordnung vgl. *van Hulle/Maul/Drinhausen/Maul* 8. Abschn. Rz. 1 ff.; MünchKomm. AktG/Bd. 9/2; *Altmeppen*/Art. 9 SE-VO Anh. 1 Rz. 1 ff.; *Lutter/Hommelhoff/Lutter* SE Einl. SE-VO Rz. 48; *Lutter/Hommelhoff/Teichmann* SE Anh. Art. 43 SE-VO (§ 49 SEAG) Rz. 188; zu steuerrechtlichen Aspekten vgl. *van Hulle/Maul/Drinhausen/Diemer* 9. Abschn. Rz. 1 ff.; MünchKomm. AktG/Bd. 9/2/*Fischer* Rz. 1 ff.; *Förster/Lange* RIW 2002, 585; *Rödder* Der Konzern 2003, 522; *ders.* DStR 2005, 893 ff.; *ders./Schumacher* DStR 2006, 1481 ff.; *dies.* DStR 2006, 1525 ff.; *dies.* DStR 2007, 369 ff.; *Schaumburg* in FS Wassermeyer 2005, S. 411; *Lutter/Hommelhoff/Schön/Schindler* Die SE im Steuerrecht Rz. 1 ff. Zur Nichterstreckung der Vorschriften der SE-VO auf etwaige Rechtsgebiete wie das Steuerrecht, das Wettbewerbsrecht, den gewerblichen Rechtsschutz und das Insolvenzrecht vgl. auch Erwägungsgrund Nr. 20 der SE-VO.

[8] Vgl. auch Art. 14 Abs. 2 EG-Vertrag (EG) sowie *Lutter/Hommelhoff/Maul/Wenz*, 261; MünchKomm. AktG/Bd. 9/2/*Kübler* Einf. Europ. Gesellschaft Rz. 6.

(Erwägungsgrund Nr. 3 und Nr. 4 der SE-VO). Hierzu soll insb. auch die Möglichkeit zur (grenzüberschreitenden) Sitzverlegung beitragen (Erwägungsgrund Nr. 5 der SE-VO).[9] Nicht zuletzt wird mit ihrer Einführung auch eine Gesellschaftsform geschaffen, die nicht nur supranational, sondern auch **suprakontinental**, dh. zB im Vergleich zu US-amerikanischen oder asiatischen Unternehmen, eine erhöhte Aufmerksamkeit und Wettbewerbsfähigkeit erzielen soll.[10]

Ein wenig konterkariert wird die zuvor beschriebene Zielsetzung der übergeordneten Ziele der SE-VO durch die der **SE-RL**. Ihre Regelungen sollen nämlich dazu dienen, trotz Anerkennung der zuvor dargestellten Zielsetzungen der SE-VO die Ziele der Gemeinschaft im sozialen Bereich nicht aus den Augen zu verlieren und diese gleichermaßen zu fördern.

Im Fokus steht dabei die Festlegung besonderer Bestimmungen, insb. auf dem Gebiet der Beteiligung der Arbeitnehmer, die gewährleisten sollen, dass die Gründung einer SE nicht zur Beseitigung oder Einschränkung der in den SE-Gründungsgesellschaften vorherrschenden Gepflogenheiten der **Arbeitnehmerbeteiligung** führt (Erwägungsgrund Nr. 3 der SE-RL).[11] Insoweit sollen die Bestimmungen und Zielsetzungen der SE-VO durch die in der SE-RL aufgestellten Regeln ergänzt werden (Erwägungsgrund Nr. 4 der SE-RL).[12]

C. Historische Entwicklung

Es mussten knapp fünfzig Jahre vergehen, bis sich die Mitgliedstaaten auf **3** eine halbwegs einheitliche Regelung für eine europäische Aktiengesellschaft einigen konnten.[13]

Erste Ansätze zur Schaffung einer supranationalen Rechtsform in Form der europäischen Aktiengesellschaft gab es bereits im Jahre 1959, als der französische Notar *Thibièrge* auf dem Notarkongress in Paris seine Ideen und Überlegungen zur Errichtung einer Art europäischen Aktiengesellschaft vorgetragen hatte.[14] Beauftragt von der Europäischen Kommission kam es sodann durch den niederländischen Handelsrechtler *Sanders* und eine ihm zur Seite stehende Sachverständigengruppe im Jahre 1966 zu einem ersten Vorentwurf eines Sta-

---

[9] Vgl. MünchKomm. AktG/Bd. 9/2/*Kübler* Einf. Europ. Gesellschaft Rz. 6.
[10] Vgl. hierzu *Blanquet* ZGR 2002, 20, 28; *Schwarz* SE-VO Einl. Rz. 10; *van Hulle/Maul/Drinhausen/Wenz* 1. Abschn. Rz. 12. Ausführlich zu den übergeordneten Zielen nebst hierauf bezogener grafischer Darstellung s. a. *van Hulle/Maul/Drinhausen/Wenz* 1. Abschn. Rz. 12 ff.
[11] Zum sog. „Vorher-Nachher-Prinzip" vgl. auch *Nagel/Freis/Kleinsorge/Kleinsorge* 1. Teil Einführung Rz. 23.
[12] Zur gegenseitigen Abhängigkeit von SE-VO und SE-RL sowie der daraus resultierenden Bedeutung für die Auslegung und Anwendung der einzelnen Regelungen s. Begr. RegE SEEG, BT-Drs. 15/3405, 30; *Nagel/Freis/Kleinsorge/Kleinsorge* 1. Teil Einführung Rz. 16; MünchKomm. AktG/Bd. 9/2/*Kübler* Einf. Europ. Gesellschaft Rz. 7.
[13] Ausführliche Darstellungen zur historischen Entwicklung finden sich ua. bei *Nagel/Freis/Kleinsorge/Kleinsorge* 1. Teil Einführung Rz. 1 ff.; *Lange* S. 41 ff.; MünchKomm. AktG/Bd. 9/2/*Oechsler* Vor Art. 1 SE-VO Rz. 1 ff.; *Schwarz* SE-VO Einl. Rz. 2 ff.
[14] *Thibièrge* Le Statut des sociétés étrangères, in : 57 éme Congrès des notaires de France tenu à Tours 1959, Paris 1959, 270 ff., 360 ff.; vgl. hierzu auch *Habersack* § 12 Rz. 1; *Lange* S. 42; *Schwarz* SE-VO Einl. Rz. 2.

tuts für die europäische Aktiengesellschaft, das aus ca. 200 Artikeln und einer ergänzenden Kommentierung zusammengesetzt war.[15]

Auf Grundlage des Vorentwurfs von Sanders aus dem Jahre 1966 kam es anschließend im Jahre 1970 zu einem ersten offiziellen Vorschlag einer SE-VO durch die Europäische Kommission, auf Grundlage des heutigen Art. 308 EG.[16] Im Nachgang zu einer Vielzahl von Stellungnahmen verschiedener Verbände und Gesellschaften wurde der erste VO-Vorschlag der Europäischen Kommission nochmals grundlegend überarbeitet und im Jahre 1975 in zweiter Fassung vorgelegt.[17] Da die Verordnungsvorschläge aus den Jahren 1970 und 1975 eine Vielzahl von Artikeln mit Anhängen vorsahen, die eine einheitliche und umfassende Qualifizierung eines Statuts für eine SE – unter gleichzeitiger Beschränkung so manch nationaler Vorschriften – ermöglichen sollten, kam es zwangsläufig zu vermehrtem Widerstand aus den einzelnen Mitgliedstaaten. Erst in den Jahren 1989 bzw. 1991 kam es sodann zu einem vollständig neu gefassten, überarbeiteten Entwurf eines Statuts für die europäische Aktiengesellschaft.[18] Im Gegensatz zu den ersten Entwürfen aus den Jahren 1970 bzw. 1975 sahen die neuen Vorschläge nicht länger umfassende und europaweit möglichst abschließende Regelungen vor, sondern konzentrierten sich vielmehr darauf, lediglich einen Regelungsrahmen mit einer Vielzahl von Verweisungen auf die nationalen Rechtsvorschriften im Aktienrecht vorzugeben.[19]

Aufgrund weiterer, vorrangig den Bereich der Mitbestimmung und Beteiligung der Arbeitnehmer betreffender Differenzen zwischen den Mitgliedstaaten, kam es letztendlich erst auf dem **Gipfel von Nizza** Ende des Jahres 2000 zur Beseitigung dieser Hürde,[20] mit der Folge, dass nach einem fast halben Jahrhundert die uns heute vorliegenden Fassung der SE-VO letztendlich doch noch verabschiedet werden konnte.[21]

Eine erste Rückkopplung zur praktischen Umsetzbarkeit und Handhabbarkeit des vorgegebenen Rechtsrahmens für die Errichtung einer SE erhielt die Europäische Kommission als Antwort auf das von ihr ausgegebene **Konsultationspapier** der Generaldirektion Binnenmarkt und Dienstleistungen zu den

---

[15] *Sanders* AG 1967, 344; *ders.* Vorentwurf eines Statuts für europäische Aktiengesellschaften, in: Kommission der Europäischen Gemeinschaften, Kollektion Studien, Reihe Wettbewerb Nr. 6, Brüssel 1967; vgl. hierzu auch *Bartone/Klapdor* S. 16 f.; *Habersack* § 12 Rz. 1; *Lange* S. 42 ff.; MünchHdb. GesR/Bd. 4/*Austmann* § 83 Rz. 5; *Schwarz* SE-VO Einl. Rz. 3.

[16] ABl. Nr. C 124/1 v. 10.10.1970; vgl. auch Erwägungsgrund Nr. 9 der SE-VO; MünchHdb. GesR/Bd. 4/*Austmann* § 83 Rz. 6; *Schwarz* SE-VO Einl. Rz. 4.

[17] BT-Drs. 7/3713 v. 30.4.1975; *Habersack* § 12 Rz. 1; *Schwarz* SE-VO Einl. Rz. 4; ausführlich hierzu auch *Lange* S. 45 ff.

[18] ABl. Nr. C 263/41 v. 16.10.1989 (2. Vorschlag); ABl. Nr. C 176/1 v. 8.7.1991 (3. Vorschlag); *Bartone/Klapdor,* S. 17 mwN; *Spindler/Stilz/Casper* SE-VO Art. 1 Rz. 12; *Habersack* § 12 Rz. 1 mwN; ausführlich hierzu auch *Lange* S. 48 ff.

[19] Vgl. Begr. RegE SEEG, BT-Drs. 15/3405, 31.

[20] Geänderter Vorschlag des Rates der Europäischen Union für eine Verordnung des Rates über das Statut der europäischen Aktiengesellschaft – Ausrichtung für eine politische Einigung, Ratsdokument 14886/00 v. 1.2.2001; *Habersack* § 12 Rz. 1; *Hirte* NZG 2002, 1, 5 („Wunder von Nizza"); *Lange* S. 54 ff.; eingehend zur weiteren geschichtlichen Entwicklung s. *Schwarz* Einl. Rz. 5 ff.

[21] Eine synoptische Übersicht über die Umstrukturierungsmöglichkeiten im historischen Entscheidungsprozess der einzelnen VO-Vorschläge zwischen den Jahren 1970 und 2001 findet sich bei *Lange* S. 60 f.

künftigen Prioritäten des Aktionsplans „Modernisierung des Gesellschaftsrechts und Verbesserung der Corporate Governance in der Europäischen Union" vom 20.12.2005. Konkretisiert wurden diese sodann im Rahmen der von ihr am 3.5.2006 organisierten öffentlichen Anhörung über die künftigen Prioritäten des Aktionsplans in Brüssel. Die Ergebnisse der Konsultationen wurden von der Europäischen Kommission schließlich in einem Bericht über das Ergebnis der Konsultation und der Anhörung zu den künftigen Prioritäten des Aktionsplans „Modernisierung des Gesellschaftsrechts und Verbesserung der Corporate Governance in der Europäischen Union" am 7.7.2006 veröffentlicht.[22]

D. Vor- und Nachteile der SE

Ebenso wie bei der Wahl einer anderen Rechtsform stellt sich auch im Vorfeld der Errichtung einer SE die Frage, welche **Vor- und Nachteile** mit dieser supranationalen Rechtsform verbunden sind und ob diese Rechtsform im konkreten Einzelfall geeignet ist, die angestrebten unternehmerischen Vorstellungen und Ziele verwirklichen zu können. Insbesondere wird man sich fragen, welche Vorzüge diese Rechtsform gerade im Vergleich zur deutschen Aktiengesellschaft aufzuweisen hat und ob es sich lohnt, diese europäische Rechtsform der deutschen Aktiengesellschaft mit ihrem recht formalen, damit aber zugleich auch relativ klar abgesteckten Rechtsrahmen vorzuziehen. Immerhin ist wohl die Mehrzahl der deutschen Unternehmen, die die Gründung einer SE in Betracht ziehen, zuvor in der Rechtsform der Aktiengesellschaft organisiert.[23]

In diesem Zusammenhang wird man recht schnell feststellen, dass die SE infolge ihrer Supranationalität und der damit verbundenen, erleichterten Gestaltungsmöglichkeiten ihre Vorteile vorrangig in **grenzüberschreitenden Sachverhaltskonstellationen** und Unternehmensstrukturen ausspielt.

Gebremst wird eine erste Euphorie jedoch dadurch, dass die grundsätzlich vorrangig anzuwendende SE-VO infolge ihrer zahlreichen Verweise auf die jeweiligen nationalen Rechtsvorschriften der Mitgliedstaaten in vielen Konstellationen lediglich einen ersten Rahmen vorgibt, der oftmals durch die nationalen Rechtsvorschriften ihres Sitzstaates ausgefüllt werden muss.[24] Insoweit wird das Recht der SE nur bedingt einheitlich und zentral durch europäische Rechtsvorschriften geregelt. In vielen Fällen ist – ebenso wie im Rahmen der nachfolgenden Ausführungen, ihren Sitz in Deutschland vorausgesetzt – auf sie daher gleichfalls deutsches Aktienrecht anzuwenden wie auf die nationale Aktiengesellschaft. Pauschal davon auszugehen, dass die SE im Vergleich zur deutschen Aktiengesellschaft grundsätzlich die attraktivere Rechtsform darstelle, wäre daher unsachgemäß.

Insgesamt gilt, dass es auch hier im Vorfeld der Entscheidung einer gesonderten **Abwägung** der für und gegen die Wahl dieser Rechtsform sprechenden

---

[22] Sämtliche Dokumentationen hierzu, insb. das Konsultationspapier, die Pressemitteilung, der Webstream für die Anhörung und der Bericht der Zusammenfassung sind abrufbar unter http://ec.europa.eu/internal_market/company/consultation/index_de.htm#consultation.
[23] Vgl. Fn. 1.
[24] Selbstverständlich kann man hierin, je nach Sichtweise, zugleich auch wieder einen Vorteil sehen, da dies auch zugleich wieder interessante Gestaltungsmöglichkeiten ermöglicht, vgl. *Bartone/Klapdor* S. 19.

Argumente – unter Berücksichtigung des angestrebten unternehmerischen Ziels – bedarf.[25] Im Wesentlichen stellen sich die Vor- und Nachteile im Vergleich zur deutschen Aktiengesellschaft, soweit sie sich überhaupt abschließend aufzählen und eindeutig voneinander abgrenzen lassen, wie folgt dar:

I. Vorteile der SE

8
- Imagevorteil durch europäisches Label (SE)
- Internationale Wettbewerbsfähigkeit („Flagschiff des europäischen Gesellschaftsrechts")[26]
- Chancengleichheit für europäische Unternehmen aufgrund eines einheitlichen Regelungsrahmens (SE-VO und SE-RL)
- Möglichkeit zur grenzüberschreitenden Sitzverlegung ohne Liquidation und Neugründung (Satzungssitz)[27]
- Wahlfreiheit bzgl. Führungsstruktur (monistisches oder dualistisches System)[28]
- Größere Flexibilität bei Bestimmung der Zahl der Mitglieder im Aufsichtsorgan bzw. Verwaltungsrat sowie einmalige Festlegung einer bestimmten Mitbestimmungsstruktur, unabhängig von der späteren Anzahl an Mitarbeitern oder geplanten Fusionen[29]
- Größere Flexibilität hinsichtlich der Ausgestaltung der Arbeitnehmerbeteiligung und Mitbestimmung (Grundsatz der Verhandlungsfreiheit)[30]
- Verringerung der Sitze im Aufsichtsrat und damit auch des Einflusses einzelner nationaler Arbeitnehmervertreter; dies erfordert zugleich eine engere Abstimmung und Einigkeit unter den aus verschiedenen Ländern kommenden Arbeitnehmervertretern[31]
- Erleichterung der grenzüberschreitenden Neu- und Umstrukturierung sowie Reorganisation[32]
- Umwandlungsmaßnahmen und Übernahmen zwischen kleinen und größeren Unternehmen können psychologisch auf „Augenhöhe" erfolgen (gemeinsame Schaffung einer SE)[33]
- Kostenreduzierung bei Verwaltungskosten und europaweiten Umstrukturierungsmaßnahmen[34]
- Einheitliches Führungs- und Berichtssystem in allen EU-Mitgliedstaaten[35]
- Einheitliche Finanzaufsicht im Sitzstaat der SE

---

[25] Vgl. *Bartone/Klapdor* S. 19.
[26] So *Hopt* ZIP 1998, 96, 99.
[27] Vgl. Art. 8 SE-VO und §§ 12 ff. SEAG. S. hierzu auch Rz. 56.
[28] Vgl. Begr. RegE SEEG, BT-Drs. 15/3405, 36 ff.
[29] Vgl. hierzu *Spindler/Stilz/Casper* SE-VO Art. 1 Rz. 20; *Lutter/Hommelhoff/Lutter* SE Einl. SE-VO Rz. 41.
[30] Vgl. *Habersack* AG 2009, 1, 5.
[31] Zur Besetzung eines Aufsichtsrats mit ausländischen Arbeitnehmern s. *Lutter/Hommelhoff/Lutter* SE Einl. SE-VO Rz. 41.
[32] Vgl. MünchKomm. AktG/Bd. 9/2/*Kübler* Einf. Europ. Gesellschaft Rz. 8; *Reichert* Der Konzern 2006, 826. Zur grenzüberschreitenden Verschmelzung allgemein s. *Simon/Rubner* Der Konzern 2006, 835 ff.
[33] *Lutter/Hommelhoff/Lutter* SE Einl. SE-VO Rz. 38; *Redeker* AG 2006, R 343, R 345.
[34] Vgl. hierzu *Monti* WM 1997, 607.
[35] *Lutter/Hommelhoff/Lutter* SE Einl. SE-VO Rz. 39; *Wenz* AG 2003, 185, 192 f.

E. Ermächtigungsgrundlage und Rechtsgrundlagen der SE   9–13 § 19

● Sechsjährige Amtsdauer eines Mitglieds des Leitungs- oder Verwaltungsorgans[36]

II. Nachteile der SE

● Keine „einheitliche" SE aufgrund der lediglich fragmentarischen Regelungen auf Ebene der SE-VO und der Vielzahl an Verweisen auf das nationale Aktienrecht   9
● Rechtsform für Großunternehmen (Mindestkapital, unmittelbare Gründung nur durch juristische Personen)[37]
● Erschwerte Rechtsanwendung infolge der ergänzenden Anwendbarkeit verschiedener nationaler Rechtsvorschriften[38]
● Wenig Flexibilität aufgrund gemeinschaftsrechtlicher Satzungsstrenge, Art. 9 lit. b SE-VO
● Rechtliche Unsicherheiten aufgrund diverser Abweichungen in den einzelnen nationalen Rechtsordnungen der Mitgliedstaaten[39]
● Numerus clausus und Erfordernis der Mehrstaatlichkeit bei SE-Gründung[40]
● „Vorher-Nachher"-Prinzip zur Sicherung der Arbeitnehmerbeteiligung und Mitbestimmung führt aufgrund des vorherrschenden hohen Mitbestimmungsstandards in Deutschland zu wenig Gestaltungsspielraum auf unternehmerischer Ebene

E. Ermächtigungsgrundlage und Rechtsgrundlagen der SE

I. Ermächtigungsgrundlage der SE-VO und SE-RL

Ausweislich der Erwägungsgründe Nr. 28 der SE-VO und Nr. 17 der SE-RL ergibt sich sowohl die Befugnis zum Erlass der SE-VO als auch die zum Erlass der SE-RL aus Art. 308 EG. Während die ersten Entwürfe für eine Verordnung aus den Jahren 1970 bzw. 1975 ebenfalls auf die Generalklausel des Art. 308 EG (ex-Art. 235 EGV) als Ermächtigungsgrundlage abstellten, wurden die Entwürfe für ein Statut der europäischen Aktiengesellschaft und für eine Richtlinie zur Regelung eines Verfahrens der Mitentscheidung aus den   13

---

[36] Während § 84 Abs. 1 Satz 1 AktG die Höchstbestelldauer eines Vorstandsmitglieds auf fünf Jahre festlegt, lässt Art. 46 Abs. 1 SE-VO die Bestellung für eine maximale Amtsdauer von sechs Jahren zu, vgl. hierzu *Mutter/Götze* AG 2007, R 291 f.
[37] Vgl. *Spindler/Stilz/Casper* SE-VO Vor Art. 1 Rz. 22. Zur geplanten Einführung einer Europäischen Privatgesellschaft für sog. kleine und mittlere Unternehmen (KMU) s. den Vorschlag für eine Verordnung des Rates über das Statut der Europäischen Privatgesellschaft (KOM (2008) 396) und hierzu *Hommelhoff/Helms* S. 1 ff.; *Hommelhoff/Teichmann* GmbHR 2008, 817 ff.; *Hommelhoff/Teichmann* DStR 2008, 925 ff.; *Giedinghagen* NJW-Spezial 2008, 751 ff. und *Maul/Röhricht* BB 2008, 1574 ff.
[38] Vgl. MünchHdb. GesR/Bd. 4/*Austmann* § 82 Rz. 4.
[39] Vgl. MünchHdb. GesR/Bd. 4/*Austmann* § 82 Rz. 4.
[40] Aufgrund des abschließenden Charakters des Katalogs der fünf Gründungsmöglichkeiten in Art. 2 SE-VO ist die unmittelbare Gründung einer SE durch eine natürliche Person ebenso wenig möglich wie zB die durch Verschmelzung einer GmbH auf eine AG, vgl. Art. 2 Abs. 1 SE-VO.

Jahren 1989 und 1991 auf Art. 95 EG (ex-Art. 100a EGV) bzw. auf Art. 44 Abs. 2 lit. g EG (ex-Art. 54 Abs. 3 lit. g EGV) als den spezielleren Regelungen zur Angleichung der Rechtsvorschriften gestützt.[41] Im Gegensatz zu den Vorschriften des Art. 95 EG bzw. Art. 44 Abs. 2 lit. g EG, die dem Europäischen Parlament iRd. Gesetzgebungsverfahrens nach **Art. 251 EG** ein Mitentscheidungsrecht einräumen, gewährt die Vorschrift des **Art. 308 EG** dem Europäischen Parlament iRd. Gesetzgebungsverfahrens lediglich ein Anhörungsrecht.[42] Infolgedessen kam es im Verlaufe des Gesetzgebungsverfahrens auf europäischer Ebene nahezu zwangsläufig zu einem Konflikt zwischen dem Europäischen Rat und dem Europäischen Parlament darüber, welche Rechtsnorm nunmehr die zutreffende Ermächtigungsgrundlage für den Erlass der SE-VO und der SE-RL verkörpere. Die Beilegung des Konflikts endete vorläufig damit, dass eine bereits gegen die Wirksamkeit der SE-VO vorbereitete Klage des Europäischen Parlaments iSd. Art. 230 Abs. 2 EG (Nichtigkeitsklage) von diesem schließlich nicht mehr eingereicht wurde, um das bis dato bereits ohnehin zeitraubende Projekt SE nicht noch länger zeitlich zu gefährden.[43]

Letztendlich kam es aber mit **Entscheidung des Europäischen Gerichtshofes** vom 2. 5. 2006 doch noch zu einer verbindlichen und endgültigen Klärung der zuvor aufgeworfenen Rechtsfrage, welche Ermächtigungsgrundlage zum Erlass einer derartigen Verordnung heranzuziehen sei. Das Europäische Parlament hatte nunmehr am 15. 10. 2003 gegen die ebenfalls auf Grundlage des Art. 308 EG erlassene Verordnung (EG) Nr. 1435/2003 des Rates vom 22. 7. 2003 über das Statut der Europäischen Genossenschaft (SCE) Klage beim Europäischen Gerichtshof eingereicht.[44] In seiner diesbezüglichen Entscheidung kam der Europäische Gerichtshof sodann zu dem Schluss, dass nicht Art. 95 EG, sondern Art. 308 EG die einschlägige Ermächtigungsgrundlage zum Erlass der SCE-VO sei.[45]

II. Die zentralen Rechtsgrundlagen der SE

1. SE-VO und SEAG

14 a) **SE-VO.** Die SE-VO regelt ausschließlich das Gesellschaftsrecht der SE (Gründung, Struktur, Organe der SE).[46] Sie ist eine **Verordnung** iSd. Art. 249 Abs. 2 EG; daher kommt ihr in allen Mitgliedstaaten eine allgemeine, verbindliche und unmittelbare Wirkung zu.[47]

---

[41] Vgl. hierzu *Spindler/Stilz/Casper* SE-VO Vor Art. 1 Rz. 16 sowie die ausführliche Darstellung bei *Schwarz* SE-VO Einl. Rz. 29 f.
[42] *Schwarz* SE-VO Einl. Rz. 29.
[43] Vgl. hierzu MünchKomm. AktG/Bd. 9/2/*Oechsler* Vor Art. 1 SE-VO Rz. 4; *Schwarz* SE-VO Einl. Rz. 29. Missverständlich MünchKomm. AktG/Bd. 9/2/*Oechsler* Vor Art. 1 SE-VO Rz. 2, der weiterhin Art. 44 Abs. 2 lit. G EG als Ermächtigungsgrundlage für die SE-RL angibt.
[44] ABl.EG C 289 v. 29. 11. 2003, 16.
[45] EuGH v. 2. 5. 2006 – C 436/03, ABl. C 143 v. 17. 6. 2006, 4.
[46] Begr. RegE SEEG, BT-Drs. 15/3405, 30.
[47] Begr. RegE SEEG, BT-Drs. 15/3405, 30; MünchHdb. GesR/Bd. 4/*Austmann* § 82 Rz. 10.

Wie bereits angedeutet, stellt die SE-VO – abweichend von den ersten Entwürfen aus den Jahren 1970 und 1975 – nicht ein voll umfängliches, nahezu abschließendes Regelungswerk, sondern vielmehr eine Art **Rahmenregelung mit Verweisungstechnik** dar, mit der Folge, dass trotz ihres supranationalen Anwendungscharakters oftmals weiterhin das nationale Recht der einzelnen Mitgliedstaaten Anwendung findet.[48] Insoweit ist es keineswegs unberechtigt, die SE-VO auch als gesetzgeberischen „Flickenteppich" zu bezeichnen.[49] Im Umgang mit den verschiedenen Rechtsvorschriften und Regelungen in der Praxis ist es daher unerlässlich, die jeweiligen nationalen Rechtsvorschriften des Sitzstaates der SE ergänzend zur Hand zu nehmen.

Zur Bestimmung der auf die SE anwendbaren Vorschriften gilt es zwischen dem Zeitraum bis zur wirksamen SE-Gründung und dem ab Eintragung der SE in das Register ihres Sitzstaates und damit ab dem Zeitpunkt ihres wirksamen Bestehens zu unterscheiden:

aa) Zeitraum bis zur wirksamen SE-Gründung. Im Zeitraum bis zur wirksamen SE-Gründung, dh. bis zum Zeitpunkt der Eintragung der SE in das zuständige Register ihres Sitzstaates, finden auf die entstehende SE zunächst die ohnehin primär anzuwendenden Vorschriften der SE-VO Anwendung, ergänzt um die des nationalen Rechts des Staates, in dem die SE ihren künftigen Sitz einnehmen wird, vgl. Art. 15 Abs. 1 SE-VO.

Für die Gründungsgesellschaften der SE gelten in diesem Zeitraum zunächst die Vorschriften der SE-VO, die sich auf die Gründung beziehen, insb. also die der **Art. 17 ff. SE-VO**, ergänzt um die Vorschriften des für die Gründungsgesellschaften jeweils maßgeblichen nationalen Rechts, vgl. hierzu etwa die ausdrücklichen Verweisungsnormen des **Art. 18 SE-VO** für die Gründung durch Verschmelzung oder die des **Art. 36 SE-VO** für die Gründung einer Tochter-SE.[50] Dasselbe hat trotz des Fehlens weiterer ausdrücklicher Verweisungsvorschriften in der SE-VO auch für die anderen Gründungsformen iSd. Art. 2 SE-VO zu gelten.[51]

bb) Zeitraum nach wirksamer SE-Gründung. Für den Zeitraum ab der wirksamen Gründung der SE, dh. mit Eintragung der SE in das zuständige Register ihres Sitzstaates, bestimmt sich die Hierarchie der anwendbaren Rechtsnormen – abgesehen von einzelnen Spezialverweisungen in der SE-VO –[52] ausschließlich nach den Vorgaben des **Art. 9 Abs. 1 SE-VO**:[53]

Auf erster Stufe stehen auch hier wiederum die Regelungen der SE-VO, vgl. Art. 9 Abs. 1 lit. a SE-VO, auf zweiter Stufe gefolgt von den SE-Vorschriften über Satzungsregelungen, zu denen die SE-VO die Gesellschafter der SE ausdrücklich ermächtigt hat, vgl. Art. 9 Abs. 1 lit. b SE-VO. Nachfolgend hierzu

---

[48] Vgl. Begr. RegE SEEG, BT-Drs. 15/3405, 30; *Schwarz* SE-VO Einl. Rz. 46 ff.
[49] Vgl. *Schwarz* SE-VO Einl. Rz. 31.
[50] Vgl. MünchHdb. GesR/Bd. 4/*Austmann* § 82 Rz. 2; *van Hulle/Maul/Drinhausen/ Drinhausen/Teichmann* 3. Abschn. Rz. 6.
[51] Teilweise wird dies aus einer allgemeinen Systematik der SE-VO, teilweise auch aus einer Analogie zu den Vorschriften der Art. 18 und 36 SE-VO abgeleitet, vgl. hierzu *van Hulle/Maul/Drinhausen/Drinhausen/Teichmann* 3. Abschn. Rz. 6; *Lutter/Hommelhoff/ Bayer* Europ. Ges. S. 60; *Schwarz* Art. 37 SE-VO Rz. 10.
[52] So zB Art. 5 SE-VO, Art. 51 SE-VO und Art. 53 SE-VO; vgl. hierzu auch *Lutter/ Hommelhoff/Hommelhoff* Europ. Ges. S. 15.
[53] Vgl. *van Hulle/Maul/Drinhausen/Teichmann* 3. Abschn. Rz. 7; MünchHdb. GesR/ Bd. 4/*Austmann* § 82 Rz. 11; *Schwarz* SE-VO Einl. Rz. 40 ff.

finden sodann die mitgliedstaatlichen Vorschriften in folgender Reihenfolge Anwendung: Zunächst gelten die Vorschriften der speziellen nationalen SE-Ausführungsgesetze im Sitzstaat der SE, für eine SE mit Sitz in Deutschland also die Vorschriften der §§ 1 ff. SEAG und §§ 1 ff. SEBG, vgl. Art. 9 Abs. 1 lit. c) i SE-VO. Diesen wiederum sind auf nächster Stufe die Vorschriften des allgemeinen, nationalen Aktienrechts im Sitzstaat der SE nachgeschaltet, vgl. Art. 9 Abs. 1 lit. c) ii SE-VO. Abgeschlossen wird diese Normenpyramide schließlich durch die SE-Satzungsregelungen, die nach dem nationalen Aktienrecht des Sitzstaates zulässig sind und auf die in der SE-VO nicht ausdrücklich Bezug genommen wird, vgl. Art. 9 Abs. 1 lit. c) iii SE-VO.[54] Streng genommen nimmt die Vorschrift des Art. 9 Abs. 1 SE-VO somit auf **fünf verschiedene Regelungsebenen** Bezug.[55]

Anknüpfungspunkt für das jeweils anwendbare Recht des Mitgliedstaates auf eine wirksam errichtete SE ist somit ihr **(Satzungs-)Sitz**.[56] Infolge der Vielzahl an dynamischen Verweisungen auf die entsprechenden Vorschriften des nationalen Rechts des Sitzstaates der SE ist zum einen gewährleistet, dass das jeweils aktuelle Recht des Sitzstaates auf die bestehende SE Anwendung findet, zum anderen zugleich aber auch, dass ein Standortwettbewerb zwischen den einzelnen Mitgliedstaaten eröffnet ist (sog. forum shopping).[57]

b) SEAG

17 Mit Verabschiedung des SE-Ausführungsgesetzes vom 22. 12. 2004 und dessen Inkrafttreten am 29. 12. 2004 (**SEAG**)[58] hat der deutsche Gesetzgeber Regelungen erlassen, die dazu dienen, auf Grundlage einzelner Ermächtigungsnormen der SE-VO (vgl. Art. 24 Abs. 2, 34 und 43 Abs. 4 SE-VO) bestimmte Regelungsinhalte aus der SE-VO auf nationaler Ebene umsetzen zu können. Aufgrund der zahlreichen Regelungsaufträge und Wahlrechte der SE-VO war die Verabschiedung eines gesonderten Ausführungsgesetzes unumgäng-

---

[54] Auf eine in Deutschland ansässige SE findet somit § 23 Abs. 5 AktG unmittelbar Anwendung, vgl. *Habersack* § 12 Rz. 6 Fn. 31. Aufgrund der damit vorherrschenden Satzungsstrenge und einem möglicherweise daraus resultierenden Nachteil Deutschlands im Standortwettbewerb s. *Lutter/Hommelhoff/Hommelhoff*, Europ. Ges. S. 18. Zur Konformität zwischen einer Vereinbarung über die Beteiligung der Arbeitnehmer iSd. § 21 SEBG und den Festsetzungen in der SE-Satzung sowie zur umstr. Qualifizierung der Vereinbarung iSd. § 21 SEBG als eigenständiger Rechtsquelle im Geflecht der Rechtsnormen vgl. Art. 12 Abs. 4 SE-VO sowie *Habersack* § 12 Rz. 6; *Lutter/Hommelhoff/Hommelhoff* Europ. Ges. S. 16; *Schwarz* Art. 12 SE-VO Rz. 31 ff.

[55] So auch MünchHdb. GesR/Bd. 4/*Austmann* § 82 Rz. 11; vgl. hierzu auch *van Hulle/Maul/Drinhausen/Drinhausen/Teichmann* 3. Abschn. Rz. 7 ff.; *Habersack* § 12 Rz. 6; *Lutter/Hommelhoff/Hommelhoff* Europ. Ges. S. 15; *Schmitt/Hörtnagl/Stratz/Hörtnagl* Vorb. R z. 2; *Wagner* NZG 2002, 985, 986; aA *Spindler/Stilz/Casper* Art. 9 Rz. 5; *Lutter/Hommelhoff/Lutter* SE Einl. SE-VO Rz. 30; MünchKomm. AktG/Bd. 9/2/*Schäfer* Art. 9 SE-VO Rz. 21: Vierstufigkeit der Rechtsquellen. Zur Auslegung der Vorschriften der SE-VO s. MünchHdb. GesR/Bd. 4/*Austmann* § 82 Rz. 12 ff.; *Spindler/Stilz/Casper* SE-VO Art. 9 Rz. 16 ff.

[56] Vgl. Art. 15 SE-VO sowie *Schwarz* SE-VO Einl. Rz. 130 f.

[57] *Schmitt/Hörtnagl/Stratz/Hörtnagl* Vorb. SE-VO Rz. 5; *Schwarz* SE-VO Einl. Rz. 133.

[58] Art. 1 des SEEG v. 22. 12. 2004 (BGBl. I 2004, 3675), zuletzt geändert durch Artikel 18 des Gesetzes v. 23. 10. 2008 (BGBl. I 2026). Im Rahmen der letzten Änderungen wurden insbesondere § 2 SEAG und § 42 SEAG ersatzlos gestrichen.

E. Ermächtigungsgrundlage und Rechtsgrundlagen der SE 18 § 19

lich.[59] Von zentraler Bedeutung sind insoweit vor allem die Vorschriften zur erstmaligen Einführung eines monistischen Verwaltungssytems, zur Gründung einer SE-Holding sowie zum Minderheitenschutz.[60] Der Geltungsbereich des SEAG erstreckt sich gem. § 1 SEAG sowohl auf eine in Deutschland ansässige SE als auch auf die an der Gründung einer künftig in einem anderen Mitgliedstaat ansässigen SE beteiligten Gründungsgesellschaften, die ihren Sitz in Deutschland haben. Letzteres gilt vorbehaltlich einer vorrangigen Regelung in der SE-VO.[61]

Das SEAG selbst ist in **fünf Abschnitte** mit mehreren Unterabschnitten gegliedert. Im Anschluss an den ersten Abschnitt mit allgemeinen Vorschriften zum Geltungsbereich, zum Sitz, zur Eintragung und zu entsprechenden Zuständigkeiten (§§ 1 bis 4 SEAG) folgt ein zweiter Abschnitt mit speziellen Regelungen zum Gläubiger- bzw. Minderheitenschutz im Rahmen einer SE-Gründung durch Verschmelzung (§§ 5 bis 8 SEAG) und einer SE-Holding-Gründung (§§ 9 bis 11 SEAG). Der dritte Abschnitt befasst sich sodann mit Vorschriften zum Gläubiger- bzw. Minderheitenschutz im Rahmen einer SE-Sitzverlegung (§§ 12 bis 14 SEAG), während der vierte Abschnitt eine Vielzahl an Regelungen zur inneren Organisationsstruktur und zum Aufbau einer in Deutschland ansässigen SE enthält (§§ 15 bis 51 SEAG), schwerpunktmäßig mit Vorgaben zur erstmaligen Einführung und Regelung eines monistischen Verwaltungssystems im deutschen Gesellschaftsrecht (§§ 20 bis 49 SEAG). Zum Ende hin finden sich noch zwei kurze Abschnitte – mit jeweils nur einer Vorschrift – betreffend die Auflösung einer SE bei Auseinanderfallen von Satzungs- und Verwaltungssitz (§ 52 SEAG) sowie die entsprechende Anwendung von einzelnen Straf- und Bußgeldvorschriften des deutschen AktG (§ 53 SEAG).

2. SE-RL und SEBG

a) SE-RL

Im Gegensatz zur SE-VO handelt es sich bei der **SE-RL** über die Beteiligung der Arbeitnehmer um eine europäische Richtlinie. Im Unterschied zu einer europäischen Verordnung entfaltet eine europäische Richtlinie grundsätzlich keine unmittelbare Wirkung im nationalen Recht. Vielmehr sind die einzelnen Mitgliedstaaten nach Art. 249 Abs. 3 EG verpflichtet, innerhalb eines bestimmten Zeitraums die dort getroffenen Regelungen in nationales Recht umzusetzen.[62] 18

In Deutschland ist die notwendige Umsetzung der Richtlinie in nationales Recht mit Verabschiedung des Gesetzes über die Beteiligung der Arbeitnehmer in einer europäischen Gesellschaft (**SEBG**) vom 22. 12. 2004 und dessen Inkrafttreten am 29. 12. 2004 erfolgt.[63]

---

[59] So die Begr. RegE SEEG, BT-Drs. 15/3405, 30 f.; s. a. MünchHdb. GesR/Bd. 4/ *Austmann* § 82 Rz. 10 mit konkreten Beispielen.
[60] Vgl. *van Hulle/Maul/Drinhausen/Drinhausen* 3. Abschn. Rz. 9; *Nagel/Freis/Kleinsorge/Kleinsorge* Einf. Rz. 57 ff.
[61] Vgl. Begr. RegE SEEG, BT-Drs. 15/3405, 30 f.; *van Hulle/Maul/Drinhausen/Drinhausen* 3. Abschn. Rz. 9.
[62] Vgl. Begr. RegE SEEG, BT-Drs. 15/3405, 30; *Manz/Mayer/Schröder/Schröder/Fuchs* Teil A-Vorbemerkungen Rz. 49.
[63] Art. 2 des SEEG v. 22. 12. 2004 (BGBl. I 2004, 3675, 3686).

Giedinghagen 1513

Die SE-RL regelt ausschließlich Vorgaben zur Gewährleistung der Arbeitnehmerbeteiligung in der SE und hat primär die Phase bis zum Abschluss der Gründung einer SE im Fokus.[64] Insoweit stellt sie eine untrennbare Ergänzung der SE-VO dar (Erwägungsgrund Nr. 19 der SE-VO).[65]

b) SEBG

19 Das **SEBG** gliedert sich in fünf Teile, die teilweise wiederum in mehrere Kapitel, Abschnitte und Unterabschnitte unterteilt sind:
Im ersten Teil des SEBG nehmen allgemeine Vorschriften Stellung zu gesetzgeberischen Zielsetzungen, Definitionen einzelner Begriffe sowie zum Geltungsbereich des SEBG (§§ 1 bis 3 SEBG). Der zweite Teil befasst sich sodann mit der Bildung, Zusammensetzung und Wahl eines sog. besonderen Verwaltungsgremiums sowie mit der näheren Ausgestaltung des Verhandlungsverfahrens über die Beteiligung der Arbeitnehmer zwischen den Leitungen der an der SE-Gründung beteiligten Gründungsgesellschaften und dem zuvor erwähnten besonderen Verhandlungsgremium (§§ 4 bis 20 SEBG). Anschließend folgt mit Teil drei einer der zentralen Regelungsabschnitte des SEBG: Dieser enthält zT detaillierte Regelungen zur ausreichenden Sicherung der Beteiligung der Arbeitnehmer in der SE, ausgehend vom Grundsatz der Beteiligung der Arbeitnehmer kraft Vereinbarung (§ 21 SEBG) bis hin zu gesetzlichen Auffangregelungen, die im Falle eines Scheiterns der zuvor genannten Vereinbarung den betroffenen Arbeitnehmern der SE ein Mindestmaß an Beteiligungsrechten garantieren sollen (§§ 22 bis 39 SEBG). Im weiteren Verlauf folgen sowohl Bestimmungen über Grundsätze der Zusammenarbeit und zum Errichtungs- und Tätigkeitsschutz von Mitgliedern des SE-Betriebsrats (§§ 40 bis 44 SEBG) als auch Straf- und Bußgeldvorschriften nebst einer gesonderten Regelung zur Abgrenzung des (sachlichen) Anwendungsbereiches des SEBG von anderen nationalen Vorschriften des Arbeitsrechts (§§ 45 bis 47 SEBG).[66]

F. Gründung der SE

I. Allgemeines

1. Anwendbare Vorschriften

25 Die Voraussetzungen und das Verfahren zur Gründung einer SE mit Sitz in Deutschland richten sich primär nach den Art. 2, 3, 15 ff. SE-VO und §§ 5 SEAG. Ergänzend finden die entsprechenden nationalen Vorschriften über die Gründung einer Aktiengesellschaft Anwendung, insb. also die des AktG und UmwG.
Der Einstieg in eine SE-Gründung hat zwingend über die Anwendung der Art. 2 und 3 SE-VO zu erfolgen. Es muss eine der in dem Katalog des Art. 2

---

[64] Vgl. Begr. RegE SEEG, BT-Drs. 15/3405, 43; MünchKomm. AktG/Bd. 9/2/*Jacobs*, Vor § 1 SEBG, Rz. 27 mwN.
[65] Begr. RegE SEEG, BT-Drs. 15/3405, 30; MünchKomm. AktG/Bd. 9/2/*Kübler*, Europ. Gesellschaft Einf., Rz. 35.
[66] Vgl. hierzu auch Begr. RegE SEEG, BT-Drs. 15/3405, 43.

und 3 SE-VO abschließend aufgeführten Konstellationen erfüllt sein, um eine SE wirksam gründen zu können.[67]

2. Gründungsberechtigung

a) Grundlegende Voraussetzungen

Der in Art. 2 und 3 SE-VO aufgeführte Katalog der Gründungsformen enthält vier grundlegende Elemente, die grundsätzlich im Rahmen einer jeden SE-Gründung zu beachten sind: **26**
(1) Art. 2 und 3 SE-VO enthalten eine abschließende Aufzählung der Gründungsformen (**Numerus clausus der Gründungsformen**). Abgesehen vom Sonderfall der sog. sekundären SE-Gründung, also der Gründung einer Tochter-SE durch eine bereits existierende SE (vgl. Art. 3 Abs. 2 SE-VO),[68] ist die (primäre) Gründung einer SE lediglich dann möglich, wenn eine der in Art. 2 SE-VO aufgeführten vier Varianten erfüllt ist.[69]
(2) Des Weiteren wird die Gründung einer SE geprägt von der Einhaltung eines grenzüberschreitenden Elements (**Grundsatz der Mehrstaatlichkeit**). Danach haben die Gründungsgesellschaft(en) je nach Gründungsform entweder selbst oder über Tochtergesellschaften bzw. Niederlassungen eine grenzüberschreitende Gesellschaftsstruktur aufzuweisen.[70]
(3) Darüber hinaus sind – abgesehen von der Ausnahme in Art. 2 Abs. 5 SE-VO – lediglich die Gesellschaften zur unmittelbaren SE-Gründung berechtigt, die auch selbst nach dem Recht eines Mitgliedstaates der EU gegründet worden sind und sowohl ihren satzungsmäßigen Sitz als auch den ihrer Hauptverwaltung (Verwaltungssitz) in einem Mitgliedstaat der EU haben (**Zugehörigkeit zur Gemeinschaft**).[71]
(4) Zu guter Letzt werden nur bestimmte Gesellschaftsformen als Gründungsgesellschafter einer SE zugelassen (**Gründerfähigkeit**).[72]

b) Sinn und Zweck

Sinn und Zweck des zum einen abschließenden Charakters der Gründungsformen und der zum anderen grenzüberschreitenden Gesellschaftsstruktur (eine schlicht wirtschaftliche oder vertragsrechtliche grenzüberschreitende Verbindung genügt nicht)[73] der einzelnen Gründer im Zeitpunkt der Gründung der SE ist es, die SE als supranationale Rechtsform von der rein nationalen Aktiengesellschaft ab- und die Gründung der SE auf grenzüberschreitende **27**

---

[67] Vgl. *Schwarz* Art. 2 SE-VO Rz. 1.
[68] Zur sog. sekundären Gründungsform vgl. auch *Casper* AG 2007, 97, 98; *Schwarz* Art. 2 SE-VO Rz. 2.
[69] Zur historischen Entwicklung und zur Kritik am Mehrstaatenerfordernis sowie zu seiner Abmilderung im Verlauf der verschiedenen SE-VO-Entwurfsvorschläge s. *Casper* AG 2007, 97, 98 f.; ausführlich hierzu s. a. *Schwarz* Art. 2 SE-VO Rz. 4 ff.
[70] Siehe näher hierzu *Schwarz* Art. 2 SE-VO Rz. 43 ff. Abweichend hierzu die wohl künftige Rechtslage für die SPE. Hier soll nach derzeitigem Stand kein grenzüberschreitendes Element notwendig sein, vgl. KOM (2008) 396, 3; *Giedinghagen* NJW-Spezial 2008, 751; krit. *Hommelhoff/Teichmann* GmbHR 2008, 897, 900.
[71] Vgl. *Schwarz* Art. 2 SE-VO Rz. 33 ff.
[72] Vgl. *Schwarz* Art. 2 SE-VO Rz. 20 ff.
[73] Vgl. *Manz/Mayer/Schröder/Schröder* Art. 2 SE-VO Rz. 37.

Sachverhalte begrenzen zu können.[74] Es soll vermieden werden, dass der Rechts- und Geschäftsverkehr über die Größe und Tragweite der europäischen Aktiengesellschaft getäuscht wird. Strenge Vorschriften des nationalen Gesellschafts- und/oder Mitbestimmungsrechts könnten infolge einer SE-Gründung umgangen werden.[75]

Trotz der im Verlaufe des langjährigen Gesetzgebungsverfahrens immer weiter abgesenkten Anforderungen an den Numerus clausus und den Grundsatz der Mehrstaatlichkeit bleibt die unmittelbare Gründung einer SE durch eine **natürliche Person** jedoch ebenso ausgeschlossen wie die unter unmittelbarer Beteiligung einer **Nicht-EU-Gesellschaft**.[76] Ebenso verwehrt bleibt es einer nationalen Gesellschaft, unmittelbar als **Alleingründerin** eine (Tochter)-SE zu gründen, es sei denn, es handelt sich bei der Gründungsgesellschaft um eine bereits existierende SE, vgl. Art. 2 Abs. 3, 3 Abs. 2 SE-VO.[77]

II. Gründungsformen und Gründungsverfahren[78]

1. SE-Gründung durch Verschmelzung

a) Gründungsform gem. Art. 2 Abs. 1 SE-VO

28   Art. 2 Abs. 1 SE-VO iVm. Art. 17 ff. SE-VO, §§ 5 ff. SEAG sehen vor, dass Aktiengesellschaften, die nach dem Recht eines Mitgliedstaats gegründet worden sind und sowohl ihren Satzungs- als auch ihren Verwaltungssitz in der Europäischen Gemeinschaft haben, eine SE im Wege der **Verschmelzung** gründen können, wenn mindestens zwei der Aktiengesellschaften dem Recht verschiedener Mitgliedstaaten unterliegen.

Die Gründungsform der Verschmelzung steht somit ausschließlich Aktiengesellschaften offen,[79] und zwar in folgenden Variationen:

---

[74] Vgl. *Casper* AG 2007, 97 ff., der sich ausführlich mit Sinn und Zweck dieser beiden Grundvoraussetzungen befasst; *Schwarz* Art. 2 SE-VO Rz. 11 ff. und Art. 4 SE-VO Rz. 3: die Regelung zum Mindestkapital gilt als Schutzschranke vor dem Ausweichen nationaler AGs auf die Form der SE.

[75] Vgl. *Scheifele*, Die Gründung einer Europäischen Aktiengesellschaft (SE), S. 68 ff.; *Manz/Mayer/Schröder/Schröder* Art. 2 SE-VO Rz. 42 ff.; *Schwarz* Art. 2 SE-VO Rz. 17 ff.

[76] Natürliche Personen können erst nach wirksamer SE-Gründung oder durch späteren Anteilserwerb an einer SE beteiligt werden, vgl. hierzu *Casper* AG 2007, 97, 98; *Hirte* DStR 2005, 653, 655 f.; *Manz/Mayer/Schröder/Schröder* Art. 2 SE-VO Rz. 24; MünchHdb. GesR/Bd. 4/*Austmann* § 83 Rz. 1; *Schwarz* Art. 2 SE-VO Rz. 28 f. Von der Ermächtigung in Art. 2 Abs. 5 SE-VO, auch eine nicht in einem Mitgliedstaat der EU mit ihrer Hauptverwaltung ansässige Gesellschaft als Gründerin zuzulassen, hat Deutschland keinen Gebrauch gemacht, vgl. *Manz/Mayer/Schröder/Schröder* Art. 2 SE-VO Rz. 78 mwN; *Schmitt/Hörtnagl/Stratz/Hörtnagl* SE-VO Art. 2 Rz. 46; *Schwarz* Art. 2 SE-VO Rz. 106 ff. Die Möglichkeit zur Einbringung eines solchen Unternehmens im Wege der Sacheinlage bleibt hiervon jedoch unberührt, vgl. *Hirte* NZG 2002, 1; *Schwarz* Art. 2 SE-VO Rz. 42. Anders bei der künftigen SPE s. *Giedinghagen* NJW-Spezial 2008, 751.

[77] *Manz/Mayer/Schröder/Schröder* Art. 2 SE-VO Rz. 24. Zur SE-Gründung durch eine deutsche Aktiengesellschaft im Wege des Formwechsels s. Rz. 43 ff.

[78] Für eine vertiefte Analyse der einzelnen Gründungsverfahren s. zB die Darstellungen bei *Drees*, S. 39 ff.; *Manz/Mayer/Schröder/Schröder* Art. 15 SE-VO bis Art. 37 SE-VO; *Schwarz* Art. 15 ff. SE-VO; *van Hulle/Maul/Drinhausen/Teichmann* 4. Abschn. Rz. 1 ff.

[79] Darunter fällt nach hM auch eine bereits existierende SE, weil sie gem. Art. 9 Abs. lit. c bzw. Art. 10 SE-VO in ihrem Sitzstaat als Aktiengesellschaft anzusehen ist;

F. Gründung der SE   29–31   § 19

Zum einen durch **Aufnahme** des gesamten Vermögens der übertragenden   29
Gesellschaft durch die bereits bestehende, aufnehmende Gründungsgesellschaft
erfolgen, mit der Folge, dass die übertragende Gründungsgesellschaft erlischt,
ihre Aktionäre Anteile an der aufnehmenden Gründungsgesellschaft erhalten
und diese sodann – im Wege eines zwangsläufig zwischengeschalteten und
identitätswahrenden Formwechsels[80] – mit Eintragung die Form der SE annimmt, vgl. Art. 17 Abs. 2 lit. a), 29 Abs. 1 SE-VO;

zum anderen durch **Neugründung** mittels Übertragung des gesamten Ver-   30
mögens der Gründungsgesellschaften auf eine neu gegründete Gesellschaft
erfolgen, mit der Folge, dass die übertragenden Gründungsgesellschaften erlöschen, die Aktionäre der Gründungsgesellschaften Anteile an der neu gegründeten Gesellschaft erhalten und die neu gegründete Gesellschaft unmittelbar die Form der SE annimmt, vgl. Art. 17 Abs. 2 lit. b), 29 Abs. 2 SE-VO.[81]

Darüber hinaus ist die Einhaltung einer Zwei-Jahres-Frist oder sonstigen
Voraussetzungen nach hM grundsätzlich nicht notwendig.[82] Etwas anderes hat
lediglich bei einer Verschmelzung durch Aufnahme einer unmittelbar oder
mittelbar hundertprozentigen ausländischen Tochtergesellschaft zu gelten. Ansonsten wäre Art. 2 Abs. 4 SE-VO leichtfertig zu umgehen.[83]

b) Gründungsverfahren gem. Art. 17 ff. SE-VO

aa) Anwendbare Vorschriften. Auf das Gründungsverfahren im Wege der   31
Verschmelzung finden primär die Vorschriften der **Art. 17 ff. SE-VO** und ergänzend die Vorschriften des nationalen Rechts des künftigen Sitzstaates der zu
gründenden SE Anwendung, vgl. **Art. 15 Abs. 1 SE-VO**. Auf die an der
Verschmelzung beteiligten Gründungsgesellschaften finden zunächst ebenso
die Vorschriften der Art. 17 ff. SE-VO Anwendung. Infolge ausdrücklicher
Verweisung des **Art. 18 SE-VO** werden sie ergänzt um die nationalen (Ver-
schmelzungs-) Vorschriften des Mitgliedstaates, in dem sich der Sitz der jeweiligen Gründungsgesellschaft befindet.[84]

---

vgl. *Reichert* Der Konzern 2006, 821/827; MünchKomm. AktG/Bd. 9/2/*Schäfer* Art. 66
SE-VO Rz. 1. Ebenfalls erfasst ist nach hM die KGaA, vgl. MünchHdb. GesR/Bd. 4/
Austmann § 83 Rz. 1 mwN. Zur Möglichkeit der Umwandlung einer SE in eine dem
Recht ihres Sitzstaates unterliegende Aktiengesellschaft nach Ablauf einer Sperrfrist von
zwei Jahren vgl. MünchKomm. AktG/Bd. 9/2/*Schäfer* Art. 66 SE-VO Rz. 1 ff.

[80] Vgl. *Spindler/Stilz/Casper* Art 17 SE-VO Rz. 2.

[81] Zu den Verschmelzungsarten s. a. *Schwarz* Art. 17 SE-VO Rz. 4 ff. Eine Sitzverlegung im unmittelbaren Zusammenhang mit dem Formwechsel ist unzulässig, vgl.
Art. 37 Abs. 3 SE-VO; *van Hulle/Maul/Drinhausen/Drinhausen* 4. Abschn. Rz. 1, 51.

[82] Vgl. hierzu und zur Frage, ob und unter welchen Voraussetzungen auch eine Verschmelzung zwischen herrschender AG und beherrschter AG möglich ist, Münch-
Komm. AktG/Bd. 9/2/*Oechsler* Art. 2 SE-VO Rz. 13 f. mwN; diese Möglichkeit vollständig ablehnend hingegen *Hirte*, NZG 2002, 1, 3.

[83] So zu Recht MünchHdb. GesR/Bd.4/*Austmann* § 83 Rz. 1 a A *Jannott/Frodermann/
Jannott* 3. Kap. 17.7; MünchKomm. AktG/Bd. 9/2/*Oechsler* SE-VO Art. 2 Rz. 14.

[84] Vgl. hierzu auch MünchKomm. AktG/Bd. 9/2/*Schäfer* Art. 18 SE-VO Rz. 1 ff.;
Teichmann ZGR 2002, 383, 415. Zum Ablauf des Verschmelzungsverfahrens im Überblick s. *Spindler/Stilz/Casper* Art. 17 SE-VO Rz. 4 ff. Zur vereinfachten Konzernverschmelzung iSd. Art. 31 SE-VO vgl. MünchHdb. GesR/Bd. 4/*Austmann* § 83 Rz. 25;
MünchKomm. AktG/Bd. 9/2/*Schäfer* Art. 31 SE-VO Rz. 1 ff.

32   bb) Ablauf des Verfahrens. Die wesentlichen Schritte des Gründungsverfahrens durch Verschmelzung sehen vor, dass die Leitungs- oder Verwaltungsorgane der Gründungsgesellschaften zunächst einen gleichlautenden und **gemeinsamen Verschmelzungsplan** aufstellen, der gem. Art. 20 Abs. 1 S. 2 SE-VO einen bestimmten Mindestinhalt aufweisen und – bei Beteiligung einer deutschen Gründungsgesellschaft – auch notariell beurkundet werden muss.[85] Zur Sicherstellung der ausreichenden Information der Aktionäre ist von ihnen grundsätzlich auch ein **Verschmelzungsbericht** zu erstellen.[86] Anschließend erfolgt gem. Art. 21 SE-VO iVm. § 5 SEAG die **öffentliche Bekanntmachung** des Verschmelzungsplans, an die sich gem. Art. 18 SE-VO iVm. §§ 9 ff. UmwG die **Prüfung des Verschmelzungsplans** durch einen unabhängigen – für eine in Deutschland ansässige Gründungsgesellschaft gerichtlich bestellten – Sachverständigen anschließt.[87] Zudem hat gem. Art. 23 SE-VO auf Ebene der Gründungsgesellschaften die **Zustimmung der jeweiligen Hauptversammlung** zum gemeinsamen Verschmelzungsplan zu erfolgen.[88]

33   Nach wirksamer Zustimmung sämtlicher Hauptversammlungen der Gründungsgesellschaften erfolgt eine **zweistufige Rechtmäßigkeitskontrolle**, zunächst die nationale Kontrolle auf Ebene der Gründungsgesellschaft(en) (vgl. Art. 25 SE-VO) und anschließend die übergreifende Kontrolle der für die SE in ihrem künftigen Sitzstaat zuständigen Stelle (vgl. Art. 26 SE-VO).[89]

---

[85] Für eine entsprechende Anwendung des § 6 UmwG iVm. Art. 18 SE-VO die ganz hM, s. Begr. RegE SEEG, BT-Drs. 15/3405, 33; *Hirte* NZG 2002, 1, 3; *Teichmann* ZGR 2002, 383, 420; MünchKomm. AktG/Bd. 9/2/*Schäfer* Art. 20 SE-VO Rz. 6; MünchHdb. GesR/Bd. 4/*Austmann* § 83 Rz. 8; *Schwarz* Art. 20 SE-VO Rz. 50 ff.; aA *Schulz/Geismar* DStR 2001, 1078, 1080. Zum notwendigen Inhalt des Verschmelzungsplans s. Münch-Komm. AktG/Bd. 9/2/*Schäfer* Art. 20 SE-VO Rz. 12 ff.; *Schwarz* Art. 20 SE-VO Rz. 15 ff. Zur Abgrenzung des Verschmelzungsplans von einem Verschmelzungsvertrag iSd. UmwG s. MünchKomm. AktG/Bd. 9/2/*Schäfer* Art. 20 SE-VO Rz. 8; *Schwarz* Art. 20 SE-VO Rz. 12 ff. und 46.

[86] Die Pflicht zur Erstellung eines Verschmelzungsberichts ergibt sich zwar nicht ausdrücklich aus der SE-VO, ist jedoch allgemein anerkannt, s. MünchKomm. AktG/Bd. 9/2/ *Schäfer* Art. 22 SE-VO Rz. 13; *Schwarz* Art. 20 SE-VO Rz. 57 ff. Ebenso wie im deutschen Umwandlungsrecht ist jedoch auch hier ein Verschmelzungsbericht entbehrlich, wenn ein 100 %ige Tochter auf die Muttergesellschaft verschmolzen wird oder ein notariell beurkundeter Verzicht auf den Verschmelzungsbericht erklärt wird, vgl. Art. 18 SE-VO iVm. § 8 Abs. 3 UmwG; die Möglichkeit zum Verzicht befürwortend auch MünchHdb. GesR/ Bd. 4/*Austmann* § 83 Rz. 16; MünchKomm. AktG/Bd. 9/2/*Schäfer* Art. 22 SE-VO Rz. 13; *Schwarz* Art. 20 SE-VO Rz. 60 f. Zur Problematik, ob bzw. inwieweit bei einer Verschmelzung durch Aufnahme aufgrund des vorgeschalteten Formwechsels der aufnehmenden (deutschen) Gesellschaft das Vermögen der übertragenden Gesellschaften gem. Art. 18 SE-VO iVm. § 27 AktG als Sacheinlage in der SE-Satzung festzusetzen und in entsprechender Anwendung des Art. 37 Abs. 6 SE-VO eine Sacheinlageprüfung zu erfolgen hat s. Münch-Komm. AktG/Bd. 9/2/*Schäfer* Art. 20 SE-VO Rz. 39.

[87] Teilweise wird die Prüfungspflicht auch unmittelbar aus Art. 22 SE-VO hergeleitet, vgl. *Kalss* ZGR 2003, 593, 637.

[88] Zum grundsätzlichen Mehrheitserfordernis von mindestens drei Viertel des bei der Beschlussfassung vertretenen Grundkapitals einer deutschen Gründungsgesellschaft (§ 18 SE-VO iVm. § 65 Abs. 1 UmwG) und zum weiteren Genehmigungserfordernis iSd. Art. 23 Abs. 2 Satz 2 SE-VO s. MünchHdb. GesR/Bd. 4/*Austmann* § 83 Rz. 22; *Spindler/Stilz/Casper* Art. 23 SE-VO Rz. 1 ff.

[89] Näher hierzu *Teichmann* ZGR 2002, 383, 416; *Heidel* Kap. 7 Rz. 18; vgl. zudem die entsprechenden Kommentierungen zu den Art. 25 und 26 SE-VO von *Spindler/Stilz/*

F. Gründung der SE 34, 35 § 19

Nach positiver Entscheidungsfindung auf beiden Ebenen trägt das für die künftige SE zuständige Registergericht die Verschmelzung und Gründung der SE letztendlich in das Handelsregister ein, vgl. Art. 27 Abs. 1 SE-VO.

Die **Beteiligung der Arbeitnehmer** hat spätestens im Zeitpunkt der Bekanntmachung des Verschmelzungsplans zu erfolgen, vgl. § 4 Abs. 2 Satz 3 SEBG. Ist an der Gründung eine deutsche Gründungsgesellschaft beteiligt, hat deren Unternehmensleitung spätestens einen Monat vor dem Zeitpunkt des Beschlusses der Hauptversammlung den Verschmelzungsplan dem zuständigen Betriebsrat zuzuleiten, vgl. Art. 18 SE-VO iVm. § 5 Abs. 3 UmwG.[90]   34

cc) **Schutz der Gläubiger und Minderheitsaktionäre.** Der Schutz der   35
Gläubiger sowie der der Minderheitsaktionäre wird nicht durch explizite Vorschriften in der SE-VO, sondern mittels Verweises auf nationale Regelungen sichergestellt, Art. 24 SE-VO:

Danach haben die **Minderheitsaktionäre** einer deutschen Gründungsgesellschaft, die sich gegen die Verschmelzung ausgesprochen haben, je nach Begehren insb. die Möglichkeit zur Anfechtung des Verschmelzungsbeschlusses, zur Einleitung eines Spruchverfahrens zur Festlegung eines entsprechenden Barausgleichs bei unangemessener Berechnung des Umtauschverhältnisses sowie ein Sonderrecht auf Austritt gegen Barabfindung, wenn die deutsche Gründungsgesellschaft auf eine ausländische SE verschmolzen wird, vgl. Art. 24 Abs. 2 SE-VO iVm. §§ 6 und 7 SEAG, Art. 25 Abs. 3 SE-VO.[91]

Ein entsprechender Schutz für **Gläubiger** deutscher Gründungsgesellschaften wird dadurch gewährleistet, dass ihnen unter bestimmten Voraussetzungen für ihre noch nicht fälligen Forderungen Sicherheiten zu leisten ist, vgl. Art. 24 Abs. 1 SE-VO iVm. § 22 f. UmwG (SE mit künftigem Sitz in Deutschland) bzw. Art. 24 Abs. 1 SE-VO iVm. §§ 8, 13 SEAG (SE mit künftigem Sitz im Ausland).[92]

Casper; MünchKomm. AktG/Bd. 9/2/*Schäfer* Art. 25, 26 SE-VO und *Schwarz* Art. 25, 26 SE-VO.

[90] *Spindler/Stilz/Casper* Art. 20 SE-VO Rz. 9; MünchKomm. AktG/Bd. 9/2/*Schäfer* Art. 20 SE-VO Rz. 10. Abweichend hierzu erfolgt im Rahmen einer grenzüberschreitenden Verschmelzung auf Grundlage der Richtlinie 2005/56/EG des Europäischen Parlaments und des Rates vom 26. Oktober 2005 über die Verschmelzung von Kapitalgesellschaften aus verschiedenen Mitgliedstaaten, ABl. L 310 vom 25.11.2005, S. 1 ff. (V-RL) eine Zuleitung des Verschmelzungsberichts an den Betriebsrat, da im Rahmen einer grenzüberschreitenden Verschmelzung dieser und nicht der Verschmelzungsplan die notwendigen Informationen beinhaltet, vgl. § 122e Satz 2 UmwG, *Simon/Rubner* Der Konzern 2006, 835, 837 f.; *Winter* Der Konzern 2007, 24, 33.

[91] Ausführlich hierzu, insb. zu den Anforderungen an einen „Widerspruch" und die Rechte der Minderheitsaktionäre s. Begr. RegE SEEG, BT-Drs. 15/3405, 32 f.; *Lutter/Hommelhoff/Bayer* SE Art. 24 SE-VO Rz. 21 ff.; *Spindler/Stilz/Casper* Art. 24 SE-VO Rz. 9 ff.; MünchKomm. AktG/Bd. 9/2/*Schäfer* Art. 24 SE-VO Rz. 11 ff. Ein Minderheitsaktionär soll derjenige sein, der weniger als 50 % der Anteile des Unternehmens hält, vgl. *Schwarz* SE Art. 24 SE-VO Rz. 18. Allgemein zum Minderheitenschutz bei Gründung und Sitzverlegung der SE s. *Kalss* ZGR 2003, 593 ff.

[92] Vgl. MünchKomm. AktG/Bd. 9/2//*Schäfer* SE-VO Art. 24 Rz. 7 ff.; *Spindler/Stilz/Casper* Art. 24 SE-VO Rz. 2 und 4 ff.

2. Gründung einer Holding-SE

a) Gründungsform gem. Art. 2 Abs. 2 SE-VO

36 Art. 2 Abs. 2 SE-VO iVm. Art. 32 bis 34 SE-VO, §§ 9 ff. SEAG ermöglichen Aktiengesellschaften[93] und/oder Gesellschaften mit beschränkter Haftung die Gründung einer **Holding-SE**, wenn mindestens zwei von ihnen (i) dem Recht verschiedener Mitgliedstaaten unterliegen (Art. 2 Abs. 2 lit. a) SE-VO), (ii) seit mindestens zwei Jahren eine dem Recht eines anderen Mitgliedstaats unterliegende Tochtergesellschaft oder (iii) seit mindestens zwei Jahren eine Zweigniederlassung in einem anderen Mitgliedstaat haben (Art. 2 Abs. 2 lit. b) SE-VO).[94]

An diesem Beispiel wird deutlich, dass das **Mehrstaatlichkeitserfordernis** im Laufe der Zeit an Bedeutung verloren hat. Während eine SE-Gründung durch Verschmelzung nur zwischen zwei in verschiedenen Mitgliedstaaten ansässigen Aktiengesellschaften möglich ist, wird für die Gründung einer Holding-SE ein geringer Maßstab veranschlagt. Danach genügt es, dass die hieran beteiligten Gründungsgesellschaften über einen Zeitraum von mindestens zwei Jahren eine Zweigniederlassung und/oder eine Tochtergesellschaft in zwei verschiedenen Mitgliedstaaten haben, ohne jedoch auch selbst in zwei verschiedenen Mitgliedstaaten inkorporiert sein zu müssen.[95]

Die Gründung einer Holding-SE geschieht dadurch, dass die Gesellschafter der Gründungsgesellschaften ihre Anteile an den Gründungsgesellschaften gegen Anteilsgewährung an der künftigen Holding-SE in diese einbringen. Insoweit wird kein Gesellschaftsvermögen übertragen, sondern es kommt zu einem **Anteilstausch** auf Ebene der Gesellschafter der Gründungsgesellschaften, was dazu führt, dass die Gründungsgesellschaften zwangsläufig Tochtergesellschaften der künftigen Holding-SE werden.[96]

b) Gründungsverfahren gem. Art. 32 ff. SE-VO

37 **aa) Anwendbare Vorschriften.** Auf das Gründungsverfahren finden vorrangig die Vorschriften der Art. 32 bis 34 SE-VO und ergänzend die nationalen Vorschriften des Rechts des künftigen Sitzstaates der Holding-SE zur Gründung einer Aktiengesellschaft (AG) Anwendung, vgl. Art. 15 Abs. 1 SE-VO. Aufgrund der Gründung im Wege der Anteilseinbringung hat die Gründung einer in Deutschland ansässigen Holding-SE zwingend nach den Vorschriften der **Sachgründung** zu erfolgen. Damit sind im Rahmen der Gründung insb. die Regelungen der §§ 27, 32 ff. AktG einzuhalten.[97] Auf Ebene der Grün-

---

[93] Auch hier kann eine bereits existierende SE an der Gründung beteiligt sein, vgl. Fn. 79.
[94] Zur Definition und Unterscheidung der in der SE-VO nicht definierten Begriffe der „Tochtergesellschaft" und der „Zweigniederlassung" s. *Manz/Mayer/Schröder/Schröder* Art. 2 SE-VO Rz. 62 f; *Schwarz* Art. 2 SE-VO Rz. 67 und 71 ff.
[95] Vgl. *Spindler/Stilz/Casper* Art. 32 SE-VO Rz. 1; die zweijährige Mindestfrist dient zur Vermeidung von Umgehungen durch Scheingründungen, vgl. *Reichert* Der Konzern 2006, 821, 827; *Schwarz* Art. 2 SE-VO Rz. 75.
[96] Ausführlich hierzu s. *Spindler/Stilz/Casper* Art. 32 SE-VO Rz. 1; *Schwarz* Art. 32 bis 34 Vorb. Rz. 3 ff.
[97] Vgl. Begr. RegE SEEG, BT-Drs. 15/3405, 34; MünchHdb. GesR/Bd. 4/*Austmann* § 83 Rz. 53; *Schwarz* Art. 32 bis 34 SE-VO Rz. 3 mwN.

F. Gründung der SE **§ 19**

dungsgesellschaften finden primär die Vorschriften der Art. 32 bis 34 SE-VO Anwendung, ebenfalls ergänzt um die Vorschriften des nationalen Rechts ihres jeweiligen Sitzstaates.[98]

bb) Ablauf des Verfahrens. Dieses bislang in Deutschland gesetzlich nicht 38 geregelte Gründungsverfahren verläuft im Wesentlichen wie das im Wege der Verschmelzung.[99] Auch hier haben die Leitungs- oder Verwaltungsorgane nach Bewertung der beteiligten Unternehmen zunächst einen sog. **gemeinsamen Gründungsplan** einschließlich eines sog. **gemeinsamen Holdingberichts** aufzustellen, vgl. Art. 32 Abs. 2 Satz 1 und Satz 2 SE-VO. Als einheitliches Dokument bedürfen beide der notariellen Beurkundung.[100] Spätestens einen Monat vor Beschlussfassung der jeweiligen Hauptversammlung hat sodann die **öffentliche Bekanntmachung** zu erfolgen, gefolgt von einer **Prüfung** durch einen unabhängigen – für eine in Deutschland ansässige Gründungsgesellschaft gerichtlich bestellten – **Sachverständigen**, vgl. Art. 32 Abs. 3 und 4 SE-VO.[101] Zwar ist – im Gegensatz zum Gründungsverfahren durch Verschmelzung – die formelle Zuleitung des Gründungsplans an den Betriebsrat einer deutschen Gründungsgesellschaft entbehrlich.[102] Dennoch hat auch hier spätestens zum Zeitpunkt der Bekanntmachung des Gründungsplans unverzüglich und unaufgefordert die **Information der Arbeitnehmervertreter** über das Gründungsvorhaben zu erfolgen, vgl. § 4 Abs. 2 Satz 3 SEBG.

Nach entsprechender Information der Gesellschafter folgt sodann die **Beschlussfassung** der Gesellschafter der Gründungsgesellschaften über den Gründungsplan. In diesem Zusammenhang fällen sich auch eine Entscheidung darüber, ob sie die von ihnen an der Gründungsgesellschaft gehaltenen Gesellschaftsanteile gegen Gewährung von Gesellschaftsanteilen an der neu zu gründenden SE in diese einbringen möchten.[103] Wird dem Gründungsplan gem. § 10 Abs. 1 SEAG mit einer **Dreiviertelmehrheit** des bei der Beschlussfassung vertretenen Grundkapitals (AG) bzw. der abgegebenen Stimmen (GmbH) zugestimmt, entsteht zunächst eine sog. **Vor-SE**.[104]

Nunmehr wird den Gesellschaftern der Gründungsgesellschaften eine **Entscheidungsfrist** von drei Monaten gewährt, in der sie sich ggü. ihrer Gründungsgesellschaft über die Einbringung ihrer Gesellschaftsanteile in die Vor-

---

[98] Die ergänzende Anwendung des nationalen Rechts auf Ebene der Gründungsgesellschaften wird überwiegend aus einer analogen Anwendung des Art. 18 SE-VO abgeleitet, vgl. nur *Schwarz* Art. 32 bis 34 Vorb. Rz. 11.
[99] Näher hierzu s. *Spindler/Stilz/Casper* Art. 32 SE-VO Rz. 1 f.; *Schwarz* Art. 32 Rz. 1 ff.
[100] Vgl. MünchHdb. GesR/Bd. 4/*Austmann* § 83 Rz. 45; *Spindler/Stilz/Casper* Art. 32 SE-VO Rz. 16; *Schwarz* SE-VO Art. 32 Rz. 37.
[101] Bei deutschen Gründungsgesellschaften richtet sich das Verfahren der Bekanntmachung nach den Vorschriften der §§ 61 UmwG, 10 HGB, vgl. MünchHdb. GesR/Bd. 4/*Austmann* § 83 Rz. 46; *Schwarz* Art. 32 SE-VO Rz. 40. Zum Auslegungserfordernis in den Geschäftsräumen der Gründungsgesellschaft iSd. §§ 62 Abs. 3, 63 Abs. 1 Nr. 5 UmwG s. *Spindler/Stilz/Casper* Art. 32 SE-VO Rz. 19.
[102] Der deutsche Gesetzgeber hat von der ihm in Art. 34 SE-VO eingeräumten Ermächtigung keinen Gebrauch gemacht, vgl. MünchHdb. GesR/Bd. 4/*Austmann* § 83 Rz. 46; *Schwarz* Art. 32 SE-VO Rz. 42.
[103] Vgl. nur *Spindler/Stilz/Casper* Art. 32 SE-VO Rz. 21.
[104] Vgl. MünchHdb. GesR/Bd. 4/*Austmann* § 83 Rz. 46. Ausführlich zur Vor-SE s. *Casper* Der Konzern 2007, 244 ff., MünchHdb. GesR/Bd. 4/*Austmann* § 83 Rz. 74 ff. und *Schwarz* Art. 16 SE-VO Rz. 8 ff.

Giedinghagen

SE erklären müssen, vgl. Art. 33 Abs. 1 SE-VO. Die Einbringung der Gesellschaftsanteile selbst, also der dingliche Vollzug, hat aber erst spätestens im Zeitpunkt der Anmeldung der Gründung zum Handelsregister zu erfolgen.[105] Wird innerhalb der dreimonatigen Entscheidungsfrist bekannt, dass die gesetzlich zwingend vorgeschriebene **Mindestquote** an Gesellschaftsanteilen jeder Gründungsgesellschaft in die SE eingebracht wird, so dass die SE, spätestens mit Ablauf der Entscheidungsfrist, über **mehr als 50 % der Stimmrechte** an jeder der Gründungsgesellschaften verfügt, vgl. Art. 32 Abs. 2 Satz 4 SE-VO, wird dies im zuständigen Register der jeweiligen Gründungsgesellschaft entsprechend bekannt gemacht.[106]

Im Falle des Erreichens der Mindestquote erfolgt nach Ablauf einer Frist von einem weiteren Monat, in der sich ggf. auch noch weitere Gesellschafter der Gründungsgesellschaften über die Einbringung ihrer Gesellschaftsanteile erklären können, vgl. Art. 33 Abs. 3 Nr. 2 SE-VO, zumindest bei einer in Deutschland ansässigen Vor-SE schließlich die **Anmeldung** der Gründung durch sämtliche Gründungsgesellschaften zum Handelsregister ihres Sitzstaates.[107] Im Gegensatz zum Gründungsverfahren durch Verschmelzung erfolgt hier lediglich eine einstufige Rechtmäßigkeitskontrolle durch das Registergericht am Sitz der künftigen SE.[108]

39 **cc) Schutz der Gläubiger und Minderheitsgesellschafter.** Der Vermögensschutz für die **Minderheitsgesellschafter** richtet sich bei der Gründung einer Holding-SE nach den Vorschriften der Art. 34 SE-VO iVm. §§ 9 und 11 SEAG. Danach haben die Minderheitsgesellschafter einer in Deutschland ansässigen Gründungsgesellschaft, die sich gegen den Gründungsplan ausgesprochen haben, etwa gem. Art. 34 SE-VO iVm. § 9 SEAG einen Anspruch auf Austritt gegen Barabfindung. Dies gilt aber nur dann, wenn die künftige SE ihren Sitz im Ausland begründen oder aber eine abhängige Gesellschaft iSd. § 17 AktG sein wird.[109] Das Recht auf Austritt gegen Barabfindung soll nach

---

[105] Str., wie hier *Spindler/Stilz/Casper* Art. 33 SE-VO Rz. 6 f.; MünchKomm. AktG/ Bd. 9/2/*Schäfer* Art. 33 SE-VO Rz. 9; *Schwarz* Art. 33 SE-VO Rz. 17; aA MünchHdb. GesR/Bd. 4/*Austmann* § 83 Rz. 47; *Manz/Mayer/Schröder/Schröder* Art. 33 SE-VO Rz. 3 und 9.

[106] Zur erforderlichen Mindestquote s. näher *Spindler/Stilz/Casper* Art. 32 SE-VO Rz. 11; *Schwarz* Art. 32 SE-VO Rz. 18 ff. S. hierzu auch § 33 Abs. 3 Satz 1 SE-VO. Zur Frage der Anwendbarkeit der Vorschriften des WpÜG, insb. der des § 35 WpÜG (Pflichtangebot), im Rahmen einer Holding-Gründung vgl. *Brandt* BB 2005, 1, 2; DAV NZG 2004 957, 958 („... wird man in der Praxis vorsorglich davon ausgehen müssen, dass beide Angebotspflichten nebeneinander bestehen sollen."); *van Hulle/Maul/Drinhausen/Drinhausen* 4. Abschn. Rz. 63 ff.; *Horn* DB 2005, 147, 149; MünchHdb. GesR/Bd. 4/ *Austmann* § 83 Rz. 45 ff.; MünchKomm. AktG/Bd. 9/2/*Oetker* SE-VO Art. 2 Rz. 20 ff.; *Schwarz* Vorb. Art. 32 bis 34 SE-VO Rz. 14 ff.

[107] Zum Verfahren s. MünchHdb. GesR/Bd. 4/*Austmann* § 83 Rz. 48. Ist die notwendige Mindestquote bereits vor Ablauf der Dreimonatsfrist erfüllt, kann die Anmeldung zum Handelsregister sowie die Eintragung der SE auch schon zu diesem Zeitpunkt erfolgen, vgl. Art. 33 Abs. 5 SE-VO und *Spindler/Stilz/Casper* Art. 33 SE-VO Rz. 17. In jedem Fall bedingt eine Eintragung jedoch, dass zu diesem Zeitpunkt bereits auch schon eine verbindliche Entscheidung über die Beteiligung der Arbeitnehmer iSd. Art. 12 Abs. 2 SE-VO vorliegt.

[108] *Spindler/Stilz/Casper* Art. 33 SE-VO Rz. 17.

[109] Vgl. Begr. RegE SEEG, BT-Drs. 15/3405, 34. Krit. hierzu *Habersack* § 12 Rz. 18 mwN. Ausführlich zum Schutz der Minderheitsaktionäre in dieser Fallkonstellation s.

F. Gründung der SE   40 § 19

dem Willen des deutschen Gesetzgebers jedoch leider nur Gesellschaftern einer Gründungsgesellschaft in Form der Aktiengesellschaft zustehen. Gesellschafter einer GmbH sollen sich angeblich ausreichend durch eine entsprechende Satzungsgestaltung schützen können.[110]

Darüber hinaus soll unverständlicherweise *sämtlichen* Gesellschaftern der Gründungsgesellschaften, und zwar unabhängig davon, ob sie künftig Aktionäre der SE oder weiterhin (Minderheits-) Gesellschafter der Gründungsgesellschaft sind, das Recht zustehen, im Falle einer Unangemessenheit über bare Zuzahlungen eine Verbesserung des Umtauschverhältnisses verlangen zu können, vgl. Art. 34 SE-VO iVm. § 11 SEAG. Hintergrund ist die Befürchtung, dass ansonsten die Anteilseigner, die im Grundsatz mit der Holding-Gründung einverstanden sind, die entsprechenden Beschlüsse lediglich wegen eines aus ihrer Sicht unangemessenen Umtauschverhältnisses anfechten könnten.[111] Die gerichtliche Überprüfung der Angemessenheit des Umtauschverhältnisses erfolgt – vorbehaltlich einer entsprechenden Anwendung des Art. 25 Abs. 3 SE-VO – auch hier im Wege des sog. Spruchverfahrens.[112]

Eine gesonderte Regelung zum Schutz der **Gläubiger** der Gründungsgesellschaften ist vom deutschen Gesetzgeber nicht vorgesehen, da es insb. nicht zu einem Schuldnerwechsel kommt.[113]

3. Gründung einer Tochter-SE

a) Gründungsform gem. Art. 2 Abs. 3 SE-VO

Art. 2 Abs. 3 SE-VO iVm. Art. 35 bis 36 SE-VO verlangen für die wirksame 40 Gründung einer Tochter-SE, dass mindestens zwei Gesellschaften oder juristische Personen des öffentlichen oder privaten Rechts iSd. Art. 48 Abs. 2 EG[114]

Spindler/Stilz/Casper Art. 34 SE-VO Rz. 3 ff.; *Schwarz* Art. 34 SE-VO Rz. 4 ff. Von dem Erlass gesonderter Schutzvorschriften für die Gläubiger der Gründungsgesellschaften auf Grundlage der Ermächtigung des Art. 34 SE-VO hat der deutsche Gesetzgeber mangels Regelungsbedarf zu Recht keinen Gebrauch gemacht, vgl. *Spindler/Stilz/Casper* Art. 34 SE-VO Rz. 6.

[110] Vgl. Begr. RegE SEEG, BT-Drs. 15/3405, 34.
[111] S. Begr. RegE SEEG, BT-Drs. 14/3405, 34; zu Recht krit. DAV NZG 2004, 957, 959; MünchHdb. GesR/Bd. 4/*Austmann* § 83 Rz. 56 mwN; *Lutter/Hommelhoff/Bayer* SE Art. 34 SE-VO Rz. 36; *Spindler/Stilz/Casper* Art. 34 SE-VO Rz. 4; *DAV* NZG 2004, 957, 959; MünchKomm. AktG/Bd. 9/2/*Schäfer* Art. 34 SE-VO Rz. 6. In der Praxis sollte aufgrund des Wortlauts des § 11 SEAG und der diesbezüglich auch eindeutigen Gesetzesbegründung bis auf Weiteres jedoch davon ausgegangen werden, dass die Anspruchsberechtigung beiden Aktionärsgruppen zusteht, vgl. auch *Schwarz* Art. 34 SE-VO Rz. 13 f. Zu etwaigen Gestaltungsmöglichkeiten, das Zurückbleiben von Minderheitsaktionären zu vermeiden, s. *Reichert* Der Konzern 2006, 821, 828.
[112] Zur entsprechenden Anwendbarkeit des Art. 25 Abs. 3 SE-VO s. Begr. RegE SEEG, BT-Drs. 15/3405, 34; *Spindler/Stilz/Casper* Art. 34 SE-VO Rz. 2.
[113] Vgl. *Lutter/Hommelhoff/Bayer* SE Art. 34 SE-VO Rz. 4 mwN; MünchKomm. AktG/Bd. 9/2/*Schäfer* SE-VO Art. 34 Rz. 2; *Manz/Mayer/Schröder/Schröder* Art. 34 SE-VO Rz. 12 f.
[114] Art. 48 Abs. 2 EG erfasst alle Gesellschaften des bürgerlichen und des Handelsrechts einschließlich Genossenschaften sowie alle sonstigen juristischen Personen des öffentlichen oder privaten Rechts, die keinen Erwerbszweck verfolgen, vgl. hierzu die Übersicht über die verschiedenen Gesellschaftsformen deutschen und ausländischen Rechts bei *Manz/Mayer/Schröder/Schröder* Art. 2 SE-VO Rz. 21 f. und 76.

als Gründer (i) dem Recht verschiedener Mitgliedstaaten unterliegen (Art. 2 Abs. 3 lit. a) SE-VO), (ii) seit mindestens zwei Jahren eine dem Recht eines anderen Mitgliedstaates unterliegende Tochtergesellschaft oder (iii) seit mindestens zwei Jahren eine Niederlassung in einem anderen Mitgliedstaat haben (Art. 2 Abs. 3 lit. b SE-VO)).

Somit wurden auch hier die Anforderungen an das Mehrstaatlichkeitserfordernis abgeschwächt. Im Gegensatz zur Gründung einer SE-Holding tritt hier jedoch noch die zusätzliche Erleichterung hinzu, dass die Gründer noch nicht einmal in Form einer Aktiengesellschaft oder GmbH organisiert sein müssen. Vielmehr genügt hier als Gründer jede **juristische Person des öffentlichen oder privaten Rechts** oder sonstige Gesellschaft iSd. Art. 48 Abs. 2 EG, die nach dem Recht eines Mitgliedstaates gegründet worden ist und sowohl ihren Satzungs- als auch ihren Verwaltungssitz in der Europäischen Gemeinschaft hat.[115]

b) Gründungsverfahren

41   **aa) Anwendbare Vorschriften.** Auf das Gründungsverfahren findet ausschließlich das nationale Recht des künftigen Sitzstaates der Tochter-SE Anwendung, vgl. **Art. 15 Abs. 1 SE-VO**. Hinsichtlich der internen Willensbildung und Erfordernisse auf Ebene der Gründungsgesellschaften gelten ausschließlich die auf die jeweilige Gründungsgesellschaft anwendbaren nationalen Rechtsvorschriften ihres Sitzstaates, die auch bei Gründung einer Tochtergesellschaft in Form einer Aktiengesellschaft Anwendung finden würden, vgl. **Art. 36 SE-VO**.[116]

42   **bb) Ablauf des Verfahrens.** Im Gegensatz zu den anderen Gründungsverfahren erfolgt das zur Gründung einer Tochter-SE weitaus weniger formalisiert, da es sich hierbei grundsätzlich um eine reine **Bar- oder Sachgründung** handelt, die sich nach den entsprechenden Vorschriften zum Aktienrecht des künftigen Sitzstaates der SE richtet, vgl. Art. 15 SE-VO iVm. § 23 AktG.[117]

Trotz der insgesamt wenigen Vorgaben hierzu auf europäischer Ebene bleibt hervorzuheben, dass auch hier eine rechtzeitige **Einbindung der Arbeitnehmervertreter** zu erfolgen hat. Zeitlicher Anknüpfungspunkt ist hier jedoch nicht die Bekanntmachung eines Gründungsplans o.Ä. sondern der Abschluss der Vereinbarung eines Plans zur Gründung einer Tochtergesellschaft, vgl. § 4

---

[115] Zur Ausweitung der Gründungsberechtigung vgl. auch *Lange*, S. 69; *Habersack* § 12 Rz. 19; *Schwarz* Art. 35 SE-VO Rz. 5.

[116] Vgl. MünchKomm. AktG/Bd. 9/2/*Schäfer* Art. 36 SE-VO Rz. 3.

[117] Der Gründung einer gemeinsamen Tochter-SE im Wege der Spaltung durch Ausgliederung iSd. § 123 Abs. 3 Nr. 2 UmwG steht bereits der Wortlaut des Art. 2 Abs. 3 SE-VO entgegen, der ausdrücklich eine (rechtsgeschäftliche) Gründung mittels „Zeichnung ihrer Aktien" vorschreibt, so zu Recht auch *van Hulle/Maul/Drinhausen/Maul* 4. Abschn. Rz. 10; MünchKomm. AktG/Bd. 9/2/*Schäfer* Art. 36 SE-VO Rz. 4; *Schwarz* Art. 36 SE-VO Rz. 22 f.; ähnlich auch *Schmitt/Hörtnagl/Stratz/Hörtnagl* SE-VO Art. 2 Rz. 40, mit der Begründung, dass eine Ausgliederung von mehr als einem übertragenden Rechtsträger nicht durchgeführt werden könne; aA *Spindler/Stilz/Casper* Art. 36 SE-VO Rz. 3. Zur möglichen Zuständigkeit der Gesellschafter- bzw. Hauptversammlungen im Rahmen der Gründungsentscheidung s. *Spindler/Stilz/Casper* Art. 36 SE-VO Rz. 4; MünchKomm. AktG/Bd. 9/2/*Schäfer* Art. 36 SE-VO Rz. 5 f.; *Schwarz* Art. 36 SE-VO Rz. 11 ff. Zu den Sondervorschriften im Hinblick auf die Arbeitnehmermitbestimmung s. ebenfalls *Schwarz* Art. 36 SE-VO Rz. 24.

Abs. 2 Satz 3 SEBG. Da es jedoch keine weiteren gesetzlichen Vorgaben gibt, in welcher Form oder zu welchem Zeitpunkt vom Abschluss einer Vereinbarung iSd. § 4 Abs. 2 Satz 3 SEBG ausgegangen werden kann, ist die Bestimmung des Zeitpunktes zur pflichtgemäßen Information der Arbeitnehmervertreter über das Gründungsvorhaben in der Praxis nicht immer leicht zu bestimmen.[118] Wird dieser Weg zur Gründung einer SE eingeschlagen, sollte daher im Zweifel frühzeitig darauf hingewirkt werden, die Arbeitnehmervertreter über das geplante Vorhaben zu informieren, um mögliche Sanktionen wie zB die Auferlegung eines Bußgeldes nach § 46 SEBG zu vermeiden.

4. Gründung einer SE im Wege eines Formwechsels

a) Gründungsform gem. Art. 2 Abs. 4 SE-VO

Gem. Art. 2 Abs. 4 SE-VO iVm. Art. 37 SE-VO steht der Weg **eines Formwechsels in eine SE** lediglich einer Aktiengesellschaft offen, die nach dem Recht eines Mitgliedstaates gegründet ist und sowohl ihren Satzungs- als auch Verwaltungssitz in der Europäischen Gemeinschaft hat. Hinzu kommt, dass diese Aktiengesellschaft seit mindestens zwei Jahren eine dem Recht eines anderen Mitgliedstaates unterliegende Tochtergesellschaft haben muss. Dabei darf der Sitz der umzuwandelnden Gesellschaft aber nicht im Rahmen des Formwechsels in einen anderen Mitgliedstaat verlegt werden, vgl. Art. 37 Abs. 3 SE-VO. **43**

Auffällig ist, dass es hier nicht zu einer entsprechenden Absenkung des Mehrstaatlichkeitserfordernisses gekommen ist, wie etwa im Rahmen der Regelungen über die Gründung einer Holding-SE oder derjenigen über die Gründung einer Tochter-SE. Nach dem eindeutigen Wortlaut soll eine zweijährige Zweigniederlassung in einem anderen Mitgliedstaat dem Mehrstaatlichkeitserfordernis gerade nicht genügen.[119] Insoweit sind die Gründungsvoraussetzungen lediglich dann erfüllt, wenn die Aktiengesellschaft seit mindestens zwei Jahren über eine dem Recht eines anderen Mitgliedstaates unterliegenden Tochtergesellschaft verfügt.

Die Umwandlung einer nationalen AG in eine SE ist – abgesehen von der Gründung einer Tochter-SE durch eine bereits existierende SE – die einzige Variante, die es erlaubt, eine SE unter unmittelbarer Beteiligung von nur einer Gesellschaft zu gründen. Ebenso wie im nationalen Umwandlungsrecht führt eine solche Umwandlung weder zur Auflösung der Gesellschaft noch zur Gründung einer neuen juristischen Person, sondern sie erfolgt **identitätswahrend**, vgl. Art. 37 Abs. 2 SE-VO.[120]

b) Gründungsverfahren gem. Art. 37 SE-VO

aa) Anwendbare Vorschriften. Auf das Gründungsverfahren im Wege der Umwandlung finden primär die Vorschrift des **Art. 37 SE-VO** sowie ergänzend und überwiegend die Vorschriften der **§§ 190 ff. UmwG** Anwendung, **44**

---

[118] Zutreffend MünchHdb. GesR/Bd. 4/*Austmann* § 83 Rz. 60. Vgl. auch MünchKomm. AktG/Bd. 9/2/*Schäfer* Art. 36 SE-VO Rz. 2; *Vossius* ZIP 2005, 741, 747.

[119] So auch *Blanquet* ZGR 2002, 20, 38; *Hirte* NZG 2002, 1, 3; *Manz/Mayer/Schröder/Schröder* Art. 2 SE-VO Rz. 60; *Schwarz* ZIP 2001, 1847, 1850; *ders.* Art. 2 SE-VO Rz. 104. Anders nunmehr Art. 35 SCE-VO für den Formwechsel in eine sog. SCE.

[120] *Spindler/Stilz/Casper* Art. 37 SE-VO Rz. 3; *Habersack* § 12 Rz. 20.

§ 19 45

soweit sie nicht dem Sinn und Zweck des § 37 SE-VO entgegenstehen, vgl. Art. 15 Abs. 1 SE-VO.[121] Im Wesentlichen verläuft das Gründungsverfahren damit ähnlich wie das der Gründung im Wege der Verschmelzung oder das im Wege der Einbringung zur Holding-SE.[122]

45 bb) Ablauf des Verfahrens. Zunächst erfolgt auch hier die Aufstellung eines **Umwandlungsplans** nebst **Umwandlungsbericht** durch das Leitungs- oder Verwaltungsorgan der Aktiengesellschaft, vgl. Art. 37 Abs. 4 SE-VO sowie anschließend deren **öffentliche Bekanntmachung**, vgl. Art. 37 Abs. 5 SE-VO und (eingeschränkte) **Prüfung der Werthaltigkeit durch einen unabhängigen Sachverständigen**, vgl. Art. 37 Abs. 6 SE-VO. Darüber hinaus sind nach hM ein Gründungsbericht gem. § 32 AktG und eine Gründungsprüfung gem. § 33 AktG aufgrund des abschließenden Charakters des Art. 37 Abs. 6 SE-VO mit einer Mehrheit von mindestens drei Viertel des bei Beschlussfassung vertretenen Grundkapitals nicht erforderlich.[123] Sodann folgt die Zustimmung zum Umwandlungsplan und die Genehmigung der Satzung durch **Beschluss der Hauptversammlung**, vgl. Art. 37 Abs. 7 S. 1 sowie § 37 Abs. 1 S. 2 SE-VO iVm. § 65 UmwG.[124] Letztendlich kommt es bei Vorliegen sämtlicher notwendiger Voraussetzungen zur **Anmeldung und Eintragung** des Formwechsels in das Handelsregister, vgl. Art 37 Abs. 9 SE-VO.[125]

Hinzuweisen bleibt hier zum einen darauf, dass auch hier eine rechtzeitige **Beteiligung der Arbeitnehmer**, spätestens nach Offenlegung des Umwandlungsplans, zu erfolgen hat, vgl. Art. 4 Abs. 2 Satz 3 SEBG. Darüber hinaus ist auch hier der Umwandlungsplan spätestens einen Monat vor Beschlussfassung der Hauptversammlung dem zuständigen Betriebsrat der Gründungsgesellschaft zuzuleiten, vgl. Art. 15 SE-VO iVm. § 194 Abs. 2 UmwG.[126]

Erwähnenswert bleibt zum anderen, dass den einer Gründung im Wege des Formwechsels widersprechenden **Minderheitsaktionären** kein Recht auf Austritt gegen Barabfindung zusteht. Entgegen den entsprechenden Regelungen zur Gründung durch Verschmelzung, vgl. Art. 24 Abs. 2 SE-VO, und zur Gründung einer Holding-SE, vgl. Art. 34 SE-VO, enthält Art. 37 SE-VO gerade keine Ermächtigung für den nationalen Gesetzgeber, weitere Vorschriften zum Schutz der Minderheitsaktionäre oder auch zum Schutz der Gläubiger zu kodifizieren. Somit bleibt sowohl den Vorschriften der §§ 194 Abs. 1 Nr. 6, 207 UmwG als auch denen der §§ 204, 22 UmwG die Anwendung versperrt.[127]

---

[121] Zum Ablauf des Verfahrens und zu etwaigen Unterschieden im Vergleich zum Formwechsel nach den Vorschriften des UmwG s. MünchHdb. GesR/Bd. 4/*Austmann* § 83 Rz. 63 ff.; MünchKomm. AktG/Bd. 9/2/*Schäfer* Art. 37 SE-VO Rz. 6 ff.; *Manz/Mayer/Schröder/Schröder* Art. 37 SE-VO Rz. 1 ff.
[122] Vgl. MünchKomm. AktG/Bd. 9/2/*Schäfer* Art. 37 SE-VO Rz. 6 ff.
[123] *van Hulle/Maul/Drinhausen/Drinhausen* 4. Abschn. Rz. 44 mwN, auch mit Verweisen zur Gegenansicht und dem zutreffenden Hinweis, ungeachtet dessen in der Praxis vorab nochmals die Abstimmung mit dem zuständigen Registergericht zu suchen.
[124] Vgl. hierzu MünchHdb. GesR/Bd. 4/*Austmann* § 83 Rz. 66.
[125] Ausführlich zum Ablauf des Gründungsverfahrens durch Formwechsel und zu weiteren Voraussetzungen s. *Spindler/Stilz/Casper* Art. 37 SE-VO Rz. 7 ff.; *van Hulle/Maul/Drinhausen/Drinhausen* 4. Abschn. Rz. 7 ff.
[126] Siehe MünchKomm. AktG/Bd. 9/2/*Schäfer* Art. 37 SE-VO Rz. 6 f.
[127] *Habersack* § 12 Rz. 20. Vgl. hierzu auch MünchHdb. GesR/Bd. 4/*Austmann* § 83 Rz. 69 ff. und MünchKomm. AktG/Bd. 9/2/*Schäfer* Art. 37 SE-VO Rz. 8 und 37 ff.

5. Gründung einer Tochter-SE durch bestehende SE
a) Gründungsform gem. Art. 3 Abs. 2 SE-VO

Ungeachtet der zuvor dargestellten primären Gründungsformen befasst sich **46** Art. 3 Abs. 2 SE-VO mit der Möglichkeit der **(sekundären) Gründung einer Tochter-SE** durch eine bereits existierende SE. Insoweit handelt es sich aber eigentlich nur um eine konsequente Fortführung der Regelung in Art. 2 Abs. 3 SE-VO, wonach bereits jegliche juristische Personen des öffentlichen oder privaten Rechts unter Beachtung des Mehrstaatlichkeitserfordernisses eine Tochter-SE gründen können. Dies hat dann erst recht für eine bereits zuvor unter Beachtung der in Art. 2 SE-VO aufgeführten Voraussetzungen errichtete SE zu gelten.

Art. 3 Abs. 2 SE-VO erleichtert die Gründung einer Tochter-SE jedoch in zweierlei Hinsicht: Zum einen genügt hier – abgesehen von der Gründung durch Formwechsel – ausnahmsweise eine einzige Gründungsgesellschaft als **(Allein-)Gründerin**,[128] zum anderen bedarf es nicht der Einhaltung des Mehrstaatlichkeitserfordernisses.[129] Die (Mutter-)SE wird bereits aufgrund der Beachtung des Mehrstaatlichkeitsprinzips im Rahmen ihrer Gründung als mehrstaatlich angesehen. Das gilt selbst dann, wenn sie im Anschluss an ihre Eintragung im Handelsregister ihre Mehrstaatlichkeit wieder verloren haben sollte.[130]

b) Gründungsverfahren

Auf das Gründungsverfahren ist das Recht des Sitzstaates der künftigen Tochter-SE anzuwenden, vgl. Art. 15 Abs. 1 SE-VO. Die interne Willensbildung auf Ebene der bereits bestehenden (Mutter-)SE richtet primär nach den Regelungen der SE-VO und ergänzend nach den Vorschriften des nationalen Rechts ihres Sitzstaates, vgl. Art. 9 Abs. 1 lit. c) ii SE-VO.[131] Für eine in Deutschland zu gründende Tochter-SE ist damit der Weg über eine **Bar- oder Sachgründung** (Art. 15 Abs. 1 SE-VO iVm. §§ 23 ff. AktG) sowie über eine **Ausgliederung** (Art. 15 Abs. 1 SE-VO iVm. § 123 Abs. 3 Nr. 2 UmwG) eröffnet.[132] **47**

---

[128] Dies gilt nach Art. 3 Abs. 2 Satz 2 selbst dann, wenn das nationale Aktienrecht keine Vorschriften über die Einpersonen-AG kennt, vgl. *Habersack* § 12 Rz. 21; *Schwarz* Art. 3 SE-VO Rz. 22.

[129] Vgl. *Reichert* Der Konzern 2006, 821, 827; *Manz/Mayer/Schröder/Schröder* Art. 3 SE-VO Rz. 15 ff; *Schwarz* Art. 3 SE-VO Rz. 10; *van Hulle/Maul/Drinhausen/Teichmann* 4. Abschn. Rz. 6; *Thoma/Leuering* NJW 2002, 1449, 1451.

[130] Vgl. *Manz/Mayer/Schröder/Schröder* Art. 2 SE-VO Rz. 39; *Schwarz* Art. 3 SE-VO Rz. 21.

[131] Vgl. *Schwarz* Art. 3 SE-VO Rz. 13 f.

[132] MünchHdb. GesR/Bd. 4/*Austmann* § 83 Rz. 72; *Habersack* § 12 Rz. 21; *Reichert* Der Konzern 2006, 821, 834; *Schwarz* Art. 3 SE-VO Rz. 28 ff. Zur Unzulässigkeit der Gründung einer Tochter-SE durch Auf- oder Abspaltung s. *Marsch-Barner* in Liber amicorum Wilhelm Happ, S. 165, 169 ff.; aA *Reichert* Der Konzern 2006, 821, 834. Zur umstrittenen Frage, ob auch bei der Sekundärgründung eine Arbeitnehmerbeteiligung nach den Vorschriften des SEBG zu erfolgen hat, s. MünchKomm. AktG/Bd. 9/2/*Jacobs* Vor § 1 SEBG Rz. 10 ff. und *van Hulle/Maul/Drinhausen/Köklü* 6. Abschn. Rz. 109 f.

III. Abweichende Gestaltungsmöglichkeiten

48 Die Möglichkeiten, trotz formaler Beachtung der zentralen Gründungsvoraussetzungen (zB des Numerus clausus der Gründungsformen und des Mehrstaatlichkeitserfordernisses) im Vorfeld der SE-Gründung abweichende Gestaltungsmöglichkeiten zu wählen, sind vielfältig.[133]

49 Grund hierfür ist zum einen, dass das Erfordernis der Mehrstaatlichkeit lediglich bis zur Gründung der SE, dh. bis zum Zeitpunkt der Eintragung der SE in das zuständige Handelsregister vorliegen muss. Ein späterer Wegfall des grenzüberschreitenden Bezugs und damit auch des europäischen Charakters ist somit unerheblich.[134]

50 Zum anderen werden an die Gründungsgesellschaften selbst auf europäischer Ebene keine weiteren Anforderungen gestellt, insb. ist es nicht erforderlich, dass die Gründer bereits über einen bestimmten Zeitraum operativ am Markt tätig gewesen sein oder bestimmte Umsatzzahlen aufweisen müssen.[135] Daher sind nach hM insb. auch sog. **Mantel- oder Vorratsgesellschaften** befugt, sich – ggf. mit Ablauf der entsprechenden zweijährigen „Wartefrist" – an der unmittelbaren Gründung einer SE als Gründungsgesellschaft zu beteiligen; vorausgesetzt, sie erfahren im jeweiligen Mitgliedstaat auch als solche eine rechtliche Anerkennung. Insoweit ist unter Einhaltung der jeweiligen nationalen Vorgaben – in Deutschland etwa den von der Rechtsprechung aufgestellten Anforderungen an eine wirtschaftliche Neugründung – auf diese Art und Weise auch der Weg zur Gründung einer sog. Vorrats-SE eröffnet.[136]

Aufgrund der Tatsache, dass **Art. 12 Abs. 2 SE-VO** die Eintragung einer SE im Handelsregister von seinem Wortlaut her jedoch erst zulässt, wenn (i) eine Vereinbarung über die Beteiligung der Arbeitnehmer geschlossen worden, (ii) gem. § 16 SEBG ein Beschluss über die Nichtaufnahme von etwaigen Verhandlungen gefasst worden oder (iii) die gesetzlich vorgeschriebene Verhandlungsfrist fruchtlos abgelaufen ist,[137] wird man den Tatbestand des Art. 12 Abs. 2 SE-VO in diesem Fall (Vorrats- oder Mantel-SE) dahingehend teleologisch reduzieren müssen, dass eine Eintragung dieser (arbeitnehmerlosen) SE auch ohne vorheriges Verhandlungsverfahren möglich ist. Der entsprechende Schutz vor künftigen Umgehungen ist durch eine entsprechende Anwendung des **Art. 18 Abs. 3 SEBG** gewährleistet.[138]

51 Des Weiteren ist im Rahmen der Gründung auch keine Einschränkung dahingehend vorgesehen, dass die Gründungsgesellschaften bereits über den

---

[133] Vgl. hierzu *Reichert* Der Konzern 2006, 821, 828 ff.

[134] Vgl. *Drees*, S. 34 f., 38; *Schmitt/Hörtnagl/Stratz/Hörtnagl* SE-VO Art. 2 Rz. 14; *Schwarz* Art. 2 SE-VO Rz. 49; *Thoma/Leuering* NJW 2002, 1449, 1451, Fn. 34.

[135] So zu Recht *Spindler/Stilz/Casper* Art. 2 SE-VO Rz. 21; *Kallmeyer* AG 2003, 197, 199; *Schwarz* Art. 2 SE-VO Rz. 23.

[136] Vgl. AG Düsseldorf HRB 52618 v. 16.1.2006, ZIP 2006, 287; AG München HRB 159649 v. 29.3.2006, ZIP 2006, 1300 f.; ausführlich hierzu s. *Lutter/Hommelhoff/Bayer* SE Art. 2 SE-VO Rz. 28 ff.; *Spindler/Stilz/Casper* Art. 2 SE-VO Rz. 26 ff.; *Marsch-Barner*, in: Liber amicorum Wilhelm Happ, S. 165, 169 f.; *Reichert* Der Konzern 2006, 821, 828 ff.; MünchKomm. AktG/Bd. 9/2/*Schäfer* Art. 16 SE-VO Rz. 12.

[137] Vgl. hierzu Rz. 58 f.

[138] Ebenso *Casper* AG 2007, 96, 97; *Spindler/Stilz/Casper* Art. 2 SE-VO Rz. 28 und 30 f.; *Habersack* § 12 Rz. 34; *Reinhard* RIW 2006, 68, 70; MünchKomm. AktG/Bd. 9/2/*Schäfer* Art. 16 SE-VO Rz. 13; krit. *Lutter/Hommelhoff/Bayer* SE Art. 2 SE-VO, Rz. 30.

F. Gründung der SE 52 § 19

gesamten Zweijahreszeitraum die zur Gründung einer SE berechtigende Gesellschaftsform bekleidet haben müssen. Somit genügt es zB, wenn sich eine Personengesellschaft, die seit mindestens zwei Jahren über eine ausländische Tochtergesellschaft oder Niederlassung verfügt, kurzfristig zunächst in eine Aktiengesellschaft und anschließend, ohne Einhaltung einer zweijährigen Wartefrist, erneut in eine (Mutter)-SE umwandelt.[139]

Entgegen einzelner Bedenken[140] ist somit im Vorfeld der SE-Gründung eine Vielzahl an Typenkombinationen sowie Variationen denkbar, soweit die von Art. 2 SE-VO ausdrücklich aufgeführten Mindestvoraussetzungen im Zeitpunkt der Gründung der SE gewahrt bleiben. Versuche, das strenge Mehrstaatlichkeitserfordernis zu vermeiden, befreien jedoch nicht von der Notwendigkeit, auch in diesem Zusammenhang eine gewisse Mehrstaatlichkeit zu wahren.[141]

IV. Sonstige Gründungs- und Eintragungsvoraussetzungen

1. Mindestkapital sowie Kapital und Aktien (Art. 4 und 5 SE-VO)

Das **Grundkapital** der SE lautet auf Euro (Art. 4 Abs. 1 SE-VO) und muss 52 mindestens Euro 120.000,00 betragen (Art. 4 Abs. 2 SE-VO).[142] Indes ist zu beachten, dass kraft ausdrücklicher Anordnung in Art. 4 Abs. 3 SE-VO im Zeitpunkt der Gründung ggf. auch noch ein höheres Grundkapital gezeichnet werden muss, wenn die Rechtsvorschriften des Mitgliedstaates, in dem die SE ihren Satzungssitz haben soll, ein entsprechend höheres Grundkapital für Gesellschaften vorschreiben, die bestimmte Arten von Tätigkeiten ausüben.[143]

In Bezug auf die Grundsätze zur **Kapitalaufbringung und -erhaltung**, die Art und Eigenschaft der **Aktien,** die Bedingungen zur Ausgabe möglicher **Schuldverschreibungen** und sonstiger vergleichbarer Wertpapiere behilft sich die SE-VO mit einem ausdrücklichen Verweis auf die jeweils aktuellen Vorschriften, die für eine AG mit Sitz in demselben Mitgliedstaat gelten, in dem die SE in das Handelsregister eingetragen ist, vgl. Art. 5 SE-VO.[144]

---

[139] Vgl. hierzu auch *Drees*, S. 38; *Manz/Mayer/Schröder/Schröder* Art. 2 SE-VO Art. 66. Ausführlich zur Zulässigkeit von verschiedenen Typenkombinationen und abweichenden Gestaltungsmöglichkeiten im Zusammenhang mit einer SE-Gründung s. *Spindler/Stilz/Casper* Art. 2 SE-VO Rz. 21 ff.
[140] Vgl. *Teichmann* ZGR 2002, 383, 411.
[141] So auch *Drees*, S. 37.
[142] Zur Kritik, dass dies die SE für kleinere und mittlere Unternehmen unattraktiv mache s. *Hommelhoff* AG 2001, 279, 286; *Jannott/Frodermann/Kolster* 4. Abschn. Rz. 40/ *Schulz/Geismar* DStR 2001, 1078, 1082; aA *Schwarz* Art. 4 SE-VO Rz. 3 und 6.
[143] Vgl. *Schwarz* Art. 4 SE-VO Rz. 11.
[144] Insoweit finden auf eine in Deutschland eingetragene SE die Kapitalaufbringungs- und Erhaltungsvorschriften sowie die Regelungen zur Art und Ausgestaltung der Aktien des deutschen AktG Anwendung, vgl. *Manz/Mayer/Schröder/Mayer* Art. 5 SE-VO Rz. 23; *Lutter/Hommelhoff/Merkt*, Europ. Ges. S. 179, 190 f.; *Schwarz* Art. 5 SE-VO Rz. 1 ff. Zur Zulässigkeit und zu den Grenzen der Vinkulierbarkeit von Namensaktien in der SE s. *Lutter/Hommelhoff/Merkt*, Europ. Ges. S. 179, 190; MünchKomm. AktG/ Bd. 9/2/*Oechsler* Art. 5 SE-VO Rz. 36; *Schroeter* AG 2007, 854 ff.

2. Gründungsurkunde (Art. 6 SE-VO)

53 Klarstellend weist Art. 6 SE-VO darauf hin, dass der Begriff der „Satzung der SE" zugleich die **Gründungsurkunde** und die eigentliche **Satzung** der SE bezeichnet.[145]

Ansonsten richtet sich das Gründungsverfahren für eine SE nach den jeweiligen nationalen aktienrechtlichen Vorschriften des Mitgliedstaates, in dem die SE ihren Satzungssitz begründet (vgl. Art. 15 Abs. 1 SE-VO). Dass sowohl formelle (zB notarielles Beurkundungserfordernis) als auch materielle Anforderungen an die Gründung einer AG von Mitgliedstaat zu Mitgliedstaat teilweise voneinander abweichen, wird vom europäischen Gesetzgeber bewusst hingenommen. Nicht zuletzt auch aufgrund der Möglichkeit zur grenzüberschreitenden Sitzverlegung gem. Art. 8 SE-VO ist damit einem sog. *forum shopping* und einem Wettbewerb der nationalen Rechtsordnungen – innerhalb des europäischen Regelungsrahmens – Tür und Tor geöffnet.[146]

3. Sitz (Art. 7 und 8 SE-VO)

a) Sitz und Hauptverwaltung (Art. 7 SE-VO)

54 Art. 7 SE-VO schreibt zwingend vor, dass der Sitz (Satzungssitz) der SE in dem Mitgliedstaat liegen muss, in dem sich auch ihre Hauptverwaltung (Verwaltungssitz) befindet, vgl. Art. 7 Satz 1 SE-VO. Darüber hinaus steht jedem Mitgliedsaat das Recht zu, festzulegen, dass sich Satzungssitz und Verwaltungssitz sogar am selben Ort befinden müssen, vgl. Art. 7 Satz 2 SE-VO. Der deutsche Gesetzgeber hatte von dieser Ermächtigung ursprünglich Gebrauch gemacht, vgl. § 2 SEAG a.F. Dies hatte bislang zur Folge, dass sich **Satzungs- und Verwaltungssitz** einer in Deutschland ansässigen SE sogar am selben Ort befinden mussten.[147] § 2 SEAG a.F. wurde jedoch im Rahmen des Gesetzes zur Modernisierung des GmbH-Rechts und zur Bekämpfung von Missbräuchen (MoMiG)[148] ersatzlos gestrichen. Insoweit ist dieses nationale Erfordernis zumindest entfallen.

Kommt es abweichend hiervon auf europäischer Ebene jedoch zu einem Auseinanderfallen von Satzungs- und Verwaltungssitz, hat der Mitgliedstaat, in dem die SE ihren Satzungssitz hat, entsprechende Maßnahmen zu treffen, um den vorschriftswidrigen Zustand zu beenden, vgl. Art. 64 Abs. 1 SE-VO. Ansonsten droht die Liquidation der SE, vgl. Art. 64 Abs. 2 SE-VO.

Hat demnach eine SE ihren Satzungssitz in Deutschland, führt sie ihre Hauptverwaltung jedoch in einem anderen Mitgliedstaat, gilt dies als Satzungsmangel iSd. § 262 Abs. 1 Nr. 5 AktG, der bei Nichtabhilfe nach entspre-

---

[145] *Spindler/Stilz/Casper* Art. 6 SE-VO Rz. 1. Zur Unterscheidung von Gründungsurkunde und Satzung s. *Schwarz* Art. 6 Rz. 28 ff. Zur Abgrenzung von zwingendem und fakultativem Inhalt einer SE-Satzung s. *van Hulle/Maul/Drinhausen/Maul* 2. Abschn. Rz. 8 ff.

[146] So auch *Enriques* ZGR 2004, 735 ff.; *Fleischer* AcP 204 (2004), 502, 510 f.; *Lutter/Hommelhoff/Lutter* SE Einl. SE-VO Rz. 31; *Nagel* DB 2004, 1299, 1303; *Reichert Der Konzern* 2006, 825; *van Hulle/Maul/Drinhausen/Teichmann* 7. Abschn. Rz. 16.

[147] Zur ursprünglichen Rechtslage vgl. Begr. RegE SEEG, BT-Drs. 15/3405, 31: „... um soweit wie möglich den Gleichlauf mit § 5 Abs. 2 AktG herzustellen."; *Schwarz* Art. 7 SE-VO Rz. 12.

[148] Art. 18 des MoMiG v. 23.10.2008 (BGBl. I 2026, 2041).

F. Gründung der SE   55, 56 § 19

chender Aufforderung durch das Registergericht dazu führt, dass der Mangel
in Anlehnung an die Vorschrift des § 144a FGG rechtsverbindlich festgestellt
und damit die SE aufgelöst wird, vgl. § 52 SEAG.[149]

Vor diesem Hintergrund stellt sich die Frage, ob die Regelung des Art. 7 **55**
SE-VO im Einklang mit den europäischen Grundfreiheiten steht. Immerhin
wird es einer SE verwehrt, trotz der in den Art. 43 ff. EG kodifizierten **Niederlassungsfreiheit** ihren Verwaltungssitz zu verlegen, ohne den Satzungssitz
gleich mitverlegen zu müssen.[150] Von einer (umfassenden) Niederlassungsfreiheit kann jedoch keine Rede sein, solange die Verlegung des Verwaltungssitzes
zwingend an eine weitere Bedingung geknüpft wird, wie etwa in diesem Fall,
den Satzungssitz gleich mitverlegen zu müssen.[151]

Interessanterweise hat der europäische Gesetzgeber jedoch gerade diesbezüglich in der SE-VO eine Klausel vorgesehen, die der Europäischen Kommission
ua. die Aufgabe zuweist, die Notwendigkeit der zwingenden Übereinstimmung von Satzungs- und Verwaltungssitz iSd. Art. 7 SE-VO spätestens fünf
Jahre nach Inkrafttreten der SE-VO erneut zu überprüfen, vgl. **Art. 69 lit. a)
SE-VO**. Insoweit und zur Vermeidung etwaiger Zweifel an der europarechtlichen Konformität dieser Regelung ist der Europäischen Kommission daher
dringend zu empfehlen, dem Europäischen Rat die Abschaffung der Regelung
über die zwingende Einheitlichkeit von Satzungs- und Verwaltungssitz vorzuschlagen.[152]

b) Grenzüberschreitende Sitzverlegung (Art. 8 SE-VO)

Eine die SE prägende Besonderheit verkörpert zudem der Regelungsgehalt **56**
des Art. 8 SE-VO. Danach ist es erstmalig rechtlich zulässig, den (Satzungs-)
Sitz einer Kapitalgesellschaft auf europäischer Ebene grenzüberschreitend und
unter Wahrung der Identität der Gesellschaft in einen anderen Mitgliedstaat zu
verlegen, vgl. Art. 8 Abs. 1 SE-VO.[153] Dies ist insbesondere eine Neuerung für
Mitgliedstaaten, die der Sitztheorie folgen. Die Verlegung des Satzungssitzes
wurde danach bislang verwehrt.[154]

---

[149] Vgl. hierzu auch *Spindler/Stilz/Casper* Art. 64 SE-VO Rz. 4 f.; *Lutter/Hommelhoff/
Ehricke* SE Art. 64 SE-VO Rz. 1 ff.

[150] Ob allein aufgrund der Möglichkeit, bei Verlegung des Verwaltungssitzes auch
den Satzungssitz identitätswahrend mitverlegen zu können, kein Verstoß gegen die Niederlassungsfreiheit gem. Art. 43, 48 EG vorliegt, erscheint zweifelhaft, in diese Richtung gehend aber *Schmidt/Hörtnagl/Stratz/Hörtnagl* Vorb. SE-VO Rz. 8.

[151] So zu Recht auch *Ringe* Die Sitzverlegung der Europäischen Aktiengesellschaft
Tübingen 2006 S. 49 ff., 74 ff.; *Wymeersch* CMLR 2003, 661, 693; *Ziemons* ZIP 2003, 1913,
1918; ebenfalls kritisch *Schwarz* Art. 7 SE-VO Rz. 13 ff.; aA *Spindler/Stilz/Casper* Art. 7
SE-VO Rz. 2; *Lutter/Hommelhoff/Ehricke* SE Art. 64 SE-VO Rz. 4; *Eidenmüller* JZ 2004, 24,
31; *Horn* DB 2005, 148, 153; MünchKomm. AktG/Bd. 9/2/ *Oechsler* Art. 7 SE-VO Rz. 2.

[152] Ähnlich *Schwarz* Art. 7 SE-VO Rz. 16. So nun auch die Europäische Kommission
zur SPE, vgl. KOM (2008) 396, 7; *Giedinghagen* NJW-Spezial 2008, 751, 752.

[153] Ausführlich zum Ablauf des Verfahrens bei einer grenzüberschreitenden Sitzverlegung iSd. Art. 8 Abs. 2 bis Abs. 14 SE-VO s. die Darstellungen bei *Spindler/Stilz/Casper*
Art. 8 SE-VO Rz. 2 und 7 ff.; *Oechsler* AG 2005, 373 ff; MünchKomm. AktG/Bd. 9/2/
Oechsler Art. 8 SE-VO Rz. 10 ff.; MünchHdb. GesR/Bd. 4/*Austmann* § 84 Rz. 1 ff.;
Schwarz Art. 8 SE-VO Rz. 4 ff.; *van Hulle/Maul/Drinhausen/Teichmann* 7. Abschn.
Rz. 1 ff. und *Lutter/Hommelhoff/Zimmer/Ringe* SE Art. 8 SE-VO, Rz. 1 ff.

[154] Vgl. *Spindler/Stilz/Casper* Art. 8 SE-VO Rz. 1; MünchKomm. AktG/Bd. 9/2/
Oechsler Art. 8 SE-VO Rz. 1 ff., insb. auch mit einem schematischen Überblick über den

4. Firma (Art. 11 SE-VO)

57 Der Name der neu zu gründenden SE (**Firma**) hat gem. Art. 11 Abs. 1 SE-VO den Zusatz „SE" voran- oder nachzustellen. Eine in Deutschland ansässige SE unterliegt zudem den nationalen Vorschriften der §§ 17 Abs. 2 bis 37a HGB, vgl. Art. 15 SE-VO bzw. Art. 9 Abs. 1 lit. c) ii).[155]

5. Eintragung (Art. 12 SE-VO)

58 Letztendlich stellt Art. 12 SE-VO eine weitere, im Rahmen der SE-Gründung unbedingt zu beachtende Vorschrift dar. Insbesondere Art. 12 Abs. 2 iVm. Art. 12 Abs. 3 SE-VO kommt als Schutzvorschrift zur Sicherung der Arbeitnehmerbeteiligung eine zentrale Funktion zu: Nach Art. 12 Abs. 2 SE-VO darf eine SE bekanntlich lediglich dann in das **Handelsregister** des entsprechenden Mitgliedstaates **eingetragen** werden, wenn (i) eine Vereinbarung über die Beteiligung der Arbeitnehmer gem. Art. 4 SE-RL geschlossen worden ist, (ii) ein Beschluss nach Art. 3 Abs. 6 SE-RL gefasst worden ist oder (iii) die Verhandlungsfrist nach Art. 5 SE-RL fruchtlos abgelaufen ist.[156]

59 Hat ein Mitgliedstaat hingegen von der ihm in Art. 7 Abs. 3 SE-RL eingeräumten Ausstiegsregelung (sog. „**Opt-out-Regelung**") Gebrauch gemacht, sprich im Rahmen der Umsetzung der SE-RL auf einen Teil der Auffangregelungen zur Sicherung eines Mindeststandards an Mitbestimmung für die betroffenen Arbeitnehmer verzichtet, ist konsequenterweise auch nur der Abschluss einer Vereinbarung über die Beteiligung der Arbeitnehmer gem. Art. 4 SE-RL – einschließlich einer Vereinbarung über die Umsetzung der Mitbestimmung – oder die Tatsache, dass keine der an der Gründung teilnehmenden Gesellschaften vor der Registrierung der SE Mitbestimmungsvorschriften unterlag, als Eintragungsvoraussetzung zwingend nachzuweisen, vgl. Art. 12 Abs. 3 SE-VO. Aufgrund des in Deutschland ohnehin geltenden hohen Mindeststandards im Bereich der Mitbestimmung hat der deutsche Gesetzgeber von der Option des Art. 7 Abs. 3 SE-RL jedoch keinen Gebrauch gemacht (vgl. §§ 22, 35 ff. SEBG).[157] Damit ist im Rahmen der Anmeldung einer künftig in Deutschland ansässigen SE grundsätzlich die Erfüllung einer der in Art. 12 Abs. 2 SE-VO aufgeführten Bedingungen nach-

---

Verfahrensablauf, s. Rz. 8. Zu den entsprechenden Bestrebungen auf europäischer sowie deutscher Ebene, dies auch nationalen Aktiengesellschaften zu ermöglichen, vgl. den Vorentwurf zur 14. gesellschaftsrechtlichen Richtlinie (Sitzverlegungsrichtlinie) ZIP 1997, 1721 sowie den neuen Regelungsvorschlag des deutschen Bundesjustizministeriums, infolge einer Änderung von Art. 10 EGBGB sowohl die Gründungstheorie zu normieren als auch die grenzüberschreitende Verlegung des Satzungssitzes zuzulassen, s. RefE Gesetz zum Internationalen Privatrecht der Gesellschaften, Vereine und juristischen Personen, abrufbar unter www.bundesjustizministerium.de; *Leuering* ZRP 2008, 73 ff. Zur rechtlichen Würdigung einer SE-Sitzverlagerung auf die Cayman Islands s. *Heuschmid/Schmidt* NZG 2007, 54 ff. Zu möglichen bilanziellen Auswirkungen einer SE-Sitzverlegung s. *Knittel/Eble* BB 2008, 2288 ff. Zur Vereinbarkeit von Wegzugsbeschränkungen mit der Niederlassungsfreiheit allgemein s. EuGH, Urt. v. 16. 12. 2008 – Rs-C-210/06 („Cartesio"), ZIP 2009, 24 ff.

[155] Ausführlich hierzu s. *Schwarz* Art. 11 SE-VO Rz. 1 ff.
[156] Näher hierzu *Spindler/Stilz/Casper* Art. 12 SE-VO Rz. 6 ff.
[157] Vgl. MünchKomm. AktG/Bd. 9/2/*Schäfer*, Art. 12 SE-VO Rz. 8; *Schwarz* Art. 12 SE-VO Rz. 24.

G. Aufbau der SE (innere Organisation und Verfassung)   75, 76   § 19

zuweisen.[158] Die Anwendung des Art. 12 Abs. 3 SE-VO ist für eine in Deutschland zu gründende SE ausgeschlossen.

Kommt es im Nachhinein zu einer (erstmaligen oder erneuten) Neuregelung/Verhandlung etwaiger Mitbestimmungsrechte, ist die Satzung der SE den Ergebnissen entsprechend anzupassen, vgl. Art. 12 Abs. 4 SE-VO.[159]

G. Aufbau der SE (innere Organisation und Verfassung)

I. Management/Verwaltungsorgan

Im Hinblick auf die Ausgestaltung der Verwaltungsebene einer SE räumt die SE-VO ihren Gesellschaftern, abweichend vom deutschen Aktienrecht, ein Wahlrecht ein. Es besteht die Wahl zwischen der Einführung des sog. **dualistischen Systems**, bestehend aus Leitungs- und Aufsichtsorgan und insoweit vergleichbar mit dem deutschen System aus Vorstand und Aufsichtsrat, und des sog. **monistischen Systems**, bestehend aus einem einheitlichen Verwaltungsorgan (Verwaltungsrat) und daher vergleichbar mit dem anglo-amerikanischen Board-System.

Die Festlegung des Verwaltungssystems hat zwingend durch Satzungsbestimmung zu erfolgen, vgl. Art. 38 lit. b) SE-VO. Somit ist auch noch ein späterer Wechsel des Verwaltungssystems durch **Satzungsänderung** möglich.[160]

1. Dualistisches System

Gesonderte Vorschriften zur Einführung und Ausgestaltung des **dualistischen Systems** auf Ebene der SE-VO finden sich in den Art. 39 bis 42 SE-VO. Ergänzt werden diese durch die in den Art. 46 bis 51 SE-VO geregelten Gemeinsamen Vorschriften für das monistische und dualistische System sowie die nachrangigen Vorschriften des nationalen Rechts, für eine SE mit Sitz in Deutschland somit insb. die der Art. 9 Abs. 1 lit. c) i und Art. 9 Abs. 1 lit. c) ii SE-VO iVm. §§ 15 bis 19 SEAG und §§ 76 bis 116 AktG.

a) Leitungsorgan

aa) Die **Zahl der Mitglieder** des Leitungsorgans oder die Regeln für ihre Festlegung bestimmt die Satzung der SE, vgl. Art. 39 Abs. 4 Satz 1 SE-VO. Verfügt eine SE hingegen über ein Grundkapital von mehr als 3 Millionen Euro, so hat das Leitungsorgan aus mindestens zwei Personen zu bestehen, es sei denn, die Satzung sieht abweichend hierzu ausdrücklich die Leitung durch eine Person vor, vgl. Art. 39 Abs. 4 Satz 2 SE-VO iVm. § 16 Satz 1 SEAG. Ähnliches gilt für eine (kraft Gesetzes) mitbestimmte deutsche SE, deren Leitungsorgan

---

[158] Etwas anderes muss lediglich dann gelten, wenn es sich um die Gründung einer (arbeitnehmerlosen) Vorrats-SE handelt, s. Rz. 50 f. Eine dahingehende Satzungsanpassung ausschließlich durch das Leitungs- bzw. Verwaltungsorgan, dh. ohne Beschluss der Hauptversammlung iSd. Art. 12 Abs. 4 Satz 3 SE-VO, ist nach dem SEAG jedoch nicht möglich, vgl. MünchKomm. AktG/Bd. 9/2/*Schäfer* Art. 12 SE-VO Rz. 9.

[159] Vgl. hierzu MünchKomm. AktG/Bd. 9/2/*Jacobs* § 21 SEBG Rz. 14.

[160] Vgl. *Hirte* NZG 2002, 1, 5; *Reichert* Der Konzern 2006, 821, 823; *Thoma/Leuering* NJW 2002, 1449, 1451. Zur möglichen Einordnung dieses Systemwechsels als sog. strukturelle Änderung iSd. § 18 SEBG s. Fn. 227.

sich ebenfalls aus mindestens zwei Mitgliedern (einschließlich eines Arbeitsdirektors) zusammenzusetzen hat, vgl. § 16 Satz 2 SEAG iVm. § 38 Abs. 2 SEBG.[161]

77 **bb)** Die **Dauer**, für die eine Person zum Mitglied des Leitungsorgans bestellt werden darf, ist ebenfalls zwingend in der Satzung festzulegen.[162] Im Unterschied zum deutschen Aktienrecht beträgt die Höchstbestelldauer jedoch nicht nur fünf, sondern sechs Jahre, vgl. Art. 46 Abs. 1 SE-VO. Dies kann – ggf. unter Inkaufnahme einer Abweichung von den Empfehlungen des deutschen Corporate Governance Kodex – bei der Wahl der Unternehmensform durchaus eine Rolle spielen.[163] Vorbehaltlich einer anders lautenden Satzungsbestimmung ist auch bei der SE die Wiederbestellung zum Mitglied des Leitungsorgans möglich, vgl. Art. 46 Abs. 2 SE-VO.[164] Die **Bestellung** zum Mitglied des Leitungsorgans erfolgt durch das Aufsichtsorgan, vgl. Art. 39 Abs. 2 Satz 1 SE-VO. Deutschland hat in Anlehnung an sein geltendes Aktienrecht nicht von der Ermächtigung des Art. 39 Abs. 2 Satz 2 SE-VO Gebrauch gemacht, eine Satzungsbestimmung zuzulassen, nach der auch die Mitglieder des Leitungsorgans durch die Hauptversammlung bestellt werden können.[165]

78 **cc)** Gem. Art. 47 Abs. 1 SE-VO iVm. § 76 Abs. 3 Satz 1 AktG kann in Deutschland nur eine natürliche Person zum Mitglied des Leitungsorgans bestellt werden. Des Weiteren gilt auch bei der SE der **Grundsatz der Inkompatibilität** zwischen dem Amt als Mitglied des Leitungsorgans und dem als Mitglied des Aufsichtsorgans, vgl. Art. 39 Abs. 3 Satz 1 SE-VO. Eine Ausnahme besteht lediglich insoweit, als dass das Aufsichtsorgan eines seiner Mitglieder zur Wahrnehmung der Aufgaben eines Mitglieds des Leitungsorgans abstellen darf, wenn der betreffende Posten nicht besetzt ist und dies für keinen längeren Zeitraum erfolgt als von einem Jahr, vgl. Art. 39 Abs. 3 Satz 2 und 4 SE-VO iVm. § 15 Satz 1 SEAG. Während dieses Zeitraums ruht das Amt als Mitglied des Aufsichtsorgans, vgl. Art. 39 Abs. 3 Satz 3 SE-VO.[166] Personen, die entweder nach deutschem Aktienrecht oder aufgrund einer entsprechenden Gerichts- oder Verwaltungsentscheidung innerhalb eines der anderen Mitgliedstaaten von der Ausübung des Amtes als Mitglied des Leitungsorgans **ausgeschlossen** sind, dürfen den Posten des Mitglieds des Leitungsorgans jedoch nicht bekleiden, vgl. Art. 47 Abs. 2 SE-VO.[167]

79 **dd)** Die **Abberufung** eines Mitglieds des Leitungsorgans erfolgt grundsätzlich ebenso wie die Bestellung durch (mehrheitliche) Beschlussfassung des Aufsichtsorgans, vgl. Art. 39 Abs. 2 SE-VO.[168] Zwar enthält die SE-VO keine

---

[161] Vgl. Begr. RegE SEEG, BT-Drs. 15/3405, 35 und Rz. 128. Zur Rechtslage bei einer mitbestimmten deutschen Aktiengesellschaft s. *Hüffer* AktG § 77 Rz. 23.

[162] Vgl. DAV-Stellungnahme, NZG 2004, 75, 81; *van Hulle/Maul/Drinhausen/Drinhausen* 5. Abschn. Rz. 10.

[163] Vgl. *Mutter/Götze* AG 2007, R291.

[164] Zur abweichenden Rechtslage nach dem AktG (ohne Möglichkeit eines Satzungsvorbehalts) vgl. § 84 Abs. 1 Satz 2 bis 4 AktG; *Hüffer* AktG § 84 Rz. 6.

[165] Krit. *Hirte* DStR 2005, 653, 658.

[166] Zu eigenständigen Strafvorschriften für die SE sowie zur Anwendbarkeit nationalen Strafrechts auf die SE s. *Schlösser* NZG 2008, 126 ff.

[167] Vgl. *Lutter/Hommelhoff/Seibt* SE Art. 39 SE-VO Rz. 17.

[168] Zum Mehrheitserfordernis sowie zur Möglichkeit einer Abweichung in der Satzung oder in der Beteiligungsvereinbarung iSd § 21 SEBG s. *Lutter/Hommelhoff/Seibt* SE Art. 39 SE-VO, Rz. 22.

eigenständige Regelung über die Abberufung aus wichtigem Grund, doch ist davon auszugehen, dass auch bei der SE eine entsprechende vorzeitige Abberufung eines Mitglieds des Leitungsorgans aus wichtigem Grund zulässig ist.[169]

ee) Geschäftsführung. Ebenso wie bei einer deutschen AG führt auch das Leitungsorgan einer SE seine Geschäfte in eigener Verantwortung, vgl. Art. 39 Abs. 1 Satz 1 SE-VO. Soweit die Satzung nichts anderes vorsieht, bedarf es für die Beschlussfähigkeit des Leitungsorgans der Anwesenheit bzw. Vertretung der Hälfte seiner Mitglieder; für eine wirksame Beschlussfassung innerhalb des Leitungsorgans genügt – in Abweichung zum Prinzip der Gesamtgeschäftsführung nach deutschem Aktienrecht – grundsätzlich die (einfache) Mehrheit der anwesenden bzw. vertretenen Mitglieder, vgl. Art. 50 Abs. 1 lit. a) und b) SE-VO.[170] Vorbehaltlich einer abweichenden Satzungsregelung gibt die Stimme des Vorsitzenden bei Stimmengleichheit den Ausschlag, vgl. Art. 50 Abs. 2 Satz 1 SE-VO. In Abweichung zur vorherrschenden Auffassung im deutschen Aktienrecht hat dies aufgrund des eindeutigen Wortlauts des Art. 50 Abs. 2 Satz 1 SE-VO bei einer SE auch dann zu gelten, wenn sich das Leitungsorgan lediglich aus zwei Personen zusammensetzt.[171] Darüber hinaus ist anzumerken, dass bei entsprechender Satzungsregelung auch eine Beschlussfassung ohne (physische) Sitzung möglich ist, vgl. Art. 50 Abs. 1 SE-VO.[172]

ff) Abschließend sei darauf hingewiesen, dass sämtliche Mitglieder des Leitungsorgans auch nach ihrem Ausscheiden aus dem Amt einer fortgeltenden **Verschwiegenheitspflicht** unterliegen, vgl. Art. 49 Satz 1 SE-VO. Eine etwaige Haftung für einen Sorgfaltspflichtverstoß richtet sich nach den entsprechenden Vorschriften des nationalen Rechts, für eine in Deutschland ansässige SE also insb. nach den entsprechenden Vorschriften des AktG, vgl. Art. 51 SE-VO.[173]

b) Aufsichtsorgan

aa) Die **Zahl der Mitglieder** des Aufsichtsorgans oder die Regeln für ihre Festlegung werden ebenfalls durch Satzungsregelung bestimmt, vgl. Art. 40 Abs. 3 Satz 1 SE-VO. Soweit die Satzung keine höhere Zahl festsetzt, ist für eine in Deutschland ansässige SE eine Mindestanzahl von drei[174] und, je nach Höhe

---

[169] Vgl. *Lutter/Hommelhoff/Seibt* SE Art. 39 SE-VO Rz. 24 mwN; zur Rechtslage bei der AG s. § 84 Abs. 3 Satz 1 AktG sowie *Hüffer* AktG § 84 Rz. 26 und *Schmidt/Lutter/Seibt* § 84 Rz. 50; unklar *Hirte* NZG 2002, 1, 6.

[170] Zum Grundsatz der Gesamtgeschäftsführung nach deutschem Aktienrecht (§ 77 Abs. 1 Satz 1 AktG) s. *Schwarz* Art. 39 SE-VO Rz. 95 sowie *Hüffer* AktG § 77 Rz. 1, 6.

[171] Vgl. hierzu auch *Mutter/Götze* AG 2007, R 292 mit dem Hinweis, dass ein Vetorecht zugunsten einzelner Vorstandsmitglieder bei der SE aufgrund Satzungsregelung zulässig ist; *Lutter/Hommelhoff/Seibt* SE Art. 39 SE-VO Rz. 8; *Lutter/Hommelhoff/Teichmann* SE Art. 50 SE-VO Rz. 24 ff. Zur Unzulässigkeit des Stichentscheids des Vorsitzenden bei einem zweigliedrigen Vorstand nach deutschem Aktienrecht s. *Hüffer* AktG § 77 Rz. 11 mwN.

[172] Vgl. Begr RegE SEEG, BT-Drs. 15/3405, 38. Zur Frage, ob eine derartige Beschlussfassung auch aufgrund einer entsprechenden Regelung in der Geschäftsordnung zulässig ist, s. MünchKomm. AktG/Bd. 9/2/*Reichert/Brandes* SE-VO Art. 50 Rz. 52, die dies iE zu Recht bejahen. Hierfür spricht insb. auch die entsprechende Kodifikation für den Verwaltungsrat in § 35 Abs. 2 SEAG.

[173] MünchKomm. AktG/Bd. 9/2/*Reichert/Brandes* Art. 51 SE-VO Rz. 6.

[174] Eine Mindestanzahl von drei Mitgliedern macht eigentlich nur Sinn bei einem mitbestimmten Aufsichtsorgan. Aufgrund des eindeutigen Wortlauts und des gesetzge-

des Grundkapitals der SE, ebenso wie bei einer deutschen AG, eine Höchstzahl von neun, 15 oder 21 Mitgliedern vorgeschrieben, vgl. Art. 40 Abs. 3 Satz 2 SE-VO iVm. § 17 Abs. 1 Satz 2 und 3 SEAG. Die Beteiligung der Arbeitnehmer nach dem SEBG bleibt hiervon unberührt, vgl. § 17 Abs. 2 SEAG. Aufgrund der Nichtanwendbarkeit von DrittelbG und MitbestG (insbes. § 7 MitbestG) ist etwa damit auch bei einer paritätisch mitbestimmten SE die Bildung eines kleinen Aufsichtsrats möglich.[175] Hierbei handelt es sich um einen weiteren, nennenswerten Vorteil der SE.[176]

Trotz der Öffnungsklausel in § 17 Abs. 2 SEAG hat sich eine **Beteiligungsvereinbarung iSd.** § 21 SEBG, die zwischen den Leitungsorganen der Gründungsgesellschaften und dem hierzu installierten Vertretungsorgan der Arbeitnehmer, dem sog. besonderen Verhandlungsgremium (bVG) ausgehandelt werden soll,[177] an die zwingenden Vorgaben der SE-VO und die des SEAG zu halten. Insbesondere steht es den Verhandlungsparteien nicht zu, in einer Vereinbarung gem. § 21 SEBG die Gesamtzahl der Mitglieder des Aufsichtsorgans verbindlich festzulegen oder vom Prinzip der Dreiteilbarkeit abzuweichen. Die Festlegung der (absoluten) Gesamtgröße des Aufsichtsorgans obliegt allein der Entscheidung der Gesellschafter, vgl. § 17 Abs. 1 Satz 1 und Satz 2 SEAG, § 21 Abs. 3 Satz 2 Nr. 1 SEBG. Eine Beteiligungsvereinbarung iSd. § 21 SEBG hat sich vielmehr auf die Festlegung der Zahl bzw. des quotalen Anteils der im Aufsichtsorgan vertretenen Arbeitnehmer zu beschränken.[178]

82   **bb)** Ein Mitglied des Aufsichtsorgans darf ebenso wie das des Leitungsorgans für eine Höchstdauer von sechs Jahren bestellt werden. Die entsprechende Dauer ist auch hier in der Satzung festzulegen, vgl. Art. 46 Abs. 1 SE-VO. Im Gegensatz zu den Mitgliedern des Leitungsorgans erfolgt die **Bestellung** sämtlicher Mitglieder des Aufsichtsorgans grundsätzlich durch die Hauptversammlung, lediglich die Mitglieder des ersten Aufsichtsorgans (Arbeitnehmer- und Anteilseignervertreter) können kraft Satzungsregelung bestellt werden, vgl. Art. 40 Abs. 2 Satz 1 und 2 SE-VO. Etwaige Entsenderechte bleiben hier-

---

berischen Willens ist diese Zahl jedoch zwingend zu beachten; vgl. die abweichende Regelung des § 23 Abs. 1 Satz 2 SEAG sowie *Schwarz* Art. 43 SE-VO Rz. 75 f.

[175] Zur Nichtanwendbarkeit von DrittelbG und MitbestG auf eine in Deutschland ansässige SE vgl. Rz. 114 und Fn. 261.
[176] *Lutter/Hommelhoff/Drygala* SE Art. 40 SE-VO Rz. 18 mwN.; vgl. hierzu auch *Kort* AG 2008, 137, 139 f.
[177] Vgl. hierzu auch Rz. 115 ff. und Fn. 222.
[178] So wohl die hM, vgl. Begr. RegE SEEG, BT-Drs. 15/3405, 52 und 54; *Habersack* AG 2006, 345, 352 f.; *Kallmeyer* AG 2003, 197, 199, *Lutter/Hommelhoff/Lutter* SE Einl. SE-VO Rz. 41; *Oetker* ZIP 1006, 1119, 1116; *Lutter/Hommelhoff/Oetker* SE § 21 SEBG Rz. 33; MünchKomm. AktG/Bd. 9/2/*Reichert/Brandes* Art. 43 SE-VO Rz. 67; aA *Lutter/Hommelhoff/Drygala* SE Art. 40 SE-VO Rz. 20; *Heinze/Seifert/Teichmann* BB 2005, 2524 f.; *Manz/Mayer/Schröder/Hennings* Art. 4 SE-RL Rz. 4; *Lutter/Hommelhoff/Teichmann* SE Art. 43 SE-VO Rz. 36 ff. zum Verwaltungsrat: Vorrang der Vereinbarungsautonomie. Dem ist jedoch entgegenzuhalten, dass der Vorrang der Verhandlungslösung nur ggü. gesetzlich vorgeschriebenen Regelungen über die Mitbestimmung, nicht jedoch auch ggü. Vorschriften über die gesellschaftsrechtliche Grundstruktur gelten soll, vgl. Begr. RegE SEEG, BT-Drs. 15/3405, 41. Art. 4 Abs. 2 lit. g SE-RL ermächtigt gerade nicht dazu, auch die absolute Zahl der Mitglieder des Aufsichts- bzw. Verwaltungsorgans im Rahmen der Beteiligungsvereinbarung festlegen zu können, vgl. MünchKomm. AktG/Bd. 9/2/*Reichert/Brandes* Art. 43 SE-VO Rz. 67, s. dort auch zur entsprechenden Interpretation des Art. 12 Abs. 4 SE-VO.

G. Aufbau der SE (innere Organisation und Verfassung) 83–85 § 19

von jedoch ebenso unberührt wie die originäre Wahl der Arbeitnehmervertreter, vgl. Art. 9 Abs. 1 lit. c) ii iVm. § 101 Abs. 2 S. 1 AktG bzw. Art. 40 Abs. 2 Satz 3 SE-VO.[179]

cc) Die **Abberufung** eines Mitglieds des Aufsichtsorgans einer in Deutsch- 83 land ansässigen SE erfolgt nach denselben Regeln wie die eines Mitglieds des Aufsichtsrats einer deutschen AG, vgl. Art. 9 Abs. 1 lit. c) ii SE-VO iVm. § 103 AktG.[180]

dd) Die **Aufgaben des Aufsichtsorgans** beschränken sich darauf, die Ge- 84 schäftsführung durch das Leitungsorgan zu überwachen. Es ist nicht berechtigt, die Geschäfte der SE selbst zu führen, vgl. Art. 40 Abs. 1 SE-VO. Damit das Aufsichtsorgan seiner Kontrollfunktion gerecht werden kann, hat das Leitungsorgan das Aufsichtsorgan mindestens alle drei Monate über den Gang der Geschäfte der SE und deren voraussichtliche Entwicklung (Prognose) zu unterrichten. Zudem hat es dem Aufsichtsorgan Informationen über Ereignisse mitzuteilen, die sich auf die Lage der SE spürbar auswirken können, vgl. Art. 41 Abs. 1 und Abs. 2 SE-VO. Darüber hinaus steht sowohl dem Aufsichtsorgan einer in Deutschland ansässigen SE als auch, in Übereinstimmung mit § 90 Abs. 3 Satz 2 AktG, jedem einzelnen Mitglied des Aufsichtsorgans das Recht zu, jederzeit nach Art. 41 Abs. 3 Satz 1 SE-VO Informationen an das Aufsichtsorgan als solches zu verlangen, vgl. Art. 41 Abs. 3 Satz 2 SE-VO iVm. § 18 SEAG.[181]

ee) Zudem kann das Aufsichtsorgan einer in Deutschland eingetragenen SE 85 – aber nur zusätzlich zu den von den Gesellschaftern in der Satzung festgesetzten zustimmungspflichtigen Geschäften, vgl. Art. 48 Abs. 1 Satz 1 SE-VO – selbst festlegen, welche Geschäfte noch darüber hinaus seiner Zustimmung bedürfen (**zustimmungsbedürftige Geschäfte**), vgl. Art. 48 Abs. 1 Satz 2 SE-VO iVm. § 19 SEAG.[182] Von der weiteren Ermächtigung des Art. 48 Abs. 2

---

[179] Zum § 101 Abs. 2 AktG s. *Hüffer* AktG § 101 Rz. 8 ff. Die Bestellung von Ersatzmitgliedern ist für eine in Deutschland ansässige SE ebenfalls möglich, vgl. Art. 9 Abs. 1 lit. c ii iVm. § 101 Abs. 3 AktG s. *Hüffer* AktG § 101 Rz. 11 ff. Allgemein zum Verfahren der Mitgliederbestellung und zur Anwendung des Statusverfahrens, vgl. § 17 Abs. 3, 4 SEAG. Vorbehaltlich einer abweichenden Vereinbarung wird die Wahl der aus Deutschland stammenden Vertreter für die Arbeitnehmer von einem Wahlgremium durchgeführt, an dessen Vorschlag bzw. Wahl die Hauptversammlung im Rahmen ihres Bestellungsbeschlusses gebunden ist, vgl. § 36 Abs. 3 und 4 SEBG.
[180] Zur Abberufung von Arbeitnehmervertretern vgl. § 37 Abs. 1 SEBG und Begr. RegE SEEG, BT-Drs. 15/3405, 55.
[181] Zu möglichen Auswirkungen des Gesetzes zur Modernisierung des Bilanzrechts (BilMoG) vgl. Begr. RegE BilMoG, BT-Drs. 16/10067, 1 ff. sowie BR-Drs. 270/09 v. 27. 3. 2009 S. 32 ff.; *Habersack* AG 2008, 98, 100; *Zwirner/Boecker* DB 2008, 2781 ff.
[182] Vgl. § 111 Abs. 4 Satz 2 AktG als entsprechende Regelung für eine deutsche AG. Im Unterschied hierzu obliegt nach Art. 48 Abs. 1 Satz 1 SE-VO, 48 Abs. 1 Satz 2 SE-VO iVm. § 19 SEAG den Gesellschaftern jedoch die Pflicht zur Festlegung zustimmungspflichtiger Geschäfte des Aufsichtsorgans in der Satzung. Die Möglichkeit, entsprechend § 111 Abs. 4 Satz 2 AktG den Katalog der zustimmungspflichtigen Geschäfte aus der Satzung vollständig herauszuhalten und dessen (flexiblere) Festlegung (sodann jedoch auch zwingend) dem Aufsichtsrat aufzuerlegen, besteht danach wohl nicht. Insoweit räumt § 19 SEAG dem Aufsichtsorgan nicht eine alternative, sondern lediglich eine zusätzliche Möglichkeit ein, über die in der Satzung bereits aufgeführten zustimmungspflichtigen Geschäfte hinaus weitere Geschäfte seiner Zustimmung zu unterstellen, vgl. Begr. RegE SEEG, BT-Drs. 15/3405, 36 („... die Mitgliedstaaten können darüber hinaus vorse-

SE-VO, bereits im Gesetz festzulegen, welche Arten von Geschäften auf jeden Fall in die Satzung aufzunehmen sind, hat Deutschland keinen Gebrauch gemacht. Insoweit überlässt es der Gesetzgeber den Gesellschaftern bzw. dem Aufsichtsrat, den Katalog der zustimmungspflichtigen Geschäfte selbst zu bestimmen.

ff) Das Aufsichtsorgan wählt aus seiner Mitte einen **Vorsitzenden**, soweit nicht die Hälfte der Mitglieder von den Arbeitnehmern bestellt wird. In diesem Fall darf der Vorsitzende des Aufsichtsorgans nur aus dem Kreis der (originär) von der Hauptversammlung bestellten Anteilseignervertreter, vgl. Art. 42 Satz 1 und 2 SE-VO.

2. Monistisches System

86   Alternativ zum dualistischen System steht den Gesellschaftern einer SE – und aufgrund der erstmaligen Einführung dieses Systems durch den deutschen Gesetzgeber in nationales Aktienrecht (vgl. Art. 43 Abs. 4 SE-VO iVm. §§ 20 ff. SEAG) damit auch einer in Deutschland ansässigen Aktiengesellschaft in Form einer SE – das sog. **monistische System** zur Wahl.[183] Im Gegensatz zum dualistischen System gibt es mit dem Verwaltungsrat[184] lediglich ein echtes Verwaltungsorgan. Zusätzlich werden diesem sog. geschäftsführende Direktoren zur Seite gestellt. Im Gegensatz zum Vorstand einer Aktiengesellschaft handelt es sich bei den geschäftsführenden Direktoren jedoch nicht um ein eigenständiges und unabhängiges Organ der Gesellschaft, sondern vielmehr um Personen, die vom Verwaltungsrat auserwählt und bestellt sind, um die Aufgaben der laufenden Geschäftsführung für die Gesellschaft wahrzunehmen, vgl. § 40 SEAG. Sie sind weisungsgebunden und können vom Verwaltungsrat jederzeit ohne Begründung abberufen werden, es sei denn, die Satzung sieht abweichende Anforderungen vor, vgl. § 40 Abs. 5 Satz 1 SEAG.

Entscheidet sich eine SE mit Sitz in Deutschland kraft Satzungsbestimmung gem. Art. 38 lit. b) SE-VO iVm. § 20 SEAG für die Einrichtung eines monistischen Verwaltungssystems, so finden hierauf die Vorschriften der **Art. 43 bis 51 SE-VO**, ergänzt um die (nachrangigen) nationalen Vorschriften der §§ 20 bis 49 SEAG, Anwendung. Die §§ 76 bis 116 AktG sind nicht anwendbar, vgl. § 20 SEAG.

a) Verwaltungsrat

87   **aa)** Die **Zahl der Mitglieder** des Verwaltungsrats oder die Regeln für ihre Festlegung bestimmen sich ebenfalls nach der Satzung, vgl. Art. 43 Abs. 2 Satz 1 SE-VO. Für eine in Deutschland ansässige SE gilt eine Mindestzahl von

---

hen..."); *Spindler/Stilz/Casper/Eberspächler* Art. 48 SE-VO Rz. 4; aA *van Hulle/Maul/Drinhausen/Drinhausen* 5. Abschn. Rz. 34: Es bleibe dem Aufsichtsorgan überlassen, welche Geschäfte es als zustimmungspflichtig festlegen wolle; differenzierend MünchHdb. GesR/Bd. 4/*Austmann* § 84 Rz. 5, der aufgrund des entsprechenden Wortlauts des Art. 48 Abs. 1 S. 2 SE-VO („... jedoch...") allein für das dualistische System eine alternative Bestimmung durch Beschluss des Aufsichtsrates für zulässig erachtet.

[183] Ausführlich hierzu *Merkt* ZGR 2003, 650 ff.

[184] Verwaltungsrat ist die deutsche Bezeichnung des Verwaltungsorgans im monistischen System, vgl. die entsprechende Legaldefinition in § 20 SEAG sowie *Hirte* DStR 2005, 653, 657; ausführlich zum Verwaltungsrat der monistischen SE s. *Bachmann* ZGR 2008, 779 ff.

G. Aufbau der SE (innere Organisation und Verfassung) § 19

drei Mitgliedern, soweit die Satzung keine geringere Zahl vorsieht, vgl. Art. 43 Abs. 2 Satz 2 SE-VO iVm. § 23 Abs. 1 Satz 1 und Satz 2 1. HS. SEAG. Insoweit besteht insb. für kleine und mittlere Unternehmen sowie für Tochtergesellschaften eines europäischen Konzerns im Unterschied zur dualistischen Struktur eine flexiblere Gestaltungsmöglichkeit, da im monistischen System nicht nur die Höchst-, sondern auch die Mindestzahl der Mitglieder satzungsdispositiv ist.[185] Beträgt das Grundkapital der SE jedoch mehr als 3 Millionen Euro, muss auch der Verwaltungsrat aus mindestens drei Mitgliedern zusammengesetzt sein, vgl. § 23 Abs. 1 Satz 2 SEAG; in diesem Fall entsprechen die Höchstzahlen denen für den Aufsichtsrat einer deutschen AG, vgl. Art. 43 Abs. 2 Satz 2 SE-VO iVm. § 23 Abs. 1 Satz 3 2. Hs. SEAG. Etwaige Beteiligungsrechte der Arbeitnehmer nach den Vorschriften des SEBG bleiben hiervon unberührt, vgl. § 23 Abs. 2 SEAG.[186] Ist ein bestimmter Mitbestimmungsstandard einzuhalten, muss auch hier nicht die absolute Zahl der Arbeitnehmervertreter, sondern lediglich ihr verhältnismäßiger Anteil im Verwaltungsrat gewahrt werden. Abweichend zum Aufsichtsorgan im dualistischen System muss die Anzahl der Mitglieder des Verwaltungsrats indes nicht durch drei teilbar sein.[187]

bb) Bestellung. Ebenso wie die Mitglieder des Leitungsorgans und des Aufsichtsorgans beim dualistischen System werden auch sämtliche Mitglieder des Verwaltungsrats (Anteilseigner- und Arbeitnehmervertreter) für einen in der Satzung festzulegenden Zeitraum bestellt, ebenfalls jedoch nicht über einen Höchstzeitraum von sechs Jahren hinaus, vgl. Art. 46 Abs. 1 SE-VO. Die Bestellung erfolgt ebenso wie die der Mitglieder des Aufsichtsorgans in der dualistischen Struktur durch die Hauptversammlung der SE, es sei denn, es handelt sich um die ersten Mitglieder, die ebenso kraft Festlegung in der Satzung bestimmt werden können, vgl. Art. 43 Abs. 3 Satz 1 und 2 SE-VO.[188] Auch hiervon bleiben etwaige Entsenderechte sowie Beteiligungsrechte der Arbeitnehmer unberührt, vgl. Art. 43 Abs. 3 Satz 2 SE-VO.[189] Kommt es zwischen der Geschäftsleitung und dem bVG zu einer **Beteiligungsvereinbarung iSd.** § 21 SEBG oder kraft Gesetzes zur Anwendung der §§ 34 bis 38 SEBG, die insbesondere eine Entsendung von Arbeitnehmervertretern in den Verwaltungsrat vorsieht, setzt sich der Verwaltungsrat somit aus Mitgliedern zusammen, die zT von den Aktionären und zT von den Arbeitnehmern gewählt worden sind, vgl. § 24 Abs. 1 SEAG. Die persönlichen Anforderungen an die Mitglieder des Verwaltungsrats entsprechen denen, die an die Mitglieder des Aufsichtsorgans im dualistischen System gestellt werden, vgl. § 27 Abs. 1 und 3 SEAG. Für die Arbeitnehmervertreter gelten darüber hinaus die in einer Beteiligungsvereinbarung bzw. in § 36 Abs. 3 SEBG festgelegten Kriterien, vgl.

---

[185] Begr. RegE SEEG, BT-Drs. 15/3405, 37; *Lutter/Hommelhoff/Teichmann* SE Anh. Art. 43 SE-VO Rz. 4 f. mwN. Dies gilt vorbehaltlich einer Grundkapitalziffer von weniger als 3 Millionen Euro und der personellen Nichtidentität zwischen geschäftsführenden Direktoren und Mitgliedern des Verwaltungsrats, vgl. § 23 SEAG und § 40 Abs. 1 Satz 2 SEAG.
[186] Zur Reichweite der Beteiligungsvereinbarung in diesem Fall s. zuvor Rz. 81 ff.
[187] Vgl. *van Hulle/Maul/Drinhausen/Drinhausen* 5. Abschn. Rz. 9.
[188] Zur Wahl der Arbeitnehmervertreter und entsprechenden Bindung der Hauptversammlung s. auch Fn. 179.
[189] Vgl. hierzu *Schwarz* Art. 43 SE-VO Rz. 102.

§ 27 Abs. 2 SEAG. Auch der Verwaltungsrat einer „deutschen" SE kann sich lediglich aus natürlichen Personen zusammensetzen, vgl. § 27 Abs. 3 SEAG. Die Einrichtung des monistischen Systems findet **bei mitbestimmten Gesellschaften** jedoch weniger Anklang, da eine Besetzung des Verwaltungsrats und damit eine Mitentscheidungsbefugnis der Arbeitnehmervertreter bei sämtlichen Leitentscheidungen der Geschäftsführung aus unternehmerischer Sicht nur selten gewollt ist.[190] Das Aufgabenspektrum des Verwaltungsrats beschränkt sich nicht nur – wie etwa das des Aufsichtsorgans im dualistischen System – auf die Überwachung und Kontrolle einer unabhängig agierenden Geschäftsführung, sondern vielmehr auch auf die eigene Vornahme und Koordinierung von Maßnahmen der Geschäftsführung und -leitung, gepaart mit der hierfür zu tragenden Letztverantwortung, vgl. Art. 43 Abs. 1 Satz 1 SE-VO.[191]

89 cc) Die **Abberufung** eines Mitglieds des Verwaltungsrats, das ohne Bindung an einen Wahlvorschlag von der Hauptversammlung bestellt worden ist, ist jederzeit durch die Hauptversammlung mit einer Dreiviertelmehrheit der abgegebenen Stimmen möglich, soweit die Satzung keine andere Mehrheit festgelegt hat, vgl. § 29 Abs. 1 SEAG.[192] Wurde ein Mitglied des Verwaltungsrats aufgrund einer entsprechenden Satzungsbestimmung in diesen entsandt, kann dieses ebenfalls jederzeit von dem Entsendungsberechtigten abberufen werden, vgl. § 29 Abs. 2 Satz 1 SEAG. Darüber hinaus hat das Gericht auf einen mit einfacher Mehrheit gestellten Antrag des Verwaltungsrats ein Mitglied dieses Organs abzuberufen, wenn hierfür ein wichtiger Grund vorliegt, vgl. § 29 Abs. 3 Satz 1 SEAG. Dasselbe Recht steht Aktionären bzgl. eines kraft Satzungsbestimmung in den Verwaltungsrat entsandten Mitglieds zu, wenn deren Anteil entweder zehn Prozent des Grundkapitals oder einen anteiligen Betrag am Grundkapital von mindestens 1 Millionen Euro umfasst, vgl. § 29 Abs. 3 Satz 3 SEAG.[193]

90 dd) Der **Aufgabenbereich** des Verwaltungsorgans ist im Vergleich zu dem des Leitungsorgans und dem des Aufsichtsorgans im dualistischen System umfassender ausgestaltet. Im Grunde handelt es sich um eine Kombination aus dem Aufgabenbereich des Vorstands und dem des Aufsichtsrats einer deutschen AG.[194]

Im Gegensatz zum Aufsichtsorgan im dualistischen System stehen ihm also nicht nur Überwachungsbefugnisse zu, sondern es obliegt ihm vielmehr auch die Pflicht zur Leitung der Gesellschaft und zur Bestimmung der Grundlinien ihrer Tätigkeit, vgl. § 43 Abs. 1 Satz 1 SE-VO iVm. § 22 Abs. 1 SEAG. Bei einer in Deutschland ansässigen SE werden zwar die Geschäfte der laufenden Verwaltung sowie die Vertretung der Gesellschaft von den sog. geschäftsführenden Direktoren in eigener Verantwortung wahrgenommen, doch befreit dies den

---

[190] Vgl. *Fleischer* AcP 204 (2004), 502, 522; *Kallmeyer* ZIP 2003, 1531, 1534; *Redeker* AG 2006, R 343, R 345; *Reichert* Der Konzern 2006, 821, 824 f.; *Habersack* AG 2009, 1, 8.

[191] Vgl. Begr. RegE SEEG, BT-Drs. 15/3405, 36.

[192] Zur Abberufung von Arbeitnehmervertretern vgl. § 37 Abs. 1 Satz 4 SEBG, der insoweit § 29 SEAG verdrängt, vgl. MünchKomm. AktG/Bd. 9/2/*Reichert/Brandes* Art. 43 SE-VO Rz. 56.

[193] Zur Möglichkeit der Abberufung von Arbeitnehmervertretern vgl. *Lutter/Hommelhoff/Teichmann* SE Art. 43 SE-VO Rz. 52 ff.

[194] Vgl. *Hirte* DStR 2005, 653, 701; *Schwarz* Anh. Art. 43 SE-VO Rz. 41; *Lutter/Hommelhoff/Teichmann* SE Art. 43 SE-VO Rz. 63.

Verwaltungsrat nicht von seiner diesbezüglichen **Letzt- und Gesamtverantwortung**.[195] Wie bereits zuvor angedeutet, zeigt sich dies insb. daran, dass dieser als Organ dazu befugt ist, den geschäftsführenden Direktoren Weisungen zu erteilen und diese jederzeit kraft Mehrheitsbeschluss abberufen zu können vgl. §§ 40 Abs. 5, 44 Abs. 2 SEAG.
Konkret zu seinem Aufgabenspektrum gehören insb. Tätigkeiten wie die Einberufung der Hauptversammlung, wenn es das Wohl der Gesellschaft erfordert oder sich bei Aufstellung einer Jahresbilanz oder einer Zwischenbilanz ein Verlust des Grundkapitals in mindestens der Höhe der Hälfte des Grundkapitals abzeichnet, die Führung der Handelsbücher, die Einleitung eines „Früherkennungssystems" bzgl. etwaiger Gefährdungen für den Fortbestand der Gesellschaft, die Beauftragung des Abschlussprüfers für den Jahres- und Konzernabschluss, die Prüfung des Jahresabschlusses, des Lageberichts und eines Vorschlags zur Gewinnverwendung sowie die Einsicht und Prüfung sämtlicher Bücher und Schriften der Gesellschaft, vgl. hierzu § 22 Abs. 1 bis 5 SEAG.[196] Darüber hinaus ist auch dem Verwaltungsorgan durch entsprechende Satzungsregelung die Befugnis einzuräumen, außergewöhnlichen Maßnahmen der Geschäftsführung durch ausdrücklichen Beschluss zustimmen zu müssen, vgl. § 44 Abs. 2 SE-VO.
Sämtliche dem Verwaltungsrat kraft Gesetzes zugewiesenen Aufgaben stehen diesem ausschließlich zu und können daher zB auch nicht auf die geschäftsführenden Direktoren übertragen werden, vgl. § 40 Abs. 2 Satz 3 SEAG. Die Anforderungen an eine wirksame Beschlussfassung richten sich weitestgehend nach denen, die an eine wirksame Beschlussfassung im Leitungs- oder Aufsichtsorgan im dualistischen System gestellt werden vgl. Art. 50 Abs. 1 SE-VO iVm. § 35 SEAG.[197]
Im Übrigen gelten für ihn sinngemäß sämtliche Rechtsvorschriften, die außerhalb des SEAG dem Vorstand oder dem Aufsichtsrat einer deutschen AG Rechte und Pflichten auferlegen, soweit diesen Rechtsvorschriften nach Sinn und Zweck keine Regelungen der SE-VO bzw. des SEAG entgegenstehen, vgl. § 22 Abs. 6 SEAG.[198]
ee) Ebenso wie das Aufsichtsorgan im dualistischen System wählt auch der Verwaltungsrat aus seiner Mitte einen **Vorsitzenden**, es sei denn, die Hälfte seiner Mitglieder werden von den Arbeitnehmern gestellt. In dieser Situation darf auch hier nur ein von der Hauptversammlung der Anteilseignervertreter bestelltes Mitglied zum Vorsitzenden gewählt werden, vgl. Art. 45 SE-VO. Die Wahl eines Sprechers ist indes ausgeschlossen.[199]

---

[195] Vgl. Begr. RegE SEEG, BT-Drs. 15/3405, 36 f.; *van Hulle/Maul/Drinhausen/Drinhausen* 5. Abschn. Rz. 22 ff.; *Hirte* DStR 2005, 653, 701; *Merkt* ZGR 2003, 650, 657 ff.; *Neye/Teichmann* AG 2003, 169, 179.
[196] Zum BilMoG s. *Habersack* AG 2008, 98, 100 und BilMoG BR-DRS. 270/09 S. 32 ff.
[197] Vgl. zuvor Rz. 75 ff.
[198] Hieran wird ebenfalls deutlich, dass die Verantwortlichkeiten, die im dualistischen System auf Vorstand und Aufsichtsorgan verteilt sind, im monistischen System grundsätzlich ausschließlich beim Verwaltungsrat gebündelt werden, Begr. RegE SEEG, BT-Drs. 15/3405, 37.
[199] Zur Wahl eines Stellvertreters sowie zur Möglichkeit der Verabschiedung einer eigenen Geschäftsordnung s. § 34 Abs. 1 und 2 SEAG. Allgemein zur inneren Ordnung des Verwaltungsrats s. *van Hulle/Maul/Drinhausen/Drinhausen* 5. Abschn. Rz. 14 ff.

92 **ff)** Art. 44 SE-VO schreibt dem Verwaltungsrat ebenso wie dem Aufsichtsorgan im dualistischen System vor, dass er mindestens alle drei Monate zusammentreten muss, soweit die Satzung keinen geringeren Zeitabstand vorsieht.[200] Auch für die Mitglieder des Verwaltungsrats gilt sowohl während der Ausübung als auch nach der Beendigung ihres Amtes eine fortgeltende **Verschwiegenheitspflicht**, vgl. Art. 49 SE-VO.

93 **gg)** Hinsichtlich der Vergütung, der Gewährung von Krediten an Mitglieder des Verwaltungsrats, sonstiger Verträge mit Mitgliedern des Verwaltungsrats sowie der Beachtung von Sorgfaltspflichten und sonstigen Rechten und Pflichten finden auf eine in Deutschland ansässige SE die **Vorschriften des AktG für den Aufsichtsrat** einer deutschen AG entsprechende Anwendung, vgl. §§ 38 f. SEAG. Ebenso finden sich im SEAG weitestgehend gleichlautende Vorschriften zu denen des AktG in Bezug auf die Bekanntmachung und gerichtliche Entscheidung über die Zusammensetzung des Verwaltungsrats (Statusverfahren), die ergänzende Bestellung durch das Gericht, die Nichtigkeit und Anfechtung der Wahl eines Verwaltungsratsmitglieds sowie die Wirkung eines entsprechenden Urteils, vgl. §§ 24 Abs. 2, 25, 26, 30, 31, 32 und 33 SEAG.

b) Geschäftsführende Direktoren

94 Hat eine SE ihren Sitz in Deutschland, so obliegt dem Verwaltungsrat bekanntlich die Pflicht, sog. geschäftsführende Direktoren zu bestellen, die sowohl die laufende Geschäftsführung als auch die nach außen hin unbeschränkbare Vertretung der Gesellschaft in eigener Verantwortung übernehmen, vgl. Art. 43 Abs. 1 Satz 2 SE-VO iVm. §§ 40 Abs. 2, 41, 44 SEAG.[201]

95 **aa) Bestellung.** Der Verwaltungsrat hat **einen oder mehrere** geschäftsführende Direktoren zu bestellen, vgl. Art. 43 Abs. 1 Satz 2 SE-VO iVm. § 40 Abs. 1 Satz 1 SEAG. Handelt es sich um eine in Deutschland ansässige, monistische SE, die kraft Vereinbarung oder Gesetzes der Mitbestimmung unterliegt, sind mindestens zwei geschäftsführende Direktoren zu bestellen, vgl. § 40 Abs. 1 Satz 6 SEAG iVm. § 38 Abs. 2 SEBG.[202] Es können sowohl externe Dritte als auch eigene Mitglieder des Verwaltungsrats zu geschäftsführenden Direktoren bestellt werden, letztere jedoch nur, wenn sichergestellt ist, dass die Mehrheit der Mitglieder des Verwaltungsrats weiterhin nicht gleichzeitig die Position von geschäftsführenden Direktoren einnimmt, vgl. § 40 Abs. 1 Satz 2 SEAG. Im Übrigen kann die Satzung weitere Anforderungen an die Bestellung festlegen, vgl. § 40 Abs. 1 Satz 5 SEAG. Sowohl die Bestellung der geschäftsführenden Direktoren als auch Art und Umfang der ihnen erteilten Vertretungsbefugnis sind zum Handelsregister anzumelden, vgl. §§ 40 Abs. 1 Satz 3, 46 Abs. 1 Satz 2 SEAG.

96 Beabsichtigt man, das Verwaltungsorgan verstärkt als Kontrollorgan anzusehen, sollten vorrangig **externe Dritte** zu geschäftsführenden Direktoren bestellt werden. Zwar ist mit der Regelung des § 40 Abs. 1 Satz 2 SEAG sichergestellt, dass die Mehrheit der Mitglieder nicht zugleich die Aufgaben der geschäftsführenden Direktoren wahrnehmen darf, doch ist es offensichtlich, dass

---

[200] Zur Einberufung, zum Ablauf und zur Beschlussfassung im Rahmen einer Sitzung des Verwaltungsrats vgl. §§ 34 bis 37 SEAG.
[201] Ausführlich zur Figur des geschäftsführenden Direktors s. *Lutter/Hommelhoff/Teichmann* SE Art. 43 SE-VO Rz. 1 ff; s. a. Fn. 208.
[202] *Hirte* DStR 2005, 653, 701; *Lutter/Hommelhoff/Teichmann* SE Anh. Art. 43 SE-VO Rz. 15; *Thamm* NZG 2008, 132, 133.

– verbunden mit der Einräumung einer besonderen Machtstellung – eine unabhängige Überwachung weniger gewährleistet werden kann, wenn ein geschäftsführender Direktor zugleich das Amt des Mitglieds des Verwaltungsrats bekleidet.[203] Entscheidet man sich zur Bestellung externer Dritter, ist für eine in Deutschland ansässige SE zu beachten, dass diese in der Anmeldung über ihre Bestellung zu geschäftsführenden Direktoren zu versichern haben, dass keine Umstände vorliegen, die ihrer Bestellung nach § 40 Abs. 1 Satz 4 SEAG iVm. § 76 Abs. 3 AktG entgegenstehen und dass sie über ihre unbeschränkte Auskunftspflicht ggü. dem Gericht belehrt worden sind, vgl. §§ 40 Abs. 1 Satz 4, 46 Abs. 2 SEAG.

Steht hingegen nicht so sehr die Kontroll-, sondern vielmehr die Leitungsfunktion des Verwaltungsorgans im Vordergrund, wie etwa in familiär oder sonst stark personalistisch geprägten, eigentümergeführten Gesellschaften sowie vereinzelt auch in konzernangehörigen Tochtergesellschaften, bietet gerade das monistische System die Möglichkeit, durch personelle Vereinigung von Leitungs- und Kontrollorgan in Person eines sog. „**Chief Executive Officer**" (CEO) eine Position zu schaffen, mit der sowohl eine erhöhte Effizienz in der Geschäftsführung als auch eine Verkürzung der Entscheidungswege verbunden ist.[204]

bb) Ausdruck der – etwa im Vergleich zur Rechtsstellung eines Vorstands einer deutschen AG – geschwächten Stellung der geschäftsführenden Direktoren ist nicht zuletzt der Umstand, dass die geschäftsführenden Direktoren ebenso schnell und ohne jegliche Begründung durch Beschluss des Verwaltungsrats wieder **abberufen** werden können, soweit die Satzung keine weiteren Anforderungen aufstellt. In Bezug auf den Anstellungsvertrag gelten sodann die allgemeinen Regeln, § 40 Abs. 5 Satz 1 und 2 SEAG.[205]

cc) Neben den bereits zuvor skizzierten Aufgaben der laufenden Geschäftsführung und der Vertretung der Gesellschaft (§§ 40 Abs. 2, 41, 44 SEAG) obliegt den geschäftsführenden Direktoren im Übrigen jedoch eine Menge an **Aufgaben**, die auch dem Vorstand einer deutschen AG zugewiesen sind.[206] Grund für die vermeintliche Aufgabentrennung zwischen Verwaltungsrat und geschäftsführenden Direktoren ist es, auch auf Ebene des monistischen Systems eine gewisse Kontrolle auf Grundlage des sog. „Vier-Augen-Prinzips" gewährleisten zu wollen.[207] Selbstverständlich gilt dies vorbehaltlich der dem Verwaltungsrat kraft Gesetzes abschließend zugewiesenen (Leitungs-)Aufgaben, vgl. Art. 40 Abs. 2 Satz 3 SEAG.[208]

---

[203] Vgl. hierzu Begr. RegE SEEG, BT-Drs. 15/3405, 39; *Brandt* BB 2005, 1, 3; *Kallmeyer* ZIP 2003, 1531, 1533 f.; *Lutter/Hommelhoff/Teichmann* SE Art. 45 SE-VO Rz. 7; *Thamm*, NZG 2008, 132, 133.

[204] Zur Figur des sog. „Chief Executive Officer" und den damit verbundenen Vorteilen s. Begr. RegE SEEG, BT-Drs. 15/3405, 39; *Redeker* AG 2006, R 343, R 345.

[205] Soweit keine Abbedingung erfolgt ist, gelten insb. die §§ 620, 621 BGB, vgl. Begr. RegE SEEG, BT-Drs. 15/3405, 39.

[206] Vgl. zB §§ 40 Abs. 2–7, 40 Abs. 9, 41–47, 49 SEAG (zB Anmeldung zum Handelsregister, Aufstellung von Jahresabschluss und Lagebericht, Erstellung des konzernrechtlichen Abhängigkeitsberichts); vgl. auch Begr. RegE SEEG, BT-Drs. 15/3405, 37 sowie Begr. RegE MoMiG, BT-Drs. 16/6140, 144 ff. und BilMoG BR-Drs. 270/09 S. 32 ff.

[207] So ausdrücklich der deutsche Gesetzgeber, vgl. Begr. RegE SEEG, BT-Drs. 15/3405, 37 und 39.

[208] Hierzu und allgemein zur Figur des geschäftsführenden Direktors s. a. *Horn* DB 2005, 147, 150; *Thamm* NZG 2008, 132 ff.

99 **dd) Gem. § 40 Abs. 8 SEAG** findet hinsichtlich der Einhaltung von Sorgfaltspflichten und Verantwortlichkeit der geschäftsführenden Direktoren § 93 AktG entsprechende Anwendung. Bei der Beurteilung der Rechtmäßigkeit von etwaigen Ausführungshandlungen ist hier aber zu berücksichtigen, dass die geschäftsführenden Direktoren dem unmittelbaren Einfluss und den **Weisungen** des Verwaltungsrats unterliegen und daher dem Geschäftsführer einer deutschen GmbH näherstehen als dem Vorstand einer AG.[209]

II. Hauptversammlung

100 Die Vorschriften zur Zuständigkeit, Organisation, Einberufung und Durchführung einer **Hauptversammlung** sind in SE-VO und SEAG nur spärlich geregelt (vgl. Art. 52 bis 60 SE-VO und §§ 50 f. SEAG). Aufgrund einer partiellen Gesamtverweisung in Art. 53 SE-VO finden insb. für die Organisation, den Ablauf sowie das Abstimmungsverfahren weitestgehend die Vorschriften der §§ 121 ff. AktG Anwendung.[210] Gleiches gilt für die Zuständigkeit der Hauptversammlung. Neben den ausdrücklich in der SE-VO festgelegten Zuständigkeiten[211] ist die Hauptversammlung der SE gem. Art. 52 Abs. 2 SE-VO in allen Fragen zuständig, die ihr das nationale Aktienrecht des Sitzstaates sowie ggf. die Satzung der SE zuweist. Insoweit obliegt ihr bei einer „deutschen" SE damit auch in Fällen des § 119 Abs. 2 AktG sowie der sog. „Holzmüller"- bzw. „Gelatine"-Doktrin die Entscheidungskompetenz.[212]

101 Eine der nennenswerten Abweichungen zum deutschen Aktienrecht besteht aber zB darin, dass die ordentliche Hauptversammlung der SE bereits **innerhalb der ersten sechs Monate** und nicht erst innerhalb der ersten acht Monate nach Abschluss des Geschäftsjahres (so §§ 175 Abs. 1 Satz 2, 120 Abs. 1 Satz 1 AktG) zusammen zu treten hat, vgl. Art. 54 Abs. Satz 1 SE-VO.[213]

102 Des Weiteren stellt Art. 59 Abs. 1 SE-VO für **Satzungsänderungen** bei einer in Deutschland ansässigen SE grundsätzlich abweichende Mehrheitserfordernisse auf. Danach bedarf eine Satzungsänderung grundsätzlich eines Beschlusses mit einer Mehrheit von nicht weniger als zwei Dritteln der *abgegebenen* Stimmen, sofern die nationalen Vorschriften zum Aktienrecht keine größere Mehrheit vorsehen oder zulassen. Im Gegensatz zum deutschen Aktienrecht verlangt die Regelung des Art. 59 Abs. 1 SE-VO für eine wirksame Beschlussfassung über eine Satzungsänderung somit lediglich eine sog. *quali-*

---

[209] Begr. RegE SEEG, BT-Drs. 15/3405, 39; *Lutter/Hommelhoff/Teichmann* SE Anh. Art. 43 SE-VO Rz. 63 ff.

[210] Vgl. *Spindler/Stilz/Casper/Eberspächler* Art. 53 SE-VO Rz. 1; *Hirte* DStR 2005, 653, 702 f.; *Jannott/Frodermann/Baatz/Weydner* 6. Abschn. Rz. 1 ff. Diese Vorschrift ist neben der Regelung des Art. 9 Abs. 1 lit. c) ii SE-VO eigentlich überflüssig, so zu Recht MünchHdb. GesR/Bd. 4/*Austmann* § 85 Rz. 24.

[211] Vgl. Art. 8, 39, 40, 43, 59, 66 Abs. 6 und Art. 3 Abs. 1 iVm. Art. 23 Abs. 1 und 32 Abs. 6 SE-VO.

[212] *Habersack* § 12 Rz. 43 mwN; *Jannott/Frodermann/Baats/Weydner* 6. Abschn. Rz. 44 f.; *Schwarz* Art. 52 SE-VO Rz. 35; kritisch *Lutter/Hommelhoff/Spindler* SE Art. 52 SE-VO Rz. 46 f.

[213] Zur abweichenden Rechtslage im deutschen Aktienrecht vgl. §§ 175 Abs. 1 Satz 2, 120 Abs. 1 Satz 1 AktG.

H. Arbeitnehmerbeteiligung in der SE **110 § 19**

fizierte Stimmenmehrheit.[214] Aufgrund der Öffnungsklausel in Art. 59 Abs. 1 SE-VO und entsprechender (europakonformer) Auslegung des § 179 Abs. 2 AktG hat dies somit zur Folge, dass für die Satzungsänderung einer in Deutschland ansässigen SE grundsätzlich eine **Dreiviertel-Stimmenmehrheit,** nicht jedoch auch die Einhaltung einer Kapitalmehrheit erforderlich ist.[215] Etwas anderes gilt – mit Ausnahme für die Änderung des Unternehmensgegenstands – nur dann, wenn die Satzung einer in Deutschland ansässigen SE bestimmt, dass entweder eine Stimmenmehrheit von zwei Dritteln (vgl. Art. 59 Abs. 1 SE-VO iVm. § 179 Abs. 2 Satz 2 AktG)[216] oder die einfache Mehrheit des bei der Beschlussfassung vertretenen Grundkapitals genügt, soweit mindestens die Hälfte des Grundkapitals vertreten ist, vgl. Art. 59 Abs. 2 SE-VO iVm. § 51 Abs. 1 Satz 1 SEAG.

H. Arbeitnehmerbeteiligung in der SE

Die Frage und Reichweite der **Arbeitnehmerbeteiligung** in der SE war bis zuletzt eines der umstrittensten Elemente im gesamten Gesetzgebungsverfahren. Erst mit dem Kompromiss von Nizza im Jahre 2000 wurde der entscheidende Durchbruch erreicht.[217]

Wie bereits zuvor schon ausgeführt, hat der deutsche Gesetzgeber die eigens hierfür auf europäischer Ebene verabschiedete Richtlinie 2001/86/EG des Rates vom 8. 10. 2001 mit Verabschiedung des SEBG am 22. 12. 2004 und dessen Inkrafttreten zum 29. 12. 2004 in nationales Recht umgesetzt.[218]

I. Ziele der SE-RL und des SEBG

In Anlehnung an die in der SE-RL formulierte Zielsetzung verfolgt auch **110** das SEBG das Ziel, die bereits in den Gründungsgesellschaften bestehenden Rechte der Arbeitnehmer auf Beteiligung an Unternehmensentscheidungen in der neu zu gründenden bzw. neu gegründeten, aber im Nachhinein strukturellen Änderungen unterworfenen SE, zu sichern, vgl. § 1 Abs. 1 S. 2 und 3, Abs. 3 und Abs. 4 SEBG. Die in diesem Zusammenhang vorrangig zu gewährleis-

---

[214] Eine Kapitalmehrheit (vgl. § 179 AktG) ist insoweit grundsätzlich unbeachtlich, vgl. *Spindler/Stilz/Casper/Eberspächler* Art. 59 SE-VO Rz. 4; MünchHdb. GesR/Bd. 4/ *Austmann* § 85 Rz. 25; aA *Manz/Mayer/Schröder/Mayer* Art. 57 SE-VO Rz. 10. Zur Rechtslage nach den Vorschriften des AktG s. *Hüffer* AktG § 179 Rz. 14 ff.
[215] So auch MünchHdb. GesR/Bd. 4/*Austmann* § 85 Rz. 25; *Spindler/Stilz/Casper/ Eberspächler* Art. 59 SE-VO Rz. 4; MünchKomm. AktG/Bd. 9/2/*Kubis* Art. 59 SE-VO Rz. 6; *Schwarz* Art. 59 SE-VO Rz. 15; aA *Jannott/Frodermann/Kolster* 4. Abschn. Rz. 102 ff.; *Lutter/Hommelhoff/Seibt* SE Art. 59 SE-VO Rz. 7 ff.
[216] So zu Recht auch MünchHdb. GesR/Bd. 4/*Austmann* § 85 Rz. 25, da Art. 59 Abs. 1 SE-VO lediglich ein Mindestmaß vorschreibt, das durch entsprechende europarechtliche Auslegung des § 179 Abs. 2 Satz 2 AktG gewahrt bleibt; MünchKomm. AktG/Bd. 9/2/ *Kubis* Art. 59 SE-VO Rz. 8; aA jedoch *Spindler/Stilz/Casper/Eberspächler* Art. 59 SE-VO Rz. 4. Zur Frage, ob die Satzungspublizität iSd. Art. 59 Abs. 3 iVm. Art. 13 SE-VO konstitutiver Natur ist, s. MünchKomm. AktG/Bd. 9/2/*Kubis* Art. 59 SE-VO Rz. 10.
[217] Ausführlich zur historischen Entwicklung der europäischen Grundlagen zur Arbeitnehmerbeteiligung s. MünchKomm. AktG/Bd. 9/2/*Jacobs* Vor § 1 SEBG Rz. 1 ff.
[218] Vgl. Rz. 18; MünchKomm. AktG/Bd. 9/2/*Jacobs* Vor § 1 SEBG Rz. 28 ff.

tende Rechte-Trias erstreckt sich vor allem auf die Sicherung einer grenzüberschreitenden **Unterrichtung, Anhörung und Mitbestimmung** der Arbeitnehmer, vgl. § 1 Abs. 2 SEBG.[219]
Die das SEBG dabei entscheidend prägenden Grundprinzipien sind zum einen das sog. Verhandlungsprinzip (vgl. § 1 Abs. 2 Satz 1 SEBG) und zum anderen das sog. Vorher-Nachher-Prinzip (vgl. § 1 Abs. 1 Satz 2 und 3 SEBG):[220]

111 Das **Verhandlungsprinzip** ist so ausgestaltet, dass zur Sicherung der zuvor genannten Arbeitnehmerrechte zwischen den Leitungsorganen der Gründungsgesellschaften und dem bVG die bereits zuvor erwähnte Beteiligungsvereinbarung über Art und Umfang der Beteiligung der Arbeitnehmer in der künftigen SE geschlossen werden soll, die durch eine gesetzliche Auffangregelung ersetzt wird, wenn die Verhandlungen innerhalb eines bestimmten Zeitraums gescheitert sind, vgl. § 1 Abs. 2 Satz 1 und 2 SEBG.

112 Das sog. **Vorher-Nachher-Prinzip** soll dazu beitragen, dass bereits zum Zeitpunkt der Neugründung oder Umstrukturierung einer SE innerhalb der Gründungsgesellschaften bzw. der SE bestehende Beteiligungsrechte der betroffenen Arbeitnehmer ohne deren Zustimmung weder gemindert noch vollständig ausgehebelt werden, vgl. hierzu insb. die entsprechenden Schutzvorschriften der §§ 16 Abs. 3, 18 Abs. 3 und 43 SEBG. Der vorhandene Bestand an Beteiligungsrechten der Arbeitnehmer soll sich grundsätzlich auch in der SE wiederfinden.[221]

113 Die Wahrnehmung und Einhaltung der Rechte der Arbeitnehmer einer SE und die der Arbeitnehmer ihrer Tochtergesellschaften und Betriebe auf Unterrichtung und Anhörung sowie, wenn vereinbart, auch auf Mitbestimmung und sonstige Beteiligung soll durch die grundsätzlich zwingende Einrichtung und Tätigkeit eines sog. **SE-Betriebsrats** gewährleistet werden, vgl. § 2 Abs. 7 SEBG.[222]

II. Geltungsbereich des SEBG

114 Der **Geltungsbereich** des SEBG erstreckt sich zum einen auf eine (künftige) SE mit Sitz in Deutschland, vgl. § 3 Abs. 1 Satz 1 SEBG. Zum anderen findet dieses Gesetz Anwendung, wenn sie zwar nicht ihren Sitz in Deutschland hat, aber über Arbeitnehmer verfügt, die entweder in Deutschland beschäftigt sind oder einer unmittelbar an der SE-Gründung beteiligten Gesellschaft, einer betroffenen Tochtergesellschaft oder eines betroffenen Betriebs mit Sitz in Deutschland angehören, vgl. § 3 Abs. 1 Satz 2 SEBG.[223]

---

[219] Zu den Legaldefinitionen einzelner Begriffbestimmungen, wie zB der der „Arbeitnehmerrechte" sowie der der „Unterrichtung, Anhörung und Mitbestimmung", s. § 2 Abs. 9–12 SEBG; Begr. RegE SEEG, BT-Drs. 15/3405, 43 f. sowie *Nagel/Freis/Kleinsorge/Nagel* 3. Teil § 2 SEBG Rz. 21 ff.

[220] Zur Anknüpfung an die verschiedenen Erwägungsgründe der SE-RL s. MünchKomm. AktG/Bd. 9/2/*Jacobs* § 1 SEBG Rz. 4 f.; *Nagel/Freis/Kleinsorge/Nagel* 3. Teil § 1 SEBG Rz. 2 ff. Eine grafische Übersicht über den Ablauf des Verhandlungsverfahrens findet sich bei *van Hulle/Maul/Drinhausen/Köklü* 6. Abschn. Rz. 259.

[221] Begr. RegE SEEG, BT-Drs. 15/3405, 41.

[222] Ein Nebeneinander von SE-Betriebsrat und Europäischem Betriebsrat ist ausgeschlossen, vgl. § 47 Abs. 1 Nr. 2 SEBG sowie Begr. RegE SEEG, BT-Drs. 15/3405, 41.

[223] Ausführlich zum Anwendungsbereich s. MünchKomm. AktG/Bd. 9/2/*Jacobs* § 2 SEBG Rz. 2 ff.

H. Arbeitnehmerbeteiligung in der SE

Mit Ausnahme der nationalen Regelungen zur Mitbestimmung (**DrittelbG, MitbestG**) und der Regelungen des Gesetzes über den Europäischen Betriebsrat finden die nationalen Rechtsvorschriften und Regelungen zur Beteiligung der Arbeitnehmer (in Deutschland zB das Betriebsverfassungsgesetz und das Sprecherausschussgesetz) ergänzende Anwendung, vgl. § 47 Abs. 1 SEBG.[224]

III. Regelungssystem des SEBG

Zur Sicherung der zuvor beschriebenen Regelungsziele wurde ein **zweistufiges Regelungssystem** entwickelt:

Auf der ersten Stufe steht die **Beteiligung der Arbeitnehmer kraft autonomer schriftlicher Vereinbarung** zwischen den Leitungsorganen der beteiligten Gesellschaften und dem innerhalb von zehn Wochen ab dem Zeitpunkt der Information der Arbeitnehmervertretungen bzw. der Arbeitnehmer über das geplante Vorhaben gesondert zu bildenden **bVG** im Vordergrund, vgl. § 21 SEBG.[225] Das jeweilige Leitungsorgan ist dazu verpflichtet, die Arbeitnehmervertretungen bzw. die Arbeitnehmer über das Vorhaben einer SE-Gründung frühzeitig und unaufgefordert zu unterrichten, spätestens jedoch unverzüglich nach Offenlegung des jeweiligen Gründungsplans bzw. einer entsprechenden Vereinbarung, vgl. § 4 Abs. 2 Satz 3 SEBG.[226]

Ähnliches gilt im Falle der Planung von **strukturellen Änderungen einer bereits errichteten SE**, die geeignet sind, bestehende Beteiligungsrechte der Arbeitnehmer mindern zu können, vgl. § 18 Abs. 3 S. 1 SEBG.[227] Auch in die-

---

[224] Vgl. Begr. RegE SEEG, BT-Drs. 15/3405, 57 und Art. 13 Abs. 2 SE-RL, vgl. MünchKomm. AktG/Bd. 9/2/*Jacobs* § 47 SEBG Rz. 1 ff.

[225] Ausführlich zur Bildung, Zusammensetzung, Mitgliederwahl, inneren Ordnung etc. des bVG s. Begr. RegE SEEG, BT-Drs. 15/3405, 45 ff.; ArbG Stuttgart, Beschluss v. 29. 4. 2008 – 12 BV 109/07; die Kommentierung der §§ 4 bis 14 SEBG von *Nagel/Freis/Kleinsorge/Kleinsorge* 3. Teil §§ 4 ff. SEBG sowie die Ausführungen hierzu von *Jannott/Frodermann/Kienast* 13. Abschn. Rz. 122 ff.; *van Hulle/Maul/Drinhausen/Köklü* 6. Abschn. Rz. 24–72 und *Köstler* DStR 2005, 745 f. Zur Möglichkeit der Hinzuziehung von Gewerkschaftsvertretern s. § 14 SEBG. Auf die Bildung eines bVG kann selbst bei Einverständnis aller Arbeitnehmer nicht verzichtet werden; die Einsetzung eines bVG ist zwingend, vgl. *van Hulle/Maul/Drinhausen/Köklü* 6. Abschn. Rz. 77.

[226] Ein früherer Unterrichtungszeitpunkt ist möglich, vgl. *van Hulle/Maul/Drinhausen/Köklü* 6. Abschn. Rz. 22. Ein Verstoß gegen die Pflicht der unverzüglichen Unterrichtung, insb. zu einem späteren Zeitpunkt nach Offenlegung, stellt eine Ordnungswidrigkeit dar und kann daher mit einem Bußgeld von bis zu 20.000 Euro belegt werden, vgl. § 46 Abs. 1 Nr. 1 und Abs. 2 SEBG. Insoweit ein wenig missverständlich die Aussage von *Nagel/Freis/Kleinsorge/Kleinsorge* 3. Teil § 4 SEBG Rz. 8, nach deren Aussage ein Verstoß gegen das Erfordernis der Unverzüglichkeit nicht sanktionsbewehrt sei. Teilweise wird es als ausreichend erachtet, wenn die jeweils oberste betriebliche Vertretung (zB Konzernbetriebsrat) unterrichtet wird, vgl. DAV NZG 2004, 957, 960; in der Praxis sollte man im Zweifel jedoch die Vertreter sämtlicher Arbeitnehmervertretungen informieren.

[227] Beispiele für strukturelle Änderungen sind etwa die Aufnahme eines mitbestimmten Unternehmens durch eine bislang nicht mitbestimmte SE, die Verschmelzung einer bereits mitbestimmten SE mit einer einem höheren Mitbestimmungsniveau unterliegenden Gesellschaft oder ggf. auch der Wechsel vom monistischen zum dualistischen Verwaltungssystem oder umgekehrt, vgl. Begr. RegE SEEG, BT-Drs. 15/3405, 50; *van*

Giedinghagen

sem Fall haben zwingend Neuverhandlungen stattzufinden, die aufgrund der bereits erfolgten SE-Gründung jedoch nunmehr von der Leitung der SE einzuleiten sind, vgl. § 18 Abs. 4 SEBG.[228] Während die Verhandlungsführung auf Unternehmensseite durch die SE-Leitung erfolgt, kommen auf Arbeitnehmerseite nunmehr zwei Vertretungsorgane in Betracht: Zum einen können auch jetzt sämtliche hiervon betroffenen Arbeitnehmer durch ein neu einzusetzendes bVG vertreten werden. Zum anderen besteht – ein entsprechendes Einverständnis aller Beteiligten vorausgesetzt – aber auch die Möglichkeit, dass der SE-Betriebsrat als zuständiges Vertretungsorgan der bereits im Unternehmen tätigen Arbeitnehmer (ggf. in Zusammenarbeit mit eigens von neu hinzukommenden Arbeitnehmern gewählten Vertretern) die Vertretung übernimmt.[229]

116 Auf der zweiten Stufe, dh. für den Fall, dass bei den Verhandlungen (i) innerhalb eines gesetzlich vorgegebenen Zeitraums von sechs bzw. zwölf Monaten (vgl. § 20 Abs. 1 und Abs. 2 SEBG)[230] keine abschließende Einigung erzielt oder (ii) die Anwendung der in den §§ 22 bis 38 SEBG normierten Regelungen ausdrücklich vereinbart worden ist, erfolgt zur Mindestsicherung der in den Gründungsgesellschaften bereits zuvor vorhandenen Beteiligungsrechte der Arbeitnehmer im Rahmen einer „Auffangregelung" sodann eine **Beteiligung der Arbeitnehmer kraft Gesetzes**, vgl. §§ 22 ff. SEBG.[231]

117 Etwas anderes gilt nach § 16 Abs. 2 SEBG lediglich dann, wenn das bVG unter den dort genannten Voraussetzungen beschließt, von vornherein keine Verhandlungen aufzunehmen bzw. bereits aufgenommene Verhandlungen abzubrechen (**Verzicht des bVG**).[232] In diesem Fall finden die gesetzlichen Auffangregelungen der §§ 22 bis 33 SEBG über den SE-Betriebsrat als auch die der §§ 34 bis 38 SEBG über die Mitbestimmung ausnahmsweise keine Anwendung, vgl. § 16 Abs. 2 Satz 2 SEBG.[233] Ein gesetzlicher Anspruch auf eine Wiederaufnahme der Verhandlungen besteht *frühestens* nach zwei Jahren.[234] Dem entgegen haben die Leitungsorgane hingegen keine *einseitige* Befugnis, von vornherein auf die Verhandlungen zu verzichten, die gesetzlichen Auffangrege-

---

Hulle/Maul/Drinhausen/Köklü 6. Abschn. Rz. 89 ff.; MünchKomm. AktG/Bd. 9/2/*Jacobs* SEBG § 18 Rz. 16.

[228] Zum Initiativrecht des SE-Betriebsrats s. a. Rz. 122 ff.

[229] Begr. RegE SEEG, BT-Drs. 15/3405, 50 f.; krit. *van Hulle/Maul/Drinhausen/Köklü* 6. Abschn. Rz. 86 f.

[230] Fristbeginn ist der Zeitpunkt, in dem die Leitungen zur konstituierenden Sitzung eingeladen haben, vgl. Begr. RegE SEEG, BT-Drs. 15/3405, 51.

[231] Zur Begriffsbestimmung „Beteiligung der Arbeitnehmer" vgl. § 2 Abs. 8 SEBG und Begr. RegE SEEG, BT-Drs. 15/3405, 44.

[232] Gem. § 16 Abs. 3 SEBG ist ein derartiger Beschluss des bVG jedoch nicht wirksam, wenn es sich um eine SE-Gründung im Wege eines Formwechsels handelt und den Arbeitnehmern der umzuwandelnden Gesellschaft bereits zuvor Mitbestimmungsrechte zugestanden haben. In diesem Fall finden sodann die gesetzlichen Auffangregelungen nach Maßgabe der §§ 22 bis 38 SEBG Anwendung, vgl. Begr. RegE SEEG, BT-Drs. 15/ 3405, 50; MünchKomm. AktG/Bd. 9/2/*Jacobs* § 16 SEBG Rz. 6; *van Hulle/Maul/Drinhausen/Köklü* 6. Abschn. Rz. 79.

[233] Auf eine SE mit Sitz in Deutschland finden in diesem Fall ausnahmsweise die §§ 1 ff. EBRG Anwendung, vgl. § 47 Abs. 1 Nr. 2 SEBG. Eine Mitbestimmung bleibt jedoch ausgeschlossen, vgl. § 47 Abs. 1 Nr. 1 SEBG; MünchKomm. AktG/Bd. 9/2/*Jacobs* SEBG § 16 Rz. 4.

[234] Begr. RegE SEEG, BT-Drs. 15/3405, 50.

lungen zu akzeptieren oder einen vorzeitigen Beschluss zur Abbrechung der Verhandlungen zu fassen.[235] Kommt es nicht zu einem Verzicht des bVG iSd. § 16 Abs. 2 SEBG, ist auf der zweiten Stufe sodann nochmals zwischen Regelungen zur Sicherung des Ziels der umfassenden Information (Unterrichtung und Anhörung) der Arbeitnehmer und zur Sicherung ihrer Mitbestimmung und sonstigen Beteiligung zu unterscheiden.[236]

1. Beteiligung der Arbeitnehmer kraft autonomer Vereinbarung, § 21 SEBG

a) Mindestanforderungen an den Inhalt der Vereinbarung zur Sicherung der Rechte der Arbeitnehmer auf Unterrichtung und Anhörung, § 21 Abs. 1 SEBG

Der Katalog des § 21 Abs. 1 SEBG regelt die gesetzlichen Mindestanforderungen, die an eine Vereinbarung zwischen den betroffenen Leitungsorganen und dem bVG zur Sicherung des Rechts der Arbeitnehmer auf umfangreiche Unterrichtung und Anhörung gestellt werden:

- schriftliche Vereinbarung,
- Geltungsbereich der Vereinbarung,
- Zusammensetzung des SE-Betriebsrates nebst Anzahl seiner Mitglieder und Sitzverteilung,[237]
- Befugnisse und Verfahren zur Unterrichtung und Anhörung des SE-Betriebsrates,
- Häufigkeit der Sitzungen des SE-Betriebsrates,
- Mittel zur finanziellen und materiellen Ausstattung des SE-Betriebsrates und
- Zeitpunkt des Inkrafttretens der Vereinbarung nebst Laufzeit und Fällen, in denen die Vereinbarung neu auszuhandeln ist, einschließlich des dann anzuwendenden Verfahrens.[238]

---

[235] *Grobys* NZA 2005, 86; *van Hulle/Maul/Drinhausen/Köklü* 6. Abschn. Rz. 75. Das Ausbleiben der Aufforderung durch die Leitungsorgane hat zur Folge, dass das Verfahren nicht durchgeführt wird und die SE somit mangels Regelung iSd. Art. 12 Abs. 2 SE-VO nicht eingetragen werden kann. Den Arbeitnehmervertretern steht auch kein Anspruch auf Einleitung des Verfahrens zu, vgl. MünchKomm. AktG/Bd. 9/2/*Jacobs* SEBG § 4 Rz. 8. Insoweit unterscheidet sich die Rechtslage bei der SE von der bei einer grenzüberschreitenden Verschmelzung auf Grundlage der V-RL. Die V-RL ermöglicht es den Leitungen der beteiligten Gesellschaften, einseitig zu entscheiden, dass die Auffangregelungen über die Mitbestimmung kraft Gesetzes ohne vorhergehende Verhandlung unmittelbar ab dem Zeitpunkt der Eintragung der aus der grenzüberschreitenden Verschmelzung hervorgehenden Gesellschaft anzuwenden sind, vgl. § 23 Abs. 1 Satz 1 Nr. 3 des Gesetzes über die Mitbestimmung der Arbeitnehmer bei einer grenzüberschreitenden Verschmelzung (MgVG); *Wiesner* DB 2005, 91, 92; *Winter* Der Konzern 2007, 24, 32.

[236] Bzgl. der gesetzlichen Rechte der Arbeitnehmer auf Unterrichtung und Anhörung s. §§ 22 bis 33 SEBG, bzgl. der gesetzlichen Rechte der Arbeitnehmer auf Mitbestimmung und sonstige Beteiligung s. §§ 34 bis 38 SEBG. Zur Systematik des SEBG s. a. MünchKomm. AktG/Bd. 9/2/*Jacobs* Vor § 1 SEBG Rz. 32.

[237] Wird kein SE-Betriebsrat gebildet, haben die Parteien unter entsprechender Anwendung der Mindestanforderungen des § 21 Abs. 1 SEBG die Modalitäten für ein Verfahren festzulegen, das eine entsprechende Unterrichtung und Anhörung der Arbeitnehmer gewährleistet, vgl. § 21 Abs. 2 SEBG.

[238] Ausführlich hierzu s. a. *Nagel/Freis/Kleinsorge/Freis* 3. Teil § 21 SEBG Rz. 8 ff.;

b) Mindestanforderungen an den Inhalt der Vereinbarung zur Sicherung der Rechte der Arbeitnehmer auf Mitbestimmung, § 21 Abs. 3 SEBG

119 Der Katalog des § 21 Abs. 3 SEBG[239] regelt die gesetzlichen Mindestanforderungen, die an eine Vereinbarung über die Mitbestimmungsrechte der Arbeitnehmer gestellt werden:
- Zahl der Mitglieder des Aufsichts- oder Verwaltungsorgans der SE, die von den Arbeitnehmern gewählt bzw. bestellt werden oder deren Bestellung sie empfehlen bzw. ablehnen können,[240]
- Verfahren, nach dem die Arbeitnehmer diese Mitglieder wählen bzw. bestellen oder deren Bestellung empfehlen bzw. ablehnen können,
- Rechte dieser Mitglieder und
- kein Unterschreiten des Mindestmaßes an bestehender Mitbestimmung im Fall einer SE-Gründung durch Umwandlung (vgl. § 21 Abs. 6 SEBG).

c) Sonstige Regelungsmöglichkeiten

120 Im Übrigen steht es den Verhandlungspartnern frei, die Vereinbarung nach ihren gemeinsamen Vorstellungen zu gestalten, vgl. § 21 Abs. 1 Satz 1 SEBG. So sollen, müssen sie jedoch nicht zwingend regeln, dass bereits vor strukturellen Änderungen der SE (vgl. § 18 Abs. 3 SEBG)[241] neue Verhandlungen über die Beteiligung der Arbeitnehmer unter Berücksichtigung des hierzu festgelegten Verfahrens aufgenommen werden sollen, vgl. § 21 Abs. 4 SEBG.[242]

Des Weiteren stellt ihnen der Gesetzgeber rein deklaratorisch auch die Möglichkeit anheim, sämtliche gesetzliche Auffangregelungen der §§ 22 bis 33 SEBG (bzgl. SE-Betriebsrat) und der §§ 34 bis 38 SEBG (bzgl. Mitbestimmung) ganz oder in Teilen zum Gegenstand ihrer Einigung zu machen, vgl. § 21 Abs. 5 SEBG. Von dieser Option wird in der Praxis hingegen kaum Gebrauch gemacht, weil es ohnehin zur Anwendung dieser Vorschriften kommen wird, wenn es innerhalb eines Zeitraums von sechs bzw. zwölf Monaten seit Einsetzung des bVG (vgl. § 20 Abs. 1 und 2 SEBG) zu keiner Einigung zwischen den Verhandlungspartnern gekommen ist. Ansonsten würde das bVG die ihm durch das Gesetz eingeräumte komfortable Verhandlungsposition gleich verspielen.[243]

Manz/Mayer/Schröder/Hennings Art. 4 SE-RL Rz. 4ff.; MünchKomm. AktG/Bd. 9/2/*Jacobs* § 21 SEBG Rz. 9ff.

[239] Im Gegensatz zur Regelung des § 21 Abs. 1 SEBG handelt es sich hierbei jedoch nur um eine Soll-Vorschrift, vgl. MünchKomm. AktG/Bd. 9/2/*Jacobs* § 21 SEBG Rz. 18f. Ausführlich hierzu ua. auch *Lutter/Hommelhoff/Oetker* SE § 21 SEBG Rz. 31ff. mwN.

[240] Es ist ausreichend, wenn sich die Vereinbarung darauf beschränkt, den (quotalen) Anteil der mitbestimmten Mitglieder des Aufsichts- oder Verwaltungsorgans zu bestimmen, vgl. *Lutter/Hommelhoff/Oetker* SE § 21 SEBG Rz. 35 sowie Rz. 81ff.

[241] Vgl. hierzu Rz. 115ff. sowie *Nagel/Freis/Kleinsorge/Freis* 3. Teil § 18 SEBG Rz. 8ff.

[242] Näher hierzu *Nagel/Freis/Kleinsorge/Freis* 3. Teil § 21 SEBG Rz. 24ff.

[243] Die praktische Bedeutung dieser Regelung ebenfalls bezweifelnd auch MünchKomm. AktG/Bd. 9/2/*Jacobs* § 21 SEBG Rz. 10 und 19. Zu den Rechtsfolgen fehlerhafter Beteiligungsvereinbarungen vgl. *Lutter/Hommelhoff/Oetker* SE § 21 SEBG Rz. 43ff.

H. Arbeitnehmerbeteiligung in der SE   121–123   § 19

2. Beteiligung der Arbeitnehmer kraft Gesetzes, §§ 22 bis 38 SEBG[244]

Abgesehen von der wohl eher theoretischen Ausnahme, dass das bVG einen   121
Beschluss über die Nichtaufnahme oder den Abbruch bereits aufgenommener
Verhandlungen iSd. § 16 SEBG gefasst hat,[245] ist bei Fehlen einer Beteiligungsvereinbarung isd. § 21 SEBG nach den Vorgaben der §§ 22 bis 33 SEBG
ein SE-Betriebsrat einzurichten. Sind zudem die Voraussetzungen des § 34
SEBG gegeben, ist nach den Vorschriften der §§ 35 bis 38 SEBG auch eine ausreichende Mitbestimmung durch eine entsprechende Anzahl an Arbeitnehmervertretern im Aufsichts- oder Verwaltungsorgan sicherzustellen.[246]

a) SE-Betriebsrat kraft Gesetzes, §§ 22 bis 33 SEBG

Der SE-Betriebsrat setzt sich aus Arbeitnehmern der SE, ihrer Tochtergesell-   122
schaften sowie Betriebe zusammen, vgl. §§ 2 Abs. 7, 23 Abs. 1 Satz 1 und 2
SEBG. Weitere Voraussetzungen und Anforderungen an die Zusammensetzung
des SE-Betriebsrats sowie an die innere Ordnung und Beschlussfassung innerhalb des SE-Betriebsrats enthalten die Vorschriften der §§ 24 bis 26 SEBG.[247]

Die **Aufgaben** des SE-Betriebsrats lassen sich bereits aus der Definition in   123
§ 2 Abs. 7 SEBG ableiten. Danach obliegt dem SE-Betriebsrat als (zusätzlichem) Vertretungsorgan der Arbeitnehmer die Wahrnehmung ihrer Rechte
auf Unterrichtung und Anhörung, und, soweit vereinbart, auch derer auf Mit-

---

[244] Ausführlich hierzu s. *van Hulle/Maul/Drinhausen/Köklü* 6. Abschn. Rz. 162 ff.
[245] Insoweit würde es dann weder einen SE-Betriebsrat kraft Gesetzes noch eine Mitbestimmung kraft Gesetzes geben und die Amtszeit des bVG mit der Beschlussfassung unmittelbar enden. Für eine in Deutschland ansässige SE wären sodann die Vorschriften der §§ 1 ff. EBRG anzuwenden, vgl. hierzu MünchKomm. AktG/Bd. 9/2/*Jacobs* § 16 SEBG Rz. 4; *Nagel/Freis/Kleinsorge/Freis* 3. Teil § 16 SEBG Rz. 9 f. Bedeutung erlangen wird diese Option uU lediglich dann, wenn sämtliche Gründungsgesellschaften insgesamt über weniger als zehn Arbeitnehmer verfügen, die Mindestanzahl von zehn Mitgliedern im bVG (vgl. § 5 Abs. 3 SEBG) gar nicht erst erreicht werden kann und es im späteren Verlauf zur wirtschaftlichen Neugründung einer Vorrats-SE kommt, vgl. MünchKomm. AktG/Bd. 9/2/*Jacobs* § 5 SEBG Rz. 2 und MünchKomm. AktG/Bd. 9/2/ *Schäfer* Art. 16 SE-VO Rz. 13. Zwar wird für diesen Fall in der Literatur teilweise die Auffassung vertreten, dass damit keine Verhandlung möglich und Art. 12 Abs. 2 SE-VO insoweit teleologisch zu reduzieren sei, vgl. *Spindler/Stilz/Casper* Art. 12 SE-VO Rz. 6 mwN. Rein vorsorglich sollte jedoch aufgrund des eindeutigen Wortlauts und in Anlehnung an den Schutzzweck der Regelung, vgl. hierzu MünchKomm. AktG/Bd. 9/2/*Schäfer* Art. 16 SE-VO Rz. 13, in der Praxis darauf hingewirkt werden, auch bei weniger als zehn Arbeitnehmern einen Beschluss iSd. § 16 SEBG zu erlangen, um diesen (zumindest auf spätere Aufforderung hin) dem Registerrichter vorlegen zu können und so eine unnötige Diskussion über eine teleologische Reduktion des Art. 12 Abs. 2 SE-VO mit dem Registergericht zu vermeiden, ähnlich wohl auch AG Hamburg 66 AR 76/05 Beschluss v. 28. 6. 2005, BB 2005, 2775 mit Anm. AG Hamburg, ZIP 2005, 2017 f.; LG Hamburg 417 T 15/05 Beschluss v. 30. 9. 2005, BB 2005, 2775 mit Anm. LG Hamburg, ZIP 2005, 2017, 2019; *Blancke* ZIP 2006, 789, 791 f.; *Habersack* § 12 Rz. 34; *Seibt* ZIP 2005, 2248 ff. Etwas anderes gilt lediglich dann, wenn keine der Gründungsgesellschaften über Arbeitnehmer verfügt, vgl. hierzu auch Fn. 158.
[246] Zur gesetzlichen Definition des Begriffs „Mitbestimmung" s. § 2 Abs. 12 SEBG.
[247] Ausführlich hierzu s. *Grobys* NZA 2005, 84, 89; *Nagel/Freis/Kleinsorge/Nagel* 3. Teil §§ 24 bis 26 SEBG; MünchKomm. AktG/Bd. 9/2/*Jacobs* Vorb. § 23 SEBG Rz. 1 ff. und *Lutter/Hommelhoff/Oetker* SE § 23 SEBG Rz. 1 ff.

bestimmung und sonstige Beteiligung in der SE.[248] Diese abstrakt gehaltene Aufgabenzuweisung wird nochmals durch die Vorschriften der §§ 27 bis 30 SEBG konkretisiert. Danach obliegt der Leitung der SE ua. die Pflicht, den SE-Betriebsrat mindestens einmal im Kalenderjahr in einer gemeinsamen Sitzung über die Entwicklung der Geschäftslage und die Aussichten der SE unter rechtzeitiger Vorlage der notwendigen Unterlagen zu unterrichten und ihn dazu auch anzuhören, vgl. § 28 Abs. 1 Satz 1 SEBG.[249] Darüber hinaus hat das Leitungsorgan den SE-Betriebsrat unter Vorlage der notwendigen Dokumente auch rechtzeitig über sämtliche außergewöhnlichen Umstände zu informieren, die erhebliche Auswirkungen auf die Interessen der Arbeitnehmer haben können, wie zB die Verlegung, Verlagerung oder Stilllegung von Unternehmen, Betrieben oder wesentlichen Betriebsteilen sowie bevorstehende Massenentlassungen, vgl. § 29 Abs. 1 SEBG. Auf Antrag steht dem SE-Betriebsrat auch hier ggü. dem Leitungsorgan der SE oder dessen entsprechend befugten Vertretern ein Recht zur Anhörung seiner Position zu (**Anhörungsrecht**), vgl. § 29 Abs. 2 SEBG.[250] Nicht zu vergessen sind auch seine Antrags- bzw. Parteifähigkeit in behördlichen bzw. gerichtlichen Verfahren, die sich auf die Zusammensetzung, Bestellung oder Geltendmachung der Nichtigkeit von Wahlen einzelner Mitglieder des Verwaltungsrates sowie zur Einleitung von Neuverhandlungen bei strukturellen Änderungen iSd. § 18 Abs. 3 SEBG beziehen, vgl. etwa §§ 26 Abs. 2 Nr. 4, 30 Abs. 1 Satz 2 Nr. 2 und 31 Abs. 2 Satz 2 SEAG sowie § 18 Abs. 3 SEBG.[251]

124 Beabsichtigt das Leitungsorgan der SE, von den Vorstellungen des SE-Betriebsrats abzuweichen, steht dem SE-Betriebsrat das Recht zu, ein weiteres Mal mit dem Leitungsorgan zusammenzutreffen, um eine Einigung zu erzielen, vgl. § 29 Abs. 4 SEBG. Kommt es auch dann nicht zu einer Einigung, sind die Mitwirkungsmöglichkeiten des SE-Betriebsrats jedoch erschöpft.[252] Insbesondere steht ihm auch kein Vetorecht zu.[253]

Schließlich stellt die Vorschrift des § 30 SEBG sicher, dass die dem SE-Betriebsrat zugegangenen Informationen entweder mittelbar über die weiteren Arbeitnehmervertreter[254] in der SE, in ihren Tochtergesellschaften und Betrie-

---

[248] Zur Definition des „SE-Betriebsrats" sowie weiterer Begriffsbestimmungen iSd. SEBG s. auch *Nagel/Freis/Kleinsorge/Nagel* 3. Teil § 2 Rz. 19. Die Errichtung eines SE-Betriebsrats ist jedoch nicht zwingend, solange gewährleistet ist, dass die Einhaltung der gesetzlichen Mindestinhalte in gleicher Weise gewährleistet ist, vgl. § 21 Abs. 2 SEBG sowie *Nagel/Freis/Kleinsorge/Freis* 3. Teil § 21 SEBG Rz. 14 f. Insbesondere bleiben andere Vertretungsstrukturen, zB nach dem Betriebsverfassungsgesetz (Betriebsrat, Gesamtbetriebsrat etc.), unverändert, vgl. Begr. RegE SEEG, BT-Drs. 15/3405, 44.
[249] Die erforderlichen Unterlagen sind äußerst umfangreich und setzen sich ua. aus den Geschäftsberichten, den Tagesordnungen aller Sitzungen sowohl des Leitungsorgans als auch denen des Aufsichts- bzw. Verwaltungsorgans sowie sämtlichen Kopien aller Unterlagen, die der Hauptversammlung vorgelegt werden, zusammen, vgl. § 28 Abs. 1 Satz 2 SEBG. Zum Katalog der Gegenstände und Maßnahmen, über die das Leitungsorgan der SE im Rahmen der Sitzung zu berichten hat, vgl. § 28 Abs. 2 SEBG.
[250] Auch hier steht dem Betriebsrat das Recht zu, durch Beschluss entsprechende Rechte auf einen Ausschuss zu übertragen, vgl. § 29 Abs. 3 SEBG.
[251] Vgl. hierzu auch Begr. RegE SEEG, BT-Drs. 15/3405, 37 f.
[252] MünchKomm. AktG/Bd. 9/2/*Jacobs* Vor § 23 SEBG Rz. 13.
[253] Vgl. *Lutter/Hommelhoff/Oetker* SE § 39 SEBG Rz. 3.
[254] Hiervon sind nur Betriebsratsgremien erfasst, nicht jedoch Sprecherausschüsse oÄ., vgl. § 2 Abs. 6 SEBG; *Grobys* NZA 2005, 84, 90.

ben, oder, wenn es keine weiteren Vertreter gibt, unmittelbar die Arbeitnehmer erreichen. Dem SE-Betriebsrat obliegt bei der Weiterleitung die Pflicht zur Einhaltung bestehender **Verschwiegenheitspflichten**.[255]

Im Übrigen bleibt anzumerken, dass der SE-Betriebsrat seine Mitglieder – unter Berücksichtigung der betrieblichen Notwendigkeiten – auch zur Fortbildung entsenden und zur eigenen Unterstützung Sachverständige wie zB Gewerkschaftsvertreter hinzuziehen kann. Sämtliche im Zusammenhang mit seiner Tätigkeit entstehenden Kosten sind von der SE zu tragen, vgl. §§ 31 bis 33 SEBG.[256]

b) Mitbestimmung kraft Gesetzes, §§ 34 bis 38 SEBG

Die Anwendbarkeit der Vorschriften über die Mitbestimmung der Arbeitnehmer kraft Gesetzes (§§ 35 bis 38 SEBG) setzt voraus, dass zusätzlich zu den allgemeinen Voraussetzungen des § 22 SEBG (s. o.) die besonderen Voraussetzungen des § 34 SEBG erfüllt sind.[257] **125**

aa) Besondere Voraussetzungen des § 34 SEBG. Im Fall einer gem. Art. 2 Abs. 4 SE-VO durch **Formwechsel** gegründeten SE ist dies der Fall, wenn die umgewandelte Aktiengesellschaft bereits vor Eintragung der Umwandlung gesetzlichen Bestimmungen über die Mitbestimmung der Arbeitnehmer im Aufsichts- oder Verwaltungsorgan unterlag, § 34 Abs. 1 Nr. 1 SEBG. Unerheblich ist es, wonach sich die Mitbestimmungspflicht gerichtet hat.[258] **126**

Im Fall einer gem. Art. 2 Abs. 1 SE-VO durch **Verschmelzung** gegründeten SE gilt dies, wenn vor Eintragung der SE im Handelsregister (i) in einer oder mehreren der Gründungsgesellschaften eine oder mehrere Formen der Mitbestimmung bestanden und sich auf *mindestens 25 Prozent* der Gesamtzahl der den Gründungsgesellschaften nebst ihren Tochtergesellschaften angehörenden Arbeitnehmer erstreckt haben, oder (ii) in einer oder mehreren der Gründungsgesellschaften eine oder mehrere Formen der Mitbestimmung bestanden und sich auf *weniger als 25 Prozent* der Gesamtzahl der Gründungsgesellschaften nebst ihren Tochtergesellschaften angehörenden Arbeitnehmer erstreckt haben und das bVG einen entsprechenden *Beschluss* zur Anwendung der gesetzlichen Mindestbestimmungen gefasst hat, vgl. § 34 Abs. 2 SEBG.

Handelt es sich bei der SE hingegen um eine sog. **Holding-SE** iSd. Art. 2 Abs. 2 SE-VO oder um eine sog. **Tochter-SE** iSd. Art. 2 Abs. 3 SE-VO, unterliegt sie (unter Einhaltung der Voraussetzungen des § 22 SEBG) den zwingenden Bestimmungen der Mitbestimmung, wenn vor ihrer Eintragung im Handelsregister (i) in einer oder mehr der Gründungsgesellschaften eine oder mehrere Formen der Mitbestimmung bestanden und diese sich auf *mindestens 50 Prozent* der Gesamtzahl der den Gründungsgesellschaften nebst ihren Tochtergesellschaften angehörenden Arbeitnehmer erstreckt haben, oder (ii) in einer oder mehr der Gründungsgesellschaften eine oder mehrere Formen der Mitbestimmung bestanden und diese sich auf *weniger als 50 Prozent* der Gesamtzahl der den Gründungsgesellschaften nebst ihren Tochtergesellschaften ange-

---

[255] Nagel/Freis/Kleinsorge/Nagel 3. Teil § 30 SEBG Rz. 2.
[256] Näher hierzu Nagel/Freis/Kleinsorge/Nagel 3. Teil §§ 31 bis 33 SEBG.
[257] S. hierzu auch die Darstellungen bei Habersack AG 2006, 345 ff.; Nagel/Freis/Kleinsorge/Nagel 3. Teil § 34 SEBG Rz. 1ff.; MünchKomm. AktG/Bd. 9/2/Jacobs § 34 SEBG Rz. 1ff. und van Hulle/Maul/Drinhausen/Köklü 6. Abschn. Rz. 201ff.
[258] MünchKomm. AktG/Bd. 9/2/Jacobs § 34 SEBG Rz. 5.

hörenden Arbeitnehmer erstreckt haben und das bVG einen entsprechenden *Beschluss* zur Anwendung der gesetzlichen Mindestbestimmungen gefasst hat.[259]

Werden somit neben den Voraussetzungen des § 22 SEBG auch die des § 34 Abs. 1 Nr. 1-3 SEBG bejaht, sind die Vorgaben der §§ 35 bis 38 SEBG zwingend umzusetzen.

bb) Umfang der Mitbestimmung gem. § 35 SEBG. In einer durch Formwechsel gegründeten SE bleibt – zur Vermeidung der Flucht aus der bestehenden Mitbestimmung – das Niveau an Mitbestimmung bestehen, das bereits zuvor in der umgewandelten Aktiengesellschaft gegolten hat, vgl. § 35 Abs. 1 SEBG.

In allen übrigen Fallkonstellationen der Primärgründung (**Gründung durch Verschmelzung, SE-Holding oder SE-Tochter**) haben die Arbeitnehmer der SE, ihrer Tochtergesellschaften und ihrer Betriebe bzw. deren Vertretungsorgan das Recht, einen Teil der Mitglieder des Aufsichts- bzw. Verwaltungsorgans zu wählen, zu bestellen bzw. deren Bestellung zu empfehlen oder abzulehnen. Die Zahl bemisst sich nach dem höchsten Anteil an Arbeitnehmervertretern, der in den entsprechenden Organen der Gründungsgesellschaften vor Eintragung der SE in das Handelsregister bestanden hat, vgl. § 35 Abs. 2 Satz 2 SEBG.[260] Insoweit ist also auch hier nicht die bisherige absolute Zahl der Arbeitnehmervertreter, sondern lediglich die Einhaltung der Quote im Verhältnis zur Gesamtzahl der Mitglieder im Organ zu gewährleisten. Damit kann es auch hier zu einer Reduzierung der bisherigen absoluten Zahl der Mitglieder kommen, da die Vorschriften des MitbestG (insb. § 7 MitbestG) auf die SE bekanntlich keine Anwendung finden.[261]

cc) Rechtsstellung und innere Ordnung gem. § 38 SEBG. § 38 Abs. 1 SEBG stellt noch einmal ausdrücklich klar, dass den Arbeitnehmervertretern im Aufsichts- bzw. Verwaltungsorgan der SE dieselben Rechte und Pflichten zustehen wie den Anteilseignervertretern. Unberührt hiervon bleiben jedoch die gesellschaftsrechtlichen Regelungen zur Ausgestaltung der inneren Ordnung des Aufsichts- oder Verwaltungsrats.[262]

Unterliegt eine SE der Mitbestimmung kraft Gesetzes, so muss die Zahl der Mitglieder des Leitungsorgans iSd. § 16 SEAG bzw. die der geschäftsführenden Direktoren iSd. § 40 SEAG mindestens zwei betragen, von denen eines bzw. einer zwingend für den Bereich Arbeit und Soziales zuständig ist (sog. Arbeitsdirektor), vgl. § 38 Abs. 2 SEBG.[263]

---

[259] Zu etwaigen Sonderkonstellationen vgl. § 34 Abs. 2 SEBG.

[260] Das Verfahren zur Sitzverteilung, Bestellung sowie Abberufung und Anfechtung der Arbeitnehmervertreter im Aufsichts- oder Verwaltungsorgan ist in den §§ 36 und 37 SEBG geregelt. Besteht in einer der Gründungsgesellschaften das Aufsichtsorgan aus derselben Zahl von Anteilseigner- und Arbeitnehmervertretern sowie einem weiteren Mitglied, so hat dies auch für die SE zu gelten. Dieses weitere Mitglied ist sodann auf gemeinsamen Vorschlag der Anteilseigner- und Arbeitnehmervertreter zu wählen, vgl. § 38 Abs. 3 SEBG. S. vertieft hierzu die entsprechenden Kommentierungen in der einschlägigen Spezialliteratur sowie den Beitrag von *Habersack* AG 2006, 345 ff.

[261] Vgl. *Lutter/Hommelhoff/Lutter* SE Einl. SE-VO Rz. 41 sowie zuvor unter Rz. 81 ff.

[262] Vgl. §§ 107 AktG, 34 SEAG sowie MünchKomm. AktG/Bd. 9/2/*Jacobs* § 38 SEBG Rz. 2.

[263] Vgl. hierzu auch MünchKomm. AktG/Bd. 9/2/*Jacobs* § 38 SEBG Rz. 3. Ein Vetorecht oÄ. der Arbeitnehmerbank gibt es jedoch nicht, vgl. *Nagel/Freis/Kleinsorge/Nagel* 3. Teil § 38 SEBG Rz. 4 ff.

3. Grundsätze der Zusammenarbeit und Schutzvorschriften, §§ 40 ff. SEBG[264]

Abschließend werden in den Vorschriften der §§ 40 ff. SEBG übergreifend allgemeine Grundsätze über die Zusammenarbeit, Schutzvorschriften sowie Straf- und Bußgeldvorschriften geregelt.

§ 40 SEBG normiert die grundsätzliche Pflicht, dass Leitung der SE und SE-Betriebsrat bzw. das entsprechende Vertretungsorgan der Arbeitnehmer im Rahmen eines Verfahrens zur Unterrichtung und Anhörung zum beiderseitigen Wohl **vertrauensvoll zusammenarbeiten**. Insoweit handelt es sich bei der Vorschrift des § 40 SEBG neben der des Art. 12 Abs. 4 SE-VO um eine der wenigen Vorschriften, die ausdrücklich auf die notwendige Abstimmung beider Regelungsziele von SE-VO und SE-RL verweist. Weiterhin regelt § 41 SEBG die Anforderungen an Reichweite und Umfang etwaiger **Informationspflichten** der Leitungen der Gründungsgesellschaften sowie der späteren SE nebst der Pflicht zur Geheimhaltung und Vertraulichkeit für die Mitglieder des SE-Betriebsrats.

Des Weiteren bleibt darauf hinzuweisen, dass die Arbeitnehmervertreter, also insb. die Mitglieder des bVG, des SE-Betriebsrats und des Aufsichts- bzw. Verwaltungsorgans, die zugleich Beschäftigte der SE oder einer ihrer Tochtergesellschaften oder Betriebe sind, den **Arbeitnehmerschutzvorschriften** des Mitgliedstaats unterfallen, in dem sie beschäftigt sind, vgl. § 42 SEBG.

Eine weitaus größere Bedeutung in der Praxis und damit letztendlich auch für künftige Entscheidungen der Rechtsprechung dürfte jedoch der Vorschrift des § 43 SEBG (**Missbrauchsverbot**) zukommen. Danach darf eine SE nicht dazu missbraucht werden, den Arbeitnehmern Beteiligungsrechte zu entziehen oder vorzuenthalten. Gem. § 43 Satz 2 SEBG wird ein solcher Missbrauch widerlegbar vermutet, wenn ohne Durchführung eines Verfahrens nach § 18 Abs. 3 SEBG (Wiederaufnahme der Verhandlungen bei strukturellen Veränderungen) *innerhalb eines Jahres* nach Gründung der SE strukturelle Änderungen stattfinden, die dazu führen, dass den Arbeitnehmern Beteiligungsrechte entzogen oder vorenthalten werden.

Aufgrund der hier vertretenen Auffassung, dass eine SE-Gründung auch unter Beteiligung von sog. **Vorrats- oder Mantelgesellschaften** (ohne Arbeitnehmer) zulässig ist, ist diese Vorschrift daher insb. auch dann zu beachten, wenn es innerhalb eines Jahres nach einer derartigen Vorrats-SE-Gründung zum Zusammenschluss mit bzw. zum Erwerb einer bis dato bereits Arbeitnehmer beschäftigenden und daher ggf. auch der Mitbestimmung unterliegenden Gesellschaft kommt. Kommt man zu dem Ergebnis, dass dieser Zusammenschluss bzw. Erwerb im Zeitpunkt der Gründung der SE ein Verhandlungsverfahren erforderlich gemacht hätte, ist dieses nunmehr vom jetzigen Zeitpunkt durchzuführen.[265] Nicht zuletzt aufgrund der in § 45 Abs. 1 Nr. 2 SEBG kodifizierten (präventiven) Strafandrohung und des unbestimmten Rechtsbegriffs der strukturellen Veränderungen sollte bei Vorhandensein einer entsprechen-

---

[264] Ausführlich hierzu s. *Jannott/Frodermann/Kienast* 13. Abschn. Rz. 408 ff. sowie die Kommentierungen der §§ 40 bis 44 SEBG bei MünchKomm. AktG/Bd. 9/2/*Jacobs* und *Lutter/Hommelhoff/Oetker* SE.
[265] MünchHdb. GesR/Bd. 4/*Austmann*, 3. Aufl. 2007 § 85 Rz. 50; vgl. auch zuvor Rz. 115 ff.

Giedinghagen

§ 19 132 Die europäische Aktiengesellschaft (SE)

den Anzahl an Arbeitnehmern in den beteiligten Gesellschaften im Zweifel ein Verfahren iSd. § 18 Abs. 3 SEBG angestrebt und eingeleitet werden.[266]
Abgerundet wird der Regelungsrahmen des SEBG schließlich durch die in den §§ 45 f. SEBG normierten Straf- und Bußgeldvorschriften.[267]

---

[266] Vgl. hierzu Begr. RegE SEEG, BT-Drs. 15/3405, 57; *van Hulle/Maul/Drinhausen/Köklü* 6. Abschn. Rz. 83; die Vorschriften des § 43 SEBG und des § 18 Abs. 3 SEBG sind nebeneinander anwendbar, s. *Nagel/Freis/Kleinsorge/Nagel* 3. Teil § 43 SEBG Rz. 7.
[267] S. *Jannott/Frodermann/Kienast* 13. Abschn. Rz. 436 ff.; *Nagel/Freis/Kleinsorge/Nagel* 3. Teil § 45 SEBG Rz. 1 ff. und § 46 SEBG Rz. 1 ff. sowie MünchKomm. AktG/Bd. 9/2/*Jacobs* § 45 SEBG Rz. 1 ff. und § 46 SEBG Rz. 1 ff.

3. Abschnitt: Die börsennotierte AG

§ 20 Vor- und Nachteile eines Börsengangs

Bearbeiter: Dr. Herbert Harrer

Übersicht

	Rz.
A. Allgemeines	1–8
B. Vorteile	12–24
I. Verbreiterung der Eigenkapital- und Liquiditätsbasis	12–14
II. Einfache Übertragbarkeit der Aktien und Fungibilität	15, 16
III. Mitarbeitergewinnung	17, 18
IV. (Teil-)Exit eines Altgesellschafters	19, 20
V. Sonstiges	21–24
C. Nachteile	31–59
I. Publizität	31–35
II. Einflussverlust der Altgesellschafter	36, 37
III. Steuern	38–49
1. Allgemeine Unterscheidung zwischen Personengesellschaft und Kapitalgesellschaft	39–42
2. Besteuerung entgeltlicher und unentgeltlicher Übertragungsvorgänge	43–46
3. Eigenkapitalaufnahme durch Aktiengesellschaft und Aktionäre	47, 48
IV. Kosten	49–52
V. Folgepflichten	53–58
VI. Sonstiges	59

Schrifttum: *Assmann/Schneider* Wertpapierhandelsgesetz 4. Aufl. 2006; Deutsche Börse (Hrsg.) Praxishandbuch Börsengang 2006; *Harrer/Heidemann* Der Gang an die Börse – Herausforderung für Emittent und Berater 2001; *Harrer/Heidemann* Going Public – Einführung in die Thematik, DStR 1999, 254; *Jakob* Initial Public Offerings 1998; *Schanz* Börseneinführung: Recht und Praxis des Börsengangs 3. Aufl. 2007; *Schürmann/Körfgen* Familienunternehmen auf dem Weg zur Börse 3. Aufl. 1997; *Habersack/Mülbert/Schlitt* (Hrsg.), Unternehmensfinanzierung am Kapitalmarkt, 2. Aufl. 2008.

A. Allgemeines

Der Börsengang von Unternehmen[1] hat in Deutschland eine lange Tradition, **1** er führte aber im Vergleich zu anderen Wirtschaftsnationen wie Großbritannien, insb. aber den Vereinigten Staaten von Amerika, bis zur Mitte der 90er Jahre ein Schattendasein. Börsengänge wurden nur von einer vergleichsweise kleinen Zahl von deutschen Unternehmen durchgeführt. So wurden in den Jahren von

---

[1] Vgl. dazu allgemein *Schanz* § 1 ff.; *Habersack/Mülbert/Schlitt/Singhof/Weber* § 3 Rn. 1 ff; *Jakob* 15 ff.; *Harrer/Heidemann* DStR 1999, 254; zu sog. IPO Roll-ups *Achleitner* DStR 1999, 2002.

§ 20   2–4   Vor- und Nachteile eines Börsengangs

1949–1983 idR jährlich weniger als 10 Unternehmen, in dem Zeitraum von Mitte der 80er Jahre bis Mitte der 90er Jahre meist zwischen 10 und 20 Unternehmen – mit Ausnahme der Jahre 1984 (21), 1986 (28), 1989 (26) und 1990 (31) und ab 1997 mehr als 20 Unternehmen im amtlichen Handel oder im Geregelten Markt (einschließlich Neuer Markt) einer deutschen Börse zugelassen.[2]

2   Mit Schaffung des **Neuen Markts** der Frankfurter Wertpapierbörse am 10. März 1997 hat sich dies vorübergehend geändert. Die Zahl der Börsengänge von Unternehmen in Deutschland (ohne Freiverkehr) erhöhte sich deutlich von 25 im Jahre 1997 (12 Unternehmen am Neuen Markt) über 67 im Jahr 1998 (41 Unternehmen am Neuen Markt) über 168 im Jahr 1999 (132 Unternehmen am Neuen Markt) auf 153 Börsengänge im Jahr 2000 (133 Unternehmen am Neuen Markt), brach jedoch im Jahr 2001 wieder auf 21 Börsengänge (11 Unternehmen am Neuen Markt) und im Jahr 2002 auf nur noch 6 Börsengänge (1 Unternehmen am Neuen Markt) ein.[3] Die Frankfurter Wertpapierbörse schloss den Neuen Markt am 5. Juni 2003, nachdem das letzte Unternehmen den Neuen Markt verlassen hatte. Die Zahl der Börsengänge von Unternehmen in Deutschland (ohne Freiverkehr) erreichte im Jahr 2003 mit Null ihren historisch niedrigsten Wert und stieg dann mit 6 Börsengängen im Jahr 2004 über 15 Börsengänge im Jahr 2005 auf 35 Börsengänge im Jahr 2006 an. Mit der **Neuorganisation des Freiverkehrs** der Frankfurter Wertpapierbörse im Jahr 2005 und der Aufteilung in die beiden Segmente **Open Market** mit Minimalanforderungen und **Entry Standard** mit erhöhten Transparenzanforderungen erlebte der Freiverkehr für Börsengänge eine Renaissance. Seit Eröffnung des Teilbereichs Entry Standard am 25. Oktober 2005 wurden im Jahr 2005 15 bzw. 6 Unternehmen in den Open Market bzw. Entry Standard einbezogen und wechselten 7 Unternehmen vom Open Market in den Entry Standard. Im Jahr 2006 wurden 91 bzw. 50 Unternehmen in den Open Market bzw. Entry Standard einbezogen und 5 Unternehmen wechselten vom Open Market in den Entry Standard. Im Jahr 2007 wurden 29 Unternehmen neu in den Entry Standard einbezogen und 140 Unternehmen in den Open Market aufgenommen.

3   Die **Börsenkapitalisierung** inländischer Unternehmen an der Frankfurter Wertpapierbörse hat sich von € 399,4 Mrd. im Jahr 1995 auf € 1352,9 Mrd. im Jahr 2000 erhöht und ging im Jahr 2001 auf € 1203,6 Mrd. und im Jahr 2002 auf nur noch € 658,6 Mio. zurück. Sie betrug im Jahr 2003 € 855,5 Mrd. und stieg dann mit € 878,8 Mrd. im Jahr 2004 über € 1035,3 Mrd. im Jahr 2005 auf € 1242,0 Mrd. im Jahr 2006 und auf € 1440,0 Mrd. im Jahr 2007 an.[4]

4   Im internationalen Vergleich liegt Deutschland weiterhin sowohl hinsichtlich der Zahl der börsennotierten Unternehmen, als auch hinsichtlich der nationalen Marktkapitalisierung deutlich hinter den USA, Großbritannien und Japan. Allein an den US-amerikanischen Börsen NYSE und NASDAQ waren zum 31. Dezember 2007 (2006) 2273 (2280) Unternehmen mit einer nationalen Marktkapitalisierung von US-$ 15,6 Bio. (US-$ 15,4 Bio.) bzw. € 10,6 Bio. (€ 11,7 Bio.) an der NYSE[5] bzw. 3069 (3133) Unternehmen mit einer Markt-

---

[2] Vgl. Deutsches Aktieninstitut, Frankfurt am Main, DAI-Factbook 2006.
[3] Vgl. DB AG, Factbook 1997 bis 2007.
[4] Vgl. DB AG, Factbook 1997 bis 2007.
[5] Vgl. World Federation of Exchanges, Statistics, www.world-exchanges.org/publications/equity. Nachfolgende Umrechnungen in Euro erfolgten zu den Wechselkursen am jeweiligen Jahresende, Quelle: Deutsche Bundesbank, Devisenkursstatistik, November 2008 (Jahresendkurs: 1 Euro: 2006 US-$ 1,3170, 2007 US-$ 1,4721).

A. Allgemeines 5–8 § 20

kapitalisierung von US-$ 4,0 Bio. (US-$ 3,9 Bio.) bzw. € 2,7 Bio. (€ 2,9 Bio.) an der NASDAQ notiert,[6] in Tokio waren es 2414 (2416) Unternehmen mit einer Marktkapitalisierung von US-$ 4,3 Bio. (US-$ 4,6 Bio.) bzw. € 2,9 Bio. (€ 3,5 Bio.),[7] und in London (Main Market, AIM, techmark) waren es 3307 (3256) Unternehmen mit einer Marktkapitalisierung von rd. US-$ 3,9 Bio. (US-$ 3,8 Bio.) bzw. € 2,6 Mrd. (€ 2,9 Mrd.).[8]

Eine Zunahme von Börsengängen und eine gesteigerte Finanzierungskraft 5
börsennotierter Unternehmen hat auf die **Volkswirtschaft** positive Auswirkungen, wirkt einer Marktkonzentration entgegen und führt statistisch zu einer überproportionalen Schaffung von Arbeitsplätzen bei diesen Unternehmen.

Die Entscheidung über einen Börsengang eines Unternehmens hat für die 6
Gesellschaft und die Gesellschafter weit reichende Bedeutung und bedarf einer **sorgfältigen Abwägung** aller damit verbundenen Vor- und Nachteile. Nicht abschließend geklärt ist, ob die Entscheidung über einen Börsengang eine **Geschäftsführungsmaßnahme** des Vorstands ist[9] oder wegen eines strukturverändernden Charakters als Grundlagenentscheidung nach der Holzmüller-Doktrin ein Beschluss der **Hauptversammlung** erforderlich ist[10] (s. § 25 Rz. 171).

Wesentliche **Vorteile** eines Börsengangs sind insbesondere 7
– die Verbreiterung der Eigenkapital- und Liquiditätsbasis des Emittenten mit erleichterter Folgefinanzierung,
– die Ermöglichung einer einfachen und kostengünstigen Übertragbarkeit der Unternehmensanteile durch die Regelrechtsform der Aktiengesellschaft und die Börsennotierung fungibler Wertpapiere,
– die einfache Beteiligung von Führungskräften und Mitarbeitern insb. über Mitarbeiterbeteiligungsprogramme zur Gewinnung und Bindung von wichtigen Mitarbeitern,
– die Ermöglichung eines (Teil-)Exits aus 100 %igen Tochtergesellschaften (sog. Spin off), der Teilprivatisierung von Staatsunternehmen oder von im Rahmen der frühen Unternehmensfinanzierung beteiligten Venture-Capital-Gesellschaften sowie von Familiengesellschaften im Rahmen der Nachfolgeplanung und schließlich
– die Erhöhung des Bekanntheitsgrades des Unternehmens durch verstärkte Öffentlichkeitsarbeit und größere Publizität.

Als **Nachteile** eines Börsengangs werden häufig 8
– die Pflicht zur erhöhten Publizität durch die Rechtsform der Aktiengesellschaft und die Börsennotierung, die Pflicht zur Erstellung eines Prospekts sowie die Einhaltung von Zulassungsvoraussetzungen,
– der Einflussverlust der Altgesellschafter durch die Abgabe von Aktien an Dritte,

---

[6] Vgl. www.world-exchanges.org/publications/equity.
[7] Vgl. www.world-exchanges.org/publications/equity.
[8] Vgl. www.world-exchanges.org/publications/equity.
[9] Vgl. *Habersack/Mülbert/Schlitt/Singhof/Weber* § 3 Rn. 56; *Claussen* WM 1996, 609, 618; *Claussen* Bank- und Börsenrecht 2. Aufl. 2000, S. 683; 639; *Halasz/Kloster* ZBB 2001, 474.
[10] Vgl. *Habersack/Mülbert/Schlitt/Singhof/Weber* § 3 Rn. 56; *Schanz* § 6 Rz. 50 ff.; *Lutter* FS Zöllner Bd. 1, 1998, S. 378 ff.; *Lutter/Leinekugel* ZIP 1998, 805, 806; *Lutter/Drygala* FS Raisch 1995, S. 239, 240; *Vollmer/Grupp* ZGR 1995, 459, 460; *Grupp* Börseneintritt und Börsenaustritt, S. 146 ff.; *Becker/Fett* WM 2001, 549, 550.

- steuerliche Nachteile für die Altgesellschafter,
- mit dem Börsengang verbundene einmalige oder laufende Kosten sowie
- weitergehende mit einer Börsennotierung verbundene Folgepflichten wie Ad-hoc-Publizität, Mitteilungspflichten über Anteilsinhaberschaft sowie die Geltung von Insidertradingvorschriften genannt.

B. Vorteile

I. Verbreiterung der Eigenkapital- und Liquiditätsbasis

12   Einer der Hauptgründe für den Börsengang eines Unternehmens ist die Verbreiterung der Eigenkapital- und Liquiditätsbasis. Die Eigenfinanzierung eines Unternehmens durch seine Gesellschafter stößt besonders bei Familienunternehmen, Unternehmen mit operativen Verlusten und hohen Kapitalbedarf benötigende Wachstumsunternehmen häufig auf Grenzen, da den Gesellschaftern entweder das erforderliche Kapital oder die Bereitschaft zur Verfügungstellung der erforderlichen Mittel fehlen. Weitere Gründe für eine unzureichende Eigenkapitalbasis oder Liquiditätsbasis können kapitalintensive Geschäftspläne zur Erreichung eines hohen Wachstums, hohe Entnahmen durch die Gesellschafter, starker Wettbewerb mit sinkenden Renditemargen und großer Investitionsbedarf zur Positionierung des Unternehmens oder zur Aufrechterhaltung der wirtschaftlichen Unabhängigkeit sein. Die Stärkung der Eigenkapitalbasis und die Erhöhung der Liquidität wird anstelle einer Mittelzuführung durch die Altaktionäre zunehmend durch die Einbeziehung von Eigenkapital zur Verfügung stellenden Venture-Capital-Gesellschaften oder durch einen Börsengang verbunden mit einer Ausgabe neuer Aktien im Rahmen einer Kapitalerhöhung und Platzierung der neuen Aktien an interessierte Anleger erzielt.

13   Mit dem Börsengang und der damit in aller Regel verbundenen Eigenkapitalzufuhr[11] verbessert sich die Situation des Unternehmens in aller Regel auch bei der Folgefinanzierung. Die Veröffentlichung des Wertpapierprospekts und die im Rahmen der Folgepflichten des Börsengangs zur Verfügung gestellten Unternehmens- und Finanzdaten führen zu einer hohen Transparenz für die Anleger. Hierdurch entsteht für ein börsennotiertes Unternehmen idR ein **vereinfachter Zugang** zu Eigenkapital in Form der Durchführung einer Kapitalerhöhung mit einer Platzierung im Kapitalmarkt oder zu Fremdkapital durch die Begebung einer Unternehmensanleihe uU in Form einer High Yield Anleihe.[12]

14   Auch die **Kreditwürdigkeit** des Unternehmens nimmt nach der Börseneinführung durch die Stärkung der Eigenkapitalbasis zu, die Finanzierungskosten reduzieren sich uU, die Bonität bei Kunden, Lieferanten und Banken wird verbessert. Gegebenenfalls kann eine bestehende Fremdfinanzierung durch eine kostengünstigere Eigenkapitalfinanzierung abgelöst werden. Insbesondere für Wachstumsunternehmen hat die börsennotierte Aktie auch als

---

[11] Eine Ausnahme besteht für den Fall einer reinen Umplatzierung von Aktien, bei der die Gesellschaft selbst keinen Emissionserlös erhält.
[12] Vgl. nur *Kusserow/Dittrich* WM 2000, 745 ff.; *Harrer/Fisher* FinanzBetrieb 2003, 781 ff.

B. Vorteile

Akquisitionswährung (sog. Acquisition Currency) eine hohe Bedeutung beim Erwerb von Unternehmen, die zB im Rahmen einer Kapitalerhöhung gegen Sacheinlage unter Bezugsrechtsausschluss ohne Belastung des Erwerbers durch eine Fremdkapitalaufnahme eingebracht werden können.

II. Einfache Übertragbarkeit der Aktien und Fungibilität

Die Aktie ist sowohl als Inhaber-, als auch als Namensaktie einfach und kostengünstig übertragbar. Anders als bei der Übertragung von GmbH-Anteilen gem. § 15 Abs. 3 GmbHG bedarf es keiner notariellen Beurkundung des Übertragungsvorgangs, auch bei (vinkulierten) Namensaktien hat die Eintragung der Übertragung in das Aktienregister für die Wirksamkeit der Rechtsübertragung keine Bedeutung, sondern nur für die Möglichkeit der Geltendmachung der Aktionärsrechte gegenüber der Gesellschaft gem. § 67 Abs. 2 AktG.

Die Herabsetzung des **Mindestnennbetrages** je Aktie bei Nennbetragsaktien auf einen (1) € gem. § 8 Abs. 2 AktG bzw. bei Stückaktien auf einen geringsten Ausgabebetrag von einem (1) € gem. § 8 Abs. 3 AktG. ermöglicht eine weit reichende Stückelung des Grundkapitals einer Aktiengesellschaft, die zu einem niedrigen Wert der einzelnen Aktie, zu einer größeren Anzahl von Aktien eines Börsenwertes und damit zu einer größeren Liquidität der Aktie und einer leichteren Gewichtung führt. Im Falle der Entscheidung einer deutschen Gesellschaft für eine Namensaktie ist auch die Direktnotierung des Wertpapiers an einem US-amerikanischen Börsenplatz ohne eine Neuverbriefung in Form von sog. American Depositary Receipts (s. dazu § 22 Rz. 74 ff.) möglich. Die hohe Fungibilität der Aktie erleichtert es Altgesellschaftern auch kurz- oder mittelfristig Aktien aus deren bisherigem Eigentum zur Umsetzung bestehender Nachfolgeplanungen oder zur Diversifizierung des eigenen Vermögens abzugeben.

III. Mitarbeitergewinnung

Die Aktien einer börsennotierten Aktiengesellschaft und die damit verbundene Gewährung von Aktienoptionen bilden in der Praxis eine zum Normalfall gewordene Möglichkeit der Mitarbeiterbeteiligung und der Mitarbeiterbindung. Insbesondere bei Unternehmen in Branchen, in denen hoch qualifizierte Führungskräfte und Mitarbeiter knapp sind, wie zB im IT- und Telekommunikations-Bereich oder in der Biotechnologie-Branche, hat sich die Beteiligung des Top Managements, aber auch der leitenden Mitarbeiter und teilweise aller anderen Mitarbeiter als Möglichkeit zur Gewinnung und Bindung von Personal etabliert. Aber auch bei Unternehmen aus anderen Bereichen setzt sich die Mitarbeiterbeteiligung zunehmend durch.

Seit Änderung des Aktienrechts im Jahre 1998 findet idR eine direkte Beteiligung der Mitarbeiter durch die Gewährung von Aktienoptionen, dh. Bezugsrechten auf Aktien, statt, die bei Fälligkeit normalerweise aus bedingtem Kapital bedient werden. Daneben gibt es ua. Mitarbeiterbeteiligungen durch die Ausgabe von Belegschaftsaktien oder die Begebung von **Wandelschuldverschreibungen**, aber auch die Verwendung sog. virtueller Aktien („Phantom Stock") oder virtueller Optionen („Stock Appreciation Rights") sind möglich. Die individuelle Ausgestaltung des Mitarbeiterbeteiligungsprogramms (s. dazu

§ 23 Rz. 1 ff.)[13] variiert insb. hinsichtlich Laufzeit, Ausübungspreis, Ausübungs- und Veräußerungsbeschränkungen, Übertragbarkeit, Bezugsfenster und Handelsfenster sowie Ausübungspreis und Verfallsregelung.

IV. (Teil-)Exit eines Altgesellschafters

19 Der Börsengang dient daneben in verschiedenen Fallkonstellationen auch als sog. **Exitlösung** für die teilweise oder vollständige Lösung eines oder mehrerer Altgesellschafter vom Unternehmen. Hauptfallgruppen hierfür sind der Spin-off einer Tochtergesellschaft, die (Teil-)Privatisierung eines Staatsunternehmens, die Exitstrategie einer Venture-Capital-Beteiligung und die Vorbereitung einer Nachfolgeregelung bei einer Familiengesellschaft.

20 Der **Spin-off** einer Konzerntochtergesellschaft[14] entlastet die Konzernmuttergesellschaft von dem Erfordernis der weiteren Eigenkapitalzufuhr an die Tochtergesellschaft und erlaubt gleichzeitig der börsennotierten Tochtergesellschaft idR eine stärkere Fokussierung auf ihre Kerngeschäftsfelder, eine Stärkung des Vorstandes und eine schrittweise Erhöhung der Unabhängigkeit im Rahmen weiterer Umplatzierungen und Kapitalerhöhungen.[15] Der Börsengang wird von Bund und Ländern[16] weiterhin als **Alternative zur Privatisierung von Staatsunternehmen** durch Unternehmensverkauf als Möglichkeit der schrittweisen (Teil-)Privatisierung gewählt. Auch für **Venture-Capital-Gesellschaften** stellt ein Börsengang eines Beteiligungsunternehmens eine zunehmend attraktive Alternative zur Unternehmensveräußerung in Form einer M&A-Transaktion dar, wobei die Abgabe der Beteiligung der Venture-Capital-Gesellschaft idR schrittweise erfolgt. Schließlich dient ein Börsengang im Einzelfall auch zur **Ermöglichung einer Nachfolgeregelung** bei einer Familiengesellschaft, die es den Gesellschaftern erlaubt, sich schrittweise aus dem Unternehmen zurückzuziehen oder einen Teil des Unternehmenswerts durch die Umplatzierung von Altaktien zu realisieren und ggf. unternehmerrisikofreies Privatvermögen zu schaffen.

V. Sonstiges

21 Neben den bereits genannten Vorteilen eines Börsenganges gibt es eine Reihe weiterer Gesichtspunkte, die als Argumente für einen Börsengang genannt werden.

22 Die Stellung des Vorstands einer Aktiengesellschaft bietet gegenüber der Position des Geschäftsführers einer GmbH eine größere **unternehmerische Freiheit**, da der Vorstand die Aktiengesellschaft in eigener Verantwortung leitet und rechtlich keinen Weisungen von Hauptversammlung oder Aufsichtsrat

---

[13] Vgl. dazu allgemein *Harrer* Mitarbeiterbeteiligung und Stock Option Pläne, 2. Aufl. 2004; *Achleitner/Wollmert* Stock Options 2000; *Kessler/Sauter* (Hrsg.) Handbuch Stock Options 2003; *Harrer/Heidemann/Janssen* S. 120 ff.
[14] Vgl. ua. Epcos, Infineon, T-Online, Postbank, Comdirect und Stinnes. Vgl. dazu *Jakob* S. 35 ff.
[15] Dazu allgemein *Nick* Börseneinführung von Tochtergesellschaften: Instrument der Konzernfinanzierung und -gestaltung 1994; *Volk* Finanz Betrieb 1999, 379 ff.
[16] Vgl. zB Deutsche Telekom, Deutsche Post, Fraport und Lufthansa.

B. Vorteile

unterliegt. Vielmehr haben diese Organe nur die im Aktienrecht vorgesehenen Zuständigkeiten und Kontrollrechte und die kapitalgebenden Aktionäre sind – abgesehen von einigen gesetzlich vorgesehenen Ausnahmen – in Angelegenheiten der Gesellschaft auf ihre Rechte in der Hauptversammlung beschränkt. Die Trennung von Kapital und Management führt häufig auch zu einer **Versachlichung** der Arbeitsatmosphäre und der Problemlösung. Die **erhöhte Reputation** eines börsennotierten Unternehmens ist aufgrund der regelmäßig besseren Kapitalausstattung und höheren Arbeitsplatzsicherheit auch für normale Mitarbeiter attraktiv.

Ein Börsengang und die damit verbundene Öffentlichkeitsarbeit, aber auch Pflichtpublizität führt zu einem **erhöhten Bekanntheitsgrad** und einem verbesserten „Standing" des Unternehmens, das mittelbar zu einer Verbreiterung der Kundenbasis führen und einen positiven Einfluss auf den Umsatz haben kann. Insbesondere bei Mehrfachplatzierungen kann ein Börsengang auch im Ausland den Zugang zu einem Auslandsmarkt unterstützen.

Mit Rückwirkung zum 1. Januar 2007 ist nach langer und kontroverser Diskussion das Gesetz zur Schaffung deutscher Immobilien-Aktiengesellschaften mit börsennotierten Anteilen (Real Estate Investmenttrust-Gesetz, **REIT-Gesetz**) in Deutschland in Kraft getreten[17] (siehe dazu § 29). Das REITG regelt eine komplexe Rechtsmaterie und führt in Deutschland ein international anerkanntes Instrument zur indirekten Immobilienanlage mit steuertransparenter Besteuerung ein. Das Gesetz weist einige Besonderheiten hinsichtlich der **Besteuerung** und der Regulierung auf, greift aber im Wesentlichen auf bewährte gesellschaftsrechtliche und kapitalmarktrechtliche Regelungen zurück und verzichtet auf eine spezielle Produktaufsicht durch die Bundesanstalt für Finanzdienstleistungsaufsicht (BaFin). Das Gesetz sieht ua. eine Begrenzung der direkten Beteiligung von 10 % am Grundkapital einer REIT AG vor sowie eine hohe Transparenz und Liquidität, die durch das Erfordernis einer Börsennotierung an einem organisierten Markt mit einer dauerhaften Mindeststreuung erreicht wurde. Zudem wird durch eine hohe Mindestausschüttung, eine Fokussierung der Geschäftstätigkeit auf den eng begrenzten Unternehmenszweck und eine Begrenzung des Handels mit Immobilien der Gestaltungsspielraum der REIT AG eingeschränkt. Für eine Übergangsphase in eine REIT AG wurde die Ausgestaltung des sog. Vor-REIT geschaffen. Ein Vor-REIT ist eine Aktiengesellschaft mit Sitz in Deutschland, die beim Bundeszentralamt für Steuern als Vor-REIT registriert ist.

---

[17] Siehe dazu *Harrer/Leppert* WM 2007, 1962 ff.; *Ziemons* DB 2007, 449 ff.; *Götze/Hütte* NZG 2007, 332 ff.; *Quass/Becker* AG 2007, 421 ff.; *Hahn* ZGR 2006, 805, 813 ff.; *Schultz/ Thießen* DB 2006, 2144 ff.; *Schultz* Status: Recht 2007, 165 ff.; *Schultz/Harrer* DB 2005, 574 ff.; *Wagner* NZG 2006, 846 ff.; *Schmidt/Behners* BB 2006, 2329 ff.; *Schacht/Gänssler* DStR 2006, 1518 ff.; *van Kann/Just/Kramer* DStR 2006, 2105 ff.; *Stock/Teske* DB 2006, 187 ff.; *Harrer/Schultz* International Investor Real Estate Magazin 1/2007, 16 ff.

C. Nachteile

I. Publizität

31 Gesellschaften, die ihre Aktien in Deutschland öffentlich anbieten oder deren Börsenzulassung anstreben, unterliegen dem vermeintlichen Nachteil erhöhter Publizitätsanforderungen,[18] die insb. bei Familienunternehmen häufig auf Ablehnung stoßen. Diese ergeben sich aus kapitalmarktrechtlichen und handelsrechtlichen Vorschriften.

32 §§ 5–7 WpHG iVm Verordnung (EG) Nr. 809/2004 der EU-Kommission vom 29. April 2004 zur Umsetzung der EU-Prospektrichtlinie 2003/71/EG enthalten die Pflichtangaben für einen **Wertpapierprospekt**,[19] die Börsenzulassungsverordnung[20] enthält Bestimmungen zur Zulassung und zur Einbeziehung in den regulierten Markt, und die Börsenordnung der jeweiligen Wertpapierbörse[21] enthält zusätzliche Regelungen. Nach § 7 WpHG, Art. 4, 6, Anhang I, III der Verordnung (EG) Nr. 809/2004 zur Umsetzung der EU-Prospektrichtlinie vom 29. April 2004 sind Risikofaktoren, Angaben über den Emittenten, die Geschäftstätigkeit, zur Geschäfts- und Finanzlage, zur Eigenkapitalausstattung, zu den Verwaltungs-, Geschäftsführungs- und Aufsichtsorganen, zum oberen Management, zu wesentlichen Verträgen und Angaben über Beteiligungen sowie Finanzinformationen über die Vermögens-, Finanz- und Ertragslage in den Prospekt aufzunehmen.

33 Daneben ist das börsennotierte Unternehmen ua. verpflichtet, einen **Jahresabschluss** und einen **Lagebericht** unverzüglich nach der Feststellung dem Publikum zur Verfügung zu stellen und einen **Jahresfinanzbericht**[22] zu erstellen. Weiterhin besteht seit Inkrafttreten des Transparenzrichtlinie-Umsetzungsgesetzes im Januar 2007 für Unternehmen, die als Inlandsemittenten Aktien ausgeben, auch eine Verpflichtung zur Abgabe unterjähriger Finanzdaten, ua. in Form von **Halbjahresfinanzberichten**[23] sowie von **Quartalsfinanzberichten**.[24]

34 Nach § 6 HGB finden die für Kaufleute geltenden Vorschriften auch für die Handelsgesellschaften,[25] dh. Personenhandelsgesellschaften und Kapitalgesellschaften wie zB GmbH, AG und KGaA, Anwendung. Damit hat die Aktiengesellschaft eine Pflicht zur **ordnungsgemäßen Buchführung** gem. §§ 238 ff. HGB und zur Aufstellung eines um einen Anhang erweiterten Jahresabschlusses, der mit Bilanz und Gewinn- und Verlustrechnungen eine Einheit bildet, sowie eines Lageberichts gem. §§ 264 ff., 289 ff. HGB.

---

[18] Vgl. *Schanz* § 11 Rz. 28 ff., § 17 Rz. 2 ff.; *Riess/Steinbach* in Deutsche Börse (Hrsg.) Praxishandbuch Börsengang. S. 259 ff.; *Habersack/Mülbert/Schlitt/Klawitter* § 32.
[19] §§ 5–7 WpPG iVm. Verordnung (EG) Nr. 809/2004 der EU-Kommission vom 29. April 2004 zur Umsetzung der EU-Prospektrichtlinie 2003/71/EG.
[20] §§ 32, 34 BörsG iVm. BörsZulV.
[21] Vgl. zB §§ 38, 42 BörsG iVm. Börsenordnung der Frankfurter Wertpapierbörse (nachfolgend „BörsO FWB").
[22] Vgl. § 37 v WpHG. § 65 BörsO FWB für Prime Standard.
[23] Vgl. § 37 w WpHG. § 66 BörsO FWB für Prime Standard.
[24] Vgl. § 37 x WpHG. § 66 BörsO FWB für Prime Standard.
[25] Die Aktiengesellschaft gilt gem. § 3 AktG als Handelsgesellschaft und ist damit Vollkaufmann.

C. Nachteile 35–38 § 20

Weiterhin gilt eine Kapitalgesellschaft nach § 267 Abs. 3 Satz 2 HGB unabhängig vom Erreichen von Schwellenwerten als große Kapitalgesellschaft, wenn sie einen organisierten Markt durch von ihr ausgegebene Wertpapiere in Anspruch nimmt oder die Zulassung zum Handel an einem organisierten Markt beantragt worden ist. Dies führt gegenüber Personengesellschaften, aber auch kleinen bzw. mittelgroßen Kapitalgesellschaften zu **erhöhten Offenlegungspflichten** und **verschärften Rechnungslegungsvorschriften**, da die für kleine und mittelgroße Kapitalgesellschaften anwendbaren Privilegien nicht gelten.[26] 35

II. Einflussverlust der Altgesellschafter

Mit einem Börsengang verbunden ist stets die Erweiterung des Aktionärskreises und die Erreichung eines Streubesitzes, der eine **ausreichende Streuung** der zugelassenen Aktien im Publikum sicherstellt.[27] Die mit der Öffnung der Gesellschaft verbundene Reduzierung des Einflusses des Altaktionärs ist eine unvermeidliche Folge der Verbreiterung der Aktionärsstruktur. 36

Es gibt jedoch verschiedene Möglichkeiten, die Rechte der Altaktionäre weitgehend abzusichern *(s. dazu § 22 Rz. 128 ff.)*.[28] Hierzu zählen die Ausgabe **stimmrechtsloser Vorzugsaktien**, die den Vorzugsaktionären idR einen bevorrechtigten Dividendenanspruch gewähren und nur bei deren ganzem oder teilweisem Ausfall in zwei Geschäftsjahren zum Aufleben des Stimmrechts gem. §§ 139 ff. AktG führen. Bei der Ausgabe **vinkulierter Namensaktien** kann der Fremdeinfluss dadurch beschränkt werden, dass die Übertragung der Aktien gem. § 68 AktG von der Zustimmung des Vorstandes abhängig gemacht wird. Durch eine entsprechende Ausgestaltung der Satzung können sich Altaktionäre ein **Entsendungsrecht** in den Aufsichtsrat vorbehalten, wobei dieses Entsendungsrecht gem. § 101 AktG auf höchstens ein Drittel der sich aus Gesetz oder Satzung ergebenden Zahl der Anteilseignervertreter im Aufsichtsrat beschränkt ist. Schließlich kann insb. bei Familiengesellschaften die **Stellung des Aufsichtsrates** im Verhältnis zum Vorstand gestärkt werden, die Stimmabgabe der Altaktionäre kann durch **Stimmbindungsverträge** oder die Gründung einer Familienholding gebündelt werden. 37

III. Steuern

Obwohl ein Börsengang in vielerlei Hinsicht steuerneutral ist, kann insb. die einem Börsengang ggf. zwingend vorgeschaltete Umwandlung von einer Personengesellschaft in eine börsenfähige Aktiengesellschaft oder Kommanditgesellschaft auf Aktien erhebliche steuerliche Nachteile[29] haben. Bei der steuerlichen Beurteilung ist zwischen der Ebene der Gesellschafter und der Gesellschaft zu unterscheiden. 38

---

[26] Vgl. insb. §§ 274 a, 276, 288, 316, 329 ff. HGB.
[27] Vgl. § 9 BörsZulV für regulierten Markt.
[28] Vgl. *Schanz* § 3 Rz. 76 ff.
[29] Vgl. *Schanz* § 3 Rz. 182 ff.; *Wiese/Schäfer* DStR 1999, 2084 ff.

1. Allgemeine Unterscheidung zwischen Personengesellschaft und Kapitalgesellschaft

39 Steuerlich unproblematisch ist die **Umwandlung** einer GmbH in eine AG, da diese Umwandlung, wenn sie zivilrechtlich durch einen Formwechsel stattfindet, ein steuerlicher Nichtvorgang ist, also ohne steuerrechtliche Folgen bleibt. Auch der **Rechtsformübergang** von einer Personengesellschaft in eine Aktiengesellschaft ist im Ergebnis steuerneutral möglich, bei der Personengesellschaft gehen allerdings etwa bestehende gewerbesteuerliche Verlustvorträge verloren.[30] Nach der Rechtsprechung des Bundesfinanzhofs[31] löst der Formwechsel einer Personengesellschaft in eine Kapitalgesellschaft keine Grunderwerbsteuer aus.

40 Die hauptsächlichen **Besteuerungsunterschiede** zwischen einer Personengesellschaft und einer Kapitalgesellschaft in der laufenden Besteuerung ergeben sich daraus, dass die Personengesellschaft im Gegensatz zur Kapitalgesellschaft für die Einkommensteuer bzw. Körperschaftsteuer kein eigenständiges Steuersubjekt ist.[32] Während den Personengesellschaftern die Ergebnisse der Personengesellschaft unmittelbar zugerechnet werden, ist dies für die Gesellschafter einer Kapitalgesellschaft nicht direkt, allenfalls indirekt über eine Dividendenausschüttung der Fall. Den Gesellschaftern einer Personengesellschaft werden ihre Gewinnanteile unabhängig von Entnahmen steuerlich unmittelbar zugerechnet. Demgegenüber hat eine Aktiengesellschaft ihren Gewinn zunächst selbst zu versteuern. Eine Gewinntransferierung kann abgesehen von Organschaftsfällen auch steuerlich nur durch eine Ausschüttung an die Aktionäre erfolgen. Derartige Dividendenerträge sind von den Aktionären mit ihrem individuellen Einkommensteuersatz nach dem gültigen Halbeinkünfteverfahren zu versteuern. Ab dem Veranlagungszeitraum 2009 ist aufgrund der Unternehmensteuerreform 2008 für Dividendeneinkünfte von natürlichen Personen zu unterscheiden, ob die Anteile, aus denen der Aktionär seine Dividenden bezieht, im Betriebs- oder im Privatvermögen gehalten werden. Für Dividenden, die im betrieblichen Bereich erzielt werden, wird das Halbeinkünfteverfahren durch ein Teileinkünfteverfahren ersetzt, nach dem 60% der bezogenen Dividende der persönlichen Besteuerung unterliegt. Dividenden, die ein privater Anleger erzielt, unterliegen grundsätzlich einer Abgeltungsteuer in Höhe von 25%. Bei Kapitalgesellschaften als Aktionären sind bezogene Dividenden zu 95% steuerfrei. Ausnahmen von der Steuerfreiheit bestehen für die Gewerbesteuer bei Streubesitzdividenden, also Anteilen unter 15%.

41 Verluste einer Personengesellschaft werden den Gesellschaftern unmittelbar steuerlich zugeordnet und können von diesen mit anderen – zB nicht gewerblichen Einkünften – verrechnet werden, während bei Aktionären einer Aktiengesellschaft eine **Verlustzuweisung** idR nicht möglich ist.

42 Auch bei der Ermittlung des **Gewerbeertrages** wird bei Personengesellschaften anders als bei Kapitalgesellschaften gem. § 11 Abs. 1 Satz 3 Nr. 1

---

[30] Vgl. § 1 Rz. 76 ff. und § 13 Rz. 1 ff. zu Einzelheiten zu steuerlichen Aspekten bei Rechtsformwahl.
[31] Vgl. dazu BFH II B 116/96 v. 4.12.1996, BFHE 181, 349, BStBl. II 1997, 661.
[32] Vgl. § 1 Rz. 93 ff. zur systematischen Darstellung von Unterschieden bei der Besteuerung zwischen Personengesellschaften und Kapitalgesellschaften.

GewStG ein Freibetrag in Abzug gebracht bzw. eine Vergünstigung gewährt, die jedoch wegen ihrer geringen Höhe in der Praxis nicht relevant ist. Demgegenüber werden **Leistungsbeziehungen** zwischen einer Aktiengesellschaft und ihren Gesellschaftern anders als bei Personengesellschaften gem. § 15 Abs. 1 Satz 1 Nr. 2 EStG steuerlich anerkannt, so weit die vereinbarten Vergütungen einem Drittvergleich standhalten, insb. also keine verdeckte Gewinnausschüttung darstellen. Mit Abschaffung der Vermögensteuer ab 1. Januar 1997 ist ein großer steuerlicher Nachteil insb. für börsennotierte Kapitalgesellschaften entfallen.

2. Besteuerung entgeltlicher und unentgeltlicher Übertragungsvorgänge

Auch bei der Besteuerung von entgeltlichen und unentgeltlichen Übertragungsvorgängen von Gesellschaftsanteilen oder Aktien gibt es zwischen Personen- und Kapitalgesellschaften erhebliche Unterschiede.

Während die Veräußerung von Personengesellschaftsanteilen gem. § 16 EStG immer steuerpflichtig ist, ist die **entgeltliche Übertragung** von Anteilen an Kapitalgesellschaften im Privatvermögen gem. § 17 EStG nur steuerpflichtig, wenn der Veräußerer innerhalb der letzten 5 Jahre zu mehr als 1 % an der Kapitalgesellschaft beteiligt war, gem. § 23 EStG ein sog. privates Veräußerungsgeschäft vorliegt oder gem. § 21 UmwStG aF sog. einbringungsgeborene Anteile vorliegen.[33] Ansonsten sind die Anteile nur bei Halten im Betriebsvermögen steuerverhaftet. Für alle diese Veräußerungsvorgänge ist das Halbeinkünfteverfahren anzuwenden. Auch für die Besteuerung von Gewinnen aus der Veräußerung von Anteilen an Kapitalgesellschaften ist ab dem Veranlagungszeitraum 2009 aufgrund der Unternehmensteuerreform 2008 für natürliche Personen zu unterscheiden, ob die veräußerten Anteile im Betriebs- oder im Privatvermögen gehalten werden. Für Veräußerungsgewinne, die im betrieblichen Bereich anfallen, wird das Halbeinkünfteverfahren durch ein Teileinkünfteverfahren ersetzt, nach dem 60 % der erzielten Gewinne der persönlichen Besteuerung unterliegen. Veräußerungsgewinne, die ein privater Anleger erzielt, unterliegen – unabhängig von der Haltedauer der veräußerten Anteile – grundsätzlich einer Abgeltungsteuer in Höhe von 25 %. Die Vorschriften des § 23 EStG über private Veräußerungsgeschäfte gelten dann nicht mehr für die Veräußerung von Anteilen an Kapitalgesellschaften. Liegt jedoch ein Fall des § 17 EStG vor, gilt das Teileinkünfteverfahren auch für Veräußerungsgewinne des privaten Anlegers. Halten Kapitalgesellschaften Anteile an Kapitalgesellschaften, gilt grundsätzlich die Steuerverhaftung. Häufig führt die Veräußerung aber zur Steuerbefreiung nach § 8 b Abs. 2 KStG in Höhe von 95 % der Veräußerungsgewinne.

Bei **unentgeltlichen Übertragungsvorgängen** (Erbschafts- und Schenkungsfällen) findet zwischen Personengesellschaften und Kapitalgesellschaften eine unterschiedliche Behandlung auf zwei Stufen statt, zum einen bei der Bewertung der Anteile und zum anderen bei der Bemessung der Bewertungs-

---

[33] Mit Inkrafttreten des Gesetzes über steuerliche Begleitmaßnahmen zur Einführung der Europäischen Gesellschaft und zur Änderung weiterer steuerlicher Vorschriften („SESTEG") am 13. Dezember 2006 wurde das System der einbringungsgeborenen Anteile nach § 21 UmwStG aF abgeschafft. Es gilt jedoch noch für alle „alten" Anteile, die unter dem bisherigen Umwandlungssteuerrecht einbringungsgeboren sind.

abschläge. Zusätzlich können sich Unterschiede bei der sog. **Tarifbegrenzung** ergeben.

46 Mit Zustimmung des Bundesrats vom 5. Dezember 2008 gilt ab 1. Januar 2009 das neue Erbschaftsteuergesetz. Bei der Bewertung des unternehmerischen Vermögens wird im Grundsatz nicht mehr nach der Rechtsform differenziert. Es erfolgt eine einheitliche Wertermittlung zum gemeinen Wert.[34]

3. Eigenkapitalaufnahme durch Aktiengesellschaft und Aktionäre

48 Die Aufnahme des Eigenkapitals an der Börse und die damit verbundene Erhöhung des Eigenkapitals ist bei der Aktiengesellschaft **steuerneutral**. Der das Grundkapital übersteigende Betrag ist handelsbilanziell in die Kapitalrücklage einzustellen. Da die Aufnahme von Eigenkapital zu einer Ersetzung von Fremdkapital führen kann, bedeutet dies möglicherweise einen Gewinnanstieg bei der Kapitalgesellschaft und damit auch einen Anstieg der absoluten Steuerbelastung. Durch die Abschaffung der Gewerbekapital- und Vermögensteuer ist die gewinnunabhängige Mehrbelastung des Eigenkapitals allerdings entfallen.

49 Auf der **Ebene der Gesellschafter**, die bereits vor dem Börsengang an der Aktiengesellschaft beteiligt waren, führt der Börsengang ebenfalls grundsätzlich zu keinen steuerlichen Veränderungen. Sinkt die Beteiligungsquote der Altaktionäre durch den Börsengang jedoch auf 1 % oder weniger, so ist 5 Jahre nach der Unterschreitung der relevanten Beteiligungsgrenze eine steuerfreie Veräußerung aus dem Privatvermögen möglich, es sei denn, es handelt sich um sog. einbringungsgeborene Anteile iSd. § 21 UmwStG. Ab dem Veranlagungszeitraum 2009 besteht diese Möglichkeit jedoch nicht mehr, da Veräußerungsgewinne im privaten Bereich dann grundsätzlich der Abgeltungsteuer in Höhe von 25 % unterliegen.

IV. Kosten

50 Weiterhin ist ein Börsengang mit erheblichen Kosten für den Emittenten verbunden, die sich in einmalige Kosten und laufende Kosten unterteilen lassen.[35]

51 Die **einmaligen Kosten** umfassen die Provisionen und weiteren Kosten der Konsortialbanken, die IPO-spezifischen Beratungskosten für Emissionsberatung, Rechtsanwälte, Wirtschaftsprüfer sowie Kosten für Publicrelations-Maßnahmen wie Zeitungsanzeigen und TV-Spots. Dazu kommen ua. etwaige Kosten für die Umwandlung einer Personengesellschaft oder GmbH in eine Aktiengesellschaft, Notariats- und Gerichtskosten, Börsenzulassungsgebühren, Kosten für Druck und Versand des Prospekts und Veröffentlichung der Hinweisbekanntmachungen. Die Gesamtkosten eines Börsengangs betragen abhängig von der Größe der Emission, dem Umfang des Tätigwerdens von Beratern und der Höhe der Bankenprovisionen bis zu 10 % des Emissionsvolumens.

---

[34] Zum Unternehmenserwerbschaftsteuerrecht § 13 Rz. 748 ff.
[35] Vgl. *Volk* Finanz Berater 2000, 318; *Eisolt/Verdenhalven* DStR 1999; 816; *Fessler/Hegmann* DStR 2000, 1069.

C. Nachteile

52 Neben den einmaligen Emissionskosten sind mit dem Börsengang auch eine Reihe **laufender Folgekosten** verbunden. Hierunter fallen die Kosten für die Vorbereitung und Durchführung der Hauptversammlung, Kosten für Pflichtveröffentlichungen wie zB Ad-hoc-Mitteilungen, Kosten für die Durchsicht, Testatserteilung und Bekanntmachung von Finanzdaten, wie zB der Jahresabschlüsse bzw. Jahresfinanzberichte, Halbjahresfinanzberichte oder Quartalsfinanzberichte, Bankenprovisionen für die Übernahme der Zahlstellenfunktion und weiterer Funktionen wie zB der sog. Designated-Sponsor-Funktion und schließlich idR weitere Sachkosten wie zB Druck von Informationsbroschüren und die Durchführung von Road Shows bei Investoren. Daneben erfolgt eine erhebliche Bindung von Managementzeit.

53 Trotz dieser erheblichen Einmalkosten und laufenden Folgekosten steht dieser Kostenaufwand idR in einem angemessenen Verhältnis zu den von den Banken und verschiedenen Beratern erbrachten Dienstleistungen und dem für das Unternehmen im Rahmen des Börsengangs und der Börsennotierung geschaffenen Mehrwert.

V. Folgepflichten

54 Ein Börsengang bringt eine Reihe von Folgepflichten mit sich, die auf die börsennotierte Gesellschaft und ihre Aktionäre erhebliche Auswirkungen haben.[36]

55 Mit Inkrafttreten des Wertpapierhandelsgesetzes im Jahre 1994 wurde das Insiderrecht (s. dazu § 26 Rz. 200 ff.)[37] auch in der Bundesrepublik Deutschland gesetzlich geregelt. Insb. Finanzinstrumente, die an einer inländischen Börse zum Handel zugelassen oder in den regulierten Markt oder in den Freiverkehr einbezogen sind, sind Insiderpapiere.

Eine Insiderinformation ist gemäß § 13 Abs. 1 WpHG eine konkrete Information über nicht öffentliche Umstände, die sich auf einen oder mehrere Emittenten von Insiderpapieren oder auf Insiderpapiere selbst beziehen und die geeignet sind, im Falle ihres öffentlichen Bekanntwerdens den Börsen- oder Marktpreis der Insiderpapiere erheblich zu beeinflussen. Eine solche Eignung ist gegeben, wenn ein verständiger Anleger die Information bei seiner Anlageentscheidung berücksichtigen würde.

Einem Insider ist es nach § 14 Abs. 1 WpHG **verboten**,
- unter Verwendung von einer Insiderinformation Insiderpapiere für eigene oder fremde Rechnung oder für einen anderen zu erwerben oder zu veräußern,
- einem anderen eine Insiderinformation unbefugt mitzuteilen oder zugänglich zu machen oder
- einem anderen auf der Grundlage einer Insiderinformation den Erwerb oder die Veräußerung von Insiderpapieren zu empfehlen oder
- einen anderen auf sonstige Weise dazu zu verleiten.

---

[36] Vgl. *Harrer/Vaupel* Going Public 6/1998, 46 ff.; *Benz/Kiwitz* DStR 1999, 1162 ff.; *Frey* DStR 1999, 294 ff.; *Hoffmann/Kotsch* DSWR 2000, 152 ff.
[37] Vgl. dazu *Assmann/Schneider* Vor §§ 12 ff. WpHG Rz. 1 ff.; *Bürgers* BKR 2004, 424 ff.; *Cahn* Der Konzern 2005, 1 ff.; *Dreyling* Der Konzern 2005, 1 ff.; *Ziemons* NZG 2004, 537 ff.

Verstöße gegen das Verbot des Insiderhandels stellen Straftaten bzw. Ordnungswidrigkeiten dar.

56 Ein Inlandsemittent von Finanzinstrumenten muss Insiderinformationen, die ihn unmittelbar betreffen, nach § 15 WpHG (s. dazu § 26 Rz. 230 ff.)[38] unverzüglich veröffentlichen. Eine **Insiderinformation** betrifft den Emittenten insbesondere dann unmittelbar, wenn sie sich auf Umstände bezieht, die in seinem Tätigkeitsbereich eingetreten sind. Der Emittent ist gemäß § 15 Abs. 3 WpHG von der Pflicht zur Veröffentlichung so lange befreit, wie es der Schutz seiner berechtigten Interessen erfordert, keine Irreführung der Öffentlichkeit zu befürchten ist und der Emittent die Vertraulichkeit der Insiderinformation gewährleisten kann, wobei die Veröffentlichung unverzüglich nachzuholen ist.

Zudem sind Emittenten nach § 15 Abs. 1 Sätze 1, 2 WpHG und in ihrem Auftrag oder für ihre Rechnung handelnde Personen nach § 15b WpHG zur Führung eines Verzeichnisses über solche Personen, die für sie tätig sind und bestimmungsgemäß Zugang zu Insiderinformationen haben (sog. **Insiderverzeichnis**), verpflichtet.

57 Seit Inkrafttreten des 4. Finanzmarktförderungsgesetzes im Jahr 2002 besteht nach §§ 37 b, c WpHG ein **Schadensersatzanspruch** eines Dritten gegen den Emittenten von Finanzinstrumenten, die zum Handel an einer inländischen Börse zugelassen sind, wegen unterlassener unverzüglicher Veröffentlichung von Insiderinformationen und wegen Veröffentlichung unwahrer Insiderinformationen in einer Mitteilung über kursbeeinflussende Tatsachen.[39] Nicht in Anspruch genommen werden kann, wer nachweist, dass die Unterlassung nicht auf Vorsatz oder grober Fahrlässigkeit beruht bzw. dass er die Unrichtigkeit der Insiderinformation nicht gekannt hat und die Unkenntnis nicht auf grober Fahrlässigkeit beruht.[40] Zusätzlich besteht – abgesehen von einigen Ausnahmeregelungen – nach § 15 a WpHG für Personen mit Führungsaufgaben, dh. insbesondere Mitgliedern eines Leitungs-, Verwaltungs- oder Aufsichtsorgans und persönlich haftenden Gesellschaftern (sowie deren Ehepartner, eingetragene Lebenspartner und bestimmte Verwandte) eines Emittenten, dessen Aktien zum Handel an einer inländischen Börse oder in einem anderen Mitgliedsstaat der EU oder EWR zum Handel an einem organisierten Markt zugelassen sind, eine Verpflichtung zur Mitteilung eigener Geschäfte mit Aktien des Emittenten oder sich darauf beziehende Finanzinstrumente, insbesondere Derivative, gegenüber dem Emittenten und der BaFin.

58 Weiterhin gibt es dem Transparenzgebot folgend bestimmte Mitteilungs- und Veröffentlichungspflichten bei **Veränderung des Stimmrechtsanteils** an börsennotierten Gesellschaften gem. §§ 21 ff. WpHG,[41] die jedoch gem. § 21

---

[38] Vgl. dazu *Assmann/Schneider* § 15 WpHG Rz 1 ff.; *Braun/Rotter* BKR 2003, 918 ff.; *Fürhoff* AG 2003, 80 ff.; *Körner* NJW 2004, 3386 ff.; *Möllers* WM 2005, 1393 ff.; *Simon* Der Konzern 2005, 13 ff.; *Ziemons* NZG 2004, 537 ff.; *Parmentier* NZG 2007, 407 ff.

[39] Zur Haftung nach §§ 37 b, c WpHG *Bürgers* BKR 2004, 424 ff.; *Edelmann* BB 2004, 2031 ff.; *Ekkenga* ZIP 2004, 781 ff.; *Fleischer* DB 2004, 2031 ff.; *Gottschalk* Der Konzern 2005, 274 ff.; *Körner* NJW 2004, 3386 ff.; *Kort* AG 2005, 1 ff.; *Nietsch* BB 2005, 785 ff.; *Baums* ZHR 166 (2002); 375, *Hutter/Leppert* NZG 2002, 649; *Maier-Reimer/Webering* WM 2002, 1857; *Möllers/Leisch* BKR 2002, 1071; *Möllers/Leisch* NZG 2003, 112.

[40] Vgl. §§ 37 b Abs. 2, 37 c Abs. 2 WpHG.

[41] Vgl. *Assmann/Schneider/Schneider* §§ 21 ff. WpHG Rz. 1 ff.; *Cahn* AG 1997, 502 ff.; *Schneider* AG 1997, 81 ff.; *Bosse* DB 2007, 39 ff.; *Hutter/Kaulamo*, NJW 2007, 471 ff., 550 ff.

C. Nachteile

Abs. 2 WpHG nur für Inlandsemittenten und Emittenten, für die Deutschland der Herkunftsstaat ist, und deren Aktien zum Handel an einem organisierten Markt zugelassen sind, gelten. Wer durch Erwerb, Veräußerung oder auf sonstige Weise 3 %, 5 %, 10 %, 15 %, 20 %, 25 %, 50 % oder 75 % der Stimmrechte an einem Emittenten, für den Deutschland der Herkunftsstaat ist, erreicht, überschreitet oder unterschreitet, hat der Gesellschaft sowie dem Bundesaufsichtsamt für den Wertpapierhandel gem. § 21 Abs. 1 WpHG unverzüglich, spätestens innerhalb von vier Handelstagen, das Erreichen, Überschreiten oder Unterschreiten der genannten Schwellen sowie die Höhe seines Stimmrechtsanteils unter Angabe seiner Anschrift und des Tages des Erreichens, Überschreitens oder Unterschreitens schriftlich mitzuteilen. Unter bestimmten Voraussetzungen erfolgt gem. §§ 22 ff. WpHG eine Zurechnung von Stimmrechten oder eine Befreiung von den Meldepflichten. Eine Verletzung dieser Mitteilungspflichten führt gem. § 28 WpHG zu einem weitgehenden Rechtsverlust.

Demgegenüber bestehen für Emittenten, für die die Bundesrepublik Deutschland der Herkunftsstaat ist, Pflichten gegenüber Wertpapierinhabern,[42] Pflichten zur Veröffentlichung von Mitteilungen und Übermittlung im Wege der Datenfernübertragung,[43] zur Vorlage von Änderungen der Rechtsgrundlage des Emittenten[44] sowie zur Veröffentlichung zusätzlicher Angaben und zur Übermittlung an das Unternehmensregister.[45] Weiterhin besteht die Verpflichtung eines Emittenten zugelassener Aktien, für später öffentlich ausgegebene Aktien derselben Gesellschaft wie die bereits zugelassenen, spätestens ein Jahr nach der Ausgabe der zuzulassenden Aktien die Zulassung zum regulierten Markt zu beantragen, wenn ihre Zulassung einen Antrag voraussetzt.[46]

VI. Sonstiges

Neben den bereits genannten Nachteilen eines Börsenganges gibt es einige weitere Gesichtspunkte, die als Argumente gegen einen Börsengang genannt werden. Aus **mitbestimmungsrechtlicher Sicht** führt ein Börsengang einer Aktiengesellschaft oder einer KGaA nur bei einer vorgeschalteten Umwandlung einer Personengesellschaft, so weit das börsennotierte Unternehmen mehr als 500 Arbeitnehmer[47] bzw. 2000 Arbeitnehmer[48] Daneben binden die zusätzlichen Publizitätspflichten die Vorbereitung und Durchführung der Hauptversammlung, die Investor-Relations-Arbeit und die sonstige Öffentlichkeitsarbeit in erheblichem Umfang Managementzeit.

---

[42] Vgl. § 30 a WpHG.
[43] Vgl. § 30 b WpHG.
[44] Vgl. § 30 c WpHG.
[45] Vgl. § 30 e WpHG.
[46] Sog. drittelparitätische Mitbestimmung gem. §§ 1, 4 DrittelbG.
[47] Sog. Mitbestimmung gem. §§ 1, 4, 7 MitbestG 1976. Zum Sonderfall der Montanmitbestimmung für mehr als 1000 Arbeitnehmer vgl. §§ 1, 4 MontanMitBestG.
[48] Vgl. § 30 AktG.

§ 21 Maßnahmen im Vorfeld des Börsengangs

Bearbeiter: Dr. Stephan Göckeler

Übersicht

	Rz.
A. Einleitung	1–3
B. Rechtsformwahl – AG oder KGaA	10–75
I. Vorbemerkungen	10–12
II. Die börsennotierte AG im Überblick	14–28
1. Einführung	14
2. Organe und Kompetenzverteilung	15–28
a) Vorstand	16–19
b) Aufsichtsrat	20–25
c) Hauptversammlung	26–28
III. Die börsennotierte KGaA im Überblick	29–69
1. Einführung	29–35
2. Organe und Kompetenzverteilung	36–47
a) Komplementär	37–40
b) Hauptversammlung der Kommanditaktionäre	41, 42
c) Aufsichtsrat	43–45
d) Gestaltungsoptionen	46, 47
3. Finanzverfassung und Steuern	48, 49
4. Mitbestimmung	50, 51
5. Die börsennotierte kapitalistische KGaA	52–69
a) Einführung	52–55
b) Bedeutung für die Gestaltungspraxis	56–62
aa) Meinungsstand	56–58
bb) Stellungnahme	59–62
c) Rechtsschutzfragen	63
d) Folgerungen für personalistische KGaA	64–69
IV. Kriterien für die Rechtsformwahl	70–75
C. Der Weg in die AG/KGaA	80–88
I. Neugründung	80, 81
II. Umwandlung in eine AG	82–87
1. Formwechsel	82–84
2. Verschmelzung	85–87
III. Einzelrechtsnachfolge	88
D. Kapitalausstattung vor Börsengang	90–195
I. Einleitung und Überblick	90, 91
II. Eigenkapital	92–152
1. Altgesellschafter	94–104
a) Gründung	94–98
b) Eigenmittelzufuhr nach Gründung	99–104
2. Venture Capital/Private Equity	106–125
a) Begriff und Bedeutung	106–112
b) Typischer Ablauf einer Beteiligung	113–119
c) Besonderheiten der Vertragsgestaltung	120–125
3. Strategischer Partner	126–128
4. Haftung und Pflicht zur Prospekterstellung	129–152

§ 21 Maßnahmen im Vorfeld des Börsengangs

        a) Prospektpflicht und Haftung nach Wertpapier-
prospektgesetz 131–138
        b) Zivilrechtliche Haftung und (indirekte)
Prospektpflicht 139–149
          aa) Überblick 139, 140
          bb) Vertragsähnliche Ansprüche 141
          cc) Allgemein-zivilrechtliche Prospekthaftung . 142–149
        c) Platzierungen im Ausland 150
        d) Platzierung über das Internet 151, 152
    III. Fremdkapital 153–181
      1. Gesellschafterdarlehen 154–157
      2. Stille Gesellschaften 158–180
        a) Begriff und Bedeutung 158–162
        b) Handelsbilanzielle und steuerliche Behandlung . 163–167
        c) Ablauf und typische Vertragsbestandteile 168, 169
        d) Aktienrechtliche Besonderheiten 170–180
          aa) Stille Beteiligung als Teilgewinnabführungs-
vertrag 170–173
          bb) Fehlerhafte Verträge 174
          cc) Anwendbare Vorschriften 175, 176
          dd) Schicksal bei Umwandlung einer GmbH .. 177
          ee) Aktienrechtliche Grenzen der Einflussnahme
des stillen Gesellschafters 178–180
      3. Fremddarlehen 181
    IV. Hybride Finanzierungsformen 182, 183
      1. Wandelschuldverschreibungen 182
      2. Nachrangkapital 183
    V. Herstellen des geeigneten Grundkapitals 184–191
      1. Einleitung 184–186
      2. Kapitalerhöhung gegen Bar- oder Sacheinlagen ... 187
      3. Kapitalerhöhung aus Gesellschaftsmitteln 188
      4. Aufdecken stiller Reserven 189–191
        a) Verschmelzung 190
        b) Veräußerung von Kapitalgesellschaftsanteilen .. 191
    VI. Beschaffung der zu platzierenden Aktien 192–195
E. Sonstige Vorbereitungen im Unternehmen 200–279
    I. Umstrukturierungen 200–213
      1. Überblick 200–203
      2. Errichtung einer Holding 204
      3. Bereinigung der Holdingstruktur; Umstrukturie-
rung der Holding 205, 206
      4. Börseneinführung einzelner Geschäftsbereiche oder
von Tochtergesellschaften 207–211
      5. IPO Roll-ups 212, 213
    II. Kapitalmarktfähige Satzung und sonstige Maßnahmen . 214–247
      1. Einleitung 214–218
      2. Aktienarten und Aktiengattungen 219–226
        a) Nennbetragsaktien oder Stückaktien 219
        b) Inhaberaktien oder Namensaktien 220–225
        c) Stammaktien oder Vorzugsaktien 226
      3. Ausschluss des Verbriefungsanspruchs 228, 229
      4. AG und neue Medien 230–236
        a) Aufsichtsratssitzungen 231
        b) Mitteilungen an die Aktionäre 232
        c) Teilnehmerverzeichnis 233

d) Stimmrechtsvollmacht und Stimmrechtsvertreter 234
e) Hauptversammlung 235
f) Änderungen nach ARUG 236
5. Sonstige Maßnahmen 237–247
 a) Bedingtes Kapital/Wandelschuldverschreibungen 237
 b) Genehmigtes Kapital 238–240
 c) Ermächtigung zum Erwerb eigener Aktien 241–243
 d) Gewinnverwendung 244
 e) Ort der Hauptversammlung 245
 f) Opt-out-Entscheidungen 246
 g) D & O-Versicherung 247
III. Mitarbeiterbeteiligung 251
IV. Geschäftsordnung für Vorstand, Aufsichtsrat und Hauptversammlung 269–273
 1. Geschäftsordnung für den Vorstand 269, 270
 2. Geschäftsordnung für den Aufsichtsrat 271
 3. Geschäftsordnung für die Hauptversammlung 272, 273
V. Risikomanagement 274, 275
VI. Besetzung von Vorstand und Aufsichtsrat 276
VII. Börsengang und Arbeitsrecht 277
VIII. Sonstige Maßnahmen 278, 279

F. Vorbereitungsmaßnahmen der Altgesellschafter 290–342
I. Maßnahmen zur Absicherung des Börsenganges 290
II. Maßnahmen zur Absicherung des Unternehmereinflusses 291–301
 1. Einleitung 291
 2. Rechtsformwahl 292
 3. Erhalt der Stimmenmehrheit 293, 294
 4. Satzungsgestaltungen zum Stimmrecht 295
 5. Stimmrechtslose Vorzugsaktien 296
 6. Vinkulierte Namensaktien 297
 7. Entsenderechte 298
 8. Stärkung des Aufsichtsrats 299
 9. Poolverträge 300, 301
III. Nachfolgeplanung und vorweggenommene Erbfolge 302–317
 1. Einführung 302–308
  a) Rechtszustand vor 1.1.2009 303–308
  b) Erbschaftsteuerreform (ab 1.1.2009) 309
 2. Gestaltungsmöglichkeiten 310–317
IV. Steuerliche Qualifizierung des Aktienbesitzes und dessen Aufteilung 318
V. Güterstandsregelungen 327–329
VI. Steuerliche Sondersituation einer Betriebsaufspaltung 330–342
 1. Einführung 330, 331
 2. Zivilrechtliche Überlegungen 332
 3. Steuerliche Besonderheiten 333–342

Schrifttum: *Achleitner* IPO Roll-ups – neue Kapitalmarkthoffnung für mittelständische Unternehmen?, DStR 1999, 2002 ff.; *Bachmann/Veil* Grenzen atypischer stiller Beteiligung an einer Aktiengesellschaft, ZIP 1999, 348 ff.; *Blaurock* Handbuch der Stillen Gesellschaft, 6. Aufl. 2003; *Delp* Namensaktien und Aktienbücher – eine steuerliche „Gefahr" für Aktionäre?, BB 2000, 1765 ff.; *Gabbert* Die vertragsrechtliche Gestaltung bei international agierenden Venture-Capital-Gesellschaften, ZIP 2000, 11 ff.; *Groß* Kapitalmarktrecht, 3. Aufl. 2006; *Holler/Gold* Steuerplanung von Kapitalerhöhungsmaßnahmen zur Vorbereitung und Durchführung des Börsengangs, DStR 2001, 1 ff.; *Kiethe* Prospekthaftung und grauer Kapitalmarkt, ZIP 2000, 216 ff.; *Kussmaul/Richter* Betriebswirtschaftliche Aspekte von Venture-Capital-Gesellschaften und ihre Bedeutung im Hinblick auf Existenzgründungen: Einordnung, Funktionsweise, Beteiligungsformen, Finanzierungsphasen, DStR 2000, 1155 ff.; *Leopold* Venture Capital – Das Eigenkapitalgeschäft mit kleinen und mittleren Unternehmen, DStR 1999, 470 ff.; *Pfeifer* Venture Capital als Finanzierungs- und Beteiligungsinstrument, BB 1999, 1665 ff.; *Schanz* Börseneinführung, 3. Aufl. 2007; *Schaumburg/Schulte* Die KGaA Recht und Steuern in der Praxis 2000; *Schefczyk/Peterson* Neue steuerliche Regelungen und Gestaltungsmöglichkeiten für Gesellschafter junger Unternehmen, BB 2001, 441 ff.; *Weitnauer* (Hrsg.) Handbuch Venture Capital, 3. Aufl. 2007; *Wiese/Dammer* Zusammengesetzte Finanzinstrumente der AG, DStR 1999, 867 ff.; *Zacharias* Börseneinführung mittelständischer Unternehmen, 2. Aufl. 2000; *Zacharias/Hebig/Rinnewitz* Die atypisch stille Gesellschaft, 2. Aufl. 2000.

A. Einleitung

1 Jeder Börsengang stellt einen höchst komplexen und äußerst vielschichtigen Prozess mit weit reichenden Folgen für die Gesellschaft und ihre Anteilseigner dar, der zudem mit zahlreichen Unwägbarkeiten verbunden ist. Dieser Umstand erfordert vor allem auch aus zivil- und steuerrechtlicher Sicht eine umfassende und sorgfältige Vorbereitung.

2 Bei der Erfassung der erforderlichen **Vorbereitungsmaßnahmen** stehen überwiegend die Interessen des Unternehmens, also der Gesellschaft, im Vordergrund. Dies ist sicher richtig. Damit der Börsengang aber nicht nur für das Unternehmen ein Erfolg wird, sondern auch für die Aktionäre, sind auch deren Interessen im Auge zu behalten.

3 Das nachfolgende Kapitel befasst sich somit mit den wichtigsten Vorbereitungsmaßnahmen nicht nur des Unternehmens (Rz. 10 ff.), sondern auch denen der Anteilseigner (Rz. 290 ff.).

B. Rechtsformwahl – AG oder KGaA

I. Vorbemerkungen

10 Eine sich frühzeitig stellende Frage für Gesellschaft und Gesellschafter ist die, in welcher Rechtsform der Gang an die Börse vollzogen werden soll. Dabei sind die Aktiengesellschaft (AG) und die Kommanditgesellschaft auf Aktien (KGaA) die beiden einzigen in Betracht kommenden Rechtsformen. Dies ergibt sich aus dem Begriff des Wertpapiers (vgl. § 32 Abs. 2 BörsG). Weder Personengesellschaftsanteile noch Geschäftsanteile einer Gesellschaft mit beschränkter Haftung sind dem börsenmäßigen Handel zugänglich.

11 Die überwiegende Mehrheit der börsennotierten Gesellschaften ist in der Rechtsform der AG organisiert. Die Rechtsform der KGaA wurde bislang, insb. wegen des Erfordernisses eines **persönlich haftenden Gesellschafters**, nur in Ausnahmefällen gewählt. Daran hat bislang auch die Tatsache nichts geändert, dass der BGH die **kapitalistische KGaA** grds. anerkannt hat.[1]

12 Sowohl für das Unternehmen als auch für dessen Anteilseigner ist die Frage nach der Rechtsform von großer Bedeutung. Von der Rechtsform – AG oder

---

[1] BGH II ZB 11/96 v. 24. 2. 1997, NJW 1997, 1923 ff.; s. u. Rz. 52 ff.

B. Rechtsformwahl – AG oder KGaA 14–18 § 21

KGaA – hängt die Rechtsordnung und Verfassung der Gesellschaft, insb. die **Kompetenzverteilung** zwischen den jeweiligen Organen ab. Zudem ist die Rechtsformwahl die entscheidende Weichenstellung für die **Besteuerung** des Unternehmens und der Anteilseigner. Schließlich wird ein börsenwilliges Unternehmen auch in Erwägung zu ziehen haben, ob mit der Wahl der Rechtsform einer KGaA möglicherweise ein Bewertungsabschlag und damit ein geringerer **Emissionserlös** verbunden sein könnte.

II. Die börsennotierte AG im Überblick

1. Einführung

Die Aktiengesellschaft (AG) ist die deutsche Gesellschaftsform, welche der höchsten gesetzlichen Regelungsdichte, dh. den meisten zwingenden Vorschriften, unterliegt (vgl. § 23 Abs. 5 AktG).[2] Den Gesellschaftern einer Aktiengesellschaft (Aktionäre) stehen weniger gesellschaftsvertragliche **Gestaltungsmöglichkeiten** offen als zB den Gesellschaftern einer GmbH oder einer Personengesellschaft, aber auch als denen einer KGaA. **14**

2. Organe und Kompetenzverteilung

Das Aktiengesetz sieht zwingend die Hauptversammlung, den Aufsichtsrat und den Vorstand als Organe der AG vor. Die Satzung einer AG kann die den Organen gesetzlich zugewiesenen Aufgaben und Verantwortlichkeiten nicht abweichend regeln (Satzungsstrenge).[3] **15**

a) Vorstand

Der Vorstand ist das zur **Geschäftsführung** und **Vertretung** berufene Organ der AG (§§ 77, 78 AktG). **Bestellung, Anstellung und Abberufung der einzelnen Vorstandsmitglieder** erfolgen durch den Aufsichtsrat (§ 84 AktG). **16**

Die **Vertretungsmacht** des Vorstands erstreckt sich auf alle die Gesellschaft betreffenden Angelegenheiten; sie ist unbeschränkt und unbeschränkbar (§ 82 Abs. 1 AktG). Die Vertretungsbefugnisse des Vorstands (**Einzel- oder Gesamtvertretungsbefugnis**) sind in der Satzung regelbar; mangels abweichender Satzungsregelung gilt Gesamtvertretung (§ 78 Abs. 2 Satz 2 AktG). Der Vorstand hat die Gesellschaft in eigener Verantwortung zu leiten (§ 76 Abs. 1 AktG). Die Mitwirkungsrechte der übrigen Organe der AG (Aufsichtsrat und Hauptversammlung) sind unabdingbar auf Folgende begrenzt: **17**

Die Satzung oder der Aufsichtsrat selbst hat anzuordnen, dass bestimmte Arten von Geschäften nur mit **Zustimmung des Aufsichtsrats** vorgenommen werden dürfen (§ 111 Abs. 4 Satz 2 AktG). Üblich sind – auch bei börsennotierten Unternehmen – zB Zustimmungsvorbehalte für Grundstücks-, Darlehens-, Spekulations- und sonstige bedeutsame oder riskante Geschäfte, aber auch für die Investitions-, Produktions- und Absatzplanung (zumeist geregelt in einer vom Aufsichtsrat erlassenen **Geschäftsordnung** für den Vorstand; s. u. Rz. 269 f.). Verweigert der Aufsichtsrat die Zustimmung, so kann die Haupt- **18**

---

[2] Siehe *Hüffer* AktG § 23 Rz. 34 ff.
[3] *Hüffer* AktG § 23 Rz. 36.

versammlung auf Antrag des Vorstands die fehlende Zustimmung des Aufsichtsrats durch einen mit drei Vierteln der abgegebenen Stimmen gefassten Beschluss ersetzen (§ 111 Abs. 4 Satz 3 und 4 AktG). Im Übrigen können Geschäftsführungsmaßnahmen nicht von der Zustimmung der Hauptversammlung abhängig gemacht werden. Auch steht der Hauptversammlung kein Weisungsrecht zu. Die Hauptversammlung kann über Fragen der Geschäftsführung nur dann entscheiden, wenn der Vorstand es verlangt (§ 119 Abs. 2 AktG).[4] In diesen Fällen ist der Vorstand an den Beschluss der Hauptversammlung gebunden.

19 Der Vorstand hat den Aufsichtsrat umfassend, auch über die weitere Unternehmensplanung, zu unterrichten (§ 90 AktG).

b) Aufsichtsrat

20 Der Aufsichtsrat ist bei der AG zwingend vorgesehen (§§ 95 ff. AktG). Mit Ausnahme von Aktiengesellschaften, die weniger als 500 Arbeitnehmer haben und nach dem 10. 8. 1994 in das Handelsregister eingetragen worden sind oder, so weit sie nach dem 10. 8. 1994 eingetragen worden sind, sog. Familiengesellschaften sind (§ 1 Abs. 1 Nr. 1 DrittelbG), ist bei allen Aktiengesellschaften ein **mitbestimmter Aufsichtsrat** zu bilden.

21 Beschäftigt die AG idR mehr als 2000 Arbeitnehmer, so ist der Aufsichtsrat paritätisch besetzt, wobei der Aufsichtsratsvorsitzende eine Zweitstimme hat („Stichentscheid"; §§ 6, 7 MitbestG). In allen anderen Fällen ist eine $1/3$-Beteiligung der Arbeitnehmer vorgesehen (§ 4 Abs. 1 DrittelbG). Die Anteilseignervertreter im Aufsichtsrat werden durch die Hauptversammlung bestimmt.

22 Der Aufsichtsrat ist in erster Linie **Kontroll- und Beratungsorgan**. Zu seinen besonderen Aufgaben gehören die Bestellung, Anstellung, Abberufung und **Überwachung** der Vorstandsmitglieder (§ 84 AktG) sowie die Beauftragung des von der Hauptversammlung gewählten **Abschlussprüfers** (§ 111 Abs. 2 Satz 3 AktG).

23 Die Kontroll- und Überwachungsfunktion des Aufsichtsrats bezieht sich nicht nur auf die formalen Pflichten des Vorstands, sondern umfasst den ganzen Bereich unternehmerischer Entscheidungstätigkeit. Die Kontrollfunktion wird verfahrensmäßig dadurch sichergestellt, dass der Vorstand gem. § 90 Abs. 1 AktG verpflichtet ist, den Aufsichtsrat umfassend über die beabsichtigte Geschäftspolitik, den Geschäftsgang, die Umsatzentwicklung und die Unternehmensplanung (insb. Finanz-, Investitions- und Personalplanung) zu informieren. Darüber hinaus kann der Aufsichtsrat jederzeit einen **Bericht über Angelegenheiten der Gesellschaft** verlangen (§ 90 Abs. 3 AktG).

24 Der **Aufsichtsrat** muss bei **börsennotierten Gesellschaften** (zum Begriff vgl. § 3 Abs. 2 AktG) zweimal im Kalenderhalbjahr einberufen werden (§ 110 Abs. 3 Satz 1 AktG). In nicht börsennotierten Gesellschaften kann der Aufsichtsrat beschließen, dass nur eine Sitzung im Kalenderhalbjahr abzuhalten ist. Darüber hinaus hat jedes Aufsichtsratsmitglied oder der Vorstand die Möglichkeit, unter Angabe des Zwecks und der Gründe zu verlangen, dass der Vorsitzende des Aufsichtsrats unverzüglich den Aufsichtsrat einberuft (§ 110 Abs. 1 AktG).

---

[4] In bestimmten Fällen besteht jedoch eine Pflicht zur Vorlage an die Hauptversammlung; s. u. Rz. 26.

B. Rechtsformwahl – AG oder KGaA

Eine wesentliche Aufgabe des Aufsichtsrats in der Praxis besteht in der Billigung des Jahresabschlusses und des Konzernabschlusses (§ 171 AktG). Der Bericht des Aufsichtsrats zum Jahresabschluss börsennotierter Gesellschaften muss gem. § 171 Abs. 2 Satz 2 AktG die Zahl der gebildeten Ausschüsse sowie die Zahl seiner Sitzungen und die seiner Ausschüsse mitteilen.

c) Hauptversammlung

Die Rechte der Hauptversammlung (§ 119 AktG) sind beschränkt (im Wesentlichen: Bestellung der Aufsichtsratsmitglieder, so weit sie Aktionärsvertreter sind, Gewinnverwendungsbeschluss, Satzungsänderungen einschließlich Kapitalerhöhung und -herabsetzung, Abschluss von Unternehmensverträgen, Umwandlungen, Eingliederung und Auflösung – sowie grundlegende Entscheidungen nach den Rechtsprechungsgrundsätzen[5]). Der Hauptversammlung steht **kein Weisungsrecht** ggü. dem Vorstand zu (§ 119 Abs. 2 AktG).

In der Hauptversammlung steht jedem Aktionär ein **Auskunftsrecht** zu (§ 131 Abs. 1 AktG). Dies eröffnet Informationsmöglichkeiten, die zur sachgemäßen Ausübung des Stimmrechts erforderlich sind. Für Beschlüsse genügt idR die **einfache Mehrheit** (§ 133 Abs. 1 AktG). Grundlegende Geschäfte (zB Satzungsänderungen, Umwandlungen und Abschluss von Unternehmensverträgen) bedürfen grds. der **Dreiviertelmehrheit** (vgl. § 179 Abs. 2 AktG). Die Stimmkraft der einzelnen Aktionäre entspricht ihrer Beteiligung am Grundkapital (mit Ausnahme stimmrechtsloser Vorzugsaktien). **Mehrstimmrechte** sind generell (§ 12 Abs. 2 AktG), **Höchststimmrechte** bei börsennotierten Gesellschaften unzulässig (§ 134 Abs. 1 Satz 2 AktG). Bei allen börsennotierten Aktiengesellschaften (§ 3 Abs. 2 AktG) ist über jede Hauptversammlung eine **notarielle Niederschrift** aufzunehmen (§ 130 Abs. 1 AktG); eine privatschriftliche Protokollierung ist nicht zulässig.

Die Hauptversammlung börsennotierter Gesellschaften ist das Forum, auf dem sich Vorstand und Aufsichtsrat der Gesellschaft, Hauptaktionäre und Streubesitzaktionäre begegnen. Sehr häufig verlaufen Hauptversammlungen ruhig. Allerdings kommt es nicht selten auch zu Turbulenzen. Um Anfechtungsrisiken geringzuhalten, werden Hauptversammlungen daher zumeist aus organisatorischer und rechtlicher Sicht professionell vorbereitet und durchgeführt. Die Hauptversammlung stellt somit ein ebenso wichtiges wie zeit- und kostenintensives Ereignis des Geschäftsjahres einer börsennotierten Gesellschaft dar.

III. Die börsennotierte KGaA im Überblick

1. Einführung

Gem. § 278 AktG ist die Kommanditgesellschaft auf Aktien (KGaA) eine Gesellschaft mit eigener Rechtspersönlichkeit, bei der mindestens ein Komplementärgesellschafter vorhanden ist, der den Gesellschaftsgläubigern unbeschränkt haftet. Die übrigen Gesellschafter, die Kommanditaktionäre, sind

---

[5] Vgl. BGH II ZR 174/80 v. 25. 2. 1982, NJW 1982, 1703 ff. („Holzmüller") sowie BGH II ZR 155/02 v. 26. 4. 2004, DStR 2004, 922 und BGH II ZR 154/02 v. 26. 4. 2004, NZG 2004, 575 („Gelatine"); vgl. auch OLG Hamm 8 U 216/07 v. 19. 11. 2007, AG 2008, 421 ff.

an dem in Aktien zerlegten Grundkapital beteiligt, ohne jedoch persönlich für die Verbindlichkeiten der Gesellschaft zu haften. Kennzeichnend ist somit eine **dualistische Struktur**.[6]

30 Die **Komplementäre haften unbeschränkt** und unbeschränkbar persönlich (§ 278 AktG); mehrere Komplementäre haften gem. § 421 BGB als **Gesamtschuldner**. Die Kommanditaktionäre sind nur verpflichtet, die geschuldete Einlage zu leisten (§§ 54, 278 Abs. 3 AktG). Komplementäre können auch Kommanditaktionäre sein, sofern sie Aktien erwerben.[7]

31 Die Rechtsstruktur einer KGaA ist einerseits – soweit es um die Führungsstruktur (Komplementäre) geht – durch das Element der **Vertragsfreiheit** und zum anderen – soweit es um die Kapitalstruktur (Kommanditaktionäre) geht – durch das Element der **Satzungsstrenge** geprägt (vgl. § 278 Abs. 2 AktG). Diese Vertragsfreiheit ist einer der wesentlichen Unterschiede zur AG und damit für ein börsenwilliges Unternehmen von besonderer Bedeutung.[8] Sie erstreckt sich auf das Rechtsverhältnis der Komplementäre untereinander, das Rechtsverhältnis der Komplementäre zu Dritten (allerdings eingeschränkt: die Haftung ist unabdingbar) sowie das Rechtsverhältnis der Komplementäre zu den Kommanditaktionären. Vor allem der letztere Gesichtspunkt ist in der Rechtspraxis von Bedeutung (insb. bei einer sog. kapitalistischen KGaA, s. Rz. 52 ff.). So sind bei einer KGaA vor allem folgende Gestaltungen zulässig:

32 Der **Zustimmungsvorbehalt** der Komplementäre bei Beschlüssen der Hauptversammlung, für die bei einer KG die Zustimmung der Komplementäre erforderlich wäre (insb. also Satzungsänderungen und Grundlagenbeschlüsse), kann **ausgedehnt** oder **eingeschränkt** werden (§ 285 Abs. 2 Satz 1 AktG).

33 Das gesetzliche **Widerspruchsrecht** der Hauptversammlung für über den gewöhnlichen Geschäftsbetrieb hinausgehende Geschäfte kann **modifiziert** oder gänzlich **abbedungen** werden (§ 278 Abs. 2 AktG iVm. § 164 Satz 1 HGB).

34 Die den Komplementären vorbehaltene **Geschäftsführungsbefugnis** kann ganz oder teilweise auf Kommanditaktionäre **übertragen** werden (§ 278 Abs. 2 AktG iVm. § 164 Satz 1 HGB).

35 Die für den Aufsichtsrat einer AG, nicht aber für den KGaA-Aufsichtsrat vorgesehenen **Zustimmungsvorbehalte** (§ 111 Abs. 4 Satz 2 AktG) können zugunsten des KGaA-Aufsichtsrats **eingeräumt** werden.[9] Dies ist insb. für Gesellschafter von Bedeutung, die ihren zukünftigen Einfluss auf das börsennotierte Unternehmen durch eine Funktion im Aufsichtsrat absichern möchten.

2. Organe und Kompetenzverteilung

36 Ähnlich wie bei einer AG ist bei einer KGaA eine zwingende Dreiteilung vorgesehen. Die Organe der KGaA bestehen somit aus dem Komplementär (oder den Komplementären), der Hauptversammlung und dem Aufsichtsrat. Anders als bei einer AG können jedoch wegen der Vertragsfreiheit für das Rechtsverhältnis zwischen den Komplementären und den Kommanditaktio-

---

[6] Siehe *Hüffer* AktG § 278 Rz. 4 f.; *Schaumburg/Schulte* Die KGaA Rz. 3.
[7] Siehe *Hüffer* AktG § 278 Rz. 5.
[8] Siehe *Hüffer* AktG § 278 Rz. 18 f.
[9] Vgl. *Hüffer* AktG § 278 Rz. 15 u. § 287 Rz. 1.

nären weitere Organe geschaffen werden (zB Aktionärsausschuss, Beirat, Gesellschafterausschuss, Verwaltungsausschuss oder Verwaltungsrat).[10]

a) Komplementär

Dem Komplementär obliegt die **Geschäftsführung und Vertretung** der KGaA (**Selbstorganschaft**). Für Geschäftsführung und Vertretung gilt der Kompetenzrahmen gem. § 278 Abs. 2 AktG iVm. §§ 161 Abs. 2, 114 ff., 125 ff. HGB, so weit die Satzung nicht etwas anderes bestimmt. Im Übrigen ergeben sich die organschaftlichen Mindestbefugnisse (Vorstandsfunktionen) des Komplementärs aus § 283 Nr. 1 bis 14 AktG. Wie bereits ausgeführt, besteht – anders als bei einer AG – grds. ein Widerspruchsrecht der Hauptversammlung für über den gewöhnlichen Geschäftsbetrieb hinausgehende Handlungen (§ 278 Abs. 2 AktG iVm. § 164 Satz 1 HGB). Dieses Widerspruchsrecht kann jedoch durch Satzung modifiziert oder gänzlich abbedungen werden.[11] 37

Der Komplementär wird zunächst bei Gründung der Gesellschaft iRd. einstimmigen Gründungsaktes durch alle Gesellschafter und damit auch durch die Kommanditaktionäre gebilligt (§ 280 Abs. 2 AktG). Ein neuer Komplementär kann nach dem gesetzlichen Leitbild nur im Wege der Satzungsänderung aufgenommen werden. Hieran sind die Kommanditaktionäre beteiligt, mag dabei auch eine satzungsändernde Mehrheit genügen. 38

Allerdings kann die Satzung etwas anderes bestimmen, so zB, dass die **Aufnahme neuer Komplementäre** allein durch die bisherigen Komplementäre unter Ausschluss der Mitwirkung der Kommanditaktionäre erfolgt. 39

Gleiches gilt für die Möglichkeit des Komplementärs, seine **Komplementäreinlage zu erhöhen** bzw. sie ganz oder teilweise **in Kommanditaktien umzuwandeln**. Diese rechtlich im Wege einer Erhöhung des Kommanditkapitals gegen Sacheinlage gem. §§ 278 Abs. 3, 182 f. AktG unter Ausschluss des **Bezugsrechts** der Aktionäre abzuwickelnde Maßnahme ist eine Satzungsänderung, an deren Beschluss die Hauptversammlung und die Komplementäre mitzuwirken haben. Aber auch hier kann die Satzung nach ganz hM ein von der Hauptversammlung unabhängiges „Umtauschrecht" der Komplementäre begründen.[12] Solche Satzungsklauseln geben dem persönlich haftenden Gesellschafter einen Anspruch gegen die Gesamtheit der Aktionäre, die erforderlichen Beschlüsse zu fassen.[13] Auch diese Maßnahmen können im Sinne der Absicherung des Unternehmereinflusses auf die zukünftige börsennotierte Gesellschaft eingesetzt werden. 40

b) Hauptversammlung der Kommanditaktionäre

Die Hauptversammlung der KGaA ist eine **Versammlung nur der Kommanditaktionäre**. Die Komplementäre sind nur insoweit in der Hauptversammlung stimmberechtigt, als ihnen – was zulässig ist – auch Aktien an der KGaA gehören.[14] Ist dies der Fall, bestehen jedoch die – nicht abdingbaren 41

---

[10] *Hüffer* AktG § 287 Rz. 1.
[11] *Hüffer* AktG § 278 Rz. 11 u. 19.
[12] Siehe *Wichert* AG 1999, 362, 364 ff.; *Cahn* AG 2001, 579 ff.
[13] Vgl. *Schürmann/Groh* BB 1995, 684, 687 f. (dort auch zur gerichtlichen Durchsetzung).
[14] *Hüffer* AktG § 278 Rz. 5 u. § 285 Rz. 1.

§ 21 42–46   Maßnahmen im Vorfeld des Börsengangs

(§ 285 Abs. 1 Satz 1 AktG) – Stimmverbote gem. § 285 Abs. 1 Satz 2 AktG (Wahl und Abberufung des Aufsichtsrats, Entlastung der persönlich haftenden Gesellschafter und der Mitglieder des Aufsichtsrats, Bestellung von **Sonderprüfern**, Geltendmachung von Ersatzansprüchen, Verzicht auf Ersatzansprüche, Wahl von Abschlussprüfern).

42 Soweit bei einer KG die Zustimmung des Komplementärs und der Kommanditisten erforderlich wäre (§ 285 Abs. 2 Satz 1 AktG), bedürfen die Beschlüsse der Hauptversammlung zu ihrer Rechtswirksamkeit der **Zustimmung der Komplementäre**. Dies gilt insb. für Satzungsänderungen, Unternehmensverträge, die Auflösung der KGaA, die Umwandlung der KGaA sowie außergewöhnliche Geschäfte. Von einigen wenigen Ausnahmen abgesehen (vgl. § 285 Abs. 2 Satz 2 AktG: Bestellung von Prüfern; Geltendmachung von Ansprüchen aus der Gründung oder Geschäftsführung), kann das gesetzliche Vetorecht der Komplementäre auf alle Beschlüsse der Hauptversammlung erweitert oder eingeschränkt werden.[15] Auch dies stellt ein in der Praxis taugliches und für Börsenaspiranten interessantes Gestaltungsinstrument dar.

c) Aufsichtsrat

43 Die Funktion des KGaA-Aufsichtsrats geht einerseits über die Funktion des Aufsichtsrats einer AG hinaus. So hat der Aufsichtsrat einer KGaA insb. die Beschlüsse der Hauptversammlung auszuführen. Ferner stehen ihm die Informations- und Prüfungsrechte gem. §§ 90, 111 Abs. 2 AktG zu.

44 Auf der anderen Seite stehen dem Aufsichtsrat jedoch einige wichtige Rechte des Aufsichtsrats einer AG nicht zu.[16] So besitzt er insb. **keine Personalkompetenz** (Recht, den Vorstand, dh. die Komplementäre, zu bestellen und abzuberufen; § 84 AktG), keine **Zustimmungskompetenz** (§ 111 Abs. 4 Satz 2 AktG gilt nicht, sodass der Aufsichtsrat kein Recht hat, die Vornahme bestimmter Geschäftsführungsmaßnahmen von seiner Zustimmung abhängig zu machen), keine **Bilanzfeststellungskompetenz** (vgl. § 286 Abs. 1 AktG), keine **Geschäftsordnungskompetenz** (Recht, eine Geschäftsordnung für die Geschäftsführung zu erlassen) und keine Mitbestimmungskompetenz (Recht, einen Arbeitsdirektor zu bestellen, § 33 Abs. 1 MitbestG).

45 Die gesetzliche Kompetenzzuweisung an den Aufsichtsrat ist dispositiv.[17] Will ein Unternehmer seinen künftigen Einfluss in der börsennotierten KGaA über eine Stellung im Aufsichtsrat absichern, so kann er dies mithin dadurch erreichen, dass er die Kompetenzen des Aufsichtsrats erweitert. Denkbar ist es zB, dem Aufsichtsrat Zustimmungsrechte bei Geschäftsführungsmaßnahmen (vgl. § 111 Abs. 4 AktG; s. oben Rz. 35) und/oder die Personalkompetenz (Bestellung und Abberufung des persönlich haftenden Gesellschafters) einzuräumen.

d) Gestaltungsoptionen

46 Dem Unternehmer eines an die Börse strebenden Unternehmens ist nicht selten daran gelegen, seinen **unternehmerischen Einfluss** zumindest für einen überschaubaren Zeitraum weitgehend **abzusichern**. Aus dem Vorstehen-

---

[15] *Hüffer* AktG § 285 Rz. 2.
[16] Siehe *Hüffer* AktG § 278 Rz. 15.
[17] Siehe *Hüffer* AktG § 287 Rz. 1.

B. Rechtsformwahl – AG oder KGaA

den folgt, dass die gesetzlich vorgesehenen Rechte der Kommanditaktionäre im Wesentlichen durch drei Gestaltungsalternativen zugunsten der Komplementäre eingeschränkt werden können, was die gewünschte Stärkung zur Folge haben kann. Zum Ersten kann es in das Belieben des Komplementärs gestellt werden, neue Komplementäre zu bestellen und alte abzuberufen (gleich Ausschluss aus der Gesellschaft), die Komplementäreinlage zu erhöhen oder die Komplementäreinlage in Kommanditaktien „umzutauschen". Zum Zweiten kann das Widerspruchsrecht der Hauptversammlung gem. § 164 Satz 1 HGB modifiziert oder ausgeschlossen werden. Zum Dritten kann das gesetzlich bestehende Zustimmungserfordernis zugunsten der Komplementäre gem. § 285 Abs. 2 Satz 1 AktG ausgeweitet werden.

Auf der anderen Seite ist es aber auch möglich, durch in der Satzung verankerte Bestimmungen die **Rechtsstellung der Hauptversammlung** und/oder des Aufsichtsrats (bzw. eines weiteren Organs, wie zB einem Beirat) **zu stärken** und so die Machtbalance in Richtung dieser Organe und zulasten der Komplementäre zu verschieben. Derartige Optionen sind für Altgesellschafter von Bedeutung, die nach einem Börsengang nicht (mehr) aktiv in der Geschäftsführung tätig sind und ihren Einfluss weitgehend über die Hauptversammlung und/oder den Aufsichtsrat bzw. einen Beirat oder ein ähnliches Organ ausüben wollen.

3. Finanzverfassung und Steuern

Die Unterteilung in zwei Gesellschaftergruppen (Komplementäre und Kommanditaktionäre) setzt sich in der Finanzverfassung der KGaA fort. Das **Grundkapital** wird von den Kommanditaktionären aufgebracht. Neben dem Grundkapital können (müssen aber nicht) **Einlagen der Komplementäre** geleistet werden. Die Vermögenseinlagen (§ 281 Abs. 2 AktG) sind nach dem Posten gezeichnetes Kapital (Grundkapital) gesondert auszuweisen (§ 286 Abs. 2 AktG). Die Einlagen gehen in das Vermögen der KGaA ohne gesamthänderische Bindung über. Die Gewinnermittlung und Gewinnverteilung erfolgen nach der **dualistischen Gewinnermittlungsmethode** in einem zweistufigen Verfahren. Auf der ersten Stufe wird der Gewinn für Zwecke des Gewinnanteils des Komplementärs gem. § 278 AktG iVm. §§ 168 Abs. 1, 121 HGB ermittelt. Sodann wird der Gewinn in der zweiten Stufe für die KGaA in der Gesamtheit ermittelt (§§ 283 Nr. 10, 162 ff. AktG).[18]

Diese dualistische Struktur liegt auch der steuerlichen Behandlung der KGaA und ihrer Gesellschafter zugrunde.[19]

4. Mitbestimmung

Die Mitbestimmung bei einer KGaA folgt grds. den gleichen Regeln wie die bei einer AG. Demgemäß sind eine KGaA, die weniger als 500 Arbeitnehmer beschäftigt und nach dem 10. 8. 1994 eingetragen worden ist, sowie eine Familien-KGaA, die vor dem 10. 8. 1994 eingetragen worden ist und weniger als 500 Arbeitnehmer beschäftigt, mitbestimmungsfrei (vgl. § 1 Abs. 1 Nr. 2 DrittelbG). Bei allen anderen KGaA, die idR nicht mehr als 2000 Arbeitnehmer

---

[18] Hierzu eingehend *Schaumburg/Schulte* Die KGaA Rz. 19 ff.
[19] Zur Besteuerung der KGaA und ihres Gesellschafters (Komplementäre und Kommanditaktionäre) vgl. Voraufl. § 11 Rz. 277 ff.

Göckeler

beschäftigen, muss der Aufsichtsrat zu einem Drittel aus Vertretern der Arbeitnehmer bestehen (§ 1 Abs. 1 Nr. 2 DrittelbG). Gesellschaften mit mehr als 2000 Arbeitnehmern müssen mit einem paritätisch besetzten Aufsichtsrat ausgestattet sein (§§ 1, 6, 7 MitbestG).

51 Da – wie bereits ausgeführt – dem Aufsichtsrat einer KGaA im Vergleich zur AG jedoch geringere Kompetenzen zustehen, wirkt sich die Mitbestimmung auf die Entscheidungsfindung im Unternehmen wesentlich geringer aus als bei der AG. Dies gilt nach dem BGH und der hM auch für so genannte kapitalistische KGaA.[20] Danach erfolgt auch bei kapitalistischen KGaA auf Ebene des in der Rechtsform einer Kapitalgesellschaft organisierten Komplementärs keine zusätzliche Mitbestimmung.

5. Die börsennotierte kapitalistische KGaA

a) Einführung

52 Bei der Entstehung des AktG war das gesetzliche Leitbild der KGaA, dass eine natürliche Person die Funktionen des Komplementärs übernimmt („personalistische KGaA"). Nach einer langjährigen Diskussion in Rechtsprechung und Literatur hat der BGH die Zulässigkeit einer „kapitalistischen KGaA" anerkannt.[21] Komplementärin einer kapitalistischen KGaA ist eine juristische Person oder eine Personenhandelsgesellschaft.

53 Der BGH hat jedoch angedeutet, dass bei Abweichungen von der gesetzestypischen KGaA möglicherweise Besonderheiten gelten. Diese bestehen zum einen in den Anforderungen an die Firmierung der Gesellschaft (dies ist durch die Neufassung von § 279 Abs. 2 HGB – Anforderungen an die Firma der KGaA – durch das HRefG[22] gesetzlich geregelt, wodurch die kapitalistische KGaA im Übrigen auch gesetzlich anerkannt ist)[23] und zum anderen in den geforderten Schutzmechanismen zur Verhinderung einer rechtlich unzulässigen Minderheitenherrschaft.[24]

54 Letzterer Aspekt ist insb. bei der Planung des Börsenganges einer kapitalistischen KGaA von erheblicher Bedeutung. Da höchstrichterliche Folgeentscheidungen zum Beschluss v. 24. 2. 1997 noch nicht vorliegen und die Ausführungen des BGH zum **Problem der unzulässigen Minderheitenherrschaft** – weil nicht entscheidungserheblich – eher allgemein und knapp gefasst sind, ist es lohnend, diese zum besseren Verständnis kurz zu zitieren:

55 „Bedenken im Hinblick auf eine rechtlich unzulässige Minderheitenherrschaft stehen der Zulässigkeit der kapitalistischen KGaA im Ergebnis gleichfalls nicht entgegen. Zumindest sind sie in der zutreffenden Rechtsanwendung ausräumbar. Zwar haben die Kommanditaktionäre bei der gesetzestypischen KGaA Einfluss auf die Auswahl des Komplementärs, indem sie ihn bei der Gründung der Gesellschaft iRd. einstimmigen Gründungsakts billigen müssen

---

[20] BGH II ZB 11/96 v. 24. 2. 1997, NJW 1997, 1923, 1925; vgl. auch *Schaumburg/Schulte* Die KGaA Rz. 79 ff.

[21] BGH II ZB 11/96 v. 23. 2. 1997, NJW 1997, 1923 ff.; vgl. hierzu aus dem umfangreichen Schrifttum: *Schaumburg/Schulte* Die KGaA Rz. 34 ff. mwN.

[22] Gesetz zur Neuregelung des Kaufmanns- und Firmenrechts und zur Änderung anderer handels- und gesellschaftsrechtlicher Vorschriften (Handelsrechtreformgesetz – HRefG) v. 22. 6. 1998 BGBl. I 1998, 1474 ff.

[23] So auch *Hüffer* AktG § 279 Rz. 3.

[24] BGH II ZR 11/96 v. 24. 2. 1997, NJW 1997, 1923, 1925.

B. Rechtsformwahl – AG oder KGaA   56–58 § 21

(§ 280 Abs. 2 AktG) und bei der im Fall einer späteren Aufnahme grds. erforderlichen Satzungsänderung mitwirken müssen, während sie einen solchen Einfluss auf die Bestellung und Abberufung der Geschäftsführer der Komplementär-GmbH, die allein Sache der Gesellschafter der GmbH ist, nicht besitzen. Ein ausreichendes Schutzinstrument ist hier aber die gesellschaftsrechtliche Treuepflicht der Komplementär-GmbH, die bei der Auswahl der Geschäftsführer auf die Belange der Kommanditaktionäre Rücksicht zu nehmen hat (so zutreffend Priester, ZHR 160 [1996], 250 [261]). Zudem ist zu erwägen, Satzungsgestaltungen zu Lasten der Kommanditaktionäre nur in engeren Grenzen zuzulassen als bei der gesetzestypischen KGaA, so etwa bei Einschränkung der ihnen nach dem Gesetz (§ 278 Abs. 2 AktG iVm. §§ 163 f. HGB) zustehenden Mitwirkungsbefugnisse bei außergewöhnlichen Geschäften. Entsprechendes hätte für Erweiterungen der Rechte des Komplementärs (s. etwa § 285 Abs. 2 S. 1 AktG) zu gelten. Als allgemeine Richtlinie ist in diesem Zusammenhang auf die Rechtsprechungsgrundsätze des erkennenden Senats zu den Publikums-KG hingewiesen worden (Priester, ZHR 160 [1996], 250 [262]). Die Frage nach der Erforderlichkeit und des Umfangs derartiger Korrekturen bedarf jedoch ebenso wie diejenige nach ihrer Ausgestaltung im Einzelnen gegenwärtig keiner abschließenden Entscheidung."

b) Bedeutung für die Gestaltungspraxis

aa) Meinungsstand. Was diese Ausführungen des BGH für die Gestaltungspraxis, insb. im Falle einer börsennotierten kapitalistischen KGaA, bedeuten, ist noch nicht abschließend geklärt. Die hM lässt sich jedoch dahingehend zusammenfassen, dass ein **völliger Ausschluss** der Zustimmungsrechte der Kommanditaktionäre gem. § 278 Abs. 2 AktG iVm. § 164 Satz 1 HGB **unzulässig ist**.[25] In welchem Umfang jedoch das Zustimmungsrecht aufrechtzuerhalten ist und ob es von der Hauptversammlung selbst ausgeübt werden muss oder ob die Satzung eine Verlagerung auf den Aufsichtsrat vorsehen kann, ist noch offen. 56

Ebenso wenig ist geklärt, in welchem Umfang bei einer kapitalistischen KGaA die Hauptversammlung oder der Aufsichtsrat eine **Personalkompetenz** besitzen muss.[26] Diskutiert wird die Möglichkeit der Abberufung des Geschäftsführers durch die Kommanditaktionäre oder den Aufsichtsrat. Ungeklärt ist auch, in welchem Umfang eine **Erweiterung des Zustimmungsvorbehalts** der Komplementäre gem. § 285 Abs. 2 Satz 1 AktG über den gesetzlichen Rahmen hinaus (zB auf die Verwendung des Bilanzgewinns) zulässig ist. Schließlich wird man auch überlegen müssen, ob ein einseitiges, in der Satzung vorgesehenes Recht des Komplementärs, seine **Komplementäreinlage** in Kommanditaktien **umzutauschen**, rechtlich haltbar ist. 57

Was den Hinweis des BGH auf die durch die Rechtsprechung entwickelten **Grundsätze zur Publikums-KG** anbelangt, so ist dieser wenig erhellend. Betrachtet man diese Grundsätze, so ist sehr zweifelhaft, ob sie auf die kapitalistische KGaA übertragbar sind. Man wird diesen Hinweis eher in der Weise zu verstehen haben, dass der BGH bei einer nicht gesetzestypischen KGaA eine 58

---

[25] Vgl. *Schaumburg/Schulte* Die KGaA Rz. 51 ff. mwN.
[26] Vgl. *Schaumburg/Schulte* Die KGaA Rz. 61 ff.

richterliche **Inhaltskontrolle** der Satzung (§ 242 BGB)[27] in Betracht zieht, was derzeit die Rechtsunsicherheit nochmals erhöht.

59 **bb) Stellungnahme.** Auch nach dem Beschluss des BGH wird es bei einer kapitalistischen KGaA **ausreichend** sein, wenn die Satzung für bestimmte außergewöhnliche Geschäfte einen **Zustimmungsvorbehalt des Aufsichtsrats** vorsieht. Eine Abberufung des Komplementärs durch die Hauptversammlung bzw. den Aufsichtsrat (**Personalkompetenz**) wird nur in **Ausnahmefällen** bei Vorliegen eines wichtigen Grundes in Betracht kommen; eine derart eingeschränkte Personalkompetenz könnte ggf. auch bereits in der Satzung vorgesehen werden. Ein **Billigungsrecht** des Aufsichtsrats hinsichtlich des Geschäftsführers des Komplementärs ist **abzulehnen**; ein solches geht über die vom BGH auf der Grundlage der gesellschaftsrechtlichen Treuepflicht geforderte Rücksichtnahme auf die Belange der Aktionäre bei der Bestellung von Geschäftsführern hinaus.

60 Was die in der Satzung vorgesehene Möglichkeit des Komplementärs angeht, seine Einlage zu erhöhen bzw. in Aktien „umzutauschen", so wird diese nach hM für zulässig erachtet (s. o. Rz. 40). Inwieweit diese Möglichkeit bei einer kapitalistischen KGaA besteht, ist noch offen. **Erhöhung und Umwandlung der Einlage** in Aktien sollten jedoch auch bei einer kapitalistischen KGaA **zulässig** sein, wenn für die Erhöhung der Einlage in der Satzung eine Obergrenze vorgesehen wird. Denn dann weiß jeder Aktionär (ähnlich wie bei einem genehmigten Kapital mit Bezugsrechtsausschluss), mit welcher maximalen Verwässerung seines Anteils am Grundkapital er rechnen muss.

61 Die Satzungen einer KGaA, welche versuchen, eine ausgewogene Balance zwischen Komplementären, Hauptversammlung und Aufsichtsrat herbeizuführen, sind demnach weniger kritisch zu beurteilen. Dies gilt gerade in solchen Fällen, in denen der oder die Komplementäre eine – das Grundkapital möglicherweise deutlich übersteigende – Kapitaleinlage leisten. In derartigen Fällen kann dann nicht mehr von dem Bestehen einer aktienrechtlich bedenklichen Minderheitenherrschaft gesprochen werden.

62 Für die Praxis börsennotierter Gesellschaften ist bei all diesen Möglichkeiten, die ja die Position des Aufsichtsrats stärken, jedoch vor allem zu berücksichtigen, dass der Aufsichtsrat von der Hauptversammlung gewählt wird und den Komplementären insoweit keine Rechte – insb. auch keine Abberufungsrechte – zustehen. Stellen ausschließlich fremde Dritte den Kreis der Kommanditaktionäre, ist somit die Besetzung des Aufsichtrates für die Komplementäre nicht mehr kontrollierbar.

c) Rechtsschutzfragen

63 Ungeklärt ist, in welchem Stadium und von wem unzulässige Satzungsgestaltungen gerügt werden können. Erwogen wird eine **Satzungskontrolle** bereits durch das Handelsregister im Zuge der Eintragung und eine Nichtigkeit der Satzungsbestimmung gem. § 241 AktG.[28]

---

[27] Siehe *Schaumburg/Schulte* Die KGaA Rz. 55 ff. mwN.
[28] Vgl. *Schilling* BB 1998, 1905, 1907 f.

d) Folgerungen für personalistische KGaA

Analysiert man die Ausführungen des BGH zur Verhinderung einer rechtlich unzulässigen Minderheitenherrschaft, so stellt sich die Frage, ob diese auch für eine (börsennotierte) KGaA gelten, bei der eine natürliche Person oder eine OHG bzw. eine KG mit einer natürlichen Person als persönlich haftendem Gesellschafter Komplementärin ist.

Vereinzelt wird die Auffassung vertreten, dass eine **Satzungskontrolle** auch bei einer klassischen personalistischen KGaA, jedenfalls so weit sie börsennotiert und damit einer Publikums-KG vergleichbar ist, zu erfolgen hat.[29] Zur Begründung wird angeführt, dass der Einblick, den ein Kommanditaktionär bei Erwerb der Aktie einer börsennotierten KGaA – sei diese KGaA klassisch oder als GmbH & Co. KGaA ausgestaltet – gewinnt, eher geringer ist als bei der Publikums-KG und damit ein entsprechend höheres Schutzbedürfnis anzuerkennen sei. Dieser Auffassung ist indessen nicht zu folgen, weil insoweit jede gesetzliche Grundlage fehlt. Überdies muss der **Emissionsprospekt** umfangreiche **Angaben** ua. über den persönlich haftenden Gesellschafter und **die** Satzung enthalten.[30] Damit sind die vorstehend wiedergegebenen Bedenken ausgeräumt, sodass jedenfalls bei einer gesetzestypischen KGaA auch dann, wenn sie börsennotiert ist, die rechtlichen Gestaltungsspielräume voll umfänglich gegeben sind.

Stellt man allein auf das Bestehen bzw. Nichtbestehen einer **persönlichen Haftung** einer natürlichen Person und die damit verbundene besondere Interessenlage ab, so muss man aufgrund der im Rahmen einer personalistischen KGaA grds. bestehenden Gestaltungsfreiheit jegliche Satzungskontrolle auch bei satzungsmäßigen Abweichungen vom gesetzlichen Leitbild ablehnen. Eine solche, primär auf die Haftungslage abstellende Betrachtungsweise steht aber nicht in Einklang mit den Ausführungen des BGH. Der BGH hat die Möglichkeit einer **Satzungskontrolle** gerade nicht mit dem Hinweis auf die fehlende persönliche Haftung einer natürlichen Person begründet, sondern im Wesentlichen mit der mangelnden **Mitwirkungsbefugnis** bei der Bestellung und Abberufung der Komplementäre (s. o. Rz. 55).

Die somit vom BGH für maßgeblich erachtete Interessenlage – fehlender Einfluss auf Auswahl und Kontrolle der Geschäftsführer – besteht in gleichem Umfang, wenn eine OHG oder eine KG persönlich haftender Gesellschafter der KGaA ist. Denn auch bei einer OHG bzw. einer KG können die Gesellschafter und damit die Geschäftsführer jederzeit unter Ausschluss der Mitwirkung der Kommanditaktionäre ausgewechselt werden.

Setzt man diesen Gedanken konsequent fort, so muss eine Satzungskontrolle auch in den Fällen einer **personalistischen KGaA** mit einer natürlichen Person als Komplementär erfolgen, deren Satzung vom gesetzlichen Leitbild insoweit abweicht, als die Kommanditaktionäre keinen Einfluss auf die Bestellung und Abberufung der Komplementäre haben, also die Komplementäre allein (ohne Mitwirkung des Aufsichtsrats oder der Hauptversammlung) über die Aufnahme neuer Komplementäre und das Ausscheiden alter Komplementäre entscheiden. Denn auch in derartigen Fällen besteht die Gefahr der Entstehung einer rechtlich unzulässigen Minderheitenherrschaft.

---

[29] Vgl. *Ladwig/Motte* DStR 1997, 1539, 1541.
[30] Vgl. § 7 WpPG iVm. Verordnung (EG) Nr. 809/2004, dort insb. Anh. I.

69 Aus diesen Gründen dürften auch Gestaltungen, bei denen eine natürliche Person und/oder eine GmbH bzw. Personenhandelsgesellschaft zugleich Komplementäre einer KGaA sind, die **Rechtsunsicherheit** aufgrund der Entscheidung des BGH zur kapitalistischen KGaA nicht beseitigen, sofern die Kommanditaktionäre (einschließlich Aufsichtsrat) bei Bestellung und Abberufung der Komplementäre rechtlos gestellt sind. Allein die Tatsache, dass am Ende der Haftungskette eine natürliche Person unbeschränkt und persönlich haftet, reicht – jedenfalls wenn man den BGH ernst nimmt – nicht aus. Auch in diesen Fällen besteht daher Rechtsunsicherheit, in welchen Grenzen die Rechte der Kommanditaktionäre (insb. deren Widerspruchsrecht gem. § 164 HGB) eingeschränkt und die Rechte der Komplementäre (insb. das Vetorecht hinsichtlich der Hauptversammlungsbeschlüsse und die Möglichkeit der Umwandlung der Komplementäreinlage in Kommanditaktien) erweitert werden können.

IV. Kriterien für die Rechtsformwahl

70 Vergleicht man aufgrund der dargestellten Besonderheiten die AG und die KGaA und sucht man nach Kriterien für die richtige Rechtsformwahl, so ist insb. unter dem Blickwinkel eines angestrebten Börsenganges auf Folgendes hinzuweisen:

71 Bei der Rechtsformwahl wird man zunächst als Regel davon ausgehen, dass eine **AG** zu wählen ist. Dies ergibt sich vor allem daraus, dass die AG bislang der **Regelfall börsennotierter Gesellschaften** und die Rechtspraxis, insb. die internationale, mit ihr deutlich vertrauter ist. Ferner bestehen bei der Ausgestaltung einer (insb. kapitalistischen) KGaA **Rechtsunsicherheiten** (s. o. Rz. 56 ff. und Rz. 64 ff.). Überdies besteht die Gefahr, dass ein Unternehmen in der Rechtsform einer KGaA bei der Emission mit einem gewissen Wertabschlag ggü. dem gleichen Unternehmen, wäre es in der **Rechtsform** einer AG organisiert, „bestraft" werden kann. Zwingend ist ein solcher Wertabschlag jedoch nicht.

72 Die Rechtsform der **KGaA** kommt daher wohl nur dann in Betracht, wenn einer der nachfolgenden **Gründe** hierfür den Ausschlag gibt:

73 Aufgrund der skizzierten Gestaltungsfreiheit bei der KGaA ggü. der AG kann der Einfluss des Unternehmers, der typischerweise den Komplementär bestellt bzw. beherrscht, deutlich stärker ausgestaltet und langfristiger angelegt werden als bei einer AG (**Absicherung des Unternehmereinflusses**).

74 Die kapitalistische KGaA ist nach derzeitiger Rechtslage ggü. der AG aufgrund der geringeren Kompetenzen des Aufsichtsrats einer KGaA **mitbestimmungsrechtlich privilegiert**.

75 Wesentlicher Gesichtspunkt für die Wahl einer KGaA war bislang die **steuerliche Behandlung**. Insbesondere bei der Erbschaft- und Schenkungssteuer bot die KGaA ggf. erhebliche Vorteile.[31] Diese Vorteile sind indessen mit der Erbschaftsteuerreform entfallen; insbesondere werden danach Kapitalgesellschaften und Personengesellschaften nach denselben Kriterien bewertet; jedoch verbleiben nach wie vor bestimmte rechtsformabhängige Unterschiede, die im Einzelfall ggf. für die Wahl einer KGaA sprechen können.[32]

---

[31] Zur Besteuerung vgl. auch Voraufl. § 2 Rz. 123 ff., 164 ff.
[32] Vgl. Gesetz zur Reform des Erbschaftsteuer- und Bewertungsrechts, BGBl. I 2008, 2018; zum RegE *Hannes/Onderka* Erbschaftsteuerreform: Die Besteuerung des

C. Der Weg in die AG/KGaA

I. Neugründung

Die gesetzliche Normalform der Gründung ist die **Bargründung**. Alternativ kommt auch eine Sachgründung in Betracht. Falls die Gründer die Aktien im Wege der Sachgründung gegen **Sacheinlagen** übernehmen oder im Zuge der Gründung eine **Sachübernahme** durch die Gesellschaft erfolgen soll, gelten zusätzlich zu den allgemeinen **Gründungsvorschriften** besondere **Sachgründungsregeln**. Gem. § 27 AktG muss die Satzung entsprechende Bestimmungen enthalten. Andernfalls wird die Sachgründung wie eine Bargründung behandelt. 80

Bei einer **Sachgründung** ist aus steuerlicher Sicht zu beachten, dass bei einer Einbringung unterhalb des gemeinen Wertes gem. §§ 20, 21 UmwStG sog. **einbringungsgeborene Anteile** entstehen, die besonderen steuerlichen Regelungen unterliegen.[33] 81

II. Umwandlung in eine AG

1. Formwechsel

Sowohl eine OHG, eine KG (einschließlich GmbH & Co. KG) als auch eine GmbH können im Wege des Formwechsels in eine AG umgewandelt werden (§§ 190 ff. UmwG). Die Umwandlung richtet sich dabei nach den allgemeinen Vorschriften für einen Formwechsel (§§ 190–213 UmwG) und den besonderen Vorschriften für Personenhandelsgesellschaften (§§ 214 bis 225 UmwG) bzw. Gesellschaften mit beschränkter Haftung (§§ 238 bis 248 UmwG). 82

Aus steuerlicher Sicht stellt der Formwechsel einer Personengesellschaft in eine AG die **Einbringung von Mitunternehmeranteilen** dar, die unter den Voraussetzungen des § 20 UmwStG ertragsteuerneutral erfolgen kann (s. Rz. 81). 83

Der Formwechsel einer GmbH in eine AG stellt demgegenüber aus steuerlicher Sicht einen **unerheblichen Vorgang** dar. Weder an der steuerlichen Situation der Gesellschaft noch bei ihrer Gesellschafter ändert sich etwas. 84

2. Verschmelzung

Durch die **Verschmelzung**[34] wird das Vermögen des übertragenden Rechtsträgers auf einen anderen, bereits bestehenden Rechtsträger (Verschmelzung durch Aufnahme) oder auf einen neu zu gründenden Rechtsträger (Verschmelzung durch Neugründung) im Wege der Gesamtrechtsnachfolge übertragen (§§ 2 Nr. 1 und 2, 20 Abs. 1 Nr. 1 UmwG). Der übertragende Rechtsträger er- 85

Erwerbs von Betriebsvermögen – keine Sternstunde der Steuervereinfachung ZEV 2008, 16 ff.; *Hannes/Onderka* Die Bewertung von Betriebsvermögen und Anteilen an Kapitalgesellschaften nach der „AntBVBewV" ZEV 2008, 173 ff.; *von Oertzen* Das neue Unternehmenserbschaftsteuerrecht – Überblick und erste Problempunkte Ubg 2008, 57 ff.; vgl. auch *Lüdicke/Fürwentsches* DB 2009, 12 ff.

[33] Zu weiteren Einzelheiten s. o. § 2 Rz. 107 ff. und § 12 Rz. 135 ff.
[34] Siehe hierzu bereits § 14 Rz. 1 ff.

lischt im Wege der Auflösung ohne Abwicklung (§ 20 Abs. 1 Nr. 2 UmwG). Die bisherigen Anteilsinhaber erhalten im Wege des Anteilstausches Anteile an dem übernehmenden oder dem neuen Rechtsträger (§§ 2, 20 Abs. 1 Nr. 3 UmwG).

86 Bei der Verschmelzung einer Kapitalgesellschaft auf eine andere Kapitalgesellschaft ändert sich die steuerliche Situation der Gesellschafter grds. nicht; die Verschmelzung erfolgt ertragsteuerneutral (vgl. § 13 UmwStG).[35] Auf Ebene der übertragenden Gesellschaft kann die Verschmelzung auf Antrag ebenfalls ertragsteuerneutral erfolgen (vgl. § 11 UmwStG). Die übernehmende Gesellschaft hat indessen einen etwaigen Übernahmegewinn insoweit gemäß § 8b KStG zu versteuern, als dieser dem Anteil der übernehmenden Gesellschaft an der übertragenden Gesellschaft entspricht (§ 12 Abs. 2 Satz 2 UmwStG).

87 Wird eine Personengesellschaft auf eine AG verschmolzen, so stellt dies aus steuerlicher Sicht wiederum die Einbringung von Mitunternehmeranteilen gem. § 20 UmwStG dar (s. Rz. 83).

III. Einzelrechtsnachfolge

88 Denkbar ist auch die Einbringung eines Unternehmens in eine bereits existierende AG im Wege der **Einzelrechtsnachfolge**. Aus steuerlichen Gründen wird dies häufig mit einer Kapitalerhöhung verbunden sein. Insoweit gelten die Ausführungen zur Sachgründung entsprechend (s. o. Rz. 81).

D. Kapitalausstattung vor Börsengang

I. Einleitung und Überblick

90 Unter Kapitalausstattung wird im Folgenden zum einen die Entwicklung des **gezeichneten Kapitals** (bei einer AG das Grundkapital, vgl. hierzu unten Rz. 184 ff.), also einer juristischen Größe mit Bedeutung für die Bestimmung der Anteils- und Stimmverhältnisse sowie den Gläubigerschutz, zum anderen aber auch die Ausstattung mit den aus betriebswirtschaftlicher Sicht notwendigen **Eigen- und Fremdkapitalmitteln** (vgl. hierzu Rz. 92 ff.) verstanden. Im Folgenden werden verschiedene rechtliche Optionen einer Aktiengesellschaft vorgestellt, sowohl das für einen Börsengang notwendige Grundkapital als auch das erforderliche vorbörsliche Eigen- und Fremdkapital zu beschaffen. Schließlich benötigt ein Unternehmen in aller Regel bereits beachtliche finanzielle Mittel, um überhaupt die Börsenreife herstellen zu können. Um diesen Kapitalbedarf zu decken, gibt es verschiedene Möglichkeiten, die sich nicht nur wirtschaftlich, sondern auch in ihren rechtlichen Auswirkungen unterscheiden.

91 Da die Entwicklung der Eigen- und Fremdmittel auch von Bedeutung für die Möglichkeiten, ein börsentaugliches Grundkapital herzustellen, sind, werden zunächst diese und anschließend das Grundkapital beleuchtet.[36]

---

[35] Zu weiteren Einzelheiten s. § 14 Rz. 65 ff.
[36] Nicht näher eingegangen werden soll auf die Frage, inwieweit die Zuführung neuer Mittel in Kombination mit Veränderungen im Aktionärskreis zum Untergang eines etwaigen Verlustvortrags gem. dem alten § 8 Abs. 4 KStG führen konnte; die Nachfolgeregelung in § 8c KStG stellt allein auf bestimmte Veränderungen in den Anteilsverhältnissen ab.

D. Kapitalausstattung vor Börsengang

II. Eigenkapital

Unter Eigenkapital ist das einer Gesellschaft zur Verfügung stehende Kapital zu verstehen, welches – von der Liquidation des Unternehmens einmal abgesehen – mit keiner **Rückzahlungsverpflichtung** ggü. Aktionären oder Dritten belastet ist. Aus handelsbilanzieller Sicht gehören zum Eigenkapital gem. § 266 Abs. 3 Buchst. A HGB
- das gezeichnete Kapital (bei einer AG also gem. § 7 AktG das Grundkapital von mindestens € 50 000),
- die Kapitalrücklage (was hierunter zu fassen ist, ergibt sich aus § 272 Abs. 2 HGB, also insb. bei Gründung oder Kapitalerhöhung erzielte Aufgelder gem. § 272 Abs. 2 Nr. 1 HGB und sonstige Zuzahlungen in das Eigenkapital gem. § 272 Abs. 2 Nr. 4 HGB),
- Gewinnrücklagen (also die gesetzliche Rücklage, die Rücklage für eigene Anteile, satzungsmäßige Rücklagen und andere Gewinnrücklagen, vgl. auch § 272 Abs. 3 und 4 HGB),
- der Gewinn- bzw. Verlustvortrag und
- der Jahresüberschuss bzw. der Jahresfehlbetrag, der bei Bilanzaufstellung unter Berücksichtigung der vollständigen oder teilweisen Ergebnisverwendung gem. § 268 Abs. 1 HGB durch den Posten Bilanzgewinn/Bilanzverlust ersetzt wird.

Eine Stärkung des Eigenkapitals kann somit durch Einlagen alter und/oder neuer Gesellschafter sowie durch positive Jahresergebnisse erreicht werden. Die Möglichkeit, Einlagen zu leisten, wird im Folgenden näher dargestellt.

1. Altgesellschafter

a) Gründung

Die nahe liegende Möglichkeit, der Gesellschaft Eigenkapital zuzuführen, besteht in anfänglichen oder späteren **Gesellschaftereinlagen**. So ist es bereits bei Gründung möglich, der Gesellschaft über das gesetzlich erforderliche Grundkapital von € 50 000 weiteres Kapital in Form eines höheren Grundkapitals oder aber in Form eines Agios (Kapitalrücklage gem. § 272 Abs. 2 Nr. 1 HGB, uU auch als „freie" Rücklage gem. § 272 Abs. 2 Nr. 4 HGB) zuzuführen.

Der Regelfall zumindest junger Unternehmen besteht aber darin, dass der Gesellschaft bei Gründung zunächst nur der für das Grundkapital gesetzlich vorgeschriebene **Mindestbetrag** von € 50 000 (§ 7 AktG) zur Verfügung gestellt wird. Dies vor allem deshalb, weil die Gründer oftmals zu Beginn nicht weitere Mittel binden wollen und für die Startphase mit relativ geringen Mitteln auskommen.

Aber auch wenn höhere Eigenmittel als das gesetzliche Mindestgrundkapital eingebracht werden sollen, wird man diese in aller Regel als **Aufgeld** zahlen und in die Kapitalrücklage gem. § 272 Abs. 2 Nr. 1 HGB buchen, uU auch als sonstige Zuzahlung nach § 272 Abs 2 Nr. 4 HGB.[37] Dies hat den Vorteil, dass bei einer Gesellschaft, die typischerweise zu Beginn ihrer Tätigkeit Verluste erwirtschaftet, nicht so schnell das hälftige Grundkapital aufgezehrt ist (vgl.

---

[37] Vgl. OLG München 7 U 1857/06 v. 27. 9. 2006, AG 2006, 2734 (nrkr.)

Verlustanzeige gem. § 92 Abs. 1 AktG) und weniger schnell eine bilanzielle Überschuldung eintritt. Anders als bei einer GmbH unterliegt bei einer AG allerdings neben den Einlagen auf das Grundkapital auch das gezahlte Aufgeld dem **Verbot der Einlagenrückgewähr** gem. § 57 AktG.[38]

97 Gesellschaftereinlagen können in **Geld** oder durch **Sachleistung** erbracht werden. Bei Sacheinlagen sind stets das Erfordernis einer zeitnahen Bewertung für Zwecke der Bilanzierung und – so weit sie als Einlage auf die gezeichneten Anteile geleistet werden – der Aspekt der Werthaltigkeit zu beachten (§ 33 Abs. 2 Nr. 4 AktG).

98 Werden Sacheinlagen steuerlich unter dem gemeinen Wert eingebracht (zB Einbringung eines Betriebs oder Teilbetriebs gem. § 20 UmwStG), so ist zu beachten, dass es sich bei den aus der Einbringung resultierenden Anteilen um sog. **einbringungsgeborene bzw. sperrfristbehaftete Anteile** handelt.[39]

b) Eigenmittelzufuhr nach Gründung

99 Nach erfolgter Gründung kann der Gesellschaft von ihren Anteilseignern Eigenkapital wiederum als Leistung auf ein erhöhtes Grundkapital (Kapitalerhöhung, ggf. mit Aufgeld) oder als **sonstige Zuzahlung** iSv. § 272 Abs. 2 Nr. 4 HGB zugeführt werden. Denkbar sind wiederum Bar- und/oder Sacheinlagen.[40] Ob Leistungen in das Grundkapital oder Aufgelder bzw. sonstige Zuzahlungen angezeigt sind, ist ebenso wie bei der Gründung einer AG unter Berücksichtigung der Verlustanfälligkeit, bilanziellen Überschuldung, Kapitalerhaltung und Ausschüttungsfähigkeit nach § 150 Abs. 3 und 4 AktG zu entscheiden.

100 Ob eine Kapitalerhöhung durchgeführt werden soll, hängt im Wesentlichen von zwei Umständen ab. Zum einen ist eine Kapitalerhöhung immer dann durchzuführen, wenn die Gesellschafter in unterschiedlichem Umfang (dh. nicht entsprechend ihrer bisherigen Beteiligungsquoten) Eigenkapitaleinlagen leisten. Denn dann ist es erforderlich, dem unterschiedlichen finanziellen Engagement durch eine **Anpassung der Anteilsquoten** Rechnung zu tragen. Zum anderen ist eine Kapitalerhöhung angezeigt, wenn das Kapital zur Herstellung eines angemessenen („börsenfähigen") Grundkapitals erforderlich ist (s. Rz. 184 ff.).

101 Soll die Kapitalerhöhung ausschließlich im Kreise der „Altaktionäre" durchgeführt werden, so erfolgt sie unter Beachtung des **gesetzlichen Bezugsrechts** gem. § 186 Abs. 1 AktG. Somit steht es jedem Aktionär frei, einen seinem Anteil am bisherigen Grundkapital entsprechenden Teil der neuen Aktien zu zeichnen. Dabei stellt sich die Frage nach dem **Ausgabebetrag**, und zwar gleichgültig, ob der Ausgabebetrag von der Hauptversammlung als Teil des Kapitalerhöhungsbeschlusses oder von Vorstand und Aufsichtsrat im Rahmen einer Kapitalerhöhung aus genehmigtem Kapital festgelegt wird. In einer Entscheidung zum GmbH-Recht hat das OLG Stuttgart[41] entschieden, dass auch bei einer Kapitalerhöhung, die unter Beachtung des Bezugsrechts der Gesellschafter erfolgt, der Ausgabebetrag am „inneren Wert" (**Verkehrswert**) auszu-

---

[38] *Hüffer* AktG § 57 Rz. 3.
[39] Vgl. im Einzelnen und zu der Ausnahme der Einbringung von Kapitalgesellschaftsanteilen oben Rz. 81 sowie § 2 Rz. 107 ff. und § 12 Rz. 135 ff.
[40] Vgl. oben Rz. 97 f.
[41] OLG Stuttgart 20 U 38/99 v. 1. 12. 1999, DB 2000, 135 ff.

D. Kapitalausstattung vor Börsengang

richten sei. Dies setze notwendigerweise eine Unternehmensbewertung voraus. Auf das Recht der Aktiengesellschaften ist diese – auch für das GmbH-Recht bereits sehr zweifelhafte – Entscheidung indessen nicht übertragbar. Dies folgt aus der **abschließenden Regelung** in § 255 Abs. 2 AktG. Danach kann, wenn das Bezugsrecht der Aktionäre ganz oder zT. ausgeschlossen worden ist, die Anfechtung eines Kapitalerhöhungsbeschlusses auch auf einen unangemessen niedrigen Ausgabebetrag gestützt werden. Daraus folgt im Umkehrschluss, dass bei einer Kapitalerhöhung, bei der das Bezugsrecht nicht ausgeschlossen wird, eine Anfechtung nicht auf die Höhe des Ausgabebetrages gestützt werden kann. Vielmehr sind bei der Festsetzung des Ausgabebetrages lediglich das Verbot der **Unterpariemission** (vgl. § 9 Abs. 1 AktG) und das Verbot eines unangemessen hohen (dh. deutlich über dem Verkehrswert liegenden und zu einem „faktischen" Bezugsrechtsausschluss führenden) Ausgabebetrages zu beachten.[42] Die Wertung des § 255 Abs. 2 AktG ist auch für eine Kapitalerhöhung aus genehmigtem Kapital maßgebend, auch wenn in diesem Fall eine Anfechtung des Beschlusses von Vorstand und Aufsichtsrat nicht denkbar ist.[43]

Bei einer Kapitalerhöhung gegen Bareinlagen ist zu beachten, dass die Einlagen nicht schon vor Fassung des Kapitalerhöhungsbeschlusses geleistet werden. Insbesondere bei jungen Unternehmen, die einen hohen Kapitalbedarf, demgegenüber aber geringe laufende Einnahmen haben, entsteht bisweilen ein kurzfristiger Kapitalbedarf. In derartigen Situationen sind Aktionäre teilweise geneigt, der Gesellschaft noch vor Fassung eines Kapitalerhöhungsbeschlusses die als Einlagen gedachten Mittel im Wege der **Vorausleistung** zur Verfügung zu stellen. Dies befreit den Zeichner der neuen Aktien indessen nicht von seiner Einlagepflicht.[44] Hier sollte auf eine Voreinzahlung verzichtet werden. Untauglich ist idR auch die zeitweise Überlassung der Mittel im Wege eines Darlehens an die AG, sofern der Rückzahlungsbetrag aus dem Darlehen sodann zur Leistung der Einlage verwandt wird. Denn in einer solchen Konstellation sind die Vorschriften der Sachkapitalerhöhung zu beachten; anderenfalls liegt eine **verdeckte Sacheinlage** vor, die den Einleger nicht von seiner Bareinlageverpflichtung befreit.[45]

Eine Kapitalerhöhung kann auch aus steuerlichen Gründen angezeigt sein, um die **ertragsteuerneutrale Einbringung von Sacheinlagen** zu ermöglichen. Denn gem. §§ 20, 21 UmwStG ist die ertragsteuerneutrale Einbringung eines Betriebs, Teilbetriebs oder Mitunternehmeranteils sowie von Anteilen an Kapitalgesellschaften (vorausgesetzt, die übernehmende AG hält nach der Einbringung nachweisbar unmittelbar die Mehrheit der Stimmrechte an der erworbenen Kapitalgesellschaft, sog. „qualifizierter Anteilstausch") in eine AG nur dann möglich, wenn dem Einbringenden als Gegenleistung neue Aktien aus einer Kapitalerhöhung (Gesellschaftsrechte) gewährt werden.[46]

Nicht selten erfolgen Kapitalerhöhungen als Sachkapitalerhöhungen durch **Verzicht** eines Gesellschafters (oder auch Nichtgesellschafters) **auf Forde-**

---

[42] Siehe *Hüffer* AktG § 186 Rz. 43; vgl. auch LG Düsseldorf 31 O 104/97 v. 13. 8. 1998, AG 1999, 134.
[43] BGH II ZR 132/93 v. 23. 6. 1997, NJW 1997, 2815, (2817).
[44] Vgl. *Hüffer* AktG § 188 Rz. 7.
[45] Vgl. *Hüffer* AktG § 27 Rz. 9 ff.; großzügiger OLG Köln 18 U 17/01 v. 17. 5. 2001, ZIP 2001, 1243 f.
[46] Zu den steuerlichen Folgen s. o. Rz. 81.

rungen gegen die Gesellschaft (zB Darlehensforderungen). Dabei ist darauf zu achten, dass die eingebrachte Forderung bereits aus aktienrechtlicher Sicht (§ 36 a Abs. 2 AktG) werthaltig ist. So weit sie nicht werthaltig ist, tritt ferner ein steuerpflichtiger Gewinn bei der Gesellschaft ein. Der Gewinn (Forderungsverzicht) wird in diesem Fall nicht durch eine korrespondierende Einlage gem. § 4 Abs. 1 EStG ausgeglichen, weil der Wert der Einlage gleich Null ist.[47]

2. Venture Capital/Private Equity

a) Begriff und Bedeutung

106 Der Begriff Venture Capital entstand – wie so viele Begriffe moderner Finanzierungsinstrumente – in der US-amerikanischen Rechtspraxis. Auch in Deutschland hat diese Form der vorbörslichen **Unternehmensfinanzierung** in den letzten Jahren stark an Bedeutung gewonnen.

107 Venture Capital bezeichnet eine Vielzahl von Finanzierungsspielarten insb. junger Unternehmen. Weitgehend gerecht werden dürfte dem Begriff Venture Capital die Übersetzung als **Wagnis- oder Risikokapital**. Venture Capital wird man zudem auch als eine Unterart des **Private Equity** verstanden.

108 Ungeachtet der terminologischen Unschärfen soll die nachfolgende Darstellung von Venture Capital und Private Equity anhand der wohl typischen Form der Finanzierung beschrieben werden. Diese besteht in der **Hingabe von Eigenkapital** für die Einräumung einer (direkten oder offenen) gesellschaftsrechtlichen Beteiligung als Anteilsinhaber (Aktionär) ohne Stellung von Sicherheiten.

109 Das wirtschaftliche Ziel einer solchen Beteiligung liegt dabei auf Seiten des Geldgebers häufig weniger in dem Erhalt von Dividenden, als vielmehr in der **Realisierung von Wertsteigerungen** im Anteil am Unternehmen, insb. durch einen nachgeschalteten Börsengang (IPO) oder Verkauf des Unternehmens (Trade Sale). Für Unternehmen, die an die Börse streben, stellt Venture Capital/Private Equity sehr häufig eine notwendige (und zT. auch die einzige) Möglichkeit dar, die zur Ingangsetzung des Geschäftsbetriebes oder zu dessen Erweiterung notwendige **Anschubfinanzierung** in ausreichendem Maße zu erhalten, ohne die das Unternehmen die für einen IPO notwendige Börsenreife nicht erlangen würde.

110 Für das Unternehmen besteht die besondere Attraktivität darin, dass der Geldgeber in aller Regel auf die Stellung von **Sicherheiten** verzichtet, währenddessen klassische Fremdkapitalgeber (insb. Banken) ihre **Darlehen** durch Sicherheiten (vor allem der Gesellschafter) abzusichern versuchen. Darüber hinaus wird das Unternehmen bei der Finanzierung durch Venture Capital bzw. Private Equity nicht durch Zinsaufwand belastet. Dies schont zum einen die **Liquidität**, zum anderen aber auch die **Gewinn- und Verlustrechnung** und damit das Ergebnis des Unternehmens.

111 Auf der anderen Seite ist jedoch zu sehen, dass Venture-Capital-Geber – den wirtschaftlichen Erfolg des Unternehmen einmal unterstellt – durch ihre frühzeitige Beteiligung einen relativ großen Anteil am Unternehmen für einen ggf. verhältnismäßig geringen Preis erwerben.

---

[47] BFH GrS 1/94 v. 9.6. 1997, BStBl. II 1998, 307; BFH I R 103/93 v. 15.10. 1997, BFH/NV 1998, 572; BFH 1 B 143/00 v. 16. 5. 2001, DB 2001, 1858 f.

D. Kapitalausstattung vor Börsengang § 21

Als Venture-Capital- oder Private-Equity-Geber kommen in der Praxis vor allem klassische Venture-Capital bzw. Private-Equity-Gesellschaften, Beteiligungsgesellschaften von Banken und Versicherungen, Pensionsfonds, Stiftungen, aber auch Privatpersonen in Betracht.

b) Typischer Ablauf einer Beteiligung

In den letzten Jahren haben sich einige **Gepflogenheiten** für den Ablauf einer Beteiligung entwickelt. Dieser besteht in aller Regel aus folgenden Elementen:

In einer **ersten Phase** (Anbahnungsphase) ermittelt das kapitalsuchende Unternehmen den geeigneten Geldgeber. Dem sollte aus Sicht der Gesellschafter und ihrer Anteilseigner zunächst eine sorgfältige Analyse vorangehen, ob eine solche Beteiligung die richtige Finanzierungsform ist oder ob nicht andere Optionen (zB Kapitalzuführung durch Altgesellschafter, Beteiligung strategischer Partner oder Aufnahme von Fremdkapital) in Betracht kommen. Die eigentliche Schwierigkeit für das Unternehmen wird darin bestehen, einerseits aus der Vielzahl von potentiellen Venture-Capital- oder Private-Equity-Gebern den geeigneten Partner auszusuchen, und andererseits, diesen von dem Geschäftskonzept und dessen wirtschaftlicher Tragfähigkeit zu überzeugen.

Bei der Auswahl eines Partners sollte neben dem sicherlich primären Ziel der Gesellschaft möglichst viel Kapital zuzuführen, das Augenmerk auch auf andere Entscheidungskriterien gerichtet werden. Hierzu gehören die Fragen, welche **zusätzlichen Leistungen** der Geldgeber erbringen kann (sog. **Added Value**, zB Hilfestellung beim Rechnungswesen und Controlling, Netzwerkaufbau) und welchen **Einfluss** der Geldgeber auf die unternehmerische Führung ausüben möchte (maW, wie stark er den unternehmerischen Freiraum der Altgesellschafter einzuschränken beabsichtigt).

Ist die Anbahnungsphase abgeschlossen und eine grundsätzliche Auswahl getroffen, folgt in aller Regel der Abschluss eines **Letter of Intent**, in dem die wesentlichen wirtschaftlichen und vertraglichen Eckdaten in rechtlich unverbindlicher Form niedergelegt werden. Dieser Letter of Intent dient vor allem der Manifestation der erreichten Verhandlungsergebnisse und stellt eine – allerdings rechtlich unverbindliche – Dokumentation der Beteiligungsabsicht dar. Aus Sicht des kapitalsuchenden Unternehmens sollte dabei vor allem auch auf eine **Vertraulichkeitsabsprache** Wert gelegt werden.

Nach Abschluss des Letter of Intent führt der Geldgeber in aller Regel eine (mehr oder weniger umfangreiche) **Due-Diligence-Prüfung** bei dem Unternehmen durch, indem er – meist mittels umfangreicher Fragelisten – die rechtlichen, wirtschaftlichen und sonstigen (zB technologischen) Verhältnisse des Unternehmens und seiner Produkte bzw. Dienstleistungen überprüft. Hauptziele der Due Diligence sind zum einen die Verifizierung einer bereits vorgenommenen Bewertung (bzw. der Bewertung durch das Unternehmen) sowie das Identifizieren von rechtlichen und/oder wirtschaftlichen Risiken, die einer Beteiligung am Unternehmen entgegenstehen könnten. Bei der Gestattung der Due-Diligence-Prüfung durch den Vorstand hat dieser bestimmte sich aus seiner Verschwiegenheitspflicht gem. § 93 Abs. 1 Satz 2 AktG ergebende aktienrechtliche Restriktionen zu beachten.[48]

---

[48] Vgl. hierzu § 24 Rz. 156 ff.

118 Meist parallel zur Due Diligence werden die **Vertragsverhandlungen** geführt, die in dem Abschluss verbindlicher Verträge münden. Kernstück einer jeden Beteiligung (neben möglichen anderen Dokumenten sowie den zur Umsetzung der Beteiligung erforderlichen technischen Ausführungsdokumenten) ist der **Beteiligungsvertrag** (hierzu Rz. 120 ff.).

119 Nach Vertragsschluss ermöglichen die Altgesellschafter durch entsprechende Beschlüsse (insb. Kapitalerhöhung) die Beteiligung des Geldgebers und damit auch den angestrebten Mittelzufluss.

c) Besonderheiten der Vertragsgestaltung

120 Der Vertrag über eine Venture-Capital- oder Private-Equity Beteiligung ähnelt in gewisser Weise einem Unternehmenskaufvertrag, denn er ist auf den Erwerb einer Beteiligung an einem Unternehmen gerichtet, welches der Erwerber allenfalls aufgrund der Erkenntnisse aus der Due Diligence und den Angaben der Gesellschaft bzw. deren Anteilseignern kennt. Aus Sicht der Anteilseigner der Gesellschaft besteht jedoch ein wesentlicher Unterschied zum Unternehmenskauf darin, dass die **Gegenleistung** nicht an sie, sondern im Wege der **Kapitalerhöhung an die Gesellschaft** gezahlt wird. Vor diesem Hintergrund sind bei der vertraglichen Ausgestaltung vor allem auch folgende Aspekte zu berücksichtigen:

121 Es ist zu beschreiben, in welchem Umfang und zu welchen **Bedingungen** die Beteiligung erfolgt. Dabei ist aus Sicht des Unternehmens darauf zu achten, dass der Beteiligungsvertrag nicht nur das Recht des Geldgebers enthält, sondern auch dessen Pflicht zur Übernahme der Beteiligung. Insbesondere dann, wenn eine vom Erreichen bestimmter Meilensteine abhängige Einlageleistung beabsichtigt ist, sollte darauf geachtet werden, dass diese nicht als Leistung ggü. der Gesellschaft geschuldet wird, sondern als schuldrechtliche Verpflichtung ggü. den Altaktionären. So können Schwierigkeiten im Registerverfahren zur Eintragung der Kapitalerhöhung vermieden werden (kein Agio).[49]

122 Bei der Festlegung der Beteiligungskonditionen ist von einer Bewertung des Unternehmens auszugehen. Dabei ist bei der Festlegung des maßgeblichen Unternehmenswertes klarzustellen, ob es sich um eine **Unternehmensbewertung vor oder nach Kapitalerhöhung** handelt (pre- oder post-money-Bewertung). In der Praxis ist es häufig zu beobachten, dass dieser Unterschied nicht wahrgenommen wird, was für die Gesellschaft mit einem erheblichen finanziellen Nachteil verbunden sein kann. Verständigt man sich zB mit einem Venture-Capital-Geber auf einen Unternehmenswert von € 15 Mio., so könnte der Investor diesen Betrag als eine post-money-Bewertung verstehen. Aus dieser Sicht müsste er daher für den Erwerb einer 25 %igen Beteiligung im Wege der Kapitalerhöhung einen Betrag von € 3,75 Mio. leisten. Aus Sicht der Gesellschaft wird man den angesetzten Wert von € 15 Mio. allerdings als den Wert der Gesellschaft vor Beteiligung des Venture-Capital-Gebers (also als den derzeitigen, aktuellen Unternehmenswert) verstehen. Aus Sicht der Gesellschaft wäre daher zum Erwerb einer 25 %-Beteiligung eine Einlage in Höhe von € 5 Mio. zu leisten.

---

[49] Vgl. BayObLG 3 Z BR 35/02 v. 27. 2. 2002, ZIP 2002, 1484 ff.; vgl. auch BGH II ZR 216/06 v. 15. 10. 2007, NZG 2008, 73 ff.

D. Kapitalausstattung vor Börsengang   123–128   § 21

Wie bei Kapitalerhöhungen durch die Altgesellschafter ist auch im Rahmen **123**
einer Beteiligung darauf zu achten, dass die Einlagen nicht **vor Beschlussfassung** über die Kapitalerhöhung geleistet werden (s. o. Rz. 102).

Der Investor wird häufig versuchen, von der Gesellschaft und/oder den **124**
Gesellschaftern umfangreiche **Gewährleistungen** über die Verhältnisse der
Gesellschaft zu verlangen. Diesem Verlangen muss seitens der Gesellschaft der
Einwand entgegengehalten werden, dass eine solche Übernahme von Gewährleistungen im Rahmen einer Kapitalerhöhung wegen § 57 AktG rechtlich
nicht zulässig ist. Seitens der Gesellschafter muss auf den wirtschaftlichen
Umstand hingewiesen werden, dass die Gesellschafter an der Beteiligung des
Investors nur indirekt wirtschaftlich partizipieren und dass typisches Merkmal
einer Venture-Capital- oder Private-Equity-Beteiligung das Fehlen von Sicherheiten ist.

Weitere Vertragsbestandteile können sein: **125**
- Tätigkeitspflicht der Gesellschafter;
- Vorerwerbsrechte;
- Ausstiegsmöglichkeiten des Investors;
- Verständigung über das Konzept eines Börsenganges;
- zusätzliche Leistungen des Investors (zB Hilfestellung im Rechnungswesen/Controlling);
- Erlös- und Liquidationspräferenzen;
- Meilensteine als Voraussetzung für die Leistung von Einlagen durch den Investor;
- Gesellschafterdarlehen des Investors (die beispielsweise bei Erreichen eines vereinbarten Zieles (zB Börsengang) im Wege der sonstigen Zuzahlung gem. § 272 Abs. 2 Nr. 4 HGB in Eigenkapital umgewandelt werden können).

3. Strategischer Partner

Für die Aufnahme eines strategischen Partners, der sich entweder in Form **126**
von Eigenkapital oder Fremdkapital engagiert, gilt im Wesentlichen das für
eine Beteiligung von Venture-Capital- bzw. Private-Equity-Gebern Gesagte.
Dabei ist jedoch zu beachten, dass ein strategischer Partner – anders als ein
reiner Finanzinvestor – **eigene operative unternehmerische Interessen**
verfolgt, die von Anfang an oder aber zu einem späteren Zeitpunkt mit den
Interessen des kapitalsuchenden Unternehmens kollidieren können. Für diesen
Fall ist in den Vertragswerken besondere Vorsorge zu treffen (zB Verschwiegenheitspflichten, Vertraulichkeitsvereinbarungen, Sicherung der unternehmerischen Führung durch die Altgesellschafter, Abwerbeverbote bzgl. Mitarbeitern
und Kunden, Wettbewerbsverbot).

Eine besondere Risikolage entsteht, wenn mit dem strategischen Partner **127**
neben dem Beteiligungsvertrag **Vereinbarungen auf operativer Ebene** getroffen werden sollen. Dann gilt es sicherzustellen, dass der (möglicherweise
wirtschaftlich stärkere) strategische Partner nicht über diesen Umweg die
„Kronjuwelen" des Unternehmens (zB den Quellcode einer Software, die Geschäftsidee oder die Geschäftschancen) erhält und das (junge) Unternehmen so
möglicherweise aus dem Markt drängt.

Auch ist es bei strategischen Partnern häufig der Fall, dass die Beteiligung **128**
oder eine Aufstockung der Beteiligung (mithin also die Eigenkapitalzufuhr)
von dem Erreichen bestimmter (zumeist technologischer) Zwischenziele (auch

Meilensteine oder **Milestones** genannt) abhängig gemacht wird. Demgemäß sollten derartige Ziele realistisch sein. Weder dem Unternehmen noch dem strategischen Partner ist damit geholfen, dass sich gemeinsam festgelegte Ziele als utopisch erweisen.

4. Haftung und Pflicht zur Prospekterstellung

129 Auch im vorbörslichen Stadium dürfen bei der Einwerbung neuer Mittel **kapitalmarktrechtliche Aspekte** nicht außer Acht gelassen werden. So stellt sich bei jeder Aufnahme neuer Gesellschafter die Frage, ob die Gesellschaft, die Geschäftsführung und/oder die Gesellschafter sowie ggf. Dritte dem Neugesellschafter ggü. haften können. Dies ist eng verknüpft mit der Frage, ob eine Pflicht zur Erstellung eines Prospektes oder sonstige **Aufklärungspflichten** der Altgesellschafter, der Gesellschaft und/oder der Geschäftsführung gegeben sind. Derartige Pflichten können zum einen nach dem Wertpapierprospektgesetz (WpPG), dies gilt für Wertpapiere, zB Aktien, oder dem Verkaufsprospektgesetz (VerkProspG), dies gilt zB für GmbH oder Personengesellschaftsanteile,[50] und zum anderen nach allgemeinen zivilrechtlichen Kriterien, insb. nach den Grundsätzen der richterrechtlich entwickelten allgemein-zivilrechtlichen Prospekthaftung bestehen.

130 Fragen der Prospekthaftung sind insb. dann von Bedeutung, wenn das kapitalsuchende Unternehmen nicht nur gezielt einzelne Investoren anspricht, sondern breit gestreut öffentlich Anleger sucht.

a) Prospektpflicht und Haftung nach Wertpapierprospektgesetz

131 Bei jedem erstmaligen **öffentlichen Angebot** von Wertpapieren (zB Aktien) im Inland, die nicht zum Handel an einer inländischen Börse zugelassen sind, muss der Anbieter gem. § 3 Abs. 1 WpPG einen Prospekt veröffentlichen, sofern nicht gem. § 3 Abs. 2 oder § 4 Abs. 1 WpPG eine **Ausnahme** besteht.[51] Bei jeder vorbörslichen Platzierung von Aktien ist daher zu prüfen, ob grds. eine Prospektpflicht nach § 3 Abs. 1 WpPG besteht und ob ggf. eine Ausnahme nach § 3 Abs. 2 oder § 4 Abs. 1 WpPG eingreift.

132 Voraussetzungen einer Prospektpflicht nach § 3 Abs. 1 WpPG ist das **öffentliche Angebot** im Inland.

133 Im vorbörslichen Stadium ist dieses Tatbestandsmerkmal und seine **Abgrenzung zur privaten Platzierung** (Private Placement) von besonderer Bedeutung. Der Begriff des öffentlichen Angebots ist in § 2 Nr. 4 WpPG definiert als eine Mitteilung an das Publikum in jedweder Form und auf jedwede Art und Weise, die ausreichende Informationen über die Angebotsbedingungen und die anzubietenden Wertpapiere enthält, um einen Anleger in die Lage zu versetzen, über den Kauf oder die Zeichnung dieser Wertpapiere zu entscheiden. Zur näheren Auslegung kann auf die Bekanntmachung des (seinerzeitigen) Bundesaufsichtsamtes für den Wertpapierhandel zum Verkaufsprospektgesetz zurückgegriffen werden.[52] Danach ist ein öffentliches Angebot insb. jede Form

---

[50] Hierauf wird im Folgenden nicht näher eingegangen; vgl. *Groß* Kapitalmarktrecht, 4. Teil VerkProspG.

[51] Vgl. *Schnorbus* Die prospektfreie Platzierung von Wertpapieren nach dem WpPG, AG 2008, 389 ff.

[52] Bundesanzeiger v. 21.9.1999, 16, 180; vgl. *Groß* Kapitalmarktrecht § 2 WpPG Rz. 8.

von **Werbung** in den Medien (zB auch Internet) oder mittels Postwurfsendungen, die sich an jemand wendet, ein Kaufangebot abzugeben. Ein öffentliches Verkaufsangebot setzt demnach kein rechtlich bindendes Verkaufsangebot voraus; ausreichend ist auch (und dies ist der Regelfall) die **Aufforderung zur Abgabe von Angeboten** (invitatio ad offerendum).[53] Erforderlich ist nach Auffassung des Bundesaufsichtsamtes die konkrete Bezugsmöglichkeit des Adressaten, was wiederum die Angabe der wesentlichen Angebotsbedingungen voraussetzt.

Ein öffentliches Angebot setzt ferner voraus, dass es sich an einen **unbestimmten Adressatenkreis** richtet. Hierin wird häufig die Abgrenzung zum Private Placement zu finden sein.[54] **134**

Die für eine vorbörsliche Platzierung von Aktien relevanten **Ausnahmevorschriften** finden sich in § 3 Abs. 2 WpPG in Bezug auf die Art des Angebots und in § 4 Abs. 1 WpPG in Bezug auf die Art der Wertpapiere. Danach muss ein Verkaufsprospekt zB nicht veröffentlicht werden, wenn die Aktien nur qualifizierten Anlegern (zum Begriff s. § 2 Nr. 6 WpPG) angeboten werden (§ 3 Abs. 2 Nr. 1 WpPG), einem begrenzten Personenkreis von weniger als 100 nicht qualifizierten Anlegern je Mitgliedsstaat angeboten werden (§ 3 Abs. 2 Nr. 2 WpPG), nur den Arbeitnehmern von ihrem Arbeitgeber oder von einem mit seinem Unternehmen verbundenen Unternehmen angeboten werden (§ 4 Abs. 1 Nr. 5 WpPG) oder nur in Stückelungen von mindestens 50 000 Euro erworben werden können (§ 3 Abs. 2 Nr. 4 WpPG) oder wenn der Verkaufspreis für alle angebotenen Wertpapiere 100 000 Euro nicht übersteigt (§ 3 Abs. 2 Nr. 5 WpPG). **135**

Im vorbörslichen Stadium wird sehr häufig entweder schon kein öffentliches Angebot iSv. § 2 Nr. 4 WpPG vorliegen oder eine Ausnahmevorschrift nach § 3 Abs. 2 oder § 4 Abs. 1 WpPG greifen und somit in aller Regel keine Verkaufsprospektpflicht nach WpPG bestehen. **136**

Besteht nach den vorstehend beschriebenen Grundsätzen jedoch für ein vorbörsliches Angebot eine **Prospektpflicht** nach WpPG, so ist ein Prospekt mit dem Mindestinhalt gem. § 7 WpPG zu erstellen, der Bundesanstalt für Finanzdienstleistungsaufsicht gem. § 13 VerkProspG vor seiner Veröffentlichung zur Prüfung und Billigung zu übermitteln und anschließend zu veröffentlichen (§ 14 WpPG). **137**

Für den Inhalt bzw. bei fehlendem Prospekt haften die Prospektverantwortlichen gem. § 13 bzw. § 13a VerkProspG in entsprechender Anwendung von §§ 44 ff. BörsG. **138**

b) Zivilrechtliche Haftung und (indirekte) Prospektpflicht

aa) Überblick. In Literatur und Rechtsprechung ist unbestritten, dass die Regelungen des **WpPG bzw. VerkProspG grds. nicht abschließend** sind.[55] Vielmehr können neben ihnen die allgemeinen zivilrechtlichen Vorschriften, insb. zur Prospekthaftung, so wie sie von der Rechtsprechung praeter legem entwickelt worden sind, eingreifen und sich so ein indirekter Zwang zur Erstellung eines Prospektes ergeben. Die im WpPG bzw. VerkProspG enthalte- **139**

---

[53] Vgl. *Groß* Kapitalmarktrecht § 2 WpPG Rz. 10 ff.
[54] Siehe auch *Groß* Kapitalmarktrecht § 2 Rz. 16 ff. WpPG.
[55] Vgl. *Groß* Kapitalmarktrecht § 47 BörsG Rz. 2 ff.

nen Regelungen sind nur insoweit abschließend, als dass in deren Anwendungsbereich die richterrechtlich fortentwickelte allgemein-zivilrechtliche Prospekthaftung nicht eingreift. Demnach sind zum einen die allgemeinen zivilrechtlichen Regelungen immer dann zu prüfen, wenn das WpPG bzw. VerkProspG nicht anwendbar ist (zB weil eine Ausnahme greift oder kein öffentliches Angebot vorliegt). Zum anderen sind auch im Anwendungsbereich des WpPG bzw. VerkProspG vertragliche (zB falsche Zusicherungen), vertragsähnliche (zB culpa in contrahendo) und deliktische Ansprüche (zB § 826 BGB) denkbar und in Betracht zu ziehen.

140 Eine zivilrechtliche Haftung kann demgemäß im Wesentlichen unter **vier Aspekten** in Betracht kommen, nämlich als Haftung (1) aus vertraglichen Ansprüchen, (2) aus vertragsähnlichen Ansprüchen, (3) aus deliktischen Ansprüchen sowie (4) aufgrund der allgemein-zivilrechtlichen Prospekthaftung, so wie sie bislang von der Rechtsprechung entwickelt wurde. Im Folgenden sollen mögliche vertragsähnliche Ansprüche sowie die allgemein-zivilrechtliche Prospekthaftung näher erläutert werden. Die ebenfalls denkbare vertragliche und deliktische Haftung ist in der Praxis von eher untergeordneter Bedeutung, gleichwohl aber (zB bei einem individualvertraglich vereinbarten Beitritt eines Venture-Capital- oder Private-Equity-Gebers, s. o. Rz. 124) nicht außer Acht zu lassen.[56] Vertragliche Ansprüche können insb. dann gegeben sein, wenn sich der Investor von den Altgesellschaftern bestimmte Umstände gewährleisten oder zusichern lässt. Eine vertragliche Haftung der Gesellschaft ggü. den Neuaktionären ist indessen ausgeschlossen, weil eine solche gegen das Verbot der Einlagenrückgewähr (§§ 57, 62 AktG) verstoßen würde.

141 bb) **Vertragsähnliche Ansprüche.** Vertragsähnliche Ansprüche kommen vor allem als Ansprüche aus **Verschulden bei Vertragsschluss** (culpa in contrahendo) in Betracht. Voraussetzung eines Anspruchs ist dabei stets die Inanspruchnahme konkreten Vertrauens sowie das Vertrauendürfen des Anlegers darauf, dass ihm von der Vertrauensperson alle relevanten Umstände mitgeteilt worden sind. Danach trifft diese Form der uneigentlichen Prospekthaftung insb. den, der bei Vertragsverhandlungen mit dem potenziellen Anleger als **Vertreter, Sachwalter** oder **Garant** persönliches Vertrauen in Anspruch genommen hat.[57]

142 cc) **Allgemein-zivilrechtliche Prospekthaftung.** Die allgemein-zivilrechtliche Prospekthaftung besteht in einem engeren und einem weiteren Sinne. Bei der allgemein-zivilrechtlichen Prospekthaftung **im engeren Sinne** kommen die unmittelbar für die Erstellung eines Prospektes Verantwortlichen als Haftende in Betracht. Ihre Rechtfertigung wird in der Tatsache gesehen, dass Anleger einem bestimmten Personenkreis (Leitungsgruppe und sonstige „Hintermänner" der Anlage) typischerweise vertrauen. Auf ein konkretes Vertrauen kommt es daher nicht an.

143 Nach der gefestigten Rechtsprechung muss im Interesse eines rechtlich gebotenen Kapitalanlegerschutzes auf eine der Wahrheit entsprechende und vollständige Aufklärung des Rechtsverkehrs über das mögliche Risiko von An-

---

[56] Vgl. zB OLG Düsseldorf I–9 U 22/08 v. 23. 6. 2008, DB 2008, 1961 ff.
[57] Vgl. BGH II ZR 210/06 v. 2. 6. 2008, BB 2008, 1978 ff. zur Haftung von Vorstandsmitgliedern wegen unrichtiger Angaben gegenüber Anlageinteressenten; zur gesteigerten Aufklärungspflicht bei dem Erwerb von Unternehmensanteilen vgl. zB BGH VIII ZR 32/00 v. 4. 4. 2001, ZIP 2001, 918 ff.; vgl. auch § 311 Abs. 2 und 3 BGB.

D. Kapitalausstattung vor Börsengang 144–147 § 21

lagen hingewirkt werden.[58] Hierzu wird eine auf einem typisierten Vertrauen fußende Haftung der Initiatoren der Anlage (bei einer AG also des Vorstands [persönlich] und ggf. auch der Aktionäre) für erforderlich gehalten. Die allgemein-zivilrechtliche Prospekthaftung **im weiteren Sinne** umfasst demgegenüber auch die Haftung aus konkret in Anspruch genommenem Vertrauen als Sachwalter oder Vertreter nach den Grundsätzen der culpa in contrahendo (s. o. Rz. 141).

Der **Anwendungsbereich** der allgemein-zivilrechtlichen Prospekthaftung 144 im engeren Sinne ist noch **nicht vollständig geklärt** und daher nicht scharf abgrenzbar. Dies gilt insb. für die Frage, unter welchen Voraussetzungen Publikationen Anknüpfungspunkt für eine Haftung sein können. Für die Praxis wird man hier aus Vorsichtsgründen von einem eher extensiven Verständnis ausgehen müssen. Jedenfalls dann, wenn es sich um eine **marktbezogene Erklärung**, dh. an eine bestimmte Zahl von Investoren gerichtete schriftliche Erklärung handelt, die für die Beurteilung der Anlage erhebliche Angaben enthält oder den Eindruck eines solchen Inhalts erwecken soll, wird man in den Anwendungsbereich der allgemein-zivilrechtlichen Prospekthaftung gelangen.

Der sich hieraus ergebende nahe liegende Gedanke, eine Haftung nach den 145 Grundsätzen der allgemein-zivilrechtlichen Prospekthaftung dadurch zu vermeiden, dass keine schriftlichen Aussagen gemacht werden, ist im vorbörslichen Stadium nur eine eingeschränkt einsetzbare Option. Sie wird nur bei einem engen potentiellen Anlegerkreis in Betracht kommen. Dann wird man aber stärker eine potentielle Haftung aufgrund vertraglicher und/oder vertragsähnlicher Ansprüche (insb. culpa in contrahendo aufgrund konkret in Anspruch genommenen Vertrauens) prüfen müssen. Einer größeren Gruppe, die zB über einen Finanzmakler erschlossen werden soll, wird man hingegen schriftliche Aussagen als Entscheidungsgrundlage vorlegen müssen. An solche knüpft dann auch die allgemein-zivilrechtliche Prospekthaftung an. Innerhalb des Anwendungsbereichs der allgemein-zivilrechtlichen Prospekthaftung kann man deshalb im Ergebnis von einer **indirekten Prospekterstellungspflicht** ausgehen.

Der BGH hat das Eingreifen der Grundsätze der allgemein-zivilrechtlichen 146 Prospekthaftung für den Fall des **Vertriebs junger Aktien** außerhalb geregelter Märkte ausdrücklich bestätigt.[59]

Der notwendige **Mindestinhalt** des nach den Grundsätzen der allgemein- 147 zivilrechtlichen Prospektpflicht zur Vermeidung der Haftung zu erstellenden Prospekts ist ebenfalls nicht klar definiert. Mit der Rechtsprechung ist von dem Maßstab auszugehen, dass der Anleger erwarten darf, durch den Prospekt über alle Umstände, die für seine Entscheidung von Bedeutung sind oder sein können, sachlich richtig und vollständig unterrichtet zu werden. Der Prospekt muss **vollständig** sein und darf **keine unrichtigen Angaben** enthalten, die sich auf erhebliche Umstände beziehen.[60] Er hat insb. auch über die Verwen-

---

[58] Vgl. grundlegend BGH II ZR 60/80 v. 6.10. 1980, BGHZ 79, 337 ff.; BGH II ZR 194/92 v. 5.7. 1993, AG 1994, 32 ff. („Hornblower-Fischer"), BGH II ZR 218/03 v. 19.7. 2004, ZIP 2004, 1599 f., BGH II ZR 402/02 v. 19.7. 2004, ZIP 2004, 1593 ff.; OLG Hamburg 11 U 213/98 v. 18.12. 2000, AG 2001, 141 ff.
[59] BGH II ZR 194/92 v. 5.7. 1993, AG 1994, 32 ff. („Hornblower-Fischer").
[60] BGH II ZR 60/80 v. 6.10. 1980, BGHZ 79, 337, 344; BGH II ZR 194/92 v. 5.7. 1993, AG 1994, 32 ff. („Hornblower-Fischer"); BGH II ZR 190/99 v. 27.11. 2000, DStR 2001, 543 ff., wonach ein Prospektfehler vorliegt, wenn der Prospekt eine den

dung des Emissionserlöses zu berichten, vor allem über Abzüge aufgrund entstandener Kosten und Provisionen.[61] Dabei ist nach der Rechtsprechung durchaus auf den relevanten Adressatenkreis und dessen Vorbildung, Erkenntnisstand und Informationsmöglichkeiten abzustellen.[62] Für die Praxis wird man sich auch außerhalb des Anwendungsbereiches des WpPG bzw. VerkProspG an den Anforderungen für den Inhalt eines Prospektes nach WpPG bzw. VerkProspG orientieren müssen.[63]

148 Mögliche **Prospektverantwortliche** und damit auch potentiell Haftende sind die Herausgeber des Prospektes sowie diejenigen, die für dessen Erstellung verantwortlich sind. In Betracht kommen daher in erster Linie das Management (so zB der Vorstandsvorsitzende[64] und die Altgesellschafter, jedenfalls die beherrschenden Gesellschafter). Darüber hinaus kommt auch eine Haftung aufgrund eigener Prospekterklärung in Betracht, insb. von Personen, die kraft Berufes oder Amtes ein besonderes Vertrauen genießen (Garantenstellung), wie zB Wirtschaftsprüfer, Rechtsanwälte, Steuerberater. Erforderlich ist insoweit jedoch, dass die betreffende Person durch ihr **nach außen in Erscheinung tretendes Mitwirken** am Prospekt einen Vertrauenstatbestand geschaffen hat.[65]

149 Ansprüche aufgrund der allgemein-zivilrechtlichen Prospekthaftung **verjähren** nach gefestigter Rechtsprechung in Anlehnung an § 46 BörsG ein Jahr nach Kenntnis, spätestens jedoch nach drei Jahren.[66] Hieran ändern auch die neuen Verjährungsregeln (§§ 194 ff. BGB) nichts.

c) Platzierungen im Ausland

150 Bei dem Vorhaben, Aktien im vorbörslichen Stadium im Ausland zu platzieren, greifen die Vorschriften des WpPG bzw. VerkProspG nicht ein, da es insoweit an einem öffentlichen Angebot im Inland fehlt. Nicht ausgeschlossen sind indessen die allgemein zivilrechtliche Prospekthaftung mit der sich ggf. daraus ergebenden Pflicht zur Erstellung eines Prospektes sowie etwaige andere zivilrechtliche (vertragliche, vertragsähnliche und/oder deliktische) Ansprüche. Bei einer Platzierung im Ausland sind darüber hinaus stets die zT. strengeren ausländischen Vorschriften über Zulassungs-, Veröffentlichungs- und sonstigen Pflichten sowie die einschlägigen zivilrechtlichen Haftungsnormen zu beachten. Im Zweifelsfall sollte von einer Platzierung im Ausland abgesehen werden;

Initiator mittelbar begünstigende Klausel über die Verteilung des Liquidationserlöses verschweigt; vgl. auch OLG Hamm 8 U 277/98 v. 4. 12. 2000, NZG 2001, 331 f. und OLG München 23 U 2136/99 v. 17. 11. 2000, EWiR 2001, 303.

[61] OLG Hamburg 11 U 213/98 v. 18. 12. 2000, AG 2001, 141 ff.
[62] Vgl. BGH XI ZR 60/80 v. 16. 11. 1993, DB 1994, 1079.
[63] Vgl. auch *Bühring* Private Placement-Rettungsanker bei der Prospektpflicht? DB 2007, 2637 ff.
[64] BGH II ZR 194/92 v. 5. 7. 1993, AG 1994, 32 („Hornblower-Fischer").
[65] BGH II ZR 209/79 v. 22. 5. 1980, BGHZ 77, 172, 175; vgl. auch OLG München 8 U 6589/98 v. 27. 4. 2000, NZG 2000, 1090 ff., nach dem Kapitalanleger zu den begünstigten Dritten gehören, die durch einen Auftrag an einen Wirtschaftsprüfer zur Erstellung eines Prospektprüfungsberichts geschützt werden sollen und OLG Karlsruhe 9 U 58/00 v. 26. 10. 2000, DB 2001, 1485 f.
[66] BGH II ZR 84/99 v. 18. 4. 2000, NJW 2001, 1203 (in diesem Fall galt allerdings noch die kürzere Verjährungsfrist von sechs Monaten nach altem Recht; die Anpassung ist an neues Recht ist noch offen, vgl. *Groß* Kapitalmarktrecht § 47 BörsG Rz. 8).

in jedem Fall sollte aber eine umfassende Begleitung durch einen ausländischen Berater erfolgen.

d) Platzierung über das Internet

Die mit einer Platzierung von Gesellschaftsanteilen über das Internet verbundenen Rechtsfragen sind nicht abschließend geklärt.[67] Für das Inland wird man bei einem Platzierungsversuch über das Internet von einem **öffentlichen Angebot** iSv. § 2 Nr. 4 WpPG ausgehen müssen, wenn Anleger im Inland angesprochen werden sollen.[68]

Darüber hinaus stellt sich die Frage nach dem für Prospektpflicht und Prospekthaftung anwendbaren Recht. Man sollte daher von dieser Möglichkeit – gerade im vorbörslichen Stadium – nur zurückhaltend Gebrauch machen und in jedem Fall einen sog. **„Disclaimer"** aufnehmen, der klarstellt, in welchen Jurisdiktionen die Aktien angeboten werden und in welchen nicht.

III. Fremdkapital

Die Alternative zu einer Eigenkapitalzufuhr durch alte oder neue Gesellschafter besteht in der Aufnahme von Fremdkapital. Dieses kann durch Gesellschafter (Gesellschafterdarlehen; hierzu unten 1.) oder Dritte (Fremddarlehen; hierzu unten 3.) bereitgestellt werden. Durchaus üblich sind – gerade im vorbörslichen Stadium – stille Beteiligungen, auf die im Folgenden (s. 2.) daher ebenfalls besonders eingegangen wird.

1. Gesellschafterdarlehen

Anstelle von Eigenkapital können die Aktionäre dem kapitalbedürftigen Unternehmen Fremdkapital in Form von Gesellschafterdarlehen gem. §§ 488 ff. BGB zuführen. Dabei gilt es bei Vorbereitung eines Börsenganges jedoch einige Besonderheiten im Auge zu behalten:

Aus gesellschaftsrechtlicher Sicht sind die Regeln über **Gesellschafterdarlehen**[69] zu beachten, nach denen Gesellschafterdarlehen in der Insolvenz grundsätzlich nachrangig behandelt werden (§ 39 Abs. 1 Nr. 5 InsO).

Aus **Kapitalmarktsicht** ist zu berücksichtigen, dass es die Attraktivität der Emission deutlich beeinträchtigen kann, wenn ein erheblicher Teil des Emissionserlöses zur Tilgung von Gesellschafterdarlehen verwendet werden soll. Dies deshalb, weil der Emissionserlös in erster Linie Investitionen der Gesellschaft und somit deren Wachstum ermöglichen und nicht der Rückführung von Darlehen, insb. Gesellschafterdarlehen, dienen soll.

Aus **steuerlicher Sicht** ist auf eine angemessene Verzinsung der Gesellschafterdarlehen zu achten, um einerseits eine erfolgswirksame Abzinsung (erforderlich bei fehlender Verzinsung und Laufzeit von mehr als einem Jahr; § 6

---

[67] Vgl. *Spindler* NZG 2000, 1058 ff. und *Groß* Kapitalmarktrecht § 3 Rz. 4.
[68] Vgl. *Groß* Kapitalmarktrecht § 3 Rz. 4.
[69] Dies entspricht der Rechtslage nach Inkrafttreten des Gesetzes der Modernisierung des GmbH-Rechts und der Bekämpfung von Missbräuchen (MoMiG) v. 23.10.2008 (BGBl. I, 2026); vgl. hierzu auch *Altmeppen*, NJW 2008, 3601. Die Regeln zum Eigenkapitalersatz nach Gesetz (zB §§ 32a, 32b GmbHG) und Rechtsprechung finden keine Anwendung mehr.

Abs. 1 Nr. 3 EStG), andererseits eine verdeckte Gewinnausschüttung zu vermeiden. Üblicherweise werden Gesellschafterdarlehen wegen der fehlenden Sicherheiten höher verzinst als Fremddarlehen – jedenfalls dann, wenn sie von neu hinzutretenden Aktionären gewährt werden. Überdies verlangen Fremddarlehensgeber häufig von den Gesellschafter-Darlehensgebern eine **Rangrücktrittserklärung** dergestalt, dass die Gesellschafterdarlehen erst nach vollständiger Tilgung der Fremddarlehen bzw. nur aus bestimmten freien Überschussmitteln zurückgeführt werden.

2. Stille Gesellschaften

a) Begriff und Bedeutung

158 Als eine vorbörsliche Finanzierungsform trifft man nicht selten so genannte stille Gesellschaften oder stille Beteiligungen an. Diese Form wird häufig aus steuerlichen Motiven gewählt (insb. in der Form der **atypischen stillen Beteiligung**; ggf. auch in der Form der typischen stillen Gesellschaft). Sie erlaubt grundsätzlich auf Ebene des stillen Gesellschafters eine steuerliche Verrechnung der ihm zuzuordnenden Verluste der Gesellschaft mit anderen Einkünften. Unbestritten ist sowohl in der handels- als auch in der aktienrechtlichen Literatur, dass eine stille Beteiligung auch an einer Aktiengesellschaft möglich ist.[70]

159 Das Rechtsinstitut der stillen Gesellschaft ist in den §§ 230 ff. HGB gesetzlich geregelt. Charakteristisches Merkmal einer stillen Gesellschaft ist die Beteiligung an einem Handelsgewerbe eines Dritten mit einer **Vermögenseinlage**, die in das Vermögen des Inhabers des Handelsgeschäfts übergeht (§ 230 Abs. 1 HGB). Vertragspartner der stillen Gesellschafter sind der stille Gesellschafter und das Unternehmen (also zB die AG oder GmbH, nicht deren Gesellschafter). Nach dem gesetzlichen Leitbild der §§ 230 ff. HGB nimmt der stille Gesellschafter am Gewinn und Verlust des Handelsgewerbes teil (§§ 231, 232 HGB). Ihm stehen bestimmte **Kontrollrechte** zu (§ 233 HGB), nämlich insb. das Recht, die abschriftliche Mitteilung des Jahresabschlusses zu verlangen und dessen Richtigkeit unter Einsicht der Bücher und Papiere zu prüfen (§ 233 Abs. 1 HGB); das weiter gehende Kontrollrecht des § 716 Abs. 1 BGB steht dem stillen Gesellschafter indessen nach der gesetzlichen Regelung nicht zu (§ 233 Abs. 2 HGB).

160 Die gesetzlichen Bestimmungen über eine stille Gesellschaft werden in der Praxis, insb. bei einer vorbörslichen Beteiligung –, zulässigerweise, da die §§ 230 ff. HGB weitgehend **dispositiv** sind[71] – stark modifiziert oder ergänzt. So ist es durchaus nicht unüblich, dass der stille Gesellschafter nicht nur am Gewinn und Verlust des Handelsgewerbes partizipiert, sondern auch im Falle der Beendigung der stillen Gesellschaft an den zwischenzeitlich entstandenen **stillen Reserven** („good will"). Dies geht über die in §§ 231 HGB vorgesehene Gewinn- und Verlustbeteiligung hinaus. Ferner werden dem stillen Gesellschafter häufig **Verwaltungsrechte** eingeräumt, die über die in § 233 HGB geregelten Rechte hinausgehen. Dies kann im Einzelfall so weit gehen, dass sich der Inhaber des Handelsgewerbes verpflichtet, bestimmte Maßnahmen nur mit Zustimmung des stillen Gesellschafters durchzuführen.

---

[70] Vgl. *Hüffer* AktG § 292 Rz. 15; *Blaurock* Handbuch der Stillen Gesellschaft Rz. 200.
[71] *Blaurock* Handbuch der Stillen Gesellschaft Rz. 27 ff.

D. Kapitalausstattung vor Börsengang

Orientiert sich die Ausgestaltung der stillen Gesellschaft weitgehend an dem gesetzlichen Leitbild (dh. insb. lediglich Gewinn- und Verlustbeteiligung sowie die gesetzlich vorgesehenen Kontrollrechte), spricht man von einer **typischen stillen Gesellschaft**. Werden demgegenüber Modifizierungen in der Weise vorgenommen, dass der stille Gesellschafter auch an den Wertsteigerungen partizipiert und ihm weiter gehende Informations-, Kontroll- und/oder Zustimmungsrechte eingeräumt, spricht man von einer **atypischen stillen Gesellschaft**.[72]

Beabsichtigt das Unternehmen eine Vielzahl stiller Gesellschafter einzuwerben, ist zu berücksichtigen, dass in einem solchen Fall vorformulierte Vertragsbedingungen – unabhängig von der Bereichsausnahme des § 310 Abs. 4 BGB – gem. §§ 157, 242 BGB einer ähnlichen objektiven Auslegung und **Inhaltskontrolle** unterliegen wie AGB (§§ 305 ff. BGB).[73] Ferner sind bei der Aufnahme einer Vielzahl von stillen Gesellschaftern die bereits dargestellten Grundsätze zur zivilrechtlichen Haftung, insb. zur Prospekthaftung (s. o. Rz. 129 ff.) zu beachten.[74]

b) Handelsbilanzielle und steuerliche Behandlung

Da die Einlage des stillen Gesellschafters gem. § 230 HGB in das Vermögen des Unternehmens (also zB das der AG) übergeht, ist der **Einlagegegenstand** beim Geschäftsinhaber (AG) nach den allgemeinen Grundsätzen zu **aktivieren**. Da die Einlage aus Sicht der AG ein Erwerbsgeschäft ist, dürfen auch immaterielle Vermögensgegenstände aktiviert werden; das Aktivierungsverbot nach § 248 Abs. 2 HGB greift nicht.[75]

Das **Einlageguthaben** des stillen Gesellschafters ist grds. als **Verbindlichkeit zu passivieren**. Nur in Ausnahmefällen (Rangrücktritt des stillen Gesellschafters, erfolgsabhängige Einlage, die bis zur vollen Höhe am Verlust partizipiert, und Dauerhaftigkeit der Kapitalüberlassung) ist die Passivierung als Eigenkapital denkbar.[76]

Die Unterscheidung zwischen einer atypischen stillen Gesellschaft und einer typischen stillen Gesellschaft ist aus **steuerlicher Sicht** – jedenfalls für den stillen Gesellschafter – eine entscheidende Weichenstellung. Diese besteht darin, dass eine stille Beteiligung steuerlich im Wesentlichen wie die Hingabe eines Darlehens und die Erträge somit als Einkünfte aus Kapitalvermögen behandelt werden.[77] Die Begründung einer atypisch stillen Gesellschaft stellt demgegenüber aus steuerlicher Sicht eine so genannte **Mitunternehmerschaft** (§ 15 EStG) dar.[78] Die Einkünfte aus einer solchen Mitunternehmerschaft sind demgemäß gewerbliche Einkünfte iSv. § 15 EStG. Dies kann für den atypisch still Beteiligten folgende gravierende Konsequenzen haben:

---

[72] Vgl. *Blaurock* Handbuch der Stillen Gesellschaft Rz. 63 ff.
[73] BGH II ZR 32/94 v. 10.10. 1994, NJW 1995, 192 ff.; BGH II ZR 218/00 v. 27.11. 2000, NZG 2001, 316 ff.
[74] OLG Hamburg 11 U 213/98 v. 18.12. 2000, AG 2001, 141 ff.
[75] Vgl. zum Ganzen *Zacharias/Hebig/Rinnewitz* Die atypisch stille Gesellschaft, 93 ff.
[76] *Zacharias/Hebig/Rinnewitz* Die atypisch stille Gesellschaft, 100 ff.
[77] *Blaurock* Handbuch der Stillen Gesellschaft Rz. 1191, 1195 ff.; vgl. ausführlich OFD Ffm. v. 14.3. 2001, DStR 2001, 1159 ff. und *Schmidt/Wacker* § 15 Rz. 340 ff.
[78] *Blaurock* Handbuch der Stillen Gesellschaft Rz. 1192, 1235 ff.; vgl. ausführlich OFD Ffm. v. 14.3. 2001, DStR 2001, 1159 ff. und *Schmidt/Wacker* § 15 Rz. 340 ff.

166 Aktien der Gesellschaft, an der der atypisch Stille beteiligt ist und die von ihm gehalten werden, gehören zum so genannten steuerlichen **Sonderbetriebsvermögen** des still Beteiligten.[79]

167 Wandelt der atypisch still Beteiligte seine stille Beteiligung im Wege der **Sachkapitalerhöhung** in eine Beteiligung als Aktionär um, so stellt dies aus steuerlicher Sicht die Einbringung eines Mitunternehmeranteils in die AG gegen Gewährung von Anteilen an dieser Kapitalgesellschaft dar. Aktien, die der atypisch still Beteiligte unabhängig von der atypisch stillen Beteiligung hält und die steuerlich zum **Sonderbetriebsvermögen** gehören, müssten damit grds. als steuerlicher Teil des Mitunternehmeranteils bei der Wandlung der atypisch stillen Beteiligung in eine aktienrechtliche Beteiligung miteingebracht werden. Eine gesellschaftsrechtlich oft problematische Einbringung eigener Aktien in die Aktiengesellschaft wird steuerlich allerdings nicht verlangt. Folge ist jedoch, dass auch die gesellschaftsrechtlich nicht eingebrachten Aktien steuerlich als eingebracht und damit als **einbringungsgeborene Anteile** gelten.[80]

c) Ablauf und typische Vertragsbestandteile

168 Der Ablauf einer stillen Beteiligung vollzieht sich idR wie der Ablauf einer Venture-Capital-Beteiligung, dh. einschließlich Due Diligence (s. o. Rz. 113 ff.). Dieser Umstand sollte vor allem auch unter zeitlichen Gesichtspunkten berücksichtigt werden.

169 Der Vertragsinhalt eines stillen Gesellschaftsvertrages umfasst für gewöhnlich die Verpflichtung zur Leistung der Einlage des stillen Gesellschafters, Regeln zur Geschäftsführung (also zB zustimmungspflichtige Geschäfte), Regeln zu Jahresabschluss, Gewinn- und Verlustbeteiligung und Entnahmen, Bestimmungen über Informations- und Kontrollrechte des stillen Gesellschafters sowie Regelungen zur Beendigung der stillen Gesellschaft (insb. durch Kündigung) und deren Folgen.

d) Aktienrechtliche Besonderheiten

170 aa) **Stille Beteiligung als Teilgewinnabführungsvertrag.** Wie bereits erwähnt, wird die stille Beteiligung an einer Aktiengesellschaft allgemein für zulässig gehalten (s. o. Rz. 158). Ferner besteht Einigkeit darüber, dass eine stille Beteiligung die Voraussetzungen eines Teilgewinnabführungsvertrages iSv. § 292 Abs. 1 Nr. 2 AktG erfüllt[81] und somit ein Unternehmensvertrag iSd. §§ 291 ff. AktG ist.

171 Dies gilt nach der hM auch für die atypische stille Gesellschaft, und zwar unabhängig vom Umfang der dem stillen Gesellschafter eingeräumten Mitwirkungsrechte. Der Auffassung, dass bei einer atypischen stillen Gesellschaft, bei der dem Stillen Geschäftsführungsbefugnisse zustehen, ein eigenständiges Unternehmen vorliege, welches einen eigenen Gewinn erziele, der zwischen AG

---

[79] Vgl. OFD München v. 2. 4. 2001 (dort Nr. 4), DStR 2001, 1032 f.
[80] Vgl. Tz. 20.11 UmwStErl. S. zur entsprechenden Problematik auch § 12 R. 140.
[81] Vgl. aus der Rechtsprechung: OLG Celle 9 U 41/95 v. 15. 5. 1996, AG 1996, 370; OLG Düsseldorf 17 U 201/95 v. 12. 7. 1996, AG 1996, 473 sowie aus der Literatur *Hüffer* AktG § 292 Rz. 15; *Blaurock* Handbuch der Stillen Gesellschaft Rz. 340 ff.; *Zacharias/Hebig/Rinnewitz* Die atypisch stille Gesellschaft, 52.

und dem stillen Gesellschafter aufgeteilt werde, ist nicht zu folgen. Denn handels- und gesellschaftsrechtlich verbleibt es unabhängig von der Ausgestaltung der stillen Gesellschaft dabei, dass es sich bei der stillen Gesellschaft um eine reine **Innengesellschaft** ohne Gesamthandsvermögen handelt (vgl. § 230 Abs. 1 HGB, nach dem die Einlage in das Vermögen der AG übergeht) und somit in jedem Fall ein Teil des Gewinns der AG an den stillen Gesellschafter abgeführt wird.[82]

Ausnahmen von dem Grundsatz, dass es sich bei stillen Beteiligungsverträgen um Teilgewinnabführungsverträge iSv. § 292 Abs. 1 Nr. 2 AktG handelt, bestehen allerdings bei einer fest verzinslichen Einlage[83] und im Rahmen von § 292 Abs. 2 AktG (also zB. bei stillen Beteiligungen von Mitgliedern des Vorstandes und Aufsichtsrats aufgrund ihrer Organstellung).[84] 172

Dies bedeutet, dass es zur Wirksamkeit einer stillen Gesellschaft zunächst eines **zustimmenden Beschlusses der Hauptversammlung** mit einer Mehrheit von drei Vierteln der vertretenen Stimmen bedarf (§ 293 Abs. 1 AktG). Der Vertrag über die stille Gesellschaft bedarf ferner der **Schriftform**; er ist von der Einberufung der Hauptversammlung an auszulegen und den Aktionären auf Verlangen zu übersenden (§ 293 Abs. 3 AktG). Der Unternehmensvertrag stille Gesellschaft ist gem. § 294 Abs. 1 AktG vom Vorstand zur **Eintragung in das Handelsregister** anzumelden; er wird erst mit dessen Eintragung wirksam (§ 294 Abs. 2 AktG). Ebenso sind für die Änderung, Aufhebung und Kündigung die aktienrechtlichen Normen über Unternehmensverträge anzuwenden (§§ 295 bis 299 AktG). 173

bb) Fehlerhafte Verträge. Leidet ein Vertrag über die Errichtung einer stillen Gesellschaft an einem Mangel, so ist dieser nach der Rechtsprechung und hM gleichwohl nicht anfechtbar oder nichtig. Auf ihn sind vielmehr die Grundsätze der fehlerhaften Gesellschaft anwendbar. Dies bedeutet, dass anstelle der Anfechtbarkeit oder Nichtigkeit das Recht der Parteien zur fristlosen Kündigung tritt.[85] Dieser Auffassung ist sicherlich grds. zu folgen. Fraglich aber ist, ob die Grundsätze der fehlerhaften Gesellschaft auch dann anwendbar sind, wenn entgegen § 293 AktG die Zustimmung der Hauptversammlung der AG fehlt. In diesem – so weit ersichtlich bislang nicht erörterten – Fall wird man die Grundsätze der fehlerhaften Gesellschaft nicht anwenden können und von der **Unwirksamkeit** des Vertrages über die stille Gesellschaft ausgehen müssen. Anderenfalls würde der Schutzzweck des § 293 AktG (Mitwirkungsrechte der Aktionäre) unterlaufen. 174

cc) Anwendbare Vorschriften. Der gem. § 150 Abs. 2 AktG in die gesetzliche Rücklage einzustellende Teil darf nicht um den auf den stillen Gesellschafter entfallenden Anteil des Jahresüberschusses gemindert werden (§ 300 Nr. 2 AktG). Diese Sonderregelung erklärt sich vor dem handelsbilanziellen Hintergrund, dass die Verpflichtung zur Abführung eines Teiles des Gewinns 175

---

[82] Vgl. *Hüffer* AktG § 292 Rz. 15; *Blaurock* Handbuch der Stillen Gesellschaft Rz. 345; *Zacharias/Hebig/Rinnewitz* Die atypisch stille Gesellschaft, 52.
[83] Vgl. BayObLG 3Z BR 38/01 v. 7. 2. 2001, NZG 2001, 408.
[84] Siehe *Hüffer* AktG § 292 Rz. 27.
[85] BGH II ZR 158/69 v. 29. 6. 1970, NJW 1971, 375 ff.; BGH II ZR 136/92 v. 24. 5. 1993, NJW 1993, 2107 f.; OLG Dresden 8 U 630/02 v. 19. 6. 2002, ZIP 2002, 1293 ff.; vgl. auch *Blaurock* Handbuch der Stillen Gesellschaft Rz. 557 ff.; *Zacharias/Hebig/Rinnewitz* Die atypisch stille Gesellschaft, 56 ff.

eine Verbindlichkeit darstellt, die den Jahresüberschuss mindert, und nicht als Gewinnverwendung zu verstehen ist. Ziel des § 300 Nr. 2 AktG ist es, die gesetzliche Rücklage der Höhe nach von dem Bestehen einer stillen Gesellschaft unabhängig zu gestalten.

176 Nicht anwendbar auf Teilgewinnabführungsverträge und damit auch auf stille Beteiligungen sind indessen die nur für Beherrschungs- und Gewinnabführungsverträge geltenden Vorschriften zur Verlustübernahme (§ 302 AktG), zum Gläubigerschutz (§ 303 AktG) sowie zu Ausgleichszahlungen (§ 304 AktG) und Barabfindungsangebot (§ 30 AktG). Ebenso wenig findet die spezielle Beendigungsnorm des § 307 AktG (Beendigung bei nachträglicher Beteiligung eines außenstehenden Aktionärs) auf eine stille Gesellschaft Anwendung.

177 **dd) Schicksal bei Umwandlung einer GmbH.** Ist das an die Börse strebende Unternehmen noch in der Rechtsform einer GmbH organisiert, finden die §§ 291 ff. AktG im Falle einer stillen Beteiligung nach hM **keine (analoge) Anwendung.**[86] Eine stille Gesellschaft kann daher durch die Geschäftsführung als Geschäftsführungsmaßnahme ohne Beschluss der Gesellschafterversammlung wirksam begründet werden. Etwaige Beschränkungen in der Satzung und/oder durch Gesellschafterweisungen wirken allein im Innenverhältnis. Fraglich ist, ob die stille Gesellschaft bei einer Umwandlung der GmbH in eine AG (durch Verschmelzung oder Formwechsel) bestehen bleibt oder ob es insoweit eines zustimmenden Beschlusses der Hauptversammlung der (neuen) AG und der Eintragung im Handelsregister bedarf. Aufgrund des Prinzips der **Gesamtrechtsnachfolge** im Falle der Verschmelzung **bzw.** einer **fehlenden Vermögensübertragung** im Falle des Formwechsels bleibt die stille Beteiligung bei der übernehmenden AG bzw. der formgewechselten AG bestehen. Einer Zustimmung durch die Hauptversammlung und einer Eintragung in das Handelsregister bedarf es nicht. Da diese Auffassung aber derzeit noch nicht höchstrichterlich bestätigt ist, empfiehlt es sich aus Gründen der Vorsicht für die **Praxis**, im Falle einer Verschmelzung einer GmbH auf eine AG bzw. im Falle eines Formwechsels einer GmbH in eine AG, dass die Hauptversammlung der AG im Zuge der Umwandlung dem Vertrag über die stille Beteiligung ausdrücklich zustimmt und dieser zusammen mit der Umwandlung zur Eintragung in das Handelsregister angemeldet wird.

178 **ee) Aktienrechtliche Grenzen der Einflussnahme des stillen Gesellschafters.** Da Aktienrecht weitgehend zwingendes Recht ist (§ 23 Abs. 5 AktG), stellt sich die Frage, ob und in welchem Umfang (gesetzliche oder vertraglich vereinbarte) Rechte des stillen Gesellschafters mit aktienrechtlichen Normen zu vereinbaren sind. Dabei geht es insb. um das Verhältnis von Kontrollrechten und Zustimmungsvorbehalten zugunsten des stillen Gesellschafters einerseits sowie der Verschwiegenheitspflicht (§ 93 Abs. 1 Satz 2 AktG) und der aktienrechtlichen Geschäftsführungs- und Vertretungskompetenzordnung andererseits. Hierzu wird man unterscheiden müssen:

179 Die in § 233 HGB vorgesehenen Kontrollrechte des **typisch** stillen Gesellschafters stehen nicht in Widerspruch zu zwingendem Aktienrecht. Da es lediglich um die Mitteilung des Jahresabschlusses sowie das Recht zur Prüfung desselben unter Einsichtnahme in die Bücher und Papiere der Gesellschaft geht, ist

---

[86] Siehe *Blaurock* Handbuch der Stillen Gesellschaft Rz. 353 ff.; *Zacharias/Hebig/Rinnewitz*, Die atypische stille Gesellschaft, S. 53; aA *Weigl* GmbHR 2002, 778 ff. mwN.

die Kompetenzordnung innerhalb der Gesellschaft nicht tangiert. Auch kollidieren diese Rechte nicht mit der Verschwiegenheitspflicht des Vorstands. Hinsichtlich der abschriftlichen Mitteilung des Jahresabschlusses folgt dies bereits aus der Offenlegungspflicht gem. § 325 HGB. Aber auch das Prüfungs- und Einsichtsrecht gem. § 233 Abs. 1 HGB ist regelmäßig unbedenklich.[87]

Werden bei einer **atypisch** stillen Beteiligung dem stillen Gesellschafter indessen umfangreiche Zustimmungsvorbehalte und weit gehende Informations- und Kontrollrechte eingeräumt, verstößt dies gegen zwingendes Aktienrecht.[88] Zustimmungsvorbehalten steht die unbeschränkbare Geschäftsführungs- und Vertretungskompetenz des Vorstandes (vgl. nur § 111 Abs. 4 Satz 2 AktG) entgegen. Informations- und Kontrollrechten setzt die Verschwiegenheitspflicht gem. § 93 Abs. 1 Satz 2 AktG Grenzen.

3. Fremddarlehen

Die klassische Form von Fremdmitteln besteht in der Aufnahme von Bankdarlehen gem. §§ 488 ff. BGB. Diese sind für die Gesellschaft mit drei erheblichen Folgen verbunden: Zum ersten verlangen die Banken in aller Regel die **Stellung von Sicherheiten** (ggf. auch von den Aktionären). Bisweilen – nämlich bei sog. Nachrangkapital – wird hierauf auch verzichtet (s. u. Rz. 183). Zum Zweiten besteht eine **Zinsbelastung**, deren Höhe vor allem von der Stellung ausreichender Sicherheiten und der sonstigen Kreditwürdigkeit der Gesellschaft abhängt. Und zum Dritten ist das Darlehen schließlich zurückzuzahlen. Die beiden letztgenannten Aspekte sind bei der Liquiditätsplanung zu berücksichtigen.

IV. Hybride Finanzierungsformen

1. Wandelschuldverschreibungen

Sowohl AG als auch KGaA können gem. § 221 AktG Wandelschuldverschreibungen ausgeben. Hierbei handelt es sich um Schuldverschreibungen, die dem Gläubiger das Recht gewähren, seinen Anspruch auf Rückzahlung des Nennbetrages gegen eine bestimmte Zahl von Aktien einzutauschen. Dem Gläubiger steht nach hM eine Ersetzungsbefugnis zu, die ihm das Wahl- und Gestaltungsrecht gibt, unter Aufgabe seines Gläubigerrechts Aktionär zu werden.[89] Bedient werden Wandelschuldverschreibungen aus eigens hierfür geschaffenem bedingten Kapital gem. § 192 Abs. 2 Nr. 1 AktG. Im Zusammenhang mit Börsengängen sind Wandelschuldverschreibungen als Finanzierungsmittel bisweilen gebräuchlich und werden dann auch als **Going-Public-Anleihe** bezeichnet. Das Wandlungsrecht des Investors ist dabei häufig (aber nicht notwendigerweise) an den Börsengang geknüpft. Das Wandlungsverhältnis bestimmt sich dann zB nach dem Emissionspreis. Kommt es nicht zum Börsengang oder wird das Wandlungsrecht nicht ausgeübt, ist die Anleihe zuzüglich einer „Rückzahlungsprämie" zurückzuzahlen. Aus Sicht der Gesellschaft sollte darauf geachtet werden, dass auch diese das Recht hat, bei einem Börsen-

---

[87] Vgl. *Bachmann/Veil* ZIP 1999, 348, 350 ff.
[88] Vgl. *Bachmann/Veil* ZIP 1999, 348, 349 ff.
[89] *Hüffer* AktG § 221 Rz. 4 f.

gang die Wandlung zu verlangen. Nur so kann sichergestellt werden, dass das Unternehmen nicht unmittelbar nach der Emission mit einer Rückzahlungsforderung belastet wird. Eine solche Rückzahlung würde nicht nur die Gesellschaft liquiditätsmäßig belasten, sondern kann sich – da idR prospektpflichtig – ggf. auch negativ auf die Emissionschancen auswirken. Der Zinssatz für Going-Public-Anleihen liegt zumeist unter dem marktüblichen Satz für einfache Darlehen. Diese Umstände führen dazu, dass Going-Public-Anleihen für Unternehmen eine kostengünstige Finanzierungsform darstellen.

2. Nachrangkapital

183 Unter Nachrangkapital wird Fremdkapital verstanden, bei dem der Kapitalgeber mit seiner Darlehensforderung hinter Ansprüche anderer Fremdkapitalgeber zurücktritt. Jedoch wird die Darlehensforderung vor der Realisierung der Wertsteigerung durch die Gesellschafter bzw. vor der Rückgewähr der Einlage an diese zurückgezahlt. Diese Form der Finanzierung wird auch als **Mezzanine-Finanzierung** bezeichnet. Der Rangrücktritt wird wirtschaftlich durch eine höhere Verzinsung ausgeglichen. An Stelle einer höheren Verzinsung oder zusätzlich zu einer bestimmten Verzinsung sehen Mezzanine-Darlehen häufig auch einen sog. **Equity-Kicker** vor, nach dem der Darlehensgeber zur Übernahme von Anteilen im Wege einer direkten Beteiligung oder zur Teilhabe am Wertsteigerungserlös (zB bei dem Verkauf des Unternehmens) berechtigt ist.

V. Herstellen des geeigneten Grundkapitals

1. Einleitung

184 Für Fragen der Kapitalausstattung ist zwischen dem gezeichneten Kapital (Grundkapital bei der AG, Stammkapital bei der GmbH) und dem Eigenkapital zu unterscheiden. Das gezeichnete Kapital (vgl. § 266 Abs. 3 Buchst. A I. Nr. 1 HGB) ist Teil des Eigenkapitals und ua. bedeutsam für die Frage, in welcher Höhe ein Gesellschafter an der Gesellschaft beteiligt ist. Die sich hieraus ergebenden Verhältnisse sind zB bei Kapitalerhöhungen zur Aufnahme neuer Gesellschafter (zB im Rahmen eines Börsenganges) von Bedeutung. **Beispiel:** Eine AG verfügt über ein Grundkapital von € 60 000. Ihr Unternehmenswert beträgt € 30 Mio. Aufgenommen werden soll ein Investor im Wege der Kapitalerhöhung, der anschließend zu 25 % am Unternehmen beteiligt ist. Das Grundkapital ist hierzu von € 60 000 um € 20 000 (die der Investor zeichnet) auf € 80 000 zu erhöhen. Um den Unternehmenswert von € 30 Mio. auszugleichen, muss der Investor insgesamt eine Einlage von € 10 Mio. leisten (davon € 20 000 als Grundkapital und € 9 980 000 als Aufgeld oder Agio gem. § 272 Abs. 2 Nr. 1 HGB). Er ist dann zu 25 % am Grundkapital (€ 20 000 von € 80 000) und zu 25 % am Unternehmenswert [€ 10 Mio. Einlage vs. € 40 Mio. Unternehmenswert nach Kapitalerhöhung (€ 30 Mio. Unternehmenswert vor Kapitalerhöhung zuzüglich € 10 Mio. Einlage)] beteiligt.

185 In aller Regel verfügen viele börsenwillige Unternehmen zunächst nur über ein Grundkapital in Höhe des gesetzlich vorgesehenen **Mindestgrundkapitals** von € 50 000 (vgl. § 7 AktG). Bliebe dies bis zu einem Börsengang unverändert, so wären damit einige erhebliche Nachteile verbunden, die einen

D. Kapitalausstattung vor Börsengang

Börsengang faktisch verhindern würden. Zum einen könnten nur sehr wenige Aktien platziert werden. Dies ist Folge des aktienrechtlichen Erfordernisses eines (bei Stückaktien rechnerischen) Mindestnennbetrages von € 1 je Aktie (§ 8 Abs. 2 Satz 1 bzw. § 8 Abs. 3 Satz 3 AktG). Zum anderen wäre der Emissionspreis oder spätere Börsenkurs je Aktie sehr hoch. Geht man zB von einem Unternehmenswert (bei Emission) von € 250 Mio. und einer Aktienanzahl von 50 000 aus, betrüge der Kurs je Aktie € 5000, was die börsenmäßige Handelbarkeit der Aktie zumindest für Kleinanleger praktisch ausschließt.[90]

Aus diesen Gründen muss im Vorfeld des Börsenganges das **Grundkapital** 186 der Gesellschaft entsprechend **erhöht** werden. Im Beispielsfall (Rz. 185) würde sich zB ein Grundkapital von € 10 Mio. anbieten. Der Emissionspreis je Aktie würde demnach € 25 betragen (€ 250 Mio. Unternehmenswert dividiert durch 10 Mio. Aktien = € 25 je Aktie). Welches Grundkapital angemessen ist, kann nur im Einzelfall und unter Berücksichtigung des möglichen **Unternehmenswertes** festgelegt werden. Um auf das angezeigte Grundkapital zu kommen, stehen den Altgesellschaftern verschiedene Wege zur Verfügung, die nachfolgend skizziert werden.

2. Kapitalerhöhung gegen Bar- oder Sacheinlagen

Zum einen könnten die Altgesellschafter das Grundkapital im Wege einer 187 ordentlichen Kapitalerhöhung erhöhen. Bei dieser müssten die Altgesellschafter noch einmal Mittel aufbringen, was jedoch – wenn alle Aktionäre mitziehen – auch im Wege einer Nominalkapitalerhöhung (dh. ohne Aufgeld) erfolgen kann. Hiervon wird häufig Gebrauch gemacht, wobei sich die Altaktionäre die zur Kapitalerhöhung benötigten Barmittel zumeist von den Emissionsbanken leihen, sodann im Rahmen der Emission einen Teil ihrer Aktien veräußern (zB als Teil des Greenshoe) und den Veräußerungserlös zur Rückführung des Darlehens verwenden.

3. Kapitalerhöhung aus Gesellschaftsmitteln

Alternativ ist an eine **Barkapitalerhöhung aus Gesellschaftsmitteln** zu 188 denken. Die erforderlichen Rücklagen können zB aus dem Aufgeld einer früheren Barkapitalerhöhung stammen, welches beispielsweise in Venture-Capital-Geber in die Gesellschaft eingezahlt hat. Bei der Kapitalerhöhung aus Gesellschaftsmitteln sind die Vorschriften der §§ 207 ff. AktG zu beachten. Unter zeitlichen und organisatorischen Aspekten ist insb. darauf hinzuweisen, dass der Kapitalerhöhung eine **Bilanz zugrunde zu legen** ist, die bei der Anmeldung des Beschlusses zur Eintragung in das Handelsregister nicht älter als acht Monate sein darf (§ 209 Abs. 1 AktG). Für die Umwandlungsfähigkeit von Rücklagen ist ferner das Ausweiserfordernis gem. § 208 Abs. 1 AktG von Bedeutung. An einer Kapitalerhöhung aus Gesellschaftsmitteln nehmen – zwingend – alle Aktionäre im Verhältnis ihrer Anteile teil (§ 212 AktG).

---

[90] Vereinzelt wird von einem Unternehmen – jedoch auch bewusst ein hoher Emissionskurs angestrebt, um den Kreis möglicher Zeichner weitgehend auf institutionelle Anleger zu beschränken.

4. Aufdeckung stiller Reserven

189 Eine selbstverständlich jederzeit mögliche Variante, handelsbilanziell ein höheres Eigenkapital zu zeigen, welches anschließend im Wege der Kapitalerhöhung aus Gesellschaftsmitteln in Grundkapital umgewandelt werden kann (s. o. Rz. 188), besteht darin, gebildete stille Reserven durch eine Veräußerung des betreffenden Vermögensgegenstandes zu realisieren und zu zeigen. Von dieser Möglichkeit wird im Vorfeld eines Börsengangs zur Herstellung des geeigneten Grundkapitals jedoch erfahrungsgemäß selten Gebrauch gemacht. Hierfür sind im Wesentlichen zwei Gründe ausschlaggebend: Zum einen bedeutet eine handelsbilanzielle Aufdeckung stiller Reserven idR (zu möglichen Ausnahmen s. Rz. 190 f.) auch einen **steuerpflichtigen Vorgang**. Zum anderen werden die börsenwilligen Unternehmen – insb. junge Unternehmen – nicht über nennenswerte stille Reserven in Vermögensgegenständen verfügen, die im Vorfeld eines Börsenganges veräußert werden könnten. Typischerweise liegen die stillen Reserven in (zumeist selbst geschaffenen) immateriellen Vermögensgegenständen (zB Software, Know-how, Kundenstamm, Marken, Goodwill), die für einen erfolgreichen Börsengang unverzichtbar sind. In derartigen Situationen kann jedoch möglicherweise das Verschmelzungsmodell (s. u. Rz. 190) oder die Veräußerung von Kapitalgesellschaftsanteilen (s. u. Rz. 191) helfen.

a) Verschmelzung

190 Der Weg in die AG ist in der Variante denkbar, dass ein bestehendes Unternehmen im Wege der Verschmelzung gem. §§ 2 ff. UmwG auf eine neue gegründete AG verschmolzen wird. Die Einzelheiten zur Verschmelzung werden an anderer Stelle näher dargelegt (s. o. § 14 Rz. 1 ff.). Dieser Weg eröffnet die Möglichkeit, die Verschmelzung handelsbilanziell unter Aufdeckung stiller Reserven, **steuerlich** jedoch **zu Buchwerten** durchzuführen.[91] Insoweit besteht keine Maßgeblichkeit der Handelsbilanz für die Steuerbilanz. Auf diese Weise kann sich eine AG handelsbilanziell ein erhöhtes Eigenkapital durch Umwandlung stiller Reserven – und zwar auch solcher in ansonsten gem. § 248 Abs. 2 HGB nicht aktivierungsfähigen selbst geschaffenen immateriellen Vermögensgegenständen – schaffen, welches später durch eine Kapitalerhöhung aus Gesellschaftsmitteln in Grundkapital umgewandelt werden kann, um so das für einen Börsengang erforderliche Mindestgrundkapital darzustellen. Dieser Umstand liegt darin begründet, dass handelsbilanziell der aufnehmenden Gesellschaft das Wahlrecht zusteht, ob sie die übergegangenen Wirtschaftsgüter zum Buchwert oder zu einem höheren Wert ansetzt (§ 253 Abs. 1 HGB, § 24 UmwG). Ertragsteuerlich wird demgegenüber der übertragenden Gesellschaft das Wahlrecht eingeräumt (vgl. § 11 Abs. 2 UmwStG, nachdem auf Antrag der Übertragenden eine Buch- oder Zwischenwertfortführung möglich ist).[92]

---

[91] Zur früheren Rechtslage vgl. Voraufl. § 19 Rz. 190 und auch *Rödder* DB 1998, 998 f.
[92] Vgl. *Rödder/Herlinghaus/van Lishaut*, UmwStG § 11 Rz. 10, 54, 64.

D. Kapitalausstattung vor Börsengang 191–194 § 21

b) Veräußerung von Kapitalgesellschaftsanteilen

Eine weitere – jedoch nur in Ausnahmefällen – in Betracht kommende Variante der handelsbilanziellen Aufdeckung stiller Reserven ohne korrespondierende Steuerpflicht ist durch die Unternehmenssteuerreform eröffnet worden. So können Kapitalgesellschaften gem. § 8b Abs. 2 und 3 KStG **Anteile** an Kapitalgesellschaften nahezu **ertragsteuerfrei veräußern** und so den Veräußerungserlös im Wesentlichen steuerfrei vereinnahmen. Diese Möglichkeit zur Herstellung eines erhöhten bilanziellen Eigenkapitals können sich zB Unternehmen zunutze machen, die über Beteiligungen mit stillen Reserven verfügen, welche nicht zum Kerngeschäft des Unternehmens zählen und daher nicht mit an die Börse gebracht, sondern zuvor veräußert werden sollen. Ferner ist dieser Weg zB auch bei konzerninternen Umstrukturierungen eröffnet. **191**

VI. Beschaffung der zu platzierenden Aktien

Eine bei Erarbeitung des Emissionskonzeptes zu beantwortende Frage ist die, welche Aktien zu platzieren sind. Rechtstechnisch (gesellschaftsrechtlich) ist die Emission zum einen durch Verkauf von Aktien durch die Aktionäre und zum anderen durch einen Verkauf der durch eine Kapitalerhöhung gegen Bareinlagen (§ 182 Abs. 1 AktG) geschaffenen jungen Aktien möglich. Während im ersten Fall der durch den Börsengang erzielte Verkaufserlös den Altaktionären zufließt, profitiert im zweiten Fall das Unternehmen selbst von dem Emissionserlös. Denkbar – und in der Praxis auch nicht unüblich – ist eine Kombination beider Wege, wobei der Kapitalmarkt grds. eine Barkapitalerhöhung präferiert, da die auf dem Kapitalmarkt beschafften Mittel bei dieser Alternative dem Unternehmen für weiteres Wachstum zur Verfügung stehen. **192**

Aus **steuerlicher Sicht** ist bei einem Verkauf von Aktien durch die Aktionäre iRd. Börsenganges darauf zu achten, dass die Kosten der Börseneinführung anteilig von den verkaufenden Altaktionären getragen werden, weil anderenfalls die Gefahr einer **verdeckten Gewinnausschüttung** droht.[93] Dem entspricht **aktienrechtlich** das **Verbot der Einlagenrückgewähr** gem. § 57 AktG. **193**

Eine bei Börseneinführung durch Kapitalerhöhung (§ 182 Abs. 1 AktG) zu nehmende Hürde liegt in dem **Bezugsrecht** jedes Aktionärs (§ 186 Abs. 1 AktG). Wenn die Aktionäre eine Eigenkapitalzufuhr von außen wünschen, ist es unverzichtbar, dass sie auf ihr Bezugsrecht verzichten oder das Bezugsrecht nicht ausüben. Für Aktiengesellschaften mit einem überschaubaren Aktionärskreis – was bei Erstemissionen der Regelfall sein wird – stellt das Bezugsrecht insofern in aller Regel kein praktisches Problem dar. Die in § 186 Abs. 5 AktG vorgesehene Möglichkeit eines mittelbaren Bezugsrechts (dabei werden die neu geschaffenen Aktien von einem Kreditinstitut mit der Verpflichtung übernommen, sie den Aktionären zum Bezug anzubieten und – wenn diese von ihrem Bezugsrecht keinen Gebrauch machen – an der Börse zum Kauf anzubieten) stellt für eine Erstemission aufgrund der zu beachtenden Fristen kein prakti- **194**

---

[93] Zur umsatzsteuerlichen Behandlung (Vorsteuerabzug) der Börseneinführungskosten vgl. OFD München v. 25. 5. 2000, DB 2000, 1840 f.; *Berz/Beck* DStR 2000, 1298 ff.; FG Nürnberg II 453/2000 v. 30. 1. 2001, BB 2001, 1831 ff. m. Anm. *Kast/Peter* BB 2001, 1821 ff.

kables Gestaltungsinstrument dar. Nach hM stellt jedoch die Börseneinführung grds. einen sachlichen Grund dar, der einen Bezugsrechtsausschluss rechtfertigen kann.[94]

195 Unternehmen, die einen Börsengang planen, sollten bereits frühzeitig im Kreise ihrer **Anteilseigner** sowie bei neu hinzutretenden Gesellschaftern dafür Sorge tragen, dass sich diese untereinander auf ein Börsengangkonzept verständigen, welches auch Kapitalerhöhungen mit Bezugsrechtsausschluss vorsieht.

E. Sonstige Vorbereitungen im Unternehmen

I. Umstrukturierungen

1. Überblick

200 Bei der Beurteilung der Erfolgschancen einer Erstemission stellt sich immer auch die Frage, ob das Gesamtunternehmen die für einen Börsengang **optimale Struktur** aufweist. Dabei spielen eine Reihe von Faktoren eine Rolle. Aus Kapitalmarktsicht gilt zunächst die Faustregel der **Übersichtlichkeit** (Transparenz) der Unternehmensstruktur. Komplizierte Konzernaufbauten mit verschachtelten oder sogar wechselseitigen Beteiligungen sind mit einem erheblichen Erklärungsbedarf verbunden. Ferner bewertet der Kapitalmarkt Strukturen, in denen das zukünftig börsennotierte Unternehmen in Austausch- oder sonstigen **Beziehungen** oder gar in einem (potenziellen) Interessenkonflikt mit einem **Großaktionär** oder einer von einem Großaktionär beherrschten Gesellschaft steht, wegen der damit grds. verbundenen Gefahr der Gewinnpotentialverlagerung kritisch. Auch insoweit besteht stets erhöhter Erläuterungsbedarf. Ferner geht es darum, dass mit der Struktur eine möglichst **geringe Gesamtsteuerbelastung** verbunden ist und die Gefahren verdeckter Gewinnausschüttungen bzw. von Verrechnungspreisproblematiken gering gehalten werden. Zudem soll die Struktur genügend **Flexibilität** für die Zukunft bieten. Dabei sind zB mögliche Joint Ventures mit anderen Unternehmen und Verkäufe oder Börsengänge einzelner Unternehmensbereiche im Auge zu behalten. Bei allen Aspekten darf schließlich nie die **betriebswirtschaftliche Sinnhaftigkeit** der Unternehmensstruktur aus dem Auge verloren werden.

201 Welche Struktur die optimale ist, kann nicht allgemein beantwortet werden, sondern ist vor allem anhand der vorstehend aufgeführten Kriterien im Einzelfall zu entscheiden. So kann in dem einen Fall eine Holdingstruktur mit verschiedenen operativ tätigen Gesellschaften angezeigt sein. Dies zB dann, wenn das Gesamtunternehmen auf verschiedenen Geschäftsfeldern tätig ist und eine Expansion auf einzelnen Geschäftsfeldern durch strategische Partnerschaften (**Joint Venture**) fördern möchte, oder auch zur gesellschaftsrechtlichen Abschottung von Haftungsrisiken. In anderen Fällen mag demgegenüber eine Zusammenfassung aller Tätigkeitsbereiche in einer Gesellschaft angezeigt sein. Argument hierfür kann die Vermeidung von Overhead-Kosten sein.

202 Bei **Holdinggesellschaften** ist im Vergleich zu operativ tätigen Unternehmen allerdings stets zu berücksichtigen, dass eine Holding auf dem Kapitalmarkt möglicherweise mit einem Abschlag bewertet wird („Holding-Dis-

---

[94] Vgl. *Hüffer* AktG § 186 Rz. 31.

E. Sonstige Vorbereitungen im Unternehmen

count"). Dies deshalb, weil die Aktionäre kein Stimmrecht in den Untergesellschaften haben und die Holding somit gleichsam als „Filter" wirkt.

Ergebnis solcher Überlegungen kann sein, ein Unternehmen noch vor dem Börsengang umzustrukturieren. Dabei sind die folgenden Punkte von Bedeutung: Umstrukturierungsmaßnahmen sollten frühzeitig geplant und durchgeführt werden. Zivilrechtlich sind nahezu unbegrenzte Gestaltungsmöglichkeiten gegeben. Es sind frühzeitig die Mehrheitserfordernisse zu klären; ggf. empfehlen sich im Vorfeld Satzungs- bzw. Gesellschaftsvertragsänderungen und/oder Gesellschaftervereinbarungen. Steuerrechtliche und handelsbilanzielle Implikationen sind zu beachten.

2. Errichtung einer Holding

Ist aus den bereits genannten Gründen die Errichtung einer Holding sinnvoll, ist folgender Weg zu beschreiten: Der oder die Gesellschafter der einzelnen Gesellschaften gründen eine Holding in der Rechtsform der AG oder KGaA und bringen ihre Gesellschaftsanteile an den verschiedenen Gesellschaften in die AG oder KGaA ein. Es handelt sich also um eine **Sachgründung** (s. o. Rz. 81). Ist bereits eine AG oder KGaA vorhanden, die als Holding geeignet ist, lässt sich die Einbringung durch eine **Kapitalerhöhung gegen Sacheinlage** erreichen (s. o. Rz. 103).

3. Bereinigung der Holdingstruktur; Umstrukturierung der Holding

Ist anlässlich der Börseneinführung die Auflösung oder Bereinigung einer Holdingstruktur angezeigt, sind auch hier ausreichende Gestaltungsmöglichkeiten vorhanden.

Grund der Bereinigung einer bestehenden Holdingstruktur kann beispielsweise sein, dass eine der Tochtergesellschaften auf Dauer Verluste erwirtschaftet und dadurch das Konzernergebnis belastet, auf einem nicht zukunftsträchtigen Geschäftsfeld tätig ist oder ihr Geschäftsfeld nicht zu den Kerngeschäftsfeldern gehört. In einem derartigen Fall ist es erforderlich, die Gesellschaftsanteile an der betreffenden Tochtergesellschaft zu veräußern oder eine **Abspaltung** vorzunehmen (§§ 123 Abs. 2, 125 ff. UmwG). Denkbar ist auch, dass zwei Tochtergesellschaften auf identischen, ähnlichen oder sich überschneidenden Geschäftsfeldern tätig sind. In einem derartigen Fall kann es sinnvoll sein, die Tochtergesellschaften vor dem Börsengang zu verschmelzen. Das gilt insb. dann, wenn sich durch eine derartige Verschmelzung Synergieeffekte (Verbundeffekte) erzielen lassen.

4. Börseneinführung einzelner Geschäftsbereiche oder von Tochtergesellschaften

Bisweilen mag es sinnvoll sein, dass ein Unternehmen lediglich eine Tochtergesellschaft oder einen Geschäftsbereich „an die Börse bringen" möchte. Die Gründe hierfür sind unterschiedlich. Denkbare Ziele sind zB die Verbesserung der Eigenkapitalbasis eines Tochterunternehmens, die Schaffung einer neuen, am Kapitalmarkt selbständig auftretenden Einheit, unterschiedliche Ertragserwartungen bei Mutter- und Tochtergesellschaften (zB weil das Tochterunternehmen oder der Geschäftsbereich in einer Branche eine vorteilhafte Wettbewerbsposition hat, die überdurchschnittliche Wachstumsraten erwarten lässt), die Vermeidung einer niedrigeren Bewertung der Holding im Vergleich zu den einzelnen Gesellschaften („Holding-Discount"), die Bündelung aller geschäftsfeldbezogenen Ressourcen in einer börsennotierten Tochtergesellschaft, die Dezentralisierung von Managementfunktionen und Entwicklung einer eigenen Unternehmenskultur sowie die damit verbundene Steigerung der Attraktivität des Unternehmens für qualifizierte Führungskräfte, ein erhöhter Bekanntheitsgrad des Geschäftsbereichs oder die Möglichkeit für ein Tochterunternehmen oder einen Geschäftsbereich, „eigene" Belegschaftsaktien für „ihre" Mitarbeiter auszugeben.

208 Der Börsengang eines **Geschäftsbereichs** ist unproblematisch, wenn er **bereits** in einer Tochtergesellschaft **rechtlich verselbständigt** ist. Hat die Tochtergesellschaft bereits die Rechtsform der AG/KGaA, kann sie unmittelbar die Börsenzulassung ihrer Aktien beantragen. Hat die Tochtergesellschaft dagegen eine andere Rechtsform, beispielsweise diejenige einer GmbH oder GmbH & Co. KG, ist zunächst die der Börseneinführung vorgelagerte Umwandlung in eine AG/KGaA erforderlich.

209 Die entscheidende Besonderheit bei der Börseneinführung einer Tochtergesellschaft liegt darin, dass nicht die hinter einem Unternehmen stehenden natürlichen Personen Gesellschafter der Tochtergesellschaft sind, sondern die Muttergesellschaft. Die **natürlichen Personen** sind somit **nur mittelbar** an der Tochtergesellschaft **beteiligt**. Nach der Börseneinführung halten sie nicht ohne weiteres Aktien, es sei denn, sie erwerben Aktien im Zuge der Neuemission. Ein gesetzliches Bezugsrecht oder ein Anspruch auf bevorrechtigte Zuteilung gibt es de lege lata nicht.[95] Ihren Einfluss auf die börsennotierte Gesellschaft können die Altgesellschafter nur mittelbar über die von ihnen gehaltene Muttergesellschaft ausüben, sofern sie auch nach der Börseneinführung Groß- oder sogar Mehrheitsaktionärin ist.

210 Ist der **Geschäftsbereich**, der Gegenstand der Börseneinführung sein soll, rechtlich noch **nicht** verselbständigt, ist es zunächst erforderlich, ihn in eine **selbständige rechtliche Einheit** zu überführen. Zu diesem Zweck hat das Unternehmen den Geschäftsbereich zunächst in eine Tochtergesellschaft auszulagern. Sie sollte die Rechtsform einer AG oder KGaA haben, um eine weitere (formwechselnde) Umwandlung zu vermeiden. Rechtstechnisch stehen für die rechtliche Verselbständigung die Wege der **Ausgliederung** sowie der der **Einzelrechtsnachfolge** zur Verfügung.

211 Als Alternative zur rechtlichen Verselbständigung einzelner Geschäftsbereiche durch Auslagerung (Ausgliederung oder Einzelrechtsnachfolge) bietet sich eine **Aufspaltung** oder **Abspaltung** an, die jeweils durch Aufnahme oder zur Neugründung möglich ist (§ 123 Abs. 1 und 2 UmwG).

5. IPO Roll-ups

212 Ergebnis der Analyse der Machbarkeit eines Börsenganges kann sein, dass ein Unternehmen allein nicht börsenreif ist, im Verbund mit einem oder mehreren anderen Unternehmen jedoch die erforderliche Börsenfähigkeit hergestellt werden könnte. In derartigen Konstellationen kann sich ein **gemeinsamer Börsengang** anbieten. Ein derartiges Vorgehen wird in den USA als

---

[95] LG Kassel 11 O 4233/01 v. 21. 3. 2002, DB 2002, 1097 ff.

E. Sonstige Vorbereitungen im Unternehmen

IPO Roll-up bezeichnet. Typischerweise werden dabei mehrere Unternehmen in eine Gesellschaft eingebracht oder auf eine Gesellschaft verschmolzen, die sodann an die Börse gebracht wird. Die erwerbende oder aufnehmende Gesellschaft wird dabei von einem sog. Promoter (oder auch Sponsor genannt) ausschließlich zu diesem Zweck gegründet. Zumindest in dieser typischen Form sind IPO Roll-ups in Deutschland noch wenig bekannt. Angesichts der zu erwartenden höheren Anforderungen an die **Börsenreife** eines Unternehmens und der Schwierigkeit junger Unternehmen, vor diesem Hintergrund eine isolierte Pre-IPO-Finanzierung zu erhalten, dürfte sich diese besondere Form eines Börsenganges aber auch in Deutschland etablieren.

Bei einem solchen gemeinsamen Börsengang mehrerer Unternehmen wird aus Sicht der Gesellschafter das entscheidende Problem in der **Bewertung der einzelnen Unternehmen** und in der damit verbundenen Aufteilung der Anteils- und Stimmverhältnisse liegen. Ferner muss auch die „Chemie" der Unternehmen und ihrer Unternehmer stimmen. Letztere wird auch für den Kapitalmarkt von großer Bedeutung sein, der kritisch prüft, ob das neu entstandene Unternehmensgebilde **langfristig stabil** ist oder ob verschiedene Unternehmenskulturen zu Reibungsverlusten und damit zu einer mangelnden Effizienz und Profitabilität führen können.

II. Kapitalmarktfähige Satzung und sonstige Maßnahmen

1. Einleitung

Die Satzung einer AG ist neben den aktienrechtlichen Vorschriften die wichtigste Rechtsquelle für die Gesellschaft. Dies gilt in verstärktem Maße für die KGaA, weil dort das aktienrechtliche Prinzip der Satzungsstrenge (§ 23 Abs. 5 AktG) zugunsten einer größeren Gestaltungsfreiheit durchbrochen ist. Die gesetzlichen Mindestanforderungen an den Inhalt der Satzung einer AG sind in § 23 Abs. 3 und 4 AktG geregelt. Ferner sind die Anforderungen in § 26 Abs. 1 und 2 (Sondervorteile, Gründungsaufwand) sowie § 27 Abs. 1 AktG (bei Sacheinlagen bzw. Sachübernahmen) zu beachten. Verstöße gegen die Mindestanforderungen können schwerwiegende Folgen bis hin zur Löschung der AG von Amts wegen nach sich ziehen (vgl. auch §§ 26 Abs. 3 und 27 Abs. 3 AktG).[96] Hieraus ergeben sich bereits – vor allem aus Sicht des Kapitalmarktes – die ersten Gestaltungshinweise.

Die **Firma** einer Gesellschaft sollte eingängig sein und sich von anderen deutlich unterscheiden. Die Auswahl der Firma ist allerdings nur in begrenztem Umfang eine rechtliche Aufgabenstellung (vgl. insb. § 4 AktG und § 30 HGB sowie die einschlägigen marken- und wettbewerbsrechtlichen Vorschriften). Gefragt sind in erster Linie Marketingfachleute. Auf die Wahl der Firma sollte große Sorgfalt verwandt werden. Eine Firmenänderung nach einem Börsengang, sei sie freiwillig oder erzwungen, sollte aus Kosten- und Imagegründen jedenfalls dann vermieden werden, wenn die neue Firma nicht aus der alten Firma abgeleitet wird.

Der **Gegenstand des Unternehmens** sollte das Tätigkeitsfeld des Unternehmens beschreiben. Gleichzeitig sollte er aber auch so flexibel gestaltet sein, dass zukünftige Entwicklungen nicht eine Anpassung erfordern.

---

[96] Vgl. *Hüffer* § 23 Rz. 41 ff.

217 Bei der Höhe und Einteilung des **Grundkapitals** ist – bei allen Unsicherheiten über die zukünftige Kursentwicklung – im Auge zu behalten, dass ein zu hoher Aktienkurs die Fungibilität einer Aktie beeinträchtigen kann. Wegen der Einzelheiten sei auf die gesonderte Darstellung in diesem Kapitel verwiesen (s. Rz. 184 ff.).

218 Die **Bekanntmachungen** der Gesellschaft sollten – nicht zuletzt aus Kostengründen und zur organisatorischen Vereinfachung – auf den elektronischen Bundesanzeiger beschränkt werden. Dem bisweilen geäußerten Wunsch nach regionalen Veröffentlichungen kann in aller Regel durch einen Hinweis auf die Möglichkeit zusätzlicher freiwilliger Publikationen Rechnung getragen werden. Dabei ist auch zu berücksichtigen, dass sich weitere Veröffentlichungspflichten (Börsenpflichtblatt) aus den börsenrechtlichen Vorschriften ergeben.[97]

2. Aktienarten und Aktiengattungen

a) Nennbetragsaktien oder Stückaktien

219 Nach § 8 Abs. 1 AktG können Aktien entweder als Nennbetragsaktien oder als Stückaktien begründet werden. Nennbetragsaktien müssen auf mindestens einen Euro lauten (§ 8 Abs. 2 Satz 1 AktG). Höhere Nennbeträge müssen auf einen vollen Euro lauten (§ 8 Abs. 2 Satz 4 AktG). Stückaktien lauten auf keinen Nennbetrag (§ 8 Abs. 3 Satz 1 AktG); der auf die einzelne Aktie entfallende anteilige Betrag des Grundkapitals darf jedoch einen Euro nicht unterschreiten (§ 8 Abs. 3 Satz 3 AktG). Der Vorteil ggü. der Nennbetragsaktie liegt darin, dass der durch eine Stückaktie verkörperte anteilige Betrag des Grundkapitals nicht auf einen vollen Euro lauten und somit bei Kapitalmaßnahmen, insb. bei Kapitalerhöhungen aus Gesellschaftsmitteln oder bei Kapitalherabsetzungen eine Anpassung des Nennbetrages (und damit auch eine Einziehung unrichtiger Aktienurkunden) nicht erfolgen muss. Die Praxis wählt – zumindest bei börsennotierten Unternehmen – aus diesem Grund in aller Regel Stückaktien.

b) Inhaberaktien oder Namensaktien

220 Nach § 10 Abs. 1 AktG können Aktien auf den Inhaber oder auf den Namen des Aktionärs lauten. Bisheriger Regelfall war die Inhaberaktie. Da bei Namensaktien – im Gegensatz zu Inhaberaktien – der Gesellschaft die Aktionäre aufgrund der Notwendigkeit der Eintragung eines jeden Aktionärswechsels im Aktienregister (§ 68 Abs. 3 AktG) bekannt sind, bietet die Namensaktie grundsätzlich den Vorteil der direkten Kommunikation zwischen Gesellschaft und Aktionären zu **Investor-Relations-Zwecken** und der Kenntnis über die Zusammensetzung und den Wechsel des Aktionärskreises (zB um frühzeitig eine sich abzeichnende feindliche Übernahme oder Einflussnahme festzustellen). Allerdings kann dieser (für die Gesellschaft positive) Effekt durch die Zwischenschaltung von **Legitimationsaktionären** bzw. **Treuhändern** (zB **Depotbanken**) erheblich abgeschwächt werden. Negativ ggü. Inhaberaktien können sich indessen uU die deutlich höheren Kosten auswirken. Durch das Risikobegrenzungsgesetz[98] ist für Inhaber von Namensaktien die Verpflichtung

---

[97] Vgl. § 26 Rz. 80 ff.
[98] Gesetz zur Begrenzung der mit Finanzinvestitionen verbundenen Risiken v. 12. 8. 2008, BGBl. I, 1666.

E. Sonstige Vorbereitungen im Unternehmen   221, 222   § 21

eingeführt worden, der Gesellschaft Namen, Geburtsdatum, Adresse, Stückzahl/Aktiennummer und (bei Nennbetragsaktien) den Nennbetrag der gehaltenen Aktien mitzuteilen (§ 67 Abs. 1 S. 1 AktG). Zudem sieht das Risikobegrenzungsgesetz zwei Möglichkeiten vor, den wahren Inhaber der Aktien zu ermitteln. Zum einen kann die Satzung vorsehen, dass die Eintragung von Ermächtigten für Aktien im eigenen Namen, die aber (dinglich) einem anderen gehören, also sog. Legitimationsaktionäre, einzuschränken. Davon umfasst ist vor allem der an Schwellenwerte geknüpfte (jedenfalls bei börsennotierten Gesellschaften aber wohl nicht der vollständige) Ausschluss der Eintragung von Legitimationsaktionären sowie das Recht der Gesellschaft, eine Erklärung des die Eintragung Begehrenden zu verlangen, dass ihm die Aktien selbst gehören.[99] Zum anderen hat der im Aktienregister eingetragene Inhaber auf Verlangen der Gesellschaft die Identität des wahren Inhabers der Aktien offenzulegen (§ 67 Abs. 4 S. 2 AktG). Bei Verstößen droht das Ruhen der Stimmrechte aus den betroffenen Aktien (§ 67 Abs. 2 S. 2 und 3 AktG); ferner stellt ein Verstoß gegen § 67 Abs. 4 S. 2 AktG nach § 405 Abs. 2 a AktG eine Ordnungswidrigkeit dar. Diese Neuregelungen gelten aber nur für Legitimationsaktionäre, nicht hingegen für Treuhandverhältnisse.[100] Dieses Transparenzdefizit bleibt daher weiterhin bestehen.

Die nach altem Recht bestehende doppelte **Unterrichtungspflicht** von der 221 Gesellschaft namentlich bekannten Aktionären durch die Gesellschaft einerseits (§ 125 Abs. 2 Nr. 3 AktG aF) und die **Kreditinstitute** andererseits (§ 128 Abs. 1 AktG aF) ist seit Inkrafttreten des **NaStraG** durch Neufassung des § 128 Abs. 1 AktG entfallen. Kreditinstitute sind danach nur noch im Falle von Inhaberaktien oder solchen Namensaktien, bei denen sie für den Aktionär im Aktienregister eingetragen sind, zur Weiterleitung von Mitteilungen verpflichtet. Im Übrigen hat das NaStraG weitere Erleichterungen bei Namensaktien mit sich gebracht, so zB die Möglichkeit einer anonymen Vertretung durch Kreditinstitute (§ 135 Abs. 1 Satz 1 und Abs. 4 AktG) und die Beschränkung des Auskunftsanspruchs auf die eigenen Daten eines Aktionärs im Aktienregister (§ 67 Abs. 6 AktG). Diese Novellierung soll nach dem erklärten Willen des Gesetzgebers zu einer Stärkung der Namensaktien führen.

Aus steuerlicher Sicht ist anzumerken, dass Namensaktien für die Finanzver- 222 waltung **transparenter** sind als Inhaberaktien. Virulent wird dies bei der Vererbung und dem Verkauf von Namensaktien. So muss gem. § 33 Abs. 2 ErbStG iVm. § 2 ErbStDV derjenige, der auf den Namen lautende Aktien ausgegeben hat, unverzüglich nach dem Eingang eines Antrags auf Umschreibung der Aktien eines Verstorbenen im Aktienregister dem für die Verwaltung der Erbschaftsteuer zuständigen Finanzamt unter Hinweis auf § 33 Abs. 2 ErbStG die Wertpapier-Kennnummer, die Stückzahl und den Nennbetrag der Aktien, die letzte Anschrift und den Todestag des Erblassers, das zuständige Standesamt sowie den Namen, die Anschrift und – so weit bekannt – das Verwandtschaftsverhältnis zum Erblasser, desjenigen auf den die Aktien umgeschrieben werden sollen, anzeigen. Kreditinstitute unterliegen gem. § 33 Abs. 1 ErbStG iVm. § 1 ErbStDV einer ähnlichen Anzeigepflicht. Bei **Veräußerungsgeschäften unter Lebenden** besteht die Möglichkeit, dass die Finanzverwaltung im Zuge einer Betriebsprüfung bei der AG das Aktienregister einsieht und potenziell

---
[99] Siehe Gesetzesbegründung BT-Drs. 16/7438, 13 f.).
[100] Siehe Gesetzesbegründung BT-Drs. 16/7438, 14).

Göckeler   1619

steuerpflichtige Vorgänge durch Kontrollmitteilung dem zuständigen Finanzamt bekannt macht. Die verbreitete elektronische Führung der Aktienregister und die so elektronisch erfassten Daten ermöglichen eine effiziente Kontrolle durch die Finanzverwaltung.[101]

223 Eine Unterart der Namensaktie stellt die **vinkulierte Namensaktie** dar. Anders als bei Inhaberaktien ist es bei Namensaktien möglich, die Übertragung der Aktie an die Zustimmung der Gesellschaft zu binden (§ 68 Abs. 2 Satz 1 AktG). Gerade im Vorfeld eines Börsenganges sind vinkulierte Namensaktien ein probates Mittel, um unkontrollierte Aktienverkäufe zu verhindern und die jederzeitige Kenntnis aller Aktionäre sicherzustellen. Vinkulierte Namensaktien stellen auch für eine börsennotierte AG eine taugliche Aktienform dar. Seit Inkrafttreten des neuen § 10 Abs. 5 AktG müssen auch bei vinkulierten Namensaktien keine Einzelurkunden mehr an die Aktionäre ausgegeben werden. Vielmehr kann auch insoweit eine Verbriefung durch eine Globalurkunde und deren Hinterlegung in Girosammelverwahrung bei der Clearstream Banking AG erfolgen. Vinkulierte Namensaktien können somit auf elektronischem Wege übertragen werden.

224 Auch aus börsenrechtlicher Sicht sind vinkulierte Namensaktien grds. zulässig. Gem. § 34 Nr. 1 b BörsG iVm. § 5 Abs. 2 Nr. 2 BörsZulV werden vinkulierte Namensaktien jedoch nur dann zum regulierten Markt zugelassen, wenn das Zustimmungserfordernis nicht zur Störung des Börsenhandels führt. Aus diesem Grunde muss sich die Gesellschaft ggü. der Zulassungsstelle verpflichten, von der Möglichkeit der Verweigerung der Zustimmung nur unter sehr engen Voraussetzungen Gebrauch zu machen.

225 Beabsichtigt ein Unternehmen die Einführung vinkulierter Namensaktien, so sollte dies noch **vor einem Börsengang** erfolgen. Denn die Vinkulierung bedarf gem. § 180 Abs. 2 AktG der Zustimmung aller betroffenen Aktionäre.

c) Stammaktien oder Vorzugsaktien

226 Sofern in der Satzung der Gesellschaft nicht etwas anderes geregelt ist, handelt es sich bei allen Aktien um Stammaktien. Stammaktien sind voll gewinn- und stimmberechtigt. Diese Aktiengattung ist der gesetzliche und börsenmäßige Regelfall. Nur in Ausnahmefällen, insb. zur Absicherung eines Unternehmereinflusses, wird man Vorzugsaktien wählen (s. u. Rz. 296). Vorzugsaktien werden in aller Regel ohne Stimmrecht, aber mit einem (in der Praxis häufig jedoch leer laufenden) **Gewinnvorrecht** ausgestattet. Vorzugsaktien dürfen nur bis zur Hälfte des Grundkapitals ausgegeben werden. Ist – wie in aller Regel – das Stimmrecht ausgeschlossen, so muss in der Satzung ein Gewinnvorrang vorgesehen sein. Wird dieser Vorzugsbetrag in einem **Geschäftsjahr** nicht ausbezahlt und auch im folgenden Geschäftsjahr nicht neben dem vollen Vorzug für dieses Jahr nachgezahlt, lebt das ausgeschlossene Stimmrecht der Vorzugsaktionäre gem. § 140 Abs. 2 Satz 1 AktG auf, bis die Rückstände nachgezahlt sind.

---

[101] Zur Frage der Zulässigkeit der Einsichtnahme in das Aktienregister durch die Finanzverwaltung s. *Delp* BB 2000, 1765, 1767.

E. Sonstige Vorbereitungen im Unternehmen

3. Ausschluss des Verbriefungsanspruchs

Nach § 10 Abs. 5 AktG kann in der Satzung der Anspruch des Aktionärs auf Verbriefung seines Anteils ausgeschlossen oder eingeschränkt werden. Von dieser Möglichkeit sollte in Vorbereitung eines Börsenganges unbedingt Gebrauch gemacht werden, um die **Girosammelverwahrung** nur einer oder mehrerer Globalurkunden durch die Clearstream Banking AG als Einziger in Deutschland zugelassener Wertpapiersammelbank (§ 9 a DepotG) zu ermöglichen, die sodann nicht den Druck in **Wertpapierqualität** erfordert. Für umlaufende Aktienurkunden verlangen die Deutsche Börse AG und die Clearstream Banking AG hingegen einen fälschungssicheren Wertpapierdruck. Diese Vorgehensweise erspart der Gesellschaft die bei einem fälschungssicheren Wertpapierdruck anfallenden erheblichen Kosten.

Nach der wohl noch hM kann jedoch bereits ein Aktionär trotz eines bestehenden satzungsmäßigen Ausschlusses des Verbriefungsanspruchs die Erstellung einer Globalurkunde verlangen. Dieser Auffassung ist indessen nicht zu folgen. Sie ist dem Gesetz nicht zu entnehmen und bringt für eine Gesellschaft im vorbörslichen Stadium erhebliche praktische Probleme mit sich, weil es sich bei der Verwahrung von Aktienurkunden gem. § 1 Abs. 1 Satz 2 Nr. 5 KWG grds. um ein Kreditinstituten vorbehaltenes, erlaubnispflichtiges Bankgeschäft handelt.[102] Weder die Gesellschaft noch ein Dritter (der nicht ein Kreditinstitut ist) können nämlich grds. die Globalurkunde verwahren.[103] Ein Verstoß hiergegen stellt eine Ordnungswidrigkeit dar. Solange sich die Ansicht, dass mit einem Ausschluss gem. § 10 Abs. 5 AktG auch der Anspruch auf Verbriefung der Mitgliedschaftsrechte in einer Globalurkunde ausgeschlossen ist, nicht durchgesetzt hat, empfiehlt es sich, dass sich die Aktionäre einer den Börsengang anstrebenden Gesellschaft in einer Aktionärsvereinbarung wechselseitig verpflichten, einen etwaigen Anspruch auf Verbriefung in einer Globalurkunde nicht geltend zu machen, oder die Verwahrung bei Vorliegen der entsprechenden Voraussetzungen gem. der Verwaltungspraxis der Bundesanstalt für Finanzdienstleistungsaufsicht auszugestalten. Alternativ könnte auch vereinbart werden, dass derjenige, der einen solchen Anspruch geltend macht, die hierdurch entstehenden Kosten (insb. die der Verwahrung) trägt.

4. AG und neue Medien

Durch das NaStraG[104] und das TransPuG[105] hat sich das Aktienrecht erstmals den neuen Medien geöffnet. Diese sind gerade für börsennotierte Gesellschaften mit einem großen Aktionärskreis von Interesse und Bedeutung und werden den daher nachfolgend kurz skizziert:[106]

---

[102] Vgl. hierzu ausführlich Schwennicke AG 2001, 118 ff.
[103] Zu den Ausnahmen nach der Verwaltungspraxis vgl. das Schreiben des (seinerzeitigen) Bundesaufsichtsamtes für das Kreditwesen v. 15.11.2001, Geschäfts-Nr. VII 4–71.51/5517.
[104] Gesetz zur Namensaktie und zur Erleichterung der Stimmrechtsausübung (Namensaktiengesetz – NaStraG) v. 24.1.2001, BGBl. I, 123.
[105] Gesetz zur weiteren Reform des Aktien- und Bilanzrechts, zu Transparenz und Publizität v. 19.7.2002, BGBl. I, 2002, 2681.
[106] Vgl. ausführlich *Habersack* ZHR 165 (2001), 172 ff.; *Riegger* ZHR 165 (2001), 204 ff.; *Zetzsche* ZIP 2001, 682 ff.; *ders.* (Hrsg.) Die virtuelle Hauptversammlung 2002.

a) Aufsichtsratssitzungen

231 **Video- oder Telefonkonferenz-Sitzungen** des Aufsichtsrats waren bislang nur dann möglich, wenn alle Aufsichtsratsmitglieder hiermit einverstanden waren. Nach § 108 Abs. 4 AktG sind sie nunmehr bei einer entsprechenden Regelung in der Satzung oder Geschäftsordnung des Aufsichtsrats generell möglich. Es empfiehlt sich daher, entweder die Satzung oder die Geschäftsordnung in dieser Weise auszugestalten.

b) Mitteilungen an Aktionäre

232 Nach § 125 Abs. 2 AktG können die Mitteilungen an die Aktionäre in anderer Form als der schriftlichen (insb. also per **E-Mail**) gemacht werden, sofern der Aktionär damit einverstanden ist. Bisher mussten die Kreditinstitute zur Einholung der Stimmrechtsvollmacht Formblätter versenden. Das Medium des Electronic Banking kann nunmehr dazu verwandt werden, Vollmachten auf elektronischem Wege einzuholen. Diese Möglichkeit besteht, ohne dass es einer Regelung in der Satzung bedarf. Zudem können unter den Voraussetzungen des § 30 b Abs. 3 Nr. 1 WpHG, insbesondere also der Zustimmung der Hauptversammlung, Informationen im Wege der Datenfernübertragung übermittelt werden; eine solche Zustimmung sollte daher eingeholt werden. Die Einholung der Zustimmung schon vor dem Börsengang wird man als zulässig ansehen können.

c) Teilnehmerverzeichnis

233 Ebenfalls ohne ausdrückliche Satzungsregelung greifen die durch das NaStraG vorgenommenen Erleichterungen hinsichtlich des Teilnehmerverzeichnisses bei Hauptversammlungen. So braucht das Teilnehmerverzeichnis nicht mehr schriftlich ausgelegt werden, sondern kann **auch auf Bildschirmen** dargestellt werden (§ 129 Abs. 4 Satz 1 AktG nF). Ebenso wird auf die Unterschrift des Vorsitzenden verzichtet (vgl. § 129 Abs. 4 AktG aF und § 129 Abs. 4 AktG nF). Das Teilnehmerverzeichnis wird nicht mehr zum Handelsregister eingereicht, sondern kann bei der Gesellschaft für zwei Jahre eingesehen werden (§ 129 Abs. 4 Satz 2 AktG).

d) Stimmrechtsvollmacht und Stimmrechtsvertreter

234 Nach § 134 Abs. 3 AktG nF kann durch eine entsprechende Satzungsbestimmung eine formfreie Stimmrechtsvollmacht zugelassen werden. Erforderlich ist also in jedem Fall eine Satzungsänderung bzw. eine entsprechende Bestimmung in der Ursprungssatzung. Im Zusammenhang mit dem nunmehr ausdrücklich in § 134 Abs. 3 AktG nF anerkannten Stimmrechtsvertreter, der von der Gesellschaft bereitgestellt wird, wird es nunmehr jedem Aktionär ermög-

---

Zu den möglichen Änderungen und Gestaltungsmöglichkeiten durch das geplante Gesetz zur Umsetzung der Aktionärsrechterichtlinien vgl. *Seibert* Der Referentenentwurf eines Gesetzes zur Umsetzung der Aktionärsrechterichtlinie (ARUG), ZIP 2008, 906 ff. und *Drinhausen/Keinath* Referentenentwurf eines Gesetzes zur Umsetzung der Aktionärsrichtlinie (ARUG) – Ein Beitrag zur Modernisierung der Hauptversammlung BB 2008, 1238 ff. (zB elektronische Stimmabgabe und elektronische Teilnahme, Briefwahl, Veröffentlichungen im Internet).

E. Sonstige Vorbereitungen im Unternehmen   235, 236   § 21

licht, **online** an einer Hauptversammlung teilzunehmen und seine Stimme auszuüben. Damit ist der Weg zu einer virtuellen Hauptversammlung frei, sofern die Gesellschaft dies wünscht und die Satzung entsprechend gestaltet ist.[107]

e) Hauptversammlung

Durch das TransPuG sind zwei neue die Hauptversammlung betreffende 235
Regelungen in das AktG aufgenommen worden. Zum einen kann die Satzung gem. § 118 Abs. 2 Satz 2 AktG nF bestimmte Fälle vorsehen, in denen die Teilnahme von Mitgliedern des Aufsichtsrats im Wege der Bild- und Tonübertragung erfolgen darf. Erforderlich sind daher eine ausdrückliche Satzungsbestimmung und die Aufzählung konkreter Fälle, in denen diese Erleichterung ggü. der Soll-Vorschrift über die Teilnahme der Mitglieder des Aufsichtsrats an der Hauptversammlung gem. § 188 Abs. 2 Satz 1 AktG eingeschränkt wird. Zum anderen ist nunmehr eine Satzungsbestimmung möglich, nach der die Hauptversammlung in Ton und Bild übertragen werden darf (§ 118 Abs. 3 AktG nF). Durch das UMAG[108] ist zudem die Möglichkeit eröffnet worden, durch Satzungsbestimmung das Frage- und Rederecht des Aktionärs zeitlich angemessen zu beschränken (§ 131 Abs. 2 Satz 2 AktG); hiervon sollte – in abstrakter Form[109] – Gebrauch gemacht werden.

f) Änderungen nach ARUG

Weitere Änderungen in Bezug auf die modernen Kommunikations- und 236
Informationsmittel sind durch das **Gesetz zur Umsetzung der Aktionärsrichtlinie**[110] eingeführt worden, u.a.: § 118 Abs. 1 AktG (Möglichkeit der Online-Teilnahme bei und nach Maßgabe einer entsprechenden Satzungsbestimmung), § 118 Abs. 2 AktG (Möglichkeit der schriftlichen oder elektronischen Stimmabgabe – „Briefwahl" – bei und nach Maßgabe einer entsprechenden Satzungsbestimmung), §§ 121 Abs. 4a und 124 Abs. 1 S. 2 2. Hs. AktG (Veröffentlichung der Einberufung zur Hauptversammlung in Medien), § 124a AktG (Veröffentlichungen auf der Internetseite), §§ 126 Abs. 1 S. 3 und 127 AktG (Zugänglichmachen von Gegenanträgen bzw. Wahlvorschlägen auf der Internetseite), § 130 Abs. 2 S. 2 und Abs. 6 AktG (erweiterter zwingender Inhalt der Niederschrift über die Hauptversammlung und deren Veröffentlichung innerhalb von sieben Tagen auf der Internetseite der AG) und § 134 Abs. 3 S. 3 und 4 AktG (Form und Nachweis der Stimmrechtsbevollmächtigung). Das ARUG tritt zum 1. 9. 2009 in Kraft. Zu den Übergangsvorschriften siehe § 20 EGAktG-E. Vor einem Börsengang sollte daher auch geprüft werden, inwieweit entsprechende Satzungsbestimmungen aufgenommen werden sollen.

---

[107] Vgl. *Zetzsche/Fuhrmann/Göckeler/Erkens* Die virtuelle Hauptversammlung 2002 dort (118 ff) auch zur Verantwortlichkeit von Übermittlungsfehlern.
[108] Gesetz zur Unternehmensintegrität und Modernisierung des Anfechtungsrechts v. 22. 9. 2005, BGBl. I, 2802.
[109] Zur Unzulässigkeit konkreter Beschränkungen vgl. OLG Ffm. 5 U 8/07 v. 12. 2. 2008, BB 2008, 918.
[110] ARUG v. 30. 7. 2009, BGBl. I 2009, 2479. Zum ARUG vgl. auch *Seibert/Florstedt* ZIP 2008, 2145 ff. und *Zetzsche* Der Konzern 2008, 321 ff.

5. Sonstige Maßnahmen

a) Bedingtes Kapital/Wandelschuldsverschreibungen

237 Erwogen werden sollte im vorbörslichen Stadium die Schaffung eines bedingten Kapitals gem. § 192 ff. AktG, zB zur Durchführung von **Akquisitionen** (§ 192 Abs. 2 Nr. 2 AktG), wobei die **Höchstgrenze** des bedingten Kapitals bei 50 % des Grundkapitals (im Zeitpunkt der Beschlussfassung) liegt.[111] Da bei Schaffung des bedingten Kapitals jedoch die in § 193 Abs. 2 AktG genannten Mindestangaben (insb. Zweck, Kreis der Berechtigten und Angebotsbetrag bzw. deren Berechnungsgrundlagen) enthalten sein müssen, die aber bei einer „Vorratsbeschlussfassung" noch gar nicht bekannt sind, hat sich die Schaffung eines bedingten Kapitals für Unternehmensakquisitionen **in der Praxis nicht durchgesetzt**. Stattdessen wird auf die Möglichkeit eines genehmigten Kapitals (mit Bezugsrechtsausschluss für Sachkapitalerhöhungen) zurückgegriffen (s. u. Rz. 237).

Ferner sollte geprüft werden, ob Vorstand und Aufsichtsrat zur Ausgabe von Wandelschuldverschreibungen (mit oder ohne Bezugsrecht) ermächtigt und ein entsprechendes bedingtes Kapital nach § 192 Abs. 2 Nr. 1 AktG geschaffen werden soll. Dabei sollten insbesondere die Anforderungen an die Festlegung des Ausgabebetrages berücksichtigt werden.[112]

b) Genehmigtes Kapital

238 Bei der Schaffung eines genehmigten Kapitals gem. § 202 ff. AktG beträgt die Höchstgrenze ebenfalls 50 % des Grundkapitals (allerdings im Zeitpunkt der Eintragung des genehmigten Kapitals im Handelsregister). Ferner besteht eine zeitliche Höchstgrenze von 5 Jahren. Für die Einrichtung eines genehmigten Kapitals bereits vor Durchführung des Börsenganges gibt es vor allem zwei Gründe. Zum einen wird das für einen langfristig stabilen Aktienkurs förderliche Wachstum häufig nur durch Unternehmensakquisitionen realisierbar sein. Auch wird der Kapitalmarkt das Bestehen eines genehmigten Kapitals für Unternehmenserwerbe positiv honorieren. Zum anderen ist es aufgrund des typischerweise engen Aktionärskreises im Börsenvorfeld einfacher, ein genehmigtes Kapital mit Bezugsrechtsausschluss oder mit einer Ermächtigung zum Bezugsrechtsausschluss ohne das Risiko von Anfechtungsklagen einzurichten.

239 Das genehmigte Kapital kann entweder für bestimmte Fälle einen **Bezugsrechtsausschluss** unmittelbar vorsehen (§ 203 Abs. 1 Satz 1 iVm. § 186 Abs. 3 und 4 AktG) oder Vorstand und Aufsichtsrat ermächtigen, das Bezugsrecht in diesen Fällen (zB Unternehmensakquisitionen) auszuschließen (§ 203 Abs. 2 Satz 1 AktG).

240 Umstritten ist, ob der Vorstand bei Ausübung einer durch die Hauptversammlung eingeräumten Ermächtigung zum Bezugsrechtsausschluss gleich-

---

[111] Zu Aktienoptionsprogrammen gem. § 192 Abs. 2 Nr. 3 AktG vgl. Rz. 251 ff.
[112] Zur alten Rechtslage vgl. OLG Celle 9 U 57/07 v. 7. 11. 2007, AG 2008, 85; OLG Hamm 1–8 U 115/07 v. 19. 3. 2008, ZIP 2008, 923 ff.; KG Berlin 14 U 72/06 v. 3. 8. 2007, ZIP 2008, 648 f. Durch das Gesetz zur Umsetzung der Aktionärsrichtlinie (ARUG v. 30. 7. 2009, BGBl. I 2009, 2479.) ist nunmehr geregelt, dass abweichend von der alten Rechtsprechung zukünftig die Angabe eines Mindestausgabebetrages ausreichend ist, vgl. § 193 Abs. 2 Nr. 3 AktG nF.

E. Sonstige Vorbereitungen im Unternehmen   241–243   § 21

wohl verpflichtet ist, die Aktionäre durch einen umfassenden **Bericht vor Ausübung der Ermächtigung** zu unterrichten. Mit der Rechtsprechung und der hM[113] ist eine solche vorgeschaltete Berichtspflicht abzulehnen; die Unterrichtung der Aktionäre auf der nächsten Hauptversammlung ist ausreichend.

c) Ermächtigung zum Erwerb eigener Aktien

Der Erwerb eigener Aktien ist in § 71 AktG geregelt. Gem. § 71 Abs. 1 Nr. 1 bis 7 AktG können eigene Aktien nur zu bestimmten Zwecken erworben werden. Demgegenüber eröffnet § 71 Abs. 1 Nr. 8 AktG die Möglichkeit des Erwerbs eigener Aktien auch zu solchen Zwecken, die nicht in § 71 Abs. 1 Nr. 1 bis 7 AktG genannt sind. Erforderlich ist allerdings ein Beschluss der Hauptversammlung, der eine Ermächtigung des Vorstands zum Erwerb eigener Aktien beinhaltet. Der Ermächtigungsbeschluss durfte nach alter Rechtslage für höchstens 18 Monate, nach ARUG darf er höchstens für fünf Jahre gültig sein.[114] Einen Zweck für den Erwerb eigener Aktien muss der Hauptversammlungsbeschluss nicht vorsehen.[115] Vielmehr ist die Gesellschaft ermächtigt, eigene Aktien zu jedem **Zweck** zu erwerben, es sei denn, es handelt sich um einen Erwerb zum Zwecke des Handels in eigenen Aktien (§ 71 Abs. 1 Nr. 8 Satz 2 AktG). Allerdings hat der Vorstand gem. § 71 Abs. 3 Satz 1 AktG die nächste Hauptversammlung über die Gründe und den Zweck des Erwerbs, über die Zahl der erworbenen Aktien und den auf sie entfallenden Betrag des Grundkapitals, über deren Anteil am Grundkapital sowie über den Gegenwert der Aktien zu unterrichten. Darüber hinaus ist bereits die Tatsache des Ermächtigungsbeschlusses selbst gem. § 71 Abs. 3 Satz 3 AktG dem Bundesaufsichtsamt für den Wertpapierhandel mitzuteilen. Dem Wortlaut nach besteht diese **Anzeigepflicht** unabhängig von einer Börsennotierung der Gesellschaft, also auch für nicht börsennotierte Gesellschaften. Da § 71 Abs. 3 Satz 3 AktG und die darin enthaltene Anzeigepflicht jedoch als Ergänzung zu den wertpapierhandelsrechtlichen Publizitätsvorschriften (insb. Ad-hoc-Publizität gem. § 15 WpHG) gedacht ist, ist eine teleologische Reduktion des Anwendungsbereiches auf börsennotierte Gesellschaften angezeigt.[116]

Ob und in welchem Umfang eine Gesellschaft von der Möglichkeit einer solchen Ermächtigung im Vorfeld eines Börsenganges Gebrauch machen sollte, ist sicherlich eine Entscheidung des Einzelfalles. Allgemein wird man aber gleichwohl feststellen können, dass eine solche Maßnahme im Interesse der Flexibilität des Unternehmens bereits vor einem Börsengang getroffen werden sollte. Heutzutage ist eine solche Ermächtigung durchaus üblich und vom Kapitalmarkt akzeptiert, sodass grundsätzlich wegen der Ermächtigung zum Erwerb eigener Aktien kein Bewertungsabschlag zu befürchten ist.

Aus **steuerlicher Sicht**[117] ist schließlich darauf hinzuweisen, dass der Erwerb normalerweise ein **Anschaffungsgeschäft** darstellt (vgl. hierzu bereits die **Aktivierungspflicht** gem. § 265 Abs. 3 Satz 2 iVm. § 266 Abs. 2 Buchstab.

---

[113] LG Ffm. 3/1 O 129/00 v. 25. 9. 2000, ZIP 2001, 117; bestätigt durch OLG Ffm. 5 U 146/00 v. 12. 12. 2000; *Hüffer* AktG § 203 Rz. 36 f. mwN (anders noch in der 4. Aufl.).
[114] Gesetz zur Umsetzung der Aktionärsrichtlinie (ARUG v. 30. 7. 2009, BGBl. I 2009, 2479), welches zum 1. 9. 2009 in Kraft tritt.
[115] Vgl. *Hüffer* AktG § 71 Rz. 19 f.
[116] Vgl. *Hüffer* AktG § 71 Rz. 23 a.
[117] Zu den Einzelheiten s. § 11 Rz. 168 ff.

Göckeler   1625

B III. 2. HGB). Nach Auffassung der Finanzverwaltung unterliegen Veräußerungsgewinne aus der Weiterveräußerung eigener Aktien, die nach handelsrechtlichen Grundsätzen zu aktivieren sind, bei der Gesellschaft den normalen steuerlichen Regeln.[118] Ein **Veräußerungsgewinn** fällt dabei nicht nur bei einem Barverkauf an, sondern auch dann, wenn die Aktien als Gegenleistung (zB für den **Erwerb eines Unternehmens**) gegeben werden und hierbei von einem Veräußerungsgewinn ausgegangen werden kann. Ob ein Veräußerungsgewinn vorliegt, wird vom Wert des erworbenen Unternehmens abhängen. Ein Veräußerungsgewinn entsteht nur dann nicht, wenn die erworbenen eigenen Aktien nicht zu bilanzieren sind (im Wesentlichen Aktien, die eingezogen werden sollen). Steuerrechtlich liegt dann bei Weiterveräußerung der Aktien eine Kapitalerhöhung vor.[119]

d) Gewinnverwendung

244 Eine Gewinnausschüttung während des laufenden Geschäftsjahres ist bei der AG nicht zulässig. Nach Abschluss des Geschäftsjahres sind allenfalls **Abschlagszahlungen** gem. § 59 Abs. 1 AktG zulässig, sofern dies in der Satzung vorgesehen ist. Um der Gesellschaft auch in diesem Punkt mehr Flexibilität zu geben und bei Bedarf nicht auf das Erfordernis einer Satzungsänderung (einschließlich Durchführung einer Hauptversammlung und Eintragung im Handelsregister) angewiesen zu sein, kann die Zulässigkeit von Abschlagszahlungen in der Satzung in Erwägung gezogen werden.

e) Ort der Hauptversammlung

245 Regelmäßig enthält die Satzung eine Regelung dazu, an welchem Ort die Hauptversammlung stattfinden kann bzw. muss.[120] Derartige Bestimmungen knüpfen an die gesetzliche Regelung in § 121 Abs. 5 AktG an.

f) Opt-out-Entscheidungen

246 Nach §§ 285 f., 289 und 314 f. HGB sind börsennotierte Gesellschaften zur **individuellen Offenlegung** der Vorstandsvergütung verpflichtet. Diese Verpflichtung wird bisweilen als nicht sachgerecht empfunden. Nach § 286 Abs. 5 Satz 1 HGB kann die Hauptversammlung mit Dreiviertelmehrheit der vertretenen Stimmen für eine Dauer von bis zu fünf Jahren beschließen, dass die individuelle Offenlegung unterbleiben soll. Daher ist zu überlegen, ob ein solcher Beschluss noch vor dem Börsengang gefasst werden soll, was zulässig sein sollte. Gleiches gilt für die Ausnahme von der Mitteilungspflicht nach § 27 a WpHG.; hierzu ist eine entsprechende Satzungsbestimmung erforderlich.[121]

---

[118] Dh., nach § 8 b Abs. 2 und 3 KStG ist weitgehende Steuerfreiheit gegeben, so weit nicht § 8 b Abs. 7 KStG greift.
[119] Vgl. § 11 Rz. 172.
[120] Vgl. auch LG Ffm. 3 – 5 O 177/07 v. 2. 10. 2007, WM 2007, 2385; zu einem im Ausland liegenden Ort vgl. *Hüffer* AktG § 121 Rz. 14 ff.
[121] Vgl. § 26 Rz. 175.

E. Sonstige Vorbereitungen im Unternehmen

g) D&O-Versicherung

Noch vor Durchführung eines Börsenganges bietet es sich an, zu Gunsten der Organmitglieder (Vorstand und Aufsichtsrat) eine Haftpflichtversicherung für Schäden, die aus der Verletzung ihrer Organpflichten entstanden sind und für die sie in Anspruch genommen werden könnten, abzuschließen. Aus aktienrechtlicher Sicht ist dabei zu bedenken, dass es sich bei den entrichteten Prämien wohl um **Vergütungskomponenten** handeln dürfte. Es ist daher darauf zu achten, dass die aktienrechtlich berufenen Organe dem Abschluss der Versicherungen jeweils zustimmen. So ist für den Abschluss zugunsten der Vorstandsmitglieder gem. § 84 AktG der Aufsichtsrat und für den Abschluss zugunsten der Aufsichtsratsmitglieder gem. § 113 AktG die Hauptversammlung zuständig. Aus steuerlicher Sicht ist darauf hinzuweisen, dass nach Auffassung der Finanzverwaltung bei entsprechender Ausgestaltung der Versicherungsverträge keine Pflicht der Organmitglieder zur Versteuerung besteht.[122]

Auch diese Maßnahmen sollten bereits vor Durchführung eines Börsenganges umgesetzt worden sein.

III. Mitarbeiterbeteiligung

Die Beteiligung von Mitarbeitern am Erfolg des Unternehmens hat sich insb. bei jungen Unternehmen zu einer häufig genutzten **Vergütungskomponente** entwickelt. Wesentlicher Grund hierfür dürfte das Ziel sein, Mitarbeiter durch eine Beteiligung stärker zu motivieren und langfristig an das Unternehmen zu binden. Zudem wird das Instrument der Mitarbeiterbeteiligung nicht selten eingesetzt, um hoch qualifizierte Mitarbeiter anzustellen. In solchen Fällen ersetzt die Beteiligung einen Teil der Barvergütung, den das Unternehmen anderenfalls möglicherweise nicht aufbringen könnte. Der Wunsch des Unternehmers, dass die Mitarbeiter am wirtschaftlichen Erfolg des Unternehmens partizipieren, lässt sich auf verschiedene Weise erreichen. Dabei ist grds. zwischen zwei Arten von Mitarbeiterbeteiligungsprogrammen zu unterscheiden, nämlich zwischen den Programmen, die den Mitarbeitern lediglich einen schuldrechtlichen Anspruch (gerichtet auf eine Geldzahlung) einräumen, und solchen, die auf eine gesellschaftsrechtliche Beteiligung der Mitarbeiter am Kapital des Unternehmens abzielen. Wegen der Einzelheiten wird auf die Ausführungen in § 23 verwiesen.

IV. Geschäftsordnung für Vorstand, Aufsichtsrat und Hauptversammlung

1. Geschäftsordnung für den Vorstand

Gem. § 77 Abs. 2 AktG kann sich der Vorstand eine Geschäftsordnung geben, wenn nicht die Satzung diese Kompetenz dem Aufsichtsrat übertragen hat oder der Aufsichtsrat eine Geschäftsordnung erlassen hat. In der Regel wird die Geschäftsordnung für den Vorstand vom Aufsichtsrat erlassen. Dies sollte auch

---

[122] BMF-Schreiben v. 24.1. 2002, DB 2002, 399; s. a. im Einzelnen: *Schüppen/Sanna* ZIP 2002, 550 ff.

bereits im Vorfeld eines Börsenganges erfolgen, insb. dann, wenn der Vorstand aus mehreren Personen besteht.

270 Die Geschäftsordnung für den Vorstand enthält in aller Regel Bestimmungen über die **Geschäftsverteilung** (Ressorts), die **Geschäftsführungsbefugnisse** (zB Einzelgeschäftsführungsbefugnis innerhalb der Ressorts, im Übrigen Gesamtgeschäftsführung), den **Vorsitzenden** oder Sprecher des Vorstands (eine solche Position ist aktienrechtlich indessen nicht zwingend), Sitzungen und Beschlussfassung sowie zustimmungspflichtige Geschäfte (also Maßnahmen, die der Zustimmung des Aufsichtsrats bedürfen). Nach dem Inkrafttreten des Transparenz- und Publizitätsgesetzes[123] muss jedoch die Satzung oder die Geschäftsordnung für den Vorstand einen Katalog zustimmungspflichtiger Geschäfte vorsehen (§ 111 Abs. 4 Satz 2 AktG). Aus Gründen der Flexibilität wird man einen solchen Katalog zweckmäßigerweise in die Geschäftsordnung für den Vorstand, die ja der Aufsichtsrat erlässt und jederzeit durch einfachen Beschluss ändern kann, aufnehmen. So können unnötige Satzungsänderungen vermieden werden.

2. Geschäftsordnung für den Aufsichtsrat

271 Die Geschäftsordnung für den Aufsichtsrat kann zwingend nur dieser selbst erlassen.[124] Sie ist nur dann sinnvoll, wenn die materiellen Regelungsgegenstände (zB über Sitzungen und Beschlussfassungen) nicht bereits in der Satzung enthalten sind. Im Übrigen kann eine Geschäftsordnung des Aufsichtsrats Bestimmungen über Ausschüsse (vgl. § 107 Abs. 3 AktG) enthalten. Dabei sollte auch an die in § 108 Abs. 4 AktG enthaltene Möglichkeit von Video- und Telefonkonferenz-Sitzungen gedacht werden (s. o. Rz. 231).

3. Geschäftsordnung für die Hauptversammlung

272 Durch das KonTraG[125] ist in § 129 Abs. 1 AktG die Möglichkeit einer Geschäftsordnung mit Regeln für die Vorbereitung und Durchführung der Hauptversammlung gesetzlich anerkannt worden. Die Geschäftsordnung beschließt die Hauptversammlung mit einer Mehrheit von drei Vierteln der vertretenen Stimmen.

273 Die Geschäftsordnung hat **keinen satzungsändernden Charakter** und kann nur innerhalb der von Gesetz und Satzung gezogenen Grenzen Regelungen treffen. ihr praktischer Wert ist daher zweifelhaft; aus diesem Grunde hat sie bislang auch in der Praxis nur geringe Bedeutung gewonnen.[126]

V. Risikomanagement

274 Nach § 91 Abs. 2 AktG hat der Vorstand geeignete Maßnahmen zu treffen, insb. ein **Überwachungssystem** einzurichten, damit den Fortbestand der Gesellschaft gefährdende Entwicklungen früh erkannt werden. Bei börsennotier-

---

[123] Gesetz zur weiteren Reform des Aktien- und Bilanzrechts, zu Transparenz und Publizität v. 19. 7. 2002, BGBl. I 2002, 2681.
[124] *Hüffer* AktG § 107 Rz. 23.
[125] Gesetz zur Kontrolle und Transparenz im Unternehmensbereich (KonTraG) v. 27. 4. 1998, BGBl. I 1998, 786.
[126] Vgl. *Hüffer* AktG § 129 Rz. 1 a ff.

E. Sonstige Vorbereitungen im Unternehmen 275, 276 § 21

ten Aktiengesellschaften hat der Abschlussprüfer zu beurteilen und darüber zu berichten, ob der Vorstand die geeigneten Maßnahmen getroffen und ein funktionsfähiges Überwachungssystem eingerichtet hat (§ 317 Abs. 4 HGB).

Nach der gesetzlichen Vorgabe besteht das **„Frühwarnsystem"** aus zwei Stufen: Auf der **ersten Stufe** hat der Vorstand geeignete Maßnahmen zur Früherkennung zu treffen. In der **zweiten Stufe** hat er ein Überwachungssystem einzurichten, ob die getroffenen Maßnahmen auch tatsächlich effektive unternehmensinterne Kontrolle ermöglichen. Insgesamt ist hierzu festzuhalten, dass die Anforderungen sehr stark unternehmensabhängig sind und sich allgemeine Vorgaben noch nicht abschließend herausgestellt haben.[127] Das Risikoüberwachungssystem ist zu dokumentieren.[128] 275

VI. Besetzung von Vorstand und Aufsichtsrat

Eine für den Kapitalmarkt wesentliche Bedeutung hat die personelle Besetzung von Vorstand und Aufsichtsrat. Dies gilt vor allem für junge Unternehmen, deren nachhaltige Leistungsfähigkeit in vielen Bereichen erst noch zu beweisen ist. Mit Ausnahme der – in der Praxis zumeist unproblematischen – aktienrechtlichen Voraussetzungen der Organstellung (§ 76 Abs. 3 AktG für Vorstandsmitglieder bzw. § 100 AktG für Aufsichtsratsmitglieder sowie § 105 AktG) sind bei der Auswahl der geeigneten Kandidaten bislang keine zwingenden gesetzlichen Anforderungen zu beachten. Von entscheidender Bedeutung ist vielmehr die **persönliche Qualifikation und Eignung** der Organmitglieder. Hierzu verlangt die Rechtsprechung, dass ein Aufsichtsratsmitglied diejenigen Mindestkenntnisse und -fähigkeiten besitzen oder sich aneignen muss, die es braucht, um alle normalerweise anfallenden Geschäftsvorfälle auch ohne fremde Hilfe verstehen und sachgerecht beurteilen zu können.[129] Mit Blick auf den angestrebten Börsengang und die damit verbundene Geltung des Corporate Governance Kodex (CGK)[130] sollten jedoch die in Ziff. 5.4 CGK niedergelegten Anforderungen beachtet werden. Zudem ist auf § 100 Abs. 5 AktG hinzuweisen, nach der der Aufsichtsrat einer gem. § 264 d HGB kapitalmarktorientierten Aktiengesellschaft mit einem unabhängigen Mitglied besetzt sein muss, das über Sachverstand auf den Gebieten Rechnungslegung oder Abschlussprüfung verfügt. Wenn die Gesellschaft einen Prüfungsausschuss eingerichtet hat, so muss dieser gem. § 107 Abs. 4 AktG über mindestens einen solchen unabhängigen Finanzexperten verfügen.[131] 276

---

[127] Vgl. weiterführend Hüffer AktG § 91 Rz. 4 ff.; Pollanz DB 2001, 1317 ff.
[128] Vgl. LG München I 5 HKO 15964/06 v. 5. 4. 2007, NJW 2008, 319, das den Entlastungsbeschluss für den Vorstand wegen einer fehlenden Dokumentation für nichtig erklärte.
[129] Vgl. ua. BGH II ZR 27/82 v. 15.11. 1982, BGH NJW 1983, 991; zu den gesteigerten Anforderungen an die Überwachungstätigkeit in der Krise vgl. LG München 5 HKO 11977/06 (n. rkr.) v. 31. 5. 2007, AG 2007, 827; zu den besonderen Anforderungen an Verträge mit Aufsichtsratsmitgliedern vgl. Vetter Aufsichtsratsvergütung und Verträge mit Aufsichtsratsmitgliedern ZIP 2008, 1 ff.
[130] Vgl. § 26 Rz. 21; die Nichteinhaltung der Empfehlungen begründet jedoch nicht die Anfechtbarkeit von Hauptversammlungsbeschlüssen, vgl. LG München I 5 HKO 10614/07 v. 22. 11. 2007, NZG 2008, 150 ff.
[131] Vgl. §§ 100 Abs. 5, 107 Abs. 4 AktG idF des Gesetzes zur Modernisierung des Bilanzrechts (Bilanzrechtsmodernisierungsgesetz – BilMoG) v. 28. 5. 2009, BGBl. I, S. 1102.

VII. Börsengang und Arbeitsrecht

277 Für den Börsengang einer Gesellschaft sind keine besonderen arbeitsrechtlichen Rahmenbedingungen zu beachten. Insbesondere ist der Börsengang selbst keine Entscheidung, die der Mitwirkung des Betriebsrates nach BetrVG unterliegt. Allerdings können einzelne Vorbereitungsmaßnahmen (vor allem Umstrukturierungen und die Einführung eines Aktienoptionsprogramms) betriebsverfassungsrechtlich relevant sein. Für die Zeit nach dem Börsengang ist aus arbeitsrechtlicher Sicht insb. darauf zu achten, dass das Unternehmen durch geeignete Maßnahmen (zB im Arbeitsvertrag oder durch Erstellen allgemeiner Richtlinien) seinen Mitarbeitern die **Insiderhandelsverbote** nach WpHG erläutert und Mechanismen installiert, Verstöße zu vermeiden.

VIII. Sonstige Maßnahmen

278 Neben den zuvor beschriebenen gesellschafts- und steuerrechtlichen Maßnahmen hat ein an die Börse strebendes Unternehmen noch eine Fülle weitere Hausaufgaben auf anderen Gebieten zu erledigen, um die Börsenreife herzustellen.

279 Eine vornehmlich vorbörsliche Aufgabe besteht in dem **Aufbau eines leistungsfähigen Rechnungswesens**. Ein solches ist zum einen erforderlich, um die für den Börsengangprozess, insb. für den Prospekt und für die Gespräche mit den finanziellen Investoren, notwendigen Zahlen schnell und zuverlässig liefern zu können. Zum anderen beginnt aber für das Unternehmen mit der Börsennotierung eine neue Publizitätszeitrechnung. Je nach dem gewählten Marktsegment sind bestimmte Finanzberichte innerhalb relativ kurzer Fristen zu erstellen und zu veröffentlichen.[132] Dies ist nur auf der Basis eines funktionierenden Rechnungswesens möglich. Ein bestehendes funktionstüchtiges Rechnungswesen ist einer der Eckpfeiler des gem. § 92 Abs. 2 AktG zu installierenden Frühwarnsystems (s. Rz. 274f.). Denn nur wer Unternehmenszahlen zeitnah erhält und analysieren kann, kann auch Schieflagen und Fehlentwicklungen frühzeitig erkennen und ggf. korrigieren.

F. Vorbereitungsmaßnahmen der Altgesellschafter

I. Maßnahmen zur Absicherung des Börsengangs

290 Erwägt ein Kreis der Aktionäre einen Börsengang, so sollte er, insb. bei der Aufnahme neuer Aktionäre, dieses grundsätzliche Ziel klarstellen und Übereinstimmung hierüber herbeiführen. Denn nicht immer ist ein Börsengang für alle Gesellschaftskreise der vorzugswürdige Weg. Gegen ihn können zB die erhöhten **Publizitätspflichten**, die stärkere **Kostenbelastung**, die Sorge vor einer **Überfremdung** der Gesellschaft und nicht zuletzt auch **erbschaft- und schenkungsteuerliche Konsequenzen** sprechen. Als jedenfalls partiell taugliche Mittel kommen hierfür insb. **Stimmbindungs- und Poolverträge** sowie **vinkulierte Namensaktien** in Betracht.

---

[132] Vgl. hierzu § 26 Rz. 80 ff.

II. Maßnahmen zur Absicherung des Unternehmereinflusses

1. Einleitung

Mit dem Börsengang und der Aufnahme einer Vielzahl neuer Gesellschafter (Aktionäre) geben die bisherigen Altaktionäre ihre Stellung als alleinige „Herrscher" der Gesellschaft auf. Vielfach wird dabei der Wunsch geäußert, den damit verbundenen Verlust an Einfluss (oder anders gesagt: die Einräumung von Einflussmöglichkeiten zugunsten der neuen Aktionäre) so gering wie möglich zu halten. Schließlich will der Unternehmer durch den Börsengang nicht in eine ungewisse Zukunft steuern, bei der seine unternehmerische Führung über das notwendige Maß hinaus beschnitten wird und er von nicht kalkulierbaren Dritten abhängig ist. Um dieses Ziel zu erreichen, gibt es eine Vielzahl von mehr oder weniger effektiven **Gestaltungsmöglichkeiten**, die im Folgenden kurz vorgestellt werden. Dabei ist jedoch stets zu beachten, wie der Kapitalmarkt auf eine solche Absicherung des Alteigentümereinflusses reagiert, dh. ob mit der Implementierung solcher Maßnahmen ggf. Wertabschläge verbunden sein können.

2. Rechtsformwahl

Es ist bereits ausführlich dargestellt worden, in welchen Bereichen die Rechtsform der **KGaA** den Anteilseignern im Vergleich zur AG **mehr Flexibilität** bietet. Unter dem Gesichtspunkt der Absicherung des Unternehmereinflusses ist daher die Wahl einer KGaA ein geeignetes Mittel. So kann insb. die Stellung des Managements gestärkt und die von Aufsichtsrat und Hauptversammlung geschwächt (für Unternehmen, in denen der oder die Altgesellschaft aktiv die Geschäftsführung betreiben wollen) oder das Machtbalance in Richtung Hauptversammlung/Aufsichtsrat verschoben werden (für Unternehmen mit Fremdmanagement, in denen die Altgesellschaft ihren Einfluss über diese Organe sicherstellen möchte; zu den Einzelheiten s. o. Rz. 31 ff, 46 f.).

3. Erhalt der Stimmenmehrheit

Nach dem in § 133 AktG niedergelegten Grundsatz bedürfen Hauptversammlungsbeschlüsse grds. der einfachen Mehrheit der abgegebenen Stimmen. Demgegenüber bedarf die vorzeitige Abberufung von Aufsichtsratsmitgliedern sowie die Zustimmung der Hauptversammlung zu Geschäften des Vorstands, zu denen der Aufsichtsrat seine Zustimmung verweigert hat, einer Mehrheit von drei Vierteln der abgegebenen Stimmen (§§ 103, 111 Abs. 4 Satz 4 AktG). Eine noch größere Mehrheit erfordern ua. Satzungsänderungen (§ 179 AktG), Übertragung des Gesellschaftsvermögens im Ganzen (179 a AktG), Kapitalerhöhungen (§§ 182 ff. AktG), Bezugsrechtsausschlüsse (§§ 186 Abs. 3, 221 Abs. 4 Satz 2 AktG), die Schaffung von bedingtem und genehmigtem Kapital (§§ 192, 202 AktG), Kapitalherabsetzungen (§§ 222, 229, 237 AktG), die Auflösung der AG (§ 262 Abs. 1 Nr. 2 AktG), Maßnahmen iSd. Umwandlungsgesetzes (insb. Verschmelzung und Spaltung), die Eingliederung (§ 319 AktG), sowie Unternehmensverträge und deren Änderungen (§§ 293 ff. AktG). Aus dieser kurzen Darstellung der Mehrheitserfordernisse folgt, dass die Altaktionäre, sofern sie die Stimmenmehrheit behalten, die üblichen Maßnahmen (zB Feststellung des Jahresabschlusses, Verwendung des Bilanzgewinnes, Entlastung von Vorstand und Aufsichtsrat, Bestellung von Aufsichtsratsmitgliedern, Wahl der Abschlussprüfer, Geschäftsführungsfragen des Vorstands) auch nach einem Börsengang weiterhin beherrschen. Zudem zeigt die Praxis, dass die weit überwiegende Mehrheit der Aktionäre den Vorschlägen von Vorstand und Aufsichtsrat folgt. Ferner nehmen an einer Hauptversammlung in aller Regel nicht alle Aktionäre teil, sodass uU schon 65 bis 70 % aller Stimmen ausreichen, um auch die bei bestimmten Maßnahmen erforderliche Mehrheit von drei Vierteln des vertretenen Grundkapitals zu erreichen **(faktische Mehrheit)**.

294 Der Wunsch der Altaktionäre, möglichst wenig Stimmen bei einem Börsengang abgeben zu müssen, geht mit der wirtschaftlichen Überlegung einher, nur so viele Aktien zu verkaufen, wie das Unternehmen **Liquidität** benötigt. Geht man nämlich idealtypischerweise von einer Wertsteigerung aus, so kann bei einem Secondary Public Offering für die Aktien ein möglicherweise deutlich höherer Preis erzielt werden als bei der Erstemission.

4. Satzungsgestaltungen zum Stimmrecht

295 Die Ausgabe von Mehrstimmrechtsaktien ist nicht möglich (§ 12 Abs. 2 AktG).[133] Ebenso wenig sind bei einer börsennotierten AG Stimmrechtsbeschränkungen zulässig (§ 134 Abs. 1 Satz 2 AktG). Demgemäß verbleibt als wesentliches Gestaltungsmittel die **Herabsetzung der Mehrheitserfordernisse für Satzungsänderungen** gem. § 179 Abs. 2 AktG, nachdem Satzungsänderungen aufgrund einer Satzungsbestimmung mit einer geringeren als der Dreiviertelmehrheit, mindestens jedoch einfache Mehrheit, beschlossen werden können. Dies gilt für Satzungsänderungen wie Kapitalerhöhungen, aber auch für die vorzeitige Abberufung von Mitgliedern des Aufsichtsrats. Für Beschlüsse über Änderungen des Unternehmensgegenstandes und Entscheidungen über Kapitalerhöhungen unter Ausschluss des Bezugsrechtes der Altaktionäre, über bedingte Kapitalerhöhungen und die Einräumung eines genehmigten Kapitals, die Vornahme von Kapitalherabsetzungen sowie die Genehmigung von Unternehmensverträgen und Umwandlungsmaßnahmen ist eine Herabsetzung der Mehrheitserfordernisse jedoch unzulässig (vgl. § 179 Abs. 2, 186 Abs. 3, 192 Abs. 1 Satz 2, 202 Abs. 2 Satz 3, 222 Abs. 1 und 293 Abs. 1 Satz 2 AktG; §§ 65, 125 UmwG).

5. Stimmrechtslose Vorzugsaktien

296 Der Einfluss der Altaktionäre kann auch dadurch abgesichert werden, dass keine stimmberechtigten Stammaktien, sondern stimmrechtslose Vorzugsaktien ausgegeben werden. Dies ist bis zur **Hälfte des Grundkapitals** möglich (§ 139 Abs. 2 AktG). Als Ausgleich für die Stimmrechtslosigkeit sind die Vorzugsaktien mit einem Vorzug bei der Gewinnverteilung ausgestattet, der aber – je nach Ausgestaltung – in der Praxis leerlaufen kann. Mit dem Instrument der stimmrechtslosen Vorzugsaktien kann die Kapitalbeteiligung der Altaktionäre auf 37,5 % des Grundkapitals herabgesetzt werden, ohne dass die Altaktionäre die satzungsändernde Dreiviertelmehrheit verlieren, wenn Vorzugsaktien in dem zulässigen Höchstumfang von 50 % des Grundkapitals ausgegeben werden.

---

[133] Zur Übergangsregelung in § 5 EGAktG s. *Hüffer* AktG § 12 Rz. 11 ff.

6. Vinkulierte Namensaktien

In § 68 Abs. 2 AktG ist vorgesehen, dass die Übertragung von Namensaktien **297** von der Zustimmung der Gesellschaft abhängig gemacht werden kann. Hierdurch kann insb. die Überfremdung der Gesellschaft bzw. der Beitritt unerwünschter Aktionäre verhindert werden (s. Rz. 220 ff.).

7. Entsenderechte

Gem. § 101 Abs. 2 AktG können für insgesamt höchstens ein Drittel der von **298** den Aktionären zu bestellenden Aufsichtsratsmitglieder zugunsten bestimmter Aktionäre Entsenderechte eingeräumt werden.[134] So entsandte Aufsichtsratsmitglieder können vom Entsendungsberechtigten jederzeit abberufen und durch ein anderes Mitglied ersetzt werden. In der Praxis börsennotierter Gesellschaften spielt dieses Entsenderecht keine nennenswerte Rolle.

8. Stärkung des Aufsichtsrats

Ein weiteres Instrument zur mittelfristigen Absicherung des Einflusses der **299** Altaktionäre ist die Erweiterung der Geschäfte, die der Zustimmung des Aufsichtsrats bedürfen. Dies ist jedoch nur dann ein taugliches Gestaltungsmittel, wenn die Altaktionäre auf die Bestellung des Aufsichtsrats rechtlich (durch Stimmenmehrheit) oder zumindest faktisch Einfluss haben. Die Festsetzung der zustimmungspflichtigen Geschäfte erfolgt in einer vom Aufsichtsrat erlassenen Geschäftsordnung für den Vorstand (s. Rz. 269 f.).

9. Poolverträge

Die vorstehenden Ausführungen haben gezeigt, dass es in einer Vielzahl von **300** Fällen für die Altaktionäre wünschenswert ist, zumindest die einfache Stimmenmehrheit zu behalten. Besteht der Altaktionärskreis jedoch nicht aus einer Person (oder aus einem engen Familienkreis) oder soll bei einem großen Altaktionärskreis dessen ggf. auch unterhalb der Stimmenmehrheit liegender Einfluss gebündelt werden, kommt als Gestaltungsinstrument der Abschluss eines Poolvertrages in Betracht. In diesem werden in aller Regel neben Regelungen zur **Übertragbarkeit der Aktien** der Poolmitglieder (zB Zustimmungspflichten, **Vorkaufsrechte**) auch Bestimmungen zur **Stimmrechtsausübung und -bündelung** aufgenommen. Die Regelungsdichte eines solchen Poolvertrages kann unterschiedlich hoch ausgestaltet werden. So sind aus der Praxis rechtlich unverbindliche Vereinbarungen, nach denen sich die Aktionäre über ihr **Abstimmungsverhalten** lediglich verständigen (dh. unterrichten) sollen, bekannt. Häufiger ist es jedoch so, dass sich die Aktionäre zur einheitlichen Ausübung ihres Stimmrechts verpflichten, wobei zB die einfache Mehrheit der Poolmitglieder entscheidet, wie abgestimmt werden soll. Will man die **einheitliche Stimmabgabe** auch rechtlich absichern, so können die Poolaktien einem Aktionär oder einem Dritten als Treuhänder übertragen werden, der als Bevollmächtigter im eigenen Namen, aber für fremde Rechnung auftritt und die Beschlüsse der Poolmitglieder umsetzt.[135] Denkbar ist es auch, die Pool-

---

[134] Zur Begründung eines Entsenderechts und den damit verbundenen aktienrechtlichen Fragen vgl. OLG Hamm 8 U 222/07 v. 31. 3. 2008, BB 2008, 1136 ff.
[135] Zur Durchsetzung vgl. auch OLG München 7 U 2912/06 v. 13. 9. 2006, AG

aktien in eine Gesellschaft (zB GbR oder GmbH & Co. KG) einzubringen und hierüber das einheitliche Stimmverhalten und die Verfügungsbeschränkungen abzusichern. Vor der Wahl einer solchen Konstruktion sollten jedoch die damit verbundenen steuerlichen Konsequenzen, die von der persönlichen steuerlichen Situation eines jeden Aktionärs sowie der Ausgestaltung der Gesellschaft (gewerblich/nicht gewerblich) abhängen, geprüft werden.

301 Durch den Abschluss eines **Poolvertrages** wird das **Aktionärskonsortium** als solches regelmäßig nicht zu einem herrschenden Unternehmen iSv. §§ 17, 312 AktG. Dies kann erst dann der Fall sein, wenn es sich noch anderweitig unternehmerisch betätigt. Je nach der Lage des Einzelfalles kommen jedoch die Mitglieder des Konsortiums als herrschende Unternehmen in Betracht.[136] Zu beachten ist indessen vor allem die besondere Zurechnungsnorm in § 22 Abs. 2 WpHG.[137]

III. Nachfolgeplanung und vorweggenommene Erbfolge

1. Einführung

302 Zu Beginn eines Börsengangprozesses sollten sich die Altaktionäre auch intensiv mit ihrer Nachfolgeplanung befassen. Im Todesfalle kann eine mangelhafte Planung wegen der eintretenden Erbschaftsteuerbelastung für die Hinterbliebenen bisweilen existenzbedrohend sein und zu einer erheblichen Wertevernichtung führen. Aber auch im Interesse des Unternehmens und seiner Anteilseigner ist eine sorgfältige und frühzeitige Nachfolgeplanung von Bedeutung. Ein Grund hierfür lag bis zum 31. Dezember 2008 vor allem in der rechtsformabhängigen erbschaft- und schenkungsteuerlichen Behandlung:[138]

a) Rechtszustand vor 1.1. 2009

303 Für **Einzelunternehmen** und **Personengesellschaftsanteile** waren nach altem Recht die Bilanzsteuerwerte die erbschaft- und schenkungsteuerliche Bemessungsgrundlage. Abweichend hiervon wurden lediglich für Grundstücke (Grundbesitzwerte) und für Anteile an Kapitalgesellschaften (gemeine Werte) andere Werte herangezogen.

304 Bei Anteilen an **Kapitalgesellschaften** hingegen wurde der Börsenkurs oder im Vorfeld einer Notierung der gemeine Wert zugrunde gelegt. Der gemeine Wert wurde entweder aus Verkäufen (hierzu zählen ggf. auch Kapitalerhöhungen) abgeleitet, die weniger als ein Jahr zurückliegen, oder nach dem so genannten Stuttgarter Verfahren[139] ermittelt. Es bedarf keiner näheren Erläuterung, dass die **Bilanzsteuerwerte** in aller Regel um ein Vielfaches niedriger liegen als der gemeine Wert, vor allem aber als der Börsenkurs.

2006, 2150 ff.; zu rechtlichen Grenzen vgl. OLG München 23 U 5786/06 v. 18.10. 2007, AG 2008, 423 ff. (nrkr.).

[136] Vgl. OLG Hamm 27 U 1/00 nrkr. v. 2.11. 2000, BB 2000, 2593.

[137] Vgl. zB *Mutter* Die Holdinggesellschaft als reziproker Familienpool – Pflichten nach WpHG und WpÜG, DStR 2007, 2013 ff.

[138] Zu den Einzelheiten siehe Vorauflage § 2 Rz. 123 ff und 151 ff. sowie § 11 Rz. 215. Zu den verfassungsrechtlichen Bedenken vgl. BFH II R 61/99 v. 24.10. 2001, DStR 2001, 2112 u. BFH II R 61/99 v. 22.5. 2002, BStR 2002, 1438 sowie *Noll* DStR 2002, 1699 ff.

[139] Vgl. Erbschaftsteuer-Richtlinien v. 21.12. 1998, Abschn. R 96 ff.

F. Vorbereitungsmaßnahmen der Altgesellschafter 305–309 § 21

Ein weiterer wesentlicher Unterschied bestand nach altem Recht darin, dass **305** nur für Einzelunternehmen und Personengesellschaften eine negative Bemessungsgrundlage ermittelt werden konnte, mit deren Hilfe sonstige positive Werte schenkungsteuergünstig übertragen werden können.

Bei Einzelunternehmen und Personengesellschaften wurde stets ein **Be-** **306** **wertungsabschlag** in Höhe von 40 % und darüber hinaus ein **Freibetrag** von € 256 000 je Einzel-/Mitunternehmer gewährt (§ 13 a ErbStG). Für im Privatvermögen gehaltene Anteile an Kapitalgesellschaften (zB an einer börsennotierten AG) galten diese Privilegierungen nur bei einer Beteiligung von mehr als 25 % (vgl. § 13 a Abs. 4 Nr. 3 ErbStG).

Aus den vorstehenden Vergleichen folgt, dass sich die erbschaft- und schen- **307** kungsteuerliche Bemessungsgrundlage im Verlauf eines Börsenganges nach altem Recht mehrfach erhöhte. Eine erste Erhöhung trat in aller Regel bereits durch die Umwandlung der Personengesellschaft in eine Kapitalgesellschaft ein. Eine weitere Erhöhung trat durch die Aufnahme eines Neugesellschafters (zB eines Venture-Capital-Gebers) ein, der im Rahmen einer Kapitalerhöhung ein hohes Aufgeld bezahlt. Des Weiteren erfolgte eine Erhöhung der Bemessungsgrundlage durch den Emissions- und schließlich durch den späteren Börsenkurs.

War sodann eine hohe erbschaft- und schenkungsteuerliche Bemessungs- **308** grundlage gegeben und trat der Erbfall ein, wurde der **Kurs der Aktien am Todestag** des Erblassers der Erbschaftsbesteuerung zugrunde gelegt. Dass der Kurs in den nächsten Wochen uU – vielleicht auch gerade aufgrund des Todes des Unternehmers – drastisch sank, war erbschaftsteuerlich ohne jede Bedeutung.[140] Dies galt auch für den Umstand, dass ein Kursverfall aufgrund des möglicherweise notwendigen massiven Verkaufes von Aktien zur Begleichung der Erbschaftsteuer eintreten konnte, an dem weder das Unternehmen noch die übrigen Aktionäre ein Interesse haben konnte. Ferner war bei dieser Konstellation zu berücksichtigen, dass die Erbschaftsteuer in aller Regel aus dem Verkauf von Aktien bezahlt werden muss, der seinerseits zunächst der Einkommensteuer unterliegt, die nicht auf die Erbschaftsteuer angerechnet wird.

b) Erbschaftsteuerreform (ab dem 1. 1. 2009)

Die vorstehend beschriebene Rechtslage hat sich nach der Erbschaftsteuer- **309** reform[141] in einigen Bereichen grundlegend geändert: Zunächst wurde die rechtsformabhängige Bewertung für Zwecke der erbschaft- und schenkungsteuerlichen Bemessungsgrundlage aufgegeben. Kapitalgesellschaften werden demnach wie Personengesellschaften mit dem „gemeinen Wert" (§ 9 BewG) bewertet. Da es aber insoweit bei der Relevanz von Verkäufen unter fremden Dritten, die weniger als ein Jahr vor dem Stichtag zurückliegen, bleibt, ist die oben (Rz. 307) beschriebene ggf. eintretende Erhöhung der Bemessungsgrundlage durch Geschäfte mit Dritten nach wie vor zu beachten. Allerdings wird es auch im Rahmen des neuen Begünstigungssystems der §§ 13 a, b

---

[140] In Betracht kommt allenfalls die Möglichkeit einer niedrigeren Steuerfestsetzung (§ 163 AO) oder eines Erlasses (§ 227 AO) aus Billigkeitsgründen; vgl. auch *Kapp* DStZ 1988, 46; *Kemmerling/Delp* BB 2002, 655 ff.
[141] Vgl. Gesetz zur Reform des Erbschaftsteuer- und Bewertungsrechts (siehe Fn. 32).

ErbStG rechtsformabhängige Unterschiede geben. Das Begünstigungssystem wurde für bestimmtes unternehmerisches Vermögen in §§ 13a, b, 19 ErbStG (zB mit einem Bewertungsabschlag von 85 % und mit Tarifentlastungen) neu gefasst. Hierfür gelten aber besondere Gewährungs- und Behaltensvoraussetzungen (ua. eine unmittelbare Beteiligung von mehr als 25 % an einer Kapitalgesellschaft sowie die sog. „Lohnsummenkontrolle" und die fünfzehnjährige Behaltensfrist). Insbesondere das Erfordernis, dass innerhalb eines Zeitraums von 10 Jahren nach dem Stichtag die aktuelle Lohnsumme 70 % der Ausgangslohnsumme (indexierte durchschnittliche Lohnsumme der letzten 5 Jahre vor Entstehen der Steuer) nicht unterschritten werden darf, kann – da für einen Aktionär einer börsennotierten AG nicht beherrschbar – problematisch sein. Gerade diese (angekündigten) Änderungen machen eine intensive Befassung mit einer sinnvollen Nachfolgeplanung unabdingbar.

2. Gestaltungsmöglichkeiten

310 Um die aufgezeigten Effekte teilweise zu vermeiden oder abzuschwächen, kommen folgende Maßnahmen in Betracht:[142]

Die Anteile konnten nach altem Recht noch vor dem Rechtsformwechsel in die AG zu uU deutlich niedrigeren Steuerwerten an Ehegatten und/oder Abkömmlinge **verschenkt** werden. Dem Schenker konnte nach altem Recht die vermögensmäßige (und zT. auch die verwaltungsmäßige) Nutzung der Anteile durch die Vereinbarung eines (lebenslangen) **Nießbrauchs** (Vorbehaltsnießbrauch) erhalten werden. Mit der Einräumung eines Nießbrauchs konnte überdies nach altem Recht ein zinsloser **Steuerstundungseffekt** mit der Möglichkeit der sofortigen **abgezinsten Ablösung** erreicht werden (vgl. § 25 ErbStG). Die Schenkung bzw. die Position des Schenkers konnte ferner durch **Widerrufsvorbehalte** für bestimmte Fälle abgesichert werden.[143] Nach neuem Recht entfällt zwar die rechtsformabhängige Bewertung (siehe Rz. 309); gleichwohl kann eine Schenkung wegen rechtsformabhängiger Begünstigungskriterien nach §§ 13a, b ErbStG immer noch erwägenswert sein. Zudem gewinnt auch die Schenkung unter Nießbrauchsvorbehalt wegen des Wegfalls von § 25 ErbStG uU deutlich an Attraktivität, da der Wert des Nießbrauchs nunmehr bereits bei der Bewertung des geschenkten Gegenstands in Abzug gebracht wird und so die Bemessungsgrundlage definitiv mindert.

311 Die Anteile konnten nach altem Recht in eine **Personengesellschaft oder Zwischenholding** (Kapitalgesellschaft) eingebracht werden. Auf diese Weise war es möglich, dass auch ein nicht zu mehr als 25 % (vgl. § 13a Abs. 4 Nr. 3 ErbStG) an einer AG beteiligter Aktionär in den Genuss des Bewertungsabschlages von 40 % (§ 13a Abs. 2 ErbStG) kommt. Nach neuem Recht muss eine unmittelbare Beteiligung von mehr als 25 % an der Kapitalgesellschaft gegeben sein, um in den Genuss des og. Begünstigungssystems zu gelangen. Hierzu eröffnet der Gesetzgeber jedoch die (neue) Möglichkeit des Pooling (vgl. § 13b Abs. 1 Nr. 3 ErbStG). Hierbei handelt es sich um eine Innengesell-

---

[142] Siehe auch oben § 2 Rz. 123 ff. und § 11 Rz. 215 ff.
[143] Dem steht auch nicht das Urteil des BFH II R 52/98 v. 25.1. 2001, DStR 2001, 573 ff., entgegen, weil es sich dort – entgegen dem veröffentlichten Sachverhalt – um ein freies Widerrufsrecht handelte. Im Übrigen hat die FinVerw. betr. des Urteils v. 25.1. 2001 (a.a.O.) einen Nichtanwendungserlass herausgegeben; koordinierter Ländererlass v. 15. 5. 2001, BStBl. I, 530.

F. Vorbereitungsmaßnahmen der Altgesellschafter

schaft ohne Gesamthandsvermögen auf rein schuldrechtlicher Grundlage. Die Pooling-Vereinbarung muss die Verpflichtung enthalten, das Stimmrecht gegenüber nicht gebundenen Gesellschaften einheitlich auszuüben. Daneben müssen sich wahlweise die Gesellschafter untereinander verpflichten, über die Anteile nur einheitlich zu verfügen, oder sich alternativ verpflichten, die Anteile ausschließlich nur auf andere derselben Verpflichtung unterliegenden Anteilseigner zu übertragen. Diese Pooling-Option kann aus schenkung- oder erbschaftsteuerlicher Sicht auch für Anteilseigner von börsennotierten Gesellschaften in Betracht kommen. Dabei sind allerdings die Zurechnungstatbestände in § 22 Abs. 2 WpHG und § 30 Abs. 2 WpHG mit den entsprechenden Konsequenzen (zB uU. Pflichtangebot wegen Kontrollerlangung nach WpÜG) zu beachten, insbesondere wenn das Pooling erst nach dem Börsengang erfolgt.

Der Aktionär kann seinen **steuerlichen Wohnsitz** in einen anderen Staat 312 verlegen, in dem keine oder geringere Erbschaftsteuern anfallen. Dabei ist allerdings zu berücksichtigen, dass auch der Wegzug aus der Bundesrepublik Deutschland gem. § 6 AStG ein entsprechend § 17 EStG steuerpflichtiger Vorgang ist. Ein Wegzug kommt daher in aller Regel nur dann in Betracht, wenn noch keine erheblichen stillen Reserven in den Anteilen vorhanden sind oder wenn noch mit erheblichen Wertsteigerungen zu rechnen ist. Bei dieser Variante sollte auch bedacht werden, dass dem Steuerpflichtigen – anders als ggf. bei einer Veräußerung gem. § 17 EStG – bei dem Wegzug keine Liquidität zufließt, mit der er die Steuerschuld begleichen kann. Es muss daher genügend freies Vermögen zur Begleichung der **Wegzugsteuer** vorhanden sein.

In regelmäßigen Abständen ist die testamentarische Situation des Aktionärs 313 anhand der eingetretenen Veränderungen (zB Wertverschiebungen, andere Familienverhältnisse) zu überprüfen. Dabei gilt es sicherzustellen, dass die getroffenen **letztwilligen Verfügungen** noch dem Willen des Erblassers entsprechen und in diesem Rahmen die **erbschaftsteuerlichen Gestaltungsmöglichkeiten** (zB Freibeträge, Steuerklassen) ausgeschöpft werden. In diesem Zusammenhang ist auf die Erhöhung der Freibeträge durch die Erbschaftsteuerreform hinzuweisen.[144]

Da es möglich ist, die **persönlichen Freibeträge** im Zeitabstand von je- 314 weils zehn Jahren **wiederholt auszunutzen**, kann von dieser Möglichkeit bei langfristiger Planung Gebrauch gemacht werden.

Ob und welche der genannten Möglichkeiten im Einzelfall opportun sind, 315 kann nur unter Berücksichtigung aller Umstände und der persönlichen steuerlichen Situation des Gesellschafters entschieden werden. Hierzu ist eine sorgfältige und umfassende Analyse durchzuführen.

Bei diesen nachfolgeorientierten Überlegungen konnte bis zum 31. Dezem- 316 ber 2008 auch einbezogen werden, dass Anteile an Kapitalgesellschaften unterhalb der **Wesentlichkeitsgrenze** gem. § 17 Abs. 1 Satz 4 EStG (1 %) nach Ablauf eines Jahres steuerfrei veräußert werden können. Durch eine Übertragung von Anteilen an dem Unternehmen auf Familienmitglieder konnte so eine ansonsten aufgrund einer wesentlichen Beteiligung eintretende Steuerpflicht teilweise vermieden werden. Dabei ist jedoch zu berücksichtigen, dass – wenn Anteile nicht zum Verkehrswert verkauft wurden – eine fünfjährige **„Sperrfrist"** gilt, während der der Beschenkte aufgrund seiner von dem wesentlich beteiligten Schenker abgeleiteten Rechtsstellung ebenfalls als wesentlich betei-

---

[144] Vgl. § 16 ErbStG.

ligt gilt (§ 17 Abs. 1 Satz 5 EStG). Diese Möglichkeit ist jedoch ab dem 1.1. 2009 nicht mehr eröffnet.

317 Unabhängig davon, ob im Zeitpunkt des Börsenganges bereits alle notwendigen Maßnahmen ergriffen wurden oder nicht, sollte bei der Formulierung der von den Emissionsbanken geforderten **Lock-up-Vereinbarung** darauf geachtet werden, dass steuerorientierte familieninterne Umstrukturierungen nicht blockiert werden.

IV. Steuerliche Qualifizierung des Aktienbesitzes und dessen Aufteilung

318 Eine aus Sicht des Gesellschafters eines Börsenkandidaten und dessen (steuerliche) Berater vornehmliche – aber häufig außer Acht gelassene – Aufgabe besteht darin, die bestehenden Anteile an der Gesellschaft unter steuerlichen Gesichtspunkten zu erfassen. Dabei geht es um zwei für die persönliche Steuer- und Vermögensplanung wichtige Determinanten: die Höhe des Anteilsbesitzes und die Frage, ob es sich steuerlich um so genannte einbringungsgeborene bzw. sperrfristbehaftete Anteile handelt. Daneben ist zu klären, ob sich die Aktien nicht ohnehin in einem Betriebsvermögen befinden und Veräußerungsgewinne allein schon aus diesem Grunde – unabhängig von der Anteilshöhe und der Entstehung (Einbringung) – steuerpflichtig sind. Diese Aspekte sind von entscheidender Bedeutung für die Besteuerung etwaiger Veräußerungsgewinne (wenn die Anteile nicht ohnehin in einem steuerlichen Betriebsvermögen gehalten werden).[145]

V. Güterstandsregelungen

327 Vor einem Börsengang sollte auch der Güterstand der maßgeblichen Gesellschafter einer Überprüfung unterzogen und in die Nachfolgeplanung mit einbezogen werden. Dies deshalb, weil in der Praxis sehr häufig erbschaftsteuerlich unvorteilhafte Güterstandsregelungen anzutreffen sind. Gemeint sind die Eheverträge, mit denen Gütertrennung vereinbart wurde.

328 Derartige Güterstandsregelungen sind aus erbschaftsteuerlicher Sicht in höchstem Maße schädlich, weil die **erbschaftsteuerliche Privilegierung** gem. § 5 ErbStG (Steuerfreiheit des gesetzlichen Zugewinnausgleichs) verloren geht. Es empfiehlt sich daher in aller Regel, auf **Gütertrennung** zu verzichten bzw. eine vereinbarte Gütertrennung aufzuheben. Aus zivilrechtlicher Sicht können die häufig mit einer Gütertrennung verfolgten Ziele (Haftungsfragen, kein Ausgleich bei Scheidung) durch eine sog. **modifizierte Zugewinngemeinschaft**, die ihrerseits wiederum erbschaftsteuerunschädlich ist, erreicht werden.

329 Ist der Güterstand der Gütertrennung vereinbart worden, so lässt sich dies durch Abschluss eines neuen Ehevertrages revidieren, indem ein **modifizierter gesetzlicher Güterstand** gewählt wird. Dabei ist allerdings zu beachten, dass entgegen der zivilrechtlichen Möglichkeit der Rückbeziehung auf den Tag der Eheschließung **erbschaftsteuerlich** eine solche **Rückbeziehung nicht anerkannt** wird (§ 5 Abs. 1 Satz 4 ErbStG). Demnach kann bei Änderung des

---

[145] Zu den Einzelheiten s. o. § 12 Rz. 135 ff.; vgl. auch *Prinz* Die „formgewechselte GmbH" und ihr Börsengang; „Steuerfallen" für Anteilseigner GmbHR 2008, 626 ff.

F. Vorbereitungsmaßnahmen der Altgesellschafter 330–335 § 21

Güterstandes von Gütertrennung in **modifizierte Zugewinngemeinschaft** nur der nach dem Vertragsschluss entstehende gesetzliche **Zugewinn** gem. § 5 Abs. 1 Satz 1 ErbStG erbschaftsteuerfrei gestellt werden.

VI. Steuerliche Sondersituation einer Betriebsaufspaltung

1. Einführung

Sehr häufig stellen Unternehmer dem Unternehmen eine in ihrem Eigentum stehende **wesentliche Betriebsgrundlage** im Wege eines zivilrechtlichen Austauschvertrages zur Verfügung: Dies kann zB das Verwaltungs- oder Produktionsgebäude sein, welches nicht im Eigentum der Gesellschaft steht, sondern in dem eines oder mehrerer Gesellschafter, und der Gesellschaft aufgrund eines Mietvertrages zur Verfügung gestellt wird. Eine ähnliche Konstellation kann es auch bei Patenten, Marken, Urheberrechten oder ähnlichen Betriebsgrundlagen geben, die der Gesellschaft von einem oder mehreren Gesellschaftern zB im Wege einer **Lizenz** zur Nutzung überlassen werden. In diesen Fällen spricht man von einer Betriebsaufspaltung. Eine solche Betriebsaufspaltung entsteht zumeist bewusst. Sie kann den Zweck verfolgen, einen wesentlichen Vermögensgegenstand (zB das Betriebsgrundstück) aus dem Haftungsverbund für Haftungsrisiken der Betriebsgesellschaft herauszunehmen. Grund einer Betriebsaufspaltung bei einem Börsenaspiranten kann auch die kapitalmarktbezogene Überlegung im Einzelfall sein, dass zB ein innovatives und stark wachstumorientiertes Unternehmen nicht durch einen Immobilienbesitz an einen Standort gebunden sein soll. 330

Allerdings ist aus Kapitalmarktsicht auch zu beachten, dass Austauschverträge zwischen Gesellschaft und einem Teil der Gesellschafter (insb. dem Mehrheitsgesellschafter) wegen der damit grds. verbundenen **Gefahr der Gewinnpotenzialverlagerung** besonders kritisch gewürdigt werden. 331

2. Zivilrechtliche Überlegungen

Eine Betriebsaufspaltung kann aus zivilrechtlichen Gründen sinnvoll sein. Dies ist insb. dann der Fall, wenn ein wertvolles Grundstück aus dem **Haftungsverbund** für Risiken des Betriebsunternehmens herausgenommen werden soll. 332

3. Steuerliche Besonderheiten

Aus steuerlicher Sicht stellt eine Betriebsaufspaltung immer dann eine besondere Situation dar, wenn die Voraussetzungen einer steuerlichen Betriebsaufspaltung gegeben sind. 333

Denn besteht eine Betriebsaufspaltung, so wird eine ihrer Art nach nicht gewerbliche Tätigkeit – typischerweise das Vermieten oder Verpachten von Wirtschaftsgütern an eine Kapitalgesellschaft – bei Vorliegen einer **sachlichen und personellen Verflechtung** zwischen dem Vermieter und dem Pächter zum Gewerbebetrieb.[146] 334

Dies kann bei einer Beendigung der Betriebsaufspaltung dazu führen, dass nicht nur eine steuerpflichtige Entstrickung der gewerblich vermieteten Wirt- 335

---

[146] *Schmidt/Wacker* § 15 Rz. 800.

schaftsgüter vorliegt, sondern auch eine steuerpflichtige Entstrickung der Anteile an der Betriebskapitalgesellschaft, da diese steuerlich als **Betriebsvermögen des Vermietungs- oder Verpachtungsunternehmens** angesehen werden. Die von der Beendigung der Betriebsaufspaltung betroffenen Steuerpflichtigen haben kein Wahlrecht, die Kapitalgesellschaftsanteile nach Beendigung der Betriebsaufspaltung weiter als Betriebsvermögen zu behandeln und erst bei einer Veräußerung zu versteuern.[147] Die somit bei Beendigung einer Betriebsaufspaltung drohende Steuerlast ist insoweit möglicherweise besonders misslich, als dem Steuerpflichtigen uU keine Liquidität in Form eines Entgelts zufließt, aus der heraus die Steuerschuld getilgt werden könnte.

336 Eine **sachliche Verflechtung** besteht, wenn der Betriebsgesellschaft materielle oder immaterielle Wirtschaftsgüter zur Nutzung überlassen sind, die für die Betriebsgesellschaft eine ihrer wesentlichen Betriebsgrundlagen sind, dh. nach dem Gesamtbild der Verhältnisse zur Erreichung des Betriebszwecks erforderlich sind und besonderes Gewicht für die Betriebsführung besitzen.[148]

337 Eine **personelle Verflechtung** liegt vor, wenn hinter den beiden rechtlich selbständigen Unternehmen eine Person oder Personengruppe steht, die in Bezug auf beide Unternehmen einen einheitlichen geschäftlichen Betätigungswillen hat und in der Lage ist, diesen in beiden Unternehmen durchzusetzen. Ist an beiden Unternehmen eine einheitliche Personengruppe (**„sowohl-als-auch-Gesellschafter"**) beteiligt, wird vermutet, dass diese Personengruppe gleichgerichtete Interessen hat.[149] Diese Vermutung kann durch den konkreten Nachweis von Interessengegensätzen zwar beseitigt werden;[150] die Rechtsprechung ist hier jedoch ausgesprochen restriktiv.[151]

338 Eine Betriebsaufspaltung ist insb. auch unter **Beteiligung einer AG** möglich.[152]

339 Umstritten ist, unter welchen Voraussetzungen ein vermietetes Grundstück bzw. Gebäude eine **wesentliche Grundlage für den Betrieb** der Betriebs-Kapitalgesellschaft darstellt, das Gebäude also eine hinreichende wirtschaftliche Bedeutung für die Betriebsgesellschaft hat. Der BFH hat hierzu entschieden, dass eine hinreichende wirtschaftliche Bedeutung bereits dann anzunehmen ist, wenn der Betrieb auf das Grundstück angewiesen ist, dh. wenn er ohne ein Grundstück dieser Art nicht fortgeführt werden könnte. Es sei unerheblich, ob das Grundstück ohne bauliche Veränderungen für ein anderes Unternehmen verwendbar wäre oder ob die betrieblichen Anforderungen der Betriebsgesellschaft auch von einem anderen Verwaltungsgebäude hätten erfüllt werden können.[153] Diese Auffassung ist seitens der Finanzverwaltung ausdrücklich bestätigt worden.[154]

---

[147] BFH X R 128/94 v. 17. 4. 1996, BFH/NV 1996, 877.
[148] *Schmidt/Wacker* § 15 Rz. 808.
[149] BFH IV B 28/90 v. 28. 5. 1991, BStBl. II 1991, 801.
[150] H 137 Abs. 6 EStR 1999 „Interessengegensätze".
[151] ZB BFH IV R 39/92 v. 28. 1. 1993, BFH/NV 1993, 528.
[152] BFH I R 39–40/64 v. 21. 9. 1977, BStBl. II 1978, 67.
[153] BFH VIII R 11/99 v. 23. 5. 2000, BStBl. II 2000, 621; BFH Az. VIII R 71/98 v. 23. 1. 2001, GmbHR 2001, 479 f.; ähnlich BFH IV B 111/00 v. 3. 4. 2001, GmbHR 2001, 926 und BFH X R 118/98 v. 24. 10. 2001, GmbHR 2002, 796 ff.
[154] BMF-Schreiben v. 18. 9. 2001, BStBl. I 2001, 634 v. 20. 12. 2001, BB 2002, 129 und v. 15. 5. 2002, BStBl. I, 647.

F. Vorbereitungsmaßnahmen der Altgesellschafter 340–342 § 21

Ein **für die Praxis taugliches Mittel**, um bereits das Entstehen einer Be- 340
triebsaufspaltung zu verhindern, stellt die Aufnahme einer nicht an der Betriebskapitalgesellschaft beteiligten Person sowie die Einführung des **Ein-
stimmigkeitsprinzips** oder eines Vetorechtes dieses Gesellschafters in der
Betriebsgesellschaft dar.[155]

Im Rahmen des Börsenganges (oder auch schon im Vorfeld) kann es dazu 341
kommen, dass die für eine steuerlich anzuerkennende Betriebsaufspaltung erforderliche personelle Verflechtung dadurch – unbeabsichtigt – beendet wird,
dass der Unternehmer (zB aufgrund einer Kapitalerhöhung zur Aufnahme weiterer Gesellschafter oder durch den Börsengang selbst) die Mehrheit an dem
Unternehmen aufgibt. Hierdurch kann es nicht nur zu einer **steuerpflichtigen Realisierung der stillen Reserven** in der überlassenen wesentlichen Betriebsgrundlage (zB Grundstück), sondern auch in den Anteilen am Unternehmen kommen. Was dies bei einem durch den Eintritt eines Investors oder durch
den Emissionspreis dokumentierten hohen Unternehmenswert und einem
fehlenden Liquiditätszufluss bedeutet, kann man sich nach dem oben Gesagten
leicht ausmalen.

Im Rahmen eines Börsenganges sollte daher auch stets überprüft werden, ob 342
eine Betriebsaufspaltung vorliegt, ob die Gefahr einer ungewollten Beendigung jetzt oder in der Zukunft besteht und wie die Betriebsaufspaltung ggf.
steuerunschädlich gezielt beendet werden kann oder sogar beendet werden
muss. Grundsätzlich taugliche Gestaltungsmittel sind zB die **Einbringung** der
Besitzgesellschaft in die Kapitalgesellschaft gegen Gewährung von Gesellschaftsrechten bzw. eine **Verschmelzung** oder das Sicherstellen der Gewerblichkeit der Besitzgesellschaft nach Beendigung der Betriebsaufspaltung (zB
durch die Rechtsform der GmbH & Co. KG).

---

[155] Vgl. *Schmidt/Wacker* § 15 Rz. 825 sowie BMF-Schreiben v. 7.10. 2002, BStBl. I
21002, 1028.

§ 22 Vorbereitung des eigentlichen Börsengangs

Bearbeiter: Dr. Herbert Harrer

Übersicht

	Rz.
A. Auswahl des Börsenplatzes und des Marktsegments	1–91
I. Deutschland	7–49
1. Regulierter Markt	10–33
a) Zulassungsvoraussetzungen	12–15
b) Folgepflichten	16–29
c) Wertpapierprospekt	30–33
2. Freiverkehr	34–49
a) Teilbereich Open Market der Frankfurter Wertpapierbörse	39–43
b) Qualitätssegment Entry Standard der Frankfurter Wertpapierbörse	44–49
aa) Einbeziehungsvoraussetzungen	46, 47
bb) Folgepflichten	48, 49
II. Ausländische Börsen- und Handelsplätze	50–67
1. NASDAQ	52–58
2. NYSE Euronext	59–62
3. London Stock Exchange	63–67
III. Sog. Dual Listing oder Multiple Listing	68–73
IV. American Depositary Receipts	74–81
1. Allgemeines	74
2. Definition	75
3. Typen der ADR-Programme	76–79
4. Aspekte von ADR-Programmen nach deutschem Recht	80, 81
V. Privatplatzierung	82–91
1. Allgemeines	82
2. Deutschland	83–86
3. Vereinigte Staaten von Amerika	87–91
B. Beteiligte Parteien	92–111
I. Allgemeines	92
II. Bundesanstalt für Finanzdienstleistungsaufsicht und Wertpapierbörse	93–95
III. Emittent	96, 97
IV. Konsortialführer	98, 99
V. Rechtsanwälte	100, 101
VI. Wirtschaftsprüfer	102, 103
VII. Public Relations-Berater	104, 105
VIII. Emissions-Berater	106
IX. Sonstiges	107–111
C. Emissionskonzept	112–119
D. Sicherung der Rechte der Altaktionäre	120–138
I. Wahl der Rechtsform der Kommanditgesellschaft auf Aktien	122–125
II. Vinkulierte Namensaktien	126, 127

III. Stimmrechtslose Vorzugsaktien 128–131
  IV. Stimmbindungsverträge und Holdinggesellschaften . . 132, 133
   V. Entsendungsrechte in den Aufsichtsrat 134, 135
  VI. Stärkung der Rolle des Aufsichtsrats   136
 VII. Höchststimmrecht und Mehrstimmrecht 137, 138

Schrifttum: *Assmann* in FS Schütze Neuemissionen von Wertpapieren über Internet 1999 S. 15; *Böckenhoff/Ross* American Depositary Receipts (ADR), WM 1993, 1781, 1825; *Bosch/Groß* Das Emissionsgeschäft 1998; *Bungert/Paschos* Börsennotierung und Emission deutscher Wertpapiere in den USA, DZWir 1995, 133, 221; *Frey* Auswirkungen des Börsenganges auf Rechnungslegung und Publizität, DStR 1999, 294; *Gebhardt*, Prime and General Standard: Die Neusegmentierung des Aktienmarkts der Frankfurter Wertpapierbörse, WM, Sonderbeilage Nr. 2/2003; *Greene/Rosen/Silverman/Braverman/Sperber*, US Regulation of the International Securities and Derivatives Markets, 8. Aufl. 2006; *Harrer/Erwe* Der Neue Markt der Frankfurter Wertpapierbörse im Vergleich zu NASDAQ und EASDAQ, RIW 1998, 661; *Harrer/Heidemann* (Hrsg.) Der Gang an die Börse – Herausforderung für Emittent und Berater 2001; *Harrer/Heidemann* Going Public – Einführung in die Thematik, DStR 1999, 254; *Harrer/King* Aktien- und kapitalmarktrechtliche Aspekte bei American Depositary Receipts, IStR 1999, 188; *Harrer/Müller*, Die Renaissance des Freiverkehrs – Eine Analyse mit internationalem Vergleich, WM 2006, 653 ff.; *Hopt/Rudolph/Baum* (Hrsg.) Börsenrecht 1997; *Hüffer* Das Wertpapier-Verkaufsprospektgesetz 1996; *Jakob* Initial Public Offerings 1998; *Johnson* Corporate Finance and Securities Laws 4. Aufl. 2006; *Kersting* Der Neue Markt der Deutsche Börse AG, AG 1997, 222; *Kullmann/Müller-Deku* Die Bekanntmachung zum Wertpapier-Verkaufsprospektgesetz, WM 1996, 1989; *Loss/Seligman* Fundamentals of Securities Regulation 5. Aufl. 2004; *Potthoff/Stuhlfauth* Der Neue Markt: Ein Handelssegment für innovative und wachstumsorientierte Unternehmen – kapitalmarktrechtliche Überlegungen und Darstellung des Regelwerks, WM Sonderbeilage Nr. 3/1997; *Röhler* American Depositary Shares 1997; *Schanz* Börseneinführung 3. Aufl. 2007; *von Rosen/Seifert* (Hrsg.) Zugang zum US-Kapitalmarkt für deutsche Aktiengesellschaften 1998; *Ziegenhain/Helms* Der rechtliche Rahmen für das Going Public mittelständischer Unternehmen, WM 1998, 1417, 1422.

A. Auswahl des Börsenplatzes und des Marktsegments

1 Im Vorfeld eines Börsengangs haben die Gesellschaft und die Altgesellschafter nach Abwägung aller Vorzüge und Nachteile eines „Going Public" die **Grundsatzentscheidung** über den Börsengang zu treffen. Im Falle einer positiven Entscheidung gibt es eine Reihe weiterer konzeptioneller Fragen, zu denen insb. die Auswahl des geeigneten Börsenplatzes und des richtigen Marktsegments sowie die Ausarbeitung des Emissionskonzepts einschließlich der sog. Equity Story gehören. Nachfolgend wird auch auf die im Rahmen eines Börsenganges beteiligten Stellen und Personen eingegangen.

2 Kriterien für die Auswahl des richtigen Börsenplatzes sind sowohl **Unternehmensfaktoren** wie zB Unternehmensprofil, Entwicklungsstrategien, Zielmärkte, Produktionsstandorte und Vertriebsmärkte, Absatz- und Beschäftigungsmärkte und Unternehmensidentität, als auch **Marktfaktoren** wie zB erzielbare Unternehmensbewertung, mögliche Investoren, zur Verfügung stehender Research von Analysten und vorgeschriebene Rechnungslegungsgrundsätze.

3 Der Emittent wählt – idR in enger Abstimmung mit dem Konsortialführer – den Börsenplatz und ein geeignetes Marktsegment aus, wobei er zwischen einer deutschen und einer ausländischen Wertpapierbörse und ggf. an der je-

A. Auswahl des Börsenplatzes und des Marktsegments 4–7 § 22

weiligen Börse angebotenen verschiedenen Marktsegmenten wählen kann. Bei größeren international orientierten Unternehmen ist auch eine gleichzeitige Notierung der Gesellschaft an zwei oder mehreren Börsenplätzen – sog. Dual oder Multiple Listing – möglich (s. dazu Rz. 68 ff.).

Beim Börsengang größerer Gesellschaften hat auch die Möglichkeit, in einen Aktienindex aufgenommen zu werden, teilweise Bedeutung bei der Wahl des Marktsegments. Es gibt eine Reihe von der Deutsche Börse AG berechnete Aktienindizes. Der Deutsche Aktienindex **DAX** ist das bedeutendste Kursbarometer für den deutschen Aktienmarkt und umfasst die 30 größten Aktienwerte („Blue-Chips") in Bezug auf Umsatz und Börsenkapitalisierung. Weitere Indizes sind der **MDAX**, der 50 Aktiengesellschaften aus klassischen Branchen enthält, sowie der **TecDAX**, der sich aus 30 bedeutsamen Technologie-Unternehmen zusammensetzt und schließlich der **SDAX** für 50 Aktienwerte aus klassischen Branchen. Über die Zusammensetzung der verschiedenen Indizes wird in regelmäßigen Abständen entschieden. Dieses Indexsystem wurde im Rahmen einer Neuregelung des Aktienmarktes an der Frankfurter Wertpapierbörse in „General Standard" und „Prime Standard" aufgeteilt. Das Indexkonzept baut ausschließlich auf dem **Prime Standard** auf und für alle Auswahlindizes der Deutsche Börse qualifizieren sich nur Emittenten aus diesem Standard. 4

Mit einem **öffentlichen Angebot** im Rahmen des Börsengangs sind in der Praxis immer Privatplatzierungen (s. dazu Rz. 82 ff.) in weiteren Ländern verbunden, um auch in diesen Ländern bestimmten potenziellen zumeist institutionellen Anlegern die Möglichkeit zu geben, in das Unternehmen zu investieren. 5

Die nachfolgende Darstellung enthält eine Übersicht[1] über die Auswahlmöglichkeiten verschiedener Handelsplätze und Marktsegmente: 6

Auswahl von Handelsplatz und Marktsegment	
Handel in Deutschland	Handel im Ausland
– Regulierter Markt (General Standard/ Prime Standard) – Freiverkehr (Open Market/Entry Standard)	– NYSE/Euronext – LSE – AIM – NASDAQ
Privatplatzierung im Ausland – Sonderfall: Rule 144A (USA)	

I. Deutschland

In Deutschland besteht an allen sieben deutschen Börsenplätzen die Wahl zwischen den **Marktsegmenten** „Regulierter Markt" und „Freiverkehr". Die deutschen Börsenplätze sind Bremen/Berlin, Düsseldorf, Frankfurt, Hamburg, Hannover, München, Stuttgart. Die Frankfurter Wertpapierbörse ist die bedeutendste und wichtigste Börse in Deutschland mit einem Anteil von 7

---

[1] Vgl. dazu *Groß* in *Marsch-Barner/Schäfer*, § 8 Rz. 11 ff.

ca. 90 % des deutschen Börsenhandels. Die Deutsche Börse AG in Frankfurt ist Träger der Frankfurter Wertpapierbörse und seit Frühjahr 2001 börsennotiert. Die Zulassung zu oder Einbeziehung in ein Marktsegment einer Wertpapierbörse setzt die Erfüllung bestimmter vom jeweiligen Marktsegment abhängigen **Zulassungsvoraussetzungen** voraus.

8   Mit der Aufnahme der Notierung von Aktien an einer deutschen Wertpapierbörse finden für den Emittenten und seine Aktionäre zahlreiche börsen- und wertpapierrechtlichen Vorschriften Anwendung, die mit Inkrafttreten des Transparenzrichtlinie-Umsetzungsgesetzes im Januar 2007 durch §§ 30a ff., 37v ff. WpHG erweitert wurden.[2] Der **General Standard** der Frankfurter Wertpapierbörse ist das Segment mit den gesetzlichen Mindestanforderungen des regulierten Marktes, während bei einer Notierung im **Prime Standard** Unternehmen der Frankfurter Wertpapierbörse höhere, internationalen Maßstäben genügenden, Transparenzanforderungen erfüllen müssen.

9   Die nachfolgende Darstellung enthält eine **Übersicht** (s. Rz. 12) über die Zulassungsvoraussetzungen und Folgepflichten der Frankfurter Wertpapierbörse im regulierten Markt (differenziert nach General Standard und Prime Standard) sowie im Freiverkehr (differenziert nach Open Market und Entry Standard).

1. Regulierter Markt

10 Seit Inkrafttreten des Finanzmarktrichtlinie-Umsetzungsgesetzes am 1. November 2007 ist die Unterscheidung zwischen dem Amtlichen Markt und Geregelten Markt aufgehoben und es wurde ein einheitlicher **regulierter Markt** eingeführt. Der Geregelte Markt wurde im Jahre 1987 geschaffen und zielte auf mittelständische Unternehmen und jüngere Aktiengesellschaften mit geringerem Emissions- und Handelsvolumen ab. Er war ein organisierter Markt iSv. § 2 Abs. 5 WpHG.

11 Der **Neue Markt** der Frankfurter Wertpapierbörse[3] wurde im März 1997 geschaffen und war ein Handelssegment der Deutsche Börse AG in Frankfurt für Aktien primär kleinerer und mittlerer in- und ausländischer Gesellschaften, die Transparenz- und Publikationskriterien nach internationalen Standards erfüllten. Die Deutsche Börse AG hatte sich mit dem Regelwerk Neuer Markt, das seit seinem Inkrafttreten mehrfach verschärft wurde, privatrechtlich ausgestaltete Rahmenbedingungen geschaffen, die sowohl die Zulassungsvoraussetzungen als auch die Folgepflichten regelten. Der Neue Markt war auch ein organisierter Markt iSv. § 2 Abs. 5 WpHG.[4] Die Frankfurter Wertpapierbörse hat den Neuen Markt im Juni 2003 geschlossen.

---

[2] Vgl. dazu *Hutter/Kaulamo* NJW 2007, 471 ff.; 550 ff.; *Schlitt/Schäfer* AG 2007, 227 ff; *Bosse* DB 2007, 39 ff.; *Nießen* NZG 2007, 41 ff.; *Piener/Lebherz* AG 2007, 19 ff.
[3] Vgl. *Koch/Wegmann/Weiler* S. 25 ff.; *Plewka/Aymans* DB 1996, 2192 ff.; *Hansen* AG 1997, 164 ff.; *Kersting* AG 1997, 222 ff.; *Potthoff/Stuhlfauth* WM Sonderbeilage Nr. 3/1997, S. 1 ff.; *Harrer/Erwe* RIW 1998, 661 ff.; *Benz/Kiwitz* DStR 1999, 1162 ff.; *Temporale/Ismann* Finanz Berater 1999, 263 ff.
[4] Vgl. *Potthoff/Stuhlfauth* WM Sonderbeilage Nr. 3/1997, 1, 7; *Kersting* AG 1997, 222 ff.

A. Auswahl des Börsenplatzes und des Marktsegments

a) Zulassungsvoraussetzungen

Die **Börsenzulassungsverordnung** regelt die Zulassung der Aktien zum regulierten Markt und enthält dessen Zulassungsvoraussetzungen. Die Gründung sowie die Satzung oder der Gesellschaftsvertrag des Emittenten müssen dem Recht des Staates entsprechen, in dem der Emittent seinen Sitz hat[5] und der Emittent der zuzulassenden Aktien muss mindestens drei Jahre als Unternehmen bestanden und seine Jahresabschlüsse für die drei dem Antrag vorausgegangenen Geschäftsjahre entsprechend den hierfür geltenden Vorschriften offen gelegt haben.[6] Die Geschäftsführung kann Aktien zulassen, wenn dies im Interesse des Emittenten und des Publikums liegt.[7] Die Aktien müssen frei handelbar sein; die Geschäftsführung kann jedoch auch Aktien, die nicht voll eingezahlt sind und Aktien, deren Erwerb einer Zustimmung bedarf, unter bestimmten Voraussetzungen zulassen.[8] Der voraussichtliche Kurswert der zuzulassenden Aktien oder, falls eine Schätzung nicht möglich ist, das Eigenkapital des Unternehmens muss mindestens € 1,25 Mio. betragen, wobei die Geschäftsführung geringere Beträge als vorgeschrieben zulassen kann, wenn sie überzeugt ist, dass sich für die zuzulassenden Aktien ein ausreichender Markt bilden wird.[9] Eine Mindeststückzahl von Aktien gibt es nicht. Die zuzulassenden Aktien müssen im Publikum eines oder mehrerer Mitgliedsstaaten der Europäischen Union oder eines oder mehrerer Vertragsstaaten des Abkommens über den Europäischen Wirtschaftsraum ausreichend gestreut sein, wobei sie als ausreichend gestreut gelten, wenn mindestens 25 % des Gesamtnennbetrags, bei nennwertlosen Aktien der Stückzahl, der zuzulassenden Aktien vom Publikum erworben worden sind oder wenn wegen der großen Zahl von Aktien derselben Gattung und ihrer breiten Streuung im Publikum ein ordnungsgemäßer Handel auch mit einem niedrigeren Prozentsatz gewährleistet ist, wobei hiervon Ausnahmen bestehen.[10] Von den meisten dieser Zulassungsvoraussetzungen kann die Deutsche Börse AG Ausnahmen zulassen, wenn dies im Interesse des Emittenten und des Publikums liegt. Am regulierten Markt können sowohl Stamm- als auch Vorzugsaktien angeboten werden, eines Designated Sponsors bedarf das Unternehmen nicht.

---

[5] Vgl. § 1 BörsZulV.
[6] Vgl. § 3 Abs. 1 BörsZulV.
[7] Vgl. § 3 Abs. 2 BörsZulV.
[8] Vgl. § 5 BörsZulV.
[9] Vgl. § 2 Abs. 1, 3 BörsZulV.
[10] Vgl. § 9 Abs. 1, 2 BörsZulV.

VORAUSSETZUNGEN FÜR DIE ZULASSUNG ZUR EINFÜHRUNG IN DIE FRANKFURTER WERTPAPIERBÖRSE

	Regulierter Markt (General Standard)	Regulierter Markt (Prime Standard)	Freiverkehr (Open Market)	Freiverkehr (Entry Standard)
Emissionsbegleiter	Kreditinstitut oder Finanzdienstleistungsinstitut oder nach § 53 (1) S. 1, § 53 (b) S. 1 KWG tätiges Unternehmen	wie General Standard	Antragsteller (Unternehmen, das an der Frankfurter Wertpapierbörse zum Börsenhandel zugelassen ist)	wie Open Market
Sitz des Emittenten	keine Beschränkungen	wie General Standard	keine Beschränkungen	wie Open Market
Mindestexistenz der Gesellschaft	drei Jahre, Ausnahmen	wie General Standard	nein	wie Open Market
Emissionsvolumen/ voraussichtlicher Kurswert	voraussichtlicher Kurswert der zuzulassenden Aktien bzw. falls Schätzung nicht möglich, Eigenkapital des Unternehmens mind. €1,25 Mio.	wie General Standard	nein	wie Open Market
Mindeststückzahl der Aktien	nein	wie General Standard	nein	wie Open Market
Aktiengattungen	Stammaktien oder Vorzugsaktien Zulassung aller Aktien einer Gattung	wie General Standard	Stammaktien oder Vorzugsaktien	wie Open Market
Streuung der Aktien	mind. 25 %, Ausnahmen	wie General Standard	nein	wie Open Market
Zulassungsdokument	Wertpapierprospekt	wie General Standard	Exposé (Mindestanforderungen) bzw. bei öffentlichem Angebot Wertpapierprospekt (BaFin Billigung)	wie Open Market

A. Auswahl des Börsenplatzes und des Marktsegments

VORAUSSETZUNGEN FÜR DIE ZULASSUNG ZUR EINFÜHRUNG IN DIE FRANKFURTER WERTPAPIERBÖRSE

	Regulierter Markt (General Standard)	Regulierter Markt (Prime Standard)	Freiverkehr (Open Market)	Freiverkehr (Entry Standard)
Sprache	Deutsch (bei ausländischen Gesellschaften ggf. nur Englisch)	wie General Standard	Deutsch/Englisch	wie Open Market
Gebühren und Entgelte der Börse	Erstzulassungsgebühr Zulassungsgebühr (Einheitsgebühr) € 3000 Einbeziehungsgebühr (Notierungsaufnahme) € 2500 jährliche Notierungsgebühr General Standard: € 7500	wie General Standard jährliche Notierungsgebühr Prime Standard: € 10 000	Einmalige Gebühr: EUR 750	Bei Vorlage Exposé: EUR 750 Bei Vorlage eines durch seitens Freiverkehrsträger anerkannter in- oder ausländischer Behörde gebilligten Prospekts: EUR 0
zuständiges Gremium	Geschäftsführung/BaFin für Billigung des Wertpapierprospekts	wie General Standard	Deutsche Börse AG (bei öffentlichem Angebot BaFin hinsichtlich Prospekt)	wie Open Market
Rechtliche Grundlage	Wertpapierprospektgesetz, Börsenzulassungsverordnung, Börsengesetz, BörsenO	wie General Standard	Allgemeine Geschäftsbedingungen für den Freiverkehr	wie Open Market
Veräußerungsverbot für Emittenten und bisherige Aktionäre	nein	wie General Standard	nein	wie Open Market

VORAUSSETZUNGEN FÜR DIE ZULASSUNG ZUR EINFÜHRUNG IN DIE FRANKFURTER WERTPAPIERBÖRSE

	Regulierter Markt (General Standard)	Regulierter Markt (Prime Standard)	Freiverkehr (Open Market)	Freiverkehr (Entry Standard)
Sonstiges		Ggf. Bestellung (mindestens) eines Designated Sponsor in Abhängigkeit von Liquidität	§ 161 AktG Corporate Governance Kodex nicht anwendbar. Kein Research erforderlich. Kein Designated Sponsor erforderlich. Unterscheidung zwischen First Quotation und Second Quotation mit zusätzlichen Einbeziehungsvoraussetzungen für First Quotation (insbes. Nachweis Bareinzahlung Grundkapital von mindestens €250.000).	§ 161 AktG Corporate Governance Kodex nicht anwendbar. Deutsche Börse Listing Partner Kein Research erforderlich. Kein Designated Sponsor erforderlich. Veröffentlichung eines aktuellen Unternehmenskurzporträts und eines Unternehmenskalenders. Antrag auf Einbeziehung in Entry Standard sind bestimmte Erklärungen bzw. Unterlagen. Pflicht des Antragstellers zu kontinuierlicher Überwachung der Einhaltung bestimmter Veröffentlichungen von Tatsachen und Informationen durch Emittenten und zur unverzüglichen Information über etwaige Versäumnisse oder Missstände.

A. Auswahl des Börsenplatzes und des Marktsegments

FOLGEPFLICHTEN AN DER FRANKFURTER WERTPAPIERBÖRSE

	Regulierter Markt (General Standard)	Regulierter Markt (Prime Standard)	Freiverkehr (Open Market)	Freiverkehr (Entry Standard)
Jahresabschluss	Veröffentlichung obligatorisch	Veröffentlichung obligatorisch, spätestens vier Monate nach Ende des Berichtszeitraums	ja (geprüft) innerhalb von sechs Monaten nach Beendigung des Berichtszeitraums auf Internetseite des Emittenten	ja (gesetzliche Regelung)
Jahresfinanzbericht	Veröffentlichung spätestens 4 Monate nach Ablauf eines Geschäftsjahrs Bilanzeid	wie General Standard	nein	nein
Halbjahresfinanzbericht	Veröffentlichung spätestens 2 Monate nach Ablauf des Berichtszeitraums Bilanzeid	wie General Standard	nein	Veröffentlichung eines Zwischenberichts innerhalb von 3 Monaten nach Ende des 1. Halbjahres
Quartalsfinanzbericht	freiwillig kein Bilanzeid	obligatorisch Veröffentlichung spätestens zwei Monate nach Ablauf des Berichtszeitraums kein Bilanzeid	nein	nein
Zwischenmitteilung	obligatorisch Zurverfügungstellung im Zeitraum zwischen 10 Wochen nach Beginn und 6 Wochen vor Ende der 1. und 2. Hälfte des Geschäftsjahrs (Ausnahme: bei freiwilliger Erstellung Quartalsfinanzbericht) kein Bilanzeid	keine Verpflichtung zur Erstellung einer Zwischenmitteilung, da Pflicht zu Erstellung Quartalsfinanzbericht besteht	nein	nein

FOLGEPFLICHTEN AN DER FRANKFURTER WERTPAPIERBÖRSE

	Regulierter Markt (General Standard)	Regulierter Markt (Prime Standard)	Freiverkehr (Open Market)	Freiverkehr (Entry Standard)
Verbot des Insiderhandels (§ 12 ff. WpHG)	ja	wie General Standard	ja	ja
Ad-hoc-Publizität (§ 15 WpHG)	zwingend	zwingend (Deutsch und englisch)	nein	nein, (§ 15 WpHG) aber Pflicht zur unverzüglichen Veröffentlichung von im Tätigkeitsbereich des Emittenten eingetretenen Tatsachen auf dessen Internetseiten, wenn diese wegen ihren Auswirkungen auf Vermögens- nen Finanzlage oder allgemeinen Geschäftsverlauf geeignet sind, Börsenpreise erheblich zu beeinflussen
Directors Dealing (nach § 15a WpHG)	ja	wie General Standard	nein	nein
Insiderverzeichnis (nach § 15b WpHG)	ja	wie General Standard	nein	nein
Verbot Marktmanipulation (nach § 20a WpHG)	ja	wie General Standard	ja	ja
Mitteilungspflicht (§ 21 WpHG)	ja	wie General Standard	nein	nein

A. Auswahl des Börsenplatzes und des Marktsegments

FOLGEPFLICHTEN AN DER FRANKFURTER WERTPAPIERBÖRSE

	Regulierter Markt (General Standard)	Regulierter Markt (Prime Standard)	Freiverkehr (Open Market)	Freiverkehr (Entry Standard)
Sprache	Deutsch (bei ausländischen Gesellschaften ggf. teilweise nur englisch)	Deutsch und Englisch (bei ausländischen Emittenten ggf. teilweise nur englisch)	Deutsch/Englisch	wie Open Market
Rechnungslegungsstandard	IFRS oder gleichwertige Rechnungslegung für Nicht-EU Emittenten	wie General Standard	Nationaler Rechnungslegungsstandard oder IFRS	wie Open Market
Sonstiges	Veröffentlichung von Mitteilungen über Einberufung Hauptversammlung, Mitteilungen über Ausschüttung und Auszahlung Dividende Änderungen der Rechtsgrundlage des Emittenten Zulassung aller später ausgegebenen Aktien Gleichbehandlung aller Inhaber zugelassener Wertpapiere unter gleichen Voraussetzungen Mitteilung von Änderungen der Satzung oder sonstiger Rechtsgrundlagen Veröffentlichung des jährlichen Dokuments	wie General Standard zusätzlich: jährliche Analystenveranstaltung jährlicher Unternehmenskalender		Verpflichtungserklärung des Antragsteller zur Erfüllung von Überwachungspflichten und Kontrollpflichten gegenüber dem Emittenten und zur Erfüllung von Informationspflichten gegenüber der Deutsche Börse AG. Freistellungserklärung des Antragstellers gegenüber der Deutsche Böse AG. Kein Research erforderlich. Kein Designated Sponsor erforderlich.

13 Über die Zulassung zum Teilbereich des regulierten Marktes mit weiteren Zulassungsfolgepflichten **(Prime Standard)** entscheidet die Geschäftsführung auf Antrag des Emittenten.[11] Die Aktien oder aktienvertretenden Zertifikate sind **zuzulassen**, wenn der Geschäftsführung keine Umstände bekannt sind, wonach der Emittent die weiteren Zulassungsfolgepflichten nicht ordnungsgemäß erfüllen wird. Derartige Umstände werden regelmäßig vermutet, (1) wenn Antrag auf Eröffnung des **Insolvenzverfahrens** über das Vermögen des Emittenten gestellt worden ist, wobei dies für Emittenten mit Sitz im Ausland entsprechend gilt, oder (2) wenn der Emittent bereits zugelassener Aktien oder Aktien vertretender Zertifikate seine Pflichten aus der Zulassung nicht oder **nicht ordnungsgemäß** erfüllt hat.[12]

14 Die Geschäftsführung kann die Zulassung zum regulierten Markt außer nach den Vorschriften des Verwaltungsverfahrensgesetzes **widerrufen**, wenn ein ordnungsgemäßer Börsenhandel auf Dauer nicht gewährleistet ist und die Geschäftsführung den Handel im regulierten Markt eingestellt hat oder der Emittent seine Pflichten aus der Zulassung auch nach einer angemessenen Frist nicht erfüllt.[13] Die Geschäftsführung kann die Zulassung zum regulierten Markt auch auf Antrag des Emittenten widerrufen, wenn der Schutz der Anleger einem Widerruf nicht entgegensteht, wobei die Börsenordnung der Frankfurter Wertpapierbörse zwei Fallgruppen nennt, in denen dies der Fall ist, und seit der Neuregelung dieser Bestimmung eine reine Fristenlösung vorliegt.[14]

15 Für die Erstellung, Billigung und Veröffentlichung von Prospekten für Wertpapiere, die zum Handel im regulierten Markt zugelassen werden sollen, findet das Wertpapierprospektgesetz Anwendung. Auf Antrag des Emittenten widerruft die Geschäftsführung die Zulassung zum Teilbereich des regulierten Marktes mit weiteren Zulassungsfolgepflichten **(Prime Standard)**, wobei die Vorschriften über den Widerruf der Zulassung zum regulierten Markt (General Standard) von Amts wegen entsprechend gelten. Der Widerruf lässt die Zulassung zum regulierten Markt (General Standard) im Übrigen unberührt.[15] Im Fall der Beendigung der Zulassung zum Teilbereich des regulierten Marktes mit weiteren Zulassungsfolgepflichten (Prime Standard) hat die Geschäftsführung die Aufnahme des Handels (Einführung) der zugelassenen Wertpapiere im regulierten Markt (General Standard) von Amts wegen zu veranlassen.[16]

b) Folgepflichten

16 Nach Einführung der Aktien im regulierten Markt treffen den Emittenten verschiedene Folgepflichten, die sich überwiegend aus dem Wertpapierhandelsgesetz ergeben.

---

[11] Vgl. § 63 Abs. 3 BörsO FWB. Vgl. dazu Deutsche Börse AG/*Riess/Steinbach* S. 259 ff.; *Marsch-Barner/Schäfer/Dehlinger* § 11; *Gebhardt* WM Sonderbeilage Nr. 2/2003, 1, 6; *Schlitt* AG 2003, 57 ff.
[12] Vgl. § 63 Abs. 5 BörsO FWB.
[13] Vgl. § 62 Abs. 1 BörsO FWB.
[14] Vgl. § 61 Abs. 1 BörsO FWB. Vgl. *Habersack/Mülbert/Schlitt/Habersack* S. 1035 ff.; *Beck/Hedtmann* BKR 2003, 190 ff.; *Holzmann* WM 2003, 1103 ff.; *Wilsing/Kruse* WM 2003, 1110 ff.; *Marsch-Barner/Schäfer/Schäfer/Eckhold* § 62.
[15] Vgl. § 70 Abs. 3 BörsO FWB.
[16] Vgl. § 70 Abs. 4 BörsO FWB.

A. Auswahl des Börsenplatzes und des Marktsegments 17–19 § 22

17 Es bestehen ua. die folgenden Pflichten des Emittenten gegenüber Wertpapierinhabern. Die **Pflichten von Emittenten** gegenüber Wertpapierinhabern, für die gemäß § 2 Abs. 6 WpHG Deutschland der Herkunftsstaat ist, verlangen ua. alle Inhaber zugelassener Wertpapiere unter gleichen Voraussetzungen gleich zu behandeln; alle Einrichtungen und Informationen, die die Inhaber der zugelassenen Wertpapiere zur Ausübung ihrer Rechte benötigen, im Inland öffentlich zur Verfügung zu stellen, Daten zu Inhabern zugelassener Wertpapiere vor einer Kenntnisnahme durch Unbefugte zu schützen und für die gesamte Dauer der Zulassung der Wertpapiere mindestens ein Finanzinstitut als Zahlstelle im Inland zu bestimmen, bei dem alle erforderlichen Maßnahmen hinsichtlich der Wertpapiere, im Falle der Vorlegung der Wertpapiere bei dieser Stelle kostenfrei bewirkt werden können.[17] Der Emittent von Aktien, die im regulierten Markt zugelassen sind, muss die Öffentlichkeit über alle wesentlichen **gesellschaftsrechtlichen Ereignisse** informieren und daher insbesondere die Einberufung von Hauptversammlungen, die Mitteilungen über die Ausschüttung und Auszahlung von Dividenden, die Ausgabe neuer Aktien, die Ausübung von Umtausch-, Bezugs- und Zeichnungsrechten sowie den Rückkauf eigener Aktien veröffentlichen. Weiterhin ist der Emittent verpflichtet, zusätzliche Informationen zu veröffentlichen, sofern dies von der jeweiligen Börse im Einzelfall verlangt wird.[18] Beabsichtigt der Emittent, für den Deutschland der Herkunftsstaat ist, eine Änderung seiner Satzung oder sonstiger Rechtsgrundlagen vorzunehmen, die die Rechte der Wertpapierinhaber berührt, muss dies der BaFin und der Geschäftsführung der inländischen und ausländischen organisierten Märkte, an denen Wertpapiere des Emittenten zugelassen sind, mitgeteilt werden.[19]

18 Inlandsemittenten iSv. § 2 Abs. 7 WpHG, dh. grundsätzlich alle Emittenten, für die Deutschland der Herkunftsstaat ist, haben sog. **zusätzliche Angaben** unverzüglich europaweit zu veröffentlichen,[20] wobei hierunter ua. jede Änderung der mit den zugelassenen Wertpapieren verbundenen Rechte sowie im Falle zugelassener Aktien der Rechte, die mit derivativen vom Emittenten selbst begebenen Wertpapieren verbunden sind, sofern sie ein Umtausch- oder Erwerbsrecht auf die zugelassenen Aktien des Emittenten verschaffen, fällt. Des Weiteren umfassen zusätzliche Angaben die Aufnahme von Anleihen sowie in Drittstaaten veröffentlichte Informationen, die für die Öffentlichkeit in der Europäischen Union und dem Europäischen Wirtschaftsraum Bedeutung haben können. Zur **europaweiten Veröffentlichung** müssen die zusätzlichen Angaben gemäß §§ 3a ff. WpAIV einem Bündel unterschiedlicher Medien zugeleitet werden, sodass davon ausgegangen werden kann, dass diese Medien die Informationen in der gesamten Europäischen Union und in den übrigen Vertragsstaaten des Abkommens über den EWR verbreiten werden. Zeitgleich bzw. vorab muss eine Kontrollmeldung durch das Unternehmen an die BaFin erfolgen.

19 Weiterhin hat das Transparenzrichtlinie-Umsetzungsgesetz im Januar 2007 neue Bestimmungen über die Veröffentlichung und die **Übermittlung von**

---

[17] Vgl. § 30a Abs. 1 WpHG.
[18] Vgl. § 30b Abs. 1 WpHG.
[19] Vgl. § 30c WpHG.
[20] Vgl. § 30e WpHG. Zur Art und Weise der Veröffentlichung siehe *Hutter/Kaulamo* NJW 2007, 550, 553 ff.; *Piener/Lebherz* AG 2007, 19 ff.

§ 22 20, 21 Vorbereitung des eigentlichen Börsengangs

Finanzberichten eingeführt.[21] Inlandsemittenten müssen einen **Jahresfinanzbericht** erstellen und diesen spätestens vier Monate nach Ablauf eines jeden Geschäftsjahres der Öffentlichkeit zur Verfügung stellen. Dieser hat mindestens den gemäß nationalem Recht des Sitzstaates des Unternehmens aufgestellten Jahresabschluss, den Lagebericht sowie den Bilanzeid zu enthalten. Zeitpunkt und Ort (Internetadresse) der Veröffentlichung des Jahresfinanzberichtes sind vom Emittenten vorher europaweit bekannt zu geben und der Emittent muss den Jahresfinanzbericht im Anschluss an das Unternehmensregister zur Speicherung übermitteln.[22] Ist der Inlandsemittent bereits nach handelsrechtlichen Vorschriften zur Offenlegung vorstehender Rechnungslegungsunterlagen verpflichtet, entfällt die Pflicht zur Erstellung eines gesonderten Jahresfinanzberichtes. Dies gilt für alle deutschen Unternehmen aufgrund § 325 HGB.

20   Inlandsemittenten, die Aktien oder Schuldtitel ausgegeben haben, müssen zwingend auch einen **Halbjahresfinanzbericht** veröffentlichen, der innerhalb von zwei Monaten nach dem jeweiligen Stichtag der Öffentlichkeit zur Verfügung stehen muss und mindestens einen verkürzten Abschluss, einen Zwischenlagebericht und den Bilanzeid zu enthalten hat. Eine Prüfung muss nicht erfolgen, in diesem Fall ist allerdings im Halbjahresfinanzbericht ausdrücklich auf das Unterbleiben einer freiwilligen prüferischen Durchsicht hinzuweisen.[23] Ort und Zeitpunkt der Veröffentlichung des Halbjahresfinanzberichtes müssen vorher europaweit bekannt gegeben werden. Diese Hinweisbekanntmachung und die Unterlagen des Halbjahresfinanzberichtes sind vom Emittenten an das Unternehmensregister zur Speicherung zu übermitteln.

21   Unternehmen, die als Inlandsemittenten Aktien ausgeben, müssen für nach dem 31. Dezember 2006 beginnende Geschäftsjahre für das erste und dritte Quartal zusätzlich eine **Zwischenmitteilung** der Geschäftsführung erstellen und diese der Öffentlichkeit zur Verfügung stellen. Sie muss Auskunft über die Entwicklung der Geschäftstätigkeit des Emittenten im Berichtszeitraum geben. Der Zeitraum für die Veröffentlichung der Mitteilung liegt jeweils zehn Wochen nach Beginn und sechs Wochen vor Ende der ersten und zweiten Hälfte des Geschäftsjahres. Die Mitteilung hat den Zeitraum vom Beginn des jeweiligen Geschäftsjahres bis zum Tage der Veröffentlichung zu umfassen und muss keinen Bilanzeid der gesetzlichen Vertreter enthalten.[24] Ort und Zeitpunkt der Veröffentlichung sind vorher rechtzeitig bekannt zu geben. Die Unterlagen der Zwischenmitteilung sind vom Unternehmen unverzüglich an das Unternehmensregister zur Speicherung zu übermitteln. Ist ein Mutterunternehmen verpflichtet, einen Konzernabschluss und einen Konzernlagebericht aufzustellen, gelten gemäß § 37 y WpHG Sonderregelungen.[25] Ein **Quartalsfinanzbericht**, der nach den für Halbjahresfinanzberichte niedergelegten Vorgaben zum Inhalt und zur Anwendung der Rechnungslegungsgrundsätze von dem Unternehmen freiwillig oder aufgrund einer bisherigen Verpflichtung erstellt wird, ersetzt die Zwischenmitteilung. Damit entfällt dann für das Unternehmen die Pflicht zur Erstellung einer gesonderten Zwischenmitteilung. Er-

---

[21] Vgl. dazu *Hutter/Kaulamo* NJW 2007, 550 ff.; *Bosse* DB 2007, 39, 43 ff.
[22] Vgl. §§ 37 v WpHG.
[23] Vgl. § 37 w WpHG.
[24] Vgl. § 37 x WpHG.
[25] Vgl. § 37 y WpHG.

A. Auswahl des Börsenplatzes und des Marktsegments 22–25 § 22

stattet ein Unternehmen freiwillig oder aufgrund einer Verpflichtung **Quartalsfinanzberichte** wie dies für Unternehmen im Prime Standard der Frankfurter Wertpapierbörse der Fall ist, so entfällt die Pflicht zur Erstellung einer Zwischenmitteilung, wenn die Quartalsfinanzberichte nach den für die Halbjahresfinanzberichte niedergelegten Vorgaben zum Inhalt und zur Anwendung der Rechnungslegungsgrundsätze erstellt wurden.[26] Für Unternehmen, die zur Erstellung von Zwischenmitteilungen nach § 37x WpHG verpflichtet sind, entfällt die Verpflichtung zur Erstellung von Quartalsberichten.

Von der Pflicht zur Erstellung von Finanzberichten bestehen bestimmte gesetzlich festgelegte Ausnahmen.[27] 22

Mit Inkrafttreten des Transparenzrichtlinie-Umsetzungsgesetzes sind börsennotierte Unternehmen für nach dem 31. Dezember 2006 beginnende Geschäftsjahre verpflichtet, Jahres- und Halbjahresfinanzberichte zu veröffentlichen, die einen sog. „**Bilanzeid**"[28] der gesetzlichen Vertreter enthalten und in das Rechnungslegungs-Enforcement-Verfahren einzubeziehen sind.[29] Der Bilanzeid verpflichtet die gesetzlichen Vertreter einer Kapitalgesellschaft, die Inlandsemittent iSv. § 2 Abs. 7 WpHG und keine Kapitalanlagegesellschaft iSv. § 327b HGB ist, bei der Unterzeichnung schriftlich zu versichern, dass nach bestem Wissen der Jahresabschluss ein den tatsächlichen Verhältnissen entsprechendes Bild der Vermögens- Finanz- und Ertragslage der Kapitalgesellschaft vermittelt oder der Anhang Angaben nach § 264 Abs. 2 Satz 2 HGB enthält. Im Hinblick auf den Lagebericht ist nach bestem Wissen zu versichern, dass dieser eine Darstellung enthält, die den Geschäftsverlauf und das Geschäftsergebnis sowie die Lage der Kapitalgesellschaft nach den tatsächlichen Verhältnissen wieder gibt und dass die wesentlichen Chancen und Risiken iSv. § 289 Abs. 1 Satz 4 HGB beschrieben sind.[30] 23

Der Emittent von im regulierten Markt zugelassenen Aktien hat in sog. **jährlichen Dokumenten** mindestens einmal jährlich dem Publikum ein Dokument zur Verfügung zu stellen, das alle Informationen enthält oder auf sie verweist, die der Emittent in den vorausgegangenen zwölf Monaten nach Vorschriften des Wertpapierhandelsgesetzes, Börsengesetzes, der Börsenzulassungsverordnung und entsprechenden ausländischen Vorschriften veröffentlicht oder dem Publikum zur Verfügung gestellt hat. Dieses Dokument ist nach der Offenlegung bei der BaFin zu hinterlegen.[31] 24

Die einschlägigen Vorschriften sehen für Unternehmen im regulierten Markt keine Marktschutzvereinbarung vor und auch keine Durchführung einer jährlichen Analystenveranstaltung. Im regulierten Markt zugelassene Unternehmen sind jedoch zur Einhaltung der **Ad-hoc-Publizitätspflichten** nach § 15 WpHG verpflichtet und es besteht auch eine Verpflichtung zur **Mitteilung von Veränderungen** des Stimmrechtsanteils nach § 21ff. WpHG. Daneben besteht eine Pflicht zur Mitteilung bestimmter Geschäfte mit Wertpapieren gem. § 15a WpHG (sog. Directors' Dealing), die Vorschriften der §§ 12ff. WpHG über das Insiderrecht und das Verbot der Marktmanipulation 25

---

[26] Vgl. § 37x Abs. 3 WpHG.
[27] Vgl. § 37z WpHG.
[28] Vgl. dazu *Fischer* ZIP 2007, 97ff.
[29] Vgl. § 264 Abs. 2 Satz 3 HGB.
[30] Vgl. § 289 Abs. 1 Satz 5 HGB.
[31] Vgl. § 10 WpHG.

nach § 20 a WpHG finden Anwendung, nach § 15 b WpHG ist ein Insiderverzeichnis zu führen.

26 Die Frankfurter Wertpapierbörse hat zum 1. Januar 2003 den sog. **Prime Standard**, einen Teilbereich des regulierten Marktes mit weiteren Zulassungsfolgepflichten geschaffen, der international üblichen Transparenzanforderungen gerecht werden soll und im Wesentlichen den früheren Zusatzanforderungen des Neuen Markts der Frankfurter Wertpapierbörse entspricht.

27 Der Emittent kann für Aktien oder Aktien vertretende Zertifikate, die zum regulierten Markt (General Standard) zugelassen sind, die Zulassung zum Teilbereich des regulierten Marktes mit weiteren Zulassungsfolgepflichten (Prime Standard) beantragen.[32] Über die Zulassung entscheidet die Geschäftsführung.[33] Der Emittent im Prime Standard muss für den Schluss eines jeden Geschäftsjahrs einen Jahresfinanzbericht nach den Vorgaben des § 37 v Abs. 2 und 3 WpHG oder – falls er verpflichtet ist, einen Konzernabschluss und Konzernlagebericht aufzustellen – nach den Vorgaben des § 37 y Nr. 1 WpHG erstellen.[34] Der Jahresfinanzbericht muss in deutscher und englischer Sprache abgefasst sein und Emittenten mit Sitz im Ausland können den Jahresfinanzbericht ausschließlich in englischer Sprache abfassen. Der Emittent hat den Jahresfinanzbericht spätestens vier Monate nach Ablauf eines jeden Geschäftsjahres der Geschäftsführung in elektronischer Form zu übermitteln.[35] Die Geschäftsführung kann für Emittenten mit Sitz in einem Staat außerhalb der EU oder außerhalb eines anderen Vertragsstaats des EWR Ausnahmen zulassen, soweit die Emittenten gleichwertigen Regeln eines Drittstaates unterliegen oder sich solchen Regeln ganz oder teilweise unterwerfen.[36]

28 Der Emittent im Prime Standard muss zusätzlich einen Halbjahres- bzw. Quartalsfinanzbericht nach den Vorgaben des § 37 w Abs. 2 bis 4 WpHG bzw. § 37 w Abs. 2 Nr. 1 und 2, Abs. 3 und 4 WpHG oder – falls er verpflichtet ist, einen Konzernabschluss und Konzernlagebericht aufzustellen – nach den Vorgaben des § 37 y Nr. 2 WpHG bzw. § 37 y Nr. 2 analog WpHG erstellen.[37] Halbjahresfinanzberichte sind für die ersten sechs Monate eines jeden Geschäftsjahres zu erstellen. Quartalsfinanzberichte sind zum Stichtag des ersten und des dritten Quartals eines Geschäftsjahres zu erstellen.[38] Der Halbjahres- bzw. Quartalsfinanzbericht muss in deutscher und in englischer Sprache abgefasst sein. Emittenten mit Sitz im Ausland können den Halbjahres- bzw. Quartalsfinanzbericht ausschließlich in englischer Sprache abfassen.[39] Der Emittent hat den Halbjahres- bzw. Quartalsfinanzbericht innerhalb von zwei Monaten nach dem Ende des Berichtszeitraums der Geschäftsführung in elektronischer Form zu übermitteln; für Emittenten mit Sitz in einem Staat außerhalb der EU oder außerhalb eines anderen Vertragsstaats des EWR gilt eine Frist von drei Monaten.[40]

29 Zusätzlich ist der Emittent im Prime Standard verpflichtet, mit Aufnahme des Handels sowie fortlaufend zu Beginn jedes Geschäftsjahres für die Dauer

---

[32] Vgl. § 60 Abs. 1 BörsO FWB.
[33] Vgl. § 60 Abs. 2 BörsO FWB.
[34] Vgl. § 65 Abs. 1 S. 1 BörsO FWB.
[35] Vgl. § 65 Abs. 2 BörsO FWB.
[36] Vgl. § 65 Abs. 3 BörsO FWB.
[37] Vgl. § 66 Abs. 1 BörsO FWB.
[38] Vgl. § 66 Abs. 2 BörsO FWB.
[39] Vgl. § 66 Abs. 3 BörsO FWB.
[40] Vgl. § 66 Abs. 5 BörsO FWB.

A. Auswahl des Börsenplatzes und des Marktsegments 30–32 § 22

mindestens des jeweiligen Geschäftsjahres einen **Unternehmenskalender** in deutscher und englischer Sprache zu erstellen und fortlaufend zu aktualisieren, der Angaben über die wesentlichen Termine des Emittenten, insbesondere die Hauptversammlung, Pressekonferenzen und Analystenveranstaltungen, enthalten muss.[41] Schließlich ist der Emittent verpflichtet, mindestens einmal jährlich eine **Analystenveranstaltung** außerhalb der Bilanzpressekonferenz durchzuführen[42] und **Ad-hoc Veröffentlichungen** nach § 15 WpHG zeitgleich in **englischer Sprache** vorzunehmen.[43]

c) Wertpapierprospekt

Kernstück des Zulassungsverfahrens ist der Wertpapierprospekt.[44] 30

Seit Umsetzung der EU-Prospektrichtlinie in deutsches Recht durch das 31
Wertpapierprospektgesetz[45] findet das Wertpapierprospektgesetz vorbehaltlich bestimmter Ausnahmen[46] Anwendung auf die Erstellung, Billigung und Veröffentlichung von Prospekten für Wertpapiere, die öffentlich angeboten oder zum Handel an einem organisierten Markt zugelassen werden sollen.[47] Eine Verpflichtung zur Veröffentlichung eines Prospektes gilt nicht für bestimmte im Wertpapierprospektgesetz genannte Angebote von Wertpapieren, wie zB einem Angebot, das sich ausschließlich an qualifizierte Anleger richtet, oder einem Angebot, das sich in jedem Staat des Europäischen Wirtschaftsraums an weniger als 100 nicht qualifizierte Anleger richtet.[48] Eine Pflicht zur Veröffentlichung eines Prospektes gilt auch nicht für bestimmte im Gesetz genannte öffentliche Angebote bestimmter Arten von Wertpapieren und für die Zulassung bestimmter Arten von Wertpapieren zum Handel an einem organisierten Markt.[49]

Der Wertpapierprospekt muss in leicht **analysierbarer und verständlicher** 32
Form sämtliche Angaben enthalten, die im Hinblick auf den Emittenten und die öffentlich angebotenen oder zum Handel an einem organisierten Markt zugelassenen Wertpapiere notwendig sind, um dem Publikum ein zutreffendes Urteil über die Vermögenswerte und Verbindlichkeiten, die Finanzlage, die Gewinne und Verluste, die Zukunftsaussichten des Emittenten sowie über die mit diesen Wertpapieren verbundenen Rechte zu ermöglichen.[50] Insbesondere muss der Prospekt Angaben über den Emittenten und über die Wertpapiere, die öffentlich angeboten oder zum Handel an einem organisierten Markt zugelassen werden sollen, enthalten.[51] Der Prospekt muss in einer Form abgefasst sein, die sein Verständnis und seine Auswertung erleichtern.[52]

---

[41] Vgl. § 67 Abs. 1, 2 BörsO FWB.
[42] Vgl. § 68 BörsO FWB.
[43] Vgl. § 69 BörsO FWB.
[44] Vgl. § 1 ff. WpPG.
[45] Vgl. dazu allgemein *Schanz* Börseneinführung § 13 Rz. 7 ff.; *Ekkenga* BB 2005, 561 ff.; *Schlitt/Schäfer* AG 2005, 498 ff.; *Heidelbach/Preuße* BKR 2006, 316 ff.; *Apfelbacher/Metzner* BKR 2006, 81 ff.; *Schlitt/Singhof/Schäfer* BKR 2005, 251 ff.; *Crüwell* AG 2003, 243 ff.; *Holzborn/Schwarz-Gondek* BKR 2003, 927 ff.; *Kunold/Schlitt* BB 2004, 501 ff.
[46] Vgl. § 1 Abs. 2 WpPG.
[47] Vgl. § 1 Abs. 1 WpPG.
[48] Vgl. § 3 Abs. 2 Nr. 1, 2 WpPG.
[49] Vgl. § 4 Abs. 1, 2 WpPG.
[50] Vgl. § 5 Abs. 1 S. 1 WpPG.
[51] Vgl. § 2 Abs. 1 S. 2 WpPG.
[52] Vgl. § 5 Abs. 1 S. 3 WpPG.

33 Der Prospektinhalt bestimmt sich seit Umsetzung der EU-Prospektrichtlinie 2003/71/EG durch das Prospektrichtlinie-Umsetzungsgesetz in deutsches Recht am 1. Juli 2005 nach dem Wertpapierprospektgesetz. Nach § 7 WpPG bestimmen sich die in einen Prospekt aufzunehmenden Mindestangaben nach der Verordnung der EU-Kommission zur Durchführung der Prospektrichtlinie Nr. 809/2004 (siehe auch § 25 Rz. 105 ff.).[53]

2. Freiverkehr

34 Gemäß § 48 Abs. 1 BörsG kann eine Börse für Wertpapiere, die weder zum Handel im regulierten Markt zugelassen, noch zum Handel in den regulierten Markt einbezogen sind, den Betrieb eines Freiverkehrs durch den Börsenträger zulassen, wenn durch Geschäftsbedingungen, die von der Geschäftsführung gebilligt wurden, eine ordnungsgemäße Durchführung des Handels und der Geschäftsabwicklung gewährleistet erscheint. An allen deutschen Wertpapierbörsen gibt es den sog. Freiverkehr, für den die einzelnen Wertpapierbörsen eigene Richtlinien geschaffen haben.

35 Die Einbeziehung in den Freiverkehr an einer deutschen Wertpapierbörse begründet im Vergleich zu anderen Marktsegmenten nur geringe Folgepflichten oder hat nur geringfügige sonstige Auswirkungen. Die **Mindesttransparenz** wird ausschließlich durch die Einhaltung der jeweils anwendbaren Vorschriften des Aktienrechts und durch die Schaffung von zusätzlichen Anforderungen der jeweiligen Freiverkehrsträger, wie zB die Abgabe von Verpflichtungserklärungen gegenüber der Deutsche Börse AG gewährleistet (s. dazu Rz. 46). Für die Einbeziehung der Aktien einer Gesellschaft bestehen weder Vorschriften über ein Mindestalter des Unternehmens noch über ein Mindestemissionsvolumen, eine Mindeststückzahl oder eine Mindeststreuung der Aktien.

36 Der Freiverkehr ist kein organisierter Markt im Sinne vom § 2 Abs. 5 WpHG und fällt nicht unter den Anwendungsbereich der EU-Prospektrichtlinie und er ist kein organisierter Markt im Sinne der EU-Wertpapierdienstleistungsrichtlinie bzw. der MiFiD und des Wertpapierprospektgesetzes. Anders als der regulierte Markt ist der Freiverkehr **privatrechtlich organisiert**. Der Freiverkehr der deutschen Wertpapierbörsen ist nicht in der Übersicht über die Geregelten Märkte und einzelstaatlichen Rechtsvorschriften zur Umsetzung der entsprechenden Anforderungen der EU-Wertpapierdienstleistungsrichtlinie bzw. MiFiD genannt, stellt jedoch ein Multilaterales Handelssystem im Sinne der MiFiD dar.

37 Ein in den Freiverkehr einbezogenes Wertpapier unterliegt nicht den Mitteilungspflichten von Insiderinformationen nach § 15 WpHG,[54] so dass der Emittent im Freiverkehr nicht zu Ad hoc Mitteilungen verpflichtet ist, und es be-

---

[53] Vgl. Verordnung (EG) Nr. 809/2004 der Kommission vom 29. April 2004 zur Umsetzung der Richtlinie 2003/71/EG des Europäischen Parlaments und des Rates betreffend die in Prospekten enthaltenen Informationen sowie das Format, die Aufnahme von Informationen mittels Verweis und die Veröffentlichung solcher Prospekte und die Verbreitung von Werbung vom 29. April 2004. ABl. EU-Nr. L 215 vom 16. 6. 2004, S. 3 ff. („Durchführungsverordnung").
[54] Vgl. dazu nur *Schwark* § 15 WpHG Rz. 23; *Groß*, Kapitalmarktrecht, §§ 79–87 BörsG Rz. 11; Emittentenleitfaden der Bundesanstalt für Finanzdienstleistungsaufsicht 2009 (nachfolgend „Emittentenleitfaden"), Ziffer IV.2.1.1., S. 48.

A. Auswahl des Börsenplatzes und des Marktsegments 38, 39 § 22

steht auch keine Verpflichtung zur Veröffentlichung von Geschäften nach § 15a Abs. 1 WpHG (sog. Directors Dealings).[55] Da es sich beim Freiverkehr auch um **keinen organisierten Markt** im Sinne von § 21 Abs. 2 WpHG[56] handelt, finden die in § 21ff. WpHG festgelegten Mitteilungs- und Veröffentlichungspflichten von Stimmrechtsveränderungen keine Anwendung. Die Einbeziehung in den Freiverkehr führt zu keinen zusätzlichen Anforderungen an die Unternehmenspublizität hinsichtlich Einzel- und Konzernabschluss, sodass die gesetzlichen Anforderungen gelten. Deutsche Unternehmen erstellen ihren Konzernabschluss und den Konzernlagebericht nach § 290ff. HGB gemäß den Vorschriften des Handelsgesetzbuches, sofern nicht durch anderweitige Vorschriften (wie zB für bestimmte kapitalmarktorientierte Unternehmen nach EU-Recht) etwas anderes bestimmt ist. Ein in den Freiverkehr einbezogenes deutsches Unternehmen kann auch seinen Konzernjahresabschluss weiterhin nach dem deutschen Handelsgesetzbuch aufstellen. Eine Verpflichtung zur Erstellung bzw. Veröffentlichung von Halbjahresfinanzberichten oder Quartalsfinanzberichten bzw. Zwischenmitteilungen der Geschäftsführung besteht für Unternehmen im Freiverkehr im Grundsatz ebenfalls nicht. Demgegenüber führt die Einbeziehung in den Freiverkehr zur Anwendung der Bestimmungen über das Verbot der Marktmanipulation in § 20a WpHG auf das Unternehmen[57] und die Einbeziehung eines Unternehmens in den Freiverkehr begründet die Anwendung der Vorschriften über das Verbot von Insiderhandel nach §§ 12–14 WpHG.[58] Die Einbeziehung in den Freiverkehr fällt demgegenüber nicht unter § 15 Abs. 1 WpHG und es besteht somit keine Verpflichtung eines in den Freiverkehr einbezogenen Unternehmens zur Führung eines Insiderverzeichnisses,[59] obwohl ein Insiderpapier iSv. § 12 WpHG vorliegt. Eine Börsennotierung im Sinne von § 3 Abs. 2 AktG wird durch die Einführung in den Freiverkehr nicht begründet[60] und somit finden auch die Vorschriften zur Erklärung zum Corporate Governance Kodex in § 161 AktG keine Anwendung, da diese auf Vorstand und Aufsichtsrat von börsennotierten Gesellschaften beschränkt sind.

Der Freiverkehr hat für deutsche Aktiengesellschaften seit einigen Jahren an Bedeutung gewonnen und es werden eine große Zahl ausländischer Aktien im Freiverkehr der deutschen Wertpapierbörsen gehandelt. **38**

a) Teilbereich Open Market der Frankfurter Wertpapierbörse

Der Freiverkehr ist jeweils durch Richtlinien oder Allgemeine Geschäftsbedingungen näher ausgestaltet, die sich an den verschiedenen deutschen Wertpapierbörsen in Einzelbestimmungen deutlich unterscheiden. Nachfolgend werden stellvertretend die **Allgemeinen Geschäftsbedingungen für den Freiverkehr an der Frankfurter Wertpapierbörse**, der seinem internationalen Charakter entsprechend nunmehr als sog. Open Market bezeichnet wird, **39**

---

[55] Vgl. dazu nur *Schwark* § 15a WpHG Rz. 13; Emittentenleitfaden, a.a.O., Ziffer V 1.1.1, S. 84, 85.
[56] Vgl. dazu nur *Schwark* vor § 21 WpHG Rz. 3; *Groß*, §§ 79–87 BörsG Rz. 11.
[57] Vgl. dazu nur *Schwark* § 20a WpHG Rz. 8; Emittentenleitfaden, Ziffer VI 1, S. 105.
[58] Vgl. dazu nur *Schwark* §§ 12 WpHG Rz. 5; *Groß*, §§ 79–87 BörsG Rz. 11; Emittentenleitfaden, Ziffer III.1.2, S. 28.
[59] Vgl. dazu Emittentenleitfaden, Ziffer VII 2.1, S. 115.
[60] Vgl. *Hüffer*, § 3 Rz. 6; *Groß*, § 79–87 BörsG Rz. 11.

§ 22 40, 41 Vorbereitung des eigentlichen Börsengangs

dargestellt. In den Open Market können Wertpapiere einbezogen werden, die weder zum Handel im regulierten Markt der Frankfurter Wertpapierbörse zugelassen noch zum Handel in den regulierten Markt einbezogen sind.[61] Im Rahmen der Umsetzung der EU-Prospektrichtlinie durch das Prospektrichtlinie-Umsetzungsgesetz wurde die bisherige Vorschrift des § 1 VerkProspG aufgehoben.[62] Träger des **Open Market** an der Frankfurter Wertpapierbörse ist die Deutsche Börse AG,[63] die den Open Market mit Billigung der Geschäftsführung der Frankfurter Wertpapierbörse organisiert. Über die Einbeziehung von Wertpapieren in den Freiverkehr (Open Market) entscheidet auf Antrag eines Teilnehmers die Deutsche Börse AG.[64] Ein Anspruch auf Einbeziehung besteht auch bei Vorliegen der Einbeziehungsvoraussetzungen nicht.[65]

40 Der Teilnehmer ist verpflichtet, der Deutsche Börse AG in zumutbarem Umfang unverzüglich Auskünfte über alle ihm zur Kenntnis gelangten Umstände zu geben, die für einen ordnungsgemäßen Ablauf der Geschäftsbeziehung nach den Allgemeinen Geschäftsbedingungen, insbesondere für einen ordnungsgemäßen Handel und eine ordnungsgemäße Geschäftsabwicklung der in den Freiverkehr einbezogenen Wertpapiere erforderlich sind.[66] Die Deutsche Börse AG ist zur Verschwiegenheit über alle teilnehmerbezogenen Tatsachen verpflichtet, von denen sie im Rahmen der Allgemeinen Geschäftsbedingungen Kenntnis erlangt, wobei gesetzliche Auskunftspflichten der Deutsche Börse AG hiervon unberührt bleiben.[67]

41 Die Einbeziehungsvoraussetzungen unterscheiden sich zwischen für zum Handel noch nicht zugelassene Aktien und aktienverbriefende Zertifikate **(First Quotation)** und für zum Handel bereits zugelassene Aktien und aktienverbriefende Zertifikate **(Second Quotation)**. Eine Einbeziehung in die First Quotation kann erfolgen, wenn die Wertpapiere über eine ISIN verfügen, frei handelbar sind, eine ordnungsgemäße Erfüllung der Geschäfte gewährleistet ist und dem Börsenhandel keine behördlichen Verbote oder Untersagungen entgegenstehen und der antragstellende Teilnehmer durch Bestätigung eines zugelassenen Rechtsanwalts oder Wirtschaftsprüfers nachweist, dass ein Grundkapital des Emittenten von mindestens € 250.000 durch Bareinlage eingezahlt ist und ein für die Aktien oder aktienverbriefenden Zertifikate erstellter Prospekt vorliegt, der von einer von der Deutsche Börse AG anerkannten in- oder ausländischen Behörde gebilligt worden ist. Liegt kein gebilligter Prospekt vor, hat der Teilnehmer ein **Exposé**[68] zu erstellen, das nähere Angaben über das Wertpapier und den Emittenten enthält. Die einzelnen Angaben des Exposés werden von der Deutsche Börse AG festgelegt, und vorbehaltlich ge-

---

[61] Vgl. § 11 (1) Allgemeine Geschäftsbedingungen für den Freiverkehr an der Frankfurter Wertpapierbörse am 1.12. 2008 (nachfolgend „AGB FrV FWB").
[62] Art. 2 Prospektrichtlinie-Umsetzungsgesetz. BGBl. Nr. 36 vom 27.6.2005, S. 1698 ff.
[63] Vgl. § 1 (2) AGB FrV FWB.
[64] Vgl. § 11 (2) AGB FrV FWB.
[65] Vgl. § 11 (2) AGB FrV FWB.
[66] Vgl. § 7 AGB FrV FWB.
[67] Vgl. § 8 AGB FrV FWB.
[68] Vgl. Schreiben der Deutsche Börse AG vom 26. September 2003 zu Mindestangaben im Exposé und Rundschreiben Listing 04/2005 der Deutsche Börse AG vom 9. Dezember 2005 mit Formblatt Exposé.

A. Auswahl des Börsenplatzes und des Marktsegments   42–46   § 22

setzlicher Auskunfts- und Herausgabepflichten ist die Deutsche Börse AG nicht berechtigt, das Exposé zu veröffentlichen oder an Dritte weiterzugeben.[69]

Der antragstellende Teilnehmer ist verpflichtet, die Deutsche Börse AG während der gesamten Dauer der Einbeziehung unverzüglich über alle Umstände zu unterrichten, die für die Beurteilung des einbezogenen Wertpapiers oder des Emittenten wesentlich sind, wobei der Unterrichtungspflicht nur solche Umstände unterliegen, von denen der Teilnehmer tatsächliche Kenntnis hat oder von denen er sich über frei zugängliche Informationsquellen in zumutbarer Art und Weise Kenntnis verschaffen kann.[70]   42

Im Zusammenhang mit der Einbeziehung von Wertpapieren in den Freiverkehr ist im Einzelfall festzustellen, ob im Zusammenhang damit ein öffentliches Angebot vorliegt (s. dazu § 25 Rz. 84 ff.).   43

b) Qualitätssegment Entry Standard der Frankfurter Wertpapierbörse

Am 25. Oktober 2005 wurde der Teilbereich Entry Standard des Freiverkehrs (Open Market) an der Frankfurter Wertpapierbörse eröffnet. Dieser Teilbereich baut auf dem Freiverkehr auf und stellt eine Reihe von **Zusatzanforderungen** durch weiter gehende Transparenz- und Informationspflichten, die teilweise durch das Tätigwerden eines Listing Partners der Deutsche Börse AG implementiert und vom Antragsteller kontrolliert werden.   44

Seit Eröffnung am 25. Oktober 2005 wurden bis zum 31. Dezember 2006 in den Teilbereich Entry Standard (Open Market) der Frankfurter Wertpapierbörse 56 Unternehmen (106 Unternehmen) einbezogen, und es wechselten 12 Unternehmen aus dem ehemaligen Freiverkehrsegment in den Entry Standard.[71] Im Jahr 2007 wurden 29 Unternehmen neu in den Entry Standard einbezogen und 140 Unternehmen in den Open Market aufgenommen.   45

aa) Einbeziehungsvoraussetzungen. Für Aktien, die in den Freiverkehr (Open Market) einbezogen sind, kann ein Teilnehmer die Einbeziehung in den Teilbereich des Freiverkehrs (Entry Standard) beantragen.[72] Die Einbeziehung von Aktien in den Entry Standard hat zusätzlich zu den bereits für den Freiverkehr (Open Market) bestehenden Anforderungen weitere Voraussetzungen, wie zB die Unterzeichnung einer Verpflichtungserklärung,[73] einen aktuellen Handelsregister-Auszug sowie eine aktuelle Satzung, eine schriftliche Zustimmung des Emittenten zur Einbeziehung der Aktien in den Entry Standard, einen geprüften Konzernabschluss samt Konzernlagebericht sowie ein erstelltes Unternehmenskurzportrait.[74] In der **Verpflichtungserklärung**[75] verpflichtet sich der antragstellende Teilnehmer gegenüber der Deutsche Börse AG, bestimmte Mitteilungspflichten und Unterrichtungspflichten zu erfüllen. Der antragstellende Teilnehmer erklärt zudem, dass er die Frankfurter Wertpapier-   46

---

[69] Vgl. § 15 (2) S. 2, 3 AGB FrV FWB.
[70] Vgl. § 16 AGB FrV FWB.
[71] Zum Entry Standard allgemein *Müller-Michaels/Wecker* FINANZ BETRIEB, 2005, 736 ff.; *Holzborn* Going Public, 12/2005, 60 ff. Angaben der Frankfurter Wertpapierbörse Open Market/Entry Standard www.deutsche-boerse.com unter Listing, Reports and Statistics, Primärmarktstatistik, Börsengänge, Downloads Statistik.
[72] Vgl. § 18 (1) AGB FrV FWB.
[73] Vgl. Anlage 1 AGB FrV FWB.
[74] Vgl. § 18 (3) Anlage 2 AGB FrV FWB.
[75] Vgl. Anlage 1 AGB FrV FWB.

börse und die Deutsche Börse AG von einer eventuellen Inanspruchnahme wegen Schäden aus der Verletzung der obliegenden Pflichten freistellt.

47 Der Emittent hat weiterhin in einem Vertrag mit einem Listing Partner der Deutsche Börse AG für die Dauer der Einbeziehung der Aktien in den Entry Standard bestimmte vertragliche **Mindestverpflichtungen** einzugehen.[76] Hierzu gehören, ein initiales und jährliches Informationsgespräch zwischen Emittent und Listing Partner über Transparenz und übliche Investor Relations Aktivitäten am deutschen Kapitalmarkt zu führen und den Emittenten bei der Erstellung und der fortlaufenden Pflege des Unternehmenskurzportraits sowie des Unternehmenskalenders und bei der Weitergabe wesentlicher Unternehmensnachrichten zur Gewährleistung des ordnungsgemäßen Handels zu beraten.

48 **bb) Folgepflichten.** Der antragstellende Teilnehmer ist verpflichtet, die Einhaltung bestimmter Veröffentlichungen von Tatsachen und Informationen fortlaufend zu überwachen sowie die Deutsche Börse AG unverzüglich über etwaige diesbezügliche Versäumnisse oder Missstände zu informieren.[77] So hat der antragstellende Teilnehmer dafür Sorge zu tragen, dass im Tätigkeitsbereich des Emittenten eingetretene Tatsachen, wenn diese wegen ihrer Auswirkung auf die Vermögens- oder Finanzlage oder auf den allgemeinen Geschäftsverlauf des Emittenten geeignet sind, den Börsenpreis der Aktien erheblich zu beeinflussen, unverzüglich auf der Internetseite des Emittenten veröffentlicht werden.[78] Weiterhin ist vom antragstellenden Teilnehmer dafür Sorge zu tragen, dass bestimmte Finanzabschlüsse in bestimmten Fristen und ein jährlich zu aktualisierendes Unternehmenskurzportrait und ein aktueller Unternehmenskalender unter Angabe aller wesentlichen Termine, auf dessen Internetseiten veröffentlicht werden.[79] Im Falle von Pflichtverletzungen des antragstellenden Teilnehmers oder des Emittenten bestehen Sanktionsmöglichkeiten, die ua. die Verhängung einer Vertragsstrafe oder eine Kündigung gegenüber dem antragstellenden Teilnehmer umfassen.[80]

49 Bei der Börse München besteht ein M:access als segmentübergreifendes börsenreguliertes Marktsegment, bei der Baden-Württembergischen Wertpapierbörse das spezielle Handelssegment Data-M.

II. Ausländische Börsen- und Handelsplätze

50 Für international orientierte Unternehmen kommt anstelle eines oder neben einem Börsengang an einer deutschen Wertpapierbörse auch eine Börsennotierung im Ausland in Betracht.[81] Während für Wachstumsunternehmen insb. die Handelsplattform National Association of Securities Dealers Automated Quotation (NASDAQ) in New York und die National Association of Securities

---

[76] Vgl. Anlage 3 AGB FrV FWB.
[77] Vgl. § 19 (1) AGB FrV FWB.
[78] Vgl. § 19 (2) (a) AGB FrV FWB.
[79] Vgl. § 19 (2) (b–e) AGB FrV FWB.
[80] Vgl. § 20 AGB FrV FWB.
[81] Zu den Zugangsbedingungen zum US-Kapitalmarkt vgl. *Loss/Seligman* S. 729 ff.; *Greene ua.* §§ 2.03[2]; *Johnson* Kapitel 9; *Habersack/Mülbert/Schlitt/Werlen* § 37 Rn. 128 ff.; *Schiereck* AG 1997, 362 ff.; *von Rosen/Prechtel* Die Bank 1996, 388, 478; *Bungert/Paschos* DZWir 1995, 133 ff.

A. Auswahl des Börsenplatzes und des Marktsegments 51–54 § 22

Dealers Automated Quotation Europe (NASDAQ Europe) in Brüssel attraktiv sind, kommen für etablierte Großunternehmen dagegen vor allem die NYSE, Euronext und die London Stock Exchange (LSE) als geeignete Börsenplätze in Betracht. Daneben sind einige deutsche Unternehmen auch an Wertpapierbörsen zB in Japan, Frankreich oder der Schweiz notiert.

Am 4. April 2007 fusionierte die Euronext N.V., die im Jahr 2000 aus einem Zusammenschluss der Wertpapierbörsen in Amsterdam, Brüssel und Paris hervorgegangen war, mit der NYSE zu einer transatlantischen Wertpapierbörse.[82] Zum 31. Dezember 2007 (2006) wurden an der Euronext 954 (866) Gesellschaften mit einer Gesamtmarktkapitalisierung von € 2,9 Bio. (€ 2,8 Bio.) gehandelt. 51

1. NASDAQ

Die NASDAQ[83] ist neben der NYSE Euronext der wichtigste US-amerikanische Handelsplatz und die Heimat vieler US-amerikanischer Wachstumswerte, insb. aus der Computer- und IT-Industrie und dem Internetbereich. Der NASDAQ Stock Market wurde 1971 als NASD National Automated Quotation System gegründet und war ursprünglich eine Tochtergesellschaft der damaligen NASD (National Association of Securities Dealers, Inc.), einer eigenständigen Organisation, die bei der US-amerikanischen Securities and Exchange Commission (SEC) registriert war. Inzwischen wird der NASDAQ Stock Market von einem selbständigen börsennotierten Unternehmen betrieben, während NASD durch die FINRA (Financial Industry Regulatory Authority) abgelöst wurde. Die NASDAQ ist ein computergesteuerter Handelsplatz, an dem ein sog. OTC-Handel („over the counter") stattfindet und der nach dem Market-Maker-Prinzip betrieben wird. Die NASDAQ besitzt zwei Marktsegmente, den **NASDAQ National Global Market** (NNM) mit drei verschiedenen Listing Standards und den **NASDAQ SmallCap Capital Market** (SCM) mit zwei Listing Standards und niedrigeren Anforderungen, auf die hier nicht eingegangen wird. Zum 31. Dezember 2007 (2006) waren 3069 (3133) Unternehmen mit einer Marktkapitalisierung von US-$ 4,0 Bio. (US-$ 3,9 Bio.) bzw. € 2,7 Bio. (€ 2,9 Bio.) an der NASDAQ notiert. 52

Die NASDAQ besitzt die **NASDAQ Stock Market Rules** als Regelwerk, die nunmehr Bestandteil des FINRA Manuals sind. Sie enthalten ua. die qualitativen und quantitativen Zulassungsvoraussetzungen für eine Einbeziehung in den Handel und die mit einer Notierung verbundenen Folgepflichten. 53

Obwohl die NYSE und die NASDAQ eigene Zulassungsvoraussetzungen festlegen, sind für die öffentliche Platzierung und Notierung von Wertpapieren vor allem die Vorschriften des US-amerikanischen Wertpapierrechts maßgeblich.[84] 54

---

[82] Vgl. World Federation of Exchanges www.world-exchanges.org./publications/equity. Weitere Informationen im Internet unter www.euronext.com. *Van Lancker* Listed in Belgium, A legal Guide for Euronext and Nasdaq Europe Companies, 2003.

[83] Vgl. *Loss/Seligman* S. 754 ff.; *Habersack/Mülbert/Schlitt/Werlen* § 37 Rn. 132–134; *Hopt/Rudolph/Baum/Becker* S. 813 ff.; *von Rosen/Seifert/Zarb* S. 303 Rn.; *Harrer/Erwe* RIW 1998, 661 ff.; Informationen im Internet unter www.nasdaq.com.

[84] Vgl. ua. *Greene* § 2.06[1][a]; *Habersack/Mülbert/Schlitt/Werlen* § 37 Rn. 10 ff. Seit einer Reform im Jahre 1996 spielen die wertpapierrechtlichen Vorschriften der einzelnen US-Bundesstaaten – die sog. Blue Sky Laws – mit seltenen Ausnahmen bei öffentlichen Platzierungen kaum noch eine Rolle.

55 Aufgrund Section 12 des Securities Exchange Act of 1934[85] ist eine Gesellschaft verpflichtet, Wertpapiere bei der SEC zu **registrieren**, sofern sie in den Vereinigten Staaten von Amerika öffentlich gehandelt werden sollen.[86] Für die Notierung an einer US-amerikanischen Börse (NYSE oder AMEX) ergibt sich dies aus Section 12 (b) des Exchange Act, für den Handel an der NASDAQ aus Section 12 (g) des Exchange Act. Um in den Handel an der NASDAQ aufgenommen zu werden, müssen die Wertpapiere einer ausländischen Gesellschaft idR ebenso wie US-Gesellschaften gem. Section 12 (g) des Exchange Act registriert werden.[87] **Ausnahmen** gelten unter bestimmten Voraussetzungen für neu ausgegebene ausländische Wertpapiere und für bestimmte Wertpapiere ausländischer Gesellschaften, die bereits am oder vor dem 5. Oktober 1983 an der NASDAQ gehandelt wurden und deren Wertpapiere von einer Registrierung gem. Section 12 (g) des Exchange Act nach Rule 12 g 3–2 (b) befreit sind. Nach Section 5 des Securities Act of 1933[88] müssen Wertpapiere vor einer öffentlichen Emission, dh. vor dem Angebot und Verkauf an das Publikum in den Vereinigten Staaten bei der SEC registriert werden.

56 Für die vorgeschriebenen Finanzausweise gibt es verschiedene Alternativen. Ein ausländischer Emittent kann die notwendigen Finanzangaben wie jeder US-amerikanische Emittent nach US-GAAP erstellen.[89] Alternativ dürfen ausländische Gesellschaften die Finanzdaten auch nach den nationalen Rechnungslegungsgrundsätzen („Foreign GAAP") ermitteln und durch eine US-GAAP-Überleitung („US-GAAP reconciliation") ergänzen, in dem die sachlichen Unterschiede der beiden Rechnungslegungsgrundsätze sowie die zahlenmäßigen Auswirkungen bezüglich der letzten Abschlüsse beschreibend dargestellt werden.[90] Gemäß einer Reihe von Regelungsänderungen, die seit März 2008 gelten, müssen Finanzdaten, die nach IFRS wie von dem International Accounting Standards Board veröffentlicht ermittelt werden, jedoch nicht mehr durch eine US-GAAP reconciliation ergänzt werden.[91]

57 Neben den **Zulassungsfolgepflichten** der NYSE oder der NASDAQ Marketplace Rules ergeben sich auch aus dem Exchange Act und dem Securities Act weitere wertpapierrechtliche Folgepflichten. Der Exchange Act verpflichtet einen Emittenten, dessen Wertpapiere entweder unter dem Exchange Act oder dem Securities Act registriert worden sind, zu einer **kontinuierlichen Berichterstattung** gegenüber der SEC. Diese Pflicht umfasst ua. für die meisten „Foreign Private Issuers" eine jährliche Berichterstattung auf SEC-Form

---

[85] Vgl. 15 U. S. C. 78 a ff. (nachfolgend „Exchange Act"). Vgl. dazu *Loss/Seligman* S. 435 ff.; *Hazen* §§ 9.1–9.4; *Greene ua.* § 1.03, § 2.03; *Hopt/Rudolph/Baum/Becker* S. 787 ff., 819 ff.
[86] Vgl. 15 U. S. C. 78 a ff.; Vgl. *Greene ua.* § 2.03; *Loss/Seligmann* S. 92 ff., 472 ff.; *Habersack/Mülbert/Schlitt/Werlen* § 37 Rn. 15 ff.
[87] Vgl. 15 U. S. C. 78 a ff.
[88] Vgl. 15 U. S. C. 77 a ff. (nachfolgend „Securities Act"). Vgl. *Greene ua.* § 2.04; *Hopt/Rudolph/Baum/Becker* S. 775 ff.
[89] Vgl. Rule 3–05 der Regulation S-X (17 C. F. R. § 229.10–802); *Greene ua.* § 2.06[1]; *Johnson* Kapitel 9, § 9.03[E]; *Fraune* RIW 1994, 126 ff.; *Meier* IStR 1994, 243 ff.; *Roquette/Stanger* WM 1994, 137 ff.; *Zachert* AG 1994, 207 ff.
[90] Zu Details vgl. Items 17, 18 der Form F-20.
[91] Acceptance from Foreign Private Issuers of Financial Statements Prepared in Accordance with International Financial Reporting Standards Without Reconciliation to U. S. GAAP, Securities Act Release No. 33–8879, Exchange Act Release No. 34–57026 (21. Dez. 2007).

A. Auswahl des Börsenplatzes und des Marktsegments

20-F sowie einen Bericht auf SEC-Form 6-K, wenn gewisse Ereignisse eintreten oder bestimmte Unterlagen veröffentlicht werden.[92] Section 13 (a) des Exchange Act unterstellt jede nach Section 12 des Exchange Act registrierte Gesellschaft, deren Wertpapiere unter dem Exchange Act registriert worden sind, einer fortlaufenden Berichtspflicht. Section 15 (d) des Exchange Act sieht eine fortlaufende Berichtspflicht auch für Gesellschaften vor, deren Wertpapiere unter dem Securities Act registriert wurden.[93]

Der Sarbanes-Oxley Act[94] ist am 30. Juli 2002 in Kraft getreten und hat wesentliche Auswirkungen auf das US-Wertpapierrecht. Das Gesetz war von verschiedenen Finanzskandalen (wie zB Enron und Worldcom) und enthält strengere Regelungen hinsichtlich der Corporate Governance und der Pflichten hinsichtlich der Finanzberichterstattung ebenso wie strengere Vorschriften für Wirtschaftsprüfer, Rechtsanwälte, Analysten und Investmentbanken. Der Sarbanes-Oxley Act wurde durch verschiedene Maßnahmen der SEC, der NYSE und der FINRA umgesetzt. Der Sarbanes-Oxley Act gilt für alle Gesellschaften, die bei der SEC Berichte einreichen oder gerade im Verfahren sind, dies zu tun, dh. insbesondere US-amerikanische und nicht US-amerikanische Gesellschaften, die an der NYSE und NASDAQ notiert sind. Er hat deshalb negative Auswirkungen auf die Bereitschaft ausländischer Gesellschaften, den US-Kapitalmarkt in Anspruch zu nehmen.

2. NYSE Euronext

Die NNYSE Euronext[95] ist die wichtigste US-amerikanische Wertpapierbörse, an der auch die meisten großen US-amerikanischen Industrieunternehmen notiert sind. Sie ist ein National Exchange Market, eine registrierte Wertpapierbörse.

Die NYSE geht bis ins Jahr 1792 zurück und ist heute die weltweit bedeutendste Wertpapierbörse. Sie hat eine große Zahl von Mitgliedern. Mit den New York Stock Exchange Rules[96] hat die NYSE ein Regelwerk mit sehr strengen qualitativen und quantitativen Zulassungsvoraussetzungen und Folgepflichten, die nach US-amerikanischen und ausländischen Unternehmen differenzieren. Ausländische Unternehmen können ihre Aktien an der NYSE Euronext in New York notieren, wenn sie entweder den an weltweit zu erfüllende Kriterien orientierten **Alternate Listing Standard** für ausländische Unternehmen oder den primär für US-amerikanische Unternehmen anwendbaren **Domestic Listing Standard** erfüllen. Ausländische Unternehmen müssen jedoch alle Voraussetzungen des Alternate Listing Standard oder des Domestic Listing Standard erfüllen.

---

[92] Vgl. *Greene ua.* § 3.03; *Johnson* Kapitel 9, § 9.03; *Habersack/Mülbert/Schlitt/Werlen* § 37 Rn. 114 ff., 121 ff.

[93] Vgl. *Roquette/Stanger* WM 1994, 137 ff.

[94] Vgl. 18 U. S. C. Sec. 1350. Zur Certification of Disclosure in Companies' Quarterly and Annual Reports 17 CFR 228 ff., Release Nos. 33–8124, 34–46645, IC-25722, File No. S7–21–02. Vgl. auch *Habersack/Mülbert/Schlitt/Werlen* § 37 Rz. 5 ff., 124 ff.; *Lanfermann/Maul* DB 2002, 1725 ff.; *Regelin/Fisher* IStR 2003, 276 ff.

[95] Vgl. dazu *Loss/Seligman* S. 499 ff.; *Greene ua.* § 2.03; *Habersack/Mülbert/Schlitt/Werlen* § 30 Rn. 119 ff.; *von Rosen/Seifert/Shapiro* S. 303 ff.; Informationen im Internet unter www.nyse.com.

[96] Vgl. New York Stock Exchange Guide.

61 Zum 31. Dezember 2007 (2006) waren 2273 (2280) Unternehmen mit einer Marktkapitalisierung von US-$ 15,6 Bio. (US-$ 15,4 Bio.) € 10,6 Bio., (€ 11,7 Bio.) an der New York Stock Exchange notiert. Sie ist damit nach Marktkapitalisierung die größte Wertpapierbörse der Welt.

62 Neben den für die NYSE Euronext aufgrund ihrer Rules anwendbaren Vorschriften gelten die allgemeinen bundesstaatlichen Wertpapiervorschriften wie zB des Securities Act und des Exchange Act.

3. London Stock Exchange

63 Die London Stock Exchange („LSE")[97] ist die einzige britische Wertpapierbörse und seit Juli 2001 börsennotiert. Im 18. Jahrhundert von Brokern gegründet, wurde sie im Jahr 1986 eine privatrechtliche Gesellschaft mit beschränkter Haftung (limited company) gemäß dem britischen Companies Act 1985 und Mitte 2000 in die Rechtsform einer Kapitalgesellschaft (public limited company) überführt, deren Aktien außerbörslich gehandelt wurden. Bereits am 1. Mai 2000 wurde der aufsichtsrechtliche Teil der Börse von dem britischen Schatzamt (HM Treasury) an die Financial Services Authority als zuständiger Stelle für die Zulassung übertragen (nachfolgend „UK Listing Authority"). Das Hauptsegment der LSE ist der „Main Market". Teil des Main Markets ist der „techMark",[98] der im November 1999 speziell für technologisch innovative Unternehmen geschaffen wurde. Den für kleinere Unternehmen mit einem flexibleren Regelwerk geschaffenen Alternative Investment Market[99] („AIM") gibt es bereits seit 1995.

64 Zum 31. Dezember 2007 (2006) waren 3307 (3256) Unternehmen mit einer Marktkapitalisierung von US-$ 3,9 Bio. (US-$ 3,8 Bio.) € 2,6 Bio. (€ 2,9 Bio.) an der LSE (Main Market, AIM, techmark) notiert. Sie ist damit eine der größten Wertpapierbörsen der Welt.

65 Bis Anfang 2000 war die London Stock Exchange die für die Zulassung von Wertpapieren an der London Stock Exchange zuständige Stelle. Seit Mai 2000 ist die Financial Services Authority als die UK Listing Authority für die **Gewährung der Zulassung** von Wertpapieren zuständig,[100] während die London Stock Exchange weiterhin für die **Zulassung** der Wertpapiere **zum Handel** zuständig ist. Somit müssen Gesellschaften, die eine Notierungsaufnahme an der London Stock Exchange anstreben, sowohl die Zulassungsvorschriften (Listing Rules) der UK Listing Authority als auch die Zulassungsvoraussetzungen (admission and disclosure standards) der London Stock Exchange einhalten.

66 Die Gesellschaft und ihre Berater informieren die UK Listing Authority über die beabsichtigte Emission und reichen anschließend den Zulassungsprospekt sowie eine Reihe weiterer **Unterlagen** in englischer Sprache ein. Es besteht eine Prüfungsfrist von mindestens zehn Geschäftstagen (bei neuen

---

[97] Vgl. dazu *Clarke* How the City of London works: An Introduction to its financial markets 2000, 6. Aufl., S. 35 ff.; *Mitchie* London Stock Exchange: A History 2002 S. 1 ff.

[98] Informationen im Internet unter www.londonstockexchange.com/techMark/default.asp.

[99] *Hatchick/Collins/Smith* The Alternative Investment Market Handbook 2002 S. 1 ff.; *Baums* in FS Mestmäcker 1996, S. 815, 822 ff.

[100] Section 72 Financial Services and Markets Act 2000; vgl. auch *Button* (Hrsg.), A Practitioner's Guide to the Financial Services Listing Regime, 2006/2007, S. 1 ff.

A. Auswahl des Börsenplatzes und des Marktsegments   67–71   § 22

Emittenten 20 Geschäftstagen) bis zur Billigung des Prospekts durch die UK Listing Authority (sog. Stamping-off).
Nach der **Billigung** durch die UK Listing Authority ist der Prospekt zu ver- 67 öffentlichen. Beim Hearing erfolgt die Prüfung des Antrags auf Zulassung bzw. Handelsaufnahme durch die UK Listing Authority bzw. die LSE. Zwei Tage vor dem **Hearing** müssen bestimmte Unterlagen wie zB eine Kopie des Beschlusses des Boards sowie ein Prospekt im Falle der UK Listing Authority, und ua. ein Antrag auf Zulassung zum Handel sowie Kopien des Prospekts im Falle der LSE eingereicht werden.

III. Sog. Dual Listing oder Multiple Listing

Unter Dual Listing versteht man die häufig zeitgleich erfolgende Notierung 68 der Aktien eines Unternehmens an zwei Wertpapierbörsen, unter Multiple Listing die Notierung eines Unternehmens an mehreren Börsenplätzen. Beide Vorgänge sind Folge der Globalisierung der Kapitalmärkte. Derartige Dual Listings erfolgen zB an der NASDAQ und dem regulierten Markt der Frankfurter Wertpapierbörse oder an der NYSE und dem regulierten Markt einer deutschen Wertpapierbörse. **Beispiele** hierfür sind die ua. auch an der NYSE notierten deutschen Unternehmen Daimler AG und die Deutsche Telekom AG.

Strebt ein Unternehmen eine Parallelplatzierung an, ist eine genaue Abstim- 69 mung der emissionsbegleitenden Kreditinstitute und Berater erforderlich. Sowohl die Zulassungsverfahren in den ausgewählten Börsenplätzen, als auch Pressemitteilungen, Marketing sowie etwaige Stabilisierungsmaßnahmen sind eng auf einander abzustimmen.

Im Rahmen des Zulassungsverfahrens sind kumulativ die **Zulassungsvor-** 70 **aussetzungen** der Auslands- und der Inlandsbörse zu erfüllen, sofern eine der beiden Wertpapierbörsen nicht in ihrem Ermessen auf die Einhaltung einzelner fakultativer Zulassungsbedingungen verzichtet. Bei der Erstellung der Dokumentation ist darauf zu achten, dass die Erfordernisse aller beteiligten Jurisdiktionen angemessen berücksichtigt und in der Dokumentation umgesetzt werden. So ist der ausländische Prospekt bzw. das Registrierungsdokument mit dem deutschen Wertpapierprospekt in großen Teilen deckungsgleich und erfüllt deshalb weitgehend kumulativ die inhaltlichen Anforderungen des deutschen und einschlägigen ausländischen Wertpapierrechts. Eine **unterschiedliche Offenlegung** gegenüber deutschen und ausländischen Anlegern könnte in etwaigen Prospekthaftungsprozessen wegen fehlerhafter Aufklärung der zeichnenden Investoren und späteren Aktionäre haftungsrechtlich negative Folgen haben. Hierbei gibt es jedoch einige Ausnahmen, insb. hinsichtlich landesspezifischer Angaben wie zB Wertpapier-Kenn-Nummer bzw. CUSIP-Nummer, die Informationen zur Verbriefung und Lieferbarkeit.

Die für ein Dual Listing oder Multiple Listing erforderliche **Dokumenta-** 71 **tion** ist wesentlich aufwändiger als die für einen Börsengang an einer einzigen Wertpapierbörse. So muss der Prospekt die Anforderungen für mehrere Börsenplätze und Länder erfüllen und idR in mehreren Sprachen erstellt werden. Übernahmeverträge und andere Dokumente sollen möglichst weitgehend den Usancen aller beteiligten Länder gerecht werden. Daneben gewinnen insb. bei einer Notierung in den Vereinigten Staaten von Amerika Legal Opinions, Disclosure Letters und Comfort Letters eine noch größere Bedeutung. Auch der Kreis der an der Kapitalmaßnahme beteiligten Berater erweitert sich, da Personen mit Spezialkenntnissen aus verschiedenen Ländern tätig werden.

72 **Vorteile** eines Dual Listings sind insb. die Verbreiterung der Investorenbasis und die Steigung der Nachfrage nach den zu platzierenden Aktien, die Erhöhung des Bekanntheitsgrads des Emittenten und eine dadurch ggf. mögliche Verbesserung des Produktumsatzes, uU die Realisierbarkeit eines höheren Aktienkurses, die Steigerung der Marktakzeptanz und die Erhöhung der sich mit der Gesellschaft befassenden Analysten und des Research-Teams. **Dagegen** sprechen einige Gründe wie zB die durch den höheren Beratungs- und Dokumentationsaufwand idR deutlich höheren Transaktionskosten, eine noch höhere zeitliche Beanspruchung des Managements nicht nur während des Börsengangs, sondern auch bei der nachbörslichen Investor Relations- und Public Relations-Arbeit, eine Erhöhung der Haftungsrisiken (insb. bei einem Börsengang in den Vereinigten Staaten von Amerika), zusätzliche Compliance-Arbeit zur Beachtung aller anwendbaren nationalen Wertpapiervorschriften sowie uU zusätzlicher Aufwand der Finanzabteilung und der Wirtschaftsprüfer durch die Erstellung von Finanzdaten nach verschiedenen Rechnungslegungsvorschriften gegen eine Mehrfachnotierung.

73 Die Entscheidung eines Emittenten für oder gegen ein Dual Listing oder Multiple Listing fällt letztlich nach **Abwägung** einer Vielzahl von Einzelaspekten, wie zB dem direkten Zugang zum Investor in verschiedenen Ländern, dem besonderen Interesse für bestimmte Regionen, der Erhöhung des Bekanntheitsgrads und des Renommées des Emittenten sowie dem zusätzlichen finanziellen und persönlichen Aufwand und der Größe der gesamten Emission.

IV. American Depositary Receipts

1. Allgemeines

74 Obwohl auch eine unmittelbare Notierung der Aktien deutscher Unternehmen in Form von Namensaktien[101] an US-amerikanischen Wertpapierbörsen möglich ist, wird an deutschen Unternehmen ganz überwiegend der Zugang zum US-Kapitalmarkt mittels sog. **American Depositary Receipts** durchgeführt.

2. Definition

75 Unter American Depositary Receipt[102] (ADR) versteht man die Verbriefung einer einzelnen Aktie, einer Mehrzahl von Aktien oder eines Bruchteils einer Aktie einer ausländischen Gesellschaft in ein in **US-$ notiertes Zertifikat**, das von einer US-Depotbank ausgegeben wird. Die zugrunde liegenden Aktien werden bei einer Hinterlegungsstelle, idR einer Tochtergesellschaft der Depotbank im Herkunftsland der Gesellschaft, hinterlegt. Ein ADR-Pro-

---

[101] Vgl. zB Daimler AG.
[102] Zu ADR-Programmen allgemein *Strauch/Habersack/Mülbert/Schlitt/Werlen* § 37 Rz. 167 ff.; *Marsch-Barner/Schäfer/Strauch*, § 10 Rz. 23 ff.; *Röhler* S. 1 ff.; *Zachert* ZIP 1993, 1426 ff.; *Zachert* DB 1993, 1985 ff.; *Böckenhoff/Ross* WM 1993, 1781, 1825; *Bungert/Paschos* DZWir, 1995, 221 ff.; *Harrer/King* IStR 1999, 188 ff.

gramm hat im Wesentlichen 4 beteiligte **Parteien**. ADRs werden vertraglich zwischen der (deutschen) Gesellschaft, einer US-Bank als Depotbank (sog. Depositary) sowie idR deren deutscher Tochtergesellschaft als Verwahrer (sog. Custodian) der Aktien sowie den Inhabern der ADRs geschaffen. Die ADRs werden von der Depotbank ausgegeben, wobei sich die jeweiligen Rechte und Verpflichtungen der Inhaber nach dem Depotvertrag (sog. Deposit Agreement) bestimmen. Ein ADS vertritt entweder eine Aktie oder eine im Vertrag festgelegte Anzahl oder einen Anteil von Aktien.

3. Typen der ADR-Programme

Nach US-amerikanischem Recht und amerikanischer Praxis gibt es **drei Stufen** von ADR-Programmen, die man als Level 1, 2 und 3 bezeichnen kann. Man kann ADR-Programme auch in „sponsored" (wenn die Programme mit Beteiligung der jeweiligen Gesellschaft aufgelegt werden) oder „unsponsored" (wenn die Programme ohne Beteiligung der jeweiligen Gesellschaft aufgelegt werden) unterteilen.[103]

Bei **Level 1-Programmen** werden ADRs an keiner amerikanischen Börse notiert. Handelspreise werden stattdessen durch sog. Pink Sheets veröffentlicht und ADRs können im Freiverkehr („OTC-Trading") erworben werden. Dabei wird lediglich der Depotvertrag der SEC zur Registrierung vorgelegt. Wertpapierprospekte für ADRs dürfen in diesem Fall nicht erstellt werden, amerikanische Rechnungslegungsvorschriften („US-GAAP") müssen vom Emittenten nicht beachtet werden. Der vergleichsweise geringe Aufwand hat dazu geführt, dass die meisten ADR-Programme deutscher Gesellschaften Level 1 Programme sind. Bei **Level 2-Programmen** sind die ADRs an einer Wertpapierbörse der Vereinigten Staaten von Amerika wie NYSE oder NASDAQ notiert. Die Gesellschaft muss einen Bericht, der mit einem nach US-amerikanischem Recht erstellten Wertpapierprospekt vergleichbar ist sowie auch den Depotvertrag der SEC zur Registrierung vorlegen. Dieser Bericht muss Finanzdaten nach US-GAAP enthalten. Bei Level 2-Programmen werden Aktien jedoch weder von der Gesellschaft noch von ihren bestehenden Aktionären verkauft. Alle Aktien können jedoch an der entsprechenden Wertpapierbörse gehandelt werden. Bei einem **Level 3-Programm** können Aktien von der Gesellschaft selbst oder ihren bestehenden Aktionären verkauft werden. Die Gesellschaft muss einen Wertpapierprospekt erstellen und ihn der SEC zur Genehmigung vorlegen. Ein Level 3-Programm wird immer dann verwendet, wenn die Gesellschaft neue Aktien in den Vereinigten Staaten von Amerika anbieten will.

Bei sog. **Restricted ADR Programmen** werden ADRs nur bei institutionellen Investoren, sog. Qualified Institutionial Investors (QIB), normalerweise Pensionsfonds und Lebensversicherungsgesellschaften, platziert. Seit 1990 ist es unter Berufung auf Rule 144A (s. dazu Rz. 88 ff.) zulässig, Aktien und ADRs Investoren anzubieten, ohne die Berichts- und Prospektverpflichtungen des Securities Act zu beachten. ADRs werden in diesem Fall nur zwischen institutionellen Investoren gehandelt und dieser Handel wird durch das PORTAL-Quotierungssystem der US-amerikanischen National Association of Securities Dealers (NASD) erleichtert.

---

[103] Vgl. *Bungert/Paschos* DZWir, 1995, 224 ff.; *Böckenhoff/Ross* WM 1993, 1825 ff.; *Röhler*, S. 54 ff., 65 ff.

79 Das US-amerikanische Wertpapierrecht unterwirft auch ausländische Gesellschaften mit mehr als 300 in den Vereinigten Staaten von Amerika ansässigen Aktionären grundsätzlich der **Registrierungspflicht** bei der SEC gem. dem Exchange Act, wobei die SEC durch Erlass der Rule 12 g 3–2 (b) ausländische Unternehmen, die kein öffentliches Angebot von Aktien in den USA machen und deren Aktien nicht an einer US-amerikanischen Börse zugelassen sind, von der Registrierungspflicht freistellt, sofern die Gesellschaften regelmäßig die in ihrem Heimatland oder an anderen Börsen veröffentlichten Informationen und an Aktionäre versandten Mitteilungen in englischer Sprache in elektronischer Form (im Regelfall auf der eigenen Webseite) öffentlich zugänglich machen.[104] Die Ausgabe von ADRs stellt rechtlich eine Neuemission von Wertpapieren dar, die bei der SEC zu registrieren ist, sofern der Erwerb der ADRs nicht auf dem Erwerb durch Anleger im Rahmen von Privatplatzierungen erfolgt. Das Verfahren wird idR mittels Form F–6 durchgeführt. Eine Registrierung der zugrunde liegenden Aktien ist nur bei Level 2 und 3-Programmen erforderlich, nicht dagegen bei den von deutschen Gesellschaften meist verwendeten Level 1-Programmen.

4. Aspekte von ADR-Programmen nach deutschem Recht

80 Die ganz hM[105] vertritt die Ansicht, dass die **Depotbank** und nicht der ADR-Inhaber – und auch nicht die Hinterlegungsbank – **Eigentum** an den Aktien erwirbt. Dies folgt aus dem entsprechenden Willen der Parteien, der sich aus verschiedenen Bestimmungen der ADR-Dokumentation ergibt. Hierfür sprechen zB die Verwertung des Bezugsrechts und die Verteilung der Dividendenerlöse durch die Depotbank. ADR-Programme basieren also auf einem **Treuhandkonzept**, bei dem die Depotbank als rechtlicher Eigentümer die Aktien für die ADR-Inhaber als wirtschaftliche Eigentümer hält, und folgen nicht einer Miteigentumslösung.

81 Der Depotbank stehen wie jedem Aktionär aufgrund seiner Rechtsstellung als Eigentümer eine Vielzahl **mitgliedschaftsrechtlicher Teilhaberechte** zu. Hervorgehobene Bedeutung haben hierbei das Stimmrecht gem. § 12 AktG und der Dividendenbezugsanspruch sowie das Bezugsrecht für neue Aktien nach § 186 AktG. Daneben hat jeder Aktionär ein Auskunftsrecht gem. § 131 AktG, ein Teilnahmerecht an Hauptversammlungen nach § 118 AktG sowie weitere im Aktiengesetz vorgesehene Informations- und Mitwirkungsrechte. Bei ADR-Programmen besitzt die Depotbank als rechtliche Eigentümerin alle mitgliedschaftsrechtlichen Teilhaberrechte, der jeweilige ADR-Inhaber ist jedoch durch schuldrechtliche Vereinbarungen wirtschaftlich dem Aktionär weitgehend gleichgestellt. Bei den Meldepflichten gem. § 20 AktG und §§ 21 ff. WpHG führt dies aufgrund des Auseinanderfallens von rechtlichem Eigentum und wirtschaftlicher Berechtigung zu einer **Verdoppelung der Meldepflichten**.[106]

---

[104] Sog. Home Country Disclosure. Siehe auch § 22 Rz. 90. Vgl. *von Rosen/Seifert/von Dryander* S. 81, 85 ff.

[105] Vgl. *Röhler* S. 195 ff., 329 ff.; *Bungert* WM 1995, 15 ff.; *Bungert/Paschos* DZWir 1995, 229 ff.; *Böckenhoff/Ross* WM 1993, 1783 ff.; *von Rosen/Seifert/Kullmann* S. 156 ff.; *Zachert* AG 1994, 221 ff.; *von Rosen/Prechtel* Die Bank, 1996, 392 ff.; *Harrer/King* IStR 1999, 188 ff.

[106] Vgl. *von Rosen/Seifert/Kullmann* S. 156; *Harrer/King* IStR 1999, 188 ff.

A. Auswahl des Börsenplatzes und des Marktsegments 82–84 § 22

V. Privatplatzierung

1. Allgemeines

Als Alternative zu einem öffentlichen Angebot besteht für den Emittenten 82 die Möglichkeit, insgesamt oder in einem bestimmten Land nur eine Privatplatzierung vorzunehmen, für die teilweise andere Rechtsvorschriften Anwendung finden und in einigen Ländern eine Befreiung von der Pflicht zur Veröffentlichung eines Prospekts besteht. Eine Privatplatzierung ist vergleichsweise schnell, einfach und kostengünstig durchführbar und ermöglicht es dennoch dem Emittenten, einen begrenzten Personenkreis (idR qualifizierte institutionelle Anleger) anzusprechen. Im Folgenden wird kurz auf die Regelungen über die Privatplatzierungen in Deutschland und den Vereinigten Staaten von Amerika eingegangen.

2. Deutschland

Eine Privatplatzierung liegt in Deutschland nach hM[107] vor, wenn zwischen 83 dem Anbieter bzw. einem von ihm Beauftragten und dem Anleger eine persönliche Beziehung besteht. Die Abgrenzung zwischen öffentlichem Angebot und Privatplatzierung ist eine Frage des Einzelfalls.[108] Nach Ansicht des Bundesaufsichtsamts für den Wertpapierhandel[109] liegt ein **begrenzter Personenkreis** vor, wenn die betreffenden Personen dem Anbieter im Einzelnen bekannt sind, vom ihm aufgrund einer gezielten Auswahl nach individuellen Gesichtspunkten angesprochen werden und eine Aufklärung durch einen Wertpapierprospekt im Hinblick auf das Informationsbedürfnis des Anlegers nicht erforderlich ist. Nicht ausreichend für die Annahme eines begrenzten Personenkreises ist danach die Adressierung des Angebots an nicht näher individualisierte Personenkreise, Berufsgruppen oder Kunden.

Von einer Privatplatzierung abzugrenzen ist das sog. **öffentliche Angebot** 84 von Wertpapieren, das seit Inkrafttreten des Wertpapierprospektgesetzes am 1. Juli 2005 in Deutschland erstmals legal definiert ist.[110] Nach § 2 Nr. 4 WpPG ist darunter eine Mitteilung an das Publikum in jedweder Form und auf jedwede Art und Weise zu verstehen, die ausreichende Informationen über die Angebotsbedingungen und die anzubietenden Wertpapiere enthält, um einen Anleger in die Lage zu versetzen, über den Kauf oder die Zeichnung dieser Wertpapiere zu entscheiden. Dies gilt auch für die Platzierung von Wertpapieren durch Institute im Sinne des § 1 Abs. 1b KWG oder ein nach § 53 Abs. 1 Satz 1 oder § 53b Abs. 1 Satz 1 oder Abs. 7 KWG tätiges Unternehmen, wobei Mitteilungen auf Grund des Handels von Wertpapieren in einem organisierten Markt oder im Freiverkehr kein öffentliches Angebot darstellen.[111]

---

[107] Vgl. *Groß* § 2 WpPG Rz. 17; *Hüffer* Wertpapier-Verkaufsprospektgesetz S. 22 ff.; *Schäfer* ZIP 1991, 1557 ff.; *Bosch/Groß* Das Emissionsgeschäft, 1998, Rz. 10/106.
[108] Beispiele bei *Groß* § 2 WpPG Rz. 18 ff.
[109] Vgl. Bundesaufsichtsamt für den Wertpapierhandel, Bekanntmachung zum Wertpapier-Verkaufsprospektgesetz vom 21. September 1999, Ziff. I.2.
[110] Art. 2 Prospektrichtlinie-Umsetzungsgesetz. BGBl. Nr. 36 vom 27.6. 2005, S. 1698 ff.
[111] Vgl. *Ekkenga* BB 2005, 561 ff.; *Weber* NZG 2004, 360, 361; *Kunold/Schlitt* BB 2004, 501, 504; *Holzborn/Schwarz-Gondek* BKR 2003, 927 ff.; *Crüwell* AG 2003, 243, 245; *Groß*

85 Nach der **Gesetzesbegründung**[112] entspricht die Definition dem Begriffsverständnis des öffentlichen Angebots nach dem früheren Verkaufsprospektgesetz. Für das Vorliegen eines öffentlichen Angebots kommt es nicht darauf an, ob bereits ein Angebot im Rechtssinne vorliegt. Dies ergibt sich nach der Gesetzesbegründung aus Artikel 4 Abs. 1 Buchstabe e der EU-Prospektrichtlinie. Das Merkmal „ausreichende Informationen über die Angebotsbedingungen und die anzubietenden Wertpapiere, um einen Anleger in die Lage zu versetzen, über den Kauf oder die Zeichnung dieser Wertpapiere zu entscheiden" nehme in Übereinstimmung mit dem bisherigen Begriffsverständnis vom „öffentlichen Angebot" lediglich allgemeine Werbemaßnahmen, Veröffentlichungen und Informationen aus, in denen auf die Möglichkeit zum Erwerb von Wertpapieren hingewiesen werde und bei denen noch keine Erwerbs- oder Zeichnungsmöglichkeit bestehe. Die **bloße Einbeziehung** von Wertpapieren in den Freiverkehr stelle kein öffentliches Angebot dar. Erfolgen hingegen nach der Einbeziehung in den Freiverkehr konkrete Werbemaßnahmen, liege ein öffentliches Angebot vor.[113] Die im Wertpapierprospektgesetz erstmals enthaltene gesetzliche Definition des Begriffs „öffentliches Angebot" ist weit und mit der Auslegung in der Bekanntmachung[114] nicht vollständig identisch. So wird zB in der Definition nicht darauf abgestellt, dass eine konkrete Möglichkeit zum Erwerb der Wertpapiere bestehen muss oder eine gezielte Ansprache erforderlich ist. Trotz der Erläuterungen in der Bekanntmachung der BaFin und der Gesetzesbegründung kann die Anwendung auf den Einzelfall jedoch schwierig sein.[115] Neutrale redaktionelle Beiträge in der Presse (ohne Hinweis auf Erwerbsmöglichkeit oder aktuelle Kursinformationen) oder die reine Nennung von Sekundärmarktdaten stellen kein öffentliches Angebot dar.

86 Nach § 1 WpPG besteht im Grundsatz eine Pflicht zur Veröffentlichung eines Wertpapierprospekts für Wertpapiere, die im Inland öffentlich angeboten werden,[116] wobei hierfür ua Ausnahmen gelten, wenn sich das Angebot an Wertpapieren ausschließlich an qualifizierte Anleger richtet oder sich in jedem Staat des EWR an weniger als 100 qualifizierte Anleger richtet[117] oder für Aktien, die im Austausch für bereits ausgegebene Aktien derselben Gattung ausgegeben werden, ohne dass mit der Ausgabe dieser neuen Aktien eine Kapitalerhöhung verbunden ist.[118]

---

§ 1 VerkProspG Rz. 21, § 78 BörsG Rz. 6. Vgl. dazu: Bekanntmachung des Bundesaufsichtsamts für den Wertpapierhandel (nunmehr BaFin) zum Wertpapier-Verkaufsprospektgesetz vom 28. September 1999 (nachfolgend „Bekanntmachung 1999"), Ziffer 2.

[112] BT-Dr. 15/4999 vom 3. März 2005, S. 28.
[113] Bekanntmachung 1999, Ziffer 2 (e).
[114] Bekanntmachung 1999.
[115] Vgl. dazu *Müller-Michaels/Wecker* Finanz Betrieb, 2005, 736 ff.; *Holzborn* Going Public 12/2005, 60 ff.; *Ritz* in *Assmann/Lenz/Ritz*, Verkaufsprospektgesetz, Verkaufsprospekt-Verordnung, Verkaufsprospektgebühren-Verordnung, 2001, § 1 VerkProspG Rz. 53 ff.; *Heidelbach* in *Schwark*, § 1 VerkProspG Rz. 7 ff.; *Grimme/Ritz* WM 1998, 2091, 2094; *Lenz/Ritz* WM 2000, 904, 905; *Kullmann/Müller-Deku* WM 1996, 1989 ff.
[116] Vgl. § 1 Abs. 1, § 3 Abs. 1 WpPG.
[117] Vgl. § 3 Abs. 2 Nr. 1, 2 WpPG.
[118] Vgl. § 3 Abs. 1 Nr. 1 WpPG.

A. Auswahl des Börsenplatzes und des Marktsegments

3. Vereinigte Staaten von Amerika

Neben der Möglichkeit einer öffentlichen Platzierung von Wertpapieren in den Vereinigten Staaten von Amerika mit der damit gem. Section 5 des Securities Act verbundenen Registrierungspflicht[119] bei der SEC und weit gehenden Offenlegungspflichten und Haftungsrisiken gibt es auch in den Vereinigten Staaten von Amerika für ausländische Emittenten die Möglichkeit einer wesentlich weniger aufwendigen und kostengünstigeren Privatplatzierung („private placement") von Wertpapieren.[120] Dabei stehen **verschiedene Formen** der Privatplatzierung zur Verfügung,[121] bei der US-Investoren angesprochen werden können. Öffentliche Werbung ist auch bei US-amerikanischen Privatplatzierungen unzulässig. Im August 2007 veröffentlichte die SEC jedoch den Entwurf einer Reform der Regulation D, die bei Inkrafttreten Werbung im Rahmen einer ausschließlich an sog. Large Accredited Investors gerichtete Privatplatzierung in eingeschränktem Ausmaß erlauben würde.[122] Abhängig von den konkreten Umständen des Einzelfalls kann der Emittent eine traditionelle Privatplatzierung gem. Section 4 (2) des Securities Act[123] oder der im Jahre 1982 erlassenen Regulation D[124] zum Securities Act für Verkäufe an eine unbegrenzte Zahl von „Accredited Investors" nutzen. Für den **Weiterverkauf** von im Rahmen einer Privatplatzierung in den Vereinigten Staaten von Amerika erworbenen **sog. beschränkten Wertpapieren** („restricted securities") stehen dem Erwerber dagegen insb. Section 4 (1) des Securities Act, Section 4 (3) des Securities Act sowie und Rule 144A zum Securities Act als Ausnahmevorschriften zu den Registrierungspflichten der Section 5 des Securities Act zur Verfügung. Wenn keine andere Vorschrift dem Erwerber die Weiterveräußerung von beschränkten Wertpapieren ermöglicht, darf er diese trotzdem gem. Rule 144 zum Securities Act nach Ablauf einer bestimmten Sperrfrist und ggf. Erfüllung bestimmter Erfordernisse verkaufen. Erwerber, die nicht als verbundene Personen der Emittentin („affiliates") gelten, dürfen gem. Rule 144 in der ab 15. Februar 2008 gültigen Fassung in einigen Fällen bereits 6 Monate nach Erwerb, in jedem Fall jedoch spätestens 1 Jahr danach verkaufen; ab jenem Zeitpunkt unterliegen die bisher beschränkten Wertpapiere keinen Beschränkungen mehr.[125]

---

[119] Vgl. *Habersack/Mülbert/Schlitt/Werlen* § 37 Rz. 23 ff.; *Marsch-Barner/Schäfer/Strauch* § 10 Rz. 49 ff.; *Loss/Seligman* S. 92 ff., 472.

[120] Vgl. *Loss/Seligman* S. 395 ff., 420 ff.; *Habersack/Mülbert/Schlitt/Werlen* § 37 Rn. 65 ff.; *Marsch-Barner/Schäfer/Strauch* § 10 Rz. 72 ff.; *Bungert/Paschos* DZWir 1995, 133 ff.; *Meier* IStR 1994, 243 ff.; *Fraune* RIW 1994, 126 ff.; *Baum/Breidenbach* WM Sonderbeilage Nr. 6/1990, S. 22 ff.; *von Rosen/Seifert/Morrison/Stanger* S. 99 ff.

[121] Vgl. *Habersack/Mülbert/Schlitt/Werlen* § 37 Rn. 65 ff.; *Marsch-Barner/Schäfer/Strauch* § 10 Rz. 72 ff.; *Hopt/Rudolph/Baum/Becker* S. 781 ff.; *Bungert/Paschos* DZWir 1995, 133 ff.; *Meier* IStR 1994, 243 ff.

[122] Vgl. Revisions of Limited Offering Exemptions in Regulation D, Securities Act Release No. 33–8828 (3. Aug. 2007).

[123] 15 U. S. C. A. 77 d (2).

[124] 17 C. F. R. § 230. 501–508. Vgl. *Farmery/Warmsley/Joyce/Gruson/Jungreis* S. 52 ff.; *Loss/Seligman* S. 402 ff.

[125] Rule 144(b)-(d); Revisions to Rules 144 and 145, Securities Act Release No. 33–8869 (6. Dez. 2007).

88 Rule 144A[126] des Securities Act wurde von der SEC im Jahre 1990 in Kraft gesetzt um festzulegen, unter welchen Voraussetzungen privatplatzierte Wertpapiere ohne Registrierung verkauft werden dürfen, um Nicht-US-amerikanischen Emittenten den Zugang zum US-amerikanischen Kapitalmarkt zu erleichtern und die Liquidität des Sekundärmarkts zu erhöhen. Die Schaffung von Rule 144A hat die Verkehrsfähigkeit sog. beschränkter Wertpapiere verbessert und zu einer deutlichen Erhöhung der Zahl von Privatplatzierungen in den Vereinigten Staaten von Amerika geführt. Rule 144A findet nur für Erwerber von Wertpapieren Anwendung, gilt aber nicht unmittelbar für den Emittenten oder mit ihm verbundene Unternehmen.

89 Die Anwendbarkeit von Rule 144A hat mehrere **Voraussetzungen**. Im Falle einer Privatplatzierung nach Rule 144A des Securities Act muss das Angebot oder der Weiterverkauf von privatplatzierten Wertpapieren ausschließlich an Personen erfolgen, die der Verkäufer vernünftigerweise für **sog. qualifizierte institutionelle Anleger** (Qualified Institutional Buyer, QIB) hält.[127] Unter Qualified Institutional Buyers sind ua. institutionelle Anleger zu verstehen, die für eigene Rechnung oder für Rechnung anderer qualifizierter institutioneller Anleger mindestens US-$ 100 000 000 (bzw. bei der SEC registrierten Wertpapierhändlern mindestens US-$ 10 000 000) in Wertpapieren von nicht mit diesen verbundenen („not affiliated") Emittenten besitzen oder aufgrund uneingeschränkter Dispositionsbefugnis („discretionary basis") investiert haben.[128] Weiterhin dürfen die angebotenen Wertpapiere zum Zeitpunkt ihrer Emission nicht derselben Gattung angehören wie Wertpapiere, die bereits an einer US-amerikanischen Wertpapierbörse wie zB der NYSE notiert sind oder an einem US-amerikanischen anerkannten Börsenhändler-Quotierungssystem wie zB der NASDAQ gehandelt werden, dh. fungibel sind.[129] Der Verkäufer hat weiterhin angemessene Maßnahmen zu ergreifen, die den Erwerber darüber informieren, dass der Verkäufer die Aktien gem. Rule 144A veräußert.

90 Eine Privatplatzierung nach Rule 144A in den Vereinigten Staaten von Amerika verlangt jedoch **keine US-Börsennotierung** und keine Rechnungslegung nach US-GAAP. Vielmehr ist nur eine Erläuterung der wesentlicheren Unterschiede zwischen US-GAAP und der ggf. verwendeten Rechnungslegung des Heimatlandes des Emittenten üblich, wobei die herrschende Meinung in letzter Zeit auch diese Erläuterung für entbehrlich hält, zumindest solange die einschlägigen Finanzdaten nach IFRS ermittelt wurden. Sofern der Emittent nicht eine periodischen Berichtspflichten unterliegende Gesellschaft („reporting company") nach dem Exchange Act ist oder eine Befreiung von der Berichtspflicht nach Rule 12g3-2(b) vorliegt, hat der Inhaber von Aktien, die aufgrund von Rule 144A verkauft werden, und jeder künftige Käufer einen Anspruch vom Emittenten auf Verlangen
– eine kurze Beschreibung der Geschäftstätigkeit und seiner Produkte und Dienstleistungen sowie

---

[126] 17 C.F.R. § 230.144 A. Vgl. *Habersack/Mülbert/Schlitt/Werlen* § 37 Rz. 67 ff.; *Marsch-Barner/Schäfer/Strauch* § 10 Rz. 88 ff.; *Loss/Seligman* S. 434 ff.; *Greene* ua. § 4.03; *von Rosen/Seifert/Morrison/Stanger* S. 99 ff.; *Böckenhoff/Ross* WM 1993, 1781, 1825; *Zachert* DB 1993, 1985 ff.; *Zachert* ZIP 1993, 1426 ff.; *Roquette/Stanger* WM 1994, 139 ff.; *Bungert/Paschos* DZWir 1995, 133, 139 ff.
[127] Rule 144A (d) (1).
[128] Rule 144A (a) (1) (i).
[129] Rule 144A (d) (3) (i).

B. Beteiligte Parteien 91–93 § 22

– bestimmte Finanzdaten (insb. Bilanz und Gewinn-und-Verlust-Rechnung) zu erhalten.[130]
Rule 12g3 - 2(b) befreit ausländische private Emittenten jedoch auf Antrag von den Registrierungs- und Berichtspflichten nach dem Exchange Act, wenn sie sich gegenwärtig und zukünftig verpflichten, alle im Heimatland zur Verfügung gestellten Informationen über die Gesellschaft auch in den USA zur öffentlichen Verfügung zu stellen („home country information"). Früher musste man die letzte dieser Pflichten durch Einreichung der relevanten Dokumente an die SEC erfüllen. Infolge einer Reform im Jahr 2007 dürfen Emittenten diese Verpflichtung nunmehr auch dadurch erfüllen, dass sie ihre home country information auf ihren Webseiten in englischer Sprache veröffentlichen.[131] Da viele Emittenten die erforderlichen Informationen auf ihren Webseiten ohnehin zugänglich machen, wurde die Erfüllung von den informationellen Erfordernissen der Rule 12g3–2(b) dadurch wesentlich erleichtert.

Bedeutsam ist auch die aufgrund des Securities Act erlassene Verwaltungsvorschrift **Regulation S**,[132] die den Weiterverkauf nicht registrierter Wertpapiere außerhalb der Vereinigten Staaten von Amerika gestattet und die mit den Erleichterungen der Rule 144A kombiniert werden kann. 91

B. Beteiligte Parteien

I. Allgemeines

Die Börseneinführung eines Unternehmens ist ein komplexer und zeitaufwendiger Vorgang, den die Gesellschaft nur zusammen mit einem Team von **spezialisierten Beratern**[133] erfolgreich durchführen kann. Hierzu gehören in jedem Fall ein Konsortialführer und idR weitere Konsortialbanken, die mit der Gesellschaft das formale Zulassungsverfahren bei der Wertpapierbörse betreiben sowie die Wirtschaftsprüfer der Gesellschaft, die die Jahresabschlüsse der Gesellschaft testieren und ggf. weitere nicht testierte Finanzdaten prüfen. IdR werden auch Rechtsanwälte, Public Relations-Berater und zunehmend auch Emissionsberater im Rahmen eines Börsengangs tätig. 92

II. Bundesanstalt für Finanzdienstleistungsaufsicht und Wertpapierbörse

Die Bundesanstalt für Finanzdienstleistungsaufsicht („BaFin") und die für den Börsengang gewählte Wertpapierbörse werden im Rahmen eines Börsengangs in verschiedenen Funktionen tätig. Schwerpunkt ist die Prüfung des bei 93

---

[130] Rule 144A (d) (4) (i).
[131] Rule 12g2–2(f); Termination of a Foreign Private Issuer's Registration of a Class of Securities Under Section 12(g) and Duty to File Reports Under Section 13(a) or 15(d) of the Securities Exchange Act of 1934, Exchange Act Release No. 34–55540 (27. März 2007).
[132] 17 C. F. R. § 230 901–904. Vgl. *Loss/Seligman* S. 219 ff.; *Johnson* Kapitel 9, § 9.01 [F]; *Greene ua.* § 5.02; *Marsch-Barner/Schäfer/Strauch* § 10 Rz. 72 ff.; *Bungert/Paschos* DZWir 1995, 133, 142 ff.
[133] Vgl. *Schanz* Börseneinführung § 6 Rz. 1 ff.; *Bösl* Going Public 8/98, 53 ff.

der seit Inkrafttreten des Wertpapierprospektgesetzes am 1. Juli 2005 zuständigen BaFin, einzureichenden Wertpapierprospekts auf Übereinstimmung mit den gesetzlichen Anforderungen. Die BaFin nimmt zu dem eingereichten Prospektentwurf im Rahmen eines Büroberichts Stellung und billigt den Prospekt. Die Zulassung der Aktien der Gesellschaft zum Handel an der Wertpapierbörse und die Notierungsaufnahme erfolgt durch die Geschäftsführung der zuständigen Wertpapierbörse.

94 Schließlich überwacht die Wertpapierbörse die Einhaltung der in den einschlägigen Bestimmungen festgelegten Folgepflichten und führt erforderliche börsenrechtliche **Folgemaßnahmen** wie zB die uU prospektfreie Zulassung neu ausgegebener Aktien durch. Sie ist auch im Rahmen von Ad-hoc-Mitteilungen Adressat der Mitteilung und führt erforderliche Maßnahmen wie zB die Aussetzung des Handels durch.

95 Im Falle eines **Dual Listings** werden neben der deutschen Wertpapierbörse auch ausländische Wertpapierbörsen (zB LSE oder NYSE) und ausländische Aufsichtsbehörden (zB SEC) im Rahmen ihrer Zuständigkeit tätig.

III. Emittent

96 Der Emittent, der den Börsengang anstrebt, ist die zentrale Partei des Going-Public-Prozesses. Trotz der Mandatierung des Konsortialführers und der Einschaltung einer Reihe von Beratern müssen vom Emittenten eine Vielzahl von geschäftlichen Entscheidungen getroffen und deren erforderliche Umsetzung durchgeführt werden.

97 Hierzu gehören insb. die Ausarbeitung der **sog. Equity Story** und die Entscheidung über die **Emissionsstruktur** (s. § 25 Rz. 30 ff.) (Aktienherkunft, Börsenplatz, Marktsegment etc.), aber vor allem auch Pressegespräche und die Durchführung der Roadshows. Für die erfolgreiche Durchführung eines Börsengangs ist es hierbei von wesentlicher Bedeutung, dass die Gesellschaft die für den erheblichen Zeitaufwand erforderlichen personellen Ressourcen im Unternehmen zur Verfügung stellen kann. Die Belastung trifft sowohl den Vorstand und die Führungskräfte als auch zahlreiche andere Mitarbeiter insb. aus der Finanzabteilung.

IV. Konsortialführer

98 Eine wichtige Entscheidung des Emittenten ist die Auswahl eines geeigneten Konsortialführers (und ggf. weiterer Konsortialbanken), der die Gesellschaft beim Börsengang begleitet und sie ua. bei der Ausarbeitung des Emissionskonzepts und der sog. Equity Story, der Erstellung eines Zeitplans, der Prospekterstellung sowie der Durchführung der Roadshows und der Vermarktung der Aktien unterstützt. Der rechtlich zulässige Fall einer Selbstemission ohne Einschaltung von Konsortialführer oder eines Internet-IPOs[134] spielen in der Praxis nur eine untergeordnete Rolle.

99 Der Konsortialführer zeichnet bzw. kauft die im Rahmen des Börsengangs zu verkaufenden Aktien der Gesellschaft, die idR überwiegend aus einer Kapitalerhöhung (aufgrund eines Hauptversammlungsbeschlusses oder aus geneh-

---

[134] Vgl. *Assmann* in FS Schütze S. 15 ff.; *Jakob* S. 341; *Spindler* NZG 2000, 1058 ff.

B. Beteiligte Parteien

migtem Kapital) und häufig teilweise aus umzuplatzierenden Aktien von Altaktionären bestehen, im Rahmen des **Übernahmevertrages** (s. dazu § 25 Rz. 61 ff.). Die von den Konsortialbanken übernommenen Aktien werden nach Abschluss der gemeinsam mit der Gesellschaft während der idR im Rahmen eines Bookbuildingverfahrens durchgeführten Angebotsperiode im Rahmen der Zuteilung zum Emissionspreis an die Anleger platziert. Auch der Zulassungsantrag kann von der Gesellschaft nur zusammen mit einem Kreditinstitut oder bestimmten gleichgestellten Unternehmen gestellt werden.

V. Rechtsanwälte

Je nach Ausgestaltung des Börsengangs kommt auch den Rechtsanwälten eine erhebliche Beteiligung an der Erstellung der Dokumentation für den Börsengang zu. Bei kleinen Emissionen ist die Beteiligung von Rechtsanwälten häufig auf die gesellschaftsrechtliche Beratung des Emittenten bei der Erstellung einer börsentauglichen Satzung und der Vorbereitung der für die Kapitalmaßnahmen erforderlichen gesellschaftsrechtlichen Beschlüsse beschränkt.

Demgegenüber spielen Rechtsanwälte bei größeren insb. international orientierten Börsengängen häufig eine erhebliche Rolle. In diesem Fall werden die Anwälte idR sowohl auf Seiten des Emittenten, als auch auf Seiten der Konsortialbanken tätig. Der Beratungsumfang kann sich von der Erstellung von Entwürfen der im Rahmen des Börsengangs erforderlichen Verträge (Übernahmevertrag, Börseneinführungsvertrag, Konsortialvertrag, etc.) und deren Verhandlung auf die Mitwirkung bei der Erstellung des Prospekts und die Abgabe sog. **Legal Opinions** (s. § 25 Rz. 118 ff.) und **Disclosure Letters** (s. § 25 Rz. 125 ff.) erstrecken.

VI. Wirtschaftsprüfer

Die Wirtschaftsprüfer der Gesellschaft testieren die Jahresabschlüsse der Gesellschaft, die ein wesentlicher Teil des für den Börsengang erforderlichen Prospekts darstellen. Im Einzelfall erstreckt sich die Prüfung auch auf die Durchsicht nicht testierter Finanzdaten der Gesellschaft oder Pro-Forma-Abschlüsse und die Abgabe entsprechender Bescheinigungen. Der Wirtschaftsprüfer der Gesellschaft gibt gegenüber den Banken auch einen sog. **Comfort Letter** (s. § 25 Rz. 135 ff) ab, in dem er die Richtigkeit bestimmter im Prospekt enthaltenen Finanzdaten und die Vornahme weiterer Prüfungshandlungen bestätigt.

Daneben werden teilweise auch für die Konsortialbanken Wirtschaftsprüfer tätig, die im Rahmen der **sog. Financial Due Diligence** (s. § 24 Rz. 163)[135] den Geschäftsplan („Business Plan") des Unternehmens auf Plausibilität zu überprüfen und die Konsortialbanken bei der Ermittlung des Unternehmenswerts unterstützen.

---

[135] Vgl. Deutsche Börse AG/*Kirchoff* S. 217 ff.; *Koch/Wegmann/Koch* Mittelstand und Neuer Markt, 1999, S. 93 ff.; *Harrer* DStR 1993, 1673 ff.; *Köhler/Marten* Finanz Betrieb 1999, 337 ff.; *Schanz* Börseneinführung § 8 Rz. 11 ff.

VII. Public Relations-Berater

104 Public Relations-Berater[136] unterstützen den Börsengang im Rahmen der **Öffentlichkeitsarbeit** und Kommunikationsstrategie, die sich je nach vorhandenem Budget und gewünschtem Marktauftritt von einfachen Postwurfsendungen über Zeitungsanzeigen und Fernsehspots bis zu umfangreichen Marketingkampagnen erstrecken kann. Häufig wird eine auf das IPO fokussierte Kampagne mit einer vorgeschalteten Imagekampagne kombiniert.

105 Insbesondere bei Emissionen mit Auslandsbezug ist durch von den Banken erstellte **Publizitätsrichtlinien** (s. dazu § 25 Rz. 183 ff.) („Publicity Guidelines") sicherzustellen, dass die geplanten Werbemaßnahmen mit den wertpapierrechtlichen Vorschriften der betroffenen Rechtsordnungen übereinstimmen, wobei hier insb. für die Vereinigten Staaten von Amerika hohe Anforderungen gelten. Beim zunehmend an Bedeutung gewinnenden Internetauftritt ist durch entsprechende Hinweise („Disclaimer") und Zugangsbeschränkungen sicherzustellen, dass die anwendbaren Rechtsvorschriften eingehalten werden.

VIII. Emissions-Berater

106 Auch Emissions-Berater (sog. „IPO Berater")[137] gewinnen als Berater des Emittenten zunehmend an Bedeutung. Tätigkeitsschwerpunkt des Emissions-Beraters ist die **Strukturierung** eines Börsengangs im Vorfeld, die Überprüfung der Börsenfähigkeit des Unternehmens und ggf. die Durchführung von unterstützenden Maßnahmen zur **Erreichung der Börsenfähigkeit**. Dies kann von der Suche nach leitenden Mitarbeitern über die Ausarbeitung der Marktpositionierung bis zur Erstellung des für die Präsentation gegenüber den Konsortialbanken üblichen Informationsunterlagen („Fact-Books") gehen. Hinzu kommt häufig die Beratung bei der Auswahl eines den Börsengang begleitenden Konsortialführers und die Unterstützung des Emittenten bei der Mandatierung weiterer Berater.

IX. Sonstiges

107 Daneben sind eine Reihe **weiterer Personen** im Rahmen eines Börsengangs beteiligt. Hierzu gehören Richter und Rechtspfleger des Registergerichts, Notar, Drucker aber uU auch Übersetzer und Investor Relations-Berater.

108 Die im Rahmen eines Börsengangs erforderlichen Kapitalmaßnahmen müssen für deutsche Emittenten zur Wirksamkeit in das **Handelsregister** des zuständigen Amtsgerichts eingetragen werden.[138] Eine Zulassung von Aktien erfolgt durch die Wertpapierbörse nur nach Vorlage eines entsprechenden Handelsregisterauszugs, durch den deren Existenz nachgewiesen wird. Da die für

---

[136] Vgl. *Koch/Wegmann/Hunzinger* Mittelstand und Neuer Markt, 1999, S. 151 ff.; *Harrer/Heidemann/Schmid* S. 94 ff.; *Hinz/Schmeisser* Finanz Betrieb 2001, 124 ff.; *Zacharias* S. 309 ff.

[137] Vgl. *Blättchen* DStR 1997, 1547 ff.; *Koch/Wegmann/Knorr* Mittelstand und Neuer Markt, 1999, S. 147 ff.

[138] Vgl. zB §§ 181, 184, 188, 189, 195 AktG.

C. Emissionskonzept

die Durchführung der registergerichtlichen Maßnahmen zur Verfügung stehende Zeit im Regelfall sehr kurz bemessen ist, ist eine vorherige Abstimmung der geplanten Kapitalmaßnahmen mit dem zuständigen Registergericht dringend zu empfehlen.

Für die notarielle Beurkundung gesellschaftsrechtlicher Maßnahmen[139] wie zB Kapitalerhöhungen ist die Einschaltung eines **Notars** erforderlich, der uU die entsprechenden Dokumente vorbereitet und mit dem Registergericht und den anderen an der Transaktion beteiligten Parteien abstimmt. Der für den Börsengang erforderliche Prospekt und weitere Nebendokumente wie zB Imagebroschüren werden idR durch **Finanzdrucker** („Financial Printer") in hoher Druckqualität ggf. unter Einarbeitung von Schaubildern und Grafiken erstellt. 109

Bei einem Börsengang an mehreren internationalen Börsenplätzen oder einer Privatplatzierung im Ausland (insb. nach Rule 144A in den USA) und bei großen Börsengängen an den regulierten Markt ist die Erstellung eines Prospekts in deutscher und englischer Sprache erforderlich. Die Übersetzung der Prospekte erfolgt teilweise durch spezialisierte **Übersetzungsbüros**, deren Entwürfe dann idR durch die an der Transaktion beteiligten Parteien insb. Rechtsanwälte und Wirtschaftsprüfer überprüft werden. 110

Im Einzelfall erfolgt bereits im Vorfeld des Börsengangs die Mandatierung eines **Investor Relations-Beraters**,[140] der insb. die Kontaktaufnahme und Kommunikation mit den Altaktionären und nach dem Börsengang mit den Inhabern der im Streubesitz befindlichen Aktien übernimmt. Diese Tätigkeit konzentriert sich zwar häufig auf institutionelle Anleger, ist aber keineswegs darauf beschränkt. In der Praxis ist es sinnvoll, wenn diese Investor Relations-Arbeit jedenfalls teilweise durch Mitarbeiter des Emittenten wahrgenommen werden. 111

C. Emissionskonzept

Die Erstellung eines ausgewogenen Emissionskonzepts[141] und die Ausarbeitung einer entsprechenden sog. Equity Story ist für die erfolgreiche Platzierung der Aktien des Emittenten an Investoren und die erfolgreiche Einführung der Aktien an einer Wertpapierbörse von entscheidender Bedeutung. Die Ausarbeitung eines Emissionskonzepts erfolgt idR bereits vor Ansprache möglicher Konsortialführer durch den Emittenten und seine Altaktionäre ggf. unter Einschaltung eines Emissionsberaters. In der Regel wird auf der Basis dieses vorläufigen Emissionskonzepts, das häufig zusammen mit anderen gesellschafts- und marktbezogenen Informationen in einem **Factbook** über den Emittenten zusammengefasst wird, der Kontakt zu möglichen Konsortialführern aufgenommen. In der Praxis werden mögliche Börsenkandidaten häufig auch von interessierten Konsortialführern und Emissionsberatern unaufgefordert angesprochen. Nach Mandatierung eines Konsortialführers erfolgt mit diesem gemeinsam die Verfeinerung des Emissionskonzepts unter fortlaufender Ein- 112

---

[139] Vgl. § 15 GmbHG.
[140] Vgl. *Blättchen* Finanz Betrieb 1999, 38 ff.; *Jäger* NZG 2000, 186 ff.; *Jakob* S. 240 ff.
[141] Vgl. *Schanz* Börseneinführung § 6 Rz. 35 ff.; Deutsche Börse AG/*Henge/Kostadinov*, S. 237 ff., *Habersack/Mülbert/Schlitt/Singhof/Weber* § 3 Rn. 23 ff.; *Jakob* S. 59 ff.; *Harrer/Heidemann/Schmidt* Der Gang an die Börse S. 79 ff.

arbeitung der im Rahmen der Vorbereitung des Börsengangs zusätzlich gewonnenen Erkenntnisse und die endgültige Positionierung des Unternehmens am Markt. Weitere Elemente des Emissionskonzepts sind die Unternehmensbewertung (s. § 24 Rz. 1 ff.), die Auswahl der Berater, die Festlegung der Syndikatsstruktur und die Ausarbeitung des Marketingkonzepts. Die sog. **Equity Story** steht im Mittelpunkt der Kommunikation und bezieht sich insb. auf die nachhaltige und überzeugende Positionierung des Unternehmens am Markt, die Darstellung der Stärken des Emittenten zB durch Herausarbeitung von Alleinstellungsmerkmalen (sog. unique selling point, USP) und die Stellungnahme zu potenziellen Schwächen der Gesellschaft.

113 Der **Auswahl des Konsortialführers** kommt durch dessen Schlüsselrolle im Rahmen des Börsengangs eine entscheidende Bedeutung zu. Bei dessen Auswahl sind vor allem durch begleitete Emissionen belegte Expertise bei der Beratung von Börsengängen (sog. Track Record) und damit verbundene Fachkenntnisse im Emissionsgeschäft, die Platzierungskraft sowie die Bereitschaft zur Folgebetreuung im Sekundärmarkt ua. durch die Erstellung von Research-Berichten bedeutsam.

114 Das Emissionskonzept und die Equity Story setzen sich aus einer Vielzahl von **Einzelelementen** zusammen, die neben der Wahl des richtigen Zeitpunkts für den Börsengang, insb. die gesellschaftsrechtliche Ausstattung des Emittenten, die Entscheidung für den geeigneten Börsenplatz und das richtige Marktsegment sowie die angemessene Form der Platzierung sowie emissionsspezifische Faktoren umfassen. Zum Zeitpunkt des Börsenganges muss einerseits der Emittent die „Börsenreife" erreicht haben, andererseits ist jedoch auch die Aufnahmefähigkeit des Kapitalmarkts von entscheidender Bedeutung.

115 Bei der **gesellschaftsrechtlichen Ausstattung** des Emittenten ist ua. eine Entscheidung zwischen der Rechtsform der Aktiengesellschaft zur Alternative der Kommanditgesellschaft auf Aktien, der Aktiengattung Inhaberaktien gegenüber (vinkulierten) Namensaktien, dem Normalfall der Stammaktien und dem Sonderfall der Vorzugsaktien zu treffen. Weiterhin ist auf eine kapitalmarktübliche „Schwere" der Aktie durch eine im Verhältnis zur erwarteten Marktkapitalisierung angemessene Aktienzahl und der Höhe des Grundkapitals sowie eine angemessene Ausstattung der Gesellschaft mit genehmigtem Kapital (ggf. mit Bezugsrechtsausschluss für Kapitalerhöhungen gegen Sacheinlagen) und bedingtem Kapital (für Mitarbeiterbeteiligungsprogramme) zu achten. Im Einzelfall ist auch die Angemessenheit der Wahrung der Rechte von Altgesellschaftern oder Familiengesellschaftern und die kompetente Besetzung des Aufsichtsrats sicherzustellen (s. Rz. 134 ff.).

116 Unter **Marktgesichtspunkten** muss die Gesellschaft sich zusammen mit ihren Beratern für den im Einzelfall als besten geeigneten Börsenplatz (s. Rz. 3 ff.) entscheiden, wobei hier eine Wahl zwischen einer Börseneinführung in Deutschland (zB Frankfurter Wertpapierbörse) und einer Auslandsnotierung (zB New York Stock Exchange), bei größeren Transaktionen eines Dual Listings bzw. eines Multiple Listings (s. Rz. 68 ff.) an zwei bzw. mehreren Börsenplätzen zu treffen ist. Mit der Entscheidung für eine Wertpapierbörse eng verbunden ist die **Wahl des Marktsegments**, wobei hier in Deutschland zwischen reguliertem Markt (Prime Standard und General Standard) und Freiverkehr unterschieden wird. Auch bei anderen Handelsplätzen bestehen häufig alternative Marktsegmente wie zB bei der NASDAQ der National Market und der Small Cap Market. In jedem Fall ist sicherzustellen, dass die Gesellschaft

C. Emissionskonzept

alle Zulassungsvoraussetzungen für das gewünschte Marktsegment der ausgewählten Wertpapierbörse erfüllt, wie zB geforderte Mindestexistenz, Mindestkapitalisierung, Beachtung bestimmter Rechnungslegungsvorschriften oder sonstige spezifische Zulassungshürden beachtet. Schließlich ist zu entscheiden, in welchen Ländern die Aktien der Gesellschaft unter Beachtung der dafür einschlägigen Vorschriften öffentlich angeboten werden sollen und ggf. in welchen Ländern eine sog. **Privatplatzierung** (s. Rz. 82 ff.) an institutionelle Anleger (zB gem. Rule 144A in den Vereinigten Staaten von Amerika) erfolgen soll und ob das Angebot durch eine Internetplatzierung ergänzt werden soll. Diese Entscheidung hat insb. auf die Ausarbeitung des Marketingkonzepts und für Art und Umfang der den Börsengang begleitenden Öffentlichkeitsarbeit erhebliche Bedeutung.

Aus emissionsspezifischer Sicht ist die Entscheidung über die **Emissionsstruktur** (Selbstemission, Fremdemission, Internetemission), die Zusammensetzung des Konsortiums, die Entscheidung über das Emissionsvolumen (ggf. unter Beachtung der Vorschriften über Mindeststreubesitz), die Aktienherkunft (junge Aktien aus Kapitalerhöhung oder Umplatzierung von Altaktien), die gewünschte Anlegerstruktur sowie Existenz und Dauer von Marktschutzvereinbarungen besonders bedeutsam. Bei der **Angebotsstruktur** ist zwischen der Platzierung im Inland und Ausland, aber auch der Aufteilung des Emissionsvolumens an Privatanleger und institutionelle Anleger zu entscheiden. Zusätzlich ist über eine bevorzugte Zuteilung, die Bereitstellung eines Friends-&-Family-Programms und über einen möglichen Preisnachlass (sog. Discount) für bestimmte Anlegergruppen insb. Privatanleger zu entscheiden. Auch die Art der Emissionspreisfindung (Festpreisverfahren, Bookbuildingverfahren, Auktionsverfahren) und die Größe und Herkunft der Mehrzuteilungsoption (sog. Greenshoe) aus genehmigtem Kapital oder Altaktien ist bedeutsam. Für den Anleger ebenfalls von Bedeutung ist die im Prospekt darzustellende Strategie des Unternehmens (zB internes und externes Wachstum, Internationalisierung, Forschung und Entwicklung) sowie die geplante Mittelverwendung, die angestrebte Dividendenpolitik sowie die Beteiligung von Management und Mitarbeitern am Unternehmen und die bevorrechtigte Zuteilung von Aktien an Mitarbeiter und Geschäftsfreunde im Rahmen eines Friends-&- Family-Programms, das häufig zwischen 5 bis 10 % der Basistransaktion beträgt.

Seit der Platzierung von Aktien der Springstreet Brewery Inc. 1996 in den Vereinigten Staaten von Amerika und der Internet 2000 AG 1997 in Deutschland ist jedenfalls die teilweise **Platzierung** von Aktien **über das Internet**[142] häufig ein Element des Emissionskonzepts, das von vielen Unternehmen als Ausdruck der Innovationskraft verwendet wird. Hierfür kommt sowohl eine Selbstemission (sog. direct public offer) über eine Homepage als auch die Einschaltung „**virtueller**" **Wertpapierdienstleister** in Betracht. Bei Emissionen im Internet ist auch durch die Verwendung von speziellen Hinweisen (sog. Disclaimer) und Zugangsbeschränkungen (zB Eingabe von Wohnsitz und Postleitzahl oder Passwortvergabe für zugangsberechtigte Personen) als Zugangshindernis sicherzustellen, dass nur Personen mit Wohnsitz innerhalb eines

---

[142] Vgl. *Assmann* in FS Schütze S. 15 ff.; *Schanz* Börseneinführung § 10 Rz. 10 ff.; *Spindler* NGZ 2000, 1058 ff.; *Jakob* S. 341 ff. Zu kollisionsrechtlichen Fragen *Spindler* NGZ 2000, 1058, 1060. Zu Formen sowie Vor- und Nachteilen von Internetplatzierungen *Assmann* in FS Schütze, S. 15 ff.

bestimmten Hoheitsgebiets zugelassen werden und die Aktien nicht in unzulässiger Weise auch von Personen in nicht berechtigten Ländern durch ungehinderten Zugriff auf eine Website öffentlich angeboten werden.

119 Das gesamte Emissionskonzept und die Ausgestaltung der Equity Story entscheiden letztendlich darüber, ob es der Gesellschaft und den Konsortialbanken gelingt, im Rahmen der Öffentlichkeitsarbeit und während der in der Bookbuildingperiode duchzuführenden Roadshow mit ausgewählten institutionellen Anlegern interessierte Anleger davon zu überzeugen, dass der Emittent eine **„Investment Case"** ist, der eine im Vergleich zu anderen Anlagealternativen für den Investor lohnende „Kapitalanlage" darstellt.

D. Sicherung der Rechte der Altaktionäre

120 Bei einem Börsengang reduziert sich der Anteilsbesitz der früheren Altgesellschafter von 100 % durch die **Kapitalerhöhung** und/oder **Umplatzierung** von Altaktien und die breite Platzierung dieser Aktien an Investoren. Die Investoren erlangen mit dem Erwerb der Aktien eine Aktionärsstellung mit allen damit verbundenen Rechten wie zB Dividendenberechtigung sowie Auskunfts- und Stimmrechte. Die Altaktionäre versuchen häufig, ihre bisher beherrschende Rechtsstellung trotz dieser Erweiterung des Aktionärskreises möglichst weitgehend aufrechtzuerhalten.

121 Die Stellung der Altaktionäre hängt in erheblichem Umfang von der Höhe des Streubesitzes und der Höhe der Präsenz der Aktionäre in der Hauptversammlung ab. Erfolgt eine Platzierung von weniger als 25 % der Aktien der Gesellschaft, so haben die Altaktionäre gemeinsam auch weiterhin die für Satzungsänderungen, insb. Kapitalerhöhungen idR gem. § 179 AktG erforderliche Dreiviertelmehrheit. Wird im Rahmen eines Börsengangs – wie im Regelfall – dagegen ein Anteil zwischen 25 % und 49,9 % der Aktien an das Publikum platziert, verbleibt den Altgesellschaftern als Gruppe nur die **einfache Kapitalmehrheit** in der Hauptversammlung und bei einer Satzungsgestaltung, die in Übereinstimmung mit § 179 Abs. 2 Satz 2 AktG – soweit gesetzlich zulässig – nur eine einfache Hauptversammlungsmehrheit verlangt.[143] Allenfalls höhere Mehrheitserfordernisse[144] sind ua. zulässig bei Beschlüssen über Änderungen des Unternehmensgegenstandes, Entscheidungen über Kapitalerhöhungen unter Ausschluss des Bezugsrechts, über bedingte Kapitalerhöhungen und die Einräumung eines genehmigten Kapitals. Der Einfluss der Altgesellschafter kann ua. durch die nachfolgend dargestellten Gestaltungsmaßnahmen aufrechterhalten oder verstärkt werden.

I. Wahl der Rechtsform der Kommanditgesellschaft auf Aktien

122 Die Altgesellschafter können durch die Wahl der Komplementärstellung in der Rechtsform einer Kommanditgesellschaft auf Aktien (nachfolgend KGaA) als Emittent eine gegenüber der Aktionärsstellung in einer Aktiengesellschaft stärkere Rechtsposition erlangen.

---

[143] Vgl. *Hüffer* § 179 AktG Rz. 14 ff.
[144] ZB §§ 179 Abs. 2 Satz 2; 186 Abs. 3 Satz 3; 193 Abs. 1 Satz 2; 202 Abs. 2 Satz 3 AktG.

D. Sicherung der Rechte der Altaktionäre

Die KGaA ist in §§ 278 ff. AktG geregelt und stellt eine besondere Gesellschaftsform dar, die eine Mischform zwischen Kommanditgesellschaft und Aktiengesellschaft ist. Die KGaA ist gem. § 278 Abs. 1 AktG eine Gesellschaft mit eigener Rechtspersönlichkeit, bei der mindestens ein Gesellschafter als **persönlich haftender Gesellschafter** der Gesellschaft unbeschränkt haftet und die übrigen an dem in Aktien zerlegten Grundkapital als **Kommanditaktionäre** beteiligt sind, ohne persönlich für die Verbindlichkeiten der Gesellschaft zu haften. Das Rechtsverhältnis der persönlich haftenden Gesellschafter untereinander und gegenüber der Gesamtheit der Kommanditaktionäre sowie gegenüber Dritten, insb. ihre Befugnis zur Geschäftsführung und zur Vertretung der Gesellschaft, bestimmt sich gem. § 278 Abs. 2 AktG nach den Vorschriften des Handelsgesetzbuches über die Kommanditgesellschaft. Der oder die persönlich haftenden Gesellschafter haften gem. § 278 Abs. 2 AktG iVm. §§ 128 ff., 161 Abs. 2 HGB unmittelbar, unbeschränkt und persönlich, während die Kommanditaktionäre gem. § 278 Abs. 2 AktG nur mit ihrer durch die Aktien repräsentierten Einlage und nicht persönlich haften. Persönlich haftender Gesellschafter kann eine natürliche und nach nunmehr üM[145] auch eine andere Gesellschaft sein. Die Beteiligungsfähigkeit anderer Gesellschaften, insb. der GmbH, an einer KGaA war lange Zeit streitig, wird jedoch seit einer grundlegenden Entscheidung des Bundesgerichtshofs[146] zur **GmbH & Co. KGaA** aus dem Jahr 1997 nunmehr von der hM[147] als zulässig angesehen.

Der Vorteil einer KGaA besteht für Altgesellschafter, die auf der Organebene weiter unabhängig tätig bleiben wollen ua. darin, dass der persönlich haftende Gesellschafter ein grds. unentziehbares **Geschäftsführungs- und Vertretungsrecht** für die KGaA hat, während die Hauptversammlung gem. § 285 AktG nur wenige Mitwirkungs- und Überwachungsrechte hat und die Kommanditaktionäre vorbehaltlich anderer Satzungsregelungen von der Geschäftsführung entsprechend § 164 HGB ausgeschlossen sind. Darüber hinaus bedürfen gem. § 285 AktG die Beschlüsse der Hauptversammlung, so weit sie Angelegenheiten betreffen, für die bei der Kommanditgesellschaft das Einverständnis der persönlich haftenden Gesellschafter und der Kommanditaktionäre erforderlich ist, der Zustimmung der persönlich haftenden Gesellschafter. Diese haben also ein **Vetorecht** in Bezug auf Satzungsänderungen und sonstige Grundlagenbeschlüsse und auch der Beschluss über die Feststellung des Jahresabschlusses bedarf gem. § 286 Abs. 1 AktG ihrer Zustimmung. Der nach § 278 Abs. 3 iVm. §§ 95 ff. AktG zu bestellende Aufsichtsrat hat zwar eine Aufsichts- und Kontrollfunktion, aber keine Personal- und Geschäftsordnungskompetenz.[148] Komplementäre können gem. § 278 Abs. 3 AktG nicht Aufsichtsratsmitglieder sein.

Aufgrund der wenig transparenten Struktur, der großen Unabhängigkeit der Komplementäre, der eingeschränkten Einflussmöglichkeit der Kommanditaktionäre und der beschränkten Rechtsstellung des Aufsichtsrats wird die Rechtsform der KGaA von wenigen Ausnahmen abgesehen am Kapitalmarkt

---

[145] Vgl. MünchHdb. GesR/Bd. 4/*Herfs* §§ 74, 76; *Hüffer* § 278 AktG Rz. 8 ff.
[146] Vgl. BGH Az. II ZB 11/96 v. 24. 2. 1997, BGHZ 134, 392 ff.
[147] Vgl. MünchHdb. GesR/Bd. 4/*Herfs* § 76 Rz. 1 ff.; *Priester* ZHR 160 (1996), 250, 254; *Strieder/Habel* DB 1994, 1557 ff.; *Hüffer* § 278 AktG Rz. 8 ff.; *Claussen* GmbHR 1996, 73, 76.
[148] Vgl. *Hüffer* § 278 Rz. 15; MünchHdb. GesR/Bd. 4/*Herfs* § 76 Rz. 10 ff.; *Kallmeyer* ZGR 1983, 57 ff.

von Anlegern und Analysten kritisch gesehen. Nur wenige deutsche Unternehmen haben die Rechtsform einer KGaA.

II. Vinkulierte Namensaktien

126 Die Verwendung sog. vinkulierter Namensaktien (s. § 3 Rz. 39 ff.),[149] bei denen die rechtsgeschäftliche Übertragung der Aktien in Abweichung von allgemeinen Grundsätzen der freien Verfügbarkeit an die **Zustimmung der Gesellschaft** gebunden ist, kann unerwünschten Fremdeinfluss durch Kontrolle der Aktienübertragung reduzieren. Eine Übertragung kraft Gesetzes bei Erbfall, Verschmelzung oder ähnlichen Vorgängen kann jedoch nicht verhindert werden. Nach § 183 Abs. 2 AktG bedarf ein Beschluss, durch den die Übertragung von Namensaktien an die Zustimmung der Gesellschaft gebunden wird, zu seiner Wirksamkeit der Zustimmung aller betroffenen Aktionäre. Nach § 68 Abs. 2 AktG kann die Satzung bei auf den Namen lautenden Aktien die Übertragung an die Zustimmung der Gesellschaft binden. Die Zustimmung erteilt nach § 68 Abs. 2 Satz 1 AktG der Vorstand, so weit nach der Satzung nicht der Aufsichtsrat oder die Hauptversammlung über die Erteilung der Zustimmung beschließt. Die Satzung kann gem. § 68 Abs. 2 Satz 4 AktG die Gründe bestimmen, aus denen die Zustimmung verweigert werden darf. Für diese Entscheidung kann ein **weites Ermessen** eingeräumt werden, das sich am Wohl der Gesellschaft orientieren muss. Die Zustimmung darf jedoch nicht willkürlich verweigert werden.[150] Es ist insb. zulässig, als Verweigerungsgrund vorzusehen, dass der Erwerber nicht zum Kreise der Familie der Aktionäre gehört oder dass der Erwerber eine Ausländereigenschaft besitzt oder nicht einer bestimmten Industriebranche angehört.

127 Ohne Zustimmung ist die **Übertragung** schwebend unwirksam, mit Erteilung der Zustimmung wird die Übertragung wirksam, mit Versagung ist sie endgültig unwirksam.[151] Die Übertragung der Namensaktien ist gem. § 68 Abs. 3 AktG bei der Gesellschaft anzumelden und wird von der Gesellschaft im Aktienregister vermerkt. Im regulierten Markt können Aktien auch zugelassen werden, wenn ihr Erwerb einer Zustimmung bedarf, wenn das Zustimmungserfordernis nicht zu einer Störung des Handels führt.[152] In der Praxis verpflichtet sich der Emittent gegenüber der Wertpapierbörse, seine Zustimmung nur unter bestimmten engen Voraussetzungen zu verweigern.

III. Stimmrechtslose Vorzugsaktien

128 Die §§ 139 ff. AktG sehen die Möglichkeit der Ausgabe von Vorzugsaktien ohne Stimmrecht (s. § 3 Rz. 48 ff.)[153] vor, die im Regelfall eine Kapitalaufnahme ohne Beeinträchtigung der Stimmrechtsausübung bei der Hauptver-

---

[149] Vgl. *Hüffer* § 68 Rz. 10 ff.; *Schanz* Börseneinführung § 3 Rz. 102 ff.
[150] Vgl. *Hüffer* § 68 Rz. 10 ff.; Kölner Komm. AktG/*Lutter* 2. Aufl. 1988 § 68 Rz. 30; BGH II ZR 287/85 v. 1.12.1986, NJW 1987, 1019 ff.
[151] Vgl. *Hüffer* § 68 Rz. 16; Kölner Komm. AktG/*Lutter* 2. Aufl. 1988 § 68 Rz. 38 ff.
[152] Vgl. § 5 Abs. 2 Nr. 2 BörsZulV.
[153] Vgl. MünchHdb. GesR/Bd. 4/*Semler* § 38 Rz. 18 ff.; *Bezzenberger* Vorzugsaktien ohne Stimmrecht 1991; *Binz/Sorg* BB 1987, 1996 ff.; *Herzig/Ebeling* AG 1989, 221 ff.; *Pellens/Hillebrandt* AG 2001, 57 ff.; BGH II ZR 313/51 v. 8.10.1952, BHGZ 7, 263 ff.

D. Sicherung der Rechte der Altaktionäre 129–131 § 22

sammlung ermöglicht. Derartige Vorzugsaktien ohne Stimmrecht sind ausdrücklich in § 12 Abs. 1 Satz 2 AktG vorgesehen und stellen eine besondere Aktiengattung iSv. § 11 AktG dar. Bei stimmrechtslosen Vorzugsaktien handelt es sich um Mitgliedschaftsrechte und anders als bei Genussscheinen nicht um Gläubigerrechte.

§ 139 Abs. 1 AktG bestimmt, dass für Aktien, die mit einem nachzuzahlenden Vorzug bei der Verteilung des Gewinns ausgestattet sind, das Stimmrecht ausgeschlossen werden kann. Derartige Vorzugsaktien ohne Stimmrecht dürfen jedoch gem. § 139 Abs. 2 AktG nur bis zur **Hälfte des Grundkapitals** ausgegeben werden. Gem. § 140 Abs. 1 AktG gewähren die Vorzugsaktien ohne Stimmrecht mit Ausnahme des Stimmrechts die jedem Aktionär aus der Aktie zustehenden Rechte wie zB Teilnahme an Hauptversammlungen, Bezugsrechtsgewährung und Anfechtungsbefugnis. Die Höhe des Vorzugs muss objektiv bestimmbar sein und darf nicht an die Höhe des Bilanzgewinns geknüpft werden.[154] Wird der Vorzugsbetrag in einem Jahr nicht oder nicht vollständig gezahlt und der Rückstand im nächsten Jahr nicht neben dem vollen Vorzug dieses Jahres nachgezahlt, so haben die Vorzugsaktionäre gem. § 140 Abs. 2 AktG das **Stimmrecht**, bis die Rückstände nachgezahlt sind. Das Stimmrecht lebt in vollem Umfang auf und die Vorzugsaktionäre sind im gesamten Zuständigkeitsbereich der Hauptversammlung stimmberechtigt.[155] In diesem Fall sind die Vorzugsaktien auch bei der Berechnung einer nach Gesetz oder Satzung erforderlichen Kapitalmehrheit zu berücksichtigen. So weit die Satzung nichts anderes bestimmt, entsteht dadurch, dass der Vorzugsbetrag nicht oder nicht vollständig gezahlt wird, jedoch gem. § 140 Abs. 3 AktG noch kein durch spätere Beschlüsse über die Gewinnverteilung bedingter Anspruch auf den rückständigen Vorzugsbetrag. Die übliche Form des Vorzugs ist der bevorrechtigte Dividendenanspruch mit einer generellen **Mehrdividende**. Erst nachdem ein festgesetzter Betrag an die Vorzugsaktionäre ausgeschüttet wurde, kann in diesen Fällen der restliche Gewinn auf die Stamm- und Vorzugsaktien gleichmäßig verteilt werden.

Nach § 141 Abs. 1 AktG bedarf ein Beschluss, durch den der Vorzug aufgehoben oder beschränkt wird, zu seiner Wirksamkeit der Zustimmung der Vorzugsaktionäre. Über die Zustimmung haben gem. § 141 Abs. 3 Satz 1 AktG die Vorzugsaktionäre in einer gesonderten Versammlung einen **Sonderbeschluss** zu fassen, der einer Mehrheit bedarf, die mindestens drei Viertel der abgegebenen Stimmen umfasst. Ist der Vorzug aufgehoben, so gewähren die Aktien gem. § 141 Abs. 4 AktG das Stimmrecht.

Die Ausgabe von Vorzugsaktien erfolgt an der Börse nur in **Einzelfällen** zB zur Aufrechterhaltung des Einflusses von Familiengesellschaften. Aufgrund der Ausschließung des Stimmrechts erfolgt bei der Platzierung von Vorzugsaktien gegenüber Stammaktien idR ein **Preisabschlag**, sodass sich die Kosten der Eigenfinanzierung im Vergleich zu der Begebung von Stammaktien aufgrund der eingeschränkten Mitwirkungsrechte der Vorzugsaktionäre erhöhen. Vorzugsaktien sprechen insb. Aktionäre an, die nicht vorrangig an Mitsprache im Unternehmen, sondern an Rendite und Substanzzuwachs interessiert sind.

---

[154] Vgl. *Hüffer* § 139 Rz. 7; Kölner Komm. AktG/*Zöllner* 1. Aufl. 1985 § 139 Rz. 9.
[155] Vgl. *Hüffer* § 140 Rz. 6; Kölner Komm. AktG/*Zöllner* 1. Aufl. 1985 § 140 Rz. 7.

IV. Stimmbindungsverträge und Holdinggesellschaften

132 Eine insb. bei Familiengesellschaften häufig verwendete Maßnahme zur Sicherung des Einflusses der Altaktionäre ist der nach ganz hM[156] zulässige Abschluss von Stimmbindungsverträgen unter Aktionären,[157] durch die eine einheitliche Stimmabgabe sichergestellt werden soll. Im Rahmen dieser Stimmbindungsverträge verpflichten sich die Vertragsparteien, ihre Stimmrechte einheitlich auszuüben, wobei die gebundenen Aktionäre gegeneinander nur **schuldrechtliche Ansprüche** haben[158] und die Stimmbindungsverträge ohne Außenwirkung sind. Sie begründen nach hM[159] einen klagbaren Erfüllungsanspruch. Sie haben keinen organisationsrechtlichen Charakter, können aber trotzdem mit formellen und fakultativ-materiellen Eigenschaften in die Satzung aufgenommen werden.[160] Aktienrechtlich sind „treuwidrig" handelnde Aktionäre unter Verletzung des Stimmbindungsvertrages weiterhin in der Lage, ihr Stimmrecht in rechtlich wirksamer Weise abweichend von diesem Vertrag auszuüben.[161] Um ein vertragskonformes Stimmrechtsverhalten sicherzustellen, werden häufig vertragliche Sanktionen wie zB Vertragsstrafen vereinbart und Regelungen vorgesehen, dass die den Stimmbindungsvereinbarungen unterliegenden Aktionäre nicht frei über ihre Aktien verfügen können, sondern Vorkaufsrechte der übrigen Aktionäre und Regelungen zur Erbfolge bestehen.

133 Nur durch eine Übertragung der Aktien der Altaktionäre auf einen Dritten, idR gemeinsame Treuhänder oder eine gemeinsame **Holdinggesellschaft**,[162] für die idR ein Treuhänder die Stimmrechte ausübt, kann sichergestellt werden, dass eine vertragswidrige Stimmrechtsausübung durch einen Altaktionär unterbleibt, da dieser nicht mehr Rechtsinhaber und damit zur Stimmausübung berechtigt ist. Bei der Gründung derartiger Holdinggesellschaften spielen häufig auch steuerrechtliche Gesichtspunkte eine erhebliche Rolle.

V. Entsendungsrechte in den Aufsichtsrat

134 Auch die Begründung von Entsendungsrechten von Mitgliedern in den Aufsichtsrat kann die Machtposition bestehender Aktionäre stärken. Bestimmte Aktionäre oder Inhaber bestimmter Aktien können gem. § 101 Abs. 2 AktG durch die satzungsmäßige Absicherung von Entsendungsrechten[163] in

---

[156] Vgl. BGH II ZR 105/66 v. 29. 5. 1967, BGHZ 48, 163 ff.; BGH Az. II ZR 25/82 v. 7. 2. 1983, ZIP 1983, 432 ff.; BGH II ZR 240/85 v. 27. 10. 1986, NJW 1987, 1890 ff.; *Hüffer* § 133 Rz. 27 ff. MünchHdb. GesR/Bd. 4/*Semler* § 38 Rz. 41. Zur Zulässigkeit von Stimmbindungsverträgen mit Nichtaktionären und den Grenzen der Zulässigkeit beim sog. Stimmenkauf vgl. *Hüffer* § 133 Rz. 28 ff.; Kölner Komm. AktG/*Zöllner* 1. Aufl. 1985 § 136 Rz. 90 ff.
[157] Vgl. *Hüffer* § 133 Rz. 25 ff.; *Schanz* Börseneinführung § 3 Rz. 112.
[158] Vgl. *Raiser* Recht der Kapitalgesellschaften, 2. Aufl. 1992 § 16 Rz. 75.
[159] Vgl. BGH II ZR 105/66 v. 29. 5. 1967, BGHZ 48, 163 ff.; MünchHdb. GesR/Bd. 4/*Semler* § 138 Rz. 36 ff.; *Hüffer* § 133 Rz. 29 ff.; *Raiser* § 16 Rz. 79; aA Kölner Komm. AktG/*Zöllner* 1. Aufl. 1985 § 136 Rz. 112 ff.
[160] Vgl. *Hüffer* § 133 Rz. 26; § 23 Rz. 4 ff.
[161] Vgl. nur RG II 173/27 v. 10. 1. 1928, RGZ 119, 386 ff.
[162] Vgl. MünchHdb. GesR/Bd. 4/*Hoffmann-Becking* § 38 Rz. 49 ff.
[163] Vgl. *Hüffer* § 101 Rz. 8 ff.; MünchHdb. GesR/Bd. 4/*Hoffmann-Becking* § 30 Rz. 20.

D. Sicherung der Rechte der Altaktionäre

den Aufsichtsrat ihren Einfluss sichern. Es handelt sich dabei um ein Sonderrecht iSv. § 35 BGB, das dem Berechtigten nur durch Satzungsänderungen und mit seiner Zustimmung entzogen werden kann.[164]

Das Entsendungsrecht wird durch Benennung der Person des Aufsichtsratsmitglieds gegenüber der Aktiengesellschaft ausgeübt, die entsandten Aufsichtsratsmitglieder haben dieselben Rechte und Pflichten wie gewählte Aufsichtsratsmitglieder. Nach § 101 Abs. 2 Satz 1 AktG kann nur durch die **Satzung** und nur für bestimmte Aktionäre oder für die Inhaber bestimmter Aktien ein Entsendungsrecht begründet werden, Mitglieder in den Aufsichtsrat zu entsenden. Inhabern bestimmter Aktien kann das Entsendungsrecht jedoch gem. § 101 Abs. 2 Satz 2 AktG nur eingeräumt werden, wenn die Aktien auf Namen lauten und ihre Übertragung an die Zustimmung der Gesellschaft gebunden ist (sog. vinkulierte Namensaktien). Die Entsendungsrechte können gem. § 101 Abs. 2 Satz 4 AktG insgesamt **höchstens für ein Drittel** der sich aus dem Gesetz oder der Satzung ergebenden Zahl der Aufsichtsratsmitglieder der Aktionäre eingeräumt werden. Obwohl von den entsendungsberechtigten Aktionären entsandte Aufsichtsratsmitglieder von Rechts wegen nicht weisungsgebunden sind,[165] kann ein Aufsichtsratsmitglied, das aufgrund der Satzung in den Aufsichtsrat entsandt ist, von dem Entsendungsberechtigten gem. § 103 Abs. 2 Satz 1 AktG jedoch jederzeit und ohne Vorliegen eines wichtigen Grundes abberufen und durch ein anderes Aufsichtsratsmitglied ersetzt werden. Sind die in der Satzung bestimmten Voraussetzungen des Entsendungsrechts weggefallen, so kann die Hauptversammlung das entsandte Mitglied gem. § 103 Abs. 2 Satz 2 AktG mit einfacher Stimmenmehrheit abberufen. Entsendungsrechte für Aufsichtsratsmitglieder nach § 101 Abs. 2 AktG werden von den Aktionären börsennotierter Gesellschaften und Analysten idR kritisch beurteilt.

VI. Stärkung der Rolle des Aufsichtsrats

Altaktionäre können insbesondere bei bestehenden Entsendungsrechten in den Aufsichtsrat oder bei Kontrolle der für die Bestellung von Aufsichtsratsmitgliedern durch die Hauptversammlung erforderliche Mehrheit bei entsprechender Satzungsgestaltung über den Aufsichtsrat erheblichen Einfluss auf die Gesellschaft ausüben. Der Aufsichtsrat darf als Aufsichts- und Kontrollorgan zwar nicht in das Tagesgeschäft der Gesellschaft eingreifen, er kann jedoch über eine entsprechende Ausgestaltung der **Geschäftsordnung des Vorstands** oder eine **Satzungsgestaltung** den Vorstand dazu verpflichten, den Aufsichtsrat auch über die Berichtspflichten des § 90 Abs. 1 AktG hinausgehend über bestimmte Einzelmaßnahmen zu unterrichten und außerdem für eine Vielzahl von wesentlichen Entscheidungen die Zustimmung des Aufsichtsrats verlangen.

---

[164] Vgl. *Hüffer* § 101 Rz. 8.
[165] Vgl. RG II 33/40 v. 12.10. 1942, RGZ 165, 68 ff.; BGH II ZR 1/61 v. 29.1. 1962, BGHZ 36, 296, 306; BGH II ZR 171/83 v. 26.3. 1984, BGHZ 90, 381, 398.

VII. Höchststimmrecht und Mehrstimmrecht

137 Die früher zur Sicherung des Einflusses von Altaktionären und insb. zur Abwehr drohender feindlicher Übernahmen börsennotierter Unternehmen verwendete Beschränkung der Stimmrechte durch Festsetzung sog. Höchststimmrechte ist seit Änderung der gesetzlichen Regelung in § 134 AktG im Jahre 1998 jedenfalls für börsennotierte Gesellschaften nicht mehr möglich. Die Schaffung eines Höchststimmrechts bedeutet, dass dem Aktionär unabhängig von seinem Anteil am Grundkapital lediglich ein auf einen bestimmten Prozentsatz des Grundkapitals beschränktes Stimmrecht zusteht. Nach § 134 Abs. 1 Satz 2 AktG kann nur noch bei einer nicht börsennotierten Gesellschaft, für den Fall, dass einem Aktionär mehrere Aktien gehören, die Satzung das Stimmrecht durch Festsetzung eines Höchstbetrages oder von Abstufungen beschränken.

138 Jede Aktie einer Aktiengesellschaft gewährt gem. § 12 Abs. 1 AktG – mit Ausnahme von stimmrechtslosen Vorzugsaktien – eine Stimme. Auch Mehrstimmrechte sind gem. § 12 Abs. 2 AktG unzulässig.

§ 23 Mitarbeiterbeteiligungen

Bearbeiter: Ulli Janssen

Übersicht

	Rz.
A. Einleitung	1–3
B. Vorüberlegungen	4–20
I. Grundzüge der Gestaltungsmöglichkeiten	7–9
II. Wesentliche Unterschiede zwischen Mitarbeiterbeteiligung und erfolgsabhängiger Vergütung	11–13
III. Wesentliche Parameter für Aktienoptionen und Phantom Stocks	15–20
C. Überblick über die rechtlichen Gestaltungsmöglichkeiten	21–71
I. „Nackte" Bezugsrechte auf Aktien der Gesellschaft	21–49
1. Bezugsrechte auf neue Aktien aus bedingtem Kapital	25–38
2. Bezugsrechte auf eigene Aktien der Gesellschaft	39–42
3. Bezugsrechte auf neue Aktien aus genehmigtem Kapital	43–49
II. Wandel-/Optionsanleihen und Genussrechte	50–56
III. Direkte Beteiligung durch Belegschaftsaktien/Friends & Family Programme	57–61
IV. Überblick über die rechtlichen Gestaltungsmöglichkeiten von unternehmenswertabhängigen Vergütungssystemen	62–67
V. Kombinationsformen	68–71
D. Gewährung und arbeitsrechtliche Gesichtspunkte	72–94
I. Gewährung der Mitarbeiterbeteiligung und Mitbestimmung	73–76
II. Mitbestimmungsrecht des Betriebsrats/Sprecherausschusses	77–80
III. Arbeitsrechtlicher Gleichbehandlungsgrundsatz und Allgemeines Gleichbehandlungsgesetz (AGG)	81–83
IV. Betriebliche Übung und Pensionsberechtigung	84, 85
V. Bindungs- und Verfallsklauseln	86–90
VI. Betriebsübergang, § 613a BGB	91–94
E. Kapitalmarktrechtliche Erwägungen	95–132
I. Wertpapierprospektgesetz/Verkaufsprospektgesetz	96–121
1. Öffentliches Angebot von Wertpapieren	97–116
a) Wertpapierqualität von Mitarbeiterbeteiligungen	102, 103
b) Ausnahmen von der Prospektpflicht	106–116
aa) Angebote an Arbeitnehmer	106–109
bb) Begrenzter Personenkreis	110, 111
cc) Geringer Umfang	112–114
dd) Bereits zugelassene Aktien	115, 116
2. Angebote von sonstigen, unverbrieften Beteiligungen	117–121
a) Anwendungsbereich des VerkaufsprospektG	117–119
b) Ausnahmen von der Prospektpflicht	120, 121
II. Meldepflichten bei Directors' Dealings, § 15a WpHG	122–126
III. Verbot von Insidergeschäften, §§ 12 ff. WpHG	127–132

A. Einleitung

1 Das Thema der Mitarbeiterbeteiligung[1] ist vielschichtig und die Fragen in diesem Zusammenhang reichen von Aspekten der **Motivationstheorie** über rechtliche Aspekte bis hin zu **praktischen Abwicklungsfragen**.[2]

2 Die Ausführungen im Rahmen dieses Kapitels konzentrieren sich im Wesentlichen auf grundsätzliche Erwägungen sowie gesellschaftsrechtliche, arbeitsrechtliche und kapitalmarktrechtliche Erwägungen; Fragen im Zusammenhang mit der **steuerrechtlichen Behandlung** sind in § 13 Rz. 685 ff. behandelt.

3 Die Beteiligung von Mitarbeitern an Unternehmen ist erst nach der Einführung des KonTraG (Gesetz zur Kontrolle und Transparenz im Unternehmensbereich) vom 27. April 1998[3] verstärkt in den Mittelpunkt des Interesses und der Diskussion gerückt.[4] Eine Reihe von Fragen sind daher noch Gegenstand der Diskussion im Schrifttum. Hierbei sind Fragen der rechtlichen Zulässigkeit und insbesondere der **Anfechtbarkeit von Hauptversammlungsbeschlüssen** nicht durch eine gefestigte Rechtsprechung gesichert. Aus diesem Grunde bestehen eine Reihe von rechtlichen Unsicherheiten, deren Behandlung im Einzelfall, auch auf der Grundlage einer **Risikoabwägung**, entschieden werden muss.

B. Vorüberlegungen

4 Die Vorbereitung eines Börsengangs bietet den äußeren Anlass, die bisherige Vergütungspraxis des Unternehmens „auf den Prüfstand zu stellen". Außerdem muss sich die Gesellschaft nach dem Börsengang den Empfehlungen und Anregungen des Deutschen **Corporate Governance Kodex**[5] stellen. Dieser empfiehlt,[6] dass die monetären Vergütungsbestandteile für Mitglieder des

---

[1] Der Begriff „Mitarbeiterbeteiligung" wird hier auch für die Gestaltungsformen verwendet, die nicht eine aktienrechtliche Beteiligung an der Gesellschaft zum Gegenstand haben, sondern „virtuell" die finanziellen Aspekte einer Beteiligung nachbilden; s. hierzu im Einzelnen Rz. 7 ff.

[2] Weiterführend zu dem Themenkomplex: *Harrer* (Hrsg), Mitarbeiterbeteiligungen und Stock-Option-Pläne, 2. Aufl.; *Friedrichsen*, Aktienoptionspläne für Führungskräfte, 2000; *Weiß*, Aktienoptionspläne für Führungskräfte, 1999.

[3] BGBl. I 1998, 786 ff.

[4] Das zeigt sich auch in jüngerer Zeit durch das Gesetz zur steuerlichen Förderung der Mitarbeiterkapitalbeteiligung (Mitarbeiterkapitalbeteiligungsgesetzes) vom 7. März 2009 (BGBl. I S. 451). Mit dem Gesetz wird das Ziel verfolgt, im Wesentlichen durch Erhöhung des Steuerfreibetrages und der Arbeitnehmer-Sparzulage die Beteiligung von Arbeitnehmern an Unternehmen zu fördern.

[5] Der Deutsche Corporate Governance Kodex (CGK) wird jährlich von der Regierungskommission Deutscher Corporate Governance Kodex überprüft, bei Bedarf angepasst und von dem Bundesministerium der Justiz im amtlichen Teil des elektronischen Bundesanzeigers veröffentlicht; die jeweils aktuelle Version steht unter http://www.corporate-governance-code.de/ger/kodex/index.html im Internet zum Download zur Verfügung. Die nachfolgenden Ausführungen beziehen sich auf den CGK mit Stand vom 6. Juni 2008.

[6] Der CGK Kodex kennt zwei Formen von Vorgaben, die Empfehlungen und die Anregungen. Weicht eine börsennotierte Gesellschaft von Empfehlungen ab, so hat sie dies in ihrer jährlichen Entsprechenserklärung nach § 161 AktG offen zu legen; siehe CGK, S. 2.

B. Vorüberlegungen   5–8 § 23

Vorstands fixe und variable Bestandteile umfassen sollen. Die **variablen Bestandteile** sollen auch Komponenten mit **langfristiger Anreizwirkung** und **Risikocharakter** enthalten. Als Beispiele für solche Komponenten mit langfristiger Anreizwirkung und Risikocharakter nennt der Kodex Aktien der Gesellschaft mit mehrjähriger Veräußerungssperre, Aktienoptionen oder vergleichbare Gestaltungen.[7]

Hinzu kommen die **Erwartungen des Kapitalmarktes**: Der Kapitalmarkt 5
beurteilt es grundsätzlich positiv, wenn Mitarbeiter in Schlüsselpositionen durch eine Beteiligung an der Emittentin langfristig an das Unternehmen gebunden sind, sich durch diesen Anreiz nachhaltig für den Erfolg der Gesellschaft einsetzen und deren Interessen an die Interessen der Kapitalgeber angeglichen werden (**„alignment of interest"**).[8] Die sich aus der Börsennotierung ergebende Möglichkeit der täglichen Bewertung der Erfolge der Gesellschaft durch den Kapitalmarkt, kann im Hinblick auf die Vergütung und Motivation der Mitarbeiter genutzt werden. Zunehmend erwarten auch Mitarbeiter in Schlüsselpositionen Vergütungsbestandteile, deren Höhe sich direkt oder indirekt aus dem Unternehmenserfolg der Gesellschaft – ausgedrückt in einem gestiegenen Aktienkurs – ableitet.

Vergütungsregelungen für Mitarbeiter, deren Beteiligung an der Gesell- 6
schaft sowie die **anderen „weichen" Faktoren**,[9] die Mitarbeiter bewegen, sich für ihr Unternehmen einzusetzen, müssen im **Zusammenhang** gesehen und entschieden werden. Hierüber Klarheit zu erzielen und ein geeignetes Konzept, das in einem Mitarbeiterbeteiligungsprogramm mündet, zu erarbeiten, bedarf einer Reihe grundsätzlicher Überlegungen und Weitsicht. Daher stellt die Auflage eines solchen Programms einen nicht unerheblichen zeitlichen Aufwand für die Unternehmensführung dar. Eine frühzeitige Beschäftigung mit dem Thema „Mitarbeiterbeteiligung" ist daher empfehlenswert.

I. Grundzüge der Gestaltungsmöglichkeiten

Für die Beteiligung von Mitarbeitern am Unternehmenserfolg kommen ver- 7
schiedene Gestaltungsformen in Betracht: (i) **„Nackte"**[10] **Bezugsrechte** (Aktienoptionen), die bedient werden mit Aktien aus bedingtem Kapital, aus genehmigtem Kapital oder mit eigenen Aktien, (ii) **Wandel- oder Optionsanleihen**, (iii) **direkte Beteiligung** durch Belegschaftsaktien, und (iv) **„virtuelle" Aktien** oder **Aktienoptionen** (Phantom Stocks/Stock Appreciation Rights).

Diese Gestaltungsformen lassen sich in Programme zur Mitarbeiterbeteili- 8
gung einerseits und Programme zur erfolgsabhängigen Vergütung andererseits einteilen. Bei der erfolgsabhängigen Vergütung steht eine Vergütung des Mitarbeiters im Vordergrund, deren Höhe sich an bestimmten Parametern[11] orientieren kann; eine gesellschaftsrechtliche Beteiligung ist nicht beabsichtigt.

---

[7] CGK Ziffer 4.2.3 Abs. 2 und 3.
[8] Dazu *Friedrichsen*, Aktienoptionspläne für Führungskräfte, 2000, S. 22 ff.; *Weiß*, Aktienoptionspläne für Führungskräfte, 1999, S. 39 ff.
[9] Wie Arbeitsumfeld, Karrierechancen, Betriebsklima, etc.
[10] Der Begriff „nackte" Bezugsrechte hat sich eingebürgert, da diese Bezugsrechte im Gegensatz zu Wandelanleihen ohne eine Anleihekomponente – quasi „nackt" – begeben werden.
[11] Wobei das Unternehmen einen breiten Spielraum hat, zu bestimmen was ein „Erfolg" in diesem Sinne ist; das kann von einer Aktienkurssteigerung über eine Steige-

9 Dagegen stehen bei Beteiligungsprogrammen die Einräumung einer Beteiligung an dem Unternehmen und die mit der Beteiligung verbundenen Vorteile im Vordergrund. Der Leistungsanreiz ist im Vergleich zur erfolgsabhängigen Vergütung komplexer: Der Mitarbeiter hat zunächst einen finanziellen Vorteil durch die Gewährung der Beteiligung, die er auf einem liquiden Markt veräußern kann. Außerdem erhält der Mitarbeiter (i) einen **Vermögenswert** für dessen „Erhalt" und Wertsteigerung er sich einsetzt, (ii) ein mitgliedschaftliches **Partizipationsrecht** an der Gesellschaft (Stimmrechte, Auskunftsrechte, Bezugsrechte auf neue Aktien, etc.) und (iii) die Möglichkeit **Einkünfte aus Dividendenzahlungen** zu erzielen. Im Gegensatz zu Programmen zur erfolgsabhängigen Vergütung bietet die unmittelbare Beteiligung auch die Möglichkeit, Mitarbeiter, insbesondere Vorstände, auch an Risiken zu beteiligen[12] und betont damit eine Annäherung an die Interessen der Aktionäre.

II. Wesentliche Unterschiede zwischen Mitarbeiterbeteiligung und erfolgsabhängiger Vergütung

11 Soweit Programme dem Mitarbeiter eine **Beteiligung** gewähren, ist mit ihnen regelmäßig ein Eingriff in die mitgliedschaftliche Stellung der anderen Aktionäre verbunden (insb. durch Ausschluss des Bezugsrechts). Sie unterliegen daher in der Regel der **Zustimmung der Hauptversammlung**. Programme, die eine **erfolgsabhängige Vergütung** vorsehen, fallen regelmäßig in die **alleinige Entscheidungskompetenz** des Vorstandes, bzw. so weit Mitglieder des Vorstands betroffen sind, in die Kompetenz des Aufsichtsrats.[13] Das erhöht die Flexibilität erheblich, weil neue Programme nicht nur zeitlich unabhängig von Hauptversammlungsterminen, sondern auch frei von möglichen **Anfechtungsrisiken** aufgelegt werden können;[14] außerdem müssen bei Programmen zur erfolgsabhängigen Vergütung eine Vielzahl zwingender aktienrechtlicher Regelungen nicht beachtet werden.[15]

12 Wesentlicher **Nachteil** aus Sicht der Gesellschaft ist die regelmäßig mit virtuellen Programmen verbundene **Belastung der Liquidität**:[16] Während sich Beteiligungsprogramme meist liquiditätsneutral gestalten lassen, führt die Ausübung bzw. Fälligkeit der Beteiligungsinstrumente bei virtuellen Programmen unmittelbar zum Abfluss von Liquidität; allerdings ist ein solcher Aufwand auch steuerlich zu berücksichtigen.[17]

13 Einer der wesentlichen **Kritikpunkte** an Aktienoptionen ist, dass der bei den Altaktionären verursachte **Verwässerungseffekt** – der den Vermögensvorteil auf der Seite des begünstigten Mitarbeiters widerspiegelt – nicht als Be-

---

rung des Gewinns (Jahresüberschuss, Bilanzgewinn, Earnings per Share) bis hin zur Steigerung unternehmensinterner Kennzahlen reichen.

[12] ZB durch Restricted Shares, s. Rz. 58; dazu *Tödtmann/Bronisek* DB 2005, 1726, die dieses empfehlen und eine entsprechende Gestaltung der variablen Vergütung vorschlagen.
[13] LG München I 5 HRO 10734/07 v. 23.8. 2007, BB 2008, 129 (130); *Semler/v. Schenck/Fonk* § 9 Rz. 136.
[14] Martens in FS Ulmer S. 403.
[15] Hierzu Hoffmann-Becking, ZHR 169 (2005), 155 (160 f.); *Semler/v. Schenck/Fonk* § 9 Rz. 136; sa Rz. 20.
[16] Martens in FS Ulmer S. 403.
[17] *Semler/v. Schenck/Fonk* § 9 Rz. 136; s. hierzu im Einzelnen § 11 Rz. 217 ff.

B. Vorüberlegungen   15–17 § 23

triebsaufwand steuerlich geltend gemacht werden kann.[18] Andererseits ist die Gesellschaft gezwungen, auch bei solchen Programmen nach internationalen Rechnungslegungsvorschriften (IFRS) in ihrem Konzernabschluss einen **fiktiven Personalaufwand** zu bilanzieren. Darüber hinaus können als Nachteile einer echten Beteiligung der höhere Verwaltungsaufwand (insbesondere für die wertpapiertechnische Abwicklung) sowie eine gewisse nachteilige Behandlung im Hinblick auf die Vorschriften über Insidergeschäfte und Directors' Dealings gesehen werden.[19]

III. Wesentliche Parameter für Aktienoptionen und Phantom Stocks

Basispreis und Ausübungspreis: Unter dem Basispreis ist der Kurs[20] der   15
Aktien der Gesellschaft bzw. der gewährten Rechte bei virtuellen Programmen im Zeitpunkt der Gewährung der Optionsrechte zu verstehen. Der Ausübungspreis ist der Betrag, den der Mitarbeiter für jede Aktie oder das entsprechende Recht zu zahlen hat, wenn er von seinem Bezugsrecht Gebrauch macht. Der Ausübungspreis kann dem Basispreis entsprechen. Zwingend ist dies jedoch nicht; vielmehr können die Optionsbedingungen vorsehen, dass der Ausübungspreis sich auf bestimmte Weise aus dem Basispreis errechnet, z. B. können Maßnahmen, die während der Wartefrist zu einer **wertmäßigen Verwässerung** führen (Kapitalerhöhungen mit Bezugsrecht, Sonderausschüttungen), bei der Berechnung des Ausübungspreises in Abzug gebracht werden. Neben dem Schutz vor Verwässerung kann eine **Anpassung** bewusst zur Verhaltenssteuerung vorgesehen werden; wird der Ausübungspreis z. B. um den Betrag ausgeschütteter Dividenden verringert, kann die Bereitschaft Dividenden auszuschütten erhöht werden. Diese Anpassung kann entsprechend bei den Erfolgszielen/Ausübungshürden vorgesehen werden.

Anzahl der Bezugsrechte: Die Anzahl der dem jeweiligen Mitarbeiter ge-   16
währten Bezugsrechte ist zusammen mit der Differenz zwischen Ausgabepreis und Kurswert bei Ausübung die wesentliche Stellgröße für den Vermögensvorteil, der dem Mitarbeiter insgesamt zugewendet werden soll. Die Festlegung ist in der Praxis nicht einfach, verlangt sie doch regelmäßig eine **Prognose** über die zukünftige Kursentwicklung der Aktien.

Wartefristen und ggf. Staffelung: Die erstmalige Ausübung der Bezugs-   17
rechte wird – um ein langfristiges Engagement und Bindung des Mitarbeiters an das Unternehmen zu gewährleisten – regelmäßig an Wartefristen geknüpft. Nach den gesetzlichen Vorgaben beträgt die Wartefrist für Aktienoptionen mindestens **zwei Jahre** (vgl. § 193 II Nr. 4 AktG). Die Wartefrist kann einheitlich für sämtliche Bezugsrechte oder aber auch **gestaffelt für Teilbeträge** bestimmt werden; den Mitarbeitern können die Bezugsrechte entweder jährlich mit einer einheitlichen Wartefrist oder einmalig mit einer gestaffelten Wartefrist gewährt werden. Bei einem feststehenden Volumen je Mitarbeiter, kann sich statt der jährlichen Gewährung die einmalige Gewährung eines größeren Volumens anbieten, das dann gestaffelt ausgeübt werden kann. In diesem Fall gilt der anfängliche (niedrigere) Basispreis für alle Optionen.

---

[18] *Semler/v. Schenck/Fonk* § 9 Rz. 131; s. hierzu im Einzelnen § 11 Rz. 217 ff.
[19] Siehe zu Insidergeschäften unten Rz. 127 ff. und zu Directors' Dealings unten Rz. 122.
[20] Regelmäßig wird für die Bestimmung des Kurses ein geeigneter Durchschnittswert zugrunde gelegt, um tägliche Schwankungen auszugleichen.

Janssen 1695

18 **Erfolgsziele/Ausübungshürden:** Kern eines Mitarbeiterbeteiligungsprogramms sind die Erfolgsziele bzw. Ausübungshürden, die bestimmen, unter welchen Umständen dem jeweiligen Mitarbeiter der Vermögensvorteil zufließen soll. Sie bilden zusammen mit dem Vermögensvorteil den Leistungsanreiz für den Mitarbeiter. Bei Aktienoptionen ist die Festlegung von Erfolgszielen gesetzlich vorgeschrieben.

19 Die Erfolgsziele können vielfältiger Natur sein: Ein häufig verwendetes Kriterium ist eine bestimmte durchschnittliche **Steigerung des Aktienkurses** in einem bestimmten Zeitraum, angegeben zumeist in Prozent in Bezug auf den Kurs im Zeitpunkt der Gewährung der Optionen. Das Kursziel kann allerdings auch auf die Entwicklung eines **Referenzindex** bezogen sein. Als Referenzindex kommt entweder ein von der jeweiligen Börse berechneter Index (z. B. DAX, SMAX, MDAX, Branchenindex) oder ein Index aus den Kursen der Aktien von individuell ausgewählten, vergleichbaren Unternehmen in Betracht.[21] Bei der Verwendung eines Referenzindexes ist der Effekt zu bedenken, den die Kurssteigerung des eigenen Unternehmens auf den Index hat, sodass – bei hoher Gewichtung der Gesellschaft in dem Index – eine sog. Out-Performance deutlich erschwert wird.

20 Außerdem kommen als Erfolgsziele auch Vorgaben für **Unternehmenskennzahlen** wie z. B. EBIT, EBIT-Marge, Earnings per Share, Rohertragsmarge oder branchentypische Kennzahlen in Betracht.[22] Zusätzlich kann die Ausübung der Optionen an das Erreichen persönlicher, individuell zu vereinbarender und auf den Aufgaben- oder Verantwortungsbereich des Mitarbeiters zugeschnittener Erfolgsziele geknüpft werden. Grenzen zeigt eine aktuelle Entscheidung des OLG München[23] auf, nach der die Kursentwicklung des Mutterunternehmens als Erfolgsziel für die variable Vergütung der Mitarbeiter des abhängigen Tochterunternehmens unzulässig ist; hierin sieht das OLG München einen Verstoß gegen § 87 Abs. 1 AktG, der darin besteht, dass die wirtschaftlichen Interessen der Tochtergesellschaft durch das Erfolgsziel gesellschaftsfremden Interessen untergeordnet wird.

C. Überblick über die rechtlichen Gestaltungsmöglichkeiten

I. „Nackte" Bezugsrechte auf Aktien der Gesellschaft

21 „Nackte" Bezugsrechte auf Aktien der Gesellschaft für Mitarbeiterbeteiligungsprogramme können einerseits auf der Grundlage eines entsprechenden **bedingten Kapitals gemäß §§ 192 ff.** AktG, andererseits durch den Einsatz eigener Aktien – auf der Grundlage einer entsprechenden Ermächtigung nach § 71 Abs. 1 Nr. 8 AktG – geschaffen werden. Rechtlich möglich und teilweise

---

[21] *Semler/v. Schenck/Fonk* § 9 Rz. 134 f.; hierbei ist jedoch der Aufwand für die „Berechnung" des Indexes zu berücksichtigen.

[22] Bei der Festlegung sollte darauf geachtet werden, dass das jeweilige Kriterium auch aus Sicht der Mitarbeiter nachvollziehbar und nachprüfbar berechnet werden kann – anderenfalls, wenn die Mitarbeiter das Erfolgsziel oder dessen Erreichung bzw. Nichterreichung nicht nachvollziehen können, kann die Wirkung des Leistungsanreizes geschmälert werden oder gar in Frage stehen.

[23] OLG München 7 U 5618/07 v. 7. 5. 2008, Beck RS 2008, 10264; dazu *Hohenstatt/Seibt/Wagner* ZIP 2008, 2289.

C. Überblick über die rechtlichen Gestaltungsmöglichkeiten   22–26 § 23

auch in der Praxis genutzt wird der Weg, Bezugsrechte auf Aktien der Gesellschaft auf der Basis von **genehmigtem Kapital gemäß § 202ff.** AktG zu schaffen, was jedoch mit einer Reihe von Problemen verbunden ist, sodass es wohl nur in besonders gelagerten Ausnahmefällen in Betracht kommt.[24]

Aus Sicht der Begünstigten unterscheiden sich Bezugsrechte auf der Basis   22
von eigenen Aktien oder bedingtem Kapital nicht:[25] Bei Ausübung der jeweiligen Bezugsrechte erhalten sie gegen Zahlung des Ausübungspreises Aktien der Gesellschaft. Im Gegensatz dazu unterscheidet sich die Position der Gesellschaft grundsätzlich: Bei Bezugsrechten auf neue Aktien aus bedingtem Kapital (ebenso bei genehmigtem Kapital) fließt der Gesellschaft in Höhe des Ausübungspreises einerseits Liquidität zu und andererseits erhöht sich das Eigenkapital entsprechend.[26] Bei Bezugsrechten auf eigene Aktien fließt der Gesellschaft zwar auch Liquidität in Höhe des Ausübungspreises zu, diese ist jedoch zuvor für den Erwerb der eigenen Aktien aufgewendet worden. Bilanziell ist der Vorgang weitgehend neutral, lediglich die Rücklage für eigene Anteile wird aufgelöst und erhöht die ausschüttungsfähigen Bestandteile des Eigenkapitals.[27]

Steuerlich unterscheiden sich die beiden Alternativen aus Sicht der Gesell- 23
schaft ebenfalls: Während bei der Verwendung eigener Aktien die Möglichkeit des Steuerabzuges in Höhe der Differenz zwischen aufgewendetem Kaufpreis und Veräußerungspreis an den Begünstigen besteht, fällt bei der Bedienung von Bezugsrechten aus bedingtem oder genehmigtem Kapital kein steuerlich zu berücksichtigender Aufwand an.[28]

Rechtlich, insbesondere im Hinblick auf die Beschlussvoraussetzungen und   24
-beschränkungen, bestehen durch den Verweis in § 71 Abs. 1 Nr. 8 AktG auf § 193 Abs. 2 Nr. 4 AktG wesentliche Übereinstimmungen.

1. Bezugsrechte auf neue Aktien aus bedingtem Kapital

Nach § 192 Abs. 2 Nr. 3 AktG kann die Hauptversammlung im Wege des **Zu-** 25
stimmungsbeschlusses[29] oder **Ermächtigungsbeschlusses**[30] eine bedingte Kapitalerhöhung zur Gewährung von Bezugsrechten an Arbeitnehmer und Mitglieder der Geschäftsführung der Gesellschaft oder eines verbundenen Unternehmens beschließen. Ein Ausschluss des Bezugsrechts der Aktionäre ist nicht erforderlich, da das bedingte Kapital kein Bezugsrecht der Aktionäre vorsieht.[31]

Der Beschluss der Hauptversammlung muss zunächst den **Umfang der be-** 26
dingten Kapitalerhöhung festsetzen, der bei Mitarbeiterbeteiligungen nach

---

[24] Hierzu s. u. Rz. 44 ff.
[25] *Martens* in FS Ulmer S. 405.
[26] Das gezeichnete Kapital erhöht sich um den rechnerischen Nennwert der einzelnen Aktien; die Kapitalrücklage wird nach § 272 Abs. 2 Nr. 1 HGB in Höhe des den rechnerischen Nennwert übersteigenden Ausübungspreis erhöht; s. § 10 Rz. 44.
[27] Zur Behandlung der Rücklagen für eigene Anteile s. § 10 Rz. 46.
[28] Zu den steuerlichen Einzelheiten s. § 13 Rz. 690.
[29] Gemeint ist, dass die Hauptversammlung einen konkret, in seinen Einzelheiten bereits vom Vorstand festgelegten Mitarbeiterbeteiligungsprogramm zustimmt, das dann von dem Vorstand in der beschlossenen Form durchgeführt werden muss.
[30] Im Falle eines Ermächtigungsbeschlusses ist der Vorstand in seiner Entscheidung über das ob und wie der Durchführung frei, so weit nicht der Ermächtigungsbeschluss Vorgaben enthält.
[31] *Schmidt/Lutter/Veil* § 192 Rz. 19; MünchHdb. GesR/Bd. 4/*Krieger* § 63 Rz. 47; kritisch hierzu *Martens* in FS Ulmer S. 410 ff.

§ 192 Abs. 3 AktG auf 10 % des bei Beschlussfassung vorhandenen Grundkapitals beschränkt ist. Auf diese Höchstgrenze sind auch bereits beschlossene Programme anzurechnen, bei denen die Bezugsrechte aus eigenen Aktien bedient werden oder die auf Wandel- oder Optionsanleihen basieren.[32]

27 Mit der Festlegung des Umfangs der bedingten Kapitalerhöhung ist zugleich auch der maximale Umfang des Programms bestimmt. Die Bestimmung des für das Programm erforderlichen Umfangs ist in der Praxis jedoch nicht ohne Schwierigkeiten: Wesentliche, meist bei Auflegung des Programms noch nicht vollständig bekannte Parameter sind das über die Laufzeit der Bezugsrechte geschätzte Kurssteigerungspotential, die Anzahl der Planteilnehmer sowie deren Zugehörigkeit zu bestimmten (Gehalts-)Gruppen, aus denen sich insgesamt der Umfang an zu gewährenden Bezugsrechten schätzen lässt.

28 Vor diesem Hintergrund stellt sich in der Praxis häufig die Frage, ob der Beschluss nicht vorsehen kann, dass Bezugsrechte, die zum Beispiel wegen des Ausscheidens eines Planteilnehmers während der Wartefrist verfallen sind, erneut ausgegeben werden können.[33] Diese Frage muss als ungeklärt betrachtet werden; ohne eine entsprechende Formulierung in dem Hauptversammlungsbeschluss erscheint eine solche Vorgehensweise problematisch, da mit Ausgabe der im Beschluss festgesetzten Anzahl von Bezugsrechten die Ermächtigung erschöpft ist, auch wenn durch Verfall bereits ausgegebener Bezugsrechte das maximale Volumen der bedingten Kapitalerhöhung nicht ausgeschöpft wird. Soll auf diesem Wege ein so genanntes **„Repricing"** von Bezugsrechten, etwa durch Rücknahme und neue Ausgabe der Bezugsrechte auf der Basis eines gesunkenen Börsenkurses erreicht werden, würde dies gegen die Vorgaben des Corporate Governance Kodex verstoßen.[34]

29 Der Beschluss der Hauptversammlung muss darüber hinaus nach § 193 Abs. 2 AktG mindestens die folgenden Festlegungen enthalten:

30 **Zweck der bedingten Kapitalerhöhung:** Der Beschluss der Hauptversammlung muss den Zweck der bedingten Kapitalerhöhung festlegen (§ 193 Abs. 2 Nr. 1 AktG). Die Übernahme der gesetzlichen Formulierung des § 192 Abs. 2 Nr. 3 AktG in den Beschluss ist hierfür ausreichend.[35]

31 **Kreis der Bezugsberechtigten:** Der Beschluss muss den Kreis der Bezugsberechtigten festlegen; das können neben den Arbeitnehmern der Gesellschaft und der mit der Gesellschaft verbundenen Unternehmen auch Mitglieder des Vorstandes der Gesellschaft und Mitglieder der Geschäftsleitungen verbundener Unternehmen[36] sein. Aufsichtsratsmitglieder sind jedoch von dem Kreis der möglichen Bezugsberechtigten ausgeschlossen.[37] Gleiches gilt nach der

---

[32] Dies ergibt sich aus den in §§ 71 Abs. 1 Nr. Satz 5 sowie 221 Abs. 4 AktG auf § 193 Abs. 2 Nr. 4 AktG, der wiederum auf § 192 Abs. 2 Nr. 2 AktG verweist; s. hierzu unter Rz. 53; MünchHdb. GesR/Bd. 4/*Krieger* § 63 Rz. 38.
[33] Wohl befürwortend, MünchHdb. GesR/Bd. 4/*Krieger* § 63 Rz. 44.
[34] CGK Ziffer 4.2.3 Abs. 3 Satz 3; vgl. hierzu auch MünchHdb. GesR/Bd. 4/*Krieger* § 63 Rz. 44; vgl. *Schlabrendorff* Börsenzeitung vom 4. Oktober 2008 „Repricing von Mitarbeiteroptionen kann gerechtfertigt sein".
[35] *Heidel* § 193 Rz. 6.
[36] Kritisch im Hinblick auf den Schutz der abhängigen Gesellschaft *Zitzewitz*, NZG 1999, 698 (699 ff.); ebenfalls *Hoffmann-Becking*, NZG 1999, 797 (803).
[37] BGHZ 158, 122 (126) = BGH ZIP 2004, 613 (614); Hüffer AktG § 192 Rz. 21; MünchHdb. GesR/Bd. 4/*Krieger* § 63 Rz. 56; kritisch zu der BGH Entscheidung MünchKommAktG/Bd 6/*Fuchs* § 192 Rz. 94 ff.

C. Überblick über die rechtlichen Gestaltungsmöglichkeiten   32, 33   § 23

h. M. auch für Mitarbeiter eines herrschenden Unternehmens.[38] Eine eindeutige Umschreibung des Personenkreises (ohne Nennung von Namen) ist bei der Bestimmung des Kreises der Bezugsberechtigten erforderlich, aber auch ausreichend. Der Beschluss kann z. B. den Kreis der Bezugsberechtigten auf bestimmte Hierarchieebenen beschränken;[39] anderenfalls ist der Vorstand zu einer solchen Festlegung berechtigt.[40]

Aufteilung der Bezugsrechte: Der Beschluss muss außerdem die Aufteilung der Bezugsrechte auf die Mitglieder der Geschäftsführungen und Arbeitnehmer festlegen. Im Schrifttum bestehen unterschiedliche Auffassungen über die Zahl der für die Aufteilung zu bildenden Gruppen.[41] Nach wohl zutreffender Auffassung sind mindestens **vier Gruppen** zu bilden[42] (Vorstand der Gesellschaft, Arbeitnehmer der Gesellschaft, Geschäftsführungen von Verbundenen Unternehmen sowie Mitarbeiter von verbundenen Unternehmen). Nach anderer Auffassung sind lediglich drei Gruppen zu bilden,[43] wobei zwischen Arbeitnehmer der Gesellschaft und solchen von verbundenen Unternehmen nicht unterschieden werden muss. Teilweise wird auch vertreten, die Aufteilung müsse lediglich zwischen Organen und Arbeitnehmern unterscheiden.[44] Neben dieser Aufteilung sollte der Beschluss eine Klarstellung enthalten, wie die Aufteilung bei **Doppelfunktionen** (z. B. Arbeitnehmer bei der Gesellschaft und Organ bei einer Tochtergesellschaft) zu erfolgen hat.[45]   32

Ausgabebetrag: Der Beschluss der Hauptversammlung muss den Ausgabebetrag der neuen Aktien aus dem bedingten Kapital oder die Grundlagen nach denen er sich errechnet festlegen. Damit ist die Festlegung eines konkreten Betrages oder einer **eindeutigen Berechnungsformel** gemeint (z. B. Durchschnitt der Schlusskurse im XETRA-Handel in den fünf Börsenhandelstagen vor Gewährung der Bezugsrechte); nicht ausreichend ist allein die **Festlegung eines Mindestkurses**.[46] Daneben kann der Beschluss Regelungen vorsehen,   33

---

[38] *Schmidt/Lutter/Veul* § 192 Rz. 23; MünchHdb. GesR/Bd. 4/*Krieger* § 63 Rz. 39; MünchKommAktG/Bd. 6/*Fuchs* § 192 Rz. 89; *Hoffmann-Becking* NZG 1999, 797 (803); *Hüffer* AktG § 192 Rz. 20; Regierungsbegründung zum KonTraG, DT-Drs 13/9712, S. 24 li Spalte; aA *Zitzewitz* NZG 1999, 698 (704); aA auch *Martens* in FS Ulmer S. 415 f.
[39] MünchKomm AktG/Bd. 6/*Fuchs* § 193 Rz. 22.
[40] *Schmidt/Lutter/Veil* § 193 Rz. 15; MünchKomm AktG/Bd. 6/*Fuchs* § 193 Rz. 37.
[41] MünchHdb. GesR/Bd. 4/*Krieger* § 63 Rz. 42; MünchKomm AktG/Bd. 6/*Fuchs* § 193 Rz. 20.
[42] MünchKomm AktG/Bd. 6/*Fuchs* § 193 Rz. 21; *Weiß,* WM 1999, 353 (357); *Schmidt/Lutter/Veil* § 193 Rz. 11.
[43] Hüffer AktG § 193 Rz. 9.
[44] NZG 2003, 182 (182) = ZIP 2002, 1845 (1846); MünchHdb. GesR/Bd. 4/*Krieger* § 63 Rz. 42; für diese Auffassung spricht, das § 193 Abs. 2 Nr. 3 AktG lediglich von einer Aufteilung der Bezugsrechte auf Mitglieder der Geschäftsführungen und Arbeitnehmer spricht.
[45] *Heidel* § 192 Rz. 23.
[46] Bei der Festlegung des Aufgabebetrages darf dem Vorstand bzw. dem Aufsichtsrat bei der Gewährung von Bezugsrechten an den Vorstand kein Ermessen verbleiben, s. *Schmidt/Lutter/Veil* § 193 Rz. 29; vgl. hierzu die jüngere Rechtsprechung zur Festlegung des Ausgabepreises bei Wandel- und Optionsanleihen: OLG Celle 9 U 57/07 v. 7.11. 2007, BeckRS 2008, 03648, AG 2008, 85 (86); KG Berlin 14 U 72/06 v. 3.8. 2007, NZG 2008, 274; LG Hamburg 415 O 85/05 v. 20.10. 2005, NJOZ 2006, 2234 (2236); LG Kiel, 15 O 68/05 (unveröffentlicht); LG Hannover, 25 O 60/06 (unveröffentlicht); LG Coburg 1 HK O 43/05 (unveröffentlicht); aA LG München I, 17 HK T 15921/03 (unveröffentlicht); aA LG Essen, FD-HGR 2007, 221561 mit Anm. *Ziemonis*.

nach denen der Ausgabebetrag in bestimmten Fällen angepasst wird.[47] Eine bestimmte Höhe des Ausgabebetrages sieht das Gesetzt nicht vor; bei der Festsetzung muss jedoch berücksichtigt werden, dass die Höhe des Ausgabebetrages zusammen mit der Wartefrist für die Optionsausübung, dem Erfolgsziel und der Beschränkung des bedingten Kapitals auf 10 % des Grundkapitals die innere Rechtfertigung für das Fehlen eines Bezugsrechts der Aktionäre bildet und daher angemessen sein muss.[48]

34 **Erfolgsziele:** Weiterhin muss der Beschluss der Hauptversammlung ein oder mehrere Erfolgsziele festlegen,[49] ohne deren Erreichung die Bezugsrechte nicht ausgeübt werden können. Der Begriff „Erfolgsziele" in § 193 Abs. 2 Nr. 4 AktG ist weiter als der zunächst in dem Regierungsentwurf zum KonTraG[50] enthaltenen Begriff „Kursziele". Folglich können außer Kurszielen in Form eines zukünftigen Aktienkurses (sei es in der Form eines absoluten Betrages, der Festlegung einer prozentualen Steigerung[51] oder einer relativen Steigerung gegenüber einem Vergleichsindex),[52] auch andere Kriterien[53] oder objektiv feststellbare Ziele festgelegt werden, wie z. B. die Börseneinführung der Aktien der Gesellschaft. Auch die **Kombination** von verschiedenen Erfolgszielen ist zulässig,[54] z. B. die Kombination aus einer bestimmten Steigerung des Aktienkurses mit der Steigerung bestimmter betrieblicher Kennzahlen. Daneben kann der Beschluss die Ermächtigung enthalten, zusätzlich zu den im Beschluss festgelegten Erfolgszielen, mit dem jeweiligen Begünstigen **individuelle Erfolgsziele** zu vereinbaren, z. B. die Ausübung der Bezugsrechte an eine individuelle Performance zu knüpfen. Genauere Vorgaben macht das Gesetz nicht; da aber das Erfolgsziel zusammen mit dem Ausgabebetrag der neuen Aktien und der Wartefrist für die Optionsausübung das Fehlen eines Bezugsrechts der Aktionäre rechtfertigt, muss das Erfolgsziel diesem Zusammenhang Rechnung tragen[55] und nach den Empfehlungen des **Corporate Governance Kodex** auf anspruchsvolle, relevante Vergleichsparameter bezogen sein.[56] Eine Regelung,

---

[47] Im Fall einer Kapitalerhöhung aus Gesellschaftsmitteln ergibt sich eine Anpassung bereits aus dem Gesetz (§ 216 Abs. 3 AktG); *Schmidt/Lutter/Veil* § 192 Rz. 23; Hüffer, AktG, 8. Aufl., § 216 Rz. 10; siehe auch oben Rz. 15.
[48] MünchHdb. GesR/Bd. 4/*Krieger* § 63 Rz. 41: Ein unter dem Börsenkurs der Aktien bei Ausgabe liegender Ausgabepreis ist im Hinblick auf § 255 Abs 2 AktG problematisch; MünchKomm AktG/ Bd 6/*Fuchs* § 193 Rz. 16: Ausgabebetrag hat sich grundsätzlich an § 255 Abs. 2 AktG zu messen; OLG Koblenz 6 U 211/01 (nicht rechtskräftig) v. 16. 5. 2002, NZG 2003, 182 (184) stellt ebenfalls auf § 255 Abs. 2 AktG ab; auch *Schmidt/ Lutter/Veil* § 193 Rz. 9.
[49] Die Hauptversammlung hat dabei einen weiten Ermessenspielraum, OLG Koblenz 6 U 211/01 (nicht rechtskräftig) v. 16. 5. 2002, NZG 2003, 182 (182 f.).
[50] BT-Drs 13/9712.
[51] OLG Stuttgart 20 U 111797 v. 12. 8. 1998, DB 1998, 1757 (1759); OLG Stuttgart 20 U 75/00 v. 13. 6. 2001, DStR 2001, 1673 mit Anm.; OLG Braunschweig 3 U 75/99 v. 29. 7. 1998, BB 1998, 2022 (2025); LG Frankfurt 3/10 119/96 v. 10. 2. 1997, DB 1997, 517 (518); OLG Koblenz 6 U 211/01 (nicht rechtskräftig) v. 16. 5. 2002, NZG 2003, 182 (183).
[52] OLG Koblenz 6 U 211/01 (nicht rechtskräftig) v. 16. 5. 2002, NZG 2003, 182 (183); MünchHdb. GesR/Bd. 4/*Krieger* § 63 Rz. 43; dazu auch *Martens* in FS Ulmer S. 414.
[53] MünchHdb. GesR/Bd. 4/*Krieger* § 63 Rz. 43.
[54] MünchHdb. GesR/Bd. 4/*Krieger* § 63 Rz. 43.
[55] *Martens* in FS Ulmer S. 413 f.; aA OLG Koblenz 6 U 211/01 (nicht rechtskräftig) v. 16. 5. 2002, NZG 2003, 182 (183).
[56] CGK, Ziffer 4.2.3, 3. Absatz.

C. Überblick über die rechtlichen Gestaltungsmöglichkeiten   35–38   § 23

wonach Erfolgsziele im Falle bestimmter gesellschaftsrechtlicher Maßnahmen angepasst werden, sollte zulässig sein.[57]

Erwerbs- und Ausübungszeiträume: Inhalt des Hauptversammlungs- 35 beschlusses sind ferner die Zeiträume, in denen die Gesellschaft Bezugsrechte einräumen kann (Erwerbszeiträume) und Zeiträume in denen die Bezugsrechte ausgeübt werden können (Ausübungszeiträume). Diese Zeiträume sollten sich einerseits nicht mit Zeiträumen überschneiden, in denen typischerweise **Insiderinformationen** im Unternehmen vorliegen und andererseits auch die organisatorischen und betrieblichen Anforderungen der Gesellschaft berücksichtigen. Außerdem ist zu berücksichtigen, dass sich zwischen dem Ende eines Geschäftsjahres und der Hauptversammlung, die über die Dividende beschließt, neue Aktien und bereits ausgegebene Aktien im Hinblick auf ihre Dividendenberechtigung unterscheiden und in separaten Wertpapierkennnummern zu führen sind, was zu einem voraussichtlich illiquiden Markt und faktisch zu einer Veräußerungssperre führen würde. Eine Ausstattung der neuen **Aktien mit Gewinnberechtigung für das Vorjahr** erscheint rechtlich problematisch.[58] Mit einer entsprechenden Festlegung der Ausübungsfenster kann dieses Problem vermieden werden. **Typische Ausübungszeiträume** wären z. B. unmittelbar nach der jährlichen Hauptversammlung, unmittelbar nach der Veröffentlichung des Berichts für das zweite Quartal und ggf. unmittelbar nach der Veröffentlichung des Berichts für das dritte Quartal.

Wartefrist: § 193 Abs. 2 Nr. 4 AktG bestimmt als **Mindestfrist** für die erst- 36 malige Ausübung der Bezugsrechte eine Frist von zwei Jahren.[59] In der Praxis ist nicht unüblich, die Wartefrist zu staffeln, sodass z. B. 1/3 der Bezugsrechte nach zwei Jahren und jeweils ein weiteres Drittel nach drei bzw. vier Jahren erstmalig ausgeübt werden kann. Daneben wird häufig bereits im Hauptversammlungsbeschluss eine Laufzeit der Bezugsrechte bestimmt, die mit der Wartfrist für die erstmalige Ausübung abgestimmt sein muss. **Gesamtlaufzeiten** (einschließlich der Wartefrist) von **fünf bis sieben Jahren** sind in der Praxis häufig anzutreffen. Darüber hinaus kann der Beschluss für bestimmte Fälle vorsehen, dass sich die Wartefrist auf die gesetzliche Mindestfrist von zwei Jahren verkürzt („accelerated vesting").

Inhaltlich eng mit der Festlegung von Wartefristen verknüpft sind Fest- 37 legungen über die **Nichtübertragbarkeit von Bezugsrechten**, zumindest während der Wartefrist. Gesetzlich ist dies nicht vorgeschrieben. Jedoch würde eine Veräußerungsmöglichkeit der Bezugrechte vor Ablauf der Wartefrist die mit der Wartefrist beabsichtigte Langfristigkeit der Vergütungskomponente unterlaufen.[60] Eine entsprechende Beschränkung ist daher empfehlenswert.

Als **weitere Regelungen** über den gesetzlichen Mindestinhalt hinaus kann 38 der Hauptversammlungsbeschluss unter anderem vorsehen, dass die Gesellschaft statt der neuen Aktien aus dem bedingten Kapital eigene Aktien oder

---

[57] Im Fall einer Kapitalerhöhung aus Gesellschaftsmitteln würde sich eine Anpassung bereits aus § 216 Abs. 3 AktG erheben; *Schmidt/Lutter/Veil* § 192 Rz. 23; *Hüffer* § 216 Rz. 10.
[58] *Hüffer* AktG § 204 Rz. 4, § 182 Rz. 15, § 60 Rz. 9 f.
[59] Nach der Regierungsbegründung zum KonTraG sollte die Regelwartefrist noch drei Jahre betragen und nur in Ausnahmefällen auf zwei Jahre reduziert werden.
[60] Gleiches gilt auch für Hedging Geschäfte, mit denen sich der Begünstigte gegen Kursverluste absichert; siehe den Bereich der Regierungskommission „Corporate Governance" vom 10. Juni 2001, BT-Drs 14/7515, S. 44 Rz. 47.

eine Ausgleichszahlung in Geld leisten kann, oder dass Bezugsrechte in bestimmten Fällen (Ausscheiden des Begünstigten, Aufgabe der Börsennotierung, des Ausschlusses von Minderheitsaktionären etc.) verfallen, ggf. gegen Zahlung eines Ausgleichs. So weit der Beschluss selbst keine weiteren Festlegungen enthält, können diese von den für die Ausgabe zuständigen Organen festgelegt werden; dies gilt auch für die vom Corporate Governance Kodex empfohlene Begrenzungsmöglichkeit für außerordentliche, nicht vorhergesehene Entwicklungen.[61]

2. Bezugsrechte auf eigene Aktien der Gesellschaft

39 Die Gesellschaft kann zur Bedienung „nackter" Bezugsrechte auch eigene Aktien verwenden. Der Erwerb eigener Aktien durch die Gesellschaft ist allerdings **nur unter bestimmten Voraussetzungen zulässig** (§ 71 AktG). Hierzu gehören u. a. der Erwerb eigener Aktien zum Zwecke der entgeltlichen Gewährung an Personen, die in einem Arbeitsverhältnis mit der Gesellschaft oder einem mit ihr verbundenen Unternehmen stehen oder standen (§ 71 Abs. 1 Nr. 2 AktG) sowie aufgrund eines Beschlusses der Hauptversammlung (§ 71 Abs. 1 Nr. 8 AktG). In der Praxis stellt sich regelmäßig die Frage, für welche Beteiligungsformen – neben den klassischen Belegschaftsaktienprogrammen – die Gesellschaft eigene Aktien nach § 71 Abs. 1 Nr. 2 AktG erwerben darf. Die überwiegende Literatur geht von einem **umfassenden Erwerbsbegriff**, der auch die Bedienung „nackter" Bezugsrechte einschließt,[62] aus.[63] Die Rückkaufmöglichkeit auf der Grundlage eines Ermächtigungsbeschlusses nach § 71 Abs. 1 Nr. 8 AktG zwingt aber wegen des Verweises auf § 193 Abs. 2 Nr. 4 AktG zu einer differenzierteren Betrachtung. Bereits nach der Regierungsbegründung zum KonTraG[64] soll eine Umgehung der nach § 193 Abs. 2 Nr. 4 AktG erforderlichen Festlegungen verhindert werden.[65] Daraus ergibt sich, dass der **ermächtigungsfreie Rückkauf** eigener Aktien nach § 71 Abs. 1 Nr. 2 AktG jedenfalls nicht für Zwecke der Bedienung „nackter" Bezugsrechte durchgeführt werden kann.[66] Dagegen wird geltend gemacht, dass diese Festlegungen durch die Hauptversammlung nicht erforderlich sind, wenn – wie im § 71 Abs. 1 Nr. 2 AktG vorgesehen – Organmitglieder nicht zu dem Kreis der Berechtigten gehören.[67] Teilweise wird darüber hinaus vor dem Hintergrund der vom Gesetz verwendeten Formulierung „zum Erwerb angeboten werden sollen" argumentiert, dass hierin eine Beschränkung auf Verkehrsgeschäfte zu verstehen ist.[68]

40 Ein Hauptversammlungsbeschluss nach § 71 Abs. 1 Nr. 8 Satz 5 AktG ist auch dann erforderlich, wenn nur Mitarbeitern Bezugsrechte auf eigene Aktien gewährt werden sollen, da anderenfalls die in § 193 Abs. 2 AktG für Aktien-

---

[61] CGK Ziffer 4.2.3 Abs. 3 Satz 4.
[62] MünchKomm AktG/Bd. 1/*Oechsler* § 71 Rz. 130.
[63] GroßKomm.AktG/*Merkt* § 71 Rz. 198; *Hüffer*, ZGR 161 (1997), 214 (220); *Schneider*, ZIP 1996, 1769 (1772); *Umnuss/Ehle*, BB 2002, 1042 (1043).
[64] BT-Drs 13/9712, S. 14 li Sp.
[65] *Heidel* § 71 Rz. 70.
[66] *Hüffer*, ZGR 161 (1997), 214 (221); aA *Umnuss/Ehle*, BB 2002, 1042 (1043); kritisch *Schaefer*, NZG 1999, 531 (532).
[67] *MünchKomm AktG/Bd. 1/Oechsler* § 71 Rz. 130.
[68] *Hüffer*, ZGR 161 (1997), 214 (221); *derselbe* in AktG, 8. Aufl., § 71 Rz. 12.

C. Überblick über die rechtlichen Gestaltungsmöglichkeiten 41–43 § 23

optionen festgelegten Mindestfestlegungen umgangen werden könnten.[69] Der Verweis in § 71 Abs. 1 Nr. 8 Satz 5 AktG auf § 193 Abs. 2 Nr. 4 AktG umfasst auch die Beschränkung auf Vorstände, Mitglieder von Geschäftsführungen und Arbeitnehmer.[70]

Der Beschluss nach § 71 Abs. 1 Nr. 8 AktG besteht aus zwei Bestandteilen,[71] einerseits der Ermächtigung, Aktien (bis zu 10 % des Grundkapitals) während der Dauer der Ermächtigung (maximal 18 Monate) zu erwerben (**Erwerbsermächtigung**) und andererseits der Ermächtigung, die eigenen Aktien anders als unter Einhaltung des aktienrechtlichen Gleichbehandlungsgrundsatzes zu verwenden (**Verwendungsermächtigung**).[72] Die Verwendungsermächtigung muss die für Aktienoptionen gemäß § 193 Abs. 2 Nr. 4 AktG erforderlichen Festlegungen enthalten. So weit bereits eine frühere Hauptversammlung über das Beteiligungsprogramm und diese Festsetzungen beschlossen hat, sollte ein eindeutiger Verweis auf diesen Beschluss ausreichen. In der Praxis wird die Verwendungsermächtigung in der Regel als Bestandteil der Rückkaufermächtigung nach § 71 Abs. 1 Nr. 8 Satz 1 AktG beschlossen. Sie sollte aber auch separat, insbesondere im Hinblick auf bereits von der Gesellschaft (aufgrund anderer Erwerbsgründe bzw. Ermächtigungen) erworbene eigene Aktien, beschlossen werden können.[73] 41

§ 71 Abs. 1 Nr. 8 Satz 5 AktG verweist weiterhin auf § 186 Abs. 3 und 4 AktG, die Regelungen über den **Bezugsrechtsausschluss** bei Kapitalerhöhungen. Unklarheit besteht darüber, ob die Regelungen des § 186 Abs. 3 und 4 AktG über den Ausschluss des Bezugsrechts neben § 193 Abs. 2 Nr. 4 AktG Anwendung finden,[74] also auch bei ausschließlicher Bedienung von Bezugsrechten ein Ausschluss des Bezugsrechts nebst einem erläuternden **Vorstandsbericht** erforderlich ist.[75] 42

3. Bezugsrechte auf neue Aktien aus genehmigtem Kapital

Eine weitere Möglichkeit, der Gesellschaft Bezugsrechte bzw. Aktien für deren Bedienung zur Verfügung zu stellen, kann ein von der Hauptversammlung zu beschließendes genehmigtes Kapital nach § 202 ff. AktG sein.[76] Der 43

---

[69] *Heidel* § 71 Rz. 70; zustimmend *Hüffer* AktG § 71 Rz. 12; derselbe in ZGR 161 (1997), 214 (221); mit anderer Begründung, aber im Ergebnis ebenso *Weiß*, Aktienoptionspläne für Führungskräfte, 1999.
[70] BGH II ZR 316/02 v. 16. 2. 2004, NJW 2004, 1109; Kritik an der BGH Entscheidung *Wolf*, WM 2004, 2233 (2236) sowie MünchKommAktG/Bd. 6/*Fuchs* § 192 Rz. 94 ff.; aA *Hüffer* AktG § 71 Rz. 19 h; aA *Schaefer*, NZG 1999, 531 (533); aA *Hoff*, WM 2003, 910 (912 ff.) (partielle Rechtsfolgenverweisung); MünchHdb. GesR/Bd 4/*Krieger* § 63 Rz. 50; MünchKommAktG/Bd. 1/*Oechsler* § 71 Rz. 225.
[71] LG Berlin 99 O 83/99 (rechtskräftig) v. 15. 11. 1999, NJW-RR 2000, 1349 (1350); aA *Bosse*, NZG 2000, 923 (924).
[72] *Heidel* § 71 Rz. 69.
[73] LG Berlin 99 O 83/99 (rechtskräftig) v. 15. 11. 1999, NJW-RR 2000, 1349 (1350); *Heidel* § 71 Rz. 70; MünchHdb. GesR/Bd. 4/*Krieger* § 63 Rz. 49; aA MünchKommAktG/Bd. 1/*Oechsler* § 71 Rz. 223; aA *Bosse*, NZG 2000, 923 (924).
[74] MünchHdb. GesR/Bd. 4/*Krieger* § 63 Rz. 51.
[75] Ablehnend *Weiß*, WM 1999, 353 (361 f.); *Martens* in FS Ulmer S. 406; differenzierend MünchKommAktG/Bd. 1/*Oechsler* § 71 Rz. 223, 224; eine vergleichbare Rechtslage findet sich in § 221 Abs. 4 AktG für den Fall der Ausgabe von Wandel- oder Optionsanleihen zur Mitarbeiterbeteiligung, s. Rz. 54.
[76] *Schaefer*, NZG 1999, 531 (533).

Vorteil eines genehmigten Kapitals im Vergleich zum bedingten Kapital ist, dass die nach § 193 Abs. 2 AktG erforderlichen Festlegungen nicht zwingend in der Ermächtigung festgeschrieben werden müssen. Auch die in § 192 Abs. 3 AktG für Beteiligungsprogramme festgelegte 10 %-Grenze gilt nicht für das genehmigte Kapital.

44 Die Verwendung von genehmigtem Kapital stößt jedoch in der Praxis auf **erhebliche Probleme**:[77]

45 Die **Laufzeit** eines genehmigten Kapitals kann lediglich bis zu fünf Jahre betragen; damit wären der Laufzeit eines Programms auf der Basis von genehmigtem Kapital (Gewährungszeitraum, Wartezeit und Ausübungszeitraum) enge Grenzen gesetzt.

46 Anders als bei neuen Aktien aus bedingtem Kapital haben Aktionäre grundsätzlich ein **Bezugsrecht** auf neue Aktien aus genehmigtem Kapital (§§ 203 Abs. 1, 186 Abs. 1 AktG). Zwar kann das genehmigte Kapitals die Möglichkeit vorsehen, das Bezugsrecht der Aktionäre auszuschließen, um den Mitarbeitern Bezugsrechte zu gewähren (§§ 203 Abs. 1, 187 Abs. 1 AktG). Der Ausschluss des Bezugsrechts der Aktionäre ist jedoch in einem **ausführlichen Bericht des Vorstands** zu erläutern und sachlich zu begründen (§§ 203 Abs. 2, 186 Abs. 4 AktG)[78] und kann von Aktionären im Wege einer **Anfechtungsklage** angegriffen werden. Hält sich der Beschluss in dem durch die §§ 192, 193 AktG für das bedingte Kapital vorgegebenen Rahmen, einschließlich der Beschränkung auf 10 % des Grundkapitals, sollte die Begründung vergleichsweise einfach sein.[79] Überschreitet der Beschluss aber diesen Rahmen, müsste der Bericht zur Vermeidung von Anfechtungsrisiken im Einzelnen darauf eingehen, warum eine Abweichung von der in den §§ 192, 193 AktG enthaltenen gesetzgeberischen Wertung sachlich, durch besondere Umstände gerechtfertigt ist.[80]

47 Im Gegensatz zu Aktien aus bedingtem Kapital entstehen neue Aktien aus genehmigtem Kapital erst durch **Eintragung der Durchführung der Kapitalerhöhung** im Handelsregister, was entsprechende Beschlüsse von Vorstand und Aufsichtsrat, Zeichnung der neuen Aktien, Leistung der Einlagen und Anmeldung voraussetzt. Bei bedingtem Kapital entstehen die neuen Aktien im Gegensatz dazu mit ihrer Ausgabe.[81] Weiterhin können die neuen Aktien aus genehmigtem Kapital erst nach ihrer Entstehung durch Eintragung der Kapitalerhöhung im Handelsregister zum Börsenhandel zugelassen werden.[82] Das bedeutet in der Praxis, dass die Ausgabe der neuen Aktien aus genehmigtem Kapital zeitlich und organisatorisch vergleichsweise aufwändig ist, Ausübungen daher gebündelt werden müssen und es somit zu **zeitlichen Verzögerungen** bei der Ausgabe kommt.[83]

48 Im Übrigen wird geltend gemacht, dass eine Beteiligung von Vorstandsmitgliedern an einem Programm, das mit genehmigtem Kapital unterlegt ist,

---

[77] *Martens* in FS Ulmer S. 400 f.
[78] Zu dem Inhalt des Berichts siehe *Weiß*, WM 1999, 353 (355 f.).
[79] S. hierzu die vergleichbare Sachlage bei der Ermächtigung zur Ausgabe von Wandel- oder Optionsanleihen nach § 221 AktG, unten Rz. 54.
[80] *Weiß*, WM 1999, 353 (363).
[81] *Spindler/Stilz/Rieckers* § 192 Rz. 18; *Schmidt/Lutter/Veil* § 192 Rz. 7.
[82] Im Gegensatz dazu kann ein bedingtes Kapital, wenn die Ausübung von Bezugsrechten bevorsteht, nach der Praxis der Börsen insgesamt zugelassen werden, was dann auch neue Aktien umfasst, die erst später ausgegeben werden.
[83] Hierzu *Kau/Leverenz*, BB 1998, 2269 (2273); *Martens* in FS Ulmer S. 401.

C. Überblick über die rechtlichen Gestaltungsmöglichkeiten   49–51   § 23

nicht möglich ist;[84] durch das genehmigte Kapital kann **ausschließlich der Vorstand ermächtigt** werden, das Kapital zu erhöhen und die Einzelheiten der Ausgabe festzulegen (§ 202 Abs. 1 AktG). Der Aufsichtsrat stimmt den Festlegungen des Vorstands lediglich zu. Jedoch obliegt dem Aufsichtsrat die alleinige Vergütungskompetenz bezüglich des Vorstands (§§ 84 Abs. 1 Satz 5, 87, 112 AktG). Würde der Vorstand, so weit er selbst begünstigt ist, die Einzelheiten der Ausgabe der neuen Aktien beschließen, griffe er damit in unrechtmäßiger Weise in die **Festlegungskompetenz des Aufsichtsrats** ein.[85]

Vor diesem Hintergrund dürfte die Gewährung von Bezugsrechten auf neue   49
Aktien aus genehmigtem Kapital nur in besonders gelagerten Fällen in Frage kommen.

II. Wandel-/Optionsanleihen und Genussrechte

Alternativ zu „nackten" Bezugsrechten kann der Vorstand der Gesellschaft   50
durch Beschuss der Hauptversammlung ermächtigt werden, Wandel- oder Optionsanleihen gemäß § 221 AktG für Zwecke der Mitarbeiterbeteiligung auszugeben. Bis durch das KontraG im Jahr 1998 die Möglichkeit der „nackten" Bezugsrechte für Arbeitnehmer und Organe in § 192 Abs. 2 AktG ergänzt wurde, wurde häufig der Weg gewählt, Mitarbeitern Bezugsrechte über den Umweg von Wandel- oder Optionsanleihen zu gewähren.[86] Diese Möglichkeit sollte ausweislich der Gesetzesbegründung zum KontraG durch die Einführung „nackter" Bezugsrechte nicht verschlossen werden.[87] Dies hat der Gesetzgeber durch Aufnahme eines Verweises in § 221 Abs. 4 AktG auf § 193 Abs. 2 Nr. 4 AktG (neben dem bereits vorhandenen Verweis auf § 186 AktG) bestätigt.[88] Damit ist die Ausgabe von „nackten" Bezugrechten und Wandel- und Optionsanleihen zum Zweck der Mitarbeiterbeteiligung den gleichen Anforderungen unterworfen[89] wie die Ausgabe von „nackten" Bezugsrechten.

Der Verweis auf § 193 Abs. 2 Nr. 4 AktG wirft eine **Reihe von Fragen** auf,   51
die teilweise nur wenig im Schrifttum erörtert wurden: (i) Bewirkt dieser Verweis eine personelle Einschränkung auf Arbeitnehmer und Mitglieder der Geschäftsführungen mit der Folge, dass **Aufsichtsratsmitglieder** wie bei „nackten" Bezugsrechten von einer Teilnahme ausgeschlossen sind, (ii) ergibt sich daraus eine **Einschränkung des Volumens auf 10%** des bei der Beschlussfassung vorhandenen Grundkapitals (§ 192 Abs. 3 AktG), und (iii) muss trotz der sich aus dem Verweis auf § 193 Abs. 2 Nr. 4 AktG ergebenden Einschränkungen das **Bezugsrecht der Aktionäre** für Wandel- oder Optionsanleihen, die für Zwecke der Mitarbeiterbeteiligung ausgegeben werden sollen, ausgeschlossen werden?[90]

---

[84] *Martens* in FS Ulmer S. 401 f.
[85] *Martens* in FS Ulmer S. 401 f.
[86] *Martens* in FS Ulmer S. 400; *Schaefer*, NZG 1999, 531 (532).
[87] BT-Drs 13/9712, S. 23 re. Sp.; *Heidel* § 192 Rz. 24; OLG Braunschweig 3 U 75/98 v. 29. 7. 1998, ZIP 1998, 1585 (1592); *Hoff*, WM 2003, 911 (912).
[88] S. a. Gesetzesbegründung zu dem Entwurf eines Gesetzes zur Unternehmensintegrität und Modernisierung des Anfechtungsrechts (UMAG), BT-Drs 15/5092, S. 25 re. Sp.
[89] S. o. Rz. 32 ff.
[90] Vgl. *Martens* in FS Ulmer S. 406.

52 Die Antwort auf die in dem älteren Schrifttum praktisch einhellig[91] zustimmend beantwortete Frage,[92] ob durch Einführung eines Beteiligungsprogramms auf der Basis von Wandel- oder Optionsanleihen auch **Aufsichtsratsmitgliedern** Bezugsrechte gewährt werden können, muss nach Einfügung des Verweises in § 221 Abs. 4 AktG auf § 193 Abs. 2 Nr. 4 AktG – auch vor dem Hintergrund der Mobilcom Entscheidung des BGH[93] – verneint werden:[94] Die Gesetzesbegründung zum UMAG stellt fest,[95] dass im Anschluss an die Ausführungen des BGH in der Mobilcom Entscheidung[96] klar sei, dass Mitglieder des Aufsichtsrats nicht an Aktienoptionsprogrammen auf der Basis von Wandel- oder Optionsanleihen teilnehmen können.

53 Die Fragen, ob ein bedingtes Kapital, das für Wandel- oder Optionsanleihen beschlossen wird, die ausschließlich für eine Mitarbeiterbeteiligung verwendet werden sollen (zusammen mit einem für „nackte" Bezugsrechte beschlossenem bedingten Kapital) die **Grenze von bis zu 10 % des Grundkapitals** überschreiten darf und ob bzw. welche Anforderungen an einen Bezugsrechtsausschuss zu stellen sind, müssen wohl als ungeklärt bezeichnet werden. Vor dem Hintergrund der Mobilcom Entscheidung des BGH,[97] wird man wohl annehmen müssen, dass neben § 192 Abs. 2 Nr. 3 AktG auch die Beschränkung des § 192 Abs. 3 AktG, wegen ihres Verweises auf § 192 Abs. 2 Nr. 3 AktG Anwendung finden. Das hat zur Folge, dass das Volumen eines bedingten Kapitals zur Gewährung von Bezugsrechten an Mitarbeiter insgesamt auf 10 % des Grundkapitals beschränkt ist und zwar unabhängig davon ob es sich um „nackte" Bezugsrechte, Wandel- bzw. Optionsanleihen, eigene Aktien oder eine Kombination handelt.[98]

54 Im Hinblick auf die Frage der **Erforderlichkeit eines Bezugsrechtsausschlusses** lässt sich argumentieren, dass die Beschränkung des bedingten Kapitals in § 192 Abs 3 AktG für „nackte" Bezugsrechte auf 10 % einerseits und dessen Freiheit von Bezugsrechten der Aktionäre andererseits, eine funktionale Einheit bilden. Nicht zufällig[99] findet sich eine rechtlich vergleichbare Situation in § 186 Abs. 3 Satz 4 AktG, dem erleichterten Bezugsrechtsausschluss bei einer Kapitalerhöhung, die 10 % des Grundkapitals nicht übersteigt.[100] Mit dem Erfordernis in § 186 Abs. 3 Satz 4 AktG, die neuen Aktien nicht wesentlich unter dem Börsenkurs auszugeben, korrespondieren die nach § 193 Abs. 2 Nr. 4 AktG festzulegenden Bedingungen, insbesondere die Wartefrist von mindestens zwei Jahren und das Erfolgsziel.[101] Bei der Ausgabe von Wandel-

---

[91] *Fuchs,* WM 2004, 2233 (2234); *Richter,* BB 2004, 949 (950).
[92] S. dazu *Hoff,* WM 2003, 910 (910) (mwN); LG München, AG 2001, 210 (211); LG Memmingen AG 2001, 375 f.; *Wiechers,* DB 2003, 595 (596); MünchKommAktG/Bd. 3/ *Semler* § 113 Rz. 66 ff.
[93] BGH II ZR 316/02 v. 16. 2. 2004, NJW 2004, 1109; die Entscheidung ablehnend *Hüffer* AktG §§ 71 Rz. 19 h, 113 Rz. 10; *Fuchs,* WM 2004, 2233 (2236); dito *Richter,* BB 2004, 949 (953 f.); auch *Hoffmann-Becking,* ZHR 169 (2005), 155 (180).
[94] *Heidel* § 221 Rz. 57; *Henze,* BB 2005, 165 (172).
[95] BT-Drs 15/5092, S. 25 re. Sp.; siehe oben Fn. 87.
[96] NJW 2004, 1109.
[97] BGH II ZR 316/02 v. 16. 2. 2004, NJW 2004, 1109.
[98] MünchHdb. GesR/Bd. 4/*Krieger* § 63 Rz. 53; so auch Hoffmann-Becking, NZG 1999, 797 (804).
[99] *Hoffmann-Becking,* NZG 1999, 797 (804).
[100] *Martens* in FS Ulmer S. 413; MünchHdb. GesR/Bd. 4/*Krieger* § 63 Rz. 36.
[101] Zu Erfolgszielen zum Schutz vor Verwässerung, *Martens* in FS Ulmer, 413 f.

C. Überblick über die rechtlichen Gestaltungsmöglichkeiten   55–58   § 23

bzw. Optionsanleihen für Zwecke der Mitarbeiterbeteiligung sollte der Ausschluss des Bezugsrechts daher per se gerechtfertigt sein. Würde man von der Erforderlichkeit einer besonderen Rechtfertigung für den Bezugsrechtsausschluss ausgehen, ergäbe sich ein erheblicher **Wertungswiderspruch** zwischen der bezugsrechtsfreien Ausgabe „nackter" Bezugsrechte und der „bezugsrechtsbelasteten" Ausgabe von Wandel- bzw. Optionsanleihen trotz ansonsten gleicher erforderlicher Einschränkungen und Festlegungen.[102] Damit erscheint es sachgerecht, zwar grundsätzlich von einem Bezugsrecht der Aktionäre auszugehen, das jedoch „erleichtert" im Sinne des § 186 Abs. 3 Satz 4 AktG ausgeschlossen werden kann.[103]

Aus dem Umstand, dass Wandel- oder Optionsanleihen – zumindest bis zur   55
Ausübung des Bezugsrechts – eine verzinsliche Forderung gegenüber der Emittentin beinhalten, ergeben sich interessante Gestaltungsmöglichkeiten, die für einen Einsatz dieser Instrumente für Zwecke der Mitarbeiterbeteiligung sprechen.

Wenn bei einer solchen Gestaltung eine von den Ergebnissen der Gesell-   56
schaft abhängige Verzinsung angestrebt wird, kann dies in Form von **Options- oder Wandelgenussrechten** verwirklicht werden.[104] Der Mitarbeiter könnte damit ab der Ausgabe des Genussrechts über die ergebnisabhängige Verzinsung am Unternehmenserfolg beteiligt werden und nach einer Wartefrist durch Ausübung des Bezugsrechts (zusätzlich) Aktien der Gesellschaft erhalten. Für die Ermächtigung zur Ausgabe von Genussrechten gilt grundsätzlich das oben zu Wandel- und Optionsanleihen gesagte entsprechend.

III. Direkte Beteiligung durch Belegschaftsaktien/ Friends & Family Programme

Weiterhin kommt für Zwecke der Mitarbeiterbeteiligung eine direkte Aus-   57
gabe von Aktien, traditionell als „Belegschaftsaktien" bezeichnet, in Frage. In diesem Fall gewährt die Gesellschaft den Mitarbeitern direkt, ohne einen „Umweg" über Bezugsrechte, Aktien, meist zu Konditionen, die unter dem aktuellen Börsenkurs liegen, oder fördert die Teilnahme der Arbeitnehmer durch eine vollständige oder teilweise Finanzierung des Aktienerwerbs. Diese Programme können auch in Form von so genannten **Aktiensparplänen** durchgeführt werden, bei denen ein bestimmter Betrag von dem monatlichen Gehalt der teilnehmenden Mitarbeiter einbehalten und für den periodischen Aktienerwerb verwendet wird.

Um das Ziel einer langfristigen Motivation und Bindung an das Unterneh-   58
men sicherzustellen, kann den begünstigten Mitarbeitern eine bestimmte **Haltefrist** für die bevorrechtigt erworbenen Aktien auferlegt werden (Lock-Up). Im angloamerikanischen Raum werden solche Gestaltungen als **„Restricted Shares"** bezeichnet. Diese Form der Mitarbeiterbeteiligung birgt für die Mitarbeiter das Risiko, bei einem Kursrückgang während der Haltefrist – je nach Höhe des ihnen gewährten Abschlags auf den Börsenkurs – auch eigene Ver-

---

[102] MünchHdb. GesR/Bd. 4/*Krieger* § 63 Rz. 54.
[103] In diesem Sinne MünchHdb. GesR/Bd. 4/*Krieger* § 63 Rz. 54.
[104] Mit gewissen Einschränkungen kann ein Genussrecht sowohl als Wandelgenussrecht als auch als Optionsgenussrecht ausgestaltet werden; siehe *Hüffer* AktG § 192 Rz. 9; MünchKommAktG/Bd. 6/*Fuchs* § 192 Rz. 47.

luste zu erleiden. Hinzu kommt, dass Mitarbeiter nach deutschem Steuerrecht den Abschlag auf den Börsenkurs als Arbeitseinkommen meist unmittelbar bei Erwerb zu versteuern haben, so weit nicht der steuerliche Zufluss und damit die Besteuerung durch entsprechende Gestaltung des Lock-Up vermieden werden kann. Andererseits fördert gerade diese Beteiligungsform die Identifikation mit den Interessen der Aktionäre am stärksten.

59 Im Rahmen eines Börsengangs bietet sich an, den Mitarbeitern Aktien aus dem Emissionsvolumen im Wege der bevorrechtigten Zeichnung (**Friends & Family Programm**) anzubieten.

60 Die Aktien für ein Beteiligungsprogramm können **außerhalb eines Börsengangs** der Gesellschaft durch eine von der Hauptversammlung zu beschließende Kapitalerhöhung bzw. durch ein entsprechend ausgestaltetes, von der Hauptversammlung beschlossenes genehmigtes Kapital geschaffen werden oder aus eigenen Aktien der Gesellschaft stammen. So weit an dem Programm lediglich gegenwärtige und ehemalige Arbeitnehmer der Gesellschaft oder verbundener Unternehmen teilnehmen, denen die Aktien zum Erwerb angeboten werden sollen, können die hierfür benötigten Aktien ohne Beschlussfassung der Hauptversammlung von der Gesellschaft erworben werden (§ 71 Abs. 1 Nr. 2 AktG). Wenn Vorstände der Gesellschaft oder Mitglieder der Geschäftsleitungen verbundener Unternehmen an dem Programm teilnehmen sollen, ist für den Aktienrückkauf, sowie die Gewährung der eigenen Aktien nach dem eindeutigen Wortlaut des § 71 Abs. 1 Nr. 2 AktG ein Beschluss der Hauptversammlung nach § 71 Abs. 1 Nr. 8 AktG erforderlich.[105]

61 Zu beachten ist in jedem Fall, dass die nach § 71 Abs. 1 Nr. 2 AktG erworbenen Aktien binnen eines Jahres nach ihrem Erwerb an die Arbeitnehmer auszugeben sind (§ 71 Abs. 3 Satz 2 AktG).

IV. Überblick über die rechtlichen Gestaltungsmöglichkeiten von unternehmenswertabhängigen Vergütungssystemen

62 Klassisches Gegenstück zu den Aktienoptionen sind die so genannten **Stock Appreciation Rights**, die meist mit den gleichen Parametern[106] die finanzielle Seite von Aktienoptionen nachbilden; statt Aktien erhält der Begünstigte bei Ausübung eine entsprechende Geldzahlung. Entsprechend unterliegen sie auch nicht gesellschaftsrechtlichen Vorgaben, lassen sich frei gestalten und können **ohne Beschluss der Hauptversammlung** eingeführt werden.[107] Daneben bieten Stock Appreciation Rights sowohl in steuerlicher Hinsicht, als auch im Hinblick auf Einschränkungen aus dem WpHG[108] gewisse Vorteile.

63 Das virtuelle Gegenstück zu Belegschaftsaktien und Restricted Stocks stellen die **Phantom Stocks** dar, bei denen ein Aktienbesitz, ggf. einschließlich Dividendenausschüttungen[109] auf vertraglicher Basis nachgebildet wird.

---

[105] S. o. Rz. 39.
[106] S. o. Rz. 15 ff.
[107] LG München I 5 HRO 10734/07 v. 23. 8. 2007, BB 2008, 129 (130); *Martens* in FS Ulmer S. 403.
[108] S. u. Rz. 124 (zu Director's Dealings) und Rz. 128 (zu Insiderhandel).
[109] *Hoffmann-Becking*, ZHR 169 (2005), 155 (164); *Martens* in FS Ulmer S. 403.

C. Überblick über die rechtlichen Gestaltungsmöglichkeiten 64–67 § 23

Die Übergänge solcher Gestaltungen zu rein erfolgsabhängigen Vergütungen wie **Bonuszahlungen** oder **Prämien**, deren Höhe sich (mittelbar) aus einer Aktienkurssteigerung, einem gestiegenen Unternehmenswert oder dem Unternehmenserfolg (ausgedrückt in der Steigerung bestimmter Kennzahlen)[110] errechnen, sind fließend. **64**

Eine vertragliche **Gewinnbeteiligung** breiter Mitarbeiterkreise dürfte jedoch regelmäßig als Gestaltungsalternative in der Praxis ausscheiden, da es sich bei einer solchen breit angelegten Gewinnbeteiligung um einen Teilgewinnabführungsvertrag nach § 292 Abs. 1 Nr. 1 AktG handeln würde, der den Voraussetzungen der §§ 293 ff. AktG unterliegt. Für Mitglieder von Vorstand und Aufsichtsrat sowie einzelne Arbeitnehmer der Gesellschaft ist sie jedoch möglich, solange die Arbeitnehmer nach individuellen Kriterien und nicht nach abstrakt-generellen Maßstäben ausgewählt werden und es bei „vereinzelten" Gewinnbeteiligungen bleibt (§ 292 Abs. 2 AktG).[111] **65**

Eine in der Praxis mögliche Gestaltung wäre im Gegensatz dazu die Ausgabe von **Genussrechten** nach § 221 Abs. 3 AktG, die dem Inhaber eine Beteiligung am Gewinn der Gesellschaft oder auch eine gewinnabhängige Verzinsung vermitteln. Durch den Eingriff in das Gewinnbezugsrecht der Aktionäre können Genussscheine jedoch nur auf der Grundlage eines Hauptversammlungsbeschlusses ausgegeben werden.[112] **66**

Ob und inwieweit **Mitglieder des Aufsichtsrats** an solchen virtuellen Programmen beteiligt werden können, muss vor dem Hintergrund der Mobilcom Entscheidung des BGH zur Gewährung von Aktienoptionen an Aufsichtratsmitglieder[113] differenziert betrachtet werden. Die Einzelheiten einer Gewinnbeteiligung bzw. Beteiligung an den operativen Ergebnissen der Gesellschaft (z. B. EBITDA oder EBIT als Berechnungsgrundlage) ist im Schrifttum umstritten;[114] dafür spricht, neben der Regelung in § 292 Abs. 2 AktG, auch die ausdrückliche Regelung in § 113 Abs. 3 AktG für die Gewinnbeteiligung von Aufsichtsratsmitgliedern, deren Vorgaben für die Berechnung des Gewinnanteils jedoch zwingend sind.[115] § 113 Abs. 2 AktG schließt nach der herrschenden Meinung[116] jedoch eine dividendenabhängige Tantieme nicht aus, da es sich hierbei nicht um eine Gewährung des Anteils am Jahresgewinn handele.[117] Wird jedoch die Kurssteigerung zum Ausgangspunkt der Berechnung der Vergütung gemacht, gelten die vom BGH für Aktienoptionen ausgeführten Gründe[118] ent- **67**

---

[110] Hierzu *Hoffmann-Becking*, ZHR 169 (2005), 155 (160); *Semler/v. Schenck/Fonk* § 9 Rz. 124 f.
[111] MünchKommAktG/Bd. 8/*Altmeppen* § 292 Rz. 79; MünchHdb. GesR/Bd. 4/*Krieger* § 72 Rz. 19; *Hüffer* AktG § 292 Rz. 27.
[112] S. hierzu oben Rz. 56.
[113] BGH II ZR 316/02 v. 16. 2. 2004, NJW 2004, 1109.
[114] *Hüffer* AktG § 113 Rz. 10; *Vetter*, AG 2004, 234 (237 f.); kritisch *Hoffmann-Becking*, ZHR 169 (2005), 155 (175 ff.); kritisch auch *Habersack*, ZGR 2004, 721 (733 f.); *Lenenbach*, EWiR § 71 1/04, 413 (414); *Meyer/Ludwig*, ZIP 2004, 940 (944 f.).
[115] Siehe hierzu auch § 7 Rz. [249]; mit Kritik an der bestehenden Regelung *Hoffmann-Becking*, ZHR 169 (2005), 155 (174 f.).
[116] *Hüffer* AktG § 113 Rz. 9; MünchKommAktG/Bd. 3/*Semler* § 113 Rz. 59; *Hoffmann-Becking*, NZG 1999, 797 (800).
[117] Kritisch *Hoffmann-Becking*, ZHR 169 (2005), 155 (175).
[118] BGH II ZR 316/02 v. 16. 2. 2004, NJW 2004, 1109.

Janssen 1709

sprechend, sodass für die Praxis von einer Unzulässigkeit ausgegangen werden muss.[119]

V. Kombinationsformen

68 Mit dem Ziel die unterschiedlichen Vorteile miteinander zu verbinden, werden in der Praxis häufig Kombinationen aus den unterschiedlichen Gestaltungsformen angewandt. In diesem Zusammenhang sind neben den bereits oben erwähnten Restricted Shares,[120] insbesondere **Restricted Stock Units (RSU)**, **Stock Settled Stock Appreciation Rights** und **Matching Shares** bzw. **Bonus Shares** zu nennen.

69 **Restricted Stock Units** verknüpfen regelmäßig drei Elemente: Einen Bonus, der meist für bestimmte persönliche Leistungen versprochen wird, eine aufschiebend befristete Übertragung von Aktien mit einem Abschlag auf den Börsenkurs sowie ggf. eine zeitlich gestaffelte Lock-Up-Frist im Anschluss an die Übertragung der Aktien. Im Gegensatz zu Bezugsrechten, deren Ausübung im freien Ermessen des Begünstigten steht, sehen Restricted Stock Units die Übertragung einer bestimmten Zahl von Aktien zu einem bestimmten Termin fest vor, ohne dass es auf die Erreichung eines bestimmten Erfolgsziels ankäme. Die Restricted Stock Units werden meist ohne gesonderte Gegenleistung statt der Auszahlung des Bonus gewährt; der Mitarbeiter kann sich teilweise entscheiden, ob er den Bonus ganz oder teilweise in Restricted Stock Units „ausgezahlt" haben will. Teilweise verzichten die Vereinbarungen auf den Umweg über den Bonus; die Leistung des Arbeitgebers besteht allein in der Ausgabe einer bestimmten Anzahl von Restricted Stock Units.

70 **Stock Settled Stock Appreciation Rights** liegt die Idee zugrunde, Mitarbeitern zunächst Stock Appreciation Rights zu gewähren, diese jedoch bei Ausübung nicht durch eine Geldzahlung (wie bei gewöhnlichen Cash Settled Stock Appreciation Rights) sondern durch Lieferung von Aktien zu bedienen.[121] Hierfür kommen entweder eigene Aktien der Gesellschaft oder neue Aktien aus einer Kapitalerhöhung gegen Sacheinlagen (in Form der Zahlungsansprüche aus den Stock Appreciation Rights) in Frage. Solche Programme können auch vorsehen, dass die Stock Appreciation Rights zu einem bestimmten Teil in Geld ausgeglichen werden, um dem Begünstigten die Zahlung der hierauf zu entrichtenden Steuern zu erleichtern.

71 Unter **Matching Shares** ist eine Kombination von „nackten" Bezugsrechten und unmittelbarer Gewährung von Aktien zu verstehen: Der Mitarbeiter erhält abhängig von der Zahl von Aktien der Gesellschaft, die er zu einem bestimmten Zeitpunkt erworben hat, eine korrespondierende Zahl von Bezugsrechten. Er verpflichtet sich, die erworbenen Aktien der Gesellschaft während

---

[119] *Habersack*, ZGR 2004, 721 (731 f.); *Paefgen*, WM 2004, 1169 (1173) (jedoch für eine gesetzliche Neuregelung); *Lenenbach*, EWiR § 71 1/04, 413 (414); MünchHdb. GesR/ Bd. 4/*Krieger* § 63 Rz. 56; für die Zulässigkeit *Hoffmann-Becking*, ZHR 169 (2005), 155 (178 f.); Zweifel an der Übertragbarkeit der BGH Entscheidung (BGHZ 158, 122) *Fuchs*, WM 2004, 2233 (2235); aA Richter, BB 2004, 949 (956); aA *Meyer/Ludwig*, ZIP 2004, 940 (944 f.); ebenso MünchKomm AktG/Bd. 6/*Fuchs* § 192 Rz. 98.

[120] S. o. Rz. 58.

[121] Zum „Erwerb" der Aktien wird der dem Begünstigten eigentlich zustehende Zahlungsanspruch aus den Stock Appreciation Rights verwendet.

D. Gewährung und arbeitsrechtliche Gesichtspunkte

der Laufzeit der Bezugsrechte zu halten. Bezweckt ist damit eine Mischung aus Chancen (Bezugsrechte) und Risiken (Aktien).

D. Gewährung und arbeitsrechtliche Gesichtspunkte

Während die Gestaltung und Bereitstellung der Instrumente zur Mitarbeiterbeteiligung bzw. der erfolgsabhängigen Vergütung[122] überwiegend gesellschaftsrechtliche Problemkreise berührt, bzw. von gesellschaftsrechtlichen Zwängen geprägt ist, ist die Gewährung der Vergünstigungen und die Durchführung der Programme überwiegend von arbeitsrechtlichen Themen bestimmt.[123]

I. Gewährung der Mitarbeiterbeteiligung und Mitbestimmung

Zur Gewährung der Vergünstigungen aus Mitarbeiterbeteiligungsprogrammen stehen grundsätzlich drei unterschiedliche Wege zur Verfügung: (i) die Vergünstigungen können durch **individuelle Einzelzusagen**[124] eingeräumt werden, (ii) es kann eine **Gesamtzusage** durch den Arbeitgeber an den begünstigten Mitarbeiterkreis abgegeben werden und (iii) sofern ein Betriebsrat besteht, kann für Mitarbeiter, die nicht zu den leitenden Angestellten gehören, auch eine **Betriebsvereinbarung**[125] sowie für leitende Angestellte, so weit ein Sprecherausschuss gebildet wurde, eine **Sprecherausschussvereinbarung** geschlossen werden.[126]

Die **Einzelzusage** bietet die Möglichkeit, mit dem jeweiligen Begünstigten unter Beachtung des arbeitsrechtlichen Gleichbehandlungsgrundsatzes und des Diskriminierungsverbots[127] individuelle Reglungen[128] zu vereinbaren.[129] In der Praxis ist dieses Verfahren bei Programmen mit einer überschaubaren Teilnehmerzahl üblich. Ist der Teilnehmerkreis größer, so wird sich der Arbeitgeber zumeist mit einer so genannten **Einheitsregelung**[130] an den begünstigten Mitarbeiterkreis wenden, was auch elektronisch durch die individuelle Freischaltung einer entsprechend gestalteten Seite im Intranet der Gesellschaft geschehen kann. Die begünstigten Mitarbeiter nehmen das Angebot zur Partizipierung durch die entsprechende Nutzung der Internetseite konkludent an.

---

[122] Nachfolgend sollen diese einfach zusammenfassend „Vergünstigungen" genannt werden.
[123] Zu den arbeitsrechtlichen Aspekten vertiefend: *Harrer/Tepass/Lenzen* Rz. 119 ff.; *Baeck/Diller*, DB 1998, 1405 ff.; *Pulz*, Personalbindung durch aktienkursorientierte Vergütung, Heidelberg 2003; *Legerlotz/Laber*, DStR 1999, 1658 ff.
[124] Bei einer Vielzahl gleicher Einzelzusagen wird dies als Einheitsregelung bezeichnet.
[125] *Baeck/Diller*, DB 1998, 1405 (1406).
[126] *Baeck/Diller*, DB 1998, 1405 (1406); *Harrer/Tepass/Lenzen* Rz. 421 ff.
[127] S. u. Rz. 81 ff.
[128] Im Rahmen des zugrunde liegenden Beschlusses der Hauptversammlung (so weit ein solcher nach der Art des Programms erforderlich ist).
[129] Zur Gestaltung der Einzelzusagen *Kau/Leverenz* BB 1998, 2269 (2272 f.).
[130] Hierunter wird eine für alle betroffenen Mitarbeiter gleich bleibende vertragliche Regelung verstanden; *Harrer/Tepass/Lenzen* Rz. 424; *Tschöpe* (Hrsg.), Anwalts-Handbuch Arbeitsrecht, 5. Aufl. Köln 2007, S. 959 Rz. 153.

75 Hierbei ist zu berücksichtigen, dass der Zugang zu dieser Seite so geschützt und dokumentiert werden muss, dass der Vertragsschluss mit dem jeweiligen Berechtigten dokumentiert werden kann.

75 Alternativ kann sich bei einer größeren Zahl von Berechtigten der Weg der **Gesamtzusage** anbieten. Dabei handelt es sich um eine einseitige Erklärung des Arbeitgebers an die betroffene Mitarbeitergruppe, bestimmte freiwillige Leistungen zu gewähren. Einer ausdrücklichen Annahmeerklärung durch die Betroffenen bedarf es nicht. In dieser Einseitigkeit liegt jedoch der Nachteil von Gesamtzusagen: Auf diesem Weg ist es nicht ohne weiteres möglich, eventuell erforderliche **Mitwirkungshandlungen** der Betroffenen einzuholen (z. B. Angabe eines Wertpapierdepots, in das Aktien übertragen werden sollen) und die konkludente Annahme des Angebots zu dokumentieren.

76 Da die Einführung und Ausgestaltung eines Programms zur Mitarbeiterbeteiligung ohnehin zu einem bestimmten Teil Beteiligungsrechte der Arbeitnehmergremien auslöst,[131] bietet sich an, das Programm im Weg einer **Betriebsvereinbarung** für Arbeitnehmer und, so weit ein Sprecherausschuss besteht, durch eine **Vereinbarung mit dem Sprecherausschuss** für die leitenden Angestellten einzuführen. Auf diese Weise können einheitlich für alle betroffenen Mitarbeiter alle im Zusammenhang mit dem Programm stehenden Rechte und Pflichten geregelt werden.[132] Dieser Weg hat im Fall der Änderung des Programms den Vorteil, dass eine **Änderung der Betriebsvereinbarung** im Einvernehmen mit dem Betriebsrat bzw. dem Sprecherausschuss möglich ist oder aber auch umfassend durch Kündigung der Betriebsvereinbarung bzw. Vereinbarung mit dem Sprecherausschuss beendet werden kann, während bei der individualvertraglichen Zusage bzw. auch in Fällen der Gesamtzusage eine Einigung über die Änderung mit dem jeweiligen Begünstigten erforderlich ist.[133] In Fällen, in denen das Programm neben allgemeinen, für alle angesprochenen Mitarbeiter gleichen Regelungen, auch individuelle Regelungen enthält,[134] so z. B. individuelle Ausübungshürden oder -kriterien, stößt der Weg über eine Betriebsvereinbarung jedoch an seine Grenzen.[135]

II. Mitbestimmungsrecht des Betriebsrats/Sprecherausschusses

77 Wenn bei der Gesellschaft ein Betriebsrat besteht, hat dieser bei der Einführung eines Mitarbeiterbeteiligungsprogramms grundsätzlich ein Mitbestimmungsrecht gemäß § 87 Abs. 1 Nr. 10 BetrVG auch wenn dies für eine gewisse Anzahl von Begünstigten, also mit einer kollektiven Tendenz, im Weg der ein-

---

[131] S. gleich nachfolgend Rz. 77 ff.
[132] *Baeck/Diller*, DB 1998, 1405 (1406).
[133] Möglich ist jedoch auch, in den Regelungen des Beteiligungsprogramms eine Anpassungsklausel vorzusehen, wonach der Arbeitgeber in einem bestimmten Rahmen Anpassungen einseitig vornehmen darf.
[134] Solche individuellen Regelungen müssen sich im Rahmen des arbeitsrechtlichen Gleichbehandlungsgrundsatzes und des Allgemeinen Gleichbehandlungsgesetzes (AGG) bewegen und damit sachlich gerechtfertigt sein; s. Rz. 81 ff.
[135] Es ist jedoch durchaus möglich, allgemeine Bestimmungen eines Programms im Wege einer Betriebsvereinbarung zu regeln und darüber hinaus auf einzelvertraglicher Grundlage – unter Beachtung des arbeitsrechtlichen Gleichbehandlungsgrundsatzes und des AGG – zB besondere Ausübungshürden mit einzelnen Mitarbeitern zu vereinbaren.

D. Gewährung und arbeitsrechtliche Gesichtspunkte   78–80 § 23

zelvertraglichen Zusagen (bzw. Einheitsregelung) geschehen soll, da es sich hierbei um eine Frage der **betrieblichen Lohngestaltung** handelt.[136] Das Mitbestimmungsrecht des Betriebsrats beschränkt sich auf Arbeitnehmer, die nicht zu den leitenden Angestellten gehören. So weit für die leitenden Angestellten ein Sprecherausschuss gebildet wurde und die leitenden Angestellten in das Programm einbezogen werden sollen, hat der Sprecherausschuss Informations- und Beratungsrechte.[137] Gänzlich ohne Beteiligungsrechte der Arbeitnehmergremien sind dagegen alle Maßnahmen, die ausschließlich Vorstandsmitglieder betreffen.

Das **Mitbestimmungsrecht** des Betriebsrats für nicht-leitende Angestellte 78 ist jedoch **eingeschränkt**, da es sich bei Zuwendungen aus einem Mitarbeiterbeteiligungsprogramm um freiwillige Leistungen des Arbeitgebers handelt.[138] Bei freiwilligen Leistungen des Arbeitgebers besteht **keine Mitbestimmung** zu den Fragen, ob und wann der Arbeitgeber solche Leistungen einführt, in welchem Umfang er hierfür Mittel bereitstellt, welchen Zweck die Leistung haben soll, welcher Arbeitnehmerkreis die Leistungen erhalten soll und ob er die Leistungen widerrufen kann. Insbesondere besteht kein Mitbestimmungsrecht bei der Entscheidung, für welche Arbeitnehmerkreise das Programm eingeführt wird, für die Regelungen aus denen sich der Vermögensvorteil der Mitarbeiter ergibt (bei Aktienkaufprogrammen insbesondere die Höhe des Abschlages auf den Börsenkurs, bei Optionsprogrammen der Optionspreis, der Ausübungskurs etc.), für die Regelungen die die zeitlichen Bedingungen festlegen (wie z. B. Beginn des Programms, Wartefristen, Ausübungszeiträume, etc.) sowie für die Regelungen die die Bedingungen der Gewährung ggf. der Ausübung bestimmen (z. B. Erfolgsziele, Vergleichsindex etc.), sowie für die Art und Form der gesellschaftsrechtlichen Durchführung.[139] Das schließt auch ein, dass die Regelungen, die ein eventueller Hauptversammlungsbeschluss festlegt, nicht von dem Mitbestimmungsrecht betroffen sind. Der Betriebsrat ist lediglich umfassend von dem geplanten Beschluss zu informieren; ihm sind auf Verlagen die erforderlichen Unterlagen zur Verfügung zu stellen.[140]

Mit Ausnahme dieser mitbestimmungsfreien Gestaltungselemente unterliegen 79 die anderen Regelungen einer Mitarbeiterbeteiligung oder einer unternehmenswertabhängigen Vergütung der Mitbestimmung durch den Betriebsrat. Der Betriebsrat kann seine **Rechte** äußerstenfalls im Wege einer **einstweiligen Verfügung** gegen die Einführung des Programms durchsetzen, wenn der Arbeitgeber versucht ein Programm ohne seine Zustimmung einzuführen. Die Zustimmung des Betriebsrats ist jedoch im Wesentlichen auf Fragen der Verteilungsgerechtigkeit und Einhaltung des arbeitsrechtlichen Gleichbehandlungsgrundsatzes beschränkt, was auch die Möglichkeit der Erwirkung einer einstweiligen Verfügung gegen den Arbeitgeber einschränkt.

Im Gegensatz dazu sind die Rechte des **Sprecherausschusses** für leitende 80 Angestellte bei der Einführung (oder Änderung) solcher Programme auf **Unterrichtungs-** und **Beratungsrechte** beschränkt.[141] So weit leitende An-

---

[136] *Harrer/Tepass/Lenzen* Rz. 436 ff.; ausführlich *Kau/Kukat*, BB 1999, 2505 ff.; *Fitting/Engels/Schmidt/Trebinger/Linsenmaier*, BetrVG, 24. Aufl. 2008, § 87 Rz. 413, 415, 433.
[137] *Harrer/Tepass/Lenzen* Rz. 450 ff.
[138] *Harrer/Tepass/Lenzen* Rz. 441 ff.
[139] *Harrer/Tepass/Lenzen* Rz. 443; *Baeck/Diller*, DB 1998, 1405 (1410 f.).
[140] *Harrer/Tepass/Lenzen* Rz. 446.
[141] *Harrer/Tepass/Lenzen* Rz. 450.

gestellte betroffen sind, hat der Arbeitgeber den Sprecherausschuss zu informieren und die vorgesehene Maßnahme mit ihm zu beraten (§ 30 SprAuG). Auch der Sprecherausschuss kann notfalls seine Rechte im Weg der einstweiligen Verfügung durchsetzen. Eine Unterrichtung und Beratung mit dem Sprecherausschuss erfolgt rechtzeitig, wenn seine Bedenken und Anregungen noch berücksichtigt werden können. Das bedeutet bei Programmen, die von der Hauptversammlung beschlossen werden müssen, dass eine Information und Beratung ausreichend vor der Einladung zu der entsprechenden Hauptversammlung erfolgen muss.

III. Arbeitsrechtlicher Gleichbehandlungsgrundsatz und Allgemeines Gleichbehandlungsgesetz (AGG)

81 Bei der Gewährung von Mitarbeiterbeteiligungen ist sowohl der allgemeine arbeitsrechtliche Gleichbehandlungsgrundsatz als auch die Regelungen des Allgemeinen Gleichbehandlungsgesetzes (AGG)[142] zu beachten. Der allgemeine arbeitsrechtliche Gleichbehandlungsgrundsatz verbietet die willkürliche (ohne sachliche Differenzierung) **Schlechterstellung** einzelner Arbeitnehmer und **sachfremde Gruppenbildung**.[143] Die Regelungen des AGG gehen darüber hinaus, in dem sie eine Ungleichbehandlung nur insoweit zulassen, so weit eine gesetzliche Ausnahme von dem Gebot der Gleichbehandlung besteht.[144]

82 Nach dem allgemeinen **arbeitsrechtlichen Gleichbehandlungsgrundsatz** bedarf die Bildung der im Rahmen von Mitarbeiterbeteiligungsprogrammen bezugsberechtigten Gruppen im Hinblick auf die von der Begünstigung ausgeschlossenen Mitarbeiter einer sachlichen Rechtfertigung. Darüber erfordert auch eine Differenzierung innerhalb eines Programms, etwa wenn an verschiedene Mitarbeiterkreise unterschiedliche Beteiligungsinstrumente begeben werden, eine sachliche Rechtfertigung. Unproblematisch ist grundsätzlich eine Differenzierung nach unterschiedlichen **Hierarchieebenen**;[145] auch eine Differenzierung nach Geschäftsbereichen[146] oder eine Gestaltung, bei der die individuelle Leistung des Mitarbeiters berücksichtigt wird, kann zulässig sein. Der generelle Ausschluss von **Teilzeitbeschäftigten** ist hingegen unzulässig.[147]

83 Das **Allgemeine Gleichbehandlungsgesetz** verbietet grundsätzlich die Benachteiligung von Arbeitnehmern aufgrund Rasse, ethisher Herkunft, Geschlecht, Religion und Weltanschauung, Behinderung, Alter sowie sexueller Identität. Jedoch kann eine Ungleichbehandlung in bestimmten Fällen zulässig

---

[142] Das Allgemeine Gleichbehandlungsgesetz ist am 18.8. 2006 in Kraft getreten (BGBl. I, 2006, S. 1897 ff.) und dient der Umsetzung der europäischen Richtlinien 2000/43/EG vom 29.6. 2000 (ABl EG Nr L 180 S. 22), 2000/78/EG vom 27.11. 2000 (ABl EG Nr L 303 S. 16) und der RL 76/207/EWG idF der RL 2002/73/EG vom 23.9. 2002 (ABl EG Nr L 269 S. 15) sowie der Richtlinie 2004/113/EG vom 13.12. 2004 (ABl EU Nr L 373 S. 37).
[143] *Küttner* „Gleichbehandlung", Rz. 9; *Harrer/Tepass/Lenzen* Rz. 427.
[144] *Küttner* „Diskriminierung", Rz. 69.
[145] *Harrer/Tepass/Lenzen* Rz. 428.
[146] *Harrer/Tepass/Lenzen* Rz. 429.
[147] *Küttner* Rz. 12; *Harrer/Tepass/Lenzen* Rz. 430.

D. Gewährung und arbeitsrechtliche Gesichtspunkte

sein (§§ 5, 8, 9, 10 AGG). Eine Ungleichbehandlung kann u. a. zulässig sein, um durch geeignete und angemessene Maßnahmen bestehende Nachteile zu verhindern oder auszugleichen (§ 5 AGG), wenn der Grund für die Benachteiligung wegen der Art der auszuübenden Tätigkeit oder der Bedingungen ihrer Ausübung eine wesentliche und entscheidende berufliche Anforderung darstellt (§ 8 AGG). Eine unterschiedliche Behandlung wegen des Alters kann zulässig sein, wenn sie objektiv und angemessen und durch ein legitimes Ziel gerechtfertigt ist (§ 10 AGG). Jedoch ist das Alter für die Begründung einer Ungleichbehandlung im Hinblick auf die Vergütung untauglich.[148] Das Kriterium **„Berufserfahrung"** kann als Rechtfertigung für eine Ungleichbehandlung dienen, wenn damit die berufliche Qualifikation honoriert werden soll.[149] Ebenso kann die **Beschäftigungsdauer** eine Ungleichbehandlung rechtfertigen, wenn damit die Betriebstreue belohnt werden soll.[150]

IV. Betriebliche Übung und Pensionsberechtigung

Bei der wiederholt vorbehaltslosen Gewährung von Vergünstigungen aus einem Programm zur Mitarbeiterbeteiligung oder zur unternehmenswertabhängigen Vergütung besteht das Risiko der Begründung einer betrieblichen Übung. Das hätte zur Folge, dass begünstigte Arbeitnehmer auch nach Ablauf eines Mitarbeiterbeteiligungsprogramms z. B. Anspruch auf dessen Fortsetzung haben könnten. Um diese Rechtsfolge zu vermeiden, empfiehlt es sich, klar herauszustellen, dass die Gewährung auf **freiwilliger Basis** erfolgt und auch bei wiederholter Gewährung **kein Rechtsanspruch** auf die Vergünstigung entstehen soll. Eine Verpflichtung der Gesellschaft für die Zukunft muss ausdrücklich ausgeschlossen werden.[151] Durch den Vorbehalt der Freiwilligkeit[152] kann verhindert werden, dass bei wiederholter Auflegung eine dauerhafte Verpflichtung des Unternehmens entsteht, derartige Vergünstigungen zu gewähren bzw. Programme aufzulegen.

Ebenso sollte bei der Gewährung klargestellt werden, dass diese Vergünstigungen nicht als Vergütung für Zwecke der **Berechnung der Altersversorgung** gilt. Anderenfalls besteht das Risiko, dass die Vergünstigungen aus dem Mitarbeiterbeteiligungsprogramm bei der Höhe von Pensionsansprüchen mitberechnet werden.

V. Bindungs- und Verfallsklauseln

Zentrale Regelungen eines Mitarbeiterbeteiligungsprogramms sind die Verfalls-, Bindungsklauseln und Haltefristen (Lock-Up).[153] Durch sie soll der langfristige erfolgsbezogene Charakter des jeweiligen Programms begründet und gesichert werden.

---

[148] *Küttner* „Diskriminierung", Rz. 96.
[149] *Küttner* „Diskriminierung", Rz. 96.
[150] *Küttner* „Diskriminierung", Rz. 96.
[151] Zur Rechtsprechung des BAG vgl. *Baeck/Diller* DB 1998, 1405 (1407).
[152] Siehe *Kau/Leverenz* BB 1998, 2269 (2273).
[153] Vgl. *Baeck/Diller* DB 1998, 1405 (1407 f.); *Legerlotz/Laber* DStR 1999, 1658 (1663 f.).

87 Die Gestaltung in der Praxis ist vielfältig; typisch ist z. B. eine Regelung, wonach die Bezugsrechte unter bestimmten Umständen verfallen, insbesondere wenn das Arbeitsverhältnis des Begünstigten endet. Die Frage, ob und in welchem Umfang solche Verfallsklauseln zulässig sind, ist noch nicht abschließend geklärt. Bedenken werden insbesondere im Hinblick auf eine mögliche **Sittenwidrigkeit** (§§ 138, 242 BGB) sowie im Hinblick auf eine unzulässige, **unbilligen Kündigungserschwerung** (§ 622 Abs. 6 BGB) erhoben.[154] Einigkeit in der Literatur besteht wohl dahin gehend, dass solche Regelungen grundsätzlich wirksam sind, jedoch durch diese Vorschriften eingeschränkt werden. Tragende Begründung ist unter Berücksichtigung der arbeitsrechtlichen Besonderheiten, dass die Gewährung von künftigen Vorteilen an das Bestehen des Arbeitsverhältnisses gebunden werden darf.[155] Dies hat auch das BAG jüngst entschieden[156] und die Bindung an das Bestehen des Arbeitsverhältnisses für zulässig gehalten.

88 Nach der wohl herrschenden Auffassung sollen Verfallsfristen von **bis zu fünf Jahren** in Anlehnung an § 624 BGB zulässig sein.[157] Eine Regelung, wonach bei Ausscheiden eines Mitarbeiters diejenigen Bezugsrechte verfallen, für die die jeweilige Wartefrist, die bis zu fünf Jahre betragen kann, noch nicht abgelaufen ist, dürfte ebenfalls zulässig sein.[158] Problematisch sind hingegen Regelungen, wonach Bezugsrechte verfallen, für die die Wartefrist für die erstmalige Ausübung bereits abgelaufen ist, auch wenn das vor Ablauf der 5-Jahres-Frist geschehen sollte.[159] Dieser Regelung kann entgegengehalten werden, dass der betroffene Arbeitnehmer den Vermögensvorteil bereits erdient hat und in dem Verfall ein unzulässiger rückwirkender Eingriff in seine Vermögensposition besteht. Vergleichbares gilt für Programmgestaltungen, bei denen ein bereits erdienter Bonus nachträglich in eine andere Incentive-Form umgewandelt werden soll, z. B. im Falle der einseitigen Umwandlung eines vertraglich zu gewährenden Geldbonus oder einer Sonderzahlung in Restricted Shares.[160]

89 Auch die teilweise in den Verfallsregelungen häufig erwünschte Unterscheidung zwischen den verschiedenen **Gründen für eine Beendigung** des Beschäftigungsverhältnisses (Eigenkündigung, ordentliche Kündigung durch den Arbeitgeber, außerordentliche Kündigung) wirft arbeitsrechtliche Probleme und Unsicherheiten auf.

---

[154] *Lembke*, BB 2001, 1469 (1474); *Lingemann/Diller/Mengel*, NZA 2000, 1191 (1195); *Mechlem/Melms*, DB 2000, 1614 ff.; aA *Legerlotz/Laber* DStR 1999, 1658 (1664); *Baeck/Diller* DB 1998, 1405 (1407).
[155] *Reim*, ZIP 2006, 1075 (7077); Die von der Rechtsprechung an Verfallklauseln in Formulararbeitsverträgen gestellten Anforderungen sind auf den Verfall von Aktienoptionen nicht übertragbar. Die Eigenart von Aktienoptionen als Gewährung zukünftiger, an den Bestand des Arbeitsverhältnisses geknüpfter Vorteile muss insoweit als arbeitsrechtliche Besonderheit nach § 310 Abs. 1 Satz 3 BGB anerkannt werden.
[156] BAG 10 AZR 351/07 v. 28. 5. 2008, AG 2008, 632 ff.
[157] MünchHbArbR/Bd. I/*Hanau* § 70, Rz. 27, 2. Aufl. München 2000; *Baeck/Diller*, DB 1998, 1405 (1408); kritisch *Harrer/Tepass/Lenzen* Rz. 459; diese Frage offen lassend BAG (s. Rz. 156)
[158] *Harrer/Tepass/Lenzen* Rz. 459.
[159] *Harrer/Tepass/Lenzen* Rz. 459.
[160] S. oben Rz. 58.

D. Gewährung und arbeitsrechtliche Gesichtspunkte 90–94 § 23

Üblich und nicht zu beanstanden sollten Regelungen sein, die vorsehen, **90**
dass Vergünstigungen, die nach einer Beendigung des Beschäftigungsverhältnisses unberührt bestehen bleiben, innerhalb einer bestimmten – nicht unzumutbar kurzen Frist – auszuüben sind. So kann z. B. geregelt werden, dass Optionen innerhalb des nächsten, auf die Beendigung folgenden Ausübungsfensters auszuüben sind oder anderenfalls verfallen.

VI. Betriebsübergang, § 613 a BGB

Im Fall des Betriebsübergangs ist streitig, ob gewährte Vergünstigungen zu- **91**
sammen mit dem Beschäftigungsverhältnis auf den Erwerber übergehen und der bisherige Betriebsträger aus seiner Verantwortung befreit wird.[161] Dabei sind zwei Gestaltungen zu unterscheiden: (i) die Vergünstigungen wurden durch eine konzernverbundene Gesellschaft gewährt und (ii) die Vergünstigungen wurden unmittelbar durch den Betriebsträger gewährt.

Nach einer Entscheidung des BAG[162] aus dem Jahr 2003 werden von dem **92**
Betriebsübergang nur solche Rechte und Pflichten erfasst, die gegenüber dem bisherigen Unternehmensträger bestehen.[163] Damit verbleibt die Verpflichtung einer verbundenen Gesellschaft – meist von der Konzernmutter – aus der gewährten Vergünstigung bei dieser bestehen und geht nicht im Rahmen eines Betriebsübergangs auf den neuen Betriebsinhaber über.

Unklar ist die Rechtslage, wenn die Vergünstigung unmittelbar durch den **93**
Betriebsträger gewährt wurde.[164] Die zugrunde liegende Frage ist, ob die Vergünstigung zu den Rechten und Pflichten aus dem Beschäftigungsverhältnis gehört. Der Meinungsstand reicht von der grundsätzlichen Bejahung eines Übergangs solcher Vergünstigungen nach § 613 a BGB bis zu einer grundsätzlichen Ablehnung. So weit der Anspruch auf die jeweilige Vergünstigung an das Erreichen **persönlicher Ziele** durch den Arbeitnehmer gebunden ist und die Vergünstigung einen wesentlichen Bestandteil der Vergütung darstellt, wird man die arbeitsrechtliche Verankerung mit der Folge eines Übergangs nicht verneinen können.[165]

Für die Praxis bedeutet das jedoch, die Behandlung von Vergünstigungen **94**
aus einem Mitarbeiterbeteiligungsprogramm oder einem Programm zur erfolgsabhängigen Vergütung für den Fall eines Betriebsübergangs ausdrücklich in den Regeln des Programms festzulegen und zwar unabhängig davon, ob die Vergünstigung von einer verbundenen Gesellschaft oder dem Betriebsträger gewährt wurde. Es bieten sich **Verfallsklauseln** an, die so weit sie nur die verfallbaren Vergünstigungen betreffen unbedenklich sind. Für bereits unverfallbar gewordene Vergünstigungen bieten sich Abwicklungsregelungen mit einer befristeten Ausübungsmöglichkeit an.

---

[161] *Harrer/Tepass/Lenzen* Rz. 461; *Lembke,* BB 2001, 1469 (1474); *Lipinski/Melms,* BB 2003, 150 ff.; *Schnitker/Grau,* BB 2002, 2497 ff.; *Nehls/Sudmeyer,* ZIP 2002, 201 ff.; *Bauer/Göpfert/von Steinau-Steinrück,* ZIP 2001, 1129 ff.
[162] BAG 10 AZR 299/02 v. 12. 2. 2003, NJW 2003, 1755; dazu *Willemsen/Müller-Bonanni* ZIP 2003, 1177 ff.
[163] BAG 10 AZR 299/02 v. 12. 2. 2003, NJW 2003, 1755 (1757).
[164] Dazu weiter gehend: *Harrer/Tepass/Lenzen* Rz. 464 ff.
[165] *Harrer/Tepass/Lenzen* Rz. 466.

E. Kapitalmarktrechtliche Erwägungen

95 Bei der Beteiligung von Mitarbeitern, Mitgliedern des Vorstands sowie Mitglieder der Geschäftsleitungen an der Gesellschaft sind eine Reihe von kapitalmarktrechtlichen Regelungen zu beachten; neben dem Verbot von **Insidergeschäften** (§ 14 WpHG)[166] und der Meldepflicht für **Directors' Dealings** (§ 15 a WpHG)[167] sind auch die sich aus dem **Wertpapierprospektgesetzes** (WpPG) und dem **Verkaufsprospektgesetz** (VerkaufsprospektG) ergebenden Beschränkungen zu beachten.

I. Wertpapierprospektgesetz/Verkaufsprospektgesetz

96 Werden Mitarbeitern und/oder Organmitgliedern von der Gesellschaft **Wertpapiere** zum Erwerb angeboten, fällt ein solches Angebot grundsätzlich unter die Regelungen des Wertpapierprospektgesetzes, das **Angebot unverbriefter Beteiligungen** an Mitarbeiter fällt grundsätzlich unter die Regelungen des Verkaufsprospektgesetzes.

1. Öffentliches Angebot von Wertpapieren

97 Gemäß § 3 Abs. 1 WpPG muss ein Anbieter für Wertpapiere, die öffentlich angeboten werden, einen **Prospekt** veröffentlichen, so weit keine Ausnahme von der Prospektpflicht in Anspruch genommen werden kann. Dabei wird auch ein Angebot, dass sich lediglich an Arbeitnehmer, also an einen an sich begrenzten Personenkreis richtet, vor dem Hintergrund der weiten Definition des Begriffs „öffentliches Angebot" in § 2 Nr. 4 WpPG und der in § 4 Abs. 1 Nr. 5 WpPG enthaltenen Ausnahme von der Prospektpflicht wohl stets als ein öffentliches Angebot angesehen.[168]

98 Vor seiner Veröffentlichung muss ein Prospekt nach § 13 Abs. 1 WpPG von der Bundesanstalt für Finanzdienstleistungsaufsicht (BaFin) gebilligt werden.

99 Nach § 44 Abs. 1 BörsG haften diejenigen, die für den Inhalt des Prospekts und dessen Zusammenfassung die **Verantwortung** übernommen haben oder von denen der Erlass des Prospekts ausgeht – zumeist also der Emittent und die begleitenden Banken – dafür, dass die für die Beurteilung der Wertpapiere wesentlichen Angaben richtig und vollständig in dem Prospekt dargestellt sind.[169]

---

[166] S. dazu Rz. 127.
[167] S. dazu Rz. 122.
[168] Dies war vor Inkrafttreten des WpPG anders, da es nach dem VerkaufsprospektG a. F. sowohl eine explizite Ausnahme für Angebote von Wertpapieren an einen begrenzten Personenkreis (§ 2 Nr. 2 VerkaufsprospektG aF) als auch für Angebote von Wertpapieren an Arbeitnehmer (§ 2 Nr. 3 VerkaufsprospektG aF) gab, sodass es nicht zwingend darauf ankam, ob ein Angebot an Arbeitnehmer tatsächlich ein öffentliches Angebot iSd. VerkaufsprospektG aF war; siehe *Pfeiffer/Buchinger*, NZG 2006, 449 (450) und *Giedinghagen*, BKR 2007, 222 (234). *Kollmorgen/Feldhaus*, BB 2007, 225 (226) weisen darauf hin, dass durch die Streichung der Privilegien für Angebote an Arbeitnehmer (§ 2 Nr. 3 VerkProspG aF) belegt sei, dass das Gesetz im Regelfall von einer Informationsbedürftigkeit der Arbeitnehmer und damit einer Prospektpflicht ausgehe; ähnlich auch *Apfelbacher/Metzner*, BKR 2006, 81 (83); nunmehr differenzierter und unter Berücksichtigung arbeitsvertraglicher Besonderheiten: Kollmorgen/Feldhaus, BB 2007, 2756 (2757 ff.).
[169] Vgl. *Groß* §§ 44, 45 BörsG Rz. 30 ff.

E. Kapitalmarktrechtliche Erwägungen 100–103 § 23

Im Zusammenhang mit der Einführung einer Mitarbeiterbeteiligung stellt 100
sich für die Gesellschaft wegen des mit einem Prospekt verbundenen finanziellen und tatsächlichen Aufwands die Frage, wie eine Prospektpflicht vermieden werden kann. Keine Pflicht zur Veröffentlichung eines Prospekts besteht, wenn (i) die angebotenen Beteiligungsinstrumente keine Wertpapiere darstellen[170] oder (ii) eine der im WpPG enthaltenen **Ausnahmen von der Prospektpflicht** Anwendung finden kann.

Im Hinblick auf die Konsequenzen im Falle der Durchführung eines pro- 101
spektpflichtigen Angebots ohne Prospekt,[171] ist im Einzelfall sorgfältig zu prüfen, ob das WpPG anwendbar ist und ob Ausnahmen von der Prospektpflicht tatsächlich einschlägig sind.

a) Wertpapierqualität von Mitarbeiterbeteiligungen

Wertpapiere i. S. d. WpPG sind nach der Definition des WpPG übertragbare 102
Wertpapiere, die an einem Markt gehandelt werden können (§ 2 Nr. 1 WpPG).[172] Darunter fallen zunächst **Aktien** (§ 2 Nr. 1a WpPG), aber je nach Ausgestaltung auch **Bezugsrechte auf Aktien** (Optionen), die zwar nicht explizit aufgeführt sind, aber unter die sonstigen Wertpapiere i. S. v. § 2 Nr. 1c WpPG fallen. Entscheidend für das Vorliegen eines Wertpapiers i. S. d WpPG ist nicht die Verbriefung der Rechte, sondern deren **Fungibilität**.[173] Instrumente, die nur durch Abtretung des Rechts übertragen werden können, fallen folglich nicht unter den Wertpapierbegriff des WpPG. Hierzu gehören Papiere wie zum Beispiel Namensschuldverschreibungen oder Schuldscheindarlehen.[174]

Beteiligungsinstrumente, die auf vertragliche Weise dem jeweiligen Be- 103
günstigten bestimmte Rechte gewähren und die im Kontext von Mitarbeiterbeteiligungsprogrammen in der Regel als nicht übertragbar ausgestaltet sind, qualifizieren sich mangels Fungibilität nicht als Wertpapiere. Diese Auffassung

---

[170] In diesem Fall wäre bereits der Anwendungsbereich des WpPG nicht eröffnet, wobei dann aber ggf. das Verkaufsprospektgesetz Anwendung finden kann; siehe dazu unten Rz. 117 ff.

[171] Bei noch nicht börsennotierten Aktien ergibt sich eine Haftung aus § 13 a VerkaufsprospektG, der trotz seiner systematischen Eingliederung im VerkaufsprospektG auf das öffentliche Angebot von nicht börsennotierten Wertpapieren anwendbar ist. § 13 a VerkaufsprospektG sieht eine Rücknahmepflicht des Emittenten und Anbieters als Gesamtschuldner vor, wobei dem Erwerber der Erwerbspreis und die mit dem Erwerb verbundenen üblichen Kosten zu erstatten sind; siehe auch *Leuering*, Der Konzern 2006, 4 (8). Unabhängig von haftungsrechtlichen Konsequenzen kann die BaFin Bußgelder verhängen (§ 30 Abs 1 Nr. 1, Abs. 3 WpPG) und ein öffentliches Angebot untersagen (§ 21 Abs. 4 WpPG).

[172] Diese Definition geht zurück auf die in der EU-Richtlinie 93/22/EWG vom 10. Mai 1993 enthaltenen Definition: „Transferable securities shall mean: (i) shares in companies and other securities equivalent to shares in companies, (ii) bonds and other forms of securitized debt which are negotiable on the capital market and any other securities normally dealt in giving the right to acquire any such transferable securities by subscription or exchange or giving rise to a cash settlement excluding instruments of payment."

[173] Regierungsbegründung zum Prospektrichtlinie-Umsetzungsgesetz vom 3. März 2005, BT-Drs. 15/4999, S. 28, li. Sp.; siehe auch *Kollmorgen/Feldhaus*, BB 2007, 225 (225); *Giedinghagen*, BKR 2007, 233 (234) und *Groß* § 2 WpPG Rz. 3.

[174] Regierungsbegründung zum Prospektrichtlinie-Umsetzungsgesetz vom 3. März 2005, BT-Drs. 15/4999, S. 28, li. Sp.

teilt auch die BaFin. Folglich liegt in dem **Angebot von Aktienoptionen** und anderer **vertraglich gestalteter Beteiligungsinstrumente** kein öffentliches Angebot von Wertpapieren im Sinne des WpPG, da es an der Wertpapierqualität der angebotenen Instrumente fehlt. Jedoch kann nach der Auffassung der BaFin in der Möglichkeit, solche Beteiligungsinstrumente auszuüben, ein öffentliches Angebot i. S. v. § 3 Abs. 1 WpPG der zugrunde liegenden Aktien liegen.[175] Dies betrifft insbesondere zugeteilte Aktienoptionen nach Ablauf der Wartefrist.[176] Folgt man dieser Auffassung, beginnt das **öffentliche Angebot** von Wertpapieren **mit Ablauf der Wartefrist** und spätestens zu diesem Zeitpunkt müsste ein Prospekt für die zu beziehenden Aktien veröffentlicht werden.[177]

b) Ausnahmen von der Prospektpflicht

106 aa) **Angebote an Arbeitnehmer – § 4 Abs. 1 Nr. 5 WpPG.** Gemäß § 4 Abs. 1 Nr. 5 WpPG ist ein öffentliches Angebot von Wertpapieren von der Prospektpflicht befreit, wenn die Wertpapiere derzeitigen oder ehemaligen Mitgliedern von Geschäftsführungsorganen oder Arbeitnehmern von ihrem Arbeitgeber, dessen Wertpapiere bereits zum Handel an einem organisierten Markt zugelassen sind oder einem verbundenen Unternehmen im Sinne des § 15 AktG angeboten werden, sofern ein **Dokument** zur Verfügung gestellt wird, das Informationen über die Anzahl und die Art der Wertpapiere enthält und in dem die Gründe und die Einzelheiten zu dem Angebot dargelegt werden.

107 Dieses Dokument unterliegt anders als ein Prospekt i. S. d. WpPG **keiner Prüfung und Billigung durch die BaFin**; der Ersteller des Dokuments dürfte jedoch für dessen Richtigkeit und Vollständigkeit der allgemeinen zivilrechtlichen Prospekthaftung[178] unterliegen.[179]

108 Nach § 4 Abs. 1 Nr. 5 WpPG müssen Wertpapiere der Gesellschaft bereits zum Handel an einem **organisierten Markt** gemäß § 2 Nr. 16 WpPG zu-

---

[175] Siehe zur abweichenden Auffassung der BaFin auch CESR, Frequently asked questions regarding Prospectuses: „Common positions agreed by CESR Members", vom 10. Februar 2008, Ref. CESR/09-103, S. 6.

[176] AA für den Fall, dass die Optionen ohne Gehaltsanrechnung ausgegeben werden: *Kollmorgen/Feldhaus*, BB 2007, 2756 (2757).

[177] *Kollmorgen/Feldhaus*, BB 2007, 225 (225) stellen darauf ab, dass die Prospektpflicht bei Aktienoptionen nur aufgeschoben und auf den Beginn des (ersten) Ausübungszeitraums verlagert sei.

[178] Unter der allgemeinen zivilrechtlichen Prospekthaftung wird eine Haftung für solche Angebotsdokumente verstanden, die keine Prospekte im Sinne des WpPG, des VerkaufsprospektG und des InvG darstellen. Der wesentliche Unterschied zwischen der Prospekthaftung nach §§ 44 ff. BörsG und der allgemeinen zivilrechtlichen Prospekthaftung ist der Haftungsmaßstab. Während bei der börsenrechtlichen Prospekthaftung die Prospektverantwortlichen nur für eine grob fahrlässige Unrichtigkeit oder Unvollständigkeit haften, haften diese bei der zivilrechtlichen Prospekthaftung bereits für leichte Fahrlässigkeit. Außerdem ist der Haftungsumfang der allgemeinen zivilrechtlichen Prospekthaftung weiter, da alle nach §§ 249 ff. BGB ersetzbaren Schäden, und damit insbesondere auch entgangener Gewinn nach § 252 BGB, erfasst werden; s. hierzu *Schäfer/Hamann/Hamann* §§ 44, 45 BörsG, Rz. 42 ff.

[179] Nach Auffassung von *Grunewald/Schlitt*, Einführung in das Kapitalmarktrecht, S. 244, München 2007 kommt die allgemeine zivilrechtliche Prospekthaftung – seit der Regelung der spezialgesetzlichen Haftung für Produkte auf dem grauen Kapitalmarkt – z. B. für Informationsmemoranden und Zwischenberichte in Betracht.

gelassen sein, um die Ausnahme nutzen zu können. Eine Einbeziehung von Wertpapieren in den **Freiverkehr** genügt nicht, da es sich hierbei nicht um einen organisierten Markt handelt.[180] Die Ausnahme von der Prospektpflicht kann nicht genutzt werden, wenn den Mitarbeitern von deutschen Tochtergesellschaften Wertpapiere der ausländischen Muttergesellschaften angeboten werden, deren Wertpapiere nicht in der Europäischen Union bzw. im Europäischen Wirtschaftsraum zum Handel an einem organisierten Markt zugelassen sind.[181]

Die Ausnahme von der Prospektpflicht nach § 4 Abs. 1 Nr. 5 WpPG kann auch nicht von Gesellschaften vor ihrem Börsengang genutzt werden, soweit sie nicht andere Gattungen von Wertpapieren (also z. B. Genussscheine oder Schuldverschreibungen) zum Börsenhandel an einem organisierten Markt zugelassen hat.[182] Darüber hinaus greift § 4 Abs. 1 Nr. 5 WpPG nicht, wenn sich das Angebot nicht ausschließlich an Mitarbeiter bzw. an Mitglieder von Geschäftsführungsorganen richtet.

bb) Begrenzter Personenkreis – § 3 Abs. 2 Nr. 2 WpPG. Richtet sich das öffentliche Angebot zum Erwerb von Wertpapieren an **weniger als 100 nicht qualifizierte Anleger**, besteht ebenfalls keine Pflicht zur Veröffentlichung eines Prospektes (§ 3 Abs. 2 Nr. 2 WpPG); wichtig ist dabei, dass sich diese Grenze nicht auf das Gesamtvolumen des Angebots bezieht sondern auf die **Anzahl der Betroffenen je EU-Mitgliedstaat**.[183]

Die Ausnahme des § 3 Abs. 2 Nr. 2 WpPG steht andererseits schon dann insgesamt nicht mehr zur Verfügung, wenn sich das öffentliche Angebot in einem einzigen EU-Mitgliedstaat an 100 oder mehr nicht qualifizierte Anleger richtet.[184]

cc) Geringer Umfang – § 3 Abs. 2 Nr. 5 WpPG. Beträgt der Verkaufspreis aller in Deutschland öffentlich angebotenen Wertpapiere zusammen weniger als EUR 100 000 besteht für dieses Angebot ebenfalls keine Prospektpflicht (§ 3 Abs. 2 Nr. 5 WpPG). Die **Wertgrenze von EUR 100 000** ist für einen Zeitraum von 12 Monaten zu berechnen.

---

[180] *Harrer/Müller*, WM 2006, 653 (653); *Schlitt/Schäfer*, AG 2006, 147 (147); *Giedinghagen*, BKR 2007, 233 (235); *Leuering*, Der Konzern 2006, 4 (7 f.); *Groß* § 2 WpPG Rz. 35.

[181] *Apfelbacher/Metzner*, BKR 2006, 81 (83); *Leuering*, Der Konzern 2006, 4 (9) und *Pfeiffer/Buchinger*, NZG 2006, 449 (450); aA offenbar *Giedinghagen*, BKR 2007, 233 (237); kritisch zur Beschränkung der Ausnahme von der Prospektpflicht auf organisierte Märkte innerhalb der Europäischen Union bzw. des Europäischen Wirtschaftsraums: European Securities Experts Markets Group (ESME), „Report on Directive 2003/71/EC of the European Parliament and the Counsel on the prospectus to be published when securities are offered to the public or admitted to trading", S. 17; zu aktueller Entwicklungen die Beschränkung der Ausnahme auf Emittenten, deren Wertpapiere zu einem organisierten Markt zugelassen sind, aufzuheben, siehe *Elsen/Jäger* BKR 2008, 459 (462).

[182] S. a. *Apfelbacher/Metzner*, BKR 2006, 81 (83) und *Pfeiffer/Buchinger*, NZG 2006, 449 (451).

[183] Vgl. auch *Giedinghagen*, BKR 2007, 233 (236) und *Kollmorgen/Feldhaus*, BB 2007, 2756 (2758).

[184] Unklar ist allerdings, ob der Ausnahmetatbestand des § 3 Abs. 2 Nr. 2 WpPG insgesamt nicht mehr beansprucht werden kann, wenn beispielsweise in einem einzigen EU-Mitgliedstaat 100 oder mehr Personen betroffen sind, dort jedoch aus anderen Gründen ein Prospekt nicht erforderlich ist; aus dogmatischen Gründen gegen eine Prospektpflicht: *Kollmorgen/Feldhaus*, BB 2007, 225 (227 f.).

113 Eine in der Praxis häufiger anzutreffende Konstellation (insbesondere bei Restricted Stock Units[185] oder Restricted Stocks) ist, dass Mitarbeitern ein Bonus in bestimmter Höhe eingeräumt wird, der jedoch nicht in Form von Geld sondern in Aktien zur Auszahlung gelangen soll. Ob dieser **Bonus bei der Berechnung** der EUR 100 000 Wertgrenze zu berücksichtigen ist hängt davon ab, ob auf Seiten des Mitarbeiters ein Wahlrecht besteht, den Bonus in Bar oder als Aktien zu erhalten.[186] Besteht ein solches **Wahlrecht des Mitarbeiters**, wäre der Bonus als Verkaufspreis auf die EUR 100 000 Wertgrenze anzurechnen. Dieser Verzicht auf die Barauszahlung des Bonus entspricht einer versteckten Gegenleistung (sog. „hidden consideration") für die gewährten Aktien.[187]

114 Dient jedoch der betragsmäßig festgelegte Bonus lediglich zur Berechnung der zu gewährenden Aktienzahl und ist der Bonus als freiwillige Leistung des Arbeitgebers **ohne Wahlrecht des Mitarbeiters** gewährt, findet eine Anrechnung auf die EUR 100 000 Wertgrenze nicht statt.[188]

115 **dd) Bereits zugelassene Aktien – § 1 Abs. 2 Nr. 4 WpPG.** So weit Aktien der Gesellschaften bereits zum Handel an einem organisierten Markt[189] zugelassen sind, sieht § 1 Abs. 2 Nr. 4 WpPG eine **Freigrenze von EUR 2,5 Mio.** vor, unterhalb derer das WpPG für öffentliche Angebote von Wertpapieren innerhalb eines Zeitraums von 12 Monaten keine Anwendung findet.[190]

116 Daneben bestehen weitere Ausnahmen von der Prospektpflicht, die jedoch im Hinblick auf die Gewährung von Mitarbeiterbeteiligungen von untergeordneter Bedeutung sind.[191]

2. Angebote von sonstigen, unverbrieften Beteiligungen

a) Anwendungsbereich des VerkaufsprospektG

117 Für im Inland öffentlich angebotene, nicht in Wertpapieren im Sinne des WpPG verbriefte Anteile, die eine Beteiligung am Ergebnis eines Unternehmens gewähren, darunter fallen unter anderem Anteile an **Personenhandelsgesellschaften**, **GmbH-Geschäftsanteile**, Anteile an **BGB-Gesellschaften**, **Genossenschaftsanteile**, **stille Beteiligungen** und Beteiligungen

---

[185] Siehe dazu oben Rz. 69.
[186] *Röder/Göpfert*, BB 2001, 2002 (2006) weisen darauf hin, dass ohne eine entsprechende ausdrückliche arbeitsvertragliche Vereinbarung nicht davon ausgegangen werden kann, dass die Gewährung von Aktienoptionen nur erfüllungshalber an die Stelle einer sonst zugesagten höheren Festvergütung oder Tantieme vereinbart wurde.
[187] Ähnlich auch *Kollmorgen/Feldhaus*, BB 2007, 225 (227), die jedoch auf den Sinn und Zweck der Mitarbeiterbeteiligung abstellen.
[188] S. a. CESR, Frequently asked questions regarding Prospectuses: „Common positions agreed by CESR Members", vom 10. Februar 2009, Ref. CESR/09-103, S. 7.
[189] Siehe zur Definition des organisierten Markts § 2 Nr. 16 WpPG.
[190] Aufgrund der Beschränkung der Ausnahme auf Emittenten, deren Aktien bereits zum Handel an einem organisierten Markt zugelassen sind, geht das WpPG über die Mindestvorgaben der Prospektrichtlinie hinaus, s. *Giedinghagen*, BKR 2007, 222 (235).
[191] Dies sind beispielsweise Ausnahmen für öffentliche Angebote von Wertpapieren (i) ausschließlich an qualifizierte Anleger (§ 3 Abs. 2 Nr. 1 WpPG), (ii) deren Stückelung mindestens EUR 50 000 beträgt (§ 3 Abs. 2 Nr. 4 WpPG), (iii) die anlässlich einer Übernahme tauschweise angeboten werden (§ 4 Abs. 1 Nr. 2 WpPG) und (iv) die anlässlich einer Verschmelzung angeboten oder zugeteilt werden (§ 4 Abs. 1 Nr. 3).

E. Kapitalmarktrechtliche Erwägungen

an ausländischen Unternehmen,[192] Anteile an **Treuhandvermögen** und an sonstigen **geschlossenen Fonds**[193] sowie **Namensschuldverschreibungen**[194] (zusammen im VerkaufsprospektG „Vermögensanlagen" genannt), besteht nach § 8 f Abs. 1 VerkaufsprospektG die Pflicht einen Verkaufsprospekt zu veröffentlichen, so weit keine Ausnahme von dieser Prospektpflicht besteht.[195] Der Anwendungsbereich des § 8 f Abs. 1 VerkaufsprospektG ist weit auszulegen, um dem vom Gesetzgeber verfolgten Ziel zu genügen, grundsätzlich alle Anlageprodukte auf dem grauen Kapitalmarkt zu erfassen.[196]

Ein Verkaufsprospekt nach dem VerkaufsprospektG muss alle tatsächlichen und rechtlichen Angaben enthalten, die notwendig sind, um dem Publikum eine zutreffende Beurteilung der Gesellschaft und der angebotenen Vermögensanlage zu ermöglichen (§ 8 g VerkaufsprospektG).[197]

Der Verkaufsprospekt ist vor seiner Veröffentlichung **bei der BaFin zu hinterlegen** und darf erst nach Gestattung durch die BaFin veröffentlicht werden.[198] Die BaFin prüft den Verkaufsprospekt nicht im Hinblick auf die inhaltliche Richtigkeit der im Verkaufsprospekt gemachten Angaben sondern nur auf formale Richtigkeit und Vollständigkeit.[199]

b) Ausnahmen von der Prospektpflicht

Vergleichbar mit dem WpPG enthält auch das VerkaufsprospektG eine Reihe von Ausnahmen von der Prospektpflicht.[200] Für Mitarbeiterbeteiligungen wesentlich ist die Ausnahme für Angebote von Vermögensanlagen, die **einem begrenzten Personenkreis** oder **nur den Arbeitnehmern von ihrem Arbeitgeber** oder von einem mit seinem Unternehmen verbundenen Unternehmen angeboten werden (§ 8 f Nr. 6 VerkaufsprospektG). Im Gegensatz zu der korrespondierenden Ausnahmevorschrift des WpPG (§ 4 Abs. 1 Nr. 5) stellt § 8 f Nr. 6 Alternative 2 VerkaufsprospektG jedoch nur Angebote an Arbeitnehmer, **nicht jedoch Angebote an Organe** (insbesondere an Mitglieder des Vorstands und

---

[192] Vgl. die Regierungsbegründung zum Anlegerschutzverbesserungsgesetz, mit dem die Prospektpflicht für Vermögensanlagen in das VerkaufsprospektG eingeführt wurde, BT-Drs 15/3174, S. 42; s. auch *Giedinghagen*, BKR 2007, 233 (234) und *Keunecke*, Prospekte im Kapitalmarkt, S. 165 Rz. 313, Berlin 2005.
[193] Anteile an Treuhandvermögen und an sonstigen geschlossenen Fonds haben im Rahmen der Mitarbeiterbeteiligung jedoch keine Bedeutung.
[194] Namensschuldverschreibungen stellen keine Wertpapiere dar und fallen daher nicht unter die Regelungen des WpPG.
[195] Vor Änderung des VerkaufsprospektG durch das Anlegerschutzverbesserungsgesetz galt für die Anlageformen des sog. grauen Kapitalmarkts weder das VerkaufsprospektG noch das BörsG, da diese Gesetze sich nur auf Wertpapiere bezogen; das öffentliche Angebot unverbriefter Beteiligungen war folglich prospektfrei möglich; s. hierzu *Groß* § 8 k VerkProspG Rz. 2 und *Ziegler*, DStR 2005, 30 (30).
[196] Regierungsbegründung zum Anlegerschutzverbesserungsgesetz, BT-Drs 15/3174, S. 26 (S 42); s. a. *Moritz/Grimm*, BB 2004, 1352 (1353).
[197] Siehe zum (notwendigen) Prospektinhalt: *Manzei*, WM 2006, 845 (848 f.); *Moritz/Grimm*, BB 2004, 1352 (1355) sowie *Hasenkamp*, DStR 2004, 2154 (2156 f.).
[198] *Keunecke*, Prospekte im Kapitalmarkt, S. 166 Rz. 315, Berlin 2005.
[199] *Manzei*, WM 2006, 845 (850); *Moritz/Grimm*, BB 2004, 1352 (1355 f.); *Fleischer*, BKR 2004, 339 (342); *Keunecke*, Prospekte im Kapitalmarkt, S. 167 Rz. 316, Berlin 2005; kritisch zum Verfahren der Gestattung durch die BaFin: *Hasenkamp*, DStR 2004, 2154 (2157).
[200] Kritisch zu den Ausnahmevorschriften: *Moritz/Grimm*, BB 2004, 1352 (1354 f.) und *Hasenkamp*, DStR 2004, 2154 (2155).

der Geschäftsleitung verbundener Unternehmen) von der Prospektpflicht frei. Allerdings dürfte ein Angebot von sonstigen unverbrieften Beteiligungen ausschließlich an Organmitglieder der Gesellschaft als Angebot an einen begrenzten Personenkreis zu werten sein und gemäß § 8 f Nr. 6 Alternative 1 VerkaufsprospektG von der Prospektpflicht befreit sein.[201]

121 Der Ausnahmevorschrift des § 8 f Nr. 6 VerkaufsprospektG fehlen jedoch zwei wesentliche Voraussetzungen des § 4 Abs. 1 Nr. 5 WpPG: Für die Anwendbarkeit des § 8 f Nr. 6 VerkaufsprospektG ist es nicht erforderlich, dass Wertpapiere der Gesellschaft, deren Beteiligungsinstrumente angeboten werden sollen, zum Handel an einem organisierten Markt zugelassen sind. Außerdem besteht keine Verpflichtung der Gesellschaft, den von dem Angebot betroffenen Mitarbeitern ein Dokument zur Verfügung stellen, das Informationen über die Anzahl und die Art der Beteiligungsinstrumente enthält und in dem die Gründe und die Einzelheiten zu dem Angebot dargelegt werden.

II. Meldepflichten bei Directors' Dealings, § 15a WpHG

122 Personen, die Führungsaufgaben bei einer börsennotierten Gesellschaft wahrnehmen, und Personen, die solchen Führungskräften nahe stehen, müssen nach § 15 a WpHG den **Kauf und Verkauf von Aktien** ihrer Gesellschaft und von auf diese bezogenen **Finanzinstrumenten offenlegen**.[202] § 15 a WpHG soll unter anderem sicherstellen, dass die Öffentlichkeit über Wertpapiergeschäfte insbesondere in Aktien des Emittenten und darauf bezogene Derivate, vor allem durch Vorstände und Aufsichtsräte Kenntnis erhält, was für das Anlegervertrauen und die Marktintegrität von erheblicher Bedeutung ist.[203]

123 Nach dem Wortlaut fallen unter § 15 a WpHG sämtliche Geschäfte in Aktien der börsennotierten Gesellschaft sowie in hierauf bezogene Finanzinstrumente, also Instrumente, deren Wert sich unmittelbar oder mittelbar[204] aus dem Kurs der Aktie der börsennotierten Gesellschaft ergibt. Die gesetzlichen Offenlegungspflichten betreffen somit vom Wortlaut her auch Geschäfte in Instrumente, die im Rahmen virtueller Programme ausgegeben werden, insbesondere Stock Appreciation Rights, da diese ein auf die Aktien der Gesellschaft bezognes Finanzinstrument darstellen.

124 Die BaFin vertritt hierzu jedoch die Auffassung, dass der Anwendungsbereich der Regelungen zu den Directors' Dealings in Übereinstimmung mit Erwägungsgrund 26 der Marktmissbrauchsrichtlinie einzuschränken sei.[205] Hiernach sollen von der Meldepflicht nach § 15 a WpHG solche **Geschäfte**

---

[201] Nach Auffassung von Keunecke, Prospekte im Kapitalmarkt, S. 168 Rz. 319 ist beispielsweise ein Angebot an die Gesellschafter eines Emittenten gemäß § 8f Abs. 2 Nr. 6 VerkProspektG nicht prospektpflichtig. Daraus ließe sich folgern, dass auch Angebote an Organmitglieder der Gesellschaft nicht prospektpflichtig sind.

[202] S. zu den einzelnen Voraussetzungen für die Meldepflicht nach der Regelung über Directors' Dealings *Assmann/Schneider* § 15 a Rz. 20 ff.

[203] Zu den Regelungen des § 15 a WpHG im Allgemeinen, siehe *Assmann/Schneider* § 15 a Rz. 5 ff.

[204] Ein Einfluss der Aktien der Gesellschaft in Höhe von 50 % soll nach der Auffassung der BaFin ausreichend sein; Emittentenleitfaden der Bundesanstalt für Finanzdienstleistungsaufsicht vom 28. April 2009, S. 89.

[205] Emittentenleitfaden der Bundesanstalt für Finanzdienstleistungsaufsicht vom 28. April 2009, S. 89; vgl. auch *Siller*, Kapitalmarktrecht, S. 33, München 2006.

E. Kapitalmarktrechtliche Erwägungen

ausgenommen sein, bei denen die Führungskraft Finanzinstrumente ausschließlich auf **arbeitsvertraglicher Grundlage** und/oder als **Bestandteil der arbeitsvertraglichen Vergütung** erwirbt. Dies folge aus der Erwägung, dass die Meldepflicht gerade marktmissbräuchliches Verhalten verhindern will und weil aufgrund der außerbörslichen und zumeist langfristig festgelegten Vereinbarung zwischen der Gesellschaft und der Führungskraft kein Sachverhalt vorliegt, der ein marktmissbräuchliches Verhalten begründen kann. Das Gleiche soll für die Ausübung derivativer auf arbeitsvertraglicher Grundlage oder als Vergütungsbestandteil erworbener oder gewährter Finanzinstrumente gelten. Hierunter ist vor allem die Ausübung von Aktienoptionen zu verstehen.

Der **Meldepflicht** nach § 15a WpHG soll jedoch die **spätere Veräußerung** der auf arbeitsvertraglicher Grundlage oder als Vergütungsbestandteil gewährten Finanzinstrumente unterliegen.[206]

Im Übrigen gelten im Zusammenhang mit der Mitarbeiterbeteiligung und den in diesem Zusammenhang gewährten Instrumenten keine Besonderheiten.

III. Verbot von Insidergeschäften, §§ 12 ff. WpHG

Nach § 14 Abs. 1 Nr. 1 WpHG ist es verboten, unter Verwendung einer Insiderinformation Insiderpapiere zu erwerben oder zu veräußern. Unter den Begriff „Insiderpapiere" fallen seit Inkrafttreten des Anlegerschutzverbesserungsgesetzes[207] nicht nur die typischen zum Börsenhandel zugelassenen oder einbezogenen Wertpapiere, wie z. B. Aktien, Schuldverschreibungen, Genussscheine und Optionsscheine (vgl. § 12 Satz 1 Nr. 1, Nr. 2 WpHG i. V. m. § 2 Abs. 2 b, Abs. 1 WpHG),[208] sondern auch solche Finanzinstrumente, deren Preis (Wert) unmittelbar oder mittelbar von Finanzinstrumenten abhängt, die an einer Börse zum Handel zugelassen oder in den regulierten Markt oder Freiverkehr einbezogen sind (vgl. § 12 Satz 1 Nr. 3 WpHG).[209] Folglich fallen nunmehr eine Vielzahl von Gestaltungen zur Mitarbeiterbeteiligung und zur unternehmenswertabhängigen Vergütung unter die Regelungen zum Verbot von Insiderhandel.[210] Das Verbot des § 14 Abs. 1 Nr. 1 WpHG betrifft zunächst den Erwerb solcher Finanzinstrumente,[211] anschließend ggf. deren Aus-

---

[206] Emittentenleitfaden der Bundesanstalt für Finanzdienstleitungsaufsicht vom 28. April 2009, S. 89.
[207] BGBl. 2004, 2630.
[208] Vor der Verschärfung des Insiderrechts durch das Anlegerschutzverbesserungsgesetz waren insbesondere Optionsprogramme (Stock Option Plans), d. h. Gestaltungsformen, bei denen Mitarbeitern das vertragliche Recht eingeräumt wurde, unter bestimmten Bedingungen unternehmenshandelte Aktien zu erwerben, mangels Börsenzulassung der Optionsrechte keine Insiderpapiere; siehe zur alten Rechtslage auch OLG Karlsruhe 3 US 195/03 Beschluss v. 4. 2. 2004, NJW-RR 2004, 984 (986).
[209] Es kommt auch nicht mehr darauf an, ob die Finanzinstrumente i. S. d. § 12 Nr. 3 WpHG selbst zum Börsenhandel zugelassen sind; vgl. *Merkner/Sustmann*, NZG 2005, 729 (730).
[210] S. hierzu auch *Klasen*, AG 2006, 24 (26 und 28 f.) und *Merkner/Sustmann*, NZG 2005, 729 (730); *Versteeger/Schulz* ZIP 2009, 110 (111 ff.).
[211] Beispielsweise der Erwerb von Aktien im Rahmen von Aktienkaufplänen oder von Optionen im Rahmen von Optionsprogrammen.

übung²¹² sowie letztlich auch die Veräußerung von Wertpapieren, die in Ausübung solcher Instrumente bezogen worden sind. Mangels Erwerbstatbestand fällt jedoch das bloße **Hinauszögern des Verkaufs** einer Aktie oder der Ausübung einer zugeteilten Aktienoption durch den Begünstigten eines Mitarbeiterbeteiligungsprogramms aufgrund von Insiderwissen, nicht unter das Verbot des Insidergeschäfts.²¹³

128 Klassischer Fall von Finanzinstrumenten, die nunmehr ohne eigene Börsennotierung zum Kreis der Insiderpapiere nach § 12 Satz 1 Nr. 3 WpHG gehören sind **Optionen auf Aktien**, somit auch Mitarbeiteroptionen; dies stellt auch der Emittentenleitfaden der BaFin klar.²¹⁴ Allerdings macht die BaFin eine für die Praxis wichtige Ausnahme: Danach sollen **Wertsteigerungsrechte, Stock Appreciation Rights** und **Phantom Stocks,** die zur Mitarbeiterbeteiligung ausgegeben werden, nicht unter den Begriff der Insiderpapiere fallen, weil ihnen die Eigenschaft eines Finanzinstruments fehlt.²¹⁵

129 Diese von der BaFin akzeptierte Ausnahme für virtuelle Mitarbeiterbeteiligungen ist von erheblicher Bedeutung, weil gerade Führungskräfte mehr oder wenig ständig im Besitz von Informationen sind, die im Falle ihres Bekanntwerdens potentiell geeignet wären den Kurs der Aktien ihres Unternehmens erheblich zu beeinflussen.²¹⁶ Durch die Gewährung von virtuellen Instrumenten, jedenfalls für diesen Kreis von Mitarbeitern (einschließlich der Organe), kann in der Praxis effektiv das Dilemma vermieden werden, auf Dauer an der Disposition über das Finanzinstrument (zumeist Aktien oder Aktienoptionen) gehindert zu sein.

130 Zur Vermeidung dieser Situation bieten sich außerdem die folgenden Gestaltungsmöglichkeiten an:

131 Einerseits kann die betroffene Führungskraft die Disposition über die gewährten Finanzinstrumente, insbesondere die Ausübung von Optionen, einem Dritten, z. B. einem **unabhängigen Vermögensverwalter,** überlassen.²¹⁷ Zwar umfasst das Insiderverbot auch Geschäfte für fremde Rechnung. Wenn der Vermögensverwalter aber eigenständig entscheidet und selbst nicht im Besitz von Insiderinformationen ist, besteht kein Grund, die Ausübung der

---

²¹² Einschließlich der erstmaligen Zeichnung von Wertpapieren, etwa im Falle der Bedienung von Optionen durch neue Aktien aus bedingtem Kapital; mit der Änderung des WpHG durch das Anlegerschutzverbesserungsgesetz und der damit verbunden Legaldefinition von Finanzinstrumenten in § 2 Abs. 2 b WpHG, wonach das Recht zur Zeichnung von Wertpapieren ausdrücklich einbezogen ist und mit der Verschärfung des Insiderrechts durch Einbezug von nicht selbst börsennotierten Finanzinstrumenten hat sich der Streit, ob Insiderrecht nur auf den Erwerb bereits bestehender Aktien oder auch auf die erstmalige Zeichnung neuer Aktien Anwendung findet, erledigt; siehe *Klasen*, AG 2006, 24 (27); *Dryander/Schröder*, WM 2007, 534 (536 Fn. 22) und *Assmann/Schneider* § 12 Rz. 14.
²¹³ *Assmann/Schneider*§ 14 Rz. 177; s. a. *Klasen*, AG 2006, 24 (29); *Dryander/Schröder*, WM 2007, 534 (538) und *Fürhoff*, AG 1998, 83 (85).
²¹⁴ Emittentenleitfaden der Bundesanstalt für Finanzdienstleitungsaufsicht vom 28. April 2009, S. 29; s. a. *Dryander/Schröder*, WM 2007, 534, (535 f.).
²¹⁵ Emittentenleitfaden der Bundesanstalt für Finanzdienstleitungsaufsicht vom 28. April 2009, S. 29; so auch *Klasen* AG 2006, 24 (27); *Merkner* NZG 2005, 729 (730).
²¹⁶ Vgl. auch *Dryander/Schröder*, WM 2007, 534 (534); ähnlich auch *Fürhoff*, AG 1998, 83 (85).
²¹⁷ S. a. *Dryander/Schröder,* WM 2007, 534 (541); *Fürhoff,* AG 1998, 83 (85) und *Feddersen,* ZHR, 1997, 269 (295).

E. Kapitalmarktrechtliche Erwägungen

gewährten Finanzinstrumente durch ihn zu untersagen, auch wenn die Führungskraft selbst in Besitz von Insiderinformationen ist. Voraussetzung hierfür ist jedoch, dass von Seiten des Insiders kein Einfluss auf den Vermögensverwalter ausgeübt wird.

Bei der Plangestaltung besteht auch die Möglichkeit, dem Begünstigten **insiderrelevante Wahl- bzw. Entscheidungsmöglichkeiten** zu nehmen. Beispielsweise kann die Ausübung der gewährten Finanzinstrumente bereits in den Planbedingungen zur Mitarbeiterbeteiligung verbindlich vorgeschrieben werden, um damit spekulative Elemente so weit wie möglich auszuschließen.[218] Damit kann meist erreicht werden, dass die **automatische Ausübung** der gewährten Finanzinstrumente mangels Dispositionsmöglichkeit des Begünstigten nicht unter Verwendung von Insiderinformationen erfolgt.[219] Zwar kann sich im Einzelfall die Situation ergeben, dass der begünstige Mitarbeiter bzw. das Organmitglied bereits bei Abschluss der Gewährungsvereinbarung im Besitz von Insiderinformationen ist, die im Zeitpunkt der planmäßigen Ausübung weder überholt noch öffentlich bekannt sind, sodass schon im **Abschluss der Beteiligungsvereinbarung** die Verwendung der Insiderinformation liegen kann.[220] Allerdings dürfte dies, insbesondere bei den für Optionsmodelle charakteristischen Wartefristen von regelmäßig zwei oder mehr Jahren, eher die Ausnahme sein.[221]

---

[218] Ähnlich auch *Merkner/Sustmann*, NZG 2005, 729 (730).
[219] Vgl. Emittentenleitfaden der Bundesanstalt für Finanzdienstleistungsaufsicht vom 28. April 2009, S. 37; *Klasen*, AG 2006, 24 (31); *Merkner/Sustmann*, NZG 2005, 729 (730); s. a. *Fürhoff*, AG 1998, 83 (85).
[220] Vgl. Emittentenleitfaden der Bundesanstalt für Finanzdienstleistungsaufsicht vom 15. Juli 2005, S. 26 und *Klasen*, AG 2006, 24 (28); einen Verstoß gegen Insiderrecht im Zeitpunkt der Einbeziehung in ein Aktienoptionsprogramm generell verneinend: *Dryander/Schröder*, WM 2007, 534 (537).
[221] S. a. *Assmann/Schneider* § 14 Rz. 175.

§ 24 Bewertung und Kursbildung, Due Diligence

Bearbeiter: Dr. Torsten Kohl* und Dr. Stephan Göckeler**

Übersicht

	Rz.
A. Bewertung und Kursbildung	1–115
I. Grundlagen der Unternehmensbewertung	2–31
1. Wert und Preis von Unternehmen und Unternehmensanteilen	2–5
2. Funktionen des Bewerters und Bewertungsanlässe	6–11
3. Methoden der Wertermittlung	12–31
a) Ertragswertverfahren	16–18
b) Discounted-Cashflow-Methode	19–21
c) Multiplikator-Verfahren	22–31
II. Durchführung der Wertermittlung	32–100
1. Ertragswertverfahren	33–85
a) Ermittlung der Zukunftserfolge	33–48
aa) Vergangenheitsbereinigung	33–37
bb) Planung und Prognose	38–44
cc) Verbundeffekte	45–48
b) Einbeziehung von persönlichen Steuern	49–53
c) Kapitalisierungszinssatz	54–71
aa) Basiszinssatz	55–58
bb) Risikozuschlag	59–69
cc) Fungibilität	70, 71
d) Berechnung des Ertragswertes	72–75
e) Nicht betriebsnotwendiges Vermögen	76–78
f) Besonderheiten bei Auslandsunternehmen	79–85
aa) Währungsumrechnung	80, 81
bb) Kapitalisierungszinssatz	82–84
cc) Steuerbelastung	85
2. Discounted-Cashflow-Methode	86–98
a) Grundlagen	88, 89
b) Ermittlung der zukünftigen Cash-Flows	90–92
c) Gewichteter Kapitalkostensatz	93–96
d) Ableitung Unternehmenswert	97, 98
3. Zwischenergebnis	99, 100
III. Besonderheiten bei der Emissionspreisfindung im Rahmen eines Börsengangs	101–115
1. Rechnungslegungsgrundsätze	101–104
2. Ergebnisprognose bei Wachstumsunternehmen	105–111
a) Plausibilität der Planzahlen	105–108
b) Einbeziehung des Mittelzuflusses aus dem Börsengang	109, 110
c) Prognosehorizont	111
3. Verwendung verschiedener Methoden	112
4. Ableitung des Emissionspreises aus dem Unternehmenswert	113–115

---

* Teil A.
** Teil B.

§ 24 Bewertung und Kursbildung, Due Diligence

B. Due Diligence 130–204
  I. Begriff, Ziele und rechtliche Aspekte 130–161
    1. Begriff 130, 131
    2. Ziele 132–134
    3. Auftraggeber 135, 136
    4. Rechtliche Bedeutung 137–152
       a) Prospekthaftung 138–146
       b) Verhältnis Emissionsbanken zu Emittent/Hauptaktionären 147–152
    5. Vertraulichkeit 153–155
    6. Aktienrechtliche Zulässigkeit 156–161
  II. Gegenstand der Due Diligence 162–195
    1. Überblick 162
    2. Wirtschaftliche Due Diligence 163
    3. Technische Due Diligence 174–176
    4. Rechtliche und steuerliche Due Diligence 177–190
       a) Rechtliche Due Diligence 178–183
       b) Steuerliche Due Diligence 184–190
          aa) Umstrukturierungen 185
          bb) Rechtsgeschäfte zwischen Gesellschaft und Gesellschaftern 186
          cc) Rechtsgeschäfte zwischen Konzernunternehmen 187
          dd) Substanzielle Veränderungen in der Anteilseignerstruktur 188
          ee) Mitarbeiterbeteiligungen 189, 190
    5. Umwelt-Due-Diligence 191–193
    6. Organisatorische Due Diligence 194
    7. Weiche Faktoren 195
  III. Durchführung 196–204
    1. Vorbereitung 197–199
    2. Ausführung 200–202
    3. Auswertung 203, 204

Schrifttum zu A: *Achleitner/Thoma* (Hrsg.) Handbuch Corporate Finance, 2. Aufl. 2001; *Auge-Dickhut/Moser/Widmann* Praxis der Unternehmensbewertung, (Loseblatt) 2003, Arbeitskreis Unternehmensbewertung des IDW, Berichterstattung über die 57. bis 61. Sitzung des AKU, FN-IDW 1997, 33f.; *Ballwieser* Unternehmensbewertung, 2. Aufl. 2007, *Ballwieser/Kruschwitz/Löffler* Einkommensteuer und Unternehmensbewertung – Probleme mit der Steuerreform 2008, WPg 2007, 765; *Böcking/Nowak* Konkretisierung marktorientierter Unternehmensbewertung durch das Bundesverfassungsgericht in: Arnold/Englert/Eube (Hrsg.): Werte messen – Werte schaffen, 2000, 130; *Born* Unternehmensanalyse und Unternehmensbewertung, 2003; *Brennan*, National Tax Journal 1970, 417; *Buchner/Englert* Die Bewertung von Unternehmen auf der Basis des Unternehmensvergleichs, BB 1994, 1573; *Busse von Colbe et al.* Ergebnis je Aktie nach DVFA/SG, 3. Aufl. 2000; *Copeland/Koller/Murrin* Unternehmenswert, 3. Auflage 2002; *Dörschell/Franken/ Schulte* Ermittlung von objektivierten Unternehmenswerten für Personengesellschaften nach der Unternehmenssteuerreform 2008, WPg 2008, 444; *Gebhardt/Daske* Kapitalmarktorientierte Bestimmung von risikofreien Zinssätzen für die Unternehmensbewertung, WPg 2005, 651; *Harrer/Heidemann* (Hrsg.) Der Gang an die Börse, 2001; *IdW* Neufassung der IDW Standards: Grundsätze zur Durchführung von Unternehmensbewertungen (IDW S 1), FN IDW 2008, 271; *dass.*: Grundsätze zur Durchführung von Unternehmensbewertungen (IDW S 1 aF), WPg 2005, 1303; *Jonas/Wieland-Blöse/Schiffarth* Basiszinssatz in der Unternehmensbewertung, FB 2005, 647, *Jonas/Löffler/Wiese* Das CAPM mit deutscher Einkommensteuer, WPg 2004, 898; *Knoll* Unternehmensbewer-

A. Bewertung und Kursbildung   1 § 24

tung auf der Basis von IFRS-Zahlen: ein Problem für die Abfindung von Minderheitsaktionären, BB 2006, 369; *Kohl* Auswirkungen der Steuerreform auf die Unternehmensbewertung, StatusRecht 2007, 282; *Kohl/Schulte* Ertragswert und DCF-Verfahren, WPg 2000, 1147; *Krolle/Schmitt/Schwetzler* Multiplikatorverfahren in der Unternehmensbewertung, 2009; *Löffler* WiSt 1998, 420; *Matschke/Brösel* Unternehmensbewertung, 3. Aufl. 2007; *Mandl/Rabel* Unternehmensbewertung, 2002; *Moser u. a.* Unternehmensbewertung auf der Grundlage von IAS/IFRS, BB 2003, 1669; *Munkert* Der Kapitalisierungszinssatz in der Unternehmensbewertung, 2005; *Schultze* Methoden der Unternehmensbewertung, 2003; *Schilling* Der Ausschluss von Minderheitsaktionären, 2006; *Siepe/Dörschell/Schulte* Der neue IDW Standard: Grundsätze zur Durchführung von Unternehmensbewertungen (IDW S 1), WPg 2000, 946; Vgl. *Stehle* Die Festlegung der Risikoprämie von Aktien im Rahmen der Schätzung des Wertes von börsennotierten Kapitalgesellschaften, WPg 2004, 906; *Vater* Zur Relevanz, Zulässigkeit und Gleichwertigkeit von auf IFRS beruhenden Unternehmensbewertungen, StuB 2005, 1031; *Widmann/Schieszl/Jeromin* Der Kapitalisierungszinssatz in der praktischen Unternehmensbewertung, FB 2003, 800; *Wiese* Wachstum und Ausschüttungsannahmen im Halbeinkünfteverfahren, WPg 2005, 617; *ders.* Unternehmensbewertung und Abgeltungssteuer, WPg 2007, 368; *Wagner/Jonas/Ballwieser/Tschöpel* Weiterentwicklung der Grundsätze zur Durchführung von Unternehmensbewertungen (IDW S 1), WPg 2004, 889; *dies.* Unternehmensbewertung in der Praxis, WPg 2005, 1005; *Wollny* Der objektivierte Unternehmenswert, 2008; *Zeidler/Schöniger/Tschöpel* Auswirkungen der Unternehmensteuerreform 2008 auf Unternehmensbewertungskalküle, FB 2008, 276.

Schrifttum zu B: *Berens/Branner* (Hrsg.) Due Diligence bei Unternehmensakquisitionen 1998; *Ebke/Siegel* Comfort Letters, Börsengänge und Haftung: Überlegungen aus Sicht des deutschen und US-amerikanischen Rechts, WM Sonderbeilage 2/2001; *Eggenberger* Gesellschaftsrechtliche Voraussetzungen und Folgen einer due-diligence Prüfung 2001; *Fleischer/Körber* Due Diligence und Gewährleistung beim Unternehmenskauf, BB 2001, 841; *Knöfler* Rechtliche Auswirkungen der Due Diligence bei Unternehmensakquisitionen 2001; *Koch/Wegmann* Praktiker-Handbuch Due Diligence 1998; *Krüger/Kalbfleisch* Due Diligence bei Kauf und Verkauf von Unternehmen, DStR 1999, 174 ff.; *Marten/Köhler* Due Diligence in Deutschland, FB 1999, 337 ff.; *Schulte* Rechtliche Due Diligence-Untersuchungen über Internet-Anbieter, DStR 2000, 1437 ff.; *Spill* Due Diligence – Praxishinweise zur Planung, Durchführung und Berichterstattung, DStR 1999, 1786 ff.; *Wegmann/Koch* Due Diligence – Unternehmensanalyse durch externe Gutachter, DStR 2000, 1027 ff.; *Weitnauer* Handbuch Venture Capital 2. Aufl. 2001; *Zacharias* Börseneinführung mittelständischer Unternehmen 2000.

A. Bewertung und Kursbildung

Die Grundmotivation eines Börsengangs ist regelmäßig auf die Beschaffung **1** zusätzlicher Finanzmittel gerichtet. In welchem Umfang dem Unternehmen oder auch den Altaktionären die gewünschten Mittel zufließen, hängt maßgeblich vom Wert des Unternehmens ab. Aus diesem Grund kommt dem Thema Unternehmensbewertung im Rahmen eines Börsengangs eine besondere Bedeutung zu. Obwohl die Unternehmensbewertung auch bei einem Börsengang grundsätzlich den allgemeinen Bewertungsregeln folgt, ergeben sich zusätzliche Besonderheiten, die eine Ergänzung bzw. Modifikation des herkömmlichen Vorgehens bei Bewertungen erforderlich machen. Aus diesem Grund werden nachfolgend zunächst die allgemeinen Grundsätze der Unternehmensbewertung detailliert dargestellt und anschließend wird in einem zweiten Schritt auf die Besonderheiten der Börsenbewertung eingegangen.

I. Grundlagen der Unternehmensbewertung

1. Wert und Preis von Unternehmen und Unternehmensanteilen

2   Die Bewertung ganzer Unternehmen erweist sich als eine der schwierigsten Problemstellungen im Bereich der Betriebswirtschaftslehre. Ursache für die mit der Bewertung verbundenen Probleme ist, dass der **Wertbegriff** aus der Sicht des Einzelnen ganz unterschiedliche Inhalte haben kann.[1] Da der Wert eines Unternehmens von dem subjektiven Nutzen bestimmt wird, den seine Eigentümer aus ihm ziehen, sind für die Bewertung grundsätzlich sehr verschiedene individuelle Vorstellungen maßgeblich. Daher wird für die Bewertung im Regelfall ausschließlich auf finanzielle Ziele abgestellt. Unter dieser Voraussetzung bestimmt sich der Unternehmenswert als Barwert der mit dem Eigentum am Unternehmen verbundenen Nettozuflüsse an die Unternehmenseigner (Nettoeinnahmen der Unternehmenseigner als Saldo von Ausschüttungen bzw. Entnahmen, Kapitalrückzahlungen und Einlagen). Der Unternehmenswert ergibt sich aus seiner Ertragskraft, dh. aus seiner Fähigkeit, finanzielle Überschüsse für seine Unternehmenseigner zu erwirtschaften.[2] In Abhängigkeit des Anlasses sowie der Bewertungsperspektive lassen sich mit anerkannten Methoden aus derartigen finanziellen Überschüssen Unternehmenswerte ableiten. Die Ermittlung der finanziellen Überschüsse kann nach objektivierten oder subjektiven Einschätzungen erfolgen.[3]

3   Neben dem Wert als Ganzes ist bei einer börsennotierten Gesellschaft der anteilige Wert maßgeblich, der sich auf einen bestimmten Anteil am gesamten Unternehmen bezieht. Diese Unternehmensanteile können entweder direkt oder indirekt bestimmt werden. Bei der direkten Methode ergibt sich der Anteilswert direkt aus den Zahlungsströmen zwischen Unternehmen und Anteilseigner. Für diese Vorgehensweise spricht die Tatsache, dass ein Aktionär Eigentümer seiner handelbaren Aktie ist. Da bei einer börsennotierten Publikumsgesellschaft die einzelnen Anteilseigner nicht bekannt sind, ergeben sich bei der Anwendung dieser Vorgehensweise jedoch praktische Probleme. Ohne umfangreiche und zeitaufwendige Erhebungen lassen sich zumeist die gesuchten Zahlungsströme gar nicht erheben.[4]

4   Bei der indirekten Methode erfolgt die Ermittlung des Unternehmensanteils in einem zweistufigen Verfahren. Zuerst wird der gesamte Unternehmenswert ermittelt und anschließend quotal auf die einzelnen Unternehmensanteile verteilt. Bei einer solchen indirekten Methode ist zu beachten, dass die Höhe des Anteilsbesitzes Einfluss auf den Wert haben kann. Ein 51%iger Anteil an einem Unternehmen kann einen höheren Wert reflektieren als ein 49%iger, da im ersten Fall ein herrschender Einfluss ausgeübt werden kann.

5   Der **Preis** für Unternehmen oder Unternehmensanteile bestimmt sich dagegen auf freien Kapitalmärkten nach Angebot und Nachfrage. In diesem Preis kommen die individuellen Nutzenschätzungen des Erwerbers und Verkäufers zum Ausdruck. Liegen die Grenzpreise dieser beiden Parteien in einem Einigungsbereich bildet sich der Preis. Neben den individuellen Nutzungseinschät-

---

[1] Vgl. *Peemöller* S. 3 ff.
[2] Vgl. WPH/Bd. II/*Wagner* Kap. A Rz. 7–8.
[3] Vgl. WPH/Bd. II/*Wagner* Kap. A Rz. 30 ff.
[4] Vgl. *Simon/Simon/Leverkus* § 11 Rz. 14–15.

zungen bestimmen auch das mengenmäßige Verhältnis von Angebot und Nachfrage, sowie die damit verbundenen Einflussmöglichkeiten den individuellen Grenznutzen. Weiterhin spielen allgemeine Börsentendenzen, Spekulationen und eine mögliche Marktenge eine Rolle. Da sich derartige Aspekte im Grenznutzen und damit später in einem gezahlten Preis niederschlagen, kann ein späterer Börsenkurs von einem errechneten Wert des gesamten Unternehmen oder des quotalen Anteils abweichen.[5]

2. Funktionen des Bewerters und Bewertungsanlässe

Da auch bei einer Fokussierung auf rein finanzielle Ziele diese variieren bzw. unterschiedlich abgegrenzt werden können, besteht ein Schwierigkeitskomplex bei der Bewertung in der Definition, welchem Zweck die Unternehmensbewertung dient. Es muss die Funktion des Bewerters festgelegt werden, in der dieser tätig wird. Nach der funktionsorientierten Unternehmensbewertungslehre kommen dafür die Beratungs-, die Argumentations- und die Vermittlungsfunktionen in Betracht. Hintergrund dieser Aufteilung ist die Vorstellung, dass die Hauptfunktion einer Unternehmensbewertung der Entscheidungsfindung bei einem Wechsel der Eigentumsverhältnisse dient. Die daran beteiligten Parteien haben in der Regel unterschiedliche Vorstellung über die zukünftige Entwicklung des Unternehmens.[6] Daher kommt ein Eigentumswechsel auch nur dann in Betracht, wenn sich eine Schnittmenge der individuellen Grenzpreise ergibt (Einigungspreis). Da vor diesem Hintergrund auch bei einer objektiven Betrachtung kein absoluter Unternehmenswert ermittelt werden kann, dienen die genannten Funktionen dazu, die Bewertungsgrundlagen und das Bewertungskonzept eindeutig und klar zu definieren.

In der Praxis kommen diese Funktionen wie folgt zum Ausdruck:[7]
- **Neutraler Gutachter:** Der Bewerter tritt als neutraler Gutachter auf, um den beteiligten Parteien eine Grundlage für die Entscheidungsfindung zu erstellen, auf deren Basis die Parteien einen eigenen subjektiven Entscheidungswert ermitteln. Der Tätigkeit des Bewerters kommt in diesen Fällen eine wichtige Kommunikationsfunktion zu („bewerten heißt kommunizieren"). Der Bewerter stellt dafür die Ertragskraft des Unternehmens auf Basis eines subjektiv nachprüfbaren Zukunftserfolgswerts dar. Dabei ist ein angemessener Ausgleich zwischen den unterschiedlichen Interessen der beteiligten Parteien herbeizuführen. Klassischerweise tritt der Bewerter in dieser Funktion auf, wenn zB aktienrechtliche oder umwandlungsrechtliche Abfindungsansprüche ermittelt werden sollen. Übernimmt ein Wirtschaftsprüfer diese Tätigkeit ist das Ergebnis der so genannte objektivierte Unternehmenswert, der sich bei Fortführung des Unternehmens im unveränderten Konzept unter Beachtung aller realistischer Zukunftserwartungen ergeben kann.
- **Berater:** Der Bewerter hat hierbei die Aufgabe, für eine Partei einen subjektiven Entscheidungswert zu ermitteln. Häufigste Beispiele für diese Funktion sind die Emissionspreisfindung beim Börsengang oder die Festlegung eines (maximalen) Kaufpreises für den Erwerber eines Unternehmens bzw.

---

[5] Vgl. WPH/Bd. II/*Wagner* Kap. A Rz. 36 ff.
[6] Vgl. *Brösel* BfuP 2006, 128 ff. mwN.
[7] Vgl. WPH/Bd. II/*Wagner* Kap. A Rz. 15–18. Vgl. ferner *Matschke/Brösel* Unternehmensbewertung S. 49 ff.

eines Mindest-Verkaufspreises für den Unternehmensveräußerer. Der Bewerter muss in dieser Funktion die individuelle Sicht des Auftraggebers berücksichtigen. So sind in dieser Funktion beispielsweise auch diejenigen prognostizierten Synergieeffekte, die ausschließlich durch den Auftraggeber realisiert werden können, in die Bewertung einzubeziehen. Der Bewerter nimmt daher ausschließlich Parteiinteressen war und löst sich von seiner Aufgabe als neutraler Gutachter.

10 – **Schiedsgutachter:** Der Bewerter tritt als Vermittler auf, um einen zwischen mehreren Parteien strittigen Wert einvernehmlich festzulegen. Ergebnis seiner Arbeiten sollte ein angemessener Einigungswert sein, der theoretisch sowohl subjektive wie objektivierte Komponenten enthält.

11 Typischerweise wird der Bewerter im Rahmen von Börsengängen oder Unternehmenskäufen sowohl als Gutachter als auch als Berater tätig. Denn zunächst wird der aus Sicht des Auftraggebers „richtige" bzw. angemessene Wert ermittelt und anschließend wird auf dieser Basis eine Argumentation entwickelt, um den Unternehmenswert gegenüber den anderen Parteien (potentielle Investoren, Analysten, Erwerber etc.) auch durchzusetzen.

3. Methoden der Wertermittlung

12 Nach herrschender Meinung ermittelt sich der Unternehmenswert als Barwert zukünftiger finanzieller Überschüsse, die aus dem Unternehmen erzielt werden können. Dies ist ein Zukunftserfolgswert. Ein solcher Zukunftserfolgswert kann sowohl nach der Ertragswertmethode als auch nach der international üblichen Discounted-Cashflow-Methode ermittelt werden. Beide Methoden basieren auf dem Kapitalwertkalkül und führen unter der Annahme einheitlicher Finanzierungsprämissen zu identischen Unternehmenswerten.[8]

13 Im Rahmen von Börsengängen kommen zudem Multiplikatormethoden zur Anwendung. Bei diesem Verfahren werden in Form von Multiplikatoren Erwartungen des Kapitalmarkts über den Wert vergleichbarer Unternehmen herangezogen. Da bei Börsengängen die Preisbildung am Kapitalmarkt im Vordergrund steht, haben Multiplikatormethoden in diesen Fällen eine hohe Bedeutung.

14 Dagegen findet die Substanzwertmethode nur noch vereinzelt Anwendung. Diese beschränkt sich primär auf die Bewertung von Unternehmen mit nicht vorrangig finanziellen Zielsetzungen (so genannte „non profit organisations"). Darüber hinaus können Substanzwerte jedoch Hilfsfunktionen übernehmen, in dem zB das beleihungsfähige Vermögen festgestellt wird. Im Rahmen eines Börsengangs kommen daher Substanzwerte regelmäßig nicht zur Anwendung.

15 Die Bedeutung und konkrete Ausgestaltung der einzelnen Methoden wird nachfolgend dargestellt.[9]

a) Ertragswertverfahren

16 Einleitend wurde bereits angedeutet, dass der Erwerber eines Unternehmens in erster Linie an den Erträgen des Unternehmens interessiert ist. Die Substanz

---

[8] Vgl. *Kohl/Schulte* WPg 2000, 117 ff.
[9] Eine Übersicht einzelner Verfahren findet sich bei *Munkert* Der Kapitalisierungszinssatz in der Unternehmensbewertung S. 48.

A. Bewertung und Kursbildung

ist in diesem Zusammenhang nur insoweit von Bedeutung, als sie die sachliche Ausgangsbasis für die Erzielung der Erträge darstellt. Maßgeblich für die Ertragswertermittlung sind die erwarteten Zukunftserfolge des Unternehmens. Die in der Vergangenheit erzielten Erfolge sind grds. bei dieser Betrachtung irrelevant. Da jedoch eine Analyse der Ergebnisse der Vergangenheit Rückschlüsse auf die Schätzungen für die Zukunft erlaubt, werden bei der Ertragswertermittlung regelmäßig auch die Daten der Vergangenheit verwendet.

Kennzeichnend für die Ertragswertmethode ist die Berücksichtigung von handelsrechtlichen Ergebnissen, die aus dem Unternehmen entnommen werden können. Da es im Rahmen einer Unternehmensbewertung aber gerade nicht auf eine zeitlich sachgerechte Zuordnung von Aufwendungen und Erträgen, sondern vielmehr auf das zeitliche Wirksamwerden von Ausgaben und Einnahmen ankommt, erfüllt eine reine Ertragswertberechnung ohne Berücksichtigung von Finanzierungswirkungen nicht die Anforderungen einer ordnungsmäßigen Unternehmensbewertung. Insofern wird immer wieder betont, dass nicht auf die periodisierten Erträge abzustellen ist, sondern auf liquiditätsorientierte Einnahmenüberschüsse. Als Zukunftserfolge sollten daher bei der Ermittlung des Ertragswertes die dauerhaft entziehbaren Einnahmenüberschüsse angesetzt werden.

Wichtig bei dieser Vorgehensweise ist die Erstellung eines Finanzplans, der parallel zur Planung der zukünftigen Ergebnisse erstellt wird (so genannte integrierte Modelle).[10] Wenn der zukünftige Finanzbedarf anhand von Planbilanzen konkret ermittelt und hieraus ein Zinsergebnis abgeleitet wird, kommt es zu einer Kompensation der Periodisierungseffekte. Bei richtiger Durchführung dieser Finanzbedarfsrechnung führt die Ertragswertmethode zum gleichen Ergebnis wie die Discounted-Cashflow-Methode. Allerdings ist in der Praxis zu beobachten, dass die Ertragswertmethode häufig gerade nicht um einen detaillierten Finanzplan ergänzt wird. In diesem Fall ergibt sich ein verzerrtes Ergebnis.

b) Discounted-Cashflow-Methode

Die Erkenntnis, dass Investitionsentscheidungen – und als solche sind auch Unternehmenskäufe und Börsengänge zu begreifen – nicht auf der Basis von periodisierten Gewinnen, sondern auf der Basis von **Liquiditätsströmen** getroffen werden müssen, führte zunehmend zur Abkehr von der reinen Ertragswertmethode. Seit vielen Jahren wird im Schrifttum die Auffassung vertreten, dass für die Unternehmensbewertung nur Ein- und Auszahlungen maßgeblich seien.

Die Cashflow-orientierten Verfahren werden insb. von der Bewertungstheorie bevorzugt, finden aber auch in der Praxis immer breitere Anwendung. Die meisten angelsächsisch geprägten Bewerter – so zB die Investment-Banken und die Unternehmensberater – verwenden ausschließlich diese Methode. Auch Wirtschaftsprüfer greifen seit Jahren verstärkt auf die Methode zurück.[11]

Da beide Methoden auf dem Kapitalwertkalkül basieren, führen sie bei Anwendung identischer Finanzierungsannahmen zu identischen Ergebnissen. Der Vorteil der DCF-Methode liegt dann darin, dass auf der einen Seite unterschiedliche Finanzierungsannahmen, zB eine Änderung der Kapitalstruktur

---

[10] Dazu ausführlich *Schultze* Methoden der Unternehmensbewertung S. 340.
[11] Vgl. *Kohl/Schulte* WPg 2000, 117 ff.

besser modelliert werden können. Da im Rahmen von Börsengängen die vorhandene Kapitalstruktur durch die zukünftige ersetzt wird, können DCF-Methoden derartige Veränderungen leichter erfassen. Auf der anderen Seite besteht der Vorteil, dass bestimmte Informationen, zB die Entwicklung von Investitionen oder die Veränderung von Working Capital explizit erfasst wird. Im Gegensatz dazu finden derartige Aspekte beim Ertragswertverfahren ihre Berücksichtigung nur als Ergebnisse implizit im Finanzergebnis.

c) Multiplikator-Verfahren

22 Neben den oben erwähnten zahlungsstromorientierten gibt es so genannte vereinfachte Verfahren zur Wertfindung. Dabei handelt es sich um Multiplikatormethoden, die auf Marktdaten von vergleichbaren Unternehmen aufsetzen. Nach allgemeiner Auffassung können diese eine vollumfängliche Bewertung nicht ersetzten.[12] Es empfiehlt sich jedoch, für die nach dem Ertragswert oder dem DCF-Verfahren ermittelten Unternehmenswerte eine Plausibilisierung anhand dieser Marktdaten vorzunehmen. Insbesondere bei anstehenden Börsengängen ist eine solche Vorgehensweise geboten, da die Multiplikatoren die Wachstumserwartungen des Kapitalmarkts für vergleichbare Unternehmen inkorporieren.

23 Bei diesen Verfahren wird aus einer Vielzahl von Vergleichsunternehmen der Unternehmenswert des konkreten Bewertungsobjekts hergeleitet. Dazu werden beobachtbare Preise zu einer bekannten Bezugsgröße in Relation gesetzt. Dieses Verhältnis wird anschließend auf die gleiche Bezugsgröße des zu bewertenden Unternehmens angesetzt. Grundlegende Annahme dieser Verfahren ist jedoch, dass vergleichbarere Unternehmen mit beobachtbaren Marktpreisen existieren.[13]

24 Als Bezugsgröße kommen insbesondere Ergebnisgrößen wie Umsatz, das Ergebnis vor Zinsen und Steuern (EBIT) oder das Ergebnis vor Zinsen, Steuern und Abschreibungen (EBITDA) zur Anwendung. Dabei ist zu beachten, dass bei Anwendung dieser Multiplikatoren Gesamtunternehmenswerte ermittelt werden, von denen anschließend noch der Marktwert des Fremdkapitals in Abzug zu bringen ist.

25 Neben diesen Entity-Verfahren gibt es einige so genannte Equity-Verfahren, die auf Gewinngrößen basieren, bei denen das Zinsergebnis bereits in Abzug gebracht wurde. Dazu zählt insbesondere das Kurs-Gewinn-Verhältnis.[14] Da bei diesem Verfahren das Zinsergebnis sowohl beim Wert des Eigenkapitals (Kurs) und bei der Bezugsgröße (bereinigtes Jahresergebnis nach Steuern) eingeflossen ist, ist das Fremdkapital nicht mehr in Abzug zu bringen. Nachteilig ist jedoch, dass sich für aussagefähige Ergebnisse die Vergleichbarkeit auch auf die Kapitalstruktur beziehen muss. Bei den Entity-Verfahren dagegen muss sich die Vergleichbarkeit nur auf das operative Geschäft beziehen. Dies erleichtert in der Praxis die Bestimmung von Vergleichsunternehmen.[15]

---

[12] Vgl. *Ballwieser* Unternehmensbewertung S. 197.
[13] Vgl. *Böcking/Nowak* in Arnold/Englert/Enbe Werk messen – Werk schaffen S. 143 ff. Ferner *Buchner/Englert* BB 1994, 1573 f. Häufig sind derartige Informationen nicht öffentlich zugänglich. Vgl. *Mandl/Rabel* Unternehmensbewertung S. 75 f.
[14] Vgl. *DVFA* DB 1998, 2537 ff.
[15] Vgl. *Krolle/Schmitt/Schwetzler* Multiplikatorverfahren in der Unternehmensbewertung S. 77.

A. Bewertung und Kursbildung

Voraussetzung einer sachgerechten Anwendung ist die Bereinigung der jeweiligen Bezugsgrößen. Diese Bereinigung hat dabei sowohl bei dem Vergleichsobjekt als auch beim Bewertungsobjekt zu erfolgen. Ziel der Bereinigung ist es, außergewöhnliche Sachverhalte zu korrigieren, welche die betroffenen Ergebnisgrößen einmalig beeinflusst haben.

Bereinigungen können darüber hinaus notwendig werden, um die Vergleichbarkeit herzustellen. Dies betrifft die Fälle, in denen die operative Vergleichbarkeit zwischen Bewertungs- und Vergleichsobjekt gegeben ist. Probleme können sich dann ergeben, wenn vergleichbare Sachverhalte (zB Leasing, Aktivierungsumfang) auf Grund unterschiedlicher Rechnungslegungsvorschriften unterschiedlich bilanziert werden. Infolge eines erweiterten Aktivierungsumfangs können die Abschreibungen vom Bewertungs- und Vergleichsobjekt voneinander abweichen. Daher empfiehlt es sich für bestimmte Branchen auf das EBITDA abzustellen, um die Auswirkungen unterschiedlicher Abschreibungen zu kompensieren. Dies ist insbesondere für Branchen von Bedeutung, die einen hohen Anteil immaterieller Vermögenswerte haben. Als Beispiel kann die Medienbranche genannt werden, da in dieser Branche häufig Kundenstämme, Markenrechte, Titelrechte aktiviert werden.

Eine weitere Besonderheit kann sich ergeben, wenn Finanzierungsformen bilanziell unterschiedlich dargestellt werden. Bei Anwendung von Entity-Multiplikatoren muss zur Überleitung vom Entity-Wert auf den Unternehmenswert das zinstragende Fremdkapital abgezogen werden. In Abhängigkeit der Bilanzierungsnormen kann dies bei bestimmten Leasingarten unterschiedlich ausfallen. Während bei einer Einstufung als operatives Leasing der volle Leasingaufwand im operativen Ergebnis (hier EBITDA) gezeigt wird, kommt es beim Finanzierungsleasing zu einer Aktivierung. Der Leasingaufwand wird anschließend auf die GuV-Posten „Abschreibungen" und „Zinsaufwand" verteilt. Um vergleichbare Multiplikatoren zu ermitteln, sind auch solche Sachverhalte zu bereinigen bzw. aneinander anzupassen.

Weitere Schwierigkeiten ergeben sich, wenn Vergleichsunternehmen länderübergreifend ermittelt werden. In diesen Fällen können sich durch unterschiedliche rechtliche oder steuerliche Rahmenbedingungen Einschränkungen bezüglich der Vergleichbarkeit ergeben.

Darüber hinaus ist die Anwendung einzelner Multiplikatoren kritisch zu hinterfragen. Bei Anwendung eines Umsatzmultiplikators wird zB unterstellt, dass das Bewertungs- und Vergleichsobjekt über eine vergleichbare Kostenstruktur verfügen. Bei Anwendung eines EBITDA-Faktor werden identische Kapazitäten unterstellt, während unterschiedliche Kostenstrukturen zum Tragen kommen. Bei Anwendung des EBIT werden auch unterschiedliche Abschreibungsbeträge berücksichtigt. In diesen Fällen ist jedoch zu überprüfen, ob die ausgewiesenen Abschreibungen vergleichbar sind (vgl. oben).[16]

Unabhängig von diesen Einschränkungen stellen Multiplikatoren insbesondere bei Börsengängen eine notwendige Plausibilisierung errechneter Zukunftserfolgswerte dar. Um möglichst umfassende Informationen aus den Multiplikatorenverfahren zu erhalten, wird zudem empfohlen, mehrere Multiplikatoren anzuwenden, um oben beschriebene Effekte sichtbar zu machen.

---

[16] Vgl. Krolle/Schmitt/Schwetzler Multiplikatorverfahren in der Unternehmensbewertung S. 47.

II. Durchführung der Wertermittlung

32 Nachdem vorstehend eine erste Darstellung der einzelnen in Betracht kommenden Bewertungsmethoden und eine Qualifizierung des Einsatzbereichs und der Tauglichkeit dieser Methoden vorgenommen wurde, soll nunmehr aufgezeigt werden, wie bei der praktischen Durchführung der einzelnen Verfahren vorzugehen ist. Wegen der besonderen praktischen Relevanz des Ertragswertverfahrens und der Discounted-Cashflow-Methode beschränken sich die nachfolgenden Ausführungen hierauf.

1. Ertragswertverfahren

a) Ermittlung der Zukunftserfolge

33 aa) **Vergangenheitsbereinigung:** Der erste Schritt einer Ertragswertermittlung besteht in der Festlegung, mit welchen zukünftigen Ergebnissen gerechnet werden kann. Hierbei kommt es ausschließlich auf die Erwartungen für die Zukunft an. Entgegen weit verbreiteter praktischer Handhabung sind die Werte der Vergangenheit für die Unternehmensbewertung zunächst ohne unmittelbare Bedeutung. „Für Gewesenes gibt der Kaufmann nichts". Vergangenheitsdaten haben aus diesem Grunde nur insoweit bewerterische Relevanz, wie sich aus ihnen Rückschlüsse für die zukünftige Entwicklung ableiten lassen.

34 Grundlage für die Prognose der künftigen finanziellen Überschüsse ist eine ausführliche Vergangenheitsanalyse. Im Rahmen dieser Vergangenheitsanalyse muss die bisherige leistungs- und finanzwirtschaftliche Entwicklung des Unternehmens anhand von Informationen über die erwiesene Ertragskraft analysiert werden. Insbesondere sind außergewöhnliche und nicht wiederkehrende Sachverhalte zu eliminieren, um eine repräsentative und für die Zukunft vergleichbare Darstellung zu erreichen.

35 Als Zeitraum für eine Vergangenheitsanalyse wird bei gesellschaftsrechtlichen Anlässen eine Phase von 3 bis 5 Jahren vorgeschlagen.[17] Bei Börsengängen orientiert man sich an der Anzahl von Vergangenheitsjahren, die für die Zulassung eingereicht wurden. Die Vorteilhaftigkeit eines langen Zeitraums für die Vergangenheitsanalyse ist zudem im Einzelfall sehr unterschiedlich. Wurde zB das Geschäftsmodell erst kürzlich umgestellt, so stellt eine ältere Ertragslage keine geeignete Basis für die zukünftige Entwicklung dar.

36 Darüber hinaus kann es angebracht sein, weitere Bereinigungen vorzunehmen. Diese können dann vorliegen, wenn sich zB die Struktur des Geschäfts infolge des Börsenganges ändert. Wird zB nur ein Teil an die Börse gebracht, so sind so genannte pro forma Bilanzen und GuV's aufzustellen, welche die Situation in der Vergangenheit so wieder geben, als ob die zukünftige Struktur bereits in der Vergangenheit gegolten hätte. Bei Börsengängen von ursprünglichen Einzelunternehmen ist darüber hinaus ein angemessener Unternehmerlohn zu berücksichtigen. Weiterhin sind die Sachverhalte, die in der GuV des Unternehmens ausgewiesen werden, aber der persönlichen Sphäre des Gesellschafters zurechnet werden, zu bereinigen.

---

[17] OLG Stuttgart 4 W 34/93 v. 1.10. 2003, AG 2004, 43 ff.; ferner *Simon/Simon/Leverkus* § 11 Rz. 66.

A. Bewertung und Kursbildung   37–42 § 24

Durch derartige Bereinigungen kann es abschließend notwendig werden, eine Neuberechnung ergebnisabhängiger Größen wie zB Steuern vorzunehmen. 37

bb) Planung und Prognose. Bei der Prognose der zukünftigen finanziellen Überschüsse wird die so genannte analytische Methode angewandt. Nach dieser Methode wird die Planung der zukünftigen finanziellen Überschüsse in zwei Phasen unterteilt. In einer ersten Phase werden die finanziellen Überschüsse aus der Planungsrechnung der Gesellschaft hergeleitet. Dabei müssen die zukünftigen Umsätze, die wesentlichen Aufwandspositionen, geplante Investitionen, der Liquiditätsbedarf etc. anhand qualifizierter Prognosen geschätzt werden. Aus diesen Schätzungen werden Plan-Gewinn- und Verlustrechnungen aufgestellt, die den Zukunftsertrag ausweisen. In einer zweiten Phase wird ein nachhaltiges Ergebnis, welches repräsentativ für die Zukunft ist, angesetzt. Dies trägt dem Umstand Rechnung, dass Unternehmen auf der einen Seite grundsätzlich eine unendliche Lebensdauer haben. Der Grad der Sicherheit einer in der Zukunft fortschreitenden Planung nimmt dagegen stetig ab. Daher wird nach Ablauf der Detailplanungsphase die weitere Entwicklung durch ein repräsentatives Jahr abgegolten. 38

In der Praxis liegen Planungsrechnungen der Gesellschaft bereits vor. Insbesondere bei anstehenden Börsengängen hat die Gesellschaft ihre Wachstumsstory bereits in mehrjährigen Planungsrechnungen zum Ausdruck gebracht. Diese Planungsrechnungen werden im Vorfeld eines Börsenganges einzelnen Investorengruppen präsentiert und erläutert. Wesentlicher Vorteil dieser Planungsrechnung ist, dass diese von denjenigen Personen aufgestellt wurden, die umfassende Kenntnisse über das Unternehmen haben. 39

Diese Plandaten sind in der Regel eine gute Ausgangsbasis für die Ableitung der Zukunftserträge, da sie aufgrund der Präsentationen in der Öffentlichkeit nicht durch übergeordnete unternehmenspolitische Vorgaben geschönt oder auf andere Art verfälscht sind.[18] 40

Die Länge des Detailplanungszeitraums kann dabei im Einzelfall variieren. Üblicherweise werden Planungsrechnungen von 3 bis 5 Jahren erstellt. Im Rahmen von Börsengängen bietet sich zudem an, die strategische Ausrichtung durch längerfristige Planungen zu dokumentieren. Auch die Auswirkungen von Strukturveränderungen sollte vollständig im Detailplanungszeitraum abgebildet werden. Liegen solche Effekte vor, bietet es sich an, die Planungsphase entsprechend zu verlängern. Liegen derartige Effekte nicht vor, ist es nicht zwingend, eine entsprechend lange Planungsrechnung aufzustellen. Zu beachten ist jedoch, dass im gleichen Umfang Wachstumsaussichten unterstellt werden. In längeren Planungsrechnungen ist bereits ein bestimmtes Wachstum dokumentiert. Der gleiche Effekt kann bei kürzeren Planungsrechnungen durch den Ansatz eines höheren Wachstumsabschlags erreicht werden.[19] 41

Anhand dieser Planungsrechnung werden grds. alle Ertrags- und Aufwandspositionen gesondert geplant. Bei den **Umsatzerlösen** muss zunächst eine Mengenplanung unter Berücksichtigung der erwarteten Marktentwicklung sowie der eigenen Marktposition aufgestellt werden. Diese Mengenplanung ist möglichst bis auf die Ebene des einzelnen Produktes oder zumindest 42

---

[18] Zur Bedeutung des Business-Plans s. zB *Volk* NWB Fach 18, 3731; *Kussmaul* StB 1999, 471.
[19] Vgl. *Wollny* Der objektivierte Unternehmenswert S. 169 ff.

Kohl   1739

homogener Produktgruppen herunter zu brechen. Anschließend ist eine Preisprognose für die einzelnen Produkte durchzuführen. Je detaillierter diese Umsatzprognose angefertigt und dokumentiert wird, desto leichter gestaltet sich die Abschätzung der damit zusammenhängenden Kosten.

43 Für die **Aufwandsposten** ist ein vergleichbares Vorgehen erforderlich. So muss anhand der Absatzmengen der Wareneinsatz mengenmäßig geplant und anschließend mit erwarteten Materialkosten bewertet werden. Für die Prognose der Personalkosten ist zunächst ein Personalbedarfsplan aufzustellen. Anhand der Qualifikation der Mitarbeiter sind dann Annahmen über die Personalkosten pro Mitarbeiter zu treffen. Die Abschreibungen werden auf der Basis eines detaillierten Investitionsplans ermittelt.

44 Von zentraler Bedeutung für die Planrechnung ist die Ermittlung der zukünftigen **Zinsaufwendungen**. Hierfür sind anhand der übrigen Unternehmenspläne (Plan-GuV, Investitionsplan, Schätzung des durchschnittlichen Zahlungsziels, Eigenkapitalausstattung sowie die Entwicklung des so genannten Net Working Capital etc.) Planbilanzen aufzustellen, aus denen der zukünftige Finanzbedarf abgeleitet werden kann. Nur wenn diese Finanzbedarfsermittlung sachgerecht durchgeführt wird, können die Verzerrungen aufgrund einer GuV-orientierten Ertragsprognose anstelle einer liquiditätsorientierten Überschussprognose vermieden werden.

45 **cc) Verbundeffekte.** Verbundeffekte oder auch Synergieeffekte sind solche Zusatzeffekte, die aus dem Zusammenwirken zweier Unternehmen resultieren. Als Verbundeffekt wird die Differenz zwischen der reinen Addition der einzelnen Unternehmenswerte und dem Gesamtwert beider Unternehmen bezeichnet (sog. 2+2=5-Effekt).

46 Beim Erwerb von Unternehmen kommt den Verbundeffekten regelmäßig eine erhebliche Bedeutung zu. Vielfach ist ein Unternehmenskauf für den Erwerber überhaupt nur dann vorteilhaft, wenn die erzielbaren Verbundeffekte in die Kalkulation einbezogen werden. Insofern ist es in der betriebswirtschaftlichen Unternehmensbewertungslehre unbestritten, dass die Verbundeffekte bei der Schätzung des Zukunftsertrages bei subjektiven Entscheidungswerten zu berücksichtigen sind. Das bedeutet, dass nicht nur die Zukunftserträge des zu bewertenden Unternehmens betrachtet werden dürfen. Vielmehr sind in einem zweiten Bewertungsschritt die Zukunftserträge, die beim Erwerber selbst aus Verbundeffekten resultieren, als Bestandteil des Zukunftsertrages zu berücksichtigen.[20]

47 Streng von den Verbundeffekten zu trennen sind solche Effekte, die zwar beim zu bewertenden Unternehmen durch den Einfluss des übernehmenden Unternehmens eintreten, aber nicht auf ein Zusammenwirken der beiden Unternehmen zurückzuführen sind. Ist beispielsweise ein unfähiges Management beim zu bewertenden Unternehmen für eine ungünstige Ertragslage verantwortlich und wird das Management durch Personal des übernehmenden Unternehmens ersetzt, so handelt es sich hierbei nicht um einen Verbundeffekt. Gleiches gilt, wenn nach der Übernahme ein Überbestand an Personal abgebaut wird oder sonstige Unwirtschaftlichkeiten beseitigt werden. Diese Rationalisierungseffekte sind ebenfalls in die Ermittlung des Zukunftserfolgs aufzunehmen, da sie ja gerade das wesentliche Element der zukünftig zu erwartenden Erträge des Unternehmens sind.

---

[20] Vgl. *Simon/Simon/Leverkus* § 11 Rz. 26–28.

A. Bewertung und Kursbildung 48–50 § 24

Verbundeffekte durch einen **Börsengang** sind in der Regel nicht zu erwarten, da die Aktien einem breiten Anlegerpublikum zugänglich gemacht werden sollen. Jedoch bringt der Börsengang für ein Unternehmen auch spezifische Vorteile mit sich. Insbesondere tritt durch den Börsengang regelmäßig ein erheblicher Werbeeffekt ein. Trotz der früheren Geschehnisse am Neuen Markt genießen börsennotierte Unternehmen im Geschäftsleben nach wie vor eine besondere Reputation. Dieses verbesserte „Standing" kann sich positiv sowohl bei der Personalbeschaffung als auch gegenüber den übrigen Geschäftspartnern des Unternehmens auswirken.[21] Derartige Effekte sind in die Unternehmensbewertung einzubeziehen, wenn sie konkret greifbar sind. Ein weiterer Verbundeffekt ist die Berücksichtigung des Emissionserlöses aus dem Börsengang. Durch derartige zufließende Mittel ergeben sich Auswirkungen auf die Refinanzierungsmöglichkeiten. Zudem werden bestimmte Investitionsalternativen erst ermöglicht. 48

b) Einbeziehung von persönlichen Steuern

Da bei einer Unternehmensbewertung die an den Investor zufließenden finanziellen Überschüsse maßgeblich sind, stellt sich die Frage, in welchem Umfang mögliche Steuern des Investors bei der Ableitung der finanziellen Überschüsse abgezogen werden. Es entspricht der herrschenden Bewertungstheorie, die Zahlungsströme aus dem zu bewertenden Unternehmen einschließlich ihrer Auswirkungen beim Gesellschafter („Shareholder Value Ansatz") zu betrachten. Unternehmenswerte ergeben sich anhand eines Vergleichs des Unternehmens mit einer Alternativinvestition, die einen äquivalenten Konsumstrom liefert. Daher muss davon ausgegangen werden, dass die persönliche Steuer einen Einfluss auf den Grenzpreis eines Investors hat.[22] In Abhängigkeit des Gesellschafters können jedoch sehr unterschiedliche Steuerfolgen eintreten. Wird zB der Anteil an einer Kapitalgesellschaft im Privatvermögen gehalten, erfolgt eine Belastung der Dividende mit Abgeltungssteuer. Handelt es sich bei den Anteilen dagegen um Betriebsvermögen, findet das so genannte Teileinkünfteverfahren Anwendung, wonach 60 % der Dividende mit dem persönlichen Steuersatz belastet werden. Neben den Dividenden sind durch Thesaurierungen hervorgerufenen Kurssteigerungen zu berücksichtigen. Da noch keine empirischen Grundlage nach Einführung der Abgeltungssteuer vorliegen, bestehen hinsichtlich der Annahmen über die Höhe einer zukünftigen Kursgewinnbesteuerung Unsicherheiten. 49

Insbesondere bei der Ableitung eines angemessenen Kapitalisierungszinssatzes ergeben sich dann einige Schwierigkeiten. Eine Vorgehensweise zur Berücksichtigung von persönlichen Steuern ist die **mittelbare Typisierung** von persönlichen Steuern. Bei diesem Ansatz werden Renditen vom Kapitalmarkt abgeleitet, in denen die persönliche Steuerbelastung aller Kapitalmarktteilnehmer reflektiert ist. Die Gewinnung solcher Renditen erfolgt in der Praxis auf der Basis des Preiserklärungsmodell CAPM. Auch wenn in diesem Modell explizit keine persönlichen Steuern erfasst werden, bringen die eingehenden Inputdaten die Ertragssteuerbelastung aller Kapitalmarktteilnehmer zum Aus- 50

---

[21] Zu den möglichen Vorteilen s. *Schanz* Börseneinführung § 2 Rz. 10 ff.
[22] Vgl. *Ballwieser/Kruschwitz/Löffler* WPg 2007, 765.

§ 24 51–54 Bewertung und Kursbildung, Due Diligence

druck. Dieses Vorgehen ist international üblich und wird unter bestimmten Voraussetzungen auch vom Berufstand der Wirtschaftsprüfer angewendet.[23]

51 Daneben können die Auswirkungen einer persönlichen Besteuerung explizit, dh. **unmittelbar** erfolgen. In diesen Fällen sind die Steuerfolgen eines typisierten Gesellschafters zu berücksichtigen. Bisher wurde vom Berufsstand der Wirtschaftsprüfer in derartigen Fällen als Anteilseigner eine im Inland ansässige natürliche Person mit einem persönlichen Steuersatz von 35 % zu Grunde gelegt. Selbst in denen Fällen, in denen die individuellen steuerlichen Verhältnisse bekannt waren, sollte auf die durchschnittliche Steuerbelastung von 35 % abgestellt werden.[24] Diese strenge Objektivierung ist mit dem neuen IDW Standard S1 aufgehoben. In dem fortentwickelten Konzept der Typisierung ist im IDW S 1 keine Vorgabe für eine durchschnittliche Steuerbelastung mehr enthalten. Daher können anlassbezogen die jeweiligen Verhältnisse des Einzelfalls herangezogen werden.[25]

52 Es stellt sich dann jedoch die Frage, wie eine derartige Berücksichtigung persönlicher Steuern im Kapitalisierungszinssatz vorgenommen wird. Für eine explizite Erfassung persönlicher Steuern und eine Abbildung eines Steuersystems, in dem Zinserträge, Dividenden und Kursgewinnen differenziert besteuert werden, kann das von Brennan entwickelte TAX-CAPM herangezogen werden.[26] Unter idealtypischen Bedingungen steuerlich homogener Marktteilnehmer mit einheitlichen typisierten Steuersätzen lassen sich direkt Nachsteuerrenditen ableiten.[27]

53 Da bei einem Börsengang im Regelfall eine Vielzahl von Anteilseigner betroffen sind, können deren steuerliche Verhältnisse im Einzelnen nicht ermittelt werden. Daher bietet sich für Bewertungen im Rahmen von Börsengängen entweder eine mittelbare Typisierung an, da bei dieser die steuerlichen Verhältnisse aller Kapitalmarktteilnehmer bereits erfasst sind. Alternativ erscheint es sachgerecht, als Anteilseigner die bisherige Objektivierung einer im Inland ansässigen natürlichen Person zu unterstellen. Werden die Anteile im Privatvermögen gehalten, unterliegen mögliche Dividenden einer einheitlichen und pauschalen Abgeltungssteuer von 25 %. Hinsichtlich der Besteuerung der Kursgewinne empfiehlt sich ein Ansatz eines hälftigen Steuersatzes. Dieser ist damit begründet, dass in Folge langer Haltedauern und damit einer zeitlich nachgelagerten Besteuerung die effektive Steuerbelastung deutlich unter dem heutigen nominalen Steuersatz liegen muss.[28]

c) Kapitalisierungszinssatz

54 Der Kapitalisierungszinssatz hat die Aufgabe, die Investition in das zu erwerbende Unternehmen mit einer Alternativinvestition vergleichbar zu machen („Bewerten heißt vergleichen"). Anders ausgedrückt: Wenn die Rendite und

---

[23] Vgl. WPH/Bd. II/*Wagner* Kap. A Rz. 198.
[24] Vgl. Arbeitskreis für Unternehmensbewertung des IDW (AKU), Berichterstattung über die 57. bis 61. Sitzung des AKU, FN-IDW 1997, 33 f.
[25] Vgl. *Dörschell/Franken/Schulte* WPg 2008, 445.
[26] Vgl. *Brennan*, National Tax Journal 1970, 417 ff. Ferner *Jonas/Löffler/Wiese* WPg 2004, 898 ff.; *Wagner/Jonas/Ballwieser/Tschöpel* WPg 2004, 892.
[27] Vgl. WPH/Bd. II/*Wagner* Kap. A Rz. 201–207. Ausführliche Beispiele finden sich bei *Zeidler/Schöniger/Tschöpel* FB 2008.
[28] Vgl. *Wiese* WPg 2007, 368.

der Kaufpreis einer vergleichbaren Alternative bekannt sind, kann man anhand dieser Daten den Kaufpreis für das zu bewertende Unternehmen festlegen. Als Alternativanlage ist dabei ebenfalls eine Investition in Unternehmensanteile, insbesondere die Aktienmarktrendite als Bezugs- und Ausgangsgröße für die Ermittlung des Eigenkapitalkostensatzes heranzuziehen. Nach herrschender Meinung setzt sich diese aus dem risikolosen Basiszinssatz, einem Risikozuschlag sowie einem Wachstumsabschlag zusammen.[29]

aa) Basiszinssatz. Für die Ermittlung des Basiszinssatzes wird in der Praxis auf die Rendite aus einer Investition in öffentliche Anleihen abgestellt. Bei der Ableitung derartiger Renditen ist darauf zu achten, dass Unternehmen grundsätzlich unendliche Lebensdauern aufweisen. Entsprechend dem Grundsatz der Laufzeitäquivalenz, wonach sich die Fristigkeiten der finanziellen Überschüsse und der alternativen Anlage entsprechen müssen, ist daher eine unendliche Rendite einer Anleihe mit einer ewigen Laufzeit heranzuziehen.

Früher wurde der unendlichen Lebensdauer durch ein zweistufiges Vorgehen Rechnung getragen. Im ersten Schritt war auf die Rendite von langfristigen Anleihen, im Regelfall 10 Jahren, abzustellen. Für die Zeitdauer danach wurden durchschnittliche Renditen der Vergangenheit herangezogen. Kritisch bei diesem Vorgehen war, dass für die Schätzung der Renditen ab dem 11. Jahr keine Markteinschätzungen mehr vorlagen. Die aus der Vergangenheit abgeleiteten Renditen waren dagegen durch Hochzinsphasen zu Beginn der 90er Jahre geprägt und damit nicht repräsentativ für die zukünftige Entwicklung.

Um eine solche unendliche Rendite marktgerecht zu schätzen, werden in der heutigen Praxis aktuelle Zinsstrukturkurven herangezogen, mit deren Hilfe für jede Laufzeit individuelle Zinssätze ermittelt werden können.[30] Grundidee ist, dass sich die Zinserwartungen in den am Kapitalmarkt gehandelten Anleihen mit unterschiedlicher Laufzeit reflektieren. Zur Gewährung einer möglichst objektiven Nachprüfbarkeit wird dazu auf die Daten und Methodik der Deutschen Bundesbank abgestellt, die mit Hilfe der so genannten Svensson-Methode Zinsstrukturkurven schätzt. Alternativ zu den Daten der Deutschen Bundesbank kommen verstärkt Daten der Europäischen Zentralbank zum Einsatz. Diese haben den Vorteil, dass sie auf einer breiteren Marktbasis erhoben werden. Insbesondere in Zeiten stark schwankender Zinssätze, wie zB in der Finanzmarktkrise 2007, weisen diese Daten eine bessere Kontinuität aus.[31]

Mit Hilfe dieser Zinsstrukturkurven lassen sich rechnerisch risikolose Zinssätze für jeden Zeitraum ableiten. Zur Vereinfachung wird in der Praxis jedoch ein einheitlicher barwertäquivalenter Basiszinssatz ermittelt.[32] Für eine solche Ableitung eines einheitlichen barwertäquivalenten Zinssatzes sind Annahmen über das Wachstum der finanziellen Überschüsse zu treffen. Aus Vereinfachungsgründen empfiehlt das IDW für Zwecke der Unternehmensbewertung den Ansatz einer typisierten Wachstumsrate von einem Prozent.[33]

---

[29] Vgl. WPH/Bd. II/*Wagner* Kap. A Rz. 173.
[30] Vgl. *Gebhardt/Daske* WPg 2005, 651: Ferner *Jonas/Wieland-Blöse/Schiffarth* FB 2005, 647 ff.
[31] Diese Daten können unter http://www.ecb.eu/stats/money/yc/html/index:en.html abgerufen werden.
[32] Vgl. Arbeitskreis Unternehmensbewertung des IDW, Berichterstattung über die 86. Sitzung, FN-IDW 2005, 555 f.
[33] Vgl. WPH/Bd. II/*Wagner* Kap. A Rz. 291 f.

59 **bb) Risikozuschlag:** Da die zukünftigen finanziellen Überschüsse aus dem Bewertungsobjekt unsicher sind, ist der risikolose Basiszinssatz anschließend um einen Risikozuschlag für das unternehmerische Risiko zu ergänzen. Dieser Risikozuschlag ist grundsätzlich marktgestützt mit einem anerkannten Preiserklärungsmodell zu ermitteln. In Betracht kommen dabei das CAPM oder das um die Wirkung von persönlichen Steuern erweiterte TAX-CAPM. Inhaltlich ergibt sich der Risikozuschlag aus dem Produkt einer allgemeinen, und für alle Bewertungsobjekte einheitlichen Marktrisikoprämie mit dem so genannten unternehmensspezifischen Betafaktor.

$$r_{EK} = r_{risikolos} + Marktrisikoprämie \cdot \beta$$

60 Die Marktrisikoprämie ergibt sich als Differenz zwischen der Marktrendite und dem risikolosen Basiszinssatz. Eine solche Marktrisikoprämie wird bei Bewertungen nicht für jeden Einzelfall hergeleitet. Vielmehr wird auf anerkannte Schätzungen abgestellt, die eine geeignete Größe für die Prognose zukünftiger Marktrisikoprämien darstellen.

61 Für den deutschen Kapitalmarkt existieren in erster Linie Analysen auf Basis der historischen Daten.[34] Derartige Daten sind um solche Aspekte zu korrigieren, welche sich in der Vergangenheit niedergeschlagen haben, aber für die Zukunft nicht mehr repräsentativ sind. Anhand einer Studie zur Zeiten des Halbeinkünfteverfahrens, die auch die Auswirkungen einer differenzierten persönlichen Besteuerung umfasst, lassen sich als Marktrisikoprämie ohne persönliche Steuern Zuschläge von 4,0 % bis 5,0 % für das CAPM bzw 5,0 % bis 6,0 % für das Tax-CAPM einschließlich persönlicher Steuern ableiten.[35]

62 Infolge der Einführung der **Abgeltungssteuer** sind diese bisherigen Annahmen jedoch zu hinterfragen. Durch die Steuerreform 2008 kommt es zu einer Verschiebung der Steuerlasten und damit zu einer neuen Verteilung der finanziellen Überschüssen. Auf der Ebene der Gesellschaft ergeben sich infolge sinkender Steuersätze höhere finanzielle Überschüsse. Auf der Ebene der Gesellschafter kommt es jedoch durch die Einführung einer einheitlichen pauschalen Abgeltungssteuer von 25 % zu einer Erhöhung der Steuerlasten im Vergleich zum früheren Halbeinkünfteverfahren. Zudem war es früher unter bestimmten Umständen möglich, eine infolge von Thesaurierung hervorgerufene Kurssteigerung steuerfrei zu vereinnahmen.[36] Durch das Bestreben der Anteilseigner, ihre Rendite nach Abzug von persönlichen Steuern konstant zu halten, ergibt sich die Notwendigkeit, höhere Renditeforderungen an die Gesellschaft zu stellen. Offen bleibt jedoch, inwieweit aufgrund der unterschiedlichen Struktur der Kapitalmarktteilnehmer höhere Renditeforderungen durchgesetzt werden können. So sind wie oben beschrieben nicht alle Kapitalmarktteilnehmer im gleichen Maße durch die Steuerreform betroffen. Ausgehend von den oben genannten Typisierungen der Marktrisikoprämie zur Zeiten des Halbeinkünfteverfahrens lassen Simulationen bei Ansatz einer Veräußerungsgewinnbesteuerung unter Berücksichtigung typisierter Haltedauern eine Marktrisikoprämie von 4,5 % nach persönlichen Steuern für das Tax-CAPM erwarten. Dazu korrespondiert eine Marktrisikoprämie von 5,0 % vor persönlichen Steuern für das CAPM.[37] Dabei ist zu beachten, dass sich diese

---

[34] Für einen Überblick vgl. *Wagner/Jonas/Ballwieser/Tschöpel* WPg 2005, 1027 sowie *Widmann/Schieszl/Jeromin* FB 2003, S. 805.
[35] Vgl. *Stehle* WPg 2004, 921.
[36] Vgl. *Kohl* StatusRecht 2007, 282.
[37] Vgl. *Zeidler/Schöniger/Tschöpel* FB 2008, 285.

A. Bewertung und Kursbildung 63–66 § 24

Renditen zwar durch Simulationen herleiten lassen. Sie sind jedoch zukünftig durch die empirische Kapitalmarktforschung zu validieren.

Neben der Marktrisikoprämie ist zur Bestimmung der Eigenkapitalkosten **63** der unternehmensspezifische Betafaktor abzuleiten. Dieser bringt die Volatilität der Rendite des Bewertungsobjekts im Verhältnis zur Volatilität des Marktportfolios zum Ausdruck. Der Betafaktor wird ermittelt durch eine Regression der Renditen des Bewertungsobjekts gegen die entsprechenden Renditen des Marktportfolios.[38] Ein solcher Betafaktor kann grundsätzlich für das CAPM wie das Tax-CAPM angewendet werden, da seine Ermittlung unabhängig vom Kapitalmarktmodell erfolgt.[39] Da im Rahmen der Unternehmensbewertung zukünftige finanzielle Überschüsse betrachtet werden, ist der Betafaktor grundsätzlich zukunftsbezogen zu schätzen. In der Praxis wird dazu jedoch auf Vergangenheitswerte abgestellt. Es ist dann zu fragen, inwieweit ein solch ermittelter Betafaktor eine geeignete Grundlage für die zukünftige Entwicklung darstellt. Dabei ist insbesondere der Analysezeitraum zu beachten. Als Analysezeitraum für Betafaktoren kommen grundsätzlich Zeiträume von 1 bis 5 Jahren in Betracht. Hat das betrachtete Unternehmen jedoch in diesem Zeitraum seine Geschäftspolitik wesentlich geändert, so erscheinen Betafaktoren auf einer 5-jährigen Basis nicht mehr repräsentativ für eine zukunftsbezogene Schätzung. Weiterhin sind die historischen Betawerte um Effekte aus Restrukturierungen, Übernahmeangebote, veränderter Produktschwerpunkte anzupassen.[40] Neben unterschiedlichen Zeiträumen bestimmt die Auswahl des Marktindex die einzelnen Betawerte.

Da im Rahmen eines erstmaligen Börsenganges Kapitalmarktdaten des Be- **64** wertungsobjektes noch nicht vorliegen, ist regelmäßig auf Daten einer Gruppe von Vergleichsunternehmen abzustellen, so genannte Peer-Gruppe. Zur Identifikation einer solchen Peer-Gruppe sowie zur Ableitung entsprechender Betafaktoren kann auf Daten von Informationsdienstleister wie Bloomberg oder Reuters zurückgegriffen werden.

Zu beachten ist, dass ein Betafaktor neben dem operativen Risiko auch **65** Komponenten des Kapitalstrukturrisikos enthält. Es ist zu erwarten, dass hoch verschuldete Unternehmen aufgrund des höheren finanziellen Risikos einen höheren empirischen Betafaktor ausweisen Da die Kapitalstruktur des Bewertungsobjekts häufig eine andere Kapitalstruktur als ein Vergleichsunternehmen hat und die einzelnen Unternehmen der Peer-Gruppe keine homogene Kapitalstruktur aufweisen, ist der empirische Betafaktor um den Effekt der Verschuldung zu bereinigen.[41]

Für den Fall stetig steigender Überschüsse ist ein nach oben beschriebener **66** Methodik ermittelter Eigenkapitalkostensatz zusätzlich um einen so genannten **Wachstumsabschlag** zu ergänzen. Wachstumsmöglichkeiten entstehen auf der einen Seite durch ein im Detailplanungszeitraum noch nicht abgebildetes Mengenwachstum. Darüber hinaus besteht für das Unternehmen auch die Möglichkeit, inflationsbedingte Kostensteigerungen durch eine entsprechende Erhöhung der Absatzpreise an die Kunden weiter zugeben. Da der ermittelte

---

[38] Vgl. IDW S 1 aF: Anhang CAPM und Tax-CAPM.
[39] Vgl. *Löffler* WiSt 1998, 420 ff.
[40] Vgl. WPH/Bd. II/*Wagner* Kap. A Rz. 304.
[41] Vgl. *Dörschell/Franken/Schulte* WPg 2008, 447. Ferner WPH/Bd. II/*Wagner* Kap. A Rz. 305.

Zinssatz eine Nominalgröße darstellt, beinhaltet er bereits eine Geldentwertungsprämie. Für die Kapitalisierung der finanziellen Überschüsse im Detailplanungszeitraum ergeben sich dann keine Probleme, weil alle inflationsbedingten Veränderungen in der Planungsrechnung abgebildet sind. Im Ergebnis werden nominale Ergebnisgrößen mit einem nominalen Zins kapitalisiert.

67 Besonderheiten ergeben sich in der ewigen Rente, da hierfür ein konstantes Ergebnis für die Kapitalisierung herangezogen wird. Da jedoch grundsätzlich Unternehmen auch nach Ablauf ihres Planungszeitraumes zumindest partiell in der Lage sind, Kostensteigerungen durch Umsatzsteigerungen an den Kunden weiterzugeben, sind Anpassungen erforderlich. Empirische Untersuchungen zeigen zwar, dass das Gewinnwachstum deutscher Unternehmen regelmäßig hinter den Inflationserwartungen zurückbleibt.[42] Um jedoch solche stetig steigende finanzielle Überschüsse abzubilden, wird in der Praxis vom Kapitalisierungszinssatz ein Wachstumsabschlag vorgenommen.[43] Damit wird unterstellt, dass die zukünftigen finanziellen Überschüsse ab Beginn der ewigen Rente mit dieser Rate jährlich steigen.

68 Allgemeine Wachstumsannahmen können jedoch nicht unreflektiert in einen Wachstumsabschlag übernommen werden. Um Wachstumsaussichten besser schätzen zu können, empfiehlt es sich, eine Wachstumsthesaurierung vorzunehmen. Hintergrund einer solchen Thesaurierung ist die Tatsache, dass bei sowohl bei mengen als auch preisgetriebenen Wachstum eine Finanzierungslücke entsteht. Würde diese vollständig durch Fremdkapitalaufnahme geschlossen, würde sich die Eigenkapitalquote stetig verschlechtern. Zur Aufrechterhaltung der zu Beginn der ewigen Rente bestehenden Finanzierungsstruktur ist daher ein Teil des für die ewige Rente maßgeblichen Ergebnisses zu thesaurieren. In der Praxis wird dazu häufig die nachhaltige Wachstumsrate bezogen auf das Eigenkapital angesetzt. Darüber hinaus kann im Falle von zusätzlichen nachhaltigen Thesaurierungen der Wachstumsabschlag für die Abbildung eines thesaurierungsbedingtem Wachstums herangezogen werden.[44]

69 Für **spezielle Risiken**, die sich aus der Geschäftstätigkeit des Unternehmens ergeben, darf allerdings kein Zinszuschlag vorgenommen werden. Diese Risiken sind bereits bei der Prognose der Zukunftserträge zu berücksichtigen.

70 cc) **Fungibilität.** Festverzinsliche Wertpapiere öffentlicher Schuldner werden an der Börse gehandelt und sind daher täglich liquidierbar. Demgegenüber erfordert der Verkauf eines Unternehmens typischerweise viel Zeit und finanziellen Aufwand. Dieser **mangelnden Handelbarkeit von Unternehmen** (Fungibilität) kann durch eine Erhöhung des Kapitalisierungszinssatzes Rechnung zu tragen. Die Höhe des Fungibilitätszuschlags richtet sich danach, ob das Unternehmen börsennotiert ist, in welcher Rechtsform das Unternehmen organisiert ist, welchen Standardisierungsgrad die Branche aufweist etc. Da durch die Börsennotierung ganzer Unternehmen gerade die Fungibilität hergestellt werden soll, spielen derartige Abschläge bei Börsengängen keine Rolle. Werden dagegen nur einzelne Anteile eines Unternehmens an die Börse gebracht, können diese Anteile durchaus mit einem Abschlag gehandelt werden (Vgl. die Ausführungen zum Wert und Preis von Unternehmen).

---

[42] Vgl. *Widmann/Schieszl/Jeromin* FB 2003, 800 ff. sowie *Auge-Dickhut/Moser/Widmann* Praxis der Unternehmensbewertung, Rz. 4.1.6.7.5.
[43] Vgl. *Stehle* WPg 2004, 916 und 921.
[44] Vgl. *Wiese* WPg 2005, 617 ff.

A. Bewertung und Kursbildung   71–75 § 24

Dabei ist zu beachten, dass ein solcher Fungibilitätsabschlag nicht nur durch 71
einen Zuschlag beim Zinssatz, sondern insbesondere durch einen Wertabschlag
vom Unternehmenswert vorgenommen wird.[45]

d) Berechnung des Ertragswertes

Sind die Zukunftserfolge geschätzt und der Kapitalisierungszinssatz festge- 72
legt, so wird aus diesen beiden Parametern der Ertragswert ermittelt. Dazu
werden die Zukunftsergebnisse **auf den Bewertungsstichtag abgezinst**.

Ist eine konkrete Planung der Zukunftsergebnisse durchgeführt worden, so 73
sind die einzelnen Jahre gesondert zu betrachten und abzuzinsen. Wenn die Zu-
kunftsschätzung in zwei Phasen zerlegt wurde, muss auch ein **zweiphasiges
Abzinsungsverfahren** angewendet werden. In der ersten Phase wird jedes
Jahr einzeln abgezinst. Für die Folgezeit mit gleich bleibenden Jahresergebnis-
sen kann dann ein isolierter Ertragswert als ewige Rente ermittelt werden, der
aber noch seinerseits auf den Bewertungsstichtag abzuzinsen ist.

Im folgenden Beispiel einer unmittelbaren Typisierung von persönlichen 74
Steuern ist ein Basiszinssatz von 4,75 % vor persönlichen Steuern bzw. 3,6 %
nach persönlichen Steuern, eine Marktrisikoprämie nach persönlichen Steuern
von 4,5 % und ein Betafaktor von 1 unterstellt. Dies ergibt einen Zinssatz von
rund 8,1 %. Bei einer Besteuerung der Thesaurierungseffekte/Kursgewinne
mit einem effektiven Steuersatz von 12,5 % ergibt sich folgender Unternehmenswert:[46]

		1	2	3	ewige Rente
Ergebnis vor Steuern		100	100	100	100
Gewerbesteuer	13,0%	-13	-13	-13	-13
Körperschaftsteuer	15,0%	-15	-15	-15	-15
Ausschüttbares Ergebnis		72	72	72	72
Ausschüttung	40,0%	29	29	29	29
Abgeltungssteuer	25,0%	-7	-7	-7	-7
Nettoausschüttung ohne Thesaurierung a)		22	22	22	22
Fiktive Zurechnung Thesaurierung		43	43	43	43
Besteuerung Kursgewinne	12,5%	-5	-5	-5	-5
Wertbeitrag Thesaurierung b)		38	38	38	38
zu kapitalisierendes Ergebnis (a+b)		59	59	59	59
Barwertfaktor		0,9254	0,8563	0,7925	9,82891
Barwerte		55	51	47	584
Unternehmenswert		737			

Es wurde bereits vorstehend erwähnt, dass möglicherweise unterschiedliche 75
Kapitalisierungszinssätze für die beiden Phasen angesetzt werden müssen,
wenn die erste Phase Inflationseffekte berücksichtigt, die zweite Phase dagegen
nicht. Es ist dann für die erste Phase der nominale Zins und für die zweite Phase
der Zins nach Abzug eines Wachstumsabschlags zu verwenden.

---

[45] Eine umfassende Übersicht empirischer Studien findet sich bei *Schilling* Der Ausschluss von Minderheitsaktionären S. 344.
[46] Auf den Ansatz des SolZ wurde aus Gründen der Vereinfachung verzichtet.

Kohl   1747

e) Nicht betriebsnotwendiges Vermögen

76 In dem so ermittelten Ertragswert findet nur der Wert des sog. betriebsnotwendigen Vermögens seinen Niederschlag. Die Bewertung ist zu ergänzen, wenn das Bewertungsobjekt über nicht betriebsnotwendiges Vermögen verfügt. Vermögensgegenstände, die einzeln veräußert werden können, ohne die Ertragskraft des Unternehmens zu beeinträchtigen, sind außerhalb der Ertragsbewertung der betriebsnotwendigen Unternehmensteile gesondert mit den erzielbaren Überschüssen aus der Einzelveräußerung anzusetzen und in den jeweiligen Gesamtunternehmenswert einzurechnen.[47] Ein Beispiel für einen nicht betriebsnotwendigen Vermögensgegenstand ist ein Reservegrundstück, das für eine eventuelle spätere Betriebsvergrößerung vorgehalten wird, aber keinen Beitrag zum Ertrag des Unternehmens leistet. Ein solches Reservegrundstück wäre mit seinem Veräußerungspreis dem Ertragswert des Unternehmens hinzuzurechnen.

77 Zum nicht betriebsnotwendigen Vermögen gehören grundsätzlich auch Vermögenswerte, die aus dem Unternehmen herausgelöst werden können, wenn sich bei unmittelbarer Bewertung für sie ein höherer Wert als bei mittelbarer Berücksichtigung im Rahmen des Unternehmensertragswertes ergibt. Über den Zeitraum und die Wahrscheinlichkeit **möglicher Verwertungen** sind realitätsnahe Annahmen zu treffen. Die danach für einzelne Perioden zu erwartenden Verwertungserlöse sind auf den Bewertungsstichtag zu diskontieren, um den Barwert der Verwertungserlöse des nicht betriebsnotwendigen Vermögens zu erhalten.

78 In vielen Unternehmen werden aus Sicherheitsgründen erhebliche liquide Mittel, wie zB Wertpapiere, Festgeldguthaben, Aktien etc., vorgehalten. Dabei ist festzustellen, dass erhebliche Teile der **Liquidität nicht betriebsnotwendig** sein können. Der Umfang, in dem die Liquidität betriebsnotwendig ist, kann entweder anhand von Erfahrungswerten als Prozentsatz der Umsatzerlöse (zB 3 %) oder konkret auf der Grundlage der Finanzbedarfsrechnung ermittelt werden. So weit die vorhandene Liquidität als nicht betriebsnotwendig eingestuft wird, ist sie gesondert zu erfassen. Entsprechend müssen dann aber auch die damit erzielten Erträge aus dem Ertragswert eliminiert werden, da es sonst zu einer Doppelerfassung kommt.

f) Besonderheiten bei Auslandsunternehmen

79 Die dargestellten Grundsätze haben auch bei der Bewertung von Auslandsunternehmen uneingeschränkte Gültigkeit. Wegen des Auslandsbezugs ergeben sich aber Besonderheiten im Bereich der Währungsumrechnung, des Kapitalisierungszinssatzes und der Steuerbelastung, auf die besonders eingegangen wird.[48]

80 **aa) Währungsumrechnung.** Die Zukunftserfolge eines ausländischen Unternehmens werden üblicherweise in der betreffenden **Landeswährung** ermittelt. Für einen Unternehmenserwerber ist aber immer nur von Interesse, welchen in Euro ausgedrückten Gegenwert die Zukunftserfolge für ihn haben. Die Unternehmensbewertung dient also für einen deutschen Erwerber dem

---

[47] Vgl. IDW S 1, Tz. 60–61.
[48] Vgl. *Copeland/Koller/Murrin* Unternehmenswert S. 400 ff.

Zweck, einen in Euro ausgedrückten Unternehmenswert festzustellen. Dies erfordert die Umrechnung der in Fremdwährung geschätzten Zukunftserfolge. Dabei stellt sich als zentrale Frage, welcher **Kurs der Umrechnung** zugrunde gelegt werden sollte. Abhängig ist dies von der Art der Ermittlung der Zukunftserfolge. Werden die Zukunftserfolge analytisch ermittelt und einzeln geplant, sollte als Umrechnungskurs der für das jeweilige Jahr prognostizierte gleitende Durchschnittskurs angesetzt werden. Während für den Zeitraum der Detailplanungsphase entsprechende Terminkurse verfügbar sind, ist dies für die ewige Rente nicht der Fall. Für diese Umrechung eines ausländischen nachhaltigen Ergebnisses bietet sich die Verwendung des Stichtagskurses an, da in diesem Kurs alle zum Stichtag verfügbaren Informationen über die zukünftige Entwicklung unter der Annahme funktionierender Kapitalmärkte eingeflossen sind.

bb) Kapitalisierungszinssatz. Ein vergleichbares Problem stellt sich auch hinsichtlich der Wahl eines geeigneten Kapitalisierungszinssatzes. Zur Verfügung steht als Ausgangsbasis der deutsche oder der ausländische Kapitalmarktzins. Da auch das Zinsniveau eines Landes eng in das Wechselspiel zwischen Inflation und Wechselkurs eingebunden ist, wird die **Zugrundelegung des ausländischen Kapitalmarktniveaus** empfohlen.[49] Staaten mit hoher Inflation haben ceteris paribus typischerweise auch ein hohes Zinsniveau. Die Abzinsung der inflatorisch überhöhten Auslandsgewinne mit dem höheren Auslandszinssatz führt damit zu einer Kompensationswirkung, die für bewerterische Zwecke notwendig erscheint. Zu beachten sind jedoch die Zusammenhänge zwischen Zinsentwicklung und Wechselkurs.

Im Schrifttum wird teilweise die These vertreten, dass bei einer Finanzierung des Unternehmenskaufpreises im Inland auch das inländische Kapitalmarktniveau für die Abzinsung maßgeblich sein müsse. Daher kann es aus Sicht einer deutschen Holding hinsichtlich der Bewertung einer ausländischen Tochtergesellschaft gerade sinnvoll sein, aus Sicht eines deutschen Anteilseigners zu betrachten.[50]

Unabhängig davon ist zu fragen, ob und in welchem Umfang zusätzliche Länderrisiken (zB wegen politischer Risiken) im Kapitalisierungszinssatz berücksichtigt werden müssen.

cc) Steuerbelastung. Bei der Bewertung von Auslandsunternehmen weist die Ermittlung der anzusetzenden Steuerbelastung einen besonderen Schwierigkeitsgrad auf. Dies beruht im Wesentlichen auf der **Komplexität des internationalen Steuerrechts**. Um auch die persönlichen Steuern sachgerecht in die Bewertung einzubeziehen, muss die Steuerbelastung bis hin zur Ebene des deutschen Erwerbers durchgerechnet werden. Hierfür ist nicht nur die Kenntnis des ausländischen Steuerrechts, sondern auch des inländischen und des Doppelbesteuerungsrechts zwischen den betreffenden Staaten erforderlich. Um dennoch mit vertretbarem Aufwand eine hinreichend genaue Berücksichtigung der steuerlichen Komponente zu erreichen, muss mitunter mit pauschalierenden Annahmen gearbeitet werden.

---

[49] So auch *Peemöller* S. 466.
[50] Vgl. *Siepe/Dörschell/Schulte* WPg 2000, 958.

2. Discounted-Cashflow-Methode

86 Es wurde bereits erwähnt, dass das Abstellen auf Liquiditätsströme im Sinne einer Cashflow-Betrachtung auch im Rahmen der Unternehmensbewertung in Deutschland seit Jahren auf dem Vormarsch ist. Das Institut der Wirtschaftsprüfer hatte bereits in seiner Stellungnahme zu den Grundsätzen ordnungsmäßiger Unternehmensbewertung aus dem Jahre 1983 darauf hingewiesen, dass die sachgerechte Maßgröße für den Zukunftserfolg der dauerhaft entziehbare Einnahmen-Überschuss ist. Damit wurde bereits zu diesem Zeitpunkt der liquiditätsorientierten Betrachtung gegenüber der handelsbilanziellen Betrachtung der Vorzug eingeräumt. Mittlerweile hat sich die Discounted Cashflow-Methode auch in der deutschen Bewertungspraxis etabliert. Damit wird dem internationalen Trend hin zur Cashflow-Orientierung der Unternehmensbewertung Rechnung getragen.

87 Hinsichtlich der konkreten Ausgestaltung gibt es bei der Discounted-Cashflow-Methode (DCF-Methode) mehrere Varianten. Nachfolgend werden insbesondere die **Abweichungen** zwischen dem vorherrschenden WACC Ansatz (so genannte gewichteten Kapitalkosten)[51] zu den vorstehenden **Ertragswertgrundsätzen** erörtert.

a) Grundlagen

88 Kennzeichnend für den WACC-Ansatz ist eine so genannte Bruttokapitalisierung. Dazu erfolgt die Ableitung des Unternehmenswertes nach einem zweistufigen Vorgehen. Im ersten Schritt errechnet ein Bewerter den so genannten Gesamtunternehmenswert (Entity-Wert). Dieser Gesamtunternehmenswert spiegelt den operativen Wert eines fiktiv unverschuldeten Unternehmens wider. Die konkrete Finanzierung wird erst im zweiten Schritt durch den Abzug der zinstragenden Verbindlichkeiten vom Gesamtunternehmenswert berücksichtigt.[52]

89 Der grundsätzliche Vorteile dieser Rechenmethode ist daher, dass die Finanzierung eines Unternehmens nicht mehr autonom vorgeben ist, sondern wesentlich variabler gestaltet werden kann. Mögliche Rechnungen bei einer unterstellten Kapitalstruktur, die sich zum Bewertungsstichtag noch nicht niedergeschlagen hat, können so leichter durchgeführt werden. In der Literatur werden dazu zwei grundsätzliche Alternativen diskutiert. Im Rahmen einer autonomen Finanzierungspolitik werden die Fremdkapitalbestände in der Detailplanungsphase konkret geplant. Dagegen besteht bei der wertorientierten Finanzierungspolitik die Möglichkeit, die Kapitalstruktur für die zukünftigen Perioden vorzugeben und damit den Fremdkapitalbestand in Abhängigkeit vom Unternehmenswert schwanken zu lassen.[53] Es erscheint selbstverständlich, dass derartig unterschiedliche Finanzierungsannahmen unterschiedliche Unternehmenswerte hervorrufen.

---

[51] Sehr instruktiv hierzu *Copeland/Koller/Murrin* Unternehmenswert S. 250 ff.
[52] Vgl. *Drukarczyk/Schüler* S. 153 ff.
[53] Vgl. WPH/Bd. II/*Wagner* Kap. A Rz. 340.

b) Ermittlung der zukünftigen Cash-Flows

Für die Ermittlung des Gesamtunternehmenswerts sind die so genannten frei verfügbaren Cash-Flows mit den gewichteten Kapitalkosten zu kapitalisieren. Die frei verfügbaren Cash-Flows stellen dabei diejenige Größe dar, die den Kapitalgebern (dh. Eigen und Fremdkapitalgebern) zur Verfügung steht. Diese Cash-Flows eines Unternehmens werden im Rahmen der Unternehmensbewertung üblicherweise definiert als:[54]

Betriebsergebnis vor Zinsen und Steuern
− Steuern
= Betriebsergebnis vor Zinsen und nach Steuern
+ Abschreibungen
− Investitionen
+/− Veränderungen der Rückstellungen
+/− Veränderungen des sonstigen Netto-Umlaufvermögens
= Free Cashflow.

Dies ist der Betrag, der dem Erwerber zur Leistung des Kapitaldienstes (Zinsen und Tilgung) sowie für Gewinnausschüttungen zur Verfügung steht. Im Unterschied zum Ertragswertverfahren erfolgt hier keine Überprüfung, inwieweit diese Free Cash-Flows wirklich ausschüttungsfähig sind. Es ist jedoch auch möglich, eine Ermittlung von Free Cash-Flows unter bewusster Beachtung von Thesaurierungsannahmen vorzunehmen.[55]

c) Gewichteter Kapitalkostensatz

Bei Anwendung des WACC Ansatzes sind für die Kapitalisierung gewichtete Kapitalkosten zu ermitteln. Die gewichteten Kapitalkosten setzen sich in diesem Modell aus den Eigenkapitalkosten und den Fremdkapitalkosten zusammen. Die Eigenkapitalkosten ergeben sich aus einer Multiplikation des Eigenkapitalkostensatzes mit dem Eigenkapitalanteil des Unternehmens, die Fremdkapitalkosten durch Multiplikation des Fremdkapitalkostensatzes mit dem Fremdkapitalanteil des Unternehmens. Dies bedeutet, dass Aspekte der Finanzierung einschließlich möglicher Steuervorteile aus der Fremdfinanzierung im Zinssatz berücksichtigt werden.

Da sich der WACC aus den mit Marktwerten gewichteten Eigen- und Fremdkapitalkosten zusammensetzt, muss bereits für die Ermittlung des WACC der Marktwert des Eigenkapitals, dh. der Unternehmenswert bekannt sein. Unternehmenswert und Kapitalkosten können daher nur iterativ ermittelt werden. Zur Lösung dieses Problems wird in der Literatur teilweise eine konstante Kapitalstruktur unterstellt. Diese führt jedoch dann nicht zu sachgerechten Ergebnissen, wenn die tatsächliche Kapitalstruktur von der gewählten abweicht. Solange nicht als Finanzierungsannahme eine konstante Kapitalstruktur gewählt wird, sollte der WACC daher iterativ ermittelt werden.

Hinsichtlich der **Eigenkapitalkosten** besteht heute kein Unterschied zum Ertragswertverfahren, sofern bei diesem die Kapitalkosten mit Hilfe des CAPM oder Tax CAPM abgeleitet werden. Insofern kann auf die oben gemachten Ausführungen verwiesen werden.

---

[54] Siehe auch *Born* Unternehmensanalyse und Unternehmensbewertung S. 108 ff.
[55] Vgl. *Kohl/Schulte* WPg 2000, 1159.

96 Der **Fremdkapitalkostensatz** ergibt sich aus den tatsächlichen Fremdkapitalkosten oder den davon abweichenden zukünftig erwarteten Fremdkapitalkosten nach dem Erwerb. Dabei steigt der Fremdkapitalkostensatz in Abhängigkeit vom Verschuldungsgrad, von der Größe und den sonstigen risikobestimmenden Faktoren des Unternehmens.

d) Ableitung Unternehmenswert

97 Durch die Kapitalisierung der Free Cash-Flows mit den gewichteten Kapitalkosten ergibt sich der Gesamtunternehmenswert. Von diesem sind dann die zinstragenden Verbindlichkeiten in Abzug zu bringen bzw. mögliche Cashbeträge sind entsprechend zu addieren. Wichtig ist, dass nur diejenigen Verbindlichkeiten in Abzug gebracht werden, die noch nicht den Free Cashflow belastet haben. Wird zB der Zinsanteil im Pensionsaufwand nicht bei der Ermittlung der Free Cash-Flows korrigiert, dürfen Pensionsrückstellungen im zweiten Schritt nicht in Abzug gebracht werden, da eine entsprechende Belastung bereits bei der Ermittlung des Gesamtunternehmenswerts erfolgte.

98 Hinsichtlich der Bestimmung des Marktwertes des Fremdkapital wird bei Vorliegen einer angemessenen Verzinsung in der Praxis regelmäßig auf den Buchwert der Verbindlichkeiten abgestellt.

3. Zwischenergebnis

99 Welche Methode sich für die Bewertung eines Unternehmens im Rahmen eines Unternehmenskaufs als sinnvoll erweist, hängt in hohem Maße von der jeweiligen Konstellation des Einzelfalls und insb. vom zur Verfügung stehenden Datenmaterial ab. Im Hinblick auf Börsengänge bieten die DCF-Methoden die besten Möglichkeiten, da insbesondere Auswirkungen auf die Kapitalstruktur des Bewertungsobjektes leicht modelliert werden können.

100 Ist das vorhandene Datenmaterial unzulänglich, so kann für eine erste überschlägige Wertermittlung auch ein **Multiplikator-Verfahren** angewendet werden. In manchen Branchen sind die Multiplikator-Verfahren als Standard-Bewertungsmethode allgemein anerkannt. Darüber hinaus sollten die Ergebnisse der Kapitalwertverfahren (Ertragswert- und DCF-Verfahren) anhand von Multiplikatoren plausibilisiert werden.

III. Besonderheiten bei der Emissionspreisfindung im Rahmen eines Börsengangs

1. Rechnungslegungsgrundsätze

101 Angesichts der seit 2005 bestehenden Verpflichtung für börsennotierte Gesellschaften, ihren Konzernabschluss nach den Vorgaben der IFRS zu erstellen, ist zu fragen, ob auch bei der Unternehmensbewertung Planzahlen nach diesen Grundsätzen zu verwenden sind. In der Vergangenheit wurde dies mit gegensätzlichen Standpunkten diskutiert. Ursache der Kritik ist die Tatsache, dass im Rahmen von Unternehmensbewertungen ausschüttungsfähige Ergebnisse prognostiziert werden. Da in Deutschland trotz gegenteiliger Praxis für die Ausschüttungsbemessungsfunktion der Einzelabschluss maßgebend ist, ist auch für die Bestimmung der zukünftigen finanziellen Überschüsse auf das

Regelwerk des Einzelabschlusses abzustellen. Dies ist unabhängig der Bedeutung der IFRS ein Regelwerk im Sinne der HGB-Grundsätze.

Hintergrund der Diskussion war die Ansicht, dass sich in Abhängigkeit der Rechnungslegungsnormen unterschiedliche Unternehmenswerte ergeben. Mit diesem Missverständnis hat bereits die Entscheidung des OLG Hamburg vom 29.9. 2004[56] aufgeräumt. In diesem Urteil wurde eine Unternehmensbewertung, die auf IFRS-Planzahlen basierte, bei gesellschaftsrechtlichen Bewertungen für zulässig eingestuft. Damit erkennt das Gericht an, dass sich unabhängig von den Rechnungslegungsvorschriften bei gleichen Finanzierungsannahmen identische Werte ermitteln lassen.[57]

Neben den methodischen Argumenten gäbe es in der Praxis auch technische Probleme, die für eine Akzeptanz der IFRS-Grundsätze sprechen. Häufig werden Planzahlen ausschließlich nach IFRS-Grundsätzen ermittelt. Für Bewertungszwecke müssten dann Überleitungsrechnungen erstellt werden. Dies würde zu erheblichen zeitlichen und materiellen Zusatzaufwendungen führen.

Die Akzeptanz dieses Vorgehen zeigt sich auch in den aktuellen Bewertungsstandard der Wirtschaftsprüfer IDW S 1, in dem die Verwendung von IFRS Planungsunterlagen ausdrücklich zugelassen wird.[58]

2. Ergebnisprognose bei Wachstumsunternehmen

a) Plausibilität der Planzahlen

Insbesondere wenn die Börseneinführung eines jungen Unternehmens vorgesehen ist, sind die Planungen durch erhebliche Wachstumsaussichten geprägt. Die Abbildung und Quantifizierung dieser Wachstumsaussichten bringt in der Regel Schwierigkeiten mit sich, die von folgenden Umständen herrühren:

Häufig handelt es sich bei den Gesellschaften um relativ junge Unternehmen, die sich noch in der **Aufbauphase** befinden. Wegen der geringen Unternehmensgröße sind in der Vergangenheit überproportionale Wachstumszahlen erreicht worden, deren Entwicklung sich in der Zukunft aber nicht mehr wiederholen lässt. Typischerweise haben die Unternehmen in der Vergangenheit Anlaufverluste erzielt, die in absehbarer Zukunft nicht mehr eintreten werden. Damit ist eine Ableitung der Zukunftsergebnisse durch Rückgriff auf die Vergangenheitsergebnisse regelmäßig nicht sinnvoll.

Sachgerecht ist somit allein die analytische Planung der Zukunftsergebnisse auf der Basis einer Planung der einzelnen Aufwands- und Ertragsposten. Hierzu müssen möglichst **detaillierte Business-Pläne** entwickelt werden, die sich aus einer Mengen- und einer Preisschätzung für jede einzelne Position zusammensetzen. Dabei sind die verschiedenen Aufwands- und Ertragspositionen jeweils mit Einzelplänen, wie zB Absatzplan, Personalplan, Investitionsplan, Finanzplan etc., zu hinterlegen, und es sind Planbilanzen für den Prognosezeitraum anzufertigen.[59]

---

[56] OLG Hamburg 11 W 78/04 v. 29.9. 2004, NZG 2005, 86.
[57] Vgl. *Moser* u. a. BB 2003, 1669. Anderer Ansicht *Knoll* BB 2006, 369 ff.
[58] Vgl. IDW S 1, Tz. 102. Ferner *Vater* 2005, 1031.
[59] Vgl. *Auge-Dickhut/Moser/Widmann* Praxis der Unternehmensbewertung Kap. 5.3.9.

108 Die Schwierigkeit für den externen Bewerter besteht nun darin, die Plausibilität der Planzahlen zu beurteilen. Hierfür kann häufig auf die Entwicklung bei vergleichbaren Unternehmen zurückgegriffen werden, die um die Spezifika des zu bewertenden Unternehmens zu modifizieren ist. Insbesondere bei Unternehmen der New Economy (Internet, EDV, Medien, Gen-/Biotechnologie, Merchandising etc.) gestaltet sich die Überprüfung der Plausibilität der Einzelschätzungen in der Praxis als außerordentlich schwierig. Vielfach wird es sich daher anbieten, externe branchenkundige Berater in die Beurteilung einzubeziehen.

b) Einbeziehung des Mittelzuflusses aus dem Börsengang

109 Bei der Planung der Zukunftserträge stellt sich im Vorfeld eines Börsengangs die Frage, ob die Planzahlen den Börsengang bereits berücksichtigen dürfen. Vielfach ermöglichen erst der Börsengang und die dadurch in das Unternehmen fließenden Mittel die Verfolgung neuer Ziele und Strategien. Dies spricht dafür, den Börsengang bei der Bewertung bereits zu berücksichtigen (Postmoney-Bewertung).[60] Andererseits verbietet sich eine solche Berücksichtigung nach Auffassung vieler Bewerter, weil die Investoren und Anleger im Zuge eines Börsengangs Effekte im Emissionspreis mitbezahlen, die sie überhaupt erst durch die Mittelzuführung ermöglicht haben.

110 In der Bewertungspraxis wird dieses Dilemma in der Regel häufig so gelöst, dass der konkrete Mittelzufluss aus dem Börsengang (und auch die damit verbundenen Kosten) nicht im Unternehmenswert berücksichtigt werden (Premoney-Bewertung). Es wird jedoch im Finanzplan von der Prämisse ausgegangen, dass die zur Expansion benötigten finanziellen Mittel durch Aufnahme von Kapital beschafft werden können. Diese Prämisse entspricht zwar nicht in vollem Umfang der Realität vor dem Börsengang. Sie vermeidet aber eine Verfälschung des Unternehmenswertes, die sich durch die Zugrundelegung eines zu geringen Wachstums infolge fehlender finanzieller Mittel ergeben würde.

c) Prognosehorizont

111 Schwierigkeiten bereitet auch die Festlegung eines geeigneten Planungshorizonts. Konkrete Prognosen werden in der Regel nur im Detail für ein Jahr, in einer gröberen Form für drei bis fünf Jahre sinnvoll angestellt werden können. Gerade jüngere Unternehmen werden aber auch nach diesem Planungszeitraum häufig weiter wachsen. Es ist also für einen zweiten Prognosezeitraum eine Fortschreibung der Planung, vielfach in Form einer Trendfortschreibung, vorzunehmen. Allgemein gültige Aussagen zur Länge dieses Zeitraums können nicht getroffen werden. Maßgeblich dafür wird sein, wie ausgeprägt der technologische oder Know-how-Vorsprung gegenüber den Mitbewerbern ist und wie lange ein überproportionales Wachstum damit gewährleistet werden kann. Nach Ablauf dieser zweiten Prognosephase schließt sich ein dritter „ewiger" Planungshorizont an. In dieser Phase wird davon ausgegangen, dass für die Folgejahre ein dauerhaft gleich bleibendes Ergebnis erzielt werden kann, das sich nur entsprechend der allgemeinen oder einer spezifischen Inflationsrate entwickelt. Nur in den seltensten Fällen ist es sinnvoll, dauerhaft von überpropor-

---

[60] So *Busse van Colbe et al.* Ergebnis je Aktie nach DVFA/SG S. 85.

tionalen Wachstumsraten auszugehen, denn die Erfahrungen zeigen, dass zu irgendeinem Zeitpunkt der Vorsprung von den Wettbewerbern aufgeholt wird.

3. Verwendung verschiedener Methoden

Um ein möglichst gut abgesichertes Ergebnis zu erzielen, sollte der Unternehmenswert grds. auf der Basis verschiedener Bewertungsmethoden ermittelt werden. Dazu kann zunächst eine Bewertung nach der DCF-Methode als Basiswert vorgenommen werden. Der so ermittelte Unternehmenswert wird anschließend auf der Basis von Multiplikator-Methoden (zB EBIT-Multiplikator und PEG-Faktor) verifiziert und auf Plausibilität überprüft. Diese Methodenvielfalt stellt eine hohe Akzeptanz bei den übrigen Parteien des Börsengangs sicher und gewährleistet einen höheren Objektivierungsgrad als bei der Verwendung nur einer Methode.

4. Ableitung des Emissionspreises aus dem Unternehmenswert

Der Emissionspreis entspricht im Regelfall nicht dem festgestellten Unternehmenswert. Vielmehr ist der Emissionspreis das Ergebnis einer Fülle an **taktischen Überlegungen**, die insb. durch die aktuelle Börsenstimmung beeinflusst werden.[61] Grundsätzlich befindet man sich bei der Emissionspreisfestlegung in dem Spannungsfeld zwischen leichter Platzierbarkeit und Erzielen eines hohen Emissionserlöses. Die Konsortialbank ist tendenziell an einem geringen Emissionspreis interessiert. Dies gewährleistet eine leichtere Platzierbarkeit, erhöht die Aussichten auf Zeichnungsgewinne für die Anleger und bietet eine bessere Ausgangsbasis für einen langfristig positiven Kursverlauf. An all diesen Faktoren wird die Qualität einer Konsortialbank gemessen. Insbesondere wenn eine Konsortialbank mehrfach im Zusammenhang mit Emissionen genannt wird, bei denen der aktuelle Kurs unterhalb des Emissionspreises liegt, beeinträchtigt dies nachhaltig ihren Ruf. All diese Faktoren sprechen für einen möglichst niedrigen Emissionspreis.

Demgegenüber sind die Unternehmen und deren Inhaber naturgemäß primär an einem möglichst hohen Emissionspreis interessiert. Dies ist aber nur auf den ersten Blick sinnvoll. Denn wegen der gleichen Argumente, die für die Perspektive der Konsortialbanken genannt wurden, sollte auch für die Altaktionäre nicht der hohe Emissionserlös im Vordergrund stehen. Eine erfolgreiche Kursentwicklung nach dem Börsengang sichert dem Unternehmen das Vertrauen der Analysten und der Investoren, was für die langfristige Betrachtung ungleich wichtiger ist als ein hoher einmaliger Emissionspreis.

Keinesfalls sollte sich der Unternehmer auf die Emissionspreisfixierung allein durch die Konsortialbank verlassen. Wegen der partiell unterschiedlichen Interessenlage sollte der Unternehmer in jedem Fall **parallel** eigene **Bewertungen** vornehmen bzw. durch einen Berater vornehmen lassen, der ausschließlich den Interessen des Unternehmers verpflichtet ist.

---

[61] Zum Prozess der Emissionspreisfindung s. *Harrer/Heidemann* Der Gang an die Börse S. 230 ff.

B. Due Diligence

I. Begriff, Ziele und rechtliche Aspekte

1. Begriff

130 Der Begriff „Due Diligence" stammt aus der US-amerikanischen Rechtspraxis. Wörtlich übersetzt bedeutet er „**gehörige Sorgfalt**" oder „gebotene Sorgfalt". Er erklärt sich aus dem – mittlerweile allerdings stark modifizierten – angloamerikanischen Kaufrechtsgrundsatz, dass ein Erwerber die Kaufsache auf eigene Gefahr, dh. ohne Gewährleistungen erwarb. Der Käufer war also gut beraten, sich vorher mit der „gebotenen Sorgfalt" den Kaufgegenstand anzuschauen, um nicht die „Katze im Sack zu kaufen". Das deutsche Recht sieht demgegenüber Rechts- und Sachgewährleistungen vor (§§ 434 ff. BGB).

131 Im Zusammenhang mit einem Börsengang wird unter dem Kurzbegriff Due Diligence das Verfahren bezeichnet, in dem der Emittent und/oder die Emissionsbanken das Unternehmen **umfassend**, dh. insb. aus rechtlicher, steuerlicher und finanzieller Sicht vergangenheits-, gegenwarts- und zukunftsbezogen **analysieren (Legal, Tax und Financial Due Diligence)**. Ein vergleichbarer Vorgang ist vor allem aus dem Bereich der Unternehmenskäufe und Unternehmenszusammenschlüsse bekannt. Dort untersucht der Erwerbsinteressent vor Abschluss des endgültigen Vertrages das Zielunternehmen regelmäßig ebenfalls mit der „gehörigen Sorgfalt".

2. Ziele

132 Eine Due Diligence im Vorfeld eines Börsenganges verfolgt mehrere Ziele. Untersuchungsziel ist zunächst, das Unternehmen zu analysieren, seine grundsätzliche **Börsenreife** festzustellen sowie etwaige **Risiken** aus der Vergangenheit oder für die Zukunft zu identifizieren und ggf. noch vor einem Börsengang zu beseitigen.

133 Ein weiteres wichtiges Ziel der Due Diligence neben der Vergangenheitsanalyse ist es, dem Emittenten und den Emissionsbanken belastbare Informationen für die marktgerechte (zukunftsorientierte) Bewertung des Unternehmens zu liefern. Im Vordergrund wird dabei die **Plausibilisierung** der vom Unternehmen typischerweise im Vorfeld eines Börsenganges vorgelegten Planzahlen stehen. Aufgrund der vorgenommenen Bewertung wird sodann von den Beteiligten gemeinsam der Emissionskurs (idR die Bookbuildingspanne) festgelegt. Insoweit besteht ein erheblicher Unterschied zur Jahresabschlussprüfung, die grundsätzlich vergangenheitsbezogen ist.

134 Schließlich ist die Durchführung einer Due Diligence im Zusammenhang mit der **Prospekterstellung** und damit auch einer möglichen **Prospekthaftung** von Bedeutung (s. Rz. 138 ff.). So dient die Due Diligence der Ermittlung und Überprüfung aller für die Erstellung des Prospektes erforderlichen Sachverhaltsangaben. Nur auf diesem Wege werden die Emissionsbanken – und teilweise auch das Unternehmen selbst – überhaupt erst in die Lage versetzt, einen den rechtlichen Anforderungen und auch den Informationsbedürfnissen des Kapitalmarktes gerecht werdenden Prospekt zu verfassen.

B. Due Diligence

3. Auftraggeber

Mögliche Auftraggeber einer Due Diligence im Rahmen eines Börsenganges sind einerseits die **Emissionsbanken** und andererseits das **Unternehmen** selbst. Die Emissionsbanken lassen in aller Regel eine eingehende Überprüfung vornehmen, deren **Kosten** allerdings häufig (teilweise auf einen Höchstbetrag begrenzt) das Unternehmen aufgrund einer entsprechenden Vereinbarung im Mandatsbrief (Letter of Engagement) trägt.

Insbesondere vor dem Hintergrund einer möglichen Prospekthaftung (s. Rz. 138 ff.) ist es grds. empfehlenswert, dass sowohl das Unternehmen selbst als auch die Emissionsbanken **getrennte Due Diligence-Prüfungen** vornehmen lassen. Dieser Aspekt wird in der Börseneinführungspraxis bislang vernachlässigt. Der Grund hierfür wird in aller Regel darin liegen, dass das Unternehmen, welches im Ergebnis ja bereits mit den Kosten der Due Diligence durch die Emissionsbanken belastet wird, keine zusätzlichen Ausgaben für eine eigene Due Diligence tragen möchte und zumeist davon überzeugt ist, die Verhältnisse und Risiken des Unternehmens bestens zu kennen. Letzteres wird bezogen auf die wirtschaftlichen Verhältnisse, die Produkte sowie die Marktlage und Wettbewerbssituation häufig richtig sein. Gravierende **Fehleinschätzungen** lauern jedoch in der Beurteilung rechtlicher und steuerlicher Risiken, sodass zumindest in diesen beiden Bereichen eine eigene Due Diligence des Emittenten durch externe Berater in aller Regel angezeigt ist.

4. Rechtliche Bedeutung

Die Durchführung einer Due Diligence ist im Wesentlichen unter zwei Aspekten von Bedeutung, nämlich dem der Prospekthaftung und dem des Rechtsverhältnisses zwischen den Emissionsbanken einerseits sowie dem Emittenten und dessen Hauptaktionären andererseits.

a) Prospekthaftung

Die gesetzliche Prospekthaftung nach §§ 44 ff. BörsG ist **verschuldensabhängig**. Neben der Erfüllung der objektiven Tatbestandsvoraussetzungen von § 44 Abs. 1 Satz 1 BörsG (insb. also dem Vorliegen unrichtiger oder unvollständiger Angaben, die für die Beurteilung der Wertpapiere wesentlich sind) muss auch der subjektive Tatbestand gegeben sein. Die diesbezüglich relevante Vorschrift findet sich in § 45 Abs. 1 BörsG, nach dem eine Prospekthaftung desjenigen ausscheidet, der nachweisen kann, dass er die Unrichtigkeit oder Unvollständigkeit der Prospektangaben nicht gekannt hat und die Unkenntnis nicht auf grober Fahrlässigkeit beruht.[62]

Grobe Fahrlässigkeit liegt vor, wenn die im Verkehr erforderliche Sorgfalt in besonders schwerem Maße verletzt worden ist.[63] Bei Beantwortung der Frage, ob in jedem Fall die Durchführung einer Due Diligence erforderlich ist, um den Vorwurf der groben Fahrlässigkeit zu beseitigen, ist zwischen den einzelnen Beteiligten zu unterscheiden:

---

[62] Zu den Einzelheiten vgl. *Groß* §§ 44, 45 BörsG Rz. 23 ff. (zu den objektiven Tatbestandsmerkmalen) und Rz. 73 ff. (zu den subjektiven Tatbestandsvoraussetzungen).
[63] LG Ffm. 3/11 O 44/96 v. 7. 10. 1997, ZIP 1998, 641, 644.

140 Der **Emittent** handelt durch den Vorstand und den Aufsichtsrat. Diese müssen gem. § 93 Abs. 1 AktG (für den Aufsichtsrat iVm. § 116 AktG) die **Sorgfalt eines ordentlichen und gewissenhaften Geschäftsleiters** anwenden. Hierzu gehört grds. auch, unbekannte Sachverhalte (zB Unternehmen, die erworben werden sollen, sowie Sachverhalte, die den Organmitgliedern nicht aus eigener Kenntnis vertraut sind oder bei denen sich neue Sachverhalts- oder Rechtsentwicklungen ergeben haben) zu prüfen, um mögliche Risiken zu erkennen.[64] Daneben ist auch eine **Nachforschungspflicht bei Verdachtsmomenten** zu bejahen.[65] Führt der Vorstand in derartigen Fällen keine weitergehenden Nachforschungen durch, verletzt er grob fahrlässig seine Sorgfaltspflichten aus § 93 Abs. 1 AktG.[66] Im Umkehrschluss hierzu ist fest zu halten, dass Vorstand und Aufsichtsrat im Vorfeld eines Börsenganges ohne besondere Anhaltspunkte nicht zu einer umfassenden Due Diligence verpflichtet sind.[67] Dies setzt allerdings voraus, dass Vorstand und Aufsichtsrat zuvor in der Erfüllung ihrer Aufgaben die gebotene Sorgfalt (§§ 93 Abs. 1, 116 AktG) angewandt haben; anderenfalls schlägt die **Sorgfaltspflichtverletzung** auf die Prospekthaftung durch.[68]

141 Wegen der drohenden Prospekthaftungsrisiken und der bestehenden Rechtsunsicherheiten und Abgrenzungsschwierigkeiten ist den Organen eines Börsenaspiranten allerdings für die Praxis dringend zu empfehlen, im Vorfeld des Börsenganges eine Due Diligence-Prüfung auch unter Einschaltung externer Berater durchführen zu lassen. Der Umfang und die Tiefe einer solchen Prüfung hängen dabei von den Umständen des Einzelfalles ab (Alter des Unternehmens, Dauer der Unternehmenszugehörigkeit und Tiefe der Kenntnis der Organmitglieder, Komplexität des Unternehmens uÄ.).

142 Die **Hauptaktionäre** kommen unter bestimmten Voraussetzungen als Prospektverantwortliche in Betracht, nämlich immer dann, wenn sie ein eigenes geschäftliches Interesse an der Emission besitzen und der Prospekt von ihnen ausgeht, dh. sie maßgeblich auf die Erstellung des Prospektes Einfluss genommen haben.[69] Für sie werden im Ergebnis in eingeschränktem Umfang dieselben Grundsätze gelten müssen wie für das Unternehmen selbst. So sind sie zu eigenen Nachforschungen nur verpflichtet, wenn **konkrete Anhaltspunkte** dies erfordern (also insb. dann, wenn Verdachtsmomente bestehen, dass Vorstand und/oder Aufsichtsrat des Unternehmens nicht die gem. §§ 93, 116 AktG gebotene Sorgfalt angewendet haben). Im Allgemeinen dürfen sie auf die Angaben des Unternehmens vertrauen.

143 Die **Emissionsbanken** sind grds. Prospektverantwortliche und haften als Konsortialbanken gesamtschuldnerisch; sie unterliegen grds. dem gleichen Verschuldensmaßstab (§ 45 Abs. 1 BörsG), und das Verschulden ist für jedes Mitglied des Konsortiums gesondert festzustellen.[70] Bei den Emissionsbanken ist zu beachten, dass sie im Gegensatz zu dem Emittenten und dessen Hauptaktionären in aller Regel nicht über detaillierte **Informationen** über den

---

[64] LG Ffm. 3/11 O 44/96 v. 7. 10. 1997, ZIP 1998, 641, 644; vgl. auch OLG Oldenburg 1 U 34/03 v. 22. 6. 2006, GmbHR 2006, 1263.
[65] *Groß* §§ 44, 45, 46 BörsG Rz. 77.
[66] LG Ffm. 3/11 O 44/96 v. 7. 10. 1997, ZIP 1998, 641, 644.
[67] So ist wohl auch *Groß* §§ 44, 45 BörsG Rz. 77 zu verstehen.
[68] LG Ffm. 3/11 O 44/96 v. 7. 10. 1997, ZIP 1998, 641, 644.
[69] *Groß* §§ 44, 45 BörsG Rz. 35 und 78.
[70] Zu den Einzelheiten s. *Groß* §§ 44, 45 BörsG Rz. 32 ff., 79 ff. (mwN).

B. Due Diligence

Emittenten verfügen.[71] Sie sind daher in besonderem Maße darauf angewiesen, Informationen vom Emittenten und dessen Beratern zu erhalten. Die so erhaltenen Angaben und Informationen müssen die Emissionsbanken in jedem Fall auf ihre Plausibilität überprüfen.

Eine darüber hinausgehende **Nachforschungspflicht** besteht immer dann, wenn konkrete Anhaltspunkte für die Unrichtigkeit der Prospektangaben vorliegen oder die Banken über Informationen verfügen, die Zweifel an der Richtigkeit der vom Emittenten gelieferten Angaben wecken müssen.[72]

Ob die Banken über diese **Nachforschungspflicht** hinaus immer zu einer allgemeinen und eingehenden Due Diligence verpflichtet sind, ist umstritten.[73] Zur Beantwortung dieser Frage ist wiederum der in § 45 Abs. 1 BörsG enthaltene **Verschuldensmaßstab** heranzuziehen. Eine Prospekthaftung besteht nur bei grober Fahrlässigkeit, wobei der potenziell Prospektverantwortliche jedoch das Nichtvorliegen grober Fahrlässigkeit darzulegen und zu beweisen hat. Aus diesem Grunde wird man aus rechtlicher Sicht eine eingehende Due Diligence nur in den genannten Fällen (s. Rz. 144) für unabdingbar halten.[74] Gefordert werden muss jedoch stets zumindest eine Überprüfung der wesentlichen Verhältnisse, der Grunddaten (also insb. der gesellschaftsrechtlichen Eckdaten wie Existenz der Gesellschaft und Kapitalverhältnisse, Durchsicht der Jahresabschlüsse etc.). Wegen der bestehenden Rechtsunsicherheit sollten die Emissionsbanken jedoch mit der allgemeinen Praxis immer eine unabhängige und eingehende Überprüfung sämtlicher Verhältnisse des Emittenten vornehmen.

Die **Berater**, die die Due Diligence durchgeführt haben (insb. Rechtsanwälte, Wirtschaftsprüfer und Steuerberater) und möglicherweise auch im Übrigen an der Erstellung des Prospektes mitwirken, unterliegen grds. **nicht** der gesetzlichen **Prospekthaftung** nach §§ 44, 45 BörsG. Ausnahmen können nur dann bestehen, wenn sie ein eigenes geschäftliches Interesse an der Emission haben.[75] Die Tatsache der Durchführung einer Due Diligence im Auftrag anderer Prospektverantwortlicher begründet demnach noch kein Prospekthaftungsrisiko. Dieses kann sich aber – in Ausnahmefällen – aus anderen Haftungstatbeständen ergeben (zB **allgemein-zivilrechtliche Prospekthaftung** oder **berufliche Auskunftshaftung**).[76]

b) Verhältnis Emissionsbanken zu Emittent/Hauptaktionären

Neben den erörterten Prospekthaftungsansprüchen kann die Durchführung einer Due Diligence auch für die Rechtsbeziehungen der Emissionsbanken zu

---

[71] Zu den Restriktionen der Nutzung solcher Informationen, die die Bank als Hausbank oder Bankmitarbeiter als Aufsichtsräte oder in ähnlichen Funktionen erlangt haben s. *Groß* §§ 44, 45 BörsG Rz. 79.
[72] Siehe *Groß* §§ 44, 45 BörsG Rz. 80.
[73] Siehe einerseits *Groß* §§ 44, 45 BörsG Rz. 80, der eine solche allgemeine Pflicht ablehnt, und andererseits das Erfordernis einer Due Diligence bejahend *Schäfer/Hamann* §§ 45, 46 BörsG aF Rz. 104 f.
[74] So auch *Groß* §§ 44, 45 BörsG Rz. 80.
[75] Siehe *Groß* §§ 44, 45 BörsG Rz. 35 (mwN).
[76] Siehe *Groß* §§ 44, 45 BörsG Rz. 37 (mwN); s. hierzu auch *Ebke/Siegel* Comfort Letters, Börsengänge und Haftung: Überlegungen aus Sicht des deutschen und US-amerikanischen Rechts, WM Sonderbeilage 2/2001.

dem Emittenten und ggf. dessen Hauptaktionären von Bedeutung sein. Diese Rechtsbeziehungen werden im Wesentlichen im **Mandatsbrief (Letter of Engagement)** sowie im **Übernahmevertrag (Underwriting Agreement)** geregelt. Neben der Vereinbarung der den Emissionsbanken zustehenden Provisionen und des Auslagenersatzes verlangen die Emissionsbanken dabei vom Emittenten und ggf. auch dessen Hauptaktionären umfangreiche **Zusicherungen und Gewährleistungen** hinsichtlich der Verhältnisse des Unternehmens (insb. der rechtlichen, steuerlichen und wirtschaftlichen). Erweisen sich diese nachträglich als unrichtig, sind der Emittent und ggf. die Hauptaktionäre verpflichtet, die Emissionsbanken von Ansprüchen Dritter (insb. also von Prospekthaftungsansprüchen) freizustellen. Im Ergebnis wird somit das (im Außenverhältnis für Emittent und Emissionsbanken bestehende) Prospekthaftungsrisiko im Innenverhältnis auf den Emittenten und ggf. die Hauptaktionäre überwälzt.

148 Dabei stellt sich nach Durchführung einer Due Diligence die Frage, ob möglichen Ansprüchen der Emissionsbanken seitens des Emittenten bzw. dessen Hauptaktionären der **Einwand der Kenntnis** oder des Kennenmüssens in entsprechender Anwendung des § 442 BGB entgegengehalten werden kann. Diese Frage wird nur ansatzweise und zumeist bezogen auf Unternehmensakquisitionen diskutiert.[77]

149 Die Entscheidung hierüber hängt von der **Ausgestaltung** des Übernahmevertrages ab. Ist dort ausdrücklich oder in ähnlicher Form vereinbart, dass die Regelungen in §§ 442 BGB keine Anwendung finden, so ist dem Emittenten und den Hauptaktionären der Einwand, die Banken hätten die Due Diligence unsorgfältig durchgeführt oder sie hätten bestimmte Unrichtigkeiten gekannt, verwehrt.

150 Ist hingegen die Frage nicht geregelt, hängt die Zulässigkeit des Einwandes der Kenntnis bzw. des Kennenmüssens von der **Auslegung des Vertrages**, insb. der Qualität der **Zusicherungen**, ab. Im Zweifelsfall ist davon auszugehen, dass die Rechtsgedanken in § 442 BGB Anwendung finden. Dies führt dann zu dem Ergebnis, dass der Emittent den Banken bei einer möglichen Inanspruchnahme entsprechend § 442 Satz 1 BGB entgegenhalten kann, sie hätten die Unrichtigkeit der Angabe **gekannt**. Denn der Ausschluss gem. § 442 Satz 1 BGB bezieht sich auch auf Beschaffenheitsgarantien gem. § 443 Abs. 1 BGB. Diese Wertung ist zu übernehmen.

151 Demgegenüber ist der **Einwand der groben Fahrlässigkeit** der Emissionsbanken gem. § 442 Satz 2 BGB nicht zulässig und auch nicht sachgerecht. Denn dieser gesetzliche Haftungsausschluss gilt gerade nicht für Beschaffenheitsgarantien (vgl. § 442 Satz 2 BGB). Es ist daher auch nicht möglich, ihn in Bezug auf **Zusicherungen** eines **Übernahmevertrages** (die zumeist im Wege eines **selbständigen Garantieversprechens** abgegeben werden) zuzulassen.

152 Diese grundsätzliche Auslegungsregel ist **interessengerecht**. Denn wenn die Emissionsbanken von einer Unrichtigkeit oder Unvollständigkeit der Prospektangaben Kenntnis erlangen, müssen sie vom Emittenten diesbezüglich eine ausdrückliche Freistellung verlangen.

---

[77] Siehe *Schanz* § 8 Rz. 39 f. (für den Börsengang) mwN. Zu Unternehmensakquisitionen s. *Fleischer/Körber* BB 2001, 841, 844 ff.; *Knöfler* Rechtliche Auswirkungen der Due Diligence bei Unternehmensakqisitionen S. 65 ff.; vgl. auch OLG München 7 U 2128/06 v. 26. 7. 2006, ZIP 2006, 1911 zum Einwand des Mitverschuldens.

5. Vertraulichkeit

Insbesondere von Unternehmensakquisitionen ist die **Risikolage** hinlänglich bekannt, dass bei einer Due Diligence gewonnene Erkenntnisse bei einem Scheitern der beabsichtigten Transaktionen von dem Kaufinteressenten für eigene Zwecke verwendet werden könnten. Dieses Risiko ist vor allem dann gegeben, wenn der Erwerbsinteressent – wie nicht gerade selten – ein aktueller oder potenzieller Wettbewerber ist. Dem wird in der Praxis versucht, auf zweierlei Weise entgegenzuwirken. Zunächst wird der Erwerbsinteressent durch den Abschluss einer (vertragsstrafenbewehrten) **Vertraulichkeitsvereinbarung** vertraglich zur Verschwiegenheit verpflichtet. Mit aufgenommen werden idR das Verbot, die Erkenntnisse für eigene oder fremde Zwecke zu nutzen, und bisweilen auch **Abwerbeverbote** bezüglich Mitarbeitern, Kunden oder Lieferanten.

Da sich – selbst **vertragsstrafenbewehrte** – **Vertraulichkeitserklärungen** in der Praxis wegen der Schwierigkeiten des Nachweises eines Verstoßes und eines Schadens jedoch oft als wenig effektive Maßnahmen erweisen, bietet sich bei besonders sensiblen Konstellationen ein **mehrstufiges Verfahren** an, in dem bestimmte besonders vertrauliche Informationen erst im Laufe der fortschreitenden Verhandlungen offenbart werden.

All diese Erwägungen gelten im Falle einer **Due Diligence** als **Teil eines Börsenganges** nur in eingeschränktem Maße. Dieser Umstand liegt darin begründet, dass es sich bei den prüfenden Emissionsbanken in aller Regel nicht um Wettbewerber handelt, bei denen die Gefahr des Missbrauchs sensibler Daten besteht. Auch besteht bei einem Börsengang schon allein aufgrund der Prospektierungspflicht und der drohenden Prospekthaftung keine Möglichkeit des Emittenten, Due Diligence-Nachfragen unter Hinweis auf abzugebende Zusicherungen abzuwehren. Dennoch empfiehlt sich auch bei vorbörslichen Due Diligence-Prüfungen – nicht zuletzt auch aus Gründen der Sorgfaltspflichten von Vorstand und Aufsichtsrat (s. Rz. 157 ff.) – der Abschluss einer Vertraulichkeitserklärung. Diese wird in aller Regel bereits im Letter of Engagement, der der Durchführung einer Due Diligence vorangehen sollte, enthalten sein.

6. Aktienrechtliche Zulässigkeit

Aus gesellschaftsrechtlicher Sicht stellt sich die Frage nach der Zulässigkeit einer Due Diligence zur Durchführung eines Börsenganges. So weit ersichtlich, wird die Frage der aktienrechtlichen Zulässigkeit einer Due Diligence bislang überwiegend für die Fallkonstellation einer beabsichtigten **Übernahme** der Gesellschaft bzw. des Erwerbs von Anteilen an der Gesellschaft erörtert. Regelmäßig wird der Erwerbsinteressent nicht die Mehrheit an einer (börsennotierten) Gesellschaft erwerben, ohne zuvor die Gelegenheit gehabt zu haben, sich mit den wesentlichen wirtschaftlichen und rechtlichen Verhältnissen vertraut zu machen. Im Falle eines solchen Verlangens sind Vorstand und ggf. auch Aufsichtsrat der Zielgesellschaft sodann vor die Entscheidung gestellt, ob, wann und in welchem Umfang eine geforderte Due Diligence durch den Erwerbsinteressenten zugelassen werden kann.[78]

---

[78] Vgl. hierzu *Hüffer* AktG § 93 Rz. 8; *Schanz* § 8 Rz. 41 ff.; *Eggenberger* Gesellschaftsrechtliche Voraussetzungen und Folgen einer Due Diligence-Prüfung S. 71 ff., 81 ff.

157 Die dabei zu berücksichtigenden Normen sind die **Sorgfaltspflicht des Vorstandes** und des Aufsichtsrates gem. § 93 Abs. 1 Satz 1 AktG (für den Aufsichtsrat iVm. § 116 AktG), die **Pflicht zur Verschwiegenheit** gem. § 93 Abs. 1 Satz 2 AktG sowie das **Gebot der Gleichbehandlung** aller Aktionäre gem. § 53 a AktG. Insbesondere aufgrund der Verschwiegenheitspflicht sind Vorstand und Aufsichtsrat grds. gehalten, vertrauliche Informationen über die Gesellschaft Dritten nicht zugänglich zu machen.

158 Es ist allerdings allgemein anerkannt, dass die Weitergabe solcher vertraulicher Informationen nicht ausnahmslos unzulässig ist. **Ausnahmen** sind immer dann zulässig, wenn sie im wohlverstandenen Interesse der Gesellschaft sind.[79] Grundsätzlich ist davon auszugehen, dass sich die Abwägungsentscheidung der Verwaltung allein an dem Wohl und den Interessen der Gesellschaft zu orientieren hat und dass eine Due Diligence immer dann zugelassen werden kann, wenn der Erwerb auch im **Interesse der Gesellschaft** liegt (ihr zB Zugang zu besseren Finanzierungsmöglichkeiten oder Know-how eröffnet oder zu einer Verstärkung der Marktposition führt), die Due Diligence-Prüfung **unumgängliche Voraussetzung** der Transaktion ist, seitens des Erwerbsinteressenten ein (möglichst – zB durch einen Letter of Intent – dokumentiertes) **ernsthaftes Erwerbsinteresse** besteht, der Erwerb **realistisch** erscheint (Erwerber ist zur Erbringung des möglichen Kaufpreises in der Lage und Aktionäre haben ihre Veräußerungsabsicht bekundet) und der Erwerbsinteressent sich einer mit einer **Vertragsstrafe sanktionierten Vertraulichkeitserklärung** unterwirft.[80]

159 Diese Grundsätze sind auch bei Planung und Vorbereitung eines Börsenganges zu beachten. Dabei ist zu berücksichtigen, dass in der Praxis der Börsengang zumeist von einer breiten Mehrheit der Aktionäre unterstützt wird, der Börsengang somit realistisch ist, und der Gesellschaft nur durch einen Börsengang die zum weiteren Wachstum benötigten Finanzmittel zugeführt werden können. Dies spricht dafür, dass der **Börsengang grds. im Interesse der Gesellschaft** liegt. Ferner ist zu bedenken, dass es sich bei den Emissionsbanken in aller Regel nicht um Wettbewerber des Unternehmens handelt und dass die Banken erlangte Informationen aufgrund ihrer **Verschwiegenheitspflicht** nicht im Rahmen anderer Mandate nutzen dürfen. Zudem unterliegen die von den Banken eingeschalteten Berater entweder der **Berufsverschwiegenheit** (Rechtsanwälte, Wirtschaftsprüfer, Steuerberater) oder werden anderenfalls (zB Umweltgutachter) vertraglich zur Verschwiegenheit verpflichtet. Aus praktischer Sicht ist schließlich noch zu bedenken, dass **ohne Due Diligence** der Banken schon allein aus den bereits diskutierten Prospekthaftungsrisiken der Banken (s. Rz. 143 ff.) ein **Börsengang undenkbar** und damit eine Due Diligence unumgänglich ist. Dabei kann durchaus auch ins Feld geführt werden, dass das Unternehmen selbst durch die Durchführung der Due Diligence und der Besprechung der Ergebnisse mit den Banken und deren Umsetzung im Emissionsprospekt seine eigenen Prospekthaftungsrisiken reduziert.

160 Die Anwendung der oben genannten Grundsätze wird daher regelmäßig dazu führen, dass im Rahmen eines beabsichtigten Börsenganges eine umfassende und detaillierte Due Diligence durch die Emissionsbanken zulässig

---

[79] *Hüffer* AktG § 93 Rz. 8.
[80] Siehe *Hüffer* AktG § 93 Rz. 8; vgl. auch die Nachweise bei *Fleischer/Körber* BB 2001, 841 (Fn. 3).

B. Due Diligence

ist.[81] Ausnahmen hiervon sind nur dann denkbar, wenn zB ein beabsichtigter Börsengang ausnahmsweise nicht im Interesse der Gesellschaft liegt oder die Mehrheit der Aktionäre sich gegen ihn ausgesprochen hat, sodass realistischerweise nicht mit einer Umsetzung (zB Fassung der erforderlichen Kapitalerhöhungsbeschlüsse) gerechnet werden kann.

Der Fassung eines Hauptversammlungsbeschlusses bedarf es nicht.[82] Bei der Frage der Zulassung einer Due Diligence handelt es sich vielmehr um eine **Geschäftsführungsmaßnahme**, die der Vorstand in eigener Verantwortung (ggf. unter Mitwirkung des Aufsichtsrates) entscheidet.

II. Gegenstand der Due Diligence

1. Überblick

Gegenstand der Due Diligence ist das **gesamte Unternehmen** sowie das rechtliche und wirtschaftliche **Umfeld**, in dem es sich bewegt. Gerade im Vorfeld eines Börsenganges gilt dabei zunächst der Grundsatz der ganzheitlichen Due Diligence. Dies bedeutet, dass das Unternehmen und sein Umfeld umfassend analysiert und bewertet werden müssen. Allerdings ist auf der anderen Seite aus pragmatischen Gesichtspunkten auch zu berücksichtigen, dass sich alle Unternehmen unterschiedlich darstellen und in der Due Diligence-Prüfung notwendigerweise verschiedene **Schwerpunkte** zu legen sind. Die richtige Schwerpunktlegung setzt aber wiederum voraus, dass nicht vorschnell, möglicherweise sogar durch den Due Diligence-Prüfer vorbestimmte Fragestellungen in den Mittelpunkt gestellt werden, sondern dass in einem ersten Schritt (s. Rz. 197 f.) alle in Betracht kommenden Prüfungsfelder unvoreingenommen angesprochen und unter Relevanzgesichtspunkten bewertet und gewichtet werden.

2. Wirtschaftliche Due Diligence

Bei der wirtschaftlichen Due Diligence ist die gesamte wirtschaftliche Situation des Unternehmens umfassend zu beleuchten. Hierzu gehört auch eine eingehende Beschäftigung mit den finanziellen Verhältnissen, also eine Analyse aus betriebswirtschaftlicher Sicht. Die wirtschaftliche Situation eines Unternehmens wird durch zahlreiche Faktoren bestimmt, auf die das Unternehmen selbst mehr oder weniger Einfluss nehmen kann. Dabei sind insb. die folgenden Aspekte von Bedeutung:

– das allgemeine wirtschaftliche, rechtliche, politische und kulturelle Umfeld, in dem sich das Unternehmen bewegt;
– die sachlichen und räumlichen Märkte des Unternehmens (Produkte und Dienstleistungen des Unternehmens sowie die Lieferanten und die unmittelbaren und mittelbaren Kunden);
die Wettbewerbsfähigkeit des Unternehmens;

---

[81] Siehe auch *Schanz* § 8 Rz. 41 f.
[82] Vgl. *Eggenberger* Gesellschaftsrechtliche Voraussetzungen und Folgen einer Due Diligence-Prüfung S. 85 ff.; aA *Schanz* § 8 Rz. 42 f.; das LG Köln v. 26. 3. 2008 GmbHR 2009, 261 ff. fordert bei einer GmbH als Voraussetzung für die Durchführung einer Due Diligence durch einen Kaufinteressenten einen einstimmigen zustimmenden Gesellschafterbeschluss.

- **Marktzutrittsschranken** (zB **rechtliche, wirtschaftliche, technologische, sprachliche, kulturelle**);
- etwaige Abhängigkeiten des Unternehmens, zB auf der **Beschaffungsseite** (einzelne Großlieferanten mit monopolartiger Marktstellung; knappe Rohstoffe, Zulieferer im Ausland), auf der **Abnehmer-** bzw. **Kundenseite** (wenige Großkunden; Kunden aus volatilen Märkten), aufgrund einer **hohen Exportquote** (Wechselkursschwankungen), auf der **Personalseite** (Abhängigkeit von Führungskräften und besonderen Know-how-Trägern; knapper Arbeitsmarkt) oder auf der **technischen Seite** (Abhängigkeit von Patenten, Lizenzen, Betriebsgeheimnissen);
- Analyse der **finanziellen (betriebswirtschaftlichen) Situation** des Unternehmens sowie der **Zukunftsaussichten**, vor allem die **Auswertung der historischen Zahlen** sowie die Verifizierung der vorgelegten **Planzahlen**.

3. Technische Due Diligence

174 Ein weiterer wesentlicher Bestandteil der Due Diligence ist die Überprüfung der **Produkte** bzw. der für bestimmte Dienstleistungen benötigten internen Arbeitshilfen sowie der **Produktionsanlagen**. So wird bei einem produzierenden Unternehmen der Schwerpunkt der technischen Due Diligence auf der Beurteilung des Maschinen- und Fuhrparks sowie der Lagerkapazitäten liegen. Hierdurch können Modernität und Investitionsbedarf, aber auch Risiken (zB **Produkthaftungsrisiken**) besser eingeschätzt werden.

175 Bei den Produkten der Gesellschaft (insb. bei Unternehmen mit innovativen Produkten) geht es vor allem darum, die technische Realisierbarkeit, Weiterentwicklungsmöglichkeiten, Wettbewerbsfähigkeit, Marktakzeptanz sowie Produkthaftungs- und Gewährleistungsrisiken zu beurteilen. Zur technischen Due Diligence gehört ferner auch die Begutachtung der **Forschungs- und Entwicklungseinrichtungen** des Börsenaspiranten.

176 Erkenntnisse aus der technischen Due Diligence können auch für die rechtliche Due Diligence, zB bei der Frage nach dem geistigen Eigentum, von Bedeutung sein (s. Rz. 182).

4. Rechtliche und steuerliche Due Diligence

177 Bei der rechtlichen und steuerlichen Due Diligence geht es vor allem um die Identifizierung und Vermeidung von Risiken für die Gesellschaft, die das Unternehmen in der Zukunft wirtschaftlich belasten können.

a) Rechtliche Due Diligence

178 Im Rahmen der **rechtlichen Due Diligence** sind die gesamten rechtlichen Verhältnisse der Gesellschaft und der mit ihr verbundenen Unternehmen zu prüfen. Dabei sind zunächst die **gesellschaftsrechtlichen Verhältnisse** zu erfassen. In diesem Prüfungsabschnitt sind die **Gesellschaft** sowie alle bedeutsamen (in- und ausländischen) **Konzerngesellschaften** ab dem Zeitpunkt ihrer **Gründung** (bei **Umstrukturierungen** ggf. auch deren Rechtsvorgänger) eingehend zu beleuchten (zB Handelsregisterauszug, Satzung, Anteilsübertragungen, Sonderrechte, Gesellschafterbeschlüsse). Prüfungsschwerpunkte sind dabei eine ordnungsgemäße Gründung (insb. bei Sachgründungen) sowie die

B. Due Diligence

Entwicklung der Anteils- und Kapitalverhältnisse. Bei Aktiengesellschaften sollten – wegen der damit verbundenen scharfen Sanktionen – auch die **aktienrechtlichen Melde- und Veröffentlichungspflichten** gem. §§ 20, 21 AktG bzw. – bei bereits bestehender Börsennotierung – gem. §§ 21, 22 WpHG sowie die Einhaltung der **Nachgründungsvorschriften** des § 52 AktG beachtet werden.

Von besonderer Wichtigkeit sind auch alle **Rechtsverhältnisse zwischen Gesellschaft** einerseits **und ihren Gesellschaftern** andererseits, nicht zuletzt auch unter dem Gesichtspunkt der **Kapitalerhaltung** (vgl. insb. §§ 71 a, 57 AktG). Darüber hinaus werden derartige Beziehungen zwischen Gesellschaft und Gesellschaftern von Analysten und Anlegern wegen der damit verbundenen Gefahr der Verlagerung von Gewinnpotenzialen naturgemäß besonders kritisch betrachtet. Sie bedürfen daher in aller Regel der Darstellung im Prospekt. Im Einzelfall kann es sogar ratsam sein, derartige vertragliche Beziehungen noch vor dem Börsengang zu beenden, um die Chancen einer erfolgreichen Platzierung zu erhöhen.

Einen weiteren Schwerpunkt der rechtlichen Due Diligence bildet die **Prüfung der vertraglichen Situation** des Unternehmens. Praktisch bedeutsame Fragestellungen sind **rechtliche Abhängigkeiten**, langfristige oder schwer kündbare **Verträge**, **Umstrukturierungen** und **Unternehmenstransaktionen** (zB Verschmelzungen, Ausgliederungen, Unternehmenskäufe und -verkäufe), **wettbewerbsbeschränkende Abreden**, über das übliche Maß hinausgehende **Gewährleistungen** und **Garantien** für Produkte oder Dienstleistungen des Unternehmens, **Vertragsstrafeversprechen**, Gewährung von Sicherheiten (zB Bürgschaften, Patronatserklärungen, sonstige Sicherheitsleistungen für eigene oder fremde Verbindlichkeiten), Ausgleichsansprüche bei Beendigung von Vertragsverhältnissen (zB nach § 89 b HGB), gewinn- und/oder umsatzabhängige Vergütungen, Versicherungsverhältnisse sowie Vertragsbeziehungen, bei denen ausländisches Recht (zB US-amerikanisches Produkthaftungsrecht) zur Anwendung kommen kann.

Zu untersuchen sind ferner die **arbeitsrechtlichen Gegebenheiten**, also insb. die kollektiv-arbeitsrechtlichen Verhältnisse (zB Mitbestimmung, Tarifgebundenheit, Bestehen eines Betriebsrates und sonstiger Arbeitnehmervertretungen, Betriebsvereinbarungen, betriebliche Übungen) und die individual-arbeitsrechtlichen Verhältnisse (Arbeitsverträge, Vergütungs- und Kündigungsregelungen, Pensionszusagen und andere Formen der betrieblichen Altersvorsorge).

Eine zentrale Aufgabe der rechtlichen Due Diligence kann uU auch in der **Beurteilung der „Intellectual Property Rights"**, also des **geistigen Eigentums**, bestehen. Dabei geht es um die Fragen, ob dem Unternehmen zB an der vertriebenen Software die (ausschließlichen) Urheberverwertungsrechte zustehen, ob und wie wirksam geistiges Eigentum und sonstige Immaterialwirtschaftsgüter geschützt sind (Patente, Gebrauchs- und Geschmackmuster, Marken), ob die Gesellschaft Rechte Dritter verletzt oder ob Dritte Rechte der Gesellschaft verletzen.

Zu den **sonstigen** im Rahmen der rechtlichen Due Diligence **zu beachtenden Themen** gehören zB öffentlich-rechtliche Genehmigungen (zB nach BimSchG, PBefG oder AtomG), gewährte Subventionen (insb. unter dem Blickwinkel einer möglichen Rückzahlungsverpflichtung), potenzielle Produkthaftungs- und Gewährleistungsansprüche sowie (anhängige oder drohende) Verwaltungs-, Gerichts- und Schiedsgerichtsverfahren, und zwar Aktiv- und Passivprozesse.

b) Steuerliche Due Diligence

184 Gegenstand der **steuerlichen Due Diligence** ist zunächst die Erfassung steuerlicher **Risiken** aus Vorgängen der Vergangenheit. Hierher gehören zB Unterbewertungen der Aktiva, Überbewertungen der Passiva, Zulässigkeit und Angemessenheit von Rückstellungen und Teilwertabschreibungen (einschl. Wertaufholungsgebot), **verdeckte Gewinnausschüttungen und verdeckte Einlagen, Umstrukturierungen**, Organschaftsverhältnisse, (fehlerhafte) **Verrechnungspreise** zwischen verbundenen Unternehmen, Fragen der Hinzurechnungsbesteuerung, § 1 AStG, Gesellschafterfremdfinanzierung, Anwendung von § 3 c EStG, Sicherheit der Steuerprivilegierung von Veräußerungsgewinnen nach § 8 b Abs. 2 KStG, Sperr- und Behaltefristen, Erfüllung der Aufzeichnungspflichten nach § 90 Abs. 3 AO sowie lohn- und umsatzsteuerlichen Risiken. Ferner ist die steuerliche Verwertbarkeit etwaiger ausgewiesener **Verlustvorträge** unter dem Gesichtspunkt des § 8 Abs. 4 bzw. § 8 c KStG zu verifizieren. Ausgangspunkt werden in aller Regel die letzten Steuererklärungen und -bescheide sowie etwaige Berichte über steuerliche Außenprüfungen (Betriebsprüfung und Sonderprüfungen) sein. Folgende Umstände sollten den Prüfer dabei zu besonderer Aufmerksamkeit veranlassen:

185 aa) **Umstrukturierungen.** Zu beachten sind sowohl Maßnahmen nach dem Umwandlungsgesetz als auch sonstige Maßnahmen. Hier ist stets zu prüfen, ob bei den Umstrukturierungsvorgängen aus steuerlicher Sicht stille Reserven realisiert worden sind.

186 bb) **Rechtsgeschäfte zwischen Gesellschaft und Gesellschaftern.** Hier besteht das Risiko im Vorliegen **verdeckter Gewinnausschüttungen**.

187 cc) **Rechtsgeschäfte zwischen Konzernunternehmen.** Bei derartigen Rechtsgeschäften ist es denkbar, dass diese nicht zu Verkehrswerten abgewickelt wurden. Die Risiken bestehen im Vorliegen **verdeckter Gewinnausschüttungen** (bei Begünstigung der Obergesellschaft) sowie in einer steuerpflichtigen Aufdeckung **stiller Reserven** (bei Begünstigung einer Untergesellschaft). Bei Rechtsgeschäften mit ausländischen Konzerngesellschaften stellen sich erfahrungsgemäß Verrechnungspreisfragen.

188 dd) **Substanzielle Veränderungen in der Anteilseignerstruktur.** Das besondere Risiko von wesentlichen Veränderungen in der Anteilseignerstruktur liegt in dem möglichen **Verlust körperschaft- und gewerbesteuerlicher Verlustvorträge** (vgl. § 8 Abs. 4 bzw. § 8 c KStG bzw. § 10 a GewStG).

189 ee) **Mitarbeiterbeteiligungen. Lohnsteuerrisiken** kommen insb. bei der vorbörslichen Beteiligung von Mitarbeitern, die nicht auf Verkehrswertbasis durchgeführt werden, in Betracht. Denn eine Beteiligung „unter Wert" kann einen zu versteuernden geldwerten Vorteil darstellen, bei dem das Unternehmen grds. verpflichtet ist, Lohnsteuer- und Sozialabgaben einzubehalten.

190 Über die Erfassung steuerlicher Risiken der Vergangenheit hinaus soll die steuerliche Due Diligence aber auch Hinweise darauf geben, ob die beabsichtigte **Unternehmensentwicklung** in der Zukunft (zB mögliche Umstrukturierungen) aus steuerlicher Sicht umsetzbar ist oder ob dem gewichtige steuerliche Gründe entgegenstehen (zB Nachspaltungsveräußerungssperre gem. § 15 Abs. 3 UmwStG). Auch kann Ergebnis der Due Diligence sein, dass

B. Due Diligence

die angetroffene steuerliche Struktur verbesserungsbedürftig ist und die Steuerbelastung in der Zukunft durch geeignete Maßnahmen reduziert werden kann. Zudem dient die steuerliche Due Diligence auch der Überprüfung der in der Konzernbilanz nach IFRS ausgewiesenen (aktiven oder passiven) latenten Steuern.

5. Umwelt-Due-Diligence

Bei vielen Unternehmen werden Umwelt- oder Altlastenrisiken auszuschließen sein. Dies gilt insb. dann, wenn das Unternehmen keine Grundstücke besitzt und auch keine umweltgefährdenden Aktivitäten (zB auf gepachteten Grundstücken) ausübt. Anders kann es aber bei produzierenden Unternehmen oder solchen mit umfangreichem Grundbesitz aussehen. Können **Umweltrisiken** nicht von vornherein ausgeschlossen werden, so ist – je nach Verdachtsgrad – die Durchführung einer Umwelt-Due Diligence angezeigt. 191

Ziel einer solchen Umwelt-Due Diligence ist es, das Vorhandensein von Altlasten, schädlichen Bodenveränderungen, umweltgefährdenden Stoffen und sonstigen **Umweltrisiken**, die auf den Betriebsgrundstücken oder aufgrund des Betriebs auf anderen Grundstücken bestehen könnten, zu ermitteln. Dies erfolgt in aller Regel – nicht zuletzt aus Kostengründen – in einem **zweistufigen Verfahren**. In der sog. **Phase I** erfolgen eine Ortsbesichtigung (ggf. mit Stichproben) sowie eine umfassende Bestandsaufnahme durch Einsichtnahme in Unterlagen und Befragung von Mitarbeitern des Unternehmens (insb. dem Umweltbeauftragten). Ist Ergebnis der Phase I, dass ein Anfangsverdacht für wesentliche Umweltrisiken besteht, werden in der **Phase II** umfangreichere Boden- und/oder Wasserproben genommen und analysiert. 192

Sind im Rahmen der Umwelt-Due Diligence Umweltrisiken identifiziert worden, ist die sich hieraus möglicherweise für das Unternehmen ergebende wirtschaftliche Belastung zu ermitteln (zB Beseitigungskosten). 193

6. Organisatorische Due Diligence

Ein weiterer wichtiger Bestandteil der Due Diligence besteht in der Erfassung und Bewertung der Organisationsstruktur und sonstiger organisatorischer Fragen (zB Rechnungs- und Berichtswesen, Planungen, Beteiligungsmanagement, Zusammensetzung des Personalbestandes, Arbeitsabläufe, Qualitätssicherung) und sonstige Risikokontrollsysteme, soziale Einrichtungen, EDV-Systeme. Wertvolle Hinweise können sich insoweit aus einem Management-Handbuch, einem Qualitätssicherungshandbuch oder aus Unterlagen für Zertifizierungen (zB ISO-Zertifizierungen) ergeben. Erkenntnisse aus der organisatorischen Due Diligence können auch für die rechtliche Beurteilung etwaiger Risiken (zB Produkthaftungsansprüche, Umwelthaftung) von Bedeutung sein. 194

7. Weiche Faktoren

Neben den vorstehend aufgeführten wirtschaftlichen, technischen und rechtlichen Aspekten gilt es auch noch eine Reihe weicher, eher **psychologischer oder atmosphärischer** Faktoren (sog. Soft Factors) im Auge zu behalten. Bei dieser Due Diligence der **Unternehmenskultur** geht es zB um die Identifikation der Mitarbeiter mit den Unternehmenszielen, deren Leistungs- 195

Göckeler 1767

bereitschaft und Bindung an das Unternehmen, das Auftreten und die Reputation des Unternehmens im Markt (zB schlechte Presse in der Vergangenheit, mag sie auch ungerechtfertigt gewesen sein) und die Verfügbarkeit des Unternehmens über die zentralen Unternehmerpersönlichkeiten und führenden Mitarbeiter.

III. Durchführung

196 Die **Durchführung einer Due Diligence** unterteilt sich im Wesentlichen in **drei Phasen**. Die erste Phase besteht in der Vorbereitung, die zweite in der eigentlichen Durchführung und die dritte in der Zusammenstellung sowie Aus- und Bewertung der ermittelten Ergebnisse durch den Prüfer und die Auftraggeber unter Einbeziehung des Unternehmens.

1. Vorbereitung

197 Die **Due Diligence** als Teil eines Börsenganges bedarf der gründlichen Vorbereitung, und zwar sowohl durch das Unternehmen als auch die Emissionsbanken. Auf Seiten der Emissionsbanken besteht die vornehmliche Aufgabe darin, die **Prüfungs- und Analyseschwerpunkte** herauszuarbeiten. Dabei sind sie selbstverständlich auf die Mitwirkung des Unternehmens angewiesen. So wird sich eine adäquate Schwerpunktbildung nur in vorbereitenden Gesprächen mit Führungskräften des Unternehmens vornehmen lassen. Aber auch vor solchen Gesprächen wird man in aller Regel aufgrund der zumeist bereits bekannten **Grunddaten** potenzielle Prüfungsschwerpunkte bilden und andere Prüfungsgegenstände ausscheiden können. Bei der Besprechung der einzelnen Prüfungshauptgebiete (s. Rz. 163 ff.) sind bereits Aussagen über klassische Schwerpunkte und Indizien für das Vorliegen von Risiken genannt worden.

198 Die so fokussierte Due Diligence Prüfung vermeidet nicht nur unnötige Kosten durch unangemessene Prüfungshandlungen, sie entlastet insb. auch die ohnehin durch einen Börsengang stark beanspruchten Ressourcen des Managements und der nachgeschalteten Führungsebenen. Die Prüfer leiten dem Unternehmen zumeist sehr umfangreiche **Due Diligence-Fragebögen (Due Diligence-Checklisten** oder auch **Due Diligence Request Lists** genannt) zu und bitten um Bereitstellung der Unterlagen bzw. Fehlanzeigen. Bei der Abfassung und Übersendung solcher Listen ist im Sinne eines möglichst schlanken Prozesses darauf zu achten, dass die verschiedenen Prüfer ihre Listen möglichst untereinander abstimmen, im Idealfall – zumindest die Prüfer für die rechtliche, steuerliche und finanzielle Due Diligence – sogar nur eine einheitliche Liste abfassen.

199 Nach Vorliegen der Anforderungslisten hat das Unternehmen die angefragten Unterlagen zusammenzustellen und sie den Prüfern zugänglich zu machen. Um den Prozess praktikabel zu gestalten, empfiehlt sich die nach dem Ordnungsschema der Fragelisten sortierte und dokumentierte Präsentation der Unterlagen an einem Ort, dem sog. **Datenraum** (oder auch **Data Room** genannt), ggf. in elektronischer Form (sog. virtueller Datenraum). Dabei sollte dokumentiert werden, welche Unterlagen wem zugänglich gemacht wurden.

2. Ausführung

Nachdem die eigentliche **Due Diligence** vorbereitet ist, beginnt ihre Ausführung. Dabei handelt es sich um einen Prozess, der je nach Größe des Unternehmens und Komplexität der Fragestellungen von einigen Tagen bis zu mehreren Wochen dauern kann. Er schließt neben der **Sichtung der Unterlagen** auch **Betriebsbesichtigungen** und **Gespräche** mit Unternehmensangehörigen ein.

Am Ende der Due Diligence vor Ort (und noch vor Abfassung des Due Diligence-Berichts) sollte mit dem Emittenten (und ggf. auch den Hauptaktionären) und dessen Beratern eine **Schlussbesprechung** stattfinden. In dieser sind die kritischen Sachverhalte nochmals zu erörtern. So erhalten die Beteiligten rechtzeitig Gelegenheit, ihre Stellungnahme zu den Problemfeldern abzugeben, die die Due Diligence-Prüfer sodann noch in ihrem Prüfungsbericht berücksichtigen können. Auf diese Weise können auch noch offene Punkte identifiziert werden, die im Nachgang zu der Due Diligence vor Ort noch nachzubereiten sind.

Das Management gibt ggü. den Due Diligence-Prüfern zudem häufig (ähnlich wie bei einer Jahresabschlussprüfung) eine sog. **Vollständigkeitserklärung** ab, in der es bestätigt, nach bestem Wissen und Gewissen alle Fragen richtig beantwortet und alle wesentlichen Informationen offen gelegt zu haben.

3. Auswertung

Was bereits für die Vorbereitung einer **Due Diligence** galt, ist auch für deren Auswertung, die bereits während der Ausführung der Due Diligence beginnen kann, richtig. Ziel der Auswertung soll es sein, dem jeweiligen Auftraggeber, dh. also den Emissionsbanken bzw. dem Unternehmen selbst, in einem **Due Diligence-Bericht** in komprimierter Form die wesentlichen Erkenntnisse der Prüfung zu präsentieren, diese in überschaubarer und verständlicher Form zusammenzufassen **(Executive Summary)**, mit detaillierten Hintergrundinformationen zu hinterlegen sowie hieraus Schlussfolgerungen zu ziehen und Handlungsempfehlungen abzugeben. Vor endgültiger Abfassung des Due Diligence-Berichts sollte dem Unternehmen und auch dem Auftraggeber ein Entwurf zur Stellungnahme zugeleitet werden.

Von den Due Diligence-Prüfern selbst wird von den Emissionsbanken zumeist die Abgabe einer **Legal bzw. Disclosure Opinion** (Rechtsanwälte) bzw. eines **Comfort Letter**[83] (Wirtschaftsprüfer) verlangt, worin bestimmte wichtige Prüfungserkenntnisse fest gehalten und gewürdigt werden.

---

[83] Siehe *Ebke/Siegel* Comfort Letters, Börsengänge und Haftung: Überlegungen aus Sicht des deutschen und US-amerikanischen Rechts, WM Sonderbeilage 2/2001.

§ 25 Der Börsengang

Bearbeiter: Dr. Herbert Harrer

Übersicht

	Rz.
A. Billigungs- und Zulassungsverfahren	2–20
I. Regulierter Markt	3–14
II. Freiverkehr	15–20
B. Projekt- und Zeitplan	26–52
C. Dokumentation	53–197
I. Mandatsvereinbarung	54–60
II. Übernahmevertrag	61–103
1. Allgemeines	61–65
2. Zeichnungs- und Übernahmeverpflichtung	66–73
a) Typische Ausgestaltung	66–69
b) Zeichnung zum (rechnerischen) Nennbetrag	70–73
3. Verpflichtungen und Gewährleistungen	74–82
a) Allgemeines	74
b) Verpflichtungen	75–77
c) Gewährleistungen	78–82
4. Haftungsfreistellung	83–89
a) Allgemeines	83–85
b) Kapitalerhöhung	86
c) Umplatzierung von Altaktien	87–89
5. Aufschiebende Bedingungen	90–94
6. Rücktrittsrecht	95–103
a) Allgemeines	95–98
b) Probleme bei Rückabwicklung	99–103
aa) Kapitalherabsetzung	100
bb) Rückerwerb eigener Aktien	101
cc) Verwertungsrecht des Konsortialführers	102, 103
III. Börseneinführungsvertrag	104
IV. Prospekt	105–116
V. Legal Opinion und Disclosure Letter	117–134
1. Legal Opinion	118–124
2. Disclosure Letter	125–129
3. Funktion der Legal Opinion und Disclosure Letter	130–132
4. Haftung für Legal Opinion und Disclosure Letter	133, 134
VI. Comfort Letter	135–152
1. Inhalt des Comfort Letters	136–142
a) Deutschland	137–140
b) Vereinigte Staaten von Amerika	141, 142
2. Funktion des Comfort Letters	143–145
3. Haftung für Testat und für Comfort Letter	146–152
VII. Konsortialvertrag	153–156
VIII. Marktschutzvereinbarung	161–164
IX. Sonstiges	165–197
1. Gesellschaftsrechtliche Dokumente und Maßnahmen	165–175
2. Research-Richtlinien	176–182
a) Deutschland	179, 180

   b) Vereinigte Staaten von Amerika 181, 182
  3. Publizitätsrichtlinien 183–190
   a) Deutschland 184, 185
   b) Vereinigte Staaten von Amerika 186–190
  4. Besonderheiten für Emittenten mit Herkunftsland
   außerhalb Deutschlands 193–197
D. Prospekthaftung 201–260
 I. Deutschland 202–239
  1. Allgemeines 202
  2. Gesetzliche Regelung 203, 204
  3. Prospekte oder prospektbefreiende schriftliche
   Darstellung 205, 206
  4. Ersatzverpflichtete 207–212
  5. Unrichtigkeit und Unvollständigkeit von für die
   Beurteilung der Wertpapiere wesentlichen Angaben 213–222
  6. Kausalität 223, 224
  7. Verschulden 225–232
  8. Umfang des Schadensersatzes 233
  9. Haftungsausschluss und Haftungsbegrenzung 234–236
  10. Verhältnis zu anderen Anspruchsgrundlagen 237, 238
  11. Verjährung und gerichtliche Zuständigkeit 239
 II. Vereinigte Staaten von Amerika. 240–253
  Exkurs: Kapitalanleger-Musterverfahrensgesetz 254–260

Schrifttum: *Adolff* Die zivilrechtliche Verantwortlichkeit deutscher Anwälte bei Abgabe von Third Party Legal Opinions 1997; *Bosch* Expertenhaftung gegenüber Dritten – Überlegungen aus der Sicht der Bankpraxis, ZHR 163 (1999), 274; *Bungert* Die Liberalisierung des Bezugsrechtsausschlusses im Aktienrecht, NJW 1998, 488; *Bungert* Bezugsrechtsausschluss zur Platzierung neuer Aktien im Ausland, WM 1995, 1; *Ebke/Siegel* Comfort Letters, Börsengänge und Haftung: Überlegungen aus Sicht des deutschen und US-amerikanischen Rechts, WM Sonderbeilage Nr. 2/2001; *Farmery/Walmsley* (Hrsg.) United States Securities and Investment Handbook 1991; *Frese* Kredite und verdeckte Sacheinlage – Zur Sondersituation von Emissionsbanken, AG 2001, 15; *Green/Beller/ Cohen/Hudson/Rosen* US Regulation of the International Securities and Derivatives Markets, 5. Aufl. 2000; *Groß* Die börsenrechtliche Prospekthaftung, AG 1999, 199; *Groß* Bezugsrechtsausschluss bei Barkapitalerhöhungen: Offene Fragen bei der Anwendung des neuen § 186 Abs. 3 Satz 4 AktG, DB 1994, 2431; *Groß* Verdeckte Sacheinlage, Vorfinanzierung und Emissionskonsortium, AG 1993, 108, 115; *Gruson/Hutter/Kutschera* (Hrsg.) Legal Opinions in International Transactions, 4. Aufl. 2004; *Gruson* Prospekterfordernisse und Prospekthaftung bei unterschiedlichen Anlageformen nach amerikanischem und deutschem Recht, WM 1995, 89; *Habersack* „Holzmüller" und die schönen Töchter – Zur Frage eines Vorerwerbsrechts der Aktionäre beim Verkauf von Tochtergesellschaften, WM 2001, 545; *Harrer/Heidemann* Going Public – Einführung in die Thematik, DStR 1999, 254; *Hazen* The Law of Securities Regulation 1995; *Hess/Krämer* Zulässigkeit und Grenzen der Kursstabilisierung bei Aktienplatzierungen in FG Döser 1999 S. 171; *Hoffmann-Becking* Neue Form der Aktienemission in FS Lieberknecht 1997 S. 25; *Hopt* Die Verantwortlichkeit der Banken bei Emissionen 1991; *Johnson/McLaughlin* Corporate Finance and Securities Laws, 2. Aufl. 1999; *Koch/Wegmann* Mittelstand und Neuer Markt 1999; *Krämer/ Baudisch* Neues zur Börsenprospekthaftung und zu den Sorgfaltsanforderungen beim Unternehmenskauf, WM 1998, 1461; *Kullmann/Müller-Deku* Die Bekanntmachung zum Wertpapier-Verkaufsprospektgesetz, WM 1996, 1989; *Loss/Seligman* Fundamentals of Securities Regulation, 4. Aufl. 2001; *Meyer*, Neue Entwicklungen bei der Kursstabilisierung, AG 2004, 289 ff.; *Picot/Land* Going Public – Typische Rechtsfragen des Ganges an die Börse, DB 1999, 570; *Potthoff/Stuhlfauth* Der Neue Markt: Ein Handelssegment für

A. Billigungs- und Zulassungsverfahren

innovative und wachstumsorientierte Unternehmen – kapitalmarktrechtliche Überlegungen und Darstellung des Regelwerks, WM Sonderbeilage Nr. 3/1997; *Schanz* Börseneinführung: Recht und Praxis des Börsengangs, 3. Aufl. 2007; *Schneider* Reichweite der Expertenhaftung gegenüber Dritten, ZHR 163 (1999) 246; *Schnorbus*, Die Stellung der Emissionsbanken bei Aktienemissionen, AG 2004, 113 ff.; *Schwintowski/Schäfer* Bankrecht 2. Aufl. 2004; *Spindler* Emissionen im Internet: Kapitalmarktrecht und Kollisionsrecht, NZG 2000, 1058; *Technau* Rechtsfragen bei der Gestaltung von Übernahmeverträgen („Underwriting Agreements") im Zusammenhang mit Aktienemissionen, AG 1998, 445; *Trapp* Erleichterter Bezugsrechtsausschluss nach § 186 Abs. 3 Satz 4 AktG und Greenshoe, AG 1997, 115, 129.

Der Börsengang bedarf einer sorgfältigen Planung, die die Erstellung eines detaillierten Zeitplans und dessen Umsetzung sowie die Erstellung und Verhandlung einer umfangreichen Dokumentation voraussetzt. **1**

A. Billigungs- und Zulassungsverfahren

Im Folgenden wird zunächst das Billigungs- und Zulassungsverfahren für eine Börsennotierung im regulierten Markt dargestellt. Daran schließt sich das Einbeziehungsverfahren in den Freiverkehr an. Die einschlägigen Bestimmungen hierfür enthält für die Billigung des Wertpapierprospekts das Wertpapierprospektgesetz und für das Zulassungs- bzw. Einbeziehungsverfahren das Börsengesetz sowie für den regulierten Markt die aufgrund einer gesetzlichen Ermächtigung erlassene Börsenzulassungsverordnung,[1] die Börsenordnung der jeweiligen Wertpapierbörse[2] und für den Freiverkehr die Allgemeinen Geschäftsbedingungen bzw. die Richtlinien für den Freiverkehr der jeweiligen Wertpapierbörse.[3] **2**

I. Regulierter Markt

Seit Inkrafttreten des Finanzmarktrichtlinie-Umsetzungsgesetzes am 1. November 2007 ist die Unterscheidung zwischen dem Amtlichen Markt und dem Geregelten Markt aufgehoben, und es wurde ein einheitlicher regulierter Markt eingeführt. Wertpapiere, die im regulierten Markt an der Börse gehandelt werden sollen, bedürfen hierfür vorbehaltlich gewisser Ausnahmen der **öffentlich-rechtlichen Zulassung**, über die die Geschäftsführung der Wertpapierbörse entscheidet.[4] Die Zulassung der Aktien zum Börsenhandel ist ein **Verwaltungsakt**,[5] und im Falle der Ablehnung, des Widerrufs und der Rücknahme der Zulassung steht nach erfolgloser Durchführung eines Widerspruchsverfahrens der Verwaltungsrechtsweg offen.[6] **3**

---

[1] Vgl. § 34 BörsG in Verbindung mit Börsenzulassungsverordnung.
[2] Vgl. § 33 Abs. 2 BörsG zB in Verbindung mit der Börsenordnung der Frankfurter Wertpapierbörse.
[3] Vgl. § 48 Abs. 1 BörsG zB in Verbindung mit den Allgemeinen Geschäftsbedingungen für den Freiverkehr an der Frankfurter Wertpapierbörse.
[4] §§ 32 Abs. 1 BörsG.
[5] Vgl. *Groß* § 30 BörsG Rz. 5; *Schäfer/Hamann* § 30 BörsG Rz. 3; *Schwark* § 30 BörsG Rz. 6.
[6] Zur Zusammenarbeit der Zulassungsstellen in der EU und dem Europäischen Wirtschaftsraum vgl. § 36 BörsG.

4 Die Zulassung ist vom Emittenten zusammen mit einem **Kreditinstitut, Finanzdienstleistungsinstitut** oder einem nach § 53 Abs. 1 Satz 1 oder § 53b Abs. 1 Satz 1 KWG tätigen Unternehmen[7] zu beantragen. Das Institut oder Unternehmen muss an einer inländischen Wertpapierbörse mit dem Recht zur Teilnahme am Handel zugelassen sein und ein haftendes Eigenkapital im Gegenwert von mindestens € 730 000 nachweisen.[8]

5 Der **Zulassungsantrag** ist schriftlich zu stellen und muss Firma und Sitz der Antragsteller, Art und Betrag der zuzulassenden Wertpapiere angeben.[9] Dem Antrag sind ein Entwurf des Prospekts oder ein gebilligter Prospekt und die zur Prüfung der Zulassungsvoraussetzungen erforderlichen **Nachweise** beizufügen, wobei der Geschäftsführung auf Verlangen insb.

– ein beglaubigter Auszug aus dem Handelsregister nach neuestem Stand,
– die Satzung oder der Gesellschaftsvertrag in der neuesten Fassung,
– die Genehmigungsurkunden, wenn die Gründung des Emittenten, die Ausübung seiner Geschäftstätigkeit oder die Ausgabe der Wertpapiere einer staatlichen Genehmigung bedarf,
– die Jahresabschlüsse und die Lageberichte für die drei Geschäftsjahre, die dem Antrag vorausgegangen sind, einschließlich des Bestätigungsvermerks der Abschlussprüfer und
– ein Nachweis über die Rechtsgrundlage der Wertpapierausgabe

vorzulegen sind.[10]

6 Der Zulassungsantrag ist seit Inkrafttreten des Finanzmarktrichtlinie-Umsetzungsgesetzes am 1. November 2007 nicht mehr zu veröffentlichen.[11] Die Zulassung der Wertpapiere darf frühestens an dem auf das Datum der Einreichung des Zulassungsantrags folgenden Handelstag erfolgen.[12] Die Zulassung wird von der Geschäftsführung auf Kosten der Antragsteller im elektronischen Bundesanzeiger veröffentlicht.[13] Die Einführung der Wertpapiere, dh. die Aufnahme der zur Notierung zugelassenen Wertpapiere im regulierten Markt, darf frühestens an dem auf die erste Veröffentlichung des Prospekts oder, wenn kein Prospekt zu veröffentlichen ist, dem der Veröffentlichung der Zulassung folgenden Werktag erfolgen.[14]

7 Die Geschäftsführung entscheidet auf Antrag des Emittenten über die Aufnahme der zur Notierung zugelassenen Wertpapiere im regulierten Markt.[15] Der Emittent hat der Geschäftsführung im Zulassungsantrag den **Zeitpunkt** für die Einführung und die Merkmale der einzuführenden Wertpapiere mitzuteilen. Werden die Wertpapiere nicht innerhalb von drei Monaten nach Veröffentlichung der Zulassungsentscheidung eingeführt, erlischt ihre Zulassung, sofern die Geschäftsführung die Frist nicht auf Antrag angemessen verlängert, wenn ein berechtigtes Interesse des Emittenten an der Verlängerung

---

[7] Sog. Emissionsbegleiter.
[8] § 32 Abs. 2 BörsG.
[9] Vgl. § 48 Abs. 1 BörsZulV.
[10] § 48 Abs. 2 BörsZulV.
[11] Vgl. Aufhebung von § 49 BörsZulV aF.
[12] § 50 BörsZulV.
[13] § 51 BörsZulV.
[14] § 52 BörsZulV; eine Legaldefinition des Begriffs Einführung enthält § 38 Abs. 1 BörsG.
[15] § 38 Abs. 1 BörsG.

A. Billigungs- und Zulassungsverfahren 8, 9 § 25

dargetan wird.[16] Der Prospekt darf vor seiner Billigung nicht veröffentlicht werden.[17] Die BaFin entscheidet über die **Billigung** nach Abschluss einer Vollständigkeitsprüfung des Prospekts einschließlich einer Prüfung der **Kohärenz und Verständlichkeit** der vorgelegten Informationen.[18] Sie teilt dem Anbieter oder dem Zulassungsantragsteller innerhalb von zehn Werktagen nach Eingang des Prospekts ihre Entscheidung mit, wobei die Frist 20 Werktage beträgt, wenn das öffentliche Angebot Wertpapiere eines Emittenten betrifft, dessen Wertpapiere noch nicht zum Handel an einem organisierten Markt zugelassen sind und der Emittent zuvor keine Wertpapiere öffentlich angeboten hat.[19] Hat die BaFin Anhaltspunkte, dass der Prospekt unvollständig ist oder es ergänzender Informationen bedarf, so gelten die genannten Fristen erst ab dem Zeitpunkt, an dem diese Informationen eingehen.[20] Die BaFin macht die gebilligten Prospekte auf ihrer Internetseite für jeweils zwölf Monate zugänglich.[21]

Seit Inkrafttreten des Wertpapierprospektgesetzes im Juli 2005 gibt es eine **8 geteilte Zuständigkeit** für die Billigung des Prospekts durch die BaFin und der jeweiligen Geschäftsführung der Wertpapierbörse für die Entscheidung über die Zulassung der Aktien zum organisierten Handel an der Wertpapierbörse. Nach Billigung des Prospekts hat der Anbieter oder Zulassungsantragsteller den Prospekt bei der BaFin zu **hinterlegen** und unverzüglich, spätestens einen Werktag vor Beginn des öffentlichen Angebots zu **veröffentlichen**.[22] Im Falle eines ersten öffentlichen Angebots einer Gattung von Aktien, für die der Emittent noch keine Zulassung zum Handel an einem organisierten Markt erhalten hat, muss die Frist zwischen dem Zeitpunkt der Veröffentlichung des Prospekts und dem Abschluss des Angebots mindestens sechs Werktage betragen.[23] Der Prospekt ist zu **veröffentlichen** (1) in einer oder mehreren Wirtschafts- oder Tageszeitungen, die in den Staaten des Europäischen Wirtschaftsraums, in denen das öffentliche Angebot unterbreitet oder die Zulassung zum Handel angestrebt wird, weit verbreitet sind, (2) indem der Prospekt in gedruckter Form an bestimmten Stellen zur kostenlosen Ausgabe an das Publikum bereitgehalten wird, (3) auf bestimmten Internetseiten, oder (4) auf der Internetseite des organisierten Marktes, für den die Zulassung zum Handel beantragt wurde.[24] Der Anbieter oder der Zulassungsantragsteller hat der BaFin Datum und Ort der Veröffentlichung des Prospekts unverzüglich schriftlich mitzuteilen.[25]

Jeder wichtige neue Umstand oder jede wesentliche Unrichtigkeit in Bezug **9** auf die im Prospekt enthaltenen Angaben, die die Beurteilung der Wertpapiere beeinflussen könnten und die nach der Billigung des Prospekts und vor dem endgültigen Schluss des öffentlichen Angebots oder der Einführung oder Einbeziehung in den Handel auftreten oder festgestellt werden, müssen in einem

---

[16] § 38 Abs. 1, 4 BörsG.
[17] § 13 Abs. 1 WpPG; Vgl. *Schanz* § 13 Rz. 47 ff.
[18] § 13 Abs. 1 S. 2 WpPG.
[19] § 13 Abs. 2 WpPG.
[20] § 13 Abs. 3 WpPG.
[21] § 13 Abs. 4 WpPG.
[22] § 14 Abs. 1 S. 2 WpPG.
[23] § 14 Abs. 1 S. 4 WpPG.
[24] § 14 Abs. 2 WpPG.
[25] § 14 Abs. 3 WpPG.

Nachtrag zum Prospekt genannt werden.[26] Der Anbieter oder Zulassungsantragsteller muss den Nachtrag bei der BaFin einreichen und der Nachtrag ist innerhalb von höchstens sieben Werktagen nach Eingang bei der BaFin zu billigen.[27] Nach der Billigung muss der Anbieter oder Zulassungsantragsteller den Nachtrag unverzüglich in derselben Art und Weise wie den ursprünglichen Prospekt veröffentlichen. Anleger, die vor der Veröffentlichung des Nachtrags eine auf den Erwerb oder die Zeichnung der Wertpapiere gerichtete Willenserklärung abgegeben haben, können diese innerhalb einer Frist von zwei Werktagen nach Veröffentlichung des Nachtrags widerrufen, sofern noch keine Erfüllung eingetreten ist.[28]

10 Das Wertpapierprospektgesetz enthält auch Bestimmungen für die grenzüberschreitende Geltung gebilligter Prospekte[29] sowie Sprachenregelungen[30] und Prospekte von Drittstaatemittenten.[31]

11 Wertpapiere sind **zuzulassen**, wenn
– der Emittent und die Wertpapiere den Anforderungen nach Art. 35 der Verordnung (EG) Nr. 1287/2006 sowie den Bestimmungen entsprechen, die zum Schutz des Publikums und für einen ordnungsgemäßen Börsenhandel nach § 34 BörsG erlassen worden sind,
– ein nach den Vorschriften des Wertpapierprospektgesetzes gebilligter oder bescheinigter Prospekt veröffentlicht worden ist, so weit nicht nach bestehenden Ausnahmevorschriften von einer Veröffentlichung eines Prospekts abgesehen werden kann.[32]

12 Die vor Inkrafttreten des Wertpapierprospektgesetzes bestehende zusätzliche Voraussetzung, wonach keine Umstände bekannt sein dürfen, die eine Übervorteilung des Publikums oder eine Schädigung erheblicher allgemeiner Interessen befürchten lassen, wurde konsequenterweise ersatzlos gestrichen, um eine „Doppelprüfung" des Wertpapierprospektes zu vermeiden.[33] Im Rahmen der Billigung wird gemäß § 13 Abs. 1 S. 2 WpPG ausschließlich die Vollständigkeit des Prospekts geprüft, dh. ob die Angaben des Prospekts konsistent, dh. ohne innere Widersprüche, und vollständig sind. Eine Prüfung der inhaltlichen Richtigkeit des Prospekts erfolgt nicht.[34] Sind die Voraussetzungen erfüllt, besteht für den Emittenten ein einklagbarer Anspruch auf Zulassung.[35] Der Antrag auf Zulassung der Wertpapiere kann jedoch trotz Erfüllung der Voraussetzungen des § 32 Abs. 3 BörsG abgelehnt werden, wenn der Emittent seine Pflichten aus der Zulassung zum regulierten Markt an einem anderen organisierten Markt nicht erfüllt.[36] Lehnt die Geschäftsführung einen Zulassungsantrag ab, so hat sie dies den anderen Börsen, an denen die Wertpapiere

---

[26] § 16 Abs. 1 S. 1 WpPG.
[27] § 16 Abs. 1 S. 2, 3 WpPG.
[28] § 16 Abs. 3 WpPG.
[29] § 17 WpPG.
[30] § 19 WpPG.
[31] § 20 WpPG.
[32] § 32 Abs. 3 BörsG.
[33] Vgl. *Schäfer/Hamann* § 30 BörsG Rz. 40.
[34] Vgl. *Groß* § 3 WpPG, Rz 8. Dazu auch *Crüwell* AG 2003, 243, 250; *Kunold/Schlitt* BB 2004, 508, 509; *Schlitt/Schäfer* AG 2005, 498, 506 ff.; Reg. Begr. zu Prospektrichtlinie-Umsetzungsgesetz, BT-Drs. 15/4999 S. 25, 34.
[35] Vgl. *Groß* § 30 BörsG Rz. 30; *Schäfer/Hamann* § 30 BörsG Rz. 46.
[36] § 32 Abs. 4 BörsG.

des Emittenten gehandelt werden sollen, unter Angabe der Gründe für die Ablehnung mitzuteilen.[37]

Die Frankfurter Wertpapierbörse hat den regulierten Markt in den Teilbereich **General Standard** mit den gesetzlichen Mindestanforderungen und den Teilbereich **Prime Standard** mit weiteren Zulassungsfolgepflichten, die international üblichen Transparenzanforderungen gerecht werden sollen, eingeteilt.[38] Zulassungsfolgepflichten für den Prime Standard sind Quartalsberichte, internationale Rechnungslegungsstandards (International Financial Reporting Standards – IFRS), Vorlage eines Unternehmenskalenders und Durchführung mindestens einer jährlichen Analystenkonferenz sowie Veröffentlichungen von Ad-hoc-Mitteilungen in englischer Sprache. Der Prime Standard hat aus regulatorischer Sicht auch die bestehenden Handelssegmente Neuer Markt und SMAX ersetzt, die im Juni 2003 vollständig eingestellt wurden.

Bedeutsam ist das Verhältnis des Zulassungsverfahrens zum regulierten Markt zum Anwendungsbereich des Wertpapierprospektgesetzes.

II. Freiverkehr

Der Handel im Freiverkehr setzt – anders als im regulierten Markt – kein öffentlich-rechtliches Zulassungsverfahren voraus; vielmehr ist der Freiverkehr **rein privatrechtlich** organisiert. Es finden die von dem privatrechtlichen Träger der jeweiligen Börse, zB der Deutsche Börse AG (und nicht der Frankfurter Wertpapierbörse) erlassenen Allgemeinen Geschäftsbedingungen für den Freiverkehr an der jeweiligen Wertpapierbörse Anwendung,[39] Träger des Open Market an der Frankfurter Wertpapierbörse ist die Deutsche Börse AG.[40] Die Einbeziehung von Wertpapieren für den Freiverkehr erfolgt privatrechtlich, ergehende Entscheidungen stellen **keinen Verwaltungsakt** dar. Nachfolgend werden die Grundsätze der Allgemeinen Geschäftsbedingungen für den Freiverkehr an der Frankfurter Wertpapierbörse dargestellt, die sich von den Frei-

---

[37] § 35 Abs. 1 BörsG. Zum Widerruf der Notierung im regulierten Markt vgl. § 39 BörsG, § 61 BörsO FWB, zum Delisting allgemein *Hüffer* AktG § 119, Rz. 21 ff.; *Habersack/Mülbert/Schlitt/Habersack* § 35 Rz 1 ff.; *Beck/Hedtmann* BKR 2003, 797 ff.; *Bürges* NJW 2003, 1642 ff.; *Wilsing/Kruse* NZG 2002, 807 ff.; *Streit* ZIP 2002, 1279 ff.; *Groß* ZHR 165 (2001), 141 ff.; *Halasz/Kloster* ZBB 2001, 474 ff.; *Kretschmer/Karakaya* WM 2002, 2494; *Richard/Weinheimer* Handbuch Going Private, 2002 S. 1 ff. Zum Urteil des Bundesgerichtshofs im Fall Macroton BGH II ZR 133/01 v. 25. 11. 2002, ZIP 2003, 387 ff.; *Hüffer* AktG § 118 Rz. 23 ff.; *Habersack/Mülbert/Schlitt/Habersack* § 35 Rz. 5 ff.; *Harrer/Wilsing* DzWir 2002, 485 ff.; *Wilsing/Kruse* WM 2003, 1110 ff.; *Beck/Hedtmann* BKR 2003, 190 ff.; *Holzborn* WM 2003, 1105 ff.; *Essers/Weisner* DStl 2003, 985 ff.; *Krämer/Theiß* AG 2003, 225 ff.; *Adolff* BB 2003, 797 ff.; *Heidel* DB 2003, 548 ff.; *K. Schmidt* NZG 2003, 601 ff.; *Pfüller/Anders* NZG 2003, 459 ff. Vgl. auch VG Frankfurt ZIP 2002, 1446.
[38] Vgl. dazu §§ 63 ff. BörsO FWB.
[39] Vgl. dazu Allgemeinen Geschäftsbedingungen für den Freiverkehr an der Frankfurter Wertpapierbörse vom 1. Dezember 2008, www.exchange.de. Vgl. Richtlinien für den Freiverkehr an der Börse Berlin, www.berlinerboerse.de; Richtlinien für den Freiverkehr an der Börse München, www. boerse-muenchen.de; Ordnung für den Freiverkehr der Börse Düsseldorf, www.boerse-duesseldorf.de, Freiverkehrsordnung für die Hanseatische Wertpapierbörse Hamburg, www.boersenag.de, Richtlinien für den Freiverkehr an der Baden-Württembergischen Wertpapierbörse, www.boerse.stuttgart.de.
[40] § 1 (2) RL FrV FWB.

§ 25 16–19   Der Börsengang

verkehrsrichtlinien der anderen deutschen Wertpapierbörsen inhaltlich jedoch zum Teil deutlich unterscheiden.

16 In den **Open Market** der Frankfurter Wertpapierbörse können Wertpapiere einbezogen werden, die weder zum Handel in den regulierten Markt einbezogen, noch zum Handel in den regulierten Markt zugelassen sind.[41] Über die Einbeziehung entscheidet die Deutsche Börse AG auf Antrag eines Teilnehmers und ein Anspruch des Teilnehmers auf Einbeziehung bestimmter Wertpapiere besteht auch bei Vorliegen der Einbeziehungsvoraussetzungen nicht.[42] Der Antrag auf Einbeziehung von Wertpapieren kann auch bei Vorliegen der Einbeziehungsvoraussetzungen abgelehnt werden, insbesondere wenn nach Auffassung der Deutsche Börse AG die Voraussetzungen für einen ordnungsgemäßen Handel oder für eine ordnungsgemäße Geschäftsabwicklung nicht gegeben sind oder die Einbeziehung zu einer Übervorteilung des Publikums oder einer Schädigung erheblicher allgemeiner Interessen führt.[43] Der **Einbeziehungsantrag** ist schriftlich zu stellen und muss Firma und Sitz des Teilnehmers sowie Emittent und Art der einzubeziehenden Wertpapiere angeben.

17 Aktien und Aktien verbriefende Zertifikate, die noch nicht an einem in- oder ausländischen börsenmäßigen Handelsplatz zugelassen sind (First Quotation), können einbezogen werden, wenn (a) sie über eine International Securities Identification Number (ISIN) verfügen, (b) frei handelbar sind, (c) eine ordnungsgemäße Erfüllung der Geschäfte gewährleistet ist, (d) dem Börsenhandel keine behördlichen Verbote oder Untersagungen entgegenstehen und bestimmte weitere Voraussetzungen erfüllt sind.[44] Für die Einbeziehung von bereits zum Handel an einem in- oder ausländischen börsenmäßigen Handelsplatz zugelassenen Aktien und Aktien verbriefende Zertifikate (Second Quotation) gelten geringere Anforderungen.[45]

18 Unter bestimmten Voraussetzungen ist für die First Quotation ein **Exposé** zu erstellen, das nähere Angaben über das Wertpapier und den Emittenten enthält, wobei die einzelnen Angaben des Exposés von der Deutsche Börse AG festgelegt werden.[46] Vorbehaltlich gesetzlicher Auskunfts- und Herausgabepflichten ist die Deutsche Börse AG nicht berechtigt, das Exposé zu veröffentlichen oder an Dritte weiterzugeben.[47] Die Deutsche Börse AG ist berechtigt, im Einzelfall weitere Einbeziehungsvoraussetzungen festzulegen.

19 Für die Einbeziehung in den **Entry Standard** gelten weiter gehende Einbeziehungsvoraussetzungen (s. dazu § 22 Rz. 44 ff.) und zusätzliche Möglichkeiten für Vertragsstrafen und Kündigung der Einbeziehung.[48] Die Deutsche Börse AG kann die Einbeziehung eines Wertpapiers unter anderem mit einer angemessenen Frist beenden, wenn Voraussetzungen, die der Einbeziehung zugrunde lagen, nachträglich weggefallen sind, wobei bei der Bemessung der Frist die berechtigten Belange des Teilnehmers und des Publikums zu berücksichtigen sind.[49] Die Einbeziehung kann ohne Frist beendet werden, wenn die

---

[41] § 1 (1), § 11 (1) AGB FrV FWB.
[42] § 11 (2) AGB FrV FWB.
[43] § 11 (4) S. 1 AGB FrV FWB.
[44] § 15 (1) AGB FrV FWB.
[45] § 14 AGB FrV FWB.
[46] § 15 (1) S. 2 AGB FrV FWB.
[47] § 15 (1) S. 3 AGB FrV FWB.
[48] Vgl. §§ 3, 17 AGB FrV FWB.
[49] § 17 (1) S. 1, 2 AGB FrV FWB.

Ordnungsmäßigkeit des Handels oder der Geschäftsabwicklung gefährdet ist oder eine Übervorteilung des Publikums droht.[50] Der Teilnehmer kann die Einbeziehung jederzeit unter Einhaltung einer angemessenen Frist kündigen, wobei bei der Bemessung der Frist die berechtigten Belange des Teilnehmers, des Skontoführers und des Publikums zu berücksichtigen sind.[51]

Ist mit der Einbeziehung der Wertpapiere ein öffentliches Angebot verbunden, finden auch die einschlägigen Vorschriften des **Wertpapierprospektgesetzes** Anwendung, die vorbehaltlich bestimmter Ausnahmen zum Erfordernis einer Erstellung und Billigung eines Wertpapierprospekts durch die BaFin und anschließenden Veröffentlichung führen.[52] 20

B. Projekt- und Zeitplan

Der Gesamtzeitplan für einen Börsengang ist ein komplexes Geflecht von 26 verschiedenen Einzelzeitplänen, deren Abstimmung und Einhaltung für den Erfolg des Börsengangs von entscheidender Bedeutung sind. Die Hauptelemente des Zeitplans sind
– Herstellung der Börsenreife und gesellschaftsrechtliche Maßnahmen,
– die Emissionsplanung,
– das Börsenzulassungs- und Emissionsverfahren,
– die Erstellung des Prospekts und der Vertragsdokumentation sowie
– die Durchführung der Due Diligence und Bewertung.

Der nachfolgend dargestellte Musterprojektzeitplan enthält die Darstellung 27 eines möglichen Ablaufs eines Börsengangs einer deutschen Gesellschaft an eine deutsche Wertpapierbörse.

(1) Die Herstellung der Börsenreife[53] und die **gesellschaftsrechtlichen** 28 **Maßnahmen** hängen in erheblichem Umfang von den spezifischen Erfordernissen der konkreten Börseneinführung ab. Häufig ist eine Umwandlung des Emittenten aus einer Personengesellschaft oder GmbH in eine AG oder KGaA erforderlich, bei der vor allem steuerliche Aspekte zu beachten sind. Vielfach ist auch eine Restrukturierung des Emittenten erforderlich, die zB in der Ausgliederung von nicht zum Kerngeschäft gehörenden Geschäftsfeldern oder der Einbringung von Sacheinlagen zur Stärkung des Kerngeschäfts bestehen, um die erforderliche nachhaltige Ertragskraft und eine ausreichende Unternehmensgröße zu erreichen. Zur Herstellung der Börsenreife eines Unternehmens müssen alle formellen Zulassungsvoraussetzungen des gewählten Marktsegments erfüllt werden und dem Börsengang uU Kapitalmaßnahmen vorgeschaltet werden, um eine ausreichende Grundkapitalhöhe zu erreichen. Daneben gibt es eine Vielzahl von weiteren Maßnahmen wie zB Vorbereitung des Managements, Umstellung der Rechnungslegung und Verbesserung des Controllings, vertragliche Regelungen der Rechtsbeziehungen zwischen Gesellschaftern und Gesellschaft wie mit Dritten („arm's length") sowie Schaffung von Transparenz, die vor einem Börsengang umgesetzt werden müssen.

---

[50] § 17 (1) S. 3 AGB FrV FWB.
[51] § 17 (2) AGB FrV FWB.
[52] § 1 ff. WpHG.
[53] Vgl. dazu *Schanz* § 6 Rz. 24 ff.; *Jäger* NZG 1998, 992 ff.

§ 25 28

Musterprojektzeitplan

Monat	1	2	3	4	5	6	7	8
Tätigkeit								
Herstellung der Börsenreife und gesellschaftsrechtliche Maßnahmen								
ggf. Rechtsformumwandlung in AG oder KGaA								
ggf. Maßnahmen zur Erlangung der Börsenreife								
Satzungsänderung								
außerordentliche Hauptversammlung								
Emissionsplanung								
Mandatierung Konsortialführer, RA, WP, PR, IR								
Ausarbeitung Emissionskonzept								
Ausarbeitung Kommunikationskonzept								
Ausarbeitung Equity Story								
Corporate Image Kampagne								
Marketing Kampagne								
Mitarbeiterbeteiligung								
Friends & Family Programm								
Unternehmensanalyse und Bewertung								
Erstellung Planrechnung (Business Modell)								
Due Diligence (legal, financial, business, technical)								
Bewertung anhand Bewertungsmethoden (Benchmarking)								
Plausibilitätsgutachten								
Zulassungsverfahren								
Vorprüfungsverfahren								
Zulassungsverfahren								
Billigung								
Zulassungsbeschluß								
Notierungsaufnahme								
Dokumentation								
Erstellung Finanzdaten								
Verkaufsprospekt/Börsenzulassungsprospekt								
Übernahmevertrag								
Legal Opinion / Disclosure Opinion								
Comfort Letter								
Research								
Analysenpräsentation der Syndikatsbanken								
Erstellung Research Report								
Black-out Periode								
Preisfestsetzung und Zuteilung								
Festlegung Angebotsstruktur (Retail-Institutionell)								
Festlegung Preisrahmen								
Bookbuildingperiode								
Kapitalerhöhungsverfahren								
Festlegung Emissionskurs								
Zuteilung								
Sekundärmarkt								
Ausübung Greenshoe								
Presse- und Public Relations-Arbeit								
Folgepflichten								

B. Projekt- und Zeitplan   29–32   § 25

Aus gesellschaftsrechtlicher Sicht ist die Schaffung einer „**börsenfähigen**" 29
Satzung erforderlich, die über die gesetzlich vorgeschriebenen Mindestvoraussetzungen hinausgeht und transparente Regelungen über die Aufgabenteilung zwischen Vorstand, Aufsichtsrat und Hauptversammlung sowie eindeutige Ladungsfristen enthalten sollte. Bedeutsam ist hier auch eine Entscheidung über die Schaffung von **genehmigtem Kapital** (zB zur Ermöglichung von Kapitalerhöhungen gegen Sacheinlagen unter Bezugsrechtsausschluss zur Durchführung von Akquisitionen) und von **bedingtem Kapital** (zB als Grundlage für die Ausgabe von Aktien aus Mitarbeiterbeteiligungsprogrammen). Erfolgt die für den Börsengang erforderliche Kapitalerhöhung nicht aus genehmigtem Kapital, wird sinnvollerweise vor Einreichung des Prospektentwurfs zur Billigung, spätestens jedoch kurz vor dem Ende der Bookbuildingperiode eine außerordentliche Hauptversammlung durchgeführt, in der eine Kapitalerhöhung gegen Bareinlage unter Bezugsrechtsausschluss beschlossen und der Konsortialführer als Zeichner zugelassen wird. Daneben sind eine Reihe von Vorstands- und Aufsichtsratsbeschlüssen erforderlich. Die Börsenreife sollte ca. 2–3 Monate vor Börsengang hergestellt sein.

(2) Die **Emissionsplanung** beginnt mit der internen Entscheidung der 30
Gesellschaft und der Altgesellschafter, eine Börseneinführung des Emittenten anzustreben. Nach dieser Grundsatzentscheidung erfolgt die schrittweise Mandatierung der erforderlichen Berater, die häufig nach einem Auswahlgespräch mit verschiedenen zur Auswahl stehenden Beratern (sog. **Beauty Contest**) erfolgt. Sofern ein Emissionsberater eingeschaltet wird, wird dieser idR bereits vor Mandatierung des Konsortialführers bestellt. Die Auswahl des Konsortialführers hat aufgrund seiner umfangreichen Aufgaben eine zentrale Bedeutung. Daneben werden auch Rechtsanwälte, Wirtschaftsprüfer sowie erforderlichenfalls Public-Relations-Berater, Investor-Relations Berater, Drucker und Übersetzer mandatiert. Die Mandatierung der verschiedenen Berater erfolgt idR sukzessive und sollte drei Monate vor dem geplanten Börsengang weitgehend abgeschlossen sein.

Der Emittent erstellt im Rahmen der Emissionsplanung in enger Zusam- 31
menarbeit mit dem Konsortialführer und seinen weiteren Beratern das Emissionskonzept sowie das Kommunikationskonzept und entwickelt die sog. Equity Story. Das **Emissionskonzept** befasst sich vorrangig mit der Strukturierung der Emission, dh. ua. mit der Auswahl des Börsenplatzes und des Marktsegments, mit der Aufteilung der angebotenen Aktien in junge Aktien aus einer Kapitalerhöhung oder Altaktien aus einer Umplatzierung sowie der Auswahl der Zielinvestoren, die primär Privatanleger oder institutionelle Anleger sein können. Die Ausarbeitung des Kommunikationskonzepts erfolgt vorrangig durch die Publicrelations-Berater. Hier besteht ein breites Spektrum, das je nach dem zur Verfügung stehenden Budget und der beabsichtigten Marktpositionierung von Postwurfsendungen über Zeitungsanzeigen bis zu einer teuren Fernsehwerbung reichen kann. Die idR ca. vier bis sechs Wochen vor dem Börsengang beginnende auf das IPO bezogene Marketingkampagne wird dabei uU durch eine vorgelagerte Corporate Image Kampagne vorbereitet, in der der Bekanntheitsgrad des Unternehmens erhöht und seine Marktkompetenz bzw. Produktqualität dargestellt werden soll.

Die Entwicklung der **Equity Story** ist für den Erfolg des Börsengangs von 32
zentraler Bedeutung und dient dazu, den möglichen Anlegern die Gründe des Unternehmens für den Börsengang sowie die Besonderheit der angebotenen

Aktien zu erläutern. Sie erfolgt durch die Darstellung des Marktumfeldes und der Marktpositionierung des Emittenten sowie die Erläuterung der Stärken des Unternehmens unter Hervorhebung etwaiger Alleinstellungsmerkmale. Auch die Ausarbeitung eines Mitarbeiterbeteiligungsprogramms (s. § 23 Rz. 1 ff.) ist insb. bei Unternehmen in Wachstumsbranchen zur Gewinnung oder Bindung qualifizierter Mitarbeiter ein bedeutsames Element des Emissionskonzepts.

33   Bei einem **Dual Track Verfahren** wird parallel zur Vorbereitung des Börsengangs der Beteiligungsverkauf betrieben. Die Entscheidung zu einem Dual Track Verfahren erfolgt – nach Abwägung aller relevanten Entscheidungsaspekte – durch den Haupt- oder Alleinaktionär in Abstimmung mit der Gesellschaft und der mandatierten Investmentbank. Der wesentliche Vorteil des Dual Track Verfahrens besteht in der Flexibilisierung des Entscheidungsprozesses und damit Optimierung des Verkaufserlöses. Parameter für die Auswahlentscheidung zwischen Verkauf und IPO sind eine Vielzahl von Kriterien, insbes. die durch die jeweilige Handlungsalternative realisierbare Unternehmensbewertung. Weitere wichtige Faktoren, die einen Ausschlag für die eine oder andere Alternative geben können, sind zB Gewährleistungen und Garantien, die von möglichen Käufern verlangt werden, ein zusätzlicher Kapitalbedarf des Unternehmens, Managementerwartungen sowie der Umfang der zu veräußernden Beteiligung. Wesentlicher Vorteil der Verkaufsalternative ist die Möglichkeit einer vollständigen Trennung vom Unternehmen im Gegensatz zu einem Börsengang, bei dem vom Kapitalmarkt in der Regel nur eine Teilplatzierung des Altbestands an Aktien neben einer begleitenden Kapitalerhöhung, die dem Unternehmen selbst neue Mittel zuführt, akzeptiert wird. Eine erhebliche Vereinfachung gegenüber einem Börsengang bedeutet bei einem Unternehmensverkauf, dass keine vom Wertpapierprospektgesetz und den einschlägigen Vorschriften für einen Börsengang geforderte Rechnungslegung nach dem internationalen Rechnungslegungsstandard IFRS erforderlich ist. Zudem bedarf es keiner Umwandlung aus der Rechtsform der GmbH in eine börsenfähige Aktiengesellschaft oder Kommanditgesellschaft auf Aktien. Entsprechend der mit dem Dual Track Verfahren angestrebten **Flexibilisierung** fällt die Entscheidung für eine der beiden Handlungsalternativen regelmäßig erst, wenn einerseits verlässliche Informationen über den erzielbaren Kaufpreis im Falle des Verkaufs an einen Investor, andererseits aufgrund des erfolgten Pre-Marketings auch bereits eine belastbare Aussage über die bei einem Börsengang realisierbare Unternehmensbewertung möglich ist.

34   (3) Das vom Emittenten und dem Konsortialführer betriebene **Billigungsverfahren**, währenddessen eine formlose Abstimmung des für die Prospektbilligung vorgesehenen Zeitplans und etwaiger Sonderthemen wie zB die Erforderlichkeit von Pro-Forma-Abschlüssen mit der BaFin erfolgt, ist ein wichtiger Teil des Projektplans. In der Praxis erfolgt in der Regel ca. 30 Werktage vor der geplanten Prospektbilligung oder vor der Zulassung von Aktien zum regulierten Markt die Einreichung des Entwurfs des Wertpapierprospekts zur Prüfung bei der BaFin. Die formelle Prüfungsfrist beträgt 20 Werktage,[54] wobei idR nach ca. 10–15 Werktagen ein **Bürobericht** mit den Anmerkungen der BaFin an die Gesellschaft oder den antragstellenden Konsortialführer übersandt wird. Es folgen ein Antrag auf Zulassung der Aktien und ein weiterer

---

[54] § 13 Abs. 2 WpHG.

B. Projekt- und Zeitplan 35–37 § 25

Antrag auf Aufnahme der Notierung bei der Geschäftsführung der Wertpapierbörse. Nach Berücksichtigung der von der BaFin gewünschten Änderungen erfolgt die **Billigung** des Wertpapierprospekts durch die BaFin.[55]
Im Einzelfall führt der Konsortialführer bereits vor Billigung des Prospekts ein sog. „**Pilot Fishing**" durch, währenddessen er ausgewählten potentiellen institutionellen Investoren den Investment Case des Emittenten vorstellt und von diesen eine Reaktion hinsichtlich seines Interesses an einer Anlage sowie seiner möglichen Bewertungsvorstellungen erhält. 35

Nach dem Pre-Marketing erfolgt eine Pressekonferenz des Emittenten und des Konsortialführers mit Bekanntgabe der **Preisspanne**, der sich teilweise eine DVFA Veranstaltung für Analysten anschließt. Das **Verkaufsangebot** wird mit den Zeichnungsbedingungen veröffentlicht und die Zeichnungsperiode beginnt. Die Zeichnung der Aktien und die Festsetzung des Emissionspreises erfolgen inzwischen weitestgehend im Rahmen eines sog. **Bookbuildingverfahrens**, dh. der Erstellung eines Orderbuchs aufgrund abgegebener Kauforders während einer transaktionsabhängigen Dauer von wenigen Tagen bis zu zwei Wochen. Bei diesem Verfahren wird die Entscheidung über die Festsetzung des Emissionspreises und die Zustimmung bezüglich Qualität und Quantität der generierten Nachfrage erst am Ende der Zeichnungsfrist unter Berücksichtigung aller eingegangenen Kaufaufträge vorgenommen. Zu Beginn der Angebotsperiode wird eine Preisspanne für den Emissionspreis festgelegt, innerhalb der der Preis für die zu platzierenden Aktien am Ende der Bookbuildingperiode ermittelt werden soll. Es folgen die Roadshow des Managements bei institutionellen Investoren und Einzelpräsentationen („One-on-One") mit ausgewählten Anlegern. Das nachfrageorientierte Bookbuildingverfahren[56] teilweise auch in der Form des beschleunigten Bookbuildings (**Accelerated Bookbuilding**) hat das früher in Deutschland übliche Festpreisverfahren weitgehend abgelöst. Auch das Auktionsverfahren findet nur sehr selten Anwendung. Während im Regelfall bereits im gebilligten Prospekt die Preisspanne enthalten ist, wird im Einzelfall ein sog. **Decoupled-Verfahren** durchgeführt. Dabei wird erst nach Beginn des Bookbuildings und unter Berücksichtigung der Reaktion von institutionellen Investoren auf den Investment Case des Emittenten im Rahmen eines von der BaFin gebilligten Nachtrags die Preisspanne festgesetzt. 36

Spätestens am Ende der Roadshow entscheiden der Konsortialführer und der Emittent ggf. nach Prüfung der eingegangenen Kaufaufträge, ob eine ausreichende Nachfrage nach den Aktien zu erwarten ist bzw. vorliegt und ob die Emission zu den im Verkaufsangebot genannten Bedingungen durchgeführt wird. Spätestens zu diesem Zeitpunkt erfolgt die **Zeichnung** der neuen Aktien durch den Konsortialführer zum (rechnerischen) Nennbetrag, die Einzahlung des gesetzlichen Mindestbetrags von 25 % des (rechnerischen) Nennbetrags und die Übergabe des Zeichnungsscheins durch den Konsortialführer, der zu- 37

---

[55] § 14 Abs. 2 WpHG.
[56] Vgl. dazu *Habersack/Mülbert/Schlitt/Haag* § 23 Rz. 21; *Marsch-Barner/Schäfer/Meyer* § 7 Rz. 30 ff.; *Voigt* Die Bank 1995, 339 ff.; *Hein* WM 1996, 1 ff.; *Grundmann* Kreditwesen 1995, 916 ff.; *Schwintowski/Schäfer* BankR § 15 Rz. 74 ff.; *Kümpel* Rz. 9203 ff. Zum seltenen Auktionsverfahren *Schanz* § 10 Rz. 80 ff., *Baumeister/Werkmeister* Finanz Betrieb 2001, 44 ff.

§ 25 38–41   Der Börsengang

sammen mit den anderen Zeichnungsunterlagen[57] beim Registergericht eingereicht wird.

38   Das **Registergericht**, mit dem die eingereichten Unterlagen und der vorgesehene Zeitplan für die Eintragung vorab im Detail abgestimmt werden, nimmt die Eintragung der Durchführung der Kapitalerhöhung vor. Der Zeitpunkt der Eintragung liegt spätestens am letzten Tag der Bookbuildingperiode. Die Geschäftsführung der Wertpapierbörse lässt nach Zugang eines Nachweises der Eintragung der Kapitalerhöhung und damit der Existenz der Aktien, zB durch Vorlage einer Kopie der Eintragungsbenachrichtigung des Handelsregisters über die Durchführung der Kapitalerhöhung, das gesamte Grundkapital (ggf. zuzüglich des bedingten Kapitals, wie zB für die Ausgabe von Aktien aus Stock-Option-Programmen) zu. Nach Ende des Bookbuildings wird der **Verkaufspreis** für die angebotenen Aktien im Einvernehmen zwischen dem Konsortialführer, dem Emittenten und ggf. unter Beteiligung der abgebenden Aktionäre festgelegt. Dies geschieht idR durch Unterzeichnung eines Preisfestsetzungsvertrages, dem die **Zuteilung** der Aktien folgt. Anschließend wird die Zulassung der Aktien in einem überregionalen Börsenpflichtblatt von der Geschäftsführung der Wertpapierbörse im elektronischen Börsenanzeiger veröffentlicht. Es folgen die Zahlung der Differenz zwischen den bereits einbezahlten mindestens 25 % des (rechnerischen) Nennbetrags[58] und dem (rechnerischen) Nennbetrag bis spätestens zur Ausgabe von Inhaberaktien und die Zahlung der Differenz zwischen dem (rechnerischen) Nennbetrag und dem Verkaufspreis der Aktien durch den Konsortialführer auf ein Sonderkonto der Gesellschaft sowie die Aufnahme der **Notierung** der Aktien. Die Börsensachverständigenkommission beim Bundesministerium der Finanzen hat im Jahr 2000 **Grundsätze für die Zuteilung von Aktienemissionen an Privatanleger** veröffentlicht, die eine Verhaltensempfehlung für Emittenten und Wertpapierdienstleistungsunternehmen enthält und bei Börsengängen in Deutschland generell beachtet werden.

39   (4) Die **Erstellung des Prospekts** und der **Vertragsdokumentation** ist ein wesentlicher Bestandteil des Börsengangs. Der Wertpapierprospekt muss die im Wertpapierprospektgesetz festgelegten Voraussetzungen erfüllen. Wesentlicher Teil des Prospekts sind die Finanzdaten, die für die Prospekterstellung zeitnah zur Verfügung gestellt werden müssen.

40   Daneben werden bei der Beauftragung des Konsortialführers eine Mandatsvereinbarung, zu einem späteren Zeitpunkt der Börseneinführungsvertrag und spätestens am Ende der Bookbuildingperiode der **Übernahmevertrag** unterzeichnet (s. Rz. 54 ff.). Der Übernahmevertrag begründet die Verpflichtung der Konsortialbanken, die jungen Aktien zu zeichnen und ggf. umzuplatzierende Aktien vorbehaltlich bestimmter Kündigungs- und Rücktrittsrechte zu erwerben und an die Investoren weiterzuveräußern. Die Legal Opinion bzw. Disclosure Letter der beteiligten Rechtsanwälte und der Comfort Letter der Wirtschaftsprüfer werden idR zum Zeitpunkt der Veröffentlichung des Wertpapierprospekts, etwaiger Pressemitteilungen und zum Settlement abgegeben.

41   Die **Prospekterstellung** ist ein idR 2–3 Monate dauernder Prozess, währenddessen vom Konsortialführer, dem Emittenten und ggf. den beteiligten Rechtsanwälten und Wirtschaftsprüfern in einer Reihe von Prospektsitzungen

---

[57] §§ 184, 188, 203 AktG.
[58] Vgl. § 188 Abs. 2 Satz 1 iVm. § 36 a Abs. 1 AktG; § 10 Abs. 2 Satz 1 AktG.

B. Projekt- und Zeitplan

("Drafting Sessions") eine den anwendbaren Rechtsvorschriften entsprechende Darstellung des Emittenten erfolgt.

(5) Die Durchführung der **Due Diligence** und **Bewertung**[59] (vgl. § 24 Rz. 1 ff., 130 ff.) umfasst eine Vielzahl verschiedener Prüfungs- und Bewertungsvorgänge, die durch die Konsortialbanken selbst oder durch von diesen mandatierte Rechtsanwälte oder Wirtschaftsprüfer vorgenommen werden und für die Entscheidung über die Durchführung des Börsengangs und die Bewertung des Unternehmens entscheidende Bedeutung haben. Voraussetzung für die Durchführung dieser Prüfungsmaßnahmen ist die Erstellung einer detaillierten Planrechnung des Emittenten ggf. unter Ausarbeitung eines Business-Modells des Unternehmens für die dem Börsengang folgenden drei bis fünf Jahre. 42

Die Due Diligence (s. § 22 Rz. 130 ff.) teilt sich im Wesentlichen in die Legal Due Diligence, die Tax Due Diligence, die Financial Due Diligence, die Business Due Diligence sowie ggf. die Technical Due Diligence auf.[60] Die Legal Due Diligence und die Tax Due Diligence beziehen sich auf die rechtliche Überprüfung der den Emittenten betreffenden rechtlichen und steuerlichen Unterlagen, die Financial Due Diligence und die Business Due Diligence befassen sich mit der Überprüfung der wirtschaftlichen Aspekte des Unternehmens und der Plausibilität des Business-Modells. Ergänzt wird die Überprüfung des Unternehmens erforderlichenfalls durch eine separate Technical Due Diligence, die die vom Emittenten entwickelte oder verwendete Technik überprüft und beurteilt. Abgeschlossen wird die jeweilige Due Diligence im Einzelfall durch sog. Due Diligence Reports und ein **Plausibilitätsgutachten** des Financial-Due-Diligence-Prüfers, das zur Nachvollziehbarkeit des Business-Modells und der Finanzplanung Stellung nimmt. Die Due Diligence beginnt nach Aufbau eines Datenraums sinnvollerweise bereits einige Monate vor dem Börsengang und wird im Rahmen des Zeitablaufs aktualisiert. 43

Die Ermittlung der **Preisspanne** der Aktien für das Bookbuildingverfahren erfolgt auf Grundlage einer Ermittlung des Unternehmenswerts nach Durchführung eines Pre-Marketings und idR aufgrund einer Vielzahl von unternehmens- und marktbezogenen Informationen und verschiedener Bewertungsverfahren. Hierzu gehören ua. das **Ertragswertverfahren** (Bewertung auf Basis des zu erwartenden Nutzens [= erwartete Überschüsse], den das Unternehmen aufgrund vorhandener Substanz, seiner Produkte und seiner Marktstellung etc. innehat) sowie das **Discounted-Cashflow-Verfahren** (Wertermittlung auf Grundlage der künftig entziehbaren finanziellen Überschüsse, „Free Cash-Flows"). Einfluss auf den Unternehmenswert hat auch der **Vergleich** mit anderen börsennotierten Unternehmen, die in demselben Marktsegment tätig sind („Benchmarking"). 44

Zur Information idR ausschließlich institutioneller Anleger erstellen die Analysten der Konsortialbanken jeweils Berichte über das Unternehmen (**„Research Reports"**) (s. Rz. 176 ff.), in denen das Unternehmen und dessen Marktumfeld dargestellt werden und eine Prognose der zukünftigen Entwicklung des Emittenten erfolgt. Grundlage hierfür sind allgemeine Marktinfor- 45

---

[59] Vgl. *Schürmann/Körfgen* S. 321 ff.; *Schanz* § 7 Rz. 1 ff.
[60] Zur Due Diligence allgemein *Harrer/Heidemann/Heidemann/Mittermaier* Der Gang an die Börse S. 155, 181 ff.; *Harrer/Heidemann/Janssen* Der Gang an die Börse S. 167 ff.; *Habersack/Mülbert/Schlitt/Nägele* § 27 Rz. 1 ff.; *Marsch-Barner/Schäfer/Krämer* § 9 Rz. 1 ff.

mationen sowie eine Präsentation des Emittenten vor den Analysten der Syndikatsbanken, die ca. 6–10 Wochen vor dem Börsengang durchgeführt wird.

46 Insbesondere bei internationalen Börsengängen müssen diese Research Reports idR 14 Kalendertage vor der Veröffentlichung des Wertpapierprospekts zur Verfügung gestellt werden, um sicherzustellen, dass Investoren die zukunftsorientierten Prognosen der Research Reports und des als Kaufgrundlage dienenden und der Prospekthaftung unterliegenden Wertpapierprospekts unterscheiden können. Erst ab einem bestimmten Zeitraum nach Durchführung des Börsengangs, bei internationalen Transaktionen idR 40 Kalendertage nach Notierungsaufnahme, werden von den Analysten wieder Informationen über den Emittenten zur Verfügung gestellt (**"Black Out Periode"**).

47 Zur Stabilisierung des Marktes wird dem Konsortialführer idR für einen Zeitraum von 30 Kalendertagen nach Zuteilung der Aktien bzw. Handelsaufnahme eine ca. 15 %ige **Mehrzuteilungsoption** ("Greenshoe") auf Aktien der Gesellschaft eingeräumt, die der Konsortialführer zugunsten des Konsortiums ausüben kann. Für die Mehrzuteilungsoption (s. Rz. 173) benötigte Aktien werden entweder von einem oder mehreren Altaktionären oder ausnahmsweise von der Gesellschaft durch genehmigtes Kapital zur Verfügung gestellt. Die Option wird idR durch ein **unentgeltliches Wertpapierdarlehen**, das dem Konsortialführer von einem oder mehreren Altaktionären gewährt wird, unterlegt. Im Regelfall werden den Investoren nicht nur die in der Basistransaktion enthaltenen, sondern auch die für die Mehrzuteilungsoption vorgesehenen Aktien zugeteilt. Steigt der Börsenkurs der Aktien nach der Emission, wird die Mehrzuteilungsoption vom Konsortialführer ausgeübt und diese sog. Short Position durch die Aktien gedeckt. Sinkt dagegen der Börsenkurs, wird der Konsortialführer die Mehrzuteilungsoption nicht ausüben, sondern die im Rahmen der Zuteilung bereits zusätzlich platzierten Aktien aus dem Markt zurückkaufen und damit den Kurs durch Schaffung zusätzlicher Nachfrage stützen. Die Zulässigkeit der **Marktstabilisierung** richtet sich nach § 20 a WpHG iVm. der Verordnung (EG) Nr. 2273/2003 der EU Kommission zur Durchführung der Richtlinie 2003/6/EG zu Ausnahmeregelungen für Rückkaufprogramme und Kursstabilisierungsmaßnahmen.[61]

48 Daneben gelten nach dem Börsengang abhängig vom Marktsegment, in dem die Aktien notiert werden, eine Reihe von Folgepflichten. Auch die Bedeutung der Presse und die Publicrelations-Arbeit steigt mit Notierungsaufnahme.

49 Die Einhaltung der Einzelzeitpläne und die **Koordination** der verschiedenen Aspekte durch das Projektmanagement ist von erheblicher Bedeutung. Jedenfalls ab Bekanntgabe des geplanten Börsengangs und bestimmter Einzeltermine ist die Einhaltung des Zeitplans auch für den Marktauftritt und die Glaubwürdigkeit des Unternehmens bedeutsam. Das Projekt wird häufig durch einen **Lenkungsausschuss** gesteuert und durch eine Reihe von Arbeitsgruppen, zB Due Diligence/Dokumentation, Finanzen/Bewertung, Emissionskonzept/Equity Story und Marketing unterstützt. Insbesondere hinsichtlich der Durchführung der gesellschaftsrechtlichen Maßnahmen und der mit der Zuteilung der Aktien durch den Konsortialführer verbundenen Risiken

---

[61] Vgl. *Habersack/Mülbert/Schlitt/Feuring* § 34 Rz. 1 ff.; *Leppert/Stürwald* ZBB 2004, 302 ff.; *Vogel* WM 2003, 2437 ff.

B. Projekt- und Zeitplan

50, 51 § 25

bedürfen die letzten 2–3 Wochen vor Notierungsaufnahme einer besonders engen Abstimmung und Planung der Parteien.

Der nachfolgende Zeitplan enthält einen optimierten Zeitplan für den Börsengang einer deutschen Gesellschaft an den regulierten Markt der Frankfurter Wertpapierbörse. **50**

Optimierter Zeitplan zur Vorbereitung und Durchführung einer Kapitalerhöhung gegen Bareinlage einer deutschen Gesellschaft beim IPO **51**

Woche x – 1	Beschluss der außerordentlichen Hauptversammlung über Kapitalerhöhung gegen Bareinlage durch Ausgabe von Aktien, die vom Konsortialführer zum (rechnerischen) Nominalbetrag der Aktien, gezeichnet werden Abstimmung der Kapitalerhöhung mit Registergericht **Freitag:** Zulassungsantrag mit Zulassungsunterlagen und Notierungsaufnahmeantrag Bring Down Due Diligence Billigung des Wertpapierprospekts Abgabe Legal Opinion/Disclosure Letter und Comfort Letter Hinterlegung des Prospekts **Samstag:** Veröffentlichung des Wertpapierprospekts (Hinweisbekanntmachung) Veröffentlichung des Verkaufsangebots
Woche x	**Montag:** Pressekonferenz (Kick off) DVFA – Veranstaltung Beginn Bookbuilding- und Zeichnungsgsperiode Road Show mit One on One-Gesprächen **Freitag:** **8–12 Uhr** endgültige Entscheidung der Gesellschaft und des Konsortialführers über Durchführung der Kapitalerhöhung Zeichnung der neuen Aktien zum (rechnerischen) Nominalbetrag und Übergabe des Zeichnungsscheins durch Konsortialführer schriftliche Bestätigung des Konsortialführers, dass die Einzahlung des (rechnerischen) Nominalbetrags auf ein Konto der Gesellschaft (Sonderkonto Kapitalerhöhung) vorgenommen wurde Antrag auf Eintragung der Kapitalerhöhung zum Registergericht mit beglaubigten Kopien folgender Unterlagen: – Kopie des Zeichnungsscheins – Liste der Zeichner – Einzahlungsbestätigung hinsichtlich der gezeichneten Aktien – Berechnung der Kosten der Kapitalerhöhung **12.00 Uhr** Eintragung der Durchführung der Kapitalerhöhung im Handelsregister **12–13 Uhr** Weiterleitung der Eintragungsbestätigung an Konsortialführer und Frankfurter Wertpapierbörse per Telefax

	13–16 Uhr Zulassung der Aktien durch die Frankfurter Wertpapierbörse **17.00 Uhr** Ende des Bookbuildings **ab 18.00 Uhr** Organbeschlüsse über Preisfestsetzung Preisfestsetzung Ad hoc-Mitteilung zu Preisfestsetzung Zuteilung der Aktien **Samstag:** Veröffentlichung der Preisfestsetzungsbekanntmachung
Woche x + 1	**Montag:** Aufnahme der Notierung und des Handels **Mittwoch:** Zahlung der Differenz zwischen (rechnerischem) Nominalbetrag und dem Verkaufspreis auf ein Konto der Gesellschaft Abgabe Legal Opinion/Disclosure Letter und Comfort Letter Abrechnung und Closing

52 Der dargestellte Zeitplan reduziert das **Übernahmerisiko** der Konsortialbanken durch eine möglichst späte Eintragung der Kapitalerhöhung auf ein Mindestmaß. Dies birgt jedoch das Risiko, dass eine zeitliche Verzögerung einer der geplanten Maßnahmen zu einer Verzögerung der Eintragung der Kapitalerhöhung, der Zulassung der Aktien oder der Notierungsaufnahme führen kann. Dies hätte eine negative Öffentlichkeitswirkung zur Folge. Deshalb sollte dieser optimierte Zeitplan allenfalls durchgeführt werden, wenn er mit allen beteiligten Parteien einschließlich der zuständigen Personen beim Registergericht und der Geschäftsführung der Wertpapierbörse sowie mit deren Stellvertreter im Detail abgestimmt wurde. Interessengerecht erscheint es im Regelfall, den Zeitplan durch den Einschub einiger „Puffertage" zu „entzerren" und damit sicherzustellen, dass der geplante Gesamtzeitplan auch bei geringfügigen Verzögerungen von Einzelschritten eingehalten werden kann.

C. Dokumentation

53 Die rechtliche Dokumentation eines Börsenganges besteht aus einer Reihe von Verträgen, die der Emittent mit der Konsortialbank abschließt. Hierzu zählen insb. die Mandatsvereinbarung, der Börseneinführungsvertrag und der Übernahmevertrag. Das Kerndokument eines Börsengangs ist der Wertpapierprospekt. Daneben gibt es idR bei einem Börsengang sog. Legal Opinions und sog. Disclosure Letters der beratenden Rechtsanwälte, sog. Comfort Letters der unabhängigen Wirtschaftsprüfer, einen Konsortialvertrag zwischen den Konsortialbanken und Marktschutzvereinbarungen.

I. Mandatsvereinbarung

54 Die Mandatierung durch den Emittenten erfolgt idR nach Durchführung von Bankenpräsentationen im Rahmen eines sog. Beauty Contests durch an

C. Dokumentation

der Konsortialführung interessierte Banken sowie nach der Abgabe eines Angebots durch diese Banken als entgeltliche Geschäftsbesorgung iSv. § 675 BGB. **Auswahlkriterien** für die Bestellung als Konsortialführer sind ua. das Renommee der Konsortialbank einschließlich der durch die Begleitung früherer Börsengänge belegten Expertise im jeweiligen Geschäftsfeld des Emittenten,[62] die geäußerten Bewertungsvorstellungen, die vorgeschlagene Provisions- und Kostenregelung sowie eine Vielzahl weiterer Gesichtspunkte. Die Mandatsvereinbarung[63] regelt die Eckdaten der Mandatsbeziehung zwischen dem Konsortialführer und der Gesellschaft sowie ggf. Altaktionären, sofern diese im Rahmen des Angebots Aktien abgeben.

In der Präambel werden idR die zum Zeitpunkt des Abschlusses der Vereinbarung geplante Transaktionsstruktur hinsichtlich Umfang und Herkunft der Aktien für die Kapitalmaßnahme und die vorgesehenen gesellschaftsrechtlichen Maßnahmen dargestellt. Es folgt dann die konkrete Erteilung des Mandats als Konsortialführer und häufig auch Bookrunner und die Darstellung der **Aufgaben des Konsortialführers**, deren Umfang im Einzelfall voneinander abweichen kann. Der Tätigkeitsumfang umfasst normalerweise die Beratung und Koordination bezüglich der Kapitalstruktur, des Zeitplans und der vorbereitenden Organisation des Börsengangs, die in Absprache mit der Gesellschaft erfolgende Auswahl und Einladung der Konsortialbanken, die Erstellung der für das Angebot notwendigen Dokumentation (insb. Wertpapierprospekt) sowie die Betreuung des Billigungs- und Zulassungsverfahrens einschließlich der Korrespondenz mit der BaFin und der Wertpapierbörse. Weiterhin bereitet der Konsortialführer die Vermarktung der anzubietenden Aktien vor, organisiert und koordiniert die Vermarktung und ergreift die zur Durchführung dieser Aufgaben erforderlichen Maßnahmen, die insb. die Kommunikation mit den Konsortialbanken, die Publikation von Research-Berichten, die Überprüfung der Einhaltung der Publizitätsrichtlinien, die Koordinierung des Pre-Marketing bei ausgewählten institutionellen Investoren, die einvernehmliche Festlegung der Bookbuildingspanne, die Durchführung des öffentlichen Angebots in Deutschland und der Privatplatzierung im Ausland, die Vorbereitung des Managements für die vorgesehenen Roadshows und Investorengespräche, die Durchführung des Bookbuildings und die Aufnahme der Kauforder sowie die einvernehmliche Festlegung des Emissionspreises umfasst. Daneben bezieht sich das Mandat auf die Erstellung der Vertragsdokumentation einschließlich des Übernahmevertrags und des Börseneinführungsvertrags sowie die Durchführung einer umfassenden Legal, Financial und Business Due Diligence, für die vom Konsortialführer häufig spezialisierte Rechtsanwälte und Wirtschaftsprüfer mandatiert werden, sowie idR auch auf die Vorbereitung und Durchführung eines **Friends & Family**-Programms und eines Mitarbeiterbeteiligungsprogramms. Schließlich umfasst das Mandat uU bereits auch die Folgeberatung wie zB die Übernahme der Designated Sponsor Funktion, die Unterstützung bei der Organisation und Durchführung der Hauptversammlung, der Bilanzpressekonferenz und von DVFA-Veranstaltungen sowie die Einbeziehung der Gesellschaft in die Analysetätigkeit des Konsortialführers nach dem Börsengang.

---

[62] Sog. Track Record.
[63] Vgl. dazu *Marsch-Barner/Schäfer/Meyer* § 7 Rz. 79 ff.; *Schanz* § 9 Rz. 19; *Bosch/Groß* Rz. 10/306, 323.

56 Nach der Darstellung des Mandatsumfangs folgt üblicherweise eine Klarstellung, dass die Bedingungen, zu denen die Aktienplatzierung durch den Konsortialführer durchzuführen ist, in einem separaten Übernahmevertrag zwischen den Parteien festgelegt werden und dass die Mandatsvereinbarung insb. **keine Verpflichtung** des Konsortialführers zur Übernahme oder zum Bezug von Wertpapieren vor Abschluss des Übernahmevertrags darstellt und die Regelungen des später abzuschließenden Übernahmevertrages mit den üblichen Gewährleistungen und Freistellungen nicht einschränkt.

57 Die Mandatsvereinbarung enthält weiterhin Regelungen zur Durchführung der Legal, Financial and Business Due Diligence (einschließlich Plausibilitätsprüfung und Unternehmensplanung), die der Konsortialführer selbst oder durch die Mandatierung von Rechtsanwälten und Wirtschaftsprüfern durchführen kann. Ein bedeutsamer Teil der Mandatsvereinbarung ist die **Provisionsvereinbarung** und die Regelung der **Kostenerstattung**. Daneben gibt es eine Börseneinführungsprovision, die häufig 1 % des (rechnerischen) Nennbetrags der zugelassenen Aktien beträgt. Die Verpflichtung zur Erstattung der Kosten und Aufwendungen des Konsortialführers, insb. von im Einvernehmen mit der Gesellschaft vom Konsortialführer eingeschalteten Dritten wie zB Rechtsanwälten und Wirtschaftsprüfern, erfolgt idR unabhängig von der Durchführung der Platzierung und wird häufig pauschaliert und zum Teil insb. hinsichtlich der Erstattung von Drittkosten durch erstattungsfähige Höchstbeträge begrenzt.

58 Die Mandatsvereinbarung enthält weiterhin eine Verpflichtung des Emittenten und uU auch der Altaktionäre zur umfassenden Information und zur angemessenen Mitwirkung bei der Erstellung der Platzierungsdokumentation sowie eine wechselseitige Verpflichtung zur Vertraulichkeit und häufig eine **Marktschutzvereinbarung** der Gesellschaft und der Altaktionäre. Weiterhin besteht normalerweise eine Verpflichtung zur Abstimmung der Öffentlichkeitsarbeit in Übereinstimmung mit den Publizitätsrichtlinien. Weiterhin enthält die Mandatsvereinbarung bereits bestimmte Gewährleistungen und Verpflichtungen des Emittenten und ggf. der Altaktionäre, die jedoch erst im Übernahmevertrag im Detail geregelt werden.

59 Die **Haftungsregelung** beschränkt die Haftung des Konsortialführers idR auf grobe Fahrlässigkeit oder die Sorgfalt eines ordentlichen Kaufmanns, während der Emittent und uU auch einzelne Altaktionäre im Regelfall unbegrenzt für die Richtigkeit und Vollständigkeit des Prospekts, der darin enthaltenen Angaben rechtlicher, tatsächlicher und wertender Art sowie des sich daraus ergebenden Gesamtbildes der Vermögens-, Finanz- und Ertragslage der Gesellschaft die Verantwortung übernehmen und sich der Emittent und teilweise auch einzelne Altaktionäre verpflichten, die Konsortialbanken und deren Mitarbeiter von Schadensersatzansprüchen Dritter, Schäden oder sonstigen wirtschaftlichen Nachteilen einschließlich aller angemessenen Kosten der Schadensabwehr (insb. Rechtsberatungskosten) freizustellen bzw. freizuhalten.

60 Mandatsvereinbarungen enthalten idR ein Recht zur Kündigung aus wichtigem Grund für die Parteien, eine Regelung über die Laufzeit der Mandatsvereinbarung sowie einige **aufschiebende Bedingungen**, wie zB einen für die Konsortialbanken zufrieden stellenden Abschluss der Due Diligence und das Nichtvorliegen höherer Gewalt. Auf den Bedingungseintritt kann der Konsortialführer jedoch verzichten. Teilweise enthalten Mandatsvereinbarungen bereits einen Rahmen für die vorgesehene **Unternehmensbewertung** oder jedenfalls die abstrakte Angabe der anzuwendenden Bewertungsfaktoren einschließlich der Nennung von für die Bewertung bedeutenden Vergleichsunternehmen.[64] Auch die Ausschließlichkeit der Mandatierung oder eine vertragliche Beschränkung des Konsortialführers, Börsengänge oder Kapitalmaßnahmen bestimmter Konkurrenzunternehmen des Emittenten für einen bestimmten Zeitraum als Konsortialführer oder globaler Koordinator zu begleiten, kann Teil einer Mandatsvereinbarung sein.

II. Übernahmevertrag

1. Allgemeines

Der Übernahmevertrag[65] wird zwischen dem Emittenten und dem Konsortialführer bzw. mit allen Konsortialbanken und ggf. den abgebenden Aktionären abgeschlossen und stellt den umfangreichsten und bedeutsamsten Vertrag im Rahmen eines Börsengangs dar. Teilweise werden auch die Altaktionäre Vertragspartei, die Aktien für die Mehrzuteilungsoption (s. Rz.173) zur Verfügung stellen, wobei hierfür häufig auch ein separater Wertpapierleihvertrag abgeschlossen wird.

Kernstück des Übernahmevertrages sind Regelungen über die **Zeichnung der jungen Aktien** und/oder den **Erwerb von Altaktien**. Außerdem enthält der Übernahmevertrag insb. bei international orientierten Ausgestaltungen umfangreiche Regelungen über Verpflichtungen und Gewährleistungen der verschiedenen Vertragsparteien, Haftungsfreistellungen, aufschiebende Bedingungen sowie Stabilisierung, Rücktritt und schließlich Provisionen und Kostenerstattungen. Weitere Bestandteile sind Bestimmungen über die Platzierung der Aktien, die Übertragung der Wertpapiere sowie ihre Abrechnung und Lieferung, Börsenzulassung, Marktschutz, Benachrichtigungen, Bevollmächtigungen sowie Gerichtsstand und Rechtswahl. Als **Anlagen** sind dem Übernahmevertrag idR die Angaben der Konsortialquoten sowie Muster von Einzahlungsbestätigung und Zeichnungsschein, aber auch Comfort Letter, Legal Opinion und Disclosure Letter sowie Bestätigungsschreiben (sog. Officers' Certificates) der Gesellschaft beigefügt.

Obwohl ein Übernahmevertrag grundsätzlich die genannten Standardelemente enthält, unterscheiden sich Übernahmeverträge je nach nationaler oder internationaler Ausgestaltung,[66] Struktur der Kapitalmaßnahmen (Altaktien oder neue Aktien), Konsortialführer sowie Expertise und Verhandlungsmacht des Emittenten und der Altaktionäre wesentlich voneinander. Es ist jedoch auch bei rein deutschen Emissionen eine Tendenz zur Erstellung umfangrei-

---

[64] Sog. Benchmark-Unternehmen.
[65] Allgemein *Habersack/Mülbert/Schlitt/Haag* § 23 Rz. 1 ff.; *Marsch-Barner/Schäfer/Meyer* § 7 Rz. 94 ff.; *Schanz* § 9 Rz. 37 ff.; *Technau* AG 1998, 445 ff.; *de Meo* Bankenkonsortien 1994 S. 10 ff.; *Picot/Land* DB 1999, 570 ff.; *Pfüller/Flatten* Finanz Betrieb 2001, 388 ff.; *Bosch/Groß* enthält Muster für Übernahmeverträge in verschiedenen Fallkonstellationen. Zum Sonderfall der Eigenemission vgl. Großkomm. HGB/*Canaris* 3. Aufl. 1981 Rz. 2236; *Schwintowski/Schäfer* BankR § 15 Rz. 5 ff.; *Picot/Land* DB 1999, 570 ff. Zur Bezugsrechtsemission bei Kapitalerhöhungen vgl. *Bosch/Groß* Rz. 10/298 ff. Zur Rechtslage in den Vereinigten Staaten von Amerika *Loss/Seligman* Fundamentals of Securities Regulation S. 73 ff.; *Hazen* The Law of Securities Regulation § 2.1.
[66] Zur Internationalisierung des Aktienemissionsgeschäfts *Bosch/Groß* Rz. 10/272.

64 Bei den in Deutschland üblichen Übernahmen von Aktien im Rahmen eines Börsengangs[67] verpflichtet sich der Konsortialführer nicht bereits bei Unterzeichnung der Mandatsvereinbarung, sondern erst mit dem idR kurz vor Beginn des öffentlichen Angebots bzw. kurz vor Ende der Bookbuilding-Periode unterzeichneten Übernahmevertrag zur Zeichnung der unter Ausschluss des Bezugsrechts der Altaktionäre ausgegebenen jungen Aktien und ggf. zum Erwerb etwaiger zu platzierender Altaktien. Diese Übernahmeverpflichtungen werden durch verschiedene aufschiebende Bedingungen und die Möglichkeit der Beendigung des Übernahmevertrages durch Rücktritt in bestimmten Fallkonstellationen eingeschränkt und es besteht noch kein Anspruch des Bankenkonsortiums auf Durchführung der Kapitalerhöhung.[68] Im Regelfall[69] handelt es sich bei dem Übernahmevertrag um einen **Vertrag sui generis** mit Elementen eines Geschäftsbesorgungsvertrags gem. §§ 675, 611 BGB hinsichtlich der Börseneinführung und, sofern es sich nur um die Umplatzierung von Altaktien handelt, um einen Kaufvertrag mit Elementen eines Geschäftsbesorgungsvertrags. Bei der Umplatzierung von Altaktien kann es sich auch um eine **kommissionsweise Übernahme** handeln, bei der sich die Konsortialbanken nur verpflichten, sich nach besten Kräften um die Platzierung der Aktien bei Investoren zu bemühen, die Aktien aber im Falle einer fehlenden Vermarktbarkeit nicht von den Konsortialbanken übernommen werden.[70] In diesem Fall handelt es sich beim Übernahmevertrag häufig um einen Maklervertrag iSv. §§ 652 ff. BGB,[71] bei dem mangels Tragung des Übernahmerisikos keine Übernahmeprovision vereinbart wird und die Aktien idR in einem „bis zu"-Angebot angeboten werden. Im Einzelfall garantieren[72] die Konsortialbanken durch Ergänzung garantievertraglicher Vertragsbestandteile die Übernahme der Aktien zu einem bestimmten Preis oder Mindestpreis, wobei dann von den Konsortialbanken ein erhebliches Kursänderungs- und Platzierungsrisiko übernommen wird, jedoch bei Fehlen einer Mehrerlösabführungsregelung auch ein überproportionales Erlöspotential besteht.[73]

65 Nachfolgend wird auf die wichtigsten Einzelbestimmungen eines typischen Übernahmevertrags eingegangen.

---

[67] Zu den verschiedenen Übernahmeformen *Schwintowski/Schäfer* BankR § 23 Rz. 5 ff., 61 ff.; *Schanz* § 9 Rz. 33 ff.

[68] Sog. „Firm Underwriting" (Feste Übernahme). Vgl. dazu *Schanz* § 9 Rz. 37; *Schwintowski/Schäfer* BankR § 23 Rz. 68 ff.

[69] Vgl. BGH II ZR 277/90 v. 12. 2. 1992, WM 1992, 1225; *Schanz* § 9 Rz. 42; *Kümpel* Rz. 9.247.

[70] Sog. Best Effort Underwriting. Vgl. *Schanz* § 9 Rz. 35; *Bosch/Groß* Rz. 10/308; *Schwintowski/Schäfer* BankR § 23 Rz. 10, 68 ff.

[71] Vgl. *Schanz* § 9 Rz. 35; *Schwintowski/Schäfer* BankR § 23 Rz. 68 ff. Nach *Bosch/Groß* Rz. 10/176, 10/183 handelt es sich häufig um einen entgeltlichen Geschäftsbesorgungsvertrag iSv. § 675 BGB (str.).

[72] Vgl. *Bosch/Groß* Rz. 10/289; *Schwintowski/Schäfer* BankR § 23 Rz. 10.

[73] Sog. „Bought Deal". Vgl. *Schanz* § 9 Rz. 34; *Bosch/Groß* Rz. 10/289, *Hopt* Rz. 26.

2. Zeichnungs- und Übernahmeverpflichtung

a) Typische Ausgestaltung

Die Kernbestimmung des Übernahmevertrags[74] ist die Verpflichtung des Konsortialführers bzw. im Einzelfall auch der Konsortialbanken zur Zeichnung der regelmäßig im Wege der Kapitalerhöhung unter Ausschluss des Bezugsrechts im Rahmen einer Hauptversammlung oder aus genehmigtem Kapital zu schaffenden jungen Aktien und/oder zum Erwerb oder zur Platzierung von umzuplatzierenden Altaktien von abgebenden Aktionären. Die Verpflichtung zur Zeichnung im Übernahmevertrag ist von der eigentlichen Zeichnung zu unterscheiden. 66

Die aktienrechtliche Zeichnung junger Aktien gem. § 185 AktG durch den Abschluss eines gesonderten kooperationsrechtlichen **Zeichnungsvertrages**[75] erfolgt idR nur durch den Konsortialführer bzw. die globalen Koordinatoren, nicht jedoch durch das gesamte Emissionskonsortium. Grund hierfür sind ua. die Vereinfachung der technischen Abwicklung insb. hinsichtlich des Nachweises der Existenz von ausländischen Banken und deren Vertretungsnachweis sowie hinsichtlich der Einzahlung des (anteiligen rechnerischen) Nennbetrags. Der Konsortialführer bzw. die globalen Koordinatoren verpflichten sich jedoch zur Zuteilung der gezeichneten Aktien innerhalb des Bankenkonsortiums entsprechend den vereinbarten **Zuteilungsquoten** und mit den anderen Konsortialbanken gemeinsam zur Platzierung der übernommenen Aktien an Investoren und zur Abführung des Mehrerlöses abzüglich des bereits eingezahlten (rechnerischen) Nennbetrags an den Emittenten bzw. im Falle der Umplatzierung von Altaktien an die abgebenden Aktionäre. 67

Die Schaffung der aufgrund des Übernahmevertrages im Rahmen des Börsengangs an die Konsortialbanken zu emittierenden neuen Aktien erfolgt idR aus einer **Kapitalerhöhung unter Bezugsrechtsausschluss** gegen Bareinlage (§§ 182 ff. AktG), die im Rahmen einer außerordentlichen Hauptversammlung beschlossen oder aus genehmigtem Kapital (§§ 202 ff. AktG) durchgeführt wird. Kein Bezugsrechtsausschluss gegenüber den Altaktionären liegt im Falle der Gewährung eines mittelbaren Bezugsrechts durch die Konsortialbanken gem. § 186 Abs. 5 AktG vor. Die Verwendung von **genehmigtem Kapital** führt zu wesentlichen Verfahrensvereinfachungen und mangels des Erfordernisses zur Durchführung einer Hauptversammlung auch zu einer zeitlichen Beschleunigung der Kapitalmaßnahmen; sie unterliegt jedoch den Beschränkungen der §§ 202 ff. AktG. Die neuen Aktien entstehen sowohl im Falle der Kapitalerhöhung gegen Bareinlage als auch bei Ausübung von genehmigtem Kapital mit Eintragung der Kapitalerhöhung in das Handelsregister.[76] 68

Der erforderliche **Bezugsrechtsausschluss** erfolgt gem. § 186 Abs. 3 AktG bei Vorliegen der hierfür erforderlichen formellen und materiellen Voraussetzungen, deren Anforderungen durch die neuere Rechtsprechung (s. Rz. 167) deutlich reduziert wurden. Bei Kapitalerhöhungen von bereits börsennotierten Unternehmen kann das Bezugsrecht auch im Wege des vereinfachten Bezugs- 69

---

[74] Vgl. *Schanz* § 9 Rz. 45 ff.; *Schwintowski/Schäfer* BankR § 23 Rz. 61 ff.; *Kümpel* Rz. 9.295 ff.
[75] Vgl. *Schwintowski/Schäfer* BankR § 23 Rz. 68; *Kümpel* Rz. 9247; Kölner Komm./ *Lutter* § 185 Rz. 5; *Groß* AG 1993, 108, 117.
[76] § 203 Abs. 1 iVm. § 189 AktG.

rechtsausschlusses nach § 186 Abs. 3 Satz 4 AktG erfolgen, wenn die Kapitalerhöhung 10 % des Grundkapitals nicht übersteigt und der Ausgabebetrag den Börsenkurs nicht wesentlich unterschreitet.

b) Zeichnung zum (rechnerischen) Nennbetrag

70 Die Platzierung der jungen Aktien durch den Konsortialführer erfolgt in der Praxis im Rahmen eines **zweistufigen Verfahrens** durch Zeichnung ausschließlich zum Nennbetrag, ohne Festsetzung eines über dem (rechnerischen) Nennbetrag liegenden Ausgabebetrags iSv. § 185 Abs. 1 Satz 3 Nr. 2 AktG,[77] während die Differenz zwischen dem auf ein Sonderkonto Kapitalerhöhung einbezahlten (rechnerischen) Nennbetrag und dem Bezugspreis (Emissionspreis) der platzierten Aktien aufgrund der schuldrechtlichen Regelungen im Übernahmevertrag und im Zeichnungsschein erst nach Eingang der Emissionspreiszahlung durch den Anleger bei den Konsortialbanken an die Gesellschaft erfolgt. Auf der ersten Stufe erfolgt die aktienrechtliche Zeichnung des Konsortialführers gegenüber der Gesellschaft zum (rechnerischen) Nennbetrag als festgelegtem Ausgabebetrag und eine eigenständige Erfüllung der Einzahlungsverpflichtung, während auf der zweiten Stufe die Aktienübertragung zwischen der Bank und den bei der Zuteilung berücksichtigten Anlegern zum festgelegten Emissionskurs (bzw. Bezugskurs) erfolgt und der Erlös nur aufgrund der schuldrechtlichen Abrede zwischen den Konsortialbanken und dem Emittenten im Übernahmevertrag bzw. im Zeichnungsschein abgeführt wird. Das zweistufige Verfahren ist nach üM[78] zulässig, da das Gebot der Volleinzahlung im Aktienrecht (§ 36 a Abs. 1 AktG) anders als im GmbH-Gesetz (§ 57 Abs. 2 Satz 1 iVm. § 7 Abs. 2 Abs. 1 GmbHG) nur dem Verkehrs- und nicht dem Gläubigerschutz dient und die Mehrerlösabfuhrverpflichtung der Konsortialbanken nur rein schuldrechtliche Wirkung entfaltet und gegenüber dem Erwerber einer Aktie keine entsprechende Verpflichtung begründet.[79] Die Mindermeinung[80] sieht dagegen eine Zeichnung zum (rechnerischen) Nennbetrag als unzulässig an, da sie die in § 36 a Abs. 1 iVm. § 188 Abs. 2 AktG festgelegte gesetzlich vorgesehene nicht dispositive Sicherung der Aufbringung des Aufgeldes („Agio") umgeht, die nicht nur dem Interesse der Gesellschaft, sondern auch dem Schutz der Gläubiger dient.

71 Die **Hauptgründe**[81] für die Zeichnung der jungen Aktien zum (rechnerischen) Nennbetrag sind insb.
– die im Falle einer Über-pari-Zeichnung bestehende Verpflichtung zur vollständigen Einzahlung der Differenz zwischen dem (rechnerischen) Nennbetrag und einem darüber liegenden Emissionspreis gem. § 188 Abs. 2

---

[77] Vgl. *Wiedemann* WM 1979, 990; *Technau* AG 1998, 445, 448; *Hoffmann-Becking* in FS Lieberknecht S. 25, 30 ff.
[78] Vgl. *Habersack/Mülbert/Schlitt/Haag* § 17 Rz. 15 ff.; *Marsch-Barner/Schäfer/Meyer* § 7 Rz. 111 ff.; *Hüffer* AktG § 186 Rz. 50; *Schanz* § 9 Rz. 66 ff.; *Picot/Land* DB 1999, 570, 572; *Busch* WM 2001, 1277, 1278; *Hoffmann-Becking* in FS Lieberknecht S. 25, 32.
[79] Vgl. *Priester* DB 1979, 681, 686; *Picot/Land* DB 1999, 570, 572.
[80] Vgl. *Schippel* in FS Steindorff 1990 S. 248, 253 ff.; *Immenga* in FS Beusch 1993 S. 413, 419 ff.
[81] Vgl. MünchHdb. GesR/Bd. 4/*Krieger* § 56 Rz. 77; *Picot/Land* DB 1999, 570, 571; *Schanz* § 9 Rz. 63 ff.; *Technau* AG 1998, 445, 449; *Hoffmann-Becking* in FS Lieberknecht S. 25, 39.

iVm. § 36 a Abs. 1 AktG bereits vor Anmeldung der Durchführung der Kapitalerhöhung und dem damit idR verbundenen (Zwischen-)Finanzierungsrisiko,

- die größere zeitliche Flexibilität bei der Festsetzung des Emissionspreises im Wege des Bookbuilding-Verfahrens, die erst nach Eintragung der Kapitalerhöhung erfolgen kann,
- die Möglichkeit, unter Verzicht auf einen beim Festpreisverfahren üblichen Sicherheitsabschlag auch nach Eintragung der Kapitalerhöhung bei der Festlegung des Emissionspreises auf negative Entwicklungen am Kapitalmarkt reagieren zu können, sowie
- die Annäherung an internationale Usancen, bei denen für die Konsortialbanken häufig kein Übernahme- und Finanzierungsrisiko besteht.

Die Zulässigkeit der Zeichnung zum (rechnerischen) Nennbetrag ist nach üM[82] auch im Falle eines **vereinfachten Bezugsrechtsausschlusses** nach § 186 Abs. 3 Satz 4 AktG zu bejahen, sofern der Ausgabebetrag der neuen Aktien den Börsenkurs nicht wesentlich unterschreitet, da nach hM[83] mit „Ausgabebetrag" nicht der in den Zeichnungsschein aufzunehmende Ausgabebetrag iSv. § 185 Abs. 1 Satz 3 Nr. 2 AktG gemeint ist und der Bezugspreis nicht mit diesem Ausgabebetrag iSv. § 185 Abs. 1 Satz 3 Nr. 2 AktG übereinstimmen muss. Diese Vorschriften sollen nur den Altaktionär vor Verwässerung schützen und nicht dem Gläubigerschutz dienen.[84] 72

Nach üM[85] unterliegen zeitnahe Tilgungs- und Zinszahlungen aus Bareinlagemitteln im Rahmen normaler Kreditgeschäfte zwischen dem Emittenten und der die Kapitalerhöhung zeichnenden Konsortialbank nicht der Haftung nach den Grundsätzen der verdeckten Sacheinlage. Dies soll sowohl für den Fall, dass eine Emissionsbank im Rahmen einer Barkapitalerhöhung mit mittelbarem Bezugsrecht Aktien zeichnet und mit den Eigenmitteln des Emittenten ein Darlehen der Emissionsbank tilgt,[86] als auch für den Fall einer Zeichnung und Übernahme von Aktien im Rahmen einer Kapitalerhöhung mit Ausschluss des gesetzlichen Bezugsrechts durch einen Konsortialführer gegen Bareinlage im Rahmen eines Börsengangs zum (rechnerischen) Nennbetrag gelten.[87] 73

3. Verpflichtungen und Gewährleistungen

a) Allgemeines

Insbesondere an US-amerikanischen Vorbildern orientierte Übernahmeverträge enthalten – wie in Unternehmenskaufverträgen üblich – umfangreiche Verpflichtungen der Vertragsparteien und eine Vielzahl von Gewährleistungen 74

---

[82] Vgl. *Picot/Land* DB 1999, 570, 572; *Schanz* § 9 Rz. 63 ff.; *Technau* AG 1998, 445, 449.
[83] Vgl. *Picot/Land* DB 1999, 570, 573; *Marsch-Barner* AG 1994, 532, 534; *Groß* DB 1994, 2431, 2433; *Trapp* AG 1997, 115, 129.
[84] Vgl. *Picot/Land* DB 1999, 570, 572; *Technau* AG 1998, 445, 449.
[85] Vgl. dazu *Schnorbus* AG 2004, 113 ff.; *Frese* AG 2001, 15 ff.
[86] Vgl. *Frese* AG 2001, 15 ff.; *Lutter/Gehling* WM 1989, 1445, 1447; *Groß* AG 1991, 217, 225; *Groß* AG 1993, 108, 115; *Ulmer* ZHR 154 (1990) 128, 142; BGH II 195/91 v. 5. 4. 1993, WM 1993, 944; BGH II ZR 277/90 v. 12. 2. 1992, WM 1992, 1225 ff.; aA Großkomm. AktG/*Wiedemann* 4. Aufl. 1995, § 186 Rz. 206; *Wiedemann* ZIP 1991, 1257, 1265 ff.; *Priester* ZIP 1991, 345, 354; *W. Müller* in FS Beusch 1999 S. 631, 643.
[87] Vgl. dazu *Schnorbus* AG 2004, 113 ff.; *Frese* AG 2001, 15 ff.; *Hein* WM 1996, 1, 6.

und Zusicherungen, die nach Emittent, Altaktionären und Konsortialbanken getrennt im Einzelfall sehr unterschiedlich ausgestaltet sind.[88] Auch bei rein nationalen Börsengängen hat in Deutschland ein umfangreicher Übernahmevertrag die früher übliche Übernahme von Aktien aufgrund einer schlichten „Offerte" weitgehend abgelöst. Bei einzelnen Gewährleistungen wird teilweise nicht auf die objektive Richtigkeit der Aussage, sondern nur auf die Kenntnis des Gewährleistenden abgestellt, wobei in diesen Fällen idR zusätzlich verlangt wird, dass der Gewährleistende die Richtigkeit der gemachten Aussage angemessen nachgeprüft hat.

b) Verpflichtungen

75 Die **Gesellschaft** verpflichtet sich gegenüber den Konsortialbanken bzw. gewährleistet diesen gegenüber ua., dass sie zur Vorbereitung der Aktienplatzierung einen Wertpapierprospekt (ggf. auch in Form eines englischsprachigen Offering Circular zB bei einer Privatplatzierung nach Rule 144 A) erstellt, zusammen mit dem Börseneinführungskonsortium das Börsenzulassungsverfahren einleitet bzw. eingeleitet hat und die für die Kapitalerhöhung und Börseneinführung erforderlichen Maßnahmen ergreifen wird, in den Platzierungsdokumenten erforderlich werdende Änderungen in Abstimmung mit den Konsortialbanken unverzüglich vornehmen wird und weder direkt noch indirekt eine unzulässige Kurspflege oder Manipulation des Preises der Wertpapiere der Gesellschaft vornehmen wird und ggf. bestimmte Handlungen in den Vereinigten Staaten von Amerika[89] unterlassen wird.

76 Auch die **Altaktionäre** verpflichten sich im Einzelfall zu bestimmten Handlungen oder Unterlassungen, wobei sich diese häufig auf das Unterlassen von unzulässiger Kurspflege oder Manipulation des Preises der Wertpapiere und unzulässiger Verkaufsbemühungen beschränken.

77 Demgegenüber verpflichten sich die **Konsortialbanken** insb. zur Einhaltung der jeweils einschlägigen Platzierungsbeschränkungen, die sich danach unterscheiden, ob in einem Land ein öffentliches Angebot, eine Privatplatzierung oder keinerlei Angebot erfolgen sollen. In der Regel enthält der Übernahmevertrag eine Generalklausel, wonach die Konsortialbanken alle einschlägigen Vorschriften derjenigen Länder, in denen sie Verkaufs- oder andere Maßnahmen durchführen oder Platzierungsdokumente verteilen, beachten und in keinem Land Maßnahmen ergreifen, die nach den einschlägigen Vorschriften des jeweiligen Landes unzulässig sind.

c) Gewährleistungen

78 Die Gesellschaft gewährleistet idR in Form eines **selbständigen verschuldensunabhängigen Garantieversprechens**[90] gegenüber den Konsortialbanken ua., dass sie berechtigt ist, alle sich aus dem Übernahmevertrag und damit

---

[88] Vgl. *Habersack/Mülbert/Schlitt/Haag* § 23 Rz. 32 ff., 48 ff.; *Marsch-Barner/Schäfer/Meyer* § 7 Rz. 135 ff.; *Picot/Land* DB 1999, 570, 573; *Technau* AG 1998, 445 ff.; *Schanz* § 9 Rz. 30 ff.; *Bosch/Groß* Rz. 10/283 ff.

[89] Z. B. eine Verpflichtung, keine „directed selling efforts" iSv. Regulation S des Securities Acts und keine „general solicitation" oder „general advertising" iSv. Regulation D des Securities Acts vorzunehmen.

[90] Zur rechtlichen Einordnung *Marsch-Barner/Schäfer/Meyer* § 7 Rn. 141–143.

in Zusammenhang stehenden Vereinbarungen ergebenden Verpflichtungen vollständig zu erfüllen, dass die neuen Aktien frei von Rechten Dritter und frei verfügbar sind und alle in den Platzierungsdokumenten (insb. im Prospekt) enthaltenen Angaben (insb. alle Finanzangaben, Angaben zu den wirtschaftlichen Verhältnissen und die Darstellung der Kapitalstruktur) richtig und vollständig und nicht auf andere Weise irreführend sind und keine den Geschäftsbetrieb tatsächlich oder möglicherweise wesentlich beeinträchtigenden Tatsachen oder Entwicklungen offenzulegen sind.

In der Regel erfolgen auch Gewährleistungen des Emittenten hinsichtlich **79** **konkreter Sachverhalte** wie zB des Fehlens von wesentlichen Rechtsstreitigkeiten und Schiedsgerichtsverfahren, der Existenz und des ordnungsgemäßen Betriebs wesentlicher Beteiligungsunternehmen, der Inhaberschaft von Urheber-, Patent- und Lizenzrechten, des Vorliegens aller für den ordnungsgemäßen Geschäftsbetrieb erforderlichen Erlaubnisse, Genehmigungen und Konzessionen sowie der Einhaltung anwendbarer Vorschriften des öffentlichen Rechts und bei internationalen Transaktionen ggf. ausländischer Wertpapiervorschriften wie zB der US Securities Laws.[91] Gewährleistungen können bei entsprechender Darstellung im Prospekt eingeschränkt werden und werden idR zum Zeitpunkt der Unterzeichnung des Übernahmevertrages und zum Abrechnungstag (in Form von sog. Officers' Certificates) abgegeben.

Jedenfalls wenn von **Altaktionären** Aktien an die Konsortialbanken über- **80** tragen und im Kapitalmarkt platziert werden, werden idR von den Altaktionären ebenfalls Gewährleistungen gegenüber den Konsortialbanken verlangt, die sich insb. darauf beziehen, dass die Aktien frei von Rechten Dritter und die Altaktionäre uneingeschränkt verfügungsberechtigt sind sowie bestimmte im Prospekt hinsichtlich der Altaktionäre gemachte Aussagen richtig, vollständig und nicht auf andere Weise irreführend sind. Der Inhalt und der Umfang weitergehender Gewährleistungen der Altaktionäre hängt wesentlich von der Beziehung der Altaktionäre zur Gesellschaft ab. Von dem uU im Vorstand der Gesellschaft sitzenden Unternehmensgründer mit genauen Kenntnissen über die wirtschaftliche Lage des Unternehmens werden weiter gehende Gewährleistungen erwartet als von einem (institutionellen) Finanzinvestor, der sich möglicherweise ohne eine umfangreiche Due Diligence an der Gesellschaft mit Venture Capital beteiligt hat.

Im Einzelfall kann die Haftung eines Altaktionärs durch betragsmäßige **81** **Haftungsbegrenzung** (zB auf den dem Altaktionär durch den Verkauf der Altaktien zufließenden Emissionserlös oder einen Teil davon, durch eine Beschränkung der Haftung auf positive Kenntnis des Altaktionärs (ggf. nach Durchführung einer angemessenen Nachprüfung) oder eine im Verhältnis zur Gesellschaft nachrangige Haftung begrenzt werden.

Derartige Regelungen über Gewährleistungen können, sofern der Emittent **82** gewährleistet, dass der Prospekt alle für die Beurteilung der Wertpapiere wesentlichen Angaben richtig und vollständig enthält und im Falle einer Verletzung der Gewährleistung den Konsortialbanken entstehenden Schaden (insb. aus möglichen Prospekthaftungsansprüchen) ersetzt und diese von etwaigen Ansprüchen Dritter umfassend freistellt, insb. unter dem Gesichtspunkt eines

---

[91] Bei Privatplatzierungen nach Rule 144A zB die Gewährleistung, dass der Emittent „foreign issuer" iSv. Regulation S des Securities Act ist und keine „investment company" iSd. US Investment Company Act 1940.

Verstoßes gegen die **Kapitalerhaltungsvorschriften** des § 57 AktG[92] rechtlich problematisch sein.

4. Haftungsfreistellung

a) Allgemeines

83 Übernahmeverträge enthalten idR weit gehende Haftungsfreistellungsregelungen durch die Gesellschaft zugunsten der Konsortialbanken.[93] Danach verpflichtet sich die Gesellschaft gegenüber den Konsortialbanken, diesen die Aufwendungen und den Schaden zu ersetzen und von jeglicher Haftung (einschließlich aller Verluste, Haftungen, Schadensersatz sowie allen angemessenen Kosten und Auslagen, die im Zusammenhang mit der Untersuchung und Abwehr von Klagen oder Ansprüchen entstehen) freizustellen, die bzw. der sich aus einer Nichteinhaltung der im Übernahmevertrag abgegebenen Gewährleistungen oder daraus ergibt, dass in den Platzierungsdokumenten unrichtige, unvollständige oder auf andere Weise irreführende Angaben enthalten sind bzw. wesentliche Tatsachen ausgelassen wurden. Eine **Ausnahme** gilt häufig für den Fall, dass unrichtige, unvollständige oder auf andere Weise irreführende Angaben im Prospekt auf Angaben beruhen, die von den Konsortialbanken schriftlich ausdrücklich zur Aufnahme in den Prospekt zur Verfügung gestellt wurden. Teilweise wird die Haftungsfreistellung auch auf die ungerechtfertigte Inanspruchnahme der Konsortialbanken durch Dritte ausgedehnt.

84 Häufig enthält der Übernahmevertrag **spiegelbildliche Haftungsfreistellungen** der Altaktionäre zugunsten der Konsortialbanken und der Konsortialbanken zugunsten der Gesellschaft bzw. ggf. der Altaktionäre, die sich jedoch inhaltlich auf eine Verletzung der von diesen Parteien abgegebenen (wesentlich weniger weit gehenden) Gewährleistungen und ggf. von diesen ausdrücklich zur Aufnahme in den Prospekt zur Verfügung gestellten einzelnen Prospektteile beziehen und somit einen wesentlich geringeren Anwendungsbereich haben.

85 Die Frage der **Zulässigkeit** derartiger Haftungsfreistellungsklauseln und ihr Verhältnis zu den Kapitalerhaltungsvorschriften in § 57 AktG und den Regelungen zum Erwerb eigener Aktien in § 71 AktG ist streitig und nach wohl üM[94] ist zwischen dem Kauf neuer Aktien und der Umplatzierung von Altaktien zu unterscheiden.

b) Kapitalerhöhung

86 In einer Haftungsfreistellung der Gesellschaft gegenüber den Konsortialbanken, dh. Aktionären der Gesellschaft, im Zusammenhang mit einer Kapital-

---

[92] Vgl. *Habersack/Mülbert/Schlitt/Haag* § 17 Rz. 60 ff.; *Marsch-Barner/Schäfer/Meyer* § 7 Rz. 144 ff.; *Picot/Land* DB 1999, 570, 573; *Technau* AG 1998, 445, 454 ff.; *Krämer/Baudisch* WM 1998, 1161 ff.; *Hoffmann-Becking* in FS Lieberknecht S. 25, 36.
[93] Vgl. *Habersack/Mülbert/Schlitt/Haag* § 17 Rz. 57 ff.; *Marsch-Barner/Schäfer/Meyer* § 7 Rz. 139 ff.; *Technau* AG 1998, 445, 454; *Picot/Land* DB 1999, 570, 573; *Groß* AG 1999, 199 ff.; *Krämer/Baudisch* WM 1998, 1161 ff.; *Hoffmann-Becking* in FS Lieberknecht S. 25, 36.
[94] Vgl. *Habersack/Mülbert/Schlitt/Haag* § 23 Rz. 60, 61; *Marsch-Barner/Schäfer/Meyer* § 7 Rz. 144 ff.; *Picot/Land* DB 1999, 570, 573; *Technau* AG 1998, 445, 454; *Schanz* § 9 Rz. 92 ff.; *Hoffmann-Becking* in FS Lieberknecht S. 25, 37.

erhöhung und der Ausgabe und **Platzierung neuer Aktien** liegt nach üM[95] kein Verstoß gegen § 57 AktG. Die Zulässigkeit der Haftungsfreistellung wird hinsichtlich § 57 AktG ua. damit begründet, dass die Prospekthaftungsbestimmungen in §§ 44 ff. BörsG als die jüngeren und spezielleren Vorschriften Vorrang vor § 57 AktG haben,[96] dass es sich um einen Teil der Platzierungsabsprache mit den Emissionsbanken, also gewissermaßen um bedingte Emissionskosten handelt, dass die Prospekthaftung des Emittenten als der Preis für die Möglichkeit anzusehen ist, die Finanzierungsmöglichkeiten des Kapitalmarkts zu nutzen, und die Emissionsbanken den über den Ausgabebetrag hinausgehenden Emissionserlös an den Emittenten abführen. Weiterhin wird der Grundgedanke der §§ 44 ff. BörsG, nach dem primär die Gesellschaft für die Richtigkeit des Prospekts verantwortlich ist, herangezogen. Es wird auch angeführt, dass der Übernahmevertrag neben der Verpflichtung des Konsortialführers zur Zeichnung und Übernahme von Aktien weitere selbständige Dienstleistungen wie zB die Antragstellung auf Zulassung der Aktien zum Börsenhandel und die Platzierung der Aktien am Markt, die als gesetzliche Folge die Prospekthaftung der Konsortialbanken begründen, enthält, sodass die Übernahme von Gewährleistungs- und Haftungsfreistellungsverpflichtungen durch den Emittenten jedenfalls dann als angemessene und interessengerechte Risikoverteilung angesehen werden kann, wenn die Unrichtigkeit des Prospekts auf einer Verletzung von vertraglichen (Neben-)Pflichten des Emittenten beruht.[97] Es wird auch argumentiert,[98] dass aufgrund der gesetzlichen Prospekthaftung des Emittenten im Außenverhältnis eine interne Regelung dieser gesetzlich bestehenden Außenhaftung durch Freistellungsregelungen für Emissionsbegleiter im Übernahmevertrag keinen Verstoß gegen §§ 57, 71 ff. AktG darstellen kann. Jedoch wird die Zulässigkeit einer Haftungsfreistellung auch für im Verantwortungsbereich der Konsortialbanken liegende Fehler bei der Prospekterstellung unter Hinweis auf die Verpflichtung der Kreditinstitute, bei der Zulassung von Wertpapieren zum Börsenhandel gem. § 32 Abs. 2 BörsG mitzuwirken, teilweise in Frage gestellt.[99]

c) Umplatzierung von Altaktien

Bei einer Haftungsfreistellung der Gesellschaft gegenüber den Konsortialbanken im Zuge einer Umplatzierung von Altaktien wird dagegen häufig[100] eine ungerechtfertigte Zuwendung der Gesellschaft an den abgebenden Aktio-

---

[95] Vgl. *Habersack/Mülbert/Schlitt/Haag* § 17 Rz. 60, 61; *Marsch-Barner/Schäfer/Meyer* § 7 Rz. 144 ff.; *Picot/Land* DB 1999, 570, 573; dazu ausführlich *Gebauer* Börsenprospekthaftung und Kapitalerhöhungsrecht in der Aktiengesellschaft 1999.
[96] Vgl. LG Ffm. 3/11 O 44/96 v. 7. 10. 1997, WM 1998, 1181 ff.; *Krämer/Baudisch* WM 1998, 1161 ff.; zum Ganzen *Habersack/Mülbert/Schlitt/Haag* § 17 Rz. 60, 61; *Marsch-Barner/Schäfer/Meyer* § 7 Rz. 144 ff.; Großkomm. AktG/*Henze* § 57 Rz. 18 ff.; *Groß* §§ 44, 45 BörsG Rz. 10 ff.; dazu auch OLG Ffm. 21 U 260/97 v. 17. 3. 1999, AG 2000, 132 ff.
[97] Vgl. *Schanz* § 9 Rz. 92 ff.; *Technau* AG 1998, 445, 456; *Groß* §§ 44, 45 Rz. 20 ff.
[98] Vgl. *Groß* §§ 44, 45 BörsG Rz. 20 ff., *Bosch/Groß* Rz. 10/293/308.
[99] Vgl. *Picot/Land* DB 1999, 570, 573; *Technau* AG 1998, 445, 456; *Schanz* § 9 Rz. 98.
[100] Vgl. *Fleischer* ZIP 2007, 1969 ff.; *Habersack/Mülbert/Schlitt/Haag* § 17 Rz. 62; *Marsch-Barner/Schäfer/Meyer*, § 7 Rz. 147 ff.; *Picot/Land* DB 1999, 570, 573; *Hoffmann-Becking* in FS Lieberknecht S. 25, 37; dazu auch in Großkomm. AktG/*Henze* § 57 Rz. 55, 56; *Bosch/Groß* Rz. 10/324, dazu auch LG Bonn I O 552/05 v. 1. 6. 2007, ZIP 2007, 1267 ff., mit entgegengesetztem abweisenden Urteil des OLG Köln 18 U 108/07 v. 28. Mai 2009.

när und damit ein Verstoß gegen die Kapitalerhaltungsvorschriften des § 57 AktG angenommen, wenn die Gesellschaft kein angemessenes eigenes Interesse an der Veräußerung der Aktien hat, da der Emissionserlös im Falle einer Umplatzierung ausschließlich den Altaktionären zufließt. Ausreichend für ein eigenes Interesse der Gesellschaft kann im Einzelfall zB die Erlangung der Unabhängigkeit der Gesellschaft vom Altaktionär, die Reduzierung einer Mehrheitsbeteiligung, die Übernahme von Kosten ua. für die Prospekterstellung und die Öffentlichkeitsarbeit oder die Vergütung des Haftungsrisikos durch den Altaktionär sein. Teilweise[101] wird die Problematik des § 57 AktG bei einer internen Haftungsfreistellung der Konsortialbanken durch die Gesellschaft im Falle einer reinen Umplatzierung von existierenden Aktien in Verbindung mit einer Börsenzulassung dieser Aktien grds. verneint, weil die Haftungsfreistellung gegenüber einem Dritten, der nicht Aktionär der Gesellschaft ist bzw. wird, dh. den Konsortialbanken, keine unzulässige Einlagenrückgewähr an den Aktionär darstellt, die Außenhaftung der Gesellschaft so oder so in vollem Umfang besteht und selbst im Falle einer Annahme einer Einlagenrückgewähr diese nur Auswirkungen im Verhältnis zum Aktionär, nicht aber zum Emissionsbegleiter als Drittem bestehe.

88 Zweifelsfrei zulässig sind derartige Haftungsfreistellungsklauseln durch **abgebende Altaktionäre**, da § 57 AktG nur Leistungen der Gesellschaft an einen Aktionär, nicht aber Leistungen von Aktionären untereinander erfasst. Sofern der Altaktionär jedoch seinerseits wiederum von der Gesellschaft freigestellt wird, stellen sich die oben dargestellten Fragen hinsichtlich der Zulässigkeit nach § 57 AktG.

89 In den **Vereinigten Staaten von Amerika** wird die Freistellung der Emissionsbanken und des Managements durch den Emittenten wegen des dem Securities Act zugrunde liegenden Verständnisses als unzulässig angesehen, da die Erstreckung der Prospekthaftung auf das Management der Gesellschaft und die Emissionsbanken zum Ziel hat, die Beachtung von Sorgfaltspflichten durch sämtliche Beteiligte einer Aktienemission sicherzustellen und dies durch die Haftungsfreistellung durch den Emittenten umgangen würde.[102]

5. Aufschiebende Bedingungen

90 Eine Vielzahl von Verpflichtungen des Konsortialführers bzw. der Konsortialbanken aus dem Übernahmevertrag, insb. die Zeichnung der neuen Aktien einschließlich der Übergabe der Zeichnungsunterlagen und der Einzahlung des (rechnerischen) Nennbetrags sowie der Erwerb der umzuplatzierenden alten Aktien und weitere Verpflichtungen der Konsortialbanken aus dem Übernahmevertrag wie die Aktienplatzierung und die Zahlung des Emissionspreises stehen unter verschiedenen aufschiebenden Bedingungen,[103] auf deren Eintritt der Konsortialführer nach freiem Ermessen verzichten kann.

91 Dabei stehen insb. die Verpflichtung des Konsortialführers zur **Zeichnung** und Übernahme der jungen Aktien aus der Kapitalerhöhung und zur Ausstel-

---

[101] Vgl. *Groß* §§ 44, 45 BörsG Rz. 21 ff., *Bosch/Groß* Rz. 10/293.
[102] Vgl. *Greene* u. a. § 15.03 [1] [i]; Globus v. Law Research Service Inc. 418 F.2 d 1276 (2 d Cir. 1969) cert. denied 397 US 913. Vgl. dazu auch *Loss/Seligman* S. 1161, 1162; *Technau* AG 1998, 454 ff.; *Gruson* WM 1995, 89 ff.
[103] Vgl. *Habersack/Mülbert/Schlitt/Haag* § 23 Rz. 67; *Marsch-Barner/Schäfer/Meyer* § 7 Rz. 159 ff.; *Schanz* § 9 Rz. 159 ff.; *Picot/Land* DB 1999, 570, 572; *Technau* AG 1998, 445 ff.

lung und **Übergabe des Zeichnungsscheins** und Zahlung des (rechnerischen) Nennbetrags unter den aufschiebenden Bedingungen, dass die in den Gewährleistungen des Emittenten und ggf. der Altaktionäre enthaltenen Erklärungen richtig, vollständig und nicht auf andere Weise irreführend sind, die Zulassung des gesamten Grundkapitals zum Handel an der jeweiligen Wertpapierbörse beantragt wurde, Legal Opinions und ggf. Disclosure Letters, Comfort Letters sowie Erklärungen („Officers' Certificates") des Emittenten, die ua. die Richtigkeit der abgegebenen Gewährleistungen bestätigen und jeweils mit einem als Anlage zum Übernahmevertrag beigefügten Inhalt abgegeben werden. Eine weitere wesentliche aufschiebende Bedingung besteht darin, dass nach Ansicht der Konsortialbanken keine **kursrelevante Verschlechterung** der wirtschaftlichen Situation der Gesellschaft eingetreten ist oder erwartet wird und keine Ereignisse eingetreten sind, die auf die Finanzmärkte, in denen die Aktien der Gesellschaft platziert werden sollen, nach Ansicht des Konsortialführers **erhebliche negative Auswirkungen** haben.[104]

In der Regel werden auch die Verpflichtungen der Konsortialbanken zur **Zahlung des Emissionspreises**, dh. des Differenzbetrags zwischen dem Platzierungspreis und dem Ausgabebetrag, für die Aktien am Abrechnungstag (und ggf. der Greenshoe-Aktien am Greenshoe-Abrechnungstag) unter aufschiebende Bedingungen gestellt, die typischerweise neben den bereits genannten Bedingungen zusätzlich die Zustimmung des Vorstandes und uU des Aufsichtsrats der Gesellschaft zum Verkaufspreis und die Unterzeichnung des Preisfestsetzungsvertrages sowie die Zulassung der Aktien zum Handel an der jeweiligen Wertpapierbörse umfassen.

Hinsichtlich der **Umplatzierung von Altaktien** besteht wegen des Fehlens einer mit dem nur eingeschränkt rückabwickelbaren originären Eigentumserwerb der neuen Aktien vergleichbaren Situation für die Konsortialbanken eine größere Flexibilität bei der Gestaltung von aufschiebenden Bedingungen.[105]

Für den Fall, dass nicht alle aufschiebenden Bedingungen fristgerecht eingetreten sind und der Konsortialführer nicht auf den Eintritt dieser Bedingungen verzichtet hat, ist der Konsortialführer zum **Rücktritt** vom Übernahmevertrag berechtigt.

6. Rücktrittsrecht

a) Allgemeines

Übernahmeverträge enthalten Rücktrittsrechte,[106] die idR den Konsortialbanken, zum Teil auch anderen Vertragsparteien zustehen, wenn die aufschiebenden Bedingungen nicht eingetreten sind und der Konsortialführer nicht auf deren Eintritt verzichtet hat oder eine eingetretene Bedingung wieder entfallen ist. Hierbei wird idR zwischen der Zeichnung von neuen Aktien sowie dem Erwerb von Altaktien, dem Zeitraum vor Einreichung des Zeichnungsscheins zum Handelsregister, dem Zeitraum nach Einreichung des Zeich-

---

[104] Sog. Force-Majeure-Klausel. Vgl. dazu *Busch* WM 2001, 1277 ff.
[105] Vgl. *Habersack/Mülbert/Schlitt/Haag* § 23 Rz. 78; *Marsch-Barner/Schäfer/Meyer* § 7 Rz. 162 ff.; *Picot/Land* DB 1999, 570, 572.
[106] Vgl. allgemein *Habersack/Mülbert/Schlitt/Haag* § 23 Rz. 77 ff.; *Marsch-Barner/Schäfer/Meyer* § 7 Rz. 163 ff.; *Schwintowski/Schäfer* BankR § 23 Rz. 68 ff., 84 ff.; Großkomm. HGB/*Canaris* 3. Aufl. 1981 Rz. 2252, 2315.

nungsscheins sowie dem Zeitraum nach Eintragung der Kapitalerhöhung in das Handelsregister unterschieden.

96 Erfolgt der Rücktritt **vor der Einreichung des Zeichnungsscheins** für die jungen Aktien beim zuständigen Amtsgericht, erlischt die Verpflichtung des Konsortialführers zur Zeichnung und Übernahme der neuen Aktien nach dem Übernahmevertrag und die Gesellschaft ist auf Verlangen des Konsortialführers verpflichtet, den Zeichnungsschein an den Konsortialführer zurückzugeben.

97 Wird der Rücktritt durch den Konsortialführer erst **nach der Einreichung des Zeichnungsscheins** erklärt, ist die Gesellschaft idR vertraglich verpflichtet, den Eintragungsantrag unverzüglich zurückzunehmen und auf Verlangen des Konsortialführers sich nach besten Kräften um die Nichtdurchführung der Handelsregistereintragung der Kapitalerhöhung zu bemühen. Im Falle der erfolgreichen Rücknahme der Anmeldung erlischt die Verpflichtung des Konsortialführers zur Zeichnung der neuen Aktien.

98 Ist nach erfolgter Einreichung der zur Eintragung der Kapitalerhöhung erforderlichen Unterlagen bei dem zuständigen Amtsgericht die **Rücknahme des Antrags** auf Eintragung der Kapitalerhöhung **nicht mehr möglich** oder unterbleibt sie aus anderen Gründen, erwirbt der Konsortialführer mit Eintragung der Kapitalerhöhung ins Handelsregister originäres Eigentum an den jungen Aktien. Häufig werden in diesem Fall **Übernahmerechte oder -verpflichtungen** der bisherigen Altaktionäre zum (rechnerischen) Nennbetrag oder einem höheren Betrag, ein zeitlich befristetes Recht oder eine Verpflichtung der Gesellschaft, dem Konsortialführer einen oder mehrere Käufer für die jungen Aktien zum (rechnerischen) Nennbetrag je Aktie oder einen höheren Betrag zu vermitteln, oder auch nach erfolglosem Fristablauf ein freihändiges Verwertungsrecht (sog. Fire Sale) der Konsortialbanken vereinbart. Mit dem Rücktritt werden die Vertragsparteien von den meisten ihrer jeweiligen Verpflichtungen befreit, wobei jedoch insb. die Haftungsregelungen einschließlich der Freistellungsverpflichtungen sowie die Pflichten zur Provisions- und Kostentragung anwendbar bleiben.

b) Probleme bei Rückabwicklung

99 Insbesondere die in Anlehnung an US-amerikanische Usancen erfolgende Rückabwicklung des Übernahmevertrages nach **Eintragung der Kapitalerhöhung** ist in Deutschland in mehrfacher Hinsicht problematisch, da der Konsortialführer ab Eintragung der Durchführung der Kapitalerhöhung Aktionär der Gesellschaft ist und die Kapitalerhöhung nur durch eine ordentliche Kapitalherabsetzung beseitigt werden kann.

100 aa) **Kapitalherabsetzung.** Eine Verpflichtung der Gesellschaft zur Durchführung einer Kapitalherabsetzung im Übernahmevertrag ist idR nicht praktikabel, da nach den dafür einschlägigen Vorschriften die Einziehung von Aktien durch eine ordentliche Kapitalherabsetzung gem. §§ 237 ff. iVm. §§ 222 ff. AktG nicht in der Organzuständigkeit des Vorstandes liegt, sondern eines Beschlusses der Hauptversammlung mit einer Mehrheit von mindestens drei Viertel des bei der Beschlussfassung vertretenen Grundkapitals bedarf.[107] Zusätzlich haben bestimmte Gläubiger der Gesellschaft aus Gläubigerschutz-

---

[107] Vgl. *Habersack/Mülbert/Schlitt/Haag* § 23 Rz. 82; *Picot/Land* DB 1999, 573 ff.; *Technau* AG 1998, 445, 453; *Busch* WM 2001, 1277, 1278; *Schanz* § 9 Rz. 86 ff.

gesichtspunkten in den sechs Monaten nach Bekanntmachung der Eintragung der Kapitalherabsetzung ein Recht auf Sicherheitsleistung für ihre Ansprüche gem. § 225 Abs. 1 AktG.

bb) Rückerwerb eigener Aktien. Auch der **Rückerwerb** der idR durch den Konsortialführer gezeichneten Aktien durch die Gesellschaft selbst scheidet aus, da keine gesetzlich vorgesehene Ausnahme des in § 71 AktG normierten Grundsatzes des Erwerbsverbots vorliegt. § 71 Abs. 1 Nr. 1 AktG scheidet mangels Notwendigkeit des Erwerbs zur Abwendung eines schweren, unmittelbar bevorstehenden Schadens aus, da drohende Kursverluste nur in Ausnahmefällen als Schaden iSv. § 71 Abs. 1 Nr. 1 AktG anzusehen sind.[108] Ein Rückerwerb der Aktien gem. § 71 Abs. 1 Nr. 8 AktG ist ebenfalls nicht praktikabel, da er einen Hauptversammlungsbeschluss, nach § 53 a AktG ein Angebot zum Rückerwerb an alle Aktionäre voraussetzen würde und auf 10 % des Grundkapitals beschränkt wäre.[109]

cc) Verwertungsrecht des Konsortialführers. Auch Regelungen, die unmittelbar oder im Falle der vertragswidrigen Nichtbenennung eines erwerbsbereiten Dritten durch die Gesellschaft dem Konsortialführer das Recht einräumen, nach erfolgloser Fristsetzung die Aktien zu einem vom Konsortialführer zu bestimmenden Preis zu verwerten, werden teilweise[110] als unzulässig angesehen. Begründet wird dies damit, dass der Vorstand der Gesellschaft seine Kompetenz zur Festsetzung des Emissionspreises nicht auf die Konsortialbanken übertragen kann und Vorstand und Aufsichtsrat im Falle eines Bezugsrechtsausschlusses auch die Beachtung der Grenze des § 186 Abs. 3 Satz 4 bzw. § 255 AktG bei der Preisfestsetzung sicherstellen müssen.[111] Deshalb wird in der Praxis das freihändige Verwertungsrecht des Konsortialführers teilweise erst nach einem vorgeschalteten Bezugsangebot der nicht platzierbaren Aktien an die Altaktionäre vorgesehen.[112]

Demgegenüber kann bei der **Verpflichtung von Altaktionären** ein zeitlich uneingeschränktes Rücktrittsrecht vereinbart werden, da die Rückübertragung der bereits existierenden Aktien an die Altaktionäre rechtlich unproblematisch ist.

III. Börseneinführungsvertrag

Der Börseneinführungsvertrag wird zwischen der Gesellschaft und dem Konsortialführer bzw. idR den das Börseneinführungskonsortium bildenden und die Börseneinführung betreibenden Konsortialbanken abgeschlossen. Er enthält Regelungen insb. über vorbereitende Maßnahmen, Einzelheiten der Börsenzulassung sowie die Verpflichtungen der beteiligten Parteien, die Börseneinführungsgebühren sowie die Verbriefung der Aktien und anfallende Provisionen sowie teilweise auch Regelungen für die Übernahme der Zahl- und Hinterlegungsstellenfunktion und dabei anfallende Gebühren. Die Börsenein-

---

[108] Vgl. Kölner Komm./*Lutter* § 71 Rz. 22.
[109] Vgl. *Schanz* § 9 Rz. 86 ff.; *Picot/Land* DB 1999, 570, 573; *Technau* AG 1998, 445, 453.
[110] Vgl. *Picot/Land* DB 1999, 570, 573; *Schanz* § 9 Rz. 89 ff.; *Technau* AG 1998, 445, 453.
[111] Vgl. MünchHdb. GesR/Bd. 4/*Krieger* § 56 Rz. 77 ff.; *Technau* AG 1998, 445, 454; *Schanz* § 9 Rz. 73 ff. Dazu auch *Busch* WM 2001, 1277, 1279.
[112] Vgl. *Busch* WM 2001, 1277, 1280.

führungsprovision beträgt häufig 1% des (rechnerischen) Nennbetrags des zum Börsenhandel zugelassenen gesamten Grundkapitals der Gesellschaft. Teilweise wird auf den Abschluss eines separaten Börsenzulassungsvertrags verzichtet und die entsprechenden Regelungen werden in einem der anderen zwischen den Parteien abzuschließenden Verträge aufgenommen.

IV. Prospekt

105 Der Prospekt stellt das Kernstück jedes öffentlichen Angebots und jeder Börsenzulassung dar und kann Grundlage für Prospekthaftungsansprüche insb. nach § 5 WpPG und §§ 44 ff. BörsG bilden.

106 Der Prospektinhalt bestimmt sich nach dem Wertpapierprospektgesetz in Verbindung mit der EU-Prospektverordnung (EG) Nr. 809/2004. Nach § 5 WpPG muss der Prospekt in **leicht analysierbarer und verständlicher Form** sämtliche Angaben enthalten, die in Hinblick auf den Emittenten und die angebotenen oder zum Handel zuzulassenden Wertpapiere notwendig sind, um dem Publikum ein zutreffendes Urteil über die Vermögenswerte und Verbindlichkeiten, die Finanzlage, die Gewinne und Verluste und die Zukunftsaussichten des Emittenten sowie über die mit diesen Wertpapieren verbundenen Rechte zu ermöglichen. Der in dem Prospekt aufzunehmende Mindestinhalt bestimmt sich nach § 7 WpPG nach der Verordnung der EU-Kommission zur Durchführung der Prospektrichtlinie Nr. 809/2004.

107 Zum Prospektinhalt gehören in der Durchführungsverordnung und ihren Anhängen genau festgelegte Informationen. Neben der Angabe der **Prospektverantwortlichen** sind auch Angaben über die zuzulassenden Wertpapiere, das Kapital und die Geschäftstätigkeit des Emittenten, dessen Geschäftsführungs- und Aufsichtsorgane sowie die Vermögens-, Finanz- und Ertragslage und seine wesentlichen Beteiligungsunternehmen.[113] Ergänzt werden diese Unterlagen durch die Einzel- und Konzernabschlüsse der Gesellschaft und auch eine Aussage zum Geschäftsgang und den Geschäftsaussichten sind in den Prospekt aufzunehmen. Ein Prospekt muss grundsätzlich historische Finanzinformationen enthalten, die die letzten drei Geschäftsjahre abdecken.[114] Falls ein Emittent noch keine drei Geschäftsjahre tätig ist, muss die Information nur den entsprechend kürzeren Zeitraum abdecken. Zusätzlich sind Pro-Forma Finanzinformationen zu erstellen und in den Prospekt aufzunehmen, wenn **bedeutende Gesamtveränderungen** eingetreten sind wie zB bei einer Akquisition von Immobilienportfolios.[115] Pro-Forma Finanzinformationen müssen dann beigebracht werden, wenn es zu einer bedeutenden Gesamtveränderung der Situation des Emittenten als Folge einer speziellen Transaktion kommt, dh. einer mehr als 25%igen Schwankung in Bezug auf einen oder mehrere Indikatoren, die den Umfang der Geschäftstätigkeit bestimmen.[116] Die Empfehlung des Committee of European Securities Regulators (**„CESR"**)[117] legt als nicht ab-

---

[113] Zum Prospektinhalt *Schanz* § 13 Rz. 17 ff., 29 ff.
[114] Art. 4 (1), Anhang I Ziffer 20.1 der Durchführungsverordnung.
[115] Vgl. Art. 5, Anhang I Ziffer 20.2, Anhang II der Durchführungsverordnung.
[116] Vgl. Erwägungsgrund 9 Durchführungsverordnung.
[117] CESR's Recommendations for the consistent implementation of the European Commission's Regulation on Prospectuses no 809/2004 (Januar 2005), No. 91 ff. (nachfolgend „CESR-Recommendations").

C. Dokumentation 108–111 § 25

schließende Liste für eine bedeutende Gesamtveränderung die Positionen Gesamtvermögen (Total Assets), Umsatzerlöse (Revenue) und Gewinn/Verlust (Profit/Loss) fest. **Pro-forma Finanzinformationen** dürfen sich nur auf den derzeitigen Berichtszeitraum, den letzten abgeschlossenen Berichtszeitraum und/oder den letzten Zwischenberichtszeitraum, für den einschlägige unberichtigte Informationen veröffentlicht wurden oder noch werden, beziehen.[118]

Die BaFin ist nunmehr nach Art. 23 der Durchführungsverordnung[119] auch ermächtigt, bei börsennotierten Emittenten mit einer besonderen Tätigkeit, wie zB Immobiliengesellschaften, Investmentgesellschaften oder Start-up Gesellschaften, besondere zusätzliche Informationen zur Aufnahme in den Prospekt zu verlangen, sowie zB bei Immobiliengesellschaften eine Bewertung des Vermögens des Emittenten oder einen diesbezüglichen Bericht eines anderen Sachverständigen vorzuschreiben. Der Bericht kann in verkürzter Form in den Prospekt aufgenommen werden. Die Empfehlungen von CESR[120] enthalten detaillierte Empfehlungen über die jeweils in den Prospekt aufzunehmenden Informationen nicht finanzieller Art.

Schließlich ist der Prospekt mit dem Datum seiner Erstellung zu versehen und vom Anbieter zu unterzeichnen[121] und muss Namen und Funktionen, bei juristischen Personen oder Gesellschaften die Firma und den Sitz der Personen oder Gesellschaften angeben, die für seinen Inhalt die Verantwortung übernehmen; er muss eine Erklärung dieser Personen der Gesellschaften enthalten, dass ihres Wissens die Angaben richtig und keine wesentlichen Umstände ausgelassen sind.[122]

Der Prospekt muss eine **Zusammenfassung** enthalten, in der kurz und allgemein verständlich die wesentlichen Merkmale und Risiken zu nennen sind, die auf den Emittenten, und die Wertpapiere zutreffen. Die Zusammenfassung muss Warnhinweise enthalten, dass (1) sie als Einführung zum Prospekt verstanden werden sollte, (2) der Anleger jede Entscheidung zur Anlage in die betreffenden Wertpapiere auf die Prüfung des gesamten Prospekts stützen sollte, (3) für den Fall, dass vor einem Gericht Ansprüche auf Grund der in einem Prospekt enthaltenen Informationen geltend gemacht werden, der als Kläger auftretende Anleger in Anwendung der einzelstaatlichen Rechtsvorschriften der Staaten des Europäischen Wirtschaftsraums die Kosten für die Übersetzung des Prospekts vor Prozessbeginn zu tragen haben könnte und (4) diejenigen Personen, die die Verantwortung für die Zusammenfassung einschließlich einer Übersetzung hiervon übernommen haben, oder von denen deren Erlass ausgeht, haftbar gemacht werden können, jedoch nur für den Fall, dass die Zusammenfassung irreführend, unrichtig oder widersprüchlich ist, wenn sie zusammen mit den anderen Teilen des Prospekts gelesen wird.[123]

Für den Fall, dass der Ausgabepreis der Wertpapiere (**Emissionspreis**) und die Gesamtzahl der öffentlich angebotenen Wertpapiere (**Emissionsvolumen**) im Prospekt nicht genannt werden können, muss der Prospekt die Kriterien

---

[118] Anhang II Ziffer 5 der Durchführungsverordnung. Vgl. auch *Schanz* § 13 Rz. 24.
[119] Anhang XIX Durchführungsverordnung nennt ausdrücklich Immobiliengesellschaften und Start up Gesellschaften.
[120] CESR's Recommendation No. 128 ff.
[121] § 4 Abs. 3 WpPG.
[122] § 4 Abs. 4 WpPG.
[123] § 5 Abs. 2 WpPG.

oder die Bedingungen angeben, anhand deren die Werte ermittelt werden.[124] Abweichend hiervon kann bezüglich des Emissionspreises der Prospekt auch den Höchstpreis angeben. Enthält der Prospekt nicht diese erforderlichen Kriterien oder Bedingungen, hat der Erwerber das Recht, seine auf den Abschluss des Vertrages gerichtete Willenserklärung innerhalb von zwei Werktagen nach Hinterlegung des endgültigen Emissionspreises und des Emissionsvolumens zu widerrufen.[125] Der **Widerruf** muss keine Begründung enthalten und ist in Textform gegenüber der im Prospekt als Empfänger des Widerrufs bezeichneten Person zu erklären.[126]

112 Die BaFin kann auch gestatten, dass bestimmte Angaben, die nach dem Wertpapierprospektgesetz oder der EU-Prospektverordnung (EG) Nr. 809/2004 vorgeschrieben sind, **nicht aufgenommen** werden müssen, wenn (1) die Verbreitung dieser Angaben dem öffentlichen Interesse zuwiderläuft, (2) die Verbreitung dieser Angaben dem Emittenten erheblichen Schaden zufügt, sofern die Nichtveröffentlichung das Publikum nicht über die für eine fundierte Beurteilung des Emittenten, des Anbieters und der Wertpapiere, auf die sich der Prospekt bezieht, wesentlichen Tatsachen und Umstände täuscht, oder (3) die Angaben für das spezielle Angebot oder für die spezielle Zulassung zum Handel an einem organisierten Markt von untergeordneter Bedeutung und nicht geeignet sind, die Beurteilung der Finanzlage und der Entwicklungsaussichten des Emittenten oder des Anbieters zu beeinflussen.[127]

113 Ein Prospekt ist nach seiner Veröffentlichung zwölf Monate lang für öffentliche Angebote oder Zulassungen zum Handel an einem organisierten Markt gültig, sofern er um die nach § 16 WpPG erforderlichen Nachträge ergänzt wird.[128]

114 Der Prospekt kann Angaben in Form eines **Verweises** auf ein oder mehrere zuvor oder gleichzeitig veröffentlichte Dokumente enthalten, die nach dem Wertpapierprospektgesetz, oder den in anderen Staaten des Europäischen Wirtschaftsraums zur Umsetzung der EU-Wertpapierprospektrichtlinie 2003/71/EG erlassenen Vorschriften oder nach dem Börsengesetz von der zuständigen Behörde gebilligt oder bei ihr hinterlegt wurden.[129]

115 Der Prospekt kann als ein einziges Dokument oder in mehreren Einzeldokumenten erstellt werden. Besteht ein Prospekt aus mehreren Einzeldokumenten, so sind die geforderten Angaben auf ein Registrierungsformular, eine Wertpapierbeschreibung und eine Zusammenfassung aufzuteilen. Das Registrierformular muss die Angaben zum Emittenten enthalten. Die Wertpapierbeschreibung muss die Angaben zu den Wertpapieren, die öffentlich angeboten oder zum Handel an einem organisierten Markt zugelassen werden sollen, enthalten.[130]

116 Die Erstellung des Prospekts bedarf eines erheblichen Aufwands und dient dazu, den künftigen Anleger über Chancen und Risiken des Erwerbs der Aktie zu informieren. Die Gesellschaft und die Konsortialbanken **haften** für die Un-

---

[124] § 8 Abs. 1 S. 1 WpPG.
[125] § 8 Abs. 1 S. 3 WpPG.
[126] § 8 Abs. 1 S. 4 WpPG.
[127] § 8 Abs. 2 WpPG.
[128] § 9 Abs. 1 WpPG.
[129] § 11 Abs. 1 WpPG.
[130] § 12 Abs. 1 WpPG.

richtigkeit des Prospekts nach den jeweils einschlägigen Prospekthaftungsvorschriften, sodass höchste Sorgfalt geboten ist.

V. Legal Opinion und Disclosure Letter

Von den Rechtsanwälten werden im Rahmen eines Börsengangs idR sog. Legal Opinions und häufig auch sog. Disclosure Letters abgegeben.

1. Legal Opinion[131]

Die Legal Opinion[132] enthält eine rechtliche Stellungnahme insb. zu **gesellschaftsrechtlichen Fragen**, die nicht die angestellten rechtlichen Überlegungen erläutert, die zu dem dargestellten Ergebnis führen. Sie wird idR durch die Rechtsanwälte des Emittenten (sog. Third Party Opinion) oder dessen Rechtsabteilung, teilweise aber auch – häufig in eingeschränktem Umfang – durch die Rechtsanwälte der Konsortialbanken abgegeben. Bei Auslandsbezug werden ggf. auch weitere Legal Opinions von eingeschalteten ausländischen Rechtsanwälten zB zur rechtlichen Existenz von ausländischen Tochtergesellschaften abgegeben. Legal Opinions sind inzwischen **stark standardisiert**[133] und gehen mit formelhaften Formulierungen zuerst auf den Umfang der Untersuchung („Scope of Examination") ein, treffen dann bestimmte Annahmen („Assumptions"), stellen anschließend den Umfang des Gutachtens („Scope of Enquiry") dar, geben bestimmte Stellungnahmen („Opinions") ab und enthalten idR bestimmte Einschränkungen („Qualifications"). Die Legal Opinion im Rahmen einer Kapitalmarkttransaktion wird an die Konsortialbanken adressiert und idR zum **Zeitpunkt** des Drucks des Wertpapierprospekts, der Veröffentlichung von Prospektnachträgen bzw. nach Eintragung der maßgeblichen Kapitalmaßnahmen und im Falle einer Mehrzuteilungsoption, die aus genehmigtem Kapital zur Verfügung gestellt wird, teilweise auch nach Eintragung der Durchführung der Kapitalerhöhung aus genehmigtem Kapital abgegeben. Sie dient dazu, die Konsortialbanken im Falle eines Prospekthaftungsvorwurfs bei ihrem Vortrag zu unterstützen, sie hätten nicht grob fahrlässig gehandelt. Die Abgabe einer inhaltlich die Konsortialbanken zufrieden stellenden Legal Opinion bzw. Disclosure Letter wird im Übernahmevertrag idR als aufschiebende Bedingung aufgenommen.

Im Teil **„Umfang der Untersuchung"** wird festgestellt, dass die Rechtsanwälte zum Zweck der Anfertigung des Gutachtens ausschließlich in der Legal Opinion genannte Dokumente untersucht und sich auf diese verlassen und keine weiteren Nachforschungen oder Untersuchungen durchgeführt haben. Weiterhin enthält dieser Teil idR eine kurze Darstellung der Transaktion und der Rolle der die Legal Opinion abgebenden Rechtsanwälte.

---

[131] Insbesondere zum Gesichtspunkt der Expertenhaftung gegenüber Dritten *Schneider* ZHR 163 (1999) 246 ff.; *Bosch* ZHR 163 (1999), 274 ff.

[132] Vgl. dazu *Gruson/Hutter/Kutschera* Legal Opinions in International Transactions 4. Aufl. 2004; *Adolff* S. 5 ff., 64 ff.; *Habersack/Mülbert/Schlitt/Seiler* § 29 Rz. 1 ff.; *Biegel*, BB 2004, 1457 ff.; *Marsch-Barner/Schäfer/Krämer* § 9 Rz. 98 ff; *Jander/du Mesnil de Rochement* RIW 1976, 322; *Bernstorff* RIW 1988, 680; *Gruson* RIW 2002, 596 ff.

[133] Insbesondere die American Bar Association (ABA Opinion Accord) und die International Bar Association haben sich bereits umfassend mit dieser Materie beschäftigt.

120 Unter **„Annahmen"** wird klargestellt, dass bei der Erstellung des Gutachtens eine Reihe von Annahmen ohne Überprüfung ihrer Richtigkeit getroffen wurden, deren Richtigkeit von den Rechtsanwälten idR nicht oder nur mit unverhältnismäßigem Aufwand nachprüfbar ist. Hierzu zählen insb., dass die Unterschriften auf den überprüften Dokumenten echt sind, alle als Original vorgelegten Dokumente authentisch und vollständig sind, alle in Kopie vorgelegten Dokumente mit den Originaldokumenten übereinstimmen, jede Partei der jeweiligen Verträge die Berechtigung besitzt, diese Verträge abzuschließen, da zB die Geschäftsfähigkeit natürlicher Personen nicht nachprüfbar ist.

121 Im Teil **„Umfang des Gutachtens"** wird festgestellt, dass sich das Gutachten auf die Gesetze der Bundesrepublik Deutschland (bzw. bei der Abgabe durch ausländische Rechtsanwälte des jeweiligen ausländischen Staates) sowie deren Auslegung nach geltender Rechtsprechung zum Zeitpunkt der Abgabe des Gutachtens beschränkt und keine Aussage über die Auswirkungen anderer Gesetze auf die Gültigkeit, Bindung und Durchsetzbarkeit der Dokumente trifft sowie dass keine Nachforschungen bezüglich der Gesetze anderer Länder als Grundlage des abgegebenen Gutachtens angestellt wurden und insoweit keine Stellungnahme abgegeben wird. Es folgt idR eine Klarstellung, dass keine unabhängigen Untersuchungen in tatsächlichen Angelegenheiten angestellt wurden.

122 Daran schließt sich das eigentliche Gutachten („Opinion") mit den konkreten Stellungnahmen zu einzelnen **Rechtsfragen** an. Eine wesentliche Aussage ist, dass die Gesellschaft eine Aktiengesellschaft ist, die ordnungsgemäß gegründet und im Handelsregister bei dem Amtsgericht unter einer bestimmten Handelsregister-Nummer eingetragen ist und nach deutschem Recht rechtsgültig als Aktiengesellschaft besteht. Nach weiteren gesellschaftsrechtlichen Aussagen erfolgt idR eine Bestätigung, dass das genehmigte, bedingte und ausgegebene Aktienkapital der Gesellschaft im Prospekt richtig und vollständig wieder gegeben ist und die Kapitalia der Gesellschaft ordnungsgemäß im Handelsregister eingetragen sind und weder die Ausgabe der neuen Aktien durch die Gesellschaft noch die Unterzeichnung und Erfüllung der Verpflichtungen der Gesellschaft aus dem Übernahmevertrag oder anderen Verträgen zwischen den Parteien eine Verletzung des deutschen Rechts oder der Satzung der Gesellschaft darstellen. Es folgen idR Aussagen zu Rechtmäßigkeit, Wirksamkeit und Durchsetzbarkeit der zwischen den Parteien abgeschlossenen Verträge und zu steuerlichen Angelegenheiten. Teilweise nimmt die Legal Opinion auf bestimmte Teile des Prospekts Bezug und enthält eine Aussage, dass einzelne Abschnitte wie zB „Besteuerung in der Bundesrepublik Deutschland" im Hinblick auf deutsches Recht zutreffend dargestellt sind.

123 Der **Umfang der Einschränkungen** („Qualifications") hängt vom jeweiligen Einzelfall ab und kann sich auf ganze Rechtsgebiete, aber auch auf konkrete Fragestellungen beziehen, insb. auf Gesetze bzgl. Insolvenz, Liquidation und Gläubigerbenachteiligung oder andere Rechtsvorgänge, die die Durchsetzbarkeit von Gläubigerrechten betreffen, sowie uU auf das Verbot der Einlagenrückgewähr (§§ 57 ff. AktG) im Hinblick auf eine etwaige Freistellung der Konsortialbanken durch die Gesellschaft im Rahmen des Übernahmevertrages (s. Rz. 83 ff.).

124 Die Legal Opinion wird idR nur zugunsten der Konsortialbanken und nur im Zusammenhang mit dem konkreten Börsengang auf der Grundlage der geltenden Rechtslage und nach dem Recht, in dem die jeweiligen Rechtsanwälte zugelassen sind, abgegeben und enthält häufig eine Rechtswahl. Das Gutachten endet idR mit einer Klarstellung, dass das Gutachten nicht für andere Personen als die **Adressaten** erstellt wurde und Dritten ohne vorherige schriftliche Zustimmung der abgebenden Rechtsanwälte auch nicht zur Verfügung gestellt werden darf. Eine Ausnahme besteht bei einem öffentlichen Angebot („Public Offering") in den Vereinigten Staaten von Amerika. Dort ist als Anlage zum Prospekt („Registration Statement") ua. eine Kopie der Legal Opinion der Rechtsanwälte beizufügen, die die Rechtmäßigkeit der Ausgabe der registrierten Wertpapiere („issue") bestätigt.[134]

2. Disclosure Letter

Insbesondere bei internationalen Börseneinführungen wird die Legal Opinion durch die Abgabe eines ebenfalls standardisierten sog. Disclosure Letters ergänzt, die ursprünglich aus den Vereinigten Staaten von Amerika stammt. Sie dient dort als ein Element der sog. Due Diligence Defence,[135] die die Banken anders als der Emittent, der verschuldensunabhängig für Falschangaben über wesentliche Aussagen im Prospekt haftet,[136] gegen die Geltendmachung von Prospekthaftungsansprüchen der Anleger in den Vereinigten Staaten von Amerika vorbringen können, und hat deshalb insb. bei Privatplatzierungen nach Rule 144A oder Börsennotierungen in den Vereinigten Staaten von Amerika Bedeutung. In diesen Fällen wird bei einem deutschen Emittenten idR sowohl von den beratenden deutschen, als auch von den US-amerikanischen Rechtsanwälten ein Disclosure Letter abgegeben. Im Einzelfall kann diese jedoch auch nur durch einen der beteiligten Rechtsberater abgegeben werden, wenn nur dieser in dem für die Abgabe erforderlichen Umfang in die Due Diligence Prüfung und die Prospekterstellung einbezogen war.

Grundlage für die Abgabe des Disclosure Letters sind idR der Wertpapierprospekt und etwaige Nachträge zum Prospekt, jedenfalls in der für die Vereinigten Staaten von Amerika verwendeten internationalen Fassung in englischer Sprache, idR aber auch in der deutschen Fassung, die mit der internationalen Fassung aus Prospekthaftungsgründen materiell inhaltsgleich ist.

Der Disclosure Letter setzt die intensive Teilnahme der Rechtsanwälte an Besprechungen mit Vertretern der Gesellschaft und der Konsortialbanken sowie den unabhängigen Wirtschaftsprüfern der Gesellschaft im Rahmen der Erstellung des Wertpapierprospekts und die Prüfung von Due Diligence Unterlagen über die Gesellschaft sowie **Management Interviews** voraus. Auf dieser Grundlage bestätigen die Rechtsanwälte in dem Gutachten, dass ihnen nach ihrem Verständnis des Wertpapierprospektgesetzes sowie des Börsengesetzes (bzw. bei ausländischen Rechtsanwälten nach den entsprechenden ausländischen Rechtsvorschriften) keine Informationen bekannt sind, die Anlass zur Annahme geben würden, dass der Wertpapierprospekt für die Beurteilung der Wertpapiere wesentliche Angaben unrichtig oder unvollständig iSv. §§ 5, 7 WpPG bzw. § 44 BörsG (bzw. bei ausländischen Rechtsanwälten nach den ent-

---

[134] Vgl. Item 29 von Schedule A des Securities Act of 1933. 15 U. S. C. § 77 aa).
[135] Vgl. Section 10(b) Exchange Act; Section 11(c) Securities Act; *Habersack/Mülbert/ Schlitt/Werlen* § 37 Rz. 155 ff.; *Johnson* Kapitel 5 § 5.01–§ 5.04; *Greene* ua. § 15.03; *Adolff* S. 26.
[136] Vgl. Section 11 Securities Act; Section 10(b) Exchange Act; *Johnson* Kapitel 5 § 5.01–§ 5.04; *Greene* ua. § 15.03; *Gruson* WM 1995, 89 ff.

sprechenden ausländischen Rechtsvorschriften) enthält. Die im Prospekt enthaltenen Jahresabschlüsse, Finanzdaten und anderen Rechnungslegungsinformationen oder statistische Daten sowie Stellungnahmen und Erklärungen, die sich darauf beziehen, werden von dieser Aussage ausdrücklich ausgenommen.

128 Es folgt üblicherweise eine **einschränkende Formulierung** dahingehend, dass die Rechtsanwälte keine Verantwortung für die Richtigkeit und Vollständigkeit der im Prospekt enthaltenen Aussagen übernehmen, da das Hauptziel der Mandatierung der Rechtsanwälte nicht die Überprüfung oder die Bestätigung von Tatsachen oder Finanzdaten oder rechnerischen Informationen ist und aufgrund der in der Sache liegenden begrenzten Möglichkeiten der unabhängigen Nachprüfung von Tatsachen und dem Umstand, dass viele bei der Erstellung des Prospektes zu treffenden Entscheidungen, ganz oder teilweise, nicht rechtlicher Natur sind bzw. sich auf rechtliche Angelegenheiten außerhalb des Umfangs des Gutachtens beziehen.

129 Der Disclosure Letter wird ebenso wie die Legal Opinion idR nur zugunsten der Konsortialbanken und auf der Grundlage der zum Zeitpunkt ihrer Abgabe bestehenden Rechtslage und häufig mit einer Rechtswahlklausel abgegeben und darf ohne vorherige schriftliche Zustimmung nicht an andere Personen als die **Adressaten** der Rechtsanwälte weitergegeben werden. Häufig dürfen jedoch an der Transaktion beteiligte Rechtsanwälte anderer Länder im Rahmen der Abgabe ihrer Legal Opinion auf das jeweilige Gutachten vertrauen.

3. Funktion der Legal Opinion und Disclosure Letter

130 Die Legal Opinion und der Disclosure Letter legen den von der Tätigkeit der Rechtsanwälte umfassten Prüfungsumfang formalisiert fest und sichern insoweit eine **sorgfältige anwaltliche Begutachtung** dieser Fragestellungen.

131 Weiterhin stellt insb. der Disclosure Letter ein Element der **Verteidigungsstrategie** der Konsortialbanken dar, die vom Erwerber eines Wertpapiers uU nach §§ 44–47 BörsG, § 5 WpPG auf Schadensersatz in Anspruch genommen werden können, wenn wesentliche Aussagen für die Beurteilung der Wertpapiere in einem Prospekt unrichtig oder unvollständig sind, da der Prospektverantwortliche den Nachweis erbringen kann, dass er keine Kenntnis oder grob fahrlässige Unkenntnis von fehlerhaften Prospektangaben hatte.[137] Die Abgabe einer Legal Opinion oder eines Disclosure Letters durch Rechtsanwälte ohne eigene Befassung der Konsortialbanken mit dem Prospektinhalt dürfte den Vorwurf der groben Fahrlässigkeit jedoch nicht ausschließen, da die Konsortialbanken selbständige Nachforschungs- und Kontrollpflichten haben, deren Umfang von den Umständen des konkreten Einzelfalls abhängt (s. Rz. 227 ff.).

132 Auch in den **Vereinigten Staaten von Amerika** dient die Abgabe des Disclosure Letters als wesentliches Element zur Verteidigung der Konsortialbanken im Rahmen der Due Diligence Defence gegenüber einer möglichen Prospekthaftung insb. aus Sections 11 und 12 (a) (2) Securities Act sowie Section 10 (b) Exchange Act.

4. Haftung für Legal Opinion und Disclosure Letter

133 Eine Haftung für die Abgabe einer unrichtigen Legal Opinion oder eines unrichtigen Disclosure Letters kann sich in **Deutschland** bei der Abgabe ge-

---

[137] Vgl. § 45 Abs. 1 BörsG.

genüber dem Mandanten aus **Verletzung des Beratungsvertrages**, bei der Abgabe gegenüber einem Dritten – idR bei der Abgabe durch die Rechtsberater der Gesellschaft gegenüber den Konsortialbanken – je nach Einzelfall unter dem Gesichtspunkt eines konkludenten selbständigen Auskunftsvertrags, eines Vertrags zugunsten Dritter oder eines Vertrags mit Schutzwirkung zugunsten Dritter, einer Expertenhaftung aus § 311 BGB/culpa in contrahendo oder einer Haftung aus Delikt im Falle einer vorsätzlichen sittenwidrigen Schädigung oder einer Schutzgesetzverletzung ergeben.[138]

In den **Vereinigten Staaten von Amerika** besteht bei der Abgabe gegenüber dem Mandanten ggf. eine Haftung als Vertragsverletzung („contracts"), im Falle einer sog. Third Party Opinion trotz des Fehlens einer vertraglichen Beziehung („privity of contracts") uU aus Professional Malpractice und bei Vorsatz aus Delikt („fraud").[139] In den USA kann eine Haftung für eine hinsichtlich wesentlicher Tatsachen unrichtige oder unvollständige Aussage für einen Wirtschaftsprüfer, Ingenieur oder jede andere Person, deren Beruf Autorität hinsichtlich ihrer Aussage verleiht (sog. Experte), für von ihm zu verantwortende Aussagen in einem bei der SEC für die Registrierung von Wertpapieren erforderlichen Registrierungsdokument („registration statement") gegeben sein, wenn die Äußerung dieses Experten mit seiner Zustimmung in das Dokument aufgenommen wurde und ein Hinweis erfolgte, dass die Aussage von diesem Experten stammt oder von ihm bestätigt wurde. Im Falle einer nach US-amerikanischem Recht gesetzlich vorgeschriebenen Registrierung von Wertpapieren bei der SEC ist ua. eine Legal Opinion eines Rechtsanwalts zur rechtswirksamen Ausgabe, vollständigen Einzahlung und fehlenden Nachschusspflicht („legally issued, fully paid and non assessable securities") als Anlage zur Registrierungserklärung beizufügen.[140]

VI. Comfort Letter

Im Rahmen von internationalen Börsengängen, aber auch bei rein deutschen Börseneinführungen wird von den Wirtschaftsprüfern der Gesellschaft neben den im Prospekt zusammen mit den Jahresabschlüssen und anderen Finanzdaten abgedruckten Testaten des unabhängigen Abschlussprüfers den Konsortialbanken gegenüber ein sog. Comfort Letter[141] abgegeben, der nicht im Prospekt abgedruckt wird.

---

[138] Vgl. allgemein *Habersack/Mülbert/Schlitt/Seiler* § 29 Rz. 61 ff.; *Adolff* S. 1 ff.; *Schneider* ZHR 163 (1999) 246 ff.; *Bosch* ZHR 163 (1999) 274, 284; *Hopt* in FS Stimpel 1985 S. 265, 290. Zur Frage der Haftungsbegrenzung nach § 51 a BRAO und zur Reichweite des schutzwürdigen Personenkreises *Adolff* S. 83 ff., 183 ff.; *Bosch* ZHR 163 (1999) 274, 284; *Schneider* ZHR 163 (1999) 246, 269.
[139] Vgl. *Adolff* S. 36 ff.; *Gruson* RIW 2002, 596 ff.
[140] Vgl. Item 29 of Schedule A des Securities Act, 15 U. S. C. § 77aa; Regulation S-K Item 601(b)5, 17 C. F. R. § 299 601.
[141] Vgl. *Habersack/Mülbert/Schlitt/Kunold* § 28 Rz. 1 ff.; *Kunold* NZG 2003, 320 ff.; *Marsch-Barner/Schäfer/Krämer*, § 9 Rz. 209 ff.; *Schäfer/Hamann*, §§ 44, 45 BörsG Rz. 246 ff.; *Schanz*, § 8 Rz. 46 ff.; *Ebke/Siegel* WM Sonderbeilage Nr. 2/2001, 1 ff.; *Ostrowski/Sommerhäuser* WPg 2000, 961, 968; *Schindler/Böttcher/Roß* WPg 2001, 477 ff.; *Kohler/Weiser* DB 2003, 565 ff.; *Meyer* WM 2003, 1745 ff.

1. Inhalt des Comfort Letters

136 Ein Comfort Letter ist die schriftliche Bestätigung des Wirtschaftsprüfers des Emittenten gegenüber den Konsortialbanken in Bezug auf bestimmte im Prospekt dargestellte Abschlüsse und Finanzdaten des Emittenten; er bezieht sich auch auf den Zeitraum nach dem Stichtag des letzten Abschlusses und bestätigt die **Vornahme bestimmter Prüfungshandlungen** gegenüber den Konsortialbanken und deren Ergebnisse durch den Wirtschaftsprüfer.

a) Deutschland

137 Der in Deutschland bestehenden erheblichen Bedeutung von **Comfort Letters** ist der Hauptfachausschuss des Instituts der Wirtschaftsprüfer durch Veröffentlichung eines IDW **Prüfungsstandards** Grundsätze für die Erteilung eines Comfort Letters (IDW EPS 910) nachgekommen.[142] Der Prüfungsstandard bestimmt, dass die Abgabe einer negativ formulierten Aussage (sog. Negative Assurance) zu Veränderungen in Abschlussposten während der Periode (sog. Change Period) zwischen dem letzten geprüften oder einer prüferischen Durchsicht unterzogenen Abschluss und dem Tag, an dem die **Untersuchungshandlungen** abgeschlossen werden (sog. Cut-off Date) nur erfolgen kann, wenn sich der Wirtschaftsprüfer eine gewisse Sicherheit verschafft hat und die Change Period nicht länger als **134 Tage** ist. Weiterhin sieht der Prüfungsstandard die Möglichkeit einer Untersuchungshandlung zur Feststellung **bestätigungsvermerkrelevanter** Ereignisse (sog. Post Audit Review) und zu Pro-Forma-Angaben vor. Die Abgabe eines Comfort Letters setzt die Abgabe einer Vollständigkeitserklärung durch den Vorstand der Gesellschaft voraus. Der in Deutschland auch für nationale Börsengänge übliche Comfort Letter bezieht sich zum einen auf die im Prospekt abgedruckten Einzel- bzw. Konzernjahresabschlüsse der Gesellschaft und etwaige Zwischenabschlüsse. Weiterhin trifft er Aussagen zu Finanzdaten in **anderen Prospektteilen**, wie zB dem Teil „Diskussion und Analyse der Vermögens- und Ertragslage durch die Geschäftsführung".[143] Nach der Bezeichnung der Prospektteile, zu denen inhaltliche Aussagen getroffen werden, folgt die Darstellung der vorgenommenen Prüfungshandlungen. Sie umfassen je nach Einzelfall die Überprüfung der korrekten Umsetzung der aufgestellten Einzel- bzw. Konzernabschlüsse bzw. Zwischenabschlüsse nach HGB bzw. IFRS oder US-GAAP in anderen Teilen des Prospekts sowie die Befragung der für das Finanz- und Rechnungswesen verantwortlichen leitenden Mitarbeiter der Gesellschaft, dass es für den Zeitraum nach dem Stichtag des letzten in dem Prospekt abgedruckten Abschlusses keine Änderungen von Finanzdaten gab, die für die Vermögens-, Finanz- und Ertragslage der Gesellschaft oder der Unternehmensgruppe wesentlich waren.

138 Die Wirtschaftsprüfer bestätigen weiterhin in den Feststellungen des deutschen Comfort Letter gegenüber den Konsortialbanken, dass sie unabhängige Wirtschaftsprüfer iSd. Wirtschaftsprüferordnung sind und bestimmte Abschlüsse mit uneingeschränkten Bestätigungsvermerken bzw. Bescheinigungen versehen haben. Der Prüfungsstandard sieht auch Untersuchungshandlungen

---

[142] Institut für Wirtschaftsprüfer (Hrsg.) IDW Prüfungsstandard: Grundsätze für die Erteilung eines Comfort Letters IDW AuS 910, 2004, WP 2004, 342 ff.

[143] Sog. Management Discussion and Analysis (MD&A) oder „Operating and Financial Review" (OFR).

C. Dokumentation

für die Folgeperiode, das ua. kritische Lesen von Protokollen der Hauptversammlungen sowie Vorstands- oder Aufsichtsratssitzungen sowie die prüferische Durchsicht von Zwischenabschlüssen vor. Weiterhin wird üblicherweise bestätigt, dass den Wirtschaftsprüfern auf Basis der von ihnen durchgeführten **Prüfungshandlungen** nichts zur Kenntnis gelangt ist, was auf wesentliche Veränderungen, Erhöhungen, Minderungen oder Rückgänge ausgewählter Finanzpositionen gegenüber den Angaben in dem Prospekt hindeutet. Es wird jedoch klargestellt, dass die vorgenommenen Prüfungshandlungen nach dem Stichtag des letzten geprüften Abschlusses keine Abschlussprüfung darstellen, wie sie nach den in Deutschland geltenden Grundsätzen ordnungsmäßiger Durchführung von Abschlussprüfungen iSd. Fachgutachten des Instituts der Wirtschaftsprüfer in Deutschland e.V. durchgeführt werden. Schließlich wird die Durchführung der im Comfort Letter beschriebenen Prüfungshandlungen sowie die Übereinstimmung bestimmter im Prospekt verwendeter Finanzdaten mit den Abschlüssen bzw Zwischenabschlüssen bzw deren folgerichtigen Entwicklung aus diesen Firmendaten bestätigt (sog. Circle up).

Der Comfort Letter dient ausschließlich der Information der Gesellschaft und der Konsortialbanken als Adressaten und deren Unterstützung bei der Durchführung ihrer Prüfungstätigkeit hinsichtlich der geschäftlichen und finanziellen Angelegenheiten der Gesellschaft im Rahmen des Börsengangs. Er stellt idR ausdrücklich klar, dass er zu keinem anderen Zweck verwendet werden und nicht auf ihn Bezug genommen werden und dass er auch nicht ganz oder teilweise in den Prospekt aufgenommen werden darf. Er wird in Deutschland auch an die Gesellschaft adressiert.

Der in Deutschland auch für rein nationale Transaktionen inzwischen übliche Comfort Letter wird am Tag der **Veröffentlichung** des Wertpapierprospekts und etwaiger Nachträge sowie zusätzlich in Form eines aktualisierenden Schreibens (sog. Bring Down Letter) am Tag des Closings (Zahltag) abgegeben. Zur Reduzierung des Haftungsrisikos des Abschlussprüfers wird im Regelfall eine betragsmäßig begrenzte **Versicherung** abgeschlossen. Bei einem Börsengang eines deutschen Unternehmens mit einer Privatplatzierung nach Rule 144A in den USA wird häufig neben dem deutschen Comfort Letter nach Prüfungsstandard IDW 910 für den deutschsprachigen Prospekt zugleich ein US-amerikanischer Comfort Letter nach Prüfungsstandard SAS 72 für den US-amerikanischen Prospekt abgegeben (sog. Zwei-Brief-Lösung).

b) Vereinigte Staaten von Amerika

In den Vereinigten Staaten von Amerika wird der Inhalt des Comfort Letters[144] durch die von dem Auditing Standards Board des American Institute of Certified Public Accountants (AICPA) ausgegebenen Statements of Auditing Standards (SAS) geregelt. SAS 72 enthält **Richtlinien** für die Abgabe von Comfort Letters, SAS 100 enthält Richtlinien für Zwischenabschlüsse.[145] Die Abgabe eines Comfort Letters wird vom US-amerikanischen Wertpapierrecht nicht vorgeschrieben und der Comfort Letter wird weder in das Registration Statement aufgenommen noch bei der SEC eingereicht.

---

[144] Vgl. dazu Habersack/Mülbert/Schlitt/Kunold § 28 Rz. 5 ff.; Ebke/Siegel WM Sonderbeilage Nr. 2/2001, 9 ff.

[145] Vgl. SAS 100 Statement on Auditing Standards, AICPA, Professional Standards, International Financial Standards AU § 722.

142 Der Standard SAS 72 enthält detaillierte Ausführungen zu **Comfort Letters** und erstreckt sich insbesondere auf Adressaten, Zweck und Inhalt. Der Comfort Letter darf nur an Underwriters oder solche Personen gerichtet werden, denen eine **Entlastungsrecht** von der Haftung (sog. due diligence defence) nach Section 11 (a) (b) des Securities Acts zusteht. Comfort Letters enthalten üblicherweise eine Aussage, dass der Aussteller der unabhängige Abschlussprüfer des Emittenten ist und dass die abgedruckten Abschlüsse im Einklang mit den anwendbaren Vorschriften geprüft wurden.[146] Eine positive Bestätigung („positive assurance") der Vereinbarkeit der Angaben mit dem Securities Act und den dazu erlassenen Rules und Regulations der SEC enthält der Comfort Letter nur bezüglich solcher Angaben, die in Übereinstimmung mit den anwendbaren Vorschriften geprüft wurden. Eine negative Bestätigung („negative assurance") bezüglich eines vom Wirtschaftsprüfer geprüften oder prüferisch durchgesehenen Abschlusses folgenden Zeitraums kann von dem Wirtschaftsprüfer nur für einen Zeitraum von weniger als 135 Tagen nach dem Datum des letzten geprüften oder einer prüferischen Durchsicht unterliegenden Abschlusses abgegeben werden. Hierbei verlangen die Wirtschaftsprüfer bei einer Privatplatzierung von Wertpapieren in den Vereinigten Staaten von Amerika gem. Rule 144 A als Voraussetzung für die Abgabe eines Comfort Letters, dass die Konsortialbanken einen sog. **Representation Letter** abgeben, in dem sie bestätigen, dass sie ihre eigene Due Diligence im Wesentlichen nach den, die für registrierte öffentliche Platzierungen geltenden gleichen Standards durchgeführt haben. Die Abgabe des Comfort Letters erfolgt im Falle eines US-amerikanischen Registration Statements idR am Tag des Wirksamwerdens des Registration Statements (sog. Effective Date) oder kurz davor, in Ausnahmefällen auch bereits am Tag des Einreichens des Registration Statements (sog. Filing Date) und bei Dual Listings ggf. zusätzlich zum Zeitpunkt der Veröffentlichung des Wertpapierprospekts von Nachträgen und beim Closing. Der Stichtag (sog. Cut-off Date) für die vom Wirtschaftsprüfer durchzuführenden Prüfungshandlungen liegt wenige Tage vor dem Abgabedatum des Comfort Letters.

2. Funktion des Comfort Letters

143 Der Comfort Letter stellt ein weiteres Element der **Verteidigung der Konsortialbanken** dar, die vom Erwerber eines Wertpapiers uU nach §§ 44–47 BörsG, §§ 5, 7 WpPG auf Schadensersatz in Anspruch genommen werden können, wenn wesentliche Aussagen für die Beurteilung der Wertpapiere in einem Prospekt unrichtig oder unvollständig sind. Der Prospektverantwortliche kann jedoch den Nachweis erbringen, dass er keine Kenntnis oder grob fahrlässige Unkenntnis von fehlerhaften Prospektangaben hatte.[147] Die Abgabe eines Comfort Letters durch Wirtschaftsprüfer ohne eine eigene Befassung der Konsortialbanken mit dem Prospektinhalt schließt den Vorwurf der groben Fahrlässigkeit wohl nicht aus, da selbständige Nachforschungs- und Kontrollpflichten der Konsortialbanken bestehen, deren Umfang vom konkreten Einzelfall abhängt (s. Rz. 227 ff.). Obwohl nach üM[148] keine eigenständige Pflicht zur er-

---

[146] Vgl. SAS 72, Statement on Auditing Standards, AICPA, Professional Standards, Letters for Underwriters and Certain Other Requesting Partys AU § 634.
[147] Vgl. § 45 Abs. 1 BörsG.
[148] Vgl. *Groß* §§ 44, 45 BörsG Rz. 81; *Hopt* Rz. 191 ff.; *Schwark* § 45 BörsG Rz. 47 ff.

neuten Prüfung der Buchführung oder der testierten Jahresabschlüsse oder geprüften Zwischenabschlüsse des Emittenten besteht, kann sich die Konsortialbank bei konkreten Anhaltspunkten für die Unrichtigkeit von Buchführung, testierter Jahresabschlüsse oder geprüfter Zwischenberichte nicht entlasten.

Durch den Comfort Letter soll zusätzlich nachgewiesen werden, dass der Wirtschaftsprüfer der Gesellschaft die im Prospekt enthaltenen Finanzdaten überprüft und bestimmte weitere **Prüfungshandlungen** vorgenommen hat und ihm keine Anhaltspunkte für wesentliche Unrichtigkeiten oder Unvollständigkeiten bekannt geworden sind. Nach üM[149] besteht keine besondere Kontrollpflicht der Konsortialbanken hinsichtlich der Richtigkeit testierter Jahresabschlüsse oder Zwischenberichte, während sich die Konsortialbanken auf die Richtigkeit ungeprüfter Abschlüsse wohl nicht verlassen können. Dies gilt jedoch nicht, wenn die Angaben erkennbar unrichtig sind oder konkrete Anhaltspunkte dafür bestehen.[150] Nach hM[151] tritt der Wirtschaftsprüfer auch nicht als Erfüllungsgehilfe der Konsortialbanken gem. § 278 BGB auf, da sich die Bank des Wirtschaftsprüfers nicht zur Erfüllung eigener Verbindlichkeiten bedient. Vielmehr handelt er als sachverständiger Dritter, da die Banken nicht die Testierung von Jahresabschlüssen und die Vornahme weiterer Prüfungshandlungen schulden, sondern die Vornahme von in der Mandatsvereinbarung festgelegten Tätigkeiten, die ua. die Vornahme der Due Diligence Prüfung sowie die Unterstützung bei der Durchführung des Börsenzulassungsverfahrens häufig einschließlich der Prospekterstellung umfasst.

In den **Vereinigten Staaten von Amerika** dient die Abgabe des Comfort Letters als ein Element zur Verteidigung der Konsortialbanken im Rahmen einer Due Diligence Defence gegenüber einer möglichen Prospekthaftung (s. Rz. 240 ff.), insb. aus Sections 11 und 12 (a) (2) Securities Act. Ein Comfort Letter darf nur gegenüber bestimmten Banken (sog. Underwriters) und anderen Parteien mit einer gesetzlichen Entlastungsmöglichkeit nach Section 11 Securities Act (sog. Due Diligence Defence) abgegeben werden.[152]

3. Haftung für Testat und für Comfort Letter

Nach üM[153] haften die Wirtschaftsprüfer in ihrer Funktion als Abschlussprüfer dem Anleger gegenüber wegen fehlendem eigenen Interesse und fehlender Vertrauenserwartung des Anlegerpublikums für den Prospekt nicht direkt als Prospektverantwortliche. Sie sind in §§ 44 ff. BörsG auch nicht als Haftungsschuldner genannt. Dies ergibt sich für den Bereich der Pflichtprüfung der Wirtschaftsprüfer gem. §§ 316 ff. HGB auch aus dem in § 323 Abs. 1 HGB ab-

---

[149] BGH II ZR 175/81 v. 12.7. 1982, WM 1982, 862 ff.; RG II 106/12 v. 11.10. 1912, RGZ 80, 196 ff.; *Schwark* ZGR 1983, 162, 173 ff.; *Schwark* § 45 BörsG Rz. 47 ff.; *Hopt* Rz. 193; *Groß* AG 1999, 199, 206; *Kort* AG 1999, 9, 17; Großkomm. HGB/*Canaris* 3. Aufl. 1981 Rz. 2280a. Dazu auch *Siebel/Gebauer* WM 2001, 173, 191 ff.
[150] Vgl. RG II 106/12 v. 11.10. 1912, RGZ 80, 196 ff.; *Hopt* Rz. 194; *Hopt* in FS Pleyer 1986 S. 361, 366; *Schwark* § 45 Rz. 47.
[151] Vgl. Großkomm. HGB/*Canaris* 3. Aufl. 1981 Rz. 2280 a.
[152] Vgl. SAS 72, Rule 3.
[153] Vgl. *Sittmann* NZG 1998, 490, 491; *Schanz* § 13 Rz. 37; *Claussen* S. 491; *Schäfer/Hamann* §§ 45, 46 aF BörsG Rz. 54, 111; *Kümpel* Rz. 9311; *Zacharias* S. 235; *Groß* §§ 44, 45 Rz. 20; aA *Bosch* ZHR 163 (1999), 274, 280 ff.; *Ebke/Siegel* WM Sonderbeilage Nr. 2/2001, 6 ff.; differenzierend *Assmann/Schütze* § 7 Rz. 118 ff., 205.

§ 25   147–149   Der Börsengang

schließend genannten Kreis von Ersatzberechtigten.[154] Die Mindermeinung[155] verweist insb. auf § 21 BörsZulV aF und die Aufnahme der testierten Jahresabschlüsse mit Wissen und Zustimmung des Wirtschaftsprüfers und das durch die inhaltliche Wiedergabe der Bestätigungsvermerke im Prospekt beim Anleger erzeugte Vertrauen (§ 30 Abs. 1 BörsZulV aF) auf die Richtigkeit und Vollständigkeit dieser Finanzdaten. Auch eine direkte Haftung der Wirtschaftsprüfer als sachkundigem Dritten unter dem Gesichtspunkt des Berufsgaranten wird überwiegend[156] abgelehnt, da die Wirtschaftsprüfer idR über die Abgabe des gesetzlich vorgeschriebenen oder zusätzlich beauftragten Testats hinaus nicht nach außen in Erscheinung treten. Es fehlt für die Annahme einer Vertrauenshaftung somit am Erfordernis „des nach außen in Erscheinung Tretens".

147   In den **Vereinigten Staaten von Amerika** kommt hinsichtlich der in bei der SEC eingereichten Registrierungserklärungen enthaltenen testierten oder geprüften Abschlüsse auch eine **Expertenhaftung des Wirtschaftsprüfers**[157] in Betracht, wenn die Äußerung mit seiner Zustimmung gemacht wurde (s. Rz. 240 ff.). Anspruchsgrundlage kann Section 11 (a) (4) Securities Act oder Rule 10 b-5 zum Exchange Act sein. Die SEC hat in einem Erlass festgelegt, dass die Durchsicht (review) ungeprüfter Zwischenabschlüsse (sog. SAS 24 Report) durch den Wirtschaftsprüfer keine Haftung des Wirtschaftsprüfers nach Section 11 Securities Act begründet.[158]

148   Demgegenüber kann in Deutschland bei der Prüfung von **Abschlüssen außerhalb der Pflichtprüfungen** der §§ 316 ff. HGB, zB der Erteilung von freiwilligen Bestätigungsvermerken für Zwischenabschlüsse oder Pro-Forma Abschlüsse, im Grundsatz eine Dritthaftung aus Vertrag mit Schutzwirkung zugunsten Dritter, Vertrag zugunsten Dritter, konkludentem selbständigen Auskunftsvertrag, Expertenhaftung aus § 311 BGB/culpa in contrahendo oder aus Delikt in Betracht kommen.[159] § 323 HGB findet auf eine freiwillige Abschlussprüfung keine Anwendung.[160]

149   Eine Haftung für die Abgabe eines von den Wirtschaftsprüfern gegenüber den Konsortialbanken abgegebenen Comfort Letters kann sich abhängig von den jeweiligen Einzelfallumständen in **Deutschland** insb. unter dem Gesichtspunkt eines Vertrages zugunsten Dritter, eines Vertrages mit Schutzwirkung für Dritte, eines konkludenten selbständigen Auskunftsvertrags, einer Expertenhaftung aus § 311 BGB/culpa in contrahendo oder aus Delikt im Falle

---

[154] Vgl. BeckBil-Komm./*Budde/Hense* § 323 HGB Rz. 160, 166, 171, 180; *ADS* § 323 HGB Rz. 6; OLG Celle 3 U 17/99 v. 5. 1. 2000, NZG 2000, 613. Auch bei einem Pflichttestat bejaht der BGH (BGH III 245/96 v. 2. 4. 1998, BGHZ 138, 257 ff.) die Möglichkeit eines Anspruchs Dritter aus Vertrag mit Schutzwirkung zugunsten Dritter.
[155] Vgl. *Groß* AG 1999, 199, 201.
[156] Vgl. BGH III ZR 93/93 v. 1. 12. 1994, NJW 1995, 1025; *Schäfer/Hamann* §§ 45, 46 aF BörsG Rz. 54 ff., 106 ff. Zur Expertenhaftung gegenüber Dritten auch *Schneider* ZHR 163 (1999) 246 ff.; *Bosch* ZHR 163 (1999) 274 ff.
[157] Vgl. *Ebke/Siegel* WM Sonderbeilage Nr. 2/2001, 10 ff.; *Ebke* WPK-Mitt 1/1995, 11 ff. Vgl. auch CL-Alexanders Laing & Cruickshank v. Goldfeld et al., 739 F.Supp. 156 (S. D. N. Y. 1990).
[158] Vgl. CCH Fed.Sec. L.Rep. § 72,296 (1979).
[159] Vgl. *Ebke/Siegel* WM Sonderbeilage Nr. 2/2001, 1 ff. Zu den Voraussetzungen der Leistungsnähe, Gläubigernähe und der Erkennbarkeit vgl. BGH VIII ZR 14/98 v. 3. 2. 1999, WM 1999, 1034; BGH III ZR 245/96 v. 2. 4. 1998, BGHZ 138, 257 ff.
[160] Vgl. BeckBil-Komm./*Budde/Hense* § 323 Rz. 160; *ADS* § 323 HGB Rz. 9.

einer vorsätzlichen sittenwidrigen Schädigung oder einer Schutzgesetzverletzung ergeben[161] und im Falle der ausnahmsweise erfolgenden direkten Mandatierung durch die Konsortialbanken aus Verletzung des Beratungsvertrags.

In den **Vereinigten Staaten von Amerika** besteht bei der ausnahmsweisen Abgabe im Rahmen eines Mandatsverhältnisses ggf. eine Haftung als Vertragsverletzung („contracts"), im Regelfall einer Abgabe eines Comfort Letters durch den Wirtschaftsprüfer des Emittenten an bestimmte Banken (sog. Underwriters) als vertragsfremden Dritten trotz des Fehlens einer vertraglichen Beziehung („privity of contracts") uU aus Professional Malpractice und bei Vorsatz aus Delikt („fraud"),[162] unter sehr engen Voraussetzungen uU auch aus Section 11 Securities Act (str.), Rule 10 b-5 zum Exchange Act, sowie in seltenen Konstellationen den Blue-Sky-Laws der US-amerikanischen Einzelstaaten.[163]

Hinsichtlich des **Haftungsumfangs** ergibt sich in Deutschland ein differenziertes Bild. Die Haftungsbeschränkung des § 323 Abs. 2 HGB gilt für den Inhalt des Comfort Letters nicht, da es sich bei der Abgabe des Comfort Letters um keine Pflichtprüfung des Abschlussprüfers nach §§ 316 ff. HGB nach den Grundsätzen ordnungsgemäßer Abschlussprüfung handelt. Die Allgemeinen Auftragsbedingungen für Wirtschaftsprüfer und Wirtschaftsprüfungsgesellschaften[164] enthalten eine vertragliche Beschränkung der Haftung des Wirtschaftsprüfers für Schadensersatzansprüche jeglicher Art bei einem fahrlässig verursachten einzelnen Schadensfall gem. § 54 a Abs. 1 Nr. 2 WPO auf € 4 Mio. bzw. € 5 Mio. In der Praxis wird die Anwendung dieser Vorschriften idR durch die Vereinbarung einer höheren Haftungssumme und bei internationalen Kapitalmaßnahmen im Einzelfall auch durch den Ausschluss jeglicher Haftungsbegrenzung ausgeschlossen. Bei US-amerikanischen Comfort Letters ist eine Haftungsbegrenzung unüblich.

Streitig ist, ob eine durch Individualvereinbarung zwischen dem Wirtschaftsprüfer und dem Emittenten oder durch Einbeziehung von allgemeinen Auftragsbedingungen in diesem Verhältnis bestehende **Haftungsbegrenzung** auch die Geltendmachung von Ansprüchen durch Dritte betragsmäßig begrenzt und ob eine Erkennbarkeit der Haftungsbegrenzung für den Dritten gegeben sein muss. Während häufig die bindende Wirkung der Haftungsbegrenzung auch für Dritte insb. nach dem Rechtsgedanken des § 334 BGB und dem Grundsatz von Treu und Glauben nach § 242 BGB bejaht wird,[165] wird

---

[161] Vgl. *Ebke/Siegel* WM Sonderbeilage Nr. 2/2001, 15 ff. Vgl. zur Expertenhaftung allg. BGH VII ZR 340/88 v. 31. 5. 1990, BGHZ 111, 314, 319 ff.; BGH II ZR 209/79 v. 22. 5. 1980, BGHZ 77, 172, 177; BGH II ZR 27/83 v. 21. 11. 1983, WM 1984, 19 ff. Vgl. zur ähnlichen Thematik der Third Party Legal Opinions *Adolff* S. 64 ff.; *Schneider* ZHR 163 (1999) 246 ff.; *Bosch* ZHR 163 (1999) 274, 284.

[162] Vgl. *Adolff* S. 36 ff. Zur Haftung von US Accountants vgl. *Ebke/Siegel* WM Sonderbeilage Nr. 2/2001, 11 ff.

[163] Vgl. *Ebke/Siegel* WM Sonderbeilage Nr. 2/2001, 11 ff.

[164] Nr. 9 (2) der Allgemeinen Auftragsbedingungen für Wirtschaftsprüfer und Wirtschaftsprüfungsgesellschaften.

[165] Vgl. BeckBil-Komm./*Budde/Hense* § 323 HGB Rz. 200 ff.; *H. P. Müller* in FS Forster 1992 S. 451, 468, 469; *Streck* StB 1991, 98 ff.; *Adolff* S. 183, 184 zur Haftungsbegrenzung des § 51 a BRAO. Vgl. auch BGH III 245/96 v. 2. 4. 1998, BGHZ 137, 257 ff.; BGH VI ZR 92/73 v. 13. 2. 1975, NJW 1975, 867, 869; BGH VI ZR 262/69 v. 15. 6. 1971, BGHZ 56, 268; BGH IX ZR 327/95 v. 26. 11. 1986, WM 1997, 359; *Ebke/Siegel* WM Sonderbeilage Nr. 2/2001 S. 18.

auch auf den konkreten Einzelfall abgestellt und die Haftungsbegrenzung als dispositiv und abdingbar angesehen.[166]

VII. Konsortialvertrag

153 Der Konsortialvertrag wird zwischen dem Konsortialführer und den anderen Mitgliedern des Konsortiums abgeschlossen und enthält Regelungen über die internen Beziehungen der Konsortialmitglieder zueinander sowie eine Regelung der Aufgabenverteilung im Außenverhältnis und zum Emittenten. Der Emittent ist nicht Partei des Konsortialvertrages. Das Bankenkonsortium begründet eine Gesellschaft bürgerlichen Rechts, wobei die dispositiven Regelungen der §§ 705 ff. BGB weitgehend abbedungen sind.[167]

154 Der Konsortialvertrag stellt die Transaktionsstruktur im Detail dar und geht dabei insb. auf die geplanten Kapitalmaßnahmen, die Art der vorgesehenen Aktienplatzierung (öffentliches Angebot und Privatplatzierung), die Ausgestaltung des Friends-&-Family-Programms sowie die Mehrzuteilungsoption und das Platzierungsverfahren (Bookbuilding, Festpreis oder Auktion) ein. Weiterhin enthält er Angaben zum vorgesehenen Zeitplan mit Ausführungen zur Zeichnungsfrist, zum Bookbuilding, zur Roadshow, zum Pre-Marketing und zur Verteilung von Research Reports, zur Festsetzung des Preisrahmens und des Platzierungspreises sowie zum Zuteilungsverfahren und den vorgeschlagenen Zuteilungskriterien, häufig auch zur Abwicklung und Lieferbarkeit. Besonders bedeutsam sind die Regelungen des Konsortialvertrages zur Übernahme der Aktien, zur Verteilung der Provisionen und zur Durchführung von **Stabilisierungsmaßnahmen**. In aller Regel verpflichtet sich nur der Konsortialführer (oder die Globalen Koordinatoren anteilig) zur **Zeichnung und Übernahme** der Aktien im Rahmen der Kapitalerhöhung des Emittenten, er verpflichtet sich aber gegenüber den anderen Konsortialbanken, diesen die ihrer Quote entsprechenden Aktien zur Platzierung zur Verfügung zu stellen. Dementsprechend enthält der Konsortialvertrag auch eine Festlegung der vorgesehenen Quotenverteilung innerhalb des Konsortiums, derzufolge sich die Konsortialbanken jeweils zur Übernahme der entsprechenden Aktien vom Konsortialführer bzw. den globalen Koordinatoren verpflichten, sowie die Bezeichnung der Stellung der jeweiligen Konsortialbanken im Konsortium (zB globaler Koordinator, Lead-Manager, Co-Lead-Manager, Manager). Für das Bankenkonsortium wird idR die gesamtschuldnerische Haftung sowie das Eigentum zur gesamten Hand und das Miteigentum nach Bruchteilen ausgeschlossen und jede Konsortialbank erwirbt in Höhe ihrer jeweiligen Konsortialquote die entsprechende Zahl der Aktien zum Alleineigentum.[168]

155 Ziel der Beschränkung der Haftung jedes Konsortialmitglieds auf die jeweilige Konsortialquote ist der Ausschluss der gesamtschuldnerischen Haftung al-

---

[166] Vgl. BGH X ZR 144/94 v. 13.11.1997, NJW 1998, 1059, 1061; wohl ebenso *Ebke/Scheel* WM 1991, 389, 395; *Hopt* NJW 1987, 1745, 1746. Allgemein zur Möglichkeit des Ausschlusses von Einwendungen gem. § 334 BGB BGH III ZR 50/94 v. 10.11.1994, BGH III ZR 50/94 v. 10.11.1994, DB 1995, 209, 211; BGH VII ZR 63/84 v. 17.1.1985, BGHZ 93, 271, 275.
[167] Vgl. *de Meo* S. 45 ff., 110 ff., 146 ff.; *Kümpel* Rz. 9243 ff.
[168] Eine entsprechende Klausel enthält idR auch der Übernahmevertrag.

ler Konsortialmitglieder gem. § 427 BGB. Der BGH[169] lehnt die Möglichkeit der schuldvertraglichen Abdingung der gesamtschuldnerischen Haftung des Konsortiums als Gesellschaft bürgerlichen Rechts im Falle seiner Einschaltung im Rahmen eines mittelbaren Bezugsrechts auf Mitgliedschaftsrechte gem. § 185 Abs. 3 AktG ab, wenn die Kapitalerhöhung im Handelsregister eingetragen wurde, da das Konsortium als Gesamthandsgemeinschaft Aktionär des Emittenten wird und andernfalls die Grundsätze der Kapitalaufbringung und -erhaltung verletzt werden würden. Die Literatur[170] hält demgegenüber für die Beachtung der Grundsätze der Kapitalerhaltung eine quotale Haftung der Konsortialmitglieder im Außenverhältnis für ausreichend[171] bzw. auch diese prorataische Haftung für abdingbar.[172] Die bei Kapitalerhöhungen vom BGH angenommene gesamtschuldnerische Haftung aller Konsortialbanken kann jedoch dadurch vermieden werden, dass die Zeichnung der neuen Aktien aus der Kapitalerhöhung durch jedes Konsortialmitglied getrennt ggf. unter Ausstellung mehrerer Globalurkunden durchgeführt wird und nicht durch das Konsortium.[173]

Die **Provisionsregelung** enthält genaue Ausführungen zur Höhe der mit dem Emittenten vereinbarten Provisionen und zur Erstattung der dem Bankenkonsortium entstehenden Kosten, die Aufteilung der Provisionen in Verkaufs-, Garantie- und Managementprovision sowie die Regelungen über eine etwaige Vorabberechtigung des Konsortialführers („Praecipium") und die Berechtigung der einzelnen Konsortialbanken auf die jeweiligen Provisionselemente. Schließlich enthält der Konsortialvertrag Regelungen über Kurspflege- und Stabilisierungsmaßnahmen, deren Durchführung üblicherweise durch den Konsortialführer auf Kosten des Konsortiums erfolgt. Die **Stabilisierungsmaßnahmen** dienen zur Vermeidung von nach Platzierung der Aktien erfolgenden großen Kursausschlägen, die durch zu große Abgaben von Aktien oder eine zu hohe Nachfrage nach Aktien entstehen können. Die Zulässigkeit von Stabilisierungsmaßnahmen bestimmt sich in Deutschland seit Umsetzung der EU-Missbrauchsrichtlinie in deutsches Recht nach den Vorschriften der §§ 20 a, b WpHG (sog. Kurs- und Marktmanipulation) in Verbindung mit der neu geschaffenen Marktmanipulations-Konkretisierungsverordnung (MaKonV) und der von der Europäischen Kommission erlassenen Verordnung (EG) Nr. 2273/2003 der EU-Kommission vom 22. 12. 2003 zur Durchführung der Richtlinie 2006/6/EG des Europäischen Parlaments und des Rates – Ausnahmeregelungen für Rückkaufprogramme und Kursstabilisierungsmaßnahmen (Abl. EG Nr. L 336 vom 23. 12. 2003, S. 33 ff.)[174] und ist in ausländischen

---

[169] Vgl. BGH II ZR 277/90 v. 13. 4. 1992, WM 1992, 1225; BGH II ZR 29/94 v. 19. 6. 1995, WM 1995, 1409.
[170] Vgl. *Schwintowski/Schäfer* BankR § 15 Rz. 81 ff.; *Kümpel* Rz. 9252 ff.; *Timm/Schöne* ZGR 1994, 113, 122 ff.; *Hopt* Rz. 53.
[171] Vgl. *Schwintowski/Schäfer* BankR § 15 Rz. 81 ff.; *Kümpel* Rz. 9252 ff.; *Timm/Schöne* ZGR 1994, 113, 122 ff.; *Hopt* Rz. 53; aA *Singhof* Die Außenhaftung von Emissionskonsortien für Aktieneinlagen 1998 S. 169 ff., 224.
[172] Vgl. *Groß* AG 1993, 108, 116 ff.
[173] Vgl. *Timm/Schöne* ZGR 1994, 113, 122, 143; *Schanz* § 9 Rz. 37 Fn. 76.
[174] Vgl. *Habersack/Mülbert/Schlitt/Feuring/Berrar* § 34 Rz. 1 ff.; *Marsch-Barner/Schäfer/Meyer* § 7 Rz. 54 ff.; *Kuthe* ZIP 200, 883 ff.; *Leppert/Stürwald* ZBB 2004, 302 ff.; *Meyer* WM 2002, 309 ff.; *Pfüller/Anders* WM 2003, 2437 ff.; *Weber* NZG 2004, 23 ff.

Rechtsordnungen wie zB Großbritannien[175] und den Vereinigten Staaten von Amerika[176] ebenfalls detailliert geregelt.

VIII. Marktschutzvereinbarung[177]

161 Der Übernahmevertrag enthält idR zum Schutz der Zeichner der Aktien des Emittenten eine vertragliche Verpflichtung des Emittenten und der Altaktionäre der Gesellschaft, während eines bestimmten Zeitraums in Bezug auf den Emittenten bestimmte Kapitalmaßnahmen nicht durchzuführen und in Bezug auf die Altaktionäre keine Aktien abzugeben und bestimmte andere Handlungen nicht vorzunehmen. Dieser Zeitraum dauert typischerweise zwischen sechs und vierundzwanzig Monaten. Marktschutzvereinbarungen sind auch im Wertpapierprospekt anzugeben.[178]

162 Die **Zulässigkeit** bestimmter Ausgestaltungen von Marktschutzvereinbarungen des Emittenten wird zunehmend in Frage gestellt.[179] Zum einen habe der Vorstand als Unterzeichner der Marktschutzvereinbarung bzw. des Übernahmevertrages als Organ nur für den Beschluss über die Ausübung des genehmigten Kapitals, nicht aber für die Beschlussfassung über eine ordentliche Kapitalerhöhung Organkompetenz, für den die Hauptversammlung nach § 182 AktG zuständig sei. Außerdem könne sich eine Aktiengesellschaft nicht ihrer **Entscheidungsfreiheit** zur Vornahme von Kapitalmaßnahmen begeben[180] bzw. durch rechtsgeschäftliche Vereinbarungen die Durchführung von Kapitalerhöhungen von der Zustimmung Dritter abhängig machen.

163 Demgegenüber werden von diesen Literaturmeinungen[181] Marktschutzvereinbarungen, durch die sich die Gesellschaft nur **verpflichtet**, im Rahmen von Kapitalmaßnahmen geschaffene Aktien innerhalb eines bestimmten Zeitraums **nicht öffentlich anzubieten** oder nicht im Wege einer breiten Streuung in den Kapitalmarkt einzuführen, als zulässig angesehen, da bei derart ausgestalteten Vereinbarungen die berechtigten Interessen der Konsortialbanken und der Anleger an stabilen Kursen und der Durchführung von Kurspflegemaßnahmen, somit der Schutz des Kapitalmarktes, vor dem mit einem weiteren öffentlichen Angebot verbundenen Druck auf den Aktienkurs im Vordergrund stehen und nicht die Beschränkung der Gesellschaft im Zusammenhang mit ihr zwingend zugewiesenen Entscheidungen.

164 Teilweise wird die Reichweite derartiger Marktschutzvereinbarungen dadurch eingeschränkt, dass die Zustimmung der Konsortialbanken nur **aus wichtigem Grund** verweigert werden darf oder bestimmte Maßnahmen, zB die Durchführung von Kapitalerhöhungen gegen Sacheinlagen oder die Über-

---

[175] Vgl. Section 21 FSMA.
[176] Vgl. Rule 104 Regulation M des Securities Act; 17 C. F. R. §§ 242 100 –105.
[177] Sog. Lock-up-Erklärung. Vgl. dazu *Korfsmeyer* Finanz Betrieb 1999, 205 ff.; *Harrer/Mölling* BB 2000, 2521 ff.
[178] Anhang III Nr. 7.3 VO Nr. 809/2004.
[179] Vgl. dazu *Picot/Land* DB 1999, 570, 573; *Technau* AG 1998, 446, 457; *Schanz* § 11 Rz. 64 ff.
[180] Vgl. *Technau* AG 1998, 446, 447; Kölner Komm./*Lutter* § 182 Rz. 15 ff.; Großkomm. AktG/*Wiedemann* § 182 Rz. 37.
[181] Vgl. *Technau* AG 1998, 446, 447.

tragung von Altaktien an Anleger, die zur Abgabe einer korrespondierenden Marktschutzvereinbarung für die Restlaufzeit der bestehenden Marktschutzvereinbarung bereit sind, von der Vereinbarung ausgenommen werden. Marktschutzvereinbarungen der abgebenden Altaktionäre sind dagegen rechtlich unproblematisch.

IX. Sonstiges

1. Gesellschaftsrechtliche Dokumente und Maßnahmen

Die Durchführung eines Börsengangs bedarf uU einer Vielzahl von vorbereitenden gesellschaftsrechtlichen Maßnahmen, die von einem Rechtsformwechsel in eine börsenfähige Aktiengesellschaft oder Kommanditgesellschaft auf Aktien über Spaltungs- oder Einbringungsvorgänge bis zu umfangreichen Restrukturierungsmaßnahmen reichen können. Im Rahmen der Legal Due Diligence (s. § 24 Rz. 178 ff.) können eine Vielzahl gesellschaftsrechtlicher Probleme, wie zB verschleierte Sacheinlagen, verdeckte Gewinnausschüttungen oder nachgründungspflichtige Vorgänge[182] auftreten, die auch nach der Änderung des § 52 AktG weiterhin bei Geschäften mit bestimmten Altaktionären bedeutsam bleiben. Eine sinnvolle gesellschaftsrechtliche Maßnahme kann auch eine nominelle Kapitalerhöhung aus Gesellschaftsmitteln durch Umwandlung von Rücklagen gem. §§ 207 ff. AktG (sog. Aktiensplit) zur Schaffung einer für den Börsengang ausreichenden Höhe des Grundkapitals sein, die eine marktübliche „Gewichtung" des Börsenkurses der Aktie gewährleistet.

Die Schaffung einer für eine börsennotierte Aktiengesellschaft **geeigneten Satzung** mit klaren Regelungen hinsichtlich der Aufgabentrennung zwischen Vorstand, Aufsichtsrat und Hauptversammlung sowie kapitalmarktfähige Ladungsregelungen erfolgt ebenfalls im Vorfeld des Börsengangs. Hierbei ist insb. auf eine ausreichende Ausstattung des Emittenten mit genehmigtem Kapital gem. §§ 202 ff. AktG und bedingtem Kapital gem. §§ 192 ff. AktG zu achten, um der Gesellschaft ohne die Durchführung einer weiteren (außerordentlichen) Hauptversammlung zB die Akquisition von Unternehmen durch Kapitalerhöhungen gegen Sacheinlagen, also die Verwendung von Aktien als „Acquisition Currency" und die Ausgabe von Aktien unter Mitarbeiterbeteiligungsprogrammen zu ermöglichen.

Der **Ausschluss des Bezugsrechts** ist nur zulässig, wenn die formellen und materiellen Voraussetzungen für einen Bezugsrechtsausschluss vorliegen, wobei ein erleichterter Bezugsrechtsausschluss gem. § 203 Abs. 1 Satz 1 iVm. § 186 Abs. 3 Satz 4 AktG zulässig ist, wenn die Kapitalerhöhung gegen Bareinlagen 10 % des Grundkapitals nicht übersteigt und der Ausgabebetrag den Börsenkurs nicht wesentlich unterschreitet. Maßgeblich ist hierbei nach üM[183] der Zeitpunkt der Ausnutzung der Ermächtigung, nicht der Zeitpunkt des Hauptversammlungsbeschlusses. Die Grenze des zulässigen Abschlags ist streitig und liegt nach wohl hM bei einem Regelabschlag von 3 % bis zu einer Obergrenze

---

[182] Vgl. *Hüffer* AktG § 52 Rz. 1 ff.; *Knott* BB 1999, 806 ff.; *Witte/Wunderlich* BB 2000, 2213 ff.; *Werner* NZG 2000, 231 ff.; *Zimmer* DB 2000, 1265 ff.
[183] Vgl. *Hüffer* AktG § 203 Rz. 10; *Claussen* WM 1996, 609 ff.; *Groß* DB 1994, 2431 ff. Zur Stufenermächtigung OLG München 7 U 6319/95 v. 24. 7. 1996, AG 1996, 518 ff.; *Trapp* AG 1997, 115 ff.

von 5 %,[184] wobei für die Ermittlung des Börsenpreises idR eine Durchschnittsdauer von 5 Börsentagen genügen soll.[185] Es ist streitig,[186] ob § 255 Abs. 2 AktG neben § 186 Abs. 3 Satz 4 AktG Anwendung findet. Der Bezugsrechtsausschluss ist bereits in der Hauptversammlung zulässig, in der Praxis wird die Entscheidung über den Ausschluss des Bezugsrechts jedoch idR dem Vorstand mit Zustimmung des Aufsichtsrats übertragen.[187] Mit Ausnahme des vereinfachten Bezugsrechtsausschlusses bedarf es zur Zulässigkeit des Bezugsrechtsausschlusses neben dem Vorliegen der formellen Voraussetzungen weiterhin einer vom BGH[188] entwickelten materiellen Rechtfertigung, dh. einer **sachlichen Rechtfertigung** nach einer Mittel-Zweck-Abwägung. Eine Börseneinführung kann einen Bezugsrechtsausschluss ua. rechtfertigen, wenn die erforderliche Aktienzahl nur so zur Verfügung gestellt werden kann und die Aktiengesellschaft sachliche, die Interessen der Altaktionäre überwiegende Gründe, wie zB eine langfristige Erschließung des Kapitalmarkts, hat.[189] Auch die Zulassung einer größeren deutschen Aktiengesellschaft zum Handel an einer ausländischen Börse im Rahmen einer Auslandsplatzierung oder die Erweiterung ihrer Präsenz an ausländischen Finanzmärkten, an denen die Aktien bereits zum Börsenhandel zugelassen sind, liegt grds. in deren sachlichem Interesse.[190]

168 Für die sachliche Rechtfertigung des Bezugsrechtsausschlusses ist nach jetzt hM eine **allgemeine oder abstrakte Umschreibung** der beabsichtigten Maßnahmen ohne Angabe des konkreten Vorhabens ausreichend, wenn sie im wohlverstandenen Interesse der Gesellschaft liegt.[191]

169 Abgesehen vom Sonderfall der reinen Umplatzierung von Altaktien ohne Mittelzufuhr für die Gesellschaft wird für den Börsengang idR eine Kapitalerhöhung gegen Bareinlagen unter Bezugsrechtsausschluss durchgeführt. Diese Kapitalmaßnahme wird im Regelfall durch eine Hauptversammlung beschlossen, die neuen Aktien können aber auch durch einen Beschluss des Vorstands mit Zustimmung des Aufsichtsrats aus genehmigtem Kapital geschaffen werden. Handelt es sich um einen kleinen Kreis von Altaktionären, wird idR die Durchführung einer ggf. außerordentlichen Hauptversammlung bevorzugt, da dadurch das nur bis zur Hälfte des Grundkapitals zulässige genehmigte Kapital unberührt bleibt und die Gesellschaft dadurch eine größere Unabhängig-

---

[184] Vgl. *Martens* ZIP 1992, 1677, 1687; *Trapp* AG 1997, 115, 119; *Schwark* in FS Claussen S. 352, 372. Dazu auch *Marsch-Barner* AG 1994, 532, 537; *Hüffer* AktG § 186 Rz. 39 d; für eine Höchstgrenze von 3 % *Lutter* AG 1994, 429, 442.
[185] Vgl. *Hüffer* AktG § 186 Rz. 39 d; *Lutter* AG 1994, 425, 442; aA *Marsch-Barner* AG 1994, 532, 536.; *Trapp* AG 1997, 119, 120.
[186] Vgl. für die Nichtanwendung *Hoffmann-Becking* in FS Lieberknecht S. 29; aA *Marsch-Barner* AG 1994, 532, 537; *Hüffer* AktG § 186 Rz. 39 e. Vgl. dazu auch KG 23 U 6712/99 v. 22. 8. 2001, ZIP 2001, 2178 ff.; dazu *Groß* ZIP 2002, 160 ff.
[187] Vgl. § 203 iVm. § 186 Abs. 3 Satz 4 AktG.
[188] Vgl. BGH II ZR 142/76 v. 13. 3. 1978, BGHZ 71, 40. Zum Bezugsrechtsausschluss allgemein *Bungert* NJW 1998, 488 ff.; *Bungert* WM 1995, 1 ff.; *Ekkenga* AG 1994, 59 ff.; *Harrer/Grabowski* DZWir 1995, 10 ff.; *Hennerkes/Binge* AG 1996, 119 ff.; *Kallmeyer* AG 1993, 249 ff.; *Marsch-Barner* AG 1994, 532 ff.; *Martens* ZIP 1992, 1677 ff.; *Trapp* AG 1997, 115 ff.
[189] Vgl. *Hüffer* AktG § 186 Rz. 31; *Geßler/Hefermehl/Hefermehl/Bungeroth* § 186 Rz. 133.
[190] Vgl. BGH II ZR 52/93 v. 7. 3. 1994, BGHZ 125, 239 (Deutsche Bank); *Hüffer* AktG § 186 Rz. 31; *Bungert* WM 1999, 1 ff.; *Bungert* NJW 1998, 488 ff.
[191] BGH II ZR 132/93 v. 23. 6. 1997, BGHZ 136, 133 (Siemens/Nold); *Bungert* NJW 1998, 488 ff.; *Volhard* AG 1998, 397 ff.; *Lutter* JZ 1998, 50 ff.

keit erhält. Im Regelfall beschließt die Hauptversammlung die Erhöhung des Grundkapitals gegen Ausgabe neuer Aktien zum (rechnerischen) Nennbetrag unter Ausschluss der Bezugsrechte mit der Verpflichtung des Konsortialführers, die Differenz zwischen dem (rechnerischen) Nennbetrag und dem Bezugspreis (sog. Emissionspreis) der platzierten Aktien im Rahmen einer **Mehrerlösklausel** aufgrund der **schuldrechtlichen Verpflichtungen** im Übernahmevertrag an den Emittenten abzuführen.[192] Durch die nach hM zulässige Zeichnung zum (rechnerischen) Nennbetrag[193] besteht zum einen ein größerer Handlungsspielraum bei der Festlegung des Platzierungspreises, zum anderen wäre bei der Zeichnung über dem (rechnerischen) Nennbetrag das darüber liegende Aufgeld („Agio") bereits vor Anmeldung der Kapitalerhöhung vollständig einzuzahlen[194] und würde die Risikoposition der Konsortialbanken deutlich verschlechtern und eine Zwischenfinanzierung des Betrages erfordern.

Nach üM[195] darf der Vorstand des Emittenten die Festsetzung des Bezugspreises nicht einseitig dem Konsortialführer überlassen. Vielmehr bedarf die Festsetzung des Bezugspreises jedenfalls bei Vorliegen eines Bezugsrechtsausschlusses als Bedingung der Aktienausgabe iSd. § 204 AktG gem. § 204 Abs. 1 Satz 2 AktG auch der **Zustimmung des Aufsichtsrats**. Nach wohl üM[196] darf der Aufsichtsratsbeschluss die Festsetzung des Börsenpreises nicht in das freie Ermessen des Vorstandes stellen, jedoch gem. § 204 AktG dem Vorstand eine gewisse Bandbreite vorgeben, innerhalb der der Vorstand den Bezugspreis festzusetzen hat, wenn durch die Anwendung des Bookbuildingverfahrens sichergestellt ist, dass der Vorstand mit Hilfe der Emissionsbanken den höchstmöglichen am Markt erzielbaren Bezugspreis für die neuen Aktien vor dessen Festsetzung ermittelt und sich die endgültige Festsetzung am Ergebnis des Bookbuildingverfahrens orientiert. Durch die aufgrund vorher festgelegter abstrakter Kriterien erfolgende Ermittlung des Emissionspreises wird nach dieser Auffassung der Aufsichtsrat seiner **Überwachungsfunktion** gerecht. Eine abweichende Ansicht[197] lehnt dies unter Hinweis auf die Kontrollfunktion des Aufsichtsrats und § 114 Abs. 4 AktG ab, da die Zustimmung zu Geschäften des Vorstandes in Form einer generellen Zustimmung nur möglich sei, wenn der Aufsichtsrat die grundsätzliche Zustimmungspflicht nach § 114 Abs. 4 Satz 2 AktG selbst eingeführt hat, nicht jedoch, wenn die Zustimmungspflicht des Aufsichtsrats wie im vorliegenden Fall kraft Gesetzes bestehe.

Ein Börsengang ist im Regelfall mit einer Aufnahme neuen Kapitals verbunden und bedarf insoweit in den Hauptgestaltungsformen entweder eines **Beschlusses der Hauptversammlung** der Gesellschaft zur Erhöhung des Grundkapitals gegen Bareinlagen nach § 182 AktG oder der Schaffung eines zu

---

[192] Vgl. *Schanz* § 9 Rz. 63 ff.; *Picot/Land* DB 1999, 570.
[193] Vgl. *Schanz* § 9 Rz. 63 ff.; *Technau* AG 1998, 445 ff.; *Hoffmann-Becking* in FS Lieberknecht S. 25, 33; *Groß* DB 1994, 2431, 2433; *Picot/Land* DB 1999, 570, 572; aA *Schippel* in FS Steindorff S. 249, 256; *Immenga* in FS Beusch S. 413, 417.
[194] § 188 Abs. 2 Satz 1 iVm. § 36 (a) Abs. 1 AktG.
[195] Vgl. Kölner Komm./*Lutter* Nachtrag § 186 Rz. 14; *Technau* AG 1998, 445, 450; *Picot/Land* DB 1999, 570, 574; *Busch* WM 2001, 1277, 1279.
[196] Vgl. *Marsch-Barner* AG 1994, 537 ff.; *Groß* DB 1994, 2431, 2435; *Picot/Land* DB 1999, 570, 574; enger *Trapp* AG 1997, 115, 119. Zum Rücktrittsrecht der Konsortialbanken im Rahmen von Übernahmeverträgen s. Rz. 95 ff.
[197] Vgl. *Hoffmann-Becking* in FS Lieberknecht S. 38, 39.

diesem Zweck bestimmten genehmigten Kapitals nach § 202 AktG, jeweils verbunden mit einem Ausschluss des Bezugsrechts nach § 186 Abs. 3 AktG.[198] In dem Beschluss über den Ausschluss des Bezugrechts liegt ausdrücklich oder jedenfalls konkludent eine Zustimmung zum vorgesehenen Börsengang.[199] Sofern im Einzelfall im Vorfeld eines Börsengangs eine Satzungsänderung erforderlich ist, bedarf es nach § 119 Abs. 1 Nr. 5, § 179 Abs. 1 AktG eines Beschlusses der Hauptversammlung; wenn mit dem Börsengang eine wesentliche Strukturänderung verbunden ist, ist nach den Grundsätzen der Holzmüller-Rechtsprechung[200] ebenfalls ein Hauptversammlungsbeschluss erforderlich. Ist nach den vorstehend dargestellten Umständen keine Mitwirkung der Hauptversammlung erforderlich, ist die Entscheidung über einen Börsengang wegen Fehlens einer andersartigen Kompetenzzuweisung nach einer Ansicht[201] gem. §§ 76, 78 AktG eine **Geschäftsführungsmaßnahme des Vorstandes**. Nach einer anderen Ansicht[202] wird dagegen insbes. wegen der Annahme einer Grundlagenentscheidung und den damit verbundenen Auswirkungen auf die Mitgliedschaftsrechte und Vermögensinteressen der Aktionäre unter Hinweis auf die Holzmüller-Doktrin die Zustimmung der Hauptversammlung als erforderlich angesehen. Deshalb ist es in der Praxis zu empfehlen,[203] vorsorglich einen Hauptversammlungsbeschluss über den Börsengang herbeizuführen. Es ist umstritten, ob hierfür eine einfache Mehrheit ausreichend ist[204] oder eine Mehrheit von drei Viertel des vertretenen Kapitals erforderlich ist.[205] Wird die Beschlussfassung mit dem Ausschluss des Bezugsrechts im Rahmen der für den Börsengang erforderlichen Kapitalerhöhung verbunden, ist gem. § 186 Abs. 3 Satz 2 AktG eine Mehrheit, die mindestens drei Viertel des bei der Beschlussfassung vertretenen Grundkapitals umfasst, erforderlich. Die von der Gesellschaft im Rahmen des Börsengangs abzuschließenden Verträge, insb. der Übernahmevertrag sowie die im Rahmen des Börsenzulassungsverfahrens zu stellenden Anträge und weitere Entscheidungen wie die Festlegung der Bookbuilding-

---

[198] Zur Zulässigkeit eines Bezugsrechtsausschlusses zum Zwecke des Börsengangs *Hüffer* § 186 Rz. 31, Kölner Komm./*Lutter* § 186 Rz. 72; Großkomm. AktG/*Wiedemann* § 186 Rz. 159; *Gessler/Hefermehl/Hefermehl/Bungeroth* § 186 Rz. 133.

[199] Vgl. z. B. *Lutter* in FS Zöllner Bd. 1 1998 S. 363, 379; *Claussen* S. 638 ff.; *Claussen* WM 1996, 609, 618; *Trapp/Schick* AG 2001, 381 ff.

[200] BGH II ZR 174/80 v. 25. 21982, BGHZ 83, 122 ff. Vgl. auch „Gelatine"-Entscheidung des BGH II ZR 155/02 v. 26. 4. 2004, AG 2004, 384 ff.

[201] Vgl. *Claussen* WM 1996, 609, 618; *Claussen* S. 638; 639; *Halasz/Kloster* ZBB 2001, 474 ff.; *Schanz*, § 6 Rz. 50 ff. 54.

[202] Vgl. *Lutter/Scheffler/Schneider/Baums/Vogel* Handbuch der Konzernfinanzierung 1998 Rz. 9.56; *Lutter* in FS Zöllner Bd. 1 1998 S. 378 ff.; *Lutter/Leinekugel* ZIP 1998, 805, 806; *Lutter/Drygalla* in FS Raisch 1995 S. 239, 240; *Vollmer/Grupp* ZGR 1995, 459, 466; *Grupp* Börseneintritt und Börsenaustritt 1995 S. 146 ff.; *Becker/Fett* WM 2001, 549, 550.

[203] Ebenso *Schanz* § 6 Rz. 56; *Picot/Land* DB 1999, 570, 571; *Semler/Volhard/Semler* Arbeitshandbuch für die Hauptversammlung 1999 S. 56; *Schlüter* Wertpapierhandelsrecht 2000 S. 291.

[204] So zB *Vollmer/Grupp* ZGR 1995, 459, 466; *Grupp* Börseneintritt und Börsenaustritt 1995 S. 156 ff.; *Lutter/Scheffler/Schneider/Baums/Vogel* Handbuch der Konzernfinanzierung 1998 Rz. 9.56.

[205] So zB *Lutter/Leinekugel* ZIP 1998, 805, 806. Auch *Picot/Land* DB 1999, 570, 571 empfiehlt eine Beschlussfassung mit mindestens drei Viertel des vertretenen Kapitals. Für satzungsändernde Mehrheit *Lutter* in FS Zöllner Bd. 1, 1988, S. 363, 378; *Lutter/Drygalla* in FS Raisch 1995 S. 239, 240.

spanne und des Emissionspreises stellen **Geschäftsführungsmaßnahmen** des Vorstands dar.[206]

Im Falle der **Börseneinführung einer Tochtergesellschaft** eines Unternehmens stellt sich einerseits die Frage nach dem Erfordernis der Zustimmung der Hauptversammlung der Muttergesellschaft und andererseits nach dem Bestehen eines Bezugs- oder Vorerwerbsrechts für die Aktionäre der Muttergesellschaft. Überwiegend[207] wird beim Börsengang einer Tochtergesellschaft die **Zustimmung der Hauptversammlung** verlangt, sofern im konkreten Einzelfall eine strukturverändernde Grundlagenentscheidung nach den Grundsätzen der Holzmüller-Rechtsprechung vorliegt und die Tochtergesellschaft im Verhältnis zum Gesamtkonzern wesentliche Bedeutung hat. Im Falle einer Börseneinführung von Tochtergesellschaften eines Unternehmens[208] besteht nach hM keine Verpflichtung, den Aktionären der Muttergesellschaft ein Bezugs- oder Vorerwerbsrecht auf die Aktien der Tochtergesellschaft einzuräumen. Ein derartiges **Bezugs- oder Vorerwerbsrecht** ergibt sich nach üM[209] weder aus § 186 AktG noch aus den Grundsätzen der sog. Holzmüller-Entscheidung,[210] einer weiten Auslegung dieser Rechtsprechung oder aus einer Treuepflicht der Gesellschaft gegenüber den Aktionären. Nach Auffassung des BGH bedarf eine Ausgliederung, die einen schwerwiegenden Eingriff in die Aktionärsrechte bewirkt, eines Hauptversammlungsbeschlusses. Danach ist eine Muttergesellschaft bei der Ausgliederung des wertvollsten Teils des Betriebsvermögens auf eine Tochtergesellschaft ihren eigenen Aktionären gegenüber verpflichtet, für Kapitalerhöhungen in der Tochtergesellschaft die Zustimmung der Hauptversammlung der Muttergesellschaft einzuholen, wenn die Hauptversammlung der Ausgliederung nicht zugestimmt hat.

Die **Mehrzuteilungsoption** („Greenshoe" oder „Over-Allotment-Option")[211] gewährt dem Konsortialführer eine Kaufoption, während eines Zeitraums von idR 30 Tagen nach Zuteilung der Aktien weitere Aktien in Höhe

---

[206] Vgl. *Trapp/Schick* AG 2001, 381, 382; *Picot/Land* DB 1999, 570, 571; *Lutter/Drygalla* in FS Raisch 1995 S. 239, 245.

[207] Vgl. *Lutter* AG 2000, 342, 343; *Lutter/Scheffler/Schneider/Baums/Vogel* Handbuch der Konzernfinanzierung 1998 Rz. 9.55–57; *Trapp/Schick* AG 2001, 381, 388; dazu auch *Semler/Volhard/Schlitt/Hutter* Arbeitshandbuch für Unternehmensübernahmen 2001 § 23 Rz. 139, 141; *Busch/Groß* AG 2000, 503, 506, 507; *Becker/Fett* WM 2001, 519, 553.

[208] Vgl. *Lutter* AG 2000, 342 ff.; *ders.* AG 2001, 349 ff.; dagegen *Busch/Groß* AG 2000, 503 ff.; *Habersack* WM 2001, 545 ff.; *Trapp/Schick* AG 2001, 381 ff.; *Becker/Fett* WM 2001, 549 ff. Dazu auch *Schanz* § 15 Rz. 1 ff.; *Lüders/Wulff* BB 2001, 1209 ff.

[209] Im Falle des Börsengangs der Nordex AG im März 2001 wurde bestimmten Aktionären ein Recht auf bevorzugten Erwerb gewährt. Vgl. auch *Busch/Groß* AG 2000, 503 ff.; *Habersack* WM 2001, 545 ff.; *Becker/Fett* WM 2001, 549 ff.; *Schanz* § 15 Rz. 10 ff.; *Lüders/Wulff* BB 2001, 1209; *Geßler/Hefermehl/Hefermehl/Bungeroth* § 182 AktG Rz. 108, § 186 AktG Rz. 193; Großkomm. AktG/*Wiedemann* § 186 Rz. 67; *Hirte* Bezugsrechtsausschluss und Konzernbildung 1986 S. 187; *Heinsius* ZGR 1984, 383, 401; *Timm* AG 1980, 172, 183 ff.; *Götz* AG 1994, 85 ff.; aA *Martens* ZHR 147 (1983) 377, 410 ff. Zur Existenz eines Vor-Erwerbsrechts (Zuteilungsprivilegs) *Becker/Fett* WM 2001, 549 ff.

[210] Vgl. BGH II ZR 174/80 v. 25. 2. 1982, BGHZ 83, 122 ff.

[211] Der Name stammt von der US-amerikanischen Firma Greenshoe Manufacturing Co., Boston (USA), die erstmals diese Emissionstechnik verwendet hat. Vgl. *Schanz* § 10 Rz. 156 ff.; *Hein* WM 1996, 1 ff.; *Groß* ZHR 162 (1998), 318 ff.; *Harrer/Heidemann* DStR 1999, 254 ff.; *Dautel* DStR 2000, 891 ff.; *Picot/Land* DB 1999, 570, 574; *Technau* AG 1998, 449, 457; *Wiese/Schäfer* DStR 1999, 2084, 2090 ff.

§ 25   174

von idR 15 % der Haupttranche zum Emissionspreis zu erwerben. Sie wird von der Gesellschaft aus neuen Aktien oder von einem oder mehreren Altaktionären aus Altaktien gewährt und dient primär zur Marktstabilisierung. Die Zulässigkeit von **Stabilisierungsmaßnahmen** bestimmt sich nach § 20 a WpHG iVm. der Marktmanipulations-Konkretisierungsverordnung und Art. 7 ff. der Verordnung EG Nr. 2273/2003 der Kommission vom 22. Dezember 2003 zur Durchführung der Richtlinie 2003/6/EG des Europäischen Parlaments und des Rates. Ausnahmeregelungen für Rückkaufprogramme und Kursstabilisierungsmaßnahmen, § 20 (a) (3) WpHG bestimmt, dass Maßnahmen zur Preisstabilisierung in keinem Fall einen Verstoß gegen das Verbot der Marktmanipulation nach § 20 a (1) S. 1 WpHG darstellen, so weit diese nach der VO Nr. 2273/2003 erfolgen.

174   Die VO 2273/2003 sieht bei Aktien eine **Befristung** der Kursstabilisierungsmaßnahmen von 30 Kalendertagen vor, enthält detaillierte Regelungen zur Bekanntgabe und Meldung von Kursstabilisierungsmaßnahmen sowie weitere Bedingungen für ergänzende Kursstabilisierungsmaßnahmen (insbesondere Begrenzung einer Greenshoe-Option) auf 15 % des ursprünglichen Angebots sowie Beschränkung einer aus einer Überzeichnung resultierenden und nicht durch die Greenshoe-Option abgedeckten Position (sog. Naked Short Position) auf 5 % des ursprünglichen Angebots, um in den Anwendungsbereich des **Safe Harbours** zu fallen. Wird die Option von der Gesellschaft gewährt, erfolgt die Erfüllung der Option aus genehmigtem Kapital[212] unter Ausschluss des Bezugsrechts gem. § 203 iVm. § 186 Abs. 3 Satz 4 AktG und es ist nach der Notierungsaufnahme eine weitere Kapitalmaßnahme erforderlich. Die aus der Mehrzuteilungsoption stammenden Aktien werden idR zum Zeitpunkt der Zuteilung zusätzlich zugeteilt und im Wege einer **Wertpapierleihe** unentgeltlich von Altaktionären zur Verfügung gestellt. Alternativ gibt es die Möglichkeit einer Verlängerung der Lieferfrist für (institutionelle) Aktionäre, die im Rahmen der Zuteilung Aktien erhalten sollen („deferred settlement"). Nach üM[213] ist für die nach § 186 Abs. 3 Satz 4 AktG zu beurteilende Zulässigkeit des Bezugsrechtsausschlusses für die Mehrzuteilungsoption der **Zeitpunkt der Beschlussfassung des Vorstandes** (und Aufsichtsrats) und nicht der Zeitpunkt der Zeichnung der neuen Aktien durch Ausübung der Option maßgeblich, da dieser Zeitpunkt für die Gefahr einer Kursverwässerung ohne Bedeutung ist. Das **Kammergericht** hat im Jahr 2006 entschieden, dass der Beschluss der Hauptversammlung, mit dem der Vorstand einer Aktiengesellschaft ermächtigt wird, zur Erfüllung einer Mehrzuteilungsoption (Greenshoe) eine Kapitalerhöhung unter Bezugsrechtsausschluss der Aktionäre durchzuführen und dabei selbst über die Ausgabemodalitäten zu entscheiden, nicht nach § 255 Abs. 2 AktG anfechtbar ist.[214] Dieses Urteil des Kammergerichts wurde im Jahr 2008 durch einen Hinweisbeschluss des BGH bestätigt.[215] Ein gegenteiliges

---

[212] Zur Möglichkeit des Aktienrückkaufs gem. § 71 Abs. 1 Nr. 8 AktG vgl. *Schanz* § 10 Rz. 165 Fn. 298. Streitig ist, ob die Gewährung auch aus bedingtem Kapital gem. § 192 Abs. 2 Nr. 1 AktG erfolgen kann. Vgl. *Schanz* § 10 Rz. 165 Fn. 299; *Technau* AG 1998, 445, 458; *Oltmanns* DB 1996, 2319 ff.; *Hoffmann-Becking* in FS Lieberknecht S. 25, 40.
[213] Vgl. *Picot/Land* DB 1999, 570, 574; *Schanz* § 10 Rz. 169; dazu auch *Technau* AG 1998, 445, 458; *Hein* WM 1996, 1 ff.; *Hoffmann-Becking* in FS Lieberknecht S. 25, 42.
[214] Vgl. KG 23 U 55/03 v. 16. 11. 2006, NZG 2008, 29 ff.
[215] Vgl. BGH II ZR 1/07 (KG) v. 21. 7. 2008.

C. Dokumentation 175–177 § 25

Urteil des Kammergerichts aus dem Jahr 2001 wurde in der Literatur[216] einhellig abgelehnt.

Auch die **Mitwirkung des Aufsichtsrats** ist im Rahmen des Börsengangs 175 von erheblicher Bedeutung. Der Aufsichtsrat soll gem. § 118 Abs. 2 AktG an der Hauptversammlung teilnehmen und neue Aktien aus genehmigtem Kapital sollen gem. § 202 Abs. 3 Satz 2 AktG nur mit Zustimmung des Aufsichtsrats ausgegeben werden und die Entscheidung des Vorstands über den Inhalt des Aktienrechts und die Bedingungen der Aktienausgabe aus genehmigtem Kapital bedarf gem. § 204 Abs. 1 Satz 2 AktG der Zustimmung des Aufsichtsrats. Weiterhin meldet der Vorstand und der Vorsitzende des Aufsichtsrats gem. § 184 Abs. 1 Satz 1 AktG den Beschluss über die Erhöhung des Grundkapitals bei einer Kapitalerhöhung gegen Einlagen sowie gem. § 188 Abs. 1 Satz 1 AktG die Durchführung der Erhöhung des Kapitals und gem. § 195 Abs. 1 AktG den Beschluss über die bedingte Kapitalerhöhung zur Eintragung in das Handelsregister an. Schließlich ist häufig durch entsprechende Satzungsausgestaltung oder die Geschäftsordnung des Vorstands eine Informationspflicht an oder ein Zustimmungserfordernis durch den Aufsichtsrat zu bestimmten Geschäftsführungsmaßnahmen des Vorstands erforderlich.

2. Research-Richtlinien

Die Research-Richtlinien („Research Guidelines")[217] werden vom Konsor- 176 tialführer oder dessen Rechtsanwälten erstellt und treffen in für das Konsortium verbindlicher Weise Regelungen über die **Erstellung und Verteilung** der Research Reports der Syndikatsbanken. Während die Erstellung derartiger Research-Richtlinien bei rein deutschen Börsengängen nur teilweise verwendet wird, kommt ihr bei internationalen Transaktionen, insb. im Falle von Privatplatzierungen nach Rule 144A oder einer Börsennotierung in den Vereinigten Staaten von Amerika erhebliche Bedeutung zu.

Die von den Analysten der Syndikatsbanken verfassten Research Reports ge- 177 hen idR auf die wichtigsten Informationen über das Unternehmen einschließlich Emissionsstruktur, Unternehmensgeschichte und Management ein und diskutieren anschließend das Kerngeschäft des Emittenten sowie dessen Unternehmensstrategie unter Berücksichtigung von Markt- und Wettbewerbsverhältnissen. Es schließt sich häufig eine **SWOT-Analyse**[218] an, in der die Stärken und Schwächen des Unternehmens sowie seine Geschäftschancen und Risiken analysiert werden. Schwerpunkt des Research Reports ist die **Analyse des Unternehmens** anhand verschiedener Methoden einschließlich Discounted Cashflow und Benchmarking im Vergleich mit börsennotierten Unternehmen aus der Peer-Group anhand der historischen Daten und der Unternehmensentwicklung. Die Research Reports enthalten keine Anlageempfehlung, sie geben die darin verwendeten Quellen an, und eine Verteilung der datierten Berichte erfolgt idR nicht in elektronischer Form, sondern in Hardkopie.

---

[216] KG 23 U 6712/99 v. 22. 8. 2001, ZIP 2001, 2178 ff. Ablehnend *Groß* ZIP 2002, 160 ff.; *Meyer* WM 2002, 1106 ff.; *Ekkenga* WM 2002, 317 ff.; *Busch* AG 2002, 230 ff.; *Schanz* BKR 2002, 439 ff.; *Harrer/Lüßmann* DStR 2002, 1681 ff.
[217] Vgl. *Schanz*, § 10 Rz. 17 ff.; *Schlitt/Smith/Werlen* AG 2002, 478, 488; *Hutter/Leppert* NJW 2002, 2208, 2212; *Meyer* WM 2002, 1868, 1872; *Baums/Hutter* in FS Ulmer 2003 S. 779, 787.
[218] Dh. Strength-Weekness-Opportunities-Threats.

178 Die Research-Richtlinien enthalten Aussagen über die Zulässigkeit der **Verteilung** von Research Reports durch die Konsortialbanken vor und nach der geplanten Börseneinführung in allen für den jeweiligen Börsengang anzuwendenden Rechtsordnungen und **Verfahrensregelungen**, die von den Konsorten zu beachten sind. Für die Beurteilung der in den Vereinigten Staaten von Amerika einschlägigen Regelungen kommt es darauf an, ob es sich dort um ein Aktienangebot außerhalb der Vereinigten Staaten von Amerika nach Regulation S des Securities Act handelt und die Konsorten in den Vereinigten Staaten von Amerika unter Einschaltung ihrer Broker Dealer nur eine Privatplatzierung nach Rule 144A an qualifizierte institutionelle Anleger („qualified institutional buyers") durchführen oder ob es sich dort um ein öffentliches Angebot handelt.

a) Deutschland

179 Führt ein Wertpapierdienstleistungsunternehmen oder ein mit ihm verbundenes Unternehmen eine Wertpapieranalyse durch und macht das Wertpapierdienstleistungsunternehmen sie seinen Kunden zugänglich oder verbreitet es sie öffentlich, so ist es nach § 34 b WpHG verpflichtet, die **Wertpapieranalyse** mit der erforderlichen Sachkenntnis, Sorgfalt und Gewissenhaftigkeit zu erbringen und mögliche Interessenkonflikte in der Wertpapieranalyse offenzulegen. Die vom Bundesministerium der Finanzen erlassene Finanzanalyseverordnung enthält detaillierte Regelungen über Grundsätze sachgerechter Erstellung und Bearbeitung und offenzulegende Konflikte sowie die Weitergabe von Finanzanalysen. In den Research Reports wird häufig festgelegt, dass Research Reports in Deutschland nur an Personen weitergegeben werden dürfen, die beruflich oder gewerblich für eigene oder fremde Rechnungen Wertpapiere erwerben oder veräußern oder die qualifizierte Anleger sind.[219]

180 Die Research-Richtlinien enthalten idR **Einschränkungen** hinsichtlich der Verteilung von Research Reports im Rahmen von Road Shows, der Verteilung an die Presse, Anweisungen zur Erstellung einer Liste der Empfänger von Research Reports sowie zur Unterlassung von Zeichnungsempfehlungen. Schließlich beinhalten Research-Richtlinien als Anlage eine Ausformulierung eines in dem jeweiligen Research Report deutlich (häufig in Großbuchstaben) abzudruckenden Hinweises („Legend"), in dem deutlich darauf hingewiesen wird, in welchen Ländern (insb. den Vereinigten Staaten von Amerika und Großbritannien) die Research Reports nicht oder nur eingeschränkt verteilt werden dürfen und dass das Dokument kein Angebot oder keine Einladung zur Abgabe eines Angebots zur Zeichnung von Aktien darstellt und nicht als Entscheidungsgrundlage für den Erwerb von Aktien dienen soll. Es folgen in den Richtlinien dann genauere **Erläuterungen** zu den jeweils einschlägigen nationalen Vorschriften über Research Reports. Es schließt sich eine allgemeine Generalklausel an, dass jeder Konsorte die jeweils einschlägigen Wertpapiervorschriften jedes Landes beachten muss, in dem er ein Angebot der Wertpapiere durchführen will und die dort einschlägigen Bestimmungen (insb. hinsichtlich Hinweisen und der Beschränkung des Adressatenkreises von Research Reports) beachten muss.

---

[219] § 2 Nr. 6 WpPG.

b) Vereinigte Staaten von Amerika

Im Falle einer Privatplatzierung nach Rule 144A in den Vereinigten Staaten **181** von Amerika ist jeder Konsorte, der an dem Angebot teilnimmt, berechtigt, Research Reports außerhalb der Vereinigten Staaten von Amerika nach vorheriger Zustimmung des Konsortialführers zu verteilen, wenn er die in den Research-Richtlinien enthaltenen Verfahrensbestimmungen beachtet. Eine derartige Verteilung erfolgt mit einem Anschreiben, das dem Empfänger ua. die Weiterleitung in die Vereinigten Staaten von Amerika und an US-Personen verbietet. Die Verteilung von Research Reports in den Vereinigten Staaten von Amerika und an US-Personen erfolgt nur durch die US Selling Agents und im Falle einer Privatplatzierung nach Rule 144A nur an qualifizierte institutionelle Käufer (sog. QIBs) (s. § 22 Rz. 87 ff.), wobei viele Banken im Rahmen einer Platzierung nach Rule 144 A auch von einer Verteilung an QIBs absehen. Dagegen sind die US Selling Agents innerhalb im Einzelfall festzulegender Zeiträume nicht berechtigt, Research Reports über die Gesellschaft in die Vereinigten Staaten von Amerika oder an US-Personen[220] von ca. 30 Kalendertagen vor Festlegung des Emissionspreises bis idR 40 Kalendertage nach dem Abrechnungstag („Closing Date") zu verteilen, um die Gefahr einer unzulässigen Konditionierung des Marktes in den Vereinigten Staaten von Amerika zu vermeiden. Weiterhin wird insb. bei internationalen Transaktionen für einen im Einzelfall festzulegenden Zeitraum von ca. 30 Kalendertagen vor der Festlegung des Emissionspreises bis idR 40 Kalendertage nach dem Abrechnungstag („Black-out Period"; vgl. dazu Rz. 185 ff.) vereinbart, dass weltweit die Verteilung von Research Reports unterbleibt, um sicherzustellen, dass die Kaufentscheidung eines Anlegers auf dem Wertpapierprospekt beruht und nicht auf Grundlage eines Research Reports erfolgt.

Bezüglich der Vereinigten Staaten von Amerika wird in den Research Reports[221] das grundsätzliche Erfordernis einer Registrierung von Aktien bei der SEC und die Ausnahme bei der außerhalb der Vereinigten Staaten von Amerika erfolgenden Platzierung nach Regulation S angesprochen, die im Rahmen von „Offshore-Transaktionen" ohne direkte Verkaufsbemühungen („directed selling efforts") Anwendung findet und insb. eine Konditionierung des US-amerikanischen Marktes verbietet. Die Verteilung von Research Reports kurz vor dem Angebot der Wertpapiere begründet die Gefahr, dass die Erwerber ihre Anlageentscheidung aufgrund der Research Reports anstelle der Verkaufsdokumente treffen. Dies könnte aufgrund der anwendbaren US-amerikanischen Wertpapiervorschriften zu einer möglichen Haftung des Emittenten und der Konsortialbanken ua. nach den US-amerikanischen Wertpapiervorschriften, insb. Rule 10b-5 zum Exchange Act führen. Dieses Risiko kann durch die zeitliche Trennung der Verteilung von Research Reports von der Veröffentlichung der Verkaufsdokumente durch die Einhaltung sog. Black-out-Perioden und die **182**

---

[220] Vgl. dazu die nicht abschließende Definition in Section 902 (o) von Regulation S des Securities Act.
[221] Zur Rechtslage in den USA vgl. *Baums/Hutter* FS Ulmer 2003, S. 779 ff. In den USA gelten ua. NASD Rule 2711 („Research Analysts and Research Reports") und NYSE Rule 472 („Communications with the Public"). Dazu auch Regulation Analyst Certification der Securities and Exchange Commission (17 CFR Part 242, Release No. 33–8193 zum Securities Act of 1933 und Release No. 34–47384 zum Securities Exchange Act of 1934), die Verhaltensvorschriften für Researchanalysten enthält.

Verwendung von Erläuterungen (sog. Legends) auf den Research Reports reduziert werden. Rule 138 und Rule 139 des Securities Act erlauben ausdrücklich die Veröffentlichung von Research Reports in Sonderfällen.

3. Publizitätsrichtlinien

183 Die Erstellung von Publizitätsrichtlinien („Publicity Guidelines")[222] erfolgt – ebenso wie die Erstellung von Research-Richtlinien – bei rein deutschen Börsengängen nur vereinzelt, ihr kommt jedoch bei internationalen Transaktionen, insb. im Falle einer Privatplatzierung nach Rule 144A oder einer Notierung der Aktien in den Vereinigten Staaten von Amerika, eine große Bedeutung zu. Die Publizitätsrichtlinien stellen die einschlägigen nationalen Bestimmungen der jeweils anwendbaren Wertpapiervorschriften hinsichtlich der Publizität dar, die auf den Emittenten und andere beteiligte Parteien (insb. Konsortialbanken und Altaktionäre sowie mandatierte Werbe- und Marketingagenturen) im Rahmen des Angebots von Wertpapieren Anwendungen finden.

a) Deutschland

184 In Deutschland darf die Gesellschaft vor der Veröffentlichung eines Prospekts hinsichtlich der Aktien gem. den Vorschriften des Wertpapierprospektgesetzes oder anderer anwendbarer Rechtsvorschriften keine Kommunikation vornehmen, die als öffentliches Angebot von Wertpapieren in Deutschland angesehen werden könnte. Nach § 2 Nr. 4 WpPG ist ein **öffentliches Angebot** von Wertpapieren eine Mitteilung an das Publikum in jedweder Form und auf jedwede Art und Weise, die ausreichende Informationen über die Angebotsbedingungen und die anzubietenden Wertpapiere enthält, um einen Anleger in die Lage zu versetzen, über den Kauf oder die Zeichnung dieser Wertpapiere zu entscheiden. Mitteilungen aufgrund des Handels von Wertpapieren an einem organisierten Markt oder im Freiverkehr stellen jedoch kein öffentliches Angebot dar[223] (s. auch § 22 Rz. 84 ff.). Jede Art von Werbung, die sich auf ein öffentliches Angebot von Wertpapieren oder auf eine Zulassung zum Handel an einem organisierten Markt bezieht, muss nach im Wertpapierprospektgesetz festgelegten Vorschriften erfolgen.[224] So ist in allen Werbeanzeigen darauf hinzuweisen, dass ein Prospekt veröffentlicht wurde oder zur Veröffentlichung ansteht und wo die Anleger ihn erhalten können.[225] Weiterhin müssen alle über das öffentliche Angebot oder die Zulassung zum Handel an einem organisierten Markt verbreiteten Informationen, auch wenn sie nicht zu Werbezwecken dienen, mit den im Prospekt enthaltenen Angaben übereinstimmen.[226]

185 Zur Sicherstellung der Einhaltung dieser Publizitätsbeschränkungen enthalten die Publizitäts-Richtlinien **Verfahrensbestimmungen** über den Abstim-

---

[222] Vgl. dazu *Schanz*, § 10 Rz. 48; *Schlitt/Smith/Werlen* AG 2002, 478, 487.
[223] Vgl. *Ekkenga* BB 2005, 561 ff.; *Weber* NZG 2004, 360, 361; *Kunold/Schlitt* BB 2004, 501, 504; *Holzborn/Schwarz-Gondek* BKR 2003, 927 ff.; *Crüwell* AG 2003, 243, 245; § 78 BörsG Rdn. 6. Vgl. dazu: Bekanntmachung des Bundesaufsichtsamts für den Wertpapierhandel (nunmehr BaFin) zum Wertpapier- Verkaufsprospektgesetz vom 21. September 1999 (nachfolgend „Bekanntmachung 1999"), Ziffer 2.
[224] Vgl. § 15 WpPG.
[225] Vgl. § 15 Abs. 2 WpPG.
[226] Vgl. § 15 Abs. 4 WpPG.

mungsprozess hinsichtlich des zulässigen Inhalts von Presseveröffentlichungen oder Pressekonferenzen, die der Emittent und die an dem Angebot beteiligten Parteien bei internationalen Transaktionen idR von ca. 30 Tagen vor der Preisfestsetzung bis 40 Tage nach dem Angebotsende („Closing Date") einhalten müssen.[227] Schließlich enthalten die Publizitätsrichtlinien Vorschriften über die **Kommunikation** der Gesellschaft und der am Angebot beteiligten Parteien mittels Internet und die Ausgestaltung der Homepage der Gesellschaft und die zur Sicherstellung der Einhaltung der einschlägigen Wertpapiervorschriften zu verwendenden Warnhinweise. Weiterhin ist in dem Research Report der Umgang mit Analysten und Journalisten geregelt.

b) Vereinigte Staaten von Amerika

In den Vereinigten Staaten von Amerika erfolgt eine Privatplatzierung häufig nach Rule 144A des Securities Act. Auf Privatplatzierungen, auch gem. Rule 144A, finden die Vorschriften der Regulation D zum Securities Act analoge Anwendung, die es der Gesellschaft und den am Angebot beteiligten Parteien insb. verbieten, die Aktien in den Vereinigten Staaten von Amerika durch „allgemeines Angebot oder allgemeines Werben" („general solicitation or general advertising") anzubieten oder zu verkaufen.[228] Hierunter fällt zB nicht die ausschließlich an **qualifizierte institutionelle Anleger** („qualified institutional buyers" oder „QIBs") gerichtete Ansprache durch die Konsortialbanken zB durch Aushändigung des Wertpapierprospekts oder des Geschäftsberichts oder „Roadshows" in den Vereinigten Staaten von Amerika, zu denen ausschließlich qualifizierte institutionelle Anleger eingeladen und zugelassen werden. Im Falle eines öffentlichen Angebots („Public Offering") in den Vereinigten Staaten von Amerika gelten andere Vorschriften.

Das Angebot der Wertpapiere außerhalb der Vereinigten Staaten von Amerika erfolgt aus US-amerikanischer Sicht auf Grundlage der sog. Safe Harbour Bestimmungen der **Regulation S** des Securities Acts,[229] dessen Anwendbarkeit insb. voraussetzt, dass es im Rahmen des Angebots keine „unmittelbaren Verkaufsanstrengungen" („directed selling efforts") in den Vereinigten Staaten von Amerika gibt. Directed selling efforts beinhalten im Allgemeinen jede Handlung, die zu dem Zwecke vorgenommen wird, den Markt für die Aktien in den Vereinigten Staaten von Amerika zu „konditionieren", oder von der vernünftigerweise erwartet werden kann, dass sie den Markt für die Aktien in den Vereinigten Staaten von Amerika konditioniert („conditioning of the market"). Beispiele für **unzulässige Verkaufshandlungen** („selling activities") sind die Versendung von Angebotsunterlagen (insb. des Wertpapierprospekts) an US-amerikanische Anleger, die nicht qualifizierte institutionelle Anleger sind, die Einladung von Personen, die nicht qualifizierte institutionelle Anleger sind, zu Roadshows oder die Veranlassung („planning") von Radio-, Fernseh- oder Internetwerbung innerhalb der Vereinigten Staaten von Amerika oder die Veranlassung („planning") von Werbung in Veröffentlichungen mit „allgemeiner Verteilung" („general distribution") in den Vereinigten Staaten von Amerika einschließlich Nachrichtenorganisationen oder Nachrichtenagenturen, die in

---

[227] Sog. Distribution Compliance Period.
[228] Vgl. *Johnson/McLaughlin* Kapitel 7 S. 405–407.
[229] Vgl. *Johnson/McLaughlin* Kapitel 9 S. 572–585; *Loss/Seligman* S. 190 ff.

den Vereinigten Staaten von Amerika niedergelassen sind, oder eine allgemeine Verbreitung („general circulation") haben.[230]

188 Jedes schriftliche Dokument, das auf Grundlage von „Safe Harbour" Bestimmungen verwendet wird und das ein Angebot, das teilweise in den Vereinigten Staaten von Amerika erfolgt, zum Gegenstand hat, muss einen Warnhinweis („Disclaimer")[231] beinhalten und darf keinen Kaufantrag enthalten. Der Warnhinweis verbietet die Weitergabe und Veröffentlichung in die bzw. innerhalb der Vereinigten Staaten von Amerika und stellt klar, dass das Dokument kein Angebot und keine Aufforderung zur Zeichnung oder zum Erwerb von Aktien darstellt und die Aktien in den USA nicht nach den Bestimmungen der einschlägigen Wertpapiergesetze registriert sind und in den USA kein öffentliches Angebot stattfindet.

189 Die Gesellschaft darf außerhalb der Vereinigten Staaten von Amerika Gespräche mit Journalisten führen. An diesen Gesprächen dürfen auch Journalisten von US-amerikanischen Zeitungen teilnehmen, solange sich diese nicht körperlich in den Vereinigten Staaten befinden (d. h. keine Teilnahme über elektronische Verbindungen wie Telefon, Videolink oder Internet).[232] Das geplante Angebot darf besprochen werden, allerdings nur unter Einhaltung der Publicity Guidelines. Alle Aussagen müssen im Einklang mit der im Prospekt enthaltenen Offenlegung sein. Insbesondere soll die Gesellschaft keine Vorhersagen oder Schätzungen oder Aussagen über den Wert des Unternehmens oder der Aktien machen. Dagegen ist von Pressekonferenzen in den Vereinigten Staaten, die das Angebot zum Gegenstand hätten, grundsätzlich abzusehen. Weiterhin gelten weltweite Beschränkungen hinsichtlich der Kommunikation mit US-Analysten und Brokern, die nicht Mitglieder des US-amerikanischen Konsortiums oder mit diesem verbunden sind. Auch Gespräche mit nicht US-amerikanischen Analysten und Brokern sollten von der Gesellschaft bei einer Privatplatzierung nach Rule 144A nur geführt werden, wenn ihr versichert wird, dass diese Analysten oder Broker die erhaltenen Informationen nicht in die Vereinigten Staaten von Amerika weiterleiten werden und auf angemessene Weise sicherstellen, dass eine derartige Weiterleitung auch nicht durch Dritte erfolgt.

190 Ein **Verstoß** gegen die Voraussetzungen der Befreiungstatbestandsmerkmale, deren Erfüllung die Publicity Guidelines dienen sollen, kann in den Vereinigten Staaten von Amerika ua. zum Verlust der Befreiung von der Registrierungspflicht gem. Rule 144A oder Regulation S, zur Verschiebung der Durchführung des Angebots durch ein Verlangen der SEC nach Einhaltung einer „Cooling off"-Periode oder zur Prospekthaftung des Emittenten und der Konsortialbanken führen, sofern die veröffentlichten Dokumente nach US-amerikanischem Wertpapierrecht als „Prospekt" anzusehen sind.

4. Besonderheiten für Emittenten mit Herkunftsland außerhalb Deutschlands

193 Das Wertpapierprospektgesetz und die Zulassungsvoraussetzungen und Folgepflichten sowie weitere Bestimmungen für die verschiedenen Börsenseg-

---

[230] Vgl. Rules 901–904 des Securities Act (17 C. F. R. 901–904); *Johnson/McLaughlin* Corporate Finance and Securities Laws Kapitel 7 S. 405–407; *Loss/Seligman* Fundamentals of Securities Regulation S. 190 ff.
[231] Vgl. *Spindler* NZG 2000, 1058, 1061.
[232] Rule 135 e zum Securities Act, 17 C. F. R. 230.135e.

mente stellen idR nicht auf den **Herkunftsstaat** des Emittenten ab und diskriminieren derartige Unternehmen nicht. Aufgrund des zusätzlichen Informationsbedürfnisses für den Anleger sind jedoch für ausländische Emittenten im Prospekt hinsichtlich einzelner Angaben **zusätzliche Informationen** aufzunehmen, wobei hier teilweise wiederum zwischen Emittenten mit Sitz in einem Staat innerhalb der Europäischen Gemeinschaft und außerhalb unterschieden wird. Andererseits gibt es für ausländische Emittenten auch einige Erleichterungen.

Es gelten einige **Sonderregelungen**. Von besonderer Bedeutung ist hierbei die **grenzüberschreitende Geltung gebilligter Prospekte**, wonach unter bestimmten Voraussetzungen ein von der zuständigen Behörde eines anderen Staates des Europäischen Wirtschaftsraums gebilligter Prospekt einschließlich etwaiger Nachträge in Deutschland ohne zusätzliches Billigungsverfahren für ein öffentliches Angebot oder für die Zulassung zum Handel gültig ist, sofern die BaFin hierüber von der zuständigen Behörde des Herkunftsstaats unterrichtet wird und die Sprache des Prospekts die gesetzlichen Anforderungen[233] erfüllt.

Werden Wertpapiere, für die der Herkunftsstaat des Emittenten nicht Deutschland ist, in Deutschland öffentlich angeboten oder wird in Deutschland die Zulassung zum Handel an einem organisierten Markt beantragt, kann der Prospekt in einer von der BaFin **anerkannten Sprache** oder in einer in internationalen Finanzkreisen gebräuchlichen Sprache erstellt werden.[234] Das ist derzeit nur die englische Sprache. Ist der Prospekt nicht in deutscher Sprache erstellt, muss er auch eine Übersetzung der Zusammenfassung in die deutsche Sprache erhalten.[235]

Weiterhin kann die BaFin einen Prospekt, der von einem Emittenten nach den für ihn geltenden Rechtsvorschriften eines Staates, der nicht Staat des Europäischen Wirtschaftsraums ist, erstellt worden ist, für ein öffentliches Angebot oder die Zulassung zum Handel an einem organisierten Markt **billigen**, wenn (1) dieser Prospekt nach den von internationalen Organisationen von Wertpapieraufsichtsbehörden festgelegten internationalen Standards, einschließlich der Offenlegungsstandards der IOSCO, erstellt wurde, und (2) die Informationspflichten, auch in Bezug auf Finanzinformationen, den Anforderungen dieses Gesetzes gleichwertig sind.[236] Emittenten mit Sitz im Ausland im Prime Standard können den Jahresfinanzbericht, Halbjahresfinanzbericht und Quartalsbericht gestatten, in **englischer Sprache** abfassen.[237] Hinsichtlich der in den Prospekt aufzunehmenden **historischen Finanzinformationen** sind bei Emittenten aus **Drittstaaten** die Finanzinformationen nach den übernommenen internationalen Rechnungslegungsstandards oder nach diesen Standards gleichwertigen nationalen Rechungslegungsgrundsätzen eines Drittstaates zu erstellen.[238]

Erleichterungen für die Zulassung von Wertpapieren eines Emittenten mit Sitz in einem anderen Mitgliedstaat der Europäischen Gemeinschaft oder

---

[233] Vgl. § 17 Abs. 3 WpPG.
[234] Vgl. § 19 Abs. 4 S. 1 WpPG.
[235] Vgl. § 19 Abs. 4 S. 2 WpPG.
[236] Vgl. § 20 Abs. 1 WpPG.
[237] Vgl. §§ 65 Abs. 1 S. 3, 66 Abs. 3 S. 2 BörsO FWB.
[238] Vgl. Anhang I § 20.1 der VO Nr. 809/2003.

einem anderen Vertragsstaat des Abkommens über den Europäischen Wirtschaftsraum gibt es ua. bei der Druckausstattung[239] und bei der Beurteilung des ausreichenden Streubesitzes.[240] Für Drittstaaten außerhalb der Europäischen Gemeinschaft und außerhalb der anderen Vertragsstaaten des Abkommens über den Europäischen Wirtschaftsraum gelten **weitere Besonderheiten**. So dürfen Aktien eines Emittenten mit Sitz in einem Staat außerhalb der Europäischen Gemeinschaft oder außerhalb der anderen Vertragsstaaten des Abkommens über den Europäischen Wirtschaftsraum, die weder in diesem Staat noch in dem Staat ihrer hauptsächlichen Verbreitung an einem Markt, der mit einem organisierten Markt iSv. § 2 Abs. 5 WpHG vergleichbar ist, zum Handel zugelassen werden, wenn glaubhaft gemacht wird, dass die Zulassung in diesen Staaten nicht aus Gründen des **Schutzes des Publikums** unterblieben ist.[241] Vertreten zuzulassende Zertifikate Aktien eines Emittenten mit Sitz in einem Staat außerhalb der Europäischen Gemeinschaft oder außerhalb eines anderen Vertragsstaates des Abkommens über den Europäischen Wirtschaftsraum und sind die Aktien weder in diesem Staat noch in dem Staat ihrer hauptsächlichen Verbreitung an einer Börse, an einem Markt, der mit einem organisierten Markt vergleichbar ist, zugelassen, so ist glaubhaft zu machen, dass die Zulassung nicht aus Gründen des Schutzes des Publikums unterblieben ist.[242]

D. Prospekthaftung

201 Die Prospekthaftung gewinnt zunehmend an Bedeutung. Nachfolgend werden allgemeine Grundsätze der Prospekthaftung[243] in der Bundesrepublik Deutschland und den Vereinigten Staaten von Amerika.

I. Deutschland

1. Allgemeines

202 Im Rahmen des Dritten Finanzmarktförderungsgesetzes wurden im Jahr 1998 mit den §§ 45 ff. BörsG die zentralen Vorschriften des Prospekthaftungsrechts[244] neu gefasst, durch das 4. Finanzmarktförderungsgesetz haben sich die

---

[239] § 8 BörsZulV.
[240] § 9 BörsZulV.
[241] § 10 BörsZulV.
[242] § 12 Abs. 2 BörsZulV.
[243] Vgl. allgemein *Schwark* § 45 BörsG Rz. 1 ff.; *Groß* §§ 44, 45 BörsG, Rz. 1 ff.; *Schäfer/Hamann* §§ 45, 46 BörsG nF Rz. 1 ff.; *Kümpel* Rz. 9292 ff.; *Schanz* § 13 Rz. 94 ff. Zur Haftung wegen Falschinformationen des Sekundärmarktes *Baums* ZHR 167 (2003) 139 ff.
[244] Vgl. *Kümpel* Rz. 9292 ff.; *Groß* §§ 44, 45 BörsG Rz. 1 ff.; *Assmann/Schütze* § 7 Rz. 202 und 1. Ergänzungsband § 7 Rz. 16; *Groß* AG 1999, 199 ff.; *Sittmann* NZG 1998, 490 ff.; *Kort* AG 1999, 9 ff. Zur Rspr. vgl. nur OLG Ffm. 21 U 260/97 v. 17. 3. 1999, DB 1999, 888 ff. (MHM/Hypobank); LG Ffm. 3/11 O 44/96 v. 7. 10. 1997, WM 1998, 1181, 1185; OLG Ffm. 5 U 178/95 v. 17. 12. 1996, AG 1997, 131 ff. (Deutsche Bank/Sachsenmilch); BGH XI ZR 173/97 v. 14. 7. 1998, ZIP 1998, 1528 ff. (Elsflether Werft). LG Frankfurt a. M. 2 – 21 O 15/02 v. 20. 12. 2002 BKR 2003, 162; LG Frankfurt a. M. 2 – 21 O 44/02 v. 22. 11. 2002 BKR 2003, 69 (Anlageziel Neuer Markt).

D. Prospekthaftung 203, 204 § 25

Paragraphen der Haftungsvorschriften in §§ 44ff. BörsG geändert. Weitere Änderungen erfolgten durch das Prospektrichtlinie-Umsetzungsgesetz und das Anlegerschutzverbesserungsgesetz im Jahr 2005. Nach üM[245] haben die modernisierten Vorschriften der §§ 44ff. BörsG als die jüngeren und spezielleren Vorschriften Vorrang vor den konkurrierenden Vorschriften der §§ 71ff., 57 AktG. Für den Vorrang der §§ 44ff. BörsG spricht auch, dass im Falle der Geltendmachung von Prospekthaftungsansprüchen gegen den Emittenten diese nach deutschem Gesellschaftsrecht einen unzulässigen Rückerwerb eigener Aktien darstellen würden und dem in § 57 AktG niedergelegten Grundsatz des Verbots der Einlagenrückgewähr widersprechen würden. Häufig wird eine Differenzierung[246] zwischen einem nicht unter § 44ff. BörsG fallenden Prospekthaftungsanspruch gegen den Emittenten anlässlich eines **„Zeichnungserwerbs"**, dh. eines originären Erwerbs von jungen Aktien durch den ursprünglichen Zeichner, und einen einem Prospekthaftungsanspruch zulassenden derivativen Aktienerwerb im Rahmen eines gewöhnlichen Umsatzgeschäfts, also einem **„Umsatzerwerb"**, vorgenommen. Auch die Zulässigkeit von Haftungsfreistellungsregelungen in Übernahmeverträgen ist aufgrund § 57 AktG im Einzelnen umstritten, wobei häufig zwischen Kapitalerhöhungen und Umplatzierungen differenziert wird (s. Rz. 83ff.).

2. Gesetzliche Regelung

Der Erwerber von Wertpapieren, die aufgrund eines Prospekts zum Börsenhandel zugelassen sind, in dem für die Beurteilung der Wertpapiere **wesentliche Angaben unrichtig oder unvollständig** sind, kann nach § 44 BörsG (1) von denjenigen, die für den Prospekt die Verantwortung übernommen haben, und (2) von denjenigen, von denen der Erlass des Prospekts ausgeht, als Gesamtschuldnern die Übernahme der Wertpapiere gegen Erstattung des Erwerbspreises, so weit dieser den ersten Ausgabepreis der Wertpapiere (bzw. den ersten nach der Einführung der Wertpapiere festgelegten oder gebildeten Börsenpreis, falls kein Ausgabepreis festgelegt ist) nicht überschreitet und die mit dem Erwerb verbundenen üblichen Kosten verlangen, sofern das Erwerbsgeschäft nach Veröffentlichung des Prospekts und innerhalb von sechs Monaten nach erstmaliger Einführung der Wertpapiere abgeschlossen wurde.

Gemäß § 45 BörsG kann nicht in Anspruch genommen werden, wer nachweist, dass er die Unrichtigkeit oder Unvollständigkeit der Angaben des Prospekts nicht gekannt hat und die Unkenntnis nicht auf grober Fahrlässigkeit beruht, wobei § 45 Abs. 2 BörsG einzelne **Haftungsausschlusstatbestände** nennt. Hierfür hat der Haftungsverpflichtete die Darlegungs- und Beweislast.

---

[245] Vgl. *Groß* §§ 44, 45 BörsG Rz. 10ff.; *Krämer/Baudisch* WM 1998, 1161, 1164; *Groß* AG 1999, 199, 208; *Huber* ZIP 1998, 645, 646; LG Ffm. 3/11 O 44/96 v. 7.10. 1997, WM 1998, 1181, 1185; RegBegr. zum 3. FinMFöG BT-Drs. 13/8933, 54, 78; aA *Gebauer* S. 204ff.
[246] Vgl. *Hüffer* Verkaufsprospektgesetz S. 196ff.; *Groß* §§ 44, 45 BörsG Rz. 11ff.; aA *Gebauer* S. 163ff.; Kölner Komm/*Lutter* § 71 Rz. 69. Zur Rspr. vgl. nur RG Rep I 254/08 v. 28. 4. 1909, RGZ 71, 97, 99; OLG Ffm. 5 U 178/95 v. 17. 12. 1996; AG 1997, 131ff.

3. Prospekte oder prospektbefreiende schriftliche Darstellung

205 Die Prospekthaftungsvorschrift des § 44 BörsG setzt voraus, dass Wertpapiere erworben wurden, die aufgrund eines Prospekts zum Börsenhandel zugelassen sind. § 44 Abs. 4 BörsG stellt dem Prospekt eine schriftliche Darstellung gleich, aufgrund deren Veröffentlichung der Emittent von der Pflicht zur Veröffentlichung eines Prospekts befreit wurde. Somit gilt die börsengesetzliche Prospekthaftung trotz Fehlens einer gesetzlichen Legaldefinition des Prospektbegriffs der Wertpapierprospekt iSv. § 32 Abs. 3 Nr. 2 BörsG.[247] §§ 44 ff. BörsG finden durch einen Verweis gem. § 13 VerkProspG auch für Verkaufsprospekte für Vermögensanlagen im Sinne des Verkaufsprospektgesetzes Anwendung. Maßgeblich ist für das Vorliegen eines börsenrechtlichen Prospekts iSv. § 44 BörsG, dass aufgrund des Prospekts die Zulassung tatsächlich erfolgt, unabhängig davon, ob im konkreten Einzelfall eine Prospektpflicht bestand.

206 Deshalb stellt ein **Informationsmemorandum**, das sich auf noch nicht zum Börsenhandel zugelassene Wertpapiere bezieht, deren Zulassung zB bei Kapitalerhöhungen mit Bezugsrechtsausschluss nach § 186 Abs. 3 Satz 4 AktG wegen des geringen Volumens nach § 4 Abs. 2 Nr. 1 WpPG prospektfrei erfolgen könnte, aber deren Zulassung aufgrund eines Informationsmemorandums erfolgt, einen Prospekt iSv § 44 Abs. 1 BörsG dar.[248] Demgegenüber stellen Informationsmemoranda wohl keinen Prospekt iSv § 44 Abs. 1 BörsG dar, wenn sie zur Unterstützung der Umplatzierung von bereits an einer inländischen Wertpapierbörse zugelassenen Aktien dienen, da in diesem Fall die Wertpapiere nicht aufgrund des Prospekts zum Börsenhandel zugelassen sind, sondern bereits vorher zugelassen waren. In diesen Fällen ist umstritten, ob eine prospektbefreiende Darstellung iSv. § 44 Abs. 4 BörsG vorliegt, und ob für die Anwendbarkeit des § 44 Abs. 4 BörsG die prospektbefreiende Darstellung Grundlage einer Börsenzulassung sein muss.[249] Ad-hoc-Mitteilungen gem. § 15 WpHG, Bezugsangebote, Research Reports, Werbemaßnahmen, Zeichnungsaufforderungen und Zwischenberichte gem. § 40 BörsG stellen keine Prospekte iSv. § 44 Abs. 1 BörsG dar.[250] Da § 44 Abs. 4 BörsG nur voraussetzt, dass eine schriftliche Darstellung vorliegt, aufgrund deren Veröffentlichung der Emittent von der Pflicht zur Veröffentlichung eines Prospekts befreit wird, können diese Voraussetzungen nach üM[251] auch in verschiedenen Fällen der § 4 Abs. 2 WpPG vorliegen.

4. Ersatzverpflichtete

207 § 44 Abs. 1 BörsG bestimmt, dass der Erwerber von Wertpapieren bei Vorliegen aller prospekthaftungsbegründenden Voraussetzungen (1) von denjenigen, die für den Prospekt die Verantwortung übernommen haben (sog. Prospektverantwortlicher) und (2) von denjenigen, von denen der Erlass des Prospekts

---

[247] Vgl. *Groß* §§ 44, 45 BörsG Rz. 23.
[248] Vgl. *Krämer/Baudisch* WM 1998, 1161, 1170; *Groß* AG 1999, 199, 200.
[249] Vgl. bejahend *Groß* §§ 44, 45 BörsG Rz. 27; aA *Krämer/Baudisch* WM 1998, 1161, 1170.
[250] Vgl. *Groß* §§ 44, 45 BörsG Rz. 25; *Schwark* § 45 BörsG Rz. 16; *Schäfer/Hamann* §§ 45, 46 aF BörsG Rz. 29 ff.
[251] Vgl. *Groß* §§ 44, 45 BörsG Rz. 29; dazu auch RegBegr. zum 3. FinMFöG BT-Drs. 13/8933, 54, 79.

D. Prospekthaftung 208–210 § 25

ausgeht (sog. Erlasser) als Gesamtschuldnern insb. die Übernahme der Wertpapiere gegen Erstattung des Erwerbspreises und den mit dem Erwerb verbundenen üblichen Kosten verlangen kann. **Prospektverantwortliche** sind neben dem Emittenten die sonstigen Unterzeichner des Prospekts sowie diejenigen, die gem. § 5 Abs. 4 WpPG im Prospekt als die für dessen Inhalt Verantwortlichen aufgeführt werden.

Die im Rahmen des sog. 10 Punkte-Programms der Bundesregierung zur Stärkung der Unternehmensintegrität und der Anleger im Jahr 2004 veröffentlichte Diskussionsentwurf des Gesetzes zur Verbesserung der Haftung für falsche Kapitalmarktinformationen (Kapitalmarktinformationshaftungsgesetz – KapInHaG[252]) sah eine weitere Verschärfung der Haftung von Emittenten sowie eine persönliche, unmittelbare Haftung von Mitgliedern eines Leitungs-, Verwaltungs- oder Aufsichtsorgans von Emittenten für **fehlerhafte Kapitalmarktinformationen** vor. Daneben sah der Entwurf eine weiter gehende Prospekthaftung für **Experten** (insbesondere Wirtschaftsprüfer, Rechtsanwälte und sonstige Experten), die an der Erstellung des Prospekts mitgewirkt haben, vor, sofern diese ausdrücklich für bestimmte Angaben oder Teile des Prospekts Verantwortung übernommen haben.[253] Hierbei war im Gegensatz zu § 44 ff. BörsG ein Schadensersatz in Form von Geld anstatt von Naturalrestitution vorgesehen, und im Falle grober Fahrlässigkeit sollte die Haftung begrenzt sein. Aufgrund der umfangreichen Kritik auf den Entwurf wurde das Gesetzesvorhaben bisher nicht weiter verfolgt. 208

In der Regel handelt es sich bei den prospektverantwortlichen Emissionsbegleitern um ein aus mehreren Kreditinstituten oder Finanzdienstleistern bestehendes (Börseneinführungs-)**Konsortium**. Insbesondere bei internationalen Kapitalmaßnahmen umfassen die regionalen Börseneinführungskonsortien idR nicht alle weltweit tätigen Konsortialbanken, da einzelne dieser Mitglieder nicht die formalen Voraussetzungen des § 32 Abs. 2 BörsG erfüllen und deren mögliche Prospekthaftung nach §§ 44 ff. BörsG auch nicht erwünscht ist. In diesen Fällen stellt nur das deutsche Börseneinführungskonsortium den Zulassungsantrag und unterzeichnet gem. § 5 Abs. 4 WpPG den Prospekt. Auf die aktive Teilnahme der einzelnen Konsortialbanken bei der Prospekterstellung kommt es für die Begründung einer möglichen Prospekthaftung nicht an.[254] 209

Gemäß § 44 Abs. 1 Nr. 2 BörsG sind auch diejenigen, von denen der **Erlass des Prospekts** ausgeht, bei Prospekthaftungsprozessen passiv legitimiert. Unter dieser Alternative sollen die tatsächlichen Urheber des Prospekts erfasst werden, also diejenigen Personen, die ein eigenes geschäftliches Interesse an der Emission haben.[255] Je nach den individuellen Umständen des Einzelfalls können nen hierfür insb. auch die Konzernmuttergesellschaft zB bei einem Spin-Off einer Tochtergesellschaft mit einer Börseneinführung, der Großaktionär eines Unternehmens zB bei einer Börseneinführung verbunden mit einer Umplatzierung von Altaktien oder ein Aufsichtsratsmitglied zB mit einer wesentlichen Beteiligung an dem Unternehmen und erheblichem Einfluss auf die Er- 210

---

[252] Diskussionsentwurf mit Begründung: NZG 2004, 1042 ff.; Dazu *Zimmer/Binder* WM 2005, 577 ff.; *Caspar* BKR 2005, 85 ff.; *Sauer* ZBB 2005, 24 ff.
[253] Vgl. *Reuschle* WM 2004, 966 ff.; *Heß* AG 2003, 113 ff.; *Heß/Michailidou* WM 2003, 2318 ff.; *Meyer* WM 2003, 1349 ff.; *Hein* RIW 2004, 602 ff.
[254] Vgl. *Groß* §§ 44, 45 BörsG Rz. 34; aA *Sittmann* NZG 1998, 490, 493.
[255] Vgl. *Schwark* § 45 BörsG Rz. 9; *Groß* AG 1999, 199, 201; *Assmann/Schütze* § 7 Rz. 204; ebenso RegBegr. zum 3. FinMFöG BT-Drs. 13/8933, 54, 78.

stellung des Prospekts fallen. Demgegenüber sind an der Prospekterstellung beteiligte Abschlussprüfer, Wirtschaftsprüfer und Rechtsanwälte jedenfalls dann, wenn sie nur Teile des Prospekts zur Verfügung stellen und kein eigenes geschäftliches Interesse an der Emission haben, nach hM[256] nicht Erlasser des Prospekts iSv. § 44 Abs. 1 Nr. 2 BörsG. Eine Haftung dieser Berufsgruppen kommt jedoch im Einzelfall aus anderen Haftungstatbeständen, uU aus zivilrechtlicher Prospekthaftung oder beruflicher Auskunftshaftung für den von ihnen zur Verfügung gestellten Prospektteil in Betracht.[257]

211 Mehrere Prospektverantwortliche haften gem. § 44 Abs. 1 Satz 1 BörsG als **Gesamtschuldner** nach §§ 421 ff. BGB. Die Haftung der Prospektverantwortlichen im Innenverhältnis richtet sich vorrangig nach den zwischen den Parteien bestehenden vertraglichen Beziehungen zB in Emissions- und Übernahmeverträgen, nachrangig nach den gesetzlichen Regelungen der §§ 426, 254 BGB nach dem Umfang des Verschuldens und des individuellen Verursachungsbeitrags.[258]

212 Die für die Billigung des Wertpapierprospekts zuständige BaFin und für die Zulassung der Wertpapiere zuständige Geschäftsführung der jeweiligen Wertpapierbörse kann für im Rahmen des Zulassungsverfahrens erfolgte Fehler uU aufgrund von Amtshaftungsansprüchen gem. § 839 BGB iVm. Art. 34 GG in Anspruch genommen werden, es kommt jedoch keine Prospekthaftung gem. § 44 Abs. 1 BörsG in Betracht.[259]

5. Unrichtigkeit und Unvollständigkeit von für die Beurteilung der Wertpapiere wesentlichen Angaben

213 Der Prospekthaftungsanspruch setzt voraus, dass in dem Prospekt oder der einem Prospekt gleichgestellten schriftlichen Darstellung für die Beurteilung der Wertpapiere wesentliche Angaben unrichtig oder unvollständig sind. Bei den unrichtigen und unvollständigen Angaben kann es sich nicht nur um Tatsachen, sondern nach hM[260] auch um Werturteile und Prognosen handeln. Schließlich darf auch der Gesamteindruck des Prospekts hinsichtlich der Vermögens-, Ertrags- und Liquiditätslage des Emittenten nicht unrichtig oder unvollständig sein.[261]

214 Die Rechtsprechung des **BGH**[262] und ein Teil der Literatur stellen für die Beurteilung der Unrichtigkeit und Unvollständigkeit des Prospekts auf die Person eines „durchschnittlichen Anlegers" ab, der zwar eine Bilanz zu lesen

---

[256] Vgl. *Schäfer/Hamann* §§ 45, 46 aF BörsG Rz. 54; *Kümpel* Rz. 9311; *Sittmann* NGZ 1988, 490, 493; *Groß* §§ 44, 45 BörsG Rz. 35, 36; *Schanz* § 13 Rz. 108.

[257] Vgl. *Assmann/Schütze* § 7 Rz. 118 ff.; *Schäfer/Hamann* §§ 45, 46 aF BörsG Rz. 55 ff.; *Bosch* ZHR 163 (1999) 274 ff.; *Canaris* ZHR 163 (1999), 206 ff.; *Groß* §§ 44, 45 BörsG Rz. 36 ff.; *Schanz* § 13 Rz. 108; differenzierend *Assmann/Schütze* § 7 Rz. 118 ff., 205.

[258] Vgl. *Schanz* § 13 Rz. 109 ff.; *Bosch/Groß* Rz. 10/49 ff.

[259] Vgl. dazu *Schäfer/Hamann* §§ 45, 46 aF BörsG Rz. 56, § 37 Rz. 11.

[260] Vgl. BGH II ZR 175/81 v. 12. 7. 1982, WM 1982, 862, 863; OLG Ffm. 5 U 213/92 v. 1. 2. 1994, WM 1994, 291, 295; *Kümpel* Rz. 9296; *Groß* §§ 44, 45 BörsG Rz. 40; ebenso RegBegr. zum 3. FinMFöG BT-Drs. 13/8993, 54, 78.

[261] Vgl. BGH II ZR 175/81 v. 12. 7. 1982, WM 1982, 862, 863; OLG Ffm. 5 U 213/92 v. 1. 2. 1994, WM 1994, 291, 295; *Assmann/Schütze* § 7 Rz. 68, 69, 220 und 1. Ergänzungsband § 7 Rz. 24; *Groß* §§ 44, 45 BörsG Rz. 40; *Schwark* ZGR 1983, 162, 175 ff.

[262] Vgl. BGH II ZR 175/81 v. 12. 7. 1982, WM 1982, 862, 865; OLG Ffm. 5 U 213/92 v. 1. 2. 1994, WM 1994, 291, 295; LG Ffm. 3/11 O 44/96 v. 7. 10. 1997, WM 1998, 1181, 1184.

D. Prospekthaftung 215–217 § 25

versteht, aber nicht unbedingt mit der in eingeweihten Kreisen gebräuchlichen Schlüsselsprache vertraut sein muss. Im Schrifttum besteht keine einheitliche Auffassung über den Beurteilungsmaßstab. So wird in der **Literatur** beim Prospektadressaten auf ein breites Spektrum abgestellt, das vom „unternehmerischen Laien" bis zum „Fachmann" reicht.[263] Insbesondere beim Abstellen auf einen „durchschnittlichen Anleger" ist es neben der formalen Erfüllung des Inhaltskatalogs des § 7 WpPG iVm. den Bestimmungen der EU-Prospektverordnung uU erforderlich, diese Angaben insb. wegen § 5 Abs. 1 S. 1 WpPG in einer für einen Durchschnittsanleger verständlichen und nachvollziehbaren Art und Weise zu erläutern und narrativ aufzubereiten.[264]

Auch bei Maßgeblichkeit des „durchschnittlichen Anlegers" sind jedoch die **Entscheidungen des Gesetzgebers**, die im Einzelfall zB die Erstellung eines englischsprachigen Prospekts gem. § 19 Abs. 4 WpPG ohne die Erstellung einer deutschsprachigen Prospektfassung vorsehen, für die Beurteilung des Adressatenhorizonts zu respektieren.[265]

Die Unrichtigkeit und Unvollständigkeit der wesentlichen Angaben beurteilt sich seit der Novellierung der §§ 45 ff. BörsG im Jahr 1998 nach demselben **Verschuldensmaßstab**. Maßgeblich ist der Zeitpunkt der Prospektveröffentlichung.[266] Hinsichtlich der Beurteilung der Unrichtigkeit ist zu differenzieren. Während Tatsachen unrichtig sind, wenn sie nicht der Wahrheit entsprechen, sind Werturteile und Prognosen unrichtig, wenn sie nicht durch Tatsachen gedeckt oder kaufmännisch nicht vertretbar sind.[267] Schließlich ist der Gesamteindruck eines Prospekts dann unrichtig, wenn insgesamt die im Prospekt wieder gegebenen Tatsachen, Werturteile und Prognosen ein nicht wahrheitsgetreues, nicht vollständiges und nicht realistisches Gesamtbild des Emittenten sowie dessen Vermögens-, Ertrags- und Liquiditätslage abgeben.[268] Die Unvollständigkeit des Prospekts hinsichtlich verschiedener Angaben stellt einen Unterfall der Unrichtigkeit dar.[269]

Nach § 5 WpPG muss der Prospekt in leicht analysierbarer und verständlicher Form sämtliche Angaben enthalten, die im Hinblick auf den Emittenten und die öffentlich angebotenen oder zum Handel an einem organisierten Markt zugelassenen Wertpapiere notwendig sind, um dem Publikum ein zutreffendes Urteil über die Vermögenswerte und Verbindlichkeiten, die Finanzlage, die Gewinne und Verluste und die Zukunftsaussichten des Emittenten sowie über die mit diesen Wertpapieren verbundenen Rechte zu ermöglichen. Die **Vollständigkeit des Prospekts** beurteilt sich primär nach der formalen

---

[263] Vgl. *Assmann/Schütze* § 7 Rz. 64; *Schwark* § 45 BörsG Rz. 18, 19; *Groß* §§ 44, 45 BörsG Rz. 41, 42; *Wittmann* DB 1980, 1583 ff.; *Wunderlich* DStR 1975, 690 ff.
[264] Zur Erläuterungspflicht vgl. *Assmann/Schütze* § 7 Rz. 69 ff.; differenzierend *Schwark* §§ 44, 45 BörsG Rz. 12, 19; *Groß* §§ 44, 45 BörsG Rz. 49.
[265] Ebenso *Groß* §§ 44, 45 BörsG Rz. 41, 42.
[266] Vgl. OLG Ffm. 5 U 213/92 v. 1. 2. 1994, WM 1994, 291, 295; *Groß* §§ 44, 45 BörsG Rz. 44.
[267] Vgl. BGH II ZR 175/81 v. 12. 7. 1982, WM 1982, 862, 865; OLG Ffm. 5 U 213/92 v. 1. 2. 1994, WM 1994, 291, 295; *Assmann/Schütze* § 7 Rz. 67; *Schwark* § 45 BörsG Rz. 21; *Groß* §§ 44, 45 BörsG Rz. 44.
[268] Vgl. BGH II ZR 175/81 v. 12. 7. 1982, WM 1982, 862, 869; OLG Ffm. 5 U 213/92 v. 1. 2. 1994, WM 1994, 291, 295; *Assmann/Schütze* § 7 Rz. 68; *Groß* §§ 44, 45 BörsG Rz. 44.
[269] Vgl. RegBegr. zum 3. FinMFöG BT-Drs. 13/8993, 54, 76.

Beachtung aller für den Prospekt vorgeschriebenen Inhaltsangaben gem. § 7 WpPG iVm. den Bestimmungen und Anhängen der EU-Prospektverordnung. Da es sich bei den genannten Inhaltskatalogen um Regelanforderungen handelt, sind für die Beurteilung der Vollständigkeit eines Prospekts stets die individuellen Umstände des Einzelfalls maßgeblich. So sind im Einzelfall für eine Vollständigkeit des Prospekts zusätzliche Informationen wie zB spezielle Länderrisiken aufzunehmen, während andererseits ein Prospekt vollständig sein kann, obwohl im Regelkatalog vorgesehene Angaben fehlen, wenn diese wie zB Detailangaben zu einzelnen Betriebsstätten nicht bedeutsam sind oder bestimmte Umstände tatsächlich nicht vorlagen.[270] Auch die Notwendigkeit und der Umfang einer für den Durchschnittsanleger verständlichen und nachvollziehbaren Erläuterung hängt von den konkreten Erfordernissen des Einzelfalls ab.

218 Bei Vorliegen von **Sonderumständen**,[271] wie zB aus den abgedruckten Firmenausweisen nicht ausreichend erkennbare erhebliche Veränderungen des Konsolidierungskreises oder eine weit reichende Ausnutzung bilanziellrechtlich vertretbarer Spielräume, die zu einem risikobehafteten positiven Gesamtbild des Unternehmens führen, können weiter gehende Erläuterungspflichten bestehen. **Prospektgestaltungsmängel**, dh. ein unübersichtlich gegliederter oder formal oder stilistisch mangelhaft gestalteter Prospekt ist nicht unrichtig oder unvollständig, wenn er alle erforderlichen Prospektangaben enthält, da ein durchschnittlicher Anleger bei sorgfältiger, eingehender Prüfung des gesamten Prospekts einzelne Mängel bei der Übersichtlichkeit und Klarheit der Darstellung erkennen und aus dem Gesamtkontext des Prospekts präzisieren kann.[272]

219 Bei der teilweise aufgrund einer durchgeführten Restrukturierung des Konzerns mit wesentlichen Veränderungen des Konsolidierungskreises oder einer bedeutenden „Brutto"-Veränderung, dh. eine mindestens 25%ige Schwankung in Bezug auf bestimmte Indikatoren (insbesondere Gesamtvermögen (Total Assets), der Umsatzerlöse (Revenues) oder des Gewinns/Verlusts (Profit/Loss) erforderlichen Aufnahme von **Pro-Forma-Abschlüssen** in den Prospekt ist darauf zu achten, dass diese Pro-Forma-Abschlüsse aufgrund plausibler und im Prospekt konkret darzustellender Annahmen erstellt wurden und mit Bescheinigungen der Wirtschaftsprüfer versehen sind.[273] Weiterhin muss im Prospekt ausreichend hervorgehoben werden, dass es sich bei den Pro-Forma-Abschlüssen nicht um Abschlüsse handelt, denen Tatsachen zugrunde liegen, sondern um „Pro-Forma"-Abschlüsse die aufgrund bestimmter **plausibler Annahmen** erstellt wurden und dem Anleger die Vergleichbarkeit erleichtern und eine Investitionsentscheidung ermöglichen sollen. Zudem muss auf Unterschiede zwischen den eine fiktive Situation unterstellenden Pro-Forma-Abschlüssen und den realen Verhältnissen hingewiesen werden.[274] In den

---

[270] Vgl. *Groß* §§ 44, 45 BörsG Rz. 45; *Schwark* § 45 BörsG Rz. 24; *Kümpel* Rz. 9301; *Schäfer/Hamann* §§ 45, 46 aF BörsG Rz. 78.

[271] Zu Einzelfällen vgl. *Schäfer/Hamann* §§ 45, 46 aF BörsG Rz. 85 ff.; *Groß* §§ 44, 45 BörsG Rz. 50; *Assmann/Schütze* § 7 Rz. 75 ff.; *Krämer/Baudisch* WM 1998, 1161, 1173.

[272] Vgl. *Assmann/Schütze* § 7 Rz. 92, 93; *Groß* §§ 44, 45 BörsG Rz. 67.

[273] Vgl. Anhang II der Durchführungsverordnung.

[274] Vgl. OLG Ffm. 5 U 178/95 v. 17.12. 1996, AG 1997, 131 ff.; LG Ffm. 3/11 O 44/96 v. 7.10. 1997, WM 1998, 1181, 1183; *Schäfer/Hamann* §§ 45, 46 aF BörsG Rz. 85; *Groß* §§ 44, 45 BörsG Rz. 53, 54.

Prospekt aufzunehmende **zukunftsbezogene Informationen**, wie zB die Darstellung von Trendinformationen gemäß Punkt 12 des Anhangs I der EU-Prospektverordnung oder die Angabe der laufenden Investitionen gem. Punkt 5.2 des Anhang I der EU-Prospektverordnung, sind zurückhaltend darzustellen und müssen als Prognosen ausreichend durch Tatsachen gestützt und kaufmännisch vertretbar sein.[275]

Die Unrichtigkeit bzw. Unvollständigkeit muss sich auf für die Beurteilung der Wertpapiere **wesentliche Angaben** beziehen, dh. die Angaben müssen für die Beurteilung der Wertpapiere von wesentlicher Bedeutung sein und gem. § 45 Abs. 2 Nr. 2 BörsG gerade zur Minderung des Börsenpreises beigetragen haben. Wesentliche Angaben sind die Angaben, die objektiv zu den wertbildenden Faktoren der Wertpapiere gehören.[276] 220

Für die Prospektverantwortlichen besteht auch nach der Prospekterstellung bis zur Einführung der Wertpapiere eine **fortlaufende Aktualisierungs- und Berichtigungspflicht**, die ggf. zusätzliche Erläuterungen zu aktuellen Entwicklungen erforderlich macht, die in den im Prospekt abgedruckten Finanzdaten oder im Lagebericht noch nicht enthalten sind.[277] Für den Zeitraum ab der Prospektbilligung bis zur Einführung der Wertpapiere ergibt sich die Aktualisierungspflicht ausdrücklich aus § 16 Abs. 1 S. 1 WpPG,[278] der die Verpflichtung zur Veröffentlichung eines **Nachtrags** zum Prospekt enthält, wenn seit der Billigung des Prospekts ein wichtiger neuer Umstand oder eine wesentliche Unrichtigkeit in Bezug auf die im Prospekt enthaltenen Angaben, die die Beurteilung der Wertpapiere beeinflussen könnten, eingetreten ist. Es besteht jedoch keine Verpflichtung, den Prospekt auch nach Einführung der Wertpapiere an der Wertpapierbörse fortlaufend zu aktualisieren.[279] Ab diesem Zeitpunkt wird dies durch kapitalmarktrechtliche Publizität wie zB Ad-hoc-Mitteilungen oder die Veröffentlichung von Finanzberichten sichergestellt. 221

Von dieser Berichtigungs- und Aktualisierungspflicht zu unterscheiden ist die **Möglichkeit zur Berichtigung** im Zeitpunkt der Einführung der Wertpapiere unrichtiger Prospektangaben, die sich aus der Sechsmonatsfrist des § 44 Abs. 1 BörsG ab Einführung der Wertpapiere und der Möglichkeit der Veröffentlichung haftungsbefreiender Nachträge gem. § 45 Abs. 2 Nr. 4 BörsG ergibt.[280] Die eine Ersatzpflicht ausschließende Berichtigung gem. § 45 Abs. 2 Nr. 4 BörsG setzt das Vorliegen von unrichtigen und unvollständigen Angaben im Prospekt voraus. Sie kommt also nur in Betracht, wenn der Prospekt zum Zeitpunkt seines Erlasses unrichtig oder unvollständig war. Sie findet dagegen keine Anwendung, wenn der zum Zeitpunkt des Erlasses richtige und vollständige Prospekt durch das Eintreten neuer Ereignisse nachträglich unrichtig oder unvollständig wird. 222

---

[275] Vgl. BGH II ZR 175/81 v. 12. 7. 1982, WM 1982, 862, 865; *Groß* §§ 44, 45 BörsG Rz. 52; *Assmann/Schütze* § 7 Rz. 88 ff.
[276] Vgl. *Assmann/Schütze* § 7 Rz. 66; *Groß* §§ 44, 45 BörsG Rz. 68.
[277] Vgl. *Groß* §§ 44, 45 BörsG Rz. 57; *Schwark* § 45 BörsG Rz. 27 ff.; *Schäfer/Hamann* §§ 45, 46 aF BörsG Rz. 90; *Assmann/Schütze* § 7 Rz. 71.
[278] Vgl. dazu auch LG Frankfurt a. M. 3–07 O 26/01 v. 17. 2. 2003, ZIP 2003, 400 ff.; § 11 VerkProspG.
[279] Vgl. *Groß* §§ 44, 45 BörsG Rz. 59; *Hopt* Rz. 213. Ebenso LG Frankfurt a. M. 3-07 O 26/01 v. 17. 1. 2003, ZiP 2003, 400 ff. (em.tv).
[280] Vgl. *Groß* §§ 44, 45 BörsG Rz. 65.

6. Kausalität

223 Die Prospekthaftung nach § 44 BörsG setzt voraus, dass es sich um Wertpapiere handelt, die aufgrund eines Prospekts zum Börsenhandel zugelassen sind, und dass das Erwerbsgeschäft nach der Veröffentlichung des Prospekts und innerhalb von sechs Monaten nach der erstmaligen Einführung der Wertpapiere abgeschlossen wurde. Die Haftung bezieht sich nach § 44 Abs. 1 Satz 1 und Abs. 4 BörsG auf diejenigen Wertpapiere, die aufgrund eines Prospekts oder einer gleichgestellten schriftlichen Darstellung zum Börsenhandel zugelassen sind, dh. nicht auf bereits früher zugelassene oder später (uU prospektfrei) zugelassene Wertpapiere. Gemäß § 44 Abs. 1 Satz 3 BörsG findet § 44 Abs. 1 Satz 1 und 2 BörsG jedoch auch auf den Erwerb von Wertpapieren desselben Emittenten, die von den in § 44 Abs. 1 Satz 1 BörsG genannten Wertpapieren nicht nach Ausstattungsmerkmalen oder in sonstiger Weise unterschieden werden können, entsprechend Anwendung. Grund für diese Regelung ist der Umstand, dass der Anleger bei der heute üblichen Girosammelverwahrung mit der damit verbundenen Begründung von Miteigentum an allen in Girosammelverwahrung befindlichen Wertpapieren gleicher Ausstattung und gleicher Wertpapier-Kennnummer nicht in der Lage ist, den Nachweis zu erbringen, dass die von ihm erworbenen Wertpapiere aufgrund des Prospekts zum Börsenhandel zugelassen wurden.[281] Andererseits kann eine Prospekthaftung nach § 44 BörsG auf die zugelassenen Wertpapiere beschränkt werden, wenn die Wertpapiere erkennbar **unterschiedliche Ausstattungsmerkmale**, wie zB Dividendenberechtigung, haben oder in sonstiger Weise, zB durch die Verwendung einer anderen Wertpapier-Kennnummer, unterschieden werden können.[282] Diese aus Erwägungen der Haftungsbegrenzung uU sinnvolle Entscheidung führt jedoch zu einer Reduzierung der Liquidität, da die neu zugelassenen Wertpapiere und die bereits zugelassenen Wertpapiere nicht fungibel sind.

224 Weiterhin ist es erforderlich, dass die Wertpapiere im Rahmen eines Erwerbsgeschäfts nach Veröffentlichung des Prospekts und **innerhalb von sechs Monaten** nach erstmaliger Einführung an der Wertpapierbörse erworben wurden. Für die Fristberechnung kommt es dabei auf den Abschluss des schuldrechtlichen Erwerbsgeschäfts, nicht auf die dingliche Eigentumsübertragung an.[283] Ein Nachweis des Erwerbs aufgrund des Prospekts bzw. einer bestimmten Anlagestimmung ist seit Änderung des Prospekthaftungsrechts nicht mehr erforderlich. Der bloße **Erst- oder Zweiterwerb** innerhalb von sechs Monaten ab Einführung reicht aus, während ein Erwerb der Wertpapiere vor Veröffentlichung des Prospekts von § 44 BörsG nicht erfasst wird.[284] Nach § 45 Abs. 2 Nr. 1 BörsG ist die Ersatzpflicht jedoch ausgeschlossen, wenn der Inanspruchgenommene nachweist, dass die Wertpapiere nicht aufgrund des Prospekts erworben wurden. Hierfür können im Einzelfall besonders negative Presseveröffentlichungen, dramatische Kurseinbrüche, die Veröffentlichung von negative Entwicklungen aufzeigenden Zwischenberichten oder Jahres-

---

[281] Vgl. *Sittmann* NZG 1998, 490, 491; *Bosch/Groß* Rz. 10/142; *Groß* AG 1999, 199, 204.
[282] Vgl. *Assmann/Schütze* 1. Ergänzungsband § 7 Rz. 40; *Groß* §§ 44, 45 BörsG Rz. 69; RegBegr. zum 3. FinMFöG BT-Drs. 13/8993, 54, 77.
[283] Vgl. *Assmann/Schütze* 1. Ergänzungsband § 7 Rz. 37; RegBegr. zum 3. FinMFöG BT-Drs. 13/8993, 54, 76.
[284] Vgl. *Groß* §§ 44, 45 BörsG Rz. 70.

D. Prospekthaftung 225–227 § 25

abschlüssen oder neue Tatsachen offenlegende Ad-hoc-Mitteilungen vor dem Erwerb des Wertpapiers durch den Antragsteller dienen.[285]

7. Verschulden

Gemäß § 45 Abs. 1 BörsG kann aus Prospekthaftung gem. § 44 BörsG nicht in Anspruch genommen werden, wer nachweist, dass er die Unrichtigkeit und Unvollständigkeit der Angaben des Prospekts nicht gekannt hat und die Unkenntnis nicht auf grober Fahrlässigkeit beruht. Grobe Fahrlässigkeit liegt vor, wenn die erforderliche Sorgfalt in besonders schwerem Maß verletzt wurde, wobei die Beurteilung sowohl subjektive Umstände als auch den persönlichen Kenntnisstand des Verletzers berücksichtigt und somit zu einer differenzierenden Beurteilung desselben Verhaltens bei verschiedenen Prospektverantwortlichen führen kann.[286] Die vor der Änderung der §§ 44 ff. BörsG erfolgte Differenzierung zwischen grober Fahrlässigkeit bei Prospektunrichtigkeit und böslichem Verhalten bei Prospektunvollständigkeit wurde im Rahmen der Gesetzesänderung aufgehoben. 225

Der Beurteilung des Verschuldens ist hinsichtlich der **verschiedenen Prospektverantwortlichen**, also des Emissionsbegleiters, des Emittenten und etwaiger weiterer Verantwortlicher wie Konzernmuttergesellschaften, Großaktionäre oder auch Vorstands- oder Aufsichtsratmitglieder zu unterscheiden. Bei den Emissionsbegleitern ist wohl weiterhin zwischen den Sorgfalts- und Nachforschungspflichten des Konsortialführers und den eingeschränkten Pflichten von Konsortialmitgliedern zu differenzieren.[287] 226

Die Emissionsabteilung einer Konsortialbank verfügt häufig vor Mandatierung für die Börseneinführung über keinerlei Spezialkenntnisse über den Emittenten. Dem Emissionsbegleiter obliegen jedoch bestimmte **Kontroll- und Nachprüfungspflichten**, deren Umfang im Einzelnen streitig ist und von den Umständen des konkreten Einzelfalls abhängt. Die üM.[288] vertritt die Ansicht, dass die Emissionsbanken sich nicht generell ohne jegliche eigene Kontrolle auf die Angaben des Emittenten, die in den Prospekt aufgenommen werden, verlassen dürfen. Existenz und Umfang von Nachforschungspflichten sind streitig.[289] Teilweise[290] wird nur eine Pflicht zur Prüfung der Plausibilität der Prospektangaben ohne eine allgemeine Verpflichtung zur Durchführung einer umfassenden Due-Diligence-Prüfung angenommen, teilweise wird auf die Zumutbarkeit der Nachprüfung abgestellt.[291] In der Regel wird zwischen 227

---

[285] Vgl. OLG Ffm. 21 U 92/95 v. 27. 3. 1996, WM 1996, 1216 ff.; OLG Düsseldorf 6 U 239/82 v. 5. 4. 1984, WM 1984, 586, 596; *Kort* AG 1999, 9, 12, 13; *Groß* AG 1999, 199, 205.
[286] Vgl. BGH IV ZR 170/52 v. 11. 5. 1953, BGHZ 10, 17; BGH IV ZR 223/91 v. 8. 7. 1992, BGHZ 119, 147, 149; *Kümpel* Rz. 9308; Großkomm. HGB/*Canaris* 3. Aufl. 1981 Rz. 2280. Ebenso RegBegr. zum 3. FinMFöG BT-Drs. 13/8993, 80.
[287] Vgl. *Bosch/Groß* Rz. 10/146, *Hopt* Rz. 116 ff.; *Groß* §§ 44, 45 BörsG Rz. 83, 84. Zu den unterschiedlichen Prospektprüfungspflichten bei Konsortialführer und Konsortialbanken vgl. nur *Groß* §§ 44, 45 BörsG Rz. 83.
[288] Vgl. RG II 106/12 v. 11. 10. 1912, RGZ 80, 196 ff.; *Schäfer/Hamann* §§ 45, 46 aF BörsG Rz. 104 ff.; *Hopt* Rz. 190 ff.; *Groß* § 44, 45 BörsG Rz. 80; *Schwark* § 45 BörsG Rz. 45.
[289] Gegen eine allgemeine Pflicht zur Durchführung einer Due Diligence *Groß* §§ 44, 45 BörsG Rz. 80 ff., *Kort* AG 1999, 8, 18.
[290] Vgl. *Groß* §§ 44, 45 BörsG Rz. 81; *Kort* AG 1999, 8, 18.
[291] Vgl. *Schäfer/Hamann* §§ 45, 46 aF BörsG Rz. 104; *Schwark* ZGR 1983, 162, 173.

Prospektinformationen des Emittenten und von sachverständigen Dritten differenziert.[292] Auch bei Ablehnung einer über die Plausibilitätsprüfung hinausgehenden Prüfungspflicht besteht eine Pflicht zur Aktualisierung von Angaben, die sich auf den Zeitraum nach den letzten im Prospekt enthaltenen Jahresabschlüssen beziehen und neue Entwicklungen darstellen.[293] Eine Nachforschungspflicht besteht in jedem Fall dann, wenn konkrete Anhaltspunkte für die Unrichtigkeit des Prospekts vorliegen oder Anhaltspunkte vorliegen, die Zweifel an der Richtigkeit des Prospekts begründen,[294] wie zB negative Werturteile Dritter oder Presseberichte.

228 Nach üM[295] besteht keine Pflicht zur erneuten Prüfung der Buchführung oder der testierten Jahresabschlüsse oder geprüften Zwischenabschlüsse des Emittenten, da keine Verpflichtung der Konsortialbanken zur Kontrolle der Kontrolleure besteht. Dieser Grundsatz gilt jedoch nicht, falls besondere Gründe bzw. Zweifel eine Prüfung nahezu aufdrängen und Anlass für eine Nachforschung geben. Hinsichtlich nicht von Wirtschaftsprüfern geprüften Abschlüssen besteht eine Kontrollpflicht der Prospektverantwortlichen, deren Umfang von den Umständen des konkreten Einzelfalls abhängig ist. Im Prospekt abgedruckte ungeprüfte Abschlüsse werden in der Praxis idR vom Abschlussprüfer einer kritischen Durchsicht unterzogen, deren Prüfungsumfang im Comfort Letter festgelegt ist.

229 Eine Zurechnung der Kenntnis eines Organmitglieds oder Mitarbeiters einer Konsortialbank aufgrund eines **Aufsichtsratsmandats** beim Emittenten erfolgt nach üM[296] nicht, da es sich dabei um ein persönliches Mandat handelt und das Aufsichtsratsmitglied gem. § 116 iVm. § 93 Abs. 1 Satz 2 AktG zur Verschwiegenheit verpflichtet ist.

230 Demgegenüber sind beim **Emittenten** hinsichtlich des Verschuldens höhere Anforderungen zu stellen, da der Prospekt sich im Wesentlichen auf den Emittenten und seine Geschäftstätigkeit und Finanzdaten bezieht, der Emittent den im Prospekt veröffentlichten Jahresabschluss aufstellt und er die Risiken seines Geschäfts kennt bzw. kennen muss. Konzernmuttergesellschaften, Großaktionäre oder auch Aufsichtsratsmitglieder können im Einzelfall eine im Vergleich zum Emissionsbegleiter größere Sachnähe und Sachkenntnis haben.

231 Nach üM[297] kann der Emissionsbegleiter auch Informationen anderer **Experten** und Fachleute wie zB Rechtsanwälte, Patentanwälte, Notare und Wirtschaftsprüfer oder technische Sachverständige ohne eigene Prüfung übernehmen, sofern nicht Gründe bzw. Zweifel eine Prüfung nahezu aufdrängen und im Einzelfall eine Nachprüfungspflicht begründen.[298]

---

[292] Vgl. *Groß*, §§ 44, 45 BörsG Rz. 81; *Schäfer/Hamann*, §§ 44, 45 BörsG Rz. 223 ff.
[293] Vgl. *Groß* §§ 44, 45 BörsG Rz. 81.
[294] Vgl. *Groß* §§ 44, 45 BörsG Rz. 80; *Assmann/Schütze* § 7 Rz. 217; *Hopt* Rz. 191 ff.
[295] Vgl. nur RG I 556/09/8 v. 18.10. 1910, LZ 1911, 155 ff.; RG Rep II 106/12 v. 11.10. 1912, RGZ 80, 196, 198 ff.; BGH II ZR 175/81 v. 12.7. 1982, WM 1982, 862, 864; *Groß* §§ 44, 45 BörsG Rz. 80; *Schwark* § 45 BörsG Rz. 47 ff.; *Hopt* Rz. 194 ff.; differenzierend *Assmann/Schütze* § 7 Rz. 219 ff.; aA *Köndgen* AG 1983, 120, 127.
[296] Vgl. dazu *Schäfer/Hamann* §§ 45, 46 aF BörsG Rz. 110; *Schwark* § 45 BörsG Rz. 50.
[297] Vgl. *Assmann/Schütze* § 7 Rz. 221; *Hopt* Rz. 193; *Schäfer/Hamann* §§ 45, 46 aF BörsG Rz. 111 ff.; *Groß* §§ 44, 45 BörsG Rz. 82.
[298] Vgl. *Groß* §§ 44, 45 BörsG Rz. 82; *Hopt* Rz. 193; *Schäfer/Hamann* §§ 45, 46 aF BörsG Rz. 111 ff.; *Assmann/Schütze* § 7 Rz. 221; Großkomm. HGB/*Canaris* 3. Aufl. 1981 Rz. 2280 a.

D. Prospekthaftung 232–235 § 25

Die Prospektbilligung durch die BaFin und die Zulassung der Wertpapiere 232
durch die **Geschäftsführung der Wertpapierbörse** schließt ein Verschulden
der Prospektverantwortlichen gem. § 44 Abs. 1 BörsG nicht aus, kann aber im
Einzelfall Amtshaftungsansprüche begründen.

8. Umfang des Schadensersatzes

§ 44 Abs. 1 Satz 1 BörsG bestimmt, dass der anspruchsberechtigte Erwerber 233
die Übernahme der Wertpapiere gegen Erstattung des Erwerbspreises, so weit
dieser den ersten Ausgabepreis der Wertpapiere nicht überschreitet, und der mit
dem Erwerb verbundenen üblichen Kosten verlangen kann. Ist ein Ausgabepreis nicht festgelegt, gilt als Ausgabepreis der erste nach Einführung der Wertpapiere festgestellte oder gebildete Börsenpreis. Ist der Erwerber nicht mehr Inhaber der Wertpapiere, so kann er gem. § 44 Abs. 2 Satz 1 BörsG die Zahlung
des Unterschiedsbetrags zwischen dem Erwerbspreis, so weit dieser den ersten
Ausgabepreis nicht überschreitet, und dem Veräußerungspreis der Wertpapiere
sowie die Zahlung der mit dem Erwerb und der Veräußerung verbundenen
üblichen Kosten verlangen. Die Begrenzung des Schadenersatzes auf den Ausgabepreis ergibt sich daraus, dass dies der Preis ist, zu dem die Wertpapiere aufgrund des Prospekts veräußert werden, und dass nachfolgende Veränderungen
des Wertpapierpreises nicht auf dem Prospekt beruhen, die Haftung der Prospektverantwortlichen überschaubar bleiben und ein Beitrag zur Risikokapitalförderung erfolgen soll.[299]

9. Haftungsausschluss und Haftungsbegrenzung

Nach § 44 BörsG kann gem. § 45 Abs. 1 BörsG nicht in Anspruch genom- 234
men werden, wer nachweist, dass er die Unrichtigkeit oder Unvollständigkeit
der Angaben des Prospekts nicht gekannt hat und die Unkenntnis nicht auf
grober Fahrlässigkeit beruht. Der Anspruch nach § 44 BörsG besteht gem. § 45
Abs. 2 BörsG nicht, sofern
– die Wertpapiere nicht aufgrund des Prospekts erworben wurden,
– der Sachverhalt, über den unrichtige oder unvollständige Angaben im Prospekt enthalten sind, nicht zu einer Minderung des Börsenpreises der Wertpapiere beigetragen hat,
– der Erwerber die Unrichtigkeit oder Unvollständigkeit der Angaben des
Prospekts bei dem Erwerb kannte
– vor dem Abschluss des Erwerbsgeschäfts im Rahmen des Jahresabschlusses
oder Zwischenberichts des Emittenten, einer Veröffentlichung nach § 15
WpHG oder einer vergleichbaren Bekanntmachung eine deutlich gestaltete
Berichtigung der unrichtigen oder unvollständigen Angaben im Inland veröffentlicht wurde oder
– es sich ausschließlich auf Grund von Angaben in der Zusammenfassung oder
einer Übersetzung ergibt, es sei denn, die Zusammenfassung ist irreführend,
unrichtig oder widersprüchlich, wenn sie zusammen mit den anderen Teilen
des Prospekts gelesen wird.
Der Haftungsverpflichtete hat sein fehlendes Verschulden gem. § 45 Abs. 1 235
BörsG und die in § 45 Abs. 2 BörsG genannten Umstände darzulegen und bei

---

[299] Vgl. *Groß* §§ 44, 45 BörsG Rz. 86; ebenso RegBegr. zum 3. FinMFöG BT-Drs. 13/8933, 54, 78, 79.

Bestreiten zu beweisen. Während § 45 Abs. 1 BörsG nur einen individuellen Haftungsausschluss begründet, führt das Vorliegen der Voraussetzungen des § 45 Abs. 2 BörsG zu einem **Haftungsausschluss** für alle möglichen Prospektverantwortlichen. Bei § 45 Abs. 2 Nr. 3 BörsG schließt nur positive Kenntnis die Ersatzpflicht aus, während grobe Fahrlässigkeit hierfür nicht ausreicht. Im Falle einer Prospektberichtigung nach § 45 Abs. 2 Nr. 4 BörsG muss die Berichtigung deutlich ausgestaltet sein. Sie muss allerdings nicht darauf hinweisen, dass sie eine fehlerhafte oder unterlassene Angabe im Prospekt berichtigt. Dem verständigen Leser muss jedoch ersichtlich sein, dass die Berichtigung vom Prospekt abweichende Angaben enthält.[300] Auf die Kenntnis des Erwerbers von der Berichtigung und deren Nachweis sowie den Nachweis der Kenntnis des Erwerbers vom Prospekt kommt es nicht an.[301]

236 Eine Vereinbarung, durch die der Anspruch nach § 44 BörsG **im Voraus** ermäßigt oder erlassen wird, ist gem. § 47 Abs. 1 BörsG unwirksam. Demgemäß ist eine nach Entstehen des Anspruchs abgeschlossene Vereinbarung, zB ein Vergleich, wirksam.

10. Verhältnis zu anderen Anspruchsgrundlagen

237 Weitergehende Ansprüche, die nach den Vorschriften des bürgerlichen Rechts aufgrund von Verträgen oder vorsätzlichen unerlaubten Handlungen erhoben werden können, bleiben gem. § 47 Abs. 2 BörsG unberührt. Das gilt sowohl für vertragliche bzw. vorvertragliche Ansprüche als auch für etwaige deliktische Ansprüche gem. §§ 826, 823 Abs. 2 BGB iVm. § 264 a StGB. Schließlich kommen auch Ansprüche aus der Verletzung gesellschaftsrechtlicher Pflichten gem. §§ 47 Nr. 3, 117 AktG, § 823 Abs. 2 iVm. §§ 399 Abs. 1 Nr. 4, 400 Abs. 1 AktG, § 331 HGB in Betracht.

238 Weiterhin macht sich jeder, der vorsätzlich im Zusammenhang mit dem Vertrieb von Wertpapieren, die eine Beteiligung an dem Ergebnis eines Unternehmens gewähren sollen, in Prospekten hinsichtlich der für die Entscheidung über den Erwerb erheblichen Umstände gegenüber einem größeren Kreis von Personen unrichtige vorteilhafte Angaben macht oder nachteilige Tatsachen verschweigt, nach § 264 a StGB wegen Kapitalanlagebetrugs strafbar und wird mit Freiheitsstrafe bis zu drei Jahren oder mit Geldstrafe bestraft. Daneben wird nach § 4 UWG wegen strafbarer Werbung jeder, der in der Absicht, den Anschein eines besonders günstigen Angebots hervorzurufen, in öffentlichen Bekanntmachungen oder Mitteilungen, die für einen größeren Personenkreis bestimmt sind, über geschäftliche Verhältnisse wissentlich unrichtige oder zur Irreführung geeignete Angaben macht, mit einer Freiheitsstrafe bis zu zwei Jahren oder mit Geldstrafe bestraft. Im Anwendungsbereich der börsengesetzlichen Prospekthaftung sind allgemeine zivilrechtliche Prospekthaftungsansprüche ausgeschlossen.[302]

---

[300] Vgl. *Groß* §§ 44, 45 Rz. 95; *Assmann/Schütze* 1. Ergänzungsband § 7 Rz. 29; RegBegr. zum 3. FinMFöG BT-Drs. 13/8933, 81.
[301] Vgl. *Groß* §§ 44, 45 BörsG Rz. 97; ebenso RegBegr. zum 3. FinMFöG BT-Drs. 13/8933, 54, 80 ff.
[302] Vgl. *Groß* §§ 44, 45 BörsG Rz. 100, § 48 BörsG Rz. 3; *Kort* AG 1999, 8, 18 ff.; RegBegr. zum 3. FinMFöG BT-Drs. 13/8933, 54, 81.

11. Verjährung und gerichtliche Zuständigkeit

Seit Änderung des Prospekthaftungsrechts im Jahre 2002 verjährt der Anspruch nach § 44 BörsG gem. § 46 BörsG in einem Jahr ab dem Zeitpunkt, zu dem der Erwerber von der Unrichtigkeit oder Unvollständigkeit der Angaben des Prospekts Kenntnis erlangt hat, spätestens jedoch in drei Jahren seit der Veröffentlichung des Prospekts. Seit Inkrafttreten des Gesetzes zur Einführung des Kapitalanleger-Musterverfahrensgesetz im Jahr 2005 begründet § 32 b ZPO ein ausschließliche Zuständigkeit des Landgerichts für Schadensersatzansprüche aus öffentlichen Kapitalmarktinformationen gem. § 1 Abs. 1 S. 3 KapMuG. Örtlich zuständig ist das Gericht des betreffenden Emittenten, soweit sich der Sitz nicht im Ausland befindet.[303]

II. Vereinigte Staaten von Amerika

Das US-amerikanische Recht enthält verschiedene Rechtsvorschriften, die Grundlage für Prospekthaftungsansprüche bilden können. Es ist grds. zwischen fehlerhaften Prospekten für bei der SEC registrierten Wertpapieren und nicht registrierten Wertpapieren zu unterscheiden.

Für **registrierte Wertpapiere** gilt insbesondere Section 11 Securities Act.[304] Gemäß Section 11(a) Securities Act kann jede Person, die Aktien erwirbt, für den Fall, dass ein Teil einer Registrierungserklärung bei ihrem Wirksamwerden eine unrichtige Angabe einer wesentlichen Tatsache enthielt oder es unterließ, eine wesentliche Tatsache darzustellen, die darin darzustellen war oder erforderlich war, die darin enthaltenen Angaben nicht irreführend zu machen, vor dem zuständigen Gericht Schadensersatz geltend machen. **Möglicher Beklagter** ist

- jede Person, die die Registrierungserklärung unterzeichnet hat,
- jede Person, die zum Zeitpunkt der Einreichung des angeblich haftungsbegründenden Teils der Registrierungserklärung ein Director[305] oder eine Person mit vergleichbarer Funktion des Emittenten war,
- jede Person, die mit ihrem Einverständnis in der Registrierungserklärung als gegenwärtiger oder zukünftiger Director oder als eine Person mit vergleichbarer Funktion genannt wird,
- jeder Wirtschaftsprüfer, Ingenieur, Gutachter und jede andere Person, deren Beruf Autorität hinsichtlich ihrer Aussage verleiht und der/die mit seinem/ ihrem Einverständnis in der Registrierungserklärung als Vorbereiter oder Bestätiger eines Teils der Registrierungserklärung oder eines Berichts oder

---

[303] § 32 b (1) S. 1 ZPO.
[304] Vgl. *Loss/Seligman* Fundamentals of Securities Regulation S. 1149 ff.; *Greene ua.* US Regulation of the International Securities and Derivatives Markets § 14.03; *Johnson/ McLaughlin* Corporate Finance and Securities Laws Kapitel 5, S. 260–267; *Hazen* The Law of Securities Regulation §§ 7.3, 7.4; *Hopt/Rudolph/Baum/Becker* Börsenreform, 1997, S. 860 ff.; *Farmery/Walmsley/Joyce/Gruson/Jungreis* US Securities and Investment Handbook S. 21 ff.; *Gruson* WM 1995, 89, 93 ff.; *Ebke/Siegel* WM Sonderbeilage Nr. 2/2001, 10 ff.
[305] Deutsche Aktiengesellschaften weisen zwei verschiedene Organe vor, die zusammen dem monistischen US-amerikanischen Board of Directors entsprechen. Für Zwecke der Section 11 Securities Act gelten die Mitglieder des Vorstands als Directors.

einer Bewertung, die im Rahmen der Registrierungserklärung verwendet wird, genannt ist, hinsichtlich dieser Aussage, dieses Berichts oder dieser Bewertung sowie
- jede Emissionsbank (Underwriter) hinsichtlich dieser Wertpapiere.[306]

242 Das Vorliegen einer **„wesentlichen Tatsache"** beurteilt sich aufgrund einer Gesamtwürdigung der Umstände des Einzelfalls.[307] Ein Anspruch ist ausgeschlossen, wenn nachgewiesen wird, dass der Anspruchsteller zum Zeitpunkt des Erwerbs die Unrichtigkeit oder Auslassung kannte.[308] Die Haftung nach Section 11 Securities Act ist anders als im deutschen Prospekthaftungsrecht für den Emittenten verschuldensunabhängig.

243 Gemäß Section 11 (b) Securities Act sind Personen – außer dem Emittenten – nicht haftbar, wenn sie bestimmte Umstände nachweisen können. So ist eine Haftung ua. ausgeschlossen, wenn
- eine Person (einschließlich eines Experten) bezüglich eines Teils der Registrierungserklärung nach sorgfältiger Prüfung zum Zeitpunkt des Wirksamwerdens dieses Teils vernünftige Gründe dafür hatte zu glauben und glaubte, dass die Aussagen darin richtig waren und dass es keine Auslassung einer wesentlichen Tatsache gab, die darin enthalten sein musste oder notwendig war, um die Angabe nicht irreführend zu machen,
- bei einem Experten ein Teil der Registrierungserklärung die Aussage des Experten nicht in angemessener Weise darstellte oder keine angemessene Wiederholung oder kein angemessener Auszug seines Berichts oder seiner Bewertung als Experte war.[309]

244 Als Maßstab der **angemessenen Sorgfalt** für die Prüfung und der **vernünftigen Gründe** für das Glauben iSv. § 11 (b) Securities Act ist die Sorgfalt einer besonnenen Person („prudent man") für die Verwaltung ihres eigenen Vermögens maßgeblich.[310] Nach üM[311] werden bei der Beurteilung des Sorgfaltsmaßstabs die Kenntnisse, Fähigkeiten und der Umfang der Mitwirkung sowie Sonder- und Fachkenntnisse der jeweiligen Person berücksichtigt.

245 Zur Ermöglichung der **sog. Due Diligence Defence** mandatieren die Emissionsbanken idR Rechtsanwälte und Wirtschaftsprüfer zur Durchführung einer umfangreichen Unternehmensprüfung und erhalten von diesen an sie adressierte Legal Opinions, Disclosure Letters und Comfort Letters (s. Rz. 117 ff., Rz. 135 ff.), die eine Aussage über bestimmte Rechtsfragen enthalten, die nach Kenntnis dieser eingeschalteten Rechtsanwälte bestehende Richtigkeit und Vollständigkeit der Informationen im Prospekt bestätigen sowie von den Wirtschaftsprüfern bestimmte bestätigende Aussagen zu den Finanzangaben enthalten.[312] Legal Opinions, Disclosure Letters und Comfort Letter sind zwar

---

[306] Section 11 (a) (1) – (5) Securities Act.
[307] Vgl. Spielman v. General Host Corp., 402 F. Supp. 190, 194 (S. D. N. Y. 1975) aff'd, 538 F.2d 39 (2 d Cir. 1976); Akerman v. Oryx Communications, Inc., 609 F. Supp. 363, 369 (S. D. N. Y. 1984).
[308] Section 11 (a) Securities Act.
[309] Section 11 (b) (3) (A) (B) Securities Act.
[310] Section 11 (c) Securities Act.
[311] Vgl. Rule 176 zum Securities Act. Vgl. auch Escott v. BarChris Construction 283 F.Supp. 643 (S. D. N. Y. 1968).
[312] Vgl. *Johnson/McLaughlin* Corporate Finance and Securities Laws Kapitel 5, S. 279–299; *Farmery/Walmsley/Joyce/Gruson/Jungreis* US Securities and Investment Handbook S. 23 ff.; *Adolff* S. 26; *Gruson* WM 1998, 89, 94.

D. Prospekthaftung

unentbehrliche Bausteine der Due Diligence Defence. Dennoch müssen die Emissionsbanken selbst ihrer einigen Sorgfaltspflichten nachkommen, um eine Due Diligence Defence geltend machen zu können.³¹³

Wenn der Erwerber die Wertpapiere erworben hat, nachdem der Emittent seinen Aktionären einen **Ergebnisbericht** (Earning Statement), der einen Zeitraum von mindestens zwölf Monaten umfasst, beginnend mit dem Wirksamwerden der Registrierungserklärung, allgemein zugänglich zur Verfügung gestellt hat, besteht eine Ersatzpflicht nach Section 11 (1) Securities Act nur unter der Bedingung des **Beweises**, dass diese Person die Wertpapiere im Vertrauen auf die unrichtige Erklärung in der Registrierungserklärung oder im Vertrauen auf die Registrierungserklärung und in Unkenntnis der Auslassung erworben hat.³¹⁴ Ein derartiges Vertrauen kann jedoch auch ohne Nachweis des Lesens der Registrierungserklärung vorliegen. Hat der Anspruchsteller die Wertpapiere vor diesem Zeitpunkt erworben, gilt diese Beweislastumkehr nicht und die Kausalität der Unrichtigkeit oder Unvollständigkeit für den Wertpapiererwerb wird vermutet, es sei denn, der Anspruchsgegner weist nach, dass der Anspruchsteller Kenntnis hatte. **246**

Der **Umfang des Schadenersatzes** ist die Differenz zwischen dem für die Wertpapiere bezahlten Preis und **247**
- deren Wert zum Zeitpunkt der Klageerhebung oder
- dem Preis, zu dem diese Wertpapiere vor der Klage am Markt veräußert wurden, oder
- dem Preis, zu dem die Wertpapiere nach der Klage, aber vor dem Urteil veräußert wurden, wenn dieser Schaden geringer ist als der Schaden, der dem Unterschied zwischen dem für die Wertpapiere bezahlten Preis und deren Wert zum Zeitpunkt der Klage war.³¹⁵

Der Anspruchsgegner kann eine Haftung jedoch begrenzen oder ausschließen, wenn er nachweisen kann, dass ein Wertverlust nicht mit den fehlenden oder falschen Angaben in der Registrierungserklärung in Zusammenhang steht, dh. die Falschangaben für den Wertverlust nicht ursächlich waren,³¹⁶ zB weil der Wertverlust auf andere Gründe zurückzuführen ist. Prospektverantwortliche haften gesamtschuldnerisch und sind untereinander unter bestimmten Voraussetzungen ausgleichsberechtigt.³¹⁷ Die Haftung des Experten beschränkt sich jedoch auf Unrichtigkeit oder Auslassungen bei von ihm vorbereiteten oder bestätigten Teilen der Registrierungserklärung und eine Emissionsbank, die nur einen Teil der Emission erwarb und vom Emittenten keine speziellen Provisionen erhielt, ist nicht über den Gesamtbetrag des Emissionswerts der von ihr erworbenen Wertpapiere hinaus haftbar.³¹⁸ **248**

Gemäß Section 12 (a) (2) Securities Act haftet ua. jede Person, die Wertpapiere – unabhängig davon, ob sie gem. Section 3 Securities Act von der Registrierungspflicht befreit sind oder nicht anbietet oder verkauft, der/die eine unrichtige Angabe über wesentliche Tatsachen enthält oder es unterlässt, eine **249**

---

³¹³ Vgl. Escott v. BarChris Construction, 283. F.Supp. 643 (S. D. N. Y. 1968).
³¹⁴ Section 11 (1) letzter Absatz Securities Act.
³¹⁵ Section 11 (1) (e) Securities Act.
³¹⁶ Vgl. Akerman v. Oryx Communications, Inc., 609 F. Supp. 363, 369 (S. D. N. Y. 1984).
³¹⁷ Section 11 (1) (f) Securities Act.
³¹⁸ Section 11 (e) Securities Act.

wesentliche Tatsache darzustellen, die erforderlich ist, die darin enthaltenen Angaben im Lichte der Umstände, unter denen sie gemacht wurden, nicht irreführend zu machen, und die nicht nachweisen kann, dass sie die Unrichtigkeit oder Auslassung nicht kannte und bei Anwendung angemessener Sorgfalt nicht kennen konnte.[319] **Anspruchsberechtigt** ist jede Person, die unmittelbar vom Inanspruchgenommenen Wertpapiere erworben hat oder der Wertpapiere von ihm angeboten wurden. Der Anspruch richtet sich auf Rückgewähr des bezahlten Kaufpreises einschließlich Zinsen abzüglich etwaiger Erträge gegen Rückgabe der Wertpapiere und nur dann auf Schadenersatz, wenn der Anspruchsteller nicht mehr Inhaber der Wertpapiere ist. Der Anspruch ist bei Kenntnis der Unrichtigkeit oder Auslassung durch den Erwerber ausgeschlossen. Auch bei Ansprüchen nach Section 12 Securities Act findet bei Nachweis fehlender Kausalität eine **Minderung** bzw. ein **Ausschluss** der Ersatzpflicht statt.[320] Der Anwendungsbereich von Section 12 (a) (2) Securities Act wurde durch eine Entscheidung des US Supreme Court im Jahre 1995[321] eingeschränkt und findet seither wohl nur noch auf Angebote von gem. Section 5 Securities Act registrierten Wertpapieren, Angebote von Wertpapieren, die hätten registriert werden müssen, und bestimmten von der Registrierung befreiten Angeboten Anwendung. Als Folge dieser Gerichtsentscheidung wurde die frühere Section 12 (2) Securities Act geändert und die neue Section 12 (a) (2) Securities Act geschaffen. Durch diese Entscheidung ist der Begriff „Prospekt" in Section 12 (2) Securities Act als Dokument, das ein „öffentliches Angebot" („public offering") von Wertpapieren beschreibt, auszulegen. Auf Privatplatzierungen insb. nach Rule 144A oder Regulation D findet Section 12 (a) (2) Securities Act danach keine Anwendung mehr. Section 12 (a) (2) Securities Act verlangt im Grundsatz einen unmittelbaren Erwerb des Anspruchstellers vom Inanspruchgenommenen oder ein direktes Angebot an den Anspruchsteller (sog. Privity).[322] Nach der Rechtsprechung haften auch bestimmte andere Personen, die an dem Angebot oder dem Verkauf der Wertpapiere in erheblicher Weise aktiv mitgewirkt haben, nach Section 12 Securities Act.[323] Nach streitiger, aber wohl

---

[319] Section 12 (a) (2) Securities Act. Vgl. dazu *Loss/Seligman* Fundamentals of Securities Regulation S. 1121 ff.; *Greene ua.* US Regulation of the International Securities and Derivatives Markets § 14.03, S. 14–20; *Hopt/Rudolph/Baum/Becker* Börsenreform, 1997, S. 862 ff. Die Auslegung des Begriffs „angemessene Sorgfalt" (reasonable care) ist umstritten. Vgl. dazu Sanders v. John Nuveen & Co., Inc., 619 F.2 d 1222, 1228 (7th Cir. 1980), cert. denied 450 U. S. 1005, 1008 ff. (1981).

[320] Section 12 (b) Securities Act.

[321] Gustafson v. Alloyd Co. 115 S. Ct. 1061 (1995); Vgl. dazu *Loss/Seligman* Fundamentals of Securities Regulation S. 1129 ff.; *Greene ua.* US Regulation of the International Securities and Derivatives Markets § 14.04; *Johnson/McLaughlin* Corporate Finance and Securities Laws Kapitel 5, S. 265; *Gleesen* IFLR 1996, 20 ff.

[322] *Greene ua.* US Regulation of the International Securities and Derivatives Markets § 14.04; Demarco v. Edens, 390 F.2 d 836, 841 n.3 (2 d Cir. 1968); Akermann v. Oryx Communications, Inc., 609 F.Supp.363, 373 (S. D. N. Y. 1984).

[323] Sog. Statutory Seller. Vgl. dazu *Loss/Seligman* Fundamentals of Securities Regulation S. 1140 ff., 1147, 1148; in re Craftmatic Securities Litigation, 890 F.2 d 628 (3 d Cir. 1989); Wilson v. Saintine Exploration and Drilling corp., 872 F.2 d 1124 (2 d Cir. 1989); Pinter v. Dahl 486 U. S. 622 (1988); 656, 667 (5th Cir. 1980). Anderer Ansicht ist der Supreme Court in der Entscheidung Central Bank of Denver v. First Interstate Bank of Denver, 114 S. Ct. 1439 = 128 L.Ed. 2 d 119 (1994) zu Section 10(b) Exchange Act.

D. Prospekthaftung   250–253   § 25

üM[324] reicht die bloße Mitwirkung in einem Emissionskonsortium hierfür jedoch nicht aus.

Gemäß Section 15 Securities Act sind Personen, die durch Aktieninhaberschaft, Stellvertretung oder in sonstiger Weise einer Person, die gem. Section 11 oder 12 Securities Act haftbar ist, ebenfalls in demselben Umfang, in dem die kontrollierte Person haftbar ist, als Gesamtschuldner verantwortlich, es sei denn, die **kontrollierende Person** hatte keine Kenntnis von dem Vorliegen oder angemessene Gründe für den Glauben an das Vorliegen der Tatsachen, aufgrund deren die Haftung der kontrollierten Person angeblich besteht.   250

Ebenso wie Section 12 (a) (2) Securities Act gelten einige **allgemeine Anlegerschutzvorschriften** gegen betrügerisches Verhalten und Irreführung gem. Section 17 (a) Securities Act, Section 10 (b) Securities Exchange Act und Rule 10 b-5 zum Securities Exchange Act sowohl für registrierte als auch für nicht registrierte Wertpapiere. Trotz der Formulierung dieser drei Rechtsvorschriften als reine Verbotsnormen werden Section 10 (b) Securities Exchange Act und Rule 10 b-5 zum Securities Exchange Act nach allgemeiner Meinung,[325] Section 17(a) Securities Act nur nach einer Mindermeinung[326] als **Anspruchsgrundlagen** für Schadenersatzansprüche ausgelegt. Für die Geltendmachung von Schadenersatzansprüchen ausreichend sind auch mündliche Angaben im Rahmen von Wertpapiergeschäften, unabhängig davon, ob ein Prospekt vorgelegt wurde. Anspruchsvoraussetzung ist jedoch Verschulden, wobei im Rahmen von Rule 10 b-5 streitig ist, ob Absicht (scienter) erforderlich ist oder ob bereits bewusste Fahrlässigkeit zur Haftungsbegründung ausreicht.[327]   251

Schadenersatzansprüche nach Section 11 Securities Act oder Section 12 (a) (2) Securities Act sind innerhalb eines Jahres nach Kenntniserlangung von den unrichtigen Angaben oder der Auslassung bzw. dem Zeitpunkt, zu dem diese Kenntnis bei angemessener Sorgfalt erlangt worden wäre, spätestens jedoch innerhalb von drei Jahren nach dem in gutem Glauben erfolgten öffentlichen Angebot im Falle der Section 11 Securities Act bzw. nach dem Verkauf im Falle der Section (12) (a) (2) Securities Act geltend zu machen.[328]   252

Anspruchsteller begründen ihre Prospekthaftungsansprüche in der Regel mit allen in Betracht kommenden Anspruchsgrundlagen, da die verschiedenen Rechtsvorschriften aus dem US-Wertpapierrecht, so weit sie tatbestandlich erfüllt sind, **nebeneinander** geltend gemacht werden können.[329] Die Ansprüche   253

---

[324] Vgl. dazu *Loss/Seligman* Fundamentals of Securities Regulation S. 1147; Akerman v. Oryx Communications, Inc., 609 F.Supp. 363, 373–374 (S. D. N. Y. 1984).

[325] Zu Rule 10 b-5 allgemein *Loss/Seligman* Fundamentals of Securities Regulation S. 962 ff., 1199 ff.; *Hopt/Rudolph/Baum/Becker* Börsenreform, 1997, S. 865 ff.; Herman & - MacLean v. Huddleston, 459 US 375 (1983); Central Bank of Denver v. First Interstate Bank of Denver, 114 S. Ct. 1439 (1994).

[326] Vgl. dazu *Hazen* The Law of Securities Regulation § 13.13; *Farmery/Walmsley/Joyce/Gruson/Jungreis* US Securities and Investment Handbook S. 29; *Ebke/Siegel* WM Sonderbeilage Nr. 2/2001, 12, 13.

[327] Der US Supreme Court verlangt „scienter". Vgl. dazu Aaron v. SEC, 446 U. S. 860 (1980); Ernst & Ernst v. Hochfelder, 425 U. S. 185 (1976).

[328] Section 15 Securities Act.

[329] Vgl. *Hazen* The Laws of Securities Regulation § 7.5.; Berger v. Bishop Investment Corp., 695 F.2d 302 (8th Cir. 1982); Huddleston v. Herman & MacLean, 459 U. S. 375, 103 S. Ct. 683, 74 L.Ed.2d 548 (1983); Lanza v. Drexel & Co., 479 F.2d 1277 (2d Cir. 1973); Stewart v. Bennet, 359 F.Supp. 878 (D.Mass. 1973).

können im Wege einer Sammelklage (sog. Class Action) geltend gemacht werden.[330]

Exkurs: Kapitalanleger-Musterverfahrensgesetz

254 In Umsetzung des Maßnahmenkatalogs der Bundesregierung zur Stärkung der Unternehmensintegrität und des Anlegerschutzes und aufgrund der Erfahrungen im Rahmen der zahlreichen Klagen im Zusammenhang mit Kapitalmaßnahmen der Deutsche Telekom AG im Jahr 2004 wurde durch das Gesetz zur Einführung von Kapitalanleger-Musterverfahren[331] in Deutschland für kapitalmarktrechtliche Streitigkeiten die Möglichkeit eines bereichsspezifischen kollektiven Musterverfahrens eingeführt.[332]

255 Nach dem Kapitalanleger-Musterverfahrensgesetz kann durch **Musterfeststellungsantrag** in einem erstinstanzlichen Verfahren, in dem (1) ein Schadensersatzanspruch wegen falscher, irreführender oder unterlassener öffentlicher Kapitalmarktinformation oder (2) ein Erfüllungsanspruch aus Vertrag, der auf einem Angebot nach dem Wertpapiererwerbs- und Übernahmegesetz beruht, geltend gemacht wird, die Feststellung des Vorliegens oder Nichtvorliegens anspruchsbegründender oder anspruchsausschließender Voraussetzungen oder die Klärung von Rechtsfragen begehrt werden (Feststellungsziel), wenn die Entscheidung des Rechtsstreits hiervon abhängt.[333] Der Musterfeststellungsantrag kann vom Kläger und vom Beklagten gestellt werden. **Öffentliche Kapitalmarktinformationen** sind hierbei für eine Vielzahl von Kapitalanlegern bestimmte Informationen über Tatsachen, Umstände, Kennzahlen und sonstige Unternehmensdaten, die einen Emittenten von Wertpapieren oder Anbieter von sonstigen Vermögensanlagen betreffen. Dies sind insbesondere Angaben in (1) Prospekten nach dem Wertpapierprospektgesetz, (2) Verkaufsprospekten nach dem Verkaufsprospektgesetz sowie dem Investmentgesetz, (3) Mitteilungen über Insiderinformationen im Sinne des § 15 WpHG, (4) Darstellungen, Übersichten, Vorträgen und Auskünften in der Hauptversammlung über die Verhältnisse der Gesellschaft einschließlich ihrer Beziehungen zu verbundenen Unternehmen im Sinne des § 400 Abs. 1 Nr. 1 AktG, (5) Jahresabschlüssen, Lageberichten, Konzernabschlüssen, Konzernlageberichten sowie Zwischenberichten des Emittenten, und in (6) Angebotsunterlagen im Sinne des § 11 Abs. 1 Satz 1 WpHG.[334]

256 Der **Musterfeststellungsantrag** ist bei dem Prozessgericht unter Angabe des Feststellungsziels und der öffentlichen Kapitalmarktinformation zu stellen und muss Angaben zu allen zur Begründung des Feststellungsziels dienenden tatsächlichen und rechtlichen Umständen (Streitpunkte) enthalten und die Beweismittel bezeichnen, deren sich der Antragsteller zum Nachweis oder zur Widerlegung tatsächlicher Behauptungen bedienen will.[335] Einen zulässigen

---

[330] Vgl. dazu *Loss/Seligman* Fundamentals of Securities Regulation S. 1340 ff.; *Hopt/Rudolph/Baum/Becker* Börsenreform, 1997, S. 858.

[331] Vgl. Gesetz zur Einführung von Kapitalanleger-Musterverfahren vom 16.8.2005 (BGBl. I S. 2437).

[332] Vgl. *Heidel* § 1 ff. KapMuG *Maier-Reimer/Wilsing* ZGR 2006, 79 ff.; *Möllers/Weichert* NJW 2005, 2737 ff.; *Reuschle* WM 2004, 966 ff.; *Hess* ZIP 2005, 1713 ff.; *Hein* RIW 2004, 602 ff.

[333] § 1 Abs. 1 KapMuG.

[334] § 1 Abs. 1 S. 4 KapMuG.

[335] § 1 Abs. 2 S 1, 2 KapMuG.

D. Prospekthaftung 257–260 § 25

Musterfeststellungsantrag macht das Prozessgericht im elektronischen Bundesanzeiger unter der Rubrik „Klageregister nach dem Kapitalanleger-Musterverfahrensgesetz" **öffentlich bekannt**.[336]
Mit der Bekanntmachung des Musterfeststellungsantrags im Klageregister wird das Verfahren unterbrochen.[337] Das Prozessgericht führt durch Beschluss eine Entscheidung des im Rechtszug übergeordneten Oberlandesgerichts über das Feststellungsziel gleichgerichteter Musterfeststellungsanträge (**Musterentscheid**) herbei, wenn (1) in dem Verfahren bei dem Prozessgericht der zeitlich erste Musterfeststellungsantrag gestellt wurde und (2) innerhalb von vier Monaten nach seiner Bekanntmachung in mindestens neun weiteren Verfahren bei demselben oder anderen Gerichten gleichgerichtete Musterfeststellungsanträge gestellt wurden.[338] Der Vorlagebeschluss ist unanfechtbar und für das Oberlandesgericht bindend. Mit Erlass des Vorlagebeschlusses ist die Einleitung eines weiteren Musterverfahrens für die gemäß § 5 KapMuG auszusetzenden Verfahren unzulässig.[339] 257

Das Oberlandesgericht erlässt aufgrund mündlicher Verhandlung den Musterentscheid durch **Beschluss**.[340] Der Musterentscheid bindet die Prozessgerichte, deren Entscheidung von der im Musterverfahren getroffenen Feststellung oder der im Musterverfahren zu klärenden Rechtsfrage abhängt.[341] 258

Für Klagen, mit denen (1) der Einsatz eines auf Grund falscher, irreführender oder unterlassener öffentlicher Kapitalmarktinformationen verursachten Schadens oder (2) ein Erfüllungsanspruch aus Vertrag, der auf einem Angebot nach dem Wertpapiererwerbs- und Übernahmegesetz beruht, geltend gemacht wird, ist das Gericht ausschließlich am Sitz des betroffenen Emittenten, des betroffenen Anbieters von sonstigen Vermögensanlagen oder der Zielgesellschaft zuständig. Dies gilt nicht, wenn sich dieser Sitz im Ausland befindet.[342] 259

Das Gesetz enthält weiter Bestimmungen über die Bekanntmachung des Musterverfahrens, Aussetzung von Verfahren durch das Prozessgericht von Amts wegen, die Beteiligten des Musterverfahrens und allgemeine Verfahrensregeln sowie Kostenregelungen und Rechtsbehelfe. 260

---

[336] § 2 Abs. 1 KapMuG.
[337] § 3 KapMuG.
[338] § 4 Abs. 1 KapMuG.
[339] § 5 KapMuG.
[340] § 14 Abs. 1 KapMuG.
[341] § 16 Abs. 1 S. 1 KapMuG.
[342] § 32 (b) ZPO.

§ 26 Besondere Anforderungen an die börsennotierte AG

Bearbeiter: Dr. Stephan Göckeler

Übersicht

	Rz.
A. Einführung und Begriff der börsennotierten AG	1–8
B. Aktienrechtliche Besonderheiten und Anforderungen	15–27
C. Rechnungslegung einer börsennotierten AG	30–61
I. Besonderheiten nach deutschem Handelsrecht	30–43
1. Anwendbare Rechnungslegungsgrundsätze	30–33
a) Einordnung als große Kapitalgesellschaft	30, 31
b) Besondere inhaltliche Anforderungen	32
c) Prüfung	33
2. Publizität nach HGB	34–43
a) Offenlegungspflicht und -umfang	34
b) Jahresabschluss	35
c) Konzernabschluss	36, 37
d) Art und Weise der Offenlegung	38–40
e) Sanktionen bei Verletzung der Offenlegungspflichten	41, 42
f) Bilanzpolitik	43
II. Internationale Rechnungslegung	48, 49
III. Enforcement-Verfahren	60, 61
D. Börsenrechtliche Regelpublizität und sonstige Zulassungsfolgepflichten	80–126
I. Regulierter Markt	81–88
1. Regelpublizität nach Wertpapierhandelsgesetz	81–84
2. Weitere Informationspflichten	85
3. Sonstige Zulassungsfolgepflichten	86, 87
4. Sanktionen	88
II. Prime Standard	120–126
E. Mitteilung des Stimmrechts- und Anteilsbesitzes	170–187
I. Wertpapierrechtliche Mitteilungspflichten	170–183
1. Mitteilung des Stimmrechtsbesitzes	170–182
a) Übersicht und Anwendungsbereich	170, 171
b) Mitteilungspflicht des Aktionärs	172–175
c) Zurechnung von Stimmrechten	176–179
d) Sanktionen	180
e) Veröffentlichungspflicht der Gesellschaft	181
f) Erwerb eigener Aktien	182
2. Aktiengeschäfte von Vorstand, Aufsichtsrat	183
II. Aktienrechtliche Mitteilungspflichten	184–187
1. Mitteilungspflichten für Aktienbesitz eines Unternehmens	184–186
2. Mitteilungspflichten für Kapitalgesellschaftsanteile einer AG/KGaA	187

§ 26 Besondere Anforderungen an die börsennotierte AG

- F. Insiderüberwachung 200–274
  - I. Überblick 200, 201
  - II. Begriffsbestimmungen................. 202–210
    1. Die Aktie als Insiderpapier 202, 203
    2. Insiderinformationen 204–209
       - a) Grundsätze 204
       - b) Konkrete Information über Umstände 205
       - c) Nicht öffentlich bekannt 206
       - d) Bezug zum Emittenten oder zum Insiderpaper . 207
       - e) Eignung zur erheblichen Preisbeeinflussung ... 208, 209
    3. Insider 210
  - III. Verbotene Insidergeschäfte 217–223
    1. Grundsätze 217
    2. Einzelfragen 218–221
       - a) Verwenden 218–220
       - b) Rückkaufprogramme und Stabilisierungsmaßnahmen 221
    3. Rechtsfolgen bei Verstoß 222, 223
  - IV. Ad-hoc-Publizität 230–246
    1. Gesetzliche Grundlage 230
    2. Tatbestandsmerkmale 231, 232
       - a) Insiderinformationen 231
       - b) Unmittelbare Betroffenheit des Emittenten ... 232
    3. Inhalt und Art der Veröffentlichung 233–235
    4. Befreiung von der Ad-hoc-Publizitätspflicht 236
    5. Irrelevante Ad-hoc-Mitteilungen 237
    6. Sanktionen 238–240
    7. Einzelfragen der Ad-hoc-Publizitätspflicht 241–246
       - a) Potenziell publizitätspflichtige Vorgänge 241
       - b) Mehrstufige Entscheidungsprozesse 242
       - c) Jahresergebnisse und Abweichungen von Prognosen 243
       - d) Planungen, Strategien und Berücksichtigung möglicher Gegenmaßnahmen 244
       - e) M&A-Transaktionen 245
       - f) Erwerb eigener Aktien 246
  - V. Insiderverzeichnis...................... 260–264
    1. Hintergrund 260
    2. Verpflichtete Adressaten und Ausnahmen 261
    3. Aufzunehmende Personen und Aufklärungspflichten 262
    4. Inhalt und Aktualisierung des Verzeichnisses 263
    5. Sanktionen 264
  - VI. Verbot der Marktmanipulation 270–274
    1. Grundlage und Adressatenkreis 270
    2. Manipulationstatbestand 271–273
    3. Sanktionen 274
- G. Tabellarische Übersicht 275

Schrifttum: *Brandi/Süßmann* Neue Insiderregeln und Ad-hoc-Publizität – Folgen für Ablauf und Gestaltung von M&A-Transaktionen, AG 2004, 642 ff.; *Crahn* Das neue Insiderrecht, Der Konzern 2005, 5 ff.; *Erkens* Director's Dealings nach neuem WpHG, Der Konzern 2005, 29 ff; *Götze* Ad-hoc-Publizitätspflicht bei Zulassung einer Due Diligence durch AG-Vorstand, BB 1998, 2326 ff.; *Koch* Neuerungen im Insiderrecht und der Ad-hoc-Publizität, DB 2005, 267 ff.; *Nowak* Ad-hoc-Publizität bei M&A-Transaktionen,

A. Einführung und Begriff der börsennotierten AG 1–5 § 26

DB 1999, 601 ff.; *Rodewald/Tüxen* Neuregelung des Insiderrechts nach dem AnsVG – Neue Organisationsanforderungen für Emittenten und ihre Berater, BB 2004, 2249 ff.; *Schäfer (Hrsg.)* Wertpapierhandelsgesetz, Börsengesetz, Verkaufsprospektgesetz, 1999; *Simon* Die neue Ad-hoc-Publizität, Der Konzern 2005, 13 ff.; *Schlüter* Wertpapierhandelsrecht 2000; *Tollkühn* Die Ad-hoc-Publizitätspflicht nach dem Anlegerschutzverbesserungsgesetz, ZIP 2004, 2215 ff.; *Zacharias* Börseneinführung mittelständischer Unternehmen 2. Aufl. 2000.

A. Einführung und Begriff der börsennotierten AG

Mit dem **Börsengang** ändern sich die rechtlichen Rahmenbedingungen für eine AG/KGaA in erheblichem Umfang. Die wichtigsten Rahmenbedingungen sollen in diesem Kapitel dargestellt werden. Dabei wird aus Vereinfachungsgründen auf die Börsenordnung der **Frankfurter Wertpapierbörse** abgestellt, soweit diese ergänzend zu den börsengesetzlichen Bestimmungen zur Anwendung gelangt. Die **Börsenordnungen** der übrigen deutschen Börsen[1] enthalten zum Teil jedoch Abweichungen und sind daher im Einzelfall zusätzlich zu beachten. 1

Daneben sollten aber auch die sonstigen Folgen eines Börsenganges nicht außer Acht gelassen werden, wie zB **Aktionärsbriefe, Presseveröffentlichungen, Road Shows**, Treffen mit **Finanzanalysten** und **Wirtschaftsjournalisten** sowie sonstige **Investor-Relations-Maßnahmen**. Diese beruhen weniger auf rechtlichen Erfordernissen und werden daher hier nicht weiter behandelt. 2

Will man die besonderen rechtlichen Anforderungen an eine börsennotierte AG darstellen, so ist zunächst eine **Begriffsbestimmung** angezeigt, was unter einer **börsennotierten AG** zu verstehen ist. 3

Aus aktienrechtlicher Sicht enthält § 3 Abs. 2 AktG eine Legaldefinition.[2] Allerdings beansprucht diese Legaldefinition nur für das Aktienrecht, soweit es im AktG geregelt ist, Bedeutung. Nach § 3 Abs. 2 AktG sind solche Gesellschaften börsennotiert, deren Aktien zu einem Markt zugelassen sind, der von staatlich anerkannten Stellen geregelt und überwacht wird, regelmäßig stattfindet und für das Publikum mittelbar oder unmittelbar zugänglich ist. Abgedeckt ist damit der **regulierte Markt**, nicht aber der **Freiverkehr**.[3] Eine vergleichbare Auslandsnotierung genügt.[4] 4

Eine weitere gesetzliche Begriffsbestimmung enthält § 21 Abs. 2 WpHG. Die darin enthaltene Legaldefinition der börsennotierten Gesellschaften beinhaltet seit Inkrafttreten des WpÜG[5] alle Gesellschaften, deren Aktien zum 5

---

[1] Berlin/Bremen, Düsseldorf, Hamburg, Hannover, München und Stuttgart.
[2] Zu den aktienrechtlichen Unterschieden zwischen einer börsennotierten und einer nicht börsennotierten Gesellschaft vgl. im Einzelnen unten Rz. 10 ff.
[3] *Hüffer* AktG § 3 Rz. 6. Auch nach Inkrafttreten des Gesetzes zur weiteren Fortentwicklung des Finanzplatzes Deutschland (Viertes Finanzmarktförderungsgesetz) v. 21. 6. 2002, BGBl. I 2002, 2010, zum 1. 7. 2002 und der damit einhergehenden Neuordnung des Börsenrechts hat sich an dieser Einschätzung nichts geändert; vgl. S. 2 der Begründung des RegEntw. v. 14. 11. 2001.
[4] Vgl. *Hüffer* AktG § 3 Rz. 5 f.
[5] Siehe Fn. 6; vgl. auch § 2 Abs. 7 WpÜG und die darin enthaltene Definition, die ebenfalls auf einen „organisierten Markt" verweist; s. hierzu i. e. § 25 sowie *Hammen*

Handel an einem „organisierten Markt" in einem Mitgliedsstaat der EU oder in einem anderen Vertragsstaat des EWR-Abkommens (Island, Liechtenstein und Norwegen) zugelassen sind. Der Begriff des organisierten Marktes ist in § 2 Abs. 5 WpHG definiert als ein Markt, der von staatlich anerkannten Stellen geregelt und überwacht wird, regelmäßig stattfindet und für das Publikum unmittelbar oder mittelbar zugänglich ist; dies entspricht inhaltlich § 3 Abs. 2 AktG und umfasst nicht den Freiverkehr. Auf den Begriff des „organisierten Marktes" stellen auch § 1 WpÜG und § 1 Abs. 1 WpPG[6] bei der Bestimmung ihres jeweiligen Anwendungsbereiches ab; der Begriff der börsennotierten Gesellschaft taucht dort nicht auf. Organisierter Markt iSd. WpÜG sind nach § 2 Abs. 7 WpÜG der amtliche Markt oder der geregelte Markt an einer Börse im Inland (jetzt einheitlich der regulierte Markt) und der geregelte Markt iSd. Art. 1 Nr. 13 der Richtlinie 93/22/EWG des Rates vom 10. 5. 1993 über Wertpapierdienstleistungen (ABl. EG Nr. L 141 S. 27) in einem anderen Staat des Europäischen Wirtschaftsraumes. § 2 Nr. 16 WpPG definiert den organisierten Markt so wie § 2 Abs. 5 WpHG. Für die Praxis einer in Deutschland börsennotierten AG sind damit keine Unterschiede verbunden.

6 Hinzuweisen ist schließlich noch auf eine Reihe **handelsrechtlicher Vorschriften.** §§ 285 Nr. 9, 10 und 11, 286 Abs. 5, 289 Abs. 2 Nr. 4 und Abs. 5, 314 Nr. 6 und 8, 315 Abs. 2 Nr. 4 und 317 Abs. 4 HGB stellen zB ebenfalls auf den Begriff der **börsennotierten** Gesellschaft ab. Hierunter sind börsennotierte Gesellschaften iSv. § 3 Abs. 2 AktG zu verstehen (s. Rz. 4). §§ 264 Abs. 2, 267 Abs. 3, 286 Abs. 3, 293 Abs. 5, 297 Abs. 2, 313 Abs. 3, 315 a Abs. 1, 325 Abs. 4, 327 a und 342 b HGB gelten für Gesellschaften, die einen organisierten Markt iSv. § 2 Abs. 5 WpHG durch von ihr ausgegebene Wertpapiere iSv. § 2 Abs. 1 Satz 1 WpHG (zB Aktien) in Anspruch nehmen. Diese Definition umfasst auch die börsennotierten Gesellschaften nach § 3 Abs. 2 AktG. Sie geht indessen weiter und umfasst teilweise (§§ 267 Abs. 3, 286 Abs. 3, 293 Abs. 5, 313 Abs. 3 und 315 a Abs. 2 HGB) auch bereits Gesellschaften, die einen **Antrag auf Zulassung** zum Handel an einem organisierten Markt iSv. § 2 Abs. 5 WpHG gestellt haben.

7 Hinzuweisen ist auch auf die Neufassung des § 291 Abs. 3 HGB, nach der die Befreiungsvorschrift des § 291 Abs. 1 HGB **nicht** von Aktiengesellschaften in Anspruch genommen werden kann, deren Aktien zum Handel im **geregelten Markt in der EU oder einem anderen Staat des EWR** zugelassen sind.

8 Weitere Besonderheiten gelten für **REIT-Aktiengesellschaften.**[7] Die in diesem Kapitel dargestellten Anforderungen sind aufgrund gesetzlicher oder börsenrechtlicher Vorschriften verbindlich. Selbstverständlich steht es den börsennotierten Unternehmen frei, im Sinne einer aktionärs- und öffentlichkeitsfreundlichen Informationspolitik freiwillig über die gesetzlichen Anforderungen hinauszugehen.

WM 2002, 2349 ff. und *Döhmel* WM 2002, 2351 ff.; zur Entwicklung vgl. Vorauflage § 24 Rz. 5.

[6] Gesetz über die Erstellung, Billigung und Veröffentlichung des Prospektes, der bei der Zulassung von Wertpapieren zum Handel an einem organisierten Markt zu veröffentlichen ist, v. 22. 6. 2005, BGBl. I 2005, 1698.

[7] Vgl. hierzu § 29 sowie *Sieker/Göckeler/Köster* DB 2007, 933 ff. und *Göckeler* Der Konzern 2008, 78 ff.

B. Aktienrechtliche Besonderheiten und Anforderungen

Aus aktienrechtlicher Sicht ist zunächst festzustellen, dass es kein umfassend kodifiziertes Recht der börsennotierten Aktiengesellschaft gibt. Vielmehr unterliegen börsennotierte Gesellschaften grds. denselben aktienrechtlichen Vorschriften wie nicht börsennotierte Gesellschaften. Der Gesetzgeber hat trotz der durch das **KonTraG**[8] und das **Dritte Finanzmarktförderungsgesetz**[9] geschaffenen Sonderregelungen für börsennotierte Gesellschaften am einheitlichen Modell der AG fest gehalten. Insbesondere gibt es – entgegen landläufiger Auffassung – auch keine Unterteilung in börsennotierte AG und kleine AG. Allerdings enthält das AktG einige **Sonderbestimmungen**, die auf das Merkmal der Börsennotierung iSv. § 3 Abs. 2 AktG bzw. deren Fehlen abstellen.[10] Hierbei handelt es sich um die folgenden Vorschriften[11]: 15

Nach **§ 58 Abs. 2 Satz 1 AktG** können Vorstand und Aufsichtsrat bei der Feststellung des Jahresabschlusses bis zu 50 % des Jahresüberschusses in die **Gewinnrücklagen** einstellen. § 58 Abs. 2 Satz 2 AktG aF erlaubte eine hiervon abweichende Satzungsregelung, die danach differenzierte, ob die Gesellschaft börsennotiert iSv. § 3 Abs. 2 AktG ist oder nicht. Die Satzung einer nicht börsennotierten AG konnte Vorstand und Aufsichtsrat zur Einstellung eines größeren oder kleineren Teils als die Hälfte des Jahresüberschusses in die anderen Gewinnrücklagen ermächtigen. Die Satzung einer börsennotierten AG konnte eine solche Ermächtigung nur „nach oben", dh. für einen die Hälfte des Jahresüberschusses übersteigenden Betrag vorsehen. Nach Inkrafttreten des TransPubG[12] ist diese Unterscheidung indessen entfallen. Nunmehr kann also auch die Satzung einer börsennotierten Gesellschaft eine Begrenzung der Ermächtigung „nach unten" enthalten. **§ 67 Abs. 6 Satz 2 AktG** beschränkt bei Namensaktien die Möglichkeit, Satzungsregeln über das Auskunftsrecht des Aktionärs über die im Aktienregister eingetragenen Daten vorzusehen, auf nicht börsennotierte Gesellschaften. 16

Gemäß **§ 110 Abs. 3 AktG** muss der **Aufsichtsrat** einer Aktiengesellschaft zweimal im Kalenderhalbjahr zusammentreten. Allerdings kann der Aufsichtsrat einer nicht börsennotierten Gesellschaft beschließen, dass nur eine Sitzung im Kalenderhalbjahr abzuhalten ist (§ 110 Abs. 3 Satz 2 AktG).[13] Über die **An-** 17

---

[8] Gesetz zur Kontrolle und Transparenz im Unternehmensbereich (KonTraG) v. 27. 4. 1998, BGBl. I 1998, 786 ff.
[9] Gesetz zur weiteren Fortentwicklung des Finanzplatzes Deutschland (Drittes Finanzmarktförderungsgesetz) v. 6. 3. 1998, BGBl. I 1998, 529 ff.
[10] Zur Diskussion, ob eine noch stärkere Unterscheidung zwischen börsennotierten und nicht börsennotierten Gesellschaften vorgenommen oder ob der Weg der Einzelregelungen fortgeführt werden soll, vgl. *Habersack* AG 2009, 1 ff.
[11] Zu den geplanten Änderungen durch das Gesetz zur Umsetzung der Aktionärsrichtlinie siehe Rz. 27.
[12] Siehe Fn. 13.
[13] § 110 Abs. 3 AktG aF. sah vor, dass der Aufsichtsrat einer börsennotierten Gesellschaft zwei Sitzungen im Kalenderjahr abhalten musste. Er sollte jedoch einmal im Kalendervierteljahr zusammentreten. Die Neufassung von § 110 Abs. 3 AktG erfolgte im Zuge des Gesetzes zur weiteren Reform des Aktien- und Bilanzrechtes, zu Transparenz- und Publizität (Transparenz- und Publizitätsgesetz – TransPubG) v. 19. 6. 2002, BGBl. I, 2681, das am 26. 7. 2002 in Kraft getreten ist.

zahl der Sitzungen des Aufsichtsrates einer börsennotierten AG sowie der seiner **Ausschüsse** ist gem. § 171 Abs. 2 Satz 2 AktG im Bericht des Aufsichtsrates Mitteilung zu erstatten (s. u. Rz. 21). Nach **§ 120 Abs. 3 AktG** hat der Vorstand einer börsennotierten Gesellschaft der Hauptversammlung einen erläuternden Bericht zu den Angaben nach §§ 289 Abs. 4 und 315 Abs. 4 HGB vorzulegen und gemäß § 175 Abs. 2 Satz 1 AktG von der Einberufung an in den Geschäftsräumen auszulegen. Zum Ort der Hauptversammlung bestimmt § 121 Abs. 5 Satz 2 AktG, dass diese auch am Sitz einer deutschen Börse stattfinden kann, an der die Aktien zum Handel im regulierten Markt zugelassen sind, wenn die Satzung nichts anderes bestimmt. Ferner enthält **§ 123 Abs. 3 Satz 2 und 3 AktG** besondere Regeln zum Nachweis des Aktienbesitzes bei börsennotierten Gesellschaften.

18   Bei börsennotierten AG sind gem. **§ 125 Abs. 1 Satz 3 AktG** einem Vorschlag zur Wahl von Aufsichtsratsmitgliedern Angaben zu deren **Mitgliedschaft** in anderen gesetzlich zu bildenden Aufsichtsräten beizufügen; Angaben zu ihrer Mitgliedschaft in vergleichbaren in- und ausländischen Kontrollgremien von Wirtschaftsunternehmen sollen beigefügt werden. Bei nicht börsennotierten Gesellschaften gibt es keine vergleichbaren Mitteilungserfordernisse.

19   Die durch das KonTraG[14] eingeführte Möglichkeit der privatschriftlichen Protokollierung von bestimmten **Hauptversammlungsbeschlüssen** (vom Vorsitzenden des Aufsichtsrates zu unterzeichnende Niederschrift) besteht gem. **§ 130 Abs. 1 Satz 3 AktG** nur für nicht börsennotierte Gesellschaften. Für börsennotierte Gesellschaften verbleibt es in jedem Fall und für alle Hauptversammlungsbeschlüsse bei dem zwingenden Erfordernis einer notariell aufgenommenen **Niederschrift**.

20   Die gem. **§ 134 Abs. 1 Satz 2 bis 4 AktG** ohnehin eingeschränkte Möglichkeit der satzungsmäßigen **Stimmrechtsbeschränkung** steht nur nicht börsennotierten Gesellschaften zur Verfügung. Bei börsennotierten Gesellschaften sind Stimmrechtsbeschränkungen jeglicher Art unzulässig.[15]

21   Vorstand und Aufsichtsrat einer börsennotierten Gesellschaft müssen gem. **§ 161 Abs. 1 AktG** jährlich erklären, dass den im Bundesanzeiger elektronisch bekannt gemachten **Verhaltensregeln der Kodex-Kommission** zur Unternehmensleitung und Überwachung entsprochen wurde und wird oder welche Verhaltensregeln nicht angewendet werden und nach § 161 Abs. 1 Satz 1 AktG Abweichungen begründen.[16] Diese sog. **„Entsprechenserklärung"** ist auf der Internetseite dauerhaft öffentlich zugänglich zu machen (§ 161 Abs. 2 AktG). Hierüber ist im Anhang des Jahresabschlusses bzw. des Konzernabschlusses zu berichten (§ 285 Nr. 16 HGB bzw. § 314 Abs. 1 Nr. 8 HGB); die Erklärung ist mit dem **Jahresabschluss** offenzulegen (§ 325 Abs. 1 Satz 1 HGB).

22   Wie bereits ausgeführt (s. o. Rz. 17), stellt **§ 171 Abs. 2 S. 2 AktG** für börsennotierte Gesellschaften besondere Anforderungen an den **Bericht des Auf-**

---

[14] Gesetz zur Kontrolle und Transparenz im Unternehmensbereich (KonTraG) v. 27. 4. 1998, BGBl. I 1998, 788 ff.
[15] Zur Übergangsregelung s. § 5 Abs. 7 EGAktG und *Hüffer* AktG § 134 Rz. 4.
[16] Zur möglichen Anfechtbarkeit eines Entlastungsbeschlusses wegen fehlerhafter oder unterlassener Entsprechenserklärung vgl. OLG München 7 U 3668/07 v. 23. 1. 2008 AG 2008, 386 ff.; OLG München 7 U 5628/07 v. 6. 8. 2008 BB 2009, 232 ff. und BGH II ZR 185/07 v. 16. 2. 2009 DB 2009, 500 ff. sowie *Theuringer/Liese*, DB 2008, 1419 ff.; zu aktuellen Änderungen vgl. *van Kann/Eigler* DStR 2007, 1730 ff.

B. Aktienrechtliche Besonderheiten und Anforderungen   23–27   § 26

sichtsrates zum Jahresabschluss. So muss er die gebildeten Ausschüsse sowie die Zahl seiner Sitzungen[17] und die der Ausschüsse mitteilen. Für nicht börsennotierte Gesellschaften gelten diese besonderen Berichtserfordernisse indessen nicht. Die Nichtmitteilung der gebildeten Ausschüsse und Sitzungen führt jedoch nicht zur Anfechtbarkeit des Entlastungsbeschlusses.[18] Auf die Wirksamkeit des **Jahresabschlusses** hat das Fehlen der erforderlichen Angaben keinen Einfluss.[19]

Besondere **Mitteilungs- bzw. Bekanntmachungspflichten** enthalten für börsennotierte Gesellschaften §§ 142 Abs. 7 (Sonderprüfung), 149 Abs. 1 (Klagezulassung nach § 148 AktG), 248a (Anfechtungsklage), 256 Abs. 7 Satz 2 (Nichtigkeitsklage) und § 261a AktG (Antrag auf Bestellung eines Sonderprüfers). 23

§ 328 Abs. 3 AktG sieht für die Hauptversammlung einer börsennotierten AG ein besonderes **Verbot der Stimmrechtsausübung** bei Aufsichtsratswahlen im Falle einer wechselseitigen Beteiligung vor, die dem ansonsten stimmberechtigten Unternehmen bekannt ist. Für nicht börsennotierte Gesellschaften besteht diese besondere Stimmrechtsbeschränkung nicht. 24

Ferner wurden durch das TransPubG[20] die **Freiheitsstrafen** für eine Verletzung der Geheimhaltungspflicht durch Mitglieder des Vorstandes oder des Aufsichtsrates, Abwickler, Prüfer und Prüfungsgehilfen von börsennotierten Gesellschaften (§ 3 Abs. 2 AktG) im Gegensatz zu nicht börsennotierten Gesellschaften verschärft (§ 404 Abs. 1 und 2 AktG nF.). 25

Weitere Besonderheiten, zB die Notwendigkeit eines **unabhängigen Finanzexperten** als Mitglied des Aufsichtsrats, haben sich durch das BilMoG und das **VorstAG** ergeben.[21] Gemäß § 87 Abs. 1 Satz 2 AktG hat der Aufsichtsrat bei börsernnotierten Geselslchaften die **Vergütungsstruktur** für den Vorstand auf eine nachhaltige Unternehmensentwicklung auszurichten. Nach § 120 Abs. 4 AktG kann die Hauptversammlung über die Billigung des Vergütungssystems für den Vorstand beschließen, ohne dass dies jedoch Rechte oder Pflichten begründet. Nach § 100 Abs. 2 Satz 1 Nr. 4 kann Mitglied eines Aufsichtsrates einer börsennotierten Gesellschaft nicht sein, wer in den letzten zwei Jahren Vorstandsmitglied dieser Gesellschaft war, es sei denn, seine Wahl erfolgt auf Vorschlag von Aktionären, die zusammen mehr als 25 % der Stimmrechte halten. Zudem muss gemäß § 100 Abs. 5 AktG mindestens ein **unabhängiges Mitglied** des Aufsichtsrats über Sachverstand auf den Gebieten Rechnungslegung oder Anschlussprüfung verfügen (vgl. zudem auch § 107 Abs. 4 AktG). Der Vorschlag des Aufsichtsrates zur Wahl des Anschlussprüfers ist bei börsennotierten Gesellschaften auf die Empfehlung des Prüfungsausschusses zu stützen, § 124 Abs. 3 Satz 2 AktG. 26

Weitere Regelungen, die an das Merkmal der Börsennotierung iSv. § 3 Abs. 2 AktG anknüpfen, sollen durch das **Gesetz zur Umsetzung der Aktionärs-** 27

---

[17] Darunter sind nur Sitzungen bei persönlicher Anwesenheit zu verstehen, also keine Umlaufbeschlüsse, vgl. *Hüffer* AktG § 171 Rz. 13a iVm. § 110 Rz. 10.
[18] OLG Hamburg 11 U 162/00 v. 12.1. 2001, DB 2001, 583 f.
[19] *Hüffer* AktG § 171 Rz. 11a.
[20] Siehe Fn. 13.
[21] Bilanzrechtsmodernisierungsgesetz (BGBl. I 2009, 1102); dazu vgl. *Linnerz* AG Report 2008/R 183 ff. und *Gruber* NZG 2008, 12 ff. sowie Gesetz zur Angemessenheit der Vorstandsvergütung v. 31.7. 2009, BGBl. I 2009, 2509.

§ 26 30, 31 Besondere Anforderungen an die börsennotierte AG

richtlinie[22] eingeführt werden: § 121 Abs. 3 S. 2 AktG (erweiterter Inhalt der Einberufung zur Hauptversammlung), §§ 121 Abs. 4a und 124 Abs. 1 S. 2 2. Hs. AktG (Veröffentlichung der Einberufung zur Hauptversammlung in Medien), § 122 Abs. 2 S. 3 AktG (Frist für Ergänzungsverlangen der Minderheit), § 124a AktG (Veröffentlichungen auf der Internetseite), § 125 Abs. 1 S. 3 AktG (Mitteilung der geänderten Tagesordnung), §§ 126 Abs. 1 S. 3 und 127 AktG (Zugänglichmachen von Gegenanträgen bzw. Wahlvorschlägen auf der Internetseite), § 130 Abs. 2 S. 2 und Abs. 6 AktG (erweiterter zwingender Inhalt der Niederschrift über die Hauptversammlung und deren Veröffentlichung innerhalb von sieben Tagen auf der Internetseite der AG), § 134 Abs. 3 S. 3 und 4 AktG (Form und Nachweis der Stimmrechtsbevollmächtigung) und § 135 Abs. 5 S. 4 AktG (Nachweis der Stimmberechtigung eines Kreditinstituts). Die besondere Auslageverpflichtung für börsennotierte Gesellschaften nach § 175 Abs. 2 S. 1 AktG soll gestrichen und durch eine besondere Verpflichtung, den erläuternden Bericht zu §§ 289 Abs. 4, 315 Abs. 4 HGB zugänglich zu machen, ersetzt werden. Das ARUG tritt zum 1. 9. 2009 in Kraft. Zu den Übergangsvorschriften siehe § 20 EGAktG idF des ARUG.

C. Rechnungslegung einer börsennotierten AG

I. Besonderheiten nach deutschem Handelsrecht

1. Anwendbare Rechnungslegungsgrundsätze

a) Einordnung als große Kapitalgesellschaft

30 Für Kapitalgesellschaften – unabhängig davon, ob es sich um eine AG, ein KGaA oder eine GmbH handelt – sind die Publizitätspflichten hinsichtlich ihrer Rechnungslegung im HGB (einschließlich der Generalverweisung auf die Grundsätze ordnungsmäßiger Buchführung in § 243 HGB) geregelt. Die Anforderungen sind dabei zwar grds. größenabhängig (Bilanzsumme, Umsatzerlöse, Arbeitnehmer). **Börsennotierte Aktiengesellschaften** (regulierter Markt) werden jedoch immer – dh. unabhängig vom Vorliegen der in § 267 HGB enthaltenen Größenmerkmale – als „große" Kapitalgesellschaften qualifiziert (§ 267 Abs. 3 Satz 2 HGB; s. o. Rz. 6).

31 Dies bedeutet, dass bei Aufstellung und Offenlegung des Jahresabschlusses **keine Erleichterungen** (wie zB längere Aufstellungsfristen, verkürztes Gliederungsschema, eingeschränkte Angabepflichten für den Anhang etc.) in Anspruch genommen werden können. Ferner ist die börsennotierte Aktiengesellschaft in keinem Fall – dh. unabhängig von den Größenkriterien – von der Aufstellung eines Konzernjahresabschlusses und dessen Offenlegung befreit (§ 293 Abs. 5 HGB). Etwas anderes gilt für Gesellschaften, deren Aktien nur im Freiverkehr gehandelt werden und die somit keine börsennotierten Gesellschaften sind. In diesen Fällen ist anhand der Größenmerkmale nach § 267 Abs. 1 bis 3 bzw. § 293 HGB zu prüfen, in welchem Umfang handelsrechtliche Publizitätspflichten und/oder Erleichterungen bestehen.

---

[22] ARUG v. 30. 7. 2009, BGBl. I 2009, 2479. Das ARUG tritt am 1. 9. 2009 in Kraft, zu den Übergangsvorschriften s. § 20 EG AktG idF des ARUG. Zum ARUG vgl. auch *Seibert/Florstedt* ZIP 2008, 2145 ff. und *Zetzsche* Der Konzern 2008, 321 ff.

b) Besondere inhaltliche Anforderungen

Für den Jahresabschluss bzw. Konzernjahresabschluss einer börsennotierten **32** Gesellschaft gelten folgende inhaltliche Sonderanforderungen:
- Der Vorstand hat bei Unterzeichnung des Abschlusses zu versichern, dass der Abschluss nach bestem Wissen ein den tatsächlichen Verhältnissen entsprechendes Bild nach § 264 Abs. 2 Satz 1 HGB bzw. § 297 Abs. 2 Satz 2 HGB oder der Anhang Angaben nach § 264 Abs. 2 Satz 1 HGB bzw. § 297 Abs. 2 Satz 3 HGB enthält (sog. „Bilanzeid", §§ 264 Abs. 2 Satz 3 bzw. 297 Abs. 2 Satz 4 HGB).[23]
- Nach § 285 Nr. 9, 10 und 11 HGB bzw. § 314 Abs. 1 Nr. 6 und 8 HGB hat der Anhang bzw. Konzernanhang einer börsennotierten Gesellschaft bestimmte zusätzliche Pflichtangaben zu enthalten, ua. Angaben zur individuellen Vergütung des Vorstands, sofern nicht die Hauptversammlung mit Dreiviertelmehrheit einen entsprechenden Verzicht beschlossen hat (§ 286 Abs. 5 Satz 1 HGB). Ähnliches gilt für den Lage- bzw. Konzernlagebericht (vgl. §§ 289 Abs. 2 Nr. 4 bzw. 315 Abs. 2 Nr. 4 HGB sowie § 289 Abs. 5 HGB betr. Risikomanagementsystem, § 289a betr. Erklärung zur Unternehmensführung).
- Bestimmte Regelungen betreffend den Anhang bzw. Konzernanhang gelten nur für nichtbörsennotierte Gesellschaften (vgl. §§ 286 Abs. 3 Satz 3, 286 Abs. 4, 213 Abs. 3 Satz 3 HGB).

c) Prüfung

Jahres- und ggf. auch Konzernabschluss einer börsennotierten Gesellschaft **33** sind gem. § 316 HGB stets, dh. unabhängig von den Größenkriterien in § 267 HGB, zu prüfen. Für die Prüfung gelten die allgemeinen handelsrechtlichen Vorschriften (§§ 317 ff. HGB). Für alle börsennotierten Gesellschaften iSv. § 3 Abs. 2 AktG ist dabei auf die nur für sie geltenden besonderen Prüfungs- und Berichterstattungserfordernisse gem. §§ 317 Abs. 4 und § 321 Abs. 4 HGB hinzuweisen.[24] Danach hat der **Abschlussprüfer** zu beurteilen und darüber zu berichten, ob der Vorstand die ihm nach § 91 Abs. 2 AktG obliegenden Maßnahmen in einer geeigneten Form getroffen hat und ob das danach einzurichtende **Überwachungssystem** seine Aufgaben erfüllen kann. Bei der Auswahl des Abschlussprüfers sind bei börsennotierten Gesellschaften zusätzlich zu § 319 HGB die besonderen Ausschlussgründe nach § 319a HGB (insbesondere die Inkompatibilität mit sonstigen Beratungsleistungen nach § 319a Abs. 1 Nr. 2 HGB und das Wechselerfordernis nach § 319a Abs. 1 Nr. 4 HGB) zu beachten.

2. Publizität nach HGB

a) Offenlegungspflicht und -umfang

Jede börsennotierte AG ist **unabhängig von ihrer Größe** handelsrechtlich **34** zur **Offenlegung** ihres Jahresabschlusses und ggf. ihres Konzernabschlusses gesetzlich verpflichtet (§ 325 Abs. 1 und 3 HGB, ohne dass ihr größenabhängige Erleichterungen zustehen (vgl. §§ 326, 327 HGB). Dies ist ein Baustein des aus handelsrechtlichen, börsenrechtlichen und wertpapierhandelsrechtlichen

---

[23] Vgl. *Altenhain* WM 2008, 1141 ff.; *Abendroth* WM 2008, 1147 ff.
[24] Zur Rechtslage vor Inkrafttreten des TransPubG s. o. Rz. 8.

§ 26   35–38   Besondere Anforderungen an die börsennotierte AG

Vorschriften bestehenden Publizitätssystems, welches den Informationsstand des Publikums für anlegerrelevante Entscheidungen auf ein potenziell gleiches Niveau heben und Informationsdefizite beseitigen soll, um Transparenz und Chancengleichheit und somit einen funktionierenden Kapitalmarkt zu schaffen.

b) Jahresabschluss

35   Gemäß § 325 Abs. 1 und 2 HGB sind bei einer börsennotierten Gesellschaft folgende Unterlagen offenzulegen:
- **Jahresabschluss (Bilanz, Gewinn- und Verlustrechnung, Anhang** sowie ggf. **Aufstellung des Anteilsbesitzes** gem. § 287 HGB);
- **Bestätigungsvermerk des Abschlussprüfers** bzw. Vermerk über dessen Versagung;
- **Lagebericht;**
- Erklärung gem. § 161 AktG (s. o. Rz. 23);
- **Bericht des Aufsichtsrats** (einschl. der Angaben gem. § 171 Abs. 2 Satz 2 AktG; s. o. Rz. 17 u. 21);
- **Vorschlag für die Verwendung des Jahresergebnisses** und der Beschluss über seine Verwendung;
- ggf. Änderungen des **Jahresabschlusses** aufgrund des **Feststellungsbeschlusses;**
- ggf. Änderungen des Bestätigungs- bzw. Versagungsvermerks aufgrund einer Nachtragsprüfung.

c) Konzernabschluss

36   Gemäß § 325 Abs. 3 HGB sind bei einer börsennotierten AG, die einen Konzernabschluss aufzustellen hat, folgende Unterlagen offenzulegen:
- **Konzernabschluss (Konzernbilanz, Konzern-Gewinn- und Verlustrechnung, Anhang);**
- Bestätigungsvermerk des Abschlussprüfers bzw. Vermerk über dessen Versagung;
- **Konzernlagebericht;**
- Jahresabschluss oder Konzernabschluss eines nach § 295 Abs. 1 HGB nicht in den Konzernabschluss einbezogenen Tochterunternehmens, wenn dieser nicht in der Bundesrepublik Deutschland anderweitig offen gelegt wird;
- ggf. Änderungen des Konzernabschlusses und des Bestätigungs- oder Versagungsvermerks aufgrund einer Nachtragsprüfung.

37   Hinzuweisen ist auf die Möglichkeit eines befreienden Konzernabschlusses gem. §§ 291 und 292 HGB.

d) Art und Weise der Offenlegung

38   Die vorstehend bezeichneten Unterlagen des Jahresabschlusses sind, da börsennotierte Gesellschaften stets große Kapitalgesellschaften iSv. § 267 Abs. 3 HGB sind, zunächst im elektronischen **Bundesanzeiger** bekannt zu machen (§ 325 Abs. 2 iVm. Abs. 1 HGB). Die Einreichung zum elektronischen Bundesanzeiger hat unverzüglich nach Vorlage an die Aktionäre, gem. § 325 Abs. 4 Satz 1 iVm. § 325 Abs. 1 Satz 2 HGB jedoch frühestens vier Monate nach dem Abschlussstichtag, zu erfolgen. Für die Wahrung dieser Frist ist gem. § 325

C. Rechnungslegung einer börsennotierten AG 39–48 § 26

Abs. 4 Satz 2 HGB die Einreichung der Unterlagen maßgebend. Die Bekanntmachung ist über das Unternehmensregister (§ 8 b HGB) zugänglich.
Für den **Konzernabschluss** besteht – unabhängig von den Größenkriterien – dieselbe Verpflichtung (§ 325 Abs. 3 HGB). 39
Daneben sind Jahresabschluss und ggf. Konzernabschluss nach den einschlägigen **börsenrechtlichen Vorschriften** bekannt zu machen (s. u. Rz. 85 u. 100). 40

e) Sanktionen bei Verletzung der Offenlegungspflichten

Bis zum Inkrafttreten des **KapCoRiLiG**[25] konnte das Registergericht die Mitglieder des Vorstands zur Offenlegung des Jahresabschlusses und ggf. des Konzernabschlusses nur auf **Antrag** unter Androhung eines **Zwangsgeldes** auffordern (§ 335 Satz 1 Nr. 6 HGB). Das Zwangsgeld betrug bis zu Euro 10 000, wobei eine wiederholte Androhung möglich war. Das Registergericht konnte nicht von Amts wegen tätig werden. Antragsberechtigt waren alle **Aktionäre**, alle **Gläubiger** und der **(Gesamt-)Betriebsrat** der Gesellschaft (§ 335 Satz 2 HGB aF). 41

Diese Rechtslage ist zunächst durch den durch das KapCoRiLiG eingefügten § 335 a HGB geändert worden. Danach war wegen des pflichtwidrigen Unterlassens der Offenlegung gem. § 325 HGB vom Registergericht ein **Zwangsgeld von Amts wegen** festzusetzen. Das Ordnungsgeld beträgt mindestens Euro 2500 und höchstens Euro 25 000. Dieses Verfahren ist durch das EHUG – mit Wirkung ab dem 01. Januar 2008 – nunmehr in § 335 HGB geregelt.[26] Zuständig ist seitdem das Bundesamt für Justiz. 42

f) Bilanzpolitik

Neben diesen rechtlichen Anforderungen an die Rechnungslegung und deren Publizität ist zu beachten, dass sich bereits in Vorbereitung eines Börsenganges und sicherlich auch für die Zeit danach die Bilanzpolitik verändern wird. Als „privates" Unternehmen hat die Gesellschaft den Jahresabschluss häufig als ein Mittel zur **Steuerminimierung** angesehen und die ihr zustehenden Wahlrechte im Rahmen des rechtlich Zulässigen entsprechend ausgeübt. Als „öffentliches" Unternehmen hingegen ist den Anlegern ein nachhaltiges **Ertragspotenzial** zu dokumentieren, was in aller Regel eine Änderung der Wahlrechtsausübung und der Bilanzpolitik bedeuten wird. 43

II. Internationale Rechnungslegung

Börsennotierte Mutterunternehmen eines Konzerns sind nach Artikel 4 der Verordnung (EG) Nr. 1606/2002 des Europäischen Parlaments und des Rates 48

---

[25] Gesetz zur Durchführung der Richtlinie des Rates der Europäischen Union zur Änderung der Bilanz- und der Konzernbilanzrichtlinie hinsichtlich ihres Anwendungsbereichs (90/605/EWG), zur Verbesserung der Offenlegung von Jahresabschlüssen und zur Änderung anderer handelsrechtlicher Bestimmungen (Kapitalgesellschaften- & Co.-Richtlinie-Gesetz – (KapCoRiLiG) v. 24. 2. 2000, BGBl. I 2000, 154 ff.
[26] Gesetz über elektronische Handelsregister und Genossenschaftsregister sowie das Unternehmensregister (EHUG), BGBl. I 2006, 2553; vgl. dazu *Stollenwerk/Krieg* GmbHR 2008, 575 ff.

§ 26   49–60   Besondere Anforderungen an die börsennotierte AG

vom 19. Juli 2002 betreffend die Anwendung internationaler Rechnungslegungsstandards[27] seit 2005 zur Aufstellung eines **Konzernabschlusses** nach den **International Financial Reporting Standards (IFRS)** verpflichtet (vgl. § 315a HGB). Eine vergleichbare Pflicht für den Einzelabschluss besteht hingegen nicht.

49   Eine **Pflicht** zur Bilanzierung nach internationalen Rechnungslegungsvorschriften ergibt sich zudem für all die Unternehmen, die nicht (nur) an einer deutschen Börse notiert sind, sondern (auch) an einer ausländischen (zB New York Stock Exchange; sog. **Dual Listing**) und für die aufgrund der ausländischen handels- oder börsenrechtlichen Vorschriften eine internationale Rechnungslegung zwingend geboten ist (an der NYSE zB US-GAAP).

III. Enforcement-Verfahren

60   Durch das Bilanzkontrollgesetz[28] hat der Gesetzgeber in §§ 37n ff. WpHG der Bundesanstalt für Finanzdienstleistungsaufsicht die Aufgabe zugewiesen, zu prüfen, ob der Jahresabschluss und dazugehörige Lagebericht oder der Konzernabschluss und dazugehörige Konzernlagebericht sowie der verkürzte Abschluss und der zugehörige Zwischenlagebericht von Unternehmen, deren Aktien an einer inländischen Börse zum Handel im regulierten Markt zugelassen sind, den gesetzlichen Vorschriften einschließlich der Grundsätze ordnungsmäßiger Buchführung oder den sonstigen durch Gesetz zugelassenen Rechnungslegungsstandards entspricht.[29] Hierzu ist nach § 342b Abs. 1 HGB die **Deutsche Prüfstelle für Rechnungswesen** (DPR) in Berlin als sog. Prüfstelle errichtet und anerkannt worden. Eine Prüfung findet statt, soweit konkrete Anhaltspunkte für einen Verstoß gegen Rechnungslegungsvorschriften vorliegen (§ 37o Abs. 1 Satz 1 WpHG). Die Anordnung unterbleibt jedoch, wenn offensichtlich kein öffentliches Interesse an der Klärung besteht (§ 37o Abs. 1 Satz 1 WpHG). Daneben kann eine Prüfung auch ohne besonderen Anlass angeordnet werden (stichprobenartige Prüfung) (§ 37o Abs. 1 Satz 2 WpHG).[30] Geprüft wird nur der zuletzt festgestellte Jahresabschluss und der dazugehörige Lagebericht oder der zuletzt gebilligte Konzernabschluss und der dazugehörige Konzernlagebericht sowie der zuletzt veröffentlichte verkürzte Abschluss und der dazugehörige Zwischenlagebericht. Nach § 37o Abs. 2 WpHG findet eine Prüfung nicht statt, solange eine Klage auf Nichtigkeit gem. § 256 Abs. 7 AktG anhängig ist oder wenn nach § 142 Abs. 1 oder 2 oder § 258 Abs. 1 AktG ein Sonderprüfer bestellt worden ist, so weit der Gegenstand der Sonderprüfung, der Prüfungsbericht oder eine gerichtliche Entscheidung über die abschließende Feststellung der Sonderprüfung nach § 260 AktG reichen. Das Unternehmen, seine Organe, seine Beschäftigten sowie der Abschlussprüfer sind zur Auskunftserteilung und Vorlage von Unterlagen verpflichtet; die Auskunftspflicht der Abschlussprüfer beschränkt sich auf Tat-

---

[27] ABl. EG Nr. L 243 S. 1.
[28] Bilanzkontrollgesetz v. 15. 12. 2005, BGBl. I 2005, 3408.
[29] Vgl. *Scheffler* Der Konzern 2007, 589 ff.; *Boxberger* DStR 2007, 1362 ff. Zur Frage einer „Vorabprüfung" vgl. *Schön* DB 2008, 1027 ff.
[30] Zur Frage, ob die DPR als Prüfstelle auch bei Unklarheiten auf Verlangen der Gesellschaft im Wege des sog. „Pre-Clearance" vorab verbindliche Auskünfte erteilen kann, siehe *Schön*, DB 2008, 1027 ff. und *Berger*, DB 2008, 1843 ff.

D. Börsenrechtliche Regelpublizität u. Zulassungsfolgepflichten 61–81 § 26

sachen, die ihnen im Rahmen der Abschlussprüfung bekannt geworden sind (§ 37 o Abs. 4 WpHG).[31]

Ergibt die Prüfung, dass die Rechnungslegung fehlerhaft ist, so stellt die Bundesanstalt für Finanzdienstleistungsaufsicht den Fehler fest (§ 37 q Abs. 1 WpHG). Sie ordnet an, dass das Unternehmen den von der Bundesanstalt oder den von der Prüfstelle im Einvernehmen mit dem Unternehmen festgestellten Fehler samt den wesentlichen Teilen der Begründung der Feststellung bekannt zu machen hat (§ 37 q Abs. 2 Satz 1 WpHG).[32] Sie sieht von einer solchen Anordnung ab, wenn kein öffentliches Interesse an der Veröffentlichung besteht (§ 37 q Abs. 2 Satz 2 WpHG). Auf Antrag des Unternehmens kann die Bundesanstalt von einer solchen Anordnung darüber hinaus absehen, wenn die Veröffentlichung geeignet ist, den berechtigten Interessen des Unternehmens zu schaden (§ 37 q Abs. 2 Satz 3 WpHG). Ergibt die Prüfung keine Beanstandungen, so wird dies dem Unternehmen mitgeteilt (§ 37 q Abs. 3 WpHG). **61**

D. Börsenrechtliche Regelpublizität und sonstige Zulassungsfolgepflichten

Neben den oben beschriebenen aktien- und handelsrechtlichen Besonderheiten, die für börsennotierte Gesellschaften gelten, bestehen – auch in Abhängigkeit von dem gewählten Marktsegment – eine Reihe börsenrechtlicher Zulassungsfolgepflichten, die sich aus dem BörsG oder den einzelnen Börsenordnungen (zB Prime Standard der Frankfurter Wertpapierbörse) ergeben können. Insb. wird das zuvor beschriebene System handelsrechtlicher Publizität (Regelpublizität) – neben den wertpapierhandelsrechtlichen Vorschriften zur **Ad-hoc-Publizität** (s. u. Rz. 230 ff.) und der nach WpHG erforderlichen Mitteilung des Stimmrechtsbesitzes (s. u. Rz. 170 ff.) – durch regelmäßige börsenrechtliche **Mitteilungs- und Veröffentlichungspflichten** ergänzt. In diesem Gebiet ist es durch das TUG[33] zu umfassenden Neuregelungen im WpHG gekommen.[34] **80**

I. Regulierter Markt

1. Regelpublizität nach Wertpapierhandelsgesetz

Gemäß § 37 v WpHG haben Inlandsemittenten (zum Begriff vgl. § 2 Abs. 7 WpHG) innerhalb von vier Monaten nach Abschluss des Geschäftsjahres einen Jahresfinanzbericht zu erstellen, sofern sie nicht bereits nach den handelsrechtlichen Vorschriften, insbesondere nach § 325 HGB (s. Rz. 33 ff.), zur Offen- **81**

---

[31] Vgl. hierzu OLG Ffm. WpÜG 1/06 v. 12. 2. 2007, BB 2007, 1383 ff.; OLG Ffm. WpÜG 2/07 v. 29. 11. 2007, ZIP 2008, 312 ff.; dazu *Krach* DB 2008, 626 ff.

[32] Zum Umfang der Veröffentlichung und zum Rechtsschutz gegen eine Anordnung der Bundesanstalt für Finanzdienstleistungsaufsicht vgl. OLG Ffm. WpÜG 1/07 v. 14. 6. 2007, DB 2007, 1913 ff. sowie *Hecht/Gräfe/Jehke* DB 2008, 1251 ff. und *Müller* AG 2008, 438 ff. Vgl. hierzu auch den (überarbeiteten) Emittentenleitfaden der Bundesanstalt für Finanzdienstleistungsaufsicht (Stand 28. 4. 2009), Abschn. X.3.2 und X.3.3.

[33] Transparenzrichtlinie-Umsetzungsgesetz, BGBl. I 2007, 10 ff.; vgl. dazu *Nießen* NZG 2007, 41 ff.; zur vorherigen Rechtslage s. Vorauflage § 24 Rz. 80 ff.

[34] Vgl. hierzu auch den Emittentenleitfaden (siehe Fn. 32), Abschn. VIII.

legung der im **Jahresfinanzbericht** enthaltenen Rechnungslegungsunterlagen verpflichtet sind. Inhaltlich umfasst der Jahresfinanzbericht den geprüften Jahresabschluss, den Lagebericht und eine schriftliche Versicherung des gesetzlichen Vertreters des Emittenten, dass der Jahresabschluss und der Lagebericht nach bestem Wissen ein den tatsächlichen Verhältnissen entsprechendes Bild vermittelt (sog. Bilanzeid; s. Rz. 32). Handelt es sich bei dem Inlandsemittenten um das Mutterunternehmen eines Konzerns, so gilt dies entsprechend für den Konzernabschluss nach internationalen Rechnungslegungsstandards (IFRS; vgl. § 37 y WpHG). Für deutsche börsennotierte AG ergeben sich hieraus wegen der ohnehin bestehenden Offenlegungspflicht keine zusätzlichen Belastungen; allerdings sind die Bekanntmachungspflichten nach § 37 v Abs. 1 S. 2 ff. WpHG zu beachten.

82 Darüber hinaus müssen Inlandsemittenten nach § 37 w WpHG einen **Halbjahresfinanzbericht** bzw. nach § 37 y WpHG einen Halbjahresfinanzbericht für den Konzern erstellen. Dieser Halbjahresfinanzbericht ist für die ersten sechs Monate eines jeden Geschäftsjahres zu erstellen und unverzüglich, spätestens jedoch zwei Monate nach Ablauf des Berichtszeitraums der Öffentlichkeit zur Verfügung zu stellen. Der Halbjahresfinanzbericht hat mindestens einen verkürzten Abschluss, einen Zwischenlagebericht und den Bilanzeid zu enthalten, wobei der verkürzte Abschluss mindestens eine verkürzte Bilanz, eine verkürzte Gewinn- und Verlustrechnung und einen Anhang haben muss.

83 Schließlich hat ein Unternehmen, das als Inlandsemittent Aktien ausgibt, in einem Zeitraum zwischen zehn Wochen nach Beginn und sechs Wochen vor Ende der ersten und zweiten Hälfte des Geschäftsjahres jeweils eine **Zwischenmitteilung der Geschäftsführung** der Öffentlichkeit zur Verfügung zu stellen (§ 37 x Abs. 1 WpHG). Diese zusätzliche Pflicht trifft Emittenten, die im Prime Standard notiert sind und demgemäß Quartalsberichte erstellen, nicht (vgl. § 37 x Abs. 3 WpHG und Rz. 122). Für die im General Standard notierten Unternehmen stellt dies jedoch eine zusätzliche Belastung dar. Die Zwischenmitteilung hat Informationen über den Zeitraum zwischen dem Beginn der jeweiligen Hälfte des Geschäftsjahres und dem Zeitpunkt, zu dem die Informationen der Öffentlichkeit zur Verfügung gestellt werden, zu enthalten, die eine Beurteilung darüber ermöglichen, wie sich die Geschäftstätigkeit des Emittenten in den drei Monaten vor Ablauf des Miteilungszeitraums entwickelt hat. Anzugeben sind die wesentlichen Ereignisse und Geschäfte; zudem ist zu erläutern, welche Auswirkungen diese auf die Finanzlage des Unternehmens haben.

84 Vor Zurverfügungstellung der Finanzberichte bzw. Zwischenmitteilungen hat der Emittent eine **Bekanntmachung** zu veröffentlichen, ab wann und unter welcher Internetadresse diese Informationen öffentlich zugänglich sind, dies auch der Bundesanstalt für Finanzdienstleistungsaufsicht mitzuteilen (vgl. auch § 23 WpAIV) und die Bekanntmachung samt Finanzbericht bzw. Zwischenmitteilung an das Unternehmensregister zur Speicherung zu übermitteln; nach § 24 WpAIV müssen die Finanzberichte für mindestens fünf Jahre im Unternehmensregister der Öffentlichkeit zugänglich sein. Art und Sprache der Veröffentlichung (für deutsche börsennotierte AG ist deutsche Sprache grundsätzlich ausreichend) ergeben sich aus §§ 22, 3a und 3b WpAIV). Eine **Prüfungspflicht** besteht nur bei Jahresfinanzberichten. Gemäß § 37 v Abs. 5 WpHG kann der verkürzte Abschluss und der Zwischenlagebericht einer prüferischen Durchsicht unterzogen werden; eine Pflicht zur prüferischen Durch-

D. Börsenrechtliche Regelpublizität u. Zulassungsfolgepflichten 85–88 § 26

sicht besteht jedoch nicht. Entscheidet sich das Unternehmen gegen eine prüferische Durchsicht, so ist dies indessen im Halbjahresfinanzbericht anzugeben.

2. Weitere Informationspflichten

Gemäß § 30b WpHG sind insbesondere die Einberufung der Hauptversammlung einschließlich der Tagesordnung sowie Mitteilungen über die Ausschüttung und Auszahlung von Dividenden, die Ausgabe neuer Aktien und die Vereinbarung oder Ausübung von Umtausch-, Bezugs-, Einziehungs- und Zeichnungsrechten unverzüglich im elektronischen Bundesanzeiger zu veröffentlichen. Unter bestimmten Voraussetzungen, vor allem der Zustimmung der Hauptversammlung und der Einbindung des Aktionärs, ist die Informationsübermittlung an die Aktionäre auf elektronischem Wege zulässig. Zudem hat eine deutsche AG gemäß § 30c WpHG beabsichtigte Änderungen seiner Satzung oder seiner sonstigen Rechtsgrundlagen, die die Rechte der Aktionäre berühren, der Bundesanstalt für Finanzdienstleistungsaufsicht und den Börsen mitzuteilen und die Änderungen selbst nach § 30e WpHG zu veröffentlichen; die Einzelheiten zu Art, Sprache und Mitteilung in Bezug auf § 30e WpHG ergeben sich aus §§ 26, 3a, 3b und 3c WpAIV, wobei eine Veröffentlichung ausschließlich in englischer Sprache zulässig ist. 85

3. Sonstige Zulassungsfolgepflichten

In § 30a WpHG werden die Pflichten zusammengefasst, die dem Emittenten mit Herkunftsstaat Deutschland gegenüber allen Inhabern der von ihm ausgegebenen und an einem organisierten Markt zugelassenen Wertpapiere obliegen. Die Emittenten haben sicherzustellen, dass ihre Aktionäre gleichbehandelt werden (§ 30a Abs. 1 Nr. 1 WpHG), alle Einrichtungen und Informationen zur Rechteausübung öffentlich zur Verfügung stehen (§ 30a Abs. 1 Nr. 2 WpHG), Daten vor der Kenntnis durch Unbefugte geschützt sind (§ 30a Abs. 1 Nr. 3 WpHG), eine (bei Vorlage der Wertpapiere) kostenlose Zahlstelle eingerichtet ist (§ 30a Abs. 1 Nr. 4 WpHG) und auf Verlangen Vollmachtsformulare für die Haupt- (§ 30a Abs. 1 Nr. 5 WpHG) oder Gläubigerversammlung (§ 30a Nr. 6 WpHG) übermittelt werden. 86

Gemäß § 40 Abs. 1 BörsG iVm. § 69 BörsZulV ist der Emittent zugelassener Aktien verpflichtet, für später öffentlich ausgegebene Aktien derselben Gattung die Zulassung zum regulierten Markt zu beantragen. Ein solcher Antrag ist spätestens ein Jahr nach der Ausgabe der zuzulassenden Aktien zu stellen. Die Einzelheiten sind in § 69 Abs. 2 BörsZulV geregelt. 87

4. Sanktionen

Verstöße gegen die vorstehend beschriebenen Pflichten stellen überwiegend **Ordnungswidrigkeiten** dar. Die Einzelheiten ergeben sich aus § 39 WpHG. Auf eine Verletzung der Vorschriften der §§ 30a ff. WpHG kann indessen nach ausdrücklicher Regelung in § 30g WpHG die Anfechtung eines Hauptversammlungsbeschlusses nicht gestützt werden. 88

Göckeler 1869

II. Prime Standard

120 Der Börsenrat der Frankfurter Wertpapierbörse hat eine **neue Segmentierung des Aktienmarktes der Frankfurter Wertpapierbörse** beschlossen und mit Wirkung zum 1.1.2003 eine neue Börsenordnung erlassen, in der insbesondere die Vorschriften über die Zulassung von Wertpapieren zum Börsenhandel und die Zulassungsfolgepflichten neu geregelt wurden. Im Zuge dieser Neuordnung wurden der Neue Markt und das Qualitätssegment SMAX eingestellt. Seit dem 1.1.2003 wird an der Frankfurter Wertpapierbörse für die Zulassung von Aktien zwischen **zwei Transparenzstandards** unterschieden, nämlich zum einen dem General Standard und zum anderen dem Prime Standard. Das neue Marktsegment General Standard wendet sich insbesondere an kleinere und mittlere Unternehmen, die in erster Linie den nationalen Kapitalmarkt erschließen wollen. Für dieses Marktsegment gelten daher ausschließlich die **gesetzlichen Mindestanforderungen**; besondere Anforderungen sind für dieses Marktsegment nicht vorgesehen. Wegen der Zulassungsfolgepflichten kann daher voll umfänglich auf die Ausführungen zum regulierten Markt (s. o. Rz. 81 ff.) verwiesen werden. **Erhöhte Anforderungen** gelten indessen für Unternehmen, deren Aktien zum Handel im Prime Standard zugelassen sind (s. hierzu sogleich Rz. 121 ff.).

121 Die besonderen Folgepflichten für Gesellschaften, deren Aktien zum Prime Standard zugelassen sind, ergeben sich aus §§ 65 ff. BörsOFWB. Danach besteht gemäß § 65 BörsOFWB zunächst die Pflicht der Erstellung eines **Jahresfinanzberichts** nach den Vorgaben des § 37v Abs. 2 und 3 WpHG bzw. § 37y Nr. 1 WpHG. Diese Anforderungen gehen insoweit über die ohnehin bestehenden gesetzlichen Pflichten hinaus, als der Jahresfinanzbericht grundsätzlich in deutscher und **englischer Sprache** abgefasst sein muss (§ 65 Abs. 1 Satz 2 BörsOFWB).

122 Als eine sonstige Zulassungsfolgepflicht im Prime Standard ist die Verpflichtung zur **Erstellung von Halbjahres- bzw. Quartalsfinanzberichten** gem. § 66 BörsO FWB zu nennen. Diese sind nach den Vorgaben des § 37w Abs. 2 bis 4 WpHG bzw. § 37w Abs. 2 Nr. 1 und 2, Abs. 3 und 4 WpHG oder – falls der Emittent zur Aufstellung eines Konzernabschlusses und eines Konzernlageberichtes verpflichtet ist – nach den Vorgaben des § 37y Nr. 2 WpHG bzw. § 37y Nr. 2 analog WpHG zu erstellen (wegen der Einzelheiten vgl. oben Rz. 82). Der Halbjahres- bzw. Quartalsbericht muss **in deutscher und englischer Sprache** abgefasst sein.

123 Gemäß § 67 BörsOFWB sind Unternehmen im Prime Standard verpflichtet, mit Aufnahme des Handels sowie fortlaufend zu Beginn jedes Geschäftsjahres für die Dauer mindestens des jeweiligen Geschäftsjahres einen **Unternehmenskalender in deutscher und englischer Sprache** zu erstellen und fortlaufend zu aktualisieren. Dieser Unternehmenskalender muss Angaben über die wesentlichen Termine des Emittenten, insbes. die Hauptversammlung, die Pressekonferenzen und Analystenveranstaltungen, enthalten. Der Unternehmenskalender ist im Internet zu veröffentlichen und der Geschäftsführung der Börse in elektronischer Form zu übermitteln. Die Geschäftsführung stellt den Unternehmenskalender dem Publikum elektronisch oder in anderer geeigneter Weise zur Verfügung.

124 Gemäß § 68 BörsOFWB ist das im Prime Standard zugelassene Unternehmen verpflichtet, mindestens einmal jährlich eine **Analystenveranstaltung**

E. Mitteilung des Stimmrechts- und Anteilsbesitzes 125–171 § 26

außerhalb der Pressekonferenz zur Bekanntgabe der Jahresabschlusszahlen („Bilanzpressekonferenz") durchzuführen.

Gemäß § 69 BörsOFWB sind **Ad-hoc-Mitteilungen** nach § 15 WpHG 125 zeitgleich auch in **englischer Sprache** zu veröffentlichen.

Gemäß § 70 Abs. 2 BörsOFWB gelten die Vorschriften über den **Widerruf** 126 **der Zulassung** zum regulierten Markt von Amts wegen entsprechend. Danach kann die Börsengeschäftsführung die Zulassung zum Prime Standard wegen der Nichterfüllung der Emittentenpflichten widerrufen (vgl. § 43 Satz 2 BörsG). Die Zulassung zum regulierten Markt (General Standard) bleibt von dem Widerruf unberührt, es sei denn, dass die Zulassungsstelle auch diese Zulassung widerrufen hat.

E. Mitteilung des Stimmrechts- und Anteilsbesitzes

I. Wertpapierrechtliche Mitteilungspflichten

1. Mitteilung des Stimmrechtsbesitzes

a) Übersicht und Anwendungsbereich

Die Regelungen zu den wertpapierhandelsrechtlichen Meldepflichten sind 170 in den letzten Jahren mehrfach geändert worden.[35] Nunmehr hat derjenige, der durch Erwerb, Veräußerung oder auf sonstige Weise **3%, 5%, 10%, 15%, 20%, 25%, 30%, 50% oder 75%** der Stimmrechte an einer Gesellschaft, deren Aktien zum Handel an einem organisierten Markt zugelassen sind (§ 21 Abs. 2 WpHG; s. o. Rz. 5), erreicht, überschreitet oder unterschreitet (Meldepflichtiger), diese Tatsache der Gesellschaft sowie der Bundesanstalt für Finanzdienstleistungsaufsichtspflicht unverzüglich, spätestens aber innerhalb von vier Handelstagen, unter Angabe des neuen Stimmrechtsanteils schriftlich mitzuteilen. Die Frist beginnt mit dem Zeitpunkt, in dem der Meldepflichtige Kenntnis davon hatte oder nach den Umständen haben müsste (21 Abs. 1 WpHG). Gemäß § 21 Abs. 1a WpHG tritt die Meldepflicht auch bei erstmaliger Börsennotierung im Sinne einer Bestandsaufnahme ein; eine vorherige Mitteilung nach § 20 AktG befreit nicht von der Meldepflicht nach § 21 Abs. 1a WpHG. Die betroffene Gesellschaft hat die ihr mitgeteilte Veränderung der Stimmrechtsanteile ihrerseits unverzüglich, spätestens aber drei Handelstage nach Zugang der Mitteilung zu **veröffentlichen** (§ 26 Abs. 1 WpHG). Diese Vorschriften bezwecken die Information der Marktteilnehmer über marktrelevante Umstände in Form eines wesentlichen Einflusses auf die börsennotierte Gesellschaft aufgrund bestimmter Stimmrechtsanteile. Die Nichtbeachtung der wertpapierhandelsrechtlichen Mitteilungspflichten zieht scharfe zivil- und ordnungswidrigkeitsrechtliche Sanktionen nach sich.

Unabhängig von einer bereits erfolgten Mitteilung gem. § 20 AktG ist als 171 Übergangsvorschrift vorgesehen worden, dass jeder Aktionär, dem am 1. 4. 2002 mehr als fünf Prozent der Stimmrechte (einschl. der zugerechneten

---

[35] Vgl. Vorauflage § 24 Rz. 170 ff.; Änderungen erfolgten vor allem durch das TUG; s. o. Fußnote 29 zu Rz. 80 und das Gesetz zur Begrenzung des mit Finanzinvestitionen verbundenen Risiken (Risikobegrenzungsgesetz v. 18. 8. 2008, BGBl. I, 1666). Zur Verwaltungspraxis vgl. auch den überarbeiteten Entwurf des Emittentenleitfadens (siehe Fn. 32) Abschn. VIII.

Stimmrechte) zustanden, eine Mitteilung über die Höhe seiner Stimmrechte und seine Anschrift an die Gesellschaft und das Bundesaufsichtsamt zu machen hatte, sofern nicht bereits zuvor eine Mitteilung gem. § 21 Abs. 1 oder Abs. 1a WpHG abgegeben worden war (§ 41 Abs. 2 WpHG nF).

b) Mitteilungspflicht des Aktionärs

172 Adressat der Mitteilungspflicht nach § 21 WpHG ist derjenige Aktionär, der die genannten Schwellenzahlen (3, 5, 10, 15, 20, 25, 30, 50 oder 75 %) erreicht, über- oder unterschreitet. Anzuknüpfen ist an die **Stimmrechte** (und nicht an die Beteiligung am Grundkapital), sodass auch etwaige Mehrstimmrechte mitzuzählen sind. Vorzugsaktien ohne Stimmrechte sind so lange nicht relevant, wie die Stimmrechte ruhen.[36] Dementsprechend tritt die Meldepflicht dann ein, wenn die Stimmrechte entweder aufgrund eines Beschlusses der Hauptversammlung und der Sonderversammlung der Vorzugsaktionäre entstehen oder aber wegen zweimaliger Nichtzahlung des Vorzuges aufleben (§ 140 Abs. 2 AktG). Die Meldepflicht tritt auch bei **erstmaliger Börsennotierung** iSv. § 21 Abs. 2 WpHG ein. Nach § 21 Abs. 1a WpHG muss jeder, dem im Zeitpunkt der erstmaligen Börsenzulassung fünf Prozent oder mehr der Stimmrechte der erstnotierten Gesellschaft zustehen, eine Mitteilung gem. § 21 Abs. 1 Satz 1 WpHG machen.

173 Meldepflichtig ist **jeder Aktionär**, und zwar natürliche Personen, juristische Personen und Gesamthandsgemeinschaften, wie etwa Erbengemeinschaften.[37] Familien als solche sind in keinem Fall meldepflichtig; sie bilden für Zwecke des § 21 WpHG keine relevante Einheit. Gleiches gilt für die Gruppe der Altaktionäre vor einem Börsengang. Insoweit ist grds. jeder Aktionär selbst meldepflichtig, wenn in seiner Person die Voraussetzungen des § 21 WpHG erfüllt sind. Dabei ist jedoch die Stimmrechtszurechnungsvorschrift des § 22 Abs. 2 WpHG für Stimmrechtsvereinbarungen zu beachten. Anders als bei der vergleichbaren Vorschrift des § 20 AktG (siehe hierzu unten Rz. 185 ff.) kommt es auf die Unternehmereigenschaft des Aktionärs nicht an. Eine § 21 WpHG entsprechende Mitteilungspflicht ergibt sich nach § 25 WpHG zudem auch aus dem Halten von Finanzinstrumenten (zum Begriff siehe § 2 Abs. 2b WpHG), insoweit jedoch ohne den Schwellenwert von 3 %. Bis zum Inkrafttreten des Risikobegrenzungsgesetzes[38] erfolgte grds. keine Zusammenrechnung von Stimmrechten aus Aktien und solchen Finanzinstrumenten (§ 25 Abs. 1 S. 3 WpHG aF.). Dies hat sich nun mit Wirkung ab dem 1. 3. 2009 geändert, so dass eine Zusammenrechnung der Stimmrechte aus Aktien und Finanzinstrumenten erfolgt (§ 25 Abs. 1 S. 3 WpHG nF).[39]

---

[36] *Hüffer* AktG Anh. § 22, § 21 WpHG Rz. 6; zu Stimmbindungsvereinbarungen vgl. unten Rz. 174. Nach unzutreffender Ansicht des LG Köln 82 O 114/06 v. 5. 10. 2007, BB 2008, 245 f., löst bereits eine Umfirmierung bzw. Namensänderung eines Aktionärs die Meldepflicht (erneut) aus; kritisch zu dieser Entscheidung auch *Kirschner* DB 2008, 623 ff. und *Segna* AG 2008, 311 ff.

[37] So müssen Erbengemeinschaften zB bei einem Erwerb von Todes wegen diesen der Gesellschaft und dem Bundesaufsichtsamt für Wertpapierhandel mitteilen.

[38] Gesetz zur Begrenzung der mit Finanzinvestitionen verbundenen Risiken v. 12. 8. 2008, BGBl. I, 1666.

[39] Vgl. hierzu auch *Korff* AG 2008, 692 ff., *König* BB 2008, 1910 ff. und *v. Bülow/Stephanblome* ZIP 2008, 1797 ff. sowie (zum Fall Schaeffler/Continental) *Fleischer/Schmolke*

E. Mitteilung des Stimmrechts- und Anteilsbesitzes

174 Meldepflichtig ist **jeder Vorgang**, der die genannten Schwellenzahlen berührt. Jeder Vorgang lässt die Meldepflicht neu entstehen. Somit tritt Meldepflicht zB bei Unterschreitung einer Schwelle auch dann ein, wenn Überschreitung derselben zuvor nicht gemeldet worden war. Die Schwellenzahl muss dabei durch Erwerb, Veräußerung oder in sonstiger Weise berührt werden. Umfasst werden sowohl Einzelrechtsübertragungen als auch Gesamtrechtsnachfolgen (zB Umwandlung oder Erbfall).[40] **Entscheidender Zeitpunkt** ist jeweils der dingliche Rechtsübergang (und nicht das schuldrechtliche Verpflichtungsgeschäft), wobei die Zurechnungsvorschrift nach § 22 Abs. 1 Nr. 5 WpHG nF und deren weite Auslegung nach hM zu berücksichtigen sind.[41]

175 Die **Mitteilung** ist zum einen an die Gesellschaft, zum anderen aber auch an die Bundesanstalt für Finanzdienstleistungsaufsicht zu richten. Sie hat **schriftlich** zu erfolgen; die Übermittlung per Telefax ist ausreichend. Die Abgabe der Erklärung durch einen Bevollmächtigten (zB durch einen Rechtsanwalt) ist zulässig. Die Mitteilung muss beiden Adressaten **unverzüglich** (dh. ohne schuldhaftes Zögern, § 121 Abs. 1 Satz 1 BGB) zugehen, spätestens aber der Frist von vier Handelstagen (§ 21 Abs. 1 Satz 1 und 3 WpHG; s. Rz. 170). Die **Mitteilung muss enthalten**, welche Schwellenzahl betroffen und ob diese erreicht, unter- oder überschritten wurde sowie die exakte Höhe des Stimmrechtsanteils (grds. in Prozentpunkten, wobei idR Rundung auf zweite Stelle hinter dem Komma zulässig ist, sofern es nicht gerade auf eine weitere Stelle ankommt, zB 25,0001 %). Ferner sind der Name bzw. die Firma und die Anschrift anzugeben[42] sowie der Tag, an dem die Schwellenzahl erreicht, über- oder unterschritten wurde (§ 21 Abs. 1 WpHG). Zur Mitteilung etwaiger gem. § 22 WpHG zugerechneter Stimmen s. u. Rz. 177. Die weiteren Einzelheiten zum Inhalt der Mitteilung sind in § 17 WpAIV, die zu Art, Form und Sprache (deutsche oder englische Sprache) in § 18 WpAIV geregelt.[43] Nach Inkrafttreten des Risikobegrenzungsgesetzes gilt ab dem 31. Mai 2009 gemäß § 27a Abs. 1 S. 1 WpHG grds. für alle Meldepflichtigen nach §§ 21, 22 WpHG (zu den Ausnahmen siehe § 27a Abs. 1 S. 6 WpHG; Finanzinstrumente werden nicht mitgerechnet), die die Schwelle von 10 % oder eine höhere Schwelle erreichen, eine zusätzliche Mitteilungspflicht (es sei denn, dass die Schwelle aufgrund eines öffentlichen Übernahmeangebots nach WpÜG erreicht oder überschritten wurde, § 27a Abs. 1 S. 5 WpHG).[44] Danach hat der Meldepflichtige innerhalb von

---

ZIP 2008, 1501 ff., *Schanz* DB 2008, 1899 ff. und *Weber/Meckbach* BB 2008, 2022 ff. Die Meldepflicht gilt erstmals für Veränderungen, nicht für den Bestand am 1. 3. 2009, siehe § 41 Abs. 4a und 4b WpHG.

[40] *Hüffer* AktG Anh. § 22, § 21 WpHG Rz. 8.
[41] *Hüffer* AktG Anh. § 22, § 21 WpHG Rz. 8 und § 22 WpHG Rz. 6.
[42] Bei Erbengemeinschaften und Gesellschaften bürgerlichen Rechts sind die Namen der einzelnen Mitglieder bzw. Gesellschafter anzugeben; zur möglichen Verschärfung durch die Pflicht zur Offenlegung der verfolgten Ziele ab einer Stimmrechtsschwelle von 10 % durch den Entwurf eines Risikobegrenzungsgesetzes s. u. Fn. zu Rz. und *Timmann/Birkholz* BB 2007, 2749 ff. *Wilsing/Goslar* DB 2007, 2467 ff.
[43] Siehe auch Merkblatt der Bundesanstalt für Finanzdienstleistungsaufsicht – Hinweise zu den Mitteilungs- und Veröffentlichungspflichten gem. §§ 21 ff. WpHG v. 6. 2. 2007 sowie Mitteilungsmuster, abrufbar unter www.bafin.de.
[44] Vgl. hierzu die Gesetzesbegründung BT-Drs. 16/7438, 12 f. sowie zu Einzelfragen *Fleischer* AG 2008, 873 ff., *Korff* AG 2008, 692 ff., *König* BB 2008, 1910 ff. und *v. Bülow/Stephanblome* ZIP 2008, 1797 ff.

20 Handelstagen die mit dem Erwerb verfolgten Ziele und die Herkunft der für den Erwerb verwendeten Mittel mitzuteilen. Die anzugebenden Ziele sind in § 27a Abs. 1 S. 3 WpHG abschließend aufgeführt (Frage, ob 1. die Investition der Umsetzung strategischer Ziele oder der Erzielung von Handelsgewinnen dient, 2. der Meldepflichtige innerhalb der nächsten zwölf Monate weitere Stimmrechte durch Erwerb oder auf sonstige Weise zu erlangen beabsichtigt, 3. der Meldepflichtige eine Einflussnahme auf die Besetzung von Verwaltungs-, Leitungs- und Aufsichtsorganen anstrebt, und 4. der Meldepflichtige eine wesentliche Änderung der Kapitalstruktur der Gesellschaft, insbesondere im Hinblick auf das Verhältnis von Eigen- und Fremdfinanzierung und die Dividendenpolitik anstrebt). Gem. § 27a Abs. 2 WpHG ist auch eine Änderung der angegebenen Ziele meldepflichtig. Nach § 27a Abs. 3 WpHG kann die Satzung der Gesellschaft vorsehen, dass die Meldepflicht nach § 27a Abs. 1 WpHG nicht gilt.

c) Zurechnung von Stimmrechten

176 Welche Stimmrechte einem Aktionär neben den ihm unmittelbar zustehenden zuzurechnen sind, ergibt sich aus § 22 WpHG.

Die in § 22 WpHG enthaltenen Zurechnungsvorschriften sind durch das WpÜG[45] neu geregelt worden. Danach stehen den Stimmrechten des Meldepflichtigen Stimmrechte aus Aktien gleich, die einem **Tochterunternehmen** des Meldepflichtigen gehören (§ 22 Abs. 1 Nr. 1 WpHG), die einem Dritten gehören und von ihm **für Rechnung des Meldepflichtigen** gehalten werden (§ 22 Abs. 1 Nr. 2 WpHG), die der Meldepflichtige einem Dritten als **Sicherheit** übertragen hat, es sei denn, der Dritte ist zur Ausübung der Stimmrechte aus diesen Aktien befugt und bekundet die Absicht, die Stimmrechte unabhängig von den Weisungen des Meldepflichtigen auszuüben (§ 22 Abs. 1 Nr. 3 WpHG), in denen zugunsten des Meldepflichtigen ein **Nießbrauch** bestellt ist (§ 22 Abs. 1 Nr. 4 WpHG), die der Meldepflichtige **durch eine Willenserklärung erwerben kann** (§ 22 Abs. 1 Nr. 5 WpHG) oder die dem Meldepflichtigen **anvertraut** sind, sofern er die Stimmrechte aus diesen Aktien nach eigenem Ermessen ausüben kann, wenn keine besonderen Weisungen des Aktionärs vorliegen (§ 22 Abs. 1 Nr. 6 WpHG).[46] Für die Zurechnung stehen dem Meldepflichtigen grds. **Tochterunternehmen** des Meldepflichtigen gleich. Stimmrechte des Tochterunternehmens werden dem Meldepflichtigen in voller Höhe zugerechnet. Dem Meldepflichtigen werden auch Stimmrechte eines **Dritten** aus Aktien der börsennotierten Gesellschaft in voller Höhe zugerechnet, mit dem der Meldepflichtige oder sein Tochterunternehmen sein **Verhalten** in Bezug auf die börsennotierte Gesellschaft oder den Erwerb von Aktien an ihr aufgrund einer Vereinbarung oder in sonstiger Weise **abstimmt**; ausgenommen sind Vereinbarungen über die Ausübung von Stimmrechten in Einzelfällen (§ 22 Abs. 2 WpHG).[47] Ein abgestimmtes Verhalten liegt nach

---

[45] Siehe Fn. 6.
[46] Zur Verwaltungstreuhand und undurchschaubaren Strukturen mit ausländischen Gesellschaften vgl. LG München II 4 HKO 929/04 v. 6. 5. 2004 AG 2005, 52 ff.
[47] Vgl. auch *Mutter* DStR 2007, 2013 ff.; *Schockenhoff/Wagner* NZG 2008, 361 ff.; zur möglichen Verschärfung beim Entwurf eines Risikobegrenzungsgesetzes vgl. *Spindler* WM 2007, 2357 ff.; *Wilsing/Goslar* DB 2007, 2467 ff.; zur Offenlegung der Ziele nach § 27 Abs. 2 WpHG-E vgl. *Möllers/Holzner* NZG 2008, 166 ff.

dem durch das Risikobegrenzungsgesetz[48] eingefügten § 22 Abs. 2 S. 2 WpHG vor, wenn der Meldepflichtige oder sein Tochterunternehmen und der Dritte in einer Weise zusammenwirken, die geeignet ist, die unternehmerische Ausrichtung der Gesellschaft dauerhaft oder erheblich zu beeinflussen. Diese Änderungen stellen eine Reaktion des Gesetzgebers auf die restriktive Auslegung des BGH der ähnlichen Zurechnungsvorschrift in § 30 Abs. 2 WpÜG dar, die auf das Erfordernis einer Abstimmung in der Hauptversammlung abstellte und somit die (abgestimmte) Neuwahl eines Aufsichtsratsvorsitzenden von dem Tatbestand des abgestimmten Verhaltens ausnahm.[49] Nach der Neuregelung sind somit nunmehr auch abgestimmte Verhalten, die sich außerhalb der Stimmabgabe bewegen, erfasst. Als Korrektiv zu dieser Erweiterung wird aber durch das Risikobegrenzungsgesetz die Eignung des abgestimmten Verhaltens verlangt, die unternehmerische Ausrichtung dauerhaft oder erheblich zu beeinflussen.[50] Tochterunternehmen iSd. § 22 WpHG sind Unternehmen, die als Tochterunternehmen iSd. § 290 HGB gelten oder auf die ein beherrschender Einfluss ausgeübt werden kann, ohne dass es auf die Rechtsform oder den Sitz ankommt (§ 22 Abs. 3 WpHG nF).

In der Mitteilung gem. § 21 Abs. 1 WpHG ist anzugeben, **aufgrund welcher Vorschrift** des § 22 WpHG eine Zurechnung von Stimmrechten erfolgt (§ 22 Abs. 2 WpHG aF bzw. § 22 Abs. 4 WpHG nF).

Grundsätzlich befreit eine Zurechnung von Stimmrechten einen Aktionär, dessen Stimmrechte einem anderen zugerechnet werden, nicht von seiner eigenen Mitteilungspflicht gem. § 21 WpHG **(keine Absorption)**.[51] Somit sind trotz der Zurechnungsvorschriften in § 22 Abs. 1 und 2 WpHG auch bei Vorliegen der Voraussetzungen in § 21 WpHG zB der Treuhänder, das Tochterunternehmen, die einer Stimmbindung unterliegenden Aktionäre, die Sicherungsnehmer, der Nießbrauchbesteller, der Verpflichtete aus einem Schuldverhältnis oder der Verwahrungsgeber meldepflichtig.

Gemäß § 23 WpHG werden auf Antrag bei der Bundesanstalt für Finanzdienstleistungsaufsicht unter bestimmten engen Voraussetzungen Stimmrechte aus **Aktien im Handelsbestand** nicht berücksichtigt. Für **konzernabschlusspflichtige Konzerne** besteht eine gesetzliche Befreiung (§ 24 WpHG).

d) Sanktionen

Bei einer Verletzung der Mitteilungspflicht[52] ordnet § 28 S. 1 WpHG als Sanktion das **Ruhen der Rechte** des betreffenden Aktionärs aus den Aktien für die Dauer der Verletzung, d. h. bis zum Nachholen der Mitteilung, an.[53] Diese Sanktion umfasst vor allem auch das Ruhen aller Stimm- und Dividen-

---

[48] Gesetz zur Begrenzung der mit Finanzinvestitionen verbundenen Risiken v. 12. 8. 2008, BGBl. I, 1666.
[49] Siehe BGH II ZR 137/05 v. 18. 9. 2008, DStR 2006, 2042 ff. und Gesetzesbegründung BT-Drs. 16/7438, 8 u. 11.
[50] Vgl. hierzu die Gesetzesbegründung BT-Drs. 16/7438, 11 sowie zu Einzelfragen *Gätsch/Schäfer* NZG 2008, 846 ff., *Korff* AG 2008, 692 ff., *König* BB 2008, 1910 ff. und *v. Bülow/Stephanblome* ZIP 2008, 1797 ff.
[51] Vgl. *Hüffer* AktG Anh. § 22, § 22 WpHG Rz. 6.
[52] Zu den Einzelheiten vgl. *Hüffer* AktG Anh. § 22, § 28 WpHG Rz. 3.
[53] Zur vergleichbaren Vorschrift des § 59 WpÜG vgl. OLG Ffm. 5 U 33/06 v. 22. 5. 2007 AG 2008, 87 ff.

denrechte. Erfolgt die Verletzung der Meldepflicht vorsätzlich und wird sie nachgeholt, so tritt der Rechtsverlust allerdings hinsichtlich des Dividendenanspruchs und des Anspruchs auf den anteiligen Liquidationserlös nicht ein (§ 28 Satz 2 WpHG). Zudem stellt die Verletzung der Pflichten aus §§ 21 bzw. 26 WpHG eine bußgeldbewehrte Ordnungswidrigkeit nach § 39 Abs. 2 Nr. 2 lit. e) bzw. lit. g) WpHG dar. Eine Verschärfung der Sanktionen hat das Risikobegrenzungsgesetz[54] mit sich gebracht. Nach § 28 S. 3 WpHG ruhen die Rechte bei Verletzung der Meldepflicht auch noch sechs Monate nach Beseitigung der Verletzung, sofern der Verstoß die Höhe des Stimmrechtsanteils betrifft (zu Ausnahmen vgl. die „Bagatellklausel" in § 28 S. 4 WpHG) und vorsätzlich oder grob fahrlässig erfolgte.[55] Dies hat zur Folge, dass in diesen Fällen eine kurzfristige Heilung vor einer Hauptversammlung mit der Folge des Wiederauflebens des Stimmrechts nicht mehr möglich ist. Die Verletzung der Regelungen in § 27a WpHG (Mitteilung der verfolgten Ziele, siehe Rz. 175) ziehen einstweilen keine besonderen Sanktionen nach sich; ausweislich der Regierungsbegründung[56] wird es jedoch zwei Jahre nach Inkrafttreten des Gesetzes jedoch zu einer Überprüfung kommen, ob weitere Sanktionen geboten sind.

e) Veröffentlichungspflicht der Gesellschaft

181 Erhält die Gesellschaft eine Mitteilung gem. § 21 WpHG, so hat sie die mitgeteilte Tatsache gem. § 26 Abs. 1 WpHG zu veröffentlichen und gem. § 26 Abs. 2 WpHG der Bundesanstalt für Finanzdienstleistungsaufsicht die Veröffentlichung mitzuteilen. Die Veröffentlichung ist zudem dem Unternehmensregister zu übermitteln. Die Einzelheiten zum Inhalt der Veröffentlichung sind in § 19 WpAIV, die zu deren Art und Sprache in §§ 20, 3 a, 3 b WpAIV und die zur Mitteilung der Veröffentlichung in §§ 21, 3 c WpAIV enthalten. Nach § 27a Abs. 2 WpHG hat die Gesellschaft ferner auch eine Mitteilung nach § 27a Abs. 1 WpHG (siehe Rz. 175) bzw. deren Unterlassung zu veröffentlichen.

f) Erwerb eigener Aktien

182 Einen Sondertatbestand für den Erwerb eigener Aktien durch eine börsennotierte Gesellschaft iSv. § 21 Abs. 2 WpHG enthält § 26 Abs. 1 Satz 2 WpHG. Danach ist die Gesellschaft anstelle einer nicht denkbaren Mitteilung gem. § 21 WpHG an sich selbst unter den Voraussetzungen des § 21 WpHG (wobei die Tatsache, dass der Gesellschaft aus eigenen Aktien keine Stimmrechte zustehen, außer Acht bleiben muss) **zur Veröffentlichung verpflichtet**.[57] Wiederum ist die Veröffentlichung der Bundesanstalt für Finanzdienstleistungsaufsicht zu übermitteln.

---

[54] Gesetz zur Begrenzung der mit Finanzinvestitionen verbundenen Risiken v. 12. 8. 2008, BGBl. I, 1666.

[55] Vgl. hierzu die Gesetzesbegründung BT-Drs. 16/7438, 16 sowie zu Einzelfragen *Korff* AG 2008, 692 ff., *König* BB 2008, 1910 ff.; *v. Bülow/Stephanblome* ZIP 2008, 1797 ff. und *Fleischer* DB 2009, 1335 ff.

[56] Siehe Gesetzesbegründung BT-Drs. 16/7438, 16.

[57] Vgl. auch die Anzeigepflicht nach § 71 Abs. 3 Satz 3 AktG für Erwerbe eigener Aktien gem. § 71 Abs. 1 Nr. 8 AktG.

E. Mitteilung des Stimmrechts- und Anteilsbesitzes   183, 184   § 26

2. Aktiengeschäfte von Vorstand, Aufsichtsrat

Nach § 15a Abs. 1 Satz 1 WpHG haben Personen, die bei einer börsennotierten AG Führungsaufgaben wahrnehmen, zB Mitglieder des Vorstands oder des Aufsichtsrates (vgl. die Definition in § 15a Abs. 2 WpHG), die auch solche Personen umfasst, die regelmäßig Zugang zu Insiderinformationen haben und zu wesentlichen unternehmerischen Entscheidungen ermächtigt sind, eigene Geschäfte mit Aktien der börsennotierten Gesellschaft (zB Erwerb oder Veräußerung) oder mit sich darauf beziehenden Finanzinstrumenten (zB Derivate) der Gesellschaft und der Bundesanstalt für Finanzdienstleistungsaufsicht unverzüglich mitzuteilen.[58] Dieselbe Verpflichtung trifft Personen, die mit einer Person mit Führungsaufgaben in einer engen Beziehung stehen, zB Ehepartner, eingetragene Lebenspartner, unterhaltsberechtigte Kinder und andere Verwandte (§ 15a Abs. 1 Satz 2 und Abs. 3 WpHG). Meldepflichtig sind auch Geschäfte mit Aktien, die eine juristische Person (zB. Vermögensverwaltungsgesellschaft) tätigt, wenn bei ihr die genannten Personen Führungsaufgaben wahrnehmen (vgl. § 15a Abs. 3 Satz 2 WpHG) oder sie von solchen Personen kontrolliert werden oder ihren wirtschaftlichen Interessen entsprechen (§ 15a Ass. 3 Satz 3 WpHG).[59] Mit diesen Regelungen sind nach altem Recht bestehende Meldelücken und Umgehungsmöglichkeiten geschlossen worden. **Ausnahmen** von der Mitteilungspflicht bestehen nur, solange die Gesamtsumme der Geschäfte einer Person mit Führungsaufgaben und der mit dieser in einer engen Beziehung stehenden Personen insgesamt einen Betrag von € 5000 bis zum Ende des Kalenderjahres nicht erreicht (§ 15a Abs. 1 Satz 5 WpHG). Die Mitteilungspflichten nach § 15a WPHG setzen bereits mit Stellen des Antrags auf Zulassung zum Handel an einem organisierten Markt ein (§ 15a Abs. 1 Satz 4 WpHG). Der Inhalt der Mitteilung nach § 15a WpHG ist in § 10 WpAIV, deren Art und Form in § 11 WpAIV geregelt. Die börsennotierte AG hat die erhaltenen Mitteilung nach § 15a Abs. 4 Satz 1 WpHG zu veröffentlichen und gleichzeitig der Bundesanstalt für Finanzdienstleistungsaufsicht die Veröffentlichung mitzuteilen; außerdem ist die Mitteilung dem Unternehmensregister zur Speicherung zu übermitteln. Die diesbezüglichen Einzelheiten ergeben sich aus §§ 12, 13, 13a, 3a, 3b und 3c WpAIV. Wertvolle ergänzende und erläuternde Hinweise enthält der Emittentenleitfaden der Bundesanstalt für Finanzdienstleistungsaufsicht (dort Abschn. V.).[60]

183

II. Aktienrechtliche Mitteilungspflichten

1. Mitteilungspflichten für Aktienbesitz eines Unternehmens

Bei allen nicht börsennotierten Gesellschaften iSv. § 21 WpHG (nach Inkrafttreten des WpÜG[61] zum 1.1. 2002 insb. also bei Gesellschaften, deren Aktien im Freiverkehr gehandelt werden, bestehen die Meldepflichten nach

184

---

[58] Vgl. hierzu *Schneider* BB 2002, 1817 ff.; *ders.* AG 2002, 473 ff.; *Weiler/Tollköhn* DB 2002, 1923 ff.

[59] Zur Meldepflicht nach § 15a WpHG bei konzerninternen Geschäften siehe *Bode* AG 2008, 648 ff.

[60] Siehe Fn. 32. Das Mitteilungsmuster der Bundesanstalt für Finanzdienstleistungsaufsicht ist abrufbar unter www.bafin.de.

[61] Siehe Fn. 6.

Göckeler   1877

§§ 20, 21 AktG.[62] Sobald einem Unternehmen mehr als 25 % oder 50 % (oder die Mehrheit der Stimmrechte) einer AG gehören, hat es dies der AG unverzüglich schriftlich mitzuteilen. Gleiches gilt, wenn ein Unternehmen diese Schwellen unterschreitet (§ 20 Abs. 1, 4 und 5 AktG). Die AG hat diese Tatsachen ihrerseits unverzüglich in den **Gesellschaftsblättern** bekannt zu machen (§ 20 Abs. 6 AktG). Bei Verstößen gegen die Mitteilungspflichten nach § 20 Abs. 1 und 4 HGB kann der Aktionär keine Rechte aus den Aktien ausüben (§ 20 Abs. 7 AktG). Diese Vorschriften gelten gem. § 20 Abs. 8 AktG nicht für börsennotierte Gesellschaften iSd. WpHG, da insoweit bereits ausreichender Schutz aufgrund der ähnlichen WpHG-Bestimmungen besteht.

185 **Normadressat** der Mitteilungspflicht nach § 20 Abs. 1 und 4 AktG ist **jedes Unternehmen** (auch solche mit Sitz im Ausland). Der Unternehmensbegriff ist rechtsformneutral. Unternehmen können daher auch Personengesellschaften, eine Gesellschaft bürgerlichen Rechts, aber auch natürliche Personen sein. Voraussetzung ist jedoch stets, dass neben dem Halten der Beteiligung an der AG eigene unternehmerische Interessen verfolgt werden.[63] Mitteilungspflichtig ist bereits auch die Beteiligung an einer Vor-AG.[64]

186 Die Mitteilungspflichten nach § 20 AktG unterscheiden sich insb. in zweierlei Hinsicht von denen gem. § 21 WpHG. Zum einen ist Voraussetzung für eine Meldepflicht nach § 20 AktG, dass der Aktionär ein **Unternehmen** ist. Die Meldepflicht nach § 21 WpHG trifft jeden Aktionär, und zwar unabhängig davon, ob es sich bei ihm um ein Unternehmen handelt oder nicht. Zum anderen sind die **Schwellenwerte** und die Bezugsgrößen, an die die Mitteilungspflicht anknüpft, verschieden: im Falle von § 20 AktG sind es 25 % und 50 % der Aktien (das Stimmrecht ist unerheblich); im Falle von § 21 WpHG 3 %, 5 %, 10 %, 15 %, 20 %, 25 %, 30 %, 50 % und 75 % der Stimmrechte (die Beteiligung am Grundkapital ist irrelevant). Daraus resultieren eine Reihe weiterer Unterschiede, vor allem bei der Zurechnung von Aktien Dritter. Während für Zwecke des § 21 WpHG eine weite Zurechnung von Stimmrechten erfolgt (vgl. § 22 WpHG und oben Rz. 177 ff.), enthält § 20 Abs. 2 AktG Zurechnungsvorschriften nur für zwei Fälle, nämlich zum einen für solche Aktien, deren Übereignung das meldepflichtige Unternehmen, ein von ihm abhängiges Unternehmen oder ein anderer für Rechnung des Unternehmens oder eines von diesem abhängigen Unternehmens verlangen kann (§ 20 Abs. 2 Nr. 1 AktG), und zum anderen für solche Aktien, zu deren Abnahme das Unternehmen, ein von ihm abhängiges Unternehmen oder ein anderer für Rechnung des Unternehmens oder eines von diesem abhängigen Unternehmens verpflichtet ist (§ 20 Abs. 2 Nr. 2 AktG).

2. Mitteilungspflichten für Kapitalgesellschaftsanteile einer AG/KGaA

187 Sobald einer AG mehr als 25 % oder 50 % (oder die Mehrheit der Stimmrechte) **an einer anderen Kapitalgesellschaft** mit Sitz im Inland oder bergrechtlichen Gewerkschaft gehören, hat sie dies dem anderen Unternehmen unverzüglich mitzuteilen (§ 21 Abs. 1 und Abs. 2 AktG). Gleiches gilt, sobald eine solche Beteiligung nicht mehr besteht (§ 21 Abs. 3 AktG). Die Sanktion bei ei-

---

[62] Vgl. zu den Grundlagen der §§ 15 ff. AktG ausführlich § 15 Rz. 8 ff.
[63] *Hüffer* AktG § 20 Rz. 2; OLG Köln 18 U 49/01 v. 27. 9. 2001, ZIP 2001, 2089 ff.; OLG Hamm 27 U 1/00 v. 2. 11. 2000, EWiR § 312 AktG 1/01 *(Priesks)*.
[64] *Hüffer* AktG § 20 Rz. 2.

nem Verstoß besteht darin, dass Rechte aus den Anteilen nicht ausgeübt werden können (§ 21 Abs. 4 AktG). Auch diese Vorschriften gelten nicht für Aktien an börsennotierten Unternehmen iSd. WpHG (§ 21 Abs. 5 AktG). Sie gelten aber für Anteile an nicht börsennotierten Kapitalgesellschaften, die von einer börsennotierten AG gehalten werden.

F. Insiderüberwachung

I. Überblick

Eine wichtige Grundüberlegung vor Planung und Durchführung eines Börsenganges betrifft die Möglichkeit, als zukünftiger Aktionär über die Aktien verfügen zu können. Grundsätzlich besteht **freie Veräußerbarkeit** der Aktien (Fungibilität). Vorbehaltlich etwaiger Verfügungsbeschränkungen in der Satzung der AG oder börsenrechtlicher bzw. vertraglich vereinbarter Halteverpflichtungen („Lock up") ist dabei jedoch gerade für viele Unternehmen, bei denen einzelne Gesellschafter nicht nur Aktionäre, sondern zugleich auch Vorstands- oder Aufsichtsratsmitglieder oder dem Unternehmen in sonstiger beratender Funktion verbunden sind, das sog. „Verbot von Insidergeschäften" von Bedeutung.

Das Verbot von Insidergeschäften ist Teil der sog. **Insiderüberwachung** nach §§ 12 ff. WpHG. Sie beruht auf der Umsetzung der EG-Insiderrichtlinie vom 13. November 1989 durch das ursprünglich Zweite Finanzmarktförderungsgesetz[65] in nationales Recht und ist durch das AnsVG[66] grundlegend geändert worden (zur früheren Rechtslage vgl. Vorauflage § 24 Rz. 200 ff.). Sie wird ergänzt durch die den Emittenten von Wertpapieren – die Aktiengesellschaft – treffenden Veröffentlichungs- und Mitteilungspflichten hinsichtlich kursbeeinflussender Informationen (sog. Ad-hoc-Publizität nach § 15 WpHG). Das Regelungsbedürfnis für die besonderen Insidervorschriften und für eine gesetzliche Regelung ist darin zu sehen, dass der Insider, welcher eine Wertpapiertransaktion ausführt, einen **Wissensvorsprung** in unlauterer Weise ausnutzt, um nahezu risikolose Gewinne zu erzielen. Dadurch wird die Chancengleichheit der Marktteilnehmer gestört und das Anlegervertrauen in die Integrität der Kapitalmärkte erschüttert. Ein funktionsfähiger Kapitalmarkt wird durch derartiges Verhalten nachhaltig beeinträchtigt.[67]

Zum Verständnis dieses Verbots ist es erforderlich, zunächst die im WpHG enthaltenen Begriffe des „Insider", des „Insiders" und der „Insiderinformation" zu erläutern.

---

[65] Gesetz über den Wertpapierhandel und zur Änderung börsenrechtlicher und wertpapierrechtlicher Vorschriften (Zweites Finanzmarktförderungsgesetz) v. 26. 7. 1994, BGBl. I 1994, 1749 ff.
[66] Gesetz zur Verbesserung des Anlegerschutzes v. 28. 10. 2004 BGBl. I 2004, 2630.
[67] Vgl. *Kümpel* Rz. 16.61 ff.

II. Begriffsbestimmungen

1. Die Aktie als Insiderpapier

202 An einer inländischen Börse zum Handel (regulierter Markt) zugelassene oder in den Freiverkehr einbezogene Aktien sind Insiderpapiere (§ 12 Abs. 1 Satz 1 Nr. 1 WpHG). Neben der Aktie sind auch auf solche gerichtete Bezugsrechte (zB bei einem Bezugsrechtshandel im Rahmen einer Kapitalerhöhung) Insiderpapiere. Darüber hinaus werden von § 12 WpHG auch alle Wertpapiere, die in einem anderen Mitgliedstaat der EU oder des EWR an einem organisierten Markt zum Handel zugelassen sind, als Insiderpapiere erfasst. Nicht zu den Insiderpapieren zählen dagegen die nur im außerbörslichen Telefonverkehr gehandelten Werte.

203 Der Status einer Aktie als Insiderpapier beginnt bereits mit Stellen des Antrags auf Börsenzulassung (Zugang bei der zuständigen Börse) oder der öffentlichen Ankündigung der Börsenzulassung oder Einbeziehung in den Freiverkehr (§ 12 Abs. 1 Satz 2 WpHG). Dies ist vor allem in der Phase kurz vor dem Börsengang von Bedeutung, während der sich erfahrungsgemäß bereits Graumärkte bilden, an denen die Aktie gehandelt wird. Nach dem Emittentenleitfaden der Bundesanstalt für Finanzdienstleistungsaufsicht (dort Abschn. III.1.2)[68] ist ein Zulassungsantrag öffentlich angekündigt, wenn die Gesellschaft oder ein anderweitiger Anbieter der Aktien in einer an einen unbestimmten Personenkreis gerichteten und entsprechend publizierten Erklärung darauf hinweist, dass die Notierung der Aktien in dem Marktsegment beabsichtigt ist.

2. Insiderinformationen

a) Grundsätze

204 § 13 Abs. 1 WpHG enthält eine **Legaldefinition** des Begriffs „Insiderinformation".[69] Danach ist eine Insiderinformation eine konkrete Information über nicht öffentlich bekannte Umstände, die sich auf einen oder mehrere Emittenten von Insiderpapieren oder auf die Insiderpapiere selbst beziehen und die geeignet sind, im Falle ihres öffentlichen Bekanntwerdens den Börsen- oder Marktpreis der Insiderpapiere erheblich zu beeinflussen (§ 13 Abs. 1 Satz 1 WpHG). Eine solche Eignung ist gegeben, wenn ein verständiger Anleger die Information bei seiner Anlageentscheidung berücksichtigen würde (§ 13 Abs. 1 Satz 2 WpHG). Als solche Umstände gelten auch die, bei denen mit hinreichender Wahrscheinlichkeit davon ausgegangen werden kann, dass sie in Zukunft eintreten werden (§ 13 Abs. 1 Satz 3 WpHG). Eine Insiderinformation ist insbesondere auch eine Information über nicht öffentlich bekannte Umstände, die sich auf Aufträge von anderen Personen über den Kauf oder Verkauf von Finanzinstrumenten bezieht oder auf Derivate mit Bezug auf Waren bezieht und bei der Marktteilnehmer erwarten würden, dass sie diese Informationen in Übereinstimmung der zulässigen Praxis an den betreffenden Märkten erhalten würden (§ 13 Abs. 1 Satz 4 WpHG).[70]

---

[68] Siehe Fn. 32.
[69] Zur alten Rechtslage und zum zuvor verwandten Begriff der Insidertatsache vgl. Vorauflage § 24 Rz. 200 ff.
[70] Zu Einzelheiten vgl. Emittentenleitfaden (siehe Fn. 32) Abschn. III.2.1.5 und III.2.1.6.

b) Konkrete Information über Umstände

Eine Information ist konkret, wenn sie so bestimmt ist, dass sie hinreichende 205
Grundlage für eine Einschätzung über den zukünftigen Verlauf des Börsenpreises einer Aktie bilden kann. Daraus folgt, dass nicht jede Äußerung ein konkreter Umstand ist. Vielmehr wird eine präzise Information verlangt; hierfür genügen nur konkrete Umstände, die bereits existieren oder bei denen man mit hinreichender Wahrscheinlichkeit davon ausgehen kann, dass sie in Zukunft existieren werden.[71] Hierunter fallen zunächst alle der äußeren Wahrnehmung zugänglichen Geschehnisse oder Zustände der Außenwelt und des menschlichen Innenlebens, aber auch überprüfbare Werturteile, Einschätzungen, Absichten, Prognosen und Gerüchte. Solche Umstände können auch zukunftsbezogene Umstände wie Pläne, Vorhaben und Absichten einer Person sein, wenn die Tatsachen, auf die sie sich beziehen, sich zwar noch nicht endgültig manifestiert haben, jedoch hinreichend präzise sind und ihre Verwirklichung hinreichend wahrscheinlich ist; dies ist jedenfalls dann erfüllt, wenn eine „überwiegende Wahrscheinlichkeit" – dh. eine Eintrittswahrscheinlichkeit von über 50 % besteht; eine mit an Sicherheit grenzende Wahrscheinlichkeit ist nicht erforderlich.[72] Reine Gerüchte fallen hingegen nach zutreffender Auffassung nicht unter den Begriff der Insiderinformation.[73] Sofern jedoch Gerüchte einen Tatsachekern enthalten, sollen sie nach Auffassung der Bundesanstalt für Finanzdienstleistungsaufsicht Insiderinformationen darstellen können.[74] Bei mehrstufigen Entscheidungsprozessen muss die Frage, ob der Umstand hinreichend konkret ist, auf jeder Stufe gestellt und geprüft werden.[75]

c) Nicht öffentlich bekannt

Öffentlich bekannt ist eine Insiderinformation, wenn sie einem breiten An- 206
legerpublikum und damit einer unbestimmten Zahl von Personen zugänglich gemacht wurde. Alle anderen Insiderinformationen sind nicht öffentlich bekannt. Wer die Information veröffentlicht hat, ist unerheblich. Veröffentlichungen nur in bestimmten Kreisen, zB. im Rahmen einer Pressekonferenz oder auch in der Hauptversammlung, reichen nicht aus, um sie öffentlich bekannt zu machen.[76]

d) Bezug zum Emittenten oder zum Insiderpapier

Die Insiderinformation muss sich auf einen oder mehrere Emittenten von 207
Insiderpapieren (Aktien) oder auf das Insiderpapier (Aktie) selbst beziehen. Die Umstände, die die Insiderinformation bilden, müssen somit nicht ausschließlich im Tätigkeitsbereich der Gesellschaft eingetreten sein oder sich unmittelbar auf die Gesellschaft oder die Aktie beziehen. Auch die AG nur mittelbar

---

[71] Vgl. Emittentenleitfaden (siehe Fn. 32) Abschn. III.2.1.1.
[72] BGH II ZB 9/07 v. 25.2. 2008, AG 2008, 380 ff. („DaimlerChrysler"); siehe auch AG Frankfurt 943 OWi 7411 Js 233764/07 v. 15.8. 2008, ZIP 2008, 2313 f. zu den ordnungswidrigkeitenrechtlichen Folgen, insbes. zum Verbotsirrtum. Vgl. kritisch *Möllers* NZG 2008, 300 ff.; vgl. auch Emittentenleitfaden (siehe Fn. 32) Abschn. III.2.1.1.2.
[73] Vgl. *Fleischer/Schmolke* AG 2007, 841 ff. mwN.
[74] Emittentenleitfaden (siehe Fn. 32) Abschn. III.2.1.1.2.
[75] Vgl. auch Rz. 242.
[76] Vgl. Emittentenleitfaden (siehe Fn. 32) Abschn. III.2.1.2.

betreffende Umstände können Insiderinformationen sein, wenn sie geeignet sind, den Preis zu beeinflussen.[77]

e) Eignung zur erheblichen Preisbeeinflussung

208 Eine Insiderinformation liegt nur vor, wenn die ihr zugrunde liegenden Umstände geeignet sind, im Falle ihres öffentlichen Bekanntwerdens den Börsenkurs der Aktie erheblich zu beeinflussen. Erforderlich ist somit eine Einschätzung; darauf, ob sich der Kurs tatsächlich verändert hat, kommt es nicht an. Ausreichend ist, wenn es aus Sicht eines verständigen Anlegers, der zum Zeitpunkt seines Handelns alle verfügbaren Informationen kennt, wahrscheinlich erscheint, dass es zu einer erheblichen Preisbeeinflussung kommen kann. Hinsichtlich der Erheblichkeit ist entscheidend, ob ein verständiger Anleger die Information bei seiner Anlageentscheidung berücksichtigen würde. Die Bundesanstalt für Finanzdienstleistungsaufsicht schlägt zur Prüfung ein zweistufiges Verfahren vor. In einem ersten Schritt ist zu prüfen, ob der Umstand für sich allein (dh. isoliert) betrachtet im Zeitpunkt des Handelns (ex ante) nach allgemeiner Erfahrung ein erhebliches Preisbeeinflussungspotenzial haben kann. Als zweiter Schritt sind dann die übrigen vorliegenden und konkret absehbaren Umstände des Einzelfalls einschließlich der bereits bestehenden Informationslage mit in die Bewertung einzubeziehen.[78]

209 Wie bereits ausgeführt, ist bei mehrstufigen Prozessen jede Stufe separat zu prüfen. Diese Prüfung kann – zB. bei Vorliegen einer konkreten Absicht, ein Unternehmen zu erwerben – ergeben, dass der Umstand hinreichend konkret ist. Dies bedeutet aber nicht automatisch, dass ihm damit auch die Eignung zur erheblichen Kursbeeinflussung zukommt. Dies kann immer nur in einer Gesamtschau aller Umstände vom Standpunkt eines verständigen Anlegers festgestellt werden. So kann bei einer Unternehmensakquisition bspw. die Erwerbsabsicht schon hinreichend konkret sein, der Prozess aber noch so weit am Anfang stehen, dass ein verständiger Anleger ihn nicht in seine Anlageentscheidung einbeziehen würde.[79] Ähnlich liegt es bei Gerüchten. Auch ein Gerücht kann, wenn es einen Tatsachenkern enthält, eine hinreichend konkrete Information sein; ihm dürfte – da spekulativ – aber in der Regel die Eignung zur erheblichen Kursbeeinflussung fehlen; ein verständiger Anleger würde seine Entscheidung nicht auf der Grundlage von Gerüchten treffen.[80]

3. Insider

210 Die gesetzlichen Insiderregelungen unterschieden zwischen Primärinsidern und Sekundärinsidern. Diese Unterscheidung ist nunmehr aufgegeben worden. Das Gesetz verzichtet sogar ganz auf den Begriff des Insiders und beschränkt sich darauf, lediglich Verbote festzulegen.

---

[77] Beispiele finden sich im Emittentenleitfaden (siehe Fn. 32) Abschn. III.2.1.3.
[78] Emittentenleitfaden (siehe Fn. 32) Abschn. III.2.1.4.
[79] Vgl. Emittentenleitfaden (siehe Fn. 32) Abschn. III.2.1.1.1.
[80] Siehe Nw. in Fn. 57, 58 zu Rz. 205.

F. Insiderüberwachung 217–220 § 26

III. Verbotene Insidergeschäfte

1. Grundsätze

Nach § 14 Abs. 1 WpHG ist es verboten, unter Verwendung einer Insiderinformation Insiderpapiere 217
- für eigene oder fremde Rechnung oder für einen anderen zu erwerben oder zu veräußern (Nr. 1),
- einem anderen eine Insiderinformation unbefugt mitzuteilen oder zugänglich zu machen (Nr. 2) oder
- einem anderen auf der Grundlage einer Insiderinformation den Erwerb oder die Veräußerung von Insiderpapieren zu empfehlen oder einen anderen auf sonstige Weise dazu zu verleiten (Nr. 3).[81]

2. Einzelfragen

a) Verwenden

Das **Verwenden einer Insiderinformation** liegt vor, wenn die Person in 218 Kenntnis der Information handelt und dabei die Information in sein Handeln mit einfließen lässt. Dabei kommt es auf die Kenntnis im Zeitpunkt der Ordererteilung an; somit sind solche Geschäfte ausgenommen, zu denen sich die Person vor Kenntnis der Insiderinformation verpflichtet hat.[82] Ein Verwenden liegt nach dem Schutzzweck nicht vor bei außerbörslichen Paketerwerben, bei welchen sowohl der Käufer als auch der Verkäufer nach der Due-Diligence-Prüfung den gleichen Kenntnisstand haben, jedenfalls dann nicht, wenn der Erwerber das geplante Paket erwirbt.[83] Auch die Verwertung von Sicherheiten (Aktien) durch den Kreditgeber erfolgt grds. nicht unter Verwendung von Insiderinformationen.[84]

Ein bevorstehendes **Übernahmeangebot** kann eine Insiderinformation 219 sein. In der Vorbereitungsphase eines Übernahmeangebotes (also vor dessen Veröffentlichung) handelt der potenzielle Bieter jedoch nicht unter Verwendung einer Insiderinformation, wenn er in Verfolgung seines Erwerbsplanes Aktien erwirbt. Alle anderen Personen (zB Vorstände der Erwerbsgesellschaft oder der Zielgesellschaft, Mitarbeiter und eingeschaltete Berater) verwenden jedoch eine Insiderinformation, wenn sie im eigenen Interesse oder für Dritte handeln. Ähnliche Maßstäbe gelten bei anstehenden **Unternehmenskäufen**.[85]

Der Erfüllung gesetzlicher, zB betriebsverfassungsrechtlicher **Informa-** 220 **tionspflichten** (insb. §§ 106, 111 BetrVG, §§ 32, 33 EBRG) stehen die Insidervorschriften des WpHG nicht entgegen. Hierzu ist vielmehr anerkannt, dass es sich insoweit um eine gem. § 14 WpHG befugte Weitergabe von Informationen handelt.[86] Allerdings werden die unterrichteten Betriebsräte durch die Infor-

---

[81] Vgl. Emittentenleitfaden (siehe Fn. 32) Abschn. III.2.2.
[82] Vgl. *Assmann/Schneider* WpHG § 14 Rz. 23 *Assmann/Schneider* WpHG § 14 Rz. 80 ff.
[83] Vgl. Emittentenleitfaden (siehe Fn. 32) Abschn. III.2.2.1.4.2.; vgl. auch *Assmann/ Schneider* WpHG § 14 Rz. 162 ff.
[84] Vgl. Emittentenleitfaden (siehe Fn. 32) Abschn. III.2.2.1.4.1.
[85] Siehe *Assmann/Schneider* § 14 Rz. 133 ff.
[86] *Assmann/Schneider* WpHG § 14 Rz. 80 ff.

mationen zu Insidern und unterliegen so den entsprechenden Verboten nach WpHG.

b) Rückkaufprogramme und Stabilisierungsmaßnahmen

221 Soweit sich Rückkaufprogramme für eigene Aktien oder Stabilisierungsmaßnahmen an den in § 14 Abs. 2 WpHG zitierten EU-Verordnungen orientieren und deren Voraussetzungen erfüllen, ist in keinem Fall ein Verstoß gegen das Verbot von Insidergeschäften gegeben. Insoweit besteht uneingeschränkte Rechtssicherheit. Werden die europäischen Vorgaben jedoch nicht vollumfänglich beachtet, so kann man sich auf die Ausnahmevorschriften in § 14 Abs. 2 WpHG nicht mehr berufen; in einem solchen Fall ist vielmehr anhand der Tatbestandsmerkmale in § 14 Abs. 1 WpHG zu prüfen, ob ein Verstoß vorliegt oder nicht.[87]

3. Rechtsfolgen bei Verstoß

222 Die strafrechtlichen Sanktionen für den Fall eines Verstoßes verdeutlichen, dass Insidergeschäfte von der Rechtsordnung nicht (mehr) als Kavaliersdelikte aufgefasst werden. Danach können Personen, die gegen § 14 WpHG verstoßen, bei Verwirklichung eines Straftatbestandes mit Freiheitsstrafe bis zu fünf Jahren oder Geldstrafe bestraft werden (§ 38 Abs. 1 WpHG). Bei Ordnungswidrigkeiten (vgl. § 39 Abs. 2 WpHG) droht ein Bußgeld von bis zu € 200 000.

223 **Zivilrechtliche Konsequenzen**, wie zB die Nichtigkeit des Insidergeschäfts nach § 134 BGB oder Schadensersatzansprüche nach § 823 Abs. 2 BGB, drohen hingegen nicht. Ein Verstoß gegen das Verbot von Insidergeschäften kann jedoch eine (möglicherweise auch außerordentliche) Kündigung des Anstellungs- oder Dienstverhältnisses rechtfertigen. Zu denken ist auch an § 404 AktG oder vertragliche Verpflichtungen und darauf gestützte Schadensersatzansprüche der AG oder ihrer Aktionäre.

IV. Ad-hoc-Publizität

1. Gesetzliche Grundlage

230 Neben den handels- und börsenrechtlichen Bestimmungen der Publizität sieht der Gesetzgeber in § 15 WpHG die sog. Ad-hoc-Publizität vor. Danach hat eine börsennotierte AG **Insiderinformationen**, die sie unmittelbar betreffen, unverzüglich zu **veröffentlichen** (§ 15 Abs. 1 Satz 1 WpHG). Diese Regelung ist Teil der gesetzlichen Bestimmungen der sog. Insiderüberwachung nach dem WpHG, welcher börsennotierte Aktiengesellschaften unterliegen. Die Regelung soll die Transparenz und Informationseffizienz am Kapitalmarkt erhöhen, indem die handels- und börsenrechtliche Regelpublizität ergänzt wird. Es soll erreicht werden, dass allen Marktteilnehmern relevante Tatsachen zur gleichen Zeit und möglichst frühzeitig bekannt gegeben werden, sodass alle für eine Investitionsentscheidung relevanten Informationen zeitnah in die Kursbildung einfließen können. Zugleich soll hierdurch einem möglichen Insiderhandel vorgebeugt werden.

---

[87] Vgl. Emittentenleitfaden (siehe Fn. 32) Abschn. III.2.2.1.5.

2. Tatbestandsmerkmale

a) Insiderinformation

Die Veröffentlichungspflicht nach § 15 Abs. 1 WpHG setzt zunächst das Vorliegen einer Insiderinformation voraus. Der Begriff der Insiderinformation ist in § 13 WpHG gesetzlich geregelt und bereits beschrieben worden (s. o. Rz. 204 ff.); hierauf kann insoweit verwiesen werden.

b) Unmittelbare Betroffenheit des Emittenten

Während das Verbot von Insidergeschäften allgemein an das Vorliegen von Insiderinformationen anknüpft, besteht eine Veröffentlichungspflicht nach § 15 Abs. 1 WpHG nur für solche Insiderinformationen, die den Emittenten unmittelbar betreffen.[88] Nach § 15 Abs. 1 Satz 3 WpHG betrifft eine Insiderinformation den Emittenten insbesondere dann unmittelbar, wenn sie sich auf Umstände bezieht, die in seinem Tätigkeitsbereich eingetreten sind. Aus dieser gesetzlichen Bestimmung folgt jedoch zugleich, dass auch Umstände außerhalb des Tätigkeitsbereichs des Emittenten, zB also auf Ebene der Aktionäre, eine veröffentlichungspflichtige Insiderinformation darstellen können. Das Merkmal der unmittelbaren Betroffenheit soll klarstellen, dass der Emittent nicht verpflichtet ist, allgemeine Informationen im Rahmen der Ad-hoc-Publizität zu veröffentlichen. Die Information muss zudem den Emittenten selbst und nicht nur die von ihm ausgegebenen Aktien betreffen. ZB. betreffen allgemeine Marktstatistiken, Research-Studien, Aktienempfehlungen, allgemeine Zinsentwicklungen, allgemeine behördliche oder gesetzgeberische Entscheidungen (zB. betreffend Steuern), Kauf- und Verkaufsaufträge sowie Geschäfte in den Aktien der Gesellschaft (etwas anderes kann jedoch bei größeren Paketen und Übernahme gelten), allgemeine Veränderungen in den Handelsbedingungen, Informationen über allgemeine Wirtschaftsdaten, politische Ereignisse, Arbeitslosenzahlen oder bevorstehende Insolvenz eines Konkurrenten regelmäßig nur mittelbar und lösen damit keine Veröffentlichungspflicht nach § 15 Abs. 1 WpHG (wohl aber uU die Insiderhandelsverbote nach § 14 WpHG) aus.[89] Etwas anderes gilt natürlich, wenn sich hierdurch unmittelbare Folgen auf Ebene der Gesellschaft ergeben (zB. ein signifikant erhöhter Rückstellungsbedarf), was dann auch die originär veröffentlichungspflichtige Insiderinformation darstellt.

3. Inhalt und Art der Veröffentlichung

Der **Inhalt** der Veröffentlichung ist in § 4 WpAIV näher geregelt. Darin ist ua. bestimmt, dass die Veröffentlichung kurz gefasst sein soll. Die Insiderinformation ist unverzüglich zu veröffentlichen. Die **Art** der Veröffentlichung ist in § 5 WpAIV näher bestimmt. Unternehmen, die im Prime Standard notiert sind, haben die Mitteilungen **auch in englischer Sprache** zu veröffentlichen (§ 69 BörsOFWB)

Die Gesellschaft hat die zu veröffentlichende Insiderinformation vor der Veröffentlichung der Geschäftsführung der Börsen, an denen ihre Aktien zum

---

[88] Zum Tatbestandsmerkmal vgl. im Einzelnen auch *Assmann/Schneider* WpHG § 15 Rz. 55 ff.
[89] Vgl. Emittentenleitfaden (siehe Fn. 32) Abschn. IV.2.2.2.

Handel zugelassen sind (ggf. auch Märkten, an denen Derivate gehandelt werden), sowie der Bundesanstalt für Finanzdienstleistungsaufsicht mitzuteilen (§ 15 Abs. 4 Satz 1 WpHG; zu Einzelheiten vgl. §§ 8 und 9 WpAIV). Die Veröffentlichung ist der Bundesanstalt für Finanzdienstleistungsaufsicht nach § 15 Abs. 5 Satz 2 WpHG mitzuteilen (zu den Einzelheiten vgl. § 5 a WpAIV). Die Gesellschaft hat die Insiderinformation außerdem unverzüglich, jedoch nicht vor ihrer Veröffentlichung dem Unternehmensregister gemäß § 8 b HGB zur Speicherung zu übermitteln.

235 In einer Veröffentlichung genutzte Kennzahlen müssen im Geschäftsverkehr üblich sein und einen Vergleich mit den zuletzt genutzten Kennzahlen ermöglichen (§ 15 Abs. 1 Satz 6 WpHG).[90] Sonstige Angaben, die die Voraussetzungen von § 15 Abs. 1 WpHG offensichtlich nicht erfüllen, dürfen, auch in Verbindung mit veröffentlichungspflichtigen Informationen, nicht veröffentlich werden (§ 15 Abs. 2 Satz 1 WpHG). Unwahre Informationen, die nach § 15 Abs. 1 WpHG veröffentlicht wurden, sind unverzüglich in einer Veröffentlichung nach § 15 Abs. 1 WpHG zu berichtigen, auch wenn die Voraussetzungen des § 15 Abs. 1 WpHG nicht vorliegen.

4. Befreiung von der Ad-hoc-Publizitätspflicht

236 Nach § 15 Abs. 3 Satz 1 WpHG ist der Emittent von der Verpflichtung zur Veröffentlichung einer Ad-hoc-publizitätspflichtigen Information so lange befreit, wie es der Schutz seiner berechtigten Interessen erfordert, keine Irreführung der Öffentlichkeit zu befürchten ist und der Emittent die Vertraulichkeit der Insiderinformation gewährleisten kann. Die Veröffentlichung ist jedoch unverzüglich nachzuholen. Der Emittent hat die Gründe für die Befreiung zusammen mit der später erfolgenden Ad-hoc-Mitteilung nach § 15 Abs. 4 Satz 1 WpHG der Bundesanstalt für Finanzdienstleistungsaufsicht unter Angabe des Zeitpunktes der Entscheidung über den Aufschub der Veröffentlichung mitzuteilen. Nach § 6 Satz 1 WpAIV liegen berechtigte Interessen, die eine Befreiung rechtfertigen können, vor, wenn die Interessen der börsennotierten AG an der Geheimhaltung der Information die Interessen des Kapitalmarktes an einer vollständigen und zeitnahen Veröffentlichung überwiegen. Nach § 6 Satz 2 WpAIV kann dies insbesondere der Fall sein, wenn (Nr. 1) das Ergebnis oder der Gang laufender Verhandlungen über Geschäftsinhalte, die geeignet wären, im Fall ihres öffentlichen Bekanntwerdens den Börsenpreis erheblich zu beeinflussen, von der Veröffentlichung wahrscheinlich erheblich beeinträchtigt würden und eine Veröffentlichung die Interessen der Anleger ernsthaft gefährden würde oder (Nr. 2) durch den Vorstand der AG abgeschlossene Verträge oder andere getroffene Entscheidungen zusammen mit der Ankündigung bekannt gegeben werden müssten, dass die für die Wirksamkeit der Maßnahme erforderliche Zustimmung eines anderen Organs der AG noch aussteht, und dies die sachgerechte Bewertung der Information durch das Publikum gefährden würde. Um die Vertraulichkeit der Insiderinformation zu gewährleisten, muss die Gesellschaft nach § 7 WpAIV wirksame Vorkehrungen dafür treffen, dass andere Personen als solche, deren Zugang zu Insiderinformationen für die Wahrnehmung ihrer Aufgaben bei der Gesellschaft unerlässlich ist, keinen Zugang

---

[90] Einen Katalog als üblich angesehener Kennzahlen enthält der Emittentenleitfaden (siehe Fn. 32) Abschn. IV.2. 2. 10.

F. Insiderüberwachung 237, 238 § 26

zu der Information erlangen und sie die Information unverzüglich bekannt geben kann, wenn sie nicht länger in der Lage ist, die Vertraulichkeit zu gewährleisten. Aus der in § 15 Abs. 1 Satz 3 WpHG enthaltenen Pflicht, eine Insiderinformation zeitgleich zu veröffentlichen, wenn der Emittent sie im Rahmen seiner Befugnis einem anderen mitteilt oder zugänglich macht, es sei denn, dieser ist rechtlich zur Vertraulichkeit verpflichtet, kann kein weiterer Ausnahmetatbestand neben § 15 Abs. 3 WpHG geschlossen werden.[91]

5. Irrelevante Ad-hoc-Mitteilungen

In der Vergangenheit war eine **Inflation von Ad-hoc-Mitteilungen** festzustellen. Die Flut von Meldungen wurde nicht zuletzt vom Bundesaufsichtsamt für das Wertpapierwesen (jetzt: Bundesanstalt für Finanzdienstleistungsaufsicht) mit Recht stark kritisiert. Zum einen relativierte die Vielzahl der täglichen Meldungen das Gewicht und die Hinweisfunktion einer Mitteilung. Zum anderen war eine Tendenz festzustellen, dass Ad-hoc-Mitteilungen zur Kommunikation allgemeiner, an sich nicht publizitätspflichtiger Nachrichten aus dem Unternehmen zu Marketing- und PR-Zwecken missbraucht und auch negative Mitteilungen durch (scheinbar) positive kaschiert wurden. Das Bundesaufsichtsamt für den Wertpapierhandel hatte bereits im März 2000 in einem Rundbrief auf diesen Missstand hingewiesen.[92] Aus diesem Grunde sieht § 15 Abs. 2 Satz 1 WpHG in der Fassung des Vierten Finanzmarktförderungsgesetzes[93] vor, dass sonstige Angaben, die die Voraussetzungen von § 15 Abs. 1 Satz 1 WpHG (also ad-hoc-publizitätspflichtige Tatsachen) offensichtlich nicht erfüllen, auch iVm. veröffentlichungspflichtigen Tatsachen iSd. § 15 Abs. 1 Satz 1 WpHG nicht veröffentlicht werden dürfen. Entgegen ersten Plänen stellt eine gleichwohl erfolgende Veröffentlichung solcher **irrelevanter Tatsachen** indessen **keine Ordnungswidrigkeit** dar. 237

6. Sanktionen

Verstößt der Emittent gegen die Veröffentlichungspflichten, so ist er einem anderen nur unter den Voraussetzungen der §§ 37b und 37c zum Schadensersatz verpflichtet (§ 15 Abs. 6 Satz 1 WpHG). Schadensersatzansprüche, die auf anderen Rechtsgrundlagen beruhen, bleiben unberührt (§ 15 Abs. 6 Satz 2 WpHG). Verstöße gegen die Veröffentlichungspflicht nach § 15 WpHG stellen eine bußgeldbewehrte Ordnungswidrigkeit dar (§ 39 WpHG). Sowohl die Vorstandsmitglieder als auch die Gesellschaft selbst – aber in bestimmten Fällen auch externe Berater – können zur Verantwortung herangezogen werden. Da bereits **Fahrlässigkeit genügt**, ist den Verantwortlichen dringend zu empfehlen, organisatorische Maßnahmen zur Erfassung und Bewertung publizitätspflichtiger Tatsachen einzurichten. 238

---

[91] So auch Emittentenleitfaden (siehe Fn. 32) Abschn. IV.2.2.6.
[92] Schreiben an die Vorstände der zum amtlichen Handel oder zum geregelten Markt zugelassenen Aktiengesellschaften sowie die persönlich haftenden Gesellschafter der zum amtlichen Handel oder zum geregelten Markt zugelassenen Kommanditgesellschaften auf Aktien zum Missbrauch der Ad-hoc-Publizität nach § 15 Wertpapierhandelsgesetz (WpHG) v. 22.3. 2000. Zu vorsorglichen Ad-hoc Meldungen und vorsorglichen Selbstbefreiungen nach § 15 Abs. 3 WpHG vgl. *Widder* DB 2008, 1480 ff.
[93] Siehe Fn. 3.

239 **Zivilrechtliche Sanktionen** drohten nach alter Rechtslage bis Inkrafttreten des Vierten Finanzmarktförderungsgesetzes[94] unmittelbar nicht. Dies ergab sich aus § 15 Abs. 6 WpHG, nach dem der Emittent bei der Verletzung seiner Pflichten hinsichtlich der Ad-hoc-Publizität nicht zum Ersatz des daraus entstehenden Schadens verpflichtet war. Allerdings blieben **Schadensersatzansprüche**, die auf anderen Rechtsgrundlagen beruhten, gem. § 15 Abs. 6 Satz 2 WpHG hiervon unberührt. Denkbar waren daher zB Schadensersatzansprüche gem. § 823 Abs. 2 BGB iVm. § 263 StGB oder gem. § 826 BGB.[95]

240 Diese Rechtslage ist durch das zum 1. 7. 2002 in Kraft getretene Vierte Finanzmarktförderungsgesetz[96] geändert worden. Für unterlassene oder falsche Veröffentlichungen kursbeeinflussender Tatsachen sind **originäre Schadensersatzansprüche** geschaffen worden (§§ 37b und 37c WpHG).[97] Unterlässt es die Gesellschaft, unverzüglich eine neue Tatsache zu veröffentlichen, die in ihrem Tätigkeitsbereich eingetreten und nicht öffentlich bekannt ist und die wegen ihrer Auswirkungen auf die Vermögens- oder Finanzlage oder auf den allgemeinen Geschäftsverlauf der Gesellschaft geeignet ist, den Börsenpreis der zugelassenen Aktien erheblich zu beeinflussen, ist sie einem Dritten zum Ersatz des durch die Unterlassung entstandenen Schadens verpflichtet, wenn der Dritte die Aktien nach der Unterlassung erwirbt und er bei Bekanntwerden der Tatsache noch Inhaber der Aktien ist oder die Aktien vor dem Eintritt der Tatsache erwirbt und nach der Unterlassung veräußert (§ 37b Abs. 1 WpHG). Ein Anspruch ist allerdings ausgeschlossen, wenn die Gesellschaft nachweist, dass die Unterlassung nicht auf Vorsatz oder grober Fahrlässigkeit beruht (§ 37b Abs. 2 WpHG); die **Darlegungs- und Beweislast** für das fehlende Verschulden trägt somit die Gesellschaft. Der Anspruch ist ferner ausgeschlossen, wenn der Dritte die nicht veröffentlichte Tatsache kannte (§ 37b Abs. 3 WpHG). Der Anspruch verjährt gem. § 37b Abs. 4 WpHG in einem Jahr von dem Zeitpunkt an, zu dem der Dritte von der Unterlassung Kenntnis erlangt, spätestens jedoch in drei Jahren seit der Unterlassung. Weiter gehende Ansprüche, die nach Vorschriften des bürgerlichen Rechts aufgrund von Verträgen oder vorsätzlichen unerlaubten Handlungen erhoben werden können, bleiben unberührt (§ 37b Abs. 5 WpHG). Eine Vereinbarung, durch die Ansprüche der Gesellschaft gegen Vorstandsmitglieder wegen der Inanspruchnahme der Gesellschaft nach den vorstehenden Regelungen im Voraus ermäßigt oder erlassen werden, ist

---

[94] Siehe Fn. 1.
[95] LG Augsburg 3 O 4995/00 v. 24. 9. 2001, BB 2001, 2130 („Infomatec II"), s. dazu eingehend *Pluskat* FB 2002, 235; mittlerweile jedoch aufgehoben durch OLG München 30 U 855/01 v. 1. 10. 2002, ZIP 2002, 1989 mit Anmerkung dazu von *Pluskat* WuB 2003, 509; LG München I 12 O 10157/01 v. 28. 6. 2001, ZIP 2001, 1814 („Infomatec I"); LG München I 23 O 9938/01 – nicht veröffentlicht (EM.TV); LG München I 4 O 9881/01 v. 4. 1. 2002, ZIP 2/2002, A 4 (EM.TV); LG Augsburg 6 O 1640/01 v. 9. 1. 2002, WM 2002, 592 f.; LG Kassel 4 O 46/02 v. 14. 8. 2002, DB 2002, 2151 f. (Biodata Information Technology AG); vgl. auch OLG München 30 U 1021/01 v. 14. 5. 2002, ZIP 2002, 1727 ff. (Infomatec); AG München 191 C 9970/01 v. 23. 8. 2001, DB 2001, 2236 (EM.TV) und LG Bonn 11 O 181/00 v. 15. 5. 2001, EWiR § 331 HGB 1/01 (Refugium AG); s. aus der sonstigen Literatur: *Park* BB 2001, 2069 ff.; *Möllers/Leisch* WM 2001, 1648 ff.; *Thümmel* DB 2001, 2331 ff.
[96] Siehe Fn. 1.
[97] Siehe *Rössner/Bolkart* ZIP 2002, 1471 ff.; *Maier-Raimer/Webering* WM 2002, 1857 ff.; *Fleischer* BB 2002, 1869 ff.

F. Insiderüberwachung **§ 26**

gem. § 37b Abs. 6 WpHG unwirksam. Vergleichbare Regelungen gelten für den Fall, dass eine Gesellschaft in einer Mitteilung über kursbeeinflussende Tatsachen eine unwahre Tatsache veröffentlicht, die in ihrem Tätigkeitsbereich eingetreten sein soll und nicht öffentlich bekannt ist und die wegen ihrer Auswirkungen auf die Vermögens- oder Finanzlage oder auf den allgemeinen Geschäftsverlauf der Gesellschaft geeignet ist, den Börsenpreis der Aktien erheblich zu beeinflussen (§ 37c WpHG). Die mit den beiden Vorschriften (§§ 37b und 37c WpHG) geschaffene Neuregelung der Haftung für fehlerhafte Kapitalmarktinformation ist allerdings problematisch. Sie ist lückenhaft und bereitet erhebliche Schwierigkeiten hinsichtlich der Kausalität und des Schadens.[98]

Nach §§ 37b und c WpHG werden Schadensersatzansprüche nur gegen die Gesellschaft möglich, nicht aber gegen die handelnden und damit für die Ausgabe der fehlerhaften Kapitalmarktinformation eigentlich verantwortlichen Organmitglieder. Insoweit wurden zwar Forderungen nach solchen unmittelbaren Anspruchsgrundlagen laut; diesen hat sich der Gesetzgeber jedoch (noch) nicht angeschlossen. Es bleibt daher abzuwarten, inwieweit die Rechtsprechung aufgrund der Tatsache, dass Schadensersatzansprüche, die auf anderen Rechtsgrundlagen beruhen, gem. § 15 Abs. 6 Satz 2 WpHG unberührt bleiben, nach allgemeinen Grundsätzen Vorstand und Aufsichtsrat (und ggf. auch die Gesellschaft) in die Haftung nehmen. Dies dürfte aber nur ganz ausnahmsweise (zB. Handeln mit Schädigungsabsicht gem. § 826 BGB) in Betracht kommen. Unberührt und praktisch relevant bleiben indessen Regressansprüche der Gesellschaft gegen ihre Organe, insbesondere gem. §§ 93, 116 AktG (vgl. §§ 37b Abs. 6, 37c Abs. 6 WpHG).

7. Einzelfragen der Ad-hoc-Publizitätspflicht

a) Potenziell publizitätspflichtige Vorgänge

Die Bundesanstalt für Finanzdienstleistungsaufsicht hat zur Orientierung in der Praxis den sog. Emittentenleitfaden herausgegeben.[99] Beispielhaft werden darin die folgenden Umstände als potenziell ad-hoc-publizitätspflichtig genannt:

- Veräußerung von Kerngeschäftsfeldern, Rückzug aus oder Aufnahme von neuen Kerngeschäftsfeldern;
- Verschmelzungsverträge, Eingliederungen, Ausgliederungen, Umwandlungen, Spaltungen sowie andere wesentliche Strukturmaßnahmen;
- Beherrschungs- und/oder Gewinnabführungsverträge;
- Erwerb oder Veräußerung von wesentlichen Beteiligungen;
- Übernahme- und Abfindungs-/Kaufangebote;
- Kapitalmaßnahmen (einschließlich Kapitalberichtigung);
- Wesentliche Änderung der Ergebnisse der Jahresabschlüsse oder Zwischenberichte gegenüber früheren Ergebnissen oder Marktprognosen;
- Wesentliche Änderung des Dividendensatzes;
- bevorstehende Zahlungseinstellung/Überschuldung, Verlust nach § 92 AktG/ kurzfristige Kündigung wesentlicher Kreditlinien;

---

[98] Vgl. *Fleischer* NJW 2002, 1869; *Möllers/Leisch* BKR 2002, 1071.
[99] Siehe Fn. 32; vgl. dort Abschn. IV.

- Verdacht auf Bilanzmanipulation, Ankündigung der Verweigerung des Jahresabschlusstestats durch den Wirtschaftsprüfer;
- erhebliche außerordentliche Aufwendungen (zB nach Großschäden oder Aufdecken krimineller Machenschaften) oder erhebliche außerordentliche Erträge;
- Ausfall wesentlicher Schuldner;
- Abschluss, Änderung oder Kündigung besonders bedeutender Vertragsverhältnisse (einschließlich Kooperationsabkommen);
- Restrukturierungsmaßnahmen mit erheblichen Auswirkungen auf die künftige Geschäftstätigkeit;
- bedeutende Erfindungen, Erteilung bedeutender Patente und Gewährung wichtiger (aktiver/passiver) Lizenzen;
- maßgebliche Produktionshaftungs- oder Umweltschadensfälle;
- Rechtsstreitigkeiten von besonderer Bedeutung;
- überraschende Veränderungen in Schlüsselpositionen des Unternehmens (z. B. Vorstandsvorsitzender, Aufsichtsratsvorsitzender, überraschender Ausstieg des Unternehmensgründers);
- überraschender Wechsel des Wirtschaftsprüfers;
- Antrag des Emittenten auf Widerruf der Zulassung zum regulierten Markt, wenn nicht noch an einem anderen inländischen organisierten Markt eine Zulassung aufrecht erhalten wird;
- Lohnsenkungen oder Lohnerhöhungen, die nur den Emittenten betreffen;
- Beschlussfassung des Vorstands, von der Ermächtigung der Hauptversammlung zur Durchführung eines Rückkaufprogramms Gebrauch zu machen.

b) Mehrstufige Entscheidungsprozesse

242 Bei einer Aktiengesellschaft unterliegen eine Vielzahl von Entscheidungen einem mehrstufigen Entscheidungsprozess, an dem Vorstand, Aufsichtsrat und/oder Hauptversammlung beteiligt sind. In einem solchen Fall war nach altem als Regel davon auszugehen, dass die Ad-hoc-Publizitätspflicht erst zum Zeitpunkt der endgültigen (rechtlich verbindlichen) Entscheidung, also zB erst mit Zustimmung des Aufsichtsrates zu einem Vorstandsbeschluss, entsteht. Diese Auffassung ist nach neuem Recht, das auf eine Insiderinformation abstellt, nicht mehr zutreffend. Somit löst grundsätzlich schon der Vorstandsbeschluss allein die Mitteilungs- und Veröffentlichungspflicht aus.[100] Häufig wird in solchen Fällen aber zu prüfen sein, ob die Gesellschaft die Befreiungsvorschrift in § 15 Abs. 3 WpHG in Anspruch nehmen kann (s. o. Rz. 236).

c) Jahresergebnisse und Abweichungen von Prognosen

243 Die Ad-hoc-Publizitätspflicht bezieht sich in aller Regel nicht auf solche Tatsachen, die bereits im Rahmen der laufenden Veröffentlichungen der Jahresabschlüsse und Lageberichte oder der regelmäßigen Zwischenberichterstattung darzustellen sind.[101] Allerdings können auch die der **Regelpublizität** unterliegenden Tatsachen ad-hoc-publizitätspflichtig sein, so zB ein starkes Gewinn- oder Umsatzwachstum oder ein starker Gewinn- oder Umsatzrückgang. Er-

---

[100] Vgl. Emittentenleitfaden (siehe Fn. 32) Abschn. IV.2.2.7.; siehe auch *Leuering* DStR 2008, 1287 ff.
[101] Vgl. Emittentenleitfaden (siehe Fn. 32) Abschn. IV.2.2.9.

forderlich dürfte allerdings sein, dass die im Rahmen der Regelpublizität zu veröffentlichenden Fakten signifikant von den veröffentlichten Prognosen oder Erwartungen abweichen. Der Zeitpunkt der Publizitätspflicht dürfte dann gegeben sein, wenn sich die Information (zB bei Aufstellung des Jahresabschlusses oder eines Zwischen-/Quartalsberichtes) hinreichend konkretisiert hat.[102]

d) Planungen, Strategien und Berücksichtigung möglicher Gegenmaßnahmen

Bei Geschäftsvorgängen, die sich über einen gewissen Zeitraum erstrecken, stellen Ereignisse, deren Konsequenzen noch nicht feststehen, weil die Wirksamkeit noch durch andere Umstände aufgehoben werden kann oder noch wirksame Gegenmaßnahmen möglich sind, nicht notwendigerweise eine ad-hoc-publizitätspflichtigen Insiderinformation dar.[103] Auch hier ist in einer Gesamtschau aller Umstände zu prüfen, ob die Information zum einen hinreichend konkret ist und zum anderen auch die Eignung zur erheblichen Kursbeeinflussung besitzt. Je unwahrscheinlicher oder unsicherer der Eintritt ist oder je höher die Wahrscheinlichkeit effektiver Gegenmaßnahmen ist, desto weniger wird man von einer Ad-hoc-Publizitätspflicht ausgehen können.

e) M&A-Transaktionen

Nach der Neuregelung des Rechts der Insiderüberwachung, insbesondere nach Einführung des Tatbestandsmerkmals „Insiderinformation", sind auch M&A-Transaktion neu zu bewerten. Die Bundesanstalt für Finanzdienstleistungsaufsicht hat in ihrem Emittentenleitfaden hierzu einige, für die Praxis wertvolle und instruktive Hinweise gegeben.[104] Wegen der Vielzahl der möglichen Fallkonstellationen und der unterschiedlichen Abläufe und Entwicklungen in einem M&A-Prozess können diese allerdings nicht abschließend sein. Ähnlich den Darstellungen zum mehrstufigen Entscheidungsprozess ist jeder Transaktionsschritt zu bewerten, insbesondere, ob die Eignung zur erheblichen Kursbeeinflussung vorliegt. Dies dürfte regelmäßig bei Aufnahme erster Gespräche, bei der Beauftragung von Beratern und sonstigen Vorbereitungshandlungen noch nicht der Fall sein, sondern setzt eine Konkretisierung, zB. durch einen Letter of Intent oder bei Eintritt in exklusive Verhandlungen im Rahmen eines Bieter-/Auktionsverfahrens dar. Eine Insiderinformation entsteht grundsätzlich erst dann, wen aus Sicht eines verständigen Anlegers eine hinreichende Wahrscheinlichkeit für das Zustandekommen der Transaktion besteht. Ist dies der Fall, sollte stets die Möglichkeit einer Befreiung nach § 15 Abs. 3 WpHG geprüft werden.

f) Erwerb eigener Aktien

Anders als der Ermächtigungsbeschluss der Hauptversammlung und die darauf zielenden Beschlüsse von Vorstand und Aufsichtsrat ist die Absicht einer Gesellschaft, eigene Aktien in Ausnutzung einer Ermächtigung nach § 71 Abs. 1 Nr. 8 AktG zu erwerben, grundsätzlich eine ad-hoc-publizitätspflichtige In-

---

[102] Vgl. Emittentenleitfaden (siehe Fn. 32) Abschn. IV.2.2.9.1
[103] Vgl. BT-Drs. 12/6679, 48.
[104] Emittentenleitfaden (siehe Fn. 32) Abschn. IV.2. 2. 14.

siderinformation. Ausnahmen können jedoch bestehen, zB. bei einem geringen Erwerbsvolumen; zudem kommt ggf. eine Selbstbefreiung nach § 15 Abs. 3 WpHG in Betracht.[105]

V. Insiderverzeichnis

1. Hintergrund

260 Die Verpflichtung zur Führung von Insiderverzeichnissen wurde durch das AnSVG[106] in § 15 b WpHG eingeführt. Nach § 15 b Abs. 1 Satz 1 haben börsennotierte Gesellschaften und solche Gesellschaften, die eine Zulassung zum Handel an einem organisierten Markt gestellt haben, und in ihrem Auftrag oder für ihre Rechnung handelnde Personen sog. Insiderverzeichnisse über solche Personen zu führen, die für sie tätig sind und bestimmungsgemäß Zugang zu Insiderinformationen haben. Die Verpflichtung zur Führung von Insiderverzeichnissen hat zum einen präventiven Charakter, da die auf der Liste verzeichneten Personen über die allgemeinen betrieblichen Verschwiegenheitspflichten hinaus besonders zu belehren und auf die Folgen eines Verstoßes hinzuweisen sind. Hierdurch sollen sie für den vorsichtigen Umgang mit Insiderinformationen sensibilisiert werden. Zum anderen ermöglicht das Insiderverzeichnis der Gesellschaft selbst und in anderen zur Führung eines Insiderverzeichnisses verpflichteten, den Insiderinformationenfluss zu überwachen und damit ihren Geheimhaltungspflichten nachzukommen. Zudem erleichtert das Insiderverzeichnis es auch der Bundesanstalt für Finanzdienstleistungsaufsicht bei einem konkreten Verdachtsfall, den möglichen Kreis der Insider schneller zu ermitteln.

2. Verpflichtete Adressaten und Ausnahmen

261 Verpflichtet nach § 15 b Abs. 1 Satz 1 sind zunächst Inlandsemittenten, dh. solche Gesellschaften, deren Wertpapiere zum Handel an einem organisierten Markt zugelassen sind und für die die Bundesrepublik Deutschland der Herkunftsstaat ist. Darüber hinaus sind aber auch solche Gesellschaften verpflichtet, für deren Aktien erst ein Antrag auf Zulassung gestellt ist (§ 15 b Abs. 1 Satz 1 iVm. § 15 Abs. 1 Satz 2 WpHG). Über derartige börsennotierte Gesellschaften hinaus haben auch solche Personen ein Insiderverzeichnis zu führen, die für derartige börsennotierte bzw. an die Börsen strebenden Unternehmen in ihrem Auftrag oder für ihre Rechnung handeln. Bei den Begriffen „im Auftrag" und „für Rechnung" handelt es sich um aus europäischen Vorgaben übernommene Begriffe; sie sind daher nicht als Auftrag iSv. § 675 BGB oder als Beschreibung eines Kommissionsverhältnisses zu verstehen. Sie sind vielmehr allgemeinsprachlich und daher weit auszulegen. Gemeint und erfasst sind Personen, die Interessen des Emittenten wahrnehmen oder in beratenden Berufen tätig sind oder die in ihrer Tätigkeit für den Emittenten anderweitig als einem Bereich angehörig anzusehen sind, der typischerweise mit Insiderinformationen in Berührung kommt, z. B. Rechtsanwälte, Steuerberater, Unternehmensberater, Investor-Relations-Agenturen, externe Rechnungswesenkräfte. Dabei

---

[105] Zum Ganzen vgl. *Seibt* AG 2008, 469 ff.
[106] Gesetz zur Verbesserung des Anlegerschutzes v. 28. 10. 2004, BGBl. I 2004, 2630.

F. Insiderüberwachung

wird eine unmittelbare Beauftragung vorausgesetzt; bei einer Unterbeauftragung entsteht keine Pflicht des Unterbeauftragten.[107] Keine zur Führung eines Insiderverzeichnisses verpflichteten Dienstleister sind zB Behörden, Gerichte, Polizei, Lieferanten oder grundsätzlich auch Tochter- oder Muttergesellschaften. Nach § 15 b Abs. 1 Satz 4 WpHG sind die in § 323 Abs. 1 Satz 1 HGB genannten Personen, dh. der Abschlussprüfer, seine Gehilfen und die bei der Prüfung mitwirkenden gesetzlichen Vertreter einer Prüfungsgesellschaft ausdrücklich von der Verpflichtung zur Führung eines Insiderverzeichnisses ausgenommen. Solche Personen sind aber, wenn sie Insiderinformationen erfahren, in das Insiderverzeichnis des Emittenten aufzunehmen.

3. Aufzunehmende Personen und Aufklärungspflichten

Die zur Führung eines Insiderverzeichnisses verpflichteten Personen haben solche Personen in das Insiderverzeichnis aufzunehmen, die für sie tätig sind und bestimmungsgemäß Zugang zu Insiderinformationen haben. Der Begriff „tätig sein" wird weit ausgelegt und umfasst nicht nur Arbeitnehmer und sonstige Dienstverpflichtete, sondern alle Personen, die anderweitig oder auf Grund anderer Vertragsgestaltungen tätig werden. Bestimmungsgemäßer Zugang bedeutet, dass die aufzunehmende Person nicht nur zufällig oder bei Gelegenheit in den Besitz der Information gelangen darf. Nicht bestimmungsgemäß ist auch die widerrechtliche Informationsbeschaffung. Die in den Verzeichnissen geführten Personen sind durch die börsennotierte Gesellschaft über die rechtlichen Pflichten, die sich aus dem Zugang zu Insiderinformationen ergeben, sowie über die Rechtsfolgen von Verstößen aufzuklären. Die selbst zur Führung eines Insiderverzeichnisses verpflichteten Dienstleister sind nur mit Firma, Ansprechpartner und Telefonnummer aufzunehmen; weitere Angaben sind entbehrlich, da sie selbst ein Insiderverzeichnis zu führen und darin die Personen aufzuführen haben, die für sie tätig sind und bestimmungsgemäß Zugang zu Insiderinformationen haben.

4. Inhalt und Aktualisierung des Verzeichnisses

Der Inhalt des Insiderverzeichnisses ist durch § 14 WpAIV,[108] dessen Berichtigung in § 15 WpAIV sowie dessen Aufbewahrung und Vernichtung in § 16 WpAIV näher geregelt. Die Insiderverzeichnisse sind gemäß § 15 b Abs. 1 Satz 2 WpHG unverzüglich zu aktualisieren und der Bundesanstalt für Finanzdienstleistungsaufsicht auf Verlangen zu übermitteln.

5. Sanktionen

Verstöße gegen § 15 b Abs. 1 WpHG stellen eine bußgeldbewehrte Ordnungswidrigkeit dar (§ 39 Abs. 2 Nr. 8 und 9 WpHG).

---

[107] Vgl. Emittentenleitfaden (siehe Fn. 32) Abschn. VII.2.2.
[108] Vgl. zum Inhalt auch die erläuternden Hinweise im Emittentenleitfaden (siehe Fn. 32) Abschn. VII.4.

VI. Verbot der Marktmanipulation

1. Grundlage und Adressatenkreis

270 § 20a WpHG enthält ein umfassendes Verbot der Marktmanipulation. Dieses Verbot richtet sich nicht nur an Insider, sondern an „jedermann". Eine bestimmte Nähe zu einer börsennotierten Gesellschaft oä. ist daher nicht Tatbestandsvoraussetzung. Angeknüpft wird lediglich an das Vorliegen von Finanzinstrumenten; dies sind nach § 20a Abs. 1 Satz 2 WpHG Finanzinstrumente, die an einer inländischen Börse zum Handel zugelassen oder in den regulierten Markt oder in den Freiverkehr einbezogen sind oder in einem anderen Mitgliedstaat der Europäischen Union oder einem anderen Vertragsstaat des Abkommens über den europäischen Wirtschaftsraum zum Handel an einem organisierten Markt zugelassen sind. Dabei steht nach § 20a Abs. 1 Satz 3 WpHG der Zulassung zum Handel an einem organisierten Markt oder der Einbeziehung in den regulierten Markt oder in den Freiverkehr gleich, wenn der Antrag auf Zulassung oder Einbeziehung gestellt oder öffentlich angekündigt ist. Somit gilt auch das Verbot der Marktmanipulation bereits für Gesellschaften im Antragsstadium.

2. Manipulationstatbestand

271 Nach § 20a Abs. 1 Nr. 1 ist es verboten, unrichtige oder irreführende Angaben über Umstände zu machen, die für die Bewertung eines Finanzinstruments erheblich sind[109] oder solche Umstände entgegen bestehender Rechtsvorschriften zu verschweigen, wenn die Angaben oder das Verschweigen geeignet sind, auf den inländischen Börsen- oder Marktpreis eines Finanzinstruments oder auf den Preis eines Finanzinstruments einzuwirken. Nach § 20a Abs. 1 Nr. 2 ist es ferner verboten, Geschäfte vorzunehmen oder Kauf- oder Verkaufaufträge zu erteilen, die geeignet sind, falsche oder irreführende Signale für das Angebot, die Nachfrage oder den Börsen- oder Marktpreis von Finanzinstrumenten zu geben oder ein künstliches Preisniveau herbeizuführen.[110] Schließlich ist es nach § 20a Abs. 1 Nr. 3 verboten, sonstige Täuschungshandlungen vorzunehmen, die geeignet sind, auf den inländischen Börsen- oder Marktpreis eines Finanzinstruments oder auf den Preis eines Finanzinstruments an einem organisierten Markt in einem anderen Mitgliedstaat der Europäischen Union oder in einem anderen Vertragsstaat des Abkommens über den europäischen Wirtschaftsraum einzuwirken.[111]

272 Nach § 20a WpHG gilt das Verbot nach § 20a Abs. 1 Satz 1 Nr. 2 WpHG nicht, wenn die Handlung mit der zulässigen Marktpraxis auf den betreffenden organisierten Markt oder in dem betreffenden Freiverkehr vereinbar ist und der Handelnde hierfür legitime Gründe. Als zulässige Marktpraxis gelten nur solche Gepflogenheiten, die auf dem jeweiligen Markt nach vernünftigem Ermessen erwartet werden können und von der Bundesanstalt für Finanzdienstleistungsaufsicht als zulässige Marktpraxis iSd. Vorschrift anerkannt werden.[112]

---

[109] Vgl. zu den Einzelheiten § 2 MaKonV.
[110] Vgl. zu den Einzelheiten § 3 MaKonV.
[111] Vgl. zu den Einzelheiten § 4 MaKonV.
[112] Vgl. zu den Einzelheiten §§ 7 ff. MaKonV.

Eine Marktpraxis ist nicht bereits deshalb unzulässig, weil sie zuvor nicht ausdrücklich anerkannt wurde.

Hinzuweisen ist auch noch auf die in § 20a Abs. 3 WpHG enthaltene „Safe haven"-Regelung für Rückkaufprogramme und Stabilisierungsmaßnahmen.[113] Soweit sich Rückkaufprogramme für eigene Aktien oder Stabilisierungsmaßnahmen an den in § 20a Abs. 3 WpHG zitierten EU-Verordnungen orientieren und deren Voraussetzungen erfüllen, ist in keinem Fall ein Verstoß gegen das Verbot der Marktmanipulation gegeben. Insoweit besteht uneingeschränkte Rechtssicherheit. Hält sich der Emittent jedoch nicht vollumfänglich an die europäischen Vorgaben, so kann er sich auf die Ausnahmevorschriften in § 20a Abs. 3 WpHG nicht mehr berufen; in einem solchen Fall ist vielmehr anhand der Tatbestandsmerkmale in § 20a Abs. 1 WpHG zu prüfen, ob ein Verstoß vorliegt oder nicht.

3. Sanktionen

Verstöße gegen § 20a WpHG stellen unter den Voraussetzungen des § 38 Abs. 2 WpHG eine Straftat, im Übrigen eine Ordnungswidrigkeit nach § 39 Abs. 1 Nr. 1 oder 2 bzw. Abs. 2 Nr. 11 WpHG dar.

G. Tabellarische Übersicht

Übersicht über handels-, börsen- und wertpapierhandelsrechtliche Publizitätserfordernisse sowie sonstige Zulassungsfolgepflichten.

	Regulierter Markt (General Standard)	Regulierter Markt (Prime Standard)	Antragsstadium
Aktienrechtliche Besonderheiten nach §§ 87 Abs. 1 Satz 2, 100 Abs. 2 Satz 1 Nr. 4, 100 Abs. 5, 107 Abs. 5, 120 Abs. 4, 121 Abs. 3 Satz 2, 121 Abs. 4a, 124 Abs. 1 Satz 2 2. Hs., 122 Abs. 2 Satz 3, 124 Abs. 3 Satz 2, 124a, 125 Abs. 1 Satz 3, 126 Abs. 1 Satz 3, 127, 130 Abs. 2 Satz 2, 130 Abs. 6, 134 Abs. 3 Satz 3 und 4, 135 Abs. 5 Satz 4, 175 Abs. 2, 176 Abs. 1 Satz 1 AktG	•	•	
Zwei zwingende Aufsichtsratssitzungen pro Kalenderhalbjahr einschl. Berichterstattung (§ 110 Abs. 3 AktG)	•	•	
Angaben zur Mitgliedschaft in Aufsichtsräten bei Wahlvorschlägen für Aufsichtsratsmitglieder (§ 125 Abs. 1 Satz 3 AktG)	•	•	

---

[113] Vgl. zu den Einzelheiten §§ 5 und 6 MaKonV.

§ 26 Besondere Anforderungen an die börsennotierte AG

	Regulierter Markt (General Standard)	Regulierter Markt (Prime Standard)	Antragsstadium
Zwingende notarielle Hauptversammlungsniederschrift (§ 130 Abs. 1 AktG)	•	•	
Stimmrechtsbeschränkungen zwingend unzulässig (§ 134 Abs. 1 Satz 2 AktG)	•	•	
Entsprechenserklärung zum Corporate Governance Kodex einschl. Berichterstattung (§ 161 AktG, §§ 285 Nr. 16, 314 Abs. 1 Nr. 8 HGB)	•	•	
Besondere aktienrechtliche Mitteilungs- und Bekanntmachungspflichten bei Sonderprüfung, Klagezulassungsverfahren, Anfechtungsklage, Nichtigkeitsklage (§§ 142 Abs. 7, 149 Abs. 1, 248 a, 256 Abs. 7 und 261 a AktG)	•	•	
Verbot der Stimmrechtsausübung bei wechselseitiger Beteiligung (§ 328 Abs. 3 AktG)	•	•	
Aufstellung und Offenlegung Jahresabschluss bzw. Konzernabschluss nach den Vorschriften für große Kapitalgesellschaften unabhängig von den Größenkriterien (§ 267 Abs. 3 HGB)	•	•	
„Bilanzeid" (§ 264 Abs. 2 Satz 3 HGB)	•	•	
Besondere Angaben im Anhang, zB Vorstandsvergütung (§§ 285 Nr. 9, 10 und 11, 314 Abs. 1 Nr. 6 und 8 HGB) und Lagebericht (§§ 289 Abs. 2 Nr. 4 bzw. 315 Abs. 2 Nr. 4 HGB) und besondere Angaben im Lagebericht (§§ 289 Abs. 5, 289 a HGB)	•	•	
Prüfung/Angaben gem. §§ 317 Abs. 4, 321 Abs. 4 HGB	•	•	
Besondere Ausschlussgründe für Abschlussprüfer (§ 319 a HGB)	•	•	

G. Tabellarische Übersicht

	Regulierter Markt (General Standard)	Regulierter Markt (Prime Standard)	Antragsstadium
Pflicht zur Rechnungslegung nach IFRS für Konzernabschluss (vgl. § 315 a HGB)	•	•	
Enforcement-Verfahren (§§ 37 n WpHG)	•	•	
Halbjahresfinanzbericht und Bekanntmachungspflichten zum Jahresfinanzbericht (§ 37 w WpHG)	•	•	
Zwischenmitteilung der Geschäftsführung (§ 37 x WpHG)	•	• (wird aber durch Quartalsbericht ersetzt)	
Quartalsfinanzberichte (§ 66 BörsOFWB)		•	
Pflicht zur Veröffentlichung der HV-Einberufung, der Mitteilung über Ausschüttung und Auszahlung von Dividenden, der Ausgabe neuer Aktien sowie der Ausübung von Umtausch-, Bezugs- und Zeichnungsrechten (§ 30 b WpHG)	•	•	
Pflicht zur besonderen Gleichbehandlung nach WpHG sowie Pflicht, alle Einrichtungen und Informationen zur Rechteausübung öffentlich zur Verfügung zu stellen, Daten vor der Kenntnis Unbefugter zu schützen, kostenlose Zahlstellen einzurichten und auf Verlagen Vollmachtsformulare zu übermitteln (§ 30 a WpHG)	•	•	
Pflicht zur Zulassung später ausgegebener Aktien (§ 40 BörsG iVm. § 69 BörsZulV)	•	•	
Finanzberichte zwingend auch in englischer Sprache (§§ 65 Abs. 1 Satz 2, 66 Abs. 3 Satz 1 BörsOFWB)	•	•	
Jährliche Analystenveranstaltung (§ 68 BörsOFWB)	•	•	
Veröffentlichung eines Unternehmenskalenders (§ 67 BörsOFWB)	•	•	

Göckeler

	Regulierter Markt (General Standard)	Regulierter Markt (Prime Standard)	Antragsstadium
Mitteilungs- und Veröffentlichungspflichten hinsichtlich der Stimmrechte nach WpHG (§§ 21 ff. WpHG)	•	•	
Veröffentlichungspflicht über Wertpapiertransaktionen, ua. von Vorstands- und AR-Mitgliedern (§ 15 a WpHG)	•	•	
Insiderhandelsverbot (§ 14 WpHG)	•	•	
Ad-hoc-Publizitätspflicht (§ 15 WpHG)	•	•	
Zwingende Veröffentlichung von Ad-hoc-Mitteilungen auch in englischer Sprache (§ 69 BörsOFWB)	•	•	
Verbot der Marktmanipulation	•	•	•
Pflicht zur Führung eines Insiderverzeichnisses (§ 15 b WpHG)	•	•	•

§ 27 Übernahmerecht

Bearbeiter: Stephan F. Oppenhoff

Übersicht

	Rz.
A. Einführung	1–16
I. Entwicklung des Übernahmerechts in Deutschland	1–4
II. Zielsetzungen des WpÜG	5
III. Anwendungsbereich des WpÜG	6–16
1. Sachlicher Anwendungsbereich	7–13
2. Räumlicher Anwendungsbereich	14–16
B. Angebotsverfahren und Aufsicht durch die BaFin	17–47
I. Angebotsarten	17–20
II. Zeitlicher Ablauf des öffentlichen Angebots	21–47
1. Veröffentlichung der Entscheidung zur Abgabe eines Angebots	22–25
2. Einreichung der Angebotsunterlage bei der BaFin	26–29
3. Prüfung der Angebotsunterlage durch die BaFin	30, 31
4. Veröffentlichung der Angebotsunterlage	32, 33
5. Annahmefrist und Stellungnahme der Zielgesellschaft	34
6. „Wasserstandsmeldungen"	35–37
7. Ergebnisbekanntmachung und Vollzug des öffentlichen Angebots	38, 39
8. Weitere Annahmefrist	40–43
9. Mitwirkung der Arbeitnehmer	44–47
C. Öffentliche Angebote	48–97
I. Angebotsunterlage	49–56
1. Inhalt der Angebotsunterlage	50–54
2. Haftung für die Angebotsunterlage	55, 56
II. Finanzierung/Sicherstellung der Aktienausgabe	57–63
III. Angebotsbedingungen	64–77
1. Zulässige Bedingungen	68–73
2. Unzulässige Bedingungen	74–77
IV. Änderung des Angebots	78–82
V. Konkurrierende Angebote	83–86
VI. Grenzüberschreitende Angebote	87–89
VII. Begründete Stellungnahme der Zielgesellschaft	90–97
D. Übernahmeangebote	98–147
I. Vorbereitung eines Übernahmeangebots	98–115
1. Due Diligence	100–103
2. Verhandlungen mit Großaktionären	104–106
3. Stakebuilding	107–111
4. Verhandlungen mit der Zielgesellschaft	112–115
II. Gegenleistung	116–132
1. Art	117–121
2. Höhe	122–132
a) Durchschnittlicher Börsenkurs	125, 126
b) Vorerwerbe	127, 128

§ 27 Übernahmerecht

   c) Parallel-/ Nacherwerbe 129–131
   d) Veränderliche Preise 132
 III. Unzulässigkeit von Teilangeboten 133–135
 IV. Verhaltenspflichten der Zielgesellschaft 136–147
  1. Nationales Verhinderungsverbot 137–139
  2. Europäisches Verhinderungsverbot/Durch-
   brechungsregel 140–146
   a) Europäisches Verhinderungsverbot 143
   b) Europäische Durchbrechungsregel 144–146
  3. Verbot der Gewährung ungerechtfertigter
   Leistungen 147

E. Pflichtangebote 148–167
 I. Angebotspflicht 148–154
 II. Ausnahmen von der Angebotspflicht; Befreiungen ... 155–167
  1. Kontrollerlangung auf Grund eines Übernahmeangebots 156
  2. Nichtberücksichtigung von Stimmrechten 157–162
  3. Befreiung von der Pflicht zur Veröffentlichung und
   Abgabe eines Pflichtangebots 163–167

F. Squeeze-out 168–194
 I. Aktienrechtlicher Squeeze-out 169–178
  1. Ausschlussvoraussetzungen 170
  2. Abfindung der ausscheidenden Aktionäre 171, 172
  3. Ausschlussverfahren 173–178
 II. Übernahmerechtlicher Squeeze-out 179–194
  1. Ausschlussvoraussetzungen 180–184
  2. Abfindung der ausscheidenden Aktionäre 185–190
  3. Ausschlussverfahren 191–194

G. Sell-out 195–197

**H. Allgemeine Handlungs- und Ermittlungsbefugnisse
der BaFin, Rechtsschutz und Sanktionen** 198–215
 I. Allgemeine Handlungs- und Ermittlungsbefugnisse
  der BaFin 198–201
 II. Rechtsschutz 202–209
  1. Die Rechtsschutzmöglichkeiten von Adressaten eines
   Verwaltungsakts der BaFin, insbesondere Bieter oder
   Zielgesellschaft 202–207
  2. Die Rechtsschutzmöglichkeiten von Nichtadressaten
   eines Verwaltungsakts der BaFin 208, 209
 III. Sanktionen 210–215
  1. Untersagung des Angebots 211
  2. Rechtsverlust 212, 213
  3. Bußgeld 214
  4. Zinszahlungspflicht 215

Schrifttum: *Banerjea* Der Schutz von Übernahme- und Fusionsplänen, DB 2003, 1489–1498; *Brandi/Süßmann* Neue Insiderregeln und Ad-hoc-Publizität – Folgen für Ablauf und Gestaltung von M&A-Transaktionen, AG 2004, 642–658; *Cahn* Verwaltungsbefugnisse der Bundesanstalt für Finanzdienstleistungsaufsicht im Übernahmerecht und Rechtsschutz Betroffener, ZHR 167 (2003), 262–300; *Fleischer* Zum Begriff des öffentlichen Angebots im Wertpapiererwerbs- und Übernahmegesetz, ZIP 2001, 1653–1660; *Johannsen-Roth/Illert* Paketerwerbe und öffentliche Übernahmeangebote im Lichte des

A. Einführung   1   § 27

neuen übernahmerechtlichen Squeeze-out nach § 39a WpÜG, ZIP 2006, 2157–2163; *Körber* Geschäftsleitung der Zielgesellschaft und due diligence bei Paketerwerb und Unternehmenskauf, NZG 2002, 263–272; *Merkt/Binder* Änderungen im Übernahmerecht nach Umsetzung der EG-Übernahmerichtlinie: Das deutsche Umsetzungsgesetz und verbleibende Problemfelder, BB 2006, 1285–1292; *Meyer* Änderungen im WpÜG durch die Umsetzung der EU-Übernahmerichtlinie, WM 2006, 1135–1144; *Ott* Der übernahmerechtliche Squeeze-out gemäß §§ 39a f. WpÜG, WM 2008, 384–391; *Park* (Hrsg.) Kapitalmarktstrafrecht, 2. Aufl. 2008, *Roschmann/Frey* Geheimhaltungsverpflichtungen der Vorstandsmitglieder von Aktiengesellschaften bei Unternehmenskäufen, AG 1996, 449-455; *Schäfer/Hamann* (Hrsg.) Kapitalmarktgesetze, 2. Aufl., Stand: 3. EL Januar 2008, Stuttgart; *Schroeder* Darf der Vorstand der Aktiengesellschaft dem Aktienkäufer eine Due Diligence gestatten? DB 1997, 2161–2166; *Schwark/Zimmer* Kapitalmarktrechts-Kommentar, 3. Aufl. München 2004; *Seibt/Heiser* Analyse des Übernahmerichtlinie-Umsetzungsgesetzes (Regierungsentwurf), AG 2006, 301–320; *Sieger/Hasselbach* Break Fee-Vereinbarung bei Unternehmenskäufen, BB 2000, 625–631; *Spindler/Stilz* Kommentar zum Aktiengesetz: AktG, Gesamtwerk in 2 Bänden, München 2007; *Stoffels* Grenzen der Informationsweitergabe durch den Vorstand einer Aktiengesellschaft im Rahmen einer „Due Diligence", ZHR 165 (2001) 362–382; *Thaeter/Brandi* Öffentliche Übernahmen, München 2003; *Tollkühn* Die Ad-hoc-Publizität nach dem Anlegerschutzverbesserungsgesetz, ZIP 2004, 2215–2220; *v. Bülow/Stephanblome* Acting in Concert und neue Offenlegungspflichten nach dem Risikobegrenzungsgesetz, ZIP 2008, 1797–1806; *Veil/Drinkuth* (Hrsg.) Reformbedarf im Übernahmerecht, Köln 2005; *Zerey* (Hrsg.) Außerbörsliche (OTC) Finanzderivate, Baden-Baden 2008; *Ziegler* „Due Diligence" im Spannungsfeld zur Geheimhaltungspflicht von Geschäftsführern und Gesellschaftern DStR 2000, 249–255.

A. Einführung

I. Entwicklung des Übernahmerechts in Deutschland

Der rechtliche Rahmen für den Erwerb von Aktien einer börsennotierten   1
Gesellschaft durch öffentliche Angebote wurde in Deutschland maßgeblich
erst in den letzten 30 Jahren geschaffen. Am Beginn stand eine freiwillige
Selbstregulierung durch die Marktteilnehmer entsprechend dem London City
Code on Takeovers and Mergers. So veröffentlichte die Börsensachverständigenkommission 1979 „Leitsätze für öffentliche freiwillige Kauf- und Umtauschangebote"[1] als erste Verhaltensempfehlungen. 1995 folgte der ebenfalls
von der Börsensachverständigenkommission erarbeitete **Übernahmekodex**.[2]
Der Übernahmekodex wurde von der ganz überwiegenden Zahl der Marktteilnehmer anerkannt, und die Abgabe einer bindenden Anerkennungserklärung in Bezug auf den Übernahmekodex wurde Anfang 1998 Voraussetzung
für die Aufnahme in den DAX, den M-DAX und den damals noch bestehenden Neuen Markt.[3] Gleichwohl kam es immer wieder zu Verstößen gegen den
Übernahmekodex, insbesondere die vom Übernahmekodex geforderten
Pflichtangebote wurden häufiger nicht abgegeben.

---

[1] „Leitsätze für öffentliche freiwillige Kauf- und Umtauschangebote bzw. Aufforderungen zur Abgabe derartiger Angebote im amtlich notierten oder im geregelten Freiverkehr gehandelten Aktien bzw. Erwerbsrechten", abgedruckt bei *Baumbach/Hopt* HGB (29. Aufl.), Nr. 18.
[2] „Verhaltensregeln für freiwillige öffentliche Übernahmeangebote v. 14. 7. 1995", abgedruckt in ZIP 1995, 1467 ff.
[3] *Baums/Thoma/Baums/Rieder* Einl. Rz. 1.3; *Assmann/Pötzsch/Schneider/Pötzsch* Einl. Rz. 22.

2 Zur Schaffung verbindlicher Verhaltensregeln für alle Marktteilnehmer trat daraufhin am 1. Januar 2002 das Wertpapiererwerbs- und Übernahmegesetz[4] (**WpÜG**) in Kraft, dessen Konzept und Grundsätze seitdem unverändert geblieben sind.

3 Es unterlag umfangreicheren Änderungen durch das Übernahmerichtlinie-Umsetzungsgesetz[5] im Juli 2006, das auf die europäische Übernahmerichtlinie[6] vom Mai 2004 zurückgeht. Diese betrafen insbesondere den internationalen Anwendungsbereich des WpÜG, das Europäische Verhinderungsverbot, die Europäische Durchbrechungsregel sowie die Einführung eines übernahmerechtlichen Squeeze-out und Sell-out. Im Jahr 2008 wurden durch das Risikobegrenzungsgesetz[7] die Vorschriften zur Zurechnung von Stimmrechten bei abgestimmtem Verhalten (sog. „acting in concert") sowie Mitteilungspflichten für Finanzinstrumente und wesentliche Beteiligungen neu gestaltet.

4 Neben dem WpÜG sind für öffentliche Übernahmen in Deutschland insbesondere Regelungen des Aktiengesetzes (**AktG**) und des Wertpapierhandelsgesetzes (**WpHG**) von Bedeutung.

II. Zielsetzungen des WpÜG

5 Das WpÜG soll Investoren, Bietern und anderen Akteuren an den Finanzmärkten einen verlässlichen Rahmen für öffentliche Angebote geben und gleichzeitig eine übermäßige Belastung der Zielgesellschaft durch Angebotsverfahren vermeiden. Wesentliche Grundsätze eines solchen Verfahrens sind daher die Gleichbehandlung aller Aktionäre der Zielgesellschaft, deren umfassende Information, eine Ausrichtung der Leitungs- und Überwachungsorgane der Zielgesellschaft am Interesse der Zielgesellschaft sowie die rasche Durchführung des Angebotsverfahrens, so dass die Zielgesellschaft nicht für eine unangemessene Dauer in ihrer Geschäftstätigkeit beeinträchtigt wird.[8] Daneben soll sichergestellt werden, dass der Bieter in der Lage ist, das öffentliche Angebot zu finanzieren und dass den Aktionären der Zielgesellschaft in Übernahme- und Pflichtangeboten für ihre Aktien eine angemessene Gegenleistung angeboten wird.

III. Anwendungsbereich des WpÜG

6 Das WpÜG gilt für öffentliche Kauf- oder Tauschangebote zum Erwerb von Wertpapieren, die von einer Zielgesellschaft ausgegeben wurden und zum Handel an einem organisierten Markt zugelassen sind (§ 1 Abs. 1 iVm. § 2 Abs. 1 WpÜG).

---

[4] Artikel 1 des Gesetzes zur Regelung von öffentlichen Angeboten zum Erwerb von Wertpapieren und von Unternehmensübernahmen v. 20. 12. 2001, BGBl. I 2001, 3822.

[5] Gesetz zur Umsetzung der Richtlinie 2004/25/EG des Europäischen Parlaments und des Rates vom 21. 4. 2004 betreffend Übernahmeangebote v. 8. 7. 2006, BGBl. I 2006, 1426.

[6] Richtlinie 2004/25/EG des Europäischen Parlaments und des Rates vom 21. 4. 2004 betreffend Übernahmeangebote (ABl. L 142/12).

[7] Gesetz zur Begrenzung der mit Finanzinvestitionen verbundenen Risiken vom 12. 8. 2008, BGBl. I 2008, 1666.

[8] Vgl. § 3 WpÜG.

A. Einführung 7–9 § 27

1. Sachlicher Anwendungsbereich

Das WpÜG findet auf alle öffentlichen Angebote zum Erwerb von Wert- 7
papieren einer Zielgesellschaft Anwendung, unabhängig davon, ob hierdurch
die Kontrolle über die Zielgesellschaft erlangt werden soll. Angebote im Sinne
des WpÜG können in einfache Erwerbsangebote, Übernahmeangebote und
Pflichtangebote unterteilt werden.[9]

Wesentlich für die Anwendung des WpÜG auf einfache Erwerbsangebote 8
und Übernahmeangebote ist, ob es sich bei dem Angebot um ein **öffentliches
Angebot** handelt. Der Begriff des öffentlichen Angebots ist im Gesetz bewusst
nicht definiert, um die Gefahr von Gesetzesumgehungen zu vermeiden.[10] Die
Beurteilung, ob ein öffentliches Angebot vorliegt, ist einzelfallbezogen anhand
einer Vielzahl von Kriterien und unter Berücksichtigung der Schutzzwecke des
WpÜG zu ermitteln.[11] Nach der h.M. sollen diese Kriterien auch unabhängig
von der Definition öffentlicher Angebote nach dem Wertpapierprospektgesetz
(**WpPG**) zu entwickeln sein.[12] Dies wird mit unterschiedlichen Schutzrichtungen des WpÜG und des WpPG begründet,[13] was aber nicht wirklich überzeugt.
Die typischen regelungsbedürftigen Gefährdungslagen bei Investitions- und
Desinvestitionsentscheidungen unterscheiden sich nicht so sehr, dass eine unterschiedliche Behandlung gerechtfertigt wäre.[14]

In praktischer Hinsicht sind insbesondere die folgenden Kriterien von Be- 9
deutung:
- **Adressatenkreis.** Richtet sich das Angebot an eine Vielzahl von Personen
  und nicht lediglich an einen begrenzten Personenkreis, so spricht dies für ein
  öffentliches Angebot.[15]
- **Kommunikation des Angebots.** Wählt der Bieter für sein Angebot ein
  allgemein zugängliches Medium (Internet, Tageszeitung, Rundfunk, Fernsehen oder andere elektronische Informationssysteme), so spricht dies für
  ein öffentliches Angebot.[16] Demgegenüber führt allein die individuelle
  Adressierung (bei Namensaktien) einer per E-Mail oder Post erfolgenden
  Massenversendung von standardisierten Angeboten nicht dazu, dass die
  Öffentlichkeit des Angebots entfällt.[17]
- **Ausgestaltung der Angebotsbedingungen.** Werden die Angebotsbedingungen einseitig durch den Bieter vorformuliert, ohne dass diese Bedingungen verhandelbar sind, so spricht dies ebenfalls für ein öffentliches Angebot.[18]
Dies gilt umso mehr, sofern vom Bieter allen Adressaten eine sehr kurze An-

---

[9] Zu den verschiedenen Angebotsarten des WpÜG vgl. Rz. 17 ff.
[10] Begr. RegE zu § 2 Abs. 1 WpÜG, BT-Drs. 14/7034, 33.
[11] *Steinmeyer/Häger/Santelmann* § 1 Rz. 13; vgl. auch Begr. RegE zu § 2 Abs. 1 WpÜG, BT-Drs. 14/7034, 33; *Baums/Thoma/Baums/Hecker* § 2 Rz. 33.
[12] *Assmann/Pötzsch/Schneider/Pötzsch* § 2 Rz. 32; *Baums/Thoma/Baums/Hecker* § 2 Rz. 23; KölnerKomm WpÜG/*Versteegen* § 2 Rz. 48; *Fleischer* ZIP 2001, 1653, 1654 f.
[13] *Assmann/Pötzsch/Schneider/Pötzsch* § 2 Rz. 32.
[14] Vgl. zur a.A. auch FrankfurtKomm WpÜG/*Schüppen* § 2 Rz. 10 ff.; *Geibel/Süßmann/Angerer* § 1 Rz. 13 ff.
[15] Begr. RegE zu § 2 Abs. 1 WpÜG, BT-Drs. 14/7034, 33.
[16] *Baums/Thoma/Baums/Hecker* § 2 Rz. 34; *Steinmeyer/Häger/Santelmann* § 1 Rz. 14.
[17] *Steinmeyer/Häger/Santelmann* § 1 Rz. 14; FrankfurtKomm WpÜG/*Schüppen* § 2 Rz. 13.
[18] Begr. RegE zu § 2 Abs. 1 WpÜG, BT-Drs. 14/7034, 33; *Schwark/Zimmer/Noack* Kapitalmarktrechts-Kommentar, 3. Aufl. München 2004, §§ 1, 2 WpÜG Rz. 13.

Oppenhoff

nahmefrist gesetzt und das Angebot vom Erreichen einer Mindestbeteiligung abhängig gemacht wird.[19]

10 Der anonyme Erwerb von Wertpapieren über die **Börse** (*open market purchase*) stellt grundsätzlich kein öffentliches Angebot dar.[20] Ob hingegen die öffentliche Ankündigung der Absicht, Aktien einer bestimmten Gesellschaft über einen bestimmten Zeitraum hinweg oder in einer bestimmten Menge über die Börse zu erwerben, bereits ein öffentliches Angebot im Sinne des WpÜG darstellt, wird in der juristischen Kommentarliteratur kontrovers diskutiert.[21] Dies ist abzulehnen, da der Aktionär in dieser Situation nicht des besonderen Schutzes des WpÜG bedarf. Durch die Abwicklung eines Aktienerwerbs über die Börse wird dem Gleichbehandlungsgrundsatz hinreichend Rechnung getragen. Auch stehen die Aktionäre nicht unter dem Druck, ihre Aktien verkaufen zu müssen, da bei einem Kontrollerwerb durch den Ankündigenden dieser zur Abgabe eines Pflichtangebots verpflichtet bleibt.[22]

11 Das Angebot muss sich zudem auf den Erwerb von **Wertpapieren** der Zielgesellschaft richten, die an einem organisierten Markt zum Handel zugelassen sind. Der Begriff des Wertpapiers umfasst neben Aktien auch mit diesen vergleichbare Wertpapiere sowie Zertifikate, die Aktien vertreten (§ 2 Abs. 2 Nr. 1 WpÜG). Vom Aktienbegriff werden Aktien jeder Art erfasst, unabhängig davon, ob sie Stimmrechte gewähren.[23] Mit Aktien vergleichbare Wertpapiere sind solche, die ein Mitgliedschaftsrecht verkörpern. Hierbei handelt es sich insbesondere um sog. Zwischenscheine (§ 8 Abs. 6 AktG), die vorläufig bis zur Aktienausgabe Mitgliedschaftsrechte verbriefen.[24] Aktienvertretende Zertifikate sind insbesondere sog. American Depositary Receipts (*ADR*), mit deren Hilfe deutsche Aktien in den USA handelbar gemacht werden.[25] Darüber hinaus werden von der Wertpapierdefinition auch alle anderen Wertpapiere erfasst, die den Erwerb von Wertpapieren im Sinne des § 2 Abs. 2 Nr. 1 WpÜG zum Gegenstand haben (§ 2 Abs. 2 Nr. 2 WpÜG). Hierzu zählen Wandelschuldverschreibungen im Sinne des § 221 Abs. 1 und 2 AktG, die ein Umtausch- bzw. Bezugsrecht auf Aktien gewähren, sowie Optionsscheine (*naked warrants*). Auch ist es für die Anwendbarkeit des WpÜG unerheblich, ob die Wertpapiere als Urkunden verbrieft sind.

12 Das WpÜG ist zudem nur dann anwendbar, wenn die angebotsgegenständlichen Wertpapiere zum **Handel an einem organisierten Markt** zugelassen sind. Dies sind zum einen der regulierte Markt an einer Börse im Inland,[26] zum

---

[19] *Assmann/Pötzsch/Schneider/Pötzsch* § 2 Rz. 35; vgl. auch Begr. RegE zu § 2 Abs. 1 WpÜG, BT-Drs. 14/7034, 33.
[20] BaFin-Jahresbericht 2002, S. 172; *Assmann/Pötzsch/Schneider/Pötzsch* § 2 Rz. 36.
[21] Bejahend: *Steinmeyer/Häger/Santelmann* § 1 Rz. 17; MünchKomm AktG/Bd. 6/ *Wackerbarth* § 2 WpÜG Rz. 14a; verneinend: *Assmann/Pötzsch/Schneider/Pötzsch* § 2 Rz. 36; *Baums/Thoma/Baums/Hecker* § 2 Rz. 46; KölnerKomm WpÜG/*Versteegen* § 2 Rz. 30; *Schwark/Zimmer/Noack* Kapitalmarktrechts-Kommentar, 3. Aufl. München 2004, §§ 1, 2 WpÜG Rz. 16.
[22] KölnerKomm WpÜG/*Versteegen* § 2 Rz. 30.
[23] *Assmann/Pötzsch/Schneider/Assmann* § 2 Rz. 77.
[24] Begr. RegE zu § 2 Abs. 1 WpÜG, BT-Drs. 14/7034, 34; FrankfurtKomm WpÜG/ *Schüppen* § 2 Rz. 26.
[25] *Baums/Thoma/Baums/Hecker* § 2 Rz. 59ff.; zum Begriff der American Depositary Receipts vgl. § 22 Rz. 74ff.
[26] *Assmann/Pötzsch/Schneider/Assmann* § 2 Rz. 35.

anderen der geregelte Markt im Sinne der MiFiD-Richtlinie (2004/39/EG) in anderen Staaten des Europäischen Wirtschaftsraums.

Seit Inkrafttreten des WpÜG war umstritten, ob auch der **Erwerb eigener** **13** **Aktien** dem WpÜG unterfällt. Eine deutsche Aktiengesellschaft darf eigene Aktien nur unter den Voraussetzungen des § 71 AktG erwerben. Relevant ist hier insbesondere die Ermächtigung zum Rückerwerb von bis zu 10 % eigener Aktien, die die Hauptversammlung einer Aktiengesellschaft für die Dauer von 18 Monaten erteilen kann (§ 71 Abs. 1 Nr. 8 AktG).[27] Von diesem Ermächtigungsbeschluss macht in Deutschland die ganz überwiegende Zahl börsennotierter Gesellschaften Gebrauch. Der Rückerwerb eigener Aktien erfolgt dann grundsätzlich durch Käufe an der Börse oder durch ein öffentliches Angebot an alle Aktionäre.[28] Der Gesetzeswortlaut nimmt den Erwerb eigener Aktien im Wege eines öffentlichen Angebots nicht von der Anwendung aus. Dementsprechend ging die BaFin in ihrer Verwaltungspraxis lange Zeit davon aus, dass das WpÜG mit Ausnahme einiger Vorschriften, die ganz eindeutig auf die Personenverschiedenheit von Bieter und Zielgesellschaft zugeschnitten sind, auf den Rückerwerb eigener Aktien im Wege des öffentlichen Angebots anwendbar sei.[29] Im Juli 2006 hat die BaFin ihre Verwaltungspraxis jedoch geändert und verlangt seitdem beim Rückerwerb eigener Aktien nicht mehr die Durchführung eines Angebotsverfahrens nach dem WpÜG.[30]

2. Räumlicher Anwendungsbereich

Das WpÜG ist auf Angebote anwendbar, die auf den Erwerb von Wertpa- **14** pieren einer Aktiengesellschaft oder Kommanditgesellschaft auf Aktien mit Sitz in Deutschland gerichtet sind (§ 2 Abs. 3 Nr. 1 WpÜG), jedoch nur teilweise, sofern die stimmberechtigten Aktien nicht an einem organisierten Markt im Inland zum Handel zugelassen sind (§ 1 Abs. 2 WpÜG). Auf Grund von Art. 10 der SE-Verordnung (2001/2157/EG) gilt dies auch für Societas Europaeae (Europäische Aktiengesellschaften) mit Sitz in Deutschland.[31]

Daneben findet das WpÜG auch (teilweise) auf Übernahme- und Pflichtan- **15** gebote zum Erwerb von Anteilen an einer Gesellschaft mit Sitz in einem anderen Staat des Europäischen Wirtschaftsraums und Zulassung stimmberechtigter Wertpapiere zum Handel an einem organisierten Markt im Inland (§ 1 Abs. 3 WpÜG) Anwendung.[32] Dies kann dazu führen, dass – hinsichtlich kapitalmarkt- oder gesellschaftsrechtlicher Fragen – neben dem WpÜG noch eine an-

---

[27] Zum Rückerwerb eigener Aktien vgl. § 3 Rz. 143 ff].
[28] Vgl. *Hüffer* AktG § 71 Rz. 19k.
[29] BaFin-Jahresbericht 2003, S. 208; *Assmann/Pötzsch/Schneider/Pötzsch* § 2 Rz. 40 ff.; *Ehricke/Ekkenga/Oechsler/Oechsler* § 2 Rz. 5 ff.; KölnerKomm WpÜG/*Hirte* Einl. Rz. 81; MünchKomm AktG/*Oechsler* § 71 Rz. 228 ff.; eine Anwendung des WpÜG hingegen ablehnend: *Hüffer* AktG § 71 Rz. 19k; *Geibel/Süßmann/Angerer* § 1 Rz. 128; KölnerKomm WpÜG/*Versteegen* § 1 Rz. 22; *Baums/Thoma/Baums/Hecker* § 1 Rz. 104 ff.
[30] BaFin-Jahresbericht 2006, S. 182.
[31] *Steinmeyer/Häger/Santelmann* § 1 Rz. 27.
[32] Obwohl dies weder dem Gesetzeswortlaut noch der Gesetzesbegründung explizit zu entnehmen ist, ist hinsichtlich der Sitzfrage auf den für das Gesellschaftsstatut in der EU maßgeblichen Sitz abzustellen, a.A. für die Maßgeblichkeit des Satzungssitzes plädierend, *Steinmeyer/Häger/Santelmann* § 1 Rz. 34; *Seibt/Heiser* AG 2006, 302; *Merkt/Binder* BB 2006, 1287.

dere Rechtsordnung auf ein Übernahme- oder Pflichtangebot Anwendung findet.[33] Im Einzelnen bedeutet dies Folgendes:
- Befindet sich der Sitz der Zielgesellschaft in Deutschland und sind die stimmberechtigten Wertpapiere der Zielgesellschaft zum Handel an einem inländischen organisierten Markt zugelassen, so ist das WpÜG vollumfänglich anzuwenden. Dies gilt unabhängig von weiteren Börsenzulassungen im Ausland.
- Für Zielgesellschaften mit Sitz in Deutschland, deren stimmberechtigte Aktien nicht in Deutschland, sondern ausschließlich in einem anderen Staat des Europäischen Wirtschaftsraums zum Handel an einem organisierten Markt zugelassen sind, ist das WpÜG nur noch hinsichtlich gesellschaftsrechtlicher Fragen anwendbar (§ 1 Abs. 2 WpÜG).
- Hat die Zielgesellschaft ihren Sitz in einem anderen Staat des Europäischen Wirtschaftsraums und sind deren stimmberechtigte Wertpapiere allein in Deutschland zum Handel an einem organisierten Markt zugelassen, so ist das WpÜG nur hinsichtlich des Angebotsverfahrens, des Inhalts der Angebotsunterlage und zu Fragen der Gegenleistung anzuwenden (§ 1 Abs. 3 WpÜG). Das Gleiche gilt, sofern die Aktien der ausländischen Zielgesellschaft zwar in mehreren Staaten des Europäischen Wirtschaftsraumes zum organisierten Handel zugelassen sind, die Zulassung in Deutschland jedoch zuerst erfolgte oder die Gesellschaft sich bei gleichzeitiger Zulassung in mehreren Staaten des Europäischen Wirtschaftsraumes für die BaFin als Aufsichtsbehörde entschieden hat. Die beiden letztgenannten Alternativen setzen jedoch wiederum voraus, dass die Aktien der Zielgesellschaft nicht im Staat des Sitzes zum organisierten Handel zugelassen sind.
- Hat die Zielgesellschaft ihren Sitz in einem anderen Staat des Europäischen Wirtschaftsraums und sind deren stimmberechtigte Wertpapiere dort zum Handel an einem organisierten Markt zugelassen, so gilt ausschließlich das Übernahmerecht dieses Staats, unabhängig von einer Börsenzulassung in Deutschland.

16 Diese gespaltene Rechtsanwendung betrifft ausschließlich Übernahme- und Pflichtangebote. Auf **einfache Erwerbsangebote** findet das WpÜG ohne Beschränkung auf gesellschaftsrechtliche oder angebotsbezogene Fragestellungen Anwendung, sofern es sich um eine Aktiengesellschaft, Kommanditgesellschaft auf Aktien oder Societas Europaea mit Sitz in Deutschland handelt und deren Wertpapiere an einem regulierten Markt im Inland oder einem geregelten Markt in einem Staat des Europäischen Wirtschaftsraums zum Handel zugelassen sind.

B. Angebotsverfahren und Aufsicht durch die BaFin

I. Angebotsarten

17 Öffentliche Angebote im Sinne des WpÜG lassen sich in drei Angebotsarten unterteilen: einfache Erwerbsangebote, Übernahmeangebote und Pflichtangebote. Die Regelungsdichte nimmt von Erwerbs- über Übernahme- hin zu Pflichtangeboten zu.

---

[33] Vgl. § 1 Abs. 2, 3 WpÜG, die durch die WpÜG-Anwendbarkeitsverordnung konkretisiert werden.

B. Angebotsverfahren und Aufsicht durch die BaFin 18–22 § 27

- **Pflichtangebote** sind öffentliche Angebote an die Aktionäre der Zielgesellschaft, zu deren Abgabe eine Person nach Erlangung der Kontrolle über die Zielgesellschaft verpflichtet ist (§ 35 Abs. 2 WpÜG). Die Kontrollschwelle wird mit Halten und Zurechnung von mindestens 30 % der Stimmrechte an der Zielgesellschaft erreicht (§ 29 Abs. 2 WpÜG). Der Bieter soll in diesen Fällen den anderen Aktionären auf Grund der veränderten Kontrollstruktur über die Zielgesellschaft die Möglichkeit des Ausstiegs aus der Gesellschaft zu einem angemessenen Preis bieten. 18
- **Übernahmeangebote** sind öffentliche Angebote, die auf den Erwerb der Kontrolle über die Zielgesellschaft gerichtet sind (§ 29 Abs. 1 WpÜG). 19
- Alle übrigen öffentlichen Angebote im Sinne des WpÜG sind **einfache Erwerbsangebote**. Solche liegen vor, wenn der Bieter beabsichtigt, nach Vollzug des Angebots weniger als 30 % der Stimmrechte an der Zielgesellschaft zu halten (und ein Überschreiten der Kontrollschwelle bei regulärem Verlauf auch bei vollständiger Annahme des Angebots ausgeschlossen ist)[34] oder eine bereits bestehende Kontrollposition auszubauen, so dass es an einem Erreichen oder Überschreiten der Kontrollschwelle fehlt (sog. Aufstockungsangebote). 20

II. Zeitlicher Ablauf des öffentlichen Angebots

Ein öffentliches Angebotsverfahren, sei es als einfaches Erwerbsangebot, als Übernahmeangebot oder als Pflichtangebot ausgestaltet, verläuft in relativ strikt vorgegebenen zeitlichen Bahnen und lässt sich grob in folgende Abschnitte unterteilen: 21

1. Veröffentlichung der Entscheidung zur Abgabe eines Angebots

Hat der Bieter eine Entscheidung getroffen, ein **einfaches Erwerbs- oder Übernahmeangebot** abzugeben, so hat er dies unverzüglich über ein elektronisch betriebenes Informationsverbreitungssystem, das bei Kreditinstituten und bestimmten anderen Unternehmen des Finanzsektors weit verbreitet ist, und im Internet zu veröffentlichen (§ 10 Abs. 1 Satz 1 iVm. Abs. 3 Satz 1 WpÜG). Der Veröffentlichung muss eine Mitteilung an die BaFin und die Geschäftsführungen der inländischen[35] Börsen, an denen Wertpapiere (bzw. auf diese bezogene Derivate) des Bieters, der Zielgesellschaft oder anderer durch das Angebot unmittelbar betroffenen Gesellschaften zum Handel zugelassen sind (§ 10 Abs. 2 WpÜG), vorausgehen. Vom Angebot unmittelbar betroffen sind insbesondere Mutter- und Tochterunternehmen der Zielgesellschaft sowie Gesellschaften, deren Anteile als Gegenleistung für den Erwerb von Aktien im Rahmen eines Tauschangebots angeboten werden sollen.[36] Konkurrenten der Zielgesellschaft oder des Bieters sind hiervon auf Grund fehlender Unmittelbarkeit hingegen nicht erfasst.[37] Die Geschäftsführungen der Börsen sollen diese Information ausschließlich zur Entscheidung verwenden, ob die Feststel- 22

---

[34] *Steinmeyer/Häger/Santelmann* § 29 Rz. 5.
[35] Begr. RegE zu § 10 Abs. 2 WpÜG, BT-Drs. 14/7034, 40; *Assmann/Pötzsch/Schneider/Assmann* § 10 Rz. 55.
[36] *Baums/Thoma/Thoma/Stöcker* § 10 Rz. 109; *Assmann/Pötzsch/Schneider/Assmann* § 10 Rz. 57.
[37] KölnerKomm WpÜG/*Hirte* § 10 Rz. 56.

Oppenhoff 1907

lung des Börsenpreises des relevanten Wertpapiers ausgesetzt oder eingestellt werden soll (§ 10 Abs. 2 Satz 2 WpÜG).

23   Die Veröffentlichung muss Angaben zu der Person des Bieters, der Zielgesellschaft, den angebotsgegenständlichen Wertpapieren, der Art des Angebots sowie einen Hinweis auf die Internetseite enthalten, auf der die Angebotsunterlage veröffentlicht werden wird.[38] Eine bieterseitige Verpflichtung zur Veröffentlichung weiterer Informationen zu dem Angebot, insbesondere zum Angebotspreis, besteht übernahmerechtlich grundsätzlich nicht, sie kann sich unter Umständen aus § 15 WpHG ergeben, sofern der Bieter oder ein verbundenes Unternehmen Inlandsemittent ist und diesen Angaben zusätzliches Kursbeeinflussungspotential zukommt.[39] In der Praxis enthält die Veröffentlichung regelmäßig weitere Angaben zu den Eckdaten des Angebots, insbesondere im Hinblick auf den Angebotspreis, und gegebenenfalls zu Angebotsbedingungen. In dieser Veröffentlichung von über die Pflichtangaben des WpÜG hinausgehenden Angaben liegt kein Verstoß gegen das Verbot der Vorabveröffentlichung (von Teilen) der Angebotsunterlage.[40] Macht der Bieter allerdings freiwillige Angaben zum Angebot, so kann er hiervon nach teilweise vertretener Auffassung nur gemäß der Vorschriften über die Änderung des Angebots (§ 21 WpÜG) abweichen.[41] Dies hätte dann zur Konsequenz, dass die Angebotsunterlage nur zugunsten der Aktionäre von der Angebotsankündigung abweichen darf.

24   Weiterhin muss der Bieter unverzüglich den Vorstand der Zielgesellschaft und seinen eigenen Betriebsrat über die Entscheidung zur Abgabe eines Angebots informieren (§ 10 Abs. 5 WpÜG).

25   Bei einem Pflichtangebot tritt an die Stelle der Entscheidung zur Abgabe des Angebots die Erlangung der Kontrolle über die Zielgesellschaft. Die Kontrollerlangung ist in entsprechender Weise zunächst den Börsen und der BaFin mitzuteilen (§ 35 Abs. 1 Satz 4 WpÜG iVm. § 10 Abs. 2 WpÜG) und anschließend unverzüglich zu veröffentlichen (§ 35 Abs. 1 WpÜG).

2. Einreichung der Angebotsunterlage bei der BaFin

26   Innerhalb von vier Wochen nach der Veröffentlichung der Entscheidung zur Abgabe eines Erwerbs- oder Übernahmeangebots bzw. der Kontrollerlangung hat der Bieter der BaFin eine Angebotsunterlage für das angekündigte Angebot zu übermitteln (§ 14 Abs. 1 Satz 1 WpÜG). Diese Frist kann auf schriftlichen Antrag des Bieters von der BaFin um bis zu vier Wochen verlängert werden, sofern dem Bieter die Einhaltung der Frist auf Grund eines grenzüberschreitenden Angebots[42] oder einer erforderlichen Kapitalmaßnahme (§ 14 Abs. 1 Satz 3 WpÜG) nicht möglich ist. Die Entscheidung über eine Verlängerung der Einreichungsfrist und deren Dauer steht im Ermessen der BaFin.[43]

---

[38] § 10 Abs. 3 Satz 2 WpÜG sowie *Baums/Thoma/Baums/Stöcker* § 10 Rz. 52 ff.
[39] So etwa *Baums/Thoma/Baums/Stöcker* § 10 Rz. 54; KölnerKomm WpÜG/*Hirte* § 10 Rz. 102; ablehnend: *Assmann/Pötzsch/Schneider/Assmann* § 10 Rz. 79; *Ehricke/Ekkenga/Oechsler/Oechsler* § 10 Rz. 27.
[40] Begr. RegE zu § 10 Abs. 1 WpÜG, BT-Drs. 14/7034, 39.
[41] Bejahend: KölnerKomm WpÜG/*Hasselbach* § 21 Rz. 11; verneinend: *Assmann/Pötzsch/Schneider/Seiler* § 21 Rz. 16; *Ehricke/Ekkenga/Oechsler/Oechsler* § 21 Rz. 1a; *Baums/Thoma/Thoma/Stöcker* § 10 Rz. 5.
[42] Vgl. hierzu Rz. 87 ff.
[43] *Assmann/Pötzsch/Schneider/Assmann* § 14 Rz. 13.

B. Angebotsverfahren und Aufsicht durch die BaFin

Eine Fristverlängerung auf Grund eines grenzüberschreitenden Angebots kommt allerdings nur dann in Betracht, wenn eine vom Bieter einzuhaltende ausländische Rechtsordnung andere Fristenregelungen als das WpÜG vorsieht und der Bieter daher die Vierwochenfrist nicht einhalten kann.[44] Daneben ist eine Fristverlängerung auch auf Grund der mit ausländischen Behörden erforderlichen Abstimmung denkbar.[45]

Auf Grund einer erforderlichen Kapitalmaßnahme kann eine Fristverlängerung offensichtlich dann gewährt werden, wenn der Bieter ein Tauschangebot abgeben will und den für die Ausgabe der Aktien erforderlichen Sachkapitalerhöhungsbeschluss der Hauptversammlung noch herbeiführen muss.[46] Die Vierwochenfrist kollidiert hier mit der Monatsfrist des § 123 Abs. 1 AktG und der Hinterlegungsfrist des § 123 Abs. 3 AktG für die Einberufung einer Hauptversammlung. Die Fristverlängerung ist auch wegen eines noch herbeizuführenden Barkapitalerhöhungsbeschlusses zu gewähren.[47] In der Praxis hat diese Möglichkeit der Fristverlängerung bisher kaum eine bedeutende Rolle gespielt, da ein noch herbeizuführender Hauptversammlungsbeschluss insbesondere bei Publikumsgesellschaften stets das Risiko der Anfechtung des Kapitalerhöhungsbeschlusses und einer damit verbundenen zeitlichen Verzögerung birgt. Dieses Problem besteht freilich nicht im gleichen Maße bei ausländischen Gesellschaften.

Unterbleibt die Übermittlung der Angebotsunterlage oder erfolgt diese nicht fristgemäß, hat die BaFin das Angebot (§ 15 Abs. 1 Nr. 3 WpÜG) zu untersagen. Daneben kann dies zur Verhängung eines Bußgelds von bis zu EUR 500.000 durch die BaFin führen (§ 60 Abs. 1 Nr. 2a WpÜG). Dies gilt auch bei einer lediglich geringfügigen Überschreitung der Einreichungsfrist.[48]

3. Prüfung der Angebotsunterlage durch die BaFin

Die BaFin prüft die Angebotsunterlage innerhalb von zehn Werktagen (§ 14 Abs. 2 Satz 1 WpÜG). Hierbei gelten auch Samstage als Werktage.[49] Diese Frist kann von der BaFin um bis zu fünf Werktage verlängert werden (§ 14 Abs. 2 Satz 3 WpÜG). Sie wird dies tun, sofern die Angebotsunterlage Unvollständigkeiten oder Verstöße gegen Vorschriften des WpÜG aufweist, die vom Bieter nicht innerhalb der ursprünglichen Zehntagesfrist korrigiert werden können.

---

[44] Beschlussempfehlung und Bericht des Finanzausschusses zum RegE WpÜG, BT-Drs. 14/7477, 52; *Assmann/Pötzsch/Schneider/Assmann* § 14 Rz. 11.
[45] *Baums/Thoma/Thoma* § 14 Rz. 35; KölnerKomm WpÜG/*Seydel* § 14 Rz. 30.
[46] Beschlussempfehlung und Bericht des Finanzausschusses zum RegE WpÜG, BT-Drs. 14/7477, 52; *Assmann/Pötzsch/Schneider/Assmann* § 14 Rz. 12.
[47] *Assmann/Pötzsch/Schneider/Assmann* § 14 Rz. 12; *Baums/Thoma/Thoma* § 14 Rz. 41; *Ehricke/Ekkenga/Oechsler/Oechsler* § 14 Rz. 6; *Geibel/Süßmann/Geibel* § 14 Rz. 25; *Schwark/Zimmer/Noack* Kapitalmarktrechts-Kommentar, 3. Aufl. München 2004, § 12 WpÜG Rz. 8; *Steinmeyer/Häger/Santelmann* § 14 Rz. 11; zurückhaltend: KölnerKomm WpÜG/*Seydel* § 14 Rz. 31; die BaFin hat 2003 in dem letztendlich gescheiterten Übernahmeangebot der Mikonos Vermögensverwaltungs GmbH an die Aktionäre der Kleindienst Datentechnik AG die Einreichungsfrist wegen einer im Raum stehenden Barkapitalerhöhung zur Finanzierung des Angebots verlängert.
[48] *Steinmeyer/Häger/Steinhardt* § 14 Rz. 11; FrankfurtKomm WpÜG/*Scholz* § 15 Rz. 42.
[49] *Assmann/Pötzsch/Schneider/Assmann* § 14 Rz. 24.

31 Insbesondere überprüft die BaFin, ob die eingereichte Angebotsunterlage alle erforderlichen Informationen enthält und nicht offensichtlich die einschlägigen Vorschriften des WpÜG verletzt. Nach der Prüfung der Angebotsunterlage lädt die BaFin den Bieter zu einem Gespräch über ihre Anmerkungen ein. In diesem Gespräch kann die BaFin ihre Position mit einigem Nachdruck vertreten, da sie das Angebot auf Grund einer unvollständigen oder offensichtlich rechtswidrigen Angebotsunterlage untersagen muss und eine solche Entscheidung nur im Nachhinein angegriffen werden kann. Die BaFin hat jedoch bisher von dieser Verhandlungsposition mit Augenmaß Gebrauch gemacht und nur solche Angebote untersagt, die offensichtliche und schwerwiegende Fehler enthielten.

4. Veröffentlichung der Angebotsunterlage

32 Die Angebotsunterlage ist unverzüglich nach Gestattung durch die BaFin zu veröffentlichen. Der Gestattung gleich steht der Ablauf der (gegebenenfalls verlängerten) Prüfungsfrist, ohne dass die BaFin das Angebot untersagt hat (§ 14 Abs. 2 Satz 1 WpÜG). In der Praxis wird die Angebotsunterlage am ersten Werktag (Samstage ausgenommen) nach Gestattung durch die BaFin veröffentlicht. Die Veröffentlichung der Angebotsunterlage hat durch Bekanntgabe im Internet (unter der in der Veröffentlichung nach § 10 Abs. 1 WpÜG bzw. § 35 Abs. 1 WpÜG genannten Internetadresse) sowie im elektronischen Bundesanzeiger (§ 14 Abs. 3 Satz 1 WpÜG) zu erfolgen. Anstelle einer vollständigen Veröffentlichung der Angebotsunterlage im elektronischen Bundesanzeiger wird in diesem regelmäßig nur eine Hinweisbekanntmachung veröffentlicht, die eine Stelle in Deutschland nennt, bei der Exemplare der Angebotsunterlage zur kostenlosen Ausgabe bereitgehalten werden. Die Veröffentlichung gilt erst mit Veröffentlichung in beiden Publikationsmedien als erfolgt.[50] Darüber hinaus hat der Bieter der BaFin die Veröffentlichung im elektronischen Bundesanzeiger unverzüglich mitzuteilen (§ 14 Abs. 3 Satz 2 WpÜG) sowie die Angebotsunterlage dem Vorstand der Zielgesellschaft (§ 14 Abs. 4 S. 1 WpÜG) und seinem zuständigen Betriebsrat oder, sofern ein solcher nicht besteht, unmittelbar den Arbeitnehmern unverzüglich nach der Veröffentlichung übermitteln (§ 14 Abs. 4 S. 3 WpÜG). Der Vorstand der Zielgesellschaft hat seinerseits die Angebotsunterlage unverzüglich seinem Betriebsrat oder, sofern ein solcher nicht besteht, unmittelbar den Arbeitnehmern unverzüglich nach der Veröffentlichung zuzuleiten (§ 14 Abs. 4 S. 2 WpÜG).

33 Unterlässt der Bieter die Veröffentlichung der Angebotsunterlage, so hat die BaFin das Angebot zu untersagen (§ 15 Abs. 1 Nr. 4 WpÜG). Erfolgt die Veröffentlichung nicht in der vorgeschriebenen Weise, so kann die BaFin das Angebot untersagen (§ 15 Abs. 2 WpÜG). Daneben kann ein solcher Verstoß gegen die Veröffentlichungspflichten mit einem Bußgeld von bis zu EUR 1 Mio. geahndet werden (§ 60 Abs. 1 Nr. 1a, Abs. 3 WpÜG).

5. Annahmefrist und Stellungnahme der Zielgesellschaft

34 Mit Veröffentlichung der Angebotsunterlage ist das Angebot des Bieters auf Abschluss eines Kaufvertrags bei Barangeboten bzw. eines Tauschvertrags bei sonstigen Angeboten abgegeben und gilt gegenüber sämtlichen Angebots-

---

[50] *Baums/Thoma/Thoma* § 14 Rz. 95; *Assmann/Pötzsch/Schneider/Assmann* § 14 Rz. 31.

B. Angebotsverfahren und Aufsicht durch die BaFin

adressaten als zugegangen.[51] Die Annahmefrist beginnt zu laufen (§ 16 Abs. 1 Satz 2 WpÜG). Das Angebot des Bieters kann von den Aktionären nur innerhalb der Annahmefrist angenommen werden. Die Annahmefrist beträgt mindestens vier und höchstens zehn Wochen (§ 16 Abs. 1 Satz 1 WpÜG) und kann in diesem Rahmen vom Bieter in freiem Ermessen bestimmt werden.[52] Das Ende der Annahmefrist berechnet sich nach §§ 187 Abs. 1, 188 Abs. 2 BGB. Hierbei gilt bei der Bestimmung der zehnwöchigen Höchstfrist die Besonderheit, dass der Tag der Veröffentlichung der Angebotsunterlage mitzuzählen ist, da die Höchstfrist die Zielgesellschaft im Sinne des § 3 Abs. 4 Satz 1 WpÜG vor einer überlangen Verfahrensdauer schützen soll.[53] Fällt das Ende der Annahmefrist auf einen Samstag, Sonntag oder einen staatlich anerkannten allgemeinen Feiertag, so endet die Frist gemäß § 193 BGB mit Ablauf des darauffolgenden Werktags.[54] Zu einer Verlängerung der Annahmefrist kann es bei einer Angebotsänderung (§ 21 WpÜG)[55] oder der Abgabe eines konkurrierenden Angebots (§ 22 WpÜG)[56] kommen. Bei Übernahmeangeboten, die nicht bereits wegen Ausfalls einer Bedingung scheitern, gibt es eine weitere Annahmefrist[57]. Schließlich können Aktionäre bei einem Übernahme- oder Pflichtangebot, bei dem der Bieter die Schwelle für einen übernahmerechtlichen Squeeze-out erreicht hat, das Angebot auch noch im Rahmen des sog. Sell-out[58] annehmen.

6. „Wasserstandsmeldungen"

Nach Veröffentlichung der Angebotsunterlage hat der Bieter zunächst wöchentlich und – in der letzten Woche vor Ablauf der Annahmefrist – täglich sog. Wasserstandsmeldungen zu veröffentlichen (§ 23 Abs. 1 Satz 1 Nr. 1 WpÜG). Diese sind – entsprechend der Angebotsunterlage – im Internet sowie im elektronischen Bundesanzeiger zu veröffentlichen. In den Wasserstandsmeldungen muss der Bieter darlegen, wie viele Wertpapiere sowie Stimmrechte an der Zielgesellschaft ihm und mit ihm gemeinsam handelnden Personen (inkl. deren Tochterunternehmen) gehören, bzw. ihm nach § 30 WpÜG zuzurechnen sind. Zudem ist die Anzahl der Annahmeerklärungen und die sich daraus ergebende Anzahl an Wertpapieren und Stimmrechten anzugeben. Gleiches gilt im Hinblick auf Aktien, deren Übereignung der Bieter oder mit ihm gemeinsam handelnde Personen (inkl. deren Tochterunternehmen) auf Grundlage einer Vereinbarung verlangen können. Diese Wasserstandsmeldungen dienen der Information der Aktionäre der Zielgesellschaft über die Beteiligungsverhältnisse an der Zielgesellschaft sowie die Akzeptanz des Angebots.[59] Sie sind, was die Annahme des Angebots betrifft, häufig wenig aussagekräftig, da bei einer großen Zahl der Angebote ein Großteil der Aktien in den letzten beiden Tagen der Annahmefrist eingereicht wird.

---

[51] KölnerKomm WpÜG/*Seydel* § 11 Rz. 20; *Baums/Thoma/Thoma* § 14 Rz. 75.
[52] *Steinmeyer/Häger/Steinmeyer* § 16 Rz. 4.
[53] *Assmann/Pötzsch/Schneider/Assmann* § 16 Rz. 22; KölnerKomm WpÜG/*Seydel* § 16 Rz. 26.
[54] MünchKomm AktG/Bd. 6/*Wackerbarth* § 16 WpÜG Rz. 10.
[55] Vgl. Rz. 78 ff.
[56] Vgl. Rz. 83 ff.
[57] Vgl. Rz. 40 ff.
[58] Vgl. Rz. 195 ff.
[59] *Assmann/Pötzsch/Schneider/Assmann* § 23 Rz. 2.

36 Darüber hinaus hat der Bieter bei erfolgreichen Übernahmeangeboten sowie bei Pflichtangeboten unverzüglich jeden Erwerb von Aktien- oder Stimmrechtsanteilen an der Zielgesellschaft im Zeitraum zwischen Veröffentlichung der Angebotsunterlage und einem Jahr nach Veröffentlichung der Ergebnisbekanntmachung unter Angabe von Art und Höhe der hierfür gewährten Gegenleistung in einer den Wasserstandsmeldungen entsprechenden Weise zu veröffentlichen (§ 23 Abs. 2 WpÜG). Dies gilt nicht allein für den dinglichen Erwerb der Wertpapiere, sondern darüber hinaus bereits für den Abschluss der schuldrechtlichen Vereinbarung, auf Grund derer die Übertragung von Aktien bzw. Stimmrechtsanteilen verlangt werden kann. Demzufolge ist bereits der Abschluss eines Kauf- oder Call-Optionsvertrags nach § 23 Abs. 2 WpÜG zu veröffentlichen. Mit dem Tatbestandsmerkmal „erfolgreich" sollten nur gescheiterte Angebote ausgeschlossen werden. Die Veröffentlichungen sind also vorzunehmen, bis der Misserfolg des Angebots (z. B. durch Ausfall einer Bedingung) feststeht. Die Veröffentlichungspflicht bezweckt, Aktionäre, die das Angebot angenommen haben, über Parallel- und Nacherwerbe des Bieters zu informieren und ihnen so die Durchsetzung ihrer Nachbesserungsansprüche nach § 31 Abs. 4 und 5 WpÜG im Hinblick auf die vom Bieter angebotene oder gewährte Gegenleistung zu ermöglichen.[60] Nach der Veröffentlichung nach § 23 Abs. 1 Nr. 2 WpÜG sind entsprechend der h. M. und der Praxis der BaFin Erwerbe über die Börse oder Abfindungsangebote im Sinne von § 31 Abs. 5 S. 2 WpÜG von der Veröffentlichungspflicht ausgenommen.[61] Die Verpflichtung zur Veröffentlichung von Erwerben außerhalb des Angebots sichert lediglich die Durchsetzung von Nachbesserungsansprüchen nach § 31 Abs. 4 und 5 WpÜG, die nach der Veröffentlichung nach § 23 Abs. 1 Nr. 2 WpÜG für vorgenannte Erwerbe nicht bestehen. Es gibt für diese Erwerbe mithin keine Nachbesserungspflicht, deren Durchsetzung vereinfacht werden könnte. Abweichend von diesem Grundsatz sind jedoch börsliche Erwerbe zuletzt dann veröffentlicht worden, wenn der Bieter Aktien, die im Rahmen des öffentlichen Angebots zum Verkauf angemeldet wurden, erwirbt.[62]

37 Zudem muss der Bieter melden, wenn er den für den Squeeze-out und Sell-out erforderlichen **Schwellenwert von 95 %** des stimmberechtigten Grundkapitals bzw. des Grundkapitals erreicht bzw. überschritten hat.[63]

7. Ergebnisbekanntmachung und Vollzug des öffentlichen Angebots

38 Entsprechend der Wasserstandsmeldungen während des Laufs der Annahmefrist ist der Bieter verpflichtet, unverzüglich nach Ablauf der Annahmefrist das **Ergebnis des öffentlichen Angebots** zu veröffentlichen (§ 23 Abs. 1 Satz 1 Nr. 2 WpÜG). Der Unverzüglichkeit wird im Regelfall durch eine Veröffentlichung innerhalb von fünf Werktagen nach Ablauf der Annahmefrist Genüge getan.[64]

---

[60] *Assmann/Pötzsch/Schneider/Assmann* § 23 Rz. 3.
[61] Bejahend: *Assmann/Pötzsch/Schneider/Assmann* § 23 Rz. 37; *Baums/Thoma/Diekmann* § 23 Rz. 61; *Geibel/Süßmann/Thun* § 23 Rz. 40; verneinend: *Steinmeyer/Häger/Steinhardt* § 23 Rz. 33; MünchKomm AktG/Bd. 6/*Wackerbarth* § 23 WpÜG Rz. 21.
[62] So hat die Schaeffler KG in Abstimmung mit der BaFin Erwerbe von im Rahmen des öffentlichen Übernahmeangebots zum Verkauf angemeldeten Aktien der Continental AG veröffentlicht, obwohl diese über die Börse getätigt wurden.
[63] Vgl. hierzu Rz. 168 ff. bzw. Rz. 195 ff.
[64] *Baums/Thoma/Diekmann* § 23 Rz. 57; KölnerKomm WpÜG/*Möllers* § 23 Rz. 80.

B. Angebotsverfahren und Aufsicht durch die BaFin 39–41 § 27

Sofern alle Angebotsbedingungen[65] erfüllt sind, wird das Angebot zeitnah **39** mit der Ergebnisbekanntmachung vollzogen; bei Übernahmeangeboten ist auch ein Vollzug des gesamten Angebots erst unverzüglich nach Ablauf der weiteren Annahmefrist möglich,[66] bei Barangeboten aber unüblich. Bei Vollzug wird die Gegenleistung regelmäßig Zug um Zug gegen die dingliche Übertragung der Aktien an den Bieter, hinsichtlich derer der Aktionär der Zielgesellschaft zuvor die Annahme des Angebots erklärt hatte, gezahlt. Die Details des Abwicklungsmechanismus sind jeweils in der Angebotsunterlage niedergelegt.

8. Weitere Annahmefrist

Allein das **Übernahmeangebot** kennt eine sog. weitere Annahmefrist **40** (§ 16 Abs. 2 WpÜG). Den Aktionären der Zielgesellschaft, die das Angebot noch nicht angenommen haben, wird eine zusätzliche Möglichkeit eröffnet, das öffentliche Angebot noch innerhalb von zwei Wochen nach der Ergebnisbekanntmachung nach § 23 Abs. 1 Satz 1 Nr. 2 WpÜG anzunehmen (§ 16 Abs. 2 Satz 1 WpÜG). Die weitere Annahmefrist soll den Aktionär der Zielgesellschaft aus dem sog. *„prisoners' dilemma"* befreien. Bei Übernahmeangeboten läuft ein Aktionär Gefahr, sich in einer vom Bieter kontrollierten Gesellschaft wiederzufinden, wenn er das Angebot nicht annimmt. Andererseits kann er sich auf Grund eines potentiellen Kontrollwechsels in der Zielgesellschaft gedrängt sehen, ein aus seiner Sicht unzureichendes Angebot anzunehmen, obwohl es letztendlich gar nicht zu einem Kontrollwechsel in der Zielgesellschaft kommt. Diese unsichere Entscheidungssituation wird durch § 16 Abs. 2 WpÜG zumindest für Angebote mit Mindestannahmeschwelle beseitigt, da dann in der weiteren Annahmefrist eine sichere Grundlage besteht, ob das Angebot zu einem Kontrollwechsel geführt hat.[67]

Ein Übernahmeangebot ist jedenfalls dann erfolgreich und die weitere Annahmefrist eröffnet, wenn eine zuvor in der Angebotsunterlage festgelegte **41 Mindestannahmeschwelle** erreicht wurde (§ 16 Abs. 2 Satz 2 WpÜG). Ob der Bieter darüber hinaus zum Zeitpunkt der Ergebnisbekanntmachung bereits die Kontrolle über die Zielgesellschaft innehaben muss (d. h. die Anzahl der von ihm und der mit ihm gemeinsam handelnden Personen gehaltenen bzw. ihm zugerechneten Stimmrechte inkl. der Stimmrechte aus den Aktien, hinsichtlich derer das Angebot angenommen wurde, muss 30 % der Stimmrechte an der Zielgesellschaft erreicht haben), ist in der juristischen Kommentarliteratur umstritten.[68] Da das Gesetz den Aktionären der Zielgesellschaft offen halten will, ein Übernahmeangebot in der Annahmefrist oder der weiteren Annahmefrist anzunehmen, so es nur überhaupt vollzogen wird, ist eine solche Kontrollposition zum Zeitpunkt der Ergebnisbekanntmachung nicht erforderlich.

---

[65] Vgl. hierzu Rz. 64 ff.
[66] Vgl. Öffentliches Übernahmeangebot der 2026140 Ontario Inc. an die Aktionäre der W.E.T. Automotive Systems Aktiengesellschaft v. 26. 6. 2003, S. 16; Öffentliches Tauschangebot der UniCredito Italiano S.p.A. an die Aktionäre der Bayerische Hypo- und Vereinsbank Aktiengesellschaft v. 26. 8. 2005, S. 24.
[67] KölnerKomm WpÜG/*Hasselbach* § 16 Rz. 32.
[68] Bejahend: *Assmann/Pötzsch/Schneider/Seiler* § 16 Rz. 34; *Schwark/Zimmer/Noack* Kapitalmarktrechts-Kommentar, 3. Aufl. München 2004, § 16 WpÜG Rz. 17; verneinend: KölnerKomm WpÜG/*Hasselbach* § 16 Rz. 34.

42 Eine weitere Annahmefrist beginnt jedoch dann nicht zu laufen, wenn das Angebot unter der Bedingung des Erreichens einer Mindestannahmeschwelle stand und dieser Schwellenwert nicht innerhalb der regulären Annahmefrist erreicht wurde. Gleiches gilt für den Nichteintritt anderer aufschiebender Bedingungen, die bis zum Ende der Annahmefrist eingetreten sein mussten.

43 Der Bieter hat unverzüglich nach Ablauf der weiteren Annahmefrist eine weitere Ergebnisbekanntmachung zu veröffentlichen (§ 23 Abs. 1 Satz 1 Nr. 3 WpÜG). Des Weiteren erfolgt zeitnah der dingliche Vollzug des Übernahmeangebots hinsichtlich der Aktien, für die in der weiteren Annahmefrist das Angebot angenommen wurde, bzw. aller Aktien, wenn das Übernahmeangebot insgesamt nur nach der weiteren Annahmefrist vollzogen wird.

9. Mitwirkung der Arbeitnehmer

44 Sowohl die Arbeitnehmer des Bieters als auch diejenigen der Zielgesellschaft werden am Übernahmeverfahren beteiligt. Den zuständigen Betriebsräten beider Gesellschaften werden die Entscheidung des Bieters zur Abgabe eines öffentlichen Angebots sowie die Angebotsunterlage über die beabsichtigte Übernahme unverzüglich mitgeteilt bzw. übermittelt, auf Seiten der Zielgesellschaft durch den Vorstand der Zielgesellschaft.[69] Sofern ein Betriebsrat nicht existiert, sind den Arbeitnehmern die Mitteilung über die Entscheidung und die Angebotsunterlage direkt zu übermitteln.

45 Darüber hinaus ist der zuständige Betriebsrat der Zielgesellschaft berechtigt, eine eigene Stellungnahme zu dem Angebot abzugeben, welche der Stellungnahme des Vorstands beizufügen und mit dieser zu veröffentlichen ist.[70] Sofern ein Betriebsrat nicht existiert, sind die Arbeitnehmer gemeinsam berechtigt, eine Stellungnahme zu übermitteln, die ebenfalls gemeinsam mit der Stellungnahme des Vorstands zu veröffentlichen ist. Dem Betriebsrat bzw. den Arbeitnehmern des Bieters steht ein Recht auf Abgabe einer solchen Stellungnahme nicht zu.

46 Sofern das öffentliche Angebot zum Kontrollerwerb führen würde, muss der Vorstand der Zielgesellschaft darüber hinaus dessen **Wirtschaftsausschuss** rechtzeitig[71] unterrichten.[72] Dem Wirtschaftsausschuss sind dabei insbesondere die Angaben über den potentiellen Erwerber und dessen Absichten im Hinblick auf die künftige Geschäftstätigkeit der Zielgesellschaft sowie die sich daraus ergebenden Auswirkungen auf die Arbeitnehmer mitzuteilen. Dies gilt auch, wenn im Vorfeld der Übernahme des Unternehmens ein Bieterverfahren durchgeführt wird.[73] Besteht in der Zielgesellschaft kein Wirtschaftsausschuss, so ist der Betriebsrat stattdessen zu unterrichten.[74] Bei Meinungsverschieden-

---

[69] §§ 10 Abs. 5, 14 Abs. 4 WpÜG.
[70] § 27 Abs. 2, Abs. 3 WpÜG; zur Stellungnahme des Vorstands vgl. Rz. 90 ff.
[71] Zum Meinungsstand hinsichtlich „Rechtzeitigkeit" siehe *Thüsing* ZIP 2008, 106, 108 f.; *Löw* DB 2008, 758, 760; *Schröder/Falter* NZA 2008, 1097, 1099 f.; *Simon/Dobel* BB 2008, 1955, 1957.
[72] § 106 Abs. 3 Nr. 9a BetrVG, neu eingefügt durch das Risikobegrenzungsgesetz vom 19. 8. 2008, BGBl. I 2008, 1666.
[73] § 106 Abs. 2 Satz 2 BetrVG.
[74] § 109a BetrVG; dies führt im Anwendungsbereich des WpÜG gegenüber dem Betriebsrat zu einer doppelten Unterrichtung neben der Unterrichtung nach § 14 Abs. 4

heiten über das Bestehen, den Zeitpunkt oder den Umfang der Unterrichtungspflicht, kann die Einigungsstelle angerufen werden.[75]

Neben den geschilderten Beteiligungsverfahren ist ein förmliches Genehmigungs- oder Beratungsverfahren mit den Arbeitnehmern oder deren Vertretungen bei der Vorbereitung und Durchführung eines öffentlichen Angebots nicht vorgesehen.

C. Öffentliche Angebote

Die folgenden Regeln gelten für alle öffentlichen Angebote (Erwerbs-, Übernahme- und Pflichtangebote). Im Anschluss daran werden Besonderheiten in Bezug auf Übernahmeangebote[76] und Pflichtangebote[77] dargestellt.

I. Angebotsunterlage

Ein öffentliches Angebot darf nur durch Veröffentlichung einer von der BaFin gestatteten Angebotsunterlage unterbreitet werden. Der Angebotsunterlage kommt als wesentlichem Informationsmedium der Aktionäre der Zielgesellschaft zentrale Bedeutung in einem öffentlichen Angebotsverfahren zu. Die BaFin untersagt das Angebot, wenn die Angebotsunterlage nicht die erforderlichen Angaben enthält, in der Angebotsunterlage enthaltene Angaben offensichtlich gegen das WpÜG oder auf Grund des WpÜG erlassene Rechtsverordnungen verstoßen, der Bieter der BaFin keine Angebotsunterlage übermittelt hat oder der Bieter die Angebotsunterlage nicht veröffentlicht hat.[78] Die BaFin kann das Angebot untersagen, wenn die Angebotsunterlage nicht in der vorgeschriebenen Form veröffentlicht wird.[79] Verträge, die auf der Grundlage eines untersagten Angebots geschlossen werden, sind nichtig.[80]

1. Inhalt der Angebotsunterlage

Die Angebotsunterlage muss nach der Generalklausel des § 11 Abs. 1 Satz 2 WpÜG die Angaben enthalten, die notwendig sind, um in Kenntnis der Sachlage über das Angebot entscheiden zu können. Die Angaben müssen **richtig** und **vollständig** sein. Zudem ist die Angebotsunterlage in deutscher Sprache und in einer das Verständnis und die Auswertung erleichternden Form abzufassen (§ 11 Abs. 1 Satz 3, 4 WpÜG). Neben dieser Generalklausel enthalten § 11 Abs. 2, 3 WpÜG und § 2 WpÜG-Angebotsverordnung detaillierte Vorgaben hinsichtlich der in der Angebotsunterlage anzugebenden Informationen. Trotz des hohen Detaillierungsgrads der letztgenannten Vorschriften ist wie bei vergleichbaren kapitalmarktrechtlichen Vorschriften[81] davon auszugehen, dass der Generalklausel des § 11 Abs. 1 Satz 2 WpÜG eigen-

---

Satz 2 WpÜG, die nach Teilen der Literatur unterbleiben kann, vgl. *Simon/Dobel* BB 2008, 1955, 1958.
[75] § 109 BetrVG (iVm. § 109a BetrVG).
[76] Vgl. Rz. 98 ff.
[77] Vgl. Rz. 148 ff.
[78] § 15 Abs. 1 WpÜG.
[79] § 15 Abs. 2 WpÜG.
[80] § 15 Abs. 3 Satz 2 WpÜG.
[81] Vgl. § 5 Abs. 1 Satz 1 WpPG.

ständige Bedeutung zukommt, so dass weitere Angaben im Einzelfall erforderlich sein können.[82] Der Bieter darf jedoch die in Veröffentlichungen der Zielgesellschaft oder einer Muttergesellschaft der Zielgesellschaft enthaltenen Informationen als bekannt voraussetzen und ist deshalb nicht verpflichtet, diese zu wiederholen. Da Bestimmungen des Angebots naturgemäß für eine Vielzahl von Verträgen vorformuliert sind, handelt es sich bei ihnen um allgemeine Geschäftsbedingungen, so dass sie an den §§ 307–309 BGB zu messen sind.[83]

51 Hinsichtlich des Aufbaus der Angebotsunterlage hat sich in den letzten Jahren eine gewisse **Standardisierung** abgezeichnet. Im Wesentlichen enthält die Angebotsunterlage regelmäßig Ausführungen zu den folgenden Punkten:
– Allgemeine Hinweise zur Durchführung des Angebots und den in der Angebotsunterlage enthaltenen Angaben;
– Zusammenfassung des Angebots;
– Inhalt des Angebots (inkl. Angebotsbedingungen);
– Annahmefrist und Verlängerungsszenarien;
– Beschreibung des Bieters und der mit dem Bieter gemeinsam handelnden Personen (inklusive Darlegung der bereits vom Bieter und mit ihm gemeinsam handelnden Personen gehaltenen Stimmrechte und der Vorerwerbe im Zeitraum eines halben Jahres vor Ankündigung des Angebots bis zur Veröffentlichung der Angebotsunterlage);
– Beschreibung der Zielgesellschaft;
– Absichten des Bieters im Hinblick auf die Geschäftstätigkeit der Zielgesellschaft und – soweit vom Angebot betroffen – des Bieters;
– Gegenleistung und Erläuterung der Angemessenheit;
– Modalitäten der Annahme und Abwicklung des Angebots;
– Stand behördlicher Genehmigung und Verfahren (insbesondere Kartellverfahren);
– Finanzierung des öffentlichen Angebots;
– Auswirkungen des Vollzugs des Angebots auf die Vermögens-, Finanz- und Ertragslage des Bieters auf Einzel- und Konzernebene;
– Rücktrittsrechte der annehmenden Aktionäre;
– Hinweise an annahmewillige Aktionäre;
– Angaben zu den begleitenden Banken;
– Hinweise auf Veröffentlichungen und Mitteilungen;
– Anwendbares Recht und Gerichtsstand;
– Erklärung über die Übernahme der Verantwortung für die Angebotsunterlage (regelmäßig durch den Bieter) sowie
– Finanzierungsbestätigung eines vom Bieter unabhängigen Wertpapierdienstleistungsunternehmens.

52 Neben der Überprüfung der Angemessenheit der angebotenen Gegenleistung und deren Erläuterung sowie der Bedingungen für die Wirksamkeit des Angebots richtet die BaFin bei der Prüfung der Angebotsunterlage ihr besonderes Augenmerk auf die Angaben zu den **Absichten des Bieters** im Hinblick

---

[82] Baums/Thoma/Thoma § 11 Rz. 25; a.A. KölnerKomm WpÜG/Seydel § 11 Rz. 27, § 12 Rz. 42.
[83] FrankfurtKomm WpÜG/Renner § 11 Rz. 19; Steinmeyer/Häger/Häger/Steinhardt § 11 Rz. 6.

C. Öffentliche Angebote

auf die Zielgesellschaft.[84] Hier verlangt § 11 Abs. 2 Satz 3 Nr. 2 WpÜG eine Stellungnahme insbesondere zu den Absichten im Hinblick auf
- den Sitz der Zielgesellschaft,
- den Standort wesentlicher Unternehmensteile,
- die Verwendung des Vermögens,
- künftige Verpflichtungen,
- Arbeitnehmer und deren Vertretungen,
- wesentliche Änderungen der Beschäftigungsbedingungen und
- Mitglieder der Geschäftsführungsorgane.

In vielen Fällen wird der Bieter jedoch noch keine abschließende Entscheidung über Maßnahmen zur Integration der Zielgesellschaft in den Konzern des Bieters getroffen haben. Dementsprechend kann der Bieter in der Angebotsunterlage regelmäßig noch keine Angaben zu den tatsächlichen Auswirkungen der Integration machen.

Darüber hinaus legt die BaFin einen weiteren Schwerpunkt auf die Prüfung der Angaben zu den Auswirkungen auf die **Vermögens-, Finanz- und Ertragslage** des Bieters.[85] Im Hinblick auf Vermögens- und Finanzlage erwartet die BaFin, dass der Bieter in der Angebotsunterlage die wesentlichen Finanzinformationen aus dem letzten veröffentlichten Geschäftsbericht bzw. Zwischenbericht mit Pro-forma-Finanzinformationen unter Berücksichtigung der Auswirkungen eines erfolgreichen Angebots vergleicht und erläutert. Die Auswirkungen auf die Ertragslage kann der Bieter durch Vergleich und Erläuterung der wesentlichen Positionen der letzten Gewinn- und Verlustrechnung mit Pro-forma-Zahlen unter Berücksichtigung eines erfolgreichen Angebots darstellen. Alternativ kann er aber auch die erwarteten Auswirkungen auf die Ertragslage im kommenden Berichtszeitraum beschreiben. In allen diesen Fällen müssen die Auswirkungen aber anhand von aktuellen Finanzinformationen veranschaulicht werden.

2. Haftung für die Angebotsunterlage

Gemäß § 12 Abs. 1 WpÜG haftet der Bieter für die Richtigkeit und Vollständigkeit aller Angaben in der Angebotsunterlage, die für die Beurteilung des Angebots **wesentlich** sind. Entspricht die Angebotsunterlage nicht diesen Anforderungen, so haftet der Bieter gegenüber dem das Angebot annehmenden Aktionär für den durch die Annahme des Angebots entstandenen Schaden. Gleiches gilt gegenüber Aktionären, deren Aktien im Wege des übernahmerechtlichen Squeeze-out[86] übertragen wurden. Mit dem Bieter gesamtschuldnerisch haften Personen, die ebenfalls für die Angebotsunterlage die Verantwortung übernommen haben, sowie Personen, von denen der Erlass der Angebotsunterlage ausgeht. Die Haftung entfällt, wenn der Angebotsverantwortliche nachweist, dass er die Unrichtigkeit oder Unvollständigkeit nicht kannte und diese Unkenntnis nicht auf grober Fahrlässigkeit beruht (§ 12 Abs. 2 WpÜG). Ein Verschulden des Angebotsverantwortlichen wird also widerlegbar vermutet, indem es dem Anspruchsgegner obliegt, ein mangelndes Verschulden zu beweisen.[87]

---

[84] BaFin-Jahresbericht 2004, S. 204.
[85] BaFin-Jahresbericht 2004, S. 204.
[86] Vgl. Rz. 179 ff.
[87] Begr. RegE zu § 12 WpÜG, BT-Drs. 14/7034, 43; *Baums/Thoma/Thoma* § 12 Rz. 63; *Assmann/Pötzsch/Schneider/Assmann* § 12 Rz. 49.

Der Angebotsverantwortliche handelt grob fahrlässig, sofern er bei Erstellung der Angebotsunterlage bzw. der Mitwirkung daran die erforderliche Sorgfalt in besonders schwerem Maße verletzt.[88] Eine Haftung besteht nach § 12 Abs. 3 WpÜG zudem dann nicht, wenn die Annahme des Angebots nicht auf Grund der Angebotsunterlage erfolgte (Nr. 1), der das Angebot annehmende Aktionär die Unrichtigkeit oder Unvollständigkeit vor Abgabe der Annahmeerklärung kannte (Nr. 2) oder vor der Annahme des Angebots durch eine Ad-hoc-Mitteilung oder vergleichbare Bekanntmachung eine deutlich gestaltete Berichtigung der unrichtigen oder unvollständigen Angabe in Deutschland veröffentlicht wurde (Nr. 3).

56 Neben der spezialgesetzlichen Anspruchsnorm des § 12 WpÜG bleiben die Anspruchsnormen des Bürgerlichen Gesetzbuchs, insbesondere für Ansprüche aus Verträgen oder aus unerlaubter Handlung, anwendbar. Je nach den Umständen des Einzelfalls können zudem ausländische Haftungsnormen einschlägig sein.

II. Finanzierung/Sicherstellung der Aktienausgabe

57 Der Bieter ist verpflichtet, die Finanzierung des Angebots vor Veröffentlichung der Angebotsunterlage sicherzustellen. Er muss deshalb nach § 13 Abs. 1 Satz 1 WpÜG zuvor alle Maßnahmen getroffen haben, die erforderlich sind, um zum Zeitpunkt der Fälligkeit des Anspruchs auf die Gegenleistung die notwendigen Mittel zur vollständigen Erfüllung des Angebots zur Verfügung zu haben. Diese Verpflichtung gilt sowohl im Falle eines Barangebots als auch eines Tauschangebots. Die getroffenen Maßnahmen hat der Bieter in der Angebotsunterlage darzustellen, § 11 Abs. 2 Satz 3 Nr. 1 WpÜG.

58 Da sich die Annahmequote nicht im Vorhinein absehen lässt, muss die Gegenleistung auch für den Fall sichergestellt werden, dass das Angebot **für alle ausstehenden Aktien** angenommen wird. Unberücksichtigt bleiben bei der Berechnung lediglich Aktien im Eigentum des Bieters und seiner Tochtergesellschaften. Dagegen sind nach Ansicht der BaFin auch Wertpapiere von Aktionären zu berücksichtigen, die sich gegenüber dem Bieter verpflichtet haben, das Angebot nicht anzunehmen, so dass auch diese von der Finanzierung bzw. Sicherstellung der Ausgabe der als Gegenleistung angebotenen Wertpapiere abgedeckt sein müssen. Diese Ansicht geht fehl. § 13 Abs. 1 WpÜG überlässt es gerade dem Bieter, die zur Sicherstellung seiner Finanzierung notwendigen Maßnahmen auszuwählen. Eine Vereinbarung über die Nichteinlieferung von Aktien ist aber ebenso wie beispielsweise ein Darlehensvertrag ein bindender und durchsetzbarer schuldrechtlicher Vertrag. Es ist deshalb nicht plausibel zu begründen, weshalb ein Darlehen für die Sicherstellung der Gegenleistung ausreichen soll, die Vereinbarung über die Nichteinlieferung dagegen nicht.

59 Das Gesetz bestimmt nicht im Einzelnen, was die notwendigen Maßnahmen zur Sicherstellung der Gegenleistung sind. Man wird verlangen müssen, dass der Bieter alle Schritte unternommen hat, so dass bei ungestörtem Geschehensverlauf die erforderlichen Mittel bereitstehen, wenn die Gegenleistung

---

[88] *Assmann/Pötzsch/Schneider/Assmann* § 12 Rz. 49 unter Verweis auf BGH IV ZR 170/52 v. 11. 5. 1953, BGHZ 10, 14, 16.

C. Öffentliche Angebote 60–63 § 27

fällig wird.[89] Für das Darlehen, als praktisch bedeutendster Finanzierungsform, ist damit aber noch nicht gesagt, welche Anforderungen an die inhaltliche Ausgestaltung zu stellen sind. Hier wird sowohl vertreten, dass ein Darlehen mit marktüblichen Konditionen ausreiche[90] als auch, dass entsprechend dem englischen *certain funds*-Konzept bis zur Auszahlung der Mittel für die Zahlung der Gegenleistung des öffentlichen Angebots Auszahlungsbedingungen und Kündigungsmöglichkeiten nur in sehr eingeschränktem Umfang zulässig sind.[91] In der Praxis sind beide Formen verwendet worden. Auch wenn sich gut argumentieren lässt, dass den Gesetzgebungsmaterialien zum WpÜG keine besonderen Anforderungen an die inhaltliche Gestaltung von zur Finanzierung der Gegenleistung eingegangener Darlehen zu entnehmen sind und ein Darlehen zu marktüblichen Bedingungen deshalb ausreichen muss, scheint es für die Praxis vorzugswürdig, dem restriktiveren Ansatz zu folgen und die Auszahlungsbedingungen und Kündigungsmöglichkeiten bis zur Auszahlung der Mittel für die Zahlung der Gegenleistung des öffentlichen Angebots nur in sehr eingeschränktem Umfang vorzusehen.

Sofern das Angebot ganz oder teilweise eine Gegenleistung in Geld enthält, muss ein vom Bieter unabhängiges Wertpapierdienstleistungsunternehmen bestätigen, dass der Bieter alle erforderlichen Maßnahmen getroffen hat, um sicherzustellen, dass er die Gegenleistung in Geld bei Fälligkeit an die annehmenden Aktionäre zahlen kann (§ 13 Abs. 1 Satz 2 WpÜG). Diese **Finanzierungsbestätigung** muss sich strikt am Wortlaut des Gesetzes orientieren und darf keinerlei Einschränkungen, Bedingungen oder Vorbehalten unterliegen. 60

Hat das Wertpapierdienstleistungsunternehmen eine solche Finanzierungsbestätigung abgegeben, obwohl der Bieter die erforderlichen Maßnahmen nicht getroffen hatte, ist es gegenüber jedem annehmenden Aktionär zum Ersatz des daraus entstandenen Schadens verpflichtet. Ein solcher Schadensersatzanspruch besteht nach § 13 Abs. 3 iVm. § 12 Abs. 2 WpÜG jedoch dann nicht, wenn das Wertpapierdienstleistungsunternehmen nachweisen kann, dass es keine Kenntnis davon hatte, dass der Bieter die erforderlichen Maßnahmen nicht getroffen hatte, und diese Unkenntnis nicht auf grober Fahrlässigkeit beruht. Auch die übrigen Haftungsausschlüsse für die Haftung für die Angebotsunterlage nach § 12 Abs. 3 WpÜG sind entsprechend anwendbar.[92] 61

Im Falle eines Tauschangebots, bei dem der Bieter bereits existierende Aktien anbieten möchte, muss der Bieter vor Veröffentlichung der Angebotsunterlage diese Aktien bereits erworben haben oder auf Grund von entsprechenden Vereinbarungen den Erwerb vor Fälligkeit der Gegenleistung aus dem Angebot sichergestellt haben. 62

Möchte der Bieter dagegen neue Aktien anbieten, so müssen diese erst im Rahmen einer Kapitalerhöhung ausgegeben werden. Hierbei stellt sich das Pro- 63

---

[89] *Assman/Pötzsch/Schneider/Krause* § 13 Rz. 35; sofern der Bieter die Gegenleistung aus der Verwertung börsengehandelter Wertpapiere leisten kann, die im Wert, mit dem sie für die Finanzierung angesetzt wurden, beständig sind und im Hinblick auf die Aufnahmefähigkeit des Marktes leicht zu verwerten sind, wird man deren Veräußerung während der Annahmefrist ausreichen lassen müssen.
[90] *MünchKomm AktG/Bd. 6/Wackerbarth* § 13 WpÜG Rz. 12; *Geibel/Süßmann/Süßmann* § 13 Rz. 18.
[91] *Assmann/Pötzsch/Schneider/Krause* § 13 Rz. 54; FrankfurtKomm WpÜG/*Vogel* § 13 Rz. 85.
[92] Vgl. hierzu Rz. 55.

blem, dass nach deutschem Recht wie auch nach vielen ausländischen Rechtsordnungen[93] einige für die Durchführung der Kapitalerhöhung notwendige Maßnahmen erst eingeleitet werden können, wenn die Annahmequote feststeht. Rechtliche Probleme stellen sich bei der Zulassung der als Gegenleistung angebotenen Aktien. Nach deutschem Recht gilt im Einzelnen Folgendes: Sofern der Bieter über ein genehmigtes Kapital in ausreichender Höhe mit ausreichenden Möglichkeiten zum Bezugsrechtsausschluss verfügt, trifft die Entscheidung über die Aktienausgabe der Vorstand mit Zustimmung des Aufsichtsrats. Der Beschluss ist als „bis zu"-Kapitalerhöhungsbeschluss vor Beginn der Annahmefrist zu fassen. Ist das genehmigte Kapital des Bieters nicht ausreichend, muss die Hauptversammlung über die ordentliche Kapitalerhöhung mit Bezugsrechtsausschluss oder ein bedingtes Kapital beschließen. Die BaFin ist dabei der Ansicht, dass der entsprechende Kapitalerhöhungsbeschluss bereits vor Beginn der Annahmefrist gefasst werden muss.[94] Die Anmeldung und Eintragung der Durchführung einer ordentlichen Kapitalerhöhung oder einer Kapitalerhöhung aus genehmigtem Kapital erfolgt notwendigerweise erst nach Ablauf der Annahmefrist, da die Anzahl der Annahmeerklärungen und damit der Umfang der Kapitalerhöhung erst zu diesem Zeitpunkt feststeht. Nach deutschem Recht können auch nur bereits entstandene Aktien zugelassen werden. Das Angebot kann deshalb auf die Eintragung der Kapitalerhöhung und die Zulassung der neuen Aktien aufschiebend bedingt werden.

III. Angebotsbedingungen

64 Um den schwerwiegenden Konsequenzen, die ein öffentliches Angebot für die Zielgesellschaft, deren Organe und Aktionäre mit sich bringt, Rechnung zu tragen, sind die Rückzugsmöglichkeiten eines Bieters nach Ankündigung eines Angebots durch das WpÜG stark eingeschränkt. Der Bieter hat die Angebotsunterlage für ein **verbindliches Angebot** einzureichen. Es ist ihm nach § 17 WpÜG untersagt, an die Aktionäre lediglich eine Aufforderung zur Abgabe eines Angebots (*invitatio ad offerendum*) auf Verkauf ihrer Wertpapiere zu richten und es sich damit vorzubehalten, ob es zu einem Vertragsabschluss kommen wird. Auch darf der Bieter das Angebot nicht unter dem Vorbehalt des Widerrufs oder Rücktritts abgeben (§ 18 Abs. 2 WpÜG).

65 Des Weiteren ist die Möglichkeit des Bieters eingeschränkt, sich mittels einer Abgabe des Angebots unter Bedingungen von diesem zurückziehen zu können. So darf das Angebot grundsätzlich nicht unter Potestativbedingungen gestellt werden.[95] § 18 Abs. 1 WpÜG verbietet das Angebot von Bedingungen abhängig zu machen, deren Eintritt der Bieter, mit ihm gemeinsam handelnde Personen oder deren Tochterunternehmen oder im Zusammenhang mit dem Angebot für diese Personen oder Unternehmen tätige Personen ausschließlich

---

[93] Öffentliches Umtauschangebot der Buzzi Unicem S.p.A. an die Vorzugsaktionäre der Dyckerhoff Aktiengesellschaft v. 20. 8. 2003, S. 19 f.; Freiwilliges öffentliches Übernahmeangebot (Kombiniertes Bar- und Tauschangebot) der UCB SA und der UCB SP GmbH an die Aktionäre der Schwarz Pharma Aktiengesellschaft v. 10. 11. 2006, S. 30 ff.
[94] Vgl. *Geibel/Süßmann/Süßmann* § 13 Rz. 5; *Assmann/Pötzsch/Schneider/Krause* § 13 Rz. 67.
[95] *Ehricke/Ekkenga/Oechsler/Oechsler* § 18 Rz. 2; *Baums/Thoma/Thoma/Stöcker* § 18 Rz. 25 ff.

C. Öffentliche Angebote 66, 67 § 27

selbst herbeiführen können. Das Verbot umfasst sowohl aufschiebende als auch auflösende Bedingungen,[96] so dass es keinen Unterschied macht, ob der Eintritt der auflösenden Bedingung einseitig herbeigeführt oder der Eintritt der aufschiebenden Bedingung einseitig verhindert werden kann. Lediglich die noch einzuholende Zustimmung der Gesellschafterversammlung des Bieters zum öffentlichen Angebot ist zulässige Bedingung. Jedoch muss in diesem Falle der Beschluss der Gesellschafterversammlung bis fünf Werktage vor Ablauf der Annahmefrist herbeigeführt worden sein (§ 25 WpÜG).

Im Übrigen darf der Bieter Übernahme- und Erwerbsangebote unter Bedingungen stellen, sofern diese hinreichend **bestimmt** und **transparent** sind und nicht gegen den Beschleunigungsgrundsatz (§ 3 Abs. 4 WpÜG) verstoßen.[97] Um dem Beschleunigungsgrundsatz zu genügen, muss der Eintritt oder der Ausfall der Bedingung am Ende der Annahmefrist,[98] d.h. zum Zeitpunkt der Veröffentlichung der Ergebnisbekanntmachung nach § 23 Abs. 1 Nr. 2 WpÜG,[99] feststehen. Die BaFin lässt Ausnahmen von diesem Grundsatz zu, sofern der Bieter gegen andere gesetzliche Bestimmungen verstoßen würde, würde er das Angebot bereits unmittelbar nach Ablauf der Annahmefrist vollziehen (insbesondere wenn der Vollzug des Angebots kartellrechtlicher Freigaben oder sonstiger behördlicher Genehmigungen bedarf).[100] Gleiches muss gelten, wenn der Bieter diese Frist aus anderen rechtlichen oder tatsächlichen Gründen nicht einhalten kann. Dies kann etwa bei einem *merger of equals* durch wechselseitig bedingte Angebote einer Zweckgesellschaft auf zwei unterschiedlichen Regulierungsverfahren unterliegenden Zielgesellschaften der Fall sein. Schließlich muss bei Angeboten, bei denen die Bedingungen signifikant nach dem Ende der Annahmefrist eintreten können, der Bieter den annehmenden Aktionären eine Desinvestitionsmöglichkeit anbieten. Er kann entweder ermöglichen, dass die in das Angebot eingelieferten Aktien gehandelt werden können, soweit erwartet werden kann, dass dieser Markt eine gewisse Liquidität aufweist oder den Aktionären ein zusätzliches Rücktrittsrecht einräumen.[101] 66

Sofern eine Bedingung eingetreten ist oder endgültig nicht mehr eintreten kann, muss der Bieter dies unverzüglich im Internet und im elektronischen Bundesanzeiger veröffentlichen.[102] 67

---

[96] *Assmann/Pötzsch/Schneider/Krause* § 18 Rz. 13; FrankfurtKomm WpÜG/*Scholz* § 18 Rz. 21.
[97] *Assmann/Pötzsch/Schneider/Krause* § 18 Rz. 31 ff.; vgl. auch BaFin-Jahresbericht 2005, S. 174. Vgl. für einen besonders umfangreichen Bedingungskatalog das Angebot der Viacom Holdings Germany LLC an die Aktionäre der VIVA Medien AG v. 24. 8. 2004, S. 26 ff.; vgl. hierzu die Übersicht der in der Praxis verwendeten Bedingungen bei *Marsch-Barner/Schäfer/Drinkuth* § 60 Rz. 114.
[98] BaFin-Jahresbericht 2006, S. 183; in einem Einzelfall ist es dem Bieter gelungen, entgegen dem insoweit geltenden Beschleunigungsgrundsatz ein Angebot unter eine Bedingung des Nichteintritts aufschiebender Bedingungen bis zum Ende der weiteren Annahmefrist zu stellen, vgl. das Angebot der 2026140 Ontario Inc. an die Aktionäre der W.E.T. Automotive Systems AG v. 26. 6. 2003, S. 13. Die BaFin würde eine solche Bedingung heute im Zweifel nicht mehr genehmigen.
[99] *Baums/Thoma/Baums/Stöcker* § 18 Rz. 135.
[100] BaFin-Jahresbericht 2004, S. 205; BaFin-Jahresbericht 2005, S. 174; Merkblatt der BaFin zur Auslegung des § 35 Abs. 3 WpÜG v. 12. 7. 2007.
[101] BaFin-Jahresbericht 2005, S. 174.
[102] *Assmann/Pötzsch/Schneider/Krause* § 18 Rz. 112; *Steinmeyer/Häger/Steinmeyer* § 18 Rz. 34.

1. Zulässige Bedingungen

68 Angebote werden zulässigerweise ganz regelmäßig auf das Erreichen einer bestimmten **Annahmeschwelle** bedingt. Der Bieter kann die Höhe der Annahmeschwelle grundsätzlich frei bestimmen. In der Praxis werden häufig Schwellen von 50 % oder 75 % festgelegt, wobei Letztere dem Bieter Sicherheit gibt, in der Hauptversammlung Strukturmaßnahmen wie Kapitalerhöhungen, Satzungsänderungen oder Unternehmensverträge durchsetzen zu können. Annahmeschwellen von über 95 % werden dagegen für unzulässig gehalten.[103] Mit einer solchen Bedingung würde der Bieter im Zweifel versuchen, eine Bindung an das Angebot zu vermeiden, da er in der Regel kein anerkennenswertes wirtschaftliches Interesse an der höheren Annahmequote hat. Ein Squeeze-out kann bereits mit 95 % des stimmberechtigten Grundkapitals durchgeführt werden und eine höhere Beteiligungsquote – abgesehen von 100 % – gewährt keine weitergehenden gesellschaftsrechtlichen Rechte.

69 Zulässig ist natürlich auch, das Angebot auf die Erteilung **kartellrechtlicher oder anderer behördlicher Genehmigungen** zu bedingen. Kartellrechtliche Bedingungen sind unabhängig davon zulässig, ob eine Freigabe nach nationalem, europäischem oder ausländischem Recht notwendig ist. Dies gilt ebenso für andere behördliche Genehmigungsverfahren wie etwa nach bankaufsichts- oder versicherungsrechtlichen Vorschriften. Allerdings darf der Bieter diese Verfahren nicht dadurch verzögern, dass er erforderliche Anträge nicht stellt oder den zuständigen Behörden unzureichende Informationen übermittelt.

70 Auch sogenannte **material adverse change-Klauseln** („MAC-Klauseln") sind bei Einhaltung bestimmter Mindestanforderungen zulässig, um den Bieter vor unvorhergesehenen wesentlichen Verschlechterungen der Verhältnisse der Zielgesellschaft oder der allgemeinen Wirtschaftslage zu schützen. Die Bedingung muss so präzise gefasst sein, dass der Eintritt der Bedingung durch einen durchschnittlich verständigen Aktionär der Zielgesellschaft festgestellt werden kann. Die Bedingung kann entweder auf wesentliche Veränderungen der Wirtschaftslage („market MAC") oder in der Zielgesellschaft („target MAC") bezogen sein. Market MAC-Klauseln sind leichter zu formulieren, da sie auf Marktindizes oder Moratorien Bezug nehmen können und damit der Bedingungseintritt relativ leicht auf Basis öffentlich zugänglicher Quellen festgestellt werden kann. Target MAC-Klauseln sind dagegen problematischer, da der Bedingungseintritt schwerer zu bestimmen ist. Die wesentliche Veränderung muss hier auf Finanzkennzahlen (z. B. EBIT, EBITDA oder das Eigenkapital) oder andere klar definierte Umstände bezogen sein, und die Feststellung des Bedingungseintritts muss entweder durch eine ad-hoc-Mitteilung der Zielgesellschaft oder durch einen unabhängigen Wirtschaftsprüfer erfolgen.[104] Auch bei MAC-Klauseln verlangt die BaFin unter dem Gesichtspunkt der Verfahrensbeschleunigung, dass bis zur Veröffentlichung des Ergebnisses des An-

---

[103] KölnerKomm WpÜG/*Hasselbach* § 18 Rz. 23; *Assmann/Pötzsch/Schneider/Krause* § 18 Rz. 36; *Baums/Thoma/Thoma/Stöcker* § 18 Rz. 82.

[104] Vgl. *Assmann/Pötzsch/Schneider/Krause* § 18 Rz. 91; in der Praxis wird seit dem Angebot der ITT Industries German Holding GmbH an die Aktionäre der WEDECO Aktiengesellschaft Water Technology v. 9.12.2003, S. 8 f., die Bestimmung durch einen unabhängigen Wirtschaftsprüfer bevorzugt.

gebots nach der Annahmefrist feststeht, ob die MAC-Bedingung eingetreten ist.[105]

Im Falle eines Tauschangebots kann der Bieter das Angebot auf die Eintragung der Durchführung der **Kapitalerhöhung** in das Handelsregister bedingen, sofern der Kapitalerhöhungsbeschluss schon vor Beginn der Annahmefrist gefasst wird.[106] Darüber hinaus kann das Angebot auf die Zulassung der neuen Aktien zum Handel an einem organisierten Markt bedingt werden.[107]

Der Bieter kann das Angebot grundsätzlich auch darauf bedingen, dass die Zielgesellschaft keine **Abwehrmaßnahmen** wie Kapitalerhöhungen oder Veräußerungen wichtiger Vermögensgegenstände oder Unternehmensteile vornimmt.[108] Die entsprechende Abwehrmaßnahme muss aber aus Gründen der Rechtssicherheit genau definiert werden.[109]

§ 25 WpÜG erlaubt es abweichend von dem Grundsatz, dass das Angebot nicht von Bedingungen abhängig gemacht werden kann, auf deren Eintritt nur der Bieter Einfluss hat, das Angebot auf einen zustimmenden Beschluss der Haupt- oder Gesellschafterversammlung des Bieters zu bedingen. Dies ist jedoch nur dann zulässig, wenn die Haupt- oder Gesellschafterversammlung spätestens fünf Werktage vor dem Ablauf der Annahmefrist über die Zustimmung Beschluss fasst. Auch dann ist zu prüfen, ob die Bedingung des Angebots auf die Zustimmung der Gesellschafter nicht rechtsmissbräuchlich ist, was z. B. der Fall wäre, wenn der Bieter eine 100 %ige Tochtergesellschaft eines Investors und nur Akquisitionsvehikel ist.[110]

2. Unzulässige Bedingungen

Nach § 18 Abs. 1 WpÜG darf ein Angebot nicht von Bedingungen abhängig gemacht werden, deren Eintritt der Bieter, mit ihm gemeinsam handelnde Personen oder deren Tochterunternehmen und Berater ausschließlich selbst herbeiführen können. Deshalb darf der Bieter das Angebot mit Ausnahme der in der vorausgehenden Randziffer angesprochenen Zustimmung seiner Gesellschafter nicht auf die Zustimmung seiner Organe bedingen.

Ein Barangebot kann auch nicht auf den Abschluss von Verträgen zur Finanzierung des Angebots bzw. die Auszahlung der Mittel zur Finanzierung des Angebots bedingt werden. Nach § 13 WpÜG ist der Bieter verpflichtet, die Finanzierung des Angebots vor Veröffentlichung der Angebotsunterlage sicherzustellen. Ein Finanzierungsvorbehalt würde dieser Pflicht widerspre-

---

[105] *Baums/Thoma/Thoma/Stöcker* § 18 Rz. 85; *Assmann/Pötzsch/Schneider/Krause* § 18 Rz. 81; anders noch das in Fußnote 93 angesprochene Angebot der 2026140 Ontario Inc. an die Aktionäre der W.E.T. Automotive Systems AG, wo die BaFin zugelassen hat, dass die MAC-Klausel bis zum Ablauf der weiteren Annahmefrist läuft.
[106] *Baums/Thoma/Thoma/Stöcker* § 18 Rz. 101ff.; *Assmann/Pötzsch/Schneider/Krause* § 18 Rz. 71f.; *Steinmeyer/Häger/Steinmeyer* § 18 Rz. 22; a.A. MünchKomm AktG/Bd. 6/ *Wackerbarth* § 18 WpÜG Rz. 38; vgl. das Umtauschangebot der Delta Beteiligungs Aktiengesellschaft an die Aktionäre der Beta Systems Software Aktiengesellschaft v. 22. 2. 2006, S. 13.
[107] KölnerKomm WpÜG/*Hasselbach* § 18 Rz. 61; *Assmann/Pötzsch/Schneider/Krause* § 18 Rz. 73f.; *Steinmeyer/Häger/Steinmeyer* § 18 Rz. 22.
[108] Begr. RegE. zu 18 WpÜG, BT-Drs. 14/7034, 47f.
[109] *Assmann/Pötzsch/Schneider/Krause* § 18 Rz. 81ff.
[110] *Assmann/Pötzsch/Schneider/Krause* § 18 Rz. 61; FrankfurtKomm WpÜG/*Scholz* § 18 Rz. 44.

chen.[111] Gleiches gilt für Maßnahmen zur Ausgabe als Gegenleistung angebotener Wertpapiere, soweit diese Maßnahmen vor dem Beginn der Annahmefrist ergriffen werden können.

76 Schließlich lässt es die BaFin zu Recht nicht zu, das Angebot von einer positiven Stellungnahme des Vorstands und des Aufsichtsrats der Zielgesellschaft abhängig zu machen.[112] Vorstand und Aufsichtsrat sollen soweit wie möglich unabhängig zu dem Übernahmeangebot Stellung nehmen. Eine Bedingung, dass das Angebot entfällt, wenn Vorstand und Aufsichtsrat es nicht empfehlen, würde aber erheblich Druck auf die Organe ausüben, die Stellungnahme (gerade noch) so zu formulieren, dass das Angebot nicht entfällt.

77 Die BaFin merkt jede unzulässige Bedingung bei der Überprüfung der Angebotsunterlage an und untersagt das Angebot, wenn die Bedingung daraufhin nicht entfernt oder angepasst wird. Eine unwirksame Bedingung wird durch die Genehmigung der Angebotsunterlage der BaFin nicht wirksam. Vielmehr ist sie nach wie vor unwirksam. Ob dies nach § 139 BGB auch die Gesamtnichtigkeit der Verträge mit den Aktionären zur Folge hat, ist im Wege der Auslegung zu ermitteln, sofern nicht im Einzelfall § 139 von § 306 Abs. 1 BGB verdrängt wird und die Verträge daher im Übrigen wirksam bleiben.[113]

IV. Änderung des Angebots

78 Grundsätzlich ist der Bieter an das veröffentlichte Angebot gebunden. Er kann lediglich **zugunsten** der Aktionäre der Zielgesellschaft die folgenden Änderungen auch nach der Veröffentlichung der Angebotsunterlage vornehmen:
– Erhöhung der Gegenleistung;
– Angebot einer zusätzlichen alternativen Gegenleistung;
– Verzicht oder Herabsetzung der Mindestannahmeschwelle, auf deren Erreichen das Angebot aufschiebend bedingt war; und
– Verzicht auf Bedingungen.

79 Auf Grund der gesetzlichen Regelung sind diese Änderungen auch dann möglich, wenn etwaige Änderungen des Angebots in der Angebotsunterlage nicht vorbehalten wurden.[114] Andere als die in § 21 Abs. 1 WpÜG aufgeführten Änderungen des Angebots, insbesondere die unter dem Übernahmekodex noch für zulässig gehaltenen Verlängerungen der Annahmefrist, sind nicht zulässig.[115]

80 Der Bieter kann das Angebot nur bis zu einem Werktag vor Ablauf der Annahmefrist ändern. Hinsichtlich der Wahrung dieser Frist ist auf die Veröffentlichung der Änderung nach § 21 Abs. 2 WpÜG abzustellen. Die Veröffentlichung hat wie die Veröffentlichung der Angebotsunterlage durch Bekanntgabe im Internet sowie im elektronischen Bundesanzeiger zu erfolgen. Die Bekanntmachung im elektronischen Bundesanzeiger kann durch Hinweisbekanntmachung und Bereithaltung zur kostenlosen Ausgabe bei einer geeig-

---

[111] KölnerKomm WpÜG/*Hasselbach* § 18 Rz. 63; *Baums/Thoma/Marsch-Barner* § 13 Rz. 12; *Ehricke/Ekkenga/Oechsler/Oechsler* § 18 Rz. 3.
[112] *Assmann/Pötzsch/Schneider/Krause* § 18 Rz. 77 ff.
[113] *Steinmeyer/Häger/Santelmann* § 18 Rz. 41; FrankfurtKomm WpÜG/*Scholz* § 18 Rz. 82.
[114] KölnerKomm WpÜG/*Hasselbach* § 21 Rz. 2.
[115] FrankfurtKomm WpÜG/*Schröder* § 21 Rz. 9.

C. Öffentliche Angebote

neten Stelle im Inland ersetzt werden (§ 21 Abs. 2 Satz 1 iVm. § 14 Abs. 3 Satz 1 WpÜG). Daneben hat der Bieter die Änderung der BaFin und der Zielgesellschaft unverzüglich mitzuteilen.

Die Annahmefrist verlängert sich um zwei Wochen, sofern die Veröffentlichung der Änderung innerhalb der letzten zwei Wochen vor Ablauf der (regulären) Annahmefrist erfolgt. In der zweiwöchigen Verlängerungsfrist ist eine weitere Änderung des Angebots nach § 21 Abs. 6 WpÜG nicht mehr zulässig. **81**

Wenn der Bieter eine Änderung des Angebots vorgenommen hat, steht es den Aktionären der Zielgesellschaft, die das Angebot vor der Veröffentlichung bereits angenommen hatten, frei, entweder vom Kauf- bzw. Tauschvertrag nach § 21 Abs. 4 WpÜG **zurückzutreten** oder die Annahme unter den veränderten Bedingungen aufrechtzuerhalten. Dieses Rücktrittsrecht kann der annehmende Aktionär bis zum Ende der Annahmefrist ausüben.[116] **82**

V. Konkurrierende Angebote

Konkurrierende Angebote sind Angebote eines Dritten, der seine Angebotsunterlage innerhalb der Annahmefrist eines laufenden Angebots veröffentlicht und sein Angebot auf den Erwerb derselben Gattung von Wertpapieren richtet, auf die auch das bereits laufende Angebot gerichtet ist.[117] Angebote, bei denen die Veröffentlichung der Angebotsunterlage durch den Dritten allein in die weitere Annahmefrist des ersten Angebots nach § 16 Abs. 2 WpÜG fällt, sind somit keine konkurrierenden Angebote.[118] **83**

Läuft die vom Dritten bestimmte Annahmefrist des konkurrierenden Angebots nach dem Ende der Annahmefrist für das erste Angebot ab, verlängert sich die Annahmefrist des ersten Angebots automatisch bis zum Ende der Annahmefrist für das konkurrierende Angebot (§ 22 Abs. 2 WpÜG). Damit sollen für beide Bieter gleiche Voraussetzungen geschaffen und den Aktionären der Zielgesellschaft die Möglichkeit gegeben werden, eine wohlüberlegte Wahl zwischen den Angeboten treffen zu können. Nicht im Gesetz angesprochen ist die Frage, ob der konkurrierende Bieter eine Annahmefrist wählen darf, die vor der Annahmefrist für das erste Angebot abläuft. Vorzugswürdig erscheint die Auffassung, dass dies nicht zulässig ist.[119] Der konkurrierende Bieter wird die kürzere Annahmefrist nur wählen, wenn er sich davon einen Vorteil verspricht. Ihm diesen zu gewähren, liefe der Zielsetzung zuwider, gleiche Voraussetzungen für beide Bieter zu schaffen. **84**

Die Aktionäre der Zielgesellschaft, die das erste Angebot vor der Veröffentlichung der Angebotsunterlage für das konkurrierende Angebot angenommen haben, können von dem ersten Angebot **zurücktreten** (§ 22 Abs. 3 WpÜG). Dies gilt unabhängig davon, ob sie beabsichtigen, das konkurrierende Angebot **85**

---

[116] *Steinmeyer/Häger/Santelmann* § 21 Rz. 45.
[117] *Geibel/Süßmann/Thun* § 22 Rz. 16; FrankfurtKomm WpÜG/*Schröder* § 22 Rz. 10; *Baums/Thoma/Diekmann* § 22 Rz. 19; *Assmann/Pötzsch/Schneider/Krause* § 22 Rz. 14.
[118] *Assmann/Pötzsch/Schneider/Krause* § 22 Rz. 28; FrankfurtKomm WpÜG/*Schröder* § 22 Rz. 12.
[119] *Steinmeyer/Häger/Steinhardt* § 22 Rz. 8; *Ehricke/Ekkenga/Oechsler/Oechsler* § 22 Rz. 7; a.A. *Assmann/Pötzsch/Schneider/Krause* § 22 Rz. 31; FrankfurtKomm WpÜG/*Schröder* § 22 Rz. 18; KölnerKomm WpÜG/*Hasselbach* § 22 Rz. 22; *Baums/Thoma/Diekmann* § 22 Rz. 34.

Oppenhoff

anzunehmen. Das gesetzliche Rücktrittsrecht gilt bis zum Ende der Annahmefrist.[120]

86 Nicht ausdrücklich im Gesetz angesprochen ist die Frage, wie sich Änderungen eines der beiden Angebote auf das konkurrierende Angebot auswirken. Sachlich ist ein geändertes Angebot ähnlich gelagert wie ein weiteres Angebot, da sich das geänderte Angebot genau wie ein weiteres Angebot für die Aktionäre der Zielgesellschaft nachträglich als bessere Option darstellen kann. Eine Anwendung der Regelungen für konkurrierende Angebote über die Verlängerung der Annahmefrist und den Rücktritt vom Angebot ist deshalb auch bei Angebotsänderungen sinnvoll. Dementsprechend hat die BaFin im Rahmen der konkurrierenden Angebote an die Aktionäre der Techem AG auch entschieden, dass § 22 WpÜG bei einer Änderung des ersten Angebots nach § 21 WpÜG Anwendung findet. Gleiches muss dann auch für eine Änderung des konkurrierenden Angebots nach § 21 WpÜG gelten.[121] Nicht entschieden ist damit aber die Frage, welche Reaktionsmöglichkeiten dem anderen Bieter zustehen und inwieweit der erste Bieter wiederum auf diese Reaktion reagieren können soll. Diese Frage bewegt sich im Spannungsverhältnis zwischen dem Interesse der Aktionäre an einem Preiswettkampf und dem Interesse der Zielgesellschaft an einer zügigen Durchführung des Angebotsverfahrens und ist hoch umstritten.[122] Sinnvolle Lösungsmöglichkeiten wären entweder beiden Bietern die Gelegenheit zu geben, das Angebot bis zum Ablauf der Annahmefrist (ohne Verlängerungen nach § 21 Abs. 5 WpÜG) nach § 21 WpÜG zu ändern und die Sperrwirkung des § 21 Abs. 6 WpÜG auf beide Bieter zu beziehen, auch wenn nur ein Bieter das Angebot tatsächlich geändert hat[123] oder die Sperrwirkung des § 21 Abs. 6 WpÜG jeweils nur auf den Bieter zu beziehen, der das Angebot zuletzt nach § 21 WpÜG geändert hat und damit wechselseitige Änderungen zuzulassen.[124] Der Autor neigt zu letzter Ansicht. Der Zielgesellschaft wird damit zwar das Risiko aufgebürdet, von einem länger andauernden Preiskampf betroffen zu sein, allerdings scheint es angemessen, ihre Interessen zugunsten des Interesses ihrer Aktionäre an einer Preismaximierung zurückstehen zu lassen. Missbrauchsfällen könnte dann immer noch im Rahmen der Missbrauchsaufsicht durch die BaFin entgegengetreten werden. In diesem Zusammenhang spielt sicherlich auch eine Rolle, dass der Angebotspreis in der Praxis heute nur noch selten über § 21 WpÜG, sondern in der Regel über Parallelerwerbe gemäß § 31 Abs. 4 WpÜG erhöht wird[125], womit keine Verlängerungen der Angebotsfrist verbunden sind. Für die Preiserhöhungen durch Parallelerwerbe ist die BaFin im Zusammenhang mit den konkurrierenden Angeboten an die Aktionäre der REpower Systems AG zu der Auffassung gelangt, dass **Preiserhöhungen über Parallelerwerbe kein Rücktrittsrecht** zugunsten der Aktionäre, die das nicht erhöhte Angebot angenommen haben,

---

[120] Vereinzelt ist das Rücktrittsrecht bis zum Ablauf der weiteren Annahmefrist erweitert worden, vgl. das Angebot der MEIF II Energie Beteiligungen GmbH & Co. KG an die Aktionäre der Techem AG vom 5.12.2007, S. 39.
[121] *Rothenfußer/Friese-Dormann/Rieger* AG 2007, 137, 148; *Geibel/Süßmann/Thun* § 22 Rz. 51.
[122] *Geibel/Süßmann/Thun* § 22 Rz. 28 ff.
[123] *Rothenfußer/Friese-Dormann/Rieger* AG 2007, 137, 146.
[124] KölnerKomm WpÜG/*Hasselbach* § 22 Rz. 27; *Geibel/Süßmann/Thun* § 22 Rz. 32; *Assmann/Pötzsch/Schneider/Krause* § 22 Rz. 39; *Baums/Thoma/Diekmann* § 22 Rz. 43.
[125] Vgl. Rz. 129 ff.

C. Öffentliche Angebote 87–89 § 27

auslöst.[126] Dies ist aus Sicht dieser Aktionäre, deren Schutz § 22 WpÜG auch bezweckt, nicht befriedigend. Sofern damit eine Zurückdrängung der Preiserhöhungen durch Parallelerwerbe zugunsten von Preiserhöhungen über Angebotsänderungen nach § 21 WpÜG bezweckt wird, ist das rechtspolitisch erwägenswert. Der Ansatz ausschließlich im Rahmen von konkurrierenden Angeboten ist aber zu kurz gegriffen.

VI. Grenzüberschreitende Angebote

Die BaFin kann bei einem grenzüberschreitenden Angebot auf Antrag des Bieters gestatten, dass in im Einzelnen zu bestimmenden Staaten ansässige Wertpapierinhaber von dem Angebot ausgenommen werden, wenn für den Bieter die Durchführung des Angebots unter Einhaltung der jeweiligen ausländischen Rechtsnormen **unzumutbar** ist (§ 24 WpÜG). Ein Angebot ist grenzüberschreitend, wenn Aktionäre der Zielgesellschaft ihren Wohnsitz, Sitz oder gewöhnlichen Aufenthalt im Ausland haben.[127] Damit ist das grenzüberschreitende Angebot der Regelfall, da es kaum eine Gesellschaft geben dürfte, deren Aktionäre ausschließlich im Inland ansässig sind.[128] 87

Die Angebotserstreckung ist nur dann unzumutbar, wenn der Bieter die rechtlichen Vorgaben des ausländischen Staates nicht einhalten kann. Eine finanzielle Mehrbelastung ist nicht ausreichend.[129] Eine Anwendung von § 24 WpÜG kommt somit insbesondere bei Tauschangeboten und den damit gegebenenfalls verbundenen umfangreichen Registrierungs- und Prospektpflichten nach ausländischem Recht in Betracht.[130] 88

Der Antrag auf Befreiung sollte vom Bieter ausdrücklich und in Schriftform gestellt werden.[131] Der Bieter hat der BaFin darin die Voraussetzungen des § 24 WpÜG umfassend darzulegen, insbesondere ist auf die konkreten rechtlichen Pflichten und die damit eintretende Pflichtenkollision auf Seiten des Bieters einzugehen. Soweit die BaFin zu der Überzeugung gelangt, dass die Voraussetzungen tatsächlich vorliegen, kann sie die Beschränkung des Angebots auf bestimmte Wertpapierinhaber gestatten oder bei entsprechender Stellung des Antrags in der Angebotsunterlage die Genehmigungsfiktion des § 14 Abs. 2 Satz 1 WpÜG ausreichen lassen.[132] 89

---

[126] Diese Situation trat bei den konkurrierenden Angeboten an die Aktionäre der REpower Systems AG auf, vgl. BaFin-Jahresbericht 2007, S. 192.
[127] Begr. RegE zu § 24 WpÜG, BT-Drs. 14/7034, 51.
[128] *Assmann/Pötzsch/Schneider/Schneider* § 24 Rz. 8; *Baums/Thoma/Diekmann* § 24 Rz. 15.
[129] Begr. RegE zu § 24 WpÜG, BT-Drs. 14/7034, 51; *Ehricke/Ekkenga/Oechsler/Oechsler* § 24 Rz. 4; FrankfurtKomm WpÜG/*Schröder* § 24 Rz. 17.
[130] BaFin-Jahresbericht 2004, S. 207.
[131] *Steinmeyer/Häger/Klepsch* § 24 Rz. 15; anders KölnerKomm WpÜG/*Versteegen* § 24 Rz. 25; *Baums/Thoma/Diekmann* § 24 Rz. 33 („konkludenter Antrag durch Einreichung der Angebotsunterlage möglich").
[132] FrankfurtKomm WpÜG/*Schröder* § 24 Rz. 19 f.; *Baums/Thoma/Diekmann* § 24 Rz. 38; KölnerKomm WpÜG/*Versteegen* § 24 Rz. 30; *Assmann/Pötzsch/Schneider/Schneider* § 24 Rz. 45 f.; a.A. *Steinmeyer/Häger/Klepsch* § 24 Rz. 16.

Oppenhoff

VII. Begründete Stellungnahme der Zielgesellschaft

90 Vorstand und Aufsichtsrat der Zielgesellschaft haben im Fall eines öffentlichen Angebots eine begründete Stellungnahme zu dem Angebot sowie zu jeder seiner Änderungen abzugeben (§ 27 WpÜG). Die Verpflichtung obliegt beiden Organen selbstständig.

91 Das Gesetz sieht zunächst ausdrücklich vor, dass die begründete Stellungnahme insbesondere folgende Punkte zu erläutern hat:
- Art und Höhe der angebotenen Gegenleistung sowie ihre Angemessenheit;[133]
- voraussichtliche Folgen eines erfolgreichen Angebots für die Zielgesellschaft, die Arbeitnehmer und ihre Vertretungen, die Beschäftigungsbedingungen und die Standorte der Zielgesellschaft;
- die vom Bieter mit dem Angebot verfolgten Ziele;[134] und
- die Absicht der Mitglieder des Vorstands und des Aufsichtsrats, soweit sie Inhaber von Wertpapieren der Zielgesellschaft sind, das Angebot anzunehmen.[135]

92 Die Stellungnahme erschöpft sich aber nicht in diesen Angaben. Sie hat auf alle dem jeweiligen Organ bekannten Umstände einzugehen, die für die Aktionäre der Zielgesellschaft bei ihrer Entscheidung über Annahme des Angebots vernünftigerweise von Interesse sind. Sie dürfen dabei die Veröffentlichungen des Bieters als bekannt voraussetzen und brauchen diese nicht zu wiederholen. Neben der Erläuterung der bereits genannten Punkte haben Vorstand und Aufsichtsrat der Zielgesellschaft insbesondere auf unrichtige oder unvollständige Angaben in der Angebotsunterlage hinzuweisen und wesentliche Gesichtspunkte, von denen der Bieter keine Kenntnis hatte, zu ergänzen.[136] Offenzulegen sind darüber hinaus bestehende oder potentielle Interessenkonflikte von Mitgliedern des Vorstands oder des Aufsichtsrats der Zielgesellschaft.[137]

93 Der Kern der Stellungnahme ist die **Handlungsempfehlung** an die Aktionäre der Zielgesellschaft, also die positive oder negative Bewertung des Angebots durch die Verwaltung. Sofern die Situation eine eindeutige Empfehlung nicht zulässt oder Interessenkonflikte bestehen, können Vorstand und Aufsichtsrat auch eine neutrale Position einnehmen und sich einer konkreten Handlungsempfehlung an die Aktionäre enthalten.[138] Sie müssen in diesem Fall darlegen, warum eine eindeutige Handlungsempfehlung unterblieben ist und die aus ihrer Sicht für und gegen die Annahme des Angebots sprechenden Argumente darlegen.[139]

---

[133] KölnerKomm WpÜG/*Hirte* § 27 Rz. 39; *Baums/Thoma/Harbarth* § 27 Rz. 41.
[134] BaFin-Jahresbericht 2004, S. 204.
[135] BaFin-Jahresbericht 2003, S. 205.
[136] *Assmann/Pötzsch/Schneider/Krause/Pötzsch* § 27 Rz. 56; KölnerKomm WpÜG/*Hirte* § 27 Rz. 31.
[137] KölnerKomm WpÜG/*Hirte* § 27 Rz. 34; *Baums/Thoma/Harbarth* § 27 Rz. 65.
[138] Begr. RegE zu § 27 WpÜG, BT-Drs. 14/7034, 52; *Baums/Thoma/Harbarth* § 27 Rz. 82; *Ehricke/Ekkenga/Oechsler/Ekkenga* § 27 Rz. 12.
[139] *Assmann/Pötzsch/Schneider/Krause/Pötzsch* § 27 Rz. 9; *Baums/Thoma/Harbarth* § 27 Rz. 82; FrankfurtKomm WpÜG/*Röh* § 27 Rz. 50.

D. Übernahmeangebote 94–98 § 27

Der Vorstand der Zielgesellschaft ist verpflichtet, die Angaben in der Ange- 94
botsunterlage genau zu überprüfen und darf sich grundsätzlich nicht auf eine
reine Plausibilitätsprüfung beschränken. Insbesondere kann der Vorstand verpflichtet sein, weitere Informationen einzuholen, soweit dies für eine sinnvolle
Beurteilung und Kommentierung des Angebots erforderlich und zeitlich möglich ist. Es besteht grundsätzlich keine Verpflichtung, externe Berater hinzuzu-
ziehen. Sofern sich der Vorstand aber ohne externe Beratung nicht in der Lage
sieht, eine ordnungsgemäße Stellungnahme abzugeben, muss sie sich externer
Hilfe bedienen. Sofern eine Hinzuziehung von externen Beratern erfolgt ist,
sind die wesentlichen Ergebnisse des sachverständigen Rats (z. B. **Fairness
Opinion**) ebenfalls in die Stellungnahme aufzunehmen.[140]

Da den Aufsichtsrat neben dem Vorstand eine selbständige Pflicht zur Ab- 95
gabe einer Stellungnahme trifft, gelten für ihn im Grunde ebenfalls inhaltliche
Prüfungs- und ggf. Aufklärungspflichten. Insbesondere an seine Aufklärungspflichten wird man wegen seiner eingeschränkten Ressourcen keine überzoge-
nen Anforderungen stellen dürfen.[141] Er kann sich Informationen deshalb vom
Vorstand vorlegen lassen und seine Stellungnahme auf diese stützen, sofern er
keinen Anlass hat, ihnen zu misstrauen.

In der Praxis werden die Stellungnahmen von Vorstand und Aufsichtsrat 96
häufig in einer **gemeinsamen Stellungnahme** zusammengefasst, was zulässig ist. Beiden Organen steht es frei, gesonderte Stellungnahmen zu veröffentlichen. Der Vorstand ist verpflichtet, eine an ihn übermittelte Stellungnahme
des zuständigen Betriebsrats bzw. der Arbeitnehmer seiner eigenen Stellungnahme beizufügen. Die Stellungnahme ist unverzüglich, d. h. in der Regel
spätestens innerhalb von zwei Wochen, nach Erhalt der Angebotsunterlage zu
veröffentlichen.[142] Die Veröffentlichung hat in der gleichen Weise zu erfolgen,
wie die Veröffentlichung der Angebotsunterlage.

Noch weitgehend ungeklärt und kontrovers diskutiert sind die Maßstäbe ei- 97
ner Haftung von Vorstand und Aufsichtsrat für die Stellungnahme.[143]

D. Übernahmeangebote

I. Vorbereitung eines Übernahmeangebots

Auf Grund der engen zeitlichen Vorgaben kann ein Bieter die Entscheidung 98
über die Abgabe eines Übernahmeangebots erst dann sinnvoll treffen, wenn er
die konkreten Umstände kennt, in denen er das Angebot abgibt. Für den Bieter
ist es daher von wesentlicher Bedeutung, eine Due Diligence und Bewertung
der Zielgesellschaft, die Strukturierung der Transaktion und Verhandlungen
mit den Großaktionären und der Zielgesellschaft vor Entscheidung über die
Abgabe eines Übernahmeangebots abgeschlossen zu haben.

---

[140] KölnerKomm WpÜG/*Hirte* § 27 Rz. 33; *Baums/Thoma/Harbarth* § 27 Rz. 37; *Assmann/Pötzsch/Schneider/Krause/Pötzsch* § 27 Rz. 49; *Steinmeyer/Häger/Steinmeyer* § 27 Rz. 29.
[141] *Steinmeyer/Häger/Steinmeyer* § 27 Rz. 28; *Assmann/Pötzsch/Schneider/Krause/Pötzsch* § 27 Rz. 48.
[142] OLG Frankfurt WpÜG 1/05 (OWi) v. 8.12.2005, AG 2006, 207.
[143] Vgl. dazu *Assmann/Pötzsch/Schneider/Krause/Pötzsch* § 27 Rz. 139 ff.; *Baums/Thoma/Harbarth* § 27 Rz. 132 ff.

99   Abgesehen von konkurrierenden und feindlichen Übernahmesituationen gehen der Festlegung der Transaktions- und Akquisitionsstruktur und einer anschließenden Entscheidung über die Abgabe eines Übernahmeangebots typischerweise die folgenden Vorbereitungsmaßnahmen voraus:

1. Due Diligence

100   Vor Abgabe eines Übernahmeangebots hat der Bieter regelmäßig ein großes Interesse, die wesentlichen Informationen über die Zielgesellschaft zu erlangen, um deren Wert und den ökonomischen Nutzen der Gesamttransaktion abschätzen zu können. Zur Erlangung dieser Informationen kann sich der Bieter zum einen an potentiell veräußerungswillige Großaktionäre, zum anderen an die Zielgesellschaft selbst wenden.

101   Großaktionäre können vorbehaltlich entgegenstehender Geheimhaltungsverpflichtungen und insiderrechtlicher Bestimmungen Informationen, die sie über die Zielgesellschaft besitzen, weitergeben. Sofern diese Informationen **Insiderinformationen** im Sinne des § 13 WpHG sind, ist die Weitergabe nur erlaubt, wenn der Großaktionär ein berechtigtes Interesse an der Weitergabe hat. Dafür muss das zur Veräußerung stehende Paket einen wesentlichen Umfang haben, was unter Bezugnahme auf die §§ 21 ff. WpHG a.F. ab einer Mindestgröße von 5% der stimmberechtigten Aktien angenommen worden ist.[144] Oftmals werden Großaktionäre dem Bieter die für ihn interessanten Informationen aber ohnehin nicht zur Verfügung stellen können, weil sie entweder über diese nicht verfügen, sie nicht weitergeben dürfen oder die Informationen für mögliche Erwerber nur aus Hand der Zielgesellschaft von Interesse sind, was z.B. für die Management Interviews im Rahmen der Due Diligence der Fall ist.

102   Aus diesem Grunde wird der Bieter regelmäßig an die Zielgesellschaft herantreten und von dieser die Zulassung zu einer Due Diligence erbitten. Bei der Informationsweitergabe unterliegt der Vorstand, wie auch der Aufsichtsrat, der Verpflichtung über vertrauliche Angaben und Geheimnisse der Gesellschaft, namentliche Betriebs- und Geschäftsgeheimnisse, Stillschweigen zu bewahren (§§ 93 Abs.1 S. 3, 116 AktG) und Insiderinformationen einem anderen nicht unbefugt mitzuteilen oder zugänglich zu machen (§ 14 Abs.1 Nr. 2 WpHG). Gesellschaftsrechtlich endet das Geheimhaltungsinteresse des § 93 Abs.1 Satz 3 AktG, sofern die Veröffentlichung der Information im Interesse der Zielgesellschaft liegt. Der für die Informationsweitergabe zuständige Vorstand hat hier das Interesse der Zielgesellschaft an der **Informationsweitergabe gegen das Geheimhaltungsinteresse abzuwägen.**[145] Es ist auf dieser Grundlage inzwischen völlig anerkannt, dass die Gesellschaft eine Due Diligence zulassen kann, wenn die nachfolgend beschriebenen Voraussetzungen eingehalten werden.[146]

---

[144] *Assmann/Schneider/Assmann* § 14 Rz. 167f.; da die Schwelle von 5% in Bezugnahme auf die Eingangsmeldeschwelle für wesentliche Stimmrechtsbeteiligungen an börsennotierten Gesellschaften (§ 21 WpHG) bestimmt wurde, wäre zu erwägen, ob durch die Absenkung der Eingangsmeldeschwelle von 5% auf 3% ein (beabsichtigter) Paketerwerb von 3% zur befugten Weitergabe von Insiderinformationen ausreichend ist; vgl. auch *Schäfer/Hamann/Schäfer* Kapitalmarktgesetze, 2. Aufl., 3. EL Stand: Januar 2008, Stuttgart, § 14 WpHG Rz. 76.
[145] *Körber* NZG 2002, 269 f.; MünchKomm AktG/Bd. 6/*Schlitt* § 35 WpÜG Rz. 247.
[146] KölnerKomm WpÜG/*v. Bülow* § 35 Rz. 174; *Steinmeyer/Häger/Steinmeyer* § 35 Rz. 88; *Assmann/Pötzsch/Schneider/Krause/Pötzsch* § 35 Rz. 240; *Baums/Thoma/Baums/Hecker* § 35 Rz. 255.

D. Übernahmeangebote

Ist die Informationsweitergabe aktienrechtlich zulässig, ist sie auch nach dem insiderrechtlichen Vorschriften nicht unbefugt.[147] Die Due Diligence muss durch eine Entscheidung des Gesamtvorstands zugelassen werden.[148] Die Zustimmung des Aufsichtsrats ist nicht erforderlich,[149] es sei denn, der Aufsichtsrat hat nach § 111 Abs. 2 AktG ein entsprechendes Zustimmungserfordernis geschaffen. Die Gesellschaft muss ein im oben angeführten Sinne überwiegendes Interesse an der Zulassung der Due Diligence haben. Das **Erwerbsinteresse** des Bieters muss **ernsthaft** sein, was in der Praxis häufig durch Indicative Offer Letters und Letters of Intent dokumentiert wird. Auch gebietet es das Gesellschaftsinteresse, Umfang und Vertraulichkeit der zur Verfügung gestellten Information in einem **abgestuften Verfahren** abhängig vom Fortschritt der Verhandlungen und der Transaktionswahrscheinlichkeit zur Verfügung zu stellen.[150] Schließlich darf der Vorstand die Due Diligence erst nach Abschluss einer **Vertraulichkeitsvereinbarung** mit dem Erwerbsinteressenten zulassen.[151] Diese braucht grundsätzlich nicht mit einer Vertragsstrafe bewehrt zu sein.[152] Aus diesen Kriterien ergibt sich, dass die Informationen im Hinblick auf einen beabsichtigten Erwerb eines Aktienpakets zur Verfügung gestellt werden und damit auch dann nicht dem Anwendungsbereich des § 131 Abs. 4 AktG unterfallen, wenn der Erwerbsinteressent bereits Aktionär der Gesellschaft gewesen sein sollte.[153]

Durch die Due Diligence kann der Bieter Kenntnis von Insiderinformationen erhalten. Erwirbt der Bieter nun im Rahmen des Übernahmeangebots oder auf andere Weise Aktien der Zielgesellschaft, so ist fraglich, wie sich dies zu dem **Insiderhandelsverbot** des § 14 Abs. 1 Nr. 1 WpHG verhält. **Außerbörsliche Paketerwerbe** durch den Bieter bleiben nach Durchführung einer Due Diligence und Kenntniserlangung von Insiderinformationen jedenfalls dann zulässig, wenn Verkäufer und Bieter den gleichen Kenntnisstand haben und keine Partei zu ihren Gunsten einen insiderrelevanten Informationsvorsprung ausnutzen kann, da gerade die Ausnutzung eines insiderrelevanten Informationsvorsprungs durch die Insiderhandelsvorschriften verhindert werden soll.[154] Soweit es den Erwerb von Aktien **im Rahmen des Übernahmeangebots** betrifft, ist ein solcher Erwerb unabhängig von zuvor erlangten Insiderinformationen zulässig, sofern die Erwerbsabsicht vor Erlangung der Insiderinformation begründet und nach Erlangung der Insiderinformation nicht

---

[147] *Assmann/Pötzsch/Schneider/Krause/Pötzsch* § 35 Rz. 240.
[148] *Assmann/Pötzsch/Schneider/Krause/Pötzsch* § 35 Rz. 241.
[149] KölnerKomm WpÜG/*v. Bülow* § 35 Rz. 174.
[150] KölnerKomm WpÜG/*v. Bülow* § 35 Rz. 175; *Assmann/Pötzsch/Schneider/Krause/Pötzsch* § 35 Rz. 241.
[151] MünchKomm AktG/Bd. 6/*Schlitt* § 35 WpüG Rz. 247; KölnerKomm WpÜG/*v. Bülow* § 35 Rz. 175.
[152] *Marsch-Barner/Schäfer/Krämer* § 10 Rz. 43; *Thaeter/Brandi* Öffentliche Übernahmen, München 2003, Teil 3 Rz. 45; *Stoffels* ZHR 165 (2002), 362, 378; *Schroeder* DB 1997, 2161, 2163.
[153] *Körber* NZG 2002, 263, 265; *Ziegler* DStR 2000, 249, 254.
[154] *Assmann/Schneider/Assmann* § 12 Rz. 47, 171; im BaFin-Emittentenleitfaden, S. 38, wird zusätzlich erwähnt, dass der Bieter bereits vor Erhalt der Insiderinformation den Erwerb des Pakets beabsichtigt haben musste, was jedoch nicht erforderlich ist, da es bei (insiderrechtlich) gleichem Kenntnisstand an der Ausnutzung eines Informationsvorsprungs fehlt.

verändert wurde.[155] Verwendet der Bieter hingegen Insiderinformationen bei Abgabe des Angebots (d. h. fließen diese in die Erwerbsentscheidung mit ein), verlangt die BaFin in einem solchen Fall zusätzlich, dass die Insiderinformation vor Beginn der Annahmefrist von der Zielgesellschaft im Wege einer Ad-hoc-Mitteilung nach § 15 WpHG veröffentlicht worden ist.[156]

2. Verhandlungen mit Großaktionären

104 Eine Vielzahl der in Deutschland börsennotierten Unternehmen hat einen oder mehrere Großaktionäre. Um die Erfolgschance des intendierten Übernahmeangebots zu erhöhen, wird der Bieter regelmäßig bereits vor Ankündigung des Angebots versuchen, sich diese Aktienpakete zu sichern. Hierfür bieten sich grundsätzlich zwei Strukturierungsmöglichkeiten an:

105 Der Bieter kann mit dem Großaktionär einen **Kauf- oder Tauschvertrag** über die Aktien der Zielgesellschaft schließen. Dieser Vertrag steht selbständig neben dem Angebot, gleichwohl braucht der Bieter bei einem Kontrollerwerb auf Basis eines kurz vor Angebotsankündigung geschlossenen Kauf- oder Tauschvertrags nach Ankündigung eines Übernahmeangebots kein zusätzliches Pflichtangebot abzugeben.[157] In der inhaltlichen Gestaltung sind die Parteien frei, die Gegenleistung des Bieters einschließlich geldwerter, als Gegenleistung für die Aktien gewährter Nebenleistungen festzulegen. Sie setzen damit aber einen Mindestpreis für die Gegenleistung eines zeitnah[158] herausgelegten Angebots. Diese Flexibilität besteht insbesondere auch im Hinblick auf den Zeitpunkt des Vollzugs des Vertrags, so dass Kauf- oder Tauschverträge immer vorzuziehen sind, wenn der Bieter möglichst zügig in die Stellung des Großaktionärs einrücken möchte und Fusionskontrolle oder andere behördliche Verfahren den Vollzug nicht ohnehin bis nach dem Ende der Annahmefrist verzögern. Andererseits hat das für den übernahmerechtlichen Squeeze-out bundesweit zentral zuständige Landgericht Frankfurt Zweifel daran geäußert, ob unter einem Kaufvertrag erworbene Aktien auf die 90 %-Schwelle des § 39a Abs. 3 S. 3 WpÜG anzurechnen sind.[159] Bei Erreichen dieser Schwelle wird vermutet, dass die Gegenleistung eine angemessene Entschädigung für den Ausschluss der Aktionäre aus der Zielgesellschaft darstellt.[160]

106 Eine Alternative dazu ist, mit den Großaktionären sog. *irrevocable undertakings* zu vereinbaren. Unter *irrevocable undertakings* versteht man Verträge, in denen sich der Bieter verpflichtet, ein Angebot zu bestimmten Konditionen herauszulegen, und der Großaktionär sich im Gegenzug verpflichtet, das An-

---

[155] KölnerKomm WpHG/*Pawlik* § 14 Rz. 30 unter Verweis auf Erwägungsgründe 29 und 30 der EU-Marktmissbrauchsrichtlinie (2003/6/EG); *Marsch-Barner/Schäfer/Drinkuth* § 60 Rz. 44 ff.

[156] BaFin-Emittentenleitfaden, S. 38; vgl. auch *Schäfer/Hamann/Schäfer* § 14 WpHG Rz. 93; zudem ist zu erwägen, ob die Angebotsunterlage vollständig wäre, wenn die Insiderinformation nicht vorher veröffentlicht und auch nicht in der Angebotsunterlage verwendet wird.

[157] FrankfurtKomm WpÜG/*Hommelhof/Witt* § 35 Rz. 105; *Steinmeyer/Häger/Steinmeyer* § 35 Rz. 124; MünchKomm AktG/Bd. 6/*Schlitt* § 35 WpÜG Rz. 255.

[158] Vgl. § 4 WpÜG-Angebotsverordnung.

[159] OLG Frankfurt WpÜG 2/08 v. 9.12.2008, DB 2009, 54, 56; LG Frankfurt 3-5 O 15/08 v. 5.8.2008, AG 2008, 790, 791.

[160] Vgl. hierzu Rz. 187 ff.

D. Übernahmeangebote

gebot für seine Aktien anzunehmen. Die Parteien sind in der inhaltlichen Ausgestaltung der *irrevocable undertakings* ebenfalls weitgehend frei, wobei häufiger Diskussionspunkt neben den Konditionen des Angebots die Frage ist, ob ein Rücktrittsrecht für den Fall eines konkurrierenden Angebots gewährt wird (*soft irrevocable undertaking*) oder nicht (*hard irrevocable undertaking*). Nicht in einem *irrevocable undertaking* vereinbaren können die Parteien geldwerte Nebenleistungen als Gegenleistung für die Aktien, da diese einen Einfluss auf den Angebotspreis hätten, der dem Großaktionär durch Annahme des Angebots wiederum zu Gute käme. Darüber hinaus sind die Parteien für den Vollzug des Aktienerwerbs an den Abwicklungsmechanismus des Angebots gebunden. Andererseits sind die auf Grund eines *irrevocable undertaking* in das Angebot eingereichten Aktien auf die 90 %-Schwelle des § 39 a Abs. 3 S. 2 WpÜG anzurechnen.[161]

3. Stakebuilding

Zur Erhöhung der Erfolgschancen des öffentlichen Angebots wird der Bieter oftmals bestrebt sein, bereits vor Veröffentlichung der Angebotsentscheidung nach § 10 WpÜG eine **(wirtschaftliche) Beteiligung** an dem Zielunternehmen aufzubauen, ohne diesen Beteiligungsaufbau veröffentlichen zu müssen. Mitteilungspflichten für Beteiligungen an börsennotierten Unternehmen ergeben sich insbesondere auf Grund der Melderegime für **wesentliche Stimmrechtsbeteiligungen** (§§ 21, 22 WpHG) und **Finanzinstrumente**, die zum Erwerb von stimmberechtigten Aktien berechtigen (§ 25 WpHG). Die Eingangsmeldeschwelle für (gehaltene und zugerechnete) wesentliche Stimmrechtsbeteiligungen liegt bei 3 %, die für Finanzinstrumente (insbesondere Call-Optionen, Terminkaufverträge und Swap-Geschäfte mit Realerfüllung) bei 5 %. Bisher standen beide Melderegime separat nebeneinander; seit dem 1. März 2009 sind gehaltene und zugerechnete Stimmrechte für die Berechnung im Melderegime für Finanzinstrumente zu berücksichtigen.[162] Über Aktienerwerbe und Finanzinstrumenten mit Realerfüllung kann seitdem nur noch ein „Zugriff" auf knapp unter 5 % (anstelle von knapp unter 8 %) der Stimmrechte der Zielgesellschaft gesichert werden. Daneben ist der Bieter bei Überschreiten der Kontrollschwelle von 30 % gehaltener und zugerechneter Stimmrechte zur Veröffentlichung der Kontrollerlangung und zur Abgabe eines Pflichtangebots nach § 35 WpÜG verpflichtet.[163]

Für den (wirtschaftlichen) Beteiligungsaufbau ohne die Auslösung von Meldepflichten sind in der Praxis verschiedene Modelle entwickelt worden, wobei derzeit über die Finanzinstrumente mit Realerfüllung hinaus die folgenden drei Grundkonzepte in verschiedensten Abwandlungen praktisch die größte Bedeutung haben:

– **Derivate mit Barausgleich:**[164] Der Bieter schließt mit einer Gegenpartei ein Derivat über einen bestimmten Prozentsatz der Aktien der Zielgesellschaft ab. Das sieht eine Barabwicklung vor und versetzt den Bieter in die

---

[161] OLG Frankfurt WpÜG 2/08 v. 9.12.2008, DB 2009, 54, 56; LG Frankfurt 3-5 O 15/08 v. 5.8.2008, AG 2008, 790, 791.
[162] § 25 Abs. 1 Satz 3 WpHG; vgl. auch *Marsch-Barner/Schäfer/Schäfer* § 17 Rz. 64.
[163] § 35 Abs. 1 Satz 1 WpÜG.
[164] Vgl. das Angebot der Schaeffler KG an die Aktionäre der Continental AG v. 30.7.2008, S. 14 ff.; die Schaeffler KG hatte im Vorfeld der Übernahme Swap-Geschäfte mit Barausgleich über 28% der Continental-Aktien abgeschlossen.

Lage eines wirtschaftlichen Eigentümers der Aktien, ohne dass er Einfluss auf die Ausübung der Stimmrechte aus den Aktien hat. Bei künftigen Aktienkurssteigerungen ist die Gegenpartei dem Bieter, bei Aktienkursverfall der Bieter der Bank zu einer entsprechenden Ausgleichszahlung verpflichtet. Professionelle Gegenparteien haben an dem Derivat in der Regel ein Gebühren- und kein Spekulationsinteresse, so dass sie ihr Aktienkursrisiko absichern und als Absicherungspositionen *(hedge positions)* entweder Aktien der Zielgesellschaft erwerben oder entsprechende back-up Vereinbarungen mit weiteren Gegenparteien abschließen. Bei Beendigung des Swap-Geschäfts verwertet die Gegenpartei ihre *hedge positions* bestmöglich, und die Aktienkursentwicklung wird in bar ausgeglichen. Der Bieter nimmt damit an allen Wertveränderungen während der Laufzeit des Derivats teil, einschließlich von Wertsteigerungen durch das Angebot. Je nach Verwertungsart der *hedge positions* mögen die Aktien in das Angebot eingeliefert werden oder zusätzliche Liquidität im Markt für den Erwerber bereitstehen.

- **Wertpapierdarlehen** und **share-repurchase-Vereinbarungen:**[165] Auf Basis des Wertpapierdarlehens (in der Praxis oft untechnisch als Wertpapierleihe bezeichnet) überträgt der Bieter das Eigentum (inkl. der Stimmrechte) an den stimmberechtigten Aktien für einen bestimmten Zeitraum an einen Dritten und erhält im Gegenzug einen Anspruch auf Rückübertragung gleicher Aktien am Ende der Vertragslaufzeit. Der gleiche Effekt wird durch eine share-repurchase-Vereinbarung erzielt, indem beide Parteien bereits bei Verkauf (und Übertragung) der stimmberechtigten Aktien eine Rückkaufvereinbarung eingehen.

- **Bedingte Finanzinstrumente mit Realerfüllung**: Diese Finanzinstrumente (z. B. Call-Optionen, Terminkaufverträge oder Swap-Geschäfte) sehen einen Realvollzug und damit einen Anspruch des Bieters auf Erwerb der stimmberechtigten Aktien der Zielgesellschaft nur bei Eintritt eines äußeren Umstands, der außerhalb des Einflussbereichs des Bieters liegt, vor.

109 Die im Rahmen der drei vorgenannten Stakebuilding-Maßnahmen von den Gegenparteien (potentiell) gehaltenen Stimmrechte der Zielgesellschaft werden dem Bieter für **Meldezwecke** nicht nach § 22 WpHG zugerechnet. Für eine Zurechnung nach § 22 Abs. 1 Satz 1 Nr. 2 WpHG (Halten für Rechnung) ist bei den Derivaten mit Barausgleich schon diskussionswürdig, ob der Bieter tatsächlich Chancen und Risiken als *hedge positions* gehaltener Aktien trägt, da die Chancen und Risiken auf Grund des Derivats für ihn unabhängig davon bestehen, ob die Gegenpartei *hedge positions* erwirbt oder zwischenzeitlich veräußert. Es fehlt in aller Regel jedoch jedenfalls an der für die Zurechnung erforderlichen Möglichkeit des Bieters, auf die Stimmrechtsausübung Einfluss zu nehmen.[166] Eine Zurechnung nach § 22 Abs. 2 WpHG (acting in concert) scheidet aus, da der Bieter sich weder mit der Gegenpartei im Hinblick auf die Ausübung der Stimmrechte abstimmt noch mit dem Ziel einer erheblichen Änderung der unternehmerischen Ausrichtung der Zielgesellschaft zusam-

---

[165] Vgl. das Angebot der TDK Germany GmbH an die Aktionäre der EPCOS AG v. 25. 8. 2008, S. 22 f.
[166] Vgl. KölnerKomm WpHG/*v. Bülow* § 22 Rz. 155 ff.; für Wertpapierdarlehen gilt dies nur, soweit die Aktien im Wege der sog. Kettenleihe an die Gegenpartei übertragen werden, BaFin Jahresbericht 2004, S. 206; *Assmann/Schneider/Schneider* § 22 Rz. 48; KölnerKomm WpHG/*v. Bülow* § 22 Rz. 87 ff.; weiter BGH II ZR 302/06 v. 16. 3. 2009, Rz. 34.

D. Übernahmeangebote

menwirkt. Auch sind die drei Stakebuilding-Maßnahmen nicht nach § 25 WpHG als Finanzinstrumente meldepflichtig. Swap-Geschäfte mit Barausgleich sind keine Finanzinstrumente im Sinne des § 25 WpHG, da diese nicht zum Erwerb von stimmberechtigten Aktien berechtigen. Der Rückübertragungsanspruch des Bieters aus einem Wertpapierdarlehen oder einem share-repurchase-Vereinbarung ist ebenfalls kein Finanzinstrument in diesem Sinne.[167] Insbesondere der Rückübertragungsanspruch aus einem Wertpapierdarlehen ist kein Derivat im Sinne des § 2 Abs. 2 Nr. 1 WpHG[168] und damit kein Finanzinstrument entsprechend der Begriffsdefinition des § 2 Abs. 2b WpHG. Bedingte Finanzinstrumente (im oben genannten Sinne) fallen nicht unter § 25 WpHG, da hiervon allein Finanzinstrumente erfasst sind, die den Erwerb der zugrunde liegenden Aktien nicht von äußeren Umständen, sondern allein vom Ermessen des Inhabers des Finanzinstruments abhängig machen.[169]

Die mitteilungspflichtrechtliche Behandlung von Stakebuilding-Maßnahmen ist rechtspolitisch noch umstritten. Nach einem Brief einiger Vorstände im DAX geführter Unternehmen an Bundesfinanzminister Steinbrück[170] erwägt das Bundesfinanzministerium im Frühjahr 2009 einen Referentenentwurf eines Gesetzes zur Neuregelung der Meldepflichten von Derivaten über stimmberechtigte Aktien vorzulegen. Des Weiteren hatte die BaFin erwogen ihre Verwaltungspraxis im Hinblick auf die Meldepflichten von Wertpapierdarlehen und share-repurchase-Vereinbarungen zu ändern und die entsprechenden Rückübertragungsansprüche als meldepflichtig nach § 25 WpHG zu behandeln.[171] Dies war ohne Gesetzesänderung aber nicht möglich, da Wertpapierdarlehen keine Finanzinstrumente im Sinne von § 2 Abs. 2 b WpHG sind.[172] Ein Verstoß gegen das Insiderhandelsverbot liegt grundsätzlich ebenfalls nicht vor. Der Bieter strebt mit dem Erwerb der Wertpapiere und Finanzinstrumente lediglich das Gelingen des Übernahmeangebots an. Der Erwerb von Stimmrechten stellt aber dann keinen strafbaren Insiderhandel dar, wenn dieser allein auf Grund eines selbst geschaffenen Gesamtplans zum Erwerb einer bedeutenden Beteiligung an der Zielgesellschaft erfolgt.[173] Wenn der Bieter die Gegenpartei von über das Derivat hinausgehenden Vorhaben in Kennt-

110

---

[167] Vgl. die Liste der BaFin zu häufig gestellten Fragen zu den §§ 21 ff. WpHG, abrufbar unter http://www.bafin.de/cln_116/nn_724100/DE/Unternehmen/Boersennotierte Unternehmen/Stimmrechtsanteile/wphg21faq/wphg21faq_hidden_node.html?_nnn= true; BaFin-Emittentenleitfaden, S. 166.

[168] Indem lediglich Aktien zunächst an die Gegenpartei übertragen und danach Aktien gleicher Art an den Bieter zurückübertragen werden, ist der Wert des Wertpapierdarlehens nicht vom Aktienkurs der Zielgesellschaft abhängig, vgl. *Zerey/Fried* Außerbörsliche (OTC) Finanzderivate, Baden-Baden 2008, S. 226.

[169] Begr. RegE. zum Transparenzrichtlinie-Umsetzungsgesetz, BT-Drs. 16/2498, 36 f.

[170] Abrufbar unter: http://www.handelsblatt.com/unternehmen/industrie/der-brief-der-dax-finanzvorstaende-im-wortlaut; 2028670.

[171] Entwurf des Emittentenleitfadens 2009, Teil 1, S. 40; in der endgültigen Fassung des Emittentenleitfadens 2009, S. 166, hat die BaFin von einer Änderung ihrer Verwaltungspraxis Abstand genommen.

[172] Vgl. die Liste der BaFin zu häufig gestellten Fragen zu den §§ 21 ff. WpHG, abrufbar unter: http://www.bafin.de/cln_152/nn_995160/SharedDocs/FAQ/DE/Unter nehmen/BoersenorientierteUnternehmen/BedeutendeStimmrechtsanteile/wphg21/faq_21wphg_10.html.

[173] Begr. RegE. zum Zweiten Finanzmarktförderungsgesetz, BT-Drs. 12/6679, 47; *Assmann/Schneider/Assmann* § 14 Rz. 45.

nis setzt, kann das Insiderhandelsverbot auch für die Gegenpartei Bedeutung haben. Sie verstößt aber durch den Erwerb von *hedge positions* jedenfalls dann nicht gegen das Insiderhandelsverbot, wenn sie die Geschäftspolitik verfolgt, Risikopositionen aus Derivaten durch den Erwerb von *hedge positions* auszugleichen, und sich der Erwerb im Rahmen dieser Geschäftspolitik hält.

111 Stakebuilding-Maßnahmen im Vorfeld eines Angebots können je nach Ausgestaltung die Höhe der zu zahlenden Gegenleistung beeinflussen.[174]

4. Verhandlungen mit der Zielgesellschaft

112 Mit Ausnahme feindlicher Übernahmeangebote wird der Bieter über die Bitte nach einer Due Diligence hinaus häufig mit der Zielgesellschaft Kontakt aufnehmen und von dieser die Unterstützung seines beabsichtigten Angebots zu erreichen suchen. Der Detailgrad der Absprachen kann beträchtlich variieren. Sie reichen von einer eher losen Abstimmung über die Eckpunkte des Angebots und der Stellungnahmen von Vorstand und Aufsichtsrat der Zielgesellschaft bis hin zu einer detaillierten Vereinbarung der Konditionen und des Ablaufs des Angebots sowie der Stellungnahmen von Vorstand und Aufsichtsrat der Zielgesellschaft, der Maßnahmen zur Absicherung des Angebots (deal protection), der Integration bzw. Zusammenarbeit mit der Zielgesellschaft nach Abschluss des Angebots und Standort- und Beschäftigungszusagen, die oftmals in einem sog. **Business Combination Agreement** festgelegt werden.[175]

113 Der Bieter wird im Gegenzug für seine Zusage, das Angebot zu bestimmten Konditionen herauszulegen, in der Regel bestrebt sein, eine Zusage zu bekommen, dass Vorstand und Aufsichtsrat die Annahme des Angebots empfehlen werden. Da Vorstand und Aufsichtsrat nach § 27 WpÜG zur Abgabe einer wahrheitsgemäßen, ihrer Überzeugung entsprechenden Stellungnahme verpflichtet sind, dürfen sie keinen durchsetzbaren Anspruch begründen, das Angebot unabänderlich zu empfehlen bzw. ihre Empfehlung unter allen Umständen aufrechtzuerhalten.[176] Andererseits ist es Ihnen unbenommen, in Kenntnis der relevanten Umstände die notwendige Prüfung des Angebots bereits vor Ab-

---

[174] Vgl. *Steinmeyer/Häger/Häger/Santelmann* § 31 Rz. 104 ff.; *Geibel/Süßmann/Süßmann* § 31 Rz. 65 ff.; FrankfurtKomm WpÜG/*Hommelhof/Witt* § 31 Rz. 148 ff.; MünchKomm AktG/Bd. 6/*Schlitt* § 31 WpÜG Rz. 84 ff.; vgl. die Berechnung des Mindestpreises für die Stammaktien der Volkswagen Aktiengesellschaft in dem Angebot der Dr. Ing. h.c. F. Porsche Aktiengesellschaft an die Aktionäre der Volkswagen Aktiengesellschaft v. 30. 4. 2007, S. 27 f.

[175] Vgl. zu den Inhalten von business combination agreements LG München 5 HK O 23244/07 v. 24. 4. 2008, BeckRS 2008, 11391 (Leitsätze und Entscheidungsgründe) und NZG 2008, 637 (nur Leitsätze) mit wörtlicher Wiedergabe von Teilen des für das Tauschangebot der UniCredito Italiano S.p.A. an die Aktionäre der Bayerischen Hypo- und Vereinsbank Aktiengesellschaft v. 26. 8. 2005 maßgeblichen business combination agreements; Pressemitteilung der Continental AG v. 21. 8. 2008 über den Abschluss einer Investorenvereinbarung zwischen der Continental AG, der Schaeffler KG sowie Frau Maria-Elisabeth Schaeffler und Herrn Georg F. W. Schaeffler, veröffentlicht unter http://www.conti-online.com/generator/www/com/de/continental/portal/themen/uebernahme/pr.2008.08.21.ar.de.html; Angebot der ITT Industries German Holding GmbH an die Aktionäre der WEDECO Aktiengesellschaft Water Technology v. 9.12. 2003, S. 15; Angebot der TDK Germany GmbH an die Aktionäre der EPCOS AG v. 25. 8. 2008, S. 23.

[176] Die Nichtabgabe oder Rücknahme einer Empfehlung des Angebots wird aber zulässiger Anknüpfungspunkt einer *break fee* sein können.

schluss des Business Combination Agreement vorzunehmen und dem Bieter zuzusagen, die Empfehlung nur dann nicht abzugeben oder zurückzunehmen, wenn sich die Umstände geändert haben oder neu hinzugetreten sind und die Änderung bzw. Rücknahme auf Grund dessen durch ihre organschaftlichen Pflichten geboten ist (sog. *fiduciary out*). Bei dieser Vorgehensweise nehmen Vorstand und Aufsichtsrat die geforderte unabhängige Prüfung vollumfänglich vor und behalten Korrekturmöglichkeiten, so dass sie ihren Sorgfaltspflichten gerecht werden. Darüber hinaus drängt der Bieter häufig darauf, dass sich die Zielgesellschaft verpflichtet, nicht von sich aus andere Parteien zu konkurrierenden Angeboten zu motivieren (*no shop*) oder nicht mit anderen Parteien über konkurrierende Angebote zu sprechen (*no talk*), wobei die organschaftlichen Pflichten gebieten, letztere Verpflichtung, wenn überhaupt, nur unter dem Vorbehalt eines *fiduciary out* einzugehen. Insbesondere Bieter aus dem angloamerikanischen Rechtsraum verlangen häufiger die Vereinbarung einer sogenannten **break fee**, d. h. einer Zahlung für den Fall, dass das Angebot nicht vollzogen wird, bzw. die Zielgesellschaft im Einzelnen zu vereinbarende Handlungen vornimmt, die geeignet sind, den Erfolg des Angebots zu schmälern. Die Zulässigkeit von *break fees* ist umstritten, insbesondere unter dem Gesichtspunkt des Verbots der Einlagenrückgewähr nach § 57 AktG und der finanziellen Unterstützung des Erwerbs von Aktien der Zielgesellschaft nach § 71a AktG. Im Hinblick auf § 57 AktG ist das vielfach vorgebrachte Argument,[177] dass *break fees* gerade nicht im Hinblick auf eine (zukünftige) Aktionärsstellung, sondern auf die Abgabe des Angebots vereinbart werden, weil sie vor dem Nichtvollzug des Angebots schützt, zutreffend und lässt die *break fee* zulässig erscheinen. Im Hinblick auf § 71 a AktG wird wiederum die Gegenleistung für Aktien nicht durch die *break fee* finanziert werden. Der Bieter mag die *break fee* im Einzelfall aber benötigen, um überhaupt eine Finanzierung zu bekommen, was dann auch ein Finanzierungsbeitrag wäre. Ob dies der Fall ist, ist Tatfrage des Einzelfalls und lässt sich nicht pauschal beantworten. Ist die *break fee* danach zulässig, muss die Zielgesellschaft sie in einem vernünftigen Rahmen halten. Diesbezüglich wird immer wieder auf die Regelung in Nr. 21 Abs. 2 des City Code on Takeovers and Mergers (*inducement fee*) Bezug genommen, nach dem *break fees* bis zu einer Höhe von 1% des Transaktionswerts zulässig sind. Darüber hinaus sollen *break fees* zulässig sein, die auf eine pauschalierte Erstattung der Kosten des Bieters gerichtet sind.

Im Hinblick auf die Vorschriften über die Integration der Zielgesellschaft in den Konzern des Bieters darf das Business Combination Agreement einen **Beherrschungsvertrag nicht vorwegnehmen.** Dies hat das LG München kürzlich in einer Entscheidung noch einmal in das Rampenlicht gerückt, in der es das Business Combination Agreement für das Übernahmeangebot der UniCredito Italiano S.p.A. und die Aktionäre der Bayerische Hypo- und Vereinsbank Aktiengesellschaft als verdeckten Beherrschungsvertrag angesehen hat.[178] Dieser Entscheidung ist zwar zuzugeben, dass auch ein Business Combination Agreement einen verdeckten Beherrschungsvertrag darstellen kann, wenn in der konkreten Fallgestaltung ein Unternehmen seine Leitung bereits durch dieses Business Combination Agreement dem Vertragspartner unterstellt hat. Der vom LG München zu entscheidende Fall rechtfertigte die Annahme eines

---

[177] *Banerjea* DB 2003, 1489, 1493; *Sieger/Hasselbach* BB 2000, 625, 629.
[178] LG München I 5 HK O 19782/06 v. 31. 1. 2008, ZIP 2008, 555, 559 ff.

verdeckten Beherrschungsvertrags aber nicht. Einige Abreden, die das Landgericht in seiner zur Begründung vorgenommenen Gesamtschau berücksichtigt, betrafen Angelegenheiten, über die die Aktionäre entscheiden und deshalb per se ungeeignet sind, Leitung im Sinne eines Unternehmensvertrags zu begründen, andere ermöglichten lediglich die Einhaltung aufsichtsrechtlicher Verpflichtungen, zu deren Einhaltung auch die Muttergesellschaft eines deutschen Bankkonzerns in ähnlicher Weise verpflichtet gewesen wäre. Die dann verbleibenden Punkte waren weit davon entfernt, eine Leitungsmöglichkeit zu vermitteln, zumal sie z.T. auch noch nicht endgültig vereinbart waren.[179]

115 Verhandlungen zwischen der Zielgesellschaft und dem Bieter über die Unterstützung des Angebots können gerade nach Durchführung einer für den Bieter zufriedenstellenden Due Diligence bereits eine **Insidertatsache** darstellen, die von der Zielgesellschaft als **Ad-hoc-Mitteilung** nach § 15 Abs. 1 WpHG zu veröffentlichen wäre.[180] Die Befreiung von der Ad-hoc-Pflicht nach § 10 Abs. 6 WpÜG ist auf die Zielgesellschaft nicht anwendbar.[181] Jedoch kann ein Emittent die Veröffentlichung einer Ad-hoc-Mitteilung aufschieben, wenn es der Schutz seiner berechtigten Interessen erfordert, keine Irreführung der Öffentlichkeit zu befürchten ist und der Emittent die Vertraulichkeit der Insiderinformation gewährleisten kann (§ 15 Abs. 3 Satz 1 WpHG). Ein solcher Schutz berechtigter Interessen ist anzunehmen, sofern die geplante Transaktion im Interesse der Zielgesellschaft liegt, da ein frühzeitiges Bekanntwerden der Transaktion diese gefährden oder zumindest eine nachhaltige Veränderung der Konditionen nicht ausgeschlossen werden kann.[182] Insbesondere würde ein frühzeitiges Bekanntwerden einer Übernahmeabsicht regelmäßig eine Steigerung des Aktienkurses der Zielgesellschaft mit sich bringen. Da der Bieter als Gegenleistung mindestens den durchschnittlichen gewichteten Börsenkurs der letzten drei Monate vor Ankündigung des Angebots nach § 10 WpÜG zu entrichten hat, würde dies die Übernahme wahrscheinlich deutlich verteuern. Dies könnte den Bieter davon abhalten, die Transaktion durchzuführen oder für ihn kostenrelevante Zusagen im Hinblick auf die Zielgesellschaft zu machen (z. B. Finanzierungszusagen, Arbeitsplatzgarantien).

II. Gegenleistung

116 Die Gegenleistung wird in aller Regel für die Aktionäre der Zielgesellschaft das wichtigste Kriterium in ihrer Entscheidung über die Annahme des Angebots sein. Während der Bieter eines einfachen Erwerbsangebots bei der Bestimmung der Angebotsgegenleistung lediglich in praktischer Hinsicht (im Hinblick auf die Attraktivität und die Abwicklung des Angebots) beschränkt ist, ist der Bieter eines Übernahmeangebots nach § 31 WpÜG Mindestanforderungen im Hinblick auf Art und Höhe der Angebotsgegenleistung unterworfen.

---

[179] Vgl. *Goslar* DB 2008, 800, 802 ff.
[180] BaFin-Emittentenleitfaden, S. 19 f.
[181] *Ehricke/Ekkenga/Oechsler/Oechsler* § 10 Rz. 27; *Schwark/Zimmer/Noack* Kapitalmarktrechts-Kommentar, 3. Aufl. München 2004, § 10 WpÜG Rz. 43; a. A. *Steinmeyer/Häger/Santelmann/Steinhardt* § 10 Rz. 59; *Baums/Thoma/Thoma/Stöcker* § 10 Rz. 148.
[182] *Marsch-Barner/Schäfer/Drinkuth* § 60 Rz. 66; *Schäfer/Hamann/Geibel/Schäfer* Kapitalmarktgesetze, 2. Aufl., 3. EL Stand: Januar 2008, Stuttgart § 15 WpHG Rz. 312; *Tollkühn* ZIP 2004, 2215, 2218; *Brandi/Süßmann* AG 2004, 642, 650.

D. Übernahmeangebote

1. Art

Der Bieter ist grundsätzlich frei, ein Übernahmeangebot als Bar- oder als Tauschangebot auszugestalten. Haben der Bieter, mit ihm gemeinsam handelnde Personen oder deren Tochterunternehmen jedoch in einem Zeitraum von sechs Monaten vor Veröffentlichung der Entscheidung zur Abgabe des Angebots bis zum Ablauf der (regulären) Annahmefrist insgesamt **mindestens 5% der Aktien** oder der Stimmrechte an der Zielgesellschaft gegen Zahlung einer Geldleistung erworben oder sind Vereinbarungen eingegangen, auf Grund derer sie deren Übereignung verlangen können, so ist der Bieter zu einem Barangebot verpflichtet (§ 31 Abs. 3, 6 WpÜG). Diese spezielle Ausformung des Gleichbehandlungsprinzips ist nicht auf Vorerwerbe gegen andere Gegenleistung übertragbar, so dass z. B. ein Bieter, der 5% der Aktien der Zielgesellschaft im Tausch gegen Aktien einer anderen Gesellschaft erworben hat, nicht verpflichtet ist, die Aktien der anderen Gesellschaft anzubieten.

Entscheidet sich der Bieter für ein Barangebot, so hat er als Gegenleistung mindestens auch eine Geldleistung in Euro anzubieten (§ 31 Abs. 2 Satz 1 WpÜG).

Bei einem Tauschangebot müssen als Gegenleistung mindestens auch liquide Aktien angeboten werden, die spätestens zum Zeitpunkt des Vollzugs des Angebots zum Handel an einem organisierten Markt im Europäischen Wirtschaftsraum zugelassen sind (§ 31 Abs. 2 Satz 1 iVm. § 2 Abs. 7 WpÜG).[183] Handelt es sich bei den angebotsgegenständlichen Wertpapieren um stimmberechtigte Aktien, so müssen die als Gegenleistung angebotenen Aktien zudem ebenfalls Stimmrechte gewähren (§ 31 Abs. 2 Satz 2 WpÜG). Der Gesetzgeber trifft aber keine Festlegung über eine Mindeststimmkraft der angebotenen Aktien, so dass der Bieter bei Gesellschaften mit Aktiengattungen mit unterschiedlichem Stimmgewicht nicht gezwungen ist, die Aktiengattung mit dem höchsten Stimmgewicht anzubieten.[184]

Ob für die betreffenden Aktien ein **liquider Markt** existiert, ist für jeden Einzelfall gesondert zu prognostizieren. Mit dem Kriterium des liquiden Marktes soll es dem Aktionär, der bisher in einer börsennotierten Gesellschaft investiert war und damit – abhängig vom Volumen und den Marktgegebenheiten – relativ leicht sein Investment wieder abstoßen konnte, ermöglicht werden, dies nach Vollzug des Übernahmeangebots in vergleichbarer Weise zu tun. Insoweit ist auf die Aufnahmefähigkeit des Kapitalmarkts abzustellen, ob es den Aktionären nach Durchführung des Angebots möglich ist, die als Aktien erhaltene Gegenleistung schnell und einfach wieder veräußern zu können.[185] Streubesitz und vergangenheitsbezogene Handelsvolumina der als Gegenleistung angebotenen Aktien können hierbei wertvolle Indizien liefern. Gleichwohl handelt es sich um eine zukunftsbezogene Betrachtung aus der

---

[183] Vgl. das Angebot der DePfa Holding plc an die Aktionäre der DePfa Deutsche Pfandbrief AG v. 19.1.2002, S. 9; *Steinmeyer/Häger/Häger/Santelmann* § 31 Rz. 72; Begr. RegE zu § 31 Abs. 2 WpÜG, BT-Drs. 14/7034, 55.
[184] Häufig diskutiert am Beispiel schwedischer A- und B-Anteile; vgl. *Baums/Thoma/Marsch-Barner* § 31 Rz. 69; *Marsch-Barner/Schäfer/Drinkuth* § 60 Rz. 269; a.A. *Assmann/Pötzsch/Schneider/Krause* § 31 Rz. 59.
[185] *Marsch-Barner/Schäfer/Drinkuth* § 60 Rz. 268; *Assmann/Pötzsch/Schneider/Krause* § 31 Rz. 47 ff.

Sicht eines objektiven Marktteilnehmers.[186] Bestanden in der Vergangenheit beispielsweise auf Grund geringen Streubesitzes lediglich zu vernachlässigende Handelsvolumina, so kann sich ein hinreichend liquider Markt auf Grund der Anzahl der vom Großaktionär als Gegenleistung angebotenen Aktien ergeben.[187]

121 Der Bieter darf neben der Pflichtgegenleistung nach Wahl der Aktionäre der Zielgesellschaft alternativ weitere Gegenleistungen anbieten.[188] Als **Wahlgegenleistung** können daher z. B. auch Schuldverschreibungen, Optionsscheine oder Aktien, die lediglich außerhalb des EWR zum Handel zugelassen sind oder im Freiverkehr gehandelt werden, angeboten werden.[189] Die Wahlgegenleistung darf auch deutlich attraktiver ausgestaltet werden. So kann der Bieter eine freiwillige Prämie beispielsweise nur für die Wahlgegenleistung anbieten.[190]

2. Höhe

122 Die den Aktionären der Zielgesellschaft im Rahmen eines Übernahmeangebots angebotene Gegenleistung muss **angemessen** sein (§ 31 Abs. 1 Satz 1 WpÜG). Bezugsgrößen für die Angemessenheit sind ausschließlich der **durchschnittliche Börsenkurs** der Aktien der Zielgesellschaft sowie **Vorerwerbspreise**, wobei der höchste so ermittelte Wert maßgeblich ist. Einer über diese Mindestpreisvorschriften hinausgehender Angemessenheitsprüfung am Maßstab des inneren Unternehmenswerts bedarf es hingegen nicht, da das Übernahmeverfahren auf eine schnelle, rechtssichere Durchführung angelegt ist und es den Aktionären der Zielgesellschaft freisteht, das öffentliche Angebot anzunehmen.[191] Des Weiteren führen Aktienerwerbe und nach § 31 Abs. 6 WpÜG gleichgestellte Vereinbarungen parallel zum Angebot sowie außerbörsliche Nacherwerbe und nach § 31 Abs. 6 WpÜG gleichgestellte Vereinbarungen zu einem Preis über dem Angebotspreis zu einer Erhöhung des Angebotspreises.

123 Im Rahmen eines Tauschangebots sind den Aktionären der Zielgesellschaft zur Sicherstellung der Angemessenheit Aktien in einem Umfang pro Aktie der Zielgesellschaft zu gewähren, dass deren Wert zusammen dem ansonsten anzubietenden Barangebot pro Aktie der Zielgesellschaft zumindest entspricht. Die als Gegenleistung angebotenen Aktien sind in gleicher Weise mit ihrem durchschnittlichen Börsenkurs zu bewerten, wie der Mindestpreis auf Grundlage des durchschnittlichen Börsenkurses für die Aktien einer Zielgesellschaft ermittelt wird.[192]

---

[186] *Baums/Thoma/Marsch-Barner* § 31 Rz. 68.
[187] Vgl. das Angebot der Delta Beteiligungen AG an die Aktionäre der Beta Systems Software AG v. 22. 2. 2006.
[188] Begr. RegE zu § 31 Abs. 2 WpÜG, BT-Drs. 14/7034, 55.
[189] Vgl. das Angebot der 2016091 Ontario Inc. an die Aktionäre der Ixos Software AG v. 1. 12. 2003, S. 10; zur Zulässigkeit einer solchen Alternativgegenleistung KölnerKomm WpÜG/*Kremer/Oesterhaus* § 31 Rz. 33.
[190] KölnerKomm WpÜG/*Kremer/Oesterhaus* § 31 Rz. 33; *Assmann/Pötzsch/Schneider/ Krause* § 31 Rz. 61.
[191] *Baums/Thoma/Marsch-Barner* § 31 Rz. 14; *Assmann/Pötzsch/Schneider/Krause* § 31 Rz. 35 f.; *Marsch-Barner/Schäfer/Drinkuth* § 60 Rz. 251.
[192] § 7 WpÜG-Angebotsverordnung iVm. §§ 5, 6 WpÜG-Angebotsverordnung; *Assmann/Pötzsch/Schneider/Krause* § 7 WpÜG-AngVO Rz. 5; *Steinmeyer/Häger/Häger/Santelmann*, § 31 Rz. 46 ff.

D. Übernahmeangebote

Bestehen mehrere Aktiengattungen, so ist für jede Aktiengattung getrennt die Angemessenheit zu bestimmen.[193] Dies ist in § 3 Satz 3 WpÜG-Angebotsverordnung ausdrücklich angelegt und verstößt auch nicht gegen den übernahmerechtlichen Gleichbehandlungsgrundsatz (§ 3 Abs. 1 WpÜG), da dieser nur innerhalb derselben Aktiengattung gilt. Die für eine Aktiengattung gezahlte Gegenleistung bedarf deshalb keiner sachlichen Rechtfertigung gegenüber der für eine andere Aktiengattung angebotenen Gegenleistung. So ist es beispielsweise zulässig, Inhabern von Stammaktien im Gegensatz zu Inhabern von stimmrechtslosen Vorzugsaktien einen Zuschlag zu gewähren oder die Zuschläge unproportional auszugestalten.[194]

a) Durchschnittlicher Börsenkurs

Die vom Bieter angebotene Gegenleistung muss mindestens dem gewichteten durchschnittlichen inländischen Börsenkurs der angebotsgegenständlichen Aktien der Zielgesellschaft während der letzten **drei Monate** vor Veröffentlichung der Entscheidung zur Abgabe des Angebots bzw. der Kontrollerlangung entsprechen (§ 5 Abs. 1 WpÜG-Angebotsverordnung). Sind die Aktien ausschließlich zum Handel an einem organisierten Markt in anderen Staaten des Europäischen Wirtschaftsraums zugelassen, so tritt der durchschnittliche Börsenkurs, der an dem organisierten Markt mit den höchsten Umsätzen ermittelt wird, an die Stelle des inländischen Börsenkurses (§ 6 Abs. 1 WpÜG-Angebotsverordnung).

Der Börsenkurs ist als Mindestpreis nicht bindend, sofern die betreffenden Aktien illiquide sind und dem Aktienkurs demzufolge keine Aussagekraft zukommt.[195] Dies ist gemäß § 5 Abs. 4 WpÜG-Angebotsverordnung dann der Fall, wenn im relevanten Dreimonatszeitraum an weniger als einem Drittel der Börsentage Börsenkurse festgestellt worden sind und mehrere nacheinander festgestellte Börsenkurse um mehr als 5% voneinander abweichen. Zur sachgerechten Bewertung der Gegenleistung ist dann eine Unternehmensbewertung im Wege des **Ertragswertverfahrens** oder des **discounted-cash-flow-Verfahrens** vorzunehmen.[196]

b) Vorerwerbe

Neben dem durchschnittlichen Börsenkurs muss die angebotene Gegenleistung zudem mindestens der höchsten vom Bieter, mit ihm gemeinsam han-

---

[193] Vgl. das Angebot der Procter & Gamble Germany Management GmbH an die Aktionäre der Wella AG v. 28. 4. 2003, S. 11 ff. sowie das Angebot der Dr. Ing. h.c. F. Porsche AG an die Aktionäre der Volkswagen AG v. 30. 4. 2007, S. 27 ff.; BaFin-Jahresbericht 2003, S. 208 f.; *Baums/Thoma/Marsch-Barner* § 31 Rz. 21; *Assmann/Pötzsch/Schneider/Krause* § 31 Rz. 29; *Habersack* ZIP 2003, 1123, 1128; a.A. *Heidel* FT Deutschland v. 8. 4. 2003, S. 32.

[194] Vgl. das Angebot der Procter & Gamble Germany Management GmbH an die Aktionäre der Wella AG v. 28. 4. 2003, S. 11 ff. sowie das Angebot der Dr. Ing. h.c. F. Porsche AG an die Aktionäre der Volkswagen AG v. 30. 4. 2007, S. 27 ff.; *Baums/Thoma/Marsch-Barner* § 31 Rz. 21; *Assmann/Pötzsch/Schneider/Krause* § 31 Rz. 29; vgl. auch BVerfG 1 BvR 1620/03 v. 2. 4. 2004, AG 2004, 607.

[195] Begr. RegE zu § 5 Abs. 4 WpÜG-Angebotsverordnung, BT-Drs. 14/7034, 80.

[196] Vgl. das Angebot der Bilfinger Berger AG an die Aktionäre der Rheinhold & Mahla AG vom 12. 7. 2002, S. 6 f.; ausführlich zu den Bewertungsmethoden: Frankfurt-Komm WpÜG/*Haarmann* § 31 Rz. 35 ff.

delnden Personen und deren Tochterunternehmen in den letzten **sechs Monaten** vor Veröffentlichung der Angebotsunterlage für den Erwerb von Aktien der Zielgesellschaft gewährten oder vereinbarten Gegenleistung entsprechen (§ 4 Satz 1 WpÜG-Angebotsverordnung). Dem gleichzustellen ist der Abschluss von Vereinbarungen, auf deren Basis eine der vorgenannten Personen die Übertragung von Aktien verlangen kann (§ 4 Satz 2 WpÜG-Angebotsverordnung iVm. § 31 Abs. 6 Satz 1 WpÜG). Die Gleichstellung gilt unabhängig davon, ob und wann es zu einer Übertragung dieser Aktien kommt.[197] Nach Auffassung der BaFin besteht die Pflicht zur Berücksichtigung von Vorerwerben auch dann, wenn es sich bei dem Erwerb der Aktien um einen konzerninternen Erwerb handelt.[198] Dieser Standpunkt verkennt aber, dass die Rechtfertigung der Bezugnahme auf Vorerwerbspreise darin liegt, dass unabhängige Parteien im Zweifel einen fairen Wert vereinbaren werden, während bei gruppeninternen Transaktionen eine ganze Reihe von anderen Gesichtspunkten den Ausschlag für die Preisfestsetzung geben kann.[199] Die Ausübung gesetzlicher Bezugsrechte aus Kapitalerhöhungen hat auf den Mindestangebotspreis hingegen keine Auswirkung (§ 31 Abs. 6 Satz 2 WpÜG).

128 Im Hinblick auf die Angemessenheit der Angebotsgegenleistung sind allein Leistungen relevant, die der Bieter an Aktionäre im Austausch für den Erwerb der Aktien der Zielgesellschaft erbringt, die also mit dem Vorerwerb in einem **Gegenseitigkeitsverhältnis** stehen. Davon nicht erfasst sind Leistungen, die der Bieter aus anderen Gründen gewährt. Dazu können insbesondere dem Vorstand eingeräumte *management incentives*[200] oder Aktionärsvereinbarungen mit weiteren Aktionären gehören, wobei bei Letzteren schon zweifelhaft sein kann, ob überhaupt ein geldwerter Vorteil vorliegt. So hat beispielsweise eine Aktionärsvereinbarung, durch welche der Bieter im Vorfeld des Angebots mit einem Aktionär eine zukünftige Koordination der Ausübung der Stimmrechte vereinbart, keine Auswirkungen auf die Angemessenheit der Gegenleistung.[201]

c) Parallel-/Nacherwerbe

129 Erwirbt der Bieter, mit ihm gemeinsam handelnde Personen oder deren Tochterunternehmen nach Veröffentlichung der Angebotsunterlage bis zur Veröffentlichung der Ergebnisbekanntmachung nach Ablauf der Annahmefrist (§ 23 Abs. 1 Satz 1 Nr. 2 WpÜG) Aktien der Zielgesellschaft zu einem Preis über dem Angebotspreis, so erhöht sich der Angebotspreis entsprechend. Gleiches gilt für den Abschluss von Vereinbarungen, auf Grund derer eine der vorgenannten Personen die Übereignung von Aktien verlangen kann (§ 31 Abs. 4, 6 WpÜG). Dies gilt sowohl für börsliche als auch für außerbörsliche Aktienerwerbe.

---

[197] *Assmann/Pötzsch/Schneider/Krause* § 4 WpÜG-AngVO Rz. 24; *Baums/Thoma/Marsch-Barner* § 31 Rz. 118.
[198] Vgl. das Angebot der Erwerbsgesellschaft der S-Finanzgruppe mbH & Co KG an die Aktionäre der Landesbank Berlin Holding AG v. 1. 8. 2007, S. 14, 24 f.
[199] *Baums/Thoma/Marsch-Barner* § 31 Rz. 25; *Assmann/Pötzsch/Schneider/Krause* § 4 WpÜG-AngVO Rz. 11.
[200] *Assmann/Pötzsch/Schneider/Krause* § 31 Rz. 115.
[201] Vgl. das Angebot der RAG Projektgesellschaft mbH an die Aktionäre der Degussa AG v. 24. 6. 2002, S. 14 ff.

D. Übernahmeangebote 130–132 § 27

Außerbörsliche Aktienerwerbe (und nach § 31 Abs. 6 gleichgestellte Vereinbarungen) über dem Angebotspreis, die innerhalb eines Jahres nach Veröffentlichung der Ergebnisbekanntmachung nach § 23 Abs. 1 Satz 1 Nr. 2 WpÜG getätigt werden, erhöhen den Angebotspreis nachträglich. Börsenkäufe sind hingegen uneingeschränkt möglich, ohne dass der Angebotspreis erhöht wird. Dies gilt unabhängig davon, in welchem Marktsegment die Börsenkäufe vorgenommen werden, so dass auch Erwerbe im Freiverkehr ohne Preiserhöhung möglich sind. Dies sollte auch für Erwerbe von Aktien über multilaterale Handelssysteme im Sinne von § 2 Abs. 3 Nr. 8 WpHG gelten, da sie Börsen in allen materiellen Regelungen gleichstehen. **130**

Parallelerwerbe sind mittlerweile das in der Praxis vorherrschende Mittel, den **Angebotspreis zu erhöhen**.[202] Die Angebotserhöhung durch den Kauf von angebotsgegenständlichen Aktien zu dem gewünschten Preis hat für den Bieter gegenüber einer formalen Angebotsänderungen den Vorteil, dass sie nach dem ausdrücklichen Gesetzeswortlaut zeitlich nicht gebunden ist und auch noch kurz vor Ablauf der Annahmefrist oder als Nacherwerb in der weiteren Annahmefrist vorgenommen werden kann. Dies kann insbesondere bei konkurrierenden Angeboten von Bedeutung sein. Mangels entsprechender Regelungsanordnung gelten auch die übrigen Schutzvorschriften des § 21 WpÜG, wie das Rücktrittsrecht der Aktionäre, die das Angebot angenommen haben, die Pflicht zur Beibringung einer neuen Finanzierungsbestätigung und die Fristverlängerung bei einer Änderung des Angebots innerhalb der letzten beiden Wochen der Annahmefrist nicht.[203] **131**

d) Veränderliche Preise

Solange der Bieter sicherstellt, dass der Mindestangebotspreis eingehalten wird, sind auch veränderliche Preise zulässig. Das gilt zunächst für sog. **mix and match-Angebote**,[204] bei denen der Bieter eine gemischte Gegenleistung anbietet und den annehmenden Aktionären freistellt, mehr von der einen oder anderen Gegenleistungsart haben zu wollen, was dann für alle annehmenden Aktionäre, die eine Wahl getroffen haben, in dem Umfang erfüllt wird, wie annehmende Aktionäre die gegenteilige Wahl getroffen haben. Da dem Angebot eine feste Gegenleistung zugrunde liegt und die Wahlmöglichkeit den annehmenden Aktionären nur noch entgegenkommt, gibt es keinen Grund mix and match-Angebote nicht zuzulassen. Unter der Voraussetzung, dass der Mindestangebotspreis eingehalten wird, sind aber auch Angebote unter Verwendung von **Preisformeln** zulässig.[205] Das Gesetz lässt Tauschangebote ausdrücklich zu, bei denen die Gegenleistung gemessen am Börsenkurs der angebotenen Aktien Wertveränderungen unterworfen ist, so dass die Zulässigkeit von Wertveränderungen der Gegenleistung während der Angebotsfrist bereits im Gesetz **132**

---

[202] Vgl. aus jüngerer Vergangenheit etwa die entsprechende Wasserstandsmeldung der Schaeffler KG v. 22. 8. 2008 betreffend die Übernahme der Continental AG.
[203] Vgl. aus jüngerer Vergangenheit etwa die entsprechende Wasserstandsmeldung der Schaeffler KG v. 22. 8. 2008 betreffend die Übernahme der Continental AG; a.A. *Rothenfußer/Friese-Dormann/Rieger* AG 2007, 137, 153.
[204] Vgl. auch *Assmann/Pötzsch/Schneider/Krause* § 31 Rz. 64.
[205] Vgl. das Angebot der E.ON Energie AG an die Aktionäre der CONTIGAS Deutsche Energie-Aktiengesellschaft v. 11. 5. 2005, S. 8 ff.

angelegt ist. Um dem Bestimmtheitsgrundsatz zu genügen, muss die verwendete Preisberechnung aber für einen durchschnittlichen Anleger gut nachzuvollziehen sein und in der Angebotsunterlage am besten unter Verwendung von Beispielen erläutert werden.

III. Unzulässigkeit von Teilangeboten

133 Der Bieter muss ein Übernahmeangebot grundsätzlich auf alle von der Zielgesellschaft ausgegebenen Aktien richten (§ 32 WpÜG). Dem Bieter steht daher weder die Möglichkeit offen, das Übernahmeangebot auf einzelne Aktiengattungen zu beschränken und beispielsweise nur auf Stammaktien aber nicht auf **stimmrechtslose Vorzugsaktien** zu richten noch innerhalb einer Aktiengattung auf den Erwerb einer Höchststückzahl zu beschränken.[206] Dieser Grundsatz gilt auch für Aktien, die erst während der Annahmefrist entstehen,[207] und zwar sowohl für solche neuen Aktien, für die Bezugsrechte bereits vor der Annahmefrist begründet waren,[208] als auch für solche neuen Aktien, für die der Kapitalerhöhungsbeschluss erst während der Annahmefrist gefasst wird. Der Bieter ist jedoch berechtigt, sein Angebot für die **weitere Annahmefrist** auf diejenigen Aktien zu beschränken, die bis zum Ablauf der Annahmefrist entstanden sind.[209]

134 Eine Ausnahme von dem Grundsatz des Vollangebots gilt bei einer Befreiungsverfügung der BaFin auf Grund eines **grenzüberschreitenden Angebots**,[210] die es dem Bieter erlaubt, Wertpapierinhaber mit Sitz außerhalb des Europäischen Wirtschaftsraums von dem Angebot auszunehmen. Darüber hinaus können **eigene Aktien der Zielgesellschaft** und diesen gleichzustellende Aktien von einem Übernahmeangebot ausgenommen werden,[211] was in der bisherigen Praxis keine Rolle gespielt hat.

135 Auf Wertpapiere, die Aktien repräsentieren und ausschließlich an Börsen außerhalb des EWR gehandelt werden, kann sich das Übernahmeangebot nicht erstrecken[212]; eine Frage, die sich typischerweise im Zusammenhang mit **American Depository Receipts** (ADRs) stellt. Die BaFin würde nicht über die notwendigen Informationen verfügen, um den für die ADRs gebotenen Preis zu überprüfen. Das Angebot muss jedoch auch auf die den ADRs zugrunde liegenden Aktien gerichtet sein. Da ADR-Programme das Recht der Inhaber vorsehen, die Herausgabe der zugrunde liegenden Aktien zu verlan-

---

[206] *Baums/Thoma/Diekmann* § 32 Rz. 5; *Assmann/Pötzsch/Schneider/Möller* § 32 Rz. 6; *Steinmeyer/Häger/Steinmeyer* § 32 Rz. 3.
[207] *Baums/Thoma/Diekmann* § 32 Rz. 7; KölnerKomm WpÜG/*Hasselbach* § 32 Rz. 5.
[208] KölnerKomm WpÜG/*Hasselbach* § 32 Rz. 5; *Assmann/Pötzsch/Schneider/Möller* WpÜG § 32 Rz. 11.
[209] Vgl. das Angebot der Schaeffler KG an die Aktionäre der Continental AG v. 30. 7. 2008, S. 32; FrankfurtKomm WpÜG/*Vogel* § 32 Rz. 17; *Assmann/Pötzsch/Schneider/Möller* § 32 Rz. 11.
[210] Vgl. Rz. 87 ff.
[211] *Assmann/Pötzsch/Schneider/Möller* § 32 Rz. 7 ff.; *Baums/Thoma/Diekmann* § 32 Rz. 9 f. (entsprechende Anwendung von § 35 Abs. 2 Satz 3 WpÜG).
[212] BaFin-Jahresbericht 2006, S. 184; *Ehricke/Ekkenga/Oechsler/Ekkenga* WpÜG § 32 Rz. 10; a.A. KölnerKomm WpÜG/*Hasselbach* § 32 Rz. 11; *Assmann/Pötzsch/Schneider/Möller* § 32 Rz. 12 ff.; *Baums/Thoma/Diekmann* § 32 Rz. 12.

gen, ist in der Praxis sichergestellt, dass auch die Inhaber von ADRs an dem Angebot teilnehmen können.[213]

IV. Verhaltenspflichten der Zielgesellschaft

In Bezug auf Übernahmeangebote sieht das WpÜG zwei unterschiedlich ausgestaltete **Verhinderungsverbote** vor, keine Handlungen vorzunehmen, durch die der Erfolg des Übernahmeangebots verhindert werden könnte. Sofern die Satzung der Zielgesellschaft nichts anderes vorsieht, ist der Vorstand der Zielgesellschaft dem nationalen Verhinderungsverbot des § 33 WpÜG unterworfen, das seit 2002 Bestandteil des WpÜG ist. Daneben ist durch das Übernahmerichtlinie-Umsetzungsgesetz das Europäische Verhinderungsverbot des § 33a WpÜG in das WpÜG inkorporiert worden, das durch die Europäische Durchbrechungsregel des § 33b WpÜG ergänzt wird. Das Europäische Verhinderungsverbot und die Europäische Durchbrechungsregel sind nur dann anwendbar, wenn die Hauptversammlung der Zielgesellschaft per Satzungsänderung für deren Anwendung optiert hat. **136**

1. Nationales Verhinderungsverbot

Das nationale Verhinderungsverbot richtet sich an den **Vorstand** und ist von der Veröffentlichung der Entscheidung zur Abgabe eines Angebots durch den Bieter nach § 10 WpÜG bis zur Veröffentlichung der Ergebnisbekanntmachung nach Ablauf der (regulären) Annahmefrist nach § 23 Abs. 1 Satz 1 Nr. 2 WpÜG anwendbar.[214] Auch außerhalb dieses Zeitraums ist nicht jede Verteidigungsmaßnahme zulässig. Der Vorstand einer Zielgesellschaft wird in seinem Handeln vielmehr durch die **allgemeinen aktienrechtlichen Grundsätze** beschränkt, insbesondere müssen die getroffenen Maßnahmen im Unternehmensinteresse liegen und dürfen nicht mit einer Schädigung der Zielgesellschaft verbunden sein.[215] **137**

Vom Verhinderungsverbot sind alle strukturellen Maßnahmen des Vorstands zur Verhinderung des Erfolgs des Angebots umfasst. Nicht erfasst sind jedoch ablehnende Äußerungen des Vorstands oder eine ablehnende Stellungnahme nach § 27 WpÜG im Hinblick auf das Übernahmeangebot.[216] Das Verhinderungsverbot verbietet hierbei alle Maßnahmen, die generell geeignet sind, den Erfolg des Angebots zu gefährden. Auf eine konkrete Vereitelungsabsicht kommt es nicht an.[217] **138**

Das Verhinderungsgebot bedeutet jedoch keine absolute Einschränkung der Handlungsmöglichkeiten des Vorstands. Vielmehr bleiben folgende Maßnahmen zulässig, sofern diese im Gesellschaftsinteresse liegen und unter Wahrung **139**

---

[213] Vgl. das Angebot der Dritte BV GmbH an die Aktionäre der Schering AG v. 13. 4. 2006, S. 19; Angebot der TDK Germany GmbH an die Aktionäre der EPCOS AG v. 25. 8. 2008, S. 49 f.
[214] *Marsch-Barner/Schäfer/Drinkuth* § 60 Rz. 320; FrankfurtKomm WpÜG/*Röh* § 33 Rz. 37.
[215] *Assmann/Pötzsch/Schneider/Krause/Pötzsch* § 33 Rz. 244.
[216] Vgl. KölnerKomm WpÜG/*Hirte* § 33 Rz. 63; *Baums/Thoma/Grunewald* § 33 Rz. 11.
[217] Begr. RegE zu § 33 WpÜG, BT-Drs. 14/7034, 57; *Baums/Thoma/Grunewald* § 33 Rz. 22, 26.

der Kompetenzordnung der Aktiengesellschaft erfolgen (§ 33 Abs. 1 Satz 2, Abs. 2 WpÜG):[218]
- Handlungen, denen der **Aufsichtsrat** zugestimmt hat; in diesem Zusammenhang war lange Zeit umstritten gewesen, ob der Vorstand während eines Übernahmeverfahrens mit Zustimmung des Aufsichtsrats von einfachen Ermächtigungsbeschlüssen der Hauptversammlung Gebrauch machen darf oder ob die Ausnutzung einer solchen Ermächtigung nur dann zulässig ist, wenn die Ermächtigung den zusätzlichen Anforderungen des § 33 Abs. 2 WpÜG genügt.[219] In Übereinstimmung mit der Gesetzesbegründung[220] lässt die herrschende Meinung zu Recht einfache Ermächtigungsbeschlüsse ausreichen. In den konkurrierenden Angeboten der AREVA und der Suzlon Windenergie GmbH an die Aktionäre der REpower Systems AG hat die BaFin die 10%ige Kapitalerhöhung der REpower Systems AG aus genehmigtem Kapital nach Veröffentlichung der Angebotsunterlage von AREVA unbeanstandet gelassen;[221]
- die Suche nach einem konkurrierenden Bieter (**white knight**);[222]
- Handlungen, die auch ein **ordentlicher und gewissenhafter Geschäftsleiter** einer Gesellschaft, die nicht von einem Übernahmeangebot betroffen ist, vorgenommen hätte (insbesondere Fortführung des Tagesgeschäfts) oder die bereits vor Veröffentlichung der Entscheidung zur Abgabe des Angebots angelegt waren;[223] der Vorstand sollte hier auf eine genaue Dokumentation der Maßnahmen achten;[224]
- Handlungen, zu denen die **Hauptversammlung** den Vorstand ermächtigt hat. Die Ermächtigung durch die Hauptversammlung kann entweder im Vorfeld des Angebots für höchstens 18 Monate als sog. Vorratsermächtigung oder nach der Veröffentlichung zur Entscheidung der Abgabe des Angebots nach § 10 WpÜG erteilt werden. Vorratsermächtigungen haben jedoch bislang keine praktische Bedeutung.[225]

---

[218] *Steinmeyer/Häger/Steinmeyer* § 33 Rz. 6; *Baums/Thoma/Grunewald* § 33 Rz. 50.
[219] Vgl. MünchKomm AktG/Bd. 6/*Schlitt* § 33 WpÜG Rz. 140 f., 169 mwN.
[220] Beschlussempfehlung und Bericht des Finanzausschusses zum WpÜG, BT-Drs. 14/7477, 53.
[221] Vgl. die Ad-hoc-Mitteilung der REpower Systems AG v. 20. 3. 2007 sowie die am 22. 3. 2007 erfolgte Änderung des Angebots der Société des Participations du Commissariat à l'Energie Atomique (AREVA) an die Aktionäre der REpower Systems AG v. 5. 2. 2007, in der die Bieterin auf die Angebotsbedingung des Ausbleibens der Durchführung einer Kapitalerhöhung nachträglich verzichtete, sowie das konkurrierende Angebot der Suzlon Windenergie GmbH v. 28. 2. 2007.
[222] Vgl. etwa BC Partners im Hinblick auf das Angebot der MEIF II Energie Beteiligungen GmbH & Co KG an die Aktionäre der Techem AG v. 16. 11. 2006, BaFin-Jahresbericht 2006, S. 184.
[223] Vgl. der von der Beta Systems Software AG durchgeführte Aktiensplit nach Veröffentlichung der Entscheidung zur Abgabe eines Übernahmeangebots durch die Delta Beteiligungen AG; siehe, Angebot der Delta Beteiligungen AG an die Aktionäre der Beta Systems Software AG v. 22. 2. 2006, S. 7 ff.; vgl. auch Begr. RegE zu § 33 WpÜG, BT-Drs. 14/7034, 58; *Assmann/Pötzsch/Schneider/Krause/Pötzsch* § 33 Rz. 145.
[224] *Assmann/Pötzsch/Schneider/Krause/Pötzsch* § 33 Rz. 149; *Steinmeyer/Häger/Steinmeyer* § 33 Rz. 21.
[225] MünchKomm AktG/Bd. 6/*Schlitt* § 33 WpÜG Rz. 202; *Assmann/Pötzsch/Schneider/Krause/Pötzsch* § 33 Rz. 203; *Steinmeyer/Häger/Steinmeyer* § 33 Rz. 54.

2. Europäisches Verhinderungsverbot/Durchbrechungsregel

Das Europäische Verhinderungsverbot und die Europäische Durchbrechungsregel sind nur dann anwendbar, wenn sich die Hauptversammlung der Zielgesellschaft per Satzungsänderung für deren Anwendung entscheidet (sog. **Opt-in**). Hierzu bedarf es eines Beschlusses mit einer Mehrheit von 75% des anwesenden stimmberechtigten Grundkapitals, sofern die Zielgesellschaft nicht von § 179 Abs. 2 Satz 2 AktG Gebrauch gemacht und die relevante Mehrheit verändert hat. Auf Grund der gängigen Satzungsbestimmungen würde bei den meisten Gesellschaften deshalb die einfache Mehrheit ausreichen.

Die Hauptversammlung einer Zielgesellschaft, die für die Anwendung des Europäischen Verhinderungsverbots und/oder die Europäische Durchbrechungsregel optiert hat, kann nach § 33c WpÜG mit einfacher Mehrheit der Stimmen beschließen,[226] dass diese Regelungen keine Anwendung finden sollen, wenn sich der Bieter oder ein ihn beherrschendes Unternehmen keinen entsprechenden Regelungen unterworfen hat (sog. **Reziprozität**).

Bislang hat sich keine der bedeutenderen deutschen Gesellschaften für das Europäische Verhinderungsverbot oder die Europäische Durchbrechungsregel entschieden.[227]

a) Europäisches Verhinderungsverbot

Das Europäische Verhinderungsverbot ist dem nationalen Verhinderungsverbot sehr ähnlich. Im Gegensatz zum nationalen Verhinderungsverbot des § 33 WpÜG wird vom europäischen Verhinderungsverbot jedoch auch der Aufsichtsrat der Zielgesellschaft erfasst, so dass Verteidigungsmaßnahmen nicht mehr allein durch die Zustimmung des Aufsichtsrats legitimiert werden können. Darüber hinaus sind Vorratsbeschlüsse der Hauptversammlung unzulässig,[228] und die Ausnahme vom Verhinderungsverbot betreffend Maßnahmen des gewöhnlichen Geschäftsverlaufs ist enger gefasst.

b) Europäische Durchbrechungsregel

Bei Anwendung der europäischen Durchbrechungsregel finden während der Annahmefrist eines Angebots satzungsmäßige und vertragliche Übertragungsbeschränkungen gegenüber dem Bieter keine Anwendung (§ 33b Abs. 2 Nr. 1 WpÜG). Auch entfalten Stimmbindungsverträge keine Wirkung auf einer Hauptversammlung, die während der Annahmefrist über Abwehrmaßnahmen beschließt (§ 33b Abs. 2 Nr. 2 WpÜG).

In der ersten Hauptversammlung nach Vollzug des Angebots, die auf Verlangen des Bieters einberufen wird, um die Satzung zu ändern oder über die Besetzung des Aufsichtsrats der Zielgesellschaft zu entscheiden, entfalten zudem Stimmbindungsverträge sowie Entsendungsrechte keine Wirkung, sofern der Bieter über mindestens 75% der Stimmrechte der Zielgesellschaft verfügt (§ 33b Abs. 2 Nr. 3 WpÜG). Auch kann die Hauptversammlung mit einer verkürzten Frist von zwei Wochen einberufen werden (§ 33b Abs. 4 WpÜG).

---

[226] Baums/Thoma/Kiem § 33c Rz. 7.
[227] Vgl. auch BaFin-Jahresbericht 2006, S. 185.
[228] Baums/Thoma/Kiem § 33a Rz. 40.

146 Ausgenommen von der Durchbrechungsregel sind stimmrechtslose Vorzugsaktien sowie vor dem 22.4.2004 vereinbarte vertragliche Übertragungsbeschränkungen und Stimmbindungsverträge (§ 33 Abs. 2 Satz 2 WpÜG).

3. Verbot der Gewährung ungerechtfertigter Leistungen

147 Dem Bieter und mit ihm gemeinsam handelnden Personen ist es verboten, Organmitgliedern der Zielgesellschaft im Zusammenhang mit dem Angebot geldwerte Vorteile zu gewähren oder in Aussicht zu stellen (§ 33d WpÜG). Dies betrifft allein Leistungen, die nicht aus sachlich nachvollziehbaren Erwägungen gewährt werden und die Organe zu einem nicht am Interesse ihrer Gesellschaft und ihrer Anteilseigner orientierten Verhalten bewegen sollen.[229] *Management incentives* im üblichen Umfang, durch die das Management in seiner Arbeit für die Zielgesellschaft durch eine Beteiligung an der zukünftigen wirtschaftlichen Entwicklung der Zielgesellschaft motiviert werden soll, sind daher zulässig.

E. Pflichtangebote

I. Angebotspflicht

148 Wer unmittelbar oder mittelbar die Kontrolle über eine Zielgesellschaft erlangt, hat den anderen Aktionären ein Pflichtangebot zu unterbreiten. Diese Verpflichtung besteht nicht, wenn die Kontrolle auf Grund eines Übernahmeangebots erworben wurde.[230] Das Pflichtangebot hat sich grundsätzlich auf **alle Aktien der Zielgesellschaft** zu erstrecken. Nur eigene Aktien der Zielgesellschaft und diesen gleichzustellende Aktien der Zielgesellschaft können von dem Pflichtangebot ausgenommen werden.[231]

149 **Kontrolle** ist nach der Legaldefinition des § 29 Abs. 2 WpÜG das Halten von mindestens 30% der Stimmrechte an einer Zielgesellschaft. Bei der Berechnung der Gesamtzahl der Stimmrechte sind sowohl eigene Aktien der Zielgesellschaft als auch Vorzugsaktien zu berücksichtigen, deren Stimmrecht nach § 140 Abs. 2 AktG auflebt. Unerheblich ist dabei, ob der Bieter die Aktien aufgrund eines Vertrags (börslich oder außerbörslich), durch Gesetz oder auf sonstige Weise erworben hat oder ihm die in den Aktien verkörperten Stimmrechte zugerechnet werden. Die Kontrolle kann mithin auch passiv, d.h. ohne Zutun des Bieters, erworben werden, z.B. durch die Einziehung eigener Aktien der Zielgesellschaft.

150 Die Zurechnungstatbestände des WpÜG sind mit denjenigen des WpHG in Bezug auf bedeutende Stimmrechtsmitteilungen identisch. Eine **Zurechnung von Stimmrechten** aus Aktien, die von Dritten gehalten werden, erfolgt mithin in den folgenden Fällen:
– Die Stimmrechte gehören einem **Tochterunternehmen** des Bieters (§ 30 Abs. 1 S. 1 Nr. 1 WpÜG). Als solche gelten Unternehmen, die entweder nach § 290 HGB in den Konzernabschluss des Bieters zu konsolidieren sind oder

---

[229] Begr. RegE zu § 33 WpÜG, BT-Drs. 14/7034, 59; *Assmann/Pötzsch/Schneider/ Krause/Pötzsch* § 33 Rz. 336.
[230] § 35 Abs. 3 WpÜG; vgl. *Assmann/Pötzsch/Schneider/Krause/Pötzsch* § 35 Rz. 270 ff.
[231] § 35 Abs. 2 S. 3 WpÜG.

E. Pflichtangebote

auf die der Bieter im Sinne des § 17 AktG beherrschenden Einfluss ausüben kann, ohne dass es auf die Rechtsform oder den Sitz ankommt. Eine Minderheitsbeteiligung kann demnach ausreichen, wenn diese auf Grund der geringen Hauptversammlungspräsenz beim Tochterunternehmen eine faktische Mehrheit begründet.

- Die Aktien werden von einem Dritten **für Rechnung des Bieters** gehalten (§ 30 Abs. 1 S. 1 Nr. 2 WpÜG). Dabei muss der Bieter wesentliche wirtschaftliche Risiken oder Chancen aus den Aktien tragen.[232] Um eine Ausuferung dieses Zurechnungstatbestands zu vermeiden, ist anerkannt, dass dieser mit Rücksicht auf den Sinn und Zweck der Zurechnungsregelungen, Einflusspotentiale aufzuzeigen, einschränkend auszulegen ist. Der Bieter muss daher zusätzlich auch die rechtliche oder tatsächliche Möglichkeit haben, auf die Ausübung der Stimmrechte Einfluss zu nehmen.[233] Ob der Bieter hiervon auch Gebrauch macht, ist unerheblich.
- Der Bieter hat Aktien der Zielgesellschaft einem Dritten als **Sicherheit** übertragen (§ 30 Abs. 1 S. 1 Nr. 3 WpÜG). Eine Zurechnung erfolgt nur dann nicht, wenn der Dritte zur Ausübung der Stimmrechte aus diesen Aktien befugt ist und die Absicht bekundet, die Stimmrechte unabhängig von den Weisungen des Bieters auszuüben.
- An den Aktien der Zielgesellschaft ist zugunsten des Bieters ein **Nießbrauch** bestellt (§ 30 Abs. 1 S. 1 Nr. 4 WpÜG).
- Der Bieter kann die stimmberechtigten Aktien **durch einseitige Willenserklärung dinglich erwerben,** ohne dass hierzu die Mitwirkung einer anderen Person erforderlich ist (§ 30 Abs. 1 S. 1 Nr. 5 WpÜG).[234] Dies ist insbesondere bei dinglich ausgestalteten Optionen der Fall. Die überwiegende Zahl der börsengehandelten Optionen löst hingegen keine Zurechnung aus. Diese sind schuldrechtlich ausgestaltet und erfordern noch Mitwirkungshandlungen seitens des Vertragspartners, um den dinglichen Aktienerwerb zu vollziehen.[235]
- Die Stimmrechte sind dem Bieter **anvertraut,** oder der Bieter kann diese als **Bevollmächtigter** ohne Weisungen des Aktionärs nach eigenem Ermessen ausüben (§ 30 Abs. 1 S. 1 Nr. 6 WpÜG).
- Die Stimmrechte stehen einem Dritten zu, mit dem der Bieter oder sein Tochterunternehmen sein Verhalten in Bezug auf die Zielgesellschaft auf Grund einer Vereinbarung oder in sonstiger Weise abstimmt (**acting in concert**) (§ 30 Abs. 2 S. 1 WpÜG). Ausgenommen davon sind Vereinbarungen in Einzelfällen.

Der relativ unbestimmte Wortlaut der Regelung hatte seit seiner Einführung im Jahre 2002 in der Praxis für Rechtsunsicherheit gesorgt und war Gegenstand mehrerer Gerichtsentscheidungen.[236] Im Jahre 2006 hat der BGH in der

---

[232] *Baums/Thoma/Diekmann* § 30 Rz. 31; *Assmann/Pötzsch/Schneider/Schneider* § 30 Rz. 25 und 30 f.
[233] Kölner Komm WpÜG/*v. Bülow* § 30 Rz. 54; *Baums/Thoma/Diekmann* § 30 Rz. 32.
[234] Begr. RegE zu § 30 WpÜG, BT-Drs. 14/7034, 43.
[235] *Marsch-Barner/Schäfer/Schäfer* § 17 Rz. 27 f.
[236] Nach Ansicht des Oberlandesgerichts Frankfurt war ein abgestimmtes Verhalten nicht ohne Weiteres deshalb anzunehmen, weil die Beteiligten den gleichgerichteten Willen haben, das Unternehmen in Fortführung eines bereits vorhandenen Konzepts zu sanieren. Erforderlich sei vielmehr eine bewusste Zusammenarbeit mit dem Ziel, die Mitgliedschaftsrechte koordiniert und kontinuierlich auszuüben sowie nachhaltig Ein-

WMF-Entscheidung den Zurechnungstatbestand dahingehend konkretisiert, dass die Parteien ihr Verhalten in Bezug auf die **Ausübung von Stimmrechten** in der Hauptversammlung abstimmen müssen, um den Zurechnungstatbestand zu erfüllen.[237]

152 Der Zurechnungstatbestand des acting in concert wurde jüngst durch das Risikobegrenzungsgesetz[238] neu gefasst. Danach erfüllen zum einen weiterhin Absprachen über die Stimmrechtsausübung in der Hauptversammlung den Tatbestand des acting in concert.[239] Zum anderen wird zukünftig auch ein sonstiges Zusammenwirken mit dem Ziel einer dauerhaften und erheblichen **Änderung der unternehmerischen Ausrichtung** des Emittenten erfasst. Dies bezieht sich insbesondere auf grundlegende Änderungen des Geschäftsmodells oder eine Trennung von wesentlichen Geschäftsbereichen.[240] Der abgestimmte Erwerb von Aktien allein erfüllt jedoch weiterhin nicht den Zurechnungstatbestand des acting in concert.[241]

153 Für die Stimmrechtszurechnung stehen dem Bieter Tochterunternehmen des Bieters gleich. Die Stimmrechte des Tochterunternehmens werden dem Bieter in voller Höhe zugerechnet.

154 Mit dem Kontrollerwerb ist der Bieter zunächst verpflichtet, die Kontrollerlangung unverzüglich, spätestens innerhalb von sieben Kalendertagen, zu veröffentlichen (§ 35 Abs. 1 S. 1 WpÜG). Anschließend hat er innerhalb von vier Wochen nach dieser Veröffentlichung der BaFin eine Angebotsunterlage zu übermitteln und diese nach Gestattung unverzüglich zu veröffentlichen (§ 35 Abs. 2 Satz 1 WpÜG). Auf das Angebotsverfahren finden die Regeln für einfache Erwerbsangebote und Übernahmeangebote mit Ausnahme der in § 39 WpÜG genannten Vorschriften Anwendung. Insbesondere ist ein Pflichtangebot naturgemäß grundsätzlich **bedingungsfeindlich**. Es kann deshalb nur unter die Bedingung der Erteilung auf Grund öffentlicher–rechtlicher Genehmigungs- oder Untersagungsvorbehalte zwingend erforderlicher Freigaben gestellt werden.[242]

fluss zu nehmen (WpÜG 5, 6 und 8/03 v. 25.6.2004, ZIP 2004, 1309 (Pixelpark); diesem folgend OLG Stuttgart 20 U 16/03 v. 10.11.2004, ZIP 2004, 2232, 2238 und LG Hamburg 412 O 102/04 v. 26.10.2006, ZIP 2007, 427, 429).
[237] BGH II ZR 137/05 v. 18.9.2006, BB 2006, 2432.
[238] Gesetz zur Begrenzung der mit Finanzinvestitionen verbundenen Risiken v. 12. August 2008, BGBl. I 2008, 1666.
[239] Die vom Oberlandesgericht Frankfurt in der Pixelpark-Entscheidung (vgl. Fn. 236) entwickelten Grundsätze bleiben insoweit anwendbar; vgl. auch *v. Bülow/Stephanblome* ZIP 2008, 1798.
[240] Bericht des Finanzausschusses zum Risikobegrenzungsgesetz, BT-Drs. 16/9821, 16.
[241] Bericht des Finanzausschusses zum Risikobegrenzungsgesetz, BT-Drs. 16/9821, 15; die BaFin hatte bereits 2004 im Zusammenhang mit dem gemeinsamen Erwerb eines Beiersdorf-Aktienpakets unter Beteiligung der Tchibo Holding AG entschieden, dass ein acting in concert nur dann vorliege, wenn ein über den Erwerb hinausgehendes gemeinsames Interesse verfolgt wird (vgl. Pressemitteilung der BaFin v. 23.1.2004).
[242] Vgl. das Angebot der Dr. Ing. h.c. F. Porsche AG an die Aktionäre der Volkwagen AG v. 30.4.2007, S. 40; das Angebot der Same Deutz-Fahr Holding & Finance BV an die Aktionäre der Deutz AG v. 3.6.2006, S. 7 sowie das Angebot der ERGO Versicherungsgruppe AG an die Aktionäre der MEDICLIN AG v. 14.8.2008; S. 25; KölnerKomm WpÜG/*v. Bülow* § 39 Rz. 46 ff.; *Assmann/Pötzsch/Schneider/Pötzsch* § 39 Rz. 18; a.A. *Ehricke/Ekkenga/Oechsler/Ekkenga* § 39 Rz. 6.

E. Pflichtangebote

II. Ausnahmen von der Angebotspflicht; Befreiungen

Trotz Erreichen oder Überschreiten der Kontrollschwelle von 30% der Stimmrechte ist die betroffene Person von einer Veröffentlichung des Kontrollerwerbs und der Abgabe eines Pflichtangebots ausgenommen, sofern die Kontrolle auf Grund eines Übernahmeangebots erworben wurde (§ 35 Abs. 3 WpÜG), die BaFin einem Antrag auf Nichtberücksichtigung von Stimmrechten stattgibt (§ 20 WpÜG bzw. § 36 WpÜG) oder die BaFin eine Befreiung von der Angebotspflicht erteilt (§ 37 WpÜG). 155

1. Kontrollerlangung auf Grund eines Übernahmeangebots

Der Bieter ist nach § 35 Abs. 3 WpÜG von der Verpflichtung zur Veröffentlichung der Kontrolle und Abgabe eines Angebots befreit, sofern die Kontrolle über die Zielgesellschaft auf Grund eines Übernahmeangebots erworben wurde. Diese Regelung findet ihren Grund darin, dass der Gesetzgeber das Übernahmeangebot so ausgestaltet hat, dass es ein Pflichtangebot vorwegnimmt. Da es für den Schutz der Aktionäre ausreicht, dass ein ordnungsgemäß durchgeführtes Übernahmeangebot ihnen die Gelegenheit zur Veräußerung ihrer Aktien an der Zielgesellschaft geboten hat, ist nicht erforderlich, dass der Kontrollerwerb durch den Vollzug des Übernahmeangebots eintritt. Es reicht aus, ist aber auch erforderlich, dass ein zeitlicher und sachlicher Zusammenhang zwischen dem Übernahmeangebot und der Kontrollerlangung besteht.[243] Zu den wichtigsten Anwendungsfällen gehören 156
– der dingliche Vollzug eines vor oder auf den Ablauf der Annahmefrist geschlossen Verpflichtungsgeschäfts während oder nach Ablauf der (weiteren) Annahmefrist, wobei bei einem Vollzug nach dem Ablauf der (weiteren) Annahmefrist der Zeitraum zwischen Verpflichtungs- und Vollzugsgeschäft marktüblich sein muss, was nach Auffassung der BaFin gegeben ist, wenn Erwerbe über die Börse innerhalb von zwei Tagen und Kaufverträge des Angebotes regelmäßig bis spätestens zehn Werktage nach Ablauf der (weiteren) Annahmefrist vollzogen werden;[244]
– die Kontrollerlangung durch Vollzug eines in das Übernahmeangebot eingebundenen Paketerwerbs in Folge der **fusionskontrollrechtlichen Freigabe** nach Ablauf der (weiteren) Annahmefrist, wobei in der Angebotsunterlage auf diesen Umstand hingewiesen worden sein muss;[245]
– die Kontrollerlangung auf Grund eines **Zurechnungstatbestands** i.S.d. § 30 WpÜG, dessen Erfüllung unter den gleichen Bedingungen wie der Vollzug des Übernahmeangebots steht. Auch hier wird man verlangen müssen, dass auf diesem Umstand in der Angebotsunterlage hingewiesen wird. Im Zusammenhang mit dem Angebot der Suzlon Windenergie GmbH an die Aktionäre der REpower AG hatte ein Großaktionär der Zielgesellschaft mit dem Bieter und dessen Muttergesellschaften vereinbart, die Ausübung

---

[243] Merkblatt der BaFin zur Auslegung des § 35 Abs. 3 WpÜG v. 12.7.2007; *Ehricke/Ekkenga/Oechsler/Ekkenga/Schulz* § 35 Rz. 67; FrankfurtKomm WpÜG/*Hommelhoff/Witt* § 35 Rz. 105, *Geibel/Süßmann/Meyer* § 35 Rz. 52.
[244] Merkblatt der BaFin zur Auslegung des § 35 Abs. 3 WpÜG v. 12.7.2007, 1. Fallgruppe.
[245] Merkblatt der BaFin zur Auslegung des § 35 Abs. 3 WpÜG v. 12.7.2007, 2. Fallgruppe.

von Stimmrechten in der Hauptversammlung bei Eintritt der Angebotsbedingungen abzustimmen. Der Zurechnungstatbestand des acting in concert war damit bis zum Eintritt der Angebotsbedingungen noch nicht erfüllt und konnte eine Verpflichtung zur Abgabe eines Angebots nicht auslösen. Der Großaktionär war jedoch auch nach Eintritt der Angebotsbedingungen und Durchführung des Übernahmeangebots trotz Erlangung der Kontrolle von der Abgabe eines Pflichtangebots befreit, da sein Kontrollerwerb auf dieses Übernahmeangebot zurückzuführen war.[246]

2. Nichtberücksichtigung von Stimmrechten

157 Die BaFin lässt nach § 36 WpÜG auf schriftlichen Antrag zu, dass Stimmrechte aus Aktien der Zielgesellschaft bei der Berechnung des Stimmrechtsanteils unberücksichtigt bleiben. Gleiches gilt unter bestimmten Voraussetzungen für den Handelsbestand nach § 20 WpÜG.

158 Nach § 36 WpÜG werden Stimmrechte nicht berücksichtigt, wenn die Aktien erlangt wurden durch
– Erbgang, Erbauseinandersetzung oder unentgeltliche Zuwendung unter Ehegatten, Lebenspartnern oder Verwandten in gerader Linie und bis zum dritten Grade oder durch Vermögensauseinandersetzung aus Anlass der Auflösung einer Ehe oder Lebenspartnerschaft,
– Rechtsformwechsel oder
– Umstrukturierungen innerhalb eines Konzerns.

159 In der Praxis ist die Nichtberücksichtigung von Stimmrechten aufgrund von **Umstrukturierungen** innerhalb eines Konzerns von erheblicher Relevanz. Der Tatbestand umfasst dabei die Übertragung von Aktienpaketen innerhalb eines Konzerns unabhängig davon, ob die Übertragung im Rahmen von Maßnahmen nach dem Umwandlungsgesetz oder anderer Bestimmungen erfolgt ist.

160 Die BaFin entscheidet über eine Nichtberücksichtigung von Stimmrechten erst nach Kontrollerlangung und nur auf Antrag der betroffenen Person. Eine informelle Vorabstimmung ist aber möglich. Hierbei handelt es sich um eine **gebundene Entscheidung**, so dass die BaFin zur positiven Bescheidung verpflichtet ist, wenn die Voraussetzungen für eine Nichtberücksichtigung von Stimmrechten vorliegen. Der Wortlaut des Gesetzes sieht keine Antragsfrist vor. Um eine Suspendierung der Pflichten nach § 35 WpÜG zu erreichen, sollte der Antrag innerhalb der Frist des § 35 Abs. 1 WpÜG und damit unverzüglich (spätestens innerhalb von 7 Kalendertagen) nach Kenntnis oder Kennenmüssen der Kontrollerlangung gestellt werden.

161 Rechtsfolge der Nichtberücksichtigung ist, dass die betreffenden Stimmrechte bei der Berechnung des Erreichens der Kontrollschwelle nicht mitgezählt werden. Auch eine Zurechnung der betroffenen Aktien nach § 30 WpÜG findet nicht statt.[247] Die Nichtberücksichtigung nach § 36 WpÜG führt jedoch
– anders als die Nichtberücksichtigung nach § 20 WpÜG, wo Stimmrechte nicht ausgeübt werden können – nicht zu einem Verlust der Rechte aus den betreffenden Aktien.[248]

---

[246] Vgl. das Angebot der Suzlon Windenergie GmbH an die Aktionäre der REpower Systems AG v. 28. 2. 2007, S. 13.
[247] *Assmann/Pötzsch/Schneider/Schneider* § 36 Rz. 20.
[248] FrankfurtKomm WpÜG/*Hommelhoff/Witt* § 36 Rz. 54, 59.

E. Pflichtangebote

Dem Wortlaut des § 36 WpÜG nicht eindeutig zu entnehmen ist, ob der von der Nichtberücksichtigung von Stimmrechten Begünstigte zu einem späteren Zeitpunkt weitere Aktien – auch im Umfang von 30% oder mehr – der Zielgesellschaft hinzuerwerben kann, ohne ein Pflichtangebot auszulösen. Vorzugswürdig erscheint, die Nichtberücksichtigung als eine punktuelle anzusehen, so dass jeder weitere Erwerb von Aktien der Zielgesellschaft (auch in der Höhe von 30% der Stimmrechte oder mehr) keine erneute Kontrollerlangung darstellt und damit keine Angebotspflicht auslöst. Andernfalls würden Antragsteller nach § 36 WpÜG ohne sachlichen Grund schlechter gestellt als Antragsteller nach § 37 WpÜG.[249]

3. Befreiung von der Pflicht zur Veröffentlichung und Abgabe eines Pflichtangebots

Die BaFin kann den Bieter von der Pflicht zur Abgabe eines Pflichtangebots auf schriftlichen Antrag befreien, sofern dies im Hinblick auf die Art der Erlangung der Kontrolle, die mit der Erlangung der Kontrolle beabsichtigte Zielsetzung, ein nach der Erlangung der Kontrolle erfolgendes Unterschreiten der Kontrollschwelle, die Beteiligungsverhältnisse an der Zielgesellschaft oder die tatsächliche Möglichkeit zur Ausübung der Kontrolle unter Berücksichtigung der Interessen des Antragstellers und der Inhaber der Aktien der Zielgesellschaft gerechtfertigt erscheint. § 9 der WpÜG-Angebotsverordnung konkretisiert einige Anwendungsfälle der Befreiung nach § 37 Abs. 1 WpÜG. Danach kann die BaFin im Einzelfall eine Befreiung aussprechen, sofern der Erwerb der Kontrolle erlangt wurde

– durch Erbschaft oder im Zusammenhang mit einer Erbauseinandersetzung, sofern Erblasser und Bieter nicht verwandt sind,
– durch Schenkung, sofern Schenker und Bieter nicht verwandt sind,
– im Zusammenhang mit der Sanierung der Zielgesellschaft,
– zum Zwecke der Forderungssicherung,
– auf Grund einer Verringerung der Gesamtzahl der Stimmrechte an der Zielgesellschaft oder
– ohne dass der Erwerb der Kontrolle vom Bieter beabsichtigt war, sofern die Schwelle des § 29 Abs. 2 WpÜG nach der Antragstellung unverzüglich wieder unterschritten wird.

Eine Befreiung kann ferner erteilt werden, wenn
– ein Dritter über einen höheren Anteil an Stimmrechten verfügt, die weder dem Bieter noch mit diesem gemeinsam handelnden Personen gemäß § 30 WpÜG gleichstehen oder zuzurechnen sind,
– auf Grund des in den zurückliegenden drei ordentlichen Hauptversammlungen vertretenen stimmberechtigten Kapitals nicht zu erwarten ist, dass der Bieter in der Hauptversammlung der Zielgesellschaft über mehr als 50% der vertretenen Stimmrechte verfügen wird, oder
– mittelbar die Kontrolle an einer Zielgesellschaft erlangt wurde. Bei einem **indirekten Kontrollerwerb** kann eine Befreiung dann gewährt werden, wenn der Bieter die Kontrolle über eine Gesellschaft und dadurch auch indirekt die Kontrolle über eine unbedeutende Tochtergesellschaft dieser Gesell-

---

[249] *Veil/Drinkuth/Strunk/Linke* Reformbedarf im Übernahmerecht, Köln 2005, S. 31; FrankfurtKomm WpüG/*Hommelhoff/Witt* § 36 Rz. 56 ff.; KölnerKomm WpÜG/*v. Bülow* § 36 Rz. 20; a.A. *Baums/Thoma/Hecker* § 36 Rz. 120 ff.

schaft erlangt hat. Die Tochtergesellschaft ist unbedeutend, wenn der Buchwert der Beteiligung an der Tochtergesellschaft 20% des Unternehmenswerts der erworbenen Holdinggesellschaft unterschreitet.

165 Die Konkretisierung durch § 9 WpÜG-Angebotsverordnung ist nicht abschließend, so dass Befreiungen auch ausschließlich auf die allgemeine Befreiungsermächtigung nach § 37 Abs. 1 WpÜG gestützt werden können.

166 In der Praxis ist die Befreiung im Zusammenhang mit der **Sanierung der Zielgesellschaft** von besonderer Bedeutung. Sie soll verhindern, dass durch die Abgabe eines Pflichtangebots die Finanzierung der Sanierung durch die finanziellen Belastungen eines Pflichtangebots für den Bieter beeinträchtigt oder gar gefährdet wird. Die Sanierungsbefreiung setzt die Sanierungsbedürftigkeit und -fähigkeit der Zielgesellschaft und einen Sanierungsbeitrag des Bieters voraus.[250] Sie wird gewährt, wenn die Existenz der Gesellschaft gefährdet ist und das Investment eines neuen Anlegers notwendig und geeignet ist, die Zielgesellschaft am Leben zu erhalten.

167 Die BaFin entscheidet über eine Befreiung nur auf Antrag der betroffenen Person. Der Antrag kann vor Kontrollerlangung und muss spätestens innerhalb von sieben Kalendertagen nach Kenntnis oder Kennenmüssen der Kontrollerlangung gestellt werden (§ 8 Satz 2 WpÜG-Angebotsverordnung). Die Entscheidung über die Befreiung liegt im **pflichtgemäßen Ermessen** der BaFin. In den Fällen des § 9 WpÜG-Angebotsverordnung wird die BaFin ihr Ermessen in der Regel zugunsten der Befreiung ausüben. Die Befreiungsentscheidung kann mit Nebenbestimmungen versehen werden (u.a. Auflagen, Bedingungen oder Widerrufsvorbehalt), wovon die BaFin in der Praxis regen Gebrauch macht.

F. Squeeze-out

168 Bereits seit dem Jahr 2002 gibt das Aktiengesetz einem Großaktionär, der 95% des Grundkapitals einer Aktiengesellschaft hält, die Möglichkeit, die Minderheitsaktionäre mittels Hauptversammlungsbeschluss aus der Aktiengesellschaft auszuschließen. Mit Umsetzung der Übernahmerichtlinie wurde in das WpÜG eine zusätzliche Möglichkeit des Ausschlusses der Minderheitsaktionäre aus der Aktiengesellschaft mittels Gerichtsbeschluss eingeführt. Dem Bieter steht es nach Durchführung eines Übernahme- oder Pflichtangebots frei, ob er den Ausschluss der Minderheitsaktionäre (**„Squeeze-out"**) nach Aktienrecht oder nach Übernahmerecht wählt.[251] Jedoch können übernahmerechtlicher und aktienrechtlicher Squeeze-out nicht gleichzeitig betrieben werden.[252] Im Falle eines sog. Aufstockungsangebots[253] ist der Bieter hingegen auf den aktienrechtlichen Squeeze-out beschränkt.[254]

---

[250] *Steinmeyer/Häger/Klepsch* § 37 Rz. 25 ff.; *Baums/Thoma/Hecker* § 37 Rz. 79 ff.
[251] Begr. RegE zum Übernahmerichtlinie-Umsetzungsgesetz, A. III., BT-Drs. 16/1003, 14.
[252] § 39a Abs. 6 WpÜG; Begr. RegE zum Übernahmerichtlinie-Umsetzungsgesetz zu § 39a Abs. 6 WpÜG, BT-Drs. 16/1003, 22; *Schüppen* BB 2006, 165, 168.
[253] Vgl. Rz. 20.
[254] Begr. RegE zum Übernahmerichtlinie-Umsetzungsgesetz zu § 39a Abs. 1 WpÜG, BT-Drs. 16/1003, 21; vgl. auch *Steinmeyer/Häger/Santelmann* § 39a Rz. 15.

F. Squeeze-out

I. Aktienrechtlicher Squeeze-out

Der Ausschluss der Minderheitsaktionäre nach den §§ 327a ff. AktG ist ein an die Eingliederung nach § 319 AktG angelehntes Verfahren, bei dem die Hauptversammlung einer Aktiengesellschaft auf Verlangen eines Aktionärs, der direkt oder indirekt mindestens 95% ihres Grundkapitals hält, über den Ausschluss der übrigen Aktionäre gegen angemessene Barabfindung beschließt. Der Ausschluss der Minderheitsaktionäre wird mit Eintragung des Hauptversammlungsbeschlusses in das Handelsregister wirksam.

169

1. Ausschlussvoraussetzungen

Der Ausschluss der Minderheitsaktionäre nach den §§ 327a ff. AktG kann von einem Aktionär eingeleitet werden, der direkt oder indirekt **mindestens 95% des Grundkapitals** der Aktiengesellschaft hält (**Hauptaktionär**). Bei der Berechnung der 95%-Beteiligung sind deshalb neben Stammaktien auch Vorzugsaktien ohne Stimmrecht zu berücksichtigen, sofern die Zielgesellschaft solche ausgegeben hat. Dem Bieter werden gemäß § 327a Abs. 2 AktG iVm. § 16 Abs. 2 und 4 AktG auch Aktien zugerechnet, die von einem abhängigen Unternehmen, einem Dritten für Rechnung des Bieters oder eines von diesem abhängigen Unternehmen gehalten werden.

170

2. Abfindung der ausscheidenden Aktionäre

Gemäß § 327b Abs. 1 Satz 1 AktG muss der Bieter eine von ihm festzulegende, angemessene Barabfindung gewähren, die dem **vollen Wert der Aktien** zum Beschlusszeitpunkt entspricht.[255] Auf diese Abfindung finden die Grundsätze der DAT/Altana-Entscheidung des Bundesverfassungsgerichts Anwendung, so dass der Bieter in der Regel den höheren Wert einer Unternehmensbewertung zur Ermittlung des inneren Werts der Aktien und eines an einem durchschnittlichen Börsenkurs orientierten Verkehrswerts zu gewähren hat.[256] Nach der Rechtsprechung des Bundesverfassungsgerichts spiegelt der Börsenkurs allerdings dann nicht den Verkehrswert der Aktien wider, wenn seit längerer Zeit praktisch kein Handel mit Aktien der Gesellschaft stattgefunden hat, wenn auf Grund einer Marktenge der einzelne Aktionär seine Aktien nicht zum Börsenpreis verkaufen konnte oder wenn der Börsenkurs manipuliert worden ist.

171

Der innere Wert der Aktie ist regelmäßig durch eine **Unternehmensbewertung** der Zielgesellschaft nach dem Ertragswertverfahren oder dem discounted-cash-flow-Verfahren zu bestimmen,[257] was in der Praxis in aller Regel auf Basis der vom Institut der Wirtschaftsprüfer in Deutschland e.V. veröffentlichten Grundsätze zur Durchführung von Unternehmensbewertungen (IDW S 1) geschieht. Für den Verkehrswert ist, soweit er zur Anwendung kommt, weitgehend anerkannt, dass er auf Basis eines drei-monatigen Durchschnittskurses zu ermitteln ist,[258] wobei der Endpunkt des Zeitraums von drei Monaten strittig ist. Der Bundesgerichtshof hat in dem DAT/Altana-Verfahren entschieden,

172

---

[255] Begr. RegE WpÜG, BT-Drs. 14/7034, 31.
[256] BVerfG 1 BvR 1613/94 v. 27. 4. 1999, NJW 1999, 3769 ff.
[257] *Hüffer* AktG § 327b Rz. 5.
[258] Großkommentar AktG/*Fleischer* § 327b Rz. 18.

dass der Endpunkt der Tag der Hauptversammlung sein soll, die über die Maßnahme beschließt.[259] Damit ist er völlig zu Recht auf heftige Kritik gestoßen, da die bevorstehende Maßnahme dann regelmäßig bereits für die ganze Referenzperiode öffentlich bekannt ist und damit der Kurs in aller Regel von der bevorstehenden Maßnahme beeinflusst sein wird. Es zeichnet sich derzeit deshalb eine Entwicklung ab, den Endzeitpunkt des Referenzzeitraums auf die erstmalige Ankündigung der bevorstehenden Maßnahme zu legen.[260]

3. Ausschlussverfahren

173 Das Ausschlussverfahren wird vom Hauptaktionär dadurch eingeleitet, dass er beim Vorstand der Aktiengesellschaft den Ausschluss der Minderheitsaktionäre verlangt. Daneben muss der Hauptaktionär der Hauptversammlung schriftlich **Bericht** über die Voraussetzungen für die Übertragung der Aktien der Minderheitsaktionäre auf ihn und die Angemessenheit der Barabfindung erstatten (§ 327c Abs. 2 Satz 1 AktG). Der Vorstand der Aktiengesellschaft ist dabei verpflichtet, alle für die Unternehmensbewertung erforderlichen Informationen zur Verfügung zu stellen (§ 327b Abs. 1 Satz 2 AktG). Zur Beurteilung der Angemessenheit der Barabfindung beauftragt der Hauptaktionär in der Praxis häufig einen neutralen Gutachter, der den Wert der Aktiengesellschaft ermittelt. Der Bericht des Hauptaktionärs wird ergänzt durch den Bericht eines **sachverständigen Prüfers** zur Angemessenheit der Barabfindung (§ 327c Abs. 2 Satz 2 AktG). Der sachverständige Prüfer wird auf Antrag des Hauptaktionärs von dem Landgericht, in dessen Bezirk die Aktiengesellschaft ihren Sitz hat, ausgewählt und bestellt. Es darf kein Prüfer bestellt werden, gegen den einer der Ausschlussgründe der §§ 319 f. HGB vorliegen, insbesondere darf der Prüfer nicht schon an der Aufstellung des Berichts des Hauptaktionärs mitgewirkt haben.[261] Die immer wieder in Anfechtungsklagen und Spruchverfahren themasierte Frage der parallel stattfindenden Bewertung durch den Parteigutachter und Prüfung durch den sachverständigen Prüfer ist für die Praxis inzwischen ausgeräumt. Die Parallelprüfung ist zulässig[262] und im Interesse einer zügigen Verfahrensdurchführung auch geboten.

174 Bevor die Hauptversammlung einberufen wird, muss der Hauptaktionär dem Vorstand außerdem die Erklärung eines in der Bundesrepublik Deutschland zum Geschäftsbetrieb befugten Kreditinstituts übermitteln, durch die das Kreditinstitut die **Gewährleistung** für die Erfüllung der Verpflichtung des Hauptaktionärs übernimmt, den Minderheitsaktionären bei Fälligkeit die festgelegte Barabfindung zu zahlen (§ 327b Abs. 3 AktG). Die Gewährleistungserklärung muss weder eine mögliche nachträgliche Erhöhung der festgelegten Barabfindung noch eine Verzinsung der Barabfindung abdecken.[263]

175 Die Einberufung der Hauptversammlung muss die Bekanntmachung der Aktienübertragung als Gegenstand der Tagesordnung enthalten (§ 327c Abs. 1

---

[259] BGH II ZB 15/00 v. 12. 3. 2001, NJW 2001, 2080, 2082.
[260] OLG Stuttgart 20 W 6/06 v. 16. 2. 2007, AG 2007, 209, 211; vgl. MünchHdb GeR/Bd. 4/*Austmann* § 74 Rz. 92.
[261] *Hüffer* AktG § 327c Rz. 5; *Spindler/Stilz/Singhof* Kommentar zum Aktiengesetz: AktG, Gesamtwerk in 2 Bänden, München 2007, § 327c Rz. 9.
[262] BGH II ZR 225/04 v. 18. 9. 2006, AG 2006, 887; OLG Düsseldorf I 16 W 63/03 v. 16. 1. 2004, NZG 2004, 328.
[263] BGH II ZR 225/04 v. 18. 9. 2006, AG 2006, 887.

F. Squeeze-out

AktG). Ebenso müssen Name und Sitz des Bieters sowie die von ihm vorgeschlagene Barabfindung in der Einladung angegeben werden. Ab Einberufung sind der Entwurf des Übertragungsbeschlusses und die Jahresabschlüsse und Lageberichte für die letzten drei Geschäftsjahre in den Geschäftsräumen der Gesellschaft zur Einsicht der Aktionäre auszulegen. Daneben müssen der **schriftliche Bericht des Hauptaktionärs** sowie der **Prüfungsbericht** des sachverständigen Prüfers für die Aktionäre zur Einsicht bereitliegen (§ 327c Abs. 3 AktG). Auf Verlangen ist jedem Aktionär unverzüglich eine Kopie dieser Unterlagen zur Verfügung zu stellen (§ 327c Abs. 4 AktG), die außerdem während der Hauptversammlung ausliegen müssen (§ 327d Satz 1 AktG).

Zu Beginn der Hauptversammlung kann der Vorstand dem Hauptaktionär **176** Gelegenheit geben, den Entwurf des Übertragungsbeschlusses und die Bemessung der Höhe der Barabfindung mündlich zu erläutern (§ 327d Satz 2 AktG). Der Übertragungsbeschluss selbst bedarf der **einfachen Mehrheit der Stimmen** der Hauptversammlung (§ 133 Abs. 1 AktG), wobei der Hauptaktionär nicht von der Stimmabgabe ausgeschlossen ist.[264] Der Übertragungsbeschluss ist dann vom Vorstand zur Eintragung in das Handelsregister anzumelden, wobei der Vorstand zu erklären hat, dass eine Klage gegen die Wirksamkeit des Beschlusses nicht oder nicht fristgemäß erhoben, eine solche Klage rechtskräftig abgewiesen oder zurückgenommen worden ist oder das zuständige Landgericht rechtskräftig festgestellt hat, dass der Erhebung der Klage der Eintragung nicht entgegensteht (§ 327e Abs. 1 AktG iVm. § 319 Abs. 5 und 6 AktG). Mit der Eintragung des Übertragungsbeschlusses entsteht der Anspruch auf die Barabfindung, und alle Aktien der Minderheitsaktionäre gehen auf den Bieter über (§ 327e Abs. 3 AktG).

Ist Klage gegen die Wirksamkeit des Übertragungsbeschlusses erhoben worden, **177** trägt das Handelsregister den Übertragungsbeschluss nur ein, wenn die Klage rechtskräftig abgewiesen oder zurückgenommen worden ist oder das Gericht im **Freigabeverfahren** nach § 327e Abs. 2 AktG iVm. § 319 Abs. 6 AktG festgestellt hat, dass die Erhebung der Klage der Eintragung nicht entgegensteht (sog. **Registersperre**). Eine Klage gegen den Übertragungsbeschluss kann wie jede Anfechtungsklage auf materielle und formelle Mängel gestützt werden.[265] Der Übertragungsbeschluss bedarf keiner sachlichen Begründung und kann nicht wegen Unzweckmäßigkeit angefochten werden. Darüber hinaus kann die Anfechtung des Übertragungsbeschlusses weder auf die Unangemessenheit der Barabfindung noch auf bewertungsbezogene Informationsmängel gestützt werden (§ 327 f. Satz 1 AktG).[266] Im Freigabeverfahren entscheidet das Gericht zugunsten des Antragstellers, wenn die Klage gegen die Wirksamkeit des Übertragungsbeschlusses unzulässig oder offensichtlich unbegründet ist oder wenn das alsbaldige Wirksamwerden des Übertragungsbeschlusses nach freier Überzeugung des Gerichts unter Berücksichtigung der Schwere der mit der Klage geltend gemachten Rechtsverletzungen zur Abwendung der vom Antragsteller dargelegten wesentlichen Nachteile für die Gesellschaft und ihre Aktionäre vorrangig erscheint.

---

[264] *Hüffer* AktG § 327a Rz. 11; MünchKomm AktG/Bd. 6/*Grunewald* § 327a Rz. 16.
[265] Vgl. BGH II ZR 225/04 v. 18. 9. 2006, AG 2006, 887 und *Bungert* BB 2006, 2761 zur Unbegründetheit einer ganzen Reihe von häufig gegen Übertragungsbeschlüsse vorgebrachten Argumente.
[266] *Hüffer* AktG § 327f. Rz. 1, 4; MünchKomm AktG/Bd. 5/*Grunewald* § 327f. Rz. 1; MünchHdb GesR/Bd. 4/*Austmann* § 74 Rz. 74.

178 Streitigkeiten über die Angemessenheit der Abfindung unterliegen dem **Spruchverfahren** nach dem Spruchverfahrensgesetz. Dieses verhindert die Eintragung des Übertragungsbeschlusses in das Handelsregister und damit den Ausschluss der Minderheitsaktionäre nicht. Das Spruchverfahren kann innerhalb von drei Monaten nach der Bekanntmachung der Eintragung des Übertragungsbeschlusses in das Handelsregister eingeleitet werden. Wenn die Barabfindung nicht angemessen ist, bestimmt das Gericht eine angemessene Abfindung (§ 327f Satz 2 AktG). Gleiches gilt, wenn der Hauptaktionär eine Barabfindung nicht oder nicht ordnungsgemäß angeboten hat (§ 327 f. Satz 3 AktG).

II. Übernahmerechtlicher Squeeze-out

179 Seit 2006 besteht darüber hinaus die Möglichkeit, Minderheitsaktionäre nach den §§ 39a, 39b WpÜG aus der Zielgesellschaft auszuschließen. Der Ausschluss der Minderheitsaktionäre erfolgt unter ähnlichen Voraussetzungen wie der aktienrechtliche Squeeze-out. Wesentlicher Unterschied zwischen beiden Verfahren ist, dass der aktienrechtliche Squeeze-out durch Hauptversammlungsbeschluss (und dessen Eintragung in das Handelsregister), der übernahmerechtliche Squeeze-out hingegen durch Gerichtsbeschluss erfolgt.

1. Ausschlussvoraussetzungen

180 Der Bieter – und nur dieser[267] – ist nach § 39a Abs. 1 Satz 1 WpÜG zum Ausschluss der übrigen Inhaber von stimmberechtigten Aktien berechtigt, wenn ihm im Anschluss an ein Übernahme- oder Pflichtangebot **mindestens 95% des stimmberechtigten Grundkapitals** gehören. Wenn dem Bieter zugleich Aktien in Höhe von 95% des gesamten Grundkapitals gehören, sind ihm nach § 39a Abs. 1 Satz 2 WpÜG auf Antrag auch die stimmrechtslosen Vorzugsaktien zu übertragen.

181 Die Schwelle von 95% kann durch selbst gehaltene Aktien und zugerechnete Aktien erreicht werden. Dem Bieter werden gemäß § 39a Abs. 2 WpÜG iVm. § 16 Abs. 2 und 4 AktG auch Aktien zugerechnet, die von einem abhängigen Unternehmen, einem Dritten für Rechnung des Bieters oder eines von diesem abhängigen Unternehmen gehalten werden.

182 Der Bieter muss die 95%-Schwelle nicht allein durch die Annahme des öffentlichen Angebots erreichen. Nach der Gesetzesbegründung sind Erwerbsgeschäfte mit Aktionären außerhalb des formellen Angebotsverfahrens – wie etwa Paketkäufe – zu berücksichtigen, sofern diese in einem engen zeitlichen Zusammenhang mit dem Angebot stehen.[268] Wann ein zeitlicher Zusammenhang vorliegt, wird in der Gesetzesbegründung nicht näher erörtert. Ein zeitlicher Zusammenhang liegt aber – vergleichbar mit der Rechtslage zu § 35 Abs. 3 WpÜG[269] – jedenfalls dann vor, wenn das schuldrechtliche Erwerbsgeschäft bis zum Ablauf der Annahmefrist vereinbart und der dingliche Vollzug

---

[267] Ott WM 2008, 384, 385 f.; bei einem öffentlichen Angebot, das von mehreren Personen ausgeht, ist regelmäßig ein Erwerbsvehikel Bieter im formalen Sinne und damit allein zur Antragstellung berechtigt.
[268] Begr. RegE zum Übernahmerichtlinie-Umsetzungsgesetz zu § 39a Abs. 1 WpÜG, BT-Drs. 16/1003, 21.
[269] Vgl. Rz. 156; Merkblatt der BaFin zur Auslegung des § 35 Abs. 3 WpÜG v. 12. 7. 2007.

spätestens im zeitlichen Zusammenhang mit dem Ablauf der (weiteren) Annahmefrist oder bei auf behördliche Genehmigungen oder Gestattungen bedingten Angeboten mit dem Vollzug des öffentlichen Angebots vorgenommen wird. Teilweise wird darüber hinausgehend vertreten, dass Beteiligungserwerbe bis zur Stellung des Antrags auf Durchführung eines Squeeze-out nach § 39a WpÜG noch in einem engen zeitlichen Zusammenhang erfolgen.[270]

Auch bereits vor der Übernahme bestehende Beteiligungen sind in die Berechnung der 95%-Beteiligungsschwelle einzubeziehen. Wesentlich ist allein, dass die Schwelle von 95% durch das öffentliche Angebot bzw. Parallelerwerbe im engen zeitlichen Zusammenhang erreicht bzw. überschritten wird.[271] Für eine Berücksichtigung von Vorerwerben unabhängig von einem zeitlichen Zusammenhang spricht ein Vergleich mit dem Wortlaut der Angemessenheitsvermutung nach § 39a Abs. 3 Satz 3 WpÜG sowie der Wortlaut der Übernahmerichtlinie, der allein auf die Beteiligungshöhe abstellt.[272] Auch wäre der übernahmerechtliche Squeeze-out nicht anwendbar und damit bedeutungslos, wenn der Bieter vor Beginn des Übernahmeverfahrens mehr als 5% der stimmberechtigten Aktien an der Zielgesellschaft gehalten hat.[273]

Erreicht der Bieter die Schwelle von 95% der Stimmrechte oder des Grundkapitals, so hat er dies entsprechend einer Wasserstandsmeldung zu veröffentlichen (§ 23 Abs. 1 Satz 1 Nr. 4 WpÜG).

2. Abfindung der ausscheidenden Aktionäre

Gemäß § 39a Abs. 1 WpÜG ist den ausscheidenden Aktionären für den Verlust ihrer Mitgliedschaft eine angemessene Abfindung zu gewähren.

Die **Art** der zu gewährenden Abfindung hat der Gegenleistung des vorangegangenen Übernahme- oder Pflichtangebots zu entsprechen. Hat der Bieter im öffentlichen Angebot ganz oder teilweise Aktien als Gegenleistung angeboten, muss der Bieter den durch den Squeeze-out ausscheidenden Aktionären stets wahlweise eine Barabfindung anbieten (§ 39a Abs. 3 Satz 1, 2 WpÜG).

Die **Höhe** der Abfindung muss **angemessen** sein. Bedeutsam ist hierbei, ob der Bieter durch das Übernahme- oder Pflichtangebot mindestens **90% der vom Angebot betroffenen Aktien** erworben hat. In diesem Fall wird die im Rahmen des Übernahme- oder Pflichtangebots gewährte Gegenleistung als angemessen vermutet (§ 39a Abs. 3 Satz 3 WpÜG).[274] Die Annahmequote ist hierbei für die stimmberechtigten Aktien und die stimmrechtslosen Vorzugsaktien jeweils gesondert zu bestimmen (§ 39a Abs. 3 Satz 4 WpÜG).

Für die Berechnung der 90% der von dem Angebot betroffenen Aktien sind vor der Ankündigung des Angebots nach § 10 Abs. 1 WpÜG (bzw. § 35 Abs. 1 WpÜG) vollzogene Vorerwerbe nicht zu berücksichtigen.[275] Die so erwor-

---

[270] *Ott* WM 2008, 384, 387.
[271] Vgl. Begr. RegE zum Übernahmerichtlinie-Umsetzungsgesetz zu § 39a Abs. 1 WpÜG, BT-Drs. 16/1003, 21; dieser bezieht den engen zeitlichen Zusammenhang lediglich auf das Überschreiten der 95%-Schwelle; im Ergebnis ähnlich *Ott* WM 2008, 384, 387 f.; a. A. *Johannsen-Roth/Illert* ZIP 2006, 2157, 2159.
[272] Art. 15 Abs. 2 lit. a) der Übernahmerichtlinie 2004/25/EG.
[273] *Ott* WM 2008, 384, 387.
[274] Begr. RegE zum Übernahmerichtlinie-Umsetzungsgesetz zu § 39a Abs. 1 WpÜG, BT-Drs. 16/1003, 22.
[275] *Steinmeyer/Häger/Santelmann* § 39a Rz. 29; *Geibel/Süßmann/Süßmann* § 39a Rz. 9.

benen Aktien reduzieren aber die Zahl der von dem Angebot betroffenen Aktien. Aktien, die auf Grund von *irrevocable undertakings*[276] in das Übernahme- bzw. Pflichtangebot eingeliefert wurden, sind hingegen bei der Berechnung der 90%-Schwelle zu berücksichtigen.[277] Noch ungeklärt und Hinblick auf die Gesetzesbegründung[278] nicht unproblematisch ist, ob nach der Ankündigung des Angebots vollzogene Vor- und Parallelerwerbe zu berücksichtigen sind.[279] Das ist wegen der sachlichen Nähe zu *irrevocable undertakings* zu bejahen.

189 Der Gesetzgeber wollte die Vermutung der Angemessenheit als unwiderleglich ausgestalten.[280] Die Unwiderlegbarkeit der Vermutung wurde vom LG und OLG Frankfurt, die für übernahmerechtlichen Squeeze-out Verfahren ausschließlich zuständig sind, in Frage gestellt. Während das LG Frankfurt die Vermutung explizit als eine widerlegbare bezeichnete,[281] konnte das OLG Frankfurt als Beschwerdeinstanz die Frage mangels Entscheidungserheblichkeit offen lassen.[282] Das OLG Frankfurt betonte jedoch, dass – bei Unterstellung der Widerleglichkeit der Vermutung – eine Erschütterung der Vermutung nur dann in Betracht komme, wenn dem Markttest im konkreten Fall ausnahmsweise keine Aussagekraft zukomme, weil Umstände vorgelegen haben, die die Marktkräfte verfälscht haben.[283] Das OLG Frankfurt hat damit die Möglichkeit einer Widerlegbarkeit der Vermutung auf Ausnahmefälle beschränkt und damit die praktische Bedeutung der Angemessenheitsvermutung gegenüber dem vorinstanzlichen Urteil des LG Frankfurt wiederhergestellt.

190 Der Gesetzestext geht nicht darauf ein, wie die angemessene Barabfindung festzulegen ist, wenn die Vermutung nicht gilt. Das LG Frankfurt ist hierzu der Auffassung, dass in diesem Fall der übernahmerechtliche Squeeze-out nicht durchgeführt werden kann und ein entsprechender Antrag abzuweisen ist.[284] Dabei verkennt das Gericht, dass der Gesetzgeber den übernahmerechtlichen Squeeze-out sowohl für den Fall, dass die Vermutung eingreift, als auch den Fall, dass sie nicht eingreift, geschaffen hat. Dieser ausdrücklichen gesetzlichen Anordnung darf sich das Gericht nicht entziehen, sondern muss sie – soweit nötig in ergänzender Auslegung des Gesetzes – umsetzen. Mangels der Zulassung eines Spruchverfahrens für den übernahmerechtlichen Squeeze-out erscheint naheliegend, die Angemessenheit der angebotenen Abfindung im Rahmen des Beschluss- bzw. des Beschwerdeverfahrens festzusetzen.[285] Dies hätte aber zur Konsequenz, dass – sofern nicht die Angemessenheitsvermutung eingreift – mit erheblichen Verzögerungen bis zum Vorliegen eines rechtskräfti-

---

[276] Vgl. Rz. 106.
[277] OLG Frankfurt WpÜG 2/08 v. 9.12.2008, DB 2009, 54, 56.
[278] Begr. RegE zum Übernahmerichtlinie-Umsetzungsgesetz zu § 39a Abs. 1 WpÜG, BT-Drs. 16/1003, 22, die im Hinblick auf die 90%-Schwelle Bezug auf die Annahme des Angebots nimmt.
[279] Bejahend: *Ott* WM 2008, 384, 389; verneinend: *Steinmeyer/Häger/Santelmann* § 39a Rz. 29; *Geibel/Süßmann/Süßmann* § 39a Rz. 9.
[280] Begr. RegE zum Übernahmerichtlinie-Umsetzungsgesetz zu § 39a Abs. 1 WpÜG, BT-Drs. 16/1003, 22.
[281] LG Frankfurt 3-5 O 15/08 v. 5.8.2008, NZG 2008, 665, 666.
[282] OLG Frankfurt WpÜG 2/08 v. 9.12.2008, DB 2009, 54, 57.
[283] OLG Frankfurt WpÜG 2/08 v. 9.12.2008, DB 2009, 54, 58 f.
[284] LG Frankfurt, 3-5 O 15/08 v. 5.8.2008, NZG 2008, 665, 669.
[285] Vgl. *Steinmeyer/Häger/Santelmann* § 39b Rz. 3, 14.

gen Beschlusses auf Übertragung der Aktien zu rechnen sein dürfte. Deshalb ist die Durchführung eines übernahmerechtlichen Squeeze-out nur dann zu empfehlen, wenn die Angemessenheitsvermutung anwendbar ist.

3. Ausschlussverfahren

Im Vergleich zum aktienrechtlichen Squeeze-out bringt der übernahmerechtliche Squeeze-out verfahrenstechnische Erleichterungen, da zur Durchführung des Ausschlusses kein Hauptversammlungsbeschluss erforderlich ist. Dieser erfolgt vielmehr durch **Gerichtsbeschluss.** Die Berichtspflichten des Hauptaktionärs zum Vorliegen der Squeeze-out-Voraussetzungen und zur Angemessenheit der Barabfindung entfallen damit ebenso wie – bei Anwendbarkeit der Angemessenheitsvermutung – die Notwendigkeit, die Angemessenheit der Abfindung durch einen gerichtlich bestellten Sachverständigen prüfen zu lassen. Dies dürfte in der Praxis erhebliche Kosten einsparen, die ansonsten für die Vorbereitung und Begleitung von Squeeze-out-Hauptversammlungen entstehen.[286]

Für den Antrag des Bieters ist gemäß § 39a Abs. 5 Satz 1 WpÜG das Landgericht Frankfurt am Main bundesweit ausschließlich zuständig. In dem Antrag hat der Bieter die angebotene Abfindung anzugeben. Der Antrag muss innerhalb von **drei Monaten nach Ablauf der Annahmefrist** gestellt werden (§ 39a Abs. 4 Satz 1 WpÜG). Der Bieter kann den Antrag bereits stellen, wenn das Übernahme- oder Pflichtangebot in einem Umfang angenommen worden ist, dass ihm beim späteren Vollzug des Angebots Aktien in Höhe des zum Ausschluss erforderlichen Anteils am stimmberechtigten Grundkapital gehören werden.[287] Der Erwerb der 95%-Mehrheit ist lediglich Voraussetzung für den Vollzug des Ausschlusses selbst, nicht dagegen für die Einleitung des Ausschlussverfahrens. Das Gericht hat den Antrag auf Ausschluss in den Gesellschaftsblättern der Zielgesellschaft und damit zumindest im elektronischen Bundesanzeiger bekannt zu machen.

Das Gericht entscheidet über den Antrag durch einen mit Gründen versehenen Beschluss (§ 39b Abs. 3 Satz 1 WpÜG). Dieser darf frühestens einen Monat nach Bekanntmachung der Antragstellung im elektronischen Bundesanzeiger und nur bei Glaubhaftmachung des Bieters, dass ihm 95% des stimmberechtigten bzw. des gesamten Grundkapitals gehören, erfolgen (§ 39b Abs. 3 Satz 2 WpÜG). Der Beschluss ist dem antragstellenden Bieter, der Zielgesellschaft und den im Verfahren angehörten Aktionären zuzustellen (§ 39b Abs. 4 Satz 1 WpÜG). Gegen die Entscheidung ist die **sofortige Beschwerde** zum OLG Frankfurt statthafter Rechtsbehelf (§ 39a Abs. 3 Satz 3, 5 WpÜG). Beschwerdebefugt sind der Antragsteller und alle betroffenen Aktionäre der Zielgesellschaft. Die Beschwerdefrist beträgt zwei Wochen und beginnt mit der Bekanntmachung des Gerichtsbeschlusses im elektronischen Bundesanzeiger durch das Gericht, für den Antragsteller und die im Verfahren angehörten Aktionäre jedoch nicht vor Zustellung der Entscheidung des Landgerichts Frankfurt am Main (§ 39b Abs. 4 Satz 4 WpÜG). Die weitere Beschwerde ist ausgeschlossen. Auf das Verfahren selbst sind die Vorschriften des Gesetzes über

---

[286] Marsch-Barner/Schäfer/Drinkuth § 60 Rz. 339; Steinmeyer/Häger/Santelmann § 39a Rz. 4.
[287] Steinmeyer/Häger/Santelmann § 39a Rz. 39.

die Angelegenheiten der freiwilligen Gerichtsbarkeit anzuwenden (§ 39b Abs. 1 WpÜG).

194 Die Übertragung der Aktien erfolgt mit **rechtskräftigem** Abschluss des Verfahrens (§ 39b Abs. 5 Satz 3 WpÜG). Der Vorstand der Zielgesellschaft hat die rechtskräftige Entscheidung unverzüglich zum Handelsregister einzureichen (§ 39b Abs. 5 Satz 5).

G. Sell-out

195 Sofern die Voraussetzungen des übernahmerechtlichen Squeeze-out vorliegen, können Aktionäre, die das Angebot bisher nicht angenommen haben, gemäß § 39c Satz 1 WpÜG innerhalb einer Frist von drei Monaten nach Ablauf der Annahmefrist vom Bieter den Erwerb ihrer Anteile verlangen. Den Aktionären steht also ein Andienungsrecht („Sell-out") zu. Um den Minderheitsaktionären auch tatsächlich zu ermöglichen, dieses Recht zu nutzen, ist der Bieter verpflichtet, unverzüglich nach Erreichen der für den Ausschluss nach § 39a Abs. 1 WpÜG erforderlichen Beteiligungshöhe diese Tatsache gemäß § 23 Abs. 1 Satz 1 Nr. 4 WpÜG zu veröffentlichen. Unterbleibt eine Veröffentlichung, beginnt die Dreimonatsfrist zur Annahme nach § 39c Satz 2 WpÜG erst dann zu laufen, wenn die Veröffentlichungspflicht erfüllt worden ist.[288]

196 Der Bieter ist unter den genannten Voraussetzungen verpflichtet, die Anteile zu übernehmen. Die Gegenleistung für die Aktien entspricht hier der im Angebotsverfahren offerierten Gegenleistung. Auf diese Weise gewährt das Andienungsrecht faktisch eine weitere Annahmefrist, während der die Aktionäre der Gesellschaft das Angebot des Bieters akzeptieren können.[289] Durch das Andienungsrecht müssen somit auch diejenigen Aktionäre, die das Übernahme- oder Pflichtangebot des Bieters nicht angenommen haben, nicht in einer Gesellschaft verbleiben, bei der in der vom Bieter zu mindestens 95 % gehaltenen Aktiengattung ein liquider Börsenhandel und damit die Desinvestitionsmöglichkeit häufig beeinträchtigt ist. Mit der nachträglichen Annahme des Angebots erhalten diese Aktionäre die Möglichkeit, ihre Beteiligung zu angemessenen Bedingungen zu veräußern, ohne auf ein aktives Vorgehen des Bieters durch einen Squeeze-out angewiesen zu sein.[290]

197 Das Andienungsverfahren selbst wird durch das WpÜG nicht geregelt. Jedenfalls kommt durch die Ausübung des Andienungsrechts zwischen dem Bieter und dem einzelnen Aktionär ein Vertrag über den Verkauf oder den Tausch von Aktien zustande, je nach der im Angebotsverfahren offerierten Gegenleistung. Diese Verträge müssen dann jeweils separat abgewickelt werden. Man wird dem Bieter gestatten müssen, die Erfüllung mehrerer Verträge zu einem Abwicklungslauf zusammenzufassen, wenn er diese in regelmäßigen Abständen durchführt.

---

[288] *Meyer* WM 2006, 1135, 1143.
[289] Begr. RegE zum Übernahmerichtlinie-Umsetzungsgesetz, A. III. 1. e), BT-Drs. 16/1003, 14.
[290] *Steinmeyer/Häger/Santelmann* § 39c Rz. 3.

H. Allgemeine Handlungs- und Ermittlungsbefugnisse der BaFin, Rechtsschutz und Sanktionen

I. Allgemeine Handlungs- und Ermittlungsbefugnisse der BaFin

Die BaFin ist – soweit das WpÜG auf das Angebotsverfahren anwendbar **198**
ist[291] – zuständige Behörde für die Überwachung des gesamten Angebotsverfahrens. Sie hat im Rahmen der ihr zugewiesenen Aufgaben Missständen entgegenzuwirken, die die ordnungsgemäße Durchführung des Angebotsverfahrens beeinträchtigen oder erhebliche Nachteile für den Wertpapiermarkt bewirken können. In diesem Rahmen ist die BaFin befugt, Anordnungen zu treffen, die erforderlich sind, um solche **Missstände** zu beseitigen oder zu verhindern (§ 4 Abs. 1 WpÜG).

Neben dieser allgemeinen Handlungsermächtigung ist die BaFin insbesondere berechtigt, von jedermann Auskünfte, die Vorlage von Unterlagen und die **199**
Überlassung von Kopien zu verlangen sowie Personen zu laden und zu vernehmen, soweit dies auf Grund von Anhaltspunkten für die Überwachung der Einhaltung eines Gebots oder Verbots des WpÜG erforderlich ist. Das **Auskunftsverlangen** erfolgt durch Erlass eines Verwaltungsakts. Dem Adressaten der Verfügung steht ein Widerspruchsrecht (§ 41 WpÜG) gegen das Auskunftsverlangen zu.

Die Auskunftserteilung hat inhaltlich vollständig und richtig sowie rechtzeitig zu erfolgen.[292] Sollte der Adressat des Auskunftsverlangens diesem nicht **200**
nachkommen, kann die BaFin das Auskunftsverlangen mit Zwangsmitteln durchsetzen.

Die BaFin stellt ein Auskunftsverlangen nur dann, wenn aus ihrer Sicht **201**
Anhaltspunkte für eine Pflichtverletzung vorliegen.[293] Eine Auskunft wird unter Berücksichtigung des **Verhältnismäßigkeitsgrundsatzes** regelmäßig nur dann erforderlich sein, wenn sie den Erlass einer Verfügung anstrebt oder zumindest ernsthaft in Betracht zieht.[294]

II. Rechtsschutz

1. Die Rechtsschutzmöglichkeiten von Adressaten eines Verwaltungsakts der BaFin, insbesondere Bieter oder Zielgesellschaft

Vor einer Beschwerde gegen eine Verfügung der BaFin hat ein **Widerspruchsverfahren** voranzugehen, in welchem die Rechtmäßigkeit und **202**
Zweckmäßigkeit der Verfügung der BaFin durch den **Widerspruchsausschuss** überprüft wird.[295] Der Widerspruchsausschuss entscheidet in der Regel ohne mündliche Verhandlung. Die Anordnung einer mündlichen Verhandlung ist aber durch den Vorsitzenden dann möglich, wenn die Angelegenheit besondere tatsächliche oder rechtliche Schwierigkeiten aufweist.[296]

---

[291] Vgl. Rz. 6 ff.
[292] *Assmann/Pötzsch/Schneider/Assmann* § 40 Rz. 13.
[293] *Assmann/Pötzsch/Schneider/Schneider* § 24 Rz. 8.
[294] *Ehricke/Ekkenga/Oechsler/Ehricke* § 40 Rz. 8; *Steinmeyer/Häger/Klepsch* § 40 Rz. 4; a. A. KölnerKomm WpÜG/*Schäfer* § 40 Rz. 16.
[295] § 41 Abs. 1 Satz 1 WpÜG.
[296] § 6 Abs. 1 Satz 2 WpÜG-Widerspruchsausschuss-Verordnung.

203 Widerspruchsberechtigt ist immer derjenige, an den die streitgegenständliche Verfügung ergangen ist, also derjenige, an den die Behörde den Verwaltungsakt gerichtet hat. Wird beispielsweise der Befreiungsantrag des Bieters nach den §§ 36, 37 WpÜG abgelehnt, ist dieser als Adressat der Verfügung auch widerspruchsberechtigt.[297]

204 Der Widerspruchsausschuss hat seine Entscheidung innerhalb von zwei Wochen ab Eingang des Widerspruchs zu treffen, es sei denn, die Frist wurde durch Beschluss auf Grund von besonderen rechtlichen oder tatsächlichen Schwierigkeiten verlängert.[298] Kommt der Widerspruchsausschuss zu dem Ergebnis, dass eine Verfügung der BaFin unrechtmäßig oder unzweckmäßig war, hilft er dem Widerspruch ab und hebt die beanstandete Verfügung auf. Andernfalls erlässt er einen Widerspruchsbescheid, der die beanstandete Verfügung aufrechterhält, wogegen dem Widerspruchsführer dann die Möglichkeit einer Beschwerde eröffnet ist.

205 Eine **Beschwerde** ist dann innerhalb einer Frist von einem Monat beim **Oberlandesgericht Frankfurt am Main** als Beschwerdegericht schriftlich zu erheben. Die Monatsfrist beginnt mit der Bekanntgabe oder Zustellung des Widerspruchsbescheids.[299] Die Beschwerdeschrift hat darauf einzugehen, gegen welche Verfügung der BaFin sie gerichtet ist oder welche Verfügung der BaFin begehrt wird. Der Beschwerdeführer hat dabei alle Tatsachen und Beweismittel anzugeben, auf die sich seine Beschwerde stützt.[300]

206 Die Beschwerde hat nur dann aufschiebende Wirkung, wenn durch die angefochtene Verfügung eine Befreiung von der Pflicht zur Veröffentlichung der Angebotsentscheidung,[301] eine Befreiung von der Verpflichtung zur Abgabe eines Pflichtangebots und der vorherigen Veröffentlichung der Kontrollerlangung[302] sowie der Nichtberücksichtigung von Stimmrechtsanteilen[303] widerrufen wird.

207 Das Beschwerdegericht entscheidet durch Beschluss. Soweit es die Verfügung der BaFin für unzulässig oder unbegründet hält, hebt das Gericht sie auf. Sofern der Beschwerdeführer eine Verfügung der BaFin begehrte und das Beschwerdegericht die Ablehnung oder Unterlassung für unbegründet hält, spricht es die Verpflichtung der BaFin aus, die beantragte Verfügung vorzunehmen. Gegen den Beschluss des Beschwerdegerichts steht die Möglichkeit einer Rechtsbeschwerde allein im Ordnungswidrigkeitenverfahren nach § 63 WpÜG offen.

2. Die Rechtsschutzmöglichkeiten von Nichtadressaten eines Verwaltungsakts der BaFin

208 Gegen Verfügungen der BaFin stehen Nichtadressaten eines Verwaltungsakts der BaFin keine Rechtsschutzmöglichkeiten offen. Wie das OLG Frankfurt in mehreren Entscheidungen[304] klargestellt hat, vermitteln die Regelungen des

---

[297] Baums/Thoma/Ritz § 41 Rz. 30.
[298] § 41 Abs. 2 WpÜG.
[299] § 51 Abs. 1 Satz 2 WpÜG.
[300] § 51 Abs. 4 Nr. 2 WpÜG.
[301] § 10 Abs. 1 Satz 3 WpÜG.
[302] § 37 Abs. 1 WpÜG.
[303] § 36 WpÜG.
[304] OLG Frankfurt WpÜG 1/03 v. 27. 5. 2003, DB 2003, 1371, 1372 (Pro Sieben); ZIP 2003, 2206, 2207 ff.; AG 2003, 513; BaFin-Jahresbericht 2003, S. 209 f.

H. Handlungs- und Ermittlungsbefugnisse der BaFin § 27

WpÜG **Dritten keinerlei Beteiligungs- oder Klagerechte**. Insbesondere den betroffenen Aktionären ist es damit verwehrt, gegen Verfügungen der BaFin Widerspruch beziehungsweise Beschwerde einzulegen. Diese Ansicht stützt sich auf den klaren Wortlaut des § 4 Abs. 2 WpÜG, wonach die Bundesanstalt die ihr durch das Gesetz übertragenen Aufgaben und Befugnisse ausschließlich im öffentlichen Interesse wahrnimmt.[305]

Etwas Anderes gilt für die Geltendmachung bürgerlich-rechtlicher Ansprüche. Diese können vor den Landgerichten geltend gemacht werden, sofern sie sich aus dem WpÜG ergeben. Dazu gehören etwa die Haftung des Bieters für eine fehlerhafte Angebotsunterlage (§ 12 Abs. 1 WpÜG) oder die Haftung des Wertpapierunternehmens für eine fehlerhafte Finanzierungsbestätigung (§ 13 Abs. 2 WpÜG).[306] Für die Zinszahlungspflicht des Bieters nach § 38 WpÜG im Fall eines unterlassenen oder untersagten Pflichtangebots ist dies noch offen.[307] Daneben kommen auch die Geltendmachung von Ansprüchen des Bürgerlichen Gesetzbuchs, insbesondere aus Verträgen oder unerlaubten Handlungen, in Betracht.

III. Sanktionen

Verstöße gegen das WpÜG werden auf unterschiedliche Weise sanktioniert.

1. Untersagung des Angebots

Hat die BaFin nach § 15 Abs. 1 oder Abs. 2 WpÜG ein Angebot untersagt,[308] so ist die Veröffentlichung der Angebotsunterlage verboten und Rechtsgeschäfte, die auf Grundlage des untersagten Angebots getätigt wurden, sind nichtig (§ 15 Abs. 3 WpÜG). Dies gilt sowohl für das schuldrechtliche Kausalals auch das dingliche Erfüllungsgeschäft.[309] Auch ist der Bieter nach § 26 Abs. 1 Satz 1 WpÜG für die Dauer eines Jahres an der Abgabe eines neuen Angebots gehindert (sog. **Sperrfrist**). Für Pflichtangebote gilt diese Sperrfrist nicht. Beabsichtigt der Bieter innerhalb der Sperrfrist ein neues Angebot, so kann er einen Befreiungsantrag gegenüber der BaFin stellen. Eine positive Bescheidung setzt die Zustimmung der Zielgesellschaft voraus und steht im Ermessen der BaFin (§ 26 Abs. 2 WpÜG), die ihr Ermessen bei Zustimmung der Zielgesellschaft in aller Regel zu Gunsten des Antragstellers ausüben wird.

2. Rechtsverlust

Hat eine Person über eine Zielgesellschaft die Kontrolle erworben und entweder den Kontrollerwerb nicht nach § 35 Abs. 1 WpÜG veröffentlicht oder nicht fristgemäß eine Angebotsunterlage bei der BaFin eingereicht oder sie nicht fristgemäß veröffentlicht und damit kein Pflichtangebot nach § 35 Abs. 2 WpÜG abgegeben, so bestehen die Rechte aus den Aktien an der Zielgesell-

---

[305] Assmann/Pötzsch/Schneider/Möller § 48 Rz. 23 ff.; a.A. KölnerKomm WpÜG/Pohlmann § 48 Rz. 69 ff.; Cahn ZHR 167 (2003), 262, 289 ff.
[306] Assmann/Pötzsch/Schneider/Möller § 66 Rz. 4; Ehricke/Ekkenga/Oechsler/Ehricke § 66 Rz. 7.
[307] Vgl. Rz. 215.
[308] Vgl. Rz. 49.
[309] Baums/Thoma/Thoma § 15 Rz. 54; Assmann/Pötzsch/Schneider/Bosch/Meyer § 15 Rz. 26.

schaft nicht, die ihr, mit ihr gemeinsam handelnden Personen oder deren Tochterunternehmen gehören oder diesen nach § 30 Abs. 1 Satz 1 Nr. 2 WpÜG („Halten für Rechnung") zugerechnet werden. Der durch § 59 WpÜG angeordnete Rechtsverlust tritt auch dann ein, wenn die vom Bieter übermittelte Angebotsunterlage den gesetzlichen Anforderungen auf Grund von fehlenden oder falschen Angaben nicht genügt, soweit dieser Verstoß schwer genug wiegt, um etwa wegen Verstoßes gegen die Mindestpreisvorschriften einer Nichtabgabe des Pflichtangebots gleichzustehen oder den Aktionären der Zielgesellschaft wesentliche Entscheidungsgrundlagen vorzuenthalten.[310] Eine weiter gezogene Sanktionierung durch Rechtsverlust ist für die Durchsetzung des Pflichtangebots nicht geboten und wäre deshalb unverhältnismäßig. Aus demselben Grund tritt der Rechtsverlust entgegen dem insoweit missverständlichen Wortlaut nur bei einer **Verletzung der Kardinalpflichten** aus § 35 Abs. 1 und 2 WpÜG (Veröffentlichung der Kontrollerlangung und Abgabe des Pflichtangebots durch rechtzeitige Einreichung und Veröffentlichung einer von der BaFin gestatteten Angebotsunterlage), nicht jedoch bei einer Verletzung der übrigen Pflichten aus § 35 Abs. 1 und 2 WpÜG ein.[311] Der Bieter erleidet deshalb keinen Rechtsverlust, weil er übersehen hat, eine Börse entsprechend §§ 35 Abs. 1 S. 4, 10 Abs. 2 S. 1 Nr. 1 WpÜG vorab zu informieren oder die Veröffentlichung des Erwerbs der Kontrolle unverzüglich an die Zielgesellschaft zu übersenden, zumal eine Nachholung dieser Handlungspflichten bei im Übrigen korrekter Durchführung des Angebotsverfahrens gar nicht mehr sinnvoll möglich ist. Dieser Rechtsverlust besteht für die Dauer der Pflichtverletzung und umfasst grundsätzlich alle aus den Aktien erwachsenden Mitverwaltungs- und Vermögensrechte. Die verlustigen **Mitverwaltungsrechte** umfassen insbesondere das Teilnahme- und Stimmrecht in der Hauptversammlung, aber auch das Rede-, Auskunfts-, Widerspruchs- und Anfechtungsrecht. Nehmen die vorgenannten Personen dennoch an der Abstimmung teil und sind diese Stimmrechte für das Zustandekommen des Hauptversammlungsbeschlusses entscheidend, so sind die entsprechenden Hauptsammlungsbeschlüsse anfechtbar, jedoch nicht nichtig.[312] Die verlustigen **Vermögensrechte** umfassen insbesondere das Dividendenbezugsrecht sowie das Bezugsrecht bei Kapitalerhöhungen (abgesehen von einer Kapitalerhöhung aus Gesellschaftsmitteln) sowie den Anspruch auf Liquidationserlös.[313] Zu Unrecht ausgeschüttete Dividenden sind an die Zielgesellschaft rückzugewähren (§ 62 Abs. 1 AktG).

Der Rechtsverlust kann durch Nachholung der Pflichterfüllung grundsätzlich nur mit Wirkung für die Zukunft beseitigt werden. Eine Ausnahme besteht für den Dividenden- und den Liquidationsanspruch. Diese Ansprüche leben rückwirkend wieder auf, sofern die Veröffentlichung der Kontrollerlangung oder des Pflichtangebots nicht vorsätzlich unterlassen wurde und unverzüglich nachgeholt worden ist (§ 59 Satz 2 WpÜG).

---

[310] Vgl. einerseits *Baums/Thoma/Hecker* § 59 Rz. 51; *Assmann/Pötzsch/Schneider/Schneider* § 59 Rz. 12; FrankfurtKomm WpÜG/*Hommelhoff/Witt* § 59 Rz. 15 und andererseits KölnerKomm WpÜG/*Oesterhaus* § 59 Rz. 41 ff.

[311] *Baums/Thoma/Hecker* § 59 Rz. 21; FrankfurtKomm WpÜG/*Hommelhoff/Witt* § 59 Rz. 8 f.; differenzierend KölnerKomm WpÜG/*Oesterhaus* § 59 Rz. 21 ff.; a.A. *Assmann/Pötzsch/Schneider/Schneider* § 59 Rz. 13.

[312] *Baums/Thoma/Hecker* § 59 Rz. 87; *Assmann/Pötzsch/Schneider/Schneider* § 59 Rz. 44.

[313] *Baums/Thoma/Hecker* § 59 Rz. 94 ff.; FrankfurtKomm WpÜG/*Hommelhoff/Witt* § 59 Rz. 20 f.

3. Bußgeld

Die BaFin ist für den Fall einer nicht ordnungsgemäßen Erfüllung einer Vielzahl von Vorschriften des WpÜG ermächtigt, Bußgelder gegen den ordnungswidrig Handelnden zu verhängen. Der Bußgeldrahmen beträgt abhängig von der konkret verletzten Vorschrift bei vorsätzlichem oder leichtfertigem Handeln bis zu EUR 1 Mio. (§ 60 Abs. 3 WpÜG). Bei fahrlässigem Handeln ist der Bußgeldrahmen zu halbieren (§ 17 Abs. 2 OWiG). Da das Bußgeld die ökonomischen Vorteile, die der Bieter aus der Tat erlangt hat, übersteigen soll, kann diese Summe noch überschritten werden, sofern das Bußgeld sonst diesem Ziel nicht gerecht würde (§ 17 Abs. 4 OWiG).[314] Während in den Fällen der Zuwiderhandlung gegen eine vollziehbare Anordnung nach § 28 Abs. 1 WpÜG („Unerlaubte Werbung") oder § 40 Abs. 1 („Auskunftsverlangen der BaFin") oder ein Betretungsbegehren nach § 40 Abs. 2 WpÜG bereits fahrlässiges Handeln ausreichend ist, bedarf es ansonsten zur Verhängung eines Bußgelds vorsätzlichen oder zumindest leichtfertigen Handelns. Ein Bußgeld kann auch gegen Personen verhängt werden, die als Anstifter oder Gehilfe an der Tat beteiligt sind, und daher auch externe Berater oder die finanzierende Bank treffen.[315]

214

4. Zinszahlungspflicht

Ist eine Person ihrer Pflicht zur Veröffentlichung der Kontrollerlangung oder der Abgabe eines Pflichtangebots nicht nachgekommen bzw. ist ihm ein Pflichtangebot von der BaFin gemäß § 15 Abs. 1 Nr. 1, 2 oder 3 WpÜG untersagt worden, so steht den Aktionären der Zielgesellschaft für die Dauer des Verstoßes ein Zinsanspruch in Höhe von 5% über dem Basiszins (§ 247 BGB) gegen diese Person zu (§ 38 WpÜG). Noch ungeklärt ist, ob dieser Anspruch selbständig oder lediglich als Nebenanspruch zu einem durch Nachholung des Pflichtangebots entstandenen Hauptanspruch eingeklagt werden kann. Der Bundesgerichtshof konnte dies in der „WMF-Entscheidung" offenlassen.[316]

215

---

[314] *Baums/Thoma/Achenbach* § 60 Rz. 4.
[315] *Assmann/Pötzsch/Schneider/Assmann* § 60 Rz. 24; *Baums/Thoma/Schäfer* § 60 Rz. 17.
[316] BGH II ZR 137/05 v. 18. 9. 2006, NZG 2006, 945 f.; für einen selbständig durchsetzbaren Anspruch *Baums/Thoma/Hecker* § 38 Rz. 10; KölnerKomm WpÜG/*Kremer/Oesterhaus* § 38 Rz. 25; für eine unselbständige Nebenforderung *Assmann/Pötzsch/Schneider/Assmann* § 38 Rz. 7; für eine vertragsinhaltsgestaltende Wirkung FrankfurtKomm WpÜG/*Haarmann/Schüppen* § 38 Rz. 3.

§ 28 Delisting und Going Private

Bearbeiter: Dr. Stephan Göckeler

Übersicht

	Rz.
A. Einleitung	1–5
B. Das kapitalmarktrechtliche Delisting auf Antrag	10–44
I. Kapitalmarktrechtliche Regelungen	10–20
1. Gesetzliche Grundlage	10, 11
2. Schutz der Anleger durch Börsenordnungen	12–14
3. Verfahren	15–20
a) Antrag	15
b) Prüfungsumfang	16
c) Wirksamwerden des Widerrufs	17
d) Rechtsschutzfragen	18–20
II. Gesellschaftsrechtliche Voraussetzungen	21–44
1. Kompetenzzuordnung	22–34
a) Zuständigkeit der Hauptversammlung	22–27
b) Mehrheitserfordernis	28
c) Berichts- und Prüfungspflicht	29–31
d) Inhaltskontrolle	32–34
2. Barabfindungsangebot und Spruchverfahren	35–41
3. Rechtsschutzfragen und Anwendungsbereich	42–44
C. Gesellschaftsrechtliche Gestaltungsmöglichkeiten für ein Delisting	50–62
I. Möglichkeiten des gesellschaftsrechtlichen Going Private	51–58
1. Verschmelzung	51–53
2. Formwechsel	54
3. Aufspaltung	55, 56
4. Eingliederung	57
5. Übertragung des Vermögens	58
II. Barabfindungsangebot	59, 60
1. Pflicht zur Abgabe	59
2. Höhe der Barabfindung	60
III. Inhaltskontrolle	61
IV. Zusammenfassung	62

Schrifttum: *Benecke* Gesellschaftsrechtliche Voraussetzungen des Delisting, WM 2004, 1122 ff.; *Bungert* Delisting und Hauptversammlung, BB 2000, 53 ff.; *Eickhoff* Der Gang an die Börse und kein Weg zurück?, WM 1988, 1713 ff.; *Geyrhalter/Gänßler*, Gesellschaftsrechtliche Voraussetzungen eines formalen Delistings, NZG 2003, 313 ff.; *Geyrhalter/Zirngibl* Alles unklar beim formalen Delisting – eine Zwischenbilanz 18 Monate nach „Macrotron", DStR 2004, 1048 ff.; *Groß* Rechtsprobleme des Delisting, ZHR 265 (2001), 141 ff.; *Grunewald* Die Auswirkungen der Macrotron-Entscheidung auf das kalte Delisting, ZIP 2004, 542 ff.; *Kleindiek* „Going Private" und Anlegerschutz, FS Bezzenberger (2000), 653 ff.; *Kocher/Bedkowski* Berichts- und Prüfungserfordernisse beim Delisting? NZG 2008, 135 ff.; *Krämer/Theiß* Delisting nach der Macrotron-Entscheidung des BGH, AG 2003, 225 ff.; *Kruse* „Fungibilitätsausgleichspflicht" beim Börsenrückzug?, WM 2003, 1843 ff.; *Land/Hasselbach* „Going Private" und „Squeeze-out" nach deutschem

Aktien-, Börsen- und Übernahmerecht, DB 2000, 557 ff.; *Land/Behnke* Die praktische Durchführung eines Delisting nach der Macrotron-Entscheidung des BGH, DB 2003, 2531 ff.; *Martinius/Schiffer* Anmerkung zu OLG München (DB 2001, 747 ff.), DB 2002, 750 f.; *Mülbert* Rechtsprobleme des Delisting, ZHR 165 (2001), 104 ff.; *Pluskat* Going Private durch reguläres Delisting, WM 2002, 833 ff.; *Pluskat* Das kalte Delisting, BKR 2007, 54 ff.; *Richard/Weinheimer* Der Weg zurück: Going Private, BB 1999, 1613 ff.; *Schlitt* Die Gesellschaftsrechtlichen Voraussetzungen des regulären Delisting – Macrotron und die Folgen, ZIP 2004, 533 ff.; *K. Schmidt* Macrotron oder: weitere Ausdifferenzierung des Aktionärsschutzes durch den BGH, NZG 2003, 601 ff.; *Schwark/Geiser* Delisting, ZHR 161 (1997), 739 ff.; *Schwichtenberg* Going Private und Squeezeouts in Deutschland, DStR 2001, 2075 ff.; *Simon/Burg* Zum Anwendungsbereich des § 29 Abs. 1 Satz 1 UmwG beim „kalten Delisting", Der Konzern 2009, 214 ff.; *Steck* „Going Private" über das UmwG, AG 1998, 460 ff.; *Streit* Delisting Light – Die Problematik der Vereinfachung des freiwilligen Rückzugs von der Frankfurter Wertpapierbörse, ZIP 2002, 1279 ff.; *Wilsing/Kruse* Börsenrechtliches Delisting nach Macrotron, WM 2003, 1110 ff.; *Wirth/Arnold* Anlegerschutz beim Delisting von Aktiengesellschaften, ZIP 2000, 111 ff.; *Zetzsche* Reguläres Delisting und deutsches Gesellschaftsrecht, NZG 2000, 1065 ff.

A. Einleitung

1 Der Börsengang ist für ein Unternehmen ein einschneidender Schritt. Dabei sollte auch der Reversibilität des Going Public Beachtung geschenkt werden. Unter Reversibilität des Börsenganges wird hier der Vorgang verstanden, der zu einer vollständigen oder teilweisen Beendigung der Börsenzulassung von Wertpapieren eines Unternehmens führt (**Delisting**).[1] Zu unterscheiden sind dabei ein **Totalrückzug** und ein **Teilrückzug**. Während bei einem Teilrückzug die Gesellschaft nach dem Delisting zumindest noch an einer anderen in- oder ausländischen Börse notiert wird (dies setzt also eine vorherige Mehrfachnotierung oder die gleichzeitige Aufnahme einer anderweitigen Notierung voraus), endet bei einem Totalrückzug jegliche Börsennotierung im In- und Ausland. Der Totalrückzug wird auch als **Going Private** bezeichnet.

2 Für das **freiwillige** Delisting gibt es nur eine gesetzliche Spezialnorm, nämlich § 39 Abs. 2 BörsG. Daneben existiert die Möglichkeit der Zulassungsstelle bzw. des Zulassungsausschusses, die Börsenzulassung unter bestimmten Voraussetzungen **von Amts wegen** durch Rücknahme bzw. Widerruf zu beenden.[2] Auf diese Formen des unfreiwilligen Delisting soll hier nicht weiter eingegangen werden.

3 Neben diesen kapitalmarktrechtlichen Möglichkeiten des Delisting (s. Rz. 10 ff.) existieren **gesellschaftsrechtliche Gestaltungsmöglichkeiten**, die jedoch stets zu einem Totalrückzug (Going Private) führen (s. Rz. 50 ff.).

4 Für ein Delisting oder Going Private können **verschiedene Gründe** sprechen. Zum Beispiel kann ein anderes Unternehmen – etwa aufgrund eines öffentlichen Übernahmeangebotes – nahezu 100 % einer börsennotierten AG halten und möchte die mit der Börsennotierung verbundenen Kosten und sonstigen Pflichten (etwa Publizitätspflichten) vermeiden. Ebenso kann ein (neuer) Mehrheitsaktionär versuchen, durch ein Delisting auch die restlichen

---

[1] Zur Terminologie vgl. *Groß* ZHR 165 (2001), 141, 145; *ders.* Kapitalmarktrecht § 38 BörsG Rz. 15 ff.
[2] Vgl. zB §§ 48, 49 VwVfG § 39 Abs. 1 BörsG; vgl. auch § 42 Abs. 2 BörsG.

B. Das kapitalmarktrechtliche Delisting auf Antrag   5–12   § 28

Anteile an dem Unternehmen zu erlangen (Freeze out). Oder es kann sich die Situation eingestellt haben, dass eine Aktie praktisch nicht mehr oder nur noch in sehr geringem Umfang gehandelt wird. Ferner ist ein Delisting als Präventivmaßnahme zur Abwehr einer befürchteten Übernahme denkbar.

Das Ende der Börsennotierung hat für das Unternehmen und seine Aktionäre erhebliche **Folgen**. Für das Unternehmen und die Aktionäre entfallen zunächst die aktien-, handels-, wertpapier- und kapitalmarktrechtlichen Besonderheiten, die bei einer börsennotierten Gesellschaft zu beachten sind.[3] Andererseits besteht die Gefahr, dass das Unternehmen aus dem Blickwinkel der Öffentlichkeit gerät und dadurch etwa für Führungskräfte an Attraktivität verliert. Die bedeutendste Folge liegt jedoch in dem **Entfallen eines öffentlichen Marktes** für die Aktie der Gesellschaft und somit in einer stark reduzierten Fungibilität der Aktie.   5

B. Das kapitalmarktrechtliche Delisting auf Antrag

I. Kapitalmarktrechtliche Regelungen

1. Gesetzliche Grundlage

Unter dem kapitalmarktrechtlichen Begriff des Delisting wird hier die auf Antrag des Unternehmens durch die Börsenaufsicht verfügte **Beendigung der Zulassung** von Aktien der Gesellschaft ohne vorhergehende besondere gesellschaftsrechtliche Maßnahmen (insb. Umwandlungsmaßnahmen) verstanden.[4] Gesetzlich geregelt ist das Delisting in § 39 Abs. 2 BörsG (vormals § 38 Abs. 4 BörsG und davor § 43 Abs. 4 BörsG).   10

Vor Inkrafttreten des § 43 Abs. 4 BörsG aF (jetzt § 39 Abs. 2 BörsG) war in der Literatur umstritten, ob zu einem kapitalmarktrechtlichen Delisting eine einfache **Verzichtserklärung** der börsennotierten Gesellschaft genügte oder ob die Durchführung eines förmlichen „Marktentlassungsverfahrens" notwendig war.[5] Die gesetzliche Lösung in § 43 Abs. 4 BörsG aF (jetzt § 39 Abs. 2 BörsG) folgt der zweiten Auffassung; für einen einseitigen Verzicht der Gesellschaft auf die Zulassung ist daher kein Raum.[6] Danach kann die Zulassungsstelle die Zulassung zum regulierten Markt auf Antrag des Emittenten – antragsberechtigt ist also nur die Gesellschaft selbst, nicht aber etwa ein einzelner Aktionär – in einem förmlichen Marktentlassungsverfahren widerrufen, wenn dieser Widerruf nicht dem Schutz der Anleger widerspricht (§ 39 Abs. 2 Satz 2 BörsG; s. u. Rz. 12f.). Eine effektive Sicherung des Anlegerschutzes ist somit das zentrale Element des kapitalmarktrechtlichen Delisting.   11

2. Schutz der Anleger durch Börsenordnungen

Eine nähere Ausgestaltung des in § 39 Abs. 2 Satz 2 BörsG niedergelegten Grundsatzes des Anlegerschutzes ist aufgrund der Ermächtigung in § 39 Abs. 2   12

---

[3] Vgl. § 26 Rz. 135 ff., Rz. 200 ff.
[4] Zur Terminologie vgl. *Groß* ZHR 165 (2001), 141, 145.
[5] Vgl. hierzu *Steck* AG 1998, 460.
[6] So auch *Groß* ZHR 165 (2001), 141, 159 f.; *ders.* Kapitalmarktrecht § 38 BörsG Rz. 32; *Schanz* § 18 Rz 22.

13 Satz 5 BörsG in den Börsenordnungen aller deutschen Wertpapierbörsen vorgenommen worden.[7] So kann zB nach § 61 Abs. 1 Satz 2 Nr. 2 BörsOFWB die Zulassungsstelle die Börsenzulassung widerrufen, wenn den Anlegern nach Bekanntgabe der Widerrufsentscheidung ausreichend Zeit bleibt, die vom Widerruf betroffenen Wertpapiere über die Börse zu veräußern. Nach § 61 Abs. 2 Satz 3 BörsOFWB wird der Widerruf sechs Monate nach Bekanntgabe der Widerrufsentscheidung wirksam. Die Entscheidung über einen Delisting-Antrag ist allerdings keine gebundene Entscheidung, sondern (wie sich aus der Formulierung in § 61 Abs. 1 Satz 1 BörsOFWB: „kann... widerrufen" ergibt) eine solche, die im pflichtgemäßen Ermessen der Zulassungsstelle steht. Diese Regelung ist in der Literatur auf Kritik gestoßen, weil sie keinen ausreichenden Anlegerschutz gewährleistet.[8] Dies zu Recht, denn es ist nicht zu erwarten, dass sich nach Bekanntgabe eines Delisting-Beschlusses iSe. Totalrückzuges ein ausreichender Markt für die Aktie mit sachgerechten Preisen bildet bzw. fortsetzt.[9] Man wird daher in der pflichtgemäßen Ermessensentscheidung der Börsenzulassungsstelle Auflagen verlangen müssen, die dem in § 39 Abs. 2 Satz 2 BörsG niedergelegten Gebot des Anlegerschutzes hinreichend Rechnung tragen. Dies wird in aller Regel ein Kaufangebot an die außenstehenden Aktionäre durch den/die Mehrheitsaktionär/e bzw. durch die Gesellschaft selbst sein müssen. Denn mit der Regelung in § 61 Abs. 1 Satz 2 Nr. 2 BörsOFWB sollte dem Vernehmen nach keine Erschwerung oder Erleichterung des börsenrechtlichen Delisting verbunden gewesen sein. In diese Richtung weist auch die Entscheidung des VG Frankfurt am Main.[10] Danach darf ein Delisting nicht angeordnet werden, wenn dem Anlegerinteressen entgegenstehen. Die Entscheidung der Zulassungsstelle über einen Widerruf der Zulassung ist auf Ermessensfehler hin gerichtlich überprüfbar. Ein wesentlicher Aspekt für die zu treffende Ermessensentscheidung ist, ob mit den noch handelbaren Wertpapieren die Bedingungen eines funktionierenden Marktes erfüllt sind.

14 Ein **ausreichender Schutz der Anleger** ist immer auch dann gewährleistet, wenn nach dem Delisting an einer Börse noch ein Handel der Aktien an einer anderen inländischen Börse, bei Vorliegen bestimmter Umstände auch an einer ausländischen Börse, stattfindet.[11] Die Einbeziehung in den Freiverkehr reicht indessen nach zutreffender Ansicht nicht aus.[12]

---

[7] § 54a BörsO Bremen/Berlin, § 56 BörsO Düsseldorf (mit dem Erfordernis eines Abfindungsangebots in Anlehnung an die Regelungen des WpÜG), § 43 BörsOFWB., § 50 BörsO Hamburg § 50 BörsO, Hannover, § 51 BörsO München, § 79 BörsO Stuttgart.

[8] Vgl. *Wilsing/Kruse* NZG 2002, 807, 809f. Siehe zu § 54a Abs. 1 Satz 2 Nr. 2 BörsOFWB in der Fassung vom 26. 3. 2002 auch *Holzborn/Schlößer* BKR 2002, 486; *Streit* ZIP 2002, 1279.

[9] *Pluskat* Rechtsprobleme beim Going Private, 2002, 138 ff.; *dies.* FB 2002, 592, 560. So jetzt auch BGH II ZR 133/01 v. 25. 11. 2002, DB 2003, 544.

[10] VG Ffm. 9 E 2285/01 (V) v. 17. 6. 2002, DB 2002, 1986 ff. Siehe auch *Pluskat* WuB 2003, 41 und *Renner/Schiffer* DB 2002, 1990.

[11] Vgl. auch § 43 Abs. 1 Satz 2 Nr. 1 BörsOFWB.

[12] Vgl. *Schanz* § 18 Rz. 25 und Rz. 35 ff. zum Rückzug vom Freiverkehr; *Groß* § 38 BörsG Rz. 22; so auch BGH II ZR 133/01 v. 25. 11. 2002, DB 2003, 544 ff. (vgl. unten Rz. 24); aA LG München I 5 HKO 7195/06 v. 30. 8. 2007 und OLG München 31 Wx 62/07 v. 21. 5. 2008, BB 2008, 1303 ff. bei einem Wechsel von amtlichem Markt in das Seg-

3. Verfahren

a) Antrag

Der Widerruf erfolgt nur auf Antrag der Gesellschaft und wird durch Veröf- 15
fentlichung bekannt gemacht. Einzelne Aktionäre oder Aktionärsgruppen sind
nicht antragsberechtigt. Der Widerruf ist actus contrarius zu der Zulassung.[13]
Die Entscheidung der Geschäftsführung über den Antrag auf Widerruf der
Zulassung ist eine Ermessensentscheidung, bei der ausschließlich die Interessen
des Emittenten einerseits und der Anleger andererseits zu berücksichtigen sind,
nicht aber zB das Interesse einer Regionalbörse, die Aktien weiter zu notieren.[14]
Die Entscheidung der Geschäftsführung ist ein **Verwaltungsakt**.[15]

b) Prüfungsumfang

16 Im Rahmen des Widerrufsverfahrens prüft die Geschäftsführung das Vorliegen der Voraussetzungen gem. § 39 Abs. 2 BörsG sowie der in den jeweiligen Börsenordnungen enthaltenen Bestimmungen (s. Rz. 10 ff.). Unabhängig davon, ob aus **gesellschaftsrechtlicher Sicht** besondere Anforderungen an das Delisting zu stellen sind (s. Rz. 21 ff.), gehört die Einhaltung solcher weiteren Bedingungen nicht zum Prüfungsumfang im börsenrechtlichen Delisting-Verfahren.[16]

c) Wirksamwerden des Widerrufs

Der Zeitpunkt des Wirksamwerdens des Widerrufs hängt davon ab, ob und 17
wo die Aktie der Gesellschaft noch gehandelt wird (vgl. zB § 61 Abs. 2 BörsO
FWB). Ist die Aktie zumindest noch an einer anderen inländischen Börse zugelassen, erfolgt der Widerruf mit sofortiger Wirkung. Wird die Aktie bei Bekanntgabe des Widerrufs ausschließlich noch an einem ausländischen organisierten Markt gehandelt, wird der Widerruf mit einer Frist von drei Monaten
nach dessen Veröffentlichung wirksam. Wird die Aktie bei Bekanntgabe des
Widerrufs weder an einer inländischen Börse (die Einbeziehung in den Freiverkehr reicht nicht aus, s. o. Rz. 14) noch an einem ausländischen organisierten
Markt gehandelt (also handelt es sich um einen Totalrückzug), wird der Widerruf mit einer **Frist von sechs Monaten** nach dessen Veröffentlichung wirksam
(vgl. § 61 Abs. 2 BörsOFWB).

d) Rechtsschutzfragen

Hinsichtlich des Rechtsschutzes im börsenrechtlichen Delistingverfahren 18
gem. § 39 Abs. 2 BörsG iVm. den einschlägigen Börsenordnungen (s. o. Rz. 12
Fn. 8) ist zwischen der Möglichkeit des Emittenten (der Gesellschaft) und der
eines Aktionärs zu unterscheiden.

---

ment M:access der Börse München; dies wird mit dem Regelwerk des Segments und
seinen besonderen Anforderungen begründet; ähnlich KG 2 W 119/08 v. 30. 4. 2009,
NZG 2009, 752 ff. bei Wechsel vom amtlichen Markt in den Entry Standard des Freiverkehrs (Open Market) der FWB. Siehe auch *Simon/Burg* Der Konzern 2009, 214 ff.

[13] *Groß* ZHR 165 (2001), 141, 151.
[14] *Groß* ZHR 165 (2001), 141, 152.
[15] *Groß* §§ 42, 43 BörsG Rz. 15.
[16] *Groß* ZHR 165 (2001), 141, 154 f.; *Geyrhalter/Zirngibl* DStR 2004, 1048, 1049; aA
Mülbert ZHR 165 (2001), 104, 117 f.

19 Auf den Widerruf einer Börsenzulassung hat der Emittent keinen Rechtsanspruch. Denn die Entscheidung über den Antrag steht im pflichtgemäßen **Ermessen** der Zulassungsstelle (§ 40 VwVfG).[17] Allerdings hat der Emittent Anspruch auf eine ermessensfehlerfreie Entscheidung, die der gerichtlichen Kontrolle unterliegt. In diese Ermessensentscheidung sind das Interesse der Gesellschaft auf Widerruf der Börsenzulassung und das Interesse der Anleger auf Fortdauer der Zulassung einzubeziehen. Die Überprüfung der Entscheidung erfolgt auf dem Verwaltungsrechtsweg.[18] Gegen die Entscheidung der Zulassungsstelle kann Widerspruch eingelegt (§§ 68 ff. VwGO) und bei Zurückweisung des Widerspruchs Klage erhoben werden (§ 42 VwGO). Widerspruch und Klage haben aufschiebende Wirkung (§ 80 VwGO).

20 Unzweifelhaft **widerspruchs- und klagebefugt** (vgl. § 42 Abs. 2 VwGO) ist zunächst die beantragende Gesellschaft. Ob daneben auch die betroffenen Aktionäre widerspruchs- bzw. klagebefugt sind, ist nicht abschließend geklärt. Die Befugnis aller betroffenen Anleger ist zu bejahen.[19] Zwar ist der Anleger kein Adressat der Widerrufsnorm des § 39 Abs. 2 BörsG. Jedoch dient § 39 Abs. 2 BörsG iVm. den jeweiligen Börsenordnungen dem Schutz der einzelnen Anleger.[20] Zweifel an dieser Auffassung bestehen jedoch aufgrund von § 15 Abs. 6 BörsG. Danach nimmt die Geschäftsführung der Börse ihre Aufgaben und Befugnisse nur im öffentlichen Interesse wahr. Hieraus könnte man folgern, dass § 39 Abs. 2 BörsG den einzelnen Aktionären einer Gesellschaft, die den Widerruf ihrer Börsenzulassung beantragt hat, keine Widerspruchs- und Klagebefugnis iSv. § 42 Abs. 2 VwGO gewährt. Das ist aber im Hinblick auf die (damit wohl beabsichtigte) generelle Versagung der Klagebefugnis der Aktionäre verfassungsrechtlich bedenklich (Artikel 19 Abs. 4 GG).[21]

II. Gesellschaftsrechtliche Voraussetzungen

21 Fraglich und umstritten ist, ob bei einem kapitalmarktrechtlichen Delisting besondere gesellschaftsrechtliche Voraussetzungen zu erfüllen sind. Hierzu gibt es keine gesetzlichen Spezialnormen. Zur Beurteilung der Rechtslage ist daher auf die allgemeinen Vorschriften des Aktienrechts und die hierzu entwickelten Rechtsprechungsgrundsätze zurückzugreifen. Von besonderer Bedeutung sind dabei zwei Fragestellungen, nämlich zum einen die, welches **Organ** – ggf. mit welcher Mehrheit – über die Stellung eines Antrags auf Widerruf der Zulassung entscheidet und welches Verfahren einzuhalten ist (s. Rz. 22 ff.), und zum anderen die, ob auch aus gesellschaftsrechtlicher Sicht ein **Barabfindungsangebot** erforderlich ist (s. Rz. 35 ff.). Für die Praxis sind diese wichtigen Fragen durch das hierzu ergangene Grundsatzurteil des BGH[22] entschieden.

---

[17] *Groß* §§ 42, 43 BörsG Rz. 16.
[18] VG Ffm. 9 E 2285/01 (V) v. 17. 6. 2002, DB 2002, 1986 f.; *Groß* §§ 42, 43 BörsG Rz. 24.
[19] VG Ffm. 9 E 2285/01 (V) v. 17. 6. 2002, DB 2002, 1986 f.; vgl. im Übrigen die Übersicht bei *Groß* ZHR 165 (2001), 141, 157 ff. und *Schanz* § 18 Rz. 33.
[20] VG Ffm. 9 E 2285/01 (V) v. 17. 6. 2002, DB 2002, 1986 f.; vgl. zustimmend auch LG München I 5 HKO 10580/99 v. 4. 11. 1999, DB 1999, 2458 ff. sowie OLG München 7 U 6019/99 v. 14. 2. 2001, DB 2001, 747 ff.
[21] Vgl. *Pluskat* Rechtsprobleme beim Going Private 2002, 156.
[22] BGH II ZR 133/01 v. 25. 11. 2002, DB 2003, 544 ff.

1. Kompetenzzuordnung

a) Zuständigkeit der Hauptversammlung

Unter dem Aspekt der gesellschaftsrechtlichen Kompetenzzuordnung stellt sich zunächst die Frage, ob der Vorstand den Widerruf der Zulassung zum Börsenhandel als **Geschäftsführungsmaßnahme** in eigener Verantwortung beantragen kann oder ob er hierfür der vorherigen Zustimmung der Hauptversammlung bedarf. Dabei ist unbestritten, dass im Außenverhältnis die Antragstellung durch den Vorstand aufgrund dessen alleiniger Vertretungskompetenz ausreichend, aber auch erforderlich ist.[23] Umstritten ist allein die Kompetenzverteilung im Innenverhältnis.

Im Schrifttum wird zT vertreten, dass ein Delisting – jedenfalls bei einem Totalrückzug – als Strukturmaßnahme von herausragender Bedeutung nach den „Holzmüller-Grundsätzen" des BGH[24] grds. der **Zustimmung der Hauptversammlung** des Emittenten mit einer Mehrheit von drei Vierteln der abgegebenen Stimmen bedarf.[25] Nach den Grundsätzen der Holzmüller-Entscheidung ist für solche Maßnahmen des Vorstandes eine Zustimmung der Hauptversammlung erforderlich, die so tief in die Mitgliedsrechte der Aktionäre und deren im Anteilseigentum verkörpertes Vermögensinteresse eingreifen, dass der Vorstand vernünftigerweise nicht annehmen kann, diese in ausschließlich eigener Verantwortung (als Geschäftsführungsmaßnahme) treffen zu dürfen. Die zitierte Auffassung in der Literatur sieht in einem solchen vollständigen Rückzug von der Börsennotierung einen solch schwerwiegenden Eingriff in die Rechte und Interessen der Aktionäre und fordert demgemäß einen zustimmenden Beschluss der Hauptversammlung.

Auch der BGH[26] hat die Zuständigkeit der Hauptversammlung zur Beschlussfassung über ein reguläres Delisting bejaht. Diese Zuständigkeit wird aber nicht daraus hergeleitet, dass mit der Entscheidung etwa in die Innenstruktur der Aktiengesellschaft oder in die Mitverwaltungsrechte der Aktionäre eingegriffen werde. Dies deshalb nicht, weil die innere Struktur der Gesellschaft dadurch, dass sie sich von der Börse zurückzieht, nicht verändert werde. Ebenso wenig sieht der BGH durch ein Delisting den Bestand des Mitgliedschaftsrechtes oder das Mitgliedschaftsrecht als relatives Beteiligungsrecht berührt, den Vermögenswert der Beteiligung verwässert bzw. ausgezehrt oder die mitgliedschaftliche Stellung des Aktionärs durch Mediatisierung seiner Mitwirkungsrechte (hierauf beruhte die Holzmüller-Entscheidung) geschwächt. Der BGH begründet die Zuständigkeit der Hauptversammlung vielmehr damit, dass dem Aktionär mit dem Rückzug der Gesellschaft aus dem amtlichen Markt oder dem geregelten Markt (jetzt einheitlich regulierter Markt) der Markt genommen werde, der ihn in die Lage versetze, den Wert seiner Aktien

---

[23] Siehe *Groß* ZHR 165 (2001), 161 f.
[24] Vgl. BGH II ZR 174/80 v. 25. 2. 1982, DB 1982, 795 ff. („Holzmüller"); zu den umstrittenen dogmatischen Grundlagen und den praktischen Konsequenzen vgl. aus dem nahezu unüberschaubaren Schrifttum: *Geßler* in FS Stimpel 1985, S. 771 ff.; *Lutter* in FS Stimpel 1985, S. 825 ff.; *Lutter/Leinekugel* ZIP 1998, 805 ff.
[25] Eine Meinungsübersicht findet sich bei *Groß* ZHR 165 (2001), 141, 161 ff.
[26] BGH II ZR 133/01 v. 25. 11. 2002, DB 2003, 544; zuvor im Ergebnis ebenso, aber mit abw. Begründung LG München I 5 HKO 10580/99 v. 4. 11. 1999, DB 1999, 2458 ff.; OLG München 7 U 6019/99 v. 14. 2. 2001, DB 2001, 747 ff.

jederzeit durch Veräußerung zu realisieren. Dies bringe insb. für die Minderheits- und Kleinaktionäre wirtschaftlich gravierende Nachteile mit sich, die auch nicht durch die Einbeziehung der Aktien in den Freihandel ausgeglichen werden könnten. In der Verkehrsfähigkeit der Aktien sieht der BGH unter Berufung auf die Rechtsprechung des Bundesverfassungsgerichtes eine besondere Bedeutung und einen Teil des Aktieneigentums, der verfassungsrechtlichen Schutz genieße. Er sei bei börsennotierten Gesellschaften unerlässlicher Bestandteil des Rechtsverhältnisses zwischen Aktiengesellschaft und Aktionär. Demnach habe die Hauptversammlung und nicht die Verwaltung darüber zu befinden, ob das Delisting als eine die Verkehrsfähigkeit der Aktie und damit den Verkehrswert des Anteils beeinträchtigende Maßnahme im Hinblick auf den Minderheitenschutz durchgeführt werden dürfe und solle. Im Falle eines Delistings von Vorzugsaktien bedarf es neben dem Beschluss der Hauptversammlung keines Sonderbeschlusses der Vorzugsaktionäre entsprechend § 143 Abs. 3 AktG.[27]

25 Demgegenüber geht eine Auffassung im Schrifttum davon aus, dass die Entscheidung darüber, ob ein Antrag auf ein Delisting gem. § 39 Abs. 2 BörsG gestellt werden soll, eine Geschäftsführungsangelegenheit des Vorstandes ist, für die **keine Hauptversammlungszuständigkeit** besteht.[28] Dies deshalb, weil das Delisting keine Satzungsänderung der Gesellschaft bewirke, es sei denn, die Satzung der Gesellschaft sehe ausnahmsweise die zwingende Börsennotierung als Satzungsbestandteil vor.[29] Darüber hinaus greife das Delisting auch nicht in die rechtliche Stellung der Aktionäre ein. Insbesondere blieben Stimmrecht, Gewinnbezugsrecht, Bezugsrecht bei Kapitalerhöhungen und das Recht auf den anteiligen Liquidationserlös von dem Delisting unberührt. Im Übrigen könne von einem solch tief greifenden Struktureingriff, der eine ungeschriebene Hauptversammlungskompetenz begründen könnte, keine Rede sein.[30] Aufgrund der eindeutigen Stellungnahme des BGH ist dieser Auffassung jedenfalls in der Praxis nicht zu folgen.

26 Unabhängig davon, ob man die Hauptversammlungszuständigkeit bejaht oder den Antrag auf Delisting gem. § 39 Abs. 2 BörsG als Geschäftsführungsangelegenheit des Vorstandes begreift, muss sich die Entscheidung bezüglich des Delistingantrags am konkreten **Gesellschaftszweck** und am **Gesellschaftsinteresse** ausrichten. Private Interessen der Aktionäre, etwa das Entfallen der Anwendbarkeit der Insidervorschriften gem. §§ 12 ff. WpHG oder der Meldepflichten gem. §§ 21 ff. WpHG, sind daher unerheblich.[31] Legitime, in Betracht kommende Gesichtspunkte sind dabei etwa die Einsparung der an die Börsenzulassung knüpfenden Kosten einschließlich der Kosten der damit verbundenen Publizitätspflichten.[32]

27 Geht man mit der Rechtsprechung und Teilen der Literatur von der Notwendigkeit eines Hauptversammlungsbeschlusses aus, stellt sich die Frage nach

---

[27] OLG Celle 9 U 165/07 v. 7.5. 2008, AG 2008, 858 f.; anders noch die Vorinstanz LG Hannover 23 O 129/06 v. 29.8. 2007, NZG 2008, 152 ff.

[28] *Groß* ZHR 165 (2001), 141, 161 ff.; *Mülbert* ZHR 165 (2001), 104, 129 ff.; *Bungert* BB 2000, 53, 54 f.; *Wirth/Arnold* ZIP 2000, 111, 113 ff.

[29] *Mülbert* ZHR 165 (2001), 104, 129.

[30] Vgl. eingehend *Bungert* BB 2000, 53, 54 f.; *Groß* ZHR 165 (2001), 141, 163 ff.; *Mülbert* ZHR 165 (2001), 104, 129 ff.

[31] Vgl. *Mülbert* ZHR 165 (2001), 104, 125.

[32] Vgl. BGH II ZR 133/01 v. 25.11. 2002, DB 2003, 544 ff.

B. Das kapitalmarktrechtliche Delisting auf Antrag

der erforderlichen **Mehrheit** sowie der Notwendigkeit eines förmlichen, auszulegenden „**Delistingberichts**" und einer **Prüfung**.

b) Mehrheitserfordernis

Die Mehrheitsfrage ist bereits bei den „klassischen" Holzmüller-Beschlüssen umstritten. Es verwundert daher nicht, dass auch das Mehrheitserfordernis eines Delisting-Beschlusses uneinheitlich beurteilt wird. In Betracht kommen das Erfordernis einer einfachen Mehrheit sowie das einer (satzungsändernden) Mehrheit von drei Viertel der abgegebenen Stimmen.[33] Hält man einen Hauptversammlungsbeschluss für erforderlich, so muss allerdings eine **einfache Mehrheit** der Stimmen ausreichen, um den Vorstand zum Delisting zu ermächtigen. Dieser Auffassung hat sich auch der BGH angeschlossen, ohne dies jedoch im Einzelnen zu begründen.[34]

c) Berichts- und Prüfungspflicht

Auch hinsichtlich der Frage, ob ein formeller Bericht des Vorstandes an die Hauptversammlung erforderlich ist, bietet sich ein uneinheitliches Meinungsbild.[35] Zum Teil wird in Analogie zu den Berichtspflichten gem. §§ 186 Abs. 4 Satz 2, 293 b, 319 Abs. 3 AktG und zu § 8 UmwG ein ausführlicher schriftlicher Bericht des Vorstandes verlangt, der die Hintergründe des Delisting wirtschaftlich und rechtlich erläutert und ab der Einberufung der Hauptversammlung zur Einsichtnahme ausliegt und den Aktionären auf Verlangen zu übersenden ist.

Das LG München I und das OLG München halten einen solchen **Vorstandsbericht** indessen für **nicht erforderlich**.[36] Sie begründen ihre Auffassung zunächst damit, dass gesetzlich nicht geregelte formelle Voraussetzungen für Hauptversammlungsbeschlüsse auf für die betroffenen Gesellschaften klar voraussehbare Einzelfälle beschränkt werden müssten. Insbesondere ließen sich zusätzliche Veröffentlichungspflichten ohne Gesetzesgrundlage nicht begründen.

Die vom OLG Frankfurt am Main für den Fall des Verkaufs einer Tochtergesellschaft bejahte Berichtspflicht[37] hält das LG München I für **nicht übertragbar**. Dies deshalb, weil bei Unternehmensverträgen und Unternehmensverkäufen die Einzelheiten erläuterungsbedürftig seien. Demgegenüber sei der Vorgang des Delisting schon durch den **Begriff klar umrissen**, und die Einzelheiten lägen im Ermessen der Börse. Das OLG München führt überdies zutreffend aus, dass es bei einem Delisting-Beschluss keiner über die Bekanntmachung in der Tagesordnung hinausgehenden Information bedürfe. Ohne auf die Gründe im Einzelnen einzugehen, hat sich der BGH der Auffassung, dass es eines Vorstandsberichtes zum Delisting nicht bedarf, angeschlossen.[38] Damit ist auch diese für die Praxis bedeutsame Frage in dem Sinne geklärt, dass der

---

[33] Siehe hierzu die Meinungsübersicht bei *Groß* ZHR 165 (2001), 141, 162; abwegig ist die vereinzelt erhobene Forderung nach einer 90%igen Mehrheit.
[34] BGH II ZR 133/01 v. 25.11.2002, DB 2003, 544.
[35] Vgl. *Schwichtenberg* DStR 2001, 2075, 2080.
[36] Siehe Fn. 29.
[37] Vgl. OLG Ffm. 5 U 193/97 v. 23.3.1999, DB 1999, 1004 ff.; mittlerweile bestätigt durch BGH II ZR 124/99 v. 15.1.2001, DB 2001, 581 ff.
[38] BGH II ZR 133/01 v. 25.11.2002, DB 2003, 544.

Vorstand bei der Einberufung einer Hauptversammlung, die über ein Delisting beschließen soll, keinen gesonderten Bericht zu erstatten hat. Aufgrund der Ausführungen des BGH, der darauf hinweist, dass die Aktiengesellschaft im konkreten Fall in der Hauptversammlung die Gründe schlüssig dargelegt habe (Kosteneinsparung, drohende Kursschwankungen, drohende Nachteile für die Gesellschaft sowie die Gefahr von Kursmanipulationen) und diese Gründe aus sich heraus verständlich seien und die Entscheidung der Hauptversammlung trügen, sollte in der Praxis jedoch darauf geachtet werden, dass der Vorstand die Delisting-Maßnahme in der Hauptversammlung ausreichend begründet. Ferner verweist der BGH auf den Rechtsgedanken des § 124 Abs. 2 Satz 2 AktG und folgert hieraus, dass in der Einberufung zur Hauptversammlung die Einzelheiten des Widerrufsantrages und das Abfindungsangebot (s. u. Rz. 35 ff.) bekannt zu geben seien. Eine weitergehende Berichts- und auch eine Prüfungspflicht des Barabfindungsangebots ist abzulehen (s. Rz. 35 ff.).[39]

d) Inhaltskontrolle

32 Aus gesellschaftsrechtlicher Sicht stellt sich schließlich die Frage, ob und in welchem Umfang der Delisting-Beschluss der Hauptversammlung – hält man einen solchen mit der Rechtsprechung für erforderlich – einer **materiellen** Inhaltskontrolle durch die Gerichte unterliegt.

33 Ausgangspunkt ist die mittlerweile nahezu unbestrittene Feststellung, dass Hauptversammlungsbeschlüsse nicht einer unbeschränkten Inhaltskontrolle im Sinne einer Überprüfung der materiellen Rechtfertigung unterliegen. Vielmehr wird nur eine **eng begrenzte** gerichtliche inhaltliche **Überprüfung** zugelassen. Dies wird zutreffenderweise damit begründet, dass Hauptversammlungsbeschlüsse, die mit der erforderlichen Mehrheit zustande kommen, ihre Rechtfertigung in sich tragen. Jeder, der sich als Aktionär beteiligt, unterwirft sich dem **Prinzip der Mehrheitsherrschaft** (§ 133 Abs. 1 AktG). Die Inhaltskontrolle beschränkt sich daher im Wesentlichen auf die Fälle der Verfolgung von Sondervorteilen (§ 243 Abs. 2 AktG), der Verletzung des Gleichbehandlungsgrundsatzes (§ 53 a AktG) sowie des Missbrauchs der Mehrheitsmacht (Verletzung der Treuepflicht).[40]

34 Das LG München I und das OLG München führten auf dieser Grundlage richtigerweise aus, dass ein Delisting-Beschluss weder einen Sondervorteil für den Mehrheitsaktionär noch einen Missbrauch der Mehrheitsherrschaft darstellt.[41] Auch der BGH folgt dieser Auffassung.[42] Nach den Ausführungen des BGH hat die auf Vorschlag des Vorstandes über das Delisting zu treffende Entscheidung unternehmerischen Charakter. Sie sei von der Hauptversammlung zu treffen. Somit läge es im Ermessen der Mehrheit der Aktionäre, ob die Maßnahme im Interesse der Gesellschaft zweckmäßig sei und geboten erscheine. Der vermögensrechtliche Schutz der Minderheitsaktionäre sei durch das Erfor-

---

[39] So auch *Kocher/Bedkowski* Berichts- und Prüfungserfordernisse beim Delisting? NZG 2008, 135 ff.; a.A. LG Hannover 23 O 139/06 v. 29. 8. 2007, NZG 2008, 152 ff.; nunmehr aufgehoben durch OLG Celle 9 U 165/07 v. 7. 5. 2008, AG 2008, 858 f.
[40] Vgl. BGH II ZR 75/87 v. 1. 2. 1988, DB 1988, 593 ff.; OLG Stuttgart 20 W 8/07 v. 26. 11. 2007, AG 2008, 464 ff.; sowie *Hüffer* AktG § 243 Rz. 20 ff. mwN.
[41] LG München I 5 HKO 10580/99 v. 4. 11. 1999, DB 1999, 2485, 2459 f.; OLG München 7 U 6019/99 v. 14. 2. 2001, 747, 748 f.
[42] BGH II ZR 133/012 v. 25. 11. 2002, DB 2003, 544.

B. Das kapitalmarktrechtliche Delisting auf Antrag

dernis eines Pflichtangebotes, die Aktien zum vollen Wert zu übernehmen, sowie die Möglichkeit, die Höhe in einem Spruchverfahren überprüfen zu lassen, sichergestellt (siehe hierzu Rz. 35 ff.). Diese Entscheidung bestätigt die in der Rechtsprechung festzustellende Tendenz, Hauptversammlungsbeschlüsse nur einer sehr eng begrenzten inhaltlichen Kontrolle zu unterziehen. In diesem Zusammenhang ist auch zu erwähnen, dass es nach Auffassung des BGH einer zeitlichen Begrenzung des Ermächtigungsbeschlusses nicht bedürfe, weil das Gesetz eine solche Befristung nicht verlange. Wenn die Ermächtigung eine Befristung nicht enthalte, sei der Vorstand gehalten, aufgrund der ihm als Organ obliegenden Pflichten im Rahmen seiner unternehmerischen Handlungsfreiheit zu entscheiden, ob und wann er die Maßnahme, zu der er ermächtigt worden ist, durchführt. Über den jeweiligen Stand sei dann auf der nächsten ordentlichen Hauptversammlung zu berichten. Falls die Maßnahme zu diesem Punkt dann noch nicht durchgeführt worden sei, könne die Hauptversammlung darüber beschließen, ob die Ermächtigung aufrechterhalten bleibt oder ob sie widerrufen wird. Damit unterliege die Ermächtigung einer hinreichend konkreten zeitlichen Kontrolle durch die Hauptversammlung; eine weiter gehende zeitliche Beschränkung sei nicht erforderlich.

2. Barabfindungsangebot und Spruchverfahren

Die zweite grundsätzliche aktienrechtliche Frage ist, ob bei einem angestrebten Delisting nicht nur aufgrund börsenrechtlicher Vorschriften (s. o. Rz. 12), sondern auch **aus gesellschaftsrechtlicher Sicht** ein Barabfindungsangebot erforderlich ist und ggf. in einem Spruchstellenverfahren überprüft werden kann.

Teile der Literatur fordern – zumeist auf der Grundlage einer Analogie zu den aktien- und umwandlungsrechtlichen Pflichten zur Abgabe eines Barabfindungsangebots – auch aus gesellschaftsrechtlicher Sicht ein Barabfindungsangebot. Konsequenterweise wird hieran anschließend auch die Überprüfung eines solchen Barabfindungsangebotes im Wege eines **Spruchverfahrens** analog § 306 AktG, §§ 305 ff. UmwG bzw. nach SpruchG für möglich erachtet.[43]

Das LG München I beschäftigte sich – zumindest indirekt – auch mit dieser Frage.[44] Es lehnt die Überprüfung der Angemessenheit des Kaufangebots des Mehrheitsaktionärs durch ein richterrechtlich geschaffenes, gesetzlich nicht vorgesehenes Spruchverfahren ab. Dies zum einen aufgrund der nach Ansicht des LG München I gegebenen abschließenden Regelung des § 43 Abs. 4 BörsG aF (jetzt § 39 Abs. 2 BörsG). Zum anderen aber verletze nach Ansicht des Gerichts die richterliche Überprüfung eines freiwilligen Kaufangebots die verfassungsrechtlich garantierte Privatautonomie. Das OLG München hatte die Ausführungen des LG München I noch bestätigt.[45]

Die herrschende Meinung in der Literatur geht ebenfalls davon aus, dass eine gesellschaftsrechtlich begründete **Barabfindungspflicht** auch im Falle eines vollständigen Delisting **nicht besteht**. Eine solche Barabfindungspflicht sei gesetzlich nicht vorgesehen. Auch sehe das Umwandlungsgesetz selbst in einigen Fällen (zB Umwandlungen zwischen den beiden Rechtsformen AG und

---

[43] Siehe die Meinungsübersicht bei *Mülbert* ZHR 165 (2001), 104, 111 (Fn. 28).
[44] LG München I 5 HKO 10580/99 v. 4. 11. 1999, DB 1999, 2458, 2460.
[45] OLG München 7 U 6019/99 v. 14. 2. 2001, DB 2001, 747, 749.

KGaA gem. § 250 UmwG) oder bei Verschmelzungen einer börsennotierten AG auf eine bestehende nicht börsennotierte AG (vgl. § 29 Abs. 1 Satz 2 UmwG) eine Barabfindungspflicht nicht vor.[46] Für eine gesellschaftsrechtliche Barabfindungspflicht bestehe insoweit auch keine Notwendigkeit, als die Anlegerinteressen im Verfahren gem. § 38 Abs. 4 BörsG ausreichend geschützt würden.

39 Mit der grundsätzlichen Überlegung, dass der Umstand, dass die Entscheidung über ein Delisting der Hauptversammlung vorbehalten sei, allein keinen hinreichenden Schutz der Minderheitsaktionäre zu gewährleisten vermöge, hat sich der BGH jedoch der Auffassung angeschlossen, die ein Barabfindungsangebot und dessen Überprüfung in einem gerichtlichen Verfahren befürwortet. Ein ausreichender Schutz der Minderheitsaktionäre sei nur dann sichergestellt, wenn den Minderheitsaktionären der Wert ihrer Aktien ersetzt werde und ihnen die Möglichkeit offen stehe, die Richtigkeit der Wertbemessung in einem gerichtlichen Verfahren überprüfen zu lassen.[47] Auch wenn § 38 Abs. 4 Satz 2 BörsG (jetzt § 39 Abs. 2 Satz 2 BörsG) vorschreibe, dass der Widerruf der Zulassung dem Schutz der Anleger nicht widersprechen dürfe, gewährten die börsengesetzlichen Regelungen nach Auffassung des BGH keinen wirksamen gesellschaftsrechtlichen Minderheitsschutz. Vielmehr stelle das Aktienrecht höhere Anforderungen an einen solchen Minderheitenschutz. Nach dem BGH kann ein adäquater Minderheitsschutz nur dadurch erreicht werden, dass den Minderheitsaktionären mit dem Beschlussantrag ein Pflichtangebot über den Kauf ihrer Aktien durch die Gesellschaft (in den nach § 71 f. AktG bestehenden Grenzen) oder durch den Großaktionär vorgelegt wird. Da den Minderheitsaktionären eine volle Entschädigung zustehe, müsse der Kaufpreis dem Anteilswert entsprechen (siehe auch Rz. 60). Die Regelungen des WpÜG sind auf das nach BGH erforderliche Barabfindungsangebot nicht anwendbar.[48]

40 Unter Hinweis auf die Rechtsprechung des Bundesverfassungsgerichts und das Erfordernis eines gerichtlichen Überprüfungsverfahrens sowie in analoger Anwendung der §§ 304 f. AktG und §§ 15, 34, 196 und 212 UmwG hält der BGH eine gerichtliche Überprüfung der Höhe des Angebotsbetrages in einem Spruchverfahren für zulässig.[49] Eine solche Überprüfungsmöglichkeit, bei der es allein um die Angemessenheit der angebotenen Abfindung gehe, sei der Anfechtungsklage überlegen. Diese könne weder den Interessen der Gesellschaft noch denen der Aktionäre gerecht werden.

41 Mit der Entscheidung des BGH ist somit auch die Frage nach dem Erfordernis eines Barabfindungsangebotes sowie dessen gerichtliche Überprüfung für die Praxis grundsätzlich geklärt. Offen ist zB, ob nur die Gesellschaft oder ein Aktionär oder nicht vielmehr auch ein Dritter ein taugliches Barabfindungsangebot abgeben kann. Letzteres dürfte möglich sein. Wegen der Einzelheiten wird man die weitere Entwicklung abwarten müssen.[50] Insbesondere wird es auch noch einer Klärung bedürfen, welche Aktionäre als Minderheitsaktionäre

---

[46] *Mülbert* ZHR 165 (2001), 104, 137.
[47] BGH II ZR 133/01 v. 25. 11. 2002, DB 2003, 544, unter Berufung auf die Rechtsprechung des Bundesverfassungsgerichtes.
[48] So auch *Schanz* § 18 Rz. 28; aA *Pluskat* Das kalte Delisting BKR 2007, 54, 56.
[49] BGH II ZR 133/01 v. 25. 11. 2002, DB 2003, 544; BGH II ZR 39/07 v. 25. 6. 2008, DB 2008, 1735.
[50] Zur Zuständigkeit vgl. OLG Koblenz 4 SmA 29/07 v. 21. 6. 2007, AG 2007, 822.

und welche als Mehrheitsaktionäre anzusehen sind und ob mehrere Aktionäre zusammengefasst als Mehrheitsaktionär gewertet werden. Diese Frage ist insoweit von Bedeutung, als die gesetzlichen Regelungen zum Spruchverfahren, die der BGH entsprechend zur Anwendung gelangen lassen möchte, für die Antragsberechtigung nicht voraussetzen, dass der Aktionär gegen den Beschluss gestimmt und/oder Widerspruch zur Niederschrift erklärt hat. Umstritten ist zudem, ob eine Prüfungspflicht durch einen unabhängigen, gerichtlich bestellten Prüfer gilt. Dies ist abzulehnen (s. o. Rz. 31). Anwendung findet das am 1. 9. 2003 in Kraft getretene Spruchverfahrensneuordnungsgesetz,[51] welches das Spruchverfahren in einem eigenen Spruchverfahrensgesetz (SpruchG) regelt und gleichzeitig §§ 305 bis 312 UmwG aufhebt.[52] Danach beträgt die Antragfrist drei Monate (vgl. § 4 Abs. 1 Nr. 4 SpruchG). Nach zutreffender Aussicht beginnt die Frist mit der Veröffentlichung der Entscheidung über den Widerruf der Börsenzulassung in einem überregionalen Börsenpflichtblatt, innerhalb derer auch die Antragsberechtigung (Stellung als Aktionär) darzulegen (nicht aber zu beweisen) ist.[53] Das Spruchverfahren erledigt sich jedoch in der Hauptsache, wenn die Aktien der Gesellschaft wieder zum regulierten Markt zugelassen werden und das vorangegangene Delisting keine negativen Auswirkungen hatte.[54] Das Spruchverfahren soll auch zulässig sein, wenn es zum Delisting ohne Pflichtangebot oder Hauptversammlungszustimmung kam. Für die Höhe der anzubietenden Abfindung gelten die allgemeinen Regeln (Vgl. auch unten Rz. 60).

3. Rechtsschutzfragen und Anwendungsbereich

Zur Frage, in welchem Umfang ein gesellschaftsrechtlicher Rechtsschutz gegen ein Delistingverfahren möglich ist, wird man festhalten können, dass – die Erforderlichkeit eines zustimmenden Hauptversammlungsbeschlusses einmal unterstellt – neben dem Spruchverfahren (s. o. Rz. 39 ff.) die Möglichkeit einer **Anfechtungsklage** gegen einen entsprechenden Hauptversammlungsbeschluss gegeben ist. Bei Beachtung der Form- und Fristerfordernisse einer Hauptversammlung sowie bei Abgabe des nach Auffassung des BGH erforderlichen Barabfindungsangebotes dürften jedoch im Regelfall wegen der stark eingeschränkten Inhaltskontrolle keine ernsthaften Anfechtungs- oder Nichtigkeitsrisiken bestehen.

Hält man mit dem BGH einen Hauptversammlungsbeschluss für erforderlich, steht den Aktionären auch das Rechtsmittel des vorbeugenden Rechtsschutzes in Form einer **Unterlassungsklage** (erfolgreich) zur Verfügung, wenn der Vorstand den Widerruf der Zulassung ohne die Zustimmung der

---

[51] Gesetz zur Neuordnung des gesellschaftsrechtlichen Spruchverfahrens vom 12. 6. 2003 BGBl. I 2003, 838. S. dazu *Lamb/Schluck-Amend* DB 2003, 1259.
[52] Vgl. BGH II ZR 39/07 v. 25. 6. 2008, DB 2008, 1735; LG Hannover 23 O 139/06 v. 29. 8. 2007, NZG 2008, 152 ff.; KG Berlin 2 W 14/06 v. 31. 10. 2007, AG 2008, 295 ff.; OLG Zweibrücken 3 W 147/07 v. 23. 8. 2007, BB 2007, 2199 ff.
[53] Vgl. BGH II ZR 39/07 v. 25. 6. 2008, DB 2008, 1735; OLG Zweibrücken 3 W 147/07 v. 23. 8. 2007, BB 2007, 2199 ff.; BayObLG 3 Z BR 106/04 v. 1. 12. 2004, BB 2005, 458.
[54] Vgl. OLG Zweibrücken, a.a.O.; BayObLG 3 Z BR 87/04 v. 28. 7. 2004, NZG 2004, 1111 ff.; aA noch die Vorinstanz LG München I 5 HKO 5774/03 v. 27. 11. 2003, NZG 2004, 193 ff.

Hauptversammlung beantragt.[55] Damit ist auch der einstweilige Rechtsschutz eröffnet.[56]

44 Die Regelungen des BGH finden immer bei einem Totalrückzug (s. o. Rz. 1) Anwendung, also auch bei einer anschließenden bzw. fortbestehenden Einbeziehung in den Freiverkehr,[57] nicht aber bei einem Teilrückzug oder bei einem Wechsel des Segments, also zB vom Prime Standard in den General Standard.[58]

C. Gesellschaftsrechtliche Gestaltungsmöglichkeiten für ein Delisting

50 Die Börsennotierung eines Unternehmens führt nicht dazu, dass die Gesellschaft und ihre Anteilseigner nicht die allgemein vorgesehenen gesellschafts- und umwandlungsrechtlichen Maßnahmen ausnutzen könnten. Aus diesem Grunde kann ein Going Private auch auf gesellschafts- bzw. umwandlungsrechtlichem Wege erreicht werden (sog. „**kaltes Delisting**").[59]

I. Möglichkeiten des gesellschaftsrechtlichen Going Private

1. Verschmelzung

51 Die börsennotierte Gesellschaft kann auf eine andere, nicht börsennotierte Gesellschaft (Kapitalgesellschaft oder Personengesellschaft) nach den Vorschriften der §§ 2 ff. UmwG verschmolzen werden (**Going Private Merger**).[60] Gemäß § 20 Abs. 1 Nr. 2 UmwG bewirkt die Eintragung der Verschmelzung zunächst im Handelsregister der übertragenden Gesellschaft und dann in dem der übernehmenden Gesellschaft (vgl. § 19 Abs. 1 UmwG) das Erlöschen der übertragenden Gesellschaft einschließlich der an ihr bestehenden Mitgliedschaftsrechte (Aktien). Die **Wirksamkeit** der Zulassung der Aktien **erledigt sich** in diesem Fall gem. § 43 Abs. 2 VwVfG ipso iure. Einer besonderen Entscheidung der Zulassungsstelle bzw. des Zulassungsausschusses bedarf es daher nicht.[61]

52 Aus der Sicht einer börsennotierten Gesellschaft, die auf eine nicht börsennotierte Gesellschaft verschmolzen werden soll, ist allerdings zu beachten, dass

---

[55] Siehe zu dieser Möglichkeit BGH II ZR 174/80 v. 25. 2. 1982, DB 1982, 795 ff. („Holzmüller").

[56] Vgl. für einen „Holzmüller-Fall": LG Duisburg 21 106/02 v. 29. 5. 2002, NZG 2002, 643 f.

[57] Anders LG München 5 HKO 7195/06 v. 30. 8. 2007, BB 2007, 2253 ff. und OLG München 31 Wx 62/07 v. 21. 5. 2008, BB 2008, 1303 ff. bei Einbeziehung in das Segment M:access der Börse München sowie KG 2 W 199/08 v. 30. 4. 2009, NZG 2009, 752 ff. bei Wechsel vom amtlichen Markt in den Entry Standard des Freiverkehrs (Open Market) des FWB (s. Rz. 14).

[58] Vgl. *Groß* § 38 BörsG Rz. 20 ff.; *Schanz* § 18 Rz. 3 ff.

[59] Zu den mit den jeweiligen Maßnahmen verbundenen steuerlichen Folgen vgl. § 11 Rz. 223 ff.

[60] Vgl. *Land/Hasselbach* DB 2000, 557 ff.

[61] Vgl. *Groß* ZHR 165 (2001), 141, 149; *Mülbert* ZHR 165 (2001), 104, 105; *Schwichtenberg* DStR 2001, 2075, 2076.

bei einem Going Private Merger die Minderheitsaktionäre nicht automatisch aus der Gesellschaft ausscheiden (kein „**Freeze out**" oder „**Squeeze out**"); ihnen ist jedoch grds. gem. § 29 UmwG durch die übernehmende Gesellschaft ein Barabfindungsangebot zu unterbreiten, sofern der übernehmende Rechtsträger eine andere Rechtsform (also nicht AG oder KGaA, vgl. § 78 Satz 4 UmwG) hat als die übertragende börsennotierte AG oder (nach neuer Fassung von § 29 Abs. 1 Satz 1 UmwG) eine nicht börsennotierte AG ist. Ob die Minderheitsaktionäre das Barabfindungsangebot annehmen oder nicht, bleibt ihnen vorbehalten.

Aufgrund der bisherigen Rechtsprechung kann grds. davon ausgegangen werden, dass die Durchführung eines Going Private Merger nicht als treuwidriges Verhalten der Mehrheitsaktionäre anzusehen ist (s. Rz. 61).

2. Formwechsel

Darüber hinaus ist es möglich, eine börsennotierte Aktiengesellschaft in eine Gesellschaft anderer Rechtsform (zB GmbH, GmbH & Co. KG oder auch KGaA)[62] umzuwandeln.[63] Die Eintragung der neuen Rechtsform in das Handelsregister hat gem. § 202 Abs. 1 Nr. 1 UmwG zur Folge, dass der formwechselnde Rechtsträger in der neuen Rechtsform weiter besteht und sich die Mitgliedschaftsrechte an dem Rechtsträger neuer Rechtsform fortsetzen. Die Aktien als Mitgliedschaftsrechte an der ihre Rechtsform wechselnden AG erlöschen. Auch bei diesem Vorgang **erlischt die Börsenzulassung automatisch**, da sie sich erledigt hat (§ 43 Abs. 2 VwVfG).[64] Dies gilt auch bei einem Formwechsel einer AG in eine KGaA, sodass es zur Aufrechterhaltung der Börsennotierung einer (erneuten) Zulassung der neuen Kommanditaktien zum regulierten Markt bedarf.[65] Auch hier bleibt festzustellen, dass die Minderheitsaktionäre Gesellschafter der neuen Rechtsform werden und ein zwingendes Ausscheiden nach deutschem Recht nicht vorgesehen ist. Zu beachten ist jedoch wiederum das zwingend gem. § 207 UmwG zu unterbreitende **Barabfindungsangebot** (mit Ausnahme von Umwandlungen zwischen den Rechtsformen der AG und KGaA, § 250 UmwG).

3. Aufspaltung

Eine börsennotierte Aktiengesellschaft kann gem. § 123 Abs. 1 UmwG aufgespalten werden. Anders als bei einer Abspaltung gem. § 123 Abs. 2 UmwG oder einer Ausgliederung gem. § 123 Abs. 3 UmwG erlischt die aufgespaltene Gesellschaft gem. § 131 Abs. 1 Nr. 2 UmwG mit Eintragung der Aufspaltung im Handelsregister. In diesem Fall erlöschen auch die Mitgliedschaftsrechte an der aufgespaltenen Gesellschaft, sodass sich die **Börsenzulassung** wiederum gem. § 43 Abs. 2 VwVfG von selbst **erledigt**, ohne dass es eines Antrags oder einer Entscheidung der Zulassungsstelle bzw. des Zulassungsausschusses bedarf.[66]

Etwaige Minderheitsaktionäre können bei einer Aufspaltung ebenso wenig gegen ihren Willen aus der Gesellschaft bzw. den neuen Gesellschaften heraus-

---

[62] Siehe *Mülbert* ZHR 165 (2001), 104, 105 (Fn. 5).
[63] Beispiele: Friedrich Grohe AG, Rolf Benz AG, SG Holding AG.
[64] *Groß* ZHR 165 (2001), 141, 149; *Mülbert* ZHR 165 (2001), 104, 105.
[65] Vgl. hierzu zB den Formwechsel der Draeger AG in eine KGaA im Jahre 2007.
[66] *Groß* ZHR 165 (2001), 141, 149 f.; *Mülbert* ZHR 165 (2001), 104, 105.

gedrängt werden wie im Falle einer Verschmelzung oder eines Formwechsels. Zu beachten ist jedoch wiederum die grds. bestehende Pflicht zur Unterbreitung eines Barabfindungsangebotes gem. §§ 125, 29 UmwG.

4. Eingliederung

57 Eine börsennotierte Aktiengesellschaft kann ferner in eine nicht börsennotierte Aktiengesellschaft gem. den Vorschriften der §§ 319 ff. AktG eingegliedert werden.[67] Mit Wirksamwerden der Eingliederung gehen die Aktien der außenstehenden Aktionäre gem. § 320 a AktG auf den Hauptaktionär über, sodass ein Börsenhandel nicht mehr stattfindet. Die **Börsennotierung erledigt sich** damit (§ 43 Abs. 2 VwVfG analog), ohne dass es einer ausdrücklichen Entscheidung der Zulassungsstelle bzw. des Zulassungsausschusses bedarf.[68] Die Eingliederung bedarf der Zustimmung der Hauptversammlung der einzugliedernden AG mit einer Mehrheit von 95 % der abgegebenen Stimmen und zusätzlich der Zustimmung der Hauptgesellschaft mit einer Mehrheit von 75 % der abgegebenen Stimmen (§§ 319 Abs. 2 Satz 2, 320 Abs. 1 Satz 1 AktG). Auch bei der Eingliederung scheiden Minderheitsaktionäre nicht gegen ihren Willen aus der ehemals börsennotierten Gesellschaft aus; sie werden vielmehr zu Aktionären der eingliedernden Gesellschaft. Ihnen ist jedoch für den Fall, dass die eingliedernde Gesellschaft ihrerseits wiederum eine abhängige Gesellschaft ist, gem. § 320 b Abs. 1 Satz 3 AktG ein Barabfindungsangebot zu unterbreiten.

5. Übertragung des Vermögens

58 Schließlich wäre daran zu denken, dass eine börsennotierte Gesellschaft gem. § 179 a Abs. 1 iVm. § 179 Abs. 2 Satz 1 AktG ihr gesamtes Vermögen auf eine nicht börsennotierte Erwerbergesellschaft im Wege des Unternehmensverkaufs (Asset-Deal) überträgt und sich danach aufgrund eines **Auflösungsbeschlusses** auflöst. Eine solche Vorgehensweise dürfte sich allerdings idR schon aus steuerlichen Gründen verbieten und ist bislang in der Praxis wohl noch nicht angewandt worden. Wird sie gleichwohl durchgeführt, so erledigt sich die Börsenzulassung gem. § 43 Abs. 2 VwVfG erst mit der Löschung der Gesellschaft im Handelsregister, nicht schon mit dem Auflösungsbeschluss.[69]

II. Barabfindungsangebot

1. Pflicht zur Abgabe

59 Wie bereits ausgeführt, sind die gesellschaftsrechtlichen Alternativen des Going Private idR mit der Pflicht zur Abgabe eines Barabfindungsangebotes und damit mit einem möglicherweise erheblichen Liquiditätsabfluss verbunden. Es gibt jedoch auch Konstellationen, nämlich Formwechsel von börsen-

---

[67] Michael Weimig AG; vgl. hierzu auch LG Mosbach KfH O 56/00 v. 28.12. 2000 EWiR § 320 AktG 1/01, 207 Rottnauer, welches den angefochtenen Eingliederungsbeschluss für nichtig erklärt hat.

[68] *Groß* ZHR 165 (2001), 141, 150; *Land/Hasselbach* DB 2000, 557, 560; *Mülbert*, ZHR 165 (2001), 104, 105.

[69] *Groß* ZHR 165 (2001), 141, 150 f.; vgl. auch *Schwichtenberg* DStR 2001, 2075, 2077 f.

C. Gesellschaftsrechtliche Gestaltungsmöglichkeiten 60 § 28

notierten AG/KGaA in AG/KGaA, Aufspaltung von börsennotierten AG/ KGaA in AG/KGaA oder Eingliederung von börsennotierten AG/KGaA in nicht abhängige AG/KGaA, in denen keine gesetzliche Pflicht zur Unterbreitung eines Barabfindungsangebotes besteht (vgl. §§ 29, 125, 207 UmwG, § 320 AktG). In diesen Fällen wird man aber in Anlehnung an die BGH-Entscheidung zum Delisting (s. o. Rz. 39 ff.) bei einer Maßnahme, die zu einer Beendigung der Börsennotierung führt, ein gerichtlich überprüfbares Abfindungsangebot verlangen müssen,[70] es sei denn, dass – bei einem Formwechsel einer AG in eine KGaA oder umgekehrt – die neuen Aktien ebenfalls zeitnah zum Börsenhandel zugelassen werden.[71]

2. Höhe der Barabfindung

Das Bundesverfassungsgericht hat in seiner Entscheidung vom 27. 4. **60** 1999[72] für den Fall der Bestimmung der Höhe des Abfindungsangebotes und der Ausgleichszahlungen bei Unternehmensverträgen entschieden, dass der Börsenwert der Untergesellschaft die Untergrenze des Abfindungsangebots bilde. Demgegenüber sei es verfassungsrechtlich nicht geboten, einen etwa existierenden Börsenwert der Obergesellschaft als Obergrenze der Bewertung dieser Gesellschaft heranzuziehen. In Konkretisierung dieser Leitsätze hat jüngst der BGH entschieden, dass der Festsetzung der angemessenen Barabfindung bzw. der Ermittlung der Verschmelzungswertrelation (Abfindung) und des angemessenen Umtauschverhältnisses (variabler Ausgleich) ein Referenzkurs zugrunde zu legen ist, der – unter Ausschluss außergewöhnlicher Tagesausschläge oder kurzfristiger sich nicht verfestigender sprunghafter Entwicklungen – aus dem Mittel der Börsenkurse der letzten drei Monate vor dem Stichtag (Zustimmungsbeschluss der Hauptversammlung der Untergesellschaft; ggf. auch Tag der Bekanntmachung[73]) gebildet wird. Dabei ist der Bewertung der Aktien sowohl der beherrschten als auch der herrschenden Gesellschaft grds. der Börsenkurs zugrunde zu legen. Auf einen Schätzwert kann nur ausnahmsweise bei Vorliegen bestimmter Voraussetzungen ausgewichen werden. Liegt der Schätzwert der Untergesellschaft über dem Börsenwert, so ist dieser maßgeblich.[74] Diese Rechtsprechung ist auch bei der Bemessung der umwandlungsrechtlich zu unterbreitenden Barabfindungsangebote zu berücksichtigen.

---

[70] So auch OLG Düsseldorf I-19 W 3/04 AktE v. 30. 12. 2004, NZG 2005, 317 ff.; OLG Düsseldorf I-15 W 110/05 v. 11. 8. 2006, ZIP 2007, 380 ff.; vgl. auch *Simon/Burg* Der Konzern 2009, 214 ff., dort auch zur Neufassung von § 29 Abs. 1 UmwG durch das zweite Gesetz zur Anpassung des UmwG v. 19. 4. 2007.
[71] Vgl. zB den Formwechsel der Draeger AG in eine KGaA im Jahre 2007.
[72] BVerfG I BvR 1613/94 v. 27. 4. 1999, DB 1999, 1693 ff.
[73] Vgl. OLG Stuttgart 20 W 9/06 v. 14. 2. 2008, Beck RS 2008, 04923.
[74] BGH II ZB 15/00 v. 12. 3. 2001, DB 2001, 969 ff.; zu sich an dieser Entscheidung anschließenden Zweifelsfragen s. *Bungert* BB 2001, 1163 ff.; *Stilz* ZGR 2001, 875 ff.; *Weiler/Meyer* ZIP 2001, 2153 ff.

III. Inhaltskontrolle

61 Mit der nunmehr gefestigten Rechtsprechung[75] ist fest zu halten, dass Umwandlungsbeschlüsse – auch wenn sie die Beendigung der Börsenzulassung zur Folge haben – grds. keiner materiellen Inhaltskontrolle unterliegen. Hauptversammlungsbeschlüsse, die mit der nach Gesetz erforderlichen Mehrheit und unter Beachtung des vorgeschriebenen Verfahrens zustande gekommen sind, tragen nämlich ihre Rechtfertigung in sich; sie bedürfen nicht der sachlichen Rechtfertigung. Ausnahmen können nur unter dem Gesichtspunkt einer rechtsmissbräuchlichen Stimmausübung des Mehrheitsaktionärs der Verletzung des Gleichbehandlungsgrundsatzes (§ 53 a AktG) sowie der Verfolgung von Sondervorteilen (§ 243 Abs. 2 AktG) in Betracht kommen.

IV. Zusammenfassung

62 Zusammenfassend bleibt festzustellen, dass nach derzeit geltendem Recht ein Going Private durch Hauptversammlungsbeschluss oder Maßnahmen des Umwandlungsrechtes zu erreichen ist. Dies ist jedoch – mit Ausnahme der aus anderen Gründen wenig praktikablen Auflösung nach Vermögensübertragung – mit einem Barabfindungsangebot an die Minderheitsaktionäre verbunden. Zu beachten ist auch, dass die Minderheitsaktionäre bei diesen Gestaltungen – ebenso wie bei einem kapitalmarktrechtlichen Delisting gem. § 39 Abs. 2 BörsG – nicht gegen ihren Willen aus dem Unternehmen gedrängt werden können. Ein solcher „Squeeze-Out" ist nur unter den in §§ 327 a ff AktG sowie den in §§ 39 a f. WpÜG enthaltenen Bedingungen möglich.

---

[75] Vgl. BGH II ZR 75/87 v. 1. 2. 1988, DB 1988, 593; BGH II ZR 230/91 v. 9. 11. 1992, DB 1993, 31; BGH II ZR 52/93 v. 7. 3. 1994, DB 1994, 825; OLG Stuttgart 20 W 8/07 v. 26. 11. 2007, AG 2008, 464 ff.; OLG München 7 U 6019/99 v. 14. 2. 2001, DB 2001, 747, 748 f.; BGH II ZR 133/01 v. 25. 11. 2002 NJW 2003, 1032.

§ 29 German Real Estate Investmenttrust (G-REIT)

Bearbeiter: Dr. Florian Schultz/Dr. Herbert Harrer

Übersicht

Rz.

A. Einleitung 1–3

B. Grundstrukturen der REIT AG und Anlagegegenstände 4–11

C. Steuerliche Aspekte 12–42
   I. Steuerrechtliche Einordnung der REIT Aktiengesellschaft 13–19
   II. „Vor-REITs" 20
   III. Exit Tax 21–29
   IV. (Straf-)Zahlungen und Wegfall der Steuerbefreiung ... 30–35
   V. Besteuerung auf Ebene der REIT Aktionäre 36–42

D. Bilanzielle Aspekte 43–48

E. Kapitalmarktrechtliche Aspekte 49–59
   I. Verpflichtung zur Börseneinführung 50, 51
   II. Prüfungsumfang des Handelsregisters 52
   III. Beteiligungshöchstgrenze 53
   IV. Mindeststreubesitz 54
   V. Besonderheiten des Wertpapierprospekts 55, 56
   VI. Anforderungen des Regulierten Markts der Frankfurter Wertpapierbörse 57, 58
   VII. REIT Index 59

F. Gesellschaftsrechtliche Aspekte 60–71
   I. Allgemeines 61
   II. Gestaltungsmöglichkeiten zur Schaffung von REITs .. 62–65
   III. Mögliche Maßnahmen zur Aufrechterhaltung des Mindeststreubesitzes und der Beteiligungshöchstgrenze ... 66–70
   IV. Entschädigungsregelung nach § 18 Abs. 3 REITG 71

G. Ausblick 72, 73

Schrifttum: *Bron* Der deutsche REIT wird Wirklichkeit, BB-Special 2007, Nr. 7, 2–30; *Dettmeier/Gemmel/Kaiser* Einführung des deutschen REIT – Eine erste steuerliche Analyse des REIT-Gesetzes, DB 2007, 1191 ff.; *Schultz* Das deutsche REIT Gesetz, Status Recht 2007, S. 165–167; *Frey/Harbarth* REIT-AG – Gesellschafts-, kapitalmarkt- und steuerrechtliche Wesensmerkmale einer neuen Rechtsfigur, ZIP 2007, 1177 ff.; *Götze/Hütte* Kapitalmarktrechtliche Aspekte des deutschen REIT, NZG 2007, 332 ff.; *Hahn* Die Einführung steuerbegünstigter Immobilienaktiengesellschaften, ZGR 2006, 805 ff.; *Harrer/Leppert* Rechtliche Aspekte des German Real Estate Trust (G-REIT), WM 2007, 1962 ff.; *Kollmorgen/Hoppe/Feldhaus* Die deutsche REIT-Aktiengesellschaft – Mustersatzung mit Erläuterungen, BB 2007, 1345 ff.; *Pluskat/Rogall* Steuerbegünstigte Immobilienaktiengesellschaften in Deutschland – Umsetzungsvorschläge für das Trustvermögensmodell, WM 2006, 889 ff.; *Quass/Becker* Die REIT-AG nach dem Gesetz über deutsche Immobilien-Aktiengesellschaften mit börsennotierten Anteilen, AG 2007, 421 ff.;

§ 29 1, 2　　　　　German Real Estate Investmenttrust (G-REIT)

Roche Der deutsche Real Estate Investmenttrust (REIT), in: Ernst&Young, Die Unternehmensteuerreform 2008, S. 329 ff.; *Schacht/Gänsler* Der deutsche Real Estate Investmenttrust (REIT) als Anlageinstrument für den deutschen Immobilien- und Kapitalmarkt, DStR 2006, 1518 ff.; *Schäfer* (Hrsg.) REITs, 2007, S. 2 ff.; *Schmidt/Behnes* Entwurf eines Gesetzes zur Schaffung deutscher REIT Immobilienaktiengesellschaften, BB 2006, 2329 ff; *Schroeder* Die Kontrolle des Aktionärskreises in der REIT-Aktiengesellschaft, AG 2007, 532 ff.; *Schultz/Harrer* Der German Real Estate Investmenttrust (G-REIT), DB 2005, 574 ff.; *Schultz/Thießen* Der Referentenentwurf zum German Real Estate Investmenttrust (G-REIT), DB 2006, 2144 ff.; *Sieker/Göckeler/Köster* Das Gesetz zur Schaffung deutscher Immobilien-Aktiengesellschaften mit börsennotierten Anteilen, DB 2007, 933 ff.; *Striegel* (Hrsg.) REITG 2007, Kommentar; *Volckens* Die REIT Aktiengesellschaft, in Schäfer (Hrsg.) REITs 2007, S. 104 ff.; *Völker* Bilanzierungsfragen im Zusammenhang mit der Einführung von REIT Aktiengesellschaften, in: Schäfer, REITs, S. 171 ff.; *Wienecke/Fett* REIT-AG – aktienrechtliche Gestaltungsfragen, NZG 2007, 774 ff.; *Ziemons* Gesellschaftsrechtliche Defizite des Regierungsentwurfs des REIT-Gesetzes, DB 2007, 449 ff.; *Hechtner/Hundsdoerfer* Der GREIT als transparent besteuerte Kapitalgesellschaft – steuerliche Umsetzung und Vorteilhaftigkeitsvergleich, WPg 2007, S. 647 ff.

A. Einleitung

1　Das Gesetz zur Schaffung deutscher Immobilien-Aktiengesellschaften mit börsennotierten Anteilen ist nach langjähriger kontroverser Diskussion rückwirkend zum 1. Januar 2007 in Kraft getreten.[1] REIT AGs im Sinne des Gesetzes sind Aktiengesellschaften mit Sitz in Deutschland, die die nachfolgend beschriebenen besonderen Qualifikationen für REIT AGs erfüllen und deren Unternehmensgegenstand sich darauf beschränkt, Eigentum oder dingliche Nutzungsrechte an inländischem unbeweglichen Vermögen mit Ausnahme von Bestandsmietwohnimmobilien, an bestimmten Auslandsimmobilien und an bestimmten anderen Vermögensgegenständen zu erwerben, zu halten, im Rahmen der Vermietung, der Verpachtung und des Leasings einschließlich notwendiger immobiliennaher Hilfstätigkeiten zu verwalten und zu veräußern sowie Anteile an Immobilienpersonengesellschaften und deren als Kapitalgesellschaft organisierten persönlich haftenden Gesellschaftern, REIT-Dienstleistungsgesellschaften und Auslandsobjektgesellschaften zu erwerben, zu halten, zu verwalten und zu veräußern.[2] Bestandsmietwohnimmobilien sind Immobilien, die überwiegend Wohnzwecken[3] dienen, sofern diese vor dem 1. Januar 2007 erbaut wurden.[4] Das REIT-Gesetz führt somit in Deutschland ein international bereits anerkanntes Instrument zur indirekten Immobilienanlage mit steuertransparenter Besteuerung ein.

2　Die positiven Auswirkungen von REITs werden durch einschlägige Erfahrungen im Ausland belegt. In den USA[5] wurden bereits vor Jahrzehnten REITs

---

[1] Gesetz zur Schaffung deutscher Immobilien-Aktiengesellschaften mit börsennotierten Anteilen (Real Estate Investmenttrust-Gesetz, REIT-Gesetz oder REITG), BGBl. I 2007, 914 ff.

[2] § 1 Abs. 1 REITG.

[3] Nach Gesetzesbegründung: Mehr als 50 % der Nutzfläche der einzelnen Gebäude müssen Wohnzwecken dienen.

[4] § 3 Abs. 9 REITG.

[5] Vgl. zum US REIT *Volckens/Panzer* IStR 2005, 104 ff.; Gesetzliche Regelung in § 856 Internal Revenue Code, 26 USCS § 85 b, 2005; zum UK-REIT *Schacht/Gänsler*

B. Grundstrukturen der REIT AG und Anlagegegenstände 3–5 § 29

eingeführt. In Europa gibt es inzwischen REITs etwa in Belgien (SICAFI), Frankreich (SIIC), Großbritannien (UK-REITs), Italien (FII) und den Niederlanden (BI), in Asien (Hongkong, Japan, Singapur) und in Australien.[6] In ihrer Ausgestaltung hinsichtlich Rechtsform, Steuerkonzept, zulässiger Geschäftstätigkeit, Bestimmungen über Gewinnausschüttung und Besteuerung von beteiligten Rechtssubjekten sind die Regelungen in den verschiedenen Ländern unterschiedlich.

In Deutschland überwiegen bisher indirekte Immobilienanlagen in geschlossene Immobilienfonds (Personengesellschaften), in offene Immobilienfonds (Sondervermögen) und in geringem Umfang als Immobilienleasing börsennotierter Immobiliengesellschaften. Die Initiative Finanzstandort Deutschland (IFD)[7] schätzte das Marktpotential in Deutschland auf € 127 Mrd. im Jahr 2010 und unter Berücksichtigung des Ausschlusses von Bestandsmietwohnimmobilien und relativ weit reichenden Restriktionen für die REIT AG wird das Marktpotential mit € 15 Mrd. – € 20 Mrd. allgemein noch als signifikant eingeschätzt, das sich bisher jedoch nur in einem sehr geringen Umfang realisiert hat.[8]   3

B. Grundstrukturen der REIT AG und Anlagegegenstände

Das REIT-Gesetz ist als Rahmengesetz mit 7 Artikeln konzipiert. Artikel 1 enthält das eigentliche REIT Gesetz mit 23 Paragraphen in 4 Abschnitten und greift im Wesentlichen auf bewährte gesetzliche Regelungen zurück, weist jedoch einige Besonderheiten auf. Es verzichtet auf eine spezielle Produktaufsicht durch die Bundesanstalt für Finanzdienstleistungsaufsicht („BaFin"). Die Ausgestaltung des REITG dient insbesondere der Sicherung des deutschen Steueraufkommens im Verhältnis zu ausländischen Anteilsinhabern, die durch eine Begrenzung der direkten Beteiligung von 10 % am Grundkapital der REIT AG erreicht wurde sowie die Sicherung hoher Transparenz und Liquidität durch das Erfordernis einer Börsennotierung an einem organisierten Markt mit einer dauerhaften Mindeststreuung von 15 %. Zudem wird durch eine hohe Mindestausschüttung, eine Fokussierung der Geschäftstätigkeit auf den eng begrenzten Unternehmenszweck und eine Begrenzung des Handels mit Immobilien der Gestaltungsspielraum der REIT AG eingeschränkt. Insofern kann man von einer Regulierung der deutschen REIT AG durch die Finanzverwaltung sprechen.   4

Obwohl die REIT AG keiner Produktaufsicht unterliegt, kann sie nur bestimmte Immobilien in bestimmten rechtlichen Strukturen halten. Unbeweg-   5

IStR 2007, 99 ff.; *Pluskat* IStR 2006, 661 ff.; *Fabry/Riha* RIW 2006, 528 ff.; zum französischen REIT *Schimmelschmidt/Tauser* IStR 2006, 120 ff.

[6] Siehe dazu European Public Real Estate Association (EPRA) Global REIT Survey, 9. September 2004, Global FTSE EPRA/NAREIT Global Market Review, December 2007, www.epra.com; HSBC Trinkaus & Burkhardt, Shaping the REIT (März 2005), S. 36 ff.; Deutsche Bank, Der deutsche REIT (Februar 2005), S. 24 ff; *Stock/Teske* DB 2005, 187. Zu ausländischen REITs auch *Rehm/Lindauer* IStR 2002, 253 ff.; *Stoschek/Dammann* IStR 2006, 403 ff.; *Schimmelschmidt/Tauser* IStR 2006, 120 ff.; *Fabry/Riha* RIW 2006, 528 ff.

[7] Siehe IFD-Entwurf zum deutschen REIT vom 2. Februar 205, S. 2, http//www.IFD.de.

[8] Vgl. z. B. HSH Nordbank, Deutsche Immobilienunternehmen am Kapitalmarkt, (Juni 2007), S. 1 ff.

liches Vermögen kann entweder direkt oder über Personengesellschaften gehalten werden, im Ausland gelegenes unbewegliches Vermögen auch über so genannte Auslandsobjektgesellschaften. Auslandsobjektgesellschaften müssen zu 100 % gehalten werden und dürfen inländische (etwa GmbH oder AG) oder ausländische Kapitalgesellschaften sein. Die Auslandsobjektkapitalgesellschaften werden idR konsolidiert.[9]

6 Nicht eindeutig geregelt ist, ob auch Investitionen in Sondervermögen, die unbewegliches Vermögen halten, möglich sind. Sie sind im REITG nicht ausgeschlossen und nach Aktienrecht zulässig. Die Aufzählung der zulässigen Unternehmensgegenstände in § 1 Abs. 1 Nr. 1 REITG enthält Anteile an (in- und ausländischen) Sondervermögen allerdings nicht und es ist fraglich, ob solche Anteile § 1 Abs. 1 Nr. 1 oder 2 fallen können.[10]

7 Das Halten von inländischen Mietwohnimmobilien ist nicht zulässig, wenn diese vor dem 1. Januar 2007 errichtet wurden (Bestandsmietwohnimmobilien). Wohnimmobilien sind Immobilien, die überwiegend Wohnzwecken dienen (mehr als 50 % der Nutzfläche pro Gebäude). Das Thema Bestandsmietwohnimmobilien als besonders schützenswertes Gut mit deutschen Eigenheiten ist politisch intensiv und kontrovers diskutiert. Das Ergebnis ist eine reine politische Werteentscheidung, die nach wie vor, und gerade im Ausland auf Unverständnis stößt.

8 Der REIT darf gegen Entgelt nur immobiliennahe Tätigkeiten erbringen. Immobiliennah sind Tätigkeiten, die der Verwaltung, Pflege und Fortentwicklung von Immobilien dienen. Immobiliennahe Tätigkeiten für Dritte dürfen nur durch voll steuerpflichtige Tochtergesellschaften des REIT erbracht werden, deren sämtliche Anteile vom REIT gehalten werden (so genannte REIT-Dienstleistungsgesellschaften). Bruttoerträge und Vermögen solcher REIT-Dienstleistungsgesellschaften dürfen maximal 20 % der Erträge und des Vermögens des REITs ausmachen.[11]

9 Für eine Übergangsphase in eine REIT AG wurde die Ausgestaltung des so genannten Vor-REITs geschaffen. Ein Vor-REIT ist eine Aktiengesellschaft mit Sitz in Deutschland, die beim Bundeszentralamt für Steuern als Vor-REIT registriert ist. Zum Ende des auf die Registrierung folgenden Geschäftsjahres hat der Vor-REIT gegenüber dem Bundeszentralamt für Steuern nachzuweisen, dass sein Unternehmensgegenstand im gesetzlich vorgeschriebenen Umfang beschränkt ist. Auf Aufforderung des Bundeszentralamts für Steuern ist zudem zum Ende des dem Jahr der Anmeldung folgenden und jedes darauf folgenden Geschäftsjahres durch Vorlage geeigneter, von einem Wirtschaftsprüfer zu prüfenden Unterlagen nachzuweisen, dass der vor-REIT die Vermögens- und Ertragsanforderungen des § 12 REITG erfüllt. Der Status als Vor-REIT zum Ende dieses Geschäftsjahres entfällt, wenn der Vor-REIT zum Ende des dem Jahr der Anmeldung folgenden oder eines späteren Geschäftsjahres diese Voraussetzungen nicht oder nicht mehr erfüllt.[12]

---

[9] Die REIT AG muss nach § 3 Abs. 3 REIT „sämtliche" Anteile halten. Eine Konsolidierung kann deshalb nur aufgrund von Wesentlichkeitsgrenzen unterbleiben.
[10] Bei deutschen Sondervermögen hält der Investor die Immobilie nicht unmittelbar, er hat lediglich einen Auszahlungsanspruch, kein ideelles Bruchteilseigentum an den Immobilien.
[11] § 12 Abs. 2 b REITG.
[12] § 2 REITG.

C. Steuerliche Aspekte

10 Der Abschlussprüfer des Jahresabschlusses hat im Rahmen seiner Jahresabschlussprüfung in einem besonderen Vermerk[13] festzustellen, ob die Berechnung der Streubesitzquote und des maximalen Anteilsbesitzes je Aktionär mit den Meldungen nach dem Wertpapierhandelsgesetz übereinstimmt, und ob bei der Tätigkeit der REIT AG die Regelungen hinsichtlich Vermögens- und Ertragsanforderungen, Ausschüttung an die Anleger, Ausschluss des Immobilienhandels sowie Mindesteigenkapital (§§ 11–15 REITG) und die ergänzenden Bestimmungen in der Satzung der REIT AG zum Bilanzstichtag eingehalten wurden.[14] Eine beglaubigte Abschrift des besonderen Abschlussprüfervermerks ist der Steuererklärung der REIT AG beizufügen.[15]

11 Die Begriffe „REIT-Aktiengesellschaft", „Real Estate Investmenttrust" und die Abkürzung „REIT" genießen nach § 7 REITG einen weit reichenden Bezeichnungsschutz. Nur wer eine REIT Aktiengesellschaft im Sinne des REIT Gesetzes ist, darf die geschützten Begriffe in der Firma oder als Zusatz zur Firma führen.[16] Auch eine als Vor-REIT registrierte Gesellschaft darf diese Begriffe in der Firma (noch) nicht verwenden.

C. Steuerliche Aspekte

12 Im Folgenden wird auf steuerrechtliche Aspekte eingegangen, die für REIT AGs und deren Aktionäre Bedeutung haben.

I. Steuerrechtliche Einordnung der REIT Aktiengesellschaft

13 Mit dem REITG hat sich der Gesetzgeber im Grundsatz für ein Dividendenmodell mit Streubesitz- und Höchstbeteiligungsklausel entschieden. Andere ebenfalls vorgeschlagene Modelle (Trennungs- oder Trustvermögensmodell, Nießbrauchsmodell, KGaA Modell)[17] wurden aus verschiedenen Gründen nicht umgesetzt.

14 Entsprechend dem Dividendenmodell ist die REIT AG daher – bei Einhaltung gewisser Voraussetzungen – ab dem Beginn des Wirtschaftsjahres, in dem sie als REIT AG in das Handelsregister eingetragen wird, von der Körperschaftsteuer und der Gewerbesteuer befreit.[18] Die Besteuerung wird auf die Ebene der Anteilseigner der REIT AG verlagert. Die Anteilseigner sind mit ihren Erträgen aus der REIT AG grds. voll steuerpflichtig.[19] Die Steuerbefreiung gilt nicht für ausländische REITs.[20] Bezüglich anderer Steuerarten (wie etwa

---

[13] Vgl. IDW PH 9.950.2, IDW-FN 12/2008, S. 511 ff. Tz. 29.
[14] § 1 Abs. 4 REITG.
[15] § 21 Abs. 2 S. 5 REITG.
[16] § 22 REITG enthält eine bis 31. Dezember 2007 befristete Übergangsregelung. Ab 1. Januar 2008 müssen Unternehmen mit vor dem 23. März 2007 noch zulässigen Eintragungen gegebenenfalls umfirmieren; so wohl auch Ernst & Young (Hrsg.)/*Roche*, Die Unternehmenssteuerreform 2008, S. 339.
[17] Vgl. *Schultz/Harrer* DB 2005, 574 ff.
[18] §§ 16 Abs. 1, 17 Abs. 1 REITG.
[19] Vgl. § 19 Abs. 1, 3 REITG. Näher hierzu Rz. 36 ff.
[20] Zur europarechtlichen Problematik vgl. *Bron* BB-Special 7/2007, S. 21; *Breinersdorfer/Schütz* DB 2007, 1487, 1491.

Grundsteuer, Grunderwerbsteuer, Umsatzsteuer) gibt es keine Befreiungen oder Besonderheiten.

15 Die meisten Voraussetzungen der Steuerbefreiung sind nicht durch den Handelsregisterrichter zu prüfen,[21] sondern anhand der Steuererklärung für den abgelaufenen Veranlagungszeitraum durch die Finanzverwaltung.[22] Gem. § 150 Abs. 4 S. 1 AO, § 21 Abs. 2 REITG hat der Steuerpflichtige dabei ua. die Voraussetzungen für die Steuerbefreiung nachzuweisen. Die Steuerbefreiung der REITAG steht der Erhebung eines Verspätungszuschlags nicht entgegen.[23] Bis zur Abgabe der Steuererklärung wird das Vorliegen der Voraussetzungen einer Steuerbefreiung durch die Finanzverwaltung vermutet.[24]

16 Die Steuerbefreiung der REITAG erstreckt sich nicht auf deren Tochtergesellschaften. Inländische Tochtergesellschaften der REITAG (Auslandsobjektgesellschaften, REIT-Dienstleistungsgesellschaften oder Komplementärkapitalgesellschaften) unterliegen daher grds. der Körperschaftsteuer sowie der Gewerbesteuer. Immobilienpersonengesellschaften unterliegen der Gewerbesteuer, wenn sie gewerblich tätig oder gewerblich geprägt sind. Insbesondere im Fall von Auslandsobjektgesellschaften und Immobilienpersonengesellschaften kommt aber ggf. eine erweiterte Gewerbesteuerkürzung (§ 9 Nr. 1 S. 2 ff. GewStG) in Betracht.

17 Die REITAG kann als steuerbefreite Gesellschaft nicht Organträger ihrer inländischen Tochtergesellschaften sein.[25] Ausschüttungen inländischer Tochtergesellschaften an einen REIT unterliegen der Kapitalertragsteuer.[26] Die Kapitalertragsteuer kann durch Vorlage einer Nichtveranlagungsbescheinigung zu 2/5 erstattet werden.[27] Eine vollständige Erstattung der Kapitalertragsteuer – wie etwa bei inländischen Immobiliensondervermögen (§ 11 Abs. 2 S. 1 InvStG) – ist im Fall einer REITAG nicht möglich. Auf Ausschüttungen an eine REITAG erhobene Kapitalertragsteuer hat daher abgeltende Wirkung.[28] Eine Anrechnung dieser Kapitalertragsteuer auf Ebene der REITAG oder auf Ebene ihrer Anteilseigner kommt (de lege lata) nicht in Betracht.[29]

18 Hält der REIT Immobilien im Ausland (direkt bzw. über eine Auslandsobjektgesellschaft/Immobilienpersonengesellschaft), ist eine Vorbelastung der aus dem Ausland stammenden Immobilienerträge mit ausländischen Steuern wahrscheinlich.[30] Auch diese Steuern sind auf Ebene der REITAG nicht berücksichtigungsfähig, und es würde zu einer Doppebesteuerung kommen.

---

[21] Näher zum Prüfungsumfang des Handelsregisters Rz. 52.
[22] BMF vom 10. Juli 2007, IV B 8-S 1983/07/0001, BStBl I 2007, 527. Zu möglichen Problemen bei der erstmaligen Prüfung durch das Finanzamt vgl. *Korezkij*/Fuchs BB 2007, 2098 ff.
[23] § 21 Abs. 2 S. 3 REITG.
[24] BMF vom 10. Juli 2007, IV B 8-S 1983/07/0001, BStBl I 2007, 527.
[25] § 14 Abs. 1 Nr. 2 KStG; § 2 Abs. 2 GewStG.
[26] Gem. §§ 43 Abs. 1 Satz 1 Nr. 1, 43a Abs. 1 Nr. 1 EStG beträgt die KapSt 20 % in 2008 und 25 % ab 2009.
[27] § 44a Abs. 8 S. 1 Nr. 1, Satz 2–4 EStG.
[28] §§ 32 Abs. 1 Nr. 1, 5 Abs. 2 Nr. 1 KStG. Man könnte daher von einer partiellen Steuerpflicht der REITAG sprechen.
[29] Ebenso *Engers* in: Helios/Wewel/Wiesbrock, REITG, § 19 Rn. 25.
[30] Vgl. Art. 6 OECD-MA, der das Besteuerungsrecht für Immobilienerträge dem Belegenheitsstaat der Immobilien zuweist. Ist die Gesellschaft im Ausland ansässig, werden dort in der Regel ebenfalls Steuern erhoben werden.

C. Steuerliche Aspekte

Das Problem der (wirtschaftlichen) Doppelbesteuerung von Einkünften der REITAG aus ihren Tochtergesellschaften bzw. aus dem Ausland[31] wurde auch vom Gesetzgeber gesehen. Ursprünglich sollte eine Lösung bereits im Laufe des Jahres 2007 erfolgen,[32] was aber nicht geschehen ist. Im Rahmen des Jahressteuergesetzes 2009 wurde das REITG aber umfassend geändert und im neuen § 19a Abs. 2 REITG ein vereinfachtes Anrechnungsverfahren eingeführt.[33]

II. „Vor-REITs"

Vor-REITs sind (steuerpflichtige) Aktiengesellschaften mit Sitz im Geltungsbereich dieses Gesetzes, die beim Bundeszentralamt für Steuern (BZSt) als Vor-REITs registriert sind.[34] Der Vor-REIT soll die Entwicklung einer Gesellschaft zur REITAG ermöglichen.[35] Er ist als Erwerbsvehikel wichtig, weil Verkäufe an ihn steuerprivilegiert erfolgen können.[36] Vor-REITs müssen die Voraussetzungen des § 12 REITG nachweisen,[37] aber noch nicht über die für eine REITAG erforderliche Beteiligungsstruktur, Eigenkapitalquote und Börsenzulassung verfügen. Zudem hat die Gesellschaft nach der Anmeldung als Vor-REIT bis zu zwei Jahre Zeit, die Anforderungen an Unternehmensgegenstand, Ertrag und Vermögen zu erfüllen.[38] Der Vor-REIT muss grds. spätestens drei Jahre nach seiner Anmeldung beim BZSt einen Antrag auf Börsenzulassung stellen.[39] Zur Erteilung des Vor-REIT Status genügt ein formloser Antrag und die Vorlage eines Handelsregisterauszugs, der das Bestehen einer inländischen Aktiengesellschaft nachweist, beim Bundeszentralamt für Steuern; weitere Voraussetzungen sind nicht einzuhalten.[40]

III. Exit Tax

§ 3 Nr. 70 EStG enthält eine bis 1. Januar 2010 befristete steuerliche Lenkungsnorm. Diese als Exit Tax bekannt gewordene Norm soll Unternehmen motivieren, Immobilien an eine REITAG oder einen Vor-REIT zu veräußern oder sich unmittelbar in eine REITAG umzuwandeln.[41] Sind die Vorausset-

---

[31] Vgl. dazu *Schultz/Thießen* Institutional Investment Real Estate Magazin 2/2007, Sonderausgabe REITs, S. 42–43.
[32] Beschlussempfehlung und Bericht des Finanzausschusses des Bundestages (BT-DRs. 16/4779), S. 29.
[33] Vgl. dazu *Schultz* Status Recht 6/2008, S. 219–220.
[34] § 2 Satz 1 REITG.
[35] Begründung des Gesetzentwurfs der Bundesregierung eines REITG zu § 2 REITG, BT-Drs. 16/4026, S. 29.
[36] Hierzu der nachfolgende Abschnitt.
[37] Den Nachweis hat der Vor-REIT mit von einem Wirtschaftsprüfer geprüften Unterlagen zu erbringen, vgl. IDW PH 9.950.2, IDW-FN 12/ 2008, S. 511 ff, TZ 37.
[38] § 2 Satz 2, 3 REITG.
[39] § 10 Abs. 2 REITG. Die Frist kann in Ausnahmefällen um ein Jahr verlängert werden.
[40] § 2 Satz 1 REITG; vgl. hierzu die Website des BZSt, http://www.bzst.bund.de/003_menue_links/0171_REIT/index.html.
[41] Vgl. ausführlich zur Exit Tax *Korezkijy* BB 2007, 1698 ff. Veräußerungen an offene oder geschlossene Immobilienfonds sind – entgegen ursprünglicher Pläne des Gesetzgebers – nicht begünstigt.

zungen der Norm erfüllt, ist die Hälfte der Betriebsvermögensmehrungen oder Einnahmen aus der Veräußerung steuerfrei. Eine Besteuerung in Abhängigkeit der beizulegenden IFRS Werte – wie etwa in Großbritannien („Entry Charge") – erfolgt beim Statuswechsel in eine REITAG nicht. Nur wenn stille Reserven vorhanden sind, kann beim Statuswechsel eine einmalige Ertragsteuerbelastung entstehen.[42]

22 § 3 Nr. 70 EStG gliedert sich im Wesentlichen in zwei unterschiedliche Begünstigungstatbestände:

23 Die Veräußerung von Grund und Boden oder Gebäuden an eine REITAG oder einen Vor-REIT ist begünstigt, wenn diese Wirtschaftsgüter am 1. Januar 2007 mindestens fünf Jahre ununterbrochen Teil des Anlagevermögens eines inländischen Betriebsvermögens des veräußernden Steuerpflichtigen waren.[43]

24 Eine eigenständige Exit Tax Regelung greift, wenn eine Gesellschaft in die Steuerbefreiung nach dem REITG eintritt (Statuswechsel).[44] In diesem Fall sind gem. § 13 KStG sämtliche Wirtschaftsgüter der Gesellschaft für Zwecke der Steuerbilanz (nicht aber für Zwecke der Handelsbilanz) mit den Teilwerten anzusetzen.[45] Aufgedeckte stille Reserven in Grund- und Boden oder Gebäuden sind begünstigt, wenn sie bis zum 1. Januar 2005 von der Gesellschaft angeschafft oder hergestellt wurden. Eine Beschränkung auf das Anlagevermögen des Steuerpflichtigen erfolgt nicht.[46] Die Regelung sollte auch für stille Reserven in Grund- und Boden oder Gebäuden von Immobilienpersonengesellschaften gelten. Die Wirkungsweise von § 17 Abs. 3 REITG ist allerdings unklar. Es ist davon auszugehen, dass die Aufdeckung von stillen Reserven in Immobilienpersonengesellschaften bereits von § 13 KStG erfasst wird, sodass es einer besonderen Regelung in § 17 Abs. 3 REITG nicht bedurft hätte. Die hälftige Steuerbefreiung sollte bei Vorliegen der übrigen Voraussetzungen insoweit gewährt werden, als die REITAG an der Immobilienpersonengesellschaft beteiligt ist.[47]

25 Betriebsvermögensminderungen, Betriebsausgaben oder Veräußerungskosten, die in wirtschaftlichem Zusammenhang mit nach § 3 Nr. 70 EStG begünstigten Vorgängen stehen, dürfen unabhängig davon, in welchem Veranlagungszeitraum die Begünstigung gewährt wird, nur zur Hälfte abgezogen werden.[48]

---

[42] Unternehmen, die die Immobilien mit Blick auf einen Börsengang als REITAG gerade erst erworben haben, werden deshalb in der Regel keine „Eintrittsgebühr" an den Fiskus einkalkulieren müssen.

[43] § 3 Nr. 70 Satz 1 Buchst. a EStG.

[44] § 3 Nr. 70 Satz 1 Buchst. b EStG, § 13 KStG.

[45] Dies führt dazu, dass bei einer Veräußerung dieser Immobilien handelsbilanzielle Gewinne auch in Höhe der bereits steuerlich aufgedeckten stillen Reserven entstehen. Werden diese Gewinne ausgeschüttet, erfolgt auf Ebene der Anteilseigner nochmals eine volle Besteuerung der stillen Reserven (wirtschaftliche Doppelbesteuerung); vgl. *Korezkijy* BB 2007, 1698, 1705.

[46] Ebenso *Korezkijy* BB 2007, 1698, 1706. Eventuell kann man sich diese tatbestandlich weiter gefasste Regelung der Steuerbegünstigung bei der Strukturierung einer REIT AG zunutze machen, indem man stille Reserven erst beim Statuswechsel realisiert.

[47] Vgl. *Korezkijy* BB 2007, 1698, 1704 ff.; *Schultz* Status Recht 2007, 165 ff.; *Sieker/Göckeler/Köster* DB 2007, 933, 940; *Helios/Wewel/Wiesbrock* § 17 Rn. 15; *Dettmeier/Gemmel/Kaiser* BB 2007, 1191, 1196.

[48] § 3c Abs. 3 EStG.

C. Steuerliche Aspekte 26–30 § 29

Diese Norm wird aufgrund ihres weiten Anwendungsbereichs oft zu Streitigkeiten mit der Finanzverwaltung führen.[49]

Die hälftige Steuerbefreiung wird nicht gewährt, wenn einer der Ausschlusstatbestände des § 3 Nr. 70 S. 2 EStG eingreift. Es handelt sich dabei um Tatbestände, die in der Sphäre des veräußernden Unternehmens liegen. Von großer praktischer Bedeutung ist etwa die Versagung der Steuerbegünstigung, so weit der Steuerpflichtige in der Vergangenheit von Abzügen nach § 6b EStG oder ähnlichen Abzügen (wie etwa einer Rücklage für Ersatzbeschaffung gem. R 6.6 EStR 2005) Gebrauch gemacht hat.[50] 26

Die Steuerbefreiung entfällt rückwirkend, wenn einer der in § 3 Nr. 70 Satz 3, 4 EStG geregelten Tatbestände vorliegt. Es handelt sich dabei um Tatbestände, die in der Sphäre der erwerbenden REITAG oder des erwerbenden Vor-REITs verwirklicht werden. Wird ein Grundstück unter Inanspruchnahme der hälftigen Steuerbefreiung veräußert, sollten die Vertragsparteien daher eine Regelung im Kaufvertrag treffen, wer diese Steuer des Veräußerers zu tragen hat. Die REITAG oder der Vor-REIT haften für die sich aus dem rückwirkenden Wegfall der Steuerbefreiung ergebende Steuer des Veräußerers.[51] 27

Sale and Lease Back-Konstruktionen können ebenfalls von der hälftigen Steuerbefreiung profitieren.[52] Eine Einschränkung besteht allerdings, wenn der Veräußerer oder eine ihm nahe stehende Person an dem Erwerber auch zwei Jahre nach der Eintragung des Erwerbers als REITAG in das Handelsregister unmittelbar oder mittelbar zu mehr als 50 % beteiligt ist.[53] 28

Aufgrund von speziellen Steuernormen ist die Exit Tax Regelung besonders für Lebens- und Krankenversicherer interessant.[54] 29

IV. (Straf-)Zahlungen und Wegfall der Steuerbefreiung

Erfüllt die REITAG bestimmte Anforderungen des REITG nicht, setzt die zuständige Finanzbehörde Zahlungen gegen die REITAG fest;[55] auch die Festsetzung mehrerer Zahlungen für einen Veranlagungszeitraum ist möglich.[56] Bei bestimmten (wiederholten) Verstößen droht der REITAG gar der Verlust der Steuerbefreiung,[57] was erhebliche steuerliche und gesellschaftsrechtliche Konsequenzen haben kann.[58] Ein Verstoß wird durch den Abschlussprüfer festgestellt.[59] Die Prüfung der Einhaltung der §§ 11–15 REITG nimmt allerdings 30

---

[49] Ebenso *Korezkijy* BB 2007, 1698, 1701. Man könnte nach dem Wortlaut wohl sogar alle Abschreibungen von begünstigt veräußerten Gebäuden darunter fassen, was nach dem Sinn und Zweck der Norm nicht gewollt sein kann.
[50] § 3 Nr. 70 Satz 2 Buchst. e EStG. Ebenso *Dettmeier/Gemmel/Kaiser* BB 2007, 1191, 1197; *Korezkijy* BB 2007, 1698, 1702.
[51] § 3 Nr. 70 Satz 5 EStG.
[52] Vgl. Begründung zum Gesetzentwurf der Bundesregierung (BT-Drs. 16/4026), S. 25, 42.
[53] § 3 Nr. 70 Satz 4 EStG.
[54] Die Besonderheit ergibt sich, wenn man die Exit Tax neben versicherungstechnischen Rückstellungen anwendet. Vgl. *Schultz/Thießen* Going Public 07/2007, 86 ff.
[55] § 16 Abs. 3–6 REITG.
[56] § 16 Abs. 3 Satz 4 REITG.
[57] § 18 Abs. 1–5 REITG.
[58] § 18 Abs. 7 REITG; § 11 Abs. 3 REITG; § 3 Nr. 70 Satz 3 Buchst. d EStG.
[59] § 1 Abs. 4 REITG. Näher zu den Aufgaben des Abschlussprüfers *Friedrich/Fleischer* DB 2007, 2019 ff. und IDW PH 9.950.2, IDW-FN 12/2008, S. 511.

nicht die steuerliche Anerkennung der REIT AG vorweg. Die zuständige Finanzbehörde kann weitere Angaben verlangen.[60] Nach einem Verlust der Steuerbefreiung ist eine erneute Befreiung vier Jahre lang nicht möglich.[61]

31 Im Einzelnen werden Zahlungen in folgender Höhe festgesetzt:
(i) 1–3 % des Betrags, um den der Anteil an unbeweglichem Vermögen hinter einem Anteil von 75 % am Gesellschaftsvermögen zurückbleibt (§ 16 Abs. 3 REITG),
(ii) 10–20 % des Betrags, um den die Bruttoerträge aus unbeweglichem Vermögen hinter einem Anteil von 75 % der gesamten Bruttoerträge zurückbleiben (§ 16 Abs. 4 REITG),
(iii) 20–30 % des Betrags, um den die Mindestausschüttungsverpflichtung von 90 % nicht erfüllt wird (§ 16 Abs. 5 REITG), und
(iv) 20–30 % der Einnahmen aus einer entgeltlichen Nebentätigkeit der REIT AG oder einer Immobilienpersonengesellschaft für Dritte (§ 16 Abs. 6 REITG).

32 Bei den Zahlungen handelt es sich nicht um Steuern, sondern um steuerliche Nebenleistungen im materiellen Sinn.[62] Die für die Körperschaftsteuer geltenden Vorschriften der Abgabenordnung sind entsprechend anzuwenden. Für öffentlich-rechtliche Streitigkeiten wegen einer Zahlung ist der Finanzrechtsweg gegeben.[63]

33 Die REIT AG verliert ihre Steuerbefreiung
(i) zum Ende des Wirtschaftsjahres, das dem Verlust der Börsenzulassung vorausgeht (§ 18 Abs. 1 REITG),
(ii) für das Wirtschaftsjahr, in dem die REIT AG die Grenze des § 14 Abs. 2 REITG zum gewerblichen Immobilienhandel überschreitet (§ 18 Abs. 2 REITG),
(iii) mit Ablauf des dritten aufeinander folgenden Wirtschaftsjahrs, in denen sich weniger als 15 % der Aktien der REIT AG im Streubesitz befunden haben (§ 18 Abs. 3 S. 1 REITG),
(iv) mit Ablauf des dritten aufeinander folgenden Wirtschaftsjahres, in denen gegen die Höchstbeteiligungsgrenze des § 11 Abs. 4 REITG verstoßen wurde (§ 18 Abs. 3 S. 2 REITG),
(v) mit Ablauf des dritten aufeinander folgenden Wirtschaftsjahres, in denen die REIT AG nicht das gem. § 15 REITG erforderliche Mindesteigenkapital aufgewiesen hat (§ 18 Abs. 4 REITG),
(vi) mit Ablauf des dritten aufeinander folgenden Wirtschaftsjahres, in denen gegen die Voraussetzungen des gleichen Absatzes des § 16 Abs. 3–6 REITG verstoßen wurde (§ 18 Abs. 5 S. 1 REITG) und
(vii) mit Ablauf des fünften aufeinander folgenden Wirtschaftsjahres, in denen gegen die Voraussetzungen irgendeines Absatzes des § 16 Abs. 3–6 REITG verstoßen wurde (§ 18 Abs. 5 S. 2 REITG).

34 Im Fall eines fortlaufenden Verstoßes gegen das Streubesitzerfordernis (iii) oder die Höchstbeteiligungsklausel (iv) entfällt die Steuerbefreiung nicht, wenn die REIT AG den Verstoß nicht anhand der Meldungen nach dem Wertpapierhandelsgesetz erkennen konnte.[64] Nach der Aufdeckung eines solchen

---

[60] § 21 Abs. 2, 3 REITG.
[61] § 17 Abs. 4 REITG.
[62] *Helios/Wewel/Wiesbrock* § 21 Rn. 3.
[63] § 21 Abs. 1 REITG.
[64] § 18 Abs. 3 Satz 3 REITG.

C. Steuerliche Aspekte

Verstoßes muss die Einhaltung dieser Vorschriften bis zum Ende des auf die Aufdeckung folgenden Wirtschaftsjahres erreicht werden, andernfalls verliert die REITAG ihre Steuerbefreiung rückwirkend zum Ende des Wirtschaftsjahres der Aufdeckung.[65] Im Fall eines fortlaufenden Verstoßes gegen § 16 Abs. 3–6 REITG (vi oder vii) kann die zuständige Finanzbehörde unter Festsetzung der höchstmöglichen Zahlung ausnahmsweise bestimmen, dass die Steuerbefreiung nicht entfällt.[66] Die Steuerbefreiung entfällt zwingend mit Verlust der Börsenzulassung (i) oder bei schädlichem Immobilienhandel (ii).

Weder mit Zahlungen, noch mit einem Verlust der Steuerbefreiung sanktioniert ist ein Verstoß der REITAG gegen die Beschränkung des Umfangs der Tätigkeit von REIT-Dienstleistungsgesellschaften[67] oder ihren Unternehmensgegenstand.[68] In Betracht kommt insoweit aber eine Prüfungskompetenz des Registergerichts, da keine abschließende steuerrechtliche Regelung vorliegt.[69] Bei fehlender Eintragung als REITAG in das Handelsregister droht ggf. ein Verlust der Steuerbefreiung.[70]

V. Besteuerung auf Ebene der REIT Aktionäre

Ausschüttungen einer REITAG gehören zu den Einkünften aus Kapitalvermögen gem. § 20 Abs. 1 Nr. 1 EStG, sofern es sich nicht um Betriebseinnahmen handelt.[71] Das Teileinkünfteverfahren und die Steuerbefreiung nach § 8b KStG sind vorbehaltlich des neuen § 19 a REITG nicht anzuwenden.[72] Bei betrieblichen Anlegern kommt zudem eine Kürzung des Gewerbeertrags gem. § 9 Nr. 2a S. 1 GewStG nicht in Betracht, da es sich bei der REITAG um eine steuerbefreite Gesellschaft handelt.

Nach dem 1. Januar 2009 unterfallen Ausschüttungen einer REITAG an Anleger, die ihre Beteiligung im Privatvermögen halten, der Abgeltungsteuer gem. § 32d EStG.[73]

Da § 19 Abs. 1 REITG auf den ganzen § 20 Abs. 1 Nr. 1 EStG verweist, sollten Ausschüttungen einer REITAG, für die Erträge aus dem steuerlichen Einlagekonto gem. § 27 KStG als verwendet gelten, gem. § 20 Abs. 1 Nr. 1 S. 3 EStG nicht zu den Einkünften aus Kapitalvermögen gehören.[74]

---

[65] § 18 Abs. 3 Satz 4, 5 REITG.
[66] § 18 Abs. 5 Satz 3 REITG.
[67] § 12 Abs. 2 Buchst. b, Abs. 3 Buchst. b REITG. Ebenso *Sieker/Göckeler/Köster* DB 2007, 933, 937 f.
[68] § 1 Abs. 1 REITG.
[69] Ebenso *Helios/Wewel/Wiesbrock* § 16 Rn. 40.
[70] § 16 Abs. 1, § 8, § 6 REITG.
[71] § 19 Abs. 1 REITG.
[72] § 19 Abs. 3 REITG.
[73] Dies bedeutet nicht zwingend eine ungerechtfertigte Besserstellung für die REITs, da auch Erträge aus deutschen Immobilienfonds nach dem InvStG ab 2009 ebenso besteuert werden. Gegenüber einer Direktanlage ergibt sich ggf. eine Besserstellung.
[74] Ebenso *Helios/Wewel/Wiesbrock* § 19 Rn. 4; *Sieker/Göckeler/Köster* DB 2007, 933, 941. Eine Besteuerung solcher Ausschüttungen würde zu einer nicht gerechtfertigten Doppelbelastung führen. Nach dem Wortlaut des § 19 Abs. 1 REITG könnte allerdings daran Zweifel bestehen, da die Ausschüttungen danach zu den Einkünften aus Kapitalvermögen gehören. Für die ähnliche Regelung des § 2 Abs. 1 S. 1 InvStG bestimmt das Anwendungsschreiben des BMF v. 2. Juni 2005, Rn. 16, dass im Fall einer Einlagenrückgewähr keine ausgeschütteten Erträge vorliegen.

39 Die REITAG ist verpflichtet, auf Ausschüttungen Kapitalertragsteuer in Höhe von 25 % (zuzüglich 5,5 % Solidaritätszuschlag) einzubehalten; die Vorschriften für den Kapitalertragsteuereinbehalt bei Dividendenausschüttungen gelten entsprechend.[75]

40 In Deutschland ansässige Anteilsinhaber haben Anspruch auf Anrechnung bzw. Erstattung der einbehaltenen Kapitalertragsteuer.[76] Für nicht in Deutschland ansässige Anteilsinhaber entfaltet die Kapitalertragsteuer grundsätzlich Abgeltungswirkung.[77] Eine Erstattung aufgrund von Doppelbesteuerungsabkommen ist möglich, allerdings können sich die Anteilsinhaber nicht auf ein DBA Schachtelprivileg berufen.[78] Die Mutter-Tochter Richtlinie ist nicht anwendbar, da es sich bei der REITAG nicht um eine steuerpflichtige Gesellschaft handelt[79] und Beteiligungen von 10 % oder mehr an einer REITAG unzulässig sind.

41 Gewinne aus der Veräußerung von Anteilen an REITAGs sind, soweit kein Betriebsvermögen, gemäß § 17 EStG sowie § 20 Abs. 2 Satz 1 EStG zu versteuern.[80]

42 Durch das Gesetz wird der ausländische REIT in § 19 Abs. 5 REITG („andere REIT Körperschaften, Personenvereinigungen oder Vermögensmassen") erstmals legal definiert. Anteilsinhaber eines ausländischen REITs sollen aus Gründen der Chancengleichheit[81] wie Inhaber von Anteilen an einer REITAG besteuert werden.[82] Ein eigenständiger Vorrang vor den Regelungen in Doppelbesteuerungsabkommen wurde mit dem Jahressteuergesetz 2009 in § 19 Abs. 6 REITG eingeführt. Danach gilt für inländische Investoren statt der Freistellungsmethode stets (nur) die Anrechnung der im Ausland erhobenen Steuer. Anzuwenden ist diese Neuregelung erstmals auf nach dem 31. Dezember 2008 zufließende Dividenden.[83]

---

[75] § 20 Abs. 1 REITG.
[76] § 20 Abs. 4 Satz 1 REITG, § 36 Abs. 2 EStG. Die Vorschrift entspricht § 7 Abs. 7 InvStG.
[77] § 50 Abs. 5 Satz 1 EStG; § 32 Abs. 1 Nr. 2 KStG.
[78] § 16 Abs. 2 Satz 3 REITG normiert einen sog. Treaty override für den Fall, dass trotz des Verbots in § 11 Abs. 4 Satz 1 REITG eine höhere unmittelbare Beteiligung an der REITAG besteht. § 20 Abs. 4 Satz 2, 3 REITG normiert einen sog. Treaty override für den Fall, dass nach einem Doppelbesteuerungsabkommen das Schachtelprivileg über indirekte Beteiligungen an der REITAG anwendbar ist.
[79] Daran ändert wohl auch partielle Belastung der REITAG mit abgeltender Kapitalertragsteuer (hierzu Rz. 13 ff.) nichts, da es sich bei der Kapitalertragsteuer insoweit um eine eigene Steuer mit Objektcharakter handelt (*Kirchhof/Söhn/Gersch*, EStG, § 43 Rn. A2) und nicht um eine Belastung mit Körperschaftsteuer i. S. von § 43b Abs. 2 - Satz 3 EStG, Art. 2 Abs. 1 Buchst. c der Anlage 2 zum EStG.
[80] § 19 Abs. 2 REITG.
[81] Gesetzesbegründung zu § 19 Abs. 2 REITG; BT-Drs. 16/4026, S. 41.
[82] § 19 Abs. 1-4 REITG sind ebenfalls anwendbar. Zu europarechtlichen Bedenken (Steuerpflicht ausländischer REITs bei voller Besteuerung ihrer Aktionäre) vgl. *Schultz/Thießen* DB 2006, 2144, 2147; *Bron* BB-Special 7/2007, S. 21; *Breinersdorfer/Schütz* DB 2007, 1487, 1492. *Sieker/Göckeler/Köster* DB 2007, 933, 942 weisen darauf hin, dass sich die Regelung leicht umgehen lassen dürfte.
[83] § 23 Abs. 9 REITG.

D. Bilanzielle Aspekte

Die Gesellschaft ist zur Aufstellung eines Abschlusses nach IFRS verpflichtet 43 (Konzern- oder Einzelabschluss). Die Empfehlungen der EPRA zum Konzern- bzw. Einzelabschluss nach IFRS sollten aus Gründen der Vergleichbarkeit mit anderen Immobilienunternehmen beachtet werden.[84] Für Steuerzwecke ist zudem ein Abschluss nach HGB erforderlich.[85]

Mindestens 75 % der gesamten Umsatzerlöse (zuzüglich der sonstigen Erträge aus unbeweglichem Vermögen) müssen aus unbeweglichem Vermögen stammen und mindestens 75 % der Aktiva müssen unbewegliches Vermögen sein. Diese Werte sind nach IFRS zu ermitteln; maßgeblich für die Grenzen ist der beizulegende Zeitwert nach IAS 40. Nicht konsolidierte Personengesellschaftsanteile (etwa im Fall eines Jointventures) gelten als unbewegliches Vermögen.[86] 44

Ausschüttungen von mindestens 90 % des nach HGB berechneten ausschüttungsfähigen Gewinns bis zum Ende des folgenden Geschäftsjahrs sind Pflicht.[87] Die Vorschriften über die gesetzlichen Rücklagen nach § 150 AktG finden keine Anwendung. AfA-Beträge dürfen – anders als zunächst vom Gesetzgeber geplant – nicht ausgeschüttet werden. Planmäßige AfA ist nur linear zulässig; außerordentliche AfA bleibt aber möglich. Veräußerungsgewinne können bis zur Hälfte und bis zu zwei Jahre in eine Rücklage zur Anschaffung von unbeweglichem Vermögen eingestellt werden.[88] 45

Das Eigenkapital im Konzern- oder Einzelabschluss nach IFRS darf 45 % des Wertes des unbeweglichen Vermögens nicht unterschreiten.[89] Maßgeblich ist der beizulegende Zeitwert nach IAS 40. Diese Vorschrift hat das Ziel, Gläubiger des REITs zu schützen, verspricht den Aktionären (und dem Fiskus) vergleichsweise hohe Ausschüttungen, ist praktikabler als eine Beschränkung des schwer definierbaren Fremdkapitals (wie im Gesetzentwurf noch bis Anfang März 2007 vorgesehen) und zwingt den REIT, Wachstum mit einem hohen Eigenkapitalanteil zu finanzieren. Hält die REITAG Anteile an Immobilienpersonengesellschaften mit Minderheitsgesellschaftern, müssen diese Anteile ggf. nach IAS 32.18(b) als Fremdkapital bilanziert werden.[90] Dadurch entsteht der REIT AG ein wirtschaftlicher Nachteil, da sie weniger Fremdkapital aufnehmen kann. Mit Jahressteuergesetz 2009 hat der Gesetzgeber reagiert und einen neuen § 15 Satz 2 REITG eingeführt. Danach gelten als Fremdkapital ausgewiesene Anteile für die Berechnung des Mindesteigenkapitals als Eigenkapital. 46

Die Einhaltung der Voraussetzungen für einen REIT sind vom Abschlussprüfer im Rahmen der Jahresabschlussprüfung festzustellen; das Ergebnis seiner Feststellungen hat der Abschlussprüfer in einem besonderen Vermerk zusammenzufassen.[91] Über Prüfungsumfang, „REIT-Erklärung" der gesetz- 47

---

[84] http://www.epra.com/body.jsp.
[85] § 13 Abs. 1 REITG.
[86] § 3 Abs. 7 REITG.
[87] § 13 Abs. 1 REITG, HGB idF des BilMoG, BGBl. I 2009, S. 1102 ff.
[88] § 13 Abs. 3 REITG.
[89] § 15 REITG.
[90] *Schäfer/Völker* REITs S. 174.
[91] Vgl. *Lemnitzer/Bräsick* Der Konzern 2007, 514, 520; IDW PH 9.950.2, IDW-FN 12/2008, S. 511 ff.

lichen Vertreter über die Einhaltung der §§ 11–15 REITG, Gestaltung des Vermerks, Berichtsumfang und Zeitpunkt der Prüfung schweigt das Gesetz. Hier wird man pragmatisch vorgehen müssen und nur eine Prüfung im Rahmen der Abschlussprüfung zum Bilanzstichtag fordern. Eine unterjährige Prüfung mag sinnvoll sein[92] und den Steuerbehörden gefallen, belastet aber die REIT AG finanziell zu stark.

48 Der REIT darf keinen Handel mit seinem unbeweglichen Vermögen betreiben. Ein Handel findet statt, wenn innerhalb eines Zeitraums von fünf Jahren Erlöse aus der Veräußerung von unbeweglichem Vermögen erzielt werden, die mehr als die Hälfte des Wertes des durchschnittlichen Bestandes an unbeweglichem Vermögen innerhalb desselben Zeitraumes ausmachen (berechnet anhand bereits vorliegender IFRS Jahresabschlüsse des REITs).

E. Kapitalmarktrechtliche Aspekte

49 Im Folgenden wird auf kapitalmarktrechtliche Spezialregelungen, den Inhalt des Wertpapierprospekts sowie Anforderungen der Frankfurter Wertpapierbörse („FWB") als der bedeutendsten deutschen Wertpapierbörse eingegangen.[93]

I. Verpflichtung zur Börseneinführung

50 Das REIT-Gesetz sieht vor, dass die Aktien der REIT AG zum Handel an einem organisierten Markt im Sinne von § 2 Abs. 5 WpHG in einem Mitgliedstaat der Europäischen Union oder in einem anderen Vertragsstaat des Abkommens über den Europäischen Wirtschaftsraum zugelassen sein müssen.[94] Einen organisierten Markt stellte früher sowohl der Amtliche Markt, als auch der Geregelte Markt, nicht jedoch der Freiverkehr einer deutschen Wertpapierbörse dar. Seit Inkrafttreten des Finanzmarktrichtlinie-Umsetzungsgesetzes am 1. November 2007 ist dies ausschließlich der neu geschaffene regulierte Markt. Der Antrag auf Zulassung muss jedoch erst innerhalb von drei Jahren nach Anmeldung der REIT AG als Vor-REIT gestellt werden, wobei die Frist auf Antrag von der BaFin um ein Jahr verlängert werden kann, wenn Umstände außerhalb des Verantwortungsbereichs des Vor-REIT eine solche Verlängerung rechtfertigen.[95] Wird innerhalb der Frist kein Antrag gestellt oder wird ein innerhalb dieser Frist gestellter Antrag bestandskräftig abgelehnt, so verliert die Gesellschaft ihren Status als Vor-REIT. Der Status lebt wieder auf, wenn die Zulassung erneut beantragt wird.[96]

51 Da die Aktien der REIT AG gem. §§ 1 Abs. 2, 10 Abs. 1 REITG zwingend zum Handel an einem organisierten Markt zugelassen sein müssen, wird die

---

[92] Vgl. *Lemnitzer/Bräsick* Der Konzern 2007, 514, 520.
[93] Vgl. dazu *Frey/Harbarth* ZIP 2007, 1177 ff.; *Götze/Hütte* NZG 2007, 332 ff.; *Harbarth* International Investor Real Estate Magazin – Sonderausgabe REITs, 2/2007, 33 ff.; *Quass/Becker* AG 2007, 421 ff.; *van Kann/Just/Kramer* DStR 2006, 2105 ff. *Vaupel/Harrer* Going Public, Sonderausgabe G-REITs 2006, S. 54 ff.
[94] § 10 Abs. 1 REITG.
[95] § 10 Abs. 2 REITG.
[96] § 10 Abs. 3 REITG.

E. Kapitalmarktrechtliche Aspekte

Börsenzulassung noch durch eine „gewöhnliche" Aktiengesellschaft beantragt und die Eintragung der Satzungsänderung hinsichtlich des Firmenzusatzes „REIT Aktiengesellschaft" oder „REIT AG" nach §§ 6, 8 REITG kann erst anschließend erfolgen.[97]

II. Prüfungsumfang des Handelsregisters

Nach § 8 REITG ist die Firma der REIT AG beim zuständigen Gericht zur Eintragung in das Handelsregister anzumelden. Der Prüfungsumfang des Handelsregisters zur Eintragung der Firmenänderung ist im REIT-Gesetz nicht klar geregelt[98] und wird deshalb derzeit kontrovers diskutiert.[99] Überwiegend[100] wird die Ansicht vertreten, dass bei der Firmenänderung vom Registergericht zumindest die typisierenden Merkmale eines REITs geprüft werden müssen. Dabei handelt es sich gemäß § 1 Abs. 1 REITG um die Anforderungen an den Unternehmensgegenstand und das Bestehen der Börsenzulassung, aber auch die Voraussetzungen hinsichtlich Grundkapital, die Form der Aktien, die Firma und den Sitz. Demgegenüber wird nach dieser Ansicht[101] eine Pflicht zur Prüfung anderer Voraussetzungen wie die Streuung der Aktien, die Höchstbeteiligung oder die wirtschaftlichen Anforderungen hinsichtlich Vermögen und Ertrag, Ausschüttung an Anleger, Ausschluss des Immobilienhandels und Mindesteigenkapital im Eintragungsverfahren abgelehnt.

III. Beteiligungshöchstgrenze

Weiterhin darf kein Anleger direkt 10 % oder mehr der REIT-Aktien oder REIT-Aktien in einem Umfang halten, dass er über 10 % oder mehr der Stimmrechte verfügt.[102] Eine Aufteilung auf mehrere Beteiligungsgesellschaften ist jedoch unschädlich. Damit soll eine Benachteiligung von inländischen Anlegern gegenüber ausländischen Anteilsinhabern im Falle einer Anwendung von begünstigenden Doppelbesteuerungsabkommen vermieden werden. Aktien, die für Rechnung eines Dritten gehalten werden, gelten als direkt durch den Dritten gehalten.[103] Die Kontrolle erfolgt über eine Ausweitung der für börsennotierte Unternehmen ohnehin bestehenden Mitteilungspflichten nach §§ 21 Abs. 1, 25 Abs. 1 WpHG. Diese gelten auch dann, wenn ein Meldepflichtiger durch Erwerb, Veräußerung oder auf sonstige Weise 3 %, 80 % oder 85 % der Stimmrechte an einer REIT AG erreicht, überschreitet oder unterschreitet.[104]

---

[97] Vgl. dazu auch *Götze/Hütte* NZG 2007, 332 ff.
[98] Ebenso Bundesrat BR-Drs. 779/06 S. 34.
[99] Vgl. *Götze/Hütte* NZG 2007, 332, 333; *Ziemons* DB 2007, 449 ff.; *Merker* STuB 2006, 971, 972.
[100] *Götze/Hütte* NZG 2007, 332, 333.
[101] Vgl. *Götze/Hütte* NZG 2007, 332, 333; *Ziemons* BB 2007, 449, 450.
[102] § 11 Abs. 4 Satz 1 REITG.
[103] § 11 Abs. 4 Satz 2 REITG.
[104] § 11 Abs. 5 REITG.

IV. Mindeststreubesitz

54 Im Zeitpunkt der Börsenzulassung müssen sich in Übereinstimmung mit dem in § 9 Abs. 1 BörsZulVO geregelten Regelfall mindestens 25 % der REIT-Aktien im Streubesitz befinden.[105] Jedoch müssen sich abweichend vom Normalfall eines börsennotierten Unternehmens bei der REIT AG als neu geschaffene „Zulassungsfolgepflicht" mindestens 15 % der REIT-Aktien dauerhaft im Streubesitz befinden.[106] Im Streubesitz befinden sich die Aktien derjenigen Aktionäre, denen jeweils weniger als 3 % der Stimmrechte zustehen. §§ 22, 23 WpHG gelten entsprechend.[107] Obwohl der Wortlaut des REIT-Gesetzes einen Streubesitz von mindestens 25 % „im Zeitpunkt der Börsenzulassung" verlangt, sprechen strukturelle Überlegungen und Praktikabilitätserwägungen dafür, dass der erforderliche Streubesitz erst nach Übereignung der Aktien an die Anleger im Rahmen des Börsengangs vorliegen muss.[108] Bei einer Platzierung von Aktien im Rahmen eines Börsengangs erfolgt die Eigentumsübertragung der zu platzierenden Aktien generell erst nach der Börsenzulassung zum Zeitpunkt der Abrechnung (sog. Settlement). Eine dem Wortlaut des Gesetzes entsprechende Eigentumsübertragung bereits vor Zulassung der Aktien und anschließender Notierungsaufnahme würde den üblichen Marktgepflogenheiten widersprechen und könnte die Durchführung von Börsengängen erheblich belasten. Es gibt jedoch keine Anhaltspunkte dafür, dass der Gesetzgeber diese national wie international übliche und vom Kapitalmarkt erwartete Emissionsstruktur ändern wollte. Es sprechen darüber hinaus auch gute Gründe dafür, die Streubesitzanforderungen für die Zulassung nicht auf bereits seit längerem börsennotierte Gesellschaften anzuwenden, die zu einem späteren Zeitpunkt in eine REIT AG transformiert werden.[109] Die REIT AG hat jährlich zum 31. Dezember gegenüber der BaFin die Streubesitzquote ihrer Aktionäre mitzuteilen, die wiederum dem Bundeszentralamt für Steuern mitteilt, wenn die Quote von 15 % unterschritten wird.[110] Die Prüfung des Mindeststreubesitzes und der Beteiligungshöchstgrenze beschränkt sich auf die rechnerische Richtigkeit der Mitteilung an die BaFin und auf die Übereinstimmung mit den Angaben der Aktionäre.[111] Nicht geprüft wird, ob sämtliche Aktionäre ihrer Meldepflicht vollständig nachgekommen sind oder ob die tatsächlichen Quoten von den gemeldeten Quoten abweichen.[112]

---

[105] § 11 Abs. 1 Satz 2 REITG.
[106] § 11 Abs. 1 Satz 1 REITG.
[107] § 11 Abs. 1 Sätze 3 und 4 REITG.
[108] Vgl. dazu auch *Götze/Hütte* NZG 2007, 332, 336; *Quass/Becker* AG 2007, 421, 432.
[109] Vgl. *Götze/Hütte* NZG 2007, 332, 337; *Quass/Becker* AG 2007, 421, 433; *Ziemons* DB 2007, 449, 450.
[110] § 11 Abs. 2 Satz 4 REITG.
[111] § 1 Abs. 4 Satz 1 REITG.
[112] IDW PH 9.950.2, IDW-FN 12/2008, S. 511 ff, TZ 16.

V. Besonderheiten des Wertpapierprospekts

Mit der Umsetzung der EU-Prospektrichtlinie 2003/71/EG[113] in deutsches Recht durch das Prospektrichtlinie-Umsetzungsgesetz[114] zum 1. Juli 2005 unterliegen Prospektinhalt und das Billigungsverfahren den Vorschriften des Wertpapierprospektgesetzes (s. dazu § 25 Rz. 105 ff.). Zum Prospektinhalt gehören in der Durchführungsverordnung und ihren Anhängen genau festgelegte Informationen. Aufgrund der gesetzlichen Sonderregelungen im REIT-Gesetz und einiger Unsicherheiten bei der Auslegung des REIT-Gesetzes werden im Wertpapierprospekt die Rechtslage und etwaige Risiken sowie die steuerlichen Sonderregelungen für die Gesellschaft und die Aktionäre ausführlich dargestellt.[115]

55

Im Einzelfall haben die Regelungen über Start-up-Gesellschaften,[116] d. h. Gesellschaften, die erst für einen kurzen Zeitraum in ihrer gegenwärtigen Geschäftstätigkeit aktiv sind, und die Pro-Forma-Finanzinformationen im Wertpapierprospekt besondere Bedeutung.[117] Die BaFin verlangt aufgrund ihrer Ermächtigung nach Art. 23 der Durchführungsverordnung[118] bei Immobiliengesellschaften als besondere zusätzliche Informationen die Aufnahme eines Berichts über die Bewertung des Vermögens des Emittenten durch einen Sachverständigen in den Wertpapierprospekt.[119] Der Bericht kann in verkürzter Form in den Prospekt aufgenommen werden. Nach den Empfehlungen von CESR[120] muss der Bericht u. a. von einem unabhängigen Sachverständigen verfasst sein, alle relevanten Informationen, die für die Bewertung wesentlicher Immobilien notwendig waren, enthalten, eine Zusammenfassung über die Anzahl der Immobilien, die Eigentumsverhältnisse sowie die entsprechenden Bewertungsergebnisse angeben, und gegebenenfalls eine Erklärung zu den Unterschieden der Bewertungsergebnisse und den entsprechenden, in den letzten vom Emittenten veröffentlichten Jahresabschlüssen enthaltenen Angaben enthalten. Die herrschende Meinung verneint eine gesetzliche Prospekthaf-

56

---

[113] Vgl. Art. 29 der EU-Prospektrichtlinie: Richtlinie 2003/71/EG des Europäischen Parlaments und des Rates vom 4.11. 2003 betreffend den Prospekt, der beim öffentlichen Angebot von Wertpapieren oder bei deren Zulassung zum Handel zu veröffentlichen ist, und zur Änderung der Richtlinie 2001/34/EG vom 4.11. 2003; ABl. EU-Nr. L 345 vom 31. 12. 2003, S. 64.

[114] Vgl. Gesetz vom 22. 6. 2005, BGBl. I 2005, 1698 ff. vom 27. 6. 2005.

[115] Vgl. *Götze/Hütte* NZG 2007, 332, 335. Vgl. dazu auch Wertpapierprospekt der alstria Office AG vom 20. März 2007 sowie erster Nachtrag vom 27. März 2007.

[116] CESR's „Recommendations for the consistent implementation of the European Commission's Regulation on Prospectuses no 809/2004" (Januar 2005), Nr. 91 ff; Nr. 135 ff. („CESR's Recommendation")

[117] Ziffer 20.2, Anhang II der Durchführungsverordnung. Zu Pro-Forma-Angaben auch IDW Prüfungshinweis: Erstellung von Pro-Forma-Angaben IDW RH HFA 1004; WPg 202, 980 ff. IDW Prüfungshinweise: Prüferische Durchsicht von Pro-Forma-Angaben, IDW PH 9900.1; WPg 2002, 1337 ff. Dazu auch *Meyer* WM 2003, 1745 ff.

[118] Anhang XIX Durchführungsverordnung nennt ausdrücklich Immobiliengesellschaften. Vgl. dazu *Götze/Hütte* NZG 2007, 332; *Vaupel/Ries* Going Public Sonderheft, G-REITS, 2007, 60 ff.

[119] Derartige Bewertungsgutachten enthalten u. a. die Wertpapierprospekte der alstria Office AG vom 20. März 2007 sowie der Fair Value AG vom 14. November 2007.

[120] CESR's Recommendation Nr. 128 ff.

tung des unabhängigen Sachverständigen nach § 44 BörsG.[121] Im Hinblick auf das im Prospekt gemäß den CESR-Empfehlungen aufzunehmende Sachverständigengutachten des Immobilienbewerters wird häufig von dem Bewerter in einem Bestätigungsschreiben (sog. Reliance Letters) bestätigt, dass die Bank auf den Inhalt des Sachverständigengutachtens vertrauen darf.

VI. Anforderungen des Regulierten Markts der Frankfurter Wertpapierbörse

57 Eine Notierung im Regulierten Markt einer deutschen Wertpapierbörse setzt grundsätzlich voraus, dass der Emittent als Unternehmen mindestens drei Jahre bestanden und seine Jahresabschlüsse für die drei dem Antrag vorangegangenen Geschäftsjahre offengelegt hat, wobei jedoch in Ausnahmefällen von der Geschäftsführung der Wertpapierbörse[122] eine Befreiung erteilt werden kann. Diese Zulassungsvoraussetzung kann im Einzelfall problematisch sein, falls die REIT AG eine neu gegründete Gesellschaft ist. Die in eine neue REIT AG eingebrachten Immobilien können jedoch u. U. ein bestehendes Unternehmen darstellen. Unabhängig davon kann die Geschäftsführung unter Abwägung der Interessen des Emittenten und des Publikums ausnahmsweise eine neu gegründete REIT AG zulassen, auch wenn die Immobilien nicht als „Unternehmen" angesehen werden und keine Mindestexistenz von drei Jahren bestand.

58 Die sich aus der Börsennotierung im Regulierten Markt der Frankfurter Wertpapierbörse ergebenden Zulassungsfolgepflichten tragen zusätzlich zur Transparenz und somit zum Vertrauen der Anleger bei. Die Aktien stellen Insiderpapiere dar und unterliegen damit den Beschränkungen des Insiderhandelsverbots.[123] Schließlich bestehen für Aktionäre Mitteilungspflichten gemäß § 21 ff. WpHG[124] bei Erreichen, Überschreiten oder Unterschreiten bestimmter Meldegrenzen. Gemäß § 15 WpHG hat die börsennotierte Gesellschaft möglicherweise kurserhebliche Insiderinformationen, die sie unmittelbar betreffen, unverzüglich in Form einer Ad-hoc-Mitteilung[125] zu veröffentlichen, wie dies z. B. bei dem Erwerb und der Veräußerung von Immobilienportfolien der Fall sein kann. Daneben gilt u. a. auch die Pflicht zur Mitteilung von bestimmten Wertpapiergeschäften der Geschäftsführungs- und Aufsichtsorgane (Directors' Dealings)[126] nach § 15a WpHG und das Verbot der Marktmanipulation nach

---

[121] Vgl. *Schäfer/Hamann* §§ 44, 45 BörsG Rz. 93, 101; *Schwark* §§ 44, 45 Rz. 12. Dazu auch *Groß* § 44, 45, Rz. 36 ff.
[122] Vgl. § 3 Abs. 2 BörsZulV.
[123] Vgl. § 12 ff. WpHG. Dazu nur *Assmann/Schneider* § 12 WpHG, Rz. 1 ff.; *Bürgers* BKR 2004, 424 ff.; *Diekmann/Sustmann* NZG 2004, 929 ff.; *Schwark* § 12 WpHG, Rz. 1 ff.; *Spindler* NJW 2004, 3449 ff.
[124] Vgl. dazu *Hüffer* § 21 Rz. 1 ff.; *Assmann/Schneider* § 21 WpHG, Rz. 1 ff.
[125] Vgl. § 15 WpHG. Dazu *Assmann/Schneider* § 15 Rz. 1 ff.; *Bürgers* BKR 2004, 424 ff.; *Diekmann/Sustmann* NZG 2004, 929 ff.; *Grimme/v. Buttlar* WM 2003, 901 ff.; *Holzborn/Israel* WM 2004, 1948 ff.; *Rodewald/Tüxen* BB 2004, 2249 ff.; *Spindler* NJW 2004, 3449 ff.; *Vaupel* WM 1999, 521 ff.; *Schwark* § 15 WpHG, Rz. 1 ff.
[126] Vgl. § 15a WpHG. Dazu *Baums* ZHR 166 (2002), 375 ff; *Bürgers* BKR 2004, 424 ff.; *Diekmann/Sustmann* NZG 2004, 929 ff.; *Schneider* ZHR 167 (2003), 193 ff.; *Assmann/Schneider* § 15a WpHG, Rz. 1 ff.; *Spindler* NJW 2004, 3449 ff.; *Schwark* § 15a WpHG, Rz. 1 ff.

§ 20 a WpHG.[127] Die Frankfurter Wertpapierbörse differenziert zwischen dem „General Standard" und dem mit weiteren Zulassungsfolgepflichten ausgestatteten „Prime Standard".[128] In einem organisierten Markt zugelassene Gesellschaften müssen Jahresfinanzberichte, Halbjahresfinanzberichte und Zwischenmitteilungen,[129] im Prime Standard auch Quartalsfinanzberichte[130] erstellen.

VII. REIT Index

Die Deutsche Börse AG hat im November 2007 mit der Eintragung des ersten REITs ein eigenständiges Segment für diese Anlageklasse eingeführt und berechnet zwei eigenständige REIT Indizes auf Basis der Segmentzugehörigkeit. Der Share-Index erstreckt sich auf alle REITs des Prime Standard und General Standard und ist sowohl für deutsche als auch für ausländische REITs zugänglich. Der REIT Auswahlindex „RX" beinhaltet die 20 größten und liquidesten REITs aus dem Prime Standard. Die Gewichtung erfolgt nach Free-Float Marktkapitalisierung. REITs werden parallel in die Aktienauswahlindizes wie DAX, MDAX oder SDAX aufgenommen, sofern sie die jeweiligen Aufnahmekriterien erfüllen. Die Deutsche Börse AG will diese Regelung überprüfen, sobald ausreichend Erfahrungen mit der Anlageklasse der G-REITs vorliegen.

F. Gesellschaftsrechtliche Aspekte[131]

Im Folgenden wird auf gesellschaftsrechtliche Aspekte, insbesondere die Gestaltungsmöglichkeiten zur Schaffung der Voraussetzungen für eine REIT-Aktiengesellschaft sowie möglicher Maßnahmen zur Aufrechterhaltung des Mindeststreubesitzes und der Beteiligungshöchstgrenze eingegangen.

I. Allgemeines

REIT Aktiengesellschaften unterliegen den allgemeinen für Aktiengesellschaften geltenden Vorschriften, so weit das REIT-Gesetz nichts Abweichendes bestimmt.[132] Die REIT AG muss ihren Sitz und ihre Geschäftsleitung in Deutschland haben[133] und die Firma einer REIT AG muss die Bezeichnung „REIT-Aktiengesellschaft" oder „REIT AG" enthalten.[134] Der Mindestnenn-

---

[127] Vgl. dazu § 20 a WpHG. Dazu *Bürgers* BKK 2004, 424 ff.; *Assmann/Schneider* § 20 a WpHG, Rz. 1 ff.
[128] Vgl. *Gebhardt* WM/2003, SBeil. 2, S. 1 ff.; *Schlitt* AG 2003, 57 ff.; *Zietsch/Holzborn* WM 2002, 2393 ff.
[129] §§ 37 v, 37 w, 37 x WpHG.
[130] Vgl. § 66 Börsenordnung der Frankfurter Wertpapierbörse.
[131] Vgl. allgemein zu gesellschaftsrechtlichen Aspekten *Ziemons* BB 2007, 449 ff.; *Hahn* ZGR, 805, 822 ff.; *Pluskat/Rogall* RIW 2006, 253 ff.; *Quass/Becker* AG 2007, 421 ff.; *Frey/Harbarth* ZIP 2007, 1177 ff.; *Kollmorgen/Hoppe/Feldhaus* BB 2007, 1345 ff.
[132] § 1 Abs. 3 REITG.
[133] § 19 REITG.
[134] § 6 REITG.

betrag des Grundkapitals einer REIT AG ist € 15 Mio.[135] Sämtliche Aktien der REIT AG müssen als stimmberechtigte Aktien gleicher Gattung begründet werden und dürfen nur gegen volle Leistung des Ausgabebetrages ausgegeben werden[136] und ein Anspruch des Aktionärs auf Verbriefung seines Anteils besteht nicht.[137] Auf das zur Erleichterung der Feststellung der Aktionärsidentität und der Aufrechterhaltung des Mindeststreubesitzes in einem inoffiziellen Vorentwurf des REIT-Gesetzes vorgesehene Institut der vinkulierten Namensaktien, die nur mit Zustimmung der Gesellschaft übertragbar ist, wurde verzichtet.[138] Die REIT AG ist bei dem zuständigen Gericht als REIT AG in das Handelsregister anzumelden.[139]

II. Gestaltungsmöglichkeiten zur Schaffung von REITs

62   Im Rahmen der gesetzlichen Einführung und der späteren Nutzung von REITs in Deutschland kommt insbesondere aufgrund der Begrenzung der Gestaltungsmöglichkeiten für eine Gründung einer REIT AG nach § 8 REITG dem Gesellschaftsrecht und dem Umwandlungsrecht eine erhebliche Bedeutung zu. Bei der Schaffung und Ausstattung der für den REIT Status erforderlichen Kapitalgesellschaften werden neben Veräußerungsvorgängen von Einzelimmobilien oder Immobiliengesellschaften voraussichtlich Einbringungs- und Umwandlungsvorgänge im Vordergrund stehen, bei denen der steuerlichen Behandlung der Aufdeckung bestehender stiller Reserven entscheidende Bedeutung zukommen wird.

63   Abhängig von der konkreten Ausgangssituation und Zielstruktur können Verschmelzungen,[140] Spaltungen,[141] Vermögensübertragungen[142] oder Formwechsel,[143] aber auch Sachgründungen[144] oder Kapitalerhöhungen gegen Sacheinlage[145] notwendig sein. Nach Abschluss der Vorbereitungsarbeiten wird auf diese Weise die Umwandlung einer direkten Immobilienanlage in eine indirekte Immobilienanlage unter Nutzung der Vorteile von REITs ermöglicht. Auch der Wechsel von anderen indirekten Immobilienanlageformen – wie Publikumsfonds – in REIT AGs wird in verschiedenen Wegen stattfinden.

64   Eine Kapitalerhöhung gegen Sacheinlage erfolgt entweder durch Beschluss der Hauptversammlung,[146] die mindestens drei Viertel des bei der Hauptversammlung vertretenen Grundkapitals umfasst, wobei die Satzung eine andere Kapitalmehrheit bestimmen kann und weitere Forderungen aufstellen kann[147]

---

[135] § 4 REITG.
[136] § 5 Abs. 1 REITG.
[137] § 5 Abs. 2 REITG.
[138] Vgl. dazu § 5 Abs. 2 Vorentwurf REIT-G. Dazu auch *Klühs/Schmidtbleicher* ZIP 2006, 1805 ff.; *Stock/Klappe/Teske* Going Public 10/2006, 62 ff.
[139] § 8 REITG.
[140] Vgl. §§ 2 ff. UmwG.
[141] Vgl. §§ 123 ff. UmwG.
[142] Vgl. §§ 174 ff. UmwG.
[143] Vgl. §§ 190 ff. UmwG.
[144] Vgl. §§ 27, 31 ff. AktG.
[145] Vgl. §§ 183, 194, 205 AktG.
[146] § 183 AktG.
[147] § 182 AktG.

F. Gesellschaftsrechtliche Aspekte   65, 66   § 29

oder bei Bestehen eines genehmigten Kapitals durch Beschluss[148] des Vorstands, der mit Zustimmung des Aufsichtsrats erfolgen soll.[149] Die Sacheinlage muss nach ihrem Gegenstand, der Person des Sacheinlegers, und dem Nennbetrag oder der Zahl der bei der Sacheinlage zu gewährenden Aktien im Kapitalerhöhungsbeschluss festgelegt werden.[150] Die Sacheinlage erfolgt im Wege der Einzelrechtsnachfolge. Bei einer Kapitalerhöhung gegen Sacheinlage ist die Prüfung der Sacheinlage durch einen unabhängigen Prüfer erforderlich, dass der Wert der Sacheinlage den geringsten Ausgabebetrag der im Gegenzug gewährten Aktien erreicht.[151]

Bei einer Auf- oder Abspaltung nach den Vorschriften der §§ 123 ff. UmwG ist der Spaltungs- und Übernahmevertrag durch einen Wirtschaftsprüfer zu prüfen[152] und vom Spaltungsprüfer ist ein schriftlicher Prüfungsbericht zu erstellen. Weiterhin ist i. d. R. ein – in jeweils einer Versammlung der Anteilsinhaber gefasster – Zustimmungsbeschluss der Anteilsinhaber der beiden beteiligten Rechtsträger zum Spaltungs- und Übertragungsvertrag erforderlich,[153] der notariell zu beurkunden ist. Bei der Spaltung erfolgt die Rechtsübertragung im Wege einer partiellen Gesamtrechtsnachfolge; eine Übertragung einzelner Vermögenswerte ist nicht erforderlich[154] und Verbindlichkeiten können grundsätzlich ohne Zustimmung der Gläubiger übertragen werden. Zum Schutz der Gläubiger haften die an der Spaltung beteiligten Rechtsträger als Gesamtschuldner für die Verbindlichkeiten des übertragenden Rechtsträgers, die vor dem Wirksamwerden der Spaltung begründet wurden,[155] wobei die Nachhaftung desjenigen Rechtsträgers, dem die Verbindlichkeiten im Spaltungs- und Übertragungsvertrag nicht zugewiesen worden sind, für die Verbindlichkeiten i. d. R. auf fünf Jahre begrenzt ist.[156] Für die Rechtsübertragung sind jedoch auch bei der Spaltung die allgemeinen Vorschriften zu beachten, die die Übertragbarkeit eines bestimmten Rechtsgegenstands ausschließen oder an bestimmte Voraussetzungen knüpfen.[157] So ist auch im Falle einer Spaltung für die Übertragung von Grundstücken eine notariell beurkundete Einigung und die Eintragung ins Grundbuch gemäß §§ 873, 925 BGB erforderlich.

III. Mögliche Maßnahmen zur Aufrechterhaltung des Mindeststreubesitzes und der Beteiligungshöchstgrenze

Für die Aufrechterhaltung des Streubesitzes von mindestens 15 % gem. § 15 Abs. 1 REITG und die Höchstbeteiligung von weniger als 10 % der Aktien oder Stimmrechte nach § 11 Abs. 4 REITG stehen der Gesellschaft insbesondere die Möglichkeiten (1) vinkulierte Namensaktien, (2) Kapitalerhöhung unter Be-

---

[148] Vgl. §§ 202 ff. AktG.
[149] Vgl. §§ 202 Abs. 1, 2 Satz 2, 205 AktG.
[150] Vgl. § 183 Abs. 2 AktG.
[151] Vgl. §§ 183 Abs. 3, 205 Abs. 3 AktG.
[152] § 123 i. V. m. §§ 9–12 UmwG.
[153] § 125 i. V. m. §§ 13–15 UmwG.
[154] Vgl. §§ 133 Abs. 1, § 135 UmwG.
[155] § 133 Abs. 1 UmwG.
[156] § 133 Abs. 3 UmwG.
[157] § 132 UmwG.

zugsrechtsausschluss, (3) Erwerb eigener Aktien oder (4) Einziehung von Aktien zur Verfügung.

67 Durch die Verwendung sog. vinkulierter Namensaktien[158] kann die Transparenz des Aktionärskreises einer Gesellschaft erhöht werden. Nach § 67 Abs. 2 AktG gilt im Verhältnis zur Gesellschaft als Aktionär nur, wer als solcher im Aktienregister eingetragen ist. Gemäß § 68 Abs. 2 Satz 1 AktG kann die Satzung die Übertragung der Aktien an die Zustimmung der Gesellschaft binden, wobei die Zustimmung vom Vorstand erteilt wird. Die Satzung kann jedoch nach § 68 Abs. 2 S. 3, 4 AktG bestimmen, dass der Aufsichtsrat oder die Hauptversammlung über die Zustimmung beschließt und die Satzung kann die Gründe bestimmen, aus denen die Zustimmung verweigert werden darf. In der Praxis führt jedoch die Einführung von Namensaktien aufgrund der häufigen Einschaltung von Depotbanken oder Treuhändern zu keiner vollständigen Transparenz des Aktienregisters, da z. B. bei der Vollrechtstreuhand der Treuhänder als formal berechtigter Aktionär im Aktienregister eingetragen wird und nicht der wirtschaftlich berechtigte Treugeber.[159]

68 Beim Überschreiten der zulässigen Höchstbeteiligungsquote von 10 % der Aktien oder Stimmrechte oder des Unterschreitens des Mindeststreubesitzes von 15 % kann die Gesellschaft eine Kapitalerhöhung unter Bezugsrechtsausschluss durchführen und den Anteilsbesitz der Altaktionäre verwässern, sofern die formellen und materiellen Voraussetzungen für einen Bezugsrechtsausschluss erfüllt sind.[160] Eine den Bezugsrechtsausschluss gestattende Rechtfertigung liegt vor, wenn ohne die beabsichtigte Kapitalmaßnahme zu befürchten wäre, dass bei Fortbestand der den REIT-Status verletzenden Beteiligungsverhältnisse der Sonderstatus als steuerbefreite REIT AG beendet, die Entschädigungspflicht für die Gesellschaft für Streubesitzaktionäre nach § 18 Abs. 3 REITG ausgelöst[161] und damit die Interessen der Gesellschaft verletzen würden. Der vereinfachte Bezugsrechtsausschluss gemäß § 186 Abs. 3 Satz 4 AktG ist unter einfacheren Voraussetzungen zulässig, wenn die Kapitalerhöhung gegen Bareinlagen 10 % des Grundkapitals nicht übersteigt und der Ausgabebetrag den Börsenkurs nicht wesentlich unterschreitet.[162]

69 Im Einzelfall werden bei Existenz eines veräußerungswilligen Aktionärs die Voraussetzungen für den Rückerwerb eigener Aktien zur Wiederherstellung der Beteiligungshöchstgrenzen nach § 10 Abs. 4 REITG oder des Mindeststreubesitzes nach § 11 Abs. 1 REITG entsprechend den Voraussetzungen des

---

[158] Vgl. dazu *Hüffer* AktG § 67, Rz. 1 ff.; *Schanz* § 3 Rz. 102 ff. Zu den Grenzen: Stellungnahme und Reformvorschläge des Arbeitskreises Immobilien der DVFA zum deutschen REIT-Gesetz, DVFA Finanzschriften Nr. 09/08 S. 3 ff. („Stellungnahme DVFA").
[159] Vgl. dazu *Klühs/Schmidtbleicher* ZIP 2006, 1805, 1808 ff.; *Schneider/Müller-v. Pilchau* AG 2007, 181 ff.; *Wienecke/Fett* NZG 2007, 774, 776. Zum sog. freien Meldebestand vgl. nur *Schroeder* AG 2007, 531, 535.
[160] Zum Bezugsrechtsausschluss allgemein *Hüffer* AktG § 186, Rz. 20 ff; s. auch § 25 Rz. 167 ff. Zu den Grenzen: Stellungnahme DVFA, S. 3 ff.
[161] Vgl. ebenso *Quass/Becker* AG 2007, 421, 430; *Schroeder* AG 2007, 531, 537; *Sieker/Göckeler/Köster* DB 2007, 933, 936; *Schäfer/Volckens* S. 140; *Weber/Polte* Going Public, Sonderausgabe G-REIT 2007, S. 50, 51; *Wienecke/Fett* NZG 2007, 774, 776.
[162] Vgl. *Hüffer* AktG § 186, Rz. 39 a ff.; *Habersack/Mülbert/Krause* § 5 Rz. 27 ff.; *Busch* AG 2002, 230 ff.; *Groß* AG 1993, 449 ff.; *Schlitt/Schäfer* AG 2005, 67 ff.; *Schlitt/Schäfer* WM 2003, 2175 ff.

F. Gesellschaftsrechtliche Aspekte

§ 71 Abs. 1 AktG vorliegen.[163] Bejaht man die Zulässigkeit des Rückerwerbs eigener Aktien nach § 71 Abs. 1 Nr. 8 AktG[164] und werden die Aktien nach dem Erwerb bei Vorliegen einer sachgerechten Differenzierung gemäß den Vorgaben des § 11 REITG wieder veräußert, liegt kein verbotener Aktienhandel im Sinne des § 71 Abs. 1 Nr. 8 Satz 2 AktG und kein Verstoß gegen das Gleichbehandlungsgebot des § 71 Abs. 1 Nr. 8 Satz 3 AktG vor.[165] Weiterhin ist der Erwerb eigener Aktien einer REIT AG aufgrund der Erforderlichkeit der bilanziellen Neutralisierung i. S. v. § 71 Abs. 2 Satz 2 AktG nur zulässig, wenn die Gesellschaft über die nach § 272 Abs. 1a HGB vorgeschriebenen frei verfügbaren Rücklagen zur Verrechnung entsprechender Unterschiedsbeiträge verfügt. Diese Rücklagen werden aufgrund der hohen Ausschüttungsverpflichtung der REIT AG von 90 % des Bilanzgewinns nach § 13 Abs. 1 REITG[166] kaum vorhanden sein.

Schließlich kommt eine Kapitalherabsetzung durch Einziehung von Aktien nach § 237 AktG in Betracht, um eine Verletzung der Vorschriften über den Mindeststreubesitz oder die Höchstbeteiligung zu beenden.[167] Bei der Zwangseinziehung ist zwischen der angeordneten Zwangseinziehung und der gestatteten Zwangseinziehung zu unterscheiden. Im Falle einer angeordneten Einziehung müssen die Voraussetzungen der Einziehung, des Einziehungsentgelts, sowie hinsichtlich Vorliegen und die Durchführung der Zwangseinziehung in der Satzung der REIT AG so genau geregelt werden, dass der Vorstand keinen Ermessensspielraum hat.[168] Einer am Gesellschaftsinteresse ausgerichteten sachlichen Rechtfertigung bedarf es wegen der Interessenbewertung durch § 237 Abs. 1 AktG nicht.[169] Wegen der Erforderlichkeit der Konkretheit der Satzungsbestimmungen und deren Umsetzbarkeit ist in der Praxis eine angeordnete Zwangseinziehung wohl nur für den Fall der Überschreitung der Höchstbeteiligungsgrenze möglich, wegen der Individualität und Vielzahl von Fallvarianten jedoch nicht für das Unterschreiten des Streubesitzes von 15 % der Aktien.[170] Bei der gestatteten Zwangseinziehung nach § 237 Abs. 2 Satz 2 AktG erfolgt die Einziehung durch Beschluss der Hauptversammlung, die über das Verfahren und die weiteren Voraussetzungen der Zwangseinziehung beschließt. Die Einziehung durch die Hauptversammlung bedarf jedoch einer sachlichen Rechtfertigung der Einziehung im konkreten Einzelfall nach den Maßstäben der Erforderlichkeit und Verhältnismäßigkeit und muss unter Berücksichtigung der Grundsätze der Gleichbehandlung nach § 53a AktG willkürfrei erfolgen.[171] Sie ist deshalb erst zulässig, wenn geringere Eingriffe wie z. B. eine Kapitalerhöhung unter Bezugsrechtsausschluss oder der Erwerb eige-

---

[163] Ebenso *Kollmorgen/Hoppe/Feldhaus* BB 2007, 1345, 1352; *Schroeder* AG 2007, 531, 537; *Wieneke/Fett* NZG 2007, 774, 776. Zu den Grenzen: Stellungnahme DVFA, S. 4 ff.
[164] Vgl. *Schroeder* AG 2007, 531, 538.
[165] Vgl. *Schroeder* AG 2007, 531, 358.
[166] Dazu *Schroeder* AG 2007, 531, 535; *Ziemons* BB 2007, 449, 452.
[167] Vgl. *Kollmorgen/Hoppe/Feldhaus* BB 2007, 1345, 1351; *Schroeder* AG 2007, 531, 538; *Sieker/Göckeler/Köster* DB 2007, 933, 936; *Schäfer/Volckens* S. 140, 141; *Wieneke/Fett* NZG 2007, 774, 776. So auch die Satzung der Fair Value AG (vgl. Wertpapierprospekt vom 14. November 2007, S. 145). Zu den Grenzen: Stellungnahme DVFA, S. 4 ff.
[168] Vgl. *Hüffer* AktG § 237 Rz. 10; *Schroeder* AG 2007, 531, 539.
[169] Vgl. *Hüffer* AktG § 237 Rz. 11.
[170] Ebenso *Schroeder* AG 2007, 531, 539.
[171] Vgl *Hüffer* AktG § 237 Rz. 16.

ner Aktien nicht zur Verfügung stehen.[172] Es wird unterschiedlich beurteilt, ob eine Einziehung von Aktien ohne Entgelt in der Satzung vorgesehen werden kann[173] und es erscheint sinnvoll, ein marktübliches Entgelt, z. B. einen Durchschnittwert während einer bestimmten Referenzperiode als Entschädigung vorzusehen.

IV. Entschädigungsregelung nach § 11 Abs. 3 REITG

71 Die REIT AG hat nach § 11 Abs. 3 REITG für den Fall der Beendigung der Steuerbefreiung gemäß § 18 Abs. 3 REITG in ihrer Satzung eine Entschädigung aller Aktionäre, denen weniger als 3 % der Stimmrechte zustehen, vorzusehen.[174] Durch das Erfordernis einer Regelung in der Satzung wird andererseits sichergestellt, dass die aus Sicht des Gesetzgebers schutzwürdigen Interessen von Streubesitzaktionären, die im Einzelfall gewährte Regelung vor dem Erwerb der Aktien über die Ausgestaltung der Entschädigung kennen und für sich selbst entscheiden können, ob sie den durch die konkrete Regelung gewährten Schutz für ausreichend halten.[175] Die Gesellschaft hat bei der Ausgestaltung der Entschädigungsregelung nach § 11 Abs. 3 REITG einen weiten Ermessensspielraum und kann zwischen einer abstrakt pauschalierenden Regelung oder einer schwierig zu ermittelnden an den tatsächlichen Nachteil anknüpfenden Regelung wählen.[176] Deshalb wird überwiegend[177] eine Pauschalierung der Entschädigungsansprüche vorgeschlagen.[178] Um einen Missbrauch einer Entschädigungsregelung zu vermeiden, können Streubesitzaktionäre von der Entschädigungsberechtigung ausgeschlossen werden, soweit sie ihre Aktien in Kenntnis der Gefährdung erworben haben.[179] Unterschiedlich beurteilt wird, ob der gestattete Spielraum der Gesellschaft überschritten wird, wenn keinerlei Entschädigung gewährt wird.[180]

---

[172] Ebenso *Schroeder* AG 2007, 531, 540.
[173] Zustimmend *Wieneke/Fett* NZG 2007, 774, 777; Ablehnend *Hüffer* AktG § 237 Rz. 17; *Kollmorgen/Hoppe/Feldhaus* BB 2007, 1345, 1350.
[174] Vgl. dazu auch *Kollmorgen/Hoppe/Feldhaus* BB 2007, 1345, 1353; *Quass/Becker* AG 2007, 421, 429; *Sieker/Göckeler/Köster* DB 2007, 933, 936; *Schäfer/Volckens* S. 119, 120; *Wieneke/Fett* NZG 2007, 774, 775. Dazu auch Stellungnahme DVFA, S. 5 ff. Anders als der Gesetzestext sieht die Begründung zum Gesetzesentwurf (Reg. Begr. DR-Drs. 779/06, S. 33) einen Schadensersatzanspruch nach § 18 Abs. 3 REITG nur für den Fall der Nichteinhaltung der Mindeststreubesitzquote, nicht aber für das Überschreiten der Höchstbeteiligungsquote vor.
[175] Vgl. Reg. Begr. DR-Drs. 776/06, S. 34.
[176] Ebenso *Quass/Becker* AG 2007, 421, 429; *Sieker/Göckeler/Köster* DB 2007, 933, 936; *Schäfer/Volckens* S. 122, 139, 140.
[177] Vgl. *Kollmorgen/Hoppe/Feldhaus* BB 2007, 1345, 1353; *Sieker/Göckeler/Köster* DB 2007, 933, 936; *Schäfer/Volckens* S. 122, 139, 140; *Wieneke/Fett* NZG 2007, 774, 775.
[178] Die Satzung der alstria Office AG (vgl. Wertpapierprospekt vom 20. März 2007 und 1. Nachtrag vom 27. März 2007) und die Fair Value AG (vgl. Wertpapierprospekt vom 14. November 2007, S. 146) sehen eine verbindliche Entscheidung durch einen durch das Institut der Wirtschaftsprüfer in Deutschland e.V. (IDW) zu bestimmenden Wirtschaftsprüfer unter Berücksichtigung der Grundsätze zur Durchführung von Unternehmensbewertungen (IDW S. 1) des Institut der Wirtschaftsprüfer in Deutschland vor.
[179] So *Kollmorgen/Hoppe/Feldhaus* BB 2007, 1345, 1354. So die Satzung der Fair Value AG (vgl. Wertpapierprospekt vom 14. November 2007, S. 146).
[180] So *Schäfer/Volckens* S. 120; dazu auch *Quass/Becker* AG 2007, 421, 429.

G. Ausblick

Auch wenn Mitte 2009 erst zwei deutsche REIT AGs ins Handelsregister eingetragen waren, kann man das Gesetz als gelungen bezeichnen. Insbesondere die vielen Änderungen in letzter Minute, auf die man sich im März 2007 im Finanzausschuss geeinigt hat, haben sinnvolle Anregungen aus der Praxis umgesetzt. Schwachpunkt bleibt die politisch motivierte Ausklammerung der inländischen Bestandsmietwohnimmobilien. Die steuerliche Doppelbelastung beim Halten von steuerpflichtigen Dienstleistungsgesellschaften und Auslandsimmobilien wurde mit den Änderungen im Jahressteuergesetz 2009 weitgehend verhindert.

Wie sich der deutsche REIT in die Palette der bestehenden Immobilienanlageprodukte einordnet, wird der Markt entscheiden. Sicherlich wird es zunächst ein Produkt für institutionelle Investoren aus dem Ausland. Die Idee einer steuerbereiten REIG AG bleibt auch in dem sehr schwierigen Immobilieninvestmentmarkt wichtig. Dies zeigt auch die Entwicklung in Spanien, wo die Einführung eines spanischen REITs (SOCIMI) mit Rückwirkung zum 1. Januar 2009 kurz vor der Verabschiedung steht.

Stichwortverzeichnis

Die fettgedruckten Zahlen bezeichnen die Kapitel, die mageren Zahlen beziehen sich auf die Randziffern.

Abberufung
Vorstand
- Aufsichtsratsbeschluss **6** 45
- Fristen **6** 46
- grobe Pflichtverletzungen **6** 49
- Krankheit **6** 50
- MitbestG **6** 45
- Unfähigkeit **6** 49
- Verwirkung **6** 46
- wichtiger Grund **6** 48 f.

Abfindung s. a. *Barabfindung*
Aktionär, außenstehender im Vertragskonzern
- Abfindungsergänzungsanspruch **15** 166
- Aktien herrschendes Unternehmen **15** 157
- Angebotsbefristung **15** 154
- Angemessenheit **15** 153 f., 160 f.
- Barabfindung **15** 158 f.
- Fälligkeit **15** 155
- Höhe **15** 158 f.
- Regelabfindung **15** 157
- Verzinsung **15** 155
- Wahlrecht **15** 154 f.
Aktionäre bei Eingliederung **15** 196 f.
Betriebsausgabenabzug bei Unternehmenskauf
- aktiver Ausgleichsposten **13** 556
Kapitalherabsetzung durch Einziehung von Aktien **9** 164
Komplementär, Anspruch **4** 200
Minderheitsaktionäre
- Veräußerungsgewinn **13** 656
Vorstandsvergütung **6** 82, 83

Abfindungs-Cap
Vorstandsvergütung **6** 82

Abfindungsergänzungsanspruch
Aktionär, außenstehender im Vertragskonzern **15** 166

Abgeltungsteuer
Aktien im Privatvermögen
- Kirchensteuer **4** 129
- Wahlveranlagung zum individuellen Steuersatz **4** 129
- Wahlveranlagung zum pauschalen Steuersatz **4** 129
- Werbungskostenabzug **4** 129
- Zuschlagsteuern **4** 129
Anteilsverkauf Kapitalgesellschaft durch natürliche Person **13** 475, 478
Ausnahmen **12** 206
- Darlenen zwischen nahe stehenden Personen **12** 206
- persönlicher Steuersatz **12** 206

- wesentliche Beteiligung Kapitalgesellschaft **12** 206
Dividendenbesteuerung **4** 124 f.
erfasste Kapitaleinkünfte **12** 201 f.
Gesellschafterdarlehen **13** 31 f.
Grundsätze **12** 198 f.
Halbeinkünfteverfahren, Übergangsregelung **4** 128
Inlandsgewinne AG **13** 15 f.
Leistungsvergütung **13** 31 f.
Nachteile **4** 127
REIT-Ausschüttungen **29** 37
Veranlagungswahlrechte **4** 126
Verlustberücksichtigung **12** 204
Veräußerungsgewinnbesteuerung **4** 126
Werbungskosten **12** 138, 204
Zins- und Dividendeneinkünfte **12** 138

Abhängiges Unternehmen
Abhängigkeitsvermutung **15** 19 f.
- Entherrschungsverträge **15** 20
- Minderheitsbeteiligung **15** 21
- mittelbares Abhängigkeitsverhältnis **15** 22
- Stimmbindungsverträge **15** 21
- Widerlegung **15** 20 f.
Begriff **15** 11
beherrschender Einfluss **15** 18
gesellschaftsrechtliche bedingte Einflussnahme **15** 18
Gruppenbildung **15** 4
Kontrollaquisition **15** 4
Konzernbildungskontrolle **15** 33 ff.
- Mitteilungspflichten **15** 38
- Offenlegungspflichten **15** 38
- Präventivschutzsystem **15** 34 f.
- Wertpapierübernahmegesetz **15** 39 f.
Mehrmütterherrschaft
- Gemeinschaftsunternehmen **15** 23
- Konsortialverträge **15** 24
- Obergesellschaft **15** 25
- Stimmbindungsverträge **15** 24
Personalhoheit **15** 19
Schutz vor Abhängigkeitslagenentstehung
- Höchststimmrechte **15** 35
- Präventivschutzsystem **15** 34 f.
- Satzungsgestaltung **15** 35
- vinkulierte Namensaktien **15** 35
- Wettbewerbsverbote **15** 36
Unterwerfung fremdunternehmerischer Wille **15** 18

Abhängigkeitsbericht
faktischer Konzern **15** 79 f.
verbundene Unternehmen **10** 64

2013

Abschlussprüfer

Fette Zahlen = Kapitel

Abschlussprüfer
Bestellung durch Hauptversammlung **5** 15
Bestätigungsvermerk **10** 71
Gründung AG nach AktG **2** 16, 149
Hauptversammlungsteilnahme **5** 150
Prüfungsbericht **10** 70
Unabhängigkeit **10** 70
Versagungsvermerk **10** 71
Wahl **10** 70
Abschlussprüfung
Abhängigkeitsbericht faktischer Konzern **15** 84
Abschreibung
außergewöhnliche Abnutzung **11** 87
außerplanmäßige **11** 79
Begriff **11** 74
betriebsgewöhnliche Nutzungsdauer **11** 74
Bewertungsvereinfachungen **11** 82
BilMoG **11** 93 f.
degressive **11** 77
Geringwertige Wirtschaftsgüter **11** 82
IFRS **11** 97 f.
Leistung **11** 78
lineare **11** 76
Optimierung bei Unternehmenskauf **13** 539
Poolabschreibung **11** 82
Teilwertabschreibung **11** 88 f.
Abspaltung
Geschäftsbereich zur Börseneinführung **21** 211
Abspaltung auf Kapitalgesellschaften
s. *Spaltung auf Kapitalgesellschaften*
Abstimmungsleitung
Hauptversammlung **5** 182 f.
Abstockung
Bilanzansätze bei negativem Firmenwert **13** 560
Abwärtsverschmelzung
Verschmelzung AG auf AG **14** 87
Abwickler AG s.a. *Nachtragsabwicklung*
Abberufung **18** 35
Amtsniederlegung aus wichtigem Grund **18** 36
Aufgaben **18** 39
– Befriedigung Gesellschaftsgläubiger **18** 42
– Gesamtveräußerung **18** 41
– Teilveräußerung **18** 40
– Unternehmensfortführung, einstweilige **18** 40
– Zerschlagung AG **18** 39
Bestellung **18** 32
Bestellung durch Registergericht **18** 34
Bestellungshindernisse **18** 33
Bezüge **18** 47
Eintragung von Amts wegen **18** 38
Geborener **18** 32
Gekorener **18** 33
Gesamtvertretungsmacht **18** 43 f.
Gesellschaftsvertretung **18** 43 f.
Haftung **18** 48

Handelsregisteranmeldung **18** 37
Handelsregistereintragung **18** 37
Jahresabschlussaufstellung **18** 53
Rechtsstellung **18** 43 f.
Vorstandsstellung **18** 47 f.
Abwicklung AG
Abwickler
– Abberufung **18** 35
– Amtsniederlegung aus wichtigem Grund **18** 36
– Anmeldung Handelsregister **18** 37
– Aufgaben **18** 39 f.
– Befriedigung Gesellschaftsgläubiger **18** 42
– Bestellung **18** 32
– Bestellung durch Registergericht **18** 34
– Bestellungshindernisse **18** 33
– Bezüge **18** 47
– Eintragung Handelsregister **18** 37
– Eintragung von Amts wegen **18** 38
– Gekorener Abwickler **18** 32, 33
– Gesamtvertretungsmacht **18** 43 f.
– Gesamtveräußerung **18** 41
– Geschäftsführungsbefugnis **18** 47
– Gesellschaftsvertretung **18** 43 f.
– Haftung **18** 48
– Kreditgewährung **18** 47
– Rechtsstellung **18** 43 f.
– Teilveräußerung **18** 40
– Unternehmensfortführung, einstweilige **18** 40
– Vorstandsstellung **18** 47 f.
– Weisungsbefugnis Hauptversammlung **18** 50
– Zeichnung **18** 46
– Zerschlagung AG **18** 39
– Überwachung durch Aufsichtsrat **18** 49
Abwicklungsschluss **18** 82 f.
– Einsichtnahmerechte **18** 83
– Handelsregisteranmeldung **18** 82
– Hinterlegung Bücher und Schriften **18** 83
Abwicklungsüberschuss **18** 65 f.
Abwicklungsüberschussverteilung **18** 72 f.
Aktionärsbesteuerung
– Kapitalgesellschaft **18** 119
– natürliche Person **18** 116 f.
Altersversorgungsansprüche **18** 67
Anspruch **18** 74
Ertragsteuern
– Abwicklungsgewinnermittlung **18** 111
– Besteuerungszeitraum **18** 110
– Rumpfwirtschaftsjahr **18** 110
– Veranlagungszeitraum **18** 110
– Zwischenveranlagung **18** 110
Gleichbehandlung
– Maßstab **18** 75 f.
Gläubigerbefriedigung
– Durchführung **18** 66 f.
– Gläubigeraufruf **18** 65
– Hinterlegung **18** 66
– Sicherheitsleistung **18** 67

Nachtragsabwicklung **18** 84 f.
– Antragsberechtigung **18** 85
– Nachtragsabwickler **18** 87
– Rechtsnatur **18** 86
– registerrechtliche Behandlung **18** 88
– Voraussetzungen **18** 84 f.
Rechnungslegung
– abschließende **18** 51 ff.
– Schlussbilanz werbende Gesellschaft **18** 51
Verfahren **18** 31
Verteilungsverbot zugunsten Gläubiger
– Inhalt **18** 68
– Rechtsfolgen bei Verstoß **18** 69 f.
– Rückgewährsansprüche **18** 70
– Schadensersatzansprüche **18** 71
– Sperrjahr **18** 68
Verteilungsverfahren **18** 77 f.
Vorschriften **18** 31
Abwicklung KGaA 18 106
Abwicklungsgesellschaft *s. a. Nachtrags-Abwicklungsgesellschaft*
Abwicklungs-Schlussbilanz **18** 61 f.
Eröffnungsbilanz
– Aufstellungsfrist **18** 58
– Bewertung **18** 56
– Bilanzstichtag **18** 55
– Eigenkapitalausweis **18** 55
– Erläuterungsbericht **18** 57
– Gliederung **18** 55
– Going-concern-Prinzip **18** 56
– Prüfungspflicht **18** 58
Hauptversammlungszustimmung **5** 20
Jahresabschluss **18** 59 f.
Lagebericht **18** 59 f.
Rechnungslegung **18** 54 f.
Schlussrechnung **18** 61 f.
Abwicklungsgewinn
Ermittlung **18** 111
– Abwicklungs-Anfangsvermögen **18** 112
– Abwicklungs-Endvermögen **18** 113
Gewerbesteuer **18** 114
Liquidation **13** 629
Umsatzsteuer **18** 115
Abwicklungs-Schlussbilanz
Abwicklungsgesellschaft **18** 61 f.
Hauptversammlungsbilligung **18** 64
Rechenschaftslegung **18** 63
Abwicklungsüberschuss
Anspruchsinhalt **18** 74
Verteilung bei KGaA **18** 106
Verteilungsanspruch **18** 72 f.
Verteilungsausschluss **18** 72 f.
Verteilungsmaßstab **18** 75 f.
Verteilungsverfahren **18** 78 ff.
– Feststellung Verteilungsmasse **18** 78
– Unterrichtung Aktionäre **18** 78
Abwicklungszeitraum
Liquidation **13** 629
Abzinsung
Verbindlichkeiten
– Handelsrecht **11** 152
– Steuerrecht **11** 154

Abzugsmethode
Betriebsstätte, ausländische
– Betriebsstättenergebnis nicht-DBA-Land **16** 43 f.
Actio pro socio
Aktionärsklage **4** 102 f.
Additionsverfahren
Stimmenauszählung Hauptversammlung **5** 185 f.
Ad-hoc-Publizität
Befreiung **26** 236
Einzelfragen
– M & A-Transaktionen **26** 245
– mehrstufige Entscheidungsprozesse **26** 242
– Planungen, Strategien **26** 244
– Potenziell publizitätspflichtige Vorgänge **26** 241 f.
– Prognoseabweichung **26** 243
Grundlagen **26** 230
Inhalt und Art **26** 233 f.
Insiderinformationen **26** 231
irrelevante A. **26** 237
Sanktionen
– Beweislast **26** 240
– Bußgeld **26** 238
– Schadensersatzansprüche **26** 240
– Zivilrechtliche **26** 239
Unmittelbare Betroffenheit Emittent **26** 232
Vorstandspflichten in der Krise **17** 57
Zahlungsunfähigkeit **17** 57
Überschuldung **17** 57
Ad hoc-Publizität
Vorstandspflichten **6** 107
Ad-hoc-Publizitätspflicht 22 83
börsennotierte AG **26** 5
Zulassungsfolgepflichten
– regulierter Markt **22** 25
Ad-hoc Veröffentlichungen
Zulassungsfolgepflichten
– Prime Standard **22** 29
ADR
Aspekte
– Meldepflichtenverdoppelung **22** 81
– mitgliedschaftliche Teilhaberechte **22** 81
– Treuhandkonzept **22** 80
Parteien **22** 75
Typen
– Level 1-Programm **22** 77
– Level 2-Programm **22** 77
– Level 3-Programm **22** 77
– Registrierungspflicht **22** 79
– Restricted ADR Programs **22** 78
AG *s.a. Ausländische AG, s. a. Börsennotierte AG, s. a. Einpersonen-AG, s. a. Europäische Aktiengesellschaft, s. a. Familien-AG, s. a. Holding-AG, s. a. Inländische AG, s. a. Kleine AG, s. a. Nebenleistungs-AG, s. a. Publikums-AG*
Aktienausgabe
– Inhaberaktien **1** 62 f.
– Namensaktien **1** 62 f.

AG/KGaA

Aktientransaktionen **13** 645 f.
Anleiheformen **13** 631 f.
Auflösung **13** 629
Bargründung **2** 3
beschränkte Haftung **1** 77
Besteuerung **13** 1 ff.
Börseneinführung, Vorbereitung **1** 20
eigenes Vermögen **1** 77
Eigenkapital, Mindestausstattung **1** 77
Eigenkapital, steuerliches **12** 86 f.
Eigenkapitalausweis **11** 181 f.
Eintragung Handelsregister **1** 76
Ergebnisermittlung **11** 1 ff.
Ergebnisverwendung **11** 174
Ermittlung des zu versteuernden Einkommens **12** 8 ff.
Erscheinungsformen nach rechtlicher Ausgestaltung **1** 62 ff.
faktischer Konzern **1** 69
Gewerbesteuer **12** 207 f.
Gewinnermittlung bei Liquidation **13** 629
– Abwicklungsgewinn **13** 629
– Abwicklungszeitraum **13** 629
Going Private **13** 669 f., 691 f.
Grunderwerbsteuer **13** 714 f.
Gründung **2** 1 ff.
– formwechselnde Umwandlung **2** 3
– Mantelverwendung **2** 3
– Sachgründung **2** 3
– Vorratsgründung **2** 3
Hauptversammlung **5** 1 ff.
Hinzurechnungsbesteuerung **13** 315 f.
Kapitalmaßnahmen **13** 612 ff.
Konzernrechnungslegung **11** 199 f.
Konzernverbund **1** 68 f.
Körperschaftsteuer
– beschränkte Steuerpflicht **12** 1
– Ermittlung zu versteuerndes Einkommen **12** 8 ff.
– Grundlagen **12** 1
– persönliche Steuerpflicht **12** 1 f.
– Tarifbelastung **12** 103
– unbeschränkte Steuerpflicht **12** 1
– Vorgründungsgesellschaft **12** 2
Körperschaftsteuerpflicht
– Beginn **12** 2
– beschränkte **12** 1
– Ende **12** 2
– Geschäftsleitungssitz **12** 1
– unbeschränkte **12** 1
– Voraussetzungen **12** 1 f.
– Welteinkommensprinzip **12** 1
Mitbestimmung **1** 74 f.
persönliche Steuerpflicht
– Beginn **12** 2
Rechnungslegung **10** 1 ff.
Rechtsformwahl **1** 76 ff.
– Entscheidungskriterien, nichtsteuerliche **1** 76 f.
Spaltung zur Neugründung **2** 3
– Abspaltung **2** 3
– Aufspaltung **2** 3

– Ausgliederung **2** 3
Steuerbelastungsvergleich **13** 90 f.
Strukturtypus **1** 1 f.
Umwandlung im Wege der Neugründung **2** 3
Verschmelzung auf KGaA **14** 143
Verschmelzung durch Neugründung **2** 3
Vertragskonzern **1** 69

AG/KGaA

Neugründung
– Bargründung **21** 80
– Sachgründung **21** 81
– Sachgründung, einbringungsgeborene Anteile **21** 81

AG-Besteuerung

AG versus GmbH **13** 131 f.
AG versus KGaA **13** 134 f.
AG versus Personengesellschaft **13** 1 ff.
– Auslandsgewinne AG **13** 58 ff.
– Auslandsgewinne Personengesellschaft **13** 97 ff.
– Ergebnisverrechnung AG **13** 66 f.
– Ergebnisverrechnung Personengesellschaft **13** 100 f.
– Ertragsbesteuerung Unternehmenskauf/-verkauf **13** 110 ff.
– Inlandsgewinne AG **13** 9 ff.
– Inlandsgewinne Personengesellschaft **13** 72 ff.
– laufende Verluste AG **13** 66 f.
– laufende Verluste Personengesellschaft **13** 100 f.
– Rechtsformkombinationen **13** 102 f.
– Überblick **13** 1 f.
Auslandsgewinne
– Ausschüttungsbelastung **13** 61 f.
– Betriebsausgaben **13** 63 f.
– Ergebnisverrechnung (Organgesellschaft) **13** 67 f.
– Hinzurechnungsbesteuerung **13** 65 f.
– laufende Verluste **13** 66
– Thesaurierungsbelastung **13** 58 f.
Ertragsbesteuerung
– Überblick **13** 1 f.
Inlandsgewinne
– Abgeltungsteuer **13** 15 f.
– ausländische Kapitalgesellschaft als Anteilseigner **13** 56 f.
– Ausschüttungsbelastung **13** 14 f., 41 f.
– Betriebsausgaben **13** 20 f., 45 f.
– Dividendenfreistellung **13** 41 f.
– Mit Dividenden zusammenhängende Aufwendungen **13** 20 f.
– Gewerbesteuer **13** 10
– Halbeinkünfteverfahren **13** 14 f.
– Kapitalgesellschaft als Anteilseigner **13** 41 f.
– natürliche Person als Anteilseigner **13** 9 f.
– Teileinkünfteverfahren **13** 15 f.
– Thesaurierungsbelastung **13** 9
– verdeckte Gewinnausschüttung **13** 54
– Werbungskosten **13** 20 f.

Magere Zahlen = Randziffern **Aktienbesitz**

- zwischengeschaltete Personengesellschaft 13 51
Rechtsformvergleich 13 1 ff.
Unternehmenskauf/-verkauf
- Betriebe und Teilbetriebe 13 128
- Grunderwerbsteuer 13 129 f.
- Kapitalgesellschaft als Anteilsverkäufer 13 116 f.
- Kapitalgesellschaftsanteile 13 110 f.
- natürliche Person als Anteilsverkäufer 13 111 f.
- Personengesellschaft als Anteilsverkäufer 13 122 f.
- Personengesellschaftsanteile 13 125 f.
AG Hinzurechnungsbesteuerung
Auslandsdividenden 13 65
AG im Besitz der öffentlichen Hand
Besonderheiten
- Einsichtnahme öffentliche Prüfungseinrichtungen 1 38
- Finanzplan 1 38
- Lagebericht 1 38
- Prüfung Jahresabschluss 1 38
- Prüfung Ordnungsmäßigkeit der Geschäftsführung 1 38
- Prüfungsbericht 1 38
- Rechnungslegung 1 38
- Verschwiegenheitspflicht, modifizierte 1 39
- Wirtschaftsplan 1 38
Voraussetzungen 1 36 f.
- Einzahlungsverpflichtung, Begrenzung 1 37
- Haftungsbegrenzung 1 37
- öffentlicher Zweck 1 37
Agio
Grundkapital 2 162
Haftung bei Überbewertung Sacheinlagen 2 225
Nennbetragsaktien 3 8
Stückaktien 3 13
Aktien s.a. Aktieneinziehung, s.a. Aktienformen, s.a. Aktienoptionen, s.a. Aktienrechtliche Wertpapiere, s.a. Aktienregister, s.a. Aktienteilung, s.a. Aktienübertragung, s.a. Aktienurkunde, s.a. Belegschaftsaktien, s.a. Eigene Aktien
Akquisitionswährung 20 14
aufschiebende Bedingungen
- Zeichnungsscheinausstellung und -übergabe 25 91
Ausdruck Vermögensbeteiligung Aktionär 1 66
Börsengangdokumentation
- Anlagen 25 62
- Erwerb von Altaktien 25 62
- Konsortialführer 25 61 f.
- Maklervertrag 25 64
- Regelungsgegenstände 25 61 f.
- Vertrag sui generis 25 64
- Zeichnungsregelung der jungen Aktien 25 62

Depotübertragung
- mit Gläubigerwechsel 4 146
- ohne Gläubigerwechsel 4 145
Einzelurkunde 3 73 f.
Euroumstellung 3 94 ff.
Fungibilität 20 15 f.
Gewährleistungen Altaktionäre 25 80 f.
Gewährleistungen Gesellschaft
- Garantieversprechen 25 78
- konkrete Sachverhalte 25 79
Girosammelverwahrung 3 84 f.
Globalurkunde 3 82 f.
Haftungsfreistellung
- Altaktionäre 25 84
- Konsortialbanken 25 83 f.
Kraftloserklärung 3 125 f.
- Aufgebotsverfahren 3 126
- durch die Gesellschaft 3 127 f.
Rückabwicklung nach Eintragung Kapitalerhöhung
- Kapitalherabsetzung 25 100
- Rückerwerb eigener Aktien 25 101
- Rücktritt Altaktionäre 25 103
- Verwertungsrecht Konsortialführer 25 102
Rücktritt Konsortialführer
- nach Einreichung Zeichnungsschein 25 97 f.
- vor Einreichung Zeichnungsschein 25 96
Rücktrittsrechte 25 95 f.
Übertragbarkeit 20 15 f.
Umplatzierung Altaktien
- Haftungsfreistellung Konsortialbanken 25 87 f.
Verpflichtungen Altaktionäre 25 76
Verpflichtungen Gesellschaft
- Einleitung Börsenzulassungsverfahren 25 75
- Unterlassung illegale Kurspflege 25 75
- Wertpapierprospekterstellung 25 75
Verpflichtungen Konsortialbank 25 77
Verpflichtungen und Gewährleistungen 25 74 ff.
Zeichnungsschein 9 21 f.
Zeichnungsvertrag 9 23
Aktienanleihen 13 642
Aktienanzahl
Kapitalerhöhung gegen Einlage
- Kapitalerhöhungsbeschluss 9 16
Aktienarten
Inhaberaktien 21 220 f.
Namensaktien 21 220 f.
Nennbetragsaktien 21 219
Stückaktien 21 219
Aktienberichtigung
Kapitalherabsetzung, ordentliche 9 129
Aktienbeschaffung
Belegschaftsaktien 23 25 ff.
- Kapitalerhöhung 23 25 f.
Aktienbesitz
steuerliche Qualifizierung und Aufteilung 21 318 ff.

2017

Aktienbezugsprogramme

Fette Zahlen = Kapitel

Aktienbezugsprogramme
Wandelschuldverschreibungen **9** 185
Aktieneinziehung
Erwerb eigene Aktien **3** 160
Aktienerwerb
Vorstand und Aufsichtsrat
– Mitteilungspflichten **26** 183
– Offenlegungspflichten **26** 183
Aktienformen
Inhaberaktien **3** 16 f.
Namensaktien **3** 16 f.
Nennbetragsaktien
– Auswahlgründe **3** 5
– Kapitalherabsetzung **3** 11
– Mindestnennbetrag **3** 7
– Nennbetragsfestlegung **3** 6
– Nennbetragsänderung **3** 11
– Neustückelung **3** 11
– Stückelung **3** 8
– Überpariemission **3** 8
– Unterpariemissionsverbot **3** 8
– Zwischenbetragsfestlegung **3** 10
Stückaktien
– Agio **3** 13
– Auswahlgründe **3** 5
– fiktiver Nennbetrag **3** 12
– rechnerische Betragshöhe **3** 13
– Umstellung von Nennbetragsaktien **3** 15
– Zwischenbeträge **3** 14
Vorstand und Aufsichtsrat **3** 1 ff.
Aktiengattungen
Festlegung bei Kapitalerhöhung gegen Einlage **9** 16
Gewinnverteilungsrechte **3** 67
Mehrstimmrechte **3** 67
Nebenverpflichtungen **3** 67
Satzungsfestschreibung **3** 68
Aktienindex
DAX **22** 4
MDAX **22** 4
SDAX **22** 4
TecDAX **22** 4
Aktienoptionen
Erwerb eigene Aktien **3** 160
Mitarbeiterbeteiligung **23** 15 f.
– Ausübungspreis **23** 15
– Basispreis **23** 15
– Bezugsrechtsauswahl **23** 16
– Wartefristen **23** 17
nackte Bezugsrechte
– Ausgabe eigener Aktien **23** 21 f.
– bedingtes genehmigtes Kapital **23** 21 f.
Aktienoptionsprogramm
Erhöhungsbeschluss
– Kapitalerhöhung, bedingte **9** 60
Aktienoptionsrechte s.a. *Optionsanleihen*
Aktienplatzierung
Bezugsrechtsausschluss Altaktionäre **25** 69, 72
Haftungsfreistellung Konsortialbanken **25** 86

Konsortialführer
– Zeichnung zum rechnerischen Nennbetrag **25** 70 f.
vereinfachter Bezugsrechtsausschluss
Altaktionäre **25** 72
Zeichnung zum rechnerischen Nennbetrag
– Hauptgründe **25** 71 f.
Zeichnung zum rechnerischen Neubetrag
– Zulässigkeit **25** 72 f.
Aktienplatzierung, vorbörsliche
Ausland **21** 150
Internetangebot **21** 151 f.
Aktienrechtliche Wertpapiere
Erneuerungsscheine **3** 141 f.
Gewinnanteilsscheine **3** 138 f.
Jungscheine **3** 142
Zwischenscheine **3** 136 f.
Aktienregister
Namensaktien
– Auskunftsrechte **3** 31 f.
– Buchungsverfahren **3** 25
– Datenberichtigung **3** 34
– Datenlöschung **3** 33
– Eintragungsinhalt **3** 27
– Eintragungskosten **3** 30 f.
– Eintragungspflicht Vorstand **3** 25
– Eintragungswirkung **3** 28 f.
– Gesamtrechtsnachfolge **3** 29
– Neueintragungen **3** 25
– Übertragungseintragungen **3** 26
Aktiensplit
Besteuerung **13** 648
Aktientausch
Veräußerungsgewinn **13** 645
Aktienteilung 3 106
Aktienübertragung
Erbengemeinschaft **3** 119
Hauptversammlungszustimmung **5** 21
Inhaberaktien **3** 111
Namensaktien
– Abtretung Mitgliedschaftsrechte **3** 114
– Blankoindossament **3** 113
– Indossament und Übergabe **3** 112
Vermächtnisnehmer **3** 119
vinkulierte Namensaktien **3** 115 f.
Übertragung durch Tod **3** 119
Übertragung nach DepotG **3** 117 f.
Aktienumtausch
Kapitalherabsetzung, ordentliche **9** 129
Aktienurkunde
Begriff **3** 73 f.
Einzelurkunde
– Ausgabezeitpunkt **3** 81
– Begebungsvertragsabschluss **3** 77
– Einzelverbriefungsanspruch **3** 76
– Fehlen von zwingenden Voraussetzungen **3** 80
– Inhalte **3** 78
– Verbriefungsvoraussetzungen **3** 77
Girosammelverwahrung **3** 84 f.
Globalurkunde
– Rechtsnatur **3** 82

Magere Zahlen = Randziffern

Aktionär

- Rechtswirkungen **3** 83
Inhalte
- Aktienaussteller **3** 78
- Aktiengattung **3** 78
- Berechtigtenname **3** 78
- Hinweis auf Inhaber- oder Namensaktien **3** 78
- Inhaberaktienzeichen **3** 78
- Mitgliedschaftsrechtsverbriefung **3** 78
- Nebenverpflichtungen **3** 78
- Nennbetrag **3** 78
- Stückaktienanzahl **3** 78
- Teilleistungsbetrag **3** 78
- Vorstandsunterschrift **3** 78
Kapitalherabsetzung, ordentliche **9** 129
Sammelverwahrung **3** 85 f.
Sonderverwahrung **3** 85
Aktienzuteilung
Gründungsverfahren nach UmwG **2** 445
Aktionär s.a. *Aktionärsklage*, s.a. *Minderheitenrechte Aktionäre*
Abwicklungsgewinnbesteuerung **18** 116 f.
Aktionärsforum **4** 49 f.
Ansprüche in der Krise
- Dividendenauszahlung bei Unterbilanz **17** 67
- Gewinnanspruch **17** 67
Ausgleichsansprüche im Vertragskonzern
- Angemessenheit **15** 147
- Anspruchsinhalt **15** 149 f.
- Anspruchsvoraussetzungen **15** 148 f.
- Unternehmensverbindungen mehrstufige **15** 152
Ausgliederung auf Kapitalgesellschaft **14** 330
Auskunftsanspruch
- Angelegenheiten der Gesellschaft **4** 55 f.
- Auskunftsschuldner **4** 53
- Auskunftsverlangen **4** 54
- Beispiele **4** 57
- Bevollmächtigter **4** 52
- Gegenstand **4** 55 f.
- Inhalt **4** 61
- Mitverwaltungsrecht **4** 52
- Niederschrift zu Protokoll **4** 65
- verbundene Unternehmen **4** 59
- Verstöße **4** 66
- Vertreter **4** 52
- Verweigerungsgründe **4** 62 f.
Auskunftserzwingungsverfahren
- Antrag **4** 68
- Fristen **4** 68
- Verfahren **4** 69
Auskunftsverweigerung
- Bewertungsmethoden **4** 63
- Bilanzierungsmethode **4** 63
- Nachteile Gesellschaft **4** 63
- Rechtsmissbrauch **4** 64
- steuerliche Wertansätze **4** 63
- stille Reserven **4** 63
Besteuerung
- Körperschaften **4** 161 f.

- natürliche Personen **4** 129 f.
- Personengesellschaften **4** 150 f.
- Verschmelzung AG auf AG **14** 101 f.
Bezugsrecht **13** 613
Bezugsrecht junge Aktien bei Kapitalerhöhung **4** 79 f.
Dividendenanspruch **4** 71 f.
- Gewinnverwendungsbeschluss **4** 72
- Höhe **4** 74 f.
- Zahlungsanspruch **4** 73
Einlagepflicht
- Bareinlagen **4** 10, 11
- Einlagenleistung, verspätete **4** 14
- Inhalt **4** 9
- Kaduzierung **4** 14
- Leistungszeitpunkt **4** 11 f.
- Mängel **4** 13 f.
- Rechtsmängel **4** 24 f.
- Sacheinlagen **4** 12
- Sacheinlagen, mangelhafte Festsetzung **4** 16
- Sacheinlagen, Überbewertung **4** 18
- Sacheinlagen, untaugliche **4** 17
- Sacheinlagen, verdeckte **4** 19
- Sachmängel **4** 24 f.
- Schuldner **4** 10
- Unmöglichkeit **4** 20 f.
Einsichtsrecht
- Hauptversammlungsunterlagen **4** 30
- Teilnehmerverzeichnis **4** 32
- Verträge **4** 31
Gleichbehandlungsgrundsatz **4** 86 f.
- Anspruch auf nachträgliche Herstellung **4** 89
- geldwerter Vorteil **4** 89
- Leistungsverweigerungsrecht **4** 89
- Maßstab **4** 87
- Verstoß **4** 88
Haftung in der Krise **17** 67 f.
Hauptversammlungsbeschluss, Anfechtungsklage **5** 256 f.
Hauptversammlungsteilnahme **4** 36 f.; **5** 142 ff.
- Antragsrecht zu Beschlussvorlagen **4** 48
- Auskunftsanspruch **4** 51 f.
- Beistand **4** 37
- Berater **4** 37
- Bevollmächtigte **4** 37
- Gegenantragsrecht **4** 48
- Rederecht **4** 36
- Vertreter **4** 37
Kapitalerhöhung aus Gesellschaftsmitteln, Rechte **9** 109 f.
Klagerecht **4** 90 f.
- Anfechtungsklage **4** 91
- Individualrechte **4** 91
- Inhalt **4** 93 f.
- Minderheitenrechte **4** 92
- Nichtigkeitsfeststellungsklage **4** 91
Konzernbildung Herrschendes Unternehmen
- Einsichtsrechte **15** 69

2019

Aktionärsausschuss

Fette Zahlen = Kapitel

– Informationsrechte **15** 69
Liquidationsüberschuss
– Anspruch **4** 105 f.
– Geltendmachung **4** 107
Mitgliedschaft **4** 1 f.
– Erwerb **4** 2
– Verlust **4** 2
Mitgliedschaftspflichten **4** 6
Mitgliedschaftsrechte
– Vermögensrechte **4** 5
– Verwaltungsrechte **4** 4
Mitteilungen per e-mail **21** 232
Nebenleistungserbringung **4** 26 f.
Recht auf Abschriften **4** 33
Recht auf Mitteilungen **4** 34 f.
Sanierungspflichten **17** 80 f.
Spaltungsbesteuerung **14** 304
Stimmrecht
– Einlageleistung, unvollständige **4** 43 f.
– Stimmkraft **4** 40 f.
– Übertragbarkeit **4** 45
– Verletzung **4** 47
– Zustimmungspflicht **4** 46
Tonbandprotokoll, Aushändigung **4** 70
Treupflicht **4** 81 f.
– Gesellschaft **4** 82
– Gesellschafter **4** 83
– Rechtsfolgen **4** 85 f.
Unterlageneinsicht aufgelöste AG **4** 108
Verbriefungsausschluss **21** 228 f.
Aktionärsausschuss
Aufsichtsratsabgrenzung **7** 5 f.
Aktionärsbrief
börsennotierte AG
– Börsengangfolgen **26** 2
Aktionärsdarlehen
Bilanzierung **8** 145 f.
Überschuldungsbilanz, Ansatz **17** 33
Überschuldungsstatus **8** 148
Aktionärsforum 5 83
Anträge **4** 49 f.
Aktionärsklage
Abwehrklage gegenüber AG
– Feststellungsklage **4** 96
– Leistungsklage **4** 96
– Unterlassungsklage **4** 96
Actio pro socio **4** 102 f.
gegenüber Dritten **4** 104
gegenüber Mitgesellschafter **4** 103
Inhalte **4** 93 f.
Klagezulassungsverfahren **4** 97 f.
Mitgliedschaftsklage gegenüber AG **4** 94 f.
Aktionärskonsortium
Altgesellschafter, Absicherungsmaßnahmen Börsengang **21** 301
Aktiva
Ansatz **11** 17 f.
Bewertung **11** 50 f.
Überschuldungsbilanz, Ansatz **17** 31 f.
– negative Fortbestehensprognose **17** 41 f.
– positive Fortbestehensprognose **17** 38 f.

Aktiver Ausgleichsposten
Betriebsausgabenabzug bei Unternehmenskauf **13** 556
Aktivierung
Einlage stille Gesellschaft bei AG-Beteiligung **21** 163
Aktivierungsverbote
immaterielle Wirtschaftsgüter **11** 26 f.
Aktivierungswahlrechte
Bilanzierungshilfen **11** 29
Firmenwert **11** 26 f.
Altaktionär
Übernahmevertragsverpflichtungen **25** 80 f.
Altersversorgung
Abwicklung AG **18** 67
Altgesellschafter
Absicherungsmaßnahmen Börsengang
– Poolverträge **21** 290
– Stimmbindungsverträge **21** 290
– vinkulierte Namensaktien **21** 290
Absicherungsmaßnahmen Börsengang, Unternehmereinfluss **21** 291 f.
– Aktionärskonsortium **21** 301
– Aufsichtsratsstärkung **21** 299
– Entsenderechte **21** 298
– Erhalt der Stimmenmehrheit **21** 293
– Poolvertrag **21** 300 f.
– Rechtsformwahl **21** 292
– Satzungsgestaltungen zum Stimmrecht **21** 295
– stimmrechtslose Vorzugsaktien **21** 296
– vinkulierte Namensaktien **21** 297
Einflusssicherung bei Börsengang **20** 36 f.
American Depository Receipt (ADR)/ Global Depositary Receipt (GDR)
s. ADR
Amtlicher Handel
Mitteilungspflichten, wertpapierrechtliche **26** 171 f.
Publizitätspflichten, börsennotierte AG **1** 15
Amtlicher Markt
börsennotierte AG **1** 15; **26** 4
Zulassungsverfahren
– Verwaltungsakt **25** 3
Amtsauflösung
Auflösung AG **18** 10 f.
Amtsenthebung
Vorstand **6** 54 f.
Amtslöschung
AG **18** 26
Amtsniederlegung
Abwickler AG **18** 36
Vorstand **6** 31, 53
Amtszeit
Aufsichtsrat, Erster **2** 94 f.
– Höchstdauer **2** 94
– Mindestdauer **2** 95
Aufsichtsratsvorsitzender **7** 131
Notvorstand **6** 27
Vorstandsmitglied **6** 28

Magere Zahlen = Randziffern

Anstellungsvertrag

Analystenveranstaltung
Zulassungsfolgepflichten
– Prime Standard **22** 29
Anbietungspflichten
Anteilsverkauf Familien-AG **1** 26
Andere Gewinnrücklagen
Auflösung **11** 194
Ausweis **11** 194
Kapitalerhöhung aus Gesellschaftsmitteln **9** 100 f.
Rücklagen nach AktG **10** 49
Anfechtung
Hauptversammlungsbeschluss
– Berichtspflichtenverstoß **5** 137 f.
– Bestätigungsbeschluss **5** 276
– Durchführungsfehler **5** 264
– Generalklauselverstöße **5** 272
– Gleichbehandlungsverstoß **5** 275
– Informationsmängel **5** 267
– Inhaltsfehler **5** 270 f.
– Kausalität **5** 268
– Klagefrist **5** 278
– Normverstoßrelevanz **5** 269
– Rechtsfolgen **5** 282 f.
– Registersperre **5** 140
– Verfahren **5** 277 f.
– Verfahrensfehler **5** 264 f.
– Voraussetzungen **5** 263 f.
– Vorbereitungsmängel **5** 264
Kapitalherabsetzung, Vereinfachte **9** 152
Anfechtungsklage
Aktionär **4** 91
Delisting **28** 42
Hauptversammlungsbeschluss **5** 255 ff.
– Aktionäre **5** 256 f.
– Aufsichtsratsmitglieder **5** 262
– Vorstand **5** 261
– Vorstandsmitglieder **5** 262
Verschmelzung AG auf AG **14** 39 f.
Vorstand **6** 163 f.
Anforderungsberichte
Vorstand, Inhalt **6** 96
Angemessenheitsprüfung
verdeckte Gewinnausschüttung **12** 53
Anhang
kapitalmarktorientierte Unternehmen **10** 136
Pflichtangaben nach HGB
– Änderungen durch BilMoG **10** 62
– Bilanzierungs- und Bewertungsmethoden **10** 60
– Entsprechenserklärung **10** 61
– Wahlrechtsausübungen **10** 60
Zusatzangaben nach AktG
– Aktiengattungen **10** 63
– Aktienoptionsrechte **10** 63
– Besserungsscheine **10** 63
– Erwerb und Veräußerung eigener Aktien **10** 63
– genehmigtes Kapital, unverwendetes **10** 63
– Genussrechte **10** 63

– Vorratsaktien **10** 63
– Wandelschuldverschreibungen **10** 63
– wechselseitige Beteiligungen **10** 63
Zweck **10** 21
Anlegerschutz
Prospekthaftung, USA **25** 251
Anleihen *s.a. Wandelanleihen*
AG **13** 631 f.
Annahmefristen *s. Fristen*
Anrechnungsmethode
Betriebsstätte, ausländische
– Betriebsstättenergebnis Nicht-DBA-Land **16** 41 f.
Doppelbesteuerung, Vermeidung **12** 260
grenzüberschreitende Direktgeschäfte **16** 4, 130
Rücküberführung Wirtschaftsgüter
– Betriebsstätte, ausländische **16** 48
Anrechnungsverfahren
Umgliederung verwendbares Eigenkapital **12** 97 f.
Übergangsregelung **12** 96 f.
Übergangszeit **12** 6 f.
Ansatz
Aktiva **11** 17 f.
Ansatzwahlrechte
Verschmelzung AG auf AG **14** 63
Anschaffungskosten
Begriff **11** 51
Betriebskostenzuschuss **11** 54
Bonus-Aktien **13** 657
Finanzierungskosten **11** 53
Gemeinkostenhinzurechnung **11** 53
IFRS **11** 67 f.
Investitionskostenzuschuss **11** 54
Stufentheorie **11** 55
Anschaffungskostenbilanzierung
Verschmelzung AG auf AG
– Buchwerte **14** 59
– Kapitalerhöhungsverbot **14** 59 f.
– Kapitalerhöhungswahlrecht **14** 59 f.
– Konsequenzen **14** 61
– tauschähnlicher Vorgang **14** 59
– Verschmelzung mit Kapitalerhöhung **14** 57 f.
– Zeitwerte **14** 59
– Zwischenwerte **14** 59
Anschaffungsnebenkosten
Begriff **11** 53
Anschaffungsvorgang
Begriff **11** 52
Anschaffungswertprinzip
Jahresabschlussaufstellung **10** 8
Anstellungsvertrag
Vorstand **6** 33 ff.
– außerordentliche Kündigung **6** 42
– Beendigung **6** 42
– Befristung **6** 42
– Bezüge **6** 37 f.
– D & O-Versicherung **6** 38
– fehlerhafter A. **6** 41
– Inhalte **6** 37 f.

2021

Anteilseinbringung Fette Zahlen = Kapitel

- Mängel **6** 41
- ordentliche Kündigung **6** 42
- Treue- und Fürsorgepflichten **6** 39
- Umstrukturierungen **6** 42
- Wettbewerbsverbot, nachvertragliches **6** 40

Vorstand, Kündigung, außerordentliche
- Aufsichtsratsbeschluss **6** 62
- Beweislast **6** 67
- Fristen **6** 65
- Nachschieben von Kündigungsgründen **6** 67
- Pflichtverletzungen, schwere **6** 64
- Rechtsfolgen **6** 66
- Rechtsschutz Vorstand **6** 67
- Vertrauensentzug Hauptversammlung **6** 64
- wichtiger Grund **6** 63
- Zuständigkeit **6** 62

Anteilseinbringung
Personengesellschaft **21** 311
Wohnsitzstaatverlegung **21** 312
Zwischenholding **21** 311

Anteilserwerb
Verlustabzugsbeschränkung § 8 c KStG **13** 216 ff.

Anteilstausch
Einbringung in inländische Kapitalgesellschaften **13** 390 f.
- Einbringungsgewinn II **13** 393 f.
- Rückbeziehung **13** 392
- Sperrfristkonzeption **13** 393
- Wertansatz **13** 391
europäische Einbringungen in inländische Kapitalgesellschaften **13** 400 f.
- Einbringungsgewinn **13** 399 f.
- grenzüberschreitender **13** 401

Anteilsübertragung
auf Aktionäre **13** 655

Anteilsveräußerung
nach Ausgliederung
- Einbringungsgewinn I **14** 327 f.
- Einbringungsgewinn II **14** 329

Anteilsveräußerungsgewinne
Behandlung Anteilskäufer **13** 124
Betriebsveräußerung **13** 128
Grunderwerbsteuer **13** 129 f.
Kapitalgesellschaft als Anteilsverkäufer
- alt-einbringungsgeborene Anteile **13** 117
- Anwendung § 8b Abs. 2 KStG **13** 116 f.
- Sperrfristtatbestände **13** 117
- Steuerfreiheit **13** 116 f.
natürliche Person als Anteilsverkäufer
- Halbeinkünfteverfahren **13** 111 f.
- Teileinkünfteverfahren **13** 111 f.
Personengesellschaft als Anteilsverkäufer **13** 122
Personengesellschaftsanteile **13** 125 f.
Teilbetriebsveräußerung **13** 128

Anteilsverkauf
Aktien **13** 110 f.

Kapitalgesellschaftsanteile **13** 110 f.

Anteilsverkauf Kapitalgesellschaft
Verkauf durch Kapitalgesellschaft
- Anteile an ausländischen Kapitalgesellschaften **13** 483
- einbringungsgeborene Anteile **13** 484
- Gewerbesteuer **13** 483
- Organbeteiligungen **13** 483
- Sperrfristen **13** 484 f.
- Steuerfreiheit **13** 483 f.
- Veräußerungsgewinn **13** 483
- Veräußerungsverluste **13** 488
Verkauf durch natürliche Person
- Abgeltungsteuer **13** 475, 478
- alt-einbringungsgeborene Anteile **13** 477
- Ausnahme von Halbeinkünfteverfahren **13** 477 f.
- einbringungsgeborene Anteile **13** 471 f.
- Gewerbesteuer **13** 476
- Halbeinkünftebesteuerung **13** 477 f.
- Halbeinkünfteverfahren **13** 476 f.
- nichtwesentliche Beteiligung **13** 470
- Reinvestitionsrücklage **13** 479 f.
- Rücklage nach § 6b EStG **13** 479
- Sperrfristfälle **13** 482 f.
- Sperrfrist Steuerfreiheit **13** 477
- Veräußerungsgewinn **13** 469 f.
- Veräußerungsverluste **13** 477 f., 482, 482 f.
- wesentliche Beteiligung **13** 470 f.
- Veräußerungsgewinnbesteuerung Übersicht **13** 491 f.

Anträge
Hauptversammlung **5** 170

Anwachsung
Umwandlung GmbH & Co. KG in AG **2** 468

Anwendungsbereich
Übernahmegesetz **27** 6 ff.

Aquisition Currency
Aktie **20** 14

ARAG-Fall
Vorstandshaftung **6** 131

Arbeitnehmeraktien
Vorstandsermächtigung
- Kapital, genehmigtes **9** 80

Arbeitnehmerbeteiligung
europäische Aktiengesellschaft **1** 54 f.; **19** 110 f.

Arbeitnehmervertretung
AG **1** 2

Arbeitsdirektor
Aufgaben **6** 19

Arbeitsrecht
Börsengang **21** 277
Due Diligence **24** 181
Insiderhandelsverbot **21** 277
Mitarbeiterbeteiligung **23** 72 f.

Arbeitsverhältnis
Aufteilung bei Spaltung auf Kapitalgesellschaft **14** 263

Magere Zahlen = Randziffern

Aufsichtsrat

Arm's length principle s. *Fremdvergleichsgrundsatz*
ARUG
  Regelungen **26** 27
  Änderungen **22** 236
Asset
  Begriff **11** 25
Asset Deal
  Beteiligung an ausländischer Personengesellschaft
  – Bilanzierung **16** 55
  – Ergänzungsbilanz **16** 55
  Beteiligung an inländischer Personengesellschaft
  – Bilanzierung **16** 143
  – Buchwertansatz **16** 143
  – Ergänzungsbilanz **16** 143
  grenzüberschreitender Unternehmensverkauf **13** 600 f.
  Grunderwerbsteuer **13** 598 f.
  Umsatzsteuer **13** 595
Assoziierte Unternehmen
  Kapitalkonsolidierung **11** 223 f.
Atypische Stille Gesellschaft
  Besteuerung **13** 105
  Mitunternehmerschaft **21** 165
  Sonderbetriebsvermögen Aktien **21** 166
  Umwandlung in Aktionärsbeteiligung
  – Einbringung eines Mitunternehmeranteils **21** 167
  – Einbringungsgeborene Anteile **21** 167
  vorbörsliche Kapitalzuführung **21** 158 f., 161
Audit Commitee
  kapitalmarktorientierte Unternehmen
  – Arbeitsweise **10** 154
  – Aufgaben **10** 151 f.
  – Aufsichtsrat **10** 155
  – BilMoG **10** 157 f.
  – Bisherige Rechtslage **10** 151 f.
  – Compliance System **10** 155
  – Sarbanes-Oxley-Act **10** 152
  – Whistleblowing **10** 156
  – Zusammensetzung **10** 154
  Zusammensetzung **10** 159 f.
Aufdeckung Stiller Reserven s.a. *Stille Reserven*
  Grundkapitalerhöhung zur Börsengangvorbereitung **21** 189 f.
Aufgabendelegation
  Verkehrssicherungspflicht Vorstand **6** 161 f.
  Vorstandsverantwortlichkeit
  – Gesamtverantwortung **6** 162
  – Organisationsplan **6** 161
  – Stichprobenkontrolle **6** 162
  – Störungsmeldungen **6** 162
Aufgeld
  Grundkapital **2** 162
Aufhebungsvertrag
  Unternehmensvertrag Vertragskonzern
  – Fristen **15** 174
  – Rückwirkungsverbot **15** 174

  – Schriftform **15** 174
  – Voraussetzungen **15** 172 f.
Auflösung
  Gewinnermittlung **13** 629
Auflösung AG
  Amtslöschung **18** 26
  Anmeldung **18** 27
  Auflösungsbeschluss Hauptversammlung
  – Auflösungswille **18** 3
  – Befristung **18** 3
  – Beschlussmängel **18** 6
  – doppelte Mehrheit **18** 3
  – Rechtfertigung, sachliche **18** 5
  – Sondervorteile Aktionäre **18** 5
  Auflösungsgründe
  – Ablehnung Insolvenzverfahren **18** 8
  – Amtsauflösung **18** 10 f.
  – Firmenbestimmung **18** 10
  – Firmensitz **18** 11
  – Hauptversammlungsbeschluss **18** 3 f.
  – Insolvenzeröffnung **18** 7
  – Kündigungsklausel **18** 19
  – Löschung wegen Vermögenslosigkeit **18** 15 f.
  – Nichtigkeitsklage **18** 25 f.
  – Satzungsmängel **18** 9 f.
  – satzungsmäßige **18** 19
  – Sitzverlegung ins Ausland **18** 20 f.
  – spezialgesetzliche **18** 18 f.
  – Zeitablauf **18** 2
  Bekanntmachung **18** 27
  Handelsregistereintrag **18** 27
  Hauptversammlungszustimmung **5** 20
Auflösung KGaA
  Auflösungseintragung **18** 105
  Auflösungsgründe **18** 95 ff.
  – Aktienrecht **18** 100
  – Ausscheiden Komplementär **18** 103 f.
  – gerichtliche Entscheidung **18** 99
  – Gesellschafterbeschluss **18** 97
  – Insolvenzeröffnung **18** 98
  – Zeitablauf **18** 96
Aufrechnungsdifferenzen
  Schuldenkonsolidierung **11** 228
Aufsichtsrat s.a. *Aufsichtsrat, Statuswechsel,* s.a. *Aufsichtsratmitglied,* s.a. *Aufsichtsratsamtszeit,* s.a. *Aufsichtsratsaufgaben,* s.a. *Aufsichtsratsausscheiden,* s.a. *Aufsichtsratsausschüsse,* s.a. *Aufsichtsratsbeschluss,* s.a. *Aufsichtsratsbestellung,* s.a. *Aufsichtsratshaftung,* s.a. *Aufsichtsratsmandat,* s.a. *Aufsichtsratsordnung,* s.a. *Aufsichtsratssitzung,* s.a. *Aufsichtsratsstellung,* s.a. *Aufsichtsratsvergütung,* s.a. *Aufsichtsratsvorsitzender,* s.a. *Aufsichtsratszusammensetzung*
  Abberufung Vorstand **6** 45
  AG **1** 2
  Erster bei Gründung AG nach AktG **2** 90 f.
  – Abberufung **2** 100 f.
  – Amtszeit **2** 94 f.
  – Arbeitnehmervertreter **2** 106
  – Ausscheiden **2** 100 f.

2023

Aufsichtsratsamtszeit

Fette Zahlen = Kapitel

– Bestellung durch Gründer **2** 90, 98 f.
– Entsendungsrechte, satzungsmäßige **2** 93
– Ersatzbestellung **2** 100 f.
– Ersatzmitglieder **2** 93
– Gründungshaftung **2** 91
– Mitbestimmungsrechte **2** 103 ff.
– Vergütung **2** 102
– Wahlverfahren **2** 99
– Zusammensetzung **2** 92
Formwechsel AG in GmbH **14** 214
Geschäftsordnung **21** 271
Haftpflichtversicherung **21** 247
Haftung bei Insolvenzverschleppung **17** 65
Hauptversammlungsbeschluss, Anfechtungsklage **5** 262
Hauptversammlungseinberufung **5** 77
Hauptversammlungsteilnahme **5** 148
Insolvenzantrag **17** 64
Jahresabschlussfeststellung **10** 88 f.; **11** 174 f.
Kapitalaufbringung, Haftung **2** 286
Kontrollfunktion Publikums-AG **1** 8
personelle Besetzung **21** 276
Pflichten in der Krise
– Geschäftsführungsüberwachung **17** 60 f.
– Insolvenzantragspflicht **17** 63
– Risikofrüherkennung **17** 60
Prospekthaftung **25** 230
Prüfung Jahresabschluss **10** 84 f.
Sanierungspflichten
– Geschäftsführungsüberwachung **17** 79
– Sanierungsberatung **17** 79
Sicherung Altaktionärsrechte **22** 134 f.
Vorlage Jahresabschluss **10** 82 f.
Vorstandskündigung **6** 62
Zusammentreten **1** 13
Aufsichtsratsamtszeit
Arbeitnehmervertreter **7** 223
Beginn **7** 220
Entsandtes Mitglied **7** 224
Ersatzmitglieder **7** 225
Höchstdauer **7** 221
Wiederbestellung **7** 222
Aufsichtsratsaufgaben
Abschlussprüferbestellung **7** 92 f.; **21** 22
AG-Vertretung gegenüber Vorstand
– Geschäftsordnungsregelung **7** 78 f.
– Geschäftsverteilung Vorstand **7** 78 f.
– Kreditgewährung Vorstand **7** 77
– Zustimmungsvorbehalt **7** 81 f.
Anstellungsvertrag, Abschluss
– Abschlusskompetenz **7** 67
– Anstellungsdauer **7** 68
– Vergütungsregelung **7** 67
Anstellungsvertrag, Kündigung **7** 69
Aufsichtsratsausscheiden
Bekanntmachung **7** 232
vorzeitiges
– Abberufung **7** 228 f.
– Abberufung, gerichtliche **7** 231
– Amtsniederlegung **7** 227
– Wegfall persönlicher Voraussetzungen **7** 226 f.

Aufsichtsratsausschüsse
Besetzung **7** 178 f.
Bildung **7** 177
fakultative **7** 171 f.
– Effizienzsteigerung durch Arbeitsteilung **7** 172
– Entscheidungsdelegation, Aufsichtsratsvorsitzenderwahl **7** 173
– Entscheidungsdelegation, Grenzen **7** 173
– Entscheidungsdelegation, Überwachungsaufgaben **7** 174
– Entscheidungsdelegation, Vorstandsmitgliederbestellung **7** 173
– Entscheidungsdelegation, Zustimmungsvorbehaltbegründung **7** 173
innere Ordnung **7** 181 f.
– Verfahrensvorschriften **7** 181
– Vorsitzender **7** 182
Überwachung **7** 180
Vermittlungsausschuss nach § 27 Abs. 3 MitbestG **7**
– Abberufung Vorstand **7** 175
– Bestellung Vorstand **7** 175
Aufsichtsratsbericht
Hauptversammlung, Vorlage **5** 13
Aufsichtsratsbeschluss
Ausführung **7** 167
außerhalb von Sitzungen **7** 163 f.
Beschlussfähigkeit **7** 149 f.
fehlerhafter **7** 169 f.
– heilbare Verfahrensmängel **7** 170
– Nichtigkeitsklage **7** 169
– Ordnungsvorschriftenverstoß **7** 170
– unheilbarer Mangel **7** 170
gesetzliche Modelle **7** 154 f.
– einfache Mehrheit **7** 154
– Mehrheitserfordernis, Verschärfung **7** 156
– Sonderregelungen MitbestG **7** 158 f.
– Stichentscheid **7** 155
– Zweitstimmrecht **7** 160
Niederschrift **7** 165 f.
– Verhandlungsprotokoll **7** 165
– Widerspruch **7** 166
Schriftform Stimmabgabe **7** 161 f.
Stimmbote **7** 161
Vertagung **7** 153 f.
Aufsichtsratsbestellung
Gründung AG nach AktG **2** 15
Aufsichtsratsentlastung
Hauptversammlung **5** 12
Aufsichtsratsfunktion
KGaA **21** 43 f.
Aufsichtsratshaftung
Haftungstatbestände **7** 272 f.
– Funktionendifferenzierung **7** 275 f.
– Haftungsrisiko-Versicherung **7** 277
– Sorgfaltspflichtverletzung **7** 273
Individualklagerecht **7** 278 f.
– Rechtsstellung, organschaftliche **7** 280
– Rechtsstellung, persönliche **7** 279
Aufsichtsratsmandat
Begründung und Beendigung **7** 200 ff.

Magere Zahlen = Randziffern

Bestellung
– Doppelmitgliedschaft **7** 202
– Entsendungsmodus **7** 204
– Generalhandlungsvollmacht **7** 202
– Hinderungsgründe **7** 202
– Konzernprivileg **7** 202
– persönliche Voraussetzungen **7** 200 f.
– Prokurist **7** 202
– Satzungsrahmen **7** 204
– Überkreuzverflechtung **7** 202
– Wahlmodus **7** 204
Bestellung von Ersatzmitgliedern **7** 213 f.
Entsendung Sonderrecht **7** 211 f.
– Abberufung **7** 212
– höchstpersönliche **7** 211
– nicht übertragbare **7** 211
gerichtliche Bestellung **7** 216 f.
– Amtszeitfestlegung **7** 219
– Antrag Vorstand **7** 218
– Personalvorschlag **7** 218
– Unterbesetzung **7** 217
Wahl durch Hauptversammlung **7** 205 f.
– Gegenvorschläge **7** 209
– Globalwahl **7** 207
– Listenwahl **7** 207
– Mandatsannahme **7** 210
– Mehrheitswahlprinzip **7** 207
– Tagesordnung **7** 206
Aufsichtsratsmitglied
Erwerbs- und Veräußerungsverbot **7** 270
Informationsverwertung **7** 267 f.
Kreditgewährung **7** 266
Meldepflichten nach § 15a WpHG **7** 271
Rechtsstellung **7** 241 f.
– Amtsausübung, höchstpersönliche **7** 242 f.
– Gleichbehandlung **7** 241
– Unabhängigkeit **7** 244
– Unternehmensinteresse **7** 246
– Weisungsfreiheit **7** 244
Verschwiegenheitspflicht
– Geschäftsordnung **7** 269
– Insidergeschäftsverbot **7** 270
– Satzungsvorgaben **7** 269
– Umfang **7** 267
– Unternehmensinteresse **7** 267
Verträge **7** 260 f.
– Dienstverträge **7** 261 f.
– Reichweite **7** 264 f.
– verdeckte Aufsichtsratsvergütung **7** 262
– Werkverträge **7** 261 f.
Aufsichtsratsordnung
Geschäftsordnung **7** 126 f.
– Beschlussfassung **7** 128
– Geltungsdauer **7** 128
– Regelungskompetenz **7** 126
Stellvertreter **7** 132
Vorsitz **7** 129 ff.
Vorsitzender
– Amtszeit **7** 131
– Stellvertreter **7** 132
– Wahl **7** 130

Aufsichtsratsvergütung

Aufsichtsratssitzung
Anzahl **7** 139
Einberufung **7** 140 f.
Sitzungsleitung **7** 144 f.
– Beratungsleitung **7** 147
– Beschlussfassung **7** 148
– Protokollführerbestimmung **7** 146
– Teilnahme von Sachverständigen **7** 145
– Teilnahme Vorstandsmitglieder **7** 145
– Verfahrensfragen **7** 144
Tagesordnung **7** 142 f.
virtuelle
– Telefonkonferenz **21** 231
– Videokonferenz **21** 231
Aufsichtsratsstärkung
Altgesellschafter, Absicherungsmaßnahmen
Börsengang **21** 299
Aufsichtsratsstellung
Abgrenzung
– Aktionärsausschuss **7** 5 f.
– Beirat **7** 5 f.
– fakultative Beratungsgremien **7** 5 f.
Abgrenzung zu anderen Gremien **7** 5 f.
börsennotierte AG **21** 20 f.
Doppelmitgliedschaftsverbot Aufsichtsrat
und Vorstand **7** 4
– Ausnahmen **7** 4
Hauptversammlungsmandat **7** 2
Kontroll- und Überwachungsfunktion
7 3
Organ der AG **7** 1 f.
Repräsentativorgan der Aktionäre **7** 2
Vorstandsüberwachung **7** 3
Aufsichtsrat, Statuswechsel
Anwendungsbereich **7** 39 f.
Aufsichtsratssystemwechsel **7** 40
gerichtliche Entscheidung **7** 43 f.
Neugründung AG **7** 40
Schwellenzahlveränderung **7** 40
Vollzug **7** 45 f.
– Fristen Hauptversammlung **7** 47
– Mandatsbeendigung **7** 46
– Neubestellung Aufsichtsratsmitglieder **7** 46
– Rechtskraft **7** 45
– Satzungsanpassung **7** 46
– Stimmenmehrheit **7** 47
Vorstandsbekanntmachung **7** 41 f.
– Aushang **7** 41
– Fristen **7** 41
– Veröffentlichung **7** 41
Aufsichtsratsvergütung
Abzugsbeschränkung **7** 256
Angemessenheit **7** 249
Auslagenersatz **7** 249 f.
D & O-Versicherung **5** 14
Einkünfte aus selbständiger Arbeit **7** 257
erster Aufsichtsrat **7** 253
Festsetzung **7** 251
Festvergütung **7** 249 f.
Hauptversammlungszuständigkeit **5** 14
Herabsetzung **7** 252

2025

Aufsichtsratsvorsitzender

Fette Zahlen = Kapitel

Steuerrecht
- Betriebsausgaben **7** 254
Tantieme **7** 249 f.
Umsatzsteuer **7** 259
Aufsichtsratsvorsitzender
Aufgaben **7** 133 f.
- Leitung Aufsichtsratsverfahren **7** 133
- Mitwirkung Handelsregisteranmeldungen **7** 133
- Repräsentation **7** 133
Bestellung **7** 130 f.
MitbestG
- erster Wahlgang **7** 136
- Nachfolger **7** 137
- zweiter Wahlgang **7** 136
- Zweitstimmrecht **7** 138
Aufsichtsratswahl
Globalwahl **5** 239
Hauptversammlung **5** 236 f.
Hauptversammlungszuständigkeit **5** 14
Listenwahl **5** 239
Simultanwahl **5** 239
Aufsichtsratszusammensetzung 7 24 f.
Anwendungsbereich **7** 39 f.
Arbeitnehmervertretung
- Drittelparität **7** 19 f.
Arbeitnehmerzurechnung
- Gemeinschaftsunternehmen **7** 27
- Konzern im Konzern **7** 26
- Teilkonzernspitze **7** 25
Aufsichtsrat ohne Arbeitnehmer **7** 15 f.
Drittelparität
- Gemeinschaftsunternehmen **7** 22
- Mindestgröße Aufsichtsrat **7** 19
- Teilkonzernspitze **7** 21
- Zurechnung nachgeordneter Konzernunternehmen **7** 20
Familien-AG **7** 16
Fortgeltung Mitbestimmung
- Abspaltung **7** 35
- Ausgliederung **7** 35
- grenzüberschreitende Einbringung Betriebe **7** 36
- Umwandlungsgesetz **7** 35
Holding-AG **7** 17
Kleine AG **7** 16
mitbestimmungsfreie AG **7** 16 f.
mitbestimmungspflichtige AG **7** 18 f.
Mitbestimmungsvereinbarungen **7** 37 f.
paritätischer Aufsichtsrat
- Gewerkschaftsvertreter **7** 29
- leitender Angestellter **7** 29
- Mindestgröße **7** 28
Statuswechsel
- Bekanntmachung Vorstand **7** 41 f.
- gerichtliche Entscheidung **7** 43 f.
- Neugründung AG **7** 40
- Schwellenzahlveränderungen **7** 40
- Statuswechselvollzug **7** 45 f.
- Wechsel im Aufsichtsratssystem **7** 40
Statuswechselvollzug
- Fristen **7** 47

- Mandatsbeendigung **7** 46
- Neubestellung Aufsichtsratsmitglieder **7** 46
- Rechtsverbindlichkeit **7** 45
- Satzungsanpassung **7** 46
- Stimmenmehrheit **7** 47
Tendenzunternehmen **7** 16
Aufspaltung
Begriff **14** 251
Berichtspflichten Vorstand
- Umtauschverhältnis Anteile **5** 128
Delisting **28** 55 f.
Geschäftsbereich zur Börseneinführung **21** 211
Gestaltung **14** 254
KGaA **14** 353
- Rückwirkung **14** 353
nicht verhältniswahrende A. **14** 253
verhältniswahrende A. **14** 253
Aufspaltung AG
auf Personengesellschaft
- steuerliche Folgen **13** 694
Aufspaltung auf Kapitalgesellschaften
s. *Spaltung auf Kapitalgesellschaften*
Aufstockungsgebot
Schlussbilanz Überträgerin
- Verschmelzung AG auf AG **14** 71 f.
Auftragsbestand
originäre immaterielle Wirtschaftsgüter **13** 551
Auftragsfertigung
Verrechnungspreise Güter- und Warenverkehr **16** 220
Aufwandsrückstellungen s. *Rückstellungen*
Aufwands- und Ertragskonsolidierung
Zwischenergebniseliminierung **11** 233
Aufwendungen für die Ingangsetzung und Erweiterung des Geschäftsbetriebs
Bilanzierungshilfen **11** 29
Aufwendungsersatz
Komplementär **4** 198
Aufzeichnungspflichten
Verrechnungspreise **16** 236 f.
Ausgabebetrag
Bezugsrecht **9** 39
Erhöhungsbeschluss
- Kapitalerhöhung, bedingte **9** 60
Kapitalerhöhung
- Unterpariemission **21** 101
- Verkehrswert **21** 101
Ausgabe neuer Aktien
Kapitalerhöhung gegen Einlage **9** 16
Ausgleichsanspruch
Aktionär, außenstehender im Vertragskonzern
- Angemessenheit **15** 147 f.
- Anpassung **15** 151
- Anspruchsvoraussetzungen **15** 148 f.
- fester Ausgleich **15** 147, 149
- Garantiedividende **15** 151
- gerichtliche Überprüfung **15** 164 f.
- Gestaltungsfreiheit **15** 151

2026

Magere Zahlen = Randziffern

- Kettenbeherrschungsverträge **15** 152
- Spruchstellenverfahren **15** 164
- Spruchverfahren **15** 147
- Unternehmensverbindungen, mehrstufige **15** 152
- variabler Ausgleich **15** 147, 150

Ausgleichsposten
Mehr- oder Minderabführungen Organgesellschaft
- mittelbare Organschaft **13** 178
- Organträger **13** 172 f.

Ausgleichszahlungen
körperschaftsteuerliche Organschaft **13** 155 f.
nicht abzugsfähige Betriebsausgaben **12** 119

Ausgliederung
Aufsichtsratszusammensetzung
- Fortgeltung Mitbestimmung **7** 35
Begriff **14** 251
Einzelrechtsnachfolge **14** 255
Erwerb eigene Aktien **3** 160
Geschäftsbereich zur Börseneinführung **21** 210
Hauptversammlungszustimmung **5** 21
KGaA **14** 354
Umwandlungssteuergesetz **14** 255

Ausgliederung auf Kapitalgesellschaft
AG als Holding **14** 311
Alternativen **14** 312
Anteilsveräußerung nach Ausgliederung **14** 327 f.
- Anteilstausch **14** 329
- Buchwertaufstockung **14** 328
- Einbringungsgewinn I **14** 327 f.
- Einbringungsgewinn II **14** 329
- Erhöhungsbetrag **14** 328
Besonderheiten **14** 312
Besteuerung übernehmende Kapitalgesellschaft
- Aktionäre **14** 330
- Buchwertansatz **14** 319, 321
- einbringungsgeborene Anteile **14** 327
- gemeiner Wert **14** 319, 325
- Gewährung anderer Wirtschaftsgüter **14** 322
- Grunderwerbsteuer **14** 326
- Rückbeziehungsmöglichkeit **14** 323 f.
- Verlustvortrag **14** 326
- Veräußerungsgewinn **14** 321
- Veräußerungspreis **14** 321
- Vermögensbewertung **14** 321
- Zwischenwertansatz **14** 325
Besteuerung übertragende AG
- Anwendung § 20 Abs. 1, 21 Abs. 1 UmwStG **14** 317 f.
- ausländisches Vermögen **14** 316
- Buchwertübertragung **14** 316
- Gewinnrealisierung **14** 316
- mehrheitsvermittelnde Anteile **14** 318
- Mitunternehmeranteilsübertrag **14** 318
- Steuerneutralitätsvoraussetzungen **14** 317 f.

Ausländische AG

- Teilbetriebsübertragung **14** 318
- Veräußerung **14** 316
Bilanzierung
- Aktionäre **14** 315
- übernehmende Kapitalgesellschaft **14** 314
- übertragende AG **14** 313
Spaltungsunterfall **14** 312
Totalausgliederung **14** 311

Ausgliederung auf Personengesellschaft
Alternativen **14** 332
Besteuerung **14** 333 f.
Bilanzierung **14** 332
Einbringung nach § 6 Abs. 5 EStG **14** 339 f.
- Buchwertfortführung **14** 340
- Einschränkungen **14** 340
- Sperrfrist **14** 340
- Wirtschaftsgutübertragung **14** 339
Einbringung nach § 24 UmwStG **14** 334 f.
- Betrieb der AG **14** 334
- Buchwertansatz **14** 337
- Einbringung in Sonderbetriebsvermögen **14** 335
- Maßgeblichkeit Handelsbilanz **14** 337
- Mitunternehmeranteil **14** 334
- Nutzungsüberlassung **14** 335
- Rückbeziehung **14** 338
- Teilbetrieb **14** 334
- Zwischenwertansatz **14** 337
Einbringung ohne Mitunternehmerschaft **14** 341 f.
Gesellschaftsrecht **14** 331
Grunderwerbsteuer **14** 333
Wertansätze **14** 337

Ausgliederung auf Tochtergesellschaften
Hauptversammlungszustimmung **5** 31

Auskunftsanspruch
Aktionär **4** 51 ff.

Auskunftserzwingungsverfahren
Aktionär **5** 206
- Antrag **4** 68
- Fristen **4** 68

Auskunftspflichten
Vorstand, Hauptversammlung **5** 202 f.

Auskunftsrecht
Hauptversammlung **5** 178 f.

Ausländer
Gründer AG nach AktG **2** 74

Ausländische AG
Geschäftsleitung im Ausland **1** 41
Geschäftsleitung im Inland
- Gründungstheorie **1** 43 f.
- Sitztheorie **1** 42
Tochter-AG in Deutschland
- Beherrschungsverträge, Rechtsfolgen **1** 46
- IPR-Regeln **1** 45 f.
- Rechtsstatut **1** 45
- Schadensersatzansprüche **1** 45
Zuzug ins Inland
- Bilanzierung **16** 153
- Eröffnungsbilanz **16** 153

Ausländische AG/KGaA

- Gesellschaftsebene **16** 150 f.
- Ort der Geschäftsleitung **16** 152 f.
- Sitztheorie **16** 150
- steuerrechtliche Auswirkungen **16** 152 f.
- Verwaltungssitz **16** 150
- zivilrechtliche Auswirkungen **16** 150 f.

Ausländische AG/KGaA
Inlandsaktivitäten *s. Inbound*

Ausländische Gesellschafter
Beteiligung an inländischer Personengesellschaft
- Besteuerung **16** 145
- Sonderbetriebseinkünfte **16** 146

Ausländische Kapitalgesellschaft
grenzüberschreitende Organschaft **16** 82
Outbound, Besteuerung ausländische **16** 82
- Gewinnermittlung **16** 77
- Gewinnverlagerung **16** 78 f.
- unbeschränkte Steuerpflicht **16** 77
- verdeckte Einlage **16** 80
- verdeckte Gewinnausschüttung **16** 79
- Verlustabzug **16** 81
Outbound, Besteuerung inländischer **16** 83 f.
- Dividenden **16** 83 f.
- Gewinnausschüttung durch ausländische Zwischengesellschaft **16** 97 f.
- Hinzurechnungsbesteuerung **16** 90 f.
- Hinzurechnungsbetrag **16** 92 f.
- Hinzurechnungssteuersatz **16** 92 f.
- Schachtelprivileg **16** 98
- Zwischeneinkünfte **16** 92 ff.

Ausländische KGaA
Geschäftsleitung im Ausland **1** 41
Geschäftsleitung im Inland
- Gründungstheorie **1** 43 f.
- Sitztheorie **1** 42

Ausländische Personengemeinschaften
Gründer AG nach AktG **2** 83

Ausländische Personengesellschaft
Outbound, Besteuerung
- OECD-MA **16** 59
- Transparenzprinzip **16** 58
Outbound, Besteuerung inländischer
- Auslandsbesteuerung **16** 60
- beschränkte Steuerpflicht **16** 60
- Beteiligungsbeendigung **16** 70
- DBA-Fall **16** 64
- Doppelbesteuerung **16** 62 f.
- Ergebnisanteilsbesteuerung **16** 60 f.
- Inlandsbesteuerung **16** 61 f.
- nicht-DBA-Fall **16** 64
- Sonderbetriebsausgaben **16** 65 f.
- Sonderbetriebseinnahmen **16** 65 f.
- sonstige Bezüge **16** 69
- Trennungsprinzip **16** 62
- Umstrukturierungen **16** 71
- unbeschränkte Steuerpflicht **16** 62
- Verlustverrechnung **16** 63

Ausländische Unternehmen
Alternate Listing Standard, NYSE **22** 60

Fette Zahlen = Kapitel

Auslagenersatz
Vorstandsvergütung **6** 76

Ausland
vorbörsliche Aktienplatzierung **21** 150

Auslandsaktivitäten inländischer AG/KGaA *s. Outbound*

Auslandsbesteuerung
grenzüberschreitende Direktgeschäfte **16** 3 f.

Auslandsdividenden
Besteuerung **13** 58 ff.
Schachtelprivileg **12** 233
unbeschränkt Steuerpflichtige
- Anrechnungsverfahren **4** 138
- Betriebsstättenprivileg **4** 138
- Kapitalertragsteuer **4** 138

Auslandsunternehmen
Ertragswertverfahren
- Kapitalisierungszinssatz **24** 82 f.
- Steuerbelastung **24** 85
- Währungsumrechnung **24** 80 f.

Auslandsverschmelzung
AG auf AG **14** 79 f.

Ausschlussfrist
Spruchverfahren **5** 298

Ausschüttungsbelastung
Betriebsstätte, ausländische
- Betriebsstättenergebnis DBA-Land **16** 38
Inlandsgewinne AG **13** 14 f., 41 f.

Ausschüttungssperre
gesetzliche Rücklage **10** 48

Ausstehende Einlagen
Überschuldungsbilanz, Ansatz **17** 31

Austauschvertrag
Vertragskonzern **15** 105

Außergewöhnliche Abnutzung
Gründe **11** 87

Außerodentliche Einkünfte
Einkommensteuertarif **12** 183 f.

BaFin
Ermittlungsbefugnisse **27** 198 f.
- allgemeine E. **27** 198 f.
- Rechtsschutz **27** 202 f.
- Sanktionen **27** 210 f.
Sanktionsmöglichkeiten
- Angebotsuntersagung **27** 211
- Bußgeld **27** 214
- Rechtsverlust **27** 212
- Zinszahlungspflicht **27** 215
Übernahmegesetz, Aufsicht **27** 17 f.

Banken
Insolvenzantrag **17** 58

Barabfindung
Aktionär, außenstehender im Vertragskonzern **15** 158 f.
Squeeze-Out-Verfahren
- Angemessenheit **5** 134
Umwandlungsbeschluss
- Formwechsel AG in GmbH **14** 202

Barabfindungsangebot
Delisting **28** 21

Magere Zahlen = Randziffern

Beschränkte Steuerpflicht

- Abgabepflicht **28** 59
- Barabfindungspflicht **28** 38
- Ermittlung **28** 60
- Höhe **28** 60
- Liquiditätsabfluss **28** 59
- Spruchverfahren **28** 36

Bareinlagen
Aktionär **4** 10 f.
Einpersonengründung **2** 301 f.
Einzahlungsformen **2** 175 f.
- Einzahlung nach Eintragung **2** 175
- Einzahlung vor Eintragung **2** 175
- Fremdwährung **2** 178
- gesetzliche Zahlungsmittel **2** 176
- Gutschrift kontoführendes Institut **2** 177
- Währung **2** 178
Geldeinlagen **2** 171
Gesellschaftereinlage **21** 97
Kapitalerhöhung
- Agio **9** 24
- Einforderungsbetrag **9** 24
Leistungszeitpunkt
- Gründungsprotokoll, Fälligkeitsregelung **2** 173
- Mindesteinzahlung, gesetzliche **2** 172
- Überzahlung, freiwillige **2** 174
Nachweis gegenüber Gericht
- Bestätigung kontoführendes Institut **2** 182
- Handelsregisteranmeldung Erklärungen **2** 181
Prüfung durch das Gericht
- Gründungsaufwand **2** 183
- Unterbilanz **2** 183
Verjährung Einzahlungspflicht **2** 184
Zahlung zur freien Verfügung des Vorstands **2** 179 f.
- Endgültigkeit **2** 180
- Grunderwerbsteuer **2** 179
- Gründungsgebühren **2** 179
- Voraussetzungen **2** 179

Bargründung
AG/KGaA **21** 80

Basiszinssatz
Ertragswertverfahren
- Durchschnitt, langfristiger **24** 56
- Wertpapierzinssatz öffentlicher Schuldner **24** 55

Bauausführungen
Betriebsstätte, ausländische **16** 11

Bedingte Kapitalerhöhung s. Kapitalerhöhung, bedingte

Bedingtes Kapital
Börsengang
- Akquisitionsdurchführung **21** 237
- Höchstgrenze **21** 237

Beendigung
Anstellungsvertrag Vorstand **6** 42

Befreiungsmethode
Doppelbesteuerung, Vermeidung **12** 259

Befristung
Anstellungsvertrag Vorstand **6** 42

Unternehmensvertrag Vertragskonzern **15** 122

Behaltefrist
Erbschaftsteuer **13** 764 f.

Beherrschender Gesellschafter
verdeckte Gewinnausschüttung
- Besonderheiten **12** 55

Beherrschungskonzern
Vertragskonzern **15** 102 f.

Beherrschungsvertrag
Ausgleich Jahresfehlbetrag **13** 200
Ausgleichszahlungen Minderheitsaktionäre **13** 201
Einkommenszurechnung **13** 199
Einlagerückgewährverbot **8** 27
Organschaft **13** 199
Vertragskonzern **15** 104, 107

Beherrschungsvertrag, verdeckter
Vertragskonzern **15** 113

Beirat
Aufsichtsratsabgrenzung **7** 5 f.

Bekanntmachung
Hauptversammlung **5** 62

Belegschaftsaktien
Aktienbeschaffung **23** 25 ff.
- Kapitalerhöhung **23** 25 f.
eigene Aktien **3** 148 f.
Haltefristen **23** 58
Mitarbeiterbeteiligung **23** 57 ff.
Mitarbeitergewinnungsinstrument **20** 18
Zuständigkeit Begebung
- Hauptversammlung **23** 60
- Vorstand **23** 60

Belieferungsrechte
originäre immaterielle Wirtschaftsgüter **13** 547

Bemessungsgrundlage
Grunderwerbsteuer, Umwandlungen **14** 116

Benchmarking
Preisspannenermittlung Börsengang **25** 44

Beraterhonorar
Betriebsausgabenabzug bei Unternehmenskauf **13** 554

Beratungsfunktion
Unternehmensbewerter **24** 9

Berichtspflichten Aufsichtsrat
Hauptversammlungsvorbereitung **5** 133
Squeeze Out **5** 134
- Hauptaktionärsbericht **5** 134
- Minderheitsaktionär **5** 134

Berichtspflichtenverstoß
Hauptversammlungsvorbereitung
- Rechtsfolgen **5** 137 f.

Berichtspflichten Vorstand
Hauptversammlungsvorbereitung **5** 116 ff.

Beschlussfähigkeit
Aufsichtsrat **7** 149 f.

Beschlussfassung
Hauptversammlung **5** 208 f.

Beschränkte Steuerpflicht
Voraussetzungen **12** 106

2029

Besitzunternehmen

Besitzunternehmen
Betriebsaufspaltung 12 176 f.
Besonderheiten
Überschuldung 17 26 f.
Bestätigungsvermerk
Abschlussprüfung 10 71
Jahresabschluss börsennotierte AG 26 35
Konzernabschluss 26 36
Bestechungsgeld
Betriebsausgaben, nichtabziehbare 12 42
Bestellung
Abwickler AG 18 32 f.
Arbeitsdirektor 6 25
Notvorstand 6 27
Vorstand 6 22 f.
Vorstandsmitglied
– Aufsichtsrat 6 25
– Beschlussmängel 6 29
– Eignungsvoraussetzungen 6 23
– fehlerhafte Bestellung 6 29 f.
– Formfehler 6 29
– MitbestG 6 26
– Verfahren 6 25 f.
– Voraussetzungen, persönliche 6 23 f.
– Wahlverfahren 6 26
– Widerruf 6 31
– Zuständigkeit 6 25
Besteuerung
Aktionär 4 120 f.
Kommanditaktionär 4 218
Komplementär 4 203
Übertragungsvorgänge
– entgeltliche 20 43 f.
– unentgeltliche 20 45 f.
Besteuerungsunterschiede
Personengesellschaft-Kapitalgesellschaft 20 39 f.
Beteiligung s.a. Mehrheitsbeteiligung, s.a. Minderheitsbeteiligung, s.a. Wesentliche Beteiligung
Beteiligung an ausländischer Kapitalgesellschaft
Outbound
– Beendigung 16 102
– Besteuerung ausländische Kapitalgesellschaft 16 77 f.
– Besteuerung inländischer Gesellschafter 16 83 f.
– laufende Geschäftstätigkeit 16 77 f.
– Umstrukturierungen 16 101
Beteiligung an ausländischer Personengesellschaft
Outbound 16 51 ff.
– Asset-Deal 16 55
– Beendigung 16 71
– Besteuerung ausländischer Personengesellschaft 16 58 f.
– Besteuerung inländischer Gesellschafter 16 60 f.
– Beteiligungserwerb 16 55 f.
– Buchwerteinbringung 16 57
– DBA-Fall 16 53

Fette Zahlen = Kapitel

– Dotationskapital 16 57
– Einbringung Mitunternehmeranteil 16 57
– Einbringung Teilbetrieb 16 57
– Ergänzungsbilanz 16 55
– Finanzierungskosten 16 55
– Gründung ausländische Personengesellschaft 16 55 f.
– hybride Gesellschaft 16 54
– kein DBA-Fall 16 53
– laufende Geschäftstätigkeit 16 58 f.
– Qualifikationsprobleme 16 51 ff.
– Sacheinlage 16 56
– Transparenzprinzip 16 51
– Trennungsprinzip 16 51
– Umstrukturierungen 16 70
Qualifikationsprobleme 16 51 ff.
Beteiligung an inländischer Personengesellschaft
Inbound
– Beendigung 16 147
Outbound 16 142 f.
– Asset Deal 16 143
– Beteiligungserwerb 16 143
– Gründung inländische Personengesellschaft 16 143
– Qualifikationsprobleme 16 142
– Sacheinlage 16 143
– Steuerverstrickung 16 143
– Transparenzprinzip 16 142
Qualifikationsprobleme 16 142
Beteiligungserwerb
Hauptversammlungszustimmung 5 32
schädlicher § 8 c KStG 13 213 ff.
Beteiligungsquote
Gesellschafterfremdfinanzierung 8 138
Hinzurechnungsbesteuerung 13 317
Beteiligungsveräußerung
Hauptversammlungszustimmung 5 36 f.
Beteiligungsverwässerung
Hauptversammlungszustimmung 5 26
Beteiligung, wechselseitige
einfache
– Mitteilungspflichten 15 30
– Voraussetzungen 15 30
Konzern 15 29 f.
qualifizierte, beidseitige
– abhängiges Unternehmen 15 32
– herrschendes Unternehmen 15 32
– Voraussetzungen 15 32
qualifizierte, einseitige
– Abhängigkeitsvermutung 15 31
– Voraussetzungen 15 31
Betrieb
Spaltung 14 256 s.a. Teilbetrieb
Spaltung auf Kapitalgesellschaft 14 258
Betrieb der AG
Ausgliederung auf Personengesellschaft 14 334
Betriebliche Übung
Mitarbeiterbeteiligung 23 84 f.

2030

Magere Zahlen = Randziffern **Beteiligung an ausl. Personengesellschaft**

Betriebsaufgabe
Einkommensteuertarif **12** 183
Betriebsaufspaltung
Besitzunternehmen **12** 176 f.
Besteuerung **13** 107 f.
Beteiligung einer AG **21** 338
Betriebsunternehmen **12** 176 f.
Gewerblichkeit **12** 179
Gewinnverlagerungsgefahr bei Börsengang **21** 331
Mitunternehmerschaft **12** 176 f.
personelle Verflechtung **12** 179
– einheitlicher Geschäftlicher Betätigungswille **21** 337
– Sowohl-als-auch-Gesellschafter **21** 337
sachliche Verflechtung **12** 179; **21** 334 f.
– Nutzungsüberlassung immaterielle Wirtschaftsgüter **21** 336
– Nutzungsüberlassung materielle Wirtschaftsgüter **21** 336
Spaltung auf Kapitalgesellschaft **14** 274
steuerliche Besonderheiten **21** 333 ff.
Verhinderung **21** 340 f.
– Einbringung der Besitzgesellschaft in Kapitalgesellschaft **21** 342
– Einstimmigkeitsprinzip Betriebskapitalgesellschaft **21** 340
– Verschmelzung der Besitzgesellschaft in Kapitalgesellschaft **21** 342
wesentliche Grundlage
– Betriebsgebäude **21** 339
– Betriebs-Kapitalgesellschaft **21** 339
zivilrechtliche Überlegungen **21** 332
Betriebsausgaben
Aufsichtsratsvergütung **7** 254
Begriff **12** 116
Grunderwerbsteuer, Umwandlungen **14** 116
Inlandsgewinne AG **13** 20 f., 45 f.
Kapitalerhöhungskosten **9** 12
steuerfreie Einnahmen **12** 18
Betriebsdefinition
Zinsschranke **13** 248 f.
Betriebseinnahmen
Begriff **12** 116
Betriebsführungsvertrag
Einkünftezurechnung **13** 210 f.
Vertragskonzern **15** 112
Betriebsgrundlagen
Teilbetrieb **14** 285 f.
Betriebspachtvertrag
Bilanzierung Wirtschaftsgüter **13** 206
Einkommenszurechnung **13** 206
Erneuerungsrückstellung **13** 206
Umlaufvermögen **13** 207
Vertragskonzern **15** 112
Betriebsrat
europäische Aktiengesellschaft **19** 122 f.
Spaltungsvertrag bei Spaltung auf Kapitalgesellschaft **14** 263
Umwandlungsbeschlusszuleitung **14** 5
– Formwechsel AG in GmbH **14** 202

Betriebsstätte
Begriff **12** 274
dealing-at arm's-length-Prinzip **12** 275
Ergebniszurechnung **12** 275
Gewinnberichtigungen **12** 277
Gewinnzurechnung **12** 275
Überführung von Wirtschaftsgütern **12** 276
Betriebsstätte, ausländische
Auflösung **16** 46 f.
Beendigung **16** 46 f.
– Besteuerung Auflösungsergebnis **16** 47
– DBA-Land **16** 47
– Liquidationsbilanz **16** 48
– Merkpostenauflösung **16** 48
– Nicht-DBA-Land **16** 47
– Rückführung Wirtschaftsgüter **16** 48
Begriff
– Bauausführungen **16** 11
– DBA **16** 8
– feste Geschäftseinrichtung **16** 10 f., 7
– Internetserver **16** 10
– Mindestdauer **16** 11
– Montagen **16** 11
– nicht nur vorübergehende Verfügungsmacht **16** 13
– OECD-MA **16** 12
– Outboundinvestition **16** 6 f.
– Pipeline **16** 10
– Tochtergesellschaft **16** 15
– Vertreterbetriebsstätte **16** 14
– Warenlager **16** 10
Besteuerung im Ausland **16** 28
Besteuerung im Inland **16** 29 f.
Betriebsstättenbesteuerung
– Betriebsstättenverlust **16** 36 f.
– Gewinnfreistellung **16** 36 f.
Betriebsstättenergebnis
– Besteuerung, DBA-Land **16** 36 f.
– Besteuerung, Nicht-DBA-Land **16** 41 f.
– Steuerfreistellung **16** 36 f.
Betriebsstättenergebnis, Ermittlung **16** 30 f.
– direkte Methode **16** 32 f.
– Fremdvergleichsgrundsatz **16** 30
– Fremdvergleichspreis **16** 31
– gemischte Methode **16** 35
– Gewinnzurechnungen **16** 30 f.
– indirekte Methode **16** 34 f.
Dotationskapital **16** 16 f.
Gewerbeertragsermittlung, Berücksichtigung **12** 241
Gründungskosten **16** 26 f.
– Abzugsfähigkeit **16** 27
– Anrechnungsverfahren **16** 27
– DBA mit Freistellung **16** 27
– Kapitalausstattung **16** 16 f.
KGaA **16** 113
laufende Geschäftstätigkeit **16** 28 ff.
Outbound **16** 5 ff.
Outboundinvestition
– Begriff **16** 6 f.
Rücküberführung Wirtschaftsgüter
– DBA-Land **16** 48

2031

Betriebsstätte, inländische

- Nicht-DBA-Land **16** 48
Überführung von Wirtschaftsgütern
  16 16f.
- Aufdeckung stiller Reserven **16** 22f.
- DBA-Staat **16** 22f.
- immaterielle Wirtschaftsgüter **16** 24
Umstrukturierung **16** 49f.
- Einbringung in ausländischen Rechtsträger **16** 50
- Einbringung in inländischen Rechtsträger **16** 50
Unterbrechung **16** 46
Vorbereitungskosten **16** 26f.
Zuordnung von Wirtschaftsgütern **16** 16f.
- funktionale Betrachtungsweise **16** 20
- vorübergehende Überlassung **16** 21
Betriebsstätte, inländische
Auflösung **16** 138
Beendigung **16** 138f.
- Besteuerungsrecht **16** 138f.
- Wirtschaftsgutveräußerung **16** 138
Begriff
- DBA **16** 132
- feste Geschäftseinrichtung **16** 131
- Inboundinvestition **16** 131
- Niederlassung **16** 131
- Servicewerkstatt **16** 131
- Warenlager **16** 131
Besteuerung
- beschränkte Steuerpflicht **16** 133
- Betriebsstätteneinkünfte **16** 135
- Betriebsstättenverlust **16** 136
Buchführungspflicht **16** 134
Inbound **16** 131f.
Inboundinvestition
- Begriff **16** 131f.
Organträger **16** 137
Rücküberführung Wirtschaftsgüter
- Besteuerung **16** 138
- Entstrickungsgewinn **16** 138
Umstrukturierungen **16** 139f.
Unterbrechung **16** 138
Betriebsstätteneinkünfte
Besteuerung **12** 33f.
Freistellungsmethode **12** 33
Betriebsstättenergebnis
ausländische Betriebsstätte
- Abzugsmethode **16** 43
- Ausschüttungsbelastung **16** 38
- Besteuerung, DBA-Land **16** 36f.
- Besteuerung, Nicht-DBA-Land **16** 41f.
- Ermittlung, DBA-Staat **16** 30
- Ermittlung, direkte Methode **16** 32f.
- Ermittlung, Fremdvergleichsgrundsatz **16** 30
- Ermittlung, Fremdvergleichspreis **16** 31
- Ermittlung, gemischte Methode **16** 35
- Ermittlung, indirekte Methode **16** 34f.
- Ermittlung, Nicht-DBA-Staat **16** 30
- Gewerbesteuer **16** 38
- passive Einkünfte § 8 AStG **16** 40
- Progressionsvorbehalt **16** 39

Fette Zahlen = Kapitel

- Steueranrechnung **16** 41f.
inländische Betriebsstätte
- Besteuerung **16** 135
- Kapitalertragsteuerabzug **16** 135
- Steuersatz **16** 135
Betriebsstättenfiktion
gewerbesteuerliche Organschaft **13** 160
Betriebsstättengründung
Inboundinvestition **16** 132
Outboundinvestition **16** 6f.
Betriebsstättenverlust
Betriebsstätte, ausländische
- Abzugsfähigkeit **16** 36
- Abzugsfähigkeit Nicht-DBA-Land **16** 45
Betriebsstätte, inländische **16** 136
Betriebsteil
Spaltung auf Kapitalgesellschaft **14** 258
Betriebsübergang
Mitarbeiterbeteiligung **23** 91f.
Betriebsüberlassungsvertrag
Innenpacht **13** 209
Vertragskonzern **15** 112
Betriebsunternehmen
Betriebsaufspaltung **12** 176f.
Betriebsveräußerung
Einkommensteuertarif **12** 183
Tarifbegünstigungen **12** 130f.
Betriebsvereinbarung
Mitarbeiterbeteiligung **23** 73f.
Betriebsvermögen
Arten **12** 115f.
Beweislast
Vorstandshaftung **6** 141
Vorstandskündigung **6** 67
Vorstandssuspendierung **6** 59
Bewertung
Aktiva **11** 50f.
Ausgliederung auf Kapitalgesellschaft **14** 321f.
Derivate **11** 111f.
Finanzinstrumente **11** 109f.
Passiva **11** 150f.
Verfahren
- Festbewertung **11** 102
- Gruppenbewertung **11** 103
- Lifo-Verfahren **11** 106
- Verbrauchsfolgeverfahren **11** 101
Bewertungswahlrechte
Verschmelzung AG auf AG **14** 63
Bewertung und Kursbildung
Emissionspreisfindung **24** 101ff.
Unternehmensbewertung **24** 2ff.
Bewertungskosten
Betriebsausgaben, nichtabziehbare **12** 42
nicht abzugsfähige Betriebsausgaben **12** 119
Bezugserklärung
Kapitalerhöhung, bedingte **9** 63
Bezugspreisfestsetzung
Börsengang
- Vorstand **25** 170
- Zustimmung Aufsichtsrat **25** 170

Magere Zahlen = Randziffern

Bezugsrecht
Aktionär **13** 613
Altaktionäre bei Kapitalerhöhung
 21 101
Aufforderung **9** 39
Börseneinführung durch Kapitalerhöhung
 21 194 f.
Börseneinführung Tochtergesellschaft
– Bezugsrecht Aktionäre Muttergesellschaft
 25 172
junge Aktien bei Kapitalerhöhung **4** 79 f.
Kapitalerhöhung, bedingte **9** 55, 69
Kapitalerhöhung gegen Einlage
– Ausgabebetrag **9** 39
– Berechtigte **9** 38
– Bezugsrechtsaufforderung **9** 39
– Gleichbehandlungsgebot **9** 36 f.
– steuerliche Behandlung **9** 40
– Vorzugsaktionäre **9** 38
Kapitalmaßnahmen
– KGaA **9** 201
Mitarbeiterbeteiligung
– Aufteilung und Ausgabebetrag
 23 32 ff.
– neue Aktien aus bedingtem Kapital
 23 25 ff.
Optionsanleihen **9** 183
umgekehrtes B.
– Erwerb eigene Aktien **3** 162
Vorerwerbsrecht Aktionäre Muttergesellschaft **25** 172
Wandelanleihen **9** 183
Wandelschuldverschreibung **9** 177
Zeichnungsüberhang **9** 23
Bezugsrechtsaufteilung
Erhöhungsbeschluss
– Kapitalerhöhung, bedingte **9** 60
Bezugsrechtsaushöhlung
Hauptversammlungszustimmung **5** 26
Bezugsrechtsausschluss
Berichtspflichten Vorstand
– Ausgabebetragsbegründung **5** 121
– Begründung **5** 121
– materielle Rechtfertigung **5** 121
Börsengang
– erleichterter B. **25** 167
– Mehrerlösklausel **25** 169
– sachliche Rechtfertigung **25** 167
– Zulässigkeit **25** 167 f.
erleichterter B. **9** 45
genehmigtes Kapital **21** 239
Kapitalerhöhung gegen Einlage
– erleichterte **9** 45
– Hauptversammlungsbeschluss **9** 41
– Missbrauchskontrolle **9** 44
– Voraussetzungen **9** 43 f.
Kapital, genehmigtes
– Notwendigkeit **9** 88
– Schriftform **9** 88
– Siemens/Nold-Entscheidung **9** 86 f.
– Vorstandsbericht **9** 88
sachliche Rechtfertigung **9** 89 f.

Bezugsrechtsausschluss bei genehmigtem Kapital
Berichtspflichten Vorstand
– Barkapitalerhöhung **5** 122
– Sachkapitalerhöhung **5** 122
Bezugsrechtsausschluss bei Veräußerung eigener Aktien
Berichtspflichten Vorstand
– 10%-Grenze **5** 124
– Ermächtigungsbeschluss **5** 124 f.
Bezugsverhältnis
Erhöhungsbeschluss
– Kapitalerhöhung, bedingte **9** 60
Bilanz
Ausweisregeln, spezielle **10** 52 f.
– Eigenkapitalausweis **10** 52
– Gewinnrücklagen **10** 54
– Grundkapital **10** 52
– Kapitalrücklage, Veränderungen **10** 53
Gliederungsvorschriften **10** 19
Jahresabschluss börsennotierte AG **26** 35
Rechnungsabgrenzungsposten **10** 18
Schulden **10** 17
Verbindlichkeitsrückstellungen **10** 17
Vermögensgegenstände **10** 16
Vermögenslage **10** 15
Bilanzänderung
Steuerbilanz **11** 169 f.
Bilanzberichtigung
Steuerbilanz **11** 170 f.
Bilanzeid
Zulassungsfolgepflichten
– regulierter Markt **22** 23
Bilanzgewinn
Gewinnverteilungsmaßstab
– abweichende Gewinnverteilungsabreden
 10 130 f.
– Aktiengattungen **10** 130
– gesetzliche Regelung **10** 129
– Tracking Stocks **10** 131
– Vorzugaktien **10** 133
Verwendungsbeschluss
– Gewinnverteilungsmaßstab **10** 129 f.
– Hauptversammlung **10** 121 f.
– Rechtsfolgen unwirksamer **10** 134
– Zuständigkeiten **10** 120 ff.
Zugriffsgrenze Vermögenserhaltung **8** 10
Bilanzgewinnverwendung
Hauptversammlungskompetenz **5** 10 f.
Bilanzierung s. a. Anschaffungskostenbilanzierung
Aktionärsdarlehen **8** 145 f.
Ausgliederung auf Kapitalgesellschaft
 14 312 f.
Ausgliederung auf Personengesellschaft
 14 332
eigene Aktien **3** 168 f.
Einlagerückgewähranspruch **8** 77 f.
Formwechsel AG in GmbH **14** 217
Formwechsel AG in Personengesellschaft
 14 233
Gesellschafterdarlehen **8** 145 f.
Rangrücktritt **8** 146

2033

Bilanzierungshilfen

Fette Zahlen = Kapitel

Rechtsformwahl **1** 91 f.
REIT AG **29** 43 f.
Spaltung auf Kapitalgesellschaft
– Aktionäre **14** 278
– Kapitalgesellschaft, übernehmende **14** 277
– Übertragende AG **14** 275 f.
Spaltung auf Personengesellschaft **14** 306
Überführung von Wirtschaftsgütern
– Betriebsstätte, ausländische **16** 23
übertragende AG
– Spaltung auf Kapitalgesellschaft **14** 275 f.
Verschmelzung AG auf AG
– Anschaffungskosten **14** 56 ff.
– Buchwertverknüpfung **14** 56, 61 ff.
– Eröffnungsbilanz **14** 50
– Vermögensübergang, Zeitpunkt **14** 51
– Verschmelzung durch Aufnahme **14** 50
– Verschmelzungsstichtag **14** 53
– Verschmelzung zur Neugründung **14** 50
– Übernahmebilanz **14** 50
Verschmelzung AG auf GmbH **14** 133
Verschmelzung AG auf Personengesellschaft **14** 162
Vorstandspflichten **6** 16
Zuzug AG ins Inland **16** 153
Bilanzierungshilfen
Aktivierungswahlrechte **11** 29
Aufwendungen für die Ingangsetzung und Erweiterung des Geschäftsbetriebs **11** 29
IFRS **11** 44 f.
latente Steuern **11** 29
Überschuldungsbilanz, Ansatz **17** 31
Bilanzpolitik
börsennotierte AG **26** 43
BilMoG
Abschreibungen **11** 93 f.
Änderungsüberblick **10** 31 ff.
Ansatz Verbindlichkeiten **11** 158 f.
Audit Committee **10** 157 f.
– Anforderungen **10** 158
– Qualifizierung **10** 157
Bewertung Vermögensgegenstände **11** 61 f.
Derivate **11** 113 f.
eigene Anteile **11** 35 f.
Entsprechungserklärung Corporate Governance **10** 145
Finanzinstrumente **11** 113 f.
Firmenwertabschreibung **11** 93
imaterielle Vermögensgegenstände **11** 32 f.
Konzernabschluss **11** 199
latente Steuern **11** 125 f.
Maßgeblichkeitsprinzip **10** 105 f.
Neuregelungen **11** 32 f.
Pensionsrückstellungen **11** 158 f.
Rechnungslegungsvorschriften **11** 7 f.
Rückstellungen **11** 148
Stärkung Informationsfunktion **10** 31 ff.
Teilwertabschreibung **11** 94 f.
Vorstandshaftung **6** 132
Vorstandspflichten **6** 106

Zeitbewertung Vermögensgegenstände **11** 64 f.
Zielsetzung **10** 31 ff.
Bindungsklauseln
Mitarbeiterbeteiligung **23** 86 f.
Black-Out-Periode
Börsengang **25** 46
Blind Stock s. *Virtuelle Aktien*
Börseneinführung s.a. *Börsengang*
beteiligte Parteien **22** 92 ff.
– Emittent **22** 96 f.
– Konsortialführer **22** 92, 98 f.
– Rechtsanwälte **22** 100 f.
– spezialisierte Berater **22** 92
– Wertpapierbörse **22** 93 f.
beteiligte Personen
– Notar **22** 107
– Public Relations-Berater **22** 104 f.
– Rechtspfleger **22** 107
– Richter **22** 107
– sonstige Personen **22** 107 f.
– Wirtschaftsprüfer **22** 102 f.
Emissionskonzept **22** 118
– Aktienplatzierung **22** 118
– Angebotsstruktur **22** 117
– Emissionsstruktur **22** 117
– Equity Story **22** 112
– Factbook **22** 112
– gesellschaftsrechtliche Ausstattung **22** 115
– Internetplatzierung **22** 118
– Investment Care **22** 119
– Konsortialführer **22** 113
– Marktgesichtspunkte **22** 116
– Marktsegmentauswahl **22** 116
– Privatplatzierung **22** 116
Finanzdrucker **22** 109
Geschäftsbereich **21** 207 f.
Handelsregistereintrag **22** 108
Holdinggesellschaft **22** 132
Investor Relations-Berater **22** 111
KGaA **22** 122 f.
REIT AG **29** 50
Sicherung Altaktionärsrechte **22** 120 f.
– Anteilsbesitzreduzierung **22** 120
– Aufsichtsratsstärkung **22** 136
– einfache Kapitalmehrheit **22** 121
– Entsenderechte Aufsichtsrat **22** 134 f.
– Holdinggesellschaft **22** 133
– Höchststimmrechte **22** 137
– KGaA **22** 122 f.
– Mehrstimmrechte **22** 137
– Stimmbindungsvertrag **22** 132
– vinkulierte Namensaktien **22** 126 f.
Stimmbindungsvertrag **22** 132
Stimmrechtslose Vorzugsaktien **22** 128 f.
Tochtergesellschaft **21** 207 f.
vorbereitende Maßnahmen **1** 20
Vorstandsbüro **22** 110
Börseneinführung durch Kapitalerhöhung
Bezugsrechtsverzicht Aktionäre **21** 194 f.
Börseneinführung KGaA
vorbereitende Maßnahmen **1** 20

Magere Zahlen = Randziffern

Börsengang

Börseneinführungsvertrag
Vereinbarungen 25 104
Börsengang
Aktienbeschaffung 21 192 f.
Altgesellschafter
– Absicherungsmaßnahmen 21 290
Arbeitsrecht 21 277
Aufsichtsratsbesetzung 21 276
Aufsichtsrats-Geschäftsordnung 21 271
bedingtes Kapital
– Akquisitionsdurchführung 21 237
– Höchstgrenze 21 237
Bezugsrecht 21 194 f.
Billigungsverfahren
– Bürobericht 25 34
– Pilot Fishing 25 35
– Wertpapierprospekt 25 34
Black-Out-Periode 25 46
D & O-Versicherung 21 247 f.
Delisting 28 1 ff.
Dual Track Verfahren 25 33
Eigenkapitalaufnahme
– Gesellschafterebene, steuerliche Auswirkungen 20 49
– steuerliche Auswirkungen 20 48 f.
Einflussverlust Altgesellschafter 20 36 f.
Emissionsplanung
– Prospekterstellung 25 39
– Vertragsdokumentation 25 39
– Übernahmevertrag Konsortialbanken 25 40
Emissionspreisfindung 24 101 ff.
Entry Standard 20 2
Erwerb eigener Aktien 21 241 f.
– Aktivierungspflicht 21 243
– Anschaffungsgeschäft 21 243
– Anzeigepflichten 21 241 f.
– Vorstandsermächtigung 21 241
Exitlösung 20 19
Familiengesellschaft, Nachfolgeregelung 20 20
Folgepflichten 20 54 f.; 25 48 f.
– Emittentenverpflichtungen 20 59
– Insiderinformationen 20 56
– Insiderrecht 20 55 f.
– Mitbestimmung 20 60
– Stimmrechtsanteilsveränderung, Mitteilungspflichten 20 58
– Unternehmensregister 20 59
– Zulassung Aktien 20 59
gemeinsamer B. 21 212 f.
genehmigtes Kapital
– Bezugsrechtsausschluss 21 239
– Höchstgrenze 21 238
Gewinnverteilung und Gewinnverwendung 21 244
Güterstandsregelungen 21 327 f.
Haftpflichtversicherung 21 247 f.
Hauptversammlung-Geschäftsordnung 21 272 f.
IPO Roll-ups 21 212 f.
Kapitalausstattung vor Börsengang 21 90 f.

Kapitalmarktfähige Satzung 21 214 ff.
Konsortialführer
– Mehrzuteilungsoption 25 47
Kosten 20 50 f.
– einmalige 20 51
– laufende Folgekosten 20 52
Kreditwürdigkeit, Zunahme 20 14
Mitarbeitergewinnung 20 17 f.
Mittelzuflusseinbeziehung
– Wachstumsunternehmen 24 109
Musterprojektzeitplan 25 27
Nachteile
– Altgesellschafter, Einflussverlust 20 8, 36 f.
– Mitteilungspflichten 20 8, 56 f.
– Publizitätspflichten 20 8, 31 f.
neuer Markt 20 2
Open Market 20 2
Ort der Hauptversammlung 21 245
Privatplatzierung 22 82 f.
– Deutschland 22 83 f.
– USA 22 87 f.
Prognosehorizont
– Wachstumsunternehmen 24 111
Projekt- und Zeitplan 25 26 ff.
– börsenfähige Satzung 25 29
– Emissionsplanung 25 30 f.
– gesellschaftsrechtliche Maßnahmen 25 28 f.
– Herstellung der Börsenreife 25 28 f.
– Schaffung bedingtes Kapital 25 29
– Schaffung genehmigtes Kapital 25 29
Rechnungswesen 21 278 f.
Registergericht
– Eintragung Kapitalerhöhungsdurchführung 25 38
REIT 20 24
REIT AG 29 57 f.
Risikomanagement
– Frühwarnsystem 21 275
– Überwachungssystem 21 274
Spin-off 20 20
Steuern 20 38 f.
Übertragbarkeit Aktien 20 15
Umstrukturierungen 21 200 f.
– Geschäftsbereiche 21 207 f.
– Holding-Errichtung 21 204
– Holdingstrukturbereinigung 21 205 f.
– Holding-Umstrukturierung 21 205 f.
– Tochtergesellschaft 21 207 f.
Unternehmensbewerter
– Argumentationsfunktion 24 11
– Beratungsfunktion 24 11
– Emissionspreisfindung 24 11
Unternehmensbewertung
– Discounted-Cash-Flow-Methode 24 19 f.
– Ertragsverfahren 24 13 f.
– Kombinationsmethoden 24 18 f.
– Methoden 24 13 ff.
– Multiplikator-Verfahren 24 22 f.
– Substanzwertverfahren 24 14 f.

2035

Börsengangdokumentation

Fette Zahlen = Kapitel

Verbreiterung Eigenkapital- und Liquiditätsbasis **20** 12 f.
verdeckte Gewinnausschüttung **21** 193
Vermeidung konfiskatorische Besteuerung **21** 310 ff.
Vorstandsbesetzung **21** 276
Vorstands-Geschäftsordnung **21** 269 f.
Vorteile
- Erhöhung Bekanntheitsgrad Unternehmen **20** 7, 23
- Mitarbeiterbeteiligungsprogramme **20** 7, 17 f.
- Spin-off **20** 7, 20 f.
- Unternehmensanteilsübertragung **20** 7, 15 f.
- Verbreiterung Eigenkapitalbasis **20** 7, 12 f.
vorweggenommene Erbfolge **21** 302 f.
Wertpapierprospekt **20** 32
Zugang zu Eigenkapital **20** 13
Zulassungsverfahren
- Freiverkehr **25** 15 ff.
- General Standard **25** 13 ff.
- regulierter Markt **25** 3 ff.
- Vorprüfungsverfahren **25** 33 f.
Börsengangdokumentation
ausländische Emittenten **25** 193 f.
- Erleichterungen **25** 193
- Prospekterstellung auf Englisch **25** 196
- Zusatzinformationen **25** 193
Börseneinführungsvertrag **25** 104
Comfort Letter
- Inhalt Deutschland **25** 137 f.
- Inhalt USA **25** 141 f.
Disclosure Letter
- Börseneinführung, internationale **25** 125
- einschränkende Formulierung **25** 128
- Grundlage **25** 126
- Management Interviews **25** 127
- Verkaufsprospekt, unvollständiger **25** 126
gesellschaftsrechtliche Dokumente und Maßnahmen **25** 165 ff.
- Aktiensplit **25** 165
- Bezugspreisfestsetzung Bookbuildingverfahren **25** 170
- Bezugspreisfestsetzung, Vorstand **25** 170
- Bezugspreisfestsetzung, Zustimmung Aufsichtsrat **25** 170
- Bezugsrechtsausschluss, Altaktionäre **25** 167 f.
- Geschäftsführungsmaßnahmen **25** 171
- Hauptversammlungsbeschluss **25** 171
- Mehrzuteilungsoption **25** 173
- Muttergesellschaft, Vorerwerbsrecht **25** 172
- nachgründungspflichtige Vorgänge **25** 165
- Satzungsinhalte **25** 166
- verdeckte Gewinnausschüttung **25** 165
- verschleierte Sacheinlage **25** 165
- Vorerwerbsrecht Börseneinführung Tochtergesellschaft **25** 172

Konsortialführerauswahl
- aufschiebende Bedingungen **25** 60
- Auswahlkriterien **25** 54
- Haftungsregelung **25** 59
- Kostenerstattung **25** 57
- Marktschutzvereinbarung **25** 58
- Provisionsvereinbarung **25** 57
Konsortialvertrag **25** 153 ff.
Legal Opinion
- aufschiebende Bedingung im Übernahmevertrag **25** 118
- Einschränkungen, Umfang **25** 123
- gesellschaftsrechtliche Stellungnahme **25** 118
- Gutachtenumfang **25** 121
- Gutachten zu Rechtsfragen **25** 122
- Standardisierung **25** 118
- Untersuchungsannahme **25** 120
- Untersuchungsumfang **25** 119
Mandatsvereinbarung **25** 54 f.
- Konsortialführerauswahl **25** 54
Marktschutzvereinbarung **25** 161 f.
Prospekt **25** 105 ff.
Prospekthaftung **25** 201 ff.
Publizitätsrichtlinien **25** 183 f.
- Deutschland **25** 184 f.
- USA **25** 186 f.
Research-Richtlinien **25** 176 f.
- Deutschland **25** 179 f.
- Erstellung und Verteilung **25** 176
- Inhalte **25** 177 f.
- Swot-Analyse **25** 177
- USA **25** 181 f.
- Unternehmensbewertung **25** 178
- Verfahrensregelungen **25** 178
- Verteilung **25** 178
sonstige Maßnahmen **25** 165 ff.
Übernahmevertrag Konsortialführer **25** 61 f.
Börsengangvorbereitung
Börsenplatzauswahl **22** 2, 3 ff.
Going Public **22** 1
Grundkapitalerhöhung **21** 186 ff.
Marktsegmentauswahl **22** 3 ff.
Börsengang, Vorfeldmaßnahmen
Rechtsformwahl **21** 10 f.
Vorbereitungsmaßnahmen **21** 2 f.
Börsenkapitalisierung
inländische Unternehmen **20** 3
Börsennotierte AG
Ad-hoc-Publizität **26** 230 ff.
aktienrechtliche Besonderheiten
- Aufsichtsrat, Mitgliedschaft in anderen Kontrollgremien **26** 18
- Aufsichtsratssitzungen, Anzahl **26** 17
- Entsprechenserklärung **26** 21
- Gewinnrücklagen **26** 16
- Niederschrift Hauptversammlungsbeschluss **26** 19
- Sonderbestimmungen AktG **26** 15 f.
- Stimmrechtsausübungsverbot bei wechselseitiger Beteiligung **26** 24

2036

Magere Zahlen = Randziffern

– Stimmrechtsbeschränkung **26** 20
Anteilswertermittlung **20** 46
Aufsichtsrat
– Aufgaben **21** 22 f.
– Kontroll- und Überwachungsorgan **21** 22 f.
– Rechte **21** 22 f.
Begriffsbestimmung **26** 3 f.
– Auslandsnotierung **26** 4
– Freiverkehr **26** 4
– handelsrechtliche Vorschriften **26** 6 f.
– organisierter Markt **26** 5
– regulierter Markt **26** 4
– wertpapierrechtliche Mitteilungspflichten **26** 5
– Zulassungsantrag **26** 9
Bilanzpolitik **26** 43
Börsengangfolgen
– Aktionärsbrief **26** 2
– Börsenordnung **26** 1
– Finanzanalystentreffen **26** 2
– Investor-Relations-Maßnahmen **26** 2
– Presseveröffentlichungen **26** 2
– rechtliche Rahmenbedingungen **26** 1 f.
– Road Shows **26** 2
Börsennotierung **1** 11
Börsenordnung **26** 1 f.
börsenrechtliche Regelpublizität **26** 80 ff.
faktischer Konzern
– Berichtspflichten **1** 70
Hauptversammlung **21** 26 f.
Insiderverzeichnis **26** 260 f.
Insiderüberwachung **26** 200 ff.
internationale Rechnungslegung **26** 48 ff.
Kompetenzverteilung **21** 15 f.
Konzernverbund
– Melde- und Mitteilungspflichten **1** 69
Marktmanipulationsverbot **26** 270 f.
Marktwert Aktie **1** 11
Mitteilung Anteilsbesitz **26** 170 ff.
Offenlegungspflichten **20** 35
Organe **21** 15 f.
Publikumskapitalgesellschaft **1** 11 f.
Publizität nach HGB
– Bilanzpolitik **26** 43 f.
– Jahresabschluss **26** 35
– Konzernabschluss **26** 36 f.
– Offenlegung Jahresabschluss **26** 38 f.
– Offenlegungspflichten **26** 34
– Offenlegungsumfang **26** 34
– Sanktionen bei Verletzung Offenlegungspflichten **26** 41 f.
Publizitätsanforderungen **1** 13, 13 f.; **20** 31 f.
Publizitätspflichten
– amtlicher Handel **1** 15
– Freiverkehr **1** 15
– geregelter Markt **1** 15
– Quartalsberichte **1** 13
Publizitätsübersicht **26** 275
Rechnungslegungsgrundsätze
– große Kapitalgesellschaft **26** 30
– Jahresabschlussprüfung **26** 33

Börsenordnung

Verbot Insiderhandel **1** 14
Verkehrsfähigkeit Aktie **1** 11
Verletzung Offenlegungspflichten, Sanktionen
– KapCoRiLiG **26** 41
– Registergericht, Möglichkeiten **26** 41
– Zwangsgeld **26** 42
Veröffentlichung Jahresabschluss
– Unternehmensregister **26** 38
Veröffentlichungspflichten **1** 13 f.; **20** 33
Vorstand **21** 16 f.
– Aufsichtsratszustimmung **21** 18
– Geschäftsführung und Vertretung der AG **21** 16
– Geschäftsordnung **21** 18
– Vertretungsmacht **21** 17
Zulassungsfolgepflichten **1** 13; **26** 80 ff.
Zulassungsvoraussetzungen **1** 12
Börsennotierte kapitalistische KGaA
Gestaltungspraxis **21** 56 f.
– Ausschluss Zustimmungsrechte Kommanditaktionäre **21** 56
– Erhöhung und Umwandlung Einlage in Aktien **21** 60
– Folgerungen für personalistische KGaA **21** 64 f.
– Personalkompetenz **21** 57, 59
– Zustimmungsvorbehalte Aufsichtsrat **21** 59
– Zustimmungsvorbehalt Komplementäre **21** 57
Minderheitenherrschaft, Verhinderung **21** 53 f.
Satzungskontrolle **21** 63
Börsennotierte KGaA
Aufsichtsratsfunktion **21** 43 f.
Börsenordnung **26** 1 f.
dualistische Gewinnermittlung **21** 48
dualistische Struktur **21** 29
Finanzverfassung und Steuern **21** 48 f.
Gestaltungsoptionen **21** 46 f.
– Komplementärabberufung **21** 46
– Komplementärbestellung **21** 46
– Komplementäreinlagenerhöhung **21** 46
Hauptversammlung Kommanditaktionäre **21** 41 f.
Kompetenzverteilung **21** 36 f.
Komplementär
– Aufnahme neuer Komplementäre **21** 39
– Einlagenumwandlung in Kommanditaktien **21** 40
– Erhöhung Einlage **21** 40
– Geschäftsführung und Vertretung **21** 37 f.
– Selbstorganschaft **21** 37
Komplementärhaftung **21** 30
Mitbestimmung **21** 50 f.
Organe **21** 36 f.
Börsennotierte Unternehmen
internationaler Vergleich **20** 4
Börsenordnung
börsennotierte AG
– Börsengangfolgen **26** 1 f.

2037

Börsenplätze, ausländische Fette Zahlen = Kapitel

Börsenplätze, ausländische
Euronext N. V. **22** 51
LSE **22** 50
NASDAQ **22** 50
NASDAQ Europe **22** 50
NYSE **22** 50
Zulassungsvoraussetzungen **22** 52 f.
Börsenplatzauswahl
Börsengangvorbereitung **22** 3 ff.
Börsennotierung im Ausland
22 50 ff.
Dual Listing **22** 68 f.
Emissionsplanung **25** 31
LSE **22** 63 f.
Multiple Listing **22** 68 f.
NYSE **22** 59 ff.
Börsenrechtliche Regelpublizität
börsennotierte AG **26** 80 ff.
Börsenzulassung
Zulassungsfolgepflichten **26** 80 ff.
Börsenzulassungsprospekt s. a. *Prospekt*
Aktienzulassung geregelter Handel
25 106 f.
Börsenzulassungsverfahren
Bürobericht **25** 34
Bonus-Aktien
Anschaffungskosten **13** 657
Bookbuilding-Verfahren
Aktienzeichnung **25** 36
Aktienzuteilung **25** 38
Emissionspreisfestsetzung **25** 36
Bruchteilsgemeinschaft
Hauptversammlungsteilnahme **5** 147
Buchführung
Vorstandspflichten **6** 16
Buchsanierung
Kapitalherabsetzung **17** 95
Buchwertansatz
Ausgliederung auf Kapitalgesellschaft
14 321
Ausgliederung auf Personengesellschaft
14 337
Rücküberführung Wirtschaftsgüter
– Betriebsstätte, ausländische **16** 48
Sacheinlagen **9** 35
Verschmelzung AG auf AG **14** 80 f.
– mit Gegenleistung **14** 80
– ohne Gegenleistung **14** 81
– schädliche Gegenleistung **14** 82
Buchwertaufstockung
Bilanzierung Aktionär Überträgerin
– Verschmelzung AG auf AG **14** 64
Verschmelzung AG auf Personengesell-
schaft **14** 166 f.
Buchwerte
Beteiligung an ausländischer Personen-
gesellschaft **16** 57
Buchwerteinbringung
Kapitalkonsolidierung **11** 213
Buchwertmethode
Verschmelzung AG auf AG
– Ansatzwahlrechte **14** 363

Buchwertprivileg
Verschmelzung AG auf AG **14** 74
Buchwertverknüpfung
Verschmelzung AG auf AG
– Bewertungswahlrechte **14** 63
– Verschmelzung mit Kapitalerhöhung
14 61
– Verschmelzung ohne Kapitalerhöhung
14 62
– Verschmelzungsverlust **14** 62
Bürobericht
Börsenzulassungsverfahren **25** 34
**Bundesamt für Finanzdienstleistungs-
aufsicht** s. *BAFin*
Bundesanzeiger
Gründung AG nach AktG **2** 148
Hauptversammlungseinberufung, Bekannt-
machung **5** 95
Business judgement rule
Vorstandshaftung **6** 132

Cadbury-Schweppes-Schutz
Hinzurechnungsbesteuerung
13 331 f.
Call
Unternehmensverkauf, Steuergestaltung
13 531
Cash-Pool
Einlagerückgewähr, verdeckte **8** 48
Cash-Pool-Systeme
Einlagerückgewährverbot **8** 28 f.
Centros-Entscheidung 1 43
Comfort Letter
Börsengangdokumentation
– Inhalt Deutschland **25** 137 f.
– Inhalt USA **25** 141 f.
Deutschland
– Analyse Vermögens- und Ertragslage
25 137 f.
– Bestätigungsvermerk Wirtschaftsprüfer
25 138
Due Diligence **24** 204
Funktion
– Prüfungshandlung durch Wirtschaft-
prüfer **25** 144
Haftung
– Wirtschaftsprüfer **25** 146 f.
USA
– Inhalt **25** 141 f.
– Representation Letter **25** 142
Comparable uncontrolled price method
s. *Preisvergleichsmethode*
Compliance System
Audit Commitee **10** 155
Control-Konzept
Konzernabschluss **11** 201 f.
Corporate Governance
Bindungswirkung **1** 8
kapitalmarktorientierte Unternehmen
10 138 f.
– Entsprechungserklärung **10** 138 f.
– Sorgfaltspflichten **10** 142

Magere Zahlen = Randziffern

Corporate Governance Kodex
Hauptversammlung **5** 4
Rechtsqualität **10** 67
Regelungen **10** 65 f.
Zielsetzung **10** 65 f.
Cost-plus-method s. Kostenaufschlagsmethode
Culpa in contrahendo
Vorstandshaftung **6** 154

D & O-Versicherung
Anstellungsvertrag Vorstand **6** 38
Aufsichtsratsvergütung **5** 14
Börsengang **21** 247 f.
Dachfonds
Dividendenbesteuerung **4** 157
Darlehen
Einlagerückgewähr, verdeckte **8** 48
Data Room
Due Diligence **24** 199
Dauernde Last
Ermittlung Gewerbeertrag **12** 221
Dauerschulden
Ermittlung Gewerbeertrag **12** 219
DAX
Aktienindex **22** 4
DBA-Land
Beteiligung an ausländischer Personengesellschaft
– Outbound, Besteuerungsrecht **16** 53
Betriebsstättenbesteuerung **16** 36 f.
Outbound, Besteuerung inländischer Gesellschafter
– Sonderbetriebsausgaben **16** 66 f.
– Sonderbetriebseinnahmen **16** 66 f.
Rücküberführung Wirtschaftsgüter
– Betriebsstätte, ausländische **16** 48
Dealing-at arm's-length-Prinzip
Betriebsstättenbesteuerung **12** 275
Delisting
Barabfindungsangebot
– gerichtliche Überprüfung **28** 39 f.
– Höhe **28** 60
– Minderheitsaktionär **28** 39 f.
– Pflicht zur Abgabe **28** 59
Folgen **28** 5
freiwilliges Delisting **28** 2
gesellschaftsrechtliche Gestaltungsmöglichkeiten **28** 50 f.
– Aufspaltung **28** 55 f.
– Barabfindungsangebot **28** 59 ff.
– Eingliederung **28** 57
– Formwechsel **28** 54
– Going Private Merger **28** 51
– Inhaltskontrolle **28** 61
– kaltes Delisting **28** 50
– Vermögensübertragung **28** 58
– Verschmelzung **28** 51 f.
gesellschaftsrechtliche Voraussetzungen
– Aktionärsinteresse **28** 26
– Barabfindungsangebot **28** 21 f., 35 f.
– Berichts- und Prüfungspflicht **28** 29 f.
– Gesellschaftsinteresse **28** 26

Differenzhaftung

– Gesellschaftszweck **28** 26
– Hauptversammlungszustimmung, **28** 28
– Inhaltskontrolle **28** 32 f.
– Mehrheitserfordernis **28** 28
– Rechtsschutz **28** 42 f.
– Vorstandsbericht **28** 30
– Zustimmung Hauptversammlung **28** 23
– Zuständigkeit Hauptversammlung **28** 22 f.
Gründe **28** 4
kaltes Delisting **28** 50
kapitalmarktrechtliche Regelungen
– Anlegerschutz durch Börsenordnung **28** 12 f.
– Anlegersicherung **28** 11
– Antrag **28** 15
– Antrag Beendigung Aktienzulassung **28** 10
– Fristen Widerruf **28** 17
– Gesetzliche Grundlagen **28** 10 f.
– Marktentlassungsverfahren **28** 11
– Prüfungsumfang **28** 16
– Rechtsschutz Aktionär **28** 20
– Rechtsschutz Emittent **28** 18 ff.
– Verfahren **28** 15 f.
– Verwaltungsakt **28** 15
– Verzichtserklärung **28** 11
– Widerruf Börsenzulassung **28** 13
– Wirksamwerden des Widerrufs **28** 17
Rechtsschutz
– Anfechtungsklage **28** 42
– Anwendung **28** 44
– Segmentwechsel **28** 44
– Teilrückzug **28** 44
– Totalrückzug **28** 44
– Unterlassungsklage **28** 43
Teilrückzug **28** 1
Totalrückzug **28** 1
von Amts wegen **28** 2
Widerruf **28** 13
Depotübertragung
Aktien **4** 144 f.
Derivate
Bewertung **11** 111 f.
Bilanzierung nach IFRS **11** 115
Fair-Value-Bewertung **11** 115
Mitteilungspflichten Vorstand **6** 107
Derivativer Firmenwert
BilMoG **11** 32
Überschuldungsbilanz, Ansatz **17** 31
Deutsche Corporate Governance Kodex
Vorstand **6** 3
Deutsche Prüfstelle für Rechnungswesen
Enforcement-Verfahren **26** 60
Dienstleistungen
Verrechnungspreise **16** 232 f.
– Drittvergleichspreis **16** 233
– nicht verrechenbare Leistungen **16** 232
Dienstverhältnis
verdeckte Gewinnausschüttung **12** 53
Differenzhaftung
Sacheinlagen **9** 32
Überbewertung Sacheinlagen **2** 225

2039

Direkte Methode Fette Zahlen = Kapitel

Direkte Methode
Betriebsstättenergebnis, Ermittlung **16** 32 f.
Direktgeschäfte
Inbound, grenzüberschreitende **16** 126 f.
– Anrechnungsmethode **16** 130
– Besteuerung im Inland **16** 127
– Doppelbesteuerung **16** 130
– Freistellungsmethode **16** 130
– Pflichtveranlagung **16** 129
– Quellensteuer **16** 128
Outbound, grenzüberschreitende **16** 2 f.
– Anrechnungsmethode **16** 4
– Besteuerung im Ausland **16** 3 f.
– Doppelbesteuerung **16** 3
– Freistellungsmethode **16** 4
Direktversicherung
Vorstandsvergütung **6** 83
Disclosure Letter
Börsengangdokumentation **25** 126
– einschränkende Formulierung **25** 128
– Funktion **25** 130 f.
– Grundlage **25** 126
– Haftung **25** 133 f.
– Management Interviews **25** 127
Disclosure Opinion
Börsengangdokumentation
– Börseneinführung, internationale **25** 125
Discounted-Cash-Flow-Methode
Abweichungen Ertragswertverfahren **24** 86 f.
Cash-Flow-Orientierung **24** 86 f.
Cash-Flow-Prognose
– Gesamtwertermittlung **24** 90
– Investitionsausgaben **24** 69
Kapitalkostensatz
– Weighted average cost of capital **24** 88 f.
Unternehmensbewertung **24** 19 f.
– Cash-Flow-Rechnung **24** 19 f.
– Investitionsbewertung **24** 20
– Liquiditätsströme **24** 19
WACC-Verfahren
– Eigenkapitalkostensatz **24** 95
– Fremdkapitalkostensatz **24** 96
– Kapitalkostensatz **24** 90 f.
Dividende
Abgrenzung Kapitalrückzahlung **4** 135
Abschlagszahlung
– Einlagerückgewährverbot **8** 33 s.a. *Gutgläubiger Dividendenbezug*
Aktionär
– Abdingbarkeit **4** 77
– Gewinnanspruchsausschluss **4** 75 f.
– Gewinnanspruchsbeschränkung **4** 75 f.
– Verteilungsschlüssel **4** 76
– Zahlungsanspruch **4** 73
Belastungsvergleich mit Leistungsvergütung **4** 136
Besteuerung **4** 120 f.
Dividendenbesteuerung
Abgeltungsteuer **4** 124 f.
Abgrenzung Kapitalrückzahlungen **13** 28

Aktien im Betriebsvermögen
– Kapitalertragsteuer **4** 130
– Kirchensteuer **4** 130
– Teileinkünfteverfahren **4** 130
Aktien im Privatvermögen
– Abgeltungsteuer **4** 129
– Individuelle Veranlagung **4** 129
– Kirchensteuer **4** 129
– Wahlveranlagung zum individuellen Steuersatz **4** 129
– Wahlveranlagung zum pauschalen Steuersatz **4** 129
– Werbungskostenabzug **4** 129
– Zuschlagsteuern **4** 129
Ausländische Kapitalgesellschaft als Anteilseigner in inländischer Körperschaft **4** 166
Ausländische natürliche Person als Anteilseigner
– Abgeltungsteuer **4** 137
– Ausländische Betriebsstätte **4** 137
– Depot im Inland **4** 137
– Inländische Betriebsstätte **4** 137
– Teileinkünfteverfahren **4** 137
– Verdeckte Gewinnausschüttung **4** 137
Ausländische natürliche Person als Gesellschafter inländischer Personengesellschaft **4** 158
ausländische Personengesellschaft **4** 159
ausländische Spezialfonds **4** 159
Auslandsdividende unbeschränkt Steuerpflichtiger **4** 138
Auslandserträge durch inländischen Investmentfond **4** 160
Auslandserträge inländische Kapitalgesellschaft
– ausländische Dividenden **4** 167
– Gewerbesteuer **4** 167
– Steuerfreistellung **4** 167
– Welteinkommensprinzip **4** 167
Dachfonds **4** 157
Dividendenfreistellung Kapitalgesellschaften **13** 41 f.
Gewerbesteuer **4** 134
Inlandsgewinne AG **13** 9 f.
– abzugsfähige Aufwendungen **13** 20 f.
– Ausschüttungsbelastung **13** 14 f.
– gewerbesteuerpflichtige Anteilsigner **13** 26 f.
Investmentfonds **4** 156, 164
Kapitalgesellschaft als Aktionär
– Dividendenfreistellung **4** 161
– Gewerbesteuer **4** 163
– Kapitalertragsteuer **4** 161
– laufende Erträge **4** 161
– nichtabzugsfähige Betriebsausgaben **4** 161
– verdeckte Gewinnausschüttung **4** 161
Kapitalgesellschaft als Anteilseigner **13** 41 f.
KGaA **4** 165
Leistungsvergütungen, Vergleich **13** 30

2040

Magere Zahlen = Randziffern

Personengesellschaft als Aktionär
– Abgeltungsteuer **4** 151
– laufende Erträge **4** 151
– Teileinkünfteverfahren **4** 151
– Thesaurierungsbegünstigung **4** 154
Sachdividende **4** 133
Schachtelprivileg Gewerbesteuer **4** 134
Steuerausländer als Anteilseigner **13** 38 f.
– Halbeinkünfteverfahren **13** 39
– Leistungsvergütung **13** 40
– Teileinkünfteverfahren **13** 39
Teileinkünfteverfahren **4** 121 f.
– Anwendungsbereich **4** 122
– Systematik **4** 121
– Übergangsregelung **4** 123
verdeckte Gewinnausschüttung **4** 132
wesentlich beteiligter Gesellschafter **4** 131
Dokumentation
Verrechnungspreise **13** 311 f.
Dokumentationspflichten
Verrechnungspreise **16** 236 f.
– angewandte Methode **16** 239
– Beteiligungsverhältnisse **16** 239
– Funktions- und Risikoanalyse **16** 239
– grenzüberschreitende Geschäftsbeziehungen **16** 239
Doppelansässige Gesellschaft
Wegzug AG ins Ausland **16** 104
Zuzug AG ins Inland **16** 151, 154 f.
Doppelbesteuerung
grenzüberschreitende Direktgeschäfte **16** 3, 130
Methoden zur Vermeidung **12** 258 f.
– Anrechnungsmethode **12** 260
– Befreiungsmethode **12** 259
unilaterale Regeln **12** 261, 261 f.
– Anrechnung ausländischer Steuern **12** 261
– Anrechnungshöchstbetrag ausländische Steuern **12** 263 f.
– Betriebsstätteneinkünfte **12** 261
– Steuerabzug **12** 266
Wegzug AG ins Ausland **16** 108
Doppelbesteuerungsabkommen
Anwendungsbereich **12** 268 f.
Dividendenbesteuerung **12** 278 f.
– Quellenstaat **12** 278
– Wohnsitzstaat **12** 278
Einkünfte aus unbeweglichem Vermögen **12** 271
– Befreiungsmethode **12** 271
– Belegenheitsprinzip **12** 271
Gewinnberichtigungen **12** 277
internationales Schachtelprivileg **12** 280
Lizenzgebührenbesteuerung **12** 284
Normenkonkurrenz **12** 270
Unternehmensgewinnbesteuerung **12** 272 f.
– Ansässigkeitsstaat **12** 272
– Betriebsstättenstaat **12** 273
Veräußerungsgewinnbesteuerung **12** 286
Verständigungsverfahren **12** 287
Zinsbesteuerung **12** 282

Due Diligence

Doppelmitgliedschaftsverbot
Aufsichtsrat und Vorstand **7** 4
Überkreuzverflechtung **7** 4
Dotationskapital
Beteiligung an ausländischer Personengesellschaft **16** 57
Betriebsstätte, ausländische **16** 16 f.
– Barmittelausstattung **16** 17 f.
– Bemessung **16** 18
– Fremdvergleichsgrundsatz **16** 18
– Kapitalspiegeltheorie **16** 19
– Zuordnung von Wirtschaftsgütern **16** 20 f.
– Überdotierung **16** 18
Downstream-Merger
Verschmelzung AG auf AG **14** 87
Drei-Viertel-Mehrheit
Erhöhungsbeschluss
– Kapitalerhöhung, bedingte **9** 58
Hauptversammlung, Beschlussfassung **5** 22 f.
Hauptversammlungsbeschluss **14** 265
– Formwechsel AG in GmbH **14** 207
– Formwechsel AG in Personengesellschaft **14** 228
– Verschmelzung AG auf AG **14** 19
Kapitalerhöhung gegen Einlage
– Kapitalerhöhungsbeschluss **9** 13
Kapitalherabsetzungsbeschluss **9** 125
Verschmelzung AG auf AG
– Kapitalerhöhungsbeschluss **14** 17
Verschmelzung AG auf Personengesellschaft **14** 160
Vorstandsermächtigung
– Kapital, genehmigtes **9** 78
Drittelbeteiligungsgesetz
Mitbestimmungspflichtige AG **7** 18 f.
Dual Listing
Börsenplatzauswahl **22** 68 f.
Nachteile **22** 70 f.
Vorteile **22** 72 f.
Dual Resident
Wegzug AG ins Ausland **16** 104
Dual Track Verfahren
Börsengang **25** 33
Due Diligence
Auftraggeber
– Emissionsbank **24** 135
– Unternehmen **24** 135
Ausführung
– Betriebsbesichtigung **24** 200
– Gespräche **24** 200
– Schlussbesprechung **24** 201
– Unterlagensichtung **24** 200
– Vollständigkeitserklärung Management **24** 202
Auswertung
– Bericht **24** 203
– Comfort Letter **24** 204
– Executive Summary **24** 203
– Legal Opinion **24** 204
Begriff **24** 130 f.

2041

Durchgriffshaftung

Fette Zahlen = Kapitel

Durchführung
- Vorbereitungsphase **24** 197 f.
- Emissionsplanung **25** 42 f.

Gegenstand
- Gesamtunternehmen **24** 162 f.
- rechtliches Umfeld **24** 162
- Schwerpunktlegung **24** 162
- wirtschaftliches Umfeld **24** 162

organisatorische Due Diligence
- Berichtswesen **24** 194
- EDV-System **24** 194
- ISO-Zertifizierungen **24** 194
- Management-Handbuch **24** 194
- Organisationsstrukturbewertung **24** 194
- Risikokontrollsysteme **24** 194

Prospekthaftung
- Emissionsbanken **24** 143
- grobe Fahrlässigkeit **24** 139
- Hauptaktionäre **24** 142
- Nachforschungspflicht **24** 144 f.
- Nachforschungspflicht bei Verdachtsmomenten **24** 140
- Sorgfaltspflicht **24** 140
- Verschuldensmaßstab **24** 145

rechtliche Bedeutung **24** 137 f.
- Prospekthaftung **24** 138 f.
- Verhältnis Emissionsbank/Emittent/Hauptaktionär **24** 147 f.

rechtliche Due Diligence
- Arbeitsrecht **24** 181
- Garantieleistungen **24** 180
- geistiges Eigentum, Beurteilung **24** 182
- gesellschaftsrechtliche Verhältnisse **24** 178
- Gewährleistungsprüfung **24** 180
- Kapitalerhaltung **24** 179
- Vertragssituation **24** 180
- Vertragsstrafe **24** 180

rechtliche und steuerliche Due Diligence **24** 177 f.

steuerliche Due Diligence
- Anteilseignerstruktur **24** 188
- Konzernunternehmen, Rechtsgeschäfte **24** 187
- Lohnsteuerrisiken **24** 189
- Mantelkauf **24** 188
- Mitarbeiterbeteiligungen **24** 189
- Risikenüberprüfung **24** 184 f.
- Umstrukturierungen **24** 185
- Unternehmensentwicklung **24** 190
- Verdeckte Gewinnausschüttung **24** 186

technische Due Diligence
- Forschungs- und Entwicklungseinrichtungen **24** 175
- Lagerkapazitätenbeurteilung **24** 174
- Produktionsanlagenüberprüfung **24** 174
- Produktüberprüfung **24** 174 f.

Übernahmeangebot **27** 100 f.

Umwelt
- Risiken **24** 191
- Umwelt-Audit **24** 191 f.

Venture Capital **21** 117

Verhältnis Emissionsbank/Emittent/Hauptaktionär
- Einwand der Kenntnis **24** 148
- grobe Fahrlässigkeit **24** 151
- Letter of Engagement **24** 147
- Underwriting Agreement **24** 147
- Vertragsauslegung **24** 150
- Übernahmevertrag, Ausgestaltung **24** 149
- Übernahmevertrag, Zusicherungen **24** 151

Vertraulichkeit
- Abwerbeverbote **24** 153
- mehrstufiges Verfahren **24** 154
- Risikolage Unternehmensakquisition **24** 153
- Vertraulichkeitsvereinbarung **24** 153

Vorbereitungsphase
- Anforderungslisten **24** 199
- Checklisten **24** 198
- Data Room **24** 199
- Fragebögen **24** 198
- Grunddatenerfassung **24** 197
- Prüfungs- und Analyseschwerpunkte **24** 197

weiche Faktoren
- atmosphärische Faktoren **24** 195
- psychologische Faktoren **24** 195
- Unternehmenskultur **24** 195

wirtschaftliche Due Diligence **24** 163 f.
- Abhängigkeiten **24** 163
- Abnehmerabhängigkeit **24** 163
- Analyse Marktumfeld **24** 163
- Analyse Wettbewerbssituation **24** 163
- Beschaffungsseite **24** 163
- Exportquote **24** 163
- finanzielle Situation **24** 163 f.
- gesamtwirtschaftliche Rahmenbedingungen **24** 163
- Kundenabhängigkeit **24** 163
- Marktumfeld **24** 163
- Marktzutrittsschranken **24** 163
- Strategieabgleich **24** 163
- technische Abhängigkeit **24** 163
- Unternehmensabhängigkeiten **24** 163
- Wettbewerbsumfeld **24** 163

Ziele **24** 132 f.
- Börsenreifefeststellung **24** 132
- Prospekterstellung **24** 134
- Unternehmensbewertung **24** 133

Zulässigkeit, aktienrechtliche **24** 156 f.
- Berufsverschwiegenheit **24** 159
- Erwerbsinteressent **24** 156
- Geschäftsführungsmaßnahmen **24** 161
- Gleichbehandlungsgebot **24** 157
- Letter of Intent **24** 158
- Sorgfaltspflicht Vorstand **24** 157
- Verschwiegenheitspflicht **24** 157
- Verschwiegenheitspflicht, Ausnahmen **24** 158

Durchgriffshaftung
Unterkapitalisierung **8** 4

Magere Zahlen = Randziffern

Durchschnittsmethode
Girosammelverwahrung Wertpapiere 13 659
EBITDA
Zinsschranke **12** 36; **13** 251
EDV-Software
originäre immaterielle Wirtschaftsgüter 13 547
Eigene Aktien
Bilanzierung **3** 168 f.
Eigenerwerbsermächtigung
– Erwerbsvolumen **3** 158
– Erwerbszweck **3** 160
– Fristen **3** 157
– Gegenwertfestlegung **3** 158
– Handelsverbot Aktien **3** 160
– Hauptversammlungsbeschluss **3** 156 ff.
– Kettenbefristung **3** 157
– verdeckte Gewinnausschüttung **3** 158
Eigenerwerbszwecke
– Gründung **8** 25
– Kapitalerhöhung **8** 25
– Kurspflege **8** 24
Einziehungsermächtigung **3** 165
Erwerb
– Kapitalmarktrecht **3** 167
– Übernahmerecht **3** 166
Erwerbsverbot **3** 144
– Rechtsfolgen bei Verstoß **3** 170 f.
Erwerbsverbot, Ausnahmen
– Abfindung von Aktionären **3** 150
– Belegschaftsaktien **3** 148 f.
– Einkaufskommission **3** 151 f.
– Einziehung zur Kapitalherabsetzung **3** 154
– Erwerb zur Schadensabwehr **3** 146 f.
– Gesamtrechtsnachfolge **3** 153
– unentgeltlicher Erwerb **3** 151 f.
– Wertpapierhandel **3** 155
Erwerbszwecke
– Ausgliederung **3** 160
– Bedienung Aktienoptionen **3** 160
– Eigenkapitalrücknahme **3** 160
– Einziehung Aktien **3** 160
– Kurspflege **3** 160
Gleichbehandlungsgrundsatz bei Erwerb **3** 162 f.
– Andienungsanspruch Aktionär **3** 162
– umgekehrtes Bezugsrecht **3** 162
– Veräußerung, spätere **3** 163
Inpfandnahme **3** 176
Rechte **3** 173
Umgehungsgeschäfte **3** 174 f.
Weiterveräußerung **13** 627
Eigene Anteile
Rücklage für eigene Anteile **11** 192
– Auflösung **11** 192
– Einstellungen **11** 192
– Entnahmen **11** 192
Eigenkapital
Ausweis Eröffnungsbilanz **2** 412

Eigenkapitalzuführung

Kapitalausstattung vor Börsengang **21** 90 f.
REIT AG **29** 46
Überschuldungsbilanz, Ansatz **17** 33
Eigenkapitalausweis
AG **11** 181 f.
andere Gewinnrücklagen **11** 194
beschränkte Rücklagen **11** 193
eigene Anteile **11** 192
gesetzliche Rücklage **11** 190
Gewinnabführungsverträge **11** 191
Gewinnrücklagen **11** 189
– Einstellungen **11** 197
– Entnahmen **11** 197
gezeichnetes Kapital **11** 182
Kapitalrücklage **11** 186 f.
nicht durch Eigenkapital gedeckter Fehlbetrag **11** 198
Eigenkapitalersatz
Änderungen durch MoMiG **8** 120 f.
Existenzvernichtungshaftung **8** 124
Gläubigerschutz **8** 120
Handelsrecht **8** 120 f.
Insolvenz **8** 129 f.
KGaA **8** 144 f.
Konzernverbund **8** 135
Kreditvergabe durch Komplementär **8** 144
Privilegierung bei Sanierung **8** 140 f.
Rangrücktritt **8** 126
Sanierungsprivileg **8** 139 f.
Steuerrecht **8** 125
Eigenkapitalersetzende Aktionärsleistungen
Handelsrecht **8** 120 f.
– Änderungen durch MoMiG **8** 120 f.
– Eigenkapitalersetzende Nutzungsüberlassung **8** 123
– Entnehmesperre **8** 124
– Existenzvernichtungshaftung **8** 124
– Gläubigerschutz **8** 120
– Krise der Gesellschaft **8** 120
– Krisendarlehen **8** 121
Steuerrecht **8** 125
Eigenkapitalersetzende Darlehen
s. a. *Eigenkapitalersatz*
Unterkapitalisierung **8** 5
Überschuldungsbilanz, Ansatz **17** 33
Eigenkapital, steuerliches
Einlagekonto **12** 87
Gewinn, ausschüttbarer **12** 88
Verlustabzug **12** 95
Zusammensetzung **12** 86
Eigenkapitalzuführung
Fremdkapital **21** 153 ff.
Gesellschafterdarlehen **21** 154 f.
Gesellschaftereinlagen **21** 94
– Kapitalrücklage **21** 95 f.
nach Gründung
– Kapitalerhöhung **21** 99 f.
– sonstige Zuzahlung **21** 99
stille Gesellschaften **21** 158 f.
Venture Capital **21** 106 f.
Verkaufsprospekthaftung **21** 131 f.

2043

Einberufung

Fette Zahlen = Kapitel

vorbörsliche
- Aufklärungspflichten Altgesellschafter **21** 129 f.
- Aufnahme Strategischer Partner **21** 126 f.

Einberufung
Aufsichtsratssitzung **7** 140 f.
Hauptversammlung, außerordentliche **5** 71 f.
Hauptversammlung, ordentliche **5** 70

Einberufungsbekanntmachung
Hauptversammlung **5** 65

Einbeziehungsverbote
Konzernabschluss **11** 205

Einbringung
grenzüberschreitende **14** 256

Einbringung bei EU-Kapitalgesellschaft
vorbereitende Maßnahmen bei Unternehmensverkauf **13** 512

Einbringung in Kapitalgesellschaften
vorbereitende Maßnahmen bei Unternehmensverkauf **13** 496 f.

Einbringung in Personengesellschaften
vorbereitende Maßnahmen bei Unternehmensverkauf **13** 515 f.

Einbringung Mitunternehmeranteil
Beteiligung an ausländischer Personengesellschaft
- stille Reserven **16** 57

Einbringung nach § 24 UmwStG
Ausgliederung auf Personengesellschaft **14** 334 f.

Einbringung nach § 6 Abs. 5 EStG
Ausgliederung auf Personengesellschaft **14** 339 f.

Einbringung Teilbetrieb
Beteiligung an ausländischer Personengesellschaft
- Stille Reserven **16** 57

Einbringungen
§ 16 Abs. 3 Satz 2 ff. EStG **13** 412
§ 20 Abs. 4 a EStG **13** 414
§ 6 Abs. 3 EStG **13** 410
§ 6 Abs. 5 Satz 3 ff. EStG **13** 411
ausländische Rechtsträger **14** 343 f.
Besitzgesellschaft in Kapitalgesellschaft
- Betriebsaufspaltungsverhinderung **21** 342
europäische **13** 394 ff. *s.a. Europäische Einbringungen*
in inländische Kapitalgesellschaften
- Anteilstausch **13** 390 f.
- Betrieb **13** 382 f.
- Buchwertansatz Übernehmerin **13** 386
- einbringungsgeborene Anteile **13** 387
- Einbringungsgegenstand **13** 382
- Einbringungsgewinn I **13** 389
- Erhöhungsbetrag aus Einbringungsgewinn **13** 388
- ertragsneutrale E. **13** 384
- Mitunternehmeranteil **13** 382
- Sperrfristkonzeption **13** 387
- Steuerfolgen bei übernehmender Kapitalgesellschaft **13** 386 ff.
- Teilbetrieb **13** 382

- Wertabspaltungstheorie **13** 387
in Personengesellschaften
- Betrieb **13** 405 f.
- Buchwertansatz Übernehmerin **13** 408
- Mitunternehmeranteil **13** 405
- Teilbetrieb **13** 405
Realteilung **13** 412
Regelungen außerhalb des UmwStG **13** 409 f.
- in Kapitalgesellschaften **13** 428 f.
- in Personengesellschaften **13** 431
Teilbetriebsübertragungen **13** 412
Übertragung von Einzelwirtschaftsgütern **13** 412

Einbringungsgeborene Anteile
Anteilsverkauf Kapitalgesellschaft durch Kapitalgesellschaft **13** 483, 484 f.
Anteilsverkauf Kapitalgesellschaft durch natürliche Person **13** 471 f.
Ausgliederung auf Kapitalgesellschaft
- Entstehung **14** 327
- Steuerverstrickung **14** 327
Einbringung in inländische Kapitalgesellschaften **13** 387
Sacheinlage **21** 98
Sachgründung AG/KGaA **21** 81
Steuergestaltung, Unternehmensverkauf **13** 499
Veräußerungsgewinn **12** 23 f.

Einbringungsgewinn
Anteilstausch **13** 390 f.
Einbringung in inländische Kapitalgesellschaften **13** 387 f.
europäische Einbringungen in inländische Kapitalgesellschaften **13** 399 f.

Einbringungsgewinn I
Anteilsveräußerung nach Ausgliederung **14** 327 f.

Einbringungsgewinn II
Anteilsveräußerung nach Ausgliederung **14** 329

Einbringungsvertrag
Sacheinlagen **9** 29

Eingeschriebener Brief *s.a. Mehrheitseingliederung*
Hauptversammlungseinberufung, Bekanntmachung **5** 96

Eingliederung *s.a. Kettengliederung*
Berichtspflichten Vorstand **5** 132
- Eingliederungsfolgen **5** 131
- Eingliederungszweck **5** 132
Delisting **28** 57
Einlagerückgewährverbot **8** 39
Gläubigerschutz **15** 199 f.
Vertragskonzern
- Beendigung **15** 206 f.
- gesetzeswidrige Weisungen **15** 202
- Gläubigerschutz **15** 199 f.
- Handelsregistereintragung **15** 190
- Hauptversammlungsbeschluss **15** 187 f.
- Informationspflichten **15** 188
- Konzernleitungspflicht **15** 203

2044

Magere Zahlen = Randziffern

- Mehrheitsbeschluss **15** 185
- mehrstufige **15** 189
- Registersperre **15** 191
- sittenwidrige Weisungen **15** 202
- Töchter **15** 185
- Unbedenklichkeitsverfahren **15** 191
- Verfahren **15** 186 f.
- Verlustausgleichspflicht **15** 204
- Vermögenszugriff **15** 204
- Weisungsrecht **15** 202 f.
- Wirkung **15** 201 f.

Eingliederung Tochtergesellschaft
Hauptversammlungszustimmung **5** 21
Eingliederungsprüfung
Eingliederung Vertragskonzern **15** 194
Einheitstheorie
Konzernabschluss **11** 199
- BilMoG **11** 199
- IFRS **11** 200

Einkaufskommission
eigene Aktien **3** 151 f.
Einkommensermittlung
Betriebsausgaben **12** 116
Betriebseinnahmen **12** 116
Betriebsvermögenszuordnung **12** 114 f.
- gewillkürtes Betriebsvermögen **12** 114
- notwendiges Betriebsvermögen **12** 115
- notwendiges Privatvermögen **12** 114
Einkunftsarten **12** 124 f.
Einkünfte **12** 109 f.
- Abschnittsbesteuerung **12** 110
- Gewinneinkünfte **12** 111
- Überschusseinkunftsarten **12** 112
Mitunternehmerschaft **12** 145 f.
nicht abzugsfähige Betriebsausgaben **12** 119 f.
Schema **12** 113
steuerfreie Einnahmen **12** 117 f.
Verlustverrechnung **12** 142 f.

Einkommensteuer
Veräußerungsgewinn **13** 456 f.
Einkommensteuerrecht
Einkommensermittlung **12** 108
Einkommensteuertarif **12** 181 f.
- Thesaurierungssteuersatz **12** 186 f.
persönliche Steuerpflicht
- beschränkte **12** 106
- unbeschränkte **12** 106
Steuerermäßigung bei Gewerbesteuerpflicht **12** 194 f.

Einkommensteuertarif
außerordentliche Einkünfte **12** 183 f.
- ermäßigter Steuersatz **12** 184
- Fünftelungsregelung **12** 184
- Grenzbetrag **12** 184
- Progressionsvorbehalt **12** 184
Betriebsaufgabe **12** 183
Betriebsveräußerung **12** 183
Entschädigungen **12** 183
nachgezahlte Nutzungsvergütungen **12** 183
Steuerermäßigung bei Gewerbesteuerpflicht **12** 194 f.

Einlagepflichten

Teilbereiche **12** 182
Thesaurierungssteuersatz
- Nachversteuerung **12** 191 f.
- nicht entnommene Gewinne **12** 186 f.
- Tarifbegünstigung **12** 186 f.
Vergütungen für mehrjährige Tätigkeit **12** 183

Einkommenszurechnung
körperschaftsteuerliche Organschaft
- Mehrabführung **13** 157 f.
- Minderabführung **13** 157 f.

Einkünfte
Einkunftsarten **12** 124 f.
Einkünfte aus Gewerbebetrieb
Betriebsveräußerung **12** 130
Einkünfte aus Einzelunternehmen **12** 124
Einkünfte aus Mitunternehmerschaften **12** 124
Einkünfte Gesellschafter KGaA **12** 124
Gewerbebetrieb **12** 128
Teilbetriebsveräußerung **12** 130
Vermögensverwaltung **12** 129
Veräußerung Anteile an Kapitalgesellschaften **12** 131
- Tarifbegünstigung **12** 131
- Teileinkünfteverfahren **12** 131
Veräußerung Mitunternehmeranteil **12** 130

Einkünfte aus Kapitalvermögen
Abgeltungsteuer **12** 138
Begriff **12** 132 f.
Dividenden **12** 132 f.
Halbeinkünfteverfahren **12** 134
Kapitalrückzahlungen **12** 135
REIT-Ausschüttungen **29** 36
Zinseinkünfte **12** 132 f.

Einkünfteermittlung
Überschusseinkunftsarten
- Einnahmen **12** 122
- Werbungskosten **12** 123

Einkünftekorrekturen
Fremdvergleichsgrundsatz **16** 185 ff.
Einkunftsarten
Einkünfte aus der Veräußerung von Privatvermögen **12** 139 f.
Einkünfte aus Gewerbebetrieb **12** 126 f.
Einkünfte aus Kapitalvermögen **12** 132 f.
Zuordnungen **12** 124 f.

Einlagekonto *s.a. Einlagerückgewährverbot, s.a. Fingierte Sacheinlagen, s.a. Mischeinlagen, s.a. Sacheinlagen, s.a. Trenneinlagen, s.a. Verdeckte Sacheinlagen*
Eigenkapital, steuerliches **12** 87

Einlagen
Gewinnrücklagen, Ausweis **11** 197
Rückgewährverbot **8** 20 ff.
Steuerbilanz **11** 164 f.
stille Gesellschaft
- Passivierung als Verbindlichkeit **21** 164
- Rangrücktritt **21** 164

Einlagepflichten
Aktionär
- Bareinlage **4** 10

Einlagerückgewähranspruch Fette Zahlen = Kapitel

- Inhalt **4** 9
- Kaduzierung **4** 14
- Leistungszeitpunkt **4** 11 f.
- Mängel **4** 13 f.
- Rechtsmängel **4** 24 f.
- Sacheinlagen **4** 12 f., 16 f.
- Sacheinlagen, verdeckte **4** 19
- Sachmängel **4** 24 f.
- Schuldner **4** 10
- Unmöglichkeit **4** 20 f.

Einlagerückgewähranspruch
Bilanzierung **8** 77 f.
Fristen **8** 71
Gesellschaftsgläubiger, Geltendmachung **8** 75 f.
gutgläubiger Dividendenbezug **8** 72 f.
Herausgabeanspruch **8** 79

Einlagerückgewährverbot
Ausnahmen **8** 22 f.
- Abschlagszahlung auf Dividende **8** 33
- Beherrschungsvertrag **8** 27
- Eingliederung **8** 39
- Erwerb eigener Aktien **8** 23 f.
- Erwerb wechselseitiger Beteiligungen **8** 26
- faktischer Konzern **8** 38
- Gewinnabführungsvertrag **8** 27
- Kapitalherabsetzung **8** 32
- Nebenleistungsvergütung **8** 37
- qualifiziert faktischer Konzern **8** 38
- Sachdividende **8** 34 f.

Cash-Pool-Systeme **8** 28 f.
Einlagerückgewähr, verdeckte **8** 21, 43 f.
Konzernprivileg **8** 27 f.
Leistungen an Dritte **8** 65
Leistungen durch Dritte **8** 63
Leistungen durch Tochterunternehmen **8** 64
Leistungsaustausch, vollwertiger **8** 28
Nichtigkeit der Rechtsgeschäfte
- Einlagerückgewähr, offene **8** 59 f.
- Einlagerückgewähr, verdeckte **8** 61 f.

offene Einlagerückgewähr **8** 21
Prospekthaftung
- Emissionsprospekt **8** 40 f.
- Verkaufsprospekt **8** 40 f.

Rückgewährsanspruch
- Durchsetzung **8** 70
- Fristen **8** 71
- gutgläubiger Dividendenbezug **8** 72 f.
- Organhaftung **8** 67
- Schuldner **8** 69
- sittenwidrige Schädigung **8** 67
- unerlaubte Handlung **8** 67
- unzulässige Einflussnahme **8** 67
- Zurückbehaltungsrecht Aktionär **8** 70

Sicherheitenbestellung **8** 66
Sorgfaltspflichtverletzung Vorstand **8** 80

Einlagerückgewähr, Verdeckte *s. a. Verdeckte Gewinnausschüttung*
Abgrenzung
- Darlegungslast **8** 45

- Marktpreis **8** 45
- objektive Kriterien **8** 45
- subjektive Kriterien **8** 46
- Wiederbeschaffungswerte **8** 45

Abkauf von Klagerechten **8** 54
Aktienplatzierung **8** 52
Cash-Pool **8** 48
Darlehensgewährung **8** 48
Drittgeschäfte **8** 43 f.
Gewinnausschüttung, verdeckte **8** 47
Kursgarantie **8** 53
Leistungen an Dritte **8** 57 f.
Leistungen Dritter **8** 55 f.
Optionsprogramme **8** 47
Rückkaufsverpflichtung **8** 53
Sacheinlage, verdeckte **8** 44
Sicherheitenbestellung **8** 48 f.
Treugeber-Aktionär **8** 58

Einlagetheorie
Gewinnausschüttung, verdeckte **8** 97 ff.

Einlagezeitpunkt
Sacheinlagen **2** 206

Einnahmen
Begriff **12** 122

Einpersonen-AG
Gründung
- Sicherheitsbestellung **1** 32
- Sicherungsmittel **1** 32

Einpersonengründung
Bareinlagen **2** 301
- Sicherheitenbestellung **2** 302
- Vermögenszuordnung **2** 301
Gründer AG nach AktG **2** 72
Haftung **2** 304
Publizitätspflichten **2** 403
Sacheinlagen
- Sicherheitenbestellung **2** 303
- Vermögenszuordnung **2** 303
Vermögenszuordnung **2** 301
Zulässigkeit **2** 300

Einpersonen-KGaA
Gründer **2** 494

Einstweilige Verfügung
Vorstandssuspendierung **6** 57

Einzelabschluss
Jahresabschlussaufstellung **10** 9 f.

Einzelrechtsnachfolge
Ausgliederung **14** 255
Geschäftsbereich zur Börseneinführung **21** 210
Umwandlung in AG **21** 88
Unternehmen als Sacheinlage **2** 199

Einzelunternehmen
Nachfolgeplanung, Börsengang **21** 303
vorweggenommene Erbfolge
- Bewertungsabschlag **21** 306
- Freibetrag **21** 306

Einzelurkunde
Aktien **3** 73 f.

Einziehung Aktien
REIT AG **29** 70

Magere Zahlen = Randziffern

Einziehung eigener Aktien
Hauptversammlungszuständigkeit **5** 22
Einziehung zur Kapitalherabsetzung
Eigene Aktien **3** 154
Einziehung Stückaktien
Hauptversammlungszustimmung **5** 19
Einziehungsverfahren
Kapitalherabsetzung durch Einziehung von Aktien **9** 164 f.
EK 02
Sonderbehandlung nach Systemumstellung **12** 100 f.
E-mail
Aktionärsmitteilungen **21** 232
Vorstandsberichte **6** 99
Emissionsberater
Emissionsplanung **25** 30
Emissionskonzept
Börseneinführung
– Aktienplatzierung **22** 118
– Angebotsstruktur **22** 117
– Emissionsstruktur **22** 117
– Equity Story **22** 112
– Factbook **22** 112
– gesellschaftsrechtliche Ausstattung **22** 115
– Internetplatzierung **22** 118
– Investment Care **22** 119
– Konsortialführer **22** 113
– Marktgesichtspunkte **22** 116
– Marktsegmentauswahl **22** 116
– Privatplatzierung **22** 116
– Wertpapierdienstleister, virtuelle **22** 118
Emissionsplanung
Beauty Contest **25** 30
Beraterauswahl **25** 30
Bewertung **25** 42 f.
Börsengang
– Projekt- und Zeitplan **25** 30 f.
Due Diligence **25** 42 f.
Emissionsberater **25** 30
Emissionskonzept **25** 31
– Börsenplatzauswahl **25** 31
– Emissionsstrukturierung **25** 31
– Kommunikationskonzept **25** 31
– Marktsegmentauswahl **25** 31
– Zielinvestorenauswahl **25** 31
Equity Story
– Marktpositionierung **25** 32
– Marktumfelddarstellung **25** 32
– Mitarbeiterbeteiligungsprogramm **25** 32
– Unternehmensstärken **25** 32
Konsortialführerauswahl **25** 30
Preisspannenbekanntgabe **25** 36
Preisspannenermittlung **25** 44 f.
Pressekonferenz **25** 36
Projekt- und Zeitplan
– Einhaltung der Einzelzeitpläne **25** 49
– Lenkungsausschusssteuerung **25** 49
– optimierter Projekt- und Zeitplan, Beispiel **25** 51 f.
– Projektmanagement **25** 49
Prospekterstellung **25** 39 f.

Entschädigungen

Research Reports **25** 45
Roadshow Management **25** 36
Vertragsdokumentation **25** 39
Veröffentlichung Verkaufsangebot **25** 36
Veröffentlichung Zeichnungsbedingungen **25** 36
Übernahmevertrag Konsortialbanken **25** 40
Emissionspreis
Börsengang
– Aufsichtsrat, Überwachungsfunktion **25** 170
– Zustimmung Hauptversammlung **25** 171
Emissionspreisfestsetzung
Auktionsverfahren **25** 36
Bookbuildingverfahren **25** 36
Festpreisverfahren **25** 36
Emissionspreisfindung
Börsengang **24** 101 ff.
Ergebnisprognose bei Wachstumsunternehmen
– Mittelzuflusseinbeziehung aus Börsengang **24** 109 f.
– Planzahlenplausibilität **24** 105 f.
– Prognosehorizont **24** 111 f.
Multiplikatoren-Methode **24** 113 f.
– Kurs-Cash-Flow-Verhältnis **24** 113 f.
Emissionsstruktur
Börseneinführung **22** 97
Emittent
Börseneinführung
– Emissionsstruktur **22** 97
Prospekthaftung **25** 230
Enforcement-Verfahren
Bilanzkontrollgesetz **26** 60 f.
Deutsche Prüfstelle für Rechnungswesen **26** 60
Fehlerfeststellung **26** 61
Entgelt für Schulden
Ermittlung Gewerbeertrag **12** 219
Entherrschungsvertrag
abhängiges Unternehmen **15** 20
Schriftform **15** 20
Entlastung
Vorstand **6** 88 f.
Entnahmen
Gewinnrücklagen, Ausweis **11** 197
Steuerbilanz **11** 164 f.
Entnahmerecht
Komplementär **4** 195 f.
Entnahmesperre
Komplementär **8** 15
Entry Standard
Börsengang **20** 2
Frankfurter Wertpapierbörse **22** 44 f.
Zulassungsfolgepflichten **22** 46 f.
Zulassungsvoraussetzungen
– Übersicht **22** 12 f.
Entschädigung
Anteilseigner REIT AG **29** 71
Entschädigungen
Einkommensteuertarif **12** 183

2047

Entsenderechte

Fette Zahlen = Kapitel

Entsenderechte
Altgesellschafter, Absicherungsmaßnahmen
Börsengang **21** 298
Entsprechungserklärung
BilMoG **10** 145
Corporate Governance **10** 138 f.
Vorstandspflichten **6** 106
Entstehung AG durch Umwandlung
Anwachsung **2** 432
Anzahl beteiligter Rechtsträger **2** 436
formwechselnde Umwandlung **2** 432
GmbH & Co KG zur AG
– Anwachsung **2** 468
– Wege nach UmwG **2** 467
Gründung nach UmwG **2** 438
– Formwechsel Anstalt des öffentlichen Rechts **2** 438
– Formwechsel Genossenschaft **2** 438
– Formwechsel KGaA **2** 438
– Formwechsel Körperschaften **2** 438
– Formwechsel PartnerG **2** 438
– Formwechsel Personengesellschaften **2** 438
– Formwechsel rechtsfähiger Verein **2** 438
Gründungsverfahren nach UmwG
– Aktienzuteilung **2** 445
– anmeldepflichtige Personen **2** 450
– Entstehung AG **2** 454
– Gründungsbericht **2** 446
– Gründungsprüfung **2** 448
– Prüfung durch Vorstand und Aufsichtsrat **2** 447
– Registeranmeldung **2** 449
– Satzungsfeststellung **2** 440
– Satzungsinhalt, umwandlungsbedingter **2** 441 f.
Gründungsvorschriften AktG **2** 437 f.
Nachhaftung für Verbindlichkeiten **2** 458
Rechnungslegung
– formwechselnde Umwandlung **2** 461
– Vermögensbilanz wegen Unterbilanz oder Differenzhaftung **2** 462
– Verschmelzung und Spaltung durch Neugründung **2** 459
Spaltung durch Neugründung **2** 432
Umwandlungsformen
– Übersicht **2** 430 f.
umwandlungsfähige Rechtsträger
– Schemata **2** 432 f.
– Voraussetzungen, besondere **2** 435
Umwandlungssteuerrecht
– Formwechsel OHG, KG, PartGes und KGaA in AG **2** 464
– Spaltung von nicht dem KStG unterliegenden Rechtsträgern **2** 466
– Übersicht **2** 463
– Verschmelzung OHG, KG, PartGes und KGaA auf AG **2** 465
Entstehung KGaA durch Umwandlung
Formwechsel in KGaA **2** 511
Spaltung durch Neugründung **2** 512
Umwandlungssteuerrecht **2** 513

Verschmelzung durch Neugründung **2** 512
Entstrickung
europäische Einbringungen in inländische Kapitalgesellschaften **13** 397
europäische Umwandlungen **13** 361 f., 377 f.
Entstrickungsgewinne
Überführung von Wirtschaftsgütern
– Betriebsstätte, ausländische **16** 23
Entwicklungskosten
Herstellungskosten **11** 57
Equity Methode
Kapitalkonsolidierung **11** 224
Equity Story
Börseneinführung **22** 97
Emissionsplanung
– Marktpositionierung **25** 32
– Marktumfelddarstellung **25** 32
– Mitarbeiterbeteiligung **25** 32
– Unternehmensstärken **25** 32
Erben
Gründer AG nach AktG **2** 81
Erbengemeinschaft
Aktienübertragung **3** 119
Gründer AG nach AktG **2** 80
Hauptversammlungsteilnahme **5** 147
Mitunternehmerschaft **12** 172 f.
Erblasser
Aktienkurs Todestag
– Erbschaftsteuer **21** 308
Erbschaftsteuer
Aktienkurs Todestag **21** 308
Rechtsformwahl **1** 102
Unternehmenserbschaftsteuerrecht **13** 748 ff.
Ergänzungsbilanz
Asset Deal
– Beteiligung an ausländischer Personengesellschaft **16** 55
– Beteiligung an inländischer Personengesellschaft **16** 143
Mitunternehmerschaft **12** 156
Ergebnisabführungsvertrag
Verschmelzung AG auf AG
– Organträger AG **14** 106 f.
Ergebnisermittlung
Ansatz Aktiva **11** 17 f.
Ansatz Passiva **11** 129 f.
Bewertung Aktiva **11** 50 f.
Bewertung Passiva **11** 150 f.
handelsbilanzielle Varianten **11** 1 f.
– BilMoG **11** 2
– Einzelabschluss nach HGB **11** 1
– IFRS **11** 2
IFRS **11** 11 ff.
Imparitätsprinzip **11** 3
latente Steuern **11** 117 f.
Realisationsprinzip **11** 3
Ergebnisverrechnung
körperschaftsteuerliche Organschaft **13** 153
Organschaft **13** 67 f.

Magere Zahlen = Randziffern

Ergebnisverwendung
AG 11 174 f.
Aufsichtsrat Mitentscheidung 7 94
Gewinnverwendungsbeschluss 11 174
Erhaltungsaufwand
Vermögensgegenstand 11 59
Erläuterungsbericht
Abwicklungsgesellschaft 18 57
Ermittlung des zu versteuernden Einkommens
§ 8 b KStG 12 13 f.
abweichendes Wirtschaftsjahr 12 9
Anteilsveräußerungen 12 30 f.
Ausgangsgröße 12 8 f.
Betriebsausgaben, nichtabziehbare
– Aufsichtsratsvergütung 12 42
– Bestechungsgeld 12 42
– Bewirtungsaufwendungen 12 42
– Geldbußen 12 42
– Geldstrafen 12 43
– Geschenke 12 42
– Ordnungsgelder 12 42
– Steuern vom Einkommen 12 43
– Verwarnungsgelder 12 42
– Vorteilszuwendungen 12 43
Dividendenfreistellung
– § 8 b KStG 12 13 f.
Einkünfte aus Gewerbebetrieb 12 8
Einlage, verdeckte 12 64 f.
Ermittlungsschema 12 12
Gewinnausschüttung, verdeckte 12 46 f.
Gewinnermittlungsvorschriften 12 10
Korrekturen 12 11
Liquidationserlöse
– § 8 b KStG 12 13 f.
Spendenabzug 12 45
Steuerfreie Einnahmen
– § 8 b KStG 12 13 f.
– Anteilsveräußerungsgewinne 12 20 f.
– Betriebsausgabenabzug 12 18 f.
– Dividendenfreistellung 12 13 f.
– Gewinnausschüttungen 12 13 f.
steuerfreie Einnahmen, inländischer Ursprung
– einbringungsgeborene Anteile 12 23 f.
– Erwerb unter Teilwert 12 23 f.
– Veräußerungsverluste 12 27 f.
Überblick 12 108
Veranlagungszeitraum 12 9
Verlustverrechnung 12 75 f.
Erneuerungsscheine
Begriff 3 141
Kraftloserklärung 3 141
Eröffnungsbilanz
Abwicklungsgesellschaft 18 55 f.
Entstehung AG durch Umwandlung 2 459 f.
Gründung AG nach AktG 2 410 ff.
– Eigenkapitalausweis 2 412
– Gründungsaufwand 2 415
– Ingangsetzungsaufwand 2 415
– Sacheinlagenbewertung 2 414

Ermittlung d. zu versteuernden Eink.
– Stichtag 2 411
Zuzug AG ins Inland 16 153
Ersatzmitglieder
Aufsichtsrat, Erster 2 93
Erstkonsolidierung
Kapitalkonsolidierung 11 213
Ertrag
Kapitalherabsetzung, ordentliche 9 121
Ertragsteuern
Abwicklungsgewinn 18 110 f.
Rechtsformwahl 1 94 f.
Verschmelzung AG auf AG 14 65 ff.
Ertragswertmethode
Unternehmensbewertung
– Kapitalisierungszinssatz 15 163
– Nettoausschüttungen, zukünftige 15 163
– Schätzung Zukunftsertrag 15 163 f.
Ertragswertverfahren
analytische Methode
– Aufwandsprognose 24 43
– Finanzbedarfsermittlung 24 44
– Geschäftsmodell 24 35 f.
– Personalkostenprognose 24 43
– Plan Gewinn- und Verlustrechnungen 24 38
– Preisprognose 24 42
– Umsatzprognose 24 42
– Verbundeffekte 24 45 f.
– Zinsaufwendungen 24 44
Auslandsunternehmen 24 79 ff.
– Kapitalisierungszinssatz 24 82 f.
– Steuerbelastung 24 85
– Währungsumrechnung 24 80 f.
Berechnung
– Abzinsung auf Bewertungsstichtag 24 72
– Nominalzinsberechnung 24 75
– Realzinsberechnung 24 75
– zweistufige Abzinsung auf Bewertungsstichtag 24 73
Durchführung 24 33 ff.
Einbeziehung persönlicher Steuern
– Abgeltungsteuer 24 62
– Steuerfaktormodifizierung 24 49 f.
– Zu versteuerndes Einkommen 24 49 f.
Ertragswertermittlung 24 16
Ertragswertmethode, reine 24 17
– Finanzbedarfsrechnung 24 17
– Handelsrechtliche Ergebnisse 24 17
– Zukunftserfolg 24 17
– Zukünftiger Finanzplan 24 18
Kapitalisierungszinssatz 24 54 f.
– Basiszinssatz 24 55 f.
– Fungibilität 24 70 f.
– Marktrisikoprämie 24 59 f.
– Svenson-Methode 24 57 f.
– Unternehmerrisiko, allgemeines 24 59 f.
nicht betriebsnotwendiges Vermögen 24 76 f.
– Aktienbesitz 24 78
– Festgeldguthaben 24 78
– Reservegrundstück 24 76

2049

Erwerb eigener Aktien

Fette Zahlen = Kapitel

- Verwertungsmöglichkeit **24** 77
- Wertpapiere **24** 78

Sacheinlagenbewertung **2** 212
Unternehmensbewertung **24** 16 f.
Unternehmerrisiko **24** 59 f.
Verbundeffekte **24** 45 f., 48
Zukunftserfolgsermittlung **3** 144 ff.
- analytische Methode **24** 35 f.
- Prognosen **24** 33 f.

Erwerb eigener Aktien
Aktivierung Handelsbilanz **13** 623
Börsengang **21** 241 f.
- Aktivierungspflicht **21** 243
- Anschaffungsgeschäft **21** 243
- Ermächtigung Vorstand **21** 241 f.

Hauptversammlungszuständigkeit **5** 22
Mitteilungspflichten, wertpapierrechtliche **26** 182
REIT AG **29** 69
Steuerbilanzansatz **13** 623
Übernahmegesetz **27** 13
Veräußerungsgewinne **13** 626
Veräußerungsverluste **13** 626

Erwerbsmethode
Kapitalkonsolidierung **11** 212

Escape-Klausel
Zinsschranke **8** 132; **12** 39 f.; **13** 270 f.

EU-Kapitalgesellschaft
Spaltung, grenzüberschreitende **14** 347 f.
Unternehmensverkauf, Steuergestaltung **13** 512

Europäische Aktiengesellschaft
Arbeitnehmerbeteiligung **1** 55 f.
- Auffangregelung **1** 57 f.
- Betriebsrat **19** 113
- Geltungsbereich SEBG **19** 114
- Kraft autonomer Vereinbarung **19** 118 f.
- Kraft Gesetz **19** 121 f.
- Regelungsbereich SEBG **19** 115 f.
- Verhandlungsvorrang **1** 55
- Ziele **19** 110 f.

Aufsichtsorgan
- Abberufung **19** 83
- Anzahl **19** 81
- Arbeitnehmerbeteiligung **19** 81
- Aufgaben **19** 84
- Bestellung **19** 82
- Vorsitzendenwahl **19** 85

Ausdruck Vermögensbeteiligung Aktionär
- Verschmelzung von AG mit Sitz in EU-Staaten **1** 51

Besteuerung **13** 293
Betriebsrat
- Anhörungsrecht **19** 123
- Aufgaben **19** 123
- Verschwiegenheitspflichten **19** 124
- Zusammensetzung **19** 122

Entwicklung **19** 3
Ermächtigungsgrundlagen **19** 13
EU-Richtlinien **1** 48
Firma **19** 57
geschäftsführende Direktoren

- Abberufung **19** 97
- Bestellung **19** 95

grenzüberschreitende Sitzverlegung **13** 292
Gründung **13** 282 f.
- Gründungsberechtigung **19** 26
- Rechtsgrundlagen **19** 25

Gründung durch Anteilstausch **13** 284 f.
- Einbringung von Anteilen durch Ausländer **13** 285
- Einbringung von Anteilen durch Inländer **13** 284

Gründung durch Formwechsel **19** 43 f.
- Gründungsverfahren **19** 44 f.
- Rechtsgrundlagen **19** 44
- Verfahrensablauf **19** 45

Gründung durch Unternehmenseinbringung **13** 287 f.
- Einbringung durch Ausländer **13** 288
- Einbringung durch Inländer **13** 287

Gründung durch Verschmelzung **13** 290 f.
- Bargründung **19** 47
- Gründungsverfahren **19** 47
- Herausverschmelzung **13** 290
- Hineinverschmelzung **13** 291
- Sachgründung **19** 47

Gründung Holding SE **19** 36 f.
Gründung Tochter-SE **19** 40 ff.
Gründungsformen
- Ausgliederung **1** 51
- formwechselnde Umwandlung **1** 51
- gemeinsame Tochtergesellschaften **1** 51
- Gründung durch Aufnahme **19** 29
- Gründung durch Verschmelzung **19** 28
- Holding-Gründung **1** 51
- Neugründung **19** 30

Gründungsurkunde **19** 53
Gründungsverfahren
- Ablauf **19** 32
- abweichende Gestaltungsmöglichkeiten **19** 48 f.
- Arbeitnehmerbeteiligung **19** 34
- Bekanntmachung Verschmelzungsplan **19** 32
- Gläubigerschutz **19** 35
- Hauptversammlungszustimmung **19** 32
- Minderheitsaktionärsschutz **19** 35
- Prüfung Verschmelzungsplan **19** 32
- Rechtsgrundlagen **19** 31
- Verschmelzungsbericht **19** 32
- Verschmelzungsplan **19** 32

Grundkapital **19** 52
Handelsregistereintragung **19** 58 f.
Hauptversammlung
- Fristen **19** 101
- Satzungsänderungen **19** 102
- Zuständigkeiten **19** 100 f.

Innere Organisation
- dualistisches System **1** 53
- monistisches System **1** 53

Management
- Abberufung **19** 79

Magere Zahlen = Randziffern

- Bestellung **19** 77
- dualistisches System **19** 75
- Geschäftsführung **19** 80
- Höchstbestelldauer **19** 77
- Leitungsorgan **19** 76

Mindest-Grundkapital **1** 50
Mindestkapital **19** 52
Mitbestimmung **19** 125 f.
- Grundsätze der Zusammenarbeit **19** 129 f.
- Holding SE **19** 126
- Kraft Gesetz **19** 125 f.
- Rechtsstellung **19** 128
- Schutzvorschriften **19** 129 f.
- Tochter SE **19** 126
- Umfang **19** 127
Nachteile **19** 9
Rechtsgrundlagen
- SEAG **19** 17
- SEBG **19** 19
- SE-RL **19** 18
- SE-VO **19** 14 f.
SE-Verordnung **1** 50 f.
Sitz
- Satzungssitz **19** 54
- Sitzverlegung **19** 56
- Verwaltungssitz **19** 54
Sitzverlegung **1** 50
Struktur **1** 4
übergeordnete Ziele **19** 2
Verwaltungsrat
- Abberufung **19** 89
- Aufgaben **19** 90
- Bestellung **19** 88
- mitbestimmte Gesellschafter **19** 88
- Mitgliederzahl **19** 87
- Verschwiegenheitspflicht **19** 92
- Vorsitzender **19** 91
Vorteile **1** 49; **19** 8
wesensprägende Merkmale **19** 1
Europäische Einbringungen
in inländische Kapitalgesellschaften
- Anteilstausch **13** 400 f.
- Buchwertansatz **13** 398
- Drittstaatengesellschafter **13** 395
- Einbringungsgewinn I **13** 399, II **13** 403
- Entstrickung **13** 397
- Erhöhungsbetrag **13** 399
- europäische Sacheinlage **13** 396 f.
- grenzüberschreitender Anteilstausch **13** 401
- Sperrfristkonzeption **13** 399
- Teilbetriebseinbringungen **13** 395 f.
- Wertansatz **13** 394
Europäische Gesellschaft
Rechtsformwahl **1** 133 f.
- Entscheidungskriterien **1** 133 f.
- Mitbestimmung **1** 136 f.
- Organisationsstruktur **1** 135
- Steuerrecht **1** 139 f.
- Voraussetzungen **1** 134

Faktischer Konzern

Europäische Übernahmerichtlinie **27** 3 f.
Europäische Umwandlungen
- Entstrickung **13** 377 f.
Kapital- in/auf Personengesellschaften **13** 357 f.
- Anteilstausch **13** 379 f.
- Besteuerung stille Reserven **13** 360 f.
- Buchwertansatz, Antrag **13** 363
- Entstrickung **13** 361 f., 377 f.
- gemeiner Wert **13** 360 f.
- Gesellschafterbesteuerung **13** 364 f.
- Übernahmeergebnis **13** 364 f.
Regelungen außerhalb des UmwStG **13** 419 f.
- in/auf Kapitalgesellschaft **13** 424 f.
- Kapitalgesellschaft in/auf Personengesellschaft **13** 420 f.
Euroumstellung
Aktien **3** 94 ff.
- Kapitaländerung mit Nennbetragsglättung **3** 101
- Umstellung mittels Kapitalerhöhung **3** 99 f.
- Umstellung auf Stückaktien **3** 96 f.
Existenzvernichtungshaftung
Entnahmesperre **8** 124
Grundlagen **15** 88 f.
qualifiziert-faktischer Konzern **15** 90 f.
Exitlösung
Börsengang **20** 19
Exit Tax
Begünstigungstatbestände
- hälftige Steuerbefreiung **29** 23 ff.
- Sale and Lease Back **29** 28
- Statuswechsel **29** 24
- Steuerbefreiung nach REITG **29** 24
- Veräußerung Grund und Boden und Gebäude **29** 23
Betriebsausgabenabzug **29** 25 f.
Krankenversicherungen **29** 29
Lebensversicherungen **29** 29
REIT AG **29** 21 ff.
Versagung Steuerbegünstigung
- Rücklage § 6 b EStG **29** 26
- Rücklage für Ersatzbeschaffung **29** 26
- rückwirkende e.V. **29** 27
Exportquote
Due Diligence **24** 163

Fair Value
Derivate, Bilanzierung **11** 115 f.
Faktischer Konzern
Abhängigkeitsbericht **15** 79 f.
- Abschlussprüfung **15** 84
- Aufsichtsratprüfung **15** 85
- Berichtspflichten **15** 80 f.
- Inhalt **15** 82
- Klarheit **15** 82
- Nachteilsausgleichsicherstellung **15** 79
- Prüfung **15** 79, 84 ff.
- Richtigkeit **15** 82

Familien-AG

Fette Zahlen = Kapitel

- Sanktionen **15** 80 f.
- Schlusserklärung Vorstand **15** 83
- Sonderprüfung **15** 86
- Übersichtlichkeit **15** 82
- Vollständigkeit **15** 82
Begriff **15** 70 ff.
Berichtspflichten **1** 70
Beteiligtenverantwortlichkeit
- Aufsichtsrat **15** 87
- Vorstand **15** 87
Eigenkapitalersatz **8** 135
Einlagerückgewährverbot **8** 38
Nachteilsausgleich
- Darlegungs- und Beweislast **15** 73
- Ermittlung **15** 74 f.
- Herrschaftsausübung des herrschenden Unternehmens **15** 73
- Nachteilskompensation **15** 78
- Vorstandspflichten, abhängiges Unternehmen **15** 77
Familien-AG
Aufsichtsratszusammensetzung **7** 16
Begriff **1** 21 f.
Begünstigungen
- DrittbeteiligungsG **1** 25
- Genussrechte **1** 25
- Stimmrechtsbegrenzung **1** 25
- vinkulierte Namensaktien **1** 25
- Vorzugsaktien **1** 25
Gründe **1** 23, 23 f.
- Anteilsverwertung **1** 23
- Kompetenzabgrenzung **1** 23
- Steuervorteile **1** 23
- Übergang auf Drittmanagement **1** 23
schuldrechtliche Instrumente
- Anbietungspflichten **1** 26
- Rückkaufsrecht **1** 26
- Schutzgemeinschaftsvertrag **1** 27
- Stimmbindungsvertrag **1** 27
- Vorkaufsrecht **1** 26
Familien-KGaA
Familieneinflusserhaltung **1** 28 f.
Familienunternehmen
Going Public **13** 682 f.
Feststellungsklage
Aktionär **4** 96
Vorstandssuspendierung **6** 56
Fifo-Verfahren
Girosammelverwahrung Wertpapiere **13** 659
Filmrechte
originäre immaterielle Wirtschaftsgüter **13** 547
Finanzamt
Gründung AG nach AktG **2** 150
Finanzanalysten
börsennotierte AG
- Börsengangfolgen **26** 2
Finanzbericht
regulierter Markt
- Veröffentlichung **26** 81 f.

Finanzdrucker
Börseneinführung **22** 109
Finanzierung
Rechtsformwahl **1** 85 f.
Finanzierungskosten
Beteiligung an ausländischer Personengesellschaft
- Abzugsfähigkeit **16** 55
- Sonderbetriebsausgaben **16** 55
Finanzinstrumente
Begriff **11** 109 f.
Bewertung **11** 111 f.
BilMoG **11** 113 f.
Sicherungsgeschäfte **11** 109
Finanzplan
AG im Besitz der öffentlichen Hand, **1** 38
Finanzplankredit
Einlage, gesplittete **8** 129
Finanzierungszusage, einlageähnliche **8** 129
Insolvenz **8** 130
Fingierte Sacheinlagen
gesetzliche Regelungen **2** 230
Firma
europäische Aktiengesellschaft **19** 57
Satzung
- Irreführungsverbot **2** 333
- Kennzeichnungsfähigkeit **2** 333
- Mindesthalte **2** 331 f.
- Rechtsformzusatz **2** 332
Spaltung auf Kapitalgesellschaft **14** 258
Firmensitz
REIT AG **29** 61
Satzung **2** 334 f.
Firmenwert
Abschreibung nach BilMoG **11** 93
Aktivierung **13** 552
Aktivierungswahlrecht **11** 26 f.
Begriff **13** 552
Betriebsausgabenabzug **13** 552
- Abfindungen **13** 554
- Ausscheiden lästiger Gesellschafter **13** 555
- Beraterhonorar **13** 555
- Gutachterkosten **13** 554
Firmenwert, negativer
Abstockung Bilanzansätze **13** 559
Begriff **13** 559 f.
Zulässigkeit **13** 559 f.
Forderungen
Aufteilung bei Spaltung auf Kapitalgesellschaft **14** 260
Sacheinlagen **2** 194 f.
Forderungsverzicht
Kapitalerhöhung **21** 104
Formfreiheit
Rechtsformwahl **1** 82 f.
Formstrenge
Rechtsformwahl **1** 82 f.
Formwechsel
Delisting **28** 54
Einbringung von Mitunternehmeranteilen **21** 83

Magere Zahlen = Randziffern

Fremdorganschaft

Hauptversammlungszustimmung **5** 21
Umwandlung in AG **21** 82 f.
Formwechsel AG in GmbH
Bilanzierung **14** 217
Handelsregisteranmeldung
- Anlagen **14** 212
- Gegenstand **14** 210
- Negativerklärung **14** 211
- Prozessgerichtbeschluss **14** 211
Hauptversammlungsbeschluss
- Drei-Viertel-Mehrheit **14** 207
- notarielle Beurkundung **14** 209
Minderheitenrechte Aktionäre **14** 216
Rechtsfolgen
- Aufsichtsratsmitglieder **14** 214
- Gläubigerschutz **14** 215
- Identität des Rechtsträgers **14** 213
- Mitgliedschaftskontinuität **14** 213
- Rechte Dritter **14** 213
steuerliche Folgen **13** 696
- Anteilseignerebene **14** 218
- Kapitalgesellschaftsebene **14** 218
Umwandlungsbericht
- Inhalt **14** 204 f.
- Umwandlungsbeschlussentwurf **14** 204
Umwandlungsbeschluss
- Abfindungsangebot **14** 202
- Barabfindung, Angemessenheitsprüfung **14** 203
- Betriebsratszuleitung **14** 202
- Formwechselfolgen **14** 202
- Mindestangaben **14** 201
- Sonderrechte **14** 202
Überblick **14** 200
Formwechsel AG in Personengesellschaft
Bilanzierung **14** 233
Handelsregisteranmeldung
- Anlagen **14** 230
- Gegenstand **14** 229
- Negativerklärung **14** 230
- Prozessgerichtbeschluss **14** 230
Hauptversammlungsbeschluss
- Drei-Viertel-Mehrheit **14** 228
- notarielle Beurkundung **14** 228
Minderheitenrechte Aktionäre **14** 232
Personengesellschaftsformen **14** 222 f.
Rechtsfolgen
- Identität des Rechtsträgers **14** 231
- Mitgliedschaftskontinuität **14** 231
- Rechte Dritter **14** 231
steuerliche Folgen **13** 694
- Gewinnabgrenzung **14** 235
- Vermögensübergang **14** 234
- Übertragungsbilanz **14** 234
Umwandlungsbericht **14** 225
Umwandlungsbeschluss
- Abfindungsangebot **14** 224
- Firma der Gesellschaft **14** 224
- Formwechselfolgen **14** 224
- Fristen **14** 224
- Gesellschafterbeteiligung **14** 224
- Mindestangaben **14** 224

- Sitz der Gesellschaft **14** 224
- Sonderrechte **14** 224
Formwechsel in KGaA
Entstehung KGaA durch Umwandlung **2** 511
Formwechselnde Umwandlung
anmeldepflichtige Personen **2** 453
Berichtspflichten Vorstand
- Erläuterungs- und Begründungsteil **5** 130
- Umwandlungsbeschlussentwurf **5** 130
- Vermögensaufstellung **5** 130
Entstehung der AG **2** 457
Rechnungslegung **2** 461
Forschungs- und Entwicklungskosten
Aktivierungsverbot **11** 26 f.
Fortbestehensprognose
Anwendungsprobleme **17** 28
Überschuldung **17** 26 f.
Fragerecht
Hauptversammlung **5** 178 f.
Freibetrag
Hinzurechnungen Gewerbeertrag **12** 228
Organschaft, Gewerbesteuer **12** 229
Freie Rücklagen
Bestandteile **10** 46
Freigabeverfahren
Eilverfahren **5** 291
Eintragungsinteresse, vorrangiges **5** 294
Hauptversammlungsbeschluss **5** 289 f.
Negativerklärung **5** 289
Registersperre **5** 289 f.
Voraussetzungen **5** 289
Freigrenze
Zinsschranke **12** 38
Freiverkehr
börsennotierte AG **26** 4
Einbeziehungsantrag **25** 16
- Ablehnungsgründe **25** 16
- Nachweis ordnungsgemäßer Börsenhandel **25** 16
Einbeziehungsverfahren
- Wertpapierprospekt **25** 20
Einbeziehungswiderruf **25** 19
Publizitätspflichten, börsennotierte AG **1** 15
Zulassungsantrag
- Schriftform **25** 16
Zulassungsfolgepflichten **22** 34 f.
- Übersicht **22** 12 f.
Zulassungsverfahren
- Richtlinien für Freiverkehr **25** 15
Zulassungsvoraussetzungen
- Übersicht **22** 12 f.
Fremddarlehen
vorbörsliche Kapitalzuführung **21** 181
Fremdkapital
Rechtsformwahl **1** 85
Fremdkapitalzufuhr
Fremddarlehen Börsengang **21** 181
Fremdorganschaft
Rechtsformwahl **1** 79 f.

2053

Fremdvergleich Fette Zahlen = Kapitel

Fremdvergleich
hypothetischer **16** 198 f.
tatsächlicher **16** 196 f.
– Bandbreite **16** 197
– Marktpreise **16** 196
verdeckte Gewinnausschüttung **8** 101
Verrechnungspreisermittlung
– hypothetischer **13** 290 f.
– interquartile Marge **13** 286
– Median **13** 287
– Standartmethoden **13** 284 ff.
Fremdvergleichsgrundsatz
Bandbreitenbetrachtung **16** 195
Betriebsstättenergebnis, Ermittlung **16** 30 f.
Dotationskapital
– Betriebsstätte, ausländische **16** 18
– interner Fremdvergleich **16** 18
Einkünftekorrektur Art. 9 OECD-MA **16** 192 f.
Einkünftekorrektur nach § 1 AStG **16** 185 f.
– Auslandsbezug **16** 187
– Kapitalverkehrsfreiheit **16** 191
– nachstehende Personen **16** 185
– Niederlassungsfreiheit **16** 191
– Tatbestandsvoraussetzungen **16** 185
Finanzierungsleistungen **16** 227 f.
Finanzierungsleistungen Konzern **16** 227 f.
Funktions- und Risikoanalyse **16** 193 f.
Lizenzierung immaterielle Wirtschaftsgüter **16** 229 f.
Rücküberführung Wirtschaftsgüter
– Betriebsstätte, ausländische **16** 48
– Betriebsstätte, inländische **16** 138
verdeckte Gewinnausschüttung **12** 51 f.
Verrechnungspreise **13** 284 f.; **16** 178 f.
– Grundsätze **13** 275
– Verstöße **13** 275
Fremdwährung
Bareinlagen
– Sacheinlagenbehandlung **2** 178
Fremdwährungsumrechnung
Konzernabschluss
– Stichtagskursmethode **11** 209
– Zeitbezugsmethode **11** 209
Fristen
Abberufung Vorstand **6** 46
Aufhebungsvertrag Unternehmensvertrag Vertragskonzern **15** 174
Aufsichtsratssitzung, Einberufung **7** 141
Aufsichtsrat, Statuswechsel **7** 47
Auskunftserzwingungsverfahren **4** 68
Erwerb eigene Aktien **3** 157
Gegenanträge Aktionäre **5** 110
Gesellschafterunterrichtung
– Verschmelzung AG auf GmbH **14** 128
Hauptversammlung **5** 62
Insolvenzantragstellung **17** 43 f.
Kapitalherabsetzung, vereinfachte **9** 153
Konzernabschlusseinreichung **26** 38 f.
Kündigung Unternehmensvertrag Vertragskonzern **15** 175
Rückgewähranspruch Einlagen **8** 71

Spaltungsvertrag bei Spaltung auf Kapitalgesellschaft **14** 263
Vorstandskündigung **6** 65
Zahlungsunfähigkeit, Feststellung **17** 21
Früherkennungssystem
Frühwarnindikatoren **17** 7 f.
Krise der AG **17** 6 f.
Frühwarnindikatoren
Krise der AG **17** 7 f.
Frühwarnsystem
Risikomanagement **21** 275
FSE
Zulassungsvoraussetzungen **22** 52
Fünftelungsregelung
Einkommensteuertarif **12** 184
Veräußerungsgewinn **13** 464
Funktionsabschmelzung
Funktionsverlagerung **13** 303 f.
Funktionsausgliederung
Funktionsverlagerung **13** 303 f.
Funktionsverdoppelung
Funktionsverlagerung **13** 303 f.
Funktionsverlagerung
Begriff **13** 292, 302
Betriebsstätte, ausländische **16** 24
Funktionsabschmelzung **13** 303 f.
Funktionsausgliederung **13** 303 f.
Funktionsbegriff **13** 301
Funktionsverdoppelung **13** 303 f.
Funktionsvervielfältigung **13** 303 f.
Geschäftschancenübertragung **13** 294
Gründung ausländischer Kapitalgesellschaft
– Anpassung Einkünfte **16** 74
– Einkünfteberichtigung **16** 74
– Gewinnerwartung **16** 74
– Nutzungsüberlassung **16** 74
Lohnfertigung **13** 297
Personalentsendung **13** 304
Transferpaket
– Ertragswertermittlung **13** 307
– Geschäftswertermittlung **13** 308
– Synergieeffekte im Ausland **13** 309
Transferpaketbestimmung **13** 300 f.
Funktionsvervielfältigung
Funktionsverlagerung **13** 303 f.

Gelantine-Entscheidung 15 48 f.; **18** 41
Geldbuße
Betriebsausgaben, nichtabziehbare **12** 42, 119
Geldstrafe
Betriebsausgaben, nichtabziehbare **12** 43
Geldwerte Vorteile
Mitarbeiterbeteiligung **13** 688
Vorstandsvergütung **6** 83 f.
Gemeiner Wert
Ausgliederung auf Kapitalgesellschaft **14** 319, 325
verdeckte Gewinnausschüttung **8** 112
Verschmelzung AG auf Personengesellschaft **14** 164 f.

Magere Zahlen = Randziffern

Gesellschafterfremdfinanzierung

Gemeinschaftsunternehmen
Drittelparität Aufsichtsrat **7** 22
Mehrmütterherrschaft **15** 23 f.
paritätischer Aufsichtsrat **7** 27
Quotenkonsolidierung **11** 220 f.
Gemischte Methode
Betriebsstättenergebnis, Ermittlung
16 35
Gemischte Sacheinlagen
Gesetzliche Regelungen **2** 231
Genehmigtes Kapital s.a. Kapital,
genehmigtes
Bezugsrechtsausschluss **21** 239
Börsengang
– Bezugsrechtsausschluss **21** 239
– Höchstgrenze **21** 238
Wandelschuldverschreibung **21** 237
Genehmigung
Gründung AG nach AktG **2** 34
General Standard
börsennotierte AG **1** 15
geregelter Markt **25** 13
Mindestanforderungen **26** 120
Zulassungsvoraussetzungen
– Übersicht **22** 12 f.
Genussrechte
Ansprüche **9** 190
Ausgabe bei Going Public **13** 680
Begriff **9** 188 f.
Behandlung **11** 133 f.
Familien-AG **1** 25
geldwerter Anspruch **9** 190
Kapitalerhöhung, bedingte **9** 52
Mitarbeiterbeteiligung **23** 50 f.
verdeckte Gewinnausschüttung **8** 92
Vermögensrechtgewährung **9** 189
Verschmelzung AG auf AG
– Sonderrechte **14** 15
Geregelter Markt
General Standard **25** 13
Prime Standard **25** 13
Publizitätspflichten, börsennotierte AG
1 15
Regelungen Frankfurter Wertpapierbörse
25 13 ff.
Unternehmenskalender
– Zulassungsantrag **25** 13
Zulassungsantrag
– General Standard **25** 13
– Prime Standard **25** 13
– Unternehmenskalender **25** 13
Zulassungsverfahren **25** 13
– Wertpapierprospektgesetz **25** 14
Zulassungsvoraussetzungen **25** 13 ff.
Gerichtskosten
Gründung AG nach AktG
– Registergericht **2** 129
Geringwertige Wirtschaftsgüter
Abschreibung **11** 82
Gesamtrechtsnachfolge
eigene Aktien **3** 153
Unternehmen als Sacheinlage **2** 199

Gesamtschuldnerische Haftung
Konsortialvertrag **25** 155
Gesamtvertretungsmacht
Abwickler AG **18** 43 f.
Geschäftsbereich
Börseneinführung **21** 207 f.
– Abspaltung **21** 211
– Aufspaltung **21** 211
– Ausgliederung **21** 210
– Einzelrechtsnachfolge **21** 210
Geschäftschancen
Fremdpreisbandbreite **13** 295
Geschäftsführende Direktoren
europäische Aktiengesellschaft **19** 95 f.
Geschäftsführerbezüge
Rechtsformwahl **1** 99
Geschäftsführung
Komplementär **4** 186
Vorstand **6** 5 f.
Geschäftsführungsbefugnis
Vorgesellschaft **2** 252
Geschäftsleitungssitz
REIT AG **29** 61
Geschäftsmodell
Ertragswertverfahren **24** 35 f.
Geschäftsordnung
Aufsichtsrat **7** 126 f.
satzungsändernder Charakter **21** 273
Vorstand **21** 269 f.
– Geschäftsführung **21** 270
– Geschäftsverteilung **21** 270
– Vorstandssprecher **21** 270
Geschäftsunfähigkeit
Gründer AG nach AktG **2** 74
Geschenke
Betriebsausgaben, nichtabziehbare **12** 42,
119
Gesellschaft bürgerlichen Rechts
Gründer AG nach AktG **2** 78
Gesellschafterdarlehen
Bilanzierung **8** 145 f.
Fremdkapital **21** 154 f.
kapitalersetzende Darlehen **21** 155
Kapitalmarktsicht **21** 156
Rangrücktrittserklärung **21** 157
Überschuldungsstatus **8** 148
Verzinsung **21** 157
Wertverlustrealisierung **13** 588 f.
Gesellschaftereinlage
Bareinlage **21** 97
Sacheinlage **21** 97
– einbringungsgeborene Anteile **21** 98
Gesellschafterfremdfinanzierung
betroffener Personenkreis **8** 138 ff.
– Beteiligungsquote **8** 138
– Kleinbeteiligungsprivileg **8** 138
– Sperrminorität **8** 138
Bilanzierung **8** 145 f.
eigenkapitalersetzende Aktionärsleistungen
– Finanzierungsfolgeverantwortung
8 120 f.
– Handelsrecht **8** 120 f.

2055

Gesellschafterleistungen

Fette Zahlen = Kapitel

- Steuerrecht **8** 125
- Finanzplankredit **8** 129 f.
- Privilegierung bei Sanierung **8** 140 f.
- Rangrücktritt **8** 126 f.
- Sanierungsprivileg **8** 139 f.
- Zinsschranke **8** 131 f.; **13** 262 f.

Gesellschafterleistungen
in der Krise
- Eigenkapitalersatz **8** 133 f.
- Gesellschafterdarlehen **8** 133
- Krisendarlehen **8** 133 f.
- Wirtschaftliches Eigenkapital **8** 133

Gesellschafterpflichten
KGaA **4** 180 ff.

Gesellschafterrechte
KGaA **4** 180 ff.

Gesellschafterunterrichtung
Verschmelzung AG auf Personengesellschaft **14** 159

Gesellschaftsmäntel
Verwendung gebrauchter **2** 479 f.
- Abgrenzung Sanierung **2** 481
- Folgen **2** 482 f.
- steuerlicher Verlustvortrag **2** 483
- Zulässigkeit **2** 480

Gesetzliche Rücklage
Ausschüttungssperre **10** 48
Bestandteile **10** 46
Gewinnabführungsverträge **11** 191
Höhe **11** 190
Kapitalerhöhung aus Gesellschaftsmitteln **9** 100
Kapitalherabsetzung, vereinfachte **9** 146
Vermögenserhaltung AG **8** 11
Vertragskonzerngesellschaft **15** 141

Gestaltungsklage
Vorstandssuspendierung **6** 56

Gewerbebetrieb
Begriff **12** 128

Gewerbeertrag
Ermittlung **12** 212 f.
- ausländische Steuern **12** 241
- Betriebsstätten, ausländische **12** 241
- Gewinnanteile stiller Gesellschafter **12** 222
- Grundbesitz-Abzüge **12** 239
- Hinzurechnungen **12** 218 ff.
- Kürzungen **12** 219 ff.
- Leasing-Unternehmen **12** 224
- Miet- und Pachtzinsen **12** 223 f., 226
- Renten und Dauernde Lasten **12** 221
- Schachtelerträge **12** 230 f.
- Schemata **12** 216
- Schulden **12** 219 f.
- Spenden **12** 238
- Streubesitzdividenden **12** 230 f.
- Teilwertabschreibung, ausschüttungsbedingte **12** 230 f.
- Verlust/Gewinnanteile Mitunternehmerschaften **12** 236
- Verlustverrechnung **12** 245 f.

Hinzurechnung
- Freibetrag **12** 228
- Komplementärbezüge KGaA **12** 243 f.
- Konzessionsaufwendungen **12** 227
- Lizenzen **12** 227
- Miet- und Pachtzinsen bew. Anlagevermögen **12** 223
- Miet- und Pachtzinsen unb. Anlagevermögen **12** 226
- Rechteüberlassung **12** 227

Gewerbesteuer
Abwicklungsgewinn **18** 114
AG **12** 207 f.
Anteilsverkauf Kapitalgesellschaft durch Kapitalgesellschaft **13** 483
Anteilsverkauf Kapitalgesellschaft durch natürliche Person **13** 476
Auflösungsgewinn, Fristen
- Verschmelzung AG auf Personengesellschaft **14** 192
Betriebsausgaben, nichtabziehbare **12** 42, 119
Betriebsstätte, ausländische **16** 38
Dividendenbesteuerung **4** 134
Einkommen, zu versteuerndes **12** 212
Ermittlung **12** 207 f.
Ermittlung Gewerbeertrag **12** 212
- ausländische Steuern **12** 242
- Betriebsstätten, ausländische **12** 241
- Gewinnanteile typisch stiller Gesellschafter **12** 222
- Gewinn aus Gewerbebetrieb **12** 212 f.
- Grundbesitz-Abzüge **12** 239
- Hinzurechnungen **12** 219 ff.
- Kürzungen **12** 219
- Miet- und Pachtzinsen **12** 226
- Renten und dauernde Lasten **12** 221
- Schachtelerträge **12** 230 f.
- Schemata **12** 216
- Schuldentgelte **12** 219
- Schuldzinsen **12** 219
- Spenden **12** 238
- Streubesitzdividenden **12** 230 f.
- Teilwertabschreibung, ausschüttungsbedingte **12** 230 f.
- Verlust/Gewinnanteile Mitunternehmerschaften **12** 236
- Verlustverrechnung **12** 245 f.
Gewerbesteuermessbetrag **12** 254
Gründung AG nach AktG **2** 421
Hebesatz **12** 254
Hinzurechnungen Gewerbeertrag **12** 219 ff.
Inlandsbezug AG **13** 10
nicht abzugsfähige Betriebsausgaben **12** 119
Rechtsformwahl **1** 96
REIT AG **29** 14
Schuldner **12** 210
Steuermäßigungsbetrag **12** 195 f.
Steuerpflicht **12** 210
Übernahmegewinn
- Verschmelzung AG auf Personengesellschaft **14** 191 f.

Magere Zahlen = Randziffern

Gläubigerschutz

Veräußerungsgewinn **13** 465 f.
- Aktien **4** 147
- Verschmelzung AG auf Personengesellschaft **14** 192
Verlustvortrag
- Begrenzung **12** 246 f.
- Unternehmensidentität **12** 247 f.
Zahllast **12** 254
Zerlegung **12** 255
Zwischengesellschaft **16** 98
Gewerbesteuerliche Organschaft
Betriebsstättenfiktion **13** 160
Ermittlung Gewerbeertrag **13** 158 f.
Steuermessbetrag **13** 161
Voraussetzungen **13** 151; **15** 117 f.
vororganschaftliche Verluste **13** 158
Gewerbesteuermessbetrag
gewerbesteuerliche Organschaft **13** 161
Gewerkschaft
paritätische Besetzung Aufsichtsrat **7** 29
Gewinnabführung
Unternehmensverträge **11** 180
Gewinnabführungsvertrag
Aufhebungsvereinbarung **13** 593
außerordentliche Kündigung aus wichtigem Grund **13** 593
Einlagerückgewährverbot **8** 27
gesetzliche Rücklagen **11** 191
Gewinnrücklageneinstellung **13** 146
Kündigung **13** 593
Laufzeit **13** 148
Organschaft **13** 195 f.; **15** 118
Verlustübernahme **13** 147
Vertragskonzern **15** 104, 108
Wirksamkeit **13** 148
Gewinnanspruch
Kommanditaktionär **4** 212
Gewinnanteil
Komplementär **4** 192
Gewinnanteilsscheine
Begriff **3** 138
Inhaberpapier **3** 138
Wertpapier **3** 138 f.
Gewinnaufteilungsmethode
Begriff **13** 281
Verrechnungspreise **16** 215
Gewinnausschüttung
Abschlagszahlungen **21** 244
Bescheinigung **12** 91 f.
steuerfreie Einnahmen **12** 13 f.
Verschmelzung AG auf Personengesellschaft **14** 179
Verwendungsreihenfolge **12** 89
Gewinnermittlung
Betriebsstättenergebnis
- direkte Methode **16** 32 f.
- indirekte Methode **16** 34 f.
KGaA **21** 48
steuerliche
- Maßgeblichkeitsgrundsatz **11** 13 f.
- Perspektiven **11** 13 f.

Gewinngemeinschaft
Vertragskonzern **15** 110
Gewinngemeinschaftsvertrag 13 203
Gewinnrücklagen *s. a. Andere Gewinnrücklagen*
Bestandteile **10** 45
Jahresüberschusseinstellung **11** 177 f.
Kapitalherabsetzung, vereinfachte **9** 146
Rücklagen, andere **11** 189
Rücklage für eigene Anteile **11** 189
Rücklagen, gesetzliche **11** 189 f.
Gewinnrücklageneinstellung
Kleine AG **1** 33
Gewinnschuldverschreibung
Kapitalerhöhung, bedingte **9** 52
Gewinnschuldverschreibungen
Finanzierungspraxis **9** 187
Verschmelzung AG auf AG
- Sonderrechte **14** 15
Verzinsung **9** 186
Gewinnthesaurierung
Rechtsformwahl **1** 95
Gewinn- und Verlustrechnung
Ausweisregeln, spezielle
- Aktieneinziehung **10** 57
- Ausgleichszahlungen aus Gewinnabführungsverträgen **10** 58
- Einstellung in Kapitalrücklage **10** 56
- Jahresüberschussverwendung **10** 55
- Kapitalherabsetzungserträge **10** 56
Ertragslage **10** 20
Gliederungsvorschriften **10** 20
Jahresabschluss börsennotierte AG **26** 35
Gewinnvergleichsmethode
Begriff **13** 281
Verrechnungspreise **16** 216 f.
Gewinnverwendungsbeschluss
Zuständigkeiten **10** 120 f.
Gewinnverwendungsvorschlag
Hauptversammlungsvorlage **5** 199
Gezeichnetes Kapital
Ausweis **11** 182
Kapitalerhöhung, Ausweis **11** 184
Kapitalherabsetzung, Ausweis **11** 184
KGaA **11** 185
Girosammelverwahrung
Aktien **3** 84 f.
Fristberechnung für private Veräußerungsgeschäfte **13** 659
Globalurkunde **3** 86
Herausgabeanspruch **3** 87
Sammelurkunde **3** 86
Gläubigeraufruf
Abwicklung AG **18** 65
Gläubigerbefriedigung
Abwicklung AG **18** 65 f.
Gläubigerschutz
eigenkapitalersetzende Aktionärsleistungen **8** 120
Eingliederung **15** 199 f.
Formwechsel AG in GmbH **14** 215
Gründungsverfahren SE **19** 35

2057

Gleichbehandlungsgebot

Fette Zahlen = Kapitel

Kapitalherabsetzung durch Einziehung von
Aktien **9** 167
Kapitalherabsetzung, ordentliche **9** 132 f.
Gleichbehandlungsgebot
Bezugsrecht **9** 36 f.
Gleichbehandlungsgrundsatz
Aktionär **4** 86 f.
Erwerb eigene Aktien **3** 162 f.
Kommanditaktionär **4** 217
Mitarbeiterbeteiligung **23** 81 f.
Globalurkunde
Aktien **3** 82 f.
Globalwahl
Aufsichtsrat **5** 239
GmbH
Besteuerungsunterschiede AG **13** 131 f.
Rechtsformwahl **1** 103 f.
GmbH & Co. KG
Besteuerung **13** 103
Umwandlung in AG
– Anwachsung **2** 468
– formwechselnde Umwandlung **2** 467
– Grunderwerbsteuer **2** 467
– Verschmelzung durch Neugründung
  2 467
– Verschmelzung GmbH auf KG **2** 467
– Verschmelzung KG auf AG **2** 467
– Wege nach UmwG **2** 467
GoB
Anschaffungswertprinzip **10** 8
Grundsatz der Vollständigkeit **10** 8
Höchst- und Niederstwertprinzip **10** 8
Imparitätsprinzip **10** 8
Periodisierungsprinzip **10** 8
Realisationsprinzip **10** 8
Going Private s.a. Delisting
Aufspaltung AG auf Personengesellschaft
– steuerliche Folgen **13** 694
Delisting auf Antrag
– Bewertung **13** 693
– künftige Besteuerung Aktionäre
  13 692
– steuerliche Folgen **13** 691
Eingliederung
– steuerliche Folgen **13** 698
Formwechsel AG auf Personengesellschaft
– steuerliche Folgen **13** 694
Verschmelzung AG auf Personengesellschaft
– steuerliche Folgen **13** 694
Going Public
Abspaltung auf Schwester-AG, verhältniswahrende
– Aktionärssicht **13** 678
– Gewinnrealisierung **13** 677
– Steuerneutralität **13** 677
– Teilbetriebsbedingung **13** 678
Einbringung in Tochter-AG
– § 8 b Abs. 2 KStG-Potenziale **13** 674
– gewinnrealisierende **13** 673
– steuerneutrale **13** 673
– steuerpflichtige **13** 673

Familienunternehmen **13** 682 f.
Genussrechtausgabe **13** 680
Grundsatzentscheidung **22** 1
Mitarbeiterbeteiligung
– geldwerter Vorteil **13** 688
– Gewinnrealisierung **13** 685
– Stock Options **13** 690
– Unentgeltlichkeit **13** 685
– verdeckte Einlage bei Unentgeltlichkeit
  13 685
Vorzugsaktienausgabe **13** 680
Going-Public-Anleihe
Wandelschuldverschreibung **21** 182
Gratisaktien
Kapitalerhöhung aus Gesellschaftsmitteln
  13 617
Grenzüberschreitende Einbringung Betriebe
Aufsichtsratszusammensetzung
– Fortgeltung Mitbestimmung **7** 36
Grenzüberschreitender Unternehmensverkauf
Asset-Deal **13** 600 f.
– Aktivitätsvorbehalt **13** 600
– DBA-Steuerbefreiung **13** 601
– Erwerb ausländische Betriebsstätten
  13 602
– Veräußerungsgewinne **13** 601 f.
Share-Deal **13** 606 f.
Großaktionär
Prospekthaftung **25** 230
Gründer
AG nach AktG
– Alleinerbe **2** 81
– Aufgaben **2** 72
– Ausländer **2** 74
– ausländische Personengemeinschaften
  2 83
– beschränkt Geschäftsfähige **2** 74
– Eheleute **2** 82
– Einpersonengründung **2** 72
– Erbengemeinschaft **2** 80
– Funktion **2** 72
– geschäftsunfähige G. **2** 74
– Gesellschaft des bürgerlichen Rechts
  2 78
– Gründerfähigkeit **2** 73
– immer notwendige G. **2** 72 f.
– im Sonderfall notwendige G. **2** 140 ff.
– juristische Personen **2** 75 f.
– mittelbar Betroffene **2** 148 ff.
– natürliche Personen **2** 74
– nicht rechtsfähiger Verein **2** 79
– Personengesellschaften **2** 77
– qualifizierte Gründerfähigkeit **2** 85
– Rechtsanwaltsgesellschaften **2** 85
– regelmäßig notwendige G. **2** 130 ff.
– Steuerberatungsgesellschaften **2** 85
– Treuhänder **2** 84
– Wirtschaftsprüfungsgesellschaften
  2 85
Gründung AG nach AktG **2** 10

Magere Zahlen = Randziffern

im Sonderfall notwendige Gründungsbeteiligte
- Genehmigungsbehörde **2** 145 f.
- Industrie- und Handelskammer **2** 147
- Vertreter **2** 140 f.
- Vormundschaftsgericht **2** 144
Kapitalaufbringung, Haftung **2** 258 f.
KGaA nach AktG
- Anzahl **2** 494
- Einpersonen-KGaA **2** 494
- Kommanditaktionäre **2** 493
- persönlich haftender Gesellschafter **2** 492
Nachgründung **2** 311
nach UmwG **2** 438
Gründerfähigkeit
Gründer AG nach AktG **2** 73, 85
Gründerhaftung
Bareinlagen **2** 260
Einlagen anderer Gründer **2** 265
Einlagen auf übernommene Aktien **2** 259
Einzahlungsfälligkeit Einlagen **2** 262
Haftung der Treugeber **2** 273
Kommanditaktionäre **2** 267
Leistungsstörungen Sacheinlagen **2** 263
Satzungsnebenverpflichtungen **2** 264
Teilleistungen auf Sacheinlagen **2** 263
Unterbilanz **2** 270
verdeckte Sacheinlagen **2** 261
Verlustdeckung **2** 270 f.
Vorgesellschaft **2** 269
Vorgründungsgesellschaft **2** 268
Gründung *s.a. Bargründung, s.a. Einpersonengründung, s.a. Entstehung AG durch Umwandlung, s.a. Formwechselnde Umwandlung, s.a. Nachgründung, s.a. Neugründung AG/KGaA, s.a. Sachgründung, s.a. Spaltung durch Neugründung, s.a. Verschmelzung durch Neugründung, s.a. Vorratsgründung*
europäische AG **13** 282 f.; **19** 25 ff.
Holding SE **19** 36 f.
Gründung AG
Arten
- Abspaltung **2** 3
- Aufspaltung **2** 3
- Ausgliederung **2** 3
- Bargründung **2** 3
- formwechselnde Umwandlung **2** 3
- Mantelverwendung **2** 3
- Sachgründung **2** 3
- Spaltung zur Neugründung **2** 3
- Umwandlung im Wege der Neugründung **2** 3
- Verschmelzung durch Neugründung **2** 3
- Vorratsgründung **2** 3
Mantelverwendung **2** 470 f.
Gründung AG nach AktG
Bekanntmachung der Eintragung **2** 65
Entscheidung des Gerichts **2** 60 f.
- Eintragungsablehnung **2** 62
- Eintragungsverfügung **2** 60
- Rechtsmittel **2** 63
- Zwischenverfügung **2** 61

Gründung AG nach AktG

Errichtung der Gesellschaft **2** 10 f.
- Aktienübernahme **2** 13
- Errichtungsfolgen **2** 14
- Gründer **2** 10
- Gründungsprüfer **2** 14
- Haftung **2** 14
- Kapitalaufbringung **2** 14
- Satzungsbestimmungen **2** 12
- Satzungsfeststellung **2** 11 f.
- Vorgesellschaft **2** 14
Erster Aufsichtsrat **2** 90 f.
- Abberufung **2** 100 f.
- Amtszeit **2** 94 f.
- Arbeitnehmervertreter **2** 106
- Ausscheiden **2** 100 f.
- Bestellung durch Gründer **2** 90, 98 f.
- Entsendungsrechte, satzungsmäßige **2** 93
- Ersatzbestellung **2** 100 f.
- Ersatzmitglieder **2** 93
- Gründungshaftung **2** 91
- Mitbestimmungsrechte **2** 103 ff.
- Vergütung **2** 102
- Wahlverfahren **2** 99
- Zusammensetzung **2** 92
Ertragsteuern
- Gewerbesteuer **2** 421
- Körperschaftsteuer **2** 420
Grundkapital **2** 247 ff.
- Aufbringung **2** 164 f.
- Ausgabebetrag **2** 162 f.
- Bareinlagen **2** 171 ff.
- Einpersonengründung **2** 300 f.
- fingierte Sacheinlagen **2** 230
- gemischte Sacheinlagen **2** 231
- Mischeinlagen **2** 232 f.
- Nachgründung **2** 310 ff.
- Sacheinlagen **2** 190 ff.
- Sachübernahmen **2** 226 f.
- Trenneinlagen **2** 236
- verdeckte Sacheinlagen **2** 240 f.
- Zerlegung in Aktien **2** 159 ff.
Gründer
- Alleinerbe **2** 81
- Aufgabe **2** 72
- ausländische Personengemeinschaften **2** 83
- Eheleute **2** 82
- Erbengemeinschaft **2** 80
- Funktion **2** 72
- Gesellschaft des bürgerlichen Rechts **2** 78
- Gründerfähigkeit **2** 73
- juristische Personen **2** 75
- natürliche Personen **2** 74
- nicht rechtsfähiger Verein **2** 79
- Personengesellschaften **2** 77
- qualifizierte Gründerfähigkeit **2** 85 f.
- Rechtsanwaltsgesellschaften **2** 85
- Steuerberatungsgesellschaften **2** 85
- Treuhänder **2** 84
- Wirtschaftsprüfungsgesellschaften **2** 85
Gründungsbeteiligte **2** 70 ff.

2059

Gründung KGaA nach AktG

Fette Zahlen = Kapitel

- immer notwendige G. **2** 72 ff.
- im Sonderfall notwendige G. **2** 140 ff.
- mittelbar Betroffene **2** 148 ff.
- regelmäßig notwendige G. **2** 130 ff.
Gründungskosten **2** 404
Gründungsphasen **2** 9
- Entstehung der AG durch Eintragung **2** 9
- Errichtung der Gesellschaft **2** 9
- Nachgründung **2** 9
- Vorgesellschaft **2** 9
- Vorgründungsgesellschaft **2** 9
- Vorgründungsphase **2** 9
Gründungspublizität **2** 400 ff.
- Beteiligungsverhältnisse **2** 402 f.
- Handelsregister **2** 400 f.
Gründungsverfahren **2** 8 f.
Handelsregisteranmeldung
- Anmeldepflicht **2** 37
- anmeldepflichtige Personen **2** 36
- Form **2** 39
- Inhalt **2** 40 f.
- Vertretung bei Anmeldung **2** 38
- Voraussetzungen **2** 35 f.
im Sonderfall notwendige Gründungsbeteiligte
- Genehmigungsbehörde **2** 145 f.
- gesetzliche Gründervertrager **2** 143
- Gründervertreter **2** 140 f.
- Industrie- und Handelskammer **2** 147
- Vormundschaftsgericht **2** 144
Inhalt der Eintragung **2** 64
mittelbar von der Gründung Betroffene
- Abschlussprüfer **2** 149
- Bundesanzeiger **2** 148
- Emittenten **2** 156
- Finanzamt **2** 150
- Treugeber **2** 152
- Vergütungsempfänger nicht satzungsgemäßer Gründungsaufwand **2** 153
Notar **2** 113 f.
- ausländischer **2** 124
- Belehrung über unbeschränkte Auskunftspflicht **2** 119
- Beurkundung in Sonderfällen **2** 118
- Beurkundung mit Unterschrift der **2** 114
- Beurkundung ohne Unterschrift der **2** 115
- Gebühren **2** 120 f.
- Unterschriftanerkenntnis **2** 117
- Zeichnung vor dem Notar **2** 116
notarielle Urkunde **2** 13
- Gründer **2** 13
- Nennbetragsaktien **2** 13
- Satzungsfeststellungen **2** 13
Prüfung durch das Gericht **2** 52 f.
- mangelhafte Berichte **2** 56
- Prüfung der Anmeldung **2** 55
- Prüfung der Errichtung **2** 54
- Satzungsmängel **2** 58
- Wert von Sacheinlagen und Sachübernahmen **2** 57

Rechnungslegung **2** 410 ff.
- Eröffnungsbilanz **2** 410
- Vermögensbilanz **2** 416 f.
regelmäßig notwendige Gründungsbeteiligte
- Gericht **2** 134 f.
- Gründungsprüfer **2** 131 f.
- kontoführendes Institut **2** 130
Registergericht
- Aufgaben **2** 126
- Eintragungsverfahren **2** 127
- Gerichtskosten **2** 129
- Rechtsbehelfe **2** 128
- Zuständigkeit **2** 125
Sacheinlagenbewertung (Steuerrecht)
- Besteuerung des einlegenden Gründers **2** 427
- Grunderwerbsteuer **2** 428
- Wertansatz bei Gesellschaft **2** 424 f.
Satzung **2** 329 ff.
- Auslegung **2** 361 f.
- das AktG ergänzende Bestimmungen **2** 354 f.
- gründungsbezogene Bestimmungen **2** 345 f.
- Mindestinhalt **2** 331 f.
- Mängel **2** 364 f.
- Nebenabreden **2** 390 f.
- vom AktG abweichende Bestimmungen **2** 352 f.
Übersicht **2** 8
Verkehrssteuern
- Grunderwerbsteuer **2** 423
- Umsatzsteuer **2** 422
Vorbereitung Handelsregisteranmeldung **2** 15 f.
- Abschlussprüferbestellung **2** 16
- Aufsichtsratsbestellung **2** 15
- Einforderung Kapitaleinlagen **2** 31 f.
- Gründungsbericht **2** 18 f.
- Gründungsprüfer **2** 25 f.
- Kapitalaufbringung **2** 33
- Prüfung durch Vorstand und Aufsichtsrat **2** 23
- staatliche Genehmigung **2** 34
- Vorbereitung der Kapitaleinlagen **2** 30
- Vorstandsbestellung **2** 17
Vorgesellschaft **2** 251 f.
Vorstand, erster **2** 107 f.
- Aufgaben **2** 109 f.
- Bestellung **2** 108
- Haftungsrisiko **2** 111
- Vergütung **2** 112
- Zusammensetzung **2** 108
Gründung KGaA nach AktG
Gründer **2** 491 f.
- Anzahl **2** 494
- Einpersonen-KGaA **2** 494
- Kommanditaktionäre **2** 493
- persönlich haftende Gesellschafter **2** 492
Gründungsverfahren **2** 495
Rechnungslegung **2** 497

Satzungsanforderungen **2** 496
Steuerrecht **2** 498 f.
- Besteuerung als Kapitalgesellschaft **2** 498
- Besteuerung als Mitunternehmerschaft **2** 498
- Sacheinlagenbewertung aus Privatvermögen persönlich haftender Gesellschafter **2** 499 f.
Übersicht **2** 490
Gründungsbericht
Eintragungsvoraussetzung Handelsregister **2** 18
Gründung KGaA nach AktG **2** 495
Gründungsverfahren nach UmwG **2** 446
Hergang der Gründung **2** 18
- Einlagen auf das Grundkapital **2** 20
- Grundkapitalhöhe **2** 20
- Satzungsbestimmungen zu Firma und Sitz **2** 20
- Sicherung bei Einpersonengesellschaft **2** 20
- Sondervorteile **2** 20
- Tag der Errichtung **2** 20
- Vorstands- und Aufsichtsratsbestellung **2** 20
Inhalt **2** 19 f.
Nachtrag **2** 18
Sacheinlagen **2** 22
- Negativerklärungen **2** 22
- Werthaltigkeit **2** 22
Sachübernahmen **2** 22
Schriftformerfordernis **2** 18
Sonderbeziehungen zu Vorstands- und Aufsichtsratsmitgliedern **2** 21
Spaltung auf Kapitalgesellschaft **14** 268
Vorratsgesellschaft **2** 474
Zeitpunkt **2** 18
Gründungshaftung
Aufsichtsrat, erster **2** 91
Gründungskosten
Ausweis Eröffnungsbilanz **2** 415
Gründung AG nach AktG **2** 404
Gründungsprüfer
Ausschließungsgründe **2** 26
Bestellung auf Antrag **2** 26
Bestellungsgründe **2** 25
Bestellungsvoraussetzungen **2** 26
Gründung AG nach AktG **2** 14
Kapitalaufbringung, Haftung **2** 287
Notar **2** 29
Prüfungsbericht **2** 28
Prüfungsumfang **2** 27
Vergütung **2** 26
Gründungsprüfung
Gründung KGaA nach AktG **2** 495
Gründungsprüfer **2** 25 f.
- Ausschließungsgründe **2** 26
- Bestellung auf Antrag **2** 26
- Bestellungsgründe **2** 25
- Bestellungsvoraussetzungen **2** 26
- Notar **2** 29
- Prüfungsbericht **2** 28

Grunderwerbsteuer

- Prüfungsumfang **2** 27
- Vergütung **2** 26
Gründungsverfahren nach UmwG **2** 448
Prüfungsbericht **2** 23
Prüfungsgegenstand **2** 24
Prüfungspflicht
- Aufsichtsrat **2** 23
- Vorstand **2** 23
Sacheinlagen
- Bewertungsmethoden **2** 24
Sacheinlagenbewertung **2** 209
Sachübernahmen
- Bewertungsmethoden **2** 24
Spaltung auf Kapitalgesellschaft **14** 268
Vorratsgesellschaft **2** 474
Gründungstheorie
ausländische AG
- Geschäftsleitung im Inland **1** 43 f.
Ausländische KGaA
- Geschäftsleitung im Inland **1** 43 f.
Gründungsverfahren
KGaA nach AktG
- Gründungsbericht **2** 495
- Gründungsprüfung **2** 495
- Handelsregistereintragung **2** 495
Gründungsverfahren nach UmwG
Aktienzuteilung **2** 445
- Spaltungsplan **2** 445
- Umwandlungsbeschluss **2** 445
- Verschmelzungsvertrag **2** 445
Anmeldepflichtige Personen **2** 450 f.
- formwechselnde Umwandlung **2** 453
- Spaltung zur Neugründung **2** 452
- Verschmelzung durch Neugründung **2** 451
Entstehung der AG **2** 454 f.
- Spaltung durch Neugründung **2** 456
- Verschmelzung durch Neugründung **2** 455
Gründungsbericht
- Ausnahmen **2** 446
Gründungsprüfung **2** 448
Handelsregisteranmeldungen **2** 449
Prüfung durch Vorstand und Aufsichtsrat **2** 447
Satzungsfeststellung **2** 440
Satzungsinhalt, umwandlungsbedingter
- Sacheinlagenbewertung **2** 442
- Satzungsbestimmungen, Übernahmen **2** 444
- Sondervorteile **2** 443
Grundbesitz
Ermittlung Gewerbeertrag **12** 239
Grunderwerbsteuer
AG **13** 714 f.
Anteilsvereinigungen **13** 728 f.
Anteilsverminderung des Einbringenden am Gesamthandsvermögen **13** 716
Anteilsübertragungen **13** 728 f.
Anwendungsfragen § 1 Abs. 2 a GrEStG **13** 740 f.
- Anteilsübertragung, mittelbare **13** 746

2061

Grundkapital

Fette Zahlen = Kapitel

- Fünfjahresfrist **13** 740
- Gesellschafterbestand **13** 741
- Gesellschafterwechsel **13** 746 f.
- Steuerbefreiung **13** 746
 Asset Deal **13** 598 f.
 Ausgliederung auf Kapitalgesellschaft **14** 326
 Ausgliederung auf Personengesellschaft **14** 333
 Befreiungstatbestände **13** 722 f.
 Gesellschafterwechsel **13** 129 f.
 Gesellschafterwechsel, mittelbarer **13** 717
 Grunderwerbsteuerliche Organschaft **13** 730
 Gründung AG nach AktG **2** 423
 Organschaft **15** 120
 REIT AG **29** 14
 Überführung Bruchteils- in Gesamthandseigentum **13** 716
 Überführung Gesamthands- in Bruchteilseigentum **13** 717
 Übernehmende Kapitalgesellschaft
- Spaltung **14** 303
 Übertragung von Gesamthand auf andere Gesamthand **13** 720
 Umwandlung GmbH & Co. KG in AG **2** 467
 Verschmelzung AG auf AG
- Anteilsverschiebung, Grenze **14** 111 f.
- Anteilsübertragung, Grenze **14** 111 f.
- Anteilsübertragung, mittelbare **14** 113
- Begrenzung **14** 118 f.
- Bemessungsgrundlage **14** 116
- Beteiligungskette **14** 113
- Betriebsausgabe **14** 116
- BFH-Rechtsprechung **14** 119 f.
- Gesellschafterwechsel **14** 118
- Grunderwerbsteuerfreiheit **14** 125
- Zwerganteil Konzerngesellschaft **14** 117
- Zwischengesellschaft **14** 121
 Verschmelzung AG auf Personengesellschaft **14** 194

Grundkapital
 Aufbringung
- Bareinlagen **2** 171 ff.
- Einpersonengründung **2** 300 f.
- fingierte Sacheinlagen **2** 230
- gemischte Sacheinlagen **2** 231
- Haftung für Kapitalaufbringung **2** 247 ff.
- Mischeinlagen **2** 232 f.
- Nachgründung **2** 310 ff.
- Sacheinlagen **2** 190 ff.
- Sachübernahmen **2** 226 f.
- Trenneinlagen **2** 236
- verdeckte Sacheinlagen **2** 240 f.
- Übersicht **2** 164 f.
 Ausgabebetrag **2** 162 f.
- Agio **2** 162
- Aufgeld **2** 162
- Festlegung in Gründungsurkunde **2** 162
 Kapitalausstattung, vorbörsliche **21** 184 ff.
 Mindestgrundkapital **2** 159

REIT AG **29** 61
Satzungsfestsetzung **2** 159
Zerlegung in Aktien **2** 160 f.
- Mindestnennbetrag **2** 160
- Mindestzerlegung **2** 160
- Nennbetragsaktien **2** 161
- Stückaktien **2** 161
Grundkapitalerhöhung
 Aufdeckung stiller Reserven
- Veräußerung von Kapitalgesellschaftsanteilen **21** 191
- Verschmelzung auf neugegründete AG **21** 190
 Börsengangvorbereitung **21** 186 ff.
- Aufdeckung stiller Reserven **21** 189 f.
- Bar- oder Sacheinlagen **21** 187
- Kapitalerhöhung aus Gesellschaftsmitteln **21** 188
 Handelsregistereintrag **9** 26
Grundsteuer
 REIT AG **29** 14
Gütergemeinschaft
 Hauptversammlungsteilnahme **5** 147
Güterstand
 Überprüfung vor Börsengang **21** 327 f.
- modifizierte Gütergemeinschaft **21** 329
- modifizierte Zugewinngemeinschaft **21** 328
Gutachterkosten
 Betriebsausgabenabzug bei Unternehmenskauf **13** 554
Gutgläubiger Dividendenbezug
 Rückgewähranspruch **8** 72 f.

Häusliches Arbeitszimmer 6 84
Haftpflichtversicherung
 Börsengang **21** 247 f.
Haftung s. a. *Konzernhaftung*
 Abwickler AG **18** 48
 Comfort Letter **25** 146 f.
 Komplementär **4** 185
 qualifiziert-faktischer Konzern **15** 89 f., 99 f.
 Rechtsformwahl **1** 105, 77 f.
Haftungsausschluss
 Prospekthaftung **25** 234 f.
Haftungsbegrenzung
 Prospekthaftung **25** 234 f.
Haftungsfreistellung
 Konsortialbanken im Übernahmevertrag **25** 83 f.
Halbeinkünfteverfahren
 Anteilsverkauf Kapitalgesellschaft durch natürliche Person **13** 476, 476 f.
 Dividendenbesteuerung Steuerausländer **13** 38 f.
 Inlandsgewinne AG **13** 14 f.
 Körperschaftsteuer **12** 5
 Steuersatz **12** 7
 verdeckte Gewinnausschüttung **12** 60 f.
Halbjahresfinanzbericht
 regulierter Markt
- Offenlegung **26** 82

Magere Zahlen = Randziffern

Handelsregistereintragung

Zulassungsfolgepflichten
– Prime Standard **22** 28
– regulierter Markt **22** 20
Handelsbilanz
Herstellungskosten **11** 56
Maßgeblichkeitsprinzip **10** 96 f.; **11** 4 f.
Niederstwertprinzip **11** 80
Wertaufholungsgebot **11** 91
Handelsbilanz I und II
Konzernabschluss **11** 206
Handelsplatzauswahl
Deutschland **22** 7 ff.
Übersicht **22** 6
Handelsplatz Deutschland
regulierter Markt
– Börsenzulassungsverordnung **22** 12 f.
– Zulassungsvoraussetzungen **22** 12 f.
Handelsregisteranmeldung
Formwechsel AG in GmbH **14** 210 f.
Formwechsel AG in Personengesellschaft **14** 230
Gründung AG nach AktG
– Anlagen **2** 49
– Anmeldepflicht **2** 37
– anmeldepflichtige Personen **2** 36
– Antrag auf Eintragung **2** 41
– Bekanntmachung der Eintragung **2** 65
– Eintragungsfolgen **2** 66
– Entscheidung des Gerichts **2** 60 f.
– Erklärungen bei Bareinlagen **2** 43
– Erklärungen bei Sacheinlagen **2** 44
– Form **2** 39
– Inhalt **2** 40 f.
– Inhalt der Eintragung **2** 64
– inländische Geschäftsanschrift **2** 46
– Kapitalaufbringung **2** 42
– Lage der Geschäftsräume **2** 50
– Prüfung durch das Gericht **2** 52 f.
– Scheitern der Eintragung **2** 67 f.
– Versicherung der Vorstandsmitglieder **2** 45
– Vertretung bei Anmeldung **2** 38
– Vertretungsbefugnisse **2** 47
– Voraussetzungen **2** 35 f.
– Zeichnung der Vorstandsmitglieder **2** 48
Gründungsverfahren nach UmwG **2** 449
Kapital, genehmigtes **9** 83
Kapitalerhöhung aus Gesellschaftsmitteln **9** 105 f.
Kapitalerhöhung, bedingte **9** 62
Kapitalerhöhung gegen Einlage **9** 19
– Inhalt **9** 21
– Satzungsänderung **9** 25
Kapitalherabsetzung, ordentliche **9** 128
Nachgründungsvertrag **2** 318
REIT AG **29** 61
Sacheinlagenbewertung **2** 210
Spaltung auf Kapitalgesellschaft **14** 269 f.
Verschmelzung AG auf AG
– Anlagen **14** 25
– Kapitalerhöhung, Unterlagen **14** 23
– Negativerklärung Vorstand **14** 34

Handelsregistereintragung

– öffentliche Beglaubigung **14** 22
– Verzichtserklärung Aktionäre **14** 24
– Vorstandserklärungen **14** 24 f.
Verschmelzung AG auf GmbH **14** 132
Vorbereitung bei Gründung AG nach AktG
– Abschlussprüferbestellung **2** 16
– Aufsichtsratsbestellung **2** 15
– Einforderung Kapitaleinlagen **2** 31 f.
– Gründungsbericht **2** 18 f.
– Gründungsprüfer **2** 25 f.
– Kapitalaufbringung **2** 33
– Prüfung durch Mitglieder des Vorstands und Aufsichtsrats **2** 23 f.
– staatliche Genehmigung **2** 34
– Vorbereitung Kapitaleinlagen **2** 30
– Vorstandsbestellung **2** 17
Vorstand **6** 32
Vorstandspflichten **6** 16
Handelsregistereintragung
Abwickler AG **18** 37
Auflösung AG **18** 27
Auflösung KGaA **18** 105
Börseneinführung **22** 108 f.
– Notar **22** 109
– notarielle Beurkundung **22** 109
Eingliederung Vertragskonzern **15** 190
europäische Aktiengesellschaft **19** 58 f.
Formwechsel AG in GmbH **14** 212
Formwechsel AG in Personengesellschaft **14** 230
Gründung AG nach AktG
– Bekanntmachung **2** 65
– Eintragungsablehnung **2** 62
– Eintragungsfolgen **2** 66
– Eintragungsverfügung **2** 60
– Entscheidung des Gerichts **2** 60 f.
– Inhalt **2** 64 f.
– Prüfung durch das Gericht **2** 52 f.
– Rechtsmittel **2** 63
– Scheitern der Eintragung **2** 67
– Zwischenverfügung **2** 61
Gründung KGaA nach AktG **2** 495
Grundkapitalerhöhung **9** 25
Kapitalerhöhung
– Rückabwicklung **25** 99 f.
– Rücktrittsrechte Konsortialführer **25** 99 f.
Kapitalerhöhung aus Gesellschaftsmitteln **9** 107 f.
Kapitalherabsetzung durch Einziehung von Aktien **9** 169 f.
Kapitalherabsetzung, vereinfachte **9** 153
Mehrheitseingliederung Vertragskonzern **15** 198
REIT AG **29** 52
Spaltung auf Kapitalgesellschaft **14** 269 f.
stille Beteiligung an AG **21** 173
Unternehmensvertrag Vertragskonzern **15** 129
Verschmelzung AG auf AG
– Bekanntmachung **14** 29
– Eintragungsvoraussetzungen **14** 26 f.

2063

Hauptaktionär

Fette Zahlen = Kapitel

- Gesetzmäßigkeitsprüfung **14** 26
- Werthaltigkeitsprüfung Sacheinlagen **14** 26 f.

Verschmelzung AG auf GmbH **14** 132
Verschmelzung AG auf Personengesellschaft **14** 157

Hauptaktionär Squeeze Out

- Barabfindung, Angemessenheit **5** 134
- Berichtspflichten **5** 134

Hauptversammlung

AG **5** 1 ff.
Aufgaben **5** 1 f.
Auflösungsbeschluss AG **18** 3 f.
Aufsichtsrat
- Anfechtungsklage **7** 104 f.
- Nichtigkeitsklage **7** 105 f.

Auskunftsrechte **21** 27
Beendigung **5** 194 f.
Begriff **5** 1 f.
Belegschaftsaktien, Begebungsbeschluss **23** 60
Bericht Aufsichtsrat **5** 13
Beschlussvorschläge **7** 101
Bilanzgewinnverwendungsbeschluss
- Angaben **10** 124
- Ausschüttung **10** 124
- einfache Mehrheit **10** 123
- Einstellung Gewinnrücklagen **10** 125
- Gewinnvortrag **10** 126
- Zahlungsanspruch **10** 128

Corporate Governance Kodex **5** 4
Delisting
- Mehrheitserfordernis **28** 28
- Zustimmung **28** 23
- Zuständigkeit **28** 22 f.

Einberufung bei Verlust in Höhe der Hälfte des Grundkapitals **5** 54
Einberufung durch Aufsichtsrat **7** 100
Einberufung in der Krise **17** 10 f., 14
europäische Aktiengesellschaft **19** 100 f.
Geschäftsordnung **21** 272 f.
Grundlagenentscheidungen **5** 16 f.
- Auflösung AG **5** 20
- Ausgliederung **5** 21
- Eingliederung Tochtergesellschaft **5** 21
- Formwechsel **5** 21
- Gesamtvermögensübertragung **5** 21
- Kapitalbeschaffungsmaßnahmen **5** 19
- Kapitalherabsetzung **5** 19
- Nachgründungsfälle **5** 21
- Satzungsänderungen **5** 17 f.
- Spaltung **5** 21
- Umwandlungsgesetz **5** 21
- Unternehmensvertragsabschluss **5** 21
- Unternehmensvertragsänderung **5** 21
- Vermögensübertragung **5** 21
- Verschmelzung **5** 21

Jahresabschlussfeststellung **10** 91 f.
- Gewinnverwendungsbeschluss **10** 93
- Nachtragsprüfung **10** 93
- Rücklagendotierung **10** 92

Jahresabschlussvorlage **5** 13
kleine AG, Erleichterungen **1** 35
Kommanditaktionäre KGaA **21** 41 f.
Kompetenzen **5** 6 f.
- Beschlussfassung **5** 7
- Entscheidungsvorbereitung **5** 6
- Informationsentgegennahme **5** 6
- Verhandlungsformen **5** 6 f.
- Verhandlungsgegenstände **5** 6 f.

Konzeptbeschluss **5** 50 f., 51
- Delegation auf Aufsichtsrat **5** 51
- Delegation auf Vorstand **5** 51

Konzernbildungskontrolle
- Aufgreifkriterien **5** 47 f.
- Bilanzsumme **5** 48
- Grundkapitalanteil **5** 48
- Mitarbeiter **5** 48
- Schwellenwerte **5** 46 f.
- Umsatz **5** 48
- Unternehmenswert **5** 48
- Wesentlichkeit **5** 46 f.

Konzernleitungskontrolle
- Schwellenwerte **5** 46 f.

Lageberichtsvorlage **5** 13
Mehrheitserfordernisse
- Beschlussfassung **5** 49
- Kapitalmehrheit, qualifizierte **5** 49
- Stimmenmehrheit, einfache **5** 49

Niederschrift, notarielle **21** 27
Satzungsänderung **21** 27
Stimmrechte **21** 27
Teilnahmerecht Aufsichtsrat **7** 103
Teilnahmerecht Komplementär **4** 189 f.
- Übertragung vinkulierter Aktien **5** 43

Übertragung in Ton und Bild **5** 254
Verwaltungsrechenschaft **5** 13
Vorstandspflichten **5** 196 f.
- Anmeldepflichten, Kapitalerhöhungen **5** 207
- Anmeldepflichten, Satzungsänderungen **5** 207
- Anmeldepflichten, Umwandlungen **5** 207
- Anmeldepflichten, Unternehmensverträge **5** 207
- Auskunftpflichten **5** 202 f.
- Beschlussanmeldung Handelsregister **5** 207
- Erläuterungspflicht Abschluss **5** 198
- Gewinnverwendungsvorschlag **5** 199
- Konzernabschlusserläuterung **5** 197
- Konzernabschlussvorlage **5** 197
- nachgelagerte Vorstandspflichten **5** 207
- Niederschrift **5** 207
- Vorlagepflicht Abschluss **5** 196 f.

Weisungsrecht **21** 26
Widerspruchsrecht KGaA **21** 33
Zuständigkeiten **5** 6 f.
- Gewinnverwendungsbeschlussentgegennahme **5** 53

Magere Zahlen = Randziffern

- Jahresabschlussentgegennahme **5** 53
- Konzernabschlussvorlage **5** 53
- Konzernlageberichtvorlage **5** 53
- Lageberichtentgegennahme **5** 53

Zuständigkeit, gesetzliche
- Abschlussprüferbestellung **5** 15
- Aufsichtsratsmitgliederwahl **5** 14
- Aufsichtsratsvergütung **5** 14
- Bestellung Sonderprüfung **5** 22
- Bilanzgewinnverwendung **5** 10 f.
- Einziehung eigener Aktien **5** 22
- Entlastung Aufsichtsrat **5** 12
- Entlastung Vorstand **5** 12
- Ersatzanspruchverzichte **5** 22
- Erwerb eigener Aktien **5** 22
- Geschäftsordnungsfestsetzung **5** 22
- Jahresabschlussentgegennahme **5** 9
- regelmäßig wiederkehrende Entscheidungen **5** 8 f.
- Sonderfälle **5** 22

Zuständigkeit, satzungsgemäße **5** 23 f.
- Aktionärsausschuss, Einrichtung **5** 23
- Beiratseinrichtung **5** 23
- Gremieneinrichtung **5** 23 f.
- vinkulierte Namensaktien, Ausgabe **5** 24

Zuständigkeit, ungeschriebene
- Änderung Unternehmensgegenstand **5** 31
- Aktionärsschutz **5** 32
- Ausgliederung auf Tochtergesellschaften **5** 31
- Beteiligungserwerb **5** 32
- Beteiligungsverwässerung **5** 26
- Bezugsrechtsaushöhlung **5** 26
- Börsenzulassung **5** 39
- Drittbeteiligungsbegründung **5** 37
- Fremdkapitalaufnahme **5** 44
- Going Private **5** 40
- Going Public **5** 39
- Holzmüller-Entscheidung **5** 25 f.
- IPO **5** 39
- Konzernbildungskontrolle **5** 32
- Rechtsgrundlage **5** 30 f.
- Rechtsprechung **5** 28 f.
- Strukturmaßnahmen **5** 30
- Tochtergesellschaftsveräußerung über die Börse **5** 38
- Übernahmeangebotsabgabe **5** 33 f.
- Unternehmensübernahmen **5** 41

Zustimmungsvorbehalt Komplementäre KGaA **21** 32

Hauptversammlung, außerordentliche
Einberufung **5** 208 f., 71 f.

Hauptversammlung, Beschlussfassung
Aufsichtsratswahl **5** 236 f.
Grundlagengeschäfte
- Dreiviertel-Mehrheit **5** 230
Kapitalbeschaffung
- Dreiviertel-Mehrheit **5** 229
Kapitalherabsetzung
- Dreiviertel-Mehrheit **5** 229

Hauptversammlungsbeschluss

Mehrheitserfordernisse
- Dreiviertel-Mehrheit **5** 228
- Kapitalmehrheit **5** 227
- satzungsgemäße M. **5** 233
- Stimmenmehrheit, einfache **5** 226

Stimmrechte
- Bevollmächtigte **5** 213 f.
- Stimmberechtigung **5** 209
- Stimmbindungsverträge **5** 212
- Stimmrechtsumfang **5** 210 f.

Stimmrechtsverbote
- Beteiligungsschwellen WpHG **5** 221
- eigene Aktien **5** 220
- eigene Betroffenheit **5** 219
- gesetzliche St. **5** 217 f.
- Organmitglieder **5** 218
- satzungsgemäße **5** 222 f.
- stimmrechtslose Vorzugsaktien **5** 222 f.
- Verstoß, Rechtsfolgen **5** 225

Hauptversammlung, ordentliche
Einberufung **5** 70

Hauptversammlungsbeschluss
Anfechtung
- Durchführungsfehler **5** 264
- Generalklauselverstoß **5** 272
- Gleichbehandlungsverstoß **5** 275
- Informationsmängel **5** 267
- Inhaltsfehler **5** 270 f.
- Kausalität **5** 268
- Verfahrensfehler **5** 264 f.
- Voraussetzungen **5** 263 f.
- Vorbereitungsmängel **5** 264

Anfechtungsbefugnis
- Aktionäre **5** 256 f.
- Aufsichtsratsmitglieder **5** 262
- Vorstand **5** 261
- Vorstandsmitglieder **5** 262

Erwerb eigene Aktien **3** 156 ff.
Formwechsel AG in GmbH
- Drei-Viertel-Mehrheit **14** 207
- Nennbeträge, abweichende **14** 208
- notarielle Beurkundung **14** 209

Formwechsel AG in Personengesellschaft
- Drei-Viertel-Mehrheit **14** 228
- notarielle Beurkundung **14** 228

Freigabeverfahren **5** 289 f.
herrschendes Unternehmen
- Konzeptbeschluss **15** 58 f.
- Konzernbildung **15** 58 f.

Konzernbildung
- Ermächtigungsbeschluss **15** 58
- Informationspflichten Vorstand **15** 60 f.
- Inhalt **15** 58 f.
- Konzeptbeschluss **15** 58 f.
- Nachholung **15** 68
- Strukturbericht **15** 61

Nichtigkeitsklage
- Fristen **5** 288
- Heilung von nichtigen Beschlüssen **5** 287
- Nichtigkeitsgründe **5** 287

2065

Hauptversammlungsdokumentation

Fette Zahlen = Kapitel

Spaltung auf Kapitalgesellschaft
- Drei-Viertel-Mehrheit **14** 265
- nicht verhältniswahrende S. **14** 266
- notarielle Beurkundung **14** 265

Spruchstellenverfahren **5** 295 f.
stille Beteiligung an AG **21** 173
Verschmelzung AG auf AG
- Aktiengattungen **14** 19
- Drei-Viertel-Mehrheit **14** 19
- notarielle Beurkundung **14** 21
- Verschmelzungsvertrag **14** 19 f.

Hauptversammlungsdokumentation
Niederschrift
- Einreichung **5** 250 f.
- Erstellung **5** 250 f.
- Form **5** 243 f.
- Handelsregistereinreichung **5** 242
- Hinzuziehung Notar **5** 242
- Inhalt **5** 245 f.
- Mängel **5** 251 f.
- notarielle Aufnahme **5** 243 f.
Sonstige **5** 253 f.

Hauptversammlungsdurchführung
Abstimmungsleitung **5** 182 f.
- Abstimmungsverfahren **5** 183
Abstimmungsverfahren
- Abstimmung mehrere Beschlusspunkte **5** 190
- Abstimmung zum Schluss **5** 189
- Handheben **5** 183
- Stimmkarten **5** 183
Leitung
- Eröffnung **5** 165
- Vorsitzender **5** 164
Stimmenauszählung
- Additionsmethode **5** 185
- Ergebnisverkündigung **5** 191
- Stimmrechtsbeschränkungen **5** 187
- Stimmrechtsverbote **5** 187
- Subtraktionsverfahren **5** 186
- Verstoß, Rechtsfolgen **5** 192 f.
Verfahrensleitung
- Auskunftsrechtsbeschränkung **5** 178 f.
- Behandlung von Anträgen **5** 170
- Fragerechtsbeschränkung **5** 178 f.
- Ordnungsmaßnahmen **5** 181
- Rederechtsbeschränkung **5** 173 f.
- Rednerliste **5** 175
- Schluss der Debatte **5** 176
- Tagesordnungserledigung **5** 168
- Tagesordnungspunkte, Absetzung **5** 169
- Tagesordnungspunkte, Vertagung **5** 169
- Versammlungsleiter **5** 166 f.
- Wortentziehung **5** 177
- Wortmeldungen **5** 171 f.

Hauptversammlungseinberufung
Bekanntmachung
- Bundesanzeiger **5** 95
- Börsenpflichtblatt **5** 95
- eingeschriebener Brief **5** 96
- Gesellschaftsblatt **5** 95
- Zeitpunkt **5** 97

Einberufungsberechtigung
- Aufsichtsrat **5** 77
- Minderheitsverlangen **5** 78 f.
- Vorstand **5** 76
Einberufungsfrist
- Mindestfrist **5** 84
- Verlängerung **5** 85 f.
fakultative Gründe **5** 75
Gegenanträge Aktionäre
- Adresse Aktionär **5** 109
- Begründung **5** 110
- Fristen **5** 110
- Schriftform **5** 110
- unzulässige Anträge **5** 111 f.
- zulässige Anträge **5** 109
Gründe, gesetzliche **5** 70 f.
- außerordentliche Hauptversammlung **5** 71
- ordentliche Hauptversammlung **5** 70
Gründe, statuarische **5** 73
Mindestangaben
- Bedingungen **5** 93
- Sitz der Gesellschaft **5** 90
- Zeitangabe **5** 90 f.
Mitteilungspflichten
- Aktionärsvertreter **5** 105
- Aufsichtsratswahl **5** 105
- Bekanntmachungsfristen **5** 107
- Form **5** 107
- Kreditinstitut **5** 106
- Mitteilungsempfänger **5** 106
- Rechtsfolgen bei Verstoß **5** 108
- Übermittlung, elektronische **5** 107
- Vorstand **5** 105 f.
Rechtsfolgen unterbliebene Einberufung
- Schadensersatzpflichten **5** 114
- Zwangsgeldfestsetzung **5** 114
statutarische Gründe **5** 73
Tagesordnung
- bekanntmachungsfreie Gegenstände **5** 103
- Bekanntmachungspflicht **5** 100
- Beschlussvorschläge Verwaltung **5** 100
- Ergänzung durch Großaktionäre **5** 102
- Rechtsfolgen bei Verstoß **5** 104
- Zweck und Inhalt **5** 99
Tagesordnung, fakultative **5** 75
Verschmelzung AG auf AG **14** 18
Wahlvorschläge Aktionäre **5** 113

Hauptversammlungsteilnahme
Abschlussprüfer **5** 150
Aktionäre
- Antragsrecht **5** 144
- Beschlussrecht **5** 145
- Gläubigerverband **5** 142
- Optionsscheininhaber **5** 142
- Rederecht **5** 144
- Schuldverschreibungsinhaber **5** 143
- Sonderbeschlüsse **5** 143
- teilnahmeberechtigte Personen **5** 142
Aktionärsvertreter
- Antragsrecht **5** 146

Magere Zahlen = Randziffern

- gemeinschaftlicher Vertreter **5** 147
- Rederecht **5** 146
- aufsichtsbehördliche Vertreter **5** 151
Aufsichtsrat **5** 148
gemeinschaftlicher Vertreter
- Bruchteilsgemeinschaft **5** 147
- Erbengemeinschaft **5** 147
- Gütergemeinschaft **5** 147
Medienvertreter **5** 152
Notar **5** 149
Teilnehmerverzeichnis
- Änderung, Abgänge **5** 161
- Änderung, Zugänge **5** 161
- Inhalt **5** 155 f.
- Kreditinstitut **5** 157
- Legitimationsaktionäre **5** 156
- Stellvertretung, verdeckte **5** 157
- Stimmrechtsmachtskennzeichnung **5** 159
- Vertreter **5** 157 f.
- Vorstoß, Rechtsfolgen **5** 162
- Zugänglichmachung **5** 160
- Zuständigkeit **5** 154
Vorstand **5** 148
Hauptversammlungsvorbereitung
Berichtspflichten Aufsichtsrat
- Bilanzgewinnverwendung **5** 133
- Jahresabschlussprüfung **5** 133
- Lagebericht **5** 133
- Nachgründungsbericht **5** 133
Berichtspflichten, ungeschriebene **5** 136
- Bewertungsfragen **5** 138
- Eingliederung **5** 138
- Eintragung **5** 140
- Freigabeverfahren **5** 140
- Heilung **5** 139
- Nachholung Berichtspflichten **5** 139
- Rechtsfolgen **5** 137 f.
- Registersperre **5** 140
- Risikoverminderung **5** 141
- Verschmelzung **5** 138
Berichtspflichten Vorstand
- Auslegung Berichte **5** 117
- Bezugsrechtsausschluss **5** 116, 119, 121 f.
- Eingliederung **5** 116, 133
- formwechselnde Umwandlung **5** 116 f., 120, 130 f.
- Geheimhaltungsbedürftigkeit **5** 119
- Schriftform **5** 117
- Spaltungsvorgänge **5** 116, 127 f.
- Unternehmensverträge, Abschluss **5** 116, 120, 132
- Verschmelzung **5** 116, 126 f.
Besucherzahlen **5** 58
EDV-Unterstützung **5** 60
kurzfristige Planung
- Ablaufvorbereitung **5** 63 f.
- Anmeldefristen **5** 62
- Bekanntmachung **5** 62
- Fristen **5** 66
- Hinterlegungsfristen **5** 62
- Mitteilungen **5** 65 f.
- Mitteilungspflichten **5** 67

Herstellungskosten

- Notarhinzuziehung **5** 68
- Tagesordnung **5** 65
- Unterlagenabsendung **5** 66
- Wahlvorschläge **5** 65
Ort **5** 58
technische H. **5** 56 f.
Termin **5** 57
Hauptversammlungszuständigkeit
herrschendes Unternehmen
- Konzernbildung **15** 43 f., 49 ff.
Konzernbildung **15** 43 f., 49 ff.
- Asset-Deal **15** 50
- Ausgliederung **15** 50
- Beschlussmehrheit **15** 49
- Beteiligungserwerb **15** 51
- Beteiligungsverkauf **15** 51
- Initiativrecht **15** 49
- Maßnahmen mit Drittbezug **15** 52
- Strukturangelegenheiten **15** 46, 52
- ungeschriebene Zuständigkeiten **15** 46 f.
- Wesentlichkeit Maßnahme **15** 53 f.
- Zustimmungsbeschluss **15** 57, 58 f.
Hauptversammlung, virtuelle
Aufsichtsratssitzung **21** 231
Mitteilungen an Aktionäre per E-mail **21** 232
Online-Teilnahme Aktionär **21** 234
Stimmrechtsvertretung **21** 234
Stimmrechtsvollmacht, formfreie **21** 234
Teilnehmerverzeichnis **21** 233
Hebesatz
Gewerbesteuer **12** 254
Herausgabeanspruch
Einlagerückgewähr **8** 79
Hereinspaltung
grenzüberschreitende **14** 256
Hereinverschmelzung
AG auf AG **14** 77 f.
Herrschendes Unternehmen
Ausgliederung **15** 6
Begriff **15** 10
Beteiligungserwerb **15** 6
Hauptversammlungsbeschluss
- Konzernbildung **15** 58 f.
Kompetenzkonflikt **15** 7
Konzernbildung
- Hauptversammlungsbeschluss, Nachholung **15** 68
Konzernbildungskontrolle **15** 42 ff.
- Hauptversammlungszuständigkeit **15** 43 f., 49 *ff.*
- Holzmüller-Entscheidung **15** 47 f.
- Konzernklausel **15** 44
- Rechtsbehelfe Aktionär **15** 66 f.
- Sanktionen **15** 65
- Vorstandsabberufung **15** 65
Leitungsmacht Vertragskonzern **15** 130 ff.
Herstellung
Beendigung **11** 58
Herstellungskosten
Begriff **11** 56 f.
Handelsbilanz **11** 56

2067

Hinausspaltung

Fette Zahlen = Kapitel

IFRS 11 67 f.
Steuerbilanz 11 56
Vermögensgegenstand 11 59
Hinausspaltung
grenzüberschreitende 14 256
Hinausverschmelzung
AG auf AG 14 76 f.
Hinzurechnungsbesteuerung
ausländische Kapitalgesellschaft 16 90 f.
Beteiligungsvoraussetzung
– Beteiligungsquote 13 317
– mittelbare Beteiligung 13 317
Cadbury-Schweppes-Schutz 13 331 f.
Einkünfte aus aktivem Erwerb
– Gewinnausschüttung von Kapitalgesellschaften 13 323
– industrielle Tätigkeit 13 322
– Land- und Forstwirtschaft 13 322
Einkünfte aus passivem Erwerb
– Abgrenzung aktive Einkünfte 13 322
– Betrieb von Kreditinstituten 13 322
– Dienstleistungstätigkeiten 13 322
– Handelstätigkeiten 13 322
– Kapitalvergabe 13 322
– Tätigkeitsschwergewicht 13 320 f.
– Überlassung der Nutzung von Rechten 13 322
– Vermietungstätigkeit 13 322
– Verpachtungstätigkeit 13 322
– Veräußerungsgewinn Kapitalanteile 13 324
– Veräußerungsverlustverrechnung 13 324
Ermittlung steuerpflichtige Einkünfte 13 334
Hinzurechnungsbetrag 13 334 f.
– Steuerfreiheit nach DBA 13 339
– Veräußerungsgewinne 13 338
– Zufluss 13 337
Kapitalanlageeinkünfte 13 319
Niedrigbesteuerung 13 326 f.
– Anrechnung Drittstaaten-Ertragsteuern 13 328
– Berechnung der tatsächlichen Belastung 13 326 f.
Steuerpflicht passive Einkünfte 13 334
Umwandlung 13 432 f.
Voraussetzungen 13 315 f.
Zwischengesellschaften, nachgeschaltete 13 340 f.
– Mehrstufigkeit 13 340
– Zurechnung 13 342
Höchststimmrecht
Sicherung Altaktionärsrechte 22 137
Stammaktien Familien-AG 1 26
Höchst- und Niederstwertprinzip
Jahresabschlussaufstellung 10 8
Höchstwertprinzip
Jahresabschlussaufstellung 10 8
Passiva 11 153
Holding
Sicherung Altaktionärsrechte 22 133

Holding-AG
Aufsichtsratszusammensetzung 7 17
Holdinggesellschaft
Teilbetrieb 14 283
Holdingprivileg
Zwischengesellschaft 5 25; 16 98 f.
Holding SE
Gründung 19 36 f.
Gründungsverfahren 19 37 f.
– Gläubigerschutz 19 39
– Minderheitsaktionärsschutz 19 39
– Rechtsgrundlagen 19 37
– Verfahrensablauf 19 38
Holzmüller-Entscheidung 18 41
Konzernbildungskontrolle 15 47 f.
Huckepack-Immissionen
Kapitalerhöhung, bedingte 9 53
Optionsanleihen 9 184
Wandelanleihenabsicherung 9 184
Hybride Gesellschaft
Outbound
– Besteuerung Beteiligung an ausländischer Personengesellschaft 16 54
– gewerbliche Personengesellschaft 16 54
– Kapitalgesellschaft 16 54
Outbound, Besteuerung inländischer Gesellschafter 16 68

IFRS
Abschreibung 11 97 f.
Ansatz Verbindlichkeiten 11 160 f.
Anschaffungskosten 11 67 f.
Derivate, Bilanzierung 11 115
Ergebnisermittlung 11 11 f.
Herstellungskosten 11 67 f.
Kapitalkonsolidierung 11 219
kapitalmarktorientierte Unternehmen 10 135 f., 37
Konzernabschluss 10 135 ff.; 11 200, 205
– Anhangsangaben, ergänzende 10 136
– Corporate Governance Kodex 10 138 f.
– Lageberichtsausgaben, ergänzende 10 137
– Offenlegung, Besonderheiten 10 161
– Prüfungsausschuss 10 151 ff.
– Prüfungsbesonderheiten 10 148 f.
langfristige Fertigung 11 73
latente Steuern 11 128 f.
Liabilities 11 135
Pensionsrückstellungen 11 161
Rechnungslegung 10 135 ff.
Rückstellungen 11 149
Schuldenkonsolidierung 11 230
Steuerabgrenzung
– Deferred Tax Assets 11 128
– Deferred Tax Liability 11 128
Unterschiede zu HGB-Abschluss 10 37 f.
Währungsumrechnung 11 210
Zwischenergebniseliminierung 11 235
IFRS-Abschluss
REIT AG 29 43
Immaterielle Vermögensgegenstände
Überschuldungsbilanz, Ansatz 17 31

Magere Zahlen = Randziffern

Immaterielle Wirtschaftsgüter s.a. Originäre immaterielle Wirtschaftsgüter
Aktivierung nach IFRS **11** 44 f.
Aktivierungsgebot **11** 26 f.
Aktivierungsverbot **11** 26 f.
Aktivierungswahlrecht **11** 26 f.
Überführung von Wirtschaftsgütern Verrechnungspreise **16** 229 f.
– Betriebsstätte, ausländische **16** 24
Imparitätsprinzip 11 3
Jahresabschlussaufstellung **10** 8
Inbound
Beteiligung an inländischer AG
– Steuerpflicht **16** 148
Beteiligung an inländischer Kapitalgesellschaft **16** 125
– Asset Deal **16** 143
– Beendigung **16** 147
– Besteuerung ausländische Gesellschafter **16** 145, 148 f.
– Besteuerung inländische Personengesellschaft **16** 144
– Beteiligungserwerb **16** 143
– Buchwerteinbringung **16** 143
– Ergänzungsbilanz **16** 143
– Qualifikationsprobleme **16** 142
– Quellensteuer **16** 148 ff.
– Sonderbetriebsausgaben **16** 143
– Sonderbetriebseinkünfte **16** 146
– Transparenzprinzip **16** 142
Betriebsstätte **16** 131 f.
Betriebsstätte, inländische **16** 125
Betriebsstättengründung, inländische
– beschränkte Steuerpflicht **16** 132
– Betriebsstättenbegriff **16** 132
– Verstrickung **16** 132
grenzüberschreitende Direktgeschäfte **16** 126 f.
– Anrechnungsmethode **16** 130
– Besteuerung **16** 127 f.
– Doppelbesteuerung **16** 130
– Freistellungsmethode **16** 130
– Pflichtveranlagung **16** 129
– Quellensteuer **16** 128
KGaA
– Doppelbesteuerung **16** 158
– Kommanditaktionäre, Besteuerung **16** 159
– Komplementärbesteuerung **16** 159
– Mitunternehmerschaft **16** 159 f.
Zuzug ausländische Gesellschaft **16** 154 f.
– Doppelansässigkeit **16** 151
– Gesellschaftsebene **16** 150 f.
– Sitztheorie **16** 150
– Verwaltungssitz **16** 150
Indirekte Methode
Betriebsstättenergebnis, Ermittlung **16** 34 f.
Indossament
Aktienübertragung **3** 112 f.
Inhaberaktien
Auswahlgründe **3** 17
Inhaberpapier **1** 62; **3** 18
Rechtsscheinwirkung **3** 19

Insiderverzeichnis

Umstellung auf Namensaktien
– Aktionärsantrag **3** 38
– Gleichbehandlungsgrundsatz **3** 36
– Kraftloserklärung **3** 37
– Satzungsänderung **3** 36
Übertragung **3** 111
Umstellung auf vinkulierte Namensaktien **3** 45
Umwandlung in Namensaktien **13** 646
Verbriefung **3** 19
Vorteile **21** 220
Inländische AG
Tochter-AG im Ausland
– IPR-Regeln **1** 47
– Rechtsstatut **1** 47
Wegzug ins Ausland
– Gesellschafterebene **16** 110 f.
– Sitztheorie **16** 103 f.
– steuerrechtliche Auswirkungen **16** 105 f.
– zivilrechtliche Auswirkungen **16** 103 f.
Inlandsaktivitäten ausländischer AG/ KGaA s. Inbound
Inlandsbesteuerung
grenzüberschreitende Direktgeschäfte **16** 127 f.
Inpfandnahme
eigene Aktien **3** 176
Insider
Pflichten **20** 55
Primärinsider **26** 210 f.
Sekundärinsider **26** 210
Insidergeschäft
Aufsichtsratsmitglied, Verbot **7** 270
Verbote
– Ausnutzung Insiderinformationen **26** 218
– Sanktionen **26** 222 f.
– Schadensersatzansprüche **26** 223
– Übernahmeangebot, bevorstehendes **26** 219
– Unternehmenskauf, bevorstehender **26** 219
Insiderhandelsverbote
Insider **26** 210 ff.
Mitarbeiter AG **21** 277
Rechtsfolgen Verstoß **26** 222 f.
verbotene Insidergeschäfte **26** 217 f.
Insidertatsache s. Insiderhandelsverbote
Insiderüberwachung
Aktie als Insiderpapiere **26** 202 f.
börsennotierte AG **26** 200 ff.
Insidertatsache
– Begriff **26** 204 f.
– Bekanntwerden **26** 206
– Bereichsöffentlichkeit **26** 206
– Konkretheit **26** 205
Verbot von Insidergeschäften **26** 201
Insiderverzeichnis
Aufklärungspflichten **26** 262
aufzunehmende Personen **26** 262
Ausnahmen **26** 261
Hintergrund **26** 260
Inhalt und Aktualisierung **26** 263

2069

Insolvenz

Fette Zahlen = Kapitel

Sanktionen **26** 264
verpflichtete Adressaten **26** 261
Insolvenz
Auflösung AG **18** 7 f.
Auflösung KGaA **18** 98
Finanzplankredit **8** 130
Insolvenzantrag
Antragspflichten
– Rechtsfolgen bei Verstoß **17** 48 f.
Aufsichtsrat **17** 64
Banken **17** 58
Fristen **17** 43 f.
Haftung gegenüber Gläubigern
– Altgläubiger **17** 49
– Neugläubiger **17** 50
– Quotenschaden **17** 49
– Schadensersatzansprüche **17** 48 f.
– Vorstandsverschulden **17** 48 f.
Versicherungen **17** 58
Vorstandshaftung **6** 152 f.
– strafrechtliche Haftung **17** 52
– zivilrechtliche Haftung **17** 52
Vorstandspflichten **6** 16
Insolvenzverschleppung
Aktionärshaftung **17** 68
Aufsichtsratshaftung **17** 65
Internationale Rechnungslegung
börsennotierte AG **26** 48 ff.
– börsenrechtliche Vorschriften **26** 48
– Dual Listing **26** 49
Interne Revision
Vorstandspflichten **6** 115 f.
Internet
Börseneinführung **22** 105
vorbörsliche Aktienplatzierung **21** 151 f.
Internet Server
Betriebsstätte, ausländische **16** 10
Investitionszuschuss
Wahlrecht **11** 54
Investmentfonds
Besteuerung Auslandserträge **4** 160
Dividendenbesteuerung **4** 156, 164
Veräußerungsgewinnbesteuerung **4** 156
Investor Relations-Berater
Börseneinführung **22** 111
Investor-Relatios-Maßnahme
börsennotierte AG
– Börsengangfolgen **26** 2
IPO Roll-ups
Börsengang **21** 212 f.

Jahresabschluss s. a. *Jahresabschlussaufstellung*
Abschlussprüferbestellung **7** 92 f.
Abwicklungsgesellschaft **18** 59 f.
Bilanzrecht, Bedeutung **10** 94 f.
börsennotierte AG
– Anhang **26** 35
– Bericht Aufsichtsrat **26** 35
– Bestätigungsvermerk **26** 35
– Bilanz, Gewinn- und Verlustrechnung **26** 35

– Lagebericht **26** 35
– Verwendung Jahresergebnis **26** 35
Gesellschaftsrecht, Bedeutung **10** 94 f.
Hauptversammlung
– Entgegennahme **5** 9
– Vorlage **5** 13, 196 f.
Maßgeblichkeitsprinzip **10** 96 f.
– materielle Maßgeblichkeit **10** 96
– umgekehrte Maßgeblichkeit **10** 97 f.
Offenlegung **10** 117 f.
REIT AG **29** 43 f.
Jahresabschlussänderung
Änderung fehlerhafter **10** 110
Ansprüche Dritter **10** 113
festgestellte J. **10** 108 f.
Gewinnverwendungsbeschluss **10** 112
Gründe, rechtliche **10** 109
Gründe, wirtschaftliche **10** 109
Konzernabschluss **10** 116
Nachtragsprüfung **10** 115
rechtlich fehlerfreie **10** 111
Wertaufhellungen **10** 115
Jahresabschluss AG
Adressatenkreis **10** 4
– Anteilseigner **10** 4
– externer Jahresabschluss AG **10** 4
– interner Jahresabschluss AG **10** 4
– Stakeholder **10** 4
Aufstellungsgrundfragen **10** 6
Aufstellungsgrundsätze **10** 7 f.
Bestandteile **10** 6
– Anhang **10** 21
– Bilanz **10** 15 f.
– GuV **10** 20
– Kapitalflussrechnung **10** 24
– Konzernabschluss **10** 23 f.
– Lagebericht **10** 22
Einzelabschluss **10** 6 f.
Konzernabschluss **10** 6 f.
Jahresabschlussaufstellung
Aufstellungsfristen **10** 11
Einzelabschluss **10** 9 f.
GoB **10** 7 f.
– Anschaffungswertprinzip **10** 8
– Grundsatz der Vollständigkeit **10** 8
– Höchst- und Niederstwertprinzip **10** 8
– Imparitätsprinzip **10** 8
– Periodisierungsprinzip **10** 8
– Realisationsprinzip **10** 8
Konzernabschluss **10** 12 f.
– Aufstellungspflicht **10** 13
– Einheitsfiktion **10** 12
– IFRS **10** 13
Lagebericht **10** 9 f.
Jahresabschlussfeststellung
Feststellung durch Hauptversammlung **10** 91 f.
Feststellung durch Vorstand und Aufsichtsrat **10** 88 f.
Jahresabschlussprüfung
Abschlussprüfer
– Bestätigungsvermerk **10** 71

Magere Zahlen = Randziffern

Kapitalaufbringung, Haftung

- Prüfungsbericht 10 70
- Unabhängigkeit 10 70
- Versagungsvermerk 10 71
- Wahl 10 70
AG im Besitz der öffentlichen Hand, Besonderheiten 1 38
analytische Prüfungshandlungen 10 80
BilMoG-Änderungen 10 79
Einklangprüfung 10 81
Einzelfallprüfungen 10 80
freiwillige 10 69
Gegenstand 10 72
gesetzliche 10 68 f.
IDW-Prüfungsstandards 10 77
IKS 10 78
ISA 10 77
kapitalmarktorientierte Unternehmen 10 148 f.
- Abschlussprüferbericht 10 150
- Abschlussprüferhaftung 10 150
- Risikofrüherkennungssystem 10 148
- Rotation Abschlussprüfer 10 149
- Steuerberatung 10 149
Nachtragsprüfung 10 69
Prüfung durch Aufsichtsrat 10 84 f.
Prüfungspflicht 10 68
Prüfungsprogramm 10 78
Prüfungsstrategie 10 78
Prüfungsumfang
- Erweiterung 10 73
- Grundsätze ordnungsmäßiger Abschlussprüfung 10 76
- Unrichtigkeiten und Verstöße 10 73 f.
- Wesentlichkeitsgrundsatz 10 75
Umfang nach HGB 10 73 f.
Vorlage an Aufsichtsrat 10 82 f.
Jahresfinanzbericht
regulierter Markt
- Offenlegung 26 81
Zulassungsfolgepflichten
- Prime Standard 22 27
- regulierter Markt 22 19
Jungscheine 3 142
Juristische Personen
Gründer AG nach AktG 2 75

Kalkulatorische Kosten
Herstellungskosten 11 57
Kaltes Delisting s. *Delisting, s.a. Genehmigtes Kapital*
Kapital s.a. *Bedingtes Kapital*
Kapitalaufbringung
Gründung AG nach AktG 2 14, 33
Rechtsformwahl 1 87 f.
Vorratsgesellschaft 2 473
Kapitalaufbringung, Haftung
Anspruchverzicht 2 289
Aufsichtsratshaftung 2 286
Außenhaftung 2 288
Einpersonengründung 2 300
- Bareinlage 2 301 f.
- Haftungsfragen 2 304

- Sacheinlage 2 303
- Zulässigkeit 2 300
Einstandspflichten, primäre 2 291
Einstandspflichten, sekundäre 2 290
Gründerhaftung 2 258 f.
- Ausschlussverfahren säumiger Aktionär 2 262
- Bareinlagen, Begrenzung 2 260
- Einzahlungsfälligkeit 2 262
- Haftung für Einlagen anderer Gründer 2 265
- Kommanditaktionäre 2 267
- Leistungsstörungen Sacheinlagen 2 263
- Nebenverpflichtungen nach Satzung 2 264
- Teilleistungen auf Sacheinlagen 2 263
- Unterbilanzhaftung 2 270
- Verdeckte Sacheinlagen 2 261
- Verletzung sonstiger Gründerpflichten 2 266
- Verlustdeckungshaftung 2 270 f.
- Verpflichtung zu Einlagen auf übernommene Aktien 2 259
- Vorgesellschaft 2 269
- Vorgründungsgesellschaft 2 268
Gründungsphasen 2 248 ff.
- Vorgründungszeit 2 248 f.
Gründungsprüfer 2 287
Innenhaftung 2 288
Nachgründung
- Bedeutung 2 310
- Begriff 2 310
- Gesamtrechtsnachfolger von Gründern 2 312
- Heilung unwirksamer Sachgründung 2 323 ff.
- Rechtsfolgen bei Verstoß 2 320
- Schadensersatz 2 321
- strafrechtliche Verantwortung 2 322
- Verfahren 2 316 f.
- Vergütung 2 314 f.
- Vertragsgegenstand 2 313
- Vertragspartner 2 311 f.
Nachgründungszeit 2 257
strafrechtliche Verantwortung 2 293 f.
- Aufsichtsratsmitglieder 2 293
- Dritte 2 293
- Gründer 2 293
- Gründungsprüfer 2 293
- Vorstandsmitglieder 2 293
Treugeber Gründer 2 273
Übersicht 2 247
Vergleich 2 289
verantwortliche Dritte 2 274 f.
- Emittenten 2 279
- Gründungsaufwand, nicht satzungsgemäßer 2 275 f.
- Gründungsaufwand, Verheimlichung 2 277
- Schädigung durch Einlagen oder Sachübernahmen 2 278
Verjährung 2 291

Kapitalausschüttung

Fette Zahlen = Kapitel

Vorgesellschaft **2** 251 f.
Vorgründungszeit
- Gründungsvertrag, notarieller **2** 248
- Verabredung, unverbindliche **2** 248
- Vorgründungsgesellschaft **2** 248 f.

Vorstandshaftung **2** 280 f.
- Enthaftung **2** 284
- Gründungshaftung **2** 280 f.
- Handelndenhaftung **2** 282
- Sorgfaltshaftung **2** 285
- Vermeidung **2** 283

Kapitalausschüttung
Betriebsstätte, ausländische **16** 16 f.

Kapitalausstattung
Rechtsformwahl **1** 85 f.

Kapitalausstattung vor Börsengang
Eigenkapital
- Gewinnrücklage **21** 92
- Gewinn- und Verlustvortrag **21** 92
- gezeichnetes Kapital **21** 92
- Jahresüberschuss **21** 92
- Kapitalrücklage **21** 92

Fremdkapital **21** 90
gezeichnetes Kapital **21** 90

Kapitalausstattung, vorbörsliche
Eigenkapital **21** 184
gezeichnetes Kapital **21** 184
Grundkapitalerhöhung **21** 186 ff.
Herstellen des geeigneten Grundkapitals **21** 184 ff.

Kapitalbeschaffung
Hauptversammlung, Beschlussfassung
- Drei-Viertel-Mehrheit **5** 229
Hauptversammlungszustimmung **5** 19

Kapitalbeschaffung, Sonderformen
Genussrechte **9** 188 f.
Gewinnschuldverschreibungen **9** 186 f.
stille Gesellschaft **9** 191 f.
Wandelschuldverschreibungen **9** 176 f.

Kapitaleinlagen
Einforderung
- Geldeinlagen **2** 31
- Gründung AG nach AktG **2** 31 f.
- Sacheinlagen **2** 32
Vorbereitung
- Gründung AG nach AktG **2** 30

Kapitalerhaltung 8 1 ff. *s. a. Vermögensbindung AG/KGaA*
Einlagerückgewährverbot **8** 20 ff.
Mindestbeträge **8** 12
Rechtsformwahl **1** 87 f.
Vorstandspflichten **6** 16

Kapitalerhöhung
Aktienbeschaffung, Belegschaftsaktien
- genehmigtes Kapital **23** 21
Anmeldung der Durchführung **17** 92 f.
Einlageleistungen aus Forderungen an die AG
- Bewertung **17** 94
- Handelsregisteranmeldung **5** 207
Rückabwicklung nach Eintragung
- Kapitalherabsetzung **25** 100

- Rückerwerb eigener Aktien **25** 101
- Verwertungsrecht Konsortialführer **25** 102

Sanierungsmaßnahme **17** 84 f.
- Barkapitalerhöhung **17** 84
- Bezugsrechtsausschluss **17** 85 f.
- Einlageleistungen aus Forderungen an die AG **17** 94 f.
- Vorleistung auf künftige Einlagepflicht **17** 88 f.

Spaltung auf Kapitalgesellschaft **14** 268
- Sacheinlageprüfung **14** 268
Verschmelzung AG auf AG
- Anteilsgewährung **14** 12 f.
- Drei-Viertel-Mehrheit **14** 17
- Genussrechte **14** 15
- Gewinnschuldverschreibungen **14** 15
- Sachkapitalerhöhng **14** 16
- Vorzugsaktien **14** 15
- Wandelschuldverschreibungen **14** 15
Vorleistungen auf künftige Einlagepflichten
- Tilgungswirkung **17** 90
- Voraussetzungen **17** 90 f.

Kapitalerhöhung aus Gesellschaftsmitteln
Aktionärsrechte **9** 109 f.
andere Gewinnrücklagen **9** 100 f.
Anteilsrechtezuteilung **13** 617
Drittbeziehungen **9** 111
Durchführung
- Bilanzstichtag **9** 106
- Handelsregisteranmeldung **9** 105 f.
Einzelrechte **9** 111
gesetzliche Rücklage **9** 100
Gewinnrücklagenumwandlung **9** 96
Gratisaktien **13** 617
Kapitalerhöhungsbeschluss
- andere Gewinnrücklagen **9** 100 f.
- gesetzliche Rücklage **9** 100
- Grundlage **9** 98
- Inhalt **9** 103
- Jahresabschlussfeststellung **9** 104
- Kapitalrücklage **9** 100 f.
- satzungsmäßige Rücklagen **9** 100
- Vorschriften **9** 102 f.
- Wahlrechte **9** 103
- Zwischenbilanz **9** 99
Kapitalrücklage **9** 100 f.
Kapitalrücklagenumwandlung **9** 96
Rechte Dritter
- Nießbrauch **9** 109
- Pfandrechte **9** 109
- Sicherungseigentum **9** 109
- Teilrechte **9** 109
satzungsmäßige Rücklagen **9** 100
steuerliche Behandlung **9** 112 f.
teileingezahlte Aktien **9** 110
Verwendungsreihenfolge steuerliche **13** 616
Voraussetzungen **9** 96 f.

Kapitalerhöhung, bedingte
Ablauf **9** 66
Bezugsrechte **9** 69

2072

Magere Zahlen = Randziffern

Bezugsrechtsgewährung 9 55
Durchführung
– Bezugserklärung 9 63
– Handelsregisteranmeldung 9 62
– Niederschrift 9 62
– Unter-Pari-Emissionsverbot 9 65
– Zeichnungsvertrag 9 64
Erhöhungsbeschluss
– Aktienoptionsprogramm 9 60
– Ausgabebetrag 9 60
– Betragsfestlegung 9 59
– Bezugsrechtsaufteilung 9 60
– Bezugsverhältnis 9 60
– Drei-Viertel-Mehrheit 9 58
– Kapitalmehrheit 9 58
– Rechtebefristung 9 61
– Umtauschrechte 9 60
– Zweckbestimmung 9 59
Genussrechte 9 52
Gewinnschuldverschreibung 9 52
Grundkapitalanteil 9 57
Huckepack-Immissionen 9 53
Naked-Warrants 9 53
Sacheinlagen 9 67 f.
Stock Options 9 56
Unternehmenszusammenschluss 9 54
Vergütungsformen, erfolgsorientierte 9 56
Voraussetzungen 9 51 f.
Wandelschuldverschreibungen 9 52
Warrant-Anleihen 9 53
Kapitalerhöhung gegen Einlage
Ausgabekursfestlegung 9 17
Ausgabe neuer Aktien 9 16
Bezugsrecht
– Ausgabebetrag 9 39
– Berechtigte 9 38
– Bezugsrechtsaufforderung 9 39
– Gleichbehandlungsgebot 9 36 f.
– steuerliche Behandlung 9 40
– Vorzugsaktionäre 9 38
– Bezugsrechtsausschluss 9 41 f.
Bezugsrechtzuteilung 13 613
Durchführung 9 20 f.
– Bareinlagenforderung 9 24
– Einlageneinforderung 9 24
– Handelsregisteranmeldung 9 25
– Sacheinlagenforderung 9 24
– Zeichnung neuer Aktien 9 20 f.
– Zeichnungsschein 9 20 f.
– Zeichnungsvertrag 9 20 f.
Durchführungsschritte 9 11 f.
Erfolgsneutralität 13 612
Kapitalerhöhungsbeschluss
– Ausgabe neuer Aktien 9 16
– Drei-Viertel-Mehrheit 9 13
– Einlagenfälligkeit 9 17
– Fristen 9 17
– Gattungsfestlegung 9 16
– Gewinnberichtigungsbeschluss 9 17
– Handelsregisteranmeldung 9 19
– Kapitalmehrheit 9 13
– Mindestinhalt 9 15

Kapital, genehmigtes

– neue Aktienanzahlfestlegung 9 16
– Satzungsvorgaben 9 14
– Satzungsänderung 9 18
– Stimmenmehrheit, einfache 9 13
– Verfallfrist Zeichnungsablauf 9 17
Sacheinlagen
– Anforderungen 9 27 f.
– Buchwertansatz 9 35
– Differenzhaftung 9 32
– Einbringungsvertrag 9 29
– Folgen, verdeckte 9 33
– Nachgründungsvorschriften 9 34
– Prüfung 9 31
– Realisierung stille Reserven 9 35
– Sachkapitalerhöhungsbeschluss 9 28
– Schütt-aus-hol-zurück-Verfahren 9 34
– Tauschgeschäft 9 35
– Unwirksamkeit 9 30
Sachkapitalerhöhung 13 613
Steuerneutralität 9 12
Kapitalerhöhungsbeschluss
Kapitalerhöhung aus Gesellschaftsmitteln
 9 96 f., 102 f.
Kapitalerhöhung, bedingte 9 58 f.
Kapitalerhöhung gegen Einlage
– Ausgabe neuer Aktien 9 16
– Drei-Viertel-Mehrheit 9 13
– Einlagenfälligkeit 9 17
– Festlegung Aktienanzahl 9 16
– Fristen 9 17
– Gattungsfestlegung 9 16
– Gewinnberichtigung 9 17
– Handelsregisteranmeldung 9 19
– Kapitalmehrheit 9 13
– Mindestinhalt 9 15
– Satzungsänderung 9 18
– Satzungsvorgaben 9 14
– Stimmenmehrheit, einfache 9 13
– Verfallfrist Zeichnungsablauf 9 17
Sacheinlagen 9 28
Kapitalerhöhung unter Bezugsrechtsausschluss
REIT AG 29 68
Kapitalerhöhung, vorbörsliche
Anteilsquotenanpassung 21 100
Ausgabebetrag 21 101
Bezugsrecht Altaktionäre 21 101
ertragsteuerneutrale Einbringung von
 Sacheinlagen 21 103
Forderungsverzicht 21 104
Kapitalersetzende Darlehen
Gesellschafterdarlehen 21 155
Kapitalertragsteuer
Beteiligung ausländische Kapitalgesellschaft
 an inländischer AG 16 148
REIT AG 29 17
REIT-Ausschüttungen 29 39
Kapitalflussrechnung
Konzernabschluss 10 24
Kapital, genehmigtes
Ablauf 9 83
Bezugsrecht 9 85 f.

2073

Kapitalgesellschaft

Fette Zahlen = Kapitel

Bezugsrechtsausschluss
- Hauptversammlungsbeschluss 9 85
- Notwendigkeit 9 88
- Schriftform 9 88
- Siemens/Nold-Entscheidung 9 86 f.
- Vorstandsbericht 9 88
Durchführung 9 81 f.
Handelsregistereintragung 9 83
Sacheinlagen 9 84
Vorstandsermächtigung
- Arbeitnehmeraktien 9 80
- Dauer 9 77
- Drei-Viertel-Mehrheit 9 78
- Hälfte des Grundkapitals 9 79
- Hauptversammlungsbeschluss 9 76
- Kapitalmehrheit 9 78
- Vorratsbeschluss 9 76
Kapitalgesellschaft *s.a. Anteilsverkauf Kapitalgesellschaft, s.a. Ausländische Kapitalgesellschaft*
Nachfolgeplanung, Börsengang 21 303
vorweggenommene Erbfolge
- Bewertungsabschlag 21 306
- Freibetrag 21 306
Kapitalherabsetzung 14 267
Buchsanierung 17 95
Einlagerückgewährverbot 8 32
Hauptversammlung, Beschlussfassung 5 19
- Drei-Viertel-Mehrheit 5 229
mit Auskehrung von Mitteln 13 621
Nennbetragsaktien 3 11
ohne Auskehrung von Mitteln 13 620
Rückabwicklung eingetragene Kapitalerhöhung 25 100
Sanierungsmaßnahme 17 95 f.
Kapitalherabsetzung durch Einziehung von Aktien
Arten
- Zwangseinziehung, angeordnete 9 163 f.
- Zwangseinziehung, gestattete 9 163 f.
Durchführung
- Einziehungshandlung 9 170
- Handelsregistereintragung 9 169 f.
Einziehungsverfahren
- ordentliches 9 166
- vereinfachtes 9 166
Gläubigerschutz 9 167
Stückaktien 9 168
vereinfachte K. 9 168
Kapitalherabsetzung, ordentliche 9 123
Abfindung 9 164
Ablauf 9 131
Durchführung 9 122
- Aktienberichtigung 9 129
- Aktienumtausch 9 129
- Aktienurkunden 9 129
- Handelsregisteranmeldung 9 128
- Rechte Dritter, Auswirkungen 9 128
Einlagekonto, steuerliches 9 135
Gläubigerschutz
- Auszahlungsverbot 9 133
- Sicherheitsleistungsanspruch 9 132, 134
- Sperrfrist 9 132

Herabsetzungsbetrag 9 122
Kapitalherabsetzungsbeschluss
- Drei-Viertel-Mehrheit 9 125
- einfache Mehrheit 9 125
- Inhalt 9 126
- Satzungsanpassung 9 127
- Sonderbeschluss 9 125
- Stammaktionäre 9 125
- Vorzugsaktionäre 9 125
Kapitalherabsetzungsertrag 9 121
Rechtfertigung 9 124
Sanierung 9 121
Sonderausweis 9 135
steuerliche Behandlung 9 135 f.
Unterbilanzbeseitigung 9 121
Wiedererhöhung, gleichzeitige 9 124
Kapitalherabsetzung, vereinfachte
Auszahlungsverbot 9 148
drohende Verluste 9 144
Durchführung 9 143, 147 f.
Einstellung in die Kapitalrücklage 9 145
gesetzliche Rücklage, Auflösung 9 146
Gewinnausschüttung 9 150
Gewinnrücklage, Auflösung 9 146
Kapitalrücklage, Auflösung 9 146
Rückabwicklung 9 149
Rückbeziehung 9 151 f.
- Anfechtungsrisiko 9 152
- Fragerecht Aktionäre 9 152
- Fristen 9 153
- Handelsregistereintragung 9 153
- Jahresabschlussfeststellung 9 151
- Offenlegung Jahresabschluss 9 155
Rücklage für eigene Anteile 9 146
Sanierung 9 146
Sonderposten mit Rücklageanteil 9 146
stille Reservenauflösung 9 146
Unterbilanzbeseitigung 9 144
Verlustprognose 9 144
Voraussetzungen 9 141 f.
Wiedererhöhung Grundkapital 9 142
Kapitalisierungszinssatz
Auslandsunternehmen
- Ertragswertverfahren 24 82 f.
Equity Methode 11 224
- assoziierte Unternehmen 11 224
- Beteiligungsbewertung 11 225
Ertragswertverfahren 24 54 f.
- Basiszinssatz 24 55 f.
- Modifizierung um Steuerfaktor 24 49 f.
- Unternehmerrisiko, allgemeines 24 59 f.
Konzernabschluss 11 211 f.
Marktrisikoprämie 24 59 ff.
Quotenkonsolidierung 11 220 f.
- Erwerbsmethode 11 221
- Gemeinschaftsunternehmen 11 221
Risikozuschlag 24 59 ff.
Unternehmerrisiko 24 59 f.
Vollkonsolidierung 11 211 f.
- Buchwertmethode 11 213
- Erstkonsolidierung 11 213
- Erwerbsmethode 11 212

- IFRS **11** 219
- Methode der Interessenzusammenführung **11** 218
- Neubewertungsmethode **11** 215 f.
- Pooling of interests **11** 218
Wachstumsabschlag **24** 66
Kapitalmarktorientierte Unternehmen
Anhangsangaben, ergänzende **10** 136
Corporate Governance **10** 138 f.
Lageberichtsausgaben, ergänzende **10** 137
Offenlegung, Besonderheiten **10** 161
Prüfungsausschuss **10** 151 ff.
Prüfungsbesonderheiten **10** 148 f.
Rechnungslegung **10** 135 ff.
Kapitalmarktrecht
Mitarbeiterbeteiligung **23** 95 ff.
REIT AG **29** 49 f.
Kapitalmaßnahmen
Kapital, genehmigtes **9** 76 ff.
Kapitalbeschaffung, Sonderformen **9** 176 ff.
Kapitalerhöhung aus Gesellschaftsmitteln **9** 96 ff.
Kapitalerhöhung, bedingte **9** 51 ff.
Kapitalerhöhung gegen Einlagen **9** 11 ff.
Kapitalherabsetzung durch Einziehung von Aktien **9** 161 ff.
Kapitalherabsetzung, ordentliche **9** 121 ff.
Kapitalherabsetzung, vereinfachte **9** 141 ff.
KGaA, Besonderheiten **9** 201 ff.
Übersicht **9** 1 f.
Kapitalmehrheit
Erhöhungsbeschluss
- Kapitalerhöhung, bedingte **9** 58
- Kapitalerhöhung gegen Einlage
- Kapitalerhöhungsbeschluss **9** 13
Vorstandsermächtigung
- Kapital, genehmigtes **9** 78
Kapitalrücklage
Auflösungen, Ausweis **11** 187
Ausweis **11** 186
Bestandteile **10** 44
Einstellung
- Kapitalherabsetzung, vereinfachte **9** 145
Einstellungen, Ausweis **11** 187
Kapitalerhöhung aus Gesellschaftsmitteln **9** 100 f.
Verbot der Einlagenrückgewähr **21** 96
Vermögenserhaltung AG **8** 11
Verwendung und Auflösung **11** 187
Kapitalsammelfunktion
Publikums-AG **1** 7
Kapitalschutz
Rechtsformwahl **1** 88
Kapitalschwelle
Konzern
- Squeeze Out, Mindestgrenze **1** 72
Kapitalsicherung
Vorstandspflichten **6** 16
Kapitalspiegeltheorie
Dotationskapital
- Betriebsstätte, ausländische **16** 19

Kapitalverkehrsfreiheit
Nachrangkapital **21** 183
Kapitalzufuhr, vorbörsliche
Aufnahme strategischer Partner **21** 126 f.
Bareinlage
- Leistung nach Kapitalerhöhungsbeschluss **21** 102
- verdeckte Sacheinlage **21** 102
- Vorausleistungen **21** 102
hybride Finanzierungsformen **21** 182 f.
Venture Capital **21** 106 f.
Wandelschuldverschreibung **21** 182 f.
Kaufpreisänderung
Unternehmensverkauf
- Versteuerungszeitpunkt **13** 537
Kaufpreisaufteilung
Firmenwert
- Betriebsausgabenabzug **13** 552 f.
- Bilanzierung **13** 552 f.
negativer Firmenwert **13** 559 f.
selbständig aktivierbare originäre immaterielle Wirtschaftsgüter **13** 544 f.
- Auftragsbestand **13** 551
- Belieferungsrechte **13** 547
- EDV-Software **13** 547
- Filmrechte **13** 547
- Know-how **13** 550
- Konzessionen **13** 547
- Patente **13** 547
- Wettbewerbsverbot **13** 549
Wirtschaftsgüter
- Bilanzierung immaterielle Wirtschaftsgüter **13** 544
- Firmenwertaktivierung **13** 544
- modifizierte Stufentheorie **13** 544
- Stufentheorie **13** 544
- Teilwertaktivierung **13** 544
Kaufpreisfinanzierung, steuerorientierte
Unternehmenskauf
- Zielsetzung **13** 575 f.
Zinsabzug **13** 575 f.
- Abzugsverbote **13** 577
- Zinsschranke **13** 577 f.
Kettenbefristung
Erwerb eigene Aktien **3** 157
Ketteneinbringungen
einbringungsgeborene Anteile **14** 327
Ketteneingliederung
Mehrheitseingliederung Vertragskonzern **15** 196
KGaA *s.a. Börsennotierte KGaA, s.a. Publikums-KGaA*
Abwicklung **18** 106
Auflösung **18** 95 ff.
Aufspaltung **14** 353
Ausgliederung **14** 354
Ausweis nicht durch Vermögenseinlagen gedeckter Verlustanteil **11** 198
Besteuerungsunterschiede AG **13** 134 f.
Börseneinführung
- Altgesellschafter, Geschäftsführung **22** 124

2075

Kirchensteuer

Fette Zahlen = Kapitel

- Altgesellschafterrechte **22** 124 f.
- Sicherung Altaktionärsrechte **22** 122 f.
- Vetorecht Altaktionäre **22** 124
Börseneinführung, Vorbereitung **1** 20
Dividendenbesteuerung **4** 165
Einbringung inländische Betriebsstätte **14** 354
Einkommensermittlung **12** 700
formwechselnde Umwandlung **2** 3
Gesellschafterpflichten **4** 180 ff.
Gesellschafterrechte **4** 180 ff.
Gewerbesteuer **12** 700
Gewerbesteuerhinzurechnung
- Komplementärbezüge **12** 243 f.
gezeichnetes Kapital **11** 185
Gründung **2** 1 ff.
Kapitalmaßnahmen
- Bezugsrechte **9** 201
- genehmigtes Komplementärkapital **9** 205
- Komplementärsanteilsumwandlung in Aktien **9** 206 f.
- Komplementärzustimmung **9** 201
- Satzungsänderung **9** 203
Kommanditaktionär **4** 204 ff.
Komplementärbesteuerung **12** 701
Komplementärrechte **4** 181 ff.
Konzernverbund **1** 68 f.
laufende Besteuerung **12** 700 f.
Mitbestimmung **1** 74 f.
Outbound
- Besonderheiten **16** 112 f.
- Betriebsstätte, ausländische **16** 113
- Hinzurechnungsbesteuerung **16** 113
- Zwischengesellschaftsbeteiligung **16** 113
Publikumsgesellschaft **1** 9
Rechtsformwahl **1** 120 f.
- Erbschaftsteuer **1** 131
- Gewerbesteuer **1** 130
- Kommanditist **1** 120 f.
- Komplementär **1** 120 f.
- Mitbestimmung **1** 125
- Mitunternehmerschaft **1** 129
- persönliche Haftung **1** 123
- Steuerbelastung **1** 128 f.
- Stimmrechte **1** 124
Satzung
- Gestaltungsfreiheit **1** 3
steuerfreie Einnahmen **12** 706
Strukturtypus **1** 1 f.
übernehmender Rechtsträger **14** 355
Unternehmenskauf/Unternehmensverkauf **13** 708 f.
Verschmelzung auf AG **14** 143
Kirchensteuer
Abgeltungsteuer **4** 129
Aktien im Betriebsvermögen **4** 130
Klagefrist
Anfechtung, Hauptversammlungsbeschluss **5** 278
Klagerecht
Aktionär **4** 90 f.
Kommanditaktionär **4** 215

Kleine AG
Aufsichtsratszusammensetzung **7** 16
Einpersonen-AG
- Einpersonen-Vor-AG **1** 32
- Gründer **1** 32
- Kapitalaufbringungsbesonderheiten **1** 32
Erleichterungen **1** 30 f.
Hauptversammlungsvereinfachung **1** 35
Mitbestimmung **1** 31
Rechnungslegung **10** 2
Satzungsautonomie, erweiterte **1** 33 f.
Knobbe-Formel
Lizenzierung immaterielle Wirtschaftsgüter **16** 231
Know-how
originäre immaterielle Wirtschaftsgüter **13** 550
Körperschaftsteuer
REIT AG **29** 14
Körperschaftsteuerliche Organschaft
15 117 f.
Ausgleichszahlung an außenstehende Gesellschafter **13** 156 f.
Einkommensermittlung Organgesellschaft **13** 154
Einkommenszurechnung Organträger **13** 157
- Mehrabführung **13** 157 f.
- Minderabführung **13** 157 f.
Ergebnisverrechnung **13** 153
finanzielle Eingliederung **13** 144 f.
Gewinnabführungsvertrag **13** 146
Steuergestaltung, Unternehmensverkauf **13** 496 f.
Voraussetzungen **13** 141 f.
Kombinationsmodell
Unternehmenskauf **13** 568 f.
Kommanditaktionär
Auseinandersetzungsguthaben **4** 213
Auskunftsrechte **4** 209
Besteuerung **4** 218
Einlagen **4** 206
Feststellung Jahresabschluss **4** 211
Gewinnanspruch **4** 212
Gleichbehandlungsgrundsatz **4** 217
Gründerhaftung **2** 267
Informationsrechte **4** 209
Kapitalerhaltung **8** 13 f.
Klagerecht **4** 215
Minderheitenrechte **4** 214
Mitgliedschaftsbeendigung **4** 205
Mitgliedschaftsbegründung **4** 205
Mitgliedschaftsrechte **4** 206 f.
Nebenverpflichtungen **4** 207
Stimmrecht **4** 208
Teilnahmerecht **4** 208
Treupflicht **4** 216
Widerspruchsrechte **4** 210
Kommissionär
Vertreterbetriebsstätte **16** 14
Kommunikationskonzept
Emissionsplanung **25** 31

Magere Zahlen = Randziffern

Komplementär
Abfindungsanspruch 4 200
Anspruch 4 200
Aufwendungsersatzanspruch 4 198
Auseinandersetzungsanspruch 4 200
Ausschließungsrecht 4 199
Besteuerung 4 203
Entnahmerecht
– Beschränkungen 4 197
– Gewinnentnahme 4 196
– Grundentnahme 4 195
Entnahmesperre 8 15
gesamtschuldnerische Haftung 21 30
Geschäftsführung 4 186
Haftung
– Ausgleichsanspruch 4 185
– Regressanspruch 4 185
Hauptversammlung
– Zustimmungsvorbehalt Komplementäre 21 32
Informationsrechte 4 191 f.
Jahresgewinnanteilsanspruch 4 192
Kapitalerhaltung 8 13 f.
KGaA 4 181 ff.
Kündigungsrecht 4 199
Mitgliedschaftsbeendigung
– Ausschließung 4 183
– Austritt, freiwilliger 4 183
– Vollbeendigung Gesellschaft 4 183
Mitgliedschaftserwerb
– Beitritt, nachträglicher 4 182
– Beteiligung am Gründungsvorgang 4 182
– Übertragung Mitgliedschaft 4 182
Mitgliedschaftsrechte
– Abfindungsguthaben 4 200
– Aufwendungsersatzanspruch 4 198
– Auseinandersetzungsanspruch 4 200
– Ausschließungsrecht 4 199
– Entnahmerecht 4 194 f.
– Geschäftsführung 4 186
– Haftung 4 185
– Informationsrechte 4 192
– Jahresgewinnanteil 4 192
– Kündigungsrecht 4 199
– Nebenleistungsverpflichtung 4 184
– Treupflicht 4 201 f.
– Verlusttragungspflicht 4 193
– Vermögenseinlage 4 184
– Wettbewerbsverbot 4 201 f.
Pflichten in der Krise 17 105
Rechte 21 37 f.
Satzungsstrenge 21 31
Sondereinlagen 8 14
Stimmrecht
– Gesellschafterversammlung 4 188
– Hauptversammlung 4 189
Teilnahmerechte
– Gesellschafterversammlung 4 188
– Hauptversammlung 4 189
Treupflicht
– Geschäftsführung 4 202

Konsortialführer
– Komplementär/Gesellschaft 4 201
– Komplementär/Kommanditaktionär 4 201
– untereinander 4 201
Verlusttragungspflicht 4 193
Vertragsfreiheit 21 31
Wettbewerbsverbot 4 201 f.
Komplementärkapital
Kapitalmaßnahmen
– KGaA 9 205 f.
– Umwandlung in Aktienkapital 9 206 f.
Konfiskatorische Besteuerung
Erbschaftsteuer Aktien 21 308
Konsolidierungskreis
Konzernabschluss
– Einbeziehungsverbot 11 204
– Weltabschlussprinzip 11 202
Konsortialbank
Übernahmevertragsverpflichtungen 25 77
Konsortialführer
Aktienplatzierung
– Zeichnung zum rechnerischen Nennbetrag 25 70 f.
Aktienzeichnung 25 37
Auswahl bei Emissionsplanung 25 30
Auswahlkriterien 25 54 f.
Börseneinführung 22 92
– Aktienvermarktung 22 98
– Prospekterstellung 22 98
– Roadshowdurchführung 22 98
– Übernahmevertrag 22 99
– Zulassungsantrag 22 99
Börsengangdokumentation
– Aufgaben Konsortialführer 25 55
– aufschiebende Bedingungen 25 60
– Friends and Family-Programm 25 55
– Haftungsregelung 25 59
– Kostenerstattung 25 57
– Mandatsumfang 25 55
– Mandatsvereinbarung 25 54 f.
– Marktschutzvereinbarung 25 58
– Provisionsvereinbarung 25 57
– Übernahmevertrag 25 56
Mehrzuteilungsoption 25 173
– Börsengang 25 47
– Wertpaieranleihe 25 173
Übernahmevertrag 25 61 f.
– Aktienemittierung aus Kapitalerhöhung unter Bezugsrechtsausschluss 25 68
– Anlagen 25 62
– aufschiebende Bedingungen 25 90 f.
– Ausgestaltung 25 66 f.
– Erwerb von Altaktien 25 62
– Maklervertrag 25 64
– Mindestpreisübernahme Aktien 25 64
– Regelungsgegenstände 25 61 f.
– Rückabwicklung nach Eintragung Kapitalerhöhung 25 69 f.
– Rücktrittsrechte 25 95 f.
– Umplatzierung von Altaktien 25 64
– Vertrag sui generis 25 64

2077

Konsortialvertrag

Fette Zahlen = Kapitel

- Zeichnungsregelung der jungen Aktien **25** 62
- Zeichnungs- und Übernahmeverpflichtung **25** 66 f.
- Zeichnungsvertrag **25** 67
- Zuteilungsquoten **25** 67
Zeichnungsscheinübergabe **25** 37
Zeichnungs- und Übernahmeverpflichtung **25** 66 f.
Konsortialvertrag
Börsengangdokumentation **25** 153 ff.
- Ausschluss gesamtschuldnerische Haftung **25** 155
- Haftungsbeschränkung Konsortialmitglied **25** 154
- Inhalt **25** 153 f.
- Provisionsregelungen **25** 156
- Zeichnung und Übernahme der Aktien **25** 154
Gemeinschaftsunternehmen **15** 24
Kontrolle
Konzernzielgesellschaft **1** 72
Konzern s.a. *Faktischer Konzern, s.a. Qualifiziert faktischer Konzern, s.a. Vertragskonzern*
Abhängigkeit
- beherrschender Einfluss **15** 18 f.
- fremdunternehmerischer Wille **15** 18 f.
- gesellschaftsrechtliche **15** 18 f.
Definition **1** 71
Eigenkapitalersatz **8** 135
einheitliche Leitung **15** 26 f.
faktischer Konzern **15** 70 ff.
Finanzierungsverantwortung
- Bestandsschutzverpflichtung **8** 6
- Vermögensbetreuungspflicht **8** 6
Gegenstand **15** 1
Großaktionär **15** 2
Grundbegriffe **15** 29 f.
- Abhängigkeit **15** 18 f.
- Aktienrecht **15** 26 f.
- maßgebliche Beteiligung **15** 14 f.
- Mehrheitsbeteiligung **15** 16 f.
- Mehrmütterorganschaft **15** 23 f.
- Unternehmensbegriff **15** 9 f.
- verbundenes Unternehmen **15** 8
Grundprobleme **15** 3 ff.
- abhängiges Unternehmen **15** 4 f.
- herrschendes Unternehmen **15** 6 f.
herrschende AG **15** 2
Kapitalschwelle
- Hauptaktionär **1** 72
- Minderheitsaktionär **1** 72
- Squeeze Out **1** 72
Kontrollschwelle **1** 72
- Kapitalschwelle **1** 72
- Pflichtangebot **1** 72
- Übernahmeverfahren **1** 72
- Veröffentlichungspflichten **1** 72
Konzernzugehörigkeit, mehrfache **15** 28
Mehrheitsbeteiligung **15** 16 f.
Unternehmensbegriff
- abhängiges Unternehmen **15** 11

- anderweitige Interessenbindung **15** 12 f.
- anwendbarkeit Konzernrecht **15** 9 f.
- herrschendes Unternehmen **15** 10
- Konzernkonflikt **15** 10, 12 f.
- maßgebliche Beteiligung an anderer Gesellschaft **15** 14 f.
- Mehrheitsbeteiligung **15** 14
- unternehmerische Interessen **15** 13
- wirtschaftliche Interessenbindung **15** 9
Vertragskonzern **15** 102 ff.
Vorstandspflichten **6** 118 f.
wechselseitige Beteiligungen **15** 29 f.
- einfache **15** 30
- Hauptprobleme **15** 29
- qualifizierte, beidseitige **15** 32
- qualifizierte, einseitige **15** 31 f.
Konzernabschluss s.a. *Teilkonzernabschluss*
Abschlussprüferbestellung **7** 92 f.
Aufgabe **11** 199 f.
Aufstellung
- Befreiung **11** 202
- Control-Konzept **11** 201 f.
- Konsolidierungskreis **11** 203
- Teilkonzernabschluss **11** 202
- Weltabschlussprinzip **11** 203
Bestandteile **10** 23 f.
- Kapitalflussrechnung **10** 23
- Konzernanhang **10** 23
- Konzernbilanz **10** 23
- Konzerneigenkapitalspiegel **10** 23
- Konzern-GuV **10** 23
- Segmentberichterstattung **10** 23
Bilanzstichtag
- abweichender **11** 208
- Fristen **11** 208
börsennotierte AG
- Anhang **26** 36
- Bestätigungsvermerk **26** 36
- Konzernbilanz, Konzern-, Gewinn- und Verlustrechnung **26** 36
- Konzernlagebericht **26** 36
- Segmentberichterstattung **26** 36
- Unternehmensregister **26** 38
Einbeziehungsverbote **11** 205
Einheitstheorie **11** 199
Fremdwährungsumrechnung **11** 209
Grundsatz der konzerneinheitlichen Bewertung **11** 207
Hauptversammlung, Vorlage **5** 13
IFRS **10** 135 ff.; **11** 205
Informationsfunktion **11** 199
Jahresabschlussaufstellung **10** 12 f.
Kapitalflussrechnung **10** 24
Kapitalkonsolidierung **11** 211 f.
Konzernsummenbilanz **11** 206
- Handelsbilanz I **11** 206, II **11** 206
- Schuldenkonsolidierung **11** 227 f.
- Aufrechnungsdifferenzen, stichtagsbezogene **11** 228
- Saldierung **11** 227
Zwischenergebniseliminierung **11** 231 f.

Magere Zahlen = Randziffern

– Aufwands- und Ertragskonsolidierung **11** 233
– Realisationsprinzip **11** 231
Konzernaufbau
stiller **1** 72
Konzernbilanz
Stichtag **11** 208
Konzernbildung
Hauptversammlungszustimmung **5** 32
Konzernbildungskontrolle
abhängiges Unternehmen **15** 33 ff.
– Mitteilungspflichten **15** 38
– Offenlegungspflichten **15** 38
– Präventivschutzsystem **15** 34 f.
– Wertpapierübernahmegesetz **15** 39 f.
Hauptversammlung
– Aufgreifkriterien **5** 47 f.
– Bilanzsumme **5** 48
– Grundkapitalanteil **5** 48
– Mitarbeiter **5** 48
– Schwellenwerte **5** 46 f.
– Umsatz **5** 48
– Unternehmenswert **5** 48
– Wesentlichkeit **5** 46 f.
Hauptversammlungsbeschluss
– Auskunftsrecht Aktionär **15** 62 f.
– herrschendes Unternehmen **15** 58 f.
– Informationspflichten Vorstand **15** 60 f.
– Strukturbericht **15** 61
herrschendes Unternehmen **15** 42 ff.
– Abberufung Vorstand **15** 65
– Hauptversammlungszuständigkeit
15 43 f., 46 ff.
– Holzmüller-Entscheidung **15** 47 f.
– Konzernklausel **15** 44
– Rechtsbehelfe **15** 66 f.
– Sanktionen **15** 65
– Schadensersatzpflicht Vorstand **15** 65
– Vertretungsmacht Vorstand **15** 65
Konzerneigenkapitalspiegel
Konzernabschluss **10** 23
Konzerngesellschaft
verdeckte Gewinnausschüttung **8** 109
Konzernhaftung
qualifiziert-faktischer Konzern **15** 89 f.
– sittenwidrige Schädigung **15** 94 f.
Konzernklausel
Konzernbildungskontrolle **15** 44
Konzernlagebericht
Hauptversammlung, Vorlage **5** 13
Konzernabschluss **26** 36
Konzernleitungskontrolle
Hauptversammlung
– Schwellenwerte **5** 46 f.
Konzernprivileg
Einlagerückgewährverbot **8** 27 f.
Konzernrechnungslegung
AG **11** 199 f.
Konzernsteuerrecht
Besteuerungsmerkmale **1** 73
Konzernstrukturhaftung
qualifiziert-faktischer Konzern **15** 89

Krise der AG

Konzernsummenbilanz
Grundsatz der konzerneinheitlichen Bewertung **11** 207
Konzernabschluss **11** 206 f.
Konzernumlagen
Leistungsumlagen **16** 217 f.
Nachteilsausgleich **15** 74
Poolumlagen
– Fremdvergleichsgrundsatz **16** 218
– Teilnehmerkreis **16** 218
– Umlagevertrag **16** 219
Konzessionen
originäre immaterielle Wirtschaftsgüter
13 547
Kosten
Börsengang **20** 50 f.
Kostenaufschlagsmethode
Begriff **13** 279
Verrechnungspreise **16** 205
Verrechnungspreise Güter- und Warenverkehr **16** 221
Kraftloserklärung
Aktien **3** 125 f.
Erneuerungsscheine **3** 141
Krankheit
Abberufung Vorstand **6** 50
Kreditgewährung
Vorstand **6** 84 f.
– Aufsichtsratszustimmung **6** 84
– kapitalersetzende Darlehen **6** 84
– Sondervergütung, verdeckte **6** 84
Kreditinstitute
Insolvenzantrag **17** 58
Krise
Begriff **8** 133 f.
Rechtsfolgen **8** 136 f.
Krise der AG
Aktionärsansprüche
– Dividendenauszahlung bei Unterbilanz
17 67
– Insolvenzverschleppung **17** 67
– Treuepflichtverletzung **17** 68
– Zahlungsunfähigkeit **17** 67
– Überschuldung **17** 67
Aufsichtsratspflichten
– Geschäftsführungsüberwachung **17** 60 f.
– Insolvenzantragspflicht **17** 63
– Risikoüberkennung **17** 60
– Überwachung, verdichtete **17** 60
– Verlust in Höhe der Hälfte des Grundkapitals **17** 62
Begriff **17** 1 ff.
Sanierung **17** 75 ff.
– finanzielle Krise **17** 75
– operative Krise **17** 75
Überschuldung **17** 2
Ursachen
– endogene **17** 2
– exogene **17** 2
Verhaltenspflichten Vorstand
– Kreditwürdigkeit **17** 4
– Phasen **17** 4 f.

2079

Krise der KGaA

- Unterbilanz **17** 4
- Verlust in Höhe der Hälfte des Grundkapitals **17** 4, 10
- Zahlungsfähigkeit **17** 4, 20 f.
- Vorstandspflichten **17** 6 ff.
- wirtschaftliche Notlage **17** 1
- Zahlungsunfähigkeit **17** 2

Krise der KGaA
Besonderheiten **17** 105 s.a. *Krise der AG*
Komplementärpflichten **17** 105

Kündigung, außerordentliche
Anstellungsvertrag Vorstand **6** 42
Unternehmensvertrag Vertragskonzern
- Kündigungsfrist **15** 178
- Schriftform **15** 179
- Vertragsverletzung **15** 179

Vorstand
- Aufsichtsratsbeschluss **6** 62
- Beweislast **6** 67
- Fristen **6** 65
- Nachschieben von Kündigungsgründen **6** 67
- Pflichtverletzungen, schwere **6** 64
- Rechtsfolgen **6** 66
- Rechtsschutz Vorstand **6** 67
- Vertrauensentzug Hauptversammlung **6** 64
- wichtiger Grund **6** 63
- Zuständigkeit **6** 62

Kündigung, ordentliche
Anstellungsvertrag Vorstand **6** 42
Unternehmensvertrag Vertragskonzern
- Kündigungserklärung **15** 177
- Kündigungsfrist **15** 176
- Kündigungsklausel **15** 175
- Sonderbeschluss **15** 177
- Teilkündigung **15** 175

Kündigungsrecht
Komplementär **4** 199

Kursbildung
Emissionspreisfindung **24** 101 ff.

Kursgarantie
Einlagerückgewähr, verdeckte **8** 53

Kurspflege
Erwerb eigene/r Aktien **3** 160; **8** 24

Lästiger Gesellschafter
Betriebsausgabenabzug bei Unternehmenskauf **13** 555

Lagebericht
Abwicklungsgesellschaft **18** 59 f.
Geschäftsverlauf **10** 22
Hauptversammlungsvorlage **5** 13, 196
Informationsfunktion **10** 22
Jahresabschlussaufstellung **10** 9 f.
Jahresabschluss börsennotierte AG **26** 35
kapitalmarktorientierte Unternehmen **10** 137
Lage der Gesellschaft **10** 22
Rechenschaftsfunktion **10** 22

Lageortrecht
Unternehmenskauf, grenzüberschreitender **11** 58

Fette Zahlen = Kapitel

Langfristige Fertigung
IFRS **11** 73
Teilgewinnrealisierung **11** 60

Latente Steuern
Ausweis aktiver **11** 118 f.
Ausweis nach HGB **11** 117 f.
Ausweis passiver **11** 118 f.
Berechnung **11** 123
Bilanzierungshilfen **11** 29
BilMoG **11** 125 f.
Ermittlung **11** 119
IFRS **11** 128 f.

Leasing
bilanzielle Behandlung **11** 22

Legal Opinion
Börsengangdokumentation
- aufschiebende Bedingung im Übernahmevertrag **25** 118
- Einschränkungen, Umfang **25** 123
- Funktion **25** 130 f.
- gesellschaftsrechtliche Stellungnahme **25** 118
- Gutachtenumfang **25** 121
- Haftung **25** 133 f.
- Standardisierung **25** 118
- Untersuchungsannahme **25** 120
- Untersuchungsumfang **25** 119

Due Diligence **24** 204

Leistungsabrechnung
konzerninterne

Leistungsaustausch
Einlagerückgewährverbot **8** 28

Leistungsklage
Aktionär **4** 96

Leistungsumlagen
Konzernumlagen **16** 217 f.

Leistungsvergütung
Abgeltungsteuer **13** 31 f.
Dividendenbesteuerung Steuerausländer **13** 40
Umqualifizierung in verdeckte Gewinnausschüttung **13** 35 f.
Vergleich Gewinnausschüttung **13** 30

Leistungsverweigerungsrecht
Aktionär **4** 89

Leitungsmacht
Vertragskonzern **15** 130 ff.
- Ersatzansprüche **15** 139
- Haftung Obergesellschaft **15** 139
- Verantwortlichkeit **15** 139

Lenkungsausschuss
Emissionsplanung **25** 49

Letter of Engagement
Due Diligence **24** 147

Letter of Intent
Venture Capital **21** 116

Liabilities
Begriff **11** 135

Lifo-Verfahren
Begriff **11** 106

Liquidation
Abwicklungsgewinn **13** 629

Magere Zahlen = Randziffern

Abwicklungszeitraum **13** 629
Gewinnermittlung **13** 629
Liquidationsbesteuerung
Wegzug AG ins Ausland **16** 110 f.
Zuzug AG ins Inland **16** 157
Liquidationsbilanz
Betriebsstättenauflösung **16** 48
Liquidationswert
Unternehmensbewertung **15** 161
Liquiditätsprognose
Zahlungsunfähigkeit **17** 22
Listenwahl
Aufsichtsrat **5** 239
Lizenzen
originäre immaterielle Wirtschaftsgüter **13** 550
Löschung
AG **18** 15 f.
Lohnfertigung
Funktionsverlagerung **13** 297
Verrechnungspreise Güter- und Warenverkehr **16** 220
Lohnfortzahlung
Vorstand **6** 87
Lohnsteuerabführung
Vorstandshaftung **6** 155
Lohnsumme
Erbschaftsteuer **13** 759 f.
LSE
Börsenplatzauswahl **22** 63 f.
Wertpapiervorschriften **22** 65 f.
– Hearing durch UK-Listing Authority **22** 66
– UK-Listing Authority **22** 65
– Zulassung durch LSE **22** 65
– Zulassung durch UK-Listing Authority **22** 66

Makler
Vertreterbetriebsstätte **16** 14
Management
europäische Aktiengesellschaft **19** 75 f.
Mantelkauf
Due Diligence **24** 188
Mantelverwendung
Abgrenzung zu Umorganisation und Sanierung **2** 481
gebrauchte Gesellschaftsmäntel
– Abgrenzung Sanierung/Umorganisation **2** 481
– Folgen **2** 482 f.
– steuerlicher Verlustvortrag **2** 483
– Zulässigkeit **2** 480
Gründung AG **2** 470 f.
Vorratsgesellschaft
– Folgen **2** 472
– wirtschaftliche Neugründung **2** 471
– Zulässigkeit Gründung **2** 470
Marketingkampagne
Börseneinführung **22** 104
Marktmanipulationsverbot
Adressatenkreis **26** 270 f.

Mehr- oder Minderabführungen

Grundlagen **26** 270 f.
Sanktionen **26** 274
Tatbestand **26** 271 f.
Marktschutzvereinbarung
Börsengangdokumentation **25** 161 f.
– Entscheidungsfreiheit **25** 162
– nichtöffentliche Aktienanbietung **25** 163
– Zulässigkeit Ausgestaltung **25** 162
Marktsegmentauswahl
Börsengangvorbereitung **22** 3 ff.
Emissionskonzept **22** 116
Emissionsplanung **25** 31
Übersicht **22** 6
Marktsegmente
NASDAQ **22** 52
Marktumfeld
Emissionsplanung **25** 32
Maßgeblichkeit
BilMoG **11** 8
umgekehrte **11** 5
Maßgeblichkeitsprinzip
BilMoG **10** 105 f.
Durchbrechung **10** 100
formelles **10** 97 f.
Handelsrecht **11** 4 f.
materielles **10** 96 f.
umgekehrtes **10** 97 f.
Öffnungsklauseln **10** 103
Matching Shares
Mitarbeiterbeteiligung **23** 71
MDAX
Aktienindex **22** 4
Mehrheitsbeteiligung
Konzern
– Anteilsmehrheit **15** 17
– Stimmenmehrheit **15** 17
– Zurechnungsregeln **15** 17
Mehrheitseingliederung
Vertragskonzern
– Eingliederungsprüfung **15** 194
– Hauptversammlungsbeschluss **15** 194
– Ketteneingliederung **15** 196
– Spruchstellenverfahren **15** 197
– Verfahren **15** 193 f.
– Voraussetzungen **15** 193 f.
Mehrheitserfordernisse
Hauptversammlung **5** 49
Hauptversammlung, Beschlussfassung **5** 226 f.
Mehrmütterherrschaft
Begriff **15** 23 f.
Gemeinschaftsunternehmen **15** 23
Konsortialvertrag **15** 24
Konzern **15** 23 f.
Obergesellschaft **15** 25
Stimmbindungsverträge **15** 24
Mehrmütterorganschaft
Voraussetzungen **13** 186 f.
Mehr- oder Minderabführungen
Ausgleichsposten **13** 172 f.
Organschaft **13** 163 f.

2081

Mehrstimmrecht

Fette Zahlen = Kapitel

Mehrstimmrecht
Sicherung Altaktionärsrechte **22** 137
Mehrstimmrechtsaktien
Begründung **3** 58
Mehrzuteilungsoption
Konsortialführer
– Börsengang **25** 47
Mezzanine-Finanzierung
Kapitalzuführung, vorbörsliche **21** 183
Miete
Gewerbesteuerhinzurechnung **12** 226
Minderheit
Hauptversammlungseinberufung **5** 78 f.
Minderheitenrechte
Aktionär **4** 92 f.
Kommanditaktionär **4** 214
Minderheitenrechte Aktionäre
Formwechsel AG in GmbH **14** 216
Formwechsel AG in Personengesellschaft **14** 232
Verschmelzung AG auf AG **14** 38 f.
Minderheitsaktionär
Abfindung
– Veräußerungsgewinn **13** 656
Barabfindungsangebot bei Delisting **28** 39 f.
Minderheitsbeteiligung
abhängiges Unternehmen **15** 21
Mindeststreubesitz
REIT AG **29** 66 f.
Mischeinlagen
Festsetzung in der Satzung
– Anforderungen **2** 233
– Praxisschwierigkeiten **2** 235
– Rechtsverbindlichkeit **2** 234
Mischverschmelzung
Verschmelzung AG auf KGaA **14** 143
Verschmelzungsvertrag **14** 5
Misstrauensvotum
Abberufung Vorstand **6** 51
Mitarbeiterbeteiligung
Abgrenzung erfolgsabhängige Vergütung **23** 11 f.
Aktienoptionen **23** 15 f., 39 ff.
– Ausübungshürden **23** 18
– Ausübungspreis **23** 15
– Basispreis **23** 15
– Bezugsrecht auf neue Aktien **23** 43 ff.
– Bezugsrechtsauswahl **23** 16
– Wartefristen **23** 17
Arbeitsrecht
– individualvertragliche Vereinbarung **23** 73 f.
– kollektive Vereinbarung **23** 73 f.
Belegschaftsaktien **23** 57 f., 57 ff.
betriebliche Übung **23** 84 f.
Betriebsübergang **23** 91 f.
Bindungsklauseln **23** 86 f.
Corporate Governance Kodex **23** 4
Due Diligence **24** 189
Emissionsplanung **25** 32
Friends & Family-Programm **23** 57 ff.
geldwerter Vorteil **13** 688

Genussrechte **23** 50 f.
Gestaltungsformen **23** 7 f.
Gleichbehandlungsgrundsatz **23** 81 f.
individualrechtliche Mitarbeiterbeteiligung
– Einzelzusage **23** 73
– Mitarbeiteroptionsvereinbarung **23** 73
Kapitalmarktrecht **23** 95 ff.
– Anwendung Verkaufsprospekt **23** 117 f.
– Ausnahmen Prospektpflicht **23** 106 f.
– Meldepflichten bei Directors Dealing **23** 122 f.
– Prospektpflichten **23** 96 f.
– Verbot Insidergeschäfte **23** 127 f.
– Wertpapierprospektgesetz **23** 96 f.
– Wertpapierqualität **23** 102 f.
kollektive Mitarbeiterbeteiligung
– Betriebsvereinbarung **23** 73 f.
Kombinationsformen **23** 68 f.
Matching Shares **23** 71
Mitbestimmung **23** 77 f.
nackte Bezugsrechte **23** 21 f.
Optionsanleihen **23** 50 f.
Phantom Stocks **13** 690; **23** 15 f., 63
Restricted Stocks Units **23** 96
Sprecherausschuss **23** 77 f.
Stock Appreciation Rights **23** 62
Stock Options **13** 690
Verfallklauseln **23** 86 f.
Vergütungskomponente **21** 251 ff.
Wandelanleihen **23** 50 f.
Zuflusszeitpunkt, Lohnsteuer **13** 690
Mitarbeitergewinnung
Belegschaftsaktien **20** 18
Börsengang **20** 17
virtuelle Aktien **20** 18
virtuelle Optionen **20** 18
Wandelschuldverschreibung **20** 18
MitbestG
Ausübung Beteiligungsrechte nach MitbestG **7** 113 f.
– Geschäftsführungsmaßnahme **7** 116
– Personalentscheidungen **7** 115
– Strukturentscheidungen **7** 115
– Wahrung Anteilseignerinteressen **7** 114
Berichterstattung Jahresabschluss **7** 96
Bestellung, Anstellung und Überwachung Vorstand **7** 61 f.
Bilanzgewinn, Abschlagszahlung **7** 111
Einsichts- und Prüfungsrecht
– Sachverständige **7** 90
– Sonderüberprüfungen **7** 89
Ergebnisverwendung **7** 94
Geschäftsführungsüberwachung
– AG-Vertretung gegenüber Vorstand **7** 76 f.
– Informationsanspruch **7** 74
– Stellungnahme Vorstand **7** 74
– Überwachungsgegenstände **7** 70 f.
– Überwachungsmittel **7** 74
gesetzliche Antragsrechte
– Abberufung Aufsichtsratsmitglied **7** 107
– Abschlussprüferbestellung **7** 107

2082

Magere Zahlen = Randziffern

- Beschlussunfähigkeit **7** 107
- Liquidation AG **7** 107
- Statusverfahren **7** 107
Hauptversammlung **7** 98 f.
- Anfechtungsklage **7** 104 f.
- Berichte **7** 102
- Beschlussvorschläge **7** 101
- Einberufung **7** 100
- Nichtigkeitsklage **7** 104 f.
- Teilnahmerechte **7** 103
Jahresabschlussbilligung **7** 95
Jahresabschlussfeststellung **7** 92 f.
Jahresabschlussprüfung **7** 94
Mitentscheidung über Ausnutzung genehmigtes Kapital **7** 109 f.
Prüfungsauftrag für Jahres- und Konzernabschluss **7** 92 f.
Satzungsfassungsänderung **7** 108
Schadensersatzansprüche Vorstand **7** 97
Vorstandsbestellung **7** 62 f.
- Alleinkompetenz **7** 62
- Vierstufenverfahren **7** 63
Weisungswiederholung an abhängige AG **7** 112
Widerruf Vorstandsbestellung **7** 62 f.
- Pflichtverletzung **7** 64
- Unfähigkeit **7** 64
- wichtiger Grund **7** 64
Zustimmungsvorbehalt
- bedeutsame Geschäfte **7** 83
- Einwilligungseinholung **7** 84
- Geschäftsführungsmaßnahmen **7** 81
- Satzung **7** 82
- Verträge mit Aufsichtsratsmitgliedern **7** 88
Mitbestimmung
AG **1** 74 f.
Aufsichtsrat, Erster **2** 103 ff.
- Sachgründung durch Einbringung **2** 104
- Unternehmensübernahme **2** 104
Aufsichtsratszusammensetzung
- privatautonome Regelungen **7** 37 f.
Börsengang, Folgepflichten **20** 60
börsennotierte AG **21** 20 f.
Börsennotierte KGaA **21** 50 f.
europäische Aktiengesellschaft **19** 125 f.
Fortgeltungsregelungen **7** 34 f.
KGaA **1** 74 f.
kleine AG **1** 31
Mitarbeiterbeteiligung **23** 77 f.
Rechtsformwahl **1** 89 f.
- AG **1** 89 f.
- europäische Gesellschaft **1** 136 f.
- KGaA **1** 125
- Personengesellschaft **1** 89 f.
Mitbestimmungspflichtige AG
Aufsichtsratszusammensetzung **7** 18 f.
Drittelparität Aufsichtsrat **7** 18 f.
paritätische Besetzung Aufsichtsrat **7** 24 f.
Mitteilungsfristen
Bekanntmachungen Hauptversammlung **5** 65 f.

Mitunternehmerschaft

Mitteilungspflichten, aktienrechtliche
Aktienbesitz Unternehmen
- Bekanntmachung in Gesellschaftsblättern **26** 184
- Meldepflichten bei Stimmrechtsmehrheit **26** 184 f.
- Schwellenwerte **26** 186 f.
Kapitalgesellschaftsanteile einer AG/KGaA **26** 187
Mitteilungspflichten, wertpapierrechtliche
Erwerb eigener Aktien **26** 182
Erwerb, Veräußerung Anteile **26** 170
- Meldepflicht **26** 170 f.
Mitteilungspflichten Aktionär
- Börsenerstnotierung **26** 173
- Fristen **26** 175
- Inhalte **26** 175
- Meldepflichten **26** 172 f.
- Schriftform **26** 175
- Stimmrechtsanteilsveränderungen **26** 172 f.
- Zeitpunkt **26** 174
Sanktionen **26** 180
Stimmrechtsanteilsveränderungen
- Meldepflichtiger **26** 170
- Sanktionen **26** 170
- Veröffentlichung **26** 171
Stimmrechtszurechnung
- Absorption **26** 178
- kontrolliertes Unternehmen **26** 176
- Konzerne **26** 179
- Nießbrauchsberechtigter **26** 176 f.
- Sicherungsübereignung **26** 176 f.
- Tochterunternehmen **26** 176
- Treuhandverhältnis **26** 176 f.
Veröffentlichungspflichten **26** 181
Mitunternehmeranteil
atypische stille Gesellschaft **21** 165
Ausgliederung auf Personengesellschaft **14** 334
Realteilung zu Buchwerten **13** 412
Teilbetrieb **14** 288 f. f.
- wesentliche Betriebsgrundlage **14** 289
übernehmende Kapitalgesellschaft
- Spaltung auf Kapitalgesellschaft **14** 303
- Verlustvorträge **14** 303
Veräußerungsgewinn **13** 463 f.
Veräußerungsgewinnbesteuerung **13** 568 f.
- Übersicht **13** 492
Mitunternehmerschaft
Betriebsaufspaltung **12** 176 f.
Einkommensermittlung **12** 145 f.
Einkunftsbestimmung
- Abfärbetheorie **12** 148
- Einkunftsqualifikation **12** 146 f.
- Infektionstheorie **12** 148
- Einkünfteermittlung **12** 154 f.
- Ergänzungsbilanz **12** 156
- Gewinnanteile **12** 154
- Handelsbilanz **12** 155
- Sonderbetriebsausgabe **12** 159

2083

Montagen

Fette Zahlen = Kapitel

- Sonderbetriebseinnahme **12** 159
- Sonderbilanzen **12** 158 f.
- Sondervergütungen **12** 157
- Steuerbilanz **12** 155
- Vergütungen im Dienst der Gesellschaft **12** 154

Erbengemeinschaft **12** 172 f.
Gesamtbilanzermittlung **12** 160
Gesamtgewinnermittlung **12** 161
gewerblich geprägte Personengesellschaften **12** 149
Gewinnverteilung **12** 162
Mitunternehmereigenschaft **12** 150 f.
stille Gesellschaft **12** 169 f.
Verlustabzug **12** 163 f.
Verlustausgleich **12** 163 f.
Montagen
Betriebsstätte, ausländische **16** 11
Multiple Listing
Börsenplatzauswahl **22** 68 f.
Nachteile **22** 70 f.
Vorteile **22** 72 f.
Multiplikator-Verfahren
Unternehmensbewertung
- Branchengewinn **24** 22
- Branchenumsatz **24** 22
- EBIT **24** 22
- EBITDA **24** 22
- Entity-Verfahren **24** 23
- Equity-Verfahren **24** 25 f.

Musterfeststellungsantrag
Prospekthaftung **25** 255 f.
Musterprojektzeitplan
Börsengang **25** 27

Nachfolgeplanung
Börsengang **21** 302 f.
- Einzelunternehmen **21** 303
- Kapitalgesellschaftsanteile **21** 304
- Personengesellschaftsanteile **21** 303
- Stuttgarter Verfahren **21** 304

Nachgründung
Bedeutung **2** 310
Gründung AG nach AktG **2** 9
Hauptversammlungszustimmung **5** 21
Heilung unwirksamer Sachgründung **2** 323 f.
Rechtsfolgen bei Verstoß **2** 320
Schadensersatzanspruch **2** 321
- Fristen **2** 321
- Gründer **2** 321
- Treuhänder **2** 321
strafrechtliche Verantwortung **2** 322
Verfahren **2** 316 f.
- Handelsregisteranmeldung **2** 318
- Hauptversammlungsmehrheit **2** 317
- Schriftform Vertrag **2** 316
- Vertragswirksamkeit **2** 319
Vergütung
- Form **2** 315
- Mindesthöhe **2** 314
Vertragsgegenstand **2** 313

Vertragspartner **2** 311 f.
- Gesamtrechtsnachfolger von Gründern **2** 312
- Gründer **2** 311
Zwangsvollstreckung **2** 313
Nachgründungsbericht
Sacheinlagen **9** 34
Nachgründungsvorschriften
Verschmelzung AG auf AG **14** 30 f.
Nachgründungszeit
Kapitalaufbringung, Haftung **2** 257
Nachrangkapital
Kapitalzuführung, vorbörsliche **21** 183
Nachschieben von Kündigungsgründen
Vorstandskündigung **6** 67
Nachteilsausgleich
faktischer Konzern **15** 72 f.
- Ermittlung **15** 74 f.
- Nachteilskompensation **15** 78
- Vorstandspflichten, abhängiges Unternehmen **15** 77
Konzernumlage **15** 74
Nachtragsabwickler
Rechtsstellung **18** 87
Nachtragsabwicklung
AG **18** 84 f.
Nachtrags-Abwicklungsgesellschaft
Rechtsnatur **18** 86
Nachtragsprüfung
Jahresabschlussänderungen **10** 115
Nachweispflichten
Verrechnungspreise **16** 236 f.
Naked-Warrants
Kapitalerhöhung, Bedingte **9** 53
Optionsanleihen **9** 184
Stock Options **6** 81
Wandelanleihenabsicherung **9** 184
Namensaktien
Aktienregistereintrag **3** 24 f.
Auswahlrecht **3** 17
Börsenfähigkeit **3** 20
Depotfähigkeit **3** 20
Orderpapiere **1** 62
Rechtsscheinwirkung **3** 21
Transparenzvorteil **3** 222
Übertragbarkeitseinschränkungen **1** 63
Übertragung
- Abtretung Mitgliedschaftsrechte **3** 114
- Blankoindossament **3** 113
- Indossament und Übergabe **3** 112
Verbriefung **3** 21
vinkulierte Namensaktien **21** 223
Zwang vor vollständiger Einlageleistung **3** 22 f.
NASDAQ
Marktsegmente
- NASDAQ National Global Market **22** 52
- NASDAQ SmallCap Global Market **22** 52
Wertpapiervorschriften **22** 59 f.

Magere Zahlen = Randziffern

- Registrierungspflicht **22** 55
- US-GAAP-Finanzausweis **22** 56
Zulassungsfolgepflichten
- IFRS-Rechnungslegung **22** 56
- Listing Standards **22** 60 f.
- Marktkapitalisierung **22** 61
Zulassungsvoraussetzungen **22** 52
- Berichterstattung **22** 57
- Marketplace Rules **22** 54 f.
- NASD Manual **22** 53
- Sabanes-Oxley Act **22** 58
NASDAQ Europe S. A.
Zulassungsvoraussetzungen **22** 52
Natürliche Personen
Gründer AG nach AktG **2** 74
Nebenleistungs-AG 1 65
Nennbetragsaktien
Auswahlgründe **3** 5
Grundkapitalstückelung **1** 66
Mindestnennbetrag
- Agio **3** 8
- Ausgeberhaftung **3** 9
- Rechtsfolgen bei Unterschreitung **3** 9
- Stückelung **3** 8
- Unterpariemissionsverbot **3** 8
- Überpariemission **3** 8
Nennbetragsänderung
- Kapitalherabsetzung **3** 11
- Neustückelung **3** 11
Nennbetragsfestlegung **3** 6
Stimmkraft Aktionär **4** 40
Umstellung auf Stückaktien **3** 15
Umwandlung in Stückaktien **13** 646
Vorteile **21** 219
Zwischenbetragsfestlegung **3** 10
Nettomargen-Methode
Verrechnungspreise **16** 212
Neubewertungsmethode
Kapitalkonsolidierung **11** 215 f.
Neue Medien
Hauptversammlung, virtuelle **21** 230 f.
Neuer Markt
Marktplatz für Wachstumswerte **20** 2
Marktschutzvereinbarung
- Ausgestaltung **25** 162
- Börsengang **25** 161 f.
- Veräußerungssperre Neuaktien **25** 161 f.
- Zulässigkeit **25** 162
Neugründung AG/KGaA
Bargründung **21** 80
Sachgründung **21** 81
Nicht abzugsfähige Betriebsausgaben
Ausgleichszahlungen **12** 119
Bewirtungskosten **12** 119
Geldbußen **12** 119
Geschenke **12** 119
Gewerbesteuer **12** 119
Schuldzinsen **12** 120
Vorteilszuwendungen **12** 119
Nicht-DBA-Land
Beteiligung an ausländischer Personengesellschaft

Niedrigbesteuerung

- Besteuerung **16** 54
- Outbound, hybride Gesellschaft **16** 54
- Outbound, Welteinkommensprinzip **16** 53
Betriebsstätte, ausländische
- Beendigung **16** 47
Betriebsstättenbesteuerung **16** 41 f.
Outbound, Besteuerung inländischer Gesellschafter
- Sonderbetriebsausgaben **16** 65
- Sonderbetriebseinnahmen **16** 65
Rücküberführung Wirtschaftsgüter
- Betriebsstätte, ausländische **16** 48
Nicht durch Eigenkapital gedeckter Fehlbetrag
Ausweis
- AG **11** 198
- KGaA **11** 198
Nicht durch Vermögenseinlagen gedeckter Verlustanteil
KGaA **11** 198
Nichtigkeit
Aufsichtsratsbeschlüsse, fehlerhafte **7** 169 f.
Nichtigkeitsfeststellungsklage
Aktionär **4** 91
Nichtigkeitsklage
Fristen **5** 288
Hauptversammlungsbeschluss **5** 285 f.
Vorstand **6** 163 f.
Niederlassung
Betriebsstätte, inländische **16** 131
Niederschrift
Aufsichtsratsbeschluss **7** 165 f.
Hauptversammlungsbeschlüsse
- Abstimmungsergebnisse **5** 247
- Aktionärsfragen **5** 248
- börsennotierte Gesellschaften **5** 243
- Einreichung **5** 250
- Erstellung **5** 250
- fakultative Angaben **5** 249
- Form **5** 243 f.
- Inhalt **5** 245 f.
- Minderheitsverlangen **5** 248
- Mängel **5** 251 f.
- nicht-börsennotierte Gesellschaften **5** 244
- notarielle Aufnahme **5** 243 f.
- Sachbeschlüsse **5** 246
- Verfahrensbeschlüsse **5** 246
- Widersprüche **5** 248
Kapitalerhöhung, bedingte **9** 62
Niederschrift zu Protokoll
Auskunftsverweigerung Aktionär **4** 65
Niederstwertprinzip
Bewertungsmethoden **11** 81
gemildertes **11** 80
Handelsbilanz **11** 80
strenges **11** 80
Niedrigbesteuerung
Berechnung der tatsächlichen Belastung **13** 327
Hinzurechnungsbesteuerung **13** 326 f.

2085

Nießbrauch

Fette Zahlen = Kapitel

Nießbrauch
Anteile vor Börsengang **21** 310 f.
Kapitalerhöhung aus Gesellschaftsmitteln, Rechte **9** 109
Nießbrauchsberechtigter
Stimmrechtszurechnung
– Mitteilungspflichten, Wertpapierrechtliche **26** 176 f.
Notar
Gründung AG nach AktG
– ausländische **2** 124
– Belehrung über unbeschränkte Auskunftspflicht **2** 119
– Beurkundung in Sonderfällen **2** 118
– Beurkundung mit Unterschrift der Beteiligten **2** 114
– Beurkundung ohne Unterschrift der Beteiligten **2** 115
– Gebühren **2** 120 f.
– Unterschriftenanerkenntnis **2** 117
– Zeichnung vor dem Notar **2** 116
Gründungsprüfer **2** 29
Hauptversammlungsbeschluss, Beurkundung **5** 68
Hauptversammlungsteilnahme **5** 149
Notargebühren
Gründung AG nach AktG **2** 120 f.
Notarielle Beurkundung
Hauptversammlungsbeschluss
– Formwechsel AG in GmbH **14** 209
– Formwechsel AG in Personengesellschaft **14** 228
– Spaltung auf Kapitalgesellschaft **14** 265
– Verschmelzung AG auf AG **14** 21
Notvorstand
Amtszeit **6** 27
Bestellung **6** 27
Nutzungsrechte
Aufteilung bei Spaltung auf Kapitalgesellschaft **14** 260
Nutzungsüberlassung
Ausgliederung auf Personengesellschaft **14** 335
NYSE
Alternate Listing Standard **22** 60
Börsenplatzauswahl **22** 59 ff.
Zulassungsvoraussetzungen **22** 52

OECD-MA
Betriebsstättenbegriff **16** 12
Öffentliche Angebote WpÜG
Angebotsänderung
– Angebotsverbesserung **27** 78 f.
Angebotsbedingungen
– Abwehrmaßnahme **27** 72
– Annahmeschwelle **27** 68
– behördliche Genehmigungen **27** 69
– Bestimmtheit **27** 66
– Kapitalerhöhung **27** 71
– MAC-Klauseln **27** 70
– Tauschangebot **27** 71
– unzulässige A. **27** 74 f.

– verbindliches Angebot **27** 64
– zulässige A. **27** 68 f.
Angebotsunterlage **24** 49 F.
– BaFin-Prüfung **27** 52 f.
– Haftung **27** 55 f.
– Inhalt **24** 50 f.
– Standardisierung **27** 51
Finanzierungssicherheit Aktienausgabe **27** 57 f.
grenzüberschreitende Angebote **27** 87 f.
konkurrierende Angebote **27** 83 f.
Stellungnahme Zielgesellschaft **27** 90 f.
– Aufsichtsrat **27** 90
– Ausführungen **27** 91 f.
– gemeinsame **27** 96
– Handlungsempfehlung **27** 93
– Vorstand **27** 90
Öffentliches Wertpapierangebot
Definition **21** 133 f.
Voraussetzungen **21** 134
Öffentlichkeitsarbeit
Börseneinführung **22** 104
Offenlegung
Jahresabschluss **10** 117 f.
– Bundesanzeiger **10** 117
– Fristen **10** 117
– Konzernabschluss **10** 118
– Registerpublizität **10** 117
– Sanktionen **10** 119
– Unterlagen **10** 118
kapitalmarktorientierte Unternehmen **10** 161
Offenlegungspflichten
börsennotierte AG **26** 34
Vorstandsvergütung **21** 246
online
Teilnahme Aktionär an Hauptversammlung **9** 177 f.; **21** 234
Open Market
Börsengang **20** 2
Frankfurter Wertpapierbörse **22** 39 f.
Zulassungsfolgepflichten **22** 46 f.
Optionsanleihen 13 635
Absicherung
– bedingtes Kapital **9** 184
– Huckepack-Immissionen **9** 184
– Naked-Warrants **9** 184
– Warrant-Anleihen **9** 184
Bezugsrecht **9** 183
Drei-Viertel-Mehrheit Hauptversammlung **9** 179
Hauptversammlungsbeschluss **9** 181
– Handelsregisterhinterlegung **9** 182
Mitarbeiterbeteiligung **23** 50 f.
Regelungen **9** 179
Vorstandsermächtigung **9** 180
Optionsprogramm
Einlagerückgewähr, verdeckte **8** 47
Optionsrechte
Vorstandsvergütung **6** 83
Ordentliche Kapitalherabsetzung s. *Kapitalherabsetzung, ordentliche*

2086

Magere Zahlen = Randziffern

Ordnungsgeld
Betriebsausgaben, nichtabziehbare 12 42
Ordnungsmaßnahmen
Hauptversammlung 5 181
Organbeteiligung
Anteilsverkauf Kapitalgesellschaft durch Kapitalgesellschaft 13 483
Organgesellschaft
§ 8 b KStG 13 179
Mehr- oder Minderabführungen 13 167 f.
– aktiver Ausgleichsposten 13 174
– Ausgleichsposten 13 172 f.
– Ausschüttungsfiktion 13 169
– Kapitalertragsteuer 13 170
– passiver Ausgleichsposten 13 174
– Verrechnung mit Einlagekonto 13 168
Organisierter Markt
börsennotierte AG 26 5
Organschaft *s.a. Gewerbesteuerliche Organschaft, s.a. Körperschaftsteuerliche Organschaft, s.a. Mehrmütterorganschaft*
§ 3 c Abs. 1 EStG
– Anwendung beim Organträger 13 179 f.
– Ausgabenabzugsverbot 13 182
§ 8 b KStG-Potenziale bei der Organgesellschaft 13 179
Ausgleichszahlungen 15 119
Beginn 15 118
Beherrschungsvertrag 13 199
– Aktienerwerb gegen Abfindung 13 202
– Ausgleich Jahresfehlbetrag 13 200
– Ausgleichszahlungen 13 201
Berücksichtigung negatives Organträger-Einkommen im Ausland 13 189
Betriebsführungsvertrag 13 210 f.
Betriebspachtvertrag 13 205 f.
Betriebsüberlassungsvertrag 13 209
Einkommenszurechnung 15 119
Ergebnisverrechnung
– Kapitalgesellschaft als Organträger 13 67 f.
– Personengesellschaft als Organträger 13 70
Gewerbesteuerfreibetrag 12 229
Gewinnabführungsvertrag 13 195 f.; 15 117 f.
– Aktientausch 13 197
– Aktien von natürlichen Personen 13 196
– Ausgleichszahlungen 13 198
Gewinngemeinschaftsvertrag 13 203
Grunderwerbsteuer 15 120
Krankenversicherungsunternehmen 13 194
Lebensversicherungsunternehmen 13 194
Mehrmütterorganschaft 13 186 f.
Mehr- oder Minderabführungen 13 163 f.
– Einlagen 13 165
– Gewinnausschüttungen 13 165
– vororganschaftliche Ursachen 13 163 f.
Rechtsfolgen 13 152 f.
Übernahmegewinn 14 94 ff.
Umsatzsteuer 15 120
Vertragskonzern 15 117 f.
Voraussetzungen 13 141 ff., 71

Outbound

Organschaft, grenzüberschreitende
ausländische Kapitalgesellschaft 16 82
Organschaftmodell
Unternehmenskauf 13 568
Organstreit
Vorstand, Klagemöglichkeiten 6 164 f.
Organträger
Anwendung des § 3c Abs. 1 EStG 13 179 f.
Betriebsstätte, inländische 16 137
Personengesellschaft 13 142 f.
REIT AG 29 17
Organträger AG
Verschmelzung AG auf AG
– Ergebnisabführungsvertrag 14 106 f.
– ertragsteuerliche Folgen 14 106 f.
Originäre immaterielle Wirtschaftsgüter
Aktivierung bei Unternehmenskauf 13 544 f.
Originärer Firmenwert
Überschuldungsbilanz, Ansatz 17 31
Ort der Geschäftsleitung
Wegzug AG ins Ausland 16 106 f., 110
Zuzug AG ins Inland 16 152 f.
Outbound
Beendigung 16 101 f.
Beteiligung an ausländischer Kapitalgesellschaft
– Beendigung 16 101 f.
– Besteuerung ausländische Kapitalgesellschaft 16 77 f.
– Besteuerung inländische Gesellschafter 16 83 f.
– Beteiligungserwerb 16 73 f.
– Gründung ausländische Kapitalgesellschaft 16 73 f.
– laufende Geschäftstätigkeit 16 77 f.
– Qualifikationsprobleme 16 72
– Umstrukturierungen 16 102
Beteiligung an ausländischer Personengesellschaft 16 51 ff.
– Anteilsverkauf 16 70
– Asset Deal 16 55
– Beendigung 16 71
– Besteuerung ausländischer Personengesellschaft 16 58 f.
– Besteuerung inländische Gesellschafter 16 60 f.
– Beteiligungserwerb 16 55 f.
– Buchwerteinbringung 16 57
– DBA-Fall 16 57
– Dotationskapital 16 57
– Einbringung Mitunternehmeranteil 16 57
– Einbringung Teilbetrieb 16 57
– Ergänzungsbilanz 16 57
– Finanzierungskosten 16 55
– Gründung ausländische Personengesellschaft 16 55 f.
– hybride Gesellschaft 16 54
– kein DBA-Fall 16 53
– laufende Geschäftstätigkeit 16 58 f.
– Qualifikationsprobleme 16 51 ff.

2087

Fette Zahlen = Kapitel

- Sacheinlage **16** 56
- Transparenzprinzip **16** 51
- Trennungsprinzip **16** 51
Betriebsstätte **16** 5 ff.
Betriebsstättengründung, ausländische **16** 6 f.
- beschränkte Steuerpflicht **16** 7
- Betriebsstättenbegriff **16** 7 f.
Gestaltungsalternativen **16** 1 ff.
grenzüberschreitende Direktgeschäfte **16** 2 f.
- Anrechnungsmethode **16** 4
- Auslandsbesteuerung **16** 3 f.
- Doppelbesteuerung **16** 3
- Freistellungsmethode **16** 4
Gründung ausländischer Kapitalgesellschaft
- Fremdvergleichsgrundsatz **16** 74
- Funktionsverlagerung **16** 74
- Gründungssteuern **16** 73
- Kaufpreisabschreibung **16** 76
- Thin capitalisation rules **16** 74
- Transferpaket **16** 74
- Vorprüfungskosten **16** 75
KGaA
- Besonderheiten **16** 112 f.
- Betriebsstätte, ausländische **16** 113
- Hinzurechnungsbesteuerung **16** 113
- Zwischengesellschaftsbeteiligung **16** 113
Überschuldungsbilanz, Ansatz **17** 32 f.
Wegzug inländische Gesellschaft
- doppelansässige Gesellschaften **16** 104
- Gesellschaftsebene **16** 103 f.
- Sitztheorie **16** 103 f.
- Sitzverlegung, Auswirkungen **16** 104
- Verwaltungssitz **16** 103

Pacht
Gewerbesteuerhinzurechnung **12** 226
Passiva
Ansatz **11** 129 f.
Bewertung **11** 150 f.
Höchstwertprinzip **11** 153
Kategorien **11** 129 f.
Rückstellungen **11** 131
- Aufwandsrückstellungen **11** 131
- drohende Verluste **11** 131
- Drohverlustrückstellungen **11** 131
- ungewisse Verbindlichkeiten **11** 131
steuerrechtliche Bewertung **11** 154
Verbindlichkeiten **11** 130
Passive Rechnungsabgrenzung
Bildung **11** 132
Pensionsrückstellungen
Aufteilung bei Spaltung auf Kapitalgesellschaft **14** 263
Begriff **11** 143 f.
BilMoG
- Abzinsung **11** 158
Handelsbilanzansatz **11** 155
- Eintritt Altersgrenze **11** 155

- Teilwert Pensionsverpflichtung **11** 155
- Wertuntergrenze **11** 155
IFRS
- Ansammlungsverfahren **11** 161
Passierungspflicht **11** 143 f.
Steuerbilanzansatz **11** 143 f.
Zeitpunkt Bildung **11** 143 f.
Periodisierungsprinzip
Jahresabschlussaufstellung **10** 8
Personalentsendung
Funktionsverlagerung **13** 304
Personalistische KGaA
Emissionsprospekt **21** 65
Mitwirkungsbefugnis **21** 66
Satzungskontrolle **21** 65
Personelle Verflechtung
Betriebsaufspaltung **21** 334 f.
Personengesellschaft
Besteuerung
- Auslandsgewinne **13** 97 f.
- Ergebnisverrechnung **13** 100 f.
- Inlandsgewinne **13** 72 ff.
- laufende Verluste **13** 100 f.
Besteuerung Auslandsgewinne **13** 97 f.
Besteuerung Inlandsgewinne
- außerbilanzielle Hinzurechnungen **13** 84
- Einkommensteuersätze **13** 72 f.
- Gewerbesteueranrechnung **13** 72 f.
- Kapitalgesellschaften als Mitunternehmer **13** 95
- Kapitalgesellschaftsbeteiligungen bei Mitunternehmerschaft **13** 95
- Mitunternehmerschaften **13** 78
- Nachversteuerung **13** 87 f.
- nicht entnommene Gewinne **13** 80 f.
- Thesaurierungsbegünstigung **13** 80 f.
Ergebnisverrechnung **13** 100
Ertragsbesteuerung
- Überblick **13** 1 f.
Gründer AG nach AktG **2** 77
Nachfolgeplanung, Börsengang **21** 303
Organträger **13** 142 f.
Rechtsformwahl **1** 76 ff.
Steuerbelastungsvergleich **13** 90 f.
Thesaurierungssteuersatz **12** 186 f.
Verlustverrechnung **13** 100
vorweggenommene Erbfolge
- Bewertungsabschlag **21** 306
- Freibetrag **21** 306
Pfandrechte
eigene Aktien **3** 176
Kapitalerhöhung aus Gesellschaftsmitteln, Rechte **9** 109
Pflichtangebote
Angebotspflicht **27** 148 ff.
- Ausnahmen **27** 155 f.
- Befreiungen **27** 155 f.
- Erwerb aller Aktien **27** 148
- Kontrollmehrheit **27** 149
- Nießbrauchbestellung **27** 150
- Stimmrechtsmehrheit **27** 150 f.

Magere Zahlen = Randziffern

Befreiungen
- Erbschaft/Schenkung **27** 163
- Gründe **27** 163 f.
- Kontrollerlangung aufgrund Übernahmeangebot **27** 156
- Nichtberücksichtigung von Stimmrechten **27** 157 f.
- Sanierung Zielgesellschaft **27** 166
Kontrollschwellenerreichung **1** 72
Pflichtveranlagung
grenzüberschreitende Direktgeschäfte **16** 129
Phantom Stocks
Mitarbeiterbeteiligung **13** 690; **23** 63
Mitarbeitergewinnungsinstrument **20** 18
Pipeline
Betriebsstätte, ausländische **16** 10
Pool-Abschreibung 11 82
Pooling of interests
Kapitalkonsolidierung **11** 218
Poolumlagen
Fremdvergleichsgrundsatz **16** 218
Teilnehmerkreis **16** 218
Umlagevertrag **16** 219
Poolvertrag
Altgesellschafter, Absicherungsmaßnahmen Börsengang **21** 300 f.
Altgesellschafter, Börsengang **21** 290
Preisspannenermittlung
Börsengang
- Benchmarking **25** 44
- Bewertungsverfahren **25** 44 f.
- Discounted-Cash-Flow Verfahren **25** 44
- Ertragswertverfahren **25** 44
Preisvergleichsmethode
Begriff **13** 277
Verrechnungspreise **16** 201 f.
- äußerer Preisvergleich **16** 202
- innerer Preisvergleich **16** 201
Verrechnungspreise Güter- und Warenverkehr **16** 221, 224 f.
Price-Earnings-Growth-Verfahren
Primärinsider *s. Insider*
Prime Standard
Aktienindex **22** 4
Aktienmarktsegment **1** 16
Anforderungen **26** 120
börsennotierte AG **1** 15
geregelter Markt **25** 13
Jahresfinanzbericht **26** 121 f.
Quartalsberichte **20** 33
Wertpapierprospekt **22** 15
Zulassung **22** 13 f.
- Antrag **22** 12
- Quartalsberichtsvorlage **22** 12
- Rechnungslegungsvorschriften **22** 12
- Zulassungsfolgepflichten **22** 12 f., 26 f.
- ad-hoc Veröffentlichungen **22** 29
- Analystenveranstaltung **22** 29; **26** 124
- Halbjahresfinanzbericht **22** 28
- Jahresfinanzbericht **22** 27
- Quartalsberichterstellung **26** 122

Prospekthaftung

- Quartalsfinanzbericht **22** 28
- Übersicht **22** 12 f.
- Unternehmenskalender **22** 29; **26** 123
- Wertpapierprospekt **22** 30 f.
Private Equity
vorbörsliche Unternehmensfinanzierung **21** 107 f.
Privatplatzierung
Deutschland
- Personenkreis, begrenzter **22** 83
- Wertpapierprospekt **22** 84 f.
Emissionskonzept **22** 116
USA
- beschränkte Wertpapiere **22** 87
- Börsennotierung **22** 90
- Finanzdaten **22** 90
- Geschäftstätigkeitsbeschreibung **22** 90
- qualifizierte institutionelle Anleger **22** 89
- Rule 144 A **22** 88 f.
- Voraussetzungen **22** 89 f.
- Weiterverkauf **22** 88
- Weiterverkauf nicht registrierter Wertpapiere **22** 91
Profit Split Methode
Gewinnaufteilungsmethode **16** 215
Progressionsmilderung
Veräußerungsgewinn **13** 464
Progressionsvorbehalt
außerodentliche Einkünfte **12** 184
Betriebsstätte, ausländische
- Betriebsstättenergebnis DBA-Land **16** 39
Projektmanagement
Börseneinführung **1** 20
Emissionsplanung **25** 49
Projektplan
Börsengang **25** 26 ff.
Prospekt *s.a. Börsenzulassungsprospekt, s.a. Prospekthaftung, s.a. Prospektinhalt*
Börsengangdokumentation **25** 105 ff.
Börsenzulassungsprospekt
- Inhalt **25** 106 f.
Unternehmensbericht **21** 139 f.
- geregelter Markt **25** 107
Prospekthaftung
AG **8** 40 f.
allgemein-zivilrechtliche P. **21** 142 ff.
Börsengangdokumentation **25** 201 ff.
Deutschland
- Aktualisierungspflicht, fortlaufende **25** 221
- Ansprüche aus Verletzung gesellschaftsrechtlicher Pflichten **25** 237
- Aufsichtsratsmitglied **25** 230
- Berichtigungspflicht **25** 222
- Börsenzulassungsprospekt **25** 205
- Emittent **25** 230
- Ersatzverpflichtete **25** 206 f.
- Experten **25** 231
- Finanzmarktförderungsgesetz **25** 202
- Gerichtszuständigkeit **25** 239

2089

Prospektinhalt

Fette Zahlen = Kapitel

- gesamtschuldnerische Haftung **25** 211
- gesetzliche Regelung **25** 203 f.
- Gestaltungsmängel **25** 218
- Großaktionär **25** 230
- Haftungsausschluss **25** 234 f.
- Haftungsausschlusstatbestände **25** 204
- Haftungsbegrenzung **25** 234 f.
- Informationsmemoranden **25** 206
- Kausalität **25** 223 f.
- Konsortium **25** 207
- Kontroll- und Nachprüfungspflichten Emissionsbegleiter **25** 227
- Pro-Forma-Abschlüsse **25** 219
- Prospektnachtrag **25** 221
- Prospekturheber **25** 210
- Prospektverantwortlicher **25** 206, 226
- Prospektvollständigkeit **25** 217
- Sonderumstände **25** 218
- Sorgfaltspflichtverletzung **25** 225
- Umfang Schadensersatz **25** 233
- Umsatzerwerb **25** 202
- Unrichtigkeit Angaben **25** 213 f.
- Unternehmensbericht **25** 205
- Unvollständigkeit Angaben **25** 213 f.
- Verjährung **25** 239
- Verschulden **25** 225 f.
- Verschuldensmaßstab **25** 216
- Vollständigkeit der Angaben **25** 203
- Vollständigkeit wesentlicher Angaben **25** 220
- weitergehende Ansprüche **25** 237 f.
- Zeichnungserwerb **25** 202
- zukunftsbezogene Informationen **25** 219
- Zulassungsstelle **25** 212, 232

Due Diligence **24** 138 f.
- Emissionsbanken **24** 143
- grobe Fahrlässigkeit **24** 139
- Hauptaktionäre **24** 142
- Sorgfaltspflicht **24** 140

Eigenkapitalzuführung **21** 130
Geltungsgrundsätze **25** 116
Gesellschaft **25** 116
Kapitalanleger-Musterverfahren **25** 255 f.
Konsortialbank **25** 116
Musterfeststellungsantrag **25** 255 f.
- Musterentscheid **25** 257
- Prozessgericht **25** 256

Prospektverantwortliche **21** 148 USA
- Anlegerschutzvorschriften **25** 251
- Anspruchsberechtigter **25** 249
- Auslassung wesentlicher Tatsachen **25** 241
- Beklagter **25** 241
- Haftender **25** 249 f.
- Haftungsausschluss **25** 243
- Rechtsvorschriften **25** 240 f.
- registrierte Wertpapiere **25** 241
- Schadensersatz **25** 247 f.

Verjährungsfristen **21** 149
vertragsähnliche Ansprüche **21** 141

Prospektinhalt
Auskunft über Prospektverantwortliche **25** 107
Vorschriften, anwendbare **25** 107 f.
Prospektpflicht
erstmaliges öffentliches Angebot von Wertpapieren **21** 132 f.
Mindestinhalt **21** 147
Protokollführer
Aufsichtsratssitzung **7** 146
Provisionsregelung
Konsortialvertrag **25** 156
Prüfungsausschuss
fachliche Qualifikation **10** 160
kapitalmarktorientierte Unternehmen **10** 151 f.
Zusammensetzung **10** 159 f.
Prüfungsbericht
Abschlussprüfung **10** 70
Public Relations-Berater
Börseneinführung
- Internetauftritt **22** 105
- Kommunikationsstrategie **22** 104
- Marketingkampagne **22** 104
- Öffentlichkeitsarbeit **22** 104
- Publizitätsrichtlinie **22** 105
Publikums-AG
Kapitalsammelfunktion **1** 7
Kontrollfunktion Aufsichtsrat **1** 8
Vorstandsstellung **1** 8
Publikums-KGaA
Alternative **1** 9
Publizität
Übersicht **26** 275
Publizität (Gründung)
Beteiligungsverhältnisse **2** 402 f.
- Einpersonengründung **2** 403
- Konzernbildung **2** 402
Handelsregister
- negative Publizität **2** 401
- Öffentlichkeitsinformation **2** 400
- positive Publizität **2** 401
- rechtliche Wirkungen **2** 401
Publizitätsanforderungen
börsennotierte AG **1** 13 f., 20 f.
Publizitätsrichtlinien
Börsengangdokumentation **25** 183 f.
Deutschland
- Kommunikationsvorschriften **25** 185
- öffentliches Angebot **25** 184
- Verfahrensbestimmungen **25** 185
USA
- Angebot an qualifizierte institutielle Anleger **25** 186
- Folgen Verstoß **25** 190
- Safe Harbor **25** 187
- unzulässige Verkaufshandlungen **25** 187
Put
Unternehmensverkauf, Steuergestaltung **13** 530

Magere Zahlen = Randziffern

Rechtsformwahl

Qualifiziert-faktischer Konzern
Benachteiligung Untergesellschaft 15 95
Eigenkapitalersatz 8 135
Einlagerückgewährverbot 8 38
existenzvernichtender Eingriff 15 92 f.
Existenzvernichtungshaftung 15 90 f.
Haftung
– Abhängigkeit, einfache 15 94
– Haftungsdurchgriff 15 89
– Konzernstrukturhaftung 15 89
– Konzernverschuldenshaftung 15 89
– Missbrauch Mehrheitsmacht 15 95 f.
– Verstoß gegen gute Sitten 15 92 f.
– Voraussetzungen 15 88 f.
herrschendes Unternehmen
– Cash-Management 15 96
– Haftung bei einfacher Abhängigkeit 15 97
– Mißbrauch Gesellschafterstellung 15 95 f.
– Resourcenabzug 15 96
– Schadensersatzansprüche 15 98
Verlustausgleichspflicht
– Missbrauch Mehrheitsmacht 15 95 f.
Quartalsbericht
Vorstand, Inhalt 6 94
Quartalsfinanzbericht
Zulassungsfolgepflichten
– Prime Standard 22 28
– regulierter Markt 22 21
Quellensteuer
Anrechnung 12 278
Begrenzung
– Schachtelbeteiligungen 12 279
– sonstige Beteiligungen 12 279
Dividenden 12 278
grenzüberschreitende Direktgeschäfte 16 128
Quotenkonsolidierung
Kapitalkonsolidierung 11 220 f.
Quotenschaden
Anspruch 17 49
Berechnung 17 49
Geltendmachung 17 49

Rangrücktritt
Begriff 8 126
Bilanzierung 8 146
Eigenkapitalersatz 8 126
Kündigung 8 127
Vertragsfreiheit 8 127
Rangrücktrittserklärung
Gesellschafterdarlehen 21 157
Realisationsprinzip
Jahresabschlussaufstellung 10 8
Zwischenergebniseliminierung 11 231
Realisierung stille Reserven
Sacheinlagen 9 35
Realteilung
Mitunternehmerschaft zu Buchwerten 13 412
Rechnungsabgrenzungsposten
Begriff 11 30
IFRS 11 44 f.

Rechnungslegung
Abwicklung AG 18 51 ff.
AG 10 1 ff.
AG im Besitz der öffentlichen Hand, 1 38
BilMoG 11 7 f.
börsennotierte AG 26 30 ff.
Entstehung AG durch Umwandlung
– Vermögensbilanz 2 462
Entstehung der AG
– formwechselnde Umwandlung 2 457
formwechselnde Umwandlung 2 461
Gründung AG nach AktG 2 410 ff.
IFRS 10 135 ff.
Jahresabschlussaufstellung 10 4 ff.
kapitalmarktorientierte AG 10 1
kapitalmarktorientierte Unternehmen 10 135 f.
kleine AG 10 2
nicht-kapitalmarktorientierte AG 10 1
Offenlegung 10 117 f.
Rechnungslegungsvorschriften 10 25 ff.
Rechnungslegungswahl 1 91 f.
Verschmelzung und Spaltung durch Neugründung
– Eröffnungsbilanz 2 460
– Schlussbilanz 2 459
Rechnungslegung AG
Abhängigkeitsbericht bei verbundenen Unternehmen 10 64
Anhang 10 59 f.
Corporate Governance Kodex 10 65 f.
Rücklagendotierung 10 43 ff.
spezielle Ausweisregelungen 10 52 ff.
Rechnungslegungsvorschriften
BilMoG 10 31 ff.
internationale R. 10 36 f.
– IFRS 10 37 f.
– US-GAAP 10 42
nationale R.
– Anteilseignerschutz 10 26
– Ausschüttungsbemessung 10 26
– Beweissicherung 10 27
– Ermittlung Steuerbemessungsgrundlagen 10 30
– Gläubigerschutz 10 25
– Rechenschaftspflicht 10 29
– Selbstinformation 10 28
Rechnungswesen
Börsengang 21 278 f.
Rechtsanwalt
Börseneinführung
– Börseneinführungsvertrag 22 101
– Disclosure Opinions 22 101
– Dokumentationserstellung 22 100
– gesellschaftsrechtliche Beratung 22 100
– Legal Opinions 22 101
– Satzungserstellung 22 100
– Übernahmevertrag 22 101
Rechtsanwaltsgesellschaften
Gründer AG nach AktG 2 85
Rechtsformwahl
AG 1 76 ff.

Rechtsmittel

Fette Zahlen = Kapitel

AG versus europäische Gesellschaft
– allgemeine Entscheidungskriterien
  1 133 f.
– Steuerrecht **1** 139 f.
AG versus GmbH **1** 103 ff.
– allgemeine Entscheidungskriterien
  1 103 f.
– Geschäftsführung **1** 110 f.
– Haftungsdurchgriff **1** 105
– Mindeststammkapital **1** 106
– Mitbestimmung **1** 112
– Steuerbelastungsunterschiede **1** 115 f.
– Steuerrecht **1** 115
– Unternehmergesellschaft **1** 107 f.
– Veräußerbarkeit Anteile **1** 108
AG versus KGaA **1** 120 ff.
– allgemeine Entscheidungskriterien
  1 120 f.
– geborener Vorstand **1** 123
– Kommanditaktionär **1** 120 f.
– Komplementär **1** 120 f.
– Mitbestimmung **1** 125
– Steuerbelastungsunterschiede **1** 128 f.
– Steuerrecht **1** 128 f.
– Stimmrechte **1** 124
AG versus Personengesellschaft **1** 76 ff.
– Bilanzierung **1** 91 f.
– Entnahmefreiheit **1** 87 f.
– Erbschaftsteuer **1** 102
– Ertragsteuern **1** 94 f.
– Finanzierungsflexibilität **1** 85 f.
– Finanzierungsstrenge **1** 85 f.
– Formfreiheit **1** 82 f.
– Formstrenge **1** 82 f.
– Fremdorganschaft **1** 79 f.
– Haftungsbeschränkung **1** 77 f.
– Kapitalschutz **1** 87 f.
– Mitbestimmung **1** 89 f.
– Parteifähigkeit **1** 76
– Personengesellschaftsformen **1** 76
– Selbstorganschaft **1** 79 f.
– Steuerrecht **1** 93 ff.
– unbeschränkte Haftung **1** 77 f.
Altgesellschafter, Absicherungsmaßnahmen
  Börsengang **21** 292
Börsengang, Vorfeldmaßnahmen **21** 10 f.
börsennotierte AG **21** 14 f.
Entscheidungskriterien
– nichtsteuerliche **1** 76 f.
Kapitalgesellschaft/Personengesellschaft
  1 76 ff.
Kriterien **21** 70 f.
nichtsteuerliche Entscheidungskriterien
  1 103 ff.
Rechtsmittel
  Gründung AG nach AktG
– Handelsregisteranmeldung **2** 63
Rechtsverzichte
  verdeckte Gewinnausschüttung **12** 53
Rederecht
  Aktionär **4** 36
  Hauptversammlung **5** 173 f.

Rednerliste
  Hauptversammlung **5** 175
Regelbericht
  Vorstand, Inhalt **6** 94
Registergericht
  Auflösungsverfahren AG **18** 14
  Börsengang
– Eintragung Kapitalerhöhungsdurchführung **25** 38
  Gründung AG nach AktG
– Aufgaben **2** 126
– Eintragungsverfahren **2** 127
– Gerichtskosten **2** 129
– Rechtsbehelfe **2** 128
– Zuständigkeit **2** 125
Registersperre
  Eingliederung Vertragskonzern **15** 191
  Freigabeverfahren **5** 289 f.
  Hauptversammlungsbeschluss
– Berichtspflichtenverstoß **5** 140
  Mehrheitseingliederung Vertragskonzern
  15 198
Regulierter Markt 22 10 f.
  Börseneinführung
– Prospektveröffentlichungsfrist **25** 7
  börsennotierte AG **26** 4
  Emissionsbeauftragte
– Finanzdienstleister **25** 7
– Kreditinstitut **25** 7
  Nachträge **25** 7
  Regelpublizität Börsengesetz
– Informationspflichten **26** 85 f.
  Regelpublizität Wertpapierhandelsgesetz
– Jahresfinanzbericht **26** 81 f.
  Zulassungsantrag **25** 7
– Ablehnungsgründe **25** 9
– Erstnotierungszeitpunkt **25** 6
– Genehmigungsurkunden **25** 5
– Handelsregisterauszug **25** 5
– Jahresabschluss, Lagebericht **25** 5
– Satzung/Gesellschaftsvertrag **25** 5
– Zulassungszeitpunkt **25** 6
  Zulassungsentscheidung
– Drei-Monats-Frist Wertpapiereinführung
  25 7
  Zulassungsfolgepflichten **22** 16 f.
– Ad-hoc-Publizitätspflichten **22** 25
– Bilanzeid **22** 23
– europaweite Veröffentlichung **22** 18
– Halbjahresfinanzbericht **22** 20
– jährliches Dokument **22** 24
– Jahresabschlussfeststellung **22** 13
– Jahresfinanzbericht **22** 19
– Mitteilung Veränderungen Stimmrechtsanteile **22** 25
– Prime Standard **22** 26 f.
– Quartalsfinanzbericht **22** 21
– Übersicht **22** 12 f.
– Zwischenmitteilung **22** 12, 21
  Zulassungsstelle **22** 12
  Zulassungsverfahren
– Antragsinhalt **25** 5

Magere Zahlen = Randziffern

Rentenverpflichtungen

- Antragsteller 25 4
- Nachweise 25 5
- Schriftform Antrag 25 5
- Wertpapierprospektgesetz 25 12 f.
Zulassungsvoraussetzungen
- Prospektveröffentlichung 25 8
Zulassungszeitpunkt
- Mitteilung durch Emissionsbeauftragten 25 7
- Zulassungsentscheidung 25 7
Reinvestitionsrücklage
Anteilsverkauf Kapitalgesellschaft durch natürliche Person 13 479 f.
REIT
Besonderheiten 26 8
Börsennotierung 20 24
REIT AG
Anlagegegenstände 29 4 f.
Anteilseigner
- Entschädigungsregelungen 29 71
- Mißbrauch Entschädigung 29 71
- Pauschalierung Entschädigung 29 71
Auslandsobjektgesellschaften
- ausländische Kapitalgesellschaft 29 5
- inländische Kapitalgesellschaft 29 5
ausländische Steuern
- Berücksichtigung 29 18
- Doppelbesteuerung 29 19
Bestandsmietwohnimmobilien 29 7
Besteuerung Aktionäre 29 36 ff.
- Abgeltungsteuer 29 37
- Anteilsveräußerungsgewinne 29 41
- Anteilsveräußerungsverluste 29 41
- ausländische Anteilseigner 29 42
- Einkünfte aus Kapitalvermögen 29 36
- Kapitalertragsteuer 29 39
Beteiligungshöchstgrenze 29 53
Bezeichnungsschutz 29 11
Börseneinführung 29 50
- Fristen 29 50
- geregelter Markt 29 50
- Zulassungsantrag 29 50
Börsengang
- Frankfurter Wertpapierbörse 29 57 f.
- regulierter Markt 29 57 f.
Eigenkapitalanteil 29 46
Entschädigungsregelungen 29 71
Exit Tax 29 21 ff.
Gesellschaftsrecht 29 60 f.
- Firmensitz 29 61
- Geschäftsleitungssitz 29 61
- Gestaltungsmöglichkeiten 29 62 f.
- Handelsregisteranmeldung 29 61
- Mindestnennbetrag Grundkapital 29 61
- Gläubigerschutz bei Spaltung 29 65
Grundstrukturen 29 4 f.
Handelsregistereintragung 29 52
Investitionen in Sondervemögen 29 6
Jahresabschluss
- Abschlussprüfervermerk 29 47
- HGB-Abschluss 29 43
- IFRS-Abschluss 29 43 f.

- Umsatzerlöse 29 44
Kapitalerhöhung 29 64
Kapitalmarktrecht 29 49 f.
Mindestausschüttung 29 45
Mindeststreubesitz 29 54
- Aufrechterhaltung 29 66 f.
- Einziehung von Aktien 29 70
- Erwerb eigener Aktien 29 69
- Kapitalerhöhung unter Bezugsrechtsausschluss 29 68
- vinkulierte Namensaktien 29 67
Organträger 29 17
Produktaufsicht 29 5
REIT Index 29 59
Spaltungsvertrag 29 65
Steuerbefreiung 29 14 f.
- Ausländische REITs 29 14
- REIT-Tochtergesellschaften 29 16
- Voraussetzungen 29 15
Steuerrecht 29 12 f.
- Besteuerung Anteilseigner 29 14
- Dividendenmodell 29 13 f.
- Gewerbesteuerbefreiung 29 14
- Grunderwerbsteuer 29 14
- Grundsteuer 29 14
- Höchstbeteiligungsklausel 29 13
- Kapitalertragsteuer 29 17
- Körperschaftsteuerbefreiung 29 14
- Streubesitzklausel 29 13
- Umsatzsteuer 29 14
Streubesitzquote
- Bestätigung durch Jahresabschlussprüfer 29 10
- maximaler Anteilsbesitz 29 10
Tätigkeitsbericht
- immobiliennahe Tätigkeiten 29 8
- REIT-Dienstleistungsgesellschaft 29 8
Übernahmevertrag 29 65
Umstrukturierungen 29 63 f.
Unternehmensgegenstand 29 1 f.
Vor-REIT 29 9
Wegfall Steuerbefreiung
- fehlender Handelsregistereintrag 29 35
- Strafzahlungen 29 30 f.
- Verstoß gegen Höchstbeteiligungsklausel 29 34
- Verstoß gegen Streubesitzerfordernis 29 34
- Zeitpunkt 29 33
Wertpapierprospekt
- Pro-Forma-Finanzinformationen 29 56
- Prospektinhalt 29 55
- Sachverständigenbewertung 29 56
REIT Index
REIT AG 29 59
Rekonstruktionswert
Unternehmensbewertung 15 161
Rentabilitätsbericht
Vorstand, Inhalt 6 94
Renten
Ermittlung Gewerbeertrag 12 221
Rentenverpflichtungen
Bewertung 11 150

2093

Resale-price-method

Fette Zahlen = Kapitel

Resale-price-method *s. Wiederverkaufspreismethode*
Research Guidelines *s. Research-Richtlinien*
Research Reports
Börsengangvorbereitung **25** 45
Research-Richtlinien
Börsengangdokumentation **25** 176 f.
– Erstellung und Verteilung **25** 176
– Inhalte **25** 177 f.
– Swot-Analyse **25** 177
– Unternehmensbewertung **25** 178
– USA **25** 181 f.
– Verfahrensregelungen **25** 178
– Verteilung **25** 178
Deutschland
– Adressatenkreisbeschränkungen **25** 180
– Verkaufsprospektgesetz **25** 179
– Verteilungseinschränkungen **25** 180
– Weitergabebeschränkungen **25** 179 f.
USA
– Privatplatzierung **25** 181
– Verteilung **25** 181
Restricted Stocks Units
Mitarbeiterbeteiligung **23** 69 f.
Risikomanagement
Börsengang **21** 274 f.
konzernübergreifendes **6** 117
Mängel **6** 116
Vorstandspflichten **6** 115 f.
Wirksamkeitsvoraussetzungen **6** 116
Roadshow
börsennotierte AG
– Börsengangfolgen **26** 2
Roadshow Management
Emissionsplanung **25** 36
Rückbeziehung
Ausgliederung auf Kapitalgesellschaft **14** 323 f.
Ausgliederung auf Personengesellschaft **14** 338
Rückerwerb eigener Aktien
Rückabwicklung eingetragene Kapitalerhöhung **25** 101
Rückkaufsrecht
Aktien Familien-AG **1** 26
Rückkaufsverpflichtung
Einlagerückgewähr, verdeckte **8** 53
Rücklage *s.a. Andere Gewinnrücklagen, s.a. Gesetzliche Rücklage, s.a. Gewinnrücklagen, s.a. Kapitalrücklage, s.a. Satzungsmäßige Rücklagen*
§ 6 b EStG **11** 83 f.
Anteilsverkauf Kapitalgesellschaft durch natürliche Person **13** 479 f.
– Fristen **13** 479 f.
– Reinvestitionsgüter **13** 479 f.
– Voraussetzungen **13** 480 f.
Veräußerungsgewinn **13** 461
Rücklage für eigene Anteile
Bestandteile **10** 46
Kapitalherabsetzung, vereinfachte **9** 146

Rücklagendotierung
Rücklagen nach AktG
– andere Gewinnrücklagen **10** 49
– gesetzliche Rücklage **10** 47 f.
Rücklagen nach HGB
– freie Rücklagen **10** 46
– gesetzliche Rücklage **10** 46
– Gewinnrücklagen **10** 45
– Kapitalrücklage **10** 44
– Rücklage für eigene Anteile **10** 46
– satzungsmäßige Rücklagen **10** 46
Rücklagen nach AktG
andere Gewinnrücklagen **10** 49
gesetzliche Rücklage
– Ausschüttungssperre **10** 48
– Grenze **10** 47
Rücklagen nach HGB
freie Rücklagen **10** 46
gesetzliche Rücklage **10** 46
Gewinnrücklagen **10** 45
Kapitalrücklage **10** 44
Rücklage für eigene Anteile **10** 46
satzungsmäßige Rücklagen **10** 46
Rückstellungen
Abraumbeseitigung **11** 147
Abwertung **11** 153
Arten **11** 131
Aufwandsrückstellungen
– Ansatz Steuerbilanz **11** 136
Bewertung **11** 150
Bilanzansatz **11** 131
BilMoG **11** 148
drohende Verluste aus schwebenden Geschäften **11** 146
Drohverlustrückstellungen
– Ansatzverbot Steuerbilanz **11** 136
IFRS **11** 149
Passivierungspflicht **11** 136
Passivierungsverbot **11** 136
Passivierungswahlrechte **11** 136
Überschuldungsbilanz, Ansatz **17** 32
ungewisse Verbindlichkeiten
– Altlastensanierung **11** 142
– Begriff **11** 137 f.
– öffentlich-rechtliche Verpflichtungen **11** 142
– Schuldcharakter **11** 137 f.
– Wahrscheinlichkeit Inanspruchnahme **11** 137 f.
– wirtschaftliche Verursachung **11** 140
unterlassene Instandhaltungen **11** 147
Rückwirkung
Aufhebungsvertrag Unternehmensvertrag Vertragskonzern **15** 174
Kaufpreisänderung **13** 538
Unternehmensvertrag Vertragskonzern **15** 122
Verschmelzung AG auf AG
– Aktionäre **14** 66 f.
– Schlussbilanz Überträgerin **14** 66 f.
Verschmelzung AG auf Personengesellschaft **14** 178

Magere Zahlen = Randziffern

Sachgründung

Rumpfwirtschaftsjahr
Abwicklung AG, Besteuerung **18** 110

Sabanes-Oxley Act 22 58
Sachdividende
Besteuerung **13** 655
Dividendenbesteuerung **4** 133
Einlagerückgewährverbot **8** 34
Sacheinlagen
Aktionär
– mangelhafte Festsetzung **4** 16
– Rechtsmängel **4** 24 f.
– Sachmängel **4** 24 f.
– Überbewertung **4** 18
– Unmöglichkeit **4** 20 f.
– untaugliche **4** 17
– verdeckte **4** 19
Aktivierungsfähigkeit **2** 193
Ausweis Eröffnungsbilanz **2** 414
Besteuerung des einlegenden Gründers **2** 427
– Tausch **2** 427
– Veräußerungsgewinn **2** 427
Beteiligung an ausländischer Personengesellschaft
– stille Reserven **16** 57
– Überführungswert **16** 57
Beteiligung an inländischer Personengesellschaft
– Ansatz **16** 143
Bewertung
– Ausgabebetragentsprechung **2** 209
– Bedeutung **2** 209
– Bedeutung Ausgabebetrag **2** 211
– Deckung geringster Ausgabebetrag **2** 210
– Eintragungsfähigkeit **2** 209
– Ertragswertverfahren **2** 212
– Gründungsprüfung **2** 209
– Marktpreise **2** 212
– maßgeblicher Wert **2** 212
– Methoden **2** 212
– Unterbewertung **2** 212
– Wertangaben bei Handelsregisteranmeldung **2** 210
Differenzhaftung **9** 32
Einbringungsvertrag **9** 29
einlagefähige Vermögensgegenstände **2** 192
Einlagevertrag
– Begriff **2** 207
– Formzwang **2** 208
– Inhalt **2** 208
Einlagezeitpunkt **2** 206
Einpersonengründung **2** 303
Festsetzung in der Satzung **2** 200 f.
– Bestimmbarkeit **2** 201
– Differenzhaftungsregelung **2** 202
– Eintragung trotz fehlender F. **2** 204
– Folgen, fehlende **2** 203
– Gegenstandsfestsetzung **2** 201
– Heilung trotz fehlender F. **2** 204
– Überbewertung **2** 202
– Wertfestsetzung **2** 200

fingierte S. **2** 230
Forderungen **2** 194 f.
– Dienstleistungen **2** 198
– Geldforderungen gegen andere Gründer **2** 196
– Geldforderungen gegen den Gründer selbst **2** 195
– sonstige Vermögensgegenstände **2** 197
Fremdwährung **2** 178
gemischte S. **2** 231
Gesellschaftereinlage **21** 97
Grunderwerbsteuer **2** 428
Gründerhaftung **2** 261 f.
Gründung KGaA nach AktG
– Betriebsvermögen persönlich haftender Gesellschafter **2** 500
– Betrieb, Teilbetrieb **2** 502
– Einzelwirtschaftsgüter **2** 501
– Privatvermögen persönlich haftender Gesellschafter **2** 499
Kapitalerhöhung **9** 24
Kapitalerhöhung, bedingte **9** 67 f.
Kapitalerhöhungsbeschluss **9** 28
Kapital, genehmigtes **9** 84
Mischeinlagen
– Anforderungen **2** 233
– Begriff **2** 232
– Festsetzung in der Satzung **2** 233
– Praxisschwierigkeiten **2** 235
– Rechtsverbindlichkeit **2** 234
Nachgründungsvorschriften **9** 34
Prüfung **9** 31
Schütt-aus-hol-zurück-Verfahren **9** 34
Tauschgeschäft **9** 35
Trenneinlagen **2** 236
Überbewertungsfolgen
– Agiohaftung **2** 225
– Ausgabebetrag, maßgeblicher **2** 224
– Differenzhaftung **2** 225
– Prüfung durch das Gericht **2** 223
– Unterbilanzhaftung **2** 225
– Zwischenverfügung **2** 223
Übersicht **2** 190 f.
Unternehmen als Sacheinlage **2** 199
– Differenzhaftung **2** 199
– Einzelrechtsnachfolge **2** 199
– Gesamtrechtsnachfolge **2** 199
– Sacheinlagevertrag **2** 199
– Unterbilanzhaftung **2** 199
verdeckte S. **9** 33
Wertansatz bei der Gesellschaft
– Anschaffungskosten **2** 425
– Buchwert des einlegenden Gründers **2** 426
– Entnahmewert **2** 425
– Herstellungskosten **2** 425
– Teilwert **2** 424
– Zwischenwert **2** 426
Werthaltigkeitsprüfung **14** 28
Sachgründung
AG/KGaA **21** 81
Heilung durch Nachgründung **2** 323 f.

2095

Sachkapitalerhöhung

Fette Zahlen = Kapitel

Sachkapitalerhöhung
Verschmelzung AG auf AG
– ausstehende Einlagen **14** 16
– Werthaltigkeitsprüfung **14** 16
Sachliche Verflechtung
Betriebsaufspaltung **21** 334 f.
Sachübernahmen
Abgrenzung
– fingierte Sacheinlagen **2** 228
– gemischte Sacheinlagen **2** 228
– Nachgründung **2** 228
– verdeckte Sacheinlagen **2** 228
– Vorstandsgeschäfte mit Dritten **2** 228
Begriff **2** 226
gesetzliche Regelungen **2** 229
Sacheinlagen, Unterschiede **2** 227
Vergütungsgewährung **2** 227
Wahrscheinlichkeit der Durchführung **2** 227
Sachverständigengutachten
Verschmelzung AG auf AG **14** 42
Sachwalterhaftung
Vorstandshaftung **6** 154
Safe Harbor
Publizitätsrichtlinien USA **25** 187 f.
Sanierung
Aktionärspflichten
– Einlagepflichten **17** 80
– Treuepflichten **17** 81 f.
Aufsichtsratspflichten **17** 79
finanzielle Krise **17** 75
Kapitalerhöhung
– Barkapitalerhöhung **17** 84
– Bezugsrechtsausschluss **17** 85 f.
– Einlageleistungen aus Forderungen an die AG **17** 94 f.
– Vorleistung auf künftige Einlagepflicht **17** 88 f.
Kapitalherabsetzung
– Ausschüttungssperre **17** 95
– Buchsanierung **17** 95
– ordentliche **9** 121
– vereinfachte **9** 146
KGaA **17** 105
operative Krise **17** 75
Verlustvortragsentzug
– Anforderungen **17** 98
– Kritik **17** 99
– Voraussetzungen **17** 97
– wirtschaftliche Identität **17** 97 f.
– Zuführung Betriebsvermögen **17** 98
Vorstandspflichten
– finanzielle Krise **17** 77 f.
– operative Krise **17** 77 f.
Sanierungsprivileg
Eigenkapitalersatz **8** 139 f.
Gesellschafterfremdfinanzierung **8** 139 f.
Sanktionen
Insiderverbotsverstoß **26** 222 f.
Mitteilungspflichten, wertpapierrechtliche **26** 180
Satzung
Änderung durch Aufsichtsrat **7** 108

AG
– Arbeitnehmervertretung **1** 2
– Aufsichtsrat **1** 2
– Prinzip der formellen Satzungsstrenge **1** 1
– Rechte- und Pflichtenstandard **1** 1
Bekanntmachungen **2** 343
Firma
– Firmenrecht, allgemeines **2** 333
– Irreführungsverbot **2** 333
– Kennzeichnungsfähigkeit **2** 333
– Rechtsformzusatz **2** 332
Gründung AG nach AktG
– Bestimmungen, ergänzende **2** 11
– Bestimmungen, unechte **2** 11
– Feststellung **2** 11
– Gründungsaufwand **2** 12
– Mindestinhalt **2** 11
– Sacheinlagen **2** 12
– Sachübernahmen **2** 12
– Sondervorteile **2** 12
– Zusatzbestimmungen **2** 11
Grundkapital und Aktien **2** 341
KGaA **2** 496
– Firmenbezeichnung **2** 496
– Gestaltungsfreiheit **1** 3
– Vermögenseinlagen der persönlich haftenden Gesellschafter **2** 496
kleine AG **1** 33 f.
Mindestinhalt **2** 331 f.
Mindestinhalte nach anderen Gesetzen **2** 344
Sitz
– Bedeutung **2** 335
– Bestimmung **2** 334
– Ort der Hauptversammlung **2** 335
– steuerliche Bedeutung **2** 336
– Verwaltungssitz **2** 334
Unternehmensgegenstand **2** 337 f.
– Abgrenzung vom Gesellschaftszweck **2** 338
– Bedeutung **2** 339
– Bestimmung **2** 337
– steuerliche Bedeutung **21** 340
Verbriefungsausschluss **2** 228 f.
Zahl der Vorstandsmitglieder **2** 342
Satzung (Gründung)
abweichende Bestimmungen
– Übersicht **2** 352 f.
das AktG ergänzende Bestimmungen
– Beispiele **2** 355 f.
– persönliche Voraussetzungen Vorstand und Aufsichtsrat **2** 356
– Sachdividende **2** 355
– Übersicht **2** 354
Auslegung **2** 361 f.
– echte Satzungsbestimmungen **2** 361 f.
– unechte Satzungsbestimmungen **2** 362 f.
Eintragung mit Satzungsmängeln
– Auflösung wegen Satzungsmängeln **2** 386
– Geltendmachung Satzungsmängel auf andere Weise **2** 384

Magere Zahlen = Randziffern

- Heilung durch Eintragung **2** 375 f.
- Heilung durch Satzungsänderung **2** 378
- Heilung durch Zeitablauf nach Eintragung **2** 379
- Heilung nach Eintragung **2** 377
- Klage auf Nichtigerklärung der Gesellschaft **2** 381 f.
- Klage auf Nichtigerklärung von Satzungsbestimmungen **2** 380
- Löschung wegen Satzungsmängeln **2** 385
- Übersicht **2** 374
Ergänzungen, unzulässige **2** 357
Ergänzungen, zulässige
- Beiratbildung **2** 356
- Gerichtsstandsvereinbarungen **2** 356
- Publizitätspflichten, zusätzliche **2** 356
- Schiedsgerichtsvereinbarungen **2** 356
- Verwaltungsratbildung **2** 356
gerichtliche Prüfung
- formelle Mängel **2** 372 f.
- inhaltliche Mängel **2** 368 f.
- Übersicht **2** 367
Gründungsaufwand
- Festsetzung **2** 347
- nichtaktivierungsfähiger G. **2** 347
- Sondervorteilsprüfung **2** 348
- Sperrfristen **2** 347
- Unterbilanzhaftung **2** 347
- Verlustdeckungshaftung **2** 347
- Vorstandsvergütung **2** 347
Löschung unzulässiger Eintragungen **2** 387
Mindestinhalt **2** 345 f.
Mängel
- fehlerhafte Gesellschaft **2** 366
- Phase bis Vollzugsbeginn **2** 365
- Phase nach Vollzugsbeginn **2** 366
- Übersicht **2** 364
- Vorgesellschaftsauflösung **2** 366
- Willenserklärungen **2** 365
Nebenabreden, satzungsergänzende **2** 393
- Abstimmungsverhalten **2** 393
- Begriff **2** 390
- Eintragungshindernis **2** 392
- Errichtungsmangel **2** 392
- Förderpflichten **2** 393
- Rechtsfolgen **2** 394
- Stimmbindungsvereinbarung **2** 394
- Verhaltenspflichten **2** 393
- Wettbewerbsverbot **2** 393
- Zulässigkeitsgrenzen **2** 391 f.
Satzungsbestimmungen, unechte **2** 358 f.
Sondervorteile
- Bezeichnung **2** 346
- Dritter **2** 346
- Zulässigkeitsgrenzen **2** 346
Sondervorteilsbesteuerung **2** 351
- verdeckte Gewinnausschüttung **2** 351
Verletzung § 26 AktG **2** 349 f.
Satzung, kapitalmarktfähige
Aktienarten und Aktiengattungen **21** 219 f.
Bekanntmachungen **21** 218

Schriftform

Firma der Gesellschaft **21** 215
Höhe und Einteilung des Grundkapitals **21** 217
Mindestinhalte **21** 214 f.
Unternehmensgegenstand **21** 216
Satzungsänderung
Handelsregisteranmeldung **5** 207
Hauptversammlungszustimmung **5** 17 f.
Kapitalmaßnahmen
- KGaA **9** 203
Satzungsmäßige Rücklagen
Bestandteile **10** 46
Kapitalerhöhung aus Gesellschaftsmitteln **9** 100
Satzungsmangel
Auflösung AG **18** 9 f.
Schachtelprivileg
Doppelbesteuerungsabkommen **12** 280
Ermittlung Gewerbeertrag **12** 230 f.
Zwischengesellschaft **16** 98
Schadensersatz
Prospekthaftung
- Begrenzung **25** 233
- Umfang **25** 233
- USA **25** 247 f.
Prospekthaftung, USA **25** 251 f.
qualifiziert-faktischer Konzern **15** 98
Schadensersatzanspruch
Insiderverbotsverstoß **26** 223
Vorstandshaftung **6** 144 f.
Schenkung
Anteile vor Börsengang **21** 310 f.
Schiedsgutachter
Unternehmensbewerter **24** 10
Schiedsverfahren
Verschmelzung AG auf AG, Überträgerin
- Bewertungsstetigkeit, Durchbrechung **14** 46
- Prüfungspflicht **14** 47
- Stichtagsregelung **14** 44 f.
Vorstandssuspendierung **6** 56
Schriftform
Abhängigkeitsbericht faktischer Konzern **15** 79 f.
Aktienzeichnungsschein **9** 23
Aufhebungsvertrag Unternehmensvertrag Vertragskonzern **15** 174
Aufsichtsratsbeschluss außerhalb von S. **7** 163 f.
Entherrschungsvertrag **15** 20
Gründungsbericht **2** 18
Kapital, genehmigtes
- Bezugsrechtsausschluss **9** 88
Kündigung Unternehmensvertrag Vertragskonzern **15** 179
Nachgründungsvertrag **2** 316
Prüfungsbericht **2** 23
Spaltungsvertrag bei Spaltung auf Kapitalgesellschaft **14** 263
Squeeze Out
- Berichtspflichten **5** 134

2097

Schütt-aus-hol-zurück-Verfahren Fette Zahlen = Kapitel

- Übertragungsbeschluss **5** 134
stille Beteiligung an AG **21** 173
Stimmabgabe Aufsichtsrat **7** 161 f.
Stimmbote **7** 162
Unternehmensvertrag Vertragskonzern **15** 122
Vereinbarungen **8** 102
Vorstandsberichte **6** 99
Zulassungsantrag amtlicher Handel **25** 5
Zulassungsantrag Freiverkehr **25** 16
Schütt-aus-hol-zurück-Verfahren
Sacheinlagen **9** 34
Schuldenkonsolidierung
IFRS **11** 230
Konzernabschluss **11** 227
Schuldzinsen
Ermittlung Gewerbeertrag **12** 219
nicht abzugsfähige Betriebsausgaben **12** 120
Schutzgemeinschaftsvertrag
Familien-AG **1** 27
Schwellenwerte
Verlustabzugsbeschränkung § 8 c KStG **13** 216 f.
Schwestergesellschaft
verdeckte Gewinnausschüttung **8** 109
SDAX
Aktienindex **22** 4
Segmentberichterstattung
Konzernabschluss **10** 23
Sekundärinsider s. Insider
Selbstkontrahierungsverbot
verdeckte Gewinnausschüttung **8** 103
Vorstand **6** 12
Selbstorganschaft
Rechtsformwahl **1** 79 f.
Sell-out 27 195 f.
Servicewerkstatt
Betriebsstätte, inländische **16** 131
SE-Verordnung
europäische Aktiengesellschaft **1** 50
Share-Deal
grenzüberschreitender Unternehmensverkauf **13** 606 f.
Shareholder Value
Börsennotierung **1** 16
Sicherungseigentum
Kapitalerhöhung aus Gesellschaftsmitteln, Rechte **9** 289
Sicherungsgeschäfte
Bewertung **11** 109 f.
Sicherungsübereignung
Stimmrechtszurechnung
- Mitteilungspflichten, Wertpapierrecht **26** 176 f.
Siemens/Nold-Entscheidung
Kapital, genehmigtes
- Bezugsrechtsausschluss **9** 86 f.
Simultanwahl
Aufsichtsrat **5** 239
Sitz
europäische Aktiengesellschaft **19** 54 f.

Sitztheorie
ausländische AG
- Geschäftsleitung im Inland **1** 42
ausländische KGaA
- Geschäftsleitung im Inland **1** 42
Wegzug AG ins Ausland **16** 103 f.
Zuzug AG ins Inland **16** 150
Sitzverlegung
Auflösungsgründe AG **18** 20 f.
Vorgehensweise **13** 445 f.
Wegzug AG ins Ausland **16** 103 f.
Zuzug AG ins Inland **16** 150
SMAX
Zulassungsfolgepflichten
- Übersicht **22** 12 f.
Societas Europaea s. Europäische Aktiengesellschaft
Sofortbesteuerung
Unternehmensverkauf **13** 537
Sonderabschreibung
steuerliche **11** 82
Sonderberichte
Vorstand, Inhalt **6** 95
Sonderbetriebsausgaben
Mitunternehmerschaft **12** 159
Outbound, Besteuerung inländischer Gesellschafter
- DBA-Land **16** 66 f.
- nicht-DBA-Land **16** 65
Sonderbetriebseinkünfte
Beteiligung an inländischer Personengesellschaft
- Besteuerung ausländische Gesellschafter **16** 148 f.
Sonderbetriebseinnahmen
Mitunternehmerschaft **12** 159
Outbound, Besteuerung inländischer Gesellschafter
- DBA-Land **16** 66 f.
- nicht-DBA-Land **16** 65
Sonderbetriebsvermögen
Teilbetrieb **14** 290
Veräußerungsgewinn **13** 463
Sonderbilanzen
Mitunternehmerschaft **12** 158 f.
Sonderposten mit Rücklageanteil
Kapitalherabsetzung, vereinfachte **9** 146
Sonderprüfung
Hauptversammlungszuständigkeit **5** 22
Sozialplankosten
Überschuldungsbilanz, Ansatz **17** 32
Sozialversicherungsbeitragsabführung
Vorstandshaftung **6** 155
Vorstandspflichten **6** 16
Sozialversicherungspflicht
Vorstand **6** 87
Spaltung
Arten **14** 251 f.
Aufnahme Rechtsträger **14** 252
Berichtspflichten Vorstand
- Einstands- und Haftungsrisiken **5** 127
- Entbehrlichkeit **5** 129

Magere Zahlen = Randziffern

– Mitgliedschaftsrechtsausgestaltung **5** 129
– Zielstruktur **5** 127
Gestaltung **14** 254
grenzüberschreitende **14** 256
Hauptversammlungszustimmung **5** 21
Neugründung Rechtsräger **14** 252
Rechtsträger
– Genossenschaften **14** 252
– Prüfungsverbände **14** 252
– Vereine **14** 252
– Versicherungsvereine **14** 252
Trennung von Gesellschafter **14** 299
Vermögensübertragung
– Betrieb **14** 256
– Teilbetrieb **14** 256
Veräußerung
– Fristen **14** 295 f.
– verbundene Unternehmen **14** 297
– Vorbereitungen **14** 295 f.
Vorbesitzzeitanrechnung **14** 300
Spaltung AG s. *Abspaltung, s. Aufspaltung, s. Ausgliederung*
Spaltung auf Kapitalgesellschaften
Aktionärsbesteuerung **14** 304
Besteuerung
– ausländisches Vermögen **14** 279
– Steuerneutralität, Voraussetzungen **14** 279 f.
– Überblick **14** 279
Bilanzierung
– Aktionäre, bilanzierende **14** 278
– Kapitalgesellschaft, übernehmende **14** 277
– Übertragende AG **14** 275 f.
Gesamtrechtsnachfolge, partielle **14** 271
Handelsregisteranmeldung **14** 269 f.
Handelsregistereintragung **14** 269 f.
Hauptversammlungsbeschluss
– Drei-Viertel-Mehrheit **14** 265
– notarielle Beurkundung **14** 265
Kapitalerhöhung
– Sacheinlageprüfung **14** 268
Kapitalgesellschaft, übernehmende
– Ergebnisabrechnung **14** 301
– Grunderwerbsteuer **14** 303
– Mitunternehmeranteil **14** 303
– Schlussbilanzwertansatz **14** 301
– Übernahmefolgegewinn **14** 301
– Übernahmegewinn **14** 301
– Verlustvorträge **14** 302
– Verlustvorträge, gewerbesteuerliche **14** 303
Kapitalmaßnahmen
– Kapitalerhöhung **14** 268
– Kapitalherabsetzung **14** 267
Missbrauchsvorschriften
– Anteilsveräußerung **14** 294
– außenstehende Personen **14** 295
– Fallgruppen **14** 293 f.
Neugründung
– Gründungsbericht **14** 268
– Gründungsprüfung **14** 268

Spaltung durch Neugründung

Rechtsfolgen
– Anteilsgewährung **14** 271
– Betriebsaufspaltung **14** 274
– Gesamtrechtsnachfolge, partielle **14** 271
– Löschung übertragender Rechtsträger **14** 271
– Verbindlichkeitenhaftung **14** 273
Spaltungsbericht **14** 264
Spaltungsprüfung **14** 264
Spaltungsvertrag
– Anteilsaufteilung **14** 258
– Betriebsbezeichnung **14** 258
– Betriebsteilbezeichnung **14** 258
– Firma und Sitz **14** 258
– Gesamtrechtsnachfolge, partielle **14** 258
– Gewinnberechtigungsbeginn **14** 258
– Mindestinhalt **14** 258 f.
– Rechte Dritter **14** 258
– Satzung **14** 258
– Spaltungsfolgen **14** 258
– Spaltungsstichtag **14** 258
– Umtauschverhältnis Anteile **14** 258
– Vermögensteilezuordnung **14** 259 f.
Spaltungswirkungen **14** 271 f.
Steuerneutralität
– Buchwertfortführung **14** 280
– Teilbetrieb als Voraussetzung **14** 280 f.
Teilbetrieb **14** 293
– Erwerb fiktiver Teilbetriebe **14** 293
– Missbrauchsvorschriften **14** 293 f.
Teilschlussbilanz **14** 276
Vermögensteile, Zuordnung
– Allklausel **14** 259
– Arbeitsverhältnisse **14** 263
– ausländische V. **14** 261
– Bestimmtheitsgrundsatz, sachenrecht **14** 259
– Einschränkungen **14** 261
– Forderungen **14** 260
– nicht bilanzierungsfähige Gegenstände **14** 259
– Nutzungsrechte **14** 260
– Pensionsrückstellungen **14** 263
– Surrogate **14** 259
– Treuhandverhältnis **14** 260
– Unternehmensverträge **14** 262
– Verbindlichkeiten **14** 260
– Versorgungsverpflichtungen **14** 263
Spaltung auf Personengesellschaft
Besteuerung **14** 310
– Aktionäre **14** 310
– Missbrauchstatbestände **14** 308
– Übernahmegewinn **14** 310
– Übertragende AG **14** 308 f.
Bilanzierung **14** 306
Voraussetzungen **14** 305
Spaltung durch Neugründung
anmeldepflichtige Personen **2** 452
Entstehung der AG **2** 456
Entstehung KGaA durch Umwandlung **2** 512
Rechnungslegung **2** 459 f.

Spaltung, grenzüberschreitende Fette Zahlen = Kapitel

Spaltung, grenzüberschreitende
Einbringung in ausländische Kapitalgesellschaft **14** 346
Einbringung in ausländische Personengesellschaft **14** 344 f.
Einbringung in EU-Kapitalgesellschaft **14** 347 f.
Überblick **14** 343 f.
Spaltung von Kapitalgesellschaften
Besteuerung **13** 652
Spaltungsbericht
Spaltung auf Kapitalgesellschaft **14** 264
Spaltungsprüfung
Spaltung auf Kapitalgesellschaft **14** 264
Spaltungsstichtag
Spaltung auf Kapitalgesellschaft **14** 258
Spaltungsvertrag
Spaltung auf Kapitalgesellschaft
– Anteilsaufteilung **14** 258
– Betriebsbezeichnung **14** 258
– Betriebsratszuleitung **14** 263
– Betriebsteilbezeichnung **14** 258
– Firma und Sitz **14** 258
– Fristen **14** 263
– Gesamtrechtsnachfolge, partielle **14** 258
– Gewinnberechtigungsbeginn **14** 258
– Mindestinhalt **14** 258 f.
– Rechte Dritter **14** 258
– Satzung **14** 258
– Schriftform **14** 263
– Spaltungsfolgen **14** 258
– Spaltungsstichtag **14** 258
– Umtauschverhältnis Anteile **14** 258
– Vermögensteilezuordnung **14** 259 f.
Spenden
Betriebsausgaben, nichtabziehbare **12** 45
Gewerbesteuerhinzurechnung **12** 238
Sperrfrist
Anteilsverkauf Kapitalgesellschaft durch Kapitalgesellschaft **13** 484
Anteilsverkauf Kapitalgesellschaft durch natürliche Person **13** 477
Steuergestaltung, Unternehmensverkauf **13** 497
Sperrfristbehaftete Anteile
Sacheinlage **21** 98
Sperrfristkonzeption
Einbringung in inländische Kapitalgesellschaften
– Einbringung unter gemeinem Wert **13** 387 f.
– einbringungsgeborene Anteile **13** 387
– Einbringungsgewinn I **13** 387 f.
– Erhöhungsbetrag **13** 388
– Wertabspaltungstheorie **13** 387
europäische Einbringungen in inländische Kapitalgesellschaften **13** 399
Sperrjahr
Abwicklung AG **18** 68
Sperrminorität
Gesellschafterfremdfinanzierung **8** 138

Spin-off
Börsengang **20** 7, 20
Sprecherausschuss
Mitarbeiterbeteiligung **23** 72 f.
Spruchstellenverfahren
Abfindung Aktionär, außenstehender, im Vertragskonzern
– Abfindungsergänzungsanspruch **15** 166
– Antragsberechtigung **15** 165
– gemeinsamer Vertreter **15** 165
Anfechtungsklage **5** 295
Antragsfristen **5** 298
Bedeutung **5** 297 f.
Bewertungsstreitigkeiten **5** 295 f.
– Mehrheitseingliederung **5** 296
– Umwandlungen **5** 296
– Unternehmensverträge **5** 296
Gerichtszuständigkeit **5** 298
Mehrheitseingliederung Vertragskonzern **15** 197
Neuregelung **5** 300 f.
Rechtswirkung **5** 298
Squeeze Out **5** 296
Verschmelzung AG auf AG **14** 40 f.
Squeeze-Out 27 168 f.
aktienrechtlicher
– Abfindung ausscheidender Aktionäre **27** 171 f.
– Ausschlussverfahren **27** 173
– Ausschlussvoraussetzungen **27** 170
– Unternehmensbewertung **27** 172
Ausschlussverfahren
– Angemessenheit Barabfindung **27** 173
– Freigabeverfahren **27** 177
– Hauptversammlung **27** 175
– Registersperre **27** 177
– sachverständiger Prüfer **27** 173
– Stimmenmehrheit Hauptversammlung **27** 176
Barabfindung
– Minderheitsaktionär **1** 72
Konzernbildung **1** 72
Spruchverfahren **5** 295 ff.
übernahmerechtlicher
– Abfindung ausscheidender Aktionäre **27** 185 f.
– Angemessenheit Barabfindung **27** 187 f.
– Ausschlussverfahren **27** 191 f.
– Ausschlussvoraussetzungen **27** 180 f.
Veräußerungsgewinn **13** 656
Wertpapierübernahmegesetz **15** 41
Stakebuilding
Übernahmeangebot **27** 107 f.
Stammaktien
Begriff **3** 47
Stammaktionäre
Kapitalherabsetzungsbeschluss **9** 125
Stellvertreter
Aufsichtsratsvorsitzender **7** 132
Step-up
Unternehmenskauf **13** 565 f.

Magere Zahlen = Randziffern

Stimmrecht

Steueranrechnung, direkte
Betriebsstätte, ausländische
- Betriebsstättenergebnis nicht-DBA-Land 16 41 f.

Steuerbelastung
Rechtsformwahl 1 93 ff.

Steuerbelastungsvergleich
AG/Personengesellschaft 13 90 f.

Steuerberatung
Auslandsunternehmen
- Ertragswertverfahren 24 85

Steuerberatungsgesellschaften
Gründer AG nach AktG 2 85

Steuerbilanz
Bilanzänderungen 11 169 f.
Bilanzberichtigung 11 170 f.
Einlagen 11 164 f.
Entnahmen 11 164 f.
Herstellungskosten 11 56
Maßgeblichkeit der Handelsbilanz 11 5 f.
Maßgeblichkeitsprinzip 10 96 f.
Wahlrechte 11 5
Wertaufholungspflicht 11 92

Steuererklärungsabgabe
Vorstandspflichten 6 16

Steuern vom Einkommen
Betriebsausgaben, nichtabziehbare 12 43

Steuerpflicht AG
AG
- beschränkte 12 1
- Grundlagen 12 1
- unbeschränkte 12 1
Gründung AG nach AktG 2 420
Tarifbelastung 12 103

Steuersatz
Erbschaftsteuer 13 773 f.
Halbeinkünfteverfahren 12 7

Steuersatz, ermäßigter
Veräußerungsgewinn 13 462

Stichtag
Konzernbilanz 11 208

Stichtagskursmethode
Fremdwährungsumrechnung 11 209

Stille Beteiligung
aktienrechtliche Vorschriften 21 170 f.
Besonderheiten 21 170 f.
fehlerhafte Verträge 21 174
Grenzen der Einflussnahme auf AG 21 178 f.
- Kontrollrechte 21 179
- Zustimmungsvorbehalte 21 180
Umwandlung einer GmbH 21 177

Stille Gesellschaft
aktienrechtliche Besonderheiten
- festverzinsliche Einlage 21 172
- Teilgewinnabführungsvertrag 21 170 f.
atypische stille Gesellschaft 21 161
Besteuerung 13 103
Eigenkapitalzufuhr 21 158 f.
Einlageaktivierung bei AG-Beteiligung 21 163

Fremdkapitalzufuhr
- Due Diligence 21 168
- Vertragsbestandteile 21 168 f.
Innengesellschaft 9 191
Kontrollrechte bei AG-Beteiligung 21 159
Mitunternehmerschaft 12 169 f.
stille Reserven bei AG-Beteiligung 21 160
Teilgewinnabführungsvertrag 9 192
typische Stille Gesellschaft 21 161
Vermögenseinlage bei AG-Beteiligung 21 159
vorbörsliche Kapitalzuführung 21 158 f.

Stille Reserven
Beteiligung an ausländischer Personengesellschaft
- Einbringung Mitunternehmeranteil 16 57
- Einbringung Teilbetrieb 16 57
- Sacheinlage 16 55
Kapitalherabsetzung, vereinfachte 9 146
Rücküberführung Wirtschaftsgüter
- Betriebsstätte, inländische 16 138
stille Gesellschaft 21 160
Überführung von Wirtschaftsgütern
- Betriebsstätte, ausländische 16 22 f.

Stimmabgabe
Aufsichtsratsbeschluss 7 161 f.

Stimmbindungsvertrag
abhängiges Unternehmen 15 21
Altgesellschafter, Börsengang 21 290
Einflusssicherung Altgesellschafter
Familien-AG 1 27
Gemeinschaftsunternehmen 15 24
Sicherung Altaktionärsrechte 22 132

Stimmbote
Aufsichtsratsabstimmung 7 161

Stimmenauszählung
Hauptversammlung
- Additionsverfahren 5 185 f.
- Subtraktionsverfahren 5 186 f.

Stimmenmehrheit
Altgesellschafter, Absicherungsmaßnahmen
Börsengang 21 293
Kapitalerhöhung gegen Einlage
- Kapitalerhöhungsbeschluss 9 13

Stimmenmehrheit, einfache
Hauptversammlung, Beschlussfassung 5 226

Stimmenmehrheit, qualifizierte
Hauptversammlung, Beschlussfassung 5 231 f.

Stimmkarte
Hauptversammlung 5 183

Stimmkraft 4 41
Aktionär
- Nennbetragsaktien 4 40

Stimmrecht s.a. Höchststimmrecht, s.a. Mehrstimmrecht, s.a. Stimmrechtsbegrenzung, s.a. Zweitstimmrecht
Aktionär
- Einlageleistung, unvollständige 4 43 f.
- Stimmkraft 4 40 f.

2101

Stimmrechtsausschluss

Fette Zahlen = Kapitel

- Übertragbarkeit **4** 45
- Verletzung **4** 47
- Zustimmungspflicht **4** 46
Hauptversammlung **5** 208 f.
- Bevollmächtigte **5** 213 f.
- Kreditinstitut **5** 215
- Stimmberechtigung **5** 209
- Stimmbindungsverträge **5** 212
- Stimmrechtsverbote **5** 217 f.
- Umfang **5** 210 f.
Kommanditaktionär **4** 208
Komplementär **4** 188 f.
Stimmrechtsausschluss
Vorzugsaktien **21** 226
Stimmrechtsbegrenzung
Familien-AG **1** 25
Stimmrechtslose Vorzugsaktien
Altgesellschafter, Absicherungsmaßnahmen
  Börsengang **21** 296
  Börseneinführung **22** 128 f.
Einflusssicherung Altgesellschafter **20** 37
Sicherung Altaktionärsrechte **22** 128 f.
- Ausgabe bis zur Hälfte Grundkapital
  22 129
- Mehrdividendenanspruch **22** 129
- Preisabschlag **22** 131
Stimmrechtsmacht
Kennzeichnung **5** 159
Stimmrechtsverbote
Beteiligungsschwellen WpHG **5** 221
eigene Aktien **5** 220
eigene Betroffenheit **5** 219
gesetzliche **5** 217 f.
Organmitglieder **5** 218
satzungsgemäße **5** 222 f.
stimmrechtslose Vorzugsaktien **5** 222 f.
Stock Appreciation Rights
Mitarbeiterbeteiligung **23** 62 ff.
Mitarbeitergewinnungsinstrument **20** 18
Stock Options
Kapitalerhöhung, bedingte **9** 56
Mitarbeiterbeteiligung
- Zuflusszeitpunkt, Lohnsteuer **13** 690
Naked Warrants **6** 81
Optionsanleihenausgabe **6** 81
Vorstandsvergütung **6** 77
- Anteilsverwässerung **6** 79
- Bezugsrecht Aktien **6** 77
- Finanzierungsfunktion **6** 78
- Gefahren **6** 79
- Rechtsgrundlagen **6** 80 f.
- Übervergütung **6** 79
- Ziele **6** 78
Wandelanleihenausgabe **6** 81
Stock Settled Stock Appreciation Rights
Mitarbeiterbeteiligung **23** 70
Strukturbericht
Vorstand, Inhalt **6** 105
Stückaktien
Agio **3** 13
Aktieneinziehung, vereinfachte **9** 168
Anteilsstücke **1** 67

fiktiver Nennbetrag **3** 12
rechnerische Betragshöhe **3** 13
Stimmkraft Aktionär **4** 41
Vorteile **21** 219
Zwischenbeträge **3** 14
Stückelung
Nennbetragsaktien **3** 8, 11
Stufentheorie
Kaufpreisaufteilung **13** 544
Stuttgarter Verfahren
Kapitalgesellschaftsanteil **21** 304
Substanzwertverfahren
Bedeutung **24** 14
Hilfswert **24** 14
Subtraktionsverfahren
Stimmenauszählung Hauptversammlung
  5 186 f.
Suspendierung
Vorstand **6** 54 f.
- Beweislast **6** 59
- einstweilige Verfügung **6** 57
- Feststellungsklage **6** 56
- Gestaltungsklage **6** 56
- Rechtsschutz **6** 55 f.
- Schiedsverfahren **6** 56

Tagesordnung
Aufsichtsratssitzung **7** 142 f.
Hauptversammlung **5** 65
Hauptversammlungseinberufung **5** 99 f.
- Bekanntmachungspflichten **5** 100 f.
- Rechtsfolgen bei Bekanntmachungsverstoß **5** 104
Tagesordnungspunkte
Hauptversammlung
- Absetzung **5** 169
- Erledigung **5** 168
- Vertagung **5** 169
- Wiederaufnahme **5** 168
Talon
Erneuerungsscheine **3** 141
Tantieme
Vorstandsvergütung **6** 74, 83
Tarifbelastung
Körperschaftsteuer **12** 103 f.
Tauschgeschäft
Sacheinlagen **9** 35
TecDAX
Aktienindex **22** 4
Teilbetrieb
Ausgliederung auf Personengesellschaft
  14 334
Beteiligung an Kapitalgesellschaft **14** 291
Betriebsgrundlagen, wesentliche **14** 285 f.
- funktionale Betrachtungsweise **14** 286
- Grundstücke **14** 287
- immaterielle Wirtschaftsgüter **14** 286
- Nutzungsrechte **14** 287
- Pensionsrückstellungen **14** 288
- wirtschaftliches Eigentum **14** 287 f.
fiktiver T., Aufstockung
- Spaltung auf Kapitalgesellschaft **14** 293

Magere Zahlen = Randziffern

fiktiver T., Erwerb
- Spaltung auf Kapitalgesellschaft 14 293
Merkmale
- Betriebsgrundlagen, wesentliche 14 285 f.
- Holdinggesellschaft 14 283
- im Aufbau befindlicher T. 14 284
- Lebensfähigkeit, eigenständige 14 283
- Selbständigkeit 14 282
Missbrauchsvorschriften 14 293 f.
Mitunternehmeranteil 14 288 f.
Prüfung 14 292
Sonderbetriebsvermögen 14 290
Spaltung 14 256
Spaltung auf Kapitalgesellschaft
- Merkmale 14 281 f.
- Steuerneutralität, Voraussetzungen 14 281 f.
- wirtschaftliches Eigentum 14 287 f.
Treuhandverhältnis 14 287
Veräußerungsgewinn 13 462
Veräußerungsgewinnbesteuerung
- Übersicht 13 493
wirtschaftliches Eigentum
- Nutzungsrechteeinräumung 14 287
Teileinkünfteverfahren
Dividendenbesteuerung
- Anwendungsbereich 4 122
- Systematik 4 121
- Übergangsregelung 4 123
Dividendenbesteuerung Steuerausländer 13 39
Inlandsgewinne AG 13 15 f.
Veräußerungsgewinnbesteuerung
- Anwendungsbereich 4 122
- Systematik 4 121
- Übergangsregelung 4 123
verdeckte Gewinnausschüttung 12 60 f.
Teilgewinnabführungsvertrag
stille Beteiligung an AG 21 170
Vertragskonzern 15 111
Teilgewinnrealisierung
langfristige Fertigung 11 60
Teilkonzernabschluss
Aufstellung 11 202
Teilnehmerverzeichnis
Hauptversammlung 5 153 f.
Hauptversammlung, virtuelle 21 233
Teilrechte
Kapitalerhöhung aus Gesellschaftsmitteln, Rechte 9 109
Teilwert
Grenzen 11 90
Obergrenze 11 90
Untergrenze 11 90
verdeckte Gewinnausschüttung 8 112
Vermutungen 11 90
Teilwertabschreibung
§ 8 b KStG 12 27 f.
BilMoG 11 94 f.
Schachtelprivileg 12 235
Teilwertgrenzen 11 90
Teilwertvermutungen 11 90

Treuhandverhältnis

Unternehmenskauf 13 583 f.
Wertminderung, dauernde 11 88 f.
Teilwertansatz
Ausgliederung auf Kapitalgesellschaft 14 319
Telefonkonferenz
Aufsichtsratssitzung, virtuelle 21 231
Tendenzunternehmen
Aufsichtsratszusammensetzung 7 16
Terminverkäufe
Unternehmensverkauf, Steuergestaltung 13 526 ff.
Thesaurierungsbegünstigung
außerbilanzielle Hinzurechnungen 13 84
Einkommensteuersatz 13 80
Gewerbesteuerabzug 13 86
Mitunternehmerschaften 13 81
Nachversteuerung 13 87 f.
nicht entnommene Gewinne 13 80 f.
Vollthesaurierung 13 82
Thesaurierungsbelastung
Inlandsgewinne AG 13 9
Thesaurierungssteuersatz
Ermittlung 12 186 f.
Personengesellschaften 12 186 f.
Tochtergesellschaft
Börseneinführung 21 207 f.
- Bezugsrecht 25 172
Tochter-SE
Gründung 19 40 f.
Gründungsverfahren
- Rechtsgrundlagen 19 41
- Verfahrensablauf 19 42
Tonbandprotokoll
Aushändigung an Aktionär 4 70
Transactional net margin method s. Nettomargen-Methode
Transferpaket
Funktionsverlagerung 13 307 f.
Treaty Override
Sitzverlegung 13 447
Trenneinlagen
Abgrenzung 2 236
Buchwertfortführung 2 236
Zulässigkeit 2 236
Treuepflicht s. Treupflicht
Treuepflichtverletzung
Aktionärshaftung 17 68
Treue- und Fürsorgepflichten
Anstellungsvertrag Vorstand 6 39
Treugeber
Gründung AG nach AktG 2 152
Haftung bei Gründern 2 273
Treugeber-Aktionär
Einlagerückgewähr, verdeckte 8 58
Treuhänder
Gründer AG nach AktG 2 84
Treuhandverhältnis
Aufteilung bei Spaltung auf Kapitalgesellschaft 14 260
wirtschaftliches Eigentum Teilbetrieb 14 288

2103

Treupflicht

Fette Zahlen = Kapitel

Treupflicht
Aktionär **4** 81 f.
Kommanditaktionär **4** 216
Komplementär **4** 201 f.
Vorstand **6** 123 f.
– Geschäftschancenbindung **6** 126 f.
– Verschwiegenheitspflicht **6** 124
– Vertraulichkeitspflicht **6** 124
– Wettbewerbsverbot **6** 126 f.

Übernahmeangebot
Börsenkurs
– Discounted-Flash-Verfahren **27** 126
– Ertragswertverfahren **27** 126
Due Diligence **27** 100 f.
– abgestuftes Verfahren **27** 102
– Erwerbsinteresse Bieter **27** 102
– Insiderinformationen **27** 103
– Vertraulichkeitsvereinbarung **27** 102
Gegenleistung **27** 116 f.
– Angemessenheit **27** 122
– Art **27** 117 f.
– Barangebot **27** 118
– Börsenkurs **27** 122
– durchschnittlicher Börsenkurs **27** 125 f.
– Höhe **27** 122 f.
– Parallel-/Nacherwerbe **27** 129 f.
– Tauschangebot **27** 119
– veränderliche Preise **27** 132
– Vorerwerb **27** 127 f.
– Vorerwerbspreise **27** 122
– Wahlgegenleistung **27** 121
Pflichtangebote **27** 148 ff.
Stakebuilding **27** 107 f.
– bedingte Finanzinstrumente mit Realerfüllung **27** 108
– Derivate mit Barausgleich **27** 108
– Halten für Rechnung **27** 109
– Mitteilungspflichten **27** 110
– Rückübertragungsanspruch **27** 109
– share-repurchase Vereinbarungen **27** 108
– Wertpapierdarlehen **27** 108
Unzulässigkeit Teilangebote **27** 133 f.
Verhaltenspflichten Zielgesellschaft **27** 136 f.
– europäisches Verhinderungsverbot **27** 140 f.
– nationales Verhinderungsverbot **27** 137 f.
– Verbot ungerechtfertigte Leistungen **27** 147
Verhandlung mit Großaktionären
– irrevocable undertakings **27** 106
– Kaufvertrag **27** 105
– Tauschvertrag **27** 105
Verhandlungen mit Zielgesellschaft **27** 112 f.
– Ad-hoc-Mitteilung **27** 115
– Beherrschungsvertrag **27** 114
– break fee **27** 113
– Business Combination Agreement **27** 112
– Fiduciary out **27** 113
– Insidertatsache **27** 115

– no shop **27** 113
– no talk **27** 113
Verhinderungsverbot **27** 137 f.
Vorbereitung **27** 98 f.

Übernahmeergebnis
Verschmelzung AG auf AG **14** 75, 90 f.

Übernahmegesetz
Angebotsarten **27** 17 f.
– einfache Erwerbsangebote **27** 20
– Pflichtangebote **27** 18
– Übernahmeangebote **27** 19
Angebotsverfahren **27** 17 f.
Anwendungsbereich **27** 6 f.
– Angebotsbedingungen **27** 9 f.
– organisierter Handel **27** 12
– räumlicher **27** 14 f.
– Verpflichtungen übernehmende Gesellschaft **27** 7 f.
– öffentliches Angebot **27** 8 f.
BaFin-Rechte **27** 198 ff.
europäische Übernahmerichtlinie **27** 3 f.
öffentliches Angebot
– Ablauf **27** 21 f.
– Annahmefrist **27** 40 f.
– Einreichung Angebotsunterlage bei BaFin **27** 26 f.
– Ergebnisbekanntmachung **27** 38
– Mindestannahmeschwelle **27** 41 f.
– Mitwirkung Arbeitnehmer **27** 44 f.
– Mitwirkung Wirtschaftsausschuss **27** 46
– Prüfung Unterlagen durch BaFin **27** 30 f.
– Stellungnahme Zielgesellschaft **27** 34 f.
– Veröffentlichung **27** 22 f., 32 f.
– Vollzug **27** 38
– Wasserstandsmeldungen **27** 35 f.
Übernahmeangebot **27** 98 ff.
Übernahmekodifikation **27** 1 f.
Zielgesellschaft **27** 5 f.

Übernahmegewinn
Gewerbesteuer
– Verschmelzung AG auf Personengesellschaft **14** 191 f.
Spaltung auf Personengesellschaft **14** 310
Verschmelzung AG auf AG **14** 90 ff.
Verschmelzung AG auf Personengesellschaft
– Folgen **14** 188 f.
– Teileinkünfteverfahren **14** 189
– Umwandlungssteuerrecht **14** 188 f.
übernehmende Kapitalgesellschaft
– Spaltung auf Kapitalgesellschaft **14** 301

Übernahmegewinnermittlung
Verschmelzung AG auf Personengesellschaft
– Betriebsvermögen **14** 183
– einbringungsgeborene Anteile **14** 183
– nicht wesentliche Beteiligung **14** 184 f.
– personenbezogene **14** 182
– Sperrbetrag **14** 183
– Steuerausländer **14** 187
– wesentliche Beteiligungen **14** 171, 174 f.

2104

Magere Zahlen = Randziffern

Umtauschrechte

Übernahmeverlust
Gewerbesteuer
- Verschmelzung AG auf Personengesellschaft 14 191 f.
Verschmelzung AG auf Personengesellschaft 14 189 f.

Übernahmevertrag
Aktienplatzierung
- Haftungsfreistellung Konsortialbanken 25 86
aufschiebende Bedingungen
- Emissionspreiszahlung 25 92
- kursrelevante Verschlechterungen wirtschaftliche Situation 25 91
- Rücktritt Konsortialführer bei Eintritt 25 94
- Umplatzierung von Altaktien 25 93
- Verpflichtung zur Zeichnung junger Aktien 25 91
- Verpflichtung zur Übernahme junger Aktien 25 91

Überpariemission
Nennbetragsaktien 3 8

Überschuldung
Aktionärsansprüche 17 67 f.
Fortbestehensprognose
- Finanzplan 17 26 f.
- Prognosezeitraum 17 26 f.
Krise der AG 17 2
Vorstandspflichten
- in der Krise 17 24 ff.
- Zahlungsverbot 17 53 f.
Wahrscheinlichkeit 17 28 ff.

Überschuldungsbilanz
Ansatz Passivposten 17 32 f.
- Aktionärsdarlehen 17 33
- Eigenkapital 17 33
- eigenkapitalersetzende Darlehen 17 33 f.
- Insolvenzkosten 17 36
- passive Rechnungsabgrenzung 17 37
- Rangrücktritt 17 33 f.
- Rückstellungen 17 32
- Sozialplankosten 17 32
- Verbindlichkeiten aus schwebenden Geschäften 17 32
Ansatz Vermögensgegenstände 17 31 f.
- ausstehende Einlagen 17 31
- Bilanzierungshilfen 17 31
- derivativer Geschäftswert 17 31
- Forderungen 17 31
- Forderungen aus schwebenden Geschäften 17 31
- immaterielle Vermögensgegenstände 17 31
- originärer Geschäftswert 17 31
- Schadensersatzansprüche 17 31
- Verlustausgleichsanspruch 17 31
Bewertung bei negativer Fortbestehensprognose
- Liquidationswert 17 41
- Pensionsverbindlichkeiten 17 42
- Rechnungsabgrenzungsposten 17 42

- Verbindlichkeiten 17 42
Bewertung bei positiver Fortbestehensprognose 17 38 f.
- Einzelbewertung 17 38
- Ertragswert 17 38
- Fortführungswerte 17 38 f.
- Pensionsverbindlichkeiten 17 40
- Verbindlichkeiten 17 39
- Veräußerungswerte 17 38
- Wiederbeschaffungskosten 17 38

Überschuldungsstatus
Bilanzierung Aktionärsdarlehen 8 148
Bilanzierung Rangrücktrittsdarlehen 8 148
Einbezug Gesellschafterdarlehen 8 148

Überschusseinkünfte
Einkünfteermittlung
- Einnahmen 12 122
- geldwerte Vorteile 12 122
- Werbungskosten 12 123

Überseering-Entscheidung 1 43

Übersetzungsbüro
Börseneinführung 22 110

Übertragungsbilanz
Formwechsel AG in Personengesellschaft
- Bewertungswahlrechte 14 235
- Gewinnabgrenzung 14 235
- Rückbeziehung 14 234
- Stichtag 14 234

Übertragungsgewinn
Schlussbilanz Überträgerin
- Verschmelzung AG auf AG 14 73 f.
Verschmelzung AG auf AG
- Aufstockung auf gemeinen Wert 14 71 f.
- Entstehung 14 73
- Verlustvortragsverrechnung 14 73

Umgehungsgeschäfte
eigene Aktien 3 174 f.

Umsatzerlöse
REIT AG 29 44

Umsatzsteuer
Abwicklungsgewinn 18 115
Asset Deal 13 595
Aufsichtsratsvergütung 7 259
Gründung AG nach AktG 2 422
Organschaft 15 120
REIT AG 29 14

Umstrukturierung
Anstellungsvertrag Vorstand 6 42
Betriebsstätte, ausländische 16 46, 49 f.
- Einbringung in ausländischen Rechtsträger 16 50
- Einbringung in inländischen Rechtsträger 16 50
Betriebsstätte, inländische 16 139 f.
Börsengangvorbereitung 21 200 f.
Due Diligence 24 185
Rechtsformwahl 1 100

Umtauschanleihen 13 638 f.

Umtauschrechte
Erhöhungsbeschluss
- Kapitalerhöhung, bedingte 9 60

2105

Umwandlung

Fette Zahlen = Kapitel

Umwandlung
Aufsichtsratszusammensetzung
– Fortgeltung Mitbestimmung **7** 35
Auslauffrist
– Fortgeltung Mitbestimmung **7** 35
Handelsregisteranmeldung **5** 207
Hinzurechnungsbesteuerung **13** 432 f.
Kapital- in/auf Kapitalgesellschaften
– Ab-/Aufspaltung **13** 373 f.
– Buchwertbeibehaltung Überträgerin **13** 353
– Übernahmeverlust **13** 354
– Verschmelzungen **13** 367 f.
Kapital- in/auf Personengesellschaften **13** 348 f.
– Buchwertbeibehaltungsrecht **13** 349
– Übernahmegewinn **13** 351
steuerfreie Reservenrealisierung **13** 415 f.
– § 6 b Abs. 10 EStG **13** 417
– § 6 b EStG **13** 418
– § 8 b Abs. 2 KStG **13** 416
Wegzugsbesteuerung **13** 437 f.
– Entstrickungsregel **13** 439
– Erbschaftsteuerpflicht **13** 441
– Umwandlungsreihenfolge **13** 442 f.
Umwandlung AG *s.a. Einzelrechtsnachfolge, s.a. Formwechsel AG in GmbH*
Übersicht **14** 1
Umwandlung in AG
Einzelrechtsnachfolge **21** 88
Formwechsel **21** 82 f.
Verschmelzung **21** 85 f.
Umwandlungsbericht
Formwechsel AG in Personengesellschaft **14** 225
Umwandlungsbeschluss
Formwechsel AG in GmbH
– Abfindungsangebot **14** 202
– Barabfindung, Angemessenheitsprüfung **14** 203
– Betriebsratszuleitung **14** 202
– Formwechselfolgen **14** 202
– Mindestangaben **14** 201
– Sonderrechte **14** 202
Formwechsel AG in Personengesellschaft
– Abfindungsangebot **14** 224
– Firma der Gesellschaft **14** 224
– Formwechselfolgen **14** 224
– Fristen **14** 224
– Gesellschafterbeteiligung **14** 224
– Mindestangaben **14** 224
– Sitz der Gesellschaft **14** 224
– Sonderrechte **14** 224
Umwandlungsgesetz
Gründer **2** 438
Gründungsverfahren **2** 439 f.
Umwandlungsmodell
Unternehmenskauf
– Abschreibungssubstratgewinnung **13** 565 f.
Umwandlungssteuerrecht
Formwechsel von OHG, KG, PartGes und KGaA in AG **2** 464

Spaltung auf neue AG **2** 466
Verschmelzung von OHG, KG, PartGes und KGaA auf neue AG **2** 465
Umwandlungsstichtag
Verschmelzung AG auf Personengesellschaft **14** 178
Umwelt-Audit
Due Diligence **24** 191 f.
Umweltstraftaten
Vorstandshaftung **6** 160
Unbeschränkte Steuerpflicht
Voraussetzungen **12** 106
Unbeschränkt Steuerpflichtige
Auslandsdividende **4** 138
Underwriting Agreement
Due Diligence **24** 147
Unfähigkeit
Abberufung Vorstand **6** 49
Unterbewertung
Sacheinlagenbewertung **2** 212
Unterbilanz
Dividendenauszahlung **17** 67
Gründerhaftung **2** 270
Gründung AG nach AktG **2** 417
Haftung bei Überbewertung Sacheinlagen **2** 225
Haftung, Gründer bei Unternehmen als Sacheinlage **2** 199
Kapitalherabsetzung, ordentliche **9** 121
Vorgesellschaft, Haftung **2** 253
Unterkapitalisierung
Darlehenseinbezug **8** 5
Durchgriffshaftung **8** 4
Unterlassungsklage
Aktionär **4** 96
Delisting **28** 43
Unternehmen *s.a. Abhängiges Unternehmen, s.a. Herrschendes Unternehmen, s.a. Verbundene Unternehmen*
Begriff **15** 9 f.
Unternehmensbewertung
Bewerterfunktion **24** 10, 6 f.
– Beratungsfunktion **24** 9
– Vermittlungsfunktion **24** 8
Bewertungsanlässe **24** 6 f.
Börsengang
– Discounted-Cash-Flow-Methode **24** 19 f.
– Ertragswertverfahren **24** 16 f.
– Methoden **24** 13 ff.
– Multiplikator-Verfahren **24** 22 f.
– Substanzwertverfahren **24** 14 f.
direkte Methode **24** 3 f.
Durchführung
– Discounted-Cash-Flow-Methode **24** 86 ff.
– Ertragswertverfahren **24** 33 ff.
– Zwischenergebnis **24** 99 ff.
Einbeziehung von persönlichen Steuern **24** 49 f.
Ertragswertermittlung
– Einbeziehung persönlicher Steuern **24** 49 f.

Magere Zahlen = Randziffern

Unternehmensverkauf

Ertragswertverfahren
- Kapitalisierungszinssatz **24** 54 f.
- nicht betriebsnotwendiges Vermögen **24** 76 f.
indirekte Methode **24** 4 f.
Kursbildung **24** 2 ff.
Methoden **24** 13 ff.
Untergesellschaft Vertragskonzern **15** 161 f.
- Ertragswertmethode **15** 161, 163
- Liquidationswertbetrachtung **15** 161
- Rekonstruktionswert **15** 161
- Stichtagsbezogenheit **15** 162
Unternehmenspreisbestimmung **24** 5
Verschmelzungsvertrag
- Verschmelzung AG auf AG **14** 5
Wertvorstellungen, gemeinsame **24** 2
Unternehmenserbschaftsteuerrecht
begünstigtes Vermögen **13** 751 f.
- EU/EWR-Betriebsvermögen **13** 751 f.
- EU/EWR-Kapitalgesellschaftsbeteiligungen **13** 751 f.
Behaltefrist **13** 764 f.
Eckpunkte **13** 748 f.
Lohnsummenfrist **13** 759 f.
Steuersatz **13** 773 f.
Verkehrswertermittlung **13** 769 f.
Verwaltungsvermögenstest **13** 755 f.
Unternehmensgegenstand
Satzung **2** 337 f.
Unternehmensidentität
Ermittlung Gewerbeertrag
- Verlustverrechnung **12** 247 f.
Unternehmenskalender
Zulassungsfolgepflichten
- Prime Standard **22** 29
Unternehmenskauf
Abschreibungssubstratgewinnung
- Kombinationsmodell **13** 568 f.
- Mitunternehmerschaftsmodell **13** 568 f.
- Organschaftsmodell **13** 568
- Step-up **13** 565 f.
- Umwandlungsmodell **13** 565 f.
Anteilsveräußerung Organgesellschaft
- Eingliederungsvoraussetzungen **13** 591
- Ergebnisabführungsvertrag **13** 591
- Wirtschaftsjahrumstellung **13** 591
Ertragsbesteuerung **13** 110 ff.
- Aktien **13** 110 f.
- Betriebe und Teilbetriebe **13** 128
- Grunderwerbsteuer **13** 129 f.
- Kapitalgesellschaft als Anteilsverkäufer **13** 116 f.
- Kapitalgesellschaftsanteile **13** 110 f.
- natürliche Person als Anteilsverkäufer **13** 111 f.
- Personengesellschaft als Anteilsverkäufer **13** 122 f.
- Personengesellschaftsanteile **13** 125 f.
Grunderwerbsteuer **13** 597
Kaufpreisaufteilung
- modifizierte Stufentheorie **13** 542 f.
- Personengesellschaftsanteile **13** 542 f.

- Stufentheorie **13** 542 f.
- Wirtschaftsgüter **13** 543 f.
Kaufpreisfinanzierung, steuerorientierte **13** 575 f.
KGaA **13** 708 f.
Realisierung miterworbener Körperschaftsteuerguthaben
- Organschaftsmodell **13** 568
steuerliche Ziele Unternehmenskäufer **13** 539
- Abschreibungsoptimierung **13** 539
- Abzugsfähigkeit Zinsaufwand **13** 540
- Verlustvortragsverwertung **13** 541
Umsatzsteuer **13** 595
Verlustvortragsverwertung **13** 570 f.
- § 8 Abs. 4 KStG **13** 573
- Betriebsvermögenszuführung **13** 573
- Wiederaufnahme Geschäftsbetrieb **13** 573
Wertverlustrealisierung **13** 583 f.
- Abschreibung Gesellschafterdarlehen **13** 588 f.
Zinsabzug **13** 575 f.
Unternehmenskultur
Due Diligence **24** 195
Unternehmensnachfolge
Börsengang **20** 20
Unternehmensregister
börsennotierte AG
- Einreichungsfristen Jahresabschluss **26** 38
- Jahresabschlussunterlagen **26** 38
- Konzernabschlusseinreichung **26** 38
Unternehmensstruktur
Börsengangvorbereitung **21** 201
Unternehmensübernahme
Abwehrmaßnahmen, Hauptversammlungszustimmung **5** 41 s.a. Übernahmegesetz
Hauptversammlungszustimmung **5** 41
Unternehmensverkauf
grenzüberschreitender **13** 600 ff.
Kapitalerhöhungs- und Spaltungsgestaltungen **13** 506 f.
Kaufpreisänderungen, nachträgliche
- Versteuerungszeitpunkt **13** 538
KGaA **13** 708 f.
personelle Verlagerung stiller Reserven
- Gesamthandsvermögen in Sonderbetriebsvermögen **13** 523
- Sonderbetriebsvermögensübertragung **13** 523
personelle Verlagerung von stillen Reserven **13** 523 f.
Steuergestaltung **13** 495 f.
- Call **13** 531 f.
- Kombination von Put und Call **13** 532
- personelle Verlagerung stiller Reserven **13** 523 f.
- Put **13** 530 f.
- Terminverkäufe und Optionsgestaltungen im Übergang **13** 526 ff.
- vorbereitende Ausschüttungen **13** 521

2107

Unternehmensverträge

Fette Zahlen = Kapitel

- vorbereitende Einbringung im Kapitalgesellschaften **13** 496 f.
- vorbereitende Einbringung in Personengesellschaften **13** 515 f.
- vorbereitende Umwandlung in Beteiligungen ohne deutsches Besteuerungsrecht **13** 512 f.
- vorbereitende Umwandlung Kapital- in Personengesellschaft **13** 519
- wirtschaftlicher Eigentumsübergang **13** 533

Steuerrecht **13** 450 ff.
Unternehmensverkäufer, steuerliche Ziele **13** 450 f.
- Asset Deal **13** 450
- Share Deal **13** 450
- Veräußerungsgewinnminimierung **13** 451

Unternehmensverkäufer, Steuerstatus
- Anteilsverkauf Kapitalgesellschaften **13** 469 f.
- Besteuerung, laufende **13** 453 f.
- nichtbesteuerung Veräußerungsgewinn **13** 453 f.
- Steuerbelastung **13** 455 f.
- Steuerfreiheit Veräußerungsgewinn **13** 453 f.
- Thesaurierungsbegünstigung **13** 457
- Veräußerungsgewinn, Gewerbesteuerbelastung **13** 456 f.
- Veräußerungsgewinn, Körperschaftsteuerbelastung **13** 458 f.
- Veräußerungsverlust, Berücksichtigung **13** 454

Veräußerungsgewinn aus dem Verkauf von Wirtschaftsgütern
- Steuerfreiheit **13** 460 f.
- Steuerpflicht **13** 460 f.

Veräußerungsgewinn Personengesellschaftsanteile
- Steuerfreiheit **13** 460 f.
- Steuerpflicht **13** 460 f.

vorbereitende Ausschüttung **13** 521 f.
- Alt-Sperrfrist-Fall **13** 521
- innerorganschaftliche Mehrabführungen **13** 522

vorbereitende Ausschüttungen **13** 521
vorbereitende Einbringung in Kapitalgesellschaften **13** 496 ff.
- einbringungsgeborene Anteile **13** 499 f.
- Einbringungsgewinn I **13** 499
- Einbringungsgewinn II **13** 502
- Einheitsunternehmen **13** 496
- Erbringungsbetrag **13** 500
- Etablierung körperschaftsteuerliche Organschaften **13** 496 f.
- Sperrfristen **13** 496 f.
- Teilbetriebsproblematik **13** 492

vorbereitende Einbringung in Personengesellschaften
- § 6 b Rücklage **13** 516
- Reinvestitionsrücklage **13** 516

vorbereitende Umwandlung
- Alt-Sperrfrist-Fall **13** 520
- Kapital- in Personengesellschaft **13** 519

vorbereitende Umwandlung in Beteiligungen ohne deutsches Besteuerungsrecht
- EU-Kapitalgesellschaft **13** 512
- Verschmelzung Kapitalgesellschaft mit Steuerausländerbeteiligung **13** 512 f.

vorbereitende Umwandlung in EU-Kapitalgesellschaft **13** 512 f.
vorbereitende Umwandlung Kapital- in Personengesellschaft **13** 519
vorbereitende Umwandlung in Personengesellschaft **13** 515 f.
Wahlrecht Sofort- und Zuflussbesteuerung **13** 537

Unternehmensverträge
Aufteilung bei Spaltung auf Kapitalgesellschaft **14** 262
Berichtspflichten Vorstand
- Ausgleichsart und -höhe **5** 131
- Unternehmensbewertungsmethode **5** 131
- Vertragsabschluss **5** 131
- Vertragsinhalt **5** 131

Gewinnabführung **11** 180
Handelsregisteranmeldung **5** 207
Hauptversammlungszustimmung **5** 21
Vertragskonzern
- Aufhebungsvertrag **15** 174 f.
- Austauschverträge **15** 105
- außerordentliche Kündigung **15** 178 f.
- bedingte U. **15** 122
- Beendigung **15** 172 f., 175 f.
- Beendigungsgründe **15** 180 f.
- befristete U. **15** 122
- Beherrschungsvertrag **15** 104 à 107
- Beherrschungsvertrag, verdeckter **15** 113
- Betriebsführungsvertrag **15** 112
- Betriebspachtvertrag **15** 112
- Betriebsüberlassungsverträge **15** 112
- Gewinnabführungsvertrag **15** 104, 108
- Gewinngemeinschaft **15** 110
- Handelsregistereintragung **15** 129
- Hauptversammlungszustimmung **15** 123 f.
- Informationsrechte Aktionäre **15** 126 f.
- Kündigungsfristen **15** 176
- Kündigungstermin **15** 175
- Mindestinhalte **15** 122 f.
- ordentliche Kündigung **15** 175 f.
- Organschaftsverträge **15** 106
- Registergerichtprüfung **15** 129
- Rückwirkung **15** 122
- Schriftform **15** 122
- Teilgewinnabführungsvertrag **15** 111
- Vertragsbeitritt **15** 168
- Änderungen **15** 167 f.
- Änderungsvereinbarung **15** 168

Unternehmergesellschaft
Rechtsformwahl **1** 107

Unternehmerrisiko
Ertragswertverfahren
- Abgeltungsteuer **24** 62

Magere Zahlen = Randziffern

- Basiszinszuschlag **24** 59
- Zuschlagshöhe **24** 59

Unterpariemission
Kapitalerhöhung **21** 101
Nennbetragsaktien **3** 8

Unter-Pari-Emissionsverbot
Kapitalerhöhung, bedingte **9** 65

Up-Stream-Merger
Verschmelzung AG auf AG **14** 90 f.

Urlaub
Vorstand **6** 87

US-GAAP
Rechnungslegungsvorschriften **10** 42

Venture Capital
Ablauf
- Anbahnungsphase **21** 114
- Auswahl **21** 115
- Due-Diligence-Prüfung **21** 117
- Letter of Intent **21** 116
Anschubfinanzierung **21** 109
Beteiligung **21** 108
Beteiligungsvertrag **21** 118, 120 f.
- Ausstiegsmöglichkeiten **21** 125
- Börsengangkonzept **21** 125
- Gesellschafterdarlehen **21** 125
- Gewährleistungen **21** 124
- Tätigkeitspflicht Gesellschafter **21** 125
- Unternehmenskaufvertrag **21** 120
- Vorerwerbsrechte **21** 125
- zusätzliche Leistungen Venture-Capital-Geber **21** 125
Realisierung von Anteilswertsteigerungen **21** 109
Sicherheitenverzicht **21** 110
vorbörsliche Unternehmensfinanzierung **21** 106

Venture-Capital-Gesellschaft
Börsengang Beteiligungsunternehmen **20** 20

Veräußerungsgewinn
Abfindung Minderheitsaktionär **13** 656
Aktientausch **13** 645
Anteilsverkauf Kapitalgesellschaft durch Kapitalgesellschaft **13** 483, 483 f.
Anteilsverkauf Kapitalgesellschaft durch natürliche Person **13** 469 f., 469 ff.
Ausgliederung auf Kapitalgesellschaft **14** 321
Besteuerung **4** 120 f.
eigene Aktien **13** 626
halber Steuersatz **13** 462
- Begrenzung **13** 462
- Voraussetzungen **13** 462
Kaufpreisänderung **13** 538
Mitunternehmeranteile **13** 463 f.
- Fünftelungsregelung **13** 464
- Gewerbesteuerbelastung **13** 465 f.
- Progressionsmilderung **13** 464
- Voraussetzungen ermäßigter Steuersatz **13** 463 f.
Rücklage nach § 6b EStG **13** 461

Veräußerungspreis

Sofortbesteuerung **13** 537
steuerfreie Einnahmen **12** 20 f.
Unternehmensverkauf **13** 453 f.
Verschmelzung von Kapitalgesellschaften **13** 650
Zuflussbesteuerung **13** 537

Veräußerungsgewinnbesteuerung
Abgeltungsteuer **4** 126
Aktien im Betriebsvermögen
- Kapitalertragsteuer **4** 141
- Teileinkünfteverfahren **4** 141
Aktiendepotübertragung **4** 144 f.
Aktien im Privatvermögen
- Kapitalertragsteuer **4** 139
- unwesentliche Beteiligung **4** 139
- Verlustverrechnung **4** 139
- Werbungskostenabzug **4** 139
- wesentliche Beteiligung **4** 140
Anteile an ausländischer Körperschaft durch inländische Personen
- DBA-Fall **4** 149
- nicht-DBA-Fall **4** 149
Anteile an inländischer Körperschaft durch ausländische Personen
- ausländische Betriebsstätte **4** 148
- beschränkte Steuerpflicht **4** 148
- inländische Betriebsstätte **4** 148
- unwesentliche Beteiligung **4** 148
- wesentliche Beteiligung **4** 148
ausländische Kapitalgesellschaft als Anteilseigner in inländischer Körperschaft **4** 166
Auslandserträge inländischer Kapitalgesellschaft **4** 167
Bemessungsgrundlage
- Betriebsaufgabe **4** 142
- Entnahme **4** 142
- unentgeltlicher Erwerb **4** 142
- verdeckte Einlagen **4** 142
- Veräußerungsreihenfolge **4** 142
- Währungsgewinne **4** 142
Besteuerung
- Spekulationsfristen **4** 123
- Teileinkünfteverfahren **4** 123
Gewerbesteuer **4** 147
Kapitalgesellschaft als Aktionär
- Freistellung **4** 162
- Gewerbesteuer **4** 163
- Kapitalertragsteuer **4** 162
- nichtabzugsfähige Betriebsausgaben **4** 162
Personengesellschaft als Aktionär **4** 150 f.
- Abgeltungsteuer **4** 152
- Veräußerung an Personengesellschaft **4** 155
- Gewerbesteuer **4** 153
- Teileinkünfteverfahren **4** 152
- Thesaurierungsbegünstigung **4** 154
- Verlustverrechnung **4** 143

Veräußerungspreis
Ausgliederung auf Kapitalgesellschaft **14** 321

2109

Veräußerungsverlust Fette Zahlen = Kapitel

Veräußerungsverlust
§ 8 b KStG **12** 27 f.
Anteilsverkauf Kapitalgesellschaft durch Kapitalgesellschaft **13** 488
Anteilsverkauf Kapitalgesellschaft durch natürliche Person **13** 482, 482 f.
eigene Aktien **13** 626
Kapitalgesellschaft als Aktionär
– Freistellung **4** 162
Verbindlichkeiten
Abzinsung
– Handelsrecht **11** 152
– Steuerrecht **11** 154
Ansatz
– BilMoG **11** 158 f.
– IFRS **11** 160 f.
Aufteilung bei Spaltung auf Kapitalgesellschaft **14** 260
Bewertung **11** 150
Bilanzansatz **11** 130
Einlageguthaben stille Gesellschaft **21** 164
Verbriefungsausschluss
Aktionär
– Girosammeldepot **21** 228
– Wertpapierqualitätsanspruch **21** 228
Verbundene Unternehmen
Abhängigkeitsbericht **10** 64
Finanzierungsleistungen
– Fremdvergleichsgrundsatz **16** 228
– Zinssatzermittlung **16** 227 f.
Lizenzierung immaterielle Wirtschaftsgüter
– Fremdvergleichsgrundsatz **16** 229
– Preisvergleichsmethode **16** 230
Verrechnungspreise **16** 176
Verdeckte Einlage
Erhöhung der Aktiva **12** 66
Fallgruppen
– hoher Preis **12** 70
– niedriger Preis **12** 69
– sonstige Leistungen **12** 71
– Vorteilsgewährungen **12** 69 f.
gesellschaftsrechtliche Veranlassung **12** 64
Gewinnkorrektur Verrechnungspreise **16** 182 f.
Verminderung der Passiva **12** 66
Verdeckte Gewinnausschüttung
Begriff **12** 46 s. a. *Einlagerückgewähr, Verdeckte*
Begriff und Abgrenzung **8** 89 f.
betriebliche Veranlassung **8** 100 f.
Börseneinführungskosten **21** 193
Dividendenbesteuerung **4** 132
Doppelbesteuerung **12** 60 f.
Due Diligence **24** 186
Einlagerückgewähr, verdeckte **8** 47
Einlagetheorie **8** 97 ff.
Erscheinungsformen
– Abfluss bei der AG **8** 105
– Ausschüttung **8** 106 f.
– Einkommensminderung **8** 104 f.
– Überpreiserwerb **8** 105
– Verhinderter Zufluss bei AG **8** 105
– Vermögensbereich **8** 104

Erwerb eigene Aktien **3** 158
Fremdvergleich **8** 101
gemeiner Wert **8** 112
Genussrechte **8** 92
Gewinnkorrektur Verrechnungspreise **16** 180 f.
Konzerngesellschaften **8** 109 f.
Korrespondenzprinzip **12** 60 f.
Leistungsvergütung **13** 35 f.
Mehrsteuer als verdeckte Einlagerückgewähr **8** 114
nahe stehende Person **8** 108
nicht-mehr-Aktionär **8** 110 f.
noch-nicht-Aktionär **8** 110 f.
Rechtsfolgen
– Aktienrecht **8** 93 f.
– Steuerrecht **8** 93 f.
Rückgewähr, Steuerrecht
– Einlagetheorie **8** 97 ff.
– Meinungsstand **8** 96 f.
Schriftform, Vereinbarungen **8** 102
Schwestergesellschaften **8** 109
Selbstkontrahierungsverbot **8** 103
steuerbilanzielle Behandlung **8** 113
Teileinkünfteverfahren **12** 60 f.
Teilwert **8** 112
Veranlassung durch das Gesellschaftsverhältnis **12** 51 f.
– Angemessenheitsprüfung **12** 53
– beherrschender Gesellschafter **12** 55
– Darlehensverhältnisse **12** 53
– Dienstverhältnis **12** 53
– Fremdvergleichsgrundsatz **12** 53
– nahe stehende Person **12** 57
– Rechtsverzichte **12** 53
– Üblichkeit der Vereinbarung **12** 56
– Unangemessenheit **12** 53
– Veräußerungsgeschäfte **12** 53
– Vorteilszuwendungen **12** 57
Veranlassung, gesellschaftsrechtliche **8** 100 f.
Vereinbarungen, rückwirkende **8** 102
Vermögensmehrung, verhinderte **12** 46 f.
Vermögensminderung **12** 46 f.
Vorteilsausgleich **8** 112
Wertansatz **12** 59
Wertmaßstab **8** 112
Verdeckte Sacheinlagen
Begriff **2** 240
Gründerhaftung **2** 261
Heilung **2** 242
Kapitalerhöhung **21** 102
Rechtsfolgen **2** 241
– Bareinlagewiederholung **2** 241
– Verjährungsfristen **2** 241
Verein
Gründer AG nach AktG **2** 79
Vereinfachte Kapitalherabsetzung s. *Kapitalherabsetzung, Vereinfachte*
Verfallfristen
Aktienzeichnung **9** 17
Vergleich
Ersatzansprüche Vorstandshaftung **6** 143

Magere Zahlen = Randziffern

Vergütung
Aufsichtsrat, erster **2** 102
Vorstand, erster **2** 112
Vergütungen für mehrjährige Tätigkeit
Einkommensteuertarif **12** 183
Verjährung
Ausgleichsanspruch im Vertragskonzern
15 144
Einzahlungspflicht Bareinlagen **2** 184
Ersatzansprüche Vorstandshaftung **6** 142
Verjährungsfristen
Prospekthaftung **25** 202
Verkaufsprospekt
geregelter Markt
– Börsenzulassung **25** 12
– Zulassungsantrag **25** 12
Verkehrssicherungspflicht
Aufgabendelegation Vorstand **6** 161 f.
Vorstand **6** 158
Verkehrswertermittlung
Erbschaftsteuer **13** 769 f.
Verlustabzug
§ 8 c KStG **12** 78 f.
Ausschluss **12** 78 f.
Eigenkapital, steuerliches **12** 95
Mitunternehmerschaft **12** 163 f.
Verlustrücktrag **12** 75 f.
Verlustvortrag **12** 75 f.
Verschmelzung AG auf AG **14** 95 f.
wirtschaftliche Identität **12** 79
Verlustabzugsbeschränkung
§ 8 c KStG
– Anteilseignerwechsel **13** 214
– Beteiligungserwerb **13** 214
– betroffene Verluste **13** 232 f.
– erstmalige Anwendung **13** 237 f.
– Erwerb Genussrechte **13** 220
– Erwerber **13** 224 f.
– Erwerbergruppe **13** 226 f.
– Fünf-Jahres-Frist **13** 229 f.
– Kapitalerhöhungen **13** 221
– konzerninterner Erwerb **13** 228
– Mehrfacherwerb **13** 231
– mittelbarer Erwerb **13** 222
– nachstehende Personen **13** 224 f.
– quotaler Verlustuntergang **13** 229 f.
– Schwellenwerte **13** 216 f.
– schädlicher Beteiligungserwerb
13 216 f.
– Stimmrechtsvereinbarungen **13** 220
– Überblick **13** 213 ff.
– unmittelbarer Erwerb **13** 222
– Verlustuntergang **13** 229 f.
– Wagniskapitalbeteiligungsgesellschaft
13 214
– Weitergeltung § 8 Abs. 4 KStG **13** 237 f.
Verlustausgleich
Abgeltungsteuer **12** 204
Eingliederung Vertragskonzern **15** 204
Mitunternehmerschaft **12** 163 f.
Verlustdeckung
Gründerhaftung **2** 270 f.

Verlustvortrag

Verlust in Höhe der Hälfte des Grundkapitals
Ad-hoc-Publizität **17** 17
Aufsichtsratspflichten **17** 60 f.
Berechnung **17** 12 f.
Einberufung Hauptversammlung **17** 14 f.
Hauptversammlungseinberufung **5** 54
Verlustanzeigepflichten Vorstand **17** 12 f.
Vorstandspflichten **17** 10 f.
Verlustrücktrag
Höhe **12** 75 f.
Verlusttragung
Komplementär **4** 193
Verlustübernahme
Vertragskonzern **15** 142 f.
– Ausgleichsanspruch **15** 144
– Ausgleichspflichten **15** 143
– Geltendmachung **15** 144
– Verjährung **15** 144
Verlustuntergang
schädlicher Beteiligungserwerb § 8 c KStG
13 213 ff.
Verlustverrechnung
Einkommensermittlung **12** 142 f.
Einschränkungen
– Auslandsverluste **12** 144
– Unterbeteiligungen und stille Gesellschaften **12** 144
– Verluste aus gewerblicher Tierzucht
12 144
– Verluste aus privaten Veräußerungsgeschäften **12** 144
– Verluste aus Termingeschäften **12** 144
– Verluste bei beschränkter Haftung
12 144
– Verluste bei Steuerstundungsmodellen
12 144
Gewerbesteuer **12** 245 f.
Personengesellschaft **13** 100
quotaler Verlustuntergang **12** 79 f.
schädlicher Anteilserwerb **12** 80 f.
Verlustabzug **12** 75 f.
Verlustabzug, periodenübergreifender
12 143 f.
Verluste inländische Kapitalgesellschaft bei
ausländischem Gesellschafter **16** 148
Verluste aus Kapitalvermögen **4** 143
Verlustrücktrag **12** 75
Verlustvortrag **12** 143
Verlustverwertung
Rechtsformwahl **1** 98
Verlustvortrag
Ausgliederung auf Kapitalgesellschaft
14 326
Höhe **12** 75 f.
Nutzung im Sanierungsfall
– Anforderungen **17** 98
– Kritik **17** 99
– Voraussetzungen **17** 97
– wirtschaftliche Identität **17** 97 f.
– Zuführung Betriebsvermögen **17** 98
Rechtsformwahl **1** 98 f.

2111

Vermächtnisnehmer

Fette Zahlen = Kapitel

schädlicher Beteiligungserwerb § 8 c KStG
13 213 ff.
Verwertung bei Unternehmenskauf 13 541
Verwertung nach Unternehmenskauf
13 570 f.
– Hauptanwendungsfall § 8 c KStG 13 572
– Voraussetzungen 13 570 f.
– Wiederaufnahme Geschäftsbetrieb
13 573
Vermächtnisnehmer
Aktienübertragung 3 119
Vermittlungsfunktion
Unternehmensbewerter 24 8
Vermögensbilanz
Entstehung AG durch Umwandlung
– Differenzhaftung 2 462
– Unterbilanzhaftung 2 462
Gründung AG nach AktG
– Differenzhaftung 2 418
– Unterbilanzhaftung 2 417
Vermögensbindung AG/KGaA
Bewertungsvorschriften 8 3
Bilanzierungsvorschriften 8 3
Entnahmesperre 8 15
Finanzierungsverantwortung
– Darlehenseinbezug 8 5
– Durchgriffshaftung 8 4
– Konzern 8 6
– Mindestnennbetrag Grundkapital 8 4
– Unterkapitalisierung 8 4
– Vermögensvermischung 8 7
– Verpflichtungsgründe, besondere 8 8
Haftungsfunktion
– Finanzierungsverantwortung 8 4 ff.
– Regelungszweck 8 1 f.
Kapitalanteil Kommanditaktionär 8 13 f.
Kapitalanteil Komplementär 8 13 f.
Vermögenserhaltung
– Abwicklungsstadium 8 9
– Bilanzgewinn als Zugriffsgrenze 8 10
– gesetzliche Rücklage 8 11
– Kapitalrücklagen 8 11
Zugriffsschutz 8 2
Vermögenseinlage
stille Gesellschaft bei AG-Beteiligung
21 159
Vermögenserhaltung AG
Abschreibungen 11 74 f.
Bewertungsvereinfachungen 11 101 f.
– Festbewertung 11 102
– Gruppenbewertung 11 103
– Verbrauchsfolgeverfahren 11 101
Bewertungsverfahren
– Lifo-Verfahren 11 106
Erhaltungsaufwand 11 59
Herstellungsaufwand 11 59
IFRS 11 25
immaterielle WG
– Aktivierungsverbot 11 26 f.
– Aktivierungswahlrecht 11 26 f.
Mindestbeträge 8 12
– Nutzung und Eigentum 11 22

– Nutzungs- und Funktionszusammen-
hang 11 20
wirtschaftliches Eigentum 11 21
Zurechnung 11 21
Zuschreibungen 11 74 f.
Vermögensteilezuordnung
Spaltung auf Kapitalgesellschaft 14 259 f.
Vermögensübertragung
Delisting 28 58
Hauptversammlungszustimmung 5 21
Vermögensverwaltung
Abgrenzung Gewerbebetrieb 12 129
Verrechnungspreise
Dienstleistungen 16 232 f.
Dokumentationspflichten 13 311 f.; 16 236 f.
Ermittlung
– hypothetische Verrechnungspreise
13 290 f.
– immaterielle Wirtschaftsgutüberlassung
13 291 f.
– interquartile Marge 13 286
– Median 13 287
– Standartmethoden 13 284 f.
– Transparenzklausel 13 290
Ermittlungsgrundsätze 13 273 f.
Finanzierungsleistungen 16 227 f.
– Angemessenheitsprüfung 16 227
– Fremdvergleichsgrundsatz 16 227 f.
Fremdvergleichsgrundsatz 13 273 f., 285 f.;
16 178 f., 193 f.
Funktionsverlagerung 13 292 f.
Gewinnkorrektur
– verdeckte Einlage 16 182 f.
– verdeckte Gewinnausschüttung 16 180 f.
Güter- und Warenverkehr 16 220 f.
– Auftragsfertigung 16 220
– Fremdvergleichsgrundsatz 16 221
– Kostenaufschlagsmethode 16 221
– Preisvergleichsmethode 16 221, 224 f.
– Vertriebsgesellschaft 16 223 f.
– Wiederverkaufspreismethode 16 222
immaterielle Wirtschaftsgüter 16 229 f.
– Lizenzentgelte 16 229
– Markenrechte 16 229 f.
– Namensrechte 16 229
Korrekturnormen § 1 AStG 13 283 f.
Korrekturnormen, steuerliche 13 274
Korrekturnormen § 1 AStG 13 283 f.
Lizenzierung immaterielle Wirtschaftsgüter
16 229 f.
Mitwirkungs- und Nachweispflichten
16 236 f.
– Aufzeichnungspflichten 16 236 f.
– Dokumentationspflichten 16 236 f.
verbundene Unternehmen 13 176 f.
Verrechnungspreismethoden
Fremdvergleichsgrundsatz
– Bedeutung 16 193 f.
– Fremdvergleich, hypothetischer 16 198
– Fremdvergleich, tatsächlicher 16 196 f.
Gewinnaufteilungsmethode 13 281
gewinnorientierte V. 16 210 f.

Magere Zahlen = Randziffern

– Gewinnaufteilungsmethode **16** 215
– Nettomargen-Methode **16** 212
– Profit Split Methode **16** 215
Gewinnvergleichsmethode **13** 281
Kombination Standardmethoden **13** 280
Konzernumlagen **16** 217 f.
– Leistungsumlagen **16** 217 f.
– Poolumlagen **16** 218 ff.
Kostenaufschlagsmethode **13** 280
Preisvergleichsmethode **13** 277
Standardmethoden **16** 200 f.
– Kostenaufschlagsmethode **16** 205
– Preisvergleichsmethode **16** 201 f.
– Wiederverkaufspreismethode **16** 203
Wiederverkaufspreismethode **13** 278
Verschmelzung
Berichtspflichten Vorstand
– Entbehrlichkeit **5** 126
– rechtliche Gründe **5** 126
– Umtauschverhältnis Anteile **5** 126
– Unternehmensbewertungsmethode **5** 126
– wirtschaftliche Gründe **5** 126
Besitzgesellschaft in Kapitalgesellschaft
– Betriebsaufspaltungsverhinderung
 21 342
Delisting **28** 51 f.
– Barabfindungsangebot Minderheitsaktionäre **28** 52
– Going Private Merger **28** 52
Gründungsverfahren SE **19** 32 f.
Hauptversammlungszustimmung **5** 21
Kapital- in/auf Kapitalgesellschaften
– Anteilstausch **13** 370
– Aufwärtsverschmelzung **13** 371
– Buchwertansatz **13** 368 f.
– erweiterte Wertaufholung **13** 372
– gemeiner Wert **13** 368 f.
– Gesellschafterbesteuerung **13** 370 f.
– Zwischenwertansatz **13** 368 f.
– übernehmende Kapitalgesellschaft **13** 369
Umwandlung in AG **21** 85 f.
Verschmelzung AG auf AG
Abwärtsverschmelzung **14** 87
Aufstockung auf gemeinen Wert **14** 71 f.
– Besteuerung **14** 73
– Verlustvortragsnutzung **14** 73
Auslandsverschmelzung **14** 79 f.
Bilanzierung Aktionär Überträgerin
– Buchwertansatz **14** 64
– Tauschgeschäft **14** 64
– Zeitwertansatz **14** 64
– Zwischenwertansatz **14** 64
Bilanzierung bei Übernehmerin
– Anschaffungskosten **14** 56 f.
– Anschaffungsvorgang **14** 49
– Ausschüttungssperre **14** 54
– Buchwertverknüpfung **14** 56, 61 ff.
– eigene Aktien **14** 55
– Eröffnungsbilanz **14** 50
– neue Aktien **14** 55
– Übergang wirtschaftliches Eigentum
 14 53

Verschmelzung AG auf AG

– Übernahmebilanz **14** 50
– Vermögensübergang, Zeitpunkt **14** 51
– Verschmelzung durch Aufnahme **14** 50
– Verschmelzungsstichtag **14** 53
– Verschmelzung zur Neugründung **14** 50
Bilanzierung bei Überträgerin
– Bewertungsstetigkeit, Durchbrechung
 14 46
– Schlussbilanz **14** 45 f.
– Stichtagsregelung **14** 44 f.
Buchwertansatz **14** 80 f.
Buchwertprivileg **14** 74
Downstream-Merger **14** 87
Ertragsteuern **14** 65 ff.
Ertragsteuern Aktionäre Überträgerin
– Betriebsvermögen **14** 101
– Buchwertübertragung **14** 103 f.
– Spekulationsgewinn **14** 105
– wesentliche Beteiligungen **14** 103
grenzüberschreitende V. **14** 35
Grunderwerbsteuer
– Anteilsübertragung, Grenze **14** 111 f.
– Anteilsübertragung, mittelbare **14** 113
– Anteilsverschiebung, Grenze **14** 111 f.
– Begrenzung **14** 118 f.
– Bemessungsgrundlage **14** 116
– Beteiligungskette **14** 113
– Betriebsausgaben **14** 116
– BFH-Rechtsprechung **14** 119 f.
– Gesellschafterwechsel **14** 118
– Grunderwerbsteuerfreiheit **14** 125
– Zwerganteil Konzerngesellschaft **14** 117
– Zwischengesellschaft **14** 121 f.
handelsrechtliche Folgen **14** 36 ff.
Handelsregisteranmeldung
– Anlagen **14** 25
– Kapitalerhöhungsanmeldung, Unterlagen
 14 23
– Negativerklärung Vorstand **14** 24
– öffentliche Beglaubigung **14** 22
– Verzichtserklärung Aktionäre **14** 24
– Vorstandserklärungen **14** 24 f.
Handelsregistereintragung
– Bekanntmachung **14** 29
– Eintragungsvoraussetzungen **14** 26 f.
– Gesetzmäßigkeitsprüfung Verschmelzung/Kapitalerhöhung **14** 26
– Werthaltigkeitsprüfung Sacheinlagen
 14 26 f.
Hauptversammlung, Beschlussfasung
– Aktiengattungen **14** 19
– Drei-Viertel-Mehrheit **14** 19
– notarielle Beurkundung **14** 21
– Verschmelzungsvertrag **14** 19 f.
Hereinverschmelzung
– Buchwertansatz **14** 77
– gemeiner Wert **14** 78
– Steuerverstrickung **14** 78
– Zwischenwertansatz **14** 77
Hinausverschmelzung
– Anrechnungsmethode **14** 76
– Übertragungsgewinn **14** 76

2113

Verschmelzung AG auf GmbH

Kapitalerhöhung
- Anteilsgewährung **14** 12 f.
- Beschluss, Drei-Viertel-Mehrheit **14** 17
- Genussrechteinhaber **14** 15
- Gewinnschuldverschreibungen **14** 15
- Sachkapitalerhöhung **14** 16
- Vorzugsaktieninhaber **14** 15
- Wandelschuldverschreibungen **14** 15
Körperschaftsteuerguthaben EKO **14** 97 f.
Minderheitenrechte Aktionäre
- Anfechtungsklage **14** 39 f.
- Barabfindung, Unangemessenheit **14** 38 f.
- Sacheinlagenwert, Unangemessenheit **14** 39
- Sachverständigengutachten **14** 42
- Spruchstellenverfahren **14** 40 f.
- Umtauschverhältnis, Unangemessenheit **14** 38 f.
Nachgründungsvorschriften
- Anwendungsvoraussetzungen **14** 31
- Verschmelzungsvertragsprüfung **14** 30
Neugründung, Vorschriften **14** 33 f.
Organschaft **14** 94
Organträger AG
- Ergebnisabführungsvertrag **14** 106 f.
- ertragsteuerliche Folgen **14** 106 f.
Rechtsfolgen
- Aktionäre **14** 36
- Grundbuchberichtigung **14** 36
- Mängel **14** 37
- Rechte Dritter **14** 36
- Schadensersatzansprüche **14** 37
- übertragende AG, Löschung **14** 36
- Unternehmensvertrag **14** 36
- Vermögensübergang **14** 36
Schlussbilanz Übertragerin
- Aufstockungsgebot **14** 71 f.
- Buchwertansatz **14** 69
- Rückwirkung **14** 66
- Sonderregelungen **14** 67
- Teilwertansatz **14** 68
- Übertragungsgewinn **14** 73 f.
- Übertragungsstichtag **14** 65
Side-Step-Verschmelzung
- Verschmelzungsgewinn **14** 85, 88
- Verschmelzungsverlust **14** 85, 88
Übernahmebilanz Übernehmerin
- Schlussbilanzwertansatz **14** 88 f.
- Übernahmeergebnis **14** 89
Übernahmeergebnis **14** 90 f.
- Besteuerung **14** 76 f.
- Ermittlung **14** 75
Unternehmensbewertung
- Discounted Cash-Flow-Verfahren **14** 5
- Ertragswertverfahren **14** 5
Up-Stream-Merger **14** 90 f.
Verschmelzung durch Aufnahme **14** 97
Verschmelzungsbericht
- gemeinsamer **14** 8
- Mindestinhalte **14** 8

Fette Zahlen = Kapitel

- Zuständigkeiten **14** 8
Verschmelzungsbeschlüsse
- Hauptversammlungseinberufung **14** 18
- Unterlageneinsicht Aktionäre **14** 18
Verschmelzungsprüfung
- Erforderlichkeit **14** 9 f.
- Prüfungsbericht **14** 11
- Prüfungsgegenstände **14** 11
Verschmelzungsvertrag **14** 5 f.
- Anteilsumtauschangaben **14** 6
- Betriebsratszuleitung **14** 5
- Firma und Sitz **14** 5
- Fristenregelung **14** 5
- Gewinnberechtigungszeitpunkt Aktien **14** 5
- Mischverschmelzung **14** 5
- Satzung neue AG **14** 5
- Sonderrechtsangabe **14** 5
- Umtauscheinzelheiten **14** 5
- Umtauschverhältnis Aktien **14** 5
- Unternehmensbewertungsmethode **14** 5
- Vereinbarung Vermögensübertragung **14** 5
- Verschmelzungsfolgen **14** 5
- Verschmelzungsstichtag **14** 5
- Vorteilsgewährung Vorstand/Aufsichtsrat **14** 5

Verschmelzung AG auf GmbH
Beschluss Gesellschafterversammlung **14** 129
Bilanzierung **14** 133
Gesellschafterunterrichtung
- Fristen **14** 128
- Verschmelzungsbericht **14** 128
- Verschmelzungsvertrag **14** 128
Handelsregisteranmeldung **14** 132
Handelsregistereintragung **14** 132
steuerliche Folgen **14** 134
Verschmelzungsvertrag **14** 127
Zustimmungserfordernisse übertragende AG **14** 130 f.
- Mindestnennbeträge **14** 131
- offene Einlagen GmbH **14** 130
Überblick **14** 126
Verschmelzung AG auf natürliche Personen 14 237 f.
Verschmelzung AG auf Personengesellschaft
Bewertungswahlrecht bei übertragender AG
- Antrag **13** 175
- Ausgleichsposten **13** 169
- Beschränkung deutsches Besteuerungsrecht **13** 168
- Bilanzberichtigung **13** 177
- Buchwertansatz **13** 165 f.
- Buchwertaufstockung **14** 166 f.
- Buchwerte **14** 166
- Gegenleistungen **13** 171
- gemeiner Wert **13** 165; **14** 164 f.
- Gesamtrechtsnachfolge **13** 177

2114

Magere Zahlen = Randziffern

- Hereinverschmelzung **13** 170
- Maßgeblichkeitsgrundsatz **14** 165
- Mitunternehmerschaft **13** 168
- modifizierte Stufentheorie **13** 173
- selektive Aufstockung einzelner Wirtschaftsgüter **13** 176
- Steuerverstrickung **13** 170
- stille Reserven **13** 169, 171
- Verlustvortragsnutzung **13** 167
- Wahlrechtausübung **13** 167 f.
- Wertaufholung **13** 174

Bilanzierung **14** 162
Gesellschafterunterrichtung **14** 159
Gesellschafterversammlungsbeschluss **14** 160
- Drei-Viertel-Mehrheit **14** 160
- Verschmelzungsbeschluss **14** 160

Gewerbesteuer
- Übernahmegewinn **14** 191 f.
- Übernahmeverlust **14** 191 f.

Grunderwerbsteuer **14** 194
nicht wesentliche Beteiligung **14** 193
Rückwirkung, steuerliche
- Gewinnausschüttungen **14** 179
- Umwandlungsstichtag **14** 178
- Verschmelzung durch Neugründung **14** 178

Überblick
- Aufnahme **14** 151 f.
- Neugründung **14** 151 f.
- Partnerschaftsgesellschaft **14** 151

Übernahmegewinnermittlung
- Betriebsvermögen **14** 183
- einbringungsgeborene Anteile **14** 183
- nicht wesentliche Beteiligung **14** 184 f.
- personenbezogene Ü. **14** 182
- Sperrbetrag **14** 183
- Steuerausländer **14** 187
- wesentliche Beteiligung **14** 171, 174 f.

Übernahmegewinnfolgen **14** 188 f.
- Teileinkünfteverfahren **14** 189
- Umwandlungssteuerrecht **14** 188 f.

Übernahmeverlustfolgen **14** 189 f.
Verschmelzungsbericht **14** 158
Verschmelzungsprüfung **14** 161
Verschmelzungsvertrag
- Einlagenfestsetzung **14** 153
- Hafteinlage **14** 156
- Handelsregistereintragung **14** 157
- Kommanditistenstellung **14** 154
- persönlich haftender Gesellschafter **14** 155

Wertfortführung durch übernehmende Personengesellschaft **14** 180
Verschmelzung AG unter KGaA-Beteiligung
Komplementärbehandlung **14** 143
Mischverschmelzung **14** 142 f.
Umwandlungssteuerrecht **14** 143
Verschmelzung AG auf KGaA **14** 143
Verschmelzung KGaA auf AG **14** 143
Verschmelzungsbeschluss

Vertagung

- persönlich haftender Gesellschafter, Zustimmung **14** 141

Verschmelzung auf neugegründete AG
steuerneutrale Aufdeckung stiller Reserven zur Börsengangvorbereitung **21** 190
Verschmelzung durch Aufnahme
Verschmelzung AG auf AG **14** 98 f.
Verschmelzung durch Neugründung
anmeldepflichtige Personen **2** 451
Entstehung AG **2** 455 f.
Entstehung KGaA durch Umwandlung **2** 512
Verschmelzung von Kapitalgesellschaften
Beteiligungstausch **13** 650
Verschmelzungsbericht
Verschmelzung AG auf AG
- gemeinsamer V. **14** 8
- Mindestinhalte **14** 8
- Zuständigkeiten **14** 8
Verschmelzung AG auf Personengesellschaft **14** 158
Verschmelzungsbeschlüsse
Verschmelzung AG auf AG
- Hauptversammlungseinberufung **14** 18
- Jahresabschlüsse, Auslage **14** 18
- Lagebericht, Auslage **14** 18
- Prüfungsbericht, Auslage **14** 18
- Verschmelzungsbericht, Auslage **14** 18
- Verschmelzungsvertrag, Auslage **14** 18
- Zwischenbilanz, Auslage **14** 18
Verschmelzungsprüfung
Verschmelzung AG auf AG
- Erforderlichkeit **14** 9 f.
- Prüfungsbericht **14** 11
- Prüfungsgegenstände **14** 11
Verschmelzung AG auf Personengesellschaft **14** 161
Verschmelzungsstichtag
Verschmelzung AG auf AG **14** 53
Verschmelzungsverlust
Verschmelzung AG auf AG **14** 62
- Side-Step-Verschmelzung **14** 85, 88
Verschmelzungsvertrag
Verschmelzung AG auf AG
- Mindestangaben **14** 5 f.
- Mischverschmelzung **14** 5
Verschmelzung AG auf GmbH **14** 127
Verschmelzung AG auf Personengesellschaft **14** 154 f.
Veräußerungsgewinn **13** 650
Versicherungen
Überschuldungsanzeige **17** 58
Versorgungszusage
Vorstandsvergütung **6** 75
Verstrickung
Beteiligung an inländischer Personengesellschaft
- Sacheinlage **16** 143
- Betriebsstättengründung, inländische **16** 132 f.
Vertagung
Tagesordnungspunkte Hauptversammlung **5** 169

2115

Verträge

Fette Zahlen = Kapitel

Verträge *s.a. Austauschvertrag, s.a. Beherrschungsvertrag, s.a. Betriebsführungsvertrag, s.a. Betriebspachtvertrag, s.a. Gewinnabführungsvertrag, s.a. Teilgewinnabführungsvertrag, s.a. Unternehmensverträge*
Vertragskonzern
Aktionärssicherung
- Abfindungsansprüche **15** 153 ff.
- Ausgleichsanspruch, fester **15** 147, 149
- Ausgleichsanspruch, variabler **15** 147, 150
- Ausgleichsansprüche **15** 146 ff.
- Unternehmenswertberechnung **15** 161 f.
Beherrschungsvertrag **15** 102 f.
Berichtspflichten **1** 70
Eingliederung **15** 184 ff.
- gesetzeswidrige Weisungen **15** 202
- Gläubigerschutz **15** 199 f.
- Handelsregistereintragung **15** 190
- Hauptversammlungsbeschluss **15** 187 f.
- Informationspflichten **15** 188
- Konzernleitungspflicht **15** 203
- Mehrheitsbeschluss **15** 185
- mehrstufige E **15** 189
- Registersperre **15** 191
- sittenwidrige Weisungen **15** 202
- Töchter **15** 185
- Unbedenklichkeitsverfahren **15** 191
- Verfahren **15** 186 f.
- Verlustausgleichspflicht **15** 204
- Vermögenszugriff **15** 204
- Weisungsrecht **15** 202 f.
- Wirkung **15** 201 f.
Eingliederungsbeendigung
- Auflösung Hauptgesellschaft **15** 206
- Handelsregistereintragung **15** 207
- Hauptversammlungsbeschluss **15** 206
- Rechtsformänderung **15** 206
- Sitzverlegung ins Ausland **15** 206
Gewinnabführung
- Höchstbeträge **15** 138
- Schranken **15** 138
Gläubigersicherung **15** 140 f.
Hauptversammlungszustimmung **15** 102
Leitungsmacht herrschendes Unternehmen
- Gewinnabführungspflicht **15** 138
- Konzernleitungspflicht **15** 131
- Verantwortlichkeit **15** 139
- Weisungsadressat **15** 132
- Weisungsrecht **15** 130 f.
- Weisungsrecht, Schranken **15** 134 f.
Mehrheitseingliederung
- Eingliederungsprüfung **15** 194
- Handelsregistereintragung **15** 198
- Hauptversammlungsbeschluss **15** 194
- Ketteneingliederung **15** 196
- Registersperre **15** 198
- Spruchverfahren **15** 197
- Unbedenklichkeitsverfahren **15** 198
- Verfahren **15** 193 f.
- Voraussetzungen **15** 193 f.
Organschaft **15** 117 f.
Schutzrechte Aktionäre **15** 102

Sicherung abhängiges Unternehmen
- gesetzliche Rücklage **15** 141
- Sicherungsleistung **15** 145
- Verlustübernahmepflicht **15** 142 f.
Unternehmensbewertung Untergesellschaft **15** 161 f.
Unternehmensverträge
- Austauschverträge **15** 105
- bedingte U. **15** 122
- befristete U. **15** 122
- Beherrschungsvertrag **15** 104, 107
- Beherrschungsvertrag, verdeckter **15** 113
- Betriebsführungsvertrag **15** 112
- Betriebspachtverträge **15** 112
- Betriebsüberlassungsverträge **15** 112
- fehlerhafte U. **15** 114 f.
- Gewinnabführungsvertrag **15** 104
- Gewinngemeinschaft **15** 110
- Handelsregistereintragung **15** 129
- Hauptversammlungszustimmung **15** 123
- Informationsrechte Aktionäre **15** 126
- Inhalt **15** 106
- Mindestinhalte **15** 122
- Organschaftsvertrag **15** 106
- Registergerichtprüfung **15** 129
- Rückwirkung **15** 122
- Schriftform **15** 122
- sonstige U. **15** 109
- Teilgewinnabführungsvertrag **15** 111
- Vertragsmangel **15** 114 f.
Unternehmensvertrag, Beendigung **15** 152 f., 182 f.
- Aufhebungsvertrag **15** 174 f.
- außerordentliche Kündigung **15** 178 f.
- Beendigungsgründe **15** 180 f.
- Insolvenzeröffnung **15** 181
- Konfusion **15** 181
- Kündigungsfristen **15** 176
- Kündigungstermin **15** 176
- ordentliche Kündigung **15** 175 f.
- Rechtsfolgen **15** 182 f.
- Verschmelzung **15** 181
- Wegfall Unternehmenseigenschaft **15** 181
- Wirksamwerden **15** 182 f.
- Zeitablauf **15** 181
Unternehmensvertragsänderung
- Änderungsvereinbarung **15** 168
- Hauptversammlungszustimmung **15** 169 f.
- Verlängerung befristeter Vertrag **15** 168
- Vertragsbeitritt **15** 168
- Wirksamwerden **15** 169 f.
Verlustübernahmepflicht **15** 142 f.
Vorstandshaftung **6** 140
Vertreterbetriebsstätte
Begriff **16** 14
Kommissionär **16** 14
Makler **16** 14
Vertretungsmacht
Vorstand **6** 11 f.
- Insider-Geschäft **6** 12
- Missbrauch **6** 12

2116

Magere Zahlen = Randziffern **Vorstand**

- Selbstkontrahierungsverbot **6** 12
- unbeschränkte V. **6** 11
- Zustimmungsvorbehalte **6** 13

Vertriebsgesellschaft
Funktionsverlagerung
- Ausgleichsanspruch **13** 298
- Handelsvertreter **13** 298
- Kommissionär **13** 299
- Kundenstammübertragung **13** 298

Verwaltungsakt
amtlicher Handel, Zulassungsverfahren **25** 3

Verwaltungsrat
europäische Aktiengesellschaft **19** 87 f.

Verwaltungssitz
Wegzug AG ins Ausland **16** 103
Zuzug AG ins Inland **16** 150

Verwaltungsvermögen
Erbschaftsteuer **13** 755 f.

Verwarnungsgeld
Betriebsausgaben, nichtabziehbare **12** 42

Verwendbares Eigenkapital
Umgliederung **12** 97 f.

Verzicht
Ersatzansprüche Vorstandshaftung **6** 143

Vetrtriebsgesellschaft
Verrechnungspreise Güter- und Warenverkehr **16** 223 f.

Videokonferenz
Aufsichtsratssitzung, virtuelle **21** 231

Vinkulierte Namensaktien
Altgesellschafter, Absicherungsmaßnahmen Börsengang **21** 297
Altgesellschafter, Börsengang **21** 290
Aufhebung **3** 46
Börseneinführung
- Bindung an Zustimmung der Gesellschaft **22** 126
- Übertragungsbeschränkung **22** 127
Einflusssicherung Altgesellschafter **20** 37
Einführung **3** 41
Familien-AG **1** 25
Orderpapier **3** 39
Rechtsgeschäfte
- Zuständigkeit Zustimmung **3** 43 f.
- Zustimmungspflicht Gesellschaft **3** 42 f.
REIT AG **29** 67
Sicherung Altaktionärsrechte **22** 126 f.
Übertragung **3** 115 f.
Wahlanlass **3** 40

Vinkulierung s.a. *Vinkulierte Namensaktien*
Aufhebung **3** 46

Vollkonsolidierung
Kapitalkonsolidierung **11** 211 f.

Vollständigkeitsprinzip
Jahresabschlussaufstellung **10** 8

Vorgesellschaft
Einverständnis aller Gründer **2** 254
Ende **2** 255
Entstehung **2** 251
Gesamthandsgesellschaft eigener Art **2** 251

Geschäftsführungsbefugnis **2** 252
Gründerhaftung **2** 269
Gründung AG nach AktG **2** 9, 14
Haftung Kapitalaufbringung **2** 251 f.
Namensfähigkeit **2** 251
Rechtsträgerkontinuität AG **2** 255
Scheitern der Eintragung **2** 256
Sonderrechte **2** 251
Unterbilanzhaftung **2** 253
Vertretungsbefugnis **2** 252
Vorbelastungsverbot **2** 253
Zusatz Namensführung **2** 251
Zweck **2** 252, 254

Vorgründungsgesellschaft
Gründerhaftung **2** 268
Gründung AG nach AktG **2** 9
Haftung Kapitalaufbringung **2** 248 f.
Steuerpflicht **12** 2

Vorkaufsrecht
Aktien Familien-AG **1** 26
vinkulierte Namensaktien **1** 26

Vorlageberichte
Vorstand, Inhalt **6** 97

Vorlaufkosten
Herstellungskosten **11** 57

Vorprüfungsverfahren
Börsenzulassung **25** 33 f.

Vorratsgesellschaft
Folgen der Gründung **2** 472
Gründungsbericht **2** 474
Gründungsprüfung **2** 474
Kapitalaufbringung **2** 473
Unternehmensgegenstand **2** 470
wirtschaftliche Neugründung **2** 470
- Gründungsvorschriften **2** 470
- Haftung **2** 478
- ohne Änderung Unternehmensgegenstand **2** 477
Zulässigkeit Gründung **2** 470

Vorratsgründung
Anmeldung **2** 475

Vor-REIT
Erwerbsvehikel **29** 20
Status **29** 9
Übergangsphase **29** 9
Zulassung **29** 20

Vorsitzender
Aufsichtsrat **7** 129 ff.

Vorstand
Abberufung **6** 43 f.
- Aufsichtsratsbeschluss **6** 45
- Fristen **6** 46
- grobe Pflichtverletzungen **6** 49
- Krankheit **6** 50
- Misstrauensvotum Hauptversammlung **6** 51
- MitbestG **6** 45
- Unfähigkeit **6** 49
- Vertrauensentzug durch Hauptversammlung **6** 49
- Verwirkung **6** 46
- wichtiger Grund **6** 48 f.

2117

Vorstand

Fette Zahlen = Kapitel

- Wirksamwerden **6** 47
Amtsenthebung, vorläufige **6** 54 f.
Amtszeit **6** 28
Anfechtungsklage **6** 163 f.
Anstellung **6** 33 f.
- Arbeitsverhältnis **6** 33
- Dauer **6** 36
- Dienstvertrag **6** 33
- Form **6** 36
- Konzern **6** 35
- Vertragsabschluss **6** 34 f.
Anstellungsvertrag **6** 33 ff.
- Kündigung **6** 43 f., 61 f.
Belegschaftsaktien, Begebungsbeschluss **23** 60
Bestellung **6** 22 f.
- Beschlussmängel, materielle **6** 29
- Erlöschen **6** 31
- fehlerhafte **6** 29 f.
- Formfehler **6** 29
- Widerruf **6** 31
börsennotierte AG
- Geschäftsordnung **21** 18
- Unterrichtungspflicht Aufsichtsrat **21** 19
- Vertretungsmacht **21** 17
- Zustimmungsvorbehalte Aufsichtsrat **21** 18
Eigenverantwortlichkeit
- Konflikte **6** 15
- Pflichten, gesetzliche **6** 16
- Richtlinien Geschäftspolitik **6** 14
- Unternehmenspolitik **6** 14
- Unveräußerlichkeit der Leitungsmacht **6** 15
Entlastung **6** 88 f.
erster Vorstand bei Gründung AG nach AktG **2** 107 f.
- Aufgaben **2** 109 f.
- Bestellung **2** 108
- Haftungsrisiko **2** 111
- Vergütung **2** 112
- Zusammensetzung **2** 108
Geschäftsführung
- Führungsverantwortung **6** 5
- gesellschaftsrechtliche Verantwortung **6** 5
- Rechtspflichtenverantwortung **6** 5
- Überwachungsverantwortung **6** 5
- unternehmerische Verantwortung **6** 5
Geschäftsführungsbefugnis
- Beschränkungen **6** 7
- Rechtsgrundlagen **6** 6
Geschäftsführungsorgan **6** 4 f.
Gründung AG nach AktG **2** 17
Haftpflichtversicherung **21** 247
Handelsregisteranmeldung **6** 32
Hauptversammlungsbeschluss, Anfechtungsklage **5** 261
Hauptversammlungseinberufung **5** 76
Hauptversammlungsteilnahme **5** 148
Jahresabschlussfeststellung **10** 88 f.
11 177
Kapitalaufbringung, Haftung **2** 280 f.

Klagemöglichkeiten **6** 163 f.
- Inter-Organstreit **6** 166
- Intra-Organstreit **6** 167
- Organstreitigkeiten **6** 164 f.
- Schlichtung **6** 165
Konzernbildung
- Bekanntmachungspflichten **15** 60 f.
- Berichtspflichten **15** 61
- Informationspflichten **15** 60 f.
- Strukturbericht **15** 61
Krankenversicherungspflicht **6** 87
Kreditgewährung **6** 84 f.
Leitungsorgan AG **6** 2
Lohnfortzahlungsanspruch **6** 87
mehrgliedriger V.
- Besonderheiten **6** 8 f.
- Gesamtgeschäftsführung **6** 9
- Kollegialorgane **6** 8
- Organisation **6** 10
- Primärzuständigkeiten **6** 9
- Willensbildung **6** 10
Nichtigkeitsklage **6** 163 f.
personelle Besetzung **21** 276
Pflichten, gesetzliche **6** 16
- Buchführung und Bilanzierung **6** 16
- Handelsregisteranmeldung **6** 16
- Insolvenzantragspflicht **6** 16
- öffentlich-rechtliche Vorschrifteneinhaltung **6** 16
- Sozialversicherungsbeitragsabführung **6** 16
- Steuererklärungsabgabe **6** 16
Pflichten im Rahmen der Krise **17** 6 ff.
Rechtsgrundlagen
- Anstellungsvertrag **6** 3
- Deutsche Corporate Governance Kodex **6** 3
- Gesetz **6** 3
- Hauptversammlungsbeschlüsse **6** 3
- Satzung **6** 3
Rechtsstellung **6** 2 ff.
Suspendierung **6** 54 f.
- Beweislast **6** 59
- einstweilige Verfügung **6** 57
- Feststellungsklage **6** 56
- Gestaltungsklage **6** 56
- Nachschieben von Widerrufsgründen **6** 58
- Rechtsschutz **6** 55 f.
- Schiedsverfahren **6** 56
Treuepflichten
- Geschäftschancenbindung **6** 126 f.
- Verschwiegenheitspflicht **6** 124
- Vertraulichkeitspflicht **6** 124
- Wettbewerbsverbot **6** 126 f.
Urlaubsanspruch **6** 87
Verhaltenspflichten in der Krise **17** 4
- Sanierung **17** 5
Vertretungsmacht
- Insider-Geschäft **6** 12
- Missbrauch **6** 12
- Selbstkontrahierungsverbot **6** 12
- unbeschränkte **6** 11

Magere Zahlen = Randziffern

– Zustimmungsvorbehalte **6** 13
Wettbewerbsverbot **6** 126 f.
Vorstandsberichte
Anforderungsberichte **6** 96
E-Mail **6** 99
mündliche Erläuterung **6** 99
Quartalsbericht **6** 94
Regelbericht, Inhalt **6** 94
Rentabilitätsbericht **6** 94
Schriftform **6** 99
Sonderberichte **6** 95
Unternehmenspolitik **6** 94
Vorlageberichte **6** 97
Vorstandsbestellung
Aufsichtsratsaufgabe **7** 62 f.
Vorstandsentlastung
Hauptversammlung **5** 12 f.
– Bericht Aufsichtsrat **5** 13
– Einzelentlastung **5** 12
– Gesamtentlastung **5** 12
– Jahresabschlussvorlage **5** 13
– Konzernabschlussvorlage **5** 13
– Konzernlagebericht **5** 13
– Lageberichtvorlage **5** 13
– Vertrauensentzug **5** 12
Vorstandshaftung
Business judgement rule **6** 132
gegenüber Aktionären **6** 147
gegenüber Dritten
– culpa in contrahendo **6** 154
– deliktische Haftung **6** 149 f.
– gesamtschuldnerische Haftung **6** 151
– Insolvenzantragspflichtverletzung **6** 152 f.
– Organisationsverschulden **6** 151
gegenüber Gesellschaft **6** 128 f., 144 f.
– ARAG-Entscheidung **6** 131
– Darlegungs- und Beweislast **6** 141
– eigenes Verschulden **6** 137
– Haftungsgrundsätze **6** 130 f.
– Hauptversammlungsbeschluss **6** 140
– Mitarbeiterauswahl **6** 139
– Pflichtverstöße, schwerwiegende **6** 136
– solidarische Haftung **6** 137
– Sorgfaltsmaßstab **6** 130 f.
– Vergleich Ersatzansprüche **6** 143
– Verjährung **6** 142
– Vertragskonzern **6** 140
– Verzicht Ersatzansprüche **6** 143
Insolvenzantragstellung
– Altgläubiger **6** 153
– Kontrahierungsschaden **6** 153
– Neugläubiger **6** 153
– Quotenschaden **6** 153
Lohnsteuerabführung **6** 155
Sozialversicherungsbeiträge **6** 155
Vorstandskündigung
Aufsichtsratsaufgabe **7** 69
Vorstandsmitglieder
Arbeitsdirektor **6** 19 f.
stellvertretende **6** 19 f.
Verantwortungsbereiche **6** 113 f.
Vorstandsvorsitzender **6** 17 f.

Vorstandspflichten in der Krise

Vorstandspflichten
Ad hoc-Publizität **6** 107
Berichterstattung Aufsichtsrat
– Anforderungsberichte **6** 96
– mündliche Erläuterung **6** 99
– operative Planung **6** 94
– Quartalsbericht **6** 94
– Regelbericht, Inhalt **6** 94
– Rentabilitätsbericht **6** 94
– Sanktionen **6** 100
– Schriftform **6** 99
– Sonderberichte **6** 95
– strategische Planung **6** 94
– Unternehmenspolitik **6** 94
– Vorlageberichte **6** 97
Berichterstattung Hauptversammlung
– Berichtspflichten, zusätzliche **6** 105
– Strukturbericht **6** 105
– Vorlagepflichten **6** 104
Dividendenbekanntmachung **6** 107
Entsprechenserklärung **6** 106
Gesamtvorstand
– Beispiele **6** 112
– Zuständigkeiten, zwingende **6** 112
gesellschafts- und kapitalmarktrechtliche
Vorstandspflichten **6** 92 ff.
gesetzliche Vorstandspflichten **6** 120 f.
– Abgabepflichten **6** 120
– Anmeldepflichten **6** 122
– Going Concern **6** 121
– Handelsregisteranmeldung **6** 122
– Insolvenzverfahren **6** 121
– Krise der AG **6** 121
– Rechnungslegungspflichten **6** 120
– Überschuldung **6** 121
Hauptversammlung **5** 196 f.
Hauptversammlungsbeschluss, Ausführung **6** 102
Hauptversammlungsbeschluss, Vorbereitung
– Kapitalmaßnahmen **6** 101
– Satzungsänderungen **6** 101
– Strukturänderungen **6** 101
interne Revision **6** 115 f.
kollegiale Zusammenarbeit **6** 108 f.
Konzern **6** 118 f.
– Konzernkontrolle **6** 118
– Konzernleitungspflicht **6** 119
Mitteilungspflichten
– Derivatkäufe **6** 107
– Derivatverkäufe **6** 107
Risikomanagement **6** 115 f.
Treuepflicht **6** 123 f.
unternehmerische V. **6** 108 f.
Verantwortungsbereiche **6** 113 f.
Vorstandsmitglieder
– Verantwortungsbereiche **6** 113 f.
Zwischenbericht **6** 107
Vorstandspflichten in der Krise
Anzeige bei Verlust in Höhe der Hälfte des Grundkapitals
– Ad-hoc-Publizität **17** 17

2119

Vorstandssprecher

Fette Zahlen = Kapitel

- Einberufung Hauptversammlung **17** 10f.
- Fehlbetragsberechnung **17** 13
- Information Aktionäre **17** 10
- Normzweck **17** 10
- Pflichtverletzungsfolgen **17** 16f.
- Verlustanzeige **17** 14f.
- Verlustbegriff **17** 12
- Verlustberechnung **17** 12f.
finanzielle Krise **17** 77f.
Früherkennung
- Frühwarnindikatoren **17** 7f.
- Überwachungssystemeinrichtung **17** 6
Insolvenzantragstellung
- Erfüllung **17** 44f.
- Fristen **17** 43f.
- Haftung **17** 43
- Haftung gegenüber Gläubigern **17** 48f.
- Höchstfristen **17** 46
- Vorstandshaftung **17** 52f.
operative Krise **17** 77f.
Überschuldung
- Ad-hoc-Publizität **17** 57
- Bewertung **17** 24f.
- Feststellung **17** 24
- Fortbestehensprognose **17** 26
- Prognose **17** 24, 26f.
- Zahlungsverbot **17** 53f.
Zahlungsunfähigkeit
- Ad-hoc-Publizität **17** 57
- Antrag **17** 21
- Begriff **17** 20f.
- Feststellung **17** 21
- Fristen **17** 21
- Liquiditätsprognose **17** 22
- Tatbestandsvoraussetzungen **17** 20f.
- Zahlungseinstellung **17** 23
- Zahlungsstockung, Abgrenzung **17** 21
- Zahlungsverbot **17** 53f.
Vorstandssprecher
Aufgaben **6** 18
Vorstandsverantwortlichkeit
Aufgabendelegation **6** 161f.
straf- und ordnungsrechtliche V. **6** 157f.
- Garantenpflicht **6** 158
- Produktbeobachtungspflicht **6** 159
- Produktfolgenwarnpflicht **6** 159
- Produktrückrufpflicht **6** 159
- Umweltstraftaten **6** 160
- Unterlassen **6** 158
- Verkehrssicherungspflichten **6** 158f.
Vorstandsvergütung
Abfindung **6** 82
Angemessenheit **6** 69f.
- Publizität **6** 70f.
- Satzungsvorgaben **6** 69
Anspruchsgrundlage **6** 68f.
Auslagenersatz **6** 76
Einkünfte aus nichtselbständiger Tätigkeit **6** 83f.
Gehaltsbestandteile **6** 83
- Abfindungen **6** 83
- Direktversicherung **6** 83

- Festgehalt **6** 83
- geldwerte Vorteile **6** 83
- Optionsrechte **6** 83
- Pensionskassenzuwendungen **6** 83
- Tantiemen **6** 83
Herabsetzung in der Krise **6** 73f.
- Aufsichtsratsbeschluss **6** 73
- Gestaltungsrecht **6** 73
- schwere Unbilligkeit **6** 73
Offenlegungspflichten **21** 246
steuerliche Behandlung **6** 83f.
Stock Options **6** 77f.
Tantiemen **6** 74
Vergütungsanspruch **6** 69
Versorgungszusagen **6** 75
Versteuerungszeitpunkt **6** 83
Vorschussanspruch **6** 76
Vorstandsvorsitzender
Aufgaben **6** 17f.
Vorteile
nicht abzugsfähige Betriebsausgaben **12** 119
Vorweggenommene Erbfolge
Börsengang **21** 302f.
Vorzugsaktien
Ausgabe bei Going Public **13** 680
Begriff **3** 47
Familien-AG **1** 25
Gewinnvorrecht **21** 226
Stimmrechtsausschluss **21** 226
stimmrechtsberechtigte V. **3** 55
stimmrechtslose V.
- Begriff **3** 48
- Belegschaftsaktien **3** 49
- Eigenfinanzierungserleichterung **3** 49
- Familiengesellschaften **3** 49
- Gewinnvorzug **3** 50
- Höchstgrenzen **3** 53
- Liquidationsüberschussverteilung **3** 51
- Mehrdividende **3** 51
- Nachzahlungsrechte **3** 52
- Rechtsfolgen bei Verstoß **3** 54
- Vorzugsdividende **3** 51
- Zweck **3** 49
Umstellung auf Stammaktien **3** 56f.
Umwandlung in Stammaktien **13** 646
Verschmelzung AG auf AG
- Sonderrechte **14** 15
Vorzugsdividende **13** 646
Vorzugsaktionäre
Bezugsrecht **9** 38
Kapitalherabsetzungsbeschluss **9** 125

WACC-Verfahren
Discounted-Cash-Flow-Methode
- Eigenkapitalkostensatz **24** 95
- Fremdkapitalkostensatz **24** 96
- Kapitalkostensatz **24** 90f.
Wachstumsunternehmen
Ergebnisprognosen
- Mittelzuflusseinbeziehung aus Börsengang **24** 109f.
- Planzahlenplausibilität **24** 105f.

Magere Zahlen = Randziffern

- Prognosehorizont 24 111 f.
Planzahlenplausibilität
- Aufbauphase 24 106
- Business-Plan 24 107
- Finanzplan 24 107
- zweistufige Beurteilung 24 107
Währung
Bareinlagen 2 178
Währungsumrechnung
Auslandsunternehmen
- Ertragswertverfahren 24 80 f.
IFRS 11 210
Wagniskapitalbeteiligungsgesellschaft
Abziehbarer Verlust nach § 8 c Abs. 2 KStG 13 241 f.
Verlustabzugsbeschränkung § 8 c KStG 13 214
Wahl
Aufsichtsratsvorsitzender 7 130
Wahlveranlagung
Abgeltungsteuer
- individueller Steuersatz 4 129
- pauschaler Steuersatz 4 129
Wahlverfahren
Aufsichtsrat, Erster 2 99, 177
Wandelanleihen
Absicherung
- bedingtes Kapital 9 184
- Huckepack-Immissionen 9 184
- Naked-Warrants 9 184
- Warrant-Anleihen 9 184
AG 13 631 f.
Bezugsrecht 9 183
Drei-Viertel-Mehrheit Hauptversammlung 9 179
Hauptversammlungsbeschluss 9 181
- Handelsregisterhinterlegung 9 182
Mitarbeiterbeteiligung 23 50 f.
Regelungen 9 179
Vorstandsermächtigung 9 180
Wandelschuldverschreibung
Aktienbezugsprogramme 9 185
bedingtes Kapital 21 237
Begriff 9 176
Bezugsrecht 9 177
Festverzinsung 9 178
Going-Public-Anleihe 21 182
Kapitalerhöhung, bedingte 9 52
Kapitalzuführung, vorbörsliche 21 182 f.
Mitarbeitergewinnungsinstrument 20 18
Optionsanleihen 9 177
Verschmelzung AG auf AG
- Sonderrechte 14 15
Wandelanleihen 9 177
Wandlungsrecht Investor 21 182
Warenlager
Betriebsstätte, ausländische 16 10
Betriebsstätte, inländische 16 131
Warrant-Anleihen
Kapitalerhöhung, bedingte 9 53
Optionsanleihen 9 184
Wandelanleihenabsicherung 9 184

Wertpapierprospekt

Wegzugsbesteuerung
Sitzverlegung 13 445 f.
Umwandlung 13 442 f.
- Entstrickungsregel 13 439
- Erbschaftsteuerpflicht 13 441
- Reihenfolge 13 442 f.
Weisungsrecht
Eingliederung Vertragskonzern 15 202 f.
Vertragskonzern
- Ausübung 15 131 f.
- Begriff 15 133
- beherrschungsvertragliches W. 15 130
- Gesellschaftsvertragsänderungen 15 135
- gesetzeswidriges W. 15 137
- Grundlagengeschäft 15 135
- Schranken 15 134 f.
- sittenwidriges W. 15 137
- Übertragung auf Dritte 15 131
- Weisungsadressat 15 132
- Willkür 15 136
Welteinkommensprinzip
Körperschaftsteuerpflicht AG 12 1
Werbungskosten
Abgeltungsteuer 4 129; 12 138, 204
Begriff 12 123
Inlandsgewinne AG 13 20 f.
Wertaufhellungen
Jahresabschlussänderungen 10 115
Wertaufholungsgebot
Handelsbilanz 11 91
Obergrenze 11 91
Steuerbilanz 11 92
Wertermittlung
Unternehmensbewertung
- Discounted-Cash-Flow-Methode 24 86 ff.
- Ertragswertverfahren 24 33 ff.
- Zwischenergebnis 24 99 ff.
Wertpapierbörse
Börseneinführung
- Dual Listing 22 95
- Folgemaßnahmenprüfung 22 94
- Zielgruppenprüfung 22 93
- Zulassungsstelle 22 93
Wertpapierhandel
eigene Aktien 3 155
Wertpapierleihe
Begriff 13 661
Einkünftezurechnung 13 661
Wertpapierpensionsgeschäfte
echte W.
- Begriff 13 664 f.
- Bilanzausweis 13 665
- Ertragszurechnung 13 667
Repo-Geschäft 13 668
unechte W.
- Begriff 13 664 f.
- Bilanzausweis 13 666
Wertpapierprospekt
Börsengang 20 32
Prime Standard 22 30 f.

2121

Wertpapierübernahmegesetz	Fette Zahlen = Kapitel

- Inhalt **22** 30 f.
- Mindestangaben **22** 33
REIT AG **29** 55 f.
Wertpapierübernahmegesetz
Konzernbildungskontrolle s.a. *Übernahmegesetz*
- Pflichtangebot **15** 40
- Stimmrechtsanteile **15** 40
- Übernahmeverfahren, formalisiertes **15** 39
Squeeze Out **15** 41
Wertpapiervorschriften
LSE
- Hearing durch UK-Listing Authority **22** 67
- UK-Listing Authority **22** 65
- Zulassung durch LSE **22** 65
NASDAQ, NYSE **22** 59 f.
Wesentliche Beteiligung
Abwicklungsgewinnbesteuerung **18** 117
Übernahmegewinnermittlung
- Steuerausländer **14** 187
- Verschmelzung AG auf Personengesellschaft **14** 183, 186 f.
Wesentlichkeitsgrenze
- Verschmelzung AG auf Personengesellschaft **14** 186
Wettbewerb
Due Diligence **24** 163
Wettbewerbsverbot
Anstellungsvertrag Vorstand **6** 40
Komplementär **4** 201 f.
originäre immaterielle Wirtschaftsgüter **13** 549
Vorstand **6** 126 f.
Whistleblowing
Audit Commitee **10** 156
Wichtiger Grund
Abberufung Vorstand **6** 48 f.
Vorstandskündigung **6** 63
Widerruf
Vorstandsbestellung **6** 31
Wiederverkaufspreismethode
Begriff **13** 278
Verrechnungspreise **16** 203
Verrechnungspreise Güter- und Warenverkehr **16** 222
Wirtschaftsgut
Begriff **11** 18 f.
Wirtschaftsgutzuordnung
Betriebsstätte, ausländische **16** 16 f.
Wirtschaftsplan
AG im Besitz der öffentlichen Hand, **1** 38
Wirtschaftsprüfer
Börseneinführung
- Comfort Letter **22** 102
- Financial Due Diligence **22** 103
- Geschäftsplanüberprüfung **22** 103
- testierte Finanzdaten **22** 102
- Unternehmenswertermittlung **22** 103
Haftungsbegrenzung
- Comfort Letter **25** 152

Haftungsumfang
- Comfort Letter **25** 151
Wirtschaftsprüfungsgesellschaften
Gründer AG nach AktG **2** 85
Wortentziehung
Hauptversammlung **5** 177
Wortmeldungen
Hauptversammlung **5** 171
Zahlungseinstellung
Zahlungsunfähigkeit **17** 23
Zahlungsstockung
Zahlungsunfähigkeit, Abgrenzung **17** 21
Zahlungsunfähigkeit
Aktionärsansprüche **17** 67 f.
Antrag **17** 21
Begriff **17** 20 f.
Feststellungsfristen **17** 21
Krise der AG **17** 2
Liquiditätsprognose **17** 22
Vorstandspflichten
- Zahlungsverbot **17** 53 f.
Vorstandspflichten in der Krise **17** 20 f.
Zahlungseinstellung **17** 23
Zahlungsstockung, Abgrenzung **17** 21
Zahlungsverbot
Überschuldung **17** 53 f.
Zahlungsunfähigkeit **17** 53 f.
Zeichnungsschein
Aktien
- Mindestangaben **9** 21 f.
- Nichtigkeit **9** 22
- Schriftformerfordernis **9** 23
- Unverbindlichkeit **9** 22
Zeichnungsvertrag
Aktien **9** 23
Kapitalerhöhung, bedingte **9** 64
Überhang
- Bezugsrecht, gesetzliches **9** 23
Zeitbezugsmethode
Fremdwährungsumrechnung **11** 209
Zeitplan
Börsengang **25** 26 ff.
- Hauptelemente **25** 26 ff.
Zeitwerte
Bilanzierung Aktionär Überträgerin
- Verschmelzung AG auf AG **14** 64
Zerlegung
Gewerbesteuer **12** 255
Zinsschranke
Ausnahmen **13** 260 f.
- Eigenkapitalvergleich bei Konzernzugehörigkeit **13** 268 f.
- Eigenkapitalvergleich Gesellschafterfremdfinanzierung **13** 271
- Escape-Klausel **13** 270
- Freigrenze **13** 261
- keine Konzernzugehörigkeit **13** 262 f.
- Nichtvorliegen schädlicher Gesellschafterfremdfinanzierung **13** 262 f.
EBITDA **12** 36

Magere Zahlen = Randziffern

Escape-Klausel **8** 132
Freigrenze **12** 38
Gesellschafterfremdfinanzierung **8** 131 f.
Grundregel **13** 247 f.
– EBITDA **13** 251
– Zinsaufwendungen eines Betriebes **13** 248 f.
– Zinsaufwendungen, Definition **13** 253 f.
Grundtatbestand **12** 35
Kaufpreisfinanzierung **13** 577 f.
KGaA **13** 703 f.
Konzern-Klausel **12** 39 f.
nichtabzugsfähige Zinsausgaben **12** 35 f.
Prüfungsschritte **13** 246
Stand-alone-escape **12** 39
Wirkungen **13** 255 f.
Zinsvortrag **13** 257 f.
Zinsvortrag
Zinsschranke **13** 257 f.
Zuflussbesteuerung
Unternehmensverkauf **13** 537
Zugewinngemeinschaft
Überprüfung vor Börsengang **21** 328
Zulassungsantrag
börsennotierte AG **26** 9
Zulassungsverfahren
Börsengang **25** 1 ff.
– Freiverkehr **25** 15 ff.
– regulierter Markt **25** 3 ff.
geregelter Markt **25** 13 ff.
Zulassungsvoraussetzungen
Freiverkehr
– Übersicht **22** 12 f.
regulierter Markt
– Übersicht **22** 12 f.
Zuschlagsteuern
Abgeltungsteuer **4** 129
Zustimmungsvorbehalt
Aufsichtsrat **7** 81 ff.
Zwangseinziehung
Kapitalherabsetzung durch Einziehung von Aktien **9** 163 f.
Zwangsgeld
Hauptversammlungseinberufung, unterlassene **5** 114

Zwischenwerte

Verletzung Offenlegungspflichten, börsennotierte AG **26** 41 f.
Zwangsvollstreckung
Nachgründung **2** 313
Zweitstimmrecht
Aufsichtsratsbeschluss **7** 160
Aufsichtsratsvorsitzender **7** 138
Zwischenbericht
Vorstandspflichten **6** 107
Zwischenergebniseliminierung
IFRS **11** 235
Konzernabschluss **11** 231
Zwischengesellschaft
Grunderwerbsteuer **14** 121
Hinzurechnungsbesteuerung **13** 338 f.
Outbound
– Anteilsverkauf **16** 101
– Auflösung **16** 101
– Beendigung **16** 101
– Umstrukturierung **16** 102
Outbound, Besteuerung inländischer Gesellschafter
– Gewerbesteuer **16** 98 f.
– Gewinnausschüttung, Besteuerung **16** 97 f.
– Holdingprivileg **16** 98
– Schachtelprivileg **16** 98
– Veräußerung Anteile an Zwischengesellschaft **16** 99
Zwischenmitteilung
amtlicher Markt **22** 12
Zulassungsfolgepflichten
– regulierter Markt **22** 21
Zwischenscheine
Ausgabeanspruch **3** 137
Begriff **3** 136
Zwischenwertansatz
Ausgliederung auf Kapitalgesellschaft **14** 325
Ausgliederung auf Personengesellschaft **14** 337
Zwischenwerte
Bilanzieller Aktionär Übertragerin
– Verschmelzung AG auf AG **14** 64
Verschmelzung AG auf AG **14** 59

2123